GW01081140

NomosGesetze

Öffentliches Recht

29. Auflage

Stand: 20. August 2020

 Nomos

Hinweise und Anregungen zu dieser Sammlung nimmt die Fachredaktion unter bundesrecht@nomos.de gerne entgegen.

Die Deutsche Nationalbibliothek verzeichnet diese Publikation in der Deutschen Nationalbibliografie; detaillierte bibliografische Daten sind im Internet über http://dnb.d-nb.de abrufbar.

ISBN 978-3-8487-6945-2

29. Auflage 2021

Inhaltsverzeichnis

Grundgesetz für die Bundesrepublik Deutschland

Vom 23. Mai 1949 (BGBl. S. 1)

(BGBl. III/FNA 100-1)

zuletzt geändert durch Art. 1 ÄndG (Art. 72, 105, 125b) vom 15. November 2019 (BGBl. I S. 1546)

Nichtamtliche Inhaltsübersicht

[Verkündungsformel]

Der Parlamentarische Rat hat am 23. Mai 1949 in Bonn am Rhein in öffentlicher Sitzung festgestellt, daß das am 8. Mai des Jahres 1949 vom Parlamentarischen Rat beschlossene Grundgesetz für die Bundesrepublik Deutschland in der Woche vom 16.–22. Mai 1949 durch die Volksvertretungen von mehr als Zweidritteln der beteiligten deutschen Länder angenommen worden ist.

Auf Grund dieser Feststellung hat der Parlamentarische Rat, vertreten durch seine Präsidenten, das Grundgesetz ausgefertigt und verkündet.

Das Grundgesetz wird hiermit gemäß Artikel 145 Absatz 3 im Bundesgesetzblatt veröffentlicht:

Präambel

[1]Im Bewußtsein seiner Verantwortung vor Gott und den Menschen, von dem Willen beseelt, als gleichberechtigtes Glied in einem vereinten Europa dem Frieden der Welt zu dienen, hat sich das Deutsche Volk kraft seiner verfassungsgebenden Gewalt dieses Grundgesetz gegeben. [2]Die Deutschen in den Ländern Baden-Württemberg, Bayern, Berlin, Brandenburg, Bremen, Hamburg, Hessen, Mecklenburg-Vorpommern, Niedersachsen, Nordrhein-Westfalen, Rheinland-Pfalz, Saarland, Sachsen, Sachsen-Anhalt, Schleswig-Holstein und Thüringen haben in freier Selbstbestimmung die Einheit und Freiheit Deutschlands vollendet. [3]Damit gilt dieses Grundgesetz für das gesamte Deutsche Volk.

I. Die
Grundrechte

Artikel 1 [Schutz der Menschenwürde, Menschenrechte, Grundrechtsbindung]
(1) [1]Die Würde des Menschen ist unantastbar. [2]Sie zu achten und zu schützen ist Verpflichtung aller staatlichen Gewalt.

(2) Das Deutsche Volk bekennt sich darum zu unverletzlichen und unveräußerlichen Menschenrechten als Grundlage jeder menschlichen Gemeinschaft, des Friedens und der Gerechtigkeit in der Welt.

(3) Die nachfolgenden Grundrechte binden Gesetzgebung, vollziehende Gewalt und Rechtsprechung als unmittelbar geltendes Recht.

Artikel 2 [Freie Entfaltung der Persönlichkeit, Recht auf Leben, körperliche Unversehrtheit, Freiheit der Person]
(1) Jeder hat das Recht auf die freie Entfaltung seiner Persönlichkeit, soweit er nicht die Rechte anderer verletzt und nicht gegen die verfassungsmäßige Ordnung oder das Sittengesetz verstößt.

(2) [1]Jeder hat das Recht auf Leben und körperliche Unversehrtheit. [2]Die Freiheit der Person ist unverletzlich. [3]In diese Rechte darf nur auf Grund eines Gesetzes eingegriffen werden.

Artikel 3 [Gleichheit vor dem Gesetz]
(1) Alle Menschen sind vor dem Gesetz gleich.

(2) [1]Männer und Frauen sind gleichberechtigt. [2]Der Staat fördert die tatsächliche Durchsetzung der Gleichberechtigung von Frauen und Männern und wirkt auf die Beseitigung bestehender Nachteile hin.

(3) [1]Niemand darf wegen seines Geschlechtes, seiner Abstammung, seiner Rasse, seiner Sprache, seiner Heimat und Herkunft, seines Glaubens, seiner religiösen oder politischen Anschauungen benachteiligt oder bevorzugt werden. [2]Niemand darf wegen seiner Behinderung benachteiligt werden.

Artikel 4 [Glaubens-, Gewissens- und Bekenntnisfreiheit, Kriegsdienstverweigerung]
(1) Die Freiheit des Glaubens, des Gewissens und die Freiheit des religiösen und weltanschaulichen Bekenntnisses sind unverletzlich.

(2) Die ungestörte Religionsausübung wird gewährleistet.

(3) [1]Niemand darf gegen sein Gewissen zum Kriegsdienst mit der Waffe gezwungen werden. [2]Das Nähere regelt ein Bundesgesetz.

Artikel 5 [Recht der freien Meinungsäußerung, Medienfreiheit, Kunst- und Wissenschaftsfreiheit]
(1) [1]Jeder hat das Recht, seine Meinung in Wort, Schrift und Bild frei zu äußern und zu verbreiten und sich aus allgemein zugänglichen Quellen ungehindert zu unterrichten. [2]Die Pressefreiheit und die Freiheit der Berichterstattung durch Rundfunk und Film werden gewährleistet. [3]Eine Zensur findet nicht statt.

(2) Diese Rechte finden ihre Schranken in den Vorschriften der allgemeinen Gesetze, den gesetzlichen Bestimmungen zum Schutze der Jugend und in dem Recht der persönlichen Ehre.

(3) ¹Kunst und Wissenschaft, Forschung und Lehre sind frei. ²Die Freiheit der Lehre entbindet nicht von der Treue zur Verfassung.

Artikel 6 [Ehe, Familie, nicht eheliche Kinder]
(1) Ehe und Familie stehen unter dem besonderen Schutze der staatlichen Ordnung.
(2) ¹Pflege und Erziehung der Kinder sind das natürliche Recht der Eltern und die zuvörderst ihnen obliegende Pflicht. ²Über ihre Betätigung wacht die staatliche Gemeinschaft.
(3) Gegen den Willen der Erziehungsberechtigten dürfen Kinder nur auf Grund eines Gesetzes von der Familie getrennt werden, wenn die Erziehungsberechtigten versagen oder wenn die Kinder aus anderen Gründen zu verwahrlosen drohen.
(4) Jede Mutter hat Anspruch auf den Schutz und die Fürsorge der Gemeinschaft.
(5) Den unehelichen¹⁾ Kindern sind durch die Gesetzgebung die gleichen Bedingungen für ihre leibliche und seelische Entwicklung und ihre Stellung in der Gesellschaft zu schaffen wie den ehelichen Kindern.

Artikel 7 [Schulwesen]
(1) Das gesamte Schulwesen steht unter der Aufsicht des Staates.
(2) Die Erziehungsberechtigten haben das Recht, über die Teilnahme des Kindes am Religionsunterricht zu bestimmen.
(3) ¹Der Religionsunterricht ist in den öffentlichen Schulen mit Ausnahme der bekenntnisfreien Schulen ordentliches Lehrfach. ²Unbeschadet des staatlichen Aufsichtsrechtes wird der Religionsunterricht in Übereinstimmung mit den Grundsätzen der Religionsgemeinschaften erteilt. ³Kein Lehrer darf gegen seinen Willen verpflichtet werden, Religionsunterricht zu erteilen.
(4) ¹Das Recht zur Errichtung von privaten Schulen wird gewährleistet. ²Private Schulen als Ersatz für öffentliche Schulen bedürfen der Genehmigung des Staates und unterstehen den Landesgesetzen. ³Die Genehmigung ist zu erteilen, wenn die privaten Schulen in ihren Lehrzielen und Einrichtungen sowie in der wissenschaftlichen Ausbildung ihrer Lehrkräfte nicht hinter den öffentlichen Schulen zurückstehen und eine Sonderung der Schüler nach den Besitzverhältnissen der Eltern nicht gefördert wird. ⁴Die Genehmigung ist zu versagen, wenn die wirtschaftliche und rechtliche Stellung der Lehrkräfte nicht genügend gesichert ist.
(5) Eine private Volksschule ist nur zuzulassen, wenn die Unterrichtsverwaltung ein besonderes pädagogisches Interesse anerkennt oder, auf Antrag von Erziehungsberechtigten, wenn sie als Gemeinschaftsschule, als Bekenntnis- oder Weltanschauungsschule errichtet werden soll und eine öffentliche Volksschule dieser Art in der Gemeinde nicht besteht.
(6) Vorschulen bleiben aufgehoben.

Artikel 8 [Versammlungsfreiheit]
(1) Alle Deutschen haben das Recht, sich ohne Anmeldung oder Erlaubnis friedlich und ohne Waffen zu versammeln.
(2) Für Versammlungen unter freiem Himmel kann dieses Recht durch Gesetz oder auf Grund eines Gesetzes beschränkt werden.

Artikel 9 [Vereinigungsfreiheit]
(1) Alle Deutschen haben das Recht, Vereine und Gesellschaften zu bilden.
(2) Vereinigungen, deren Zwecke oder deren Tätigkeit den Strafgesetzen zuwiderlaufen oder die sich gegen die verfassungsmäßige Ordnung oder gegen den Gedanken der Völkerverständigung richten, sind verboten.
(3) ¹Das Recht, zur Wahrung und Förderung der Arbeits- und Wirtschaftsbedingungen Vereinigungen zu bilden, ist für jedermann und für alle Berufe gewährleistet. ²Abreden, die dieses Recht einschränken oder zu behindern suchen, sind nichtig, hierauf gerichtete Maßnahmen sind rechtswidrig. ³Maßnahmen nach den Artikeln 12a, 35 Abs. 2 und 3, Artikel 87a Abs. 4 und Artikel 91 dürfen sich nicht gegen Arbeitskämpfe richten, die zur Wahrung und Förderung der Arbeits- und Wirtschaftsbedingungen von Vereinigungen im Sinne des Satzes 1 geführt werden.

Artikel 10 [Brief-, Post- und Fernmeldegeheimnis]
(1) Das Briefgeheimnis sowie das Post- und Fernmeldegeheimnis sind unverletzlich.
(2) ¹Beschränkungen dürfen nur auf Grund eines Gesetzes angeordnet werden. ²Dient die Beschränkung dem Schutze der freiheitlichen demokratischen Grundordnung oder des Bestandes oder der Sicherung des Bundes oder eines Landes, so kann das Gesetz bestimmen, daß sie dem Betroffenen nicht mitgeteilt wird

1) Der Begriff „unehelich" ist durch Art. 9 § 2 G zur Neuregelung des Rechts der elterlichen Sorge v. 18.7.1979 (BGBl. I S. 1061) in allen Bundesgesetzen mit Ausnahme des Grundgesetzes durch den Begriff „nicht ehelich" ersetzt worden.

und daß an die Stelle des Rechtsweges die Nachprüfung durch von der Volksvertretung bestellte Organe und Hilfsorgane tritt.

Artikel 11 [Freizügigkeit]
(1) Alle Deutschen genießen Freizügigkeit im ganzen Bundesgebiet.

(2) Dieses Recht darf nur durch Gesetz oder auf Grund eines Gesetzes und nur für die Fälle eingeschränkt werden, in denen eine ausreichende Lebensgrundlage nicht vorhanden ist und der Allgemeinheit daraus besondere Lasten entstehen würden oder in denen es zur Abwehr einer drohenden Gefahr für den Bestand oder die freiheitliche demokratische Grundordnung des Bundes oder eines Landes, zur Bekämpfung von Seuchengefahr, Naturkatastrophen oder besonders schweren Unglücksfällen, zum Schutze der Jugend vor Verwahrlosung oder um strafbaren Handlungen vorzubeugen, erforderlich ist.

Artikel 12 [Berufsfreiheit]
(1) [1]Alle Deutschen haben das Recht, Beruf, Arbeitsplatz und Ausbildungsstätte frei zu wählen. [2]Die Berufsausübung kann durch Gesetz oder auf Grund eines Gesetzes geregelt werden.

(2) Niemand darf zu einer bestimmten Arbeit gezwungen werden, außer im Rahmen einer herkömmlichen allgemeinen, für alle gleichen öffentlichen Dienstleistungspflicht.

(3) Zwangsarbeit ist nur bei einer gerichtlich angeordneten Freiheitsentziehung zulässig.

Artikel 12a [Dienstverpflichtungen]
(1) Männer können vom vollendeten achtzehnten Lebensjahr an zum Dienst in den Streitkräften, im Bundesgrenzschutz[1]) oder in einem Zivilschutzverband verpflichtet werden.

(2) [1]Wer aus Gewissensgründen den Kriegsdienst mit der Waffe verweigert, kann zu einem Ersatzdienst verpflichtet werden. [2]Die Dauer des Ersatzdienstes darf die Dauer des Wehrdienstes nicht übersteigen. [3]Das Nähere regelt ein Gesetz, das die Freiheit der Gewissensentscheidung nicht beeinträchtigen darf und auch eine Möglichkeit des Ersatzdienstes vorsehen muß, die in keinem Zusammenhang mit den Verbänden der Streitkräfte und des Bundesgrenzschutzes[1]) steht.

(3) [1]Wehrpflichtige, die nicht zu einem Dienst nach Absatz 1 oder 2 herangezogen sind, können im Verteidigungsfalle durch Gesetz oder auf Grund eines Gesetzes zu zivilen Dienstleistungen für Zwecke der Verteidigung einschließlich des Schutzes der Zivilbevölkerung in Arbeitsverhältnisse verpflichtet werden; Verpflichtungen in öffentlich-rechtliche Dienstverhältnisse sind nur zur Wahrnehmung polizeilicher Aufgaben oder solcher hoheitlichen Aufgaben der öffentlichen Verwaltung, die nur in einem öffentlich-rechtlichen Dienstverhältnis erfüllt werden können, zulässig. [2]Arbeitsverhältnisse nach Satz 1 können bei den Streitkräften, im Bereich ihrer Versorgung sowie bei der öffentlichen Verwaltung begründet werden; Verpflichtungen in Arbeitsverhältnisse im Bereiche der Versorgung der Zivilbevölkerung sind nur zulässig, um ihren lebensnotwendigen Bedarf zu decken oder ihren Schutz sicherzustellen.

(4) [1]Kann im Verteidigungsfalle der Bedarf an zivilen Dienstleistungen im zivilen Sanitäts- und Heilwesen sowie in der ortsfesten militärischen Lazarettorganisation nicht auf freiwilliger Grundlage gedeckt werden, so können Frauen vom vollendeten achtzehnten bis zum vollendeten fünfundfünfzigsten Lebensjahr durch Gesetz oder auf Grund eines Gesetzes zu derartigen Dienstleistungen herangezogen werden. [2]Sie dürfen auf keinen Fall zum Dienst mit der Waffe verpflichtet werden.

(5) [1]Für die Zeit vor dem Verteidigungsfalle können Verpflichtungen nach Absatz 3 nur nach Maßgabe des Artikels 80a Abs. 1 begründet werden. [2]Zur Vorbereitung auf Dienstleistungen nach Absatz 3, für die besondere Kenntnisse oder Fertigkeiten erforderlich sind, kann durch Gesetz oder auf Grund eines Gesetzes die Teilnahme an Ausbildungsveranstaltungen zur Pflicht gemacht werden. [3]Satz 1 findet insoweit keine Anwendung.

(6) [1]Kann im Verteidigungsfalle der Bedarf an Arbeitskräften für die in Absatz 3 Satz 2 genannten Bereiche auf freiwilliger Grundlage nicht gedeckt werden, so kann zur Sicherung dieses Bedarfs die Freiheit der Deutschen, die Ausübung eines Berufs oder den Arbeitsplatz aufzugeben, durch Gesetz oder auf Grund eines Gesetzes eingeschränkt werden. [2]Vor Eintritt des Verteidigungsfalles gilt Absatz 5 Satz 1 entsprechend.

Artikel 13 [Unverletzlichkeit der Wohnung]
(1) Die Wohnung ist unverletzlich.

(2) Durchsuchungen dürfen nur durch den Richter, bei Gefahr im Verzuge auch durch die in den Gesetzen vorgesehenen anderen Organe angeordnet und nur in der dort vorgeschriebenen Form durchgeführt werden.

1) Jetzt: „Bundespolizei".

(3) ¹Begründen bestimmte Tatsachen den Verdacht, daß jemand eine durch Gesetz einzeln bestimmte besonders schwere Straftat begangen hat, so dürfen zur Verfolgung der Tat auf Grund richterlicher Anordnung technische Mittel zur akustischen Überwachung von Wohnungen, in denen der Beschuldigte sich vermutlich aufhält, eingesetzt werden, wenn die Erforschung des Sachverhalts auf andere Weise unverhältnismäßig erschwert oder aussichtslos wäre. ²Die Maßnahme ist zu befristen. ³Die Anordnung erfolgt durch einen mit drei Richtern besetzten Spruchkörper. ⁴Bei Gefahr im Verzuge kann sie auch durch einen einzelnen Richter getroffen werden.

(4) ¹Zur Abwehr dringender Gefahren für die öffentliche Sicherheit, insbesondere einer gemeinen Gefahr oder einer Lebensgefahr, dürfen technische Mittel zur Überwachung von Wohnungen nur auf Grund richterlicher Anordnung eingesetzt werden. ²Bei Gefahr im Verzuge kann die Maßnahme auch durch eine andere gesetzlich bestimmte Stelle angeordnet werden; eine richterliche Entscheidung ist unverzüglich nachzuholen.

(5) ¹Sind technische Mittel ausschließlich zum Schutze der bei einem Einsatz in Wohnungen tätigen Personen vorgesehen, kann die Maßnahme durch eine gesetzlich bestimmte Stelle angeordnet werden. ²Eine anderweitige Verwertung der hierbei erlangten Erkenntnisse ist nur zum Zwecke der Strafverfolgung oder der Gefahrenabwehr und nur zulässig, wenn zuvor die Rechtmäßigkeit der Maßnahme richterlich festgestellt ist; bei Gefahr im Verzuge ist die richterliche Entscheidung unverzüglich nachzuholen.

(6) ¹Die Bundesregierung unterrichtet den Bundestag jährlich über den nach Absatz 3 sowie über den im Zuständigkeitsbereich des Bundes nach Absatz 4 und, soweit richterlich überprüfungsbedürftig, nach Absatz 5 erfolgten Einsatz technischer Mittel. ²Ein vom Bundestag gewähltes Gremium übt auf der Grundlage dieses Berichts die parlamentarische Kontrolle aus. ³Die Länder gewährleisten eine gleichwertige parlamentarische Kontrolle.

(7) Eingriffe und Beschränkungen dürfen im übrigen nur zur Abwehr einer gemeinen Gefahr oder einer Lebensgefahr für einzelne Personen, auf Grund eines Gesetzes auch zur Verhütung dringender Gefahren für die öffentliche Sicherheit und Ordnung, insbesondere zur Behebung der Raumnot, zur Bekämpfung von Seuchengefahr oder zum Schutze gefährdeter Jugendlicher vorgenommen werden.

Artikel 14 [Eigentum, Erbrecht und Enteignung]

(1) ¹Das Eigentum und das Erbrecht werden gewährleistet. ²Inhalt und Schranken werden durch die Gesetze bestimmt.

(2) ¹Eigentum verpflichtet. ²Sein Gebrauch soll zugleich dem Wohle der Allgemeinheit dienen.

(3) ¹Eine Enteignung ist nur zum Wohle der Allgemeinheit zulässig. ²Sie darf nur durch Gesetz oder auf Grund eines Gesetzes erfolgen, das Art und Ausmaß der Entschädigung regelt. ³Die Entschädigung ist unter gerechter Abwägung der Interessen der Allgemeinheit und der Beteiligten zu bestimmen. ⁴Wegen der Höhe der Entschädigung steht im Streitfalle der Rechtsweg vor den ordentlichen Gerichten offen.

Artikel 15 [Sozialisierung, Überführung in Gemeineigentum]

¹Grund und Boden, Naturschätze und Produktionsmittel können zum Zwecke der Vergesellschaftung durch ein Gesetz, das Art und Ausmaß der Entschädigung regelt, in Gemeineigentum oder in andere Formen der Gemeinwirtschaft überführt werden. ²Für die Entschädigung gilt Artikel 14 Abs. 3 Satz 3 und 4 entsprechend.

Artikel 16 [Ausbürgerung, Auslieferung]

(1) ¹Die deutsche Staatsangehörigkeit darf nicht entzogen werden. ²Der Verlust der Staatsangehörigkeit darf nur auf Grund eines Gesetzes und gegen den Willen des Betroffenen nur dann eintreten, wenn der Betroffene dadurch nicht staatenlos wird.

(2) ¹Kein Deutscher darf an das Ausland ausgeliefert werden. ²Durch Gesetz kann eine abweichende Regelung für Auslieferungen an einen Mitgliedstaat der Europäischen Union oder an einen internationalen Gerichtshof getroffen werden, soweit rechtsstaatliche Grundsätze gewahrt sind.

Artikel 16a [Asylrecht]

(1) Politisch Verfolgte genießen Asylrecht.

(2) ¹Auf Absatz 1 kann sich nicht berufen, wer aus einem Mitgliedstaat der Europäischen Gemeinschaften oder aus einem anderen Drittstaat einreist, in dem die Anwendung des Abkommens über die Rechtsstellung der Flüchtlinge und der Konvention zum Schutze der Menschenrechte und Grundfreiheiten sichergestellt ist. ²Die Staaten außerhalb der Europäischen Gemeinschaften, auf die die Voraussetzungen des Satzes 1 zutreffen, werden durch Gesetz, das der Zustimmung des Bundesrates bedarf, bestimmt. ³In den Fällen des Satzes 1 können aufenthaltsbeendende Maßnahmen unabhängig von einem hiergegen eingelegten Rechtsbehelf vollzogen werden.

(3) ¹Durch Gesetz, das der Zustimmung des Bundesrates bedarf, können Staaten bestimmt werden, bei denen auf Grund der Rechtslage, der Rechtsanwendung und der allgemeinen politischen Verhältnisse gewährleistet erscheint, daß dort weder politische Verfolgung noch unmenschliche oder erniedrigende Bestrafung oder Behandlung stattfindet. ²Es wird vermutet, daß ein Ausländer aus einem solchen Staat nicht verfolgt wird, solange er nicht Tatsachen vorträgt, die die Annahme begründen, daß er entgegen dieser Vermutung politisch verfolgt wird.

(4) ¹Die Vollziehung aufenthaltsbeendender Maßnahmen wird in den Fällen des Absatzes 3 und in anderen Fällen, die offensichtlich unbegründet sind oder als offensichtlich unbegründet gelten, durch das Gericht nur ausgesetzt, wenn ernstliche Zweifel an der Rechtmäßigkeit der Maßnahme bestehen; der Prüfungsumfang kann eingeschränkt werden und verspätetes Vorbringen unberücksichtigt bleiben. ²Das Nähere ist durch Gesetz zu bestimmen.

(5) Die Absätze 1 bis 4 stehen völkerrechtlichen Verträgen von Mitgliedstaaten der Europäischen Gemeinschaften untereinander und mit dritten Staaten nicht entgegen, die unter Beachtung der Verpflichtungen aus dem Abkommen über die Rechtsstellung der Flüchtlinge und der Konvention zum Schutze der Menschenrechte und Grundfreiheiten, deren Anwendung in den Vertragsstaaten sichergestellt sein muß, Zuständigkeitsregelungen für die Prüfung von Asylbegehren einschließlich der gegenseitigen Anerkennung von Asylentscheidungen treffen.

Artikel 17 [Petitionsrecht]
Jedermann hat das Recht, sich einzeln oder in Gemeinschaft mit anderen schriftlich mit Bitten oder Beschwerden an die zuständigen Stellen und an die Volksvertretung zu wenden.

Artikel 17a [Grundrechtseinschränkungen bei Wehr- und Ersatzdienst]
(1) Gesetze über Wehrdienst und Ersatzdienst können bestimmen, daß für die Angehörigen der Streitkräfte und des Ersatzdienstes während der Zeit des Wehr- oder Ersatzdienstes das Grundrecht, seine Meinung in Wort, Schrift und Bild frei zu äußern und zu verbreiten (Artikel 5 Abs. 1 Satz 1 erster Halbsatz), das Grundrecht der Versammlungsfreiheit (Artikel 8) und das Petitionsrecht (Artikel 17), soweit es das Recht gewährt, Bitten oder Beschwerden in Gemeinschaft mit anderen vorzubringen, eingeschränkt werden.
(2) Gesetze, die der Verteidigung einschließlich des Schutzes der Zivilbevölkerung dienen, können bestimmen, daß die Grundrechte der Freizügigkeit (Artikel 11) und der Unverletzlichkeit der Wohnung (Artikel 13) eingeschränkt werden.

Artikel 18 [Verwirkung von Grundrechten]
¹Wer die Freiheit der Meinungsäußerung, insbesondere die Pressefreiheit (Artikel 5 Abs. 1), die Lehrfreiheit (Artikel 5 Abs. 3), die Versammlungsfreiheit (Artikel 8), die Vereinigungsfreiheit (Artikel 9), das Brief-, Post- und Fernmeldegeheimnis (Artikel 10), das Eigentum (Artikel 14) oder das Asylrecht (Artikel 16a) zum Kampfe gegen die freiheitliche demokratische Grundordnung mißbraucht, verwirkt diese Grundrechte. ²Die Verwirkung und ihr Ausmaß werden durch das Bundesverfassungsgericht ausgesprochen.

Artikel 19 [Einschränkung von Grundrechten; Grundrechtsträger; Rechtsschutz]
(1) ¹Soweit nach diesem Grundgesetz ein Grundrecht durch Gesetz oder auf Grund eines Gesetzes eingeschränkt werden kann, muß das Gesetz allgemein und nicht nur für den Einzelfall gelten. ²Außerdem muß das Gesetz das Grundrecht unter Angabe des Artikels nennen.
(2) In keinem Falle darf ein Grundrecht in seinem Wesensgehalt angetastet werden.
(3) Die Grundrechte gelten auch für inländische juristische Personen, soweit sie ihrem Wesen nach auf diese anwendbar sind.
(4) ¹Wird jemand durch die öffentliche Gewalt in seinen Rechten verletzt, so steht ihm der Rechtsweg offen. ²Soweit eine andere Zuständigkeit nicht begründet ist, ist der ordentliche Rechtsweg gegeben. ³Artikel 10 Abs. 2 Satz 2 bleibt unberührt.

II. Der
Bund und die Länder

Artikel 20 [Bundesstaatliche Verfassung; Widerstandsrecht]
(1) Die Bundesrepublik Deutschland ist ein demokratischer und sozialer Bundesstaat.
(2) ¹Alle Staatsgewalt geht vom Volke aus. ²Sie wird vom Volke in Wahlen und Abstimmungen und durch besondere Organe der Gesetzgebung, der vollziehenden Gewalt und der Rechtsprechung ausgeübt.
(3) Die Gesetzgebung ist an die verfassungsmäßige Ordnung, die vollziehende Gewalt und die Rechtsprechung sind an Gesetz und Recht gebunden.

(4) Gegen jeden, der es unternimmt, diese Ordnung zu beseitigen, haben alle Deutschen das Recht zum Widerstand, wenn andere Abhilfe nicht möglich ist.

Artikel 20a [Schutz der natürlichen Lebensgrundlagen]

Der Staat schützt auch in Verantwortung für die künftigen Generationen die natürlichen Lebensgrundlagen und die Tiere im Rahmen der verfassungsmäßigen Ordnung durch die Gesetzgebung und nach Maßgabe von Gesetz und Recht durch die vollziehende Gewalt und die Rechtsprechung.

Artikel 21 [Parteien]

(1) ^1Die Parteien wirken bei der politischen Willensbildung des Volkes mit. ^2Ihre Gründung ist frei. ^3Ihre innere Ordnung muß demokratischen Grundsätzen entsprechen. ^4Sie müssen über die Herkunft und Verwendung ihrer Mittel sowie über ihr Vermögen öffentlich Rechenschaft geben.

(2) Parteien, die nach ihren Zielen oder nach dem Verhalten ihrer Anhänger darauf ausgehen, die freiheitliche demokratische Grundordnung zu beeinträchtigen oder zu beseitigen oder den Bestand der Bundesrepublik Deutschland zu gefährden, sind verfassungswidrig.

(3) ^1Parteien, die nach ihren Zielen oder dem Verhalten ihrer Anhänger darauf ausgerichtet sind, die freiheitliche demokratische Grundordnung zu beeinträchtigen oder zu beseitigen oder den Bestand der Bundesrepublik Deutschland zu gefährden, sind von staatlicher Finanzierung ausgeschlossen. ^2Wird der Ausschluss festgestellt, so entfällt auch eine steuerliche Begünstigung dieser Parteien und von Zuwendungen an diese Parteien.

(4) Über die Frage der Verfassungswidrigkeit nach Absatz 2 sowie über den Ausschluss von staatlicher Finanzierung nach Absatz 3 entscheidet das Bundesverfassungsgericht.

(5) Das Nähere regeln Bundesgesetze.

Artikel 22 [Bundeshauptstadt, Bundesflagge]

(1) ^1Die Hauptstadt der Bundesrepublik Deutschland ist Berlin. ^2Die Repräsentation des Gesamtstaates in der Hauptstadt ist Aufgabe des Bundes. ^3Das Nähere wird durch Bundesgesetz geregelt.

(2) Die Bundesflagge ist schwarz-rot-gold.

Artikel 23 [Verwirklichung der Europäischen Union; Beteiligung des Bundesrates, der Bundesregierung]

(1) ^1Zur Verwirklichung eines vereinten Europas wirkt die Bundesrepublik Deutschland bei der Entwicklung der Europäischen Union mit, die demokratischen, rechtsstaatlichen, sozialen und föderativen Grundsätzen und dem Grundsatz der Subsidiarität verpflichtet ist und einen diesem Grundgesetz im wesentlichen vergleichbaren Grundrechtsschutz gewährleistet. ^2Der Bund kann hierzu durch Gesetz mit Zustimmung des Bundesrates Hoheitsrechte übertragen. ^3Für die Begründung der Europäischen Union sowie für Änderungen ihrer vertraglichen Grundlagen und vergleichbare Regelungen, durch die dieses Grundgesetz seinem Inhalt nach geändert oder ergänzt wird oder solche Änderungen oder Ergänzungen ermöglicht werden, gilt Artikel 79 Abs. 2 und 3.

(1a) ^1Der Bundestag und der Bundesrat haben das Recht, wegen Verstoßes eines Gesetzgebungsakts der Europäischen Union gegen das Subsidiaritätsprinzip vor dem Gerichtshof der Europäischen Union Klage zu erheben. ^2Der Bundestag ist hierzu auf Antrag eines Viertels seiner Mitglieder verpflichtet. ^3Durch Gesetz, das der Zustimmung des Bundesrates bedarf, können für die Wahrnehmung der Rechte, die dem Bundestag und dem Bundesrat in den vertraglichen Grundlagen der Europäischen Union eingeräumt sind, Ausnahmen von Artikel 42 Abs. 2 Satz 1 und Artikel 52 Abs. 3 Satz 1 zugelassen werden.

(2) ^1In Angelegenheiten der Europäischen Union wirken der Bundestag und durch den Bundesrat die Länder mit. ^2Die Bundesregierung hat den Bundestag und den Bundesrat umfassend und zum frühestmöglichen Zeitpunkt zu unterrichten.

(3) ^1Die Bundesregierung gibt dem Bundestag Gelegenheit zur Stellungnahme vor ihrer Mitwirkung an Rechtsetzungsakten der Europäischen Union. ^2Die Bundesregierung berücksichtigt die Stellungnahmen des Bundestages bei den Verhandlungen. ^3Das Nähere regelt ein Gesetz.

(4) Der Bundesrat ist an der Willensbildung des Bundes zu beteiligen, soweit er an einer entsprechenden innerstaatlichen Maßnahme mitzuwirken hätte oder soweit die Länder innerstaatlich zuständig wären.

(5) ^1Soweit in einem Bereich ausschließlicher Zuständigkeiten des Bundes Interessen der Länder berührt sind oder soweit im übrigen der Bund das Recht zur Gesetzgebung hat, berücksichtigt die Bundesregierung die Stellungnahme des Bundesrates. ^2Wenn im Schwerpunkt Gesetzgebungsbefugnisse der Länder, die Einrichtung ihrer Behörden oder ihre Verwaltungsverfahren betroffen sind, ist bei der Willensbildung des Bundes insoweit die Auffassung des Bundesrates maßgeblich zu berücksichtigen; dabei ist die gesamtstaatliche Verantwortung des Bundes zu wahren. ^3In Angelegenheiten, die zu Ausgabenerhöhungen oder

Einnahmeminderungen für den Bund führen können, ist die Zustimmung der Bundesregierung erforderlich.

(6) [1]Wenn im Schwerpunkt ausschließliche Gesetzgebungsbefugnisse der Länder auf den Gebieten der schulischen Bildung, der Kultur oder des Rundfunks betroffen sind, wird die Wahrnehmung der Rechte, die der Bundesrepublik Deutschland als Mitgliedstaat der Europäischen Union zustehen, vom Bund auf einen vom Bundesrat benannten Vertreter der Länder übertragen. [2]Die Wahrnehmung der Rechte erfolgt unter Beteiligung und in Abstimmung mit der Bundesregierung; dabei ist die gesamtstaatliche Verantwortung des Bundes zu wahren.

(7) Das Nähere zu den Absätzen 4 bis 6 regelt ein Gesetz, das der Zustimmung des Bundesrates bedarf.

Artikel 24 [Kollektives Sicherheitssystem]

(1) Der Bund kann durch Gesetz Hoheitsrechte auf zwischenstaatliche Einrichtungen übertragen.

(1a) Soweit die Länder für die Ausübung der staatlichen Befugnisse und die Erfüllung der staatlichen Aufgaben zuständig sind, können sie mit Zustimmung der Bundesregierung Hoheitsrechte auf grenznachbarschaftliche Einrichtungen übertragen.

(2) Der Bund kann sich zur Wahrung des Friedens einem System gegenseitiger kollektiver Sicherheit einordnen; er wird hierbei in die Beschränkungen seiner Hoheitsrechte einwilligen, die eine friedliche und dauerhafte Ordnung in Europa und zwischen den Völkern der Welt herbeiführen und sichern.

(3) Zur Regelung zwischenstaatlicher Streitigkeiten wird der Bund Vereinbarungen über eine allgemeine, umfassende, obligatorische, internationale Schiedsgerichtsbarkeit beitreten.

Artikel 25 [Allgemeines Völkerrecht als Bestandteil des Bundesrechts]

[1]Die allgemeinen Regeln des Völkerrechtes sind Bestandteil des Bundesrechtes. [2]Sie gehen den Gesetzen vor und erzeugen Rechte und Pflichten unmittelbar für die Bewohner des Bundesgebietes.

Artikel 26 [Verbot des Angriffskrieges]

(1) [1]Handlungen, die geeignet sind und in der Absicht vorgenommen werden, das friedliche Zusammenleben der Völker zu stören, insbesondere die Führung eines Angriffskrieges vorzubereiten, sind verfassungswidrig. [2]Sie sind unter Strafe zu stellen.

(2) [1]Zur Kriegführung bestimmte Waffen dürfen nur mit Genehmigung der Bundesregierung hergestellt, befördert und in Verkehr gebracht werden. [2]Das Nähere regelt ein Bundesgesetz.

Artikel 27 [Handelsflotte]

Alle deutschen Kauffahrteischiffe bilden eine einheitliche Handelsflotte.

Artikel 28 [Verfassung der Länder]

(1) [1]Die verfassungsmäßige Ordnung in den Ländern muß den Grundsätzen des republikanischen, demokratischen und sozialen Rechtsstaates im Sinne dieses Grundgesetzes entsprechen. [2]In den Ländern, Kreisen und Gemeinden muß das Volk eine Vertretung haben, die aus allgemeinen, unmittelbaren, freien, gleichen und geheimen Wahlen hervorgegangen ist. [3]Bei Wahlen in Kreisen und Gemeinden sind auch Personen, die die Staatsangehörigkeit eines Mitgliedstaates der Europäischen Gemeinschaft besitzen, nach Maßgabe von Recht der Europäischen Gemeinschaft wahlberechtigt und wählbar. [4]In Gemeinden kann an die Stelle einer gewählten Körperschaft die Gemeindeversammlung treten.

(2) [1]Den Gemeinden muß das Recht gewährleistet sein, alle Angelegenheiten der örtlichen Gemeinschaft im Rahmen der Gesetze in eigener Verantwortung zu regeln. [2]Auch die Gemeindeverbände haben im Rahmen ihres gesetzlichen Aufgabenbereiches nach Maßgabe der Gesetze das Recht der Selbstverwaltung. [3]Die Gewährleistung der Selbstverwaltung umfaßt auch die Grundlagen der finanziellen Eigenverantwortung; zu diesen Grundlagen gehört eine den Gemeinden mit Hebesatzrecht zustehende wirtschaftskraftbezogene Steuerquelle.

(3) Der Bund gewährleistet, daß die verfassungsmäßige Ordnung der Länder den Grundrechten und den Bestimmungen der Absätze 1 und 2 entspricht.

Artikel 29 [Neugliederung des Bundesgebietes]

(1) [1]Das Bundesgebiet kann neu gegliedert werden, um zu gewährleisten, daß die Länder nach Größe und Leistungsfähigkeit die ihnen obliegenden Aufgaben wirksam erfüllen können. [2]Dabei sind die landsmannschaftliche Verbundenheit, die geschichtlichen und kulturellen Zusammenhänge, die wirtschaftliche Zweckmäßigkeit sowie die Erfordernisse der Raumordnung und der Landesplanung zu berücksichtigen.

(2) [1]Maßnahmen zur Neugliederung des Bundesgebietes ergehen durch Bundesgesetz, das der Bestätigung durch Volksentscheid bedarf. [2]Die betroffenen Länder sind zu hören.

(3) [1]Der Volksentscheid findet in den Ländern statt, aus deren Gebieten oder Gebietsteilen ein neues oder neu umgrenztes Land gebildet werden soll (betroffene Länder). [2]Abzustimmen ist über die Frage, ob die

betroffenen Länder wie bisher bestehenbleiben sollen oder ob das neue oder neu umgrenzte Land gebildet werden soll. [3]Der Volksentscheid für die Bildung eines neuen oder neu umgrenzten Landes kommt zustande, wenn in dessen künftigem Gebiet und insgesamt in den Gebieten oder Gebietsteilen eines betroffenen Landes, deren Landeszugehörigkeit im gleichen Sinne geändert werden soll, jeweils eine Mehrheit der Änderung zustimmt. [4]Er kommt nicht zustande, wenn im Gebiet eines der betroffenen Länder eine Mehrheit die Änderung ablehnt; die Ablehnung ist jedoch unbeachtlich, wenn in einem Gebietsteil, dessen Zugehörigkeit zu dem betroffenen Land geändert werden soll, eine Mehrheit von zwei Dritteln der Änderung zustimmt, es sei denn, daß im Gesamtgebiet des betroffenen Landes eine Mehrheit von zwei Dritteln die Änderung ablehnt.

(4) Wird in einem zusammenhängenden, abgegrenzten Siedlungs- und Wirtschaftsraum, dessen Teile in mehreren Ländern liegen und der mindestens eine Million Einwohner hat, von einem Zehntel der in ihm zum Bundestag Wahlberechtigten durch Volksbegehren gefordert, daß für diesen Raum eine einheitliche Landeszugehörigkeit herbeigeführt werde, so ist durch Bundesgesetz innerhalb von zwei Jahren entweder zu bestimmen, ob die Landeszugehörigkeit gemäß Absatz 2 geändert wird, oder daß in den betroffenen Ländern eine Volksbefragung stattfindet.

(5) [1]Die Volksbefragung ist darauf gerichtet festzustellen, ob eine in dem Gesetz vorzuschlagende Änderung der Landeszugehörigkeit Zustimmung findet. [2]Das Gesetz kann verschiedene, jedoch nicht mehr als zwei Vorschläge der Volksbefragung vorlegen. [3]Stimmt eine Mehrheit einer vorgeschlagenen Änderung der Landeszugehörigkeit zu, so ist durch Bundesgesetz innerhalb von zwei Jahren zu bestimmen, ob die Landeszugehörigkeit gemäß Absatz 2 geändert wird. [4]Findet ein der Volksbefragung vorgelegter Vorschlag eine den Maßgaben des Absatzes 3 Satz 3 und 4 entsprechende Zustimmung, so ist innerhalb von zwei Jahren nach der Durchführung der Volksbefragung ein Bundesgesetz zur Bildung des vorgeschlagenen Landes zu erlassen, das der Bestätigung durch Volksentscheid nicht mehr bedarf.

(6) [1]Mehrheit im Volksentscheid und in der Volksbefragung ist die Mehrheit der abgegebenen Stimmen, wenn sie mindestens ein Viertel der zum Bundestag Wahlberechtigten umfaßt. [2]Im übrigen wird das Nähere über Volksentscheid, Volksbegehren und Volksbefragung durch ein Bundesgesetz geregelt; dieses kann auch vorsehen, daß Volksbegehren innerhalb eines Zeitraumes von fünf Jahren nicht wiederholt werden können.

(7) [1]Sonstige Änderungen des Gebietsbestandes der Länder können durch Staatsverträge der beteiligten Länder oder durch Bundesgesetz mit Zustimmung des Bundesrates erfolgen, wenn das Gebiet, dessen Landeszugehörigkeit geändert werden soll, nicht mehr als 50 000 Einwohner hat. [2]Das Nähere regelt ein Bundesgesetz, das der Zustimmung des Bundesrates und der Mehrheit der Mitglieder des Bundestages bedarf. [3]Es muß die Anhörung der betroffenen Gemeinden und Kreise vorsehen.

(8) [1]Die Länder können eine Neugliederung für das jeweils von ihnen umfaßte Gebiet oder für Teilgebiete abweichend von den Vorschriften der Absätze 2 bis 7 durch Staatsvertrag regeln. [2]Die betroffenen Gemeinden und Kreise sind zu hören. [3]Der Staatsvertrag bedarf der Bestätigung durch Volksentscheid in jedem beteiligten Land. [4]Betrifft der Staatsvertrag Teilgebiete der Länder, kann die Bestätigung auf Volksentscheide in diesen Teilgebieten beschränkt werden; Satz 5 zweiter Halbsatz findet keine Anwendung. [5]Bei einem Volksentscheid entscheidet die Mehrheit der abgegebenen Stimmen, wenn sie mindestens ein Viertel der zum Bundestag Wahlberechtigten umfaßt; das Nähere regelt ein Bundesgesetz. [6]Der Staatsvertrag bedarf der Zustimmung des Bundestages.

Artikel 30 [Funktionen der Länder]
Die Ausübung der staatlichen Befugnisse und die Erfüllung der staatlichen Aufgaben ist Sache der Länder, soweit dieses Grundgesetz keine andere Regelung trifft oder zuläßt.

Artikel 31 [Vorrang des Bundesrechts]
Bundesrecht bricht Landesrecht.

Artikel 32 [Auswärtige Beziehungen]
(1) Die Pflege der Beziehungen zu auswärtigen Staaten ist Sache des Bundes.
(2) Vor dem Abschlusse eines Vertrages, der die besonderen Verhältnisse eines Landes berührt, ist das Land rechtzeitig zu hören.
(3) Soweit die Länder für die Gesetzgebung zuständig sind, können sie mit Zustimmung der Bundesregierung mit auswärtigen Staaten Verträge abschließen.

Artikel 33 [Staatsbürgerliche Rechte]
(1) Jeder Deutsche hat in jedem Lande die gleichen staatsbürgerlichen Rechte und Pflichten.
(2) Jeder Deutsche hat nach seiner Eignung, Befähigung und fachlichen Leistung gleichen Zugang zu jedem öffentlichen Amte.

(3) ^1Der Genuß bürgerlicher und staatsbürgerlicher Rechte, die Zulassung zu öffentlichen Ämtern sowie die im öffentlichen Dienste erworbenen Rechte sind unabhängig von dem religiösen Bekenntnis. ^2Niemandem darf aus seiner Zugehörigkeit oder Nichtzugehörigkeit zu einem Bekenntnisse oder einer Weltanschauung ein Nachteil erwachsen.

(4) Die Ausübung hoheitsrechtlicher Befugnisse ist als ständige Aufgabe in der Regel Angehörigen des öffentlichen Dienstes zu übertragen, die in einem öffentlich-rechtlichen Dienst- und Treueverhältnis stehen.

(5) Das Recht des öffentlichen Dienstes ist unter Berücksichtigung der hergebrachten Grundsätze des Berufsbeamtentums zu regeln und fortzuentwickeln.

Artikel 34 [Haftung bei Amtspflichtverletzung]

^1Verletzt jemand in Ausübung eines ihm anvertrauten öffentlichen Amtes die ihm einem Dritten gegenüber obliegende Amtspflicht, so trifft die Verantwortlichkeit grundsätzlich den Staat oder die Körperschaft, in deren Dienst er steht. ^2Bei Vorsatz oder grober Fahrlässigkeit bleibt der Rückgriff vorbehalten. ^3Für den Anspruch auf Schadensersatz und für den Rückgriff darf der ordentliche Rechtsweg nicht ausgeschlossen werden.

Artikel 35 [Rechts- und Amtshilfe]

(1) Alle Behörden des Bundes und der Länder leisten sich gegenseitig Rechts- und Amtshilfe.

(2) ^1Zur Aufrechterhaltung oder Wiederherstellung der öffentlichen Sicherheit oder Ordnung kann ein Land in Fällen von besonderer Bedeutung Kräfte und Einrichtungen des Bundesgrenzschutzes$^{1)}$ zur Unterstützung seiner Polizei anfordern, wenn die Polizei ohne diese Unterstützung eine Aufgabe nicht oder nur unter erheblichen Schwierigkeiten erfüllen könnte. ^2Zur Hilfe bei einer Naturkatastrophe oder bei einem besonders schweren Unglücksfall kann ein Land Polizeikräfte anderer Länder, Kräfte und Einrichtungen anderer Verwaltungen sowie des Bundesgrenzschutzes$^{1)}$ und der Streitkräfte anfordern.

(3) ^1Gefährdet die Naturkatastrophe oder der Unglücksfall das Gebiet mehr als eines Landes, so kann die Bundesregierung, soweit es zur wirksamen Bekämpfung erforderlich ist, den Landesregierungen die Weisung erteilen, Polizeikräfte anderen Ländern zur Verfügung zu stellen, sowie Einheiten des Bundesgrenzschutzes$^{1)}$ und der Streitkräfte zur Unterstützung der Polizeikräfte einsetzen. ^2Maßnahmen der Bundesregierung nach Satz 1 sind jederzeit auf Verlangen des Bundesrates, im übrigen unverzüglich nach Beseitigung der Gefahr aufzuheben.

Artikel 36 [Beamte der Bundesbehörden]

(1) ^1Bei den obersten Bundesbehörden sind Beamte aus allen Ländern in angemessenem Verhältnis zu verwenden. ^2Die bei den übrigen Bundesbehörden beschäftigten Personen sollen in der Regel aus dem Lande genommen werden, in dem sie tätig sind.

(2) Die Wehrgesetze haben auch die Gliederung des Bundes in Länder und ihre besonderen landsmannschaftlichen Verhältnisse zu berücksichtigen.

Artikel 37 [Bundeszwang]

(1) Wenn ein Land die ihm nach dem Grundgesetze oder einem anderen Bundesgesetze obliegenden Bundespflichten nicht erfüllt, kann die Bundesregierung mit Zustimmung des Bundesrates die notwendigen Maßnahmen treffen, um das Land im Wege des Bundeszwanges zur Erfüllung seiner Pflichten anzuhalten.

(2) Zur Durchführung des Bundeszwanges hat die Bundesregierung oder ihr Beauftragter das Weisungsrecht gegenüber allen Ländern und ihren Behörden.

III. Der
Bundestag

Artikel 38 [Wahl]

(1) ^1Die Abgeordneten des Deutschen Bundestages werden in allgemeiner, unmittelbarer, freier, gleicher und geheimer Wahl gewählt. ^2Sie sind Vertreter des ganzen Volkes, an Aufträge und Weisungen nicht gebunden und nur ihrem Gewissen unterworfen.

(2) Wahlberechtigt ist, wer das achtzehnte Lebensjahr vollendet hat; wählbar ist, wer das Alter erreicht hat, mit dem die Volljährigkeit eintritt.

(3) Das Nähere bestimmt ein Bundesgesetz.

1) Jetzt: „Bundespolizei".

Artikel 39 [Zusammentritt und Wahlperiode]

(1) [1]Der Bundestag wird vorbehaltlich der nachfolgenden Bestimmungen auf vier Jahre gewählt. [2]Seine Wahlperiode endet mit dem Zusammentritt eines neuen Bundestages. [3]Die Neuwahl findet frühestens sechsundvierzig, spätestens achtundvierzig Monate nach Beginn der Wahlperiode statt. [4]Im Falle einer Auflösung des Bundestages findet die Neuwahl innerhalb von sechzig Tagen statt.

(2) Der Bundestag tritt spätestens am dreißigsten Tage nach der Wahl zusammen.

(3) [1]Der Bundestag bestimmt den Schluß und den Wiederbeginn seiner Sitzungen. [2]Der Präsident des Bundestages kann ihn früher einberufen. [3]Er ist hierzu verpflichtet, wenn ein Drittel der Mitglieder, der Bundespräsident oder der Bundeskanzler es verlangen.

Artikel 40 [Präsident; Geschäftsordnung]

(1) [1]Der Bundestag wählt seinen Präsidenten, dessen Stellvertreter und die Schriftführer. [2]Er gibt sich eine Geschäftsordnung.

(2) [1]Der Präsident übt das Hausrecht und die Polizeigewalt im Gebäude des Bundestages aus. [2]Ohne seine Genehmigung darf in den Räumen des Bundestages keine Durchsuchung oder Beschlagnahme stattfinden.

Artikel 41 [Wahlprüfung]

(1) [1]Die Wahlprüfung ist Sache des Bundestages. [2]Er entscheidet auch, ob ein Abgeordneter des Bundestages die Mitgliedschaft verloren hat.

(2) Gegen die Entscheidung des Bundestages ist die Beschwerde an das Bundesverfassungsgericht zulässig.

(3) Das Nähere regelt ein Bundesgesetz.

Artikel 42 [Öffentlichkeit der Sitzungen; Mehrheitsprinzip]

(1) [1]Der Bundestag verhandelt öffentlich. [2]Auf Antrag eines Zehntels seiner Mitglieder oder auf Antrag der Bundesregierung kann mit Zweidrittelmehrheit die Öffentlichkeit ausgeschlossen werden. [3]Über den Antrag wird in nichtöffentlicher Sitzung entschieden.

(2) [1]Zu einem Beschlusse des Bundestages ist die Mehrheit der abgegebenen Stimmen erforderlich, soweit dieses Grundgesetz nichts anderes bestimmt. [2]Für die vom Bundestage vorzunehmenden Wahlen kann die Geschäftsordnung Ausnahmen zulassen.

(3) Wahrheitsgetreue Berichte über die öffentlichen Sitzungen des Bundestages und seiner Ausschüsse bleiben von jeder Verantwortlichkeit frei.

Artikel 43 [Anwesenheit der Bundesregierung]

(1) Der Bundestag und seine Ausschüsse können die Anwesenheit jedes Mitgliedes der Bundesregierung verlangen.

(2) [1]Die Mitglieder des Bundesrates und der Bundesregierung sowie ihre Beauftragten haben zu allen Sitzungen des Bundestages und seiner Ausschüsse Zutritt. [2]Sie müssen jederzeit gehört werden.

Artikel 44 [Untersuchungsausschüsse]

(1) [1]Der Bundestag hat das Recht und auf Antrag eines Viertels seiner Mitglieder die Pflicht, einen Untersuchungsausschuß einzusetzen, der in öffentlicher Verhandlung die erforderlichen Beweise erhebt. [2]Die Öffentlichkeit kann ausgeschlossen werden.

(2) [1]Auf Beweiserhebungen finden die Vorschriften über den Strafprozeß sinngemäß Anwendung. [2]Das Brief-, Post- und Fernmeldegeheimnis bleibt unberührt.

(3) Gerichte und Verwaltungsbehörden sind zur Rechts- und Amtshilfe verpflichtet.

(4) [1]Die Beschlüsse der Untersuchungsausschüsse sind der richterlichen Erörterung entzogen. [2]In der Würdigung und Beurteilung des der Untersuchung zugrunde liegenden Sachverhaltes sind die Gerichte frei.

Artikel 45 [Ausschuss für die Angelegenheiten der Europäischen Union]

[1]Der Bundestag bestellt einen Ausschuß für die Angelegenheiten der Europäischen Union. [2]Er kann ihn ermächtigen, die Rechte des Bundestages gemäß Artikel 23 gegenüber der Bundesregierung wahrzunehmen. [3]Er kann ihn auch ermächtigen, die Rechte wahrzunehmen, die dem Bundestag in den vertraglichen Grundlagen der Europäischen Union eingeräumt sind.

Artikel 45a [Ausschüsse für auswärtige Angelegenheiten und für Verteidigung]

(1) Der Bundestag bestellt einen Ausschuß für auswärtige Angelegenheiten und einen Ausschuß für Verteidigung.

(2) [1]Der Ausschuß für Verteidigung hat auch die Rechte eines Untersuchungsausschusses. [2]Auf Antrag eines Viertels seiner Mitglieder hat er die Pflicht, eine Angelegenheit zum Gegenstand seiner Untersuchung zu machen.

(3) Artikel 44 Abs. 1 findet auf dem Gebiet der Verteidigung keine Anwendung.

Artikel 45b [Wehrbeauftragter des Bundestages]
[1]Zum Schutz der Grundrechte und als Hilfsorgan des Bundestages bei der Ausübung der parlamentarischen Kontrolle wird ein Wehrbeauftragter des Bundestages berufen. [2]Das Nähere regelt ein Bundesgesetz.

Artikel 45c [Petitionsausschuss des Bundestages]
(1) Der Bundestag bestellt einen Petitionsausschuß, dem die Behandlung der nach Artikel 17 an den Bundestag gerichteten Bitten und Beschwerden obliegt.
(2) Die Befugnisse des Ausschusses zur Überprüfung von Beschwerden regelt ein Bundesgesetz.

Artikel 45d Parlamentarisches Kontrollgremium
(1) Der Bundestag bestellt ein Gremium zur Kontrolle der nachrichtendienstlichen Tätigkeit des Bundes.
(2) Das Nähere regelt ein Bundesgesetz.

Artikel 46 [Indemnität und Immunität der Abgeordneten]
(1) [1]Ein Abgeordneter darf zu keiner Zeit wegen seiner Abstimmung oder wegen einer Äußerung, die er im Bundestage oder in einem seiner Ausschüsse getan hat, gerichtlich oder dienstlich verfolgt oder sonst außerhalb des Bundestages zur Verantwortung gezogen werden. [2]Dies gilt nicht für verleumderische Beleidigungen.
(2) Wegen einer mit Strafe bedrohten Handlung darf ein Abgeordneter nur mit Genehmigung des Bundestages zur Verantwortung gezogen oder verhaftet werden, es sei denn, daß er bei Begehung der Tat oder im Laufe des folgenden Tages festgenommen wird.
(3) Die Genehmigung des Bundestages ist ferner bei jeder anderen Beschränkung der persönlichen Freiheit eines Abgeordneten oder zur Einleitung eines Verfahrens gegen einen Abgeordneten gemäß Artikel 18 erforderlich.
(4) Jedes Strafverfahren und jedes Verfahren gemäß Artikel 18 gegen einen Abgeordneten, jede Haft und jede sonstige Beschränkung seiner persönlichen Freiheit sind auf Verlangen des Bundestages auszusetzen.

Artikel 47 [Zeugnisverweigerungsrecht der Abgeordneten]
[1]Die Abgeordneten sind berechtigt, über Personen, die ihnen in ihrer Eigenschaft als Abgeordnete oder denen sie in dieser Eigenschaft Tatsachen anvertraut haben, sowie über diese Tatsachen selbst das Zeugnis zu verweigern. [2]Soweit dieses Zeugnisverweigerungsrecht reicht, ist die Beschlagnahme von Schriftstücken unzulässig.

Artikel 48 [Ansprüche der Abgeordneten]
(1) Wer sich um einen Sitz im Bundestage bewirbt, hat Anspruch auf den zur Vorbereitung seiner Wahl erforderlichen Urlaub.
(2) [1]Niemand darf gehindert werden, das Amt eines Abgeordneten zu übernehmen und auszuüben. [2]Eine Kündigung oder Entlassung aus diesem Grunde ist unzulässig.
(3) [1]Die Abgeordneten haben Anspruch auf eine angemessene, ihre Unabhängigkeit sichernde Entschädigung. [2]Sie haben das Recht der freien Benutzung aller staatlichen Verkehrsmittel. [3]Das Nähere regelt ein Bundesgesetz.

Artikel 49 [aufgehoben]

IV. Der
Bundesrat

Artikel 50 [Aufgabe]
Durch den Bundesrat wirken die Länder bei der Gesetzgebung und Verwaltung des Bundes und in Angelegenheiten der Europäischen Union mit.

Artikel 51 [Zusammensetzung]
(1) [1]Der Bundesrat besteht aus Mitgliedern der Regierungen der Länder, die sie bestellen und abberufen. [2]Sie können durch andere Mitglieder ihrer Regierungen vertreten werden.
(2) Jedes Land hat mindestens drei Stimmen, Länder mit mehr als zwei Millionen Einwohnern haben vier, Länder mit mehr als sechs Millionen Einwohnern fünf, Länder mit mehr als sieben Millionen Einwohnern sechs Stimmen.
(3) [1]Jedes Land kann so viele Mitglieder entsenden, wie es Stimmen hat. [2]Die Stimmen eines Landes können nur einheitlich und nur durch anwesende Mitglieder oder deren Vertreter abgegeben werden.

Artikel 52 [Präsident; Beschlussfassung; Bildung einer Europakammer]
(1) Der Bundesrat wählt seinen Präsidenten auf ein Jahr.
(2) [1]Der Präsident beruft den Bundesrat ein. [2]Er hat ihn einzuberufen, wenn die Vertreter von mindestens zwei Ländern oder die Bundesregierung es verlangen.
(3) [1]Der Bundesrat faßt seine Beschlüsse mit mindestens der Mehrheit seiner Stimmen. [2]Er gibt sich eine Geschäftsordnung. [3]Er verhandelt öffentlich. [4]Die Öffentlichkeit kann ausgeschlossen werden.
(3a) Für Angelegenheiten der Europäischen Union kann der Bundesrat eine Europakammer bilden, deren Beschlüsse als Beschlüsse des Bundesrates gelten; die Anzahl der einheitlich abzugebenden Stimmen der Länder bestimmt sich nach Artikel 51 Abs. 2.
(4) Den Ausschüssen des Bundesrates können andere Mitglieder oder Beauftragte der Regierungen der Länder angehören.

Artikel 53 [Teilnahme der Bundesregierung]
[1]Die Mitglieder der Bundesregierung haben das Recht und auf Verlangen die Pflicht, an den Verhandlungen des Bundesrates und seiner Ausschüsse teilzunehmen. [2]Sie müssen jederzeit gehört werden. [3]Der Bundesrat ist von der Bundesregierung über die Führung der Geschäfte auf dem laufenden zu halten.

IVa. Gemeinsamer
Ausschuß

Artikel 53a [Gemeinsamer Ausschuss]
(1) [1]Der Gemeinsame Ausschuß besteht zu zwei Dritteln aus Abgeordneten des Bundestages, zu einem Drittel aus Mitgliedern des Bundesrates. [2]Die Abgeordneten werden vom Bundestage entsprechend dem Stärkeverhältnis der Fraktionen bestimmt; sie dürfen nicht der Bundesregierung angehören. [3]Jedes Land wird durch ein von ihm bestelltes Mitglied des Bundesrates vertreten; diese Mitglieder sind nicht an Weisungen gebunden. [4]Die Bildung des Gemeinsamen Ausschusses und sein Verfahren werden durch eine Geschäftsordnung geregelt, die vom Bundestage zu beschließen ist und der Zustimmung des Bundesrates bedarf.
(2) [1]Die Bundesregierung hat den Gemeinsamen Ausschuß über ihre Planungen für den Verteidigungsfall zu unterrichten. [2]Die Rechte des Bundestages und seiner Ausschüsse nach Artikel 43 Abs. 1 bleiben unberührt.

V. Der
Bundespräsident

Artikel 54 [Wahl durch die Bundesversammlung]
(1) [1]Der Bundespräsident wird ohne Aussprache von der Bundesversammlung gewählt. [2]Wählbar ist jeder Deutsche, der das Wahlrecht zum Bundestage besitzt und das vierzigste Lebensjahr vollendet hat.
(2) [1]Das Amt des Bundespräsidenten dauert fünf Jahre. [2]Anschließende Wiederwahl ist nur einmal zulässig.
(3) Die Bundesversammlung besteht aus den Mitgliedern des Bundestages und einer gleichen Anzahl von Mitgliedern, die von den Volksvertretungen der Länder nach den Grundsätzen der Verhältniswahl gewählt werden.
(4) [1]Die Bundesversammlung tritt spätestens dreißig Tage vor Ablauf der Amtszeit des Bundespräsidenten, bei vorzeitiger Beendigung spätestens dreißig Tage nach diesem Zeitpunkt zusammen. [2]Sie wird von dem Präsidenten des Bundestages einberufen.
(5) Nach Ablauf der Wahlperiode beginnt die Frist des Absatzes 4 Satz 1 mit dem ersten Zusammentritt des Bundestages.
(6) [1]Gewählt ist, wer die Stimmen der Mehrheit der Mitglieder der Bundesversammlung erhält. [2]Wird diese Mehrheit in zwei Wahlgängen von keinem Bewerber erreicht, so ist gewählt, wer in einem weiteren Wahlgang die meisten Stimmen auf sich vereinigt.
(7) Das Nähere regelt ein Bundesgesetz.

Artikel 55 [Berufs- und Gewerbeverbot]
(1) Der Bundespräsident darf weder der Regierung noch einer gesetzgebenden Körperschaft des Bundes oder eines Landes angehören.
(2) Der Bundespräsident darf kein anderes besoldetes Amt, kein Gewerbe und keinen Beruf ausüben und weder der Leitung noch dem Aufsichtsrate eines auf Erwerb gerichteten Unternehmens angehören.

Artikel 56 [Amtseid]

[1]Der Bundespräsident leistet bei seinem Amtsantritt vor den versammelten Mitgliedern des Bundestages und des Bundesrates folgenden Eid:

„Ich schwöre, daß ich meine Kraft dem Wohle des deutschen Volkes widmen, seinen Nutzen mehren, Schaden von ihm wenden, das Grundgesetz und die Gesetze des Bundes wahren und verteidigen, meine Pflichten gewissenhaft erfüllen und Gerechtigkeit gegen jedermann üben werde. So wahr mir Gott helfe." [2]Der Eid kann auch ohne religiöse Beteuerung geleistet werden.

Artikel 57 [Vertretung]

Die Befugnisse des Bundespräsidenten werden im Falle seiner Verhinderung oder bei vorzeitiger Erledigung des Amtes durch den Präsidenten des Bundesrates wahrgenommen.

Artikel 58 [Gegenzeichnung]

[1]Anordnungen und Verfügungen des Bundespräsidenten bedürfen zu ihrer Gültigkeit der Gegenzeichnung durch den Bundeskanzler oder durch den zuständigen Bundesminister. [2]Dies gilt nicht für die Ernennung und Entlassung des Bundeskanzlers, die Auflösung des Bundestages gemäß Artikel 63 und das Ersuchen gemäß Artikel 69 Abs. 3.

Artikel 59 [Völkerrechtliche Vertretungsmacht]

(1) [1]Der Bundespräsident vertritt den Bund völkerrechtlich. [2]Er schließt im Namen des Bundes die Verträge mit auswärtigen Staaten. [3]Er beglaubigt und empfängt die Gesandten.

(2) [1]Verträge, welche die politischen Beziehungen des Bundes regeln oder sich auf Gegenstände der Bundesgesetzgebung beziehen, bedürfen der Zustimmung oder der Mitwirkung der jeweils für die Bundesgesetzgebung zuständigen Körperschaften in der Form eines Bundesgesetzes. [2]Für Verwaltungsabkommen gelten die Vorschriften über die Bundesverwaltung entsprechend.

Artikel 59a [aufgehoben]

Artikel 60 [Ernennung der Bundesbeamten und Soldaten]

(1) Der Bundespräsident ernennt und entläßt die Bundesrichter, die Bundesbeamten, die Offiziere und Unteroffiziere, soweit gesetzlich nichts anderes bestimmt ist.

(2) Er übt im Einzelfalle für den Bund das Begnadigungsrecht aus.

(3) Er kann diese Befugnisse auf andere Behörden übertragen.

(4) Die Absätze 2 bis 4 des Artikels 46 finden auf den Bundespräsidenten entsprechende Anwendung.

Artikel 61 [Anklage vor dem Bundesverfassungsgericht]

(1) [1]Der Bundestag oder der Bundesrat können den Bundespräsidenten wegen vorsätzlicher Verletzung des Grundgesetzes oder eines anderen Bundesgesetzes vor dem Bundesverfassungsgericht anklagen. [2]Der Antrag auf Erhebung der Anklage muß von mindestens einem Viertel der Mitglieder des Bundestages oder einem Viertel der Stimmen des Bundesrates gestellt werden. [3]Der Beschluß auf Erhebung der Anklage bedarf der Mehrheit von zwei Dritteln der Mitglieder des Bundestages oder von zwei Dritteln der Stimmen des Bundesrates. [4]Die Anklage wird von einem Beauftragten der anklagenden Körperschaft vertreten.

(2) [1]Stellt das Bundesverfassungsgericht fest, daß der Bundespräsident einer vorsätzlichen Verletzung des Grundgesetzes oder eines anderen Bundesgesetzes schuldig ist, so kann es ihn des Amtes für verlustig erklären. [2]Durch einstweilige Anordnung kann es nach der Erhebung der Anklage bestimmen, daß er an der Ausübung seines Amtes verhindert ist.

VI. Die
Bundesregierung

Artikel 62 [Zusammensetzung]

Die Bundesregierung besteht aus dem Bundeskanzler und aus den Bundesministern.

Artikel 63 [Wahl des Bundeskanzlers]

(1) Der Bundeskanzler wird auf Vorschlag des Bundespräsidenten vom Bundestage ohne Aussprache gewählt.

(2) [1]Gewählt ist, wer die Stimmen der Mehrheit der Mitglieder des Bundestages auf sich vereinigt. [2]Der Gewählte ist vom Bundespräsidenten zu ernennen.

(3) Wird der Vorgeschlagene nicht gewählt, so kann der Bundestag binnen vierzehn Tagen nach dem Wahlgange mit mehr als der Hälfte seiner Mitglieder einen Bundeskanzler wählen.

(4) [1]Kommt eine Wahl innerhalb dieser Frist nicht zustande, so findet unverzüglich ein neuer Wahlgang statt, in dem gewählt ist, wer die meisten Stimmen erhält. [2]Vereinigt der Gewählte die Stimmen der Mehrheit der Mitglieder des Bundestages auf sich, so muß der Bundespräsident ihn binnen sieben Tagen nach der Wahl ernennen. [3]Erreicht der Gewählte diese Mehrheit nicht, so hat der Bundespräsident binnen sieben Tagen entweder ihn zu ernennen oder den Bundestag aufzulösen.

Artikel 64 [Ernennung der Bundesminister]
(1) Die Bundesminister werden auf Vorschlag des Bundeskanzlers vom Bundespräsidenten ernannt und entlassen.
(2) Der Bundeskanzler und die Bundesminister leisten bei der Amtsübernahme vor dem Bundestage den in Artikel 56 vorgesehenen Eid.

Artikel 65 [Verantwortung]
[1]Der Bundeskanzler bestimmt die Richtlinien der Politik und trägt dafür die Verantwortung. [2]Innerhalb dieser Richtlinien leitet jeder Bundesminister seinen Geschäftsbereich selbständig und unter eigener Verantwortung. [3]Über Meinungsverschiedenheiten zwischen den Bundesministern entscheidet die Bundesregierung. [4]Der Bundeskanzler leitet ihre Geschäfte nach einer von der Bundesregierung beschlossenen und vom Bundespräsidenten genehmigten Geschäftsordnung.

Artikel 65a [Befehls- und Kommandogewalt über die Streitkräfte]
Der Bundesminister für Verteidigung hat die Befehls- und Kommandogewalt über die Streitkräfte.

Artikel 66 [Berufs- und Gewerbeverbot]
Der Bundeskanzler und die Bundesminister dürfen kein anderes besoldetes Amt, kein Gewerbe und keinen Beruf ausüben und weder der Leitung noch ohne Zustimmung des Bundestages dem Aufsichtsrate eines auf Erwerb gerichteten Unternehmens angehören.

Artikel 67 [Misstrauensvotum]
(1) [1]Der Bundestag kann dem Bundeskanzler das Mißtrauen nur dadurch aussprechen, daß er mit der Mehrheit seiner Mitglieder einen Nachfolger wählt und den Bundespräsidenten ersucht, den Bundeskanzler zu entlassen. [2]Der Bundespräsident muß dem Ersuchen entsprechen und den Gewählten ernennen.
(2) Zwischen dem Antrage und der Wahl müssen achtundvierzig Stunden liegen.

Artikel 68 [Auflösung des Bundestages]
(1) [1]Findet ein Antrag des Bundeskanzlers, ihm das Vertrauen auszusprechen, nicht die Zustimmung der Mehrheit der Mitglieder des Bundestages, so kann der Bundespräsident auf Vorschlag des Bundeskanzlers binnen einundzwanzig Tagen den Bundestag auflösen. [2]Das Recht zur Auflösung erlischt, sobald der Bundestag mit der Mehrheit seiner Mitglieder einen anderen Bundeskanzler wählt.
(2) Zwischen dem Antrage und der Abstimmung müssen achtundvierzig Stunden liegen.

Artikel 69 [Stellvertreter des Bundeskanzlers]
(1) Der Bundeskanzler ernennt einen Bundesminister zu seinem Stellvertreter.
(2) Das Amt des Bundeskanzlers oder eines Bundesministers endigt in jedem Falle mit dem Zusammentritt eines neuen Bundestages, das Amt eines Bundesministers auch mit jeder anderen Erledigung des Amtes des Bundeskanzlers.
(3) Auf Ersuchen des Bundespräsidenten ist der Bundeskanzler, auf Ersuchen des Bundeskanzlers oder des Bundespräsidenten ein Bundesminister verpflichtet, die Geschäfte bis zur Ernennung seines Nachfolgers weiterzuführen.

VII. Die
Gesetzgebung des Bundes

Artikel 70 [Gesetzgebung des Bundes und der Länder]
(1) Die Länder haben das Recht der Gesetzgebung, soweit dieses Grundgesetz nicht dem Bunde Gesetzgebungsbefugnisse verleiht.
(2) Die Abgrenzung der Zuständigkeit zwischen Bund und Ländern bemißt sich nach den Vorschriften dieses Grundgesetzes über die ausschließliche und die konkurrierende Gesetzgebung.

Artikel 71 [Ausschließliche Gesetzgebung]
Im Bereiche der ausschließlichen Gesetzgebung des Bundes haben die Länder die Befugnis zur Gesetzgebung nur, wenn und soweit sie hierzu in einem Bundesgesetze ausdrücklich ermächtigt werden.

Artikel 72 [Konkurrierende Gesetzgebung]

(1) Im Bereich der konkurrierenden Gesetzgebung haben die Länder die Befugnis zur Gesetzgebung, solange und soweit der Bund von seiner Gesetzgebungszuständigkeit nicht durch Gesetz Gebrauch gemacht hat.

(2) Auf den Gebieten des Artikels 74 Abs. 1 Nr. 4, 7, 11, 13, 15, 19a, 20, 22, 25 und 26 hat der Bund das Gesetzgebungsrecht, wenn und soweit die Herstellung gleichwertiger Lebensverhältnisse im Bundesgebiet oder die Wahrung der Rechts- oder Wirtschaftseinheit im gesamtstaatlichen Interesse eine bundesgesetzliche Regelung erforderlich macht.

(3) [1]Hat der Bund von seiner Gesetzgebungszuständigkeit Gebrauch gemacht, können die Länder durch Gesetz hiervon abweichende Regelungen treffen über:

1. das Jagdwesen (ohne das Recht der Jagdscheine);
2. den Naturschutz und die Landschaftspflege (ohne die allgemeinen Grundsätze des Naturschutzes, das Recht des Artenschutzes oder des Meeresnaturschutzes);
3. die Bodenverteilung;
4. die Raumordnung;
5. den Wasserhaushalt (ohne stoff- oder anlagenbezogene Regelungen);
6. die Hochschulzulassung und die Hochschulabschlüsse;
7. die Grundsteuer.

[2]Bundesgesetze auf diesen Gebieten treten frühestens sechs Monate nach ihrer Verkündung in Kraft, soweit nicht mit Zustimmung des Bundesrates anderes bestimmt ist. [3]Auf den Gebieten des Satzes 1 geht im Verhältnis von Bundes- und Landesrecht das jeweils spätere Gesetz vor.

(4) Durch Bundesgesetz kann bestimmt werden, daß eine bundesgesetzliche Regelung, für die eine Erforderlichkeit im Sinne des Absatzes 2 nicht mehr besteht, durch Landesrecht ersetzt werden kann.

Artikel 73 [Gegenstände der ausschließlichen Gesetzgebung]

(1) Der Bund hat die ausschließliche Gesetzgebung über:

1. die auswärtigen Angelegenheiten sowie die Verteidigung einschließlich des Schutzes der Zivilbevölkerung;
2. die Staatsangehörigkeit im Bunde;
3. die Freizügigkeit, das Paßwesen, das Melde- und Ausweiswesen, die Ein- und Auswanderung und die Auslieferung;
4. das Währungs-, Geld- und Münzwesen, Maße und Gewichte sowie die Zeitbestimmung;
5. die Einheit des Zoll- und Handelsgebietes, die Handels- und Schiffahrtsverträge, die Freizügigkeit des Warenverkehrs und den Waren- und Zahlungsverkehr mit dem Auslande einschließlich des Zoll- und Grenzschutzes;
5a. den Schutz deutschen Kulturgutes gegen Abwanderung ins Ausland;
6. den Luftverkehr;
6a. den Verkehr von Eisenbahnen, die ganz oder mehrheitlich im Eigentum des Bundes stehen (Eisenbahnen des Bundes), den Bau, die Unterhaltung und das Betreiben von Schienenwegen der Eisenbahnen des Bundes sowie die Erhebung von Entgelten für die Benutzung dieser Schienenwege;
7. das Postwesen und die Telekommunikation;
8. die Rechtsverhältnisse der im Dienste des Bundes und der bundesunmittelbaren Körperschaften des öffentlichen Rechtes stehenden Personen;
9. den gewerblichen Rechtsschutz, das Urheberrecht und das Verlagsrecht;
9a. die Abwehr von Gefahren des internationalen Terrorismus durch das Bundeskriminalpolizeiamt in Fällen, in denen eine länderübergreifende Gefahr vorliegt, die Zuständigkeit einer Landespolizeibehörde nicht erkennbar ist oder die oberste Landesbehörde um eine Übernahme ersucht;
10. die Zusammenarbeit des Bundes und der Länder
 a) in der Kriminalpolizei,
 b) zum Schutze der freiheitlichen demokratischen Grundordnung, des Bestandes und der Sicherheit des Bundes oder eines Landes (Verfassungsschutz) und
 c) zum Schutze gegen Bestrebungen im Bundesgebiet, die durch Anwendung von Gewalt oder darauf gerichtete Vorbereitungshandlungen auswärtige Belange der Bundesrepublik Deutschland gefährden,
 sowie die Einrichtung eines Bundeskriminalpolizeiamtes und die internationale Verbrechensbekämpfung;
11. die Statistik für Bundeszwecke;
12. das Waffen- und das Sprengstoffrecht;

13. die Versorgung der Kriegsbeschädigten und Kriegshinterbliebenen und die Fürsorge für die ehemaligen Kriegsgefangenen;
14. die Erzeugung und Nutzung der Kernenergie zu friedlichen Zwecken, die Errichtung und den Betrieb von Anlagen, die diesen Zwecken dienen, den Schutz gegen Gefahren, die bei Freiwerden von Kernenergie oder durch ionisierende Strahlen entstehen, und die Beseitigung radioaktiver Stoffe.

(2) Gesetze nach Absatz 1 Nr. 9a bedürfen der Zustimmung des Bundesrates.

Artikel 74 [Gegenstände der konkurrierenden Gesetzgebung]
(1) Die konkurrierende Gesetzgebung erstreckt sich auf folgende Gebiete:

1. das bürgerliche Recht, das Strafrecht, die Gerichtsverfassung, das gerichtliche Verfahren (ohne das Recht des Untersuchungshaftvollzugs), die Rechtsanwaltschaft, das Notariat und die Rechtsberatung;
2. das Personenstandswesen;
3. das Vereinsrecht;
4. das Aufenthalts- und Niederlassungsrecht der Ausländer;
4a. *[aufgehoben]*
5. *[aufgehoben]*
6. die Angelegenheiten der Flüchtlinge und Vertriebenen;
7. die öffentliche Fürsorge (ohne das Heimrecht);
8. *[aufgehoben]*
9. die Kriegsschäden und die Wiedergutmachung;
10. die Kriegsgräber und Gräber anderer Opfer des Krieges und Opfer von Gewaltherrschaft;
11. das Recht der Wirtschaft (Bergbau, Industrie, Energiewirtschaft, Handwerk, Gewerbe, Handel, Bank- und Börsenwesen, privatrechtliches Versicherungswesen) ohne das Recht des Ladenschlusses, der Gaststätten, der Spielhallen, der Schaustellung von Personen, der Messen, der Ausstellungen und der Märkte;
11a. *[aufgehoben]*
12. das Arbeitsrecht einschließlich der Betriebsverfassung, des Arbeitsschutzes und der Arbeitsvermittlung sowie die Sozialversicherung einschließlich der Arbeitslosenversicherung;
13. die Regelung der Ausbildungsbeihilfen und die Förderung der wissenschaftlichen Forschung;
14. das Recht der Enteignung, soweit sie auf den Sachgebieten der Artikel 73 und 74 in Betracht kommt;
15. die Überführung von Grund und Boden, von Naturschätzen und Produktionsmitteln in Gemeineigentum oder in andere Formen der Gemeinwirtschaft;
16. die Verhütung des Mißbrauchs wirtschaftlicher Machtstellung;
17. die Förderung der land- und forstwirtschaftlichen Erzeugung (ohne das Recht der Flurbereinigung), die Sicherung der Ernährung, die Ein- und Ausfuhr land- und forstwirtschaftlicher Erzeugnisse, die Hochsee- und Küstenfischerei und den Küstenschutz;
18. den städtebaulichen Grundstücksverkehr, das Bodenrecht (ohne das Recht der Erschließungsbeiträge) und das Wohngeldrecht, das Altschuldenhilferecht, das Wohnungsbauprämienrecht, das Bergarbeiterwohnungsbaurecht und das Bergmannssiedlungsrecht;
19. Maßnahmen gegen gemeingefährliche oder übertragbare Krankheiten bei Menschen und Tieren, Zulassung zu ärztlichen und anderen Heilberufen und zum Heilgewerbe, sowie das Recht des Apothekenwesens, der Arzneien, der Medizinprodukte, der Heilmittel, der Betäubungsmittel und der Gifte;
19a. die wirtschaftliche Sicherung der Krankenhäuser und die Regelung der Krankenhauspflegesätze;
20. das Recht der Lebensmittel einschließlich der ihrer Gewinnung dienenden Tiere, das Recht der Genussmittel, Bedarfsgegenstände und Futtermittel sowie den Schutz beim Verkehr mit land- und forstwirtschaftlichem Saat- und Pflanzgut, den Schutz der Pflanzen gegen Krankheiten und Schädlinge sowie den Tierschutz;
21. die Hochsee- und Küstenschiffahrt sowie die Seezeichen, die Binnenschiffahrt, den Wetterdienst, die Seewasserstraßen und die dem allgemeinen Verkehr dienenden Binnenwasserstraßen;
22. den Straßenverkehr, das Kraftfahrwesen, den Bau und die Unterhaltung von Landstraßen für den Fernverkehr sowie die Erhebung und Verteilung von Gebühren oder Entgelten für die Benutzung öffentlicher Straßen mit Fahrzeugen;
23. die Schienenbahnen, die nicht Eisenbahnen des Bundes sind, mit Ausnahme der Bergbahnen;
24. die Abfallwirtschaft, die Luftreinhaltung und die Lärmbekämpfung (ohne Schutz vor verhaltensbezogenem Lärm);
25. die Staatshaftung;

26. die medizinisch unterstützte Erzeugung menschlichen Lebens, die Untersuchung und die künstliche Veränderung von Erbinformationen sowie Regelungen zur Transplantation von Organen, Geweben und Zellen;

27. die Statusrechte und -pflichten der Beamten der Länder, Gemeinden und anderen Körperschaften des öffentlichen Rechts sowie der Richter in den Ländern mit Ausnahme der Laufbahnen, Besoldung und Versorgung;

28. das Jagdwesen;

29. den Naturschutz und die Landschaftspflege;

30. die Bodenverteilung;

31. die Raumordnung;

32. den Wasserhaushalt;

33. die Hochschulzulassung und die Hochschulabschlüsse.

(2) Gesetze nach Absatz 1 Nr. 25 und 27 bedürfen der Zustimmung des Bundesrates.

Artikel 74a, 75 [aufgehoben]

Artikel 76 [Gesetzesvorlagen]

(1) Gesetzesvorlagen werden beim Bundestage durch die Bundesregierung, aus der Mitte des Bundestages oder durch den Bundesrat eingebracht.

(2) [1]Vorlagen der Bundesregierung sind zunächst dem Bundesrat zuzuleiten. [2]Der Bundesrat ist berechtigt, innerhalb von sechs Wochen zu diesen Vorlagen Stellung zu nehmen. [3]Verlangt er aus wichtigem Grunde, insbesondere mit Rücksicht auf den Umfang einer Vorlage, eine Fristverlängerung, so beträgt die Frist neun Wochen. [4]Die Bundesregierung kann eine Vorlage, die sie bei der Zuleitung an den Bundesrat ausnahmsweise als besonders eilbedürftig bezeichnet hat, nach drei Wochen oder, wenn der Bundesrat ein Verlangen nach Satz 3 geäußert hat, nach sechs Wochen dem Bundestag zuleiten, auch wenn die Stellungnahme des Bundesrates noch nicht bei ihr eingegangen ist; sie hat die Stellungnahme des Bundesrates unverzüglich nach Eingang dem Bundestag nachzureichen. [5]Bei Vorlagen zur Änderung dieses Grundgesetzes und zur Übertragung von Hoheitsrechten nach Artikel 23 oder Artikel 24 beträgt die Frist zur Stellungnahme neun Wochen; Satz 4 findet keine Anwendung.

(3) [1]Vorlagen des Bundesrates sind dem Bundestag durch die Bundesregierung innerhalb von sechs Wochen zuzuleiten. [2]Sie soll hierbei ihre Auffassung darlegen. [3]Verlangt sie aus wichtigem Grunde, insbesondere mit Rücksicht auf den Umfang einer Vorlage, eine Fristverlängerung, so beträgt die Frist neun Wochen. [4]Wenn der Bundesrat eine Vorlage ausnahmsweise als besonders eilbedürftig bezeichnet hat, beträgt die Frist drei Wochen oder, wenn die Bundesregierung ein Verlangen nach Satz 3 geäußert hat, sechs Wochen. [5]Bei Vorlagen zur Änderung dieses Grundgesetzes und zur Übertragung von Hoheitsrechten nach Artikel 23 oder Artikel 24 beträgt die Frist neun Wochen; Satz 4 findet keine Anwendung. [6]Der Bundestag hat über die Vorlagen in angemessener Frist zu beraten und Beschluß zu fassen.

Artikel 77 [Verfahren bei Gesetzesbeschlüssen]

(1) [1]Die Bundesgesetze werden vom Bundestage beschlossen. [2]Sie sind nach ihrer Annahme durch den Präsidenten des Bundestages unverzüglich dem Bundesrate zuzuleiten.

(2) [1]Der Bundesrat kann binnen drei Wochen nach Eingang des Gesetzesbeschlusses verlangen, daß ein aus Mitgliedern des Bundestages und des Bundesrates für die gemeinsame Beratung von Vorlagen gebildeter Ausschuß einberufen wird. [2]Die Zusammensetzung und das Verfahren dieses Ausschusses regelt eine Geschäftsordnung, die vom Bundestag beschlossen wird und der Zustimmung des Bundesrates bedarf. [3]Die in diesen Ausschuß entsandten Mitglieder des Bundesrates sind nicht an Weisungen gebunden. [4]Ist zu einem Gesetze die Zustimmung des Bundesrates erforderlich, so können auch der Bundestag und die Bundesregierung die Einberufung verlangen. [5]Schlägt der Ausschuß eine Änderung des Gesetzesbeschlusses vor, so hat der Bundestag erneut Beschluß zu fassen.

(2a) Soweit zu einem Gesetz die Zustimmung des Bundesrates erforderlich ist, hat der Bundesrat, wenn ein Verlangen nach Absatz 2 Satz 1 nicht gestellt oder das Vermittlungsverfahren ohne einen Vorschlag zur Änderung des Gesetzesbeschlusses beendet ist, in angemessener Frist über die Zustimmung Beschluß zu fassen.

(3) [1]Soweit zu einem Gesetze die Zustimmung des Bundesrates nicht erforderlich ist, kann der Bundesrat, wenn das Verfahren nach Absatz 2 beendigt ist, gegen ein vom Bundestage beschlossenes Gesetz binnen zwei Wochen Einspruch einlegen. [2]Die Einspruchsfrist beginnt im Falle des Absatzes 2 letzter Satz mit dem Eingange des vom Bundestage erneut gefaßten Beschlusses, in allen anderen Fällen mit dem Eingange der Mitteilung des Vorsitzenden des in Absatz 2 vorgesehenen Ausschusses, daß das Verfahren vor dem Ausschusse abgeschlossen ist.

(4) ¹Wird der Einspruch mit der Mehrheit der Stimmen des Bundesrates beschlossen, so kann er durch Beschluß der Mehrheit der Mitglieder des Bundestages zurückgewiesen werden. ²Hat der Bundesrat den Einspruch mit einer Mehrheit von mindestens zwei Dritteln seiner Stimmen beschlossen, so bedarf die Zurückweisung durch den Bundestag einer Mehrheit von zwei Dritteln, mindestens der Mehrheit der Mitglieder des Bundestages.

Artikel 78 [Zustandekommen von Bundesgesetzen]
Ein vom Bundestage beschlossenes Gesetz kommt zustande, wenn der Bundesrat zustimmt, den Antrag gemäß Artikel 77 Absatz 2 nicht stellt, innerhalb der Frist des Artikels 77 Absatz 3 keinen Einspruch einlegt oder ihn zurücknimmt oder wenn der Einspruch vom Bundestage überstimmt wird.

Artikel 79 [Änderungen des Grundgesetzes]
(1) ¹Das Grundgesetz kann nur durch ein Gesetz geändert werden, das den Wortlaut des Grundgesetzes ausdrücklich ändert oder ergänzt. ²Bei völkerrechtlichen Verträgen, die eine Friedensregelung, die Vorbereitung einer Friedensregelung oder den Abbau einer besatzungsrechtlichen Ordnung zum Gegenstand haben oder der Verteidigung der Bundesrepublik zu dienen bestimmt sind, genügt zur Klarstellung, daß die Bestimmungen des Grundgesetzes dem Abschluß und dem Inkraftsetzen der Verträge nicht entgegenstehen, eine Ergänzung des Wortlautes des Grundgesetzes, die sich auf diese Klarstellung beschränkt.
(2) Ein solches Gesetz bedarf der Zustimmung von zwei Dritteln der Mitglieder des Bundestages und zwei Dritteln der Stimmen des Bundesrates.
(3) Eine Änderung dieses Grundgesetzes, durch welche die Gliederung des Bundes in Länder, die grundsätzliche Mitwirkung der Länder bei der Gesetzgebung oder die in den Artikeln 1 und 20 niedergelegten Grundsätze berührt werden, ist unzulässig.

Artikel 80 [Erlass von Rechtsverordnungen]
(1) ¹Durch Gesetz können die Bundesregierung, ein Bundesminister oder die Landesregierungen ermächtigt werden, Rechtsverordnungen zu erlassen. ²Dabei müssen Inhalt, Zweck und Ausmaß der erteilten Ermächtigung im Gesetze bestimmt werden. ³Die Rechtsgrundlage ist in der Verordnung anzugeben. ⁴Ist durch Gesetz vorgesehen, daß eine Ermächtigung weiter übertragen werden kann, so bedarf es zur Übertragung der Ermächtigung einer Rechtsverordnung.
(2) Der Zustimmung des Bundesrates bedürfen, vorbehaltlich anderweitiger bundesgesetzlicher Regelung, Rechtsverordnungen der Bundesregierung oder eines Bundesministers über Grundsätze und Gebühren für die Benutzung der Einrichtungen des Postwesens und der Telekommunikation, über die Grundsätze der Erhebung des Entgelts für die Benutzung der Einrichtungen der Eisenbahnen des Bundes, über den Bau und Betrieb der Eisenbahnen, sowie Rechtsverordnungen auf Grund von Bundesgesetzen, die der Zustimmung des Bundesrates bedürfen oder die von den Ländern im Auftrage des Bundes oder als eigene Angelegenheit ausgeführt werden.
(3) Der Bundesrat kann der Bundesregierung Vorlagen für den Erlaß von Rechtsverordnungen zuleiten, die seiner Zustimmung bedürfen.
(4) Soweit durch Bundesgesetz oder auf Grund von Bundesgesetzen Landesregierungen ermächtigt werden, Rechtsverordnungen zu erlassen, sind die Länder zu einer Regelung auch durch Gesetz befugt.

Artikel 80a [Spannungsfall]
(1) ¹Ist in diesem Grundgesetz oder in einem Bundesgesetz über die Verteidigung einschließlich des Schutzes der Zivilbevölkerung bestimmt, daß Rechtsvorschriften nur nach Maßgabe dieses Artikels angewandt werden dürfen, so ist die Anwendung außer im Verteidigungsfalle nur zulässig, wenn der Bundestag den Eintritt des Spannungsfalles festgestellt oder wenn er der Anwendung besonders zugestimmt hat. ²Die Feststellung des Spannungsfalles und die besondere Zustimmung in den Fällen des Artikels 12a Abs. 5 Satz 1 und Abs. 6 Satz 2 bedürfen einer Mehrheit von zwei Dritteln der abgegebenen Stimmen.
(2) Maßnahmen auf Grund von Rechtsvorschriften nach Absatz 1 sind aufzuheben, wenn der Bundestag es verlangt.
(3) ¹Abweichend von Absatz 1 ist die Anwendung solcher Rechtsvorschriften auch auf der Grundlage und nach Maßgabe eines Beschlusses zulässig, der von einem internationalen Organ im Rahmen eines Bündnisvertrages mit Zustimmung der Bundesregierung gefaßt wird. ²Maßnahmen nach diesem Absatz sind aufzuheben, wenn der Bundestag es mit der Mehrheit seiner Mitglieder verlangt.

Artikel 81 [Gesetzgebungsnotstand]
(1) ¹Wird im Falle des Artikels 68 der Bundestag nicht aufgelöst, so kann der Bundespräsident auf Antrag der Bundesregierung mit Zustimmung des Bundesrates für eine Gesetzesvorlage den Gesetzgebungsnotstand erklären, wenn der Bundestag sie ablehnt, obwohl die Bundesregierung sie als dringlich bezeichnet

hat. [2]Das gleiche gilt, wenn eine Gesetzesvorlage abgelehnt worden ist, obwohl der Bundeskanzler mit ihr den Antrag des Artikels 68 verbunden hatte.

(2) [1]Lehnt der Bundestag die Gesetzesvorlage nach Erklärung des Gesetzgebungsnotstandes erneut ab oder nimmt er sie in einer für die Bundesregierung als unannehmbar bezeichneten Fassung an, so gilt das Gesetz als zustande gekommen, soweit der Bundesrat ihm zustimmt. [2]Das gleiche gilt, wenn die Vorlage vom Bundestage nicht innerhalb von vier Wochen nach der erneuten Einbringung verabschiedet wird.

(3) [1]Während der Amtszeit eines Bundeskanzlers kann auch jede andere vom Bundestage abgelehnte Gesetzesvorlage innerhalb einer Frist von sechs Monaten nach der ersten Erklärung des Gesetzgebungsnotstandes gemäß Absatz 1 und 2 verabschiedet werden. [2]Nach Ablauf der Frist ist während der Amtszeit des gleichen Bundeskanzlers eine weitere Erklärung des Gesetzgebungsnotstandes unzulässig.

(4) Das Grundgesetz darf durch ein Gesetz, das nach Absatz 2 zustande kommt, weder geändert, noch ganz oder teilweise außer Kraft oder außer Anwendung gesetzt werden.

Artikel 82 [Verkündung und Inkrafttreten der Gesetze]

(1) [1]Die nach den Vorschriften dieses Grundgesetzes zustande gekommenen Gesetze werden vom Bundespräsidenten nach Gegenzeichnung ausgefertigt und im Bundesgesetzblatte verkündet. [2]Rechtsverordnungen werden von der Stelle, die sie erläßt, ausgefertigt und vorbehaltlich anderweitiger gesetzlicher Regelung im Bundesgesetzblatte verkündet.

(2) [1]Jedes Gesetz und jede Rechtsverordnung soll den Tag des Inkrafttretens bestimmen. [2]Fehlt eine solche Bestimmung, so treten sie mit dem vierzehnten Tage nach Ablauf des Tages in Kraft, an dem das Bundesgesetzblatt ausgegeben worden ist.

VIII. Die
Ausführung der Bundesgesetze und die Bundesverwaltung

Artikel 83 [Grundsatz der Landeseigenverwaltung]

Die Länder führen die Bundesgesetze als eigene Angelegenheit aus, soweit dieses Grundgesetz nichts anderes bestimmt oder zuläßt.

Artikel 84 [Landeseigenverwaltung und Bundesaufsicht]

(1) [1]Führen die Länder die Bundesgesetze als eigene Angelegenheit aus, so regeln sie die Einrichtung der Behörden und das Verwaltungsverfahren. [2]Wenn Bundesgesetze etwas anderes bestimmen, können die Länder davon abweichende Regelungen treffen. [3]Hat ein Land eine abweichende Regelung nach Satz 2 getroffen, treten in diesem Land hierauf bezogene spätere bundesgesetzliche Regelungen der Einrichtung der Behörden und des Verwaltungsverfahrens frühestens sechs Monate nach ihrer Verkündung in Kraft, soweit nicht mit Zustimmung des Bundesrates anderes bestimmt ist. [4]Artikel 72 Abs. 3 Satz 3 gilt entsprechend. [5]In Ausnahmefällen kann der Bund wegen eines besonderen Bedürfnisses nach bundeseinheitlicher Regelung das Verwaltungsverfahren ohne Abweichungsmöglichkeit für die Länder regeln. [6]Diese Gesetze bedürfen der Zustimmung des Bundesrates. [7]Durch Bundesgesetz dürfen Gemeinden und Gemeindeverbänden Aufgaben nicht übertragen werden.

(2) Die Bundesregierung kann mit Zustimmung des Bundesrates allgemeine Verwaltungsvorschriften erlassen.

(3) [1]Die Bundesregierung übt die Aufsicht darüber aus, daß die Länder die Bundesgesetze dem geltenden Rechte gemäß ausführen. [2]Die Bundesregierung kann zu diesem Zwecke Beauftragte zu den obersten Landesbehörden entsenden, mit deren Zustimmung und, falls diese Zustimmung versagt wird, mit Zustimmung des Bundesrates auch zu den nachgeordneten Behörden.

(4) [1]Werden Mängel, die die Bundesregierung bei der Ausführung der Bundesgesetze in den Ländern festgestellt hat, nicht beseitigt, so beschließt auf Antrag der Bundesregierung oder des Landes der Bundesrat, ob das Land das Recht verletzt hat. [2]Gegen den Beschluß des Bundesrates kann das Bundesverfassungsgericht angerufen werden.

(5) [1]Der Bundesregierung kann durch Bundesgesetz, das der Zustimmung des Bundesrates bedarf, zur Ausführung von Bundesgesetzen die Befugnis verliehen werden, für besondere Fälle Einzelweisungen zu erteilen. [2]Sie sind, außer wenn die Bundesregierung den Fall für dringlich erachtet, an die obersten Landesbehörden zu richten.

Artikel 85 [Landesverwaltung im Bundesauftrag]

(1) [1]Führen die Länder die Bundesgesetze im Auftrage des Bundes aus, so bleibt die Einrichtung der Behörden Angelegenheit der Länder, soweit nicht Bundesgesetze mit Zustimmung des Bundesrates etwas anderes bestimmen. [2]Durch Bundesgesetz dürfen Gemeinden und Gemeindeverbänden Aufgaben nicht übertragen werden.

(2) [1]Die Bundesregierung kann mit Zustimmung des Bundesrates allgemeine Verwaltungsvorschriften erlassen. [2]Sie kann die einheitliche Ausbildung der Beamten und Angestellten regeln. [3]Die Leiter der Mittelbehörden sind mit ihrem Einvernehmen zu bestellen.

(3) [1]Die Landesbehörden unterstehen den Weisungen der zuständigen obersten Bundesbehörden. [2]Die Weisungen sind, außer wenn die Bundesregierung es für dringlich erachtet, an die obersten Landesbehörden zu richten. [3]Der Vollzug der Weisung ist durch die obersten Landesbehörden sicherzustellen.

(4) [1]Die Bundesaufsicht erstreckt sich auf Gesetzmäßigkeit und Zweckmäßigkeit der Ausführung. [2]Die Bundesregierung kann zu diesem Zwecke Bericht und Vorlage der Akten verlangen und Beauftragte zu allen Behörden entsenden.

Artikel 86 [Bundesverwaltung]
[1]Führt der Bund die Gesetze durch bundeseigene Verwaltung oder durch bundesunmittelbare Körperschaften oder Anstalten des öffentlichen Rechtes aus, so erläßt die Bundesregierung, soweit nicht das Gesetz Besonderes vorschreibt, die allgemeinen Verwaltungsvorschriften. [2]Sie regelt, soweit das Gesetz nichts anderes bestimmt, die Einrichtung der Behörden.

Artikel 87 [Gegenstände der Bundesverwaltung]
(1) [1]In bundeseigener Verwaltung mit eigenem Verwaltungsunterbau werden geführt der Auswärtige Dienst, die Bundesfinanzverwaltung und nach Maßgabe des Artikels 89 die Verwaltung der Bundeswasserstraßen und der Schiffahrt. [2]Durch Bundesgesetz können Bundesgrenzschutzbehörden, Zentralstellen für das polizeiliche Auskunfts- und Nachrichtenwesen, für die Kriminalpolizei und zur Sammlung von Unterlagen für Zwecke des Verfassungsschutzes und des Schutzes gegen Bestrebungen im Bundesgebiet, die durch Anwendung von Gewalt oder darauf gerichtete Vorbereitungshandlungen auswärtige Belange der Bundesrepublik Deutschland gefährden, eingerichtet werden.

(2) [1]Als bundesunmittelbare Körperschaften des öffentlichen Rechtes werden diejenigen sozialen Versicherungsträger geführt, deren Zuständigkeitsbereich sich über das Gebiet eines Landes hinaus erstreckt. [2]Soziale Versicherungsträger, deren Zuständigkeitsbereich sich über das Gebiet eines Landes, aber nicht über mehr als drei Länder hinaus erstreckt, werden abweichend von Satz 1 als landesunmittelbare Körperschaften des öffentlichen Rechtes geführt, wenn das aufsichtsführende Land durch die beteiligten Länder bestimmt ist.

(3) [1]Außerdem können für Angelegenheiten, für die dem Bunde die Gesetzgebung zusteht, selbständige Bundesoberbehörden und neue bundesunmittelbare Körperschaften und Anstalten des öffentlichen Rechtes durch Bundesgesetz errichtet werden. [2]Erwachsen dem Bunde auf Gebieten, für die ihm die Gesetzgebung zusteht, neue Aufgaben, so können bei dringendem Bedarf bundeseigene Mittel- und Unterbehörden mit Zustimmung des Bundesrates und der Mehrheit der Mitglieder des Bundestages errichtet werden.

Artikel 87a [Streitkräfte]
(1) [1]Der Bund stellt Streitkräfte zur Verteidigung auf. [2]Ihre zahlenmäßige Stärke und die Grundzüge ihrer Organisation müssen sich aus dem Haushaltsplan ergeben.

(2) Außer zur Verteidigung dürfen die Streitkräfte nur eingesetzt werden, soweit dieses Grundgesetz es ausdrücklich zuläßt.

(3) [1]Die Streitkräfte haben im Verteidigungsfalle und im Spannungsfalle die Befugnis, zivile Objekte zu schützen und Aufgaben der Verkehrsregelung wahrzunehmen, soweit dies zur Erfüllung ihres Verteidigungsauftrages erforderlich ist. [2]Außerdem kann den Streitkräften im Verteidigungsfalle und im Spannungsfalle der Schutz ziviler Objekte auch zur Unterstützung polizeilicher Maßnahmen übertragen werden; die Streitkräfte wirken dabei mit den zuständigen Behörden zusammen.

(4) [1]Zur Abwehr einer drohenden Gefahr für den Bestand oder die freiheitliche demokratische Grundordnung des Bundes oder eines Landes kann die Bundesregierung, wenn die Voraussetzungen des Artikels 91 Abs. 2 vorliegen und die Polizeikräfte sowie der Bundesgrenzschutz[1]) nicht ausreichen, Streitkräfte zur Unterstützung der Polizei und des Bundesgrenzschutzes[1]) beim Schutze von zivilen Objekten und bei der Bekämpfung organisierter und militärisch bewaffneter Aufständischer einsetzen. [2]Der Einsatz von Streitkräften ist einzustellen, wenn der Bundestag oder der Bundesrat es verlangen.

Artikel 87b [Bundeswehrverwaltung]
(1) [1]Die Bundeswehrverwaltung wird in bundeseigener Verwaltung mit eigenem Verwaltungsunterbau geführt. [2]Sie dient den Aufgaben des Personalwesens und der unmittelbaren Deckung des Sachbedarfs der Streitkräfte. [3]Aufgaben der Beschädigtenversorgung und des Bauwesens können der Bundeswehrverwaltung nur durch Bundesgesetz, das der Zustimmung des Bundesrates bedarf, übertragen werden.

1) Jetzt: „Bundespolizei".

[4]Der Zustimmung des Bundesrates bedürfen ferner Gesetze, soweit sie die Bundeswehrverwaltung zu Eingriffen in Rechte Dritter ermächtigen; das gilt nicht für Gesetze auf dem Gebiete des Personalwesens. (2) [1]Im übrigen können Bundesgesetze, die der Verteidigung einschließlich des Wehrersatzwesens und des Schutzes der Zivilbevölkerung dienen, mit Zustimmung des Bundesrates bestimmen, daß sie ganz oder teilweise in bundeseigener Verwaltung mit eigenem Verwaltungsunterbau oder von den Ländern im Auftrage des Bundes ausgeführt werden. [2]Werden solche Gesetze von den Ländern im Auftrage des Bundes ausgeführt, so können sie mit Zustimmung des Bundesrates bestimmen, daß die der Bundesregierung und den zuständigen obersten Bundesbehörden auf Grund des Artikels 85 zustehenden Befugnisse ganz oder teilweise Bundesoberbehörden übertragen werden; dabei kann bestimmt werden, daß diese Behörden beim Erlaß allgemeiner Verwaltungsvorschriften gemäß Artikel 85 Abs. 2 Satz 1 nicht der Zustimmung des Bundesrates bedürfen.

Artikel 87c [Bestimmungen über Erzeugung und Nutzung der Kernenergie]
Gesetze, die auf Grund des Artikels 73 Abs. 1 Nr. 14 ergehen, können mit Zustimmung des Bundesrates bestimmen, daß sie von den Ländern im Auftrage des Bundes ausgeführt werden.

Artikel 87d [Luftverkehrsverwaltung]
(1) [1]Die Luftverkehrsverwaltung wird in Bundesverwaltung geführt. [2]Aufgaben der Flugsicherung können auch durch ausländische Flugsicherungsorganisationen wahrgenommen werden, die nach Recht der Europäischen Gemeinschaft zugelassen sind. [3]Das Nähere regelt ein Bundesgesetz.
(2) Durch Bundesgesetz, das der Zustimmung des Bundesrates bedarf, können Aufgaben der Luftverkehrsverwaltung den Ländern als Auftragsverwaltung übertragen werden.

Artikel 87e [Eisenbahnen des Bundes]
(1) [1]Die Eisenbahnverkehrsverwaltung für Eisenbahnen des Bundes wird in bundeseigener Verwaltung geführt. [2]Durch Bundesgesetz können Aufgaben der Eisenbahnverkehrsverwaltung den Ländern als eigene Angelegenheit übertragen werden.
(2) Der Bund nimmt die über den Bereich der Eisenbahnen des Bundes hinausgehenden Aufgaben der Eisenbahnverkehrsverwaltung wahr, die ihm durch Bundesgesetz übertragen werden.
(3) [1]Eisenbahnen des Bundes werden als Wirtschaftsunternehmen in privat-rechtlicher Form geführt. [2]Diese stehen im Eigentum des Bundes, soweit die Tätigkeit des Wirtschaftsunternehmens den Bau, die Unterhaltung und das Betreiben von Schienenwegen umfaßt. [3]Die Veräußerung von Anteilen des Bundes an den Unternehmen nach Satz 2 erfolgt auf Grund eines Gesetzes; die Mehrheit der Anteile an diesen Unternehmen verbleibt beim Bund. [4]Das Nähere wird durch Bundesgesetz geregelt.
(4) [1]Der Bund gewährleistet, daß dem Wohl der Allgemeinheit, insbesondere den Verkehrsbedürfnissen, beim Ausbau und Erhalt des Schienennetzes der Eisenbahnen des Bundes sowie bei deren Verkehrsangeboten auf diesem Schienennetz, soweit diese nicht den Schienenpersonennahverkehr betreffen, Rechnung getragen wird. [2]Das Nähere wird durch Bundesgesetz geregelt.
(5) [1]Gesetze auf Grund der Absätze 1 bis 4 bedürfen der Zustimmung des Bundesrates. [2]Der Zustimmung des Bundesrates bedürfen ferner Gesetze, die die Auflösung, die Verschmelzung und die Aufspaltung von Eisenbahnunternehmen des Bundes, die Übertragung von Schienenwegen der Eisenbahnen des Bundes an Dritte sowie die Stillegung von Schienenwegen der Eisenbahnen des Bundes regeln oder Auswirkungen auf den Schienenpersonennahverkehr haben.

Artikel 87f [Post und Telekommunikation]
(1) Nach Maßgabe eines Bundesgesetzes, das der Zustimmung des Bundesrates bedarf, gewährleistet der Bund im Bereich des Postwesens und der Telekommunikation flächendeckend angemessene und ausreichende Dienstleistungen.
(2) [1]Dienstleistungen im Sinne des Absatzes 1 werden als privatwirtschaftliche Tätigkeiten durch die aus dem Sondervermögen Deutsche Bundespost hervorgegangenen Unternehmen und durch andere private Anbieter erbracht. [2]Hoheitsaufgaben im Bereich des Postwesens und der Telekommunikation werden in bundeseigener Verwaltung ausgeführt.
(3) Unbeschadet des Absatzes 2 Satz 2 führt der Bund in der Rechtsform einer bundesunmittelbaren Anstalt des öffentlichen Rechts einzelne Aufgaben in bezug auf die aus dem Sondervermögen Deutsche Bundespost hervorgegangenen Unternehmen nach Maßgabe eines Bundesgesetzes aus.

Artikel 88 [Bundesbank]
[1]Der Bund errichtet eine Währungs- und Notenbank als Bundesbank. [2]Ihre Aufgaben und Befugnisse können im Rahmen der Europäischen Union der Europäischen Zentralbank übertragen werden, die unabhängig ist und dem vorrangigen Ziel der Sicherung der Preisstabilität verpflichtet.

Artikel 89 [Bundeswasserstraßen]

(1) Der Bund ist Eigentümer der bisherigen Reichswasserstraßen.

(2) [1]Der Bund verwaltet die Bundeswasserstraßen durch eigene Behörden. [2]Er nimmt die über den Bereich eines Landes hinausgehenden staatlichen Aufgaben der Binnenschiffahrt und die Aufgaben der Seeschiffahrt wahr, die ihm durch Gesetz übertragen werden. [3]Er kann die Verwaltung von Bundeswasserstraßen, soweit sie im Gebiete eines Landes liegen, diesem Lande auf Antrag als Auftragsverwaltung übertragen. [4]Berührt eine Wasserstraße das Gebiet mehrerer Länder, so kann der Bund das Land beauftragen, für das die beteiligten Länder es beantragen.

(3) Bei der Verwaltung, dem Ausbau und dem Neubau von Wasserstraßen sind die Bedürfnisse der Landeskultur und der Wasserwirtschaft im Einvernehmen mit den Ländern zu wahren.

Artikel 90 [Bundesautobahnen und Bundesstraßen]

(1) [1]Der Bund bleibt Eigentümer der Bundesautobahnen und sonstigen Bundesstraßen des Fernverkehrs. [2]Das Eigentum ist unveräußerlich.

(2) [1]Die Verwaltung der Bundesautobahnen wird in Bundesverwaltung geführt. [2]Der Bund kann sich zur Erledigung seiner Aufgaben einer Gesellschaft privaten Rechts bedienen. [3]Diese Gesellschaft steht im unveräußerlichen Eigentum des Bundes. [4]Eine unmittelbare oder mittelbare Beteiligung Dritter an der Gesellschaft und deren Tochtergesellschaften ist ausgeschlossen. [5]Eine Beteiligung Privater im Rahmen von Öffentlich-Privaten Partnerschaften ist ausgeschlossen für Streckennetze, die das gesamte Bundesautobahnnetz oder das gesamte Netz sonstiger Bundesfernstraßen in einem Land oder wesentliche Teile davon umfassen. [6]Das Nähere regelt ein Bundesgesetz.

(3) Die Länder oder die nach Landesrecht zuständigen Selbstverwaltungskörperschaften verwalten die sonstigen Bundesstraßen des Fernverkehrs im Auftrage des Bundes.

(4) Auf Antrag eines Landes kann der Bund die sonstigen Bundesstraßen des Fernverkehrs, soweit sie im Gebiet dieses Landes liegen, in Bundesverwaltung übernehmen.

Artikel 91 [Abwehr von Gefahren für den Bestand des Bundes]

(1) Zur Abwehr einer drohenden Gefahr für den Bestand oder die freiheitliche demokratische Grundordnung des Bundes oder eines Landes kann ein Land Polizeikräfte anderer Länder sowie Kräfte und Einrichtungen anderer Verwaltungen und des Bundesgrenzschutzes[1] anfordern.

(2) [1]Ist das Land, in dem die Gefahr droht, nicht selbst zur Bekämpfung der Gefahr bereit oder in der Lage, so kann die Bundesregierung die Polizei in diesem Lande und die Polizeikräfte anderer Länder ihren Weisungen unterstellen sowie Einheiten des Bundesgrenzschutzes[1] einsetzen. [2]Die Anordnung ist nach Beseitigung der Gefahr, im übrigen jederzeit auf Verlangen des Bundesrates aufzuheben. [3]Erstreckt sich die Gefahr auf das Gebiet mehr als eines Landes, so kann die Bundesregierung, soweit es zur wirksamen Bekämpfung erforderlich ist, den Landesregierungen Weisungen erteilen; Satz 1 und Satz 2 bleiben unberührt.

VIIIa. Gemeinschaftsaufgaben,
Verwaltungszusammenarbeit

Artikel 91a [Mitwirkungsbereiche des Bundes bei Länderaufgaben]

(1) Der Bund wirkt auf folgenden Gebieten bei der Erfüllung von Aufgaben der Länder mit, wenn diese Aufgaben für die Gesamtheit bedeutsam sind und die Mitwirkung des Bundes zur Verbesserung der Lebensverhältnisse erforderlich ist (Gemeinschaftsaufgaben):
1. Verbesserung der regionalen Wirtschaftsstruktur,
2. Verbesserung der Agrarstruktur und des Küstenschutzes.

(2) Durch Bundesgesetz mit Zustimmung des Bundesrates werden die Gemeinschaftsaufgaben sowie Einzelheiten der Koordinierung näher bestimmt.

(3) [1]Der Bund trägt in den Fällen des Absatzes 1 Nr. 1 die Hälfte der Ausgaben in jedem Land. [2]In den Fällen des Absatzes 1 Nr. 2 trägt der Bund mindestens die Hälfte; die Beteiligung ist für alle Länder einheitlich festzusetzen. [3]Das Nähere regelt das Gesetz. [4]Die Bereitstellung der Mittel bleibt der Feststellung in den Haushaltsplänen des Bundes und der Länder vorbehalten.

Artikel 91b [Bildungsplanung und Forschungsförderung]

(1) [1]Bund und Länder können auf Grund von Vereinbarungen in Fällen überregionaler Bedeutung bei der Förderung von Wissenschaft, Forschung und Lehre zusammenwirken. [2]Vereinbarungen, die im Schwer-

1) Jetzt: „Bundespolizei".

punkt Hochschulen betreffen, bedürfen der Zustimmung aller Länder. [3]Dies gilt nicht für Vereinbarungen über Forschungsbauten einschließlich Großgeräten.

(2) Bund und Länder können auf Grund von Vereinbarungen zur Feststellung der Leistungsfähigkeit des Bildungswesens im internationalen Vergleich und bei diesbezüglichen Berichten und Empfehlungen zusammenwirken.

(3) Die Kostentragung wird in der Vereinbarung geregelt.

Artikel 91c [Informationstechnische Systeme]

(1) Bund und Länder können bei der Planung, der Errichtung und dem Betrieb der für ihre Aufgabenerfüllung benötigten informationstechnischen Systeme zusammenwirken.

(2) [1]Bund und Länder können auf Grund von Vereinbarungen die für die Kommunikation zwischen ihren informationstechnischen Systemen notwendigen Standards und Sicherheitsanforderungen festlegen. [2]Vereinbarungen über die Grundlagen der Zusammenarbeit nach Satz 1 können für einzelne nach Inhalt und Ausmaß bestimmte Aufgaben vorsehen, dass nähere Regelungen bei Zustimmung einer in der Vereinbarung zu bestimmenden qualifizierten Mehrheit für Bund und Länder in Kraft treten. [3]Sie bedürfen der Zustimmung des Bundestages und der Volksvertretungen der beteiligten Länder; das Recht zur Kündigung dieser Vereinbarungen kann nicht ausgeschlossen werden. [4]Die Vereinbarungen regeln auch die Kostentragung.

(3) Die Länder können darüber hinaus den gemeinschaftlichen Betrieb informationstechnischer Systeme sowie die Errichtung von dazu bestimmten Einrichtungen vereinbaren.

(4) [1]Der Bund errichtet zur Verbindung der informationstechnischen Netze des Bundes und der Länder ein Verbindungsnetz. [2]Das Nähere zur Errichtung und zum Betrieb des Verbindungsnetzes regelt ein Bundesgesetz mit Zustimmung des Bundesrates.

(5) Der übergreifende informationstechnische Zugang zu den Verwaltungsleistungen von Bund und Ländern wird durch Bundesgesetz mit Zustimmung des Bundesrates geregelt.

Artikel 91d [Leistungsvergleich]

Bund und Länder können zur Feststellung und Förderung der Leistungsfähigkeit ihrer Verwaltungen Vergleichsstudien durchführen und die Ergebnisse veröffentlichen.

Artikel 91e [Zusammenwirken hinsichtlich der Grundsicherung für Arbeitsuchende]

(1) Bei der Ausführung von Bundesgesetzen auf dem Gebiet der Grundsicherung für Arbeitsuchende wirken Bund und Länder oder die nach Landesrecht zuständigen Gemeinden und Gemeindeverbände in der Regel in gemeinsamen Einrichtungen zusammen.

(2) [1]Der Bund kann zulassen, dass eine begrenzte Anzahl von Gemeinden und Gemeindeverbänden auf ihren Antrag und mit Zustimmung der obersten Landesbehörde die Aufgaben nach Absatz 1 allein wahrnimmt. [2]Die notwendigen Ausgaben einschließlich der Verwaltungsausgaben trägt der Bund, soweit die Aufgaben bei einer Ausführung von Gesetzen nach Absatz 1 vom Bund wahrzunehmen sind.

(3) Das Nähere regelt ein Bundesgesetz, das der Zustimmung des Bundesrates bedarf.

IX. Die
Rechtsprechung

Artikel 92 [Gerichtsorganisation]

Die rechtsprechende Gewalt ist den Richtern anvertraut; sie wird durch das Bundesverfassungsgericht, durch die in diesem Grundgesetze vorgesehenen Bundesgerichte und durch die Gerichte der Länder ausgeübt.

Artikel 93 [Bundesverfassungsgericht, Zuständigkeit]

(1) Das Bundesverfassungsgericht entscheidet:

1. über die Auslegung dieses Grundgesetzes aus Anlaß von Streitigkeiten über den Umfang der Rechte und Pflichten eines obersten Bundesorgans oder anderer Beteiligter, die durch dieses Grundgesetz oder in der Geschäftsordnung eines obersten Bundesorgans mit eigenen Rechten ausgestattet sind;

2. bei Meinungsverschiedenheiten oder Zweifeln über die förmliche und sachliche Vereinbarkeit von Bundesrecht oder Landesrecht mit diesem Grundgesetze oder die Vereinbarkeit von Landesrecht mit sonstigem Bundesrechte auf Antrag der Bundesregierung, einer Landesregierung oder eines Viertels der Mitglieder des Bundestages;

2a. bei Meinungsverschiedenheiten, ob ein Gesetz den Voraussetzungen des Artikels 72 Abs. 2 entspricht, auf Antrag des Bundesrates, einer Landesregierung oder der Volksvertretung eines Landes;

3.	bei Meinungsverschiedenheiten über Rechte und Pflichten des Bundes und der Länder, insbesondere bei der Ausführung von Bundesrecht durch die Länder und bei der Ausübung der Bundesaufsicht;
4.	in anderen öffentlich-rechtlichen Streitigkeiten zwischen dem Bunde und den Ländern, zwischen verschiedenen Ländern oder innerhalb eines Landes, soweit nicht ein anderer Rechtsweg gegeben ist;
4a.	über Verfassungsbeschwerden, die von jedermann mit der Behauptung erhoben werden können, durch die öffentliche Gewalt in einem seiner Grundrechte oder in einem seiner in Artikel 20 Abs. 4, 33, 38, 101, 103 und 104 enthaltenen Rechte verletzt zu sein;
4b.	über Verfassungsbeschwerden von Gemeinden und Gemeindeverbänden wegen Verletzung des Rechts auf Selbstverwaltung nach Artikel 28 durch ein Gesetz, bei Landesgesetzen jedoch nur, soweit nicht Beschwerde beim Landesverfassungsgericht erhoben werden kann;
4c.	über Beschwerden von Vereinigungen gegen ihre Nichtanerkennung als Partei für die Wahl zum Bundestag;
5.	in den übrigen in diesem Grundgesetze vorgesehenen Fällen.

(2) [1]Das Bundesverfassungsgericht entscheidet außerdem auf Antrag des Bundesrates, einer Landesregierung oder der Volksvertretung eines Landes, ob im Falle des Artikels 72 Abs. 4 die Erforderlichkeit für eine bundesgesetzliche Regelung nach Artikel 72 Abs. 2 nicht mehr besteht oder Bundesrecht in den Fällen des Artikels 125a Abs. 2 Satz 1 nicht mehr erlassen werden könnte. [2]Die Feststellung, dass die Erforderlichkeit entfallen ist oder Bundesrecht nicht mehr erlassen werden könnte, ersetzt ein Bundesgesetz nach Artikel 72 Abs. 4 oder nach Artikel 125a Abs. 2 Satz 2. [3]Der Antrag nach Satz 1 ist nur zulässig, wenn eine Gesetzesvorlage nach Artikel 72 Abs. 4 oder nach Artikel 125a Abs. 2 Satz 2 im Bundestag abgelehnt oder über sie nicht innerhalb eines Jahres beraten und Beschluss gefasst oder wenn eine entsprechende Gesetzesvorlage im Bundesrat abgelehnt worden ist.

(3) Das Bundesverfassungsgericht wird ferner in den ihm sonst durch Bundesgesetz zugewiesenen Fällen tätig.

Artikel 94 [Bundesverfassungsgericht, Zusammensetzung]
(1) [1]Das Bundesverfassungsgericht besteht aus Bundesrichtern und anderen Mitgliedern. [2]Die Mitglieder des Bundesverfassungsgerichtes werden je zur Hälfte vom Bundestage und vom Bundesrate gewählt. [3]Sie dürfen weder dem Bundestage, dem Bundesrate, der Bundesregierung noch entsprechenden Organen eines Landes angehören.
(2) [1]Ein Bundesgesetz regelt seine Verfassung und das Verfahren und bestimmt, in welchen Fällen seine Entscheidungen Gesetzeskraft haben. [2]Es kann für Verfassungsbeschwerden die vorherige Erschöpfung des Rechtsweges zur Voraussetzung machen und ein besonderes Annahmeverfahren vorsehen.

Artikel 95 [Oberste Gerichtshöfe des Bundes]
(1) Für die Gebiete der ordentlichen, der Verwaltungs-, der Finanz-, der Arbeits- und der Sozialgerichtsbarkeit errichtet der Bund als oberste Gerichtshöfe den Bundesgerichtshof, das Bundesverwaltungsgericht, den Bundesfinanzhof, das Bundesarbeitsgericht und das Bundessozialgericht.
(2) Über die Berufung der Richter dieser Gerichte entscheidet der für das jeweilige Sachgebiet zuständige Bundesminister gemeinsam mit einem Richterwahlausschuß, der aus den für das jeweilige Sachgebiet zuständigen Ministern der Länder und einer gleichen Anzahl von Mitgliedern besteht, die vom Bundestage gewählt werden.
(3) [1]Zur Wahrung der Einheitlichkeit der Rechtsprechung ist ein Gemeinsamer Senat der in Absatz 1 genannten Gerichte zu bilden. [2]Das Nähere regelt ein Bundesgesetz.

Artikel 96 [Bundesgerichte]
(1) Der Bund kann für Angelegenheiten des gewerblichen Rechtsschutzes ein Bundesgericht errichten.
(2) [1]Der Bund kann Wehrstrafgerichte für die Streitkräfte als Bundesgerichte errichten. [2]Sie können die Strafgerichtsbarkeit nur im Verteidigungsfalle sowie über Angehörige der Streitkräfte ausüben, die ins Ausland entsandt oder an Bord von Kriegsschiffen eingeschifft sind. [3]Das Nähere regelt ein Bundesgesetz. [4]Diese Gerichte gehören zum Geschäftsbereich des Bundesjustizministers. [5]Ihre hauptamtlichen Richter müssen die Befähigung zum Richteramt haben.
(3) Oberster Gerichtshof für die in Absatz 1 und 2 genannten Gerichte ist der Bundesgerichtshof.
(4) Der Bund kann für Personen, die zu ihm in einem öffentlich-rechtlichen Dienstverhältnis stehen, Bundesgerichte zur Entscheidung in Disziplinarverfahren und Beschwerdeverfahren errichten.
(5) Für Strafverfahren auf den folgenden Gebieten kann ein Bundesgesetz mit Zustimmung des Bundesrates vorsehen, dass Gerichte der Länder Gerichtsbarkeit des Bundes ausüben:

1. Völkermord;
2. völkerstrafrechtliche Verbrechen gegen die Menschlichkeit;
3. Kriegsverbrechen;
4. andere Handlungen, die geeignet sind und in der Absicht vorgenommen werden, das friedliche Zusammenleben der Völker zu stören (Artikel 26 Abs. 1);
5. Staatsschutz.

Artikel 97 [Unabhängigkeit der Richter]
(1) Die Richter sind unabhängig und nur dem Gesetze unterworfen.
(2) [1]Die hauptamtlich und planmäßig endgültig angestellten Richter können wider ihren Willen nur kraft richterlicher Entscheidung und nur aus Gründen und unter den Formen, welche die Gesetze bestimmen, vor Ablauf ihrer Amtszeit entlassen oder dauernd oder zeitweise ihres Amtes enthoben oder an eine andere Stelle oder in den Ruhestand versetzt werden. [2]Die Gesetzgebung kann Altersgrenzen festsetzen, bei deren Erreichung auf Lebenszeit angestellte Richter in den Ruhestand treten. [3]Bei Veränderung der Einrichtung der Gerichte oder ihrer Bezirke können Richter an ein anderes Gericht versetzt oder aus dem Amte entfernt werden, jedoch nur unter Belassung des vollen Gehaltes.

Artikel 98 [Rechtsstellung der Richter]
(1) Die Rechtsstellung der Bundesrichter ist durch besonderes Bundesgesetz zu regeln.
(2) [1]Wenn ein Bundesrichter im Amte oder außerhalb des Amtes gegen die Grundsätze des Grundgesetzes oder gegen die verfassungsmäßige Ordnung eines Landes verstößt, so kann das Bundesverfassungsgericht mit Zweidrittelmehrheit auf Antrag des Bundestages anordnen, daß der Richter in ein anderes Amt oder in den Ruhestand zu versetzen ist. [2]Im Falle eines vorsätzlichen Verstoßes kann auf Entlassung erkannt werden.
(3) Die Rechtsstellung der Richter in den Ländern ist durch besondere Landesgesetze zu regeln, soweit Artikel 74 Abs. 1 Nr. 27 nichts anderes bestimmt.
(4) Die Länder können bestimmen, daß über die Anstellung der Richter in den Ländern der Landesjustizminister gemeinsam mit einem Richterwahlausschuß entscheidet.
(5) [1]Die Länder können für Landesrichter eine Absatz 2 entsprechende Regelung treffen. [2]Geltendes Landesverfassungsrecht bleibt unberührt. [3]Die Entscheidung über eine Richteranklage steht dem Bundesverfassungsgericht zu.

Artikel 99 [Verfassungsstreit innerhalb eines Landes]
Dem Bundesverfassungsgerichte kann durch Landesgesetz die Entscheidung von Verfassungsstreitigkeiten innerhalb eines Landes, den in Artikel 95 Abs. 1 genannten obersten Gerichtshöfen für den letzten Rechtszug die Entscheidung in solchen Sachen zugewiesen werden, bei denen es sich um die Anwendung von Landesrecht handelt.

Artikel 100 [Verfassungswidrigkeit von Gesetzen]
(1) [1]Hält ein Gericht ein Gesetz, auf dessen Gültigkeit es bei der Entscheidung ankommt, für verfassungswidrig, so ist das Verfahren auszusetzen und, wenn es sich um die Verletzung der Verfassung eines Landes handelt, die Entscheidung des für Verfassungsstreitigkeiten zuständigen Gerichtes des Landes, wenn es sich um die Verletzung dieses Grundgesetzes handelt, die Entscheidung des Bundesverfassungsgerichtes einzuholen. [2]Dies gilt auch, wenn es sich um die Verletzung dieses Grundgesetzes durch Landesrecht oder um die Unvereinbarkeit eines Landesgesetzes mit einem Bundesgesetze handelt.
(2) Ist in einem Rechtsstreite zweifelhaft, ob eine Regel des Völkerrechtes Bestandteil des Bundesrechtes ist und ob sie unmittelbar Rechte und Pflichten für den Einzelnen erzeugt (Artikel 25), so hat das Gericht die Entscheidung des Bundesverfassungsgerichtes einzuholen.
(3) Will das Verfassungsgericht eines Landes bei der Auslegung des Grundgesetzes von einer Entscheidung des Bundesverfassungsgerichtes oder des Verfassungsgerichtes eines anderen Landes abweichen, so hat das Verfassungsgericht die Entscheidung des Bundesverfassungsgerichtes einzuholen.

Artikel 101 [Ausnahmegerichte]
(1) [1]Ausnahmegerichte sind unzulässig. [2]Niemand darf seinem gesetzlichen Richter entzogen werden.
(2) Gerichte für besondere Sachgebiete können nur durch Gesetz errichtet werden.

Artikel 102 [Abschaffung der Todesstrafe]
Die Todesstrafe ist abgeschafft.

Artikel 103 [Grundrechte vor Gericht]
(1) Vor Gericht hat jedermann Anspruch auf rechtliches Gehör.

(2) Eine Tat kann nur bestraft werden, wenn die Strafbarkeit gesetzlich bestimmt war, bevor die Tat begangen wurde.

(3) Niemand darf wegen derselben Tat auf Grund der allgemeinen Strafgesetze mehrmals bestraft werden.

Artikel 104 [Rechtsgarantien bei Freiheitsentziehung]

(1) [1]Die Freiheit der Person kann nur auf Grund eines förmlichen Gesetzes und nur unter Beachtung der darin vorgeschriebenen Formen beschränkt werden. [2]Festgehaltene Personen dürfen weder seelisch noch körperlich mißhandelt werden.

(2) [1]Über die Zulässigkeit und Fortdauer einer Freiheitsentziehung hat nur der Richter zu entscheiden. [2]Bei jeder nicht auf richterlicher Anordnung beruhenden Freiheitsentziehung ist unverzüglich eine richterliche Entscheidung herbeizuführen. [3]Die Polizei darf aus eigener Machtvollkommenheit niemanden länger als bis zum Ende des Tages nach dem Ergreifen in eigenem Gewahrsam halten. [4]Das Nähere ist gesetzlich zu regeln.

(3) [1]Jeder wegen des Verdachtes einer strafbaren Handlung vorläufig Festgenommene ist spätestens am Tage nach der Festnahme dem Richter vorzuführen, der ihm die Gründe der Festnahme mitzuteilen, ihn zu vernehmen und ihm Gelegenheit zu Einwendungen zu geben hat. [2]Der Richter hat unverzüglich entweder einen mit Gründen versehenen schriftlichen Haftbefehl zu erlassen oder die Freilassung anzuordnen.

(4) Von jeder richterlichen Entscheidung über die Anordnung oder Fortdauer einer Freiheitsentziehung ist unverzüglich ein Angehöriger des Festgehaltenen oder eine Person seines Vertrauens zu benachrichtigen.

X. Das
Finanzwesen

Artikel 104a [Ausgabenverteilung; Lastenverteilung]

(1) Der Bund und die Länder tragen gesondert die Ausgaben, die sich aus der Wahrnehmung ihrer Aufgaben ergeben, soweit dieses Grundgesetz nichts anderes bestimmt.

(2) Handeln die Länder im Auftrage des Bundes, trägt der Bund die sich daraus ergebenden Ausgaben.

(3) [1]Bundesgesetze, die Geldleistungen gewähren und von den Ländern ausgeführt werden, können bestimmen, daß die Geldleistungen ganz oder zum Teil vom Bund getragen werden. [2]Bestimmt das Gesetz, daß der Bund die Hälfte der Ausgaben oder mehr trägt, wird es im Auftrage des Bundes durchgeführt.

(4) Bundesgesetze, die Pflichten der Länder zur Erbringung von Geldleistungen, geldwerten Sachleistungen oder vergleichbaren Dienstleistungen gegenüber Dritten begründen und von den Ländern als eigene Angelegenheit oder nach Absatz 3 Satz 2 im Auftrag des Bundes ausgeführt werden, bedürfen der Zustimmung des Bundesrates, wenn daraus entstehende Ausgaben von den Ländern zu tragen sind.

(5) [1]Der Bund und die Länder tragen die bei ihren Behörden entstehenden Verwaltungsausgaben und haften im Verhältnis zueinander für eine ordnungsmäßige Verwaltung. [2]Das Nähere bestimmt ein Bundesgesetz, das der Zustimmung des Bundesrates bedarf.

(6) [1]Bund und Länder tragen nach der innerstaatlichen Zuständigkeits- und Aufgabenverteilung die Lasten einer Verletzung von supranationalen oder völkerrechtlichen Verpflichtungen Deutschlands. [2]In Fällen länderübergreifender Finanzkorrekturen der Europäischen Union tragen Bund und Länder diese Lasten im Verhältnis 15 zu 85. [3]Die Ländergesamtheit trägt in diesen Fällen solidarisch 35 vom Hundert der Gesamtlasten entsprechend einem allgemeinen Schlüssel; 50 vom Hundert der Gesamtlasten tragen die Länder, die die Lasten verursacht haben, anteilig entsprechend der Höhe der erhaltenen Mittel. [4]Das Nähere regelt ein Bundesgesetz, das der Zustimmung des Bundesrates bedarf.

Artikel 104b [Finanzhilfen für bedeutsame Investitionen der Länder]

(1) [1]Der Bund kann, soweit dieses Grundgesetz ihm Gesetzgebungsbefugnisse verleiht, den Ländern Finanzhilfen für besonders bedeutsame Investitionen der Länder und der Gemeinden (Gemeindeverbände) gewähren, die
1. zur Abwehr einer Störung des gesamtwirtschaftlichen Gleichgewichts oder
2. zum Ausgleich unterschiedlicher Wirtschaftskraft im Bundesgebiet oder
3. zur Förderung des wirtschaftlichen Wachstums
erforderlich sind. [2]Abweichend von Satz 1 kann der Bund im Falle von Naturkatastrophen oder außergewöhnlichen Notsituationen, die sich der Kontrolle des Staates entziehen und die staatliche Finanzlage erheblich beeinträchtigen, auch ohne Gesetzgebungsbefugnisse Finanzhilfen gewähren.

(2) [1]Das Nähere, insbesondere die Arten der zu fördernden Investitionen, wird durch Bundesgesetz, das der Zustimmung des Bundesrates bedarf, oder auf Grund des Bundeshaushaltsgesetzes durch Verwal-

tungsvereinbarung geregelt. [2]Das Bundesgesetz oder die Verwaltungsvereinbarung kann Bestimmungen über die Ausgestaltung der jeweiligen Länderprogramme zur Verwendung der Finanzhilfen vorsehen. [3]Die Festlegung der Kriterien für die Ausgestaltung der Länderprogramme erfolgt im Einvernehmen mit den betroffenen Ländern. [4]Zur Gewährleistung der zweckentsprechenden Mittelverwendung kann die Bundesregierung Bericht und Vorlage der Akten verlangen und Erhebungen bei allen Behörden durchführen. [5]Die Mittel des Bundes werden zusätzlich zu eigenen Mitteln der Länder bereitgestellt. [6]Sie sind befristet zu gewähren und hinsichtlich ihrer Verwendung in regelmäßigen Zeitabständen zu überprüfen. [7]Die Finanzhilfen sind im Zeitablauf mit fallenden Jahresbeträgen zu gestalten.

(3) Bundestag, Bundesregierung und Bundesrat sind auf Verlangen über die Durchführung der Maßnahmen und die erzielten Verbesserungen zu unterrichten.

Artikel 104c [Finanzhilfen für bedeutsame Investitionen der Länder im Bereich der kommunalen Bildungsinfrastruktur]

[1]Der Bund kann den Ländern Finanzhilfen für gesamtstaatlich bedeutsame Investitionen sowie besondere, mit diesen unmittelbar verbundene, befristete Ausgaben der Länder und Gemeinden (Gemeindeverbände) zur Steigerung der Leistungsfähigkeit der kommunalen Bildungsinfrastruktur gewähren. [2]Artikel 104b Absatz 2 Satz 1 bis 3, 5, 6 und Absatz 3 gilt entsprechend. [3]Zur Gewährleistung der zweckentsprechenden Mittelverwendung kann die Bundesregierung Berichte und anlassbezogen die Vorlage von Akten verlangen.

Artikel 104d [Finanzhilfen für bedeutsame Investitionen der Länder im Bereich des sozialen Wohnungsbaus]

[1]Der Bund kann den Ländern Finanzhilfen für gesamtstaatlich bedeutsame Investitionen der Länder und Gemeinden (Gemeindeverbände) im Bereich des sozialen Wohnungsbaus gewähren. [2]Artikel 104b Absatz 2 Satz 1 bis 5 sowie Absatz 3 gilt entsprechend.

Artikel 105 [Gesetzgebungsrecht]

(1) Der Bund hat die ausschließliche Gesetzgebung über die Zölle und Finanzmonopole.

(2) [1]Der Bund hat die konkurrierende Gesetzgebung über die Grundsteuer. [2]Er hat die konkurrierende Gesetzgebung über die übrigen Steuern, wenn ihm das Aufkommen dieser Steuern ganz oder zum Teil zusteht oder die Voraussetzungen des Artikels 72 Abs. 2 vorliegen.

(2a) [1]Die Länder haben die Befugnis zur Gesetzgebung über die örtlichen Verbrauch- und Aufwandsteuern, solange und soweit sie nicht bundesgesetzlich geregelten Steuern gleichartig sind. [2]Sie haben die Befugnis zur Bestimmung des Steuersatzes bei der Grunderwerbsteuer.

(3) Bundesgesetze über Steuern, deren Aufkommen den Ländern oder den Gemeinden (Gemeindeverbänden) ganz oder zum Teil zufließt, bedürfen der Zustimmung des Bundesrates.

Artikel 106 [Verteilung des Steueraufkommens und des Ertrages der Finanzmonopole]

(1) Der Ertrag der Finanzmonopole und das Aufkommen der folgenden Steuern stehen dem Bund zu:
1. die Zölle,
2. die Verbrauchsteuern, soweit sie nicht nach Absatz 2 den Ländern, nach Absatz 3 Bund und Ländern gemeinsam oder nach Absatz 6 den Gemeinden zustehen,
3. die Straßengüterverkehrsteuer, die Kraftfahrzeugsteuer und sonstige auf motorisierte Verkehrsmittel bezogene Verkehrsteuern,
4. die Kapitalverkehrsteuern, die Versicherungsteuer und die Wechselsteuer,
5. die einmaligen Vermögensabgaben und die zur Durchführung des Lastenausgleichs erhobenen Ausgleichsabgaben,
6. die Ergänzungsabgabe zur Einkommensteuer und zur Körperschaftsteuer,
7. Abgaben im Rahmen der Europäischen Gemeinschaften.

(2) Das Aufkommen der folgenden Steuern steht den Ländern zu:
1. die Vermögensteuer,
2. die Erbschaftsteuer,
3. die Verkehrsteuern, soweit sie nicht nach Absatz 1 dem Bund oder nach Absatz 3 Bund und Ländern gemeinsam zustehen,
4. die Biersteuer,
5. die Abgabe von Spielbanken.

(3) [1]Das Aufkommen der Einkommensteuer, der Körperschaftsteuer und der Umsatzsteuer steht dem Bund und den Ländern gemeinsam zu (Gemeinschaftsteuern), soweit das Aufkommen der Einkommensteuer nicht nach Absatz 5 und das Aufkommen der Umsatzsteuer nicht nach Absatz 5a den Gemeinden zugewiesen wird. [2]Am Aufkommen der Einkommensteuer und der Körperschaftsteuer sind der Bund und

die Länder je zur Hälfte beteiligt. ³Die Anteile von Bund und Ländern an der Umsatzsteuer werden durch Bundesgesetz, das der Zustimmung des Bundesrates bedarf, festgesetzt. ⁴Bei der Festsetzung ist von folgenden Grundsätzen auszugehen:

1. ¹Im Rahmen der laufenden Einnahmen haben der Bund und die Länder gleichmäßig Anspruch auf Deckung ihrer notwendigen Ausgaben. ²Dabei ist der Umfang der Ausgaben unter Berücksichtigung einer mehrjährigen Finanzplanung zu ermitteln.
2. Die Deckungsbedürfnisse des Bundes und der Länder sind so aufeinander abzustimmen, daß ein billiger Ausgleich erzielt, eine Überbelastung der Steuerpflichtigen vermieden und die Einheitlichkeit der Lebensverhältnisse im Bundesgebiet gewahrt wird.

⁵Zusätzlich werden in die Festsetzung der Anteile von Bund und Ländern an der Umsatzsteuer Steuermindereinnahmen einbezogen, die den Ländern ab 1. Januar 1996 aus der Berücksichtigung von Kindern im Einkommensteuerrecht entstehen. ⁶Das Nähere bestimmt das Bundesgesetz nach Satz 3.

(4) ¹Die Anteile von Bund und Ländern an der Umsatzsteuer sind neu festzusetzen, wenn sich das Verhältnis zwischen den Einnahmen und Ausgaben des Bundes und der Länder wesentlich anders entwickelt; Steuermindereinnahmen, die nach Absatz 3 Satz 5 in die Festsetzung der Umsatzsteueranteile zusätzlich einbezogen werden, bleiben hierbei unberücksichtigt. ²Werden den Ländern durch Bundesgesetz zusätzliche Ausgaben auferlegt oder Einnahmen entzogen, so kann die Mehrbelastung durch Bundesgesetz, das der Zustimmung des Bundesrates bedarf, auch mit Finanzzuweisungen des Bundes ausgeglichen werden, wenn sie auf einen kurzen Zeitraum begrenzt ist. ³In dem Gesetz sind die Grundsätze für die Bemessung dieser Finanzzuweisungen und für ihre Verteilung auf die Länder zu bestimmen.

(5) ¹Die Gemeinden erhalten einen Anteil an dem Aufkommen der Einkommensteuer, der von den Ländern an ihre Gemeinden auf der Grundlage der Einkommensteuerleistungen ihrer Einwohner weiterzuleiten ist. ²Das Nähere bestimmt ein Bundesgesetz, das der Zustimmung des Bundesrates bedarf. ³Es kann bestimmen, daß die Gemeinden Hebesätze für den Gemeindeanteil festsetzen.

(5a) ¹Die Gemeinden erhalten ab dem 1. Januar 1998 einen Anteil an dem Aufkommen der Umsatzsteuer. ²Er wird von den Ländern auf der Grundlage eines orts- und wirtschaftsbezogenen Schlüssels an ihre Gemeinden weitergeleitet. ³Das Nähere wird durch Bundesgesetz, das der Zustimmung des Bundesrates bedarf, bestimmt.

(6) ¹Das Aufkommen der Grundsteuer und Gewerbesteuer steht den Gemeinden, das Aufkommen der örtlichen Verbrauch- und Aufwandsteuern steht den Gemeinden oder nach Maßgabe der Landesgesetzgebung den Gemeindeverbänden zu. ²Den Gemeinden ist das Recht einzuräumen, die Hebesätze der Grundsteuer und Gewerbesteuer im Rahmen der Gesetze festzusetzen. ³Bestehen in einem Land keine Gemeinden, so steht das Aufkommen der Grundsteuer und Gewerbesteuer sowie der örtlichen Verbrauch- und Aufwandsteuern dem Land zu. ⁴Bund und Länder können durch eine Umlage an dem Aufkommen der Gewerbesteuer beteiligt werden. ⁵Das Nähere über die Umlage bestimmt ein Bundesgesetz, das der Zustimmung des Bundesrates bedarf. ⁶Nach Maßgabe der Landesgesetzgebung können die Grundsteuer und Gewerbesteuer sowie der Gemeindeanteil vom Aufkommen der Einkommensteuer und der Umsatzsteuer als Bemessungsgrundlagen für Umlagen zugrunde gelegt werden.

(7) ¹Von dem Länderanteil am Gesamtaufkommen der Gemeinschaftssteuern fließt den Gemeinden und Gemeindeverbänden insgesamt ein von der Landesgesetzgebung zu bestimmender Hundertsatz zu. ²Im übrigen bestimmt die Landesgesetzgebung, ob und inwieweit das Aufkommen der Landessteuern den Gemeinden (Gemeindeverbänden) zufließt.

(8) ¹Veranlaßt der Bund in einzelnen Ländern oder Gemeinden (Gemeindeverbänden) besondere Einrichtungen, die diesen Ländern oder Gemeinden (Gemeindeverbänden) unmittelbar Mehrausgaben oder Mindereinnahmen (Sonderbelastungen) verursachen, gewährt der Bund den erforderlichen Ausgleich, wenn und soweit den Ländern oder Gemeinden (Gemeindeverbänden) nicht zugemutet werden kann, die Sonderbelastungen zu tragen. ²Entschädigungsleistungen Dritter und finanzielle Vorteile, die diesen Ländern oder Gemeinden (Gemeindeverbänden) als Folge der Einrichtungen erwachsen, werden bei dem Ausgleich berücksichtigt.

(9) Als Einnahmen und Ausgaben der Länder im Sinne dieses Artikels gelten auch die Einnahmen und Ausgaben der Gemeinden (Gemeindeverbände).

Artikel 106a [Bundeszuschuss für öffentlichen Personennahverkehr]
¹Den Ländern steht ab 1. Januar 1996 für den öffentlichen Personennahverkehr ein Betrag aus dem Steueraufkommen des Bundes zu. ²Das Nähere regelt ein Bundesgesetz, das der Zustimmung des Bundesrates bedarf. ³Der Betrag nach Satz 1 bleibt bei der Bemessung der Finanzkraft nach Artikel 107 Abs. 2 unberücksichtigt.

Artikel 106b [Länderanteil an der Kraftfahrzeugsteuer]

[1]Den Ländern steht ab dem 1. Juli 2009 infolge der Übertragung der Kraftfahrzeugsteuer auf den Bund ein Betrag aus dem Steueraufkommen des Bundes zu. [2]Das Nähere regelt ein Bundesgesetz, das der Zustimmung des Bundesrates bedarf.

Artikel 107 [Finanzausgleich; Ergänzungszuweisungen][1)]

(1) [1]Das Aufkommen der Landessteuern und der Länderanteil am Aufkommen der Einkommensteuer und der Körperschaftsteuer stehen den einzelnen Ländern insoweit zu, als die Steuern von den Finanzbehörden in ihrem Gebiet vereinnahmt werden (örtliches Aufkommen). [2]Durch Bundesgesetz, das der Zustimmung des Bundesrates bedarf, sind für die Körperschaftsteuer und die Lohnsteuer nähere Bestimmungen über die Abgrenzung sowie über Art und Umfang der Zerlegung des örtlichen Aufkommens zu treffen. [3]Das Gesetz kann auch Bestimmungen über die Abgrenzung und Zerlegung des örtlichen Aufkommens anderer Steuern treffen. [4]Der Länderanteil am Aufkommen der Einkommensteuer steht den einzelnen Ländern, vorbehaltlich der Regelungen nach Absatz 2, nach Maßgabe ihrer Einwohnerzahl zu.

(2) [1]Durch Bundesgesetz, das der Zustimmung des Bundesrates bedarf, ist sicherzustellen, dass die unterschiedliche Finanzkraft der Länder angemessen ausgeglichen wird; hierbei sind die Finanzkraft und der Finanzbedarf der Gemeinden (Gemeindeverbände) zu berücksichtigen. [2]Zu diesem Zweck sind in dem Gesetz Zuschläge zu und Abschläge von der jeweiligen Finanzkraft bei der Verteilung der Länderanteile am Aufkommen der Umsatzsteuer zu regeln. [3]Die Voraussetzungen für die Gewährung von Zuschlägen und für die Erhebung von Abschlägen sowie die Maßstäbe für die Höhe dieser Zuschläge und Abschläge sind in dem Gesetz zu bestimmen. [4]Für Zwecke der Bemessung der Finanzkraft kann die bergrechtliche Förderabgabe mit nur einem Teil ihres Aufkommens berücksichtigt werden. [5]Das Gesetz kann auch bestimmen, dass der Bund aus seinen Mitteln leistungsschwachen Ländern Zuweisungen zur ergänzenden Deckung ihres allgemeinen Finanzbedarfs (Ergänzungszuweisungen) gewährt. [6]Zuweisungen können unabhängig von den Maßstäben nach den Sätzen 1 bis 3 auch solchen leistungsschwachen Ländern gewährt werden, deren Gemeinden (Gemeindeverbände) eine besonders geringe Steuerkraft aufweisen (Gemeindesteuerkraftzuweisungen), sowie außerdem solchen leistungsschwachen Ländern, deren Anteile an den Fördermitteln nach Artikel 91b ihre Einwohneranteile unterschreiten.

Artikel 108 [Finanzverwaltung]

(1) [1]Zölle, Finanzmonopole, die bundesgesetzlich geregelten Verbrauchsteuern einschließlich der Einfuhrumsatzsteuer, die Kraftfahrzeugsteuer und sonstige auf motorisierte Verkehrsmittel bezogene Verkehrsteuern ab dem 1. Juli 2009 sowie die Abgaben im Rahmen der Europäischen Gemeinschaften werden durch Bundesfinanzbehörden verwaltet. [2]Der Aufbau dieser Behörden wird durch Bundesgesetz geregelt. [3]Soweit Mittelbehörden eingerichtet sind, werden deren Leiter im Benehmen mit den Landesregierungen bestellt.

(2) [1]Die übrigen Steuern werden durch Landesfinanzbehörden verwaltet. [2]Der Aufbau dieser Behörden und die einheitliche Ausbildung der Beamten können durch Bundesgesetz mit Zustimmung des Bundesrates geregelt werden. [3]Soweit Mittelbehörden eingerichtet sind, werden deren Leiter im Einvernehmen mit der Bundesregierung bestellt.

(3) [1]Verwalten die Landesfinanzbehörden Steuern, die ganz oder zum Teil dem Bund zufließen, so werden sie im Auftrage des Bundes tätig. [2]Artikel 85 Abs. 3 und 4 gilt mit der Maßgabe, daß an die Stelle der Bundesregierung der Bundesminister der Finanzen tritt.

(4) [1]Durch Bundesgesetz, das der Zustimmung des Bundesrates bedarf, kann bei der Verwaltung von Steuern ein Zusammenwirken von Bundes- und Landesfinanzbehörden sowie für Steuern, die unter Absatz 1 fallen, die Verwaltung durch Landesfinanzbehörden und für andere Steuern die Verwaltung durch Bundesfinanzbehörden vorgesehen werden, wenn und soweit dadurch der Vollzug der Steuergesetze erheblich verbessert oder erleichtert wird. [2]Für die den Gemeinden (Gemeindeverbänden) allein zufließenden Steuern kann die den Landesfinanzbehörden zustehende Verwaltung durch die Länder ganz oder zum Teil den Gemeinden (Gemeindeverbänden) übertragen werden. [3]Das Bundesgesetz nach Satz 1 kann für ein Zusammenwirken von Bund und Ländern bestimmen, dass bei Zustimmung einer im Gesetz genannten Mehrheit Regelungen für den Vollzug von Steuergesetzen für alle Länder verbindlich werden.

(4a) [1]Durch Bundesgesetz, das der Zustimmung des Bundesrates bedarf, können bei der Verwaltung von Steuern, die unter Absatz 2 fallen, ein Zusammenwirken von Landesfinanzbehörden und eine länderübergreifende Übertragung von Zuständigkeiten auf Landesfinanzbehörden eines oder mehrerer Länder im Einvernehmen mit den betroffenen Ländern vorgesehen werden, wenn und soweit dadurch der Vollzug

1) Zur Anwendung von Art. 107 siehe Art. 143g GG.

der Steuergesetze erheblich verbessert oder erleichtert wird. [2]Die Kostentragung kann durch Bundesgesetz geregelt werden.

(5) [1]Das von den Bundesfinanzbehörden anzuwendende Verfahren wird durch Bundesgesetz geregelt. [2]Das von den Landesfinanzbehörden und in den Fällen des Absatzes 4 Satz 2 von den Gemeinden (Gemeindeverbänden) anzuwendende Verfahren kann durch Bundesgesetz mit Zustimmung des Bundesrates geregelt werden.

(6) Die Finanzgerichtsbarkeit wird durch Bundesgesetz einheitlich geregelt.

(7) Die Bundesregierung kann allgemeine Verwaltungsvorschriften erlassen, und zwar mit Zustimmung des Bundesrates, soweit die Verwaltung den Landesfinanzbehörden oder Gemeinden (Gemeindeverbänden) obliegt.

Artikel 109 [Haushaltswirtschaft in Bund und Ländern]

(1) Bund und Länder sind in ihrer Haushaltswirtschaft selbständig und voneinander unabhängig.

(2) Bund und Länder erfüllen gemeinsam die Verpflichtungen der Bundesrepublik Deutschland aus Rechtsakten der Europäischen Gemeinschaft auf Grund des Artikels 104 des Vertrags zur Gründung der Europäischen Gemeinschaft zur Einhaltung der Haushaltsdisziplin und tragen in diesem Rahmen den Erfordernissen des gesamtwirtschaftlichen Gleichgewichts Rechnung.

(3) [1]Die Haushalte von Bund und Ländern sind grundsätzlich ohne Einnahmen aus Krediten auszugleichen. [2]Bund und Länder können Regelungen zur im Auf- und Abschwung symmetrischen Berücksichtigung der Auswirkungen einer von der Normallage abweichenden konjunkturellen Entwicklung sowie eine Ausnahmeregelung für Naturkatastrophen oder außergewöhnliche Notsituationen, die sich der Kontrolle des Staates entziehen und die staatliche Finanzlage erheblich beeinträchtigen, vorsehen. [3]Für die Ausnahmeregelung ist eine entsprechende Tilgungsregelung vorzusehen. [4]Die nähere Ausgestaltung regelt für den Haushalt des Bundes Artikel 115 mit der Maßgabe, dass Satz 1 entsprochen ist, wenn die Einnahmen aus Krediten 0,35 vom Hundert im Verhältnis zum nominalen Bruttoinlandsprodukt nicht überschreiten. [5]Die nähere Ausgestaltung für die Haushalte der Länder regeln diese im Rahmen ihrer verfassungsrechtlichen Kompetenzen mit der Maßgabe, dass Satz 1 nur dann entsprochen ist, wenn keine Einnahmen aus Krediten zugelassen werden.

(4) Durch Bundesgesetz, das der Zustimmung des Bundesrates bedarf, können für Bund und Länder gemeinsam geltende Grundsätze für das Haushaltsrecht, für eine konjunkturgerechte Haushaltswirtschaft und für eine mehrjährige Finanzplanung aufgestellt werden.

(5) [1]Sanktionsmaßnahmen der Europäischen Gemeinschaft im Zusammenhang mit den Bestimmungen in Artikel 104 des Vertrags zur Gründung der Europäischen Gemeinschaft zur Einhaltung der Haushaltsdisziplin tragen Bund und Länder im Verhältnis 65 zu 35. [2]Die Ländergesamtheit trägt solidarisch 35 vom Hundert der auf die Länder entfallenden Lasten entsprechend ihrer Einwohnerzahl; 65 vom Hundert der auf die Länder entfallenden Lasten tragen die Länder entsprechend ihrem Verursachungsbeitrag. [3]Das Nähere regelt ein Bundesgesetz, das der Zustimmung des Bundesrates bedarf.

Artikel 109a [Haushaltsnotlagen]

(1) Zur Vermeidung von Haushaltsnotlagen regelt ein Bundesgesetz, das der Zustimmung des Bundesrates bedarf,

1. die fortlaufende Überwachung der Haushaltswirtschaft von Bund und Ländern durch ein gemeinsames Gremium (Stabilitätsrat),
2. die Voraussetzungen und das Verfahren zur Feststellung einer drohenden Haushaltsnotlage,
3. die Grundsätze zur Aufstellung und Durchführung von Sanierungsprogrammen zur Vermeidung von Haushaltsnotlagen.

(2) [1]Dem Stabilitätsrat obliegt ab dem Jahr 2020 die Überwachung der Einhaltung der Vorgaben des Artikels 109 Absatz 3 durch Bund und Länder. [2]Die Überwachung orientiert sich an den Vorgaben und Verfahren aus Rechtsakten auf Grund des Vertrages über die Arbeitsweise der Europäischen Union zur Einhaltung der Haushaltsdisziplin.

(3) Die Beschlüsse des Stabilitätsrats und die zugrunde liegenden Beratungsunterlagen sind zu veröffentlichen.

Artikel 110 [Haushaltsplan des Bundes]

(1) [1]Alle Einnahmen und Ausgaben des Bundes sind in den Haushaltsplan einzustellen; bei Bundesbetrieben und bei Sondervermögen brauchen nur die Zuführungen oder die Ablieferungen eingestellt zu werden. [2]Der Haushaltsplan ist in Einnahme und Ausgabe auszugleichen.

(2) [1]Der Haushaltsplan wird für ein oder mehrere Rechnungsjahre, nach Jahren getrennt, vor Beginn des ersten Rechnungsjahres durch das Haushaltsgesetz festgestellt. [2]Für Teile des Haushaltsplanes kann vorgesehen werden, daß sie für unterschiedliche Zeiträume, nach Rechnungsjahren getrennt, gelten.

(3) Die Gesetzesvorlage nach Absatz 2 Satz 1 sowie Vorlagen zur Änderung des Haushaltsgesetzes und des Haushaltsplanes werden gleichzeitig mit der Zuleitung an den Bundesrat beim Bundestage eingebracht; der Bundesrat ist berechtigt, innerhalb von sechs Wochen, bei Änderungsvorlagen innerhalb von drei Wochen, zu den Vorlagen Stellung zu nehmen.

(4) [1]In das Haushaltsgesetz dürfen nur Vorschriften aufgenommen werden, die sich auf die Einnahmen und die Ausgaben des Bundes und auf den Zeitraum beziehen, für den das Haushaltsgesetz beschlossen wird. [2]Das Haushaltsgesetz kann vorschreiben, daß die Vorschriften erst mit der Verkündung des nächsten Haushaltsgesetzes oder bei Ermächtigung nach Artikel 115 zu einem späteren Zeitpunkt außer Kraft treten.

Artikel 111 [Ausgaben vor Etatgenehmigung]

(1) Ist bis zum Schluß eines Rechnungsjahres der Haushaltsplan für das folgende Jahr nicht durch Gesetz festgestellt, so ist bis zu seinem Inkrafttreten die Bundesregierung ermächtigt, alle Ausgaben zu leisten, die nötig sind,

a) um gesetzlich bestehende Einrichtungen zu erhalten und gesetzlich beschlossene Maßnahmen durchzuführen,

b) um die rechtlich begründeten Verpflichtungen des Bundes zu erfüllen,

c) um Bauten, Beschaffungen und sonstige Leistungen fortzusetzen oder Beihilfen für diese Zwecke weiter zu gewähren, sofern durch den Haushaltsplan eines Vorjahres bereits Beträge bewilligt worden sind.

(2) Soweit nicht auf besonderem Gesetze beruhende Einnahmen aus Steuern, Abgaben und sonstigen Quellen oder die Betriebsmittelrücklage die Ausgaben unter Absatz 1 decken, darf die Bundesregierung die zur Aufrechterhaltung der Wirtschaftsführung erforderlichen Mittel bis zur Höhe eines Viertels der Endsumme des abgelaufenen Haushaltsplanes im Wege des Kredits flüssig machen.

Artikel 112 [Überplanmäßige und außerplanmäßige Ausgaben]

[1]Überplanmäßige und außerplanmäßige Ausgaben bedürfen der Zustimmung des Bundesministers der Finanzen. [2]Sie darf nur im Falle eines unvorhergesehenen und unabweisbaren Bedürfnisses erteilt werden. [3]Näheres kann durch Bundesgesetz bestimmt werden.

Artikel 113 [Ausgabenerhöhungen; Einnahmeminderungen]

(1) [1]Gesetze, welche die von der Bundesregierung vorgeschlagenen Ausgaben des Haushaltsplanes erhöhen oder neue Ausgaben in sich schließen oder für die Zukunft mit sich bringen, bedürfen der Zustimmung der Bundesregierung. [2]Das gleiche gilt für Gesetze, die Einnahmeminderungen in sich schließen oder für die Zukunft mit sich bringen. [3]Die Bundesregierung kann verlangen, daß der Bundestag die Beschlußfassung über solche Gesetze aussetzt. [4]In diesem Fall hat die Bundesregierung innerhalb von sechs Wochen dem Bundestage eine Stellungnahme zuzuleiten.

(2) Die Bundesregierung kann innerhalb von vier Wochen, nachdem der Bundestag das Gesetz beschlossen hat, verlangen, daß der Bundestag erneut Beschluß faßt.

(3) [1]Ist das Gesetz nach Artikel 78 zustande gekommen, kann die Bundesregierung ihre Zustimmung nur innerhalb von sechs Wochen und nur dann versagen, wenn sie vorher das Verfahren nach Absatz 1 Satz 3 und 4 oder nach Absatz 2 eingeleitet hat. [2]Nach Ablauf dieser Frist gilt die Zustimmung als erteilt.

Artikel 114 [Rechnungslegung; Bundesrechnungshof]

(1) Der Bundesminister der Finanzen hat dem Bundestage und dem Bundesrate über alle Einnahmen und Ausgaben sowie über das Vermögen und die Schulden im Laufe des nächsten Rechnungsjahres zur Entlastung der Bundesregierung Rechnung zu legen.

(2) [1]Der Bundesrechnungshof, dessen Mitglieder richterliche Unabhängigkeit besitzen, prüft die Rechnung sowie die Wirtschaftlichkeit und Ordnungsmäßigkeit der Haushalts- und Wirtschaftsführung des Bundes. [2]Zum Zweck der Prüfung nach Satz 1 kann der Bundesrechnungshof auch bei Stellen außerhalb der Bundesverwaltung Erhebungen vornehmen; dies gilt auch in den Fällen, in denen der Bund den Ländern zweckgebundene Finanzierungsmittel zur Erfüllung von Länderaufgaben zuweist. [3]Er hat außer der Bundesregierung unmittelbar dem Bundestage und dem Bundesrate jährlich zu berichten. [4]Im übrigen werden die Befugnisse des Bundesrechnungshofes durch Bundesgesetz geregelt.

Artikel 115 [Kreditbeschaffung]

(1) Die Aufnahme von Krediten sowie die Übernahme von Bürgschaften, Garantien oder sonstigen Gewährleistungen, die zu Ausgaben in künftigen Rechnungsjahren führen können, bedürfen einer der Höhe nach bestimmten oder bestimmbaren Ermächtigung durch Bundesgesetz.

(2) [1]Einnahmen und Ausgaben sind grundsätzlich ohne Einnahmen aus Krediten auszugleichen. [2]Diesem Grundsatz ist entsprochen, wenn die Einnahmen aus Krediten 0,35 vom Hundert im Verhältnis zum nominalen Bruttoinlandsprodukt nicht überschreiten. [3]Zusätzlich sind bei einer von der Normallage abweichenden konjunkturellen Entwicklung die Auswirkungen auf den Haushalt im Auf- und Abschwung symmetrisch zu berücksichtigen. [4]Abweichungen der tatsächlichen Kreditaufnahme von der nach den Sätzen 1 bis 3 zulässigen Kreditobergrenze werden auf einem Kontrollkonto erfasst; Belastungen, die den Schwellenwert von 1,5 vom Hundert im Verhältnis zum nominalen Bruttoinlandsprodukt überschreiten, sind konjunkturgerecht zurückzuführen. [5]Näheres, insbesondere die Bereinigung der Einnahmen und Ausgaben um finanzielle Transaktionen und das Verfahren zur Berechnung der Obergrenze der jährlichen Nettokreditaufnahme unter Berücksichtigung der konjunkturellen Entwicklung auf der Grundlage eines Konjunkturbereinigungsverfahrens sowie die Kontrolle und den Ausgleich von Abweichungen der tatsächlichen Kreditaufnahme von der Regelgrenze, regelt ein Bundesgesetz. [6]Im Falle von Naturkatastrophen oder außergewöhnlichen Notsituationen, die sich der Kontrolle des Staates entziehen und die staatliche Finanzlage erheblich beeinträchtigen, können diese Kreditobergrenzen auf Grund eines Beschlusses der Mehrheit der Mitglieder des Bundestages überschritten werden. [7]Der Beschluss ist mit einem Tilgungsplan zu verbinden. [8]Die Rückführung der nach Satz 6 aufgenommenen Kredite hat binnen eines angemessenen Zeitraumes zu erfolgen.

Xa. Verteidigungsfall

Artikel 115a [Feststellung des Verteidigungsfalles]

(1) [1]Die Feststellung, daß das Bundesgebiet mit Waffengewalt angegriffen wird oder ein solcher Angriff unmittelbar droht (Verteidigungsfall), trifft der Bundestag mit Zustimmung des Bundesrates. [2]Die Feststellung erfolgt auf Antrag der Bundesregierung und bedarf einer Mehrheit von zwei Dritteln der abgegebenen Stimmen, mindestens der Mehrheit der Mitglieder des Bundestages.

(2) Erfordert die Lage unabweisbar ein sofortiges Handeln und stehen einem rechtzeitigen Zusammentritt des Bundestages unüberwindliche Hindernisse entgegen oder ist er nicht beschlußfähig, so trifft der Gemeinsame Ausschuß diese Feststellung mit einer Mehrheit von zwei Dritteln der abgegebenen Stimmen, mindestens der Mehrheit seiner Mitglieder.

(3) [1]Die Feststellung wird vom Bundespräsidenten gemäß Artikel 82 im Bundesgesetzblatte verkündet. [2]Ist dies nicht rechtzeitig möglich, so erfolgt die Verkündung in anderer Weise; sie ist im Bundesgesetzblatte nachzuholen, sobald die Umstände es zulassen.

(4) [1]Wird das Bundesgebiet mit Waffengewalt angegriffen und sind die zuständigen Bundesorgane außerstande, sofort die Feststellung nach Absatz 1 Satz 1 zu treffen, so gilt diese Feststellung als getroffen und als zu dem Zeitpunkt verkündet, in dem der Angriff begonnen hat. [2]Der Bundespräsident gibt diesen Zeitpunkt bekannt, sobald die Umstände es zulassen.

(5) [1]Ist die Feststellung des Verteidigungsfalles verkündet und wird das Bundesgebiet mit Waffengewalt angegriffen, so kann der Bundespräsident völkerrechtliche Erklärungen über das Bestehen des Verteidigungsfalles mit Zustimmung des Bundestages abgeben. [2]Unter den Voraussetzungen des Absatzes 2 tritt an die Stelle des Bundestages der Gemeinsame Ausschuß.

Artikel 115b [Übergang der Befehls- und Kommandogewalt]

Mit der Verkündung des Verteidigungsfalles geht die Befehls- und Kommandogewalt über die Streitkräfte auf den Bundeskanzler über.

Artikel 115c [Erweiterte Bundesgesetzgebungskompetenz]

(1) [1]Der Bund hat für den Verteidigungsfall das Recht der konkurrierenden Gesetzgebung auch auf den Sachgebieten, die zur Gesetzgebungszuständigkeit der Länder gehören. [2]Diese Gesetze bedürfen der Zustimmung des Bundesrates.

(2) Soweit es die Verhältnisse während des Verteidigungsfalles erfordern, kann durch Bundesgesetz für den Verteidigungsfall

1. bei Enteignungen abweichend von Artikel 14 Abs. 3 Satz 2 die Entschädigung vorläufig geregelt werden,

2. für Freiheitsentziehungen eine von Artikel 104 Abs. 2 Satz 3 und Abs. 3 Satz 1 abweichende Frist, höchstens jedoch eine solche von vier Tagen, für den Fall festgesetzt werden, daß ein Richter nicht innerhalb der für Normalzeiten geltenden Frist tätig werden konnte.

(3) Soweit es zur Abwehr eines gegenwärtigen oder unmittelbar drohenden Angriffs erforderlich ist, kann für den Verteidigungsfall durch Bundesgesetz mit Zustimmung des Bundesrates die Verwaltung und das Finanzwesen des Bundes und der Länder abweichend von den Abschnitten VIII, VIIIa und X geregelt

werden, wobei die Lebensfähigkeit der Länder, Gemeinden und Gemeindeverbände, insbesondere auch in finanzieller Hinsicht, zu wahren ist.

(4) Bundesgesetze nach den Absätzen 1 und 2 Nr. 1 dürfen zur Vorbereitung ihres Vollzuges schon vor Eintritt des Verteidigungsfalles angewandt werden.

Artikel 115d [Vereinfachtes Bundesgesetzgebungsverfahren]

(1) Für die Gesetzgebung des Bundes gilt im Verteidigungsfalle abweichend von Artikel 76 Abs. 2, Artikel 77 Abs. 1 Satz 2 und Abs. 2 bis 4, Artikel 78 und Artikel 82 Abs. 1 die Regelung der Absätze 2 und 3.

(2) [1]Gesetzesvorlagen der Bundesregierung, die sie als dringlich bezeichnet, sind gleichzeitig mit der Einbringung beim Bundestage dem Bundesrate zuzuleiten. [2]Bundestag und Bundesrat beraten diese Vorlagen unverzüglich gemeinsam. [3]Soweit zu einem Gesetze die Zustimmung des Bundesrates erforderlich ist, bedarf es zum Zustandekommen des Gesetzes der Zustimmung der Mehrheit seiner Stimmen. [4]Das Nähere regelt eine Geschäftsordnung, die vom Bundestage beschlossen wird und der Zustimmung des Bundesrates bedarf.

(3) Für die Verkündung der Gesetze gilt Artikel 115a Abs. 3 Satz 2 entsprechend.

Artikel 115e [Aufgaben des Gemeinsamen Ausschusses]

(1) Stellt der Gemeinsame Ausschuß im Verteidigungsfalle mit einer Mehrheit von zwei Dritteln der abgegebenen Stimmen, mindestens mit der Mehrheit seiner Mitglieder fest, daß dem rechtzeitigen Zusammentritt des Bundestages unüberwindliche Hindernisse entgegenstehen oder daß dieser nicht beschlußfähig ist, so hat der Gemeinsame Ausschuß die Stellung von Bundestag und Bundesrat und nimmt deren Rechte einheitlich wahr.

(2) [1]Durch ein Gesetz des Gemeinsamen Ausschusses darf das Grundgesetz weder geändert noch ganz oder teilweise außer Kraft oder außer Anwendung gesetzt werden. [2]Zum Erlaß von Gesetzen nach Artikel 23 Abs. 1 Satz 2, Artikel 24 Abs. 1 oder Artikel 29 ist der Gemeinsame Ausschuß nicht befugt.

Artikel 115f [Erweiterte Befugnisse der Bundesregierung]

(1) Die Bundesregierung kann im Verteidigungsfalle, soweit es die Verhältnisse erfordern,
1. den Bundesgrenzschutz[1] im gesamten Bundesgebiete einsetzen;
2. außer der Bundesverwaltung auch den Landesregierungen und, wenn sie es für dringlich erachtet, den Landesbehörden Weisungen erteilen und diese Befugnis auf von ihr zu bestimmende Mitglieder der Landesregierungen übertragen.

(2) Bundestag, Bundesrat und der Gemeinsame Ausschuß sind unverzüglich von den nach Absatz 1 getroffenen Maßnahmen zu unterrichten.

Artikel 115g [Stellung des Bundesverfassungsgerichts]

[1]Die verfassungsmäßige Stellung und die Erfüllung der verfassungsmäßigen Aufgaben des Bundesverfassungsgerichtes und seiner Richter dürfen nicht beeinträchtigt werden. [2]Das Gesetz über das Bundesverfassungsgericht darf durch ein Gesetz des Gemeinsamen Ausschusses nur insoweit geändert werden, als dies auch nach Auffassung des Bundesverfassungsgerichtes zur Aufrechterhaltung der Funktionsfähigkeit des Gerichtes erforderlich ist. [3]Bis zum Erlaß eines solchen Gesetzes kann das Bundesverfassungsgericht die zur Erhaltung der Arbeitsfähigkeit des Gerichtes erforderlichen Maßnahmen treffen. [4]Beschlüsse nach Satz 2 und Satz 3 faßt das Bundesverfassungsgericht mit der Mehrheit der anwesenden Richter.

Artikel 115h [Wahlperioden und Amtszeiten]

(1) [1]Während des Verteidigungsfalles ablaufende Wahlperioden des Bundestages oder der Volksvertretungen der Länder enden sechs Monate nach Beendigung des Verteidigungsfalles. [2]Die im Verteidigungsfalle ablaufende Amtszeit des Bundespräsidenten sowie bei vorzeitiger Erledigung seines Amtes die Wahrnehmung seiner Befugnisse durch den Präsidenten des Bundesrates enden neun Monate nach Beendigung des Verteidigungsfalles. [3]Die im Verteidigungsfalle ablaufende Amtszeit eines Mitgliedes des Bundesverfassungsgerichtes endet sechs Monate nach Beendigung des Verteidigungsfalles.

(2) [1]Wird eine Neuwahl des Bundeskanzlers durch den Gemeinsamen Ausschuß erforderlich, so wählt dieser einen neuen Bundeskanzler mit der Mehrheit seiner Mitglieder; der Bundespräsident macht dem Gemeinsamen Ausschuß einen Vorschlag. [2]Der Gemeinsame Ausschuß kann dem Bundeskanzler das Mißtrauen nur dadurch aussprechen, daß er mit der Mehrheit von zwei Dritteln seiner Mitglieder einen Nachfolger wählt.

(3) Für die Dauer des Verteidigungsfalles ist die Auflösung des Bundestages ausgeschlossen.

1) Jetzt: „Bundespolizei".

Artikel 115i [Erweiterte Befugnisse der Landesregierungen]
(1) Sind die zuständigen Bundesorgane außerstande, die notwendigen Maßnahmen zur Abwehr der Gefahr zu treffen, und erfordert die Lage unabweisbar ein sofortiges selbständiges Handeln in einzelnen Teilen des Bundesgebietes, so sind die Landesregierungen oder die von ihnen bestimmten Behörden oder Beauftragten befugt, für ihren Zuständigkeitsbereich Maßnahmen im Sinne des Artikels 115f Abs. 1 zu treffen.
(2) Maßnahmen nach Absatz 1 können durch die Bundesregierung, im Verhältnis zu Landesbehörden und nachgeordneten Bundesbehörden auch durch die Ministerpräsidenten der Länder, jederzeit aufgehoben werden.

Artikel 115k [Geltung von Gesetzen und Rechtsverordnungen des Verteidigungsfalls]
(1) [1]Für die Dauer ihrer Anwendbarkeit setzen Gesetze nach den Artikeln 115c, 115e und 115g und Rechtsverordnungen, die auf Grund solcher Gesetze ergehen, entgegenstehendes Recht außer Anwendung. [2]Dies gilt nicht gegenüber früherem Recht, das auf Grund der Artikel 115c, 115e und 115g erlassen worden ist.
(2) Gesetze, die der Gemeinsame Ausschuß beschlossen hat, und Rechtsverordnungen, die auf Grund solcher Gesetze ergangen sind, treten spätestens sechs Monate nach Beendigung des Verteidigungsfalles außer Kraft.
(3) [1]Gesetze, die von den Artikeln 91a, 91b, 104a, 106 und 107 abweichende Regelungen enthalten, gelten längstens bis zum Ende des zweiten Rechnungsjahres, das auf die Beendigung des Verteidigungsfalles folgt. [2]Sie können nach Beendigung des Verteidigungsfalles durch Bundesgesetz mit Zustimmung des Bundesrates geändert werden, um zu der Regelung gemäß den Abschnitten VIIIa und X überzuleiten.

Artikel 115l [Aufhebung von Maßnahmen und Beendigung des Verteidigungsfalls]
(1) [1]Der Bundestag kann jederzeit mit Zustimmung des Bundesrates Gesetze des Gemeinsamen Ausschusses aufheben. [2]Der Bundesrat kann verlangen, daß der Bundestag hierüber beschließt. [3]Sonstige zur Abwehr der Gefahr getroffene Maßnahmen des Gemeinsamen Ausschusses oder der Bundesregierung sind aufzuheben, wenn der Bundestag und der Bundesrat es beschließen.
(2) [1]Der Bundestag kann mit Zustimmung des Bundesrates jederzeit durch einen vom Bundespräsidenten zu verkündenden Beschluß den Verteidigungsfall für beendet erklären. [2]Der Bundesrat kann verlangen, daß der Bundestag hierüber beschließt. [3]Der Verteidigungsfall ist unverzüglich für beendet zu erklären, wenn die Voraussetzungen für seine Feststellung nicht mehr gegeben sind.
(3) Über den Friedensschluß wird durch Bundesgesetz entschieden.

XI. Übergangs-
und Schlußbestimmungen

Artikel 116 [Begriff des „Deutschen"; nationalsozialistische Ausbürgerung]
(1) Deutscher im Sinne dieses Grundgesetzes ist vorbehaltlich anderweitiger gesetzlicher Regelung, wer die deutsche Staatsangehörigkeit besitzt oder als Flüchtling oder Vertriebener deutscher Volkszugehörigkeit oder als dessen Ehegatte oder Abkömmling in dem Gebiete des Deutschen Reiches nach dem Stande vom 31. Dezember 1937 Aufnahme gefunden hat.
(2) [1]Frühere deutsche Staatsangehörige, denen zwischen dem 30. Januar 1933 und dem 8. Mai 1945 die Staatsangehörigkeit aus politischen, rassischen oder religiösen Gründen entzogen worden ist, und ihre Abkömmlinge sind auf Antrag wieder einzubürgern. [2]Sie gelten als nicht ausgebürgert, sofern sie nach dem 8. Mai 1945 ihren Wohnsitz in Deutschland genommen haben und nicht einen entgegengesetzten Willen zum Ausdruck gebracht haben.

Artikel 117 [Übergangsregelung zu Artikel 3 Abs. 2 und Artikel 11]
(1) Das dem Artikel 3 Abs. 2 entgegenstehende Recht bleibt bis zu seiner Anpassung an diese Bestimmung des Grundgesetzes in Kraft, jedoch nicht länger als bis zum 31. März 1953.
(2) Gesetze, die das Recht der Freizügigkeit mit Rücksicht auf die gegenwärtige Raumnot einschränken, bleiben bis zu ihrer Aufhebung durch Bundesgesetz in Kraft.

Artikel 118 [Neugliederung der badischen und württembergischen Länder]
[1]Die Neugliederung in dem die Länder Baden, Württemberg-Baden und Württemberg-Hohenzollern umfassenden Gebiete kann abweichend von den Vorschriften des Artikels 29 durch Vereinbarung der beteiligten Länder erfolgen. [2]Kommt eine Vereinbarung nicht zustande, so wird die Neugliederung durch Bundesgesetz geregelt, das eine Volksbefragung vorsehen muß.

Artikel 118a [Neugliederung Berlins und Brandenburgs]
Die Neugliederung in dem die Länder Berlin und Brandenburg umfassenden Gebiet kann abweichend von den Vorschriften des Artikels 29 unter Beteiligung ihrer Wahlberechtigten durch Vereinbarung beider Länder erfolgen.

Artikel 119 [Flüchtlinge und Vertriebene]
[1]In Angelegenheiten der Flüchtlinge und Vertriebenen, insbesondere zu ihrer Verteilung auf die Länder, kann bis zu einer bundesgesetzlichen Regelung die Bundesregierung mit Zustimmung des Bundesrates Verordnungen mit Gesetzeskraft erlassen. [2]Für besondere Fälle kann dabei die Bundesregierung ermächtigt werden, Einzelweisungen zu erteilen. [3]Die Weisungen sind außer bei Gefahr im Verzuge an die obersten Landesbehörden zu richten.

Artikel 120 [Kriegsfolge- und Sozialversicherungslasten; Ertragshoheit]
(1) [1]Der Bund trägt die Aufwendungen für Besatzungskosten und die sonstigen inneren und äußeren Kriegsfolgelasten nach näherer Bestimmung von Bundesgesetzen. [2]Soweit diese Kriegsfolgelasten bis zum 1. Oktober 1969 durch Bundesgesetze geregelt worden sind, tragen Bund und Länder im Verhältnis zueinander die Aufwendungen nach Maßgabe dieser Bundesgesetze. [3]Soweit Aufwendungen für Kriegsfolgelasten, die in Bundesgesetzen weder geregelt worden sind noch geregelt werden, bis zum 1. Oktober 1965 von den Ländern, Gemeinden (Gemeindeverbänden) oder sonstigen Aufgabenträgern, die Aufgaben von Ländern oder Gemeinden erfüllen, erbracht worden sind, ist der Bund zur Übernahme von Aufwendungen dieser Art auch nach diesem Zeitpunkt nicht verpflichtet. [4]Der Bund trägt die Zuschüsse zu den Lasten der Sozialversicherung mit Einschluß der Arbeitslosenversicherung und der Arbeitslosenhilfe. [5]Die durch diesen Absatz geregelte Verteilung der Kriegsfolgelasten auf Bund und Länder läßt die gesetzliche Regelung von Entschädigungsansprüchen für Kriegsfolgen unberührt.
(2) Die Einnahmen gehen auf den Bund zu demselben Zeitpunkte über, an dem der Bund die Ausgaben übernimmt.

Artikel 120a [Lastenausgleich]
(1) [1]Die Gesetze, die der Durchführung des Lastenausgleichs dienen, können mit Zustimmung des Bundesrates bestimmen, daß sie auf dem Gebiete der Ausgleichsleistungen teils durch den Bund, teils im Auftrage des Bundes durch die Länder ausgeführt werden und daß die der Bundesregierung und den zuständigen obersten Bundesbehörden auf Grund des Artikels 85 insoweit zustehenden Befugnisse ganz oder teilweise dem Bundesausgleichsamt übertragen werden. [2]Das Bundesausgleichsamt bedarf bei Ausübung dieser Befugnisse nicht der Zustimmung des Bundesrates; seine Weisungen sind, abgesehen von den Fällen der Dringlichkeit, an die obersten Landesbehörden (Landesausgleichsämter) zu richten.
(2) Artikel 87 Abs. 3 Satz 2 bleibt unberührt.

Artikel 121 [Begriff der Mehrheit]
Mehrheit der Mitglieder des Bundestages und der Bundesversammlung im Sinne dieses Grundgesetzes ist die Mehrheit ihrer gesetzlichen Mitgliederzahl.

Artikel 122 [Bisherige Gesetzgebungskompetenzen]
(1) Vom Zusammentritt des Bundestages an werden die Gesetze ausschließlich von den in diesem Grundgesetze anerkannten gesetzgebenden Gewalten beschlossen.
(2) Gesetzgebende und bei der Gesetzgebung beratend mitwirkende Körperschaften, deren Zuständigkeit nach Absatz 1 endet, sind mit diesem Zeitpunkt aufgelöst.

Artikel 123 [Fortgeltung des alten Rechts]
(1) Recht aus der Zeit vor dem Zusammentritt des Bundestages gilt fort, soweit es dem Grundgesetze nicht widerspricht.
(2) Die vom Deutschen Reich abgeschlossenen Staatsverträge, die sich auf Gegenstände beziehen, für die nach diesem Grundgesetze die Landesgesetzgebung zuständig ist, bleiben, wenn sie nach allgemeinen Rechtsgrundsätzen gültig sind und fortgelten, unter Vorbehalt aller Rechte und Einwendungen der Beteiligten in Kraft, bis neue Staatsverträge durch die nach diesem Grundgesetze zuständigen Stellen abgeschlossen werden oder ihre Beendigung auf Grund der in ihnen enthaltenen Bestimmungen anderweitig erfolgt.

Artikel 124 [Altes Recht auf dem Gebiet der ausschließlichen Gesetzgebung]
Recht, das Gegenstände der ausschließlichen Gesetzgebung des Bundes betrifft, wird innerhalb seines Geltungsbereiches Bundesrecht.

Artikel 125 [Altes Recht auf dem Gebiet der konkurrierenden Gesetzgebung]
Recht, das Gegenstände der konkurrierenden Gesetzgebung des Bundes betrifft, wird innerhalb seines Geltungsbereiches Bundesrecht,
1. soweit es innerhalb einer oder mehrerer Besatzungszonen einheitlich gilt,
2. soweit es sich um Recht handelt, durch das nach dem 8. Mai 1945 früheres Reichsrecht abgeändert worden ist.

Artikel 125a [Fortgeltung von Bundesrecht; Ersetzung durch Landesrecht]
(1) [1]Recht, das als Bundesrecht erlassen worden ist, aber wegen der Änderung des Artikels 74 Abs. 1, der Einfügung des Artikels 84 Abs. 1 Satz 7, des Artikels 85 Abs. 1 Satz 2 oder des Artikels 105 Abs. 2a Satz 2 oder wegen der Aufhebung der Artikel 74a, 75 oder 98 Abs. 3 Satz 2 nicht mehr als Bundesrecht erlassen werden könnte, gilt als Bundesrecht fort. [2]Es kann durch Landesrecht ersetzt werden.
(2) [1]Recht, das auf Grund des Artikels 72 Abs. 2 in der bis zum 15. November 1994 geltenden Fassung erlassen worden ist, aber wegen Änderung des Artikels 72 Abs. 2 nicht mehr als Bundesrecht erlassen werden könnte, gilt als Bundesrecht fort. [2]Durch Bundesgesetz kann bestimmt werden, dass es durch Landesrecht ersetzt werden kann.
(3) [1]Recht, das als Landesrecht erlassen worden ist, aber wegen Änderung des Artikels 73 nicht mehr als Landesrecht erlassen werden könnte, gilt als Landesrecht fort. [2]Es kann durch Bundesrecht ersetzt werden.

Artikel 125b [Fortgeltung von Bundesrecht; abweichende Regelungen durch die Länder]
(1) [1]Recht, das auf Grund des Artikels 75 in der bis zum 1. September 2006 geltenden Fassung erlassen worden ist und das auch nach diesem Zeitpunkt als Bundesrecht erlassen werden könnte, gilt als Bundesrecht fort. [2]Befugnisse und Verpflichtungen der Länder zur Gesetzgebung bleiben insoweit bestehen. [3]Auf den in Artikel 72 Abs. 3 Satz 1 genannten Gebieten können die Länder von diesem Recht abweichende Regelungen treffen, auf den Gebieten des Artikels 72 Abs. 3 Satz 1 Nr. 2, 5 und 6 jedoch erst, wenn und soweit der Bund ab dem 1. September 2006 von seiner Gesetzgebungszuständigkeit Gebrauch gemacht hat, in den Fällen der Nummern 2 und 5 spätestens ab dem 1. Januar 2010, im Falle der Nummer 6 spätestens ab dem 1. August 2008.
(2) Von bundesgesetzlichen Regelungen, die auf Grund des Artikels 84 Abs. 1 in der vor dem 1. September 2006 geltenden Fassung erlassen worden sind, können die Länder abweichende Regelungen treffen, von Regelungen des Verwaltungsverfahrens bis zum 31. Dezember 2008 aber nur dann, wenn ab dem 1. September 2006 in dem jeweiligen Bundesgesetz Regelungen des Verwaltungsverfahrens geändert worden sind.
(3) Auf dem Gebiet des Artikels 72 Absatz 3 Satz 1 Nummer 7 darf abweichendes Landesrecht der Erhebung der Grundsteuer frühestens für Zeiträume ab dem 1. Januar 2025 zugrunde gelegt werden.

Artikel 125c [Fortgeltung von Bundesrecht auf dem Gebiet der Gemeindeverkehrsfinanzierung und der sozialen Wohnraumförderung]
(1) Recht, das auf Grund des Artikels 91a Abs. 2 in Verbindung mit Abs. 1 Nr. 1 in der bis zum 1. September 2006 geltenden Fassung erlassen worden ist, gilt bis zum 31. Dezember 2006 fort.
(2) [1]Die nach Artikel 104a Abs. 4 in der bis zum 1. September 2006 geltenden Fassung in den Bereichen der Gemeindeverkehrsfinanzierung und der sozialen Wohnraumförderung geschaffenen Regelungen gelten bis zum 31. Dezember 2006 fort. [2]Die im Bereich der Gemeindeverkehrsfinanzierung für die besonderen Programme nach § 6 Absatz 1 des Gemeindeverkehrsfinanzierungsgesetzes sowie die mit dem Gesetz über Finanzhilfen des Bundes nach Artikel 104a Absatz 4 des Grundgesetzes an die Länder Bremen, Hamburg, Mecklenburg-Vorpommern, Niedersachsen sowie Schleswig-Holstein für Seehäfen vom 20. Dezember 2001 nach Artikel 104a Absatz 4 in der bis zum 1. September 2006 geltenden Fassung geschaffenen Regelungen gelten bis zu ihrer Aufhebung fort. [3]Eine Änderung des Gemeindeverkehrsfinanzierungsgesetzes durch Bundesgesetz ist zulässig. [4]Die sonstigen nach Artikel 104a Absatz 4 in der bis zum 1. September 2006 geltenden Fassung geschaffenen Regelungen gelten bis zum 31. Dezember 2019 fort, soweit nicht ein früherer Zeitpunkt für das Außerkrafttreten bestimmt ist oder wird. [5]Artikel 104b Absatz 2 Satz 4 gilt entsprechend.
(3) Artikel 104b Absatz 2 Satz 5 ist erstmals auf nach dem 31. Dezember 2019 in Kraft getretene Regelungen anzuwenden.

Artikel 126 [Streit über das Fortgelten des alten Rechts]
Meinungsverschiedenheiten über das Fortgelten von Recht als Bundesrecht entscheidet das Bundesverfassungsgericht.

Artikel 127 [Recht des Vereinigten Wirtschaftsgebietes]
Die Bundesregierung kann mit Zustimmung der Regierungen der beteiligten Länder Recht der Verwaltung des Vereinigten Wirtschaftsgebietes, soweit es nach Artikel 124 oder 125 als Bundesrecht fortgilt, innerhalb eines Jahres nach Verkündung dieses Grundgesetzes in den Ländern Baden, Groß-Berlin, Rheinland-Pfalz und Württemberg-Hohenzollern in Kraft setzen.

Artikel 128 [Fortbestehen von Weisungsrechten]
Soweit fortgeltendes Recht Weisungsrechte im Sinne des Artikels 84 Abs. 5 vorsieht, bleiben sie bis zu einer anderweitigen gesetzlichen Regelung bestehen.

Artikel 129 [Fortgeltung von Ermächtigungen zu Rechtsverordnungen]
(1) [1]Soweit in Rechtsvorschriften, die als Bundesrecht fortgelten, eine Ermächtigung zum Erlasse von Rechtsverordnungen oder allgemeinen Verwaltungsvorschriften sowie zur Vornahme von Verwaltungsakten enthalten ist, geht sie auf die nunmehr sachlich zuständigen Stellen über. [2]In Zweifelsfällen entscheidet die Bundesregierung im Einvernehmen mit dem Bundesrate; die Entscheidung ist zu veröffentlichen.
(2) Soweit in Rechtsvorschriften, die als Landesrecht fortgelten, eine solche Ermächtigung enthalten ist, wird sie von den nach Landesrecht zuständigen Stellen ausgeübt.
(3) Soweit Rechtsvorschriften im Sinne der Absätze 1 und 2 zu ihrer Änderung oder Ergänzung oder zum Erlaß von Rechtsvorschriften anstelle von Gesetzen ermächtigen, sind diese Ermächtigungen erloschen.
(4) Die Vorschriften der Absätze 1 und 2 gelten entsprechend, soweit in Rechtsvorschriften auf nicht mehr geltende Vorschriften oder nicht mehr bestehende Einrichtungen verwiesen ist.

Artikel 130 [Überleitung von Verwaltungs- und Rechtspflegeeinrichtungen]
(1) [1]Verwaltungsorgane und sonstige der öffentlichen Verwaltung oder Rechtspflege dienende Einrichtungen, die nicht auf Landesrecht oder Staatsverträgen zwischen Ländern beruhen, sowie die Betriebsvereinigung der südwestdeutschen Eisenbahnen und der Verwaltungsrat für das Post- und Fernmeldewesen für das französische Besatzungsgebiet unterstehen der Bundesregierung. [2]Diese regelt mit Zustimmung des Bundesrates die Überführung, Auflösung oder Abwicklung.
(2) Oberster Disziplinarvorgesetzter der Angehörigen dieser Verwaltungen und Einrichtungen ist der zuständige Bundesminister.
(3) Nicht landesunmittelbare und nicht auf Staatsverträgen zwischen den Ländern beruhende Körperschaften und Anstalten des öffentlichen Rechtes unterstehen der Aufsicht der zuständigen obersten Bundesbehörde.

Artikel 131 [Frühere Angehörige des Öffentlichen Dienstes]
[1]Die Rechtsverhältnisse von Personen einschließlich der Flüchtlinge und Vertriebenen, die am 8. Mai 1945 im öffentlichen Dienste standen, aus anderen als beamten- oder tarifrechtlichen Gründen ausgeschieden sind und bisher nicht oder nicht ihrer früheren Stellung entsprechend verwendet werden, sind durch Bundesgesetz zu regeln. [2]Entsprechendes gilt für Personen einschließlich der Flüchtlinge und Vertriebenen, die am 8. Mai 1945 versorgungsberechtigt waren und aus anderen als beamten- oder tarifrechtlichen Gründen keine oder keine entsprechende Versorgung mehr erhalten. [3]Bis zum Inkrafttreten des Bundesgesetzes können vorbehaltlich anderweitiger landesrechtlicher Regelung Rechtsansprüche nicht geltend gemacht werden.

Artikel 132 [Ausschluss aus dem Öffentlichen Dienst]
(1) [1]Beamte und Richter, die im Zeitpunkte des Inkrafttretens dieses Grundgesetzes auf Lebenszeit angestellt sind, können binnen sechs Monaten nach dem ersten Zusammentritt des Bundestages in den Ruhestand oder Wartestand oder in ein Amt mit niedrigerem Diensteinkommen versetzt werden, wenn ihnen die persönliche oder fachliche Eignung für ihr Amt fehlt. [2]Auf Angestellte, die in einem unkündbaren Dienstverhältnis stehen, findet diese Vorschrift entsprechende Anwendung. [3]Bei Angestellten, deren Dienstverhältnis kündbar ist, können über die tarifmäßige Regelung hinausgehende Kündigungsfristen innerhalb der gleichen Frist aufgehoben werden.
(2) Diese Bestimmung findet keine Anwendung auf Angehörige des öffentlichen Dienstes, die von den Vorschriften über die „Befreiung von Nationalsozialismus und Militarismus" nicht betroffen oder die anerkannte Verfolgte des Nationalsozialismus sind, sofern nicht ein wichtiger Grund in ihrer Person vorliegt.
(3) Den Betroffenen steht der Rechtsweg gemäß Artikel 19 Absatz 4 offen.
(4) Das Nähere bestimmt eine Verordnung der Bundesregierung, die der Zustimmung des Bundesrates bedarf.

Artikel 133 [Rechtsnachfolge, Vereinigtes Wirtschaftsgebiet]
Der Bund tritt in die Rechte und Pflichten der Verwaltung des Vereinigten Wirtschaftsgebietes ein.

Artikel 134 [Rechtsnachfolge in das Reichsvermögen]
(1) Das Vermögen des Reiches wird grundsätzlich Bundesvermögen.

(2) [1]Soweit es nach seiner ursprünglichen Zweckbestimmung überwiegend für Verwaltungsaufgaben bestimmt war, die nach diesem Grundgesetze nicht Verwaltungsaufgaben des Bundes sind, ist es unentgeltlich auf die nunmehr zuständigen Aufgabenträger und, soweit es nach seiner gegenwärtigen, nicht nur vorübergehenden Benutzung Verwaltungsaufgaben dient, die nach diesem Grundgesetze nunmehr von den Ländern zu erfüllen sind, auf die Länder zu übertragen. [2]Der Bund kann auch sonstiges Vermögen den Ländern übertragen.

(3) Vermögen, das dem Reich von den Ländern und Gemeinden (Gemeindeverbänden) unentgeltlich zur Verfügung gestellt wurde, wird wiederum Vermögen der Länder und Gemeinden (Gemeindeverbände), soweit es nicht der Bund für eigene Verwaltungsaufgaben benötigt.

(4) Das Nähere regelt ein Bundesgesetz, das der Zustimmung des Bundesrates bedarf.

Artikel 135 [Vermögen bei Änderung des Gebietsstandes]
(1) Hat sich nach dem 8. Mai 1945 bis zum Inkrafttreten dieses Grundgesetzes die Landeszugehörigkeit eines Gebietes geändert, so steht in diesem Gebiete das Vermögen des Landes, dem das Gebiet angehört hat, dem Lande zu, dem es jetzt angehört.

(2) Das Vermögen nicht mehr bestehender Länder und nicht mehr bestehender anderer Körperschaften und Anstalten des öffentlichen Rechtes geht, soweit es nach seiner ursprünglichen Zweckbestimmung überwiegend für Verwaltungsaufgaben bestimmt war, oder nach seiner gegenwärtigen, nicht nur vorübergehenden Benutzung überwiegend Verwaltungsaufgaben dient, auf das Land oder die Körperschaft oder Anstalt des öffentlichen Rechtes über, die nunmehr diese Aufgaben erfüllen.

(3) Grundvermögen nicht mehr bestehender Länder geht einschließlich des Zubehörs, soweit es nicht bereits zu Vermögen im Sinne des Absatzes 1 gehört, auf das Land über, in dessen Gebiet es belegen ist.

(4) Sofern ein überwiegendes Interesse des Bundes oder das besondere Interesse eines Gebietes es erfordert, kann durch Bundesgesetz eine von den Absätzen 1 bis 3 abweichende Regelung getroffen werden.

(5) Im übrigen wird die Rechtsnachfolge und die Auseinandersetzung, soweit sie nicht bis zum 1. Januar 1952 durch Vereinbarung zwischen den beteiligten Ländern oder Körperschaften oder Anstalten des öffentlichen Rechtes erfolgt, durch Bundesgesetz geregelt, das der Zustimmung des Bundesrates bedarf.

(6) [1]Beteiligungen des ehemaligen Landes Preußen an Unternehmen des privaten Rechtes gehen auf den Bund über. [2]Das Nähere regelt ein Bundesgesetz, das auch Abweichendes bestimmen kann.

(7) Soweit über Vermögen, das einem Lande oder einer Körperschaft oder Anstalt des öffentlichen Rechtes nach den Absätzen 1 bis 3 zufallen würde, von dem danach Berechtigten durch ein Landesgesetz, auf Grund eines Landesgesetzes oder in anderer Weise bei Inkrafttreten des Grundgesetzes verfügt worden war, gilt der Vermögensübergang als vor der Verfügung erfolgt.

Artikel 135a [Verbindlichkeiten des Reichs und anderer Körperschaften]
(1) Durch die in Artikel 134 Abs. 4 und Artikel 135 Abs. 5 vorbehaltene Gesetzgebung des Bundes kann auch bestimmt werden, daß nicht oder nicht in voller Höhe zu erfüllen sind
1. Verbindlichkeiten des Reiches sowie Verbindlichkeiten des ehemaligen Landes Preußen und sonstiger nicht mehr bestehender Körperschaften und Anstalten des öffentlichen Rechts,
2. Verbindlichkeiten des Bundes oder anderer Körperschaften und Anstalten des öffentlichen Rechts, welche mit dem Übergang von Vermögenswerten nach Artikel 89, 90, 134 und 135 im Zusammenhang stehen, und Verbindlichkeiten dieser Rechtsträger, die auf Maßnahmen der in Nummer 1 bezeichneten Rechtsträger beruhen,
3. Verbindlichkeiten der Länder und Gemeinden (Gemeindeverbände), die aus Maßnahmen entstanden sind, welche diese Rechtsträger vor dem 1. August 1945 zur Durchführung von Anordnungen der Besatzungsmächte oder zur Beseitigung eines kriegsbedingten Notstandes im Rahmen dem Reich obliegender oder vom Reich übertragener Verwaltungsaufgaben getroffen haben.

(2) Absatz 1 findet entsprechende Anwendung auf Verbindlichkeiten der Deutschen Demokratischen Republik oder ihrer Rechtsträger sowie auf Verbindlichkeiten des Bundes oder anderer Körperschaften und Anstalten des öffentlichen Rechts, die mit dem Übergang von Vermögenswerten der Deutschen Demokratischen Republik auf Bund, Länder und Gemeinden im Zusammenhang stehen, und auf Verbindlichkeiten, die auf Maßnahmen der Deutschen Demokratischen Republik oder ihrer Rechtsträger beruhen.

Artikel 136 [Erster Zusammentritt des Bundesrates]
(1) Der Bundesrat tritt erstmalig am Tage des ersten Zusammentrittes des Bundestages zusammen.

(2) ¹Bis zur Wahl des ersten Bundespräsidenten werden dessen Befugnisse von dem Präsidenten des Bundesrates ausgeübt. ²Das Recht der Auflösung des Bundestages steht ihm nicht zu.

Artikel 137 [Wählbarkeit von Angehörigen des Öffentlichen Dienstes u.a.]
(1) Die Wählbarkeit von Beamten, Angestellten des öffentlichen Dienstes, Berufssoldaten, freiwilligen Soldaten auf Zeit und Richtern im Bund, in den Ländern und den Gemeinden kann gesetzlich beschränkt werden.

(2) Für die Wahl des ersten Bundestages, der ersten Bundesversammlung und des ersten Bundespräsidenten der Bundesrepublik gilt das vom Parlamentarischen Rat zu beschließende Wahlgesetz.

(3) Die dem Bundesverfassungsgerichte gemäß Artikel 41 Absatz 2 zustehende Befugnis wird bis zu seiner Errichtung von dem Deutschen Obergericht für das Vereinigte Wirtschaftsgebiet wahrgenommen, das nach Maßgabe seiner Verfahrensordnung entscheidet.

Artikel 138 [Süddeutsches Notariat]
Änderungen der Einrichtungen des jetzt bestehenden Notariats in den Ländern *Baden*, Bayern, *Württemberg-Baden* und *Württemberg-Hohenzollern* bedürfen der Zustimmung der Regierungen dieser Länder.

Artikel 139 [Entnazifizierungsvorschriften]
Die zur „Befreiung des deutschen Volkes vom Nationalsozialismus und Militarismus" erlassenen Rechtsvorschriften werden von den Bestimmungen dieses Grundgesetzes nicht berührt.

Artikel 140 [Übernahme von Glaubensbestimmungen der Weimarer Reichsverfassung]
Die Bestimmungen der Artikel 136, 137, 138, 139 und 141 der deutschen Verfassung vom 11. August 1919 sind Bestandteil dieses Grundgesetzes.

Artikel 141 [Religionsunterricht]
Artikel 7 Absatz 3 Satz 1 findet keine Anwendung in einem Lande, in dem am 1. Januar 1949 eine andere landesrechtliche Regelung bestand.

Artikel 142 [Grundrechte in Landesverfassungen]
Ungeachtet der Vorschrift des Artikels 31 bleiben Bestimmungen der Landesverfassungen auch insoweit in Kraft, als sie in Übereinstimmung mit den Artikeln 1 bis 18 dieses Grundgesetzes Grundrechte gewährleisten.

Artikel 142a [aufgehoben]

Artikel 143 [Sondervorschriften für neue Bundesländer und Ost-Berlin]
(1) ¹Recht in dem in Artikel 3 des Einigungsvertrags genannten Gebiet kann längstens bis zum 31. Dezember 1992 von Bestimmungen dieses Grundgesetzes abweichen, soweit und solange infolge der unterschiedlichen Verhältnisse die völlige Anpassung an die grundgesetzliche Ordnung noch nicht erreicht werden kann. ²Abweichungen dürfen nicht gegen Artikel 19 Abs. 2 verstoßen und müssen mit den in Artikel 79 Abs. 3 genannten Grundsätzen vereinbar sein.

(2) Abweichungen von den Abschnitten II, VIII, VIIIa, IX, X und XI sind längstens bis zum 31. Dezember 1995 zulässig.

(3) Unabhängig von Absatz 1 und 2 haben Artikel 41 des Einigungsvertrags und Regelungen zu seiner Durchführung auch insoweit Bestand, als sie vorsehen, daß Eingriffe in das Eigentum auf dem in Artikel 3 dieses Vertrags genannten Gebiet nicht mehr rückgängig gemacht werden.

Artikel 143a [Übergangsvorschriften für Bundeseisenbahnen]
(1) ¹Der Bund hat die ausschließliche Gesetzgebung über alle Angelegenheiten, die sich aus der Umwandlung der in bundeseigener Verwaltung geführten Bundeseisenbahnen in Wirtschaftsunternehmen ergeben. ²Artikel 87e Abs. 5 findet entsprechende Anwendung. ³Beamte der Bundeseisenbahnen können durch Gesetz unter Wahrung ihrer Rechtsstellung und der Verantwortung des Dienstherrn einer privatrechtlich organisierten Eisenbahn des Bundes zur Dienstleistung zugewiesen werden.

(2) Gesetze nach Absatz 1 führt der Bund aus.

(3) ¹Die Erfüllung der Aufgaben im Bereich des Schienenpersonennahverkehrs der bisherigen Bundeseisenbahnen ist bis zum 31. Dezember 1995 Sache des Bundes. ²Dies gilt auch für die entsprechenden Aufgaben der Eisenbahnverkehrsverwaltung. ³Das Nähere wird durch Bundesgesetz geregelt, das der Zustimmung des Bundesrates bedarf.

Artikel 143b [Umwandlung der Deutschen Bundespost]
(1) ¹Das Sondervermögen Deutsche Bundespost wird nach Maßgabe eines Bundesgesetzes in Unternehmen privater Rechtsform umgewandelt. ²Der Bund hat die ausschließliche Gesetzgebung über alle sich hieraus ergebenden Angelegenheiten.

(2) [1]Die vor der Umwandlung bestehenden ausschließlichen Rechte des Bundes können durch Bundesgesetz für eine Übergangszeit den aus der Deutschen Bundespost POSTDIENST und der Deutschen Bundespost TELEKOM hervorgegangenen Unternehmen verliehen werden. [2]Die Kapitalmehrheit am Nachfolgeunternehmen der Deutschen Bundespost POSTDIENST darf der Bund frühestens fünf Jahre nach Inkrafttreten des Gesetzes aufgeben. [3]Dazu bedarf es eines Bundesgesetzes mit Zustimmung des Bundesrates.

(3) [1]Die bei der Deutschen Bundespost tätigen Bundesbeamten werden unter Wahrung ihrer Rechtsstellung und der Verantwortung des Dienstherrn bei den privaten Unternehmen beschäftigt. [2]Die Unternehmen üben Dienstherrenbefugnisse aus. [3]Das Nähere bestimmt ein Bundesgesetz.

Artikel 143c [Übergangsvorschriften wegen Wegfalls der Finanzhilfen durch den Bund]
(1) [1]Den Ländern stehen ab dem 1. Januar 2007 bis zum 31. Dezember 2019 für den durch die Abschaffung der Gemeinschaftsaufgaben Ausbau und Neubau von Hochschulen einschließlich Hochschulkliniken und Bildungsplanung sowie für den durch die Abschaffung der Finanzhilfen zur Verbesserung der Verkehrsverhältnisse der Gemeinden und zur sozialen Wohnraumförderung bedingten Wegfall der Finanzierungsanteile des Bundes jährlich Beträge aus dem Haushalt des Bundes zu. [2]Bis zum 31. Dezember 2013 werden diese Beträge aus dem Durchschnitt der Finanzierungsanteile des Bundes im Referenzzeitraum 2000 bis 2008 ermittelt.
(2) Die Beträge nach Absatz 1 werden auf die Länder bis zum 31. Dezember 2013 wie folgt verteilt:
1. als jährliche Festbeträge, deren Höhe sich nach dem Durchschnittsanteil eines jeden Landes im Zeitraum 2000 bis 2003 errechnet;
2. jeweils zweckgebunden an den Aufgabenbereich der bisherigen Mischfinanzierungen.
(3) [1]Bund und Länder überprüfen bis Ende 2013, in welcher Höhe die den Ländern nach Absatz 1 zugewiesenen Finanzierungsmittel zur Aufgabenerfüllung der Länder noch angemessen und erforderlich sind. [2]Ab dem 1. Januar 2014 entfällt die nach Absatz 2 Nr. 2 vorgesehene Zweckbindung der nach Absatz 1 zugewiesenen Finanzierungsmittel; die investive Zweckbindung des Mittelvolumens bleibt bestehen. [3]Die Vereinbarungen aus dem Solidarpakt II bleiben unberührt.
(4) Das Nähere regelt ein Bundesgesetz, das der Zustimmung des Bundesrates bedarf.

Artikel 143d [Übergangsvorschriften im Rahmen der Konsolidierungshilfen]
(1) [1]Artikel 109 und 115 in der bis zum 31. Juli 2009 geltenden Fassung sind letztmals auf das Haushaltsjahr 2010 anzuwenden. [2]Artikel 109 und 115 in der ab dem 1. August 2009 geltenden Fassung sind erstmals für das Haushaltsjahr 2011 anzuwenden; am 31. Dezember 2010 bestehende Kreditermächtigungen für bereits eingerichtete Sondervermögen bleiben unberührt. [3]Die Länder dürfen im Zeitraum vom 1. Januar 2011 bis zum 31. Dezember 2019 nach Maßgabe der geltenden landesrechtlichen Regelungen von den Vorgaben des Artikels 109 Absatz 3 abweichen. [4]Die Haushalte der Länder sind so aufzustellen, dass im Haushaltsjahr 2020 die Vorgabe aus Artikel 109 Absatz 3 Satz 5 erfüllt wird. [5]Der Bund kann im Zeitraum vom 1. Januar 2011 bis zum 31. Dezember 2015 von der Vorgabe des Artikels 115 Absatz 2 Satz 2 abweichen. [6]Mit dem Abbau des bestehenden Defizits soll im Haushaltsjahr 2011 begonnen werden. [7]Die jährlichen Haushalte sind so aufzustellen, dass im Haushaltsjahr 2016 die Vorgabe aus Artikel 115 Absatz 2 Satz 2 erfüllt wird; das Nähere regelt ein Bundesgesetz.
(2) [1]Als Hilfe zur Einhaltung der Vorgaben des Artikels 109 Absatz 3 ab dem 1. Januar 2020 können den Ländern Berlin, Bremen, Saarland, Sachsen-Anhalt und Schleswig-Holstein für den Zeitraum 2011 bis 2019 Konsolidierungshilfen aus dem Haushalt des Bundes in Höhe von insgesamt 800 Millionen Euro jährlich gewährt werden. [2]Davon entfallen auf Bremen 300 Millionen Euro, auf das Saarland 260 Millionen Euro und auf Berlin, Sachsen-Anhalt und Schleswig-Holstein jeweils 80 Millionen Euro. [3]Die Hilfen werden auf der Grundlage einer Verwaltungsvereinbarung nach Maßgabe eines Bundesgesetzes mit Zustimmung des Bundesrates geleistet. [4]Die Gewährung der Hilfen setzt einen vollständigen Abbau der Finanzierungsdefizite bis zum Jahresende 2020 voraus. [5]Das Nähere, insbesondere die jährlichen Abbauschritte der Finanzierungsdefizite, die Überwachung des Abbaus der Finanzierungsdefizite durch den Stabilitätsrat sowie die Konsequenzen im Falle der Nichteinhaltung der Abbauschritte, wird durch Bundesgesetz mit Zustimmung des Bundesrates und durch Verwaltungsvereinbarung geregelt. [6]Die gleichzeitige Gewährung der Konsolidierungshilfen und Sanierungshilfen auf Grund einer extremen Haushaltsnotlage ist ausgeschlossen.
(3) [1]Die sich aus der Gewährung der Konsolidierungshilfen ergebende Finanzierungslast wird hälftig von Bund und Ländern, von letzteren aus ihrem Umsatzsteueranteil, getragen. [2]Das Nähere wird durch Bundesgesetz mit Zustimmung des Bundesrates geregelt.
(4) [1]Als Hilfe zur künftig eigenständigen Einhaltung der Vorgaben des Artikels 109 Absatz 3 können den Ländern Bremen und Saarland ab dem 1. Januar 2020 Sanierungshilfen in Höhe von jährlich insgesamt

800 Millionen Euro aus dem Haushalt des Bundes gewährt werden. [2]Die Länder ergreifen hierzu Maßnahmen zum Abbau der übermäßigen Verschuldung sowie zur Stärkung der Wirtschafts- und Finanzkraft. [3]Das Nähere regelt ein Bundesgesetz, das der Zustimmung des Bundesrates bedarf. [4]Die gleichzeitige Gewährung der Sanierungshilfen und Sanierungshilfen auf Grund einer extremen Haushaltsnotlage ist ausgeschlossen.

Artikel 143e [Übergangsvorschrift wegen Umwandlung der Auftragsverwaltung für die Bundesautobahnen und Bundesstraßen in Bundesverwaltung]
(1) [1]Die Bundesautobahnen werden abweichend von Artikel 90 Absatz 2 längstens bis zum 31. Dezember 2020 in Auftragsverwaltung durch die Länder oder die nach Landesrecht zuständigen Selbstverwaltungskörperschaften geführt. [2]Der Bund regelt die Umwandlung der Auftragsverwaltung in Bundesverwaltung nach Artikel 90 Absatz 2 und 4 durch Bundesgesetz mit Zustimmung des Bundesrates.
(2) Auf Antrag eines Landes, der bis zum 31. Dezember 2018 zu stellen ist, übernimmt der Bund abweichend von Artikel 90 Absatz 4 die sonstigen Bundesstraßen des Fernverkehrs, soweit sie im Gebiet dieses Landes liegen, mit Wirkung zum 1. Januar 2021 in Bundesverwaltung.
(3) Durch Bundesgesetz mit Zustimmung des Bundesrates kann geregelt werden, dass ein Land auf Antrag die Aufgabe der Planfeststellung und Plangenehmigung für den Bau und für die Änderung von Bundesautobahnen und von sonstigen Bundesstraßen des Fernverkehrs, die der Bund nach Artikel 90 Absatz 4 oder Artikel 143e Absatz 2 in Bundesverwaltung übernommen hat, im Auftrage des Bundes übernimmt und unter welchen Voraussetzungen eine Rückübertragung erfolgen kann.

Artikel 143f [Bedingtes Außerkrafttreten des Artikel 143d GG, des FAG und sonstiger aufgrund von Artikel 107 Abs. 2 GG erlassener Gesetze]
[1]Artikel 143d, das Gesetz über den Finanzausgleich zwischen Bund und Ländern sowie sonstige auf der Grundlage von Artikel 107 Absatz 2 in seiner ab dem 1. Januar 2020 geltenden Fassung erlassene Gesetze treten außer Kraft, wenn nach dem 31. Dezember 2030 die Bundesregierung, der Bundestag oder gemeinsam mindestens drei Länder Verhandlungen über eine Neuordnung der bundesstaatlichen Finanzbeziehungen verlangt haben und mit Ablauf von fünf Jahren nach Notifikation des Verhandlungsverlangens der Bundesregierung, des Bundestages oder der Länder beim Bundespräsidenten keine gesetzliche Neuordnung der bundesstaatlichen Finanzbeziehungen in Kraft getreten ist. [2]Der Tag des Außerkrafttretens ist im Bundesgesetzblatt bekannt zu geben.

Artikel 143g [Anwendung des Artikel 107 GG]
Für die Regelung der Steuerertragsverteilung, des Länderfinanzausgleichs und des Bundesergänzungszuweisungen bis zum 31. Dezember 2019 ist Artikel 107 in seiner bis zum Inkrafttreten des Gesetzes zur Änderung des Grundgesetzes vom 13. Juli 2017 geltenden Fassung weiter anzuwenden.

Artikel 144 [Ratifizierung des Grundgesetzes]
(1) Dieses Grundgesetz bedarf der Annahme durch die Volksvertretungen in zwei Dritteln der deutschen Länder, in denen es zunächst gelten soll.
(2) Soweit die Anwendung dieses Grundgesetzes in einem der in Artikel 23 aufgeführten Länder oder in einem Teile eines dieser Länder Beschränkungen unterliegt, hat das Land oder der Teil des Landes das Recht, gemäß Artikel 38 Vertreter in den Bundestag und gemäß Artikel 50 Vertreter in den Bundesrat zu entsenden.

Artikel 145 [Inkrafttreten des Grundgesetzes]
(1) Der Parlamentarische Rat stellt in öffentlicher Sitzung unter Mitwirkung der Abgeordneten Groß-Berlins die Annahme dieses Grundgesetzes fest, fertigt es aus und verkündet es.
(2) Dieses Grundgesetz tritt mit Ablauf des Tages der Verkündung[1]) in Kraft.
(3) Es ist im Bundesgesetzblatte zu veröffentlichen.

Artikel 146 [Geltungsdauer des Grundgesetzes]
Dieses Grundgesetz, das nach Vollendung der Einheit und Freiheit Deutschlands für das gesamte deutsche Volk gilt, verliert seine Gültigkeit an dem Tage, an dem eine Verfassung in Kraft tritt, die von dem deutschen Volke in freier Entscheidung beschlossen worden ist.

1) Verkündet am 23.5.1949.

Anhang:
[Gemäß Art. 140 GG weitergeltende Artikel der Weimarer Reichsverfassung]

Artikel 136 WRV [Religionsunabhängigkeit von Rechten und Pflichten]
(1) Die bürgerlichen und staatsbürgerlichen Rechte und Pflichten werden durch die Ausübung der Religionsfreiheit weder bedingt noch beschränkt.
(2) Der Genuß bürgerlicher und staatsbürgerlicher Rechte sowie die Zulassung zu öffentlichen Ämtern sind unabhängig von dem religiösen Bekenntnis.
(3) [1]Niemand ist verpflichtet, seine religiöse Überzeugung zu offenbaren. [2]Die Behörden haben nur soweit das Recht, nach der Zugehörigkeit zu einer Religionsgesellschaft zu fragen, als davon Rechte und Pflichten abhängen oder eine gesetzlich angeordnete statistische Erhebung dies erfordert.
(4) Niemand darf zu einer kirchlichen Handlung oder Feierlichkeit oder zur Teilnahme an religiösen Übungen oder zur Benutzung einer religiösen Eidesform gezwungen werden.

Artikel 137 WRV [Religionsgesellschaften]
(1) Es besteht keine Staatskirche.
(2) [1]Die Freiheit der Vereinigung zu Religionsgesellschaften wird gewährleistet. [2]Der Zusammenschluß von Religionsgesellschaften innerhalb des Reichsgebiets unterliegt keinen Beschränkungen.
(3) [1]Jede Religionsgesellschaft ordnet und verwaltet ihre Angelegenheiten selbständig innerhalb der Schranken des für alle geltenden Gesetzes. [2]Sie verleiht ihre Ämter ohne Mitwirkung des Staates oder der bürgerlichen Gemeinde.
(4) Religionsgesellschaften erwerben die Rechtsfähigkeit nach den allgemeinen Vorschriften des bürgerlichen Rechtes.
(5) [1]Die Religionsgesellschaften bleiben Körperschaften des öffentlichen Rechtes, soweit sie solche bisher waren. [2]Anderen Religionsgesellschaften sind auf ihren Antrag gleiche Rechte zu gewähren, wenn sie durch ihre Verfassung und die Zahl ihrer Mitglieder die Gewähr der Dauer bieten. [3]Schließen sich mehrere derartige öffentlich-rechtliche Religionsgesellschaften zu einem Verbande zusammen, so ist auch dieser Verband eine öffentlich-rechtliche Körperschaft.
(6) Die Religionsgesellschaften, welche Körperschaften des öffentlichen Rechtes sind, sind berechtigt, auf Grund der bürgerlichen Steuerlisten nach Maßgabe der landesrechtlichen Bestimmungen Steuern zu erheben.
(7) Den Religionsgesellschaften werden die Vereinigungen gleichgestellt, die sich die gemeinschaftliche Pflege einer Weltanschauung zur Aufgabe machen.
(8) Soweit die Durchführung dieser Bestimmungen eine weitere Regelung erfordert, liegt diese der Landesgesetzgebung ob.

Artikel 138 WRV [Staatsleistungen; Kirchengut]
(1) [1]Die auf Gesetz, Vertrag oder besonderen Rechtstiteln beruhenden Staatsleistungen an die Religionsgesellschaften werden durch die Landesgesetzgebung abgelöst. [2]Die Grundsätze hierfür stellt das Reich auf.
(2) Das Eigentum und andere Rechte der Religionsgesellschaften und religiösen Vereine an ihren für Kultus-, Unterrichts- und Wohltätigkeitszwecke bestimmten Anstalten, Stiftungen und sonstigen Vermögen werden gewährleistet.

Artikel 139 WRV [Sonn- und Feiertagsruhe]
Der Sonntag und die staatlich anerkannten Feiertage bleiben als Tage der Arbeitsruhe und der seelischen Erhebung gesetzlich geschützt.

Artikel 141 WRV [Religiöse Handlungen in öffentlichen Anstalten]
Soweit das Bedürfnis nach Gottesdienst und Seelsorge im Heer, in Krankenhäusern, Strafanstalten oder sonstigen öffentlichen Anstalten besteht, sind die Religionsgesellschaften zur Vornahme religiöser Handlungen zuzulassen, wobei jeder Zwang fernzuhalten ist.

Gesetz über das Bundesverfassungsgericht (Bundesverfassungsgerichtsgesetz – BVerfGG)

In der Fassung der Bekanntmachung vom 11. August 1993[1] (BGBl. I S. 1473) (FNA 1104-1)

zuletzt geändert durch Art. 4 G zur Umsetzung der RL (EU) 2016/680 im Strafverfahren sowie zur Anpassung datenschutzrechtl. Bestimmungen an die VO (EU) 2016/679 vom 20. November 2019 (BGBl. I S. 1724)

Nichtamtliche Inhaltsübersicht

1) Neubekanntmachung des BVerfGG idF der Bek. v. 12.12.1985 (BGBl. I S. 2229) in der ab 11.8.1993 geltenden Fassung.

I. Teil
Verfassung und Zuständigkeit des Bundesverfassungsgerichts

§ 1 [Stellung und Sitz des Gerichts]
(1) Das Bundesverfassungsgericht ist ein allen übrigen Verfassungsorganen gegenüber selbständiger und unabhängiger Gerichtshof des Bundes.
(2) Der Sitz des Bundesverfassungsgerichts ist Karlsruhe.
(3) Das Bundesverfassungsgericht gibt sich eine Geschäftsordnung, die das Plenum beschließt.

§ 2 [Senate]
(1) Das Bundesverfassungsgericht besteht aus zwei Senaten.
(2) In jeden Senat werden acht Richter gewählt.
(3) [1]Drei Richter jedes Senats werden aus der Zahl der Richter an den obersten Gerichtshöfen des Bundes gewählt. [2]Gewählt werden sollen nur Richter, die wenigstens drei Jahre an einem obersten Gerichtshof des Bundes tätig gewesen sind.

§ 3 [Qualifikation für das Richteramt]
(1) Die Richter müssen das 40. Lebensjahr vollendet haben, zum Bundestag wählbar sein und sich schriftlich bereit erklärt haben, Mitglied des Bundesverfassungsgerichts zu werden.
(2) Sie müssen die Befähigung zum Richteramt nach dem Deutschen Richtergesetz besitzen oder bis zum 3. Oktober 1990 in dem in Artikel 3 des Einigungsvertrages genannten Gebiet die Befähigung als Diplomjurist erworben haben und nach Maßgabe des Einigungsvertrages einen gesetzlich geregelten juristischen Beruf aufnehmen dürfen.
(3) [1]Sie können weder dem Bundestag, dem Bundesrat, der Bundesregierung noch den entsprechenden Organen eines Landes angehören. [2]Mit ihrer Ernennung scheiden sie aus solchen Organen aus.
(4) [1]Mit der richterlichen Tätigkeit ist eine andere berufliche Tätigkeit als die eines Lehrers des Rechts an einer deutschen Hochschule unvereinbar. [2]Die Tätigkeit als Richter des Bundesverfassungsgerichts geht der Tätigkeit als Hochschullehrer vor.

§ 4 [Amtszeit]
(1) Die Amtszeit der Richter dauert zwölf Jahre, längstens bis zur Altersgrenze.
(2) Eine anschließende oder spätere Wiederwahl der Richter ist ausgeschlossen.
(3) Altersgrenze ist das Ende des Monats, in dem der Richter das 68. Lebensjahr vollendet.
(4) Nach Ablauf der Amtszeit führen die Richter ihre Amtsgeschäfte bis zur Ernennung des Nachfolgers fort.

§ 5 [Wahlorgane]
(1) [1]Die Richter jedes Senats werden je zur Hälfte vom Bundestag und vom Bundesrat gewählt. [2]Von den aus der Zahl der Richter an den obersten Gerichtshöfen des Bundes zu berufenden Richtern werden einer von dem einen, zwei von dem anderen Wahlorgan, von den übrigen Richtern drei von dem einen, zwei von dem anderen Wahlorgan in die Senate gewählt.
(2) Die Richter werden frühestens drei Monate vor Ablauf der Amtszeit ihrer Vorgänger oder, wenn der Bundestag in dieser Zeit aufgelöst ist, innerhalb eines Monats nach dem ersten Zusammentritt des Bundestages gewählt.
(3) Scheidet ein Richter vorzeitig aus, so wird der Nachfolger innerhalb eines Monats von demselben Bundesorgan gewählt, das den ausgeschiedenen Richter gewählt hat.

§ 6 [Wahlverfahren im Bundestag]
(1) [1]Die vom Bundestag zu berufenden Richter werden auf Vorschlag des Wahlausschusses nach Absatz 2 ohne Aussprache mit verdeckten Stimmzetteln gewählt. [2]Zum Richter ist gewählt, wer eine Mehrheit

von zwei Dritteln der abgegebenen Stimmen, mindestens die Mehrheit der Stimmen der Mitglieder des Bundestages auf sich vereinigt.

(2) ¹Der Bundestag wählt nach den Regeln der Verhältniswahl einen Wahlausschuß für die Richter des Bundesverfassungsgerichts, der aus zwölf Mitgliedern des Bundestages besteht. ²Jede Fraktion kann einen Vorschlag einbringen. ³Aus den Summen der für jeden Vorschlag abgegebenen Stimmen wird nach dem Höchstzahlverfahren (d'Hondt) die Zahl der auf jeden Vorschlag gewählten Mitglieder errechnet. ⁴Gewählt sind die Mitglieder in der Reihenfolge, in der ihr Name auf dem Vorschlag erscheint. ⁵Scheidet ein Mitglied des Wahlausschusses aus oder ist es verhindert, so wird es durch das nächste auf der gleichen Liste vorgeschlagene Mitglied ersetzt.

(3) Das älteste Mitglied des Wahlausschusses beruft die Mitglieder des Wahlausschusses unverzüglich unter Einhaltung einer Ladungsfrist von einer Woche ein und leitet die Sitzung, die fortgesetzt wird, bis Vorschläge über alle zu wählenden Richter beschlossen sind.

(4) Die Mitglieder des Wahlausschusses sind zur Verschwiegenheit über die ihnen durch ihre Tätigkeit im Wahlausschuß bekanntgewordenen persönlichen Verhältnisse der Bewerber sowie über die hierzu im Wahlausschuß gepflogenen Erörterungen und über die Abstimmung verpflichtet.

(5) Ein Wahlvorschlag wird mit mindestens acht Stimmen der Mitglieder des Wahlausschusses beschlossen.

§ 7* [Wahlverfahren im Bundesrat]
Die vom Bundesrat zu berufenden Richter werden mit zwei Dritteln der Stimmen des Bundesrates gewählt.

§ 7a [Wahlverfahren in besonderen Fällen]
(1) Kommt innerhalb von zwei Monaten nach dem Ablauf der Amtszeit oder dem vorzeitigen Ausscheiden eines Richters die Wahl eines Nachfolgers auf Grund der Vorschriften des § 6 nicht zustande, so hat das älteste Mitglied des Wahlausschusses unverzüglich das Bundesverfassungsgericht aufzufordern, Vorschläge für die Wahl zu machen.

(2) ¹Das Plenum des Bundesverfassungsgerichts beschließt mit einfacher Mehrheit, wer zur Wahl als Richter vorgeschlagen wird. ²Ist nur ein Richter zu wählen, so hat das Bundesverfassungsgericht drei Personen vorzuschlagen; sind gleichzeitig mehrere Richter zu wählen, so hat das Bundesverfassungsgericht doppelt so viele Personen vorzuschlagen, als Richter zu wählen sind. ³§ 16 Abs. 2 gilt entsprechend.

(3) Ist der Richter vom Bundesrat zu wählen, so gelten die Absätze 1 und 2 mit der Maßgabe, daß an die Stelle des ältesten Mitglieds des Wahlausschusses der Präsident des Bundesrates oder sein Stellvertreter tritt.

(4) Das Recht des Wahlorgans, einen nicht vom Bundesverfassungsgericht Vorgeschlagenen zu wählen, bleibt unberührt.

§ 8 [Vorschlagslisten]
(1) Das Bundesministerium der Justiz und für Verbaucherschutz stellt eine Liste aller Bundesrichter auf, die die Voraussetzungen des § 3 Abs. 1 und 2 erfüllen.

(2) Das Bundesministerium der Justiz und für Verbaucherschutz führt eine weitere Liste, in die alle Personen aufzunehmen sind, die von einer Fraktion des Bundestages, der Bundesregierung oder einer Landesregierung für das Amt eines Richters am Bundesverfassungsgericht vorgeschlagen werden und die die Voraussetzungen des § 3 Abs. 1 und 2 erfüllen.

(3) Die Listen sind laufend zu ergänzen und spätestens eine Woche vor einer Wahl den Präsidenten des Bundestages und des Bundesrates zuzuleiten.

§ 9 [Wahl des Präsidenten und seines Stellvertreters]
(1) ¹Bundestag und Bundesrat wählen im Wechsel den Präsidenten des Bundesverfassungsgerichts und den Vizepräsidenten. ²Der Vizepräsident ist aus dem Senat zu wählen, dem der Präsident nicht angehört.

(2) Bei der ersten Wahl wählt der Bundestag den Präsidenten, der Bundesrat den Vizepräsidenten.

(3) Die Vorschriften der §§ 6 und 7 gelten entsprechend.

§ 10 [Ernennung des Gewählten]
Der Bundespräsident ernennt die Gewählten.

§ 11 [Vereidigung der Richter]

(1) [1]Die Richter des Bundesverfassungsgerichts leisten bei Antritt ihres Amtes vor dem Bundespräsidenten folgenden Eid:

„Ich schwöre, daß ich als gerechter Richter allezeit das Grundgesetz der Bundesrepublik Deutschland getreulich wahren und meine richterlichen Pflichten gegenüber jedermann gewissenhaft erfüllen werde. So wahr mir Gott helfe." [2]Wird der Eid durch eine Richterin geleistet, so treten an die Stelle der Worte „als gerechter Richter" die Worte „als gerechte Richterin".

(2) Bekennt sich der Richter zu einer Religionsgemeinschaft, deren Angehörigen das Gesetz die Verwendung einer anderen Beteuerungsformel gestattet, so kann er diese gebrauchen.

(3) Der Eid kann auch ohne religiöse Beteuerungsformel geleistet werden.

§ 12 [Recht auf jederzeitige Entlassung]

[1]Die Richter des Bundesverfassungsgerichts können jederzeit ihre Entlassung aus dem Amt beantragen. [2]Der Bundespräsident hat die Entlassung auszusprechen.

§ 13 [Zuständigkeit des Gerichts]

Das Bundesverfassungsgericht entscheidet

1. über die Verwirkung von Grundrechten (Artikel 18 des Grundgesetzes),

2. über die Verfassungswidrigkeit von Parteien (Artikel 21 Abs. 2 des Grundgesetzes),

2a. über den Ausschluss von Parteien von staatlicher Finanzierung (Artikel 21 Absatz 3 des Grundgesetzes),

3. über Beschwerden gegen Entscheidungen des Bundestages, die die Gültigkeit einer Wahl oder den Erwerb oder Verlust der Mitgliedschaft eines Abgeordneten beim Bundestag betreffen (Artikel 41 Abs. 2 des Grundgesetzes),

3a. über Beschwerden von Vereinigungen gegen ihre Nichtanerkennung als Partei für die Wahl zum Bundestag (Artikel 93 Absatz 1 Nummer 4c des Grundgesetzes),

4. über Anklagen des Bundestages oder des Bundesrates gegen den Bundespräsidenten (Artikel 61 des Grundgesetzes),

5. über die Auslegung des Grundgesetzes aus Anlaß von Streitigkeiten über den Umfang der Rechte und Pflichten eines obersten Bundesorgans oder anderer Beteiligter, die durch das Grundgesetz oder in der Geschäftsordnung eines obersten Bundesorgans mit eigenen Rechten ausgestattet sind (Artikel 93 Abs. 1 Nr. 1 des Grundgesetzes),

6. bei Meinungsverschiedenheiten oder Zweifeln über die förmliche oder sachliche Vereinbarkeit von Bundesrecht oder Landesrecht mit dem Grundgesetz oder die Vereinbarkeit von Landesrecht mit sonstigem Bundesrecht auf Antrag der Bundesregierung, einer Landesregierung oder eines Viertels der Mitglieder des Bundestages (Artikel 93 Abs. 1 Nr. 2 des Grundgesetzes),

6a. bei Meinungsverschiedenheiten, ob ein Gesetz den Voraussetzungen des Artikels 72 Abs. 2 des Grundgesetzes entspricht, auf Antrag des Bundesrates, einer Landesregierung oder der Volksvertretung eines Landes (Artikel 93 Abs. 1 Nr. 2a des Grundgesetzes),

6b. darüber, ob im Falle des Artikels 72 Abs. 4 die Erforderlichkeit für eine bundesgesetzliche Regelung nach Artikel 72 Abs. 2 nicht mehr besteht oder Bundesrecht in den Fällen des Artikels 125a Abs. 2 Satz 1 nicht mehr erlassen werden könnte, auf Antrag des Bundesrates, einer Landesregierung oder der Volksvertretung eines Landes (Artikel 93 Abs. 2 des Grundgesetzes),

7. bei Meinungsverschiedenheiten über Rechte und Pflichten des Bundes und der Länder, insbesondere bei der Ausführung von Bundesrecht durch die Länder und bei der Ausübung der Bundesaufsicht (Artikel 93 Abs. 1 Nr. 3 und Artikel 84 Abs. 4 Satz 2 des Grundgesetzes),

8. in anderen öffentlich-rechtlichen Streitigkeiten zwischen dem Bund und den Ländern, zwischen verschiedenen Ländern oder innerhalb eines Landes, soweit nicht ein anderer Rechtsweg gegeben ist (Artikel 93 Abs. 1 Nr. 4 des Grundgesetzes),

8a. über Verfassungsbeschwerden (Artikel 93 Abs. 1 Nr. 4a und 4b des Grundgesetzes),

9. über Richteranklagen gegen Bundesrichter und Landesrichter (Artikel 98 Abs. 2 und 5 des Grundgesetzes),

10. über Verfassungsstreitigkeiten innerhalb eines Landes, wenn diese Entscheidung durch Landesgesetz dem Bundesverfassungsgericht zugewiesen ist (Artikel 99 des Grundgesetzes),

11. über die Vereinbarkeit eines Bundesgesetzes oder eines Landesgesetzes mit dem Grundgesetz oder die Vereinbarkeit eines Landesgesetzes oder sonstigen Landesrechts mit einem Bundesgesetz auf Antrag eines Gerichts (Artikel 100 Abs. 1 des Grundgesetzes),

11a. über die Vereinbarkeit eines Beschlusses des Deutschen Bundestages zur Einsetzung eines Unter-
suchungsausschusses mit dem Grundgesetz auf Vorlage nach § 36 Abs. 2 des Untersuchungsaus-
schussgesetzes,

12. bei Zweifeln darüber, ob eine Regel des Völkerrechts Bestandteil des Bundesrechts ist und ob sie
unmittelbar Rechte und Pflichten für den einzelnen erzeugt, auf Antrag des Gerichts (Artikel 100
Abs. 2 des Grundgesetzes),

13. wenn das Verfassungsgericht eines Landes bei der Auslegung des Grundgesetzes von einer Ent-
scheidung des Bundesverfassungsgerichts oder des Verfassungsgerichts eines anderen Landes ab-
weichen will, auf Antrag dieses Verfassungsgerichts (Artikel 100 Abs. 3 des Grundgesetzes),

14. bei Meinungsverschiedenheiten über das Fortgelten von Recht als Bundesrecht (Artikel 126 des
Grundgesetzes),

15. in den ihm sonst durch Bundesgesetz zugewiesenen Fällen (Artikel 93 Abs. 3 des Grundgesetzes).

§ 14 [Zuständigkeit der Senate]

(1) [1]Der Erste Senat des Bundesverfassungsgerichts ist zuständig für Normenkontrollverfahren (§ 13
Nr. 6 und 11), in denen überwiegend die Unvereinbarkeit einer Vorschrift mit Grundrechten oder Rechten
aus den Artikeln 33, 101, 103 und 104 des Grundgesetzes geltend gemacht wird, sowie für Verfassungs-
beschwerden mit Ausnahme der Verfassungsbeschwerden nach § 91 und der Verfassungsbeschwerden
aus dem Bereich des Wahlrechts. [2]Das Gleiche gilt, wenn eine Landesregierung zusammen mit einem
Normenkontrollantrag (§ 13 Nr. 6) nach Satz 1 einen Antrag nach § 13 Nr. 6a oder 6b stellt.
(2) Der Zweite Senat des Bundesverfassungsgerichts ist zuständig in den Fällen des § 13 Nr. 1 bis 5, 6a
bis 9, 11a, 12 und 14, ferner für Normenkontrollverfahren und Verfassungsbeschwerden, die nicht dem
Ersten Senat zugewiesen sind.
(3) In den Fällen des § 13 Nr. 10 und 13 bestimmt sich die Zuständigkeit der Senate nach der Regel der
Absätze 1 und 2.
(4) [1]Das Plenum des Bundesverfassungsgerichts kann mit Wirkung vom Beginn des nächsten Geschäfts-
jahres die Zuständigkeit der Senate abweichend von den Absätzen 1 bis 3 regeln, wenn dies infolge einer
nicht nur vorübergehenden Überlastung eines Senats unabweislich geworden ist. [2]Die Regelung gilt auch
für anhängige Verfahren, bei denen noch keine mündliche Verhandlung oder Beratung der Entscheidung
stattgefunden hat. [3]Der Beschluß wird im Bundesgesetzblatt bekanntgemacht.
(5) [1]Wenn zweifelhaft ist, welcher Senat für ein Verfahren zuständig ist, so entscheidet darüber ein Aus-
schuß, der aus dem Präsidenten, dem Vizepräsidenten und vier Richtern besteht, von denen je zwei von
jedem Senat für die Dauer des Geschäftsjahres berufen werden. [2]Bei Stimmengleichheit gibt die Stimme
des Vorsitzenden den Ausschlag.

§ 15 [Vorsitz und Beschlussfähigkeit]

(1) [1]Der Präsident des Bundesverfassungsgerichts und der Vizepräsident führen den Vorsitz in ihrem
Senat. [2]Sie werden von dem dienstältesten, bei gleichem Dienstalter von dem lebensältesten anwesenden
Richter des Senats vertreten.
(2) [1]Jeder Senat ist beschlußfähig, wenn mindestens sechs Richter anwesend sind. [2]Ist ein Senat in einem
Verfahren von besonderer Dringlichkeit nicht beschlußfähig, ordnet der Vorsitzende ein Losverfahren an,
durch das so lange Richter des anderen Senats als Vertreter bestimmt werden, bis die Mindestzahl erreicht
ist. [3]Die Vorsitzenden der Senate können nicht als Vertreter bestimmt werden. [4]Das Nähere regelt die
Geschäftsordnung.
(3) [1]Nach Beginn der Beratung einer Sache können weitere Richter nicht hinzutreten. [2]Wird der Senat
beschlußunfähig, muß die Beratung nach seiner Ergänzung neu begonnen werden.
(4) [1]Im Verfahren gemäß § 13 Nummer 1, 2, 2a, 4 und 9 bedarf es zu einer dem Antragsgegner nachteiligen
Entscheidung in jedem Fall einer Mehrheit von zwei Dritteln der Mitglieder des Senats. [2]Im übrigen
entscheidet die Mehrheit der an der Entscheidung mitwirkenden Mitglieder des Senats, soweit nicht das
Gesetz etwas anderes bestimmt. [3]Bei Stimmengleichheit kann ein Verstoß gegen das Grundgesetz oder
sonstiges Bundesrecht nicht festgestellt werden.

§ 15a [Berufung von Kammern; Verteilung der Verfassungsbeschwerden]

(1) [1]Die Senate berufen für die Dauer eines Geschäftsjahres mehrere Kammern. [2]Jede Kammer besteht
aus drei Richtern. [3]Die Zusammensetzung einer Kammer soll nicht länger als drei Jahre unverändert
bleiben.
(2) Der Senat beschließt vor Beginn eines Geschäftsjahres für dessen Dauer die Verteilung der Anträge
nach § 80 und der Verfassungsbeschwerden nach den §§ 90 und 91 auf die Berichterstatter, die Zahl und
Zusammensetzung der Kammern sowie die Vertretung ihrer Mitglieder.

§ 16 [Plenarentscheidungen]

(1) Will ein Senat in einer Rechtsfrage von der in einer Entscheidung des anderen Senats enthaltenen Rechtsauffassung abweichen, so entscheidet darüber das Plenum des Bundesverfassungsgerichts.

(2) Es ist beschlußfähig, wenn von jedem Senat zwei Drittel seiner Richter anwesend sind.

II. Teil
Verfassungsgerichtliches Verfahren

Erster Abschnitt
Allgemeine Verfahrensvorschriften

§ 17 [Anwendung von Vorschriften des Gerichtsverfassungsgesetzes]

Soweit in diesem Gesetz nichts anderes bestimmt ist, sind hinsichtlich der Öffentlichkeit, der Sitzungspolizei, der Gerichtssprache, der Beratung und Abstimmung die Vorschriften der Titel 14 bis 16 des Gerichtsverfassungsgesetzes entsprechend anzuwenden.

§ 17a [Zulässigkeit von Ton- und Fernseh-Rundfunkaufnahmen]

(1) [1]Die Verhandlung vor dem Bundesverfassungsgericht einschließlich der Verkündung von Entscheidungen ist öffentlich. [2]Ton- und Fernseh-Rundfunkaufnahmen sowie Ton- und Filmaufnahmen zum Zwecke der öffentlichen Vorführung oder der Veröffentlichung ihres Inhalts sind nur zulässig
1. in der mündlichen Verhandlung, bis das Gericht die Anwesenheit der Beteiligten festgestellt hat,
2. bei der öffentlichen Verkündung von Entscheidungen.
[3]Die Tonübertragung in einen Arbeitsraum für Personen, die für Presse, Hörfunk, Fernsehen oder für andere Medien berichten, kann durch Anordnung des oder der Vorsitzenden zugelassen werden.

(2) Zur Wahrung schutzwürdiger Interessen der Beteiligten oder Dritter sowie eines ordnungsgemäßen Ablaufs des Verfahrens kann der oder die Vorsitzende die Aufnahmen nach Absatz 1 Satz 2 oder deren Übertragung sowie die Übertragung nach Absatz 1 Satz 3 ganz oder teilweise untersagen oder von der Einhaltung von Auflagen abhängig machen.

(3) [1]Tonaufnahmen der Verhandlung vor dem Bundesverfassungsgericht einschließlich der Verkündung von Entscheidungen können zu wissenschaftlichen und historischen Zwecken durch Senatsbeschluss zugelassen werden, wenn es sich um ein Verfahren von herausragender zeitgeschichtlicher Bedeutung für die Bundesrepublik Deutschland handelt. [2]Zur Wahrung schutzwürdiger Interessen der Beteiligten oder Dritter oder zur Wahrung eines ordnungsgemäßen Ablaufs des Verfahrens können die Aufnahmen durch den Vorsitzenden oder die Vorsitzende teilweise untersagt werden. [3]Die Aufnahmen sind nicht zu den Akten zu nehmen und dürfen weder herausgegeben noch für Zwecke des aufgenommenen oder eines anderen Verfahrens genutzt oder verwertet werden. [4]Die Aufnahmen sind vom Gericht nach Abschluss des Verfahrens dem Bundesarchiv zur Übernahme anzubieten, das nach dem Bundesarchivgesetz festzustellen hat, ob den Aufnahmen ein bleibender Wert zukommt. [5]Nimmt das Bundesarchiv die Aufnahmen nicht an, sind die Aufnahmen durch das Gericht zu löschen. [6]§ 25a Satz 2 bleibt unberührt.

(4) Gegen die Anordnungen des oder der Vorsitzenden kann der Senat angerufen werden.

§ 18 [Ausschließung eines Richters]

(1) Ein Richter des Bundesverfassungsgerichts ist von der Ausübung seines Richteramtes ausgeschlossen, wenn er
1. an der Sache beteiligt oder mit einem Beteiligten verheiratet ist oder war, eine Lebenspartnerschaft führt oder führte, in gerader Linie verwandt oder verschwägert oder in der Seitenlinie bis zum dritten Grade verwandt oder bis zum zweiten Grade verschwägert ist oder
2. in derselben Sache bereits von Amts oder Berufs wegen tätig gewesen ist.

(2) Beteiligt ist nicht, wer auf Grund seines Familienstandes, seines Berufs, seiner Abstammung, seiner Zugehörigkeit zu einer politischen Partei oder aus einem ähnlich allgemeinen Gesichtspunkt am Ausgang des Verfahrens interessiert ist.

(3) Als Tätigkeit im Sinne des Absatzes 1 Nr. 2 gilt nicht
1. die Mitwirkung im Gesetzgebungsverfahren,
2. die Äußerung einer wissenschaftlichen Meinung zu einer Rechtsfrage, die für das Verfahren bedeutsam sein kann.

§ 19 [Ablehnung eines Richters wegen Besorgnis der Befangenheit; Bestimmung eines Vertreters]

(1) Wird ein Richter des Bundesverfassungsgerichts wegen Besorgnis der Befangenheit abgelehnt, so entscheidet das Gericht unter Ausschluß des Abgelehnten; bei Stimmengleichheit gibt die Stimme des Vorsitzenden den Ausschlag.

(2) ¹Die Ablehnung ist zu begründen. ²Der Abgelehnte hat sich dazu zu äußern. ³Die Ablehnung ist unbeachtlich, wenn sie nicht spätestens zu Beginn der mündlichen Verhandlung erklärt wird.
(3) Erklärt sich ein Richter, der nicht abgelehnt ist, selbst für befangen, so gilt Absatz 1 entsprechend.
(4) ¹Hat das Bundesverfassungsgericht die Ablehnung oder Selbstablehnung eines Richters für begründet erklärt, wird durch Los ein Richter des anderen Senats als Vertreter bestimmt. ²Die Vorsitzenden der Senate können nicht als Vertreter bestimmt werden. ³Das Nähere regelt die Geschäftsordnung.

§ 20 [Akteneinsicht]
Die Beteiligten haben das Recht der Akteneinsicht.

§ 21 [Wahrung von Terminen durch Beauftragte von Personengruppen]
Wenn das Verfahren von einer Personengruppe oder gegen eine Personengruppe beantragt wird, kann das Bundesverfassungsgericht anordnen, daß sie ihre Rechte, insbesondere das Recht auf Anwesenheit im Termin, durch einen oder mehrere Beauftragte wahrnehmen läßt.

§ 22 [Prozessvertretung]
(1) ¹Die Beteiligten können sich in jeder Lage des Verfahrens durch einen Rechtsanwalt oder einen Rechtslehrer an einer staatlichen oder staatlich anerkannten Hochschule eines Mitgliedstaates der Europäischen Union, eines anderen Vertragsstaates des Abkommens über den Europäischen Wirtschaftsraum oder der Schweiz, der die Befähigung zum Richteramt besitzt, als Bevollmächtigten vertreten lassen; in der mündlichen Verhandlung vor dem Bundesverfassungsgericht müssen sie sich in dieser Weise vertreten lassen. ²Gesetzgebende Körperschaften und Teile von ihnen, die in der Verfassung oder in der Geschäftsordnung mit eigenen Rechten ausgestattet sind, können sich auch durch ihre Mitglieder vertreten lassen. ³Der Bund, die Länder und ihre Verfassungsorgane können sich außerdem durch ihre Beamten vertreten lassen, soweit sie die Befähigung zum Richteramt besitzen oder auf Grund der vorgeschriebenen Staatsprüfungen die Befähigung zum höheren Verwaltungsdienst erworben haben. ⁴Das Bundesverfassungsgericht kann auch eine andere Person als Beistand eines Beteiligten zulassen.
(2) ¹Die Vollmacht ist schriftlich zu erteilen. ²Sie muß sich ausdrücklich auf das Verfahren beziehen.
(3) Ist ein Bevollmächtigter bestellt, so sind alle Mitteilungen des Gerichts an ihn zu richten.

§ 23 [Einleitung des Verfahrens]
(1) ¹Anträge, die das Verfahren einleiten, sind schriftlich beim Bundesverfassungsgericht einzureichen. ²Sie sind zu begründen; die erforderlichen Beweismittel sind anzugeben.
(2) Der Vorsitzende oder, wenn eine Entscheidung nach § 93c in Betracht kommt, der Berichterstatter stellt den Antrag dem Antragsgegner, den übrigen Beteiligten sowie den Dritten, denen nach § 27a Gelegenheit zur Stellungnahme gegeben wird, unverzüglich mit der Aufforderung zu, sich binnen einer zu bestimmenden Frist dazu zu äußern.
(3) Der Vorsitzende oder der Berichterstatter kann jedem Beteiligten aufgeben, binnen einer zu bestimmenden Frist die erforderliche Zahl von Abschriften seiner Schriftsätze und der angegriffenen Entscheidungen für das Gericht und für die übrigen Beteiligten nachzureichen.

§ 24 [A-Limine-Abweisung]
¹Unzulässige oder offensichtlich unbegründete Anträge können durch einstimmigen Beschluß des Gerichts verworfen werden. ²Der Beschluß bedarf keiner weiteren Begründung, wenn der Antragsteller vorher auf die Bedenken gegen die Zulässigkeit oder Begründetheit seines Antrags hingewiesen worden ist.

§ 25 [Grundsätze mündlicher Verhandlung; Urteil, Beschluss]
(1) Das Bundesverfassungsgericht entscheidet, soweit nichts anderes bestimmt ist, auf Grund mündlicher Verhandlung, es sei denn, daß alle Beteiligten ausdrücklich auf sie verzichten.
(2) Die Entscheidung auf Grund mündlicher Verhandlung ergeht als Urteil, die Entscheidung ohne mündliche Verhandlung als Beschluß.
(3) Teil- und Zwischenentscheidungen sind zulässig.
(4) Die Entscheidungen des Bundesverfassungsgerichts ergehen „im Namen des Volkes".

§ 25a [Protokoll und Tonbandaufnahme]
¹Über die mündliche Verhandlung wird ein Protokoll geführt. ²Darüber hinaus wird sie in einer Tonbandaufnahme festgehalten; das Nähere regelt die Geschäftsordnung.

§ 26 [Beweiserhebung]
(1) ¹Das Bundesverfassungsgericht erhebt den zur Erforschung der Wahrheit erforderlichen Beweis. ²Es kann damit außerhalb der mündlichen Verhandlung ein Mitglied des Gerichts beauftragen oder mit Begrenzung auf bestimmte Tatsachen und Personen ein anderes Gericht darum ersuchen.

(2) Auf Grund eines Beschlusses mit einer Mehrheit von zwei Dritteln der Stimmen des Gerichts kann die Beiziehung einzelner Urkunden unterblciben, wenn ihre Verwendung mit der Staatssicherheit unvereinbar ist.

§ 27 [Rechts- und Amtshilfe] ·
[1]Alle Gerichte und Verwaltungsbehörden leisten dem Bundesverfassungsgericht Rechts- und Amtshilfe. [2]Fordert das Bundesverfassungsgericht Akten eines Ausgangsverfahrens an, werden ihm diese unmittelbar vorgelegt.

§ 27a [Stellungnahme durch sachkundige Dritte]
Das Bundesverfassungsgericht kann sachkundigen Dritten Gelegenheit zur Stellungnahme geben.

§ 28 [Zeugen und Sachverständige]
(1) Für die Vernehmung von Zeugen und Sachverständigen gelten in den Fällen des § 13 Nummer 1, 2, 2a, 4 und 9 die Vorschriften der Strafprozeßordnung, in den übrigen Fällen die Vorschriften der Zivilprozeßordnung entsprechend.
(2) [1]Soweit ein Zeuge oder Sachverständiger nur mit Genehmigung einer vorgesetzten Stelle vernommen werden darf, kann diese Genehmigung nur verweigert werden, wenn es das Wohl des Bundes oder eines Landes erfordert. [2]Der Zeuge oder Sachverständige kann sich nicht auf seine Schweigepflicht berufen, wenn das Bundesverfassungsgericht mit einer Mehrheit von zwei Dritteln der Stimmen die Verweigerung der Aussagegenehmigung für unbegründet erklärt.

§ 29 [Beweistermin]
[1]Die Beteiligten werden von allen Beweisterminen benachrichtigt und können der Beweisaufnahme beiwohnen. [2]Sie können an Zeugen und Sachverständige Fragen richten. [3]Wird eine Frage beanstandet, so entscheidet das Gericht.

§ 30 [Form der Verkündung und Entscheidung]
(1) [1]Das Bundesverfassungsgericht entscheidet in geheimer Beratung nach seiner freien, aus dem Inhalt der Verhandlung und dem Ergebnis der Beweisaufnahme geschöpften Überzeugung. [2]Die Entscheidung ist schriftlich abzufassen, zu begründen und von den Richtern, die bei ihr mitgewirkt haben, zu unterzeichnen. [3]Sie ist sodann, wenn eine mündliche Verhandlung stattgefunden hat, unter Mitteilung der wesentlichen Entscheidungsgründe öffentlich zu verkünden. [4]Der Termin zur Verkündung einer Entscheidung kann in der mündlichen Verhandlung bekanntgegeben oder nach Abschluß der Beratungen festgelegt werden; in diesem Fall ist er den Beteiligten unverzüglich mitzuteilen. [5]Zwischen dem Abschluß der mündlichen Verhandlung und der Verkündung der Entscheidung sollen nicht mehr als drei Monate liegen. [6]Der Termin kann durch Beschluß des Bundesverfassungsgerichts verlegt werden.
(2) [1]Ein Richter kann seine in der Beratung vertretene abweichende Meinung zu der Entscheidung oder zu deren Begründung in einem Sondervotum niederlegen; das Sondervotum ist der Entscheidung anzuschließen. [2]Die Senate können in ihren Entscheidungen das Stimmenverhältnis mitteilen. [3]Das Nähere regelt die Geschäftsordnung.
(3) Alle Entscheidungen sind den Beteiligten bekanntzugeben.

§ 31 [Verbindlichkeit der Entscheidungen]
(1) Die Entscheidungen des Bundesverfassungsgerichts binden die Verfassungsorgane des Bundes und der Länder sowie alle Gerichte und Behörden.
(2) [1]In den Fällen des § 13 Nr. 6, 6a, 11, 12 und 14 hat die Entscheidung des Bundesverfassungsgerichts Gesetzeskraft. [2]Das gilt auch in den Fällen des § 13 Nr. 8a, wenn das Bundesverfassungsgericht ein Gesetz als mit dem Grundgesetz vereinbar oder unvereinbar oder für nichtig erklärt. [3]Soweit ein Gesetz als mit dem Grundgesetz oder sonstigem Bundesrecht vereinbar oder unvereinbar oder für nichtig erklärt wird, ist die Entscheidungsformel durch das Bundesministerium der Justiz und für Verbraucherschutz im Bundesgesetzblatt zu veröffentlichen. [4]Entsprechendes gilt für die Entscheidungsformel in den Fällen des § 13 Nr. 12 und 14.

§ 32 [Einstweilige Anordnungen]
(1) Das Bundesverfassungsgericht kann im Streitfall einen Zustand durch einstweilige Anordnung vorläufig regeln, wenn dies zur Abwehr schwerer Nachteile, zur Verhinderung drohender Gewalt oder aus einem anderen wichtigen Grund zum gemeinen Wohl dringend geboten ist.
(2) [1]Die einstweilige Anordnung kann ohne mündliche Verhandlung ergehen. [2]Bei besonderer Dringlichkeit kann das Bundesverfassungsgericht davon absehen, den am Verfahren zur Hauptsache Beteiligten, zum Beitritt Berechtigten oder Äußerungsberechtigten Gelegenheit zur Stellungnahme zu geben.

(3) [1]Wird die einstweilige Anordnung durch Beschluß erlassen oder abgelehnt, so kann Widerspruch erhoben werden. [2]Das gilt nicht für den Beschwerdeführer im Verfahren der Verfassungsbeschwerde. [3]Über den Widerspruch entscheidet das Bundesverfassungsgericht nach mündlicher Verhandlung. [4]Diese muß binnen zwei Wochen nach dem Eingang der Begründung des Widerspruchs stattfinden.
(4) [1]Der Widerspruch gegen die einstweilige Anordnung hat keine aufschiebende Wirkung. [2]Das Bundesverfassungsgericht kann die Vollziehung der einstweiligen Anordnung aussetzen.
(5) [1]Das Bundesverfassungsgericht kann die Entscheidung über die einstweilige Anordnung oder über den Widerspruch ohne Begründung bekanntgeben. [2]In diesem Fall ist die Begründung den Beteiligten gesondert zu übermitteln.
(6) [1]Die einstweilige Anordnung tritt nach sechs Monaten außer Kraft. [2]Sie kann mit einer Mehrheit von zwei Dritteln der Stimmen wiederholt werden.
(7) [1]Ist ein Senat nicht beschlußfähig, so kann die einstweilige Anordnung bei besonderer Dringlichkeit erlassen werden, wenn mindestens drei Richter anwesend sind und der Beschluß einstimmig gefaßt wird. [2]Sie tritt nach einem Monat außer Kraft. [3]Wird sie durch den Senat bestätigt, so tritt sie sechs Monate nach ihrem Erlaß außer Kraft.

§ 33 [Aussetzung des Verfahrens]
(1) Das Bundesverfassungsgericht kann sein Verfahren bis zur Erledigung eines bei einem anderen Gericht anhängigen Verfahrens aussetzen, wenn für seine Entscheidung die Feststellungen oder die Entscheidung dieses anderen Gerichts von Bedeutung sein können.
(2) Das Bundesverfassungsgericht kann seiner Entscheidung die tatsächlichen Feststellungen eines rechtskräftigen Urteils zugrunde legen, das in einem Verfahren ergangen ist, in dem die Wahrheit von Amts wegen zu erforschen ist.

§ 34 [Kosten des Verfahrens; Auferlegung einer Gebühr]
(1) Das Verfahren des Bundesverfassungsgerichts ist kostenfrei.
(2) Das Bundesverfassungsgericht kann eine Gebühr bis zu 2 600 Euro auferlegen, wenn die Einlegung der Verfassungsbeschwerde oder der Beschwerde nach Artikel 41 Abs. 2 des Grundgesetzes einen Mißbrauch darstellt oder wenn ein Antrag auf Erlaß einer einstweiligen Anordnung (§ 32) mißbräuchlich gestellt ist.
(3) Für die Einziehung der Gebühr gilt § 59 Abs. 1 der Bundeshaushaltsordnung entsprechend.

§ 34a [Erstattung der Auslagen]
(1) Erweist sich der Antrag auf Verwirkung der Grundrechte (§ 13 Nr. 1), die Anklage gegen den Bundespräsidenten (§ 13 Nr. 4) oder einen Richter (§ 13 Nr. 9) als unbegründet, so sind dem Antragsgegner oder dem Angeklagten die notwendigen Auslagen einschließlich der Kosten der Verteidigung zu ersetzen.
(2) Erweist sich eine Verfassungsbeschwerde als begründet, so sind dem Beschwerdeführer die notwendigen Auslagen ganz oder teilweise zu erstatten.
(3) In den übrigen Fällen kann das Bundesverfassungsgericht volle oder teilweise Erstattung der Auslagen anordnen.

§ 35 [Regelung der Vollstreckung]
Das Bundesverfassungsgericht kann in seiner Entscheidung bestimmen, wer sie vollstreckt; es kann auch im Einzelfall die Art und Weise der Vollstreckung regeln.

Zweiter Abschnitt
Akteneinsicht außerhalb des Verfahrens

§ 35a [Auskunft über personenbezogene Daten]
[1]Betreffen außerhalb des Verfahrens gestellte Anträge auf Auskunft aus oder Einsicht in Akten des Bundesverfassungsgerichts personenbezogene Daten, so gelten die allgemeinen datenschutzrechtlichen Vorschriften, soweit die nachfolgenden Bestimmungen keine abweichende Regelung treffen. [2]Übermittelt das Bundesverfassungsgericht einer öffentlichen Stelle auf deren Ersuchen personenbezogene Daten, so trägt die öffentliche Stelle die Verantwortung für die Zulässigkeit der Übermittlung. [3]In diesem Fall prüft das Bundesverfassungsgericht nur, ob das Übermittlungsersuchen im Rahmen der Aufgaben der ersuchenden Stelle liegt, es sei denn, dass besonderer Anlass zur Prüfung der Zulässigkeit der Übermittlung besteht.

§ 35b [Zur Einsicht Berechtigte; Auskunft aus beigezogenen Akten; Versendung von Akten]

(1) [1]Auskunft aus oder Einsicht in Akten des Bundesverfassungsgerichts kann gewährt werden

1. öffentlichen Stellen, soweit dies für Zwecke der Rechtspflege erforderlich ist oder die in § 23 Absatz 1 Nummer 2 bis 5 des Bundesdatenschutzgesetzes genannten Voraussetzungen vorliegen oder soweit dies zur Durchführung wissenschaftlicher Forschung erforderlich ist, das wissenschaftliche Interesse an der Durchführung des Forschungsvorhabens das Interesse des Betroffenen an dem Ausschluss der Zweckänderung erheblich überwiegt und der Zweck der Forschung auf andere Weise nicht oder nur mit unverhältnismäßigem Aufwand erreicht werden kann,

2. Privatpersonen und anderen nichtöffentlichen Stellen einschließlich früherer Beteiligter nach Abschluss ihres Verfahrens, soweit sie ein berechtigtes Interesse darlegen und die datenschutzrechtlichen Belange Dritter gewahrt bleiben.

[2]Einer Unterrichtung des Betroffenen von der Übermittlung seiner Daten bedarf es nicht; die Erteilung der Auskunft und die Gewährung der Akteneinsicht sind in der Akte zu vermerken. [3]Auskunft oder Akteneinsicht kann auch gewährt werden, soweit der Betroffene eingewilligt hat.

(2) Akteneinsicht kann nur gewährt werden, wenn unter Angabe von Gründen dargelegt wird, daß die Erteilung einer Auskunft zur Erfüllung der Aufgaben der die Akteneinsicht begehrenden öffentlichen Stelle (Absatz 1 Satz 1 Nummer 1) oder zur Wahrnehmung des berechtigten Interesses der die Akteneinsicht begehrenden Privatperson oder anderen nicht-öffentlichen Stelle (Absatz 1 Satz 1 Nummer 2) nicht ausreichen würde oder die Erteilung einer Auskunft einen unverhältnismäßigen Aufwand erfordern würde.

(3) Aus beigezogenen Akten, die nicht Aktenbestandteil sind, dürfen Auskünfte nur erteilt werden, wenn der Antragsteller die Zustimmung der Stelle nachweist, um deren Akten es sich handelt; gleiches gilt für die Akteneinsicht.

(4) [1]Die Akten des Bundesverfassungsgerichts werden nicht übersandt. [2]An öffentliche Stellen können sie übersandt werden, wenn diesen gemäß Absatz 2 Akteneinsicht gewährt werden kann oder wenn einer Privatperson auf Grund besonderer Umstände dort Akteneinsicht gewährt werden soll.

(5) [1]Für die Einsicht in die Akten des Bundesverfassungsgerichts, die beim Bundesarchiv oder durch das Bundesarchiv als Zwischenarchivgut aufbewahrt werden, gelten nach Ablauf von 30 Jahren seit Abschluss des Verfahrens die archivgesetzlichen Regelungen. [2]Für Entwürfe von Urteilen, Beschlüssen und Verfügungen, Arbeiten zu ihrer Vorbereitung und Dokumente, die Abstimmungen betreffen, gilt dies nach Ablauf von 60 Jahren. [3]Das Bundesverfassungsgericht behält für das abgegebene Schriftgut, das beim Bundesarchiv aufbewahrt wird, zu gerichtsinternen und prozessualen Zwecken das jederzeitige und vorrangige Rückgriffsrecht. [4]Zu diesem Zweck ist es ihm auf Anforderung umgehend zu übersenden.

(6) Die Akten zu Kammerentscheidungen, die nicht zur Veröffentlichung bestimmt sind, einschließlich der Entwürfe von Beschlüssen und Verfügungen, Arbeiten zu ihrer Vorbereitung und Dokumente, die Abstimmungen betreffen, können mit Einverständnis des Bundesarchivs nach Ablauf von 30 Jahren vernichtet werden.

(7) Die Akten zu den im Allgemeinen Register eingetragenen Vorgängen, die nicht in das Verfahrensregister übertragen worden sind, können mit Einverständnis des Bundesarchivs fünf Jahre nach der letzten die Sache betreffenden Verfügung vernichtet werden.

§ 35c [Nutzung personenbezogener Daten für andere Verfahren]

Das Bundesverfassungsgericht darf in einem verfassungsgerichtlichen Verfahren zu den Akten gelangte personenbezogene Daten für ein anderes verfassungsgerichtliches Verfahren verarbeiten.

III. Teil
Einzelne Verfahrensarten

Erster Abschnitt
Verfahren in den Fällen des § 13 Nr. 1 [Verwirkung von Grundrechten]

§ 36 [Antragsberechtigte]

Der Antrag auf Entscheidung gemäß Artikel 18 Satz 2 des Grundgesetzes kann vom Bundestag, von der Bundesregierung oder von einer Landesregierung gestellt werden.

§ 37 [Vorverfahren]

Das Bundesverfassungsgericht gibt dem Antragsgegner Gelegenheit zur Äußerung binnen einer zu bestimmenden Frist und beschließt dann, ob der Antrag als unzulässig oder als nicht hinreichend begründet zurückzuweisen oder ob die Verhandlung durchzuführen ist.

§ 38 [Beschlagnahme und Durchsuchung]
(1) Nach Eingang des Antrags kann das Bundesverfassungsgericht eine Beschlagnahme oder Durchsuchung nach den Vorschriften der Strafprozeßordnung anordnen.
(2) ¹Das Bundesverfassungsgericht kann zur Vorbereitung der mündlichen Verhandlung eine Voruntersuchung anordnen. ²Die Durchführung der Voruntersuchung ist einem Richter des nicht zur Entscheidung in der Hauptsache zuständigen Senats zu übertragen.

§ 39 [Entscheidung über Verwirkung von Grundrechten]
(1) ¹Erweist sich der Antrag als begründet, so stellt das Bundesverfassungsgericht fest, welche Grundrechte der Antragsgegner verwirkt hat. ²Es kann die Verwirkung auf einen bestimmten Zeitraum, mindestens auf ein Jahr, befristen. ³Es kann dem Antragsgegner auch nach Art und Dauer genau bezeichnete Beschränkungen auferlegen, soweit sie nicht andere als die verwirkten Grundrechte beeinträchtigen. ⁴Insoweit bedürfen die Verwaltungsbehörden zum Einschreiten gegen den Antragsgegner keiner weiteren gesetzlichen Grundlage.
(2) Das Bundesverfassungsgericht kann dem Antragsgegner auf die Dauer der Verwirkung der Grundrechte das Wahlrecht, die Wählbarkeit und die Fähigkeit zur Bekleidung öffentlicher Ämter aberkennen und bei juristischen Personen ihre Auflösung anordnen.

§ 40 [Aufhebung der Verwirkung]
¹Ist die Verwirkung zeitlich nicht befristet oder für einen längeren Zeitraum als ein Jahr ausgesprochen, so kann das Bundesverfassungsgericht, wenn seit dem Ausspruch der Verwirkung zwei Jahre verflossen sind, auf Antrag des früheren Antragstellers oder Antragsgegners die Verwirkung ganz oder teilweise aufheben oder die Dauer der Verwirkung abkürzen. ²Der Antrag kann wiederholt werden, wenn seit der letzten Entscheidung des Bundesverfassungsgerichts ein Jahr verstrichen ist.

§ 41 [Wiederholung eines Antrags]
Hat das Bundesverfassungsgericht über einen Antrag sachlich entschieden, so kann er gegen denselben Antragsgegner nur wiederholt werden, wenn er auf neue Tatsachen gestützt wird.

§ 42 (weggefallen)

Zweiter Abschnitt
Verfahren in den Fällen des § 13 Nummer 2 und 2a [Parteiverbot]

§ 43 [Antragsberechtigte]
(1) ¹Der Antrag auf Entscheidung, ob eine Partei verfassungswidrig (Artikel 21 Absatz 2 des Grundgesetzes) oder von staatlicher Finanzierung ausgeschlossen ist (Artikel 21 Absatz 3 des Grundgesetzes), kann von dem Bundestag, dem Bundesrat oder von der Bundesregierung gestellt werden. ²Der Antrag auf Entscheidung über den Ausschluss von staatlicher Finanzierung kann hilfsweise zu einem Antrag auf Entscheidung, ob eine Partei verfassungswidrig ist, gestellt werden.
(2) Eine Landesregierung kann den Antrag nur gegen eine Partei stellen, deren Organisation sich auf das Gebiet ihres Landes beschränkt.

§ 44 [Vertretung der Partei]
¹Die Vertretung der Partei bestimmt sich nach den gesetzlichen Vorschriften, hilfsweise nach ihrer Satzung. ²Sind die Vertretungsberechtigten nicht feststellbar oder nicht vorhanden oder haben sie nach Eingang des Antrags beim Bundesverfassungsgericht gewechselt, so gelten als vertretungsberechtigt diejenigen Personen, die die Geschäfte der Partei während der Tätigkeit, die den Antrag veranlaßt hat, zuletzt tatsächlich geführt haben.

§ 45 [Vorverfahren]
Das Bundesverfassungsgericht gibt dem Vertretungsberechtigten (§ 44) Gelegenheit zur Äußerung binnen einer zu bestimmenden Frist und beschließt dann, ob der Antrag als unzulässig oder als nicht hinreichend begründet zurückzuweisen oder ob die Verhandlung durchzuführen ist.

§ 46 [Entscheidung über Verfassungswidrigkeit einer politischen Partei]
(1) Erweist sich der Antrag auf Entscheidung gemäß Artikel 21 Absatz 2 des Grundgesetzes als begründet, so stellt das Bundesverfassungsgericht fest, daß die politische Partei verfassungswidrig ist.
(2) Die Feststellung kann auf einen rechtlich oder organisatorisch selbständigen Teil einer Partei beschränkt werden.
(3) ¹Mit der Feststellung ist die Auflösung der Partei oder des selbständigen Teiles der Partei und das Verbot, eine Ersatzorganisation zu schaffen, zu verbinden. ²Das Bundesverfassungsgericht kann in diesem

Fall außerdem die Einziehung des Vermögens der Partei oder des selbständigen Teiles der Partei zugunsten des Bundes oder des Landes zu gemeinnützigen Zwecken aussprechen.

§ 46a [Entscheidung über den Ausschluss von der staatlichen Parteienfinanzierung]
(1) [1]Erweist sich der Antrag auf Entscheidung gemäß Artikel 21 Absatz 3 des Grundgesetzes als begründet, so stellt das Bundesverfassungsgericht fest, dass die Partei für sechs Jahre von der staatlichen Finanzierung nach § 18 des Parteiengesetzes ausgeschlossen ist. [2]Die Feststellung ist auf Ersatzparteien zu erstrecken. [3]Dass eine Partei die Bestrebungen einer nach Satz 1 von der staatlichen Finanzierung ausgeschlossenen Partei als Ersatzpartei an deren Stelle weiter verfolgt oder fortführt, stellt das Bundesverfassungsgericht entsprechend Satz 1 fest. [4]Die Feststellung erfolgt auf Antrag eines Berechtigten nach § 43 Absatz 1 Satz 1; § 45 ist auf das Verfahren nicht anzuwenden.
(2) [1]Beantragt einer der Antragsberechtigten spätestens sechs Monate vor Ablauf der Frist nach Absatz 1 Satz 1 ihre Verlängerung, bleibt die Partei bis zur Entscheidung über diesen Antrag von staatlicher Finanzierung ausgeschlossen. [2]§ 45 ist auf das Verfahren nicht anzuwenden. [3]Das Bundesverfassungsgericht kann ohne mündliche Verhandlung entscheiden. [4]Für die Entscheidung gilt Absatz 1 entsprechend. [5]Erneute Verlängerungsanträge sind statthaft.

§ 47 [Beschlagnahme, Durchsuchung]
Die Vorschriften der §§ 38 und 41 gelten entsprechend.

Dritter Abschnitt
Verfahren in den Fällen des § 13 Nr. 3 [Wahlprüfung]

§ 48 [Zulässigkeit des Antrags]
(1) Die Beschwerde gegen den Beschluß des Bundestages über die Gültigkeit einer Wahl, die Verletzung von Rechten bei der Vorbereitung oder Durchführung der Wahl, soweit sie der Wahlprüfung nach Artikel 41 des Grundgesetzes unterliegen, oder den Verlust der Mitgliedschaft im Bundestag kann der Abgeordnete, dessen Mitgliedschaft bestritten ist, eine wahlberechtigte Person oder eine Gruppe von wahlberechtigten Personen, deren Einspruch vom Bundestag verworfen worden ist, eine Fraktion oder eine Minderheit des Bundestages, die wenigstens ein Zehntel der gesetzlichen Mitgliederzahl umfaßt, binnen einer Frist von zwei Monaten seit der Beschlußfassung des Bundestages beim Bundesverfassungsgericht erheben; die Beschwerde ist innerhalb dieser Frist zu begründen.
(2) Das Bundesverfassungsgericht kann von einer mündlichen Verhandlung absehen, wenn von ihr keine weitere Förderung des Verfahrens zu erwarten ist.
(3) Erweist sich bei Prüfung der Beschwerde einer wahlberechtigten Person oder einer Gruppe von wahlberechtigten Personen, dass deren Rechte verletzt wurden, stellt das Bundesverfassungsgericht diese Verletzung fest, wenn es nicht die Wahl für ungültig erklärt.

Vierter Abschnitt
Verfahren in den Fällen des § 13 Nr. 4 [Präsidentenanklage]

§ 49 [Anklageschrift]
(1) Die Anklage gegen den Bundespräsidenten wegen vorsätzlicher Verletzung des Grundgesetzes oder eines anderen Bundesgesetzes wird durch Einreichung einer Anklageschrift beim Bundesverfassungsgericht erhoben.
(2) Auf Grund des Beschlusses einer der beiden gesetzgebenden Körperschaften (Artikel 61 Abs. 1 des Grundgesetzes) fertigt deren Präsident die Anklageschrift und übersendet sie binnen eines Monats dem Bundesverfassungsgericht.
(3) [1]Die Anklageschrift muß die Handlung oder Unterlassung, wegen der die Anklage erhoben wird, die Beweismittel und die Bestimmung der Verfassung oder des Gesetzes, die verletzt sein soll, bezeichnen. [2]Sie muß die Feststellung enthalten, daß der Beschluß auf Erhebung der Anklage mit der Mehrheit von zwei Dritteln der gesetzlichen Mitgliederzahl des Bundestages oder von zwei Dritteln der Stimmen des Bundesrates gefaßt worden ist.

§ 50 [Frist für Anklageerhebung]
Die Anklage kann nur binnen drei Monaten, nachdem der ihr zugrunde liegende Sachverhalt der antragsberechtigten Körperschaft bekannt geworden ist, erhoben werden.

§ 51 [Durchführung des Verfahrens]
Die Einleitung und Durchführung des Verfahrens wird durch den Rücktritt des Bundespräsidenten, durch sein Ausscheiden aus dem Amt oder durch Auflösung des Bundestages oder den Ablauf seiner Wahlperiode nicht berührt.

§ 52 [Zurücknahme der Anklage]
(1) [1]Die Anklage kann bis zur Verkündung des Urteils auf Grund eines Beschlusses der antragstellenden Körperschaft zurückgenommen werden. [2]Der Beschluß bedarf der Zustimmung der Mehrheit der gesetzlichen Mitgliederzahl des Bundestages oder der Mehrheit der Stimmen des Bundesrates.
(2) Die Anklage wird vom Präsidenten der antragstellenden Körperschaft durch Übersendung einer Ausfertigung des Beschlusses an das Bundesverfassungsgericht zurückgenommen.
(3) Die Zurücknahme der Anklage wird unwirksam, wenn ihr der Bundespräsident binnen eines Monats widerspricht.

§ 53 [Einstweilige Anordnung]
Das Bundesverfassungsgericht kann nach Erhebung der Anklage durch einstweilige Anordnung bestimmen, daß der Bundespräsident an der Ausübung seines Amtes verhindert ist.

§ 54 [Voruntersuchung]
(1) Das Bundesverfassungsgericht kann zur Vorbereitung der mündlichen Verhandlung eine Voruntersuchung anordnen; es muß sie anordnen, wenn der Vertreter der Anklage oder der Bundespräsident sie beantragt.
(2) Die Durchführung der Voruntersuchung ist einem Richter des nicht zur Entscheidung in der Hauptsache zuständigen Senats zu übertragen.

§ 55 [Mündliche Verhandlung]
(1) Das Bundesverfassungsgericht entscheidet auf Grund mündlicher Verhandlung.
(2) [1]Zur Verhandlung ist der Bundespräsident zu laden. [2]Dabei ist er darauf hinzuweisen, daß ohne ihn verhandelt wird, wenn er unentschuldigt ausbleibt oder ohne ausreichenden Grund sich vorzeitig entfernt.
(3) In der Verhandlung trägt der Beauftragte der antragstellenden Körperschaft zunächst die Anklage vor.
(4) Sodann erhält der Bundespräsident Gelegenheit, sich zur Anklage zu erklären.
(5) Hierauf findet die Beweiserhebung statt.
(6) [1]Zum Schluß wird der Vertreter der Anklage mit seinem Antrag und der Bundespräsident mit seiner Verteidigung gehört. [2]Er hat das letzte Wort.

§ 56 [Urteil]
(1) Das Bundesverfassungsgericht stellt im Urteil fest, ob der Bundespräsident einer vorsätzlichen Verletzung des Grundgesetzes oder eines genau zu bezeichnenden Bundesgesetzes schuldig ist.
(2) [1]Im Falle der Verurteilung kann das Bundesverfassungsgericht den Bundespräsidenten seines Amtes für verlustig erklären. [2]Mit der Verkündung des Urteils tritt der Amtsverlust ein.

§ 57 [Ausfertigung des Urteils]
Eine Ausfertigung des Urteils samt Gründen ist dem Bundestag, dem Bundesrat und der Bundesregierung zu übersenden.

Fünfter Abschnitt
Verfahren in den Fällen des § 13 Nr. 9 [Richteranklage]

§ 58 [Richteranklage]
(1) Stellt der Bundestag gegen einen Bundesrichter den Antrag nach Artikel 98 Abs. 2 des Grundgesetzes, so sind die Vorschriften der §§ 49 bis 55 mit Ausnahme des § 49 Abs. 3 Satz 2, der §§ 50 und 52 Abs. 1 Satz 2 entsprechend anzuwenden.
(2) [1]Wird dem Bundesrichter ein Verstoß im Amt vorgeworfen, so beschließt der Bundestag nicht vor rechtskräftiger Beendigung des gerichtlichen Verfahrens oder, wenn vorher wegen desselben Verstoßes ein förmliches Disziplinarverfahren eingeleitet worden ist, nicht vor der Eröffnung dieses Verfahrens. [2]Nach Ablauf von sechs Monaten seit der rechtskräftigen Beendigung des gerichtlichen Verfahrens, in dem der Bundesrichter sich des Verstoßes schuldig gemacht haben soll, ist der Antrag nicht mehr zulässig.
(3) Abgesehen von den Fällen des Absatzes 2 ist ein Antrag gemäß Absatz 1 nicht mehr zulässig, wenn seit dem Verstoß zwei Jahre verflossen sind.
(4) Der Antrag wird vor dem Bundesverfassungsgericht von einem Beauftragten des Bundestages vertreten.

§ 59 [Urteil]

(1) Das Bundesverfassungsgericht erkennt auf eine der im Artikel 98 Abs. 2 des Grundgesetzes vorgesehenen Maßnahmen oder auf Freispruch.

(2) Erkennt das Bundesverfassungsgericht auf Entlassung, so tritt der Amtsverlust mit der Verkündung des Urteils ein.

(3) Wird auf Versetzung in ein anderes Amt oder in den Ruhestand erkannt, so obliegt der Vollzug der für die Entlassung des Bundesrichters zuständigen Stelle.

(4) Eine Ausfertigung des Urteils mit Gründen ist dem Bundespräsidenten, dem Bundestag und der Bundesregierung zu übersenden.

§ 60 [Aussetzung eines Disziplinarverfahrens]

[1]Solange ein Verfahren vor dem Bundesverfassungsgericht anhängig ist, wird das wegen desselben Sachverhalts bei einem Disziplinargericht anhängige Verfahren ausgesetzt. [2]Erkennt das Bundesverfassungsgericht auf Entlassung aus dem Amt oder auf Anordnung der Versetzung in ein anderes Amt oder in den Ruhestand, so wird das Disziplinarverfahren eingestellt; im anderen Falle wird es fortgesetzt.

§ 61 [Wiederaufnahme des Verfahrens]

(1) [1]Die Wiederaufnahme des Verfahrens findet nur zugunsten des Verurteilten und nur auf seinen Antrag oder nach seinem Tode auf Antrag seines Ehegatten, Lebenspartners oder eines seiner Abkömmlinge unter den Voraussetzungen der §§ 359 und 364 der Strafprozeßordnung statt. [2]In dem Antrag müssen der gesetzliche Grund der Wiederaufnahme sowie die Beweismittel angegeben werden. [3]Durch den Antrag auf Wiederaufnahme wird die Wirksamkeit des Urteils nicht gehemmt.

(2) [1]Über die Zulassung des Antrages entscheidet das Bundesverfassungsgericht ohne mündliche Verhandlung. [2]Die Vorschriften der §§ 368, 369 Abs. 1, 2 und 4 und der §§ 370 und 371 Abs. 1 bis 3 der Strafprozeßordnung gelten entsprechend.

(3) In der erneuten Hauptverhandlung ist entweder das frühere Urteil aufrechtzuerhalten oder auf eine mildere Maßnahme oder auf Freispruch zu erkennen.

§ 62 [Verfahren gegen Landesrichter]

Soweit gemäß Artikel 98 Abs. 5 Satz 2 des Grundgesetzes fortgeltendes Landesverfassungsrecht nichts Abweichendes bestimmt, gelten die Vorschriften dieses Abschnitts auch, wenn das Gesetz eines Landes für Landesrichter eine dem Artikel 98 Abs. 2 des Grundgesetzes entsprechende Regelung trifft.

Sechster Abschnitt
Verfahren in den Fällen des § 13 Nr. 5 [Organstreitigkeiten]

§ 63 [Antragsteller und Antragsgegner]

Antragsteller und Antragsgegner können nur sein: der Bundespräsident, der Bundestag, der Bundesrat, die Bundesregierung und die im Grundgesetz oder in den Geschäftsordnungen des Bundestages und des Bundesrates mit eigenen Rechten ausgestatteten Teile dieser Organe.

§ 64 [Antragsbefugnis]

(1) Der Antrag ist nur zulässig, wenn der Antragsteller geltend macht, daß er oder das Organ, dem er angehört, durch eine Maßnahme oder Unterlassung des Antragsgegners in seinen ihm durch das Grundgesetz übertragenen Rechten und Pflichten verletzt oder unmittelbar gefährdet ist.

(2) Im Antrag ist die Bestimmung des Grundgesetzes zu bezeichnen, gegen die durch die beanstandete Maßnahme oder Unterlassung des Antragsgegners verstoßen wird.

(3) Der Antrag muß binnen sechs Monaten, nachdem die beanstandete Maßnahme oder Unterlassung dem Antragsteller bekannt geworden ist, gestellt werden.

(4) Soweit die Frist bei Inkrafttreten dieses Gesetzes verstrichen ist, kann der Antrag noch binnen drei Monaten nach Inkrafttreten gestellt werden.

§ 65 [Beitritt zum Verfahren]

(1) Dem Antragsteller und dem Antragsgegner können in jeder Lage des Verfahrens andere in § 63 genannte Antragsberechtigte beitreten, wenn die Entscheidung auch für die Abgrenzung ihrer Zuständigkeiten von Bedeutung ist.

(2) Das Bundesverfassungsgericht gibt von der Einleitung des Verfahrens dem Bundespräsidenten, dem Bundestag, dem Bundesrat und der Bundesregierung Kenntnis.

§ 66 [Verbindung und Trennung von Verfahren]

Das Bundesverfassungsgericht kann anhängige Verfahren verbinden und verbundene trennen.

§ 66a [Entscheidung nach dem Untersuchungsausschussgesetz]
[1]In Verfahren nach § 13 Nr. 5 in Verbindung mit § 2 Abs. 3 des Untersuchungsausschussgesetzes sowie in Verfahren nach § 18 Abs. 3 des Untersuchungsausschussgesetzes, auch in Verbindung mit den §§ 19 und 23 Abs. 2 des Untersuchungsausschussgesetzes, kann das Bundesverfassungsgericht ohne mündliche Verhandlung entscheiden. [2]Gleiches gilt bei Anträgen gemäß § 14 des Gesetzes über die parlamentarische Kontrolle nachrichtendienstlicher Tätigkeit des Bundes in Verbindung mit § 63.

§ 67 [Entscheidung]
[1]Das Bundesverfassungsgericht stellt in seiner Entscheidung fest, ob die beanstandete Maßnahme oder Unterlassung des Antragsgegners gegen eine Bestimmung des Grundgesetzes verstößt. [2]Die Bestimmung ist zu bezeichnen. [3]Das Bundesverfassungsgericht kann in der Entscheidungsformel zugleich eine für die Auslegung der Bestimmung des Grundgesetzes erhebliche Rechtsfrage entscheiden, von der die Feststellung gemäß Satz 1 abhängt.

Siebenter Abschnitt
Verfahren in den Fällen des § 13 Nr. 7 [Streitigkeiten zwischen Bund und Ländern]

§ 68 [Antragsteller und Antragsgegner]
Antragsteller und Antragsgegner können nur sein: für den Bund die Bundesregierung, für ein Land die Landesregierung.

§ 69 [Verweisung auf Organstreitigkeiten]
Die Vorschriften der §§ 64 bis 67 gelten entsprechend.

§ 70 [Anfechtungsfrist]
Der Beschluß des Bundesrates nach Artikel 84 Abs. 4 Satz 1 des Grundgesetzes kann nur binnen eines Monats nach der Beschlußfassung angefochten werden.

Achter Abschnitt
Verfahren in den Fällen des § 13 Nr. 8 [Andere öffentlich-rechtliche Streitigkeiten zwischen dem Bund und den Ländern, zwischen verschiedenen Ländern oder innerhalb eines Landes]

§ 71 [Antragsteller und Antragsgegner]
(1) Antragsteller und Antragsgegner können nur sein
1. bei öffentlich-rechtlichen Streitigkeiten gemäß Artikel 93 Abs. 1 Nr. 4 des Grundgesetzes zwischen dem Bund und den Ländern:
 die Bundesregierung und die Landesregierungen;
2. bei öffentlich-rechtlichen Streitigkeiten gemäß Artikel 93 Abs. 1 Nr. 4 des Grundgesetzes zwischen den Ländern:
 die Landesregierungen;
3. bei öffentlich-rechtlichen Streitigkeiten gemäß Artikel 93 Abs. 1 Nr. 4 des Grundgesetzes innerhalb eines Landes:
 die obersten Organe des Landes und die in der Landesverfassung oder in der Geschäftsordnung eines obersten Organs des Landes mit eigenen Rechten ausgestatteten Teile dieser Organe, wenn sie durch den Streitgegenstand in ihren Rechten oder Zuständigkeiten unmittelbar berührt sind.
(2) Die Vorschrift des § 64 Abs. 3 gilt entsprechend.

§ 72 [Entscheidung]
(1) Das Bundesverfassungsgericht kann in seiner Entscheidung erkennen auf
1. die Zulässigkeit oder Unzulässigkeit einer Maßnahme,
2. die Verpflichtung des Antragsgegners, eine Maßnahme zu unterlassen, rückgängig zu machen, durchzuführen oder zu dulden,
3. die Verpflichtung, eine Leistung zu erbringen.
(2) [1]In dem Verfahren nach § 71 Abs. 1 Nr. 3 stellt das Bundesverfassungsgericht fest, ob die beanstandete Maßnahme oder Unterlassung des Antragsgegners gegen eine Bestimmung der Landesverfassung verstößt. [2]Die Vorschriften des § 67 Satz 2 und 3 gelten entsprechend.

Neunter Abschnitt
Verfahren in den Fällen des § 13 Nr. 10 [Verfassungsstreitigkeiten innerhalb eines Landes]

§ 73 [Beteiligte]
(1) An einer Verfassungsstreitigkeit innerhalb eines Landes können nur die obersten Organe dieses Landes und die in der Landesverfassung oder in der Geschäftsordnung eines obersten Organs des Landes mit eigenen Rechten ausgestatteten Teile dieser Organe beteiligt sein.
(2) Die Vorschrift des § 64 Abs. 3 gilt entsprechend, sofern das Landesrecht nichts anderes bestimmt.

§ 74 [Entscheidung]
Bestimmt das Landesrecht nicht, welchen Inhalt und welche Wirkung die Entscheidung des Bundesverfassungsgerichts haben kann, so gilt § 72 Abs. 2 entsprechend.

§ 75 [Verfahren]
Für das Verfahren gelten die allgemeinen Vorschriften des II. Teiles dieses Gesetzes entsprechend.

Zehnter Abschnitt
Verfahren in den Fällen des § 13 Nr. 6 und 6a [Abstrakte Normenkontrolle]

§ 76 [Zulässigkeit des Antrags]
(1) Der Antrag der Bundesregierung, einer Landesregierung oder eines Viertels der Mitglieder des Bundestages gemäß Artikel 93 Abs. 1 Nr. 2 des Grundgesetzes ist nur zulässig, wenn der Antragsteller Bundes- oder Landesrecht
1. wegen seiner förmlichen oder sachlichen Unvereinbarkeit mit dem Grundgesetz oder dem sonstigen Bundesrecht für nichtig hält oder
2. für gültig hält, nachdem ein Gericht, eine Verwaltungsbehörde oder ein Organ des Bundes oder eines Landes das Recht als unvereinbar mit dem Grundgesetz oder sonstigem Bundesrecht nicht angewendet hat.
(2) Der Antrag des Bundesrates, einer Landesregierung oder der Volksvertretung eines Landes gemäß Artikel 93 Abs. 1 Nr. 2a des Grundgesetzes ist nur zulässig, wenn der Antragsteller ein Bundesgesetz wegen Nichterfüllung der Voraussetzungen des Artikels 72 Abs. 2 des Grundgesetzes für nichtig hält; der Antrag kann auch darauf gestützt werden, daß der Antragsteller das Bundesgesetz wegen Nichterfüllung der Voraussetzungen des Artikels 75 Abs. 2[1] des Grundgesetzes für nichtig hält.

§ 77 [Äußerungsberechtigte Bundes- und Landesorgane]
Das Bundesverfassungsgericht gibt
1. in den Fällen des § 76 Abs. 1 dem Bundestag, dem Bundesrat, der Bundesregierung, bei Meinungsverschiedenheiten über die Gültigkeit von Bundesrecht auch den Landesregierungen und bei Meinungsverschiedenheiten über die Gültigkeit einer landesrechtlichen Norm der Volksvertretung und der Regierung des Landes, in dem die Norm verkündet wurde,
2. in den Fällen des § 76 Abs. 2 dem Bundestag, dem Bundesrat, der Bundesregierung sowie den Volksvertretungen und Regierungen der Länder
binnen einer zu bestimmenden Frist Gelegenheit zur Äußerung.

§ 78 [Nichtigerklärung von Gesetzen]
[1]Kommt das Bundesverfassungsgericht zu der Überzeugung, daß Bundesrecht mit dem Grundgesetz oder Landesrecht mit dem Grundgesetz oder dem sonstigen Bundesrecht unvereinbar ist, so erklärt es das Gesetz für nichtig. [2]Sind weitere Bestimmungen des gleichen Gesetzes aus denselben Gründen mit dem Grundgesetz oder sonstigem Bundesrecht unvereinbar, so kann sie das Bundesverfassungsgericht gleichfalls für nichtig erklären.

§ 79 [Wirkung der Entscheidung]
(1) Gegen ein rechtskräftiges Strafurteil, das auf einer mit dem Grundgesetz für unvereinbar oder nach § 78 für nichtig erklärten Norm oder auf der Auslegung einer Norm beruht, die vom Bundesverfassungsgericht für unvereinbar mit dem Grundgesetz erklärt worden ist, ist die Wiederaufnahme des Verfahrens nach den Vorschriften der Strafprozeßordnung zulässig.
(2) [1]Im übrigen bleiben vorbehaltlich der Vorschrift des § 95 Abs. 2 oder einer besonderen gesetzlichen Regelung die nicht mehr anfechtbaren Entscheidungen, die auf einer gemäß § 78 für nichtig erklärten Norm beruhen, unberührt. [2]Die Vollstreckung aus einer solchen Entscheidung ist unzulässig. [3]Soweit die

1) Aufgehoben mWv 1.9.2006 durch G v. 28.8.2006 (BGBl. I S. 2034).

Zwangsvollstreckung nach den Vorschriften der Zivilprozeßordnung durchzuführen ist, gilt die Vorschrift des § 767 der Zivilprozeßordnung entsprechend. [4]Ansprüche aus ungerechtfertigter Bereicherung sind ausgeschlossen.

Elfter Abschnitt
Verfahren in den Fällen des § 13 Nr. 11 und 11a [Nachprüfung von Gesetzen; Nachprüfung von Beschlüssen zur Einsetzung eines Untersuchungsausschusses]

§ 80 [Vorlage – Beschluss]
(1) Sind die Voraussetzungen des Artikels 100 Abs. 1 des Grundgesetzes gegeben, so holen die Gerichte unmittelbar die Entscheidung des Bundesverfassungsgerichts ein.
(2) [1]Die Begründung muß angeben, inwiefern von der Gültigkeit der Rechtsvorschrift die Entscheidung des Gerichts abhängig ist und mit welcher übergeordneten Rechtsnorm sie unvereinbar ist. [2]Die Akten sind beizufügen.
(3) Der Antrag des Gerichts ist unabhängig von der Rüge der Nichtigkeit der Rechtsvorschrift durch einen Prozeßbeteiligten.

§ 81 [Entscheidung über die Rechtsfrage]
Das Bundesverfassungsgericht entscheidet nur über die Rechtsfrage.

§ 81a [Feststellung der Unzulässigkeit eines Antrags]
[1]Die Kammer kann durch einstimmigen Beschluß die Unzulässigkeit eines Antrages nach § 80 feststellen. [2]Die Entscheidung bleibt dem Senat vorbehalten, wenn der Antrag von einem Landesverfassungsgericht oder von einem obersten Gerichtshof des Bundes gestellt wird.

§ 82 [Beitritts- und Äußerungsberechtigte]
(1) Die Vorschriften der §§ 77 bis 79 gelten entsprechend.
(2) Die in § 77 genannten Verfassungsorgane können in jeder Lage des Verfahrens beitreten.
(3) Das Bundesverfassungsgericht gibt auch den Beteiligten des Verfahrens vor dem Gericht, das den Antrag gestellt hat, Gelegenheit zur Äußerung; es lädt sie zur mündlichen Verhandlung und erteilt den anwesenden Prozeßbevollmächtigten das Wort.
(4) [1]Das Bundesverfassungsgericht kann oberste Gerichtshöfe des Bundes oder oberste Landesgerichte um die Mitteilung ersuchen, wie und auf Grund welcher Erwägungen sie das Grundgesetz in der streitigen Frage bisher ausgelegt haben, ob und wie sie die in ihrer Gültigkeit streitige Rechtsvorschrift in ihrer Rechtsprechung angewandt haben und welche damit zusammenhängenden Rechtsfragen zur Entscheidung anstehen. [2]Es kann sie ferner ersuchen, ihre Erwägungen zu einer für die Entscheidung erheblichen Rechtsfrage darzulegen. [3]Das Bundesverfassungsgericht gibt den Äußerungsberechtigten Kenntnis von der Stellungnahme.

§ 82a [Verfahren nach dem Untersuchungsausschussgesetz]
(1) Die §§ 80 bis 82 gelten vorbehaltlich der Absätze 2 und 3 sinngemäß für die Überprüfung der Vereinbarkeit eines Beschlusses des Deutschen Bundestages zur Einsetzung eines Untersuchungsausschusses mit dem Grundgesetz auf Vorlage nach § 36 Abs. 2 des Untersuchungsausschussgesetzes.
(2) [1]Äußerungsberechtigt sind der Bundestag und die qualifizierte Minderheit nach Artikel 44 Abs. 1 des Grundgesetzes, auf deren Antrag der Einsetzungsbeschluss beruht. [2]Ferner kann das Bundesverfassungsgericht der Bundesregierung, dem Bundesrat, Landesregierungen, der qualifizierten Minderheit nach § 18 Abs. 3 des Untersuchungsausschussgesetzes und Personen Gelegenheit zur Äußerung geben, soweit sie von dem Einsetzungsbeschluss berührt sind.
(3) Das Bundesverfassungsgericht kann ohne mündliche Verhandlung entscheiden.

Zwölfter Abschnitt
Verfahren in den Fällen des § 13 Nr. 12 [Nachprüfung von Völkerrecht]

§ 83 [Entscheidung; Beitritt des Bundestages, des Bundesrates, der Bundesregierung zum Verfahren]
(1) Das Bundesverfassungsgericht stellt in den Fällen des Artikels 100 Abs. 2 des Grundgesetzes in seiner Entscheidung fest, ob die Regel des Völkerrechts Bestandteil des Bundesrechts ist und ob sie unmittelbar Rechte und Pflichten für den einzelnen erzeugt.

(2) [1]Das Bundesverfassungsgericht hat vorher dem Bundestag, dem Bundesrat und der Bundesregierung Gelegenheit zur Äußerung binnen einer zu bestimmenden Frist zu geben. [2]Sie können in jeder Lage des Verfahrens beitreten.

§ 84 [Entsprechende Geltung anderer Verfahrensvorschriften]
Die Vorschriften der §§ 80 und 82 Abs. 3 gelten entsprechend.

Dreizehnter Abschnitt
Verfahren in den Fällen des § 13 Nr. 13 [Vorlagebeschluss eines Landesverfassungsgerichts]

§ 85 [Verfahren; Entscheidung]
(1) Ist die Entscheidung des Bundesverfassungsgerichts gemäß Artikel 100 Abs. 3 Satz 1 des Grundgesetzes einzuholen, so legt das Verfassungsgericht des Landes unter Darlegung seiner Rechtsauffassung die Akten vor.
(2) Das Bundesverfassungsgericht gibt dem Bundesrat, der Bundesregierung und, wenn es von einer Entscheidung des Verfassungsgerichts eines Landes abweichen will, diesem Gericht Gelegenheit zur Äußerung binnen einer zu bestimmenden Frist.
(3) Das Bundesverfassungsgericht entscheidet nur über die Rechtsfrage.

Vierzehnter Abschnitt
Verfahren in den Fällen des § 13 Nr. 14 [Fortgeltung von Recht als Bundesrecht]

§ 86 [Antragsberechtigte]
(1) Antragsberechtigt sind der Bundestag, der Bundesrat, die Bundesregierung und die Landesregierungen.
(2) Wenn in einem gerichtlichen Verfahren streitig und erheblich ist, ob ein Gesetz als Bundesrecht fortgilt, so hat das Gericht in sinngemäßer Anwendung des § 80 die Entscheidung des Bundesverfassungsgerichts einzuholen.

§ 87 [Zulässigkeit des Antrags]
(1) Der Antrag des Bundesrates, der Bundesregierung oder einer Landesregierung ist nur zulässig, wenn von der Entscheidung die Zulässigkeit einer bereits vollzogenen oder unmittelbar bevorstehenden Maßnahme eines Bundesorgans, einer Bundesbehörde oder des Organs oder der Behörde eines Landes abhängig ist.
(2) Aus der Begründung des Antrags muß sich das Vorliegen der in Absatz 1 bezeichneten Voraussetzung ergeben.

§ 88 [Beitritt anderer Beteiligter]
Die Vorschrift des § 82 gilt entsprechend.

§ 89 [Entscheidung]
Das Bundesverfassungsgericht spricht aus, ob das Gesetz ganz oder teilweise in dem gesamten Bundesgebiet oder einem bestimmten Teil des Bundesgebiets als Bundesrecht fortgilt.

Fünfzehnter Abschnitt
Verfahren in den Fällen des § 13 Nr. 8a [Verfassungsbeschwerde]

§ 90 [Aktivlegitimation]
(1) Jedermann kann mit der Behauptung, durch die öffentliche Gewalt in einem seiner Grundrechte oder in einem seiner in Artikel 20 Abs. 4, Artikel 33, 38, 101, 103 und 104 des Grundgesetzes enthaltenen Rechte verletzt zu sein, die Verfassungsbeschwerde zum Bundesverfassungsgericht erheben.
(2) [1]Ist gegen die Verletzung der Rechtsweg zulässig, so kann die Verfassungsbeschwerde erst nach Erschöpfung des Rechtswegs erhoben werden. [2]Das Bundesverfassungsgericht kann jedoch über eine vor Erschöpfung des Rechtswegs eingelegte Verfassungsbeschwerde sofort entscheiden, wenn sie von allgemeiner Bedeutung ist oder wenn dem Beschwerdeführer ein schwerer und unabwendbarer Nachteil entstünde, falls er zunächst auf den Rechtsweg verwiesen würde.
(3) Das Recht, eine Verfassungsbeschwerde an das Landesverfassungsgericht nach dem Recht der Landesverfassung zu erheben, bleibt unberührt.

§ 91 [Aktivlegitimation der Gemeinden]

[1]Gemeinden und Gemeindeverbände können die Verfassungsbeschwerde mit der Behauptung erheben, daß ein Gesetz des Bundes oder des Landes die Vorschrift des Artikels 28 des Grundgesetzes verletzt. [2]Die Verfassungsbeschwerde zum Bundesverfassungsgericht ist ausgeschlossen, soweit eine Beschwerde wegen Verletzung des Rechtes auf Selbstverwaltung nach dem Rechte des Landes beim Landesverfassungsgericht erhoben werden kann.

§ 91a (weggefallen)

§ 92 [Begründung der Beschwerde]

In der Begründung der Beschwerde sind das Recht, das verletzt sein soll, und die Handlung oder Unterlassung des Organs oder der Behörde, durch die der Beschwerdeführer sich verletzt fühlt, zu bezeichnen.

§ 93 [Einlegungsfrist]

(1) [1]Die Verfassungsbeschwerde ist binnen eines Monats zu erheben und zu begründen. [2]Die Frist beginnt mit der Zustellung oder formlosen Mitteilung der in vollständiger Form abgefaßten Entscheidung, wenn diese nach den maßgebenden verfahrensrechtlichen Vorschriften von Amts wegen vorzunehmen ist. [3]In anderen Fällen beginnt die Frist mit der Verkündung der Entscheidung oder, wenn diese nicht zu verkünden ist, mit ihrer sonstigen Bekanntgabe an den Beschwerdeführer; wird dabei dem Beschwerdeführer eine Abschrift der Entscheidung in vollständiger Form nicht erteilt, so wird die Frist des Satzes 1 dadurch unterbrochen, daß der Beschwerdeführer schriftlich oder zu Protokoll der Geschäftsstelle die Erteilung einer in vollständiger Form abgefaßten Entscheidung beantragt. [4]Die Unterbrechung dauert fort, bis die Entscheidung in vollständiger Form dem Beschwerdeführer von dem Gericht erteilt oder von Amts wegen oder von einem an dem Verfahren Beteiligten zugestellt wird.

(2) [1]War ein Beschwerdeführer ohne Verschulden verhindert, diese Frist einzuhalten, ist ihm auf Antrag Wiedereinsetzung in den vorigen Stand zu gewähren. [2]Der Antrag ist binnen zwei Wochen nach Wegfall des Hindernisses zu stellen. [3]Die Tatsachen zur Begründung des Antrags sind bei der Antragstellung oder im Verfahren über den Antrag glaubhaft zu machen. [4]Innerhalb der Antragsfrist ist die versäumte Rechtshandlung nachzuholen; ist dies geschehen, kann die Wiedereinsetzung auch ohne Antrag gewährt werden. [5]Nach einem Jahr seit dem Ende der versäumten Frist ist der Antrag unzulässig. [6]Das Verschulden des Bevollmächtigten steht dem Verschulden eines Beschwerdeführers gleich.

(3) Richtet sich die Verfassungsbeschwerde gegen ein Gesetz oder gegen einen sonstigen Hoheitsakt, gegen den ein Rechtsweg nicht offensteht, so kann die Verfassungsbeschwerde nur binnen eines Jahres seit dem Inkrafttreten des Gesetzes oder dem Erlaß des Hoheitsaktes erhoben werden.

(4) Ist ein Gesetz vor dem 1. April 1951 in Kraft getreten, so kann die Verfassungsbeschwerde bis zum 1. April 1952 erhoben werden.

§ 93a [Annahme zur Entscheidung]

(1) Die Verfassungsbeschwerde bedarf der Annahme zur Entscheidung.

(2) Sie ist zur Entscheidung anzunehmen,

a) soweit ihr grundsätzliche verfassungsrechtliche Bedeutung zukommt,

b) wenn es zur Durchsetzung der in § 90 Abs. 1 genannten Rechte angezeigt ist; dies kann auch der Fall sein, wenn dem Beschwerdeführer durch die Versagung der Entscheidung zur Sache ein besonders schwerer Nachteil entsteht.

§ 93b [Befugnisse der Kammer]

[1]Die Kammer kann die Annahme der Verfassungsbeschwerde ablehnen oder die Verfassungsbeschwerde im Falle des § 93c zur Entscheidung annehmen. [2]Im übrigen entscheidet der Senat über die Annahme.

§ 93c [Stattgabe der Beschwerde durch die Kammer]

(1) [1]Liegen die Voraussetzungen des § 93a Abs. 2 Buchstabe b vor und ist die für die Beurteilung der Verfassungsbeschwerde maßgebliche verfassungsrechtliche Frage durch das Bundesverfassungsgericht bereits entschieden, kann die Kammer der Verfassungsbeschwerde stattgeben, wenn sie offensichtlich begründet ist. [2]Der Beschluß steht einer Entscheidung des Senats gleich. [3]Eine Entscheidung, die mit der Wirkung des § 31 Abs. 2 ausspricht, daß ein Gesetz mit dem Grundgesetz oder sonstigem Bundesrecht unvereinbar oder nichtig ist, bleibt dem Senat vorbehalten.

(2) Auf das Verfahren finden § 94 Abs. 2 und 3 und § 95 Abs. 1 und 2 Anwendung.

§ 93d [Verfahren vor der Kammer]

(1) [1]Die Entscheidung nach § 93b und § 93c ergeht ohne mündliche Verhandlung. [2]Sie ist unanfechtbar. [3]Die Ablehnung der Annahme der Verfassungsbeschwerde bedarf keiner Begründung.

(2) [1]Solange und soweit der Senat nicht über die Annahme der Verfassungsbeschwerde entschieden hat, kann die Kammer alle das Verfassungsbeschwerdeverfahren betreffenden Entscheidungen erlassen. [2]Eine einstweilige Anordnung, mit der die Anwendung eines Gesetzes ganz oder teilweise ausgesetzt wird, kann nur der Senat treffen; § 32 Abs. 7 bleibt unberührt. [3]Der Senat entscheidet auch in den Fällen des § 32 Abs. 3.

(3) [1]Die Entscheidungen der Kammer ergehen durch einstimmigen Beschluß. [2]Die Annahme durch den Senat ist beschlossen, wenn mindestens drei Richter ihr zustimmen.

§ 94 [Anhörung Dritter]

(1) Das Bundesverfassungsgericht gibt dem Verfassungsorgan des Bundes oder des Landes, dessen Handlung oder Unterlassung in der Verfassungsbeschwerde beanstandet wird, Gelegenheit, sich binnen einer zu bestimmenden Frist zu äußern.

(2) Ging die Handlung oder Unterlassung von einem Minister oder einer Behörde des Bundes oder des Landes aus, so ist dem zuständigen Minister Gelegenheit zur Äußerung zu geben.

(3) Richtet sich die Verfassungsbeschwerde gegen eine gerichtliche Entscheidung, so gibt das Bundesverfassungsgericht auch dem durch die Entscheidung Begünstigten Gelegenheit zur Äußerung.

(4) Richtet sich die Verfassungsbeschwerde unmittelbar oder mittelbar gegen ein Gesetz, so ist § 77 entsprechend anzuwenden.

(5) [1]Die in den Absätzen 1, 2 und 4 genannten Verfassungsorgane können dem Verfahren beitreten. [2]Das Bundesverfassungsgericht kann von mündlicher Verhandlung absehen, wenn von ihr keine weitere Förderung des Verfahrens zu erwarten ist und die zur Äußerung berechtigten Verfassungsorgane, die dem Verfahren beigetreten sind, auf mündliche Verhandlung verzichten.

§ 95 [Entscheidung]

(1) [1]Wird der Verfassungsbeschwerde stattgegeben, so ist in der Entscheidung festzustellen, welche Vorschrift des Grundgesetzes und durch welche Handlung oder Unterlassung sie verletzt wurde. [2]Das Bundesverfassungsgericht kann zugleich aussprechen, daß auch jede Wiederholung der beanstandeten Maßnahme das Grundgesetz verletzt.

(2) Wird der Verfassungsbeschwerde gegen eine Entscheidung stattgegeben, so hebt das Bundesverfassungsgericht die Entscheidung auf, in den Fällen des § 90 Abs. 2 Satz 1 verweist es die Sache an ein zuständiges Gericht zurück.

(3) [1]Wird der Verfassungsbeschwerde gegen ein Gesetz stattgegeben, so ist das Gesetz für nichtig zu erklären. [2]Das gleiche gilt, wenn der Verfassungsbeschwerde gemäß Absatz 2 stattgegeben wird, weil die aufgehobene Entscheidung auf einem verfassungswidrigen Gesetz beruht. [3]Die Vorschrift des § 79 gilt entsprechend.

§ 95a (weggefallen)

Sechzehnter Abschnitt
Verfahren in den Fällen des § 13 Nr. 6b [Prüfung der Erforderlichkeit von Bundesrecht]

§ 96 [Verfahren in den Fällen des § 13 Nr. 6b]

(1) Aus der Begründung eines Antrags nach Artikel 93 Abs. 2 Satz 1 des Grundgesetzes muss sich das Vorliegen der in Artikel 93 Abs. 2 Satz 3 des Grundgesetzes bezeichneten Voraussetzung ergeben.

(2) Das Bundesverfassungsgericht gibt den anderen Antragsberechtigten sowie dem Bundestag und der Bundesregierung binnen einer zu bestimmenden Frist Gelegenheit zur Äußerung.

(3) Ein Äußerungsberechtigter nach Absatz 2 kann in jeder Lage des Verfahrens beitreten.

Siebzehnter Abschnitt
Verfahren in den Fällen des § 13 Nummer 3a

§ 96a [Beschwerdeberechtigte; Fristen]

(1) Beschwerdeberechtigt sind Vereinigungen und Parteien, denen die Anerkennung als wahlvorschlagsberechtigte Partei nach § 18 Absatz 4 des Bundeswahlgesetzes versagt wurde.

(2) Die Beschwerde ist binnen einer Frist von vier Tagen nach Bekanntgabe der Entscheidung in der Sitzung des Bundeswahlausschusses nach § 18 Absatz 4 Satz 2 des Bundeswahlgesetzes zu erheben und zu begründen.

(3) § 32 findet keine Anwendung.

§ 96b [Anhörung des Bundeswahlauschusses]
Dem Bundeswahlausschuss ist Gelegenheit zur Äußerung zu geben.

§ 96c [Entscheidung ohne mündliche Verhandlung]
Das Bundesverfassungsgericht kann ohne Durchführung einer mündlichen Verhandlung entscheiden.

§ 96d [Entscheidungsbekanntgabe ohne Begründung]
[1]Das Bundesverfassungsgericht kann seine Entscheidung ohne Begründung bekanntgeben. [2]In diesem Fall ist die Begründung der Beschwerdeführerin und dem Bundeswahlausschuss gesondert zu übermitteln.

§ 97 *[nicht mehr belegt]*

IV. Teil
Verzögerungsbeschwerde

§ 97a [Angemessenheit der Verfahrensdauer]
(1) [1]Wer infolge unangemessener Dauer eines Verfahrens vor dem Bundesverfassungsgericht als Verfahrensbeteiligter oder als Beteiligter in einem zur Herbeiführung einer Entscheidung des Bundesverfassungsgerichts ausgesetzten Verfahren einen Nachteil erleidet, wird angemessen entschädigt. [2]Die Angemessenheit der Verfahrensdauer richtet sich nach den Umständen des Einzelfalles unter Berücksichtigung der Aufgaben und der Stellung des Bundesverfassungsgerichts.
(2) [1]Ein Nachteil, der nicht Vermögensnachteil ist, wird vermutet, wenn ein Verfahren vor dem Bundesverfassungsgericht unangemessen lange gedauert hat. [2]Hierfür kann Entschädigung nur beansprucht werden, soweit nicht nach den Umständen des Einzelfalles Wiedergutmachung auf andere Weise, insbesondere durch die Feststellung der Unangemessenheit der Verfahrensdauer, ausreichend ist. [3]Die Entschädigung gemäß Satz 2 beträgt 1 200 Euro für jedes Jahr der Verzögerung. [4]Ist der Betrag gemäß Satz 3 nach den Umständen des Einzelfalles unbillig, kann das Bundesverfassungsgericht einen höheren oder niedrigeren Betrag festsetzen.

§ 97b [Verzögerungsbeschwerde, Verzögerungsrüge]
(1) [1]Über Entschädigung und Wiedergutmachung wird auf Grund einer Beschwerde zum Bundesverfassungsgericht entschieden (Verzögerungsbeschwerde). [2]Die Verzögerungsbeschwerde ist nur zulässig, wenn der Beschwerdeführer beim Bundesverfassungsgericht die Dauer des Verfahrens gerügt hat (Verzögerungsrüge). [3]Die Verzögerungsrüge ist schriftlich und unter Darlegung der Umstände, die die Unangemessenheit der Verfahrensdauer begründen, einzulegen. [4]Sie ist frühestens zwölf Monate nach Eingang des Verfahrens beim Bundesverfassungsgericht zulässig. [5]Einer Bescheidung der Verzögerungsrüge bedarf es nicht.
(2) [1]Die Verzögerungsbeschwerde kann frühestens sechs Monate nach Erheben einer Verzögerungsrüge erhoben werden; ist eine Entscheidung des Bundesverfassungsgerichts ergangen oder das Verfahren anderweitig erledigt worden, ist die Verzögerungsbeschwerde binnen drei Monaten zu erheben. [2]Sie ist schriftlich einzulegen und gleichzeitig zu begründen. [3]Bis zur rechtskräftigen Entscheidung über die Verzögerungsbeschwerde ist der Anspruch nicht übertragbar.

§ 97c [Zuständigkeit]
(1) [1]Über die Verzögerungsbeschwerde entscheidet die Beschwerdekammer, in die das Plenum zwei Richter aus jedem Senat beruft. [2]Die regelmäßige Amtszeit beträgt zwei Jahre.
(2) Für den Fall, dass der Berichterstatter des beanstandeten Verfahrens Mitglied der Beschwerdekammer ist, ist er von der Mitwirkung am Beschwerdeverfahren ausgeschlossen.
(3) Das Nähere, insbesondere die Bestimmung des Vorsitzes und die Gewährleistung eines kontinuierlichen Nachrückens für ausscheidende Kammermitglieder sowie die Vertretung in der Kammer, regelt die Geschäftsordnung.

§ 97d [Stellungnahme]
(1) Der Berichterstatter des beanstandeten Verfahrens soll binnen eines Monats nach Eingang der Begründung der Verzögerungsbeschwerde eine Stellungnahme vorlegen.
(2) [1]Die Beschwerdekammer entscheidet mit Mehrheit. [2]Bei Stimmengleichheit gilt die Verzögerungsbeschwerde als zurückgewiesen. [3]Die Beschwerdekammer entscheidet ohne mündliche Verhandlung. [4]Der Beschluss über die Verzögerungsbeschwerde bedarf keiner Begründung.
(3) Die Entscheidung ist unanfechtbar.

§ 97e [Geltungsdauer]
[1]Die §§ 97a bis 97d gelten auch für Verfahren, die am 3. Dezember 2011 bereits anhängig waren, sowie für abgeschlossene Verfahren, deren Dauer am 3. Dezember 2011 Gegenstand einer Beschwerde beim Europäischen Gerichtshof für Menschenrechte ist oder noch werden kann. [2]Für abgeschlossene Verfahren nach Satz 1 gilt § 97b Absatz 1 Satz 2 bis 5 nicht; § 97b Absatz 2 gilt mit der Maßgabe, dass die Verzögerungsbeschwerde sofort erhoben werden kann und spätestens am 3. März 2012 erhoben werden muss.

V. Teil
Schlußvorschriften

§ 98 [Versetzung in den Ruhestand]
(1) Ein Richter des Bundesverfassungsgerichts tritt mit Ablauf der Amtszeit (§ 4 Abs. 1, 3 und 4) in den Ruhestand.
(2) Ein Richter des Bundesverfassungsgerichts ist bei dauernder Dienstunfähigkeit in den Ruhestand zu versetzen.
(3) Ein Richter des Bundesverfassungsgerichts ist auf Antrag ohne Nachweis der Dienstunfähigkeit in den Ruhestand zu versetzen, wenn er sein Amt als Richter des Bundesverfassungsgerichts wenigstens sechs Jahre bekleidet hat und wenn er
1. das 65. Lebensjahr vollendet hat oder
2. schwerbehinderter Mensch im Sinne des § 2 Abs. 2 des Neunten Buches Sozialgesetzbuch ist und das 60. Lebensjahr vollendet hat.
(4) In den Fällen des Absatzes 3 gilt § 4 Abs. 4 sinngemäß.
(5) [1]Ein Richter im Ruhestand erhält Ruhegehalt. [2]Das Ruhegehalt wird auf der Grundlage der Bezüge berechnet, die dem Richter nach dem Gesetz über das Amtsgehalt der Mitglieder des Bundesverfassungsgerichts zuletzt zugestanden haben. [3]Entsprechendes gilt für die Hinterbliebenenversorgung.
(6) § 70 des Beamtenversorgungsgesetzes gilt entsprechend.

§ 99 (weggefallen)

§ 100 [Übergangsgeld]
(1) [1]Endet das Amt eines Richters des Bundesverfassungsgerichts nach § 12, so erhält er, wenn er sein Amt wenigstens zwei Jahre bekleidet hat, für die Dauer eines Jahres ein Übergangsgeld in Höhe seiner Bezüge nach Maßgabe des Gesetzes über das Amtsgehalt der Mitglieder des Bundesverfassungsgerichts. [2]Dies gilt nicht für den Fall des Eintritts in den Ruhestand nach § 98.
(2) Die Hinterbliebenen eines früheren Richters des Bundesverfassungsgerichts, der zur Zeit seines Todes Übergangsgeld bezog, erhalten Sterbegeld sowie für den Rest der Bezugsdauer des Übergangsgeldes Witwen- und Waisengeld; Sterbegeld, Witwen- und Waisengeld werden aus dem Übergangsgeld berechnet.

§ 101 [Ausscheiden aus dem bisherigen Amt]
(1) [1]Ein zum Richter des Bundesverfassungsgerichts gewählter Beamter oder Richter scheidet vorbehaltlich der Vorschrift des § 70 des Deutschen Richtergesetzes mit der Ernennung aus seinem bisherigen Amt aus. [2]Für die Dauer des Amtes als Richter des Bundesverfassungsgerichts ruhen die in dem Dienstverhältnis als Beamter oder Richter begründeten Rechte und Pflichten. [3]Bei unfallverletzten Beamten oder Richtern bleibt der Anspruch auf das Heilverfahren unberührt.
(2) [1]Endet das Amt als Richter des Bundesverfassungsgerichts, so tritt der Beamte oder Richter, wenn ihm kein anderes Amt übertragen wird, aus seinem Dienstverhältnis als Beamter oder Richter in den Ruhestand und erhält das Ruhegehalt, das er in seinem früheren Amt unter Hinzurechnung der Dienstzeit als Richter des Bundesverfassungsgerichts erhalten hätte. [2]Soweit es sich um Beamte oder Richter handelt, die nicht Bundesbeamte oder Bundesrichter sind, erstattet der Bund dem Dienstherrn das Ruhegehalt sowie die Hinterbliebenenbezüge.
(3) [1]Die Absätze 1 und 2 gelten nicht für beamtete Lehrer des Rechts an einer deutschen Hochschule. [2]Für die Dauer ihres Amtes als Richter am Bundesverfassungsgericht ruhen grundsätzlich ihre Pflichten aus dem Dienstverhältnis als Hochschullehrer. [3]Von den Dienstbezügen aus dem Dienstverhältnis als Hochschullehrer werden zwei Drittel auf die ihnen als Richter des Bundesverfassungsgerichts zustehenden Bezüge angerechnet. [4]Der Bund erstattet dem Dienstherrn des Hochschullehrers die durch seine Vertretung erwachsenen tatsächlichen Ausgaben bis zur Höhe der angerechneten Beträge.

§ 102 [Verhältnis mehrerer Bezüge]

(1) Steht einem früheren Richter des Bundesverfassungsgerichts ein Anspruch auf Ruhegehalt nach § 101 zu, so ruht dieser Anspruch für den Zeitraum, für den ihm Ruhegehalt oder Übergangsgeld nach § 98 oder § 100 zu zahlen ist, bis zur Höhe des Betrages dieser Bezüge.

(2) Wird ein früherer Richter des Bundesverfassungsgerichts, der Übergangsgeld nach § 100 bezieht, im öffentlichen Dienst wiederverwendet, so wird das Einkommen aus dieser Verwendung auf das Übergangsgeld angerechnet.

(3) Bezieht ein früherer Richter des Bundesverfassungsgerichts Dienstbezüge, Emeritenbezüge oder Ruhegehalt aus einem vor oder während seiner Amtszeit als Bundesverfassungsrichter begründeten Dienstverhältnis als Hochschullehrer, so ruhen neben den Dienstbezügen das Ruhegeld oder das Übergangsgeld aus dem Richteramt insoweit, als sie zusammen das um den nach § 101 Abs. 3 Satz 3 anrechnungsfreien Betrag erhöhte Amtsgehalt übersteigen; neben den Emeritenbezügen oder dem Ruhegehalt aus dem Dienstverhältnis als Hochschullehrer werden das Ruhegehalt oder das Übergangsgeld aus dem Richteramt bis zur Erreichung des Ruhegehalts gewährt, das sich unter Zugrundelegung der gesamten ruhegehaltfähigen Dienstzeit und des Amtsgehalts zuzüglich des anrechnungsfreien Betrages nach § 101 Abs. 3 Satz 3 ergibt.

(4) [1]Die Absätze 1 bis 3 gelten entsprechend für die Hinterbliebenen. [2]§ 54 Abs. 3 und Abs. 4 Satz 2 des Beamtenversorgungsgesetzes gilt sinngemäß.

§ 103 [Anwendung der Vorschriften für Bundesrichter]

[1]Soweit in den §§ 98 bis 102 nichts anderes bestimmt ist, finden auf die Richter des Bundesverfassungsgerichts die für Bundesrichter geltenden versorgungsrechtlichen und beihilferechtlichen Vorschriften Anwendung; Zeiten einer Tätigkeit, die für die Wahrnehmung des Amts des Richters des Bundesverfassungsgerichts dienlich ist, sind Zeiten im Sinne des § 11 Abs. 1 Nr. 3 Buchstabe a des Beamtenversorgungsgesetzes. [2]Die versorgungsrechtlichen Entscheidungen trifft der Präsident des Bundesverfassungsgerichts.

§ 104 [Rechtsanwälte und Notare als Richter am Bundesverfassungsgericht]

(1) Wird ein Rechtsanwalt zum Richter am Bundesverfassungsgericht ernannt, so ruhen seine Rechte aus der Zulassung für die Dauer seines Amtes.

(2) Wird ein Notar zum Richter am Bundesverfassungsgericht ernannt, so gilt § 101 Abs. 1 Satz 2 entsprechend.

§ 105 [Versetzung in den Ruhestand bzw. Entlassung von Richtern am Bundesverfassungsgericht]

(1) Das Bundesverfassungsgericht kann den Bundespräsidenten ermächtigen,

1. wegen dauernder Dienstunfähigkeit einen Richter des Bundesverfassungsgerichts in den Ruhestand zu versetzen;

2. einen Richter des Bundesverfassungsgerichts zu entlassen, wenn er wegen einer entehrenden Handlung oder zu einer Freiheitsstrafe von mehr als sechs Monaten rechtskräftig verurteilt worden ist oder wenn er sich einer so groben Pflichtverletzung schuldig gemacht hat, daß sein Verbleiben im Amt ausgeschlossen ist.

(2) Über die Einleitung des Verfahrens nach Absatz 1 entscheidet das Plenum des Bundesverfassungsgerichts.

(3) Die allgemeinen Verfahrensvorschriften sowie die Vorschriften des § 54 Abs. 1 und § 55 Abs. 1, 2, 4 bis 6 gelten entsprechend.

(4) Die Ermächtigung nach Absatz 1 bedarf der Zustimmung von zwei Dritteln der Mitglieder des Gerichts.

(5) [1]Nach Einleitung des Verfahrens gemäß Absatz 2 kann das Plenum des Bundesverfassungsgerichts den Richter vorläufig seines Amtes entheben. [2]Das gleiche gilt, wenn gegen den Richter wegen einer Straftat das Hauptverfahren eröffnet worden ist. [3]Die vorläufige Enthebung vom Amt bedarf der Zustimmung von zwei Dritteln der Mitglieder des Gerichts.

(6) Mit der Entlassung nach Absatz 1 Nr. 2 verliert der Richter alle Ansprüche aus seinem Amt.

§ 106 (Inkrafttreten)

§ 107 (weggefallen)

Gesetz über die politischen Parteien (Parteiengesetz)

In der Fassung der Bekanntmachung vom 31. Januar 1994[1] (BGBl. I S. 149)
(FNA 112-1)
zuletzt geändert durch Art. 13 Elfte ZuständigkeitsanpassungsVO vom 19. Juni 2020 (BGBl. I S. 1328)

Nichtamtliche Inhaltsübersicht

1) Neubekanntmachung des ParteiG idF der Bek. v. 3.3.1989 (BGBl. I S. 327) in der ab 1.1.1994 geltenden Fassung.

Erster Abschnitt
Allgemeine Bestimmungen

§ 1 Verfassungsrechtliche Stellung und Aufgaben der Parteien

(1) [1]Die Parteien sind ein verfassungsrechtlich notwendiger Bestandteil der freiheitlichen demokratischen Grundordnung. [2]Sie erfüllen mit ihrer freien, dauernden Mitwirkung an der politischen Willensbildung des Volkes eine ihnen nach dem Grundgesetz obliegende und von ihm verbürgte öffentliche Aufgabe.

(2) Die Parteien wirken an der Bildung des politischen Willens des Volkes auf allen Gebieten des öffentlichen Lebens mit, indem sie insbesondere auf die Gestaltung der öffentlichen Meinung Einfluß nehmen, die politische Bildung anregen und vertiefen, die aktive Teilnahme der Bürger am politischen Leben fördern, zur Übernahme öffentlicher Verantwortung befähigte Bürger heranbilden, sich durch Aufstellung von Bewerbern an den Wahlen in Bund, Ländern und Gemeinden beteiligen, auf die politische Entwicklung in Parlament und Regierung Einfluß nehmen, die von ihnen erarbeiteten politischen Ziele in den Prozeß der staatlichen Willensbildung einführen und für eine ständige lebendige Verbindung zwischen dem Volk und den Staatsorganen sorgen.

(3) Die Parteien legen ihre Ziele in politischen Programmen nieder.

(4) Die Parteien verwenden ihre Mittel ausschließlich für die ihnen nach dem Grundgesetz und diesem Gesetz obliegenden Aufgaben.

§ 2 Begriff der Partei

(1) [1]Parteien sind Vereinigungen von Bürgern, die dauernd oder für längere Zeit für den Bereich des Bundes oder eines Landes auf die politische Willensbildung Einfluß nehmen und an der Vertretung des Volkes im Deutschen Bundestag oder einem Landtag mitwirken wollen, wenn sie nach dem Gesamtbild der tatsächlichen Verhältnisse, insbesondere nach Umfang und Festigkeit ihrer Organisation, nach der Zahl ihrer Mitglieder und nach ihrem Hervortreten in der Öffentlichkeit eine ausreichende Gewähr für die Ernsthaftigkeit dieser Zielsetzung bieten. [2]Mitglieder einer Partei können nur natürliche Personen sein.

(2) [1]Eine Vereinigung verliert ihre Rechtsstellung als Partei, wenn sie sechs Jahre lang weder an einer Bundestagswahl noch an einer Landtagswahl mit eigenen Wahlvorschlägen teilgenommen hat. [2]Gleiches gilt, wenn eine Vereinigung sechs Jahre lang entgegen der Pflicht zur öffentlichen Rechenschaftslegung gemäß § 23 keinen Rechenschaftsbericht eingereicht hat; § 19a Absatz 3 Satz 5 gilt entsprechend.

(3) Politische Vereinigungen sind nicht Parteien, wenn
1. ihre Mitglieder oder die Mitglieder ihres Vorstandes in der Mehrheit Ausländer sind oder
2. ihr Sitz oder ihre Geschäftsleitung sich außerhalb des Geltungsbereichs dieses Gesetzes befindet.

§ 3 Aktiv- und Passivlegitimation

[1]Die Partei kann unter ihrem Namen klagen und verklagt werden. [2]Das gleiche gilt für ihre Gebietsverbände der jeweils höchsten Stufe, sofern die Satzung der Partei nichts anderes bestimmt.

§ 4 Name

(1) [1]Der Name einer Partei muß sich von dem Namen einer bereits bestehenden Partei deutlich unterscheiden; das gleiche gilt für Kurzbezeichnungen. [2]In der Wahlwerbung und im Wahlverfahren darf nur der satzungsmäßige Name oder dessen Kurzbezeichnung geführt werden; Zusatzbezeichnungen können weggelassen werden.

(2) [1]Gebietsverbände führen den Namen der Partei unter Zusatz ihrer Organisationsstellung. [2]Der Zusatz für Gebietsverbände ist nur an nachfolgender Stelle zulässig. [3]In der allgemeinen Werbung und in der Wahlwerbung kann der Zusatz weggelassen werden.

(3) [1]Gebietsverbände, die aus der Partei ausscheiden, verlieren das Recht, den Namen der Partei weiterzuführen. [2]Ein neu gewählter Name darf nicht in einem bloßen Zusatz zu dem bisherigen Namen bestehen. [3]Entsprechendes gilt für Kurzbezeichnungen.

§ 5 Gleichbehandlung

(1) [1]Wenn ein Träger öffentlicher Gewalt den Parteien Einrichtungen zur Verfügung stellt oder andere öffentliche Leistungen gewährt, sollen alle Parteien gleichbehandelt werden. [2]Der Umfang der Gewährung kann nach der Bedeutung der Parteien bis zu dem für die Erreichung ihres Zweckes erforderlichen Mindestmaß abgestuft werden. [3]Die Bedeutung der Parteien bemißt sich insbesondere auch nach den Ergebnissen vorausgegangener Wahlen zu Volksvertretungen. [4]Für eine Partei, die im Bundestag in Fraktionsstärke vertreten ist, muß der Umfang der Gewährung mindestens halb so groß wie für jede andere Partei sein.

(2) Für die Gewährung öffentlicher Leistungen in Zusammenhang mit einer Wahl gilt Absatz 1 während der Dauer des Wahlkampfes nur für Parteien, die Wahlvorschläge eingereicht haben.

(3) Öffentliche Leistungen nach Absatz 1 können an bestimmte sachliche, von allen Parteien zu erfüllende Voraussetzungen gebunden werden.

(4) Der Vierte Abschnitt bleibt unberührt. .

Zweiter Abschnitt
Innere Ordnung

§ 6 Satzung und Programm

(1) [1]Die Partei muß eine schriftliche Satzung und ein schriftliches Programm haben. [2]Die Gebietsverbände regeln ihre Angelegenheiten durch eigene Satzungen, soweit die Satzung des jeweils nächsthöheren Gebietsverbandes hierüber keine Vorschriften enthält.

(2) Die Satzungen müssen Bestimmungen enthalten über

1. Namen sowie Kurzbezeichnung, sofern eine solche verwandt wird, Sitz und Tätigkeitsgebiet der Partei,
2. Aufnahme und Austritt der Mitglieder,
3. Rechte und Pflichten der Mitglieder,
4. zulässige Ordnungsmaßnahmen gegen Mitglieder und ihren Ausschluß (§ 10 Abs. 3 bis 5),
5. zulässige Ordnungsmaßnahmen gegen Gebietsverbände,
6. allgemeine Gliederung der Partei,
7. Zusammensetzung und Befugnisse des Vorstandes und der übrigen Organe,
8. der Beschlußfassung durch die Mitglieder- und Vertreterversammlungen nach § 9 vorbehaltene Angelegenheiten,
9. Voraussetzung, Form und Frist der Einberufung der Mitglieder- und Vertreterversammlungen sowie Beurkundung der Beschlüsse,
10. Gebietsverbände und Organe, die zur Einreichung (Unterzeichnung) von Wahlvorschlägen für Wahlen zu Volksvertretungen befugt sind, soweit hierüber keine gesetzlichen Vorschriften bestehen,
11. eine Urabstimmung der Mitglieder und das Verfahren, wenn der Parteitag die Auflösung der Partei oder des Gebietsverbandes oder die Verschmelzung mit anderen Parteien nach § 9 Abs. 3 beschlossen hat. Der Beschluß gilt nach dem Ergebnis der Urabstimmung als bestätigt, geändert oder aufgehoben,
12. Form und Inhalt einer Finanzordnung, die den Vorschriften des Fünften Abschnittes dieses Gesetzes genügt.

(3) [1]Der Vorstand hat dem Bundeswahlleiter

1. Satzung und Programm der Partei,
2. Namen der Vorstandsmitglieder der Partei und der Landesverbände mit Angabe ihrer Funktionen,
3. Auflösung der Partei oder eines Landesverbandes

mitzuteilen. [2]Änderungen zu Satz 1 Nr. 1 und 2 sind bis zum 31. Dezember des jeweiligen Kalenderjahres anzuzeigen. [3]Die Unterlagen können beim Bundeswahlleiter von jedermann eingesehen werden. [4]Abschriften dieser Unterlagen sind auf Anforderung gebührenfrei zu erteilen.

(4) Bei Parteien, deren Organisation sich auf das Gebiet eines Landes beschränkt (Landesparteien), gelten die in diesem Gesetz für die Partei getroffenen Regelungen für den Landesverband.

§ 7 Gliederung

(1) [1]Die Parteien gliedern sich in Gebietsverbände. [2]Größe und Umfang der Gebietsverbände werden durch die Satzung festgelegt. [3]Die gebietliche Gliederung muß soweit ausgebaut sein, daß den einzelnen Mitgliedern eine angemessene Mitwirkung an der Willensbildung der Partei möglich ist. [4]Beschränkt sich die Organisation einer Partei auf das Gebiet eines Stadtstaates, braucht sie keine Gebietsverbände zu bilden; sie ist Partei im Sinne dieses Gesetzes. [5]Organisatorische Zusammenschlüsse mehrerer Gebietsverbände, die den verbandsmäßigen Aufbau der Parteiorganisation nicht wesentlich beeinträchtigen, sind zulässig.

(2) Soweit in einer Partei Landesverbände nicht bestehen, gelten die in diesem Gesetz für Landesverbände getroffenen Regelungen für die der Partei folgenden nächstniedrigen Gebietsverbände.

§ 8 Organe

(1) [1]Mitgliederversammlung und Vorstand sind notwendige Organe der Partei und der Gebietsverbände. [2]Durch die Satzung kann bestimmt werden, daß in den überörtlichen Verbänden an die Stelle der Mitgliederversammlung eine Vertreterversammlung tritt, deren Mitglieder für höchstens zwei Jahre durch Mitglieder- oder Vertreterversammlungen der nachgeordneten Verbände gewählt werden. [3]Landespar-

teien ohne Gebietsverbände (§ 7 Abs. 1 Satz 4) können die Mitgliederversammlung durch eine Vertreterversammlung ersetzen, wenn sie mehr als 250 Mitglieder haben. [4]Vertreterversammlungen können auch für Ortsverbände von mehr als 250 Mitgliedern oder mit großer räumlicher Ausdehnung gebildet werden.

(2) [1]Die Satzung kann weitere der Willensbildung des jeweiligen Gebietsverbandes dienende Einrichtungen (Organe) vorsehen. [2]Sie sind in der Satzung ausdrücklich als solche zu bezeichnen.

§ 9 Mitglieder- und Vertreterversammlung (Parteitag, Hauptversammlung)

(1) [1]Die Mitglieder- oder Vertreterversammlung (Parteitag, Hauptversammlung) ist das oberste Organ des jeweiligen Gebietsverbandes. [2]Sie führt bei Gebietsverbänden höherer Stufen die Bezeichnung „Parteitag", bei Gebietsverbänden der untersten Stufe die Bezeichnung „Hauptversammlung"; die nachfolgenden Bestimmungen über den Parteitag gelten auch für die Hauptversammlung. [3]Die Parteitage treten mindestens in jedem zweiten Kalenderjahr einmal zusammen.

(2) Vorstandsmitglieder, Mitglieder anderer Organe des Gebietsverbandes sowie Angehörige des in § 11 Abs. 2 genannten Personenkreises können einer Vertreterversammlung kraft Satzung angehören, dürfen aber in diesem Fall nur bis zu einem Fünftel der satzungsmäßigen Gesamtzahl der Versammlungsmitglieder mit Stimmrecht ausgestattet sein.

(3) Der Parteitag beschließt im Rahmen der Zuständigkeiten des Gebietsverbandes innerhalb der Partei über die Parteiprogramme, die Satzung, die Beitragsordnung, die Schiedsgerichtsordnung, die Auflösung sowie die Verschmelzung mit anderen Parteien.

(4) Der Parteitag wählt den Vorsitzenden des Gebietsverbandes, seine Stellvertreter und die übrigen Mitglieder des Vorstandes, die Mitglieder etwaiger anderer Organe und die Vertreter in den Organen höherer Gebietsverbände, soweit in diesem Gesetz nichts anderes zugelassen ist.

(5) [1]Der Parteitag nimmt mindestens alle zwei Jahre einen Tätigkeitsbericht des Vorstandes entgegen und faßt über ihn Beschluß. [2]Der finanzielle Teil des Berichts ist vor der Berichterstattung durch Rechnungsprüfer, die von dem Parteitag gewählt werden, zu überprüfen.

§ 10 Rechte der Mitglieder

(1) [1]Die zuständigen Organe der Partei entscheiden nach näherer Bestimmung der Satzung frei über die Aufnahme von Mitgliedern. [2]Die Ablehnung eines Aufnahmeantrages braucht nicht begründet zu werden. [3]Allgemeine, auch befristete Aufnahmesperren sind nicht zulässig. [4]Personen, die infolge Richterspruchs die Wählbarkeit oder das Wahlrecht nicht besitzen, können nicht Mitglieder einer Partei sein.

(2) [1]Die Mitglieder der Partei und die Vertreter in den Parteiorganen haben gleiches Stimmrecht. [2]Die Ausübung des Stimmrechts kann nach näherer Bestimmung der Satzung davon abhängig gemacht werden, daß das Mitglied seine Beitragspflicht erfüllt hat. [3]Das Mitglied ist jederzeit zum sofortigen Austritt aus der Partei berechtigt.

(3) [1]In der Satzung sind Bestimmungen zu treffen über
1. die zulässigen Ordnungsmaßnahmen gegen Mitglieder,
2. die Gründe, die zu Ordnungsmaßnahmen berechtigen,
3. die Parteiorgane, die Ordnungsmaßnahmen anordnen können.
[2]Im Falle der Enthebung von Parteiämtern oder der Aberkennung der Fähigkeit zu ihrer Bekleidung ist der Beschluß zu begründen.

(4) Ein Mitglied kann nur dann aus der Partei ausgeschlossen werden, wenn es vorsätzlich gegen die Satzung oder erheblich gegen Grundsätze oder Ordnung der Partei verstößt und ihr damit schweren Schaden zufügt.

(5) [1]Über den Ausschluß entscheidet das nach der Schiedsgerichtsordnung zuständige Schiedsgericht. [2]Die Berufung an ein Schiedsgericht höherer Stufe ist zu gewährleisten. [3]Die Entscheidungen sind schriftlich zu begründen. [4]In dringenden und schwerwiegenden Fällen, die sofortiges Eingreifen erfordern, kann der Vorstand der Partei oder eines Gebietsverbandes ein Mitglied von der Ausübung seiner Rechte bis zur Entscheidung des Schiedsgerichts ausschließen.

§ 11 Vorstand

(1) [1]Der Vorstand wird mindestens in jedem zweiten Kalenderjahr gewählt. [2]Er muß aus mindestens drei Mitgliedern bestehen.

(2) [1]Dem Vorstand können Abgeordnete und andere Persönlichkeiten aus der Partei kraft Satzung angehören, wenn sie ihr Amt oder ihr Mandat aus einer Wahl erhalten haben. [2]Der Anteil der nicht nach § 9 Abs. 4 gewählten Mitglieder darf ein Fünftel der Gesamtzahl der Vorstandsmitglieder nicht übersteigen. [3]Vorsitzender und Schatzmeister einer Partei dürfen nicht in einer der Partei nahestehenden politischen Stiftung vergleichbare Funktionen ausüben.

(3) [1]Der Vorstand leitet den Gebietsverband und führt dessen Geschäfte nach Gesetz und Satzung sowie den Beschlüssen der ihm übergeordneten Organe. [2]Er vertritt den Gebietsverband gemäß § 26 Absatz 1 Satz 2 und 3 des Bürgerlichen Gesetzbuchs, soweit nicht die Satzung eine abweichende Regelung trifft.

(4) [1]Zur Durchführung der Beschlüsse des Vorstandes sowie zur Erledigung der laufenden und der besonders dringlichen Vorstandsgeschäfte kann aus der Mitte des Vorstandes ein geschäftsführender Vorstand (Präsidium) gebildet werden. [2]Seine Mitglieder können auch vom Vorstand gewählt oder durch die Satzung bestimmt werden.

§ 12 Allgemeine Parteiausschüsse

(1) Die Mitglieder von allgemeinen Parteiausschüssen und ähnlichen Einrichtungen, die nach der Satzung umfassende Zuständigkeiten für die Beratung oder Entscheidung politischer und organisatorischer Fragen der Partei besitzen, können auch von nachgeordneten Gebietsverbänden gewählt werden.

(2) [1]Der Vorstand und Angehörige des in § 11 Abs. 2 bezeichneten Personenkreises können einem solchen Organ kraft Satzung angehören. [2]Der Anteil der nicht gewählten Mitglieder darf ein Drittel der Gesamtmitgliederzahl des Organs nicht übersteigen; er kann um weitere Mitglieder mit nur beratender Stimme erhöht werden, muß jedoch auch dann noch unter der Hälfte der Gesamtmitgliederzahl des Organs liegen.

(3) Das Amt der gewählten Mitglieder der in Absatz 1 genannten Organe dauert höchstens zwei Jahre.

§ 13 Zusammensetzung der Vertreterversammlungen

[1]Die Zusammensetzung einer Vertreterversammlung oder eines sonstigen Organs, das ganz oder zum Teil aus Vertretern von Gebietsverbänden besteht, ist in der Satzung festzulegen. [2]Die Zahl der Vertreter des Gebietsverbandes ist in erster Linie nach der Zahl der vertretenen Mitglieder zu bemessen. [3]Die Satzung kann bestimmen, daß die restliche Zahl der Vertreter, höchstens die Hälfte der Gesamtzahl, nach dem Verhältnis der im Bereich des Gebietsverbandes bei vorausgegangenen Wahlen zu Volksvertretungen erzielten Wählerstimmen auf die Gebietsverbände aufgeschlüsselt wird. [4]Die Ausübung des Stimmrechts kann von der Erfüllung der Beitragspflicht des Gebietsverbandes abhängig gemacht werden.

§ 14 Parteischiedsgerichte

(1) [1]Zur Schlichtung und Entscheidung von Streitigkeiten der Partei oder eines Gebietsverbandes mit einzelnen Mitgliedern und Streitigkeiten über Auslegung und Anwendung der Satzung sind zumindest bei der Partei und den Gebietsverbänden der jeweils höchsten Stufe Schiedsgerichte zu bilden. [2]Für mehrere Gebietsverbände der Kreisstufe können gemeinsame Schiedsgerichte gebildet werden.

(2) [1]Die Mitglieder der Schiedsgerichte werden für höchstens vier Jahre gewählt. [2]Sie dürfen nicht Mitglied eines Vorstandes der Partei oder eines Gebietsverbandes sein, in einem Dienstverhältnis zu der Partei oder einem Gebietsverband stehen oder von ihnen regelmäßige Einkünfte beziehen. [3]Sie sind unabhängig und an Weisungen nicht gebunden.

(3) Die Satzung kann vorsehen, daß die Schiedsgerichte allgemein oder im Einzelfall mit Beisitzern besetzt werden, die von den Streitteilen paritätisch benannt werden.

(4) Für die Tätigkeit des Schiedsgerichts ist eine Schiedsgerichtsordnung zu erlassen, die den Beteiligten rechtliches Gehör, ein gerechtes Verfahren und die Ablehnung eines Mitglieds des Schiedsgerichts wegen Befangenheit gewährleistet.

§ 15 Willensbildung in den Organen

(1) Die Organe fassen ihre Beschlüsse mit einfacher Stimmenmehrheit, soweit nicht durch Gesetz oder Satzung erhöhte Stimmenmehrheit vorgeschrieben ist.

(2) [1]Die Wahlen der Vorstandsmitglieder und der Vertreter zu Vertreterversammlungen und zu Organen höherer Gebietsverbände sind geheim. [2]Bei den übrigen Wahlen kann offen abgestimmt werden, wenn sich auf Befragen kein Widerspruch erhebt.

(3) [1]Das Antragsrecht ist so zu gestalten, daß eine demokratische Willensbildung gewährleistet bleibt, insbesondere auch Minderheiten ihre Vorschläge ausreichend zur Erörterung bringen können. [2]In den Versammlungen höherer Gebietsverbände ist mindestens den Vertretern der Gebietsverbände der beiden nächstniedrigen Stufen ein Antragsrecht einzuräumen. [3]Bei Wahlen und Abstimmungen ist eine Bindung an Beschlüsse anderer Organe unzulässig.

§ 16 Maßnahmen gegen Gebietsverbände

(1) [1]Die Auflösung und der Ausschluß nachgeordneter Gebietsverbände sowie die Amtsenthebung ganzer Organe sind nur wegen schwerwiegender Verstöße gegen die Grundsätze oder die Ordnung der Partei zulässig. [2]In der Satzung ist zu bestimmen,
1. aus welchen Gründen die Maßnahmen zulässig sind,
2. welcher übergeordnete Gebietsverband und welches Organ dieses Verbandes sie treffen können.

(2) ¹Der Vorstand der Partei oder eines übergeordneten Gebietsverbandes bedarf für eine Maßnahme nach Absatz 1 der Bestätigung durch ein höheres Organ. ²Die Maßnahme tritt außer Kraft, wenn die Bestätigung nicht auf dem nächsten Parteitag ausgesprochen wird.
(3) Gegen Maßnahmen nach Absatz 1 ist die Anrufung eines Schiedsgerichts zuzulassen.

Dritter Abschnitt
Aufstellung von Wahlbewerbern

§ 17 Aufstellung von Wahlbewerbern
¹Die Aufstellung von Bewerbern für Wahlen zu Volksvertretungen muß in geheimer Abstimmung erfolgen. ²Die Aufstellung regeln die Wahlgesetze und die Satzungen der Parteien.

Vierter Abschnitt
Staatliche Finanzierung

§ 18 Grundsätze und Umfang der staatlichen Finanzierung
(1) ¹Die Parteien erhalten Mittel als Teilfinanzierung der allgemein ihnen nach dem Grundgesetz obliegenden Tätigkeit. ²Maßstäbe für die Verteilung der staatlichen Mittel bilden der Erfolg, den eine Partei bei den Wählern bei Europa-, Bundestags- und Landtagswahlen erzielt, die Summe ihrer Mitglieds- und Mandatsträgerbeiträge sowie der Umfang der von ihr eingeworbenen Spenden.
(2) ¹Das jährliche Gesamtvolumen staatlicher Mittel, das allen Parteien höchstens ausgezahlt werden darf, beträgt für die im Jahr 2019 vorzunehmende Festsetzung 190 Millionen Euro (absolute Obergrenze). ²Den absolute Obergrenze erhöht sich jährlich um den Prozentsatz, abgerundet auf ein Zehntel Prozent, um den sich der Preisindex der für eine Partei typischen Ausgaben im dem Anspruchsjahr vorangegangenen Jahr erhöht hat. ³Grundlage des Preisindexes ist zu einem Wägungsanteil von 70 Prozent der allgemeine Verbraucherpreisindex und von 30 Prozent der Index der tariflichen Monatsgehälter der Arbeiter und Angestellten bei Gebietskörperschaften. ⁴Der Präsident des Statistischen Bundesamtes legt dem Deutschen Bundestag hierzu bis spätestens 30. April jedes Jahres einen Bericht über die Entwicklung des Preisindexes bezogen auf das vorangegangene Jahr vor. ⁵Der Bundestagspräsident veröffentlicht bis spätestens 31. Mai jedes Jahres die sich aus der Steigerung ergebende Summe der absoluten Obergrenze, abgerundet auf volle Eurobeträge, als Bundestagsdrucksache.
(3) ¹Die Parteien erhalten jährlich im Rahmen der staatlichen Teilfinanzierung
1. 0,83 Euro für jede für ihre jeweilige Liste abgegebene gültige Stimme oder
2. 0,83 Euro für jede für sie in einem Wahl- oder Stimmkreis abgegebene gültige Stimme, wenn in einem Land eine Liste für diese Partei nicht zugelassen war, und
3. 0,45 Euro für jeden Euro, den sie als Zuwendung (eingezahlter Mitglieds- oder Mandatsträgerbeitrag oder rechtmäßig erlangte Spende) erhalten haben; dabei werden nur Zuwendungen bis zu 3 300 Euro je natürliche Person berücksichtigt.
²Die Parteien erhalten abweichend von den Nummern 1 und 2 für die von ihnen jeweils erzielten bis zu vier Millionen gültigen Stimmen 1 Euro je Stimme. ³Die in Satz 1 Nummer 1 und 2 sowie in Satz 2 genannten Beträge erhöhen sich ab dem Jahr 2017 entsprechend Absatz 2 Satz 2 bis 5.
(4) ¹Anspruch auf staatliche Mittel gemäß Absatz 3 Nr. 1 und 3 haben Parteien, die nach dem endgültigen Wahlergebnis der jeweils letzten Europa- oder Bundestagswahl mindestens 0,5 vom Hundert oder einer Landtagswahl 1,0 vom Hundert der für die Listen abgegebenen gültigen Stimmen erreicht haben; für Zahlungen nach Absatz 3 Satz 1 Nr. 1 und Satz 2 muss die Partei diese Voraussetzungen bei der jeweiligen Wahl erfüllen. ²Anspruch auf die staatlichen Mittel gemäß Absatz 3 Nr. 2 haben Parteien, die nach dem endgültigen Wahlergebnis 10 vom Hundert der in einem Wahl- oder Stimmkreis abgegebenen gültigen Stimmen erreicht haben. ³Die Sätze 1 und 2 gelten nicht für Parteien nationaler Minderheiten.
(5) ¹Die Höhe der staatlichen Teilfinanzierung darf bei einer Partei die Summe der Einnahmen nach § 24 Abs. 4 Nr. 1 bis 7 nicht überschreiten (relative Obergrenze). ²Die Summe der Finanzierung aller Parteien darf die absolute Obergrenze nicht überschreiten.
(6) Der Bundespräsident kann eine Kommission unabhängiger Sachverständiger zu Fragen der Parteienfinanzierung berufen.
(7) ¹Löst sich eine Partei auf oder wird sie verboten, scheidet sie ab dem Zeitpunkt der Auflösung aus der staatlichen Teilfinanzierung aus. ²Gleiches gilt bei einer Feststellung des Bundesverfassungsgerichts nach § 46a des Bundesverfassungsgerichtsgesetzes ab dem Zeitpunkt der Entscheidung.

§ 19 Antragstellung für die staatliche Teilfinanzierung

(1) [1]Die Festsetzung und die Auszahlung der staatlichen Mittel für das Anspruchsjahr im Sinne des Gesetzes sind von den Parteien schriftlich zum 30. September des Anspruchsjahres beim Präsidenten des Deutschen Bundestages zu beantragen. [2]Der Antrag muss von einem für die Finanzen nach der Satzung zuständigen Vorstandsmitglied der Partei gestellt sein und die zustellungsfähige Anschrift sowie eine Bankverbindung enthalten. [3]Ein einheitlicher Antrag des Bundesverbandes für die Gesamtpartei genügt. [4]Teilanträge sind zulässig. [5]Wurden staatliche Mittel zugunsten einer Partei bereits für das dem Anspruchsjahr vorausgehende Jahr festgesetzt, erfolgt die Festsetzung durch den Präsidenten des Deutschen Bundestages ohne weiteren Antrag. [6]Änderungen, die das Festsetzungsverfahren betreffen, hat die Partei dem Präsidenten des Deutschen Bundestages unverzüglich mitzuteilen. [7]Unterbleibt eine solche Mitteilung, haftet die Partei.

(2) [1]Der Antrag auf Abschlagszahlungen ist schriftlich bei dem Präsidenten des Deutschen Bundestages bis zum 15. des jeweils der nächsten Abschlagszahlung vorangehenden Monats zu stellen. [2]Er kann für mehrere Abschläge des Jahres gleichzeitig gestellt werden. [3]Absatz 1 Sätze 5 bis 7 gilt entsprechend.

§ 19a Festsetzungsverfahren

(1) [1]Der Präsident des Deutschen Bundestages setzt jährlich zum 15. Februar die Höhe der staatlichen Mittel für jede anspruchsberechtigte Partei für das vorangegangene Jahr (Anspruchsjahr) fest. [2]Er darf staatliche Mittel für eine Partei nach den §§ 18 und 19a nur auf Grund eines Rechenschaftsberichts festsetzen und auszahlen, der den Vorschriften des Fünften Abschnitts entspricht. [3]Leitet der Präsident des Deutschen Bundestages bezüglich eines fristgerecht eingereichten Rechenschaftsberichts das Verfahren nach § 23a Abs. 2 vor der Festsetzung ein, setzt er die staatlichen Mittel für diese Partei auf der Grundlage ihres Rechenschaftsberichts nur vorläufig fest und zahlt sie gegen Sicherheitsleistung in Höhe möglicher Zahlungsverpflichtungen der Partei (§§ 31a bis 31c) aus. [4]Nach Abschluss des Verfahrens trifft er eine endgültige Festsetzung.

(2) [1]Berechnungsgrundlage für die Festsetzung der Höhe der staatlichen Mittel sind die von den anspruchsberechtigten Parteien bis einschließlich 31. Dezember des Anspruchsjahres erzielten gültigen Stimmen bei der jeweils letzten Europa- und Bundestagswahl sowie der jeweils letzten Landtagswahl und die in den Rechenschaftsberichten veröffentlichten Zuwendungen (§ 18 Abs. 3 Satz 1 Nr. 3) des jeweils vorangegangenen Jahres (Rechenschaftsjahr). [2]Der Präsident des Deutschen Bundestages fasst die erzielten, nach § 18 Abs. 4 berücksichtigungsfähigen, gültigen Stimmen jeder Partei in einem Stimmenkonto zusammen und schreibt dieses fort.

(3) [1]Die Partei hat ihren Rechenschaftsbericht bis zum 30. September des dem Rechenschaftsjahr folgenden Jahres beim Präsidenten des Deutschen Bundestages einzureichen. [2]Der Präsident des Deutschen Bundestages kann die Frist um bis zu drei Monate verlängern. [3]Reicht eine Partei ihren Rechenschaftsbericht nicht fristgerecht ein, verliert sie endgültig die Auf Zuwendungen bezogenen Anspruch auf staatliche Mittel (Verfall des Zuwendungsanteils). [4]Hat eine Partei ihren Rechenschaftsbericht bis zum 31. Dezember des dem Anspruchsjahr folgenden Jahres nicht eingereicht, verliert sie endgültig den Anspruch auf staatliche Mittel für das Anspruchsjahr (Verfall des Wählerstimmenanteils). [5]Die Fristen werden unabhängig von der inhaltlichen Richtigkeit gewahrt, wenn der Rechenschaftsbericht der in § 24 vorgegebenen Gliederung entspricht und den Prüfungsvermerk gemäß § 30 Abs. 2 trägt. [6]Die Festsetzungen und Zahlungen an die übrigen Parteien bleiben unverändert.

(4) [1]Der Berechnung der relativen Obergrenze (§ 18 Absatz 5) sind die in den Rechenschaftsberichten des Rechenschaftsjahres veröffentlichten Einnahmen nach § 24 Absatz 4 Nummer 1 bis 7 zugrunde zu legen. [2]Dabei sind Einnahmen aus Unternehmenstätigkeit (§ 24 Absatz 4 Nummer 5) nur in Höhe des nach Abzug der Ausgaben (§ 24 Absatz 5 Nummer 2 Buchstabe f) verbleibenden Betrages zu berücksichtigen.

(5) [1]Bei der Festsetzung ist zunächst für jede Partei die relative Obergrenze (§ 18 Absatz 5) und sodann die absolute Obergrenze (§ 18 Absatz 2) einzuhalten. [2]Überschreitet die Summe der errechneten staatlichen Mittel die absolute Obergrenze, besteht der Anspruch der Parteien auf staatliche Mittel nur in der Höhe, der ihrem Anteil an diesem Betrag entspricht.

(6) [1]Die Auszahlung der staatlichen Mittel für die bei Landtagswahlen erzielten gültigen Stimmen erfolgt an den jeweiligen Landesverband der Partei in Höhe von 0,50 Euro je Stimme; etwaige Kürzungen nach Absatz 5 bleiben außer Betracht, soweit diese bei den vom Bund zu leistenden Auszahlungen (§ 21 Abs. 1 Satz 1 Alternative 2) vorgenommen werden können. [2]Die Auszahlung der übrigen staatlichen Mittel erfolgt an den Bundesverband der Partei, bei Landesparteien an den Landesverband.

§ 20 Abschlagszahlungen

(1) [1]Den anspruchsberechtigten Parteien sind Abschlagszahlungen auf den vom Präsidenten des Deutschen Bundestages festzusetzenden Betrag zu gewähren. [2]Berechnungsgrundlage sind die für das vorangegangene Jahr für jede Partei festgesetzten Mittel. [3]Die Abschlagszahlungen sind zum 15. Februar, zum 15. Mai, zum 15. August und zum 15. November zu zahlen; sie dürfen jeweils 25 vom Hundert der Gesamtsumme der für das Vorjahr für die jeweilige Partei festgesetzten Mittel nicht überschreiten. [4]Liegen Anhaltspunkte dafür vor, dass es zu einer Rückzahlungsverpflichtung kommen könnte, kann die Gewährung von einer Sicherheitsleistung abhängig gemacht werden.

(2) [1]Die Abschlagszahlungen sind von den Parteien unverzüglich zurückzuzahlen, soweit sie den festgesetzten Betrag überschreiten oder ein Anspruch nicht entstanden ist. [2]Ergibt sich aus der Festsetzung eine Überzahlung, stellt der Präsident des Deutschen Bundestages den Rückforderungsanspruch mit dem die Festsetzung umfassenden Verwaltungsakt fest und verrechnet diesen Betrag unmittelbar.

(3) § 19a Abs. 6 gilt entsprechend.

§ 21 Bereitstellung von Bundesmitteln und Auszahlungsverfahren sowie Prüfung durch den Bundesrechnungshof

(1) [1]Die Mittel nach den §§ 18 und 20 werden im Falle des § 19a Abs. 6 Satz 1 von den Ländern, im übrigen vom Bund durch den Präsidenten des Deutschen Bundestages an die Parteien ausgezahlt. [2]Der Präsident des Deutschen Bundestages teilt den Ländern die auf die Landesverbände der Parteien entfallenden Beträge verbindlich mit.

(2) Der Bundesrechnungshof prüft, ob der Präsident des Deutschen Bundestages als mittelverwaltende Stelle die staatlichen Mittel entsprechend den Vorschriften dieses Abschnitts festgesetzt und ausgezahlt hat, sowie die ordnungsgemäße Durchführung der Verfahren gemäß § 23a.

§ 22 Parteiinterner Finanzausgleich

Die Bundesverbände der Parteien haben für einen angemessenen Finanzausgleich für ihre Landesverbände Sorge zu tragen.

Fünfter Abschnitt
Rechenschaftslegung

§ 23 Pflicht zur öffentlichen Rechenschaftslegung

(1) [1]Der Vorstand der Partei hat über die Herkunft und die Verwendung der Mittel sowie über das Vermögen der Partei zum Ende des Kalenderjahres (Rechnungsjahr) in einem Rechenschaftsbericht wahrheitsgemäß und nach bestem Wissen und Gewissen öffentlich Rechenschaft zu geben. [2]Der Rechenschaftsbericht soll vor der Zuleitung an den Präsidenten des Deutschen Bundestages im Vorstand der Partei beraten werden. [3]Der Bundesvorstand der Partei sowie die Vorstände der Landesverbände und die Vorstände der den Landesverbänden vergleichbaren Gebietsverbände sind jeweils für ihre Rechenschaftslegung verantwortlich. [4]Ihre Rechenschaftsberichte werden vom Vorsitzenden und einem vom Parteitag gewählten für die Finanzangelegenheiten zuständigen Vorstandsmitglied oder von einem für die Finanzangelegenheiten nach der Satzung zuständigen Gremium gewählten Vorstandsmitglied unterzeichnet. [5]Diese für die Finanzangelegenheiten zuständigen Vorstandsmitglieder versichern mit ihrer Unterschrift, dass die Angaben in ihren Rechenschaftsberichten nach bestem Wissen und Gewissen wahrheitsgemäß gemacht worden sind. [6]Der Rechenschaftsbericht der Gesamtpartei wird von einem vom Parteitag gewählten für die Finanzangelegenheiten zuständigen Vorstandsmitglied des Bundesvorstandes oder von einem für die Finanzangelegenheiten nach der Satzung zuständigen Gremium gewählten Mitglied des Bundesvorstandes zusammengefügt und unterzeichnet.

(2) [1]Der Rechenschaftsbericht muss von einem Wirtschaftsprüfer oder einer Wirtschaftsprüfungsgesellschaft nach den Vorschriften der §§ 29 bis 31 geprüft werden. [2]Bei Parteien, die die Voraussetzungen des § 18 Abs. 4 Satz 1 erster Halbsatz nicht erfüllen, kann der Rechenschaftsbericht auch von einem vereidigten Buchprüfer oder einer Buchprüfungsgesellschaft geprüft werden. [3]Er ist entsprechend der Frist nach § 19a Abs. 3 Satz 1 erster Halbsatz beim Präsidenten des Deutschen Bundestages einzureichen und von diesem als Bundestagsdrucksache zu verteilen. [4]Erfüllt eine Partei die Voraussetzungen des § 18 Abs. 4 Satz 1 erster Halbsatz nicht und verfügt sie im Rechnungsjahr weder über Einnahmen noch über Vermögen von mehr als 5 000 Euro, kann sie bei dem Präsidenten des Deutschen Bundestages einen ungeprüften Rechenschaftsbericht einreichen. [5]Der Präsident des Deutschen Bundestages kann untestiert eingereichte Rechenschaftsberichte veröffentlichen. [6]Der Rechenschaftsbericht der Partei ist dem jeweils auf seine Veröffentlichung folgenden Bundesparteitag zur Erörterung vorzulegen.

(3) [1]Der Präsident des Deutschen Bundestages prüft gemäß § 23a, ob der Rechenschaftsbericht den Vorschriften des Fünften Abschnitts entspricht. [2]Das Ergebnis der Prüfung ist in dem Bericht nach Absatz 4 aufzunehmen.

(4) [1]Der Präsident des Deutschen Bundestages erstattet dem Deutschen Bundestag alle zwei Jahre über die Entwicklung der Parteienfinanzen sowie über die Rechenschaftsberichte der Parteien Bericht. [2]Zusätzlich erstellt er vergleichende jährliche Kurzübersichten über die Einnahmen und Ausgaben sowie über die Vermögensverhältnisse der Parteien. [3]Die Berichte werden als Bundestagsdrucksache verteilt.

§ 23a Prüfung des Rechenschaftsberichts

(1) [1]Der Präsident des Deutschen Bundestages prüft den vorgelegten Rechenschaftsbericht auf formale und inhaltliche Richtigkeit. [2]Er stellt fest, ob der Rechenschaftsbericht den Vorschriften des Fünften Abschnitts entspricht. [3]Eine erneute Prüfung ist nur vor Ablauf der in § 24 Abs. 2 bestimmten Frist zulässig.

(2) [1]Liegen dem Präsidenten des Deutschen Bundestages konkrete Anhaltspunkte dafür vor, dass im Rechenschaftsbericht einer Partei enthaltene Angaben unrichtig sind, gibt dieser der betroffenen Partei Gelegenheit zur Stellungnahme. [2]Er kann von der Partei die Bestätigung der Richtigkeit ihrer Stellungnahme durch ihren Wirtschaftsprüfer oder ihre Wirtschaftsprüfungsgesellschaft, ihren vereidigten Buchprüfer oder ihre Buchprüfungsgesellschaft verlangen.

(3) [1]Räumt die nach Absatz 2 verlangte Stellungnahme die dem Präsidenten des Deutschen Bundestages vorliegenden konkreten Anhaltspunkte für Unrichtigkeiten im Rechenschaftsbericht nicht aus, kann der Präsident des Deutschen Bundestages im Einvernehmen mit der Partei einen Wirtschaftsprüfer oder eine Wirtschaftsprüfungsgesellschaft seiner Wahl mit der Prüfung beauftragen, ob der Rechenschaftsbericht der Partei den Vorschriften des Fünften Abschnitts entspricht. [2]Die Partei hat dem vom Präsidenten des Deutschen Bundestages bestellten Wirtschaftsprüfer Zugang und Einsicht in die zur Prüfung erforderlichen Unterlagen und Belege zu gewähren. [3]Die Kosten dieses Verfahrens trägt der Präsident des Deutschen Bundestages.

(4) [1]Nach Abschluss des Verfahrens erlässt der Präsident des Deutschen Bundestages einen Bescheid, in dem er gegebenenfalls Unrichtigkeiten des Rechenschaftsberichts feststellt und die Höhe des den unrichtigen Angaben entsprechenden Betrages festsetzt. [2]In dem Bescheid ist anzugeben, ob die Unrichtigkeit auf der Verletzung der Vorschriften über die Einnahme- und Ausgaberechnung, der Vermögensbilanz oder des Erläuterungsteils (§ 24 Abs. 7) beruht.

(5) [1]Eine Partei, in deren Rechenschaftsbericht unrichtige Angaben enthalten sind, hat den Rechenschaftsbericht zu berichtigen und nach Entscheidung des Präsidenten des Deutschen Bundestages teilweise oder ganz neu abzugeben. [2]Dieser ist von einem Wirtschaftsprüfer oder einer Wirtschaftsprüfungsgesellschaft, einem vereidigten Buchprüfer oder einer Buchprüfungsgesellschaft durch einen Vermerk zu bestätigen. [3]Übersteigt der zu berichtigende Betrag im Einzelfall nicht 10 000 Euro und im Rechnungsjahr je Partei nicht 50 000 Euro, kann abweichend von den Sätzen 1 und 2 die Berichtigung im Rechenschaftsbericht für das folgende Jahr vorgenommen werden.

(6) Berichtigte Rechenschaftsberichte sind ganz oder teilweise als Bundestagsdrucksache zu veröffentlichen.

(7) [1]Die im Rahmen dieses Verfahrens gewonnenen Erkenntnisse, die nicht die Rechnungslegung der Partei selbst betreffen, dürfen nicht veröffentlicht oder anderen staatlichen Stellen der Bundesrepublik Deutschland zugeleitet werden. [2]Sie müssen vom Präsidenten nach Beendigung der Prüfung unverzüglich vernichtet werden.

§ 23b Anzeigepflicht bei Unrichtigkeiten im Rechenschaftsbericht

(1) Erlangt eine Partei Kenntnis von Unrichtigkeiten in ihrem bereits frist- und formgerecht beim Präsidenten des Deutschen Bundestages eingereichten Rechenschaftsbericht, hat sie diese unverzüglich dem Präsidenten des Deutschen Bundestages schriftlich anzuzeigen.

(2) [1]Bei einer von der Partei angezeigten Unrichtigkeit unterliegt die Partei nicht den Rechtsfolgen des § 31b oder des § 31c, wenn im Zeitpunkt des Eingangs der Anzeige konkrete Anhaltspunkte für diese unrichtigen Angaben öffentlich nicht bekannt waren oder weder dem Präsidenten des Deutschen Bundestages vorgelegen haben noch in einem amtlichen Verfahren entdeckt waren und die Partei den Sachverhalt umfassend offen legt und korrigiert. [2]Die zu Unrecht erlangten Finanzvorteile sind innerhalb einer vom Präsidenten des Deutschen Bundestages gesetzten Frist an diesen abzuführen.

(3) § 23a Abs. 5 und 6 gilt entsprechend.

§ 24 Rechenschaftsbericht

(1) ¹Der Rechenschaftsbericht besteht aus einer Ergebnisrechnung auf der Grundlage einer den Vorschriften dieses Gesetzes entsprechenden Einnahmen- und Ausgabenrechnung, einer damit verbundenen Vermögensbilanz sowie einem Erläuterungsteil. ²Er gibt unter Beachtung der Grundsätze ordnungsmäßiger Buchführung entsprechend den tatsächlichen Verhältnissen Auskunft über die Herkunft und Verwendung der Mittel sowie über das Vermögen der Partei.

(2) ¹Die für alle Kaufleute geltenden handelsrechtlichen Vorschriften über die Rechnungslegung, insbesondere zu Ansatz und Bewertung von Vermögensgegenständen, sind entsprechend anzuwenden, soweit dieses Gesetz nichts anderes vorschreibt. ²Rechnungsunterlagen, Bücher, Bilanzen und Rechenschaftsberichte sind zehn Jahre aufzubewahren. ³Die Aufbewahrungsfrist beginnt mit Ablauf des Rechnungsjahres.

(3) ¹In den Rechenschaftsbericht der Gesamtpartei sind die Rechenschaftsberichte jeweils getrennt nach Bundesverband und Landesverband sowie die Rechenschaftsberichte der nachgeordneten Gebietsverbände je Landesverband aufzunehmen. ²Die Landesverbände und die ihnen nachgeordneten Gebietsverbände haben ihren Rechenschaftsberichten eine lückenlose Aufstellung aller Zuwendungen je Zuwender mit Namen und Anschrift beizufügen. ³Der Bundesverband hat diese Aufstellungen zur Ermittlung der jährlichen Gesamthöhe der Zuwendungen je Zuwender zusammenzufassen. ⁴Die Landesverbände haben die Teilberichte der ihnen nachgeordneten Gebietsverbände gesammelt bei ihren Rechenschaftsunterlagen aufzubewahren.

(4) Die Einnahmerechnung umfasst:
1. Mitgliedsbeiträge,
2. Mandatsträgerbeiträge und ähnliche regelmäßige Beiträge,
3. Spenden von natürlichen Personen,
4. Spenden von juristischen Personen,
5. Einnahmen aus Unternehmenstätigkeit,
5a. Einnahmen aus Beteiligungen,
6. Einnahmen aus sonstigem Vermögen,
7. Einnahmen aus Veranstaltungen, Vertrieb von Druckschriften und Veröffentlichungen und sonstiger mit Einnahmen verbundener Tätigkeit,
8. staatliche Mittel,
9. sonstige Einnahmen,
10. Zuschüsse von Gliederungen und
11. Gesamteinnahmen nach den Nummern 1 bis 10.

(5) Die Ausgaberechnung umfasst:
1. Personalausgaben,
2. Sachausgaben
 a) des laufenden Geschäftsbetriebes,
 b) für allgemeine politische Arbeit,
 c) für Wahlkämpfe,
 d) für die Vermögensverwaltung einschließlich sich hieraus ergebender Zinsen,
 e) sonstige Zinsen,
 f) Ausgaben im Rahmen einer Unternehmenstätigkeit,
 g) sonstige Ausgaben,
3. Zuschüsse an Gliederungen und
4. Gesamtausgaben nach den Nummern 1 bis 3.

(6) Die Vermögensbilanz umfasst:
1. Besitzposten:
 A. Anlagevermögen:
 I. Sachanlagen:
 1. Haus- und Grundvermögen,
 2. Geschäftsstellenausstattung,
 II. Finanzanlagen:
 1. Beteiligungen an Unternehmen,
 2. sonstige Finanzanlagen;
 B. Umlaufvermögen:
 I. Forderungen an Gliederungen,
 II. Forderungen aus der staatlichen Teilfinanzierung,

 III. Geldbestände,

 IV. sonstige Vcrmögensgegenstände;

 C. Gesamtbesitzposten (Summe aus A und B);

2. Schuldposten:

 A. Rückstellungen:

 I. Pensionsverpflichtungen,

 II. sonstige Rückstellungen;

 B. Verbindlichkeiten:

 I. Verbindlichkeiten gegenüber Gliederungen,

 II. Rückzahlungsverpflichtungen aus der staatlichen Teilfinanzierung,

 III. Verbindlichkeiten gegenüber Kreditinstituten,

 IV. Verbindlichkeiten gegenüber sonstigen Darlehensgebern,

 V. sonstige Verbindlichkeiten;

 C. Gesamte Schuldposten (Summe von A und B);

3. Reinvermögen (positiv oder negativ).

(7) Der Vermögensbilanz ist ein Erläuterungsteil hinzuzufügen, der insbesondere folgende Punkte umfassen muss:

1. Auflistung der Beteiligungen nach Absatz 6 Nr. 1 A II 1 sowie deren im Jahresabschluss aufgeführten unmittelbaren und mittelbaren Beteiligungen, jeweils mit Name und Sitz sowie unter Angabe des Anteils und der Höhe des Nominalkapitals; außerdem sind die Höhe des Anteils am Kapital, das Eigenkapital und das Ergebnis des letzten Geschäftsjahres dieser Unternehmen anzugeben, für das ein Jahresabschluss vorliegt. Die im Jahresabschluss dieser Unternehmen aufgeführten Beteiligungen sind mit den Angaben aus dem Jahresabschluss zu übernehmen. Beteiligungen im Sinne dieses Gesetzes sind Anteile gemäß § 271 Abs. 1 des Handelsgesetzbuchs;

2. Benennung der Hauptprodukte von Medienunternehmen, soweit Beteiligungen an diesen bestehen;

3. im Abstand von fünf Jahren eine Bewertung des Haus- und Grundvermögens und der Beteiligungen an Unternehmen nach dem Bewertungsgesetz (Haus- und Grundvermögen nach §§ 145 ff. des Bewertungsgesetzes).

(8) Im Rechenschaftsbericht sind die Summe der Zuwendungen natürlicher Personen bis zu 3 300 Euro je Person sowie die Summe der Zuwendungen natürlicher Personen, soweit sie den Betrag von 3 300 Euro übersteigen, gesondert auszuweisen.

(9) [1]Dem Rechenschaftsbericht ist eine Zusammenfassung voranzustellen:

1. Einnahmen der Gesamtpartei gemäß Absatz 4 Nr. 1 bis 9 und deren Summe,

2. Ausgaben der Gesamtpartei gemäß Absatz 5 Nr. 1 und 2 und deren Summe,

3. Überschuss- oder Defizitausweis,

4. Besitzposten der Gesamtpartei gemäß Absatz 6 Nr. 1 A I und II und B II bis IV und deren Summe,

5. Schuldposten der Gesamtpartei gemäß Absatz 6 Nummer 2 A I und II und B II bis V und deren Summe,

6. Reinvermögen der Gesamtpartei (positiv oder negativ),

7. Gesamteinnahmen, Gesamtausgaben, Überschüsse oder Defizite sowie Reinvermögen der drei Gliederungsebenen Bundesverband, Landesverbände und der ihnen nachgeordneten Gebietsverbände.

[2]Neben den absoluten Beträgen zu den Nummern 1 und 2 ist der Vomhundertsatz der Einnahmensumme nach Nummer 1 und der Ausgabensumme nach Nummer 2 auszuweisen. [3]Zum Vergleich sind die Vorjahresbeträge anzugeben.

(10) Die Anzahl der Mitglieder zum 31. Dezember des Rechnungsjahres ist zu verzeichnen.

(11) Die Partei kann dem Rechenschaftsbericht zusätzliche Erläuterungen beifügen.

(12) [1]Öffentliche Zuschüsse, die den politischen Jugendorganisationen zweckgebunden zugewendet werden, bleiben bei der Ermittlung der absoluten Obergrenze unberücksichtigt. [2]Sie sind im Rechenschaftsbericht der jeweiligen Partei nachrichtlich auszuweisen und bleiben bei der Einnahme- und Ausgaberechnung der Partei unberücksichtigt.

§ 25 Spenden

(1) [1]Parteien sind berechtigt, Spenden anzunehmen. [2]Bis zu einem Betrag von 1 000 Euro kann eine Spende mittels Bargeld erfolgen. [3]Parteimitglieder, die Empfänger von Spenden an die Partei sind, haben diese unverzüglich an ein für Finanzangelegenheiten von der Partei satzungsmäßig bestimmtes Vorstandsmitglied weiterzuleiten. [4]Spenden sind von einer Partei erlangt, wenn sie in den Verfügungsbereich eines für die Finanzangelegenheiten zuständigen Vorstandsmitglieds oder eines hauptamtlichen Mitar-

beiters der Partei gelangt sind; unverzüglich nach ihrem Eingang an den Spender zurückgeleitete Spenden gelten als nicht von der Partei erlangt.

(2) Von der Befugnis der Parteien, Spenden anzunehmen ausgeschlossen sind:

1. Spenden von öffentlich-rechtlichen Körperschaften, Parlamentsfraktionen und -gruppen sowie von Fraktionen und Gruppen von kommunalen Vertretungen;

2. Spenden von politischen Stiftungen, Körperschaften, Personenvereinigungen und Vermögensmassen, die nach der Satzung, dem Stiftungsgeschäft oder der sonstigen Verfassung und nach der tatsächlichen Geschäftsführung ausschließlich und unmittelbar gemeinnützigen, mildtätigen oder kirchlichen Zwecken dienen (§§ 51 bis 68 der Abgabenordnung);

3. Spenden von außerhalb des Geltungsbereiches dieses Gesetzes, es sei denn, dass
 a) diese Spenden aus dem Vermögen eines Deutschen im Sinne des Grundgesetzes, eines Bürgers der Europäischen Union oder eines Wirtschaftsunternehmens, dessen Anteile sich zu mehr als 50 vom Hundert im Eigentum von Deutschen im Sinne des Grundgesetzes oder eines Bürgers der Europäischen Union befinden oder dessen Hauptsitz in einem Mitgliedstaat der Europäischen Union ist, unmittelbar einer Partei zufließen,
 b) es sich um Spenden an Parteien nationaler Minderheiten in ihrer angestammten Heimat handelt, die diesen aus Staaten zugewendet werden, die an die Bundesrepublik Deutschland angrenzen und in denen Angehörige ihrer Volkszugehörigkeit leben oder
 c) es sich um eine Spende eines Ausländers von nicht mehr als 1 000 Euro handelt;

4. Spenden von Berufsverbänden, die diesen mit der Maßgabe zugewandt wurden, sie an eine politische Partei weiterzuleiten;

5. Spenden von Unternehmen, die ganz oder teilweise im Eigentum der öffentlichen Hand stehen oder die von ihr verwaltet oder betrieben werden, sofern die direkte Beteiligung der öffentlichen Hand 25 vom Hundert übersteigt;

6. Spenden, soweit sie im Einzelfall mehr als 500 Euro betragen und deren Spender nicht feststellbar sind, oder bei denen es sich erkennbar um die Weiterleitung einer Spende eines nicht genannten Dritten handelt;

7. Spenden, die der Partei erkennbar in Erwartung oder als Gegenleistung eines bestimmten wirtschaftlichen oder politischen Vorteils gewährt werden;

8. Spenden, die von einem Dritten gegen ein von der Partei zu zahlendes Entgelt eingeworben werden, das 25 vom Hundert des Wertes der eingeworbenen Spende übersteigt.

(3) [1]Spenden, Mitgliedsbeiträge und Mandatsträgerbeiträge an eine Partei oder einen oder mehrere ihrer Gebietsverbände, deren Gesamtwert in einem Kalenderjahr (Rechnungsjahr) 10 000 Euro übersteigt, sind unter Angabe des Namens und der Anschrift des Zuwenders sowie der Gesamthöhe der Zuwendung im Rechenschaftsbericht zu verzeichnen. [2]Spenden, die im Einzelfall die Höhe von 50 000 Euro übersteigen, sind dem Präsidenten des Deutschen Bundestages unverzüglich anzuzeigen. [3]Dieser veröffentlicht die Zuwendung unter Angabe des Zuwenders zeitnah als Bundestagsdrucksache.

(4) Nach Absatz 2 unzulässige Spenden sind von der Partei unverzüglich, spätestens mit Einreichung des Rechenschaftsberichts für das betreffende Jahr (§ 19a Abs. 3) an den Präsidenten des Deutschen Bundestages weiterzuleiten.

§ 26 Begriff der Einnahme

(1) [1]Einnahme ist, soweit für einzelne Einnahmearten (§ 24 Abs. 4) nichts besonderes gilt, jede von der Partei erlangte Geld- oder geldwerte Leistung. [2]Als Einnahmen gelten auch die Freistellung von üblicherweise entstehenden Verbindlichkeiten, die Übernahme von Veranstaltungen und Maßnahmen durch andere, mit denen ausdrücklich für eine Partei geworben wird, die Auflösung von Rückstellungen sowie Wertaufholungen im Anlagevermögen.

(2) Alle Einnahmen sind mit ihrem vollen Betrag an der für sie vorgesehenen Stelle einzusetzen und in der Vermögensbilanz zu berücksichtigen.

(3) Wirtschaftsgüter, die nicht in Geld bestehen, sind mit den im gewöhnlichen Geschäftsverkehr für gleiche oder vergleichbare Leistungen üblicherweise zu zahlenden Preisen anzusetzen.

(4) [1]Die ehrenamtliche Mitarbeit in Parteien erfolgt grundsätzlich unentgeltlich. [2]Sach-, Werk- und Dienstleistungen, die Parteien außerhalb eines Geschäftsbetriebes üblicherweise unentgeltlich zur Verfügung gestellt werden, bleiben als Einnahmen unberücksichtigt. [3]Ein Kostenersatz bleibt hiervon unberührt.

(5) Beiträge und staatliche Mittel, die von vornherein für eine schlüsselmäßige Verteilung unter mehrere Gebietsverbände bestimmt sind, werden bei der Stelle ausgewiesen, bei der sie endgültig verbleiben.

§ 26a Begriff der Ausgabe

(1) ¹Ausgabe ist, soweit für einzelne Ausgabearten (§ 24 Abs. 5) nichts Besonderes gilt, auch jede von der Partei erbrachte Geldleistung oder geldwerte Leistung sowie die Nutzung von Einnahmen nach § 26 Abs. 1 Satz 2, die die Partei erlangt hat. ²Als Ausgabe gelten auch planmäßige und außerplanmäßige Abschreibungen auf Vermögensgegenstände und die Bildung von Rückstellungen.

(2) § 26 Abs. 2 gilt entsprechend.

(3) Vermögensgegenstände sind zum Zeitpunkt einer Veräußerung mit ihrem Buchwert als Ausgaben zu erfassen.

(4) Ausgaben aus der internen Verrechnung zwischen Gliederungen sind bei der Gliederung zu erfassen, von der sie wirtschaftlich getragen werden.

§ 27 Einzelne Einnahmearten

(1) ¹Mitgliedsbeiträge sind nur solche regelmäßigen Geldleistungen, die ein Mitglied auf Grund satzungsrechtlicher Vorschriften entrichtet. ²Mandatsträgerbeiträge sind regelmäßige Geldleistungen, die ein Inhaber eines öffentlichen Wahlamtes (Mandatsträger) über seinen Mitgliedsbeitrag hinaus leistet. ³Spenden sind darüber hinausgehende Zahlungen. ⁴Dazu gehören auch Sonderumlagen und Sammlungen sowie geldwerte Zuwendungen aller Art, sofern sie nicht üblicherweise unentgeltlich Parteien außerhalb eines Geschäftsbetriebes zur Verfügung gestellt werden oder eine hierfür dennoch vereinbarte Vergütung an die Partei zurückgeleitet oder auf eine solche Vergütung verzichtet wird.

(2) ¹Sonstige Einnahmen nach § 24 Abs. 4 Nr. 9 sind aufzugliedern und zu erläutern, wenn sie bei einer der in § 24 Abs. 3 aufgeführten Gliederungen mehr als 2 vom Hundert der Summe der Einnahmen nach § 24 Abs. 4 Nr. 1 bis 6 ausmachen. ²Darüber hinaus sind Einnahmen, die im Einzelfall die Summe von 10 000 Euro übersteigen, offen zu legen. ³Erbschaften und Vermächtnisse sind unter Angabe ihrer Höhe, des Namens und der letzten Anschrift des Erblassers im Rechenschaftsbericht zu verzeichnen, soweit der Gesamtwert 10 000 Euro übersteigt.

§ 28 Vermögensbilanz

(1) In der Vermögensbilanz sind Vermögensgegenstände mit einem Anschaffungswert von im Einzelfall mehr als 5 000 Euro (inklusive Umsatzsteuer) aufzuführen.

(2) ¹Vermögensgegenstände sind mit den Anschaffungs- und Herstellungskosten vermindert um planmäßige Abschreibungen anzusetzen. ²Im Bereich des Haus- und Grundvermögens erfolgen keine planmäßigen Abschreibungen.

(3) ¹Gliederungen unterhalb der Landesverbände können Einnahmen und Ausgaben im Jahr des Zu- beziehungsweise Abflusses verbuchen, auch wenn die jeweiligen Forderungen beziehungsweise Verbindlichkeiten bereits im Vorjahr entstanden sind. ²Die §§ 249 bis 251 des Handelsgesetzbuchs können für die Aufstellung der Rechenschaftsberichte dieser Gliederungen unbeachtet bleiben.

§ 29 Prüfung des Rechenschaftsberichts

(1) ¹Die Prüfung nach § 23 Abs. 2 Satz 1 erstreckt sich auf die Bundespartei, ihre Landesverbände sowie nach Wahl des Prüfers auf mindestens zehn nachgeordnete Gebietsverbände. ²In die Prüfung ist die Buchführung einzubeziehen. ³Die Prüfung hat sich darauf zu erstrecken, ob die gesetzlichen Vorschriften beachtet worden sind. ⁴Die Prüfung ist so anzulegen, dass Unrichtigkeiten und Verstöße gegen die gesetzlichen Vorschriften bei gewissenhafter Berufsausübung erkannt werden.

(2) ¹Der Prüfer kann von den Vorständen und den von ihnen dazu ermächtigten Personen alle Aufklärungen und Nachweise verlangen, welche die sorgfältige Erfüllung seiner Prüfungspflicht erfordert. ²Es ist ihm insoweit auch zu gestatten, die Unterlagen für die Zusammenstellung des Rechenschaftsberichts, die Bücher und Schriftstücke sowie die Kassen- und Vermögensbestände zu prüfen.

(3) ¹Der Vorstand des zu prüfenden Gebietsverbandes hat dem Prüfer schriftlich zu versichern, daß in dem Rechenschaftsbericht alle rechenschaftspflichtigen Einnahmen, Ausgaben und Vermögenswerte erfaßt sind. ²Auf die Versicherung der Vorstände nachgeordneter Gebietsverbände kann Bezug genommen werden. ³Es genügt die Versicherung des für die Finanzangelegenheiten zuständigen Vorstandsmitgliedes.

§ 30 Prüfungsbericht und Prüfungsvermerk

(1) Das Ergebnis der Prüfung ist in einem schriftlichen Prüfungsbericht niederzulegen, der dem Vorstand der Partei und dem Vorstand des geprüften Gebietsverbandes zu übergeben ist.

(2) ¹Sind nach dem abschließenden Ergebnis der Prüfung keine Einwendungen zu erheben, so hat der Prüfer durch einen Vermerk zu bestätigen, daß nach pflichtgemäßer Prüfung auf Grund der Bücher und Schriften der Partei sowie der von den Vorständen erteilten Aufklärungen und Nachweise der Rechenschaftsbericht in dem geprüften Umfang (§ 29 Abs. 1) den Vorschriften dieses Gesetzes entspricht. ²Sind

Einwendungen zu erheben, so hat der Prüfer in seinem Prüfungsvermerk die Bestätigung zu versagen oder einzuschränken. ³Die geprüften Gebietsverbände sind im Prüfungsvermerk namhaft zu machen.

(3) Der Prüfungsvermerk ist auf dem einzureichenden Rechenschaftsbericht anzubringen und in vollem Wortlaut nach § 23 Abs. 2 Satz 3 mit zu veröffentlichen.

§ 31 Prüfer

(1) Ein Wirtschaftsprüfer oder vereidigter Buchprüfer darf nicht Prüfer sein, wenn er

1. ein Amt oder eine Funktion in der Partei oder für die Partei ausübt, oder in den letzten drei Jahren ausgeübt hat;

2. bei der Führung der Bücher oder der Aufstellung des zu prüfenden Rechenschaftsberichts über die Prüfungstätigkeit hinaus mitgewirkt hat;

3. gesetzlicher Vertreter, Arbeitnehmer, Mitglied des Aufsichtsrats oder Gesellschafter einer juristischen oder natürlichen Person oder einer Personengesellschaft oder Inhaber eines Unternehmens ist, sofern die juristische oder natürliche Person, die Personengesellschaft oder einer ihrer Gesellschafter oder das Einzelunternehmen nach Nummer 2 nicht Prüfer der Partei sein darf;

4. bei der Prüfung eine Person beschäftigt, die nach Nummer 1 bis 3 nicht Prüfer sein darf.

(2) Eine Wirtschaftsprüfungsgesellschaft oder Buchprüfungsgesellschaft darf nicht Prüfer sein, wenn

1. sie nach Absatz 1 Nr. 3 als Gesellschafter einer juristischen Person oder einer Personengesellschaft oder nach Absatz 1 Nr. 2 oder 4 nicht Prüfer sein darf;

2. einer ihrer gesetzlichen Vertreter oder einer ihrer Gesellschafter nach Absatz 1 Nr. 2 oder 3 nicht Prüfer sein darf.

(3) ¹Die Prüfer, ihre Gehilfen und die bei der Prüfung mitwirkenden gesetzlichen Vertreter einer Prüfungsgesellschaft sind zu gewissenhafter und unparteiischer Wahrnehmung ihrer Aufgaben und zur Verschwiegenheit verpflichtet. ²§ 323 des Handelsgesetzbuchs gilt entsprechend.

Sechster Abschnitt
Verfahren bei unrichtigen Rechenschaftsberichten sowie Strafvorschriften

§ 31a Rückforderung der staatlichen Finanzierung

(1) ¹Soweit im Rechenschaftsbericht Zuwendungen (§ 18 Abs. 3 Satz 1 Nr. 3) zu Unrecht ausgewiesen worden sind und dadurch der Betrag der Partei zustehenden staatlichen Mittel unrichtig festgesetzt worden ist, nimmt der Präsident des Deutschen Bundestages die gemäß § 19a Abs. 1 erfolgte Festsetzung der staatlichen Mittel zurück. ²Dies gilt nicht, wenn die Berichtigung im Rechenschaftsbericht für das folgende Jahr erfolgt (§ 23a Abs. 5 Satz 3). ³§ 48 Abs. 2 des Verwaltungsverfahrensgesetzes findet keine Anwendung.

(2) Nach Ablauf der in § 24 Abs. 2 bestimmten Frist ist die Rücknahme ausgeschlossen.

(3) ¹Mit der Rücknahme setzt der Präsident des Deutschen Bundestages den von der Partei zu erstattenden Betrag durch Verwaltungsakt fest. ²Ergibt sich im Zuge der weiteren staatlichen Finanzierung eine Verrechnungslage, ist der Unterschiedsbetrag mit der nächsten Abschlagszahlung an die Partei zu verrechnen.

(4) Die Festsetzungen und Zahlungen an die übrigen Parteien bleiben unverändert.

(5) Die Parteien sollen in die Satzungen Regelungen für den Fall aufnehmen, dass Maßnahmen nach Absatz 1 durch Landesverbände oder diesen nachgeordnete Gebietsverbände verursacht werden.

§ 31b Unrichtigkeit des Rechenschaftsberichts

¹Stellt der Präsident des Deutschen Bundestages im Rahmen seiner Prüfung nach § 23a Unrichtigkeiten im Rechenschaftsbericht fest, entsteht gegen die Partei ein Anspruch in Höhe des Zweifachen des den unrichtigen Angaben entsprechenden Betrages, soweit nicht Fall des § 31c vorliegt. ²Betreffen Unrichtigkeiten in der Vermögensbilanz oder im Erläuterungsteil das Haus- und Grundvermögen oder Beteiligungen an Unternehmen, beträgt der Anspruch 10 vom Hundert der nicht aufgeführten oder der unrichtig angegebenen Vermögenswerte. ³Der Präsident stellt die Verpflichtung der Partei zur Zahlung des Betrages durch Verwaltungsakt fest. ⁴§ 31a Abs. 2 bis 5 gilt entsprechend.

§ 31c Rechtswidrig erlangte oder nicht veröffentlichte Spenden

¹Hat eine Partei Spenden unter Verstoß gegen § 25 Abs. 2 angenommen und nicht gemäß § 25 Abs. 4 an den Präsidenten des Deutschen Bundestages weitergeleitet, entsteht gegen sie ein Anspruch in Höhe des Dreifachen des rechtswidrig erlangten Betrages; bereits abgeführte Spenden werden angerechnet. ²Hat eine Partei Spenden nicht den Vorschriften dieses Gesetzes entsprechend im Rechenschaftsbericht veröffentlicht (§ 25 Abs. 3), entsteht gegen sie ein Anspruch in Höhe des Zweifachen des nicht den Vorschriften dieses Gesetzes entsprechend veröffentlichten Betrages. ³Der Präsident stellt die Verpflichtung der Partei zur Zahlung des Betrages durch Verwaltungsakt fest. ⁴§ 31a Abs. 2 bis 5 gilt entsprechend.

§ 31d Strafvorschriften

(1) [1]Wer in der Absicht, die Herkunft oder die Verwendung der Mittel der Partei oder des Vermögens zu verschleiern oder die öffentliche Rechenschaftslegung zu umgehen,

1. unrichtige Angaben über die Einnahmen oder über das Vermögen der Partei in einem beim Präsidenten des Deutschen Bundestages eingereichten Rechenschaftsbericht bewirkt oder einen unrichtigen Rechenschaftsbericht beim Präsidenten des Deutschen Bundestages einreicht oder
2. als Empfänger eine Spende in Teilbeträge zerlegt und verbucht oder verbuchen lässt oder
3. entgegen § 25 Abs. 1 Satz 3 eine Spende nicht weiterleitet,

wird mit Freiheitsstrafe bis zu drei Jahren oder mit Geldstrafe bestraft. [2]Nach Satz 1 wird nicht bestraft, wer unter den Voraussetzungen des § 23b Abs. 2 eine Selbstanzeige nach § 23b Abs. 1 für die Partei abgibt oder an der Abgabe mitwirkt.

(2) [1]Mit Freiheitsstrafe bis zu drei Jahren oder mit Geldstrafe wird bestraft, wer als Prüfer oder Gehilfe eines Prüfers über das Ergebnis der Prüfung eines Rechenschaftsberichts unrichtig berichtet, im Prüfungsbericht erhebliche Umstände verschweigt oder einen inhaltlich unrichtigen Bestätigungsvermerk erteilt. [2]Handelt der Täter gegen Entgelt oder in der Absicht, sich oder einen anderen zu bereichern oder einen anderen zu schädigen, so ist die Strafe Freiheitsstrafe bis zu fünf Jahren oder Geldstrafe.

Siebenter Abschnitt
Vollzug des Verbots verfassungswidriger Parteien

§ 32 Vollstreckung

(1) [1]Wird eine Partei oder eine Teilorganisation einer Partei nach Artikel 21 Abs. 2 des Grundgesetzes für verfassungswidrig erklärt, so treffen die von den Landesregierungen bestimmten Behörden im Rahmen der Gesetze alle Maßnahmen, die zur Vollstreckung des Urteils und etwaiger zusätzlicher Vollstreckungsregelungen des Bundesverfassungsgerichts erforderlich sind. [2]Die obersten Landesbehörden haben zu diesem Zweck unbeschränktes Weisungsrecht gegenüber den Behörden und Dienststellen des Landes, die für die Wahrung der öffentlichen Sicherheit oder Ordnung zuständig sind.

(2) Erstreckt sich die Organisation oder die Tätigkeit der Partei oder des für verfassungswidrig erklärten Teils der Partei über das Gebiet eines Landes hinaus, so trifft das Bundesministerium des Innern, für Bau und Heimat die für eine einheitliche Vollstreckung erforderlichen Anordnungen.

(3) Das Bundesverfassungsgericht kann die Vollstreckung nach § 35 des Gesetzes über das Bundesverfassungsgericht abweichend von den Vorschriften der Absätze 1 und 2 regeln.

(4) [1]Widerspruch und Anfechtungsklage gegen Vollstreckungsmaßnahmen haben keine aufschiebende Wirkung. [2]Betrifft ein verwaltungsgerichtliches Verfahren eine Frage, die für die Vollstreckung des Urteils von grundsätzlicher Bedeutung ist, so ist das Verfahren auszusetzen und die Entscheidung des Bundesverfassungsgerichts einzuholen. [3]Das Bundesverfassungsgericht entscheidet auch über Einwendungen gegen die Art und Weise der Durchführung der von ihm angeordneten besonderen Vollstreckungsmaßnahmen.

(5) [1]Im Falle der Vermögenseinziehung werden die §§ 10 bis 13 des Vereinsgesetzes vom 5. August 1964 (BGBl. I S. 593) entsprechend angewendet. [2]Verbotsbehörde ist die oberste Landesbehörde, im Fall des Absatzes 2 das Bundesministerium des Innern, für Bau und Heimat.

§ 33 Verbot von Ersatzorganisationen

(1) Es ist verboten, Organisationen zu bilden, die verfassungswidrige Bestrebungen einer nach Artikel 21 Abs. 2 des Grundgesetzes in Verbindung mit § 46 des Gesetzes über das Bundesverfassungsgericht verbotenen Partei an deren Stelle weiter verfolgen (Ersatzorganisation) oder bestehende Organisationen als Ersatzorganisationen fortzuführen.

(2) Ist die Ersatzorganisation eine Partei, die bereits vor dem Verbot der ursprünglichen Partei bestanden hat oder im Bundestag oder in einem Landtag vertreten ist, so stellt das Bundesverfassungsgericht fest, daß es sich um eine verbotene Ersatzorganisation handelt; die §§ 38, 41, 43, 44 und 46 Abs. 3 des Gesetzes über das Bundesverfassungsgericht und § 32 dieses Gesetzes gelten entsprechend.

(3) Auf andere Parteien und auf Vereine im Sinne des § 2 Vereinsgesetzes, die Ersatzorganisationen einer verbotenen Partei sind, wird § 8 Abs. 2 des Vereinsgesetzes entsprechend angewandt.

Achter Abschnitt
Schlußbestimmungen

§ 34 (Änderung des Einkommensteuergesetzes)

§ 35 (Änderung des Körperschaftsteuergesetzes)

§ 36 (Anwendung steuerrechtlicher Vorschriften)

§ 37 Nichtanwendbarkeit einer Vorschrift des Bürgerlichen Gesetzbuchs
§ 54 Satz 2 des Bürgerlichen Gesetzbuchs wird bei Parteien nicht angewandt.

§ 38 Zwangsmittel
(1) [1]Der Bundeswahlleiter kann den Vorstand der Partei zur Vornahme der Handlungen nach § 6 Abs. 3 durch ein Zwangsgeld anhalten. [2]Die Vorschriften des Verwaltungs-Vollstreckungsgesetzes gelten sinngemäß; der Bundeswahlleiter handelt insoweit als Vollstreckungs- und Vollzugsbehörde. [3]Die Höhe des Zwangsgeldes beträgt mindestens 250 Euro und höchstens 1 500 Euro.

(2) [1]Der Präsident des Deutschen Bundestages kann den Vorstand der Partei zur Einreichung eines Rechenschaftsberichts, der den Vorschriften des Fünften Abschnitts entspricht, durch ein Zwangsgeld anhalten. [2]Die Vorschriften des Verwaltungs-Vollstreckungsgesetzes gelten sinngemäß; der Präsident des Deutschen Bundestages handelt insoweit als Vollstreckungs- und Vollzugsbehörde. [3]Die Höhe des Zwangsgeldes beträgt mindestens 500 Euro und höchstens 10 000 Euro.

§ 39 Abschluss- und Übergangsregelungen
(1) Landesgesetzliche Regelungen auf der Grundlage des bis zum 1. Januar 1994 geltenden § 22 Satz 1 dieses Gesetzes haben keine Geltung mehr.

(2) [1]Für die Berechnung der staatlichen Mittel nach § 18 Abs. 3 Nr. 3 sowie für die Errechnung der relativen Obergrenze sind bei den Festsetzungen für die Jahre 2003 und 2004 der Ausweis der Zuwendungen in den Rechenschaftsberichten gemäß § 24 Abs. 2 Nr. 1 und 2 dieses Gesetzes in der bis zum Ablauf des 31. Dezember 2002 geltenden Fassung zugrunde zu legen. [2]Gleiches gilt für die Erstellung der Rechenschaftsberichte über das Jahr 2002.

(3) [1]§ 23a Abs. 3 findet auf die Prüfung von Rechenschaftsberichten ab dem Rechenschaftsjahr 2002 Anwendung. [2]Rechenschaftsberichte für das Jahr 2003 können auf der Grundlage der §§ 24, 26, 26a und 28 in ihrer ab 1. Januar 2004 geltenden Fassung erstellt werden.

(4) [1]Sind bei der erstmaligen Anwendung des § 28 Abs. 2 in seiner ab 1. Januar 2003 geltenden Fassung die Anschaffungs- oder Herstellungskosten eines Vermögensgegenstandes nicht ohne unverhältnismäßige Kosten oder Verzögerungen feststellbar, so dürfen die Buchwerte dieser Vermögensgegenstände aus dem Rechenschaftsbericht für das Rechnungsjahr 2002 als ursprüngliche Anschaffungs- oder Herstellungskosten übernommen und fortgeführt werden. [2]Dasselbe gilt für Vermögensgegenstände, bei denen nach § 28 Abs. 2 keine planmäßigen Abschreibungen vorzunehmen sind, sofern die Buchwerte nach handelsrechtlichen Grundlagen ermittelt worden sind. [3]Im Erläuterungsteil ist hierauf hinzuweisen.

(5) [1]§ 2 Absatz 2 Satz 2 findet auf in der Frist des § 19a Absatz 3 Satz 1 und 2 einzureichende Rechenschaftsberichte ab dem Rechenschaftsjahr 2016 Anwendung. [2]§ 19a Absatz 4 Satz 2 findet auf in der Frist des § 19a Absatz 3 Satz 1 und 2 einzureichende Rechenschaftsberichte ab dem Rechenschaftsjahr 2015 Anwendung. [3]Für die Berechnung des Gesamtwertes der Zuwendungen nach § 25 Absatz 3 Satz 1 sind für das Rechenschaftsjahr 2015 Zuwendungen gemäß § 25 Absatz 3 Satz 1 in der bis zum Ablauf des 31. Dezember 2015 geltenden Fassung zugrunde zu legen.

§ 40 *[aufgehoben]*

§ 41 (Inkrafttreten)

Bundeswahlgesetz[1]

In der Fassung der Bekanntmachung vom 23. Juli 1993[2] (BGBl. I S. 1288, ber. S. 1594)
(FNA 111-1)
zuletzt geändert durch Art. 1 24. G zur Änd. des BundeswahlG vom 25. Juni 2020 (BGBl. I S. 1409)
– Auszug –

Inhaltsübersicht

1) Siehe hierzu ua die Wahlkreiseinteilungsbekanntmachung Bundestagswahl.
2) Neubekanntmachung des BundeswahlG idF der Bek. v. 21.9.1990 (BGBl. I S. 2059) in der ab 28.7.1993 geltenden Fassung.

§ 54 Fristen, Termine und Form Anlagen (hier nicht wiedergegeben)
§ 55 (Inkrafttreten)

Erster Abschnitt
Wahlsystem

§ 1 Zusammensetzung des Deutschen Bundestages und Wahlrechtsgrundsätze
(1) [1]Der Deutsche Bundestag besteht vorbehaltlich der sich aus diesem Gesetz ergebenden Abweichungen aus 598 Abgeordneten. [2]Sie werden in allgemeiner, unmittelbarer, freier, gleicher und geheimer Wahl von den wahlberechtigten Deutschen nach den Grundsätzen einer mit der Personenwahl verbundenen Verhältniswahl gewählt.
(2) Von den Abgeordneten werden 299 nach Kreiswahlvorschlägen in den Wahlkreisen und die übrigen nach Landeswahlvorschlägen (Landeslisten) gewählt.

§ 2 Gliederung des Wahlgebietes
(1) Wahlgebiet ist das Gebiet der Bundesrepublik Deutschland.
(2) Die Einteilung des Wahlgebietes in Wahlkreise ergibt sich aus der Anlage 2 zu diesem Gesetz.
(3) Jeder Wahlkreis wird für die Stimmabgabe in Wahlbezirke eingeteilt.

§ 3 Wahlkreiskommission und Wahlkreiseinteilung
(1) [1]Bei der Wahlkreiseinteilung sind folgende Grundsätze zu beachten:
1. Die Ländergrenzen sind einzuhalten.
2. [1]Die Zahl der Wahlkreise in den einzelnen Ländern muß deren Bevölkerungsanteil soweit wie möglich entsprechen. [2]Sie wird mit demselben Berechnungsverfahren ermittelt, das nach § 6 Abs. 2 Satz 2 bis 7 für die Verteilung der Sitze auf die Landeslisten angewandt wird.
3. Die Bevölkerungszahl eines Wahlkreises soll von der durchschnittlichen Bevölkerungszahl der Wahlkreise nicht um mehr als 15 vom Hundert nach oben oder unten abweichen; beträgt die Abweichung mehr als 25 vom Hundert, ist eine Neuabgrenzung vorzunehmen.
4. Der Wahlkreis soll ein zusammenhängendes Gebiet bilden.
5. Die Grenzen der Gemeinden, Kreise und kreisfreien Städte sollen nach Möglichkeit eingehalten werden.
[2]Bei Ermittlung der Bevölkerungszahlen bleiben Ausländer (§ 2 Abs. 1 des Aufenthaltsgesetzes) unberücksichtigt.
(2) [1]Der Bundespräsident ernennt eine ständige Wahlkreiskommission. [2]Sie besteht aus dem Präsidenten des Statistischen Bundesamtes, einem Richter des Bundesverwaltungsgerichts und fünf weiteren Mitgliedern.
(3) [1]Die Wahlkreiskommission hat die Aufgabe, über Änderungen der Bevölkerungszahlen im Wahlgebiet zu berichten und darzulegen, ob und welche Änderungen der Wahlkreiseinteilung sie im Hinblick darauf für erforderlich hält. [2]Sie kann in ihrem Bericht auch aus anderen Gründen Änderungsvorschläge machen. [3]Bei ihren Vorschlägen zur Wahlkreiseinteilung hat sie die in Absatz 1 genannten Grundsätze zu beachten; ergeben sich nach der Berechnung in Absatz 1 Nr. 2 mehrere mögliche Wahlkreiszuteilungen, erarbeitet sie hierzu Vorschläge.
(4) [1]Der Bericht der Wahlkreiskommission ist dem Bundesministerium des Innern, für Bau und Heimat innerhalb von fünfzehn Monaten nach Beginn der Wahlperiode des Deutschen Bundestages zu erstatten. [2]Das Bundesministerium des Innern, für Bau und Heimat leitet ihn unverzüglich dem Deutschen Bundestag zu und veröffentlicht einen Hinweis auf die Veröffentlichung als Bundestagsdrucksache im Bundesanzeiger[1]). [3]Auf Ersuchen des Bundesministeriums des Innern, für Bau und Heimat hat die Wahlkreiskommission einen ergänzenden Bericht zu erstatten; für diesen Fall gilt Satz 2 entsprechend.
(5) [1]Werden Landesgrenzen nach den gesetzlichen Vorschriften über das Verfahren bei sonstigen Änderungen des Gebietsbestandes der Länder nach Artikel 29 Abs. 7 des Grundgesetzes geändert, so ändern sich entsprechend auch die Grenzen der betroffenen Wahlkreise. [2]Werden im aufnehmenden Land zwei oder mehrere Wahlkreise berührt oder wird eine Exklave eines Landes gebildet, so bestimmt sich die Wahlkreiszugehörigkeit des neuen Landesteiles nach der Wahlkreiszugehörigkeit der Gemeinde, des Gemeindebezirks oder des gemeindefreien Gebietes, denen er zugeschlagen wird. [3]Änderungen von Landesgrenzen, die nach Ablauf des 32. Monats nach Beginn der Wahlperiode vorgenommen werden, wirken sich auf die Wahlkreiseinteilung erst in der nächsten Wahlperiode aus.

1) Siehe hierzu ua Bericht der Wahlkreiskommission für die 18. Wahlperiode des BT.

§ 4 Stimmen
Jeder Wähler hat zwei Stimmen, eine Erststimme für die Wahl eines Wahlkreisabgeordneten, eine Zweitstimme für die Wahl einer Landesliste.

§ 5 Wahl in den Wahlkreisen
[1]In jedem Wahlkreis wird ein Abgeordneter gewählt. [2]Gewählt ist der Bewerber, der die meisten Stimmen auf sich vereinigt. [3]Bei Stimmengleichheit entscheidet das vom Kreiswahlleiter zu ziehende Los.

§ 6 Wahl nach Landeslisten
(1) [1]Für die Verteilung der nach Landeslisten zu besetzenden Sitze werden die für jede Landesliste abgegebenen Zweitstimmen zusammengezählt. [2]Nicht berücksichtigt werden dabei die Zweitstimmen derjenigen Wähler, die ihre Erststimme für einen im Wahlkreis erfolgreichen Bewerber abgegeben haben, der gemäß § 20 Absatz 3 oder von einer Partei vorgeschlagen ist, die nach Absatz 3 bei der Sitzverteilung nicht berücksichtigt wird oder für die in dem betreffenden Land keine Landesliste zugelassen ist. [3]Von der Gesamtzahl der Abgeordneten (§ 1 Absatz 1) wird die Zahl der erfolgreichen Wahlkreisbewerber abgezogen, die in Satz 2 genannt sind.

(2) [1]In einer ersten Verteilung wird zunächst die Gesamtzahl der Sitze (§ 1 Absatz 1) in dem in Satz 2 bis 7 beschriebenen Berechnungsverfahren den Ländern nach deren Bevölkerungsanteil (§ 3 Absatz 1) und sodann in jedem Land die Zahl der dort nach Absatz 1 Satz 3 verbleibenden Sitze auf der Grundlage der zu berücksichtigenden Zweitstimmen den Landeslisten zugeordnet. [2]Jede Landesliste erhält so viele Sitze, wie sich nach Teilung der Summe ihrer erhaltenen Zweitstimmen durch einen Zuteilungsdivisor ergeben. [3]Zahlenbruchteile unter 0,5 werden auf die darunter liegende ganze Zahl abgerundet, solche über 0,5 werden auf die darüber liegende ganze Zahl aufgerundet. [4]Zahlenbruchteile, die gleich 0,5 sind, werden so aufgerundet oder abgerundet, dass die Zahl der zu vergebenden Sitze eingehalten wird; ergeben sich dabei mehrere mögliche Sitzzuteilungen, so entscheidet das vom Bundeswahlleiter zu ziehende Los. [5]Der Zuteilungsdivisor ist so zu bestimmen, dass insgesamt so viele Sitze auf die Landeslisten entfallen, wie Sitze zu vergeben sind. [6]Dazu wird zunächst die Gesamtzahl der Zweitstimmen aller zu berücksichtigenden Landeslisten durch die Zahl der jeweils nach Absatz 1 Satz 3 verbleibenden Sitze geteilt. [7]Entfallen danach mehr Sitze auf die Landeslisten, als Sitze zu vergeben sind, ist der Zuteilungsdivisor so heraufzusetzen, dass sich bei der Berechnung die zu vergebende Sitzzahl ergibt; entfallen zu wenig Sitze auf die Landeslisten, ist der Zuteilungsdivisor entsprechend herunterzusetzen.

(3) [1]Bei Verteilung der Sitze auf die Landeslisten werden nur Parteien berücksichtigt, die mindestens 5 Prozent der im Wahlgebiet abgegebenen gültigen Zweitstimmen erhalten oder in mindestens drei Wahlkreisen einen Sitz errungen haben. [2]Satz 1 findet auf die von Parteien nationaler Minderheiten eingereichten Listen keine Anwendung.

(4) [1]Von der für jede Landesliste so ermittelten Sitzzahl wird die Zahl der von der Partei in den Wahlkreisen des Landes errungenen Sitze (§ 5) abgerechnet. [2]In den Wahlkreisen errungene Sitze verbleiben einer Partei auch dann, wenn sie die nach den Absätzen 2 und 3 ermittelte Zahl übersteigen.

(5) [1]Die Zahl der nach Absatz 1 Satz 3 verbleibenden Sitze wird so lange erhöht, bis jede Partei bei der zweiten Verteilung der Sitze nach Absatz 6 Satz 1 mindestens die bei der ersten Verteilung nach den Absätzen 2 und 3 für sie ermittelten zuzüglich der in den Wahlkreisen errungenen Sitze erhält, die nicht nach Absatz 4 Satz 1 von der Zahl der für die Landesliste ermittelten Sitze abgerechnet werden können. [2]Die Gesamtzahl der Sitze (§ 1 Absatz 1) erhöht sich um die Unterschiedszahl.

(6) [1]Die nach Absatz 5 Satz 1 zu vergebenden Sitze werden in jedem Fall bundesweit nach der Zahl der zu berücksichtigenden Zweitstimmen in dem in Absatz 2 Satz 2 bis 7 beschriebenen Berechnungsverfahren auf die nach Absatz 3 zu berücksichtigenden Parteien verteilt. [2]In den Parteien werden die Sitze nach der Zahl der zu berücksichtigenden Zweitstimmen in dem in Absatz 2 Satz 2 bis 7 beschriebenen Berechnungsverfahren auf die Landeslisten verteilt; dabei wird jeder Landesliste mindestens die Zahl der in den Wahlkreisen des Landes von der Partei errungenen Sitze zugeteilt. [3]Von der für jede Landesliste ermittelten Sitzzahl wird die Zahl der von der Partei in den Wahlkreisen des Landes errungenen Sitze (§ 5) abgerechnet. [4]Die restlichen Sitze werden aus der Landesliste in der dort festgelegten Reihenfolge besetzt. [5]Bewerber, die in einem Wahlkreis gewählt sind, bleiben auf der Landesliste unberücksichtigt. [6]Entfallen auf eine Landesliste mehr Sitze, als Bewerber benannt sind, so bleiben diese Sitze unbesetzt.

(7) [1]Erhält bei der Verteilung der Sitze nach den Absätzen 2 bis 6 eine Partei, die mehr als die Hälfte der Gesamtzahl der Zweitstimmen aller zu berücksichtigenden Parteien entfallen ist, nicht mehr als die Hälfte der Sitze, werden ihr weitere Sitze zugeteilt, bis auf sie ein Sitz mehr als die Hälfte der Sitze entfällt. [2]Die Sitze werden in der Partei entsprechend Absatz 6 Satz 2 bis 6 verteilt. [3]In einem solchen Falle erhöht sich die nach Absatz 5 ermittelte Gesamtzahl der Sitze (§ 1 Absatz 1) um die Unterschiedszahl.

§ 7 [aufgehoben]

Zweiter Abschnitt
Wahlorgane

§ 8 Gliederung der Wahlorgane
(1) [1]Wahlorgane sind der Bundeswahlleiter und der Bundeswahlausschuß für das Wahlgebiet, ein Landeswahlleiter und ein Landeswahlausschuß für jedes Land, ein Kreiswahlleiter und ein Kreiswahlausschuß für jeden Wahlkreis, ein Wahlvorsteher und ein Wahlvorstand für jeden Wahlbezirk und mindestens ein Wahlvorsteher und ein Wahlvorstand für jeden Wahlkreis zur Feststellung des Briefwahlergebnisses. [2]Wieviel Briefwahlvorstände zu bilden sind, um das Ergebnis der Briefwahl noch am Wahltage feststellen zu können, bestimmt der Kreiswahlleiter.
(2) Für mehrere benachbarte Wahlkreise kann ein gemeinsamer Kreiswahlleiter bestellt und ein gemeinsamer Kreiswahlausschuß gebildet werden; die Anordnung trifft der Landeswahlleiter.
(3) Zur Feststellung des Briefwahlergebnisses können Wahlvorsteher und Wahlvorstände statt für jeden Wahlkreis für einzelne oder mehrere Gemeinden oder für einzelne Kreise innerhalb des Wahlkreises eingesetzt werden; die Anordnung trifft die Landesregierung oder die von ihr bestimmte Stelle.

§ 9 Bildung der Wahlorgane
(1) Der Bundeswahlleiter und sein Stellvertreter werden vom Bundesministerium des Innern, für Bau und Heimat, die Landeswahlleiter, Kreiswahlleiter und Wahlvorsteher sowie ihre Stellvertreter von der Landesregierung oder der von ihr bestimmten Stelle ernannt.
(2) [1]Der Bundeswahlausschuß besteht aus dem Bundeswahlleiter als Vorsitzendem sowie acht von ihm berufenen Wahlberechtigten als Beisitzern und zwei Richtern des Bundesverwaltungsgerichts. [2]Die übrigen Wahlausschüsse bestehen aus dem Wahlleiter als Vorsitzendem und sechs von ihm berufenen Wahlberechtigten als Beisitzern; in die Landeswahlausschüsse sind zudem zwei Richter des Oberverwaltungsgerichts des Landes zu berufen. [3]Die Wahlvorstände bestehen aus dem Wahlvorsteher als Vorsitzendem, seinem Stellvertreter und weiteren drei bis sieben vom Wahlvorsteher berufenen Wahlberechtigten als Beisitzern; die Landesregierung oder die von ihr bestimmte Stelle kann anordnen, daß die Beisitzer des Wahlvorstandes von der Gemeindebehörde und die Beisitzer des Wahlvorstandes zur Feststellung des Briefwahlergebnisses vom Kreiswahlleiter, im Falle einer Anordnung nach § 8 Abs. 3 von der Gemeindebehörde oder von der Kreisverwaltungsbehörde allein oder im Einvernehmen mit dem Wahlvorsteher berufen werden. [4]Bei Berufung der Beisitzer sind die in dem jeweiligen Bezirk vertretenen Parteien nach Möglichkeit zu berücksichtigen.
(3) [1]Niemand darf in mehr als einem Wahlorgan Mitglied sein. [2]Wahlbewerber, Vertrauenspersonen für Wahlvorschläge und stellvertretende Vertrauenspersonen dürfen nicht zu Mitgliedern eines Wahlorgans bestellt werden.
(4) [1]Die Gemeindebehörden sind befugt, personenbezogene Daten von Wahlberechtigten zum Zweck ihrer Berufung zu Mitgliedern von Wahlvorständen zu erheben und zu verarbeiten. [2]Zu diesem Zweck dürfen personenbezogene Daten von Wahlberechtigten, die zur Tätigkeit in Wahlvorständen geeignet sind, auch für künftige Wahlen verarbeitet werden, sofern der Betroffene der Verarbeitung nicht widersprochen hat. [3]Der Betroffene ist über das Widerspruchsrecht zu unterrichten. [4]Im Einzelnen dürfen folgende Daten erhoben und verarbeitet werden: Name, Vorname, Geburtsdatum, Anschrift, Telefonnummern, Zahl der Berufungen zu einem Mitglied der Wahlvorstände und die dabei ausgeübte Funktion.
(5) [1]Auf Ersuchen der Gemeindebehörden sind zur Sicherstellung der Wahldurchführung die Behörden des Bundes, der bundesunmittelbaren Körperschaften, Anstalten und Stiftungen des öffentlichen Rechts, der Länder, der Gemeinden, der Gemeindeverbände sowie der sonstigen der Aufsicht des Landes unterstehenden juristischen Personen des öffentlichen Rechts verpflichtet, aus dem Kreis ihrer Bediensteten unter Angabe von Name, Vorname, Geburtsdatum und Anschrift zum Zweck der Berufung als Mitglieder der Wahlvorstände Personen zu benennen, die im Gebiet der ersuchenden Gemeinde wohnen. [2]Die ersuchte Stelle hat den Betroffenen über die übermittelten Daten und den Empfänger zu benachrichtigen.

§ 10 Tätigkeit der Wahlausschüsse und Wahlvorstände
(1) [1]Die Wahlausschüsse und Wahlvorstände verhandeln, beraten und entscheiden in öffentlicher Sitzung. [2]Soweit in diesem Gesetz etwas anderes bestimmt ist, entscheidet bei den Abstimmungen Stimmenmehrheit; bei Stimmengleichheit gibt die Stimme des Vorsitzenden den Ausschlag.
(2) [1]Die Mitglieder der Wahlorgane, ihre Stellvertreter und die Schriftführer sind zur unparteiischen Wahrnehmung ihres Amtes und zur Verschwiegenheit über die ihnen bei ihrer amtlichen Tätigkeit bekannt

gewordenen Angelegenheiten verpflichtet, [2]Sie dürfen in Ausübung ihres Amtes ihr Gesicht nicht verhüllen.

§ 11 Ehrenämter

(1) [1]Die Beisitzer der Wahlausschüsse und die Mitglieder der Wahlvorstände üben ihre Tätigkeit ehrenamtlich aus. [2]Zur Übernahme dieses Ehrenamtes ist jeder Wahlberechtigte verpflichtet. [3]Das Ehrenamt darf nur aus wichtigen Gründen abgelehnt werden.

(2) (weggefallen)

(3) (weggefallen)

Dritter Abschnitt
Wahlrecht und Wählbarkeit

§ 12 Wahlrecht

(1) Wahlberechtigt sind alle Deutschen im Sinne des Artikels 116 Abs. 1 des Grundgesetzes, die am Wahltage

1. das achtzehnte Lebensjahr vollendet haben,
2. seit mindestens drei Monaten in der Bundesrepublik Deutschland eine Wohnung innehaben oder sich sonst gewöhnlich aufhalten,
3. nicht nach § 13 vom Wahlrecht ausgeschlossen sind.

(2) [1]Wahlberechtigt sind bei Vorliegen der sonstigen Voraussetzungen auch diejenigen Deutschen im Sinne des Artikels 116 Absatz 1 des Grundgesetzes, die am Wahltag außerhalb der Bundesrepublik Deutschland leben, sofern sie

1. nach Vollendung ihres vierzehnten Lebensjahres mindestens drei Monate ununterbrochen in der Bundesrepublik Deutschland eine Wohnung innegehabt oder sich sonst gewöhnlich aufgehalten haben und dieser Aufenthalt nicht länger als 25 Jahre zurückliegt oder
2. aus anderen Gründen persönlich und unmittelbar Vertrautheit mit den politischen Verhältnissen in der Bundesrepublik Deutschland erworben haben und von ihnen betroffen sind.

[2]Als Wohnung oder gewöhnlicher Aufenthalt im Sinne von Satz 1 gilt auch eine frühere Wohnung oder ein früherer Aufenthalt in dem in Artikel 3 des Einigungsvertrages genannten Gebiet. [3]Bei Rückkehr eines nach Satz 1 Wahlberechtigten in die Bundesrepublik Deutschland gilt die Dreimonatsfrist des Absatzes 1 Nr. 2 nicht.

(3) [1]Wohnung im Sinne des Gesetzes ist jeder umschlossene Raum, der zum Wohnen oder Schlafen benutzt wird. [2]Wohnwagen und Wohnschiffe sind jedoch nur dann als Wohnungen anzusehen, wenn sie nicht oder nur gelegentlich fortbewegt werden.

(4) Sofern sie in der Bundesrepublik Deutschland keine Wohnung innehaben oder innegehabt haben, gilt als Wohnung im Sinne des Absatzes 1 Nr. 2 oder des Absatzes 2 Satz 1

1. für Seeleute sowie für die Angehörigen ihres Hausstandes das von ihnen bezogene Schiff, wenn dieses nach dem Flaggenrechtsgesetz in der jeweils geltenden Fassung die Bundesflagge zu führen berechtigt ist,
2. für Binnenschiffer sowie für die Angehörigen ihres Hausstandes das von ihnen bezogene Schiff, wenn dieses in einem Schiffsregister in der Bundesrepublik Deutschland eingetragen ist,
3. für im Vollzug gerichtlich angeordneter Freiheitsentziehung befindliche Personen sowie für andere Untergebrachte die Anstalt oder die entsprechende Einrichtung.

(5) Bei der Berechnung der Dreimonatsfrist nach Absatz 1 Nr. 2 und Absatz 2 Satz 1 ist der Tag der Wohnungs- oder Aufenthaltsnahme in die Frist einzubeziehen.

§ 13 Ausschluss vom Wahlrecht

Ausgeschlossen vom Wahlrecht ist, wer infolge Richterspruchs das Wahlrecht nicht besitzt.

§ 14 Ausübung des Wahlrechts

(1) Wählen kann nur, wer in ein Wählerverzeichnis eingetragen ist oder einen Wahlschein hat.

(2) Wer im Wählerverzeichnis eingetragen ist, kann nur in dem Wahlbezirk wählen, in dessen Wählerverzeichnis er geführt wird.

(3) Wer einen Wahlschein hat, kann an der Wahl des Wahlkreises, in dem der Wahlschein ausgestellt ist,

a) durch Stimmabgabe in einem beliebigen Wahlbezirk dieses Wahlkreises oder
b) durch Briefwahl

teilnehmen.

(4) ¹Jeder Wahlberechtigte kann sein Wahlrecht nur einmal und nur persönlich ausüben. ²Eine Ausübung des Wahlrechts durch einen Vertreter anstelle des Wahlberechtigten ist unzulässig.

(5) ¹Ein Wahlberechtigter, der des Lesens unkundig oder wegen einer Behinderung an der Abgabe seiner Stimme gehindert ist, kann sich hierzu der Hilfe einer anderen Person bedienen. ²Die Hilfeleistung ist auf technische Hilfe bei der Kundgabe einer vom Wahlberechtigten selbst getroffenen und geäußerten Wahlentscheidung beschränkt. ³Unzulässig ist eine Hilfeleistung, die unter missbräuchlicher Einflussnahme erfolgt, die selbstbestimmte Willensbildung oder Entscheidung des Wahlberechtigten ersetzt oder verändert oder wenn ein Interessenkonflikt der Hilfsperson besteht.

§ 15 Wählbarkeit

(1) Wählbar ist, wer am Wahltage
1. Deutscher im Sinne des Artikels 116 Abs. 1 des Grundgesetzes ist und
2. das achtzehnte Lebensjahr vollendet hat.

(2) Nicht wählbar ist,
1. wer nach § 13 vom Wahlrecht ausgeschlossen ist oder
2. wer infolge Richterspruchs die Wählbarkeit oder die Fähigkeit zur Bekleidung öffentlicher Ämter nicht besitzt.

Vierter Abschnitt
Vorbereitung der Wahl

§ 16¹⁾ Wahltag

¹Der Bundespräsident bestimmt den Tag der Hauptwahl (Wahltag). ²Wahltag muß ein Sonntag oder gesetzlicher Feiertag sein.

§ 17 Wählerverzeichnis und Wahlschein

(1) ¹Die Gemeindebehörden führen für jeden Wahlbezirk ein Verzeichnis der Wahlberechtigten. ²Jeder Wahlberechtigte hat das Recht, an den Werktagen vom 20. bis zum 16. Tag vor der Wahl während der allgemeinen Öffnungszeiten die Richtigkeit oder Vollständigkeit der zu seiner Person im Wählerverzeichnis eingetragenen Daten zu überprüfen. ³Zur Überprüfung der Richtigkeit oder Vollständigkeit der Daten von anderen im Wählerverzeichnis eingetragenen Personen haben Wahlberechtigte während des in Satz 2 genannten Zeitraumes nur dann ein Recht auf Einsicht in das Wählerverzeichnis, wenn sie Tatsachen glaubhaft machen, aus denen sich eine Unrichtigkeit oder Unvollständigkeit des Wählerverzeichnisses ergeben kann. ⁴Das Recht zur Überprüfung gemäß Satz 3 besteht nicht hinsichtlich der Daten von Wahlberechtigten, für die im Melderegister ein Sperrvermerk gemäß § 51 Absatz 1 des Bundesmeldegesetzes eingetragen ist.

(2) Ein Wahlberechtigter, der im Wählerverzeichnis eingetragen ist, oder der aus einem von ihm nicht zu vertretenden Grund in das Wählerverzeichnis nicht aufgenommen worden ist, erhält auf Antrag einen Wahlschein.

§ 18 Wahlvorschlagsrecht, Beteiligungsanzeige

(1) Wahlvorschläge können von Parteien und nach Maßgabe des § 20 von Wahlberechtigten eingereicht werden.

(2) ¹Parteien, die im Deutschen Bundestag oder einem Landtag seit deren letzter Wahl nicht auf Grund eigener Wahlvorschläge ununterbrochen mit mindestens fünf Abgeordneten vertreten waren, können als solche einen Wahlvorschlag nur einreichen, wenn sie spätestens am siebenundneunzigsten Tage vor der Wahl bis 18 Uhr dem Bundeswahlleiter ihre Beteiligung an der Wahl schriftlich angezeigt haben und der Bundeswahlausschuß ihre Parteieigenschaft festgestellt hat. ²In der Anzeige ist anzugeben, unter welchem Namen sich die Partei an der Wahl beteiligen will. ³Die Anzeige muß von mindestens drei Mitgliedern des Bundesvorstandes, darunter dem Vorsitzenden oder seinem Stellvertreter, persönlich und handschriftlich unterzeichnet sein. ⁴Hat eine Partei keinen Bundesvorstand, so tritt der Vorstand der jeweils obersten Parteiorganisation an die Stelle des Bundesvorstandes. ⁵Die schriftliche Satzung und das schriftliche Programm der Partei sowie ein Nachweis über die satzungsgemäße Bestellung des Vorstandes sind der Anzeige beizufügen. ⁶Der Anzeige sollen Nachweise über die Parteieigenschaft nach § 2 Absatz 1 Satz 1 des Parteiengesetzes beigefügt werden.

(3) ¹Der Bundeswahlleiter hat die Anzeige nach Absatz 2 unverzüglich nach Eingang zu prüfen. ²Stellt er Mängel fest, so benachrichtigt er sofort den Vorstand und fordert ihn auf, behebbare Mängel zu besei-

1) Siehe hierzu ua:
 die AnO über die Bundestagswahl 2013.

tigen. [3]Nach Ablauf der Anzeigefrist können nur noch Mängel an sich gültiger Anzeigen behoben werden. [4]Eine gültige Anzeige liegt nicht vor, wenn

1. die Form oder Frist des Absatzes 2 nicht gewahrt ist,
2. die Parteibezeichnung fehlt,
3. die nach Absatz 2 erforderlichen gültigen Unterschriften und die der Anzeige beizufügenden Anlagen fehlen, es sei denn, diese Anlagen können infolge von Umständen, die die Partei nicht zu vertreten hat, nicht rechtzeitig vorgelegt werden,
4. die Vorstandsmitglieder mangelhaft bezeichnet sind, so daß ihre Person nicht feststeht.

[5]Nach der Entscheidung über die Feststellung der Parteieigenschaft ist jede Mängelbeseitigung ausgeschlossen. [6]Gegen Verfügungen des Bundeswahlleiters im Mängelbeseitigungsverfahren kann der Vorstand den Bundeswahlausschuß anrufen.

(4) [1]Der Bundeswahlausschuß stellt spätestens am neunundsiebzigsten Tage vor der Wahl für alle Wahlorgane verbindlich fest,

1. welche Parteien im Deutschen Bundestag oder in einem Landtag seit deren letzter Wahl auf Grund eigener Wahlvorschläge ununterbrochen mit mindestens fünf Abgeordneten vertreten waren,
2. welche Vereinigungen, die nach Absatz 2 ihre Beteiligung angezeigt haben, für die Wahl als Parteien anzuerkennen sind; für die Ablehnung der Anerkennung als Partei für die Wahl ist eine Zweidrittelmehrheit erforderlich.

[2]Die Feststellung ist vom Bundeswahlleiter in der Sitzung des Bundeswahlausschusses bekannt zu geben. [3]Sie ist öffentlich bekannt zu machen.

(4a) [1]Gegen eine Feststellung nach Absatz 4, die sie an der Einreichung von Wahlvorschlägen hindert, kann eine Partei oder Vereinigung binnen vier Tagen nach Bekanntgabe Beschwerde zum Bundesverfassungsgericht erheben. [2]In diesem Fall ist die Partei oder Vereinigung von den Wahlorganen bis zu einer Entscheidung des Bundesverfassungsgerichts, längstens bis zum Ablauf des neunundfünfzigsten Tages vor der Wahl wie eine wahlvorschlagsberechtigte Partei zu behandeln.

(5) Eine Partei kann in jedem Wahlkreis nur einen Kreiswahlvorschlag und in jedem Land eine Landesliste einreichen.

§ 19 Einreichung der Wahlvorschläge

Kreiswahlvorschläge sind dem Kreiswahlleiter, Landeslisten dem Landeswahlleiter spätestens am neunundsechzigsten Tage vor der Wahl bis 18 Uhr schriftlich einzureichen.

§ 20 Inhalt und Form der Kreiswahlvorschläge

(1) [1]Der Kreiswahlvorschlag darf nur den Namen eines Bewerbers enthalten. [2]Jeder Bewerber kann nur in einem Wahlkreis und hier nur in einem Kreiswahlvorschlag benannt werden. [3]Als Bewerber kann nur vorgeschlagen werden, wer seine Zustimmung dazu schriftlich erteilt hat; die Zustimmung ist unwiderruflich.

(2) [1]Kreiswahlvorschläge von Parteien müssen von dem Vorstand des Landesverbandes oder, wenn Landesverbände nicht bestehen, von den Vorständen der nächstniedrigen Gebietsverbände, in deren Bereich der Wahlkreis liegt, persönlich und handschriftlich unterzeichnet sein. [2]Kreiswahlvorschläge der in § 18 Abs. 2 genannten Parteien müssen außerdem von mindestens 200 Wahlberechtigten des Wahlkreises persönlich und handschriftlich unterzeichnet sein; die Wahlberechtigung muß im Zeitpunkt der Unterzeichnung gegeben sein und ist bei Einreichung des Kreiswahlvorschlages nachzuweisen. [3]Das Erfordernis von 200 Unterschriften gilt nicht für Kreiswahlvorschläge von Parteien nationaler Minderheiten.

(3) [1]Andere Kreiswahlvorschläge müssen von mindestens 200 Wahlberechtigten des Wahlkreises persönlich und handschriftlich unterzeichnet sein. [2]Absatz 2 Satz 2 zweiter Halbsatz gilt entsprechend.

(4) Kreiswahlvorschläge von Parteien müssen den Namen der einreichenden Partei und, sofern sie eine Kurzbezeichnung verwendet, auch diese, andere Kreiswahlvorschläge ein Kennwort enthalten.

§ 21 Aufstellung von Parteibewerbern

(1) [1]Als Bewerber einer Partei kann in einem Kreiswahlvorschlag nur benannt werden, wer nicht Mitglied einer anderen Partei ist und in einer Mitgliederversammlung zur Wahl eines Wahlkreisbewerbers oder in einer besonderen oder allgemeinen Vertreterversammlung hierzu gewählt worden ist. [2]Mitgliederversammlung zur Wahl eines Wahlkreisbewerbers ist eine Versammlung der im Zeitpunkt ihres Zusammentritts im Wahlkreis zum Deutschen Bundestag wahlberechtigten Mitglieder der Partei. [3]Besondere Vertreterversammlung ist eine Versammlung der von einer derartigen Mitgliederversammlung aus ihrer Mitte gewählten Vertreter. [4]Allgemeine Vertreterversammlung ist eine nach der Satzung der Partei (§ 6 des Parteiengesetzes) allgemein für bevorstehende Wahlen von einer derartigen Mitgliederversammlung aus ihrer Mitte bestellte Versammlung.

(2) In Kreisen und kreisfreien Städten, die mehrere Wahlkreise umfassen, können die Bewerber für diejenigen Wahlkreise, deren Gebiet die Grenze des Kreises oder der kreisfreien Stadt nicht durchschneidet, in einer gemeinsamen Mitglieder- oder Vertreterversammlung gewählt werden.

(3) [1]Die Bewerber und die Vertreter für die Vertreterversammlungen werden in geheimer Abstimmung gewählt. [2]Jeder stimmberechtigte Teilnehmer der Versammlung ist hierbei vorschlagsberechtigt. [3]Den Bewerbern ist Gelegenheit zu geben, sich und ihr Programm der Versammlung in angemessener Zeit vorzustellen. [4]Die Wahlen dürfen frühestens 32 Monate, für die Vertreterversammlungen frühestens 29 Monate nach Beginn der Wahlperiode des Deutschen Bundestages stattfinden; dies gilt nicht, wenn die Wahlperiode vorzeitig endet.

(4) [1]Der Vorstand des Landesverbandes oder, wenn Landesverbände nicht bestehen, die Vorstände der nächstniedrigen Gebietsverbände, in deren Bereich der Wahlkreis liegt oder eine andere in der Parteisatzung hierfür vorgesehene Stelle können gegen den Beschluß einer Mitglieder- oder Vertreterversammlung Einspruch erheben. [2]Auf einen solchen Einspruch ist die Abstimmung zu wiederholen. [3]Ihr Ergebnis ist endgültig.

(5) Das Nähere über die Wahl der Vertreter für die Vertreterversammlung, über die Einberufung und Beschlußfähigkeit der Mitglieder- oder Vertreterversammlung sowie über das Verfahren für die Wahl des Bewerbers regeln die Parteien durch ihre Satzungen.

(6) [1]Eine Ausfertigung der Niederschrift über die Wahl des Bewerbers mit Angaben über Ort und Zeit der Versammlung, Form der Einladung, Zahl der erschienenen Mitglieder und Ergebnis der Abstimmung ist mit dem Kreiswahlvorschlag einzureichen. [2]Hierbei haben der Leiter der Versammlung und zwei von dieser bestimmte Teilnehmer gegenüber dem Kreiswahlleiter an Eides Statt zu versichern, dass die Anforderungen gemäß Absatz 3 Satz 1 bis 3 beachtet worden sind. [3]Der Kreiswahlleiter ist zur Abnahme einer solchen Versicherung an Eides Statt zuständig; er gilt als Behörde im Sinne des § 156 des Strafgesetzbuches.

§ 22 Vertrauensperson

(1) [1]In jedem Kreiswahlvorschlag sollen eine Vertrauensperson und eine stellvertretende Vertrauensperson bezeichnet werden. [2]Fehlt diese Bezeichnung, so gilt die Person, die als erste unterzeichnet hat, als Vertrauensperson, und diejenige, die als zweite unterzeichnet hat, als stellvertretende Vertrauensperson.

(2) Soweit in diesem Gesetz nichts anderes bestimmt ist, sind nur die Vertrauensperson und die stellvertretende Vertrauensperson, jede für sich, berechtigt, verbindliche Erklärungen zum Kreiswahlvorschlag abzugeben und entgegenzunehmen.

(3) Die Vertrauensperson und die stellvertretende Vertrauensperson können durch schriftliche Erklärung der Mehrheit der Unterzeichner des Kreiswahlvorschlages an den Kreiswahlleiter abberufen und durch andere ersetzt werden.

§ 23 Zurücknahme von Kreiswahlvorschlägen

[1]Ein Kreiswahlvorschlag kann durch gemeinsame schriftliche Erklärung der Vertrauensperson und der stellvertretenden Vertrauensperson zurückgenommen werden, solange nicht über seine Zulassung entschieden ist. [2]Ein von mindestens 200 Wahlberechtigten unterzeichneter Kreiswahlvorschlag kann auch von der Mehrheit der Unterzeichner durch eine von ihnen persönlich und handschriftlich vollzogene Erklärung zurückgenommen werden.

§ 24 Änderung von Kreiswahlvorschlägen

[1]Ein Kreiswahlvorschlag kann nach Ablauf der Einreichungsfrist nur durch gemeinsame schriftliche Erklärung der Vertrauensperson und der stellvertretenden Vertrauensperson und nur dann geändert werden, wenn der Bewerber stirbt oder die Wählbarkeit verliert. [2]Das Verfahren nach § 21 braucht nicht eingehalten zu werden, der Unterschriften nach § 20 Abs. 2 und 3 bedarf es nicht. [3]Nach der Entscheidung über die Zulassung eines Kreiswahlvorschlages (§ 26 Abs. 1 Satz 1) ist jede Änderung ausgeschlossen.

§ 25 Beseitigung von Mängeln

(1) [1]Der Kreiswahlleiter hat die Kreiswahlvorschläge unverzüglich nach Eingang zu prüfen. [2]Stellt er bei einem Kreiswahlvorschlag Mängel fest, so benachrichtigt er sofort die Vertrauensperson und fordert sie auf, behebbare Mängel rechtzeitig zu beseitigen.

(2) [1]Nach Ablauf der Einreichungsfrist können nur noch Mängel an sich gültiger Wahlvorschläge behoben werden. [2]Ein gültiger Wahlvorschlag liegt nicht vor, wenn

1. die Form oder Frist des § 19 nicht gewahrt ist,
2. die nach § 20 Abs. 2 Sätze 1 und 2 sowie Absatz 3 erforderlichen gültigen Unterschriften mit dem Nachweis der Wahlberechtigung der Unterzeichner fehlen, es sei denn, der Nachweis kann infolge

von Umständen, die der Wahlvorschlagsberechtigte nicht zu vertreten hat, nicht rechtzeitig erbracht werden,

3. bei einem Parteiwahlvorschlag die Parteibezeichnung fehlt, die nach § 18 Abs. 2 erforderliche Feststellung der Parteieigenschaft abgelehnt ist oder die Nachweise des § 21 nicht erbracht sind,

4. der Bewerber mangelhaft bezeichnet ist, so daß seine Person nicht feststeht oder

5. die Zustimmungserklärung des Bewerbers fehlt.

(3) Nach der Entscheidung über die Zulassung eines Kreiswahlvorschlages (§ 26 Abs. 1Satz 1) ist jede Mängelbeseitigung ausgeschlossen.

(4) Gegen Verfügungen des Kreiswahlleiters im Mängelbeseitigungsverfahren kann die Vertrauensperson den Kreiswahlausschuß anrufen.

§ 26 Zulassung der Kreiswahlvorschläge

(1) ¹Der Kreiswahlausschuß entscheidet am achtundfünfzigsten Tage vor der Wahl über die Zulassung der Kreiswahlvorschläge. ²Er hat Kreiswahlvorschläge zurückzuweisen, wenn sie

1. verspätet eingereicht sind oder

2. den Anforderungen nicht entsprechen, die durch dieses Gesetz und die Bundeswahlordnung aufgestellt sind, es sei denn, daß in diesen Vorschriften etwas anderes bestimmt ist.

³Die Entscheidung ist in der Sitzung des Kreiswahlausschusses bekanntzugeben.

(2) ¹Weist der Kreiswahlausschuß einen Kreiswahlvorschlag zurück, so kann binnen drei Tagen nach Bekanntgabe der Entscheidung Beschwerde an den Landeswahlausschuß eingelegt werden. ²Beschwerdeberechtigt sind die Vertrauensperson des Kreiswahlvorschlages, der Bundeswahlleiter und der Kreiswahlleiter. ³Der Bundeswahlleiter und der Kreiswahlleiter können auch gegen eine Entscheidung, durch die ein Kreiswahlvorschlag zugelassen wird, Beschwerde erheben. ⁴In der Beschwerdeverhandlung sind die erschienenen Beteiligten zu hören. ⁵Die Entscheidung über die Beschwerde muß spätestens am zweiundfünfzigsten Tage vor der Wahl getroffen werden.

(3) Der Kreiswahlleiter macht die zugelassenen Kreiswahlvorschläge spätestens am achtundvierzigsten Tage vor der Wahl öffentlich bekannt.

§ 27 Landeslisten

(1) ¹Landeslisten können nur von Parteien eingereicht werden. ²Sie müssen von dem Vorstand des Landesverbandes oder, wenn Landesverbände nicht bestehen, von den Vorständen der nächstniedrigen Gebietsverbände, die im Bereich des Landes liegen, bei den in § 18 Abs. 2 genannten Parteien außerdem von 1 vom Tausend der Wahlberechtigten des Landes bei der letzten Bundestagswahl, jedoch höchstens 2 000 Wahlberechtigten, persönlich und handschriftlich unterzeichnet sein. ³Die Wahlberechtigung der Unterzeichner eines Wahlvorschlages einer der in § 18 Abs. 2 genannten Parteien muß im Zeitpunkt der Unterzeichnung gegeben sein und ist bei Einreichung der Landesliste nachzuweisen. ⁴Das Erfordernis zusätzlicher Unterschriften gilt nicht für Landeslisten von Parteien nationaler Minderheiten.

(2) Landeslisten müssen den Namen der einreichenden Partei und, sofern sie eine Kurzbezeichnung verwendet, auch diese enthalten.

(3) Die Namen der Bewerber müssen in erkennbarer Reihenfolge aufgeführt sein.

(4) ¹Ein Bewerber kann nur in einem Land und hier nur in einer Landesliste vorgeschlagen werden. ²In einer Landesliste kann nur benannt werden, wer seine Zustimmung dazu schriftlich erklärt hat; die Zustimmung ist unwiderruflich.

(5) § 21 Abs. 1, 3, 5 und 6 sowie die §§ 22 bis 25 gelten entsprechend mit der Maßgabe, daß die Versicherung an Eides Statt nach § 21 Abs. 6 Satz 2 sich auch darauf zu erstrecken hat, daß die Festlegung der Reihenfolge der Bewerber in der Landesliste in geheimer Abstimmung erfolgt ist.

§ 28 Zulassung der Landeslisten

(1) ¹Der Landeswahlausschuß entscheidet am achtundfünfzigsten Tage vor der Wahl über die Zulassung der Landeslisten. ²Er hat Landeslisten zurückzuweisen, wenn sie

1. verspätet eingereicht sind oder

2. den Anforderungen nicht entsprechen, die durch dieses Gesetz und die Bundeswahlordnung aufgestellt sind, es sei denn, daß in diesen Vorschriften etwas anderes bestimmt ist.

³Sind die Anforderungen nur hinsichtlich einzelner Bewerber nicht erfüllt, so werden ihre Namen aus der Landesliste gestrichen. ⁴Die Entscheidung ist in der Sitzung des Landeswahlausschusses bekanntzugeben.

(2) ¹Weist der Landeswahlausschuß eine Landesliste ganz oder teilweise zurück, so kann binnen drei Tagen nach Bekanntgabe der Entscheidung Beschwerde an den Bundeswahlausschuß eingelegt werden. ²Beschwerdeberechtigt sind die Vertrauensperson der Landesliste und der Landeswahlleiter. ³Der Landeswahlleiter kann auch gegen eine Entscheidung, durch die eine Landesliste zugelassen wird, Beschwer-

de erheben. [4]In der Beschwerdeverhandlung sind die erschienenen Beteiligten zu hören. [5]Die Entscheidung über die Beschwerde muß spätestens am zweiundfünfzigsten Tage vor der Wahl getroffen werden. (3) Der Landeswahlleiter macht die zugelassenen Landeslisten spätestens am achtundvierzigsten Tage vor der Wahl öffentlich bekannt.

§ 29 *[aufgehoben]*

§ 30 Stimmzettel

(1) Die Stimmzettel und die zugehörigen Umschläge für die Briefwahl (§ 36 Abs. 1) werden amtlich hergestellt.

(2) Der Stimmzettel enthält

1. für die Wahl in den Wahlkreisen die Namen der Bewerber der zugelassenen Kreiswahlvorschläge, bei Kreiswahlvorschlägen von Parteien außerdem die Namen der Parteien und, sofern sie eine Kurzbezeichnung verwenden, auch diese, bei anderen Kreiswahlvorschlägen außerdem das Kennwort,
2. für die Wahl nach Landeslisten die Namen der Parteien und, sofern sie eine Kurzbezeichnung verwenden, auch diese, sowie die Namen der ersten fünf Bewerber der zugelassenen Landeslisten.

(3) [1]Die Reihenfolge der Landeslisten von Parteien richtet sich nach der Zahl der Zweitstimmen, die sie bei der letzten Bundestagswahl im Land erreicht haben. [2]Die übrigen Landeslisten schließen sich in alphabetischer Reihenfolge der Namen der Parteien an. [3]Die Reihenfolge der Kreiswahlvorschläge richtet sich nach der Reihenfolge der entsprechenden Landeslisten. [4]Sonstige Kreiswahlvorschläge schließen sich in alphabetischer Reihenfolge der Namen der Parteien oder der Kennwörter an.

Fünfter Abschnitt
Wahlhandlung

§ 31 Öffentlichkeit der Wahlhandlung

[1]Die Wahlhandlung ist öffentlich. [2]Der Wahlvorstand kann Personen, die die Ordnung und Ruhe stören, aus dem Wahlraum verweisen.

§ 32 Unzulässige Wahlpropaganda und Unterschriftensammlung, unzulässige Veröffentlichung von Wählerbefragungen

(1) Während der Wahlzeit sind in und an dem Gebäude, in dem sich der Wahlraum befindet, sowie unmittelbar vor dem Zugang zu dem Gebäude jede Beeinflussung der Wähler durch Wort, Ton, Schrift oder Bild sowie jede Unterschriftensammlung verboten.

(2) Die Veröffentlichung von Ergebnissen von Wählerbefragungen nach der Stimmabgabe über den Inhalt der Wahlentscheidung ist vor Ablauf der Wahlzeit unzulässig.

§ 33 Wahrung des Wahlgeheimnisses

(1) [1]Es sind Vorkehrungen dafür zu treffen, dass der Wähler den Stimmzettel unbeobachtet kennzeichnen und falten kann. [2]Für die Aufnahme der Stimmzettel sind Wahlurnen zu verwenden, die die Wahrung des Wahlgeheimnisses sicherstellen.

(2) [1]Die nach § 14 Absatz 5 zulässige Hilfe bei der Stimmabgabe bleibt unberührt. [2]Die Hilfsperson ist zur Geheimhaltung der Kenntnisse verpflichtet, die sie bei der Hilfeleistung von der Wahl einer anderen Person erlangt hat.

§ 34 Stimmabgabe mit Stimmzetteln

(1) Gewählt wird mit amtlichen Stimmzetteln.

(2) [1]Der Wähler gibt

1. seine Erststimme in der Weise ab, daß er durch ein auf den Stimmzettel gesetztes Kreuz oder auf andere Weise eindeutig kenntlich macht, welchem Bewerber sie gelten soll,
2. seine Zweitstimme in der Weise ab, daß er durch ein auf den Stimmzettel gesetztes Kreuz oder auf andere Weise eindeutig kenntlich macht, welcher Landesliste sie gelten soll.

[2]Der Wähler faltet daraufhin den Stimmzettel in der Weise, dass seine Stimmabgabe nicht erkennbar ist, und wirft ihn in die Wahlurne.

§ 35 Stimmabgabe mit Wahlgeräten

(1) Zur Erleichterung der Abgabe und Zählung der Stimmen können anstelle von Stimmzetteln und Wahlurnen Wahlgeräte benutzt werden.

(2) [1]Wahlgeräte im Sinne von Absatz 1 müssen die Geheimhaltung der Stimmabgabe gewährleisten. [2]Ihre Bauart muß für die Verwendung bei Wahlen zum Deutschen Bundestag amtlich für einzelne Wahlen oder allgemein zugelassen sein. [3]Über die Zulassung entscheidet das Bundesministerium des Innern, für Bau

und Heimat auf Antrag des Herstellers des Wahlgerätes. [4]Die Verwendung eines amtlich zugelassenen Wahlgerätes bedarf der Genehmigung durch das Bundesministerium des Innern, für Bau und Heimat. [5]Die Genehmigung kann für einzelne Wahlen oder allgemein ausgesprochen werden.

(3) [1]Das Bundesministerium des Innern, für Bau und Heimat wird ermächtigt, durch Rechtsverordnung[1], die nicht der Zustimmung des Bundesrates bedarf, nähere Bestimmungen zu erlassen über

1. die Voraussetzungen für die amtliche Zulassung der Bauart von Wahlgeräten sowie für die Rücknahme und den Widerruf der Zulassung,
2. das Verfahren für die amtliche Zulassung der Bauart,
3. das Verfahren für die Prüfung eines Wahlgerätes auf die der amtlich zugelassenen Bauart entsprechende Ausführung,
4. die öffentliche Erprobung eines Wahlgerätes vor seiner Verwendung,
5. das Verfahren für die amtliche Genehmigung der Verwendung sowie für die Rücknahme und den Widerruf der Genehmigung,
6. die durch die Verwendung von Wahlgeräten bedingten Besonderheiten im Zusammenhang mit der Wahl.

[2]Die Rechtsverordnung ergeht in den Fällen der Nummern 1 und 3 im Einvernehmen mit dem Bundesministerium für Wirtschaft und Energie.

(4) Für die Betätigung eines Wahlgerätes gilt § 33 Abs. 1 Satz 1 und Abs. 2 entsprechend.

§ 36 Briefwahl

(1) [1]Bei der Briefwahl hat der Wähler dem Kreiswahlleiter des Wahlkreises, in dem der Wahlschein ausgestellt worden ist, im verschlossenen Wahlbriefumschlag

a) seinen Wahlschein
b) in einem besonderen verschlossenen Stimmzettelumschlag seinen Stimmzettel

so rechtzeitig zu übersenden, daß der Wahlbrief spätestens am Wahltage bis 18 Uhr eingeht. [2]§ 33 Abs. 2 gilt entsprechend.

(2) [1]Auf dem Wahlschein hat der Wähler oder die Hilfsperson gegenüber dem Kreiswahlleiter an Eides Statt zu versichern, daß der Stimmzettel persönlich oder gemäß dem erklärten Willen des Wählers gekennzeichnet worden ist. [2]Der Kreiswahlleiter ist zur Abnahme einer solchen Versicherung an Eides Statt zuständig; er gilt als Behörde im Sinne des § 156 des Strafgesetzbuches.

(3) Im Falle einer Anordnung der Landesregierung oder der von ihr bestimmten Stelle nach § 8 Abs. 3 tritt an die Stelle des Kreiswahlleiters in Absatz 1 Satz 1 und in Absatz 2 die Gemeindebehörde, die den Wahlschein ausgestellt hat, oder die Verwaltungsbehörde des Kreises, in dem diese Gemeinde liegt.

(4) [1]Wahlbriefe können von den Absendern bei einem vor der Wahl amtlich bekannt gemachten Postunternehmen als Briefsendungen ohne besondere Versendungsform unentgeltlich eingeliefert werden, wenn sie sich in amtlichen Wahlbriefumschlägen befinden. [2]Bei Inanspruchnahme einer besonderen Versendungsform hat der Absender den das jeweils für die Briefbeförderung gültige Leistungsentgelt übersteigenden Betrag zu tragen. [3]Der Bund trägt die Kosten für die unentgeltliche Wahlbriefbeförderung.

Sechster Abschnitt
Feststellung des Wahlergebnisses

§ 37 Feststellung des Wahlergebnisses im Wahlbezirk
Nach Beendigung der Wahlhandlung stellt der Wahlvorstand fest, wieviel Stimmen im Wahlbezirk auf die einzelnen Kreiswahlvorschläge und Landeslisten abgegeben worden sind.

§ 38 Feststellung des Briefwahlergebnisses
Der für die Briefwahl eingesetzte Wahlvorstand stellt fest, wieviel durch Briefwahl abgegebene Stimmen auf die einzelnen Kreiswahlvorschläge und Landeslisten entfallen.

§ 39 Ungültige Stimmen, Zurückweisung von Wahlbriefen, Auslegungsregeln
(1) [1]Ungültig sind Stimmen, wenn der Stimmzettel
1. nicht amtlich hergestellt ist,
2. keine Kennzeichnung enthält,
3. für einen anderen Wahlkreis gültig ist,
4. den Willen des Wählers nicht zweifelsfrei erkennen läßt,
5. einen Zusatz oder Vorbehalt enthält.

1) Siehe die BundeswahlgeräteVO.

²In den Fällen der Nummern 1 und 2 sind beide Stimmen ungültig; im Fall der Nummer 3 ist nur die Erststimme ungültig, wenn der Stimmzettel für einen anderen Wahlkreis in demselben Land gültig ist. ³Bei der Briefwahl sind außerdem beide Stimmen ungültig, wenn der Stimmzettel nicht in einem amtlichen Stimmzettelumschlag oder in einem Stimmzettelumschlag abgegeben worden ist, der offensichtlich in einer das Wahlgeheimnis gefährdenden Weise von den übrigen abweicht oder einen deutlich fühlbaren Gegenstand enthält, jedoch eine Zurückweisung gemäß Absatz 4 Nr. 7 oder 8 nicht erfolgt ist. ⁴Enthält der Stimmzettel nur eine Stimmabgabe, so ist die nicht abgegebene Stimme ungültig.

(2) Mehrere in einem Stimmzettelumschlag enthaltene Stimmzettel gelten als ein Stimmzettel, wenn sie gleich lauten oder nur einer von ihnen gekennzeichnet ist; sonst zählen sie als ein Stimmzettel mit zwei ungültigen Stimmen.

(3) Ist der Stimmzettelumschlag leer abgegeben worden, so gelten beide Stimmen als ungültig.

(4) ¹Bei der Briefwahl sind Wahlbriefe zurückzuweisen, wenn
1. der Wahlbrief nicht rechtzeitig eingegangen ist,
2. dem Wahlbriefumschlag kein oder kein gültiger Wahlschein beiliegt,
3. dem Wahlbriefumschlag kein Stimmzettelumschlag beigefügt ist,
4. weder der Wahlbriefumschlag noch der Stimmzettelumschlag verschlossen ist,
5. der Wahlbriefumschlag mehrere Stimmzettelumschläge, aber nicht eine gleiche Anzahl gültiger und mit der vorgeschriebenen Versicherung an Eides Statt versehener Wahlscheine enthält,
6. der Wähler oder die Hilfsperson die vorgeschriebene Versicherung an Eides Statt zur Briefwahl auf dem Wahlschein nicht unterschrieben hat,
7. kein amtlicher Stimmzettelumschlag benutzt worden ist,
8. ein Stimmzettelumschlag benutzt worden ist, der offensichtlich in einer das Wahlgeheimnis gefährdenden Weise von den übrigen abweicht oder einen deutlich fühlbaren Gegenstand enthält.
²Die Einsender zurückgewiesener Wahlbriefe werden nicht als Wähler gezählt; ihre Stimmen gelten als nicht abgegeben.

(5) Die Stimmen eines Wählers, der an der Briefwahl teilgenommen hat, werden nicht dadurch ungültig, daß er vor dem oder am Wahltage stirbt oder sein Wahlrecht nach § 13 verliert.

§ 40 Entscheidung des Wahlvorstandes
¹Der Wahlvorstand entscheidet über die Gültigkeit der abgegebenen Stimmen und über alle bei der Wahlhandlung und bei der Ermittlung des Wahlergebnisses sich ergebenden Anstände. ²Der Kreiswahlausschuß hat das Recht der Nachprüfung.

§ 41 Feststellung des Wahlergebnisses im Wahlkreis
¹Der Kreiswahlausschuß stellt fest, wieviel Stimmen im Wahlkreis für die einzelnen Kreiswahlvorschläge und Landeslisten abgegeben worden sind und welcher Bewerber als Wahlkreisabgeordneter gewählt ist. ²Der Kreiswahlleiter benachrichtigt den gewählten Bewerber und weist ihn darauf hin, dass er nach der abschließenden Feststellung des Ergebnisses für das Wahlgebiet durch den Bundeswahlausschuss (§ 42 Abs. 2 Satz 1) die Mitgliedschaft im Deutschen Bundestag mit Eröffnung der ersten Sitzung nach der Wahl erlangt und eine Ablehnung des Erwerbs der Mitgliedschaft gegenüber dem Landeswahlleiter erfolgen muss.

§ 42 Feststellung des Ergebnisses der Landeslistenwahl
(1) Der Landeswahlausschuß stellt fest, wieviel Stimmen im Land für die einzelnen Landeslisten abgegeben worden sind.
(2) ¹Der Bundeswahlausschuß stellt fest, wieviel Sitze auf die einzelnen Landeslisten entfallen und welche Bewerber gewählt sind. ²Der Landeswahlleiter benachrichtigt die gewählten Bewerber und weist sie darauf hin, dass sie nach der abschließenden Feststellung des Ergebnisses für das Wahlgebiet durch den Bundeswahlausschuss die Mitgliedschaft im Deutschen Bundestag mit Eröffnung der ersten Sitzung nach der Wahl erlangen und eine Ablehnung des Erwerbs der Mitgliedschaft gegenüber dem Landeswahlleiter erfolgen muss.

Siebenter Abschnitt
Besondere Vorschriften für Nachwahlen und Wiederholungswahlen

§ 43 Nachwahl
(1) Eine Nachwahl findet statt,
1. wenn in einem Wahlkreis oder in einem Wahlbezirk die Wahl nicht durchgeführt worden ist,
2. wenn ein Wahlkreisbewerber nach der Zulassung des Kreiswahlvorschlages, aber noch vor der Wahl stirbt.

(2) ¹Die Nachwahl soll im Fall des Absatzes 1 Nr. 1 spätestens drei Wochen nach dem Tag der Hauptwahl stattfinden. ²Im Fall des Absatzes 1 Nr. 2 kann sie am Tag der Hauptwahl stattfinden; sie soll spätestens sechs Wochen nach dem Tag der Hauptwahl stattfinden. ³Den Tag der Nachwahl bestimmt der Landeswahlleiter.

(3) Die Nachwahl findet nach denselben Vorschriften und auf denselben Grundlagen wie die Hauptwahl statt.

(4) Im Fall einer Nachwahl ist das vorläufige Ergebnis der Hauptwahl unmittelbar im Anschluss an die Wahlhandlung der Hauptwahl auf der Grundlage der erfolgten Stimmabgaben zu ermitteln, festzustellen und bekannt zu geben.

§ 44 Wiederholungswahl

(1) Wird im Wahlprüfungsverfahren eine Wahl ganz oder teilweise für ungültig erklärt, so ist sie nach Maßgabe der Entscheidung zu wiederholen.

(2) Die Wiederholungswahl findet nach denselben Vorschriften, denselben Wahlvorschlägen und, wenn seit der Hauptwahl noch nicht sechs Monate verflossen sind, auf Grund derselben Wählerverzeichnisse wie die Hauptwahl statt, soweit nicht die Entscheidung im Wahlprüfungsverfahren hinsichtlich der Wahlvorschläge und Wählerverzeichnisse Abweichungen vorschreibt.

(3) ¹Die Wiederholungswahl muß spätestens sechzig Tage nach Rechtskraft der Entscheidung stattfinden, durch die die Wahl für ungültig erklärt worden ist. ²Ist die Wahl nur teilweise für ungültig erklärt worden, so unterbleibt die Wiederholungswahl, wenn feststeht, daß innerhalb von sechs Monaten ein neuer Deutscher Bundestag gewählt wird. ³Den Tag der Wiederholungswahl bestimmt der Landeswahlleiter, im Falle einer Wiederholungswahl für das ganze Wahlgebiet der Bundespräsident.

(4) ¹Auf Grund der Wiederholungswahl wird das Wahlergebnis nach den Vorschriften des Sechsten Abschnittes neu festgestellt. ²Die nach § 41 Satz 2 und § 42 Abs. 2 Satz 2 zuständigen Wahlleiter benachrichtigen die gewählten Bewerber und fordern sie auf, binnen einer Woche schriftlich zu erklären, ob sie die Wahl annehmen.

Achter Abschnitt
Erwerb und Verlust der Mitgliedschaft im Deutschen Bundestag

§ 45 Erwerb der Mitgliedschaft im Deutschen Bundestag

(1) ¹Ein gewählter Bewerber erwirbt die Mitgliedschaft im Deutschen Bundestag nach der abschließenden Feststellung des Ergebnisses für das Wahlgebiet durch den Bundeswahlausschuss (§ 42 Abs. 2 Satz 1) mit der Eröffnung der ersten Sitzung des Deutschen Bundestages nach der Wahl. ²Eine Ablehnung des Erwerbs der Mitgliedschaft muss vor der ersten Sitzung gegenüber dem Landeswahlleiter schriftlich erklärt werden. ³Eine Erklärung unter Vorbehalt gilt als Ablehnung. ⁴Die Erklärung kann nicht widerrufen werden.

(2) Bei einer Ersatzwahl (§ 48 Abs. 2) gilt Absatz 1 entsprechend mit der Maßgabe, dass ein gewählter Bewerber die Mitgliedschaft im Deutschen Bundestag nach der Feststellung des endgültigen Wahlergebnisses für die Ersatzwahl erwirbt.

(3) ¹Bei einer Listennachfolge (§ 48 Abs. 1) oder einer Wiederholungswahl (§ 44) wird die Mitgliedschaft im Deutschen Bundestag mit dem frist- und formgerechten Eingang der auf die Benachrichtigung erfolgenden Annahmeerklärung beim zuständigen Wahlleiter, jedoch nicht vor Ausscheiden des ursprünglich gewählten Abgeordneten erworben. ²Liegt bei Ablehnung des Erwerbs der Mitgliedschaft im Deutschen Bundestag durch einen gewählten Bewerber die Annahmeerklärung des Listennachfolgers bereits vor der ersten Sitzung des Deutschen Bundestages nach der Wahl vor, erwirbt der Listennachfolger das Mandat mit der Eröffnung dieser Sitzung. ³Gibt der Listennachfolger oder durch Wiederholungswahl gewählte Bewerber bis zum Ablauf der Frist keine oder keine formgerechte Erklärung ab, so gilt die Nachfolge oder Wahl zu diesem Zeitpunkt als angenommen. ⁴Absatz 1 Satz 3 und 4 gilt entsprechend.

§ 46 Verlust der Mitgliedschaft im Deutschen Bundestag

(1) ¹Ein Abgeordneter verliert die Mitgliedschaft im Deutschen Bundestag bei
1. Ungültigkeit des Erwerbs der Mitgliedschaft,
2. Neufeststellung des Wahlergebnisses,
3. Wegfall einer Voraussetzung seiner jederzeitigen Wählbarkeit,
4. Verzicht,
5. Feststellung der Verfassungswidrigkeit der Partei oder der Teilorganisation einer Partei, der er angehört, durch das Bundesverfassungsgericht nach Artikel 21 Abs. 2 Satz 2 des Grundgesetzes.
²Verlustgründe nach anderen gesetzlichen Vorschriften bleiben unberührt.

(2) Bei Ungültigkeit seiner Wahl im Wahlkreis bleibt der Abgeordnete Mitglied des Deutschen Bundestages, wenn er zugleich auf einer Landesliste gewählt war, aber nach § 6 Absatz 6 Satz 5 unberücksichtigt geblieben ist.

(3) [1]Der Verzicht ist nur wirksam, wenn er zur Niederschrift des Präsidenten des Deutschen Bundestages, eines deutschen Notars, der seinen Sitz im Geltungsbereich dieses Gesetzes hat, oder eines zur Vornahme von Beurkundungen ermächtigten Bediensteten einer deutschen Auslandsvertretung erklärt wird. [2]Die notarielle oder bei einer Auslandsvertretung abgegebene Verzichtserklärung hat der Abgeordnete dem Bundestagspräsidenten zu übermitteln. [3]Der Verzicht kann nicht widerrufen werden.

(4) [1]Wird eine Partei oder die Teilorganisation einer Partei durch das Bundesverfassungsgericht nach Artikel 21 Abs. 2 Satz 2 des Grundgesetzes für verfassungswidrig erklärt, verlieren die Abgeordneten ihre Mitgliedschaft im Deutschen Bundestag und die Listennachfolger ihre Anwartschaft, sofern sie dieser Partei oder Teilorganisation in der Zeit zwischen der Antragstellung (§ 43 des Gesetzes über das Bundesverfassungsgericht) und der Verkündung der Entscheidung (§ 46 des Gesetzes über das Bundesverfassungsgericht) angehört haben. [2]Soweit Abgeordnete, die nach Satz 1 ihre Mitgliedschaft verloren haben, in Wahlkreisen gewählt waren, wird die Wahl eines Wahlkreisabgeordneten in diesen Wahlkreisen bei entsprechender Anwendung des § 44 Abs. 2 bis 4 wiederholt; hierbei dürfen die Abgeordneten, die nach Satz 1 ihre Mitgliedschaft verloren haben, nicht als Bewerber auftreten. [3]Soweit Abgeordnete, die nach Satz 1 ihre Mitgliedschaft verloren haben, nach einer Landesliste der für verfassungswidrig erklärten Partei oder Teilorganisation der Partei gewählt waren, bleiben die Sitze unbesetzt. [4]Im übrigen gilt § 48 Abs. 1.

§ 47 Entscheidung über den Verlust der Mitgliedschaft

(1) Über den Verlust der Mitgliedschaft nach § 46 Abs. 1 wird entschieden

1. im Falle der Nummer 1 im Wahlprüfungsverfahren,
2. im Falle der Nummern 2 und 5 durch Beschluß des Ältestenrates des Deutschen Bundestages,
3. im Falle der Nummer 3, wenn der Verlust der Wählbarkeit durch rechtskräftigen Richterspruch eingetreten ist, durch Beschluß des Ältestenrates des Deutschen Bundestages, im übrigen im Wahlprüfungsverfahren,
4. im Falle der Nummer 4 durch den Präsidenten des Deutschen Bundestages in der Form der Erteilung einer Bestätigung der Verzichtserklärung.

(2) Wird über den Verlust der Mitgliedschaft im Wahlprüfungsverfahren entschieden, so scheidet der Abgeordnete mit der Rechtskraft der Entscheidung aus dem Deutschen Bundestag aus.

(3) [1]Entscheidet der Ältestenrat oder der Präsident des Deutschen Bundestages über den Verlust der Mitgliedschaft, so scheidet der Abgeordnete mit der Entscheidung aus dem Deutschen Bundestag aus. [2]Die Entscheidung ist unverzüglich von Amts wegen zu treffen. [3]Innerhalb von zwei Wochen nach Zustellung der Entscheidung kann der Betroffene die Entscheidung des Deutschen Bundestages über den Verlust der Mitgliedschaft im Wahlprüfungsverfahren beantragen. [4]Die Zustellung erfolgt nach den Vorschriften des Verwaltungszustellungsgesetzes.

§ 48 Berufung von Listennachfolgern und Ersatzwahlen

(1) [1]Wenn ein gewählter Bewerber stirbt oder dem Landeswahlleiter schriftlich die Ablehnung des Erwerbs der Mitgliedschaft erklärt oder wenn ein Abgeordneter stirbt oder sonst nachträglich aus dem Deutschen Bundestag ausscheidet, so wird der Sitz aus der Landesliste derjenigen Partei besetzt, für die der gewählte Bewerber oder ausgeschiedene Abgeordnete bei der Wahl aufgetreten ist. [2]Bei der Nachfolge bleiben diejenigen Listenbewerber unberücksichtigt, die seit dem Zeitpunkt der Aufstellung der Landesliste aus dieser Partei ausgeschieden oder Mitglied einer anderen Partei geworden sind. [3]Unberücksichtigt bleiben ebenso Listenbewerber, die als gewählte Bewerber im Wahlkreis ihren Mitgliedschaftserwerb abgelehnt oder als Abgeordnete auf ihre Mitgliedschaft im Deutschen Bundestag verzichtet haben. [4]Ist die Liste erschöpft, so bleibt der Sitz unbesetzt. [5]Die Feststellung, wer als Listennachfolger eintritt, trifft der Landeswahlleiter. [6]Er benachrichtigt den Listennachfolger und fordert ihn auf, binnen einer Woche schriftlich zu erklären, ob er die Nachfolge annimmt.

(2) [1]Ist der Ausgeschiedene als Wahlkreisabgeordneter einer Wählergruppe oder einer Partei gewählt, für die im Land keine Landesliste zugelassen worden war, so findet Ersatzwahl im Wahlkreis statt. [2]Die Ersatzwahl muß spätestens sechzig Tage nach dem Zeitpunkt des Ausscheidens stattfinden. [3]Sie unterbleibt, wenn feststeht, daß innerhalb von sechs Monaten ein neuer Deutscher Bundestag gewählt wird. [4]Die Ersatzwahl wird nach den allgemeinen Vorschriften durchgeführt. [5]Den Wahltag bestimmt der Landeswahlleiter. [6]§ 41 gilt entsprechend.

Neunter Abschnitt
Schlußbestimmungen

§ 49 Anfechtung

Entscheidungen und Maßnahmen, die sich unmittelbar auf das Wahlverfahren beziehen, können nur mit den in diesem Gesetz und in der Bundeswahlordnung vorgesehenen Rechtsbehelfen sowie im Wahlprüfungsverfahren angefochten werden.

§ 49a Ordnungswidrigkeiten

(1) Ordnungswidrig handelt, wer
1. entgegen § 11 ohne wichtigen Grund ein Ehrenamt ablehnt oder sich ohne genügende Entschuldigung den Pflichten eines solchen entzieht oder
2. entgegen § 32 Abs. 2 Ergebnisse von Wählerbefragungen nach der Stimmabgabe über den Inhalt der Wahlentscheidung vor Ablauf der Wahlzeit veröffentlicht.

(2) Die Ordnungswidrigkeit nach Absatz 1 Nr. 1 kann mit einer Geldbuße bis zu fünfhundert Euro, die Ordnungswidrigkeit nach Absatz 1 Nr. 2 mit einer Geldbuße bis zu fünfzigtausend Euro geahndet werden.

(3) Verwaltungsbehörde im Sinne des § 36 Abs. 1 Nr. 1 des Gesetzes über Ordnungswidrigkeiten ist
1. bei Ordnungswidrigkeiten nach Absatz 1 Nr. 1
 a) der Kreiswahlleiter, wenn ein Wahlberechtigter das Amt eines Wahlvorstehers, stellvertretenden Wahlvorstehers oder eines Beisitzers im Wahlvorstand oder im Kreiswahlausschuß,
 b) der Landeswahlleiter, wenn ein Wahlberechtigter das Amt eines Beisitzers im Landeswahlausschuß,
 c) der Bundeswahlleiter, wenn ein Wahlberechtigter das Amt eines Beisitzers im Bundeswahlausschuß unberechtigt ablehnt oder sich ohne genügende Entschuldigung den Pflichten eines solchen Amtes entzieht,
2. bei Ordnungswidrigkeiten nach Absatz 1 Nr. 2 der Bundeswahlleiter.

§ 49b Staatliche Mittel für andere Kreiswahlvorschläge

(1) [1]Bewerber eines nach Maßgabe der §§ 18 und 20 von Wahlberechtigten eingereichten Wahlvorschlages, die mindestens 10 vom Hundert der in einem Wahlkreis abgegebenen gültigen Erststimmen erreicht haben, erhalten je gültige Stimme das Vierfache des in § 18 Absatz 3 Satz 1 Nummer 1 des Parteiengesetzes genannten und nach § 18 Absatz 3 Satz 3 des Parteiengesetzes bis zum Zeitpunkt der Wahl erhöhten Betrages. [2]Die Mittel sind im Bundeshaushaltsplan auszubringen.

(2) [1]Die Festsetzung und die Auszahlung der staatlichen Mittel sind von dem Bewerber innerhalb von zwei Monaten nach dem Zusammentritt des Deutschen Bundestages beim Präsidenten des Deutschen Bundestages schriftlich zu beantragen; danach eingehende Anträge bleiben unberücksichtigt. [2]Der Betrag wird von dem Präsidenten des Deutschen Bundestages festgesetzt und ausgezahlt.

(3) Die Vorschriften des Parteiengesetzes über die absolute und relative Obergrenze finden keine Anwendung.

§ 50 Wahlkosten

(1) Der Bund erstattet den Ländern zugleich für ihre Gemeinden (Gemeindeverbände) die durch die Wahl veranlassten notwendigen Ausgaben.

(2) [1]Die Kosten für die Versendung der Wahlbenachrichtigungen und der Briefwahlunterlagen sowie die Erfrischungsgelder für die Mitglieder der Wahlvorstände werden den Ländern im Wege der Einzelabrechnung ersetzt. [2]Bei zeitgleicher Durchführung von Landtags- oder Kommunalwahlen sowie von Abstimmungen mit Wahlen zum Deutschen Bundestag werden diese Kosten dem jeweiligen Land anteilig ersetzt.

(3) [1]Die übrigen Kosten werden durch einen festen Betrag je Wahlberechtigten erstattet. [2]Er beträgt für Gemeinden bis zu 100 000 Wahlberechtigten 0,56 Euro und für Gemeinden mit mehr als 100 000 Wahlberechtigten 0,87 Euro. [3]Der Präsident des Statistischen Bundesamtes legt in jedem Jahr bis zum 30. April dem Bundesministerium des Innern, für Bau und Heimat einen Bericht über die Entwicklung des Wahlkostenindexes mit einer Fortrechnung gemäß der Anlage 1 zu diesem Gesetz vor. [4]Dementsprechende Steigerungen der festen Beträge gelten ab Beginn des Jahres des Berichts und werden vom Bundesministerium des Innern, für Bau und Heimat im Bundesanzeiger veröffentlicht; Bruchteile eines Cents ab 0,5 werden dabei aufgerundet, ansonsten abgerundet.

(4) Der Bund erstattet den Blindenvereinen, die ihre Bereitschaft zur Herstellung von Stimmzettelschablonen erklärt haben, die durch die Herstellung und die Verteilung der Stimmzettelschablonen veranlassten notwendigen Ausgaben.

§ 51 *[aufgehoben]*

§ 52 Bundeswahlordnung

(1) [1]Das Bundesministerium des Innern, für Bau und Heimat erläßt die zur Durchführung dieses Gesetzes erforderliche Bundeswahlordnung.[1] [2]Es trifft darin insbesondere Rechtsvorschriften über

1. die Bestellung der Wahlleiter und Wahlvorsteher, die Bildung der Wahlausschüsse und Wahlvorstände sowie über die Tätigkeit, Beschlußfähigkeit und das Verfahren der Wahlorgane,
2. die Berufung in ein Wahlehrenamt, über den Ersatz von Auslagen für Inhaber von Wahlehrenämtern und über das Bußgeldverfahren,
3. die Wahlzeit,
4. die Bildung der Wahlbezirke und ihre Bekanntmachung,
5. die einzelnen Voraussetzungen für die Aufnahme in die Wählerverzeichnisse, deren Führung, Berichtigung und Abschluss, über die Einsicht in Wählerverzeichnisse, über den Einspruch und die Beschwerde gegen das Wählerverzeichnis sowie über die Benachrichtigung der Wahlberechtigten,
6. die einzelnen Voraussetzungen für die Erteilung von Wahlscheinen, deren Ausstellung, über den Einspruch und die Beschwerde gegen die Ablehnung von Wahlscheinen,
7. den Nachweis der Wahlrechtsvoraussetzungen,
8. das Verfahren der Wahlorgane nach § 18 Absatz 2 bis 4a,
9. Einreichung, Inhalt und Form der Wahlvorschläge sowie der dazugehörigen Unterlagen, über ihre Prüfung, die Beseitigung von Mängeln, ihre Zulassung, die Beschwerde gegen Entscheidungen des Kreiswahlausschusses und des Landeswahlausschusses sowie die Bekanntgabe der Wahlvorschläge,
10. Form und Inhalt des Stimmzettels und über den Stimmzettelumschlag,
11. Bereitstellung, Einrichtung und Bekanntmachung der Wahlräume sowie über Wahlschutzvorrichtungen und Wahlzellen,
12. die Stimmabgabe, auch soweit besondere Verhältnisse besondere Regelungen erfordern,
13. die Briefwahl,
14. die Abgabe und Aufnahme von Versicherungen an Eides statt,
15. die Wahl in Kranken- und Pflegeanstalten, Klöstern, gesperrten Wohnstätten sowie sozialtherapeutischen und Justizvollzugsanstalten,
16. die Feststellung der Wahlergebnisse, ihre Weitermeldung und Bekanntgabe sowie die Benachrichtigung der Gewählten,
17. die Durchführung von Nachwahlen, Wiederholungswahlen und Ersatzwahlen sowie die Berufung von Listennachfolgern.

(2) Die Rechtsvorschriften bedürfen nicht der Zustimmung des Bundesrates.

(3) Das Bundesministerium des Innern, für Bau und Heimat wird ermächtigt, im Falle einer Auflösung des Deutschen Bundestages die in dem Bundeswahlgesetz und in der Bundeswahlordnung bestimmten Fristen und Termine durch Rechtsverordnung ohne Zustimmung des Bundesrates abzukürzen.

§ 53 Übergangsregelung

Ausschlüsse vom Wahlrecht und Ausschlüsse von der Wählbarkeit, die nicht auf einem Richterspruch im Sinne von § 13 in der ab dem 1. Juli 2019 geltenden Fassung oder auf einem Richterspruch im Sinne von § 15 Absatz 2 Nummer 2 beruhen, sind nicht nach § 3 Absatz 2 Nummer 1 Buchstabe a des Bundesmeldegesetzes im Melderegister zu speichern.

§ 54 Fristen, Termine und Form

(1) [1]Die in diesem Gesetz und in der auf Grund dieses Gesetzes erlassenen Bundeswahlordnung vorgesehenen Fristen und Termine verlängern oder ändern sich nicht dadurch, daß der letzte Tag der Frist oder ein Termin auf einen Sonnabend, einen Sonntag, einen gesetzlichen oder staatlich geschützten Feiertag fällt. [2]Eine Wiedereinsetzung in den vorigen Stand ist ausgeschlossen.

(2) Soweit in diesem Gesetz oder in der auf Grund dieses Gesetzes erlassenen Bundeswahlordnung nichts anderes bestimmt ist, müssen vorgeschriebene Erklärungen persönlich und handschriftlich unterzeichnet sein und bei der zuständigen Stelle im Original vorliegen.

§ 55 (Inkrafttreten)

Anlagen (hier nicht wiedergegeben)

1) Siehe hierzu auch die BundeswahlgeräteVO.

Bundeswahlordnung (BWO)

In der Fassung der Bekanntmachung vom 19. April 2002[1] (BGBl. I S. 1376)
(FNA 111-1-5)
zuletzt geändert durch Art. 10 Elfte ZuständigkeitsanpassungsVO vom 19. Juni 2020 (BGBl. I S. 1328)
– Auszug –

Inhaltsübersicht

1) Neubekanntmachung der BWO idF der Bek. v. 8.3.1994 (BGBl. I S. 495) in der ab 21.2.2002 geltenden Fassung.

Erster Abschnitt
Wahlorgane

§ 1 Bundeswahlleiter
[1]Der Bundeswahlleiter und sein Stellvertreter werden auf unbestimmte Zeit ernannt. [2]Das Bundesministerium des Innern, für Bau und Heimat macht die Namen des Bundeswahlleiters und seines Stellvertreters sowie die Anschriften ihrer Dienststellen mit Telekommunikationsanschlüssen öffentlich bekannt.

§ 2 Landeswahlleiter
[1]Der Landeswahlleiter und sein Stellvertreter werden auf unbestimmte Zeit ernannt. [2]Die ernennende Stelle teilt die Namen des Landeswahlleiters und seines Stellvertreters sowie die Anschriften ihrer Dienststellen mit Telekommunikationsanschlüssen dem Bundeswahlleiter mit und macht sie öffentlich bekannt.

§ 3 Kreiswahlleiter
(1) [1]Die Kreiswahlleiter und deren Stellvertreter werden vor jeder Wahl ernannt. [2]Die Ernennung erfolgt zu dem Termin, zu dem nach § 21 Absatz 3 des Bundeswahlgesetzes die Vertreterversammlungen zur Aufstellung von Wahlkreisbewerbern frühestens stattfinden dürfen, spätestens alsbald nach der Bestimmung des Tages der Hauptwahl. [3]Die ernennende Stelle teilt die Namen und Anschriften ihrer Dienststellen mit Telekommunikationsanschlüssen dem Landeswahlleiter und dem Bundeswahlleiter mit und macht sie öffentlich bekannt.
(2) Die Kreiswahlleiter und deren Stellvertreter üben ihr Amt auch nach der Hauptwahl, längstens bis zum Ablauf der Wahlperiode, aus.

§ 4 Bildung der Wahlausschüsse

(1) [1]Der Bundeswahlleiter, die Landeswahlleiter und die Kreiswahlleiter berufen alsbald nach der Bestimmung des Tages der Hauptwahl die Beisitzer der Wahlausschüsse und für jeden Beisitzer einen Stellvertreter. [2]Die Beisitzer der Landeswahlausschüsse und der Kreiswahlausschüsse sind aus den Wahlberechtigten des jeweiligen Gebietes zu berufen; sie sollen möglichst am Sitz des Wahlleiters wohnen.

(2) Bei der Auswahl der Beisitzer der Wahlausschüsse sollen in der Regel die Parteien in der Reihenfolge der bei der letzten Bundestagswahl in dem jeweiligen Gebiet errungenen Zahlen der Zweitstimmen angemessen berücksichtigt und die von ihnen rechtzeitig vorgeschlagenen Wahlberechtigten berufen werden.

(3) [1]Der Bundeswahlleiter beruft zwei Richter des Bundesverwaltungsgerichts, die Landeswahlleiter berufen je zwei Richter des Oberverwaltungsgerichts des Landes und jeweils einen Stellvertreter. [2]Die Berufung erfolgt auf Vorschlag des Gerichtspräsidenten. [3]Die Vorschriften über die Beisitzer der Wahlausschüsse in § 11 Absatz 1 des Bundeswahlgesetzes sowie in den §§ 5 und 10 dieser Verordnung gelten entsprechend.

(4) Die Wahlausschlüsse bestehen auch nach der Hauptwahl, längstens bis zum Ablauf der Wahlperiode, fort.

§ 5 Tätigkeit der Wahlausschüsse

(1) Die Wahlausschüsse sind ohne Rücksicht auf die Zahl der erschienenen Beisitzer beschlussfähig.

(2) [1]Der Vorsitzende bestimmt Ort und Zeit der Sitzungen. [2]Er lädt die Beisitzer zu den Sitzungen und weist dabei darauf hin, dass der Ausschuss ohne Rücksicht auf die Zahl der erschienenen Beisitzer beschlussfähig ist. [3]Die Beisitzer sollen Gelegenheit erhalten, die zu beratenden Unterlagen vor der Sitzung zur Kenntnis zu nehmen.

(3) Zeit, Ort und Gegenstand der Verhandlungen sind öffentlich bekannt zu machen.

(4) Der Vorsitzende bestellt einen Schriftführer; dieser ist nur stimmberechtigt, wenn er zugleich Beisitzer ist.

(5) Der Vorsitzende weist die Beisitzer und den Schriftführer auf ihre Verpflichtung zur unparteiischen Wahrnehmung ihres Amtes und zur Verschwiegenheit über die ihnen bei ihrer amtlichen Tätigkeit bekannt gewordenen Angelegenheiten hin.

(6) Der Vorsitzende ist befugt, Personen, die die Ruhe und Ordnung stören, aus dem Sitzungsraum zu verweisen.

(7) Über jede Sitzung ist vom Schriftführer eine Niederschrift zu fertigen; sie ist vom Vorsitzenden, von den Beisitzern und vom Schriftführer zu unterzeichnen.

§ 6 Wahlvorsteher und Wahlvorstand

(1) Vor jeder Wahl sind, nach Möglichkeit aus den Wahlberechtigten der Gemeinde, für jeden Wahlbezirk ein Wahlvorsteher und sein Stellvertreter, im Falle des § 46 Abs. 2 mehrere Wahlvorsteher und Stellvertreter zu ernennen.

(2) [1]Die Beisitzer des Wahlvorstandes sollen möglichst aus den Wahlberechtigten der Gemeinde, nach Möglichkeit aus den Wahlberechtigten des Wahlbezirks berufen werden. [2]Der Stellvertreter des Wahlvorstehers ist zugleich Beisitzer des Wahlvorstandes.

(3) [1]Der Wahlvorsteher und sein Stellvertreter werden von der Gemeindebehörde vor Beginn der Wahlhandlung auf ihre Verpflichtung zur unparteiischen Wahrnehmung ihres Amtes und zur Verschwiegenheit über die ihnen bei ihrer amtlichen Tätigkeit bekannt gewordenen Angelegenheiten hingewiesen. [2]Die Mitglieder des Wahlvorstandes dürfen während ihrer Tätigkeit kein auf eine politische Überzeugung hinweisendes Zeichen sichtbar tragen.

(4) [1]Der Wahlvorsteher bestellt aus den Beisitzern den Schriftführer und dessen Stellvertreter. [2]Ist nach § 9 Absatz 2 Satz 3 des Bundeswahlgesetzes angeordnet, dass die Beisitzer des Wahlvorstandes von der Gemeindebehörde berufen werden, so kann diese auch den Schriftführer und dessen Stellvertreter bestellen.

(5) Die Gemeindebehörde hat die Mitglieder des Wahlvorstandes vor der Wahl so über ihre Aufgaben zu unterrichten, dass ein ordnungsmäßiger Ablauf der Wahlhandlung sowie der Ermittlung und Feststellung des Wahlergebnisses gesichert ist.

(6) [1]Der Wahlvorstand wird von der Gemeindebehörde oder in ihrem Auftrag vom Wahlvorsteher einberufen. [2]Er tritt am Wahltage rechtzeitig vor Beginn der Wahlzeit im Wahlraum zusammen.

(7) [1]Der Wahlvorstand sorgt für die ordnungsmäßige Durchführung der Wahl. [2]Der Wahlvorsteher leitet die Tätigkeit des Wahlvorstandes.

(8) ¹Während der Wahlhandlung müssen immer der Wahlvorsteher und der Schriftführer oder ihre Stellvertreter sowie mindestens ein Beisitzer anwesend sein. ²Bei der Ermittlung und Feststellung des Wahlergebnisses sollen alle Mitglieder des Wahlvorstandes anwesend sein.

(9) ¹Der Wahlvorstand ist beschlussfähig, wenn der Wahlvorsteher und der Schriftführer oder ihre Stellvertreter sowie während der Wahlhandlung mindestens ein Beisitzer, bei der Ermittlung und Feststellung des Wahlergebnisses mindestens drei Beisitzer anwesend sind. ²Fehlende Beisitzer sind vom Wahlvorsteher durch Wahlberechtigte zu ersetzen, wenn es mit Rücksicht auf die Beschlussfähigkeit des Wahlvorstandes erforderlich ist. ³Sie sind vom Wahlvorsteher nach Absatz 3 auf ihre Verpflichtung hinzuweisen.

(10) Bei Bedarf stellt die Gemeindebehörde dem Wahlvorstand die erforderlichen Hilfskräfte zur Verfügung.

§ 7 Briefwahlvorsteher und Briefwahlvorstand

Für die Briefwahlvorsteher und Briefwahlvorstände gilt § 6 entsprechend mit folgenden Maßgaben:

1. Bei der Bildung mehrerer Briefwahlvorstände nach § 8 Abs. 1 des Bundeswahlgesetzes für einen Wahlkreis und bei der Bildung von Briefwahlvorständen nach § 8 Abs. 3 des Bundeswahlgesetzes für einzelne oder mehrere Gemeinden oder für einzelne Kreise innerhalb eines Wahlkreises darf die Zahl der auf einen Briefwahlvorstand entfallenden Wahlbriefe nicht so gering sein, dass erkennbar wird, wie einzelne Wahlberechtigte gewählt haben; auf einen Briefwahlvorstand sollen mindestens 50 Wahlbriefe entfallen.

2. Wieviel Briefwahlvorstände im Falle einer Anordnung nach § 8 Abs. 3 des Bundeswahlgesetzes zu bilden sind, um das Ergebnis der Briefwahl noch am Wahltage feststellen zu können, entscheidet die Landesregierung oder die von ihr bestimmte Stelle.

3. Wird im Rahmen einer Anordnung nach § 8 Abs. 3 des Bundeswahlgesetzes für mehrere Gemeinden ein Briefwahlvorstand gebildet, ist eine dieser Gemeinden mit der Durchführung der Briefwahl zu betrauen.

4. Die Mitglieder der Briefwahlvorstände für die einzelnen Wahlkreise sind nach Möglichkeit aus den Wahlberechtigten des jeweiligen Wahlkreises zu berufen, die am Sitz des Kreiswahlleiters wohnen, bei Bildung von Briefwahlvorständen für einzelne oder für mehrere Gemeinden oder für einzelne Kreise innerhalb eines Wahlkreises nach Möglichkeit aus den Wahlberechtigten, die in den jeweiligen Gemeinden oder Kreisen wohnen.

5. Der Kreiswahlleiter macht Ort und Zeit des Zusammentritts des Briefwahlvorstandes öffentlich bekannt, weist den Briefwahlvorsteher und seinen Stellvertreter auf ihre Verpflichtung zur unparteiischen Wahrnehmung ihrer Aufgaben und zur Verschwiegenheit über die ihnen bei ihrer amtlichen Tätigkeit bekannt gewordenen Angelegenheiten hin, unterrichtet den Briefwahlvorstand über seine Aufgaben und beruft ihn ein; Entsprechendes gilt bei der Einsetzung mehrerer Briefwahlvorstände für einen Wahlkreis. Werden Briefwahlvorstände für einzelne oder mehrere Gemeinden oder für einzelne Kreise innerhalb eines Wahlkreises gebildet, nimmt die jeweilige oder die nach Nummer 3 betraute Gemeindebehörde oder die Verwaltungsbehörde des jeweiligen Kreises diese Aufgaben wahr.

6. Der Briefwahlvorstand ist beschlussfähig bei der Zulassung oder Zurückweisung der Wahlbriefe nach § 75 Abs. 1 und 2, wenn mindestens drei Mitglieder, bei der Ermittlung und Feststellung des Briefwahlergebnisses nach § 75 Abs. 3, wenn mindestens fünf Mitglieder, darunter jeweils der Wahlvorsteher und der Schriftführer oder ihre Stellvertreter, anwesend sind.

§ 8 Beweglicher Wahlvorstand

¹Für die Stimmabgabe in kleineren Krankenhäusern, kleineren Alten- oder Pflegeheimen, Klöstern, sozialtherapeutischen Anstalten und Justizvollzugsanstalten sollen bei entsprechendem Bedürfnis und soweit möglich bewegliche Wahlvorstände gebildet werden. ²Der bewegliche Wahlvorstand besteht aus dem Wahlvorsteher des zuständigen Wahlbezirks oder seinem Stellvertreter und zwei Beisitzern des Wahlvorstandes. ³Die Gemeindebehörde kann jedoch auch den beweglichen Wahlvorstand eines anderen Wahlbezirks der Gemeinde mit der Entgegennahme der Stimmzettel beauftragen.

§ 9 Ehrenämter

Die Übernahme eines Wahlehrenamtes können ablehnen

1. Mitglieder der Bundesregierug oder einer Landesregierung,
2. Mitglieder des Europäischen Parlaments, des Deutschen Bundestages oder eines Landtages,
3. Wahlberechtigte, die am Wahltage das 65. Lebensjahr vollendet haben,
4. Wahlberechtigte, die glaubhaft machen, dass ihnen die Fürsorge für ihre Familie die Ausübung des Amtes in besonderer Weise erschwert,

5. Wahlberechtigte, die glaubhaft machen, dass sie aus dringenden beruflichen Gründen oder durch Krankheit oder Behinderung oder aus einem sonstigen wichtigen Grunde gehindert sind, das Amt ordnungsmäßig auszuüben.

§ 10 Auslagenersatz für Inhaber von Wahlämtern, Erfrischungsgeld

(1) [1]Wahlleiter, Beisitzer der Wahlausschüsse und Mitglieder der Wahlvorstände erhalten, wenn sie außerhalb ihres Wahlbezirks tätig werden, Ersatz ihrer notwendigen Fahrkosten in entsprechender Anwendung der §§ 4 und 5 Abs. 1 des Bundesreisekostengesetzes; wenn sie außerhalb ihres Wohnortes tätig werden, erhalten sie außerdem Tage- und Übernachtungsgelder nach dem Bundesreisekostengesetz. [2]Die Stadtstaaten Berlin, Bremen und Hamburg können abweichende Regelungen zum Zwecke einer pauschalierten Auslagenerstattung treffen.

(2) [1]Den Mitgliedern der Wahlausschüsse kann für die Teilnahme an einer nach § 5 einberufenen Sitzung und den Mitgliedern der Wahlvorstände für den Wahltag ein Erfrischungsgeld von je 35 Euro für den Vorsitzenden und je 25 Euro für die übrigen Mitglieder gewährt werden. [2]Es ist auf ein Tagegeld nach Absatz 1 anzurechnen.

§ 11 Geldbußen

Geldbußen nach § 49a Abs. 1 Nr. 1 des Bundeswahlgesetzes fließen in die Kasse der Gemeinde, in der der Betroffene in das Wählerverzeichnis einzutragen ist, Geldbußen nach § 49a Abs. 1 Nr. 2 des Bundeswahlgesetzes in die Kasse des Bundes.

Zweiter Abschnitt
Vorbereitung der Wahl

Erster Unterabschnitt
Wahlbezirke

§ 12 Allgemeine Wahlbezirke

(1) [1]Gemeinden mit nicht mehr als 2 500 Einwohnern bilden in der Regel einen Wahlbezirk. [2]Größere Gemeinden werden in mehrere Wahlbezirke eingeteilt. [3]Die Gemeindebehörde bestimmt, welche Wahlbezirke zu bilden sind.

(2) [1]Die Wahlbezirke sollen nach den örtlichen Verhältnissen so abgegrenzt werden, dass allen Wahlberechtigten die Teilnahme an der Wahl möglichst erleichtert wird. [2]Kein Wahlbezirk soll mehr als 2 500 Einwohner umfassen. [3]Die Zahl der Wahlberechtigten eines Wahlbezirks darf nicht so gering sein, dass erkennbar wird, wie einzelne Wahlberechtigte gewählt haben.

(3) Die Wahlberechtigten in Gemeinschaftsunterkünften wie Lagern, Unterkünften der Bundeswehr, der Bundespolizei oder der Polizei sollen nach festen Abgrenzungsmerkmalen auf mehrere Wahlbezirke verteilt werden.

(4) [1]Der Kreiswahlleiter kann kleine Gemeinden und Teile von Gemeinden des gleichen Verwaltungsbezirks zu einem Wahlbezirk und Teile von Gemeinden, die von Wahlkreisgrenzen durchschnitten werden, mit benachbarten Gemeinden oder Teilen von Gemeinden eines anderen Verwaltungsbezirks zu einem Wahlbezirk vereinigen. [2]Dabei bestimmt er, welche Gemeinde die Wahl durchführt.

§ 13 Sonderwahlbezirke

(1) Für Krankenhäuser, Altenheime, Altenwohnheime, Pflegeheime, Erholungsheime und gleichartige Einrichtungen mit einer größeren Anzahl von Wahlberechtigten, die keinen Wahlraum außerhalb der Einrichtung aufsuchen können, soll die Gemeindebehörde bei entsprechendem Bedürfnis Sonderwahlbezirke zur Stimmabgabe für Wahlscheininhaber bilden.

(2) Mehrere Einrichtungen können zu einem Sonderwahlbezirk zusammengefasst werden.

(3) Wird ein Sonderwahlbezirk nicht gebildet, gilt § 8 entsprechend.

Zweiter Unterabschnitt
Wählerverzeichnis

§ 14 Führung des Wählerverzeichnisses

(1) [1]Die Gemeindebehörde legt vor jeder Wahl für jeden allgemeinen Wahlbezirk (§ 12) ein Verzeichnis der Wahlberechtigten nach Familiennamen und Vornamen, Geburtsdatum und Wohnung an. [2]Das Wählerverzeichnis kann auch im automatisierten Verfahren geführt werden.

(2) [1]Das Wählerverzeichnis wird unter fortlaufender Nummer in der Buchstabenfolge der Familiennamen, bei gleichen Familiennamen der Vornamen, angelegt. [2]Es kann auch nach Ortsteilen, Straßen und Haus-

nummern gegliedert werden. [3]Es enthält je eine Spalte für Vermerke über die Stimmabgabe und für Bemerkungen.

(3) Die Gemeindebehörde sorgt dafür, dass die Unterlagen für die Wählerverzeichnisse jederzeit so vollständig vorhanden sind, dass diese vor Wahlen rechtzeitig angelegt werden können.

(4) Besteht ein Wahlbezirk aus mehreren Gemeinden oder Teilen mehrerer Gemeinden, so legt jede Gemeindebehörde das Wählerverzeichnis für ihren Teil des Wahlbezirks an.

§ 15 (weggefallen)

§ 16 Eintragung der Wahlberechtigten in das Wählerverzeichnis

(1) Von Amts wegen sind in das Wählerverzeichnis alle Wahlberechtigten einzutragen, die am 42. Tage vor der Wahl (Stichtag) bei der Meldebehörde gemeldet sind

1. für eine Wohnung,
2. auf Grund eines Anstellungs-, Heuer- oder Ausbildungsverhältnisses als Kapitän oder Besatzungsmitglied für ein Seeschiff, das berechtigt ist, die Bundesflagge zu führen (§ 12 Abs. 4 Nr. 1 des Bundeswahlgesetzes),
3. für ein Binnenschiff, das in einem Schiffsregister in der Bundesrepublik Deutschland eingetragen ist (§ 12 Abs. 4 Nr. 2 des Bundeswahlgesetzes),
4. für eine Justizvollzugsanstalt oder die entsprechende Einrichtung (§ 12 Abs. 4 Nr. 3 des Bundeswahlgesetzes).

(2) Auf Antrag sind in das Wählerverzeichnis einzutragen Wahlberechtigte

1. nach § 12 Abs. 1 des Bundeswahlgesetzes,
 a) (weggefallen)
 b) die ohne eine Wohnung innezuhaben sich im Wahlgebiet sonst gewöhnlich aufhalten,
 c) die sich in einer Justizvollzugsanstalt oder entsprechenden Einrichtung befinden und nicht nach Absatz 1 Nr. 4 von Amts wegen in das Wählerverzeichnis einzutragen sind,
2. nach § 12 Abs. 2 Satz 1 des Bundeswahlgesetzes, die nicht nach Absatz 1 Nr. 1 von Amts wegen in das Wählerverzeichnis einzutragen sind.

(3) [1]Verlegt ein Wahlberechtigter, der nach Absatz 1 in das Wählerverzeichnis eingetragen ist, seine Wohnung und meldet er sich vor Beginn der Einsichtsfrist für das Wählerverzeichnis (§ 17 Abs. 1 Satz 2 des Bundeswahlgesetzes) bei der Meldebehörde des Zuzugsortes an, so wird er in das Wählerverzeichnis der Gemeinde des Zuzugsortes nur auf Antrag eingetragen. [2]Ein nach Absatz 1 in das Wählerverzeichnis eingetragener Wahlberechtigter, der sich innerhalb derselben Gemeinde für eine Wohnung anmeldet, bleibt in dem Wählerverzeichnis des Wahlbezirks eingetragen, für den er am Stichtag gemeldet war. [3]Der Wahlberechtigte ist bei der Anmeldung über die Regelung in den Sätzen 1 und 2 zu belehren. [4]Erfolgt die Eintragung auf Antrag, benachrichtigt die Gemeindebehörde des Zuzugsortes hiervon unverzüglich die Gemeindebehörde des Fortzugsortes, die den Wahlberechtigten in ihrem Wählerverzeichnis streicht. [5]Wenn im Falle des Satzes 1 bei der Gemeindebehörde des Fortzugsortes eine Mitteilung über den Ausschluss vom Wahlrecht vorliegt oder nachträglich eingeht, benachrichtigt sie hiervon unverzüglich die Gemeindebehörde des Zuzugsortes, die den wahlberechtigten in ihrem Wählerverzeichnis streicht; der Betroffene ist von der Streichung zu unterrichten.

(4) Für Wahlberechtigte, die am Stichtag nicht für eine Wohnung gemeldet sind und sich vor dem Beginn der Einsichtsfrist für das Wählerverzeichnis bei der Meldebehörde für eine Wohnung anmelden, gilt Absatz 3 Satz 1 und 3 entsprechend.

(5) Bezieht ein Wahlberechtigter, der nach Absatz 1 in das Wählerverzeichnis eingetragen ist, in einer anderen Gemeinde eine weitere Wohnung, die seine Hauptwohnung wird, oder verlegt er seine Hauptwohnung in eine andere Gemeinde, so gilt, wenn er sich vor Beginn der Einsichtsfrist für das Wählerverzeichnis bei der Meldebehörde anmeldet, Absatz 3 entsprechend.

(6) Welche von mehreren Wohnungen eines Wahlberechtigten seine Hauptwohnung ist, bestimmt sich nach § 21 Absatz 2 des Bundesmeldegesetzes.

(7) [1]Bevor eine Person in das Wählerverzeichnis eingetragen wird, ist zu prüfen, ob sie die Wahlrechtsvoraussetzungen des § 12 des Bundeswahlgesetzes erfüllt und ob sie nicht nach § 13 des Bundeswahlgesetzes vom Wahlrecht ausgeschlossen ist. [2]Soweit dies für die Prüfung der Wahlberechtigung eines Rückkehrers im Sinne des § 12 Absatz 2 Satz 3 Bundeswahlgesetz erforderlich ist, kann die Gemeindebehörde die Abgabe einer Versicherung an Eides statt zum Nachweis der Wahlberechtigung des Rückkehrers entsprechend § 18 Absatz 6 Satz 1 verlangen. [3]Erfolgt die Eintragung in das Wählerverzeichnis nur auf Antrag, ist außerdem zu prüfen, ob ein frist- und formgerechter Antrag gestellt ist.

(8) [1]Gibt eine Gemeindebehörde einem Eintragungsantrag nicht statt oder streicht sie eine in das Wählerverzeichnis eingetragene Person, hat sie den Betroffenen unverzüglich zu unterrichten. [2]Gegen die

Entscheidung kann der Betroffene Einspruch einlegen; er ist auf diese Möglichkeit hinzuweisen. [3]§ 22 Abs. 2, 4 und 5 gilt entsprechend. [4]Die Frist für die Zustellung der Entscheidung (§ 22 Abs. 4 Satz 1) und für die Beschwerdeentscheidung (§ 22 Abs. 5 Satz 4) gilt nur, wenn der Einspruch vor dem zwölften Tage vor der Wahl eingelegt worden ist.

(9) Die Gemeindebehörde hat spätestens am Stichtag den Leiter der sich in ihrem Gemeindebezirk befindenden Justizvollzugsanstalt oder der entsprechenden Einrichtung auf Absatz 2 Nr. 1 Buchstabe c und die Notwendigkeit der Unterrichtung der betroffenen Personen hinzuweisen, wenn nach § 27 Absatz 4 des Bundesmeldegesetzes eine Meldepflicht für die sich in den Einrichtungen aufhaltenden Personen nicht besteht.

§ 17 Zuständigkeiten für die Eintragung in das Wählerverzeichnis

(1) Zuständig für die Eintragung in das Wählerverzeichnis ist in den Fällen des
1. § 16 Abs. 1 Nr. 1 die für die Wohnung zuständige Gemeinde, bei mehreren Wohnungen die für die Hauptwohnung zuständige Gemeinde,
2. § 16 Abs. 1 Nr. 2 die für den Sitz des Reeders zuständige Gemeinde,
3. § 16 Abs. 1 Nr. 3 die für den Heimatort des Binnenschiffes zuständige Gemeinde,
4. § 16 Abs. 1 Nr. 4 die für die Justizvollzugsanstalt oder die entsprechende Einrichtung zuständige Gemeinde.

(2) Zuständig für die Eintragung in das Wählerverzeichnis ist in den Fällen des
1. (weggefallen)
2. § 16 Abs. 2 Nr. 1 Buchstabe b die Gemeinde, in der der Wahlberechtigte seinen Antrag stellt,
3. § 16 Abs. 2 Nr. 1 Buchstabe c die für die Justizvollzugsanstalt oder die entsprechende Einrichtung zuständige Gemeinde,
4. *[aufgehoben]*
5. § 16 Abs. 2 Nr. 2 die Gemeinde in der Bundesrepublik Deutschland, in der der Wahlberechtigte nach seiner Erklärung vor seinem Fortzug aus dem Wahlgebiet zuletzt gemeldet war, wenn er im Wahlgebiet nie gemeldet war, die Gemeinde, der er nach seiner Erklärung im Sinne des § 12 Absatz 2 Satz 1 Nummer 2 des Bundeswahlgesetzes am engsten verbunden ist. Satz 1 gilt auch für Seeleute, die seit dem Fortzug aus dem Wahlgebiet auf Schiffen unter fremder Flagge fahren, sowie für Binnenschiffer, deren Schiff nicht in einem Schiffsregister in der Bundesrepublik Deutschland eingetragen ist, und für die Angehörigen ihres Hausstandes. Für Seeleute, die von einem Seeschiff, das die Bundesflagge zu führen berechtigt war, abgemustert haben und im Anschluss daran auf einem Seeschiff unter fremder Flagge fahren, ist die Gemeinde am Sitz des ehemaligen Reeders zuständig. Für Binnenschiffer, die zuletzt auf einem in der Bundesrepublik Deutschland im Schiffsregister eingetragenen Binnenschiff gefahren sind und im Anschluss daran auf einem Binnenschiff, das nicht im Schiffsregister in der Bundesrepublik Deutschland eingetragen ist, oder auf einem Seeschiff unter fremder Flagge fahren, ist die Gemeinde nach Absatz 1 Nr. 3 zuständig.

(3) Zuständig für die Eintragung in das Wählerverzeichnis ist in den Fällen des
1. § 16 Abs. 3 die Gemeinde des Zuzugsortes,
2. § 16 Abs. 4 die Gemeinde, in der sich der Wahlberechtigte für eine Wohnung, bei mehreren Wohnungen für die Hauptwohnung, gemeldet hat,
3. § 16 Abs. 5 die Gemeinde der neuen Hauptwohnung.

§ 18 Verfahren für die Eintragung in das Wählerverzeichnis auf Antrag

(1) [1]Der Antrag auf Eintragung in das Wählerverzeichnis ist schriftlich bis spätestens zum 21. Tage vor der Wahl bei der zuständigen Gemeindebehörde zu stellen. [2]Er muss den Familiennamen, die Vornamen, das Geburtsdatum und die genaue Anschrift des Wahlberechtigten enthalten. [3]Sammelanträge sind, abgesehen von den Fällen des Absatzes 5, zulässig; sie müssen von allen aufgeführten Wahlberechtigten persönlich und handschriftlich unterzeichnet sein. [4]Ein Wahlberechtigter mit Behinderungen kann sich hierbei der Hilfe einer anderen Person bedienen; § 57 gilt entsprechend.

(2) (weggefallen)

(3) [1]In den Fällen des § 16 Abs. 2 Nr. 1 sind Wahlberechtigte bis zum Wahltage im Wählerverzeichnis der Gemeinde zu führen, die nach § 17 Abs. 2 Nr. 2 zuständig ist, auch wenn nach dem Stichtag eine Neuanmeldung bei einer anderen Meldebehörde des Wahlgebietes erfolgt. [2]Sie sind bei der Anmeldung entsprechend zu unterrichten.

(4) *[aufgehoben]*

(5) [1]In den Fällen des § 16 Abs. 2 Nr. 2 hat der Wahlberechtigte in seinem Antrag auf Eintragung in das Wählerverzeichnis nach Anlage 2 der Gemeindebehörde gegenüber durch Abgabe einer Versicherung an Eides statt den Nachweis für seine Wahlberechtigung zu erbringen und zu erklären, dass er in keiner

anderen Gemeinde im Wahlgebiet einen Antrag auf Eintragung in das Wählerverzeichnis gestellt hat. [2]Vordrucke und Merkblätter für die Antragstellung können bei den diplomatischen und berufskonsularischen Vertretungen der Bundesrepublik Deutschland im Ausland, beim Bundeswahlleiter und bei den Kreiswahlleitern angefordert werden. [3]Bestehen Zweifel an Angaben des Antragstellers, hat die Gemeindebehörde den Sachverhalt unverzüglich aufzuklären. [4]Der Bundeswahlleiter ist von der Eintragung in das Wählerverzeichnis unverzüglich durch Übersendung der Zweitausfertigung des Antrages nach Anlage 2 oder einer Kopie der Erstausfertigung des Antrages nach Anlage 2, auf der die Eintragung in das Wählerverzeichnis vermerkt ist, zu unterrichten. [5]Erhält der Bundeswahlleiter Mitteilungen verschiedener Gemeindebehörden über die Eintragung desselben Antragstellers in das Wählerverzeichnis, so hat er diejenige Gemeindebehörde, deren Unterrichtung über die Eintragung in das Wählerverzeichnis nach der ersten Mitteilung eingeht, unverzüglich von der Eintragung des Wahlberechtigten in das Wählerverzeichnis der zuerst mitteilenden Gemeinde zu benachrichtigen. [6]Die vom Bundeswahlleiter benachrichtigte Gemeindebehörde hat den Wahlberechtigten im Wählerverzeichnis zu streichen und ihn davon zu unterrichten.

(6) [1]Kehrt ein Wahlberechtigter nach § 12 Absatz 2 Satz 1 des Bundeswahlgesetzes in das Wahlgebiet zurück und meldet er sich dort nach dem Stichtag nach § 16 Absatz 1, aber vor Beginn der Einsichtsfrist für das Wählerverzeichnis nach § 17 Absatz 1 Satz 2 Bundeswahlgesetz für eine Wohnung an, so wird er in das Wählerverzeichnis der Gemeinde des Zuzugsortes nur auf Antrag nach Anlage 1 eingetragen, mit dem er der Gemeindebehörde gegenüber durch Abgabe einer Versicherung an Eides statt den Nachweis für seine Wahlberechtigung erbringt und erklärt, dass er noch keinen anderen Antrag auf Eintragung in das Wählerverzeichnis gestellt hat. [2]Der Wahlberechtigte ist bei der Anmeldung darüber zu belehren. [3]Die Gemeindebehörde hat den Bundeswahlleiter unverzüglich von der Eintragung eines solchen Wahlberechtigten in das Wählerverzeichnis durch Übersendung der Zweitausfertigung des Antrages nach Anlage 1 oder einer Kopie der Erstausfertigung des Antrages nach Anlage 1, auf der die Eintragung in das Wählerverzeichnis vermerkt ist, zu unterrichten. [4]Absatz 5 Satz 5 und 6 gilt entsprechend.

§ 19 Benachrichtigung der Wahlberechtigten

(1) [1]Spätestens am Tage vor der Bereithaltung des Wählerverzeichnisses zur Einsichtnahme benachrichtigt die Gemeindebehörde jeden Wahlberechtigten, der in das Wählerverzeichnis eingetragen ist, nach dem Muster der Anlage 3. [2]Die Mitteilung soll enthalten

1. den Familiennamen, die Vornamen und die Wohnung des Wahlberechtigten,
2. die Angabe des Wahlraumes und ob dieser barrierefrei ist,
3. die Angabe der Wahlzeit,
4. die Nummer, unter der der Wahlberechtigte in das Wählerverzeichnis eingetragen ist,
5. die Aufforderung, die Wahlbenachrichtigung zur Wahl mitzubringen und den Personalausweis oder Reisepass bereitzuhalten,
5a. die Belehrung, dass nach § 14 Absatz 4 des Bundeswahlgesetzes jeder Wahlberechtigte sein Wahlrecht nur einmal und nur persönlich ausüben kann,
6. die Belehrung, dass die Wahlbenachrichtigung einen Wahlschein nicht ersetzt und daher nicht zur Wahl in einem anderen als dem angegebenen Wahlraum berechtigt,
7. einen Hinweis, wo Wahlberechtigte Informationen über barrierefreie Wahlräume und Hilfsmittel erhalten können,
8. die Belehrung über die Beantragung eines Wahlscheines und über die Übersendung von Briefwahlunterlagen. Sie muss mindestens Hinweise darüber enthalten,
 a) dass der Wahlscheinantrag nur auszufüllen ist, wenn der Wahlberechtigte in einem anderen Wahlraum seines Wahlkreises oder durch Briefwahl wählen will,
 b) unter welchen Voraussetzungen ein Wahlschein erteilt wird (§ 25 Abs. 1 und § 27 Abs. 4 Satz 3) und
 c) dass der Wahlschein von einem anderen als dem Wahlberechtigten nur beantragt werden kann, wenn die Berechtigung zur Antragstellung durch Vorlage einer schriftlichen Vollmacht nachgewiesen wird (§ 27 Abs. 3).

[3]Erfolgt die Eintragung eines Wahlberechtigten, der nach § 16 Abs. 2 bis 5 auf Antrag in das Wählerverzeichnis eingetragen wird, nach der Versendung der Benachrichtigungen gemäß Satz 1, hat dessen Benachrichtigung unverzüglich nach der Eintragung zu erfolgen.

(2) Auf die Rückseite der Benachrichtigung nach Absatz 1 ist ein Vordruck für einen Antrag auf Ausstellung eines Wahlscheines mit Briefwahlunterlagen nach dem Muster der Anlage 4 aufzudrucken.

(3) Auf Wahlberechtigte, die nach § 16 Abs. 2 nur auf Antrag in das Wählerverzeichnis eingetragen werden und bereits einen Wahlschein und Briefwahlunterlagen beantragt haben, finden die Absätze 1 und 2 keine Anwendung.

(4) [1]Stellt ein Landeswahlleiter fest, dass die fristgemäße Benachrichtigung nach Absatz 1 infolge von Naturkatastrophen oder ähnlichen Ereignissen höherer Gewalt gestört ist, bestimmt er, dass sie in dem betroffenen Gebiet später erfolgen kann. [2]Wenn zu besorgen ist, dass die Benachrichtigung nach Absatz 1 nicht bis zum sechsten Tag vor der Wahl erfolgen kann, bestimmt er, dass die Wahlberechtigten in anderer geeigneter Weise über die Angaben nach Absatz 1 Satz 2 Nr. 2, 3, 5 bis 7 zu benachrichtigen sind. [3]Der Landeswahlleiter kann hierzu im Einzelfall ergänzende Regelungen zur Anpassung an die besonderen Verhältnisse treffen. [4]Er macht die Gründe für die Störung, das betroffene Gebiet, die von ihm für den Einzelfall getroffenen Regelungen und die Art der Benachrichtigung in geeigneter Weise bekannt

§ 20 Bekanntmachung über das Recht auf Einsicht in das Wählerverzeichnis und die Erteilung von Wahlscheinen

(1) Die Gemeindebehörde macht spätestens am 24. Tage vor der Wahl nach dem Muster der Anlage 5 öffentlich bekannt,

1. von wem, zu welchen Zwecken und unter welchen Voraussetzungen, wo, wie lange und zu welchen Tagesstunden das Wählerverzeichnis eingesehen werden kann und ob der Ort der Einsichtnahme barrierefrei ist,
2. dass bei der Gemeindebehörde innerhalb der Einsichtsfrist schriftlich oder durch Erklärung zur Niederschrift Einspruch gegen das Wählerverzeichnis eingelegt werden kann (§ 22),
3. dass Wahlberechtigten, die in das Wählerverzeichnis eingetragen sind, bis spätestens zum 21. Tage vor der Wahl eine Wahlbenachrichtigung zugeht und dass Wahlberechtigte, die nur auf Antrag in das Wählerverzeichnis eingetragen werden und bereits einen Wahlschein mit Briefwahlunterlagen beantragt haben, keine Wahlbenachrichtigung erhalten,
4. wo, in welcher Zeit und unter welchen Voraussetzungen Wahlscheine beantragt werden können (§§ 25 ff.),
5. wie durch Briefwahl gewählt wird (§ 66).

(2) [1]Die diplomatischen Vertretungen der Bundesrepublik Deutschland im Ausland machen unverzüglich nach der Bestimmung des Wahltages öffentlich bekannt,

1. unter welchen Voraussetzungen im Ausland lebende Deutsche an der Wahl zum Deutschen Bundestag teilnehmen können,
2. wo, in welcher Form und in welcher Frist dieser Personenkreis, um an der Wahl teilnehmen zu können, die Eintragung in ein Wählerverzeichnis in der Bundesrepublik Deutschland beantragen muss.

[2]Die Bekanntmachung ist nach Anlage 6 von den Botschaften durch mindestens eine deutschsprachige Anzeige in einer überregionalen Tages- oder Wochenzeitung vorzunehmen; zusätzlich kann der Inhalt der Bekanntmachung von den Berufskonsulaten, wenn dies nach den örtlichen Verhältnissen angezeigt ist, durch deutschsprachige Anzeigen in regionalen Tageszeitungen sowie von den Botschaften und Berufskonsulaten im Internet veröffentlicht werden. [3]Kann die Bekanntmachung in begründeten Einzelfällen nicht erfolgen oder erscheint sie nicht gerechtfertigt, so ist sie durch Aushang im Dienstgebäude der Vertretung und, soweit möglich, durch Unterrichtung der einzelnen bekannten Betroffenen vorzunehmen.

§ 21 Einsicht in das Wählerverzeichnis

(1) [1]Die Gemeindebehörde hält das Wählerverzeichnis mindestens am Ort der Gemeindeverwaltung während der allgemeinen Öffnungszeiten zur Einsichtnahme bereit. [2]Wird das Wählerverzeichnis im automatisierten Verfahren geführt, kann die Einsichtnahme durch ein Datensichtgerät ermöglicht werden. [3]Es ist sicherzustellen, dass Bemerkungen (§ 23 Abs. 3) im Klartext gelesen werden können. [4]Das Datensichtgerät darf nur von einem Bediensteten der Gemeindebehörde bedient werden.

(2) (weggefallen)

(3) [1]Innerhalb der Einsichtsfrist ist das Anfertigen von Auszügen aus dem Wählerverzeichnis durch Wahlberechtigte zulässig, soweit dies im Zusammenhang mit der Prüfung des Wahlrechts einzelner bestimmter Personen steht. [2]Die Auszüge dürfen nur für diesen Zweck verwendet und unbeteiligten Dritten nicht zugänglich gemacht werden.

§ 22 Einspruch gegen das Wählerverzeichnis und Beschwerde

(1) Wer das Wählerverzeichnis für unrichtig oder unvollständig hält, kann innerhalb der Einsichtsfrist Einspruch einlegen.

(2) [1]Der Einspruch ist schriftlich oder zur Niederschrift bei der Gemeindebehörde einzulegen. [2]Soweit die behaupteten Tatsachen nicht offenkundig sind, hat der Einspruchsführer die erforderlichen Beweismittel beizubringen. [3]Ein Wahlberechtigter mit Behinderungen kann sich hierbei der Hilfe einer anderen Person bedienen; § 57 gilt entsprechend.

(3) Will die Gemeindebehörde einem Einspruch gegen die Eintragung eines anderen stattgeben, so hat sie diesem vor der Entscheidung Gelegenheit zur Äußerung zu geben.

(4) [1]Die Gemeindebehörde hat ihre Entscheidung dem Einspruchsführer und dem Betroffenen spätestens am 10. Tage vor der Wahl zuzustellen und auf den zulässigen Rechtsbehelf hinzuweisen. [2]Einem auf Eintragung gerichteten Einspruch gibt die Gemeindebehörde in der Weise statt, dass sie dem Wahlberechtigten nach Berichtigung des Wählerverzeichnisses die Wahlbenachrichtigung zugehen lässt. [3]In den Fällen des § 18 Abs. 5 und 6 unterrichtet sie unverzüglich die zuständigen Stellen von der Eintragung.

(5) [1]Gegen die Entscheidung der Gemeindebehörde kann binnen zwei Tagen nach Zustellung Beschwerde an den Kreiswahlleiter eingelegt werden. [2]Die Beschwerde ist schriftlich oder zur Niederschrift bei der Gemeindebehörde einzulegen. [3]Die Gemeindebehörde legt die Beschwerde mit den Vorgängen unverzüglich dem Kreiswahlleiter vor. [4]Der Kreiswahlleiter hat über die Beschwerde spätestens am vierten Tage vor der Wahl zu entscheiden; Absatz 3 gilt entsprechend. [5]Die Beschwerdeentscheidung ist den Beteiligten und der Gemeindebehörde bekannt zu geben. [6]Sie ist vorbehaltlich anderer Entscheidung im Wahlprüfungsverfahren endgültig.

§ 23 Berichtigung des Wählerverzeichnisses

(1) [1]Nach Beginn der Einsichtsfrist ist die Eintragung oder Streichung von Personen sowie die Vornahme sonstiger Änderungen im Wählerverzeichnis nur noch auf rechtzeitigen Einspruch zulässig. [2]§ 16 Abs. 2 bis 5, § 18 Abs. 5 Satz 6 und Abs. 6 Satz 4 sowie § 30 bleiben unberührt.

(2) [1]Ist das Wählerverzeichnis offensichtlich unrichtig oder unvollständig, so kann die Gemeindebehörde den Mangel auch von Amts wegen beheben. [2]Dies gilt nicht für Mängel, die Gegenstand eines Einspruchsverfahrens sind. [3]§ 22 Abs. 3 bis 5 gilt entsprechend. [4]Die Frist für die Zustellung der Entscheidung (§ 22 Abs. 4 Satz 1) und für die Beschwerdeentscheidung (§ 22 Abs. 5 Satz 4) gilt nur, wenn die von Amts wegen behebbaren Mängel vor dem zwölften Tage vor der Wahl bekannt werden.

(3) Alle vom Beginn der Einsichtsfrist ab vorgenommenen Änderungen sind in der Spalte „Bemerkungen" zu erläutern und mit Datum und Unterschrift des vollziehenden Bediensteten, im automatisierten Verfahren anstelle der Unterschrift mit einem Hinweis auf den verantwortlichen Bediensteten zu versehen.

(4) Nach Abschluss des Wählerverzeichnisses können Änderungen mit Ausnahme der in Absatz 2 und § 53 Abs. 2 vorgesehenen Berichtigungen nicht mehr vorgenommen werden.

§ 24 Abschluss des Wählerverzeichnisses

(1) [1]Das Wählerverzeichnis ist spätestens am Tage vor der Wahl, jedoch nicht früher als am dritten Tage vor der Wahl, durch die Gemeindebehörde abzuschließen. [2]Sie stellt dabei die Zahl der Wahlberechtigten des Wahlbezirks fest. [3]Der Abschluss wird nach dem Muster der Anlage 8 beurkundet. [4]Bei automatisierter Führung des Wählerverzeichnisses ist vor der Beurkundung ein Ausdruck herzustellen.

(2) Wählerverzeichnisse mehrerer Gemeinden oder Gemeindeteile, die zu einem Wahlbezirk vereinigt sind, werden von der Gemeindebehörde, die die Wahl im Wahlbezirk durchführt, zum Wählerverzeichnis des Wahlbezirks verbunden und abgeschlossen.

Dritter Unterabschnitt
Wahlscheine

§ 25 Voraussetzungen für die Erteilung von Wahlscheinen

(1) Ein Wahlberechtigter, der in das Wählerverzeichnis eingetragen ist, erhält auf Antrag einen Wahlschein.

(2) Ein Wahlberechtigter, der nicht in das Wählerverzeichnis eingetragen ist, erhält auf Antrag einen Wahlschein,

1. wenn er nachweist, dass er ohne Verschulden die Antragsfrist nach § 18 Abs. 1 oder die Einspruchsfrist nach § 22 Abs. 1 versäumt hat,
2. wenn sein Recht auf Teilnahme an der Wahl erst nach Ablauf der Fristen nach § 18 Abs. 1 oder § 22 Abs. 1 entstanden ist,
3. wenn sein Wahlrecht im Einspruchsverfahren festgestellt worden und die Feststellung erst nach Abschluss des Wählerverzeichnisses zur Kenntnis der Gemeindebehörde gelangt ist.

§ 26 Zuständige Behörde, Form des Wahlscheines

Der Wahlschein wird nach dem Muster der Anlage 9 von der Gemeindebehörde erteilt, in deren Wählerverzeichnis der Wahlberechtigte eingetragen ist oder hätte eingetragen werden müssen.

§ 27 Wahlscheinanträge

(1) [1]Die Erteilung eines Wahlscheines kann schriftlich oder mündlich bei der Gemeindebehörde beantragt werden. [2]Die Schriftform gilt auch durch Telegramm, Fernschreiben, Telefax, E-Mail oder durch sonstige dokumentierbare elektronische Übermittlung als gewahrt. [3]Eine telefonische Antragstellung ist unzulässig. [4]Ein Wahlberechtigter mit Behinderungen kann sich bei der Antragstellung der Hilfe einer anderen Person bedienen; § 57 gilt entsprechend.

(2) Der Antragsteller muss den Familiennamen, die Vornamen, das Geburtsdatum und seine Wohnanschrift (Straße, Hausnummer, Postleitzahl, Ort) angeben.

(3) Wer den Antrag für einen anderen stellt, muss durch Vorlage einer schriftlichen Vollmacht nachweisen, dass er dazu berechtigt ist.

(4) [1]Wahlscheine können bis zum zweiten Tage vor der Wahl, 18.00 Uhr, beantragt werden. [2]In den Fällen des § 25 Abs. 2 können Wahlscheine noch bis zum Wahltage, 15.00 Uhr, beantragt werden. [3]Gleiches gilt, wenn bei nachgewiesener plötzlicher Erkrankung der Wahlraum nicht oder nur unter nicht zumutbaren Schwierigkeiten aufgesucht werden kann; in diesem Fall hat die Gemeindebehörde vor Erteilung des Wahlscheines den für den Wahlbezirk des Wahlberechtigten zuständigen Wahlvorsteher davon zu unterrichten, der entsprechend § 53 Abs. 2 zu verfahren hat.

(5) Bei Wahlberechtigten, die nach § 16 Abs. 2 nur auf Antrag in das Wählerverzeichnis eingetragen werden, gilt der Antrag zugleich als Antrag auf Erteilung eines Wahlscheines, es sei denn, der Wahlberechtigte will vor dem Wahlvorstand seines Wahlbezirks wählen.

(6) Verspätet eingegangene schriftliche Anträge sind unbearbeitet mit den dazugehörigen Briefumschlägen zu verpacken und vorläufig aufzubewahren.

§ 28 Erteilung von Wahlscheinen

(1) Wahlscheine dürfen nicht vor Zulassung der Wahlvorschläge durch den Landes- und den Kreiswahlausschuss nach den §§ 26 und 28 des Bundeswahlgesetzes erteilt werden.

(2) [1]Der Wahlschein muss von dem mit der Erteilung beauftragten Bediensteten eigenhändig unterschrieben werden und mit dem Dienstsiegel versehen sein. [2]Das Dienstsiegel kann eingedruckt werden. [3]Wird der Wahlschein mit Hilfe automatischer Einrichtungen erstellt, kann abweichend von Satz 1 die Unterschrift fehlen; stattdessen kann der Name des beauftragten Bediensteten eingedruckt werden.

(3) [1]Dem Wahlschein sind beizufügen

1. ein amtlicher Stimmzettel des Wahlkreises nach dem Muster der Anlage 26,
2. ein amtlicher Stimmzettelumschlag nach dem Muster der Anlage 10,
3. ein amtlicher Wahlbriefumschlag nach dem Muster der Anlage 11, auf dem die vollständige Anschrift, wohin der Wahlbrief zu übersenden ist (Wahlbriefempfänger gemäß § 66 Absatz 2), sowie die Bezeichnung der Gemeindebehörde, die den Wahlschein ausgestellt hat (Ausgabestelle), und die Wahlscheinnummer oder der Wahlbezirk vor der Ausgabestelle voreingetragen sind, und
4. ein Merkblatt zur Briefwahl nach dem Muster der Anlage 12.
[2]Satz 1 gilt nicht in den Fällen des § 29 Absatz 1.

(4) [1]Wahlschein und Briefwahlunterlagen werden dem Wahlberechtigten an seine Wohnanschrift übersandt oder amtlich überbracht, soweit sich aus dem Antrag keine andere Anschrift oder die Abholung der Unterlagen ergibt. [2]Wird die Versendung an eine andere Anschrift in einer Form nach § 27 Absatz 1 Satz 2 beantragt, gehört zur Versendung der Briefwahlunterlagen die gleichzeitige Versendung einer Mitteilung an die Wohnanschrift. [3]Postsendungen sind von der Gemeindebehörde freizumachen. [4]Die Gemeindebehörde übersendet dem Wahlberechtigten Wahlschein und Briefwahlunterlagen mit Luftpost, wenn sich aus seinem Antrag ergibt, dass er aus einem außereuropäischen Gebiet wählen will, oder wenn dieses sonst geboten erscheint.

(5) [1]Holt der Wahlberechtigte persönlich den Wahlschein und die Briefwahlunterlagen bei der Gemeindebehörde ab, so soll ihm Gelegenheit gegeben werden, die Briefwahl an Ort und Stelle auszuüben. [2]Es ist sicherzustellen, dass der Stimmzettel unbeobachtet gekennzeichnet und in den Stimmzettelumschlag gelegt werden kann. [3]An einen anderen als den Wahlberechtigten persönlich dürfen Wahlschein und Briefwahlunterlagen nur ausgehändigt werden, wenn die Berechtigung zum Empfangnahme durch Vorlage einer schriftlichen Vollmacht nachgewiesen wird. [4]§ 27 Abs. 1 Satz 4 gilt entsprechend. [5]Von der Vollmacht kann nur Gebrauch gemacht werden, wenn die bevollmächtigte Person nicht mehr als vier Wahlberechtigte vertritt; dies hat sie der Gemeindebehörde vor der Empfangnahme der Unterlagen schriftlich zu versichern. [6]Auf Verlangen hat sich die bevollmächtigte Person auszuweisen.

(6) [1]Über die erteilten Wahlscheine führt die Gemeindebehörde ein Wahlscheinverzeichnis, in dem die Fälle des § 25 Abs. 1 und die des Absatzes 2 getrennt gehalten werden. [2]Das Verzeichnis wird als Liste oder als Sammlung der Durchschriften der Wahlscheine geführt. [3]Auf dem Wahlschein wird die Nummer eingetragen, unter der er im Wahlscheinverzeichnis vermerkt ist, sowie die Nummer, unter der der Wahlberechtigte im Wählerverzeichnis geführt wird, oder der vorgesehene Wahlbezirk. [4]Bei nicht in das Wählerverzeichnis eingetragenen Wahlberechtigten wird auf dem Wahlschein vermerkt, dass dessen Erteilung nach § 25 Abs. 2 erfolgt ist und welchem Wahlbezirk der Wahlberechtigte zugeordnet wird. [5]Werden nach Abschluss des Wählerverzeichnisses noch Wahlscheine erteilt, so ist darüber ein besonderes Verzeichnis nach den Sätzen 1 bis 3 zu führen.

(7) [1]Wird einem Wahlberechtigten ein Wahlschein nach § 25 Abs. 2 erteilt, hat die Gemeindebehörde bei Wahlberechtigten nach § 12 Abs. 2 Satz 1 des Bundeswahlgesetzes unverzüglich den Bundeswahlleiter zu unterrichten. [2]§ 18 Abs. 5 Satz 5 und 6 gilt entsprechend.

(8) [1]Wird ein Wahlberechtigter, der bereits einen Wahlschein erhalten hat, im Wählerverzeichnis gestrichen, so ist der Wahlschein für ungültig zu erklären. [2]Die Gemeindebehörde führt darüber ein Verzeichnis, in das der Name des Wahlberechtigten und die Nummer des für ungültig erklärten Wahlscheines aufzunehmen ist; sie hat das Wahlscheinverzeichnis zu berichtigen. [3]Die Gemeindebehörde verständigt den Kreiswahlleiter, der alle Wahlvorstände des Wahlkreises über die Ungültigkeit des Wahlscheines unterrichtet. [4]In den Fällen des § 39 Abs. 5 des Bundeswahlgesetzes ist im Wahlscheinverzeichnis und im Verzeichnis der für ungültig erklärten Wahlscheine in geeigneter Form zu vermerken, dass die Stimme eines Wählers, der bereits an der Briefwahl teilgenommen hat, nicht ungültig ist.

(9) [1]Nach Abschluss des Wählerverzeichnisses übersendet die Gemeindebehörde, sofern sie nicht selbst oder eine andere Gemeindebehörde oder die Verwaltungsbehörde des Kreises für die Durchführung der Briefwahl zuständig ist, dem Kreiswahlleiter auf schnellstem Wege das Verzeichnis nach Absatz 8 Satz 2 und Nachträge zu diesem Verzeichnis oder eine Mitteilung, dass Wahlscheine nicht für ungültig erklärt worden sind, so rechtzeitig, dass sie dort spätestens am Wahltage vormittags eingehen. [2]Ist eine andere Gemeindebehörde nach § 7 Nr. 3 mit der Durchführung der Briefwahl betraut worden oder ist die Verwaltungsbehörde des Kreises zuständig, hat die Gemeindebehörde das Verzeichnis und die Nachträge oder eine Mitteilung entsprechend Satz 1 der beauftragten Gemeindebehörde oder der Verwaltungsbehörde des Kreises zu übersenden.

(10) [1]Verlorene Wahlscheine werden nicht ersetzt. [2]Versichert ein Wahlberechtigter glaubhaft, dass ihm der beantragte Wahlschein nicht zugegangen ist, kann ihm bis zum Tage vor der Wahl, 12.00 Uhr, ein neuer Wahlschein erteilt werden; Absatz 8 Satz 1 bis 3 und Absatz 9 gelten entsprechend.

§ 29 Erteilung von Wahlscheinen an bestimmte Personengruppen

(1) [1]Die Gemeindebehörde fordert spätestens am achten Tage vor der Wahl von den Leitungen
1. der Einrichtungen, für die ein Sonderwahlbezirk gebildet worden ist (§ 13),
2. der kleineren Krankenhäuser, kleineren Alten- oder Pflegeheime, Klöster, sozialtherapeutischen Anstalten und Justizvollzugsanstalten, für deren Wahlberechtigte die Stimmabgabe vor einem beweglichen Wahlvorstand vorgesehen ist (§§ 8 und 62 bis 64),

ein Verzeichnis der wahlberechtigten Personen aus der Gemeinde, die sich in der Einrichtung befinden oder dort beschäftigt sind und die am Wahltage in der Einrichtung wählen wollen. [2]Sie erteilt diesen Wahlberechtigten Wahlscheine ohne Briefwahlunterlagen und übersendet sie unmittelbar an diese.

(2) Die Gemeindebehörde veranlasst die Leitungen der Einrichtungen spätestens am 13. Tage vor der Wahl,
1. die wahlberechtigten Personen, die sich in der Einrichtung befinden oder dort beschäftigt sind und die in Wählerverzeichnissen anderer Gemeinden des gleichen Wahlkreises geführt werden, zu verständigen, dass sie in der Einrichtung nur wählen können, wenn sie sich von der Gemeindebehörde, in deren Wählerverzeichnis sie eingetragen sind, einen Wahlschein beschafft haben,
2. die wahlberechtigten Personen, die sich in der Einrichtung befinden oder dort beschäftigt sind und die in Wählerverzeichnissen von Gemeinden anderer Wahlkreise geführt werden, zu verständigen, dass sie ihr Wahlrecht nur durch Briefwahl in ihrem Heimatwahlkreis ausüben können und sich dafür von der Gemeindebehörde, in deren Wählerverzeichnis sie eingetragen sind, einen Wahlschein mit Briefwahlunterlagen beschaffen müssen.

(3) Die Gemeindebehörde ersucht spätestens am 13. Tage vor der Wahl die Truppenteile, die ihren Standort im Gemeindegebiet haben, die wahlberechtigten Soldaten entsprechend Absatz 2 Nr. 2 zu verständigen.

§ 30 Vermerk im Wählerverzeichnis

Hat ein Wahlberechtigter einen Wahlschein erhalten, so wird im Wählerverzeichnis in der Spalte für den Vermerk über die Stimmabgabe „Wahlschein" oder „W" eingetragen.

§ 31 Einspruch gegen die Versagung des Wahlscheines und Beschwerde

[1]Wird die Erteilung eines Wahlscheines versagt, so kann dagegen Einspruch eingelegt werden. [2]§ 22 Abs. 2, 4 und 5 gilt entsprechend. [3]Die Frist für die Zustellung der Entscheidung (§ 22 Abs. 4 Satz 1) und für die Beschwerdeentscheidung (§ 22 Abs. 5 Satz 4) gilt nur, wenn der Einspruch vor dem zwölften Tage vor der Wahl eingelegt worden ist.

Vierter Unterabschnitt
Wahlvorschläge, Stimmzettel

§ 32 Aufforderung zur Einreichung von Wahlvorschlägen

[1]Nachdem der Wahltag bestimmt ist, fordern die Kreis- und Landeswahlleiter durch öffentliche Bekanntmachung zur möglichst frühzeitigen Einreichung der Wahlvorschläge auf und weisen auf die Voraussetzungen für die Einreichung von Wahlvorschlägen nach § 18 Abs. 2 des Bundeswahlgesetzes hin. [2]Sie geben bekannt, wo und bis zu welchem Zeitpunkt die Anzeigen nach § 18 Abs. 2 des Bundeswahlgesetzes und die Wahlvorschläge eingereicht werden müssen und weisen auf die Bestimmungen über Inhalt und Form der Wahlvorschläge, auf die Zahl der in bestimmten Fällen beizubringenden Unterschriften und Nachweise sowie auf die mit den Wahlvorschlägen vorzulegenden Erklärungen, Niederschriften und Versicherungen hin (§§ 20, 21 und 27 des Bundeswahlgesetzes).

**§ 33 Beteiligungsanzeige der in § 18 Abs. 2 des Bundeswahlgesetzes genannten Parteien,
Beseitigung von Mängeln**

(1) [1]Der Bundeswahlleiter vermerkt auf jeder Beteiligungsanzeige den Tag des Eingangs und prüft unverzüglich, ob sie den Anforderungen des Bundeswahlgesetzes entspricht. [2]Stellt er Mängel fest, so benachrichtigt er sofort den Vorstand der Partei und fordert ihn auf, behebbare Mängel rechtzeitig zu beseitigen; dabei hat er darauf hinzuweisen, dass nach der Bestimmung des § 18 Abs. 3 des Bundeswahlgesetzes

1. nach Ablauf der Anzeigefrist nur noch Mängel an sich gültiger Anzeigen behoben werden können,
2. nach der Entscheidung über die Feststellung der Parteieigenschaft jede Mängelbeseitigung ausgeschlossen ist,
3. der Vorstand der Partei gegen Verfügungen des Bundeswahlleiters den Bundeswahlausschuss anrufen kann.

(2) [1]Der Bundeswahlleiter lädt die Vereinigungen, die ihre Beteiligung an der Wahl angezeigt haben, zu der Sitzung, in der über ihre Anerkennung als Partei für die Wahl entschieden wird. [2]In der Ladung weist er auf die Bekanntgabe der Entscheidung in der Sitzung und die Rechtsfolgen hin. [3]Er legt dem Bundeswahlausschuss die Beteiligungsanzeigen vor und berichtet über das Ergebnis der Vorprüfung. [4]Vor der Beschlussfassung ist den erschienenen Beteiligten Gelegenheit zur Äußerung zu geben.

(3) [1]Im Anschluss an die Feststellung nach § 18 Abs. 4 des Bundeswahlgesetzes gibt der Bundeswahlleiter die Entscheidung des Bundeswahlausschusses in der Sitzung unter kurzer Angabe der Gründe bekannt. [2]Ist eine Partei oder Vereinigung wegen der Feststellung an der Einreichung von Wahlvorschlägen gehindert, weist er dabei auf den Rechtsbehelf der Beschwerde nach § 18 Absatz 4a des Bundeswahlgesetzes, die hierfür geltende Frist und die Rechtsfolgen einer Beschwerde hin. [3]Die Entscheidung ist vom Bundeswahlleiter öffentlich bekanntzumachen.

(4) [1]Die Niederschrift über die Sitzung (§ 5 Absatz 7) ist unverzüglich auszufertigen. [2]In der Niederschrift sind die tragenden Gründe darzustellen. [3]Der Bundeswahlleiter übermittelt Parteien oder Vereinigungen, die durch die Feststellung des Bundeswahlausschusses an der Einreichung von Wahlvorschlägen gehindert sind, unverzüglich, spätestens am Tag nach der Sitzung des Bundeswahlausschusses auf schnellstem Wege eine Ausfertigung des sie betreffenden Teils der Niederschrift mit den nach Absatz 3 Satz 2 erforderlichen Hinweisen.

§ 34 Inhalt und Form der Kreiswahlvorschläge

(1) [1]Der Kreiswahlvorschlag soll nach dem Muster der Anlage 13 eingereicht werden. [2]Er muss enthalten

1. den Familiennamen, die Vornamen, den Beruf oder Stand, das Geburtsdatum, den Geburtsort und die Anschrift (Hauptwohnung) des Bewerbers,
2. den Namen der einreichenden Partei und, sofern sie eine Kurzbezeichnung verwendet, auch diese, bei anderen Kreiswahlvorschlägen (§ 20 Abs. 3 des Bundeswahlgesetzes) deren Kennwort.

[3]Er soll ferner Namen und Anschriften der Vertrauensperson und der stellvertretenden Vertrauensperson enthalten.

(2) [1]Kreiswahlvorschläge von Parteien sind von mindestens drei Mitgliedern des Vorstandes des Landesverbandes, darunter dem Vorsitzenden oder seinem Stellvertreter, persönlich und handschriftlich zu unterzeichnen. [2]Hat eine Partei in einem Land keinen Landesverband oder keine einheitliche Landesorganisation, so müssen die Kreiswahlvorschläge von den Vorständen der nächstniedrigen Gebietsverbände, in deren Bereich der Wahlkreis liegt, dem Satz 1 gemäß unterzeichnet sein. [3]Die Unterschriften des einreichenden Vorstandes genügen, wenn er innerhalb der Einreichungsfrist nachweist, dass dem Landeswahlleiter eine schriftliche, dem Satz 1 entsprechende Vollmacht der anderen beteiligten Vorstände vorliegt.

(3) [1]Bei anderen Kreiswahlvorschlägen haben drei Unterzeichner des Wahlvorschlages ihre Unterschriften auf dem Kreiswahlvorschlag (Anlage 13) selbst zu leisten. [2]Absatz 4 Nr. 3 und 4 gilt entsprechend.

(4) Muss ein Kreiswahlvorschlag von mindestens 200 Wahlberechtigten des Wahlkreises unterzeichnet sein, so sind die Unterschriften auf amtlichen Formblättern nach Anlage 14 unter Beachtung folgender Vorschriften zu erbringen:

1. [1]Der Kreiswahlleiter liefert die Formblätter auf Anforderung kostenfrei; er kann sie auch als Druckvorlage oder elektronisch bereitstellen. [2]Bei der Anforderung sind Familienname, Vornamen und Anschrift (Hauptwohnung) des vorzuschlagenden Bewerbers anzugeben. [3]Wird bei der Anforderung der Nachweis erbracht, dass für den Bewerber im Melderegister eine Auskunftssperre gemäß § 51 Absatz 1 des Bundesmeldegesetzes eingetragen ist, wird anstelle seiner Anschrift (Hauptwohnung) eine Erreichbarkeitsanschrift verwendet; die Angabe eines Postfachs genügt nicht. [4]Als Bezeichnung des Trägers des Wahlvorschlages, der den Kreiswahlvorschlag einreichen will, sind außerdem bei Parteien deren Namen und, sofern sie eine Kurzbezeichnung verwenden, auch diese, bei anderen Kreiswahlvorschlägen deren Kennwort anzugeben. [5]Parteien haben ferner die Aufstellung des Bewerbers in einer Mitglieder- oder einer besonderen oder allgemeinen Vertreterversammlung nach § 21 des Bundeswahlgesetzes zu bestätigen. [6]Der Kreiswahlleiter hat die in den Sätzen 2 bis 4 genannten Angaben im Kopf der Formblätter zu vermerken.

2. [1]Die Wahlberechtigten, die einen Kreiswahlvorschlag unterstützen, müssen die Erklärung auf dem Formblatt persönlich und handschriftlich unterzeichnen; neben der Unterschrift sind Familienname, Vornamen, Geburtsdatum und Anschrift (Hauptwohnung) des Unterzeichners sowie der Tag der Unterzeichnung anzugeben. [2]Von Wahlberechtigten im Sinne des § 12 Abs. 2 Satz 1 des Bundeswahlgesetzes ist der Nachweis für die Wahlberechtigung durch die Angaben gemäß Anlage 2 und Abgabe einer Versicherung an Eides statt zu erbringen.

3. [1]Für jeden Unterzeichner ist auf dem Formblatt oder gesondert eine Bescheinigung der Gemeindebehörde, bei der er im Wählerverzeichnis einzutragen ist, beizufügen, dass er im Zeitpunkt der Unterzeichnung in dem betreffenden Wahlkreis wahlberechtigt ist. [2]Gesonderte Bescheinigungen des Wahlrechts sind vom Träger des Wahlvorschlags bei der Einreichung des Kreiswahlvorschlages mit den Unterstützungsunterschriften zu verbinden. [3]Wer für einen anderen eine Bescheinigung des Wahlrechts beantragt, muss nachweisen, dass der Betreffende den Kreiswahlvorschlag unterstützt.

4. Ein Wahlberechtigter darf nur einen Kreiswahlvorschlag unterzeichnen; hat jemand mehrere Kreiswahlvorschläge unterzeichnet, so ist seine Unterschrift auf allen weiteren Kreiswahlvorschlägen ungültig.

5. [1]Kreiswahlvorschläge von Parteien dürfen erst nach Aufstellung des Bewerbers durch eine Mitglieder- oder Vertreterversammlung unterzeichnet werden. [2]Vorher geleistete Unterschriften sind ungültig.

(5) Dem Kreiswahlvorschlag sind beizufügen

1. die Erklärung des vorgeschlagenen Bewerbers nach dem Muster der Anlage 15, dass er seiner Aufstellung zustimmt und für keinen anderen Wahlkreis seine Zustimmung zur Benennung als Bewerber gegeben hat,

2. eine Bescheinigung der zuständigen Gemeindebehörde nach dem Muster der Anlage 16, dass der vorgeschlagene Bewerber wählbar ist,

3. bei Kreiswahlvorschlägen von Parteien
 a) eine Ausfertigung der Niederschrift über die Beschlussfassung der Mitglieder- oder Vertreterversammlung, in der der Bewerber aufgestellt worden ist, im Falle eines Einspruchs nach § 21 Abs. 4 des Bundeswahlgesetzes auch eine Ausfertigung der Niederschrift über die wiederholte Abstimmung, mit der nach § 21 Abs. 6 Satz 2 des Bundeswahlgesetzes vorgeschriebenen Versicherung an Eides statt; die Niederschrift soll nach dem Muster der Anlage 17 gefertigt, die Versicherung an Eides statt nach dem Muster der Anlage 18 abgegeben werden;

 b) eine Versicherung an Eides statt des vorgeschlagenen Bewerbers gegenüber dem Kreiswahlleiter nach dem Muster der Anlage 15, dass er nicht Mitglied einer anderen als der den Wahlvorschlag einreichenden Partei ist; für die Abnahme der Versicherung an Eides statt gilt § 21 Abs. 6 Satz 3 des Bundeswahlgesetzes entsprechend,

4. die erforderliche Zahl von Unterstützungsunterschriften nebst Bescheinigungen des Wahlrechts der Unterzeichner (Absatz 4 Nr. 2 und 3), sofern der Kreiswahlvorschlag von mindestens 200 Wahlberechtigten des Wahlkreises unterzeichnet sein muss.

(6) [1]Die Bescheinigung des Wahlrechts (Absatz 4 Nr. 3) und die Bescheinigung der Wählbarkeit (Absatz 5 Nr. 2) sind kostenfrei zu erteilen. [2]Die Gemeindebehörde darf für jeden Wahlberechtigten die Bescheinigung des Wahlrechts nur einmal zu einem Kreiswahlvorschlag erteilen; dabei darf sie nicht festhalten, für welchen Wahlvorschlag die erteilte Bescheinigung bestimmt ist.

(7) [1]Für Bewerber, die keine Wohnung in der Bundesrepublik Deutschland innehaben und sich dort auch sonst nicht gewöhnlich aufhalten, erteilt das Bundesministerium des Innern, für Bau und Heimat die Wählbarkeitsbescheinigung. [2]Sie ist bei der für den Wohnort des Bewerbers zuständigen diplomatischen oder berufskonsularischen Vertretung der Bundesrepublik Deutschland, sonst unmittelbar unter Vorlage der erforderlichen Nachweise zu beantragen.

§ 35 Vorprüfung der Kreiswahlvorschläge durch den Kreiswahlleiter

(1) [1]Der Kreiswahlleiter vermerkt auf jedem Kreiswahlvorschlag den Tag und bei Eingang am letzten Tage der Einreichungsfrist außerdem die Uhrzeit des Eingangs und übersendet dem Landeswahlleiter und dem Bundeswahlleiter sofort je einen Abdruck. [2]Er prüft unverzüglich, ob die eingegangenen Kreiswahlvorschläge vollständig sind und den Erfordernissen des Bundeswahlgesetzes und dieser Verordnung entsprechen.

(2) Wird dem Kreiswahlleiter bekannt, dass ein im Wahlkreis vorgeschlagener Bewerber noch in einem anderen Wahlkreis vorgeschlagen worden ist, so weist er den Kreiswahlleiter des anderen Wahlkreises auf die Doppelbewerbung hin.

(3) [1]Wird der Kreiswahlausschuss nach § 25 Abs. 4 des Bundeswahlgesetzes im Mängelbeseitigungsverfahren angerufen, hat er über die Verfügung des Kreiswahlleiters unverzüglich zu entscheiden. [2]Der Vertrauensperson des betroffenen Kreiswahlvorschlages ist Gelegenheit zur Äußerung zu geben.

§ 36 Zulassung der Kreiswahlvorschläge

(1) Der Kreiswahlleiter lädt die Vertrauenspersonen der Kreiswahlvorschläge zu der Sitzung, in der über die Zulassung der Kreiswahlvorschläge entschieden wird.

(2) Der Kreiswahlleiter legt dem Kreiswahlausschuss alle eingegangenen Kreiswahlvorschläge vor und berichtet ihm über das Ergebnis der Vorprüfung.

(3) [1]Der Kreiswahlausschuss prüft die eingegangenen Kreiswahlvorschläge und beschließt über ihre Zulassung oder Zurückweisung. [2]Vor einer Entscheidung ist der erschienenen Vertrauensperson des betroffenen Wahlvorschlages Gelegenheit zur Äußerung zu geben.

(4) [1]Der Kreiswahlausschuss stellt die zugelassenen Kreiswahlvorschläge mit den in § 34 Abs. 1 Satz 2 bezeichneten Angaben fest. [2]Fehlt bei einem anderen Kreiswahlvorschlag (§ 20 Abs. 3 des Bundeswahlgesetzes) das Kennwort oder erweckt es den Eindruck, als handele es sich um den Kreiswahlvorschlag einer Partei, oder ist es geeignet, Verwechslungen mit einem früher eingereichten Kreiswahlvorschlag hervorzurufen, so erhält der Kreiswahlvorschlag den Namen des Bewerbers als Kennwort. [3]Geben die Namen mehrerer Parteien oder deren Kurzbezeichnungen zu Verwechslungen Anlass, so fügt der Kreiswahlausschuss einem Wahlvorschlag oder mehreren Wahlvorschlägen eine Unterscheidungsbezeichnung bei; hat der Landeswahlausschuss eine Unterscheidungsregelung getroffen (§ 41 Abs. 1), so gilt diese.

(5) Der Kreiswahlleiter gibt die Entscheidung des Kreiswahlausschusses in der Sitzung im Anschluss an die Beschlussfassung unter kurzer Angabe der Gründe bekannt und weist auf den zulässigen Rechtsbehelf hin.

(6) Die Niederschrift über die Sitzung (§ 5 Abs. 7) ist nach dem Muster der Anlage 19 zu fertigen; der Niederschrift sind die zugelassenen Kreiswahlvorschläge in der vom Kreiswahlausschuss festgestellten Fassung beizufügen.

(7) [1]Nach der Sitzung übersendet der Kreiswahlleiter dem Landeswahlleiter und dem Bundeswahlleiter sofort eine Ausfertigung der Niederschrift und weist dabei auf ihm bedenklich erscheinende Entscheidungen besonders hin. [2]Er ist verpflichtet, dem Bundeswahlleiter auf Verlangen alle für die Einlegung einer Beschwerde erforderlichen Auskünfte zu erteilen und Feststellungen zu treffen.

§ 37 Beschwerde gegen Entscheidungen des Kreiswahlausschusses

(1) [1]Die Beschwerde gegen eine Entscheidung des Kreiswahlausschusses ist schriftlich oder zur Niederschrift beim Kreiswahlleiter einzulegen. [2]Der Bundeswahlleiter hat seine Beschwerde beim Kreiswahlleiter, der Kreiswahlleiter seine Beschwerde beim Landeswahlleiter einzulegen. [3]Die Schriftform gilt auch durch Telegramm, Fernschreiben oder Telefax als gewahrt. [4]Der Kreiswahlleiter unterrichtet unverzüglich den Landeswahlleiter und den Bundeswahlleiter über die eingegangenen Beschwerden und verfährt nach den Anweisungen des Landeswahlleiters.

(2) [1]Der Landeswahlleiter lädt die Beschwerdeführer, die Vertrauenspersonen der betroffenen Kreiswahlvorschläge sowie den Kreiswahlleiter und den Bundeswahlleiter zu der Sitzung, in der über die Beschwerde entschieden wird. [2]Den Vertrauenspersonen ist Gelegenheit zur Äußerung zu geben.

(3) Der Landeswahlleiter gibt die Entscheidung des Landeswahlausschusses in der Sitzung im Anschluss an die Beschlussfassung unter kurzer Angabe der Gründe bekannt und teilt sie sofort dem Bundeswahlleiter mit.

§ 38 Bekanntmachung der Kreiswahlvorschläge

[1]Der Kreiswahlleiter ordnet die zugelassenen Kreiswahlvorschläge unter fortlaufenden Nummern in der Reihenfolge, wie sie durch § 30 Abs. 3 Satz 3 und 4 des Bundeswahlgesetzes und durch die Mitteilung des Landeswahlleiters nach § 43 Abs. 2 bestimmt ist, und macht sie öffentlich bekannt. [2]Parteien, für die eine Landesliste, aber kein Kreiswahlvorschlag zugelassen ist, erhalten eine Leernummer. [3]Die Bekanntmachung enthält für jeden Kreiswahlvorschlag die in § 34 Abs. 1 Satz 2 bezeichneten Angaben; statt des Geburtsdatums ist jedoch jeweils nur das Geburtsjahr des Bewerbers anzugeben. [4]Weist ein Bewerber bis zum Ablauf der Einreichungsfrist gegenüber dem Kreiswahlleiter nach, dass für ihn im Melderegister ein Sperrvermerk gemäß § 51 Absatz 1 des Bundesmeldegesetzes eingetragen ist, ist anstelle seiner Anschrift (Hauptwohnung) eine Erreichbarkeitsanschrift zu verwenden; die Angabe eines Postfachs genügt nicht. [5]Der Kreiswahlleiter unterrichtet unverzüglich den Landeswahlleiter und den Bundeswahlleiter über die Erreichbarkeitsanschrift. [6]Der Bundeswahlleiter veröffentlicht den Inhalt der öffentlichen Bekanntmachungen der Kreiswahlleiter im Wahlgebiet.

§ 39 Inhalt und Form der Landeslisten

(1) [1]Die Landesliste soll nach dem Muster der Anlage 20 eingereicht werden. [2]Sie muss enthalten
1. den Namen der einreichenden Partei und, sofern sie eine Kurzbezeichnung verwendet, auch diese,
2. den Familiennamen, die Vornamen, den Beruf oder Stand, das Geburtsdatum, den Geburtsort und die Anschrift (Hauptwohnung) der Bewerber.

[3]Sie soll ferner Namen und Anschriften der Vertrauensperson und der stellvertretenden Vertrauensperson enthalten.

(2) [1]Die Landesliste ist von mindestens drei Mitgliedern des Vorstandes des Landesverbandes der Partei, darunter dem Vorsitzenden oder seinem Stellvertreter, persönlich und handschriftlich zu unterzeichnen. [2]Hat eine Partei in einem Land keinen Landesverband oder keine einheitliche Landesorganisation, so ist die Landesliste von den Vorständen der nächstniedrigen Gebietsverbände, die im Bereich des Landes liegen, dem Satz 1 gemäß zu unterzeichnen. [3]Die Unterschriften des einreichenden Vorstandes genügen, wenn er innerhalb der Einreichungsfrist eine schriftliche, dem Satz 1 entsprechende Vollmacht der anderen beizubringen.

(3) [1]Die in § 18 Abs. 2 des Bundeswahlgesetzes genannten Parteien haben die nach § 27 Abs. 1 des Bundeswahlgesetzes weiter erforderliche Zahl von Unterschriften auf amtlichen Formblättern nach Anlage 21 zu erbringen. [2]Der Landeswahlleiter liefert die Formblätter auf Anforderung kostenfrei; er kann sie auch als Druckvorlage oder elektronisch bereitstellen. [3]Bei der Anforderung ist der Name der Partei, die die Landesliste einreichen will, und, sofern sie eine Kurzbezeichnung verwendet, auch diese anzugeben. [4]Der Landeswahlleiter hat diese Angaben im Kopf der Formblätter zu vermerken. [5]Im Übrigen gilt § 34 Abs. 4 entsprechend.

(4) Der Landesliste sind beizufügen
1. die Erklärungen der vorgeschlagenen Bewerber, dass sie ihrer Aufstellung zustimmen und für keine andere Landesliste ihre Zustimmung zur Benennung als Bewerber gegeben haben, sowie eine Versicherung an Eides statt gegenüber dem Landeswahlleiter, dass sie nicht Mitglied einer anderen als der den Wahlvorschlag einreichenden Partei sind, jeweils nach dem Muster der Anlage 22; für die Abnahme der Versicherung an Eides statt gilt § 21 Abs. 6 Satz 3 des Bundeswahlgesetzes entsprechend, die,
2. die Bescheinigungen der zuständigen Gemeindebehörden nach dem Muster der Anlage 16, dass die vorgeschlagenen Bewerber wählbar sind,

3. eine Ausfertigung der Niederschrift über die Beschlussfassung der Mitglieder- oder Vertreterversammlung, in der die Bewerber aufgestellt worden sind und ihre Reihenfolge auf der Landesliste festgelegt worden ist, mit der nach § 21 Abs. 6 des Bundeswahlgesetzes vorgeschriebenen Versicherung an Eides statt, wobei sich die Versicherung an Eides statt auch darauf zu erstrecken hat, dass die Festlegung der Reihenfolge der Bewerber in der Landesliste in geheimer Abstimmung erfolgt ist; die Niederschrift soll nach dem Muster der Anlage 23 gefertigt, die Versicherung an Eides statt nach dem Muster der Anlage 24 abgegeben werden,

4. die erforderliche Zahl von Unterstützungsunterschriften nebst Bescheinigungen des Wahlrechts der Unterzeichner (Absatz 3 Satz 5), sofern es sich um einen Landeswahlvorschlag einer in § 18 Abs. 2 des Bundeswahlgesetzes genannten Partei handelt.

(5) § 34 Abs. 6 und 7 gilt entsprechend.

§ 40 Vorprüfung der Landeslisten durch den Landeswahlleiter

(1) [1]Der Landeswahlleiter vermerkt auf jeder Landesliste den Tag und bei Eingang am letzten Tage der Einreichungsfrist außerdem die Uhrzeit des Eingangs und übersendet dem Bundeswahlleiter sofort einen Abdruck. [2]Er prüft unverzüglich, ob die eingegangenen Landeslisten vollständig sind und den Erfordernissen des Bundeswahlgesetzes und dieser Verordnung entsprechen.

(2) Wird dem Landeswahlleiter bekannt, dass ein auf einer Landesliste vorgeschlagener Bewerber noch auf einer anderen Landesliste vorgeschlagen worden ist, so weist er den Landeswahlleiter des anderen Landes auf die Doppelbewerbung hin.

(3) Wird der Landeswahlausschuss nach § 27 Abs. 5 des Bundeswahlgesetzes in Verbindung mit § 25 Abs. 4 des Bundeswahlgesetzes im Mängelbeseitigungsverfahren angerufen, gilt § 35 Abs. 3 entsprechend.

§ 41 Zulassung der Landeslisten

(1) [1]Der Landeswahlausschuss stellt die zugelassenen Landeslisten mit den in § 39 Abs. 1 Satz 2 bezeichneten Angaben und mit der maßgebenden Bewerberreihenfolge fest. [2]Geben die Namen mehrerer Parteien oder deren Kurzbezeichnungen im Land zu Verwechslungen Anlass, so fügt der Landeswahlausschuss einer Landesliste oder mehreren Landeslisten eine Unterscheidungsbezeichnung bei.

(2) [1]Für das Verfahren gilt § 36 Abs. 1 bis 3, 5 und 6 entsprechend. [2]Der Niederschrift sind die zugelassenen Landeslisten in der vom Landeswahlausschuss festgestellten Fassung beizufügen. [3]Der Landeswahlleiter übersendet dem Bundeswahlleiter sofort eine Ausfertigung der Niederschrift und ihrer Anlagen.

§ 42 Beschwerde gegen Entscheidungen des Landeswahlausschusses

(1) [1]Die Beschwerde gegen eine Entscheidung des Landeswahlausschusses ist schriftlich oder zur Niederschrift beim Landeswahlleiter einzulegen; der Landeswahlleiter hat seine Beschwerde beim Bundeswahlleiter einzulegen. [2]Die Schriftform gilt auch durch Telegramm, Fernschreiben oder Telefax als gewahrt. [3]Der Landeswahlleiter unterrichtet unverzüglich den Bundeswahlleiter über die eingegangenen Beschwerden und verfährt nach dessen Anweisungen.

(2) [1]Der Bundeswahlleiter lädt die Beschwerdeführer, die Vertrauenspersonen der betroffenen Landeslisten und den Landeswahlleiter zu der Sitzung, in der über die Beschwerde entschieden wird. [2]Den Vertrauenspersonen ist Gelegenheit zur Äußerung zu geben.

(3) Der Bundeswahlleiter gibt die Entscheidung des Bundeswahlausschusses in der Sitzung im Anschluss an die Beschlussfassung unter kurzer Angabe der Gründe bekannt.

§ 43 Bekanntmachung der Landeslisten

(1) [1]Der Landeswahlleiter ordnet die endgültig zugelassenen Landeslisten in der durch § 30 Abs. 3 Satz 1 und 2 des Bundeswahlgesetzes bestimmten Reihenfolge unter fortlaufenden Nummern und macht sie öffentlich bekannt. [2]Die Bekanntmachung enthält für jede Landesliste die in § 39 Abs. 1 Satz 2 bezeichneten Angaben; statt des Geburtsdatums ist jedoch nur das Geburtsjahr der Bewerber anzugeben. [3]Weist ein Bewerber bis zum Ablauf der Einreichungsfrist gegenüber dem Landeswahlleiter nach, dass für ihn im Melderegister ein Sperrvermerk gemäß § 51 Absatz 1 des Bundesmeldegesetzes eingetragen ist, ist anstelle seiner Anschrift (Hauptwohnung) eine Erreichbarkeitsanschrift zu verwenden; die Angabe eines Postfachs genügt nicht. [4]Der Landeswahlleiter unterrichtet unverzüglich den Bundeswahlleiter über die Erreichbarkeitsanschrift. [5]Der Bundeswahlleiter veröffentlicht den Inhalt der öffentlichen Bekanntmachungen der Landeswahlleiter im Wahlgebiet.

(2) Gleichzeitig teilt der Landeswahlleiter den Kreiswahlleitern die Reihenfolge der Landeslisten und die Familiennamen und Vornamen der ersten fünf Bewerber mit.

§ 44 *[aufgehoben]*

§ 45 Stimmzettel, Umschläge für die Briefwahl

(1) [1]Der Stimmzettel ist mindestens 21 x 29,7 cm (DIN A 4) groß und aus weißem oder weißlichem Papier. [2]Das Papier muss so beschaffen sein, dass nach Kennzeichnung und Faltung durch den Wähler andere Personen nicht erkennen können, wie er gewählt hat. [3]Der Stimmzettel enthält nach dem Muster der Anlage 26 je in der Reihenfolge und unter der Nummer ihrer Bekanntmachung

1. für die Wahl im Wahlkreis in schwarzem Druck die zugelassenen Kreiswahlvorschläge unter Angabe des Familiennamens, Vornamens, Berufs oder Standes und des Wohnortes (Hauptwohnung) des Bewerbers sowie des Namens der Partei, sofern sie eine Kurzbezeichnung verwendet, auch dieser, oder des Kennworts bei anderen Kreiswahlvorschlägen (§ 20 Abs. 3 des Bundeswahlgesetzes) und rechts von dem Namen jedes Bewerbers einen Kreis für die Kennzeichnung; bei einem Nachweis nach § 38 Satz 4 ist anstelle des Wohnortes (Hauptwohnung) der Ort der Erreichbarkeitsanschrift anzugeben,

2. für die Wahl nach Landeslisten in blauem Druck die zugelassenen Landeslisten unter Angabe des Namens der Partei, sofern sie eine Kurzbezeichnung verwendet, auch dieser, sowie der Familiennamen und Vornamen der ersten fünf Bewerber und links von der Parteibezeichnung einen Kreis für die Kennzeichnung.

[4]Zusätzlich kann ein eingetragener Ordens- oder Künstlername (§ 5 Absatz 2 Nummer 12 des Personalausweisgesetzes, § 4 Absatz 1 Nummer 4 des Passgesetzes) angegeben werden. [5]Jeder Wahlkreisbewerber und jede Landesliste erhält ein abgegrenztes Feld. [6]Die Stimmzettel müssen in jedem Wahlbezirk von gleicher Farbe und Beschaffenheit sein.

(2) [1]Zur Verwendung von Stimmzettelschablonen wird die rechte obere Ecke des Stimmzettels geloht oder abgeschnitten. [2]Muster der Stimmzettel werden unverzüglich nach ihrer Fertigstellung den Blindenvereinen, die ihre Bereitschaft zur Herstellung von Stimmzettelschablonen erklärt haben, zur Verfügung gestellt.

(3) Die Stimmzettelumschläge für die Briefwahl sollen 11,4 x 16,2 cm (DIN C 6) groß und blau und nach dem Muster der Anlage 10 beschriftet sein.

(4) Die Wahlbriefumschläge sollen etwa 12 x 17,6 cm groß und hellrot und nach dem Muster der Anlage 11 beschriftet sein.

(5) Schriftart, Schriftgröße und Kontrast sollen so gewählt werden, dass die Lesbarkeit erleichtert wird.

(6) [1]Der Kreiswahlleiter weist den Gemeindebehörden die Stimmzettel zur Weitergabe an die Wahlvorsteher zu. [2]Er liefert den Gemeindebehörden die erforderlichen Wahlbriefumschläge und Stimmzettelumschläge für die Briefwahl.

Fünfter Unterabschnitt
Wahlräume, Wahlzeit

§ 46 Wahlräume

(1) [1]Die Gemeindebehörde bestimmt für jeden Wahlbezirk einen Wahlraum. [2]Soweit möglich, stellen die Gemeinden Wahlräume in Gemeindegebäuden zur Verfügung. [3]Die Wahlräume sollen nach den örtlichen Verhältnissen so ausgewählt und eingerichtet werden, dass allen Wahlberechtigten, insbesondere Menschen mit Behinderungen und anderen Menschen mit Mobilitätsbeeinträchtigung, die Teilnahme an der Wahl möglichst erleichtert wird. [4]Die Gemeindebehörden teilen frühzeitig und in geeigneter Weise mit, welche Wahlräume barrierefrei sind.

(2) [1]In größeren Wahlbezirken, in denen sich die Wählerverzeichnisse teilen lassen, kann gleichzeitig in verschiedenen Gebäuden oder in verschiedenen Räumen desselben Gebäudes oder an verschiedenen Tischen des Wahlraumes gewählt werden. [2]Für jeden Wahlraum oder Tisch wird ein Wahlvorstand gebildet. [3]Sind mehrere Wahlvorstände in einem Wahlraum tätig, so bestimmt die Gemeindebehörde, welcher Vorstand für Ruhe und Ordnung im Wahlraum sorgt.

§ 47 Wahlzeit

(1) Die Wahl dauert von 8.00 bis 18.00 Uhr.

(2) Der Landeswahlleiter kann im Einzelfall, wenn besondere Gründe es erfordern, die Wahlzeit mit einem früheren Beginn festsetzen.

§ 48 Wahlbekanntmachung der Gemeindebehörde

(1) [1]Die Gemeindebehörde macht spätestens am sechsten Tage vor der Wahl nach dem Muster der Anlage 27 Beginn und Ende der Wahlzeit sowie die Wahlbezirke und Wahlräume öffentlich bekannt; anstelle der Aufzählung der Wahlbezirke mit ihrer Abgrenzung und ihren Wahlräumen kann auf die Angaben in der Wahlbenachrichtigung verwiesen werden. [2]Dabei weist die Gemeindebehörde darauf hin,

1. dass der Wähler eine Erststimme und eine Zweitstimme hat,
2. dass die Stimmzettel amtlich hergestellt und im Wahlraum bereitgehalten werden,
3. welchen Inhalt der Stimmzettel hat und wie er zu kennzeichnen ist,
4. in welcher Weise mit Wahlschein und insbesondere durch Briefwahl gewählt werden kann,
5. dass nach § 14 Abs. 4 des Bundeswahlgesetzes jeder Wahlberechtigte sein Wahlrecht nur einmal und nur persönlich ausüben kann und eine Ausübung des Wahlrechts durch einen Vertreter anstelle des Wahlberechtigten unzulässig ist,
5a. dass nach § 14 Absatz 5 des Bundeswahlgesetzes ein Wahlberechtigter, der des Lesens unkundig oder wegen einer Behinderung an der Abgabe seiner Stimme gehindert ist, sich zur Stimmabgabe der Hilfe einer anderen Person bedienen kann, die Hilfeleistung auf technische Hilfe bei der Kundgabe einer vom Wahlberechtigten selbst getroffenen und geäußerten Wahlentscheidung beschränkt und eine Hilfeleistung unzulässig ist, die unter missbräuchlicher Einflussnahme erfolgt, die selbstbestimmte Willensbildung oder Entscheidung des Wahlberechtigten ersetzt oder verändert oder wenn ein Interessenkonflikt der Hilfsperson besteht,
6. dass nach § 107a Absatz 1 des Strafgesetzbuches mit Freiheitsstrafe bis zu fünf Jahren oder mit Geldstrafe bestraft wird, wer unbefugt wählt oder sonst ein unrichtiges Ergebnis einer Wahl herbeiführt oder das Ergebnis verfälscht und unbefugt auch wählt, wer im Rahmen zulässiger Assistenz entgegen der Wahlentscheidung des Wahlberechtigten oder ohne eine geäußerte Wahlentscheidung des Wahlberechtigten eine Stimme abgibt, sowie dass nach § 107a Absatz 3 des Strafgesetzbuches auch der Versuch strafbar ist.

(2) ^1Die Wahlbekanntmachung oder ein Auszug aus ihr mit den Nummern 1, 3, 4 und 6 der Anlage 27 ist vor Beginn der Wahlhandlung am oder im Eingang des Gebäudes, in dem sich der Wahlraum befindet, anzubringen. ^2Dem Auszug ist ein Stimmzettel als Muster beizufügen.

Dritter Abschnitt
Wahlhandlung

Erster Unterabschnitt
Allgemeine Bestimmungen

§ 49 Ausstattung des Wahlvorstandes

Die Gemeindebehörde übergibt dem Wahlvorsteher eines jeden Wahlbezirks vor Beginn der Wahlhandlung

1. das abgeschlossene Wählerverzeichnis,
2. das Verzeichnis der eingetragenen Wahlberechtigten, denen nach Abschluss des Wählerverzeichnisses noch Wahlscheine erteilt worden sind,
3. amtliche Stimmzettel in genügender Zahl,
4. Vordruck der Wahlniederschrift,
5. Vordruck der Schnellmeldung,
6. Abdrucke des Bundeswahlgesetzes und dieser Verordnung, die die Anlagen zu diesen Vorschriften nicht zu enthalten brauchen,
7. Abdruck der Wahlbekanntmachung oder Auszug aus ihr mit den Nummern 1, 3, 4 und 6 der Anlage 27,
8. Verschlussmaterial für die Wahlurne,
9. Verpackungs- und Siegelmaterial zum Verpacken der Stimmzettel und Wahlscheine.

§ 50 Wahlkabinen

(1) ^1In jedem Wahlraum richtet die Gemeindebehörde eine Wahlkabine oder mehrere Wahlkabinen mit Tischen ein, in denen der Wähler seinen Stimmzettel unbeobachtet kennzeichnen und falten kann. ^2Die Wahlkabinen müssen vom Tisch des Wahlvorstandes aus überblickt werden können. ^3Als Wahlkabine kann auch ein nur durch den Wahlraum zugänglicher Nebenraum dienen, wenn dessen Eingang vom Tisch des Wahlvorstandes aus überblickt werden kann.

(2) In der Wahlkabine soll ein Schreibstift bereitliegen.

§ 51 Wahlurnen

(1) Die Gemeindebehörde sorgt für die erforderlichen Wahlurnen.

(2) ^1Die Wahlurne muss mit einem Deckel versehen sein. ^2Ihre innere Höhe soll in der Regel 90 cm, der Abstand jeder Wand von der gegenüberliegenden mindestens 35 cm betragen. ^3Im Deckel muss die Wahlurne einen Spalt haben, der nicht weiter als 2 cm sein darf. ^4Sie muss verschließbar sein.

(3) Für die Stimmabgabe in Sonderwahlbezirken und vor einem beweglichen Wahlvorstand können kleinere Wahlurnen verwendet werden.

§ 52 Wahltisch
[1]Der Tisch, an dem der Wahlvorstand Platz nimmt, muss von allen Seiten zugänglich sein. [2]An oder auf diesen Tisch wird die Wahlurne gestellt.

§ 53 Eröffnung der Wahlhandlung
(1) [1]Der Wahlvorsteher eröffnet die Wahlhandlung damit, dass er die anwesenden Beisitzer auf ihre Verpflichtung zur unparteiischen Wahrnehmung ihres Amtes und zur Verschwiegenheit über die ihnen bei ihrer amtlichen Tätigkeit bekanntgewordenen Angelegenheiten hinweist. [2]Er stellt sicher, dass der Hinweis allen Beisitzern vor Aufnahme ihrer Tätigkeit erteilt wird.

(2) [1]Vor Beginn der Stimmabgabe berichtigt der Wahlvorsteher das Wählerverzeichnis nach dem Verzeichnis der etwa nachträglich ausgestellten Wahlscheine (§ 28 Abs. 6 Satz 5), indem er bei den in diesem Verzeichnis aufgeführten Wahlberechtigten in der Spalte für den Stimmabgabevermerk „Wahlschein" oder „W" einträgt. [2]Er berichtigt dementsprechend die Abschlussbescheinigung des Wählerverzeichnisses in der daneben vorgesehenen Spalte und bescheinigt das an der vorgesehenen Stelle. [3]Erhält der Wahlvorsteher später die Mitteilung von der Ausstellung von Wahlscheinen nach § 27 Abs. 4 Satz 3, verfährt er entsprechend den Sätzen 1 und 2.

(3) [1]Der Wahlvorstand überzeugt sich vor Beginn der Stimmabgabe davon, dass die Wahlurne leer ist. [2]Der Wahlvorsteher verschließt die Wahlurne. [3]Sie darf bis zum Schluss der Wahlhandlung nicht mehr geöffnet werden.

§ 54 Öffentlichkeit
Während der Wahlhandlung sowie der Ermittlung und Feststellung des Wahlergebnisses hat jedermann zum Wahlraum Zutritt, soweit das ohne Störung des Wahlgeschäfts möglich ist.

§ 55 Ordnung im Wahlraum
[1]Der Wahlvorstand sorgt für Ruhe und Ordnung im Wahlraum. [2]Er ordnet bei Andrang den Zutritt zum Wahlraum.

§ 56 Stimmabgabe
(1) [1]Wenn der Wähler den Wahlraum betritt, erhält er einen amtlichen Stimmzettel. [2]Der Wahlvorstand kann anordnen, dass er hierzu seine Wahlbenachrichtigung vorzeigt.

(2) [1]Der Wähler begibt sich in die Wahlkabine, kennzeichnet dort seinen Stimmzettel und faltet ihn dort in der Weise, dass seine Stimmabgabe nicht erkennbar ist. [2]In der Wahlkabine darf nicht fotografiert oder gefilmt werden. [3]Der Wahlvorstand achtet darauf, dass sich immer nur ein Wähler und dieser nur so lange wie notwendig in der Wahlkabine aufhält.

(3) [1]Danach tritt der Wähler an den Tisch des Wahlvorstandes. [2]Auf Verlangen hat er seine Wahlbenachrichtigung abzugeben und, insbesondere wenn er seine Wahlbenachrichtigung nicht vorlegt, sich über seine Person auszuweisen.

(4) [1]Sobald der Schriftführer den Namen des Wählers im Wählerverzeichnis gefunden hat, die Wahlberechtigung festgestellt ist und kein Anlass zur Zurückweisung des Wählers nach den Absätzen 6 und 7 besteht, gibt der Wahlvorsteher die Wahlurne frei. [2]Der Wähler wirft den gefalteten Stimmzettel in die Wahlurne. [3]Der Schriftführer vermerkt die Stimmabgabe im Wählerverzeichnis in der dafür bestimmten Spalte. [4]Die Mitglieder des Wahlvorstandes sind dabei, wenn nicht die Feststellung der Wahlberechtigung es erfordert, nicht befugt, Angaben zur Person des Wählers so zu verlautbaren, dass sie von sonstigen im Wahlraum Anwesenden zur Kenntnis genommen werden können.

(5) (weggefallen)

(6) [1]Der Wahlvorstand hat einen Wähler zurückzuweisen, der
1. nicht in das Wählerverzeichnis eingetragen ist und keinen Wahlschein besitzt,
1a. sich auf Verlangen des Wahlvorstandes nicht ausweisen kann oder die zur Feststellung der Identität erforderlichen Mitwirkungshandlungen verweigert,
2. keinen Wahlschein vorlegt, obwohl sich im Wählerverzeichnis ein Wahlscheinvermerk (§ 30) befindet, es sei denn, es wird festgestellt, dass er nicht im Wahlscheinverzeichnis eingetragen ist,
3. bereits einen Stimmabgabevermerk im Wählerverzeichnis hat, es sei denn, er weist nach, dass er noch nicht gewählt hat,
4. seinen Stimmzettel außerhalb der Wahlkabine gekennzeichnet oder gefaltet hat,
5. seinen Stimmzettel so gefaltet hat, dass seine Stimmabgabe erkennbar ist, oder ihn mit einem äußerlich sichtbaren, das Wahlgeheimnis offensichtlich gefährdenden Kennzeichen versehen hat,
5a. für den Wahlvorstand erkennbar in der Wahlkabine fotografiert oder gefilmt hat oder

6. für den Wahlvorstand erkennbar mehrere oder einen nicht amtlich hergestellten Stimmzettel abgeben oder mit dem Stimmzettel einen weiteren Gegenstand in die Wahlurne werfen will. [2]Ein Wähler, bei dem die Voraussetzungen des Satzes 1 Nr. 1 vorliegen und der im Vertrauen auf die ihm übersandte Benachrichtigung, dass er im Wählerverzeichnis eingetragen ist, keinen Einspruch eingelegt hat, ist gegebenenfalls bei der Zurückweisung darauf hinzuweisen, dass er bei der Gemeindebehörde bis 15.00 Uhr einen Wahlschein beantragen kann.

(7) [1]Glaubt der Wahlvorsteher, das Wahlrecht einer im Wählerverzeichnis eingetragenen Person beanstanden zu müssen oder werden sonst aus der Mitte des Wahlvorstandes Bedenken gegen die Zulassung eines Wählers zur Stimmabgabe erhoben, so beschließt der Wahlvorstand über die Zulassung oder Zurückweisung. [2]Der Beschluss ist in der Wahlniederschrift zu vermerken.

(8) Hat der Wähler seinen Stimmzettel verschrieben oder versehentlich unbrauchbar gemacht oder wird der Wähler nach Absatz 6 Nr. 4 bis 6 zurückgewiesen, so ist ihm auf Verlangen ein neuer Stimmzettel auszuhändigen, nachdem er den alten Stimmzettel im Beisein eines Mitglieds des Wahlvorstandes vernichtet hat.

§ 57 Stimmabgabe von Wählern mit Behinderungen

(1) [1]Ein Wähler, der des Lesens unkundig ist oder der wegen einer Behinderung gehindert ist, den Stimmzettel zu kennzeichnen, zu falten oder selbst in die Wahlurne zu werfen, bestimmt eine andere Person, deren Hilfe er sich bei der Stimmabgabe bedienen will, und gibt dies dem Wahlvorstand bekannt. [2]Hilfsperson kann auch ein vom Wähler bestimmtes Mitglied des Wahlvorstandes sein.

(2) [1]Die Hilfeleistung ist auf technische Hilfe bei der Kundgabe einer vom Wahlberechtigten selbst getroffenen Wahlentscheidung beschränkt. [2]Unzulässig ist eine Hilfeleistung, die unter missbräuchlicher Einflussnahme erfolgt, die selbstbestimmte Willensbildung oder Entscheidung des Wahlberechtigten ersetzt oder verändert oder wenn ein Interessenkonflikt der Hilfsperson besteht.

(3) [1]Die Hilfsperson darf gemeinsam mit dem Wähler die Wahlkabine aufsuchen, soweit das zur Hilfeleistung erforderlich ist. [2]Die Hilfsperson ist zur Geheimhaltung der Kenntnisse verpflichtet, die sie bei der Hilfeleistung von der Wahl eines anderen erlangt hat.

(4) Ein blinder oder sehbehinderter Wähler kann sich zur Kennzeichnung des Stimmzettels auch einer Stimmzettelschablone bedienen.

§ 58 *[aufgehoben]*

§ 59 Stimmabgabe von Inhabern eines Wahlscheines

[1]Der Inhaber eines Wahlscheines nennt seinen Namen, weist sich aus und übergibt den Wahlschein dem Wahlvorsteher. [2]Dieser prüft den Wahlschein. [3]Entstehen Zweifel über die Gültigkeit des Wahlscheines oder über den rechtmäßigen Besitz, so klärt sie der Wahlvorstand nach Möglichkeit und beschließt über die Zulassung oder Zurückweisung des Inhabers. [4]Der Vorgang ist in der Wahlniederschrift zu vermerken. [5]Der Wahlvorsteher behält den Wahlschein auch im Falle der Zurückweisung ein.

§ 60 Schluss der Wahlhandlung

[1]Sobald die Wahlzeit (§ 47) abgelaufen ist, wird dies vom Wahlvorsteher bekanntgegeben. [2]Von da ab sind nur noch die Wähler zur Stimmabgabe zuzulassen, die vor Ablauf der Wahlzeit erschienen sind und sich im Wahlraum oder aus Platzgründen davor befinden. [3]Nach Ablauf der Wahlzeit eintreffenden Personen ist der Zutritt zur Stimmabgabe zu sperren. [4]Nachdem die vor Ablauf der Wahlzeit erschienenen Wähler ihre Stimme abgegeben haben, erklärt der Wahlvorsteher die Wahlhandlung für geschlossen.

Zweiter Unterabschnitt
Besondere Regelungen

§ 61 Wahl in Sonderwahlbezirken

(1) Zur Stimmabgabe in Sonderwahlbezirken (§ 13) wird jeder in der Einrichtung anwesende Wahlberechtigte zugelassen, der einen für den Wahlkreis gültigen Wahlschein hat.

(2) Es ist zulässig, für die verschiedenen Teile eines Sonderwahlbezirks verschiedene Personen als Beisitzer des Wahlvorstandes zu bestellen.

(3) [1]Die Gemeindebehörde bestimmt im Einvernehmen mit der Leitung der Einrichtung einen geeigneten Wahlraum. [2]Für die verschiedenen Teile eines Sonderwahlbezirks können verschiedene Wahlräume bestimmt werden. [3]Die Gemeindebehörde richtet den Wahlraum her.

(4) Die Gemeindebehörde bestimmt die Wahlzeit für den Sonderwahlbezirk im Einvernehmen mit der Leitung der Einrichtung im Rahmen der allgemeinen Wahlzeit nach dem tatsächlichen Bedürfnis.

(5) Die Leitung der Einrichtung gibt den Wahlberechtigten den Wahlraum und die Wahlzeit am Tage vor der Wahl bekannt und weist auf die Möglichkeit der Stimmabgabe nach Absatz 6 hin.

(6) [1]Der Wahlvorsteher oder sein Stellvertreter und zwei Beisitzer können sich unter Mitnahme einer verschlossenen Wahlurne und der erforderlichen Stimmzettel auch in die Krankenzimmer und an die Krankenbetten begeben. [2]Dort nehmen sie die Wahlscheine entgegen und verfahren nach den §§ 59 und 56 Abs. 4 bis 8. [3]Dabei muss auch bettlägerigen Wählern Gelegenheit gegeben werden, ihre Stimmzettel unbeobachtet zu kennzeichnen und zu falten. [4]Der Wahlvorsteher oder sein Stellvertreter weist Wähler, die sich bei der Stimmabgabe der Hilfe einer anderen Person bedienen wollen, darauf hin, dass sie auch ein von ihnen bestimmtes Mitglied des Wahlvorstandes als Hilfsperson in Anspruch nehmen können. [5]Nach Schluss der Stimmabgabe sind die verschlossene Wahlurne und die Wahlscheine unverzüglich in den Wahlraum des Sonderwahlbezirks zu bringen. [6]Dort ist die Wahlurne bis zum Schluss der allgemeinen Stimmabgabe unter Aufsicht des Wahlvorstandes verschlossen zu verwahren. [7]Danach wird ihr Inhalt mit dem Inhalt der allgemeinen Wahlurne vermengt und zusammen mit den übrigen Stimmen des Sonderwahlbezirks ausgezählt. [8]Der Vorgang ist in der Wahlniederschrift zu vermerken.

(7) Die Öffentlichkeit der Wahlhandlung sowie der Ermittlung und Feststellung des Wahlergebnisses soll nach Möglichkeit durch die Anwesenheit anderer Wahlberechtigter gewährleistet werden.

(8) Die Leitung der Einrichtung hat bei Kranken mit ansteckenden Krankheiten insbesondere § 30 Abs. 1 des Infektionsschutzgesetzes zu beachten.

(9) Das Wahlergebnis des Sonderwahlbezirks darf nicht vor Schluss der allgemeinen Wahlzeit ermittelt werden.

(10) Im Übrigen gelten die allgemeinen Bestimmungen.

§ 62 Stimmabgabe in kleineren Krankenhäusern und kleineren Alten- oder Pflegeheimen

(1) Die Gemeindebehörde soll bei entsprechendem Bedürfnis und soweit möglich im Benehmen mit der Leitung eines kleineren Krankenhauses oder eines kleineren Alten- oder Pflegeheimes zulassen, dass dort anwesende Wahlberechtigte, die einen für den Wahlkreis gültigen Wahlschein besitzen, vor einem beweglichen Wahlvorstand (§ 8) wählen.

(2) [1]Die Gemeindebehörde vereinbart mit der Leitung der Einrichtung die Zeit der Stimmabgabe innerhalb der allgemeinen Wahlzeit. [2]Die Leitung der Einrichtung stellt, soweit erforderlich, einen geeigneten Wahlraum bereit. [3]Die Gemeindebehörde richtet ihn her. [4]Die Leitung der Einrichtung gibt den Wahlberechtigten Ort und Zeit der Stimmabgabe bekannt.

(3) [1]Der bewegliche Wahlvorstand begibt sich unter Mitnahme einer verschlossenen Wahlurne und der erforderlichen Stimmzettel in das Krankenhaus oder in das Alten- oder Pflegeheim, nimmt die Wahlscheine entgegen und verfährt nach den §§ 59 und 56 Abs. 4 bis 8. [2]Der Wahlvorsteher oder sein Stellvertreter weist Wähler, die sich bei der Stimmabgabe der Hilfe einer anderen Person bedienen wollen, darauf hin, dass sie auch ein von ihnen bestimmtes Mitglied des Wahlvorstandes als Hilfsperson in Anspruch nehmen können. [3]Nach Schluss der Stimmabgabe sind die verschlossene Wahlurne und die Wahlscheine unverzüglich in den Wahlraum des Wahlbezirks zu bringen. [4]Dort ist die Wahlurne bis zum Schluss der allgemeinen Stimmabgabe unter Aufsicht des Wahlvorstandes verschlossen zu verwahren. [5]Danach wird ihr Inhalt mit dem Inhalt der allgemeinen Wahlurne vermengt und zusammen mit den Stimmen des Wahlbezirks ausgezählt. [6]Der Vorgang ist in der Wahlniederschrift zu vermerken.

(4) [1]§ 61 Abs. 6 bis 8 gilt entsprechend. [2]Im Übrigen gelten die allgemeinen Bestimmungen.

§ 63 Stimmabgabe in Klöstern

Die Gemeindebehörde soll bei entsprechendem Bedürfnis und soweit möglich im Benehmen mit der Leitung eines Klosters die Stimmabgabe im Kloster entsprechend § 62 regeln.

§ 64 Stimmabgabe in sozialtherapeutischen Anstalten und Justizvollzugsanstalten

(1) In sozialtherapeutischen Anstalten und Justizvollzugsanstalten soll die Gemeindebehörde bei entsprechendem Bedürfnis und soweit möglich Gelegenheit geben, dass die in der Anstalt anwesenden Wahlberechtigten, die einen für den Wahlkreis gültigen Wahlschein besitzen, in der Anstalt vor einem beweglichen Wahlvorstand (§ 8) wählen.

(2) [1]Die Gemeindebehörde vereinbart mit der Leitung der Anstalt die Zeit der Stimmabgabe innerhalb der allgemeinen Wahlzeit. [2]Die Anstaltsleitung stellt einen Wahlraum bereit. [3]Die Gemeindebehörde richtet ihn her. [4]Die Anstaltsleitung gibt den Wahlberechtigten Ort und Zeit der Stimmabgabe bekannt und sorgt dafür, dass sie zur Stimmabgabe den Wahlraum aufsuchen können.

(3) [1]§ 62 Abs. 3 und § 61 Abs. 6 bis 8 gelten entsprechend. [2]Im Übrigen gelten die allgemeinen Bestimmungen.

§ 65 (weggefallen)

§ 66 Briefwahl

(1) [1]Wer durch Briefwahl wählt, kennzeichnet persönlich den Stimmzettel, legt ihn in den amtlichen Stimmzettelumschlag und verschließt diesen, unterzeichnet die auf dem Wahlschein vorgedruckte Versicherung an Eides statt zur Briefwahl unter Angabe des Tages, steckt den verschlossenen amtlichen Stimmzettelumschlag und den unterschriebenen Wahlschein in den amtlichen Wahlbriefumschlag, verschließt den Wahlbriefumschlag und übersendet den Wahlbrief durch ein Postunternehmen rechtzeitig an die nach Absatz 2 zuständige, auf dem Wahlbriefumschlag angegebene Stelle. [2]Der Wahlbrief kann bei dieser Stelle auch abgegeben werden. [3]Nach Eingang des Wahlbriefes bei der zuständigen Stelle darf er nicht mehr zurückgegeben werden.

(2) [1]Die Wahlbriefe müssen bei dem Kreiswahlleiter des Wahlkreises, für den der Wahlschein gültig ist, eingehen. [2]Sind auf Grund einer Anordnung nach § 8 Abs. 3 des Bundeswahlgesetzes Briefwahlvorstände für einzelne oder mehrere Gemeinden innerhalb eines Wahlkreises gebildet, müssen die Wahlbriefe bei der Gemeindebehörde eingehen, die die Wahlscheine ausgestellt hat; sind Briefwahlvorstände für einzelne Kreise innerhalb eines Wahlkreises gebildet, müssen die Wahlbriefe bei der Verwaltungsbehörde des Kreises eingehen, in dem die Gemeinden liegen, die die Wahlscheine ausgestellt haben.

(3) [1]Der Stimmzettel ist unbeobachtet zu kennzeichnen und in den Stimmzettelumschlag zu legen; § 56 Abs. 8 gilt entsprechend. [2]Für die Stimmabgabe von Wählern mit Behinderungen gilt § 57 entsprechend. [3]Hat der Wähler den Stimmzettel durch eine Hilfsperson kennzeichnen lassen, so hat diese durch Unterschreiben der Versicherung an Eides statt zur Briefwahl zu bestätigen, dass sie den Stimmzettel gemäß dem erklärten Willen des Wählers gekennzeichnet hat; die Hilfsperson muss das 16. Lebensjahr vollendet haben.

(4) [1]In Krankenhäusern, Altenheimen, Altenwohnheimen, Pflegeheimen, Erholungsheimen, sozialtherapeutischen Anstalten und Justizvollzugsanstalten sowie Gemeinschaftsunterkünften ist Vorsorge zu treffen, dass der Stimmzettel unbeobachtet gekennzeichnet und in den Stimmzettelumschlag gelegt werden kann. [2]Die Leitung der Einrichtung bestimmt einen geeigneten Raum, veranlasst dessen Ausstattung und gibt den Wahlberechtigten bekannt, in welcher Zeit der Raum für die Ausübung der Briefwahl zur Verfügung steht. [3]§ 56 Abs. 8 gilt entsprechend.

(5) Die Gemeindebehörde weist die Leitungen der Einrichtungen in ihrem Gemeindegebiet spätestens am 13. Tage vor der Wahl auf die Regelung des Absatzes 4 hin.

Vierter Abschnitt
Ermittlung und Feststellung der Wahlergebnisse

§ 67 Ermittlung und Feststellung des Wahlergebnisses im Wahlbezirk

Im Anschluss an die Wahlhandlung ermittelt der Wahlvorstand vorbehaltlich § 68 Absatz 2 ohne Unterbrechung das Wahlergebnis im Wahlbezirk und stellt fest

1. die Zahl der Wahlberechtigten,
2. die Zahl der Wähler,
3. die Zahlen der gültigen und ungültigen Erststimmen,
4. die Zahlen der gültigen und ungültigen Zweitstimmen,
5. die Zahlen der für die einzelnen Bewerber abgegebenen gültigen Erststimmen,
6. die Zahlen der für die einzelnen Landeslisten abgegebenen gültigen Zweitstimmen.

§ 68 Zählung der Wähler

(1) [1]Vor dem Öffnen der Wahlurne werden alle nicht benutzten Stimmzettel vom Wahltisch entfernt. [2]Zunächst werden die Zahl der Stimmabgabevermerke im Wählerverzeichnis und die Zahl der eingenommenen Wahlscheine festgestellt. [3]Sodann werden die Stimmzettel der Wahlurne entnommen, entfaltet und gezählt. [4]Ergibt sich dabei auch nach wiederholter Zählung keine Übereinstimmung, so ist dies in der Wahlniederschrift zu vermerken und soweit möglich zu erläutern.

(2) [1]Ergibt die Feststellung nach Absatz 1 Satz 2, dass weniger als 50 Wähler ihre Stimme abgegeben haben, ordnet der Kreiswahlleiter an, dass der Wahlvorstand dieses Wahlbezirks (abgebender Wahlvorstand) die verschlossene Wahlurne, das Wählerverzeichnis, die Abschlussbeurkundung und die eingenommenen Wahlscheine dem Wahlvorstand eines bestimmten anderen Wahlbezirks des gleichen Wahlkreises (aufnehmender Wahlvorstand) zur gemeinsamen Ermittlung und Feststellung des Wahlergebnisses unverzüglich zu übergeben hat. [2]Am Wahlraum des abgebenden Wahlvorstands ist ein Hinweis anzubringen, wo die gemeinsame Ermittlung und Feststellung des Wahlergebnisses erfolgt. [3]Der Transport der nach Satz 1 zu übergebenden Gegenstände erfolgt in Anwesenheit des Wahlvorstehers und des Schriftführers, eines weiteren Mitglieds des Wahlvorstands und soweit möglich weiterer gemäß § 54

anwesender Personen. [4]Der aufnehmende Wahlvorstand verfährt entsprechend § 61 Absatz 6 Satz 7 und 8. [5]Die Übergabe der Wahlurne und der Wahlunterlagen ist in den Wahlniederschriften des abgebenden und des aufnehmenden Wahlvorstands zu vermerken.

§ 69 Zählung der Stimmen

(1) [1]Nachdem die Stimmzettel sowie die Stimmabgabevermerke und die Wahlscheine gezählt worden sind, bilden mehrere Beisitzer unter Aufsicht des Wahlvorstehers folgende Stimmzettelstapel, die sie unter Aufsicht behalten:

1. nach Landeslisten getrennte Stapel mit den Stimmzetteln, auf denen die Erst- und Zweitstimme zweifelsfrei gültig für den Bewerber und die Landesliste derselben Partei abgegeben worden ist,

2. einen Stapel mit den Stimmzetteln, auf denen die Erst- und Zweitstimme zweifelsfrei gültig für Bewerber und Landeslisten verschiedener Träger von Wahlvorschlägen abgegeben worden ist, sowie mit den Stimmzetteln, auf denen nur die Erst- oder Zweitstimme jeweils zweifelsfrei gültig und die andere Stimme nicht abgegeben worden ist,

3. einen Stapel mit den ungekennzeichneten Stimmzetteln.

[2]Stimmzettel, die Anlass zu Bedenken geben, werden ausgesondert und von einem vom Wahlvorsteher hierzu bestimmten Beisitzer in Verwahrung genommen.

(2) [1]Die Beisitzer, die die nach Landeslisten geordneten Stimmzettel (Absatz 1 Satz 1 Nr. 1) unter ihrer Aufsicht haben, übergeben die einzelnen Stapel nacheinander zu einem Teil dem Wahlvorsteher, zum anderen Teil seinem Stellvertreter. [2]Diese prüfen, ob die Kennzeichnung der Stimmzettel eines jeden Stapels gleichlautet, und sagen zu jedem Stapel laut an, für welchen Bewerber und für welche Landesliste er Stimmen enthält. [3]Gibt ein Stimmzettel dem Wahlvorsteher oder seinem Stellvertreter Anlass zu Bedenken, so fügen sie diesen den nach Absatz 1 Satz 2 ausgesonderten Stimmzetteln bei.

(3) [1]Hierauf prüft der Wahlvorsteher die ungekennzeichneten Stimmzettel (Absatz 1 Satz 1 Nr. 3), die ihm hierzu von dem Beisitzer, der sie in Verwahrung hat, übergeben werden. [2]Der Wahlvorsteher sagt an, dass hier beide Stimmen ungültig sind.

(4) [1]Danach zählen je zwei vom Wahlvorsteher bestimmte Beisitzer nacheinander die vom Wahlvorsteher und seinem Stellvertreter nach den Absätzen 2 und 3 geprüften Stimmzettelstapel unter gegenseitiger Kontrolle durch und ermitteln die Zahl der für die einzelnen Wahlvorschläge abgegebenen gültigen Stimmen sowie die Zahl der ungültigen Stimmen. [2]Die Zahlen werden als Zwischensummen in die Wahlniederschrift übertragen.

(5) [1]Sodann übergibt der Beisitzer, der den nach Absatz 1 Satz 1 Nr. 2 gebildeten Stimmzettelstapel unter Aufsicht hat, diesen Stapel dem Wahlvorsteher. [2]Der Wahlvorsteher legt die Stimmzettel zunächst getrennt nach Zweitstimmen für die einzelnen Landeslisten und liest bei jedem Stimmzettel laut vor, für welche Landesliste die Zweitstimme abgegeben worden ist. [3]Bei den Stimmzetteln, auf denen nur die Erststimme abgegeben worden ist, sagt er an, dass die nicht abgegebene Zweitstimme ungültig ist. [4]Gibt ein Stimmzettel dem Wahlvorsteher Anlass zu Bedenken, fügt er diesen den nach Absatz 1 Satz 2 ausgesonderten Stimmzetteln bei. [5]Dann werden die vom Wahlvorsteher gebildeten Stapel entsprechend Absatz 4 gezählt. [6]Anschließend ordnet der Wahlvorsteher die Stimmzettel nach abgegebenen Erststimmen neu, und es wird entsprechend den Sätzen 2 bis 5 verfahren. [7]Die jeweiligen Stimmenzahlen werden als Zwischensummen in die Wahlniederschrift übertragen.

(6) [1]Zum Schluss entscheidet der Wahlvorstand über die Gültigkeit der Stimmen, die auf den ausgesonderten Stimmzetteln abgegeben worden sind. [2]Der Wahlvorsteher gibt die Entscheidung mündlich bekannt und sagt bei gültigen Stimmen an, für welchen Bewerber oder für welche Landesliste die Stimme abgegeben worden ist. [3]Er vermerkt auf der Rückseite jedes Stimmzettels, ob beide Stimmen oder nur der Erststimme oder nur die Zweitstimme für gültig oder ungültig erklärt worden sind und versieht die Stimmzettel mit fortlaufenden Nummern. [4]Die jeweiligen Stimmenzahlen werden als Zwischensummen in die Wahlniederschrift übertragen.

(7) [1]Die nach den Absätzen 4 bis 6 ermittelten Zahlen der ungültigen und für die einzelnen Wahlvorschläge abgegebenen Stimmen werden vom Schriftführer in der Wahlniederschrift zusammengezählt. [2]Zwei vom Wahlvorsteher bestimmte Beisitzer überprüfen die Zusammenzählung. [3]Beantragt ein Mitglied des Wahlvorstandes vor der Unterzeichnung der Wahlniederschrift eine erneute Zählung der Stimmen, so ist diese nach den Absätzen 1 bis 6 zu wiederholen. [4]Die Gründe für die erneute Zählung sind in der Wahlniederschrift zu vermerken.

(8) Die vom Wahlvorsteher bestimmten Beisitzer sammeln

1. die Stimmzettel, auf denen die Erststimme und die Zweitstimme oder nur die Erststimme abgegeben worden sind, getrennt nach den Bewerbern, denen die Erststimme zugefallen ist,

2. die Stimmzettel, auf denen nur die Zweitstimme abgegeben worden ist,

<section>§§ 70–72</section>

<chapter>6 BWO</chapter>

<content>

3. die ungckennzeichneten Stimmzettel,
4. die Stimmzettel, die Anlass zu Bedenken gegeben haben

je für sich und behalten sie unter Aufsicht.

§ 70 Bekanntgabe des Wahlergebnisses

[1]Im Anschluss an die Feststellungen nach § 67 gibt der Wahlvorsteher das Wahlergebnis im Wahlbezirk mit den in dieser Vorschrift bezeichneten Angaben mündlich bekannt. [2]Es darf vor Unterzeichnung der Wahlniederschrift (§ 72) anderen als den in § 71 genannten Stellen durch die Mitglieder des Wahlvorstandes nicht mitgeteilt werden.

§ 71 Schnellmeldungen, vorläufige Wahlergebnisse

(1) [1]Sobald das Wahlergebnis im Wahlbezirk festgestellt ist, meldet es der Wahlvorsteher der Gemeindebehörde, die die Wahlergebnisse aller Wahlbezirke der Gemeinde zusammenfasst und dem Kreiswahlleiter meldet. [2]Ist in der Gemeinde nur ein Wahlbezirk gebildet, meldet der Wahlvorsteher das Wahlergebnis dem Kreiswahlleiter. [3]Der Landeswahlleiter kann anordnen, dass die Wahlergebnisse in den kreisangehörigen Gemeinden über die Verwaltungsbehörde des Kreises gemeldet werden.

(2) [1]Die Meldung wird auf schnellstem Wege (z.B. telefonisch oder auf sonstigem elektronischem Wege) erstattet. [2]Sie enthält die Zahlen

1. der Wahlberechtigten,
2. der Wähler,
3. der gültigen und ungültigen Erststimmen,
4. der gültigen und ungültigen Zweitstimmen,
5. der für jeden Bewerber abgegebenen gültigen Erststimmen,
6. der für jede Landesliste abgegebenen gültigen Zweitstimmen.

(3) [1]Der Kreiswahlleiter ermittelt nach den Schnellmeldungen der Gemeindebehörden das vorläufige Wahlergebnis im Wahlkreis. [2]Er teilt unter Einbeziehung der Ergebnisse der Briefwahl (§ 75 Abs. 4) das vorläufige Wahlergebnis auf schnellstem Wege dem Landeswahlleiter mit; dabei gibt er an, welcher Bewerber als gewählt gelten kann. [3]Der Landeswahlleiter meldet dem Bundeswahlleiter die eingehenden Wahlkreisergebnisse sofort und laufend weiter.

(4) Der Landeswahlleiter ermittelt nach den Schnellmeldungen der Kreiswahlleiter das vorläufige zahlenmäßige Wahlergebnis im Land und meldet es auf schnellstem Wege dem Bundeswahlleiter.

(5) Der Bundeswahlleiter ermittelt nach den Schnellmeldungen der Landeswahlleiter entsprechend § 78 das vorläufige Wahlergebnis im Wahlgebiet.

(6) Die Wahlleiter geben nach Durchführung der ohne Vorliegen der Wahlniederschriften möglichen Überprüfungen die vorläufigen Wahlergebnisse mündlich oder in geeigneter anderer Form bekannt.

(7) [1]Die Schnellmeldungen der Wahlvorsteher, Gemeindebehörden und Kreiswahlleiter werden nach dem Muster der Anlage 28 erstattet. [2]Der Landeswahlleiter kann Anordnungen zur Art und Weise der Übermittlung treffen. [3]Er kann auch anordnen, dass die Wahlergebnisse der Wahlbezirke und der Gemeinden gleichzeitig dem Kreiswahlleiter und ihm mitzuteilen sind. [4]Die mitgeteilten Ergebnisse darf der Landeswahlleiter erst dann bei der Ermittlung des vorläufigen Wahlergebnisses im Land berücksichtigen, wenn die Mitteilung des Kreiswahlleiters nach Absatz 3 Satz 2 vorliegt.

§ 72 Wahlniederschrift

(1) [1]Über die Wahlhandlung sowie die Ermittlung und Feststellung des Wahlergebnisses ist vom Schriftführer eine Niederschrift nach dem Muster der Anlage 29 zu fertigen. [2]Die Niederschrift ist von den Mitgliedern des Wahlvorstandes zu genehmigen und zu unterzeichnen. [3]Verweigert ein Mitglied des Wahlvorstandes die Unterschrift, so ist der Grund hierfür in der Wahlniederschrift zu vermerken. [4]Beschlüsse nach § 56 Abs. 7, § 59 Satz 3 und § 69 Abs. 6 sowie Beschlüsse über Anstände bei der Wahlhandlung oder bei der Ermittlung und Feststellung des Wahlergebnisses sind in der Wahlniederschrift zu vermerken. [5]Der Wahlniederschrift sind beizufügen die Stimmzettel, über die der Wahlvorstand nach § 69 Abs. 6 besonders beschlossen hat, sowie die Wahlscheine, über die der Wahlvorstand nach § 59 Satz 3 besonders beschlossen hat.

(2) Der Wahlvorsteher hat die Wahlniederschrift mit den Anlagen unverzüglich der Gemeindebehörde zu übergeben.

(3) [1]Die Gemeindebehörde übersendet dem Kreiswahlleiter die Wahlniederschriften ihrer Wahlvorstände mit den Anlagen auf schnellstem Wege. [2]Besteht die Gemeinde aus mehreren Wahlbezirken, so fügt sie eine Zusammenstellung der Wahlergebnisse der einzelnen Wahlbezirke nach dem Muster der Anlage 30 bei.

(4) Wahlvorsteher, Gemeindebehörden und Verwaltungsbehörden der Kreise sowie Kreiswahlleiter haben sicherzustellen, dass die Wahlniederschriften mit den Anlagen Unbefugten nicht zugänglich sind.

§ 73 Übergabe und Verwahrung der Wahlunterlagen

(1) [1]Hat der Wahlvorstand seine Aufgaben erledigt, so verpackt der Wahlvorsteher je für sich

1. die Stimmzettel, geordnet und gebündelt nach Wahlkreisbewerbern, nach Stimmzetteln, auf denen nur die Zweitstimme abgegeben worden ist, und nach ungekennzeichneten Stimmzetteln,

2. (weggefallen)

3. die eingenommenen Wahlscheine,

soweit sie nicht der Wahlniederschrift beigefügt sind, versiegelt die einzelnen Pakete, versieht sie mit Inhaltsangabe und übergibt sie der Gemeindebehörde. [2]Bis zur Übergabe an die Gemeindebehörde hat der Wahlvorsteher sicherzustellen, dass die unter den Nummern 1 bis 3 aufgeführten Unterlagen Unbefugten nicht zugänglich sind.

(2) [1]Die Gemeindebehörde hat die Pakete zu verwahren, bis die Vernichtung der Wahlunterlagen zugelassen ist (§ 90). [2]Sie hat sicherzustellen, dass die Pakete Unbefugten nicht zugänglich sind.

(3) Der Wahlvorsteher gibt der Gemeindebehörde die ihm nach § 49 zur Verfügung gestellten Unterlagen und Ausstattungsgegenstände sowie die eingenommenen Wahlbenachrichtigungen zurück.

(4) [1]Die Gemeindebehörde hat die in Absatz 1 bezeichneten Unterlagen auf Anforderung dem Kreiswahlleiter vorzulegen. [2]Werden nur Teile eines Pakets angefordert, so bricht die Gemeindebehörde das Paket in Gegenwart von zwei Zeugen auf, entnimmt ihm den angeforderten Teil und versiegelt das Paket erneut. [3]Über den Vorgang ist eine Niederschrift zu fertigen, die von allen Beteiligten zu unterzeichnen ist.

§ 74 Behandlung der Wahlbriefe, Vorbereitung der Ermittlung und Feststellung des Briefwahlergebnisses

(1) [1]Die für den Eingang der Wahlbriefe zuständige Stelle (§ 66 Abs. 2) sammelt die Wahlbriefe ungeöffnet und hält sie unter Verschluss. [2]Sie vermerkt auf jedem am Wahltage nach Schluss der Wahlzeit eingegangenen Wahlbrief Tag und Uhrzeit des Eingangs, auf den vom nächsten Tag an eingehenden Wahlbriefen nur den Eingangstag.

(2) (weggefallen)

(3) Die zuständige Stelle, in den Fällen der Bildung eines Briefwahlvorstandes für mehrere Gemeinden nach § 7 Nr. 3 die mit der Durchführung der Briefwahl betraute Gemeindebehörde, verteilt die Wahlbriefe auf die einzelnen Briefwahlvorstände, übergibt jedem Briefwahlvorstand das Verzeichnis über die für ungültig erklärten Wahlscheine sowie die Nachträge dazu oder die Mitteilung, dass keine Wahlscheine für ungültig erklärt worden sind (§ 28 Abs. 9), sorgt für die Bereitstellung und Ausstattung des Wahlraumes und stellt dem Briefwahlvorstand etwa notwendige Hilfskräfte zur Verfügung.

(4) Ist für mehrere Gemeinden ein Briefwahlvorstand gebildet, haben die Gemeindebehörden der mit der Durchführung der Briefwahl betrauten Gemeindebehörde alle bis zum Tage vor der Wahl bei ihnen eingegangenen Wahlbriefe bis 12.00 Uhr am Wahltage zuzuleiten und alle anderen noch vor Schluss der Wahlzeit bei ihnen eingegangenen Wahlbriefe auf schnellstem Wege nach Schluss der Wahlzeit zuzuleiten.

(5) [1]Verspätet eingegangene Wahlbriefe werden von der zuständigen Stelle angenommen, mit den in Absatz 1 vorgeschriebenen Vermerken versehen und ungeöffnet verpackt. [2]Das Paket wird von ihr versiegelt, mit Inhaltsangabe versehen und verwahrt, bis die Vernichtung der Wahlbriefe zugelassen ist (§ 90). [3]Sie hat sicherzustellen, dass das Paket Unbefugten nicht zugänglich ist.

§ 75 Zulassung der Wahlbriefe, Ermittlung und Feststellung des Briefwahlergebnisses

(1) [1]Ein vom Briefwahlvorsteher bestimmtes Mitglied des Briefwahlvorstandes öffnet die Wahlbriefe nacheinander und entnimmt ihnen den Wahlschein und den Stimmzettelumschlag. [2]Ist der Wahlschein in einem Verzeichnis für ungültig erklärter Wahlscheine aufgeführt oder werden Bedenken gegen die Gültigkeit des Wahlscheines erhoben, so sind die betroffenen Wahlbriefe samt Inhalt unter Kontrolle des Briefwahlvorstehers auszusondern und später entsprechend Absatz 2 zu behandeln. [3]Die aus den übrigen Wahlbriefen entnommenen Stimmzettelumschläge werden ungeöffnet in die Wahlurne geworfen; die Wahlscheine werden gesammelt.

(2) [1]Werden gegen einen Wahlbrief Bedenken erhoben, so beschließt der Briefwahlvorstand über die Zulassung oder Zurückweisung. [2]Der Wahlbrief ist vom Briefwahlvorstand zurückzuweisen, wenn ein Tatbestand nach § 39 Abs. 4 Satz 1 Nr. 2 bis 8 des Bundeswahlgesetzes vorliegt. [3]Die Zahl der beanstandeten, der nach besonderer Beschlussfassung zugelassenen und die Zahl der zurückgewiesenen Wahlbriefe sind in der Wahlniederschrift zu vermerken. [4]Die zurückgewiesenen Wahlbriefe sind samt Inhalt

auszusondern, mit einem Vermerk über den Zurückweisungsgrund zu versehen, wieder zu verschließen und fortlaufend zu nummerieren. [5]Die Einsender zurückgewiesener Wahlbriefe werden nicht als Wähler gezählt; ihre Stimmen gelten als nicht abgegeben (§ 39 Abs. 4 Satz 2 des Bundeswahlgesetzes).

(3) [1]Nachdem die Stimmzettelumschläge den Wahlbriefen entnommen und in die Wahlurne geworfen worden sind, jedoch nicht vor Schluss der allgemeinen Wahlzeit, ermittelt und stellt der Briefwahlvorstand das Wahlergebnis mit den in § 67 unter den Nummern 2 bis 6 bezeichneten Angaben fest. [2]§§ 68 bis 70 gelten entsprechend mit der Maßgabe, dass die Stimmzettelumschläge zunächst ungeöffnet zu zählen sind und leere Stimmzettelumschläge entsprechend § 69 Abs. 1 Satz 1 Nr. 3, Abs. 3 und 8 Nr. 3 sowie Stimmzettelumschläge, die mehrere Stimmzettel enthalten oder Anlass zu Bedenken geben, entsprechend § 69 Abs. 1 Satz 2, Abs. 6 und 8 Nr. 4 zu behandeln sind.

(4) [1]Sobald das Briefwahlergebnis festgestellt ist, meldet es der Briefwahlvorsteher auf schnellstem Wege dem Kreiswahlleiter. [2]Sind auf Grund einer Anordnung nach § 8 Abs. 3 des Bundeswahlgesetzes Briefwahlvorstände für einzelne oder mehrere Gemeinden gebildet worden, meldet der Briefwahlvorsteher das Briefwahlergebnis der für ihn zuständigen Gemeindebehörde, die es in die Schnellmeldung für den Bereich der Gemeinde übernimmt; sind Briefwahlvorstände für einzelne Kreise innerhalb eines Wahlkreises gebildet worden, meldet es der Briefwahlvorsteher der Verwaltungsbehörde des Kreises, die die Briefwahlergebnisse zusammenfasst und dem Kreiswahlleiter weitermeldet. [3]Die Schnellmeldungen werden nach dem Muster der Anlage 28 erstattet.

(5) [1]Über die Zulassung der Wahlbriefe sowie die Ermittlung und Feststellung des Briefwahlergebnisses ist vom Schriftführer eine Niederschrift nach dem Muster der Anlage 31 zu fertigen. [2]Dieser sind beizufügen

1. die Stimmzettel und Stimmzettelumschläge, über die der Briefwahlvorstand entsprechend § 69 Abs. 6 besonders beschlossen hat,

2. die Wahlbriefe, die der Briefwahlvorstand zurückgewiesen hat,

3. die Wahlscheine, über die der Briefwahlvorstand beschlossen hat, ohne dass die Wahlbriefe zurückgewiesen wurden.

(6) [1]Der Briefwahlvorsteher übergibt die Wahlniederschrift mit den Anlagen unverzüglich dem Kreiswahlleiter. [2]Sind Briefwahlvorstände für einzelne oder mehrere Gemeinden oder für einzelne Kreise innerhalb eines Wahlkreises gebildet worden, ist die Wahlniederschrift mit den Anlagen der Gemeindebehörde oder der mit der Durchführung der Briefwahl betrauten Gemeindebehörde oder der Verwaltungsbehörde des Kreises zu übergeben. [3]Die zuständige Gemeindebehörde oder die Verwaltungsbehörde des Kreises übersendet dem Kreiswahlleiter die Wahlniederschriften der Briefwahlvorstände mit den Anlagen und fügt, soweit erforderlich, Zusammenstellungen der Briefwahlergebnisse nach dem Muster der Anlage 30 bei. [4]§ 72 Abs. 4 gilt entsprechend.

(7) [1]Der Briefwahlvorsteher verpackt die Wahlunterlagen entsprechend § 73 Abs. 1 und übergibt sie dem Kreiswahlleiter, der sie verwahrt, bis ihre Vernichtung zugelassen ist (§ 90). [2]Sind Briefwahlvorstände für einzelne oder mehrere Gemeinden oder für einzelne Kreise innerhalb eines Wahlkreises gebildet worden, übergibt der Briefwahlvorsteher die Unterlagen der Stelle, die den Briefwahlvorstand einberufen hat. [3]Diese verfährt nach § 73 Abs. 2 bis 4. [4]§ 72 Abs. 4 gilt entsprechend.

(8) Im Übrigen gelten für die Tätigkeit des Briefwahlvorstandes die für den Wahlvorstand geltenden Bestimmungen entsprechend.

(9) Das Wahlergebnis der Briefwahl wird vom Kreiswahlleiter in die Schnellmeldung nach § 71 Abs. 3 und in die Zusammenstellung des endgültigen Wahlergebnisses des Wahlkreises nach § 76 übernommen.

(10) [1]Stellt der Bundeswahlleiter fest, dass im Wahlgebiet die regelmäßige Beförderung von Wahlbriefen infolge von Naturkatastrophen oder ähnlichen Ereignissen höherer Gewalt gestört war, gelten die dadurch betroffenen Wahlbriefe, die nach Behebung des Ereignisses, spätestens aber am 22. Tag nach der Wahl bei der zuständigen Stelle (§ 66 Abs. 2) eingehen, als rechtzeitig eingegangen, wenn sie ohne die Störung spätestens am Wahltag bis 18 Uhr eingegangen wären. [2]Dabei gelten im Wahlgebiet abgesandte Wahlbriefe mit einem Poststempel spätestens vom zweiten Tag vor der Wahl als rechtzeitig eingegangen. [3]Die als rechtzeitig eingegangen geltenden Wahlbriefe sind auf schnellstem Wege dem zuständigen Briefwahlvorstand zur nachträglichen Feststellung des Briefwahlergebnisses zu überweisen, sofern der Kreiswahlleiter feststellt, dass die nach § 7 Nr. 1 erforderliche Zahl von Wahlbriefen erreicht ist. [4]Wird diese Zahl für einzelne Briefwahlvorstände unterschritten, bestimmt der Kreiswahlleiter, welchem Briefwahlvorstand des Wahlkreises die durch das Ereignis betroffenen Wahlbriefe überwiesen werden; wird die nach § 7 Nr. 1 erforderliche Zahl von Wahlbriefen im Wahlkreis unterschritten, bestimmt der Kreiswahlleiter, welcher Briefwahlvorstand über die Zulassung oder Zurückweisung der Wahlbriefe entscheidet und welcher Briefwahlvorstand des Wahlkreises über die Gültigkeit der abgegebenen Stimmen entschei-

det und die nachträgliche Feststellung des Briefwahlergebnisses trifft. [5]Im Übrigen kann der Landeswahlleiter Regelungen zur Anpassung an die besonderen Verhältnisse im Einzelfall treffen.

§ 76 Ermittlung und Feststellung des Wahlergebnisses im Wahlkreis
(1) [1]Der Kreiswahlleiter prüft die Wahlniederschriften der Wahlvorstände auf Vollständigkeit und Ordnungsmäßigkeit. [2]Er stellt nach den Wahlniederschriften das endgültige Ergebnis der Wahl im Wahlkreis und der Wahl nach Landeslisten wahlbezirksweise und nach Briefwahlvorständen geordnet nach dem Muster der Anlage 30 zusammen. [3]Dabei bildet der Kreiswahlleiter für die Gemeinden und Kreise Zwischensummen, im Falle einer Anordnung nach § 8 Abs. 3 des Bundeswahlgesetzes auch für die Briefwahlergebnisse. [4]Ergeben sich aus der Wahlniederschrift oder aus sonstigen Gründen Bedenken gegen die Ordnungsmäßigkeit des Wahlgeschäfts, so klärt sie der Kreiswahlleiter soweit wie möglich auf.
(2) [1]Nach Berichterstattung durch den Kreiswahlleiter ermittelt der Kreiswahlausschuss das Wahlergebnis des Wahlkreises und stellt fest
1. die Zahl der Wahlberechtigten,
2. die Zahl der Wähler,
3. die Zahlen der gültigen und ungültigen Erststimmen,
4. die Zahlen der gültigen und ungültigen Zweitstimmen,
5. die Zahlen der für die einzelnen Bewerber abgegebenen gültigen Erststimmen,
6. die Zahlen der für die einzelnen Landeslisten abgegebenen gültigen Zweitstimmen.
[2]Der Kreiswahlausschuss ist berechtigt, Feststellungen des Wahlvorstandes zu berichtigen und dabei auch über die Gültigkeit abgegebener Stimmen abweichend zu beschließen. [3]Ungeklärte Bedenken vermerkt er in der Niederschrift.
(3) Der Kreiswahlausschuss stellt ferner fest, welcher Bewerber im Wahlkreis gewählt ist.
(4) [1]Ist bei der Wahl im Wahlkreis der Bewerber eines anderen Kreiswahlvorschlages (§ 20 Abs. 3 des Bundeswahlgesetzes) oder der Bewerber einer Partei, für die im Land keine Landesliste zugelassen ist, gewählt worden, so fordert der Kreiswahlleiter von allen Gemeindebehörden die für diesen Bewerber abgegebenen Stimmzettel ein und fügt ihnen die durch Briefwahl abgegebenen sowie die bei den Wahlniederschriften befindlichen, auf diesen Bewerber lautenden Stimmzettel bei. [2]Gleiches gilt, wenn der Bewerber einer Partei gewählt worden ist, die nach dem vorläufigen Wahlergebnis im Wahlgebiet (§ 71 Absatz 5) oder nach der abschließenden Ermittlung des Stimmanteils der einzelnen Parteien im Wahlgebiet und der Zahl der von den einzelnen Parteien im Wahlgebiet errungenen Wahlkreissitze durch den Bundeswahlleiter (§ 78 Absatz 1 Satz 2 Nummer 3 und 4) nach § 6 Absatz 3 des Bundeswahlgesetzes bei der Sitzverteilung nicht berücksichtigt wird. [3]Der Kreiswahlausschuss stellt fest, wieviel Zweitstimmen nach § 6 Abs. 1 Satz 2 des Bundeswahlgesetzes unberücksichtigt bleiben und bei welchen Landeslisten sie abzusetzen sind.
(5) Im Anschluss an die Feststellung gibt der Kreiswahlleiter das Wahlergebnis mit den in Absatz 2 Satz 1 sowie in den Absätzen 3 und 4 bezeichneten Angaben mündlich bekannt.
(6) [1]Die Niederschrift über die Sitzung (§ 5 Abs. 7) ist nach dem Muster der Anlage 32 zu fertigen. [2]Die Niederschrift und die ihr beigefügte Zusammenstellung des Wahlergebnisses nach dem Muster der Anlage 30 sind von allen Mitgliedern des Kreiswahlausschusses, die an der Verhandlung teilgenommen haben, und von dem Schriftführer zu unterzeichnen.
(7) [1]Der Kreiswahlleiter benachrichtigt den Gewählten nach der mündlichen Bekanntgabe des endgültigen Wahlergebnisses und weist ihn auf die Vorschriften des § 45 Abs. 1 des Bundeswahlgesetzes, bei einer Ersatzwahl (§ 48 Abs. 2 des Bundeswahlgesetzes) auf die Vorschriften des § 45 Abs. 1 und 2 des Bundeswahlgesetzes hin. [2]Bei einer Wiederholungswahl (§ 44 des Bundeswahlgesetzes) benachrichtigt er den Gewählten mittels Zustellung (§ 87 Abs. 1) und weist ihn auf die Vorschriften des § 45 Abs. 3 des Bundeswahlgesetzes hin.
(8) Der Kreiswahlleiter übersendet dem Landeswahlleiter und dem Bundeswahlleiter auf schnellstem Wege eine Ausfertigung der Niederschrift des Kreiswahlausschusses mit der dazugehörigen Zusammenstellung.
(9) [1]Der Landeswahlleiter benachrichtigt den Bundeswahlleiter und den Präsidenten des Deutschen Bundestages sofort, wenn der gewählte Bewerber die Wahl abgelehnt hat. [2]Bei einer Wiederholungswahl (§ 44 des Bundeswahlgesetzes) teilt zudem der Kreiswahlleiter sofort nach Ablauf der Frist des § 44 Abs. 4 Satz 2 des Bundeswahlgesetzes dem Landeswahlleiter sowie dem Präsidenten des Deutschen Bundestages mit, an welchem Tag die Annahmeerklärung des gewählten Bewerbers eingegangen ist. [3]Im Falle des § 45 Abs. 3 Satz 3 des Bundeswahlgesetzes teilt er mit, an welchem Tag die Benachrichtigung zugestellt worden ist.

§ 77 Ermittlung und Feststellung des Zweitstimmenergebnisses im Land

(1) Der Landeswahlleiter prüft die Wahlniederschriften der Kreiswahlausschüsse und stellt danach die endgültigen Wahlergebnisse in den einzelnen Wahlkreisen des Landes (§ 76 Abs. 2 und 4) nach dem Muster der Anlage 30 zum Wahlergebnis des Landes zusammen.

(2) [1]Nach Berichterstattung durch den Landeswahlleiter ermittelt der Landeswahlausschuss das Zweitstimmenergebnis im Land und stellt fest

1. die Zahl der Wahlberechtigten,
2. die Zahl der Wähler,
3. die Zahlen der gültigen und ungültigen Zweitstimmen,
4. die Zahlen der für die einzelnen Landeslisten abgegebenen gültigen Zweitstimmen und
5. im Falle des § 6 Abs. 1 Satz 2 des Bundeswahlgesetzes die Zahlen der für die Sitzverteilung zu berücksichtigenden Zweitstimmen der einzelnen Landeslisten (bereinigte Zahlen).

[2]Der Landeswahlausschuss ist berechtigt, rechnerische Berichtigungen an den Feststellungen der Wahlvorstände und Kreiswahlausschüsse vorzunehmen.

(3) Im Anschluss an die Feststellung gibt der Landeswahlleiter das Wahlergebnis mit den in Absatz 2 Satz 1 bezeichneten Angaben mündlich bekannt.

(4) [1]Die Niederschrift über die Sitzung (§ 5 Abs. 7) ist nach dem Muster der Anlage 33 zu fertigen. [2]§ 76 Abs. 6 Satz 2 gilt entsprechend.

(5) Der Landeswahlleiter übersendet dem Bundeswahlleiter eine Ausfertigung der Niederschrift mit der Feststellung des Zweitstimmenergebnisses sowie eine Zusammenstellung der Wahlergebnisse in den einzelnen Wahlkreisen des Landes (Absatz 1).

§ 78 Abschließende Ermittlung und Feststellung des Ergebnisses der Landeslistenwahl

(1) [1]Der Bundeswahlleiter prüft die Wahlniederschriften der Landeswahlausschüsse. [2]Er ermittelt nach den Niederschriften des Landes- und Kreiswahlausschüsse

1. die Zahlen der Zweitstimmen der Landeslisten jeder Partei,
2. die Gesamtzahl der im Wahlgebiet abgegebenen gültigen Zweitstimmen,
3. den Prozentsatz des Stimmenanteils der einzelnen Parteien im Wahlgebiet an der Gesamtzahl der gültigen Zweitstimmen,
4. die Zahl der von den einzelnen Parteien im Wahlgebiet errungenen Wahlkreissitze,
5. die bereinigten Zweitstimmenzahlen der Landeslisten und jeder Partei,
6. die Zahl der erfolgreichen Wahlkreisbewerber, die nach § 6 Abs. 1 Satz 3 des Bundeswahlgesetzes von der Gesamtzahl der Abgeordneten abzuziehen sind, und
7. die Zahl der in der ersten Verteilung (§ 6 Absatz 2 Satz 1 Bundeswahlgesetz) den Ländern nach Bevölkerungsanteil (§ 3 Absatz 1 Bundeswahlgesetz) gemäß den letzten amtlichen Bevölkerungszahlen zuzuordnenden Sitze.

[3]Ergeben sich danach gegenüber dem vorläufigen Wahlergebnis im Wahlgebiet (§ 71 Absatz 5) Änderungen für die Berücksichtigung von Parteien bei der Sitzverteilung nach § 6 Absatz 3 des Bundeswahlgesetzes, teilt der Bundeswahlleiter dies den betroffenen Kreiswahlleitern und Landeswahlleitern im Hinblick auf § 76 Absatz 4 und § 77 Absatz 2 Nummer 5 auf schnellstem Wege mit und ermittelt die Zahlen nach den geänderten Niederschriften der Kreiswahlausschüsse und Landeswahlausschüsse. [4]Er berechnet nach Maßgabe des § 6 des Bundeswahlgesetzes die Stimmenzahlen der einzelnen Landeslisten und der Parteien sowie die Gesamtzahl der Sitze und verteilt die Sitze auf die Parteien und deren Landeslisten.

(2) [1]Nach Berichterstattung durch den Bundeswahlleiter ermittelt der Bundeswahlausschuss das Gesamtergebnis der Landeslistenwahl und stellt für das Wahlgebiet fest

1. die Zahl der Wahlberechtigten,
2. die Zahl der Wähler,
3. die Zahlen der gültigen und ungültigen Zweitstimmen,
4. die Zahlen der auf die einzelnen Parteien entfallenen gültigen Zweitstimmen,
5. die Parteien, die nach § 6 Absatz 3 des Bundeswahlgesetzes
 a) an der Verteilung der Listensitze teilnehmen,
 b) bei der Verteilung der Listensitze unberücksichtigt bleiben,
6. die bereinigten Zahlen der auf die einzelnen Parteien entfallenen Zweitstimmen,
7. die Zahl der Sitze, die auf die einzelnen Parteien und Landeslisten entfallen,
8. welche Landeslistenbewerber gewählt sind.

[2]Der Bundeswahlausschuss ist berechtigt, rechnerische Berichtigungen an den Feststellungen der Landeswahlausschüsse vorzunehmen.

(3) ¹Im Anschluss an die Ermittlung und Feststellung gibt der Bundeswahlleiter das Wahlergebnis mit den in Absatz 2 Satz 1 Nr. 1 bis 7 bezeichneten Angaben mündlich bekannt. ²Gleichzeitig weist er darauf hin, dass er die Feststellung nach Absatz 2 Satz 1 Nr. 8 durch Aushang im Sitzungsraum bekanntgibt.

(4) § 76 Abs. 6 findet entsprechende Anwendung.

(5) Der Bundeswahlleiter teilt den Landeswahlleitern mit, welche Landeslistenbewerber gewählt sind.

§ 79 Bekanntmachung der endgültigen Wahlergebnisse

(1) Sobald die Feststellungen aller Wahlausschüsse abgeschlossen sind, machen

1. der Kreiswahlleiter das endgültige Wahlergebnis für den Wahlkreis mit den in § 76 Abs. 2 Satz 1 bezeichneten Angaben und dem Namen des gewählten Wahlkreisbewerbers,

2. der Landeswahlleiter das endgültige Wahlergebnis für das Land mit den in § 76 Abs. 2 Satz 1 unter den Nummern 3 und 5 und in § 77 Abs. 2 Satz 1 bezeichneten Angaben, gegliedert nach Wahlkreisen, und den Namen der im Land gewählten Bewerber,

3. der Bundeswahlleiter das endgültige Wahlergebnis für das Wahlgebiet mit den in § 78 Abs. 2 Satz 1 unter den Nummern 1 bis 7 bezeichneten Angaben, der Verteilung der Sitze auf die Parteien und anderen Träger von Wahlvorschlägen, gegliedert nach Ländern, sowie den Namen der im Wahlgebiet gewählten Bewerber

öffentlich bekannt.

(2) Eine Ausfertigung ihrer Bekanntmachungen übersenden der Landeswahlleiter dem Bundeswahlleiter und der Bundeswahlleiter dem Präsidenten des Deutschen Bundestages.

§ 80 Benachrichtigung der gewählten Landeslistenbewerber

(1) ¹Der Landeswahlleiter benachrichtigt die vom Bundeswahlausschuss für gewählt erklärten Landeslistenbewerber nach der mündlichen Bekanntgabe des endgültigen Wahlergebnisses durch den Bundeswahlleiter und weist sie auf die Vorschriften des § 45 Abs. 1 des Bundeswahlgesetzes hin. ²Bei einer Wiederholungswahl (§ 44 des Bundeswahlgesetzes) benachrichtigt er die Gewählten mittels Zustellung (§ 87 Abs. 1) und weist sie auf die Vorschriften des § 45 Abs. 3 des Bundeswahlgesetzes hin.

(2) ¹Der Landeswahlleiter benachrichtigt den Bundeswahlleiter und den Präsidenten des Deutschen Bundestages sofort, wenn ein gewählter Bewerber die Wahl abgelehnt hat. ²Bei einer Wiederholungswahl (§ 44 des Bundeswahlgesetzes) teilt er sofort nach Ablauf der Frist des § 44 Abs. 4 Satz 2 des Bundeswahlgesetzes mit, an welchen Tagen die Annahmeerklärungen der gewählten Bewerber eingegangen sind und welche Bewerber die Wahl abgelehnt haben. ³In den Fällen des § 45 Abs. 3 Satz 3 des Bundeswahlgesetzes teilt er mit, an welchen Tagen die Benachrichtigungen zugestellt worden sind.

§ 81 Überprüfung der Wahl durch die Landeswahlleiter und den Bundeswahlleiter

(1) ¹Die Landeswahlleiter und der Bundeswahlleiter prüfen, ob die Wahl nach den Vorschriften des Bundeswahlgesetzes, dieser Verordnung und der Bundeswahlgeräteverordnung vom 3. September 1975 (BGBl. I S. 2459) in der jeweils geltenden Fassung durchgeführt worden ist. ²Nach dem Ergebnis ihrer Prüfung entscheiden sie, ob Einspruch gegen die Wahl einzulegen ist (§ 2 Abs. 2 des Wahlprüfungsgesetzes).

(2) ¹Auf Anforderung haben die Kreiswahlleiter dem Landeswahlleiter und über diesen dem Bundeswahlleiter die bei ihnen, den Gemeinden und Verwaltungsbehörden der Kreise vorhandenen Wahlunterlagen zu übersenden. ²Der Bundeswahlleiter kann verlangen, dass ihm die Landeswahlleiter die bei ihnen vorhandenen Wahlunterlagen übersenden.

Fünfter Abschnitt
Nachwahl, Wiederholungswahl, Berufung von Listennachfolgern

§ 82 Nachwahl

(1) ¹Sobald feststeht, dass die Wahl wegen Todes eines Wahlkreisbewerbers, infolge höherer Gewalt oder aus sonstigem Grunde nicht durchgeführt werden kann, sagt der Kreiswahlleiter die Wahl ab und macht öffentlich bekannt, dass eine Nachwahl stattfinden wird. ²Er unterrichtet unverzüglich den Landeswahlleiter und dieser den Bundeswahlleiter.

(2) ¹Stirbt der Bewerber eines zugelassenen Kreiswahlvorschlags vor der Wahl, so fordert der Kreiswahlleiter die Vertrauensperson auf, binnen einer zu bestimmenden Frist schriftlich einen anderen Bewerber zu benennen. ²Der Ersatzvorschlag muss von der Vertrauensperson und der stellvertretenden Vertrauensperson persönlich und handschriftlich unterzeichnet sein. ³Das Verfahren nach § 21 des Bundeswahlgesetzes braucht nicht eingehalten zu werden; der Unterschriften nach § 20 Abs. 2 und 3 des Bundeswahlgesetzes bedarf es nicht.

(3) Bei der Nachwahl wird mit den für die Hauptwahl aufgestellen Wählerverzeichnissen, vorbehaltlich der Bestimmungen in Absatz 2 nach den für die Hauptwahl zugelassenen Wahlvorschlägen, in den für die Hauptwahl bestimmten Wahlbezirken und Wahlräumen und vor den für die Hauptwahl gebildeten Wahlvorständen gewählt.

(4) [1]Findet die Nachwahl wegen Todes eines Wahlkreisbewerbers statt, so haben die für die Hauptwahl erteilten Wahlscheine für die Nachwahl keine Gültigkeit. [2]Sie werden von Amts wegen ersetzt. [3]§ 28 Abs. 3 ist anzuwenden. [4]Neue Wahlscheine werden nach den allgemeinen Vorschriften erteilt. [5]Wahlbriefe mit alten Wahlscheinen, die bei den nach § 66 Abs. 2 zuständigen Stellen eingegangen sind, werden von diesen gesammelt und unter Beachtung des Wahlgeheimnisses vernichtet.

(5) [1]Findet die Nachwahl statt, weil die Wahl infolge höherer Gewalt oder aus sonstigem Grund nicht durchgeführt werden konnte, so behalten die für die Hauptwahl erteilten Wahlscheine für die Nachwahl Gültigkeit. [2]Neue Wahlscheine dürfen nur von Gemeinden des Gebietes, in dem die Nachwahl stattfindet, erteilt werden.

(6) Der Landeswahlleiter kann im Einzelfall Regelungen zur Anpassung an besondere Verhältnisse treffen.

(7) Der Landeswahlleiter macht den Tag der Nachwahl öffentlich bekannt.

§ 83 Wiederholungswahl

(1) Das Wahlverfahren ist nur insoweit zu erneuern, als das nach der Entscheidung im Wahlprüfungsverfahren erforderlich ist.

(2) [1]Wird die Wahl nur in einzelnen Wahlbezirken wiederholt, so darf die Abgrenzung dieser Wahlbezirke nicht geändert werden. [2]Auch sonst soll die Wahl möglichst in denselben Wahlbezirken wie bei der Hauptwahl wiederholt werden. [3]Wahlvorstände können neu gebildet und Wahlräume neu bestimmt werden.

(3) Findet die Wiederholungswahl infolge von Unregelmäßigkeiten bei der Aufstellung und Behandlung von Wählerverzeichnissen statt, so ist in den betroffenen Wahlbezirken das Verfahren der Aufstellung, Einsichtnahme, Berichtigung und des Abschlusses des Wählerverzeichnisses neu durchzuführen, sofern sich aus der Wahlprüfungsentscheidung keine Einschränkungen ergeben.

(4) [1]Wähler, die seit der Hauptwahl ihr Wahlrecht verloren haben, sind im Wählerverzeichnis zu streichen. [2]Wird die Wahl vor Ablauf von sechs Monaten nach der Hauptwahl nur in einzelnen Wahlbezirken wiederholt, so können Wahlberechtigte, denen für die Hauptwahl ein Wahlschein erteilt wurde, nur dann an der Wahl teilnehmen, wenn sie ihren Wahlschein in den Wahlbezirken abgegeben haben, für die die Wahl wiederholt wird.

(5) [1]Wahlscheine dürfen nur von Gemeinden in dem Gebiet, in dem die Wiederholungswahl stattfindet, erteilt werden. [2]Wird die Wahl vor Ablauf von sechs Monaten nach der Hauptwahl nur in einzelnen Wahlbezirken wiederholt, so erhalten Personen, die bei der Hauptwahl in diesen Wahlbezirken mit Wahlschein gewählt haben, auf Antrag ihren Wahlschein mit Gültigkeitsvermerk für die Wiederholungswahl zurück, wenn sie inzwischen aus dem Gebiet der Wiederholungswahl verzogen sind.

(6) Wahlvorschläge können nur geändert werden, wenn sich dies aus der Wahlprüfungsentscheidung ergibt oder wenn ein Bewerber gestorben oder nicht mehr wählbar ist.

(7) Der Landeswahlleiter kann im Rahmen der Wahlprüfungsentscheidung Regelungen zur Anpassung des Wiederholungswahlverfahrens an besondere Verhältnisse treffen.

§ 84 Berufung von Listennachfolgern

(1) [1]Liegen die Voraussetzungen für eine Listennachfolge vor, so benachrichtigt der Landeswahlleiter den nächsten Listenbewerber mittels Zustellung (§ 87 Abs. 1) und weist ihn auf die Vorschrift des § 45 Abs. 3 des Bundeswahlgesetzes hin. [2]Er fordert ihn auf, ihm innerhalb einer Woche schriftlich zu erklären, ob er die Nachfolge annimmt, und an Eides statt zu versichern, dass er nicht aus der die Liste einreichenden Partei ausgeschieden oder Mitglied einer anderen Partei geworden ist. [3]Für die Abnahme der Versicherung an Eides statt gilt § 21 Abs. 6 Satz 3 des Bundeswahlgesetzes entsprechend.

(2) [1]Der Landeswahlleiter teilt dem Bundeswahlleiter und dem Präsidenten des Deutschen Bundestages Familiennamen, Vornamen, Beruf oder Stand und Anschrift (Hauptwohnung) des Listennachfolgers sowie den Tag, an dem seine Annahmeerklärung eingegangen ist, sofort mit. [2]Der Landeswahlleiter verfährt entsprechend, wenn ein Wahlkreisabgeordneter ausscheidet und kein Listenbewerber nachfolgt. [3]Im Falle des § 45 Abs. 3 Satz 3 des Bundeswahlgesetzes teilt er mit, an welchem Tag die Benachrichtigung zugestellt worden ist.

(3) [1]Der Bundeswahlleiter macht entsprechend § 79 Absatz 1 öffentlich bekannt, welcher Bewerber in den Deutschen Bundestag eingetreten ist, und übersendet eine Abschrift der Bekanntmachung an den

Präsidenten des Deutschen Bundestages. [2]Der Bundeswahlleiter verfährt entsprechend, wenn ein Wahlkreisabgeordneter ausscheidet und kein Listenbewerber nachfolgt.

(4) [1]Ein nicht gewählter Bewerber verliert seine Anwartschaft als Listennachfolger, wenn er dem Landeswahlleiter schriftlich seine Ablehnung erklärt. [2]Die Ablehnung kann nicht widerrufen werden.

Sechster Abschnitt
Übergangs- und Schlussbestimmungen

§ 85 Datenschutzrechtliche Spezialregelungen

(1) Hinsichtlich der im Wählerverzeichnis enthaltenen personenbezogenen Daten besteht abweichend von § 1 Absatz 8 des Bundesdatenschutzgesetzes in Verbindung mit Artikel 15 Absatz 1 und Absatz 3 der Verordnung (EU) 2016/679 des Europäischen Parlaments und des Rates vom 27. April 2016 zum Schutz natürlicher Personen bei der Verarbeitung personenbezogener Daten, zum freien Datenverkehr und zur Aufhebung der Richtlinie 95/46/EG (Datenschutz-Grundverordnung) (ABl. L 119 vom 4.5.2016, S. 1; L 314 vom 22.11.2016, S. 72; L 127 vom 23.5.2018, S. 2) das Recht auf Auskunft und das Recht auf Erhalt einer Kopie abschließend durch das unter den Voraussetzungen des § 17 Absatz 1 des Bundeswahlgesetzes in Verbindung mit § 21 gewährleistete Recht auf Einsicht in das Wählerverzeichnis und das Recht auf Anfertigen von Auszügen aus dem Wählerverzeichnis.

(2) Hinsichtlich der im Wählerverzeichnis enthaltenen personenbezogenen Daten besteht abweichend von § 1 Absatz 8 des Bundesdatenschutzgesetzes in Verbindung mit Artikel 16 und Artikel 18 der Verordnung (EU) 2016/679 das Recht auf Berichtigung und das Recht auf Einschränkung der Verarbeitung abschließend durch die unter den Voraussetzungen des § 17 Absatz 1 des Bundeswahlgesetzes in Verbindung mit § 16 Absatz 8 und des § 17 Absatz 1 des Bundeswahlgesetzes in Verbindung mit § 22 gewährleisteten Einspruchsrechte.

(3) Hinsichtlich der in Wahlvorschlägen enthaltenen personenbezogenen Daten besteht im Zeitraum vom Ablauf der Frist für die Einreichung der Wahlvorschläge bis zum Ablauf des Wahltages abweichend von § 1 Absatz 8 des Bundesdatenschutzgesetzes in Verbindung mit Artikel 16 und Artikel 18 der Verordnung (EU) 2016/679 das Recht auf Berichtigung und das Recht auf Einschränkung der Verarbeitung abschließend durch die unter den Voraussetzungen des § 25 des Bundeswahlgesetzes und des § 27 Absatz 5 des Bundeswahlgesetzes in Verbindung mit § 25 des Bundeswahlgesetzes gewährleisteten Mängelbeseitigungsverfahren.

(4) Hinsichtlich der für die Führung des Wählerverzeichnisses und für die Erteilung eines Wahlscheines verarbeiteten personenbezogenen Daten erfolgt die Information der betroffenen Person abweichend von § 1 Absatz 8 des Bundesdatenschutzgesetzes in Verbindung mit Artikel 13 der Verordnung (EU) 2016/679 abschließend durch die Bekanntmachung nach §§ 14, 17, 36 des Bundeswahlgesetzes in Verbindung mit § 20.

§ 86 Öffentliche Bekanntmachungen

(1) Die nach dem Bundeswahlgesetz und dieser Verordnung vorgeschriebenen öffentlichen Bekanntmachungen erfolgen durch das Bundesministerium des Innern, für Bau und Heimat im Bundesanzeiger, den Bundeswahlleiter im Bundesanzeiger, die Landeswahlleiter im Staatsanzeiger oder Ministerial- oder Amtsblatt der Landesregierung oder des Innenministeriums, die Kreiswahlleiter und Verwaltungsbehörden des Kreises in den Amtsblättern oder Zeitungen, die allgemein für Bekanntmachungen der Kreise und kreisfreien Städte des Wahlkreises bestimmt sind, die Gemeindebehörden in ortsüblicher Weise.

(2) Für die öffentliche Bekanntmachung nach § 5 Abs. 3 genügt Aushang am oder im Eingang des Sitzungsgebäudes mit dem Hinweis, dass jedermann Zutritt zu der Sitzung hat.

(3) [1]Der Inhalt der nach dem Bundeswahlgesetz und dieser Verordnung vorgeschriebenen öffentlichen Bekanntmachungen kann zusätzlich im Internet veröffentlicht werden. [2]Dabei sind die Unversehrtheit, Vollständigkeit und Ursprungszuordnung der Veröffentlichung nach aktuellem Stand der Technik zu gewährleisten. [3]Statt einer Anschrift ist nur der Wohnort anzugeben. [4]Personenbezogene Daten in Internetveröffentlichungen von öffentlichen Bekanntmachungen nach § 38 und § 43 Absatz 1 sind spätestens sechs Monate nach Bekanntgabe des endgültigen Wahlergebnisses, von öffentlichen Bekanntmachungen nach § 79 Absatz 1 und § 84 Absatz 3 spätestens sechs Monate nach dem Ende der Wahlperiode zu löschen.

§ 87 Zustellungen, Versicherungen an Eides statt

(1) Für Zustellungen gilt das Verwaltungszustellungsgesetz des Bundes in der jeweils geltenden Fassung.

(2) Für die nach §§ 16 Absatz 7 Satz 2, 18 Absatz 5 Satz 1, 18 Absatz 6 Satz 1 und § 34 Absatz 4 Nummer 2 Satz 2 abzugebende Versicherung an Eides statt ist die jeweilige Gemeindebehörde zur Abnahme zuständig.

§ 88 Beschaffung von Stimmzetteln und Vordrucken

(1) Der Kreiswahlleiter beschafft

1. die Wahlscheinvordrucke (Anlage 9), soweit nicht die Gemeindebehörde diese im Benehmen mit dem Kreiswahlleiter beschafft,
2. die Stimmzettelumschläge für die Briefwahl (Anlage 10),
3. die Wahlbriefumschläge (Anlage 11), wenn nur an seinem Sitz das Briefwahlergebnis festzustellen ist,
4. die Merkblätter für die Briefwahl (Anlage 12),
5. die Vordrucke für die Einreichung der Kreiswahlvorschläge (Anlage 13),
6. die Formblätter für Unterstützungsunterschriften für Kreiswahlvorschläge (Anlage 14),
7. die Vordrucke für Zustimmungserklärungen der vorgeschlagenen Wahlkreisbewerber (Anlage 15),
8. die Stimmzettel (Anlage 26),
9. die Vordrucke für Schnellmeldungen (Anlage 28),
10. die Vordrucke für die Zusammenstellung der endgültigen Wahlergebnisse (Anlage 30),
11. die Vordrucke für die Wahlniederschriften zur Ermittlung und Feststellung des Briefwahlergebnisses (Anlage 31),

für seinen Wahlkreis, soweit nicht der Landeswahlleiter die Beschaffung übernimmt.

(2) Der Landeswahlleiter beschafft

1. (weggefallen)
2. die Vordrucke für die Einreichung der Landeswahlvorschläge (Anlage 20),
3. die Formblätter für Unterstützungsunterschriften für Landeswahlvorschläge (Anlage 21),
4. die Vordrucke für Zustimmungserklärungen der vorgeschlagenen Landeslistenbewerber (Anlage 22),
5. die Vordrucke für die Bescheinigung der Wählbarkeit der vorgeschlagenen Bewerber (Anlage 16),
6. die Vordrucke für die Niederschriften über die Aufstellung der Bewerber (Anlagen 17 und 23),
7. die Vordrucke für die Versicherung an Eides statt zur Bewerberaufstellung (Anlagen 18 und 24).

(2a) [1]Der Landeswahlleiter kann zur Kosteneinsparung den Druck oder den Versand der Wahlbenachrichtigung oder beides nach § 19 Abs. 1 Satz 1 ganz oder teilweise übernehmen. [2]Die Gemeindebehörden übermitteln dem Landeswahlleiter oder der von ihm benannten Stelle rechtzeitig die hierfür benötigten Daten und Unterlagen.

(3) Der Bundeswahlleiter beschafft die Anträge für außerhalb des Wahlgebietes lebende Wahlberechtigte zur Teilnahme an der Wahl zum Deutschen Bundestag (Anlage 2) nebst den Merkblättern hierzu (noch Anlage 2).

(4) Die Gemeindebehörde beschafft die für die Wahlbezirke und Gemeinden erforderlichen Vordrucke, soweit nicht Bundes-, Landes- oder Kreiswahlleiter die Lieferung übernehmen.

(5) Die Beschaffung der Vordrucke und Formblätter nach den Anlagen 1, 2, 5, 8, 9, 13 bis 25, 27 bis 29 und 31 bis 33 kann auch durch elektronische Bereitstellung erfolgen.

§ 89 Sicherung der Wahlunterlagen

(1) Die Wählerverzeichnisse, die Wahlscheinverzeichnisse, die Verzeichnisse nach § 28 Abs. 8 Satz 2 und § 29 Abs. 1, die Formblätter mit Unterstützungsunterschriften für Wahlvorschläge sowie eingenommene Wahlbenachrichtigungen sind so zu verwahren, dass sie gegen Einsichtnahme durch Unbefugte geschützt sind.

(2) [1]Auskünfte aus Wählerverzeichnissen, Wahlscheinverzeichnissen und Verzeichnissen nach § 28 Abs. 8 Satz 2 und § 29 Abs. 1 dürfen nur Behörden, Gerichten und sonstigen amtlichen Stellen des Wahlgebiets und nur dann erteilt werden, wenn sie für den Empfänger im Zusammenhang mit der Wahl erforderlich sind. [2]Ein solcher Anlass liegt insbesondere bei Verdacht von Wahlstraftaten, bei Wahlprüfungsangelegenheiten und bei wahlstatistischen Arbeiten vor.

(3) Mitglieder von Wahlorganen, Amtsträger und für den öffentlichen Dienst besonders Verpflichtete dürfen Auskünfte über Unterstützungsunterschriften für Wahlvorschläge nur Behörden, Gerichten und sonstigen amtlichen Stellen des Wahlgebiets und nur dann erteilen, wenn die Auskunft zur Durchführung der Wahl oder eines Wahlprüfungsverfahrens oder zur Aufklärung des Verdachts einer Wahlstraftat erforderlich ist.

§ 90 Vernichtung von Wahlunterlagen

(1) Die eingenommenen Wahlbenachrichtigungen sind unverzüglich zu vernichten.

(2) Wählerverzeichnisse, Wahlscheinverzeichnisse, Verzeichnisse nach § 28 Abs. 8 Satz 2 und § 29 Abs. 1 sowie Formblätter mit Unterstützungsunterschriften für Wahlvorschläge sind nach Ablauf von sechs Monaten seit der Wahl zu vernichten, wenn nicht der Bundeswahlleiter mit Rücksicht auf ein

schwebendes Wahlprüfungsverfahren etwas anderes anordnet oder sie für die Strafverfolgungsbehörde zur Ermittlung einer Wahlstraftat von Bedeutung sein können.

(3) [1]Die übrigen Wahlunterlagen können 60 Tage vor der Wahl des neuen Deutschen Bundestages vernichtet werden. [2]Der Landeswahlleiter kann zulassen, dass die Unterlagen früher vernichtet werden, soweit sie nicht für ein schwebendes Wahlprüfungsverfahren oder für die Strafverfolgungsbehörde zur Ermittlung einer Wahlstraftat von Bedeutung sein können.

§ 91 Stadtstaatklausel
In den Ländern Berlin, Bremen und Hamburg bestimmt der Senat, welche Stellen die Aufgaben wahrnehmen, die im Gesetz und in dieser Verordnung der Gemeindebehörde übertragen sind.

§ 92 (Änderung der Bundeswahlgeräteverordnung)

§ 93 (Inkrafttreten, Außerkrafttreten)

Anlagen (hier nicht wiedergegeben)

Wahlprüfungsgesetz

Vom 12. März 1951 (BGBl. I S. 166)
(FNA 111-2)
zuletzt geändert durch Art. 11 Elfte ZuständigkeitsanpassungsVO vom 19. Juni 2020 (BGBl. I S. 1328)

Nichtamtliche Inhaltsübersicht

Der Bundestag hat das folgende Gesetz beschlossen:

§ 1 [Zuständigkeit für die Entscheidung über die Gültigkeit der Wahlen zum Bundestag]
(1) Über die Gültigkeit der Wahlen zum Bundestag und die Verletzung von Rechten bei der Vorbereitung oder Durchführung der Wahl, soweit sie der Wahlprüfung nach Artikel 41 des Grundgesetzes unterliegen, entscheidet vorbehaltlich der Beschwerde gemäß Artikel 41 Abs. 2 des Grundgesetzes der Bundestag.
(2) [1]Soweit eine Wahl für ungültig erklärt wird, sind die sich daraus ergebenden Folgerungen festzustellen. [2]Sofern bei der Vorbereitung oder Durchführung der Wahl Rechte einer einsprechenden Person oder einer Gruppe einsprechender Personen verletzt wurden, stellt der Bundestag die Rechtsverletzung fest, wenn er die Wahl nicht für ungültig erklärt.

§ 2 [Einspruch; Einspruchsberechtigter; Form und Frist]
(1) Die Prüfung erfolgt nur auf Einspruch.
(2) Den Einspruch kann jeder Wahlberechtigte, jede Gruppe von Wahlberechtigten und in amtlicher Eigenschaft jeder Landeswahlleiter, der Bundeswahlleiter und der Präsident des Bundestages einlegen.
(3) Der Einspruch ist schriftlich beim Bundestag einzureichen und zu begründen; bei gemeinschaftlichen Einsprüchen soll ein Bevollmächtigter benannt werden.
(4) [1]Der Einspruch muß binnen einer Frist von zwei Monaten nach dem Wahltag beim Bundestag eingehen. [2]Werden dem Präsidenten des Bundestages nach Ablauf dieser Frist in amtlicher Eigenschaft Umstände bekannt, die einen Wahlmangel begründen könnten, kann er innerhalb eines Monats nach Bekanntwerden dieser Umstände Einspruch einlegen.
(5) Die Vorschriften gelten entsprechend beim späteren Erwerb der Mitgliedschaft.
(6) Wird der Einspruch zurückgenommen, kann der Bundestag das Verfahren einstellen.

§ 3 [Wahlprüfungsausschuss]
(1) Die Entscheidung des Bundestages wird durch den Wahlprüfungsausschuß vorbereitet.
(2) [1]Der Wahlprüfungsausschuß besteht aus neun ordentlichen Mitgliedern, neun Stellvertretern und je einem ständigen beratenden Mitglied der Fraktionen, die in ihm nicht durch ordentliche Mitglieder vertreten sind. [2]Der Bundestag kann aus der Mitte einer Vereinigung von Mitgliedern des Bundestages, die nach der Geschäftsordnung des Bundestages als parlamentarische Gruppe anerkannt ist, zusätzlich ein beratendes Mitglied wählen. [3]Der Wahlprüfungsausschuß wird vom Bundestag für die Dauer der Wahlperiode gewählt.
(3) [1]Der Wahlprüfungsausschuß wählt mit Stimmenmehrheit aus seiner Mitte den Vorsitzenden und seinen Stellvertreter. [2]Bei Stimmengleichheit entscheidet die Stimme des ältesten Mitglieds.

§ 4 [Beschlussfähigkeit]
[1]Der Wahlprüfungsausschuß ist beschlußfähig, wenn mindestens die Hälfte der Mitglieder anwesend ist. [2]Er beschließt mit Stimmenmehrheit; bei Stimmengleichheit ist ein Antrag abgelehnt.

§ 5 [Berichterstatter]
(1) Der Vorsitzende bestimmt für jeden Einspruch einen Berichterstatter.
(2) [1]Der Ausschuss tritt in eine Vorprüfung ein, insbesondere darüber, ob der Einspruch form- und fristgerecht eingelegt ist und ob Termin zur mündlichen Verhandlung anzuberaumen ist. [2]Findet eine mündliche Verhandlung statt, so ist der Verhandlungstermin durch die Vorprüfung so vorzubereiten, dass möglichst nach einem einzigen Verhandlungstermin die Schlussentscheidung erfolgen kann.
(3) [1]Im Rahmen der Vorprüfung ist der Ausschuß berechtigt, Auskünfte einzuziehen und nach Absatz 4 Zeugen und Sachverständige vernehmen und beeidigen zu lassen, soweit deren Anwesenheit im Verhandlungstermin nicht erforderlich ist oder nicht zweckmäßig erscheint. [2]Zur Prüfung der Feststellung, dass bei der Vorbereitung oder Durchführung der Wahl Rechte einer einsprechenden Person oder einer Gruppe einsprechender Personen verletzt wurden, führt der Wahlprüfungsausschuss Ermittlungen, die über die Einholung von Auskünften hinausgehen, in der Regel nur dann durch, wenn eine Auswirkung der Rechtsverletzung auf die Verteilung der Sitze im Bundestag auszuschließen ist.
(4) [1]Alle Gerichte und Verwaltungsbehörden haben dem Ausschuß Rechts- und Amtshilfe zu leisten. [2]Bei Vernehmung von Zeugen und Sachverständigen sind die Beteiligten des § 6 Abs. 2 eine Woche vorher zu benachrichtigen; sie haben das Recht, Fragen stellen zu lassen und den Vernommenen Vorhalte zu machen.

§ 6 [Mündliche Verhandlung]
(1) Vor der Schlussentscheidung wird Termin zur mündlichen Verhandlung nur dann anberaumt, wenn die Vorprüfung ergibt, dass davon eine weitere Förderung des Verfahrens zu erwarten ist.
(2) [1]Zu den Verhandlungsterminen sind mindestens eine Woche vorher derjenige, der den Einspruch eingelegt hat, und der Abgeordnete, dessen Wahl angefochten ist, zu laden. [2]Wenn mehrere Personen gemeinschaftlich Einspruch eingelegt haben, genügt die Ladung eines Bevollmächtigten (§ 2 Abs. 3) oder eines der Antragsteller.
(3) Von dem Verhandlungstermin sind gleichzeitig zu benachrichtigen:
a) der Präsident des Bundestages,
b) der Bundesminister des Innern, für Bau und Heimat,
c) der Bundeswahlleiter,
d) der zuständige Landeswahlleiter,
e) die Fraktion des Bundestages, der der Abgeordnete angehört, dessen Wahl angefochten ist.
(4) [1]Die nach den Absätzen 2 und 3 genannten Personen sind Beteiligte an dem Verfahren. [2]Sie haben ein selbständiges Antragsrecht.
(5) Alle Beteiligten haben das Recht auf Akteneinsicht im Büro des Bundestages.

§ 7 [Verfahren]
(1) [1]Zu Beginn der mündlichen Verhandlung trägt der Berichterstatter die Sachlage vor und berichtet über das Ergebnis der Vorprüfung. [2]Alsdann erhalten auf Verlangen der Einsprechende (bei mehreren der Bevollmächtigte gemäß § 2 Abs. 3), die sonstigen Beteiligten und der Abgeordnete, dessen Wahl angefochten ist, das Wort.
(2) [1]Etwa geladene Zeugen und Sachverständige sind zu hören und, falls der Ausschuß dies für geboten hält, zu beeidigen. [2]Die Beteiligten haben das Recht, Zeugen und Sachverständigen Fragen vorlegen zu lassen. [3]Nach Abschluß einer etwaigen Beweisaufnahme ist den Beteiligten Gelegenheit zu Ausführungen zu geben. [4]Das Schlußwort gebührt dem Anfechtenden.
(3) Über die Verhandlung ist eine Niederschrift aufzunehmen, in der die Aussagen der Zeugen und Sachverständigen wiederzugeben sind.

§ 8 [Öffentlichkeit]
(1) Die mündliche Verhandlung findet öffentlich statt.
(2) Für die mündliche Verhandlung gilt § 4, doch sollen an ihr alle Mitglieder oder ihre Stellvertreter teilnehmen.
(3) Der Vorsitzende hat in der mündlichen Verhandlung die Befugnisse, die sich aus der sinngemäßen Anwendung der für den Zivilprozeß geltenden Bestimmungen ergeben.

§ 9 [Entsprechende Anwendung der ZPO]
Für das gesamte Verfahren sind die für den Zivilprozeß geltenden Bestimmungen entsprechend anzuwenden auf Fristen, Ladungen, Zustellungen, Vereidigungen und die Rechte und Pflichten von Zeugen und Sachverständigen.

§ 10 [Geheime Beratung]

(1) Der Wahlprüfungsausschuß berät geheim über das Ergebnis der Verhandlung.

(2) An der Schlußberatung können nur diejenigen ordentlichen und beratenden Mitglieder des Ausschusses oder ihre Stellvertreter teilnehmen, die der mündlichen Verhandlung beigewohnt haben.

(3) Bei der Schlußentscheidung gilt Stimmenthaltung als Ablehnung.

§ 11 [Schriftform]

[1]Der Beschluß des Ausschusses ist schriftlich niederzulegen; er muß dem Bundestag eine Entscheidung vorschlagen. [2]Diese muß über die Gültigkeit der angefochtenen Wahl und die sich aus einer Ungültigkeit ergebenden Folgerungen bestimmen. [3]Wurden bei der Vorbereitung oder Durchführung der Wahl Rechte der einsprechenden Person oder der einsprechenden Personen verletzt, wird dies in dem Beschluss festgestellt. [4]Der Beschluß hat die wesentlichen Tatsachen und Gründe, auf denen die Entscheidung beruht, anzugeben. [5]Wegen der Einzelheiten ist eine Bezugnahme auf den Akteninhalt zulässig.

§ 12 [Zuleitung an Bundestag]

[1]Der Beschluß ist als Antrag des Wahlprüfungsausschusses an den Bundestag zu leiten und spätestens drei Tage vor der Beratung im Bundestag an sämtliche Abgeordnete zu verteilen. [2]Bei der Beratung kann der Antrag durch mündliche Ausführungen des Berichterstatters ergänzt werden.

§ 13 [Beschluss durch den Bundestag]

(1) [1]Der Bundestag beschließt über den Antrag des Ausschusses mit einfacher Mehrheit. [2]Soweit er ihm nicht zustimmt, gilt er als an den Ausschuß zurückverwiesen. [3]Dabei kann der Bundestag dem Ausschuß die Nachprüfung bestimmter tatsächlicher oder rechtlicher Umstände aufgeben.

(2) [1]Der Ausschuß hat nach neuer Schlussentscheidung dem Bundestag einen neuen Antrag vorzulegen. [2]Dieser Antrag kann nur abgelehnt werden durch Annahme eines anderen Antrags, der den Vorschriften des § 11 genügt.

(3) Der Beschluß des Bundestages ist den Beteiligten (§ 6 Abs. 2 und 3) mit einer Rechtsmittelbelehrung zuzustellen.

§ 14 [Einspruch des Bundestagspräsidenten]

[1]Ergeben sich Zweifel, ob ein Abgeordneter im Zeitpunkt der Wahl wählbar war, so kann auch nach Ablauf der Einspruchsfrist (§ 2 Abs. 4) der Präsident des Bundestages Einspruch gegen die Gültigkeit der Wahl einlegen. [2]Er muß dies tun, wenn eine Minderheit von einhundert Abgeordneten es verlangt.

§ 15 [Nachträglicher Verlust der Mitgliedschaft im Bundestag]

[1]Nach den Vorschriften dieses Gesetzes ist auch zu verfahren, wenn darüber zu entscheiden ist, ob ein Abgeordneter des Bundestages die Mitgliedschaft nachträglich verloren hat (Artikel 41 Abs. 1 Satz 2 des Grundgesetzes). [2]Der Antrag auf Entscheidung des Bundestages kann mit Ausnahme der Fälle, in denen der Ältestenrat oder der Präsident des Bundestages über den Verlust der Mitgliedschaft entschieden hat (§ 47 Abs. 1 und 3 des Bundeswahlgesetzes), jederzeit gestellt werden.

§ 16 [Stellung des Abgeordneten]

(1) Stellt der Bundestag in den Fällen, in denen über den Verlust der Mitgliedschaft im Wahlprüfungsverfahren zu entscheiden ist (§ 47 Abs. 1 Nr. 1 und 3 des Bundeswahlgesetzes), den Verlust fest, so behält der Abgeordnete seine Rechte und Pflichten bis zur Rechtskraft der Entscheidung.

(2) Der Bundestag kann jedoch mit einer Mehrheit von zwei Dritteln seiner Mitglieder beschließen, daß der Abgeordnete bis zur Rechtskraft der Entscheidung nicht an den Arbeiten des Bundestages teilnehmen kann.

(3) Wird gegen die gemäß Absatz 1 ergangene Entscheidung des Bundestages Beschwerde eingelegt, so kann das Bundesverfassungsgericht auf Antrag des Beschwerdeführers den gemäß Absatz 2 ergangenen Beschluß durch einstweilige Anordnung aufheben oder, falls ein solcher Beschluß nicht gefaßt worden ist, auf Antrag einer Minderheit des Bundestages, die wenigstens ein Zehntel seiner Mitglieder umfaßt, eine Anordnung gemäß Absatz 2 treffen.

§ 17 [Ausschluss]

(1) Von der Beratung und Beschlußfassung im Wahlprüfungsverfahren ist der Abgeordnete ausgeschlossen, dessen Wahl zur Prüfung steht.

(2) Dies gilt nicht, wenn in einem Verfahren die Wahl von mindestens zehn Abgeordneten angefochten wird.

§ 18 [Beschwerde]
Für die Beschwerde an das Bundesverfassungsgericht gelten die Vorschriften des Gesetzes über das Bundesverfassungsgericht.

§ 19 [Kosten, Auslagen]
(1) [1]Die Kosten des Verfahrens beim Bundestag trägt der Bund. [2]Dem in nichtamtlicher Eigenschaft Einsprechenden können notwendige Auslagen erstattet werden, wenn dem Einspruch stattgegeben oder der Einspruch nur deshalb zurückgewiesen wurde, weil der geltend gemachte Mangel keinen Einfluß auf das Wahlergebnis gehabt hat.

(2) Über die Erstattung von Auslagen nach Absatz 1 Satz 2 ist in dem Beschluß des Bundestages zu entscheiden.

§ 20 *[aufgehoben]*

§ 21 [Inkrafttreten]
Dieses Gesetz tritt am Tage nach seiner Verkündung[1] in Kraft.

1) Verkündet am 14.3.1951.

Gesetz über die Wahl der Abgeordneten des Europäischen Parlaments aus der Bundesrepublik Deutschland (Europawahlgesetz – EuWG)

In der Fassung der Bekanntmachung vom 8. März 1994[1]) (BGBl. I S. 424, ber. S. 555) (FNA 111-5)

zuletzt geändert durch Art. 12 Elfte ZuständigkeitsanpassungsVO vom 19. Juni 2020 (BGBl. I S. 1328)

Nichtamtliche Inhaltsübersicht

Erster Abschnitt
Wahl der Abgeordneten des Europäischen Parlaments aus der Bundesrepublik Deutschland

§ 1 Allgemeine Wahlrechtsgrundsätze

[1]Auf die Bundesrepublik Deutschland entfallen 96 Abgeordnete des Europäischen Parlaments. [2]Sie werden in allgemeiner, unmittelbarer, freier, gleicher und geheimer Wahl für fünf Jahre gewählt.

§ 2 Wahlsystem, Sitzverteilung

(1) [1]Die Wahl erfolgt nach den Grundsätzen der Verhältniswahl mit Listenwahlvorschlägen. [2]Listenwahlvorschläge können für ein Land oder als gemeinsame Liste für alle Länder aufgestellt werden. [3]Jeder Wähler hat eine Stimme.

(2) [1]Für die Sitzverteilung werden die für jeden Wahlvorschlag abgegebenen Stimmen zusammengezählt. [2]Listen für einzelne Länder desselben Wahlvorschlagsberechtigten gelten dabei als verbunden, soweit nicht erklärt wird, daß eine oder mehrere beteiligte Listen von der Listenverbindung ausgeschlossen sein sollen. [3]Verbundene Listen gelten bei der Sitzverteilung im Verhältnis zu den übrigen Wahlvorschlägen als ein Wahlvorschlag.

(3) [1]Die zu besetzenden Sitze werden auf die Wahlvorschläge wie folgt verteilt. [2]Jeder Wahlvorschlag erhält so viele Sitze, wie sich nach Teilung seiner gesamten Stimmen im Wahlgebiet durch einen Zutei-

1) Neubekanntmachung des EuWG v. 16.6.1978 (BGBl. I S. 709) in der ab 13.3.1994 geltenden Fassung.

lungsdivisor ergeben. [3]Zahlenbruchteile unter 0,5 werden auf die darunter liegende ganze Zahl abgerundet, solche über 0,5 werden auf die darüber liegende ganze Zahl aufgerundet. [4]Zahlenbruchteile, die gleich 0,5 sind, werden so aufgerundet oder abgerundet, dass die Gesamtzahl der zu vergebenden Sitze eingehalten wird; ergeben sich dabei mehrere mögliche Sitzzuteilungen, so entscheidet das vom Bundeswahlleiter zu ziehende Los. [5]Der Zuteilungsdivisor ist so zu bestimmen, dass insgesamt so viele Sitze auf die Landeslisten entfallen, wie Sitze zu vergeben sind. [6]Dazu wird zunächst die Gesamtzahl der Stimmen, die alle zu berücksichtigenden Wahlvorschläge erhalten haben, durch die Gesamtzahl der Sitze geteilt. [7]Entfallen danach mehr Sitze auf die Wahlvorschläge, als Sitze zu vergeben sind, ist der Zuteilungsdivisor so heraufzusetzen, dass sich bei der Berechnung die zu vergebende Sitzzahl ergibt; entfallen zu wenig Sitze auf die Wahlvorschläge, ist der Zuteilungsdivisor entsprechend herunterzusetzen.

(4) [1]Erhält bei der Verteilung der Sitze nach Absatz 3 ein Wahlvorschlag, auf den mehr als die Hälfte der Gesamtzahl der Stimmen aller zu berücksichtigenden Wahlvorschläge entfallen ist, nicht mehr als die Hälfte der zu vergebenden Sitze, werden ihm abweichend von Absatz 3 Satz 2 bis 7 weitere Sitze zugeteilt, bis auf ihn ein Sitz mehr als die Hälfte der zu vergebenden Sitze entfällt. [2]Die verbleibenden zu vergebenden Sitze werden nach Absatz 3 Satz 2 bis 7 den übrigen Wahlvorschlägen zugeteilt.

(5) [1]Die auf die Wahlvorschläge entfallenden Sitze werden in der dort festgelegten Reihenfolge besetzt. [2]Bewerber, die auf zwei Listen für einzelne Länder (§ 9 Absatz 3 Satz 3) gewählt sind, bleiben auf der Liste unberücksichtigt, auf der sie an späterer Stelle benannt sind; bei Benennung auf den Listen an gleicher Stelle entscheidet das vom Bundeswahlleiter zu ziehende Los, auf welcher Liste sie gewählt sind. [3]Entfallen auf einen Wahlvorschlag mehr Sitze als Bewerber benannt sind, so bleiben diese Sitze unbesetzt.

(6) [1]Die auf eine Listenverbindung entfallenden Sitze werden auf die beteiligten Listen für die einzelnen Länder entsprechend Absatz 3 Satz 2 bis 7 verteilt. [2]Absatz 5 gilt entsprechend.

(7)[1)] Bei der Verteilung der Sitze auf die Wahlvorschläge werden nur Wahlvorschläge berücksichtigt, die mindestens 3 Prozent der im Wahlgebiet abgegebenen gültigen Stimmen erhalten haben.

§ 3 Gliederung des Wahlgebietes
(1) Wahlgebiet ist das Gebiet der Bundesrepublik Deutschland.
(2) Das Wahlgebiet wird für die Stimmabgabe in Wahlbezirke eingeteilt.

§ 4 Geltung des Bundeswahlgesetzes
Soweit in diesem Gesetz nichts anderes bestimmt ist, gelten für die Wahl der Abgeordneten die Vorschriften der Abschnitte zwei bis sieben des Bundeswahlgesetzes über die Wahlorgane, das Wahlrecht, die Vorbereitung der Wahl, die Wahlhandlung, die Feststellung des Wahlergebnisses und die Nach- und Wiederholungswahlen sowie die Vorschriften des § 49a des Bundeswahlgesetzes über Ordnungswidrigkeiten und die Vorschrift des § 54 des Bundeswahlgesetzes über Fristen und Termine in der jeweils geltenden Fassung entsprechend.

§ 5 Wahlorgane
(1) Wahlorgane sind
– der Bundeswahlleiter und der Bundeswahlausschuß für das Wahlgebiet,
– ein Landeswahlleiter und ein Landeswahlausschuß für jedes Land,
– ein Kreiswahlleiter und ein Kreiswahlausschuß für jeden Kreis und für jede kreisfreie Stadt ein Stadtwahlleiter und Stadtwahlausschuß,
– ein Wahlvorsteher und ein Wahlvorstand für jeden Wahlbezirk und
– mindestens ein Wahlvorsteher und ein Wahlvorstand für jeden Kreis und für jede kreisfreie Stadt zur Feststellung des Briefwahlergebnisses. Wieviel Briefwahlvorstände zu bilden sind, um das Ergebnis der Briefwahl noch am Wahltage feststellen zu können, bestimmt der Kreiswahlleiter oder der Stadtwahlleiter.

(2) Zur Feststellung des Briefwahlergebnisses können Wahlvorsteher und Wahlvorstände statt für jeden Kreis für einzelne oder mehrere kreisangehörige Gemeinden eingesetzt werden; die Anordnung trifft die Landesregierung oder die von ihr bestimmte Stelle.

(3) [1]Die Wahlvorstände bestehen aus dem Wahlvorsteher als Vorsitzendem, seinem Stellvertreter und weiteren drei bis sieben vom Wahlvorsteher berufenen Wahlberechtigten als Beisitzern; die Landesregierung oder die von ihr bestimmte Stelle kann anordnen, daß die Gemeindebehörde die Beisitzer des Wahlvorstandes und der Kreiswahlleiter oder der Stadtwahlleiter, im Falle einer Anordnung nach Absatz 2 die Gemeindebehörde die Beisitzer des Wahlvorstandes zur Feststellung des Briefwahlergebnisses allein

1) Durch Urt. des BVerfG v. 26.2.2014 (BGBl. I S. 271) ist § 2 Abs. 7 idF des G v. 7.10.2013 (BGBl I S. 3749) mit Artikel 3 Abs. 1 GG unvereinbar und daher nichtig.

oder im Einvernehmen mit dem Wahlvorsteher berufen. [2]Bei Berufung der Beisitzer sind die in dem jeweiligen Bezirk vertretenen Parteien nach Möglichkeit zu berücksichtigen.
(4) § 49a Abs. 3 des Bundeswahlgesetzes gilt entsprechend mit der Maßgabe, daß Verwaltungsbehörde im Sinne des § 36 Abs. 1 Nr. 1 des Gesetzes über Ordnungswidrigkeiten der Stadtwahlleiter ist, wenn ein Wahlberechtigter das Amt eines Wahlvorstehers, stellvertretenden Wahlvorstehers oder eines Beisitzers im Wahlvorstand oder im Stadtwahlausschuß einer kreisfreien Stadt unberechtigt ablehnt oder sich ohne genügende Entschuldigung den Pflichten eines solchen Amtes entzieht.

§ 6 Wahlrecht, Ausübung des Wahlrechts

(1) [1]Wahlberechtigt sind alle Deutschen im Sinne des Artikels 116 Abs. 1 des Grundgesetzes, die am Wahltage
1. das achtzehnte Lebensjahr vollendet haben,
2. seit mindestens drei Monaten
 a) in der Bundesrepublik Deutschland oder
 b) in den übrigen Mitgliedstaaten der Europäischen Union
 eine Wohnung innehaben oder sich sonst gewöhnlich aufhalten,
3. nicht nach § 6a Abs. 1 vom Wahlrecht ausgeschlossen sind.
[2]Die Voraussetzungen nach Satz 1 Nr. 2 sind auch bei einem dreimonatigen aufeinanderfolgenden Aufenthalt in den in Satz 1 Nr. 2 Buchstabe a und b genannten Gebieten erfüllt.
(2) Wahlberechtigt sind auch die nach § 12 Abs. 2 des Bundeswahlgesetzes zum Deutschen Bundestag wahlberechtigten Deutschen.
(3) [1]Wahlberechtigt sind auch alle Staatsangehörigen der übrigen Mitgliedstaaten der Europäischen Union (Unionsbürger), die in der Bundesrepublik Deutschland eine Wohnung innehaben oder sich sonst gewöhnlich aufhalten und die am Wahltage
1. das achtzehnte Lebensjahr vollendet haben,
2. seit mindestens drei Monaten
 a) in der Bundesrepublik Deutschland oder
 b) in den übrigen Mitgliedstaaten der Europäischen Union
 eine Wohnung innehaben oder sich sonst gewöhnlich aufhalten,
3. nicht nach § 6a Abs. 2 vom Wahlrecht ausgeschlossen sind.
[2]Die Voraussetzungen nach Satz 1 Nr. 2 sind auch bei einem dreimonatigen aufeinanderfolgenden Aufenthalt in den in Satz 1 Nr. 2 Buchstabe a und b genannten Gebieten erfüllt.
(4) [1]Das Wahlrecht darf nur einmal und nur persönlich ausgeübt werden. [2]Das gilt auch für Wahlberechtigte, die zugleich in einem anderen Mitgliedstaat der Europäischen Union zum Europäischen Parlament wahlberechtigt sind. [3]Eine Ausübung des Wahlrechts durch einen Vertreter anstelle des Wahlberechtigten ist unzulässig.
(4a) [1]Ein Wahlberechtigter, der des Lesens unkundig oder wegen einer Behinderung an der Abgabe seiner Stimme gehindert ist, kann sich hierzu der Hilfe einer anderen Person bedienen. [2]Die Hilfeleistung ist auf technische Hilfe bei der Kundgabe einer vom Wahlberechtigten selbst getroffenen und geäußerten Wahlentscheidung beschränkt. [3]Unzulässig ist eine Hilfeleistung, die unter missbräuchlicher Einflussnahme erfolgt, die selbstbestimmte Willensbildung oder Entscheidung des Wahlberechtigten ersetzt oder verändert oder wenn ein Interessenkonflikt der Hilfsperson besteht.
(5) Wer einen Wahlschein hat, kann an der Wahl in dem Kreis oder in der kreisfreien Stadt, in dem der Wahlschein ausgestellt ist,
a) durch Stimmabgabe in einem beliebigen Wahlbezirk oder
b) durch Briefwahl
teilnehmen.

§ 6a Ausschluss vom Wahlrecht

(1) Ein Deutscher ist vom Wahlrecht ausgeschlossen, wenn er infolge Richterspruchs das Wahlrecht nicht besitzt.
(2) Ein Unionsbürger ist vom Wahlrecht ausgeschlossen, wenn
1. er infolge Richterspruchs das Wahlrecht nicht besitzt oder
2. er in dem Mitgliedstaat der Europäischen Union, dessen Staatsangehörigkeit er besitzt (Herkunfts-Mitgliedstaat), infolge einer zivil- oder strafrechtlichen Einzelfallentscheidung das Wahlrecht zum Europäischen Parlament nicht besitzt.

§ 6b Wählbarkeit

(1) Wählbar ist, wer am Wahltage

1. Deutscher im Sinne des Artikels 116 Abs. 1 des Grundgesetzes ist und
2. das achtzehnte Lebensjahr vollendet hat.

(2) Wählbar ist auch ein Unionsbürger, der in der Bundesrepublik Deutschland eine Wohnung innehat oder sich sonst gewöhnlich aufhält und der am Wahltage

1. die Staatsangehörigkeit eines Mitgliedstaates der Europäischen Union besitzt und
2. das achtzehnte Lebensjahr vollendet hat.

(3) Nicht wählbar ist ein Deutscher, der

1. nach § 6a Abs. 1 vom Wahlrecht ausgeschlossen ist,
 oder
2. infolge Richterspruchs die Wählbarkeit oder die Fähigkeit zur Bekleidung öffentlicher Ämter nicht besitzt.

(4) Nicht wählbar ist ein Unionsbürger, der

1. nach § 6a Abs. 2 Nr. 1 in der Bundesrepublik Deutschland vom Wahlrecht ausgeschlossen ist,
2. nach § 6a Abs. 2 Nr. 2 im Herkunfts-Mitgliedstaat vom Wahlrecht ausgeschlossen ist,
3. infolge Richterspruchs in der Bundesrepublik Deutschland die Wählbarkeit oder die Fähigkeit zur Bekleidung öffentlicher Ämter nicht besitzt oder
4. infolge einer Einzelfallentscheidung im Sinne von Artikel 6 Absatz 1 der Richtlinie 93/109/EG des Rates vom 6. Dezember 1993 über die Einzelheiten der Ausübung des aktiven und passiven Wahlrechts bei den Wahlen zum Europäischen Parlament für Unionsbürger mit Wohnsitz in einem Mitgliedstaat, dessen Staatsangehörigkeit sie nicht besitzen (ABl. L 329 vom 30.12.1993, S. 34), die zuletzt durch die Richtlinie 2013/1/EU (ABl. L 26 vom 26.1.2013, S. 27) geändert worden ist, im Herkunfts-Mitgliedstaat die Wählbarkeit nicht besitzt.

§ 6c Verbot der mehrfachen Bewerbung zur Wahl

Niemand kann sich gleichzeitig in der Bundesrepublik Deutschland und in einem anderen Mitgliedstaat der Europäischen Union zur Wahl bewerben.

§ 7 Wahltag

[1]Die Bundesregierung bestimmt nach Maßgabe der Festsetzung des Wahlzeitpunktes durch den Rat der Europäischen Union und im Rahmen der in den Artikeln 10 und 11 des Aktes zur Einführung allgemeiner unmittelbarer Wahlen der Mitglieder des Europäischen Parlaments (BGBl. 1977 II S. 733), zuletzt geändert durch Beschluß des Rates der Europäischen Gemeinschaften vom 25. Juni 2002 und 23. September 2002 (BGBl. 2003 II S. 810), festgelegten Zeitspanne den Tag der Hauptwahl (Wahltag). [2]Der Wahltag ist im Bundesgesetzblatt bekanntzugeben.

§ 8 Wahlvorschlagsrecht

(1) Wahlvorschläge können nach Maßgabe des § 9 Abs. 5 von Parteien und von sonstigen mitgliedschaftlich organisierten, auf Teilnahme an der politischen Willensbildung und Mitwirkung in Volksvertretungen ausgerichteten Vereinigungen mit Sitz, Geschäftsleitung, Tätigkeit und Mitgliederbestand in den Gebieten der Mitgliedstaaten der Europäischen Union (sonstige politische Vereinigungen) eingereicht werden.

(2) [1]Eine Partei oder eine sonstige politische Vereinigung kann entweder Listen für einzelne Länder, und zwar in jedem Land nur eine Liste, oder eine gemeinsame Liste für alle Länder einreichen. [2]Die Entscheidung über die Einreichung einer gemeinsamen Liste für alle Länder oder von Listen für einzelne Länder trifft der Vorstand des Bundesverbandes oder, wenn ein Bundesverband nicht besteht, die Vorstände der nächstniedrigen Gebietsverbände im Wahlgebiet gemeinsam, oder eine andere in der Satzung des Wahlvorschlagsberechtigten hierfür vorgesehene Stelle.

§ 9 Inhalt und Form der Wahlvorschläge

(1) [1]Wahlvorschläge von Parteien müssen den Namen der einreichenden Partei und, sofern sie eine Kurzbezeichnung verwendet, auch diese enthalten. [2]Wahlvorschläge von sonstigen politischen Vereinigungen müssen deren Namen und, sofern sie ein Kennwort verwenden, auch dieses enthalten. [3]Der Bezeichnung ihres Wahlvorschlages kann eine Partei den Namen und die Kurzbezeichnung ihres europäischen Zusammenschlusses und eine sonstige politische Vereinigung den Namen und die Kurzbezeichnung ihrer Mitgliedervereinigung im Wahlgebiet anfügen.

(2) [1]In dem Wahlvorschlag müssen die Namen der Bewerber in erkennbarer Reihenfolge aufgeführt sein. [2]Neben jedem Bewerber kann ein Ersatzbewerber aufgeführt werden.

(3) [1]Ein Deutscher kann als Bewerber oder Ersatzbewerber in einem Wahlvorschlag nur benannt werden, wenn er nicht gleichzeitig in einem anderen Mitgliedstaat der Europäischen Union als Bewerber benannt

ist. [2]Ein Bewerber oder Ersatzbewerber in einer gemeinsamen Liste für alle Länder kann nur in einem Wahlvorschlag benannt werden; dabei kann ein Bewerber zugleich als Ersatzbewerber benannt werden. [3]Ein Bewerber in einer Liste für ein Land kann auch noch als Bewerber in einer Liste desselben Wahlvorschlagsberechtigten für ein weiteres Land benannt werden; sofern er nur in einem Wahlvorschlag benannt ist, kann er in diesem zugleich als Ersatzbewerber benannt werden. [4]Ein Ersatzbewerber kann in einem Wahlvorschlag nicht mehrfach als solcher benannt werden. [5]Bewerber und Ersatzbewerber können nur vorgeschlagen werden, wenn sie ihre Zustimmung dazu schriftlich erteilt haben; die Zustimmung ist unwiderruflich.

(4) [1]Listen für einzelne Länder von Parteien müssen von den Vorständen der Landesverbände oder, wenn Landesverbände nicht bestehen, von den Vorständen der nächstniedrigen Gebietsverbände, die im Bereich des Landes liegen, unterzeichnet sein. [2]Gemeinsame Listen für alle Länder müssen von den Vorständen der Bundesverbände der Parteien oder, wenn Bundesverbände nicht bestehen, von den Vorständen der nächstniedrigen Gebietsverbände, die im Wahlgebiet liegen, unterzeichnet sein. [3]Die Sätze 1 und 2 gelten sinngemäß auch für Wahlvorschläge von sonstigen politischen Vereinigungen.

(5) [1]Listen für einzelne Länder von Parteien und sonstigen politischen Vereinigungen, die nicht im Europäischen Parlament, im Deutschen Bundestag oder einem Landtag seit deren letzter Wahl auf Grund eigener Wahlvorschläge im Wahlgebiet ununterbrochen mit mindestens fünf Abgeordneten vertreten sind, müssen außerdem von 1 vom Tausend der Wahlberechtigten des betreffenden Landes bei der letzten Wahl zum Europäischen Parlament, jedoch höchstens 2000 Wahlberechtigten, persönlich und handschriftlich unterzeichnet sein. [2]Gemeinsame Listen für alle Länder von Wahlvorschlagsberechtigten im Sinne des Satzes 1 müssen außerdem von 4000 Wahlberechtigten persönlich und handschriftlich unterzeichnet sein. [3]Die Wahlberechtigung muß im Zeitpunkt der Unterzeichnung gegeben sein und ist bei Einreichung des Wahlvorschlages nachzuweisen.

(6) [1]In jedem Wahlvorschlag sollen eine Vertrauensperson und eine stellvertretende Vertrauensperson bezeichnet werden. [2]Fehlt diese Bezeichnung, so gilt die Person, die als erste unterzeichnet hat, als Vertrauensperson, und diejenige, die als zweite unterzeichnet hat, als stellvertretende Vertrauensperson.

§ 10 Aufstellung der Wahlvorschläge

(1) Als Bewerber oder als Ersatzbewerber kann in einem Wahlvorschlag nur benannt werden, wer nicht Mitglied einer anderen Partei ist und in einer besonderen oder allgemeinen Vertreterversammlung der Partei oder in einer Mitgliederversammlung zur Wahl der Bewerber hierzu gewählt worden ist.

(2) [1]Besondere Vertreterversammlung ist eine Versammlung von Parteivertretern, die für die Aufstellung der Bewerber gewählt worden ist. [2]Allgemeine Vertreterversammlung ist eine Versammlung von Parteivertretern, die nach der Satzung der Partei allgemein für bevorstehende Wahlen gewählt worden ist. [3]Die Vertreter in der besonderen oder allgemeinen Vertreterversammlung müssen unmittelbar aus der Mitte einer oder mehrerer Mitgliederversammlungen oder aus der Mitte von Vertreterversammlungen gewählt worden sein, die ihrerseits entweder aus der Mitte einer oder mehrerer Mitgliederversammlungen oder aus der Mitte einer oder mehrerer dazwischen geschalteter Vertreterversammlungen hervorgegangen sind. [4]Mitgliederversammlung zur Wahl der Bewerber für eine gemeinsame Liste für alle Länder und der Vertreter für eine Vertreterversammlung ist eine Versammlung der Mitglieder der Partei, die im Zeitpunkt ihres Zusammentritts zum Europäischen Parlament wahlberechtigt sind. [5]Mitgliederversammlung zur Wahl der Bewerber für eine Liste für ein Land und der Vertreter für eine Vertreterversammlung ist eine Versammlung der Mitglieder der Partei, die im Zeitpunkt ihres Zusammentritts in dem betreffenden Land, unabhängig von späteren Grenzveränderungen zwischen den Ländern, zum Europäischen Parlament wahlberechtigt sind.

(3) [1]Die Vertreter für die Vertreterversammlungen und die Bewerber werden in geheimer Abstimmung gewählt; dies gilt auch für die Festlegung der Reihenfolge der Bewerber in dem Wahlvorschlag. [2]Jeder stimmberechtigte Teilnehmer der Versammlung ist hierbei vorschlagsberechtigt. [3]Den Bewerbern ist Gelegenheit zu geben, sich und ihr Programm der Versammlung in angemessener Zeit vorzustellen. [4]Die Wahlen der Vertreter für die Vertreterversammlungen dürfen nicht früher als zwölf Monate, die Wahlen der Bewerber nicht früher als neun Monate vor Beginn des Jahres durchgeführt werden, in dem die Wahl des Europäischen Parlaments ansteht.

(4) [1]Der Vorstand des Bundesverbandes oder, wenn ein Bundesverband nicht besteht, die Vorstände der nächstniedrigen Gebietsverbände im Wahlgebiet gemeinsam, oder eine andere in der Satzung der Partei hierfür vorgesehene Stelle können gegen den Beschluß einer Mitglieder- oder Vertreterversammlung über die Bewerberaufstellung für eine gemeinsame Liste für alle Länder Einspruch erheben. [2]Bei einem Beschluß einer Mitglieder- oder Vertreterversammlung über die Bewerberaufstellung für eine Liste für ein Land können der Vorstand des Landesverbandes oder, wenn Landesverbände nicht bestehen, die Vor-

stände der nächstniedrigen Gebietsverbände, die im Bereich des Landes liegen, gemeinsam oder eine andere in der Satzung der Partei hierfür vorgesehene Stelle Einspruch erheben. [3]Auf einen solchen Einspruch ist die Abstimmung zu wiederholen. [4]Ihr Ergebnis ist endgültig.

(5) Das Nähere über die Wahl der Vertreter für die Vertreterversammlungen, über die Einberufung und Beschlußfähigkeit der Mitglieder- oder Vertreterversammlungen sowie über das Verfahren für die Wahl der Bewerber regeln die Parteien durch ihre Satzungen.

(6) Über die Versammlung zur Aufstellung des Wahlvorschlages ist eine Niederschrift mit Angaben über Ort und Zeit der Versammlung, Form der Einladung, Zahl der erschienenen Mitglieder oder Vertreter und Ergebnis der Abstimmung anzufertigen; sie ist von dem Leiter der Versammlung und zwei von dieser bestimmten Teilnehmern zu unterzeichnen.

(7) Die Absätze 1 bis 6 gelten für sonstige politische Vereinigungen sinngemäß.

§ 11 Einreichung der Wahlvorschläge, Erklärung über die Verbindung von Listen für einzelne Länder

(1) Listen für ein Land und gemeinsame Listen für alle Länder sind dem Bundeswahlleiter spätestens am dreiundachtzigsten Tage vor der Wahl bis 18 Uhr schriftlich einzureichen.

(2) [1]Mit dem Wahlvorschlag sind dem Bundeswahlleiter vorzulegen:
1. die Zustimmungserklärungen der in den Wahlvorschlag aufgenommenen Bewerber und Ersatzbewerber (§ 9 Abs. 3 Satz 4),
1a. für Deutsche die Bescheinigungen der zuständigen Gemeindebehörden über die Wählbarkeit der vorgeschlagenen Bewerber und Ersatzbewerber,
1b. für Unionsbürger die Bescheinigungen der zuständigen deutschen Gemeindebehörden, daß sie dort eine Wohnung innehaben oder ihren sonstigen gewöhnlichen Aufenthalt haben und nicht gemäß § 6b Abs. 4 Nr. 1 oder 3 von der Wählbarkeit ausgeschlossen sind,
1c. für Unionsbürger die Versicherungen an Eides statt über die Staatsangehörigkeit, das Geburtsdatum und den Geburtsort, die letzte Anschrift im Herkunfts-Mitgliedstaat, die Anschrift in der Bundesrepublik Deutschland, die Gebietskörperschaft oder den Wahlkreis des Herkunfts-Mitgliedstaates, in dem sie zuletzt eingetragen waren, sowie darüber, dass sie sich nicht gleichzeitig in einem anderen Mitgliedstaat der Europäischen Union zur Wahl bewerben und dass sie im Herkunfts-Mitgliedstaat nicht von der Wählbarkeit ausgeschlossen sind (§ 6b Absatz 4 Nummer 2 und 4),
1d. *[aufgehoben]*
2. eine Ausfertigung der Niederschrift über die Aufstellung des Wahlvorschlages (§ 10 Abs. 6), wobei der Leiter der Versammlung und zwei von dieser bestimmte Teilnehmer gegenüber dem Wahlleiter an Eides statt zu versichern haben, dass die Anforderungen gemäß § 10 Abs. 3 Satz 1 bis 3 beachtet worden sind,
3. in den Fällen des § 9 Abs. 5 die erforderlichen gültigen Unterschriften mit dem Nachweis der Wahlberechtigung der Unterzeichner,
4. die schriftliche Satzung, das Programm, die Namen und Anschriften der Vorstandsmitglieder (§ 9 Abs. 4) sowie der Nachweis, daß die Mitglieder des Vorstandes demokratisch gewählt sind, sofern die Partei oder die sonstige politische Vereinigung nicht im Europäischen Parlament, im Deutschen Bundestag oder in einem Landtag seit deren letzter Wahl auf Grund eigener Wahlvorschläge im Wahlgebiet ununterbrochen mit mindestens fünf Abgeordneten vertreten ist.
[2]Der Bundeswahlleiter ist zur Abnahme von Versicherungen an Eides statt zuständig; er gilt als Behörde im Sinne des § 156 des Strafgesetzbuches. [3]Auf die Aufnahme der Versicherungen an Eides statt findet § 27 des Verwaltungsverfahrensgesetzes Anwendung.

(3) Soll eine Liste oder sollen mehrere Listen für einzelne Länder von der Listenverbindung ausgeschlossen sein (§ 2 Abs. 2 Satz 2) haben die Vertrauensperson des Wahlvorschlages und die stellvertretende Vertrauensperson dies durch gemeinsame schriftliche Erklärung dem Bundeswahlleiter spätestens am dreiundachtzigsten Tage vor der Wahl bis 18 Uhr mitzuteilen.

§ 12 Änderung und Zurücknahme von Wahlvorschlägen

(1) [1]Ein Wahlvorschlag kann nach Ablauf der Einreichungsfrist nur durch gemeinsame schriftliche Erklärung der Vertrauensperson und der stellvertretenden Vertrauensperson und nur dann geändert werden, wenn ein Bewerber oder Ersatzbewerber stirbt oder die Wählbarkeit verliert. [2]Das Verfahren nach § 10 braucht nicht eingehalten zu werden; der Unterschriften nach § 9 Abs. 5 bedarf es nicht. [3]Nach der Entscheidung über die Zulassung eines Wahlvorschlages (§ 14) ist jede Änderung ausgeschlossen.

(2) [1]Ein Wahlvorschlag kann durch gemeinsame schriftliche Erklärung der Vertrauensperson und der stellvertretenden Vertrauensperson zurückgenommen werden, solange nicht über seine Zulassung (§ 14)

entschieden ist. [2]In den Fällen des § 9 Abs. 5 kann auch die Mehrheit der Unterzeichner durch eine von ihnen persönlich und handschriftlich vollzogene Erklärung den Wahlvorschlag zurücknehmen.

(3) Wenn ein Bewerber nach der Zulassung des Wahlvorschlages, aber noch vor der Wahl stirbt oder die Wählbarkeit verliert, tritt an seine Stelle der Ersatzbewerber, sofern ein solcher für ihn benannt ist.

§ 13 Beseitigung von Mängeln

(1) [1]Der Bundeswahlleiter hat die Wahlvorschläge unverzüglich nach Eingang zu prüfen. [2]Stellt er bei einem Wahlvorschlag Mängel fest, so benachrichtigt er sofort die Vertrauensperson des Wahlvorschlages und fordert sie auf, behebbare Mängel rechtzeitig zu beseitigen.

(2) [1]Nach Ablauf der Einreichungsfrist können nur noch Mängel an sich gültiger Wahlvorschläge behoben werden. [2]Ein gültiger Wahlvorschlag liegt nicht vor, wenn

1. die Bezeichnung des Wahlvorschlagsberechtigten nach § 9 Abs. 1 fehlt,
2. die nach § 9 Abs. 4 und 5 erforderlichen gültigen Unterschriften mit dem Nachweis der Wahlberechtigung der Unterzeichner nach Absatz 5 dieser Vorschrift fehlen, es sei denn, der Nachweis kann infolge von Umständen, die der Wahlvorschlagsberechtigte nicht zu vertreten hat, nicht rechtzeitig vorgelegt werden,
3. die nach § 11 Abs. 1 erforderliche Form oder Frist nicht gewahrt ist,
4. die nach § 11 Abs. 2 Nr. 1, 1a, 1b, 1c, 2 und 4 erforderlichen Erklärungen, Niederschriften, Versicherungen oder Unterlagen nicht vorgelegt oder abgegeben sind.

(3) Nach der Entscheidung über die Zulassung eines Wahlvorschlages (§ 14) ist jede Mängelbeseitigung ausgeschlossen.

(4) Gegen Verfügungen des Bundeswahlleiters im Mängelbeseitigungsverfahren kann die Vertrauensperson des Wahlvorschlages den Bundeswahlausschuss anrufen.

§ 14 Zulassung der Wahlvorschläge, Entscheidung über die Verbindung von Listen für einzelne Länder

(1) [1]Der Bundeswahlausschuss entscheidet am zweiundsiebzigsten Tage vor der Wahl für alle Wahlorgane verbindlich über alle Voraussetzungen für die Zulassung der Listen für einzelne Länder und der gemeinsamen Listen für alle Länder. [2]Zu der Sitzung sind die Vertrauenspersonen der Wahlvorschläge zu laden.

(2) [1]Der Bundeswahlausschuss hat Wahlvorschläge zurückzuweisen, wenn sie

1. verspätet eingereicht sind oder
2. den Anforderungen nicht entsprechen, die durch dieses Gesetz und die dazu erlassene Wahlordnung aufgestellt sind, es sei denn, daß in diesen Vorschriften etwas anderes bestimmt ist.

[2]Sind die Anforderungen nur hinsichtlich einzelner Bewerber oder Ersatzbewerber nicht erfüllt, so werden ihre Namen aus dem Wahlvorschlag gestrichen. [3]Teilt ein anderer Mitgliedstaat der Europäischen Union die Wahlbewerbung eines Deutschen in diesem Mitgliedstaat oder bezüglich eines seiner Staatsangehörigen dessen fehlendes Wahlrecht (§ 6b Absatz 4 Nummer 2) oder dessen fehlende Wählbarkeit (§ 6b Absatz 4 Nummer 4) in diesem Mitgliedstaat mit, so ist dessen Name aus dem Wahlvorschlag zu streichen. [4]An die Stelle eines gestrichenen Bewerbers tritt dessen Ersatzbewerber, sofern ein solcher benannt ist. [5]Vor der Entscheidung sind die erschienenen Vertrauenspersonen der betroffenen Wahlvorschläge zu hören.

(3) Die Entscheidung über die Zulassung der Wahlvorschläge ist in der Sitzung des Wahlausschusses bekanntzugeben.

(4) [1]Weist der Bundeswahlausschuss einen Wahlvorschlag ganz oder teilweise zurück, so kann binnen vier Tagen nach Bekanntgabe der Entscheidung Beschwerde beim Bundeswahlausschuss eingelegt werden. [2]Beschwerdeberechtigt sind die Vertrauensperson des Wahlvorschlages und der Bundeswahlleiter. [3]Der Bundeswahlleiter kann auch gegen eine Entscheidung, durch die ein Wahlvorschlag zugelassen wird, Beschwerde erheben. [4]In der Beschwerdeverhandlung sind die erschienenen Beteiligten zu hören. [5]Die Entscheidung über die Beschwerde muß spätestens am zweiundfünfzigsten Tage vor der Wahl getroffen werden.

(4a) [1]Soweit der Bundeswahlausschuss einen Wahlvorschlag wegen fehlenden Wahlvorschlagsrechts nach § 8 Absatz 1 zurückweist, kann eine Partei oder Vereinigung binnen vier Tagen nach Bekanntgabe der Entscheidung Beschwerde zum Bundesverfassungsgericht erheben. [2]Die Vorschriften der §§ 96a bis 96d des Gesetzes über das Bundesverfassungsgericht gelten mit Ausnahme des § 96a Absatz 1 entsprechend. [3]Im Falle einer Beschwerde zum Bundesverfassungsgericht ist die Wirksamkeit der Entscheidung des Bundeswahlausschusses bis zu einer Entscheidung des Bundesverfassungsgerichts, längstens bis zum Ablauf des zweiundfünfzigsten Tages vor der Wahl gehemmt; der Bundeswahlausschuss ist berechtigt, der Beschwerde durch Abänderung seiner Entscheidung abzuhelfen.

(5) Der Bundeswahlleiter macht die zugelassenen Wahlvorschläge (Listen für die einzelnen Länder und gemeinsame Listen für alle Länder) spätestens am achtundvierzigsten Tage vor der Wahl öffentlich bekannt.

(6) [1]Der Bundeswahlausschuß entscheidet am zweiundsiebzigsten Tage vor der Wahl über Erklärungen nach § 11 Abs. 3. [2]Absatz 2 Satz 1 gilt entsprechend. [3]Die Entscheidung ist in der Sitzung des Bundeswahlausschusses bekanntzugeben. [4]Absatz 4 gilt entsprechend. [5]Der Bundeswahlleiter macht im Rahmen seiner Bekanntmachung nach Absatz 5 die Listenverbindungen und die Listen, für die rechtswirksam eine Erklärung nach § 11 Abs. 3 abgegeben wurde, öffentlich bekannt.

§ 15 Stimmzettel

(1) Die Stimmzettel und die zugehörigen Umschläge für die Briefwahl werden für jedes Land amtlich hergestellt.

(2) [1]Der Stimmzettel enthält

1. die Überschrift „Wahl der Abgeordneten des Europäischen Parlaments",
2. die Namen der Parteien und, sofern sie eine Kurzbezeichnung verwenden, auch diese, bei sonstigen politischen Vereinigungen deren Namen und, sofern sie ein Kennwort verwenden, auch dieses,
3. die Bezeichnung der Wahlvorschläge als Listen für einzelne Länder oder gemeinsame Listen für alle Länder sowie bei Listen für einzelne Länder die Angabe des Landes, für das der Wahlvorschlag aufgestellt ist, und
4. die ersten zehn Bewerber der zugelassenen Wahlvorschläge mit Vor- und Familiennamen, Beruf oder Stand, Ort der Wohnung (Hauptwohnung) sowie bei Bewerbern für gemeinsame Listen für alle Länder zusätzlich die Abkürzung des Landes, in dem der Ort der Wohnung liegt.

[2]§ 9 Abs. 1 Satz 3 gilt entsprechend.

(3) [1]Die Reihenfolge der Wahlvorschläge auf den Stimmzetteln richtet sich in den einzelnen Ländern nach der Zahl der Stimmen, die die Parteien und sonstigen politischen Vereinigungen bei der letzten Wahl zum Europäischen Parlament mit ihrem Wahlvorschlag in dem betreffenden Land erreicht haben. [2]Die übrigen Wahlvorschläge schließen sich in alphabetischer Reihenfolge der Namen der Wahlvorschlagsberechtigten an.

§ 16 Stimmabgabe

(1) Gewählt wird mit amtlichen Stimmzetteln.

(2) [1]Der Wähler gibt seine Stimme in der Weise ab, daß er durch ein auf den Stimmzettel gesetztes Kreuz oder auf andere Weise eindeutig kenntlich macht, welchem Wahlvorschlag sie gelten soll. [2]Der Wähler faltet daraufhin den Stimmzettel in der Weise, dass seine Stimmabgabe nicht erkennbar ist, und wirft ihn in die Wahlurne.

§ 17 Wahlgeräte

Zur Erleichterung der Abgabe und Zählung der Stimmen können an Stelle von Stimmzetteln und Wahlurnen Wahlgeräte benutzt werden, deren Bauart und Verwendung nach der Bundeswahlgeräteverordnung durch das Bundesministerium des Innern, für Bau und Heimat zugelassen ist.

§ 18 Feststellung des Wahlergebnisses

(1) [1]Nach Beendigung der Wahlhandlung stellt der Wahlvorstand fest, wieviel Stimmen im Wahlbezirk auf die einzelnen Wahlvorschläge abgegeben worden sind. [2]Der für die Briefwahl eingesetzte Wahlvorstand stellt fest, wieviel durch Briefwahl abgegebene Stimmen auf die einzelnen Wahlvorschläge entfallen.

(2) [1]Die Kreiswahl- und Stadtwahlausschüsse stellen fest, wieviel Stimmen in den Kreisen und kreisfreien Städten für die einzelnen Wahlvorschläge abgegeben worden sind. [2]Sie haben das Recht der Nachprüfung der Feststellungen der Wahlvorstände.

(3) Die Landeswahlausschüsse stellen fest, wieviel Stimmen in den Ländern für die einzelnen Wahlvorschläge abgegeben worden sind.

(4) Der Bundeswahlausschuß stellt fest, wieviel Stimmen für die einzelnen Wahlvorschläge insgesamt abgegeben worden sind, wieviel Sitze auf die einzelnen Wahlvorschläge entfallen und welche Bewerber gewählt sind.

§ 19 Benachrichtigung der gewählten Bewerber

Der Bundeswahlleiter benachrichtigt die gewählten Bewerber und weist sie darauf hin, dass sie nach der abschließenden Feststellung des Ergebnisses für das Wahlgebiet durch den Bundeswahlausschuss (§ 18 Abs. 4) die Mitgliedschaft im Europäischen Parlament mit Eröffnung der ersten Sitzung nach der Wahl erlangen.

§ 20 Unterrichtung über das Wahlergebnis
[1]Nach Ablauf der gesetzlichen Frist (§ 19) teilt der Bundeswahlleiter dem Präsidenten des Deutschen Bundestages unverzüglich die Namen der in das Europäische Parlament gewählten und der auf den Wahlvorschlägen verbliebenen Bewerber und Ersatzbewerber mit. [2]Der Präsident des Deutschen Bundestages übermittelt das Wahlergebnis insgesamt unverzüglich dem Präsidenten des Europäischen Parlaments.

Zweiter Abschnitt
Erwerb und Verlust der Mitgliedschaft im Europäischen Parlament

§ 21 Erwerb der Mitgliedschaft im Europäischen Parlament
(1) [1]Ein gewählter Bewerber erwirbt die Mitgliedschaft im Europäischen Parlament nach abschließender Feststellung des Ergebnisses für das Wahlgebiet durch den Bundeswahlausschuss (§ 18 Abs. 4) mit der Eröffnung der ersten Sitzung des Europäischen Parlaments nach der Wahl. [2]Eine Ablehnung des Erwerbs der Mitgliedschaft muss vor der ersten Sitzung gegenüber dem Bundeswahlleiter schriftlich erfolgen. [3]Eine Erklärung unter Vorbehalt gilt als Ablehnung. [4]Die Erklärung kann nicht widerrufen werden.
(2) [1]Bei einer Listennachfolge (§ 24) oder Wiederholungswahl (§ 4 in Verbindung mit § 44 des Bundeswahlgesetzes) wird die Mitgliedschaft im Europäischen Parlament mit dem frist- und formgerechten Eingang der auf die Benachrichtigung erfolgenden Annahmeerklärung beim Bundeswahlleiter erworben, jedoch nicht vor Ausscheiden des ursprünglich gewählten Abgeordneten. [2]Gibt der Listennachfolger oder durch Wiederholungswahl Gewählte bis zum Ablauf der Frist keine oder keine formgerechte Erklärung ab, so gilt die Nachfolge oder Wahl zu diesem Zeitpunkt als angenommen. [3]Absatz 1 Satz 3 und 4 gilt entsprechend.

§ 22 Ende und Verlust der Mitgliedschaft im Europäischen Parlament
(1) Die Mitgliedschaft im Europäischen Parlament endet mit der Eröffnung der ersten Sitzung des neu gewählten Parlaments.
(2) Ein Abgeordneter verliert die Mitgliedschaft im Europäischen Parlament bei
1. Ungültigkeit des Erwerbs der Mitgliedschaft,
1a. Fehlen der Wählbarkeit eines Unionsbürgers am Wahltag im Herkunfts-Mitgliedstaat infolge einer Einzelfallentscheidung im Sinne von Artikel 6 Absatz 1 der Richtlinie 93/109/EG des Rates vom 6. Dezember 1993 über die Einzelheiten der Ausübung des aktiven und passiven Wahlrechts bei den Wahlen zum Europäischen Parlament für Unionsbürger mit Wohnsitz in einem Mitgliedstaat, dessen Staatsangehörigkeit sie nicht besitzen (ABl. L 329 vom 30.12.1993, S. 34), die zuletzt durch die Richtlinie 2013/1/EU (ABl. L 26 vom 26.1.2013, S. 27) geändert worden ist,
2. Neufeststellung des Wahlergebnisses,
3. Wegfall einer Voraussetzung seiner jederzeitigen Wählbarkeit,
4. Verzicht,
5. Feststellung der Verfassungswidrigkeit der Partei oder der Teilorganisation einer Partei, der er angehört, durch das Bundesverfassungsgericht nach Artikel 21 Abs. 2 Satz 2 des Grundgesetzes,
6. rechtskräftigem Verbot der politischen Vereinigung, der er angehört, im Wahlgebiet,
7. Annahme der Wahl zum Bundespräsidenten,
8. Ernennung zum Richter des Bundesverfassungsgerichts,
9. Ernennung zum Parlamentarischen Staatssekretär,
10. Ernennung zum Wehrbeauftragten des Deutschen Bundestages,
11. Ernennung zum Bundesbeauftragten für den Datenschutz,
11a. *[aufgehoben]*
12. Annahme der Wahl oder Ernennung zum Mitglied einer Landesregierung,
13. Berufung in eine der in Artikel 7 Abs. 1 oder Abs. 2 des Aktes zur Einführung allgemeiner unmittelbarer Wahlen der Abgeordneten des Europäischen Parlaments (BGBl. 1977 II S. 733), zuletzt geändert durch Beschluss des Rates der Europäischen Gemeinschaften vom 25. Juni 2002 und 23. September 2002 (BGBl. 2003 II S. 810), genannten Funktionen,
14. Berufung in eine Funktion, die nach anderen gesetzlichen Vorschriften mit der Mitgliedschaft im Europäischen Parlament unvereinbar ist, sowie
15. Übernahme des Amtes des Staatsoberhauptes, eines Richters des Verfassungsgerichts, des Mitglieds einer mit einer deutschen Landesregierung vergleichbaren Regierung sowie Übernahme des einem Parlamentarischen Staatssekretär in der Bundesrepublik Deutschland vergleichbaren Amtes in einem anderen Mitgliedstaat der Europäischen Union.
(3) [1]Der Verzicht ist nur wirksam, wenn er zur Niederschrift des Präsidenten des Europäischen Parlaments, eines Notars, der seinen Sitz in der Bundesrepublik Deutschland hat, oder eines zur Vornahme von Be-

urkundungen ermächtigten Bediensteten einer Auslandsvertretung der Bundesrepublik Deutschland erklärt wird. [2]Die notarielle oder bei einer Auslandsvertretung abgegebene Verzichtserklärung hat der Abgeordnete dem Präsidenten des Europäischen Parlaments zu übermitteln. [3]Der Verzicht kann nicht widerrufen werden. [4]Der Bundeswahlleiter ist vom Verzichtenden durch Übersendung einer Ausfertigung der Verzichtserklärung zu unterrichten.

(4) [1]Wird eine Partei oder die Teilorganisation einer Partei durch das Bundesverfassungsgericht nach Artikel 21 Abs. 2 Satz 2 des Grundgesetzes für verfassungswidrig erklärt, verlieren die Abgeordneten ihre Mitgliedschaft im Europäischen Parlament und die Listennachfolger ihre Anwartschaft, sofern sie dieser Partei oder Teilorganisation in der Zeit zwischen der Antragstellung (§ 43 des Gesetzes über das Bundesverfassungsgericht) und der Verkündung der Entscheidung (§ 46 des Gesetzes über das Bundesverfassungsgericht) angehört haben. [2]Die Sitze dieser Abgeordneten bleiben unbesetzt.

(5) Absatz 4 gilt entsprechend, wenn eine sonstige politische Vereinigung auf Grund des Vereinsgesetzes im Wahlgebiet rechtskräftig verboten worden ist.

§ 23 Entscheidung über den Verlust der Mitgliedschaft

(1) Über den Verlust der Mitgliedschaft nach § 22 Abs. 2 wird entschieden
1. im Falle der Nummer 1 im Wahlprüfungsverfahren,
2. im Fall der Nummern 1a, 2, 5, 6, 14 und 15 durch den Ältestenrat des Deutschen Bundestages,
3. im Fall der Nummer 3, wenn der Verlust der Wählbarkeit durch rechtskräftigen Richterspruch eingetreten ist, durch Beschluss des Ältestenrates des Deutschen Bundestages, im Übrigen im Wahlprüfungsverfahren,
4. im Fall der Nummern 7 bis 12 durch den Präsidenten des Deutschen Bundestages,
5. im Falle der Nummern 4 und 13 vom Europäischen Parlament, indem es das Freiwerden des Sitzes feststellt.

(2) Wird über den Verlust der Mitgliedschaft im Wahlprüfungsverfahren entschieden, so scheidet der Abgeordnete mit der Rechtskraft der Entscheidung aus dem Europäischen Parlament aus.

(3) [1]Entscheidet der Ältestenrat oder der Präsident des Deutschen Bundestages über den Verlust der Mitgliedschaft, so scheidet der Abgeordnete mit der Zustellung der Entscheidung aus dem Europäischen Parlament aus. [2]Die Entscheidung ist unverzüglich von Amts wegen zu treffen. [3]Innerhalb von zwei Wochen nach Zustellung der Entscheidung kann der Betroffene die Entscheidung des Deutschen Bundestages über den Verlust der Mitgliedschaft im Wahlprüfungsverfahren beantragen. [4]Die Zustellung erfolgt nach den Vorschriften des Verwaltungszustellungsgesetzes.

(4) Entscheidet das Europäische Parlament über den Verlust der Mitgliedschaft, so scheidet der Abgeordnete mit der Verkündung der Entscheidung über das Freiwerden des Sitzes aus dem Europäischen Parlament aus.

(5) Der Präsident des Deutschen Bundestages unterrichtet den Präsidenten des Europäischen Parlaments unverzüglich über den Grund und den Zeitpunkt des Verlustes der Mitgliedschaft, wenn darüber im Wahlprüfungsverfahren oder durch den Ältestenrat oder durch den Präsidenten des Deutschen Bundestages entschieden worden ist.

§ 24 Berufung von Listennachfolgern

(1) [1]Wenn ein gewählter Bewerber stirbt oder dem Bundeswahlleiter schriftlich die Ablehnung der Wahl erklärt oder wenn ein Abgeordneter stirbt oder sonst nachträglich aus dem Europäischen Parlament ausscheidet, so wird der Sitz durch seinen Ersatzbewerber besetzt. [2]Ist ein Ersatzbewerber nicht benannt oder ist dieser vorher ausgeschieden oder scheidet er später aus, so wird der Sitz durch den nächsten noch nicht für gewählt erklärten Bewerber aus dem Wahlvorschlag besetzt, für den der Ausgeschiedene bei der Wahl aufgetreten ist. [3]Bei der Nachfolge bleiben diejenigen Bewerber und Ersatzbewerber unberücksichtigt, die seit dem Zeitpunkt der Aufstellung des Wahlvorschlages aus dieser Partei oder politischen Vereinigung ausgeschieden oder Mitglied einer anderen Partei oder politischen Vereinigung geworden sind. [4]Unberücksichtigt bleiben ebenso Ersatzbewerber, die als gewählte Bewerber ihre Wahl abgelehnt oder als Abgeordnete auf ihre Mitgliedschaft im Europäischen Parlament verzichtet haben. [5]Ist die Liste erschöpft, so bleibt der Sitz unbesetzt.

(2) [1]Ein noch nicht für gewählt erklärter Bewerber oder ein Ersatzbewerber verliert seine Anwartschaft als Listennachfolger, wenn er dem Bundeswahlleiter schriftlich seinen Verzicht erklärt. [2]Der Verzicht kann nicht widerrufen werden.

(3) [1]Die Feststellung, wer als Listennachfolger eintritt, trifft der Bundeswahlleiter. [2]Die §§ 20 und 21 gelten entsprechend. [3]Er benachrichtigt den Listennachfolger und fordert ihn auf, binnen einer Woche schriftlich zu erklären, ob er die Nachfolge annimmt.

Dritter Abschnitt
Schlußbestimmungen

§ 25 Wahlkosten, Wahlordnung

(1) § 50 des Bundeswahlgesetzes gilt entsprechend.

(2) [1]Das Bundesministerium des Innern, für Bau und Heimat erläßt zur Durchführung dieses Gesetzes durch Rechtsverordnung, die nicht der Zustimmung des Bundesrates bedarf, eine Wahlordnung. [2]Es wird ermächtigt, die Bundeswahlordnung und die Bundeswahlgeräteverordnung für entsprechend anwendbar zu erklären und in der Wahlordnung besondere Vorschriften zu treffen insbesondere über

1. die Wahlorgane,
2. die Vorbereitung der Wahl, einschließlich Inhalt und Form der Wahlvorschläge nebst der dazugehörigen Unterlagen, ihrer Einreichung, Überprüfung, Mängelbeseitigung und Zulassung sowie Form und Inhalt des Stimmzettels und des Wahlumschlages,
3. die Wahlbeteiligung von Wahlberechtigten, die in den Gebieten der übrigen Mitgliedstaaten der Europäischen Union leben,
3a. die Vorbereitung der Wahl für Unionsbürger,
4. die Briefwahl,
5. die Abgabe und Aufnahme von Versicherungen an Eides statt,
6. die Wahlzeit,
7. die Ermittlung und die Feststellung des Wahlergebnisses,
8. die Benachrichtigung der gewählten Bewerber,
9. die Überprüfung der Wahl,
10. die Berufung von Listennachfolgern,
11. die Durchführung von Nach- und Wiederholungswahlen.

§ 26 Wahlprüfung und Anfechtung

(1) Über die Gültigkeit der Wahl und die Verletzung von Rechten bei der Vorbereitung oder Durchführung der Wahl wird im Wahlprüfungsverfahren entschieden.

(2) Für das Wahlprüfungsverfahren gelten die Bestimmungen des Wahlprüfungsgesetzes mit Ausnahme des § 6 Abs. 3 Buchstabe e, des § 14 Satz 2 und des § 16 Abs. 2 und 3 in der jeweils geltenden Fassung entsprechend.

(3) [1]Gegen die Entscheidung des Deutschen Bundestages im Wahlprüfungsverfahren ist die Beschwerde an das Bundesverfassungsgericht zulässig. [2]Die Beschwerde kann der Abgeordnete, dessen Mitgliedschaft bestritten ist, eine wahlberechtigte Person oder eine Gruppe von wahlberechtigten Personen, deren Einspruch vom Deutschen Bundestag verworfen worden ist, oder eine Gruppe von wenigstens acht Abgeordneten des Europäischen Parlaments aus der Bundesrepublik Deutschland binnen einer Frist von zwei Monaten seit der Beschlußfassung des Deutschen Bundestages beim Bundesverfassungsgericht erheben; die Beschwerde ist innerhalb dieser Frist zu begründen. [3]Für die Beschwerde an das Bundesverfassungsgericht gelten die Vorschriften des Gesetzes über das Bundesverfassungsgericht entsprechend.

(4) Im übrigen können Entscheidungen und Maßnahmen, die sich unmittelbar auf das Wahlverfahren beziehen, nur mit den in diesem Gesetz sowie in der Wahlordnung vorgesehenen Rechtsbehelfen angefochten werden.

§ 27 (Änderung des Strafgesetzbuches)

§ 28 Staatliche Mittel für sonstige politische Vereinigungen

(1) [1]Sonstige politische Vereinigungen, die sich im Wahlgebiet an der Wahl der Abgeordneten des Europäischen Parlaments mit eigenen Wahlvorschlägen beteiligt und nach dem endgültigen Wahlergebnis mindestens 0,5 vom Hundert der im Wahlgebiet abgegebenen gültigen Stimmen erzielt haben, erhalten für jede erzielte gültige Stimme jährlich den in § 18 Absatz 3 Satz 1 Nummer 1 des Parteiengesetzes genannten und nach § 18 Absatz 3 Satz 3 des Parteiengesetzes erhöhten Betrag. [2]Abweichend von Satz 1 erhalten sie für bis zu 4 Millionen Stimmen den in § 18 Absatz 3 Satz 2 des Parteiengesetzes genannten und nach § 18 Absatz 3 Satz 3 des Parteiengesetzes erhöhten Betrag je Stimme. [3]Die Mittel sind im Bundeshaushaltsplan auszubringen.

(2) [1]Die Vorschriften des Parteiengesetzes über die Pflicht zur öffentlichen Rechenschaftslegung gelten entsprechend. [2]Die Pflicht zur Rechenschaftslegung beginnt mit dem Jahr, in dem die Wahl stattfindet, und endet mit dem Jahr, in dem der letzte aus dem Wahlvorschlag der sonstigen politischen Vereinigung gewählte Bewerber aus dem Europäischen Parlament ausgeschieden ist.

(3) Die Vorschriften des Parteiengesetzes über die absolute Obergrenze finden keine Anwendung; die Vorschriften über die relative Obergrenze gelten entsprechend.

(4) Die Vorschriften des Parteiengesetzes über das Auszahlungsverfahren und die Abschlagszahlungen gelten entsprechend.

§ 29 Übergangsregelung

Ausschlüsse vom Wahlrecht und Ausschlüsse von der Wählbarkeit, die nicht auf einem Richterspruch im Sinne von § 6a Absatz 1 in der ab dem 1. Juli 2019 geltenden Fassung oder § 6a Absatz 2 Nummer 1 in der ab dem 1. Juli 2019 geltenden Fassung oder auf § 6a Absatz 2 Nummer 2 oder § 6b Absatz 3 Nummer 2 oder § 6b Absatz 4 Nummer 3 oder Nummer 4 beruhen, sind nicht nach § 3 Absatz 2 Nummer 1a des Bundesmeldegesetzes im Melderegister zu speichern.

§ 30 (Inkrafttreten)

Gesetz über die Rechtsverhältnisse der Mitglieder des Deutschen Bundestages (Abgeordnetengesetz – AbgG)

In der Fassung der Bekanntmachung vom 21. Februar 1996[1] (BGBl. I S. 326)
(FNA 1101-8)
zuletzt geändert durch Art. 2 AnpassungsverfahrensaussetzungsG 2020 vom 27. Mai 2020
(BGBl. I S. 1161)

Nichtamtliche Inhaltsübersicht

1) Neubekanntmachung des AbgG v. 18.2.1977 (BGBl. I S. 297) in der ab 22.12.1995 geltenden Fassung.

Erster Abschnitt
Erwerb und Verlust der Mitgliedschaft im Bundestag

§ 1 Erwerb und Verlust der Mitgliedschaft im Bundestag
Erwerb und Verlust der Mitgliedschaft im Bundestag regeln sich nach den Vorschriften des Bundeswahlgesetzes.

Zweiter Abschnitt
Mitgliedschaft im Bundestag und Beruf

§ 2 Schutz der freien Mandatsausübung
(1) Niemand darf gehindert werden, sich um ein Mandat im Bundestag zu bewerben, es zu erwerben, anzunehmen oder auszuüben.
(2) Benachteiligungen am Arbeitsplatz im Zusammenhang mit der Bewerbung um ein Mandat sowie dem Erwerb, der Annahme und Ausübung eines Mandats sind unzulässig.
(3) [1]Eine Kündigung oder Entlassung wegen des Erwerbs, der Annahme oder Ausübung des Mandats ist unzulässig. [2]Eine Kündigung ist im übrigen nur aus wichtigem Grunde zulässig. [3]Der Kündigungsschutz beginnt mit der Aufstellung des Bewerbers durch das dafür zuständige Organ der Partei oder mit der Einreichung des Wahlvorschlags. [4]Er gilt ein Jahr nach Beendigung des Mandats fort.

§ 3 Wahlvorbereitungsurlaub
[1]Einem Bewerber um einen Sitz im Bundestag ist zur Vorbereitung seiner Wahl innerhalb der letzten zwei Monate vor dem Wahltag auf Antrag Urlaub von bis zu zwei Monaten zu gewähren. [2]Ein Anspruch auf Fortzahlung seiner Bezüge besteht für die Dauer der Beurlaubung nicht.

§ 4 Berufs- und Betriebszeiten
(1) Die Zeit der Mitgliedschaft im Bundestag ist nach Beendigung des Mandats auf die Berufs- und Betriebszugehörigkeit anzurechnen.
(2) Im Rahmen einer bestehenden betrieblichen oder überbetrieblichen Altersversorgung wird die Anrechnung nach Absatz 1 nur im Hinblick auf die Erfüllung der Unverfallbarkeitsfristen des § 1 des Gesetzes zur Verbesserung der betrieblichen Altersversorgung vorgenommen.

Dritter Abschnitt

Rechtsstellung der in den Bundestag gewählten Angehörigen des öffentlichen Dienstes

§ 5 Ruhen der Rechte und Pflichten aus einem öffentlich-rechtlichen Dienstverhältnis

(1) [1]Die Rechte und Pflichten aus dem Dienstverhältnis eines in den Bundestag gewählten Beamten mit Dienstbezügen ruhen vom Tage der Feststellung des Bundeswahlausschusses (§ 42 Abs. 2 Satz 1 des Bundeswahlgesetzes) oder der Annahme des Mandats für die Dauer der Mitgliedschaft mit Ausnahme der Pflicht zur Amtsverschwiegenheit und des Verbots der Annahme von Belohnungen und Geschenken. [2]Das gleiche gilt, wenn ein Mitglied des Bundestages in ein solches Dienstverhältnis berufen wird, von dem Tage an, mit dem seine Ernennung wirksam wird. [3]Der Beamte hat das Recht, seine Amts- oder Dienstbezeichnung mit dem Zusatz „außer Dienst" („a.D.") zu führen. [4]Bei unfallverletzten Beamten bleiben die Ansprüche auf das Heilverfahren und einen Unfallausgleich unberührt. [5]Satz 1 gilt längstens bis zum Eintritt oder bis zur Versetzung in den Ruhestand.

(2) Für den in den einstweiligen Ruhestand versetzten Beamten gilt Absatz 1 längstens bis zum Eintritt oder bis zur Versetzung in den dauernden Ruhestand sinngemäß.

(3) [1]Einem in den Bundestag gewählten Beamten auf Widerruf im Vorbereitungsdienst ist auf seinen Antrag Urlaub ohne Anwärterbezüge zu gewähren. [2]Wird der Beamte nach Bestehen der Laufbahnprüfung zum Beamten auf Probe ernannt, so ruhen seine Rechte und Pflichten aus diesem Dienstverhältnis nach Absatz 1 von dem Tage an, mit dem die Ernennung wirksam wird.

§ 6 Wiederverwendung nach Beendigung des Mandats

(1) [1]Nach der Beendigung der Mitgliedschaft im Bundestag ruhen die in dem Dienstverhältnis eines Beamten begründeten Rechte und Pflichten für längstens weitere sechs Monate. [2]Der Beamte ist auf seinen Antrag, der binnen drei Monaten seit der Beendigung der Mitgliedschaft zu stellen ist, spätestens drei Monate nach Antragstellung wieder in das frühere Dienstverhältnis zurückzuführen. [3]Das ihm zu übertragende Amt muß derselben oder einer gleichwertigen Laufbahn angehören wie das zuletzt bekleidete Amt und mit mindestens demselben Endgrundgehalt ausgestattet sein. [4]Vom Tage der Antragstellung an erhält er die Dienstbezüge des zuletzt bekleideten Amtes.

(2) [1]Stellt der Beamte nicht binnen drei Monaten seit der Beendigung der Mitgliedschaft im Bundestag einen Antrag nach Absatz 1, so ruhen die in dem Dienstverhältnis begründeten Rechte und Pflichten (§ 5 Abs. 1) weiter bis zum Eintritt oder bis zur Versetzung in den Ruhestand. [2]Die oberste Dienstbehörde kann den Beamten jedoch, wenn er weder dem Bundestag mindestens zwei Wahlperioden angehört noch bei Beendigung der Mitgliedschaft im Bundestag das 55. Lebensjahr vollendet hat, unter Übertragung eines Amtes im Sinne des Absatzes 1 Satz 3 wieder in das frühere Dienstverhältnis zurückführen; lehnt der Beamte die Rückführung ab oder folgt er ihr nicht, so ist er entlassen. [3]Satz 2 ist nicht anzuwenden, wenn der Beamte während der Dauer seiner Mitgliedschaft im Bundestag Mitglied der Bundesregierung gewesen ist.

§ 7 Dienstzeiten im öffentlichen Dienst

(1) Abweichend von § 27 Abs. 3 Satz 3 des Bundesbesoldungsgesetzes und unbeschadet des § 23 Abs. 5 verzögert die Zeit der Mitgliedschaft im Bundestag den Aufstieg eines Bundesbeamten in den Grundgehaltsstufen in dem Umfang, der sich bei entsprechender Anwendung des § 28 Abs. 1 und 2 des Bundesbesoldungsgesetzes in der bis zum 30. Juni 2009 geltenden Fassung ergibt.

(2) [1]Wird der Beamte nicht nach § 6 in das frühere Dienstverhältnis zurückgeführt, so wird das Besoldungsdienstalter um die Zeit nach Beendigung der Mitgliedschaft im Bundestag bis zum Eintritt des Versorgungsfalles hinausgeschoben. [2]Wird der Bundesbeamte nicht nach § 6 in das frühere Dienstverhältnis zurückgeführt, verbleibt er bis zum Eintritt des Versorgungsfalles in der sich nach Absatz 1 ergebenden Stufe des Grundgehaltes.

(3) [1]Die Zeit der Mitgliedschaft im Bundestag gilt unbeschadet der Regelung des § 23 Abs. 5 nicht als Dienstzeit im Sinne des Versorgungsrechts. [2]Das gleiche gilt für die Zeit nach der Beendigung der Mitgliedschaft im Bundestag, wenn der Beamte nicht nach § 6 in das frühere Dienstverhältnis zurückgeführt wird.

(4) Nach Beendigung der Mitgliedschaft im Bundestag ist die Zeit der Mitgliedschaft auf laufbahnrechtliche Dienstzeiten, mit Ausnahme der Probezeit, anzurechnen.

(5) Nach Beendigung der Mitgliedschaft im Bundestag ist die Zeit der Mitgliedschaft auf Dienst- und Beschäftigungszeiten bei Arbeitnehmern des öffentlichen Dienstes anzurechnen; im Rahmen einer bestehenden zusätzlichen Alters- und Hinterbliebenenversorgung gilt dies nur im Hinblick auf Vorschriften, die die Anwartschaft oder den Anspruch dem Grunde nach regeln.

§ 8 Beamte auf Zeit, Richter, Soldaten und Angestellte des öffentlichen Dienstes
(1) Die §§ 5 bis 7 gelten für Richter, Berufssoldaten und Soldaten auf Zeit entsprechend.
(2) Die Rechte und Pflichten aus dem Dienstverhältnis eines Soldaten auf Zeit ruhen längstens für die Dauer der Verpflichtungszeit und eines Beamten auf Zeit längstens für die Zeit, für die er in das Beamtenverhältnis berufen worden ist.
(3) ¹Absatz 2 und die Vorschriften der §§ 5, 6 und 7 Abs. 1 bis 4 gelten sinngemäß für Angestellte des öffentlichen Dienstes. ²Öffentlicher Dienst im Sinne dieser Vorschrift ist die Tätigkeit im Dienste des Bundes, eines Landes, einer Gemeinde oder anderer Körperschaften, Anstalten oder Stiftungen des öffentlichen Rechts oder ihrer Verbände mit Ausnahme der öffentlich-rechtlichen Religionsgesellschaften und ihrer Verbände.

§ 9 Hochschullehrer
(1) Für die Rechtsstellung der in den Deutschen Bundestag gewählten Hochschullehrer im Sinne des § 42 des Hochschulrahmengesetzes findet § 6 mit der Maßgabe Anwendung, dass sie in ihrem bisherigen Amt an der gleichen Hochschule wiederverwendet werden müssen.
(2) ¹Hochschullehrer können eine Tätigkeit in Forschung und Lehre sowie die Betreuung von Doktoranden und Habilitanden während der Mitgliedschaft im Bundestag wahrnehmen. ²Die Vergütung für diese Tätigkeit ist entsprechend den tatsächlich erbrachten Leistungen zu bemessen. ³Die Vergütung darf 25 vom Hundert der Bezüge, die aus dem Dienstverhältnis als Hochschullehrer zu zahlen wären, nicht übersteigen. ⁴Im Übrigen sind die für Bundesbeamte geltenden Vorschriften anzuwenden.

§ 10 Wahlbeamte auf Zeit
Die Länder können durch Gesetz für Wahlbeamte auf Zeit von § 6 abweichende Regelungen treffen.

Vierter Abschnitt
Leistungen an Mitglieder des Bundestages

§ 11 Abgeordnetenentschädigung
(1) ¹Die monatliche Entschädigung eines Mitglieds des Deutschen Bundestages orientiert sich an den Bezügen eines Richters an einem obersten Gerichtshof des Bundes (Besoldungsgruppe R 6 gemäß der Anlage IV des Bundesbesoldungsgesetzes mit Zulage für Richter und Staatsanwälte bei obersten Gerichtshöfen des Bundes). ²Die Abgeordnetenentschädigung beträgt 10 083,47 Euro. ³Für die Anpassung der Entschädigung gilt das in den Absätzen 4 und 5 geregelte Verfahren.
(2) Der Präsident erhält eine monatliche Amtszulage in Höhe eines Monatsbetrages nach Absatz 1, seine Stellvertreter in Höhe der Hälfte des Monatsbetrages nach Absatz 1 und die Vorsitzenden der Ausschüsse, der Untersuchungsausschüsse, der Enquete-Kommissionen sowie die Parlamentarischen Kontrollgremien in Höhe von 15 vom Hundert des Monatsbetrages nach Absatz 1.
(3) Der Auszahlungsbetrag der Abgeordnetenentschädigung und der Amtszulage vermindert sich in Ansehung der zu den Kosten in Pflegefällen nach § 27 gewährten Zuschüsse vom 1. Januar 1995 an um ein Dreihundertfünfundsechzigstel.
(4)¹⁾ ¹Die monatliche Entschädigung nach Absatz 1 wird jährlich zum 1. Juli angepasst. ²Grundlage ist die Entwicklung des vom Statistischen Bundesamt ermittelten Nominallohnindex, den der Präsident des Statistischen Bundesamtes jährlich bis zum 31. März an den Präsidenten des Deutschen Bundestages übermittelt. ³Dieser veröffentlicht den angepassten Betrag der Entschädigung in einer Bundestagsdrucksache.
(5) ¹Das Anpassungsverfahren nach Absatz 4 bleibt für eine neue Wahlperiode nur wirksam, wenn der Deutsche Bundestag innerhalb von drei Monaten nach der konstituierenden Sitzung einen entsprechenden Beschluss fasst. ²Wird innerhalb dieser Frist kein Beschluss gefasst, gilt für die Entschädigung der letzte nach Absatz 4 ermittelte Betrag, bis der Deutsche Bundestag das Anpassungsverfahren in einem Gesetz bestätigt oder ändert.

§ 12 Amtsausstattung
(1) ¹Ein Mitglied des Bundestages erhält zur Abgeltung seiner durch das Mandat veranlaßten Aufwendungen eine Amtsausstattung als Aufwandsentschädigung. ²Die Amtsausstattung umfaßt Geld- und Sachleistungen.

1) *[bis 31.12.2020:]* Siehe zur Aussetzung des Anpassungsverfahrens gem. § 11 Abs. 4 für das Jahr 2020 das Abgeordnetengesetz-Anpassungsverfahrensaussetzungsgesetz 2020.

(2) [1]Ein Mitglied des Bundestages erhält eine monatliche Kostenpauschale für den Ausgleich insbesondere von

1. Bürokosten zur Einrichtung und Unterhaltung von Wahlkreisbüros außerhalb des Sitzes des Deutschen Bundestages, einschließlich Miete und Nebenkosten, Inventar und Büromaterial, Literatur und Medien sowie Porto,
2. Mehraufwendungen am Sitz des Bundestages und bei Reisen mit Ausnahme von Auslandsdienstreisen,
3. Fahrtkosten für Fahrten in Ausübung des Mandats innerhalb der Bundesrepublik Deutschland unbeschadet der Regelungen in den §§ 16 und 17 und
4. sonstigen Kosten für andere mandatsbedingte Kosten (Repräsentation, Einladungen, Wahlkreisbetreuung usw.), die auch sonst nicht aus dem der Lebensführung dienenden beruflichen Einkommen zu bestreiten sind.

[2]Die Kostenpauschale[1)] wird zum 1. Januar eines jeden Jahres der Entwicklung der allgemeinen Lebenshaltungsausgaben aller privaten Haushalte im vorvergangenen Kalenderjahr angepaßt. [3]Das Nähere über die Höhe der am tatsächlichen Aufwand orientierten pauschalierten Einzelansätze und die Anpassung regeln das Haushaltsgesetz und Ausführungsbestimmungen, die vom Ältestenrat zu erlassen sind.

(3) [1]Ein Mitglied des Bundestages erhält Aufwendungen für die Beschäftigung von Mitarbeitern zur Unterstützung bei der Erledigung seiner parlamentarischen Arbeit gegen Nachweis ersetzt. [2]Der Ersatzanspruch ist nicht auf ein anderes Mitglied des Bundestages übertragbar. [3]Der Ersatz von Aufwendungen für Arbeitsverträge mit Mitarbeitern, die mit dem Mitglied des Bundestages verwandt, verheiratet oder verschwägert sind oder waren, ist grundsätzlich unzulässig. [4]Entsprechendes gilt für den Ersatz von Aufwendungen für Arbeitsverträge mit Lebenspartnern oder früheren Lebenspartnern eines Mitglieds des Bundestages. [5]Einzelheiten über den Umfang und die Voraussetzungen für den Ersatz von Aufwendungen, über nicht abdingbare Mindestvorschriften für den Arbeitsvertrag und sonstige Fragen regeln das Haushaltsgesetz und die vom Ältestenrat zu erlassenden Ausführungsbestimmungen. [6]Die Abrechnung der Gehälter und anderen Aufwendungen für Mitarbeiter erfolgt durch die Verwaltung des Bundestages. [7]Eine Haftung des Bundestages gegenüber Dritten ist ausgeschlossen. [8]Die Mitarbeiter sind nicht Angehörige des öffentlichen Dienstes. [9]Es bestehen keine arbeitsrechtlichen Beziehungen zwischen den Mitarbeitern und der Verwaltung des Bundestages.

(4) [1]Zur Amtsausstattung gehören auch

1. die Bereitstellung eines eingerichteten Büros am Sitz des Bundestages,
2. die Benutzung von Verkehrsmitteln gemäß § 16,
3. die Benutzung der Dienstfahrzeuge des Bundestages,
4. die Bereitstellung und Nutzung des gemeinsamen Informations- und Kommunikationssystems des Bundestages und
5. sonstige Leistungen des Bundestages.

[2]Das Nähere regeln das Haushaltsgesetz und Ausführungsbestimmungen, die vom Ältestenrat zu erlassen sind.

(5) Der Präsident des Bundestages erhält eine monatliche Amtsaufwandsentschädigung von 1 023 Euro, seine Stellvertreter erhalten eine monatliche Amtsaufwandsentschädigung von 307 Euro.

(6) Ein Mitglied des Bundestages, dem ein Dienstwagen des Bundes zur ausschließlichen Verfügung steht, erhält eine um 25 vom Hundert verminderte Kostenpauschale.

§ 13 Wegfall des Anspruchs auf Aufwandsentschädigungen

Ein Mitglied des Bundestages, das im letzten Vierteljahr der Wahlperiode in den Bundestag eintritt, hat keinen Anspruch auf die Leistungen nach § 12 Abs. 2 und 3, wenn der Bundestag seine Tätigkeit bereits abgeschlossen hat.

§ 14 Kürzung der Kostenpauschale

(1) [1]An jedem Sitzungstag wird eine Anwesenheitsliste ausgelegt. [2]Der Präsident bestimmt im Benehmen mit dem Ältestenrat, welche Tage als Sitzungstage gelten und in welcher Zeit die Anwesenheitsliste ausgelegt wird. [3]Trägt sich ein Mitglied des Bundestages nicht in die Anwesenheitsliste ein, werden ihm 100 Euro von der Kostenpauschale einbehalten. [4]Der einzubehaltende Betrag erhöht sich auf 200 Euro, wenn ein Mitglied an einem Plenarsitzungstag sich nicht in die Anwesenheitsliste eingetragen hat und nicht beurlaubt war. [5]Der Kürzungsbetrag verringert sich auf 20 Euro, wenn ein Mitglied des Bundestages einen Aufenthalt in einem Krankenhaus oder in einem Sanatorium oder die Arbeitsunfähigkeit ärztlich nachweist. [6]Während der Mutterschutzfristen infolge Schwangerschaft oder wenn ein Mitglied des Bun-

1) Ab dem 1.1.2019 beträgt die Kostenpauschale gem. Abgeordnetenpauschale-Bekanntmachung 2019 4 418,09 €., ab dem 1.1.2020 gem. Abgeordnetenpauschale-Bekanntmachung 2020 4497,62 €.

destages ein ärztlich nachgewiesen erkranktes, in seinem Haushalt lebendes Kind, das das 14. Lebensjahr noch nicht vollendet hat, mangels anderer im Haushalt dafür zur Verfügung stehender Aufsichtspersonen persönlich betreuen muss, führt die Nichteintragung in die Anwesenheitsliste nicht zu einer Kürzung der Kostenpauschale. [7]Die Eintragung in die Anwesenheitsliste wird vom Zeitpunkt der Auslegung an ersetzt durch Amtieren als Präsident oder als Schriftführer, durch protokollierte Wortmeldung in einer Sitzung des Deutschen Bundestages, durch Teilnahme an einer namentlichen Abstimmung oder einer Wahl mit Namensaufruf, durch Eintragung in die Anwesenheitsliste eines Ausschusses oder eines sonstigen Gremiums des Bundestages, durch Wortmeldungen in einem Ausschuss oder einem sonstigen Gremium des Bundestages, durch Eintragung in die Anwesenheitsliste des Ältestenrates oder durch eine für den Sitzungstag genehmigte und durchgeführte Dienstreise.

(2) [1]Einem Mitglied des Bundestages, das an einer namentlichen Abstimmung oder einer Wahl mit Namensaufruf nicht teilnimmt, werden 100 Euro von der monatlichen Kostenpauschale abgezogen. [2]Das gilt nicht, wenn der Präsident das Mitglied beurlaubt hat, ein Abzug nach Absatz 1 erfolgt oder in den Fällen des Absatzes 1 Satz 6.

§ 15 Bezug anderer Tage- oder Sitzungsgelder
[1]Bezieht ein Mitglied des Bundestages an einem Tag, an dem es sich in die Anwesenheitsliste des Bundestages eingetragen hat, Tage- oder Sitzungsgelder aus anderen öffentlichen Kassen, so werden 20 Euro von der monatlichen Kostenpauschale einbehalten, jedoch nicht mehr als die aus anderen öffentlichen Kassen geleisteten Tage- oder Sitzungsgelder. [2]Das gleiche gilt für Auslandsdienstreisen, die auf einen Sitzungstag fallen.

§ 16 Freifahrtberechtigung und Erstattung von Fahrkosten
(1) [1]Ein Mitglied des Bundestages hat das Recht auf freie Benutzung aller Verkehrsmittel der Deutschen Bahn AG. [2]Benutzt es in Ausübung des Mandats im Inland Flugzeuge, Schlafwagen oder sonstige schienengebundene Beförderungsmittel außerhalb des öffentlichen Personennahverkehrs, so werden die Kosten bis zur höchsten Klasse gegen Nachweis erstattet.

(2) [1]Für die Dauer der Berechtigung zur Freifahrt darf ein Mitglied des Bundestages die Erstattung von Fahrkosten der Deutschen Bahn AG für Reisen im Inland von anderer Seite nicht annehmen. [2]Dies gilt auch für Teilstrecken im Inland anläßlich einer Auslandsreise und wenn Kosten für die Benutzung von Flugzeugen oder Schlafwagen nach Absatz 1 erstattet werden.

§ 17 Dienstreisen
(1) Dienstreisen bedürfen der vorherigen Zustimmung des Präsidenten.

(2) [1]Bei Inlandsdienstreisen gelten die Tagegelder durch die Kostenpauschale als abgegolten. [2]Ein Mitglied des Bundestages erhält jedoch in entsprechender Anwendung des Bundesreisekostengesetzes auf Antrag Übernachtungsgeld sowie Fahrkostenerstattung. [3]Weist ein Mitglied des Bundestages einen außergewöhnlichen Aufwand nach, der aus dem Übernachtungsgeld nicht gedeckt werden kann, so wird der unvermeidbare Mehrbetrag erstattet.

(3) [1]Bei Auslandsdienstreisen erhält ein Mitglied auf Antrag Tage- und Übernachtungsgeld. [2]Ferner werden erstattet:
– bei Benutzung der Eisenbahn die Fahrkosten von der Bundesgrenze zum Zielort und zurück sowie Schlafwagenkosten gegen Nachweis,
– bei Benutzung von Linienflugzeugen die nachgewiesenen Kosten zum Zielort und zurück,
– notwendige Fahrkosten anderer Beförderungsmittel.

(4) [1]Auf Antrag wird in den Fällen der Absätze 2 und 3 an Stelle der Fahrkostenerstattung Wegstreckenentschädigung gewährt. [2]Sie darf die Höhe der Kosten, die bei Flugzeugbenutzung nach § 16 Abs. 1 oder § 17 Abs. 3 zu erstatten wären, nicht überschreiten. [3]Die Höhe der Wegstreckenentschädigung wird vom Ältestenrat festgesetzt.

(5) Soweit vom Ältestenrat nichts anderes bestimmt ist, finden im übrigen die Vorschriften des Bundesreisekostengesetzes in der jeweils gültigen Fassung sinngemäß Anwendung.

Fünfter Abschnitt
Leistungen an ehemalige Mitglieder des Bundestages und ihre Hinterbliebenen

§ 18 Übergangsgeld
(1) [1]Ein ausscheidendes Mitglied mit einer Mitgliedschaft von mindestens einem Jahr erhält Übergangsgeld. [2]Das Übergangsgeld wird in Höhe der Abgeordnetenentschädigung nach § 11 Abs. 1 für jedes Jahr der Mitgliedschaft einen Monat geleistet, höchstens jedoch 18 Monate lang. [3]Zeiten einer früheren Mitgliedschaft im Bundestag, für die bereits Übergangsgeld gezahlt worden ist, bleiben unberücksichtigt.

[4]Eine Mitgliedschaft im Bundestag von mehr als einem halben Jahr gilt als volles Jahr bei der Berechnung nach Satz 2.

(2) [1]Ab dem zweiten Monat nach dem Ausscheiden aus dem Bundestag werden alle Erwerbs- und Versorgungseinkünfte auf das Übergangsgeld angerechnet. [2]Eine Anrechnung der Bezüge aus der Mitgliedschaft im Europäischen Parlament entfällt, wenn bereits seitens des Europäischen Parlaments die Anrechnung des Übergangsgeldes auf die dortigen Bezüge bestimmt ist.

(3) [1]Auf Antrag ist das Übergangsgeld nach Absatz 1 in einer Summe oder monatlich zum halben Betrag für den doppelten Zeitraum zu zahlen. [2]Absatz 1 Satz 3 gilt entsprechend.

(4) [1]Tritt das ehemalige Mitglied wieder in den Bundestag ein, ruht bei monatlicher Zahlung der Anspruch nach Absatz 1. [2]Wurde das ehemalige Mitglied in einer Summe abgefunden, ist der Betrag, der bei monatlicher Zahlung ruhen würde, zu erstatten. [3]Der Präsident bestimmt, in welchen Teilbeträgen zu erstatten ist.

(5) Stirbt ein ehemaliges Mitglied, werden die Leistungen nach Absatz 1 an den überlebenden Ehegatten, die eingetragene Lebenspartnerin/den eingetragenen Lebenspartner, die leiblichen Abkömmlinge sowie die als Kind angenommenen Kinder fortgesetzt oder ihnen belassen, wenn Versorgungsansprüche nach diesem Gesetz nicht entstehen.

(6) Ein ehemaliges Mitglied, das dem Europäischen Parlament angehört, kann den Anspruch auf Übergangsgeld erst nach seinem Ausscheiden aus dem Europäischen Parlament geltend machen.

(7) [1]Absatz 1 gilt nicht, wenn das Mitglied die Mitgliedschaft im Bundestag auf Grund des § 15 Abs. 2 Nr. 2 des Bundeswahlgesetzes verliert. [2]Der Präsident kann die Zahlungen aussetzen, wenn ein Verfahren zu erwarten ist, das die Folgen nach § 15 Abs. 2 Nr. 2 des Bundeswahlgesetzes nach sich zieht.

§ 19 Anspruch auf Altersentschädigung

(1) Ein Mitglied erhält nach seinem Ausscheiden eine Altersentschädigung, wenn es das 67. Lebensjahr vollendet und dem Bundestag mindestens ein Jahr angehört hat.

(2) [1]Mitglieder des Bundestages, die vor dem 1. Januar 1947 geboren sind, erreichen die Altersgrenze mit Vollendung des 65. Lebensjahres. [2]Für Mitglieder des Bundestages, die nach dem 31. Dezember 1946 geboren sind, wird die Altersgrenze wie folgt angehoben:

Geburtsjahr	Anhebung um Monate	auf Alter	
		Jahr	Monat
1947	1	65	1
1948	2	65	2
1949	3	65	3
1950	4	65	4
1951	5	65	5
1952	6	65	6
1953	7	65	7
1954	8	65	8
1955	9	65	9
1956	10	65	10
1957	11	65	11
1958	12	66	0
1959	14	66	2
1960	16	66	4
1961	18	66	6
1962	20	66	8
1963	22	66	10.

(3) [1]Gehörte ein ausgeschiedenes Mitglied dem Bundestag mehrmals mit Unterbrechung an, so sind die Zeitabschnitte zusammenzurechnen. [2]§ 18 Abs. 1 Satz 4 gilt entsprechend.

(4) [1]Auf Antrag kann die Altersentschädigung vorzeitig ab Vollendung des 63. Lebensjahres in Anspruch genommen werden. [2]Die Altersentschädigung vermindert sich in diesem Fall um 0,3 vom Hundert für jeden Monat, für den die Altersentschädigung vor dem in den Absätzen 1 und 2 genannten Zeitpunkt in

Anspruch genommen wird. [3]Anrechnungen nach § 29 erfolgen bezogen auf den nach Satz 2 verminderten Betrag der Altersentschädigung.

§ 20 Höhe der Altersentschädigung

[1]Die Altersentschädigung bemißt sich nach der monatlichen Abgeordnetenentschädigung (§ 11 Abs. 1). [2]Der Steigerungssatz beträgt vom 1. Januar 2008 an für jedes Jahr der Mitgliedschaft je 2,5 vom Hundert der Abgeordnetenentschädigung nach § 11 Abs. 1. [3]Der Höchstbemessungssatz der Altersentschädigung beträgt 65 vom Hundert. [4]Die Zeit der Wahrnehmung der Ämter des Präsidenten und seiner Stellvertreter wird der Berechnung der Altersentschädigung nach den Sätzen 1 und 2 mit der Abgeordnetenentschädigung nach § 11 Abs. 1 einschließlich der Amtszulage zugrunde gelegt. [5]§ 18 Abs. 1 Satz 4 gilt entsprechend.

§ 21 Berücksichtigung von Zeiten in anderen Parlamenten

(1) [1]Zeiten der Mitgliedschaft im Parlament eines Landes der Bundesrepublik Deutschland gelten auf Antrag als Zeiten der Mitgliedschaft im Sinne des § 19. [2]Werden dadurch die Voraussetzungen für einen Anspruch nach diesem Gesetz erfüllt, so wird Altersentschädigung gezahlt.

(2) Für die Höhe der Altersentschädigung gilt § 20 für jedes Jahr der tatsächlichen Mitgliedschaft im Bundestag entsprechend.

(3) [1]Zeiten der Mitgliedschaft in der Volkskammer der ehemaligen Deutschen Demokratischen Republik ab Annahme des Mandats nach den Wahlen zur 10. Volkskammer bis zum 2. Oktober 1990 gelten auf Antrag, der bis zum 30. Juni 1996 bei dem Präsidenten des Bundestages eingegangen sein muß (Ausschlußfrist), als Mitgliedszeit im Bundestag. [2]§ 18 Abs. 1 Satz 4 gilt entsprechend. [3]Bei einer Antragstellung nach Satz 1 sind die während der dort genannten Zeit der Volkskammerzugehörigkeit auf Grund dieser Mitgliedschaft begründeten Rentenanwartschaften und -ansprüche rückabzuwickeln.

§ 22 Gesundheitsschäden

(1) [1]Hat ein Mitglied während seiner Zugehörigkeit zum Bundestag ohne sein grobes Verschulden Gesundheitsschäden erlitten, die seine Arbeitskraft dauernd und so wesentlich beeinträchtigen, daß es sein Mandat und bei seinem Ausscheiden aus dem Bundestag die bei seiner Wahl zum Bundestag ausgeübte oder eine andere zumutbare Tätigkeit nicht mehr ausüben kann, so erhält es unabhängig von den in § 19 vorgesehenen Voraussetzungen auf Antrag vom Monat der Antragstellung an eine Altersentschädigung, deren Höhe sich nach § 20 richtet, mindestens jedoch dreißig vom Hundert der Abgeordnetenentschädigung nach § 11 Abs. 1. [2]Ist der Gesundheitsschaden infolge eines Unfalls eingetreten, so erhöht sich der Bemessungssatz nach § 20 um 20 vom Hundert bis höchstens zum Höchstbemessungssatz der Altersentschädigung.

(2) Erleidet ein ehemaliges Mitglied des Bundestages, das unabhängig vom Lebensalter die Voraussetzung der Mitgliedschaftsdauer nach § 19 erfüllt, Gesundheitsschäden im Sinne des Absatzes 1, so erhält es Altersentschädigung, deren Höhe sich nach § 20 richtet.

(3) [1]Die Gesundheitsschädigung ist durch das Gutachten einer öffentlich-rechtlichen Krankenanstalt nachzuweisen. [2]Das Gutachten wird ersetzt durch den Bescheid über Rente wegen Erwerbsminderung, Berufs- oder Erwerbsunfähigkeit oder durch den Bescheid über Dienstunfähigkeit im Sinne des Beamtenrechts.

§ 23 Versorgungsabfindung

(1) [1]Ein Mitglied, das bei seinem Ausscheiden weder eine Anwartschaft noch einen Anspruch auf Altersentschädigung nach den §§ 19 bis 22 erworben hat, erhält für die Zeit der Zugehörigkeit zum Bundestag auf Antrag eine Versorgungsabfindung. [2]Sie wird für jeden angefangenen Monat der Mitgliedschaft im Bundestag in Höhe des für diesen Monat jeweils geltenden Höchstbeitrages zur allgemeinen Rentenversicherung zuzüglich 20 vom Hundert dieses Höchstbeitrages gezahlt.

(2) Mitglieder, die die Voraussetzungen des Absatzes 1 erfüllen, können an Stelle der Versorgungsabfindung auch beantragen, in sinngemäßer Anwendung der Vorschriften des Sechsten Buches Sozialgesetzbuch über die Nachversicherung für die Dauer ihrer Mitgliedschaft im Bundestag nachversichert zu werden.

(3) Der Absatz 2 gilt entsprechend für eine zusätzliche Alters- und Hinterbliebenenversorgung.

(4) Der Absatz 2 ist nicht anzuwenden, wenn und soweit die Zeit der Mitgliedschaft im Bundestag in einer öffentlich-rechtlichen Versicherung oder in einer Versorgung nach dienstrechtlichen Grundsätzen berücksichtigt ist oder berücksichtigt wird.

(5) Anstelle der Versorgungsabfindung nach Absatz 1 wird die Zeit der Mitgliedschaft im Bundestag auf Antrag als Dienstzeit im Sinne des Besoldungs- und Versorgungsrechts der Beamten, Richter und Soldaten berücksichtigt.

(6) Hat ein Mitglied einen Antrag nach Absatz 1 bis 3 oder Absatz 5 gestellt, so beginnen im Falle des Wiedereintritts in den Bundestag die Fristen für die Mitgliedschaftsdauer nach § 19 erneut zu laufen.

(7) Hat ein ausgeschiedenes Mitglied bis zu seinem Tod keinen Antrag auf Versorgungsabfindung gestellt, können sein überlebender Ehegatte oder, soweit ein solcher nicht vorhanden ist, die leiblichen oder die als Kind angenommenen Kinder einen Antrag nach Absatz 1 stellen.

(8) Die Absätze 2 und 4 gelten entsprechend für ein ausscheidendes Mitglied des Parlaments eines Landes, soweit landesrechtliche Vorschriften eine Versorgungsabfindung im Sinne des Absatzes 1 vorsehen.

(9) Verliert ein Mitglied des Parlaments eines Landes die Mitgliedschaft, ohne daß für die Zeit der Mitgliedschaft Anspruch oder Anwartschaft auf eine einmalige oder laufende Versorgung auf Grund seiner Parlamentszugehörigkeit besteht, so gelten die Absätze 2 und 4 entsprechend.

§ 24 Überbrückungsgeld für Hinterbliebene

(1) ¹Die Hinterbliebenen eines Mitglieds des Bundestages erhalten die noch nicht abgerechneten Leistungen nach diesem Gesetz, soweit sie im Zeitpunkt des Todes fällig waren. ²Der überlebende Ehegatte, die eingetragene Lebenspartnerin/der eingetragene Lebenspartner und die Abkömmlinge erhalten ein Überbrückungsgeld in Höhe einer Abgeordnetenentschädigung nach § 11 Abs. 1. ³Das Überbrückungsgeld beträgt bei einer Dauer der Mitgliedschaft von mehr als acht Jahren oder von mehr als zwei Wahlperioden das Eineinhalbfache der Abgeordnetenentschädigung nach § 11 Abs. 1. ⁴Sind Hinterbliebene im Sinne des Satzes 2 nicht vorhanden, wird sonstigen Personen, die die Kosten der letzten Krankheit getragen haben, das Überbrückungsgeld bis zur Höhe ihrer Aufwendungen gewährt. ⁵Der Auszahlungsbetrag des Überbrückungsgeldes vermindert sich vom 31. März 2004 an um 1 050 Euro.

(2) Das gleiche gilt beim Tod eines ehemaligen Mitglieds des Bundestages, das die Voraussetzungen der Mitgliedschaftsdauer nach § 19 erfüllt und noch keine Altersentschädigung erhält.

§ 25 Hinterbliebenenversorgung

(1) Der überlebende Ehegatte oder Lebenspartner eines Mitglieds oder ehemaligen Mitglieds des Bundestages erhält 60 vom Hundert der Altersentschädigung, sofern der Verstorbene im Zeitpunkt seines Todes Anspruch auf Altersentschädigung hatte oder die Voraussetzungen für die Gewährung einer Altersentschädigung erfüllte.

(2) Der überlebende Ehegatte oder Lebenspartner eines Mitglieds oder ehemaligen Mitglieds des Bundestages, das unabhängig vom Lebensalter die Voraussetzung der Mitgliedschaftsdauer nach § 19 erfüllt, erhält 60 vom Hundert der Altersentschädigung, deren Höhe sich nach § 20 bestimmt.

(3) ¹Die leiblichen und die als Kind angenommenen Kinder eines ehemaligen Mitglieds, das zur Zeit seines Todes Altersentschädigung erhalten hätte, eines verstorbenen Mitglieds oder eines verstorbenen Empfängers von Altersentschädigung erhalten Waisengeld. ²Es beträgt für die Vollwaise 20 und die Halbwaise 12 vom Hundert der Altersentschädigung nach den Absätzen 1 und 2.

(4) Beim Tode eines Mitglieds des Bundestages, das dem Bundestag weniger als 14 Jahre angehört hat, erhalten der überlebende Ehegatte oder Lebenspartner 60 vom Hundert, die Vollwaise 20 vom Hundert und die Halbwaise 12 vom Hundert der Altersentschädigung für eine Mitgliedschaft von 13 Jahren.

§ 25a Versorgungsausgleich

(1) Anrechte auf Altersentschädigung werden intern geteilt.

(2) Für die Durchführung gilt das Gesetz über die interne Teilung beamtenversorgungsrechtlicher Ansprüche von Bundesbeamtinnen und Bundesbeamten im Versorgungsausgleich (Bundesversorgungsteilungsgesetz) entsprechend.

(3) Die Bewertung der Altersentschädigung erfolgt nach § 39 des Versorgungsausgleichsgesetzes (unmittelbare Bewertung).

§ 25b Maßnahmen zur Kostendämpfung bei Versorgungsansprüchen

(1) ¹Unter den in § 25 genannten Voraussetzungen erhält der überlebende Ehegatte 55 vom Hundert der jeweiligen Altersentschädigung. ²Das gilt nicht für vor dem 28. Dezember 2004 geschlossene Ehen, wenn zu diesem Zeitpunkt mindestens ein Ehegatte das 40. Lebensjahr vollendet hatte.

(2) Leistungen nach den §§ 18, 19, 21, 22 und 25 werden bei Anspruchsberechtigten nach § 27 Abs. 1 um den hälftigen Prozentsatz nach § 55 Abs. 1 Satz 1 des Elften Buches Sozialgesetzbuch der Jahresbezüge, höchstens jedoch um den hälftigen Prozentsatz nach § 55 Abs. 1 Satz 1 des Elften Buches Sozialgesetzbuch der Beitragsbemessungsgrenze in der Pflegeversicherung (§ 55 Abs. 2 des Elften Buches Sozialgesetzbuch) gemindert.

(3) Ab der ersten nach dem 28. Dezember 2004 folgenden Anpassung der Abgeordnetenentschädigung nach § 11 Abs. 1 wird der der Berechnung der Altersentschädigung zugrunde liegende, bis zum 31. De-

zember 2007 erworbene Bemessungssatz nach § 20 bis zur vierten Anpassung einschließlich um den Faktor 0,5 gekürzt.
(4) Ab der ersten nach dem 28. Dezember 2004 folgenden Anpassung des fiktiven Bemessungsbetrages nach § 35a Abs. 2 Satz 3 wird der der Berechnung der Altersentschädigung nach dem Fünften und Neunten Abschnitt in der bis zum 22. Dezember 1995 geltenden Fassung zugrunde liegende Bemessungssatz nach § 20 bis zur achten Anpassung einschließlich um den Faktor 0,5 gekürzt.
(5) Für Mitglieder, die dem Bundestag ab der 16. Wahlperiode angehören, gilt bis zur Vollendung des in § 19 Abs. 1 und 2 jeweils genannten Alters § 29 Abs. 3 auch für private Erwerbseinkünfte entsprechend.

§ 26 Anwendung beamtenrechtlicher Vorschriften

[1]Soweit in diesem Gesetz nichts anderes bestimmt ist, sind die für die Bundesbeamten geltenden versorgungsrechtlichen Vorschriften sinngemäß anzuwenden. [2]Für den Begriff der Verwendung im öffentlichen Dienst im Sinne dieses Abschnitts gilt § 53 Abs. 8 des Beamtenversorgungsgesetzes entsprechend.

Sechster Abschnitt
Zuschuss zu den Kosten in Krankheits-, Pflege- und Geburtsfällen, Unterstützungen

§ 27 Zuschuss zu den Kosten in Krankheits-, Pflege- und Geburtsfällen

(1) [1]Die Mitglieder des Bundestages erhalten einen Zuschuss zu den notwendigen Kosten in Krankheits-, Pflege- und Geburtsfällen in sinngemäßer Anwendung der für Bundesbeamte geltenden Vorschriften. [2]Das gilt auch für Versorgungsempfänger nach diesem Gesetz, soweit nicht auf Grund eines Dienstverhältnisses oder der Mitgliedschaft in einer anderen gesetzgebenden Körperschaft ein Anspruch auf Beihilfe besteht und auf den Anspruch nach diesem Gesetz gegenüber dem Bundestag schriftlich verzichtet wurde.
(2) [1]Anstelle des Anspruchs auf den Zuschuß nach Absatz 1 erhalten die Mitglieder und Versorgungsempfänger einen Zuschuß zu ihren Krankenversicherungsbeiträgen, wenn der Arbeitgeber keine Beiträge nach § 249 des Fünften Buches Sozialgesetzbuch zahlt oder kein Anspruch auf einen Beitragszuschuß nach § 257 des Fünften Buches Sozialgesetzbuch besteht. [2]Mitglieder der gesetzlichen Krankenversicherung, die eine Rente aus der gesetzlichen Rentenversicherung beziehen und entweder den darauf entfallenden Krankenversicherungsbeitrag nach § 249a des Fünften Buches Sozialgesetzbuch nur zur Hälfte tragen oder gemäß § 106 des Sechsten Buches Sozialgesetzbuch einen Beitragszuschuß beziehen, erhalten für diesen rentenbezogenen Krankenversicherungsbeitrag keinen Zuschuß. [3]Als Zuschuss ist die Hälfte des aus eigenen Mitteln geleisteten Krankenversicherungsbeitrages in Anlehnung an § 249 des Fünften Buches Sozialgesetzbuch zu zahlen. [4]Besteht die Mitgliedschaft nicht ausschließlich in einer gesetzlichen Krankenkasse gemäß § 4 des Fünften Buches Sozialgesetzbuch, beträgt der Zuschuss höchstens die Hälfte des Beitrages nach § 249 des Fünften Buches Sozialgesetzbuch.
(3) [1]Der Anspruch auf den Zuschuß zu den Krankenversicherungsbeiträgen nach Absatz 2 schließt bei Mitgliedern des Bundestages ein den Anspruch auf einen Zuschuß in Höhe der Hälfte des aus eigenen Mitteln geleisteten Pflegeversicherungsbeitrages, höchstens jedoch die Hälfte des Höchstbeitrages der sozialen Pflegeversicherung. [2]Der Zuschuss umfasst den Beitragszuschlag für Kinderlose nach § 55 des Elften Buches Sozialgesetzbuch.
(4) [1]Die Entscheidung darüber, ob das Mitglied anstelle der Leistungen nach Absatz 1 den Zuschuß nach Absatz 2 in Anspruch nehmen will, ist innerhalb von vier Monaten nach Feststellung des Bundeswahlausschusses (§ 42 Abs. 2 Satz 1 des Bundeswahlgesetzes) oder Annahme des Mandats dem Präsidenten des Bundestages mitzuteilen; die Entscheidung ist für die Dauer der Wahlperiode unwiderruflich. [2]Versorgungsempfänger haben die Entscheidung innerhalb von vier Monaten nach Zustellung des Versorgungsbescheides dem Präsidenten mitzuteilen; sie bleiben an diese Entscheidung gebunden.

§ 28 Unterstützungen

Der Präsident kann in besonderen Fällen einem Mitglied des Bundestages einmalige Unterstützungen, einem ausgeschiedenen Mitglied und seinen Hinterbliebenen einmalige Unterstützungen und laufende Unterhaltszuschüsse gewähren.

Siebenter Abschnitt
Anrechnung beim Zusammentreffen mehrerer Bezüge aus öffentlichen Kassen

§ 29 Anrechnung beim Zusammentreffen mehrerer Bezüge aus öffentlichen Kassen

(1) [1]Hat ein Mitglied des Bundestages neben der Abgeordnetenentschädigung nach § 11 Anspruch auf Einkommen aus einem Amtsverhältnis oder aus der Verwendung im öffentlichen Dienst, so wird die

Abgeordnetenentschädigung nach § 11 um 50 vom Hundert gekürzt; der Kürzungsbetrag darf jedoch 30 vom Hundert des Einkommens nicht übersteigen. [2]Entsprechendes gilt für ein Einkommen aus einem Amtsverhältnis oder einer Verwendung im öffentlichen Dienst einer zwischen- oder überstaatlichen Einrichtung. [3]Die Abgeordnetenentschädigung ruht in voller Höhe neben einer Entschädigung nach dem Abgeordnetengesetz eines Landes. [4]Eine Berücksichtigung der in den Sätzen 2 und 3 genannten Bezüge entfällt dann, wenn die Anrechnung der Bezüge beziehungsweise das Ruhen der Entschädigung für die Ausübung des Landtagsmandats bereits durch landesrechtliche Vorschriften oder seitens der zwischen- oder überstaatlichen Einrichtung bestimmt wird.

(2) [1]Versorgungsansprüche aus einem Amtsverhältnis oder aus einer Verwendung im öffentlichen Dienst ruhen neben der Abgeordnetenentschädigung nach § 11 Abs. 1 um 80 vom Hundert, höchstens jedoch in Höhe der Abgeordnetenentschädigung nach § 11 Abs. 1 und 3. [2]Entsprechendes gilt in Höhe von 50 vom Hundert für Renten im Sinne des § 55 Abs. 1 Satz 2 des Beamtenversorgungsgesetzes mit Ausnahme von Renten aus einer freiwilligen Pflichtversicherung auf Antrag gemäß § 4 Abs. 2 des Sechsten Buches Sozialgesetzbuch; § 55 Abs. 3 und 4 des Beamtenversorgungsgesetzes ist sinngemäß anzuwenden. [3]Das nach Anwendung sonstiger Anrechnungs- und Ruhensvorschriften verbleibende Übergangsgeld nach dem Gesetz über die Rechtsverhältnisse der Mitglieder der Bundesregierung und nach dem Gesetz über die Rechtsverhältnisse der Parlamentarischen Staatssekretäre ruht neben der Abgeordnetenentschädigung nach § 11 ab dem zweiten Monat nach dem Ausscheiden aus dem Amt. [4]Beruht ein Versorgungsanspruch nach Satz 1 oder 2 auf Landesrecht, so tritt an die Stelle des Ruhens des Versorgungsanspruches das Ruhen der Abgeordnetenentschädigung um den sich aus Satz 1 oder Satz 2 ergebenden Betrag. [5]Entsprechendes gilt für Versorgungsansprüche aus einem Amtsverhältnis beziehungsweise einer Verwendung im öffentlichen Dienst einer zwischen- oder überstaatlichen Einrichtung.

(3) [1]Versorgungsansprüche nach diesem Gesetz ruhen neben dem Einkommen aus einem Amtsverhältnis oder einer Verwendung im öffentlichen Dienst um 50 vom Hundert des Betrages, um den sie und das Einkommen die Abgeordnetenentschädigung nach § 11 Abs. 1 übersteigen. [2]Entsprechendes gilt für ein Einkommen aus einem Amtsverhältnis oder einer Verwendung im öffentlichen Dienst einer zwischen- oder überstaatlichen Einrichtung.

(4) [1]Versorgungsansprüche nach diesem Gesetz ruhen neben Versorgungsbezügen aus einem Amtsverhältnis oder aus einer Verwendung im öffentlichen Dienst um 50 vom Hundert des Betrages, um den sie und die Versorgungsbezüge aus dem Amtsverhältnis oder der Verwendung im öffentlichen Dienst die Abgeordnetenentschädigung nach § 11 Abs. 1 übersteigen. [2]Entsprechendes gilt beim Bezug einer Versorgung aus einem Amtsverhältnis oder einer Verwendung im öffentlichen Dienst einer zwischen- oder überstaatlichen Einrichtung. [3]In gleicher Weise angerechnet werden Renten im Sinne des § 55 Abs. 1 Satz 2 des Beamtenversorgungsgesetzes mit Ausnahme von Renten aus einer freiwilligen Pflichtversicherung auf Antrag gemäß § 4 Abs. 2 des Sechsten Buches Sozialgesetzbuch; § 55 Abs. 1 Satz 4 und 5, Abs. 3, 4 und 8 des Beamtenversorgungsgesetzes gilt entsprechend.

(5) Versorgungsbezüge nach diesem Gesetz ruhen neben der Entschädigung aus der Mitgliedschaft im Bundestag, im Europäischen Parlament oder im Parlament eines Landes in Höhe des Betrages, um den diese Bezüge die Abgeordnetenentschädigung nach § 11 Abs. 1 übersteigen.

(6) [1]Versorgungsbezüge nach diesem Gesetz ruhen neben Versorgungsbezügen aus der Mitgliedschaft im Bundestag oder im Parlament eines Landes in Höhe des Betrages, um den diese Bezüge die Höchstversorgungsbezüge nach diesem Gesetz übersteigen. [2]Versorgungsbezüge nach diesem Gesetz ruhen bis zur Höhe der Versorgung des Europäischen Parlaments, soweit nicht bereits seitens des Europäischen Parlaments die Anrechnung der Versorgung nach diesem Gesetz auf die dortige Versorgung bestimmt ist.

(7) [1]Die Versorgungsbezüge mit Ausnahme der Renten gemäß Absatz 4 Satz 3 werden nur mit dem Teil in die Anrechnung einbezogen, der nicht auf eigenen Beiträgen beruht. [2]Die Absätze 1 bis 4 sind nicht auf Leistungen nach dem Bundessonderzahlungsgesetz oder entsprechende Leistungen auf Grund landesrechtlicher oder tarifvertraglicher Regelungen anzuwenden. [3]Bei Anwendung der Absätze 1 bis 4 sind Aufwandsentschädigungen, Unfallausgleich, Urlaubsgelder und einmalige Zahlungen außer Betracht zu lassen.

(8) Bei den Anrechnungsgrenzen der Absätze 3 bis 6 wird die Amtszulage nach § 11 Abs. 2 entsprechend berücksichtigt.

(9) Die Verwendung im öffentlichen Dienst und die nach dieser Vorschrift erfassten zwischen- oder überstaatlichen Einrichtungen bestimmen sich nach § 53 Abs. 8 des Beamtenversorgungsgesetzes und den hierzu erlassenen Vorschriften.

Achter Abschnitt
Gemeinsame Vorschriften

§ 30 *[aufgehoben]*

§ 31 Verzicht, Übertragbarkeit
[1]Ein Verzicht auf die Abgeordnetenentschädigung nach § 11 und auf die Leistungen nach § 12 sowie nach dem Fünften Abschnitt mit Ausnahme des § 18 ist unzulässig. [2]Die Ansprüche aus § 12 sind nicht übertragbar. [3]Der Anspruch auf Abgeordnetenentschädigung nach § 11 ist nur bis zur Hälfte übertragbar. [4]Im übrigen gelten die Vorschriften der §§ 850 ff. der Zivilprozeßordnung.

§ 32 Beginn und Ende der Ansprüche, Zahlungsvorschriften
(1) [1]Die in den §§ 11, 12, 16, 27 und 28 geregelten Ansprüche entstehen mit dem Tag der Feststellung des Bundeswahlausschusses (§ 42 Abs. 2 Satz 1 des Bundeswahlgesetzes) oder im Fall des § 45 Abs. 3 des Bundeswahlgesetzes mit dem Tag der Annahme des Mandats, auch wenn die Wahlperiode des letzten Bundestages noch nicht abgelaufen ist. [2]Mandatsbezogene Aufwendungen, die einem gewählten Wahlkreisbewerber oder einem gewählten Landeslistenbewerber zwischen dem Wahltag und dem Tag der Feststellung des Bundeswahlausschusses (§ 42 Abs. 2 Satz 1 des Bundeswahlgesetzes) oder im Fall des § 45 Abs. 3 des Bundeswahlgesetzes mit dem Tag der Annahme des Mandats im Hinblick auf den Zusammentritt des neuen Bundestages entstehen, werden ebenfalls erstattet.
(2) [1]Ausgeschiedene Mitglieder erhalten die Abgeordnetenentschädigung nach § 11 bis zum Ende des Monats, in dem sie ausgeschieden sind, und die Geldleistungen nach § 12 Abs. 2 bis zum Ende des darauf folgenden Monats. [2]Die Rechte nach § 16 erlöschen 14 Tage nach dem Ausscheiden aus dem Bundestag.
(3) [1]Die Aufwendungen für die Beschäftigung von Mitarbeitern werden bis zum Ende des Monats ersetzt, in dem die Wahlperiode endet. [2]Scheidet ein Mitglied während der Wahlperiode aus, werden die Aufwendungen für die Beschäftigung von Mitarbeitern längstens bis zum Ende des fünften Monats nach dem Ausscheiden ersetzt, es sei denn, das Arbeitsverhältnis wird zu einem früheren Zeitpunkt beendet.
(4) Die Altersentschädigung wird vom Ersten des auf das anspruchsbegründende Ereignis folgenden Monats bis zum Ablauf des Monats gewährt, in dem der Berechtigte stirbt.
(5) Der Anspruch auf Altersentschädigung ruht während der Zeit, für die ein Anspruch auf Übergangsgeld besteht.
(6) [1]Altersentschädigung nach diesem Gesetz wird nicht gezahlt, wenn das Mitglied oder das ehemalige Mitglied seine Mitgliedschaft im Bundestag auf Grund des § 15 Abs. 2 Nr. 2 des Bundeswahlgesetzes verliert oder verlieren würde. [2]Für die Zeit der Mitgliedschaft im Bundestag gilt § 23.
(7) Für Mitglieder, die nach Inkrafttreten dieses Gesetzes aus dem Bundestag ausscheiden, gilt § 27 für die Dauer des Anspruchs auf Übergangsgeld nach § 18, mindestens jedoch für die Dauer von sechs Monaten.
(8) [1]Die Abgeordnetenentschädigung nach § 11 und die Geldleistungen nach § 12 Abs. 2 und den §§ 20 bis 27 werden monatlich im voraus gezahlt. [2]Ist nur ein Teil zu leisten, so wird für jeden Kalendertag ein Dreißigstel gezahlt; § 33 gilt entsprechend.

§ 33 *[aufgehoben]*

§ 34 Ausführungsbestimmungen
(1) Soweit durch Bundesgesetz dazu ermächtigt, kann der Ältestenrat Ausführungsbestimmungen zur Rechtsstellung der Mitglieder des Bundestages erlassen, die vom Präsidenten im Amtlichen Handbuch des Deutschen Bundestages veröffentlicht werden.
(2) Der Ältestenrat kann allgemeine Verwaltungsvorschriften zu diesem Gesetz erlassen.
(3) Der Präsident veröffentlicht in einer Anlage zum Abgeordnetengesetz im Amtlichen Handbuch des Deutschen Bundestages den Betrag der Kostenpauschale.

Neunter Abschnitt
Übergangsregelungen

§ 35 Übergangsregelung zum Elften Änderungsgesetz
(1) [1]Versorgungsansprüche und Versorgungsanwartschaften, die vor dem Inkrafttreten des Elften Änderungsgesetzes entstanden sind, bleiben unberührt. [2]§ 29 Abs. 4 findet Anwendung. [3]Die Sätze 1 und 2 gelten entsprechend für die Hinterbliebenen eines Empfängers von Altersentschädigung, wenn dieser nach Inkrafttreten des Elften Änderungsgesetzes verstirbt.

(2) ¹Versorgungsansprüche und Versorgungsanwartschaften ehemaliger Mitglieder des Bundestages, die die Voraussetzungen der Mitgliedschaftsdauer vor Inkrafttreten des Elften Änderungsgesetzes erfüllen, und ihrer Hinterbliebenen richten sich nach bisherigem Recht. ²§ 29 Abs. 4 findet Anwendung. ³Die Sätze 1 und 2 gelten entsprechend für Mitglieder des Bundestages, die vor Inkrafttreten des Elften Änderungsgesetzes dem Bundestag oder einem Landtag angehören, sowie für ihre Hinterbliebenen.

(3) ¹Ehemalige Mitglieder des Bundestages, die nach Inkrafttreten des Elften Änderungsgesetzes erneut in den Bundestag eintreten und die Voraussetzungen der §§ 19 und 21 in der bisherigen Fassung erfüllen, erhalten Altersentschädigung nach bisherigem Recht mit der Maßgabe, daß für jedes Jahr der Mitgliedschaft nach Inkrafttreten des Elften Änderungsgesetzes 4 vom Hundert der Entschädigung nach § 11 Abs. 1 bis zum Erreichen der Höchstaltersentschädigung gewährt werden. ²§ 29 Abs. 4 findet Anwendung. ³Die Sätze 1 und 2 gelten für Hinterbliebene entsprechend.

(4) Die sich nach Absatz 1 bis 3 ergebende Versorgungsanwartschaft nach bisherigem Recht wird der Berechnung des Versorgungsanspruchs zugrunde gelegt, wenn sie höher ist als die Versorgungsanwartschaft, die sich nach diesem Gesetz ergibt.

§ 35a Übergangsregelungen zum Neunzehnten Änderungsgesetz

(1) ¹Für Mitglieder, die am 22. Dezember 1995 dem Bundestag angehören, ehemalige Mitglieder des Bundestages und ihre Hinterbliebenen gelten die Regelungen des Fünften und des Neunten Abschnitts in der bis zum 22. Dezember 1995 geltenden Fassung fort. ²§ 25b Abs. 1, 2 und 5 gilt entsprechend.

(2) ¹Statt der Abgeordnetenentschädigung nach § 11 gilt in den Fällen des Absatzes 1 ein fiktiver Bemessungsbetrag. ²Für das Übergangsgeld wird der Bemessungsbetrag auf 5 301 Euro festgesetzt. ³Der fiktive Bemessungsbetrag für die Altersentschädigung wird mit Wirkung vom 1. Juli 2000 auf 11 683 Deutsche Mark, vom 1. Januar 2001 auf 11 868 Deutsche Mark, vom 1. Januar 2002 auf 6 165 Euro, vom 1. Januar 2003 auf 6 263 Euro, vom 1. Januar 2008 auf 6 411 Euro, vom 1. Januar 2009 auf 6 555 Euro, vom 1. Januar 2012 auf 6 805 Euro, vom 1. Januar 2013 auf 7 055 Euro, vom 1. Juli 2014 auf 7 410 Euro und vom 1. Januar 2015 auf 7 765 Euro festgesetzt. ⁴Für spätere Anpassungen wird der Anpassungsfaktor anhand des in § 11 Absatz 4 und 5 geregelten Verfahrens ermittelt.¹⁾

(3) Bei der Anwendung des § 29 auf Versorgungsansprüche nach diesem Gesetz wird in den Fällen des Absatzes 1 statt der Abgeordnetenentschädigung nach § 11 ebenfalls der fiktive Bemessungsbetrag für die Altersentschädigung nach Absatz 2 zugrunde gelegt.

(4) ¹Mitglieder des 13. Deutschen Bundestages, auf die Absatz 1 Anwendung findet, können sich bis zu ihrem Ausscheiden aus dem Bundestag für eine Anwendung der Regelungen des Fünften Abschnitts in der Fassung des Neunzehnten Änderungsgesetzes entscheiden. ²Die Entscheidung ist bindend. ³Verstirbt das Mitglied vor Ausübung des Wahlrechts, findet die jeweils günstigere Fassung Anwendung.

§ 35b Übergangsregelungen zum Siebenundzwanzigsten Änderungsgesetz

(1) ¹Auf alle bis zum 31. Dezember 2007 entstandenen Ansprüche und Anwartschaften von Mitgliedern des Bundestages, ehemaligen Mitgliedern und ihren Hinterbliebenen finden die Regelungen des Fünften und des Neunten Abschnitts in der bis zum 31. Dezember 2007 geltenden Fassung Anwendung. ²§ 19 Abs. 1 und 2, § 20 Satz 3 und § 25b Abs. 3 gelten entsprechend.

(2) ¹Statt der Abgeordnetenentschädigung nach § 11 gilt in den Fällen des Absatzes 1 ein gesonderter fiktiver Bemessungsbetrag. ²Dieser fiktive Bemessungsbetrag wird mit Wirkung vom 1. Januar 2008 auf 7 174 Euro, vom 1. Januar 2009 auf 7 335 Euro, vom 1. Januar 2012 auf 7 615 Euro, vom 1. Januar 2013 auf 7 895 Euro, vom 1. Juli 2014 auf 8 292 Euro und vom 1. Januar 2015 auf 8 689 Euro festgesetzt. ³§ 35a bleibt unberührt. ⁴Für spätere Anpassungen wird der Anpassungsfaktor anhand des in § 11 Absatz 4 und 5 geregelten Verfahrens ermittelt.²⁾

(3) Bei der Berechnung von Ansprüchen und Anwartschaften von Mitgliedern des 16. Deutschen Bundestages gemäß Absatz 1 findet die Mindestzeit nach § 19 in der bis zum Inkrafttreten des Siebenundzwanzigsten Änderungsgesetzes geltenden Fassung keine Anwendung.

(4) ¹Bei der Anwendung des § 29 auf Versorgungsansprüche nach diesem Gesetz wird in den Fällen des Absatzes 1 statt der Abgeordnetenentschädigung nach § 11 ebenfalls der fiktive Bemessungsbetrag für die Altersentschädigung nach Absatz 2 zugrunde gelegt. ²In den Fällen, in denen sich die Versorgungsansprüche aus solchen des neuen Rechts und solchen nach Absatz 1 zusammensetzen, ist jeweils der

1) *[bis 31.12.2020:]* Siehe zur Aussetzung des Verfahrens für die Anpassung der fiktiven Bemessungsbeträge für die Altersentschädigung nach § 35a Absatz 2 Satz 4 für das Jahr 2020 das Abgeordnetengesetz-Anpassungsverfahrensaussetzungsgesetz 2020.

2) *[bis 31.12.2020:]* Siehe zur Aussetzung des Verfahrens für die Anpassung der fiktiven Bemessungsbeträge für die Altersentschädigung nach § 35b Absatz 2 Satz 4 für das Jahr 2020 das Abgeordnetengesetz-Anpassungsverfahrensaussetzungsgesetz 2020.

Betrag zugrunde zu legen, der sich unter Berücksichtigung des jeweiligen prozentualen Verhältnisses ergibt, mit dem die Versorgung auf der Grundlage des fiktiven Berechnungsbetrages nach Absatz 2 und der Entschädigung nach § 11 errechnet wird.

§ 35c Übergangsregelungen zum Dreißigsten Änderungsgesetz

[1]Auf alle bis zum Tag der ersten Sitzung des 19. Deutschen Bundestages entstandenen Ansprüche und Anwartschaften von Mitgliedern des Deutschen Bundestages, ehemaligen Mitgliedern und ihren Hinterbliebenen finden die Regelungen des Fünften und des Neunten Abschnitts in der bis zum Tag der ersten Sitzung des 19. Deutschen Bundestages geltenden Fassung Anwendung. [2]Die §§ 35a und 35b bleiben unberührt.

§ 36 Übergangsregelung für die Angehörigen des öffentlichen Dienstes

(1) [1]Der auf Grund des Gesetzes über die Rechtsstellung der in den ersten Deutschen Bundestag gewählten Angehörigen des öffentlichen Dienstes vom 11. Mai 1951 (BGBl. I S. 297) oder des Gesetzes über die Rechtsstellung der in den Deutschen Bundestag gewählten Angehörigen des öffentlichen Dienstes vom 4. August 1953 (BGBl. I S. 777), zuletzt geändert durch das Gesetz vom 21. August 1961 (BGBl. I S. 1557), sowie einer entsprechenden Regelung eines Landes in den Ruhestand getretene Beamte, der in den achten Bundestag gewählt worden ist oder in einen späteren Bundestag gewählt wird, gilt mit dem Tage der Annahme der Wahl, frühestens jedoch mit dem Inkrafttreten dieses Gesetzes, wieder als in das Beamtenverhältnis unter gleichzeitigem Ruhen der Rechte und Pflichten (§ 5 Abs. 1) berufen, sofern er die allgemeinen Voraussetzungen für die Berufung in das Beamtenverhältnis noch erfüllt. [2]Im übrigen bleiben die bis zum Inkrafttreten dieses Gesetzes nach den §§ 4 und 4a letzter Satz des Gesetzes über die Rechtsstellung der in den deutschen Bundestag gewählten Angehörigen des öffentlichen Dienstes vom 4. August 1953 begründeten Ansprüche erhalten.

(2) Absatz 1 gilt entsprechend für Richter, Berufssoldaten und Soldaten auf Zeit sowie sinngemäß für Angestellte des öffentlichen Dienstes.

(3) Für ehemalige Mitglieder des Bundestages bleiben die nach dem Gesetz über die Rechtsstellung der in den Deutschen Bundestag gewählten Angehörigen des öffentlichen Dienstes vom 4. August 1953 begründeten Rechte erhalten.

§ 37 Versorgung vor 1968 ausgeschiedener Mitglieder

Der Präsident gewährt auf Antrag einem ehemaligen Mitglied, das vor dem 1. Januar 1968 aus dem Bundestag ausgeschieden ist, sowie seinen Hinterbliebenen vom Ersten des Monats der Antragstellung an Leistungen aus der Alters- und Hinterbliebenenversorgung nach dem Diätengesetz 1968 vom 3. Mai 1968 (BGBl. I S. 334), zuletzt geändert durch Artikel VIII des Gesetzes vom 18. Februar 1977 (BGBl. I S. 297).

§ 38 Versorgung für Zeiten vor Inkrafttreten dieses Gesetzes

(1) Ein Mitglied des Bundestages, das in der Zeit vom 1. Januar 1968 bis zum Inkrafttreten dieses Gesetzes ausgeschieden ist, und seine Hinterbliebenen erhalten Versorgung nach dem Diätengesetz 1968.

(2) Ein Mitglied des Bundestages, das dem Bundestag bereits vor Inkrafttreten dieses Gesetzes angehört hat und erst nach seinem Inkrafttreten aus dem Bundestag ausscheidet, erhält Altersentschädigung nach diesem Gesetz; dabei wird die Zeit der Mitgliedschaft vor Inkrafttreten dieses Gesetzes berücksichtigt.

(3) [1]Anstelle der Altersentschädigung nach Absatz 2 werden auf Antrag die nach § 4 des Diätengesetzes 1968 geleisteten eigenen Beiträge zur Alters- und Hinterbliebenenversorgung zinslos erstattet. [2]In diesem Falle bleiben die Zeiten der Mitgliedschaft im Bundestag vor Inkrafttreten dieses Gesetzes bei der Festsetzung der Altersentschädigung nach diesem Gesetz unberücksichtigt. [3]Im Falle des § 23 wird nur die halbe Versorgungsabfindung gezahlt.

(4) [1]Anstelle der Altersentschädigung nach Absatz 2 erhält ein Mitglied des Bundestages, das die Voraussetzungen des § 5 Abs. 1 und des § 7a Abs. 1 des Diätengesetzes 1968 erfüllt, für die Zeit der Mitgliedschaft im Bundestag vor Inkrafttreten dieses Gesetzes auf Antrag Ruhegeld nach dem Diätengesetz 1968; für die Zeit nach Inkrafttreten dieses Gesetzes wird Altersentschädigung nach diesem Gesetz mit der Maßgabe gewährt, daß für jedes Jahr der Mitgliedschaft 5 vom Hundert der Entschädigung nach § 11 Abs. 1 gezahlt werden. [2]Die anrechenbaren Zeiten vor und nach Inkrafttreten dieses Gesetzes dürfen 16 Jahre nicht übersteigen. [3]Das gleiche gilt für Hinterbliebene.

(5) Der Antrag gemäß den Absätzen 3 und 4 ist innerhalb von sechs Monaten nach Inkrafttreten dieses Gesetzes beim Präsidenten des Bundestages zu stellen.

§ 38a [Versorgung vor 1977 ausgeschiedener Mitglieder]

(1) [1]Versorgungsempfänger nach den §§ 37 und 38 Abs. 1 erhalten anstelle ihrer bisherigen Versorgung auf Antrag Versorgung nach dem Fünften Abschnitt. [2]Das gleiche gilt für ehemalige Mitglieder, die dem

Bundestag vor Inkrafttreten dieses Gesetzes mindestens sechs Jahre angehört haben und ihre Hinterbliebenen. [3]§ 18 Abs. 1 letzter Satz gilt entsprechend.

(2) [1]Für ehemalige Mitglieder, die vor dem 1. April 1977 aus dem Bundestag ausgeschieden sind und danach wieder eintreten, gilt § 38 Abs. 4 entsprechend. [2]Der Antrag ist innerhalb von sechs Monaten nach dem Wiedereintritt in den Deutschen Bundestag beim Präsidenten des Bundestages zu stellen. [3]Das gleiche gilt für Hinterbliebene.

§ 38b Hinterbliebenenversorgung bei Tod während der Mitgliedschaft im Bundestag
Hinterbliebene nach § 25 Abs. 4, deren Versorgungsfall in der Zeit vom 1. April 1977 bis zum Inkrafttreten des Siebten Änderungsgesetzes eingetreten ist, erhalten auf Antrag vom Ersten des Monats der Antragstellung an Versorgung nach § 25 Abs. 4.

§ 39 Anrechnung früherer Versorgungsbezüge
(1) Versorgungsbezüge nach dem Diätengesetz 1968 werden gemäß § 10 Diätengesetz 1968 nicht in die Anrechnung nach § 29 Abs. 3 und 4 einbezogen.

(2) [1]Versorgungsbezüge nach dem Diätengesetz 1968 werden neben einer Entschädigung oder einer Versorgung aus der Mitgliedschaft in einem Landtag (§ 29 Abs. 6) nur mit dem Teil in die Anrechnung einbezogen, der nicht auf eigenen Beiträgen beruht. [2]Angerechnete Zeiten nach § 21 des Diätengesetzes 1968 gelten als Beitragszeiten.

§ 40 Gekürzte Versorgungsabfindung
[1]Für Zeiten der Mitgliedschaft unter der Geltung des Diätengesetzes 1968 wird die halbe Versorgungsabfindung nach § 23 gezahlt. [2]In diesem Falle werden eigene Beiträge zur Versicherung nach § 4 des Diätengesetzes 1968 auf Antrag erstattet.

§ 41 Fortsetzung der Todesfallversicherung
Die bei Inkrafttreten dieses Gesetzes bestehende Todesfallversicherung wird mit der Maßgabe fortgesetzt, daß die zu zahlende Altersentschädigung und das Witwengeld entsprechend der Zahl und der Höhe der seit dem 1. Januar 1968 geleisteten monatlichen Beiträge der Versicherungsnehmerin zu der Todesfallversicherung gekürzt werden.

§ 42 Umwandlung oder Auflösung der Todesfallversicherung
(1) Ein Mitglied oder ehemaliges Mitglied des Bundestages, das sich nach § 20 des Diätengesetzes 1968 für die Fortsetzung der Versicherung auf Bundeskosten entschieden hat, kann die Todesfallversicherung umwandeln oder auflösen.

(2) Im Falle der Umwandlung besteht die Möglichkeit der Fortsetzung auf eigene Kosten oder der beitragsfreien Versicherung mit der Maßgabe, daß die zu zahlende Altersentschädigung und das Witwengeld entsprechend der Zahl und der Höhe der von der Versicherungsnehmerin in der Zeit vom 1. Januar 1968 bis zum Ablauf des Monats der Umwandlung oder bis zur Gewährung von Altersentschädigung geleisteten Beiträge gekürzt wird.

(3) Bei Auflösung der Versicherung wird dem Versicherten der auf eigenen Beiträgen beruhende Rückkaufswert erstattet.

§ 43 Weiterzahlung des Übergangsgeldes
Ein ehemaliges Mitglied des Bundestages, das beim Inkrafttreten dieses Gesetzes Aufwandsentschädigung nach dem Diätengesetz 1968 bezieht, behält diesen Anspruch.

§ 44 Anrechnung von Zeiten für das Übergangsgeld
Zeiten der Mitgliedschaft im Bundestag, die vor Inkrafttreten dieses Gesetzes liegen, werden bei der Berechnung des Zeitraumes, für den Übergangsgeld zu zahlen ist, berücksichtigt.

Zehnter Abschnitt
Unabhängigkeit des Abgeordneten

§ 44a Ausübung des Mandats
(1) [1]Die Ausübung des Mandats steht im Mittelpunkt der Tätigkeit eines Mitglieds des Bundestages. [2]Unbeschadet dieser Verpflichtung bleiben Tätigkeiten beruflicher oder anderer Art neben dem Mandat grundsätzlich zulässig.

(2) [1]Für die Ausübung des Mandats darf ein Mitglied des Bundestages keine anderen als die gesetzlich vorgesehenen Zuwendungen oder andere Vermögensvorteile annehmen. [2]Unzulässig ist insbesondere die Annahme von Geld oder von geldwerten Zuwendungen, die nur deshalb gewährt werden, weil dafür die Vertretung und Durchsetzung der Interessen des Leistenden im Bundestag erwartet wird. [3]Unzulässig ist

ferner die Annahme von Geld oder von geldwerten Zuwendungen, wenn diese Leistung ohne angemessene Gegenleistung des Mitglieds des Bundestages gewährt wird. [4]Die Entgegennahme von Spenden bleibt unberührt.

(3) [1]Nach Absatz 2 unzulässige Zuwendungen oder Vermögensvorteile oder ihr Gegenwert sind dem Haushalt des Bundes zuzuführen. [2]Der Präsident macht den Anspruch durch Verwaltungsakt geltend, soweit der Erhalt der Zuwendung oder des Vermögensvorteils nicht länger als drei Jahre zurückliegt. [3]Der Anspruch wird durch einen Verlust der Mitgliedschaft im Bundestag nicht berührt. [4]Das Nähere bestimmen die Verhaltensregeln nach § 44b.

(4) [1]Tätigkeiten vor Übernahme des Mandats sowie Tätigkeiten und Einkünfte neben dem Mandat, die auf für die Ausübung des Mandats bedeutsame Interessenverknüpfungen hinweisen können, sind nach Maßgabe der Verhaltensregeln (§ 44b) anzuzeigen und zu veröffentlichen. [2]Werden anzeigepflichtige Tätigkeiten oder Einkünfte nicht angezeigt, kann das Präsidium ein Ordnungsgeld bis zur Höhe der Hälfte der jährlichen Abgeordnetenentschädigung festsetzen. [3]Der Präsident macht das Ordnungsgeld durch Verwaltungsakt geltend. [4]§ 31 bleibt unberührt. [5]Das Nähere bestimmen die Verhaltensregeln nach § 44b.

(5) [1]Wegen einer nicht nur geringfügigen Verletzung der Ordnung oder der Würde des Bundestages bei dessen Sitzungen kann der Präsident gegen ein Mitglied des Bundestages ein Ordnungsgeld in Höhe von 1 000 Euro festsetzen. [2]Im Wiederholungsfall erhöht sich das Ordnungsgeld auf 2 000 Euro. [3]Bei gröblicher Verletzung der Ordnung oder der Würde des Bundestages kann das Mitglied für die Dauer der Sitzung aus dem Saal verwiesen und bis zu 30 Sitzungstage von der Teilnahme an Sitzungen des Bundestages und seiner Gremien ausgeschlossen werden. [4]Das Nähere regelt die Geschäftsordnung des Bundestages.

§ 44b Verhaltensregeln
Der Bundestag gibt sich Verhaltensregeln[1]), die insbesondere Bestimmungen enthalten müssen über
1. die Fälle einer Pflicht zur Anzeige von Tätigkeiten vor der Mitgliedschaft im Bundestag sowie von Tätigkeiten neben dem Mandat;
2. die Fälle einer Pflicht zur Anzeige der Art und Höhe der Einkünfte neben dem Mandat oberhalb festgelegter Mindestbeträge;
3. die Pflicht zur Rechnungsführung und zur Anzeige von Spenden oberhalb festgelegter Mindestbeträge sowie Annahmeverbote und Ablieferungspflichten in den in den Verhaltensregeln näher bestimmten Fällen;
4. die Veröffentlichung von Angaben im Amtlichen Handbuch und im Internet;
5. das Verfahren sowie die Befugnisse und Pflichten des Präsidiums und des Präsidenten bei Entscheidungen nach § 44a Abs. 3 und 4.

§ 44c Überprüfung auf Tätigkeit oder politische Verantwortung für das Ministerium für Staatssicherheit/Amt für Nationale Sicherheit der ehemaligen Deutschen Demokratischen Republik
(1) Mitglieder des Bundestages können beim Präsidenten schriftlich die Überprüfung auf eine hauptamtliche oder inoffizielle Tätigkeit oder politische Verantwortung für den Staatssicherheitsdienst der ehemaligen Deutschen Demokratischen Republik beantragen.
(2) Eine Überprüfung findet ohne Zustimmung statt, wenn der Ausschuß für Wahlprüfung, Immunität und Geschäftsordnung das Vorliegen von konkreten Anhaltspunkten für den Verdacht einer solchen Tätigkeit oder Verantwortung festgestellt hat.
(3) Das Verfahren wird in den Fällen der Absätze 1 und 2 vom Ausschuß für Wahlprüfung, Immunität und Geschäftsordnung durchgeführt.
(4) Das Verfahren zur Feststellung einer Tätigkeit oder Verantwortung für das Ministerium für Staatssicherheit/ Amt für Nationale Sicherheit der ehemaligen Deutschen Demokratischen Republik legt der Deutsche Bundestag in Richtlinien fest.

§ 44d Verschwiegenheitspflicht und Aussagegenehmigung
(1) Die Abgeordneten des Deutschen Bundestages dürfen, auch nach Beendigung ihres Mandats, ohne Genehmigung weder vor Gericht noch außergerichtlich Aussagen oder Erklärungen abgeben über Angelegenheiten, die auf Grund eines Gesetzes oder nach den Bestimmungen der Geschäftsordnung des Deutschen Bundestages der Verschwiegenheit unterliegen.
(2) [1]Die Genehmigung erteilt der Präsident des Deutschen Bundestages. [2]Sind Stellen außerhalb des Deutschen Bundestages an der Entstehung der geheimzuhaltenden Angelegenheiten beteiligt gewesen, kann die Genehmigung nur im Einvernehmen mit ihnen erteilt werden.

1) Siehe Anl. 1 GeschäftsO des Deutschen Bundestages.

(3) Die Genehmigung darf nur versagt werden, wenn die Aussage oder Erklärung dem Wohl des Bundes oder eines Landes Nachteile bereiten oder die Erfüllung öffentlicher Aufgaben ernstlich gefährden oder erheblich erschweren würde.

Elfter Abschnitt
Fraktionen

§ 45 Fraktionsbildung
(1) Mitglieder des Bundestages können sich zu Fraktionen zusammenschließen.
(2) Das Nähere regelt die Geschäftsordnung des Deutschen Bundestages.

§ 46 Rechtsstellung
(1) Die Fraktionen sind rechtsfähige Vereinigungen von Abgeordneten im Deutschen Bundestag.
(2) Die Fraktionen können klagen und verklagt werden.
(3) Die Fraktionen sind nicht Teil der öffentlichen Verwaltung; sie üben keine öffentliche Gewalt aus.

§ 47 Aufgaben
(1) Die Fraktionen wirken an der Erfüllung der Aufgaben des Deutschen Bundestages mit.
(2) Die Fraktionen können mit Fraktionen anderer Parlamente und parlamentarischen Einrichtungen national und international zusammenarbeiten.
(3) Die Fraktionen und ihre Mitglieder können die Öffentlichkeit über ihre Tätigkeit unterrichten.

§ 48 Organisation
(1) Die Fraktionen sind verpflichtet, ihre Organisation und Arbeitsweise auf den Grundsätzen der parlamentarischen Demokratie aufzubauen und an diesen auszurichten.
(2) Die Fraktionen geben sich eine eigene Geschäftsordnung.

§ 49 Geheimhaltungspflicht der Fraktionsangestellten
(1) [1]Angestellte der Fraktionen sind, auch nach Beendigung ihres Beschäftigungsverhältnisses, verpflichtet, über die ihnen bei ihrer Tätigkeit bekanntgewordenen Angelegenheiten Verschwiegenheit zu bewahren. [2]Dies gilt nicht für Tatsachen, die offenkundig sind oder ihrer Bedeutung nach keiner Geheimhaltung bedürfen.
(2) [1]Angestellte der Fraktionen dürfen, auch nach Beendigung ihres Beschäftigungsverhältnisses, ohne Genehmigung über solche Angelegenheiten weder vor Gericht noch außergerichtlich aussagen oder Erklärungen abgeben. [2]Die Genehmigung erteilt der jeweilige Fraktionsvorsitzende.
(3) Unberührt bleibt die gesetzlich begründete Pflicht, Straftaten anzuzeigen und bei Gefährdung der freiheitlich demokratischen Grundordnung für deren Erhaltung einzutreten.

§ 50 Geld- und Sachleistungen
(1) Die Fraktionen haben zur Erfüllung ihrer Aufgaben Anspruch auf Geld- und Sachleistungen aus dem Bundeshaushalt.
(2) [1]Die Geldleistungen setzen sich aus einem Grundbetrag für jede Fraktion, aus einem Betrag für jedes Mitglied und einem weiteren Zuschlag für jede Fraktion, die nicht die Bundesregierung trägt (Oppositionszuschlag), zusammen. [2]Die Höhe dieser Beträge und des Oppositionszuschlages legt der Bundestag jährlich fest. [3]Dazu erstattet der Präsident dem Bundestag im Benehmen mit dem Ältestenrat jeweils bis zum 30. September einen Bericht über die Angemessenheit der Beträge und des Oppositionszuschlages und legt zugleich einen Anpassungsvorschlag vor.
(3) Die Sachleistungen werden nach Maßgabe des Haushaltsgesetzes zur Nutzung erbracht.
(4) [1]Leistungen nach Absatz 1 dürfen die Fraktionen nur für Aufgaben verwenden, die ihnen nach dem Grundgesetz, diesem Gesetz und der Geschäftsordnung des Deutschen Bundestages obliegen. [2]Eine Verwendung für Parteiaufgaben ist unzulässig.
(5) Geldleistungen nach Absatz 1 können auf neue Rechnung vorgetragen werden.

§ 51 Haushalts- und Wirtschaftsführung, Buchführung
(1) Einzelheiten der Haushalts- und Wirtschaftsführung werden in Ausführungsbestimmungen geregelt, die der Ältestenrat nach Anhörung des Bundesrechnungshofes erläßt.
(2) [1]Die Fraktionen haben Bücher über ihre rechnungslegungspflichtigen Einnahmen und Ausgaben sowie über ihr Vermögen zu führen. [2]Dabei ist nach den Grundsätzen ordnungsgemäßer Buchführung unter Berücksichtigung des Gesetzeszwecks zu verfahren.

(3) Aus den Geldleistungen nach § 50 Abs. 1 beschaffte Gegenstände sind, wenn sie nicht zum kurzfristigen Verbrauch bestimmt oder nur von geringem Wert sind, zu kennzeichnen und in einem Nachweis aufzuführen.
(4) Die Rechnungsunterlagen sind fünf Jahre aufzubewahren.

§ 52 Rechnungslegung
(1) Die Fraktionen haben über die Herkunft und die Verwendung der Mittel, die ihnen innerhalb eines Kalenderjahres (Rechnungsjahr) gemäß § 50 Abs. 1 zugeflossen sind, öffentlich Rechenschaft zu geben.
(2) Die Rechnung ist wie folgt zu gliedern:
1. Einnahmen:
 a) Geldleistungen nach § 50 Abs. 1,
 b) sonstige Einnahmen;
2. Ausgaben:
 a) Summe der Leistungen an Fraktionsmitglieder für die Wahrnehmung besonderer Funktionen in der Fraktion,
 b) Summe der Personalausgaben für Fraktionsmitarbeiterinnen und -mitarbeiter,
 c) Ausgaben für Veranstaltungen,
 d) Sachverständigen-, Gerichts- und ähnliche Kosten,
 e) Ausgaben für die Zusammenarbeit mit Fraktionen anderer Parlamente,
 f) Ausgaben für die Öffentlichkeitsarbeit,
 g) Ausgaben des laufenden Geschäftsbetriebes,
 h) Ausgaben für Investitionen sowie
 i) sonstige Ausgaben.
(3) [1]Die Rechnung muß das Vermögen, das mit Mitteln gemäß § 50 Abs. 1 erworben wurde, die Rücklagen, die aus diesen Mitteln gebildet werden, sowie die Forderungen und die Verbindlichkeiten ausweisen. [2]Die Vermögensrechnung gliedert sich wie folgt:
1. Aktivseite:
 a) Geldbestände,
 b) sonstige Vermögensgegenstände,
 c) Rechnungsabgrenzung;
2. Passivseite:
 a) Rücklagen,
 b) Rückstellungen,
 c) Verbindlichkeiten gegenüber Kreditinstituten,
 d) sonstige Verbindlichkeiten,
 e) Rechnungsabgrenzung.
(4) [1]Die Rechnung muß von einem im Benehmen mit dem Bundesrechnungshof bestellten Abschlußprüfer (Wirtschaftsprüfer oder Wirtschaftsprüfungsgesellschaft) auf die Einhaltung der Anforderungen der Absätze 2 und 3 geprüft werden und einen entsprechenden Prüfungsvermerk aufweisen. [2]Die geprüfte Rechnung ist dem Präsidenten oder der Präsidentin des Deutschen Bundestages spätestens bis zum Ende des sechsten Monats nach Ablauf des Kalenderjahres oder des Monats vorzulegen, in dem die Geldleistungen nach § 50 Abs. 1 letztmals gezahlt wurden. [3]Der Präsident oder die Präsidentin des Deutschen Bundestages können die Frist aus besonderen Gründen bis zu drei Monaten verlängern. [4]Die geprüfte Rechnung wird als Bundestags-Drucksache verteilt.
(5) Solange eine Fraktion mit der Rechnungslegung in Verzug ist, sind Geld- und Sachleistungen nach § 50 Abs. 1 zurückzubehalten.

§ 53 Rechnungsprüfung
(1) Der Bundesrechnungshof prüft die Rechnung sowie die den Fraktionen nach § 50 Abs. 1 zur Verfügung gestellten Geld- und Sachleistungen auf ihre wirtschaftliche und ordnungsgemäße Verwendung nach Maßgabe der Ausführungsbestimmungen gemäß § 51 Abs. 1.
(2) [1]Bei der Prüfung sind die Rechtsstellung und die Aufgaben der Fraktionen zu beachten. [2]Die politische Erforderlichkeit einer Maßnahme der Fraktionen ist nicht Gegenstand der Prüfung.

§ 54 Beendigung der Rechtsstellung und Liquidation
(1) Die Rechtsstellung nach § 46 entfällt
1. bei Erlöschen des Fraktionsstatus,
2. bei Auflösung der Fraktion,
3. mit dem Ende der Wahlperiode.

(2) [1]In den Fällen des Absatzes 1 Nr. 1 und 2 findet eine Liquidation statt. [2]Die Fraktion gilt bis zur Beendigung der Liquidation als fortbestehend, soweit der Zweck der Liquidation dies erfordert. [3]Die Liquidation erfolgt durch den Vorstand, soweit die Geschäftsordnung der Fraktion nichts anderes bestimmt.

(3) [1]Die Liquidatoren haben die laufenden Geschäfte zu beenden, die Forderungen einzuziehen und die Gläubiger zu befriedigen. [2]Sie sind berechtigt, zu diesem Zweck neue Geschäfte einzugehen und das Vermögen in Geld umzusetzen. [3]Die Zweckbindung gemäß § 50 Abs. 4 ist zu beachten. [4]Fällt den Liquidatoren bei der Durchführung der Liquidation ein Verschulden zur Last, so haften sie für den daraus entstehenden Schaden gegenüber den Gläubigern als Gesamtschuldner.

(4) [1]Soweit nach der Beendigung der Liquidation nach § 50 Abs. 1 gewährte Geldleistungen verbleiben, sind diese an den Bundeshaushalt zurückzuführen. [2]Das gleiche gilt für Vermögenswerte, die mit diesen Geldern angeschafft worden sind. [3]Die Sachleistungen nach § 50 Abs. 3 sind derjenigen Stelle zurückzugeben, die die Sachleistung erbracht hat.

(5) [1]Das verbleibende Vermögen der Fraktion ist dem Anfallsberechtigten zu überlassen. [2]Anfallsberechtigt sind die in der Geschäftsordnung der Fraktion bestimmten Personen oder Stellen.

(6) [1]Maßnahmen nach den Absätzen 4 und 5 dürfen erst vorgenommen werden, wenn seit dem Ereignis, das zum Verlust der Rechtsstellung nach § 46 geführt hat, sechs Monate verstrichen sind. [2]Die Sicherung der Gläubiger hat nach § 52 des Bürgerlichen Gesetzbuchs zu erfolgen.

(7) [1]Im Falle des Absatzes 1 Nr. 3 findet eine Liquidation nicht statt, wenn sich innerhalb von 30 Tagen nach Beginn der neuen Wahlperiode eine Fraktion konstituiert, deren Mitglieder einer Partei angehören, die durch eine Fraktion in der abgelaufenen Wahlperiode im Deutschen Bundestag vertreten war und die sich zur Nachfolgefraktion erklärt. [2]In diesem Falle ist die neu konstituierte Fraktion die Rechtsnachfolgerin der alten Fraktion.

§ 55 *[nicht mehr belegt]*

Zwölfter Abschnitt
[aufgehoben]

Gesetz zur Regelung des Rechts der Untersuchungsausschüsse des Deutschen Bundestages (Untersuchungsausschussgesetz – PUAG)

Vom 19. Juni 2001 (BGBl. I S. 1142)
(FNA 1101-10)
zuletzt geändert durch Art. 4 Abs. 1 KostenrechtsmodernisierungsG vom 5. Mai 2004 (BGBl. I S. 718)

Nichtamtliche Inhaltsübersicht

§ 1 Einsetzung
(1) Der Bundestag hat das Recht und auf Antrag eines Viertels seiner Mitglieder die Pflicht, einen Untersuchungsausschuss einzusetzen.
(2) Die Einsetzung erfolgt durch Beschluss des Bundestages.
(3) Ein Untersuchungsverfahren ist zulässig im Rahmen der verfassungsmäßigen Zuständigkeit des Bundestages.

§ 2 Rechte der qualifizierten Minderheit bei der Einsetzung
(1) Ist die Einsetzung von einem Viertel der Mitglieder des Bundestages beantragt, so hat der Bundestag sie unverzüglich zu beschließen.
(2) Der Einsetzungsbeschluss darf den in dem Einsetzungsantrag bezeichneten Untersuchungsgegenstand nicht ändern, es sei denn, die Antragstellenden stimmen der Änderung zu.
(3) [1]Hält der Bundestag den Einsetzungsantrag für teilweise verfassungswidrig, so ist der Untersuchungsausschuss mit der Maßgabe einzusetzen, dass dessen Untersuchungen auf diejenigen Teile des Untersuchungsgegenstandes zu beschränken sind, die der Bundestag für nicht verfassungswidrig hält. [2]Das Recht der Antragstellenden, wegen der teilweisen Ablehnung des Einsetzungsantrages das Bundesverfassungsgericht anzurufen, bleibt unberührt.

§ 3 Gegenstand der Untersuchung
[1]Der Untersuchungsausschuss ist an den ihm erteilten Untersuchungsauftrag gebunden. [2]Eine nachträgliche Änderung des Untersuchungsauftrages bedarf eines Beschlusses des Bundestages; § 2 Abs. 2 ist entsprechend anzuwenden.

§ 4 Zusammensetzung
[1]Der Bundestag bestimmt bei der Einsetzung die Zahl der ordentlichen und die gleich große Zahl der stellvertretenden Mitglieder des Untersuchungsausschusses. [2]Die Bemessung der Zahl hat einerseits die Mehrheitsverhältnisse widerzuspiegeln und andererseits die Aufgabenstellung und die Arbeitsfähigkeit des Untersuchungsausschusses zu berücksichtigen. [3]Jede Fraktion muss vertreten sein. [4]Die Berücksich-

tigung von Gruppen richtet sich nach den allgemeinen Beschlüssen des Bundestages. [5]Die Zahl der auf die Fraktionen entfallenden Sitze wird nach dem Verfahren der mathematischen Proportion (St. Lague/Schepers) berechnet.

§ 5 Mitglieder

Die ordentlichen und stellvertretenden Mitglieder werden von den Fraktionen benannt und abberufen.

§ 6 Vorsitz

(1) [1]Für den Vorsitz der Untersuchungsausschüsse sind die Fraktionen im Verhältnis ihrer Stärke zu berücksichtigen. [2]Der Untersuchungsausschuss bestimmt das Mitglied, das den Vorsitz führt, aus seiner Mitte nach den Vereinbarungen im Ältestenrat.

(2) Der oder die Vorsitzende leitet das Untersuchungsverfahren und ist dabei an den Einsetzungsbeschluss des Bundestages und an die Beschlüsse des Untersuchungsausschusses gebunden.

§ 7 Stellvertretender Vorsitz

(1) Der Untersuchungsausschuss bestimmt nach den Vereinbarungen im Ältestenrat ein Mitglied für den stellvertretenden Vorsitz; dieses Mitglied muss einer anderen Fraktion als der oder die Vorsitzende angehören.

(2) Der oder die stellvertretende Vorsitzende besitzt alle Rechte und Pflichten des oder der abwesenden Vorsitzenden.

§ 8 Einberufung

(1) Der oder die Vorsitzende beruft den Untersuchungsausschuss unter Angabe der Tagesordnung ein.

(2) Er oder sie ist zur Einberufung einer Sitzung zum nächstmöglichen Termin innerhalb des Zeitplanes verpflichtet, wenn dies von einem Viertel der Mitglieder des Untersuchungsausschusses unter Angabe der Tagesordnung verlangt wird.

(3) Zur Einberufung einer Sitzung außerhalb des Zeitplanes oder außerhalb des ständigen Sitzungsortes des Bundestages ist der oder die Vorsitzende nur berechtigt, wenn ein entsprechendes Verlangen eines Viertels der Mitglieder des Untersuchungsausschusses unter Angabe der Tagesordnung vorliegt und der Präsident oder die Präsidentin des Bundestages hierzu die Genehmigung erteilt hat.

§ 9 Beschlussfähigkeit

(1) [1]Der Untersuchungsausschuss ist beschlussfähig, wenn die Mehrheit seiner Mitglieder anwesend ist. [2]Er gilt solange als beschlussfähig, wie nicht auf Antrag die Beschlussunfähigkeit festgestellt wird.

(2) [1]Ist die Beschlussunfähigkeit festgestellt, so unterbricht der oder die Vorsitzende sofort die Sitzung auf bestimmte Zeit. [2]Ist der Untersuchungsausschuss auch nach Ablauf dieser Zeit noch nicht beschlussfähig, so ist unverzüglich eine neue Sitzung anzuberaumen. [3]In dieser Sitzung ist der Untersuchungsausschuss beschlussfähig, auch wenn nicht die Mehrheit seiner Mitglieder anwesend ist; hierauf ist in der Einladung hinzuweisen.

(3) Bei Beschlussunfähigkeit darf der Untersuchungsausschuss keine Untersuchungshandlungen durchführen.

(4) [1]Soweit in diesem Gesetz nichts anderes bestimmt ist, beschließt der Untersuchungsausschuss mit der Mehrheit der abgegebenen Stimmen. [2]Bei Stimmengleichheit ist der Antrag abgelehnt.

§ 10 Ermittlungsbeauftragte

(1) [1]Der Untersuchungsausschuss hat jederzeit das Recht und auf Antrag eines Viertels seiner Mitglieder die Pflicht, zu seiner Unterstützung eine Untersuchung zu beschließen, die von einem oder einer Ermittlungsbeauftragten durchgeführt wird. [2]Der Ermittlungsauftrag soll zeitlich auf höchstens sechs Monate begrenzt werden.

(2) [1]Der oder die Ermittlungsbeauftragte wird innerhalb von drei Wochen nach Beschlussfassung gemäß Absatz 1 mit einer Mehrheit von zwei Dritteln der anwesenden Mitglieder bestimmt. [2]Erfolgt diese Bestimmung nicht fristgemäß, bestimmt der oder die Vorsitzende im Einvernehmen mit der Stellvertretung und im Benehmen mit den Obleuten der Fraktionen im Untersuchungsausschuss innerhalb weiterer drei Wochen die Person des oder der Ermittlungsbeauftragten.

(3) [1]Ermittlungsbeauftragte bereiten in der Regel die Untersuchung durch den Untersuchungsausschuss vor. [2]Sie beschaffen und sichten die erforderlichen sächlichen Beweismittel. [3]Sie haben entsprechend § 18 das Recht auf Vorlage von Beweismitteln sowie entsprechend § 19 das Recht der Augenscheineinnahme. [4]Sie können Herausgabeansprüche entsprechend § 30 geltend machen. [5]Werden ihnen die Rechte gemäß Satz 3 oder 4 nicht freiwillig gewährt, bedarf es eines Beweisbeschlusses gemäß § 17 Abs. 1. [6]Ermittlungsbeauftragte können Personen informatorisch anhören. [7]Sie sind dem gesamten Untersuchungsausschuss verantwortlich. [8]Die Ergebnisse ihrer Tätigkeit stehen allen Mitgliedern des Untersu-

chungsausschusses zur Verfügung. [9]Nach Abschluss ihrer Untersuchung erstatten Ermittlungsbeauftragte dem Untersuchungsausschuss über das Ergebnis einen schriftlichen und mündlichen Bericht. [10]Darin unterbreiten sie dem Untersuchungsausschuss einen Vorschlag über die weitere Vorgehensweise. [11]Im Verkehr nach außen haben sie die gebührende Zurückhaltung zu wahren; öffentliche Erklärungen geben sie nicht ab.

(4) [1]Ermittlungsbeauftragte sind im Rahmen ihres Auftrages unabhängig. [2]Sie können jederzeit mit einer Mehrheit von zwei Dritteln der anwesenden Mitglieder abberufen werden. [3]Sie haben das Recht, für ihren Ermittlungsauftrag in angemessenem Umfang Hilfskräfte einzusetzen.

§ 11 Protokollierung

(1) Über die Sitzungen des Untersuchungsausschusses wird ein Protokoll angefertigt.

(2) [1]Beweiserhebungen werden wörtlich protokolliert. [2]Zum Zwecke der Protokollierung darf die Beweisaufnahme auf Tonträger aufgenommen werden.

(3) Über die Art der Protokollierung der Beratungen entscheidet der Untersuchungsausschuss.

§ 12 Sitzungen zur Beratung

(1) Die Beratungen und Beschlussfassungen des Untersuchungsausschusses sind nicht öffentlich.

(2) Der Untersuchungsausschuss kann den benannten Mitarbeitern und Mitarbeiterinnen der Fraktionen den Zutritt gestatten.

(3) Über Art und Umfang von Mitteilungen an die Öffentlichkeit aus nicht öffentlichen Sitzungen entscheidet der Untersuchungsausschuss.

§ 13 Sitzungen zur Beweisaufnahme

(1) [1]Die Beweiserhebung erfolgt in öffentlicher Sitzung. [2]Ton- und Filmaufnahmen sowie Ton- und Bildübertragungen sind nicht zulässig. [3]Der Untersuchungsausschuss kann Ausnahmen von Satz 1 zulassen. [4]Ausnahmen von Satz 2 bedürfen einer Mehrheit von zwei Dritteln der anwesenden Mitglieder sowie der Zustimmung der zu vernehmenden oder anzuhörenden Personen.

(2) Die §§ 176 bis 179 des Gerichtsverfassungsgesetzes über die Aufrechterhaltung der Ordnung in der Sitzung finden entsprechende Anwendung.

§ 14 Ausschluss der Öffentlichkeit

(1) Der Untersuchungsausschuss schließt die Öffentlichkeit aus, wenn

1. Umstände aus dem persönlichen Lebensbereich von Zeugen oder Dritten zur Sprache kommen, deren öffentliche Erörterung überwiegende schutzwürdige Interessen verletzen würde;

2. eine Gefährdung des Lebens, des Leibes oder der Freiheit von einzelnen Zeugen oder einer anderen Person zu besorgen ist;

3. ein Geschäfts-, Betriebs-, Erfindungs- oder Steuergeheimnis zur Sprache kommt, durch dessen öffentliche Erörterung überwiegende schutzwürdige Interessen verletzt würden;

4. besondere Gründe des Wohls des Bundes oder eines Landes entgegenstehen, insbesondere wenn Nachteile für die Sicherheit der Bundesrepublik Deutschland oder ihrer Beziehungen zu anderen Staaten zu besorgen sind.

(2) Der Untersuchungsausschuss kann einzelnen Personen zu nicht öffentlichen Beweisaufnahmen den Zutritt gestatten; § 12 Abs. 2 gilt entsprechend.

(3) Zur Stellung eines Antrages auf Ausschluss oder Beschränkung der Öffentlichkeit sind berechtigt:

1. anwesende Mitglieder des Untersuchungsausschusses,

2. Mitglieder des Bundesrates, der Bundesregierung und ihre Beauftragten,

3. Zeugen, Sachverständige und sonstige Auskunftspersonen.

(4) [1]Über den Ausschluss oder die Beschränkung der Öffentlichkeit entscheidet der Untersuchungsausschuss. [2]Der oder die Vorsitzende begründet auf Beschluss des Untersuchungsausschusses die Entscheidung in öffentlicher Sitzung.

§ 15 Geheimnisschutz

(1) [1]Beweismittel, Beweiserhebungen und Beratungen kann der Untersuchungsausschuss mit einem Geheimhaltungsgrad versehen. [2]Vor einer Entscheidung nach Satz 1 kann der oder die Vorsitzende eine vorläufige Einstufung vornehmen.

(2) [1]Die Entscheidung über die Einstufung richtet sich nach der Geheimschutzordnung des Bundestages. [2]§ 14 Abs. 3 ist entsprechend anzuwenden.

(3) Soweit dieses Gesetz nichts Abweichendes bestimmt, gilt für die Behandlung der Verschlusssachen sowie für streng geheime, geheime und vertrauliche Sitzungen und deren Protokollierung die Geheimschutzordnung des Bundestages.

§ 16 Zugang zu Verschlusssachen und Amtsverschwiegenheit

(1) [1]Verschlusssachen des Geheimhaltungsgrades VS-VERTRAULICH und höher, die der Untersuchungsausschuss eingestuft oder von einer anderen herausgebenden Stelle erhalten hat, dürfen nur den Mitgliedern des Untersuchungsausschusses, den Mitgliedern des Bundesrates und der Bundesregierung sowie ihren Beauftragten zugänglich gemacht werden. [2]Ermittlungsbeauftragten, den von ihnen eingesetzten Hilfskräften sowie den Mitarbeitern und Mitarbeiterinnen der Mitglieder des Untersuchungsausschusses, des Sekretariats und der Fraktionen im Untersuchungsausschuss dürfen sie zugänglich gemacht werden, soweit diese zum Umgang mit Verschlusssachen ermächtigt und zur Geheimhaltung förmlich verpflichtet sind.

(2) [1]Die Mitglieder des Untersuchungsausschusses, Ermittlungsbeauftragte und die in Absatz 1 bezeichneten Mitarbeiter und Mitarbeiterinnen und Hilfskräfte sind auch nach Auflösung des Ausschusses verpflichtet, über die ihnen bekannt gewordenen, in Absatz 1 bezeichneten Verschlusssachen Verschwiegenheit zu bewahren. [2]Ohne Genehmigung des Präsidenten oder der Präsidentin des Bundestages dürfen sie weder vor Gericht noch außergerichtlich aussagen. [3]§ 44c Abs. 2 Satz 2 und Abs. 3 des Abgeordnetengesetzes gilt entsprechend.

(3) [1]Wird einem Mitglied des Ausschusses ein fremdes Geheimnis, namentlich ein zum persönlichen Lebensbereich gehörendes Geheimnis oder ein Betriebs- oder Geschäftsgeheimnis im Rahmen der Untersuchungshandlung bekannt, darf es dieses Geheimnis nur offenbaren, wenn es dazu von der berechtigten Person ermächtigt worden ist. [2]Dies gilt nicht, wenn die Offenlegung des Geheimnisses gesetzlich geboten ist.

§ 17 Beweiserhebung

(1) Der Untersuchungsausschuss erhebt die durch den Untersuchungsauftrag gebotenen Beweise aufgrund von Beweisbeschlüssen.

(2) Beweise sind zu erheben, wenn sie von einem Viertel der Mitglieder des Untersuchungsausschusses beantragt sind, es sei denn, die Beweiserhebung ist unzulässig oder das Beweismittel ist auch nach Anwendung der in diesem Gesetz vorgesehenen Zwangsmittel unerreichbar.

(3) [1]Die Reihenfolge der Vernehmung von Zeugen und Sachverständigen soll im Untersuchungsausschuss möglichst einvernehmlich festgelegt werden. [2]Bei Widerspruch eines Viertels der Mitglieder des Untersuchungsausschusses gelten die Vorschriften der Geschäftsordnung des Bundestages zur Reihenfolge der Reden entsprechend.

(4) Lehnt der Untersuchungsausschuss die Erhebung bestimmter Beweise oder die Anwendung beantragter Zwangsmittel nach den § 21 Abs. 1, § 27 Abs. 1, § 28 Abs. 6 und § 29 Abs. 2 Satz 1 ab, so entscheidet auf Antrag eines Viertels der Mitglieder der Ermittlungsrichter oder die Ermittlungsrichterin des Bundesgerichtshofes über die Erhebung der Beweise oder über die Anordnung des Zwangsmittels.

§ 18 Vorlage von Beweismitteln

(1) Die Bundesregierung, die Behörden des Bundes sowie die bundesunmittelbaren Körperschaften, Anstalten und Stiftungen des öffentlichen Rechts sind vorbehaltlich verfassungsrechtlicher Grenzen auf Ersuchen verpflichtet, dem Untersuchungsausschuss sächliche Beweismittel, insbesondere die Akten, die den Untersuchungsgegenstand betreffen, vorzulegen.

(2) [1]Die Entscheidung über das Ersuchen nach Absatz 1 trifft der zuständige Bundesminister oder die zuständige Bundesministerin, soweit sie nicht durch Gesetz der Bundesregierung vorbehalten ist. [2]Wird das Ersuchen abgelehnt oder werden sächliche Beweismittel als Verschlusssache eingestuft vorgelegt, ist der Untersuchungsausschuss über die Gründe der Ablehnung oder der Einstufung schriftlich zu unterrichten. [3]Die Vorlage ist mit einer Erklärung über die Vollständigkeit zu verbinden.

(3) Auf Antrag des Untersuchungsausschusses oder eines Viertels seiner Mitglieder entscheidet das Bundesverfassungsgericht über die Rechtmäßigkeit der Ablehnung eines Ersuchens, der Ermittlungsrichter oder die Ermittlungsrichterin des Bundesgerichtshofes über die Rechtmäßigkeit einer Einstufung.

(4) [1]Gerichte und Verwaltungsbehörden sind zur Rechts- und Amtshilfe, insbesondere zur Vorlage sächlicher Beweismittel, verpflichtet. [2]Über Streitigkeiten entscheidet auf Antrag des Untersuchungsausschusses oder eines Viertels seiner Mitglieder der Ermittlungsrichter oder die Ermittlungsrichterin des Bundesgerichtshofes.

§ 19 Augenschein

Für die Einnahme eines Augenscheins gilt § 18 Abs. 1 bis 3 erster Halbsatz und Abs. 4 entsprechend.

§ 20 Ladung der Zeugen

(1) [1]Zeugen sind verpflichtet, auf Ladung des Untersuchungsausschusses zu erscheinen. [2]§ 50 der Strafprozessordnung findet keine Anwendung.

(2) In der Ladung sind Zeugen über das Beweisthema zu unterrichten, über ihre Rechte zu belehren und auf die gesetzlichen Folgen des Ausbleibens sowie darauf hinzuweisen, dass sie einen rechtlichen Beistand ihres Vertrauens zu der Vernehmung hinzuziehen dürfen.

§ 21 Folgen des Ausbleibens von Zeugen

(1) [1]Erscheinen ordnungsgemäß geladene Zeugen nicht, so kann der Untersuchungsausschuss ihnen die durch ihr Ausbleiben verursachten Kosten auferlegen, gegen sie ein Ordnungsgeld bis zu 10 000 Euro festsetzen und ihre zwangsweise Vorführung anordnen. [2]Im Falle wiederholten Ausbleibens kann das Ordnungsgeld noch einmal festgesetzt werden. [3]§ 135 Satz 2 der Strafprozessordnung ist anzuwenden.

(2) [1]Maßnahmen nach Absatz 1 unterbleiben, wenn Zeugen ihr Ausbleiben rechtzeitig genügend entschuldigen. [2]Wird das Ausbleiben nachträglich genügend entschuldigt, so sind die nach Absatz 1 getroffenen Anordnungen aufzuheben, wenn die Zeugen glaubhaft machen, dass sie an der Verspätung kein Verschulden trifft.

§ 22 Zeugnis- und Auskunftsverweigerungsrecht

(1) Die Vorschriften der §§ 53 und 53a der Strafprozessordnung gelten entsprechend.

(2) Zeugen können die Auskunft auf Fragen verweigern, deren Beantwortung ihnen oder Personen, die im Sinne des § 52 Abs. 1 der Strafprozessordnung ihre Angehörigen sind, die Gefahr zuziehen würde, einer Untersuchung nach einem gesetzlich geordneten Verfahren ausgesetzt zu werden.

(3) Über die in den Absätzen 1 und 2 bestimmten Rechte sind Zeugen bei Beginn der ersten Vernehmung zur Sache zu belehren.

(4) Die Tatsachen, auf die einzelne Zeugen die Verweigerung ihres Zeugnisses stützen, sind auf Verlangen glaubhaft zu machen.

§ 23 Vernehmung von Amtsträgern

(1) § 54 der Strafprozessordnung ist anzuwenden.

(2) Die Bundesregierung ist verpflichtet, die erforderlichen Aussagegenehmigungen zu erteilen; § 18 Abs. 1 bis 3 erster Halbsatz gilt entsprechend.

§ 24 Vernehmung der Zeugen

(1) Zeugen sind einzeln und in Abwesenheit der später zu hörenden Zeugen zu vernehmen.

(2) Eine Gegenüberstellung mit anderen Zeugen ist zulässig, wenn es für den Untersuchungszweck geboten ist.

(3) Vor der Vernehmung hat der oder die Vorsitzende die Zeugen zur Wahrheit zu ermahnen, ihnen den Gegenstand der Vernehmung zu erläutern und sie über die strafrechtlichen Folgen einer unrichtigen oder unvollständigen Aussage zu belehren.

(4) [1]Der oder die Vorsitzende vernimmt die Zeugen zur Person. [2]Zu Beginn der Vernehmung zur Sache ist den Zeugen Gelegenheit zu geben, das, was ihnen von dem Gegenstand ihrer Vernehmung bekannt ist, im Zusammenhang darzulegen.

(5) [1]Zur Aufklärung und zur Vervollständigung der Aussage sowie zur Erforschung des Grundes, auf dem das Wissen der Zeugen beruht, kann zunächst der oder die Vorsitzende weitere Fragen stellen. [2]Anschließend erhalten die übrigen Mitglieder das Wort zu Fragen. [3]Für die Festlegung der Reihenfolge und der Dauer der Ausübung des Fragerechts der einzelnen Fraktionen sind die Vorschriften der Geschäftsordnung und die Praxis des Bundestages zur Reihenfolge der Reden und zur Gestaltung von Aussprachen entsprechend anzuwenden, sofern der Untersuchungsausschuss nicht einstimmig Abweichendes beschließt.

(6) § 136a der Strafprozessordnung ist entsprechend anzuwenden.

§ 25 Zulässigkeit von Fragen an Zeugen

(1) [1]Der oder die Vorsitzende hat ungeeignete oder nicht zur Sache gehörende Fragen zurückzuweisen. [2]Zeugen können den Vorsitzenden oder die Vorsitzende auffordern, Fragen zurückzuweisen. [3]Bei Zweifeln über die Zulässigkeit von Fragen sowie über die Rechtmäßigkeit ihrer Zurückweisung entscheidet der Untersuchungsausschuss auf Antrag seiner Mitglieder; die Zurückweisung einer Frage bedarf einer Mehrheit von zwei Dritteln der anwesenden Mitglieder.

(2) Beschließt der Untersuchungsausschuss die Unzulässigkeit einer Frage, auf die bereits eine Antwort gegeben worden ist, darf im Bericht des Untersuchungsausschusses auf die Frage und die Antwort nicht Bezug genommen werden.

§ 26 Abschluss der Vernehmung

(1) Den einzelnen Zeugen ist das Protokoll über ihre Vernehmung zuzustellen.

(2) [1]Der Untersuchungssausschuss stellt durch Beschluss fest, dass die Vernehmung der jeweiligen Zeugen abgeschlossen ist. [2]Die Entscheidung darf erst ergehen, wenn nach Zustellung des Vernehmungsprotokolls zwei Wochen verstrichen sind oder auf die Einhaltung dieser Frist verzichtet worden ist.

(3) Zeugen sind von dem oder der Vorsitzenden des Untersuchungsausschusses am Ende ihrer Vernehmung darüber zu belehren, unter welchen Voraussetzungen diese gemäß Absatz 2 abgeschlossen ist.

§ 27 Grundlose Zeugnisverweigerung

(1) Wird das Zeugnis ohne gesetzlichen Grund verweigert, so kann der Untersuchungsausschuss Zeugen die durch ihre Weigerung verursachten Kosten auferlegen und gegen sie ein Ordnungsgeld bis zu 10 000 Euro festsetzen.

(2) Unter der in Absatz 1 bestimmten Voraussetzung kann der Ermittlungsrichter oder die Ermittlungsrichterin des Bundesgerichtshofes auf Antrag des Untersuchungsausschusses oder eines Viertels seiner Mitglieder zur Erzwingung des Zeugnisses die Haft anordnen, jedoch nicht über die Zeit der Beendigung des Untersuchungsverfahrens, auch nicht über die Zeit von sechs Monaten hinaus.

(3) § 70 Abs. 4 der Strafprozessordnung ist entsprechend anzuwenden.

§ 28 Sachverständige

(1) Auf Sachverständige sind die Vorschriften der §§ 20, 22 bis 26 entsprechend anzuwenden, soweit nicht nachfolgend abweichende Regelungen getroffen sind.

(2) Die Auswahl der zuzuziehenden Sachverständigen erfolgt durch den Untersuchungsausschuss; § 74 der Strafprozessordnung findet keine Anwendung.

(3) Der Untersuchungsausschuss soll mit Sachverständigen eine Absprache treffen, innerhalb welcher Frist das Gutachten erstellt wird.

(4) [1]Sachverständige haben das Gutachten innerhalb der vereinbarten Frist unparteiisch, vollständig und wahrheitsgemäß zu erstatten. [2]Auf Verlangen des Untersuchungsausschusses ist das Gutachten schriftlich zu erstellen und mündlich unter zu erläutern.

(5) Die Vorschriften des § 76 der Strafprozessordnung über das Gutachtensverweigerungsrecht sind entsprechend anzuwenden.

(6) [1]Weigern sich die zur Erstattung des Gutachtens verpflichteten Sachverständigen, nach Absatz 3 eine angemessene Frist abzusprechen, oder versäumen sie die abgesprochene Frist, so kann der Untersuchungsausschuss gegen sie ein Ordnungsgeld bis zu 10 000 Euro festsetzen. [2]Dasselbe gilt, wenn die ordnungsgemäß geladenen Sachverständigen nicht erscheinen oder sich weigern, ihr Gutachten zu erstatten oder zu erläutern; in diesen Fällen kann der Untersuchungsausschuss zugleich den Sachverständigen die durch ihre Säumnis oder Weigerung verursachten Kosten auferlegen. [3]§ 21 Abs. 2 gilt entsprechend.

§ 29 Herausgabepflicht

(1) [1]Wer einen Gegenstand, der als Beweismittel für die Untersuchung von Bedeutung sein kann, in seinem Gewahrsam hat, ist verpflichtet, ihn auf Verlangen des Untersuchungsausschusses vorzulegen und auszuliefern. [2]Diese Pflicht besteht nicht, soweit das Beweismittel Informationen enthält, deren Weitergabe wegen ihres streng persönlichen Charakters für die Betroffenen unzumutbar ist.

(2) [1]Im Falle der Weigerung kann der Untersuchungsausschuss gegen die Person, die den Gewahrsam hat, ein Ordnungsgeld bis zu 10 000 Euro festsetzen. [2]Der Ermittlungsrichter oder die Ermittlungsrichterin des Bundesgerichtshofes kann auf Antrag des Untersuchungsausschusses oder eines Viertels seiner Mitglieder zur Erzwingung der Herausgabe die Haft anordnen. [3]§ 27 Abs. 2 und 3 gilt entsprechend. [4]Die in diesem Absatz bestimmten Ordnungs- und Zwangsmittel dürfen gegen Personen, die nach § 22 Abs. 1 und 2 zur Verweigerung des Zeugnisses oder der Auskunft berechtigt sind, nicht verhängt werden.

(3) [1]Werden Gegenstände nach Absatz 1 nicht freiwillig vorgelegt, so entscheidet auf Antrag des Untersuchungsausschusses oder eines Viertels seiner Mitglieder der Ermittlungsrichter oder die Ermittlungsrichterin des Bundesgerichtshofes über die Beschlagnahme und die Herausgabe an den Untersuchungsausschuss; § 97 der Strafprozessordnung gilt entsprechend. [2]Zur Beschlagnahme der in Absatz 1 bezeichneten Gegenstände kann der Ermittlungsrichter oder die Ermittlungsrichterin des Bundesgerichtshofes auch die Durchsuchung anordnen, wenn Tatsachen vorliegen, aus denen zu schließen ist, dass der gesuchte Gegenstand sich in den zu durchsuchenden Räumen befindet. [3]Die §§ 104, 105 Abs. 2 und 3, §§ 106, 107 und 109 der Strafprozessordnung sind entsprechend anzuwenden.

§ 30 Verfahren bei der Vorlage von Beweismitteln

(1) Wenn die Person, die den Gewahrsam hat, einwendet, verlangte Beweismittel seien für die Untersuchung nicht bedeutsam oder beträfen ein in § 14 Abs. 1 Nr. 1 bis 4 bezeichnetes Geheimnis, so dürfen die in § 29 Abs. 2 bestimmten Ordnungs- und Zwangsmittel und die in § 29 Abs. 3 Satz 1 bezeichnete He-

rausgabe nur dann angeordnet werden, wenn das Beweismittel keine Informationen enthält, deren Weitergabe wegen ihres streng vertraulichen Charakters für die Betroffenen unzumutbar ist, und der Untersuchungsausschuss für dieses Beweismittel den Geheimhaltungsgrad GEHEIM beschlossen hat.

(2) [1]Die Durchsicht und die Prüfung der Beweiserheblichkeit der vorgelegten Beweismittel steht dem Untersuchungsausschuss zu. [2]Beweismittel, die sich nach einmütiger Auffassung des Untersuchungsausschusses für die Untersuchung als unerheblich erweisen, sind der Person, die den Gewahrsam hatte, unverzüglich zurückzugeben.

(3) [1]Nach Durchsicht und Prüfung der in Absatz 1 bezeichneten Beweismittel kann der Untersuchungsausschuss die Aufhebung der Einstufung in den Geheimhaltungsgrad GEHEIM beschließen, soweit die Beweismittel für die Untersuchung erheblich sind. [2]Betreffen sie ein in § 14 Abs. 1 Nr. 1 bis 4 bezeichnetes Geheimnis, so darf der Untersuchungsausschuss den Beschluss nach Satz 1 nur dann fassen, wenn ihre öffentliche Verwendung zur Erfüllung des Untersuchungsauftrages unerlässlich und nicht unverhältnismäßig ist.

(4) [1]Vor der Beschlussfassung nach Absatz 3 Satz 1 ist die Person, die über das Beweismittel verfügungsberechtigt ist, zu hören. [2]Widerspricht sie der Aufhebung des Geheimhaltungsgrades GEHEIM, so hat die Aufhebung zu unterbleiben, wenn nicht der Ermittlungsrichter oder die Ermittlungsrichterin des Bundesgerichtshofes auf Antrag des Untersuchungsausschusses oder eines Viertels seiner Mitglieder sie für zulässig erklärt.

§ 31 Verlesung von Protokollen und Schriftstücken

(1) Die Protokolle über Untersuchungshandlungen von anderen Untersuchungsausschüssen, Gerichten und Behörden sowie Schriftstücke, die als Beweismittel dienen, sind vor dem Untersuchungsausschuss zu verlesen.

(2) Der Untersuchungsausschuss kann beschließen, von einer Verlesung Abstand zu nehmen, wenn die Protokolle oder Schriftstücke allen Mitgliedern des Untersuchungsausschusses zugänglich gemacht worden sind.

(3) Eine Verlesung der Protokolle und Schriftstücke oder die Bekanntgabe ihres wesentlichen Inhalts in öffentlicher Sitzung findet nicht statt, wenn die Voraussetzungen des § 14 Abs. 1 vorliegen.

§ 32 Rechtliches Gehör

(1) Personen, die durch die Veröffentlichung des Abschlussberichtes in ihren Rechten erheblich beeinträchtigt werden können, ist vor Abschluss des Untersuchungsverfahrens Gelegenheit zu geben, zu den sie betreffenden Ausführungen im Entwurf des Abschlussberichtes innerhalb von zwei Wochen Stellung zu nehmen, soweit diese Ausführungen nicht mit ihnen in einer Sitzung zur Beweisaufnahme erörtert worden sind.

(2) Der wesentliche Inhalt der Stellungnahme ist in dem Bericht wiederzugeben.

§ 33 Berichterstattung

(1) [1]Nach Abschluss der Untersuchung erstattet der Untersuchungsausschuss dem Bundestag einen schriftlichen Bericht. [2]Der Bericht hat den Gang des Verfahrens, die ermittelten Tatsachen und das Ergebnis der Untersuchung wiederzugeben.

(2) Kommt der Untersuchungsausschuss nicht zu einem einvernehmlichen Bericht, sind Sondervoten in den Bericht aufzunehmen.

(3) Ist abzusehen, dass der Untersuchungsausschuss seinen Untersuchungsauftrag nicht vor Ende der Wahlperiode erledigen kann, hat er dem Bundestag rechtzeitig einen Sachstandsbericht über den bisherigen Gang des Verfahrens sowie über das bisherige Ergebnis der Untersuchungen vorzulegen.

(4) Auf Beschluss des Bundestages hat der Untersuchungsausschuss dem Bundestag einen Zwischenbericht vorzulegen.

§ 34 Rechte des Verteidigungsausschusses als Untersuchungsausschuss

(1) [1]Beschließt der Verteidigungsausschuss, eine Angelegenheit zum Gegenstand seiner Untersuchung zu machen, hat er bei seinen Untersuchungen die Rechte eines Untersuchungsausschusses. [2]Der Verteidigungsausschuss hat sich auf Verlangen von einem Viertel seiner Mitglieder als Untersuchungsausschuss zu konstituieren. [3]Die §§ 1 bis 3 gelten entsprechend.

(2) Den Vorsitz führt der oder die Vorsitzende des Verteidigungsausschusses.

(3) Macht der Verteidigungsausschuss eine Angelegenheit zum Gegenstand seiner Untersuchung, kann er zu deren Durchführung einen Unterausschuss einsetzen, in dem auch stellvertretende Mitglieder des Verteidigungsausschusses entsandt werden können.

(4) [1]Für das Verfahren des Verteidigungsausschusses als Untersuchungsausschuss gelten die Vorschriften dieses Gesetzes. [2]Über das Ergebnis seiner Untersuchung hat der Verteidigungsausschuss dem Bundestag einen Bericht zu erstatten; eine Aussprache darf sich nur auf den veröffentlichten Bericht beziehen.

§ 35 Kosten und Auslagen

(1) Die Kosten des Untersuchungsverfahrens trägt der Bund.

(2) [1]Zeugen, Sachverständige und Ermittlungsbeauftragte erhalten eine Entschädigung oder Vergütung nach dem Justizvergütungs- und -entschädigungsgesetz. [2]Der Untersuchungsausschuss kann auf Antrag beschließen, dass Gebühren des rechtlichen Beistandes den Zeugen erstattet werden. [3]Ermittlungsbeauftragte erhalten eine Vergütung nach der höchsten Honorargruppe gemäß § 9 Abs. 1 Satz 1 des Justizvergütungs- und -entschädigungsgesetzes.

(3) Die Entschädigung, die Vergütung und die Erstattung der Auslagen setzt der Präsident oder die Präsidentin des Bundestages fest.

§ 36 Gerichtliche Zuständigkeiten

(1) Zuständiges Gericht für Streitigkeiten nach diesem Gesetz ist der Bundesgerichtshof, soweit Artikel 93 des Grundgesetzes sowie § 13 des Bundesverfassungsgerichtsgesetzes und die Vorschriften dieses Gesetzes nichts Abweichendes bestimmen.

(2) [1]Hält der Bundesgerichtshof den Einsetzungsbeschluss für verfassungswidrig und kommt es für die Entscheidung auf dessen Gültigkeit an, so ist das Verfahren auszusetzen und die Entscheidung des Bundesverfassungsgerichtes einzuholen. [2]Satz 1 gilt für den Ermittlungsrichter oder die Ermittlungsrichterin des Bundesgerichtshofes entsprechend.

(3) Gegen Entscheidungen des Ermittlungsrichters oder der Ermittlungsrichterin des Bundesgerichtshofes ist die Beschwerde statthaft, über die der Bundesgerichtshof entscheidet.

Gesetz über die Befugnisse des Petitionsausschusses des Deutschen Bundestages
(Gesetz nach Artikel 45c des Grundgesetzes)

Vom 19. Juli 1975 (BGBl. I S. 1921)
(FNA 190-3)
zuletzt geändert durch Art. 4 Abs. 5 KostenrechtsmodernisierungsG vom 5. Mai 2004 (BGBl. I S. 718)

Der Bundestag hat das folgende Gesetz beschlossen:

§ 1 [Aktenvorlage, Auskunftserteilung, Zutrittsgestattung]
Zur Vorbereitung von Beschlüssen über Beschwerden nach Artikel 17 des Grundgesetzes haben die Bundesregierung und die Behörden des Bundes dem Petitionsauschuß des Deutschen Bundestages Akten vorzulegen, Auskunft zu erteilen und Zutritt zu ihren Einrichtungen zu gestatten.

§ 2 [Körperschaften, Anstalten, Stiftungen]
Für die bundesunmittelbaren Körperschaften, Anstalten und Stiftungen des öffentlichen Rechts gilt § 1 entsprechend in dem Umfang, in dem sie der Aufsicht der Bundesregierung unterstehen.

§ 3 [Verweigerung von Aktenvorlage, Auskunft und Zutritt]
(1) Aktenvorlage, Auskunft sowie der Zutritt zu Einrichtungen dürfen nur verweigert werden, wenn der Vorgang nach einem Gesetz geheimgehalten werden muß oder sonstige zwingende Geheimhaltungsgründe bestehen.
(2) ¹Über die Verweigerung entscheidet die zuständige oberste Aufsichtsbehörde des Bundes. ²Die Entscheidung ist zu begründen.

§ 4 [Anhörungsrecht]
Der Petitionsausschuß ist berechtigt, den Petenten, Zeugen und Sachverständige anzuhören.

§ 5 [Entschädigung von Petenten, Zeugen und Sachverständigen]
Der Petent, Zeugen und Sachverständige, die vom Ausschuß geladen worden sind, erhalten eine Entschädigung oder Vergütung nach dem Justizvergütungs- und -entschädigungsgesetz.

§ 6 [Übertragung von Befugnissen]
Der Petitionsausschuß kann nach Maßgabe der Geschäftsordnung des Deutschen Bundestages die Ausübung seiner Befugnisse nach diesem Gesetz im Einzelfall auf eines oder mehrere seiner Mitglieder übertragen.

§ 7 [Amtshilfe]
Gerichte und Verwaltungsbehörden sind verpflichtet, dem Petitionsausschuß und den von ihm beauftragten Mitgliedern Amtshilfe zu leisten.

§ 8 (gegenstandslos)

§ 9 [Inkrafttreten]
Dieses Gesetz tritt am Tage nach seiner Verkündung¹⁾ in Kraft.

1) Verkündet am 23. 7. 1975.

Geschäftsordnung des Deutschen Bundestages

In der Fassung der Bekanntmachung vom 2. Juli 1980[1] (BGBl. I S. 1237)
(FNA 1101-1)
zuletzt geändert durch ÄndBeschl. vom 25. März 2020 (BGBl. I S. 764)
– Auszug –

Nichtamtliche Inhaltsübersicht

1) Neubekanntmachung der GeschäftsO des Deutschen Bundestages idF der Bek. v. 22.5.1970 (BGBl. I S. 628) in der ab 1.10.1980 geltenden Fassung.

I. Wahl des Präsidenten, der Stellvertreter und Schriftführer

§ 1 Konstituierung

(1) Der neugewählte Bundestag wird zu seiner ersten Sitzung vom bisherigen Präsidenten spätestens zum dreißigsten Tage nach der Wahl (Artikel 39 des Grundgesetzes) einberufen.

(2) Bis der neugewählte Präsident oder einer seiner Stellvertreter das Amt übernimmt, führt das am längsten dem Bundestag angehörende Mitglied, das hierzu bereit ist, den Vorsitz (Alterspräsident); bei gleicher Dauer der Zugehörigkeit zum Bundestag entscheidet das höhere Lebensalter.

(3) [1]Der Alterspräsident ernennt Mitglieder des Bundestages zu vorläufigen Schriftführern. [2]Hierauf erfolgt der Namensaufruf der Mitglieder des Bundestages.

(4) Nach Feststellung der Beschlußfähigkeit wird die Wahl des Präsidenten, der Stellvertreter und der Schriftführer vorgenommen.

§ 2 Wahl des Präsidenten und der Stellvertreter

(1) [1]Der Bundestag wählt mit verdeckten Stimmzetteln (§ 49) in besonderen Wahlhandlungen den Präsidenten und seine Stellvertreter für die Dauer der Wahlperiode. [2]Jede Fraktion des Deutschen Bundestages ist durch mindestens einen Vizepräsidenten oder eine Vizepräsidentin im Präsidium vertreten.

(2) [1]Gewählt ist, wer die Stimmen der Mehrheit der Mitglieder des Bundestages erhält. [2]Ergibt sich im ersten Wahlgang keine Mehrheit, so können für einen zweiten Wahlgang neue Bewerber vorgeschlagen werden. [3]Ergibt sich auch dann keine Mehrheit der Stimmen der Mitglieder des Bundestages, findet ein dritter Wahlgang statt. [4]Bei nur einem Bewerber ist dieser gewählt, wenn er die Mehrheit der abgegebenen Stimmen auf sich vereinigt. [5]Bei mehreren Bewerbern kommen die beiden Bewerber mit den höchsten Stimmenzahlen in die engere Wahl; gewählt ist, wer die meisten Stimmen auf sich vereinigt. [6]Bei Stimmengleichheit entscheidet das Los durch die Hand des amtierenden Präsidenten.

(3) [1]Weitere Wahlgänge mit einem im dritten Wahlgang erfolglosen Bewerber sind nur nach Vereinbarung im Ältestenrat zulässig. [2]Werden nach erfolglosem Ablauf des Verfahrens nach Absatz 2 neue Bewerber vorgeschlagen, ist neu in das Wahlverfahren gemäß Absatz 2 einzutreten.

§ 3 Wahl der Schriftführer

[1]Der Bundestag beschließt die Zahl der Schriftführer. [2]Sie können gemeinsam auf Grund eines Vorschlages der Fraktionen gewählt werden. [3]Bei der Festlegung der Zahl der Schriftführer und ihrer Verteilung auf die Fraktionen ist § 12 zu beachten.

II. Wahl des Bundeskanzlers

§ 4 Wahl des Bundeskanzlers

[1]Die Wahl des Bundeskanzlers (Artikel 63 des Grundgesetzes) erfolgt mit verdeckten Stimmzetteln (§ 49). [2]Wahlvorschläge zu den Wahlgängen gemäß Artikel 63 Abs. 3 und 4 des Grundgesetzes sind von einem Viertel der Mitglieder des Bundestages oder einer Fraktion, die mindestens ein Viertel der Mitglieder des Bundestages umfaßt, zu unterzeichnen.

III. Präsident, Präsidium und Ältestenrat

§ 5 Präsidium

Der Präsident und die stellvertretenden Präsidenten bilden das Präsidium.

§ 6 Ältestenrat

(1) [1]Der Ältestenrat besteht aus dem Präsidenten, seinen Stellvertretern und dreiundzwanzig weiteren von den Fraktionen gemäß § 12 zu benennenden Mitgliedern. [2]Die Einberufung obliegt dem Präsidenten. [3]Er muß ihn einberufen, wenn eine Fraktion oder fünf vom Hundert der Mitglieder des Bundestages es verlangen.

(2) [1]Der Ältestenrat unterstützt den Präsidenten bei der Führung der Geschäfte. [2]Er führt eine Verständigung zwischen den Fraktionen über die Besetzung der Stellen der Ausschußvorsitzenden und ihrer Stellvertreter sowie über den Arbeitsplan des Bundestages herbei. [3]Bei der Wahrnehmung dieser Aufgaben ist der Ältestenrat kein Beschlußorgan.

(3) [1]Der Ältestenrat beschließt über die inneren Angelegenheiten des Bundestages, soweit sie nicht dem Präsidenten oder dem Präsidium vorbehalten sind. [2]Er verfügt über die Verwendung der dem Bundestag vorbehaltenen Räume. [3]Er stellt den Voranschlag für den Haushaltseinzelplan des Bundestages auf, von dem der Haushaltsausschuß nur im Benehmen mit dem Ältestenrat abweichen kann.

(4) Für die Angelegenheiten der Bibliothek, des Archivs und anderer Dokumentationen setzt der Ältestenrat einen ständigen Unterausschuß ein, dem auch Mitglieder des Bundestages, die nicht Mitglied des Ältestenrates sind, angehören können.

§ 7 Aufgaben des Präsidenten

(1) [1]Der Präsident vertritt den Bundestag und regelt seine Geschäfte. [2]Er wahrt die Würde und die Rechte des Bundestages, fördert seine Arbeiten, leitet die Verhandlungen gerecht und unparteiisch und wahrt die Ordnung im Hause. [3]Er hat beratende Stimme in allen Ausschüssen.

(2) [1]Dem Präsidenten steht das Hausrecht und die Polizeigewalt in allen der Verwaltung des Bundestages unterstehenden Gebäuden, Gebäudeteilen und Grundstücken zu. [2]Der Präsident erläßt im Einvernehmen mit dem Ausschuß für Wahlprüfung, Immunität und Geschäftsordnung eine Hausordnung.

(3) [1]Der Präsident schließt die Verträge, die für die Bundestagsverwaltung von erheblicher Bedeutung sind, im Benehmen mit seinen Stellvertretern ab. [2]Ausgaben im Rahmen des Haushaltsplanes weist der Präsident an.

(4) [1]Der Präsident ist die oberste Dienstbehörde der Bundestagsbeamten. [2]Er ernennt und stellt die Bundestagsbeamten nach den gesetzlichen und allgemeinen Verwaltungsvorschriften ein und versetzt sie in den Ruhestand. [3]Auch die nicht beamteten Bediensteten des Bundestages werden von dem Präsidenten eingestellt und entlassen. [4]Maßnahmen nach Satz 2 und 3 trifft der Präsident, soweit Beamte des höheren Dienstes oder entsprechend eingestufte Angestellte betroffen sind, im Benehmen mit den stellvertretenden Präsidenten, soweit leitende Beamte (A 16 und höher) oder entsprechend eingestufte Angestellte eingestellt, befördert bzw. höhergestuft werden, mit Zustimmung des Präsidiums.

(5) [1]Absatz 4 gilt auch für die dem Wehrbeauftragten beigegebenen Beschäftigten. [2]Maßnahmen nach Absatz 4 Satz 4 erfolgen im Benehmen mit dem Wehrbeauftragten. [3]Für die Bestellung, Ernennung, Umsetzung, Versetzung und Zurruhesetzung des Leitenden Beamten ist das Einvernehmen mit dem Wehrbeauftragten erforderlich. [4]Der Wehrbeauftragte hat das Recht, für alle Entscheidungen nach Absatz 4 Vorschläge zu unterbreiten.

(6) Ist der Präsident verhindert, vertritt ihn einer seiner Stellvertreter aus der zweitstärksten Fraktion.

§ 8 Sitzungsvorstand

(1) In den Sitzungen des Bundestages bilden der amtierende Präsident und zwei Schriftführer den Sitzungsvorstand.

(2) [1]Der Präsident bestimmt im Einvernehmen mit seinen Stellvertretern die Reihenfolge der Vertretung. [2]Sind Präsident und Stellvertreter gleichzeitig verhindert, so übernimmt der Alterspräsident die Leitung.

(3) [1]Stehen die gewählten Schriftführer für eine Sitzung des Bundestages nicht in ausreichender Zahl zur Verfügung, so bestellt der amtierende Präsident andere Mitglieder des Bundestages als Stellvertreter.

§ 9 Aufgaben der Schriftführer

[1]Die Schriftführer unterstützen den Präsidenten. [2]Sie haben die Schriftstücke vorzulesen, die Verhandlungen zu beurkunden, die Rednerlisten zu führen, die Namen aufzurufen, die Stimmzettel zu sammeln und zu zählen, die Korrektur der Plenarprotokolle zu überwachen und andere Angelegenheiten des Bundestages nach den Weisungen des Präsidenten zu besorgen. [3]Der Präsident verteilt die Geschäfte.

IV. Fraktionen

§ 10 Bildung der Fraktionen

(1) [1]Die Fraktionen sind Vereinigungen von mindestens fünf vom Hundert der Mitglieder des Bundestages, die derselben Partei oder solchen Parteien angehören, die auf Grund gleichgerichteter politischer Ziele in keinem Land miteinander im Wettbewerb stehen. [2]Schließen sich Mitglieder des Bundestages abweichend von Satz 1 zusammen, bedarf die Anerkennung als Fraktion der Zustimmung des Bundestages.

(2) Die Bildung einer Fraktion, ihre Bezeichnung, die Namen der Vorsitzenden, Mitglieder und Gäste sind dem Präsidenten schriftlich mitzuteilen.

(3) Fraktionen können Gäste aufnehmen, die bei der Feststellung der Fraktionsstärke nicht mitzählen, jedoch bei der Bemessung der Stellenanteile (§ 12) zu berücksichtigen sind.

(4) [1]Mitglieder des Bundestages, die sich zusammenschließen wollen, ohne Fraktionsmindeststärke zu erreichen, können als Gruppe anerkannt werden. [2]Für sie gelten die Absätze 2 und 3 entsprechend.

(5) Technische Arbeitsgemeinschaften zwischen Fraktionen können nicht zu einer Änderung der Stellenanteile führen, die den einzelnen Fraktionen nach ihrer Stärke zustehen.

§ 11 Reihenfolge der Fraktionen

[1]Nach der Stärke der Fraktionen bestimmt sich ihre Reihenfolge. [2]Bei gleicher Fraktionsstärke entscheidet das Los, das vom Präsidenten in einer Sitzung des Bundestages gezogen wird. [3]Erledigte Mitgliedersitze werden bis zur Neubesetzung bei der Fraktion mitgezählt, die sie bisher innehatte.

§ 12 Stellenanteile der Fraktionen
[1]Die Zusammensetzung des Ältestenrates und der Ausschüsse sowie die Regelung des Vorsitzes in den Ausschüssen ist im Verhältnis der Stärke der einzelnen Fraktionen vorzunehmen. [2]Derselbe Grundsatz wird bei Wahlen, die der Bundestag vorzunehmen hat, angewandt.

V. Die Mitglieder des Bundestages

§ 13 Rechte und Pflichten der Mitglieder des Bundestages
(1) Jedes Mitglied des Bundestages folgt bei Reden, Handlungen, Abstimmungen und Wahlen seiner Überzeugung und seinem Gewissen.
(2) [1]Die Mitglieder des Bundestages sind verpflichtet, an den Arbeiten des Bundestages teilzunehmen. [2]An jedem Sitzungstag wird eine Anwesenheitsliste ausgelegt, in die sich die Mitglieder des Bundestages einzutragen haben. [3]Die Folgen der Nichteintragung und der Nichtbeteiligung an einer namentlichen Abstimmung ergeben sich aus dem Gesetz über die Rechtsverhältnisse der Mitglieder des Deutschen Bundestages (Abgeordnetengesetz).

§ 14 Urlaub
[1]Urlaub erteilt der Präsident. [2]Urlaub auf unbestimmte Zeit wird nicht erteilt.

§ 15 Anfechtung und Verlust der Mitgliedschaft
[1]Die Rechte eines Mitgliedes des Bundestages, dessen Mitgliedschaft angefochten ist, regeln sich nach den Bestimmungen des Wahlprüfungsgesetzes. [2]Nach diesem Gesetz richtet sich auch der Verlust der Mitgliedschaft.

§ 16 Akteneinsicht und -abgabe
(1) [1]Die Mitglieder des Bundestages sind berechtigt alle Akten einzusehen, die sich in der Verwahrung des Bundestages oder eines Ausschusses befinden; die Arbeiten des Bundestages oder seiner Ausschüsse, ihrer Vorsitzenden oder Berichterstatter dürfen dadurch nicht behindert werden. [2]Die Einsichtnahme in persönliche Akten und Abrechnungen, die beim Bundestag über seine Mitglieder geführt werden, ist nur dem betreffenden Mitglied des Bundestages möglich. [3]Wünschen andere Mitglieder des Bundestages etwa als Berichterstatter oder Ausschußvorsitzende oder Persönlichkeiten außerhalb des Hauses Einsicht in diese Akten, dann kann dies nur mit Genehmigung des Präsidenten und des betreffenden Mitgliedes des Bundestages geschehen. [4]Akten des Bundestages, die ein Mitglied des Bundestages persönlich betreffen, kann es jederzeit einsehen.
(2) Zum Gebrauch außerhalb des Bundeshauses werden Akten nur an die Vorsitzenden oder Berichterstatter der Ausschüsse für ihre Arbeiten abgegeben.
(3) Ausnahmen kann der Präsident genehmigen.
(4) Für Verschlußsachen gelten die Bestimmungen der Geheimschutzordnung des Deutschen Bundestages (§ 17).

§ 17 Geheimschutzordnung
[1]Der Bundestag beschließt eine Geheimschutzordnung, die Bestandteil dieser Geschäftsordnung ist (Anlage 3). [2]Sie regelt die Behandlung aller Angelegenheiten, die durch besondere Sicherungsmaßnahmen gegen die Kenntnisnahme durch Unbefugte geschützt werden müssen.

§ 18 Verhaltensregeln
Die vom Bundestag gemäß § 44b des Gesetzes über die Rechtsverhältnisse der Mitglieder des Deutschen Bundestages (Abgeordnetengesetz) zu beschließenden Verhaltensregeln sind Bestandteil dieser Geschäftsordnung (Anlage 1).

VI. Tagesordnung, Einberufung, Leitung der Sitzung und Ordnungsmaßnahmen

§ 19 Sitzungen
[1]Die Sitzungen des Bundestages sind öffentlich. [2]Die Öffentlichkeit kann nach Artikel 42 Abs. 1 des Grundgesetzes ausgeschlossen werden.

§ 20 Tagesordnung
(1) Termin und Tagesordnung jeder Sitzung des Bundestages werden im Ältestenrat vereinbart, es sei denn, daß der Bundestag vorher darüber beschließt oder der Präsident sie nach § 21 Abs. 1 selbständig festsetzt.

(2) ¹Die Tagesordnung wird den Mitgliedern des Bundestages, dem Bundesrat und der Bundesregierung mitgeteilt. ²Sie gilt, wenn kein Widerspruch erfolgt, mit Aufruf des Punktes 1 als festgestellt. ³Nach Eröffnung jeder Plenarsitzung kann vor Eintritt in die jeweilige Tagesordnung jedes Mitglied des Bundestages eine Änderung der Tagesordnung beantragen, wenn es diesen Antrag bis spätestens 18 Uhr des Vortages dem Präsidenten vorgelegt hat.

(3) ¹Nach Feststellung der Tagesordnung dürfen andere Verhandlungsgegenstände nur beraten werden, wenn nicht von einer Fraktion oder von anwesenden fünf vom Hundert der Mitglieder des Bundestages widersprochen wird oder diese Geschäftsordnung die Beratung außerhalb der Tagesordnung zuläßt. ²Der Bundestag kann jederzeit einen Verhandlungsgegenstand von der Tagesordnung absetzen, soweit diese Geschäftsordnung nichts anderes bestimmt.

(4) Vorlagen von Mitgliedern des Bundestages müssen auf Verlangen der Antragsteller auf die Tagesordnung der nächsten Sitzung gesetzt und beraten werden, wenn seit der Verteilung der Drucksache (§ 123) mindestens drei Wochen vergangen sind.

(5) ¹Ist eine Sitzung wegen Beschlußunfähigkeit aufgehoben worden, kann der Präsident für denselben Tag einmal eine weitere Sitzung mit derselben Tagesordnung einberufen. ²Innerhalb dieser Tagesordnung kann er den Zeitpunkt für die Wiederholung der erfolglosen Abstimmung oder Wahl festlegen oder sie von der Tagesordnung absetzen, es sei denn, daß von einer Fraktion oder von anwesenden fünf vom Hundert der Mitglieder des Bundestages widersprochen wird.

§ 21 Einberufung durch den Präsidenten

(1) Selbständig setzt der Präsident Termin und Tagesordnung fest, wenn der Bundestag ihn dazu ermächtigt oder aus einem anderen Grunde als dem der Beschlußunfähigkeit nicht entscheiden kann.

(2) Der Präsident ist zur Einberufung des Bundestages verpflichtet, wenn ein Drittel der Mitglieder des Bundestages, der Bundespräsident oder der Bundeskanzler es verlangen (Artikel 39 Abs. 3 des Grundgesetzes).

(3) Hat der Präsident in anderen Fällen selbständig eine Sitzung anberaumt oder Nachträge zur Tagesordnung festgesetzt, so muß er bei Beginn der Sitzung die Genehmigung des Bundestages einholen.

§ 22 Leitung der Sitzungen

¹Der Präsident eröffnet, leitet und schließt die Sitzungen. ²Vor Schluß der Sitzung gibt der Präsident nach den Vereinbarungen im Ältestenrat oder nach Beschluß des Bundestages den Termin der nächsten Sitzung bekannt.

§ 23 Eröffnung der Aussprache

Der Präsident hat über jeden Verhandlungsgegenstand, der auf der Tagesordnung steht, die Aussprache zu eröffnen, wenn sie nicht unzulässig oder an besondere Bedingungen geknüpft ist.

§ 24 Verbindung der Beratung

Die gemeinsame Beratung gleichartiger oder im Sachzusammenhang stehender Verhandlungsgegenstände kann jederzeit beschlossen werden.

§ 25 Vertagung der Beratung oder Schluß der Aussprache

(1) Ist die Rednerliste erschöpft oder meldet sich niemand zum Wort, so erklärt der Präsident die Aussprache für geschlossen.

(2) ¹Der Bundestag kann auf Antrag einer Fraktion oder von anwesenden fünf vom Hundert der Mitglieder des Bundestages die Beratung vertagen oder die Aussprache schließen. ²Der Antrag auf Schluß der Aussprache geht bei der Abstimmung dem Antrag auf Vertagung vor. ³Ein Antrag auf Schluß der Aussprache darf erst zur Abstimmung gestellt werden, wenn jede Fraktion mindestens einmal zu Wort gekommen ist.

§ 26 Vertagung der Sitzung

Die Sitzung kann nur vertagt werden, wenn es der Bundestag auf Vorschlag des Präsidenten oder auf Antrag einer Fraktion oder von anwesenden fünf vom Hundert der Mitglieder des Bundestages beschließt.

§ 27 Worterteilung und Wortmeldung

(1) ¹Ein Mitglied des Bundestages darf nur sprechen, wenn ihm der Präsident das Wort erteilt hat. ²Will der Präsident selbst sich als Redner an der Aussprache beteiligen, so hat er während dieser Zeit den Vorsitz abzugeben. ³Mitglieder des Bundestages, die zur Sache sprechen wollen, haben sich in der Regel bei dem Schriftführer, der die Rednerliste führt, zum Wort zu melden. ⁴Zur Geschäftsordnung und zur Abgabe von Erklärungen können Wortmeldungen durch Zuruf erfolgen.

(2) ¹Für Zwischenfragen an den Redner und für Zwischenbemerkungen in der Aussprache über einen Verhandlungsgegenstand melden sich die Mitglieder des Bundestages über die Saalmikrofone zum Wort. ²Zwischenfragen und Zwischenbemerkungen, die kurz und präzise sein müssen, dürfen erst gestellt wer-

den, wenn der Redner sie auf eine entsprechende Frage des Präsidenten zuläßt. [3]Im Anschluß an einen Debattenbeitrag kann der Präsident das Wort zu einer Zwischenbemerkung von höchstens drei Minuten erteilen; der Redner darf hierauf noch einmal antworten.

§ 28 Reihenfolge der Redner

(1) [1]Der Präsident bestimmt die Reihenfolge der Redner. [2]Dabei soll ihn die Sorge für sachgemäße Erledigung und zweckmäßige Gestaltung der Beratung, die Rücksicht auf die verschiedenen Parteirichtungen, auf Rede und Gegenrede und auf die Stärke der Fraktionen leiten; insbesondere soll nach der Rede eines Mitgliedes oder Beauftragten der Bundesregierung eine abweichende Meinung zu Wort kommen.

(2) [1]Der erste Redner in der Aussprache zu Vorlagen von Mitgliedern des Bundestages soll nicht der Fraktion des Antragstellers angehören. [2]Antragsteller und Berichterstatter können vor Beginn und nach Schluß der Aussprache das Wort verlangen. [3]Der Berichterstatter hat das Recht, jederzeit das Wort zu ergreifen.

§ 29 Zur Geschäftsordnung

(1) [1]Zu einem Geschäftsordnungsantrag erteilt der Präsident vorrangig das Wort. [2]Der Antrag muß sich auf den zur Beratung stehenden Verhandlungsgegenstand oder auf die Tagesordnung beziehen.

(2) Der Präsident kann die Worterteilung bei Geschäftsordnungsanträgen, denen entsprochen werden muß (Verlangen), auf den Antragsteller, bei anderen Anträgen auf einen Sprecher jeder Fraktion beschränken.

(3) Meldet sich ein Mitglied des Bundestages zur Geschäftsordnung zum Wort, ohne zu einem Geschäftsordnungsantrag sprechen oder einen solchen stellen zu wollen, so erteilt der Präsident das Wort nach seinem Ermessen.

(4) Zur Geschäftsordnung darf der einzelne Redner nicht länger als fünf Minuten sprechen.

§ 30 Erklärung zur Aussprache

[1]Zu einer Erklärung zur Aussprache wird das Wort nach Schluß, Unterbrechung oder Vertagung der Aussprache erteilt. [2]Vorrangig kann der Präsident das Wort zur direkten Erwiderung erteilen. [3]Der Anlaß ist ihm bei der Wortmeldung mitzuteilen. [4]Mit einer Erklärung zur Aussprache dürfen nur Äußerungen, die sich in der Aussprache auf die eigene Person bezogen haben, zurückgewiesen oder eigene Ausführungen richtiggestellt werden; sie darf nicht länger als fünf Minuten dauern.

§ 31 Erklärung zur Abstimmung

(1) [1]Nach Schluß der Aussprache kann jedes Mitglied des Bundestages zur abschließenden Abstimmung eine mündliche Erklärung, die nicht länger als fünf Minuten dauern darf, oder eine kurze schriftliche Erklärung abgeben, die in das Plenarprotokoll aufzunehmen ist. [2]Der Präsident erteilt das Wort zu einer Erklärung in der Regel vor der Abstimmung.

(2) Jedes Mitglied des Bundestages kann vor der Abstimmung erklären, daß es nicht an der Abstimmung teilnehme.

§ 32 Erklärung außerhalb der Tagesordnung

[1]Zu einer tatsächlichen oder persönlichen Erklärung außerhalb der Tagesordnung kann der Präsident das Wort vor Eintritt in die Tagesordnung, nach Schluß, Unterbrechung oder Vertagung einer Aussprache erteilen. [2]Der Anlaß ist ihm bei der Wortmeldung mitzuteilen. [3]Die Erklärung darf nicht länger als fünf Minuten dauern.

§ 33 Die Rede

[1]Die Redner sprechen grundsätzlich in freiem Vortrag. [2]Sie können hierbei Aufzeichnungen benutzen.

§ 34 Platz des Redners

Die Redner sprechen von den dafür bestimmten Saalmikrofonen oder vom Rednerpult aus.

§ 35 Rededauer

(1) [1]Gestaltung und Dauer der Aussprache über einen Verhandlungsgegenstand werden auf Vorschlag des Ältestenrates vom Bundestag festgelegt. [2]Kommt es im Ältestenrat nicht zu einer Vereinbarung gemäß Satz 1 oder beschließt der Bundestag nichts anderes, darf der einzelne Redner in der Aussprache nicht länger als 15 Minuten sprechen. [3]Auf Verlangen einer Fraktion kann einer ihrer Redner eine Redezeit bis zu 45 Minuten in Anspruch nehmen. [4]Der Präsident kann diese Redezeiten verlängern, wenn der Verhandlungsgegenstand oder der Verlauf der Aussprache dies nahelegt.

(2) Spricht ein Mitglied der Bundesregierung, des Bundesrates oder einer ihrer Beauftragten länger als 20 Minuten, kann die Fraktion, die eine abweichende Meinung vortragen lassen will, für einen ihrer Redner eine entsprechende Redezeit verlangen.

(3) Überschreitet ein Mitglied des Bundestages seine Redezeit, so soll ihm der Präsident nach einmaliger Mahnung das Wort entziehen.

§ 36 Sach- und Ordnungsruf, Wortentziehung

(1) [1]Der Präsident kann den Redner, der vom Verhandlungsgegenstand abschweift, zur Sache verweisen. [2]Er kann Mitglieder des Bundestages, wenn sie die Ordnung oder die Würde des Bundestages verletzen, mit Nennung des Namens zur Ordnung rufen. [3]Der Ordnungsruf und der Anlass hierzu dürfen von den nachfolgenden Rednern nicht behandelt werden.

(2) Ist ein Redner während einer Rede dreimal zur Sache oder dreimal zur Ordnung gerufen und beim zweiten Male auf die Folgen eines dritten Rufes zur Sache oder zur Ordnung hingewiesen worden, so muss ihm der Präsident das Wort entziehen und darf es ihm in derselben Aussprache zum selben Verhandlungsgegenstand nicht wieder erteilen.

§ 37 Ordnungsgeld

[1]Wegen einer nicht nur geringfügigen Verletzung der Ordnung oder der Würde des Bundestages kann der Präsident gegen ein Mitglied des Bundestages, auch ohne dass ein Ordnungsruf ergangen ist, ein Ordnungsgeld in Höhe von 1 000 Euro festsetzen. [2]Im Wiederholungsfall erhöht sich das Ordnungsgeld auf 2 000 Euro. [3]§ 38 Absatz 2 gilt entsprechend.

§ 38 Ausschluss von Mitgliedern des Bundestages

(1) [1]Wegen gröblicher Verletzung der Ordnung oder der Würde des Bundestages kann der Präsident ein Mitglied des Bundestages, auch ohne dass ein Ordnungsruf ergangen oder ein Ordnungsgeld festgesetzt worden ist, für die Dauer der Sitzung aus dem Saal verweisen. [2]Bis zum Schluss der Sitzung muss der Präsident bekanntgeben, für wie viele Sitzungstage das betroffene Mitglied ausgeschlossen wird. [3]Ein Mitglied des Bundestages kann bis zu dreißig Sitzungstage ausgeschlossen werden.

(2) [1]Ein Sitzungsausschluss kann auch nachträglich, spätestens in der auf die gröbliche Verletzung der Ordnung oder der Würde des Bundestages folgenden Sitzung, ausgesprochen werden, wenn der Präsident während der Sitzung eine Verletzung der Ordnung oder der Würde des Bundestages ausdrücklich feststellt und sich einen nachträglichen Sitzungsausschluss vorbehält. [2]Absatz 1 Satz 2 und 3 gilt entsprechend. [3]Ein bereits erteilter Ordnungsruf schließt einen nachträglichen Sitzungsausschluss nicht aus.

(3) [1]Das betroffene Mitglied hat den Sitzungssaal unverzüglich zu verlassen. [2]Kommt es der Aufforderung nicht nach, wird es vom Präsidenten darauf hingewiesen, dass es sich durch sein Verhalten eine Verlängerung des Ausschlusses zuzieht.

(4) Das betroffene Mitglied darf während der Dauer seines Ausschlusses auch nicht an Ausschusssitzungen teilnehmen.

(5) Versucht das betroffene Mitglied, widerrechtlich an den Sitzungen des Bundestages oder seiner Ausschüsse teilzunehmen, findet Absatz 3 Satz 2 entsprechend Anwendung.

(6) [1]Das betroffene Mitglied gilt als nicht beurlaubt. [2]Es darf sich nicht in die Anwesenheitsliste eintragen.

§ 39 Einspruch gegen Ordnungsmaßnahmen

[1]Gegen den Ordnungsruf (§ 36), das Ordnungsgeld (§ 37) und den Sitzungsausschluss (§ 38) kann das betroffene Mitglied des Bundestages bis zum nächsten Plenarsitzungstag schriftlich begründeten Einspruch einlegen. [2]Der Einspruch ist auf die Tagesordnung dieser Sitzung zu setzen. [3]Der Bundestag entscheidet ohne Aussprache. [4]Der Einspruch hat keine aufschiebende Wirkung.

§ 40 Unterbrechung der Sitzung

[1]Wenn im Bundestag störende Unruhe entsteht, die den Fortgang der Verhandlungen in Frage stellt, kann der Präsident die Sitzung auf bestimmte Zeit unterbrechen oder aufheben. [2]Kann er sich kein Gehör verschaffen, so verläßt er den Präsidentenstuhl; die Sitzung wird dadurch unterbrochen. [3]Zur Fortsetzung der Sitzung beruft der Präsident ein.

§ 41 Weitere Ordnungsmaßnahmen

(1) Sitzungsteilnehmer, die nicht Mitglieder des Bundestages sind, und Zuhörer unterstehen der Ordnungsgewalt des Präsidenten.

(2) [1]Wer auf den Tribünen Beifall oder Mißbilligung äußert oder Ordnung und Anstand verletzt, kann auf Anordnung des Präsidenten sofort entfernt werden. [2]Der Präsident kann die Tribüne wegen störender Unruhe räumen lassen.

§ 42 Herbeirufung eines Mitgliedes der Bundesregierung

Der Bundestag kann auf Antrag einer Fraktion oder von anwesenden fünf vom Hundert der Mitglieder des Bundestages die Herbeirufung eines Mitgliedes der Bundesregierung beschließen.

§ 43 Recht auf jederzeitiges Gehör
Die Mitglieder der Bundesregierung und des Bundesrates sowie ihre Beauftragten müssen nach Artikel 43 Abs. 2 des Grundgesetzes auf ihr Verlangen jederzeit gehört werden.

§ 44 Wiedereröffnung der Aussprache
(1) Ergreift nach Schluß der Aussprache oder nach Ablauf der beschlossenen Redezeit ein Mitglied der Bundesregierung, des Bundesrates oder einer ihrer Beauftragten zu dem Verhandlungsgegenstand das Wort, so ist die Aussprache wieder eröffnet.

(2) Erhält während der Aussprache ein Mitglied der Bundesregierung, des Bundesrates oder einer ihrer Beauftragten zu dem Verhandlungsgegenstand das Wort, so haben die Fraktionen, deren Redezeit zu diesem Tagesordnungspunkt bereits ausgeschöpft ist, das Recht, noch einmal ein Viertel ihrer Redezeit in Anspruch zu nehmen.

(3) [1]Ergreift ein Mitglied der Bundesregierung, des Bundesrates oder einer ihrer Beauftragten das Wort außerhalb der Tagesordnung, so wird auf Verlangen einer Fraktion oder von anwesenden fünf vom Hundert der Mitglieder des Bundestages die Aussprache über seine Ausführungen eröffnet. [2]In dieser Aussprache dürfen keine Sachanträge gestellt werden.

§ 45 Feststellung der Beschlußfähigkeit. Folgen der Beschlußunfähigkeit
(1) Der Bundestag ist beschlußfähig, wenn mehr als die Hälfte seiner Mitglieder im Sitzungssaal anwesend ist.

(2) [1]Wird vor Beginn einer Abstimmung die Beschlußfähigkeit von einer Fraktion oder von anwesenden fünf vom Hundert der Mitglieder des Bundestages bezweifelt und auch vom Sitzungsvorstand nicht einmütig bejaht oder wird die Beschlußfähigkeit vom Sitzungsvorstand im Einvernehmen mit den Fraktionen bezweifelt, so ist in Verbindung mit der Abstimmung die Beschlußfähigkeit durch Zählung der Stimmen nach § 51, im Laufe einer Kernzeit-Debatte im Verfahren nach § 52 festzustellen. [2]Der Präsident kann die Abstimmung auf kurze Zeit aussetzen.

(3) [1]Nach Feststellung der Beschlußunfähigkeit hebt der Präsident die Sitzung sofort auf. [2]§ 20 Abs. 5 findet Anwendung. [3]Ein Verlangen auf namentliche Abstimmung bleibt dabei in Kraft. [4]Stimmenthaltungen und ungültige Stimmen zählen bei der Feststellung der Beschlußfähigkeit mit.

(4) [1]Unabhängig von dem Verfahren nach den Absätzen 1 bis 3 kann der Präsident bei Kernzeit-Debatten im Einvernehmen mit den Fraktionen die Sitzung unterbrechen, wenn der Sitzungsvorstand bezweifelt, daß 25 vom Hundert der Mitglieder des Bundestages anwesend sind. [2]Die Feststellung der Anwesenheit erfolgt im Verfahren nach § 52.

§ 46 Fragestellung
[1]Der Präsident stellt die Fragen so, daß sie sich mit „Ja" oder „Nein" beantworten lassen. [2]Sie sind in der Regel so zu fassen, daß gefragt wird, ob die Zustimmung erteilt wird oder nicht. [3]Über die Fassung kann das Wort zur Geschäftsordnung verlangt werden. [4]Bei Widerspruch gegen die vorgeschlagene Fassung entscheidet der Bundestag.

§ 47 Teilung der Frage
[1]Jedes Mitglied des Bundestages kann die Teilung der Frage beantragen. [2]Ist die Zulässigkeit der Teilung zweifelhaft, so entscheidet bei Anträgen von Mitgliedern des Bundestages der Antragsteller, sonst der Bundestag. [3]Unmittelbar vor der Abstimmung ist die Frage auf Verlangen vorzulesen.

§ 48 Abstimmungsregeln
(1) [1]Abgestimmt wird durch Handzeichen oder durch Aufstehen oder Sitzenbleiben. [2]Bei der Schlußabstimmung über Gesetzentwürfe (§ 86) erfolgt die Abstimmung durch Aufstehen oder Sitzenbleiben.

(2) [1]Soweit nicht das Grundgesetz, ein Bundesgesetz oder diese Geschäftsordnung andere Vorschriften enthalten, entscheidet die einfache Mehrheit. [2]Stimmengleichheit verneint die Frage.

(3) Wird durch das Grundgesetz, ein Bundesgesetz oder diese Geschäftsordnung für einen Beschluß oder eine Wahl eine bestimmte Mehrheit vorgeschrieben, stellt der Präsident ausdrücklich fest, daß die Zustimmung der erforderlichen Mehrheit vorliegt.

§ 49 Wahlen mit verdeckten Stimmzetteln
(1) [1]Soweit in einem Bundesgesetz oder in dieser Geschäftsordnung Wahlen durch den Bundestag mit verdeckten (amtlichen) Stimmzetteln vorgeschrieben sind, findet die Wahl geheim statt. [2]Die Stimmzettel dürfen erst vor Betreten der Wahlzelle (bei Namensaufruf) ausgehändigt werden. [3]Die zur Gewährleistung einer geheimen Wahl aufzustellenden Wahlzellen sind bei der Stimmabgabe zu benutzen. [4]Die gekennzeichneten Stimmzettel sind in einem Wahlumschlag in die dafür vorgesehenen Wahlurnen zu legen.

(2) § 56 Abs. 6 Nr. 4 der Bundeswahlordnung gilt entsprechend.

§ 50 Verfahren bei der Auswahl des Sitzes einer Bundesbehörde

(1) Ist in einem Gesetzentwurf über den Sitz einer Bundesbehörde zu entscheiden, so erfolgt die Auswahl, wenn mehr als zwei Vorschläge für den Sitz der Behörde gemacht werden, vor der Schlußabstimmung.
(2) [1]Der Bundestag wählt mit Namensstimmzetteln, auf die der jeweils gewünschte Ort zu schreiben ist. [2]Gewählt ist der Ort, der die Mehrheit der Stimmen erhält. [3]Ergibt sich keine solche Mehrheit, werden in einem zweiten Wahlgang die beiden Orte zur Wahl gestellt, die im ersten Wahlgang die höchste Stimmenzahl erhalten haben. [4]Gewählt ist dann der Ort, der die Mehrheit der Stimmen erhält.
(3) Diese Bestimmung gilt entsprechend, wenn bei der Beratung eines Antrages über den Sitz einer Bundesbehörde zu entscheiden ist.
(4) In gleicher Weise ist zu verfahren, wenn es sich um die Bestimmung von Zuständigkeiten und ähnliche Entscheidungen handelt und wenn mehr als zwei voneinander abweichende Anträge gestellt werden.

§ 51 Zählung der Stimmen

(1) [1]Ist der Sitzungsvorstand über das Ergebnis der Abstimmung nicht einig, so wird die Gegenprobe gemacht. [2]Bleibt er auch nach ihr uneinig, so werden die Stimmen gezählt. [3]Auf Anordnung des Sitzungsvorstandes erfolgt die Zählung gemäß Absatz 2.
(2) [1]Nachdem die Mitglieder des Bundestages auf Aufforderung des Präsidenten den Sitzungssaal verlassen haben, werden die Türen bis auf drei Abstimmungstüren geschlossen. [2]An jeder dieser Türen stellen sich zwei Schriftführer auf. [3]Auf ein Zeichen des Präsidenten betreten die Mitglieder des Bundestages durch die mit „Ja", „Nein" oder „Enthaltung" bezeichnete Tür wieder den Sitzungssaal und werden von den Schriftführern laut gezählt. [4]Zur Beendigung der Zählung gibt der Präsident ein Zeichen. [5]Mitglieder des Bundestages, die später eintreten, werden nicht mitgezählt. [6]Der Präsident und die diensttuenden Schriftführer geben ihre Stimme öffentlich ab. [7]Der Präsident verkündet das Ergebnis.

§ 52 Namentliche Abstimmung

[1]Namentliche Abstimmung kann bis zur Eröffnung der Abstimmung von einer Fraktion oder von anwesenden fünf vom Hundert der Mitglieder des Bundestages verlangt werden. [2]Schriftführer sammeln in Urnen die Abstimmungskarten, die den Namen des Abstimmenden und die Erklärung „Ja" oder „Nein" oder „Enthalte mich" tragen. [3]Nach beendeter Einsammlung erklärt der Präsident die Abstimmung für geschlossen. [4]Die Schriftführer zählen die Stimmen. [5]Der Präsident verkündet das Ergebnis.

§ 53 Unzulässigkeit der namentlichen Abstimmung

Namentliche Abstimmung ist unzulässig über
a) Stärke des Ausschusses,
b) Abkürzung der Fristen,
c) Sitzungszeit und Tagesordnung,
d) Vertagung der Sitzung,
e) Vertagung der Beratung oder Schluß der Aussprache,
f) Teilung der Frage,
g) Überweisung an einen Ausschuß.

VII. Ausschüsse

§ 54 Ständige Ausschüsse und Sonderausschüsse

(1) [1]Zur Vorbereitung der Verhandlungen setzt der Bundestag ständige Ausschüsse ein. [2]Für einzelne Angelegenheiten kann er Sonderausschüsse einsetzen.
(2) Soweit das Grundgesetz oder Bundesgesetze die Einsetzung von Ausschüssen vorschreiben oder zulassen, richtet sich die Einsetzung und das Verfahren nach den Bestimmungen dieser Geschäftsordnung, es sei denn, daß im Grundgesetz, in den Bundesgesetzen oder in besonderen Geschäftsordnungen etwas anderes bestimmt ist.

§ 55 Einsetzung von Unterausschüssen

(1) [1]Zur Vorbereitung seiner Arbeiten kann jeder Ausschuß aus seiner Mitte Unterausschüsse mit bestimmten Aufträgen einsetzen, es sei denn, daß ein Drittel seiner Mitglieder widerspricht. [2]In Ausnahmefällen können die Fraktionen auch Mitglieder des Bundestages benennen, die nicht dem Ausschuß angehören.
(2) [1]Bei der Bestimmung des Vorsitzenden des Unterausschusses soll der Ausschuß sich nach dem Stärkeverhältnis der einzelnen Fraktionen richten (§ 12). [2]Wird der Unterausschuß für eine bestimmte Dauer eingesetzt, kann er vorzeitig nur aufgelöst werden, wenn ein Drittel der Mitglieder des Ausschusses nicht

widerspricht; im übrigen kann der Ausschuß den Unterausschuß jederzeit auflösen. ³Der Unterausschuß hat seinen Bericht dem Ausschuß vorzulegen.

(3) ¹In einem Unterausschuß muß jede Fraktion, die im Ausschuß vertreten ist, auf ihr Verlangen mindestens mit einem Mitglied vertreten sein. ²Im übrigen sind die Grundsätze des § 12 zu berücksichtigen.

(4) Ist eine Vorlage mehreren Ausschüssen zur Beratung überwiesen worden oder fällt ein Verhandlungsgegenstand in den Geschäftsbereich mehrerer Ausschüsse, können diese einen gemeinsamen Unterausschuß bilden.

§ 56 Enquete-Kommission

(1) ¹Zur Vorbereitung von Entscheidungen über umfangreiche und bedeutsame Sachkomplexe kann der Bundestag eine Enquete-Kommission einsetzen. ²Auf Antrag eines Viertels seiner Mitglieder ist er dazu verpflichtet. ³Der Antrag muß den Auftrag der Kommission bezeichnen.

(2) ¹Die Mitglieder der Kommission werden im Einvernehmen der Fraktionen benannt und vom Präsidenten berufen. ²Kann ein Einvernehmen nicht hergestellt werden, so benennen die Fraktionen die Mitglieder im Verhältnis ihrer Stärke. ³Die Mitgliederzahl der Kommission soll, mit Ausnahme der in Absatz 3 genannten Mitglieder der Fraktionen, neun nicht übersteigen.

(3) Jede Fraktion kann ein Mitglied, auf Beschluß des Bundestages auch mehrere Mitglieder, in die Kommission entsenden.

(4) ¹Die Enquete-Kommission hat ihren Bericht so rechtzeitig vorzulegen, daß bis zum Ende der Wahlperiode eine Aussprache darüber im Bundestag stattfinden kann. ²Sofern ein abschließender Bericht nicht erstattet werden kann, ist ein Zwischenbericht vorzulegen, auf dessen Grundlage der Bundestag entscheidet, ob die Enquete-Kommission ihre Arbeit fortsetzen oder einstellen soll.

§ 56a Technikfolgenanalysen

(1) ¹Dem Ausschuß für Forschung, Technologie und Technikfolgenabschätzung obliegt es, Technikfolgenanalysen zu veranlassen und für den Deutschen Bundestag aufzubereiten und auszuwerten. ²Er kann mit der wissenschaftlichen Durchführung von Technikfolgenanalysen Institutionen außerhalb des Deutschen Bundestages beauftragen.

(2) Der Ausschuß für Forschung, Technologie und Technikfolgenabschätzung hat Grundsätze über die Erstellung von Technikfolgenanalysen aufzustellen und diese Grundsätze zum Ausgangspunkt seiner Entscheidung im Einzelfall zu machen.

§ 57 Mitgliederzahl der Ausschüsse

(1) ¹Das System für eine dem § 12 entsprechende Zusammensetzung der Ausschüsse und die Zahl der Mitglieder bestimmt der Bundestag. ²Jedes Mitglied des Bundestages soll grundsätzlich einem Ausschuß angehören.

(2) ¹Die Fraktionen benennen die Ausschußmitglieder und deren Stellvertreter. ²Der Präsident benennt fraktionslose Mitglieder des Bundestages als beratende Ausschußmitglieder.

(3) Der Präsident gibt die erstmalig benannten Mitglieder und die späteren Änderungen dem Bundestag bekannt.

(4) Zur Unterstützung der Mitglieder kann die Teilnahme eines Fraktionsmitarbeiters jeder Fraktion zu den Ausschußsitzungen zugelassen werden.

§ 58 Bestimmung des Vorsitzenden und seines Stellvertreters

Die Ausschüsse bestimmen ihre Vorsitzenden und deren Stellvertreter nach den Vereinbarungen im Ältestenrat.

§ 59 Rechte und Pflichten des Vorsitzenden

(1) Dem Vorsitzenden obliegt die Vorbereitung, Einberufung und Leitung der Ausschußsitzungen sowie die Durchführung der Ausschußbeschlüsse.

(2) Der Vorsitzende erteilt das Wort in der Reihenfolge der Wortmeldungen unter Berücksichtigung des Grundsatzes des § 28 Abs. 1 Satz 2.

(3) Sitzungsteilnehmer, die nicht Mitglieder des Bundestages sind, und Zuhörer unterstehen während der Sitzung der Ordnungsgewalt des Vorsitzenden.

(4) Ist der ordnungsgemäße Ablauf einer Sitzung nicht mehr gewährleistet, kann der Vorsitzende die Sitzung unterbrechen oder im Einvernehmen mit den Fraktionen im Ausschuß beenden.

§ 60 Einberufung der Ausschußsitzungen

(1) Der Vorsitzende kann im Rahmen der vom Ältestenrat festgelegten Tagungsmöglichkeiten für Ausschüsse (Zeitplan) Ausschußsitzungen selbständig einberufen, es sei denn, daß der Ausschuß im Einzelfall etwas anderes beschließt.

(2) Der Vorsitzende ist zur Einberufung zum nächstmöglichen Termin innerhalb des Zeitplanes verpflichtet, wenn es eine Fraktion im Ausschuß oder mindestens ein Drittel der Mitglieder des Ausschusses unter Angabe der Tagesordnung verlangt.

(3) Zur Einberufung einer Sitzung außerhalb des Zeitplanes oder außerhalb des ständigen Sitzungsortes des Bundestages ist der Vorsitzende nur berechtigt, wenn ein entsprechendes Verlangen einer Fraktion oder von fünf vom Hundert der Mitglieder des Bundestages oder ein einstimmiger Beschluß des Ausschusses vorliegt und die Genehmigung des Präsidenten erteilt worden ist.

§ 61 Tagesordnung der Ausschüsse

(1) [1]Termin und Tagesordnung werden vom Vorsitzenden festgesetzt, es sei denn, daß der Ausschuß vorher darüber beschließt. [2]Die Tagesordnung soll den Ausschußmitgliedern in der Regel drei Tage vor der Sitzung zugeleitet werden.

(2) Der Ausschuß kann die Tagesordnung mit Mehrheit ändern, erweitern kann er sie nur, wenn nicht eine Fraktion oder ein Drittel der Ausschußmitglieder widerspricht.

(3) Die Tagesordnung jeder Ausschußsitzung ist mit Angabe des Ortes, des Termins und, soweit vereinbart, der Dauer der Sitzung den beteiligten Bundesministerien und dem Bundesrat mitzuteilen.

§ 62 Aufgaben der Ausschüsse

(1) [1]Die Ausschüsse sind zu baldiger Erledigung der ihnen überwiesenen Aufgaben verpflichtet. [2]Als vorbereitende Beschlußorgane des Bundestages haben sie die Pflicht, dem Bundestag bestimmte Beschlüsse zu empfehlen, die sich nur auf die ihnen überwiesenen Vorlagen oder mit diesen in unmittelbarem Sachzusammenhang stehenden Fragen beziehen dürfen. [3]Sie können sich jedoch mit anderen Fragen aus ihrem Geschäftsbereich befassen; mit Angelegenheiten der Europäischen Union, die ihre Zuständigkeit betreffen, sollen sie sich auch unabhängig von Überweisungen zeitnah befassen. [4]Weitergehende Rechte, die einzelnen Ausschüssen durch Grundgesetz, Bundesgesetz, in dieser Geschäftsordnung oder durch Beschluß des Bundestages übertragen sind, bleiben unberührt.

(2) [1]Zehn Sitzungswochen nach Überweisung einer Vorlage können eine Fraktion oder fünf vom Hundert der Mitglieder des Bundestages verlangen, daß der Ausschuß durch den Vorsitzenden oder Berichterstatter dem Bundestag einen Bericht über den Stand der Beratungen erstattet. [2]Wenn sie es verlangen, ist der Bericht auf die Tagesordnung des Bundestages zu setzen.

§ 63 Federführender Ausschuß

(1) Den Bericht an den Bundestag gemäß § 66 kann nur der federführende Ausschuß erstatten.

(2) [1]Werden Vorlagen an mehrere Ausschüsse überwiesen (§ 80), sollen die beteiligten Ausschüsse mit dem federführenden Ausschuß eine angemessene Frist zur Übermittlung ihrer Stellungnahme vereinbaren. [2]Werden nicht innerhalb der vereinbarten Frist dem federführenden Ausschuß die Stellungnahmen vorgelegt oder kommt eine Vereinbarung über eine Frist nicht zustande, kann der federführende Ausschuß dem Bundestag Bericht erstatten, frühestens jedoch in der vierten auf die Überweisung folgenden Sitzungswoche.

§ 64 Verhandlungsgegenstände

(1) Verhandlungsgegenstände sind die dem Ausschuß überwiesenen Vorlagen und Fragen aus dem Geschäftsbereich des Ausschusses (§ 62 Abs. 1 Satz 3).

(2) [1]Sind dem Ausschuß mehrere Vorlagen zum selben Gegenstand überwiesen, beschließt der Ausschuß, welche Vorlage als Verhandlungsgegenstand für seine Beschlußempfehlung an den Bundestag dienen soll. [2]Andere Vorlagen zum selben Gegenstand können, auch wenn sie bei der Beratung nicht oder nur teilweise berücksichtigt wurden, für erledigt erklärt werden. [3]Wird der Erledigterklärung von einer Fraktion im Ausschuß widersprochen, muß über die Vorlagen abgestimmt werden. [4]Die Beschlußempfehlung, die Vorlagen für erledigt zu erklären oder abzulehnen, ist dem Bundestag vorzulegen.

§ 65 Berichterstatterbenennung

Vorbehaltlich der Entscheidung des Ausschusses benennt der Vorsitzende einen oder mehrere Berichterstatter für jeden Verhandlungsgegenstand.

§ 66 Berichterstattung

(1) [1]Ausschußberichte an den Bundestag über Vorlagen sind in der Regel schriftlich zu erstatten. [2]Sie können mündlich ergänzt werden.

(2) [1]Die Berichte müssen die Beschlußempfehlung des federführenden Ausschusses mit Begründung sowie die Ansicht der Minderheit und die Stellungnahmen der beteiligten Ausschüsse enthalten. [2]Wenn kommunale Spitzenverbände im Rahmen des § 69 Abs. 5 Stellung genommen haben, müssen, sofern

Informationssitzungen nach § 70 Abs. 1 stattgefunden haben, sollen die dargelegten Auffassungen in ihren wesentlichen Punkten im Bericht wiedergegeben werden.

§ 67 Beschlußfähigkeit im Ausschuß
[1]Der Ausschuß ist beschlußfähig, wenn die Mehrheit der Mitglieder anwesend ist. [2]Er gilt solange als beschlußfähig, wie nicht vor einer Abstimmung ein Mitglied verlangt, die Beschlußfähigkeit durch Auszählen festzustellen. [3]Der Vorsitzende kann die Abstimmung, vor der die Feststellung der Beschlußfähigkeit verlangt wurde, auf bestimmte Zeit verschieben und, wenn kein Widerspruch erfolgt, die Aussprache fortsetzen oder einen anderen Tagesordnungspunkt aufrufen. [4]Ist nach Feststellung der Beschlußunfähigkeit die Sitzung auf bestimmte Zeit unterbrochen worden und nach Wiedereröffnung die Beschlußfähigkeit noch nicht gegeben, gilt Satz 3.

§ 68 Herbeirufung eines Mitgliedes der Bundesregierung zu den Ausschußsitzungen
[1]Das Recht des Ausschusses, die Anwesenheit eines Mitgliedes der Bundesregierung zu verlangen, gilt auch, wenn es in einer öffentlichen Sitzung gehört werden soll. [2]Über einen entsprechenden Antrag ist in nichtöffentlicher Sitzung zu entscheiden.

§ 69 Nichtöffentliche Ausschußsitzungen
(1) [1]Die Beratungen der Ausschüsse sind grundsätzlich nicht öffentlich. [2]Der Ausschuß kann beschließen, für einen bestimmten Verhandlungsgegenstand oder Teile desselben die Öffentlichkeit zuzulassen. [3]Die Öffentlichkeit einer Sitzung ist hergestellt, wenn der Presse und sonstigen Zuhörern im Rahmen der Raumverhältnisse der Zutritt gestattet wird.

(2) [1]An den nichtöffentlichen Ausschußsitzungen können Mitglieder des Bundestages, die dem Ausschuß nicht angehören, als Zuhörer teilnehmen, es sei denn, daß der Bundestag bei der Einsetzung der Ausschüsse beschließt, das Zutrittsrecht für einzelne Ausschüsse auf die ordentlichen Mitglieder und deren namentlich benannte Stellvertreter zu beschränken. [2]Diese Beschränkung kann nachträglich für die Beratung bestimmter Fragen aus dem Geschäftsbereich der Ausschüsse erfolgen. [3]Die Ausschüsse können für bestimmte Verhandlungsgegenstände im Einzelfall Ausnahmen von der Beschränkung des Zutrittsrechts beschließen.

(3) [1]Berät ein Ausschuß, dessen Verhandlungen nicht vertraulich sind, Vorlagen von Mitgliedern des Bundestages, so ist dem Erstunterzeichner, wenn er nicht Mitglied des Ausschusses ist, die Tagesordnung zuzuleiten. [2]Er kann insoweit mit beratender Stimme an der Sitzung teilnehmen oder sich von einem der anderen Antragsteller vertreten lassen. [3]In besonderen Fällen soll der Ausschuß auch andere Mitglieder des Bundestages zu seinen Verhandlungen mit beratender Stimme hinzuziehen oder zulassen.

(4) [1]Vorbehaltlich gesetzlicher Beschränkungen des Zutrittsrechts haben die Fraktionsvorsitzenden beratende Stimme in allen Ausschüssen und Sonderausschüssen (§ 54). [2]Sie können ein Mitglied ihrer Fraktion beauftragen, sie zu vertreten.

(5) [1]Berät der Ausschuss einen ihm federführend überwiesenen Gesetzentwurf, durch den wesentliche Belange von Gemeinden und Gemeindeverbänden berührt werden, ist den auf Bundesebene bestehenden kommunalen Spitzenverbänden vor Beschlussfassung im Ausschuss Gelegenheit zur Stellungnahme zu geben. [2]Wesentliche Belange im Sinne des Satzes 1 werden durch Gesetze berührt, die ganz oder teilweise von den Gemeinden oder Gemeindeverbänden auszuführen sind, ihre öffentlichen Finanzen unmittelbar betreffen oder auf ihre Verwaltungsorganisation einwirken. [3]Von der Bestimmung des Satzes 1 kann bei Regierungsvorlagen abgesehen werden, wenn aus der Begründung der Vorlagen die Auffassungen der kommunalen Spitzenverbände ersichtlich sind. [4]Die Rechte des Ausschusses aus § 70 Abs. 1 bleiben unberührt.

(6) Ist bei Ausschußsitzungen die Teilnahme auf die ordentlichen Mitglieder und deren namentlich benannte Stellvertreter beschränkt, kann einer der Antragsteller, der nicht Mitglied des Ausschusses ist, zur Begründung der Vorlage teilnehmen.

(7) Für die Beratung einer VS der Geheimhaltungsgrade VS-VERTRAULICH und höher gelten die Bestimmungen der Geheimschutzordnung des Deutschen Bundestages.

(8) Beraten mehrere Ausschüsse in gemeinsamer Sitzung über denselben Verhandlungsgegenstand, stimmen die Ausschüsse getrennt ab.

§ 69a Erweiterte öffentliche Ausschußberatungen
(1) [1]Die Ausschüsse sollen im Benehmen mit dem Ältestenrat und im Einvernehmen mit den mitberatenden Ausschüssen als Schlußberatung der überwiesenen Vorlagen öffentliche Aussprachen durchführen, in denen die Beschlußempfehlung und der Bericht des federführenden Ausschusses beschlossen wird. [2]Der Vorsitzende des federführenden Ausschusses beruft die Sitzung im Einvernehmen mit den mitbe-

ratenden Ausschüssen ein. ³Die Tagesordnung wird den Mitgliedern des Bundestages, dem Bundesrat und der Bundesregierung mitgeteilt.

(2) ¹Der federführende Ausschuß legt Gestaltung und Dauer der Aussprache im Einvernehmen mit den mitberatenden Ausschüssen fest. ²Der Vorsitzende des federführenden Ausschusses leitet die Sitzung. ³Er hat die dem Präsidenten im Rahmen von Plenarsitzungen zur Verfügung stehenden Rechte zur Aufrechterhaltung der Ordnung mit Ausnahme der Rechte nach § 38.

(3) ¹Soweit nicht anders beschlossen ist, erteilt der Vorsitzende das Wort nach Maßgabe von § 59 Abs. 2. ²Will der Vorsitzende sich als Redner an der Aussprache beteiligen, so hat er während dieser Zeit den Vorsitz abzugeben. ³Rederecht und das Recht, Anträge zur Sache zu stellen, haben alle Mitglieder des Bundestages. ⁴Anträge zur Geschäftsordnung können nur von den Mitgliedern des federführenden Ausschusses, deren Stellvertretern sowie beratenden Mitgliedern dieses Ausschusses gestellt werden.

(4) Stimmberechtigt sind die Mitglieder des federführenden Ausschusses, im Falle der Stellvertretung deren Stellvertreter.

(5) ¹Hat der federführende Ausschuß eine Erweiterte öffentliche Ausschußberatung beschlossen, kann ein Viertel seiner Mitglieder verlangen, daß die Vorlage statt dessen vom Bundestag in einer allgemeinen Aussprache beraten wird. ²Eine Vorlage, zu der eine Erweiterte öffentliche Ausschußberatung stattgefunden hat, kann ohne besondere Vereinbarung im Ältestenrat nicht Gegenstand einer nochmaligen Aussprache im Plenum sein. ³Der federführende Ausschuß kann jedoch eine nochmalige Befassung im Plenum verlangen, wobei sich die Befassung auf eine Berichterstattung aus dem Ausschuß durch einen Sprecher zu beschränken hat. ⁴Der Sprecher hat die verschiedenen im Ausschuß vertretenen Positionen innerhalb von fünf Minuten darzulegen.

§ 70 Öffentliche Anhörungssitzungen

(1) ¹Zur Information über einen Gegenstand seiner Beratung kann ein Ausschuß öffentliche Anhörungen von Sachverständigen, Interessenvertretern und anderen Auskunftspersonen vornehmen. ²Bei überwiesenen Vorlagen ist der federführende Ausschuß auf Verlangen eines Viertels seiner Mitglieder dazu verpflichtet; bei nicht überwiesenen Verhandlungsgegenständen im Rahmen des § 62 Abs. 1 Satz 3 erfolgt eine Anhörung auf Beschluß des Ausschusses. ³Die Beschlußfassung ist nur zulässig, wenn ein entsprechender Antrag auf der Tagesordnung des Ausschusses steht.

(2) ¹Wird gemäß Absatz 1 die Durchführung einer Anhörung von einer Minderheit der Mitglieder des Ausschusses verlangt, müssen die von ihr benannten Auskunftspersonen gehört werden. ²Beschließt der Ausschuß eine Begrenzung der Anzahl der anzuhörenden Personen, kann von der Minderheit nur der ihrem Stärkeverhältnis im Ausschuß entsprechende Anteil an der Gesamtzahl der anzuhörenden Auskunftspersonen benannt werden.

(3) ¹Der mitberatende Ausschuß kann beschließen, im Einvernehmen mit dem federführenden Ausschuß eine Anhörung durchzuführen, soweit der federführende Ausschuß von der Möglichkeit des Absatzes 1 keinen Gebrauch macht oder seine Anhörung auf Teilfragen der Vorlage, die nur seinen Geschäftsbereich betreffen, beschränkt. ²Dem federführenden Ausschuß sind Ort und Termin sowie der zu hörende Personenkreis mitzuteilen. ³Mitglieder des federführenden Ausschusses haben während der Anhörung Fragerecht; dieses kann im Einvernehmen mit dem federführenden Ausschuß auf einzelne seiner Mitglieder beschränkt werden.

(4) ¹Betrifft die Anhörung durch den federführenden Ausschuss Gesetzentwürfe gemäß § 69 Absatz 5 Satz 1, ist den auf Bundesebene bestehenden kommunalen Spitzenverbänden Gelegenheit zur Teilnahme an der Anhörung zu geben, wobei eine Anrechnung nach Absatz 2 Satz 2 unterbleibt. ²§ 69 Absatz 5 Satz 3 gilt entsprechend.

(5) ¹Der Ausschuß kann in eine allgemeine Aussprache mit den Auskunftspersonen eintreten, soweit dies zur Klärung des Sachverhalts erforderlich ist. ²Hierbei ist die Redezeit zu begrenzen. ³Der Ausschuß kann einzelne seiner Mitglieder beauftragen, die Anhörung durchzuführen; dabei ist jede im Ausschuß vertretene Fraktion zu berücksichtigen.

(6) ¹Zur Vorbereitung einer öffentlichen Anhörung soll der Ausschuß den Auskunftspersonen die jeweilige Fragestellung übermitteln. ²Er kann sie um Einreichung einer schriftlichen Stellungnahme bitten.

(7) Ersatz von Auslagen an Sachverständige und Auskunftspersonen erfolgt nur auf Grund von Ladungen durch Beschluß des Ausschusses mit vorheriger Zustimmung des Präsidenten.

(8) Die Absätze 1 bis 7 gelten auch für Anhörungen in nichtöffentlicher Sitzung.

§ 71 Antragstellung im Ausschuß, Schluß der Aussprache

(1) ¹Antragsberechtigt sind die Ausschußmitglieder, deren Stellvertreter im Falle der Vertretung eines Ausschußmitgliedes aus ihrer Fraktion sowie beratende Ausschußmitglieder. ²Ein schriftlicher Antrag

eines nicht anwesenden Mitgliedes des Ausschusses darf nur zur Abstimmung gestellt werden, wenn ein anwesendes stimmberechtigtes Mitglied ihn übernimmt.

(2) [1]Mitglieder des Bundestages, die nicht Ausschußmitglieder sind, können Änderungsanträge zu überwiesenen Vorlagen an den federführenden Ausschuß stellen. [2]Die Antragsteller können insoweit außerhalb des Verfahrens nach § 69a mit beratender Stimme an der Sitzung des Ausschusses teilnehmen.

(3) Ein Antrag auf Schluß der Aussprache darf frühestens zur Abstimmung gestellt werden, wenn jede Fraktion Gelegenheit hatte, zur Sache zu sprechen und von der jeweiligen Fraktionsauffassung abweichende Meinungen vorgetragen werden konnten.

§ 72 Abstimmung außerhalb einer Sitzung

[1]Der Ausschuß kann den Vorsitzenden einstimmig ermächtigen, außerhalb der Sitzungswochen über bestimmte Fragen in besonderen Eilfällen eine schriftliche Abstimmung durchführen zu lassen. [2]Macht der Ausschuß von dieser Möglichkeit Gebrauch, hat der Vorsitzende den Mitgliedern des Ausschusses den Entwurf einer Beschlußempfehlung zuzuleiten, über die innerhalb einer bestimmten Frist in entsprechender Anwendung des § 46 Satz 1 abgestimmt werden kann. [3]Eine schriftliche Abstimmung entfällt, wenn eine Sitzung des Ausschusses auf Grund der Bestimmungen des § 60 Abs. 2 oder 3 stattfindet.

§ 73 Ausschußprotokolle

(1) [1]Über jede Ausschußsitzung ist ein schriftliches Protokoll anzufertigen. [2]Es muß mindestens alle Anträge und die Beschlüsse des Ausschusses enthalten. [3]Stenographische Aufnahmen von Ausschußsitzungen bedürfen der Genehmigung des Präsidenten.

(2) [1]Protokolle über nichtöffentliche Sitzungen der Ausschüsse (§ 69 Abs. 1 Satz 1) sind grundsätzlich keine Verschlußsachen im Sinne der Geheimschutzordnung (vgl. § 2 Abs. 5 GSO). [2]Soweit sie der Öffentlichkeit nicht ohne weiteres zugänglich sein sollen, sind sie vom Ausschuß mit einem entsprechenden Vermerk zu versehen; die Einzelheiten werden in den nach Absatz 3 zu erlassenden Richtlinien geregelt. [3]Protokolle von öffentlichen Sitzungen (§ 69 Abs. 1 Satz 2, § 70 Abs. 1) dürfen diesen Vermerk nicht tragen.

(3) Für die Behandlung der Protokolle erläßt der Präsident im Benehmen mit dem Präsidium besondere Richtlinien.

§ 74 Anwendbarkeit der Bestimmungen der Geschäftsordnung

Soweit die Verfahrensregeln für die Ausschüsse nichts anderes bestimmen, gelten für Ausschüsse und Enquete-Kommissionen die übrigen Bestimmungen der Geschäftsordnung, mit Ausnahme des § 126, entsprechend.

VIII. Vorlagen und ihre Behandlung

§ 75 Vorlagen

(1) Folgende Vorlagen können als Verhandlungsgegenstand auf die Tagesordnung des Bundestages gesetzt werden (selbständige Vorlagen):
a) Gesetzentwürfe,
b) Beschlußempfehlungen des Ausschusses nach Artikel 77 Abs. 2 des Grundgesetzes (Vermittlungsausschuß),
c) Anträge auf Zurückweisung von Einsprüchen des Bundesrates,
d) Anträge,
e) Berichte und Materialien zur Unterrichtung des Bundestages (Unterrichtungen),
f) Große Anfragen an die Bundesregierung und ihre Beantwortung,
g) Wahlvorschläge, soweit sie als Drucksachen verteilt worden sind,
h) Beschlußempfehlungen und Berichte in Wahlprüfungs-, Immunitäts- und Geschäftsordnungsangelegenheiten,
i) Beschlußempfehlungen und Berichte über Petitionen,
j) Beschlußempfehlungen und Berichte des Rechtsausschusses über Streitsachen vor dem Bundesverfassungsgericht,
k) Beschlußempfehlungen und Berichte von Untersuchungsausschüssen,
l) Zwischenberichte der Ausschüsse,
m) Rechtsverordnungen, soweit sie aufgrund gesetzlicher Grundlagen dem Bundestag zuzuleiten sind.

(2) Vorlagen zu Verhandlungsgegenständen sind (unselbständige Vorlagen):
a) Beschlußempfehlungen und Berichte der Ausschüsse,
b) Änderungsanträge,

c) Entschließungsanträge zu Gesetzentwürfen, Unterrichtungen, Regierungserklärungen, Großen Anfragen, Entschließungen des Europäischen Parlaments, Unionsdokumente, Stabilitätsvorlagen und Rechtsverordnungen.

(3) Als Vorlagen im Sinne des § 76 gelten auch Kleine Anfragen; sie können nicht als Verhandlungsgegenstand auf die Tagesordnung gesetzt werden.

§ 76 Vorlagen von Mitgliedern des Bundestages

(1) Vorlagen von Mitgliedern des Bundestages (§ 75) müssen von einer Fraktion oder von fünf vom Hundert der Mitglieder des Bundestages unterzeichnet sein, es sei denn, daß die Geschäftsordnung etwas anderes vorschreibt oder zuläßt.

(2) Gesetzentwürfe müssen, Anträge können mit einer kurzen Begründung versehen werden.

§ 77 Behandlung der Vorlagen

(1) [1]Vorlagen werden an die Mitglieder des Bundestages, des Bundesrates und an die Bundesministerien in der Regel auf elektronischem Weg verteilt. [2]Eine Verteilung in Papierform ist weiterhin zulässig.

(2) [1]Bei Vorlagen gemäß § 75 Abs. 1 Buchstabe e, die der Unterrichtung des Bundestages dienen (Berichte, Denkschriften, Programme, Gutachten, Nachweisungen und ähnliches), kann der Präsident, soweit sie nicht auf gesetzlichen Vorschriften oder Beschlüssen des Bundestages beruhen, im Benehmen mit dem Ältestenrat ganz oder teilweise von der Verteilung absehen. [2]In diesen Fällen wird der Eingang dieser Vorlagen und im Benehmen mit dem Ältestenrat die Art ihrer Behandlung als amtliche Mitteilung durch den Präsidenten bekanntgegeben. [3]Sie werden als Übersicht in einer Drucksache zusammengestellt, in der auch anzugeben ist, in welchen Räumen des Bundestages die Vorlagen eingesehen werden können.

§ 78 Beratungen

(1) [1]Gesetzentwürfe werden in drei Beratungen, Verträge mit auswärtigen Staaten und ähnliche Verträge, welche die politischen Beziehungen des Bundes regeln oder sich auf Gegenstände der Bundesgesetzgebung beziehen (Artikel 59 Abs. 2 des Grundgesetzes), grundsätzlich in zwei Beratungen und nur auf Beschluß des Bundestages in drei Beratungen, alle anderen Vorlagen grundsätzlich in einer Beratung behandelt. [2]Für Nachtragshaushaltsvorlagen gilt § 95 Abs. 1 Satz 6.

(2) [1]Anträge können ohne Aussprache einem Ausschuß überwiesen werden. [2]Auch wenn sie nicht verteilt sind, kann über sie abgestimmt werden, es sei denn, daß von einer Fraktion oder von anwesenden fünf vom Hundert der Mitglieder des Bundestages widersprochen wird. [3]Im übrigen gelten für Anträge sinngemäß die Vorschriften über die Beratung von Gesetzentwürfen.

(3) Werden Vorlagen gemäß Absatz 1 in zwei Beratungen behandelt, so finden für die Schlußberatung neben den Bestimmungen für die zweite Beratung (§§ 81, 82 und 83 Abs. 3) die Bestimmung über die Schlußabstimmung (§ 86) entsprechende Anwendung.

(4) Werden Vorlagen in einer Beratung behandelt, findet für Änderungsanträge § 82 Abs. 1 Satz 2 Anwendung.

(5) Soweit die Geschäftsordnung nichts anderes vorschreibt oder zuläßt, beginnen die Beratungen der Vorlagen frühestens am dritten Tage nach Verteilung der Drucksachen (§ 123).

(6) [1]Wird im Ältestenrat vorab vereinbart, anstelle einer Aussprache die schriftlichen Redetexte zu Protokoll zu nehmen, werden die betreffenden Punkte in der Tagesordnung kenntlich gemacht. [2]Eine Aussprache findet abweichend davon statt, wenn sie bis 18 Uhr des Vortages von einer Fraktion oder von fünf vom Hundert der Mitglieder des Bundestages verlangt wird. [3]Je Fraktion kann im Regelfall ein Redebeitrag in angemessenem Umfang zu Protokoll gegeben werden. [4]Der Umfang je Fraktion soll sich an den auf die Fraktionen entfallenden Redezeiten bei einer Aussprache von 30 Minuten orientieren. [5]Die Redetexte sollen dem Sitzungsvorstand spätestens bis zum Aufruf des Tagesordnungspunktes vorliegen.

§ 79 Erste Beratung von Gesetzentwürfen

[1]In der ersten Beratung findet eine allgemeine Aussprache nur statt, wenn es vom Ältestenrat empfohlen, bis zum Aufruf des betreffenden Punktes der Tagesordnung von einer Fraktion oder von anwesenden fünf vom Hundert der Mitglieder des Bundestages verlangt oder gemäß § 80 Abs. 4 beschlossen wird. [2]In der Aussprache werden nur die Grundsätze der Vorlagen besprochen. [3]Sachanträge dürfen nicht gestellt werden.

§ 80 Überweisung an einen Ausschuß

(1) [1]Am Schluß der ersten Beratung wird der Gesetzentwurf vorbehaltlich einer abweichenden Entscheidung gemäß Absatz 2 einem Ausschuß überwiesen; er kann nur in besonderen Fällen gleichzeitig mehreren Ausschüssen überwiesen werden, wobei der federführende Ausschuß zu bestimmen ist. [2]Weitere Ausschüsse können sich im Benehmen mit dem federführenden Ausschuß an der Beratung bestimmter Fragen der Vorlage gutachtlich beteiligen.

(2) [1]Auf Antrag einer Fraktion oder von fünf vom Hundert der Mitglieder des Bundestages kann der Bundestag mit einer Zweidrittelmehrheit der anwesenden Mitglieder beschließen, ohne Ausschußüberweisung in die zweite Beratung einzutreten. [2]Für den Antrag gilt die Frist des § 20 Abs. 2 Satz 3. [3]Bei Finanzvorlagen soll vor Eintritt in die zweite Beratung dem Haushaltsausschuß Gelegenheit gegeben werden, die Vorlage gemäß § 96 Abs. 4 zu prüfen. [4]Die Fristenregelung des § 96 Abs. 8 Satz 2 findet keine Anwendung.

(3) [1]Vorlagen gemäß § 75 Abs. 1 Buchstabe e kann der Präsident, ohne sie auf die Tagesordnung zu setzen, nach Vereinbarung im Ältestenrat einem Ausschuß überweisen. [2]Eine Berichterstattung an den Bundestag erfolgt nur, wenn der Ausschuß einen über die Kenntnisnahme hinausgehenden Beschluß empfehlen will. [3]Erhebt der Haushaltsausschuß gegen eine Unionsvorlage (§ 93), deren Finanzierung nicht durch den jeweiligen jährlichen Eigenmittelansatz der Europäischen Union gedeckt ist oder erkennbar nicht gedeckt sein wird, Bedenken zu ihrer Vereinbarkeit mit dem laufenden oder mit künftigen Haushalten des Bundes, hat der federführende Ausschuß Bericht zu erstatten.

(4) [1]Vorlagen, die nach Vereinbarung im Ältestenrat im vereinfachten Verfahren behandelt werden sollen, werden in einem gemeinsamen Tagesordnungspunkt zusammengefaßt. [2]Über die Überweisung dieser Vorlagen wird ohne Aussprache in einer einzigen Abstimmung insgesamt abgestimmt. [3]Wird die Teilung der Abstimmung beantragt (§ 47), bedarf es einer Abtrennung der Abstimmung über den Überweisungsvorschlag zu einer Vorlage nicht, falls dem Antrag eines Mitglieds des Bundestages zur Änderung des Überweisungsvorschlags des Ältestenrats nicht widersprochen wird. [4]Wird zu einer Vorlage, für die das vereinfachte Verfahren vorgesehen ist, von einem Mitglied des Bundestages die Aussprache beantragt, ist über diesen Antrag zuerst abzustimmen. [5]Findet der Antrag die Mehrheit, wird die betroffene Vorlage als Zusatzpunkt auf die Tagesordnung der laufenden Sitzungswoche gesetzt.

§ 80a Überprüfung von Gesetzentwürfen auf sprachliche Richtigkeit und Verständlichkeit

(1) [1]Ein beim Bundestag eingerichteter oder angesiedelter Redaktionsstab soll auf Beschluss des federführenden Ausschusses einen Gesetzentwurf auf sprachliche Richtigkeit und Verständlichkeit prüfen und bei Bedarf Empfehlungen an den Ausschuss richten. [2]Der federführende Ausschuss kann den Redaktionsstab im gesamten Verlauf seines Beratungsverfahrens hinzuziehen und um Prüfung bitten. [3]Dies gilt insbesondere für die Prüfung von Änderungsanträgen, deren Annahme zu erwarten ist.

(2) Darüber hinaus bietet der Redaktionsstab auch sonstige sprachliche Beratung an.

§ 81 Zweite Beratung von Gesetzentwürfen

(1) [1]Die zweite Beratung wird mit einer allgemeinen Aussprache eröffnet, wenn sie vom Ältestenrat empfohlen oder von einer Fraktion oder von anwesenden fünf vom Hundert der Mitglieder des Bundestages verlangt wird. [2]Sie beginnt am zweiten Tage nach Verteilung der Beschlußempfehlung und des Ausschußberichts, früher nur, wenn auf Antrag einer Fraktion oder von fünf vom Hundert der Mitglieder des Bundestages zwei Drittel der anwesenden Mitglieder des Bundestages es beschließen; bei Gesetzentwürfen der Bundesregierung, die für dringlich erklärt worden sind (Artikel 81 des Grundgesetzes), kann die Fristverkürzung mit der Mehrheit der Mitglieder des Bundestages beschlossen werden. [3]Für den Antrag gilt die Frist des § 20 Abs. 2 Satz 3.

(2) [1]Über jede selbständige Bestimmung wird der Reihenfolge nach und zuletzt über Einleitung und Überschrift die Aussprache eröffnet und geschlossen. [2]Nach Schluß der Aussprache über jede Einzelbestimmung wird abgestimmt.

(3) Auf Beschluß des Bundestages kann die Reihenfolge geändert, die Aussprache über mehrere Einzelbestimmungen verbunden oder über Teile einer Einzelbestimmung oder über verschiedene Änderungsanträge zu demselben Gegenstand getrennt werden.

(4) [1]Über mehrere oder alle Teile eines Gesetzentwurfs kann gemeinsam abgestimmt werden. [2]Über Verträge mit auswärtigen Staaten und ähnliche Verträge gemäß Artikel 59 Abs. 2 des Grundgesetzes wird im ganzen abgestimmt.

§ 82 Änderungsanträge und Zurückverweisung in zweiter Beratung

(1) [1]Änderungen zu Gesetzentwürfen in zweiter Beratung können beantragt werden, solange die Beratung des Gegenstandes, auf den sie sich beziehen, noch nicht abgeschlossen ist. [2]Die Anträge müssen von mindestens einem Mitglied des Bundestages unterzeichnet sein und können mit einer kurzen Begründung versehen werden; wenn sie noch nicht verteilt sind, werden sie verlesen.

(2) Zu Verträgen mit auswärtigen Staaten und ähnlichen Verträgen, welche die politischen Beziehungen des Bundes regeln oder sich auf Gegenstände der Bundesgesetzgebung beziehen (Artikel 59 Abs. 2 des Grundgesetzes), sind Änderungsanträge nicht zulässig.

(3) Solange nicht die letzte Einzelabstimmung erledigt ist, kann die Vorlage ganz oder teilweise auch an einen anderen Ausschuß zurückverwiesen werden; dies gilt auch für bereits beratene Teile.

§ 83 Zusammenstellung der Änderungen
(1) Wurden in der zweiten Beratung Änderungen beschlossen, so läßt sie der Präsident zusammenstellen.
(2) Die Beschlüsse der zweiten bilden die Grundlage der dritten Beratung.
(3) Sind in der zweiten Beratung alle Teile eines Gesetzentwurfs abgelehnt worden, so ist die Vorlage abgelehnt und jede weitere Beratung unterbleibt.

§ 84 Dritte Beratung von Gesetzentwürfen
[1]Die dritte Beratung erfolgt,
a) wenn in zweiter Beratung keine Änderungen beschlossen worden sind, anschließend,
b) wenn Änderungen beschlossen sind, am zweiten Tage nach Verteilung der Drucksachen mit den beschlossenen Änderungen, früher nur, wenn auf Antrag einer Fraktion oder von fünf vom Hundert der Mitglieder des Bundestages zwei Drittel der anwesenden Mitglieder des Bundestages es beschließen; bei Gesetzentwürfen der Bundesregierung, die für dringlich erklärt worden sind (Artikel 81 des Grundgesetzes), kann die Fristverkürzung mit der Mehrheit der Mitglieder des Bundestages beschlossen werden. Für den Antrag gilt die Frist des § 20 Abs. 2 Satz 3.
[2]Sie beginnt mit einer allgemeinen Aussprache nur dann, wenn in zweiter Beratung keine allgemeine Aussprache stattgefunden hat und sie vom Ältestenrat empfohlen oder von anwesenden fünf vom Hundert der Mitglieder des Bundestages verlangt wird.

§ 85 Änderungsanträge und Zurückverweisung in dritter Beratung
(1) [1]Änderungsanträge zu Gesetzentwürfen in dritter Beratung müssen von einer Fraktion oder von fünf vom Hundert der Mitglieder des Bundestages unterzeichnet sein und können mit einer kurzen Begründung versehen werden. [2]Sie dürfen sich nur auf diejenigen Bestimmungen beziehen, zu denen in zweiter Beratung Änderungen beschlossen wurden. [3]Die Einzelberatung ist auf diese Bestimmungen beschränkt.
(2) [1]Vor der Schlußabstimmung kann die Vorlage ganz oder teilweise auch an einen anderen Ausschuß zurückverwiesen werden; § 80 Abs. 1 findet Anwendung. [2]Schlägt der Ausschuß Änderungen gegenüber den Beschlüssen des Bundestages in zweiter Beratung vor, wird die Beschlußempfehlung erneut in zweiter Beratung behandelt.

§ 86 Schlußabstimmung
[1]Nach Schluß der dritten Beratung wird über den Gesetzentwurf abgestimmt. [2]Sind die Beschlüsse der zweiten Beratung unverändert geblieben, so folgt die Schlußabstimmung unmittelbar. [3]Wurden Änderungen vorgenommen, so muß die Schlußabstimmung auf Verlangen einer Fraktion oder von anwesenden fünf vom Hundert der Mitglieder des Bundestages ausgesetzt werden, bis die Beschlüsse zusammengestellt und verteilt sind. [4]Über Verträge mit auswärtigen Staaten und ähnliche Verträge findet keine besondere Schlußabstimmung statt.

§ 87 Verfahren zu Artikel 113 des Grundgesetzes
(1) [1]Macht die Bundesregierung von Artikel 113 Abs. 1 Satz 3 des Grundgesetzes Gebrauch, so ist die Beschlußfassung auszusetzen. [2]Der Gesetzentwurf darf frühestens nach Eingang der Stellungnahme der Bundesregierung oder sechs Wochen nach Zugang des Verlangens der Bundesregierung beim Bundestagspräsidenten auf die Tagesordnung gesetzt werden.
(2) Verlangt die Bundesregierung nach Artikel 113 Abs. 2 des Grundgesetzes, daß der Bundestag erneut Beschluß faßt, gilt der Gesetzentwurf als an den federführenden Ausschuß und an den Haushaltsausschuß zurückverwiesen.
(3) [1]Ist das beschlossene Gesetz dem Bundesrat gemäß § 122 bereits zugeleitet worden, hat der Präsident den Bundesrat von dem Verlangen der Bundesregierung in Kenntnis zu setzen. [2]In diesem Falle gilt die Zuleitung als nicht erfolgt.

§ 88 Behandlung von Entschließungsanträgen
(1) [1]Über Entschließungsanträge (§ 75 Abs. 2 Buchstabe c) wird nach der Schlußabstimmung über den Verhandlungsgegenstand oder, wenn keine Schlußabstimmung möglich ist, nach Schluß der Aussprache abgestimmt. [2]Über Entschließungsanträge zu Teilen des Haushaltsplanes kann während der dritten Beratung abgestimmt werden.
(2) [1]Entschließungsanträge können einem Ausschuß nur überwiesen werden, wenn die Antragsteller nicht widersprechen. [2]Auf Verlangen einer Fraktion oder von anwesenden fünf vom Hundert der Mitglieder des Bundestages ist die Abstimmung auf den nächsten Sitzungstag zu verschieben.

§ 89 Einberufung des Vermittlungsausschusses

Auf Antrag einer Fraktion oder von fünf vom Hundert der Mitglieder des Bundestages kann der Bundestag beschließen, zu Gesetzen, die der Zustimmung des Bundesrates bedürfen, die Einberufung des Vermittlungsausschusses zu verlangen (Artikel 77 Abs. 2 Satz 4 des Grundgesetzes, § 75 Abs. 1 Buchstabe d).

§ 90 Beratung von Beschlußempfehlungen des Vermittlungsausschusses

(1) Sieht der Einigungsvorschlag des Vermittlungsausschusses eine Änderung des vom Bundestag beschlossenen Gesetzes vor, gilt für die Behandlung des Einigungsvorschlages im Bundestag § 10 der Geschäftsordnung des Vermittlungsausschusses.

(2) ^1Die Beratung der Beschlussempfehlung des Vermittlungsausschusses beginnt am zweiten Tag nach der Verteilung als Drucksache, früher nur, wenn auf Antrag einer Fraktion oder von fünf vom Hundert der Mitglieder des Bundestages zwei Drittel der anwesenden Mitglieder des Bundestages es beschließen. ^2Für den Antrag gilt die Frist des § 20 Absatz 2 Satz 3.

§ 91 Einspruch des Bundesrates

1Über den Antrag auf Zurückweisung eines Einspruchs des Bundesrates gegen ein vom Bundestag beschlossenes Gesetz (Artikel 77 Abs. 4 des Grundgesetzes) wird ohne Begründung und Aussprache abgestimmt. ^2Vor der Abstimmung können lediglich Erklärungen abgegeben werden. 3Über den Antrag wird durch Zählung der Stimmen gemäß § 51 abgestimmt, wenn nicht namentliche Abstimmung verlangt wird (§ 52).

§ 92 Rechtsverordnungen

^1Rechtsverordnungen der Bundesregierung, die der Zustimmung des Bundestages bedürfen oder deren Aufhebung der Bundestag innerhalb einer bestimmten Frist verlangen kann, überweist der Präsident im Benehmen mit dem Ältestenrat unmittelbar an die zuständigen Ausschüsse. ^2Dabei hat er eine Frist zu bestimmen, innerhalb der der federführende Ausschuß dem Bundestag einen Bericht vorzulegen hat. ^3Der Bericht des Ausschusses ist auf die Tagesordnung der nächsten Sitzung des Bundestages zu setzen. ^4Legt der Ausschuß diesen Bericht nicht rechtzeitig vor, ist die Vorlage auch ohne Ausschußbericht zur Beschlußfassung auf die Tagesordnung der nächsten Sitzung des Bundestages zu setzen.

§ 93 Zuleitung und Überweisung von Unionsdokumenten

(1) Dokumente, Berichte, Unterrichtungen, Mitteilungen und sonstige Informationen in Angelegenheiten der Europäischen Union, die dem Bundestag von der Bundesregierung oder Organen der Europäischen Union übermittelt werden, sowie Unterrichtungen des Europäischen Parlaments (Unionsdokumente) dienen dem Bundestag als Grundlage zur Wahrnehmung seiner Rechte aus Artikel 23 des Grundgesetzes und zur Mitwirkung in Angelegenheiten der Europäischen Union.

(2) Ein Verzicht gegenüber der Bundesregierung auf die Zuleitung von Unionsdokumenten scheidet bei Widerspruch einer Fraktion oder von fünf vom Hundert der Mitglieder des Bundestages aus.

(3) ^1Unionsdokumente, die Vorhaben oder Unterrichtungen im Sinne der §§ 5 und 7 des Gesetzes über die Zusammenarbeit von Bundesregierung und Deutschem Bundestag in Angelegenheiten der Europäischen Union sowie Entschließungen des Europäischen Parlaments beinhalten, kommen für eine Überweisung grundsätzlich in Betracht. ^2Bei Vorbereitung der Überweisungsentscheidung wird die Beratungsrelevanz des Dokuments in Abstimmung mit den Fraktionen bewertet (Priorisierung). ^3Andere Unionsdokumente werden in geeigneter Form für eine Kenntnisnahme angeboten; auf Verlangen einer Fraktion oder von fünf vom Hundert der Mitglieder des Bundestages findet auch insoweit eine Überweisung statt.

(4) ^1Die zuständigen Ausschüsse können Unionsdokumente, die ihnen nicht oder noch nicht überwiesen sind, zum Verhandlungsgegenstand erklären. ^2Die Ausschüsse haben dem Vorsitzenden des Ausschusses für die Angelegenheiten der Europäischen Union anzuzeigen, welche Unionsdokumente sie zum Verhandlungsgegenstand erklärt haben.

(5) ^1Der Vorsitzende des Ausschusses für die Angelegenheiten der Europäischen Union legt dem Präsidenten in Abstimmung mit den anderen Ausschüssen einen Überweisungsvorschlag für die eingegangenen Unionsdokumente und für die von den Ausschüssen zum Verhandlungsgegenstand erklärten Unionsdokumente vor. ^2Der Präsident überweist die Unionsdokumente im Benehmen mit den Fraktionen unverzüglich an einen Ausschuss federführend und an andere Ausschüsse zur Mitberatung. ^3Wird der vorgesehenen oder erfolgten Überweisung von einem Ausschuss oder einer Fraktion widersprochen, entscheidet der Ältestenrat.

(6) ^1Die Titel der überwiesenen Unionsdokumente werden in eine Sammelübersicht aufgenommen, die verteilt wird und aus der ersichtlich ist, welchen Ausschüssen die Vorlagen überwiesen worden sind. ^2Unionsdokumente im Sinne des Absatzes 3 Satz 1, zu denen von keiner Fraktion eine Beratungsrelevanz

angemeldet bzw. eine Überweisung vorgeschlagen wird, werden in der Sammelübersicht gesondert aufgeführt.

(7) [1]Ein Unionsdokument wird als Bundestagsdrucksache verteilt, wenn es der Vorsitzende des Ausschusses für die Angelegenheiten der Europäischen Union bei seinem Überweisungsvorschlag vorsieht oder wenn der federführende Ausschuss eine über die Kenntnisnahme hinausgehende Beschlussempfehlung vorlegt. [2]Andere als in Absatz 3 Satz 1 aufgeführte Unionsdokumente werden nicht als Bundestagsdrucksache verteilt; bezieht sich eine Beschlussempfehlung auf ein derartiges Unionsdokument, wird unter Wahrung der Vertraulichkeit nur über dessen wesentlichen Inhalt berichtet.

(8) Schriftliche Unterrichtungen der Bundesregierung nach § 8 Absatz 5 des Gesetzes über die Zusammenarbeit von Bundesregierung und Deutschem Bundestag in Angelegenheiten der Europäischen Union müssen auf Verlangen einer Fraktion oder von fünf vom Hundert der Mitglieder des Bundestages innerhalb von drei Sitzungswochen nach Eingang auf die Tagesordnung der Sitzung des Bundestages gesetzt und beraten werden.

§ 93a Ausschussberatung von Unionsdokumenten

(1) [1]Bei der Beratung von Unionsdokumenten prüfen die Ausschüsse auch die Einhaltung der Grundsätze der Subsidiarität und Verhältnismäßigkeit. [2]Wird beabsichtigt, insoweit eine Verletzung zu rügen, ist unverzüglich der Ausschuss für die Angelegenheiten der Europäischen Union zu informieren, um diesem zunächst Gelegenheit zur Stellungnahme zu geben. [3]Beabsichtigt der federführende Ausschuss nur eine Kenntnisnahme, ist dennoch dem Bundestag zu berichten, falls der Ausschuss für die Angelegenheiten der Europäischen Union Bedenken wegen einer Verletzung der Grundsätze der Subsidiarität und Verhältnismäßigkeit geltend macht. [4]Die Ausschüsse berücksichtigen bei ihrer Beschlussfassung die auf der Ebene der Europäischen Union maßgeblichen Fristvorgaben.

(2) [1]Die Ausschüsse können ihren Beratungen und einer Beschlussempfehlung ein Folgedokument zu dem ihnen überwiesenen Unionsdokument zugrunde legen. [2]Ebenso kann ein federführender Ausschuss wiederholt eine Beschlussempfehlung vorlegen, insbesondere um neueren Entwicklungen Rechnung zu tragen. [3]Die mitberatenden Ausschüsse sind zu unterrichten und erhalten Gelegenheit, innerhalb einer vom federführenden Ausschuss festgelegten Frist eine bereits abgegebene Stellungnahme zu ergänzen oder erneut eine Stellungnahme abzugeben.

(3) [1]Ein für ein bestimmtes Unionsdokument federführender Ausschuss ist auch nach Abgabe einer Stellungnahme des Bundestages für die Behandlung eines Bemühens der Bundesregierung zur Erzielung eines Einvernehmens mit dem Bundestag nach Einlegung eines Parlamentsvorbehalts zuständig. [2]Absatz 2 Satz 3 gilt entsprechend. [3]Der federführende Ausschuss hat dem Bundestag eine erneute Beschlussempfehlung vorzulegen.

(4) Absatz 3 gilt entsprechend für das Einvernehmen zwischen Bundestag und Bundesregierung über die Aufnahme von Verhandlungen über Beitritte und Vertragsänderungen nach § 9 des Gesetzes über die Zusammenarbeit von Bundesregierung und Deutschem Bundestag in Angelegenheiten der Europäischen Union.

(5) [1]Die Ausschüsse können Mitglieder des Europäischen Parlaments sowie Mitglieder des Rates und der Kommission der Europäischen Union oder deren Beauftragte zu ihren Beratungen in Europaangelegenheiten hinzuziehen. [2]Sie können Unionsdokumente gemeinsam mit Ausschüssen des Europäischen Parlaments gleicher Zuständigkeit beraten.

(6) Die Ausschüsse können zur Vorbereitung von Entscheidungen über Unionsdokumente Delegationen zu einem Ausschuss des Europäischen Parlaments mit gleicher Zuständigkeit oder zu anderen Organen der Europäischen Union entsenden.

§ 93b Ausschuss für die Angelegenheiten der Europäischen Union

(1) Dem gemäß Artikel 45 des Grundgesetzes vom Bundestag zu bestellenden Ausschuss für die Angelegenheiten der Europäischen Union obliegt nach Maßgabe der Geschäftsordnung und der Beschlüsse des Bundestages die Behandlung der Unionsdokumente gemäß § 93 Abs. 1.

(2) [1]Der Bundestag kann auf Antrag einer Fraktion oder von fünf vom Hundert der Mitglieder des Bundestages den Ausschuss für die Angelegenheiten der Europäischen Union ermächtigen, zu bestimmt bezeichneten Unionsdokumenten oder hierauf bezogenen Vorlagen die Rechte des Bundestages gemäß Artikel 23 des Grundgesetzes gegenüber der Bundesregierung sowie die Rechte, die dem Bundestag in den vertraglichen Grundlagen der Europäischen Union eingeräumt sind, wahrzunehmen. [2]Soweit die Rechte im Integrationsverantwortungsgesetz ausgestaltet sind, kommt eine Ermächtigung nur in Betracht, wenn die Beteiligung des Bundestages nicht in der Form eines Gesetzes erfolgen muss. [3]Auch ohne eine Ermächtigung nach Satz 1 kann der Ausschuss für die Angelegenheiten der Europäischen Union die Rechte des Bundestages gemäß Satz 1 gegenüber der Bundesregierung wahrnehmen, sofern nicht einer der be-

teiligten Ausschüsse widerspricht. [4]Satz 3 gilt nicht im Bereich der Gemeinsamen Außen- und Sicherheitspolitik sowie für Beschlüsse nach § 9 Absatz 1 des Integrationsverantwortungsgesetzes. [5]Die Rechte des Bundestages nach Artikel 45 Satz 3 des Grundgesetzes kann er nach Maßgabe der nachfolgenden Regelungen wahrnehmen. [6]Das Recht des Bundestages, über eine Angelegenheit der Europäischen Union jederzeit selbst zu beschließen, bleibt unberührt.

(3) [1]Der Ausschuss für die Angelegenheiten der Europäischen Union hat im Falle einer Ermächtigung gemäß Absatz 2 Satz 1 vor der Abgabe einer Stellungnahme gegenüber der Bundesregierung zu dem Unionsdokument eine Stellungnahme der beteiligten Ausschüsse einzuholen. [2]Will er von der Stellungnahme eines oder mehrerer Ausschüsse abweichen, soll eine gemeinsame Sitzung mit den mitberatenden Ausschüssen anberaumt werden. [3]In eilbedürftigen Fällen können die Vorsitzenden der mitberatenden Ausschüsse entsprechend § 72 Satz 2 schriftlich abstimmen lassen.

(4) [1]Will der Ausschuss für die Angelegenheiten der Europäischen Union von seinem Recht gemäß Absatz 2 Satz 3 Gebrauch machen, gilt für das Verfahren Absatz 3 entsprechend. [2]Ein federführender Ausschuss kann unter Angabe einer Begründung verlangen, dass der Ausschuss für die Angelegenheiten der Europäischen Union prüft, ob er von seinem Recht gemäß Absatz 2 Satz 2 Gebrauch macht; bei Ablehnung gilt Absatz 6 entsprechend. [3]Mitberatende Ausschüsse sind zu beteiligen, wenn der federführende und der Ausschuss für die Angelegenheiten der Europäischen Union dies für erforderlich halten; Absatz 3 Satz 3 gilt entsprechend.

(5) Zur Einberufung einer Sitzung des Ausschusses für die Angelegenheiten der Europäischen Union außerhalb des Zeitplanes oder außerhalb des ständigen Sitzungsortes des Bundestages ist der Vorsitzende des Ausschusses abweichend von § 60 auch berechtigt, wenn es die Terminplanung der zuständigen Organe der Europäischen Union erfordert und die Genehmigung des Präsidenten erteilt worden ist.

(6) [1]Über den Inhalt und die Begründung der vom Ausschuss für die Angelegenheiten der Europäischen Union beschlossenen Stellungnahme gegenüber der Bundesregierung zu einem Unionsdokument erstattet der Ausschuss für die Angelegenheiten der Europäischen Union einen Bericht, der als Bundestagsdrucksache verteilt wird und innerhalb von drei Sitzungswochen nach der Verteilung auf die Tagesordnung zu setzen ist. [2]Eine Aussprache findet jedoch nur statt, wenn diese von einer Fraktion oder von anwesenden fünf vom Hundert der Mitglieder des Bundestages verlangt wird.

(7) Der Ausschuss für die Angelegenheiten der Europäischen Union kann bei einem Unionsdokument, das ihm zur Mitberatung überwiesen worden ist, Änderungsanträge zur Beschlussempfehlung des federführenden Ausschusses stellen; der Änderungsantrag muss bis spätestens 18 Uhr des Vortages der Beratung der Beschlussempfehlung zu dem Unionsdokument dem Präsidenten vorgelegt werden.

(8) [1]Zu den Sitzungen des Ausschusses für die Angelegenheiten der Europäischen Union erhalten deutsche Mitglieder des Europäischen Parlaments Zutritt; weitere deutsche Mitglieder des Europäischen Parlaments sind als Vertreter zur Teilnahme berechtigt. [2]Die mitwirkungsberechtigten Mitglieder des Europäischen Parlaments werden vom Präsidenten des Deutschen Bundestages auf Vorschlag der Fraktionen des Bundestages, aus deren Parteien deutsche Mitglieder in das Europäische Parlament gewählt worden sind, bis zur Neuwahl des Europäischen Parlaments, längstens bis zum Ende der Wahlperiode des Deutschen Bundestages berufen. [3]Die berufenen Mitglieder des Europäischen Parlaments sind befugt, die Beratung von Verhandlungsgegenständen anzuregen sowie während der Beratungen des Ausschusses für die Angelegenheiten der Europäischen Union Auskünfte zu erteilen und Stellung zu nehmen.

§ 93c Subsidiaritätsrüge
Die Entscheidung, gemäß Artikel 6 des Protokolls über die Anwendung der Grundsätze der Subsidiarität und der Verhältnismäßigkeit eine Subsidiaritätsrüge zu erheben, wird grundsätzlich vom Bundestag getroffen; nach Maßgabe des § 93b Absatz 2 bis 4 kann hierüber auch der Ausschuss für die Angelegenheiten der Europäischen Union entscheiden.

§ 93d Subsidiaritätsklage
(1) [1]Beschließt der Bundestag die Erhebung einer Klage nach Artikel 8 des Protokolls über die Anwendung der Grundsätze der Subsidiarität und der Verhältnismäßigkeit (Subsidiaritätsklage), ist für deren Durchführung einschließlich der Prozessführung vor dem Europäischen Gerichtshof der Ausschuss für die Angelegenheiten der Europäischen Union zuständig. [2]Dies schließt die Formulierung der Klageschrift und die Benennung eines Prozessbevollmächtigten ein, falls dies nicht bereits durch den Bundestag beschlossen wurde.

(2) [1]Verlangt mindestens ein Viertel der Mitglieder des Bundestages die Erhebung der Klage (Artikel 23 Absatz 1a Satz 2 des Grundgesetzes), ist der Antrag so rechtzeitig zu stellen, dass innerhalb der Klagefrist eine angemessene Beratung im Bundestag gesichert ist. [2]Der Antrag hat mindestens die wesentlichen Klagegründe zu benennen. [3]Absatz 1 gilt mit der Maßgabe, dass die Benennung eines Prozessbevoll-

mächtigten im Einvernehmen mit den Antragstellern erfolgt und bei der Formulierung der Klageschrift sowie der Durchführung des Klageverfahrens die Antragsteller angemessen zu beteiligen sind. [4]Diese haben einen Bevollmächtigten zu benennen. [5]§ 69 Absatz 3 Satz 3 ist anzuwenden.

(3) [1]Abweichende Auffassungen, die gemäß § 12 Absatz 1 Satz 2 des Integrationsverantwortungsgesetzes von mindestens einem Viertel der Mitglieder des Bundestages vertreten werden, sind ebenfalls in die Klageschrift aufzunehmen. [2]Absatz 2 Satz 3 zweiter Halbsatz, Satz 4 und 5 gilt entsprechend.

(4) [1]Fällt der Ablauf der Frist für die Einreichung einer Subsidiaritätsklage auf einen Zeitpunkt außerhalb des Zeitplanes des Bundestages, ist der Ausschuss für die Angelegenheiten der Europäischen Union zur Erhebung der Klage ermächtigt, sofern nicht der Bundestag zuvor hierüber entschieden hat. [2]§ 93b Absatz 2 Satz 3 gilt entsprechend.

§ 94 Stabilitätsvorlagen

[1]Vorlagen der Bundesregierung gemäß § 8 Abs. 1 des Gesetzes zur Förderung der Stabilität und des Wachstums der Wirtschaft (Stabilitätsvorlagen) werden vom Präsidenten unmittelbar dem Haushaltsausschuß überwiesen. [2]Der Haushaltsausschuß hat die Vorlage spätestens innerhalb der auf den Eingang der Stellungnahme des Bundesrates folgenden Sitzungswoche zu beraten. [3]Der Bericht des Haushaltsausschusses ist spätestens einen Tag vor Ablauf von vier Wochen nach Eingang der Vorlage beim Bundestag auf die Tagesordnung zu setzen. [4]Hat der Haushaltsausschuß bis zu diesem Zeitpunkt keine Beschlußempfehlung vorgelegt, ist die Vorlage ohne Ausschußbericht auf die Tagesordnung der nächsten Sitzung des Bundestages zu setzen. [5]Änderungsanträge zu Stabilitätsvorlagen dürfen nur auf eine Kürzung der Ausgaben gerichtet sein (§ 42 der Bundeshaushaltsordnung).

§ 95 Haushaltsvorlagen

(1) [1]Haushaltsvorlagen sind der Entwurf des Haushaltsgesetzes und des Haushaltsplans, Änderungsvorlagen zu diesen Entwürfen (Ergänzungsvorlagen), Vorlagen zur Änderung des Haushaltsgesetzes und des Haushaltsplans (Nachtragshaushaltsvorlagen) sowie sonstige den Haushalt betreffende Vorlagen. [2]Alle Haushaltsvorlagen sind dem Haushaltsausschuß zu überweisen; auf ihr Verlangen sind die Fachausschüsse gutachtlich zu hören. [3]§ 63 Abs. 2 gilt entsprechend. [4]Der Haushaltsausschuß soll die Stellungnahmen der beteiligten Ausschüsse wiedergeben. [5]Ergänzungsvorlagen überweist der Präsident grundsätzlich ohne erste Beratung. [6]Nachtragshaushaltsvorlagen können auf Vorschlag des Ältestenrates durch den Präsidenten ohne erste Beratung überwiesen und in einer Beratung abschließend behandelt werden.

(2) Die zweite Beratung des Entwurfs des Haushaltsgesetzes und des Haushaltsplans darf frühestens sechs Wochen, die abschließende Beratung von Nachtragshaushaltsvorlagen frühestens drei Wochen nach Zuleitung erfolgen, es sei denn, die Stellungnahme des Bundesrates geht vor Ablauf der in Artikel 110 Abs. 3 des Grundgesetzes vorgesehenen Frist ein.

(3) Für die abschließende Beratung von Nachtragshaushaltsvorlagen findet neben den Bestimmungen für die zweite Beratung (§§ 81, 82) die Bestimmung über die Schlußabstimmung (§ 86) entsprechende Anwendung.

(4) [1]Nachtragshaushaltsvorlagen hat der Haushaltsausschuß spätestens innerhalb der auf den Eingang der Stellungnahme des Bundesrates folgenden Sitzungswoche zu beraten. [2]Der Bericht des Ausschusses ist auf die Tagesordnung der nächsten Sitzung des Bundestages zu setzen. [3]Hat der Ausschuß seine Beratungen nicht innerhalb der Frist abgeschlossen, ist die Vorlage ohne Ausschußbericht auf die Tagesordnung der nächsten Sitzung des Bundestages zu setzen.

§ 96 Finanzvorlagen

(1) [1]Finanzvorlagen sind alle Vorlagen, die wegen ihrer grundsätzlichen Bedeutung oder ihres finanziellen Umfangs geeignet sind, auf die öffentlichen Finanzen des Bundes oder der Länder erheblich einzuwirken und die nicht Haushaltsvorlagen im Sinne des § 95 sind. [2]Bei Zweifeln über den Charakter der Vorlagen entscheidet der Bundestag nach Anhörung des Haushaltsausschusses.

(2) [1]Finanzvorlagen werden nach der ersten Beratung dem Haushaltsausschuß und dem Fachausschuß überwiesen. [2]Werden Gesetzentwürfe durch die Annahme eines Änderungsantrags im Ausschuß zu Finanzvorlagen, hat der Ausschuß den Präsidenten hiervon in Kenntnis zu setzen. [3]Dieser überweist die vom Ausschuß beschlossene Fassung dem Haushaltsausschuß; die Überweisung kann mit einer Fristsetzung verbunden sein.

(3) [1]Finanzvorlagen von Mitgliedern des Bundestages müssen in der Begründung die finanziellen Auswirkungen darlegen. [2]Der Präsident gibt der Bundesregierung Gelegenheit, innerhalb von vier Wochen zu den Auswirkungen auf die öffentlichen Finanzen des Bundes und der Länder Stellung zu nehmen. [3]Der Bericht des Haushaltsausschusses darf erst nach Eingang der Stellungnahme der Bundesregierung oder nach vier Wochen auf die Tagesordnung gesetzt werden.

(4) [1]Soweit die Finanzvorlage auf die öffentlichen Finanzen des Bundes einwirkt, prüft der Haushaltsausschuß ihre Vereinbarkeit mit dem laufenden Haushalt und künftigen Haushalten. [2]Ergibt die Prüfung des Haushaltsausschusses, daß die Vorlage Auswirkungen auf den laufenden Haushalt hat, legt er zugleich mit dem Bericht an den Bundestag einen Vorschlag zur Deckung der Mindereinnahmen oder Mehrausgaben vor; hat sie Auswirkungen auf die künftigen Haushalte, äußert sich der Haushaltsausschuß in seinem Bericht zu den Möglichkeiten künftiger Deckung. [3]Hat die Bundesregierung zu der Vorlage Stellung genommen, äußert sich der Haushaltsausschuß in seinem Bericht zu dieser Stellungnahme. [4]Kann der Haushaltsausschuß keinen Deckungsvorschlag machen, wird die Vorlage dem Bundestag vorgelegt, der nach Begründung durch einen Antragsteller lediglich über die Möglichkeit einer Deckung berät und beschließt. [5]Wird die Möglichkeit zur Deckung auch vom Bundestag verneint, gilt die Vorlage als erledigt.

(5) Soweit die Finanzvorlage auf die öffentlichen Finanzen der Länder einwirkt, teilt der Hauhaltsausschuß in seinem Bericht Art und Umfang der Einwirkungen mit.

(6) [1]Ergibt der Bericht des Haushaltsausschusses, daß Mitglieder oder Beauftragte der Bundesregierung Bedenken gegen die finanziellen Auswirkungen der Vorlage, der Beschlüsse des federführenden Ausschusses oder des Deckungsvorschlages erheben, gibt der Präsident der Bundesregierung Gelegenheit zur Stellungnahme, soweit diese nicht bereits vorliegt. [2]In diesem Fall kann der Bericht erst nach Eingang der Stellungnahme oder nach vier Wochen auf die Tagesordnung gesetzt werden. [3]Hat die Bundesregierung Stellung genommen, soll der Hauhaltsausschuß sich zu dieser Stellungnahme dem Bundestag gegenüber äußern.

(7) Werden in der zweiten Beratung Änderungen mit finanziellen Auswirkungen von grundsätzlicher Bedeutung oder erheblichem finanziellen Umfang beschlossen, erfolgt die dritte Beratung – nach vorheriger Beratung im Haushaltsausschuß – erst in der zweiten Woche nach der Beschlußfassung.

(8) [1]Berichte des Haushaltsausschusses, die einen Deckungsvorschlag enthalten, können ohne Einhaltung der für die zweite Beratung von Gesetzentwürfen vorgeschriebenen Frist (§ 81 Abs. 1 Satz 2) beraten werden. [2]Für Berichte, die keinen Deckungsvorschlag enthalten, kann die für die zweite Beratung vorgeschriebene Frist weder verkürzt noch aufgehoben werden, es sei denn, daß der Bundestag beschließt, gemäß § 80 Abs. 2 zu verfahren.

§ 96a Verfahren nach dem Parlamentsbeteiligungsgesetz

(1) Der Vorsitzende eines Ausschusses ist zur Einberufung einer Sitzung außerhalb des Zeitplans zur Beratung über einen Antrag gemäß § 4 Abs. 1 oder § 7 Abs. 1 in Verbindung mit § 4 Abs. 1 des Parlamentsbeteiligungsgesetzes verpflichtet, wenn es eine Fraktion im Ausschuss oder mindestens ein Drittel der Mitglieder des Ausschusses verlangt und die Genehmigung des Präsidenten erteilt worden ist.

(2) [1]Ein Verlangen auf Befassung des Bundestages gemäß § 4 Abs. 1 Satz 4 oder § 7 Abs. 1 in Verbindung mit § 4 Abs. 1 des Parlamentsbeteiligungsgesetzes muss binnen sieben Tagen seit der Verteilung der Drucksache beim Präsidenten eingehen. [2]Nach Eingang des Verlangens unterrichtet der Präsident die Fraktionen und die Bundesregierung hierüber unverzüglich.

(3) [1]Unterrichtet die Bundesregierung den Bundestag gemäß § 6 Abs. 1 des Parlamentsbeteiligungsgesetzes durch einen schriftlichen Bericht, wird dieser als Drucksache verteilt. [2]Das Gleiche gilt für sonstige schriftliche Unterrichtungen des Bundestages. [3]In Fällen des § 5 Abs. 1 des Parlamentsbeteiligungsgesetzes werden gemäß Absatz 2 grundsätzlich die Vorsitzenden und Obleute des Auswärtigen Ausschusses und des Verteidigungsausschusses außerhalb einer Ausschusssitzung unterrichtet. [4]Hat der Bundestag einem Antrag gemäß § 5 Abs. 3 des Parlamentsbeteiligungsgesetzes zugestimmt, gelten für weitere Unterrichtungen die allgemeinen Regelungen.

(4) Die Geheimschutzordnung des Deutschen Bundestages (Anlage 3) findet Anwendung.

§ 97 Mißtrauensantrag gegen den Bundeskanzler

(1) [1]Der Bundestag kann auf Antrag gemäß Artikel 67 Abs. 1 des Grundgesetzes dem Bundeskanzler das Mißtrauen aussprechen. [2]Der Antrag ist von einem Viertel der Mitglieder des Bundestages oder einer Fraktion, die mindestens ein Viertel der Mitglieder des Bundestages umfaßt, zu unterzeichnen und in der Weise zu stellen, daß dem Bundestag ein namentlich benannter Kandidat als Nachfolger zur Wahl vorgeschlagen wird. [3]Anträge, die diesen Voraussetzungen nicht entsprechen, dürfen nicht auf die Tagesordnung gesetzt werden.

(2) [1]Ein Nachfolger ist, auch wenn mehrere Wahlvorschläge gemacht sind, in einem Wahlgang mit verdeckten Stimmzetteln (§ 49) zu wählen. [2]Er ist nur dann gewählt, wenn er die Stimmen der Mehrheit der Mitglieder des Bundestages auf sich vereinigt.

(3) Für den Zeitpunkt der Wahl gilt Artikel 67 Abs. 2 des Grundgesetzes.

§ 98 Vertrauensantrag des Bundeskanzlers

(1) Der Bundeskanzler kann gemäß Artikel 68 des Grundgesetzes beantragen, ihm das Vertrauen auszusprechen; für den Zeitpunkt der Abstimmung über den Antrag gilt Artikel 68 Abs. 2 des Grundgesetzes.

(2) Findet der Antrag nicht die Zustimmung der Mehrheit der Mitglieder des Bundestages, kann der Bundestag binnen einundzwanzig Tagen auf Antrag eines Viertels der Mitglieder des Bundestages gemäß § 97 Abs. 2 einen anderen Bundeskanzler wählen.

§ 99 Dringliche Gesetzentwürfe der Bundesregierung nach Artikel 81 des Grundgesetzes

(1) [1]Gesetzentwürfe der Bundesregierung, die im Rahmen des Artikels 81 des Grundgesetzes von der Bundesregierung als dringlich bezeichnet oder nach Erklärung des Gesetzgebungsnotstandes dem Bundestag erneut vorgelegt worden sind, müssen auf Verlangen der Bundesregierung auf die Tagesordnung der nächsten Sitzung gesetzt werden. [2]Absetzen von der Tagesordnung ist nur einmal möglich.

(2) Der Gesetzentwurf gilt auch dann als abgelehnt, wenn zweimal in der zweiten oder dritten Beratung bei einer Einzel- oder Schlußabstimmung wegen Beschlußunfähigkeit ergebnislos abgestimmt worden ist.

§ 100 Große Anfragen

[1]Große Anfragen an die Bundesregierung (§ 75 Abs. 1 Buchstabe f) sind dem Präsidenten einzureichen; sie müssen kurz und bestimmt gefaßt sein und können mit einer kurzen Begründung versehen werden. [2]Wird in der Begründung auf andere Materialien verwiesen, findet § 77 Abs. 2 entsprechende Anwendung.

§ 101 Beantwortung und Beratung von Großen Anfragen

[1]Der Präsident teilt der Bundesregierung die Große Anfrage mit und fordert zur Erklärung auf, ob und wann sie antworten werde. [2]Nach Eingang der Antwort wird die Große Anfrage auf die Tagesordnung gesetzt. [3]Die Beratung muß erfolgen, wenn sie von einer Fraktion oder von fünf vom Hundert der Mitglieder des Bundestages verlangt wird.

§ 102 Ablehnung der Beantwortung der Großen Anfragen

[1]Lehnt die Bundesregierung überhaupt oder für die nächsten drei Wochen die Beantwortung der Großen Anfrage ab, so kann der Bundestag die Große Anfrage zur Beratung auf die Tagesordnung setzen. [2]Sie muß erfolgen, wenn sie von einer Fraktion oder von fünf vom Hundert der Mitglieder des Bundestages verlangt wird. [3]Vor der Aussprache kann einer der Anfragenden das Wort zu einer zusätzlichen mündlichen Begründung erhalten.

§ 103 Beschränkung der Beratung über Große Anfragen

[1]Gehen Große Anfragen so zahlreich ein, daß sie die ordnungsgemäße Erledigung der Geschäfte gefährden, so kann der Bundestag zeitweilig die Beratungen darüber auf einen bestimmten wöchentlichen Sitzungstag beschränken. [2]Auch in diesem Falle kann der Bundestag die Beratung über einzelne Große Anfragen an einem anderen Sitzungstag beschließen.

§ 104 Kleine Anfragen

(1) [1]In Kleinen Anfragen (§ 75 Abs. 3) kann von der Bundesregierung Auskunft über bestimmt bezeichnete Bereiche verlangt werden. [2]Die Fragen sind dem Präsidenten einzureichen; sie dürfen keine unsachlichen Feststellungen oder Wertungen enthalten. [3]Eine kurze Begründung kann angefügt werden.

(2) Der Präsident fordert die Bundesregierung auf, die Fragen innerhalb von vierzehn Tagen schriftlich zu beantworten; er kann diese Frist im Benehmen mit dem Fragesteller verlängern.

§ 105 Fragen einzelner Mitglieder des Bundestages

[1]Jedes Mitglied des Bundestages ist berechtigt, kurze Einzelfragen zur mündlichen oder schriftlichen Beantwortung an die Bundesregierung zu richten. [2]Das Nähere wird in Richtlinien geregelt (Anlage 4).

§ 106 Aktuelle Stunde und Befragung der Bundesregierung

(1) Für die Aussprache über ein bestimmt bezeichnetes Thema von allgemeinem aktuellen Interesse in Kurzbeiträgen von fünf Minuten (Aktuelle Stunde) gelten, soweit diese Geschäftsordnung nichts anderes vorschreibt, die Richtlinien (Anlage 5).

(2) [1]In Sitzungswochen findet eine Befragung der Bundesregierung statt, bei der die Mitglieder des Bundestages Fragen von aktuellem Interesse an die Bundesregierung im Rahmen ihrer Verantwortlichkeit stellen können. [2]Das Nähere wird in Richtlinien geregelt (Anlage 7).

§ 107 Immunitätsangelegenheiten

(1) Ersuchen in Immunitätsangelegenheiten sind vom Präsidenten unmittelbar an den Ausschuß für Wahlprüfung, Immunität und Geschäftsordnung weiterzuleiten.

(2) Dieser hat Grundsätze über die Behandlung von Ersuchen auf Aufhebung der Immunität von Mitgliedern des Bundestages aufzustellen (Anlage 6) und diese Grundsätze zum Ausgangspunkt seiner in Einzelfällen zu erarbeitenden Beschlußempfehlungen an den Bundestag zu machen.

(3) [1]Die Beratung über eine Beschlußempfehlung ist an Fristen nicht gebunden. [2]Sie soll frühestens am dritten Tage nach Verteilung der Vorlage (§ 75 Abs. 1 Buchstabe h) beginnen. [3]Ist die Beschlußempfehlung noch nicht verteilt, wird sie verlesen.

(4) Vor der Konstituierung des Ausschusses für Wahlprüfung, Immunität und Geschäftsordnung kann der Präsident dem Bundestag in Immunitätsangelegenheiten unmittelbar eine Beschlußempfehlung vorlegen.

IX. Behandlung von Petitionen

§ 108 Zuständigkeit des Petitionsausschusses

(1) [1]Dem gemäß Artikel 45c des Grundgesetzes vom Bundestag zu bestellenden Petitionsausschuß obliegt die Behandlung der nach Artikel 17 des Grundgesetzes an den Bundestag gerichteten Bitten und Beschwerden. [2]Aufgaben und Befugnisse des Wehrbeauftragten des Bundestages bleiben unberührt.

(2) Soweit sich aus dem Gesetz über die Befugnisse des Petitionsausschusses des Deutschen Bundestages nichts anderes ergibt, werden die Petitionen gemäß den nachfolgenden Bestimmungen behandelt.

§ 109 Überweisung der Petitionen

(1) [1]Der Präsident überweist die Petitionen an den Petitionsausschuß. [2]Dieser holt eine Stellungnahme der Fachausschüsse ein, wenn die Petitionen einen Gegenstand der Beratung in diesen Fachausschüssen betreffen.

(2) Mitglieder des Bundestages, die eine Petition überreichen, sind auf ihr Verlangen zu den Ausschußverhandlungen mit beratender Stimme zuzuziehen.

§ 110 Rechte des Petitionsausschusses

(1) Der Petitionsausschuß hat Grundsätze über die Behandlung von Bitten und Beschwerden aufzustellen und diese Grundsätze zum Ausgangspunkt seiner Entscheidung im Einzelfall zu machen.

(2) Soweit Ersuchen um Aktenvorlage, Auskunft oder Zutritt zu Einrichtungen unmittelbar an Behörden des Bundes, bundesunmittelbare Körperschaften, Anstalten und Stiftungen des öffentlichen Rechts gerichtet werden, ist das zuständige Mitglied der Bundesregierung zu verständigen.

(3) Von der Anhörung des Petenten, Zeugen oder Sachverständigen ist das zuständige Mitglied der Bundesregierung rechtzeitig zu unterrichten.

§ 111 Übertragung von Befugnissen auf einzelne Mitglieder des Petitionsausschusses

[1]Die Übertragung von Befugnissen nach dem Gesetz nach Artikel 45c des Grundgesetzes auf eines oder mehrere seiner Mitglieder muß der Petitionsausschuß im Einzelfall beschließen. [2]Inhalt und Umfang der Übertragung sind im Beschluß zu bestimmen.

§ 112 Beschlußempfehlung und Bericht des Petitionsausschusses

(1) [1]Der Bericht über die vom Petitionsausschuß behandelten Petitionen wird mit einer Beschlußempfehlung dem Bundestag in einer Sammelübersicht vorgelegt. [2]Der Bericht soll monatlich vorgelegt werden. [3]Darüber hinaus erstattet der Petitionsausschuß dem Bundestag jährlich einen schriftlichen Bericht über seine Tätigkeit.

(2) [1]Die Berichte werden verteilt und innerhalb von drei Sitzungswochen nach der Verteilung auf die Tagesordnung gesetzt; sie können vom Berichterstatter mündlich ergänzt werden. [2]Eine Aussprache findet jedoch nur statt, wenn diese von einer Fraktion oder von anwesenden fünf vom Hundert der Mitglieder des Bundestages verlangt wird.

(3) [1]Den Einsendern wird die Art der Erledigung ihrer Petition mitgeteilt. [2]Diese Mitteilung soll mit Gründen versehen sein.

X. Der Wehrbeauftragte des Bundestages

§ 113 Wahl des Wehrbeauftragten

Die Wahl des Wehrbeauftragten erfolgt mit verdeckten Stimmzetteln (§ 49).

§ 114 Berichte des Wehrbeauftragten

(1) Die Berichte des Wehrbeauftragten überweist der Präsident dem Verteidigungsausschuß, es sei denn, daß eine Fraktion oder fünf vom Hundert der Mitglieder des Bundestages verlangen, ihn auf die Tagesordnung zu setzen.

(2) Der Verteidigungsausschuß hat dem Bundestag Bericht zu erstatten.

§ 115 Beratung der Berichte des Wehrbeauftragten

(1) Der Präsident erteilt dem Wehrbeauftragten in der Aussprache über die von ihm vorgelegten Berichte das Wort, wenn es von einer Fraktion oder von anwesenden fünf vom Hundert der Mitglieder des Bundestages verlangt worden ist.

(2) Die Herbeirufung des Wehrbeauftragten zu den Sitzungen des Bundestages kann von einer Fraktion oder von anwesenden fünf vom Hundert der Mitglieder des Bundestages verlangt werden; Absatz 1 findet entsprechende Anwendung.

XI. Beurkundung und Vollzug der Beschlüsse des Bundestages

§ 116 Plenarprotokolle

(1) Über jede Sitzung wird ein Stenographischer Bericht (Plenarprotokoll) angefertigt.

(2) Die Plenarprotokolle werden an die Mitglieder des Bundestages verteilt.

(3) Alle anderen Aufnahmen der Verhandlungen des Bundestages, z.B. Tonbandaufnahmen, sind im Parlamentsarchiv niederzulegen.

§ 117 Prüfung der Niederschrift durch den Redner

[1]Jeder Redner erhält die Niederschrift seiner Rede zur Prüfung. [2]Sie ist innerhalb von zwei Stunden an den Stenographischen Dienst zurückzugeben. [3]Die Niederschrift wird in Druck gegeben, wenn der Redner sie nicht fristgerecht zurückgibt. [4]Niederschriften von Reden dürfen vor ihrer Prüfung durch den Redner einem anderen als dem Präsidenten nur mit Zustimmung des Redners zur Einsicht überlassen werden.

§ 118 Korrektur der Niederschrift

(1) [1]Durch Korrekturen, die der Redner an der Niederschrift vornimmt, darf der Sinn der Rede oder ihrer einzelnen Teile nicht geändert werden. [2]Ergeben sich hinsichtlich der Zulässigkeit einer Korrektur Zweifel und wird keine Verständigung zwischen dem Redner und dem Leiter des Stenographischen Dienstes erzielt, so ist die Entscheidung des amtierenden Präsidenten einzuholen.

(2) Der Präsident kann alle Beweismittel heranziehen.

§ 119 Niederschrift von Zwischenrufen

(1) Ein Zwischenruf, der in die Niederschrift aufgenommen worden ist, wird Bestandteil des Plenarprotokolls, es sei denn, daß er mit Zustimmung des Präsidenten und der Beteiligten gestrichen wird.

(2) Ein Zwischenruf, der dem Präsidenten entgangen ist, kann auch noch in der nächsten Sitzung gerügt werden.

§ 120 Beurkundung der Beschlüsse

[1]Außer dem Plenarprotokoll wird über jede Sitzung ein Beschlußprotokoll (Amtliches Protokoll) gefertigt, das vom Präsidenten unterzeichnet wird. [2]Das Amtliche Protokoll wird an die Mitglieder des Bundestages verteilt und gilt als genehmigt, wenn bis zu dem auf die Verteilung folgenden Sitzungstag kein Einspruch erhoben wird.

§ 121 Einspruch gegen das Amtliche Protokoll

[1]Wird gegen das Amtliche Protokoll Einspruch erhoben und dieser nicht durch die Erklärung der Schriftführer erledigt, so befragt der Präsident den Bundestag. [2]Wird der Einspruch für begründet erachtet, so ist die neue Fassung der beanstandeten Stelle dem nächsten Amtlichen Protokoll beizufügen.

§ 122 Übersendung beschlossener Gesetze

(1) Der Präsident des Bundestages übersendet das beschlossene Gesetz unverzüglich dem Bundesrat (Artikel 77 Abs. 1 Satz 2 des Grundgesetzes).

(2) Je einen Abdruck des Gesetzesbeschlusses übersendet der Präsident an den Bundeskanzler und an den federführenden Minister und teilt dabei mit, wann die Zuleitung des beschlossenen Gesetzes an den Bundesrat nach Artikel 77 Abs. 1 Satz 2 des Grundgesetzes erfolgt ist.

(3) [1]Werden vor Übersendung nach Absatz 1 in der vom Bundestag in der Schlußabstimmung angenommenen Fassung des Gesetzes Druckfehler oder andere offenbare Unrichtigkeiten festgestellt, kann der Präsident im Einvernehmen mit dem federführenden Ausschuß eine Berichtigung veranlassen. [2]Ist das Gesetz gemäß Absatz 1 bereits übersandt, macht der Präsident nach Einwilligung des federführenden Ausschusses den Präsidenten des Bundesrates auf die Druckfehler oder andere offenbare Unrichtigkeiten mit der Bitte aufmerksam, sie im weiteren Gesetzgebungsverfahren zu berichtigen. [3]Von dieser Bitte ist dem Bundeskanzler und dem federführenden Minister Mitteilung zu machen.

§ 122a Elektronische Dokumente

(1) Soweit für die Einbringung von Vorlagen Schriftform vorgesehen ist, genügt dieser Form die Aufzeichnung als elektronisches Dokument, wenn dieses für die weitere Bearbeitung geeignet ist.

(2) [1]Das Dokument muss mit einer elektronischen Signatur nach dem Signaturgesetz versehen sein. [2]Das Nähere regeln Ausführungsbestimmungen, die vom Ältestenrat zu erlassen sind.

§ 123 Fristberechnung

(1) Bei Fristen wird der Tag der Verteilung der Drucksache nicht eingerechnet; sie gilt als verteilt, wenn sie für die Mitglieder des Bundestages elektronisch abrufbar oder in ihre Fächer verteilt worden ist.

(2) Die Fristen gelten auch dann als gewahrt, wenn infolge technischer Schwierigkeiten oder aus zufälligen Gründen für einzelne Mitglieder des Bundestages eine Drucksache erst nach der allgemeinen Verteilung elektronisch abrufbar oder in ihre Fächer verteilt worden ist.

§ 124 Wahrung der Frist

[1]Bei Berechnung einer Frist, innerhalb der eine Erklärung gegenüber dem Bundestag abzugeben oder eine Leistung zu bewirken ist, wird der Tag, an dem die Erklärung oder Leistung erfolgt, nicht mitgerechnet. [2]Ist danach die Erklärung oder Leistung an einem Sonnabend, Sonntag oder einem am Sitz des Bundestages gesetzlich anerkannten Feiertag zu bewirken, so tritt an dessen Stelle der nächstfolgende Werktag. [3]Die Erklärung oder Leistung ist während der üblichen Dienststunden, spätestens aber um 18 Uhr, zu bewirken.

§ 125 Unerledigte Gegenstände

[1]Am Ende der Wahlperiode des Bundestages gelten alle Vorlagen als erledigt. [2]Dies gilt nicht für Petitionen und für Vorlagen, die keiner Beschlußfassung bedürfen.

XII. Abweichungen und Auslegung dieser Geschäftsordnung

§ 126 Abweichungen von dieser Geschäftsordnung

Abweichungen von den Vorschriften dieser Geschäftsordnung können im einzelnen Fall mit Zweidrittelmehrheit der anwesenden Mitglieder des Bundestages beschlossen werden, wenn die Bestimmungen des Grundgesetzes dem nicht entgegenstehen.

§ 126a Besondere Anwendung der Geschäftsordnung auf Grund der allgemeinen Beeinträchtigung durch COVID-19

(1) Der Deutsche Bundestag ist abweichend von § 45 Absatz 1 beschlussfähig, wenn mehr als ein Viertel der Mitglieder im Sitzungssaal anwesend ist.

(2) Ein Ausschuss ist abweichend von § 67 beschlussfähig, wenn mehr als ein Viertel der Mitglieder an der Sitzung teilnehmen oder über elektronische Kommunikationsmittel an den Beratungen teilnehmen können.

(3) Die Ausschüsse, einschließlich des Ausschusses für Wahlprüfung, Immunität und Geschäftsordnung, können ihren Vorsitzenden auch in Sitzungswochen entsprechend § 72 zu Abstimmungen außerhalb einer Sitzung ermächtigen, für Abstimmungen und Beschlussfassungen können in Abweichung von § 48 Absatz 1 Satz 1 auch elektronische Kommunikationsmittel genutzt werden.

(4) Öffentliche Ausschussberatungen und öffentliche Anhörungssitzungen können auch so durchgeführt werden, dass der Öffentlichkeit Zugang ausschließlich durch elektronische Übermittlungswege gewährt wird.

(5) [1]§ 126a findet ab 30. September 2020 keine Anwendung mehr. [2]Vor diesem Datum kann die Regelung jederzeit durch Beschluss des Deutschen Bundestages aufgehoben werden.

§ 127 Auslegung dieser Geschäftsordnung

(1) [1]Während einer Sitzung des Bundestages auftretende Zweifel über die Auslegung dieser Geschäftsordnung entscheidet der Präsident für den Einzelfall. [2]Im übrigen obliegt die Auslegung dieser Geschäftsordnung dem Ausschuß für Wahlprüfung, Immunität und Geschäftsordnung; der Präsident, ein Ausschuß, eine Fraktion, ein Viertel der Mitglieder des Ausschusses für Wahlprüfung, Immunität und Geschäftsordnung oder fünf vom Hundert der Mitglieder des Bundestages können verlangen, daß die Auslegung dem Bundestag zur Entscheidung vorgelegt wird.

(2) Wird ein entsprechendes Verlangen gemäß Absatz 1 Satz 2 nicht vorgebracht, entscheidet der Ausschuß für Wahlprüfung, Immunität und Geschäftsordnung, in welcher Form seine Auslegung bekanntzumachen ist.

§ 128 Rechte des Ausschusses für Wahlprüfung, Immunität und Geschäftsordnung

Der Ausschuß für Wahlprüfung, Immunität und Geschäftsordnung kann Fragen aus seinem Geschäftsbereich beraten und dem Bundestag Empfehlungen unterbreiten (§ 75 Abs. 1 Buchstabe h).

Anlagen
 (hier nicht wiedergegeben)

Geschäftsordnung des Bundesrates[1]

In der Fassung der Bekanntmachung vom 26. November 1993[2] (BGBl. I S. 2007)
(FNA 1102-1)
zuletzt geändert durch Bek. vom 8. Juni 2007 (BGBl. I S. 1057)

Inhaltsübersicht

1) Die Verweise/Bezugnahmen auf Vorschriften den EGV sind bereits gemäß Art. 12 des Amsterdamer Vertrages in Verbindung mit der Übereinstimmungstabelle an die neue Nummerierung angepasst worden.
2) Neubekanntmachung der GeschäftsO des Bundesrates idF der Bek. v. 10. 6. 1988 (BGBl. I S. 857) in der ab 26. 11. 1993 geltenden Fassung.

I. Allgemeine Bestimmungen

Artikel 50 GG
Durch den Bundesrat wirken die Länder bei der Gesetzgebung und Verwaltung des Bundes und in Angelegenheiten der Europäischen Union mit.

Artikel 51 GG
Der Bundesrat besteht aus Mitgliedern der Regierungen der Länder, die sie bestellen und abberufen. Sie können durch andere Mitglieder ihrer Regierungen vertreten werden.
Jedes Land hat mindestens drei Stimmen, Länder mit mehr als zwei Millionen Einwohnern haben vier, Länder mit mehr als sechs Millionen Einwohnern fünf, Länder mit mehr als sieben Millionen Einwohnern sechs Stimmen.
Jedes Land kann so viele Mitglieder entsenden, wie es Stimmen hat. Die Stimmen eines Landes können nur einheitlich und nur durch anwesende Mitglieder oder deren Vertreter abgegeben werden.

§ 1 Mitglieder
Die Regierungen der Länder teilen dem Präsidenten des Bundesrates die Namen der Mitglieder des Bundesrates, den Zeitpunkt ihrer Bestellung als Mitglieder des Bundesrates und der Landesregierungen und den Zeitpunkt des Erlöschens ihrer Mitgliedschaft mit.

§ 2 Inkompatibilität
[1]Die Mitglieder des Bundesrates dürfen nicht gleichzeitig dem Bundestag angehören. [2]Wird ein Mitglied des Bundesrates in den Bundestag gewählt, so muß es dem Präsidenten des Bundesrates in angemessener Frist mitteilen, welches der beiden Ämter es niederlegt.

§ 3 Geschäftsjahr
Das Geschäftsjahr des Bundesrates beginnt am 1. November eines jeden Jahres und endet am 31. Oktober des folgenden Jahres.

§ 4 Ausweise, Fahrkarten
(1) [1]Jedes Mitglied erhält vom Bundesrat einen Ausweis über seine Eigenschaft als Bundesratsmitglied. [2]Die Mitglieder des Bundesrates erhalten außerdem Fahrkarten für die Bundesbahn und die Bundespost.
(2) Ausweise und Fahrkarten sind eine Woche nach Erlöschen der Mitgliedschaft zurückzugeben.

II. Organe und Einrichtungen des Bundesrates

Artikel 52 Abs. 1 GG
Der Bundesrat wählt seinen Präsidenten auf ein Jahr.

§ 5 Wahl des Präsidenten und der Vizepräsidenten
(1) Der Bundesrat wählt ohne Aussprache für ein Jahr aus seinen Mitgliedern einen Präsidenten und zwei Vizepräsidenten.
(2) Endet das Amt des Präsidenten oder eines Vizepräsidenten vorzeitig, so soll innerhalb von vier Wochen eine Nachwahl stattfinden.

§ 6 Stellung des Präsidenten
(1) [1]Der Präsident vertritt die Bundesrepublik Deutschland in allen Angelegenheiten des Bundesrates. [2]Er ist oberste Dienstbehörde für die Beamten des Bundesrates.
(2) Beamte des höheren Dienstes werden mit vorheriger Zustimmung des Ständigen Beirats, der Direktor und Stellvertretende Direktor mit vorheriger Zustimmung des Bundesrates vom Präsidenten eingestellt, befördert, entlassen und in den Ruhestand versetzt; gleiches gilt für die Einstellung, Höhergruppierung und Entlassung der Angestellten von Vergütungsgruppe BAT IIa an aufwärts.
(3) Der Präsident übt das Hausrecht für die Verwaltung des Bundesrates unterstehenden Gebäude, Gebäudeteile und Grundstücke aus.

§ 7 Stellung der Vizepräsidenten
(1) [1]Die Vizepräsidenten vertreten den Präsidenten im Falle seiner Verhinderung oder bei vorzeitiger Beendigung seines Amtes nach Maßgabe ihrer Reihenfolge. [2]Ein Fall der Verhinderung liegt auch vor, solange der Präsident des Bundesrates nach Artikel 57 des Grundgesetzes die Befugnisse des Bundespräsidenten wahrnimmt.
(2) Die Vizepräsidenten beraten und unterstützen den Präsidenten bei der Erledigung seiner Aufgaben.

§ 8 Präsidium

(1) Der Präsident und die Vizepräsidenten bilden das Präsidium.

(2) ^1Das Präsidium stellt nach Beratung im Ständigen Beirat den Entwurf des Haushaltsplanes für den Bundesrat auf. ^2Es entscheidet über die inneren Angelegenheiten des Bundesrates, soweit die Befugnis zur Entscheidung weder dem Bundesrat vorbehalten ist noch dem Präsidenten obliegt. ^3Der Bundesrat kann das Präsidium mit der Ausführung seiner Beschlüsse beauftragen.

(3) ^1Der Präsident beruft das Präsidium ein und leitet dessen Sitzungen. ^2Er hat das Präsidium einzuberufen, wenn ein Vizepräsident es verlangt.

(4) In dringenden Fällen kann der Präsident Beschlüsse des Präsidiums im Wege der Umfrage herbeiführen.

(5) 1Über jede Sitzung des Präsidiums ist eine Niederschrift zu fertigen. ^2Diese muß mindestens die Namen der Teilnehmer, die Anträge, das Ergebnis der Beratungen und bei Beschlüssen das Stimmverhältnis enthalten.

§ 9 Ständiger Beirat

(1) ^1Beim Präsidium besteht ein Ständiger Beirat. ^2Ihm gehören die Bevollmächtigten der Länder an. ^3Er tritt in der Regel einmal wöchentlich zusammen.

(2) ^1Der Ständige Beirat berät und unterstützt den Präsidenten und das Präsidium bei der Vorbereitung der Sitzungen und der Führung der Verwaltungsgeschäfte des Bundesrates. ^2Er entscheidet in den in § 6 Abs. 2 genannten Personalangelegenheiten. ^3Seine Beschlüsse werden in eine Niederschrift aufgenommen.

(3) ^1Der Ständige Beirat wirkt bei der Aufrechterhaltung der laufenden Verbindung zwischen Bundesrat und Bundesregierung mit. ^2Der für die Angelegenheiten des Bundesrates und der Länder zuständige Bundesminister kann insoweit an den Sitzungen des Ständigen Beirates teilnehmen und muß jederzeit gehört werden.

(4) Der Direktor des Bundesrates nimmt an den Sitzungen des Ständigen Beirates teil.

(5) Der Vorsitz im Ständigen Beirat steht in folgender Reihenfolge zu:
1. einem Mitglied des Präsidiums,
2. dem Bevollmächtigten, der zugleich Mitglied des Bundesrates ist,
3. jedem anderen Bevollmächtigten.

(6) Kommen nach Absatz 5 Nr. 2 oder 3 mehrere Personen als Vorsitzende in Betracht, so führt das Mitglied des Ständigen Beirates den Vorsitz, das ihm ohne Unterbrechung am längsten angehört.

§ 10 Schriftführer

(1) Der Bundesrat wählt aus seinen Mitgliedern für jedes Geschäftsjahr zwei Schriftführer.

(2) ^1Ein Schriftführer unterstützt den Präsidenten in der Sitzung. ^2Sind beide Schriftführer zu einer Sitzung des Bundesrates nicht erschienen, so bestellt der Präsident ein anderes Mitglied des Bundesrates für diese Sitzung zum Schriftführer.

Artikel 52 Abs. 4 GG
Den Ausschüssen des Bundesrates können andere Mitglieder oder Beauftragte der Regierungen der Länder angehören.

§ 11 Ausschüsse

(1) ^1Der Bundesrat bildet ständige Ausschüsse. ^2Er kann für besondere Angelegenheiten weitere Ausschüsse einsetzen.

(2) Die Länder sind in jedem Ausschuß durch ein Mitglied des Bundesrates, ein anderes Mitglied oder einen Beauftragten ihrer Regierung vertreten.

(3) ^1Die Regierungen der Länder teilen dem Präsidenten den Zeitpunkt der Bestellung und Abberufung der Ausschußmitglieder schriftlich mit. ^2Diese Mitteilungen werden den Ausschüssen bekanntgegeben.

(4) ^1Absatz 3 Satz 1 gilt auch für die Entsendung der Mitglieder des Vermittlungsausschusses. ^2Der Präsident oder in seinem Auftrag der Direktor des Bundesrates teilt die Namen der Mitglieder und der Stellvertreter dem Vorsitzenden des Vermittlungsausschusses mit.

§ 12 Wahl der Vorsitzenden der Ausschüsse

(1) ^1Der Bundesrat wählt für jedes Geschäftsjahr die Vorsitzenden der Ausschüsse aus deren Mitgliedern. ^2Die Ausschüsse sollen vor der Wahl gehört werden.

(2) Die Ausschüsse wählen aus ihren Mitgliedern stellvertretende Vorsitzende.

(3) Endet das Amt eines Vorsitzenden oder eines stellvertretenden Vorsitzenden vorzeitig, so soll für den Rest seiner Amtszeit ein Nachfolger gewählt werden.

§ 13 Vertreter des Bundesrates in anderen Organen
Bestellt der Bundesrat Mitglieder von Organen einer juristischen Person des öffentlichen oder des privaten Rechts, von Beiräten einer Dienststelle der Bundesregierung, von Verwaltungsräten oder ähnlichen Einrichtungen, so können der Bundesrat oder seine Ausschüsse verlangen, daß diese Mitglieder über ihre Tätigkeit berichten.

§ 14 Sekretariat
(1) Beim Bundesrat besteht ein Sekretariat, dem alle Bediensteten des Bundesrates angehören.
(2) [1]Der Direktor des Bundesrates leitet das Sekretariat im Auftrag des Präsidenten mit Unterstützung des Stellvertretenden Direktors. [2]Der Direktor unterstützt den Präsidenten bei der Führung seiner Amtsgeschäfte.

III. Die Sitzungen des Bundesrates

1. Vorbereitung der Sitzungen

Artikel 52 Abs. 2 GG
Der Präsident beruft den Bundesrat ein. Er hat ihn einzuberufen, wenn die Vertreter von mindestens zwei Ländern oder die Bundesregierung es verlangen.

§ 15 Einberufung und Bekanntgabe
(1) Der Präsident hat den Bundesrat unverzüglich einzuberufen, wenn ein Land oder die Bundesregierung es verlangt.
(2) [1]Der Präsident bereitet die Sitzungen vor. [2]Zur Vorbereitung der Sitzungen werden die zu beratenden Vorlagen in vorläufigen Tagesordnungen zusammengestellt.
(3) Die vorläufige Tagesordnung, die Vorlagen sowie die Niederschriften und Empfehlungen der Ausschüsse sollen den Vertretungen der Länder so früh wie möglich zugestellt werden.
(4) Kann die Zustellung nicht spätestens am sechsten Tag vor der Sitzung erfolgen, so sind die vorläufige Tagesordnung, die Vorlagen und die Berichte der beteiligten Ausschüsse den Vertretungen der Länder und gleichzeitig den Mitgliedern des Bundesrates unmittelbar zuzustellen.
(5) [1]Ort, Zeit und die vorläufige Tagesordnung jeder Sitzung werden der Bundesregierung mitgeteilt. [2]Die Sitzungen des Bundesrates werden durch Anschlag im Sitzungsgebäude bekanntgegeben.

§ 16 Anwesenheitsliste
Für jede Sitzung des Bundesrates wird eine Anwesenheitsliste ausgelegt, in die sich die Teilnehmer der Sitzung eintragen.

2. Allgemeine Verfahrensgrundsätze

Artikel 52 Abs. 3 Satz 3 und 4 GG
Er (der Bundesrat) verhandelt öffentlich. Die Öffentlichkeit kann ausgeschlossen werden.

§ 17 Ausschluß der Öffentlichkeit
(1) [1]Über den Ausschluß der Öffentlichkeit für einen Beratungsgegenstand wird in nichtöffentlicher Sitzung beraten und beschlossen. [2]Die Wiederherstellung der Öffentlichkeit ist bekanntzugeben.
(2) Die Verhandlungen in nichtöffentlicher Sitzung sind vertraulich, soweit der Bundesrat nichts anderes beschließt.

Artikel 53 Satz 1 und 2 GG
Die Mitglieder der Bundesregierung haben das Recht und auf Verlangen die Pflicht, an den Verhandlungen des Bundesrates und seiner Ausschüsse teilzunehmen. Sie müssen jederzeit gehört werden.

§ 18 Teilnahme an den Verhandlungen
(1) An den Verhandlungen des Bundesrates können auch die Berichterstatter des Vermittlungsausschusses und die Staatssekretäre des Bundes teilnehmen; andere Personen nur, wenn der Präsident dies zuläßt.
(2) Zur Unterstützung der Mitglieder des Bundesrates und der Bundesregierung sowie der anderen Teilnehmer an den Verhandlungen können Beauftragte der Länder und des Bundes zugezogen werden.

Artikel 53 Satz 3 GG
Der Bundesrat ist von der Bundesregierung über die Führung der Geschäfte auf dem laufenden zu halten.

§ 19 Fragerecht
(1) Jedes Mitglied des Bundesrates kann in der Sitzung zu den Gegenständen der Tagesordnung Fragen an die Bundesregierung oder deren Mitglieder richten.

(2) [1]Jedes Land kann außerdem an die Bundesregierung Fragen stellen, die nicht im Zusammenhang mit einem Gegenstand der Tagesordnung stehen. [2]Diese Fragen sind dem Präsidenten spätestens zwei Wochen vor der Sitzung, in der sie beantwortet werden sollen, schriftlich mitzuteilen. [3]Der Präsident leitet sie an die Bundesregierung weiter und setzt sie auf die Tagesordnung.

(3) [1]Die Fragen nach Absatz 2 sollen zu Beginn der dafür vorgesehenen Sitzung behandelt werden. [2]Das fragestellende Land kann seine Frage mündlich begründen. [3]Auf Antrag des fragestellenden Landes stellt der Präsident fest, ob die Frage von der Mehrheit des Bundesrates übernommen wird.

(4) [1]Bezieht sich die Frage auf einen Gegenstand, hinsichtlich dessen die Bundesregierung nach Artikel 53 Satz 3 des Grundgesetzes verpflichtet ist, den Bundesrat auf dem laufenden zu halten, so ist auf Verlangen der Bundesregierung die Öffentlichkeit für die Dauer der Behandlung der Frage auszuschließen. [2]§ 17 findet entsprechende Anwendung.

(5) [1]Die Behandlung einer Frage in der Sitzung unterbleibt, wenn sich das fragestellende Land mit schriftlicher Beantwortung einverstanden erklärt hat. [2]Die Antwort der Bundesregierung ist allen Ländern mitzuteilen.

§ 20 Leitung der Sitzung
(1) Der Präsident leitet die Sitzungen des Bundesrates.

(2) Sind Präsident und Vizepräsidenten gleichzeitig verhindert, eine Sitzung zu leiten, so übernimmt der dem Lebensalter nach älteste Regierungschef die Leitung der Sitzung.

§ 21 Beteiligung des Präsidenten an den Verhandlungen
Beabsichtigt der Präsident, sich als Redner an den Verhandlungen zu beteiligen, so gibt er für diese Zeit die Leitung der Sitzung ab.

§ 22 Ordnungsgewalt des Präsidenten
(1) Sitzungsteilnehmer, die nicht Mitglieder des Bundesrates sind, und Zuhörer unterstehen der Ordnungsgewalt des Präsidenten.

(2) [1]Wer auf den Tribünen Beifall oder Mißbilligung äußert oder Ordnung und Anstand verletzt, kann auf Anordnung des Präsidenten sofort entfernt werden. [2]Der Präsident kann die Tribüne wegen störender Unruhe räumen lassen.

3. Der Geschäftsgang im Bundesrat

§ 23 Feststellung und Durchführung der Tagesordnung
(1) Der Präsident gibt zu Beginn der Sitzung Änderungen in der Zusammensetzung des Bundesrates bekannt.

(2) [1]Vor Eintritt in die Verhandlungen stellt der Bundesrat durch Beschluß die Tagesordnung fest. [2]§ 19 Abs. 2 Satz 3 bleibt unberührt.

(3) Hat ein Land unter Berufung auf seine Rechte aus § 15 Abs. 1 spätestens zwei Wochen vor der Sitzung verlangt, daß ein Beratungsgegenstand auf die Tagesordnung gesetzt wird, so muß diesem Verlangen entsprochen werden, wenn das Land nicht auf die Behandlung in dieser Sitzung verzichtet.

(4) Sind die Vorlage, die vorläufige Tagesordnung oder die Empfehlungen der Ausschüsse bezüglich eines Gegenstandes nicht spätestens am sechsten Tag vor der Sitzung gemäß § 15 Abs. 3 zugestellt worden, so darf dieser Gegenstand nicht auf die Tagesordnung gesetzt werden, wenn ein Land widerspricht, es sei denn, daß eine für die Beschlußfassung des Bundesrates vorgesehene gesetzliche Frist in weniger als sieben Tagen abläuft oder daß es sich um einen Eilfall gemäß § 45d Abs. 1 handelt.

(5) Über Gegenstände, die nicht auf der Tagesordnung stehen, darf nicht verhandelt oder beschlossen werden, wenn ein Land widerspricht.

§ 24 Verhandlungen
Der Präsident soll darauf hinwirken, daß unabhängig von der Berichterstattung der Ausschüsse bei Beratungsgegenständen von allgemeinem Interesse oder von besonderer Bedeutung die Gründe dargelegt werden, die für die Entscheidung über die Ausschußempfehlungen oder Anträge von Bedeutung sind.

§ 25 Berichterstattung

(1) Die Ausschüsse sollen in der Sitzung des Bundesrates über Beratungsgegenstände von wesentlicher Bedeutung mündlich berichten.

(2) [1]Die Berichte müssen die Beratungen in den Ausschüssen objektiv wiedergeben, sollen sich aber auf die politisch bedeutsamen Ergebnisse beschränken. [2]Über fachliche oder rechtstechnische Beratungen und deren Ergebnis kann mit Zustimmung des Präsidenten ein schriftlicher Bericht unter Verzicht auf seinen Vortrag zu dem Bericht über die Sitzung gegeben werden.

§ 26 Anträge und Empfehlungen

(1) Jedes Land hat das Recht, im Bundesrat Anträge zu stellen.

(2) Das Präsidium kann Anträge zu den inneren Angelegenheiten des Bundesrates stellen.

(3) [1]Die Ausschüsse legen dem Bundesrat zu den ihnen überwiesenen Beratungsgegenständen Empfehlungen vor. [2]Empfiehlt ein Ausschuß dem Bundesrat die Änderung oder Ablehnung einer Vorlage, so hat er eine Begründung mit vorzulegen.

Artikel 51 Abs. 2 GG
Jedes Land hat mindestens drei Stimmen, Länder mit mehr als zwei Millionen Einwohnern haben vier, Länder mit mehr als sechs Millionen Einwohnern fünf, Länder mit mehr als sieben Millionen Einwohnern sechs Stimmen.

§ 27 Anzahl der Stimmen

Die Anzahl der Stimmen, die dem Land nach Artikel 51 Abs. 2 des Grundgesetzes zusteht, bemißt sich nach den Ergebnissen der amtlichen Bevölkerungsfortschreibung, sofern nicht die Ergebnisse einer amtlichen Volkszählung vorliegen.

Artikel 52 Abs. 3 Satz 1 GG
Der Bundesrat faßt seine Beschlüsse mit mindestens der Mehrheit seiner Stimmen.

§ 28 Beschlußfähigkeit

(1) Der Bundesrat ist beschlußfähig, wenn die Mehrheit seiner Stimmen vertreten ist.

(2) Bei Beschlußunfähigkeit hat der Präsident die Sitzung aufzuheben und den Zeitpunkt der nächsten Sitzung bekanntzugeben.

(3) Bei der Beschlußfassung des Bundesrates gemäß Artikel 37, Artikel 84 Abs. 3 und 4 und Artikel 91 Abs. 2 des Grundgesetzes ist das betroffene Land stimmberechtigt.

Artikel 51 Abs. 3 Satz 2 GG
Die Stimmen eines Landes können nur einheitlich und nur durch anwesende Mitglieder oder deren Vertreter abgegeben werden.

§ 29 Abstimmung

(1) [1]Abgestimmt wird durch Handaufheben. [2]Auf Verlangen eines Landes wird durch Aufruf der Länder abgestimmt. [3]Die Länder werden in alphabetischer Reihenfolge aufgerufen.

(2) [1]Soweit eine Abstimmung über die Empfehlungen der Ausschüsse nicht beantragt ist und keine einander widersprechenden Empfehlungen, keine Anträge oder Wortmeldungen vorliegen, kann der Präsident feststellen, daß der Bundesrat gemäß den Empfehlungen der Ausschüsse beschlossen hat; er kann die Abstimmung über mehrere Beratungsgegenstände zusammenfassen. [2]Satz 1 gilt für die Feststellung der Tagesordnung nach § 23 Abs. 2 entsprechend.

(3) [1]Der Präsident kann die Abstimmung über einen Gegenstand der Tagesordnung oder dazu vorliegende Anträge bis spätestens zum Schluß der Sitzung zurückstellen. [2]Die Abstimmung muß zurückgestellt werden, wenn mindestens zwei Länder es verlangen.

§ 30 Abstimmungsregeln

(1) [1]Im Gesetzgebungsverfahren nach den Artikeln 76 bis 78 des Grundgesetzes sind die Abstimmungsfragen so zu fassen, daß sich aus der Abstimmung zweifelsfrei ergibt, ob der Bundesrat mit der Mehrheit seiner Stimmen beschlossen hat, eine Gesetzesvorlage beim Bundestag einzubringen (Artikel 76 Abs. 1 des Grundgesetzes), zu einer Gesetzesvorlage der Bundesregierung Stellung zu nehmen und welchen Inhalt diese Stellungnahme hat (Artikel 76 Abs. 2 des Grundgesetzes), einem vom Bundestag beschlossenen Gesetz zuzustimmen (Artikel 78 des Grundgesetzes), wegen eines vom Bundestag beschlossenen Gesetzes die Einberufung des Vermittlungsausschusses zu verlangen (Artikel 77 Abs. 2 Satz 1 des Grundgesetzes), gegen ein vom Bundestag beschlossenes Gesetz Einspruch einzulegen oder ihn zurückzuneh-

men (Artikel 77 Abs. 3 Satz 1 und Artikel 78 des Grundgesetzes). [2]Auch in allen anderen Fällen, in denen eine Zustimmung des Bundesrates erforderlich ist, muß die Abstimmung eindeutig ergeben, ob der Bundesrat mit der Mehrheit seiner Stimmen die Zustimmung erteilt. [3]Mit der Abstimmung über die Erteilung der Zustimmung wird über Anträge, die Zustimmung zu verweigern, mitentschieden.

(2) [1]Sind zu demselben Gegenstand mehrere Anträge gestellt, so ist über den weitestgehenden Antrag zuerst abzustimmen. [2]Entscheidend ist der Grad der Abweichung von der Vorlage. [3]In Zweifelsfällen entscheidet der Bundesrat. [4]Bei zustimmungsbedürftigen Gesetzen ist über einen Antrag gemäß Artikel 77 Abs. 2 Satz 1 des Grundgesetzes vor der Beschlußfassung über die Zustimmung abzustimmen.

(3) Absatz 1 Satz 3 und Absatz 2 gelten für die Empfehlungen der Ausschüsse entsprechend.

§ 31 Verfahren bei Beschlüssen nach Artikel 77 Abs. 2 Satz 1 des Grundgesetzes

[1]Im Verfahren nach Artikel 77 Abs. 2 Satz 1 des Grundgesetzes stellt der Präsident, sofern über mehrere Anrufungsgründe zu einem Gesetz abzustimmen ist, vorab fest, ob eine Mehrheit für die Anrufung des Vermittlungsausschusses vorhanden ist. [2]Ist dies der Fall, so läßt er über die Einzelanträge beraten und abstimmen. [3]Anschließend kann er nach erneuter Beratung darüber abstimmen lassen, ob der Vermittlungsausschuß unter Zugrundelegung aller gefaßten Einzelbeschlüsse angerufen werden soll; er hat abstimmen zu lassen, wenn ein Land es verlangt.

§ 32 Wirksamwerden der Beschlüsse

[1]Die Beschlüsse des Bundesrates werden mit dem Ende der Sitzung wirksam. [2]Über Gegenstände, deren Behandlung abgeschlossen ist, darf nicht erneut beraten und abgestimmt werden, wenn ein Land widerspricht.

Artikel 43 Abs. 2 GG
Die Mitglieder des Bundesrates und der Bundesregierung sowie ihre Beauftragten haben zu allen Sitzungen des Bundestages und seiner Ausschüsse Zutritt. Sie müssen jederzeit gehört werden.

§ 33 Teilnahme an den Verhandlungen des Bundestages

[1]Der Bundesrat kann seine Mitglieder beauftragen, seine Beschlüsse im Bundestag und in dessen Ausschüssen zu vertreten. [2]Die Ausschüsse können Vorschläge hierzu machen.

§ 34 Sitzungsbericht

(1) Über die Sitzungen des Bundesrates wird ein wörtlicher Bericht aufgenommen.

(2) [1]Der Bericht ist vertraulich, soweit die Verhandlungen vertraulich sind (§ 17 Abs. 2). [2]Der Bundesrat kann bestimmen, daß über eine nichtöffentliche Sitzung ein Bericht nicht aufgenommen wird.

(3) [1]Der Bericht gilt als genehmigt, wenn nicht innerhalb von zwei Wochen nach seiner Ausgabe Einspruch beim Präsidenten eingelegt wird. [2]Gibt der Präsident dem Einspruch nicht statt, so entscheidet der Bundesrat.

§ 35 Vereinfachtes Verfahren

Bei Vorlagen, die dem Bundesrat lediglich zur Kenntnisnahme zugeleitet werden, gelten die Empfehlungen der zuständigen Ausschüsse, der Bundesrat möge von der Vorlage Kenntnis nehmen oder gegen die Vorlage keine Bedenken erheben, als Stellungnahme des Bundesrates, sofern bis zur nächsten Sitzung des Bundesrates kein Land den Antrag auf Behandlung dieser Vorlage stellt.

IV. Das Verfahren in den Ausschüssen

§ 36 Zuweisung der Vorlagen

(1) [1]Der Präsident weist die Vorlagen den zuständigen Ausschüssen zu und bestimmt den federführenden Ausschuß. [2]Die Beteiligung mehrerer Ausschüsse an der Beratung einer Vorlage soll möglichst beschränkt werden. [3]Der Präsident kann den Direktor des Bundesrates mit der Zuweisung der Vorlagen und der Bestimmung des federführenden Ausschusses beauftragen.

(2) Der Präsident hat Vorlagen eines Landes auf dessen Verlangen unmittelbar auf die vorläufige Tagesordnung des Bundesrates zu setzen.

§ 37 Tagungsort, Öffentlichkeit, Anwesenheitsliste

(1) [1]Die Ausschüsse tagen am Sitz des Bundesrates. [2]Ausnahmen bedürfen der vorherigen Zustimmung des Präsidenten. [3]Für die Bekanntgabe der Sitzungen gilt § 15 Abs. 5 entsprechend.

(2) [1]Die Sitzungen der Ausschüsse sind nicht öffentlich. [2]Die Verhandlungen sind vertraulich, soweit der Ausschuß nichts anderes beschließt.

(3) Für jede Ausschußsitzung wird eine Anwesenheitsliste ausgelegt, in die sich die Teilnehmer der Sitzung eintragen.

§ 38 Einberufung, Leitung, Tagesordnung

(1) [1]Der Vorsitzende beruft den Ausschuß ein. [2]Er hat ihn unverzüglich einzuberufen, wenn ein Ausschußmitglied es verlangt. [3]Der Vorsitzende bereitet die Sitzungen des Ausschusses vor und leitet sie.

(2) [1]Die Tagesordnung wird den Vertretungen der Länder so früh wie möglich, spätestens am sechsten Tag vor der Sitzung zugestellt. [2]Kann diese Frist nicht eingehalten werden, so ist die Tagesordnung den Vertretungen der Länder und gleichzeitig fernschriftlich den Mitgliedern des Ausschusses mitzuteilen.

(3) Soweit der Ausschuß nicht federführend ist, soll die Tagesordnung den Zweck der Beratung der einzelnen Gegenstände angeben.

§ 39 Beratung

(1) Die Ausschüsse bereiten die Beschlußfassung des Bundesrates vor.

(2) Der Präsident kann die Ausschüsse mit der Ausarbeitung gutachtlicher Stellungnahmen beauftragen.

(3) [1]Mehrere Ausschüsse können gemeinsam beraten. [2]Ist ein Beratungsgegenstand für die Fachgebiete mehrerer Ausschüsse von gleicher Bedeutung, so kann der Präsident gemeinsame Beratung anordnen.

(4) Die Ausschüsse können Unterausschüsse einsetzen.

(5) Die Ausschüsse sollen ihre Beratungen am achten Tag vor der nächsten Sitzung des Bundesrates abgeschlossen haben.

Artikel 53 Satz 1 und 2 GG
Die Mitglieder der Bundesregierung haben das Recht und auf Verlangen die Pflicht, an den Verhandlungen des Bundesrates und seiner Ausschüsse teilzunehmen. Sie müssen jederzeit gehört werden.

§ 40 Teilnahme und Fragerecht

(1) Mitglieder des Bundesrates und Beauftragte der Landesregierungen, die nicht Mitglieder der Ausschüsse sind, sowie Beauftragte der Bundesregierung können an den Verhandlungen der Ausschüsse und Unterausschüsse ohne Stimmrecht teilnehmen.

(2) In den Sitzungen können die Mitglieder der Ausschüsse sowie die Beauftragten der Landesregierungen an die Mitglieder der Bundesregierung und deren Beauftragte Fragen stellen.

(3) Die Ausschüsse können Sachverständige oder andere Personen, deren Teilnahme sie für erforderlich halten, anhören.

§ 41 Berichterstattung im Ausschuß

[1]Der Ausschuß bestellt, soweit dies für seine Beratungen erforderlich ist, für die einzelnen Beratungsgegenstände Berichterstatter. [2]Die Berichte werden mündlich erstattet, soweit der Ausschuß nichts anderes beschließt.

§ 42 Beschlüsse

(1) Die Ausschüsse sind beschlußfähig, wenn mehr als die Hälfte der Länder vertreten ist.

(2) Jedes Land hat in den Ausschüssen eine Stimme.

(3) Die Ausschüsse fassen ihre Beschlüsse mit einfacher Mehrheit.

§ 43 Umfrageverfahren

[1]Hält der Vorsitzende die mündliche Beratung einer Vorlage für entbehrlich, so kann die Stellungnahme der Mitglieder des Ausschusses im Wege der Umfrage eingeholt werden. [2]Die Umfrage soll so frühzeitig erfolgen, daß auf Antrag eines Landes noch rechtzeitig eine Sitzung einberufen werden kann.

§ 44 Sitzungsniederschrift

(1) [1]Über jede Sitzung eines Ausschusses fertigt der Sekretär eine Niederschrift. [2]Diese muß mindestens die Namen der Teilnehmer, die Anträge, das Ergebnis der Beratungen und bei Beschlüssen das Stimmverhältnis sowie das Abstimmungsergebnis nach Ländern enthalten. [3]Die Aufschlüsselung des Abstimmungsergebnisses nach Ländern in einer Niederschrift über eine Sitzung eines Unterausschusses kann unterbleiben, wenn der Unterausschuß im Einzelfall entsprechend beschließt.

(2) Die Niederschrift ist vertraulich, soweit nicht der Ausschuß gemäß § 37 Abs. 2 Satz 2 die Vertraulichkeit der Verhandlungen aufgehoben hat.

(3) Der Wortlaut der von einem Ausschuß gefaßten Beschlüsse und die dazu formulierten Begründungen können der Öffentlichkeit zugänglich gemacht werden, soweit der Ausschuß nichts anderes beschließt.

§ 45 Mitteilung der Empfehlungen der Ausschüsse
Der Sekretär des federführenden Ausschusses stellt die Empfehlungen der Ausschüsse zu jeder Vorlage zusammen und leitet sie den Vertretungen der Länder zu.

IVa. Das Verfahren in Angelegenheiten der Europäischen Union

Artikel 23 Abs. 2 und 4 bis 6 GG
(2) In Angelegenheiten der Europäischen Union wirken der Bundestag und durch den Bundesrat die Länder mit. Die Bundesregierung hat den Bundestag und den Bundesrat umfassend und zum frühestmöglichen Zeitpunkt zu unterrichten.

(4) Der Bundesrat ist an der Willensbildung des Bundes zu beteiligen, soweit er an einer entsprechenden innerstaatlichen Maßnahme mitzuwirken hätte oder soweit die Länder innerstaatlich zuständig wären.

(5) Soweit in einem Bereich ausschließlicher Zuständigkeiten des Bundes Interessen der Länder berührt sind oder soweit im übrigen der Bund das Recht zur Gesetzgebung hat, berücksichtigt die Bundesregierung die Stellungnahme des Bundesrates. Wenn im Schwerpunkt Gesetzgebungsbefugnisse der Länder, die Einrichtung ihrer Behörden oder ihre Verwaltungsverfahren betroffen sind, ist bei der Willensbildung des Bundes insoweit die Auffassung des Bundesrates maßgeblich zu berücksichtigen; dabei ist die gesamtstaatliche Verantwortung des Bundes zu wahren. In Angelegenheiten, die zu Ausgabenerhöhungen oder Einnahmeminderungen für den Bund führen können, ist die Zustimmung der Bundesregierung erforderlich.

(6) Wenn im Schwerpunkt ausschließliche Gesetzgebungsbefugnisse der Länder betroffen sind, soll die Wahrnehmung der Rechte, die der Bundesrepublik Deutschland als Mitgliedstaat der Europäischen Union zustehen, vom Bund auf einen vom Bundesrat benannten Vertreter der Länder übertragen werden. Die Wahrnehmung der Rechte erfolgt unter Beteiligung und in Abstimmung mit der Bundesregierung; dabei ist die gesamtstaatliche Verantwortung des Bundes zu wahren.

§ 2 EUZBLG
(1) Die Bundesregierung unterrichtet den Bundesrat unbeschadet des Artikels 2 des Gesetzes zu den Verträgen vom 25. März 1957 zur Gründung der Europäischen Wirtschaftsgemeinschaft und der Europäischen Atomgemeinschaft vom 27. Juli 1957 (BGBl. II S. 753) umfassend und zum frühestmöglichen Zeitpunkt über alle Vorhaben im Rahmen der Europäischen Union, die für die Länder von Interesse sein könnten.

§ 45a Zuweisung von Unterrichtungen über Vorhaben im Rahmen der Europäischen Union an die Ausschüsse
(1) [1]Der Präsident wählt aus den Unterrichtungen über Vorhaben im Rahmen der Europäischen Union diejenigen aus, welche für eine Beratung im Bundesrat in Betracht kommen, und weist sie den Ausschüssen zu. [2]Der Präsident kann den Direktor mit der Auswahl und der Zuweisung der Unterrichtungen beauftragen. [3]Jedes Land und jeder Ausschuß können verlangen, daß weitere Unterrichtungen den Ausschüssen zugewiesen werden.
(2) [1]Die Beteiligung mehrerer Ausschüsse an der Beratung einer Unterrichtung soll möglichst beschränkt werden. [2]Dies gilt insbesondere für Unterrichtungen, deren Eilbedürftigkeit (§ 45d Abs. 2) bereits zum Zeitpunkt der Zuweisung absehbar ist.
(3) [1]Die Zuweisung wirkt bis zum Abschluß des Vorhabens in der Europäischen Union. [2]Sind mehrere Ausschüsse beteiligt, so sollen diese ihre Beratungen über Empfehlungen an den Bundesrat oder die Europakammer zeitlich abgestimmt durchführen, soweit dies möglich ist.
(4) Die beteiligten Ausschüsse haben während des Entscheidungsverfahrens in den Gremien der Europäischen Union die Aufgabe, die Vertreter der Länder fachlich zu begleiten, zu den Stellungnahmen des Bundesrates die Erfolgskontrolle durchzuführen und dem Bundesrat etwa notwendige Folgebeschlüsse vorzuschlagen.

Artikel 52 Abs. 3a GG
Für Angelegenheiten der Europäischen Union kann der Bundesrat eine Europakammer bilden, deren Beschlüsse als Beschlüsse des Bundesrates gelten; Artikel 51 Abs. 2 und 3 Satz 2 gilt entsprechend.

§ 45b Europakammer

(1) Der Bundesrat bildet eine Europakammer, deren Beschlüsse als Beschlüsse des Bundesrates gelten.

(2) [1]Jedes Land entsendet ein Mitglied oder ein stellvertretendes Mitglied des Bundesrates als Mitglied in die Europakammer. [2]Seine weiteren Mitglieder und stellvertretenden Mitglieder des Bundesrates sind stellvertretende Mitglieder der Europakammer.

(3) [1]Die Regierungen der Länder teilen dem Präsidenten den Zeitpunkt der Bestellung und Abberufung des Mitgliedes der Europakammer schriftlich mit. [2]Die Mitteilung wird der Europakammer bekanntgegeben.

§ 45c Vorsitzende der Europakammer

(1) Der Bundesrat wählt ohne Aussprache den Vorsitzenden, den ersten und den zweiten stellvertretenden Vorsitzenden der Europakammer für ein Jahr aus der Mitte der Mitglieder der Europakammer.

(2) Endet das Amt eines Vorsitzenden oder eines stellvertretenden Vorsitzenden vorzeitig, so soll für den Rest seiner Amtszeit ein Nachfolger gewählt werden.

§ 3 EUZBLG
Vor der Festlegung der Verhandlungsposition zu einem Vorhaben der Europäischen Union gibt die Bundesregierung dem Bundesrat rechtzeitig Gelegenheit zur Stellungnahme binnen angemessener Frist, soweit Interessen der Länder berührt sind.

§ 4 Abs. 1 EUZBLG
Soweit der Bundesrat an einer entsprechenden innerstaatlichen Maßnahme mitzuwirken hätte oder soweit die Länder innerstaatlich zuständig wären, beteiligt die Bundesregierung vom Bundesrat benannte Vertreter der Länder an Beratungen zur Festlegung der Verhandlungsposition zu dem Vorhaben.

§ 5 EUZBLG
(1) Soweit in einem Bereich ausschließlicher Zuständigkeiten des Bundes Interessen der Länder berührt sind oder soweit im übrigen der Bund das Recht zur Gesetzgebung hat, berücksichtigt die Bundesregierung die Stellungnahme des Bundesrates bei der Festlegung der Verhandlungsposition zu dem Vorhaben.
(2) Wenn bei einem Vorhaben im Schwerpunkt Gesetzgebungsbefugnisse der Länder betroffen sind und der Bund kein Recht zur Gesetzgebung hat oder ein Vorhaben im Schwerpunkt die Einrichtung der Behörden der Länder oder ihre Verwaltungsverfahren betrifft, ist insoweit bei Festlegung der Verhandlungsposition durch die Bundesregierung die Stellungnahme des Bundesrates maßgeblich zu berücksichtigen; im übrigen gilt Absatz 1. Die gesamtstaatliche Verantwortung des Bundes, einschließlich außen-, verteidigungs- und integrationspolitisch zu bewertender Fragen, ist zu wahren. Stimmt die Auffassung der Bundesregierung nicht mit der Stellungnahme des Bundesrates überein, ist ein Einvernehmen anzustreben. Zur Herbeiführung dieses Einvernehmens erfolgt erneute Beratung der Bundesregierung mit Vertretern der Länder. Kommt ein Einvernehmen nicht zustande und bestätigt der Bundesrat daraufhin seine Auffassung mit einem mit zwei Dritteln seiner Stimmen gefaßten Beschluß, so ist die Auffassung des Bundesrates maßgebend. Die Zustimmung der Bundesregierung ist erforderlich, wenn Entscheidungen zu Ausgabenerhöhungen oder Einnahmeminderungen für den Bund führen können.
(3) Vor der Zustimmung zu Vorhaben, die auf Artikel 308 EG-Vertrag gestützt werden, stellt die Bundesregierung das Einvernehmen mit dem Bundesrat her, soweit dessen Zustimmung nach innerstaatlichem Recht erforderlich wäre oder soweit die Länder innerstaatlich zuständig wären.

§ 6 Abs. 1 Satz 1 und Abs. 2 Satz 1 und 2 EUZBLG
(1) Bei einem Vorhaben, bei dem der Bundesrat an einer entsprechenden innerstaatlichen Maßnahme mitzuwirken hätte oder bei dem die Länder innerstaatlich zuständig wären oder das sonst wesentliche Interessen der Länder berührt, zieht die Bundesregierung auf Verlangen Vertreter der Länder zu den Verhandlungen in den Beratungsgremien der Kommission und des Rates hinzu, soweit ihr dies möglich· ist.
(2) Bei einem Vorhaben, das im Schwerpunkt ausschließliche Gesetzgebungsbefugnisse der Länder betrifft, soll die Bundesregierung die Verhandlungsführung in den Beratungsgremien der Kommission und des Rates und bei Ratstagungen in der Zusammensetzung der Minister auf einen Vertreter der Länder

übertragen. Für diese Ratstagungen kann vom Bundesrat nur ein Mitglied einer Landesregierung im Ministerrang benannt werden.

§ 7 EUZBLG

(1) Die Bundesregierung macht auf Verlangen des Bundesrates unbeschadet eigener Klagerechte der Länder von dem im Vertrag über die Europäische Union vorgesehenen Klagemöglichkeiten Gebrauch, soweit die Länder durch ein Handeln oder Unterlassen von Organen der Union in Bereichen ihrer Gesetzgebungsbefugnisse betroffen sind und der Bund kein Recht zur Gesetzgebung hat. Dabei ist die gesamtstaatliche Verantwortung des Bundes, einschließlich außen-, verteidigungs- und integrationspolitisch zu bewertender Fragen, zu wahren.

(2) Absatz 1 gilt entsprechend, wenn die Bundesregierung im Verfahren vor dem Europäischen Gerichtshof Gelegenheit zur Stellungnahme hat.

(3) Hinsichtlich der Prozeßführung vor dem Europäischen Gerichtshof stellt die Bundesregierung in den in den Absätzen 1 und 2 genannten Fällen sowie für Vertragsverletzungsverfahren, in denen die Bundesrepublik Deutschland Partei ist, mit dem Bundesrat Einvernehmen her, soweit Gesetzgebungsbefugnisse der Länder betroffen sind und der Bund kein Recht zur Gesetzgebung hat.

§ 45d Zuständigkeit der Europakammer

(1) Die Europakammer ist in Eilfällen oder bei zu wahrender Vertraulichkeit nach Zuweisung eines Beratungsgegenstandes zuständig für die Wahrnehmung der Mitwirkungsrechte des Bundesrates in Angelegenheiten der Europäischen Union.

(2) Ein Eilfall liegt vor, wenn die Beschlußfassung des Bundesrates im Hinblick auf den Beratungsstand in den Gremien der Europäischen Union keinen Aufschub bis zur nächsten bereits einberufenen Sitzung des Bundesrates duldet.

(3) Ein Fall, in dem die Vertraulichkeit zu wahren ist, kann insbesondere vorliegen, wenn

1. dies in einschlägigen Vorschriften der Europäischen Union vorgesehen ist;
2. die Bundesregierung die vertrauliche Behandlung des Beratungsgegenstandes für erforderlich erklärt;
3. ein Land oder ein Ausschuß die vertrauliche Behandlung eines Beratungsgegenstandes anregen.

(4) [1]Stellt der Präsident fest, daß die Zuständigkeit der Europakammer gegeben ist, weist er dieser den betreffenden Beratungsgegenstand zu, wenn er nicht den Bundesrat einberuft. [2]Der Präsident kann den Direktor damit beauftragen, im Einvernehmen mit dem Vorsitzenden des Ausschusses für Fragen der Europäischen Union Beratungsgegenstände der Europakammer zuzuweisen.

(5) Die Zuweisung eines Beratungsgegenstandes an die Europakammer steht bis zu deren Beschlußfassung der Beratung in den Ausschüssen und der Verhandlung und Beschlußfassung durch den Bundesrat nicht entgegen.

§ 45e Vorbereitung der Sitzungen der Europakammer

(1) Die Sitzungen der Europakammer sollen durch die Ausschüsse vorbereitet werden, soweit dies zeitlich möglich ist.

(2) [1]Der Vorsitzende beruft die Europakammer ein, wenn ihr Zusammentreffen erforderlich wird. [2]Jedes Land kann die Einberufung der Europakammer zu einer ihr zugewiesenen Vorlage verlangen.

(3) [1]Die Einberufungsfrist beträgt einer Woche. [2]Sie kann in Eilfällen so verkürzt werden, wie es der Beratungsstand erfordert. [3]Die Einberufung erfolgt durch Übermittlung der vorläufigen Tagesordnung.

§ 45f Öffentlichkeit

(1) [1]Die Europakammer verhandelt öffentlich. [2]Die Öffentlichkeit kann ausgeschlossen werden. [3]Soweit die Zuständigkeit der Europakammer auf der Wahrung der Vertraulichkeit beruht, beschließt sie über den Ausschluß der Öffentlichkeit. [4]Im übrigen ist § 17 entsprechend anzuwenden.

(2) Die Beschlüsse der Europakammer und ihre Begründungen werden veröffentlicht, soweit die Europakammer nichts anderes beschließt.

§ 45g Teilnahme an den Verhandlungen

An den Verhandlungen der Europakammer können auch Mitglieder und Beauftragte der Bundesregierung und Beauftragte der Landesregierungen teilnehmen; andere Personen nur, soweit der Vorsitzende dies zuläßt.

§ 45h Beschlussfassung

(1) Zur Stimmabgabe in der Europakammer sind die Mitglieder und stellvertretenden Mitglieder der Europakammer berechtigt.

(2) [1]Die Europakammer ist beschlußfähig, wenn die Mehrheit ihrer Stimmen vertreten ist. [2]Bei Beschlußunfähigkeit hat der Vorsitzende die Sitzung aufzuheben.
(3) Die Europakammer faßt ihre Beschlüsse mit mindestens der Mehrheit ihrer Stimmen.

§ 45i Umfrageverfahren
(1) [1]Hält der Vorsitzende die mündliche Beratung einer EU-Vorlage für entbehrlich, kann die Beschlussfassung im Wege der Umfrage herbeigeführt werden. [2]Über die Umfrage ist ein Bericht zu fertigen.
(2) Wird die Sitzung der Europakammer wegen Beschlussunfähigkeit aufgehoben, leitet der Vorsitzende ein Umfrageverfahren ein.
(3) Außer im Fall des Absatzes 2 kann jedes Land der Beschlussfassung im Umfrageverfahren widersprechen.

§ 45j Sitzungsbericht
[1]Über die Sitzungen der Europakammer ist eine Niederschrift zu fertigen. [2]Diese muß mindestens die Namen der Teilnehmer, die Anträge und das Ergebnis der Beratungen enthalten. [3]Der Bericht ist vertraulich, soweit die Verhandlungen vertraulich sind (§ 45f Abs. 1 Satz 2 bis 4).

§ 45k Anwendung von Verfahrensvorschriften
§ 15 Abs. 3 und 5, §§ 16, 18 Abs. 2, § 19 Abs. 1, §§ 22, 23 Abs. 2 Satz 1 und Abs. 5, § 26 Abs. 3, §§ 29, 30 und 32 sind entsprechend anzuwenden.

§ 45l Vertreter der Länder
(1) [1]Benennt der Bundesrat Vertreter zu Verhandlungen über Vorhaben im Rahmen der Europäischen Union, so sind diese Vertreter an Beschlüsse des Bundesrates gebunden. [2]Das den Vertreter stellende Land soll auf weitere Beschlüsse hinwirken, sofern im Hinblick auf den Fortgang der Verhandlungen hierzu Anlaß besteht. [3]Auch jedes andere Land kann weitere Beschlüsse beantragen. [4]Das gleiche kann ein Ausschuß empfehlen, dem der entsprechende Beratungsgegenstand zugewiesen ist.
(2) [1]Die Vertreter berichten unverzüglich im Anschluß an eine Sitzung des jeweiligen Gremiums über die die Länder insbesondere interessierenden Gesichtspunkte. [2]Die Berichte werden in der Regel schriftlich erstattet. [3]Die Vertreter berichten darüber hinaus, wenn im Hinblick auf die Verhandlungen erneuter Beratungsbedarf besteht, oder wenn ein Land oder ein beteiligter Ausschuß dies verlangen.

V. Schlußbestimmungen

Artikel 51 Abs. 1 GG
Der Bundesrat besteht aus Mitgliedern der Regierungen der Länder, die sie bestellen und abberufen. Sie können durch andere Mitglieder ihrer Regierungen vertreten werden.

Artikel 52 Abs. 4 GG
Den Ausschüssen des Bundesrates können andere Mitglieder oder Beauftragte der Regierungen der Länder angehören.

§ 46 Stellvertreter
Mitglieder des Bundesrates und seiner Ausschüsse im Sinne dieser Geschäftsordnung sind auch die stellvertretenden Mitglieder.

§ 47 Auslegung der Geschäftsordnung
(1) Während einer Sitzung entscheidet der Präsident Meinungsverschiedenheiten über die Auslegung der Geschäftsordnung für diese Sitzung.
(2) Im übrigen entscheidet auf Verlangen des Präsidenten oder eines Landes der Bundesrat.

§ 48 Abweichung von der Geschäftsordnung
Will der Bundesrat im einzelnen Fall von der Geschäftsordnung abweichen, so bedarf es eines einstimmigen Beschlusses.

§ 49 Inkrafttreten[1)]
[1]Diese Geschäftsordnung tritt am 1. Oktober 1966 in Kraft. [2]Gleichzeitig tritt die Geschäftsordnung des Bundesrates vom 31. Juli 1953 (Bundesgesetzbl. II S. 527) außer Kraft.

1) Diese Vorschrift betrifft das Inkrafttreten der Geschäftsordnung in der damals gültigen Fassung.

Geschäftsordnung der Bundesregierung

Vom 11. Mai 1951 (GMBl S. 137)
zuletzt geändert durch Bek. vom 22. Oktober 2002 (GMBl S. 848)

Nichtamtliche Inhaltsübersicht

Die Bundesregierung hat nach Artikel 65 des Grundgesetzes folgende, von dem Bundespräsidenten genehmigte Geschäftsordnung beschlossen:

I. Der Bundeskanzler

§ 1 [Bestimmung der Richtlinien der Politik]

(1) [1]Der Bundeskanzler bestimmt die Richtlinien der inneren und äußeren Politik. [2]Diese sind für die Bundesminister verbindlich und von ihnen in ihrem Geschäftsbereich selbständig und unter eigener Verantwortung zu verwirklichen. [3]In Zweifelsfällen ist die Entscheidung des Bundeskanzlers einzuholen.

(2) Der Bundeskanzler hat das Recht und die Pflicht, auf die Durchführung der Richtlinien zu achten.

§ 2 [Einheitlichkeit der Geschäftsführung]

Neben der Bestimmung der Richtlinien der Politik hat der Bundeskanzler auch auf die Einheitlichkeit der Geschäftsführung in der Bundesregierung hinzuwirken.

§ 3 [Unterrichtung des Bundeskanzlers]

Der Bundeskanzler ist aus dem Geschäftsbereich der einzelnen Bundesminister über Maßnahmen und Vorhaben zu unterrichten, die für die Bestimmung der Richtlinien der Politik und die Leitung der Geschäfte der Bundesregierung von Bedeutung sind.

§ 4 [Erweiterung und Änderung der Richtlinien]

Hält ein Bundesminister eine Erweiterung oder Änderung der Richtlinien der Politik für erforderlich, so hat er dem Bundeskanzler unter Angabe der Gründe hiervon Mitteilung zu machen und seine Entscheidung zu erbitten.

§ 5 [Unterrichtung des Bundespräsidenten]

Der Bundeskanzler unterrichtet den Bundespräsidenten laufend über seine Politik und die Geschäftsführung der einzelnen Bundesminister durch Übersendung der wesentlichen Unterlagen, durch schriftliche Berichte über Angelegenheiten von besonderer Bedeutung sowie nach Bedarf durch persönlichen Vortrag.

§ 6 [Leitung der Geschäfte der Bundesregierung]
Der Bundeskanzler leitet die Geschäfte der Bundesregierung nach Maßgabe des IV. Abschnittes.

§ 7 [Staatssekretär des Bundeskanzleramtes]
(1) Der Staatssekretär des Bundeskanzleramtes nimmt zugleich die Geschäfte eines Staatssekretärs der Bundesregierung wahr.
(2) [1]Er kann die an den Bundeskanzler gerichteten oder ihm von dem Bundespräsidenten überwiesenen Schreiben unmittelbar an den zuständigen Bundesminister weiterleiten. [2]Empfiehlt der zuständige Bundesminister eine Beantwortung durch den Bundeskanzler, so legt er dem Bundeskanzler einen entsprechenden Entwurf vor.

II. Stellvertretung des Bundeskanzlers

§ 8 [Stellvertretung des Bundeskanzlers]
[1]Ist der Bundeskanzler an der Wahrnehmung der Geschäfte allgemein verhindert, so vertritt ihn der gemäß Artikel 69 des Grundgesetzes zu seinem Stellvertreter ernannte Bundesminister in seinem gesamten Geschäftsbereich. [2]Im übrigen kann der Bundeskanzler den Umfang seiner Vertretung näher bestimmen.

III. Die Bundesminister

§ 9 [Geschäftsbereich der Bundesminister]
[1]Der Geschäftsbereich der einzelnen Bundesminister wird in den Grundzügen durch den Bundeskanzler festgelegt. [2]Bei Überschneidungen und sich daraus ergebenden Meinungsverschiedenheiten zwischen den einzelnen Bundesministern entscheidet die Bundesregierung durch Beschluß.

§ 10 [Empfang von Deputationen]
(1) [1]Abordnungen (Deputationen) sollen in der Regel nur von dem federführenden Fachminister oder seinem Vertreter empfangen werden. [2]Sie sind vorher um Angabe des Verhandlungsgegenstandes zu ersuchen. [3]Erscheint ein gemeinsamer Empfang angezeigt, so benachrichtigt der angegangene Bundesminister die außer ihm noch in Frage kommenden Bundesminister.
(2) Der Bundeskanzler empfängt Abordnungen nur in besonderen Fällen.

§ 11 [Verhandlungen mit dem Ausland]
(1) Mitglieder und Vertreter auswärtiger Regierungen sowie Vertreter zwischenstaatlicher Einrichtungen sollen nur nach vorherigem Benehmen mit dem Auswärtigen Amt empfangen werden.
(2) Verhandlungen mit dem Ausland oder im Ausland dürfen nur mit Zustimmung des Auswärtigen Amtes, auf sein Verlangen auch nur unter seiner Mitwirkung geführt werden.

§ 12 [Äußerungen in der Öffentlichkeit]
Äußerungen eines Bundesministers, die in der Öffentlichkeit erfolgen oder für die Öffentlichkeit bestimmt sind, müssen mit den vom Bundeskanzler gegebenen Richtlinien der Politik in Einklang stehen.

§ 13 [Abwesenheit]
(1) [1]Jeder Bundesminister macht, bevor er den Sitz der Bundesregierung länger als 1 Tag verläßt, dem Bundeskanzler Mitteilung. [2]Bei Abwesenheit von mehr als 3 Tagen und bei Auslandsreisen ist das Einvernehmen mit dem Bundeskanzler herzustellen.
(2) Zur Annahme von Einladungen in das Ausland ist die Zustimmung des Bundeskanzlers erforderlich.
(3) Bevor ein Bundesminister den Sitz der Bundesregierung verläßt, gibt er dem Bundeskanzler die Anschrift an, unter der er während seiner Abwesenheit zu erreichen ist.

§ 14 [Vertretung]
(1) Ist ein Bundesminister verhindert, so wird er in der Regierung durch den dazu bestimmten Bundesminister vertreten.
(2) [1]Für Erklärungen vor dem Bundestag, vor dem Bundesrat und in den Sitzungen der Bundesregierung wird der Bundesminister durch den Parlamentarischen Staatssekretär vertreten. [2]Der Bundesminister kann für Einzelfälle anordnen, daß solche Erklärungen durch den Staatssekretär abgegeben werden.
(3) Als Leiter einer obersten Bundesbehörde wird ein Bundesminister im Falle seiner Verhinderung durch den Staatssekretär und in dem Aufgabenbereich, der dem Parlamentarischen Staatssekretär nach § 14a übertragen worden ist, sowie in den von ihm bestimmten Einzelfällen von diesem vertreten.

§ 14a [Aufgaben der Parlamentarischen Staatssekretäre]
Der Bundesminister bestimmt im einzelnen, welche Aufgaben der Parlamentarische Staatssekretär wahrnehmen soll.

IV. Die Bundesregierung

§ 15 [Gegenstände der Beratung und Beschlussfassung]
(1) Der Bundesregierung sind zur Beratung und Beschlußfassung zu unterbreiten alle Angelegenheiten von allgemeiner innen- oder außenpolitischer, wirtschaftlicher, sozialer, finanzieller oder kultureller Bedeutung, insbesondere
a) alle Gesetzentwürfe,
b) alle Entwürfe von Verordnungen der Bundesregierung,
c) sonstige Verordnungsentwürfe, wenn sie von besonderer politischer Bedeutung sind,
d) die Stellungnahme des Bundesrates zu den Vorlagen der Bundesregierung,
e) alle Angelegenheiten, für welche Grundgesetz oder Gesetz dieses vorschreiben,
f) Meinungsverschiedenheiten zwischen verschiedenen Bundesministern; Meinungsverschiedenheiten über die Entwürfe der Finanzplanung, des Haushaltsgesetzes und des Haushaltsplans, wenn es sich um Angelegenheiten von grundsätzlicher Bedeutung für den betroffenen Bundesminister oder erheblicher finanzieller Bedeutung handelt.
(2) Ihr sind außerdem zu unterbreiten:
a) Vorschläge zur Ernennung von Beamten, die jederzeit in den einstweiligen Ruhestand versetzt werden können, von sonstigen Beamten, die nach der Besoldungsordnung feste Gehälter beziehen, sowie von Ministerialräten und Ministerialbeamten gleichen Ranges,
b) Vorschläge zur Einstellung oder Eingruppierung von Angestellten bei obersten Bundesbehörden nach Vergütungsgruppe I BAT oder zur Vereinbarung einer höheren Vergütung,
c) zur Beratung ohne Beschlußfassung: Vorschläge für die Zustimmung des zuständigen Bundesministers zur Ernennung von Richtern bei den obersten Gerichtshöfen des Bundes.

§ 15a [Angelegenheiten von frauenpolitischer Bedeutung]
(1) Im Einvernehmen mit dem Bundeskanzler kann die Bundesministerin für Familie, Senioren, Frauen und Jugend verlangen, daß Angelegenheiten von frauenpolitischer Bedeutung der Bundesregierung zur Beratung und Beschlußfassung unterbreitet werden, auch wenn diese zum Geschäftsbereich eines anderen Bundesministers gehören; die Vorlage an die Bundesregierung erfolgt durch den federführenden Bundesminister.
(2) [1]In Angelegenheiten von besonderer frauenpolitischer Bedeutung kann die Bundesministerin für Familie, Senioren, Frauen und Jugend im Benehmen mit dem federführenden Bundesminister Gesetzesvorhaben vor Bundestag und Bundesrat einschließlich deren Ausschüsse neben dem federführenden Bundesminister vertreten. [2]§ 15 Abs. 1 Buchstabe f, §§ 17 und 28 bleiben unberührt.
(3) Entsprechendes gilt in verbraucherschutzpolitischen Angelegenheiten für die Bundesministerin für Verbraucherschutz, Ernährung und Landwirtschaft.

§ 16 [Beratung unter den Bundesministerien]
(1) Alle Angelegenheiten, die der Bundesregierung unterbreitet werden, sind vorher zwischen den beteiligten Bundesministerien zu beraten, sofern nicht im Einzelfalle die Dringlichkeit der Entscheidung eine Ausnahme notwendig macht.
(2) Die bei den Beratungen strittig gebliebenen Punkte sind in dem Anschreiben an den Staatssekretär des Bundeskanzleramts (§ 21 Abs. 2) oder in sonst geeigneter Weise mit kurzer Begründung der vorgeschlagenen Lösung aufzuführen.
(3) [1]Bei der Vorlage von Gesetzentwürfen ist mitzuteilen, daß die Ausführung des Gesetzes Bund, Länder und Gemeinden nicht mit Kosten belastet oder, wenn dies der Fall ist, ob der Bundesminister der Finanzen nach Kenntnis von dem Plane des Gesetzes Widerspruch erhoben hat. [2]Fehlt der Vermerk, so sorgt der Staatssekretär des Bundeskanzleramtes dafür, daß er nachgeholt wird.
(4) Ist keine mündliche Erörterung im Kabinett erforderlich, so ist bei der Vorlage zu bemerken, daß ein Beschluß auf schriftlichem Wege ausreichen wird (§ 20 Abs. 2).

§ 17 [Meinungsverschiedenheiten]
(1) Meinungsverschiedenheiten zwischen den Bundesministern sind der Bundesregierung erst zu unterbreiten, wenn ein persönlicher Verständigungsversuch zwischen den beteiligten Bundesministern oder im Falle ihrer Behinderung zwischen ihren Vertretern ohne Erfolg geblieben ist.

(2) Der Bundeskanzler kann Meinungsverschiedenheiten vor der Beratung im Kabinett zunächst in einer Ministerbesprechung mit den beteiligten Bundesministern unter seinem Vorsitz erörtern.

§ 18 [Ernennung von Beamten und Einstellung von Angestellten]

(1) Vorschläge zur Ernennung von Beamten und zur Einstellung oder Eingruppierung von Angestellten sind in den Fällen des § 15 Abs. 2 Buchstabe a und b vor jeder entscheidenden oder verpflichtenden Maßnahme oder Mitteilung der Bundesregierung zu unterbreiten; im übrigen sind, sofern es sich um Beamte des höheren Dienstes (Besoldungsgruppe A 13 BBesO und höher) und die ihnen gleichgestellten Angestellten in den Ministerien handelt, Ernennungen, Einstellungen und Eingruppierungen dem Bundeskanzler nachträglich zur Kenntnis mitzuteilen.

(2) Ernennungen dürfen erst nach Vollziehung der Urkunde durch den Bundespräsidenten veröffentlicht werden.

§ 19 [Beendigung von Beamtenverhältnissen]

[1]Soll ein Beamter der Besoldungsgruppe B 9 BBesO oder höherer Besoldungsgruppen entlassen, in den einstweiligen Ruhestand oder in den Ruhestand versetzt werden, so ist vor entscheidenden und verpflichtenden Maßnahmen oder Mitteilungen die Stellungnahme des Bundeskanzlers einzuholen. [2]Alsdann ist vor solchen Maßnahmen oder Mitteilungen die Angelegenheit dem Bundespräsidenten zur Entscheidung zu unterbreiten.

§ 20 [Beschlussfassung]

(1) Die Bundesregierung faßt ihre Beschlüsse in der Regel in gemeinschaftlicher Sitzung.

(2) [1]Ist die mündliche Beratung einer Angelegenheit nicht erforderlich so soll der Staatssekretär des Bundeskanzleramtes die Zustimmung der Mitglieder der Bundesregierung auf schriftlichem Wege einholen (Umlaufsache). [2]Bestehen über die Notwendigkeit einer mündlichen Beratung Zweifel, so hat er die Entscheidung des Bundeskanzlers herbeizuführen.

§ 21 [Einberufung und Vorbereitung der Sitzungen]

(1) [1]Die Sitzungen der Bundesregierung werden durch den Staatssekretär des Bundeskanzleramtes nach näherer Anweisung des Bundeskanzlers festgesetzt. [2]Er veranlaßt die Einladung zu den Sitzungen unter Beifügung einer Tagesordnung.

(2) Die von den Bundesministern vorgelegten Entwürfe und Ausführungen sind dem Staatssekretär des Bundeskanzleramtes in der gewünschten Zahl von Abdrucken einzureichen; sie sind gleichzeitig sämtlichen Bundesministern und dem Chef des Bundespräsidialamtes unmittelbar zuzuleiten.

(3) [1]Die Übersendung von Kabinettsvorlagen hat so zeitig zu erfolgen, daß für eine sachliche Prüfung vor der Beratung noch ausreichend Zeit bleibt. [2]Zwischen der Zustellung der Vorlage an den Staatssekretär des Bundeskanzleramtes und die Bundesminister und der Beratung soll mindestens eine Woche liegen. [3]Handelt es sich um umfangreichere Gesetzesvorlagen oder sonstige Vorlagen von weittragender Bedeutung und ist die Frist nicht eingehalten, so ist auf Antrag von zwei Bundesministern oder deren Vertretern die Angelegenheit von der Tagesordnung abzusetzen, es sei denn, daß der Bundeskanzler die sofortige Beratung für notwendig hält.

(4) Die Bundesministerin für Familie, Senioren, Frauen und Jugend oder dessen[1]) Vertreter kann die Absetzung von der Tagesordnung verlangen, wenn es sich um eine frauenpolitische Angelegenheit von besonderer Tragweite handelt und er bei der Vorbereitung der Kabinettvorlage nicht hinreichend beteiligt worden ist, es sei denn, daß der Bundeskanzler die sofortige Beratung für notwendig hält.

§ 22 [Vorsitz, Beginn und Vertraulichkeit der Sitzungen]

(1) [1]Die Sitzungen der Bundesregierung finden unter dem Vorsitz des Bundeskanzlers, im Falle seiner Behinderung unter dem Vorsitz des Stellvertreters des Bundeskanzlers statt. [2]Ist auch der Stellvertreter verhindert, so führt den Vorsitz der vom Bundeskanzler oder seinem Stellvertreter besonders bezeichnete Bundesminister oder mangels solcher Bezeichnungen der Bundesminister, der am längsten ununterbrochen der Bundesregierung angehört; bei mehreren Bundesministern mit gleicher Amtszeit übernimmt den Vorsitz der an Lebensjahren älteste Bundesminister.

(2) [1]Die Sitzungen beginnen pünktlich zu der in der Einladung angegebenen Zeit. [2]Behinderte Bundesminister haben für ihre Vertretung zu sorgen.

(3) [1]Die Sitzungen der Bundesregierung sind vertraulich. [2]Insbesondere sind Mitteilungen über Ausführungen einzelner Bundesminister, über das Stimmenverhältnis und über den Inhalt der Niederschrift ohne besondere Ermächtigung des Bundeskanzlers unzulässig.

1) Richtig wohl: „deren".

§ 23 [Teilnahme]

(1) An den Sitzungen der Bundesregierung nehmen außer den Bundesministern und dem Chef des Bundeskanzleramtes sowie dem Parlamentarischen Staatssekretär beim Bundeskanzler regelmäßig teil:

der Chef des Bundespräsidialamtes,
der Bundespressechef,
der Persönliche Referent des Bundeskanzlers,
der Schriftführer.

(2) [1]Ist der Bundesminister an der Teilnahme an einer Sitzung der Bundesregierung verhindert, so nimmt für ihn der Parlamentarische Staatssekretär an der Sitzung teil. [2]Der Bundesminister kann für Einzelfälle anordnen, daß der Staatssekretär an der Sitzung teilnimmt.

(3) [1]Hält ein Bundesminister die Zuziehung eines Beamten seines Ministeriums außer dem Staatssekretär für erwünscht, so hat er dies unter Benennung des Beamten schriftlich anzuzeigen. [2]Über die Zulassung zur Sitzung entscheidet der Vorsitzende. [3]Der Beamte nimmt an der Sitzung nur für die Dauer der Verhandlungen über den Punkt, zu dem er zugezogen ist, teil.

(4) Der Bundeskanzler kann die Sitzung auf die Bundesminister beschränken.

§ 24 [Beschlussfähigkeit]

(1) Die Bundesregierung ist beschlußfähig, wenn einschließlich des Vorsitzenden die Hälfte der Bundesminister anwesend ist.

(2) [1]Die Bundesregierung faßt ihre Beschlüsse mit Stimmenmehrheit. [2]Bei Stimmengleichheit entscheidet die Stimme des Vorsitzenden.

§ 25 [Wortlaut der Beschlüsse]

Der Wortlaut der Beschlüsse der Bundesregierung wird von dem Vorsitzenden jeweils im Anschluß an die mündliche Beratung eines Gegenstandes festgelegt.

§ 26 [Widerspruch]

(1) [1]Beschließt die Bundesregierung in einer Frage von finanzieller Bedeutung gegen oder ohne die Stimme des Bundesministers der Finanzen, so kann dieser gegen den Beschluß ausdrücklich Widerspruch erheben. [2]Wird Widerspruch nach Satz 1 oder in gesetzlich vorgesehenen Fällen erhoben, so ist über die Angelegenheit in einer weiteren Sitzung der Bundesregierung erneut abzustimmen. [3]Die Durchführung der Angelegenheit, der der Bundesminister der Finanzen widersprochen hat, muß unterbleiben, wenn sie nicht in der neuen Abstimmung in Anwesenheit des Bundesministers der Finanzen oder seines Vertreters von der Mehrheit sämtlicher Bundesminister beschlossen wird und der Bundeskanzler mit der Mehrheit gestimmt hat.

(2) Entsprechendes gilt, wenn der Bundesminister der Justiz oder der Bundesminister des Innern gegen einen Gesetz- oder Verordnungsentwurf oder eine Maßnahme der Bundesregierung wegen ihrer Unvereinbarkeit mit geltendem Recht Widerspruch erhebt.

§ 27 [Niederschrift]

(1) [1]Über die Sitzungen der Bundesregierung wird eine Niederschrift aufgenommen, die von dem Schriftführer unterzeichnet wird. [2]Eine Abschrift der Niederschrift wird den Bundesministern umgehend zugesandt. [3]Der Chef des Bundespräsidialamtes und der Bundespressechef erhalten nachrichtlich eine Abschrift der Niederschrift.

(2) Die Niederschrift gilt als genehmigt, wenn die beteiligten Bundesminister nicht innerhalb 3 Tagen nach ihrer Zustellung Einwendungen gegen den Inhalt oder die Fassung erheben.

(3) In Zweifelsfällen ist die Angelegenheit nochmals der Bundesregierung zu unterbreiten.

§ 28 [Vertretung der Regierungsvorlagen]

(1) Die von der Bundesregierung beschlossenen Vorlagen werden den gesetzgebenden Körperschaften durch den Bundeskanzler zugeleitet und vor ihnen durch den in der Sache zuständigen Bundesminister vertreten.

(2) [1]Die Vertretung hat einheitlich zu erfolgen, auch wenn einzelne Bundesminister anderer Auffassung sein sollten. [2]Gegen die Auffassung der Bundesregierung zu wirken, ist den Bundesministern nicht gestattet.

(3) [1]Bevor das Einverständnis mit wesentlichen Änderungen einer Gesetzesvorlage im Bundestag oder Bundesrat oder in den Ausschüssen erklärt wird, ist die Bundesregierung zu befragen. [2]Ist dies aus Zeitmangel nicht möglich und doch eine Stellungnahme geboten, so soll wenigstens eine Einigung mit den erreichbaren Ministerien gesucht werden.

§ 29 [Gegenzeichnung]

(1) [1]Gesetze sind dem Bundespräsidenten erst nach der Gegenzeichnung durch den Bundeskanzler und den zuständigen Bundesministern zur Vollziehung vorzulegen. [2]Berührt der Inhalt des Gesetzes den Geschäftsbereich mehrerer Bundesminister, so zeichnen diese in der Regel auch die Ausfertigung.

(2) [1]Verfügungen und Anordnungen sind dem Bundespräsidenten erst nach der Gegenzeichnung durch den zuständigen Bundesminister zur Vollziehung vorzulegen. [2]Absatz 1 Satz 2 gilt entsprechend.

§ 30 [Unterzeichnung von Verordnungen]

(1) [1]Verordnungen der Bundesregierung werden nach Gegenzeichnung durch den zuständigen Fachminister vom Bundeskanzler gezeichnet. [2]Sonstige Verordnungen werden – auch wenn sie der Bundesregierung vorgelegen haben – grundsätzlich von dem zuständigen Bundesminister allein gezeichnet.

(2) Unter der ausdrücklichen Bezeichnung „Die Bundesregierung" sollen – abgesehen von Fällen besonderer Ermächtigung durch die Bundesregierung – nur der Bundeskanzler oder mit ihm der zuständige oder alle Bundesminister zeichnen.

§ 31 [Einladung von Mitgliedern der Landesregierungen]

Die präsidierenden Mitglieder der Landesregierungen sollen mehrmals im Jahre persönlich zu gemeinsamen Besprechungen mit der Bundesregierung vom Bundeskanzler eingeladen werden, um wichtige politische, wirtschaftliche, soziale und finanzielle Fragen zu erörtern und in persönlicher Fühlungnahme zu einer verständnisvollen einheitlichen Politik in Bund und Ländern beizutragen.

Gesetz über die Wahrnehmung der Integrationsverantwortung des Bundestages und des Bundesrates in Angelegenheiten der Europäischen Union (Integrationsverantwortungsgesetz – IntVG)[1)]

Vom 22. September 2009 (BGBl. I S. 3022)
(FNA 170-9)
zuletzt geändert durch Art. 1 G zur Umsetzung der GrundGÄnderungen für die Ratifizierung des Vertrags von Lissabon vom 1. Dezember 2009 (BGBl. I S. 3822)

§ 1 Integrationsverantwortung

(1) Der Bundestag und der Bundesrat nehmen in Angelegenheiten der Europäischen Union ihre Integrationsverantwortung insbesondere nach Maßgabe der folgenden Bestimmungen wahr.

(2) Der Bundestag und der Bundesrat sollen über Vorlagen nach diesem Gesetz in angemessener Frist beraten und Beschluss fassen und dabei die für die Beschlussfassung auf der Ebene der Europäischen Union maßgeblichen Fristvorgaben berücksichtigen.

§ 2 Vereinfachtes Vertragsänderungsverfahren

Eine Zustimmung der Bundesrepublik Deutschland zu einem Beschluss des Europäischen Rates gemäß Artikel 48 Absatz 6 Unterabsatz 2 und 3 des Vertrags über die Europäische Union erfolgt durch ein Gesetz gemäß Artikel 23 Absatz 1 des Grundgesetzes.

§ 3 Besondere Vertragsänderungsverfahren

(1) Eine Zustimmung der Bundesrepublik Deutschland zu einem Beschluss des Rates gemäß Artikel 218 Absatz 8 Unterabsatz 2 Satz 2 oder gemäß Artikel 311 Absatz 3 des Vertrags über die Arbeitsweise der Europäischen Union erfolgt durch ein Gesetz gemäß Artikel 23 Absatz 1 des Grundgesetzes.

(2) Absatz 1 gilt auch für Bestimmungen, die der Rat gemäß Artikel 25 Absatz 2, Artikel 223 Absatz 1 Unterabsatz 2 oder Artikel 262 des Vertrags über die Arbeitsweise der Europäischen Union erlässt.

(3) [1]Der deutsche Vertreter im Europäischen Rat darf einem Beschlussvorschlag gemäß Artikel 42 Absatz 2 Unterabsatz 1 Satz 2 des Vertrags über die Europäische Union nur zustimmen oder sich bei einer Beschlussfassung enthalten, nachdem der Bundestag hierzu einen Beschluss gefasst hat. [2]Einen entsprechenden Antrag im Bundestag kann auch die Bundesregierung stellen. [3]Ohne einen solchen Beschluss des Bundestages muss der deutsche Vertreter im Europäischen Rat den Beschlussvorschlag ablehnen. [4]Nachdem im Beschluss des Europäischen Rates gemäß Artikel 42 Absatz 2 Unterabsatz 1 Satz 2 des Vertrags über die Europäische Union gefasst worden ist, erfolgt eine Zustimmung der Bundesrepublik Deutschland durch ein Gesetz gemäß Artikel 23 Absatz 1 des Grundgesetzes.

§ 4 Brückenklauseln

(1) [1]Der deutsche Vertreter im Europäischen Rat darf einem Beschlussvorschlag gemäß Artikel 48 Absatz 7 Unterabsatz 1 Satz 1 oder Unterabsatz 2 des Vertrags über die Europäische Union nur zustimmen oder sich bei einer Beschlussfassung enthalten, nachdem hierzu ein Gesetz gemäß Artikel 23 Absatz 1 des Grundgesetzes in Kraft getreten ist. [2]Ohne ein solches Gesetz muss der deutsche Vertreter im Europäischen Rat den Beschlussvorschlag ablehnen.

(2) [1]Der deutsche Vertreter im Rat darf einem Beschlussvorschlag gemäß Artikel 81 Absatz 3 Unterabsatz 2 des Vertrags über die Arbeitsweise der Europäischen Union nur zustimmen oder sich bei einer Beschlussfassung enthalten, nachdem hierzu ein Gesetz gemäß Artikel 23 Absatz 1 des Grundgesetzes in Kraft getreten ist. [2]Ohne ein solches Gesetz muss der deutsche Vertreter im Rat den Beschlussvorschlag ablehnen.

§ 5 Zustimmung im Europäischen Rat bei besonderen Brückenklauseln

(1) [1]Der deutsche Vertreter im Europäischen Rat darf einem Beschlussvorschlag gemäß Artikel 31 Absatz 3 des Vertrags über die Europäische Union oder gemäß Artikel 312 Absatz 2 Unterabsatz 2 des Vertrags über die Arbeitsweise der Europäischen Union nur zustimmen oder sich bei einer Beschlussfassung enthalten, nachdem der Bundestag hierzu einen Beschluss gefasst hat. [2]Einen entsprechenden Antrag im Bundestag kann auch die Bundesregierung stellen. [3]Ohne einen solchen Beschluss des Bundestages muss der deutsche Vertreter im Europäischen Rat den Beschlussvorschlag ablehnen.

1) Verkündet als Art. 1 des G v. 22. 9. 2009 (BGBl. I S. 3022); Inkrafttreten gem. Art. 4 dieses G am 25. 9. 2009.

(2) Zusätzlich zu dem Beschluss des Bundestages muss der Bundesrat einen entsprechenden Beschluss gefasst haben, wenn Gebiete betroffen sind,
1. für welche eine Gesetzgebungszuständigkeit des Bundes nicht besteht,
2. für welche die Länder gemäß Artikel 72 Absatz 2 des Grundgesetzes das Recht zur Gesetzgebung haben,
3. für welche die Länder gemäß Artikel 72 Absatz 3 oder Artikel 84 Absatz 1 des Grundgesetzes abweichende Regelungen treffen können oder
4. deren Regelung durch ein Bundesgesetz der Zustimmung des Bundesrates bedarf.

§ 6 Zustimmung im Rat bei besonderen Brückenklauseln
(1) [1]Der deutsche Vertreter im Rat darf einem Beschlussvorschlag gemäß Artikel 153 Absatz 2 Unterabsatz 4, Artikel 192 Absatz 2 Unterabsatz 2 oder Artikel 333 Absatz 1 oder Absatz 2 des Vertrags über die Arbeitsweise der Europäischen Union nur zustimmen oder sich bei einer Beschlussfassung enthalten, nachdem der Bundestag hierzu einen Beschluss gefasst hat. [2]§ 5 Absatz 1 Satz 2 und 3 gilt entsprechend.
(2) § 5 Absatz 2 gilt entsprechend.

§ 7 Kompetenzerweiterungsklauseln
(1) [1]Der deutsche Vertreter im Rat darf einem Beschlussvorschlag gemäß Artikel 83 Absatz 1 Unterabsatz 3 oder Artikel 86 Absatz 4 des Vertrags über die Arbeitsweise der Europäischen Union nur zustimmen oder sich bei einer Beschlussfassung enthalten, nachdem hierzu ein Gesetz gemäß Artikel 23 Absatz 1 des Grundgesetzes in Kraft getreten ist. [2]Ohne ein solches Gesetz muss der deutsche Vertreter im Rat den Beschlussvorschlag ablehnen.
(2) Absatz 1 gilt entsprechend für Satzungsänderungen gemäß Artikel 308 Absatz 3 des Vertrags über die Arbeitsweise der Europäischen Union.

§ 8 Flexibilitätsklausel
[1]Der deutsche Vertreter im Rat darf einem Vorschlag zum Erlass von Vorschriften gemäß Artikel 352 des Vertrags über die Arbeitsweise der Europäischen Union nur zustimmen oder sich bei einer Beschlussfassung enthalten, nachdem hierzu ein Gesetz gemäß Artikel 23 Absatz 1 des Grundgesetzes in Kraft getreten ist. [2]Ohne ein solches Gesetz muss der deutsche Vertreter im Rat den Vorschlag zum Erlass von Vorschriften ablehnen.

§ 9 Notbremsemechanismus
(1) Der deutsche Vertreter im Rat muss in den Fällen des Artikels 48 Absatz 2 Satz 1, des Artikels 82 Absatz 3 Unterabsatz 1 Satz 1 und des Artikels 83 Absatz 3 Unterabsatz 1 Satz 1 des Vertrags über die Arbeitsweise der Europäischen Union beantragen, den Europäischen Rat zu befassen, wenn der Bundestag ihn hierzu durch einen Beschluss angewiesen hat.
(2) Wenn im Schwerpunkt Gebiete im Sinne des § 5 Absatz 2 betroffen sind, muss der deutsche Vertreter im Rat einen Antrag nach Absatz 1 auch dann stellen, wenn ein entsprechender Beschluss des Bundesrates vorliegt.

§ 10 Ablehnungsrecht bei Brückenklauseln
(1) Für die Ablehnung einer Initiative des Europäischen Rates gemäß Artikel 48 Absatz 7 Unterabsatz 3 des Vertrags über die Europäische Union gilt:
1. Wenn bei einer Initiative im Schwerpunkt ausschließliche Gesetzgebungszuständigkeiten des Bundes betroffen sind, kann der Bundestag die Ablehnung der Initiative beschließen.
2. In allen anderen Fällen kann der Bundestag oder der Bundesrat die Ablehnung der Initiative beschließen.
(2) Der Präsident des Bundestages oder der Präsident des Bundesrates unterrichtet die Präsidenten der zuständigen Organe der Europäischen Union über die Ablehnung der Initiative und setzt die Bundesregierung darüber in Kenntnis.
(3) Die Absätze 1 und 2 gelten entsprechend für einen Vorschlag der Europäischen Kommission für einen Beschluss des Rates gemäß Artikel 81 Absatz 3 Unterabsatz 3 des Vertrags über die Arbeitsweise der Europäischen Union.

§ 11 Subsidiaritätsrüge
(1) Der Bundestag und der Bundesrat können in ihren Geschäftsordnungen regeln, wie eine Entscheidung über die Abgabe einer begründeten Stellungnahme gemäß Artikel 6 des Protokolls über die Anwendung der Grundsätze der Subsidiarität und der Verhältnismäßigkeit herbeizuführen ist.

(2) Der Präsident des Bundestages oder der Präsident des Bundesrates übermittelt die begründete Stellungnahme an die Präsidenten der zuständigen Organe der Europäischen Union und setzt die Bundesregierung darüber in Kenntnis.

§ 12 Subsidiaritätsklage

(1) [1]Auf Antrag eines Viertels seiner Mitglieder ist der Bundestag verpflichtet, eine Klage gemäß Artikel 8 des Protokolls über die Anwendung der Grundsätze der Subsidiarität und der Verhältnismäßigkeit zu erheben. [2]Auf Antrag eines Viertels seiner Mitglieder, die die Erhebung der Klage nicht stützen, ist deren Auffassung in der Klageschrift deutlich zu machen.

(2) Der Bundesrat kann in seiner Geschäftsordnung regeln, wie ein Beschluss über die Erhebung einer Klage gemäß Absatz 1 herbeizuführen ist.

(3) Die Bundesregierung übermittelt die Klage im Namen des Organs, das über ihre Erhebung gemäß Absatz 1 oder gemäß Absatz 2 beschlossen hat, unverzüglich an den Gerichtshof der Europäischen Union.

(4) Das Organ, das die Erhebung der Klage gemäß Absatz 1 oder gemäß Absatz 2 beschlossen hat, übernimmt die Prozessführung vor dem Gerichtshof der Europäischen Union.

(5) Wird im Bundestag oder im Bundesrat ein Antrag zur Erhebung einer Klage gemäß Absatz 1 oder gemäß Absatz 2 gestellt, so kann das andere Organ eine Stellungnahme abgeben.

§ 13 Unterrichtung

(1) [1]Die Bundesregierung hat den Bundestag und den Bundesrat in Angelegenheiten dieses Gesetzes umfassend, zum frühestmöglichen Zeitpunkt, fortlaufend und in der Regel schriftlich zu unterrichten. [2]Einzelheiten der Unterrichtungspflichten aufgrund des Gesetzes über die Zusammenarbeit von Bundesregierung und Deutschem Bundestag in Angelegenheiten der Europäischen Union vom 12. März 1993 (BGBl. I S. 311), das durch Artikel 2 Absatz 1 des Gesetzes vom 17. November 2005 (BGBl. I S. 3178) geändert worden ist, des Gesetzes über die Zusammenarbeit von Bund und Ländern in Angelegenheiten der Europäischen Union vom 12. März 1993 (BGBl. I S. 313, 1780), das zuletzt durch Artikel 2 des Gesetzes vom 5. September 2006 (BGBl. I S. 2098) geändert worden ist, und anderer Regelungen bleiben unberührt.

(2) [1]Die Bundesregierung unterrichtet den Bundestag und den Bundesrat, wenn der Rat in Vorbereitung einer Initiative des Europäischen Rates nach Artikel 48 Absatz 7 des Vertrags über die Europäische Union befasst wird. [2]Das Gleiche gilt, wenn der Europäische Rat eine derartige Initiative ergriffen hat. [3]Die Bundesregierung unterrichtet den Bundestag und den Bundesrat über einen Vorschlag der Europäischen Kommission nach Artikel 81 Absatz 3 Unterabsatz 2 des Vertrags über die Arbeitsweise der Europäischen Union.

(3) [1]Die Bundesregierung übermittelt dem Bundestag und dem Bundesrat binnen zwei Wochen nach Zuleitung von Initiativen, Vorschlägen oder Beschlüssen, auf die sich die vorstehenden Bestimmungen beziehen, eine ausführliche Erläuterung der Folgen für die vertraglichen Grundlagen der Europäischen Union sowie eine Bewertung der integrationspolitischen Notwendigkeit und Auswirkungen. [2]Ferner erläutert die Bundesregierung,

1. ob es zur Mitwirkung des Bundestages und des Bundesrates eines Gesetzes gemäß Artikel 23 Absatz 1 Satz 2 oder 3 des Grundgesetzes bedarf;
2. wenn das Verfahren nach § 9 in Betracht kommt, ob Entwürfe zu Gesetzgebungsakten gemäß
 a) Artikel 48 Absatz 1 des Vertrags über die Arbeitsweise der Europäischen Union wichtige Aspekte des deutschen Systems der sozialen Sicherheit, insbesondere dessen Geltungsbereich, Kosten oder Finanzstruktur, verletzen oder dessen finanzielles Gleichgewicht beeinträchtigen würden,
 b) Artikel 82 Absatz 2 oder Artikel 83 Absatz 1 oder 2 des Vertrags über die Arbeitsweise der Europäischen Union grundlegende Aspekte der deutschen Strafrechtsordnung berühren würden.

(4) [1]Bei eilbedürftigen Vorlagen verkürzt sich die Frist des Absatzes 3 so, dass eine der Integrationsverantwortung angemessene Behandlung in Bundestag und Bundesrat gewährleistet ist. [2]Ist eine besonders umfangreiche Bewertung erforderlich, kann die Frist verlängert werden.

(5) [1]Über einen Antrag eines anderen Mitgliedstaates im Rat gemäß Artikel 48 Absatz 2 Satz 1, Artikel 82 Absatz 3 Unterabsatz 1 Satz 1 oder Artikel 83 Absatz 3 Unterabsatz 1 Satz 1 des Vertrags über die Arbeitsweise der Europäischen Union unterrichtet die Bundesregierung den Bundestag und den Bundesrat unverzüglich schriftlich. [2]Diese Unterrichtung umfasst die Gründe des Antragstellers.

(6) [1]Zu Vorschlägen für Gesetzgebungsakte der Europäischen Union übermittelt die Bundesregierung binnen zwei Wochen nach Überweisung an die Ausschüsse des Bundestages, spätestens jedoch zu Beginn der Beratungen in den Ratsgremien, eine umfassende Bewertung. [2]Sie enthält Angaben zur Zuständigkeit

der Europäischen Union zum Erlass des vorgeschlagenen Gesetzgebungsaktes und zu dessen Vereinbarkeit mit den Grundsätzen der Subsidiarität und Verhältnismäßigkeit.

(7) [1]Die Bundesregierung unterrichtet Bundestag und Bundesrat zum frühestmöglichen Zeitpunkt über den Abschluss eines Gesetzgebungsverfahrens der Europäischen Union. [2]Diese Unterrichtung enthält auch eine Bewertung, ob die Bundesregierung den Gesetzgebungsakt mit den Grundsätzen der Subsidiarität und der Verhältnismäßigkeit für vereinbar hält.

Gesetz über die Zusammenarbeit von Bundesregierung und Deutschem Bundestag in Angelegenheiten der Europäischen Union (EUZBBG)

Vom 4. Juli 2013 (BGBl. I S. 2170)
(FNA 170-10)

Der Bundestag hat das folgende Gesetz beschlossen:

§ 1 Mitwirkung des Bundestages
(1) ¹In Angelegenheiten der Europäischen Union wirkt der Bundestag an der Willensbildung des Bundes mit und hat das Recht zur Stellungnahme. ²Die Bundesregierung hat ihn umfassend und zum frühestmöglichen Zeitpunkt zu unterrichten.
(2) ¹Angelegenheiten der Europäischen Union im Sinne von Artikel 23 des Grundgesetzes sind insbesondere Vertragsänderungen und entsprechende Änderungen auf der Ebene des Primärrechts sowie Rechtsetzungsakte der Europäischen Union. ²Um eine Angelegenheit der Europäischen Union handelt es sich auch bei völkerrechtlichen Verträgen und intergouvernementalen Vereinbarungen, wenn sie in einem Ergänzungs- oder sonstigen besonderen Näheverhältnis zum Recht der Europäischen Union stehen.

§ 2 Ausschuss für die Angelegenheiten der Europäischen Union
¹Der Bundestag bestellt einen Ausschuss für die Angelegenheiten der Europäischen Union. ²Der Bundestag kann den Ausschuss ermächtigen, für ihn Stellungnahmen abzugeben. ³Er kann ihn ermächtigen, die Rechte des Bundestages gemäß Artikel 23 des Grundgesetzes gegenüber der Bundesregierung wahrzunehmen. ⁴Er kann ihn auch ermächtigen, die Rechte wahrzunehmen, die dem Bundestag in den vertraglichen Grundlagen der Europäischen Union eingeräumt sind.

§ 3 Grundsätze der Unterrichtung
(1) ¹Die Bundesregierung unterrichtet den Bundestag in Angelegenheiten der Europäischen Union umfassend, zum frühestmöglichen Zeitpunkt und fortlaufend. ²Diese Unterrichtung erfolgt grundsätzlich schriftlich durch die Weiterleitung von Dokumenten oder die Abgabe von eigenen Berichten der Bundesregierung, darüber hinaus mündlich. ³Der mündlichen Unterrichtung kommt lediglich eine ergänzende und erläuternde Funktion zu. ⁴Die Bundesregierung stellt sicher, dass diese Unterrichtung die Befassung des Bundestages ermöglicht.
(2) ¹Die Unterrichtung erstreckt sich insbesondere auf die Willensbildung der Bundesregierung, die Vorbereitung und den Verlauf der Beratungen innerhalb der Organe der Europäischen Union, die Stellungnahmen des Europäischen Parlaments, der Europäischen Kommission und der anderen Mitgliedstaaten der Europäischen Union sowie die getroffenen Entscheidungen. ²Dies gilt auch für alle vorbereitenden Gremien und Arbeitsgruppen.
(3) ¹Die Pflicht zur Unterrichtung umfasst auch die Vorbereitung und den Verlauf der Beratungen der informellen Ministertreffen, des Eurogipfels, der Eurogruppe sowie vergleichbarer Institutionen, die auf Grund völkerrechtlicher Verträge und sonstiger Vereinbarungen, die in einem Ergänzungs- oder sonstigen besonderen Näheverhältnis zum Recht der Europäischen Union stehen, zusammentreten. ²Dies gilt auch für alle vorbereitenden Gremien und Arbeitsgruppen.
(4) Der Kernbereich exekutiver Eigenverantwortung der Bundesregierung bleibt von den Unterrichtungspflichten unberührt.
(5) Der Bundestag kann auf einzelne Unterrichtungen verzichten, es sei denn, dass eine Fraktion oder fünf Prozent der Mitglieder des Bundestages widersprechen.

§ 4 Übersendung von Dokumenten und Berichtspflichten
(1) ¹Die Unterrichtung des Bundestages nach § 3 erfolgt insbesondere durch Übersendung von allen bei der Bundesregierung eingehenden
1. Dokumenten
 a) der Organe der Europäischen Union, der informellen Ministertreffen, des Ausschusses der Ständigen Vertreter und sonstiger Ausschüsse und Arbeitsgruppen des Rates,
 b) des Eurogipfels, der Eurogruppe und vergleichbarer Institutionen, die auf der Grundlage von völkerrechtlichen Verträgen und sonstigen Vereinbarungen, die in einem Ergänzungs- oder sonstigen besonderen Näheverhältnis zum Recht der Europäischen Union stehen, zusammentreten,
 c) aller die Institutionen nach den Buchstaben a und b vorbereitenden Gremien und Arbeitsgruppen;

2. Berichten der Ständigen Vertretung der Bundesrepublik Deutschland bei der Europäischen Union beziehungsweise der Bundesregierung zu
 a) Sitzungen der in Nummer 1 genannten Institutionen,
 b) Sitzungen des Europäischen Parlaments und seiner Ausschüsse,
 c) Einberufungen, Verhandlungen und Ergebnissen von Trilogen,
 d) Beschlüssen der Europäischen Kommission.

[2]Der Bundestag muss bereits im Voraus und so rechtzeitig informiert werden, dass er sich über den Gegenstand der Sitzungen sowie die Position der Bundesregierung eine Meinung bilden und auf die Verhandlungslinie und das Abstimmungsverhalten der Bundesregierung Einfluss nehmen kann. [3]Berichte über Sitzungen müssen zumindest die von der Bundesregierung und von anderen Staaten vertretenen Positionen, den Verlauf der Verhandlungen und Zwischen- und Endergebnisse darstellen sowie über eingelegte Parlamentsvorbehalte unterrichten.

(2) [1]Die Bundesregierung übersendet dem Bundestag zudem
1. Dokumente und Informationen über Initiativen, Stellungnahmen, Konsultationsbeiträge, Programmentwürfe und Erläuterungen der Bundesregierung für Organe der Europäischen Union, informelle Ministertreffen sowie den Eurogipfel, die Eurogruppe und vergleichbare Institutionen auf der Grundlage von völkerrechtlichen Verträgen und sonstigen Vereinbarungen, die in einem Ergänzungs- oder sonstigen besonderen Näheverhältnis zum Recht der Europäischen Union stehen,
2. entsprechende Initiativen, Stellungnahmen, Konsultationsbeiträge und Erläuterungen der Regierungen von Mitgliedstaaten der Europäischen Union,
3. entsprechende Initiativen, Stellungnahmen, Konsultationsbeiträge und Erläuterungen des Bundesrates und der Länder sowie
4. Sammelweisungen für den deutschen Vertreter im Ausschuss der Ständigen Vertreter.
[2]Dies gilt auch für alle vorbereitenden Gremien und Arbeitsgruppen.

(3) Die Bundesregierung gibt Auskunft über ihr vorliegende inoffizielle Dokumente zu Angelegenheiten der Europäischen Union und stellt diese auf Anforderung frühestmöglich zur Verfügung.

(4) [1]Vor Tagungen des Europäischen Rates, des Rates, der informellen Ministertreffen, des Eurogipfels, der Eurogruppe und vergleichbarer Institutionen auf der Grundlage von völkerrechtlichen Verträgen und sonstigen Vereinbarungen, die in einem Ergänzungs- oder sonstigen besonderen Näheverhältnis zum Recht der Europäischen Union stehen, unterrichtet die Bundesregierung den Bundestag schriftlich und mündlich zu jedem Beratungsgegenstand. [2]Diese Unterrichtung umfasst die Grundzüge des Sach- und Verhandlungsstandes sowie der Verhandlungslinie der Bundesregierung sowie deren Initiativen. [3]Nach den Tagungen unterrichtet die Bundesregierung schriftlich und mündlich über die Ergebnisse.

(5) Die Bundesregierung übersendet dem Bundestag regelmäßig, mindestens vierteljährlich, Frühwarnberichte über aktuelle politische Entwicklungen in Angelegenheiten der Europäischen Union.

(6) Die Bundesregierung unterrichtet den Bundestag ferner
1. über die Einleitung von Vertragsverletzungsverfahren nach den Artikeln 258 und 260 des Vertrags über die Arbeitsweise der Europäischen Union durch Übermittlung von Mahnschreiben und mit Gründen versehenen Stellungnahmen sowie erläuternden Informationen und Dokumenten, insbesondere der Antwortschreiben der Bundesregierung, soweit diese Verfahren die ausgebliebene, unvollständige oder fehlerhafte Umsetzung von Richtlinien durch den Bund betreffen,
2. über Verfahren vor dem Gerichtshof der Europäischen Union, bei denen die Bundesrepublik Deutschland Verfahrensbeteiligte ist. Zu Verfahren, an denen sich die Bundesregierung beteiligt, übermittelt sie die entsprechenden Dokumente, und
3. auf Anforderung über weitere Verfahren vor dem Gerichtshof der Europäischen Union und übermittelt die entsprechenden Dokumente, soweit sie ihr vorliegen.

§ 5 Vorhaben der Europäischen Union

(1) Vorhaben der Europäischen Union (Vorhaben) im Sinne dieses Gesetzes sind insbesondere
1. Vorschläge und Initiativen für Beschlüsse zur Aufnahme von Verhandlungen zu Änderungen der vertraglichen Grundlagen der Europäischen Union,
2. Vorschläge und Initiativen für Beschlüsse zur Aufnahme von Verhandlungen zur Vorbereitung von Beitritten zur Europäischen Union,
3. Vorschläge und Initiativen für Beschlüsse gemäß Artikel 140 Absatz 2 des Vertrages über die Arbeitsweise der Europäischen Union zur Einführung des Euro,
4. Vorschläge für Gesetzgebungsakte der Europäischen Union,
5. Verhandlungsmandate für die Europäische Kommission zu Verhandlungen über völkerrechtliche Verträge der Europäischen Union,

6. Beratungsgegenstände, Initiativen sowie Verhandlungsmandate und Verhandlungsrichtlinien für die Europäische Kommission im Rahmen der gemeinsamen Handelspolitik und der Welthandelsrunden,

7. Mitteilungen, Stellungnahmen, Grün- und Weißbücher sowie Empfehlungen der Europäischen Kommission,

8. Berichte, Aktionspläne und Politische Programme der Organe der Europäischen Union,

9. Interinstitutionelle Vereinbarungen der Organe der Europäischen Union,

10. Haushalts- und Finanzplanung der Europäischen Union,

11. Entwürfe zu völkerrechtlichen Verträgen und sonstigen Vereinbarungen, wenn sie in einem Ergänzungs- oder sonstigen besonderen Näheverhältnis zum Recht der Europäischen Union stehen,

12. Beratungsgegenstände, Vorschläge und Initiativen, die im Rahmen von völkerrechtlichen Verträgen und Vereinbarungen im Sinne von Nummer 11 behandelt werden.

(2) Vorhaben im Sinne dieses Gesetzes sind auch Vorschläge und Initiativen der Europäischen Union, bei denen eine Mitwirkung des Bundestages nach dem Integrationsverantwortungsgesetz vom 22. September 2009 (BGBl. I S. 3022) in der jeweils geltenden Fassung erforderlich ist.

(3) Für Angelegenheiten

1. des Europäischen Stabilitätsmechanismus gelten unbeschadet der §§ 1 bis 4 die Bestimmungen des ESM-Finanzierungsgesetzes vom 13. September 2012 (BGBl. I S. 1918) in der jeweils geltenden Fassung,

2. der Europäischen Finanzstabilisierungsfazilität gelten unbeschadet der §§ 1 bis 4 die Bestimmungen des Stabilisierungsmechanismusgesetzes vom 22. Mai 2010 (BGBl. I S. 627) in der jeweils geltenden Fassung,

3. der Gemeinsamen Außen- und Sicherheitspolitik und der Gemeinsamen Sicherheits- und Verteidigungspolitik gilt § 7.

§ 6 Förmliche Zuleitung, Berichtsbogen und Umfassende Bewertung, Abschluss von EU-Gesetzgebungsverfahren

(1) [1]Die Bundesregierung übersendet dem Bundestag alle Vorhaben mit einem Zuleitungsschreiben (förmliche Zuleitung). [2]Das Zuleitungsschreiben enthält auf der Grundlage des zuzuleitenden Dokuments die folgenden Hinweise:

1. den wesentlichen Inhalt und die Zielsetzung des Vorhabens,

2. das Datum des Erscheinens des betreffenden Dokuments in deutscher Sprache,

3. die Rechtsgrundlage,

4. das anzuwendende Verfahren und

5. die Benennung des federführenden Bundesministeriums.

(2) [1]Die Bundesregierung übermittelt binnen zwei Wochen nach förmlicher Zuleitung eines Vorhabens einen Bericht gemäß der Anlage (Berichtsbogen). [2]Dieser enthält insbesondere die Bewertung des Vorhabens hinsichtlich seiner Vereinbarkeit mit den Grundsätzen der Subsidiarität und der Verhältnismäßigkeit.

(3) [1]Zu Vorschlägen für Gesetzgebungsakte der Europäischen Union übermittelt die Bundesregierung zudem binnen zwei Wochen nach Überweisung an die Ausschüsse des Bundestages, spätestens jedoch zu Beginn der Beratungen in den Ratsgremien, eine Umfassende Bewertung. [2]Neben Angaben zur Zuständigkeit der Europäischen Union zum Erlass des vorgeschlagenen Gesetzgebungsaktes und zu dessen Vereinbarkeit mit den Grundsätzen der Subsidiarität und Verhältnismäßigkeit enthält diese Bewertung im Rahmen einer umfassenden Abschätzung der Folgen für die Bundesrepublik Deutschland Aussagen insbesondere in rechtlicher, wirtschaftlicher, finanzieller, sozialer und ökologischer Hinsicht zu Regelungsinhalt, Alternativen, Kosten, Verwaltungsaufwand und Umsetzungsbedarf. [3]Zu anderen Vorhaben im Sinne von § 5 Absatz 1 erfolgt die Erstellung einer entsprechenden Umfassenden Bewertung nur auf Anforderung.

(4) [1]Bei eilbedürftigen Vorhaben verkürzen sich die Fristen der Absätze 2 und 3 so, dass eine rechtzeitige Unterrichtung und die Gelegenheit zur Stellungnahme nach § 8 Absatz 1 Satz 1 für den Bundestag gewährleistet sind. [2]Ist eine besonders umfangreiche Bewertung erforderlich, kann die Frist verlängert werden.

(5) Darüber hinaus erstellt die Bundesregierung zu besonders komplexen oder bedeutsamen Vorhaben auf Anforderung vertiefende Berichte.

(6) Die Bundesregierung unterrichtet den Bundestag über den Abschluss eines Gesetzgebungsverfahrens der Europäischen Union; diese Unterrichtung enthält auch eine Bewertung, ob die Bundesregierung den Gesetzgebungsakt mit den Grundsätzen der Subsidiarität und Verhältnismäßigkeit für vereinbar hält; bei

Richtlinien informiert die Bundesregierung über die zu berücksichtigenden Fristen für die innerstaatliche Umsetzung und den Umsetzungsbedarf.

§ 7 Gemeinsame Außen- und Sicherheitspolitik und Gemeinsame Sicherheits- und Verteidigungspolitik

(1) [1]Im Bereich der Gemeinsamen Außen- und Sicherheitspolitik und der Gemeinsamen Sicherheits- und Verteidigungspolitik unterrichtet die Bundesregierung umfassend, fortlaufend und zum frühestmöglichen Zeitpunkt. [2]Die Unterrichtung erfolgt in der Regel schriftlich. [3]Sie umfasst die Zuleitung einer Übersicht der absehbar zur Beratung anstehenden Rechtsakte, deren Bewertung und eine Einschätzung über den weiteren Beratungsverlauf. [4]Über Tagungen des Europäischen Rates und des Rates, die Beschlüsse und Schlussfolgerungen im Bereich der Gemeinsamen Außen- und Sicherheitspolitik und der Gemeinsamen Sicherheits- und Verteidigungspolitik zum Gegenstand haben, gilt § 4 Absatz 4 entsprechend.

(2) [1]Ergänzend leitet die Bundesregierung dem Bundestag auf Anforderung Dokumente von grundsätzlicher Bedeutung nach Maßgabe des § 6 Absatz 1 zu. [2]§ 6 Absatz 2 gilt entsprechend.

(3) Zudem unterrichtet die Bundesregierung fortlaufend und zeitnah mündlich über alle relevanten Entwicklungen im Bereich der Gemeinsamen Außen- und Sicherheitspolitik und der Gemeinsamen Sicherheits- und Verteidigungspolitik.

(4) Über die Sitzungen des Politischen und Sicherheitspolitischen Komitees unterrichtet die Bundesregierung die zuständigen Ausschüsse des Bundestages mündlich.

§ 8 Stellungnahmen des Bundestages

(1) [1]Vor ihrer Mitwirkung an Vorhaben gibt die Bundesregierung dem Bundestag Gelegenheit zur Stellungnahme. [2]Hierzu übermittelt die Bundesregierung dem Bundestag fortlaufend aktualisierte Informationen über den Beratungsablauf, die es ermöglichen, den für eine Stellungnahme geeigneten Zeitpunkt zu bestimmen, und teilt mit, bis zu welchem Zeitpunkt auf Grund des Beratungsverlaufs eine Stellungnahme angemessen erscheint.

(2) [1]Gibt der Bundestag eine Stellungnahme ab, legt die Bundesregierung diese ihren Verhandlungen zugrunde. [2]Die Bundesregierung unterrichtet fortlaufend über die Berücksichtigung der Stellungnahme in den Verhandlungen.

(3) [1]Der Bundestag kann seine Stellungnahme im Verlauf der Beratung des Vorhabens anpassen und ergänzen. [2]Absatz 2 Satz 1 gilt entsprechend.

(4) [1]Macht der Bundestag von der Gelegenheit zur Stellungnahme gemäß Artikel 23 Absatz 3 Satz 1 des Grundgesetzes Gebrauch, legt die Bundesregierung in den Verhandlungen einen Parlamentsvorbehalt ein, wenn der Beschluss des Bundestages in einem seiner wesentlichen Belange nicht durchsetzbar ist. [2]Die Bundesregierung unterrichtet den Bundestag in einem gesonderten Bericht unverzüglich darüber. [3]Dieser Bericht muss der Form und dem Inhalt nach angemessen sein, um eine Beratung in den Gremien des Bundestages zu ermöglichen. [4]Vor der abschließenden Entscheidung bemüht sich die Bundesregierung, Einvernehmen mit dem Bundestag herzustellen. [5]Dies gilt auch dann, wenn der Bundestag bei Vorhaben der Europäischen Union zu Fragen der kommunalen Daseinsvorsorge Stellung nimmt. [6]Das Recht der Bundesregierung, in Kenntnis der Stellungnahme des Bundestages aus wichtigen außen- oder integrationspolitischen Gründen abweichende Entscheidungen zu treffen, bleibt unberührt.

(5) [1]Nach der abschließenden Beschlussfassung unterrichtet die Bundesregierung den Bundestag unverzüglich schriftlich, insbesondere über die Durchsetzung seiner Stellungnahme. [2]Sollten nicht alle Belange der Stellungnahme berücksichtigt worden sein, benennt die Bundesregierung auch die Gründe hierfür. [3]Auf Verlangen eines Viertels der Mitglieder des Bundestages erläutert die Bundesregierung diese Gründe im Rahmen einer Plenardebatte.

§ 9 Aufnahme von Verhandlungen über Beitritte und Vertragsänderungen

(1) Mit der Unterrichtung über Vorschläge und Initiativen für Beschlüsse zur Aufnahme von Verhandlungen
1. zur Vorbereitung eines Beitritts zur Europäischen Union oder
2. zu Änderungen der vertraglichen Grundlagen der Europäischen Union
weist die Bundesregierung den Bundestag auf sein Recht zur Stellungnahme nach § 8 hin.

(2) [1]Vor der abschließenden Entscheidung im Rat oder im Europäischen Rat soll die Bundesregierung Einvernehmen mit dem Bundestag herstellen. [2]Das Recht der Bundesregierung, in Kenntnis der Stellungnahme des Bundestages aus wichtigen außen- oder integrationspolitischen Gründen abweichende Entscheidungen zu treffen, bleibt unberührt.

§ 9a Einführung des Euro in einem Mitgliedstaat
(1) Mit der Unterrichtung über Vorschläge und Initiativen für Beschlüsse des Rates gemäß Artikel 140 Absatz 2 des Vertrages über die Arbeitsweise der Europäischen Union zur Einführung des Euro in einem weiteren Mitgliedstaat weist die Bundesregierung den Bundestag auf sein Recht zur Stellungnahme nach § 8 hin.
(2) [1]Vor der abschließenden Entscheidung im Rat soll die Bundesregierung mit dem Bundestag Einvernehmen herstellen. [2]Das Recht der Bundesregierung, in Kenntnis der Stellungnahme des Bundestages aus wichtigen außen- oder integrationspolitischen Gründen abweichende Entscheidungen zu treffen, bleibt unberührt.

§ 10 Zugang zu Datenbanken, vertrauliche Behandlung von Dokumenten
(1) Die Bundesregierung eröffnet dem Bundestag im Rahmen der Datenschutzvorschriften Zugang zu Dokumentendatenbanken der Europäischen Union, die ihr zugänglich sind.
(2) [1]Die Dokumente der Europäischen Union werden grundsätzlich offen weitergegeben. [2]Die Sicherheitseinstufung der Organe der Europäischen Union über eine besondere Vertraulichkeit wird vom Bundestag beachtet. [3]Eine für diese Dokumente oder für andere im Rahmen dieses Gesetzes an den Bundestag zu übermittelnden Informationen, Berichte und Mitteilungen eventuell erforderliche nationale Einstufung als vertraulich wird vor Versendung von der Bundesregierung vorgenommen und vom Bundestag beachtet. [4]Die Gründe für die Einstufung sind auf Anforderung zu erläutern.
(3) Dem besonderen Schutzbedürfnis laufender vertraulicher Verhandlungen trägt der Bundestag durch eine vertrauliche Behandlung Rechnung.

§ 11 Verbindungsbüro des Bundestages
(1) [1]Der Bundestag kann über ein Verbindungsbüro unmittelbare Kontakte zu Einrichtungen der Europäischen Union pflegen, soweit dies der Wahrnehmung seiner Mitwirkungsrechte in Angelegenheiten der Europäischen Union dient. [2]Die Fraktionen des Bundestages entsenden Vertreter in das Verbindungsbüro.
(2) Die Bundesregierung unterstützt über die Ständige Vertretung der Bundesrepublik Deutschland bei der Europäischen Union und die bilaterale Botschaft der Bundesrepublik Deutschland beim Königreich Belgien das Verbindungsbüro des Bundestages im Hinblick auf seine fachlichen Aufgaben.

§ 12 Inkrafttreten, Außerkrafttreten
[1]Dieses Gesetz tritt am Tag nach der Verkündung[1] in Kraft. [2]Gleichzeitig tritt das Gesetz über die Zusammenarbeit von Bundesregierung und Deutschem Bundestag in Angelegenheiten der Europäischen Union vom 12. März 1993 (BGBl. I S. 311, 1780), das zuletzt durch Artikel 2 des Gesetzes vom 13. September 2012 (BGBl. 2012 II S. 1006) geändert worden ist, außer Kraft.

1) Verkündet am 12. 7. 2013.

Anlage
(zu § 6 Absatz 2)

Berichtsbogen

Thema:
Sachgebiet:
Rats-Dok.-Nr.:
KOM.-Nr.:
Nr. des interinstitutionellen Dossiers:
Nr. der Bundesratsdrucksache:
Nachweis der Zulässigkeit für europäische Regelungen:
(Prüfung der Rechtsgrundlage)
Subsidiaritätsprüfung:
Verhältnismäßigkeitsprüfung:
Zielsetzung:
Inhaltliche Schwerpunkte:
Politische Bedeutung:
Was ist das besondere deutsche Interesse?
Bisherige Position des Bundestages:
Position des Bundesrates:
Position des Europäischen Parlaments:
Bisherige Position der Bundesregierung:
Meinungsstand im Rat:
Verfahrensstand (Stand der Befassung) und Zeitplan:
Finanzielle Auswirkungen:
Zeitplan für die Behandlung im
a) Bundesrat:
b) Europäischen Parlament;
c) Rat:

Gesetz über die Zusammenarbeit von Bund und Ländern in Angelegenheiten der Europäischen Union

Vom 12. März 1993 (BGBl. I S. 313)
(FNA 170-3)
zuletzt geändert durch Art. 1 ÄndG vom 22. September 2009 (BGBl. I S. 3031)

Der Bundestag hat mit Zustimmung des Bundesrates das folgende Gesetz beschlossen:

§ 1 [Mitwirkung durch Bundesrat]
In Angelegenheiten der Europäischen Union wirken die Länder durch den Bundesrat mit.

§ 2 [Umfassende und frühzeitige Unterrichtung des Bundesrates]
Die Bundesregierung unterrichtet den Bundesrat unbeschadet des Artikels 2 des Gesetzes zu den Verträgen vom 25. März 1957 zur Gründung der Europäischen Wirtschaftsgemeinschaft und der Europäischen Atomgemeinschaft vom 27. Juli 1957 (BGBl. II S. 753) umfassend und zum frühestmöglichen Zeitpunkt über alle Vorhaben im Rahmen der Europäischen Union, die für die Länder von Interesse sein könnten.

§ 3 [Gelegenheit zur Stellungnahme]
Vor der Festlegung der Verhandlungsposition zu einem Vorhaben der Europäischen Union gibt die Bundesregierung dem Bundesrat rechtzeitig Gelegenheit zur Stellungnahme binnen angemessener Frist, soweit Interessen der Länder berührt sind.

§ 4 [Beteiligung von Ländervertretern an Beratungen der Bundesregierung]
(1) Soweit der Bundesrat an einer entsprechenden innerstaatlichen Maßnahme mitzuwirken hätte oder soweit die Länder innerstaatlich zuständig wären, beteiligt die Bundesregierung vom Bundesrat benannte Vertreter der Länder an Beratungen zur Festlegung der Verhandlungsposition zu dem Vorhaben.
(2) ¹Gegenstand der Beratungen nach Absatz 1 ist auch die Anwendung der §§ 5 und 6 auf das Vorhaben. ²Dabei ist zwischen Bund und Ländern ein Einvernehmen anzustreben.

§ 5 [Berücksichtigung der Stellungnahme des Bundesrates]
(1) Soweit in einem Bereich ausschließlicher Zuständigkeiten des Bundes Interessen der Länder berührt sind oder soweit im übrigen der Bund das Recht zur Gesetzgebung hat, berücksichtigt die Bundesregierung die Stellungnahme des Bundesrates bei der Festlegung der Verhandlungsposition zu dem Vorhaben.
(2) ¹Wenn bei einem Vorhaben im Schwerpunkt Gesetzgebungsbefugnisse der Länder betroffen sind und der Bund kein Recht zur Gesetzgebung hat oder ein Vorhaben im Schwerpunkt die Einrichtung der Behörden der Länder oder ihre Verwaltungsverfahren betrifft, ist insoweit bei Festlegung der Verhandlungsposition durch die Bundesregierung die Stellungnahme des Bundesrates maßgeblich zu berücksichtigen; im übrigen gilt Absatz 1. ²Die gesamtstaatliche Verantwortung des Bundes, einschließlich außen-, verteidigungs- und integrationspolitisch zu bewertender Fragen, ist zu wahren. ³Stimmt die Auffassung der Bundesregierung nicht mit der Stellungnahme des Bundesrates überein, ist ein Einvernehmen anzustreben. ⁴Zur Herbeiführung dieses Einvernehmens erfolgt erneute Beratung der Bundesregierung mit Vertretern der Länder. ⁵Kommt ein Einvernehmen nicht zustande und bestätigt der Bundesrat daraufhin seine Auffassung mit einem mit zwei Dritteln seiner Stimmen gefaßten Beschluß, so ist die Auffassung des Bundesrates maßgebend. ⁶Die Zustimmung der Bundesregierung ist erforderlich, wenn Entscheidungen zu Ausgabenerhöhungen oder Einnahmeminderungen für den Bund führen können.

§ 6 [Beteiligung von Ländervertretern an Verhandlungen in Beratungsgremien der Kommission und des Rates]
(1) ¹Bei einem Vorhaben, bei dem der Bundesrat an einer entsprechenden innerstaatlichen Maßnahme mitzuwirken hätte oder bei dem die Länder innerstaatlich zuständig wären oder das sonst wesentliche Interessen der Länder berührt, zieht die Bundesregierung auf Verlangen Vertreter der Länder zu den Verhandlungen in den Beratungsgremien der Kommission und des Rates hinzu, soweit ihr dies möglich ist. ²Die Verhandlungsführung liegt bei der Bundesregierung; Vertreter der Länder können mit Zustimmung der Verhandlungsführung Erklärungen abgeben.
(2) ¹Wenn im Schwerpunkt ausschließliche Gesetzgebungsbefugnisse der Länder auf den Gebieten der schulischen Bildung, der Kultur oder des Rundfunks betroffen sind, überträgt die Bundesregierung die Verhandlungsführung in den Beratungsgremien der Kommission und des Rates und bei Ratstagungen in der Zusammensetzung der Minister auf einen Vertreter der Länder. ²Für diese Ratstagungen kann vom Bundesrat nur ein Mitglied einer Landesregierung im Ministerrang benannt werden. ³Die Ausübung der Rechte durch den Vertreter der Länder erfolgt unter Teilnahme von und in Abstimmung mit dem Vertreter

der Bundesregierung. [4]Die Abstimmung der Verhandlungsposition mit dem Vertreter der Bundesregierung im Hinblick auf eine sich ändernde Verhandlungslage erfolgt entsprechend den für die interne Willensbildung geltenden Regeln und Kriterien. [5]Der Bundesrat kann für Ratstagungen in der Zusammensetzung der Minister, bei denen Vorhaben behandelt werden, die nicht im Schwerpunkt ausschließliche Gesetzgebungsbefugnisse der Länder in den Bereichen schulische Bildung, Kultur oder Rundfunk, jedoch sonstige ausschließliche Gesetzgebungsbefugnisse der Länder betreffen, als Vertreter der Länder Mitglieder von Landesregierungen im Ministerrang benennen, die berechtigt sind, in Abstimmung mit dem Vertreter der Bundesregierung Erklärungen abzugeben. [6]Betrifft ein Vorhaben ausschließliche Gesetzgebungsbefugnisse der Länder, jedoch nicht im Schwerpunkt die Bereiche schulische Bildung, Kultur oder Rundfunk, so übt die Bundesregierung die Verhandlungsführung in den Beratungsgremien der Kommission und des Rates und bei Ratstagungen in der Zusammensetzung der Minister in Abstimmung mit dem Vertreter der Länder aus.

(3) [1]Absatz 2 gilt nicht für Rechte, die der Bundesrepublik Deutschland als Vorsitz im Rat zustehen. [2]Bei der Ausübung dieser Rechte setzt sich die Bundesregierung, soweit Vorhaben im Sinne des Absatzes 2 Satz 1 betroffen sind, mit dem Vertreter der Länder ins Benehmen.

(4) Auf Tagesordnungspunkte der Ratstagungen, die der Rat ohne Aussprache genehmigt, findet Absatz 2 keine Anwendung, wenn diese Behandlung mit dem Vertreter der Länder abgestimmt worden ist.

§ 7 [Klageerhebung im Interesse der Länder]

(1) [1]Die Bundesregierung macht auf Verlangen des Bundesrates unbeschadet eigener Klagerechte der Länder von dem im Vertrag über die Europäische Union vorgesehenen Klagemöglichkeiten Gebrauch, soweit die Länder durch ein Handeln oder Unterlassen von Organen der Union in Bereichen ihrer Gesetzgebungsbefugnisse betroffen sind und der Bund kein Recht zur Gesetzgebung hat. [2]Dabei ist die gesamtstaatliche Verantwortung des Bundes, einschließlich außen-, verteidigungs- und integrationspolitisch zu bewertender Fragen, zu wahren.

(2) Absatz 1 gilt entsprechend, wenn die Bundesregierung im Verfahren vor dem Europäischen Gerichtshof Gelegenheit zur Stellungnahme hat.

(3) Hinsichtlich der Prozeßführung vor dem Europäischen Gerichtshof stellt die Bundesregierung in den in den Absätzen 1 und 2 genannten Fällen sowie für Vertragsverletzungsverfahren, in denen die Bundesrepublik Deutschland Partei ist, mit dem Bundesrat Einvernehmen her, soweit Gesetzgebungsbefugnisse der Länder betroffen sind und der Bund kein Recht zur Gesetzgebung hat.

(4) [1]Über die Einlegung des zulässigen Rechtsmittels beim Europäischen Gerichtshof gegen eine länderübergreifende Finanzkorrektur der Europäischen Gemeinschaften stellt die Bundesregierung mit den betroffenen Ländern Einvernehmen her. [2]Wird das Einvernehmen nicht erzielt, ist die Bundesregierung auf ausdrückliches Verlangen betroffener Länder zur Einlegung des Rechtsmittels verpflichtet. [3]In diesem Fall werden die Kosten des Rechtsmittelverfahrens von den Ländern getragen, welche die Einlegung des Rechtsmittels verlangt haben.

§ 8 [Befugnisse und Status der Länderbüros]

[1]Die Länder können unmittelbar zu Einrichtungen der Europäischen Union ständige Verbindungen unterhalten, soweit dies zur Erfüllung ihrer staatlichen Befugnisse und Aufgaben nach dem Grundgesetz dient. [2]Die Länderbüros erhalten keinen diplomatischen Status. [3]Stellung und Aufgaben der Ständigen Vertretung in Brüssel als Vertretung der Bundesrepublik Deutschland bei den Europäischen Gemeinschaften gelten uneingeschränkt auch in den Fällen, in denen die Wahrnehmung der Rechte, die der Bundesrepublik Deutschland als Mitgliedstaat der Europäischen Union zustehen, auf einen Vertreter der Länder übertragen wird.

§ 9 [Vereinbarung zwischen Bund und Ländern]

[1]Einzelheiten der Unterrichtung und Beteiligung der Länder nach diesem Gesetz sowie nach dem Integrationsverantwortungsgesetz vom 22. September 2009 (BGBl. I S. 3022) sind in der Anlage geregelt. [2]Weitere Einzelheiten bleiben einer Vereinbarung zwischen Bund und Ländern vorbehalten.

§ 10 [Wahrung der Rechte von Gemeinden und Gemeindeverbänden]

(1) Bei Vorhaben der Europäischen Union ist das Recht der Gemeinden und Gemeindeverbände zur Regelung der Angelegenheiten der örtlichen Gemeinschaft zu wahren und sind ihre Belange zu schützen.

(2) [1]Nimmt der Bundesrat bei Vorhaben der Europäischen Union zu Fragen der kommunalen Daseinsvorsorge Stellung, ist die Stellungnahme von der Bundesregierung unter den Voraussetzungen des § 5 zu berücksichtigen. [2]Die Beteiligungsrechte des Bundesrates gemäß § 5 Absatz 2 bleiben unberührt.

§ 11 [Geltungsbereich]
Dieses Gesetz gilt nicht für der Bereich der Gemeinsamen Außen- und Sicherheitspolitik der Europäischen Union.

§ 12 [Geltungsbereich]
Dieses Gesetz gilt auch für Vorhaben, die auf Beschlüsse des Rates und der im Rat vereinigten Vertreter der Regierungen der Mitgliedstaaten gerichtet sind.

§ 13 [Erweiterte Mitwirkungsbefugnisse]
Die in § 9 genannte Vereinbarung kann weitere Fälle vorsehen, in denen die Länder entsprechend diesem Gesetz mitwirken.

§ 14 [Ländervertreter, Gemeindevertreter]
(1) [1]Vor der Zustimmung zu einem Beschluss über die Zusammensetzung des Ausschusses der Regionen nach Artikel 305 Absatz 2 des Vertrags über die Arbeitsweise der Europäischen Union stellt die Bundesregierung das Einvernehmen mit dem Bundesrat her. [2]Die gesamtstaatliche Verantwortung des Bundes ist zu wahren.
(2) [1]Die Bundesregierung schlägt dem Rat als Mitglieder des Ausschusses der Regionen und deren Stellvertreter die von den Ländern benannten Vertreter vor. [2]Die Länder regeln ein Beteiligungsverfahren für die Gemeinden und Gemeindeverbände, das sichert, daß diese auf Vorschlag der kommunalen Spitzenverbände mit drei gewählten Vertretern im Regionalausschuß vertreten sind.

§ 15 [Außerkrafttreten]
Artikel 2 des Gesetzes vom 19. Dezember 1986 zur Einheitlichen Europäischen Akte vom 28. Februar 1986 (BGBl. II S. 1102) tritt mit Inkrafttreten dieses Gesetzes außer Kraft.

§ 16 [Inkrafttreten]
[1]Dieses Gesetz tritt mit dem Tage der Gründung der Europäischen Union in Kraft.[1) [2]Dieser Tag ist im Bundesgesetzblatt bekanntzugeben. [3]Abweichend von Satz 1 tritt § 5 Abs. 3 am 1. Januar 1993 in Kraft.

1) Inkrafttreten gemäß Bek. v. 25. 10. 1993 (BGBl. I S. 1780) am 1. 11. 1993.

Anlage
(zu § 9)

Einzelheiten der Unterrichtung und Beteiligung der Länder

I. Allgemeine Bestimmungen

1. Die Regierungen von Bund und Ländern stellen durch geeignete institutionelle und organisatorische Vorkehrungen sicher, dass die Handlungsfähigkeit der Bundesrepublik Deutschland und eine flexible Verhandlungsführung in Angelegenheiten der Europäischen Union gewährleistet sind. Bund und Länder setzen sich bei Gesprächen auf Ebene der Europäischen Union nicht in Widerspruch zu abgestimmten Positionen. Im Sinne einer Frühwarnung unterrichten Bund und Länder einander über Entwicklungen in Angelegenheiten der Europäischen Union, die in beidseitigem Interesse liegen.

2. Die Informations- und Mitwirkungsrechte der Länder im Hinblick auf Vorhaben der Europäischen Union beschränken sich nicht auf rechtsverbindliche Handlungsinstrumente der Europäischen Union, sondern erstrecken sich auch auf Grünbücher, Weißbücher, Aktionsprogramme, Mitteilungen und Empfehlungen. Vorhaben sind auch so genannte Gemischte Beschlüsse und die Vorbereitung und der Abschluss völkerrechtlicher Abkommen.

3. Unterrichtet die Bundesregierung den Bundestag oder die deutschen Mitglieder des Europäischen Parlaments schriftlich über Vorhaben der Europäischen Union in Bereichen, in denen die Länder die Verhandlungsführung haben, erfolgt diese Unterrichtung in Absprache mit den vom Bundesrat benannten Vertretern der Länder.

II. Unterrichtung des Bundesrates

1. Die Bundesregierung unterrichtet den Bundesrat nach Maßgabe dieses Gesetzes umfassend, zum frühestmöglichen Zeitpunkt, fortlaufend und in der Regel schriftlich über alle Vorhaben, die für die Länder von Interesse sein könnten. Dies geschieht insbesondere durch Übersendung von der Bundesregierung vorliegenden

 a) Dokumenten

 aa) der Europäischen Kommission, soweit sie an den Rat gerichtet oder der Bundesregierung auf sonstige Weise offiziell zugänglich gemacht worden sind. Die Bundesregierung trägt dafür Sorge, dass bei Vorhaben, die ausschließliche Gesetzgebungsmaterien der Länder betreffen oder deren wesentliche Interessen berühren, dem Bundesrat auch der Bundesregierung vorliegende vorbereitende Papiere der Kommission zur Verfügung gestellt werden, die für die Meinungsbildung des Bundesrates von Bedeutung sein können. Dies gilt auch für inoffizielle Dokumente (so genannte „non papers");

 bb) des Europäischen Rates, des Rates, der informellen Ministertreffen und der Ratsgremien.

 b) Berichten und Mitteilungen von Organen der Europäischen Union über Sitzungen

 aa) des Europäischen Rates, des Rates und der informellen Ministertreffen;

 bb) des Ausschusses der Ständigen Vertreter und sonstiger Ausschüsse oder Arbeitsgruppen des Rates;

 cc) der Beratungsgremien bei der Europäischen Kommission.

 c) Berichten der Ständigen Vertretung der Bundesrepublik Deutschland bei der Europäischen Union über

 aa) Sitzungen des Rates und der Ratsgruppen (einschließlich der Berichte über Sitzungen der Freunde der Präsidentschaft sowie der Antici-Gruppe), der informellen Ministertreffen und des Ausschusses der Ständigen Vertreter;

 bb) Sitzungen des Europäischen Parlaments und seiner Ausschüsse;

 cc) Entscheidungen der Europäischen Kommission;

 dd) geplante Rechtsakte.

 Die Empfänger haben dafür Sorge zu tragen, dass diese Berichte nur an einen begrenzten Personenkreis in den jeweils zuständigen obersten Landesbehörden weitergeleitet werden.

 d) Dokumenten und Informationen über Initiativen, Stellungnahmen und Erläuterungen der Bundesregierung für Organe der Europäischen Union, einschließlich der Sammelweisung für den deutschen Vertreter im Ausschuss der Ständigen Vertreter sowie Initiativen der Regierungen von Mitgliedstaaten der Europäischen Union gegenüber Rat und Europäischer Kommission, die der Bundesregierung offiziell zugänglich gemacht werden und die für die Meinungsbildung der Länder von Bedeutung sind.

 Die Unterrichtung umfasst auch Vorhaben, die auf Beschlüsse der im Rat vereinigten Vertreter der Regierungen der Mitgliedstaaten gerichtet sind.

 Im Übrigen erfolgt die Unterrichtung mündlich.

2. Mit der Unterrichtung nach § 2 und nach dieser Anlage übermittelt die Bundesregierung dem Bundesrat die Angaben der Europäischen Kommission und die ihr vorliegenden Angaben der Mitglied-

staaten im Rahmen der Gesetzesfolgenabschätzung zu den Folgen des Vorhabens insbesondere in rechtlicher, wirtschaftlicher, finanzieller, sozialer und ökologischer Hinsicht.

3. Die Berichtsbögen zu Vorhaben der Europäischen Union und die Umfassenden Bewertungen zu Gesetzgebungsakten, die dem Bundestag nach § 7 des Gesetzes über die Zusammenarbeit von Bundesregierung und Deutschem Bundestag in Angelegenheiten der Europäischen Union übermittelt werden, lässt die Bundesregierung dem Bundesrat gleichzeitig zukommen.

4. Die Ministerien des Bundes und der Länder eröffnen sich untereinander und dem Bundesrat im Rahmen der geltenden Datenschutzvorschriften Zugang zu ressortübergreifenden Dokumentendatenbanken zu Vorhaben im Rahmen der Europäischen Union. Die Bundesregierung wird sich bemühen, dass Dokumentendatenbanken der Europäischen Union, die den Regierungen der Mitgliedstaaten zugänglich sind, auch dem Bundesrat und den Regierungen der Länder zugänglich gemacht werden. Einzelheiten müssen gesondert geregelt werden.

5. Die Dokumente der Europäischen Union werden grundsätzlich offen weitergegeben. Die Sicherheitseinstufung der Organe der Europäischen Union über eine besondere Vertraulichkeit wird vom Bundesrat beachtet. Eine für diese Dokumente oder für andere im Rahmen dieses Gesetzes an den Bundesrat zu übermittelnde Informationen, Berichte und Mitteilungen eventuell erforderliche nationale Einstufung als vertraulich wird vor Versendung von der Bundesregierung vorgenommen und vom Bundesrat beachtet. Die Gründe für die Einstufung sind auf Anforderung zu erläutern.

III. Vorbereitende Beratungen

1. Die Bundesregierung lädt die Ländervertreter zu Beratungen zur Festlegung der Verhandlungsposition zu Vorhaben ein, soweit der Bundesrat an einer entsprechenden innerstaatlichen Maßnahme mitzuwirken hätte oder soweit die Länder innerstaatlich zuständig wären. Dabei soll auch Einvernehmen über die Anwendung von den §§ 5 und 6 auf ein Vorhaben angestrebt werden.

2. Bei der Einordnung eines Vorhabens unter die Regelungen dieses Gesetzes ist auf den konkreten Inhalt der Vorlage der Europäischen Union abzustellen. Die Zuordnung der Zuständigkeit des Bundes oder der Länder folgt aus der innerstaatlichen Kompetenzordnung.
Bei Beurteilung der Frage, ob bei einem Vorhaben der Bund im nationalen Bereich das Recht zur Gesetzgebung hat, ist in den in Artikel 72 Absatz 2 des Grundgesetzes genannten Gebieten der konkurrierenden Gesetzgebung auch darauf abzustellen, ob eine Erforderlichkeit bundesgesetzlicher Regelung im Sinne von Artikel 72 Absatz 2 des Grundgesetzes bestehen würde.
In den Bereichen, in denen die Länder das Recht der Abweichungsgesetzgebung nach Artikel 72 Absatz 3 des Grundgesetzes haben, berücksichtigt die Bundesregierung die Stellungnahme des Bundesrates bei der Festlegung der Verhandlungsposition. Stimmt die Auffassung der Bundesregierung nicht mit der Stellungnahme des Bundesrates überein, unterrichtet die Bundesregierung den Bundesrat und lädt die vom Bundesrat benannten Ländervertreter zur Beratung ein, um eine übereinstimmende Haltung anzustreben.
Hinsichtlich des Regelungsschwerpunkts des Vorhabens ist darauf abzustellen, ob eine Materie im Mittelpunkt des Vorhabens steht oder ganz überwiegend Regelungsgegenstand ist. Das ist nicht nur quantitativ bestimmbar, sondern auch das Ergebnis einer qualitativen Beurteilung.
Stimmt die Auffassung der Bundesregierung darüber, ob bei einem Vorhaben der Europäischen Union im Schwerpunkt Gesetzgebungsbefugnisse der Länder, die Einrichtung ihrer Behörden oder ihre Verwaltungsverfahren betroffen sind, nicht mit der Haltung des Bundesrates überein, unterrichtet die Bundesregierung den Bundesrat und lädt unverzüglich die vom Bundesrat benannten Ländervertreter zur Beratung ein, um eine übereinstimmende Haltung zu erzielen.

3. In den Fällen, in denen innerstaatlich eine Zusammenarbeit von Bund und Ländern vorgesehen ist, ist bei der Festlegung der Verhandlungsposition – auch auf Ebene der Europäischen Union – ein gemeinsames Vorgehen anzustreben; Bund und Länder streben im Bereich der Forschungspolitik entsprechend der Regelung des Artikels 91b des Grundgesetzes auch im Rahmen der Europäischen Union ein gemeinsames Vorgehen an. Entsprechend wird bei Festlegung der Verhandlungsposition verfahren, wenn der Regelungsschwerpunkt des Vorhabens nur schwer feststellbar ist.

4. Bund und Länder nutzen regelmäßige Sitzungen des Ausschusses für Fragen der Europäischen Union des Bundesrates – bei Bedarf beziehungsweise Verlangen einer Seite auch in politischer Besetzung – zu einem frühzeitigen Austausch über aktuelle Entwicklungen auf Ebene der Europäischen Union. Die Willensbildung der Länder bleibt dem Bundesratsverfahren vorbehalten. Ein neuer Sachstand auf Ebene der Europäischen Union kann eine erneute Befassung erforderlich machen.

IV. Stellungnahme des Bundesrates

1. Um die rechtzeitige Abgabe einer Stellungnahme zu ermöglichen, informiert die Bundesregierung den Bundesrat bei allen Vorhaben, die Interessen der Länder berühren, über den zeitlichen Rahmen der Behandlung in den Ratsgremien.

Je nach Verhandlungslage teilt die Bundesregierung dem Bundesrat auch mit, bis zu welchem Zeitpunkt eine Stellungnahme wegen der sich aus dem Verfahrensablauf der Europäischen Union ergebenden zeitlichen Vorgaben noch berücksichtigt werden kann.

Ist aus Sicht der Bundesregierung bereits im Vorfeld von Vorhaben der Europäischen Union die Einbringung einer deutschen Position angezeigt, fordert die Bundesregierung den Bundesrat auf, Stellung zu nehmen.

2. Der Bundesrat kann seine Stellungnahme im Verlauf der Beratung des Vorhabens in den Gremien der Europäischen Union anpassen und ergänzen. Zu diesem Zweck unterrichtet die Bundesregierung den Bundesrat durch ständige Kontakte – in einer der Sache jeweils angemessenen Form – und weist darauf hin, wenn sich die Beschlussgrundlage wesentlich geändert hat und deshalb eine aktualisierte Stellungnahme des Bundesrates erforderlich ist.

3. Stimmt in den Fällen von § 5 Absatz 2 die Auffassung der Bundesregierung nicht mit der Stellungnahme des Bundesrates überein, unterrichtet sie den Bundesrat und lädt unverzüglich die vom Bundesrat benannten Ländervertreter zur erneuten Beratung ein, um möglichst Einvernehmen zu erzielen. Die Länder weisen darauf hin, dass das Einvernehmen gegebenenfalls unter den Vorbehalt einer Beschlussfassung des Bundesrates zu stellen ist. Kommt dieses Einvernehmen nicht zustande, beschließt der Bundesrat unverzüglich darüber, ob seine Stellungnahme aufrechterhalten wird.

4. Weicht die Bundesregierung von einer Stellungnahme des Bundesrates ab, so teilt sie auf Verlangen des Bundesrates nach Abschluss eines Vorhabens die maßgeblichen Gründe mit.

V. Umsetzung von Recht der Europäischen Union

1. Die Bundesregierung nimmt im Interesse einer rechtzeitigen Ergreifung der erforderlichen Verfahrensschritte für Rechtsakte der Europäischen Union, für deren Umsetzung ausschließlich die Länder zuständig sind, sowie für Rechtsakte der Europäischen Union, die von Bund und Ländern durch jeweils eigene Umsetzungsmaßnahmen gemeinsam umzusetzen sind, frühzeitig Kontakt mit den Ländern auf. Die Bundesregierung lässt die Listen mit dem aktuellen Stand der umzusetzenden Rechtsakte, die sie dem Bundestag übermittelt, dem Bundesrat gleichzeitig zukommen.

2. Die Bundesregierung unterrichtet den Bundesrat über die Einleitung von Vertragsverletzungsverfahren nach den Artikeln 258, 260 des Vertrags über die Arbeitsweise der Europäischen Union durch Übermittlung von Mahnschreiben und mit Gründen versehenen Stellungnahmen, soweit diese Verfahren die Nichtumsetzung von Richtlinien durch ein Land oder mehrere Länder betreffen. In diesen Fällen fertigt die Bundesregierung ihre Stellungnahmen in Abstimmung mit den betroffenen Ländern.

VI. Verfahren vor den Europäischen Gerichten

1. Im Hinblick auf die hier zu wahrenden Verfahrensfristen unterrichtet die Bundesregierung den Bundesrat unverzüglich von allen Dokumenten und Informationen über Verfahren vor dem Europäischen Gerichtshof und dem Gericht erster Instanz, an denen die Bundesregierung beteiligt ist. Dies gilt auch für Urteile zu Verfahren, an denen sich die Bundesregierung beteiligt.

2. Macht die Bundesregierung bei Vorliegen der Voraussetzungen von § 7 Absatz 1 auf Beschluss des Bundesrates von den im Vertrag über die Europäische Union und im Vertrag über die Arbeitsweise der Europäischen Union vorgesehenen Klagemöglichkeiten Gebrauch, so fertigt sie die Klageschrift in Abstimmung mit den Ländern. Von den Ländern wird hierfür rechtzeitig eine ausführliche Stellungnahme zur Sache zur Verfügung gestellt. Die Prozessführung erfolgt in Abstimmung mit den Ländern.

Entsprechendes gilt, wenn die Bundesregierung das zulässige Rechtsmittel beim Europäischen Gerichtshof gegen eine länderübergreifende Finanzkorrektur der Europäischen Union im Einvernehmen mit den betroffenen Ländern oder auf ausdrückliches Verlangen betroffener Länder nach § 7 Absatz 4 einlegt. Bei Vertragsverletzungsverfahren gegen die Bundesrepublik Deutschland, bei denen eine Haftung eines oder mehrerer Länder gegenüber dem Bund nach Artikel 104a Absatz 6 Satz 1 des Grundgesetzes in Betracht kommt, erfolgt die Prozessführung insoweit ebenfalls in Abstimmung mit den Ländern.

3. Nummer 2 gilt entsprechend, wenn die Bundesregierung in Verfahren vor dem Europäischen Gerichtshof Gelegenheit zur Stellungnahme hat.

VII. Vertragsrevision, Beitritt und Assoziierungsverhandlungen der Europäischen Union

1. Hinsichtlich des Artikels 48 des Vertrags über die Europäische Union gilt: Beabsichtigt der Rat, einen Beschluss zur Aufnahme von Verhandlungen zu Änderungen der vertraglichen Grundlagen der Europäischen Union zu fassen, informiert die Bundesregierung den Bundesrat und unterrichtet über ihre Willensbildung.

Der Bundesrat wird über die Verhandlungen unterrichtet, soweit Länderinteressen betroffen sein könnten. Das gilt auch für den Fall, dass die Verhandlungen wiederum von Persönlichen Beauftragten geführt werden sollten.

Die Bundesregierung berücksichtigt die Stellungnahme des Bundesrates bei den Verhandlungen in entsprechender Anwendung von § 5.

Die Länder können mit einem Beobachter – maximal zwei Beobachtern, falls ausschließliche Länderkompetenzen betroffen sind – an Ressortgesprächen zur Vorbereitung der Regierungskonferenzen sowie – soweit möglich von Fall zu Fall – an den Regierungskonferenzen selbst teilnehmen.

2. Hinsichtlich des Artikels 49 des Vertrags über die Europäische Union gilt: Beabsichtigt der Rat, einen Beschluss zur Aufnahme von Verhandlungen zur Vorbereitung von Beitritten zur Europäischen Union zu fassen, informiert die Bundesregierung den Bundesrat und unterrichtet über ihre Willensbildung. Der Bundesrat wird über die Verhandlungen unterrichtet, soweit Länderinteressen betroffen sein könnten. Die Bundesregierung informiert auf Wunsch den Ausschuss für Fragen der Europäischen Union des Bundesrates über die Entwicklung von Beitrittsverhandlungen.

Die Bundesregierung berücksichtigt die Stellungnahme des Bundesrates bei den Verhandlungen in entsprechender Anwendung von § 5.

Die Länder können mit einem Ländervertreter an Ressortabstimmungen der Verhandlungsposition sowie – soweit möglich – an der Ratsarbeitsgruppe „Erweiterung" teilnehmen, wenn der konkret zu behandelnde Fragenbereich die ausschließliche Gesetzgebungskompetenz der Länder oder deren wesentliche Interessen berührt.

3. Hinsichtlich des Artikels 217 des Vertrags über die Arbeitsweise der Europäischen Union sowie für die Abkommen nach Artikel 207 Absatz 3 des Vertrags über die Arbeitsweise der Europäischen Union gelten die Regelungen dieses Gesetzes mit der Ausnahme, dass sich die Teilnahme des Ländervertreters auf die Verhandlungen in der Ratsgruppe zur Aushandlung des Mandats für die Kommission beschränkt.

Vertrag über die Europäische Union idF des Vertrags von Lissabon

Vom 13. Dezember 2007[1)2)] (ABl. Nr. C 306 S. 1, ber. ABl. 2008 Nr. C 111 S. 56,
ABl. 2009 Nr. C 290 S. 1, ABl. 2011 Nr. C 378 S. 3)
(Celex-Nr. 1 1992 M)
zuletzt geändert durch Art. 13, 14 Abs. 1 EU-Beitrittsakte 2013 vom 9. Dezember 2011
(ABl. 2012 Nr. L 112 S. 21)

Nichtamtliche Inhaltsübersicht

1) Die Artikelfolge und Verweise/Bezugnahmen auf Vorschriften des AEUV sind gemäß Art. 5 des Vertrags von Lissabon
 iVm den Übereinstimmungstabellen an die neue Nummerierung angepasst worden.
2) Konsolidierte Fassung des Vertrags über die Europäische Union v. 7. 2. 1992 (ABl. Nr. C 191 S. 1). Die Bundesrepublik
 Deutschland hat dem Vertrag mit G v. 28. 12. 1992 (BGBl. II S. 1251) zugestimmt. Inkrafttreten gemäß Bek. v. 19. 10.
 1993 (BGBl. II S. 1947) am **1. 11. 1993**. Die durch den Amsterdamer Vertrag konsolidierte Fassung des Vertrages trat am
 1. 5. 1999 in Kraft, siehe Bek. v. 6. 4. 1999 (BGBl. II S. 296); in seiner durch den Vertrag von Nizza geänderten Fassung
 ist er am 1. 2. 2003 in Kraft getreten, siehe Bek. v. 20. 8. 2003 (BGBl. II S. 1477); in seiner durch die EUBeitrittsakte 2003
 geänderten Fassung ist er am 1. 5. 2004 in Kraft getreten, siehe Bek. v. 28. 6. 2004 (BGBl. II S. 1102); in seiner durch die
 EU-Beitrittsakte 2005 geänderten Fassung ist er am 1. 1. 2007 in Kraft getreten, siehe Bek. v. 26. 1. 2007 (BGBl. II S. 127);
 in seiner durch den Vertrag von Lissabon geänderten Fassung ist er am 1. 12. 2009 in Kraft getreten, siehe Bek. v. 13. 11.
 2009 (BGBl. II S. 1223).

SEINE MAJESTÄT DER KÖNIG DER BELGIER,
IHRE MAJESTÄT DIE KÖNIGIN VON DÄNEMARK,
DER PRÄSIDENT DER BUNDESREPUBLIK DEUTSCHLAND,
DER PRÄSIDENT DER GRIECHISCHEN REPUBLIK,
SEINE MAJESTÄT DER KÖNIG VON SPANIEN,
DER PRÄSIDENT DER FRANZÖSISCHEN REPUBLIK,
DER PRÄSIDENT IRLANDS,
DER PRÄSIDENT DER ITALIENISCHEN REPUBLIK,
SEINE KÖNIGLICHE HOHEIT DER GROSSHERZOG
VON LUXEMBURG,
IHRE MAJESTÄT DIE KÖNIGIN DER NIEDERLANDE,
DER PRÄSIDENT DER PORTUGIESISCHEN REPUBLIK,
IHRE MAJESTÄT DIE KÖNIGIN DES VEREINIGTEN
KÖNIGREICHS GROSSBRITANNIEN UND NORDIRLAND,[1]
ENTSCHLOSSEN, den mit der Gründung der Europäischen Gemeinschaften eingeleiteten Prozeß der europäischen Integration auf eine neue Stufe zu heben,
SCHÖPFEND aus dem kulturellen, religiösen und humanistischen Erbe Europas, aus dem sich die unverletzlichen und unveräußerlichen Rechte des Menschen sowie Freiheit, Demokratie, Gleichheit und Rechtsstaatlichkeit als universelle Werte entwickelt haben,
EINGEDENK der historischen Bedeutung der Überwindung der Teilung des europäischen Kontinents und der Notwendigkeit, feste Grundlagen für die Gestalt des zukünftigen Europas zu schaffen,
IN BESTÄTIGUNG ihres Bekenntnisses zu den Grundsätzen der Freiheit, der Demokratie und der Achtung der Menschenrechte und Grundfreiheiten und der Rechtsstaatlichkeit,
IN BESTÄTIGUNG der Bedeutung, die sie den sozialen Grundrechten beimessen, wie sie in der am 18. Oktober 1961 in Turin unterzeichneten Europäischen Sozialcharta und in der Gemeinschaftscharta der sozialen Grundrechte der Arbeitnehmer von 1989 festgelegt sind,
IN DEM WUNSCH, die Solidarität zwischen ihren Völkern unter Achtung ihrer Geschichte, ihrer Kultur und ihrer Traditionen zu stärken,
IN DEM WUNSCH, Demokratie und Effizienz in der Arbeit der Organe weiter zu stärken, damit diese in die Lage versetzt werden, die ihnen übertragenen Aufgaben in einem einheitlichen institutionellen Rahmen besser wahrzunehmen,
ENTSCHLOSSEN, die Stärkung und die Konvergenz ihrer Volkswirtschaften herbeizuführen und eine Wirtschafts- und Währungsunion zu errichten, die im Einklang mit diesem Vertrag und dem Vertrag über die Arbeitsweise der Europäischen Union eine einheitliche, stabile Währung einschließt,

1) **Amtl. Anm.**: Seit dem ursprünglichen Vertragsschluss sind Mitgliedstaaten der Europäischen Union geworden: *[Red. Anm.: die Republik Kroatien mWv 1. 7. 2013,]* die Republik Bulgarien, die Tschechische Republik, die Republik Estland, die Republik Zypern, die Republik Lettland, die Republik Litauen, die Republik Ungarn, die Republik Malta, die Republik Österreich, die Republik Polen, Rumänien, die Republik Slowenien, die Slowakische Republik, die Republik Finnland und das Königreich Schweden.

IN DEM FESTEN WILLEN, im Rahmen der Verwirklichung des Binnenmarkts sowie der Stärkung des Zusammenhalts und des Umweltschutzes den wirtschaftlichen und sozialen Fortschritt ihrer Völker unter Berücksichtigung des Grundsatzes der nachhaltigen Entwicklung zu fördern und Politiken zu verfolgen, die gewährleisten, dass Fortschritte bei der wirtschaftlichen Integration mit parallelen Fortschritten auf anderen Gebieten einhergehen,

ENTSCHLOSSEN, eine gemeinsame Unionsbürgerschaft für die Staatsangehörigen ihrer Länder einzuführen,

ENTSCHLOSSEN, eine Gemeinsame Außen- und Sicherheitspolitik zu verfolgen, wozu nach Maßgabe des Artikels 42 auch die schrittweise Festlegung einer gemeinsamen Verteidigungspolitik gehört, die zu einer gemeinsamen Verteidigung führen könnte, und so die Identität und Unabhängigkeit Europas zu stärken, um Frieden, Sicherheit und Fortschritt in Europa und in der Welt zu fördern,

ENTSCHLOSSEN, die Freizügigkeit unter gleichzeitiger Gewährleistung der Sicherheit ihrer Bürger durch den Aufbau eines Raums der Freiheit, der Sicherheit und des Rechts nach Maßgabe der Bestimmungen dieses Vertrags und des Vertrags über die Arbeitsweise der Europäischen Union zu fördern,

ENTSCHLOSSEN, den Prozeß der Schaffung einer immer engeren Union der Völker Europas, in der die Entscheidungen entsprechend dem Subsidiaritätsprinzip möglichst bürgernah getroffen werden, weiterzuführen,

IM HINBLICK auf weitere Schritte, die getan werden müssen, um die europäische Integration voranzutreiben,

HABEN BESCHLOSSEN, eine Europäische Union zu gründen; sie haben zu diesem Zweck zu ihren Bevollmächtigten ernannt:

SEINE MAJESTÄT DER KÖNIG DER BELGIER:
Mark EYSKENS,
Minister für auswärtige Angelegenheiten;
Philippe MAYSTADT,
Minister der Finanzen;
IHRE MAJESTÄT DIE KÖNIGIN VON DÄNEMARK:
Uffe ELLEMANN-JENSEN,
Minister für auswärtige Angelegenheiten;
Anders FOGH RASMUSSEN,
Minister für Wirtschaft;
DER PRÄSIDENT DER BUNDESREPUBLIK DEUTSCHLAND:
Hans-Dietrich GENSCHER,
Bundesminister des Auswärtigen;
Theodor WAIGEL,
Bundesminister der Finanzen;
DER PRÄSIDENT DER GRIECHISCHEN REPUBLIK:
Antonios SAMARAS,
Minister für auswärtige Angelegenheiten;
Efthymios CHRISTODOULOU,
Minister für Wirtschaft;
SEINE MAJESTÄT DER KÖNIG VON SPANIEN:
Francisco FERNÁNDEZ ORDÓÑEZ,
Minister für auswärtige Angelegenheiten;
Carlos SOLCHAGA CATALÁN,
Minister für Wirtschaft und Finanzen;
DER PRÄSIDENT DER FRANZÖSISCHEN REPUBLIK:
Roland DUMAS,
Minister für auswärtige Angelegenheiten;
Pierre BEREGOVOY,
Minister für Wirtschaft, Finanzen und Haushalt;
DER PRÄSIDENT IRLANDS:
Gerard COLLINS,
Minister für auswärtige Angelegenheiten;
Bertie AHERN,
Minister der Finanzen;

DER PRÄSIDENT DER ITALIENISCHEN REPUBLIK:
Giannni DE MICHELIS,
Minister für auswärtige Angelegenheiten;
Guido CARLI,
Schatzminister;
SEINE KÖNIGLICHE HOHEIT DER GROSSHERZOG
VON LUXEMBURG:
Jacques F. POOS,
Vizepremierminister,
Minister für auswärtige Angelegenheiten;
Jean-Claude JUNCKER,
Minister der Finanzen;
IHRE MAJESTÄT DIE KÖNIGIN DER NIEDERLANDE:
Hans VAN DEN BRÖK,
Minister für auswärtige Angelegenheiten;
Willem KOK,
Minister der Finanzen;
DER PRÄSIDENT DER PORTUGIESISCHEN REPUBLIK:
Joao de Deus PINHEIRO,
Minister für auswärtige Angelegenheiten;
Jorge BRAGA de MACEDO,
Minister der Finanzen;
IHRE MAJESTÄT DIE KÖNIGIN DES VEREINIGTEN
KÖNIGREICHS GROSSBRITANNIEN UND NORDIRLAND:
Rt. Hon. Douglas HURD,
Minister für auswärtige Angelegenheiten und Commonwealth-Fragen;
Hon. Francis MAUDE,
Financial Secretary im Schatzamt;
DIESE SIND nach Austausch ihrer als gut und gehörig befundenen Vollmachten wie folgt ÜBEREIN-
GEKOMMEN:

Titel I
Gemeinsame Bestimmungen

Artikel 1 [Gründung der Europäischen Union; Grundlagen]
Durch diesen Vertrag gründen die Hohen Vertragsparteien untereinander eine EUROPÄISCHE UNION
(im Folgenden „Union"), der die Mitgliedstaaten Zuständigkeiten zur Verwirklichung ihrer gemeinsamen
Ziele übertragen.
Dieser Vertrag stellt eine neue Stufe bei der Verwirklichung einer immer engeren Union der Völker
Europas dar, in der die Entscheidungen möglichst offen und möglichst bürgernah getroffen werden.
[1]Grundlage der Union sind dieser Vertrag und der Vertrag über die Arbeitsweise der Europäischen Union
(im Folgenden „Verträge"). [2]Beide Verträge sind rechtlich gleichrangig. [3]Die Union tritt an die Stelle der
Europäischen Gemeinschaft, deren Rechtsnachfolgerin sie ist.

Artikel 2 [Grundlegende Werte]
[1]Die Werte, auf die sich die Union gründet, sind die Achtung der Menschenwürde, Freiheit, Demokratie,
Gleichheit, Rechtsstaatlichkeit und die Wahrung der Menschenrechte einschließlich der Rechte der Per-
sonen, die Minderheiten angehören. [2]Diese Werte sind allen Mitgliedstaaten in einer Gesellschaft ge-
meinsam, die sich durch Pluralismus, Nichtdiskriminierung, Toleranz, Gerechtigkeit, Solidarität und die
Gleichheit von Frauen und Männern auszeichnet.

Artikel 3 [Ziel der Union]
(1) Ziel der Union ist es, den Frieden, ihre Werte und das Wohlergehen ihrer Völker zu fördern.
(2) Die Union bietet ihren Bürgerinnen und Bürgern einen Raum der Freiheit, der Sicherheit und des
Rechts ohne Binnengrenzen, in dem – in Verbindung mit geeigneten Maßnahmen in Bezug auf die Kon-
trollen an den Außengrenzen, das Asyl, die Einwanderung sowie die Verhütung und Bekämpfung der
Kriminalität – der freie Personenverkehr gewährleistet ist.

(3)
[1]Die Union errichtet einen Binnenmarkt. [2]Sie wirkt auf die nachhaltige Entwicklung Europas auf der Grundlage eines ausgewogenen Wirtschaftswachstums und von Preisstabilität, eine in hohem Maße wettbewerbsfähige soziale Marktwirtschaft, die auf Vollbeschäftigung und sozialen Fortschritt abzielt, sowie ein hohes Maß an Umweltschutz und Verbesserung der Umweltqualität hin. [3]Sie fördert den wissenschaftlichen und technischen Fortschritt.

Sie bekämpft soziale Ausgrenzung und Diskriminierungen und fördert soziale Gerechtigkeit und sozialen Schutz, die Gleichstellung von Frauen und Männern, die Solidarität zwischen den Generationen und den Schutz der Rechte des Kindes.

Sie fördert den wirtschaftlichen, sozialen und territorialen Zusammenhalt und die Solidarität zwischen den Mitgliedstaaten.

Sie wahrt den Reichtum ihrer kulturellen und sprachlichen Vielfalt und sorgt für den Schutz und die Entwicklung des kulturellen Erbes Europas.

(4) Die Union errichtet eine Wirtschafts- und Währungsunion, deren Währung der Euro ist.

(5) [1]In ihren Beziehungen zur übrigen Welt schützt und fördert die Union ihre Werte und Interessen und trägt zum Schutz ihrer Bürgerinnen und Bürger bei. [2]Sie leistet einen Beitrag zu Frieden, Sicherheit, globaler nachhaltiger Entwicklung, Solidarität und gegenseitiger Achtung unter den Völkern, zu freiem und gerechtem Handel, zur Beseitigung der Armut und zum Schutz der Menschenrechte, insbesondere der Rechte des Kindes, sowie zur strikten Einhaltung und Weiterentwicklung des Völkerrechts, insbesondere zur Wahrung der Grundsätze der Charta der Vereinten Nationen.

(6) Die Union verfolgt ihre Ziele mit geeigneten Mitteln entsprechend den Zuständigkeiten, die ihr in den Verträgen übertragen sind.

Artikel 4 [Zuständigkeiten der Union]

(1) Alle der Union nicht in den Verträgen übertragenen Zuständigkeiten verbleiben gemäß Artikel 5 bei den Mitgliedstaaten.

(2) [1]Die Union achtet die Gleichheit der Mitgliedstaaten vor den Verträgen und ihre jeweilige nationale Identität, die in ihren grundlegenden politischen und verfassungsmäßigen Strukturen einschließlich der regionalen und lokalen Selbstverwaltung zum Ausdruck kommt. [2]Sie achtet die grundlegenden Funktionen des Staates, insbesondere die Wahrung der territorialen Unversehrtheit, die Aufrechterhaltung der öffentlichen Ordnung und den Schutz der nationalen Sicherheit. [3]Insbesondere die nationale Sicherheit fällt weiterhin in die alleinige Verantwortung der einzelnen Mitgliedstaaten.

(3)
Nach dem Grundsatz der loyalen Zusammenarbeit achten und unterstützen sich die Union und die Mitgliedstaaten gegenseitig bei der Erfüllung der Aufgaben, die sich aus den Verträgen ergeben.

Die Mitgliedstaaten ergreifen alle geeigneten Maßnahmen allgemeiner oder besonderer Art zur Erfüllung der Verpflichtungen, die sich aus den Verträgen oder den Handlungen der Organe der Union ergeben.

Die Mitgliedstaaten unterstützen die Union bei der Erfüllung ihrer Aufgabe und unterlassen alle Maßnahmen, die die Verwirklichung der Ziele der Union gefährden könnten.

Artikel 5 [Subsidiaritäts- und Verhältnismäßigkeitsgrundsatz]

(1) [1]Für die Abgrenzung der Zuständigkeiten der Union gilt der Grundsatz der begrenzten Einzelermächtigung. [2]Für die Ausübung der Zuständigkeiten der Union gelten die Grundsätze der Subsidiarität und der Verhältnismäßigkeit.

(2) [1]Nach dem Grundsatz der begrenzten Einzelermächtigung wird die Union nur innerhalb der Grenzen der Zuständigkeiten tätig, die die Mitgliedstaaten ihr in den Verträgen zur Verwirklichung der darin niedergelegten Ziele übertragen haben. [2]Alle der Union nicht in den Verträgen übertragenen Zuständigkeiten verbleiben bei den Mitgliedstaaten.

(3)
Nach dem Subsidiaritätsprinzip wird die Union in den Bereichen, die nicht in ihre ausschließliche Zuständigkeit fallen, nur tätig, sofern und soweit die Ziele der in Betracht gezogenen Maßnahmen von den Mitgliedstaaten weder auf zentraler noch auf regionaler oder lokaler Ebene ausreichend verwirklicht werden können, sondern vielmehr wegen ihres Umfangs oder ihrer Wirkungen auf Unionsebene besser zu verwirklichen sind.

[1]Die Organe der Union wenden das Subsidiaritätsprinzip nach dem Protokoll über die Anwendung der Grundsätze der Subsidiarität und der Verhältnismäßigkeit an. [2]Die nationalen Parlamente achten auf die Einhaltung des Subsidiaritätsprinzips nach dem in jenem Protokoll vorgesehenen Verfahren.

(4)
Nach dem Grundsatz der Verhältnismäßigkeit gehen die Maßnahmen der Union inhaltlich wie formal nicht über das zur Erreichung der Ziele der Verträge erforderliche Maß hinaus.
Die Organe der Union wenden den Grundsatz der Verhältnismäßigkeit nach dem Protokoll über die Anwendung der Grundsätze der Subsidiarität und der Verhältnismäßigkeit an.

Artikel 6 [Grundrechte-Charta und EMRK]
(1)
Die Union erkennt die Rechte, Freiheiten und Grundsätze an, die in der Charta der Grundrechte der Europäischen Union vom 7. Dezember 2000 in der am 12. Dezember 2007 in Straßburg angepassten Fassung niedergelegt sind; die Charta der Grundrechte und die Verträge sind rechtlich gleichrangig.
Durch die Bestimmungen der Charta werden die in den Verträgen festgelegten Zuständigkeiten der Union in keiner Weise erweitert.
Die in der Charta niedergelegten Rechte, Freiheiten und Grundsätze werden gemäß den allgemeinen Bestimmungen des Titels VII der Charta, der ihre Auslegung und Anwendung regelt, und unter gebührender Berücksichtigung der in der Charta angeführten Erläuterungen, in denen die Quellen dieser Bestimmungen angegeben sind, ausgelegt.
(2) ¹Die Union tritt der Europäischen Konvention zum Schutz der Menschenrechte und Grundfreiheiten bei. ²Dieser Beitritt ändert nicht die in den Verträgen festgelegten Zuständigkeiten der Union.
(3) Die Grundrechte, wie sie in der Europäischen Konvention zum Schutz der Menschenrechte und Grundfreiheiten gewährleistet sind und wie sie sich aus den gemeinsamen Verfassungsüberlieferungen der Mitgliedstaaten ergeben, sind als allgemeine Grundsätze Teil des Unionsrechts.

Artikel 7 [Verletzung fundamentaler Grundsätze durch einen Mitgliedstaat]
(1)
¹Auf begründeten Vorschlag eines Drittels der Mitgliedstaaten, des Europäischen Parlaments oder der Europäischen Kommission kann der Rat mit der Mehrheit von vier Fünfteln seiner Mitglieder nach Zustimmung des Europäischen Parlaments feststellen, dass die eindeutige Gefahr einer schwerwiegenden Verletzung der in Artikel 2 genannten Werte durch einen Mitgliedstaat besteht. ²Der Rat hört, bevor er eine solche Feststellung trifft, den betroffenen Mitgliedstaat und kann Empfehlungen an ihn richten, die er nach demselben Verfahren beschließt.
Der Rat überprüft regelmäßig, ob die Gründe, die zu dieser Feststellung geführt haben, noch zutreffen.
(2) Auf Vorschlag eines Drittels der Mitgliedstaaten oder der Europäischen Kommission und nach Zustimmung des Europäischen Parlaments kann der Europäische Rat einstimmig feststellen, dass eine schwerwiegende und anhaltende Verletzung der in Artikel 2 genannten Werte durch einen Mitgliedstaat vorliegt, nachdem er den betroffenen Mitgliedstaat zu einer Stellungnahme aufgefordert hat.
(3)
¹Wurde die Feststellung nach Absatz 2 getroffen, so kann der Rat mit qualifizierter Mehrheit beschließen, bestimmte Rechte auszusetzen, die sich aus der Anwendung der Verträge auf den betroffenen Mitgliedstaat herleiten, einschließlich der Stimmrechte des Vertreters der Regierung dieses Mitgliedstaats im Rat. ²Dabei berücksichtigt er die möglichen Auswirkungen einer solchen Aussetzung auf die Rechte und Pflichten natürlicher und juristischer Personen.
Die sich aus den Verträgen ergebenden Verpflichtungen des betroffenen Mitgliedstaats sind für diesen auf jeden Fall weiterhin verbindlich.
(4) Der Rat kann zu einem späteren Zeitpunkt mit qualifizierter Mehrheit beschließen, nach Absatz 3 getroffene Maßnahmen abzuändern oder aufzuheben, wenn in der Lage, die zur Verhängung dieser Maßnahmen geführt hat, Änderungen eingetreten sind.
(5) Die Abstimmungsmodalitäten, die für die Zwecke dieses Artikels für das Europäische Parlament, den Europäischen Rat und den Rat gelten, sind in Artikel 354 des Vertrags über die Arbeitsweise der Europäischen Union festgelegt.

Artikel 8 [Nachbarschaftspolitik]
(1) Die Union entwickelt besondere Beziehungen zu den Ländern in ihrer Nachbarschaft, um einen Raum des Wohlstands und der guten Nachbarschaft zu schaffen, der auf den Werten der Union aufbaut und sich durch enge, friedliche Beziehungen auf der Grundlage der Zusammenarbeit auszeichnet.
(2) ¹Für die Zwecke des Absatzes 1 kann die Union spezielle Übereinkünfte mit den betreffenden Ländern schließen. ²Diese Übereinkünfte können gegenseitige Rechte und Pflichten umfassen und die Möglichkeit zu gemeinsamem Vorgehen eröffnen. ³Zur Durchführung der Übereinkünfte finden regelmäßig Konsultationen statt.

Titel II
Bestimmungen über die demokratischen Grundsätze

Artikel 9 [Gleichheitsgrundsatz; Unionsbürgerschaft]
[1]Die Union achtet in ihrem gesamten Handeln den Grundsatz der Gleichheit ihrer Bürgerinnen und Bürger, denen ein gleiches Maß an Aufmerksamkeit seitens der Organe, Einrichtungen und sonstigen Stellen der Union zuteil wird. [2]Unionsbürger ist, wer die Staatsangehörigkeit eines Mitgliedstaats besitzt. [3]Die Unionsbürgerschaft tritt zur nationalen Staatsbürgerschaft hinzu, ersetzt sie aber nicht.

Artikel 10 [Demokratische Grundsätze]
(1) Die Arbeitsweise der Union beruht auf der repräsentativen Demokratie.
(2)
Die Bürgerinnen und Bürger sind auf Unionsebene unmittelbar im Europäischen Parlament vertreten.
Die Mitgliedstaaten werden im Europäischen Rat von ihrem jeweiligen Staats- oder Regierungschef und im Rat von ihrer jeweiligen Regierung vertreten, die ihrerseits in demokratischer Weise gegenüber ihrem nationalen Parlament oder gegenüber ihren Bürgerinnen und Bürgern Rechenschaft ablegen müssen.
(3) [1]Alle Bürgerinnen und Bürger haben das Recht, am demokratischen Leben der Union teilzunehmen. [2]Die Entscheidungen werden so offen und bürgernah wie möglich getroffen.
(4) Politische Parteien auf europäischer Ebene tragen zur Herausbildung eines europäischen politischen Bewusstseins und zum Ausdruck des Willens der Bürgerinnen und Bürger der Union bei.

Artikel 11 [Bürgerbeteiligung]
(1) Die Organe geben den Bürgerinnen und Bürgern und den repräsentativen Verbänden in geeigneter Weise die Möglichkeit, ihre Ansichten in allen Bereichen des Handelns der Union öffentlich bekannt zu geben und auszutauschen.
(2) Die Organe pflegen einen offenen, transparenten und regelmäßigen Dialog mit den repräsentativen Verbänden und der Zivilgesellschaft.
(3) Um die Kohärenz und die Transparenz des Handelns der Union zu gewährleisten, führt die Europäische Kommission umfangreiche Anhörungen der Betroffenen durch.
(4)
Unionsbürgerinnen und Unionsbürger, deren Anzahl mindestens eine Million betragen und bei denen es sich um Staatsangehörige einer erheblichen Anzahl von Mitgliedstaaten handeln muss, können die Initiative ergreifen und die Europäische Kommission auffordern, im Rahmen ihrer Befugnisse geeignete Vorschläge zu Themen zu unterbreiten, zu denen es nach Ansicht jener Bürgerinnen und Bürger eines Rechtsakts der Union bedarf, um die Verträge umzusetzen.
Die Verfahren und Bedingungen, die für eine solche Bürgerinitiative gelten, werden nach Artikel 24 Absatz 1 des Vertrags über die Arbeitsweise der Europäischen Union festgelegt.

Artikel 12 [Beteiligung der nationalen Parlamente]
Die nationalen Parlamente tragen aktiv zur guten Arbeitsweise der Union bei, indem sie
a) von den Organen der Union unterrichtet werden und ihnen die Entwürfe von Gesetzgebungsakten der Union gemäß dem Protokoll über die Rolle der nationalen Parlamente in der Europäischen Union zugeleitet werden;
b) dafür sorgen, dass der Grundsatz der Subsidiarität gemäß den in dem Protokoll über die Anwendung der Grundsätze der Subsidiarität und der Verhältnismäßigkeit vorgesehenen Verfahren beachtet wird;
c) sich im Rahmen des Raums der Freiheit, der Sicherheit und des Rechts an den Mechanismen zur Bewertung der Durchführung der Unionspolitiken in diesem Bereich nach Artikel 70 des Vertrags über die Arbeitsweise der Europäischen Union beteiligen und in die politische Kontrolle von Europol und die Bewertung der Tätigkeit von Eurojust nach den Artikeln 88 und 85 des genannten Vertrags einbezogen werden;
d) sich an den Verfahren zur Änderung der Verträge nach Artikel 48 dieses Vertrags beteiligen;
e) über Anträge auf Beitritt zur Union nach Artikel 49 dieses Vertrags unterrichtet werden;
f) sich an der interparlamentarischen Zusammenarbeit zwischen den nationalen Parlamenten und mit dem Europäischen Parlament gemäß dem Protokoll über die Rolle der nationalen Parlamente in der Europäischen Union beteiligen.

Titel III
Bestimmungen über die Organe

Artikel 13 [Organe der Union]
(1)
Die Union verfügt über einen institutionellen Rahmen, der zum Zweck hat, ihren Werten Geltung zu verschaffen, ihre Ziele zu verfolgen, ihren Interessen, denen ihrer Bürgerinnen und Bürger und denen der Mitgliedstaaten zu dienen sowie die Kohärenz, Effizienz und Kontinuität ihrer Politik und ihrer Maßnahmen sicherzustellen.
Die Organe der Union sind
– das Europäische Parlament,
– der Europäische Rat,
– der Rat,
– die Europäische Kommission (im Folgenden „Kommission"),
– der Gerichtshof der Europäischen Union,
– die Europäische Zentralbank,
– der Rechnungshof.
(2) [1]Jedes Organ handelt nach Maßgabe der ihm in den Verträgen zugewiesenen Befugnisse nach den Verfahren, Bedingungen und Zielen, die in den Verträgen festgelegt sind. [2]Die Organe arbeiten loyal zusammen.
(3) Die Bestimmungen über die Europäische Zentralbank und den Rechnungshof sowie die detaillierten Bestimmungen über die übrigen Organe sind im Vertrag über die Arbeitsweise der Europäischen Union enthalten.
(4) Das Europäische Parlament, der Rat und die Kommission werden von einem Wirtschafts- und Sozialausschuss sowie einem Ausschuss der Regionen unterstützt, die beratende Aufgaben wahrnehmen.

Artikel 14 [Europäisches Parlament]
(1) [1]Das Europäische Parlament wird gemeinsam mit dem Rat als Gesetzgeber tätig und übt gemeinsam mit ihm die Haushaltsbefugnisse aus. [2]Es erfüllt Aufgaben der politischen Kontrolle und Beratungsfunktionen nach Maßgabe der Verträge. [3]Es wählt den Präsidenten der Kommission.
(2)
[1]Das Europäische Parlament setzt sich aus Vertretern der Unionsbürgerinnen und Unionsbürger zusammen. [2]Ihre Anzahl darf 750 nicht überschreiten, zuzüglich des Präsidenten. [3]Die Bürgerinnen und Bürger sind im Europäischen Parlament degressiv proportional, mindestens jedoch mit sechs Mitgliedern je Mitgliedstaat vertreten. [4]Kein Mitgliedstaat erhält mehr als 96 Sitze.
Der Europäische Rat erlässt einstimmig auf Initiative des Europäischen Parlaments und mit dessen Zustimmung einen Beschluss über die Zusammensetzung des Europäischen Parlaments, in dem die in Unterabsatz 1 genannten Grundsätze gewahrt sind.
(3) Die Mitglieder des Europäischen Parlaments werden in allgemeiner, unmittelbarer, freier und geheimer Wahl für eine Amtszeit von fünf Jahren gewählt.
(4) Das Europäische Parlament wählt aus seiner Mitte seinen Präsidenten und sein Präsidium.

Artikel 15 [Europäischer Rat]
(1) [1]Der Europäische Rat gibt der Union die für ihre Entwicklung erforderlichen Impulse und legt die allgemeinen politischen Zielvorstellungen und Prioritäten hierfür fest. [2]Er wird nicht gesetzgeberisch tätig.
(2) [1]Der Europäische Rat setzt sich zusammen aus den Staats- und Regierungschefs der Mitgliedstaaten sowie dem Präsidenten des Europäischen Rates und dem Präsidenten der Kommission. [2]Der Hohe Vertreter der Union für Außen- und Sicherheitspolitik nimmt an seinen Arbeiten teil.
(3) [1]Der Europäische Rat tritt zweimal pro Halbjahr zusammen; er wird von seinem Präsidenten einberufen. [2]Wenn es die Tagesordnung erfordert, können die Mitglieder des Europäischen Rates beschließen, sich jeweils von einem Minister oder – im Fall des Präsidenten der Kommission – von einem Mitglied der Kommission unterstützen zu lassen. [3]Wenn es die Lage erfordert, beruft der Präsident eine außerordentliche Tagung des Europäischen Rates ein.
(4) Soweit in den Verträgen nichts anderes festgelegt ist, entscheidet der Europäische Rat im Konsens.
(5) [1]Der Europäische Rat wählt seinen Präsidenten mit qualifizierter Mehrheit für eine Amtszeit von zweieinhalb Jahren; der Präsident kann einmal wiedergewählt werden. [2]Im Falle einer Verhinderung oder einer schweren Verfehlung kann der Europäische Rat ihn im Wege des gleichen Verfahrens von seinem Amt entbinden.

(6)

Der Präsident des Europäischen Rates

a) führt den Vorsitz bei den Arbeiten des Europäischen Rates und gibt ihnen Impulse,

b) sorgt in Zusammenarbeit mit dem Präsidenten der Kommission auf der Grundlage der Arbeiten des Rates „Allgemeine Angelegenheiten" für die Vorbereitung und Kontinuität der Arbeiten des Europäischen Rates,

c) wirkt darauf hin, dass Zusammenhalt und Konsens im Europäischen Rat gefördert werden,

d) legt dem Europäischen Parlament im Anschluss an jede Tagung des Europäischen Rates einen Bericht vor.

Der Präsident des Europäischen Rates nimmt auf seiner Ebene und in seiner Eigenschaft, unbeschadet der Befugnisse des Hohen Vertreters der Union für Außen- und Sicherheitspolitik, die Außenvertretung der Union in Angelegenheiten der Gemeinsamen Außen- und Sicherheitspolitik wahr.

Der Präsident des Europäischen Rates darf kein einzelstaatliches Amt ausüben.

Artikel 16 [Rat]

(1) [1]Der Rat wird gemeinsam mit dem Europäischen Parlament als Gesetzgeber tätig und übt gemeinsam mit ihm die Haushaltsbefugnisse aus. [2]Zu seinen Aufgaben gehört die Festlegung der Politik und die Koordinierung nach Maßgabe der Verträge.

(2) Der Rat besteht aus je einem Vertreter jedes Mitgliedstaats auf Ministerebene, der befugt ist, für die Regierung des von ihm vertretenen Mitgliedstaats verbindlich zu handeln und das Stimmrecht auszuüben.

(3) Soweit in den Verträgen nichts anderes festgelegt ist, beschließt der Rat mit qualifizierter Mehrheit.

(4)

Ab dem 1. November 2014 gilt als qualifizierte Mehrheit eine Mehrheit von mindestens 55 % der Mitglieder des Rates, gebildet aus mindestens 15 Mitgliedern, sofern die von diesen vertretenen Mitgliedstaaten zusammen mindestens 65 % der Bevölkerung der Union ausmachen.

Für eine Sperrminorität sind mindestens vier Mitglieder des Rates erforderlich, andernfalls gilt die qualifizierte Mehrheit als erreicht.

Die übrigen Modalitäten für die Abstimmung mit qualifizierter Mehrheit sind in Artikel 238 Absatz 2 des Vertrags über die Arbeitsweise der Europäischen Union festgelegt.

(5) Die Übergangsbestimmungen für die Definition der qualifizierten Mehrheit, die bis zum 31. Oktober 2014 gelten, sowie die Übergangsbestimmungen, die zwischen dem 1. November 2014 und dem 31. März 2017 gelten, sind im Protokoll über die Übergangsbestimmungen festgelegt.

(6)

Der Rat tagt in verschiedenen Zusammensetzungen; die Liste dieser Zusammensetzungen wird nach Artikel 236 des Vertrags über die Arbeitsweise der Europäischen Union angenommen.

[1]Als Rat „Allgemeine Angelegenheiten" sorgt er für die Kohärenz der Arbeiten des Rates in seinen verschiedenen Zusammensetzungen. [2]In Verbindung mit dem Präsidenten des Europäischen Rates und mit der Kommission bereitet er die Tagungen des Europäischen Rates vor und sorgt für das weitere Vorgehen.

Als Rat „Auswärtige Angelegenheiten" gestaltet er das auswärtige Handeln der Union entsprechend den strategischen Vorgaben des Europäischen Rates und sorgt für die Kohärenz des Handelns der Union.

(7) Ein Ausschuss der Ständigen Vertreter der Regierungen der Mitgliedstaaten ist für die Vorbereitung der Arbeiten des Rates verantwortlich.

(8) [1]Der Rat tagt öffentlich, wenn er über Entwürfe zu Gesetzgebungsakten berät und abstimmt. [2]Zu diesem Zweck wird jede Ratstagung in zwei Teile unterteilt, von denen der eine den Beratungen über die Gesetzgebungsakte der Union und der andere den nicht die Gesetzgebung betreffenden Tätigkeiten gewidmet ist.

(9) Der Vorsitz im Rat in allen seinen Zusammensetzungen mit Ausnahme des Rates „Auswärtige Angelegenheiten" wird von den Vertretern der Mitgliedstaaten im Rat unter Bedingungen, die gemäß Artikel 236 des Vertrags über die Arbeitsweise der Europäischen Union festgelegt werden, nach einem System der gleichberechtigten Rotation wahrgenommen.

Artikel 17 [Kommission]

(1) [1]Die Kommission fördert die allgemeinen Interessen der Union und ergreift geeignete Initiativen zu diesem Zweck. [2]Sie sorgt für die Anwendung der Verträge sowie der von den Organen kraft der Verträge erlassenen Maßnahmen. [3]Sie überwacht die Anwendung des Unionsrechts unter der Kontrolle des Gerichtshofs der Europäischen Union. [4]Sie führt den Haushaltsplan aus und verwaltet die Programme. [5]Sie übt nach Maßgabe der Verträge Koordinierungs-, Exekutiv- und Verwaltungsfunktionen aus. [6]Außer in der Gemeinsamen Außen- und Sicherheitspolitik und den übrigen in den Verträgen vorgesehenen Fällen

nimmt sie die Vertretung der Union nach außen wahr. [7]Sie leitet die jährliche und die mehrjährige Programmplanung der Union mit dem Ziel ein, interinstitutionelle Vereinbarungen zu erreichen.

(2) [1]Soweit in den Verträgen nichts anderes festgelegt ist, darf ein Gesetzgebungsakt der Union nur auf Vorschlag der Kommission erlassen werden. [2]Andere Rechtsakte werden auf der Grundlage eines Kommissionsvorschlags erlassen, wenn dies in den Verträgen vorgesehen ist.

(3)
Die Amtszeit der Kommission beträgt fünf Jahre.

Die Mitglieder der Kommission werden aufgrund ihrer allgemeinen Befähigung und ihres Einsatzes für Europa unter Persönlichkeiten ausgewählt, die volle Gewähr für ihre Unabhängigkeit bieten.

[1]Die Kommission übt ihre Tätigkeit in voller Unabhängigkeit aus. [2]Die Mitglieder der Kommission dürfen unbeschadet des Artikels 18 Absatz 2 Weisungen von einer Regierung, einem Organ, einer Einrichtung oder jeder anderen Stelle weder einholen noch entgegennehmen. [3]Sie enthalten sich jeder Handlung, die mit ihrem Amt oder der Erfüllung ihrer Aufgaben unvereinbar ist.

(4) Die Kommission, die zwischen dem Zeitpunkt des Inkrafttretens des Vertrags von Lissabon und dem 31. Oktober 2014 ernannt wird, besteht einschließlich ihres Präsidenten und des Hohen Vertreters der Union für Außen- und Sicherheitspolitik, der einer der Vizepräsidenten der Kommission ist, aus je einem Staatsangehörigen jedes Mitgliedstaats.

(5)
Ab dem 1. November 2014 besteht die Kommission, einschließlich ihres Präsidenten und des Hohen Vertreters der Union für Außen- und Sicherheitspolitik, aus einer Anzahl von Mitgliedern, die zwei Dritteln der Zahl der Mitgliedstaaten entspricht, sofern der Europäische Rat nicht einstimmig eine Änderung dieser Anzahl beschließt.

[1]Die Mitglieder der Kommission werden unter den Staatsangehörigen der Mitgliedstaaten in einem System der strikt gleichberechtigten Rotation zwischen den Mitgliedstaaten so ausgewählt, dass das demografische und geografische Spektrum der Gesamtheit der Mitgliedstaaten zum Ausdruck kommt. [2]Dieses System wird vom Europäischen Rat nach Artikel 244 des Vertrags über die Arbeitsweise der Europäischen Union einstimmig festgelegt.

(6)
Der Präsident der Kommission
a) legt die Leitlinien fest, nach denen die Kommission ihre Aufgaben ausübt,
b) beschließt über die interne Organisation der Kommission, um die Kohärenz, die Effizienz und das Kollegialitätsprinzip im Rahmen ihrer Tätigkeit sicherzustellen,
c) ernennt, mit Ausnahme des Hohen Vertreters der Union für Außen- und Sicherheitspolitik, die Vizepräsidenten aus dem Kreis der Mitglieder der Kommission.

[1]Ein Mitglied der Kommission legt sein Amt nieder, wenn es vom Präsidenten dazu aufgefordert wird. [2]Der Hohe Vertreter der Union für Außen- und Sicherheitspolitik legt sein Amt nach dem Verfahren des Artikels 18 Absatz 1 nieder, wenn er vom Präsidenten dazu aufgefordert wird.

(7)
[1]Der Europäische Rat schlägt dem Europäischen Parlament nach entsprechenden Konsultationen mit qualifizierter Mehrheit einen Kandidaten für das Amt des Präsidenten der Kommission vor; dabei berücksichtigt er das Ergebnis der Wahlen zum Europäischen Parlament. [2]Das Europäische Parlament wählt diesen Kandidaten mit der Mehrheit seiner Mitglieder. [3]Erhält dieser Kandidat nicht die Mehrheit, so schlägt der Europäische Rat dem Europäischen Parlament innerhalb eines Monats mit qualifizierter Mehrheit einen neuen Kandidaten vor, für dessen Wahl das Europäische Parlament dasselbe Verfahren anwendet.

[1]Der Rat nimmt, im Einvernehmen mit dem gewählten Präsidenten, die Liste der anderen Persönlichkeiten an, die er als Mitglieder der Kommission vorschlägt. [2]Diese werden auf der Grundlage der Vorschläge der Mitgliedstaaten entsprechend den Kriterien nach Absatz 3 Unterabsatz 2 und Absatz 5 Unterabsatz 2 ausgewählt.

[1]Der Präsident, der Hohe Vertreter der Union für Außen- und Sicherheitspolitik und die übrigen Mitglieder der Kommission stellen sich als Kollegium einem Zustimmungsvotum des Europäischen Parlaments. [2]Auf der Grundlage dieser Zustimmung wird die Kommission vom Europäischen Rat mit qualifizierter Mehrheit ernannt.

(8) [1]Die Kommission ist als Kollegium dem Europäischen Parlament verantwortlich. [2]Das Europäische Parlament kann nach Artikel 234 des Vertrags über die Arbeitsweise der Europäischen Union einen Misstrauensantrag gegen die Kommission annehmen. [3]Wird ein solcher Antrag angenommen, so müssen

die Mitglieder der Kommission geschlossen ihr Amt niederlegen, und der Hohe Vertreter der Union für Außen- und Sicherheitspolitik muss sein im Rahmen der Kommission ausgeübtes Amt niederlegen.

Artikel 18 [Hoher Vertreter für Außen- und Sicherheitspolitik]

(1) [1]Der Europäische Rat ernennt mit qualifizierter Mehrheit und mit Zustimmung des Präsidenten der Kommission den Hohen Vertreter der Union für Außen- und Sicherheitspolitik. [2]Der Europäische Rat kann die Amtszeit des Hohen Vertreters nach dem gleichen Verfahren beenden.

(2) [1]Der Hohe Vertreter leitet die Gemeinsame Außen- und Sicherheitspolitik der Union. [2]Er trägt durch seine Vorschläge zur Festlegung dieser Politik bei und führt sie im Auftrag des Rates durch. [3]Er handelt ebenso im Bereich der Gemeinsamen Sicherheits- und Verteidigungspolitik.

(3) Der Hohe Vertreter führt den Vorsitz im Rat „Auswärtige Angelegenheiten".

(4) [1]Der Hohe Vertreter ist einer der Vizepräsidenten der Kommission. [2]Er sorgt für die Kohärenz des auswärtigen Handelns der Union. [3]Er ist innerhalb der Kommission mit deren Zuständigkeiten im Bereich der Außenbeziehungen und mit der Koordinierung der übrigen Aspekte des auswärtigen Handelns der Union betraut. [4]Bei der Wahrnehmung dieser Zuständigkeiten in der Kommission und ausschließlich im Hinblick auf diese Zuständigkeiten unterliegt der Hohe Vertreter den Verfahren, die für die Arbeitsweise der Kommission gelten, soweit dies mit den Absätzen 2 und 3 vereinbar ist.

Artikel 19 [Europäischer Gerichtshof]

(1)
[1]Der Gerichtshof der Europäischen Union umfasst den Gerichtshof, das Gericht und Fachgerichte. [2]Er sichert die Wahrung des Rechts bei der Auslegung und Anwendung der Verträge.
Die Mitgliedstaaten schaffen die erforderlichen Rechtsbehelfe, damit ein wirksamer Rechtsschutz in den vom Unionsrecht erfassten Bereichen gewährleistet ist.

(2)
[1]Der Gerichtshof besteht aus einem Richter je Mitgliedstaat. [2]Er wird von Generalanwälten unterstützt.
Das Gericht besteht aus mindestens einem Richter je Mitgliedstaat.
[1]Als Richter und Generalanwälte des Gerichtshofs und als Richter des Gerichts sind Persönlichkeiten auszuwählen, die jede Gewähr für Unabhängigkeit bieten und die Voraussetzungen der Artikel 253 und 254 des Vertrags über die Arbeitsweise der Europäischen Union erfüllen. [2]Sie werden von den Regierungen der Mitgliedstaaten im gegenseitigen Einvernehmen für eine Amtszeit von sechs Jahren ernannt. [3]Die Wiederernennung ausscheidender Richter und Generalanwälte ist zulässig.

(3) Der Gerichtshof der Europäischen Union entscheidet nach Maßgabe der Verträge
a) über Klagen eines Mitgliedstaats, eines Organs oder natürlicher oder juristischer Personen;
b) im Wege der Vorabentscheidung auf Antrag der einzelstaatlichen Gerichte über die Auslegung des Unionsrechts oder über die Gültigkeit der Handlungen der Organe;
c) in allen anderen in den Verträgen vorgesehenen Fällen.

Titel IV
Bestimmungen über eine Verstärkte Zusammenarbeit

Artikel 20 [Verstärkte Zusammenarbeit]

(1)
Die Mitgliedstaaten, die untereinander eine Verstärkte Zusammenarbeit im Rahmen der nicht ausschließlichen Zuständigkeiten der Union begründen wollen, können, in den Grenzen und nach Maßgabe dieses Artikels und der Artikel 326 bis 334 des Vertrags über die Arbeitsweise der Europäischen Union, die Organe der Union in Anspruch nehmen und diese Zuständigkeiten unter Anwendung der einschlägigen Bestimmungen der Verträge ausüben.
[1]Eine Verstärkte Zusammenarbeit ist darauf ausgerichtet, die Verwirklichung der Ziele der Union zu fördern, ihre Interessen zu schützen und ihren Integrationsprozess zu stärken. [2]Sie steht allen Mitgliedstaaten nach Artikel 328 des Vertrags über die Arbeitsweise der Europäischen Union jederzeit offen.

(2) [1]Der Beschluss über die Ermächtigung zu einer Verstärkten Zusammenarbeit wird vom Rat als letztes Mittel erlassen, wenn dieser feststellt, dass die mit dieser Zusammenarbeit angestrebten Ziele von der Union in ihrer Gesamtheit nicht innerhalb eines vertretbaren Zeitraums verwirklicht werden können, und sofern an der Zusammenarbeit mindestens neun Mitgliedstaaten beteiligt sind. [2]Der Rat beschließt nach dem in Artikel 329 des Vertrags über die Arbeitsweise der Europäischen Union vorgesehenen Verfahren.

(3) [1]Alle Mitglieder des Rates können an dessen Beratungen teilnehmen, aber nur die Mitglieder des Rates, die die an der Verstärkten Zusammenarbeit beteiligten Mitgliedstaaten vertreten, nehmen an der Abstim-

mung teil. [2]Die Abstimmungsmodalitäten sind in Artikel 330 des Vertrags über die Arbeitsweise der Europäischen Union vorgesehen.

(4) [1]An die im Rahmen einer Verstärkten Zusammenarbeit erlassenen Rechtsakte sind nur die an dieser Zusammenarbeit beteiligten Mitgliedstaaten gebunden. [2]Sie gelten nicht als Besitzstand, der von beitrittswilligen Staaten angenommen werden muss.

Titel V
Allgemeine Bestimmungen über das auswärtige Handeln der Union und besondere Bestimmungen über die gemeinsame Außen- und Sicherheitspolitik

Kapitel 1
Allgemeine Bestimmungen über das auswärtige Handeln der Union

Artikel 21 [Grundsätze europäischer Außenpolitik]
(1)
Die Union lässt sich bei ihrem Handeln auf internationaler Ebene von den Grundsätzen leiten, die für ihre eigene Entstehung, Entwicklung und Erweiterung maßgebend waren und denen sie auch weltweit zu stärkerer Geltung verhelfen will: Demokratie, Rechtsstaatlichkeit, die universelle Gültigkeit und Unteilbarkeit der Menschenrechte und Grundfreiheiten, die Achtung der Menschenwürde, der Grundsatz der Gleichheit und der Grundsatz der Solidarität sowie die Achtung der Grundsätze der Charta der Vereinten Nationen und des Völkerrechts. [1]Die Union strebt an, die Beziehungen zu Drittländern und zu regionalen oder weltweiten internationalen Organisationen, die die in Unterabsatz 1 aufgeführten Grundsätze teilen, auszubauen und Partnerschaften mit ihnen aufzubauen. [2]Sie setzt sich insbesondere im Rahmen der Vereinten Nationen für multilaterale Lösungen bei gemeinsamen Problemen ein.

(2) Die Union legt die gemeinsame Politik sowie Maßnahmen fest, führt diese durch und setzt sich für ein hohes Maß an Zusammenarbeit auf allen Gebieten der internationalen Beziehungen ein, um
a) ihre Werte, ihre grundlegenden Interessen, ihre Sicherheit, ihre Unabhängigkeit und ihre Unversehrtheit zu wahren;
b) Demokratie, Rechtsstaatlichkeit, die Menschenrechte und die Grundsätze des Völkerrechts zu festigen und zu fördern;
c) nach Maßgabe der Ziele und Grundsätze der Charta der Vereinten Nationen sowie der Prinzipien der Schlussakte von Helsinki und der Ziele der Charta von Paris, einschließlich derjenigen, die die Außengrenzen betreffen, den Frieden zu erhalten, Konflikte zu verhüten und die internationale Sicherheit zu stärken;
d) die nachhaltige Entwicklung in Bezug auf Wirtschaft, Gesellschaft und Umwelt in den Entwicklungsländern zu fördern mit dem vorrangigen Ziel, die Armut zu beseitigen;
e) die Integration aller Länder in die Weltwirtschaft zu fördern, unter anderem auch durch den schrittweisen Abbau internationaler Handelshemmnisse;
f) zur Entwicklung von internationalen Maßnahmen zur Erhaltung und Verbesserung der Qualität der Umwelt und der nachhaltigen Bewirtschaftung der weltweiten natürlichen Ressourcen beizutragen, um eine nachhaltige Entwicklung sicherzustellen;
g) den Völkern, Ländern und Regionen, die von Naturkatastrophen oder von vom Menschen verursachten Katastrophen betroffen sind, zu helfen; und
h) eine Weltordnung zu fördern, die auf einer verstärkten multilateralen Zusammenarbeit und einer verantwortungsvollen Weltordnungspolitik beruht.
(3)
Die Union wahrt bei der Ausarbeitung und Umsetzung ihres auswärtigen Handelns in den verschiedenen unter diesen Titel und den Fünften Teil des Vertrags über die Arbeitsweise der Europäischen Union fallenden Bereichen sowie der externen Aspekte der übrigen Politikbereiche die in den Absätzen 1 und 2 genannten Grundsätze und Ziele.
[1]Die Union achtet auf die Kohärenz zwischen den einzelnen Bereichen ihres auswärtigen Handelns sowie zwischen diesen und ihren übrigen Politikbereichen. [2]Der Rat und die Kommission, die vom Hohen Vertreter der Union für Außen- und Sicherheitspolitik unterstützt werden, stellen diese Kohärenz sicher und arbeiten zu diesem Zweck zusammen.

Artikel 22 [Strategische Interessen und Ziele]

(1)

Auf der Grundlage der in Artikel 21 aufgeführten Grundsätze und Ziele legt der Europäische Rat die strategischen Interessen und Ziele der Union fest.

[1]Die Beschlüsse des Europäischen Rates über die strategischen Interessen und Ziele der Union erstrecken sich auf die Gemeinsame Außen- und Sicherheitspolitik sowie auf andere Bereiche des auswärtigen Handelns der Union. [2]Sie können die Beziehungen der Union zu einem Land oder einer Region betreffen oder aber ein bestimmtes Thema zum Gegenstand haben. [3]Sie enthalten Bestimmungen zu ihrer Geltungsdauer und zu den von der Union und den Mitgliedstaaten bereitzustellenden Mitteln.

[1]Der Europäische Rat beschließt einstimmig auf Empfehlung des Rates, die dieser nach den für den jeweiligen Bereich vorgesehenen Regelungen abgibt. [2]Die Beschlüsse des Europäischen Rates werden nach Maßgabe der in den Verträgen vorgesehenen Verfahren durchgeführt.

(2) Der Hohe Vertreter der Union für Außen- und Sicherheitspolitik und die Kommission können dem Rat gemeinsame Vorschläge vorlegen, wobei der Hohe Vertreter für den Bereich der Gemeinsamen Außen- und Sicherheitspolitik und die Kommission für die anderen Bereiche des auswärtigen Handelns zuständig ist.

Kapitel 2
Besondere Bestimmungen über die Gemeinsame Außen- und Sicherheitspolitik

Abschnitt 1
Gemeinsame Bestimmungen

Artikel 23 [Grundsätze europäischer Außenpolitik; Verweis]

Das Handeln der Union auf internationaler Ebene im Rahmen dieses Kapitels beruht auf den Grundsätzen des Kapitel 1, verfolgt die darin genannten Ziele und steht mit den allgemeinen Bestimmungen jenes Kapitels im Einklang.

Artikel 24 [Zuständigkeit; Verfahren; Pflichten der Mitgliedstaaten]

(1)

Die Zuständigkeit der Union in der Gemeinsamen Außen- und Sicherheitspolitik erstreckt sich auf alle Bereiche der Außenpolitik sowie auf sämtliche Fragen im Zusammenhang mit der Sicherheit der Union, einschließlich der schrittweisen Festlegung einer gemeinsamen Verteidigungspolitik, die zu einer gemeinsamen Verteidigung führen kann.

[1]Für die Gemeinsame Außen- und Sicherheitspolitik gelten besondere Bestimmungen und Verfahren. [2]Sie wird vom Europäischen Rat und vom Rat einstimmig festgelegt und durchgeführt, soweit in den Verträgen nichts anderes vorgesehen ist. [3]Der Erlass von Gesetzgebungsakten ist ausgeschlossen. [4]Die Gemeinsame Außen- und Sicherheitspolitik wird vom Hohen Vertreter der Union für Außen- und Sicherheitspolitik und von den Mitgliedstaaten gemäß den Verträgen durchgeführt. [5]Die spezifische Rolle des Europäischen Parlaments und der Kommission in diesem Bereich ist in den Verträgen festgelegt. [6]Der Gerichtshof der Europäischen Union ist in Bezug auf diese Bestimmungen nicht zuständig; hiervon ausgenommen ist die Kontrolle der Einhaltung des Artikels 40 dieses Vertrags und die Überwachung der Rechtmäßigkeit bestimmter Beschlüsse nach Artikel 275 Absatz 2 des Vertrags über die Arbeitsweise der Europäischen Union.

(2) Die Union verfolgt, bestimmt und verwirklicht im Rahmen der Grundsätze und Ziele ihres auswärtigen Handelns eine Gemeinsame Außen- und Sicherheitspolitik, die auf einer Entwicklung der gegenseitigen politischen Solidarität der Mitgliedstaaten, der Ermittlung der Fragen von allgemeiner Bedeutung und der Erreichung einer immer stärkeren Konvergenz des Handelns der Mitgliedstaaten beruht.

(3)

Die Mitgliedstaaten unterstützen die Außen- und Sicherheitspolitik der Union aktiv und vorbehaltlos im Geiste der Loyalität und der gegenseitigen Solidarität und achten das Handeln der Union in diesem Bereich.

[1]Die Mitgliedstaaten arbeiten zusammen, um ihre gegenseitige politische Solidarität zu stärken und weiterzuentwickeln. [2]Sie enthalten sich jeder Handlung, die den Interessen der Union zuwiderläuft oder ihrer Wirksamkeit als kohärente Kraft in den internationalen Beziehungen schaden könnte.

Der Rat und der Hohe Vertreter tragen für die Einhaltung dieser Grundsätze Sorge.

Artikel 25 [Handlungsformen]
Die Union verfolgt ihre Gemeinsame Außen- und Sicherheitspolitik, indem sie
a) die allgemeinen Leitlinien bestimmt,
b) Beschlüsse erlässt zur Festlegung
 i) der von der Union durchzuführenden Aktionen,
 ii) der von der Union einzunehmenden Standpunkte,
 iii) der Einzelheiten der Durchführung der unter den Ziffern i und ii genannten Beschlüsse,
 und
c) die systematische Zusammenarbeit der Mitgliedstaaten bei der Führung ihrer Politik ausbaut.

Artikel 26 [Ziele und allgemeine Leitlinien]
(1)
[1]Der Europäische Rat bestimmt die strategischen Interessen der Union und legt die Ziele und die allgemeinen Leitlinien der Gemeinsamen Außen- und Sicherheitspolitik fest, und zwar auch bei Fragen mit verteidigungspolitischen Bezügen. [2]Er erlässt die erforderlichen Beschlüsse.
Wenn eine internationale Entwicklung es erfordert, beruft der Präsident des Europäischen Rates eine außerordentliche Tagung des Europäischen Rates ein, um die strategischen Vorgaben für die Politik der Union angesichts dieser Entwicklung festzulegen.
(2)
Der Rat gestaltet die Gemeinsame Außen- und Sicherheitspolitik und fasst die für die Festlegung und Durchführung dieser Politik erforderlichen Beschlüsse auf der Grundlage der vom Europäischen Rat festgelegten allgemeinen Leitlinien und strategischen Vorgaben.
Der Rat und der Hohe Vertreter der Union für Außen- und Sicherheitspolitik tragen für ein einheitliches, kohärentes und wirksames Vorgehen der Union Sorge.
(3) Die Gemeinsame Außen- und Sicherheitspolitik wird vom Hohen Vertreter und von den Mitgliedstaaten mit einzelstaatlichen Mitteln und den Mitteln der Union durchgeführt.

Artikel 27 [Kompetenzen des Hohen Vertreters; Europäischer Auswärtiger Dienst]
(1) Der Hohe Vertreter der Union für Außen- und Sicherheitspolitik, der im Rat „Auswärtige Angelegenheiten" den Vorsitz führt, trägt durch seine Vorschläge zur Festlegung der Gemeinsamen Außen- und Sicherheitspolitik bei und stellt sicher, dass die vom Europäischen Rat und vom Rat erlassenen Beschlüsse durchgeführt werden.
(2) [1]Der Hohe Vertreter vertritt die Union in den Bereichen der Gemeinsamen Außen- und Sicherheitspolitik. [2]Er führt im Namen der Union den politischen Dialog mit Dritten und vertritt den Standpunkt der Union in internationalen Organisationen und auf internationalen Konferenzen.
(3) [1]Bei der Erfüllung seines Auftrags stützt sich der Hohe Vertreter auf einen Europäischen Auswärtigen Dienst. [2]Dieser Dienst arbeitet mit den diplomatischen Diensten der Mitgliedstaaten zusammen und umfasst Beamte aus den einschlägigen Abteilungen des Generalsekretariats des Rates und der Kommission sowie abgeordnetes Personal der nationalen diplomatischen Dienste. [3]Die Organisation und die Arbeitsweise des Europäischen Auswärtigen Dienstes werden durch einen Beschluss des Rates festgelegt. [4]Der Rat beschließt auf Vorschlag des Hohen Vertreters nach Anhörung des Europäischen Parlaments und nach Zustimmung der Kommission.

Artikel 28 [Operatives Vorgehen der Union]
(1)
[1]Verlangt eine internationale Situation ein operatives Vorgehen der Union, so erlässt der Rat die erforderlichen Beschlüsse. [2]In den Beschlüssen sind ihre Ziele, ihr Umfang, die der Union zur Verfügung zu stellenden Mittel sowie die Bedingungen und erforderlichenfalls der Zeitraum für ihre Durchführung festgelegt.
Tritt eine Änderung der Umstände mit erheblichen Auswirkungen auf eine Angelegenheit ein, die Gegenstand eines solchen Beschlusses ist, so überprüft der Rat die Grundsätze und Ziele dieses Beschlusses und erläßt die erforderlichen Beschlüsse.
(2) Die Beschlüsse nach Absatz 1 sind für die Mitgliedstaaten bei ihren Stellungnahmen und ihrem Vorgehen bindend.
(3) [1]Jede einzelstaatliche Stellungnahme oder Maßnahme, die im Rahmen eines Beschlusses nach Absatz 1 geplant ist, wird von dem betreffenden Mitgliedstaat so rechtzeitig mitgeteilt, daß erforderlichenfalls eine vorherige Abstimmung im Rat stattfinden kann. [2]Die Pflicht zur vorherigen Unterrichtung gilt nicht für Maßnahmen, die eine bloße praktische Umsetzung der Beschlüsse des Rates auf einzelstaatlicher Ebene darstellen.

(4) [1]Bei zwingender Notwendigkeit aufgrund der Entwicklung der Lage, und falls eine Überprüfung des Beschlusses des Rates nach Absatz 1 nicht stattfindet, können die Mitgliedstaaten unter Berücksichtigung der allgemeinen Ziele des genannten Beschlusses die erforderlichen Sofortmaßnahmen ergreifen. [2]Der betreffende Mitgliedstaat unterrichtet den Rat sofort über derartige Maßnahmen.

(5) [1]Ein Mitgliedstaat befaßt den Rat, wenn sich bei der Durchführung eines Beschlusses nach diesem Artikel größere Schwierigkeiten ergeben; der Rat berät darüber und sucht nach angemessenen Lösungen. [2]Diese dürfen nicht im Widerspruch zu den Zielen des Beschlusses nach Absatz 1 stehen oder seiner Wirksamkeit schaden.

Artikel 29 [Standpunkte der Union]
[1]Der Rat erlässt Beschlüsse, in denen der Standpunkt der Union zu einer bestimmten Frage geographischer oder thematischer Art bestimmt wird. [2]Die Mitgliedstaaten tragen dafür Sorge, daß ihre einzelstaatliche Politik mit den Standpunkten der Union in Einklang steht.

Artikel 30 [Initiativ- und Vorschlagsrecht; Eilentscheidungen]
(1) Jeder Mitgliedstaat, der Hohe Vertreter der Union für Außen- und Sicherheitspolitik oder der Hohe Vertreter mit Unterstützung der Kommission kann den Rat mit einer Frage der Gemeinsamen Außen- und Sicherheitspolitik befassen und ihm Initiativen beziehungsweise Vorschläge unterbreiten.

(2) In den Fällen, in denen eine rasche Entscheidung notwendig ist, beruft der Hohe Vertreter von sich aus oder auf Antrag eines Mitgliedstaats innerhalb von 48 Stunden, bei absoluter Notwendigkeit in kürzerer Zeit, eine außerordentliche Tagung des Rates ein.

Artikel 31 [Verfahren der Beschlussfassung]
(1)
[1]Beschlüsse nach diesem Kapitel werden vom Europäischen Rat und vom Rat einstimmig gefasst, soweit in diesem Kapitel nichts anderes festgelegt ist. [2]Der Erlass von Gesetzgebungsakten ist ausgeschlossen.
[1]Bei einer Stimmenthaltung kann jedes Ratsmitglied zu seiner Enthaltung eine förmliche Erklärung im Sinne dieses Unterabsatzes abgeben. [2]In diesem Fall ist es nicht verpflichtet, den Beschluß durchzuführen, akzeptiert jedoch, daß der Beschluß für die Union bindend ist. [3]Im Geiste gegenseitiger Solidarität unterläßt der betreffende Mitgliedstaat alles, was dem auf diesem Beschluß beruhenden Vorgehen der Union zuwiderlaufen oder es behindern könnte, und die anderen Mitgliedstaaten respektieren seinen Standpunkt. [4]Vertreten die Mitglieder des Rates, die bei ihrer Stimmenthaltung eine solche Erklärung abgeben, mindestens ein Drittel der Mitgliedstaaten, die mindestens ein Drittel der Unionsbevölkerung ausmachen, so wird der Beschluss nicht erlassen.

(2)
Abweichend von Absatz 1 beschließt der Rat mit qualifizierter Mehrheit, wenn er
– auf der Grundlage eines Beschlusses des Europäischen Rates über die strategischen Interessen und Ziele der Union nach Artikel 22 Absatz 1 einen Beschluss erlässt, mit dem eine Aktion oder ein Standpunkt der Union festgelegt wird;
– auf einen Vorschlag hin, den ihm der Hohe Vertreter der Union für Außen- und Sicherheitspolitik auf spezielles Ersuchen des Europäischen Rates unterbreitet hat, das auf dessen eigene Initiative oder auf eine Initiative des Hohen Vertreters zurückgeht, einen Beschluss erlässt, mit dem eine Aktion oder ein Standpunkt der Union festgelegt wird;
– einen Beschluss zur Durchführung eines Beschlusses, mit dem eine Aktion oder ein Standpunkt der Union festgelegt wird, erlässt,
– nach Artikel 33 einen Sonderbeauftragten ernennt.
[1]Erklärt ein Mitglied des Rates, daß es aus wesentlichen Gründen der nationalen Politik, die es auch nennen muß, die Absicht hat, einen mit qualifizierter Mehrheit zu fassenden Beschluß abzulehnen, so erfolgt keine Abstimmung. [2]Der Hohe Vertreter bemüht sich in engem Benehmen mit dem betroffenen Mitgliedstaat um eine für diesen Mitgliedstaat annehmbare Lösung. [3]Gelingt dies nicht, so kann der Rat mit qualifizierter Mehrheit veranlassen, dass die Frage im Hinblick auf einen einstimmigen Beschluss an den Europäischen Rat verwiesen wird.

(3) Der Europäische Rat kann einstimmig einen Beschluss erlassen, in dem vorgesehen ist, dass der Rat in anderen als den in Absatz 2 genannten Fällen mit qualifizierter Mehrheit beschließt.

(4) Die Absätze 2 und 3 gelten nicht für Beschlüsse mit militärischen oder verteidigungspolitischen Bezügen.

(5) In Verfahrensfragen beschließt der Rat mit der Mehrheit seiner Mitglieder.

Artikel 32 [Zusammenarbeit der Mitgliedstaaten im Rat]
[1]Die Mitgliedstaaten stimmen sich im Europäischen Rat und im Rat zu jeder außen- und sicherheitspolitischen Frage von allgemeiner Bedeutung ab, um ein gemeinsames Vorgehen festzulegen. [2]Bevor ein Mitgliedstaat in einer Weise, die die Interessen der Union berühren könnte, auf internationaler Ebene tätig wird oder eine Verpflichtung eingeht, konsultiert er die anderen Mitgliedstaaten im Europäischen Rat oder im Rat. [3]Die Mitgliedstaaten gewährleisten durch konvergentes Handeln, dass die Union ihre Interessen und ihre Werte auf internationaler Ebene geltend machen kann. [4]Die Mitgliedstaaten sind untereinander solidarisch.

Hat der Europäische Rat oder der Rat ein gemeinsames Vorgehen der Union im Sinne des Absatzes 1 festgelegt, so koordinieren der Hohe Vertreter der Union für Außen- und Sicherheitspolitik und die Minister für auswärtige Angelegenheiten der Mitgliedstaaten ihre Tätigkeiten im Rat.

Die diplomatischen Vertretungen der Mitgliedstaaten und die Delegationen der Union in Drittländern und bei internationalen Organisationen arbeiten zusammen und tragen zur Festlegung und Durchführung des gemeinsamen Vorgehens bei.

Artikel 33 [Sonderbeauftragter]
[1]Der Rat kann auf Vorschlag des Hohen Vertreters der Union für Außen- und Sicherheitspolitik einen Sonderbeauftragten für besondere politische Fragen ernennen. [2]Der Sonderbeauftragte übt sein Mandat unter der Verantwortung des Hohen Vertreters aus.

Artikel 34 [Koordiniertes Auftreten auf internationaler Ebene; Unterrichtungspflicht der Sicherheitsratsmitglieder]
(1)
[1]Die Mitgliedstaaten koordinieren ihr Handeln in internationalen Organisationen und auf internationalen Konferenzen. [2]Sie treten dort für die Standpunkte der Union ein. [3]Der Hohe Vertreter der Union für Außen- und Sicherheitspolitik trägt für die Organisation dieser Koordinierung Sorge.

In den internationalen Organisationen und auf internationalen Konferenzen, bei denen nicht alle Mitgliedstaaten vertreten sind, setzen sich die dort vertretenen Mitgliedstaaten für die Standpunkte der Union ein.
(2)
Nach Artikel 24 Absatz 3 unterrichten die Mitgliedstaaten, die in internationalen Organisationen oder auf internationalen Konferenzen vertreten sind, die dort nicht vertretenen Mitgliedstaaten und den Hohen Vertreter laufend über alle Fragen von gemeinsamem Interesse.

[1]Die Mitgliedstaaten, die auch Mitglieder des Sicherheitsrats der Vereinten Nationen sind, stimmen sich ab und unterrichten die übrigen Mitgliedstaaten sowie den Hohen Vertreter in vollem Umfang. [2]Die Mitgliedstaaten, die Mitglieder des Sicherheitsrats sind, setzen sich bei der Wahrnehmung ihrer Aufgaben unbeschadet ihrer Verantwortlichkeiten aufgrund der Charta der Vereinten Nationen für die Standpunkte und Interessen der Union ein.

Wenn die Union einen Standpunkt zu einem Thema festgelegt hat, das auf der Tagesordnung des Sicherheitsrats der Vereinten Nationen steht, beantragen die dort vertretenen Mitgliedstaaten, dass der Hohe Vertreter gebeten wird, den Standpunkt der Union vorzutragen.

Artikel 35 [Abgestimmtes Verhalten auf diplomatischer und konsularischer Ebene]
Die diplomatischen und konsularischen Vertretungen der Mitgliedstaaten und die Delegationen der Union in dritten Ländern und auf internationalen Konferenzen sowie ihre Vertretungen bei internationalen Organisationen stimmen sich ab, um die Einhaltung und Durchführung der nach diesem Kapitel erlassenen Beschlüsse, mit denen Standpunkte und Aktionen der Union festgelegt werden, zu gewährleisten.

Sie intensivieren ihre Zusammenarbeit durch Informationsaustausch und gemeinsame Bewertungen.

Sie tragen zur Verwirklichung des in Artikel 20 Absatz 2 Buchstabe c des Vertrags über die Arbeitsweise der Europäischen Union genannten Rechts der Unionsbürgerinnen und Unionsbürger auf Schutz im Hoheitsgebiet von Drittländern und zur Durchführung der nach Artikel 23 des genannten Vertrags erlassenen Maßnahmen bei.

Artikel 36 [Beteiligung des Europäischen Parlaments]
[1]Der Hohe Vertreter der Union für Außen- und Sicherheitspolitik hört das Europäische Parlament regelmäßig zu den wichtigsten Aspekten und den grundlegenden Weichenstellungen der Gemeinsamen Außen- und Sicherheitspolitik und der Gemeinsamen Sicherheits- und Verteidigungspolitik und unterrichtet es über die Entwicklung der Politik in diesen Bereichen. [2]Er achtet darauf, dass die Auffassungen des Europäischen Parlaments gebührend berücksichtigt werden. [3]Die Sonderbeauftragten können zur Unterrichtung des Europäischen Parlaments mit herangezogen werden.

¹Das Europäische Parlament kann Anfragen oder Empfehlungen an den Rat und den Hohen Vertreter richten. ²Zweimal jährlich führt es eine Aussprache über die Fortschritte bei der Durchführung der Gemeinsamen Außen- und Sicherheitspolitik, einschließlich der Gemeinsamen Sicherheits- und Verteidigungspolitik.

Artikel 37 [Übereinkünfte mit dritten Staaten und internationalen Organisationen]
Die Union kann in den unter dieses Kapitel fallenden Bereichen Übereinkünfte mit einem oder mehreren Staaten oder internationalen Organisationen schließen.

Artikel 38 [Politisches und Sicherheitspolitisches Komitee]
¹Unbeschadet des Artikels 240 des Vertrags über die Arbeitsweise der Europäischen Union verfolgt ein Politisches und Sicherheitspolitisches Komitee die internationale Lage in den Bereichen der Gemeinsamen Außen- und Sicherheitspolitik und trägt auf Ersuchen des Rates, des Hohen Vertreters der Union für Außen- und Sicherheitspolitik oder von sich aus durch an den Rat gerichtete Stellungnahmen zur Festlegung der Politiken bei. ²Ferner überwacht es die Durchführung vereinbarter Politiken; dies gilt unbeschadet der Zuständigkeiten des Hohen Vertreters.
Im Rahmen dieses Kapitels nimmt das Politische und Sicherheitspolitische Komitee unter der Verantwortung des Rates und des Hohen Vertreters die politische Kontrolle und strategische Leitung von Krisenbewältigungsoperationen im Sinne des Artikels 43 wahr.
Der Rat kann das Komitee für den Zweck und die Dauer einer Operation zur Krisenbewältigung, die vom Rat festgelegt werden, ermächtigen, geeignete Beschlüsse hinsichtlich der politischen Kontrolle und strategischen Leitung der Operation zu fassen.

Artikel 39 [Datenschutz]
¹Gemäß Artikel 16 des Vertrags über die Arbeitsweise der Europäischen Union und abweichend von Absatz 2 des genannten Artikels erlässt der Rat einen Beschluss zur Festlegung von Vorschriften über den Schutz natürlicher Personen bei der Verarbeitung personenbezogener Daten durch die Mitgliedstaaten im Rahmen der Ausübung von Tätigkeiten, die in den Anwendungsbereich dieses Kapitels fallen, und über den freien Datenverkehr. ²Die Einhaltung dieser Vorschriften wird von unabhängigen Behörden überwacht.

Artikel 40 [Kompetenzabgrenzung]
Die Durchführung der Gemeinsamen Außen- und Sicherheitspolitik lässt die Anwendung der Verfahren und den jeweiligen Umfang der Befugnisse der Organe, die in den Verträgen für die Ausübung der in den Artikeln 3 bis 6 des Vertrags über die Arbeitsweise der Europäischen Union aufgeführten Zuständigkeiten der Union vorgesehen sind, unberührt.
Ebenso lässt die Durchführung der Politik nach den genannten Artikeln die Anwendung der Verfahren und den jeweiligen Umfang der Befugnisse der Organe, die in den Verträgen für die Ausübung der Zuständigkeiten der Union nach diesem Kapitel vorgesehen sind, unberührt.

Artikel 41 [Finanzierung]
(1) Die Verwaltungsausgaben, die den Organen aus der Durchführung dieses Kapitels entstehen, gehen zu Lasten des Haushalts der Union.
(2)
Die operativen Ausgaben im Zusammenhang mit der Durchführung dieses Kapitels gehen ebenfalls zu Lasten des Haushalts der Union, mit Ausnahme der Ausgaben aufgrund von Maßnahmen mit militärischen oder verteidigungspolitischen Bezügen und von Fällen, in denen der Rat einstimmig etwas anderes beschließt.
¹In Fällen, in denen die Ausgaben nicht zu Lasten des Haushalts der Union gehen, gehen sie nach dem Bruttosozialprodukt-Schlüssel zu Lasten der Mitgliedstaaten, sofern der Rat nicht einstimmig etwas anderes beschließt. ²Die Mitgliedstaaten, deren Vertreter im Rat eine förmliche Erklärung nach Artikel 31 Absatz 1 Unterabsatz 2 abgegeben haben, sind nicht verpflichtet, zur Finanzierung von Ausgaben für Maßnahmen mit militärischen oder verteidigungspolitischen Bezügen beizutragen.
(3)
¹Der Rat erlässt einen Beschluss zur Festlegung besonderer Verfahren, um den schnellen Zugriff auf die Haushaltsmittel der Union zu gewährleisten, die für die Sofortfinanzierung von Initiativen im Rahmen der Gemeinsamen Außen- und Sicherheitspolitik, insbesondere von Tätigkeiten zur Vorbereitung einer Mission nach Artikel 42 Absatz 1 und Artikel 43 bestimmt sind. ²Er beschließt nach Anhörung des Europäischen Parlaments.

Die Tätigkeiten zur Vorbereitung der in Artikel 42 Absatz 1 und in Artikel 43 genannten Missionen, die nicht zulasten des Haushalts der Union gehen, werden aus einem aus Beiträgen der Mitgliedstaaten gebildeten Anschubfonds finanziert.

Der Rat erlässt mit qualifizierter Mehrheit auf Vorschlag des Hohen Vertreters der Union für Außen- und Sicherheitspolitik die Beschlüsse über

a) die Einzelheiten für die Bildung und die Finanzierung des Anschubfonds, insbesondere die Höhe der Mittelzuweisungen für den Fonds;

b) die Einzelheiten für die Verwaltung des Anschubfonds;

c) die Einzelheiten für die Finanzkontrolle.

[1]Kann die geplante Mission nach Artikel 42 Absatz 1 und Artikel 43 nicht aus dem Haushalt der Union finanziert werden, so ermächtigt der Rat den Hohen Vertreter zur Inanspruchnahme dieses Fonds. [2]Der Hohe Vertreter erstattet dem Rat Bericht über die Erfüllung dieses Mandats.

Abschnitt 2
Bestimmungen über die Gemeinsame Sicherheits- und Verteidigungspolitik

Artikel 42 [Gemeinsame Verteidigungspolitik; Europäische Verteidigungsagentur; Beistandsklausel]

(1) [1]Die Gemeinsame Sicherheits- und Verteidigungspolitik ist integraler Bestandteil der Gemeinsamen Außen- und Sicherheitspolitik. [2]Sie sichert der Union eine auf zivile und militärische Mittel gestützte Operationsfähigkeit. [3]Auf diese kann die Union bei Missionen außerhalb der Union zur Friedenssicherung, Konfliktverhütung und Stärkung der internationalen Sicherheit in Übereinstimmung mit den Grundsätzen der Charta der Vereinten Nationen zurückgreifen. [4]Sie erfüllt diese Aufgaben mit Hilfe der Fähigkeiten, die von den Mitgliedstaaten bereitgestellt werden.

(2) [1]Die Gemeinsame Sicherheits- und Verteidigungspolitik umfasst die schrittweise Festlegung einer gemeinsamen Verteidigungspolitik der Union. [2]Diese führt zu einer gemeinsamen Verteidigung, sobald der Europäische Rat dies einstimmig beschlossen hat. [3]Er empfiehlt in diesem Fall den Mitgliedstaaten, einen Beschluss in diesem Sinne im Einklang mit ihren verfassungsrechtlichen Vorschriften zu erlassen.

Die Politik der Union nach diesem Abschnitt berührt nicht den besonderen Charakter der Sicherheits- und Verteidigungspolitik bestimmter Mitgliedstaaten; sie achtet die Verpflichtungen einiger Mitgliedstaaten, die ihre gemeinsame Verteidigung in der Nordatlantikvertrags-Organisation (NATO) verwirklicht sehen, aus dem Nordatlantikvertrag und ist vereinbar mit der in jenem Rahmen festgelegten gemeinsamen Sicherheits- und Verteidigungspolitik.

(3) [1]Die Mitgliedstaaten stellen der Union für die Umsetzung der Gemeinsamen Sicherheits- und Verteidigungspolitik zivile und militärische Fähigkeiten als Beitrag zur Verwirklichung der vom Rat festgelegten Ziele zur Verfügung. [2]Die Mitgliedstaaten, die zusammen multinationale Streitkräfte aufstellen, können diese auch für die Gemeinsame Sicherheits- und Verteidigungspolitik zur Verfügung stellen.

[1]Die Mitgliedstaaten verpflichten sich, ihre militärischen Fähigkeiten schrittweise zu verbessern. [2]Die Agentur für die Bereiche Entwicklung der Verteidigungsfähigkeiten, Forschung, Beschaffung und Rüstung (im Folgenden „Europäische Verteidigungsagentur") ermittelt den operativen Bedarf und fördert Maßnahmen zur Bedarfsdeckung, trägt zur Ermittlung von Maßnahmen zur Stärkung der industriellen und technologischen Basis des Verteidigungssektors bei und führt diese Maßnahmen gegebenenfalls durch, beteiligt sich an der Festlegung einer europäischen Politik im Bereich der Fähigkeiten und der Rüstung und unterstützt den Rat bei der Beurteilung der Verbesserung der militärischen Fähigkeiten.

(4) [1]Beschlüsse zur Gemeinsamen Sicherheits- und Verteidigungspolitik, einschließlich der Beschlüsse über die Einleitung einer Mission nach diesem Artikel, werden vom Rat einstimmig auf Vorschlag des Hohen Vertreters der Union für Außen- und Sicherheitspolitik oder auf Initiative eines Mitgliedstaats erlassen. [2]Der Hohe Vertreter kann gegebenenfalls gemeinsam mit der Kommission den Rückgriff auf einzelstaatliche Mittel sowie auf Instrumente der Union vorschlagen.

(5) [1]Der Rat kann zur Wahrung der Werte der Union und im Dienste ihrer Interessen eine Gruppe von Mitgliedstaaten mit der Durchführung einer Mission im Rahmen der Union beauftragen. [2]Die Durchführung einer solchen Mission fällt unter Artikel 44.

(6) [1]Die Mitgliedstaaten, die anspruchsvollere Kriterien in Bezug auf die militärischen Fähigkeiten erfüllen und die im Hinblick auf Missionen mit höchsten Anforderungen untereinander weiter gehende Verpflichtungen eingegangen sind, begründen eine Ständige Strukturierte Zusammenarbeit im Rahmen

der Union. [2]Diese Zusammenarbeit erfolgt nach Maßgabe von Artikel 46. [3]Sie berührt nicht die Bestimmungen des Artikels 43.

(7)
[1]Im Falle eines bewaffneten Angriffs auf das Hoheitsgebiet eines Mitgliedstaats schulden die anderen Mitgliedstaaten ihm alle in ihrer Macht stehende Hilfe und Unterstützung, im Einklang mit Artikel 51 der Charta der Vereinten Nationen. [2]Dies lässt den besonderen Charakter der Sicherheits- und Verteidigungspolitik bestimmter Mitgliedstaaten unberührt.
Die Verpflichtungen und die Zusammenarbeit in diesem Bereich bleiben im Einklang mit den im Rahmen der Nordatlantikvertrags-Organisation eingegangenen Verpflichtungen, die für die ihr angehörenden Staaten weiterhin das Fundament ihrer kollektiven Verteidigung und das Instrument für deren Verwirklichung ist.

Artikel 43 [Missionen der GSVP]
(1) [1]Die in Artikel 42 Absatz 1 vorgesehenen Missionen, bei deren Durchführung die Union auf zivile und militärische Mittel zurückgreifen kann, umfassen gemeinsame Abrüstungsmaßnahmen, humanitäre Aufgaben und Rettungseinsätze, Aufgaben der militärischen Beratung und Unterstützung, Aufgaben der Konfliktverhütung und der Erhaltung des Friedens sowie Kampfeinsätze im Rahmen der Krisenbewältigung einschließlich Frieden schaffender Maßnahmen und Operationen zur Stabilisierung der Lage nach Konflikten. [2]Mit allen diesen Missionen kann zur Bekämpfung des Terrorismus beigetragen werden, unter anderem auch durch die Unterstützung für Drittländer bei der Bekämpfung des Terrorismus in ihrem Hoheitsgebiet.
(2) [1]Der Rat erlässt die Beschlüsse über Missionen nach Absatz 1; in den Beschlüssen sind Ziel und Umfang der Missionen sowie die für sie geltenden allgemeinen Durchführungsbestimmungen festgelegt. [2]Der Hohe Vertreter der Union für Außen- und Sicherheitspolitik sorgt unter Aufsicht des Rates und in engem und ständigem Benehmen mit dem Politischen und Sicherheitspolitischen Komitee für die Koordinierung der zivilen und militärischen Aspekte dieser Missionen.

Artikel 44 [Missionsübertragung]
(1) [1]Im Rahmen der nach Artikel 43 erlassenen Beschlüsse kann der Rat die Durchführung einer Mission einer Gruppe von Mitgliedstaaten übertragen, die dies wünschen und über die für eine derartige Mission erforderlichen Fähigkeiten verfügen. [2]Die betreffenden Mitgliedstaaten vereinbaren in Absprache mit dem Hohen Vertreter der Union für Außen- und Sicherheitspolitik untereinander die Ausführung der Mission.
(2) [1]Die an der Durchführung der Mission teilnehmenden Mitgliedstaaten unterrichten den Rat von sich aus oder auf Antrag eines anderen Mitgliedstaats regelmäßig über den Stand der Mission. [2]Die teilnehmenden Mitgliedstaaten befassen den Rat sofort, wenn sich aus der Durchführung der Mission schwerwiegende Konsequenzen ergeben oder das Ziel der Mission, ihr Umfang oder die für sie geltenden Regelungen, wie sie in den in Absatz 1 genannten Beschlüssen festgelegt sind, geändert werden müssen. [3]Der Rat erlässt in diesen Fällen die erforderlichen Beschlüsse.

Artikel 45 [Aufgabe der Europäischen Verteidigungsagentur]
(1) Aufgabe der in Artikel 42 Absatz 3 genannten, dem Rat unterstellten Europäischen Verteidigungsagentur ist es,
a) bei der Ermittlung der Ziele im Bereich der militärischen Fähigkeiten der Mitgliedstaaten und der Beurteilung, ob die von den Mitgliedstaaten in Bezug auf diese Fähigkeiten eingegangenen Verpflichtungen erfüllt wurden, mitzuwirken;
b) auf eine Harmonisierung des operativen Bedarfs sowie die Festlegung effizienter und kompatibler Beschaffungsverfahren hinzuwirken;
c) multilaterale Projekte zur Erfüllung der Ziele im Bereich der militärischen Fähigkeiten vorzuschlagen und für die Koordinierung der von den Mitgliedstaaten durchgeführten Programme sowie die Verwaltung spezifischer Kooperationsprogramme zu sorgen;
d) die Forschung auf dem Gebiet der Verteidigungstechnologie zu unterstützen, gemeinsame Forschungsaktivitäten sowie Studien zu technischen Lösungen, die dem künftigen operativen Bedarf gerecht werden, zu koordinieren und zu planen;
e) dazu beizutragen, dass zweckdienliche Maßnahmen zur Stärkung der industriellen und technologischen Basis des Verteidigungssektors und für einen wirkungsvolleren Einsatz der Verteidigungsausgaben ermittelt werden, und diese Maßnahmen gegebenenfalls durchzuführen.
(2) [1]Alle Mitgliedstaaten können auf Wunsch an der Arbeit der Europäischen Verteidigungsagentur teilnehmen. [2]Der Rat erlässt mit qualifizierter Mehrheit einen Beschluss, in dem die Rechtsstellung, der Sitz und die Funktionsweise der Agentur festgelegt werden. [3]Dieser Beschluss trägt dem Umfang der effek-

tiven Beteiligung an den Tätigkeiten der Agentur Rechnung. [4]Innerhalb der Agentur werden spezielle Gruppen gebildet, in denen Mitgliedstaaten zusammenkommen, die gemeinsame Projekte durchführen. [5]Die Agentur versieht ihre Aufgaben erforderlichenfalls in Verbindung mit der Kommission.

Artikel 46 [Ständige Strukturierte Zusammenarbeit]

(1) Die Mitgliedstaaten, die sich an der Ständigen Strukturierten Zusammenarbeit im Sinne des Artikels 42 Absatz 6 beteiligen möchten und hinsichtlich der militärischen Fähigkeiten die Kriterien erfüllen und die Verpflichtungen eingehen, die in dem Protokoll über die Ständige Strukturierte Zusammenarbeit enthalten sind, teilen dem Rat und dem Hohen Vertreter der Union für Außen- und Sicherheitspolitik ihre Absicht mit.

(2) [1]Der Rat erlässt binnen drei Monaten nach der in Absatz 1 genannten Mitteilung einen Beschluss über die Begründung der Ständigen Strukturierten Zusammenarbeit und über die Liste der daran teilnehmenden Mitgliedstaaten. [2]Der Rat beschließt nach Anhörung des Hohen Vertreters mit qualifizierter Mehrheit.

(3)
Jeder Mitgliedstaat, der sich zu einem späteren Zeitpunkt an der Ständigen Strukturierten Zusammenarbeit beteiligen möchte, teilt dem Rat und dem Hohen Vertreter seine Absicht mit.
[1]Der Rat erlässt einen Beschluss, in dem die Teilnahme des betreffenden Mitgliedstaats, der die Kriterien und Verpflichtungen nach den Artikeln 1 und 2 des Protokolls über die Ständige Strukturierte Zusammenarbeit erfüllt beziehungsweise eingeht, bestätigt wird. [2]Der Rat beschließt mit qualifizierter Mehrheit nach Anhörung des Hohen Vertreters. [3]Nur die Mitglieder des Rates, die die teilnehmenden Mitgliedstaaten vertreten, sind stimmberechtigt.
Die qualifizierte Mehrheit bestimmt sich nach Artikel 238 Absatz 3 Buchstabe a des Vertrags über die Arbeitsweise der Europäischen Union.

(4)
Erfüllt ein teilnehmender Mitgliedstaat die Kriterien nach den Artikeln 1 und 2 des Protokolls über die Ständige Strukturierte Zusammenarbeit nicht mehr oder kann er den darin genannten Verpflichtungen nicht mehr nachkommen, so kann der Rat einen Beschluss erlassen, durch den die Teilnahme dieses Staates ausgesetzt wird.
[1]Der Rat beschließt mit qualifizierter Mehrheit. [2]Nur die Mitglieder des Rates, die die teilnehmenden Mitgliedstaaten mit Ausnahme des betroffenen Mitgliedstaats vertreten, sind stimmberechtigt.
Die qualifizierte Mehrheit bestimmt sich nach Artikel 238 Absatz 3 Buchstabe a des Vertrags über die Arbeitsweise der Europäischen Union.

(5) Wünscht ein teilnehmender Mitgliedstaat, von der Ständigen Strukturierten Zusammenarbeit Abstand zu nehmen, so teilt er seine Entscheidung dem Rat mit, der zur Kenntnis nimmt, dass die Teilnahme des betreffenden Mitgliedstaats beendet ist.

(6) [1]Mit Ausnahme der Beschlüsse nach den Absätzen 2 bis 5 erlässt der Rat die Beschlüsse und Empfehlungen im Rahmen der Ständigen Strukturierten Zusammenarbeit einstimmig. [2]Für die Zwecke dieses Absatzes bezieht sich die Einstimmigkeit allein auf die Stimmen der Vertreter der an der Zusammenarbeit teilnehmenden Mitgliedstaaten.

Titel VI
Schlußbestimmungen

Artikel 47 [Rechtspersönlichkeit der Union]
Die Union besitzt Rechtspersönlichkeit.

Artikel 48 [Vertragsänderung]
(1) [1]Die Verträge können gemäß dem ordentlichen Änderungsverfahren geändert werden. [2]Sie können ebenfalls nach vereinfachten Änderungsverfahren geändert werden.

Ordentliches Änderungsverfahren

(2) [1]Die Regierung jedes Mitgliedstaats, das Europäische Parlament oder die Kommission kann dem Rat Entwürfe zur Änderung der Verträge vorlegen. [2]Diese Entwürfe können unter anderem eine Ausdehnung oder Verringerung der der Union in den Verträgen übertragenen Zuständigkeiten zum Ziel haben. [3]Diese Entwürfe werden vom Rat dem Europäischen Rat übermittelt und den nationalen Parlamenten zur Kenntnis gebracht.

(3)
[1]Beschließt der Europäische Rat nach Anhörung des Europäischen Parlaments und der Kommission mit einfacher Mehrheit die Prüfung der vorgeschlagenen Änderungen, so beruft der Präsident des Europäischen Rates einen Konvent von Vertretern der nationalen Parlamente, der Staats- und Regierungschefs der Mitgliedstaaten, des Europäischen Parlaments und der Kommission ein. [2]Bei institutionellen Änderungen im Währungsbereich wird auch die Europäische Zentralbank gehört. [3]Der Konvent prüft die Änderungsentwürfe und nimmt im Konsensverfahren eine Empfehlung an, die an eine Konferenz der Vertreter der Regierungen der Mitgliedstaaten nach Absatz 4 gerichtet ist.
[1]Der Europäische Rat kann mit einfacher Mehrheit nach Zustimmung des Europäischen Parlaments beschließen, keinen Konvent einzuberufen, wenn seine Einberufung aufgrund des Umfangs der geplanten Änderungen nicht gerechtfertigt ist. [2]In diesem Fall legt der Europäische Rat das Mandat für eine Konferenz der Vertreter der Regierungen der Mitgliedstaaten fest.

(4)
Eine Konferenz der Vertreter der Regierungen der Mitgliedstaaten wird vom Präsidenten des Rates einberufen, um die an den Verträgen vorzunehmenden Änderungen zu vereinbaren.
Die Änderungen treten in Kraft, nachdem sie von allen Mitgliedstaaten nach Maßgabe ihrer verfassungsrechtlichen Vorschriften ratifiziert worden sind.
(5) Haben nach Ablauf von zwei Jahren nach der Unterzeichnung eines Vertrags zur Änderung der Verträge vier Fünftel der Mitgliedstaaten den genannten Vertrag ratifiziert und sind in einem Mitgliedstaat oder mehreren Mitgliedstaaten Schwierigkeiten bei der Ratifikation aufgetreten, so befasst sich der Europäische Rat mit der Frage.

Vereinfachte Änderungsverfahren

(6)
Die Regierung jedes Mitgliedstaats, das Europäische Parlament oder die Kommission kann dem Europäischen Rat Entwürfe zur Änderung aller oder eines Teils der Bestimmungen des Dritten Teils des Vertrags über die Arbeitsweise der Europäischen Union über die internen Politikbereiche der Union vorlegen. [1]Der Europäische Rat kann einen Beschluss zur Änderung aller oder eines Teils der Bestimmungen des Dritten Teils des Vertrags über die Arbeitsweise der Europäischen Union erlassen. [2]Der Europäische Rat beschließt einstimmig nach Anhörung des Europäischen Parlaments und der Kommission sowie, bei institutionellen Änderungen im Währungsbereich, der Europäischen Zentralbank. [3]Dieser Beschluss tritt erst nach Zustimmung der Mitgliedstaaten im Einklang mit ihren jeweiligen verfassungsrechtlichen Vorschriften in Kraft.
Der Beschluss nach Unterabsatz 2 darf nicht zu einer Ausdehnung der der Union im Rahmen der Verträge übertragenen Zuständigkeiten führen.

(7)
[1]In Fällen, in denen der Rat nach Maßgabe des Vertrags über die Arbeitsweise der Europäischen Union oder des Titels V dieses Vertrags in einem Bereich oder in einem bestimmten Fall einstimmig beschließt, kann der Europäische Rat einen Beschluss erlassen, wonach der Rat in diesem Bereich oder in diesem Fall mit qualifizierter Mehrheit beschließen kann. [2]Dieser Unterabsatz gilt nicht für Beschlüsse mit militärischen oder verteidigungspolitischen Bezügen.
In Fällen, in denen nach Maßgabe des Vertrags über die Arbeitsweise der Europäischen Union Gesetzgebungsakte vom Rat gemäß einem besonderen Gesetzgebungsverfahren erlassen werden müssen, kann der Europäische Rat einen Beschluss erlassen, wonach die Gesetzgebungsakte gemäß dem ordentlichen Gesetzgebungsverfahren erlassen werden können.
[1]Jede vom Europäischen Rat auf der Grundlage von Unterabsatz 1 oder Unterabsatz 2 ergriffene Initiative wird den nationalen Parlamenten übermittelt. [2]Wird dieser Vorschlag innerhalb von sechs Monaten nach der Übermittlung von einem nationalen Parlament abgelehnt, so wird der Beschluss nach Unterabsatz 1 oder Unterabsatz 2 nicht erlassen. [3]Wird die Initiative nicht abgelehnt, so kann der Europäische Rat den Beschluss erlassen.
Der Europäische Rat erlässt die Beschlüsse nach den Unterabsätzen 1 oder 2 einstimmig nach Zustimmung des Europäischen Parlaments, das mit der Mehrheit seiner Mitglieder beschließt.

Artikel 49 [Beitritt zur Union]
[1]Jeder Europäische Staat, der die in Artikel 2 genannten Werte achtet und sich für ihre Förderung einsetzt, kann beantragen, Mitglied der Union zu werden. [2]Das Europäische Parlament und die nationalen Parlamente werden über diesen Antrag unterrichtet. [3]Der antragstellende Staat richtet seinen Antrag an den

Rat; dieser beschließt einstimmig nach Anhörung der Kommission und nach Zustimmung des Europäischen Parlaments, das mit der Mehrheit seiner Mitglieder beschließt. [4]Die vom Europäischen Rat vereinbarten Kriterien werden berücksichtigt.

[1]Die Aufnahmebedingungen und die durch eine Aufnahme erforderlich werdenden Anpassungen der Verträge, auf denen die Union beruht, werden durch ein Abkommen zwischen den Mitgliedstaaten und dem antragstellenden Staat geregelt. [2]Das Abkommen bedarf der Ratifikation durch alle Vertragsstaaten gemäß ihren verfassungsrechtlichen Vorschriften.

Artikel 50 [Austritt aus der Union]

(1) Jeder Mitgliedstaat kann im Einklang mit seinen verfassungsrechtlichen Vorschriften beschließen, aus der Union auszutreten.

(2) [1]Ein Mitgliedstaat, der auszutreten beschließt, teilt dem Europäischen Rat seine Absicht mit. [2]Auf der Grundlage der Leitlinien des Europäischen Rates handelt die Union mit diesem Staat ein Abkommen über die Einzelheiten des Austritts aus und schließt das Abkommen, wobei der Rahmen für die künftigen Beziehungen dieses Staates zur Union berücksichtigt wird. [3]Das Abkommen wird nach Artikel 218 Absatz 3 des Vertrags über die Arbeitsweise der Europäischen Union ausgehandelt. [4]Es wird vom Rat im Namen der Union geschlossen; der Rat beschließt mit qualifizierter Mehrheit nach Zustimmung des Europäischen Parlaments.

(3) Die Verträge finden auf den betroffenen Staat ab dem Tag des Inkrafttretens des Austrittsabkommens oder andernfalls zwei Jahre nach der in Absatz 2 genannten Mitteilung keine Anwendung mehr, es sei denn, der Europäische Rat beschließt im Einvernehmen mit dem betroffenen Mitgliedstaat einstimmig, diese Frist zu verlängern.

(4)

Für die Zwecke der Absätze 2 und 3 nimmt das Mitglied des Europäischen Rates und des Rates, das den austretenden Mitgliedstaat vertritt, weder an den diesen Mitgliedstaat betreffenden Beratungen noch an der entsprechenden Beschlussfassung des Europäischen Rates oder des Rates teil.

Die qualifizierte Mehrheit bestimmt sich nach Artikel 238 Absatz 3 Buchstabe b des Vertrags über die Arbeitsweise der Europäischen Union.

(5) Ein Staat, der aus der Union ausgetreten ist und erneut Mitglied werden möchte, muss dies nach dem Verfahren des Artikels 49 beantragen.

Artikel 51 [Protokolle, Anhänge]

Die Protokolle und Anhänge der Verträge sind Bestandteil der Verträge.

Artikel 52 [Geltungsbereich]

(1) Die Verträge gelten für das Königreich Belgien, die Republik Bulgarien, die Tschechische Republik, das Königreich Dänemark, die Bundesrepublik Deutschland, die Republik Estland, Irland, die Hellenische Republik, das Königreich Spanien, die Französische Republik, die Republik Kroatien, die Italienische Republik, die Republik Zypern, die Republik Lettland, die Republik Litauen, das Großherzogtum Luxemburg, die Republik Ungarn, die Republik Malta, das Königreich der Niederlande, die Republik Österreich, die Republik Polen, die Portugiesische Republik, Rumänien, die Republik Slowenien, die Slowakische Republik, die Republik Finnland, das Königreich Schweden und das Vereinigte Königreich Großbritannien und Nordirland.

(2) Der räumliche Geltungsbereich der Verträge wird in Artikel 355 des Vertrags über die Arbeitsweise der Europäischen Union im Einzelnen angegeben.

Artikel 53 [Unbefristete Geltung]

Dieser Vertrag gilt auf unbegrenzte Zeit.

Artikel 54 [Ratifikation]

(1) [1]Dieser Vertrag bedarf der Ratifikation durch die Hohen Vertragsparteien gemäß ihren verfassungsrechtlichen Vorschriften. [2]Die Ratifikationsurkunden werden bei der Regierung der Italienischen Republik hinterlegt.

(2) Dieser Vertrag tritt am 1. Januar 1993 in Kraft, sofern alle Ratifikationsurkunden hinterlegt worden sind, oder andernfalls am ersten Tag des auf die Hinterlegung der letzten Ratifikationsurkunde folgenden Monats.

Artikel 55 [Verbindlicher Wortlaut; Hinterlegung]

(1) Dieser Vertrag ist in einer Urschrift in bulgarischer, dänischer, deutscher, englischer, estnischer, finnischer, französischer, griechischer, irischer, italienischer, kroatischer, lettischer, litauischer, maltesischer, niederländischer, polnischer, portugiesischer, rumänischer, schwedischer, slowakischer, sloweni-

scher, spanischer, tschechischer und ungarischer Sprache abgefasst, wobei jeder Wortlaut gleichermaßen verbindlich ist; er wird im Archiv der Regierung der Italienischen Republik hinterlegt; diese übermittelt der Regierung jedes anderen Unterzeichnerstaats eine beglaubigte Abschrift.

(2) [1]Dieser Vertrag kann ferner in jede andere von den Mitgliedstaaten bestimmte Sprache übersetzt werden, sofern diese Sprache nach der Verfassungsordnung des jeweiligen Mitgliedstaats in dessen gesamtem Hoheitsgebiet oder in Teilen davon Amtssprache ist. [2]Die betreffenden Mitgliedstaaten stellen eine beglaubigte Abschrift dieser Übersetzungen zur Verfügung, die in den Archiven des Rates hinterlegt wird.

ZU URKUND DESSEN haben die unterzeichneten Bevollmächtigten ihre Unterschriften unter diesen Vertrag gesetzt.

GESCHEHEN zu Maastricht am siebten Februar neunzehnhundertzweiundneunzig.

(Aufzählung der Unterzeichner nicht wiedergegeben)

Vertrag über die Arbeitsweise der Europäischen Union[1]

In der Fassung der Bekanntmachung vom 9. Mai 2008[2] (ABl. Nr. C 115 S. 47)
(Celex-Nr. 1 1957 E)
zuletzt geändert durch Art. 2 ÄndBeschl. 2012/419/EU vom 11. Juli 2012 (ABl. Nr. L 204 S. 131)
– Auszug –

1) Die Artikelfolge und Verweise/Bezugnahmen auf Vorschriften des EUV sind gemäß Art. 5 des Vertrags von Lissabon iVm den Übereinstimmungstabellen zum EUV bzw. AEUV an die neue Nummerierung angepasst worden.

2) Konsolidierte Fassung des Vertrags zur Gründung der Europäischen Gemeinschaft v. 25. 3. 1957 (BGBl. II S. 766). Die Bundesrepublik Deutschland hat dem Vertrag von Lissabon mit G. v. 8. 10. 2008 (BGBl. II S. 1038) zugestimmt; Inkrafttreten am 1. 12. 2009, siehe Bek. v. 13. 11. 2009 (BGBl. II S. 1223).

Präambel

SEINE MAJESTÄT DER KÖNIG DER BELGIER, DER PRÄSIDENT DER BUNDESREPUBLIK DEUTSCHLAND, DER PRÄSIDENT DER FRANZÖSISCHEN REPUBLIK, DER PRÄSIDENT DER ITALIENISCHEN REPUBLIK, IHRE KÖNIGLICHE HOHEIT DIE GROSSHERZOGIN VON LUXEMBURG, IHRE MAJESTÄT DIE KÖNIGIN DER NIEDERLANDE[1)],

IN DEM FESTEN WILLEN, die Grundlagen für einen immer engeren Zusammenschluss der europäischen Völker zu schaffen,

ENTSCHLOSSEN, durch gemeinsames Handeln den wirtschaftlichen und sozialen Fortschritt ihrer Staaten zu sichern, indem sie die Europa trennenden Schranken beseitigen,

IN DEM VORSATZ, die stetige Besserung der Lebens- und Beschäftigungsbedingungen ihrer Völker als wesentliches Ziel anzustreben,

IN DER ERKENNTNIS, dass zur Beseitigung der bestehenden Hindernisse ein einverständliches Vorgehen erforderlich ist, um eine beständige Wirtschaftsausweitung, einen ausgewogenen Handelsverkehr und einen redlichen Wettbewerb zu gewährleisten,

IN DEM BESTREBEN, ihre Volkswirtschaften zu einigen und deren harmonische Entwicklung zu fördern, indem sie den Abstand zwischen einzelnen Gebieten und den Rückstand weniger begünstigter Gebiete verringern,

IN DEM WUNSCH, durch eine gemeinsame Handelspolitik zur fortschreitenden Beseitigung der Beschränkungen im zwischenstaatlichen Wirtschaftsverkehr beizutragen,

IN DER ABSICHT, die Verbundenheit Europas mit den überseeischen Ländern zu bekräftigen, und in dem Wunsch, entsprechend den Grundsätzen der Satzung der Vereinten Nationen den Wohlstand der überseeischen Länder zu fördern,

ENTSCHLOSSEN, durch diesen Zusammenschluss ihrer Wirtschaftskräfte Frieden und Freiheit zu wahren und zu festigen, und mit der Aufforderung an die anderen Völker Europas, die sich zu dem gleichen hohen Ziel bekennen, sich diesen Bestrebungen anzuschließen,

ENTSCHLOSSEN, durch umfassenden Zugang zur Bildung und durch ständige Weiterbildung auf einen möglichst hohen Wissensstand ihrer Völker hinzuwirken,

HABEN zu diesem Zweck zu ihren Bevollmächtigten ERNANNT:

(Aufzählung der Bevollmächtigten nicht wiedergegeben)

DIESE SIND nach Austausch ihrer als gut und gehörig befundenen Vollmachten wie folgt übereingekommen:

Erster Teil
Grundsätze

Artikel 1 [Regelungsbereich]
(1) Dieser Vertrag regelt die Arbeitsweise der Union und legt die Bereiche, die Abgrenzung und die Einzelheiten der Ausübung ihrer Zuständigkeiten fest.

(2) [1]Dieser Vertrag und der Vertrag über die Europäische Union bilden die Verträge, auf die sich die Union gründet. [2]Diese beiden Verträge, die rechtlich gleichrangig sind, werden als „die Verträge" bezeichnet.

Titel I
Arten und Bereiche der Zuständigkeit der Union

Artikel 2 [Arten von Zuständigkeiten]
(1) Übertragen die Verträge der Union für einen bestimmten Bereich eine ausschließliche Zuständigkeit, so kann nur die Union gesetzgeberisch tätig werden und verbindliche Rechtsakte erlassen; die Mitgliedstaaten dürfen in einem solchen Fall nur tätig werden, wenn sie von der Union hierzu ermächtigt werden, oder um Rechtsakte der Union durchzuführen.

1) **Amtl. Anm.:** Seit dem ursprünglichen Vertragsschluss sind Mitgliedstaaten der Europäischen Union geworden *[Red. Anm.: Stand: 1. 12. 2009]*: die Republik Bulgarien, die Tschechische Republik, das Königreich Dänemark, die Republik Estland, die Hellenische Republik, das Königreich Spanien, Irland, die Republik Zypern, die Republik Lettland, die Republik Litauen, die Republik Ungarn, die Republik Malta, die Republik Österreich, die Republik Polen, die Portugiesische Republik, Rumänien, die Republik Slowenien, die Slowakische Republik, die Republik Finnland, das Königreich Schweden und das Vereinigte Königreich Großbritannien und Nordirland.

(2) [1]Übertragen die Verträge der Union für einen bestimmten Bereich eine mit den Mitgliedstaaten geteilte Zuständigkeit, so können die Union und die Mitgliedstaaten in diesem Bereich gesetzgeberisch tätig werden und verbindliche Rechtsakte erlassen. [2]Die Mitgliedstaaten nehmen ihre Zuständigkeit wahr, sofern und soweit die Union ihre Zuständigkeit nicht ausgeübt hat. [3]Die Mitgliedstaaten nehmen ihre Zuständigkeit erneut wahr, sofern und soweit die Union entschieden hat, ihre Zuständigkeit nicht mehr auszuüben.

(3) Die Mitgliedstaaten koordinieren ihre Wirtschafts- und Beschäftigungspolitik im Rahmen von Regelungen nach Maßgabe dieses Vertrags, für deren Festlegung die Union zuständig ist.

(4) Die Union ist nach Maßgabe des Vertrags über die Europäische Union dafür zuständig, eine gemeinsame Außen- und Sicherheitspolitik einschließlich der schrittweisen Festlegung einer gemeinsamen Verteidigungspolitik zu erarbeiten und zu verwirklichen.

(5)
In bestimmten Bereichen ist die Union nach Maßgabe der Verträge dafür zuständig, Maßnahmen zur Unterstützung, Koordinierung oder Ergänzung der Maßnahmen der Mitgliedstaaten durchzuführen, ohne dass dadurch die Zuständigkeit der Union für diese Bereiche an die Stelle der Zuständigkeit der Mitgliedstaaten tritt.
Die verbindlichen Rechtsakte der Union, die aufgrund der diese Bereiche betreffenden Bestimmungen der Verträge erlassen werden, dürfen keine Harmonisierung der Rechtsvorschriften der Mitgliedstaaten beinhalten.

(6) Der Umfang der Zuständigkeiten der Union und die Einzelheiten ihrer Ausübung ergeben sich aus den Bestimmungen der Verträge zu den einzelnen Bereichen.

Artikel 3 [Ausschließliche Zuständigkeiten]
(1) Die Union hat ausschließliche Zuständigkeit in folgenden Bereichen:
a) Zollunion,
b) Festlegung der für das Funktionieren des Binnenmarkts erforderlichen Wettbewerbsregeln,
c) Währungspolitik für die Mitgliedstaaten, deren Währung der Euro ist,
d) Erhaltung der biologischen Meeresschätze im Rahmen der gemeinsamen Fischereipolitik,
e) gemeinsame Handelspolitik.
(2) Die Union hat ferner die ausschließliche Zuständigkeit für den Abschluss internationaler Übereinkünfte, wenn der Abschluss einer solchen Übereinkunft in einem Gesetzgebungsakt der Union vorgesehen ist, wenn er notwendig ist, damit sie ihre interne Zuständigkeit ausüben kann, oder soweit er gemeinsame Regeln beeinträchtigen oder deren Tragweite verändern könnte.

Artikel 4 [Geteilte Zuständigkeiten]
(1) Die Union teilt ihre Zuständigkeit mit den Mitgliedstaaten, wenn ihr die Verträge außerhalb der in den Artikeln 3 und 6 genannten Bereiche eine Zuständigkeit übertragen.
(2) Die von der Union mit den Mitgliedstaaten geteilte Zuständigkeit erstreckt sich auf die folgenden Hauptbereiche:
a) Binnenmarkt,
b) Sozialpolitik hinsichtlich der in diesem Vertrag genannten Aspekte,
c) wirtschaftlicher, sozialer und territorialer Zusammenhalt,
d) Landwirtschaft und Fischerei, ausgenommen die Erhaltung der biologischen Meeresschätze,
e) Umwelt,
f) Verbraucherschutz,
g) Verkehr,
h) transeuropäische Netze,
i) Energie,
j) Raum der Freiheit, der Sicherheit und des Rechts,
k) gemeinsame Sicherheitsanliegen im Bereich der öffentlichen Gesundheit hinsichtlich der in diesem Vertrag genannten Aspekte.
(3) In den Bereichen Forschung, technologische Entwicklung und Raumfahrt erstreckt sich die Zuständigkeit der Union darauf, Maßnahmen zu treffen, insbesondere Programme zu erstellen und durchzuführen, ohne dass die Ausübung dieser Zuständigkeit die Mitgliedstaaten hindert, ihre Zuständigkeit auszuüben.
(4) In den Bereichen Entwicklungszusammenarbeit und humanitäre Hilfe erstreckt sich die Zuständigkeit der Union darauf, Maßnahmen zu treffen und eine gemeinsame Politik zu verfolgen, ohne dass die Ausübung dieser Zuständigkeit die Mitgliedstaaten hindert, ihre Zuständigkeit auszuüben.

Artikel 5 [Koordinierung der Wirtschafts-, Beschäftigungs- und Sozialpolitik]
(1)
[1]Die Mitgliedstaaten koordinieren ihre Wirtschaftspolitik innerhalb der Union. [2]Zu diesem Zweck erlässt der Rat Maßnahmen; insbesondere beschließt er die Grundzüge dieser Politik.
Für die Mitgliedstaaten, deren Währung der Euro ist, gelten besondere Regelungen.
(2) Die Union trifft Maßnahmen zur Koordinierung der Beschäftigungspolitik der Mitgliedstaaten, insbesondere durch die Festlegung von Leitlinien für diese Politik.
(3) Die Union kann Initiativen zur Koordinierung der Sozialpolitik der Mitgliedstaaten ergreifen.

Artikel 6 [Unterstützungs-, Koordinierungs- und Ergänzungsmaßnahmen]
[1]Die Union ist für die Durchführung von Maßnahmen zur Unterstützung, Koordinierung oder Ergänzung der Maßnahmen der Mitgliedstaaten zuständig. [2]Diese Maßnahmen mit europäischer Zielsetzung können in folgenden Bereichen getroffen werden:
a) Schutz und Verbesserung der menschlichen Gesundheit,
b) Industrie,
c) Kultur,
d) Tourismus,
e) allgemeine und berufliche Bildung, Jugend und Sport,
f) Katastrophenschutz,
g) Verwaltungszusammenarbeit.

Titel II
Allgemein geltende Bestimmungen

Artikel 7 [Kohärenzprinzip]
Die Union achtet auf die Kohärenz zwischen ihrer Politik und ihren Maßnahmen in den verschiedenen Bereichen und trägt dabei unter Einhaltung des Grundsatzes der begrenzten Einzelermächtigung ihren Zielen in ihrer Gesamtheit Rechnung.

Artikel 8 [Gleichstellung; Querschnittsklausel]
Bei allen ihren Tätigkeiten wirkt die Union darauf hin, Ungleichheiten zu beseitigen und die Gleichstellung von Männern und Frauen zu fördern.

Artikel 9 [Sozialer Schutz; Querschnittsklausel]
Bei der Festlegung und Durchführung ihrer Politik und ihrer Maßnahmen trägt die Union den Erfordernissen im Zusammenhang mit der Förderung eines hohen Beschäftigungsniveaus, mit der Gewährleistung eines angemessenen sozialen Schutzes, mit der Bekämpfung der sozialen Ausgrenzung sowie mit einem hohen Niveau der allgemeinen und beruflichen Bildung und des Gesundheitsschutzes Rechnung.

Artikel 10 [Bekämpfung von Diskriminierungen; Querschnittsklausel]
Bei der Festlegung und Durchführung ihrer Politik und ihrer Maßnahmen zielt die Union darauf ab, Diskriminierungen aus Gründen des Geschlechts, der Rasse, der ethnischen Herkunft, der Religion oder der Weltanschauung, einer Behinderung, des Alters oder der sexuellen Ausrichtung zu bekämpfen.

Artikel 11 [Umweltschutz; Querschnittsklausel]
Die Erfordernisse des Umweltschutzes müssen bei der Festlegung und Durchführung der Unionspolitiken und -maßnahmen insbesondere zur Förderung einer nachhaltigen Entwicklung einbezogen werden.

Artikel 12 [Verbraucherschutz; Querschnittsklausel]
Den Erfordernissen des Verbraucherschutzes wird bei der Festlegung und Durchführung der anderen Unionspolitiken und -maßnahmen Rechnung getragen.

Artikel 13 [Tierschutz; Querschnittsklausel]
Bei der Festlegung und Durchführung der Politik der Union in den Bereichen Landwirtschaft, Fischerei, Verkehr, Binnenmarkt, Forschung, technologische Entwicklung und Raumfahrt tragen die Union und die Mitgliedstaaten den Erfordernissen des Wohlergehens der Tiere als fühlende Wesen in vollem Umfang Rechnung; sie berücksichtigen hierbei die Rechts- und Verwaltungsvorschriften und die Gepflogenheiten der Mitgliedstaaten insbesondere in Bezug auf religiöse Riten, kulturelle Traditionen und das regionale Erbe.

Artikel 14 [Dienste von allgemeinem wirtschaftlichem Interesse]
[1]Unbeschadet des Artikels 4 des Vertrags über die Europäische Union und der Artikel 93, 106 und 107 dieses Vertrags und in Anbetracht des Stellenwerts, den Dienste von allgemeinem wirtschaftlichem Inte-

resse innerhalb der gemeinsamen Werte der Union einnehmen, sowie ihrer Bedeutung bei der Förderung des sozialen und territorialen Zusammmenhalts tragen die Union und die Mitgliedstaaten im Rahmen ihrer jeweiligen Befugnisse im Anwendungsbcreich der Verträge dafür Sorge, dass die Grundsätze und Bedingungen, insbesondere jene wirtschaftlicher und finanzieller Art, für das Funktionieren dieser Dienste so gestaltet sind, dass diese ihren Aufgaben nachkommen können. [2]Diese Grundsätze und Bedingungen werden vom Europäischen Parlament und vom Rat durch Verordnungen gemäß dem ordentlichen Gesetzgebungsverfahren festgelegt, unbeschadet der Zuständigkeit der Mitgliedstaaten, diese Dienste im Einklang mit den Verträgen zur Verfügung zu stellen, in Auftrag zu geben und zu finanzieren.

Artikel 15 [Grundsatz der Offenheit]
(1) Um eine verantwortungsvolle Verwaltung zu fördern und die Beteiligung der Zivilgesellschaft sicherzustellen, handeln die Organe, Einrichtungen und sonstigen Stellen der Union unter weitestgehender Beachtung des Grundsatzes der Offenheit.
(2) Das Europäische Parlament tagt öffentlich; dies gilt auch für den Rat, wenn er über Entwürfe zu Gesetzgebungsakten berät oder abstimmt.
(3)
Jeder Unionsbürger sowie jede natürliche oder juristische Person mit Wohnsitz oder satzungsgemäßem Sitz in einem Mitgliedstaat hat das Recht auf Zugang zu Dokumenten der Organe, Einrichtungen und sonstigen Stellen der Union, unabhängig von der Form der für diese Dokumente verwendeten Träger, vorbehaltlich der Grundsätze und Bedingungen, die nach diesem Absatz festzulegen sind.
Die allgemeinen Grundsätze und die aufgrund öffentlicher oder privater Interessen geltenden Einschränkungen für die Ausübung dieses Rechts auf Zugang zu Dokumenten werden vom Europäischen Parlament und vom Rat durch Verordnungen gemäß dem ordentlichen Gesetzgebungsverfahren festgelegt.
Die Organe, Einrichtungen und sonstigen Stellen gewährleisten die Transparenz ihrer Tätigkeit und legen im Einklang mit gemäß den in Unterabsatz 2 genannten Verordnungen in ihrer Geschäftsordnung Sonderbestimmungen hinsichtlich des Zugangs zu ihren Dokumenten fest.
Dieser Absatz gilt für den Gerichtshof der Europäischen Union, die Europäische Zentralbank und die Europäische Investitionsbank nur dann, wenn sie Verwaltungsaufgaben wahrnehmen.
Das Europäische Parlament und der Rat sorgen dafür, dass die Dokumente, die die Gesetzgebungsverfahren betreffen, nach Maßgabe der in Unterabsatz 2 genannten Verordnungen öffentlich zugänglich gemacht werden.

Artikel 16 [Datenschutz]
(1) Jede Person hat das Recht auf Schutz der sie betreffenden personenbezogenen Daten.
(2)
[1]Das Europäische Parlament und der Rat erlassen gemäß dem ordentlichen Gesetzgebungsverfahren Vorschriften über den Schutz natürlicher Personen bei der Verarbeitung personenbezogener Daten durch die Organe, Einrichtungen und sonstigen Stellen der Union sowie durch die Mitgliedstaaten im Rahmen der Ausübung von Tätigkeiten, die in den Anwendungsbereich des Unionsrechts fallen, und über den freien Datenverkehr. [2]Die Einhaltung dieser Vorschriften wird von unabhängigen Behörden überwacht.
Die auf der Grundlage dieses Artikels erlassenen Vorschriften lassen die spezifischen Bestimmungen des Artikels 39 des Vertrags über die Europäische Union unberührt.

Artikel 17 [Religiöse und weltanschauliche Gemeinschaften]
(1) Die Union achtet den Status, den Kirchen und religiöse Vereinigungen oder Gemeinschaften in den Mitgliedstaaten nach deren Rechtsvorschriften genießen, und beeinträchtigt ihn nicht.
(2) Die Union achtet in gleicher Weise den Status, den weltanschauliche Gemeinschaften nach den einzelstaatlichen Rechtsvorschriften genießen.
(3) Die Union pflegt mit diesen Kirchen und Gemeinschaften in Anerkennung ihrer Identität und ihres besonderen Beitrags einen offenen, transparenten und regelmäßigen Dialog.

Zweiter Teil
Nichtdiskriminierung und Unionsbürgerschaft

Artikel 18 [Diskriminierungsverbot]
Unbeschadet besonderer Bestimmungen der Verträge ist in ihrem Anwendungsbereich jede Diskriminierung aus Gründen der Staatsangehörigkeit verboten.
Das Europäische Parlament und der Rat können gemäß dem ordentlichen Gesetzgebungsverfahren Regelungen für das Verbot solcher Diskriminierungen treffen.

Artikel 19 [Antidiskriminierungsmaßnahmen]
(1) Unbeschadet der sonstigen Bestimmungen der Verträge kann der Rat im Rahmen der durch die Verträge auf die Union übertragenen Zuständigkeiten gemäß einem besonderen Gesetzgebungsverfahren und nach Zustimmung des Europäischen Parlaments einstimmig geeignete Vorkehrungen treffen, um Diskriminierungen aus Gründen des Geschlechts, der Rasse, der ethnischen Herkunft, der Religion oder der Weltanschauung, einer Behinderung, des Alters oder der sexuellen Ausrichtung zu bekämpfen.
(2) Abweichend von Absatz 1 können das Europäische Parlament und der Rat gemäß dem ordentlichen Gesetzgebungsverfahren die Grundprinzipien für Fördermaßnahmen der Union unter Ausschluss jeglicher Harmonisierung der Rechts- und Verwaltungsvorschriften der Mitgliedstaaten zur Unterstützung der Maßnahmen festlegen, die die Mitgliedstaaten treffen, um zur Verwirklichung der in Absatz 1 genannten Ziele beizutragen.

Artikel 20 [Unionsbürgerschaft]
(1) ¹Es wird eine Unionsbürgerschaft eingeführt. ²Unionsbürger ist, wer die Staatsangehörigkeit eines Mitgliedstaats besitzt. ³Die Unionsbürgerschaft tritt zur nationalen Staatsbürgerschaft hinzu, ersetzt sie aber nicht.
(2) ¹Die Unionsbürgerinnen und Unionsbürger haben die in den Verträgen vorgesehenen Rechte und Pflichten. ²Sie haben unter anderem
a) das Recht, sich im Hoheitsgebiet der Mitgliedstaaten frei zu bewegen und aufzuhalten;
b) in dem Mitgliedstaat, in dem sie ihren Wohnsitz haben, das aktive und passive Wahlrecht bei den Wahlen zum Europäischen Parlament und bei den Kommunalwahlen, wobei für sie dieselben Bedingungen gelten wie für die Angehörigen des betreffenden Mitgliedstaats;
c) im Hoheitsgebiet eines Drittlands, in dem der Mitgliedstaat, dessen Staatsangehörigkeit sie besitzen, nicht vertreten ist, Recht auf Schutz durch die diplomatischen und konsularischen Behörden eines jeden Mitgliedstaats unter denselben Bedingungen wie Staatsangehörige dieses Staates;
d) das Recht, Petitionen an das Europäische Parlament zu richten und sich an den Europäischen Bürgerbeauftragten zu wenden, sowie das Recht, sich in einer der Sprachen der Verträge an die Organe und die beratenden Einrichtungen der Union zu wenden und eine Antwort in derselben Sprache zu erhalten.
³Diese Rechte werden unter den Bedingungen und innerhalb der Grenzen ausgeübt, die in den Verträgen und durch die in Anwendung der Verträge erlassenen Maßnahmen festgelegt sind.

Artikel 21 [Freizügigkeit]
(1) Jeder Unionsbürger hat das Recht, sich im Hoheitsgebiet der Mitgliedstaaten vorbehaltlich der in den Verträgen und in den Durchführungsvorschriften vorgesehenen Beschränkungen und Bedingungen frei zu bewegen und aufzuhalten.
(2) Erscheint zur Erreichung dieses Ziels ein Tätigwerden der Union erforderlich und sehen die Verträge hierfür keine Befugnisse vor, so können das Europäische Parlament und der Rat gemäß dem ordentlichen Gesetzgebungsverfahren Vorschriften erlassen, mit denen die Ausübung der Rechte nach Absatz 1 erleichtert wird.
(3) ¹Zu den gleichen wie den in Absatz 1 genannten Zwecken kann der Rat, sofern die Verträge hierfür keine Befugnisse vorsehen, gemäß einem besonderen Gesetzgebungsverfahren Maßnahmen erlassen, die die soziale Sicherheit oder den sozialen Schutz betreffen. ²Der Rat beschließt einstimmig nach Anhörung des Europäischen Parlaments.

Artikel 22 [Wahlrecht]
(1) ¹Jeder Unionsbürger mit Wohnsitz in einem Mitgliedstaat, dessen Staatsangehörigkeit er nicht besitzt, hat in dem Mitgliedstaat, in dem er seinen Wohnsitz hat, das aktive und passive Wahlrecht bei Kommunalwahlen, wobei für ihn dieselben Bedingungen gelten wie für die Angehörigen des betreffenden Mitgliedstaats. ²Dieses Recht wird vorbehaltlich der Einzelheiten ausgeübt, die vom Rat einstimmig gemäß einem besonderen Gesetzgebungsverfahren und nach Anhörung des Europäischen Parlaments festgelegt werden; in diesen können Ausnahmeregelungen vorgesehen werden, wenn dies aufgrund besonderer Probleme eines Mitgliedstaats gerechtfertigt ist.
(2) ¹Unbeschadet des Artikels 223 Absatz 1 und der Bestimmungen zu dessen Durchführung besitzt jeder Unionsbürger mit Wohnsitz in einem Mitgliedstaat, dessen Staatsangehörigkeit er nicht besitzt, in dem Mitgliedstaat, in dem er seinen Wohnsitz hat, das aktive und passive Wahlrecht bei den Wahlen zum Europäischen Parlament, wobei für ihn dieselben Bedingungen gelten wie für die Angehörigen des betreffenden Mitgliedstaats. ²Dieses Recht wird vorbehaltlich der Einzelheiten ausgeübt, die vom Rat einstimmig gemäß einem besonderen Gesetzgebungsverfahren und nach Anhörung des Europäischen Par-

laments festgelegt werden; in diesen können Ausnahmeregelungen vorgesehen werden, wenn dies aufgrund besonderer Probleme eines Mitgliedstaats gerechtfertigt ist.

Artikel 23 [Diplomatischer und konsularischer Schutz]
[1]Jeder Unionsbürger genießt im Hoheitsgebiet eines dritten Landes, in dem der Mitgliedstaat, dessen Staatsangehörigkeit er besitzt, nicht vertreten ist, den diplomatischen und konsularischen Schutz eines jeden Mitgliedstaats unter denselben Bedingungen wie Staatsangehörige dieses Staates. [2]Die Mitgliedstaaten treffen die notwendigen Vorkehrungen und leiten die für diesen Schutz erforderlichen internationalen Verhandlungen ein.
Der Rat kann gemäß einem besonderen Gesetzgebungsverfahren und nach Anhörung des Europäischen Parlaments Richtlinien zur Festlegung der notwendigen Koordinierungs- und Kooperationsmaßnahmen zur Erleichterung dieses Schutzes erlassen.

Artikel 24 [Petitionsrecht]
Die Bestimmungen über die Verfahren und Bedingungen, die für eine Bürgerinitiative im Sinne des Artikels 11 des Vertrags über die Europäische Union gelten, einschließlich der Mindestzahl der Mitgliedstaaten, aus denen die Bürgerinnen und Bürger, die diese Initiative ergreifen, kommen müssen, werden vom Europäischen Parlament und vom Rat gemäß dem ordentlichen Gesetzgebungsverfahren durch Verordnungen festgelegt.
Jeder Unionsbürger besitzt das Petitionsrecht beim Europäischen Parlament nach Artikel 227.
Jeder Unionsbürger kann sich an den nach Artikel 228 eingesetzten Bürgerbeauftragten wenden.
Jeder Unionsbürger kann sich schriftlich in einer der in Artikel 55 Absatz 1 des Vertrags über die Europäische Union genannten Sprachen an jedes Organ oder an jede Einrichtung wenden, die in dem vorliegenden Artikel oder in Artikel 13 des genannten Vertrags genannt sind, und eine Antwort in derselben Sprache erhalten.

Artikel 25 [Fortentwicklung der Unionsbürgerschaft]
[1]Die Kommission erstattet dem Europäischen Parlament, dem Rat und dem Wirtschafts- und Sozialausschuss alle drei Jahre über die Anwendung dieses Teils Bericht. [2]In dem Bericht wird der Fortentwicklung der Union Rechnung getragen.
[1]Auf dieser Grundlage kann der Rat unbeschadet der anderen Bestimmungen der Verträge zur Ergänzung der in Artikel 20 Absatz 2 aufgeführten Rechte einstimmig gemäß einem besonderen Gesetzgebungsverfahren nach Zustimmung des Europäischen Parlaments Bestimmungen erlassen. [2]Diese Bestimmungen treten nach Zustimmung der Mitgliedstaaten im Einklang mit ihren jeweiligen verfassungsrechtlichen Vorschriften in Kraft.

Dritter Teil
Die internen Politiken und Maßnahmen der Union

Titel I
Der Binnenmarkt

Artikel 26 [Verwirklichung des Binnenmarkts]
(1) Die Union erlässt die erforderlichen Maßnahmen, um nach Maßgabe der einschlägigen Bestimmungen der Verträge den Binnenmarkt zu verwirklichen beziehungsweise dessen Funktionieren zu gewährleisten.
(2) Der Binnenmarkt umfasst einen Raum ohne Binnengrenzen, in dem der freie Verkehr von Waren, Personen, Dienstleistungen und Kapital gemäß den Bestimmungen der Verträge gewährleistet ist.
(3) Der Rat legt auf Vorschlag der Kommission die Leitlinien und Bedingungen fest, die erforderlich sind, um in allen betroffenen Sektoren einen ausgewogenen Fortschritt zu gewährleisten.

Artikel 27 [Ausnahmeregelungen]
Bei der Formulierung ihrer Vorschläge zur Verwirklichung der Ziele des Artikels 26 berücksichtigt die Kommission den Umfang der Anstrengungen, die einigen Volkswirtschaften mit unterschiedlichem Entwicklungsstand für die Errichtung des Binnenmarkts abverlangt werden, und kann geeignete Bestimmungen vorschlagen.
Erhalten diese Bestimmungen die Form von Ausnahmeregelungen, so müssen sie vorübergehender Art sein und dürfen das Funktionieren des Binnenmarkts so wenig wie möglich stören.

Titel II
Der freie Warenverkehr

Artikel 28 [Zollunion]
(1) Die Union umfasst eine Zollunion, die sich auf den gesamten Warenaustausch erstreckt; sie umfasst das Verbot, zwischen den Mitgliedstaaten Ein- und Ausfuhrzölle und Abgaben gleicher Wirkung zu erheben, sowie die Einführung eines Gemeinsamen Zolltarifs gegenüber dritten Ländern.
(2) Artikel 30 und Kapitel 3 dieses Titels gelten für die aus den Mitgliedstaaten stammenden Waren sowie für diejenigen Waren aus dritten Ländern, die sich in den Mitgliedstaaten im freien Verkehr befinden.

Artikel 29 [Freier Verkehr von Waren aus dritten Ländern]
Als im freien Verkehr eines Mitgliedstaats befindlich gelten diejenigen Waren aus dritten Ländern, für die in dem betreffenden Mitgliedstaat die Einfuhrförmlichkeiten erfüllt sowie die vorgeschriebenen Zölle und Abgaben gleicher Wirkung erhoben und nicht ganz oder teilweise rückvergütet worden sind.

Kapitel 1
Die Zollunion

Artikel 30 [Verbot von Zöllen]
[1]Ein- und Ausfuhrzölle oder Abgaben gleicher Wirkung sind zwischen den Mitgliedstaaten verboten. [2]Dieses Verbot gilt auch für Finanzzölle.

Artikel 31 [Gemeinsame Zolltarif]
Der Rat legt die Sätze des Gemeinsamen Zolltarifs auf Vorschlag der Kommission fest.

Artikel 32 [Zielsetzung der Kommissionsaufgaben]
Bei der Ausübung der ihr aufgrund dieses Kapitels übertragenen Aufgaben geht die Kommission von folgenden Gesichtspunkten aus:
a) der Notwendigkeit, den Handelsverkehr zwischen den Mitgliedstaaten und dritten Ländern zu fördern;
b) der Entwicklung der Wettbewerbsbedingungen innerhalb der Union, soweit diese Entwicklung zu einer Zunahme der Wettbewerbsfähigkeit der Unternehmen führt;
c) dem Versorgungsbedarf der Union an Rohstoffen und Halbfertigwaren; hierbei achtet die Kommission darauf, zwischen den Mitgliedstaaten die Wettbewerbsbedingungen für Fertigwaren nicht zu verfälschen;
d) der Notwendigkeit, ernsthafte Störungen im Wirtschaftsleben der Mitgliedstaaten zu vermeiden und eine rationale Entwicklung der Erzeugung sowie eine Ausweitung des Verbrauchs innerhalb der Union zu gewährleisten.

Kapitel 2
Die Zusammenarbeit im Zollwesen

Artikel 33 [Ausbau der Zusammenarbeit]
Das Europäische Parlament und der Rat treffen im Rahmen des Geltungsbereichs der Verträge gemäß dem ordentlichen Gesetzgebungsverfahrens Maßnahmen zum Ausbau der Zusammenarbeit im Zollwesen zwischen den Mitgliedstaaten sowie zwischen den Mitgliedstaaten und der Kommission.

Kapitel 3
Verbot von mengenmäßigen Beschränkungen zwischen den Mitgliedstaaten

Artikel 34 [Verbot von Einfuhrbeschränkungen]
Mengenmäßige Einfuhrbeschränkungen sowie alle Maßnahmen gleicher Wirkung sind zwischen den Mitgliedstaaten verboten.

Artikel 35 [Verbot von Ausfuhrbeschränkungen]
Mengenmäßige Ausfuhrbeschränkungen sowie alle Maßnahmen gleicher Wirkung sind zwischen den Mitgliedstaaten verboten.

Artikel 36 [Ausnahmen]

[1]Die Bestimmungen der Artikel 34 und 35 stehen Einfuhr-, Ausfuhr- und Durchfuhrverboten oder -beschränkungen nicht entgegen, die aus Gründen der öffentlichen Sittlichkeit, Ordnung und Sicherheit, zum Schutze der Gesundheit und des Lebens von Menschen, Tieren oder Pflanzen, des nationalen Kulturguts von künstlerischem, geschichtlichem oder archäologischem Wert oder des gewerblichen und kommerziellen Eigentums gerechtfertigt sind. [2]Diese Verbote oder Beschränkungen dürfen jedoch weder ein Mittel zur willkürlichen Diskriminierung noch eine verschleierte Beschränkung des Handels zwischen den Mitgliedstaaten darstellen.

Artikel 37 [Staatliche Handelsmonopole]

(1)
Die Mitgliedstaaten formen ihre staatlichen Handelsmonopole derart um, dass jede Diskriminierung in den Versorgungs- und Absatzbedingungen zwischen den Angehörigen der Mitgliedstaaten ausgeschlossen ist.
[1]Dieser Artikel gilt für alle Einrichtungen, durch die ein Mitgliedstaat unmittelbar oder mittelbar die Einfuhr oder die Ausfuhr zwischen den Mitgliedstaaten rechtlich oder tatsächlich kontrolliert, lenkt oder merklich beeinflusst. [2]Er gilt auch für die von einem Staat auf andere Rechtsträger übertragenen Monopole.

(2) Die Mitgliedstaaten unterlassen jede neue Maßnahme, die den in Absatz 1 genannten Grundsätzen widerspricht oder die Tragweite der Artikel über das Verbot von Zöllen und mengenmäßigen Beschränkungen zwischen den Mitgliedstaaten einengt.

(3) Ist mit einem staatlichen Handelsmonopol eine Regelung zur Erleichterung des Absatzes oder der Verwertung landwirtschaftlicher Erzeugnisse verbunden, so sollen bei der Anwendung dieses Artikels gleichwertige Sicherheiten für die Beschäftigung und Lebenshaltung der betreffenden Erzeuger gewährleistet werden.

Titel III
Die Landwirtschaft und die Fischerei

Artikel 38 [Binnenmarkt und Landwirtschaft]

(1)
Die Union legt eine gemeinsame Agrar- und Fischereipolitik fest und führt sie durch.
[1]Der Binnenmarkt umfasst auch die Landwirtschaft, die Fischerei und den Handel mit landwirtschaftlichen Erzeugnissen. [2]Unter landwirtschaftlichen Erzeugnissen sind die Erzeugnisse des Bodens, der Viehzucht und der Fischerei sowie die mit diesen in unmittelbarem Zusammenhang stehenden Erzeugnisse der ersten Verarbeitungsstufe zu verstehen. [3]Die Bezugnahmen auf die gemeinsame Agrarpolitik oder auf die Landwirtschaft und die Verwendung des Wortes „landwirtschaftlich" sind in dem Sinne zu verstehen, dass damit unter Berücksichtigung der besonderen Merkmale des Fischereisektors auch die Fischerei gemeint ist.

(2) Die Vorschriften für die Errichtung oder das Funktionieren des Binnenmarkts finden auf die landwirtschaftlichen Erzeugnisse Anwendung, soweit in den Artikeln 39 bis 44 nicht etwas anderes bestimmt ist.

(3) Die Erzeugnisse, für welche die Artikel 39 bis 44 gelten, sind in Anhang I aufgeführt.

(4) Mit dem Funktionieren und der Entwicklung des Binnenmarkts für landwirtschaftliche Erzeugnisse muss die Gestaltung einer gemeinsamen Agrarpolitik Hand in Hand gehen.

Artikel 39 [Ziel gemeinsamer Agrarpolitik]

(1) Ziel der gemeinsamen Agrarpolitik ist es,

a) die Produktivität der Landwirtschaft durch Förderung des technischen Fortschritts, Rationalisierung der landwirtschaftlichen Erzeugung und den bestmöglichen Einsatz der Produktionsfaktoren, insbesondere der Arbeitskräfte, zu steigern;

b) auf diese Weise der landwirtschaftlichen Bevölkerung, insbesondere durch Erhöhung des Pro-Kopf-Einkommens der in der Landwirtschaft tätigen Personen, eine angemessene Lebenshaltung zu gewährleisten;

c) die Märkte zu stabilisieren;

d) die Versorgung sicherzustellen;

e) für die Belieferung der Verbraucher zu angemessenen Preisen Sorge zu tragen.

(2) Bei der Gestaltung der gemeinsamen Agrarpolitik und der hierfür anzuwendenden besonderen Methoden ist Folgendes zu berücksichtigen:

a) die besondere Eigenart der landwirtschaftlichen Tätigkeit, die sich aus dem sozialen Aufbau der Landwirtschaft und den strukturellen und naturbedingten Unterschieden der verschiedenen landwirtschaftlichen Gebiete ergibt;
b) die Notwendigkeit, die geeigneten Anpassungen stufenweise durchzuführen;
c) die Tatsache, dass die Landwirtschaft in den Mitgliedstaaten einen mit der gesamten Volkswirtschaft eng verflochtenen Wirtschaftsbereich darstellt.

Artikel 40 [Gemeinsame Marktorganisation]

(1)
Um die Ziele des Artikels 39 zu erreichen, wird eine gemeinsame Organisation der Agrarmärkte geschaffen.
Diese besteht je nach Erzeugnis aus einer der folgenden Organisationsformen:
a) gemeinsame Wettbewerbsregeln,
b) bindende Koordinierung der verschiedenen einzelstaatlichen Marktordnungen,
c) eine Europäische Marktordnung.

(2)
Die nach Absatz 1 gestaltete gemeinsame Organisation kann alle zur Durchführung des Artikels 39 erforderlichen Maßnahmen einschließen, insbesondere Preisregelungen, Beihilfen für die Erzeugung und die Verteilung der verschiedenen Erzeugnisse, Einlagerungs- und Ausgleichsmaßnahmen, gemeinsame Einrichtungen zur Stabilisierung des Ein- oder Ausfuhr.
Die gemeinsame Organisation hat sich auf die Verfolgung der Ziele des Artikels 39 zu beschränken und jede Diskriminierung zwischen Erzeugern oder Verbrauchern innerhalb der Union auszuschließen.
Eine etwaige gemeinsame Preispolitik muss auf gemeinsamen Grundsätzen und einheitlichen Berechnungsmethoden beruhen.
(3) Um der in Absatz 1 genannten gemeinsamen Organisation die Erreichung ihrer Ziele zu ermöglichen, können ein oder mehrere Ausrichtungs- oder Garantiefonds für die Landwirtschaft geschaffen werden.

Artikel 41 [Maßnahmen im Rahmen einer gemeinsamen Agrarpolitik]
Um die Ziele des Artikels 39 zu erreichen, können im Rahmen der gemeinsamen Agrarpolitik folgende Maßnahmen vorgesehen werden:
a) eine wirksame Koordinierung der Bestrebungen auf dem Gebiet der Berufsausbildung, der Forschung und der Verbreitung landwirtschaftlicher Fachkenntnisse; hierbei können Vorhaben oder Einrichtungen gemeinsam finanziert werden;
b) gemeinsame Maßnahmen zur Förderung des Verbrauchs bestimmter Erzeugnisse.

Artikel 42 [Anwendung der Wettbewerbs- und Beihilferegeln]
Das Kapitel über die Wettbewerbsregeln findet auf die Produktion landwirtschaftlicher Erzeugnisse und den Handel mit diesen nur insoweit Anwendung, als das Europäische Parlament und der Rat dies unter Berücksichtigung der Ziele des Artikels 39 im Rahmen des Artikels 43 Absatz 2 und gemäß dem dort vorgesehenen Verfahren bestimmt.
Der Rat kann auf Vorschlag der Kommission genehmigen, dass Beihilfen gewährt werden
a) zum Schutz von Betrieben, die durch strukturelle oder naturgegebene Bedingungen benachteiligt sind, oder
b) im Rahmen wirtschaftlicher Entwicklungsprogramme.

Artikel 43 [Rechtsetzung, Kompetenzen und Verfahren]
(1)
Die Kommission legt zur Gestaltung und Durchführung der gemeinsamen Agrarpolitik Vorschläge vor, welche unter anderem die Ablösung der einzelstaatlichen Marktordnungen durch eine der in Artikel 40 Absatz 1 vorgesehenen gemeinsamen Organisationsformen sowie die Durchführung der in diesem Titel bezeichneten Maßnahmen vorsehen.
Diese Vorschläge müssen dem inneren Zusammenhang der in diesem Titel aufgeführten landwirtschaftlichen Fragen Rechnung tragen.
(2) Das Europäische Parlament und der Rat legen gemäß dem ordentlichen Gesetzgebungsverfahren und nach Anhörung des Wirtschafts- und Sozialausschusses die gemeinsame Organisation der Agrarmärkte nach Artikel 40 Absatz 1 sowie die anderen Bestimmungen fest, die für die Verwirklichung der Ziele der gemeinsamen Agrar- und Fischereipolitik notwendig sind.
(3) Der Rat erlässt auf Vorschlag der Kommission die Maßnahmen zur Festsetzung der Preise, der Abschöpfungen, der Beihilfen und der mengenmäßigen Beschränkungen sowie zur Festsetzung und Aufteilung der Fangmöglichkeiten in der Fischerei.

(4) Die einzelstaatlichen Marktordnungen können nach Maßgabe des Absatzes 2 durch die in Artikel 40 Absatz 1 vorgesehene gemeinsame Organisation ersetzt werden,

a) wenn sie den Mitgliedstaaten, die sich gegen diese Maßnahme ausgesprochen haben und eine eigene Marktordnung für die in Betracht kommende Erzeugung besitzen, gleichwertige Sicherheiten für die Beschäftigung und Lebenshaltung der betreffenden Erzeuger bietet; hierbei sind die im Zeitablauf möglichen Anpassungen und erforderlichen Spezialisierungen zu berücksichtigen, und

b) wenn die gemeinsame Organisation für den Handelsverkehr innerhalb der Union Bedingungen sicherstellt, die denen eines Binnenmarkts entsprechen.

(5) Wird eine gemeinsame Organisation für bestimmte Rohstoffe geschaffen, bevor eine gemeinsame Organisation für die entsprechenden weiterverarbeiteten Erzeugnisse besteht, so können die betreffenden Rohstoffe aus Ländern außerhalb der Union eingeführt werden, wenn sie für weiterverarbeitete Erzeugnisse verwendet werden, die zur Ausfuhr nach dritten Ländern bestimmt sind.

Artikel 44 [Ausgleichsabgaben]

Besteht in einem Mitgliedstaat für ein Erzeugnis eine innerstaatliche Marktordnung oder Regelung gleicher Wirkung und wird dadurch eine gleichartige Erzeugung in einem anderen Mitgliedstaat in ihrer Wettbewerbslage beeinträchtigt, so erheben die Mitgliedstaaten bei der Einfuhr des betreffenden Erzeugnisses aus dem Mitgliedstaat, in dem die genannte Marktordnung oder Regelung besteht, eine Ausgleichsabgabe, es sei denn, dass dieser Mitgliedstaat eine Ausgleichsabgabe bei der Ausfuhr erhebt.

Die Kommission setzt diese Abgaben in der zur Wiederherstellung des Gleichgewichts erforderlichen Höhe fest; sie kann auch andere Maßnahmen genehmigen, deren Bedingungen und Einzelheiten sie festlegt.

Titel IV
Die Freizügigkeit, der freie Dienstleistungs- und Kapitalverkehr

Kapitel 1
Die Arbeitskräfte

Artikel 45 [Freizügigkeit der Arbeitnehmer]

(1) Innerhalb der Union ist die Freizügigkeit der Arbeitnehmer gewährleistet.

(2) Sie umfasst die Abschaffung jeder auf der Staatsangehörigkeit beruhenden unterschiedlichen Behandlung der Arbeitnehmer der Mitgliedstaaten in Bezug auf Beschäftigung, Entlohnung und sonstige Arbeitsbedingungen.

(3) Sie gibt – vorbehaltlich der aus Gründen der öffentlichen Ordnung, Sicherheit und Gesundheit gerechtfertigten Beschränkungen – den Arbeitnehmern das Recht,

a) sich um tatsächlich angebotene Stellen zu bewerben;

b) sich zu diesem Zweck im Hoheitsgebiet der Mitgliedstaaten frei zu bewegen;

c) sich in einem Mitgliedstaat aufzuhalten, um dort nach den für die Arbeitnehmer dieses Staates geltenden Rechts- und Verwaltungsvorschriften eine Beschäftigung auszuüben;

d) nach Beendigung einer Beschäftigung im Hoheitsgebiet eines Mitgliedstaats unter Bedingungen zu verbleiben, welche die Kommission durch Verordnungen festlegt.

(4) Dieser Artikel findet keine Anwendung auf die Beschäftigung in der öffentlichen Verwaltung.

Artikel 46 [Maßnahmen zur Herstellung der Freizügigkeit]

Das Europäische Parlament und der Rat treffen gemäß dem ordentlichen Gesetzgebungsverfahren und nach Anhörung des Wirtschafts- und Sozialausschusses durch Richtlinien oder Verordnungen alle erforderlichen Maßnahmen, um die Freizügigkeit der Arbeitnehmer im Sinne des Artikels 45 herzustellen, insbesondere

a) durch Sicherstellung einer engen Zusammenarbeit zwischen den einzelstaatlichen Arbeitsverwaltungen;

b) durch die Beseitigung der Verwaltungsverfahren und -praktiken sowie der für den Zugang zu verfügbaren Arbeitsplätzen vorgeschriebenen Fristen, die sich aus innerstaatlichen Rechtsvorschriften oder vorher zwischen den Mitgliedstaaten geschlossenen Übereinkünften ergeben und deren Beibehaltung die Herstellung der Freizügigkeit der Arbeitnehmer hindert;

c) durch die Beseitigung aller Fristen und sonstigen Beschränkungen, die in innerstaatlichen Rechtsvorschriften oder vorher zwischen den Mitgliedstaaten geschlossenen Übereinkünften vorgesehen sind und die den Arbeitnehmern der anderen Mitgliedstaaten für die freie Wahl des Arbeitsplatzes andere Bedingungen als den inländischen Arbeitnehmern auferlegen;

d) durch die Schaffung geeigneter Verfahren für die Zusammenführung und den Ausgleich von Angebot und Nachfrage auf dem Arbeitsmarkt zu Bedingungen, die eine ernstliche Gefährdung der Lebenshaltung und des Beschäftigungsstands in einzelnen Gebieten und Industrien ausschließen.

Artikel 47 [Austausch junger Arbeitskräfte]
Die Mitgliedstaaten fördern den Austausch junger Arbeitskräfte im Rahmen eines gemeinsamen Programms.

Artikel 48 [Sicherstellung der Ansprüche und Leistungen auf dem Gebiet der sozialen Sicherheit]
Das Europäische Parlament und der Rat beschließen gemäß dem ordentlichen Gesetzgebungsverfahren die auf dem Gebiet der sozialen Sicherheit für die Herstellung der Freizügigkeit der Arbeitnehmer notwendigen Maßnahmen; zu diesem Zweck führen sie insbesondere ein System ein, das zu- und abwandernden Arbeitnehmern und Selbstständigen sowie deren anspruchsberechtigten Angehörigen Folgendes sichert:
a) die Zusammenrechnung aller nach den verschiedenen innerstaatlichen Rechtsvorschriften berücksichtigten Zeiten für den Erwerb und die Aufrechterhaltung des Leistungsanspruchs sowie für die Berechnung der Leistungen;
b) die Zahlung der Leistungen an Personen, die in den Hoheitsgebieten der Mitgliedstaaten wohnen.
[1]Erklärt ein Mitglied des Rates, dass ein Entwurf eines Gesetzgebungsakts nach Absatz 1 wichtige Aspekte seines Systems der sozialen Sicherheit, insbesondere dessen Geltungsbereich, Kosten oder Finanzstruktur, verletzen oder dessen finanzielles Gleichgewicht beeinträchtigen würde, so kann es beantragen, dass der Europäische Rat befasst wird. [2]In diesem Fall wird das ordentliche Gesetzgebungsverfahren ausgesetzt. [3]Nach einer Aussprache geht der Europäische Rat binnen vier Monaten nach Aussetzung des Verfahrens wie folgt vor:
a) er verweist den Entwurf an den Rat zurück, wodurch die Aussetzung des ordentlichen Gesetzgebungsverfahrens beendet wird, oder
b) er sieht von einem Tätigwerden ab, oder aber er ersucht die Kommission um Vorlage eines neuen Vorschlags; in diesem Fall gilt der ursprünglich vorgeschlagene Rechtsakt als nicht erlassen.

Kapitel 2
Das Niederlassungsrecht

Artikel 49 [Niederlassungsfreiheit]
[1]Die Beschränkungen der freien Niederlassung von Staatsangehörigen eines Mitgliedstaats im Hoheitsgebiet eines anderen Mitgliedstaats sind nach Maßgabe der folgenden Bestimmungen verboten. [2]Das Gleiche gilt für Beschränkungen der Gründung von Agenturen, Zweigniederlassungen oder Tochtergesellschaften durch Angehörige eines Mitgliedstaats, die im Hoheitsgebiet eines Mitgliedstaats ansässig sind.
Vorbehaltlich des Kapitels über den Kapitalverkehr umfasst die Niederlassungsfreiheit die Aufnahme und Ausübung selbstständiger Erwerbstätigkeiten sowie die Gründung und Leitung von Unternehmen, insbesondere von Gesellschaften im Sinne des Artikels 54 Absatz 2, nach den Bestimmungen des Aufnahmestaats für seine eigenen Angehörigen.

Artikel 50 [Maßnahmen zur Verwirklichung der Niederlassungsfreiheit]
(1) Das Europäische Parlament und der Rat erlassen gemäß dem ordentlichen Gesetzgebungsverfahren und nach Anhörung des Wirtschafts- und Sozialausschusses Richtlinien zur Verwirklichung der Niederlassungsfreiheit für eine bestimmte Tätigkeit.
(2) Das Europäische Parlament, der Rat und die Kommission erfüllen die Aufgaben, die ihnen aufgrund der obigen Bestimmungen übertragen sind, indem sie insbesondere
a) im Allgemeinen diejenigen Tätigkeiten mit Vorrang behandeln, bei denen die Niederlassungsfreiheit die Entwicklung der Produktion und des Handels in besonderer Weise fördert;
b) eine enge Zusammenarbeit zwischen den zuständigen Verwaltungen der Mitgliedstaaten sicherstellen, um sich über die besondere Lage auf den verschiedenen Tätigkeitsgebieten innerhalb der Union zu unterrichten;
c) die aus innerstaatlichen Rechtsvorschriften oder vorher zwischen den Mitgliedstaaten geschlossenen Übereinkünften abgeleiteten Verwaltungsverfahren und -praktiken ausschalten, deren Beibehaltung der Niederlassungsfreiheit entgegensteht;
d) dafür Sorge tragen, dass Arbeitnehmer eines Mitgliedstaats, die im Hoheitsgebiet eines anderen Mitgliedstaats beschäftigt sind, dort verbleiben und eine selbstständige Tätigkeit unter denselben Vo-

raussetzungen ausüben können, die sie erfüllen müssten, wenn sie in diesen Staat erst zu dem Zeitpunkt einreisen würden, in dem sie diese Tätigkeit aufzunehmen beabsichtigen;

e) den Erwerb und die Nutzung von Grundbesitz im Hoheitsgebiet eines Mitgliedstaats durch Angehörige eines anderen Mitgliedstaats ermöglichen, soweit hierdurch die Grundsätze des Artikels 39 Absatz 2 nicht beeinträchtigt werden;

f) veranlassen, dass bei jedem in Betracht kommenden Wirtschaftszweig die Beschränkungen der Niederlassungsfreiheit in Bezug auf die Voraussetzungen für die Errichtung von Agenturen, Zweigniederlassungen und Tochtergesellschaften im Hoheitsgebiet eines Mitgliedstaats sowie für den Eintritt des Personals der Hauptniederlassung in ihre Leitungs- oder Überwachungsorgane schrittweise aufgehoben werden;

g) soweit erforderlich, die Schutzbestimmungen koordinieren, die in den Mitgliedstaaten den Gesellschaften im Sinne des Artikels 54 Absatz 2 im Interesse der Gesellschafter sowie Dritter vorgeschrieben sind, um diese Bestimmungen gleichwertig zu gestalten;

h) sicherstellen, dass die Bedingungen für die Niederlassung nicht durch Beihilfen der Mitgliedstaaten verfälscht werden.

Artikel 51 [Ausübung öffentlicher Gewalt]
Auf Tätigkeiten, die in einem Mitgliedstaat dauernd oder zeitweise mit der Ausübung öffentlicher Gewalt verbunden sind, findet dieses Kapitel in dem betreffenden Mitgliedstaat keine Anwendung.

Das Europäische Parlament und der Rat können gemäß dem ordentlichen Gesetzgebungsverfahren beschließen, dass dieses Kapitel auf bestimmte Tätigkeiten keine Anwendung findet.

Artikel 52 [Öffentliche Ordnung; Sicherheit; Gesundheit]
(1) Dieses Kapitel und die aufgrund desselben getroffenen Maßnahmen beeinträchtigen nicht die Anwendbarkeit der Rechts- und Verwaltungsvorschriften, die eine Sonderregelung für Ausländer vorsehen und aus Gründen der öffentlichen Ordnung, Sicherheit oder Gesundheit gerechtfertigt sind.

(2) Das Europäische Parlament und der Rat erlassen gemäß dem ordentlichen Gesetzgebungsverfahren Richtlinien für die Koordinierung der genannten Vorschriften.

Artikel 53 [Gegenseitige Anerkennung von Diplomen; Koordinierungsrechtsetzung]
(1) Um die Aufnahme und Ausübung selbstständiger Tätigkeiten zu erleichtern, erlassen das Europäische Parlament und der Rat gemäß dem ordentlichen Gesetzgebungsverfahren Richtlinien für die gegenseitige Anerkennung der Diplome, Prüfungszeugnisse und sonstigen Befähigungsnachweise sowie für die Koordinierung der Rechts- und Verwaltungsvorschriften der Mitgliedstaaten über die Aufnahme und Ausübung selbstständiger Tätigkeiten.

(2) Die schrittweise Aufhebung der Beschränkungen für die ärztlichen, arztähnlichen und pharmazeutischen Berufe setzt die Koordinierung der Bedingungen für die Ausübung dieser Berufe in den einzelnen Mitgliedstaaten voraus.

Artikel 54 [Gleichstellung der Gesellschaften]
Für die Anwendung dieses Kapitels stehen die nach den Rechtsvorschriften eines Mitgliedstaats gegründeten Gesellschaften, die ihren satzungsmäßigen Sitz, ihre Hauptverwaltung oder ihre Hauptniederlassung innerhalb der Union haben, den natürlichen Personen gleich, die Angehörige der Mitgliedstaaten sind.

Als Gesellschaften gelten die Gesellschaften des bürgerlichen Rechts und des Handelsrechts einschließlich der Genossenschaften und die sonstigen juristischen Personen des öffentlichen und privaten Rechts mit Ausnahme derjenigen, die keinen Erwerbszweck verfolgen.

Artikel 55 [Diskriminierungsverbot bei Kapitalbeteiligungen]
Unbeschadet der sonstigen Bestimmungen der Verträge stellen die Mitgliedstaaten die Staatsangehörigen der anderen Mitgliedstaaten hinsichtlich ihrer Beteiligung am Kapital von Gesellschaften im Sinne des Artikels 54 den eigenen Staatsangehörigen gleich.

Kapitel 3
Dienstleistungen

Artikel 56 [Dienstleistungsfreiheit]
Die Beschränkungen des freien Dienstleistungsverkehrs innerhalb der Union für Angehörige der Mitgliedstaaten, die in einem anderen Mitgliedstaat als demjenigen des Leistungsempfängers ansässig sind, sind nach Maßgabe der folgenden Bestimmungen verboten.

Das Europäische Parlament und der Rat können gemäß dem ordentlichen Gesetzgebungsverfahren beschließen, dass dieses Kapitel auch auf Erbringer von Dienstleistungen Anwendung findet, welche die Staatsangehörigkeit eines dritten Landes besitzen und innerhalb der Union ansässig sind.

Artikel 57 [Dienstleistungen]
Dienstleistungen im Sinne der Verträge sind Leistungen, die in der Regel gegen Entgelt erbracht werden, soweit sie nicht den Vorschriften über den freien Waren- und Kapitalverkehr und über die Freizügigkeit der Personen unterliegen.
Als Dienstleistungen gelten insbesondere:
a) gewerbliche Tätigkeiten,
b) kaufmännische Tätigkeiten,
c) handwerkliche Tätigkeiten,
d) freiberufliche Tätigkeiten.
Unbeschadet des Kapitels über die Niederlassungsfreiheit kann der Leistende zwecks Erbringung seiner Leistungen seine Tätigkeit vorübergehend in dem Mitgliedstaat ausüben, in dem die Leistung erbracht wird, und zwar unter den Voraussetzungen, welche dieser Mitgliedstaat für seine eigenen Angehörigen vorschreibt.

Artikel 58 [Verkehrsdienstleistungen; Kapitalverkehr]
(1) Für den freien Dienstleistungsverkehr auf dem Gebiet des Verkehrs gelten die Bestimmungen des Titels über den Verkehr.
(2) Die Liberalisierung der mit dem Kapitalverkehr verbundenen Dienstleistungen der Banken und Versicherungen wird im Einklang mit der Liberalisierung des Kapitalverkehrs durchgeführt.

Artikel 59 [Liberalisierungsmaßnahmen]
(1) Das Europäische Parlament und der Rat erlassen gemäß dem ordentlichen Gesetzgebungsverfahren und nach Anhörung des Wirtschafts- und Sozialausschusses Richtlinien zur Liberalisierung einer bestimmten Dienstleistung.
(2) Bei den in Absatz 1 genannten Richtlinien sind im Allgemeinen mit Vorrang diejenigen Dienstleistungen zu berücksichtigen, welche die Produktionskosten unmittelbar beeinflussen oder deren Liberalisierung zur Förderung des Warenverkehrs beiträgt.

Artikel 60 [Weitergehende Liberalisierung]
Die Mitgliedstaaten bemühen sich, über das Ausmaß der Liberalisierung der Dienstleistungen, zu dem sie aufgrund der Richtlinien gemäß Artikel 59 Absatz 1 verpflichtet sind, hinauszugehen, falls ihre wirtschaftliche Gesamtlage und die Lage des betreffenden Wirtschaftszweigs dies zulassen.
Die Kommission richtet entsprechende Empfehlungen an die betreffenden Staaten.

Artikel 61 [Übergangsregelung]
Solange die Beschränkungen des freien Dienstleistungsverkehrs nicht aufgehoben sind, wendet sie jeder Mitgliedstaat ohne Unterscheidung nach Staatsangehörigkeit oder Aufenthaltsort auf alle in Artikel 56 Absatz 1 bezeichneten Erbringer von Dienstleistungen an.

Artikel 62 [Entsprechende Anwendung von Vorschriften des Niederlassungsrechts]
Die Bestimmungen der Artikel 51 bis 54 finden auf das in diesem Kapitel geregelte Sachgebiet Anwendung.

Kapitel 4
Der Kapital- und Zahlungsverkehr

Artikel 63 [Freier Kapital- und Zahlungsverkehr]
(1) Im Rahmen der Bestimmungen dieses Kapitels sind alle Beschränkungen des Kapitalverkehrs zwischen den Mitgliedstaaten sowie zwischen den Mitgliedstaaten und dritten Ländern verboten.
(2) Im Rahmen der Bestimmungen dieses Kapitels sind alle Beschränkungen des Zahlungsverkehrs zwischen den Mitgliedstaaten sowie zwischen den Mitgliedstaaten und dritten Ländern verboten.

Artikel 64 [Ausnahmen im Kapitalverkehr mit Drittstaaten]
(1) [1]Artikel 63 berührt nicht die Anwendung derjenigen Beschränkungen auf dritte Länder, die am 31. Dezember 1993 aufgrund einzelstaatlicher Rechtsvorschriften oder aufgrund von Rechtsvorschriften der Union für den Kapitalverkehr mit dritten Ländern im Zusammenhang mit Direktinvestitionen einschließlich Anlagen in Immobilien, mit der Niederlassung, der Erbringung von Finanzdienstleistungen oder der

Zulassung von Wertpapieren zu den Kapitalmärkten bestehen. [2]Für in Bulgarien, Estland und Ungarn bestehende Beschränkungen nach innerstaatlichem Recht ist der maßgebliche Zeitpunkt der 31. Dezember 1999. [3]Für in Kroatien nach innerstaatlichem Recht bestehende Beschränkungen ist der maßgebliche Zeitpunkt der 31. Dezember 2002.

(2) Unbeschadet der anderen Kapitel der Verträge sowie ihrer Bemühungen um eine möglichst weit gehende Verwirklichung des Zieles eines freien Kapitalverkehrs zwischen den Mitgliedstaaten und dritten Ländern beschließen das Europäische Parlament und der Rat gemäß dem ordentlichen Gesetzgebungsverfahren Maßnahmen für den Kapitalverkehr mit dritten Ländern im Zusammenhang mit Direktinvestitionen einschließlich Anlagen in Immobilien, mit der Niederlassung, der Erbringung von Finanzdienstleistungen oder der Zulassung von Wertpapieren zu den Kapitalmärkten.

(3) Abweichend von Absatz 2 kann nur der Rat gemäß einem besonderen Gesetzgebungsverfahren und nach Anhörung des Europäischen Parlaments Maßnahmen einstimmig beschließen, die im Rahmen des Unionsrechts für die Liberalisierung des Kapitalverkehrs mit Drittländern einen Rückschritt darstellen.

Artikel 65 [Nationale Beschränkungen]

(1) Artikel 63 berührt nicht das Recht der Mitgliedstaaten,

a) die einschlägigen Vorschriften ihres Steuerrechts anzuwenden, die Steuerpflichtige mit unterschiedlichem Wohnort oder Kapitalanlageort unterschiedlich behandeln,

b) die unerlässlichen Maßnahmen zu treffen, um Zuwiderhandlungen gegen innerstaatliche Rechts- und Verwaltungsvorschriften, insbesondere auf dem Gebiet des Steuerrechts und der Aufsicht über Finanzinstitute, zu verhindern, sowie Meldeverfahren für den Kapitalverkehr zwecks administrativer oder statistischer Information vorzusehen oder Maßnahmen zu ergreifen, die aus Gründen der öffentlichen Ordnung oder Sicherheit gerechtfertigt sind.

(2) Dieses Kapitel berührt nicht die Anwendbarkeit von Beschränkungen des Niederlassungsrechts, die mit den Verträgen vereinbar sind.

(3) Die in den Absätzen 1 und 2 genannten Maßnahmen und Verfahren dürfen weder ein Mittel zur willkürlichen Diskriminierung noch eine verschleierte Beschränkung des freien Kapital- und Zahlungsverkehrs im Sinne des Artikels 63 darstellen.

(4) [1]Sind keine Maßnahmen nach Artikel 64 Absatz 3 erlassen worden, so kann die Kommission oder, wenn diese binnen drei Monaten nach der Vorlage eines entsprechenden Antrags des betreffenden Mitgliedstaats keinen Beschluss erlassen hat, der Rat einen Beschluss erlassen, mit dem festgelegt wird, dass die von einem Mitgliedstaat in Bezug auf ein oder mehrere Drittländer getroffenen restriktiven steuerlichen Maßnahmen insofern als mit den Verträgen vereinbar anzusehen sind, als sie durch eines der Ziele der Union gerechtfertigt und mit dem ordnungsgemäßen Funktionieren des Binnenmarkts vereinbar sind. [2]Der Rat beschließt einstimmig auf Antrag eines Mitgliedstaats.

Artikel 66 [Kurzfristige Schutzmaßnahmen]

Falls Kapitalbewegungen nach oder aus dritten Ländern unter außergewöhnlichen Umständen das Funktionieren der Wirtschafts- und Währungsunion schwerwiegend stören oder zu stören drohen, kann der Rat auf Vorschlag der Kommission und nach Anhörung der Europäischen Zentralbank gegenüber dritten Ländern Schutzmaßnahmen mit einer Geltungsdauer von höchstens sechs Monaten treffen, wenn diese unbedingt erforderlich sind.

Titel V
Der Raum der Freiheit, der Sicherheit und des Rechts

Kapitel 1
Allgemeine Bestimmungen

Artikel 67 [Grundsätze]

(1) Die Union bildet einen Raum der Freiheit, der Sicherheit und des Rechts, in dem die Grundrechte und die verschiedenen Rechtsordnungen und -traditionen der Mitgliedstaaten geachtet werden.

(2) [1]Sie stellt sicher, dass Personen an den Binnengrenzen nicht kontrolliert werden, und entwickelt eine gemeinsame Politik in den Bereichen Asyl, Einwanderung und Kontrollen an den Außengrenzen, die sich auf die Solidarität der Mitgliedstaaten gründet und gegenüber Drittstaatsangehörigen angemessen ist. [2]Für die Zwecke dieses Titels werden Staatenlose den Drittstaatsangehörigen gleichgestellt.

(3) Die Union wirkt darauf hin, durch Maßnahmen zur Verhütung und Bekämpfung von Kriminalität sowie von Rassismus und Fremdenfeindlichkeit, zur Koordinierung und Zusammenarbeit von Polizeibehörden und Organen der Strafrechtspflege und den anderen zuständigen Behörden sowie durch die

gegenseitige Anerkennung strafrechtlicher Entscheidungen und erforderlichenfalls durch die Angleichung der strafrechtlichen Rechtsvorschriften ein hohes Maß an Sicherheit zu gewährleisten.
(4) Die Union erleichtert den Zugang zum Recht, insbesondere durch den Grundsatz der gegenseitigen Anerkennung gerichtlicher und außergerichtlicher Entscheidungen in Zivilsachen.

Artikel 68 [Strategische Leitlinien]
Der Europäische Rat legt die strategischen Leitlinien für die gesetzgeberische und operative Programmplanung im Raum der Freiheit, der Sicherheit und des Rechts fest.

Artikel 69 [Achtung des Subsidiaritätsprinzips]
Die nationalen Parlamente tragen bei Gesetzgebungsvorschlägen und -initiativen, die im Rahmen der Kapitel 4 und 5 vorgelegt werden, Sorge für die Achtung des Subsidiaritätsprinzips nach Maßgabe des Protokolls über die Anwendung der Grundsätze der Subsidiarität und der Verhältnismäßigkeit.

Artikel 70 [Kontrollsystem für nationale Durchführungsmaßnahmen]
[1]Unbeschadet der Artikel 258, 259 und 260 kann der Rat auf Vorschlag der Kommission Maßnahmen erlassen, mit denen Einzelheiten festgelegt werden, nach denen die Mitgliedstaaten in Zusammenarbeit mit der Kommission eine objektive und unparteiische Bewertung der Durchführung der unter diesen Titel fallenden Unionspolitik durch die Behörden der Mitgliedstaaten vornehmen, insbesondere um die umfassende Anwendung des Grundsatzes der gegenseitigen Anerkennung zu fördern. [2]Das Europäische Parlament und die nationalen Parlamente werden vom Inhalt und den Ergebnissen dieser Bewertung unterrichtet.

Artikel 71 [Ständiger Ausschuss „Innere Sicherheit"]
[1]Im Rat wird ein ständiger Ausschuss eingesetzt, um sicherzustellen, dass innerhalb der Union die operative Zusammenarbeit im Bereich der inneren Sicherheit gefördert und verstärkt wird. [2]Er fördert unbeschadet des Artikels 240 die Koordinierung der Maßnahmen der zuständigen Behörden der Mitgliedstaaten. [3]Die Vertreter der betroffenen Einrichtungen und sonstigen Stellen der Union können an den Arbeiten des Ausschusses beteiligt werden. [4]Das Europäische Parlament und die nationalen Parlamente werden über die Arbeiten des Ausschusses auf dem Laufenden gehalten.

Artikel 72 [Nationale Zuständigkeiten]
Dieser Titel berührt nicht die Wahrnehmung der Zuständigkeiten der Mitgliedstaaten für die Aufrechterhaltung der öffentlichen Ordnung und den Schutz der inneren Sicherheit.

Artikel 73 [Zusammenarbeit der Mitgliedstaaten]
Es steht den Mitgliedstaaten frei, untereinander und in eigener Verantwortung Formen der Zusammenarbeit und Koordinierung zwischen den zuständigen Dienststellen ihrer für den Schutz der nationalen Sicherheit verantwortlichen Verwaltungen einzurichten, die sie für geeignet halten.

Artikel 74 [Maßnahmen zur Verwaltungszusammenarbeit]
[1]Der Rat erlässt Maßnahmen, um die Verwaltungszusammenarbeit zwischen den zuständigen Dienststellen der Mitgliedstaaten in den Bereichen dieses Titels sowie die Zusammenarbeit zwischen diesen Dienststellen und der Kommission zu gewährleisten. [2]Dabei beschließt er auf Vorschlag der Kommission vorbehaltlich des Artikels 76 und nach Anhörung des Europäischen Parlaments.

Artikel 75 [Maßnahmen gegen Terrorismusfinanzierung]
Sofern dies notwendig ist, um die Ziele des Artikels 67 in Bezug auf die Verhütung und Bekämpfung von Terrorismus und damit verbundener Aktivitäten zu verwirklichen, schaffen das Europäische Parlament und der Rat gemäß dem ordentlichen Gesetzgebungsverfahren durch Verordnungen einen Rahmen für Verwaltungsmaßnahmen in Bezug auf Kapitalbewegungen und Zahlungen, wozu das Einfrieren von Geldern, finanziellen Vermögenswerten oder wirtschaftlichen Erträgen gehören kann, deren Eigentümer oder Besitzer natürliche oder juristische Personen, Gruppierungen oder nichtstaatliche Einheiten sind.
Der Rat erlässt auf Vorschlag der Kommission Maßnahmen zur Umsetzung des in Absatz 1 genannten Rahmens.
In den Rechtsakten nach diesem Artikel müssen die erforderlichen Bestimmungen über den Rechtsschutz vorgesehen sein.

Artikel 76 [Initiativrecht]
Die in den Kapiteln 4 und 5 genannten Rechtsakte sowie die in Artikel 74 genannten Maßnahmen, mit denen die Verwaltungszusammenarbeit in den Bereichen der genannten Kapitel gewährleistet wird, werden wie folgt erlassen:

a) auf Vorschlag der Kommission oder
b) auf Initiative eines Viertels der Mitgliedstaaten.

Kapitel 2
Politik im Bereich Grenzkontrollen, Asyl und Einwanderung

Artikel 77 [Grenzschutzpolitik]
(1) Die Union entwickelt eine Politik, mit der
a) sichergestellt werden soll, dass Personen unabhängig von ihrer Staatsangehörigkeit beim Überschreiten der Binnengrenzen nicht kontrolliert werden;
b) die Personenkontrolle und die wirksame Überwachung des Grenzübertritts an den Außengrenzen sichergestellt werden soll;
c) schrittweise ein integriertes Grenzschutzsystem an den Außengrenzen eingeführt werden soll.
(2) Für die Zwecke des Absatzes 1 erlassen das Europäische Parlament und der Rat gemäß dem ordentlichen Gesetzgebungsverfahren Maßnahmen, die folgende Bereiche betreffen:
a) die gemeinsame Politik in Bezug auf Visa und andere kurzfristige Aufenthaltstitel;
b) die Kontrollen, denen Personen beim Überschreiten der Außengrenzen unterzogen werden;
c) die Voraussetzungen, unter denen sich Drittstaatsangehörige innerhalb der Union während eines kurzen Zeitraums frei bewegen können;
d) alle Maßnahmen, die für die schrittweise Einführung eines integrierten Grenzschutzsystems an den Außengrenzen erforderlich sind;
e) die Abschaffung der Kontrolle von Personen gleich welcher Staatsangehörigkeit beim Überschreiten der Binnengrenzen.
(3) [1]Erscheint zur Erleichterung der Ausübung des in Artikel 20 Absatz 2 Buchstabe a genannten Rechts ein Tätigwerden der Union erforderlich, so kann der Rat gemäß einem besonderen Gesetzgebungsverfahren Bestimmungen betreffend Pässe, Personalausweise, Aufenthaltstitel oder diesen gleichgestellte Dokumente erlassen, sofern die Verträge hierfür anderweitig keine Befugnisse vorsehen. [2]Der Rat beschließt einstimmig nach Anhörung des Europäischen Parlaments.
(4) Dieser Artikel berührt nicht die Zuständigkeit der Mitgliedstaaten für die geografische Festlegung ihrer Grenzen nach dem Völkerrecht.

Artikel 78 [Asylpolitik]
(1) [1]Die Union entwickelt eine gemeinsame Politik im Bereich Asyl, subsidiärer Schutz und vorübergehender Schutz, mit der jedem Drittstaatsangehörigen, der internationalen Schutz benötigt, ein angemessener Status angeboten und die Einhaltung des Grundsatzes der Nicht- Zurückweisung gewährleistet werden soll. [2]Diese Politik muss mit dem Genfer Abkommen vom 28. Juli 1951 und dem Protokoll vom 31. Januar 1967 über die Rechtsstellung der Flüchtlinge sowie den anderen einschlägigen Verträgen im Einklang stehen.
(2) Für die Zwecke des Absatzes 1 erlassen das Europäische Parlament und der Rat gemäß dem ordentlichen Gesetzgebungsverfahren Maßnahmen in Bezug auf ein gemeinsames europäisches Asylsystem, das Folgendes umfasst:
a) einen in der ganzen Union gültigen einheitlichen Asylstatus für Drittstaatsangehörige;
b) einen einheitlichen subsidiären Schutzstatus für Drittstaatsangehörige, die keinen europäischen Asylstatus erhalten, aber internationalen Schutz benötigen;
c) eine gemeinsame Regelung für den vorübergehenden Schutz von Vertriebenen im Falle eines Massenzustroms;
d) gemeinsame Verfahren für die Gewährung und den Entzug des einheitlichen Asylstatus beziehungsweise des subsidiären Schutzstatus;
e) Kriterien und Verfahren zur Bestimmung des Mitgliedstaats, der für die Prüfung eines Antrags auf Asyl oder subsidiären Schutz zuständig ist;
f) Normen über die Aufnahmebedingungen von Personen, die Asyl oder subsidiären Schutz beantragen;
g) Partnerschaft und Zusammenarbeit mit Drittländern zur Steuerung des Zustroms von Personen, die Asyl oder subsidiären beziehungsweise vorübergehenden Schutz beantragen.
(3) [1]Befinden sich ein oder mehrere Mitgliedstaaten aufgrund eines plötzlichen Zustroms von Drittstaatsangehörigen in einer Notlage, so kann der Rat auf Vorschlag der Kommission vorläufige Maßnahmen zugunsten der betreffenden Mitgliedstaaten erlassen. [2]Er beschließt nach Anhörung des Europäischen Parlaments.

Artikel 79 [Einwanderungspolitik]

(1) Die Union entwickelt eine gemeinsame Einwanderungspolitik, die in allen Phasen eine wirksame Steuerung der Migrationsströme, eine angemessene Behandlung von Drittstaatsangehörigen, die sich rechtmäßig in einem Mitgliedstaat aufhalten, sowie die Verhütung und verstärkte Bekämpfung von illegaler Einwanderung und Menschenhandel gewährleisten soll.

(2) Für die Zwecke des Absatzes 1 erlassen das Europäische Parlament und der Rat gemäß dem ordentlichen Gesetzgebungsverfahren Maßnahmen in folgenden Bereichen:

a) Einreise- und Aufenthaltsvoraussetzungen sowie Normen für die Erteilung von Visa und Aufenthaltstiteln für einen langfristigen Aufenthalt, einschließlich solcher zur Familienzusammenführung, durch die Mitgliedstaaten;

b) Festlegung der Rechte von Drittstaatsangehörigen, die sich rechtmäßig in einem Mitgliedstaat aufhalten, einschließlich der Bedingungen, unter denen sie sich in den anderen Mitgliedstaaten frei bewegen und aufhalten dürfen;

c) illegale Einwanderung und illegaler Aufenthalt, einschließlich Abschiebung und Rückführung solcher Personen, die sich illegal in einem Mitgliedstaat aufhalten;

d) Bekämpfung des Menschenhandels, insbesondere des Handels mit Frauen und Kindern.

(3) Die Union kann mit Drittländern Übereinkünfte über eine Rückübernahme von Drittstaatsangehörigen in ihr Ursprungs- oder Herkunftsland schließen, die die Voraussetzungen für die Einreise in das Hoheitsgebiet eines der Mitgliedstaaten oder die Anwesenheit oder den Aufenthalt in diesem Gebiet nicht oder nicht mehr erfüllen.

(4) Das Europäische Parlament und der Rat können gemäß dem ordentlichen Gesetzgebungsverfahren unter Ausschluss jeglicher Harmonisierung der Rechtsvorschriften der Mitgliedstaaten Maßnahmen festlegen, mit denen die Bemühungen der Mitgliedstaaten um die Integration der sich rechtmäßig in ihrem Hoheitsgebiet aufhaltenden Drittstaatsangehörigen gefördert und unterstützt werden.

(5) Dieser Artikel berührt nicht das Recht der Mitgliedstaaten, festzulegen, wie viele Drittstaatsangehörige aus Drittländern in ihr Hoheitsgebiet einreisen dürfen, um dort als Arbeitnehmer oder Selbstständige Arbeit zu suchen.

Artikel 80 [Grundsatz der Solidarität]

[1]Für die unter dieses Kapitel fallende Politik der Union und ihre Umsetzung gilt der Grundsatz der Solidarität und der gerechten Aufteilung der Verantwortlichkeiten unter den Mitgliedstaaten, einschließlich in finanzieller Hinsicht. [2]Die aufgrund dieses Kapitels erlassenen Rechtsakte der Union enthalten, immer wenn dies erforderlich ist, entsprechende Maßnahmen für die Anwendung dieses Grundsatzes.

Kapitel 3
Justizielle Zusammenarbeit in Zivilsachen

Artikel 81 [Justizielle Zusammenarbeit in Zivilsachen]

(1) [1]Die Union entwickelt eine justizielle Zusammenarbeit in Zivilsachen mit grenzüberschreitendem Bezug, die auf dem Grundsatz der gegenseitigen Anerkennung gerichtlicher und außergerichtlicher Entscheidungen beruht. [2]Diese Zusammenarbeit kann den Erlass von Maßnahmen zur Angleichung der Rechtsvorschriften der Mitgliedstaaten umfassen.

(2) Für die Zwecke des Absatzes 1 erlassen das Europäische Parlament und der Rat, insbesondere wenn dies für das reibungslose Funktionieren des Binnenmarkts erforderlich ist, gemäß dem ordentlichen Gesetzgebungsverfahren Maßnahmen, die Folgendes sicherstellen sollen:

a) die gegenseitige Anerkennung und die Vollstreckung gerichtlicher und außergerichtlicher Entscheidungen zwischen den Mitgliedstaaten;

b) die grenzüberschreitende Zustellung gerichtlicher und außergerichtlicher Schriftstücke;

c) die Vereinbarkeit der in den Mitgliedstaaten geltenden Kollisionsnormen und Vorschriften zur Vermeidung von Kompetenzkonflikten;

d) die Zusammenarbeit bei der Erhebung von Beweismitteln;

e) einen effektiven Zugang zum Recht;

f) die Beseitigung von Hindernissen für die reibungslose Abwicklung von Zivilverfahren, erforderlichenfalls durch Förderung der Vereinbarkeit der in den Mitgliedstaaten geltenden zivilrechtlichen Verfahrensvorschriften;

g) die Entwicklung von alternativen Methoden für die Beilegung von Streitigkeiten;

h) die Förderung der Weiterbildung von Richtern und Justizbediensteten.

(3)
[1]Abweichend von Absatz 2 werden Maßnahmen zum Familienrecht mit grenzüberschreitendem Bezug vom Rat gemäß einem besonderen Gesetzgebungsverfahren festgelegt. [2]Dieser beschließt einstimmig nach Anhörung des Europäischen Parlaments.

[1]Der Rat kann auf Vorschlag der Kommission einen Beschluss erlassen, durch den die Aspekte des Familienrechts mit grenzüberschreitendem Bezug bestimmt werden, die Gegenstand von Rechtsakten sein können, die gemäß dem ordentlichen Gesetzgebungsverfahren erlassen werden. [2]Der Rat beschließt einstimmig nach Anhörung des Europäischen Parlaments.

[1]Der in Unterabsatz 2 genannte Vorschlag wird den nationalen Parlamenten übermittelt. [2]Wird dieser Vorschlag innerhalb von sechs Monaten nach der Übermittlung von einem nationalen Parlament abgelehnt, so wird der Beschluss nicht erlassen. [3]Wird der Vorschlag nicht abgelehnt, so kann der Rat den Beschluss erlassen.

Kapitel 4
Justizielle Zusammenarbeit in Strafsachen

Artikel 82 [Grundsatz der gegenseitigen Anerkennung; Mindestvorschriften]
(1)
Die justizielle Zusammenarbeit in Strafsachen in der Union beruht auf dem Grundsatz der gegenseitigen Anerkennung gerichtlicher Urteile und Entscheidungen und umfasst die Angleichung der Rechtsvorschriften der Mitgliedstaaten in den in Absatz 2 und in Artikel 83 genannten Bereichen.

Das Europäische Parlament und der Rat erlassen gemäß dem ordentlichen Gesetzgebungsverfahren Maßnahmen, um

a) Regeln und Verfahren festzulegen, mit denen die Anerkennung aller Arten von Urteilen und gerichtlichen Entscheidungen in der gesamten Union sichergestellt wird;
b) Kompetenzkonflikte zwischen den Mitgliedstaaten zu verhindern und beizulegen;
c) die Weiterbildung von Richtern und Staatsanwälten sowie Justizbediensteten zu fördern;
d) die Zusammenarbeit zwischen den Justizbehörden oder entsprechenden Behörden der Mitgliedstaaten im Rahmen der Strafverfolgung sowie des Vollzugs und der Vollstreckung von Entscheidungen zu erleichtern.

(2)
[1]Soweit dies zur Erleichterung der gegenseitigen Anerkennung gerichtlicher Urteile und Entscheidungen und der polizeilichen und justiziellen Zusammenarbeit in Strafsachen mit grenzüberschreitender Dimension erforderlich ist, können das Europäische Parlament und der Rat gemäß dem ordentlichen Gesetzgebungsverfahren durch Richtlinien Mindestvorschriften festlegen. [2]Bei diesen Mindestvorschriften werden die Unterschiede zwischen den Rechtsordnungen und -traditionen der Mitgliedstaaten berücksichtigt.

Die Vorschriften betreffen Folgendes:

a) die Zulässigkeit von Beweismitteln auf gegenseitiger Basis zwischen den Mitgliedstaaten;
b) die Rechte des Einzelnen im Strafverfahren;
c) die Rechte der Opfer von Straftaten;
d) sonstige spezifische Aspekte des Strafverfahrens, die zuvor vom Rat durch Beschluss bestimmt worden sind; dieser Beschluss wird vom Rat einstimmig nach Zustimmung des Europäischen Parlaments erlassen.

Der Erlass von Mindestvorschriften nach diesem Absatz hindert die Mitgliedstaaten nicht daran, ein höheres Schutzniveau für den Einzelnen beizubehalten oder einzuführen.

(3)
[1]Ist ein Mitglied des Rates der Auffassung, dass ein Entwurf einer Richtlinie nach Absatz 2 grundlegende Aspekte seiner Strafrechtsordnung berühren würde, so kann es beantragen, dass der Europäische Rat befasst wird. [2]In diesem Fall wird das ordentliche Gesetzgebungsverfahren ausgesetzt. [3]Nach einer Aussprache verweist der Europäische Rat im Falle eines Einvernehmens den Entwurf binnen vier Monaten nach Aussetzung des Verfahrens an den Rat zurück, wodurch die Aussetzung des ordentlichen Gesetzgebungsverfahrens beendet wird.

[1]Sofern kein Einvernehmen erzielt wird, mindestens neun Mitgliedstaaten aber eine Verstärkte Zusammenarbeit auf der Grundlage des betreffenden Entwurfs einer Richtlinie begründen möchten, teilen diese Mitgliedstaaten dies binnen derselben Frist dem Europäischen Parlament, dem Rat und der Kommission mit. [2]In diesem Fall gilt die Ermächtigung zu einer Verstärkten Zusammenarbeit nach Artikel 20 Absatz

2 des Vertrags über die Europäische Union und Artikel 329 Absatz 1 dieses Vertrags als erteilt, und die Bestimmungen über die Verstärkte Zusammenarbeit finden Anwendung.

Artikel 83 [Straftaten mit grenzüberschreitender Dimension]

(1)

Das Europäische Parlament und der Rat können gemäß dem ordentlichen Gesetzgebungsverfahren durch Richtlinien Mindestvorschriften zur Festlegung von Straftaten und Strafen in Bereichen besonders schwerer Kriminalität festlegen, die aufgrund der Art oder der Auswirkungen der Straftaten oder aufgrund einer besonderen Notwendigkeit, sie auf einer gemeinsamen Grundlage zu bekämpfen, eine grenzüberschreitende Dimension haben.

Derartige Kriminalitätsbereiche sind: Terrorismus, Menschenhandel und sexuelle Ausbeutung von Frauen und Kindern, illegaler Drogenhandel, illegaler Waffenhandel, Geldwäsche, Korruption, Fälschung von Zahlungsmitteln, Computerkriminalität und organisierte Kriminalität. [1]Je nach Entwicklung der Kriminalität kann der Rat einen Beschluss erlassen, in dem andere Kriminalitätsbereiche bestimmt werden, die die Kriterien dieses Absatzes erfüllen. [2]Er beschließt einstimmig nach Zustimmung des Europäischen Parlaments.

(2) [1]Erweist sich die Angleichung der strafrechtlichen Rechtsvorschriften der Mitgliedstaaten als unerlässlich für die wirksame Durchführung der Politik der Union auf einem Gebiet, auf dem Harmonisierungsmaßnahmen erfolgt sind, so können durch Richtlinien Mindestvorschriften für die Festlegung von Straftaten und Strafen auf dem betreffenden Gebiet festgelegt werden. [2]Diese Richtlinien werden unbeschadet des Artikels 76 gemäß dem gleichen ordentlichen oder besonderen Gesetzgebungsverfahren wie die betreffenden Harmonisierungsmaßnahmen erlassen.

(3)

[1]Ist ein Mitglied des Rates der Auffassung, dass der Entwurf einer Richtlinie nach den Absätzen 1 oder 2 grundlegende Aspekte seiner Strafrechtsordnung berühren würde, so kann es beantragen, dass der Europäische Rat befasst wird. [2]In diesem Fall wird das ordentliche Gesetzgebungsverfahren ausgesetzt. [3]Nach einer Aussprache verweist der Europäische Rat im Falle eines Einvernehmens den Entwurf binnen vier Monaten nach Aussetzung des Verfahrens an den Rat zurück, wodurch die Aussetzung des ordentlichen Gesetzgebungsverfahrens beendet wird.

[1]Sofern kein Einvernehmen erzielt wird, mindestens neun Mitgliedstaaten aber eine Verstärkte Zusammenarbeit auf der Grundlage des betreffenden Entwurfs einer Richtlinie begründen möchten, teilen diese Mitgliedstaaten dies binnen derselben Frist dem Europäischen Parlament, dem Rat und der Kommission mit. [2]In diesem Fall gilt die Ermächtigung zu einer Verstärkten Zusammenarbeit nach Artikel 20 Absatz 2 des Vertrags über die Europäische Union und Artikel 329 Absatz 1 dieses Vertrags als erteilt, und die Bestimmungen über die Verstärkte Zusammenarbeit finden Anwendung.

Artikel 84 [Kriminalprävention]

Das Europäische Parlament und der Rat können gemäß dem ordentlichen Gesetzgebungsverfahren unter Ausschluss jeglicher Harmonisierung der Rechtsvorschriften der Mitgliedstaaten Maßnahmen festlegen, um das Vorgehen der Mitgliedstaaten im Bereich der Kriminalprävention zu fördern und zu unterstützen.

Artikel 85 [Eurojust]

(1)

Eurojust hat den Auftrag, die Koordinierung und Zusammenarbeit zwischen den nationalen Behörden zu unterstützen und zu verstärken, die für die Ermittlung und Verfolgung von schwerer Kriminalität zuständig sind, wenn zwei oder mehr Mitgliedstaaten betroffen sind oder eine Verfolgung auf gemeinsamer Grundlage erforderlich ist; Eurojust stützt sich dabei auf die von den Behörden der Mitgliedstaaten und von Europol durchgeführten Operationen und gelieferten Informationen.

[1]Zu diesem Zweck legen das Europäische Parlament und der Rat gemäß dem ordentlichen Gesetzgebungsverfahren durch Verordnungen den Aufbau, die Arbeitsweise, den Tätigkeitsbereich und die Aufgaben von Eurojust fest. [2]Zu diesen Aufgaben kann Folgendes gehören:

a) Einleitung von strafrechtlichen Ermittlungsmaßnahmen sowie Vorschläge zur Einleitung von strafrechtlichen Verfolgungsmaßnahmen, die von den zuständigen nationalen Behörden durchgeführt werden, insbesondere bei Straftaten zum Nachteil der finanziellen Interessen der Union;

b) Koordinierung der unter Buchstabe a genannten Ermittlungs- und Verfolgungsmaßnahmen;

c) Verstärkung der justiziellen Zusammenarbeit, unter anderem auch durch die Beilegung von Kompetenzkonflikten und eine enge Zusammenarbeit mit dem Europäischen Justiziellen Netz.

Durch diese Verordnungen werden ferner die Einzelheiten für die Beteiligung des Europäischen Parlaments und der nationalen Parlamente an der Bewertung der Tätigkeit von Eurojust festgelegt.

(2) Im Rahmen der Strafverfolgungsmaßnahmen nach Absatz 1 werden die förmlichen Prozesshandlungen unbeschadet des Artikels 86 durch die zuständigen einzelstaatlichen Bediensteten vorgenommen.

Artikel 86 [Europäische Staatsanwaltschaft]
(1)
[1]Zur Bekämpfung von Straftaten zum Nachteil der finanziellen Interessen der Union kann der Rat gemäß einem besonderen Gesetzgebungsverfahren durch Verordnungen ausgehend von Eurojust eine Europäische Staatsanwaltschaft einsetzen. [2]Der Rat beschließt einstimmig nach Zustimmung des Europäischen Parlaments.
[1]Sofern keine Einstimmigkeit besteht, kann eine Gruppe von mindestens neun Mitgliedstaaten beantragen, dass der Europäische Rat mit dem Entwurf einer Verordnung befasst wird. [2]In diesem Fall wird das Verfahren im Rat ausgesetzt. [3]Nach einer Aussprache verweist der Europäische Rat im Falle eines Einvernehmens den Entwurf binnen vier Monaten nach Aussetzung des Verfahrens an den Rat zur Annahme zurück.
[1]Sofern kein Einvernehmen erzielt wird, mindestens neun Mitgliedstaaten aber eine Verstärkte Zusammenarbeit auf der Grundlage des betreffenden Entwurfs einer Verordnung begründen möchten, teilen diese Mitgliedstaaten dies binnen derselben Frist dem Europäischen Parlament, dem Rat und der Kommission mit. [2]In diesem Fall gilt die Ermächtigung zu einer Verstärkten Zusammenarbeit nach Artikel 20 Absatz 2 des Vertrags über die Europäische Union und Artikel 329 Absatz 1 dieses Vertrags als erteilt, und die Bestimmungen über die Verstärkte Zusammenarbeit finden Anwendung.
(2) [1]Die Europäische Staatsanwaltschaft ist, gegebenenfalls in Verbindung mit Europol, zuständig für die strafrechtliche Untersuchung und Verfolgung sowie die Anklageerhebung in Bezug auf Personen, die als Täter oder Teilnehmer Straftaten zum Nachteil der finanziellen Interessen der Union begangen haben, die in der Verordnung nach Absatz 1 festgelegt sind. [2]Die Europäische Staatsanwaltschaft nimmt bei diesen Straftaten vor den zuständigen Gerichten der Mitgliedstaaten die Aufgaben der Staatsanwaltschaft wahr.
(3) Die in Absatz 1 genannte Verordnung legt die Satzung der Europäischen Staatsanwaltschaft, die Einzelheiten für die Erfüllung ihrer Aufgaben, die für ihre Tätigkeit geltenden Verfahrensvorschriften sowie die Regeln für die Zulässigkeit von Beweismitteln und für die gerichtliche Kontrolle der von der Europäischen Staatsanwaltschaft bei der Erfüllung ihrer Aufgaben vorgenommenen Prozesshandlungen fest.
(4) [1]Der Europäische Rat kann gleichzeitig mit der Annahme der Verordnung oder im Anschluss daran einen Beschluss zur Änderung des Absatzes 1 mit dem Ziel einer Ausdehnung der Befugnisse der Europäischen Staatsanwaltschaft auf die Bekämpfung der schweren Kriminalität mit grenzüberschreitender Dimension und zur entsprechenden Änderung des Absatzes 2 hinsichtlich Personen, die als Täter oder Teilnehmer schwere, mehr als einen Mitgliedstaat betreffende Straftaten begangen haben, erlassen. [2]Der Europäische Rat beschließt einstimmig nach Zustimmung des Europäischen Parlaments und nach Anhörung der Kommission.

Kapitel 5
Polizeiliche Zusammenarbeit

Artikel 87 [Polizeiliche Zusammenarbeit]
(1) Die Union entwickelt eine polizeiliche Zusammenarbeit zwischen allen zuständigen Behörden der Mitgliedstaaten, einschließlich der Polizei, des Zolls und anderer auf die Verhütung oder die Aufdeckung von Straftaten sowie entsprechende Ermittlungen spezialisierter Strafverfolgungsbehörden.
(2) Für die Zwecke des Absatzes 1 können das Europäische Parlament und der Rat gemäß dem ordentlichen Gesetzgebungsverfahren Maßnahmen erlassen, die Folgendes betreffen:
a) Einholen, Speichern, Verarbeiten, Analysieren und Austauschen sachdienlicher Informationen;
b) Unterstützung bei der Aus- und Weiterbildung von Personal sowie Zusammenarbeit in Bezug auf den Austausch von Personal, die Ausrüstungsgegenstände und die kriminaltechnische Forschung;
c) gemeinsame Ermittlungstechniken zur Aufdeckung schwerwiegender Formen der organisierten Kriminalität.
(3)
[1]Der Rat kann gemäß einem besonderen Gesetzgebungsverfahren Maßnahmen erlassen, die die operative Zusammenarbeit zwischen den in diesem Artikel genannten Behörden betreffen. [2]Der Rat beschließt einstimmig nach Anhörung des Europäischen Parlaments.
[1]Sofern keine Einstimmigkeit besteht, kann eine Gruppe von mindestens neun Mitgliedstaaten beantragen, dass der Europäische Rat mit dem Entwurf von Maßnahmen befasst wird. [2]In diesem Fall wird das Verfahren im Rat ausgesetzt. [3]Nach einer Aussprache verweist der Europäische Rat im Falle eines Einver-

nehmens den Entwurf binnen vier Monaten nach Aussetzung des Verfahrens an den Rat zur Annahme zurück.

[1]Sofern kein Einvernehmen erzielt wird, mindestens neun Mitgliedstaaten aber eine Verstärkte Zusammenarbeit auf der Grundlage des betreffenden Entwurfs von Maßnahmen begründen möchten, teilen diese Mitgliedstaaten dies binnen derselben Frist dem Europäischen Parlament, dem Rat und der Kommission mit. [2]In diesem Fall gilt die Ermächtigung zu einer Verstärkten Zusammenarbeit nach Artikel 20 Absatz 2 des Vertrags über die Europäische Union und Artikel 329 Absatz 1 dieses Vertrags als erteilt, und die Bestimmungen über die Verstärkte Zusammenarbeit finden Anwendung.

Das besondere Verfahren nach den Unterabsätzen 2 und 3 gilt nicht für Rechtsakte, die eine Weiterentwicklung des Schengen-Besitzstands darstellen.

Artikel 88 [Europol]
(1) Europol hat den Auftrag, die Tätigkeit der Polizeibehörden und der anderen Strafverfolgungsbehörden der Mitgliedstaaten sowie deren gegenseitige Zusammenarbeit bei der Verhütung und Bekämpfung der zwei oder mehr Mitgliedstaaten betreffenden schweren Kriminalität, des Terrorismus und der Kriminalitätsformen, die ein gemeinsames Interesse verletzen, das Gegenstand einer Politik der Union ist, zu unterstützen und zu verstärken.

(2)
[1]Das Europäische Parlament und der Rat legen gemäß dem ordentlichen Gesetzgebungsverfahren durch Verordnungen den Aufbau, die Arbeitsweise, den Tätigkeitsbereich und die Aufgaben von Europol fest. [2]Zu diesen Aufgaben kann Folgendes gehören:
a) Einholen, Speichern, Verarbeiten, Analysieren und Austauschen von Informationen, die insbesondere von den Behörden der Mitgliedstaaten oder Drittländern beziehungsweise Stellen außerhalb der Union übermittelt werden;
b) Koordinierung, Organisation und Durchführung von Ermittlungen und von operativen Maßnahmen, die gemeinsam mit den zuständigen Behörden der Mitgliedstaaten oder im Rahmen gemeinsamer Ermittlungsgruppen durchgeführt werden, gegebenenfalls in Verbindung mit Eurojust.
Durch diese Verordnungen werden ferner die Einzelheiten für die Kontrolle der Tätigkeiten von Europol durch das Europäische Parlament festgelegt; an dieser Kontrolle werden die nationalen Parlamente beteiligt.
(3) [1]Europol darf operative Maßnahmen nur in Verbindung und in Absprache mit den Behörden des Mitgliedstaats oder der Mitgliedstaaten ergreifen, deren Hoheitsgebiet betroffen ist. [2]Die Anwendung von Zwangsmaßnahmen bleibt ausschließlich den zuständigen einzelstaatlichen Behörden vorbehalten.

Artikel 89 [Grenzüberschreitende Behördentätigkeit]
[1]Der Rat legt gemäß einem besonderen Gesetzgebungsverfahren fest, unter welchen Bedingungen und innerhalb welcher Grenzen die in den Artikeln 82 und 87 genannten zuständigen Behörden der Mitgliedstaaten im Hoheitsgebiet eines anderen Mitgliedstaats in Verbindung und in Absprache mit dessen Behörden tätig werden dürfen. [2]Der Rat beschließt einstimmig nach Anhörung des Europäischen Parlaments.

Titel VI
Der Verkehr

Artikel 90 [Gemeinsame Verkehrspolitik]
Auf dem in diesem Titel geregelten Sachgebiet werden die Ziele der Verträge im Rahmen einer gemeinsamen Verkehrspolitik verfolgt.

Artikel 91 [Erlass von zweckdienlichen Maßnahmen]
(1) Zur Durchführung des Artikels 90 werden das Europäische Parlament und der Rat unter Berücksichtigung der Besonderheiten des Verkehrs gemäß dem ordentlichen Gesetzgebungsverfahren und nach Anhörung des Wirtschafts- und Sozialausschusses sowie des Ausschusses der Regionen
a) für den internationalen Verkehr aus oder nach dem Hoheitsgebiet eines Mitgliedstaats oder für den Durchgangsverkehr durch das Hoheitsgebiet eines oder mehrerer Mitgliedstaaten gemeinsame Regeln aufstellen;
b) für die Zulassung von Verkehrsunternehmern zum Verkehr innerhalb eines Mitgliedstaats, in dem sie nicht ansässig sind, die Bedingungen festlegen;
c) Maßnahmen zur Verbesserung der Verkehrssicherheit erlassen;
d) alle sonstigen zweckdienlichen Vorschriften erlassen.

(2) Beim Erlass von Maßnahmen nach Absatz 1 wird den Fällen Rechnung getragen, in denen die Anwendung den Lebensstandard und die Beschäftigungslage in bestimmten Regionen sowie den Betrieb der Verkehrseinrichtungen ernstlich beeinträchtigen könnte.

Artikel 92 [Stillhalteverpflichtung]

Bis zum Erlass der in Artikel 91 Absatz 1 genannten Vorschriften darf ein Mitgliedstaat die verschiedenen, am 1. Januar 1958 oder, im Falle später beigetretener Staaten, zum Zeitpunkt ihres Beitritts auf diesem Gebiet geltenden Vorschriften in ihren unmittelbaren oder mittelbaren Auswirkungen auf die Verkehrsunternehmer anderer Mitgliedstaaten im Vergleich zu den inländischen Verkehrsunternehmern nicht ungünstiger gestalten, es sei denn, dass der Rat einstimmig eine Maßnahme billigt, die eine Ausnahmeregelung gewährt.

Artikel 93 [Ausnahmen vom Beihilfeverbot]

Mit den Verträgen vereinbar sind Beihilfen, die den Erfordernissen der Koordinierung des Verkehrs oder der Abgeltung bestimmter, mit dem Begriff des öffentlichen Dienstes zusammenhängender Leistungen entsprechen.

Artikel 94 [Berücksichtigung der wirtschaftlichen Lage der Verkehrsunternehmer]

Jede Maßnahme auf dem Gebiet der Beförderungsentgelte und -bedingungen, die im Rahmen der Verträge getroffen wird, hat der wirtschaftlichen Lage der Verkehrsunternehmer Rechnung zu tragen.

Artikel 95 [Beseitigung von Diskriminierungen]

(1) Im Verkehr innerhalb der Union sind Diskriminierungen verboten, die darin bestehen, dass ein Verkehrsunternehmer in denselben Verkehrsverbindungen für die gleichen Güter je nach ihrem Herkunfts- oder Bestimmungsland unterschiedliche Frachten und Beförderungsbedingungen anwendet.

(2) Absatz 1 schließt sonstige Maßnahmen nicht aus, die das Europäische Parlament und der Rat gemäß Artikel 91 Absatz 1 treffen können.

(3)

Der Rat trifft auf Vorschlag der Kommission und nach Anhörung des Europäischen Parlaments und des Wirtschafts- und Sozialausschusses eine Regelung zur Durchführung des Absatzes 1.

Er kann insbesondere die erforderlichen Vorschriften erlassen, um es den Organen der Union zu ermöglichen, für die Beachtung des Absatzes 1 Sorge zu tragen, und um den Verkehrsnutzern die Vorteile dieser Bestimmung voll zukommen zu lassen.

(4) Die Kommission prüft von sich aus oder auf Antrag eines Mitgliedstaats die Diskriminierungsfälle des Absatzes 1 und erlässt nach Beratung mit jedem in Betracht kommenden Mitgliedstaat die erforderlichen Beschlüsse im Rahmen der gemäß Absatz 3 getroffenen Regelung.

Artikel 96 [Verbot von Unterstützungsmaßnahmen, Ausnahmen]

(1) Im Verkehr innerhalb der Union sind die von einem Mitgliedstaat auferlegten Frachten und Beförderungsbedingungen verboten, die in irgendeiner Weise der Unterstützung oder dem Schutz eines oder mehrerer bestimmter Unternehmen oder Industrien dienen, es sei denn, dass die Kommission die Genehmigung hierzu erteilt.

(2)

Die Kommission prüft von sich aus oder auf Antrag eines Mitgliedstaats die in Absatz 1 bezeichneten Frachten und Beförderungsbedingungen; hierbei berücksichtigt sie insbesondere sowohl die Erfordernisse einer angemessenen Standortpolitik, die Bedürfnisse der unterentwickelten Gebiete und die Probleme der durch politische Umstände schwer betroffenen Gebiete als auch die Auswirkungen dieser Frachten und Beförderungsbedingungen auf den Wettbewerb zwischen den Verkehrsarten.

Die Kommission erlässt die erforderlichen Beschlüsse nach Beratung mit jedem in Betracht kommenden Mitgliedstaat.

(3) Das in Absatz 1 genannte Verbot trifft nicht die Wettbewerbstarife.

Artikel 97 [Abgaben und Gebühren bei Grenzübergang]

Die Abgaben oder Gebühren, die ein Verkehrsunternehmer neben den Frachten beim Grenzübergang in Rechnung stellt, dürfen unter Berücksichtigung der hierdurch tatsächlich verursachten Kosten eine angemessene Höhe nicht übersteigen.

Die Mitgliedstaaten werden bemüht sein, diese Kosten schrittweise zu verringern.

Die Kommission kann zur Durchführung dieses Artikels Empfehlungen an die Mitgliedstaaten richten.

Artikel 98 [Teilungsbedingte Ausnahmen für gewisse deutsche Gebiete]

[1]Die Bestimmungen dieses Titels stehen Maßnahmen in der Bundesrepublik Deutschland nicht entgegen, soweit sie erforderlich sind, um die wirtschaftlichen Nachteile auszugleichen, die der Wirtschaft be-

stimmter, von der Teilung Deutschlands betroffener Gebiete der Bundesrepublik aus dieser Teilung entstehen. [2]Der Rat kann fünf Jahre nach dem Inkrafttreten des Vertrags von Lissabon auf Vorschlag der Kommission einen Beschluss erlassen, mit dem dieser Artikel aufgehoben wird.

Artikel 99 [Beratender Ausschuss]
[1]Bei der Kommission wird ein beratender Ausschuss gebildet; er besteht aus Sachverständigen, die von den Regierungen der Mitgliedstaaten ernannt werden. [2]Die Kommission hört den Ausschuss je nach Bedarf in Verkehrsfragen an.

Artikel 100 [Betroffene Verkehrsmittel]
(1) Dieser Titel gilt für die Beförderungen im Eisenbahn-, Straßen- und Binnenschiffsverkehr.
(2) [1]Das Europäische Parlament und der Rat können gemäß dem ordentlichen Gesetzgebungsverfahren geeignete Vorschriften für die Seeschifffahrt und die Luftfahrt erlassen. [2]Sie beschließen nach Anhörung des Wirtschafts- und Sozialausschusses und des Ausschusses der Regionen.

Titel VII
Gemeinsame Regeln betreffend Wettbewerb, Steuerfragen und Angleichung der Rechtsvorschriften

Kapitel 1
Wettbewerbsregeln

Abschnitt 1
Vorschriften für Unternehmen

Artikel 101 [Kartellverbot]
(1) Mit dem Binnenmarkt unvereinbar und verboten sind alle Vereinbarungen zwischen Unternehmen, Beschlüsse von Unternehmensvereinigungen und aufeinander abgestimmte Verhaltensweisen, welche den Handel zwischen Mitgliedstaaten zu beeinträchtigen geeignet sind und eine Verhinderung, Einschränkung oder Verfälschung des Wettbewerbs innerhalb des Binnenmarkts bezwecken oder bewirken, insbesondere
a) die unmittelbare oder mittelbare Festsetzung der An- oder Verkaufspreise oder sonstiger Geschäftsbedingungen;
b) die Einschränkung oder Kontrolle der Erzeugung, des Absatzes, der technischen Entwicklung oder der Investitionen;
c) die Aufteilung der Märkte oder Versorgungsquellen;
d) die Anwendung unterschiedlicher Bedingungen bei gleichwertigen Leistungen gegenüber Handelspartnern, wodurch diese im Wettbewerb benachteiligt werden;
e) die an den Abschluss von Verträgen geknüpfte Bedingung, dass die Vertragspartner zusätzliche Leistungen annehmen, die weder sachlich noch nach Handelsbrauch in Beziehung zum Vertragsgegenstand stehen.
(2) Die nach diesem Artikel verbotenen Vereinbarungen oder Beschlüsse sind nichtig.
(3) Die Bestimmungen des Absatzes 1 können für nicht anwendbar erklärt werden auf
– Vereinbarungen oder Gruppen von Vereinbarungen zwischen Unternehmen,
– Beschlüsse oder Gruppen von Beschlüssen von Unternehmensvereinigungen,
– aufeinander abgestimmte Verhaltensweisen oder Gruppen von solchen,
die unter angemessener Beteiligung der Verbraucher an dem entstehenden Gewinn zur Verbesserung der Warenerzeugung oder -verteilung oder zur Förderung des technischen oder wirtschaftlichen Fortschritts beitragen, ohne dass den beteiligten Unternehmen
a) Beschränkungen auferlegt werden, die für die Verwirklichung dieser Ziele nicht unerlässlich sind, oder
b) Möglichkeiten eröffnet werden, für einen wesentlichen Teil der betreffenden Waren den Wettbewerb auszuschalten.

Artikel 102 [Missbrauch einer marktbeherrschenden Stellung]
Mit dem Binnenmarkt unvereinbar und verboten ist die missbräuchliche Ausnutzung einer beherrschenden Stellung auf dem Binnenmarkt oder auf einem wesentlichen Teil desselben durch ein oder mehrere Unternehmen, soweit dies dazu führen kann, den Handel zwischen Mitgliedstaaten zu beeinträchtigen.

Dieser Missbrauch kann insbesondere in Folgendem bestehen:

a) der unmittelbaren oder mittelbaren Erzwingung von unangemessenen Einkaufs- oder Verkaufspreisen oder sonstigen Geschäftsbedingungen;

b) der Einschränkung der Erzeugung, des Absatzes oder der technischen Entwicklung zum Schaden der Verbraucher;

c) der Anwendung unterschiedlicher Bedingungen bei gleichwertigen Leistungen gegenüber Handelspartnern, wodurch diese im Wettbewerb benachteiligt werden;

d) der an den Abschluss von Verträgen geknüpften Bedingung, dass die Vertragspartner zusätzliche Leistungen annehmen, die weder sachlich noch nach Handelsbrauch in Beziehung zum Vertragsgegenstand stehen.

Artikel 103 [Erlass von Verordnungen und Richtlinien]

(1) Die zweckdienlichen Verordnungen oder Richtlinien zur Verwirklichung der in den Artikeln 101 und 102 niedergelegten Grundsätze werden vom Rat auf Vorschlag der Kommission und nach Anhörung des Europäischen Parlaments beschlossen.

(2) Die in Absatz 1 vorgesehenen Vorschriften bezwecken insbesondere,

a) die Beachtung der in Artikel 101 Absatz 1 und Artikel 102 genannten Verbote durch die Einführung von Geldbußen und Zwangsgeldern zu gewährleisten;

b) die Einzelheiten der Anwendung des Artikels 101 Absatz 3 festzulegen; dabei ist dem Erfordernis einer wirksamen Überwachung bei möglichst einfacher Verwaltungskontrolle Rechnung zu tragen;

c) gegebenenfalls den Anwendungsbereich der Artikel 101 und 102 für die einzelnen Wirtschaftszweige näher zu bestimmen;

d) die Aufgaben der Kommission und des Gerichtshofs der Europäischen Union bei der Anwendung der in diesem Absatz vorgesehenen Vorschriften gegeneinander abzugrenzen;

e) das Verhältnis zwischen den innerstaatlichen Rechtsvorschriften einerseits und den in diesem Abschnitt enthaltenen oder aufgrund dieses Artikels getroffenen Bestimmungen andererseits festzulegen.

Artikel 104 [Übergangsbestimmung]

Bis zum Inkrafttreten der gemäß Artikel 103 erlassenen Vorschriften entscheiden die Behörden der Mitgliedstaaten im Einklang mit ihren eigenen Rechtsvorschriften und den Bestimmungen der Artikel 101, insbesondere Absatz 3, und 102 über die Zulässigkeit von Vereinbarungen, Beschlüssen und aufeinander abgestimmten Verhaltensweisen sowie über die missbräuchliche Ausnutzung einer beherrschenden Stellung auf dem Binnenmarkt.

Artikel 105 [Wettbewerbsaufsicht]

(1) [1]Unbeschadet des Artikels 104 achtet die Kommission auf die Verwirklichung der in den Artikeln 101 und 102 niedergelegten Grundsätze. [2]Sie untersucht auf Antrag eines Mitgliedstaats oder von Amts wegen in Verbindung mit den zuständigen Behörden der Mitgliedstaaten, die ihr Amtshilfe zu leisten haben, die Fälle, in denen Zuwiderhandlungen gegen diese Grundsätze vermutet werden. [3]Stellt sie eine Zuwiderhandlung fest, so schlägt sie geeignete Mittel vor, um diese abzustellen.

(2) [1]Wird die Zuwiderhandlung nicht abgestellt, so trifft die Kommission in einem mit Gründen versehenen Beschluss die Feststellung, dass eine derartige Zuwiderhandlung vorliegt. [2]Sie kann den Beschluss veröffentlichen und die Mitgliedstaaten ermächtigen, die erforderlichen Abhilfemaßnahmen zu treffen, deren Bedingungen und Einzelheiten sie festlegt.

(3) Die Kommission kann Verordnungen zu den Gruppen von Vereinbarungen erlassen, zu denen der Rat nach Artikel 103 Absatz 2 Buchstabe b eine Verordnung oder Richtlinie erlassen hat.

Artikel 106 [Öffentliche Unternehmen; Dienstleistungen von allgemeinem wirtschaftlichem Interesse]

(1) Die Mitgliedstaaten werden in Bezug auf öffentliche Unternehmen und auf Unternehmen, denen sie besondere oder ausschließliche Rechte gewähren, keine den Verträgen und insbesondere den Artikeln 18 und 101 bis 109 widersprechende Maßnahmen treffen oder beibehalten.

(2) [1]Für Unternehmen, die mit Dienstleistungen von allgemeinem wirtschaftlichem Interesse betraut sind oder den Charakter eines Finanzmonopols haben, gelten die Vorschriften der Verträge, insbesondere die Wettbewerbsregeln, soweit die Anwendung dieser Vorschriften nicht die Erfüllung der ihnen übertragenen besonderen Aufgabe rechtlich oder tatsächlich verhindert. [2]Die Entwicklung des Handelsverkehrs darf nicht in einem Ausmaß beeinträchtigt werden, das dem Interesse der Union zuwiderläuft.

(3) Die Kommission achtet auf die Anwendung dieses Artikels und richtet erforderlichenfalls geeignete Richtlinien oder Beschlüsse an die Mitgliedstaaten.

Abschnitt 2
Staatliche Beihilfen

Artikel 107 [Beihilfeverbot; Ausnahmen]
(1) Soweit in den Verträgen nicht etwas anderes bestimmt ist, sind staatliche oder aus staatlichen Mitteln gewährte Beihilfen gleich welcher Art, die durch die Begünstigung bestimmter Unternehmen oder Produktionszweige den Wettbewerb verfälschen oder zu verfälschen drohen, mit dem Binnenmarkt unvereinbar, soweit sie den Handel zwischen Mitgliedstaaten beeinträchtigen.

(2) Mit dem Binnenmarkt vereinbar sind:
a) Beihilfen sozialer Art an einzelne Verbraucher, wenn sie ohne Diskriminierung nach der Herkunft der Waren gewährt werden;
b) Beihilfen zur Beseitigung von Schäden, die durch Naturkatastrophen oder sonstige außergewöhnliche Ereignisse entstanden sind;
c) Beihilfen für die Wirtschaft bestimmter, durch die Teilung Deutschlands betroffener Gebiete der Bundesrepublik Deutschland, soweit sie zum Ausgleich der durch die Teilung verursachten wirtschaftlichen Nachteile erforderlich sind. Der Rat kann fünf Jahre nach dem Inkrafttreten des Vertrags von Lissabon auf Vorschlag der Kommission einen Beschluss erlassen, mit dem dieser Buchstabe aufgehoben wird.

(3) Als mit dem Binnenmarkt vereinbar können angesehen werden:
a) Beihilfen zur Förderung der wirtschaftlichen Entwicklung von Gebieten, in denen die Lebenshaltung außergewöhnlich niedrig ist oder eine erhebliche Unterbeschäftigung herrscht, sowie der in Artikel 349 genannten Gebiete unter Berücksichtigung ihrer strukturellen, wirtschaftlichen und sozialen Lage;
b) Beihilfen zur Förderung wichtiger Vorhaben von gemeinsamem europäischem Interesse oder zur Behebung einer beträchtlichen Störung im Wirtschaftsleben eines Mitgliedstaats;
c) Beihilfen zur Förderung der Entwicklung gewisser Wirtschaftszweige oder Wirtschaftsgebiete, soweit sie die Handelsbedingungen nicht in einer Weise verändern, die dem gemeinsamen Interesse zuwiderläuft;
d) Beihilfen zur Förderung der Kultur und der Erhaltung des kulturellen Erbes, soweit sie die Handels- und Wettbewerbsbedingungen in der Union nicht in einem Maß beeinträchtigen, das dem gemeinsamen Interesse zuwiderläuft;
e) sonstige Arten von Beihilfen, die der Rat durch einen Beschluss auf Vorschlag der Kommission bestimmt.

Artikel 108 [Beihilfeaufsicht]
(1) [1]Die Kommission überprüft fortlaufend in Zusammenarbeit mit den Mitgliedstaaten die in diesen bestehenden Beihilferegelungen. [2]Sie schlägt ihnen die zweckdienlichen Maßnahmen vor, welche die fortschreitende Entwicklung und das Funktionieren des Binnenmarkts erfordern.

(2)
Stellt die Kommission fest, nachdem sie den Beteiligten eine Frist zur Äußerung gesetzt hat, dass eine von einem Staat oder aus staatlichen Mitteln gewährte Beihilfe mit dem Binnenmarkt nach Artikel 107 unvereinbar ist oder dass sie missbräuchlich angewandt wird, so beschließt sie, dass der betreffende Staat sie binnen einer von ihr bestimmten Frist aufzuheben oder umzugestalten hat.
Kommt der betreffende Staat diesem Beschluss innerhalb der festgesetzten Frist nicht nach, so kann die Kommission oder jeder betroffene Staat in Abweichung von den Artikeln 258 und 259 den Gerichtshof der Europäischen Union unmittelbar anrufen.
[1]Der Rat kann einstimmig auf Antrag eines Mitgliedstaats beschließen, dass eine von diesem Staat gewährte oder geplante Beihilfe in Abweichung von Artikel 107 oder von den nach Artikel 109 erlassenen Verordnungen als mit dem Binnenmarkt vereinbar gilt, wenn außergewöhnliche Umstände einen solchen Beschluss rechtfertigen. [2]Hat die Kommission bezüglich dieser Beihilfe das in Unterabsatz 1 dieses Absatzes vorgesehene Verfahren bereits eingeleitet, so bewirkt der Antrag des betreffenden Staates an den Rat die Aussetzung dieses Verfahrens, bis der Rat sich geäußert hat.
Äußert sich der Rat nicht binnen drei Monaten nach Antragstellung, so beschließt die Kommission.

(3) [1]Die Kommission wird von jeder beabsichtigten Einführung oder Umgestaltung von Beihilfen so rechtzeitig unterrichtet, dass sie sich dazu äußern kann. [2]Ist sie der Auffassung, dass ein derartiges Vorhaben nach Artikel 107 mit dem Binnenmarkt unvereinbar ist, so leitet sie unverzüglich das in Absatz 2 vorgesehene Verfahren ein. [3]Der betreffende Mitgliedstaat darf die beabsichtigte Maßnahme nicht durchführen, bevor die Kommission einen abschließenden Beschluss erlassen hat.

(4) Die Kommission kann Verordnungen zu den Arten von staatlichen Beihilfen erlassen, für die der Rat nach Artikel 109 festgelegt hat, dass sie von dem Verfahren nach Absatz 3 ausgenommen werden können.

Artikel 109 [Erlass von Durchführungsverordnungen]
Der Rat kann auf Vorschlag der Kommission und nach Anhörung des Europäischen Parlaments alle zweckdienlichen Durchführungsverordnungen zu den Artikeln 107 und 108 erlassen und insbesondere die Bedingungen für die Anwendung des Artikels 108 Absatz 3 sowie diejenigen Arten von Beihilfen festlegen, die von diesem Verfahren ausgenommen sind.

Kapitel 2
Steuerliche Vorschriften

Artikel 110 [Diskriminierungs- und Protektionsverbot]
Die Mitgliedstaaten erheben auf Waren aus anderen Mitgliedstaaten weder unmittelbar noch mittelbar höhere inländische Abgaben gleich welcher Art, als gleichartige inländische Waren unmittelbar oder mittelbar zu tragen haben.
Die Mitgliedstaaten erheben auf Waren aus anderen Mitgliedstaaten keine inländischen Abgaben, die geeignet sind, andere Produktionen mittelbar zu schützen.

Artikel 111 [Privilegierungsverbot für Rückvergütungen]
Werden Waren in das Hoheitsgebiet eines Mitgliedstaats ausgeführt, so darf die Rückvergütung für inländische Abgaben nicht höher sein als die auf die ausgeführten Waren mittelbar oder unmittelbar erhobenen inländischen Abgaben.

Artikel 112 [Kompensationsverbot unter Genehmigungsvorbehalt]
Für Abgaben außer Umsatzsteuern, Verbrauchsabgaben und sonstigen indirekten Steuern sind Entlastungen und Rückvergütungen bei der Ausfuhr nach anderen Mitgliedstaaten sowie Ausgleichsabgaben bei der Einfuhr aus den Mitgliedstaaten nur zulässig, soweit der Rat sie vorher auf Vorschlag der Kommission für eine begrenzte Frist genehmigt hat.

Artikel 113 [Harmonisierung der indirekten Steuern]
Der Rat erlässt gemäß einem besonderen Gesetzgebungsverfahren und nach Anhörung des Europäischen Parlaments und des Wirtschafts- und Sozialausschusses einstimmig die Bestimmungen zur Harmonisierung der Rechtsvorschriften über die Umsatzsteuern, die Verbrauchsabgaben und sonstige indirekte Steuern, soweit diese Harmonisierung für die Errichtung und das Funktionieren des Binnenmarkts und die Vermeidung von Wettbewerbsverzerrungen notwendig ist.

Kapitel 3
Angleichung der Rechtsvorschriften

Artikel 114 [Rechtsangleichung im Binnenmarkt]
(1) [1]Soweit in den Verträgen nichts anderes bestimmt ist, gilt für die Verwirklichung der Ziele des Artikels 26 die nachstehende Regelung. [2]Das Europäische Parlament und der Rat erlassen gemäß dem ordentlichen Gesetzgebungsverfahren und nach Anhörung des Wirtschafts- und Sozialausschusses die Maßnahmen zur Angleichung der Rechts- und Verwaltungsvorschriften der Mitgliedstaaten, welche die Errichtung und das Funktionieren des Binnenmarkts zum Gegenstand haben.
(2) Absatz 1 gilt nicht für die Bestimmungen über die Steuern, die Bestimmungen über die Freizügigkeit und die Bestimmungen über die Rechte und Interessen der Arbeitnehmer.
(3) [1]Die Kommission geht in ihren Vorschlägen nach Absatz 1 in den Bereichen Gesundheit, Sicherheit, Umweltschutz und Verbraucherschutz von einem hohen Schutzniveau aus und berücksichtigt dabei insbesondere alle auf wissenschaftliche Ergebnisse gestützten neuen Entwicklungen. [2]Im Rahmen ihrer jeweiligen Befugnisse streben das Europäische Parlament und der Rat dieses Ziel ebenfalls an.
(4) Hält es ein Mitgliedstaat nach dem Erlass einer Harmonisierungsmaßnahme durch das Europäische Parlament und den Rat beziehungsweise durch den Rat oder die Kommission für erforderlich, einzelstaatliche Bestimmungen beizubehalten, die durch wichtige Erfordernisse im Sinne des Artikels 36 oder in Bezug auf den Schutz der Arbeitsumwelt oder den Umweltschutz gerechtfertigt sind, so teilt er diese Bestimmungen sowie die Gründe für ihre Beibehaltung der Kommission mit.
(5) Unbeschadet des Absatzes 4 teilt ferner ein Mitgliedstaat, der es nach dem Erlass einer Harmonisierungsmaßnahme durch das Europäische Parlament und den Rat beziehungsweise durch den Rat oder die

Kommission für erforderlich hält, auf neue wissenschaftliche Erkenntnisse gestützte einzelstaatliche Bestimmungen zum Schutz der Umwelt oder der Arbeitsumwelt aufgrund eines spezifischen Problems für diesen Mitgliedstaat, das sich nach dem Erlass der Harmonisierungsmaßnahme ergibt, einzuführen, die in Aussicht genommenen Bestimmungen sowie die Gründe für ihre Einführung der Kommission mit.

(6)
Die Kommission beschließt binnen sechs Monaten nach den Mitteilungen nach den Absätzen 4 und 5, die betreffenden einzelstaatlichen Bestimmungen zu billigen oder abzulehnen, nachdem sie geprüft hat, ob sie ein Mittel zur willkürlichen Diskriminierung und eine verschleierte Beschränkung des Handels zwischen den Mitgliedstaaten darstellen und ob sie das Funktionieren des Binnenmarkts behindern.
Erlässt die Kommission innerhalb dieses Zeitraums keinen Beschluss, so gelten die in den Absätzen 4 und 5 genannten einzelstaatlichen Bestimmungen als gebilligt.
Die Kommission kann, sofern dies aufgrund des schwierigen Sachverhalts gerechtfertigt ist und keine Gefahr für die menschliche Gesundheit besteht, dem betreffenden Mitgliedstaat mitteilen, dass der in diesem Absatz genannte Zeitraum gegebenenfalls um einen weiteren Zeitraum von bis zu sechs Monaten verlängert wird.
(7) Wird es einem Mitgliedstaat nach Absatz 6 gestattet, von der Harmonisierungsmaßnahme abweichende einzelstaatliche Bestimmungen beizubehalten oder einzuführen, so prüft die Kommission unverzüglich, ob sie eine Anpassung dieser Maßnahme vorschlägt.
(8) Wirft ein Mitgliedstaat in einem Bereich, der zuvor bereits Gegenstand von Harmonisierungsmaßnahmen war, ein spezielles Gesundheitsproblem auf, so teilt er dies der Kommission mit, die dann umgehend prüft, ob sie dem Rat entsprechende Maßnahmen vorschlägt.
(9) In Abweichung von dem Verfahren der Artikel 258 und 259 kann die Kommission oder ein Mitgliedstaat den Gerichtshof der Europäischen Union unmittelbar anrufen, wenn die Kommission oder der Staat der Auffassung ist, dass ein anderer Mitgliedstaat die in diesem Artikel vorgesehenen Befugnisse missbraucht.
(10) Die vorgenannten Harmonisierungsmaßnahmen sind in geeigneten Fällen mit einer Schutzklausel verbunden, welche die Mitgliedstaaten ermächtigt, aus einem oder mehreren der in Artikel 36 genannten nichtwirtschaftlichen Gründe vorläufige Maßnahmen zu treffen, die einem Kontrollverfahren der Union unterliegen.

Artikel 115 [Nationales Recht mit unmittelbarer Auswirkung auf den Binnenmarkt; Rechtsangleichung]
Unbeschadet des Artikels 114 erlässt der Rat gemäß einem besonderen Gesetzgebungsverfahren einstimmig und nach Anhörung des Europäischen Parlaments und des Wirtschafts- und Sozialausschusses Richtlinien für die Angleichung derjenigen Rechts- und Verwaltungsvorschriften der Mitgliedstaaten, die sich unmittelbar auf die Errichtung oder das Funktionieren des Binnenmarkts auswirken.

Artikel 116 [Behandlung bestehender wettbewerbsverzerrender Vorschriften]
Stellt die Kommission fest, dass vorhandene Unterschiede in den Rechts- und Verwaltungsvorschriften der Mitgliedstaaten die Wettbewerbsbedingungen auf dem Binnenmarkt verfälschen und dadurch eine Verzerrung hervorrufen, die zu beseitigen ist, so tritt sie mit den betreffenden Mitgliedstaaten in Beratungen ein.
[1]Führen diese Beratungen nicht zur Beseitigung dieser Verzerrung, so erlassen das Europäische Parlament und der Rat gemäß dem ordentlichen Gesetzgebungsverfahren die erforderlichen Richtlinien. [2]Es können alle sonstigen in den Verträgen vorgesehenen zweckdienlichen Maßnahmen erlassen werden.

Artikel 117 [Behandlung geplanter wettbewerbsverzerrender Vorschriften]
(1) [1]Ist zu befürchten, dass der Erlass oder die Änderung einer Rechts- oder Verwaltungsvorschrift eine Verzerrung im Sinne des Artikels 116 verursacht, so setzt sich der Mitgliedstaat, der diese Maßnahmen beabsichtigt, mit der Kommission ins Benehmen. [2]Diese empfiehlt nach Beratung mit den Mitgliedstaaten den beteiligten Staaten die zur Vermeidung dieser Verzerrung geeigneten Maßnahmen.
(2) [1]Kommt der Staat, der innerstaatliche Vorschriften erlassen oder ändern will, der an ihn gerichteten Empfehlung der Kommission nicht nach, so kann nicht gemäß Artikel 116 verlangt werden, dass die anderen Mitgliedstaaten ihre innerstaatlichen Vorschriften ändern, um die Verzerrung zu beseitigen.
[2]Verursacht ein Mitgliedstaat, der die Empfehlung der Kommission außer acht lässt, eine Verzerrung lediglich zu seinem eigenen Nachteil, so findet Artikel 116 keine Anwendung.

Artikel 118 [Schutz des geistigen Eigentums]
Im Rahmen der Verwirklichung oder des Funktionierens des Binnenmarkts erlassen das Europäische Parlament und der Rat gemäß dem ordentlichen Gesetzgebungsverfahren Maßnahmen zur Schaffung

europäischer Rechtstitel über einen einheitlichen Schutz der Rechte des geistigen Eigentums in der Union sowie zur Einführung von zentralisierten Zulassungs-, Koordinierungs- und Kontrollregelungen auf Unionsebene. [1]Der Rat legt gemäß einem besonderen Gesetzgebungsverfahren durch Verordnungen die Sprachenregelungen für die europäischen Rechtstitel fest. [2]Der Rat beschließt einstimmig nach Anhörung des Europäischen Parlaments.

Titel VIII
Die Wirtschafts- und Währungspolitik

Artikel 119 [Europäische Wirtschaftsverfassung; Grundsätze]
(1) Die Tätigkeit der Mitgliedstaaten und der Union im Sinne des Artikels 3 des Vertrags über die Europäische Union umfasst nach Maßgabe der Verträge die Einführung einer Wirtschaftspolitik, die auf einer engen Koordinierung der Wirtschaftspolitik der Mitgliedstaaten, dem Binnenmarkt und der Festlegung gemeinsamer Ziele beruht und dem Grundsatz einer offenen Marktwirtschaft mit freiem Wettbewerb verpflichtet ist.
(2) Parallel dazu umfasst diese Tätigkeit nach Maßgabe der Verträge und der darin vorgesehenen Verfahren eine einheitliche Währung, den Euro, sowie die Festlegung und Durchführung einer einheitlichen Geld- sowie Wechselkurspolitik, die beide vorrangig das Ziel der Preisstabilität verfolgen und unbeschadet dieses Zieles die allgemeine Wirtschaftspolitik in der Union unter Beachtung des Grundsatzes einer offenen Marktwirtschaft mit freiem Wettbewerb unterstützen sollen.
(3) Diese Tätigkeit der Mitgliedstaaten und der Union setzt die Einhaltung der folgenden richtungsweisenden Grundsätze voraus: stabile Preise, gesunde öffentliche Finanzen und monetäre Rahmenbedingungen sowie eine tragfähige Zahlungsbilanz.

Kapitel 1
Die Wirtschaftspolitik

Artikel 120 [Marktwirtschaftliche Ausrichtung]
[1]Die Mitgliedstaaten richten ihre Wirtschaftspolitik so aus, dass sie im Rahmen der in Artikel 121 Absatz 2 genannten Grundzüge zur Verwirklichung der Ziele der Union im Sinne des Artikels 3 des Vertrags über die Europäische Union beitragen. [2]Die Mitgliedstaaten und die Union handeln im Einklang mit dem Grundsatz einer offenen Marktwirtschaft mit freiem Wettbewerb, wodurch ein effizienter Einsatz der Ressourcen gefördert wird, und halten sich dabei an die in Artikel 119 genannten Grundsätze.

Artikel 121 [Koordinierung der Wirtschaftspolitik]
(1) Die Mitgliedstaaten betrachten ihre Wirtschaftspolitik als eine Angelegenheit von gemeinsamem Interesse und koordinieren sie im Rat nach Maßgabe des Artikels 120.
(2)
Der Rat erstellt auf Empfehlung der Kommission einen Entwurf für die Grundzüge der Wirtschaftspolitik der Mitgliedstaaten und der Union und erstattet dem Europäischen Rat hierüber Bericht.
Der Europäische Rat erörtert auf der Grundlage dieses Berichtes des Rates eine Schlussfolgerung zu den Grundzügen der Wirtschaftspolitik der Mitgliedstaaten und der Union.
[1]Auf der Grundlage dieser Schlussfolgerung verabschiedet der Rat eine Empfehlung, in der diese Grundzüge dargelegt werden. [2]Der Rat unterrichtet das Europäische Parlament über seine Empfehlung.
(3)
Um eine engere Koordinierung der Wirtschaftspolitik und eine dauerhafte Konvergenz der Wirtschaftsleistungen der Mitgliedstaaten zu gewährleisten, überwacht der Rat anhand von Berichten der Kommission die wirtschaftliche Entwicklung in jedem Mitgliedstaat und in der Union sowie die Vereinbarkeit der Wirtschaftspolitik mit den in Absatz 2 genannten Grundzügen und nimmt in regelmäßigen Abständen eine Gesamtbewertung vor.
Zum Zwecke dieser multilateralen Überwachung übermitteln die Mitgliedstaaten der Kommission Angaben zu wichtigen einzelstaatlichen Maßnahmen auf dem Gebiet ihrer Wirtschaftspolitik sowie weitere von ihnen für erforderlich erachtete Angaben.
(4)
[1]Wird im Rahmen des Verfahrens nach Absatz 3 festgestellt, dass die Wirtschaftspolitik eines Mitgliedstaats nicht mit den in Absatz 2 genannten Grundzügen vereinbar ist oder das ordnungsgemäße Funktionieren der Wirtschafts- und Währungsunion zu gefährden droht, so kann die Kommission eine Verwar-

nung an den betreffenden Mitgliedstaat richten. [2]Der Rat kann auf Empfehlung der Kommission die erforderlichen Empfehlungen an den betreffenden Mitgliedstaat richten. [3]Der Rat kann auf Vorschlag der Kommission beschließen, seine Empfehlungen zu veröffentlichen.
Der Rat beschließt im Rahmen dieses Absatzes ohne Berücksichtigung der Stimme des den betreffenden Mitgliedstaat vertretenden Mitglieds des Rates.
Die qualifizierte Mehrheit der übrigen Mitglieder des Rates bestimmt sich nach Artikel 238 Absatz 3 Buchstabe a.
(5) [1]Der Präsident des Rates und die Kommission erstatten dem Europäischen Parlament über die Ergebnisse der multilateralen Überwachung Bericht. [2]Der Präsident des Rates kann ersucht werden, vor dem zuständigen Ausschuss des Europäischen Parlaments zu erscheinen, wenn der Rat seine Empfehlungen veröffentlicht hat.
(6) Das Europäische Parlament und der Rat können gemäß dem ordentlichen Gesetzgebungsverfahren durch Verordnungen die Einzelheiten des Verfahrens der multilateralen Überwachung im Sinne der Absätze 3 und 4 festlegen.

Artikel 122 [Gravierende Schwierigkeiten]
(1) Der Rat kann auf Vorschlag der Kommission unbeschadet der sonstigen in den Verträgen vorgesehenen Verfahren im Geiste der Solidarität zwischen den Mitgliedstaaten über die der Wirtschaftslage angemessenen Maßnahmen beschließen, insbesondere falls gravierende Schwierigkeiten in der Versorgung mit bestimmten Waren, vor allem im Energiebereich, auftreten.
(2) [1]Ist ein Mitgliedstaat aufgrund von Naturkatastrophen oder außergewöhnlichen Ereignissen, die sich seiner Kontrolle entziehen, von Schwierigkeiten betroffen oder von gravierenden Schwierigkeiten ernstlich bedroht, so kann der Rat auf Vorschlag der Kommission beschließen, dem betreffenden Mitgliedstaat unter bestimmten Bedingungen einen finanziellen Beistand der Union zu gewähren. [2]Der Präsident des Rates unterrichtet das Europäische Parlament über den Beschluss.

Artikel 123 [Verbot von Kreditfazilitäten für öffentliche Einrichtungen]
(1) Überziehungs- oder andere Kreditfazilitäten bei der Europäischen Zentralbank oder den Zentralbanken der Mitgliedstaaten (im Folgenden als „nationale Zentralbanken" bezeichnet) für Organe, Einrichtungen oder sonstige Stellen der Union, Zentralregierungen, regionale oder lokale Gebietskörperschaften oder andere öffentlich-rechtliche Körperschaften, sonstige Einrichtungen des öffentlichen Rechts oder öffentliche Unternehmen der Mitgliedstaaten sind ebenso verboten wie der unmittelbare Erwerb von Schuldtiteln von diesen durch die Europäische Zentralbank oder die nationalen Zentralbanken.
(2) Die Bestimmungen des Absatzes 1 gelten nicht für Kreditinstitute in öffentlichem Eigentum; diese werden von der jeweiligen nationalen Zentralbank und der Europäischen Zentralbank, was die Bereitstellung von Zentralbankgeld betrifft, wie private Kreditinstitute behandelt.

Artikel 124 [Verbot bevorrechtigten Zugangs zu Finanzinstituten für öffentliche Einrichtungen]
Maßnahmen, die nicht aus aufsichtsrechtlichen Gründen getroffen werden und einen bevorrechtigten Zugang der Organe, Einrichtungen oder sonstigen Stellen der Union, der Zentralregierungen, der regionalen oder lokalen Gebietskörperschaften oder anderen öffentlich-rechtlichen Körperschaften, sonstiger Einrichtungen des öffentlichen Rechts oder öffentlicher Unternehmen der Mitgliedstaaten zu den Finanzinstituten schaffen, sind verboten.

Artikel 125 [Haftungsausschlüsse]
(1) [1]Die Union haftet nicht für die Verbindlichkeiten der Zentralregierungen, der regionalen oder lokalen Gebietskörperschaften oder anderen öffentlich-rechtlichen Körperschaften, sonstiger Einrichtungen des öffentlichen Rechts oder öffentlicher Unternehmen von Mitgliedstaaten und tritt nicht für derartige Verbindlichkeiten ein; dies gilt unbeschadet der gegenseitigen finanziellen Garantien für die gemeinsame Durchführung eines bestimmten Vorhabens. [2]Ein Mitgliedstaat haftet nicht für die Verbindlichkeiten der Zentralregierungen, der regionalen oder lokalen Gebietskörperschaften oder anderen öffentlich-rechtlichen Körperschaften, sonstiger Einrichtungen des öffentlichen Rechts oder öffentlicher Unternehmen eines anderen Mitgliedstaats und tritt nicht für derartige Verbindlichkeiten ein; dies gilt unbeschadet der gegenseitigen finanziellen Garantien für die gemeinsame Durchführung eines bestimmten Vorhabens.
(2) Der Rat kann erforderlichenfalls auf Vorschlag der Kommission und nach Anhörung des Europäischen Parlaments die Definitionen für die Anwendung der in den Artikeln 123 und 124 sowie in diesem Artikel vorgesehenen Verbote näher bestimmen.

Artikel 126 [Vermeidung übermäßiger Defizite; Haushaltsdisziplin]
(1) Die Mitgliedstaaten vermeiden übermäßige öffentliche Defizite.

(2) [1]Die Kommission überwacht die Entwicklung der Haushaltslage und der Höhe des öffentlichen Schuldenstands in den Mitgliedstaaten im Hinblick auf die Feststellung schwerwiegender Fehler. [2]Insbesondere prüft sie die Einhaltung der Haushaltsdisziplin anhand von zwei Kriterien, nämlich daran,

a) ob das Verhältnis des geplanten oder tatsächlichen öffentlichen Defizits zum Bruttoinlandsprodukt einen bestimmten Referenzwert überschreitet, es sei denn, dass
 – entweder das Verhältnis erheblich und laufend zurückgegangen ist und einen Wert in der Nähe des Referenzwerts erreicht hat
 – oder der Referenzwert nur ausnahmsweise und vorübergehend überschritten wird und das Verhältnis in der Nähe des Referenzwerts bleibt,

b) ob das Verhältnis des öffentlichen Schuldenstands zum Bruttoinlandsprodukt einen bestimmten Referenzwert überschreitet, es sei denn, dass das Verhältnis hinreichend rückläufig ist und sich rasch genug dem Referenzwert nähert.

[3]Die Referenzwerte werden in einem den Verträgen beigefügten Protokoll über das Verfahren bei einem übermäßigen Defizit im Einzelnen festgelegt.

(3) [1]Erfüllt ein Mitgliedstaat keines oder nur eines dieser Kriterien, so erstellt die Kommission einen Bericht. [2]In diesem Bericht wird berücksichtigt, ob das öffentliche Defizit die öffentlichen Ausgaben für Investitionen übertrifft; berücksichtigt werden ferner alle sonstigen einschlägigen Faktoren, einschließlich der mittelfristigen Wirtschafts- und Haushaltslage des Mitgliedstaats.

Die Kommission kann ferner einen Bericht erstellen, wenn sie ungeachtet der Erfüllung der Kriterien der Auffassung ist, dass in einem Mitgliedstaat die Gefahr eines übermäßigen Defizits besteht.

(4) Der Wirtschafts- und Finanzausschuss gibt eine Stellungnahme zu dem Bericht der Kommission ab.

(5) Ist die Kommission der Auffassung, dass in einem Mitgliedstaat ein übermäßiges Defizit besteht oder sich ergeben könnte, so legt sie dem betreffenden Mitgliedstaat eine Stellungnahme vor und unterrichtet den Rat.

(6) Der Rat beschließt auf Vorschlag der Kommission und unter Berücksichtigung der Bemerkungen, die der betreffende Mitgliedstaat gegebenenfalls abzugeben wünscht, nach Prüfung der Gesamtlage, ob ein übermäßiges Defizit besteht.

(7) [1]Stellt der Rat nach Absatz 6 ein übermäßiges Defizit fest, so richtet er auf Empfehlung der Kommission unverzüglich Empfehlungen an den betreffenden Mitgliedstaat mit dem Ziel, dieser Lage innerhalb einer bestimmten Frist abzuhelfen. [2]Vorbehaltlich des Absatzes 8 werden diese Empfehlungen nicht veröffentlicht.

(8) Stellt der Rat fest, dass seine Empfehlungen innerhalb der gesetzten Frist keine wirksamen Maßnahmen ausgelöst haben, so kann er seine Empfehlungen veröffentlichen.

(9)

Falls ein Mitgliedstaat den Empfehlungen des Rates weiterhin nicht Folge leistet, kann der Rat beschließen, den Mitgliedstaat mit der Maßgabe in Verzug zu setzen, innerhalb einer bestimmten Frist Maßnahmen für den nach Auffassung des Rates zur Sanierung erforderlichen Defizitabbau zu treffen.

Der Rat kann in diesem Fall den betreffenden Mitgliedstaat ersuchen, nach einem konkreten Zeitplan Berichte vorzulegen, um die Anpassungsbemühungen des Mitgliedstaats überprüfen zu können.

(10) Das Recht auf Klageerhebung nach den Artikeln 258 und 259 kann im Rahmen der Absätze 1 bis 9 dieses Artikels nicht ausgeübt werden.

(11)

Solange ein Mitgliedstaat einen Beschluss nach Absatz 9 nicht befolgt, kann der Rat beschließen, eine oder mehrere der nachstehenden Maßnahmen anzuwenden oder gegebenenfalls zu verschärfen, nämlich

– von dem betreffenden Mitgliedstaat verlangen, vor der Emission von Schuldverschreibungen und sonstigen Wertpapieren vom Rat näher zu bezeichnende zusätzliche Angaben zu veröffentlichen,
– die Europäische Investitionsbank ersuchen, ihre Darlehenspolitik gegenüber dem Mitgliedstaat zu überprüfen,
– von dem Mitgliedstaat verlangen, eine unverzinsliche Einlage in angemessener Höhe bei der Union zu hinterlegen, bis das übermäßige Defizit nach Ansicht des Rates korrigiert worden ist,
– Geldbußen in angemessener Höhe verhängen.

Der Präsident des Rates unterrichtet das Europäische Parlament von den Beschlüssen.

(12) [1]Der Rat hebt einige oder sämtliche Beschlüsse oder Empfehlungen nach den Absätzen 6 bis 9 und 11 so weit auf, wie das übermäßige Defizit in dem betreffenden Mitgliedstaat nach Ansicht des Rates korrigiert worden ist. [2]Hat der Rat zuvor Empfehlungen veröffentlicht, so stellt er, sobald der Beschluss

nach Absatz 8 aufgehoben worden ist, in einer öffentlichen Erklärung fest, dass in dem betreffenden Mitgliedstaat kein übermäßiges Defizit mehr besteht.

(13)
Die Beschlussfassung und die Empfehlungen des Rates nach den Absätzen 8, 9, 11 und 12 erfolgen auf Empfehlung der Kommission.

· Erlässt der Rat Maßnahmen nach den Absätzen 6 bis 9 sowie den Absätzen 11 und 12, so beschließt er ohne Berücksichtigung der Stimme des den betreffenden Mitgliedstaat vertretenden Mitglieds des Rates. Die qualifizierte Mehrheit der übrigen Mitglieder des Rates bestimmt sich nach Artikel 238 Absatz 3 Buchstabe a.

(14)
Weitere Bestimmungen über die Durchführung des in diesem Artikel beschriebenen Verfahrens sind in dem den Verträgen beigefügten Protokoll über das Verfahren bei einem übermäßigen Defizit enthalten. Der Rat verabschiedet gemäß einem besonderen Gesetzgebungsverfahren einstimmig und nach Anhörung des Europäischen Parlaments sowie der Europäischen Zentralbank die geeigneten Bestimmungen, die sodann das genannte Protokoll ablösen.
Der Rat beschließt vorbehaltlich der sonstigen Bestimmungen dieses Absatzes auf Vorschlag der Kommission und nach Anhörung des Europäischen Parlaments nähere Einzelheiten und Begriffsbestimmungen für die Durchführung des genannten Protokolls.

Kapitel 2
Die Währungspolitik

Artikel 127 [Ziele und Aufgaben des ESZB]

(1) [1]Das vorrangige Ziel des Europäischen Systems der Zentralbanken (im Folgenden „ESZB") ist es, die Preisstabilität zu gewährleisten. [2]Soweit dies ohne Beeinträchtigung des Zieles der Preisstabilität möglich ist, unterstützt das ESZB die allgemeine Wirtschaftspolitik in der Union, um zur Verwirklichung der in Artikel 3 des Vertrags über die Europäische Union festgelegten Ziele der Union beizutragen. [3]Das ESZB handelt im Einklang mit dem Grundsatz einer offenen Marktwirtschaft mit freiem Wettbewerb, wodurch ein effizienter Einsatz der Ressourcen gefördert wird, und hält sich dabei an die in Artikel 119 genannten Grundsätze.

(2) Die grundlegenden Aufgaben des ESZB bestehen darin,
– die Geldpolitik der Union festzulegen und auszuführen,
– Devisengeschäfte im Einklang mit Artikel 219 durchzuführen,
– die offiziellen Währungsreserven der Mitgliedstaaten zu halten und zu verwalten,
– das reibungslose Funktionieren der Zahlungssysteme zu fördern.

(3) Absatz 2 dritter Gedankenstrich berührt nicht die Haltung und Verwaltung von Arbeitsguthaben in Fremdwährungen durch die Regierungen der Mitgliedstaaten.

(4)
Die Europäische Zentralbank wird gehört
– zu allen Vorschlägen für Rechtsakte der Union im Zuständigkeitsbereich der Europäischen Zentralbank,
– von den nationalen Behörden zu allen Entwürfen für Rechtsvorschriften im Zuständigkeitsbereich der Europäischen Zentralbank, und zwar innerhalb der Grenzen und unter den Bedingungen, die der Rat nach dem Verfahren des Artikels 129 Absatz 4 festlegt.
Die Europäischen Zentralbank kann gegenüber den zuständigen Organen, Einrichtungen und sonstigen Stellen der Union und gegenüber den nationalen Behörden Stellungnahmen zu in ihren Zuständigkeitsbereich fallenden Fragen abgeben.

(5) Das ESZB trägt zur reibungslosen Durchführung der von den zuständigen Behörden auf dem Gebiet der Aufsicht über die Kreditinstitute und der Stabilität des Finanzsystems ergriffenen Maßnahmen bei.

(6) Der Rat kann einstimmig durch Verordnungen gemäß einem besonderen Gesetzgebungsverfahren und nach Anhörung des Europäischen Parlaments und der Europäischen Zentralbank besondere Aufgaben im Zusammenhang mit der Aufsicht über Kreditinstitute und sonstige Finanzinstitute mit Ausnahme von Versicherungsunternehmen der Europäischen Zentralbank übertragen.

Artikel 128 [Ausgabe von Banknoten und Münzen]

(1) [1]Die Europäische Zentralbank hat das ausschließliche Recht, die Ausgabe von Euro-Banknoten innerhalb der Union zu genehmigen. [2]Die Europäische Zentralbank und die nationalen Zentralbanken sind

zur Ausgabe dieser Banknoten berechtigt. [3]Die von der Europäischen Zentralbank und den nationalen Zentralbanken ausgegebenen Banknoten sind die einzigen Banknoten, die in der Union als gesetzliches Zahlungsmittel gelten.

(2) [1]Die Mitgliedstaaten haben das Recht zur Ausgabe von Euro-Münzen, wobei der Umfang dieser Ausgabe der Genehmigung durch die Europäische Zentralbank bedarf. [2]Der Rat kann auf Vorschlag der Kommission und nach Anhörung des Europäischen Parlaments und der Europäischen Zentralbank Maßnahmen erlassen, um die Stückelung und die technischen Merkmale aller für den Umlauf bestimmten Münzen so weit zu harmonisieren, wie dies für deren reibungslosen Umlauf innerhalb der Union erforderlich ist.

Artikel 129 [Struktur des ESZB; Satzung]

(1) Das ESZB wird von den Beschlussorganen der Europäischen Zentralbank, nämlich dem Rat der Europäischen Zentralbank und dem Direktorium, geleitet.

(2) Die Satzung des Europäischen Systems der Zentralbanken und der Europäischen Zentralbank (im Folgenden „Satzung des ESZB und der EZB") ist in einem den Verträgen beigefügten Protokoll festgelegt.

(3) [1]Das Europäische Parlament und der Rat können die Artikel 5.1, 5.2, 5.3, 17, 18, 19.1, 22, 23, 24, 26, 32.2, 32.3, 32.4, 32.6, 33.1 Buchstabe a und 36 der Satzung des ESZB und der EZB gemäß dem ordentlichen Gesetzgebungsverfahren ändern. [2]Sie beschließen entweder auf Empfehlung der Europäischen Zentralbank nach Anhörung der Kommission oder auf Empfehlung der Kommission nach Anhörung der Europäischen Zentralbank.

(4) Der Rat erlässt entweder auf Vorschlag der Kommission und nach Anhörung des Europäischen Parlaments und der Europäischen Zentralbank oder auf Empfehlung der Europäischen Zentralbank und nach Anhörung des Europäischen Parlaments und der Kommission die in den Artikeln 4, 5.4, 19.2, 20, 28.1, 29.2, 30.4 und 34.3 der Satzung des ESZB und der EZB genannten Bestimmungen.

Artikel 130 [Unabhängigkeit von EZB und nationalen Zentralbanken]

[1]Bei der Wahrnehmung der ihnen durch die Verträge und die Satzung des ESZB und der EZB übertragenen Befugnisse, Aufgaben und Pflichten darf weder die Europäische Zentralbank noch eine nationale Zentralbank noch ein Mitglied ihrer Beschlussorgane Weisungen von Organen, Einrichtungen oder sonstigen Stellen der Union, Regierungen der Mitgliedstaaten oder anderen Stellen einholen oder entgegennehmen. [2]Die Organe, Einrichtungen oder sonstigen Stellen der Union sowie die Regierungen der Mitgliedstaaten verpflichten sich, diesen Grundsatz zu beachten und nicht zu versuchen, die Mitglieder der Beschlussorgane der Europäischen Zentralbank oder der nationalen Zentralbanken bei der Wahrnehmung ihrer Aufgaben zu beeinflussen.

Artikel 131 [Anpassungspflicht der Mitgliedstaaten]

Jeder Mitgliedstaat stellt sicher, dass seine innerstaatlichen Rechtsvorschriften einschließlich der Satzung seiner nationalen Zentralbank mit den Verträgen sowie mit der Satzung des ESZB und der EZB im Einklang stehen.

Artikel 132 [Rechtsakte]

(1) Zur Erfüllung der dem ESZB übertragenen Aufgaben werden von der Europäischen Zentralbank gemäß den Verträgen und unter den in der Satzung des ESZB und der EZB vorgesehenen Bedingungen

– Verordnungen erlassen, insoweit dies für die Erfüllung der in Artikel 3.1 erster Gedankenstrich, Artikel 19.1, Artikel 22 oder Artikel 25.2 der Satzung des ESZB und der EZB festgelegten Aufgaben erforderlich ist; sie erlässt Verordnungen ferner in den Fällen, die in den Rechtsakten des Rates nach Artikel 129 Absatz 4 vorgesehen werden,

– Beschlüsse erlassen, die zur Erfüllung der dem ESZB nach den Verträgen und der Satzung des ESZB und der EZB übertragenen Aufgaben erforderlich sind,

– Empfehlungen und Stellungnahmen abgegeben.

(2) Die Europäische Zentralbank kann die Veröffentlichung ihrer Beschlüsse, Empfehlungen und Stellungnahmen beschließen.

(3) Innerhalb der Grenzen und unter den Bedingungen, die der Rat nach dem Verfahren des Artikels 129 Absatz 4 festlegt, ist die Europäische Zentralbank befugt, Unternehmen bei Nichteinhaltung der Verpflichtungen, die sich aus ihren Verordnungen und Beschlüssen ergeben, mit Geldbußen oder in regelmäßigen Abständen zu zahlenden Zwangsgeldern zu belegen.

Artikel 133 [Rechtsakte betreffend den Euro]

[1]Unbeschadet der Befugnisse der Europäischen Zentralbank erlassen das Europäische Parlament und der Rat gemäß dem ordentlichen Gesetzgebungsverfahren die Maßnahmen, die für die Verwendung des Euro

als einheitliche Währung erforderlich sind. ²Diese Maßnahmen werden nach Anhörung der Europäischen Zentralbank erlassen.

Kapitel 3
Institutionelle Bestimmungen

Artikel 134 [Wirtschafts- und Finanzausschuss]
(1) Um die Koordinierung der Politiken der Mitgliedstaaten in dem für das Funktionieren des Binnenmarkts erforderlichen Umfang zu fördern, wird ein Wirtschafts- und Finanzausschuss eingesetzt.
(2)
Der Wirtschafts- und Finanzausschuss hat die Aufgabe,
– auf Ersuchen des Rates oder der Kommission oder von sich aus Stellungnahmen an diese Organe abzugeben;
– die Wirtschafts- und Finanzlage der Mitgliedstaaten und der Union zu beobachten und dem Rat und der Kommission regelmäßig darüber Bericht zu erstatten, insbesondere über die finanziellen Beziehungen zu dritten Ländern und internationalen Einrichtungen;
– unbeschadet des Artikels 240 an der Vorbereitung der in Artikel 66, Artikel 75, Artikel 121 Absätze 2, 3, 4 und 6, Artikel 122, Artikel 124, Artikel 125, Artikel 126, Artikel 127 Absatz 6, Artikel 128 Absatz 2, Artikel 129 Absätze 3 und 4, Artikel 138, Artikel 140 Absätze 2 und 3, Artikel 143, Artikel 144 Absätze 2 und 3 und Artikel 219 genannten Arbeiten des Rates mitzuwirken und die sonstigen ihm vom Rat übertragenen Beratungsaufgaben und vorbereitenden Arbeiten auszuführen;
– mindestens einmal jährlich die Lage hinsichtlich des Kapitalverkehrs und der Freiheit des Zahlungsverkehrs, wie sie sich aus der Anwendung der Verträge und der Maßnahmen des Rates ergeben, zu prüfen; die Prüfung erstreckt sich auf alle Maßnahmen im Zusammenhang mit dem Kapital- und Zahlungsverkehr; der Ausschuss erstattet der Kommission und dem Rat Bericht über das Ergebnis dieser Prüfung.
Jeder Mitgliedstaat sowie die Kommission und die Europäische Zentralbank ernennen jeweils höchstens zwei Mitglieder des Ausschusses.
(3) ¹Der Rat legt auf Vorschlag der Kommission und nach Anhörung der Europäische Zentralbank und des in diesem Artikel genannten Ausschusses im Einzelnen fest, wie sich der Wirtschafts- und Finanzausschuss zusammensetzt. ²Der Präsident des Rates unterrichtet das Europäische Parlament über diesen Beschluss.
(4) Sofern und solange es Mitgliedstaaten gibt, für die eine Ausnahmeregelung nach Artikel 139 gilt, hat der .Ausschuss zusätzlich zu den in Absatz 2 beschriebenen Aufgaben die Währungs- und Finanzlage sowie den allgemeinen Zahlungsverkehr der betreffenden Mitgliedstaaten zu beobachten und dem Rat und der Kommission regelmäßig darüber Bericht zu erstatten.

Artikel 135 [Empfehlungen und Vorschläge der Kommission]
¹Bei Fragen, die in den Geltungsbereich von Artikel 121 Absatz 4, Artikel 126 mit Ausnahme von Absatz 14, Artikel 138, Artikel 140 Absatz 1, Artikel 140 Absatz 2 Unterabsatz 1, Artikel 140 Absatz 3 und Artikel 219 fallen, kann der Rat oder ein Mitgliedstaat die Kommission ersuchen, je nach Zweckmäßigkeit eine Empfehlung oder einen Vorschlag zu unterbreiten. ²Die Kommission prüft dieses Ersuchen und unterbreitet dem Rat umgehend ihre Schlussfolgerungen.

Kapitel 4
Besondere Bestimmungen für die Mitgliedstaaten, deren Währung der Euro ist

Artikel 136 [Haushaltsdisziplin; Grundzüge der Wirtschaftspolitik]
(1) Im Hinblick auf das reibungslose Funktionieren der Wirtschafts- und Währungsunion erlässt der Rat für die Mitgliedstaaten, deren Währung der Euro ist, Maßnahmen nach den einschlägigen Bestimmungen der Verträge und dem entsprechenden Verfahren unter den in den Artikeln 121 und 126 genannten Verfahren, mit Ausnahme des in Artikel 126 Absatz 14 genannten Verfahrens, um
a) die Koordinierung und Überwachung ihrer Haushaltsdisziplin zu verstärken,
b) für diese Staaten Grundzüge der Wirtschaftspolitik auszuarbeiten, wobei darauf zu achten ist, dass diese mit den für die gesamte Union angenommenen Grundzügen der Wirtschaftspolitik vereinbar sind, und ihre Einhaltung zu überwachen.

(2)

Bei den in Absatz 1 genannten Maßnahmen sind nur die Mitglieder des Rates stimmberechtigt, die die Mitgliedstaaten vertreten, deren Währung der Euro ist.

Die qualifizierte Mehrheit dieser Mitglieder bestimmt sich nach Artikel 238 Absatz 3 Buchstabe a.

(3) [1]Die Mitgliedstaaten, deren Währung der Euro ist, können einen Stabilitätsmechanismus einrichten, der aktiviert wird, wenn dies unabdingbar ist, um die Stabilität des Euro-Währungsgebiets insgesamt zu wahren. [2]Die Gewährung aller erforderlichen Finanzhilfen im Rahmen des Mechanismus wird strengen Auflagen unterliegen.

Artikel 137 [Tagungen der Euro-Gruppe]
Die Einzelheiten für die Tagungen der Minister der Mitgliedstaaten, deren Währung der Euro ist, sind in dem Protokoll betreffend die Euro-Gruppe festgelegt.

Artikel 138 [Euro im internationalen Währungssystem]
(1) [1]Zur Gewährleistung der Stellung des Euro im internationalen Währungssystem erlässt der Rat auf Vorschlag der Kommission einen Beschluss zur Festlegung der innerhalb der zuständigen internationalen Einrichtungen und Konferenzen im Finanzbereich einzunehmenden gemeinsamen Standpunkte zu den Fragen, die von besonderer Bedeutung für die Wirtschafts- und Währungsunion sind. [2]Der Rat beschließt nach Anhörung der Europäischen Zentralbank.

(2) [1]Der Rat kann auf Vorschlag der Kommission geeignete Maßnahmen mit dem Ziel erlassen, eine einheitliche Vertretung bei den internationalen Einrichtungen und Konferenzen im Finanzbereich sicherzustellen. [2]Der Rat beschließt nach Anhörung der Europäischen Zentralbank.

(3)

Bei den in den Absätzen 1 und 2 genannten Maßnahmen sind nur die Mitglieder des Rates stimmberechtigt, die die Mitgliedstaaten vertreten, deren Währung der Euro ist.

Die qualifizierte Mehrheit dieser Mitglieder bestimmt sich nach Artikel 238 Absatz 3 Buchstabe a.

Kapitel 5
Übergangsbestimmungen

Artikel 139 [Mitgliedstaaten mit Ausnahmeregelung]
(1) Die Mitgliedstaaten, für die der Rat nicht beschlossen hat, dass sie die erforderlichen Voraussetzungen für die Einführung des Euro erfüllen, werden im Folgenden als „Mitgliedstaaten, für die eine Ausnahmeregelung gilt" oder „Mitgliedstaaten mit Ausnahmeregelung" bezeichnet.

(2)

Auf die Mitgliedstaaten, für die eine Ausnahmeregelung gilt, finden die im Folgenden aufgeführten Bestimmungen der Verträge keine Anwendung:
a) Annahme der das Euro-Währungsgebiet generell betreffenden Teile der Grundzüge der Wirtschaftspolitik (Artikel 121 Absatz 2);
b) Zwangsmittel zum Abbau eines übermäßigen Defizits (Artikel 126 Absätze 9 und 11);
c) Ziele und Aufgaben des ESZB (Artikel 127 Absätze 1, 2, 3 und 5);
d) Ausgabe des Euro (Artikel 128);
e) Rechtsakte der Europäischen Zentralbank (Artikel 132);
f) Maßnahmen bezüglich der Verwendung des Euro (Artikel 133);
g) Währungsvereinbarungen und andere Maßnahmen bezüglich der Wechselkurspolitik (Artikel 219);
h) Ernennung der Mitglieder des Direktoriums der Europäischen Zentralbank (Artikel 283 Absatz 2);
i) Beschlüsse zur Festlegung der innerhalb der zuständigen internationalen Einrichtungen und Konferenzen im Finanzbereich einzunehmenden gemeinsamen Standpunkte zu den Fragen, die von besonderer Bedeutung für die Wirtschafts- und Währungsunion sind (Artikel 138 Absatz 1);
j) Maßnahmen zur Sicherstellung einer einheitlichen Vertretung bei den internationalen Einrichtungen und Konferenzen im Finanzbereich (Artikel 138 Absatz 2).
Somit sind „Mitgliedstaaten" im Sinne der in den Buchstaben a bis j genannten Artikel die Mitgliedstaaten, deren Währung der Euro ist.

(3) Die Mitgliedstaaten, für die eine Ausnahmeregelung gilt, und deren nationale Zentralbanken sind nach Kapitel IX der Satzung des ESZB und der EZB von den Rechten und Pflichten im Rahmen des ESZB ausgeschlossen.

(4)
Das Stimmrecht der Mitglieder des Rates, die Mitgliedstaaten mit Ausnahmeregelung vertreten, ruht beim Erlass von Maßnahmen nach den in Absatz 2 genannten Artikeln durch den Rat sowie bei

a) Empfehlungen an die Mitgliedstaaten, deren Währung der Euro ist, im Rahmen der multilateralen Überwachung, einschließlich Empfehlungen zu den Stabilitätsprogrammen und Verwarnungen (Artikel 121 Absatz 4);

b) Maßnahmen bei übermäßigem Defizit von Mitgliedstaaten, deren Währung der Euro ist (Artikel 126 Absätze 6, 7, 8, 12 und 13).

Die qualifizierte Mehrheit der übrigen Mitglieder des Rates bestimmt sich nach Artikel 238 Absatz 3 Buchstabe a.

Artikel 140 [Konvergenzbericht]

(1)
[1]Mindestens einmal alle zwei Jahre oder auf Antrag eines Mitgliedstaats, für den eine Ausnahmeregelung gilt, berichten die Kommission und die Europäische Zentralbank dem Rat, inwieweit die Mitgliedstaaten, für die eine Ausnahmeregelung gilt, bei der Verwirklichung der Wirtschafts- und Währungsunion ihren Verpflichtungen bereits nachgekommen sind. [2]In ihren Berichten wird auch die Frage geprüft, inwieweit die innerstaatlichen Rechtsvorschriften jedes einzelnen dieser Mitgliedstaaten einschließlich der Satzung der jeweiligen nationalen Zentralbank mit Artikel 130 und Artikel 131 sowie der Satzung des ESZB und der EZB vereinbar sind. [3]Ferner wird darin geprüft, ob ein hoher Grad an dauerhafter Konvergenz erreicht ist; Maßstab hierfür ist, ob die einzelnen Mitgliedstaaten folgende Kriterien erfüllen:

– Erreichung eines hohen Grades an Preisstabilität, ersichtlich aus einer Inflationsrate, die der Inflationsrate jener – höchstens drei – Mitgliedstaaten nahe kommt, die auf dem Gebiet der Preisstabilität das beste Ergebnis erzielt haben;

– eine auf Dauer tragbare Finanzlage der öffentlichen Hand, ersichtlich aus einer öffentlichen Haushaltslage ohne übermäßiges Defizit im Sinne des Artikels 126 Absatz 6;

– Einhaltung der normalen Bandbreiten des Wechselkursmechanismus des Europäischen Währungssystems seit mindestens zwei Jahren ohne Abwertung gegenüber dem Euro;

– Dauerhaftigkeit der von dem Mitgliedstaat mit Ausnahmeregelung erreichten Konvergenz und seiner Teilnahme am Wechselkursmechanismus, die im Niveau der langfristigen Zinssätze zum Ausdruck kommt.

[1]Die vier Kriterien in diesem Absatz sowie die jeweils erforderliche Dauer ihrer Einhaltung sind in einem den Verträgen beigefügten Protokoll näher festgelegt. [2]Die Berichte der Kommission und der Europäischen Zentralbank berücksichtigen auch die Ergebnisse bei der Integration der Märkte, den Stand und die Entwicklung der Leistungsbilanzen, die Entwicklung bei den Lohnstückkosten und andere Preisindizes.

(2)
Der Rat beschließt nach Anhörung des Europäischen Parlaments und nach Aussprache im Europäischen Rat auf Vorschlag der Kommission, welche der Mitgliedstaaten, für die eine Ausnahmeregelung gilt, die auf den Kriterien des Absatzes 1 beruhenden Voraussetzungen erfüllen, und hebt die Ausnahmeregelungen der betreffenden Mitgliedstaaten auf.

Der Rat beschließt auf Empfehlung einer qualifizierten Mehrheit derjenigen seiner Mitglieder, die Mitgliedstaaten vertreten, deren Währung der Euro ist. Diese Mitglieder beschließen innerhalb von sechs Monaten nach Eingang des Vorschlags der Kommission beim Rat.

Die in Unterabsatz 2 genannte qualifizierte Mehrheit dieser Mitglieder bestimmt sich nach Artikel 238 Absatz 3 Buchstabe a.

(3) Wird nach dem Verfahren des Absatzes 2 beschlossen, eine Ausnahmeregelung aufzuheben, so legt der Rat aufgrund eines einstimmigen Beschlusses der Mitgliedstaaten, deren Währung der Euro ist, und des betreffenden Mitgliedstaats auf Vorschlag der Kommission und nach Anhörung der Europäischen Zentralbank den Kurs, zu dem dessen Währung durch den Euro ersetzt wird, unwiderruflich fest und ergreift die sonstigen erforderlichen Maßnahmen zur Einführung des Euro als einheitliche Währung in dem betreffenden Mitgliedstaat.

Artikel 141 [Erweiterter Rat der EZB]

(1) Sofern und solange es Mitgliedstaaten gibt, für die eine Ausnahmeregelung gilt, wird unbeschadet des Artikels 129 Absatz 1 der in Artikel 44 der Satzung des ESZB und der EZB bezeichnete Erweiterte Rat der Europäischen Zentralbank als drittes Beschlussorgan der Europäischen Zentralbank errichtet.

(2) Sofern und solange es Mitgliedstaaten gibt, für die eine Ausnahmeregelung gilt, ist es die Aufgabe der Europäischen Zentralbank, in Bezug auf diese Mitgliedstaaten

- die Zusammenarbeit zwischen den nationalen Zentralbanken zu verstärken;
- die Koordinierung der Geldpolitiken der Mitgliedstaaten mit dem Ziel zu verstärken, die Preisstabilität aufrechtzuerhalten;
- das Funktionieren des Wechselkursmechanismus zu überwachen;
- Konsultationen zu Fragen durchzuführen, die in die Zuständigkeit der nationalen Zentralbanken fallen und die Stabilität der Finanzinstitute und -märkte berühren;
- die seinerzeitigen Aufgaben des Europäischen Fonds für währungspolitische Zusammenarbeit, die zuvor vom Europäischen Währungsinstitut übernommen worden waren, wahrzunehmen.

Artikel 142 [Wechselkurspolitik]
[1]Jeder Mitgliedstaat, für den eine Ausnahmeregelung gilt, behandelt seine Wechselkurspolitik als eine Angelegenheit von gemeinsamem Interesse. [2]Er berücksichtigt dabei die Erfahrungen, die bei der Zusammenarbeit im Rahmen des Wechselkursmechanismus gesammelt worden sind.

Artikel 143 [Zahlungsbilanzschwierigkeiten]
(1)
[1]Ist ein Mitgliedstaat, für den eine Ausnahmeregelung gilt, hinsichtlich seiner Zahlungsbilanz von Schwierigkeiten betroffen oder ernstlich bedroht, die sich entweder aus einem Ungleichgewicht seiner Gesamtzahlungsbilanz oder aus der Art der ihm zur Verfügung stehenden Devisen ergeben, und sind diese Schwierigkeiten geeignet, insbesondere das Funktionieren des Binnenmarkts oder die Verwirklichung der gemeinsamen Handelspolitik zu gefährden, so prüft die Kommission unverzüglich die Lage dieses Staates sowie die Maßnahmen, die er getroffen hat oder unter Einsatz aller ihm zur Verfügung stehenden Mittel nach den Verträgen treffen kann. [2]Die Kommission gibt die Maßnahmen an, die sie dem betreffenden Mitgliedsstaat empfiehlt.
Erweisen sich die von einem Mitgliedstaat mit Ausnahmeregelung ergriffenen und die von der Kommission angeregten Maßnahmen als unzureichend, die aufgetretenen oder drohenden Schwierigkeiten zu beheben, so empfiehlt die Kommission dem Rat nach Anhörung des Wirtschafts- und Finanzausschusses einen gegenseitigen Beistand und die dafür geeigneten Methoden.
Die Kommission unterrichtet den Rat regelmäßig über die Lage und ihre Entwicklung.
(2) [1]Der Rat gewährt den gegenseitigen Beistand; er erlässt Richtlinien oder Beschlüsse, welche die Bedingungen und Einzelheiten hierfür festlegen. [2]Der gegenseitige Beistand kann insbesondere erfolgen
a) durch ein abgestimmtes Vorgehen bei anderen internationalen Organisationen, an die sich die Mitgliedstaaten, für die eine Ausnahmeregelung gilt, wenden können;
b) durch Maßnahmen, die notwendig sind, um Verlagerungen von Handelsströmen zu vermeiden, falls der in Schwierigkeiten befindliche Mitgliedstaat mit Ausnahmeregelung mengenmäßige Beschränkungen gegenüber dritten Ländern beibehält oder wieder einführt;
c) durch Bereitstellung von Krediten in begrenzter Höhe seitens anderer Mitgliedstaaten; hierzu ist ihr Einverständnis erforderlich.
(3)
Stimmt der Rat dem von der Kommission empfohlenen gegenseitigen Beistand nicht zu oder sind der gewährte Beistand und die getroffenen Maßnahmen unzureichend, so ermächtigt die Kommission den in Schwierigkeiten befindlichen Mitgliedstaat mit Ausnahmeregelung, Schutzmaßnahmen zu treffen, deren Bedingungen und Einzelheiten sie festlegt.
Der Rat kann diese Ermächtigung aufheben und die Bedingungen und Einzelheiten ändern.

Artikel 144 [Plötzliche Zahlungsbilanzkrise; Schutzmaßnahmen]
(1) [1]Gerät ein Mitgliedstaat, für den eine Ausnahmeregelung gilt, in eine plötzliche Zahlungsbilanzkrise und wird ein Beschluss im Sinne des Artikels 143 Absatz 2 nicht unverzüglich getroffen, so kann der betreffende Staat vorsorglich die erforderlichen Schutzmaßnahmen ergreifen. [2]Sie dürfen nur ein Mindestmaß an Störungen im Funktionieren des Binnenmarkts hervorrufen und nicht über das zur Behebung der plötzlich aufgetretenen Schwierigkeiten unbedingt erforderliche Ausmaß hinausgehen.
(2) [1]Die Kommission und die anderen Mitgliedstaaten werden über die Schutzmaßnahmen spätestens bei deren Inkrafttreten unterrichtet. [2]Die Kommission kann dem Rat den gegenseitigen Beistand nach Artikel 143 empfehlen.
(3) Auf Empfehlung der Kommission und nach Anhörung des Wirtschafts- und Finanzausschusses kann der Rat beschließen, dass der betreffende Mitgliedstaat diese Schutzmaßnahmen zu ändern, auszusetzen oder aufzuheben hat.

Titel IX
Beschäftigung

Artikel 145 [Koordinierte Beschäftigungsstrategie]
Die Mitgliedstaaten und die Union arbeiten nach diesem Titel auf die Entwicklung einer koordinierten Beschäftigungsstrategie und insbesondere auf die Förderung der Qualifizierung, Ausbildung und Anpassungsfähigkeit der Arbeitnehmer sowie der Fähigkeit der Arbeitsmärkte hin, auf die Erfordernisse des wirtschaftlichen Wandels zu reagieren, um die Ziele des Artikels 3 des Vertrags über die Europäische Union zu erreichen.

Artikel 146 [Abgestimmte Beschäftigungspolitik der Mitgliedstaaten]
(1) Die Mitgliedstaaten tragen durch ihre Beschäftigungspolitik im Einklang mit den nach Artikel 121 Absatz 2 verabschiedeten Grundzügen der Wirtschaftspolitik der Mitgliedstaaten und der Union zur Erreichung der in Artikel 145 genannten Ziele bei.
(2) Die Mitgliedstaaten betrachten die Förderung der Beschäftigung als Angelegenheit von gemeinsamem Interesse und stimmen ihre diesbezüglichen Tätigkeiten nach Maßgabe des Artikels 148 im Rat aufeinander ab, wobei die einzelstaatlichen Gepflogenheiten in Bezug auf die Verantwortung der Sozialpartner berücksichtigt werden.

Artikel 147 [Hohes Beschäftigungsniveau]
(1) [1]Die Union trägt zu einem hohen Beschäftigungsniveau bei, indem sie die Zusammenarbeit zwischen den Mitgliedstaaten fördert und deren Maßnahmen in diesem Bereich unterstützt und erforderlichenfalls ergänzt. [2]Hierbei wird die Zuständigkeit der Mitgliedstaaten beachtet.
(2) Das Ziel eines hohen Beschäftigungsniveaus wird bei der Festlegung und Durchführung der Unionspolitiken und -maßnahmen berücksichtigt.

Artikel 148 [Beschäftigungspolitische Leitlinien]
(1) Anhand eines gemeinsamen Jahresberichts des Rates und der Kommission prüft der Europäische Rat jährlich die Beschäftigungslage in der Union und nimmt hierzu Schlussfolgerungen an.
(2) [1]Anhand der Schlussfolgerungen des Europäischen Rates legt der Rat auf Vorschlag der Kommission und nach Anhörung des Europäischen Parlaments, des Wirtschafts- und Sozialausschusses, des Ausschusses der Regionen und des in Artikel 150 genannten Beschäftigungsausschusses jährlich Leitlinien fest, welche die Mitgliedstaaten in ihrer Beschäftigungspolitik berücksichtigen. [2]Diese Leitlinien müssen mit den nach Artikel 121 Absatz 2 verabschiedeten Grundzügen in Einklang stehen.
(3) Jeder Mitgliedstaat übermittelt dem Rat und der Kommission jährlich einen Bericht über die wichtigsten Maßnahmen, die er zur Durchführung seiner Beschäftigungspolitik im Lichte der beschäftigungspolitischen Leitlinien nach Absatz 2 getroffen hat.
(4) [1]Anhand der in Absatz 3 genannten Berichte und nach Stellungnahme des Beschäftigungsausschusses unterzieht der Rat die Durchführung der Beschäftigungspolitik der Mitgliedstaaten im Lichte der beschäftigungspolitischen Leitlinien jährlich einer Prüfung. [2]Der Rat kann dabei auf Empfehlung der Kommission Empfehlungen an die Mitgliedstaaten richten, wenn er dies aufgrund der Ergebnisse dieser Prüfung für angebracht hält.
(5) Auf der Grundlage der Ergebnisse der genannten Prüfung erstellen der Rat und die Kommission einen gemeinsamen Jahresbericht für den Europäischen Rat über die Beschäftigungslage in der Union und über die Umsetzung der beschäftigungspolitischen Leitlinien.

Artikel 149 [Anreizmaßnahmen zur Förderung der Zusammenarbeit]
Das Europäische Parlament und der Rat kann gemäß dem ordentlichen Gesetzgebungsverfahren und nach Anhörung des Wirtschafts- und Sozialausschusses sowie des Ausschusses der Regionen Anreizmaßnahmen zur Förderung der Zusammenarbeit zwischen den Mitgliedstaaten und zur Unterstützung ihrer Beschäftigungsmaßnahmen durch Initiativen beschließen, die darauf abzielen, den Austausch von Informationen und bewährten Verfahren zu entwickeln, vergleichende Analysen und Gutachten bereitzustellen sowie innovative Ansätze zu fördern und Erfahrungen zu bewerten, und zwar insbesondere durch den Rückgriff auf Pilotvorhaben.
Diese Maßnahmen schließen keinerlei Harmonisierung der Rechts- und Verwaltungsvorschriften der Mitgliedstaaten ein.

Artikel 150 [Beschäftigungsausschuss]
[1]Der Rat, der mit einfacher Mehrheit beschließt, setzt nach Anhörung des Europäischen Parlaments einen Beschäftigungsausschuss mit beratender Funktion zur Förderung der Koordinierung der Beschäftigungs- und Arbeitsmarktpolitik ein. [2]Der Ausschuss hat folgende Aufgaben:

- Er verfolgt die Beschäftigungslage und die Beschäftigungspolitik in den Mitgliedstaaten und der Union;
- er gibt unbeschadet des Artikels 240 auf Ersuchen des Rates oder der Kommission oder von sich aus Stellungnahmen ab und trägt zur Vorbereitung der in Artikel 148 genannten Beratungen des Rates bei.

Bei der Erfüllung seines Auftrags hört der Ausschuss die Sozialpartner.
Jeder Mitgliedstaat und die Kommission entsenden zwei Mitglieder in den Ausschuss.

Titel X

Sozialpolitik

Artikel 151 [Ziele und Mittel abgestimmter und gemeinsamer Sozialpolitik]
Die Union und die Mitgliedstaaten verfolgen eingedenk der sozialen Grundrechte, wie sie in der am 18. Oktober 1961 in Turin unterzeichneten Europäischen Sozialcharta und in der Gemeinschaftscharta der sozialen Grundrechte der Arbeitnehmer von 1989 festgelegt sind, folgende Ziele: die Förderung der Beschäftigung, die Verbesserung der Lebens- und Arbeitsbedingungen, um dadurch auf dem Wege des Fortschritts ihre Angleichung zu ermöglichen, einen angemessenen sozialen Schutz, den sozialen Dialog, die Entwicklung des Arbeitskräftepotenzials im Hinblick auf ein dauerhaft hohes Beschäftigungsniveau und die Bekämpfung von Ausgrenzungen.
Zu diesem Zweck führen die Union und die Mitgliedstaaten Maßnahmen durch, die der Vielfalt der einzelstaatlichen Gepflogenheiten, insbesondere in den vertraglichen Beziehungen, sowie der Notwendigkeit, die Wettbewerbsfähigkeit der Wirtschaft der Union zu erhalten, Rechnung tragen.
Sie sind der Auffassung, dass sich eine solche Entwicklung sowohl aus dem eine Abstimmung der Sozialordnungen begünstigenden Wirken des Binnenmarkts als auch aus den in den Verträgen vorgesehenen Verfahren sowie aus der Angleichung ihrer Rechts- und Verwaltungsvorschriften ergeben wird.

Artikel 152 [Rolle der Sozialpartner; Sozialer Dialog; Sozialgipfel]
[1]Die Union anerkennt und fördert die Rolle der Sozialpartner auf Ebene der Union unter Berücksichtigung der Unterschiedlichkeit der nationalen Systeme. [2]Sie fördert den sozialen Dialog und achtet dabei die Autonomie der Sozialpartner.
Der Dreigliedrige Sozialgipfel für Wachstum und Beschäftigung trägt zum sozialen Dialog bei.

Artikel 153 [Unionskompetenzen]
(1) Zur Verwirklichung der Ziele des Artikels 151 unterstützt und ergänzt die Union die Tätigkeit der Mitgliedstaaten auf folgenden Gebieten:
a) Verbesserung insbesondere der Arbeitsumwelt zum Schutz der Gesundheit und der Sicherheit der Arbeitnehmer,
b) Arbeitsbedingungen,
c) soziale Sicherheit und sozialer Schutz der Arbeitnehmer,
d) Schutz der Arbeitnehmer bei Beendigung des Arbeitsvertrags,
e) Unterrichtung und Anhörung der Arbeitnehmer,
f) Vertretung und kollektive Wahrnehmung der Arbeitnehmer- und Arbeitgeberinteressen, einschließlich der Mitbestimmung, vorbehaltlich des Absatzes 5,
g) Beschäftigungsbedingungen der Staatsangehörigen dritter Länder, die sich rechtmäßig im Gebiet der Union aufhalten,
h) berufliche Eingliederung der aus dem Arbeitsmarkt ausgegrenzten Personen, unbeschadet des Artikels 166,
i) Chancengleichheit von Männern und Frauen auf dem Arbeitsmarkt und Gleichbehandlung am Arbeitsplatz,
j) Bekämpfung der sozialen Ausgrenzung,
k) Modernisierung der Systeme des sozialen Schutzes, unbeschadet des Buchstabens c.
(2)
Zu diesem Zweck können das Europäische Parlament und der Rat
a) unter Ausschluss jeglicher Harmonisierung der Rechts- und Verwaltungsvorschriften der Mitgliedstaaten Maßnahmen annehmen, die dazu bestimmt sind, die Zusammenarbeit zwischen den Mitgliedstaaten durch Initiativen zu fördern, die die Verbesserung des Wissensstands, die Entwicklung des Austauschs von Informationen und bewährten Verfahren, die Förderung innovativer Ansätze und die Bewertung von Erfahrungen zum Ziel haben;

b) in den in Absatz 1 Buchstaben a bis i genannten Bereichen unter Berücksichtigung der in den einzelnen Mitgliedstaaten bestehenden Bedingungen und technischen Regelungen durch Richtlinien Mindestvorschriften erlassen, die schrittweise anzuwenden sind. Diese Richtlinien sollen keine verwaltungsmäßigen, finanziellen oder rechtlichen Auflagen vorschreiben, die der Gründung und Entwicklung von kleinen und mittleren Unternehmen entgegenstehen.

Das Europäische Parlament und der Rat beschließen gemäß dem ordentliche Gesetzgebungsverfahren nach Anhörung des Wirtschafts- und Sozialausschusses und des Ausschusses der Regionen.

In den in Absatz 1 Buchstaben c, d, f und g genannten Bereichen beschließt der Rat einstimmig gemäß einem besonderen Gesetzgebungsverfahren nach Anhörung des Europäischen Parlaments und der genannten Ausschüsse.

Der Rat kann einstimmig auf Vorschlag der Kommission nach Anhörung des Europäischen Parlaments beschließen, dass das ordentlichen Gesetzgebungsverfahren auf Absatz 1 Buchstaben d, f und g angewandt wird.

(3) Ein Mitgliedstaat kann den Sozialpartnern auf deren gemeinsamen Antrag die Durchführung von aufgrund des Absatzes 2 angenommenen Richtlinien oder gegebenenfalls die Durchführung eines nach Artikel 155 erlassenen Beschlusses des Rates übertragen.

In diesem Fall vergewissert sich der Mitgliedstaat, dass die Sozialpartner spätestens zu dem Zeitpunkt, zu dem eine Richtlinie umgesetzt oder ein Beschluss durchgeführt sein muss, im Wege einer Vereinbarung die erforderlichen Vorkehrungen getroffen haben; dabei hat der Mitgliedstaat alle erforderlichen Maßnahmen zu treffen, um jederzeit gewährleisten zu können, dass die durch diese Richtlinie oder diesen Beschluss vorgeschriebenen Ergebnisse erzielt werden.

(4) Die aufgrund dieses Artikels erlassenen Bestimmungen

– berühren nicht die anerkannte Befugnis der Mitgliedstaaten, die Grundprinzipien ihres Systems der sozialen Sicherheit festzulegen, und dürfen das finanzielle Gleichgewicht dieser Systeme nicht erheblich beeinträchtigen;

– hindern die Mitgliedstaaten nicht daran, strengere Schutzmaßnahmen beizubehalten oder zu treffen, die mit den Verträgen vereinbar sind.

(5) Dieser Artikel gilt nicht für das Arbeitsentgelt, das Koalitionsrecht, das Streikrecht sowie das Aussperrungsrecht.

Artikel 154 [Anhörung der Sozialpartner]

(1) Die Kommission hat die Aufgabe, die Anhörung der Sozialpartner auf Unionsebene zu fördern, und erlässt alle zweckdienlichen Maßnahmen, um den Dialog zwischen den Sozialpartnern zu erleichtern, wobei sie für Ausgewogenheit bei der Unterstützung der Parteien sorgt.

(2) Zu diesem Zweck hört die Kommission vor Unterbreitung von Vorschlägen im Bereich der Sozialpolitik die Sozialpartner zu der Frage, wie eine Unionsaktion gegebenenfalls ausgerichtet werden sollte.

(3) [1]Hält die Kommission nach dieser Anhörung eine Unionsmaßnahme für zweckmäßig, so hört sie die Sozialpartner zum Inhalt des in Aussicht genommenen Vorschlags. [2]Die Sozialpartner übermitteln der Kommission eine Stellungnahme oder gegebenenfalls eine Empfehlung.

(4) [1]Bei den Anhörungen nach den Absätzen 2 und 3 können die Sozialpartner der Kommission mitteilen, dass sie den Prozess nach Artikel 155 in Gang setzen wollen. [2]Die Dauer dieses Prozesses darf höchstens neun Monate betragen, sofern die betroffenen Sozialpartner und die Kommission gemeinsam eine Verlängerung beschließen.

Artikel 155 [Dialog zwischen den Sozialpartnern]

(1) Der Dialog zwischen den Sozialpartnern auf Unionsebene kann, falls sie es wünschen, zur Herstellung vertraglicher Beziehungen einschließlich des Abschlusses von Vereinbarungen führen.

(2) [1]Die Durchführung der auf Unionsebene geschlossenen Vereinbarungen erfolgt entweder nach den jeweiligen Verfahren und Gepflogenheiten der Sozialpartner und der Mitgliedstaaten oder – in den durch Artikel 153 erfassten Bereichen – auf gemeinsamen Antrag der Unterzeichnerparteien durch einen Beschluss des Rates auf Vorschlag der Kommission. [2]Das Europäische Parlament wird unterrichtet.

Der Rat beschließt einstimmig, sofern die betreffende Vereinbarung eine oder mehrere Bestimmungen betreffend einen der Bereiche enthält, für die nach Artikel 153 Absatz 2 Einstimmigkeit erforderlich ist.

Artikel 156 [Fördermaßnahmen der Kommission]

Unbeschadet der sonstigen Bestimmungen der Verträge fördert die Kommission im Hinblick auf die Erreichung der Ziele des Artikels 151 die Zusammenarbeit zwischen den Mitgliedstaaten und erleichtert

die Abstimmung ihres Vorgehens in allen unter dieses Kapitel fallenden Bereichen der Sozialpolitik, insbesondere auf dem Gebiet
- der Beschäftigung,
- des Arbeitsrechts und der Arbeitsbedingungen,
- der beruflichen Ausbildung und Fortbildung,
- der sozialen Sicherheit,
- der Verhütung von Berufsunfällen und Berufskrankheiten,
- des Gesundheitsschutzes bei der Arbeit,
- des Koalitionsrechts und der Kollektivverhandlungen zwischen Arbeitgebern und Arbeitnehmern.

[1]Zu diesem Zweck wird die Kommission in enger Verbindung mit den Mitgliedstaaten durch Untersuchungen, Stellungnahmen und die Durchführung von Konsultationen in Bezug auf innerstaatlich oder in den internationalen Organisationen zu behandelnde Fragen tätig, und zwar insbesondere im Wege von Initiativen, die darauf abzielen, Leitlinien und Indikatoren festzulegen, den Austausch bewährter Verfahren auszuführen und die erforderlichen Elemente für eine regelmäßige Überwachung und Bewertung auszuarbeiten. [2]Das Europäische Parlament wird in vollem Umfang unterrichtet.

Vor Abgabe der in diesem Artikel vorgesehenen Stellungnahmen hört die Kommission den Wirtschafts- und Sozialausschuss.

Artikel 157 [Gleichstellung von Mann und Frau im Erwerbsleben]
(1) Jeder Mitgliedstaat stellt die Anwendung des Grundsatzes des gleichen Entgelts für Männer und Frauen bei gleicher oder gleichwertiger Arbeit sicher.
(2)
Unter „Entgelt" im Sinne dieses Artikels sind die üblichen Grund- oder Mindestlöhne und -gehälter sowie alle sonstigen Vergütungen zu verstehen, die der Arbeitgeber aufgrund des Dienstverhältnisses dem Arbeitnehmer unmittelbar oder mittelbar in bar oder in Sachleistungen zahlt.
Gleichheit des Arbeitsentgelts ohne Diskriminierung aufgrund des Geschlechts bedeutet,
a) dass das Entgelt für eine gleiche nach Akkord bezahlte Arbeit aufgrund der gleichen Maßeinheit festgesetzt wird,
b) dass für eine nach Zeit bezahlte Arbeit das Entgelt bei gleichem Arbeitsplatz gleich ist.
(3) Das Europäische Parlament und der Rat beschließen gemäß dem ordentlichen Gesetzgebungsverfahren und nach Anhörung des Wirtschafts- und Sozialausschusses Maßnahmen zur Gewährleistung der Anwendung des Grundsatzes der Chancengleichheit und der Gleichbehandlung von Männern und Frauen in Arbeits- und Beschäftigungsfragen, einschließlich des Grundsatzes des gleichen Entgelts bei gleicher oder gleichwertiger Arbeit.
(4) Im Hinblick auf die effektive Gewährleistung der vollen Gleichstellung von Männern und Frauen im Arbeitsleben hindert der Grundsatz der Gleichbehandlung die Mitgliedstaaten nicht daran, zur Erleichterung der Berufstätigkeit des unterrepräsentierten Geschlechts oder zur Verhinderung bzw. zum Ausgleich von Benachteiligungen in der beruflichen Laufbahn spezifische Vergünstigungen beizubehalten oder zu beschließen.

Artikel 158 [Bezahlte Freizeit]
Die Mitgliedstaaten sind bestrebt, die bestehende Gleichwertigkeit der Ordnungen über die bezahlte Freizeit beizubehalten.

Artikel 159 [Bericht zur sozialen und demografischen Lage]
[1]Die Kommission erstellt jährlich einen Bericht über den Stand der Verwirklichung der in Artikel 151 genannten Ziele sowie über die demografische Lage in der Union. [2]Sie übermittelt diesen Bericht dem Europäischen Parlament, dem Rat und dem Wirtschafts- und Sozialausschuss.

Artikel 160 [Ausschuss für Sozialschutz]
[1]Der Rat, der mit einfacher Mehrheit beschließt, setzt nach Anhörung des Europäischen Parlaments einen Ausschuss für Sozialschutz mit beratender Aufgabe ein, um die Zusammenarbeit im Bereich des sozialen Schutzes zwischen den Mitgliedstaaten und mit der Kommission zu fördern. [2]Der Ausschuss hat folgende Aufgaben:
- Er verfolgt die soziale Lage und die Entwicklung der Politiken im Bereich des sozialen Schutzes in den Mitgliedstaaten und der Union;
- er fördert den Austausch von Informationen, Erfahrungen und bewährten Verfahren zwischen den Mitgliedstaaten und mit der Kommission;

– unbeschadet des Artikels 240 arbeitet er auf Ersuchen des Rates oder der Kommission oder von sich aus in seinem Zuständigkeitsbereich Berichte aus, gibt Stellungnahmen ab oder wird auf andere Weise tätig.
Bei der Erfüllung seines Auftrags stellt der Ausschuss geeignete Kontakte zu den Sozialpartnern her.
Jeder Mitgliedstaat und die Kommission ernennen zwei Mitglieder des Ausschusses.

Artikel 161 [Jahresbericht der Kommission]
Der Jahresbericht der Kommission an das Europäische Parlament hat stets ein besonderes Kapitel über die Entwicklung der sozialen Lage in der Union zu enthalten.
Das Europäische Parlament kann die Kommission auffordern, Berichte über besondere, die soziale Lage betreffende Fragen auszuarbeiten.

Titel XI
Der Europäische Sozialfonds

Artikel 162 [Errichtung und Ziel des Europäischen Sozialfonds]
Um die Beschäftigungsmöglichkeiten der Arbeitskräfte im Binnenmarkt zu verbessern und damit zur Hebung der Lebenshaltung beizutragen, wird nach Maßgabe der folgenden Bestimmungen ein Europäischer Sozialfonds errichtet, dessen Ziel es ist, innerhalb der Union die berufliche Verwendbarkeit und die örtliche und berufliche Mobilität der Arbeitskräfte zu fördern sowie die Anpassung an die industriellen Wandlungsprozesse und an Veränderungen der Produktionssysteme insbesondere durch berufliche Bildung und Umschulung zu erleichtern.

Artikel 163 [Verwaltung des Fonds]
Die Verwaltung des Fonds obliegt der Kommission.
Die Kommission wird hierbei von einem Ausschuss unterstützt, der aus Vertretern der Regierungen sowie der Arbeitgeber- und der Arbeitnehmerverbände besteht; den Vorsitz führt ein Mitglied der Kommission.

Artikel 164 [Durchführungsverordnungen]
Das Europäische Parlament und der Rat erlassen gemäß dem ordentlichen Gesetzgebungsverfahren und nach Anhörung des Wirtschafts- und Sozialausschusses sowie des Ausschusses der Regionen die den Europäischen Sozialfonds betreffenden Durchführungsverordnungen.

Titel XII
Allgemeine und berufliche Bildung, Jugend und Sport

Artikel 165 [Beitrag der Union; Ziele]
(1)
Die Union trägt zur Entwicklung einer qualitativ hoch stehenden Bildung dadurch bei, dass sie die Zusammenarbeit zwischen den Mitgliedstaaten fördert und die Tätigkeit der Mitgliedstaaten unter strikter Beachtung der Verantwortung der Mitgliedstaaten für die Lehrinhalte und die Gestaltung des Bildungssystems sowie der Vielfalt ihrer Kulturen und Sprachen erforderlichenfalls unterstützt und ergänzt.
Die Union trägt zur Förderung der europäischen Dimension des Sports bei und berücksichtigt dabei dessen besondere Merkmale, dessen auf freiwilligem Engagement basierende Strukturen sowie dessen soziale und pädagogische Funktion.
(2) Die Tätigkeit der Union hat folgende Ziele:
– Entwicklung der europäischen Dimension im Bildungswesen, insbesondere durch Erlernen und Verbreitung der Sprachen der Mitgliedstaaten;
– Förderung der Mobilität von Lernenden und Lehrenden, auch durch die Förderung der akademischen Anerkennung der Diplome und Studienzeiten;
– Förderung der Zusammenarbeit zwischen den Bildungseinrichtungen;
– Ausbau des Informations- und Erfahrungsaustauschs über gemeinsame Probleme im Rahmen der Bildungssysteme der Mitgliedstaaten;
– Förderung des Ausbaus des Jugendaustauschs und des Austauschs sozialpädagogischer Betreuer und verstärkte Beteiligung der Jugendlichen am demokratischen Leben in Europa;
– Förderung der Entwicklung der Fernlehre;
– Entwicklung der europäischen Dimension des Sports durch Förderung der Fairness und der Offenheit von Sportwettkämpfen und der Zusammenarbeit zwischen den für den Sport verantwortlichen Organisationen sowie durch den Schutz der körperlichen und seelischen Unversehrtheit der Sportler, insbesondere der jüngeren Sportler.

(3) Die Union und die Mitgliedstaaten fördern die Zusammenarbeit mit dritten Ländern und den für den Bildungsbereich und den Sport zuständigen internationalen Organisationen, insbesondere dem Europarat.

(4) Als Beitrag zur Verwirklichung der Ziele dieses Artikels

– erlassen das Europäische Parlament und der Rat gemäß dem ordentlichen Gesetzgebungsverfahren und nach Anhörung des Wirtschafts- und Sozialausschusses und des Ausschusses der Regionen Fördermaßnahmen unter Ausschluss jeglicher Harmonisierung der Rechts- und Verwaltungsvorschriften der Mitgliedstaaten;

– erlässt der Rat auf Vorschlag der Kommission Empfehlungen.

Artikel 166 [Berufliche Bildung; Ziele]

(1) Die Union führt eine Politik der beruflichen Bildung, welche die Maßnahmen der Mitgliedstaaten unter strikter Beachtung der Verantwortung der Mitgliedstaaten für Inhalt und Gestaltung der beruflichen Bildung unterstützt und ergänzt.

(2) Die Tätigkeit der Union hat folgende Ziele:

– Erleichterung der Anpassung an die industriellen Wandlungsprozesse, insbesondere durch berufliche Bildung und Umschulung;

– Verbesserung der beruflichen Erstausbildung und Weiterbildung zur Erleichterung der beruflichen Eingliederung und Wiedereingliederung in den Arbeitsmarkt;

– Erleichterung der Aufnahme einer beruflichen Bildung sowie Förderung der Mobilität der Ausbilder und der in beruflicher Bildung befindlichen Personen, insbesondere der Jugendlichen;

– Förderung der Zusammenarbeit in Fragen der beruflichen Bildung zwischen Unterrichtsanstalten und Unternehmen;

– Ausbau des Informations- und Erfahrungsaustauschs über gemeinsame Probleme im Rahmen der Berufsbildungssysteme der Mitgliedstaaten.

(3) Die Union und die Mitgliedstaaten fördern die Zusammenarbeit mit dritten Ländern und den für die berufliche Bildung zuständigen internationalen Organisationen.

(4) Das Europäische Parlament und der Rat erlassen gemäß dem ordentlichen Gesetzgebungsverfahren und nach Anhörung des Wirtschafts- und Sozialausschusses sowie des Ausschusses der Regionen Maßnahmen, die zur Verwirklichung der Ziele dieses Artikels beitragen, unter Ausschluss jeglicher Harmonisierung der Rechts- und Verwaltungsvorschriften der Mitgliedstaaten, und der Rat erlässt auf Vorschlag der Kommission Empfehlungen.

Titel XIII
Kultur

Artikel 167 [Beitrag der Union unter Wahrung und Förderung der Kulturvielfalt]

(1) Die Union leistet einen Beitrag zur Entfaltung der Kulturen der Mitgliedstaaten unter Wahrung ihrer nationalen und regionalen Vielfalt sowie gleichzeitiger Hervorhebung des gemeinsamen kulturellen Erbes.

(2) Die Union fördert durch ihre Tätigkeit die Zusammenarbeit zwischen den Mitgliedstaaten und unterstützt und ergänzt erforderlichenfalls deren Tätigkeit in folgenden Bereichen:

– Verbesserung der Kenntnis und Verbreitung der Kultur und Geschichte der europäischen Völker,

– Erhaltung und Schutz des kulturellen Erbes von europäischer Bedeutung,

– nichtkommerzieller Kulturaustausch,

– künstlerisches und literarisches Schaffen, einschließlich im audiovisuellen Bereich.

(3) Die Union und die Mitgliedstaaten fördern die Zusammenarbeit mit dritten Ländern und den für den Kulturbereich zuständigen internationalen Organisationen, insbesondere mit dem Europarat.

(4) Die Union trägt bei ihrer Tätigkeit aufgrund anderer Bestimmungen der Verträge den kulturellen Aspekten Rechnung, insbesondere zur Wahrung und Förderung der Vielfalt ihrer Kulturen.

(5) Als Beitrag zur Verwirklichung der Ziele dieses Artikels

– erlassen das Europäische Parlament und der Rat gemäß dem ordentlichen Gesetzgebungsverfahren und nach Anhörung des Ausschusses der Regionen Fördermaßnahmen unter Ausschluss jeglicher Harmonisierung der Rechts- und Verwaltungsvorschriften der Mitgliedstaaten.

– erlässt der Rat auf Vorschlag der Kommission Empfehlungen.

Titel XIV
Gesundheitswesen

Artikel 168 **[Beitrag der Union zur Sicherstellung eines hohen Gesundheitsschutzniveaus]**

(1)
Bei der Festlegung und Durchführung aller Unionspolitiken und -maßnahmen wird ein hohes Gesundheitsschutzniveau sichergestellt.

[1]Die Tätigkeit der Union ergänzt die Politik der Mitgliedstaaten und ist auf die Verbesserung der Gesundheit der Bevölkerung, die Verhütung von Humankrankheiten und die Beseitigung von Ursachen für die Gefährdung der körperlichen und geistigen Gesundheit gerichtet. [2]Sie umfasst die Bekämpfung der weit verbreiteten schweren Krankheiten, wobei die Erforschung der Ursachen, der Übertragung und der Verhütung dieser Krankheiten sowie Gesundheitsinformation und -erziehung gefördert werden; außerdem umfasst sie die Beobachtung, frühzeitige Meldung und Bekämpfung schwerwiegender grenzüberschreitender Gesundheitsgefahren.

Die Union ergänzt die Maßnahmen der Mitgliedstaaten zur Verringerung drogenkonsumbedingter Gesundheitsschäden einschließlich der Informations- und Vorbeugungsmaßnahmen.

(2)
[1]Die Union fördert die Zusammenarbeit zwischen den Mitgliedstaaten in den in diesem Artikel genannten Bereichen und unterstützt erforderlichenfalls deren Tätigkeit. [2]Sie fördert insbesondere die Zusammenarbeit zwischen den Mitgliedstaaten, die darauf abzielt, die Komplementarität ihrer Gesundheitsdienste in den Grenzgebieten zu verbessern.

[1]Die Mitgliedstaaten koordinieren untereinander im Benehmen mit der Kommission ihre Politiken und Programme in den in Absatz 1 genannten Bereichen. [2]Die Kommission kann in enger Verbindung mit den Mitgliedstaaten alle Initiativen ergreifen, die dieser Koordinierung förderlich sind, insbesondere Initiativen, die darauf abzielen, Leitlinien und Indikatoren festzulegen, den Austausch bewährter Verfahren durchzuführen und die erforderlichen Elemente für eine regelmäßige Überwachung und Bewertung auszuarbeiten. [3]Das Europäische Parlament wird in vollem Umfang unterrichtet.

(3) Die Union und die Mitgliedstaaten fördern die Zusammenarbeit mit dritten Ländern und den für das Gesundheitswesen zuständigen internationalen Organisationen.

(4) Abweichend von Artikel 2 Absatz 5 und Artikel 6 Buchstabe a tragen das Europäische Parlament und der Rat nach Artikel 4 Absatz 2 Buchstabe k gemäß dem ordentlichen Gesetzgebungsverfahren und nach Anhörung des Wirtschafts- und Sozialausschusses sowie des Ausschusses der Regionen mit folgenden Maßnahmen zur Verwirklichung der Ziele dieses Artikels bei, um den gemeinsamen Sicherheitsanliegen Rechnung zu tragen:

a) Maßnahmen zur Festlegung hoher Qualitäts- und Sicherheitsstandards für Organe und Substanzen menschlichen Ursprungs sowie für Blut und Blutderivate; diese Maßnahmen hindern die Mitgliedstaaten nicht daran, strengere Schutzmaßnahmen beizubehalten oder einzuführen;

b) Maßnahmen in den Bereichen Veterinärwesen und Pflanzenschutz, die unmittelbar den Schutz der Gesundheit der Bevölkerung zum Ziel haben;

c) Maßnahmen zur Festlegung hoher Qualitäts- und Sicherheitsstandards für Arzneimittel und Medizinprodukte.

(5) Das Europäische Parlament und der Rat können unter Ausschluss jeglicher Harmonisierung der Rechtsvorschriften der Mitgliedstaaten gemäß dem ordentlichen Gesetzgebungsverfahren und nach Anhörung des Wirtschafts- und Sozialausschusses und des Ausschusses der Regionen auch Fördermaßnahmen zum Schutz und zur Verbesserung der menschlichen Gesundheit sowie insbesondere zur Bekämpfung der weit verbreiteten schweren grenzüberschreitenden Krankheiten, Maßnahmen zur Beobachtung, frühzeitigen Meldung und Bekämpfung schwerwiegender grenzüberschreitender Gesundheitsgefahren sowie Maßnahmen, die unmittelbar den Schutz der Gesundheit der Bevölkerung vor Tabakkonsum und Alkoholmissbrauch zum Ziel haben, erlassen.

(6) Der Rat kann ferner auf Vorschlag der Kommission für die in diesem Artikel genannten Zwecke Empfehlungen erlassen.

(7) [1]Bei der Tätigkeit der Union wird die Verantwortung der Mitgliedstaaten für die Festlegung ihrer Gesundheitspolitik sowie für die Organisation des Gesundheitswesens und die medizinische Versorgung gewahrt. [2]Die Verantwortung der Mitgliedstaaten umfasst die Verwaltung des Gesundheitswesens und der medizinischen Versorgung sowie die Zuweisung der dafür bereitgestellten Mittel. [3]Die Maßnahmen nach Absatz 4 Buchstabe a lassen die einzelstaatlichen Regelungen über die Spende oder die medizinische Verwendung von Organen und Blut unberührt.

Titel XV
Verbraucherschutz

Artikel 169 [Beitrag der Union; Mindeststandards]
(1) Zur Förderung der Interessen der Verbraucher und zur Gewährleistung eines hohen Verbraucherschutzniveaus leistet die Union einen Beitrag zum Schutz der Gesundheit, der Sicherheit und der wirtschaftlichen Interessen der Verbraucher sowie zur Förderung ihres Rechtes auf Information, Erziehung und Bildung von Vereinigungen zur Wahrung ihrer Interessen.

(2) Die Union leistet einen Beitrag zur Erreichung der in Absatz 1 genannten Ziele durch
a) Maßnahmen, die sie im Rahmen der Verwirklichung des Binnenmarkts nach Artikel 114 erlässt;
b) Maßnahmen zur Unterstützung, Ergänzung und Überwachung der Politik der Mitgliedstaaten.

(3) Das Europäische Parlament und der Rat beschließen gemäß dem ordentlichen Gesetzgebungsverfahren und nach Anhörung des Wirtschafts- und Sozialausschusses die Maßnahmen nach Absatz 2 Buchstabe b.

(4) [1]Die nach Absatz 3 beschlossenen Maßnahmen hindern die einzelnen Mitgliedstaaten nicht daran, strengere Schutzmaßnahmen beizubehalten oder zu ergreifen. [2]Diese Maßnahmen müssen mit den Verträgen vereinbar sein. [3]Sie werden der Kommission mitgeteilt.

Titel XVI
Transeuropäische Netze

Artikel 170 [Beitrag zum Auf- und Ausbau]
(1) Um einen Beitrag zur Verwirklichung der Ziele der Artikel 26 und 174 zu leisten und den Bürgern der Union, den Wirtschaftsbeteiligten sowie den regionalen und lokalen Gebietskörperschaften in vollem Umfang die Vorteile zugute kommen zu lassen, die sich aus der Schaffung eines Raumes ohne Binnengrenzen ergeben, trägt die Union zum Auf- und Ausbau transeuropäischer Netze in den Bereichen der Verkehrs-, Telekommunikations- und Energieinfrastruktur bei.

(2) [1]Die Tätigkeit der Union zielt im Rahmen eines Systems offener und wettbewerbsorientierter Märkte auf die Förderung des Verbunds und der Interoperabilität der einzelstaatlichen Netze sowie des Zugangs zu diesen Netzen ab. [2]Sie trägt insbesondere der Notwendigkeit Rechnung, insulare, eingeschlossene und am Rande gelegene Gebiete mit den zentralen Gebieten der Union zu verbinden.

Artikel 171 [Handlungsinstrumente der Union]
(1)
Zur Erreichung der Ziele des Artikels 170 geht die Union wie folgt vor:
– Sie stellt eine Reihe von Leitlinien auf, in denen die Ziele, die Prioritäten und die Grundzüge der im Bereich der transeuropäischen Netze in Betracht gezogenen Aktionen erfasst werden; in diesen Leitlinien werden Vorhaben von gemeinsamem Interesse ausgewiesen;
– sie führt jede Aktion durch, die sich gegebenenfalls als notwendig erweist, um die Interoperabilität der Netze zu gewährleisten, insbesondere im Bereich der Harmonisierung der technischen Normen;
– sie kann von den Mitgliedstaaten unterstützte Vorhaben von gemeinsamem Interesse, die im Rahmen der Leitlinien gemäß dem ersten Gedankenstrich ausgewiesen sind, insbesondere in Form von Durchführbarkeitsstudien, Anleihebürgschaften oder Zinszuschüssen unterstützen; die Union kann auch über den nach Artikel 177 errichteten Kohäsionsfonds zu spezifischen Verkehrsinfrastrukturvorhaben in den Mitgliedstaaten finanziell beitragen.
Die Union berücksichtigt bei ihren Maßnahmen die potentielle wirtschaftliche Lebensfähigkeit der Vorhaben.

(2) [1]Die Mitgliedstaaten koordinieren untereinander in Verbindung mit der Kommission die einzelstaatlichen Politiken, die sich erheblich auf die Verwirklichung der Ziele des Artikels 170 auswirken können. [2]Die Kommission kann in enger Zusammenarbeit mit den Mitgliedstaaten alle Initiativen ergreifen, die dieser Koordinierung förderlich sind.

(3) Die Union kann beschließen, mit dritten Ländern zur Förderung von Vorhaben von gemeinsamem Interesse sowie zur Sicherstellung der Interoperabilität der Netze zusammenzuarbeiten.

Artikel 172 [Beschlussfassung]
Die Leitlinien und die übrigen Maßnahmen nach Artikel 171 Absatz 1 werden vom Europäischen Parlament und vom Rat gemäß dem ordentlichen Gesetzgebungsverfahren und nach Anhörung des Wirtschafts- und Sozialausschusses und des Ausschusses der Regionen festgelegt.
Leitlinien und Vorhaben von gemeinsamem Interesse, die das Hoheitsgebiet eines Mitgliedstaats betreffen, bedürfen der Billigung des betroffenen Mitgliedstaats.

Titel XVII
Industrie

Artikel 173 [Förderung der Wettbewerbsfähigkeit; Subventionsverbot]
(1)
Die Union und die Mitgliedstaaten sorgen dafür, dass die notwendigen Voraussetzungen für die Wettbewerbsfähigkeit der Industrie der Union gewährleistet sind.
Zu diesem Zweck zielt ihre Tätigkeit entsprechend einem System offener und wettbewerbsorientierter Märkte auf Folgendes ab:
– Erleichterung der Anpassung der Industrie an die strukturellen Veränderungen;
– Förderung eines für die Initiative und Weiterentwicklung der Unternehmen in der gesamten Union, insbesondere der kleinen und mittleren Unternehmen, günstigen Umfelds;
– Förderung eines für die Zusammenarbeit zwischen Unternehmen günstigen Umfelds;
– Förderung einer besseren Nutzung des industriellen Potenzials der Politik in den Bereichen Innovation, Forschung und technologische Entwicklung.
(2) [1]Die Mitgliedstaaten konsultieren einander in Verbindung mit der Kommission und koordinieren, soweit erforderlich, ihre Maßnahmen. [2]Die Kommission kann alle Initiativen ergreifen, die dieser Koordinierung förderlich sind, insbesondere Initiativen, die darauf abzielen, Leitlinien und Indikatoren festzulegen, den Austausch bewährter Verfahren durchzuführen und die erforderlichen Elemente für eine regelmäßige Überwachung und Bewertung auszuarbeiten. [3]Das Europäische Parlament wird in vollem Umfang unterrichtet.
(3)
[1]Die Union trägt durch die Politik und die Maßnahmen, die sie aufgrund anderer Bestimmungen der Verträge durchführt, zur Erreichung der Ziele des Absatzes 1 bei. [2]Das Europäische Parlament und der Rat können unter Ausschluss jeglicher Harmonisierung der Rechtsvorschriften der Mitgliedstaaten gemäß dem ordentlichen Gesetzgebungsverfahren und nach Anhörung des Wirtschafts- und Sozialausschusses spezifische Maßnahmen zur Unterstützung der in den Mitgliedstaaten durchgeführten Maßnahmen im Hinblick auf die Verwirklichung der Ziele des Absatzes 1 beschließen.
Dieser Titel bietet keine Grundlage dafür, dass die Union irgendeine Maßnahme einführt, die zu Wettbewerbsverzerrungen führen könnte oder steuerliche Vorschriften oder Bestimmungen betreffend die Rechte und Interessen der Arbeitnehmer enthält.

Titel XVIII
Wirtschaftlicher, sozialer und territorialer Zusammenhalt

Artikel 174 [Ziele der Strukturpolitik]
Die Union entwickelt und verfolgt weiterhin ihre Politik zur Stärkung ihres wirtschaftlichen, sozialen und territorialen Zusammenhalts, um eine harmonische Entwicklung der Union als Ganzes zu fördern.
Die Union setzt sich insbesondere zum Ziel, die Unterschiede im Entwicklungsstand der verschiedenen Regionen und den Rückstand der am stärksten benachteiligten Gebiete zu verringern.
Unter den betreffenden Gebieten gilt besondere Aufmerksamkeit den ländlichen Gebieten, den vom industriellen Wandel betroffenen Gebieten und den Gebieten mit schweren und dauerhaften natürlichen oder demografischen Nachteilen, wie den nördlichsten Regionen mit sehr geringer Bevölkerungsdichte sowie den Insel-, Grenz- und Bergregionen.

Artikel 175 [Rolle der Strukturfonds; Aktionen außerhalb der Fonds]
[1]Die Mitgliedstaaten führen und koordinieren ihre Wirtschaftspolitik in der Weise, dass auch die in Artikel 174 genannten Ziele erreicht werden. [2]Die Festlegung und Durchführung der Politiken und Aktionen der Union sowie die Errichtung des Binnenmarkts berücksichtigen die Ziele des Artikels 174 und tragen zu deren Verwirklichung bei. [3]Die Union unterstützt auch diese Bemühungen durch die Politik, die sie mit Hilfe der Strukturfonds (Europäischer Ausrichtungs- und Garantiefonds für die Landwirtschaft – Abteilung Ausrichtung, Europäischer Sozialfonds, Europäischer Fonds für regionale Entwicklung), der Europäischen Investitionsbank und der sonstigen vorhandenen Finanzierungsinstrumente führt.
[1]Die Kommission erstattet dem Europäischen Parlament, dem Rat, dem Wirtschafts- und Sozialausschuss und dem Ausschuss der Regionen alle drei Jahre Bericht über die Fortschritte bei der Verwirklichung des wirtschaftlichen, sozialen und territorialen Zusammenhalts und über die Art und Weise, in der die in diesem Artikel vorgesehenen Mittel hierzu beigetragen haben. [2]Diesem Bericht werden erforderlichenfalls entsprechende Vorschläge beigefügt.

Falls sich spezifische Aktionen außerhalb der Fonds und unbeschadet der im Rahmen der anderen Politiken der Union beschlossenen Maßnahmen als erforderlich erweisen, so können sie vom Europäischen Parlament und vom Rat gemäß dem ordentlichen Gesetzgebungsverfahren nach Anhörung des Wirtschafts- und Sozialausschusses und des Ausschusses der Regionen beschlossen werden.

Artikel 176 [Europäischer Regionalfonds]
Aufgabe des Europäischen Fonds für regionale Entwicklung ist es, durch Beteiligung an der Entwicklung und an der strukturellen Anpassung der rückständigen Gebiete und an der Umstellung der Industriegebiete mit rückläufiger Entwicklung zum Ausgleich der wichtigsten regionalen Ungleichgewichte in der Union beizutragen.

Artikel 177 [Strukturfonds; Kohäsionsfonds]
[1]Unbeschadet des Artikels 178 legen das Europäische Parlament und der Rat durch Verordnungen gemäß dem ordentlichen Gesetzgebungsverfahren und nach Anhörung des Wirtschafts- und Sozialausschusses und des Ausschusses der Regionen die Aufgaben, die vorrangigen Ziele und die Organisation der Strukturfonds fest, was ihre Neuordnung einschließen kann. [2]Nach demselben Verfahren werden ferner die für die Fonds geltenden allgemeinen Regeln sowie die Bestimmungen festgelegt, die zur Gewährleistung einer wirksamen Arbeitsweise und zur Koordinierung der Fonds sowohl untereinander als auch mit den anderen vorhandenen Finanzierungsinstrumenten erforderlich sind.
Ein nach demselben Verfahren errichteter Kohäsionsfonds trägt zu Vorhaben in den Bereichen Umwelt und transeuropäische Netze auf dem Gebiet der Verkehrsinfrastruktur finanziell bei.

Artikel 178 [Durchführungsverordnungen]
Die den Europäischen Fonds für regionale Entwicklung betreffenden Durchführungsverordnungen werden vom Europäischen Parlament und vom Rat gemäß dem ordentlichen Gesetzgebungsverfahren und nach Anhörung des Wirtschafts- und Sozialausschusses sowie des Ausschusses der Regionen gefasst.
Für den Europäischen Ausrichtungs- und Garantiefonds für die Landwirtschaft, Abteilung Ausrichtung, und den Europäischen Sozialfonds sind die Artikel 43 bzw. 164 weiterhin anwendbar.

Titel XIX
Forschung, technologische Entwicklung und Raumfahrt

Artikel 179 [Europäischer Raum der Forschung]
(1) Die Union hat zum Ziel, ihre wissenschaftlichen und technologischen Grundlagen dadurch zu stärken, dass ein europäischer Raum der Forschung geschaffen wird, in dem Freizügigkeit für Forscher herrscht und wissenschaftliche Erkenntnisse und Technologien frei ausgetauscht werden, die Entwicklung ihrer Wettbewerbsfähigkeit einschließlich der ihrer Industrie zu fördern sowie alle Forschungsmaßnahmen zu unterstützen, die aufgrund anderer Kapitel der Verträge für erforderlich gehalten werden.
(2) In diesem Sinne unterstützt sie in der gesamten Union die Unternehmen – einschließlich der kleinen und mittleren Unternehmen –, die Forschungszentren und die Hochschulen bei ihren Bemühungen auf dem Gebiet der Forschung und technologischen Entwicklung von hoher Qualität; sie fördert ihre Zusammenarbeitsbestrebungen, damit vor allem die Forscher ungehindert über die Grenzen hinweg zusammenarbeiten und die Unternehmen die Möglichkeiten des Binnenmarkts in vollem Umfang nutzen können, und zwar insbesondere durch Öffnen des einzelstaatlichen öffentlichen Auftragswesens, Festlegung gemeinsamer Normen und Beseitigung der dieser Zusammenarbeit entgegenstehenden rechtlichen und steuerlichen Hindernisse.
(3) Alle Maßnahmen der Union aufgrund der Verträge auf dem Gebiet der Forschung und der technologischen Entwicklung, einschließlich der Demonstrationsvorhaben, werden nach Maßgabe dieses Titels beschlossen und durchgeführt.

Artikel 180 [Ergänzende Unionsmaßnahmen]
Zur Erreichung dieser Ziele trifft die Union folgende Maßnahmen, welche die in den Mitgliedstaaten durchgeführten Aktionen ergänzen:
a) Durchführung von Programmen für Forschung, technologische Entwicklung und Demonstration unter Förderung der Zusammenarbeit mit und zwischen Unternehmen, Forschungszentren und Hochschulen;
b) Förderung der Zusammenarbeit mit dritten Ländern und internationalen Organisationen auf dem Gebiet der Forschung der Union, technologischen Entwicklung und Demonstration;

c) Verbreitung und Auswertung der Ergebnisse der Tätigkeiten auf dem Gebiet der Forschung der Union, technologischen Entwicklung und Demonstration;
d) Förderung der Ausbildung und der Mobilität der Forscher aus der Union.

Artikel 181 [Koordinierung; Rolle der Kommission]
(1) Die Union und die Mitgliedstaaten koordinieren ihre Tätigkeiten auf dem Gebiet der Forschung und der technologischen Entwicklung, um die Kohärenz der einzelstaatlichen Politiken und der Politik der Union sicherzustellen.
(2) [1]Die Kommission kann in enger Zusammenarbeit mit den Mitgliedstaaten alle Initiativen ergreifen, die der Koordinierung nach Absatz 1 förderlich sind, insbesondere Initiativen, die darauf abzielen, Leitlinien und Indikatoren festzulegen, den Austausch bewährter Verfahren durchzuführen und die erforderlichen Elemente für eine regelmäßige Überwachung und Bewertung auszuarbeiten. [2]Das Europäische Parlament wird in vollem Umfang unterrichtet.

Artikel 182 [Mehrjähriges Rahmenprogramm; spezifische Programme]
(1)
Das Europäische Parlament und der Rat stellen gemäß dem ordentlichen Gesetzgebungsverfahren und nach Anhörung des Wirtschafts- und Sozialausschusses ein mehrjähriges Rahmenprogramm auf, in dem alle Aktionen der Union zusammengefasst werden.
In dem Rahmenprogramm werden
– die wissenschaftlichen und technologischen Ziele, die mit den Maßnahmen nach Artikel 180 erreicht werden sollen, sowie die jeweiligen Prioritäten festgelegt;
– die Grundzüge dieser Maßnahmen angegeben;
– der Gesamthöchstbetrag und die Einzelheiten der finanziellen Beteiligung der Union am Rahmenprogramm sowie die jeweiligen Anteile der vorgesehenen Maßnahmen festgelegt.
(2) Das Rahmenprogramm wird je nach Entwicklung der Lage angepasst oder ergänzt.
(3) [1]Die Durchführung des Rahmenprogramms erfolgt durch spezifische Programme, die innerhalb einer jeden Aktion entwickelt werden. [2]In jedem spezifischen Programm werden die Einzelheiten seiner Durchführung, seine Laufzeit und die für notwendig erachteten Mittel festgelegt. [3]Die Summe der in den spezifischen Programmen für notwendig erachteten Beträge darf den für das Rahmenprogramm und für jede Aktion festgesetzten Gesamthöchstbetrag nicht überschreiten.
(4) Die spezifischen Programme werden vom Rat gemäß einem besonderen Gesetzgebungsverfahren nach Anhörung des Europäischen Parlaments und des Wirtschafts- und Sozialausschusses beschlossen.
(5) Ergänzend zu den in dem mehrjährigen Rahmenprogramm vorgesehenen Aktionen erlassen das Europäische Parlament und der Rat gemäß dem ordentlichen Gesetzgebungsverfahren und nach Anhörung des Wirtschafts- und Sozialausschusses die Maßnahmen, die für die Verwirklichung des Europäischen Raums der Forschung notwendig sind.

Artikel 183 [Durchführung des Rahmenprogramms]
Zur Durchführung des mehrjährigen Rahmenprogramms legt die Union Folgendes fest:
– die Regeln für die Beteiligung der Unternehmen, der Forschungszentren und der Hochschulen;
– die Regeln für die Verbreitung der Forschungsergebnisse.

Artikel 184 [Zusatzprogramme]
Bei der Durchführung des mehrjährigen Rahmenprogramms können Zusatzprogramme beschlossen werden, an denen nur bestimmte Mitgliedstaaten teilnehmen, die sie vorbehaltlich einer etwaigen Beteiligung der Union auch finanzieren.
Die Union legt die Regeln für die Zusatzprogramme fest, insbesondere hinsichtlich der Verbreitung der Kenntnisse und des Zugangs anderer Mitgliedstaaten.

Artikel 185 [Beteiligung der Union]
Die Union kann im Einvernehmen mit den betreffenden Mitgliedstaaten bei der Durchführung des mehrjährigen Rahmenprogramms eine Beteiligung an Forschungs- und Entwicklungsprogrammen mehrerer Mitgliedstaaten, einschließlich der Beteiligung an den zu ihrer Durchführung geschaffenen Strukturen, vorsehen.

Artikel 186 [Zusammenarbeit mit Drittländern; Abkommen]
Die Union kann bei der Durchführung des mehrjährigen Rahmenprogramms eine Zusammenarbeit auf dem Gebiet der Forschung, technologischen Entwicklung und Demonstration mit dritten Ländern oder internationalen Organisationen vorsehen.

Die Einzelheiten dieser Zusammenarbeit können Gegenstand von Abkommen zwischen der Union und den betreffenden dritten Parteien sein.

Artikel 187 [Gründung gemeinsamer Unternehmen]
Die Union kann gemeinsame Unternehmen gründen oder andere Strukturen schaffen, die für die ordnungsgemäße Durchführung der Programme für Forschung, technologische Entwicklung und Demonstration der Union erforderlich sind.

Artikel 188 [Beschlussfassung]
Der Rat legt auf Vorschlag der Kommission und nach Anhörung des Europäischen Parlaments und des Wirtschafts- und Sozialausschusses die in Artikel 187 vorgesehenen Bestimmungen fest. [1]Das Europäische Parlament und der Rat legen gemäß dem ordentlichen Gesetzgebungsverfahren und nach Anhörung des Wirtschafts- und Sozialausschusses die in den Artikeln 183, 184 und 185 vorgesehenen Bestimmungen fest. [2]Für die Verabschiedung der Zusatzprogramme ist die Zustimmung der daran beteiligten Mitgliedstaaten erforderlich.

Artikel 189 [Europäische Raumfahrtpolitik]
(1) [1]Zur Förderung des wissenschaftlichen und technischen Fortschritts, der Wettbewerbsfähigkeit der Industrie und der Durchführung ihrer Politik arbeitet die Union eine europäische Raumfahrtpolitik aus. [2]Sie kann zu diesem Zweck gemeinsame Initiativen fördern, die Forschung und technologische Entwicklung unterstützen und die Anstrengungen zur Erforschung und Nutzung des Weltraums koordinieren.
(2) Als Beitrag zur Erreichung der Ziele des Absatzes 1 werden vom Europäischen Parlament und vom Rat unter Ausschluss jeglicher Harmonisierung der Rechtsvorschriften der Mitgliedstaaten gemäß dem ordentlichen Gesetzgebungsverfahren die notwendigen Maßnahmen erlassen, was in Form eines europäischen Raumfahrtprogramms geschehen kann.
(3) Die Union stellt die zweckdienlichen Verbindungen zur Europäischen Weltraumorganisation her.
(4) Dieser Artikel gilt unbeschadet der sonstigen Bestimmungen dieses Titels.

Artikel 190 [Jährlicher Forschungsbericht]
[1]Zu Beginn jedes Jahres unterbreitet die Kommission dem Europäischen Parlament und dem Rat einen Bericht. [2]Dieser Bericht erstreckt sich insbesondere auf die Tätigkeiten auf dem Gebiet der Forschung und technologischen Entwicklung und der Verbreitung der Ergebnisse dieser Tätigkeiten während des Vorjahrs sowie auf das Arbeitsprogramm des laufenden Jahres.

Titel XX
Umwelt

Artikel 191 [Umweltpolitische Ziele; Schutzmaßnahmen; Internationale Zusammenarbeit]
(1) Die Umweltpolitik der Union trägt zur Verfolgung der nachstehenden Ziele bei:
– Erhaltung und Schutz der Umwelt sowie Verbesserung ihrer Qualität;
– Schutz der menschlichen Gesundheit;
– umsichtige und rationelle Verwendung der natürlichen Ressourcen;
– Förderung von Maßnahmen auf internationaler Ebene zur Bewältigung regionaler oder globaler Umweltprobleme und insbesondere zur Bekämpfung des Klimawandels.
(2)
[1]Die Umweltpolitik der Union zielt unter Berücksichtigung der unterschiedlichen Gegebenheiten in den einzelnen Regionen der Union auf ein hohes Schutzniveau ab. [2]Sie beruht auf den Grundsätzen der Vorsorge und Vorbeugung, auf dem Grundsatz, Umweltbeeinträchtigungen mit Vorrang an ihrem Ursprung zu bekämpfen, sowie auf dem Verursacherprinzip.
Im Hinblick hierauf umfassen die den Erfordernissen des Umweltschutzes entsprechenden Harmonisierungsmaßnahmen gegebenenfalls eine Schutzklausel, mit der die Mitgliedstaaten ermächtigt werden, aus nicht wirtschaftlich bedingten umweltpolitischen Gründen vorläufige Maßnahmen zu treffen, die einem Kontrollverfahren der Union unterliegen.
(3) Bei der Erarbeitung ihrer Umweltpolitik berücksichtigt die Union
– die verfügbaren wissenschaftlichen und technischen Daten;
– die Umweltbedingungen in den einzelnen Regionen der Union;
– die Vorteile und die Belastung aufgrund des Tätigwerdens bzw. eines Nichttätigwerdens;
– die wirtschaftliche und soziale Entwicklung der Union insgesamt sowie die ausgewogene Entwicklung ihrer Regionen.

(4)
[1]Die Union und die Mitgliedstaaten arbeiten im Rahmen ihrer jeweiligen Befugnisse mit dritten Ländern und den zuständigen internationalen Organisationen zusammen. [2]Die Einzelheiten der Zusammenarbeit der Union können Gegenstand vom Abkommen zwischen dieser und den betreffenden dritten Parteien sein.

Unterabsatz 1 berührt nicht die Zuständigkeit der Mitgliedstaaten, in internationalen Gremien zu verhandeln und internationale Abkommen zu schließen.

Artikel 192 [Beschlussfassung; Finanzierung; Verursacherprinzip]
(1) Das Europäische Parlament und der Rat beschließen gemäß dem ordentlichen Gesetzgebungsverfahren und nach Anhörung des Wirtschafts- und Sozialausschusses sowie des Ausschusses der Regionen über das Tätigwerden der Union zur Erreichung der in Artikel 191 genannten Ziele.

(2)
Abweichend von dem Beschlussverfahren des Absatzes 1 und unbeschadet des Artikels 114 erlässt der Rat gemäß einem besonderen Gesetzgebungsverfahren nach Anhörung des Europäischen Parlaments, des Wirtschafts- und Sozialausschusses sowie des Ausschusses der Regionen einstimmig

a) Vorschriften überwiegend steuerlicher Art;
b) Maßnahmen, die
 – die Raumordnung berühren,
 – die mengenmäßige Bewirtschaftung der Wasserressourcen berühren oder die Verfügbarkeit dieser Ressourcen mittelbar oder unmittelbar betreffen,
 – die Bodennutzung mit Ausnahme der Abfallbewirtschaftung berühren;
c) Maßnahmen, welche die Wahl eines Mitgliedstaats zwischen verschiedenen Energiequellen und die allgemeine Struktur seiner Energieversorgung erheblich berühren.
Der Rat kann auf Vorschlag der Kommission und nach Anhörung des Europäischen Parlaments, des Wirtschafts- und Sozialausschusses und des Ausschusses der Regionen einstimmig festlegen, dass für die in Unterabsatz 1 genannten Bereiche das ordentliche Gesetzgebungsverfahren gilt.

(3)
Das Europäische Parlament und der Rat beschließen gemäß dem ordentlichen Gesetzgebungsverfahren und nach Anhörung des Wirtschafts- und Sozialausschusses sowie des Ausschusses der Regionen allgemeine Aktionsprogramme, in denen die vorrangigen Ziele festgelegt werden.
Die zur Durchführung dieser Programme erforderlichen Maßnahmen werden, je nach Fall, nach dem in Absatz 1 beziehungsweise Absatz 2 vorgesehenen Verfahren erlassen.

(4) Unbeschadet bestimmter Maßnahmen der Union tragen die Mitgliedstaaten für die Finanzierung und Durchführung der Umweltpolitik Sorge.

(5) Sofern eine Maßnahme nach Absatz 1 mit unverhältnismäßig hohen Kosten für die Behörden eines Mitgliedstaats verbunden ist, werden darin unbeschadet des Verursacherprinzips geeignete Bestimmungen in folgender Form vorgesehen:
– vorübergehende Ausnahmeregelungen und/oder
– eine finanzielle Unterstützung aus dem nach Artikel 177 errichteten Kohäsionsfonds.

Artikel 193 [Schutzmaßnahmen der Mitgliedstaaten]
[1]Die Schutzmaßnahmen, die aufgrund des Artikels 192 getroffen werden, hindern die einzelnen Mitgliedstaaten nicht daran, verstärkte Schutzmaßnahmen beizubehalten oder zu ergreifen. [2]Die betreffenden Maßnahmen müssen mit den Verträgen vereinbar sein. [3]Sie werden der Kommission notifiziert.

Titel XXI
Energie

Artikel 194 [Europäische Energiepolitik; Ziele und Maßnahmen]
(1) Die Energiepolitik der Union verfolgt im Geiste der Solidarität zwischen den Mitgliedstaaten im Rahmen der Verwirklichung oder des Funktionierens des Binnenmarkts und unter Berücksichtigung der Notwendigkeit der Erhaltung und Verbesserung der Umwelt folgende Ziele:
a) Sicherstellung des Funktionierens des Energiemarkts;
b) Gewährleistung der Energieversorgungssicherheit in der Union;
c) Förderung der Energieeffizienz und von Energieeinsparungen sowie Entwicklung neuer und erneuerbarer Energiequellen und
d) Förderung der Interkonnektion der Energienetze.

(2)
[1]Unbeschadet der Anwendung anderer Bestimmungen der Verträge erlassen das Europäische Parlament und der Rat gemäß dem ordentlichen Gesetzgebungsverfahren die Maßnahmen, die erforderlich sind, um die Ziele nach Absatz 1 zu verwirklichen. [2]Der Erlass dieser Maßnahmen erfolgt nach Anhörung des Wirtschafts- und Sozialausschusses und des Ausschusses der Regionen. Diese Maßnahmen berühren unbeschadet des Artikels 192 Absatz 2 Buchstabe c nicht das Recht eines Mitgliedstaats, die Bedingungen für die Nutzung seiner Energieressourcen, seine Wahl zwischen verschiedenen Energiequellen und die allgemeine Struktur seiner Energieversorgung zu bestimmen.
(3) Abweichend von Absatz 2 erlässt der Rat die darin genannten Maßnahmen gemäß einem besonderen Gesetzgebungsverfahren einstimmig nach Anhörung des Europäischen Parlaments, wenn sie überwiegend steuerlicher Art sind.

Titel XXII
Tourismus

Artikel 195 [Maßnahmen im Tourismussektor]
(1)
Die Union ergänzt die Maßnahmen der Mitgliedstaaten im Tourismussektor, insbesondere durch die Förderung der Wettbewerbsfähigkeit der Unternehmen der Union in diesem Sektor.
Die Union verfolgt zu diesem Zweck mit ihrer Tätigkeit das Ziel,
a) die Schaffung eines günstigen Umfelds für die Entwicklung der Unternehmen in diesem Sektor anzuregen;
b) die Zusammenarbeit zwischen den Mitgliedstaaten insbesondere durch den Austausch bewährter Praktiken zu unterstützen.
(2) Das Europäische Parlament und der Rat erlassen unter Ausschluss jeglicher Harmonisierung der Rechtsvorschriften der Mitgliedstaaten gemäß dem ordentlichen Gesetzgebungsverfahren die spezifischen Maßnahmen zur Ergänzung der Maßnahmen, die die Mitgliedstaaten zur Verwirklichung der in diesem Artikel genannten Ziele durchführen.

Titel XXIII
Katastrophenschutz

Artikel 196 [Förderung der Zusammenarbeit in Mitgliedstaaten]
(1)
Die Union fördert die Zusammenarbeit zwischen den Mitgliedstaaten, um die Systeme zur Verhütung von Naturkatastrophen oder von vom Menschen verursachten Katastrophen und zum Schutz vor solchen Katastrophen wirksamer zu gestalten.
Die Tätigkeit der Union hat folgende Ziele:
a) Unterstützung und Ergänzung der Tätigkeit der Mitgliedstaaten auf nationaler, regionaler und kommunaler Ebene im Hinblick auf die Risikoprävention, auf die Ausbildung der in den Mitgliedstaaten am Katastrophenschutz Beteiligten und auf Einsätze im Falle von Naturkatastrophen oder von vom Menschen verursachten Katastrophen in der Union;
b) Förderung einer schnellen und effizienten Zusammenarbeit in der Union zwischen den einzelstaatlichen Katastrophenschutzstellen;
c) Verbesserung der Kohärenz der Katastrophenschutzmaßnahmen auf internationaler Ebene.
(2) Das Europäische Parlament und der Rat erlassen unter Ausschluss jeglicher Harmonisierung der Rechtsvorschriften der Mitgliedstaaten gemäß dem ordentlichen Gesetzgebungsverfahren die erforderlichen Maßnahmen zur Verfolgung der Ziele des Absatzes 1.

Titel XXIV
Verwaltungszusammenarbeit

Artikel 197 [Effektive Durchführung des Unionsrechts]
(1) Die für das ordnungsgemäße Funktionieren der Union entscheidende effektive Durchführung des Unionsrechts durch die Mitgliedstaaten ist als Frage von gemeinsamem Interesse anzusehen.
(2) [1]Die Union kann die Mitgliedstaaten in ihren Bemühungen um eine Verbesserung der Fähigkeit ihrer Verwaltung zur Durchführung des Unionsrechts unterstützen. [2]Dies kann insbesondere die Erleichterung des Austauschs von Informationen und von Beamten sowie die Unterstützung von Aus- und Weiterbil-

dungsprogrammen beinhalten. [3]Die Mitgliedstaaten müssen diese Unterstützung nicht in Anspruch nehmen. [4]Das Europäische Parlament und der Rat erlassen die erforderlichen Maßnahmen unter Ausschluss jeglicher Harmonisierung der Rechtsvorschriften der Mitgliedstaaten durch Verordnungen gemäß dem ordentlichen Gesetzgebungsverfahren.

(3) [1]Dieser Artikel berührt weder die Verpflichtung der Mitgliedstaaten, das Unionsrecht durchzuführen, noch die Befugnisse und Pflichten der Kommission. [2]Er berührt auch nicht die übrigen Bestimmungen der Verträge, in denen eine Verwaltungszusammenarbeit unter den Mitgliedstaaten sowie zwischen diesen und der Union vorgesehen ist.

Vierter Teil
Die Assoziierung der überseeischen Länder und Hoheitsgebiete

Artikel 198 [Ziele der Assoziierung]
[1]Die Mitgliedstaaten kommen überein, die außereuropäischen Länder und Hoheitsgebiete, die mit Dänemark, Frankreich, den Niederlanden und dem Vereinigten Königreich besondere Beziehungen unterhalten, der Union zu assoziieren. [2]Diese Länder und Hoheitsgebiete, im Folgenden als „Länder und Hoheitsgebiete" bezeichnet, sind in Anhang II aufgeführt.

Ziel der Assoziierung ist die Förderung der wirtschaftlichen und sozialen Entwicklung der Länder und Hoheitsgebiete und die Herstellung enger Wirtschaftsbeziehungen zwischen ihnen und der gesamten Union.

Entsprechend den in der Präambel dieses Vertrags aufgestellten Grundsätzen soll die Assoziierung in erster Linie den Interessen der Einwohner dieser Länder und Hoheitsgebiete dienen und ihren Wohlstand fördern, um sie der von ihnen erstrebten wirtschaftlichen, sozialen und kulturellen Entwicklung entgegenzuführen.

Artikel 199 [Zwecke der Assoziierung]
Mit der Assoziierung werden folgende Zwecke verfolgt:
1. Die Mitgliedstaaten wenden auf ihren Handelsverkehr mit den Ländern und Hoheitsgebieten das System an, das sie aufgrund der Verträge untereinander anwenden.
2. Jedes Land oder Hoheitsgebiet wendet auf seinen Handelsverkehr mit den Mitgliedstaaten und den anderen Ländern und Hoheitsgebieten das System an, das es auf den europäischen Staat anwendet, mit dem es besondere Beziehungen unterhält.
3. Die Mitgliedstaaten beteiligen sich an den Investitionen, welche die fortschreitende Entwicklung dieser Länder und Hoheitsgebiete erfordert.
4. Bei Ausschreibungen und Lieferungen für Investitionen, die von der Union finanziert werden, steht die Beteiligung zu gleichen Bedingungen allen natürlichen und juristischen Personen offen, welche die Staatsangehörigkeit der Mitgliedstaaten oder der Länder oder Hoheitsgebiete besitzen.
5. Soweit aufgrund des Artikels 203 nicht Sonderregelungen getroffen werden, gelten zwischen den Mitgliedstaaten und den Ländern und Hoheitsgebieten für das Niederlassungsrecht ihrer Staatsangehörigen und Gesellschaften die Bestimmungen und Verfahrensregeln des Kapitels Niederlassungsfreiheit, und zwar unter Ausschluss jeder Diskriminierung.

Artikel 200 [Verbot von Zöllen; Ausnahmen]
(1) Zölle bei der Einfuhr von Waren aus den Ländern und Hoheitsgebieten in die Mitgliedstaaten sind verboten; dies geschieht nach Maßgabe des in den Verträgen vorgesehenen Verbots von Zöllen zwischen den Mitgliedstaaten.

(2) In jedem Land und Hoheitsgebiet sind Zölle bei der Einfuhr von Waren aus den Mitgliedstaaten und den anderen Ländern und Hoheitsgebieten nach Maßgabe des Artikels 30 verboten.

(3)
Die Länder und Hoheitsgebiete können jedoch Zölle erheben, die den Erfordernissen ihrer Entwicklung und Industrialisierung entsprechen oder als Finanzzölle der Finanzierung ihres Haushalts dienen.

Die in Unterabsatz 1 genannten Zölle dürfen nicht höher sein als diejenigen, die für die Einfuhr von Waren aus dem Mitgliedstaat gelten, mit dem das entsprechende Land oder Hoheitsgebiet besondere Beziehungen unterhält.

(4) Absatz 2 gilt nicht für die Länder und Hoheitsgebiete, die aufgrund besonderer internationaler Verpflichtungen bereits einen nichtdiskriminierenden Zolltarif anwenden.

(5) Die Festlegung oder Änderung der Zollsätze für Waren, die in die Länder und Hoheitsgebiete eingeführt werden, darf weder rechtlich noch tatsächlich zu einer mittelbaren oder unmittelbaren Diskriminierung zwischen den Einfuhren aus den einzelnen Mitgliedstaaten führen.

Artikel 201 [Abhilfe bei nachteiliger Verkehrsverlagerung]
Ist die Höhe der Zollsätze, die bei der Einfuhr in ein Land oder Hoheitsgebiet für Waren aus einem dritten Land gelten, bei Anwendung des Artikels 200 Absatz 1 geeignet, Verkehrsverlagerungen zum Nachteil eines Mitgliedstaats hervorzurufen, so kann dieser die Kommission ersuchen, den anderen Mitgliedstaaten die erforderlichen Abhilfemaßnahmen vorzuschlagen.

Artikel 202 [Regelung der Freizügigkeit der Arbeitskräfte]
Vorbehaltlich der Bestimmungen über die Volksgesundheit und die öffentliche Sicherheit und Ordnung werden für die Freizügigkeit der Arbeitskräfte aus den Ländern und Hoheitsgebieten in den Mitgliedstaaten und der Arbeitskräfte aus den Mitgliedstaaten in den Ländern und Hoheitsgebieten Rechtsakte nach Artikel 203 erlassen.

Artikel 203 [Durchführungsgesetzgebung]
[1]Der Rat erlässt einstimmig auf Vorschlag der Kommission und aufgrund der im Rahmen der Assoziierung der Länder und Hoheitsgebiete an die Union erzielten Ergebnisse und der Grundsätze der Verträge die Bestimmungen über die Einzelheiten und das Verfahren für die Assoziierung der Länder und Hoheitsgebiete an die Union. [2]Werden diese Bestimmungen vom Rat gemäß einem besonderen Gesetzgebungsverfahren angenommen, so beschließt er einstimmig auf Vorschlag der Kommission nach Anhörung des Europäischen Parlaments.

Artikel 204 [Anwendung auf Grönland]
Die Artikel 198 bis 203 sind auf Grönland anwendbar, vorbehaltlich der spezifischen Bestimmungen für Grönland in dem Protokoll über die Sonderregelung für Grönland im Anhang zu den Verträgen.

Fünfter Teil
Das auswärtige Handeln der Union

Titel I
Allgemeine Bestimmungen über das auswärtige Handeln der Union

Artikel 205 [Handlungsgrundsätze auf internationaler Ebene]
Das Handeln der Union auf internationaler Ebene im Rahmen dieses Teils wird von den Grundsätzen bestimmt, von den Zielen geleitet und an den allgemeinen Bestimmungen ausgerichtet, die in Titel V Kapitel 1 des Vertrags über die Europäische Union niedergelegt sind.

Titel II
Gemeinsame Handelspolitik

Artikel 206 [Ziele der Handelspolitik]
Durch die Schaffung einer Zollunion nach den Artikeln 28 bis 32 trägt die Union im gemeinsamen Interesse zur harmonischen Entwicklung des Welthandels, zur schrittweisen Beseitigung der Beschränkungen im internationalen Handelsverkehr und bei den ausländischen Direktinvestitionen sowie zum Abbau der Zollschranken und anderer Schranken bei.

Artikel 207 [Grundsätze der gemeinsamen Handelspolitik]
(1) [1]Die gemeinsame Handelspolitik wird nach einheitlichen Grundsätzen gestaltet; dies gilt insbesondere für die Änderung von Zollsätzen, für den Abschluss von Zoll- und Handelsabkommen, die den Handel mit Waren und Dienstleistungen betreffen, und für die Handelsaspekte des geistigen Eigentums, die ausländischen Direktinvestitionen, die Vereinheitlichung der Liberalisierungsmaßnahmen, die Ausfuhrpolitik sowie die handelspolitischen Schutzmaßnahmen, zum Beispiel im Fall von Dumping und Subventionen. [2]Die gemeinsame Handelspolitik wird im Rahmen der Grundsätze und Ziele des auswärtigen Handelns der Union gestaltet.
(2) Das Europäische Parlament und der Rat erlassen durch Verordnungen gemäß dem ordentlichen Gesetzgebungsverfahren die Maßnahmen, mit denen der Rahmen für die Umsetzung der gemeinsamen Handelspolitik bestimmt wird.
(3)
Sind mit einem oder mehreren Drittländern oder internationalen Organisationen Abkommen auszuhandeln und zu schließen, so findet Artikel 218 vorbehaltlich der besonderen Bestimmungen dieses Artikels Anwendung.

¹Die Kommission legt dem Rat Empfehlungen vor; dieser ermächtigt die Kommission zur Aufnahme der erforderlichen Verhandlungen. ²Der Rat und die Kommission haben dafür Sorge zu tragen, dass die ausgehandelten Abkommen mit der internen Politik und den internen Vorschriften der Union vereinbar sind. ¹Die Kommission führt diese Verhandlungen im Benehmen mit einem zu ihrer Unterstützung vom Rat bestellten Sonderausschuss und nach Maßgabe der Richtlinien, die ihr der Rat erteilen kann. ²Die Kommission erstattet dem Sonderausschuss sowie dem Europäischen Parlament regelmäßig Bericht über den Stand der Verhandlungen.

(4)
Über die Aushandlung und den Abschluss der in Absatz 3 genannten Abkommen beschließt der Rat mit qualifizierter Mehrheit.

Über die Aushandlung und den Abschluss eines Abkommens über den Dienstleistungsverkehr, über Handelsaspekte des geistigen Eigentums oder über ausländische Direktinvestitionen beschließt der Rat einstimmig, wenn das betreffende Abkommen Bestimmungen enthält, bei denen für die Annahme interner Vorschriften Einstimmigkeit erforderlich ist.

Der Rat beschließt ebenfalls einstimmig über die Aushandlung und den Abschluss von Abkommen in den folgenden Bereichen:
a) Handel mit kulturellen und audiovisuellen Dienstleistungen, wenn diese Abkommen die kulturelle und sprachliche Vielfalt in der Union beeinträchtigen könnten;
b) Handel mit Dienstleistungen des Sozial-, des Bildungs- und des Gesundheitssektors, wenn diese Abkommen die einzelstaatliche Organisation dieser Dienstleistungen ernsthaft stören und die Verantwortlichkeit der Mitgliedstaaten für ihre Erbringung beinträchtigen könnten.

(5) Für die Aushandlung und den Abschluss von internationalen Abkommen im Bereich des Verkehrs gelten der Dritte Teil Titel VI sowie Artikel 218.

(6) Die Ausübung der durch diesen Artikel übertragenen Zuständigkeiten im Bereich der gemeinsamen Handelspolitik hat keine Auswirkungen auf die Abgrenzung der Zuständigkeiten zwischen der Union und den Mitgliedstaaten und führt nicht zu einer Harmonisierung der Rechtsvorschriften der Mitgliedstaaten, soweit eine solche Harmonisierung in den Verträgen ausgeschlossen wird.

Titel III
Zusammenarbeit mit Drittländern und humanitäre Hilfe

Kapitel 1
Entwicklungszusammenarbeit

Artikel 208 [Beitrag der Union; Ziel]
(1)
¹Die Politik der Union auf dem Gebiet der Entwicklungszusammenarbeit wird im Rahmen der Grundsätze und Ziele des auswärtigen Handelns der Union durchgeführt. ²Die Politik der Union und die Politik der Mitgliedstaaten auf dem Gebiet der Entwicklungszusammenarbeit ergänzen und verstärken sich gegenseitig.
¹Hauptziel der Unionspolitik in diesem Bereich ist die Bekämpfung und auf längere Sicht die Beseitigung der Armut. ²Bei der Durchführung politischer Maßnahmen, die sich auf die Entwicklungsländer auswirken können, trägt die Union den Zielen der Entwicklungszusammenarbeit Rechnung.
(2) Die Union und die Mitgliedstaaten kommen den im Rahmen der Vereinten Nationen und anderer zuständiger internationaler Organisationen gegebenen Zusagen nach und berücksichtigen die in diesem Rahmen gebilligten Zielsetzungen.

Artikel 209 [Mehrjahres- und thematische Programme; Vertragsschlusskompetenz; Rolle der EIB]
(1) Das Europäische Parlament und der Rat erlassen gemäß dem ordentlichen Gesetzgebungsverfahren die zur Durchführung der Politik im Bereich der Entwicklungszusammenarbeit erforderlichen Maßnahmen; diese Maßnahmen können Mehrjahresprogramme für die Zusammenarbeit mit Entwicklungsländern oder thematische Programme betreffen.
(2)
Die Union kann mit Drittländern und den zuständigen internationalen Organisationen alle Übereinkünfte schließen, die zur Verwirklichung der Ziele des Artikels 21 des Vertrags über die Europäische Union und des Artikels 208 dieses Vertrags beitragen.

Unterabsatz 1 berührt nicht die Zuständigkeit der Mitgliedstaaten, in internationalen Gremien zu verhandeln und Übereinkünfte zu schließen.

(3) Die Europäische Investitionsbank trägt nach Maßgabe ihrer Satzung zur Durchführung der Maßnahmen im Sinne des Absatzes 1 bei.

Artikel 210 [Koordinierung]
(1) [1]Die Union und die Mitgliedstaaten koordinieren ihre Politik auf dem Gebiet der Entwicklungszusammenarbeit und stimmen ihre Hilfsprogramme aufeinander ab, auch in internationalen Organisationen und auf internationalen Konferenzen, damit ihre Maßnahmen einander besser ergänzen und wirksamer sind. [2]Sie können gemeinsame Maßnahmen ergreifen. [3]Die Mitgliedstaaten tragen erforderlichenfalls zur Durchführung der Hilfsprogramme der Union bei.

(2) Die Kommission kann alle Initiativen ergreifen, die der in Absatz 1 genannten Koordinierung förderlich sind.

Artikel 211 [Internationale Zusammenarbeit]
Die Union und die Mitgliedstaaten arbeiten im Rahmen ihrer jeweiligen Befugnisse mit dritten Ländern und den zuständigen internationalen Organisationen zusammen.

Kapitel 2
Wirtschaftliche, finanzielle und technische Zusammenarbeit mit Drittländern

Artikel 212 [Grundsätze der Zusammenarbeit mit Nicht-Entwicklungsländern]
(1) [1]Unbeschadet der übrigen Bestimmungen der Verträge, insbesondere der Artikel 208 bis 211, führt die Union mit Drittländern, die keine Entwicklungsländer sind, Maßnahmen der wirtschaftlichen, finanziellen und technischen Zusammenarbeit durch, die auch Unterstützung, insbesondere im finanziellen Bereich, einschließen. [2]Diese Maßnahmen stehen mit der Entwicklungspolitik der Union im Einklang und werden im Rahmen der Grundsätze und Ziele ihres auswärtigen Handelns durchgeführt. [3]Die Maßnahmen der Union und die Maßnahmen der Mitgliedstaaten ergänzen und verstärken sich gegenseitig.

(2) Das Europäische Parlament und der Rat erlassen gemäß dem ordentlichen Gesetzgebungsverfahren die zur Durchführung des Absatzes 1 erforderlichen Maßnahmen.

(3)
[1]Die Union und die Mitgliedstaaten arbeiten im Rahmen ihrer jeweiligen Zuständigkeiten mit Drittländern und den zuständigen internationalen Organisationen zusammen. [2]Die Einzelheiten der Zusammenarbeit der Union können in Abkommen zwischen dieser und den betreffenden dritten Parteien geregelt werden.
Unterabsatz 1 berührt nicht die Zuständigkeit der Mitgliedstaaten, in internationalen Gremien zu verhandeln und internationale Abkommen zu schließen.

Artikel 213 [Finanzielle Hilfe für Drittländer]
Ist es aufgrund der Lage in einem Drittland notwendig, dass die Union umgehend finanzielle Hilfe leistet, so erlässt der Rat auf Vorschlag der Kommission die erforderlichen Beschlüsse.

Kapitel 3
Humanitäre Hilfe

Artikel 214 [Maßnahmen; Europäisches Freiwilligenkorps]
(1) [1]Den Rahmen für die Maßnahmen der Union im Bereich der humanitären Hilfe bilden die Grundsätze und Ziele des auswärtigen Handelns der Union. [2]Die Maßnahmen dienen dazu, Einwohnern von Drittländern, die von Naturkatastrophen oder von von Menschen verursachten Katastrophen betroffen sind, gezielt Hilfe, Rettung und Schutz zu bringen, damit die aus diesen Notständen resultierenden humanitären Bedürfnisse gedeckt werden können. [3]Die Maßnahmen der Union und die Maßnahmen der Mitgliedstaaten ergänzen und verstärken sich gegenseitig.

(2) Die Maßnahmen der humanitären Hilfe werden im Einklang mit den Grundsätzen des Völkerrechts sowie den Grundsätzen der Unparteilichkeit, der Neutralität und der Nichtdiskriminierung durchgeführt.

(3) Das Europäische Parlament und der Rat legen gemäß dem ordentlichen Gesetzgebungsverfahren die Maßnahmen zur Festlegung des Rahmens fest, innerhalb dessen die Maßnahmen der humanitären Hilfe der Union durchgeführt werden.

(4) Die Union kann mit Drittländern und den zuständigen internationalen Organisationen alle Übereinkünfte schließen, die zur Verwirklichung der Ziele des Absatzes 1 und des Artikels 21 des Vertrags über die Europäische Union beitragen.
Unterabsatz 1 berührt nicht die Zuständigkeit der Mitgliedstaaten, in internationalen Gremien zu verhandeln und Übereinkünfte zu schließen.
(5) [1]Als Rahmen für gemeinsame Beiträge der jungen Europäer zu den Maßnahmen der humanitären Hilfe der Union wird ein Europäisches Freiwilligenkorps für humanitäre Hilfe geschaffen. [2]Das Europäische Parlament und der Rat legen gemäß dem ordentlichen Gesetzgebungsverfahren durch Verordnungen die Rechtsstellung und die Einzelheiten der Arbeitsweise des Korps fest.
(6) Die Kommission kann alle Initiativen ergreifen, die der Koordinierung zwischen den Maßnahmen der Union und denen der Mitgliedstaaten förderlich sind, damit die Programme der Union und der Mitgliedstaaten im Bereich der humanitären Hilfe wirksamer sind und einander besser ergänzen.
(7) Die Union trägt dafür Sorge, dass ihre Maßnahmen der humanitären Hilfe mit den Maßnahmen der internationalen Organisationen und Einrichtungen, insbesondere derer, die zum System der Vereinten Nationen gehören, abgestimmt werden und im Einklang mit ihnen stehen.

Titel IV
Restriktive Maßnahmen

Artikel 215 [Wirtschaftsembargo; Beschlussfassung; Rechtsschutz]
(1) [1]Sieht ein nach Titel V Kapitel 2 des Vertrags über die Europäische Union erlassener Beschluss die Aussetzung, Einschränkung oder vollständige Einstellung der Wirtschafts- und Finanzbeziehungen zu einem oder mehreren Drittländern vor, so erlässt der Rat die erforderlichen Maßnahmen mit qualifizierter Mehrheit auf gemeinsamen Vorschlag des Hohen Vertreters der Union für Außen- und Sicherheitspolitik und der Kommission. [2]Er unterrichtet hierüber das Europäische Parlament
(2) Sieht ein nach Titel V Kapitel 2 des Vertrags über die Europäische Union erlassener Beschluss dies vor, so kann der Rat nach dem Verfahren des Absatzes 1 restriktive Maßnahmen gegen natürliche oder juristische Personen sowie Gruppierungen oder nichtstaatliche Einheiten erlassen.
(3) In den Rechtsakten nach diesem Artikel müssen die erforderlichen Bestimmungen über den Rechtsschutz vorgesehen sein.

Titel V
Internationale Übereinkünfte

Artikel 216 [Vertragsschlusskompetenz]
(1) Die Union kann mit einem oder mehreren Drittländern oder einer oder mehreren internationalen Organisationen eine Übereinkunft schließen, wenn dies in den Verträgen vorgesehen ist oder wenn der Abschluss einer Übereinkunft im Rahmen der Politik der Union entweder zur Verwirklichung eines der in den Verträgen festgesetzten Ziele erforderlich oder in einem verbindlichen Rechtsakt der Union vorgesehen ist oder aber gemeinsame Vorschriften beeinträchtigen oder deren Anwendungsbereich ändern könnte.
(2) Die von der Union geschlossenen Übereinkünfte binden die Organe der Union und die Mitgliedstaaten.

Artikel 217 [Assoziierungsabkommen]
Die Union kann mit einem oder mehreren Drittländern oder einer oder mehrerer internationaler Organisationen Abkommen schließen, die eine Assoziierung mit gegenseitigen Rechten und Pflichten, gemeinsamem Vorgehen und besonderen Verfahren herstellen.

Artikel 218 [Vertragsschlussverfahren; Gutachten des EuGH]
(1) Unbeschadet der besonderen Bestimmungen des Artikels 207 werden Übereinkünfte zwischen der Union und Drittländern oder internationalen Organisationen nach dem im Folgenden beschriebenen Verfahren ausgehandelt und geschlossen.
(2) Der Rat erteilt eine Ermächtigung zur Aufnahme von Verhandlungen, legt Verhandlungsrichtlinien fest, genehmigt die Unterzeichnung und schließt die Übereinkünfte.
(3) Die Kommission oder, wenn sich die geplante Übereinkunft ausschließlich oder hauptsächlich auf die Gemeinsame Außen- und Sicherheitspolitik bezieht, der Hohe Vertreter der Union für Außen- und Sicherheitspolitik legt dem Rat Empfehlungen vor; dieser erlässt einen Beschluss über die Ermächtigung

zur Aufnahme von Verhandlungen und über die Benennung, je nach dem Gegenstand der geplanten Übereinkunft, des Verhandlungsführers oder des Leiters des Verhandlungsteams der Union.

(4) Der Rat kann dem Verhandlungsführer Richtlinien erteilen und einen Sonderausschuss bestellen; die Verhandlungen sind im Benehmen mit diesem Ausschuss zu führen.

(5) Der Rat erlässt auf Vorschlag des Verhandlungsführers einen Beschluss, mit dem die Unterzeichnung der Übereinkunft und gegebenenfalls deren vorläufige Anwendung vor dem Inkrafttreten genehmigt werden.

(6)
Der Rat erlässt auf Vorschlag des Verhandlungsführers einen Beschluss über den Abschluss der Übereinkunft.

Mit Ausnahme der Übereinkünfte, die ausschließlich die Gemeinsame Außen- und Sicherheitspolitik betreffen, erlässt der Rat den Beschluss über den Abschluss der Übereinkunft

a) nach Zustimmung des Europäischen Parlaments in folgenden Fällen:

 i) Assoziierungsabkommen;

 ii) Übereinkunft über den Beitritt der Union zur Europäischen Konvention zum Schutz der Menschenrechte und Grundfreiheiten;

 iii) Übereinkünfte, die durch die Einführung von Zusammenarbeitsverfahren einen besonderen institutionellen Rahmen schaffen;

 iv) Übereinkünfte mit erheblichen finanziellen Folgen für die Union;

 v) Übereinkünfte in Bereichen, für die entweder das ordentliche Gesetzgebungsverfahren oder, wenn die Zustimmung des Europäischen Parlaments erforderlich ist, das besondere Gesetzgebungsverfahren gilt.

Das Europäische Parlament und der Rat können in dringenden Fällen eine Frist für die Zustimmung vereinbaren.

b) nach Anhörung des Europäischen Parlaments in den übrigen Fällen. Das Europäische Parlament gibt seine Stellungnahme innerhalb einer Frist ab, die der Rat entsprechend der Dringlichkeit festlegen kann. Ergeht innerhalb dieser Frist keine Stellungnahme, so kann der Rat einen Beschluss fassen.

(7) [1]Abweichend von den Absätzen 5, 6 und 9 kann der Rat den Verhandlungsführer bei Abschluss einer Übereinkunft ermächtigen, im Namen der Union Änderungen der Übereinkunft zu billigen, wenn die Übereinkunft vorsieht, dass diese Änderungen im Wege eines vereinfachten Verfahrens oder durch ein durch die Übereinkunft eingesetztes Gremium anzunehmen sind. [2]Der Rat kann diese Ermächtigung gegebenenfalls mit besonderen Bedingungen verbinden.

(8)
Der Rat beschließt während des gesamten Verfahrens mit qualifizierter Mehrheit. [1]Er beschließt jedoch einstimmig, wenn die Übereinkunft einen Bereich betrifft, in dem für den Erlass eines Rechtsakts der Union Einstimmigkeit erforderlich ist, sowie bei Assoziierungsabkommen und Übereinkünften nach Artikel 212 mit beitrittswilligen Staaten. [2]Auch über die Übereinkunft über den Beitritt der Union zur Europäischen Konvention zum Schutz der Menschenrechte und Grundfreiheiten beschließt der Rat einstimmig; der Beschluss zum Abschluss dieser Übereinkunft tritt in Kraft, nachdem die Mitgliedstaaten im Einklang mit ihren jeweiligen verfassungsrechtlichen Vorschriften zugestimmt haben.

(9) Der Rat erlässt auf Vorschlag der Kommission oder des Hohen Vertreters der Union für Außen- und Sicherheitspolitik einen Beschluss über die Aussetzung der Anwendung einer Übereinkunft und zur Festlegung der Standpunkte, die im Namen der Union in einem durch eine Übereinkunft eingesetzten Gremium zu vertreten sind, sofern dieses Gremium rechtswirksame Akte, mit Ausnahme von Rechtsakten zur Ergänzung oder Änderung des institutionellen Rahmens der betreffenden Übereinkunft, zu erlassen hat.

(10) Das Europäische Parlament wird in allen Phasen des Verfahrens unverzüglich und umfassend unterrichtet.

(11) [1]Ein Mitgliedstaat, das Europäische Parlament, der Rat oder die Kommission können ein Gutachten des Gerichtshofs über die Vereinbarkeit einer geplanten Übereinkunft mit den Verträgen einholen. [2]Ist das Gutachten des Gerichtshofs ablehnend, so kann die geplante Übereinkunft nur in Kraft treten, wenn sie oder die Verträge geändert werden.

Artikel 219 [Wechselkursfestlegung nach außen; Internationale Vereinbarungen]
(1)
[1]Abweichend von Artikel 218 kann der Rat entweder auf Empfehlung der Europäischen Zentralbank oder auf Empfehlung der Kommission und nach Anhörung der Europäischen Zentralbank in dem Bemühen, zu einem mit dem Ziel der Preisstabilität im Einklang stehenden Konsens zu gelangen, förmliche Ver-

einbarungen über ein Wechselkurssystem für den Euro gegenüber den Währungen von Drittstaaten treffen. [2]Der Rat beschließt nach dem Verfahren des Absatzes 3 einstimmig nach Anhörung des Europäischen Parlaments.

[1]Der Rat kann entweder auf Empfehlung der Europäischen Zentralbank oder auf Empfehlung der Kommission und nach Anhörung der Europäischen Zentralbank in dem Bemühen, zu einem mit dem Ziel der Preisstabilität im Einklang stehenden Konsens zu gelangen, die Euro-Leitkurse innerhalb des Wechselkurssystems festlegen, ändern oder aufgeben. [2]Der Präsident des Rates unterrichtet das Europäische Parlament von der Festlegung, Änderung oder Aufgabe der Euro-Leitkurse.

(2) [1]Besteht gegenüber einer oder mehreren Währungen von Drittstaaten kein Wechselkurssystem nach Absatz 1, so kann der Rat entweder auf Empfehlung der Kommission und nach Anhörung der Europäischen Zentralbank oder auf Empfehlung der Europäischen Zentralbank allgemeine Orientierungen für die Wechselkurspolitik gegenüber diesen Währungen aufstellen. [2]Diese allgemeinen Orientierungen dürfen das vorrangige Ziel des ESZB, die Preisstabilität zu gewährleisten, nicht beeinträchtigen.

(3) [1]Wenn von der Union mit einem oder mehreren Drittstaaten oder internationalen Organisationen Vereinbarungen im Zusammenhang mit Währungsfragen oder Devisenregelungen auszuhandeln sind, beschließt der Rat abweichend von Artikel 218 auf Empfehlung der Kommission und nach Anhörung der Europäischen Zentralbank die Modalitäten für die Aushandlung und den Abschluss solcher Vereinbarungen. [2]Mit diesen Modalitäten wird gewährleistet, dass die Union einen einheitlichen Standpunkt vertritt. [3]Die Kommission wird an den Verhandlungen in vollem Umfang beteiligt.

(4) Die Mitgliedstaaten haben das Recht, unbeschadet der Unionszuständigkeit und der Unionsvereinbarungen über die Wirtschafts- und Währungsunion in internationalen Gremien Verhandlungen zu führen und internationale Vereinbarungen zu treffen.

Titel VI
Beziehungen der Union zu internationalen Organisationen und Drittländern sowie Delegationen der Union

Artikel 220 [Beziehungen zu internationalen Organisationen]
(1)
Die Union betreibt jede zweckdienliche Zusammenarbeit mit den Organen der Vereinten Nationen und ihrer Sonderorganisationen, dem Europarat, der Organisation für Sicherheit und Zusammenarbeit in Europa und der Organisation für wirtschaftliche Zusammenarbeit und Entwicklung.
Die Union unterhält ferner, soweit zweckdienlich, Beziehungen zu anderen internationalen Organisationen.

(2) Die Durchführung dieses Artikels obliegt dem Hohen Vertreter der Union für Außen- und Sicherheitspolitik und der Kommission.

Artikel 221 [Vertretung der Union in Drittländern]
(1) Die Delegationen der Union in Drittländern und bei internationalen Organisationen sorgen für die Vertretung der Union.
(2) [1]Die Delegationen der Union unterstehen der Leitung des Hohen Vertreters der Union für Außen- und Sicherheitspolitik. [2]Sie werden in enger Zusammenarbeit mit den diplomatischen und konsularischen Vertretungen der Mitgliedstaaten tätig.

Titel VII
Solidaritätsklausel

Artikel 222 [Gegenseitige Unterstützung bei Terroranschlägen und Katastrophen]
(1) [1]Die Union und ihre Mitgliedstaaten handeln gemeinsam im Geiste der Solidarität, wenn ein Mitgliedstaat von einem Terroranschlag, einer Naturkatastrophe oder einer vom Menschen verursachten Katastrophe betroffen ist. [2]Die Union mobilisiert alle ihr zur Verfügung stehenden Mittel, einschließlich der ihr von den Mitgliedstaaten bereitgestellten militärischen Mittel, um

a) – terroristische Bedrohungen im Hoheitsgebiet von Mitgliedstaaten abzuwenden;
 – die demokratischen Institutionen und die Zivilbevölkerung vor etwaigen Terroranschlägen zu schützen;
 – im Falle eines Terroranschlags einen Mitgliedstaat auf Ersuchen seiner politischen Organe innerhalb seines Hoheitsgebiets zu unterstützen;

b) im Falle einer Naturkatastrophe oder einer vom Menschen verursachten Katastrophe einen Mitgliedstaat auf Ersuchen seiner politischen Organe innerhalb seines Hoheitsgebiets zu unterstützen.

(2) [1]Ist ein Mitgliedstaat von einem Terroranschlag, einer Naturkatastrophe oder einer vom Menschen verursachten Katastrophe betroffen, so leisten die anderen Mitgliedstaaten ihm auf Ersuchen seiner politischen Organe Unterstützung. [2]Zu diesem Zweck sprechen die Mitgliedstaaten sich im Rat ab.

(3) [1]Die Einzelheiten für die Anwendung dieser Solidaritätsklausel durch die Union werden durch einen Beschluss festgelegt, den der Rat aufgrund eines gemeinsamen Vorschlags der Kommission und des Hohen Vertreters der Union für Außen- und Sicherheitspolitik erlässt. [2]Hat dieser Beschluss Auswirkungen im Bereich der Verteidigung, so beschließt der Rat nach Artikel 31 Absatz 1 des Vertrags über die Europäische Union. [3]Das Europäische Parlament wird darüber unterrichtet.

Für die Zwecke dieses Absatzes unterstützen den Rat unbeschadet des Artikels 240 das Politische und Sicherheitspolitische Komitee, das sich hierbei auf die im Rahmen der Gemeinsamen Sicherheits- und Verteidigungspolitik entwickelten Strukturen stützt, sowie der Ausschuss nach Artikel 71, die dem Rat gegebenenfalls gemeinsame Stellungnahmen vorlegen.

(4) Damit die Union und ihre Mitgliedstaaten auf effiziente Weise tätig werden können, nimmt der Europäische Rat regelmäßig eine Einschätzung der Bedrohungen vor, denen die Union ausgesetzt ist.

Sechster Teil
Institutionelle Bestimmungen und Finanzvorschriften

Titel I
Vorschriften über die Organe

Kapitel 1
Die Organe

Abschnitt 1
Das Europäische Parlament

Artikel 223 [Einheitliches Wahlverfahren; Abgeordneten-Statut]

(1)
Das Europäische Parlament erstellt einen Entwurf der erforderlichen Bestimmungen für die allgemeine unmittelbare Wahl seiner Mitglieder nach einem einheitlichen Verfahren in allen Mitgliedstaaten oder im Einklang mit den allen Mitgliedstaaten gemeinsamen Grundsätzen.

[1]Der Rat erlässt die erforderlichen Bestimmungen einstimmig gemäß einem besonderen Gesetzgebungsverfahren und nach Zustimmung des Europäischen Parlaments, die mit der Mehrheit seiner Mitglieder erteilt wird. [2]Diese Bestimmungen treten nach Zustimmung der Mitgliedstaaten im Einklang mit ihren jeweiligen verfassungsrechtlichen Vorschriften in Kraft.

(2) [1]Das Europäische Parlament legt aus eigener Initiative gemäß einem besonderen Gesetzgebungsverfahren durch Verordnungen nach Anhörung der Kommission und mit Zustimmung des Rates die Regelungen und allgemeinen Bedingungen für die Wahrnehmung der Aufgaben seiner Mitglieder fest. [2]Alle Vorschriften und Bedingungen, die die Steuerregelung für die Mitglieder oder ehemaligen Mitglieder betreffen, sind vom Rat einstimmig festzulegen.

Artikel 224 [Politische Parteien]

Das Europäische Parlament und der Rat legen gemäß dem ordentlichen Gesetzgebungsverfahren durch Verordnungen die Regelung für die politischen Parteien auf europäischer Ebene nach Artikel 10 Absatz 4 des Vertrags über die Europäische Union und insbesondere die Vorschriften über ihre Finanzierung fest.

Artikel 225 [Indirektes Initiativrecht]

[1]Das Europäische Parlament kann mit der Mehrheit seiner Mitglieder die Kommission auffordern, geeignete Vorschläge zu Fragen zu unterbreiten, die nach seiner Auffassung die Ausarbeitung eines Unionsakts zur Durchführung der Verträge erfordern. [2]Legt die Kommission keinen Vorschlag vor, so teilt sie dem Europäischen Parlament die Gründe dafür mit.

Artikel 226 [Untersuchungsausschuss]

Das Europäische Parlament kann bei der Erfüllung seiner Aufgaben auf Antrag eines Viertels seiner Mitglieder die Einsetzung eines nichtständigen Untersuchungsausschusses beschließen, der unbeschadet der Befugnisse, die anderen Organen oder Einrichtungen durch die Verträge übertragen sind, behauptete

Verstöße gegen das Unionsrecht oder Missstände bei der Anwendung desselben prüft; dies gilt nicht, wenn ein Gericht mit den behaupteten Sachverhalten befasst ist, solange das Gerichtsverfahren nicht abgeschlossen ist.
Mit der Vorlage seines Berichtes hört der nichtständige Untersuchungsausschuss auf zu bestehen.
Die Einzelheiten der Ausübung des Untersuchungsrechts werden vom Europäischen Parlament festgelegt, das aus eigener Initiative gemäß einem besonderen Gesetzgebungsverfahren durch Verordnungen nach Zustimmung des Rates und der Kommission beschließt.

Artikel 227 [Petitionsrecht]
Jeder Bürger der Union sowie jede natürliche oder juristische Person mit Wohnort oder satzungsmäßigem Sitz in einem Mitgliedstaat kann allein oder zusammen mit anderen Bürgern oder Personen in Angelegenheiten, die in die Tätigkeitsbereiche der Union fallen und die ihn oder sie unmittelbar betreffen, eine Petition an das Europäische Parlament richten.

Artikel 228 [Bürgerbeauftragter]
(1)
[1]Ein vom Europäischen Parlament gewählter Europäischer Bürgerbeauftragter ist befugt, Beschwerden von jedem Bürger der Union oder von jeder natürlichen oder juristischen Person mit Wohnort oder satzungsmäßigem Sitz in einem Mitgliedstaat über Missstände bei der Tätigkeit der Organe, Einrichtungen oder sonstige Stellen der Union, mit Ausnahme des Gerichtshofs der Europäischen Union in Ausübung seiner Rechtsprechungsbefugnisse, entgegenzunehmen. [2]Er untersucht diese Beschwerden und erstattet darüber Bericht.
[1]Der Bürgerbeauftragte führt im Rahmen seines Auftrags von sich aus oder aufgrund von Beschwerden, die ihm unmittelbar oder über ein Mitglied des Europäischen Parlaments zugehen, Untersuchungen durch, die er für gerechtfertigt hält; dies gilt nicht, wenn die behaupteten Sachverhalte Gegenstand eines Gerichtsverfahrens sind oder waren. [2]Hat der Bürgerbeauftragte einen Missstand festgestellt, so befasst er das betreffende Organ, die betreffende Einrichtung oder sonstige Stelle, das bzw. die über eine Frist von drei Monaten verfügt, um ihm seine bzw. ihre Stellungnahme zu übermitteln. [3]Der Bürgerbeauftragte legt anschließend dem Europäischen Parlament und dem betreffenden Organ, der betreffenden Einrichtung oder sonstigen Stelle einen Bericht vor. [4]Der Beschwerdeführer wird über das Ergebnis dieser Untersuchungen unterrichtet.
Der Bürgerbeauftragte legt dem Europäischen Parlament jährlich einen Bericht über die Ergebnisse seiner Untersuchungen vor.
(2)
[1]Der Bürgerbeauftragte wird nach jeder Wahl des Europäischen Parlaments für die Dauer der Wahlperiode gewählt. [2]Wiederwahl ist zulässig.
Der Bürgerbeauftragte kann auf Antrag des Europäischen Parlaments vom Gerichtshof seines Amtes enthoben werden, wenn er die Voraussetzungen für die Ausübung seines Amtes nicht mehr erfüllt oder eine schwere Verfehlung begangen hat.
(3) [1]Der Bürgerbeauftragte übt sein Amt in völliger Unabhängigkeit aus. [2]Er darf bei der Erfüllung seiner Pflichten von keiner Regierung, keinem Organ, keiner Einrichtung oder sonstigen Stelle Weisungen einholen oder entgegennehmen. [3]Der Bürgerbeauftragte darf während seiner Amtszeit keine andere entgeltliche oder unentgeltliche Berufstätigkeit ausüben.
(4) Das Europäische Parlament legt aus eigener Initiative gemäß einem besonderen Gesetzgebungsverfahren durch Verordnungen nach Stellungnahme der Kommission und nach Zustimmung des Rates die Regelungen und allgemeinen Bedingungen für die Ausübung der Aufgaben des Bürgerbeauftragten fest.

Artikel 229 [Ordentliche und außerordentliche Sitzungsperiode]
[1]Das Europäische Parlament hält jährlich eine Sitzungsperiode ab. [2]Es tritt, ohne dass es einer Einberufung bedarf, am zweiten Dienstag des Monats März zusammen.
Das Europäische Parlament kann auf der Mehrheit seiner Mitglieder sowie auf Antrag des Rates oder der Kommission zu einer außerordentlichen Sitzungsperiode zusammentreten.

Artikel 230 [Anhörungsrecht von Kommission; Rat und Europäischem Rat]
Die Kommission kann an allen Sitzungen des Europäischen Parlaments teilnehmen und wird auf ihren Antrag gehört.
Die Kommission antwortet mündlich oder schriftlich auf die ihr vom Europäischen Parlament oder von dessen Mitgliedern gestellten Fragen.
Der Europäische Rat und der Rat werden vom Europäischen Parlament nach Maßgabe der Geschäftsordnung des Europäischen Rates und der Geschäftsordnung des Rates gehört.

Artikel 231 [Abstimmung; Beschlussfähigkeit]
Soweit die Verträge nicht etwas anderes bestimmen, beschließt das Europäische Parlament mit der Mehrheit der abgegebenen Stimmen.
Die Geschäftsordnung legt die Beschlussfähigkeit fest.

Artikel 232 [Geschäftsordnung; Verhandlungsniederschriften]
Das Europäische Parlament gibt sich seine Geschäftsordnung; hierzu sind die Stimmen der Mehrheit seiner Mitglieder erforderlich.
Die Verhandlungsniederschriften des Europäischen Parlaments werden nach Maßgabe der Verträge und seiner Geschäftsordnung veröffentlicht.

Artikel 233 [Jährlicher Gesamtbericht]
Das Europäische Parlament erörtert in öffentlicher Sitzung den jährlichen Gesamtbericht, der ihm von der Kommission vorgelegt wird.

Artikel 234 [Misstrauensantrag gegen die Kommission]
Wird wegen der Tätigkeit der Kommission ein Misstrauensantrag eingebracht, so darf das Europäische Parlament nicht vor Ablauf von drei Tagen nach seiner Einbringung und nur in offener Abstimmung darüber entscheiden.
[1]Wird der Misstrauensantrag mit der Mehrheit von zwei Dritteln der abgegebenen Stimmen und mit der Mehrheit der Mitglieder des Europäischen Parlaments angenommen, so legen die Mitglieder der Kommission geschlossen ihr Amt nieder, und der Hohe Vertreter der Union für Außen- und Sicherheitspolitik legt sein im Rahmen der Kommission ausgeübtes Amt nieder. [2]Sie bleiben im Amt und führen die laufenden Geschäfte bis zu ihrer Ersetzung nach Artikel 17 des Vertrags über die Europäische Union weiter. [3]In diesem Fall endet die Amtszeit der zu ihrer Ersetzung ernannten Mitglieder der Kommission zu dem Zeitpunkt, zu dem die Amtszeit der Mitglieder der Kommission, die ihr Amt geschlossen niederlegen mussten, geendet hätte.

Abschnitt 2
Der Europäische Rat

Artikel 235 [Verfahrensfragen; Geschäftsordnung]
(1)
Jedes Mitglied des Europäischen Rates kann sich das Stimmrecht höchstens eines anderen Mitglieds übertragen lassen.
[1]Beschließt der Europäische Rat mit qualifizierter Mehrheit, so gelten für ihn Artikel 16 Absatz 4 des Vertrags über die Europäische Union und Artikel 238 Absatz 2 dieses Vertrags. [2]An Abstimmungen im Europäischen Rat nehmen dessen Präsident und der Präsident der Kommission nicht teil.
Die Stimmenthaltung von anwesenden oder vertretenen Mitgliedern steht dem Zustandekommen von Beschlüssen des Europäischen Rates, zu denen Einstimmigkeit erforderlich ist, nicht entgegen.
(2) Der Präsident des Europäischen Parlaments kann vom Europäischen Rat gehört werden.
(3) Der Europäische Rat beschließt mit einfacher Mehrheit über Verfahrensfragen sowie über den Erlass seiner Geschäftsordnung.
(4) Der Europäische Rat wird vom Generalsekretariat des Rates unterstützt.

Artikel 236 [Beschlüsse zur Zusammensetzung und Vorsitz des Rates]
Der Europäische Rat erlässt mit qualifizierter Mehrheit
a) einen Beschluss zur Festlegung der Zusammensetzungen des Rates, mit Ausnahme des Rates „Allgemeine Angelegenheiten" und des Rates „Auswärtige Angelegenheiten" nach Artikel 16 Absatz 6 des Vertrags über die Europäische Union;
b) einen Beschluss nach Artikel 16 Absatz 9 des Vertrags über die Europäische Union zur Festlegung des Vorsitzes im Rat in allen seinen Zusammensetzungen mit Ausnahme des Rates „Auswärtige Angelegenheiten".

Abschnitt 3
Der Rat

Artikel 237 [Einberufung]
Der Rat wird von seinem Präsidenten aus eigenem Entschluss oder auf Antrag eines seiner Mitglieder oder der Kommission einberufen.

Artikel 238 [Beschlussfassung; Mehrheiten]
(1) Ist zu einem Beschluss des Rates die einfache Mehrheit erforderlich, so beschließt der Rat mit der Mehrheit seiner Mitglieder.
(2) Beschließt der Rat nicht auf Vorschlag der Kommission oder des Hohen Vertreters der Union für Außen- und Sicherheitspolitik, so gilt ab dem 1. November 2014 abweichend von Artikel 16 Absatz 4 des Vertrags über die Europäische Union und vorbehaltlich der Vorschriften des Protokolls über die Übergangsbestimmungen als qualifizierte Mehrheit eine Mehrheit von mindestens 72 % der Mitglieder des Rates, die von ihnen vertretenen Mitgliedstaaten zusammen mindestens 65 % der Bevölkerung der Union ausmachen.
(3) In den Fällen, in denen in Anwendung der Verträge nicht alle Mitglieder des Rates stimmberechtigt sind, gilt ab dem 1. November 2014 vorbehaltlich der Vorschriften des Protokolls über die Übergangs-bestimmungen für die qualifizierte Mehrheit Folgendes:
a) Als qualifizierte Mehrheit gilt eine Mehrheit von mindestens 55 % derjenigen Mitglieder des Rates, die die beteiligten Mitgliedstaaten vertreten, sofern die von ihnen vertretenen Mitgliedstaaten zusammen mindestens 65 % der Bevölkerung der beteiligten Mitgliedstaaten ausmachen.
 Für eine Sperrminorität bedarf es mindestens der Mindestzahl von Mitgliedern des Rates, die zusammen mehr als 35 % der Bevölkerung der beteiligten Mitgliedstaaten vertreten, zuzüglich eines Mitglieds; andernfalls gilt die qualifizierte Mehrheit als erreicht.
b) Beschließt der Rat nicht auf Vorschlag der Kommission oder des Hohen Vertreters der Union für Außen- und Sicherheitspolitik, so gilt abweichend von Buchstabe a als qualifizierte Mehrheit eine Mehrheit von mindestens 72 % derjenigen Mitglieder des Rates, die die beteiligten Mitgliedstaaten vertreten, sofern die von ihnen vertretenen Mitgliedstaaten zusammen mindestens 65 % der Bevöl-kerung der beteiligten Mitgliedstaaten ausmachen.
(4) Die Stimmenthaltung von anwesenden oder vertretenen Mitgliedern steht dem Zustandekommen von Beschlüssen des Rates, zu denen Einstimmigkeit erforderlich ist, nicht entgegen.

Artikel 239 [Stimmrechtsübertragung]
Jedes Mitglied kann sich das Stimmrecht höchstens eines anderen Mitglieds übertragen lassen.

Artikel 240 [Ausschuss der Ständigen Vertreter; Generalsekretariat; Geschäftsordnung]
(1) [1]Ein Ausschuss, der sich aus den Ständigen Vertretern der Regierungen der Mitgliedstaaten zusam-mensetzt, trägt die Verantwortung, die Arbeiten des Rates vorzubereiten und die ihm vom Rat übertra-genen Aufträge auszuführen. [2]Der Ausschuss kann in Fällen, die in der Geschäftsordnung des Rates vorgesehen sind, Verfahrensbeschlüsse fassen.
(2)
Der Rat wird von einem Generalsekretariat unterstützt, das einem vom Rat ernannten Generalsekretär untersteht.
Der Rat beschließt mit einfacher Mehrheit über die Organisation des Generalsekretariats.
(3) Der Rat beschließt mit einfacher Mehrheit über Verfahrensfragen sowie über den Erlass seiner Ge-schäftsordnung.

Artikel 241 [Indirektes Initiativrecht]
[1]Der Rat, der mit einfacher Mehrheit beschließt, kann die Kommission auffordern, die nach seiner Ansicht zur Verwirklichung der gemeinsamen Ziele geeigneten Untersuchungen vorzunehmen und ihm entspre-chende Vorschläge zu unterbreiten. [2]Legt die Kommission keinen Vorschlag vor, so teilt sie dem Rat die Gründe dafür mit.

Artikel 242 [Regelung der Rechtsstellung der Ausschüsse]
Der Rat, der mit einfacher Mehrheit beschließt, regelt nach Anhörung der Kommission die rechtliche Stellung der in den Verträgen vorgesehenen Ausschüsse.

Artikel 243 [Festsetzung von Gehältern und Vergütungen]
[1]Der Rat setzt die Gehälter, Vergütungen und Ruhegehälter für den Präsidenten des Europäischen Rates, den Präsidenten der Kommission, den Hohen Vertreter der Union für Außen- und Sicherheitspolitik, die Mitglieder der Kommission, die Präsidenten, die Mitglieder und die Kanzler des Gerichtshofs der Euro-päischen Union sowie den Generalsekretär des Rates fest. [2]Er setzt ebenfalls alle als Entgelt gezahlten Vergütungen fest.

Artikel 244 [Rotationsprinzip]

Gemäß Artikel 17 Absatz 5 des Vertrags über die Europäische Union werden die Kommissionsmitglieder in einem vom Europäischen Rat einstimmig festgelegten System der Rotation ausgewählt, das auf folgenden Grundsätzen beruht:

a) Die Mitgliedstaaten werden bei der Festlegung der Reihenfolge und der Dauer der Amtszeiten ihrer Staatsangehörigen in der Kommission vollkommen gleich behandelt; demzufolge kann die Gesamtzahl der Mandate, welche Staatsangehörige zweier beliebiger Mitgliedstaaten innehaben, niemals um mehr als eines voneinander abweichen.

b) Vorbehaltlich des Buchstabens a ist jede der aufeinander folgenden Kommissionen so zusammengesetzt, dass das demografische und geografische Spektrum der Gesamtheit der Mitgliedstaaten auf zufrieden stellende Weise zum Ausdruck kommt.

Artikel 245 [Amtspflichten der Kommissare; Amtsenthebung]

[1]Die Mitglieder der Kommission haben jede Handlung zu unterlassen, die mit ihren Aufgaben unvereinbar ist. [2]Die Mitgliedstaaten achten ihre Unabhängigkeit und versuchen nicht, sie bei der Erfüllung ihrer Aufgaben zu beeinflussen.

[1]Die Mitglieder der Kommission dürfen während ihrer Amtszeit keine andere entgeltliche oder unentgeltliche Berufstätigkeit ausüben. [2]Bei der Aufnahme ihrer Tätigkeit übernehmen sie die feierliche Verpflichtung, während der Ausübung und nach Ablauf ihrer Amtstätigkeit die sich aus ihrem Amt ergebenden Pflichten zu erfüllen, insbesondere die Pflicht, bei der Annahme gewisser Tätigkeiten oder Vorteile nach Ablauf dieser Tätigkeit ehrenhaft und zurückhaltend zu sein. [3]Werden diese Pflichten verletzt, so kann der Gerichtshof auf Antrag des Rates, der mit einfacher Mehrheit beschließt, oder der Kommission das Mitglied je nach Lage des Falles gemäß Artikel 247 seines Amtes entheben oder ihm seine Ruhegehaltsansprüche oder andere an ihrer Stelle gewährte Vergünstigungen aberkennen.

Artikel 246 [Neubesetzung während der Amtszeit]

Abgesehen von den regelmäßigen Neubesetzungen und von Todesfällen endet das Amt eines Mitglieds der Kommission durch Rücktritt oder Amtsenthebung.

Für ein zurückgetretenes, seines Amtes enthobenes oder verstorbenes Mitglied wird für die verbleibende Amtszeit vom Rat mit Zustimmung des Präsidenten der Kommission nach Anhörung des Europäischen Parlaments und nach den Anforderungen des Artikels 17 Absatz 3 Unterabsatz 2 des Vertrags über die Europäische Union ein neues Mitglied derselben Staatsangehörigkeit ernannt.

Der Rat kann auf Vorschlag des Präsidenten der Kommission einstimmig beschließen, dass ein ausscheidendes Mitglied der Kommission für die verbleibende Amtszeit nicht ersetzt werden muss, insbesondere wenn es sich um eine kurze Zeitspanne handelt.

[1]Bei Rücktritt, Amtsenthebung oder Tod des Präsidenten wird für die verbleibende Amtszeit ein Nachfolger ernannt. [2]Für die Ersetzung findet das Verfahren des Artikels 17 Absatz 7 Unterabsatz 1 des Vertrags über die Europäische Union Anwendung.

Bei Rücktritt, Amtsenthebung oder Tod des Hohen Vertreters der Union für die Außen- und Sicherheitspolitik wird für die verbleibende Amtszeit nach Artikel 18 Absatz 1 des Vertrags über die Europäische Union ein Nachfolger ernannt.

Bei Rücktritt aller Mitglieder der Kommission bleiben diese bis zur Neubesetzung ihres Sitzes nach Artikel 17 des Vertrags über die Europäische Union für die verbleibende Amtszeit im Amt und führen die laufenden Geschäfte weiter.

Artikel 247 [Amtsenthebung]

Jedes Mitglied der Kommission, das die Voraussetzungen für die Ausübung seines Amtes nicht mehr erfüllt oder eine schwere Verfehlung begangen hat, kann auf Antrag des Rates, der mit einfacher Mehrheit beschließt, oder der Kommission durch den Gerichtshof seines Amtes enthoben werden.

Artikel 248 [Zuständigkeitsaufteilung durch den Präsidenten]

[1]Die Zuständigkeiten der Kommission werden unbeschadet des Artikels 18 Absatz 4 des Vertrags über die Europäische Union von ihrem Präsidenten nach Artikel 17 Absatz 6 des genannten Vertrags gegliedert und zwischen ihren Mitgliedern aufgeteilt. [2]Der Präsident kann diese Zuständigkeitsverteilung im Laufe der Amtszeit ändern. [3]Die Mitglieder der Kommission üben die ihnen vom Präsidenten übertragenen Aufgaben unter dessen Leitung aus.

Artikel 249 [Geschäftsordnung; Jährlicher Gesamtbericht]
(1) [1]Die Kommission gibt sich eine Geschäftsordnung, um ihr ordnungsgemäßes Arbeiten und das ihrer Dienststellen zu gewährleisten. [2]Sie sorgt für die Veröffentlichung dieser Geschäftsordnung.
(2) Die Kommission veröffentlicht jährlich, und zwar spätestens einen Monat vor Beginn der Sitzungsperiode des Europäischen Parlaments, einen Gesamtbericht über die Tätigkeit der Union.

Artikel 250 [Beschlussfassung]
Die Beschlüsse der Kommission werden mit der Mehrheit ihrer Mitglieder gefasst.
Die Beschlussfähigkeit wird in ihrer Geschäftsordnung festgelegt.

Abschnitt 5
Der Gerichtshof der Europäischen Union

Artikel 251 [Spruchkörper des Gerichtshofs]
Der Gerichtshof tagt in Kammern oder als Große Kammer entsprechend den hierfür in der Satzung des Gerichtshofs der Europäischen Union vorgesehenen Regeln.
Wenn die Satzung es vorsieht, kann der Gerichtshof auch als Plenum tagen.

Artikel 252 [Generalanwälte]
[1]Der Gerichtshof wird von acht Generalanwälten unterstützt. [2]Auf Antrag des Gerichtshofs kann der Rat einstimmig die Zahl der Generalanwälte erhöhen.
Der Generalanwalt hat öffentlich in völliger Unparteilichkeit und Unabhängigkeit begründete Schlussanträge zu den Rechtssachen zu stellen, in denen nach der Satzung des Gerichtshofs der Europäischen Union seine Mitwirkung erforderlich ist.

Artikel 253 [Ernennung der Richter, Generalanwälte und des Kanzlers; Amtsdauer; Verfahrensordnung]
Zu Richtern und Generalanwälten des Gerichtshofs sind Persönlichkeiten auszuwählen, die jede Gewähr für Unabhängigkeit bieten und in ihrem Staat die für die höchsten richterlichen Ämter erforderlichen Voraussetzungen erfüllen oder Juristen von anerkannt hervorragender Befähigung sind; sie werden von den Regierungen der Mitgliedstaaten im gegenseitigen Einvernehmen nach Anhörung des in Artikel 255 vorgesehenen Ausschusses auf sechs Jahre ernannt.
Alle drei Jahre findet nach Maßgabe der Satzung des Gerichtshofs der Europäischen Union eine teilweise Neubesetzung der Stellen der Richter und Generalanwälte statt.
[1]Die Richter wählen aus ihrer Mitte den Präsidenten des Gerichtshofs für die Dauer von drei Jahren. [2]Wiederwahl ist zulässig.
Die Wiederernennung ausscheidender Richter und Generalanwälte ist zulässig.
Der Gerichtshof ernennt seinen Kanzler und bestimmt dessen Stellung.
[1]Der Gerichtshof erlässt seine Verfahrensordnung. [2]Sie bedarf der Genehmigung des Rates.

Artikel 254 [Zusammensetzung des Gerichts; Verfahrensordnung]
[1]Die Zahl der Richter des Gerichts wird in der Satzung des Gerichtshofs der Europäischen Union festgelegt. [2]In der Satzung kann vorgesehen werden, dass das Gericht von Generalanwälten unterstützt wird.
[1]Zu Mitgliedern des Gerichts sind Personen auszuwählen, die jede Gewähr für Unabhängigkeit bieten und über die Befähigung zur Ausübung hoher richterlicher Tätigkeiten verfügen. [2]Sie werden von den Regierungen der Mitgliedstaaten im gegenseitigen Einvernehmen nach Anhörung des in Artikel 255 vorgesehenen Ausschusses für sechs Jahre ernannt. [3]Alle drei Jahre wird das Gericht teilweise neu besetzt. [4]Die Wiederernennung ausscheidender Mitglieder ist zulässig.
[1]Die Richter wählen aus ihrer Mitte den Präsidenten des Gerichts für die Dauer von drei Jahren. [2]Wiederwahl ist zulässig.
Das Gericht ernennt seinen Kanzler und bestimmt dessen Stellung.
[1]Das Gericht erlässt seine Verfahrensordnung im Einvernehmen mit dem Gerichtshof. [2]Sie bedarf der Genehmigung des Rates.
Soweit die Satzung des Gerichtshofs der Europäischen Union nichts anderes vorsieht, finden die den Gerichtshof betreffenden Bestimmungen der Verträge auf das Gericht Anwendung.

Artikel 255 [Ausschuss „Bewerberprüfung"]
Es wird ein Ausschuss eingerichtet, der die Aufgabe hat, vor einer Ernennung durch die Regierungen der Mitgliedstaaten nach den Artikeln 253 und 254 eine Stellungnahme zur Eignung der Bewerber für die Ausübung des Amts eines Richters oder Generalanwalts beim Gerichtshof oder beim Gericht abzugeben.

[1]Der Ausschuss setzt sich aus sieben Persönlichkeiten zusammen, die aus dem Kreis ehemaliger Mitglieder des Gerichtshofs und des Gerichts, der Mitglieder der höchsten einzelstaatlichen Gerichte und der Juristen von anerkannt hervorragender Befähigung ausgewählt werden, von denen einer vom Europäischen Parlament vorgeschlagen wird. [2]Der Rat erlässt einen Beschluss zur Festlegung der Vorschriften für die Arbeitsweise und einen Beschluss zur Ernennung der Mitglieder dieses Ausschusses. [3]Er beschließt auf Initiative des Präsidenten des Gerichtshofs.

Artikel 256 [Gericht, Zuständigkeiten; Rechtszug; Verweisung in Grundsatzfragen]

(1)
[1]Das Gericht ist für Entscheidungen im ersten Rechtszug über die in den Artikeln 263, 265, 268, 270 und 272 genannten Klagen zuständig, mit Ausnahme derjenigen Klagen, die einem nach Artikel 257 gebildeten Fachgericht übertragen werden, und der Klagen, die gemäß der Satzung dem Gerichtshof vorbehalten sind. [2]In der Satzung kann vorgesehen werden, dass das Gericht für andere Kategorien von Klagen zuständig ist.

Gegen die Entscheidungen des Gerichts aufgrund dieses Absatzes kann nach Maßgabe der Bedingungen und innerhalb der Grenzen, die in der Satzung vorgesehen sind, beim Gerichtshof ein auf Rechtsfragen beschränktes Rechtsmittel eingelegt werden.

(2)
Das Gericht ist für Entscheidungen über Rechtsmittel gegen die Entscheidungen der Fachgerichte zuständig.

Die Entscheidungen des Gerichts aufgrund dieses Absatzes können nach Maßgabe der Bedingungen und innerhalb der Grenzen, die in der Satzung vorgesehen sind, in Ausnahmefällen vom Gerichtshof überprüft werden, wenn die ernste Gefahr besteht, dass die Einheit oder Kohärenz des Unionsrechts berührt wird.

(3)
Das Gericht ist in besonderen in der Satzung festgelegten Sachgebieten für Vorabentscheidungen nach Artikel 267 zuständig.

Wenn das Gericht der Auffassung ist, dass eine Rechtssache eine Grundsatzentscheidung erfordert, die die Einheit oder die Kohärenz des Unionsrechts berühren könnte, kann es die Rechtssache zur Entscheidung an den Gerichtshof verweisen.

Die Entscheidungen des Gerichts über Anträge auf Vorabentscheidung können nach Maßgabe der Bedingungen und innerhalb der Grenzen, die in der Satzung vorgesehen sind, in Ausnahmefällen vom Gerichtshof überprüft werden, wenn die ernste Gefahr besteht, dass die Einheit oder die Kohärenz des Unionsrechts berührt wird.

Artikel 257 [Fachgerichte]

[1]Das Europäische Parlament und der Rat können gemäß dem ordentlichen Gesetzgebungsverfahren dem Gericht beigeordnete Fachgerichte bilden, die für Entscheidungen im ersten Rechtszug über bestimmte Kategorien von Klagen zuständig sind, die auf besonderen Sachgebieten erhoben werden. [2]Das Europäische Parlament und der Rat beschließen durch Verordnungen entweder auf Vorschlag der Kommission nach Anhörung des Gerichtshofs oder auf Antrag des Gerichtshofs nach Anhörung der Kommission.

In der Verordnung über die Bildung eines Fachgerichts werden die Regeln für die Zusammensetzung dieses Gerichts und der ihm übertragene Zuständigkeitsbereich festgelegt.

Gegen die Entscheidungen der Fachgerichte kann vor dem Gericht ein auf Rechtsfragen beschränktes Rechtsmittel oder, wenn die Verordnung über die Bildung des Fachgerichts dies vorsieht, ein auch Sachfragen betreffendes Rechtsmittel eingelegt werden.

[1]Zu Mitgliedern der Fachgerichte sind Personen auszuwählen, die jede Gewähr für Unabhängigkeit bieten und über die Befähigung zur Ausübung richterlicher Tätigkeiten verfügen. [2]Sie werden einstimmig vom Rat ernannt.

[1]Die Fachgerichte erlassen ihre Verfahrensordnung im Einvernehmen mit dem Gerichtshof. [2]Diese Verfahrensordnung bedarf der Genehmigung des Rates.

[1]Soweit die Verordnung über die Bildung der Fachgerichte nichts anderes vorsieht, finden die den Gerichtshof der Europäischen Union betreffenden Bestimmungen der Verträge und die Satzung des Gerichtshofs der Europäischen Union auf die Fachgerichte Anwendung. [2]Titel I und Artikel 64 der Satzung gelten auf jeden Fall für die Fachgerichte.

Artikel 258 [Vertragsverletzungsverfahren]

Hat nach Auffassung der Kommission ein Mitgliedstaat gegen eine Verpflichtung aus den Verträgen verstoßen, so gibt sie eine mit Gründen versehene Stellungnahme hierzu ab; sie hat dem Staat zuvor Gelegenheit zur Äußerung zu geben.

345

Art. 259–263 AEUV 21

Kommt der Staat dieser Stellungnahme innerhalb der von der Kommission gesetzten Frist nicht nach, so kann die Kommission den Gerichtshof der Europäischen Union anrufen.

Artikel 259 [Vertragsverletzungsverfahren; Anrufung durch einen Mitgliedstaat]
Jeder Mitgliedstaat kann den Gerichtshof der Europäischen Union anrufen, wenn er der Auffassung ist, dass ein anderer Mitgliedstaat gegen eine Verpflichtung aus den Verträgen verstoßen hat.
Bevor ein Mitgliedstaat wegen einer angeblichen Verletzung der Verpflichtungen aus den Verträgen gegen einen anderen Staat Klage erhebt, muss er die Kommission damit befassen.
Die Kommission erlässt eine mit Gründen versehene Stellungnahme; sie gibt den beteiligten Staaten zuvor Gelegenheit zu schriftlicher und mündlicher Äußerung in einem kontradiktorischen Verfahren.
Gibt die Kommission binnen drei Monaten nach dem Zeitpunkt, in dem ein entsprechender Antrag gestellt wurde, keine Stellungnahme ab, so kann ungeachtet des Fehlens der Stellungnahme vor dem Gerichtshof geklagt werden.

Artikel 260 [Wirkung und Durchsetzung von Urteilen; Zwangsgeld]
(1) Stellt der Gerichtshof der Europäischen Union fest, dass ein Mitgliedstaat gegen eine Verpflichtung aus den Verträgen verstoßen hat, so hat dieser Staat die Maßnahmen zu ergreifen, die sich aus dem Urteil des Gerichtshofs ergeben.
(2) [1]Hat der betreffende Mitgliedstaat die Maßnahmen, die sich aus dem Urteil des Gerichtshofs ergeben, nach Auffassung der Kommission nicht getroffen, so kann die Kommission den Gerichtshof anrufen, nachdem sie diesem Staat zuvor Gelegenheit zur Äußerung gegeben hat. [2]Hierbei benennt sie die Höhe des von dem betreffenden Mitgliedstaat zu zahlenden Pauschalbetrags oder Zwangsgelds, die sie den Umständen nach für angemessen hält.
Stellt der Gerichtshof fest, dass der betreffende Mitgliedstaat seinem Urteil nicht nachgekommen ist, so kann er die Zahlung eines Pauschalbetrags oder Zwangsgelds verhängen.
Dieses Verfahren lässt den Artikel 259 unberührt.
(3) Erhebt die Kommission beim Gerichtshof Klage nach Artikel 258, weil sie der Auffassung ist, dass der betreffende Mitgliedstaat gegen seine Verpflichtung verstoßen hat, Maßnahmen zur Umsetzung einer gemäß einem Gesetzgebungsverfahren erlassenen Richtlinie mitzuteilen, so kann sie, wenn sie dies für zweckmäßig hält, die Höhe des von dem betreffenden Mitgliedstaat zu zahlenden Pauschalbetrags oder Zwangsgelds benennen, die sie den Umständen nach für angemessen hält.
[1]Stellt der Gerichtshof einen Verstoß fest, so kann er gegen den betreffenden Mitgliedstaat die Zahlung eines Pauschalbetrags oder eines Zwangsgelds bis zur Höhe des von der Kommission genannten Betrags verhängen. [2]Die Zahlungsverpflichtung gilt ab dem vom Gerichtshof in seinem Urteil festgelegten Zeitpunkt.

Artikel 261 [Ermessensnachprüfung; Zwangsmaßnahmen]
Aufgrund der Verträge vom Europäischen Parlament und vom Rat gemeinsam sowie vom Rat erlassene Verordnungen können hinsichtlich der darin vorgesehenen Zwangsmaßnahmen dem Gerichtshof der Europäischen Union eine Zuständigkeit übertragen, welche die Befugnis zu unbeschränkter Ermessensnachprüfung und zur Änderung oder Verhängung solcher Maßnahmen umfasst.

Artikel 262 [Rechtsstreitigkeiten im Bereich des geistigen Eigentums]
[1]Unbeschadet der sonstigen Bestimmungen der Verträge kann der Rat gemäß einem besonderen Gesetzgebungsverfahren nach Anhörung des Europäischen Parlaments einstimmig Bestimmungen erlassen, mit denen dem Gerichtshof der Europäischen Union in dem vom Rat festgelegten Umfang die Zuständigkeit übertragen wird, über Rechtsstreitigkeiten im Zusammenhang mit der Anwendung von aufgrund der Verträge erlassenen Rechtsakten, mit denen europäische Rechtstitel für das geistige Eigentum geschaffen werden, zu entscheiden. [2]Diese Bestimmungen treten nach Zustimmung der Mitgliedstaaten im Einklang mit ihren jeweiligen verfassungsrechtlichen Vorschriften in Kraft.

Artikel 263 [Nichtigkeitsklage]
[1]Der Gerichtshof der Europäischen Union überwacht die Rechtmäßigkeit der Gesetzgebungsakte sowie der Handlungen des Rates, der Kommission und der Europäischen Zentralbank, soweit es sich nicht um Empfehlungen oder Stellungnahmen handelt, und der Handlungen des Europäischen Parlaments und des Europäischen Rates mit Rechtswirkung gegenüber Dritten. [2]Er überwacht ebenfalls die Rechtmäßigkeit der Handlungen der Einrichtungen oder sonstigen Stellen der Union mit Rechtswirkung gegenüber Dritten.

Zu diesem Zweck ist der Gerichtshof der Europäischen Union für Klagen zuständig, die ein Mitgliedstaat, das Europäische Parlament, der Rat oder die Kommission wegen Unzuständigkeit, Verletzung wesentlicher Formvorschriften, Verletzung der Verträge oder einer bei seiner Durchführung anzuwendenden Rechtsnorm oder wegen Ermessensmissbrauchs erhebt.

Der Gerichtshof der Europäischen Union ist unter den gleichen Voraussetzungen zuständig für Klagen des Rechnungshofs, der Europäischen Zentralbank und des Ausschusses der Regionen, die auf die Wahrung ihrer Rechte abzielen.

Jede natürliche oder juristische Person kann unter den Bedingungen nach den Absätzen 1 und 2 gegen die an sie gerichteten oder sie unmittelbar und individuell betreffenden Handlungen sowie gegen Rechtsakte mit Verordnungscharakter, die sie unmittelbar betreffen und keine Durchführungsmaßnahmen nach sich ziehen, Klage erheben.

In den Rechtsakten zur Gründung von Einrichtungen und sonstigen Stellen der Union können besondere Bedingungen und Einzelheiten für die Erhebung von Klagen von natürlichen oder juristischen Personen gegen Handlungen dieser Einrichtungen und sonstigen Stellen vorgesehen werden, die eine Rechtswirkung gegenüber diesen Personen haben.

Die in diesem Artikel vorgesehenen Klagen sind binnen zwei Monaten zu erheben; diese Frist läuft je nach Lage des Falles von der Bekanntgabe der betreffenden Handlung, ihrer Mitteilung an den Kläger oder in Ermangelung dessen von dem Zeitpunkt an, zu dem der Kläger von dieser Handlung Kenntnis erlangt hat.

Artikel 264 [Nichtigkeitsklage; Urteilswirkung]

Ist die Klage begründet, so erklärt der Gerichtshof der Europäischen Union die angefochtene Handlung für nichtig.

Erklärt der Gerichtshof eine Handlung für nichtig, so bezeichnet er, falls er dies für notwendig hält, diejenigen ihrer Wirkungen, die als fortgeltend zu betrachten sind.

Artikel 265 [Untätigkeitsklage]

[1]Unterlässt es das Europäische Parlament, der Europäische Rat, der Rat, die Kommission oder die Europäische Zentralbank unter Verletzung der Verträge, einen Beschluss zu fassen, so können die Mitgliedstaaten und die anderen Organe der Union beim Gerichtshof der Europäischen Union Klage auf Feststellung dieser Vertragsverletzung erheben. [2]Dieser Artikel gilt entsprechend für die Einrichtungen und sonstigen Stellen der Union, die es unterlassen, tätig zu werden.

[1]Diese Klage ist nur zulässig, wenn das in Frage stehende Organ, die in Frage stehende Einrichtung oder sonstige Stelle zuvor aufgefordert worden ist, tätig zu werden. [2]Hat es bzw. sie binnen zwei Monaten nach dieser Aufforderung nicht Stellung genommen, so kann die Klage innerhalb einer weiteren Frist von zwei Monaten erhoben werden.

Jede natürliche oder juristische Person kann nach Maßgabe der Absätze 1 und 2 vor dem Gerichtshof Beschwerde darüber führen, dass ein Organ oder eine Einrichtung oder sonstige Stelle der Union es unterlassen hat, einen anderen Akt als eine Empfehlung oder eine Stellungnahme an sie zu richten.

Artikel 266 [Verpflichtung aus dem Urteil]

Die Organe, Einrichtungen oder sonstigen Stellen, denen das für nichtig erklärte Handeln zur Last fällt oder deren Untätigkeit als vertragswidrig erklärt worden ist, haben die sich aus dem Urteil des Gerichtshofs der Europäischen Union ergebenden Maßnahmen zu ergreifen.

Diese Verpflichtung besteht unbeschadet der Verpflichtungen, die sich aus der Anwendung des Artikels 340 Absatz 2 ergeben.

Artikel 267 [Vorabentscheidungsverfahren]

Der Gerichtshof der Europäischen Union entscheidet im Wege der Vorabentscheidung

a) über die Auslegung der Verträge,

b) über die Gültigkeit und die Auslegung der Handlungen der Organe, Einrichtungen oder sonstigen Stellen der Union.

Wird eine derartige Frage einem Gericht eines Mitgliedstaats gestellt und hält dieses Gericht eine Entscheidung darüber zum Erlass seines Urteils für erforderlich, so kann es diese Frage dem Gerichtshof zur Entscheidung vorlegen.

Wird eine derartige Frage in einem schwebenden Verfahren bei einem einzelstaatlichen Gericht gestellt, dessen Entscheidungen selbst nicht mehr mit Rechtsmitteln des innerstaatlichen Rechts angefochten werden können, so ist dieses Gericht zur Anrufung des Gerichtshofs verpflichtet.

Wird eine derartige Frage in einem schwebenden Verfahren, das eine inhaftierte Person betrifft, bei einem einzelstaatlichen Gericht gestellt, so entscheidet der Gerichtshof innerhalb kürzester Zeit.

Artikel 268 [Schadenersatzklage]
Der Gerichtshof der Europäischen Union ist für Streitsachen über den in Artikel 340 Absätze 2 und 3 vorgesehenen Schadensersatz zuständig.

Artikel 269 [Eingeschränkte Zuständigkeit bei Suspendierung von Mitgliedschaftsrechten]
Der Gerichtshof ist für Entscheidungen über die Rechtmäßigkeit eines nach Artikel 7 des Vertrags über die Europäische Union erlassenen Rechtsakts des Europäischen Rates oder des Rates nur auf Antrag des von einer Feststellung des Europäischen Rates oder des Rates betroffenen Mitgliedstaats und lediglich im Hinblick auf die Einhaltung der in dem genannten Artikel vorgesehenen Verfahrensbestimmungen zuständig.
[1]Der Antrag muss binnen eines Monats nach der jeweiligen Feststellung gestellt werden. [2]Der Gerichtshof entscheidet binnen eines Monats nach Antragstellung.

Artikel 270 [Dienstrechtliche Streitigkeiten]
Der Gerichtshof der Europäischen Union ist für alle Streitsachen zwischen der Union und deren Bediensteten innerhalb der Grenzen und nach Maßgabe der Bedingungen zuständig, die im Statut der Beamten der Union und in den Beschäftigungsbedingungen für die sonstigen Bediensteten der Union festgelegt sind.

Artikel 271 [Zuständigkeit für gewisse Streitigkeiten betreffend EIB und EZB]
Der Gerichtshof der Europäischen Union ist nach Maßgabe der folgenden Bestimmungen zuständig in Streitsachen über
a) die Erfüllung der Verpflichtungen der Mitgliedstaaten aus der Satzung der Europäischen Investitionsbank. Der Verwaltungsrat der Bank besitzt hierbei die der Kommission in Artikel 258 übertragenen Befugnisse;
b) die Beschlüsse des Rates der Gouverneure der Europäischen Investitionsbank. Jeder Mitgliedstaat, die Kommission und der Verwaltungsrat der Bank können hierzu nach Maßgabe des Artikels 263 Klage erheben;
c) die Beschlüsse des Verwaltungsrats der Europäischen Investitionsbank. Diese können nach Maßgabe des Artikels 263 nur von Mitgliedstaaten oder der Kommission und lediglich wegen Verletzung der Formvorschriften des Artikels 19 Absatz 2 und Absätze 5 bis 7 der Satzung der Investitionsbank angefochten werden;
d) die Erfüllung der sich aus den Verträgen und der Satzung des ESZB und der EZB ergebenden Verpflichtungen durch die nationalen Zentralbanken. Der Rat der Gouverneure der Europäischen Zentralbank besitzt hierbei gegenüber den nationalen Zentralbanken die Befugnisse, die der Kommission in Artikel 258 gegenüber den Mitgliedstaaten eingeräumt werden. Stellt der Gerichtshof der Europäischen Union fest, dass eine nationale Zentralbank gegen eine Verpflichtung aus den Verträgen verstoßen hat, so hat diese Bank die Maßnahmen zu ergreifen, die sich aus dem Urteil des Gerichtshofs ergeben.

Artikel 272 [Zuständigkeit aufgrund einer Schiedsklausel]
Der Gerichtshof der Europäischen Union ist für Entscheidungen aufgrund einer Schiedsklausel zuständig, die in einem von der Union oder für ihre Rechnung abgeschlossenen öffentlich-rechtlichen oder privat-rechtlichen Vertrag enthalten ist.

Artikel 273 [Zuständigkeit aufgrund eines Schiedsvertrags]
Der Gerichtshof ist für jede mit dem Gegenstand der Verträge in Zusammenhang stehende Streitigkeit zwischen Mitgliedstaaten zuständig, wenn diese bei ihm aufgrund eines Schiedsvertrags anhängig gemacht wird.

Artikel 274 [Zuständigkeit einzelstaatlicher Gerichte]
Soweit keine Zuständigkeit des Gerichtshofs der Europäischen Union aufgrund der Verträge besteht, sind Streitsachen, bei denen die Union Partei ist, der Zuständigkeit der einzelstaatlichen Gerichte nicht entzogen.

Artikel 275 [Unzuständigkeit in der Außen- und Sicherheitspolitik; Ausnahmen]
Der Gerichtshof der Europäischen Union ist nicht zuständig für die Bestimmungen hinsichtlich der Gemeinsamen Außen- und Sicherheitspolitik und für die auf der Grundlage dieser Bestimmungen erlassenen Rechtsakte.
Der Gerichtshof ist jedoch zuständig für die Kontrolle der Einhaltung von Artikel 40 des Vertrags über die Europäische Union und für die unter den Voraussetzungen des Artikels 263 Absatz 4 dieses Vertrags erhobenen Klagen im Zusammenhang mit der Überwachung der Rechtmäßigkeit von Beschlüssen über

restriktive Maßnahmen gegenüber natürlichen oder juristischen Personen, die der Rat auf der Grundlage von Titel V Kapitel 2 des Vertrags über die Europäische Union erlassen hat.

Artikel 276 [Unzuständigkeit für mitgliedstaatliche Polizeimaßnahmen]
Bei der Ausübung seiner Befugnisse im Rahmen der Bestimmungen des Dritten Teils Titel V Kapitel 4 und 5 über den Raum der Freiheit, der Sicherheit und des Rechts ist der Gerichtshof der Europäischen Union nicht zuständig für die Überprüfung der Gültigkeit oder Verhältnismäßigkeit von Maßnahmen der Polizei oder anderer Strafverfolgungsbehörden eines Mitgliedstaats oder der Wahrnehmung der Zuständigkeiten der Mitgliedstaaten für die Aufrechterhaltung der öffentlichen Ordnung und den Schutz der inneren Sicherheit.

Artikel 277 [Inzidente Normenkontrolle]
Ungeachtet des Ablaufs der in Artikel 263 Absatz 6 genannten Frist kann jede Partei in einem Rechtsstreit, bei dem die Rechtmäßigkeit eines von einem Organ, einer Einrichtung oder einer sonstigen Stelle der Union erlassenen Rechtsakts mit allgemeiner Geltung angefochten wird, vor dem Gerichtshof der Europäischen Union die Unanwendbarkeit dieses Rechtsakts aus den in Artikel 263 Absatz 2 genannten Gründen geltend machen.

Artikel 278 [Keine aufschiebende Wirkung; Aussetzung]
[1]Klagen bei dem Gerichtshof der Europäischen Union haben keine aufschiebende Wirkung. [2]Der Gerichtshof kann jedoch, wenn er dies den Umständen nach für nötig hält, die Durchführung der angefochtenen Handlung aussetzen.

Artikel 279 [Einstweilige Anordnungen]
Der Gerichtshof der Europäischen Union kann in den bei ihm anhängigen Sachen die erforderlichen einstweiligen Anordnungen treffen.

Artikel 280 [Vollstreckbarkeit der Urteile]
Die Urteile des Gerichtshofs der Europäischen Union sind gemäß Artikel 299 vollstreckbar.

Artikel 281 [Satzung]
Die Satzung des Gerichtshofs der Europäischen Union wird in einem besonderen Protokoll festgelegt. [1]Das Europäische Parlament und der Rat können gemäß dem ordentlichen Gesetzgebungsverfahren die Satzung mit Ausnahme ihres Titels I und ihres Artikels 64 ändern. [2]Das Europäische Parlament und der Rat beschließen entweder auf Antrag des Gerichtshofs nach Anhörung der Kommission oder auf Vorschlag der Kommission nach Anhörung des Gerichtshofs.

Abschnitt 6
Die Europäische Zentralbank

Artikel 282 [Aufgaben und Maßnahmen; Rechtspersönlichkeit; Unabhängigkeit; Anhörungsrecht]
(1) [1]Die Europäische Zentralbank und die nationalen Zentralbanken bilden das Europäische System der Zentralbanken (ESZB). [2]Die Europäische Zentralbank und die nationalen Zentralbanken der Mitgliedstaaten, deren Währung der Euro ist, bilden das Eurosystem und betreiben die Währungspolitik der Union.
(2) [1]Das ESZB wird von den Beschlussorganen der Europäischen Zentralbank geleitet. [2]Sein vorrangiges Ziel ist es, die Preisstabilität zu gewährleisten. [3]Unbeschadet dieses Zieles unterstützt es die allgemeine Wirtschaftspolitik in der Union, um zur Verwirklichung ihrer Ziele beizutragen.
(3) [1]Die Europäische Zentralbank besitzt Rechtspersönlichkeit. [2]Sie allein ist befugt, die Ausgabe des Euro zu genehmigen. [3]Sie ist in der Ausübung ihrer Befugnisse und der Verwaltung ihrer Mittel unabhängig. [4]Die Organe, Einrichtungen oder sonstigen Stellen der Union sowie die Regierungen der Mitgliedstaaten achten diese Unabhängigkeit.
(4) [1]Die Europäische Zentralbank erlässt die für die Erfüllung ihrer Aufgaben erforderlichen Maßnahmen nach den Artikeln 127 bis 133 und Artikel 138 und nach Maßgabe der Satzung des ESZB und der EZB. [2]Nach diesen Artikeln behalten die Mitgliedstaaten, deren Währung nicht der Euro ist, sowie deren Zentralbanken ihre Zuständigkeiten im Währungsbereich.
(5) Die Europäische Zentralbank wird in den Bereichen, auf die sich ihre Befugnisse erstrecken, zu allen Entwürfen für Rechtsakte der Union sowie zu allen Entwürfen für Rechtsvorschriften auf einzelstaatlicher Ebene gehört und kann Stellungnahmen abgeben.

Artikel 283 [Organstruktur]

(1) Der Rat der Europäischen Zentralbank besteht aus den Mitgliedern des Direktoriums der Europäischen Zentralbank und den Präsidenten der nationalen Zentralbanken der Mitgliedstaaten, deren Währung der Euro ist.

(2)
Das Direktorium besteht aus dem Präsidenten, dem Vizepräsidenten und vier weiteren Mitgliedern.
Der Präsident, der Vizepräsident und die weiteren Mitglieder des Direktoriums werden vom Europäischen Rat auf Empfehlung des Rates, der hierzu das Europäische Parlament und den Rat der Europäischen Zentralbank anhört, aus dem Kreis der in Währungs- oder Bankfragen anerkannten und erfahrenen Persönlichkeiten mit qualifizierter Mehrheit ausgewählt und ernannt.
Ihre Amtszeit beträgt acht Jahre; Wiederernennung ist nicht zulässig.
Nur Staatsangehörige der Mitgliedstaaten können Mitglieder des Direktoriums werden.

Artikel 284 [Teilnahmerechte; Jahresbericht]

(1) [1]Der Präsident des Rates und ein Mitglied der Kommission können ohne Stimmrecht an den Sitzungen des Rates der Europäischen Zentralbank teilnehmen. [2]Der Präsident des Rates kann dem Rat der Europäischen Zentralbank einen Antrag zur Beratung vorlegen.

(2) Der Präsident der Europäischen Zentralbank wird zur Teilnahme an den Tagungen des Rates eingeladen, wenn dieser Fragen im Zusammenhang mit den Zielen und Aufgaben des ESZB erörtert.

(3)
[1]Die Europäische Zentralbank unterbreitet dem Europäischen Parlament, dem Rat und der Kommission sowie auch dem Europäischen Rat einen Jahresbericht über die Tätigkeit des ESZB und die Geld- und Währungspolitik im vergangenen und im laufenden Jahr. [2]Der Präsident der Europäischen Zentralbank legt den Bericht dem Rat und dem Europäischen Parlament vor, das auf dieser Grundlage eine allgemeine Aussprache durchführen kann. .
Der Präsident der Europäischen Zentralbank und die anderen Mitglieder des Direktoriums können auf Ersuchen des Europäischen Parlaments oder auf ihre Initiative hin von den zuständigen Ausschüssen des Europäischen Parlaments gehört werden.

Abschnitt 7
Der Rechnungshof

Artikel 285 [Aufgabe; Zusammensetzung]
Der Rechnungshof nimmt die Rechnungsprüfung der Union wahr.
[1]Der Rechnungshof besteht aus einem Staatsangehörigen je Mitgliedstaat. [2]Seine Mitglieder üben ihre Aufgaben in voller Unabhängigkeit zum allgemeinen Wohl der Union aus.

Artikel 286 [Anforderungen an die Mitglieder; Ernennung und Ausscheiden aus dem Amt]
(1) [1]Zu Mitgliedern des Rechnungshofs sind Persönlichkeiten auszuwählen, die in ihren Staaten Rechnungsprüfungsorganen angehören oder angehört haben oder die für dieses Amt besonders geeignet sind. [2]Sie müssen jede Gewähr für Unabhängigkeit bieten.

(2)
[1]Die Mitglieder des Rechnungshofs werden auf sechs Jahre ernannt. [2]Der Rat nimmt die gemäß den Vorschlägen der einzelnen Mitgliedstaaten erstellte Liste der Mitglieder nach Anhörung des Europäischen Parlaments an. [3]Die Wiederernennung der Mitglieder des Rechnungshofs ist zulässig.
[1]Sie wählen aus ihrer Mitte den Präsidenten des Rechnungshofs für drei Jahre. [2]Wiederwahl ist zulässig.

(3) [1]Die Mitglieder des Rechnungshofs dürfen bei der Erfüllung ihrer Pflichten Anweisungen von einer Regierung oder einer anderen Stelle weder anfordern noch entgegennehmen. [2]Sie haben jede Handlung zu unterlassen, die mit ihren Aufgaben unvereinbar ist.

(4) [1]Die Mitglieder des Rechnungshofs dürfen während ihrer Amtszeit keine andere entgeltliche oder unentgeltliche Berufstätigkeit ausüben. [2]Bei der Aufnahme ihrer Tätigkeit übernehmen sie die feierliche Verpflichtung, während der Ausübung und nach Ablauf ihrer Amtstätigkeit die sich aus ihrem Amt ergebenden Pflichten zu erfüllen, insbesondere die Pflicht, bei der Annahme gewisser Tätigkeiten oder Vorteile nach Ablauf dieser Tätigkeit ehrenhaft und zurückhaltend zu sein.

(5)
Abgesehen von regelmäßigen Neubesetzungen und von Todesfällen endet das Amt eines Mitglieds des Rechnungshofs durch Rücktritt oder durch Amtsenthebung durch den Gerichtshof gemäß Absatz 6.
Für das ausscheidende Mitglied wird für die verbleibende Amtszeit ein Nachfolger ernannt.

Außer im Fall der Amtsenthebung bleiben die Mitglieder des Rechnungshofs bis zu Neubesetzung ihres Sitzes im Amt.

(6) Ein Mitglied des Rechnungshofs kann nur dann seines Amtes enthoben oder seiner Ruhegehaltsansprüche oder anderer an ihrer Stelle gewährter Vergünstigungen für verlustig erklärt werden, wenn der Gerichtshof auf Antrag des Rechnungshofs feststellt, dass es nicht mehr die erforderlichen Voraussetzungen erfüllt oder den sich aus seinem Amt ergebenden Verpflichtungen nicht mehr nachkommt.

(7) [1]Der Rat setzt die Beschäftigungsbedingungen für den Präsidenten und die Mitglieder des Rechnungshofs fest, insbesondere die Gehälter, Vergütungen und Ruhegehälter. [2]Er setzt alle sonstigen als Entgelt gezahlten Vergütungen fest.

(8) Die für die Richter des Gerichtshofs der Europäischen Union geltenden Bestimmungen des Protokolls über die Vorrechte und Befreiungen der Europäischen Union gelten auch für die Mitglieder des Rechnungshofs.

Artikel 287 [Rechnungsprüfung]

(1)
[1]Der Rechnungshof prüft die Rechnung über alle Einnahmen und Ausgaben der Union. [2]Er prüft ebenfalls die Rechnung über alle Einnahmen und Ausgaben jeder von der Union geschaffenen Einrichtung oder sonstigen Stelle, soweit der Gründungsakt dies nicht ausschließt.

[1]Der Rechnungshof legt dem Europäischen Parlament und dem Rat eine Erklärung über die Zuverlässigkeit der Rechnungsführung sowie die Rechtmäßigkeit und Ordnungsmäßigkeit der zugrunde liegenden Vorgänge vor, die im *Amtsblatt der Europäischen Union* veröffentlicht wird. [2]Diese Erklärung kann durch spezifische Beurteilungen zu allen größeren Tätigkeitsbereichen der Union ergänzt werden.

(2)
[1]Der Rechnungshof prüft die Rechtmäßigkeit und Ordnungsmäßigkeit der Einnahmen und Ausgaben und überzeugt sich von der Wirtschaftlichkeit der Haushaltsführung. [2]Dabei berichtet er insbesondere über alle Fälle von Unregelmäßigkeiten.

Die Prüfung der Einnahmen erfolgt anhand der Feststellungen und der Zahlungen der Einnahmen an die Union.

Die Prüfung der Ausgaben erfolgt anhand der Mittelbindungen und der Zahlungen.

Diese Prüfungen können vor Abschluss der Rechnung des betreffenden Haushaltsjahrs durchgeführt werden.

(3)
[1]Die Prüfung wird anhand der Rechnungsunterlagen und erforderlichenfalls an Ort und Stelle bei den anderen Organen der Union, in den Räumlichkeiten der Einrichtungen oder sonstigen Stellen, die Einnahmen oder Ausgaben für Rechnung der Union verwalten, sowie der natürlichen und juristischen Personen, die Zahlungen aus dem Haushalt erhalten, und in den Mitgliedstaaten durchgeführt. [2]Die Prüfung in den Mitgliedstaaten erfolgt in Verbindung mit den einzelstaatlichen Rechnungsprüfungsorganen oder, wenn diese nicht über die erforderliche Zuständigkeit verfügen, mit den zuständigen einzelstaatlichen Dienststellen. [3]Der Rechnungshof und die einzelstaatlichen Rechnungsprüfungsorgane arbeiten unter Wahrung ihrer Unabhängigkeit vertrauensvoll zusammen. [4]Diese Organe oder Dienststellen teilen dem Rechnungshof mit, ob sie an der Prüfung teilzunehmen beabsichtigen.

Die anderen Organe der Union, die Einrichtungen oder sonstigen Stellen, die Einnahmen oder Ausgaben für Rechnung der Union verwalten, die natürlichen oder juristischen Personen, die Zahlungen aus dem Haushalt erhalten, und die einzelstaatlichen Rechnungsprüfungsorgane oder, wenn diese nicht über die erforderliche Zuständigkeit verfügen, die zuständigen einzelstaatlichen Dienststellen übermitteln dem Rechnungshof auf dessen Antrag die für die Erfüllung seiner Aufgabe erforderlichen Unterlagen oder Informationen.

[1]Die Rechte des Rechnungshofs auf Zugang zu Informationen der Europäischen Investitionsbank im Zusammenhang mit deren Tätigkeit bei der Verwaltung von Einnahmen und Ausgaben der Union werden in einer Vereinbarung zwischen dem Rechnungshof, der Bank und der Kommission geregelt. [2]Der Rechnungshof hat auch dann Recht auf Zugang zu den Informationen, die für die Prüfung der von der Bank verwalteten Einnahmen und Ausgaben der Union erforderlich sind, wenn eine entsprechende Vereinbarung nicht besteht.

(4)
[1]Der Rechnungshof erstattet nach Abschluss eines jeden Haushaltsjahrs einen Jahresbericht. [2]Dieser Bericht wird den anderen Organen der Union vorgelegt und im *Amtsblatt der Europäischen Union* zusammen mit den Antworten dieser Organe auf die Bemerkungen des Rechnungshofs veröffentlicht.

Der Rechnungshof kann ferner jederzeit seine Bemerkungen zu besonderen Fragen vorlegen, insbesondere in Form von Sonderberichten, und auf Antrag eines der anderen Organe der Union Stellungnahmen abgeben.
[1]Er nimmt seine jährlichen Berichte, Sonderberichte oder Stellungnahmen mit der Mehrheit seiner Mitglieder an. [2]Er kann jedoch für die Annahme bestimmter Arten von Berichten oder Stellungnahmen nach Maßgabe seiner Geschäftsordnung Kammern bilden.
Er unterstützt das Europäische Parlament und den Rat bei der Kontrolle der Ausführung des Haushaltsplans.
[1]Der Rechnungshof gibt sich eine Geschäftsordnung. [2]Diese bedarf der Genehmigung des Rates.

Kapitel 2
Rechtsakte der Union, Annahmeverfahren und sonstige Vorschriften

Abschnitt 1
Die Rechtsakte der Union

Artikel 288 [Rechtsakte; Katalog]
Für die Ausübung der Zuständigkeiten der Union nehmen die Organe Verordnungen, Richtlinien, Beschlüsse, Empfehlungen und Stellungnahmen an.
[1]Die Verordnung hat allgemeine Geltung. [2]Sie ist in allen ihren Teilen verbindlich und gilt unmittelbar in jedem Mitgliedstaat.
Die Richtlinie ist für jeden Mitgliedstaat, an den sie gerichtet wird, hinsichtlich des zu erreichenden Ziels verbindlich, überlässt jedoch den innerstaatlichen Stellen die Wahl der Form und der Mittel.
[1]Beschlüsse sind in allen ihren Teilen verbindlich. [2]Sind sie an bestimmte Adressaten gerichtet, so sind sie nur für diese verbindlich.
Die Empfehlungen und Stellungnahmen sind nicht verbindlich.

Artikel 289 [Ordentliches und besonderes Gesetzgebungsverfahren; Initiativrecht in besonderen Fällen]
(1) [1]Das ordentliche Gesetzgebungsverfahren besteht in der gemeinsamen Annahme einer Verordnung, einer Richtlinie oder eines Beschlusses durch das Europäische Parlament und den Rat auf Vorschlag der Kommission. [2]Dieses Verfahren ist in Artikel 294 festgelegt.
(2) In bestimmten, in den Verträgen vorgesehenen Fällen erfolgt als besonderes Gesetzgebungsverfahren die Annahme einer Verordnung, einer Richtlinie oder eines Beschlusses durch das Europäische Parlament mit Beteiligung des Rates oder durch den Rat mit Beteiligung des Europäischen Parlaments.
(3) Rechtsakte, die gemäß einem Gesetzgebungsverfahren angenommen werden, sind Gesetzgebungsakte.
(4) In bestimmten, in den Verträgen vorgesehenen Fällen können Gesetzgebungsakte auf Initiative einer Gruppe von Mitgliedstaaten oder des Europäischen Parlaments, auf Empfehlung der Europäischen Zentralbank oder auf Antrag des Gerichtshofs oder der Europäischen Investitionsbank erlassen werden.

Artikel 290 [Delegation von Rechtsetzungsbefugnissen auf die Kommission]
(1)
In Gesetzgebungsakten kann der Kommission die Befugnis übertragen werden, Rechtsakte ohne Gesetzescharakter mit allgemeiner Geltung zur Ergänzung oder Änderung bestimmter nicht wesentlicher Vorschriften des betreffenden Gesetzgebungsaktes zu erlassen.
[1]In den betreffenden Gesetzgebungsakten werden Ziele, Inhalt, Geltungsbereich und Dauer der Befugnisübertragung ausdrücklich festgelegt. [2]Die wesentlichen Aspekte eines Bereichs sind dem Gesetzgebungsakt vorbehalten und eine Befugnisübertragung ist für sie deshalb ausgeschlossen.
(2)
Die Bedingungen, unter denen die Übertragung erfolgt, werden in Gesetzgebungsakten ausdrücklich festgelegt, wobei folgende Möglichkeiten bestehen:
a) Das Europäische Parlament oder der Rat kann beschließen, die Übertragung zu widerrufen.
b) Der delegierte Rechtsakt kann nur in Kraft treten, wenn das Europäische Parlament oder der Rat innerhalb der im Gesetzgebungsakt festgelegten Frist keine Einwände erhebt.
Für die Zwecke der Buchstaben a und b beschließt das Europäische Parlament mit der Mehrheit seiner Mitglieder und der Rat mit qualifizierter Mehrheit.
(3) In den Titel der delegierten Rechtsakte wird das Wort „delegiert" eingefügt.

Artikel 291 [Durchführungsrechtsakte]
(1) Die Mitgliedstaaten ergreifen alle zur Durchführung der verbindlichen Rechtsakte der Union erforderlichen Maßnahmen nach innerstaatlichem Recht.
(2) Bedarf es einheitlicher Bedingungen für die Durchführung der verbindlichen Rechtsakte der Union, so werden mit diesen Rechtsakten der Kommission oder, in entsprechend begründeten Sonderfällen und in den in den Artikeln 24 und 26 des Vertrags über die Europäische Union vorgesehenen Fällen, dem Rat Durchführungsbefugnisse übertragen.
(3) Für die Zwecke des Absatzes 2 legen das Europäische Parlament und der Rat gemäß dem ordentlichen Gesetzgebungsverfahren durch Verordnungen im Voraus allgemeine Regeln und Grundsätze fest, nach denen die Mitgliedstaaten die Wahrnehmung der Durchführungsbefugnisse durch die Kommission kontrollieren.
(4) In den Titel der Durchführungsrechtsakte wird der Wortteil „Durchführungs-" eingefügt.

Artikel 292 [Rechtsgrundlage für Empfehlungen]
¹Der Rat gibt Empfehlungen ab. ²Er beschließt auf Vorschlag der Kommission in allen Fällen, in denen er nach Maßgabe der Verträge Rechtsakte auf Vorschlag der Kommission erlässt. ³In den Bereichen, in denen für den Erlass eines Rechtsakts der Union Einstimmigkeit vorgesehen ist, beschließt er einstimmig. ⁴Die Kommission und, in bestimmten in den Verträgen vorgesehenen Fällen, die Europäische Zentralbank geben Empfehlungen ab.

Abschnitt 2
Annahmeverfahren und sonstige Vorschriften

Artikel 293 [Kommissionsvorschlag; Änderungsrecht]
(1) Wird der Rat aufgrund der Verträge auf Vorschlag der Kommission tätig, so kann er diesen Vorschlag nur einstimmig abändern; dies gilt nicht in den Fällen nach Artikel 294 Absätze 10 und 13, nach Artikel 310, Artikel 312, Artikel 314 und nach Artikel 315 Absatz 2.
(2) Solange ein Beschluss des Rates nicht ergangen ist, kann die Kommission ihren Vorschlag jederzeit im Verlauf der Verfahren zur Annahme eines Rechtsakts der Union ändern.

Artikel 294 [Ordentliches Gesetzgebungsverfahren]
(1) Wird in den Verträgen hinsichtlich der Annahme eines Rechtsakts auf das ordentliche Gesetzgebungsverfahren Bezug genommen, so gilt das nachstehende Verfahren.
(2) Die Kommission unterbreitet dem Europäischen Parlament und dem Rat einen Vorschlag.

Erste Lesung

(3) Das Europäische Parlament legt seinen Standpunkt in erster Lesung fest und übermittelt ihn dem Rat.
(4) Billigt der Rat den Standpunkt des Europäischen Parlaments, so ist der betreffende Rechtsakt in der Fassung des Standpunkts des Europäischen Parlaments erlassen.
(5) Billigt der Rat den Standpunkt des Europäischen Parlaments nicht, so legt er seinen Standpunkt in erster Lesung fest und übermittelt ihn dem Europäischen Parlament.
(6) ¹Der Rat unterrichtet das Europäische Parlament in allen Einzelheiten über die Gründe, aus denen er seinen Standpunkt in erster Lesung festgelegt hat. ²Die Kommission unterrichtet das Europäische Parlament in vollem Umfang über ihren Standpunkt.

Zweite Lesung

(7) Hat das Europäische Parlament binnen drei Monaten nach der Übermittlung
a) den Standpunkt des Rates in erster Lesung gebilligt oder sich nicht geäußert, so gilt der betreffende Rechtsakt als in der Fassung des Standpunkts des Rates erlassen;
b) den Standpunkt des Rates in erster Lesung mit der Mehrheit seiner Mitglieder abgelehnt, so gilt der vorgeschlagene Rechtsakt als nicht erlassen;
c) mit der Mehrheit seiner Mitglieder Abänderungen an dem Standpunkt des Rates in erster Lesung vorgeschlagen, so wird die abgeänderte Fassung dem Rat und der Kommission zugeleitet; die Kommission gibt eine Stellungnahme zu diesen Abänderungen ab.
(8) Hat der Rat binnen drei Monaten nach Eingang der Abänderungen des Europäischen Parlaments mit qualifizierter Mehrheit

a) alle diese Abänderungen gebilligt, so gilt der betreffende Rechtsakt als erlassen;
b) nicht alle Abänderungen gebilligt, so beruft der Präsident des Rates im Einvernehmen mit dem Präsidenten des Europäischen Parlaments binnen sechs Wochen den Vermittlungsausschuss ein.
(9) Über Abänderungen, zu denen die Kommission eine ablehnende Stellungnahme abgegeben hat, beschließt der Rat einstimmig.

Vermittlung

(10) Der Vermittlungsausschuss, der aus den Mitgliedern des Rates oder deren Vertretern und ebenso vielen das Europäische Parlament vertretenden Mitgliedern besteht, hat die Aufgabe, mit der qualifizierten Mehrheit der Mitglieder des Rates oder deren Vertretern und der Mehrheit der das Europäische Parlament vertretenden Mitglieder binnen sechs Wochen nach seiner Einberufung eine Einigung auf der Grundlage der Standpunkte des Europäischen Parlaments und des Rates in zweiter Lesung zu erzielen.
(11) Die Kommission nimmt an den Arbeiten des Vermittlungsausschusses teil und ergreift alle erforderlichen Initiativen, um auf eine Annäherung der Standpunkte des Europäischen Parlaments und des Rates hinzuwirken.
(12) Billigt der Vermittlungsausschuss binnen sechs Wochen nach seiner Einberufung keinen gemeinsamen Entwurf, so gilt der vorgeschlagene Rechtsakt als nicht erlassen.

Dritte Lesung

(13) [1]Billigt der Vermittlungsausschuss innerhalb dieser Frist einen gemeinsamen Entwurf, so verfügen das Europäische Parlament und der Rat ab dieser Billigung über eine Frist von sechs Wochen, um den betreffenden Rechtsakt entsprechend diesem Entwurf zu erlassen, wobei im Europäischen Parlament die Mehrheit der abgegebenen Stimmen und im Rat die qualifizierte Mehrheit erforderlich ist. [2]Andernfalls gilt der vorgeschlagene Rechtsakt als nicht erlassen.
(14) Die in diesem Artikel genannten Fristen von drei Monaten beziehungsweise sechs Wochen werden auf Initiative des Europäischen Parlaments oder des Rates um höchstens einen Monat beziehungsweise zwei Wochen verlängert.

Besondere Bestimmungen

(15)
Wird in den in den Verträgen vorgesehenen Fällen ein Gesetzgebungsakt auf Initiative einer Gruppe von Mitgliedstaaten, auf Empfehlung der Europäischen Zentralbank oder auf Antrag des Gerichtshofs im ordentlichen Gesetzgebungsverfahren erlassen, so finden Absatz 2, Absatz 6 Satz 2 und Absatz 9 keine Anwendung.
[1]In diesen Fällen übermitteln das Europäische Parlament und der Rat der Kommission den Entwurf des Rechtsakts sowie ihre jeweiligen Standpunkte in erster und zweiter Lesung. [2]Das Europäische Parlament oder der Rat kann die Kommission während des gesamten Verfahrens um eine Stellungnahme bitten, die die Kommission auch von sich aus abgeben kann. [3]Sie kann auch nach Maßgabe des Absatzes 11 an dem Vermittlungsausschuss teilnehmen, sofern sie dies für erforderlich hält.

Artikel 295 [Interinstitutionelle Vereinbarungen]
[1]Das Europäische Parlament, der Rat und die Kommission beraten sich und regeln einvernehmlich die Einzelheiten ihrer Zusammenarbeit. [2]Dazu können sie unter Wahrung der Verträge interinstitutionelle Vereinbarungen schließen, die auch bindenden Charakter haben können.

Artikel 296 [Wahl der Handlungsform; Begründung]
Wird die Art des zu erlassenden Rechtsakts von den Verträgen nicht vorgegeben, so entscheiden die Organe darüber von Fall zu Fall unter Einhaltung der geltenden Verfahren und des Grundsatzes der Verhältnismäßigkeit.
Die Rechtsakte sind mit einer Begründung zu versehen und nehmen auf die in den Verträgen vorgesehenen Vorschläge, Initiativen, Empfehlungen, Anträge oder Stellungnahmen Bezug.
Werden das Europäische Parlament und der Rat mit dem Entwurf eines Gesetzgebungsakts befasst, so nehmen sie keine Rechtsakte an, die gemäß dem für den betreffenden Bereich geltenden Gesetzgebungsverfahren nicht vorgesehen sind.

Artikel 297 [Unterzeichnung; Veröffentlichung; Inkrafttreten]

(1)

Gesetzgebungsakte, die gemäß dem ordentlichen Gesetzgebungsverfahren erlassen wurden, werden vom Präsidenten des Europäischen Parlaments und vom Präsidenten des Rates unterzeichnet.

Gesetzgebungsakte, die gemäß einem besonderen Gesetzgebungsverfahren erlassen wurden, werden vom Präsidenten des Organs unterzeichnet, das sie erlassen hat.

[1]Die Gesetzgebungsakte werden im *Amtsblatt der Europäischen Union* veröffentlicht. [2]Sie treten zu dem durch sie festgelegten Zeitpunkt oder anderenfalls am zwanzigsten Tag nach ihrer Veröffentlichung in Kraft.

(2)

Rechtsakte ohne Gesetzescharakter, die als Verordnung, Richtlinie oder Beschluss, der an keinen bestimmten Adressaten gerichtet ist, erlassen wurden, werden vom Präsidenten des Organs unterzeichnet, das sie erlassen hat.

[1]Verordnungen, Richtlinien, die an alle Mitgliedstaaten gerichtet sind, sowie Beschlüsse, die an keinen bestimmten Adressaten gerichtet sind, werden im *Amtsblatt der Europäischen Union* veröffentlicht. [2]Sie treten zu dem durch sie festgelegten Zeitpunkt oder anderenfalls am zwanzigsten Tag nach ihrer Veröffentlichung in Kraft.

Die anderen Richtlinien sowie die Beschlüsse, die an einen bestimmten Adressaten gerichtet sind, werden denjenigen, für die sie bestimmt sind, bekannt gegeben und durch diese Bekanntgabe wirksam.

Artikel 298 [Europäische Verwaltung]

(1) Zur Ausübung ihrer Aufgaben stützen sich die Organe, Einrichtungen oder sonstigen Stellen der Union auf eine offene, effiziente und unabhängige europäische Verwaltung.

(2) Die Bestimmungen zu diesem Zweck werden unter Beachtung des Statuts und der Beschäftigungsbedingungen nach Artikel 336 vom Europäischen Parlament und vom Rat gemäß dem ordentlichen Gesetzgebungsverfahren durch Verordnungen erlassen.

Artikel 299 [Entscheidungen als vollstreckbare Titel; Zwangsvollstreckung]

Die Rechtsakte des Rates, der Kommission oder der Europäischen Zentralbank, die eine Zahlung auferlegen, sind vollstreckbare Titel; dies gilt nicht gegenüber Staaten.

[1]Die Zwangsvollstreckung erfolgt nach den Vorschriften des Zivilprozessrechts des Staates, in dessen Hoheitsgebiet sie stattfindet. [2]Die Vollstreckungsklausel wird nach einer Prüfung, die sich lediglich auf die Echtheit des Titels erstrecken darf, von der staatlichen Behörde erteilt, welche die Regierung jedes Mitgliedstaats zu diesem Zweck bestimmt und der Kommission und dem Gerichtshof der Europäischen Union benennt.

Sind diese Formvorschriften auf Antrag der die Vollstreckung betreibenden Partei erfüllt, so kann diese die Zwangsvollstreckung nach innerstaatlichem Recht betreiben, indem sie die zuständige Stelle unmittelbar anruft.

[1]Die Zwangsvollstreckung kann nur durch eine Entscheidung des Gerichtshofs der Europäischen Union ausgesetzt werden. [2]Für die Prüfung der Ordnungsmäßigkeit der Vollstreckungsmaßnahmen sind jedoch die einzelstaatlichen Rechtsprechungsorgane zuständig.

Kapitel 3
Die beratenden Einrichtungen der Union

Artikel 300 [Wirtschafts- und Sozialausschuss; Ausschuss der Regionen]

(1) Das Europäische Parlament, der Rat und die Kommission werden von einem Wirtschafts- und Sozialausschuss sowie einem Ausschuss der Regionen unterstützt, die beratende Aufgaben wahrnehmen.

(2) Der Wirtschafts- und Sozialausschuss setzt sich zusammen aus Vertretern der Organisationen der Arbeitgeber und der Arbeitnehmer sowie anderen Vertretern der Zivilgesellschaft, insbesondere aus dem sozialen und wirtschaftlichen, dem staatsbürgerlichen, dem beruflichen und dem kulturellen Bereich.

(3) Der Ausschuss der Regionen setzt sich zusammen aus Vertretern der regionalen und lokalen Gebietskörperschaften, die entweder ein auf Wahlen beruhendes Mandat in einer regionalen oder lokalen Gebietskörperschaft innehaben oder gegenüber einer gewählten Versammlung politisch verantwortlich sind.

(4) [1]Die Mitglieder des Wirtschafts- und Sozialausschusses und des Ausschusses der Regionen sind an keine Weisungen gebunden. [2]Sie üben ihre Tätigkeit in voller Unabhängigkeit zum allgemeinen Wohl der Union aus.

(5) ¹Die Vorschriften der Absätze 2 und 3 über die Art der Zusammensetzung dieser Ausschüsse werden in regelmäßigen Abständen vom Rat überprüft, um der wirtschaftlichen, sozialen und demografischen Entwicklung in der Union Rechnung zu tragen. ²Der Rat erlässt auf Vorschlag der Kommission Beschlüsse zu diesem Zweck.

Abschnitt 1
Der Wirtschafts- und Sozialausschuss

Artikel 301 [Zusammensetzung]
Der Wirtschafts- und Sozialausschuss hat höchstens dreihundertfünfzig Mitglieder.
Der Rat erlässt einstimmig auf Vorschlag der Kommission einen Beschluss über die Zusammensetzung des Ausschusses.
Der Rat setzt die Vergütungen für die Mitglieder des Ausschusses fest.

Artikel 302 [Ernennung der Mitglieder]
(1) ¹Die Mitglieder des Ausschusses werden für fünf Jahre ernannt. ²Der Rat nimmt die gemäß den Vorschlägen der einzelnen Mitgliedstaaten erstellte Liste der Mitglieder an. ³Die Wiederernennung der Mitglieder des Ausschusses ist zulässig.
(2) ¹Der Rat beschließt nach Anhörung der Kommission. ²Er kann die Meinung der maßgeblichen europäischen Organisationen der verschiedenen Zweige des Wirtschafts- und Soziallebens und der Zivilgesellschaft einholen, die von der Tätigkeit der Union betroffen sind.

Artikel 303 [Präsident; Präsidium; Geschäftsordnung; Einberufung]
Der Ausschuss wählt aus seiner Mitte seinen Präsidenten und sein Präsidium auf zweieinhalb Jahre.
Er gibt sich eine Geschäftsordnung.
¹Der Ausschuss wird von seinem Präsidenten auf Antrag des Europäischen Parlaments, des Rates oder der Kommission einberufen. ²Er kann auch von sich aus zusammentreten.

Artikel 304 [Anhörungsrechte]
¹Der Ausschuss wird vom Europäischen Parlament, vom Rat oder der Kommission in den in den Verträgen vorgesehenen Fällen gehört. ²Er kann von diesen Organen in allen Fällen gehört werden, in denen diese es für zweckmäßig erachten. ³Er kann von sich aus eine Stellungnahme in den Fällen abgeben, in denen er dies für zweckmäßig erachtet.
¹Wenn das Europäische Parlament, der Rat oder die Kommission es für notwendig erachten, setzen sie dem Ausschuss für die Vorlage seiner Stellungnahme eine Frist; diese beträgt mindestens einen Monat, vom Eingang der Mitteilung beim Präsidenten des Ausschusses an gerechnet. ²Nach Ablauf der Frist kann das Fehlen einer Stellungnahme unberücksichtigt bleiben.
Die Stellungnahmen des Ausschusses sowie ein Bericht über die Beratungen werden dem Europäischen Parlament, dem Rat und der Kommission übermittelt.

Abschnitt 2
Der Ausschuss der Regionen

Artikel 305 [Zusammensetzung; Auswahl und Ernennung der Mitglieder]
Der Ausschuss der Regionen hat höchstens dreihundertfünfzig Mitglieder.
Der Rat erlässt einstimmig auf Vorschlag der Kommission einen Beschluss über die Zusammensetzung des Ausschusses.
¹Die Mitglieder des Ausschusses sowie eine gleiche Anzahl von Stellvertretern werden auf fünf Jahre ernannt. ²Wiederernennung ist zulässig. ³Der Rat nimmt die gemäß den Vorschlägen der einzelnen Mitgliedstaaten erstellte Liste der Mitglieder und Stellvertreter an. ⁴Die Amtszeit der Mitglieder des Ausschusses endet automatisch bei Ablauf des in Artikel 300 Absatz 3 genannten Mandats, aufgrund dessen sie vorgeschlagen wurden; für die verbleibende Amtszeit wird nach demselben Verfahren ein Nachfolger ernannt. ⁵Ein Mitglied des Ausschusses darf nicht gleichzeitig Mitglied des Europäischen Parlaments sein.

Artikel 306 [Präsidium; Geschäftsordnung; Einberufung]
Der Ausschuss der Regionen wählt aus seiner Mitte seinen Präsidenten und sein Präsidium auf zweieinhalb Jahre.
Er gibt sich eine Geschäftsordnung.
¹Der Ausschuss wird von seinem Präsidenten auf Antrag des Europäischen Parlaments, des Rates oder der Kommission einberufen. ²Er kann auch von sich aus zusammentreten.

Artikel 307 [Anhörungsrechte]
Der Ausschuss der Regionen wird vom Europäischen Parlament, vom Rat oder von der Kommission in den in den Verträgen vorgesehenen Fällen und in allen anderen Fällen gehört, in denen eines dieser Organe dies für zweckmäßig erachtet, insbesondere in Fällen, welche die grenzüberschreitende Zusammenarbeit betreffen.

[1]Wenn das Europäische Parlament, der Rat oder die Kommission es für notwendig erachten, setzen sie dem Ausschuss für die Vorlage seiner Stellungnahme eine Frist; diese beträgt mindestens einen Monat, vom Eingang der diesbezüglichen Mitteilung beim Präsidenten des Ausschusses an gerechnet. [2]Nach Ablauf der Frist kann das Fehlen einer Stellungnahme unberücksichtigt bleiben.

[1]Wird der Wirtschafts- und Sozialausschuss nach Artikel 304 gehört, so wird der Ausschuss der Regionen vom Europäischen Parlament, vom Rat oder von der Kommission über dieses Ersuchen um Stellungnahme unterrichtet. [2]Der Ausschuss der Regionen kann, wenn er der Auffassung ist, dass spezifische regionale Interessen berührt werden, eine entsprechende Stellungnahme abgeben.

Er kann, wenn er dies für zweckdienlich erachtet, von sich aus eine Stellungnahme abgeben.

Die Stellungnahme des Ausschusses sowie ein Bericht über die Beratungen werden dem Europäischen Parlament, Rat und der Kommission übermittelt.

Kapitel 4
Die Europäische Investitionsbank

Artikel 308 [Rechtspersönlichkeit; Mitglieder; Satzung]
Die Europäische Investitionsbank besitzt Rechtspersönlichkeit.
Mitglieder der Europäischen Investitionsbank sind die Mitgliedstaaten.
[1]Die Satzung der Europäischen Investitionsbank ist den Verträgen als Protokoll beigefügt. [2]Der Rat kann auf Antrag der Europäischen Investitionsbank und nach Anhörung des Europäischen Parlaments und der Kommission oder auf Vorschlag der Kommission und nach Anhörung des Europäischen Parlaments und der Europäischen Investitionsbank die Satzung der Bank einstimmig gemäß einem besonderen Gesetzgebungsverfahren ändern.

Artikel 309 [Aufgabe der EIB]
[1]Aufgabe der Europäischen Investitionsbank ist es, zu einer ausgewogenen und reibungslosen Entwicklung des Binnenmarkts im Interesse der Union beizutragen; hierbei bedient sie sich des Kapitalmarkts, sowie ihrer eigenen Mittel. [2]In diesem Sinne erleichtert sie ohne Verfolgung eines Erwerbszwecks durch Gewährung von Darlehen und Bürgschaften die Finanzierung der nachstehend bezeichneten Vorhaben in allen Wirtschaftszweigen:
a) Vorhaben zur Erschließung der weniger entwickelten Gebiete;
b) Vorhaben zur Modernisierung oder Umstellung von Unternehmen oder zur Schaffung neuer Arbeitsmöglichkeiten, die sich aus der Errichtung oder dem Funktionieren des Binnenmarkts ergeben und wegen ihres Umfangs oder ihrer Art mit den in den einzelnen Mitgliedstaaten vorhandenen Mitteln nicht vollständig finanziert werden können;
c) Vorhaben von gemeinsamem Interesse für mehrere Mitgliedstaaten, die wegen ihres Umfangs oder ihrer Art mit den in den einzelnen Mitgliedstaaten vorhandenen Mitteln nicht vollständig finanziert werden können.
In Erfüllung ihrer Aufgabe erleichtert die Bank die Finanzierung von Investitionsprogrammen in Verbindung mit der Unterstützung aus den Strukturfonds und anderen Finanzierungsinstrumenten der Union.

Titel II
Finanzvorschriften

Artikel 310 [Haushaltsplan; Grundsätze; Haushaltsdisziplin; Betrugsbekämpfung]
(1)
Alle Einnahmen und Ausgaben der Union werden für jedes Haushaltsjahr veranschlagt und in den Haushaltsplan eingesetzt.
Der jährliche Haushaltsplan der Union wird vom Europäischen Parlament und vom Rat nach Maßgabe des Artikels 314 aufgestellt.
Der Haushaltsplan ist in Einnahmen und Ausgaben auszugleichen.
(2) Die in den Haushaltsplan eingesetzten Ausgaben werden für ein Haushaltsjahr entsprechend der Verordnung nach Artikel 322 bewilligt.

(3) Die Ausführung der in den Haushaltsplan eingesetzten Ausgaben setzt den Erlass eines verbindlichen Rechtsakts der Union voraus, mit dem die Maßnahme der Union und die Ausführung der entsprechenden Ausgabe entsprechend der Verordnung nach Artikel 322 eine Rechtsgrundlage erhalten, soweit nicht diese Verordnung Ausnahmen vorsieht.

(4) Um die Haushaltsdisziplin sicherzustellen, erlässt die Union keine Rechtsakte, die erhebliche Auswirkungen auf den Haushaltsplan haben könnten, ohne die Gewähr zu bieten, dass die mit diesen Rechtsakten verbundenen Ausgaben im Rahmen der Eigenmittel der Union und unter Einhaltung des mehrjährigen Finanzrahmens nach Artikel 312 finanziert werden können.

(5) [1]Der Haushaltsplan wird entsprechend dem Grundsatz der Wirtschaftlichkeit der Haushaltsführung ausgeführt. [2]Die Mitgliedstaaten arbeiten mit der Union zusammen, um sicherzustellen, dass die in den Haushaltsplan eingesetzten Mittel nach diesem Grundsatz verwendet werden.

(6) Die Union und die Mitgliedstaaten bekämpfen nach Artikel 325 Betrügereien und sonstige gegen die finanziellen Interessen der Union gerichtete rechtswidrige Handlungen.

Kapitel 1
Die Eigenmittel der Union

Artikel 311 [Finanzierung aus Eigenmitteln; Eigenmittelbeschluss]
Die Union stattet sich mit den erforderlichen Mitteln aus, um ihre Ziele erreichen und ihre Politik durchführen zu können.
Der Haushalt wird unbeschadet der sonstigen Einnahmen vollständig aus Eigenmitteln finanziert.
[1]Der Rat erlässt gemäß einem besonderen Gesetzgebungsverfahren einstimmig und nach Anhörung des Europäischen Parlaments einen Beschluss, mit dem die Bestimmungen über das System der Eigenmittel der Union festgelegt werden. [2]Darin können neue Kategorien von Eigenmitteln eingeführt oder bestehende Kategorien abgeschafft werden. [3]Dieser Beschluss tritt erst nach Zustimmung der Mitgliedstaaten im Einklang mit ihren jeweiligen verfassungsrechtlichen Vorschriften in Kraft.
[1]Der Rat legt gemäß einem besonderen Gesetzgebungsverfahren durch Verordnungen Durchführungsmaßnahmen zu dem System der Eigenmittel der Union fest, sofern dies in dem nach Absatz 3 erlassenen Beschluss vorgesehen ist. [2]Der Rat beschließt nach Zustimmung des Europäischen Parlaments.

Kapitel 2
Der mehrjährige Finanzrahmen

Artikel 312 [Mehrjähriger Finanzrahmen]
(1)
Mit dem mehrjährigen Finanzrahmen soll sichergestellt werden, dass die Ausgaben der Union innerhalb der Grenzen ihrer Eigenmittel eine geordnete Entwicklung nehmen.
Er wird für einen Zeitraum von mindestens fünf Jahren aufgestellt.
Bei der Aufstellung des jährlichen Haushaltsplans der Union ist der mehrjährige Finanzrahmen einzuhalten.
(2)
[1]Der Rat erlässt gemäß einem besonderen Gesetzgebungsverfahren eine Verordnung zur Festlegung des mehrjährigen Finanzrahmens. [2]Er beschließt einstimmig nach Zustimmung des Europäischen Parlaments, die mit der Mehrheit seiner Mitglieder erteilt wird.
Der Europäische Rat kann einstimmig einen Beschluss fassen, wonach der Rat mit qualifizierter Mehrheit beschließen kann, wenn er die in Unterabsatz 1 genannte Verordnung erlässt.
(3)
[1]In dem Finanzrahmen werden die jährlichen Obergrenzen der Mittel für Verpflichtungen je Ausgabenkategorie und die jährliche Obergrenze der Mittel für Zahlungen festgelegt. [2]Die Ausgabenkategorien, von denen es nur wenige geben darf, entsprechen den Haupttätigkeitsbereichen der Union.
Der Finanzrahmen enthält auch alle sonstigen für den reibungslosen Ablauf des jährlichen Haushaltsverfahrens sachdienlichen Bestimmungen.
(4) Hat der Rat bis zum Ablauf des vorangegangenen Finanzrahmens keine Verordnung zur Aufstellung eines neuen Finanzrahmens erlassen, so werden die Obergrenzen und sonstigen Bestimmungen des letzten Jahres des vorangegangenen Finanzrahmens bis zum Erlass dieses Rechtsakts fortgeschrieben.

(5) Das Europäische Parlament, der Rat und die Kommission treffen während des gesamten Verfahrens zur Annahme des Finanzrahmens alle erforderlichen Maßnahmen, um den Erlass des Rechtsakts zu erleichtern.

Kapitel 3
Der Jahreshaushaltsplan der Union

Artikel 313 [Haushaltsjahr]
Das Haushaltsjahr beginnt am 1. Januar und endet am 31. Dezember.

Artikel 314 [Jahreshaushaltsplan; Verfahren zur Annahme]
Das Europäische Parlament und der Rat legen den Jahreshaushaltsplan der Union im Rahmen eines besonderen Gesetzgebungsverfahrens nach den folgenden Bestimmungen fest:

(1)
[1]Jedes Organ, mit Ausnahme der Europäischen Zentralbank, stellt vor dem 1. Juli einen Haushaltsvoranschlag für seine Ausgaben für das folgende Haushaltsjahr auf. [2]Die Kommission fasst diese Voranschläge in einem Entwurf für den Haushaltsplan zusammen, der abweichende Voranschläge enthalten kann. Dieser Entwurf umfasst den Ansatz der Einnahmen und den Ansatz der Ausgaben.

(2)
Die Kommission legt dem Europäischen Parlament und dem Rat spätestens am 1. September des Jahres, das dem entsprechenden Haushaltsjahr vorausgeht, einen Vorschlag mit dem Entwurf des Haushaltsplans vor.
Die Kommission kann den Entwurf des Haushaltsplans während des laufenden Verfahrens bis zur Einberufung des in Absatz 5 genannten Vermittlungsausschusses ändern.

(3) [1]Der Rat legt seinen Standpunkt zu dem Entwurf des Haushaltsplans fest und leitet ihn spätestens am 1. Oktober des Jahres, das dem entsprechenden Haushaltsjahr vorausgeht, dem Europäischen Parlament zu. [2]Er unterrichtet das Europäische Parlament in vollem Umfang über die Gründe, aus denen er seinen Standpunkt festgelegt hat.

(4) Hat das Europäische Parlament binnen 42 Tagen nach der Übermittlung
a) den Standpunkt des Rates gebilligt, so ist der Haushaltsplan erlassen;
b) keinen Beschluss gefasst, so gilt der Haushaltsplan als erlassen;
c) mit der Mehrheit seiner Mitglieder Abänderungen angenommen, so wird die abgeänderte Fassung des Entwurfs dem Rat und der Kommission zugeleitet. Der Präsident des Europäischen Parlaments beruft im Einvernehmen mit dem Präsidenten des Rates umgehend den Vermittlungsausschuss ein. Der Vermittlungsausschuss tritt jedoch nicht zusammen, wenn der Rat dem Europäischen Parlament binnen zehn Tagen nach der Übermittlung des geänderten Entwurfs mitteilt, dass er alle seine Abänderungen billigt.

(5)
Der Vermittlungsausschuss, der aus den Mitgliedern des Rates oder deren Vertretern und ebenso vielen das Europäische Parlament vertretenden Mitgliedern besteht, hat die Aufgabe, binnen 21 Tagen nach seiner Einberufung auf der Grundlage der Standpunkte des Europäischen Parlaments und des Rates mit der qualifizierten Mehrheit der Mitglieder des Rates oder deren Vertretern und der Mehrheit der das Europäische Parlament vertretenden Mitglieder eine Einigung über einen gemeinsamen Entwurf zu erzielen.
Die Kommission nimmt an den Arbeiten des Vermittlungsausschusses teil und ergreift alle erforderlichen Initiativen, um eine Annäherung der Standpunkte des Europäischen Parlaments und des Rates zu bewirken.

(6) Einigt sich der Vermittlungsausschuss innerhalb der in Absatz 5 genannten Frist von 21 Tagen auf einen gemeinsamen Entwurf, so verfügen das Europäische Parlament und der Rat ab dieser Einigung über eine Frist von 14 Tagen, um den gemeinsamen Entwurf zu billigen.

(7) Wenn innerhalb der in Absatz 6 genannten Frist von 14 Tagen
a) der gemeinsame Entwurf sowohl vom Europäischen Parlament als auch vom Rat gebilligt wird oder beide keinen Beschluss fassen oder eines dieser Organe den gemeinsamen Entwurf billigt, während das andere Organ keinen Beschluss fasst, so gilt der Haushaltsplan als entsprechend dem gemeinsamen Entwurf endgültig erlassen, oder
b) der gemeinsame Entwurf sowohl vom Europäischen Parlament mit der Mehrheit seiner Mitglieder als auch vom Rat abgelehnt wird oder eines dieser Organe den gemeinsamen Entwurf ablehnt, wäh-

rend das andere Organ keinen Beschluss fasst, so legt die Kommission einen neuen Entwurf für den
. Haushaltsplan vor, oder
c) der gemeinsame Entwurf vom Europäischen Parlament mit der Mehrheit seiner Mitglieder abgelehnt
wird, während er vom Rat gebilligt wird, so legt die Kommission einen neuen Entwurf für den Haus-
haltsplan vor, oder
d) der gemeinsame Entwurf vom Europäischen Parlament gebilligt wird, während er vom Rat abgelehnt
wird, so kann das Europäische Parlament binnen 14 Tagen ab dem Tag der Ablehnung durch den
Rat mit der Mehrheit seiner Mitglieder und drei Fünfteln der abgegebenen Stimmen beschließen, alle
oder einige der in Absatz 4 Buchstabe c genannten Abänderungen zu bestätigen. Wird eine Abän-
derung des Europäischen Parlaments nicht bestätigt, so wird der im Vermittlungsausschuss verein-
barte Standpunkt zu dem Haushaltsposten, der Gegenstand der Abänderung ist, übernommen. Der
Haushaltsplan gilt als auf dieser Grundlage endgültig erlassen.
(8) Einigt sich der Vermittlungsausschuss nicht binnen der in Absatz 5 genannten Frist von 21 Tagen auf
einen gemeinsamen Entwurf, so legt die Kommission einen neuen Entwurf für den Haushaltsplan vor.
(9) Nach Abschluss des Verfahrens dieses Artikels stellt der Präsident des Europäischen Parlaments fest,
dass der Haushaltsplan endgültig erlassen ist.
(10) Jedes Organ übt die ihm aufgrund dieses Artikels zufallenden Befugnisse unter Wahrung der Verträge
und der Rechtsakte aus, die auf der Grundlage der Verträge insbesondere im Bereich der Eigenmittel der
Union und des Gleichgewichts von Einnahmen und Ausgaben erlassen wurden.

Artikel 315 [Nothaushalt]
Ist zu Beginn eines Haushaltsjahres der Haushaltsplan noch nicht endgültig erlassen, so können nach der
gemäß Artikel 322 festgelegten Haushaltsordnung für jedes Kapitel monatliche Ausgaben bis zur Höhe
eines Zwölftels der im betreffenden Kapitel des Haushaltsplans des vorangegangenen Haushaltsjahres
eingesetzten Mittel vorgenommen werden, die jedoch ein Zwölftel der Mittelansätze des gleichen Kapitels
des Haushaltsplanentwurfs nicht überschreiten dürfen.
[1]Der Rat kann auf Vorschlag der Kommission unter Beachtung der sonstigen Bestimmungen des Absatzes
1 entsprechend der nach Artikel 322 erlassenen Verordnung Ausgaben genehmigen, die über dieses
Zwölftel hinausgehen. [2]Er leitet seinen Beschluss unverzüglich dem Europäischen Parlament zu.
In dem Beschluss nach Absatz 2 werden unter Beachtung der in Artikel 311 genannten Rechtsakte die
zur Durchführung dieses Artikels erforderlichen Maßnahmen betreffend die Mittel vorgesehen.
Der Beschluss tritt 30 Tage nach seinem Erlass in Kraft, sofern das Europäische Parlament nicht innerhalb
dieser Frist mit der Mehrheit seiner Mitglieder beschließt, diese Ausgaben zu kürzen.

Artikel 316 [Übertragbarkeit; Spezialität]
Nach Maßgabe der aufgrund des Artikels 322 erlassenen Vorschriften dürfen die nicht für Personalaus-
gaben vorgesehenen Mittel, die bis zum Ende der Durchführungszeit eines Haushaltsplans nicht ver-
braucht worden sind, lediglich auf das nächste Haushaltsjahr übertragen werden.
Die vorgesehenen Mittel werden nach Kapiteln gegliedert, in denen die Ausgaben nach Art oder Bestim-
mung zusammengefasst sind; die Kapitel werden nach der gemäß Artikel 322 festgelegten Haushalts-
ordnung unterteilt.
Die Ausgaben des Europäischen Parlaments, des Europäischen Rates und des Rates, der Kommission
sowie des Gerichtshofs der Europäischen Union werden unbeschadet einer besonderen Regelung für be-
stimmte gemeinsame Ausgaben in gesonderten Teilen des Haushaltsplans aufgeführt.

Kapitel 4
Ausführung des Haushaltsplans und Entlastung

Artikel 317 [Vollzug des Haushaltsplans]
[1]Die Kommission führt den Haushaltsplan zusammen mit den Mitgliedstaaten gemäß der nach Artikel
322 festgelegten Haushaltsordnung in eigener Verantwortung und im Rahmen der zugewiesenen Mittel
entsprechend dem Grundsatz der Wirtschaftlichkeit der Haushaltsführung aus. [2]Die Mitgliedstaaten ar-
beiten mit der Kommission zusammen, um sicherzustellen, dass die Mittel nach dem Grundsatz der Wirt-
schaftlichkeit der Haushaltsführung verwendet werden.
[1]In der Haushaltsordnung sind die Kontroll- und Wirtschaftsprüfungspflichten der Mitgliedstaaten bei der
Ausführung des Haushaltsplans sowie die damit verbundenen Verantwortlichkeiten geregelt. [2]Darin sind
ferner die Verantwortlichkeiten und die besonderen Einzelheiten geregelt, nach denen jedes Organ an der
Vornahme seiner Ausgaben beteiligt ist.

Die Kommission kann nach der gemäß Artikel 322 festgelegten Haushaltsordnung Mittel von Kapitel zu Kapitel oder von Untergliederung zu Untergliederung übertragen.

Artikel 318 [Rechnungslegung]
[1]Die Kommission legt dem Europäischen Parlament und dem Rat jährlich die Rechnung des abgelaufenen Haushaltsjahres für die Rechnungsvorgänge des Haushaltsplans vor. [2]Sie übermittelt ihnen ferner eine Übersicht über das Vermögen und die Schulden der Union.
Die Kommission legt dem Europäischen Parlament und dem Rat ferner einen Evaluierungsbericht zu den Finanzen der Union vor, der sich auf die Ergebnisse stützt, die insbesondere in Bezug auf die Vorgaben erzielt wurden, die vom Europäischen Parlament und vom Rat nach Artikel 319 erteilt wurden.

Artikel 319 [Entlastung der Kommission]
(1) [1]Auf Empfehlung des Rates erteilt das Europäische Parlament der Kommission Entlastung zur Ausführung des Haushaltsplans. [2]Zu diesem Zweck prüft es nach dem Rat die Rechnung, die Übersicht und den Evaluierungsbericht nach Artikel 318 sowie den Jahresbericht des Rechnungshofs zusammen mit den Antworten der kontrollierten Organe auf dessen Bemerkungen, die in Artikel 287 Absatz 1 Unterabsatz 2 genannte Zuverlässigkeitserklärung und die einschlägigen Sonderberichte des Rechnungshofs.
(2) [1]Das Europäische Parlament kann vor der Entlastung der Kommission sowie auch zu anderen Zwecken im Zusammenhang mit der Ausübung ihrer Haushaltsbefugnisse die Kommission auffordern, Auskunft über die Vornahme der Ausgaben oder die Arbeitsweise der Finanzkontrollsysteme zu erteilen. [2]Die Kommission legt dem Europäischen Parlament auf dessen Ersuchen alle notwendigen Informationen vor.
(3)
Die Kommission trifft alle zweckdienlichen Maßnahmen, um den Bemerkungen in den Entlastungsbeschlüssen und anderen Bemerkungen des Europäischen Parlaments zur Vornahme der Ausgaben sowie den Erläuterungen, die den Entlastungsempfehlungen des Rates beigefügt sind, nachzukommen.
[1]Auf Ersuchen des Europäischen Parlaments oder des Rates erstattet die Kommission Bericht über die Maßnahmen, die aufgrund dieser Bemerkungen und Erläuterungen getroffen wurden, insbesondere über die Weisungen, die den für die Ausführung des Haushaltsplans zuständigen Dienststellen erteilt worden sind. [2]Diese Berichte sind auch dem Rechnungshof zuzuleiten.

Kapitel 5
Gemeinsame Bestimmungen

Artikel 320 [Rechnungseinheit Euro]
Der mehrjährige Finanzrahmen und der Jahreshaushaltsplan werden in Euro aufgestellt.

Artikel 321 [Transferleistungen; Kommunikation auf dem Finanzsektor]
[1]Die Kommission kann vorbehaltlich der Unterrichtung der zuständigen Behörden der betreffenden Mitgliedstaaten ihre Guthaben in der Währung eines dieser Staaten in die Währung eines anderen Mitgliedstaats transferieren, soweit dies erforderlich ist, um diese Guthaben für die in den Verträgen vorgesehenen Zwecke zu verwenden. [2]Besitzt die Kommission verfügbare oder flüssige Guthaben in der benötigten Währung, so vermeidet sie soweit möglich derartige Transferierungen.
[1]Die Kommission verkehrt mit jedem Mitgliedstaat über die von diesem bezeichnete Behörde. [2]Bei der Durchführung ihrer Finanzgeschäfte nimmt sie die Notenbank des betreffenden Mitgliedstaats oder ein anderes von diesem genehmigtes Finanzinstitut in Anspruch.

Artikel 322 [Haushaltsvorschriften]
(1) Das Europäische Parlament und der Rat erlassen gemäß dem ordentlichen Gesetzgebungsverfahren durch Verordnungen nach Anhörung des Rechnungshofs
a) die Haushaltsvorschriften, in denen insbesondere die Aufstellung und Ausführung des Haushaltsplans sowie die Rechnungslegung und Rechnungsprüfung im Einzelnen geregelt werden;
b) die Vorschriften, die die Kontrolle der Verantwortung der Finanzakteure und insbesondere der Anweisungsbefugten und der Rechnungsführer regeln.
(2) Der Rat legt auf Vorschlag der Kommission und nach Anhörung des Europäischen Parlaments und des Rechnungshofs die Einzelheiten und das Verfahren fest, nach denen die Haushaltseinnahmen, die in der Regelung über die Eigenmittel der Union vorgesehen sind, der Kommission zur Verfügung gestellt werden, sowie die Maßnahmen, die zu treffen sind, um gegebenenfalls die erforderlichen Kassenmittel bereitzustellen.

Artikel 323 [Sicherung der Finanzmittel]
Das Europäische Parlament, der Rat und die Kommission stellen sicher, dass der Union die Finanzmittel zur Verfügung stehen, die es ihr ermöglichen, ihren rechtlichen Verpflichtungen gegenüber Dritten nachzukommen.

Artikel 324 [Konsultationen der am Haushaltsverfahren beteiligten Organe]
[1]Auf Initiative der Kommission werden im Rahmen der nach diesem Titel vorgesehenen Haushaltsverfahren regelmäßige Treffen der Präsidenten des Europäischen Parlaments, des Rates und der Kommission einberufen. [2]Diese treffen alle erforderlichen Maßnahmen, um die Abstimmung und Annäherung der Standpunkte der Organe, denen sie vorstehen, zu fördern und so die Durchführung dieses Titels zu erleichtern.

Kapitel 6
Betrugsbekämpfung

Artikel 325 [Schutz der finanziellen Interessen der Union]
(1) Die Union und die Mitgliedstaaten bekämpfen Betrügereien und sonstige gegen die finanziellen Interessen der Union gerichtete rechtswidrige Handlungen mit Maßnahmen nach diesem Artikel, die abschreckend sind und in den Mitgliedstaaten sowie in den Organen, Einrichtungen und sonstigen Stellen der Union einen effektiven Schutz bewirken.

(2) Zur Bekämpfung von Betrügereien, die sich gegen die finanziellen Interessen der Union richten, ergreifen die Mitgliedstaaten die gleichen Maßnahmen, die sie auch zur Bekämpfung von Betrügereien ergreifen, die sich gegen ihre eigenen finanziellen Interessen richten.

(3) [1]Die Mitgliedstaaten koordinieren unbeschadet der sonstigen Bestimmungen der Verträge ihre Tätigkeit zum Schutz der finanziellen Interessen der Union vor Betrügereien. [2]Sie sorgen zu diesem Zweck zusammen mit der Kommission für eine enge, regelmäßige Zusammenarbeit zwischen den zuständigen Behörden.

(4) Zur Gewährleistung eines effektiven und gleichwertigen Schutzes in den Mitgliedstaaten sowie in den Organen, Einrichtungen und sonstigen Stellen der Union beschließen das Europäische Parlament und der Rat gemäß dem ordentlichen Gesetzgebungsverfahren nach Anhörung des Rechnungshofs die erforderlichen Maßnahmen zur Verhütung und Bekämpfung von Betrügereien, die sich gegen die finanziellen Interessen der Union richten.

(5) Die Kommission legt in Zusammenarbeit mit den Mitgliedstaaten dem Europäischen Parlament und dem Rat jährlich einen Bericht über die Maßnahmen vor, die zur Durchführung dieses Artikels getroffen wurden.

Titel III
Verstärkte Zusammenarbeit

Artikel 326 [Grundsätze]
Eine Verstärkte Zusammenarbeit achtet die Verträge und das Recht der Union.
[1]Sie darf weder den Binnenmarkt noch den wirtschaftlichen, sozialen und territorialen Zusammenhalt beeinträchtigen. [2]Sie darf für den Handel zwischen den Mitgliedstaaten weder ein Hindernis noch eine Diskriminierung darstellen noch darf sie zu Verzerrungen des Wettbewerbs zwischen den Mitgliedstaaten führen.

Artikel 327 [Nichtbeteiligte Mitgliedstaaten]
[1]Eine Verstärkte Zusammenarbeit achtet die Zuständigkeiten, Rechte und Pflichten der nicht an der Zusammenarbeit beteiligten Mitgliedstaaten. [2]Diese stehen der Durchführung der Verstärkten Zusammenarbeit durch die daran beteiligten Mitgliedstaaten nicht im Wege.

Artikel 328 [Offenheit für weitere Mitgliedstaaten]
(1)
[1]Bei ihrer Begründung steht eine Verstärkte Zusammenarbeit allen Mitgliedstaaten offen, sofern sie die in dem hierzu ermächtigenden Beschluss gegebenenfalls festgelegten Teilnahmevoraussetzungen erfüllen. [2]Dies gilt auch zu jedem anderen Zeitpunkt, sofern sie neben den genannten Voraussetzungen auch die in diesem Rahmen bereits erlassenen Rechtsakte beachten.
Die Kommission und die an einer Verstärkten Zusammenarbeit teilnehmenden Mitgliedstaaten tragen dafür Sorge, dass die Teilnahme möglichst vieler Mitgliedstaaten gefördert wird.

(2) Die Kommission und gegebenenfalls der Hohe Vertreter der Union für die Außen- und Sicherheits-politik unterrichten das Europäische Parlament und den Rat regelmäßig über die Entwicklung einer Ver-stärkten Zusammenarbeit.

Artikel 329 [Ermächtigungsverfahren]

(1)
[1]Die Mitgliedstaaten, die in einem der Bereiche der Verträge – mit Ausnahme der Bereiche, für die die Union die ausschließliche Zuständigkeit besitzt, und der Gemeinsamen Außen- und Sicherheitspolitik – untereinander eine Verstärkte Zusammenarbeit begründen möchten, richten einen Antrag an die Kom-mission, in dem der Anwendungsbereich und die Ziele aufgeführt werden, die mit der beabsichtigten Verstärkten Zusammenarbeit angestrebt werden. [2]Die Kommission kann dem Rat einen entsprechenden Vorschlag vorlegen. [3]Legt die Kommission keinen Vorschlag vor, so teilt sie den betroffenen Mitglied-staaten ihre Gründe dafür mit.
Die Ermächtigung zur Einleitung einer Verstärkten Zusammenarbeit nach Unterabsatz 1 wird vom Rat auf Vorschlag der Kommission und nach Zustimmung des Europäischen Parlaments erteilt.

(2)
[1]Der Antrag der Mitgliedstaaten, die untereinander im Rahmen der Gemeinsamen Außen- und Sicher-heitspolitik eine Verstärkte Zusammenarbeit begründen möchten, wird an den Rat gerichtet. [2]Er wird dem Hohen Vertreter der Union für die Außen- und Sicherheitspolitik, der zur Kohärenz der beabsichtigten Verstärkten Zusammenarbeit mit der Gemeinsamen Außen- und Sicherheitspolitik der Union Stellung nimmt, sowie der Kommission übermittelt, die insbesondere zur Kohärenz der beabsichtigten Verstärkten Zusammenarbeit mit der Politik der Union in anderen Bereichen Stellung nimmt. [3]Der Antrag wird ferner dem Europäischen Parlament zur Unterrichtung übermittelt.
Die Ermächtigung zur Einleitung einer Verstärkten Zusammenarbeit wird mit einem Beschluss des Rates erteilt, der einstimmig beschließt.

Artikel 330 [Beratungen; Stimmberechtigung]

Alle Mitglieder des Rates können an dessen Beratungen teilnehmen, aber nur die Mitglieder des Rates, die die an der Verstärkten Zusammenarbeit beteiligten Mitgliedstaaten vertreten, sind stimmberechtigt.
Die Einstimmigkeit bezieht sich allein auf die Stimmen der Vertreter der an der Verstärkten Zusammen-arbeit beteiligten Mitgliedstaaten.
Die qualifizierte Mehrheit bestimmt sich nach Artikel 238 Absatz 3.

Artikel 331 [Beitritt weiterer Staaten]

(1)
Jeder Mitgliedstaat, der sich einer bestehenden Verstärkten Zusammenarbeit in einem der in Artikel 329 Absatz 1 genannten Bereiche anschließen will, teilt dem Rat und der Kommission seine Absicht mit.
[1]Die Kommission bestätigt binnen vier Monaten nach Eingang der Mitteilung die Beteiligung des be-treffenden Mitgliedstaats. [2]Dabei stellt sie gegebenenfalls fest, dass die Beteiligungsvoraussetzungen er-füllt sind, und erlässt die notwendigen Übergangsmaßnahmen zur Anwendung der im Rahmen der Ver-stärkten Zusammenarbeit bereits erlassenen Rechtsakte.
[1]Ist die Kommission jedoch der Auffassung, dass die Beteiligungsvoraussetzungen nicht erfüllt sind, so gibt sie an, welche Bestimmungen zur Erfüllung dieser Voraussetzungen erlassen werden müssen, und legt eine Frist für die erneute Prüfung des Antrags fest. [2]Nach Ablauf dieser Frist prüft sie den Antrag erneut nach dem in Unterabsatz 2 vorgesehenen Verfahren. [3]Ist die Kommission der Auffassung, dass die Beteiligungsvoraussetzungen weiterhin nicht erfüllt sind, so kann der betreffende Mitgliedstaat mit dieser Frage den Rat befassen, der über den Antrag befindet. [4]Der Rat beschließt nach Artikel 330. [5]Er kann außerdem auf Vorschlag der Kommission die in Unterabsatz 2 genannten Übergangsmaßnahmen erlassen.

(2)
Jeder Mitgliedstaat, der an einer bestehenden Verstärkten Zusammenarbeit im Rahmen der Gemeinsamen Außen- und Sicherheitspolitik teilnehmen möchte, teilt dem Rat, dem Hohen Vertreter der Union für die Außen- und Sicherheitspolitik und der Kommission seine Absicht mit.
[1]Der Rat bestätigt die Teilnahme des betreffenden Mitgliedstaats nach Anhörung des Hohen Vertreters der Union für die Außen- und Sicherheitspolitik und gegebenenfalls nach der Feststellung, dass die Teil-nahmevoraussetzungen erfüllt sind. [2]Der Rat kann auf Vorschlag des Hohen Vertreters ferner die not-wendigen Übergangsmaßnahmen zur Anwendung der im Rahmen der Verstärkten Zusammenarbeit be-reits erlassenen Rechtsakte treffen. [3]Ist der Rat jedoch der Auffassung, dass die Teilnahmevoraussetzun-gen nicht erfüllt sind, so gibt er an, welche Schritte zur Erfüllung dieser Voraussetzungen notwendig sind, und legt eine Frist für die erneute Prüfung des Antrags auf Teilnahme fest.

Für die Zwecke dieses Absatzes beschließt der Rat einstimmig nach Artikel 330.

Artikel 332 [Budgetlast]
Die sich aus der Durchführung einer Verstärkten Zusammenarbeit ergebenden Ausgaben, mit Ausnahme der Verwaltungskosten der Organe, werden von den beteiligten Mitgliedstaaten getragen, sofern der Rat nicht nach Anhörung des Europäischen Parlaments durch einstimmigen Beschluss sämtlicher Mitglieder des Rates etwas anderes beschließt.

Artikel 333 [Abstimmungsregeln]
(1) Wenn nach einer Bestimmung der Verträge, die im Rahmen einer Verstärkten Zusammenarbeit angewendet werden könnte, der Rat einstimmig beschließen muss, kann der Rat nach Artikel 330 einstimmig einen Beschluss dahin gehend erlassen, dass er mit qualifizierter Mehrheit beschließt.
(2) [1]Wenn nach einer Bestimmung der Verträge, die im Rahmen einer Verstärkten Zusammenarbeit angewendet werden könnte, Rechtsakte vom Rat gemäß einem besonderen Gesetzgebungsverfahren erlassen werden müssen, kann der Rat nach Artikel 330 einstimmig einen Beschluss dahin gehend erlassen, dass er gemäß dem ordentlichen Gesetzgebungsverfahren beschließt. [2]Der Rat beschließt nach Anhörung des Europäischen Parlaments.
(3) Die Absätze 1 und 2 gelten nicht für Beschlüsse mit militärischen oder verteidigungspolitischen Bezügen.

Artikel 334 [Wahrung der Kohärenz]
Der Rat und die Kommission stellen sicher, dass die im Rahmen einer Verstärkten Zusammenarbeit durchgeführten Maßnahmen untereinander und mit der Politik der Union im Einklang stehen, und arbeiten entsprechend zusammen.

Siebter Teil
Allgemeine und Schlussbestimmungen

Artikel 335 [Rechts- und Geschäftsfähigkeit der Union]
[1]Die Union besitzt in jedem Mitgliedstaat die weitestgehende Rechts- und Geschäftsfähigkeit, die juristischen Personen nach dessen Rechtsvorschriften zuerkannt ist; sie kann insbesondere bewegliches und unbewegliches Vermögen erwerben und veräußern sowie vor Gericht stehen. [2]Zu diesem Zweck wird sie von der Kommission vertreten. [3]In Fragen, die das Funktionieren der einzelnen Organe betreffen, wird die Union hingegen aufgrund von deren Verwaltungsautonomie von dem betreffenden Organ vertreten.

Artikel 336 [Beamtenstatut; Beschäftigungsbedingungen]
Das Europäische Parlament und der Rat erlassen gemäß dem ordentlichen Gesetzgebungsverfahren durch Verordnungen nach Anhörung der anderen betroffenen Organe das Statut der Beamten der Europäischen Union und die Beschäftigungsbedingungen für die sonstigen Bediensteten der Union.

Artikel 337 [Auskunfts- und Nachprüfungsrecht der Kommission]
Zur Erfüllung der ihr übertragenen Aufgaben kann die Kommission alle erforderlichen Auskünfte einholen und alle erforderlichen Nachprüfungen vornehmen; der Rahmen und die nähere Maßgabe hierfür werden vom Rat, der mit einfacher Mehrheit beschließt, gemäß den Bestimmungen der Verträge festgelegt.

Artikel 338 [Unionsstatistiken]
(1) Unbeschadet des Artikels 5 des Protokolls über die Satzung des Europäischen Systems der Zentralbanken und der Europäischen Zentralbank beschließen das Europäische Parlament und der Rat gemäß dem ordentlichen Gesetzgebungsverfahren Maßnahmen für die Erstellung von Statistiken, wenn dies für die Durchführung der Tätigkeiten der Union erforderlich ist.
(2) Die Erstellung der Unionsstatistiken erfolgt unter Wahrung der Unparteilichkeit, der Zuverlässigkeit, der Objektivität, der wissenschaftlichen Unabhängigkeit, der Kostenwirksamkeit und der statistischen Geheimhaltung; der Wirtschaft dürfen dadurch keine übermäßigen Belastungen entstehen.

Artikel 339 [Geheimhaltungspflicht]
Die Mitglieder der Organe der Union, die Mitglieder der Ausschüsse sowie die Beamten und sonstigen Bediensteten der Union sind verpflichtet, auch nach Beendigung ihrer Amtstätigkeit Auskünfte, die ihrem Wesen nach unter das Berufsgeheimnis fallen, nicht preiszugeben; dies gilt insbesondere für Auskünfte über Unternehmen sowie deren Geschäftsbeziehungen oder Kostenelemente.

Artikel 340 [Amtshaftung der Union]
Die vertragliche Haftung der Union bestimmt sich nach dem Recht, das auf den betreffenden Vertrag anzuwenden ist.

Im Bereich der außervertraglichen Haftung ersetzt die Union den durch ihre Organe oder Bediensteten in Ausübung ihrer Amtstätigkeit verursachten Schaden nach den allgemeinen Rechtsgrundsätzen, die den Rechtsordnungen der Mitgliedstaaten gemeinsam sind.

Abweichend von Absatz 2 ersetzt die Europäische Zentralbank den durch sie oder ihre Bediensteten in Ausübung ihrer Amtstätigkeit verursachten Schaden nach den allgemeinen Rechtsgrundsätzen, die den Rechtsordnungen der Mitgliedstaaten gemeinsam sind.

Die persönliche Haftung der Bediensteten gegenüber der Union bestimmt sich nach den Vorschriften ihres Statuts oder der für sie geltenden Beschäftigungsbedingungen.

Artikel 341 [Sitz der Organe der Union]
Der Sitz der Organe der Union wird im Einvernehmen zwischen den Regierungen der Mitgliedstaaten bestimmt.

Artikel 342 [Sprachenfrage]
Die Regelung der Sprachenfrage für die Organe der Union wird unbeschadet der Satzung des Gerichtshofs der Europäischen Union vom Rat einstimmig durch Verordnungen getroffen.

Artikel 343 [Vorrechte und Befreiungen der Union]
[1]Die Union genießt im Hoheitsgebiet der Mitgliedstaaten die zur Erfüllung ihrer Aufgabe erforderlichen Vorrechte und Befreiungen nach Maßgabe des Protokolls vom 8. April 1965 über die Vorrechte und Befreiungen der Europäischen Union. [2]Dasselbe gilt für die Europäische Zentralbank und die Europäische Investitionsbank.

Artikel 344 [Exklusivität der unionsrechtlichen Streitbeilegungsmechanismen]
Die Mitgliedstaaten verpflichten sich, Streitigkeiten über die Auslegung oder Anwendung der Verträge nicht anders als hierin vorgesehen zu regeln.

Artikel 345 [Eigentumsordnung]
Die Verträge lassen die Eigentumsordnung in den verschiedenen Mitgliedstaaten unberührt.

Artikel 346 [Ausnahme bei wesentlichen Sicherheitsinteressen; Rüstungsgüter]
(1) Die Vorschriften der Verträge stehen folgenden Bestimmungen nicht entgegen:
a) Ein Mitgliedstaat ist nicht verpflichtet, Auskünfte zu erteilen, deren Preisgabe seines Erachtens seinen wesentlichen Sicherheitsinteressen widerspricht;
b) jeder Mitgliedstaat kann die Maßnahmen ergreifen, die seines Erachtens für die Wahrung seiner wesentlichen Sicherheitsinteressen erforderlich sind, soweit sie die Erzeugung von Waffen, Munition und Kriegsmaterial oder den Handel damit betreffen; diese Maßnahmen dürfen auf dem Binnenmarkt die Wettbewerbsbedingungen hinsichtlich der nicht eigens für militärische Zwecke bestimmten Waren nicht beeinträchtigen.

(2) Der Rat kann die von ihm am 15. April 1958 festgelegte Liste der Waren, auf die Absatz 1 Buchstabe b Anwendung findet, einstimmig auf Vorschlag der Kommission ändern.

Artikel 347 [Notstandsvorbehalt]
Die Mitgliedstaaten setzen sich miteinander ins Benehmen, um durch gemeinsames Vorgehen zu verhindern, dass das Funktionieren des Binnenmarkts durch Maßnahmen beeinträchtigt wird, die ein Mitgliedstaat bei einer schwerwiegenden innerstaatlichen Störung der öffentlichen Ordnung, im Kriegsfall, bei einer ernsten, eine Kriegsgefahr darstellenden internationalen Spannung oder in Erfüllung der Verpflichtungen trifft, die er im Hinblick auf die Aufrechterhaltung des Friedens und der internationalen Sicherheit übernommen hat.

Artikel 348 [Anpassungsmaßnahmen; besonderes Vertragsverletzungsverfahren]
Werden auf dem Binnenmarkt die Wettbewerbsbedingungen durch Maßnahmen aufgrund der Artikel 346 und 347 verfälscht, so prüft die Kommission gemeinsam mit dem beteiligten Staat, wie diese Maßnahmen den Vorschriften der Verträge angepasst werden können.
[1]In Abweichung von dem in den Artikeln 258 und 259 vorgesehenen Verfahren kann die Kommission oder ein Mitgliedstaat den Gerichtshof unmittelbar anrufen, wenn die Kommission oder der Staat der Auffassung ist, dass ein anderer Mitgliedstaat die in den Artikeln 346 und 347 vorgesehenen Befugnisse missbraucht. [2]Der Gerichtshof entscheidet unter Ausschluss der Öffentlichkeit.

Artikel 349 [Sonderregelungen für bestimmte außereuropäische Territorien der Mitgliedstaaten]
[1]Unter Berücksichtigung der strukturbedingten sozialen und wirtschaftlichen Lage von Guadeloupe, Französisch-Guayana, Martinique, Mayotte, Réunion und Saint-Martin, der Azoren, Madeiras und der Kanarischen Inseln, die durch die Faktoren Abgelegenheit, Insellage, geringe Größe, schwierige Relief- und Klimabedingungen und wirtschaftliche Abhängigkeit von einigen wenigen Erzeugnissen erschwert wird, die als ständige Gegebenheiten und durch ihr Zusammenwirken die Entwicklung schwer beeinträchtigen, beschließt der Rat auf Vorschlag der Kommission nach Anhörung des Europäischen Parlaments spezifische Maßnahmen, die insbesondere darauf abzielen, die Bedingungen für die Anwendung der Verträge auf die genannten Gebiete, einschließlich gemeinsamer Politiken, festzulegen. [2]Werden die betreffenden spezifischen Maßnahmen vom Rat gemäß einem besonderen Gesetzgebungsverfahren erlassen, so beschließt er ebenfalls auf Vorschlag der Kommission und nach Anhörung des Europäischen Parlaments.

Die Maßnahmen nach Absatz 1 betreffen insbesondere die Zoll- und Handelspolitik, Steuerpolitik, Freizonen, Agrar- und Fischereipolitik, die Bedingungen für die Versorgung mit Rohstoffen und grundlegenden Verbrauchsgütern, staatliche Beihilfen sowie die Bedingungen für den Zugang zu den Strukturfonds und zu den horizontalen Unionsprogrammen.

Der Rat beschließt die in Absatz 1 genannten Maßnahmen unter Berücksichtigung der besonderen Merkmale und Zwänge der Gebiete in äußerster Randlage, ohne dabei die Integrität und Kohärenz der Rechtsordnung der Union, die auch den Binnenmarkt und die gemeinsamen Politiken umfasst, auszuhöhlen.

Artikel 350 [Benelux-Union]
Die Verträge stehen dem Bestehen und der Durchführung der regionalen Zusammenschlüsse zwischen Belgien und Luxemburg sowie zwischen Belgien, Luxemburg und den Niederlanden nicht entgegen, soweit die Ziele dieser Zusammenschlüsse durch Anwendung der Verträge nicht erreicht sind.

Artikel 351 [Frühere Abkommen der Mitgliedstaaten] ·
Die Rechte und Pflichten aus Übereinkünften, die vor dem 1. Januar 1958 oder, im Falle später beigetretener Staaten, vor dem Zeitpunkt ihres Beitritts zwischen einem oder mehreren Mitgliedstaaten einerseits und einem oder mehreren dritten Ländern andererseits geschlossen wurden, werden durch die Verträge nicht berührt.

[1]Soweit diese Übereinkünfte mit den Verträgen nicht vereinbar sind, wenden der oder die betreffenden Mitgliedstaaten alle geeigneten Mittel an, um die festgestellten Unvereinbarkeiten zu beheben. [2]Erforderlichenfalls leisten die Mitgliedstaaten zu diesem Zweck einander Hilfe; sie nehmen gegebenenfalls eine gemeinsame Haltung ein.

Bei Anwendung der in Absatz 1 bezeichneten Übereinkünfte tragen die Mitgliedstaaten dem Umstand Rechnung, dass die in den Verträgen von jedem Mitgliedstaat gewährten Vorteile Bestandteil der Errichtung der Union sind und daher in untrennbarem Zusammenhang stehen mit der Schaffung gemeinsamer Organe, der Übertragung von Zuständigkeiten auf diese und der Gewährung der gleichen Vorteile durch alle anderen Mitgliedstaaten.

Artikel 352 [Kompetenzergänzungsklausel]
(1) [1]Erscheint ein Tätigwerden der Union im Rahmen der in den Verträgen festgelegten Politikbereiche erforderlich, um eines der Ziele der Verträge zu verwirklichen, und sind in den Verträgen die hierfür erforderlichen Befugnisse nicht vorgesehen, so erlässt der Rat einstimmig auf Vorschlag der Kommission und nach Zustimmung des Europäischen Parlaments die geeigneten Vorschriften. [2]Werden diese Vorschriften vom Rat gemäß einem besonderen Gesetzgebungsverfahren erlassen, so beschließt er ebenfalls einstimmig auf Vorschlag der Kommission und nach Zustimmung des Europäischen Parlaments.

(2) Die Kommission macht die nationalen Parlamente im Rahmen des Verfahrens zur Kontrolle der Einhaltung des Subsidiaritätsprinzips nach Artikel 5 Absatz 3 des Vertrags über die Europäische Union auf die Vorschläge aufmerksam, die sich auf diesen Artikel stützen.

(3) Die auf diesem Artikel beruhenden Maßnahmen dürfen keine Harmonisierung der Rechtsvorschriften der Mitgliedstaaten in den Fällen beinhalten, in denen die Verträge eine solche Harmonisierung ausschließen.

(4) Dieser Artikel kann nicht als Grundlage für die Verwirklichung von Zielen der Gemeinsamen Außen- und Sicherheitspolitik dienen, und Rechtsakte, die nach diesem Artikel erlassen werden, müssen innerhalb der in Artikel 40 Absatz 2 des Vertrags über die Europäische Union festgelegten Grenzen bleiben.

Artikel 353 [Änderung der Einstimmigkeit]
Artikel 48 Absatz 7 des Vertrags über die Europäische Union findet keine Anwendung auf die folgenden Artikel:
- Artikel 311 Absätze 3 und 4,
- Artikel 312 Absatz 2 Unterabsatz 1,
- Artikel 352 und
- Artikel 354.

Artikel 354 [Stimmrechtsaussetzung]
[1]Für die Zwecke des Artikels 7 des Vertrags über die Europäische Union über die Aussetzung bestimmter mit der Zugehörigkeit zur Union verbundener Rechte ist das Mitglied des Europäischen Rates oder des Rates, das den betroffenen Mitgliedstaat vertritt, nicht stimmberechtigt und der betreffende Mitgliedstaat wird bei der Berechnung des Drittels oder der vier Fünftel der Mitgliedstaaten nach den Absätzen 1 und 2 des genannten Artikels nicht berücksichtigt. [2]Die Stimmenthaltung von anwesenden oder vertretenen Mitgliedern steht dem Erlass von Beschlüssen nach Absatz 2 des genannten Artikels nicht entgegen.
Für den Erlass von Beschlüssen nach Artikel 7 Absätze 3 und 4 des Vertrags über die Europäische Union bestimmt sich die qualifizierte Mehrheit nach Artikel 238 Absatz 3 Buchstabe b dieses Vertrags.
Beschließt der Rat nach dem Erlass eines Beschlusses über die Aussetzung der Stimmrechte nach Artikel 7 Absatz 3 des Vertrags über die Europäische Union auf der Grundlage einer Bestimmung der Verträge mit qualifizierter Mehrheit, so bestimmt sich die qualifizierte Mehrheit hierfür nach Artikel 238 Absatz 3 Buchstabe b dieses Vertrags oder, wenn der Rat auf Vorschlag der Kommission oder des Hohen Vertreters der Union für die Außen- und Sicherheitspolitik handelt, nach Artikel 238 Absatz 3 Buchstabe a.
Für die Zwecke des Artikels 7 des Vertrags über die Europäische Union beschließt das Europäische Parlament mit der Mehrheit von zwei Dritteln der abgegebenen Stimmen und mit der Mehrheit seiner Mitglieder.

Artikel 355 [Geltungsbereich der Verträge; Sonderfälle]
Zusätzlich zu den Bestimmungen des Artikels 52 des Vertrags über die Europäische Union über den räumlichen Geltungsbereich der Verträge gelten folgende Bestimmungen:
(1) Die Verträge gelten nach Artikel 349 für Guadeloupe, Französisch-Guayana, Martinique, Mayotte, Réunion, Saint-Martin, die Azoren, Madeira und die Kanarischen Inseln.
(2)
Für die in Anhang II aufgeführten überseeischen Länder und Hoheitsgebiete gilt das besondere Assoziierungssystem, das im Vierten Teil festgelegt ist.
Die Verträge finden keine Anwendung auf die überseeischen Länder und Hoheitsgebiete, die besondere Beziehungen zum Vereinigten Königreich Großbritannien und Nordirland unterhalten und die in dem genannten Anhang nicht aufgeführt sind.
(3) Die Verträge finden auf die europäischen Hoheitsgebiete Anwendung, deren auswärtige Beziehungen ein Mitgliedstaat wahrnimmt.
(4) Die Verträge finden entsprechend den Bestimmungen des Protokolls Nr. 2 zur Akte über die Bedingungen des Beitritts der Republik Österreich, der Republik Finnland und des Königsreichs Schweden auf die Ålandinseln Anwendung.
(5) Abweichend von Artikel 52 des Vertrags über die Europäische Union und von den Absätzen 1 bis 4 dieses Artikels gilt:
a) Die Verträge finden auf die Färöer keine Anwendung.
b) Die Verträge finden auf die Hoheitszonen des Vereinigten Königreichs auf Zypern, Akrotiri und Dhekelia, nur insoweit Anwendung, als dies erforderlich ist, um die Anwendung der Regelungen des Protokolls über die Hoheitszonen des Vereinigten Königreichs Großbritannien und Nordirland in Zypern, das der Akte über die Bedingungen des Beitritts der Tschechischen Republik, der Republik Estland, der Republik Zypern, der Republik Lettland, der Republik Litauen, der Republik Ungarn, der Republik Malta, der Republik Polen, der Republik Slowenien und der Slowakischen Republik zur Europäischen Union beigefügt ist, nach Maßgabe jenes Protokolls sicherzustellen.
c) Die Verträge finden auf die Kanalinseln und die Insel Man nur insoweit Anwendung, als dies erforderlich ist, um die Anwendung der Regelung sicherzustellen, die in dem am 22. Januar 1972 unterzeichneten Vertrag über den Beitritt neuer Mitgliedstaaten zur Europäischen Wirtschaftsgemeinschaft und zur Europäischen Atomgemeinschaft für diese Inseln vorgesehen ist.
(6) [1]Der Europäische Rat kann auf Initiative des betroffenen Mitgliedstaats einen Beschluss zur Änderung des Status eines in den Absätzen 1 und 2 genannten dänischen, französischen oder niederländischen Lan-

des oder Hoheitsgebiets gegenüber der Union erlassen. [2]Der Europäische Rat beschließt einstimmig nach Anhörung der Kommission.

Artikel 356 [Geltungsdauer]
Dieser Vertrag gilt auf unbegrenzte Zeit.

Artikel 357 [Ratifizierung und Inkrafttreten]
[1]Dieser Vertrag bedarf der Ratifizierung durch die Hohen Vertragsparteien gemäß ihren verfassungsrechtlichen Vorschriften. [2]Die Ratifikationsurkunden werden bei der Regierung der Italienischen Republik hinterlegt.
[1]Dieser Vertrag tritt am ersten Tag des auf die Hinterlegung der letzten Ratifikationsurkunde folgenden Monats in Kraft. [2]Findet diese Hinterlegung weniger als fünfzehn Tage vor Beginn des folgenden Monats statt, so tritt der Vertrag am ersten Tag des zweiten Monats nach dieser Hinterlegung in Kraft.

Artikel 358 [Verbindlicher Wortlaut; Hinterlegung]
Die Bestimmungen des Artikels 55 des Vertrags über die Europäische Union sind auf diesen Vertrag anwendbar.

ZU URKUND DESSEN haben die unterzeichnenden Bevollmächtigten ihre Unterschriften unter diesen Vertrag gesetzt.
Geschehen zu Rom am fünfundzwanzigsten März neunzehnhundertsiebenundfünfzig.
(Aufzählung der Unterzeichner nicht wiedergegeben)

Anhänge (hier nicht wiedergegeben)

Charta der Grundrechte der Europäischen Union (2007/C 303/01)

Vom 14. Dezember 2007 (ABl. Nr. C 303 S. 1)
(ABl. Nr. C 83 S. 389)

Das Europäische Parlament, der Rat und die Kommission proklamieren feierlich den nachstehenden Text als Charta der Grundrechte der Europäischen Union:

Charta der Grundrechte der Europäischen Union

Präambel

Die Völker Europas sind entschlossen, auf der Grundlage gemeinsamer Werte eine friedliche Zukunft zu teilen, indem sie sich zu einer immer engeren Union verbinden.

In dem Bewusstsein ihres geistig-religiösen und sittlichen Erbes gründet sich die Union auf die unteilbaren und universellen Werte der Würde des Menschen, der Freiheit, der Gleichheit und der Solidarität. Sie beruht auf den Grundsätzen der Demokratie und der Rechtsstaatlichkeit. Sie stellt den Menschen in den Mittelpunkt ihres Handelns, indem sie die Unionsbürgerschaft und einen Raum der Freiheit, der Sicherheit und des Rechts begründet.

Die Union trägt zur Erhaltung und zur Entwicklung dieser gemeinsamen Werte unter Achtung der Vielfalt der Kulturen und Traditionen der Völker Europas sowie der nationalen Identität der Mitgliedstaaten und der Organisation ihrer staatlichen Gewalt auf nationaler, regionaler und lokaler Ebene bei. Sie ist bestrebt, eine ausgewogene und nachhaltige Entwicklung zu fördern und stellt den freien Personen-, Dienstleistungs-, Waren- und Kapitalverkehr sowie die Niederlassungsfreiheit sicher.

Zu diesem Zweck ist es notwendig, angesichts der Weiterentwicklung der Gesellschaft, des sozialen Fortschritts und der wissenschaftlichen und technologischen Entwicklungen den Schutz der Grundrechte zu stärken, indem sie in einer Charta sichtbarer gemacht werden.

Diese Charta bekräftigt unter Achtung der Zuständigkeiten und Aufgaben der Union und des Subsidiaritätsprinzips die Rechte, die sich vor allem aus den gemeinsamen Verfassungstraditionen und den gemeinsamen internationalen Verpflichtungen der Mitgliedstaaten, aus der Europäischen Konvention zum Schutz der Menschenrechte und Grundfreiheiten, aus den von der Union und dem Europarat beschlossenen Sozialchartas sowie aus der Rechtsprechung des Gerichtshofs der Europäischen Union und des Europäischen Gerichtshofs für Menschenrechte ergeben. In diesem Zusammenhang erfolgt die Auslegung der Charta durch die Gerichte der Union und der Mitgliedstaaten unter gebührender Berücksichtigung der Erläuterungen, die unter der Leitung des Präsidiums des Konvents zur Ausarbeitung der Charta formuliert und unter der Verantwortung des Präsidiums des Europäischen Konvents aktualisiert wurden.

Die Ausübung dieser Rechte ist mit Verantwortung und mit Pflichten sowohl gegenüber den Mitmenschen als auch gegenüber der menschlichen Gemeinschaft und den künftigen Generationen verbunden.

Daher erkennt die Union die nachstehend aufgeführten Rechte, Freiheiten und Grundsätze an.

Titel I
Würde des Menschen

Artikel 1 Würde des Menschen
Die Würde des Menschen ist unantastbar. Sie ist zu achten und zu schützen.

Artikel 2 Recht auf Leben
(1) Jeder Mensch hat das Recht auf Leben.
(2) Niemand darf zur Todesstrafe verurteilt oder hingerichtet werden.

Artikel 3 Recht auf Unversehrtheit
(1) Jeder Mensch hat das Recht auf körperliche und geistige Unversehrtheit.
(2) Im Rahmen der Medizin und der Biologie muss insbesondere Folgendes beachtet werden:
a) die freie Einwilligung des Betroffenen nach vorheriger Aufklärung entsprechend den gesetzlich festgelegten Einzelheiten,
b) das Verbot eugenischer Praktiken, insbesondere derjenigen, welche die Selektion von Menschen zum Ziel haben,
c) das Verbot, den menschlichen Körper und Teile davon als solche zur Erzielung von Gewinnen zu nutzen,
d) das Verbot des reproduktiven Klonens von Menschen.

Artikel 4 Verbot der Folter und unmenschlicher oder erniedrigender Strafe oder Behandlung
Niemand darf der Folter oder unmenschlicher oder erniedrigender Strafe oder Behandlung unterworfen werden.

Artikel 5 Verbot der Sklaverei und der Zwangsarbeit
(1) Niemand darf in Sklaverei oder Leibeigenschaft gehalten werden.
(2) Niemand darf gezwungen werden, Zwangs- oder Pflichtarbeit zu verrichten.
(3) Menschenhandel ist verboten.

Titel II
Freiheiten

Artikel 6 Recht auf Freiheit und Sicherheit
Jeder Mensch hat das Recht auf Freiheit und Sicherheit.

Artikel 7 Achtung des Privat- und Familienlebens
Jede Person hat das Recht auf Achtung ihres Privat- und Familienlebens, ihrer Wohnung sowie ihrer Kommunikation.

Artikel 8 Schutz personenbezogener Daten
(1) Jede Person hat das Recht auf Schutz der sie betreffenden personenbezogenen Daten.
(2) Diese Daten dürfen nur nach Treu und Glauben für festgelegte Zwecke und mit Einwilligung der betroffenen Person oder auf einer sonstigen gesetzlich geregelten legitimen Grundlage verarbeitet werden. Jede Person hat das Recht, Auskunft über die sie betreffenden erhobenen Daten zu erhalten und die Berichtigung der Daten zu erwirken.
(3) Die Einhaltung dieser Vorschriften wird von einer unabhängigen Stelle überwacht.

Artikel 9 Recht, eine Ehe einzugehen und eine Familie zu gründen
Das Recht, eine Ehe einzugehen, und das Recht, eine Familie zu gründen, werden nach den einzelstaatlichen Gesetzen gewährleistet, welche die Ausübung dieser Rechte regeln.

Artikel 10 Gedanken-, Gewissens- und Religionsfreiheit
(1) Jede Person hat das Recht auf Gedanken-, Gewissens- und Religionsfreiheit. Dieses Recht umfasst die Freiheit, die Religion oder Weltanschauung zu wechseln, und die Freiheit, seine Religion oder Weltanschauung einzeln oder gemeinsam mit anderen öffentlich oder privat durch Gottesdienst, Unterricht, Bräuche und Riten zu bekennen.
(2) Das Recht auf Wehrdienstverweigerung aus Gewissensgründen wird nach den einzelstaatlichen Gesetzen anerkannt, welche die Ausübung dieses Rechts regeln.

Artikel 11 Freiheit der Meinungsäußerung und Informationsfreiheit
(1) Jede Person hat das Recht auf freie Meinungsäußerung. Dieses Recht schließt die Meinungsfreiheit und die Freiheit ein, Informationen und Ideen ohne behördliche Eingriffe und ohne Rücksicht auf Staatsgrenzen zu empfangen und weiterzugeben.
(2) Die Freiheit der Medien und ihre Pluralität werden geachtet.

Artikel 12 Versammlungs- und Vereinigungsfreiheit
(1) Jede Person hat das Recht, sich insbesondere im politischen, gewerkschaftlichen und zivilgesellschaftlichen Bereich auf allen Ebenen frei und friedlich mit anderen zu versammeln und frei mit anderen zusammenzuschließen, was das Recht jeder Person umfasst, zum Schutz ihrer Interessen Gewerkschaften zu gründen und Gewerkschaften beizutreten.
(2) Politische Parteien auf der Ebene der Union tragen dazu bei, den politischen Willen der Unionsbürgerinnen und Unionsbürger zum Ausdruck zu bringen.

Artikel 13 Freiheit der Kunst und der Wissenschaft
Kunst und Forschung sind frei. Die akademische Freiheit wird geachtet.

Artikel 14 Recht auf Bildung
(1) Jede Person hat das Recht auf Bildung sowie auf Zugang zur beruflichen Ausbildung und Weiterbildung.
(2) Dieses Recht umfasst die Möglichkeit, unentgeltlich am Pflichtschulunterricht teilzunehmen.
(3) Die Freiheit zur Gründung von Lehranstalten unter Achtung der demokratischen Grundsätze sowie das Recht der Eltern, die Erziehung und den Unterricht ihrer Kinder entsprechend ihren eigenen religiösen,

weltanschaulichen und erzieherischen Überzeugungen sicherzustellen, werden nach den einzelstaatlichen Gesetzen geachtet, welche ihre Ausübung regeln.

Artikel 15 Berufsfreiheit und Recht zu arbeiten
(1) Jede Person hat das Recht, zu arbeiten und einen frei gewählten oder angenommenen Beruf auszuüben.

(2) Alle Unionsbürgerinnen und Unionsbürger haben die Freiheit, in jedem Mitgliedstaat Arbeit zu suchen, zu arbeiten, sich niederzulassen oder Dienstleistungen zu erbringen.

(3) Die Staatsangehörigen dritter Länder, die im Hoheitsgebiet der Mitgliedstaaten arbeiten dürfen, haben Anspruch auf Arbeitsbedingungen, die denen der Unionsbürgerinnen und Unionsbürger entsprechen.

Artikel 16 Unternehmerische Freiheit
Die unternehmerische Freiheit wird nach dem Unionsrecht und den einzelstaatlichen Rechtsvorschriften und Gepflogenheiten anerkannt.

Artikel 17 Eigentumsrecht
(1) Jede Person hat das Recht, ihr rechtmäßig erworbenes Eigentum zu besitzen, zu nutzen, darüber zu verfügen und es zu vererben. Niemandem darf sein Eigentum entzogen werden, es sei denn aus Gründen des öffentlichen Interesses in den Fällen und unter den Bedingungen, die in einem Gesetz vorgesehen sind, sowie gegen eine rechtzeitige angemessene Entschädigung für den Verlust des Eigentums. Die Nutzung des Eigentums kann gesetzlich geregelt werden, soweit dies für das Wohl der Allgemeinheit erforderlich ist.

(2) Geistiges Eigentum wird geschützt.

Artikel 18 Asylrecht
Das Recht auf Asyl wird nach Maßgabe des Genfer Abkommens vom 28. Juli 1951 und des Protokolls vom 31. Januar 1967 über die Rechtsstellung der Flüchtlinge sowie nach Maßgabe des Vertrags über die Europäische Union und des Vertrags über die Arbeitsweise der Europäischen Union (im Folgenden „die Verträge") gewährleistet.

Artikel 19 Schutz bei Abschiebung, Ausweisung und Auslieferung
(1) Kollektivausweisungen sind nicht zulässig.
(2) Niemand darf in einen Staat abgeschoben oder ausgewiesen oder an einen Staat ausgeliefert werden, in dem für sie oder ihn das ernsthafte Risiko der Todesstrafe, der Folter oder einer anderen unmenschlichen oder erniedrigenden Strafe oder Behandlung besteht.

Titel III
Gleichheit

Artikel 20 Gleichheit vor dem Gesetz
Alle Personen sind vor dem Gesetz gleich.

Artikel 21 Nichtdiskriminierung
(1) Diskriminierungen insbesondere wegen des Geschlechts, der Rasse, der Hautfarbe, der ethnischen oder sozialen Herkunft, der genetischen Merkmale, der Sprache, der Religion oder der Weltanschauung, der politischen oder sonstigen Anschauung, der Zugehörigkeit zu einer nationalen Minderheit, des Vermögens, der Geburt, einer Behinderung, des Alters oder der sexuellen Ausrichtung sind verboten.
(2) Unbeschadet besonderer Bestimmungen der Verträge ist in ihrem Anwendungsbereich jede Diskriminierung aus Gründen der Staatsangehörigkeit verboten.

Artikel 22 Vielfalt der Kulturen, Religionen und Sprachen
Die Union achtet die Vielfalt der Kulturen, Religionen und Sprachen.

Artikel 23 Gleichheit von Frauen und Männern
Die Gleichheit von Frauen und Männern ist in allen Bereichen, einschließlich der Beschäftigung, der Arbeit und des Arbeitsentgelts, sicherzustellen.
Der Grundsatz der Gleichheit steht der Beibehaltung oder der Einführung spezifischer Vergünstigungen für das unterrepräsentierte Geschlecht nicht entgegen.

Artikel 24 Rechte des Kindes
(1) Kinder haben Anspruch auf den Schutz und die Fürsorge, die für ihr Wohlergehen notwendig sind. Sie können ihre Meinung frei äußern. Ihre Meinung wird in den Angelegenheiten, die sie betreffen, in einer ihrem Alter und ihrem Reifegrad entsprechenden Weise berücksichtigt.

(2) Bei allen Kinder betreffenden Maßnahmen öffentlicher Stellen oder privater Einrichtungen muss das Wohl des Kindes eine vorrangige Erwägung sein.
(3) Jedes Kind hat Anspruch auf regelmäßige persönliche Beziehungen und direkte Kontakte zu beiden Elternteilen, es sei denn, dies steht seinem Wohl entgegen.

Artikel 25 Rechte älterer Menschen
Die Union anerkennt und achtet das Recht älterer Menschen auf ein würdiges und unabhängiges Leben und auf Teilnahme am sozialen und kulturellen Leben.

Artikel 26 Integration von Menschen mit Behinderung
Die Union anerkennt und achtet den Anspruch von Menschen mit Behinderung auf Maßnahmen zur Gewährleistung ihrer Eigenständigkeit, ihrer sozialen und beruflichen Eingliederung und ihrer Teilnahme am Leben der Gemeinschaft.

Titel IV
Solidarität

Artikel 27 Recht auf Unterrichtung und Anhörung der Arbeitnehmerinnen und Arbeitnehmer im Unternehmen
Für die Arbeitnehmerinnen und Arbeitnehmer oder ihre Vertreter muss auf den geeigneten Ebenen eine rechtzeitige Unterrichtung und Anhörung in den Fällen und unter den Voraussetzungen gewährleistet sein, die nach dem Unionsrecht und den einzelstaatlichen Rechtsvorschriften und Gepflogenheiten vorgesehen sind.

Artikel 28 Recht auf Kollektivverhandlungen und Kollektivmaßnahmen
Die Arbeitnehmerinnen und Arbeitnehmer sowie die Arbeitgeberinnen und Arbeitgeber oder ihre jeweiligen Organisationen haben nach dem Unionsrecht und den einzelstaatlichen Rechtsvorschriften und Gepflogenheiten das Recht, Tarifverträge auf den geeigneten Ebenen auszuhandeln und zu schließen sowie bei Interessenkonflikten kollektive Maßnahmen zur Verteidigung ihrer Interessen, einschließlich Streiks, zu ergreifen.

Artikel 29 Recht auf Zugang zu einem Arbeitsvermittlungsdienst
Jeder Mensch hat das Recht auf Zugang zu einem unentgeltlichen Arbeitsvermittlungsdienst.

Artikel 30 Schutz bei ungerechtfertigter Entlassung
Jede Arbeitnehmerin und jeder Arbeitnehmer hat nach dem Unionsrecht und den einzelstaatlichen Rechtsvorschriften und Gepflogenheiten Anspruch auf Schutz vor ungerechtfertigter Entlassung.

Artikel 31 Gerechte und angemessene Arbeitsbedingungen
(1) Jede Arbeitnehmerin und jeder Arbeitnehmer hat das Recht auf gesunde, sichere und würdige Arbeitsbedingungen.
(2) Jede Arbeitnehmerin und jeder Arbeitnehmer hat das Recht auf eine Begrenzung der Höchstarbeitszeit, auf tägliche und wöchentliche Ruhezeiten sowie auf bezahlten Jahresurlaub.

Artikel 32 Verbot der Kinderarbeit und Schutz der Jugendlichen am Arbeitsplatz
Kinderarbeit ist verboten. Unbeschadet günstigerer Vorschriften für Jugendliche und abgesehen von begrenzten Ausnahmen darf das Mindestalter für den Eintritt in das Arbeitsleben das Alter, in dem die Schulpflicht endet, nicht unterschreiten.
Zur Arbeit zugelassene Jugendliche müssen ihrem Alter angepasste Arbeitsbedingungen erhalten und vor wirtschaftlicher Ausbeutung und vor jeder Arbeit geschützt werden, die ihre Sicherheit, ihre Gesundheit, ihre körperliche, geistige, sittliche oder soziale Entwicklung beeinträchtigen oder ihre Erziehung gefährden könnte.

Artikel 33 Familien- und Berufsleben
(1) Der rechtliche, wirtschaftliche und soziale Schutz der Familie wird gewährleistet.
(2) Um Familien- und Berufsleben miteinander in Einklang bringen zu können, hat jeder Mensch das Recht auf Schutz vor Entlassung aus einem mit der Mutterschaft zusammenhängenden Grund sowie den Anspruch auf einen bezahlten Mutterschaftsurlaub und auf einen Elternurlaub nach der Geburt oder Adoption eines Kindes.

Artikel 34 Soziale Sicherheit und soziale Unterstützung
(1) Die Union anerkennt und achtet das Recht auf Zugang zu den Leistungen der sozialen Sicherheit und zu den sozialen Diensten, die in Fällen wie Mutterschaft, Krankheit, Arbeitsunfall, Pflegebedürftigkeit

oder im Alter sowie bei Verlust des Arbeitsplatzes Schutz gewährleisten, nach Maßgabe des Unionsrechts und der einzelstaatlichen Rechtsvorschriften und Gepflogenheiten.

(2) Jeder Mensch, der in der Union seinen rechtmäßigen Wohnsitz hat und seinen Aufenthalt rechtmäßig wechselt, hat Anspruch auf die Leistungen der sozialen Sicherheit und die sozialen Vergünstigungen nach dem Unionsrecht und den einzelstaatlichen Rechtsvorschriften und Gepflogenheiten.

(3) Um die soziale Ausgrenzung und die Armut zu bekämpfen, anerkennt und achtet die Union das Recht auf eine soziale Unterstützung und eine Unterstützung für die Wohnung, die allen, die nicht über ausreichende Mittel verfügen, ein menschenwürdiges Dasein sicherstellen sollen, nach Maßgabe des Unionsrechts und der einzelstaatlichen Rechtsvorschriften und Gepflogenheiten.

Artikel 35 Gesundheitsschutz
Jeder Mensch hat das Recht auf Zugang zur Gesundheitsvorsorge und auf ärztliche Versorgung nach Maßgabe der einzelstaatlichen Rechtsvorschriften und Gepflogenheiten. Bei der Festlegung und Durchführung der Politik und Maßnahmen der Union in allen Bereichen wird ein hohes Gesundheitsschutzniveau sichergestellt.

Artikel 36 Zugang zu Dienstleistungen von allgemeinem wirtschaftlichen Interesse
Die Union anerkennt und achtet den Zugang zu Dienstleistungen von allgemeinem wirtschaftlichen Interesse, wie er durch die einzelstaatlichen Rechtsvorschriften und Gepflogenheiten im Einklang mit den Verträgen geregelt ist, um den sozialen und territorialen Zusammenhalt der Union zu fördern.

Artikel 37 Umweltschutz
Ein hohes Umweltschutzniveau und die Verbesserung der Umweltqualität müssen in die Politik der Union einbezogen und nach dem Grundsatz der nachhaltigen Entwicklung sichergestellt werden.

Artikel 38 Verbraucherschutz
Die Politik der Union stellt ein hohes Verbraucherschutzniveau sicher.

Titel V
Bürgerrechte

Artikel 39 Aktives und passives Wahlrecht bei den Wahlen zum Europäischen Parlament
(1) Die Unionsbürgerinnen und Unionsbürger besitzen in dem Mitgliedstaat, in dem sie ihren Wohnsitz haben, das aktive und passive Wahlrecht bei den Wahlen zum Europäischen Parlament unter denselben Bedingungen wie die Angehörigen des betreffenden Mitgliedstaats.
(2) Die Mitglieder des Europäischen Parlaments werden in allgemeiner, unmittelbarer, freier und geheimer Wahl gewählt.

Artikel 40 Aktives und passives Wahlrecht bei den Kommunalwahlen
Die Unionsbürgerinnen und Unionsbürger besitzen in dem Mitgliedstaat, in dem sie ihren Wohnsitz haben, das aktive und passive Wahlrecht bei Kommunalwahlen unter denselben Bedingungen wie die Angehörigen des betreffenden Mitgliedstaats.

Artikel 41 Recht auf eine gute Verwaltung
(1) Jede Person hat ein Recht darauf, dass ihre Angelegenheiten von den Organen, Einrichtungen und sonstigen Stellen der Union unparteiisch, gerecht und innerhalb einer angemessenen Frist behandelt werden.
(2) Dieses Recht umfasst insbesondere
a) das Recht jeder Person, gehört zu werden, bevor ihr gegenüber eine für sie nachteilige individuelle Maßnahme getroffen wird,
b) das Recht jeder Person auf Zugang zu den sie betreffenden Akten unter Wahrung des berechtigten Interesses der Vertraulichkeit sowie des Berufs- und Geschäftsgeheimnisses,
c) die Verpflichtung der Verwaltung, ihre Entscheidungen zu begründen.
(3) Jede Person hat Anspruch darauf, dass die Union den durch ihre Organe oder Bediensteten in Ausübung ihrer Amtstätigkeit verursachten Schaden nach den allgemeinen Rechtsgrundsätzen ersetzt, die den Rechtsordnungen der Mitgliedstaaten gemeinsam sind.
(4) Jede Person kann sich in einer der Sprachen der Verträge an die Organe der Union wenden und muss eine Antwort in derselben Sprache erhalten.

Artikel 42 Recht auf Zugang zu Dokumenten
Die Unionsbürgerinnen und Unionsbürger sowie jede natürliche oder juristische Person mit Wohnsitz oder satzungsmäßigem Sitz in einem Mitgliedstaat haben das Recht auf Zugang zu den Dokumenten der

Organe, Einrichtungen und sonstigen Stellen der Union, unabhängig von der Form der für diese Dokumente verwendeten Träger.

Artikel 43 Der Europäische Bürgerbeauftragte
Die Unionsbürgerinnen und Unionsbürger sowie jede natürliche oder juristische Person mit Wohnsitz oder satzungsmäßigem Sitz in einem Mitgliedstaat haben das Recht, den Europäischen Bürgerbeauftragten im Falle von Missständen bei der Tätigkeit der Organe, Einrichtungen und sonstigen Stellen der Union, mit Ausnahme des Gerichtshofs der Europäischen Union in Ausübung seiner Rechtsprechungsbefugnisse, zu befassen.

Artikel 44 Petitionsrecht
Die Unionsbürgerinnen und Unionsbürger sowie jede natürliche oder juristische Person mit Wohnsitz oder satzungsmäßigem Sitz in einem Mitgliedstaat haben das Recht, eine Petition an das Europäische Parlament zu richten.

Artikel 45 Freizügigkeit und Aufenthaltsfreiheit
(1) Die Unionsbürgerinnen und Unionsbürger haben das Recht, sich im Hoheitsgebiet der Mitgliedstaaten frei zu bewegen und aufzuhalten.
(2) Staatsangehörigen von Drittländern, die sich rechtmäßig im Hoheitsgebiet eines Mitgliedstaats aufhalten, kann nach Maßgabe der Verträge Freizügigkeit und Aufenthaltsfreiheit gewährt werden.

Artikel 46 Diplomatischer und konsularischer Schutz
Die Unionsbürgerinnen und Unionsbürger genießen im Hoheitsgebiet eines Drittlands, in dem der Mitgliedstaat, dessen Staatsangehörigkeit sie besitzen, nicht vertreten ist, den Schutz durch die diplomatischen und konsularischen Behörden eines jeden Mitgliedstaats unter denselben Bedingungen wie Staatsangehörige dieses Staates.

Titel VI
Justizielle Rechte

Artikel 47 Recht auf einen wirksamen Rechtsbehelf und ein unparteiisches Gericht
Jede Person, deren durch das Recht der Union garantierte Rechte oder Freiheiten verletzt worden sind, hat das Recht, nach Maßgabe der in diesem Artikel vorgesehenen Bedingungen bei einem Gericht einen wirksamen Rechtsbehelf einzulegen.
Jede Person hat ein Recht darauf, dass ihre Sache von einem unabhängigen, unparteiischen und zuvor durch Gesetz errichteten Gericht in einem fairen Verfahren, öffentlich und innerhalb angemessener Frist verhandelt wird. Jede Person kann sich beraten, verteidigen und vertreten lassen.
Personen, die nicht über ausreichende Mittel verfügen, wird Prozesskostenhilfe bewilligt, soweit diese Hilfe erforderlich ist, um den Zugang zu den Gerichten wirksam zu gewährleisten.

Artikel 48 Unschuldsvermutung und Verteidigungsrechte
(1) Jeder Angeklagte gilt bis zum rechtsförmlich erbrachten Beweis seiner Schuld als unschuldig.
(2) Jedem Angeklagten wird die Achtung der Verteidigungsrechte gewährleistet.

Artikel 49 Grundsätze der Gesetzmäßigkeit und der Verhältnismäßigkeit im Zusammenhang mit Straftaten und Strafen
(1) Niemand darf wegen einer Handlung oder Unterlassung verurteilt werden, die zur Zeit ihrer Begehung nach innerstaatlichem oder internationalem Recht nicht strafbar war. Es darf auch keine schwerere Strafe als die zur Zeit der Begehung angedrohte Strafe verhängt werden. Wird nach Begehung einer Straftat durch Gesetz eine mildere Strafe eingeführt, so ist diese zu verhängen.
(2) Dieser Artikel schließt nicht aus, dass eine Person wegen einer Handlung oder Unterlassung verurteilt oder bestraft wird, die zur Zeit ihrer Begehung nach den allgemeinen, von der Gesamtheit der Nationen anerkannten Grundsätzen strafbar war.
(3) Das Strafmaß darf zur Straftat nicht unverhältnismäßig sein.

Artikel 50 Recht, wegen derselben Straftat nicht zweimal strafrechtlich verfolgt oder bestraft zu werden
Niemand darf wegen einer Straftat, derentwegen er bereits in der Union nach dem Gesetz rechtskräftig verurteilt oder freigesprochen worden ist, in einem Strafverfahren erneut verfolgt oder bestraft werden.

Titel VII

Allgemeine Bestimmungen über die Auslegung und Anwendung der Charta

Artikel 51 Anwendungsbereich

(1) Diese Charta gilt für die Organe, Einrichtungen und sonstigen Stellen der Union unter Wahrung des Subsidiaritätsprinzips und für die Mitgliedstaaten ausschließlich bei der Durchführung des Rechts der Union. Dementsprechend achten sie die Rechte, halten sie sich an die Grundsätze und fördern sie deren Anwendung entsprechend ihren jeweiligen Zuständigkeiten und unter Achtung der Grenzen der Zuständigkeiten, die der Union in den Verträgen übertragen werden.

(2) Diese Charta dehnt den Geltungsbereich des Unionsrechts nicht über die Zuständigkeiten der Union hinaus aus und begründet weder neue Zuständigkeiten noch neue Aufgaben für die Union, noch ändert sie die in den Verträgen festgelegten Zuständigkeiten und Aufgaben.

Artikel 52 Tragweite und Auslegung der Rechte und Grundsätze

(1) Jede Einschränkung der Ausübung der in dieser Charta anerkannten Rechte und Freiheiten muss gesetzlich vorgesehen sein und den Wesensgehalt dieser Rechte und Freiheiten achten. Unter Wahrung des Grundsatzes der Verhältnismäßigkeit dürfen Einschränkungen nur vorgenommen werden, wenn sie erforderlich sind und den von der Union anerkannten dem Gemeinwohl dienenden Zielsetzungen oder den Erfordernissen des Schutzes der Rechte und Freiheiten anderer tatsächlich entsprechen.

(2) Die Ausübung der durch diese Charta anerkannten Rechte, die in den Verträgen geregelt sind, erfolgt im Rahmen der in den Verträgen festgelegten Bedingungen und Grenzen.

(3) Soweit diese Charta Rechte enthält, die den durch die Europäische Konvention zum Schutz der Menschenrechte und Grundfreiheiten garantierten Rechten entsprechen, haben sie die gleiche Bedeutung und Tragweite, wie sie ihnen in der genannten Konvention verliehen wird. Diese Bestimmung steht dem nicht entgegen, dass das Recht der Union einen weiter gehenden Schutz gewährt.

(4) Soweit in dieser Charta Grundrechte anerkannt werden, wie sie sich aus den gemeinsamen Verfassungsüberlieferungen der Mitgliedstaaten ergeben, werden sie im Einklang mit diesen Überlieferungen ausgelegt.

(5) Die Bestimmungen dieser Charta, in denen Grundsätze festgelegt sind, können durch Akte der Gesetzgebung und der Ausführung der Organe, Einrichtungen und sonstigen Stellen der Union sowie durch Akte der Mitgliedstaaten zur Durchführung des Rechts der Union in Ausübung ihrer jeweiligen Zuständigkeiten umgesetzt werden. Sie können vor Gericht nur bei der Auslegung dieser Akte und bei Entscheidungen über deren Rechtmäßigkeit herangezogen werden.

(6) Den einzelstaatlichen Rechtsvorschriften und Gepflogenheiten ist, wie es in dieser Charta bestimmt ist, in vollem Umfang Rechnung zu tragen.

(7) Die Erläuterungen, die als Anleitung für die Auslegung dieser Charta verfasst wurden, sind von den Gerichten der Union und der Mitgliedstaaten gebührend zu berücksichtigen.

Artikel 53 Schutzniveau

Keine Bestimmung dieser Charta ist als eine Einschränkung oder Verletzung der Menschenrechte und Grundfreiheiten auszulegen, die in dem jeweiligen Anwendungsbereich durch das Recht der Union und das Völkerrecht sowie durch die internationalen Übereinkünfte, bei denen die Union oder alle Mitgliedstaaten Vertragsparteien sind, darunter insbesondere die Europäische Konvention zum Schutz der Menschenrechte und Grundfreiheiten, sowie durch die Verfassungen der Mitgliedstaaten anerkannt werden.

Artikel 54 Verbot des Missbrauchs der Rechte

Keine Bestimmung dieser Charta ist so auszulegen, als begründe sie das Recht, eine Tätigkeit auszuüben oder eine Handlung vorzunehmen, die darauf abzielt, die in der Charta anerkannten Rechte und Freiheiten abzuschaffen oder sie stärker einzuschränken, als dies in der Charta vorgesehen ist.

Der vorstehende Wortlaut übernimmt mit Anpassungen die am 7. Dezember 2000 proklamierte Charta und ersetzt sie ab dem Zeitpunkt des Inkrafttretens des Vertrags von Lissabon.

Geschehen zu Strassburg am zwölften Dezember zweitausendsieben.

Konvention zum Schutz der Menschenrechte und Grundfreiheiten[1]

In der Fassung der Bekanntmachung vom 22. Oktober 2010[2][3] (BGBl. II S. 1198)
zuletzt geändert durch 15. EMRK-Protokoll[4] vom 24. Juni 2013 (BGBl. 2014 II S. 1034)

Nichtamtliche Inhaltsübersicht

Die Unterzeichnerregierungen, Mitglieder des Europarats –

1) Der Geltungsbereich der Konvention ist in der nichtamtlichen Anlage wiedergegeben (Stand: 29. 12. 2015).
2) Neubekanntmachung der Europäischen Menschenrechtskonvention v. 4. 11. 1950 (BGBl. 1952 II S. 685, ber. S. 953) in einer sprachlich überarbeiteten deutschen Übersetzung in der ab 1. 6. 2010 geltenden Fassung.
3) Internationale Quelle: UNTS Bd. 213 S. 221.
4) Die Bundesrepublik Deutschland hat dem Protokoll Nr. 15 zur Konvention zum Schutz der Menschenrechte und Grundfreiheiten zugestimmt, vgl. G v. 2. 12. 2014 (BGBl. II S. 1034). Der Tag des Inkrafttretens ist noch im Bundesgesetzblatt bekannt zu geben.

in Anbetracht der Allgemeinen Erklärung der Menschenrechte, die am 10. Dezember 1948 von der Generalversammlung der Vereinten Nationen verkündet worden ist;

in der Erwägung, dass diese Erklärung bezweckt, die universelle und wirksame Anerkennung und Einhaltung der in ihr aufgeführten Rechte zu gewährleisten;

in der Erwägung, dass es das Ziel des Europarats ist, eine engere Verbindung zwischen seinen Mitgliedern herzustellen, und dass eines der Mittel zur Erreichung dieses Zieles die Wahrung und Fortentwicklung der Menschenrechte und Grundfreiheiten ist;

in Bekräftigung ihres tiefen Glaubens an diese Grundfreiheiten, welche die Grundlage von Gerechtigkeit und Frieden in der Welt bilden und die am besten durch eine wahrhaft demokratische politische Ordnung sowie durch ein gemeinsames Verständnis und ein gemeinsame Achtung der diesen Grundfreiheiten zugrunde liegenden Menschenrechte gesichert werden;

entschlossen, als Regierungen europäischer Staaten, die vom gleichen Geist beseelt sind und ein gemeinsames Erbe an politischen Überlieferungen, Idealen, Achtung der Freiheit und Rechtsstaatlichkeit besitzen, die ersten Schritte auf dem Weg zu einer kollektiven Garantie bestimmter in der Allgemeinen Erklärung aufgeführter Rechte zu unternehmen –

haben Folgendes vereinbart:

Artikel 1 Verpflichtung zur Achtung der Menschenrechte

Die Hohen Vertragsparteien sichern allen ihrer Hoheitsgewalt unterstehenden Personen die in Abschnitt I bestimmten Rechte und Freiheiten zu.

Abschnitt I
Rechte und Freiheiten

Artikel 2 Recht auf Leben

(1) [1]Das Recht jedes Menschen auf Leben wird gesetzlich geschützt. [2]Niemand darf absichtlich getötet werden, außer durch Vollstreckung eines Todesurteils, das ein Gericht wegen eines Verbrechens verhängt hat, für das die Todesstrafe gesetzlich vorgesehen ist.

(2) Eine Tötung wird nicht als Verletzung dieses Artikels betrachtet, wenn sie durch eine Gewaltanwendung verursacht wird, die unbedingt erforderlich ist, um

a) jemanden gegen rechtswidrige Gewalt zu verteidigen;

b) jemanden rechtmäßig festzunehmen oder jemanden, dem die Freiheit rechtmäßig entzogen ist, an der Flucht zu hindern;

c) einen Aufruhr oder Aufstand rechtmäßig niederzuschlagen.

Artikel 3 Verbot der Folter

Niemand darf der Folter oder unmenschlicher oder erniedrigender Behandlung oder Strafe unterworfen werden.

Artikel 4 Verbot der Sklaverei und der Zwangsarbeit

(1) Niemand darf in Sklaverei oder Leibeigenschaft gehalten werden.

(2) Niemand darf gezwungen werden, Zwangs- oder Pflichtarbeit zu verrichten.

(3) Nicht als Zwangs- oder Pflichtarbeit im Sinne dieses Artikels gilt:

a) eine Arbeit, die üblicherweise von einer Person verlangt wird, der unter den Voraussetzungen des Artikels 5 die Freiheit entzogen oder die bedingt entlassen worden ist;

b) eine Dienstleistung militärischer Art oder eine Dienstleistung, die an die Stelle des im Rahmen der Wehrpflicht zu leistenden Dienstes tritt, in Ländern, wo die Dienstverweigerung aus Gewissensgründen anerkannt ist;

c) eine Dienstleistung, die verlangt wird, wenn Notstände oder Katastrophen das Leben oder das Wohl der Gemeinschaft bedrohen;

d) eine Arbeit oder Dienstleistung, die zu den üblichen Bürgerpflichten gehört.

Artikel 5 Recht auf Freiheit und Sicherheit

(1) [1]Jede Person hat das Recht auf Freiheit und Sicherheit. [2]Die Freiheit darf nur in den folgenden Fällen und nur auf die gesetzlich vorgeschriebene Weise entzogen werden:

a) rechtmäßige Freiheitsentziehung nach Verurteilung durch ein zuständiges Gericht;

b) rechtmäßige Festnahme oder Freiheitsentziehung wegen Nichtbefolgung einer rechtmäßigen gerichtlichen Anordnung oder zur Erzwingung der Erfüllung einer gesetzlichen Verpflichtung;

c) rechtmäßige Festnahme oder Freiheitsentziehung zur Vorführung vor die zuständige Gerichtsbehörde, wenn hinreichender Verdacht besteht, dass die betreffende Person eine Straftat begangen hat,

oder wenn begründeter Anlass zu der Annahme besteht, dass es notwendig ist, sie an der Begehung einer Straftat oder an der Flucht nach Begehung einer solchen zu hindern;

d) rechtmäßige Freiheitsentziehung bei Minderjährigen zum Zweck überwachter Erziehung oder zur Vorführung vor die zuständige Behörde;

e) rechtmäßige Freiheitsentziehung mit dem Ziel, eine Verbreitung ansteckender Krankheiten zu verhindern, sowie bei psychisch Kranken, Alkohol- oder Rauschgiftsüchtigen und Landstreichern;

f) rechtmäßige Festnahme oder Freiheitsentziehung zur Verhinderung der unerlaubten Einreise sowie bei Personen, gegen die ein Ausweisungs- oder Auslieferungsverfahren im Gange ist.

(2) Jeder festgenommenen Person muss innerhalb möglichst kurzer Frist in einer ihr verständlichen Sprache mitgeteilt werden, welches die Gründe für ihre Festnahme sind und welche Beschuldigungen gegen sie erhoben werden.

(3) [1]Jede Person, die nach Absatz 1 Buchstabe c von Festnahme oder Freiheitsentziehung betroffen ist, muss unverzüglich einem Richter oder einer anderen gesetzlich zur Wahrnehmung richterlicher Aufgaben ermächtigten Person vorgeführt werden; sie hat Anspruch auf ein Urteil innerhalb angemessener Frist oder auf Entlassung während des Verfahrens. [2]Die Entlassung kann von der Leistung einer Sicherheit für das Erscheinen vor Gericht abhängig gemacht werden.

(4) Jede Person, die festgenommen oder der die Freiheit entzogen ist, hat das Recht zu beantragen, dass ein Gericht innerhalb kurzer Frist über die Rechtmäßigkeit der Freiheitsentziehung entscheidet und ihre Entlassung anordnet, wenn die Freiheitsentziehung nicht rechtmäßig ist.

(5) Jede Person, die unter Verletzung dieses Artikels von Festnahme oder Freiheitsentziehung betroffen ist, hat Anspruch auf Schadensersatz.

Artikel 6 Recht auf ein faires Verfahren

(1) [1]Jede Person hat ein Recht darauf, dass über Streitigkeiten in Bezug auf ihre zivilrechtlichen Ansprüche und Verpflichtungen oder über eine gegen sie erhobene strafrechtliche Anklage von einem unabhängigen und unparteiischen, auf Gesetz beruhenden Gericht in einem fairen Verfahren, öffentlich und innerhalb angemessener Frist verhandelt wird. [2]Das Urteil muss öffentlich verkündet werden; Presse und Offentlichkcit können jedoch während des ganzen oder eines Teiles des Verfahrens ausgeschlossen werden, wenn dies im Interesse der Moral, der öffentlichen Ordnung oder der nationalen Sicherheit in einer demokratischen Gesellschaft liegt, wenn die Interessen von Jugendlichen oder der Schutz des Privatlebens der Prozessparteien es verlangen oder – soweit das Gericht es für unbedingt erforderlich hält – wenn unter besonderen Umständen eine öffentliche Verhandlung die Interessen der Rechtspflege beeinträchtigen würde.

(2) Jede Person, die einer Straftat angeklagt ist, gilt bis zum gesetzlichen Beweis ihrer Schuld als unschuldig.

(3) Jede angeklagte Person hat mindestens folgende Rechte:

a) innerhalb möglichst kurzer Frist in einer ihr verständlichen Sprache in allen Einzelheiten über Art und Grund der gegen sie erhobenen Beschuldigung unterrichtet zu werden;

b) ausreichende Zeit und Gelegenheit zur Vorbereitung ihrer Verteidigung zu haben;

c) sich selbst zu verteidigen, sich durch einen Verteidiger ihrer Wahl verteidigen zu lassen oder, falls ihr die Mittel zur Bezahlung fehlen, unentgeltlich den Beistand eines Verteidigers zu erhalten, wenn dies im Interesse der Rechtspflege erforderlich ist;

d) Fragen an Belastungszeugen zu stellen oder stellen zu lassen und die Ladung und Vernehmung von Entlastungszeugen unter denselben Bedingungen zu erwirken, wie sie für Belastungszeugen gelten;

e) unentgeltliche Unterstützung durch einen Dolmetscher zu erhalten, wenn sie die Verhandlungssprache des Gerichts nicht versteht oder spricht.

Artikel 7 Keine Strafe ohne Gesetz

(1) [1]Niemand darf wegen einer Handlung oder Unterlassung verurteilt werden, die zur Zeit ihrer Begehung nach innerstaatlichem oder internationalem Recht nicht strafbar war. [2]Es darf auch keine schwerere als die zur Zeit der Begehung angedrohte Strafe verhängt werden.

(2) [1)]Dieser Artikel schließt nicht aus, dass jemand wegen einer Handlung oder Unterlassung verurteilt oder bestraft wird, die zur Zeit ihrer Begehung nach den von den zivilisierten Völkern anerkannten allgemeinen Rechtsgrundsätzen strafbar war.

1) Bezüglich Art. 7 Abs. 2 hat die Bundesregierung mit Zustimmung des Bundestages und des Bundesrates den nach Art. 57 der Konvention zulässigen Vorbehalt gemacht, dass auf jeden Fall die Grenzen von Art. 103 Abs. 2 GG gewahrt werden, siehe hierzu die Bek. v. 15. 12. 1953 (BGBl. 1954 II S. 14).

Artikel 8 Recht auf Achtung des Privat- und Familienlebens

(1) Jede Person hat das Recht auf Achtung ihres Privat- und Familienlebens, ihrer Wohnung und ihrer Korrespondenz.

(2) Eine Behörde darf in die Ausübung dieses Rechts nur eingreifen, soweit der Eingriff gesetzlich vorgesehen und in einer demokratischen Gesellschaft notwendig ist für die nationale oder öffentliche Sicherheit, für das wirtschaftliche Wohl des Landes, zur Aufrechterhaltung der Ordnung, zur Verhütung von Straftaten, zum Schutz der Gesundheit oder der Moral oder zum Schutz der Rechte und Freiheiten anderer.

Artikel 9 Gedanken-, Gewissens- und Religionsfreiheit

(1) Jede Person hat das Recht auf Gedanken-, Gewissens- und Religionsfreiheit; dieses Recht umfasst die Freiheit, seine Religion oder Weltanschauung zu wechseln, und die Freiheit, seine Religion oder Weltanschauung einzeln oder gemeinsam mit anderen öffentlich oder privat durch Gottesdienst, Unterricht oder Praktizieren von Bräuchen und Riten zu bekennen.

(2) Die Freiheit, seine Religion oder Weltanschauung zu bekennen, darf nur Einschränkungen unterworfen werden, die gesetzlich vorgesehen und in einer demokratischen Gesellschaft notwendig sind für die öffentliche Sicherheit, zum Schutz der öffentlichen Ordnung, Gesundheit oder Moral oder zum Schutz der Rechte und Freiheiten anderer.

Artikel 10 Freiheit der Meinungsäußerung

(1) [1]Jede Person hat das Recht auf freie Meinungsäußerung. [2]Dieses Recht schließt die Meinungsfreiheit und die Freiheit ein, Informationen und Ideen ohne behördliche Eingriffe und ohne Rücksicht auf Staatsgrenzen zu empfangen und weiterzugeben. [3]Dieser Artikel hindert die Staaten nicht, für Hörfunk-, Fernseh- oder Kinounternehmen eine Genehmigung vorzuschreiben.

(2) Die Ausübung dieser Freiheiten ist mit Pflichten und Verantwortung verbunden; sie kann daher Formvorschriften, Bedingungen, Einschränkungen oder Strafdrohungen unterworfen werden, die gesetzlich vorgesehen und in einer demokratischen Gesellschaft notwendig sind für die nationale Sicherheit, die territoriale Unversehrtheit oder die öffentliche Sicherheit, zur Aufrechterhaltung der Ordnung oder zur Verhütung von Straftaten, zum Schutz der Gesundheit oder der Moral, zum Schutz des guten Rufes oder der Rechte anderer, zur Verhinderung der Verbreitung vertraulicher Informationen oder zur Wahrung der Autorität und der Unparteilichkeit der Rechtsprechung.

Artikel 11 Versammlungs- und Vereinigungsfreiheit

(1) Jede Person hat das Recht, sich frei und friedlich mit anderen zu versammeln und sich frei mit anderen zusammenzuschließen; dazu gehört auch das Recht, zum Schutz seiner Interessen Gewerkschaften zu gründen und Gewerkschaften beizutreten.

(2) [1]Die Ausübung dieser Rechte darf nur Einschränkungen unterworfen werden, die gesetzlich vorgesehen und in einer demokratischen Gesellschaft notwendig sind für die nationale oder öffentliche Sicherheit, zur Aufrechterhaltung der Ordnung oder zur Verhütung von Straftaten, zum Schutz der Gesundheit oder der Moral oder zum Schutz der Rechte und Freiheiten anderer. [2]Dieser Artikel steht rechtmäßigen Einschränkungen der Ausübung dieser Rechte für Angehörige der Streitkräfte, der Polizei oder der Staatsverwaltung nicht entgegen.

Artikel 12 Recht auf Eheschließung

Männer und Frauen im heiratsfähigen Alter haben das Recht, nach den innerstaatlichen Gesetzen, welche die Ausübung dieses Rechts regeln, eine Ehe einzugehen und eine Familie zu gründen.

Artikel 13 Recht auf wirksame Beschwerde

Jede Person, die in ihren in dieser Konvention anerkannten Rechten oder Freiheiten verletzt worden ist, hat das Recht, bei einer innerstaatlichen Instanz eine wirksame Beschwerde zu erheben, auch wenn die Verletzung von Personen begangen worden ist, die in amtlicher Eigenschaft gehandelt haben.

Artikel 14 Diskriminierungsverbot

Der Genuss der in dieser Konvention anerkannten Rechte und Freiheiten ist ohne Diskriminierung insbesondere wegen des Geschlechts, der Rasse, der Hautfarbe, der Sprache, der Religion, der politischen oder sonstigen Anschauung, der nationalen oder sozialen Herkunft, der Zugehörigkeit zu einer nationalen Minderheit, des Vermögens, der Geburt oder eines sonstigen Status zu gewährleisten.

Artikel 15 Abweichen im Notstandsfall

(1) Wird das Leben der Nation durch Krieg oder einen anderen öffentlichen Notstand bedroht, so kann jede Hohe Vertragspartei Maßnahmen treffen, die von den in dieser Konvention vorgesehenen Verpflich-

tungen abweichen, jedoch nur, soweit es die Lage unbedingt erfordert und wenn die Maßnahmen nicht in Widerspruch zu den sonstigen völkerrechtlichen Verpflichtungen der Vertragspartei stehen.

(2) Aufgrund des Absatzes 1 darf von Artikel 2 nur bei Todesfällen infolge rechtmäßiger Kriegshandlungen und von Artikel 3, Artikel 4 Absatz 1 und Artikel 7 in keinem Fall abgewichen werden.

(3) [1]Jede Hohe Vertragspartei, die dieses Recht auf Abweichung ausübt, unterrichtet den Generalsekretär des Europarats umfassend über die getroffenen Maßnahmen und deren Gründe. [2]Sie unterrichtet den Generalsekretär des Europarats auch über den Zeitpunkt, zu dem diese Maßnahmen außer Kraft getreten sind und die Konvention wieder volle Anwendung findet.

Artikel 16 Beschränkungen der politischen Tätigkeit ausländischer Personen
Die Artikel 10, 11 und 14 sind nicht so auszulegen, als untersagten sie den Hohen Vertragsparteien, die politische Tätigkeit ausländischer Personen zu beschränken.

Artikel 17 Verbot des Missbrauchs der Rechte
Diese Konvention ist nicht so auszulegen, als begründe sie für einen Staat, eine Gruppe oder eine Person das Recht, eine Tätigkeit auszuüben oder eine Handlung vorzunehmen, die darauf abzielt, die in der Konvention festgelegten Rechte und Freiheiten abzuschaffen oder sie stärker einzuschränken, als es in der Konvention vorgesehen ist.

Artikel 18 Begrenzung der Rechtseinschränkungen
Die nach dieser Konvention zulässigen Einschränkungen der genannten Rechte und Freiheiten dürfen nur zu den vorgesehenen Zwecken erfolgen.

Abschnitt II
Europäischer Gerichtshof für Menschenrechte

Artikel 19 Errichtung des Gerichtshofs
[1]Um die Einhaltung der Verpflichtungen sicherzustellen, welche die Hohen Vertragsparteien in dieser Konvention und den Protokollen dazu übernommen haben, wird ein Europäischer Gerichtshof für Menschenrechte, im Folgenden als „Gerichtshof" bezeichnet, errichtet. [2]Er nimmt seine Aufgaben als ständiger Gerichtshof wahr.

Artikel 20 Zahl der Richter
Die Zahl der Richter des Gerichtshofs entspricht derjenigen der Hohen Vertragsparteien.

Artikel 21 Voraussetzungen für das Amt
(1) Die Richter müssen hohes sittliches Ansehen genießen und entweder die für die Ausübung hoher richterlicher Ämter erforderlichen Voraussetzungen erfüllen oder Rechtsgelehrte von anerkanntem Ruf sein.

(2) Die Richter gehören dem Gerichtshof in ihrer persönlichen Eigenschaft an.

(3) Während ihrer Amtszeit dürfen die Richter keine Tätigkeit ausüben, die mit ihrer Unabhängigkeit, ihrer Unparteilichkeit oder mit den Erfordernissen der Vollzeitbeschäftigung in diesem Amt unvereinbar ist; alle Fragen, die sich aus der Anwendung dieses Absatzes ergeben, werden vom Gerichtshof entschieden.

Artikel 22 Wahl der Richter
Die Richter werden von der Parlamentarischen Versammlung für jede Hohe Vertragspartei mit der Mehrheit der abgegebenen Stimmen aus einer Liste von drei Kandidaten gewählt, die von der Hohen Vertragspartei vorgeschlagen werden.

Artikel 23 Amtszeit und Entlassung
(1) [1]Die Richter werden für neun Jahre gewählt. [2]Ihre Wiederwahl ist nicht zulässig.

(2) Die Amtszeit der Richter endet mit Vollendung des 70. Lebensjahrs.

(3) [1]Die Richter bleiben bis zum Amtsantritt ihrer Nachfolger im Amt. [2]Sie bleiben jedoch in den Rechtssachen tätig, mit denen sie bereits befasst sind.

(4) Ein Richter kann nur entlassen werden, wenn die anderen Richter mit Zweidrittelmehrheit entscheiden, dass er die erforderlichen Voraussetzungen nicht mehr erfüllt.

Artikel 24 Kanzlei und Berichterstatter
(1) Der Gerichtshof hat eine Kanzlei, deren Aufgaben und Organisation in der Verfahrensordnung des Gerichtshofs festgelegt werden.

(2) [1]Wenn der Gerichtshof in Einzelrichterbesetzung tagt, wird er von Berichterstattern unterstützt, die ihre Aufgaben unter der Aufsicht des Präsidenten des Gerichtshofs ausüben. [2]Sie gehören der Kanzlei des Gerichtshofs an.

Artikel 25 Plenum des Gerichtshofs
Das Plenum des Gerichtshofs
a) wählt seinen Präsidenten und einen oder zwei Vizepräsidenten für drei Jahre; ihre Wiederwahl ist zulässig;
b) bildet Kammern für einen bestimmten Zeitraum;
c) wählt die Präsidenten der Kammern des Gerichtshofs; ihre Wiederwahl ist zulässig;
d) beschließt die Verfahrensordnung des Gerichtshofs;
e) wählt den Kanzler und einen oder mehrere stellvertretende Kanzler;
f) stellt Anträge nach Artikel 26 Absatz 2.

Artikel 26 Einzelrichterbesetzung, Ausschüsse, Kammern und Große Kammer
(1) [1]Zur Prüfung der Rechtssachen, die bei ihm anhängig gemacht werden, tagt der Gerichtshof in Einzelrichterbesetzung, in Ausschüssen mit drei Richtern, in Kammern mit sieben Richtern und in einer Großen Kammer mit siebzehn Richtern. [2]Die Kammern des Gerichtshofs bilden die Ausschüsse für einen bestimmten Zeitraum.
(2) Auf Antrag des Plenums des Gerichtshofs kann die Anzahl der Richter je Kammer für einen bestimmten Zeitraum durch einstimmigen Beschluss des Ministerkomitees auf fünf herabgesetzt werden.
(3) Ein Richter, der als Einzelrichter tagt, prüft keine Beschwerde gegen die Hohe Vertragspartei, für die er gewählt worden ist.
(4) [1]Der Kammer und der Großen Kammer gehört von Amts wegen der für eine als Partei beteiligte Hohe Vertragspartei gewählte Richter an. [2]Wenn ein solcher nicht vorhanden ist oder er an den Sitzungen nicht teilnehmen kann, nimmt eine Person in der Eigenschaft eines Richters an den Sitzungen teil, die der Präsident des Gerichtshofs aus einer Liste auswählt, welche ihm die betreffende Vertragspartei vorab unterbreitet hat.
(5) [1]Der Großen Kammer gehören ferner der Präsident des Gerichtshofs, die Vizepräsidenten, die Präsidenten der Kammern und andere nach der Verfahrensordnung des Gerichtshofs ausgewählte Richter an. [2]Wird eine Rechtssache nach Artikel 43 an die Große Kammer verwiesen, so dürfen Richter der Kammer, die das Urteil gefällt hat, der Großen Kammer nicht angehören; das gilt nicht für den Präsidenten der Kammer und den Richter, welcher in der Kammer für die als Partei beteiligte Hohe Vertragspartei mitgewirkt hat.

Artikel 27 Befugnisse des Einzelrichters
(1) Ein Einzelrichter kann eine nach Artikel 34 erhobene Beschwerde für unzulässig erklären oder im Register streichen, wenn eine solche Entscheidung ohne weitere Prüfung getroffen werden kann.
(2) Die Entscheidung ist endgültig.
(3) Erklärt der Einzelrichter eine Beschwerde nicht für unzulässig und streicht er sie auch nicht im Register des Gerichtshofs, so übermittelt er sie zur weiteren Prüfung an einen Ausschuss oder eine Kammer.

Artikel 28 Befugnisse der Ausschüsse
(1) Ein Ausschuss, der mit einer nach Artikel 34 erhobenen Beschwerde befasst wird, kann diese durch einstimmigen Beschluss
a) für unzulässig erklären oder im Register streichen, wenn eine solche Entscheidung ohne weitere Prüfung getroffen werden kann; oder
b) für zulässig erklären und zugleich ein Urteil über die Begründetheit fällen, sofern die der Rechtssache zugrunde liegende Frage der Auslegung oder Anwendung dieser Konvention oder der Protokolle dazu Gegenstand einer gefestigten Rechtsprechung des Gerichtshofs ist.
(2) Die Entscheidungen und Urteile nach Absatz 1 sind endgültig.
(3) Ist der für die als Partei beteiligte Hohe Vertragspartei gewählte Richter nicht Mitglied des Ausschusses, so kann er von Letzterem jederzeit während des Verfahrens eingeladen werden, den Sitz eines Mitglieds im Ausschuss einzunehmen; der Ausschuss hat dabei alle erheblichen Umstände einschließlich der Frage, ob diese Vertragspartei der Anwendung des Verfahrens nach Absatz 1 Buchstabe b entgegengetreten ist, zu berücksichtigen.

Artikel 29 Entscheidungen der Kammern über die Zulässigkeit und Begründetheit
(1) [1]Ergeht weder eine Entscheidung nach Artikel 27 oder 28 noch ein Urteil nach Artikel 28, so entscheidet eine Kammer über die Zulässigkeit und Begründetheit der nach Artikel 34 erhobenen Beschwerden. [2]Die Entscheidung über die Zulässigkeit kann gesondert ergehen.
(2) [1]Eine Kammer entscheidet über die Zulässigkeit und Begründetheit der nach Artikel 33 erhobenen Staatenbeschwerden. [2]Die Entscheidung über die Zulässigkeit ergeht gesondert, sofern der Gerichtshof in Ausnahmefällen nicht anders entscheidet.

Artikel 30 Abgabe der Rechtssache an die Große Kammer
Wirft eine bei einer Kammer anhängige Rechtssache eine schwerwiegende Frage der Auslegung dieser Konvention oder der Protokolle dazu auf oder kann die Entscheidung einer ihr vorliegenden Frage zu einer Abweichung von einem früheren Urteil des Gerichtshofs führen, so kann die Kammer diese Sache jederzeit, bevor sie ihr Urteil gefällt hat, an die Große Kammer abgeben, sofern nicht eine Partei widerspricht.

Artikel 31 Befugnisse der Großen Kammer
Die Große Kammer
a) entscheidet über nach Artikel 33 oder Artikel 34 erhobene Beschwerden, wenn eine Kammer die Rechtssache nach Artikel 30 an sie abgegeben hat oder wenn die Sache nach Artikel 43 an sie verwiesen worden ist,
b) entscheidet über Fragen, mit denen der Gerichtshof durch das Ministerkomitee nach Artikel 46 Absatz 4 befasst wird, und
c) behandelt Anträge nach Artikel 47 auf Erstattung von Gutachten.

Artikel 32 Zuständigkeit des Gerichtshofs
(1) Die Zuständigkeit des Gerichtshofs umfasst alle die Auslegung und Anwendung dieser Konvention und der Protokolle dazu betreffenden Angelegenheiten, mit denen er nach den Artikeln 33, 34, 46 und 47 befasst wird.
(2) Besteht Streit über die Zuständigkeit des Gerichtshofs, so entscheidet der Gerichtshof.

Artikel 33 Staatenbeschwerden
Jede Hohe Vertragspartei kann den Gerichtshof wegen jeder behaupteten Verletzung dieser Konvention und der Protokolle dazu durch eine andere Hohe Vertragspartei anrufen.

Artikel 34 Individualbeschwerden
[1]Der Gerichtshof kann von jeder natürlichen Person, nichtstaatlichen Organisation oder Personengruppe, die behauptet, durch eine der Hohen Vertragsparteien in einem der in dieser Konvention oder den Protokollen dazu anerkannten Rechte verletzt zu sein, mit einer Beschwerde befasst werden. [2]Die Hohen Vertragsparteien verpflichten sich, die wirksame Ausübung dieses Rechts nicht zu behindern.

Artikel 35 Zulässigkeitsvoraussetzungen
(1) Der Gerichtshof kann sich mit einer Angelegenheit erst nach Erschöpfung aller innerstaatlichen Rechtsbehelfe in Übereinstimmung mit den allgemein anerkannten Grundsätzen des Völkerrechts und nur innerhalb einer Frist von sechs Monaten nach der endgültigen innerstaatlichen Entscheidung befassen.
(2) Der Gerichtshof befasst sich nicht mit einer nach Artikel 34 erhobenen Individualbeschwerde, die
a) anonym ist oder
b) im Wesentlichen mit einer schon vorher vom Gerichtshof geprüften Beschwerde übereinstimmt oder schon einer anderen internationalen Untersuchungs- oder Vergleichsinstanz unterbreitet worden ist und keine neuen Tatsachen enthält.
(3) Der Gerichtshof erklärt eine nach Artikel 34 erhobene Individualbeschwerde für unzulässig,
a) wenn er sie für unvereinbar mit dieser Konvention oder den Protokollen dazu, für offensichtlich unbegründet oder für missbräuchlich hält oder
b) wenn er der Ansicht ist, dass dem Beschwerdeführer kein erheblicher Nachteil entstanden ist, es sei denn, die Achtung der Menschenrechte, wie sie in dieser Konvention und den Protokollen dazu anerkannt sind, erfordert eine Prüfung der Begründetheit der Beschwerde, und vorausgesetzt, es wird aus diesem Grund nicht eine Rechtssache zurückgewiesen, die noch von keinem innerstaatlichen Gericht gebührend geprüft worden ist.
(4) [1]Der Gerichtshof weist eine Beschwerde zurück, die er nach diesem Artikel für unzulässig hält. [2]Er kann dies in jedem Stadium des Verfahrens tun.

Artikel 36 Beteiligung Dritter

(1) In allen bei einer Kammer oder der Großen Kammer anhängigen Rechtssachen ist die Hohe Vertragspartei, deren Staatsangehörigkeit der Beschwerdeführer besitzt, berechtigt, schriftliche Stellungnahmen abzugeben und an den mündlichen Verhandlungen teilzunehmen.

(2) Im Interesse der Rechtspflege kann der Präsident des Gerichtshofs jeder Hohen Vertragspartei, die in dem Verfahren nicht Partei ist, oder jeder betroffenen Person, die nicht Beschwerdeführer ist, Gelegenheit geben, schriftlich Stellung zu nehmen oder an den mündlichen Verhandlungen teilzunehmen.

(3) In allen bei einer Kammer oder der Großen Kammer anhängigen Rechtssachen kann der Kommissar für Menschenrechte des Europarats schriftliche Stellungnahmen abgeben und an den mündlichen Verhandlungen teilnehmen.

Artikel 37 Streichung von Beschwerden

(1) ^1Der Gerichtshof kann jederzeit während des Verfahrens entscheiden, eine Beschwerde in seinem Register zu streichen, wenn die Umstände Grund zur Annahme geben, dass

a) der Beschwerdeführer seine Beschwerde nicht weiterzuverfolgen beabsichtigt;

b) die Streitigkeit einer Lösung zugeführt worden ist oder

c) eine weitere Prüfung der Beschwerde aus anderen vom Gerichtshof festgestellten Gründen nicht gerechtfertigt ist.

^2Der Gerichtshof setzt jedoch die Prüfung der Beschwerde fort, wenn die Achtung der Menschenrechte, wie sie in dieser Konvention und den Protokollen dazu anerkannt sind, dies erfordert.

(2) Der Gerichtshof kann die Wiedereintragung einer Beschwerde in sein Register anordnen, wenn er dies den Umständen nach für gerechtfertigt hält.

Artikel 38 Prüfung der Rechtssache

Der Gerichtshof prüft die Rechtssache mit den Vertretern der Parteien und nimmt, falls erforderlich, Ermittlungen vor; die betreffenden Hohen Vertragsparteien haben alle zur wirksamen Durchführung der Ermittlungen erforderlichen Erleichterungen zu gewähren.

Artikel 39 Gütliche Einigung

(1) Der Gerichtshof kann sich jederzeit während des Verfahrens zur Verfügung der Parteien halten mit dem Ziel, eine gütliche Einigung auf der Grundlage der Achtung der Menschenrechte, wie sie in dieser Konvention und den Protokollen dazu anerkannt sind, zu erreichen.

(2) Das Verfahren nach Absatz 1 ist vertraulich.

(3) Im Fall einer gütlichen Einigung streicht der Gerichtshof durch eine Entscheidung, die sich auf eine kurze Angabe des Sachverhalts und der erzielten Lösung beschränkt, die Rechtssache in seinem Register.

(4) Diese Entscheidung ist dem Ministerkomitee zuzuleiten; dieses überwacht die Durchführung der gütlichen Einigung, wie sie in der Entscheidung festgehalten wird.

Artikel 40 Öffentliche Verhandlung und Akteneinsicht

(1) Die Verhandlung ist öffentlich, soweit nicht der Gerichtshof auf Grund besonderer Umstände anders entscheidet.

(2) Die beim Kanzler verwahrten Schriftstücke sind der Öffentlichkeit zugänglich, soweit nicht der Präsident des Gerichtshofs anders entscheidet.

Artikel 41 Gerechte Entschädigung

^1Stellt der Gerichtshof fest, dass diese Konvention oder die Protokolle dazu verletzt worden sind, und gestattet das innerstaatliche Recht der Hohen Vertragspartei nur eine unvollkommene Wiedergutmachung für die Folgen dieser Verletzung, so spricht der Gerichtshof der verletzten Partei eine gerechte Entschädigung zu, wenn dies notwendig ist.

Artikel 42 Urteile der Kammern

Urteile der Kammern werden nach Maßgabe des Artikels 44 Absatz 2 endgültig.

Artikel 43 Verweisung an die Große Kammer

(1) Innerhalb von drei Monaten nach dem Datum des Urteils der Kammer kann jede Partei in Ausnahmefällen die Verweisung der Rechtssache an die Große Kammer beantragen.

(2) Ein Ausschuss von fünf Richtern der Großen Kammer nimmt den Antrag an, wenn die Rechtssache eine schwerwiegende Frage der Auslegung oder Anwendung dieser Konvention oder der Protokolle dazu oder eine schwerwiegende Frage von allgemeiner Bedeutung aufwirft.

(3) Nimmt der Ausschuss den Antrag an, so entscheidet die Große Kammer die Sache durch Urteil.

Artikel 44 Endgültige Urteile

(1) Das Urteil der Großen Kammer ist endgültig.

(2) Das Urteil einer Kammer wird endgültig,

a) wenn die Parteien erklären, dass sie die Verweisung der Rechtssache an die Große Kammer nicht beantragen werden;

b) drei Monate nach dem Datum des Urteils, wenn nicht die Verweisung der Rechtssache an die Große Kammer beantragt worden ist; oder

c) wenn der Ausschuss der Großen Kammer den Antrag auf Verweisung nach Artikel 43 abgelehnt hat.

(3) Das endgültige Urteil wird veröffentlicht.

Artikel 45 Begründung der Urteile und Entscheidungen

(1) Urteile sowie Entscheidungen, mit denen Beschwerden für zulässig oder für unzulässig erklärt werden, werden begründet.

(2) Bringt ein Urteil ganz oder teilweise nicht die übereinstimmende Meinung der Richter zum Ausdruck, so ist jeder Richter berechtigt, seine abweichende Meinung darzulegen.

Artikel 46 Verbindlichkeit und Durchführung der Urteile

(1) Die Hohen Vertragsparteien verpflichten sich, in allen Rechtssachen, in denen sie Partei sind, das endgültige Urteil des Gerichtshofs zu befolgen.

(2) Das endgültige Urteil des Gerichtshofs ist dem Ministerkomitee zuzuleiten; dieses überwacht seine Durchführung.

(3) [1]Wird die Überwachung der Durchführung eines endgültigen Urteils nach Auffassung des Minister-komitees durch eine Frage betreffend die Auslegung dieses Urteils behindert, so kann das Ministerkomitee den Gerichtshof anrufen, damit er über diese Auslegungsfrage entscheidet. [2]Der Beschluss des Minister-komitees, den Gerichtshof anzurufen, bedarf der Zweidrittelmehrheit der Stimmen der zur Teilnahme an den Sitzungen des Komitees berechtigten Mitglieder.

(4) Weigert sich eine Hohe Vertragspartei nach Auffassung des Ministerkomitees, in einer Rechtssache, in der sie Partei ist, ein endgültiges Urteil des Gerichtshofs zu befolgen, so kann das Ministerkomitee, nachdem es die betreffende Partei gemahnt hat, durch einen mit Zweidrittelmehrheit der Stimmen der zur Teilnahme an den Sitzungen des Komitees berechtigten Mitglieder gefassten Beschluss den Gerichtshof mit der Frage befassen, ob diese Partei ihrer Verpflichtung nach Absatz 1 nachgekommen ist.

(5) [1]Stellt der Gerichtshof eine Verletzung des Absatzes 1 fest, so weist er die Rechtssache zur Prüfung der zu treffenden Maßnahmen an das Ministerkomitee zurück. [2]Stellt der Gerichtshof fest, dass keine Verletzung des Absatzes 1 vorliegt, so weist er die Rechtssache an das Ministerkomitee zurück; dieses beschließt die Einstellung seiner Prüfung.

Artikel 47 Gutachten

(1) Der Gerichtshof kann auf Antrag des Ministerkomitees Gutachten über Rechtsfragen erstatten, welche die Auslegung dieser Konvention und der Protokolle dazu betreffen.

(2) Diese Gutachten dürfen keine Fragen zum Gegenstand haben, die sich auf den Inhalt oder das Ausmaß der in Abschnitt I dieser Konvention und in den Protokollen dazu anerkannten Rechte und Freiheiten beziehen, noch andere Fragen, über die der Gerichtshof oder das Ministerkomitee auf Grund eines nach dieser Konvention eingeleiteten Verfahrens zu entscheiden haben könnte.

(3) Der Beschluss des Ministerkomitees, ein Gutachten beim Gerichtshof zu beantragen, bedarf der Mehrheit der Stimmen der zur Teilnahme an den Sitzungen des Komitees berechtigten Mitglieder.

Artikel 48 Gutachterliche Zuständigkeit des Gerichtshofs

Der Gerichtshof entscheidet, ob ein vom Ministerkomitee gestellter Antrag auf Erstattung eines Gutach-tens in seine Zuständigkeit nach Artikel 47 fällt.

Artikel 49 Begründung der Gutachten

(1) Die Gutachten des Gerichtshofs werden begründet.

(2) Bringt das Gutachten ganz oder teilweise nicht die übereinstimmende Meinung der Richter zum Aus-druck, so ist jeder Richter berechtigt, seine abweichende Meinung darzulegen.

(3) Die Gutachten des Gerichtshofs werden dem Ministerkomitee übermittelt.

Artikel 50 Kosten des Gerichtshofs

Die Kosten des Gerichtshofs werden vom Europarat getragen.

Artikel 51 Vorrechte und Immunitäten der Richter
Die Richter genießen bei der Ausübung ihres Amtes die Vorrechte und Immunitäten, die in Artikel 40 der Satzung des Europarats und den auf Grund jenes Artikels geschlossenen Übereinkünften vorgesehen sind.

Abschnitt III
Verschiedene Bestimmungen

Artikel 52 Anfragen des Generalsekretärs
Auf Anfrage des Generalsekretärs des Europarats erläutert jede Hohe Vertragspartei, auf welche Weise die wirksame Anwendung aller Bestimmungen dieser Konvention in ihrem innerstaatlichen Recht gewährleistet wird.

Artikel 53 Wahrung anerkannter Menschenrechte
Diese Konvention ist nicht so auszulegen, als beschränke oder beeinträchtige sie Menschenrechte und Grundfreiheiten, die in den Gesetzen einer Hohen Vertragspartei oder in einer anderen Übereinkunft, deren Vertragspartei sie ist, anerkannt werden.

Artikel 54 Befugnisse des Ministerkomitees
Diese Konvention berührt nicht die dem Ministerkomitee durch die Satzung des Europarats übertragenen Befugnisse.

Artikel 55 Ausschluss anderer Verfahren zur Streitbeilegung
Die Hohen Vertragsparteien kommen überein, dass sie sich vorbehaltlich besonderer Vereinbarungen nicht auf die zwischen ihnen geltenden Verträge, sonstigen Übereinkünfte oder Erklärungen berufen werden, um eine Streitigkeit über die Auslegung oder Anwendung dieser Konvention einem anderen als dem in der Konvention vorgesehenen Beschwerdeverfahren zur Beilegung zu unterstellen.

Artikel 56 Räumlicher Geltungsbereich
(1) Jeder Staat kann bei der Ratifikation oder jederzeit danach durch eine an den Generalsekretär des Europarats gerichtete Notifikation erklären, dass diese Konvention vorbehaltlich des Absatzes 4 auf alle oder einzelne Hoheitsgebiete Anwendung findet, für deren internationale Beziehungen er verantwortlich ist.
(2) Die Konvention findet auf jedes in der Erklärung bezeichnete Hoheitsgebiet ab dem dreißigsten Tag nach Eingang der Notifikation beim Generalsekretär des Europarats Anwendung.
(3) In den genannten Hoheitsgebieten wird diese Konvention unter Berücksichtigung der örtlichen Notwendigkeiten angewendet.
(4) Jeder Staat, der eine Erklärung nach Absatz 1 abgegeben hat, kann jederzeit danach für eines oder mehrere der in der Erklärung bezeichneten Hoheitsgebiete erklären, dass er die Zuständigkeit des Gerichtshofs für die Entgegennahme von Beschwerden von natürlichen Personen, nichtstaatlichen Organisationen oder Personengruppen nach Artikel 34 anerkennt.

Artikel 57 Vorbehalte
(1) [1]Jeder Staat kann bei der Unterzeichnung dieser Konvention oder bei der Hinterlegung seiner Ratifikationsurkunde einen Vorbehalt zu einzelnen Bestimmungen der Konvention anbringen, soweit ein zu dieser Zeit in seinem Hoheitsgebiet geltendes Gesetz mit der betreffenden Bestimmung nicht übereinstimmt. [2]Vorbehalte allgemeiner Art sind nach diesem Artikel nicht zulässig.
(2) Jeder nach diesem Artikel angebrachte Vorbehalt muss mit einer kurzen Darstellung des betreffenden Gesetzes verbunden sein.

Artikel 58 Kündigung
(1) Eine Hohe Vertragspartei kann diese Konvention frühestens fünf Jahre nach dem Tag, an dem sie Vertragspartei geworden ist, unter Einhaltung einer Kündigungsfrist von sechs Monaten durch eine an den Generalsekretär des Europarats gerichtete Notifikation kündigen; dieser unterrichtet die anderen Hohen Vertragsparteien.
(2) Die Kündigung befreit die Hohe Vertragspartei nicht von ihren Verpflichtungen aus dieser Konvention in Bezug auf Handlungen, die sie vor dem Wirksamwerden der Kündigung vorgenommen hat und die möglicherweise eine Verletzung dieser Verpflichtungen darstellen.
(3) Mit derselben Maßgabe scheidet eine Hohe Vertragspartei, deren Mitgliedschaft im Europarat endet, als Vertragspartei dieser Konvention aus.

(4) Die Konvention kann in Bezug auf jedes Hoheitsgebiet, auf das sie durch eine Erklärung nach Artikel 56 anwendbar geworden ist, nach den Absätzen 1 bis 3 gekündigt werden.

Artikel 59 Unterzeichnung und Ratifikation
(1) ¹Diese Konvention liegt für die Mitglieder des Europarats zur Unterzeichnung auf. ²Sie bedarf der Ratifikation. ³Die Ratifikationsurkunden werden beim Generalsekretär des Europarats hinterlegt.
(2) Die Europäische Union kann dieser Konvention beitreten.
(3) Diese Konvention tritt nach Hinterlegung von zehn Ratifikationsurkunden in Kraft.
(4) Für jeden Unterzeichner, der die Konvention später ratifiziert, tritt sie mit der Hinterlegung seiner Ratifikationsurkunde in Kraft.
(5) ¹Der Generalsekretär des Europarats notifiziert allen Mitgliedern des Europarats das Inkrafttreten der Konvention, die Namen der Hohen Vertragsparteien, die sie ratifiziert haben, und jede spätere Hinterlegung einer Ratifikationsurkunde.

Geschehen zu Rom am 4. November 1950 in englischer und französischer Sprache, wobei jeder Wortlaut gleichermaßen verbindlich ist, in einer Urschrift, die im Archiv des Europarats hinterlegt wird. Der Generalsekretär übermittelt allen Unterzeichnern beglaubigte Abschriften.

Nichtamtliche Anlage Geltungsbereich[1)]

Vertragsparteien	in Kraft am	BGBl.	Jahrgang	S.
Albanien	2. 10. 1996	97	II	1738
Andorra	22. 1. 1996	97	II	733
Armenien	26. 4. 2002	03	II	1575
Aserbaidschan	15. 4. 2002	03	II	1575
Belgien	14. 6. 1955	55	II	832
Bosnien und Herzegowina	12. 7. 2002	03	II	1575
Bulgarien	7. 9. 1992	93	II	808
Dänemark	3. 9. 1953	54	II	14
Deutschland	3. 9. 1953	54	II	14
Estland	16. 4. 1996	97	II	733
Finnland	10. 5. 1990	90	II	806
Frankreich	3. 5. 1974	75	II	1346
Georgien	20. 5. 1999	03	II	1575
Griechenland	28. 11. 1974	75	II	1144
Irland	3. 9. 1953	54	II	14
Island	3. 9. 1953	54	II	14
Italien	26. 10. 1955	55	II	926
Kroatien	5. 11. 1997	98	II	898
Lettland	27. 6. 1997	98	II	898
Liechtenstein	8. 9. 1982	83	II	628
Litauen	20. 6. 1995	97	II	733
Luxemburg	3. 9. 1953	54	II	14
Malta	23. 1. 1967	67	II	2051
Mazdonien, ehem. jugoslawische Republik	10. 4. 1997	97	II	1738
Moldau, Republik	12. 9. 1997	98	II	898
Monaco	30. 11. 2005	09	II	358
Montenegro	6. 6. 2006	09	II	358
Niederlande	31. 8. 1954	54	II	1044
Norwegen	3. 9. 1953	54	II	14
Österreich	3. 9. 1958	59	II	107
Polen	19. 1. 1993	93	II	808
Portugal	9. 11. 1978	79	II	1040
Rumänien	20. 6. 1994	94	II	3623
Russische Föderation	5. 5. 1998	98	II	2932
San Marino	22. 3. 1989	89	II	619
Schweden	3. 9. 1953	54	II	14
Schweiz	28. 11. 1974	75	II	910
Serbien	3. 3. 2004	05	II	87
Slowakei	1. 1. 1993	94	II	352
Slowenien	28. 6. 1994	94	II	3623
Spanien	4. 10. 1979	86	II	78
Tschechiche Republik	1. 1. 1993	94	II	352
Tschechoslowakei, ehem.	18. 3. 1992	92	II	1064
Türkei	18. 5. 1954	54	II	719
Ukraine	11. 9. 1997	15	II	1619
Ungarn	5. 11. 1992	93	II	808
Vereinigtes Königreich	3. 9. 1953	54	II	14
Zypern	6. 10. 1962	68	II	847

1) Stand: 29. 12. 2015.

Verordnung (EU) 2016/679 des Europäischen Parlaments und des Rates vom 27. April 2016 zum Schutz natürlicher Personen bei der Verarbeitung personenbezogener Daten, zum freien Datenverkehr und zur Aufhebung der Richtlinie 95/46/EG (Datenschutz-Grundverordnung)

(ABl. Nr. L 119 S. 1, ber. ABl. Nr. L 314 S. 72 und ABl. 2018 Nr. L 127 S. 2) (Celex-Nr. 3 2016 R 0679)

DAS EUROPÄISCHE PARLAMENT UND DER RAT DER EUROPÄISCHEN UNION –
gestützt auf den Vertrag über die Arbeitsweise der Europäischen Union, insbesondere auf Artikel 16,
auf Vorschlag der Europäischen Kommission,
nach Zuleitung des Entwurfs des Gesetzgebungsakts an die nationalen Parlamente,
nach Stellungnahme des Europäischen Wirtschafts- und Sozialausschusses[1],
nach Stellungnahme des Ausschusses der Regionen[2],
gemäß dem ordentlichen Gesetzgebungsverfahren[3],

in Erwägung nachstehender Gründe:

(1) Der Schutz natürlicher Personen bei der Verarbeitung personenbezogener Daten ist ein Grundrecht. Gemäß Artikel 8 Absatz 1 der Charta der Grundrechte der Europäischen Union (im Folgenden „Charta") sowie Artikel 16 Absatz 1 des Vertrags über die Arbeitsweise der Europäischen Union (AEUV) hat jede Person das Recht auf Schutz der sie betreffenden personenbezogenen Daten.

(2) Die Grundsätze und Vorschriften zum Schutz natürlicher Personen bei der Verarbeitung ihrer personenbezogenen Daten sollten gewährleisten, dass ihre Grundrechte und Grundfreiheiten und insbesondere ihr Recht auf Schutz personenbezogener Daten ungeachtet ihrer Staatsangehörigkeit oder ihres Aufenthaltsorts gewahrt bleiben. Diese Verordnung soll zur Vollendung eines Raums der Freiheit, der Sicherheit und des Rechts und einer Wirtschaftsunion, zum wirtschaftlichen und sozialen Fortschritt, zur Stärkung und zum Zusammenwachsen der Volkswirtschaften innerhalb des Binnenmarkts sowie zum Wohlergehen natürlicher Personen beitragen.

(3) Zweck der Richtlinie 95/46/EG des Europäischen Parlaments und des Rates[4] ist die Harmonisierung der Vorschriften zum Schutz der Grundrechte und Grundfreiheiten natürlicher Personen bei der Datenverarbeitung sowie die Gewährleistung des freien Verkehrs personenbezogener Daten zwischen den Mitgliedstaaten.

(4) Die Verarbeitung personenbezogener Daten sollte im Dienste der Menschheit stehen. Das Recht auf Schutz der personenbezogenen Daten ist kein uneingeschränktes Recht; es muss im Hinblick auf seine gesellschaftliche Funktion gesehen und unter Wahrung des Verhältnismäßigkeitsprinzips gegen andere Grundrechte abgewogen werden. Diese Verordnung steht im Einklang mit allen Grundrechten und achtet alle Freiheiten und Grundsätze, die mit der Charta anerkannt wurden und in den Europäischen Verträgen verankert sind, insbesondere Achtung des Privat- und Familienlebens, der Wohnung und der Kommunikation, Schutz personenbezogener Daten, Gedanken-, Gewissens- und Religionsfreiheit, Freiheit der Meinungsäußerung und Informationsfreiheit, unternehmerische Freiheit, Recht auf einen wirksamen Rechtsbehelf und ein faires Verfahren und Vielfalt der Kulturen, Religionen und Sprachen.

(5) Die wirtschaftliche und soziale Integration als Folge eines funktionierenden Binnenmarkts hat zu einem deutlichen Anstieg des grenzüberschreitenden Verkehrs personenbezogener Daten geführt. Der unionsweite Austausch personenbezogener Daten zwischen öffentlichen und privaten Akteuren einschließlich natürlichen Personen, Vereinigungen und Unternehmen hat zugenommen. Das

1) **Amtl. Anm.:** ABl. C 229 vom 31.7.2012, S. 90.
2) **Amtl. Anm.:** ABl. C 391 vom 18.12.2012, S. 127.
3) **Amtl. Anm.:** Standpunkt des Europäischen Parlaments vom 12. März 2014 (noch nicht im Amtsblatt veröffentlicht) und Standpunkt des Rates in erster Lesung vom 8. April 2016 (noch nicht im Amtsblatt veröffentlicht). Standpunkt des Europäischen Parlaments vom 14. April 2016.
4) **Amtl. Anm.:** Richtlinie 95/46/EG des Europäischen Parlaments und des Rates vom 24. Oktober 1995 zum Schutz natürlicher Personen bei der Verarbeitung personenbezogener Daten und zum freien Datenverkehr (ABl. L 281 vom 23.11.1995, S. 31).

Unionsrecht verpflichtet die Verwaltungen der Mitgliedstaaten, zusammenzuarbeiten und personenbezogene Daten auszutauschen, damit sie ihren Pflichten nachkommen oder für eine Behörde eines anderen Mitgliedstaats Aufgaben durchführen können.

(6) Rasche technologische Entwicklungen und die Globalisierung haben den Datenschutz vor neue Herausforderungen gestellt. Das Ausmaß der Erhebung und des Austauschs personenbezogener Daten hat eindrucksvoll zugenommen. Die Technik macht es möglich, dass private Unternehmen und Behörden im Rahmen ihrer Tätigkeiten in einem noch nie dagewesenen Umfang auf personenbezogene Daten zurückgreifen. Zunehmend machen auch natürliche Personen Informationen öffentlich weltweit zugänglich. Die Technik hat das wirtschaftliche und gesellschaftliche Leben verändert und dürfte den Verkehr personenbezogener Daten innerhalb der Union sowie die Datenübermittlung an Drittländer und internationale Organisationen noch weiter erleichtern, wobei ein hohes Datenschutzniveau zu gewährleisten ist.

(7) Diese Entwicklungen erfordern einen soliden, kohärenteren und klar durchsetzbaren Rechtsrahmen im Bereich des Datenschutzes in der Union, da es von großer Wichtigkeit ist, eine Vertrauensbasis zu schaffen, die die digitale Wirtschaft dringend benötigt, um im Binnenmarkt weiter wachsen zu können. Natürliche Personen sollten die Kontrolle über ihre eigenen Daten besitzen. Natürliche Personen, Wirtschaft und Staat sollten in rechtlicher und praktischer Hinsicht über mehr Sicherheit verfügen.

(8) Wenn in dieser Verordnung Präzisierungen oder Einschränkungen ihrer Vorschriften durch das Recht der Mitgliedstaaten vorgesehen sind, können die Mitgliedstaaten Teile dieser Verordnung in ihr nationales Recht aufnehmen, soweit dies erforderlich ist, um die Kohärenz zu wahren und die nationalen Rechtsvorschriften für die Personen, für die sie gelten, verständlicher zu machen.

(9) Die Ziele und Grundsätze der Richtlinie 95/46/EG besitzen nach wie vor Gültigkeit, doch hat die Richtlinie nicht verhindern können, dass der Datenschutz in der Union unterschiedlich gehandhabt wird, Rechtsunsicherheit besteht oder in der Öffentlichkeit die Meinung weit verbreitet ist, dass erhebliche Risiken für den Schutz natürlicher Personen bestehen, insbesondere im Zusammenhang mit der Benutzung des Internets. Unterschiede beim Schutzniveau für die Rechte und Freiheiten von natürlichen Personen im Zusammenhang mit der Verarbeitung personenbezogener Daten in den Mitgliedstaaten, vor allem beim Recht auf Schutz dieser Daten, können den unionsweiten freien Verkehr solcher Daten behindern. Diese Unterschiede im Schutzniveau können daher ein Hemmnis für die unionsweite Ausübung von Wirtschaftstätigkeiten darstellen, den Wettbewerb verzerren und die Behörden an der Erfüllung der ihnen nach dem Unionsrecht obliegenden Pflichten hindern. Sie erklären sich aus den Unterschieden bei der Umsetzung und Anwendung der Richtlinie 95/46/EG.

(10) Um ein gleichmäßiges und hohes Datenschutzniveau für natürliche Personen zu gewährleisten und die Hemmnisse für den Verkehr personenbezogener Daten in der Union zu beseitigen, sollte das Schutzniveau für die Rechte und Freiheiten von natürlichen Personen bei der Verarbeitung dieser Daten in allen Mitgliedstaaten gleichwertig sein. Die Vorschriften zum Schutz der Grundrechte und Grundfreiheiten von natürlichen Personen bei der Verarbeitung personenbezogener Daten sollten unionsweit gleichmäßig und einheitlich angewandt werden. Hinsichtlich der Verarbeitung personenbezogener Daten zur Erfüllung einer rechtlichen Verpflichtung oder zur Wahrnehmung einer Aufgabe, die im öffentlichen Interesse liegt oder in Ausübung öffentlicher Gewalt erfolgt, die dem Verantwortlichen übertragen wurde, sollten die Mitgliedstaaten die Möglichkeit haben, nationale Bestimmungen, mit denen die Anwendung der Vorschriften dieser Verordnung genauer festgelegt wird, beizubehalten oder einzuführen. In Verbindung mit den allgemeinen und horizontalen Rechtsvorschriften über den Datenschutz zur Umsetzung der Richtlinie 95/46/EG gibt es in den Mitgliedstaaten mehrere sektorspezifische Rechtsvorschriften in Bereichen, die spezifischere Bestimmungen erfordern. Diese Verordnung bietet den Mitgliedstaaten zudem einen Spielraum für die Spezifizierung ihrer Vorschriften, auch für die Verarbeitung besonderer Kategorien von personenbezogenen Daten (im Folgenden „sensible Daten"). Diesbezüglich schließt diese Verordnung nicht Rechtsvorschriften der Mitgliedstaaten aus, in denen die Umstände besonderer Verarbeitungssituationen festgelegt werden, einschließlich einer genaueren Bestimmung der Voraussetzungen, unter denen die Verarbeitung personenbezogener Daten rechtmäßig ist.

(11) Ein unionsweiter wirksamer Schutz personenbezogener Daten erfordert die Stärkung und präzise Festlegung der Rechte der betroffenen Personen sowie eine Verschärfung der Verpflichtungen für diejenigen, die personenbezogene Daten verarbeiten und darüber entscheiden, ebenso wie – in den Mitgliedstaaten – gleiche Befugnisse bei der Überwachung und Gewährleistung der Einhaltung

der Vorschriften zum Schutz personenbezogener Daten sowie gleiche Sanktionen im Falle ihrer Verletzung.

(12) Artikel 16 Absatz 2 AEUV ermächtigt das Europäische Parlament und den Rat, Vorschriften über den Schutz natürlicher Personen bei der Verarbeitung personenbezogener Daten und zum freien Verkehr solcher Daten zu erlassen.

(13) Damit in der Union ein gleichmäßiges Datenschutzniveau für natürliche Personen gewährleistet ist und Unterschiede, die den freien Verkehr personenbezogener Daten im Binnenmarkt behindern könnten, beseitigt werden, ist eine Verordnung erforderlich, die für die Wirtschaftsteilnehmer einschließlich Kleinstunternehmen sowie kleiner und mittlerer Unternehmen Rechtssicherheit und Transparenz schafft, natürliche Personen in allen Mitgliedstaaten mit demselben Niveau an durchsetzbaren Rechten ausstattet, dieselben Pflichten und Zuständigkeiten für die Verantwortlichen und Auftragsverarbeiter vorsieht und eine gleichmäßige Kontrolle der Verarbeitung personenbezogener Daten und gleichwertige Sanktionen in allen Mitgliedstaaten sowie eine wirksame Zusammenarbeit zwischen den Aufsichtsbehörden der einzelnen Mitgliedstaaten gewährleistet. Das reibungslose Funktionieren des Binnenmarkts erfordert, dass der freie Verkehr personenbezogener Daten in der Union nicht aus Gründen des Schutzes natürlicher Personen bei der Verarbeitung personenbezogener Daten eingeschränkt oder verboten wird. Um der besonderen Situation der Kleinstunternehmen sowie der kleinen und mittleren Unternehmen Rechnung zu tragen, enthält diese Verordnung eine abweichende Regelung hinsichtlich des Führens eines Verzeichnisses für Einrichtungen, die weniger als 250 Mitarbeiter beschäftigen. Außerdem werden die Organe und Einrichtungen der Union sowie die Mitgliedstaaten und deren Aufsichtsbehörden dazu angehalten, bei der Anwendung dieser Verordnung die besonderen Bedürfnisse von Kleinstunternehmen sowie von kleinen und mittleren Unternehmen zu berücksichtigen. Für die Definition des Begriffs „Kleinstunternehmen sowie kleine und mittlere Unternehmen" sollte Artikel 2 des Anhangs zur Empfehlung 2003/361/EG der Kommission[1) maßgebend sein.

(14) Der durch diese Verordnung gewährte Schutz sollte für die Verarbeitung der personenbezogenen Daten natürlicher Personen ungeachtet ihrer Staatsangehörigkeit oder ihres Aufenthaltsorts gelten. Diese Verordnung gilt nicht für die Verarbeitung personenbezogener Daten juristischer Personen und insbesondere als juristische Person gegründeter Unternehmen, einschließlich Name, Rechtsform oder Kontaktdaten der juristischen Person.

(15) Um ein ernsthaftes Risiko einer Umgehung der Vorschriften zu vermeiden, sollte der Schutz natürlicher Personen technologieneutral sein und nicht von den verwendeten Techniken abhängen. Der Schutz natürlicher Personen sollte für die automatisierte Verarbeitung personenbezogener Daten ebenso gelten wie für die manuelle Verarbeitung von personenbezogenen Daten, wenn die personenbezogenen Daten in einem Dateisystem gespeichert sind oder gespeichert werden sollen. Akten oder Aktensammlungen sowie ihre Deckblätter, die nicht nach bestimmten Kriterien geordnet sind, sollten nicht in den Anwendungsbereich dieser Verordnung fallen.

(16) Diese Verordnung gilt nicht für Fragen des Schutzes von Grundrechten und Grundfreiheiten und des freien Verkehrs personenbezogener Daten im Zusammenhang mit Tätigkeiten, die nicht in den Anwendungsbereich des Unionsrechts fallen, wie etwa die nationale Sicherheit betreffende Tätigkeiten. Diese Verordnung gilt nicht für die von den Mitgliedstaaten im Rahmen der Gemeinsamen Außen- und Sicherheitspolitik der Union durchgeführte Verarbeitung personenbezogener Daten.

(17) Die Verordnung (EG) Nr. 45/2001 des Europäischen Parlaments und des Rates[2) gilt für die Verarbeitung personenbezogener Daten durch die Organe, Einrichtungen, Ämter und Agenturen der Union. Die Verordnung (EG) Nr. 45/2001 und sonstige Rechtsakte der Union, die diese Verarbeitung personenbezogener Daten regeln, sollten an die Grundsätze und Vorschriften der vorliegenden Verordnung angepasst und im Lichte der vorliegenden Verordnung angewandt werden. Um einen soliden und kohärenten Rechtsrahmen im Bereich des Datenschutzes in der Union zu gewährleisten, sollten die erforderlichen Anpassungen der Verordnung (EG) Nr. 45/2001 im Anschluss an den Erlass der vorliegenden Verordnung vorgenommen werden, damit sie gleichzeitig mit der vorliegenden Verordnung angewandt werden können.

(18) Diese Verordnung gilt nicht für die Verarbeitung von personenbezogenen Daten, die von einer natürlichen Person zur Ausübung ausschließlich persönlicher oder familiärer Tätigkeiten und somit

1) **Amtl. Anm.:** Empfehlung der Kommission vom 6. Mai 2003 betreffend die Definition der Kleinstunternehmen sowie der kleinen und mittleren Unternehmen (C (2003) 1422) (ABl. L 124 vom 20.5.2003, S. 36).

2) **Amtl. Anm.:** Verordnung (EG) Nr. 45/2001 des Europäischen Parlaments und des Rates vom 18. Dezember 2000 zum Schutz natürlicher Personen bei der Verarbeitung personenbezogener Daten durch die Organe und Einrichtungen der Gemeinschaft und zum freien Datenverkehr (ABl. L 8 vom 12.1.2001, S. 1).

ohne Bezug zu einer beruflichen oder wirtschaftlichen Tätigkeit vorgenommen wird. Als persönliche oder familiäre Tätigkeiten könnte auch das Führen eines Schriftverkehrs oder von Anschriftenverzeichnissen oder die Nutzung sozialer Netze und Online-Tätigkeiten im Rahmen solcher Tätigkeiten gelten. Diese Verordnung gilt jedoch für die Verantwortlichen oder Auftragsverarbeiter, die die Instrumente für die Verarbeitung personenbezogener Daten für solche persönlichen oder familiären Tätigkeiten bereitstellen.

(19) Der Schutz natürlicher Personen bei der Verarbeitung personenbezogener Daten durch die zuständigen Behörden zum Zwecke der Verhütung, Ermittlung, Aufdeckung oder Verfolgung von Straftaten oder der Strafvollstreckung, einschließlich des Schutzes vor und der Abwehr von Gefahren für die öffentliche Sicherheit, sowie der freie Verkehr dieser Daten sind in einem eigenen Unionsrechtsakt geregelt. Deshalb sollte diese Verordnung auf Verarbeitungstätigkeiten dieser Art keine Anwendung finden. Personenbezogene Daten, die von Behörden nach dieser Verordnung verarbeitet werden, sollten jedoch, wenn sie zu den vorstehenden Zwecken verwendet werden, einem spezifischeren Unionsrechtsakt, nämlich der Richtlinie (EU) 2016/680 des Europäischen Parlaments und des Rates[1] unterliegen. Die Mitgliedstaaten können die zuständigen Behörden im Sinne der Richtlinie (EU) 2016/680 mit Aufgaben betrauen, die nicht zwangsläufig für die Zwecke der Verhütung, Ermittlung, Aufdeckung oder Verfolgung von Straftaten oder der Strafvollstreckung, einschließlich des Schutzes vor und der Abwehr von Gefahren für die öffentliche Sicherheit, ausgeführt werden, so dass die Verarbeitung von personenbezogenen Daten für diese anderen Zwecke insoweit in den Anwendungsbereich dieser Verordnung fällt, als sie in den Anwendungsbereich des Unionsrechts fällt. In Bezug auf die Verarbeitung personenbezogener Daten durch diese Behörden für Zwecke, die in den Anwendungsbereich dieser Verordnung fallen, sollten die Mitgliedstaaten spezifischere Bestimmungen beibehalten oder einführen können, um die Anwendung der Vorschriften dieser Verordnung anzupassen. In den betreffenden Bestimmungen können die Auflagen für die Verarbeitung personenbezogener Daten durch diese zuständigen Behörden für jene anderen Zwecke präziser festgelegt werden, wobei der verfassungsmäßigen, organisatorischen und administrativen Struktur des betreffenden Mitgliedstaats Rechnung zu tragen ist. Soweit diese Verordnung für die Verarbeitung personenbezogener Daten durch private Stellen gilt, sollte sie vorsehen, dass die Mitgliedstaaten einige Pflichten und Rechte unter bestimmten Voraussetzungen mittels Rechtsvorschriften beschränken können, wenn diese Beschränkung in einer demokratischen Gesellschaft eine notwendige und verhältnismäßige Maßnahme zum Schutz bestimmter wichtiger Interessen darstellt, wozu auch die öffentliche Sicherheit und die Verhütung, Ermittlung, Aufdeckung und Verfolgung von Straftaten oder die Strafvollstreckung zählen, einschließlich des Schutzes vor und der Abwehr von Gefahren für die öffentliche Sicherheit. Dies ist beispielsweise im Rahmen der Bekämpfung der Geldwäsche oder der Arbeit kriminaltechnischer Labors von Bedeutung.

(20) Diese Verordnung gilt zwar unter anderem für die Tätigkeiten der Gerichte und anderer Justizbehörden, doch könnte im Unionsrecht oder im Recht der Mitgliedstaaten festgelegt werden, wie die Verarbeitungsvorgänge und Verarbeitungsverfahren bei der Verarbeitung personenbezogener Daten durch Gerichte und andere Justizbehörden im Einzelnen auszusehen haben. Damit die Unabhängigkeit der Justiz bei der Ausübung ihrer gerichtlichen Aufgaben einschließlich ihrer Beschlussfassung unangetastet bleibt, sollten die Aufsichtsbehörden nicht für die Verarbeitung personenbezogener Daten durch Gerichte im Rahmen ihrer justiziellen Tätigkeit zuständig sein. Mit der Aufsicht über diese Datenverarbeitungsvorgänge sollten besondere Stellen im Justizsystem des Mitgliedstaats betraut werden können, die insbesondere die Einhaltung der Vorschriften dieser Verordnung sicherstellen, Richter und Staatsanwälte besser für ihre Pflichten aus dieser Verordnung sensibilisieren und Beschwerden in Bezug auf derartige Datenverarbeitungsvorgänge bearbeiten sollten.

(21) Die vorliegende Verordnung berührt nicht die Anwendung der Richtlinie 2000/31/EG des Europäischen Parlaments und des Rates[2] und insbesondere die der Vorschriften der Artikel 12 bis 15 jener Richtlinie zur Verantwortlichkeit von Anbietern reiner Vermittlungsdienste. Die genannte

1) **Amtl. Anm.:** Richtlinie (EU) 2016/680 des Europäischen Parlaments und des Rates vom 27. April 2016 zum Schutz natürlicher Personen bei der Verarbeitung personenbezogener Daten durch die zuständigen Behörden zum Zwecke der Verhütung, Aufdeckung, Untersuchung oder Verfolgung von Straftaten oder der Strafvollstreckung sowie zum freien Datenverkehr und zur Aufhebung des Rahmenbeschlusses 2000/383/JI des Rates (siehe Seite 89 dieses Amtsblatts).

2) **Amtl. Anm.:** Richtlinie 2000/31/EG des Europäischen Parlaments und des Rates vom 8. Juni 2000 über bestimmte rechtliche Aspekte der Dienste der Informationsgesellschaft, insbesondere des elektronischen Geschäftsverkehrs, im Binnenmarkt („Richtlinie über den elektronischen Geschäftsverkehr") (ABl. L 178 vom 17.7.2000, S. 1).

Richtlinie soll dazu beitragen, dass der Binnenmarkt einwandfrei funktioniert, indem sie den freien Verkehr von Diensten der Informationsgesellschaft zwischen den Mitgliedstaaten sicherstellt.

(22) Jede Verarbeitung personenbezogener Daten im Rahmen der Tätigkeiten einer Niederlassung eines Verantwortlichen oder eines Auftragsverarbeiters in der Union sollte gemäß dieser Verordnung erfolgen, gleich, ob die Verarbeitung in oder außerhalb der Union stattfindet. Eine Niederlassung setzt die effektive und tatsächliche Ausübung einer Tätigkeit durch eine feste Einrichtung voraus. Die Rechtsform einer solchen Einrichtung, gleich, ob es sich um eine Zweigstelle oder eine Tochtergesellschaft mit eigener Rechtspersönlichkeit handelt, ist dabei nicht ausschlaggebend.

(23) Damit einer natürlichen Person der gemäß dieser Verordnung gewährleistete Schutz nicht vorenthalten wird, sollte die Verarbeitung personenbezogener Daten von betroffenen Personen, die sich in der Union befinden, durch einen nicht in der Union niedergelassenen Verantwortlichen oder Auftragsverarbeiter dieser Verordnung unterliegen, wenn die Verarbeitung dazu dient, diesen betroffenen Personen gegen Entgelt oder unentgeltlich Waren oder Dienstleistungen anzubieten. Um festzustellen, ob dieser Verantwortliche oder Auftragsverarbeiter betroffenen Personen, die sich in der Union befinden, Waren oder Dienstleistungen anbietet, sollte festgestellt werden, ob der Verantwortliche oder Auftragsverarbeiter offensichtlich beabsichtigt, betroffenen Personen in einem oder mehreren Mitgliedstaaten der Union Dienstleistungen anzubieten. Während die bloße Zugänglichkeit der Website des Verantwortlichen, des Auftragsverarbeiters oder eines Vermittlers in der Union, einer E-Mail-Adresse oder anderer Kontaktdaten oder die Verwendung einer Sprache, die in dem Drittland, in dem der Verantwortliche niedergelassen ist, allgemein gebräuchlich ist, hierfür kein ausreichender Anhaltspunkt ist, können andere Faktoren wie die Verwendung einer Sprache oder Währung, die in einem oder mehreren Mitgliedstaaten gebräuchlich ist, in Verbindung mit der Möglichkeit, Waren und Dienstleistungen in dieser anderen Sprache zu bestellen, oder die Erwähnung von Kunden oder Nutzern, die sich in der Union befinden, darauf hindeuten, dass der Verantwortliche beabsichtigt, den Personen in der Union Waren oder Dienstleistungen anzubieten.

(24) Die Verarbeitung personenbezogener Daten von betroffenen Personen, die sich in der Union befinden, durch einen nicht in der Union niedergelassenen Verantwortlichen oder Auftragsverarbeiter sollte auch dann dieser Verordnung unterliegen, wenn sie dazu dient, das Verhalten dieser betroffenen Personen zu beobachten, soweit ihr Verhalten in der Union erfolgt. Ob eine Verarbeitungstätigkeit der Beobachtung des Verhaltens von betroffenen Personen gilt, sollte daran festgemacht werden, ob ihre Internetaktivitäten nachvollzogen werden, einschließlich der möglichen nachfolgenden Verwendung von Techniken zur Verarbeitung personenbezogener Daten, durch die von einer natürlichen Person ein Profil erstellt wird, das insbesondere die Grundlage für sie betreffende Entscheidungen bildet oder anhand dessen ihre persönlichen Vorlieben, Verhaltensweisen oder Gepflogenheiten analysiert oder vorausgesagt werden sollen.

(25) Ist nach Völkerrecht das Recht eines Mitgliedstaats anwendbar, z.B. in einer diplomatischen oder konsularischen Vertretung eines Mitgliedstaats, so sollte die Verordnung auch auf einen nicht in der Union niedergelassenen Verantwortlichen Anwendung finden.

(26) Die Grundsätze des Datenschutzes sollten für alle Informationen gelten, die sich auf eine identifizierte oder identifizierbare natürliche Person beziehen. Einer Pseudonymisierung unterzogene personenbezogene Daten, die durch Heranziehung zusätzlicher Informationen einer natürlichen Person zugeordnet werden könnten, sollten als Informationen über eine identifizierbare natürliche Person betrachtet werden. Um festzustellen, ob eine natürliche Person identifizierbar ist, sollten alle Mittel berücksichtigt werden, die von dem Verantwortlichen oder einer anderen Person nach allgemeinem Ermessen wahrscheinlich genutzt werden, um die natürliche Person direkt oder indirekt zu identifizieren, wie beispielsweise das Aussondern. Bei der Feststellung, ob Mittel nach allgemeinem Ermessen wahrscheinlich zur Identifizierung der natürlichen Person genutzt werden, sollten alle objektiven Faktoren, wie die Kosten der Identifizierung und der dafür erforderliche Zeitaufwand, herangezogen werden, wobei die zum Zeitpunkt der Verarbeitung verfügbare Technologie und technologische Entwicklungen zu berücksichtigen sind. Die Grundsätze des Datenschutzes sollten daher nicht für anonyme Informationen gelten, d.h. für Informationen, die sich nicht auf eine identifizierte oder identifizierbare natürliche Person beziehen, oder personenbezogene Daten, die in einer Weise anonymisiert worden sind, dass die betroffene Person nicht oder nicht mehr identifiziert werden kann. Diese Verordnung betrifft somit nicht die Verarbeitung solcher anonymer Daten, auch für statistische oder für Forschungszwecke.

(27) Diese Verordnung gilt nicht für die personenbezogenen Daten Verstorbener. Die Mitgliedstaaten können Vorschriften für die Verarbeitung der personenbezogenen Daten Verstorbener vorsehen.

(28) Die Anwendung der Pseudonymisierung auf personenbezogene Daten kann die Risiken für die betroffenen Personen senken und die Verantwortlichen und die Auftragsverarbeiter bei der Einhaltung ihrer Datenschutzpflichten unterstützen. Durch die ausdrückliche Einführung der „Pseudonymisierung" in dieser Verordnung ist nicht beabsichtigt, andere Datenschutzmaßnahmen auszuschließen.

(29) Um Anreize für die Anwendung der Pseudonymisierung bei der Verarbeitung personenbezogener Daten zu schaffen, sollten Pseudonymisierungsmaßnahmen, die jedoch eine allgemeine Analyse zulassen, bei demselben Verantwortlichen möglich sein, wenn dieser die erforderlichen technischen und organisatorischen Maßnahmen getroffen hat, um – für die jeweilige Verarbeitung – die Umsetzung dieser Verordnung zu gewährleisten, wobei sicherzustellen ist, dass zusätzliche Informationen, mit denen die personenbezogenen Daten einer speziellen betroffenen Person zugeordnet werden können, gesondert aufbewahrt werden. Der für die Verarbeitung der personenbezogenen Daten Verantwortliche,[1] sollte die befugten Personen bei diesem Verantwortlichen angeben.

(30) Natürlichen Personen werden unter Umständen Online-Kennungen wie IP-Adressen und Cookie-Kennungen, die sein Gerät oder Software-Anwendungen und -Tools oder Protokolle liefern, oder sonstige Kennungen wie Funkfrequenzkennzeichnungen zugeordnet. Dies kann Spuren hinterlassen, die insbesondere in Kombination mit eindeutigen Kennungen und anderen beim Server eingehenden Informationen dazu benutzt werden können, um Profile der natürlichen Personen zu erstellen und sie zu identifizieren.

(31) Behörden, gegenüber denen personenbezogene Daten aufgrund einer rechtlichen Verpflichtung für die Ausübung ihres offiziellen Auftrags offengelegt werden, wie Steuer- und Zollbehörden, Finanzermittlungsstellen, unabhängige Verwaltungsbehörden oder Finanzmarktbehörden, die für die Regulierung und Aufsicht von Wertpapiermärkten zuständig sind, sollten nicht als Empfänger gelten, wenn sie personenbezogene Daten erhalten, die für die Durchführung – gemäß dem Unionsrecht oder dem Recht der Mitgliedstaaten – eines einzelnen Untersuchungsauftrags im Interesse der Allgemeinheit erforderlich sind. Anträge auf Offenlegung, die von Behörden ausgehen, sollten immer schriftlich erfolgen, mit Gründen versehen sein und gelegentlichen Charakter haben, und sie sollten nicht vollständige Dateisysteme betreffen oder zur Verknüpfung von Dateisystemen führen. Die Verarbeitung personenbezogener Daten durch die genannten Behörden sollte den für die Zwecke der Verarbeitung geltenden Datenschutzvorschriften entsprechen.

(32) Die Einwilligung sollte durch eine eindeutige bestätigende Handlung erfolgen, mit der freiwillig, für den konkreten Fall, in informierter Weise und unmissverständlich bekundet wird, dass die betroffene Person mit der Verarbeitung der sie betreffenden personenbezogenen Daten einverstanden ist, etwa in Form einer schriftlichen Erklärung, die auch elektronisch erfolgen kann, oder einer mündlichen Erklärung. Dies könnte etwa durch Anklicken eines Kästchens beim Besuch einer Internetseite, durch die Auswahl technischer Einstellungen für Dienste der Informationsgesellschaft oder durch eine andere Erklärung oder Verhaltensweise geschehen, mit der die betroffene Person in dem jeweiligen Kontext eindeutig ihr Einverständnis mit der beabsichtigten Verarbeitung ihrer personenbezogenen Daten signalisiert. Stillschweigen, bereits angekreuzte Kästchen oder Untätigkeit der betroffenen Person sollten daher keine Einwilligung darstellen. Die Einwilligung sollte sich auf alle zu demselben Zweck oder denselben Zwecken vorgenommenen Verarbeitungsvorgänge beziehen. Wenn die Verarbeitung mehreren Zwecken dient, sollte für alle diese Verarbeitungszwecke eine Einwilligung gegeben werden. Wird die betroffene Person auf elektronischem Weg zur Einwilligung aufgefordert, so muss die Aufforderung in klarer und knapper Form und ohne unnötige Unterbrechung des Dienstes, für den die Einwilligung gegeben wird, erfolgen.

(33) Oftmals kann der Zweck der Verarbeitung personenbezogener Daten für Zwecke der wissenschaftlichen Forschung zum Zeitpunkt der Erhebung der personenbezogenen Daten nicht vollständig angegeben werden. Daher sollte es betroffenen Personen erlaubt sein, ihre Einwilligung für bestimmte Bereiche wissenschaftlicher Forschung zu geben, wenn dies unter Einhaltung der anerkannten ethischen Standards der wissenschaftlichen Forschung geschieht. Die betroffenen Personen sollten Gelegenheit erhalten, ihre Einwilligung nur für bestimmte Forschungsbereiche oder Teile von Forschungsprojekten in dem vom verfolgten Zweck zugelassenen Maße zu erteilen.

(34) Genetische Daten sollten als personenbezogene Daten über die ererbten oder erworbenen genetischen Eigenschaften einer natürlichen Person definiert werden, die aus der Analyse einer biologischen Probe der betreffenden natürlichen Person, insbesondere durch eine Chromosomen[2], Des-

1) Zeichensetzung amtlich.
2) Richtig wohl: „Chromosomen-Analyse".

oxyribonukleinsäure (DNS)- oder Ribonukleinsäure (RNS)-Analyse oder der Analyse eines anderen Elements, durch die gleichwertige Informationen erlangt werden können, gewonnen werden.

(35) Zu den personenbezogenen Gesundheitsdaten sollten alle Daten zählen, die sich auf den Gesundheitszustand einer betroffenen Person beziehen und aus denen Informationen über den früheren, gegenwärtigen und künftigen körperlichen oder geistigen Gesundheitszustand der betroffenen Person hervorgehen. Dazu gehören auch Informationen über die natürliche Person, die im Zuge der Anmeldung für sowie der Erbringung von Gesundheitsdienstleistungen im Sinne der Richtlinie 2011/24/EU des Europäischen Parlaments und des Rates[1] für die natürliche Person erhoben werden, Nummern, Symbole oder Kennzeichen, die einer natürlichen Person zugeteilt wurden, um diese natürliche Person für gesundheitliche Zwecke eindeutig zu identifizieren, Informationen, die von der Prüfung oder Untersuchung eines Körperteils oder einer körpereigenen Substanz, auch aus genetischen Daten und biologischen Proben, abgeleitet wurden, und Informationen etwa über Krankheiten, Behinderungen, Krankheitsrisiken, Vorerkrankungen, klinische Behandlungen oder den physiologischen oder biomedizinischen Zustand der betroffenen Person unabhängig von der Herkunft der Daten, ob sie nun von einem Arzt oder sonstigem Angehörigen eines Gesundheitsberufes, einem Krankenhaus, einem Medizinprodukt oder einem In-Vitro-Diagnostikum stammen.

(36) Die Hauptniederlassung des Verantwortlichen in der Union sollte der Ort seiner Hauptverwaltung in der Union sein, es sei denn, dass Entscheidungen über die Zwecke und Mittel der Verarbeitung personenbezogener Daten in einer anderen Niederlassung des Verantwortlichen in der Union getroffen werden; in diesem Fall sollte die letztgenannte als Hauptniederlassung gelten. Zur Bestimmung der Hauptniederlassung eines Verantwortlichen in der Union sollten objektive Kriterien herangezogen werden; ein Kriterium sollte dabei die effektive und tatsächliche Ausübung von Managementtätigkeiten durch eine feste Einrichtung sein, in deren Rahmen die Grundsatzentscheidungen zur Festlegung der Zwecke und Mittel der Verarbeitung getroffen werden. Dabei sollte nicht ausschlaggebend sein, ob die Verarbeitung der personenbezogenen Daten tatsächlich an diesem Ort ausgeführt wird. Das Vorhandensein und die Verwendung technischer Mittel und Verfahren zur Verarbeitung personenbezogener Daten oder Verarbeitungstätigkeiten begründen an sich noch keine Hauptniederlassung und sind daher kein ausschlaggebender Faktor für das Bestehen einer Hauptniederlassung. Die Hauptniederlassung des Auftragsverarbeiters sollte der Ort sein, an dem der Auftragsverarbeiter seine Hauptverwaltung in der Union hat, oder – wenn er keine Hauptverwaltung in der Union hat – der Ort, an dem die wesentlichen Verarbeitungstätigkeiten in der Union stattfinden. Sind sowohl der Verantwortliche als auch der Auftragsverarbeiter betroffen, so sollte die Aufsichtsbehörde des Mitgliedstaats, in dem der Verantwortliche seine Hauptniederlassung hat, die zuständige federführende Aufsichtsbehörde bleiben, doch sollte die Aufsichtsbehörde des Auftragsverarbeiters als betroffene Aufsichtsbehörde betrachtet werden und diese Aufsichtsbehörde sollte sich an dem in dieser Verordnung vorgesehenen Verfahren der Zusammenarbeit beteiligen. Auf jeden Fall sollten die Aufsichtsbehörden des Mitgliedstaats oder der Mitgliedstaaten, in dem bzw. denen der Auftragsverarbeiter eine oder mehrere Niederlassungen hat, nicht als betroffene Aufsichtsbehörden betrachtet werden, wenn sich der Beschlussentwurf nur auf den Verantwortlichen bezieht. Wird die Verarbeitung durch eine Unternehmensgruppe vorgenommen, so sollte die Hauptniederlassung des herrschenden Unternehmens als Hauptniederlassung der Unternehmensgruppe gelten, es sei denn, die Zwecke und Mittel der Verarbeitung werden von einem anderen Unternehmen festgelegt.

(37) Eine Unternehmensgruppe sollte aus einem herrschenden Unternehmen und den von diesem abhängigen Unternehmen bestehen, wobei das herrschende Unternehmen dasjenige sein sollte, das zum Beispiel aufgrund der Eigentumsverhältnisse, der finanziellen Beteiligung oder der für das Unternehmen geltenden Vorschriften oder der Befugnis, Datenschutzvorschriften umsetzen zu lassen, einen beherrschenden Einfluss auf die übrigen Unternehmen ausüben kann. Ein Unternehmen, das die Verarbeitung personenbezogener Daten in ihm angeschlossenen Unternehmen kontrolliert, sollte zusammen mit diesen als eine „Unternehmensgruppe" betrachtet werden.

(38) Kinder verdienen bei ihren personenbezogenen Daten besonderen Schutz, da Kinder sich der betreffenden Risiken, Folgen und Garantien und ihrer Rechte bei der Verarbeitung personenbezogener Daten möglicherweise weniger bewusst sind. Ein solcher besonderer Schutz sollte insbesondere die Verwendung personenbezogener Daten von Kindern für Werbezwecke oder für die Erstellung von Persönlichkeits- oder Nutzerprofilen und die Erhebung von personenbezogenen Daten von Kindern bei der Nutzung von Diensten, die Kindern direkt angeboten werden, betreffen.

1) **Amtl. Anm.**: Richtlinie 2011/24/EU des Europäischen Parlaments und des Rates vom 9. März 2011 über die Ausübung der Patientenrechte in der grenzüberschreitenden Gesundheitsversorgung (ABl. L 88 vom 4.4.2011, S. 45).

Die Einwilligung des Trägers der elterlichen Verantwortung sollte im Zusammenhang mit Präventions- oder Beratungsdiensten, die unmittelbar einem Kind angeboten werden, nicht erforderlich sein.

(39) Jede Verarbeitung personenbezogener Daten sollte rechtmäßig und nach Treu und Glauben erfolgen. Für natürliche Personen sollte Transparenz dahingehend bestehen, dass sie betreffende personenbezogene Daten erhoben, verwendet, eingesehen oder anderweitig verarbeitet werden und in welchem Umfang die personenbezogenen Daten verarbeitet werden und künftig noch verarbeitet werden. Der Grundsatz der Transparenz setzt voraus, dass alle Informationen und Mitteilungen zur Verarbeitung dieser personenbezogenen Daten leicht zugänglich und verständlich und in klarer und einfacher Sprache abgefasst sind. Dieser Grundsatz betrifft insbesondere die Informationen über die Identität des Verantwortlichen und die Zwecke der Verarbeitung und sonstige Informationen, die eine faire und transparente Verarbeitung im Hinblick auf die betroffenen natürlichen Personen gewährleisten, sowie deren Recht, eine Bestätigung und Auskunft darüber zu erhalten, welche sie betreffende personenbezogene Daten verarbeitet werden. Natürliche Personen sollten über die Risiken, Vorschriften, Garantien und Rechte im Zusammenhang mit der Verarbeitung personenbezogener Daten informiert und darüber aufgeklärt werden, wie sie ihre diesbezüglichen Rechte geltend machen können. Insbesondere sollten die bestimmten Zwecke, zu denen die personenbezogenen Daten verarbeitet werden, eindeutig und rechtmäßig sein und zum Zeitpunkt der Erhebung der personenbezogenen Daten feststehen. Die personenbezogenen Daten sollten für die Zwecke, zu denen sie verarbeitet werden, angemessen und erheblich sowie auf das für die Zwecke ihrer Verarbeitung notwendige Maß beschränkt sein. Dies erfordert insbesondere, dass die Speicherfrist für personenbezogene Daten auf das unbedingt erforderliche Mindestmaß beschränkt bleibt. Personenbezogene Daten sollten nur verarbeitet werden dürfen, wenn der Zweck der Verarbeitung nicht in zumutbarer Weise durch andere Mittel erreicht werden kann. Um sicherzustellen, dass die personenbezogenen Daten nicht länger als nötig gespeichert werden, sollte der Verantwortliche Fristen für ihre Löschung oder regelmäßige Überprüfung vorsehen. Es sollten alle vertretbaren Schritte unternommen werden, damit unrichtige personenbezogene Daten gelöscht oder berichtigt werden. Personenbezogene Daten sollten so verarbeitet werden, dass ihre Sicherheit und Vertraulichkeit hinreichend gewährleistet ist, wozu auch gehört, dass Unbefugte keinen Zugang zu den Daten haben und weder die Daten noch die Geräte, mit denen diese verarbeitet werden, benutzen können.

(40) Damit die Verarbeitung rechtmäßig ist, müssen personenbezogene Daten mit Einwilligung der betroffenen Person oder auf einer sonstigen zulässigen Rechtsgrundlage verarbeitet werden, die sich aus dieser Verordnung oder – wann immer in dieser Verordnung darauf Bezug genommen wird – aus dem sonstigen Unionsrecht oder dem Recht der Mitgliedstaaten ergibt, so unter anderem auf der Grundlage, dass sie zur Erfüllung der rechtlichen Verpflichtung, der der Verantwortliche unterliegt, oder zur Erfüllung eines Vertrags, dessen Vertragspartei die betroffene Person ist, oder für die Durchführung vorvertraglicher Maßnahmen, die auf Anfrage der betroffenen Person erfolgen, erforderlich ist.

(41) Wenn in dieser Verordnung auf eine Rechtsgrundlage oder eine Gesetzgebungsmaßnahme Bezug genommen wird, erfordert dies nicht notwendigerweise einen von einem Parlament angenommenen Gesetzgebungsakt; davon unberührt bleiben Anforderungen gemäß der Verfassungsordnung des betreffenden Mitgliedstaats. Die entsprechende Rechtsgrundlage oder Gesetzgebungsmaßnahme sollte jedoch klar und präzise sein und ihre Anwendung sollte für die Rechtsunterworfenen gemäß der Rechtsprechung des Gerichtshofs der Europäischen Union (im Folgenden „Gerichtshof") und des Europäischen Gerichtshofs für Menschenrechte vorhersehbar sein.

(42) Erfolgt die Verarbeitung mit Einwilligung der betroffenen Person, sollte der Verantwortliche nachweisen können, dass die betroffene Person ihre Einwilligung zu dem Verarbeitungsvorgang gegeben hat. Insbesondere bei Abgabe einer schriftlichen Erklärung in anderer Sache sollten Garantien sicherstellen, dass die betroffene Person weiß, dass und in welchem Umfang sie ihre Einwilligung erteilt. Gemäß der Richtlinie 93/13/EWG des Rates[1] sollte eine vom Verantwortlichen vorformulierte Einwilligungserklärung in verständlicher und leicht zugänglicher Form in einer klaren und einfachen Sprache zur Verfügung gestellt werden, und sie sollte keine missbräuchlichen Klauseln beinhalten. Damit sie in Kenntnis der Sachlage ihre Einwilligung geben kann, sollte die betroffene Person mindestens wissen, wer der Verantwortliche ist und für welche Zwecke ihre personenbezogenen Daten verarbeitet werden sollen. Es sollte nur dann davon ausgegangen wer-

1) **Amtl. Anm.:** Richtlinie 93/13/EWG des Rates vom 5. April 1993 über missbräuchliche Klauseln in Verbraucherverträgen (ABl. L 95 vom 21.4.1993, S. 29).

den, dass sie ihre Einwilligung freiwillig gegeben hat, wenn sie eine echte oder freie Wahl hat und somit in der Lage ist, die Einwilligung zu verweigern oder zurückzuziehen, ohne Nachteile zu erleiden.

(43) Um sicherzustellen, dass die Einwilligung freiwillig erfolgt ist, sollte diese in besonderen Fällen, wenn zwischen der betroffenen Person und dem Verantwortlichen ein klares Ungleichgewicht besteht, insbesondere wenn es sich bei dem Verantwortlichen um eine Behörde handelt, und es deshalb in Anbetracht aller Umstände in dem speziellen Fall unwahrscheinlich ist, dass die Einwilligung gegeben wurde, keine gültige Rechtsgrundlage liefern. Die Einwilligung gilt nicht als freiwillig erteilt, wenn zu verschiedenen Verarbeitungsvorgängen von personenbezogenen Daten nicht gesondert eine Einwilligung erteilt werden kann, obwohl dies im Einzelfall angebracht ist, oder wenn die Erfüllung eines Vertrags, einschließlich der Erbringung einer Dienstleistung, von der Einwilligung abhängig ist, obwohl diese Einwilligung für die Erfüllung nicht erforderlich ist.

(44) Die Verarbeitung von Daten sollte als rechtmäßig gelten, wenn sie für die Erfüllung oder den geplanten Abschluss eines Vertrags erforderlich ist.

(45) Erfolgt die Verarbeitung durch den Verantwortlichen aufgrund einer ihm obliegenden rechtlichen Verpflichtung oder ist die Verarbeitung zur Wahrnehmung einer Aufgabe im öffentlichen Interesse oder in Ausübung öffentlicher Gewalt erforderlich, muss hierfür eine Grundlage im Unionsrecht oder im Recht eines Mitgliedstaats bestehen. Mit dieser Verordnung wird nicht für jede einzelne Verarbeitung ein spezifisches Gesetz verlangt. Ein Gesetz als Grundlage für mehrere Verarbeitungsvorgänge kann ausreichend sein, wenn die Verarbeitung aufgrund einer dem Verantwortlichen obliegenden rechtlichen Verpflichtung erfolgt oder wenn die Verarbeitung zur Wahrnehmung einer Aufgabe im öffentlichen Interesse oder in Ausübung öffentlicher Gewalt erforderlich ist. Desgleichen sollte im Unionsrecht oder im Recht der Mitgliedstaaten geregelt werden, für welche Zwecke die Daten verarbeitet werden dürfen. Ferner könnten in diesem Recht die allgemeinen Bedingungen dieser Verordnung zur Regelung der Rechtmäßigkeit der Verarbeitung personenbezogener Daten präzisiert und es könnte darin festgelegt werden, wie der Verantwortliche zu bestimmen ist, welche Art von personenbezogenen Daten verarbeitet werden, welche Personen betroffen sind, welchen Einrichtungen die personenbezogenen Daten offengelegt, für welche Zwecke und wie lange sie gespeichert werden dürfen und welche anderen Maßnahmen ergriffen werden, um zu gewährleisten, dass die Verarbeitung rechtmäßig und nach Treu und Glauben erfolgt. Desgleichen sollte im Unionsrecht oder im Recht der Mitgliedstaaten geregelt werden, ob es sich bei dem Verantwortlichen, der eine Aufgabe wahrnimmt, die im öffentlichen Interesse liegt oder in Ausübung öffentlicher Gewalt erfolgt, um eine Behörde oder um eine andere unter das öffentliche Recht fallende natürliche oder juristische Person oder, sofern dies durch das öffentliche Interesse einschließlich gesundheitlicher Zwecke, wie die öffentliche Gesundheit oder die soziale Sicherheit oder die Verwaltung von Leistungen der Gesundheitsfürsorge, gerechtfertigt ist, eine natürliche oder juristische Person des Privatrechts, wie beispielsweise eine Berufsvereinigung, handeln sollte.

(46) Die Verarbeitung personenbezogener Daten sollte ebenfalls als rechtmäßig angesehen werden, wenn sie erforderlich ist, um ein lebenswichtiges Interesse der betroffenen Person oder einer anderen natürlichen Person zu schützen. Personenbezogene Daten sollten grundsätzlich nur dann aufgrund eines lebenswichtigen Interesses einer anderen natürlichen Person verarbeitet werden, wenn die Verarbeitung offensichtlich nicht auf eine andere Rechtsgrundlage gestützt werden kann. Einige Arten der Verarbeitung können sowohl wichtigen Gründen des öffentlichen Interesses als auch lebenswichtigen Interessen der betroffenen Person dienen; so kann beispielsweise die Verarbeitung für humanitäre Zwecke einschließlich der Überwachung von Epidemien und deren Ausbreitung oder in humanitären Notfällen insbesondere bei Naturkatastrophen oder vom Menschen verursachten Katastrophen erforderlich sein.

(47) Die Rechtmäßigkeit der Verarbeitung kann durch die berechtigten Interessen eines Verantwortlichen, auch eines Verantwortlichen, dem die personenbezogenen Daten offengelegt werden dürfen, oder eines Dritten begründet sein, sofern die Interessen oder die Grundrechte und Grundfreiheiten der betroffenen Person nicht überwiegen; dabei sind die vernünftigen Erwartungen der betroffenen Personen, die auf ihrer Beziehung zu dem Verantwortlichen beruhen, zu berücksichtigen. Ein berechtigtes Interesse könnte beispielsweise vorliegen, wenn eine maßgebliche und angemessene Beziehung zwischen der betroffenen Person und dem Verantwortlichen besteht, z.B. wenn die betroffene Person ein Kunde des Verantwortlichen ist oder in seinen Diensten steht. Auf jeden Fall wäre das Bestehen eines berechtigten Interesses besonders sorgfältig abzuwägen, wobei auch zu prüfen ist, ob eine betroffene Person zum Zeitpunkt der Erhebung der personenbezogenen Daten

und angesichts der Umstände, unter denen sie erfolgt, vernünftigerweise absehen kann, dass möglicherweise eine Verarbeitung für diesen Zweck erfolgen wird. Insbesondere dann, wenn personenbezogene Daten in Situationen verarbeitet werden, in denen eine betroffene Person vernünftigerweise nicht mit einer weiteren Verarbeitung rechnen muss, könnten die Interessen und Grundrechte der betroffenen Person das Interesse des Verantwortlichen überwiegen. Da es dem Gesetzgeber obliegt, per Rechtsvorschrift die Rechtsgrundlage für die Verarbeitung personenbezogener Daten durch die Behörden zu schaffen, sollte diese Rechtsgrundlage nicht für Verarbeitungen durch Behörden gelten, die diese in Erfüllung ihrer Aufgaben vornehmen. Die Verarbeitung personenbezogener Daten im für die Verhinderung von Betrug unbedingt erforderlichen Umfang stellt ebenfalls ein berechtigtes Interesse des jeweiligen Verantwortlichen dar. Die Verarbeitung personenbezogener Daten zum Zwecke der Direktwerbung kann als eine einem berechtigten Interesse dienende Verarbeitung betrachtet werden.

(48) Verantwortliche, die Teil einer Unternehmensgruppe oder einer Gruppe von Einrichtungen sind, die einer zentralen Stelle zugeordnet sind können ein berechtigtes Interesse haben, personenbezogene Daten innerhalb der Unternehmensgruppe für interne Verwaltungszwecke, einschließlich der Verarbeitung personenbezogener Daten von Kunden und Beschäftigten, zu übermitteln. Die Grundprinzipien für die Übermittlung personenbezogener Daten innerhalb von Unternehmensgruppen an ein Unternehmen in einem Drittland bleiben unberührt.

(49) Die Verarbeitung von personenbezogenen Daten durch Behörden, Computer-Notdienste (Computer Emergency Response Teams – CERT, beziehungsweise Computer Security Incident Response Teams – CSIRT), Betreiber von elektronischen Kommunikationsnetzen und -diensten sowie durch Anbieter von Sicherheitstechnologien und -diensten stellt in dem Maße ein berechtigtes Interesse des jeweiligen Verantwortlichen dar, wie dies für die Gewährleistung der Netz- und Informationssicherheit unbedingt notwendig und verhältnismäßig ist, d.h. soweit dadurch die Fähigkeit eines Netzes oder Informationssystems gewährleistet wird, mit einem vorgegebenen Grad der Zuverlässigkeit Störungen oder widerrechtliche oder mutwillige Eingriffe abzuwehren, die die Verfügbarkeit, Authentizität, Vollständigkeit und Vertraulichkeit von gespeicherten oder übermittelten personenbezogenen Daten sowie die Sicherheit damit zusammenhängender Dienste, die über diese Netze oder Informationssysteme angeboten werden bzw. zugänglich sind, beeinträchtigen. Ein solches berechtigtes Interesse könnte beispielsweise darin bestehen, den Zugang Unbefugter zu elektronischen Kommunikationsnetzen und die Verbreitung schädlicher Programmcodes zu verhindern sowie Angriffe in Form der gezielten Überlastung von Servern („Denial of service"-Angriffe) und Schädigungen von Computer- und elektronischen Kommunikationssystemen abzuwehren.

(50) Die Verarbeitung personenbezogener Daten für andere Zwecke als die, für die die personenbezogenen Daten ursprünglich erhoben wurden, sollte nur zulässig sein, wenn die Verarbeitung mit den Zwecken, für die die personenbezogenen Daten ursprünglich erhoben wurden, vereinbar ist. In diesem Fall ist keine andere gesonderte Rechtsgrundlage erforderlich als diejenige für die Erhebung der personenbezogenen Daten. Ist die Verarbeitung für die Wahrnehmung einer Aufgabe erforderlich, die im öffentlichen Interesse liegt oder in Ausübung öffentlicher Gewalt erfolgt, die dem Verantwortlichen übertragen wurde, so können im Unionsrecht oder im Recht der Mitgliedstaaten die Aufgaben und Zwecke bestimmt und konkretisiert werden, für die eine Weiterverarbeitung als vereinbar und rechtmäßig erachtet wird. Die Weiterverarbeitung für im öffentlichen Interesse liegende Archivzwecke, für wissenschaftliche oder historische Forschungszwecke oder für statistische Zwecke sollte als vereinbarer und rechtmäßiger Verarbeitungsvorgang gelten. Die im Unionsrecht oder im Recht der Mitgliedstaaten vorgesehene Rechtsgrundlage für die Verarbeitung personenbezogener Daten kann auch als Rechtsgrundlage für eine Weiterverarbeitung dienen. Um festzustellen, ob ein Zweck der Weiterverarbeitung mit dem Zweck, für den die personenbezogenen Daten ursprünglich erhoben wurden, vereinbar ist, sollte der Verantwortliche nach Einhaltung aller Anforderungen für die Rechtmäßigkeit der ursprünglichen Verarbeitung unter anderem prüfen, ob ein Zusammenhang zwischen den Zwecken, für die die personenbezogenen Daten erhoben wurden, und den Zwecken der beabsichtigten Weiterverarbeitung besteht, in welchem Kontext die Daten erhoben wurden, insbesondere die vernünftigen Erwartungen der betroffenen Personen, die auf ihrer Beziehung zu dem Verantwortlichen beruhen, in Bezug auf die weitere Verwendung dieser Daten, um welche Art von personenbezogenen Daten es sich handelt, welche Folgen die beabsichtigte Weiterverarbeitung für die betroffenen Personen hat und ob sowohl beim ursprünglichen als auch beim beabsichtigten Weiterverarbeitungsvorgang geeignete Garantien bestehen.

Hat die betroffene Person ihre Einwilligung erteilt oder beruht die Verarbeitung auf Unionsrecht oder dem Recht der Mitgliedstaaten, was in einer demokratischen Gesellschaft eine notwendige und verhältnismäßige Maßnahme zum Schutz insbesondere wichtiger Ziele des allgemeinen öffentlichen Interesses darstellt, so sollte der Verantwortliche die personenbezogenen Daten ungeachtet der Vereinbarkeit der Zwecke weiterverarbeiten dürfen. In jedem Fall sollte gewährleistet sein, dass die in dieser Verordnung niedergelegten Grundsätze angewandt werden und insbesondere die betroffene Person über diese anderen Zwecke und über ihre Rechte einschließlich des Widerspruchsrechts unterrichtet wird. Der Hinweis des Verantwortlichen auf mögliche Straftaten oder Bedrohungen der öffentlichen Sicherheit und die Übermittlung der maßgeblichen personenbezogenen Daten in Einzelfällen oder in mehreren Fällen, die im Zusammenhang mit derselben Straftat oder derselben Bedrohung der öffentlichen Sicherheit stehen, an eine zuständige Behörde sollten als berechtigtes Interesse des Verantwortlichen gelten. Eine derartige Übermittlung personenbezogener Daten im berechtigten Interesse des Verantwortlichen oder deren Weiterverarbeitung sollte jedoch unzulässig sein, wenn die Verarbeitung mit einer rechtlichen, beruflichen oder sonstigen verbindlichen Pflicht zur Geheimhaltung unvereinbar ist.

(51) Personenbezogene Daten, die ihrem Wesen nach hinsichtlich der Grundrechte und Grundfreiheiten besonders sensibel sind, verdienen einen besonderen Schutz, da im Zusammenhang mit ihrer Verarbeitung erhebliche Risiken für die Grundrechte und Grundfreiheiten auftreten können. Diese personenbezogenen Daten sollten personenbezogene Daten umfassen, aus denen die rassische oder ethnische Herkunft hervorgeht, wobei die Verwendung des Begriffs „rassische Herkunft" in dieser Verordnung nicht bedeutet, dass die Union Theorien, mit denen versucht wird, die Existenz verschiedener menschlicher Rassen zu belegen, gutheißt. Die Verarbeitung von Lichtbildern sollte nicht grundsätzlich als Verarbeitung besonderer Kategorien von personenbezogenen Daten angesehen werden, da Lichtbilder nur dann von der Definition des Begriffs „biometrische Daten" erfasst werden, wenn sie mit speziellen technischen Mitteln verarbeitet werden, die die eindeutige Identifizierung oder Authentifizierung einer natürlichen Person ermöglichen. Derartige personenbezogene Daten sollten nicht verarbeitet werden, es sei denn, die Verarbeitung ist in den in dieser Verordnung dargelegten besonderen Fällen zulässig, wobei zu berücksichtigen ist, dass im Recht der Mitgliedstaaten besondere Datenschutzbestimmungen festgelegt sein können, um die Anwendung der Bestimmungen dieser Verordnung anzupassen, damit die Einhaltung einer rechtlichen Verpflichtung oder die Wahrnehmung einer Aufgabe im öffentlichen Interesse oder die Ausübung öffentlicher Gewalt, die dem Verantwortlichen übertragen wurde, möglich ist. Zusätzlich zu den speziellen Anforderungen an eine derartige Verarbeitung sollten die allgemeinen Grundsätze und andere Bestimmungen dieser Verordnung, insbesondere hinsichtlich der Bedingungen für eine rechtmäßige Verarbeitung, gelten. Ausnahmen von dem allgemeinen Verbot der Verarbeitung dieser besonderen Kategorien personenbezogener Daten sollten ausdrücklich vorgesehen werden, unter anderem bei ausdrücklicher Einwilligung der betroffenen Person oder bei bestimmten Notwendigkeiten, insbesondere wenn die Verarbeitung im Rahmen rechtmäßiger Tätigkeiten bestimmter Vereinigungen oder Stiftungen vorgenommen wird, die sich für die Ausübung von Grundfreiheiten einsetzen.

(52) Ausnahmen vom Verbot der Verarbeitung besonderer Kategorien von personenbezogenen Daten sollten auch erlaubt sein, wenn sie im Unionsrecht oder dem Recht der Mitgliedstaaten vorgesehen sind, und – vorbehaltlich angemessener Garantien zum Schutz der personenbezogenen Daten und anderer Grundrechte – wenn dies durch das öffentliche Interesse gerechtfertigt ist, insbesondere für die Verarbeitung von personenbezogenen Daten auf dem Gebiet des Arbeitsrechts und des Rechts der sozialen Sicherheit einschließlich Renten und zwecks Sicherstellung und Überwachung der Gesundheit und Gesundheitswarnungen, Prävention oder Kontrolle ansteckender Krankheiten und anderer schwerwiegender Gesundheitsgefahren. Eine solche Ausnahme kann zu gesundheitlichen Zwecken gemacht werden, wie der Gewährleistung der öffentlichen Gesundheit und der Verwaltung von Leistungen der Gesundheitsversorgung, insbesondere wenn dadurch die Qualität und Wirtschaftlichkeit der Verfahren zur Abrechnung von Leistungen in den sozialen Krankenversicherungssystemen sichergestellt werden soll, oder wenn die Verarbeitung im öffentlichen Interesse liegenden Archivzwecken, wissenschaftlichen oder historischen Forschungszwecken oder statistischen Zwecken dient. Die Verarbeitung solcher personenbezogener Daten sollte zudem ausnahmsweise erlaubt sein, wenn sie erforderlich ist, um rechtliche Ansprüche, sei es in einem Gerichtsverfahren oder in einem Verwaltungsverfahren oder einem außergerichtlichen Verfahren, geltend zu machen, auszuüben oder zu verteidigen.

(53) Besondere Kategorien personenbezogener Daten, die eines höheren Schutzes[1] verdienen, sollten nur dann für gesundheitsbezogene Zwecke verarbeitet werden, wenn dies für das Erreichen dieser Zwecke im Interesse einzelner natürlicher Personen und der Gesellschaft insgesamt erforderlich ist, insbesondere im Zusammenhang mit der Verwaltung der Dienste und Systeme des Gesundheits- oder Sozialbereichs, einschließlich der Verarbeitung dieser Daten durch die Verwaltung und die zentralen nationalen Gesundheitsbehörden zwecks Qualitätskontrolle, Verwaltungsinformationen und der allgemeinen nationalen und lokalen Überwachung des Gesundheitssystems oder des Sozialsystems und zwecks Gewährleistung der Kontinuität der Gesundheits- und Sozialfürsorge und der grenzüberschreitenden Gesundheitsversorgung oder Sicherstellung und Überwachung der Gesundheit und Gesundheitswarnungen oder für im öffentlichen Interesse liegende Archivzwecke, zu wissenschaftlichen oder historischen Forschungszwecken oder statistischen Zwecken, die auf Rechtsvorschriften der Union oder der Mitgliedstaaten beruhen, die einem im öffentlichen Interesse liegenden Ziel dienen müssen, sowie für Studien, die im öffentlichen Interesse im Bereich der öffentlichen Gesundheit durchgeführt werden. Diese Verordnung sollte daher harmonisierte Bedingungen für die Verarbeitung besonderer Kategorien personenbezogener Gesundheitsdaten im Hinblick auf bestimmte Erfordernisse harmonisieren, insbesondere wenn die Verarbeitung dieser Daten für gesundheitsbezogene Zwecke von Personen durchgeführt wird, die gemäß einer rechtlichen Verpflichtung dem Berufsgeheimnis unterliegen. Im Recht der Union oder der Mitgliedstaaten sollten besondere und angemessene Maßnahmen zum Schutz der Grundrechte und der personenbezogenen Daten natürlicher Personen vorgesehen werden. Den Mitgliedstaaten sollte gestattet werden, weitere Bedingungen einschließlich Beschränkungen – in Bezug auf die Verarbeitung von genetischen Daten, biometrischen Daten oder Gesundheitsdaten beizubehalten oder einzuführen. Dies sollte jedoch den freien Verkehr personenbezogener Daten innerhalb der Union nicht beeinträchtigen, falls die betreffenden Bedingungen für die grenzüberschreitende Verarbeitung solcher Daten gelten.

(54) Aus Gründen des öffentlichen Interesses in Bereichen der öffentlichen Gesundheit kann es notwendig sein, besondere Kategorien personenbezogener Daten auch ohne Einwilligung der betroffenen Person zu verarbeiten. Diese Verarbeitung sollte angemessenen und besonderen Maßnahmen zum Schutz der Rechte und Freiheiten natürlicher Personen unterliegen. In diesem Zusammenhang sollte der Begriff „öffentliche Gesundheit" im Sinne der Verordnung (EG) Nr. 1338/2008 des Europäischen Parlaments und des Rates[2] ausgelegt werden und alle Elemente im Zusammenhang mit der Gesundheit wie den Gesundheitszustand einschließlich Morbidität und Behinderung, die sich auf diesen Gesundheitszustand auswirkenden Determinanten, den Bedarf an Gesundheitsversorgung, die der Gesundheitsversorgung zugewiesenen Mittel, die Bereitstellung von Gesundheitsversorgungsleistungen und den allgemeinen Zugang zu diesen Leistungen sowie die entsprechenden Ausgaben und die Finanzierung und schließlich die Ursachen der Mortalität einschließen. Eine solche Verarbeitung von Gesundheitsdaten aus Gründen des öffentlichen Interesses darf nicht dazu führen, dass Dritte, unter anderem Arbeitgeber oder Versicherungs- und Finanzunternehmen, solche personenbezogene[3] Daten zu anderen Zwecken verarbeiten.

(55) Auch die Verarbeitung personenbezogener Daten durch staatliche Stellen zu verfassungsrechtlich oder völkerrechtlich verankerten Zielen von staatlich anerkannten Religionsgemeinschaften erfolgt aus Gründen des öffentlichen Interesses.

(56) Wenn es in einem Mitgliedstaat das Funktionieren des demokratischen Systems erfordert, dass die politischen Parteien im Zusammenhang mit Wahlen personenbezogene Daten über die politische Einstellung von Personen sammeln, kann die Verarbeitung derartiger Daten aus Gründen des öffentlichen Interesses zugelassen werden, sofern geeignete Garantien vorgesehen werden.

(57) Kann der Verantwortliche anhand der von ihm verarbeiteten personenbezogenen Daten eine natürliche Person nicht identifizieren, so sollte er nicht verpflichtet sein, zur bloßen Einhaltung einer Vorschrift dieser Verordnung zusätzliche Daten einzuholen, um die betroffene Person zu identifizieren. Allerdings sollte er sich nicht weigern, zusätzliche Informationen entgegenzunehmen, die von der betroffenen Person beigebracht werden, um ihre Rechte geltend zu machen. Die Identifizierung sollte die digitale Identifizierung einer betroffenen Person beispielsweise durch Authentifizierungsverfahren etwa mit denselben Berechtigungsnachweisen, wie sie die betroffene Person

1) Richtig wohl: „einen höheren Schutz".
2) **Amtl. Anm.:** Verordnung (EG) Nr. 1338/2008 des Europäischen Parlaments und des Rates vom 16. Dezember 2008 zu Gemeinschaftsstatistiken über öffentliche Gesundheit und über Gesundheitsschutz und Sicherheit am Arbeitsplatz (ABl. L 354 vom 31.12.2008, S. 70).
3) Richtig wohl: „personenbezogenen".

verwendet, um sich bei dem von dem Verantwortlichen bereitgestellten Online-Dienst anzumelden
– einschließen.

(58) Der Grundsatz der Transparenz setzt voraus, dass eine für die Öffentlichkeit oder die betroffene
Person bestimmte Information präzise, leicht zugänglich und verständlich sowie in klarer und ein-
facher Sprache abgefasst ist und gegebenenfalls zusätzlich visuelle Elemente verwendet werden.
Diese Information könnte in elektronischer Form bereitgestellt werden, beispielsweise auf einer
Website, wenn sie für die Öffentlichkeit bestimmt ist. Dies gilt insbesondere für Situationen, wo
die große Zahl der Beteiligten und die Komplexität der dazu benötigten Technik es der betroffenen
Person schwer machen, zu erkennen und nachzuvollziehen, ob, von wem und zu welchem Zweck
sie betreffende personenbezogene Daten erfasst werden, wie etwa bei der Werbung im Internet.
Wenn sich die Verarbeitung an Kinder richtet, sollten aufgrund der besonderen Schutzwürdigkeit
von Kindern Informationen und Hinweise in einer dergestalt klaren und einfachen Sprache erfol-
gen, dass ein Kind sie verstehen kann.

(59) Es sollten Modalitäten festgelegt werden, die einer betroffenen Person die Ausübung der Rechte,
die ihr nach dieser Verordnung zustehen, erleichtern, darunter auch Mechanismen, die dafür sor-
gen, dass sie unentgeltlich insbesondere Zugang zu personenbezogenen Daten und deren Berich-
tigung oder Löschung beantragen und gegebenenfalls erhalten oder von ihrem Widerspruchsrecht
Gebrauch machen kann. So sollte der Verantwortliche auch dafür sorgen, dass Anträge elektronisch
gestellt werden können, insbesondere wenn die personenbezogenen Daten elektronisch verarbeitet
werden. Der Verantwortliche sollte verpflichtet werden, den Antrag der betroffenen Person un-
verzüglich, spätestens aber innerhalb eines Monats zu beantworten und gegebenenfalls zu begrün-
den, warum er den Antrag ablehnt.

(60) Die Grundsätze einer fairen und transparenten Verarbeitung machen es erforderlich, dass die be-
troffene Person über die Existenz des Verarbeitungsvorgangs und seine Zwecke unterrichtet wird.
Der Verantwortliche sollte der betroffenen Person alle weiteren Informationen zur Verfügung
stellen, die unter Berücksichtigung der besonderen Umstände und Rahmenbedingungen, unter de-
nen die personenbezogenen Daten verarbeitet werden, notwendig sind, um eine faire und transpa-
rente Verarbeitung zu gewährleisten. Darüber hinaus sollte er die betroffene Person darauf hin-
weisen, dass Profiling stattfindet und welche Folgen dies hat. Werden die personenbezogenen
Daten bei der betroffenen Person erhoben, so sollte dieser darüber hinaus mitgeteilt werden, ob sie
verpflichtet ist, die personenbezogenen Daten bereitzustellen, und welche Folgen eine Zurückhal-
tung der Daten nach sich ziehen würde. Die betreffenden Informationen können in Kombination
mit standardisierten Bildsymbolen bereitgestellt werden, um in leicht wahrnehmbarer, verständli-
cher und klar nachvollziehbarer Form einen aussagekräftigen Überblick über die beabsichtigte
Verarbeitung zu vermitteln. Werden die Bildsymbole in elektronischer Form dargestellt, so sollten
sie maschinenlesbar sein.

(61) Dass sie betreffende personenbezogene Daten verarbeitet werden, sollte der betroffenen Person
zum Zeitpunkt der Erhebung mitgeteilt werden oder, falls die Daten nicht von ihr, sondern aus
einer anderen Quelle erlangt werden, innerhalb einer angemessenen Frist, die sich nach dem kon-
kreten Einzelfall richtet. Wenn die personenbezogenen Daten rechtmäßig einem anderen Empfän-
ger offengelegt werden dürfen, sollte die betroffene Person bei der erstmaligen Offenlegung der
personenbezogenen Daten für diesen Empfänger darüber aufgeklärt werden. Beabsichtigt der Ver-
antwortliche, die personenbezogenen Daten für einen anderen Zweck zu verarbeiten als den, für
den die Daten erhoben wurden, so sollte er der betroffenen Person vor dieser Weiterverarbeitung
Informationen über diesen anderen Zweck und andere erforderliche Informationen zur Verfügung
stellen. Konnte der betroffenen Person nicht mitgeteilt werden, woher die personenbezogenen Da-
ten stammen, weil verschiedene Quellen benutzt wurden, so sollte die Unterrichtung allgemein
gehalten werden.

(62) Die Pflicht, Informationen zur Verfügung zu stellen, erübrigt sich jedoch, wenn die betroffene
Person die Information bereits hat, wenn die Speicherung oder Offenlegung der personenbezoge-
nen Daten ausdrücklich durch Rechtsvorschriften geregelt ist oder wenn sich die Unterrichtung
der betroffenen Person als unmöglich erweist oder mit unverhältnismäßig hohem Aufwand ver-
bunden ist. Letzteres könnte insbesondere bei Verarbeitungen für im öffentlichen Interesse lie-
gende Archivzwecke, zu wissenschaftlichen oder historischen Forschungszwecken oder zu statis-
tischen Zwecken der Fall sein. Als Anhaltspunkte sollten dabei die Zahl der betroffenen Personen,
das Alter der Daten oder etwaige geeignete Garantien in Betracht gezogen werden.

(63) Eine betroffene Person sollte ein Auskunftsrecht hinsichtlich der sie betreffenden personenbezo-
genen Daten, die erhoben worden sind, besitzen und dieses Recht problemlos und in angemessenen

Abständen wahrnehmen können, um sich der Verarbeitung bewusst zu sein und deren Rechtmäßigkeit überprüfen zu können. Dies schließt das Recht betroffene Personen auf Auskunft über ihre eigenen gesundheitsbezogenen Daten ein, etwa Daten in ihren Patientenakten, die Informationen wie beispielsweise Diagnosen, Untersuchungsergebnisse, Befunde der behandelnden Ärzte und Angaben zu Behandlungen oder Eingriffen enthalten. Jede betroffene Person sollte daher ein Anrecht darauf haben zu wissen und zu erfahren, insbesondere zu welchen Zwecken die personenbezogenen Daten verarbeitet werden und, wenn möglich, wie lange sie gespeichert werden, wer die Empfänger der personenbezogenen Daten sind, nach welcher Logik die automatische Verarbeitung personenbezogener Daten erfolgt und welche Folgen eine solche Verarbeitung haben kann, zumindest in Fällen, in denen die Verarbeitung auf Profiling beruht. Nach Möglichkeit sollte der Verantwortliche den Fernzugang zu einem sicheren System bereitstellen können, der der betroffenen Person direkten Zugang zu ihren personenbezogenen Daten ermöglichen würde. Dieses Recht sollte die Rechte und Freiheiten anderer Personen, etwa Geschäftsgeheimnisse oder Rechte des geistigen Eigentums und insbesondere das Urheberrecht an Software, nicht beeinträchtigen. Dies darf jedoch nicht dazu führen, dass der betroffenen Person jegliche Auskunft verweigert wird. Verarbeitet der Verantwortliche eine große Menge von Informationen über die betroffene Person, so sollte er verlangen können, dass die betroffene Person präzisiert, auf welche Information oder welche Verarbeitungsvorgänge sich ihr Auskunftsersuchen bezieht, bevor er ihr Auskunft erteilt.

(64) Der Verantwortliche sollte alle vertretbaren Mittel nutzen, um die Identität einer Auskunft suchenden betroffenen Person zu überprüfen, insbesondere im Rahmen von Online-Diensten und im Fall von Online-Kennungen. Ein Verantwortlicher sollte personenbezogene Daten nicht allein zu dem Zweck speichern, auf mögliche Auskunftsersuchen reagieren zu können.

(65) Eine betroffene Person sollte ein Recht auf Berichtigung der sie betreffenden personenbezogenen Daten besitzen sowie ein „Recht auf Vergessenwerden", wenn die Speicherung ihrer Daten gegen diese Verordnung oder gegen das Unionsrecht oder das Recht der Mitgliedstaaten, dem der Verantwortliche unterliegt, verstößt. Insbesondere sollten betroffene Personen Anspruch darauf haben, dass ihre personenbezogenen Daten gelöscht und nicht mehr verarbeitet werden, wenn die personenbezogenen Daten hinsichtlich der Zwecke, für die sie erhoben bzw. anderweitig verarbeitet wurden, nicht mehr benötigt werden, wenn die betroffenen Personen ihre Einwilligung in die Verarbeitung widerrufen oder gegen die Verarbeitung der sie betreffenden personenbezogenen Daten eingelegt haben oder wenn die Verarbeitung ihrer personenbezogenen Daten aus anderen Gründen gegen diese Verordnung verstößt. Dieses Recht ist insbesondere wichtig in Fällen, in denen die betroffene Person ihre Einwilligung noch im Kindesalter gegeben hat und insofern die mit der Verarbeitung verbundenen Gefahren nicht in vollem Umfang absehen konnte und die personenbezogenen Daten – insbesondere die im Internet gespeicherten – später löschen möchte. Die betroffene Person sollte dieses Recht auch dann ausüben können, wenn sie kein Kind mehr ist. Die weitere Speicherung der personenbezogenen Daten sollte jedoch rechtmäßig sein, wenn dies für die Ausübung des Rechts auf freie Meinungsäußerung und Information, zur Erfüllung einer rechtlichen Verpflichtung, für die Wahrnehmung einer Aufgabe, die im öffentlichen Interesse liegt oder in Ausübung öffentlicher Gewalt erfolgt, die dem Verantwortlichen übertragen wurde, aus Gründen des öffentlichen Interesses im Bereich der öffentlichen Gesundheit, für im öffentlichen Interesse liegende Archivzwecke, zu wissenschaftlichen oder historischen Forschungszwecken oder zu statistischen Zwecken oder zur Geltendmachung, Ausübung oder Verteidigung von Rechtsansprüchen erforderlich ist.

(66) Um dem „Recht auf Vergessenwerden" im Netz mehr Geltung zu verschaffen, sollte das Recht auf Löschung ausgeweitet werden, indem ein Verantwortlicher, der die personenbezogenen Daten öffentlich gemacht hat, verpflichtet wird, den Verantwortlichen, die diese personenbezogenen Daten verarbeiten, mitzuteilen, alle Links zu diesen personenbezogenen Daten oder Kopien oder Replikationen der personenbezogenen Daten zu löschen. Dabei sollte der Verantwortliche, unter Berücksichtigung der verfügbaren Technologien und der ihm zur Verfügung stehenden Mittel, angemessene Maßnahmen – auch technischer Art – treffen, um die Verantwortlichen, die diese personenbezogenen Daten verarbeiten, über den Antrag der betroffenen Person zu informieren.

(67) Methoden zur Beschränkung der Verarbeitung personenbezogener Daten könnten unter anderem darin bestehen, dass ausgewählte personenbezogenen Daten vorübergehend auf ein anderes Verarbeitungssystem übertragen werden, dass sie für Nutzer gesperrt werden oder dass veröffentlichte Daten vorübergehend von einer Website entfernt werden. In automatisierten Dateisystemen sollte die Einschränkung der Verarbeitung grundsätzlich durch technische Mittel so erfolgen, dass die personenbezogenen Daten in keiner Weise weiterverarbeitet werden und nicht verändert werden

können. Auf die Tatsache, dass die Verarbeitung der personenbezogenen Daten beschränkt wurde, sollte in dem System unmissverständlich hingewiesen werden.

(68) Um im Fall der Verarbeitung personenbezogener Daten mit automatischen Mitteln eine bessere Kontrolle über die eigenen Daten zu haben, sollte die betroffene Person außerdem berechtigt sein, die sie betreffenden personenbezogenen Daten, die sie einem Verantwortlichen bereitgestellt hat, in einem strukturierten, gängigen, maschinenlesbaren und interoperablen Format zu erhalten und sie einem anderen Verantwortlichen zu übermitteln. Die Verantwortlichen sollten dazu aufgefordert werden, interoperable Formate zu entwickeln, die die Datenübertragbarkeit ermöglichen. Dieses Recht sollte dann gelten, wenn die betroffene Person die personenbezogenen Daten mit ihrer Einwilligung zur Verfügung gestellt hat oder die Verarbeitung zur Erfüllung eines Vertrags erforderlich ist. Es sollte nicht gelten, wenn die Verarbeitung auf einer anderen Rechtsgrundlage als ihrer Einwilligung oder eines Vertrags erfolgt. Dieses Recht sollte naturgemäß nicht gegen Verantwortliche ausgeübt werden, die personenbezogenen Daten in Erfüllung ihrer öffentlichen Aufgaben verarbeiten. Es sollte daher nicht gelten, wenn die Verarbeitung der personenbezogenen Daten zur Erfüllung einer rechtlichen Verpflichtung, der der Verantwortliche unterliegt, oder für die Wahrnehmung einer ihm übertragenen Aufgabe, die im öffentlichen Interesse liegt oder in Ausübung einer ihm übertragenen öffentlichen Gewalt erfolgt, erforderlich ist. Das Recht der betroffenen Person, sie betreffende personenbezogene Daten zu übermitteln oder zu empfangen, sollte für den Verantwortlichen nicht die Pflicht begründen, technisch kompatible Datenverarbeitungssysteme zu übernehmen oder beizubehalten. Ist im Fall eines bestimmten Satzes personenbezogener Daten mehr als eine betroffene Person tangiert, so sollte das Recht auf Empfang der Daten die Grundrechte und Grundfreiheiten anderer betroffener Personen nach dieser Verordnung unberührt lassen. Dieses Recht sollte zudem das Recht der betroffenen Person auf Löschung ihrer personenbezogenen Daten und die Beschränkungen dieses Rechts gemäß dieser Verordnung nicht berühren und insbesondere nicht bedeuten, dass die Daten, die sich auf die betroffene Person beziehen und von ihr zur Erfüllung eines Vertrags zur Verfügung gestellt worden sind, gelöscht werden, soweit und solange diese personenbezogenen Daten für die Erfüllung des Vertrags notwendig sind. Soweit technisch machbar, sollte die betroffene Person das Recht haben, zu erwirken, dass die personenbezogenen Daten direkt von einem Verantwortlichen einem anderen Verantwortlichen übermittelt werden.

(69) Dürfen die personenbezogenen Daten möglicherweise rechtmäßig verarbeitet werden, weil die Verarbeitung für die Wahrnehmung einer Aufgabe, die im öffentlichen Interesse liegt oder in Ausübung öffentlicher Gewalt – die dem Verantwortlichen übertragen wurde, – oder aufgrund des berechtigten Interesses des Verantwortlichen oder eines Dritten erforderlich ist, sollte jede betroffene Person trotzdem das Recht haben, Widerspruch gegen die Verarbeitung der sich aus ihrer besonderen Situation ergebenden personenbezogenen Daten einzulegen. Der für die Verarbeitung Verantwortliche sollte darlegen müssen, dass seine zwingenden berechtigten Interessen Vorrang vor den Interessen oder Grundrechten und Grundfreiheiten der betroffenen Person haben.

(70) Werden personenbezogene Daten verarbeitet, um Direktwerbung zu betreiben, so sollte die betroffene Person jederzeit unentgeltlich insoweit Widerspruch gegen eine solche – ursprüngliche oder spätere – Verarbeitung einschließlich des Profilings einlegen können, als sie mit dieser Direktwerbung zusammenhängt. Die betroffene Person sollte ausdrücklich auf dieses Recht hingewiesen werden; dieser Hinweis sollte in einer verständlichen und von anderen Informationen getrennten Form erfolgen.

(71) Die betroffene Person sollte das Recht haben, keiner Entscheidung – was eine Maßnahme einschließen kann – zur Bewertung von sie betreffenden persönlichen Aspekten unterworfen zu werden, die ausschließlich auf einer automatisierten Verarbeitung beruht und die rechtliche Wirkung für die betroffene Person entfaltet oder sie in ähnlicher Weise erheblich beeinträchtigt, wie die automatische Ablehnung eines Online-Kreditantrags oder Online-Einstellungsverfahren ohne jegliches menschliche Eingreifen. Zu einer derartigen Verarbeitung zählt auch das „Profiling", das in jeglicher Form automatisierter Verarbeitung personenbezogener Daten unter Bewertung der persönlichen Aspekte in Bezug auf eine natürliche Person besteht, insbesondere zur Analyse oder Prognose von Aspekten bezüglich Arbeitsleistung, wirtschaftliche Lage, Gesundheit, persönliche Vorlieben oder Interessen, Zuverlässigkeit oder Verhalten, Aufenthaltsort oder Ortswechsel der betroffenen Person, soweit dies rechtliche Wirkung für die betroffene Person entfaltet oder sie in ähnlicher Weise erheblich beeinträchtigt. Eine auf einer derartigen Verarbeitung, einschließlich des Profilings, beruhende Entscheidungsfindung sollte allerdings erlaubt sein, wenn dies nach dem Unionsrecht oder dem Recht der Mitgliedstaaten, dem der für die Verarbeitung Verantwortliche

unterliegt, ausdrücklich zulässig ist, auch um im Einklang mit den Vorschriften, Standards und Empfehlungen der Institutionen der Union oder der nationalen Aufsichtsgremien Betrug und Steuerhinterziehung zu überwachen und zu verhindern und die Sicherheit und Zuverlässigkeit eines von dem Verantwortlichen bereitgestellten Dienstes zu gewährleisten, oder wenn dies für den Abschluss oder die Erfüllung eines Vertrags zwischen der betroffenen Person und einem Verantwortlichen erforderlich ist oder wenn die betroffene Person ihre ausdrückliche Einwilligung hierzu erteilt hat. In jedem Fall sollte eine solche Verarbeitung mit angemessenen Garantien verbunden sein, einschließlich der spezifischen Unterrichtung der betroffenen Person und des Anspruchs auf direktes Eingreifen einer Person, auf Darlegung des eigenen Standpunkts, auf Erläuterung der nach einer entsprechenden Bewertung getroffenen Entscheidung sowie des Rechts auf Anfechtung der Entscheidung. Diese Maßnahme sollte kein Kind betreffen.

Um unter Berücksichtigung der besonderen Umstände und Rahmenbedingungen, unter denen die personenbezogenen Daten verarbeitet werden, der betroffenen Person gegenüber eine faire und transparente Verarbeitung zu gewährleisten, sollte der für die Verarbeitung Verantwortliche geeignete mathematische oder statistische Verfahren für das Profiling verwenden, technische und organisatorische Maßnahmen treffen, mit denen in geeigneter Weise insbesondere sichergestellt wird, dass Faktoren, die zu unrichtigen personenbezogenen Daten führen, korrigiert werden und das Risiko von Fehlern minimiert wird, und personenbezogene Daten in einer Weise sichern, dass den potenziellen Bedrohungen für die Interessen und Rechte der betroffenen Person Rechnung getragen wird und unter anderem verhindern, dass es gegenüber natürlichen Personen aufgrund von Rasse, ethnischer Herkunft, politischer Meinung, Religion oder Weltanschauung, Gewerkschaftszugehörigkeit, genetischer Anlagen oder Gesundheitszustand sowie sexueller Orientierung zu diskriminierenden Wirkungen oder zu einer Verarbeitung kommt, die eine solche Wirkung hat. Automatisierte Entscheidungsfindung und Profiling auf der Grundlage besonderer Kategorien von personenbezogenen Daten sollten nur unter bestimmten Bedingungen erlaubt sein.

(72) Das Profiling unterliegt den Vorschriften dieser Verordnung für die Verarbeitung personenbezogener Daten, wie etwa die Rechtsgrundlage für die Verarbeitung oder die Datenschutzgrundsätze. Der durch diese Verordnung eingerichtete Europäische Datenschutzausschuss (im Folgenden „Ausschuss") sollte diesbezüglich Leitlinien herausgeben können.

(73) Im Recht der Union oder der Mitgliedstaaten können Beschränkungen hinsichtlich bestimmter Grundsätze und hinsichtlich des Rechts auf Unterrichtung, Auskunft zu und Berichtigung oder Löschung personenbezogener Daten, des Rechts auf Datenübertragbarkeit und Widerspruch, Entscheidungen, die auf der Erstellung von Profilen beruhen, sowie Mitteilungen über eine Verletzung des Schutzes personenbezogener Daten an eine betroffene Person und bestimmten damit zusammenhängenden Pflichten der Verantwortlichen vorgesehen werden, soweit dies in einer demokratischen Gesellschaft notwendig und verhältnismäßig ist, um die öffentliche Sicherheit aufrechtzuerhalten, wozu unter anderem der Schutz von Menschenleben insbesondere bei Naturkatastrophen oder vom Menschen verursachten Katastrophen, die Verhütung, Aufdeckung und Verfolgung von Straftaten oder die Strafvollstreckung – was auch den Schutz vor und die Abwehr von Gefahren für die öffentliche Sicherheit einschließt – oder die Verhütung, Aufdeckung und Verfolgung von Verstößen gegen Berufsstandsregeln bei reglementierten Berufen, das Führen öffentlicher Register aus Gründen des allgemeinen öffentlichen Interesses sowie die Weiterverarbeitung von archivierten personenbezogenen Daten zur Bereitstellung spezifischer Informationen im Zusammenhang mit dem politischen Verhalten unter ehemaligen totalitären Regimen gehört, und zum Schutz sonstiger wichtiger Ziele des allgemeinen öffentlichen Interesses der Union oder eines Mitgliedstaats, etwa wichtige wirtschaftliche oder finanzielle Interessen, oder die betroffene Person und die Rechte und Freiheiten anderer Personen, einschließlich in den Bereichen soziale Sicherheit, öffentliche Gesundheit und humanitäre Hilfe, zu schützen. Diese Beschränkungen sollten mit der Charta und mit der Europäischen Konvention zum Schutz der Menschenrechte und Grundfreiheiten im Einklang stehen.

(74) Die Verantwortung und Haftung des Verantwortlichen für jedwede Verarbeitung personenbezogener Daten, die durch ihn oder in seinem Namen erfolgt, sollte geregelt werden. Insbesondere sollte der Verantwortliche geeignete und wirksame Maßnahmen treffen müssen und nachweisen können, dass die Verarbeitungstätigkeiten im Einklang mit dieser Verordnung stehen und die Maßnahmen auch wirksam sind. Dabei sollte er die Art, den Umfang, die Umstände und die Zwecke der Verarbeitung und das Risiko für die Rechte und Freiheiten natürlicher Personen berücksichtigen.

(75) Die Risiken für die Rechte und Freiheiten natürlicher Personen – mit unterschiedlicher Eintritts- wahrscheinlichkeit und Schwere – können aus einer Verarbeitung personenbezogener Daten her- vorgehen, die zu einem physischen, materiellen oder immateriellen Schaden führen könnte, ins- besondere wenn die Verarbeitung zu einer Diskriminierung, einem Identitätsdiebstahl oder -betrug, einem finanziellen Verlust, einer Rufschädigung, einem Verlust der Vertraulichkeit von dem Be- rufsgeheimnis unterliegenden personenbezogenen Daten, der unbefugten Aufhebung der Pseud- onymisierung oder anderen erheblichen wirtschaftlichen oder gesellschaftlichen Nachteilen führen kann, wenn die betroffenen Personen um ihre Rechte und Freiheiten gebracht oder daran gehindert werden, die sie betreffenden personenbezogenen Daten zu kontrollieren, wenn personenbezogene Daten, aus denen die rassische oder ethnische Herkunft, politische Meinungen, religiöse oder weltanschauliche Überzeugungen oder die Zugehörigkeit zu einer Gewerkschaft hervorgehen, und genetische Daten, Gesundheitsdaten oder das Sexualleben oder strafrechtliche Verurteilungen und Straftaten oder damit zusammenhängende Sicherungsmaßregeln betreffende Daten verarbeitet werden, wenn persönliche Aspekte bewertet werden, insbesondere wenn Aspekte, die die Arbeits- leistung, wirtschaftliche Lage, Gesundheit, persönliche Vorlieben oder Interessen, die Zuverläs- sigkeit oder das Verhalten, den Aufenthaltsort oder Ortswechsel betreffen, analysiert oder pro- gnostiziert werden, um persönliche Profile zu erstellen oder zu nutzen, wenn personenbezogene Daten schutzbedürftiger natürlicher Personen, insbesondere Daten von Kindern, verarbeitet wer- den oder wenn die Verarbeitung eine große Menge personenbezogener Daten und eine große An- zahl von betroffenen Personen betrifft.

(76) Eintrittswahrscheinlichkeit und Schwere des Risikos für die Rechte und Freiheiten der betroffenen Person sollten in Bezug auf die Art, den Umfang, die Umstände und die Zwecke der Verarbeitung bestimmt werden. Das Risiko sollte anhand einer objektiven Bewertung beurteilt werden, bei der festgestellt wird, ob die Datenverarbeitung ein Risiko oder ein hohes Risiko birgt.

(77) Anleitungen, wie der Verantwortliche oder Auftragsverarbeiter geeignete Maßnahmen durchzu- führen hat und wie die Einhaltung der Anforderungen nachzuweisen ist, insbesondere was die Ermittlung des mit der Verarbeitung verbundenen Risikos, dessen Abschätzung in Bezug auf Ur- sache, Art, Eintrittswahrscheinlichkeit und Schwere und die Festlegung bewährter Verfahren für dessen Eindämmung betrifft, könnten insbesondere in Form von genehmigten Verhaltensregeln, genehmigten Zertifizierungsverfahren, Leitlinien des Ausschusses oder Hinweisen eines Daten- schutzbeauftragten gegeben werden. Der Ausschuss kann ferner Leitlinien für Verarbeitungsvor- gänge ausgeben, bei denen davon auszugehen ist, dass sie kein hohes Risiko für die Rechte und Freiheiten natürlicher Personen mit sich bringen und angeben, welche Abhilfemaßnahmen in die- sen Fällen ausreichend sein können.

(78) Zum Schutz der in Bezug auf die Verarbeitung personenbezogener Daten bestehenden Rechte und Freiheiten natürlicher Personen ist es erforderlich, dass geeignete technische und organisatorische Maßnahmen getroffen werden, damit die Anforderungen dieser Verordnung erfüllt werden. Um die Einhaltung dieser Verordnung nachweisen zu können, sollte der Verantwortliche interne Stra- tegien festlegen und Maßnahmen ergreifen, die insbesondere den Grundsätzen des Datenschutzes durch Technik (data protection by design) und durch datenschutzfreundliche Voreinstellungen (data protection by default) Genüge tun. Solche Maßnahmen könnten unter anderem darin beste- hen, dass die Verarbeitung personenbezogener Daten minimiert wird, personenbezogene Daten so schnell wie möglich pseudonymisiert werden, Transparenz in Bezug auf die Funktionen und die Verarbeitung personenbezogener Daten hergestellt wird, der betroffenen Person ermöglicht wird, die Verarbeitung personenbezogener Daten zu überwachen, und der Verantwortliche in die Lage versetzt wird, Sicherheitsfunktionen zu schaffen und zu verbessern. In Bezug auf Entwicklung, Gestaltung, Auswahl und Nutzung von Anwendungen, Diensten und Produkten, die entweder auf der Verarbeitung von personenbezogenen Daten beruhen oder zur Erfüllung ihrer Aufgaben per- sonenbezogene Daten verarbeiten, sollten die Hersteller der Produkte, Dienste und Anwendungen ermutigt werden, das Recht auf Datenschutz bei der Entwicklung und Gestaltung der Produkte, Dienste und Anwendungen zu berücksichtigen und unter gebührender Berücksichtigung des Stands der Technik sicherzustellen, dass die Verantwortlichen und die Verarbeiter in der Lage sind, ihren Datenschutzpflichten nachzukommen. Den Grundsätzen des Datenschutzes durch Technik und durch datenschutzfreundliche Voreinstellungen sollte auch bei öffentlichen Ausschreibungen Rechnung getragen werden.

(79) Zum Schutz der Rechte und Freiheiten der betroffenen Personen sowie bezüglich der Verantwor- tung und Haftung der Verantwortlichen und der Auftragsverarbeiter bedarf es – auch mit Blick auf die Überwachungs- und sonstigen Maßnahmen von Aufsichtsbehörden – einer klaren Zuteilung

der Verantwortlichkeiten durch diese Verordnung, einschließlich der Fälle, in denen ein Verantwortlicher die Verarbeitungszwecke und -mittel gemeinsam mit anderen Verantwortlichen festlegt oder ein Verarbeitungsvorgang im Auftrag eines Verantwortlichen durchgeführt wird.

(80) Jeder Verantwortliche oder Auftragsverarbeiter ohne Niederlassung in der Union, dessen Verarbeitungstätigkeiten sich auf betroffene Personen beziehen, die sich in der Union aufhalten, und dazu dienen, diesen Personen in der Union Waren oder Dienstleistungen anzubieten – unabhängig davon, ob von der betroffenen Person eine Zahlung verlangt wird – oder deren Verhalten, soweit dieses innerhalb der Union erfolgt, zu beobachten, sollte einen Vertreter benennen müssen, es sei denn, die Verarbeitung erfolgt gelegentlich, schließt nicht die umfangreiche Verarbeitung besonderer Kategorien personenbezogener Daten oder die Verarbeitung von personenbezogenen Daten über strafrechtliche Verurteilungen und Straftaten ein und bringt unter Berücksichtigung ihrer Art, ihrer Umstände, ihres Umfangs und ihrer Zwecke wahrscheinlich kein Risiko für die Rechte und Freiheiten natürlicher Personen mit sich oder bei dem Verantwortlichen handelt es sich um eine Behörde oder öffentliche Stelle. Der Vertreter sollte im Namen des Verantwortlichen oder des Auftragsverarbeiters tätig werden und den Aufsichtsbehörden als Anlaufstelle dienen. Der Verantwortliche oder der Auftragsverarbeiter sollte den Vertreter ausdrücklich bestellen und schriftlich beauftragen, in Bezug auf die ihm nach dieser Verordnung obliegenden Verpflichtungen an seiner Stelle zu handeln. Die Benennung eines solchen Vertreters berührt nicht die Verantwortung oder Haftung des Verantwortlichen oder des Auftragsverarbeiters nach Maßgabe dieser Verordnung. Ein solcher Vertreter sollte seine Aufgaben entsprechend dem Mandat des Verantwortlichen oder Auftragsverarbeiters ausführen und insbesondere mit den zuständigen Aufsichtsbehörden in Bezug auf Maßnahmen, die die Einhaltung dieser Verordnung sicherstellen sollen, zusammenarbeiten. Bei Verstößen des Verantwortlichen oder Auftragsverarbeiters sollte der bestellte Vertreter Durchsetzungsverfahren unterworfen werden.

(81) Damit die Anforderungen dieser Verordnung in Bezug auf die vom Auftragsverarbeiter im Namen des Verantwortlichen vorzunehmende Verarbeitung eingehalten werden, sollte ein Verantwortlicher, der einen Auftragsverarbeiter mit Verarbeitungstätigkeiten betrauen will, nur Auftragsverarbeiter heranziehen, die – insbesondere im Hinblick auf Fachwissen, Zuverlässigkeit und Ressourcen – hinreichende Garantien dafür bieten, dass technische und organisatorische Maßnahmen – auch für die Sicherheit der Verarbeitung – getroffen werden, die den Anforderungen dieser Verordnung genügen. Die Einhaltung genehmigter Verhaltensregeln oder eines genehmigten Zertifizierungsverfahrens durch einen Auftragsverarbeiter kann als Faktor herangezogen werden, um die Erfüllung der Pflichten des Verantwortlichen nachzuweisen. Die Durchführung einer Verarbeitung durch einen Auftragsverarbeiter sollte auf Grundlage eines Vertrags oder eines anderen Rechtsinstruments nach dem Recht der Union oder der Mitgliedstaaten erfolgen, der bzw. das den Auftragsverarbeiter an den Verantwortlichen bindet und in dem Gegenstand und Dauer der Verarbeitung, Art und Zwecke der Verarbeitung, die Art der personenbezogenen Daten und die Kategorien von betroffenen Personen festgelegt sind, wobei die besonderen Aufgaben und Pflichten des Auftragsverarbeiters bei der geplanten Verarbeitung und das Risiko für die Rechte und Freiheiten der betroffenen Person zu berücksichtigen sind. Der Verantwortliche und der Auftragsverarbeiter können entscheiden, ob sie einen individuellen Vertrag oder Standardvertragsklauseln verwenden, die entweder unmittelbar von der Kommission erlassen oder aber nach dem Kohärenzverfahren von einer Aufsichtsbehörde angenommen und dann von der Kommission erlassen wurden. Nach Beendigung der Verarbeitung im Namen des Verantwortlichen sollte der Auftragsverarbeiter die personenbezogenen Daten nach Wahl des Verantwortlichen entweder zurückgeben oder löschen, sofern nicht nach dem Recht der Union oder der Mitgliedstaaten, dem der Auftragsverarbeiter unterliegt, eine Verpflichtung zur Speicherung der personenbezogenen Daten besteht.

(82) Zum Nachweis der Einhaltung dieser Verordnung sollte der Verantwortliche oder der Auftragsverarbeiter ein Verzeichnis der Verarbeitungstätigkeiten, die seiner Zuständigkeit unterliegen, führen. Jeder Verantwortliche und jeder Auftragsverarbeiter sollte verpflichtet sein, mit der Aufsichtsbehörde zusammenzuarbeiten und dieser auf Anfrage das entsprechende Verzeichnis vorzulegen, damit die betreffenden Verarbeitungsvorgänge anhand dieser Verzeichnisse kontrolliert werden können.

(83) Zur Aufrechterhaltung der Sicherheit und zur Vorbeugung gegen eine gegen diese Verordnung verstoßende Verarbeitung sollte der Verantwortliche oder der Auftragsverarbeiter die mit der Verarbeitung verbundenen Risiken ermitteln und Maßnahmen zu ihrer Eindämmung, wie etwa eine Verschlüsselung, treffen. Diese Maßnahmen sollten unter Berücksichtigung des Stands der Technik und der Implementierungskosten ein Schutzniveau – auch hinsichtlich der Vertraulichkeit –

gewährleisten, das den von der Verarbeitung ausgehenden Risiken und der Art der zu schützenden personenbezogenen Daten angemessen ist. Bei der Bewertung der Datensicherheitsrisiken sollten die mit der Verarbeitung personenbezogener Daten verbundenen Risiken berücksichtigt werden, wie etwa – ob unbeabsichtigt oder unrechtmäßig – Vernichtung, Verlust, Veränderung oder unbefugte Offenlegung von oder unbefugter Zugang zu personenbezogenen Daten, die übermittelt, gespeichert oder auf sonstige Weise verarbeitet wurden, insbesondere wenn dies zu einem physischen, materiellen oder immateriellen Schaden führen könnte.

(84) Damit diese Verordnung in Fällen, in denen die Verarbeitungsvorgänge wahrscheinlich ein hohes Risiko für die Rechte und Freiheiten natürlicher Personen mit sich bringen, besser eingehalten wird, sollte der Verantwortliche für die Durchführung einer Datenschutz-Folgenabschätzung, mit der insbesondere die Ursache, Art, Besonderheit und Schwere dieses Risikos evaluiert werden, verantwortlich sein. Die Ergebnisse der Abschätzung sollten berücksichtigt werden, wenn darüber entschieden wird, welche geeigneten Maßnahmen ergriffen werden müssen, um nachzuweisen, dass die Verarbeitung der personenbezogenen Daten mit dieser Verordnung in Einklang steht. Geht aus einer Datenschutz-Folgenabschätzung hervor, dass Verarbeitungsvorgänge ein hohes Risiko bergen, das der Verantwortliche nicht durch geeignete Maßnahmen in Bezug auf verfügbare Technik und Implementierungskosten eindämmen kann, so sollte die Aufsichtsbehörde vor der Verarbeitung konsultiert werden.

(85) Eine Verletzung des Schutzes personenbezogener Daten kann – wenn nicht rechtzeitig und angemessen reagiert wird – einen physischen, materiellen oder immateriellen Schaden für natürliche Personen nach sich ziehen, wie etwa Verlust der Kontrolle über ihre personenbezogenen Daten oder Einschränkung ihrer Rechte, Diskriminierung, Identitätsdiebstahl oder -betrug, finanzielle Verluste, unbefugte Aufhebung der Pseudonymisierung, Rufschädigung, Verlust der Vertraulichkeit von dem Berufsgeheimnis unterliegenden Daten oder andere erhebliche wirtschaftliche oder gesellschaftliche Nachteile für die betroffene natürliche Person. Deshalb sollte der Verantwortliche, sobald ihm eine Verletzung des Schutzes personenbezogener Daten bekannt wird, die Aufsichtsbehörde von der Verletzung des Schutzes personenbezogener Daten unverzüglich und, falls möglich, binnen höchstens 72 Stunden, nachdem ihm die Verletzung bekannt wurde, unterrichten, es sei denn, der Verantwortliche kann im Einklang mit dem Grundsatz der Rechenschaftspflicht nachweisen, dass die Verletzung des Schutzes personenbezogener Daten voraussichtlich nicht zu einem Risiko für die persönlichen Rechte und Freiheiten natürlicher Personen führt. Falls diese Benachrichtigung nicht binnen 72 Stunden erfolgen kann, sollten in ihr die Gründe für die Verzögerung angegeben werden müssen, und die Informationen können schrittweise ohne unangemessene weitere Verzögerung bereitgestellt werden.

(86) Der für die Verarbeitung Verantwortliche sollte die betroffene Person unverzüglich von der Verletzung des Schutzes personenbezogener Daten benachrichtigen, wenn diese Verletzung des Schutzes personenbezogener Daten voraussichtlich zu einem hohen Risiko für die persönlichen Rechte und Freiheiten natürlicher Personen führt, damit diese die erforderlichen Vorkehrungen treffen können. Die Benachrichtigung sollte eine Beschreibung der Art der Verletzung des Schutzes personenbezogener Daten sowie an die betroffene natürliche Person gerichtete Empfehlungen zur Minderung etwaiger nachteiliger Auswirkungen dieser Verletzung enthalten. Solche Benachrichtigungen der betroffenen Person sollten stets so rasch wie nach allgemeinem Ermessen möglich, in enger Absprache mit der Aufsichtsbehörde und nach Maßgabe der von dieser oder von anderen zuständigen Behörden wie beispielsweise Strafverfolgungsbehörden erteilten Weisungen erfolgen. Um beispielsweise das Risiko eines unmittelbaren Schadens mindern zu können, müssten betroffene Personen sofort benachrichtigt werden, wohingegen eine längere Benachrichtigungsfrist gerechtfertigt sein kann, wenn es darum geht, geeignete Maßnahmen gegen fortlaufende oder vergleichbare Verletzungen des Schutzes personenbezogener Daten zu treffen.

(87) Es sollte festgestellt werden, ob alle geeigneten technischen Schutz- sowie organisatorischen Maßnahmen getroffen wurden, um sofort feststellen zu können, ob eine Verletzung des Schutzes personenbezogener Daten aufgetreten ist, und um die Aufsichtsbehörde und die betroffene Person umgehend unterrichten zu können. Bei der Feststellung, ob die Meldung unverzüglich erfolgt ist, sollten die Art und Schwere der Verletzung des Schutzes personenbezogener Daten sowie deren Folgen und nachteilige Auswirkungen für die betroffene Person berücksichtigt werden. Die entsprechende Meldung kann zu einem Tätigwerden der Aufsichtsbehörde im Einklang mit ihren in dieser Verordnung festgelegten Aufgaben und Befugnissen führen.

(88) Bei der detaillierten Regelung des Formats und der Verfahren für die Meldung von Verletzungen des Schutzes personenbezogener Daten sollten die Umstände der Verletzung hinreichend berück-

sichtigt werden, beispielsweise ob personenbezogene Daten durch geeignete technische Sicherheitsvorkehrungen geschützt waren, die die Wahrscheinlichkeit eines Identitätsbetrugs oder anderer Formen des Datenmissbrauchs wirksam verringern. Überdies sollten solche Regeln und Verfahren den berechtigten Interessen der Strafverfolgungsbehörden in Fällen Rechnung tragen, in denen die Untersuchung der Umstände einer Verletzung des Schutzes personenbezogener Daten durch eine frühzeitige Offenlegung in unnötiger Weise behindert würde.

(89) Gemäß der Richtlinie 95/46/EG waren Verarbeitungen personenbezogener Daten bei den Aufsichtsbehörden generell meldepflichtig. Diese Meldepflicht ist mit einem bürokratischen und finanziellen Aufwand verbunden und hat dennoch nicht in allen Fällen zu einem besseren Schutz personenbezogener Daten geführt. Diese unterschiedslosen allgemeinen Meldepflichten sollten daher abgeschafft und durch wirksame Verfahren und Mechanismen ersetzt werden, die sich stattdessen vorrangig mit denjenigen Arten von Verarbeitungsvorgängen befassen, die aufgrund ihrer Art, ihres Umfangs, ihrer Umstände und ihrer Zwecke wahrscheinlich ein hohes Risiko für die Rechte und Freiheiten natürlicher Personen mit sich bringen. Zu solchen Arten von Verarbeitungsvorgängen gehören insbesondere solche, bei denen neue Technologien eingesetzt werden oder die neuartig sind und bei denen der Verantwortliche noch keine Datenschutz-Folgenabschätzung durchgeführt hat bzw. bei denen aufgrund der seit der ursprünglichen Verarbeitung vergangenen Zeit eine Datenschutz-Folgenabschätzung notwendig geworden ist.

(90) In derartigen Fällen sollte der Verantwortliche vor der Verarbeitung eine Datenschutz-Folgenabschätzung durchführen, mit der die spezifische Eintrittswahrscheinlichkeit und die Schwere dieses hohen Risikos unter Berücksichtigung der Art, des Umfangs, der Umstände und der Zwecke der Verarbeitung und der Ursachen des Risikos bewertet werden. Diese Folgenabschätzung sollte sich insbesondere mit den Maßnahmen, Garantien und Verfahren befassen, durch die dieses Risiko eingedämmt, der Schutz personenbezogener Daten sichergestellt und die Einhaltung der Bestimmungen dieser Verordnung nachgewiesen werden soll.

(91) Dies sollte insbesondere für umfangreiche Verarbeitungsvorgänge gelten, die dazu dienen, große Mengen personenbezogener Daten auf regionaler, nationaler oder supranationaler Ebene zu verarbeiten, eine große Zahl von Personen betreffen könnten und – beispielsweise aufgrund ihrer Sensibilität – wahrscheinlich ein hohes Risiko mit sich bringen und bei denen entsprechend dem jeweils aktuellen Stand der Technik in großem Umfang eine neue Technologie eingesetzt wird, sowie für andere Verarbeitungsvorgänge, die ein hohes Risiko für die Rechte und Freiheiten der betroffenen Personen mit sich bringen, insbesondere dann, wenn diese Verarbeitungsvorgänge den betroffenen Personen die Ausübung ihrer Rechte erschweren. Eine Datenschutz-Folgenabschätzung sollte auch durchgeführt werden, wenn die personenbezogenen Daten für das Treffen von Entscheidungen in Bezug auf bestimmte natürliche Personen im Anschluss an eine systematische und eingehende Bewertung persönlicher Aspekte natürlicher Personen auf der Grundlage eines Profilings dieser Daten oder im Anschluss an die Verarbeitung besonderer Kategorien von personenbezogenen Daten, biometrischen Daten oder von Daten über strafrechtliche Verurteilungen und Straftaten sowie damit zusammenhängende Sicherungsmaßregeln verarbeitet werden. Gleichermaßen erforderlich ist eine Datenschutz-Folgenabschätzung für die weiträumige Überwachung öffentlich zugänglicher Bereiche, insbesondere mittels optoelektronischer Vorrichtungen, oder für alle anderen Vorgänge, bei denen nach Auffassung der zuständigen Aufsichtsbehörde die Verarbeitung wahrscheinlich ein hohes Risiko für die Rechte und Freiheiten der betroffenen Personen mit sich bringt, insbesondere weil sie die betroffenen Personen an der Ausübung eines Rechts oder der Nutzung einer Dienstleistung bzw. Durchführung eines Vertrags hindern oder weil sie systematisch in großem Umfang erfolgen. Die Verarbeitung personenbezogener Daten sollte nicht als umfangreich gelten, wenn die Verarbeitung personenbezogene Daten von Patienten oder von Mandanten betrifft und durch einen einzelnen Arzt, sonstigen Angehörigen eines Gesundheitsberufes oder Rechtsanwalt erfolgt. In diesen Fällen sollte eine Datenschutz-Folgenabschätzung nicht zwingend vorgeschrieben sein.

(92) Unter bestimmten Umständen kann es vernünftig und unter ökonomischen Gesichtspunkten zweckmäßig sein, eine Datenschutz-Folgenabschätzung nicht lediglich auf ein bestimmtes Projekt zu beziehen, sondern sie thematisch breiter anzulegen – beispielsweise wenn Behörden oder öffentliche Stellen eine gemeinsame Anwendung oder Verarbeitungsplattform schaffen möchten oder wenn mehrere Verantwortliche eine gemeinsame Anwendung oder Verarbeitungsumgebung für einen gesamten Wirtschaftssektor, für ein bestimmtes Marktsegment oder für eine weit verbreitete horizontale Tätigkeit einführen möchten.

(93) Anlässlich des Erlasses des Gesetzes des Mitgliedstaats, auf dessen Grundlage die Behörde oder öffentliche Stelle ihre Aufgaben wahrnimmt und das den fraglichen Verarbeitungsvorgang oder die fraglichen Arten von Verarbeitungsvorgängen regelt, können die Mitgliedstaaten es für erforderlich erachten, solche Folgeabschätzungen vor den Verarbeitungsvorgängen durchzuführen.

(94) Geht aus einer Datenschutz-Folgenabschätzung hervor, dass die Verarbeitung bei Fehlen von Garantien, Sicherheitsvorkehrungen und Mechanismen zur Minderung des Risikos ein hohes Risiko für die Rechte und Freiheiten natürlicher Personen mit sich bringen würde, und ist der Verantwortliche der Auffassung, dass das Risiko nicht durch in Bezug auf verfügbare Technologien und Implementierungskosten vertretbare Mittel eingedämmt werden kann, so sollte die Aufsichtsbehörde vor Beginn der Verarbeitungstätigkeiten konsultiert werden. Ein solches hohes Risiko ist wahrscheinlich mit bestimmten Arten der Verarbeitung und dem Umfang und der Häufigkeit der Verarbeitung verbunden, die für natürliche Personen auch eine Schädigung oder eine Beeinträchtigung der persönlichen Rechte und Freiheiten mit sich bringen können. Die Aufsichtsbehörde sollte das Beratungsersuchen innerhalb einer bestimmten Frist beantworten. Allerdings kann sie, auch wenn sie nicht innerhalb dieser Frist reagiert hat, entsprechend ihren in dieser Verordnung festgelegten Aufgaben und Befugnissen eingreifen, was die Befugnis einschließt, Verarbeitungsvorgänge zu untersagen. Im Rahmen dieses Konsultationsprozesses kann das Ergebnis einer im Hinblick auf die betreffende Verarbeitung personenbezogener Daten durchgeführten Datenschutz-Folgenabschätzung der Aufsichtsbehörde unterbreitet werden; dies gilt insbesondere für die zur Eindämmung des Risikos für die Rechte und Freiheiten natürlicher Personen geplanten Maßnahmen.

(95) Der Auftragsverarbeiter sollte erforderlichenfalls den Verantwortlichen auf Anfrage bei der Gewährleistung der Einhaltung der sich aus der Durchführung der Datenschutz-Folgenabschätzung und der vorherigen Konsultation der Aufsichtsbehörde ergebenden Auflagen unterstützen.

(96) Eine Konsultation der Aufsichtsbehörde sollte auch während der Ausarbeitung von Gesetzes- oder Regelungsvorschriften, in denen eine Verarbeitung personenbezogener Daten vorgesehen ist, erfolgen, um die Vereinbarkeit der geplanten Verarbeitung mit dieser Verordnung sicherzustellen und insbesondere das mit ihr für die betroffene Person verbundene Risiko einzudämmen.

(97) In Fällen, in denen die Verarbeitung durch eine Behörde – mit Ausnahmen von Gerichten oder unabhängigen Justizbehörden, die im Rahmen ihrer justiziellen Tätigkeit handeln –, im privaten Sektor durch einen Verantwortlichen erfolgt, dessen Kerntätigkeit in Verarbeitungsvorgängen besteht, die eine regelmäßige und systematische Überwachung der betroffenen Personen in großem Umfang erfordern, oder wenn die Kerntätigkeit des Verantwortlichen oder des Auftragsverarbeiters in der umfangreichen Verarbeitung besonderer Kategorien von personenbezogenen Daten oder von Daten über strafrechtliche Verurteilungen und Straftaten besteht, sollte der Verantwortliche oder der Auftragsverarbeiter bei der Überwachung der internen Einhaltung der Bestimmungen dieser Verordnung von einer weiteren Person, die über Fachwissen auf dem Gebiet des Datenschutzrechts und der Datenschutzverfahren verfügt, unterstützt werden. Im privaten Sektor bezieht sich die Kerntätigkeit eines Verantwortlichen auf seine Haupttätigkeiten und nicht auf die Verarbeitung personenbezogener Daten als Nebentätigkeit. Das erforderliche Niveau des Fachwissens sollte sich insbesondere nach den durchgeführten Datenverarbeitungsvorgängen und dem erforderlichen Schutz für die von dem Verantwortlichen oder dem Auftragsverarbeiter verarbeiteten personenbezogenen Daten richten. Derartige Datenschutzbeauftragte sollten unabhängig davon, ob es sich bei ihnen um Beschäftigte des Verantwortlichen handelt oder nicht, ihre Pflichten und Aufgaben in vollständiger Unabhängigkeit ausüben können.

(98) Verbände oder andere Vereinigungen, die bestimmte Kategorien von Verantwortlichen oder Auftragsverarbeitern vertreten, sollten ermutigt werden, in den Grenzen dieser Verordnung Verhaltensregeln auszuarbeiten, um eine wirksame Anwendung dieser Verordnung zu erleichtern, wobei den Besonderheiten der in bestimmten Sektoren erfolgenden Verarbeitungen und den besonderen Bedürfnissen der Kleinstunternehmen sowie der kleinen und mittleren Unternehmen Rechnung zu tragen ist. Insbesondere könnten in diesen Verhaltensregeln – unter Berücksichtigung des mit der Verarbeitung wahrscheinlich einhergehenden Risikos für die Rechte und Freiheiten natürlicher Personen – die Pflichten der Verantwortlichen und der Auftragsverarbeiter bestimmt werden.

(99) Bei der Ausarbeitung oder bei der Änderung oder Erweiterung solcher Verhaltensregeln sollten Verbände und/oder andere Vereinigungen, die bestimmte Kategorien von Verantwortlichen oder Auftragsverarbeitern vertreten, die maßgeblichen Interessenträger, möglichst auch die betroffenen Personen, konsultieren und die Eingaben und Stellungnahmen, die sie dabei erhalten, berücksichtigen.

(100) Um die Transparenz zu erhöhen und die Einhaltung dieser Verordnung zu verbessern, sollte angeregt werden, dass Zertifizierungsverfahren sowie Datenschutzsiegel und -prüfzeichen eingeführt werden, die den betroffenen Personen einen raschen Überblick über das Datenschutzniveau einschlägiger Produkte und Dienstleistungen ermöglichen.

(101) Der Fluss personenbezogener Daten aus Drittländern und internationalen Organisationen und in Drittländer und internationale Organisationen ist für die Ausweitung des internationalen Handels und der internationalen Zusammenarbeit notwendig. Durch die Zunahme dieser Datenströme sind neue Herausforderungen und Anforderungen in Bezug auf den Schutz personenbezogener Daten entstanden. Das durch diese Verordnung unionsweit gewährleistete Schutzniveau für natürliche Personen sollte jedoch bei der Übermittlung personenbezogener Daten aus der Union an Verantwortliche, Auftragsverarbeiter oder andere Empfänger in Drittländern oder an internationale Organisationen nicht untergraben werden, und zwar auch dann nicht, wenn aus einem Drittland oder von einer internationalen Organisation personenbezogene Daten an Verantwortliche oder Auftragsverarbeiter in demselben oder einem anderen Drittland oder an dieselbe oder eine andere internationale Organisation weiterübermittelt werden. In jedem Fall sind derartige Datenübermittlungen an Drittländer und internationale Organisationen nur unter strikter Einhaltung dieser Verordnung zulässig. Eine Datenübermittlung könnte nur stattfinden, wenn die in dieser Verordnung festgelegten Bedingungen zur Übermittlung personenbezogener Daten an Drittländer oder internationale Organisationen vorbehaltlich der übrigen Bestimmungen dieser Verordnung von dem Verantwortlichen oder dem Auftragsverarbeiter erfüllt werden.

(102) Internationale Abkommen zwischen der Union und Drittländern über die Übermittlung von personenbezogenen Daten einschließlich geeigneter Garantien für die betroffenen Personen werden von dieser Verordnung nicht berührt. Die Mitgliedstaaten können völkerrechtliche Übereinkünfte schließen, die die Übermittlung personenbezogener Daten an Drittländer oder internationale Organisationen beinhalten, sofern sich diese Übereinkünfte weder auf diese Verordnung noch auf andere Bestimmungen des Unionsrechts auswirken und ein angemessenes Schutzniveau für die Grundrechte der betroffenen Personen umfassen.

(103) Die Kommission darf mit Wirkung für die gesamte Union beschließen, dass ein bestimmtes Drittland, ein Gebiet oder ein bestimmter Sektor eines Drittlands oder eine internationale Organisation ein angemessenes Datenschutzniveau bietet, und auf diese Weise in Bezug auf das Drittland oder die internationale Organisation, das bzw. die für fähig gehalten wird, ein solches Schutzniveau zu bieten, in der gesamten Union Rechtssicherheit schaffen und eine einheitliche Rechtsanwendung sicherstellen. In derartigen Fällen dürfen personenbezogene Daten ohne weitere Genehmigung an dieses Land oder diese internationale Organisation übermittelt werden. Die Kommission kann, nach Abgabe einer ausführlichen Erklärung, in der dem Drittland oder der internationalen Organisation eine Begründung gegeben wird, auch entscheiden, eine solche Feststellung zu widerrufen.

(104) In Übereinstimmung mit den Grundwerten der Union, zu denen insbesondere der Schutz der Menschenrechte zählt, sollte die Kommission bei der Bewertung des Drittlands oder eines Gebiets oder eines bestimmten Sektors eines Drittlands berücksichtigen, inwieweit dort die Rechtsstaatlichkeit gewahrt ist, der Rechtsweg gewährleistet ist und die internationalen Menschenrechtsnormen und -Standards eingehalten werden und welche allgemeinen und sektorspezifischen Vorschriften, wozu auch die Vorschriften über die öffentliche Sicherheit, die Landesverteidigung und die nationale Sicherheit sowie die öffentliche Ordnung und das Strafrecht zählen, dort gelten. Die Annahme eines Angemessenheitsbeschlusses in Bezug auf ein Gebiet oder einen bestimmten Sektor eines Drittlands sollte unter Berücksichtigung eindeutiger und objektiver Kriterien wie bestimmter Verarbeitungsvorgänge und des Anwendungsbereichs anwendbarer Rechtsnormen und geltender Rechtsvorschriften in dem Drittland erfolgen. Das Drittland sollte Garantien für ein angemessenes Schutzniveau bieten, das dem innerhalb der Union gewährleisteten Schutzniveau der Sache nach gleichwertig ist, insbesondere in Fällen, in denen personenbezogene Daten in einem oder mehreren spezifischen Sektoren verarbeitet werden. Das Drittland sollte insbesondere eine wirksame unabhängige Überwachung des Datenschutzes gewährleisten und Mechanismen für eine Zusammenarbeit mit den Datenschutzbehörden der Mitgliedstaaten vorsehen, und den betroffenen Personen sollten wirksame und durchsetzbare Rechte sowie wirksame verwaltungsrechtliche und gerichtliche Rechtsbehelfe eingeräumt werden.

(105) Die Kommission sollte neben den internationalen Verpflichtungen, die das Drittland oder die internationale Organisation eingegangen ist, die Verpflichtungen, die sich aus der Teilnahme des Drittlands oder der internationalen Organisation an multilateralen oder regionalen Systemen insbesondere im Hinblick auf den Schutz personenbezogener Daten ergeben, sowie die Umsetzung

dieser Verpflichtungen berücksichtigen. Insbesondere sollte der Beitritt des Drittlands zum Über-
einkommen des Europarates vom 28. Januar 1981 zum Schutz des Menschen bei der automatischen
Verarbeitung personenbezogener Daten und dem dazugehörigen Zusatzprotokoll berücksichtigt
werden. Die Kommission sollte den Ausschuss konsultieren, wenn sie das Schutzniveau in Dritt-
ländern oder internationalen Organisationen bewertet.

(106) Die Kommission sollte die Wirkungsweise von Feststellungen zum Schutzniveau in einem Dritt-
land, einem Gebiet oder einem bestimmten Sektor eines Drittlands oder einer internationalen Or-
ganisation überwachen; sie sollte auch die Wirkungsweise der Feststellungen, die auf der Grund-
lage des Artikels 25 Absatz 6 oder des Artikels 26 Absatz 4 der Richtlinie 95/46/EG erlassen
werden, überwachen. In ihren Angemessenheitsbeschlüssen sollte die Kommission einen Mecha-
nismus für die regelmäßige Überprüfung von deren Wirkungsweise vorsehen. Diese regelmäßige
Überprüfung sollte in Konsultation mit dem betreffenden Drittland oder der betreffenden interna-
tionalen Organisation erfolgen und allen maßgeblichen Entwicklungen in dem Drittland oder der
internationalen Organisation Rechnung tragen. Für die Zwecke der Überwachung und der Durch-
führung der regelmäßigen Überprüfungen sollte die Kommission die Standpunkte und Feststel-
lungen des Europäischen Parlaments und des Rates sowie der anderen einschlägigen Stellen und
Quellen berücksichtigen. Die Kommission sollte innerhalb einer angemessenen Frist die Wir-
kungsweise der letztgenannten Beschlüsse bewerten und dem durch diese Verordnung eingesetzten
Ausschuss im Sinne der Verordnung (EU) Nr. 182/2011 des Europäischen Parlaments und des
Rates[1] sowie dem Europäischen Parlament und dem Rat über alle maßgeblichen Feststellungen
Bericht erstatten.

(107) Die Kommission kann feststellen, dass ein Drittland, ein Gebiet oder ein bestimmter Sektor eines
Drittlands oder eine internationale Organisation kein angemessenes Datenschutzniveau mehr bie-
tet. Die Übermittlung personenbezogener Daten an dieses Drittland oder an diese internationale
Organisation sollte daraufhin verboten werden, es sei denn, die Anforderungen dieser Verordnung
in Bezug auf die Datenübermittlung vorbehaltlich geeigneter Garantien, einschließlich verbindli-
cher interner Datenschutzvorschriften und auf Ausnahmen für bestimmte Fälle werden erfüllt. In
diesem Falle sollten Konsultationen zwischen der Kommission und den betreffenden Drittländern
oder internationalen Organisationen vorgesehen werden. Die Kommission sollte dem Drittland
oder der internationalen Organisation frühzeitig die Gründe mitteilen und Konsultationen aufneh-
men, um Abhilfe für die Situation zu schaffen.

(108) Bei Fehlen eines Angemessenheitsbeschlusses sollte der Verantwortliche oder der Auftragsverar-
beiter als Ausgleich für den in einem Drittland bestehenden Mangel an Datenschutz geeignete
Garantien für den Schutz der betroffenen Person vorsehen. Diese geeigneten Garantien können
darin bestehen, dass auf verbindliche interne Datenschutzvorschriften, von der Kommission oder
von einer Aufsichtsbehörde angenommene Standarddatenschutzklauseln oder von einer Aufsichts-
behörde genehmigte Vertragsklauseln zurückgegriffen wird. Diese Garantien sollten sicherstellen,
dass die Datenschutzvorschriften und die Rechte der betroffenen Personen auf eine der Verarbei-
tung innerhalb der Union angemessene Art und Weise beachtet werden; dies gilt auch hinsichtlich
der Verfügbarkeit von durchsetzbaren Rechten der betroffenen Person und von wirksamen Rechts-
behelfen einschließlich des Rechts auf wirksame verwaltungsrechtliche oder gerichtliche Rechts-
behelfe sowie des Rechts auf Geltendmachung von Schadenersatzansprüchen in der Union oder in
einem Drittland. Sie sollten sich insbesondere auf die Einhaltung der allgemeinen Grundsätze für
die Verarbeitung personenbezogener Daten, die Grundsätze des Datenschutzes durch Technik und
durch datenschutzfreundliche Voreinstellungen beziehen. Datenübermittlungen dürfen auch von
Behörden oder öffentlichen Stellen an Behörden oder öffentliche Stellen in Drittländern oder an
internationale Organisationen mit entsprechenden Pflichten oder Aufgaben vorgenommen werden,
auch auf der Grundlage von Bestimmungen, die in Verwaltungsvereinbarungen – wie beispiels-
weise einer gemeinsamen Absichtserklärung –, mit denen den betroffenen Personen durchsetzbare
und wirksame Rechte eingeräumt werden, aufzunehmen sind. Die Genehmigung der zuständigen
Aufsichtsbehörde sollte erlangt werden, wenn die Garantien in nicht rechtsverbindlichen Verwal-
tungsvereinbarungen vorgesehen sind.

(109) Die dem Verantwortlichen oder dem Auftragsverarbeiter offenstehende Möglichkeit, auf die von
der Kommission oder einer Aufsichtsbehörde festgelegten Standard-Datenschutzklauseln zurück-
zugreifen, sollte den Verantwortlichen oder den Auftragsverarbeiter weder daran hindern, die

1) **Amtl. Anm.:** Verordnung (EU) Nr. 182/2011 des Europäischen Parlaments und des Rates vom 16. Februar 2011 zur Fest-
legung der allgemeinen Regeln und Grundsätze, nach denen die Mitgliedstaaten die Wahrnehmung der Durchführungsbe-
fugnisse durch die Kommission kontrollieren (ABl. L 55 vom 28.2.2011, S. 13).

Standard-Datenschutzklauseln auch in umfangreicheren Verträgen, wie zum Beispiel Verträgen zwischen dem Auftragsverarbeiter und einem anderen Auftragsverarbeiter, zu verwenden, noch ihn daran hindern, ihnen weitere Klauseln oder zusätzliche Garantien hinzuzufügen, solange diese weder mittelbar noch unmittelbar im Widerspruch zu den von der Kommission oder einer Aufsichtsbehörde erlassenen Standard-Datenschutzklauseln stehen oder die Grundrechte und Grundfreiheiten der betroffenen Personen beschneiden. Die Verantwortlichen und die Auftragsverarbeiter sollten ermutigt werden, mit vertraglichen Verpflichtungen, die die Standard-Schutzklauseln ergänzen, zusätzliche Garantien zu bieten.

(110) Jede Unternehmensgruppe oder jede Gruppe von Unternehmen, die eine gemeinsame Wirtschaftstätigkeit ausüben, sollte für ihre internationalen Datenübermittlungen aus der Union an Organisationen derselben Unternehmensgruppe oder derselben Gruppe von Unternehmen, die eine gemeinsame Wirtschaftstätigkeit ausüben, genehmigte verbindliche interne Datenschutzvorschriften anwenden dürfen, sofern diese sämtliche Grundprinzipien und durchsetzbaren Rechte enthalten, die geeignete Garantien für die Übermittlungen beziehungsweise Kategorien von Übermittlungen personenbezogener Daten bieten.

(111) Datenübermittlungen sollten unter bestimmten Voraussetzungen zulässig sein, nämlich wenn die betroffene Person ihre ausdrückliche Einwilligung erteilt hat, wenn die Übermittlung gelegentlich erfolgt und im Rahmen eines Vertrags oder zur Geltendmachung von Rechtsansprüchen, sei es vor Gericht oder auf dem Verwaltungswege oder in außergerichtlichen Verfahren, wozu auch Verfahren vor Regulierungsbehörden zählen, erforderlich ist. Die Übermittlung sollte zudem möglich sein, wenn sie zur Wahrung eines im Unionsrecht oder im Recht eines Mitgliedstaats festgelegten wichtigen öffentlichen Interesses erforderlich ist oder wenn sie aus einem durch Rechtsvorschriften vorgesehenen Register erfolgt, das von der Öffentlichkeit oder Personen mit berechtigtem Interesse eingesehen werden kann. In letzterem Fall sollte sich eine solche Übermittlung nicht auf die Gesamtheit oder ganze Kategorien der im Register enthaltenen personenbezogenen Daten erstrecken dürfen. Ist das betreffende Register zur Einsichtnahme durch Personen mit berechtigtem Interesse bestimmt, sollte die Übermittlung nur auf Anfrage dieser Personen oder nur dann erfolgen, wenn diese Personen die Adressaten der Übermittlung sind, wobei den Interessen und Grundrechten der betroffenen Person in vollem Umfang Rechnung zu tragen ist.

(112) Diese Ausnahmen sollten insbesondere für Datenübermittlungen gelten, die aus wichtigen Gründen des öffentlichen Interesses erforderlich sind, beispielsweise für den internationalen Datenaustausch zwischen Wettbewerbs-, Steuer- oder Zollbehörden, zwischen Finanzaufsichtsbehörden oder zwischen für Angelegenheiten der sozialen Sicherheit oder für die öffentliche Gesundheit zuständigen Diensten, beispielsweise im Falle der Umgebungsuntersuchung bei ansteckenden Krankheiten oder zur Verringerung und/oder Beseitigung des Dopings im Sport. Die Übermittlung personenbezogener Daten sollte ebenfalls als rechtmäßig angesehen werden, wenn sie erforderlich ist, um ein Interesse, das für die lebenswichtigen Interessen – einschließlich der körperlichen Unversehrtheit oder des Lebens – der betroffenen Person oder einer anderen Person wesentlich ist, zu schützen und die betroffene Person außerstande ist, ihre Einwilligung zu geben. Liegt kein Angemessenheitsbeschluss vor, so können im Unionsrecht oder im Recht der Mitgliedstaaten aus wichtigen Gründen des öffentlichen Interesses ausdrücklich Beschränkungen der Übermittlung bestimmter Kategorien von Daten an Drittländer oder internationale Organisationen vorgesehen werden. Die Mitgliedstaaten sollten solche Bestimmungen der Kommission mitteilen. Jede Übermittlung personenbezogener Daten einer betroffenen Person, die aus physischen oder rechtlichen Gründen außerstande ist, ihre Einwilligung zu erteilen, an eine internationale humanitäre Organisation, die erfolgt, um eine nach den Genfer Konventionen obliegende Aufgabe auszuführen oder um dem in bewaffneten Konflikten anwendbaren humanitären Völkerrecht nachzukommen, könnte als aus einem wichtigen Grund im öffentlichen Interesse notwendig oder als im lebenswichtigen Interesse der betroffenen Person liegend erachtet werden.

(113) Übermittlungen, die als nicht wiederholt erfolgend gelten können und nur eine begrenzte Zahl von betroffenen Personen betreffen, könnten auch zur Wahrung der zwingenden berechtigten Interessen des Verantwortlichen möglich sein, sofern die Interessen oder Rechte und Freiheiten der betroffenen Person nicht überwiegen und der Verantwortliche sämtliche Umstände der Datenübermittlung geprüft hat. Der Verantwortliche sollte insbesondere die Art der personenbezogenen Daten, den Zweck und die Dauer der vorgesehenen Verarbeitung, die Situation im Herkunftsland, in dem betreffenden Drittland und im Endbestimmungsland berücksichtigen und angemessene Garantien zum Schutz der Grundrechte und Grundfreiheiten natürlicher Personen in Bezug auf die Verarbeitung ihrer personenbezogener Daten vorsehen. Diese Übermittlungen sollten nur in den

verbleibenden Fällen möglich sein, in denen keiner der anderen Gründe für die Übermittlung anwendbar ist. Bei wissenschaftlichen oder historischen Forschungszwecken oder bei statistischen Zwecken sollten die legitimen gesellschaftlichen Erwartungen in Bezug auf einen Wissenszuwachs berücksichtigt werden. Der Verantwortliche sollte die Aufsichtsbehörde und die betroffene Person von der Übermittlung in Kenntnis setzen.

(114) In allen Fällen, in denen kein Kommissionsbeschluss zur Angemessenheit des in einem Drittland bestehenden Datenschutzniveaus vorliegt, sollte der Verantwortliche oder der Auftragsverarbeiter auf Lösungen zurückgreifen, mit denen den betroffenen Personen durchsetzbare und wirksame Rechte in Bezug auf die Verarbeitung ihrer personenbezogenen Daten in der Union nach der Übermittlung dieser Daten eingeräumt werden, damit sie weiterhin die Grundrechte und Garantien genießen können.

(115) Manche Drittländer erlassen Gesetze, Vorschriften und sonstige Rechtsakte, die vorgeben, die Verarbeitungstätigkeiten natürlicher und juristischer Personen, die der Rechtsprechung der Mitgliedstaaten unterliegen, unmittelbar zu regeln. Dies kann Urteile von Gerichten und Entscheidungen von Verwaltungsbehörden in Drittländern umfassen, mit denen von einem Verantwortlichen oder einem Auftragsverarbeiter die Übermittlung oder Offenlegung personenbezogener Daten verlangt wird und die nicht auf eine in Kraft befindliche internationale Übereinkunft wie etwa ein Rechtshilfeabkommen zwischen dem ersuchenden Drittland und der Union oder einem Mitgliedstaat gestützt sind. Die Anwendung dieser Gesetze, Verordnungen und sonstigen Rechtsakte außerhalb des Hoheitsgebiets der betreffenden Drittländer kann gegen internationales Recht verstoßen und dem durch diese Verordnung in der Union gewährleisteten Schutz natürlicher Personen zuwiderlaufen. Datenübermittlungen sollten daher nur zulässig sein, wenn die Bedingungen dieser Verordnung für Datenübermittlungen an Drittländer eingehalten werden. Dies kann unter anderem der Fall sein, wenn die Offenlegung aus einem wichtigen öffentlichen Interesse erforderlich ist, das im Unionsrecht oder im Recht des Mitgliedstaats, dem der Verantwortliche unterliegt, anerkannt ist.

(116) Wenn personenbezogene Daten in ein anderes Land außerhalb der Union übermittelt werden, besteht eine erhöhte Gefahr, dass natürliche Personen ihre Datenschutzrechte nicht wahrnehmen können und sich insbesondere gegen die unrechtmäßige Nutzung oder Offenlegung dieser Informationen zu schützen. Ebenso kann es vorkommen, dass Aufsichtsbehörden Beschwerden nicht nachgehen oder Untersuchungen nicht durchführen können, die einen Bezug zu Tätigkeiten außerhalb der Grenzen ihres Mitgliedstaats haben. Ihre Bemühungen um grenzüberschreitende Zusammenarbeit können auch durch unzureichende Präventiv- und Abhilfebefugnisse, widersprüchliche Rechtsordnungen und praktische Hindernisse wie Ressourcenknappheit behindert werden. Die Zusammenarbeit zwischen den Datenschutzaufsichtsbehörden muss daher gefördert werden, damit sie Informationen austauschen und mit den Aufsichtsbehörden in anderen Ländern Untersuchungen durchführen können. Um Mechanismen der internationalen Zusammenarbeit zu entwickeln, die die internationale Amtshilfe bei der Durchsetzung von Rechtsvorschriften zum Schutz personenbezogener Daten erleichtern und sicherstellen, sollten die Kommission und die Aufsichtsbehörden Informationen austauschen und bei Tätigkeiten, die mit der Ausübung ihrer Befugnisse in Zusammenhang stehen, mit den zuständigen Behörden der Drittländer nach dem Grundsatz der Gegenseitigkeit und gemäß dieser Verordnung zusammenarbeiten.

(117) Die Errichtung von Aufsichtsbehörden in den Mitgliedstaaten, die befugt sind, ihre Aufgaben und Befugnisse völlig unabhängig wahrzunehmen, ist ein wesentlicher Bestandteil des Schutzes natürlicher Personen bei der Verarbeitung personenbezogener Daten. Die Mitgliedstaaten sollten mehr als eine Aufsichtsbehörde errichten können, wenn dies ihrer verfassungsmäßigen, organisatorischen und administrativen Struktur entspricht.

(118) Die Tatsache, dass die Aufsichtsbehörden unabhängig sind, sollte nicht bedeuten, dass sie hinsichtlich ihrer Ausgaben keinem Kontroll- oder Überwachungsmechanismus unterworfen werden bzw. sie keiner gerichtlichen Überprüfung unterzogen werden können.

(119) Errichtet ein Mitgliedstaat mehrere Aufsichtsbehörden, so sollte er mittels Rechtsvorschriften sicherstellen, dass diese Aufsichtsbehörden am Kohärenzverfahren wirksam beteiligt werden. Insbesondere sollte dieser Mitgliedstaat eine Aufsichtsbehörde bestimmen, die als zentrale Anlaufstelle für eine wirksame Beteiligung dieser Behörden an dem Verfahren fungiert und eine rasche und reibungslose Zusammenarbeit mit anderen Aufsichtsbehörden, dem Ausschuss und der Kommission gewährleistet.

(120) Jede Aufsichtsbehörde sollte mit Finanzmitteln, Personal, Räumlichkeiten und einer Infrastruktur ausgestattet werden, wie sie für die wirksame Wahrnehmung ihrer Aufgaben, einschließlich derer

im Zusammenhang mit der Amtshilfe und Zusammenarbeit mit anderen Aufsichtsbehörden in der gesamten Union, notwendig sind. Jede Aufsichtsbehörde sollte über einen eigenen, öffentlichen, jährlichen Haushaltsplan verfügen, der Teil des gesamten Staatshaushalts oder nationalen Haushalts sein kann.

(121) Die allgemeinen Anforderungen an das Mitglied oder die Mitglieder der Aufsichtsbehörde sollten durch Rechtsvorschriften von jedem Mitgliedstaat geregelt werden und insbesondere vorsehen, dass diese Mitglieder im Wege eines transparenten Verfahrens entweder – auf Vorschlag der Regierung, eines Mitglieds der Regierung, des Parlaments oder einer Parlamentskammer – vom Parlament, der Regierung oder dem Staatsoberhaupt des Mitgliedstaats oder von einer unabhängigen Stelle ernannt werden, die nach dem Recht des Mitgliedstaats mit der Ernennung betraut wird. Um die Unabhängigkeit der Aufsichtsbehörde zu gewährleisten, sollten ihre Mitglieder ihr Amt integer ausüben, von allen mit den Aufgaben ihres Amts nicht zu vereinbarenden Handlungen absehen und während ihrer Amtszeit keine andere mit ihrem Amt nicht zu vereinbarende entgeltliche oder unentgeltliche Tätigkeit ausüben. Die Aufsichtsbehörde sollte über eigenes Personal verfügen, das sie selbst oder eine nach dem Recht des Mitgliedstaats eingerichtete unabhängige Stelle auswählt und das ausschließlich der Leitung des Mitglieds oder der Mitglieder der Aufsichtsbehörde unterstehen sollte.

(122) Jede Aufsichtsbehörde sollte dafür zuständig sein, im Hoheitsgebiet ihres Mitgliedstaats die Befugnisse auszuüben und die Aufgaben zu erfüllen, die ihr mit dieser Verordnung übertragen wurden. Dies sollte insbesondere für Folgendes gelten: die Verarbeitung im Rahmen der Tätigkeiten einer Niederlassung des Verantwortlichen oder Auftragsverarbeiters im Hoheitsgebiet ihres Mitgliedstaats, die Verarbeitung personenbezogener Daten durch Behörden oder private Stellen, die im öffentlichen Interesse handeln, Verarbeitungstätigkeiten, die Auswirkungen auf betroffene Personen in ihrem Hoheitsgebiet haben, oder Verarbeitungstätigkeiten eines Verantwortlichen oder Auftragsverarbeiters ohne Niederlassung in der Union, sofern sie auf betroffene Personen mit Wohnsitz in ihrem Hoheitsgebiet ausgerichtet sind. Dies sollte auch die Bearbeitung von Beschwerden einer betroffenen Person, die Durchführung von Untersuchungen über die Anwendung dieser Verordnung sowie die Förderung der Information der Öffentlichkeit über Risiken, Vorschriften, Garantien und Rechte im Zusammenhang mit der Verarbeitung personenbezogener Daten einschließen.

(123) Die Aufsichtsbehörden sollten die Anwendung der Bestimmungen dieser Verordnung überwachen und zu ihrer einheitlichen Anwendung in der gesamten Union beitragen, um natürliche Personen im Hinblick auf die Verarbeitung ihrer Daten zu schützen und den freien Verkehr personenbezogener Daten im Binnenmarkt zu erleichtern. Zu diesem Zweck sollten die Aufsichtsbehörden untereinander und mit der Kommission zusammenarbeiten, ohne dass eine Vereinbarung zwischen den Mitgliedstaaten über die Leistung von Amtshilfe oder über eine derartige Zusammenarbeit erforderlich wäre.

(124) Findet die Verarbeitung personenbezogener Daten im Zusammenhang mit der Tätigkeit einer Niederlassung eines Verantwortlichen oder eines Auftragsverarbeiters in der Union statt und hat der Verantwortliche oder der Auftragsverarbeiter Niederlassungen in mehr als einem Mitgliedstaat oder hat die Verarbeitungstätigkeit im Zusammenhang mit der Tätigkeit einer einzigen Niederlassung eines Verantwortlichen oder Auftragsverarbeiters in der Union erhebliche Auswirkungen auf betroffene Personen in mehr als einem Mitgliedstaat bzw. wird sie voraussichtlich solche Auswirkungen haben, so sollte die Aufsichtsbehörde für die Hauptniederlassung des Verantwortlichen oder Auftragsverarbeiters oder für die einzige Niederlassung des Verantwortlichen oder Auftragsverarbeiters als federführende Behörde fungieren. Sie sollte mit den anderen Behörden zusammenarbeiten, die betroffen sind, weil der Verantwortliche oder Auftragsverarbeiter eine Niederlassung im Hoheitsgebiet ihres Mitgliedstaats hat, weil die Verarbeitung erhebliche Auswirkungen auf betroffene Personen mit Wohnsitz in ihrem Hoheitsgebiet hat oder weil bei ihnen eine Beschwerde eingelegt wurde. Auch wenn eine betroffene Person ohne Wohnsitz in dem betreffenden Mitgliedstaat eine Beschwerde eingelegt hat, sollte die Aufsichtsbehörde, bei der Beschwerde eingelegt wurde, auch eine betroffene Aufsichtsbehörde sein. Der Ausschuss sollte – im Rahmen seiner Aufgaben in Bezug auf die Herausgabe von Leitlinien zu allen Fragen im Zusammenhang mit der Anwendung dieser Verordnung – insbesondere Leitlinien zu den Kriterien ausgeben können, die bei der Feststellung zu berücksichtigen sind, ob die fragliche Verarbeitung erhebliche Auswirkungen auf betroffene Personen in mehr als einem Mitgliedstaat hat und was einen maßgeblichen und begründeten Einspruch darstellt.

(125) Die federführende Behörde sollte berechtigt sein, verbindliche Beschlüsse über Maßnahmen zu erlassen, mit denen die ihr gemäß dieser Verordnung übertragenen Befugnisse ausgeübt werden. In ihrer Eigenschaft als federführende Behörde sollte diese Aufsichtsbehörde für die enge Einbindung und Koordinierung der betroffenen Aufsichtsbehörden im Entscheidungsprozess sorgen. Wird beschlossen, die Beschwerde der betroffenen Person vollständig oder teilweise abzuweisen, so sollte dieser Beschluss von der Aufsichtsbehörde angenommen werden, bei der die Beschwerde eingelegt wurde.

(126) Der Beschluss sollte von der federführenden Aufsichtsbehörde und den betroffenen Aufsichtsbehörden gemeinsam vereinbart werden und an die Hauptniederlassung oder die einzige Niederlassung des Verantwortlichen oder Auftragsverarbeiters gerichtet sein und für den Verantwortlichen und den Auftragsverarbeiter verbindlich sein. Der Verantwortliche oder Auftragsverarbeiter sollte die erforderlichen Maßnahmen treffen, um die Einhaltung dieser Verordnung und die Umsetzung des Beschlusses zu gewährleisten, der der Hauptniederlassung des Verantwortlichen oder Auftragsverarbeiters im Hinblick auf die Verarbeitungstätigkeiten in der Union von der federführenden Aufsichtsbehörde mitgeteilt wurde.

(127) Jede Aufsichtsbehörde, die nicht als federführende Aufsichtsbehörde fungiert, sollte in örtlichen Fällen zuständig sein, wenn der Verantwortliche oder Auftragsverarbeiter Niederlassungen in mehr als einem Mitgliedstaat hat, der Gegenstand der spezifischen Verarbeitung aber nur die Verarbeitungstätigkeiten in einem einzigen Mitgliedstaat und nur betroffene Personen in diesem einen Mitgliedstaat betrifft, beispielsweise wenn es um die Verarbeitung von personenbezogenen Daten von Arbeitnehmern im spezifischen Beschäftigungskontext eines Mitgliedstaats geht. In solchen Fällen sollte die Aufsichtsbehörde unverzüglich die federführende Aufsichtsbehörde über diese Angelegenheit unterrichten. Nach ihrer Unterrichtung sollte die federführende Aufsichtsbehörde entscheiden, ob sie den Fall nach den Bestimmungen zur Zusammenarbeit zwischen der federführenden Aufsichtsbehörde und anderen betroffenen Aufsichtsbehörden gemäß der Vorschrift zur Zusammenarbeit zwischen der federführenden Aufsichtsbehörde und anderen betroffenen Aufsichtsbehörden (im Folgenden „Verfahren der Zusammenarbeit und Kohärenz") regelt oder ob die Aufsichtsbehörde, die sie unterrichtet hat, den Fall auf örtlicher Ebene regeln sollte. Dabei sollte die federführende Aufsichtsbehörde berücksichtigen, ob der Verantwortliche oder der Auftragsverarbeiter in dem Mitgliedstaat, dessen Aufsichtsbehörde sie unterrichtet hat, eine Niederlassung hat, damit Beschlüsse gegenüber dem Verantwortlichen oder dem Auftragsverarbeiter wirksam durchgesetzt werden. Entscheidet die federführende Aufsichtsbehörde, den Fall selbst zu regeln, sollte die Aufsichtsbehörde, die sie unterrichtet hat, die Möglichkeit haben, einen Beschlussentwurf vorzulegen, dem die federführende Aufsichtsbehörde bei der Ausarbeitung ihres Beschlussentwurfs im Rahmen dieses Verfahrens der Zusammenarbeit und Kohärenz weitestgehend Rechnung tragen sollte.

(128) Die Vorschriften über die federführende Behörde und das Verfahren der Zusammenarbeit und Kohärenz sollten keine Anwendung finden, wenn die Verarbeitung durch Behörden oder private Stellen im öffentlichen Interesse erfolgt. In diesen Fällen sollte die Aufsichtsbehörde des Mitgliedstaats, in dem die Behörde oder private Einrichtung ihren Sitz hat, die einzige Aufsichtsbehörde sein, die dafür zuständig ist, die Befugnisse auszuüben, die ihr mit dieser Verordnung übertragen wurden.

(129) Um die einheitliche Überwachung und Durchsetzung dieser Verordnung in der gesamten Union sicherzustellen, sollten die Aufsichtsbehörden in jedem Mitgliedstaat dieselben Aufgaben und wirksamen Befugnisse haben, darunter, insbesondere im Fall von Beschwerden natürlicher Personen, Untersuchungsbefugnisse, Abhilfebefugnisse und Sanktionsbefugnisse und Genehmigungsbefugnisse und beratende Befugnisse, sowie – unbeschadet der Befugnisse der Strafverfolgungsbehörden nach dem Recht der Mitgliedstaaten – die Befugnis, Verstöße gegen diese Verordnung den Justizbehörden zur Kenntnis zu bringen und Gerichtsverfahren anzustrengen. Dazu sollte auch die Befugnis zählen, eine vorübergehende oder endgültige Beschränkung der Verarbeitung, einschließlich eines Verbots, zu verhängen. Die Mitgliedstaaten können andere Aufgaben im Zusammenhang mit dem Schutz personenbezogener Daten im Rahmen dieser Verordnung festlegen. Die Befugnisse der Aufsichtsbehörden sollten in Übereinstimmung mit den geeigneten Verfahrensgarantien nach dem Unionsrecht und dem Recht der Mitgliedstaaten unparteiisch, gerecht und innerhalb einer angemessenen Frist ausgeübt werden. Insbesondere sollte jede Maßnahme im Hinblick auf die Gewährleistung der Einhaltung dieser Verordnung geeignet, erforderlich und verhältnismäßig sein, wobei die Umstände des jeweiligen Einzelfalls zu berücksichtigen sind, das Recht einer jeden Person, gehört zu werden, bevor eine individuelle Maßnahme getroffen wird,

die nachteilige Auswirkungen auf diese Person hätte, zu achten ist und überflüssige Kosten und übermäßige Unannehmlichkeiten für die Betroffenen zu vermeiden sind. Untersuchungsbefugnisse im Hinblick auf den Zugang zu Räumlichkeiten sollten im Einklang mit besonderen Anforderungen im Verfahrensrecht der Mitgliedstaaten ausgeübt werden, wie etwa dem Erfordernis einer vorherigen richterlichen Genehmigung. Jede rechtsverbindliche Maßnahme der Aufsichtsbehörde sollte schriftlich erlassen werden und sie sollte klar und eindeutig sein; die Aufsichtsbehörde, die die Maßnahme erlassen hat, und das Datum, an dem die Maßnahme erlassen wurde, sollten angegeben werden und die Maßnahme sollte vom Leiter oder von einem von ihm bevollmächtigen Mitglied der Aufsichtsbehörde unterschrieben sein und eine Begründung für die Maßnahme sowie einen Hinweis auf das Recht auf einen wirksamen Rechtsbehelf enthalten. Dies sollte zusätzliche Anforderungen nach dem Verfahrensrecht der Mitgliedstaaten nicht ausschließen. Der Erlass eines rechtsverbindlichen Beschlusses setzt voraus, dass er in dem Mitgliedstaat der Aufsichtsbehörde, die den Beschluss erlassen hat, gerichtlich überprüft werden kann.

(130) Ist die Aufsichtsbehörde, bei der die Beschwerde eingereicht wurde, nicht die federführende Aufsichtsbehörde, so sollte die federführende Aufsichtsbehörde gemäß den Bestimmungen dieser Verordnung über Zusammenarbeit und Kohärenz eng mit der Aufsichtsbehörde zusammenarbeiten, bei der die Beschwerde eingereicht wurde. In solchen Fällen sollte die federführende Aufsichtsbehörde bei Maßnahmen, die rechtliche Wirkungen entfalten sollen, unter anderem bei der Verhängung von Geldbußen, den Standpunkt der Aufsichtsbehörde, bei der die Beschwerde eingereicht wurde und die weiterhin befugt sein sollte, in Abstimmung mit der zuständigen Aufsichtsbehörde Untersuchungen im Hoheitsgebiet ihres eigenen Mitgliedstaats durchzuführen, weitestgehend berücksichtigen.

(131) Wenn eine andere Aufsichtsbehörde als federführende Aufsichtsbehörde für die Verarbeitungstätigkeiten des Verantwortlichen oder des Auftragsverarbeiters fungieren sollte, der konkrete Gegenstand einer Beschwerde oder der mögliche Verstoß jedoch nur die Verarbeitungstätigkeiten des Verantwortlichen oder des Auftragsverarbeiters in dem Mitgliedstaat betrifft, in dem die Beschwerde eingereicht wurde oder der mögliche Verstoß aufgedeckt wurde, und die Angelegenheit keine erheblichen Auswirkungen auf betroffene Personen in anderen Mitgliedstaaten hat oder haben dürfte, sollte die Aufsichtsbehörde, bei der eine Beschwerde eingereicht wurde oder die Situationen, die mögliche Verstöße gegen diese Verordnung darstellen, aufgedeckt hat bzw. auf andere Weise darüber informiert wurde, versuchen, eine gütliche Einigung mit dem Verantwortlichen zu erzielen; falls sich dies als nicht erfolgreich erweist, sollte sie die gesamte Bandbreite ihrer Befugnisse wahrnehmen. Dies sollte auch Folgendes umfassen: die spezifische Verarbeitung im Hoheitsgebiet des Mitgliedstaats der Aufsichtsbehörde oder im Hinblick auf betroffene Personen im Hoheitsgebiet dieses Mitgliedstaats; die Verarbeitung im Rahmen eines Angebots von Waren oder Dienstleistungen, das speziell auf betroffene Personen im Hoheitsgebiet des Mitgliedstaats der Aufsichtsbehörde ausgerichtet ist; oder eine Verarbeitung, die unter Berücksichtigung der einschlägigen rechtlichen Verpflichtungen nach dem Recht der Mitgliedstaaten bewertet werden muss.

(132) Auf die Öffentlichkeit ausgerichtete Sensibilisierungsmaßnahmen der Aufsichtsbehörden sollten spezifische Maßnahmen einschließen, die sich an die Verantwortlichen und die Auftragsverarbeiter, einschließlich Kleinstunternehmen sowie kleiner und mittlerer Unternehmen, und an natürliche Personen, insbesondere im Bildungsbereich, richten.

(133) Die Aufsichtsbehörden sollten sich gegenseitig bei der Erfüllung ihrer Aufgaben unterstützen und Amtshilfe leisten, damit eine einheitliche Anwendung und Durchsetzung dieser Verordnung im Binnenmarkt gewährleistet ist. Eine Aufsichtsbehörde, die um Amtshilfe ersucht hat, kann eine einstweilige Maßnahme erlassen, wenn sie nicht binnen eines Monats nach Eingang des Amtshilfeersuchens bei der ersuchten Aufsichtsbehörde eine Antwort von dieser erhalten hat.

(134) Jede Aufsichtsbehörde sollte gegebenenfalls an gemeinsamen Maßnahmen von anderen Aufsichtsbehörden teilnehmen. Die ersuchte Aufsichtsbehörde sollte auf das Ersuchen binnen einer bestimmten Frist antworten müssen.

(135) Um die einheitliche Anwendung dieser Verordnung in der gesamten Union sicherzustellen, sollte ein Verfahren zur Gewährleistung einer einheitlichen Rechtsanwendung (Kohärenzverfahren) für die Zusammenarbeit zwischen den Aufsichtsbehörden eingeführt werden. Dieses Verfahren sollte insbesondere dann angewendet werden, wenn eine Aufsichtsbehörde beabsichtigt, eine Maßnahme zu erlassen, die rechtliche Wirkungen in Bezug auf Verarbeitungsvorgänge entfalten soll, die für eine bedeutende Zahl betroffener Personen in mehreren Mitgliedstaaten erhebliche Auswirkungen haben. Ferner sollte es zur Anwendung kommen, wenn eine betroffene Aufsichtsbehörde oder die

Kommission beantragt, dass die Angelegenheit im Rahmen des Kohärenzverfahrens behandelt wird. Dieses Verfahren sollte andere Maßnahmen, die die Kommission möglicherweise in Ausübung ihrer Befugnisse nach den Verträgen trifft, unberührt lassen.

(136) Bei Anwendung des Kohärenzverfahrens sollte der Ausschuss, falls von der Mehrheit seiner Mitglieder so entschieden wird oder falls eine andere betroffene Aufsichtsbehörde oder die Kommission darum ersuchen, binnen einer festgelegten Frist eine Stellungnahme abgeben. Dem Ausschuss sollte auch die Befugnis übertragen werden, bei Streitigkeiten zwischen Aufsichtsbehörden rechtsverbindliche Beschlüsse zu erlassen. Zu diesem Zweck sollte er in klar bestimmten Fällen, in denen die Aufsichtsbehörden insbesondere im Rahmen des Verfahrens der Zusammenarbeit zwischen der federführenden Aufsichtsbehörde und den betroffenen Aufsichtsbehörden widersprüchliche Standpunkte zu dem Sachverhalt, vor allem in der Frage, ob ein Verstoß gegen diese Verordnung vorliegt, vertreten, grundsätzlich mit einer Mehrheit von zwei Dritteln seiner Mitglieder rechtsverbindliche Beschlüsse erlassen.

(137) Es kann dringender Handlungsbedarf zum Schutz der Rechte und Freiheiten von betroffenen Personen bestehen, insbesondere wenn eine erhebliche Behinderung der Durchsetzung des Rechts einer betroffenen Person droht. Eine Aufsichtsbehörde sollte daher hinreichend begründete einstweilige Maßnahmen in ihrem Hoheitsgebiet mit einer festgelegten Geltungsdauer von höchstens drei Monaten erlassen können.

(138) Die Anwendung dieses Verfahrens sollte in den Fällen, in denen sie verbindlich vorgeschrieben ist, eine Bedingung für die Rechtmäßigkeit einer Maßnahme einer Aufsichtsbehörde sein, die rechtliche Wirkungen entfalten soll. In anderen Fällen von grenzüberschreitender Relevanz sollte das Verfahren der Zusammenarbeit zwischen der federführenden Aufsichtsbehörde und den betroffenen Aufsichtsbehörden zur Anwendung gelangen, und die betroffenen Aufsichtsbehörden können auf bilateraler oder multilateraler Ebene Amtshilfe leisten und gemeinsame Maßnahmen durchführen, ohne auf das Kohärenzverfahren zurückzugreifen.

(139) Zur Förderung der einheitlichen Anwendung dieser Verordnung sollte der Ausschuss als unabhängige Einrichtung der Union eingesetzt werden. Damit der Ausschuss seine Ziele erreichen kann, sollte er Rechtspersönlichkeit besitzen. Der Ausschuss sollte von seinem Vorsitz vertreten werden. Er sollte die mit der Richtlinie 95/46/EG eingesetzte Arbeitsgruppe für den Schutz der Rechte von Personen bei der Verarbeitung personenbezogener Daten ersetzen. Er sollte aus dem Leiter einer Aufsichtsbehörde jedes Mitgliedstaats und dem Europäischen Datenschutzbeauftragten oder deren jeweiligen Vertretern gebildet werden. An den Beratungen des Ausschusses sollte die Kommission ohne Stimmrecht teilnehmen und der Europäische Datenschutzbeauftragte sollte spezifische Stimmrechte haben. Der Ausschuss sollte zur einheitlichen Anwendung der Verordnung in der gesamten Union beitragen, die Kommission insbesondere im Hinblick auf das Schutzniveau in Drittländern oder internationalen Organisationen beraten und die Zusammenarbeit der Aufsichtsbehörden in der Union fördern. Der Ausschuss sollte bei der Erfüllung seiner Aufgaben unabhängig handeln.

(140) Der Ausschuss sollte von einem Sekretariat unterstützt werden, das von dem Europäischen Datenschutzbeauftragten bereitgestellt wird. Das Personal des Europäischen Datenschutzbeauftragten, das an der Wahrnehmung der dem Ausschuss gemäß dieser Verordnung übertragenen Aufgaben beteiligt ist, sollte diese Aufgaben ausschließlich gemäß den Anweisungen des Vorsitzes des Ausschusses durchführen und diesem Bericht erstatten.

(141) Jede betroffene Person sollte das Recht haben, bei einer einzigen Aufsichtsbehörde insbesondere in dem Mitgliedstaat ihres gewöhnlichen Aufenthalts eine Beschwerde einzureichen und gemäß Artikel 47 der Charta einen wirksamen gerichtlichen Rechtsbehelf einzulegen, wenn sie sich in ihren Rechten gemäß dieser Verordnung verletzt sieht oder wenn die Aufsichtsbehörde auf eine Beschwerde hin nicht tätig wird, eine Beschwerde teilweise oder ganz abweist oder ablehnt oder nicht tätig wird, obwohl dies zum Schutz der Rechte der betroffenen Person notwendig ist. Die auf eine Beschwerde folgende Untersuchung sollte vorbehaltlich gerichtlicher Überprüfung so weit gehen, wie dies im Einzelfall angemessen ist. Die Aufsichtsbehörde sollte die betroffene Person innerhalb eines angemessenen Zeitraums über den Fortgang und das Ergebnis der Beschwerde unterrichten. Sollten weitere Untersuchungen oder die Abstimmung mit einer anderen Aufsichtsbehörde erforderlich sein, sollte die betroffene Person über den Zwischenstand informiert werden. Jede Aufsichtsbehörde sollte Maßnahmen zur Erleichterung der Einreichung von Beschwerden treffen, wie etwa die Bereitstellung eines Beschwerdeformulars, das auch elektronisch ausgefüllt werden kann, ohne dass andere Kommunikationsmittel ausgeschlossen werden.

(142) Betroffene Personen, die sich in ihren Rechten gemäß dieser Verordnung verletzt sehen, sollten das Recht haben, nach dem Recht eines Mitgliedstaats gegründete Einrichtungen, Organisationen oder Verbände ohne Gewinnerzielungsabsicht, deren satzungsmäßige Ziele im öffentlichem Interesse liegen und die im Bereich des Schutzes personenbezogener Daten tätig sind, zu beauftragen, in ihrem Namen Beschwerde bei einer Aufsichtsbehörde oder einen gerichtlichen Rechtsbehelf einzulegen oder das Recht auf Schadensersatz in Anspruch zu nehmen, sofern dieses im Recht der Mitgliedstaaten vorgesehen ist. Die Mitgliedstaaten können vorsehen, dass diese Einrichtungen, Organisationen oder Verbände das Recht haben, unabhängig vom Auftrag einer betroffenen Person in dem betreffenden Mitgliedstaat eine eigene Beschwerde einzulegen, und das Recht auf einen wirksamen gerichtlichen Rechtsbehelf haben sollten, wenn sie Grund zu der Annahme haben, dass die Rechte der betroffenen Person infolge einer nicht im Einklang mit dieser Verordnung stehenden Verarbeitung verletzt worden sind. Diesen Einrichtungen, Organisationen oder Verbänden kann unabhängig vom Auftrag einer betroffenen Person nicht gestattet werden, im Namen einer betroffenen Person Schadenersatz zu verlangen.

(143) Jede natürliche oder juristische Person hat das Recht, unter den in Artikel 263 AEUV genannten Voraussetzungen beim Gerichtshof eine Klage auf Nichtigerklärung eines Beschlusses des Ausschusses zu erheben. Als Adressaten solcher Beschlüsse müssen die betroffenen Aufsichtsbehörden, die diese Beschlüsse anfechten möchten, binnen zwei Monaten nach deren Übermittlung gemäß Artikel 263 AEUV Klage erheben. Sofern Beschlüsse des Ausschusses einen Verantwortlichen, einen Auftragsverarbeiter oder den Beschwerdeführer unmittelbar und individuell betreffen, so können diese Personen binnen zwei Monaten nach Veröffentlichung der betreffenden Beschlüsse auf der Website des Ausschusses im Einklang mit Artikel 263 AEUV eine Klage auf Nichtigerklärung erheben. Unbeschadet dieses Rechts nach Artikel 263 AEUV sollte jede natürliche oder juristische Person das Recht auf einen wirksamen gerichtlichen Rechtsbehelf bei dem zuständigen einzelstaatlichen Gericht gegen einen Beschluss einer Aufsichtsbehörde haben, der gegenüber dieser Person Rechtswirkungen entfaltet. Ein derartiger Beschluss betrifft insbesondere die Ausübung von Untersuchungs-, Abhilfe- und Genehmigungsbefugnissen durch die Aufsichtsbehörde oder die Ablehnung oder Abweisung von Beschwerden. Das Recht auf einen wirksamen gerichtlichen Rechtsbehelf umfasst jedoch nicht rechtlich nicht bindende Maßnahmen der Aufsichtsbehörden wie von ihr abgegebene Stellungnahmen oder Empfehlungen. Verfahren gegen eine Aufsichtsbehörde sollten bei den Gerichten des Mitgliedstaats angestrengt werden, in dem die Aufsichtsbehörde ihren Sitz hat, und sollten im Einklang mit dem Verfahrensrecht dieses Mitgliedstaats durchgeführt werden. Diese Gerichte sollten eine uneingeschränkte Zuständigkeit besitzen, was die Zuständigkeit, sämtliche für den bei ihnen anhängigen Rechtsstreit maßgebliche Sach- und Rechtsfragen zu prüfen, einschließt. Wurde eine Beschwerde von einer Aufsichtsbehörde abgelehnt oder abgewiesen, kann der Beschwerdeführer Klage bei den Gerichten desselben Mitgliedstaats erheben. Im Zusammenhang mit gerichtlichen Rechtsbehelfen in Bezug auf die Anwendung dieser Verordnung können einzelstaatliche Gerichte, die eine Entscheidung über diese Frage für erforderlich halten, um ihr Urteil erlassen zu können, bzw. müssen einzelstaatliche Gerichte in den Fällen nach Artikel 267 AEUV den Gerichtshof um eine Vorabentscheidung zur Auslegung des Unionsrechts – das auch diese Verordnung einschließt – ersuchen. Wird darüber hinaus der Beschluss einer Aufsichtsbehörde zur Umsetzung eines Beschlusses des Ausschusses vor einem einzelstaatlichen Gericht angefochten und wird die Gültigkeit des Beschlusses des Ausschusses in Frage gestellt, so hat dieses einzelstaatliche Gericht nicht die Befugnis, den Beschluss des Ausschusses für nichtig zu erklären, sondern es muss im Einklang mit Artikel 267 AEUV in der Auslegung des Gerichtshofs den Gerichtshof mit der Frage der Gültigkeit befassen, wenn es den Beschluss für nichtig hält. Allerdings darf ein einzelstaatliches Gericht den Gerichtshof nicht auf Anfrage einer natürlichen oder juristischen Person mit Fragen der Gültigkeit des Beschlusses des Ausschusses befassen, wenn diese Person Gelegenheit hatte, eine Klage auf Nichtigerklärung dieses Beschlusses zu erheben – insbesondere wenn sie unmittelbar und individuell von dem Beschluss betroffen war –, diese Gelegenheit jedoch nicht innerhalb der Frist gemäß Artikel 263 AEUV genutzt hat.

(144) Hat ein mit einem Verfahren gegen die Entscheidung einer Aufsichtsbehörde befasstes Gericht Anlass zu der Vermutung, dass ein dieselbe Verarbeitung betreffendes Verfahren – etwa zu demselben Gegenstand in Bezug auf die Verarbeitung durch denselben Verantwortlichen oder Auftragsverarbeiter oder wegen desselben Anspruchs – vor einem zuständigen Gericht in einem anderen Mitgliedstaat anhängig ist, so sollte es mit diesem Gericht Kontakt aufnehmen, um sich zu vergewissern, dass ein solches verwandtes Verfahren existiert. Sind verwandte Verfahren vor

einem Gericht in einem anderen Mitgliedstaat anhängig, so kann jedes später angerufene Gericht das Verfahren aussetzen oder sich auf Anfrage einer Partei auch zugunsten des zuerst angerufenen Gerichts für unzuständig erklären, wenn dieses später angerufene Gericht für die betreffenden Verfahren zuständig ist und die Verbindung von solchen verwandten Verfahren nach seinem Recht zulässig ist. Verfahren gelten als miteinander verwandt, wenn zwischen ihnen eine so enge Beziehung gegeben ist, dass eine gemeinsame Verhandlung und Entscheidung geboten erscheint, um zu vermeiden, dass in getrennten Verfahren einander widersprechende Entscheidungen ergehen.

(145) Bei Verfahren gegen Verantwortliche oder Auftragsverarbeiter sollte es dem Kläger überlassen bleiben, ob er die Gerichte des Mitgliedstaats anruft, in dem der Verantwortliche oder der Auftragsverarbeiter eine Niederlassung hat, oder des Mitgliedstaats, in dem die betroffene Person wohnt; dies gilt nicht, wenn es sich bei dem Verantwortlichen um eine Behörde eines Mitgliedstaats handelt, die in Ausübung ihrer hoheitlichen Befugnisse tätig geworden ist.

(146) Der Verantwortliche oder der Auftragsverarbeiter sollte Schäden, die einer Person aufgrund einer Verarbeitung entstehen, die mit dieser Verordnung nicht im Einklang steht, ersetzen. Der Verantwortliche oder der Auftragsverarbeiter sollte von seiner Haftung befreit werden, wenn er nachweist, dass er in keiner Weise für den Schaden verantwortlich ist. Der Begriff des Schadens sollte im Lichte der Rechtsprechung des Gerichtshofs weit auf eine Art und Weise ausgelegt werden, die den Zielen dieser Verordnung in vollem Umfang entspricht. Dies gilt unbeschadet von Schadenersatzforderungen aufgrund von Verstößen gegen andere Vorschriften des Unionsrechts oder des Rechts der Mitgliedstaaten. Zu einer Verarbeitung, die mit der vorliegenden Verordnung nicht im Einklang steht, zählt auch eine Verarbeitung, die nicht mit den nach Maßgabe der vorliegenden Verordnung erlassenen delegierten Rechtsakten und Durchführungsrechtsakten und Rechtsvorschriften der Mitgliedstaaten zur Präzisierung von Bestimmungen der vorliegenden Verordnung im Einklang steht. Die betroffenen Personen sollten einen vollständigen und wirksamen Schadenersatz für die erlittenen Schaden erhalten. Sind Verantwortliche oder Auftragsverarbeiter an derselben Verarbeitung beteiligt, so sollte jeder Verantwortliche oder Auftragsverarbeiter für den gesamten Schaden haftbar gemacht werden. Werden sie jedoch nach Maßgabe des Rechts der Mitgliedstaaten zu demselben Verfahren hinzugezogen, so können sie im Verhältnis zu der Verantwortung anteilmäßig haftbar gemacht werden, die jeder Verantwortliche oder Auftragsverarbeiter für den durch die Verarbeitung entstandenen Schaden zu tragen hat, sofern sichergestellt ist,
• dass die betroffene Person einen vollständigen und wirksamen Schadenersatz für die erlittenen Schaden erhält. Jeder Verantwortliche oder Auftragsverarbeiter, der den vollen Schadenersatz geleistet hat, kann anschließend ein Rückgriffsverfahren gegen andere an derselben Verarbeitung beteiligte Verantwortliche oder Auftragsverarbeiter anstrengen.

(147) Soweit in dieser Verordnung spezifische Vorschriften über die Gerichtsbarkeit – insbesondere in Bezug auf Verfahren im Hinblick auf einen gerichtlichen Rechtsbehelf einschließlich Schadenersatz gegen einen Verantwortlichen oder Auftragsverarbeiter – enthalten sind, sollten die allgemeinen Vorschriften über die Gerichtsbarkeit, wie sie etwa in der Verordnung (EU) Nr. 1215/2012 des Europäischen Parlaments und des Rates[1] enthalten sind, der Anwendung dieser spezifischen Vorschriften nicht entgegenstehen.

(148) Im Interesse einer konsequenteren Durchsetzung der Vorschriften dieser Verordnung sollten bei Verstößen gegen diese Verordnung zusätzlich zu den geeigneten Maßnahmen, die die Aufsichtsbehörde gemäß dieser Verordnung verhängt, oder an Stelle solcher Maßnahmen Sanktionen einschließlich Geldbußen verhängt werden. Im Falle eines geringfügigeren Verstoßes oder falls voraussichtlich zu verhängende Geldbuße eine unverhältnismäßige Belastung für eine natürliche Person bewirken würde, kann anstelle einer Geldbuße eine Verwarnung erteilt werden. Folgendem sollte jedoch gebührend Rechnung getragen werden: der Art, Schwere und Dauer des Verstoßes, dem vorsätzlichen Charakter des Verstoßes, den Maßnahmen zur Minderung der entstandenen Schadens, dem Grad der Verantwortlichkeit oder jeglichem früheren Verstoß, der Art und Weise, wie der Verstoß der Aufsichtsbehörde bekannt wurde, der Einhaltung der gegen den Verantwortlichen oder Auftragsverarbeiter angeordneten Maßnahmen, der Einhaltung von Verhaltensregeln und jedem anderen erschwerenden oder mildernden Umstand. Für die Verhängung von Sanktionen einschließlich Geldbußen sollte es angemessene Verfahrensgarantien geben, die den allgemeinen Grundsätzen des Unionsrechts und der Charta, einschließlich des Rechts auf wirksamen Rechtsschutz und ein faires Verfahren, entsprechen.

1) **Amtl. Anm.:** Verordnung (EU) Nr. 1215/2012 des Europäischen Parlaments und des Rates vom 12. Dezember 2012 über die gerichtliche Zuständigkeit und die Anerkennung und Vollstreckung von Entscheidungen in Zivil- und Handelssachen (ABl. L 351 vom 20.12.2012, S. 1).

(149) Die Mitgliedstaaten sollten die strafrechtlichen Sanktionen für Verstöße gegen diese Verordnung, auch für Verstöße gegen auf der Grundlage und in den Grenzen dieser Verordnung erlassene nationale Vorschriften, festlegen können. Diese strafrechtlichen Sanktionen können auch die Einziehung der durch die Verstöße gegen diese Verordnung erzielten Gewinne ermöglichen. Die Verhängung von strafrechtlichen Sanktionen für Verstöße gegen solche nationalen Vorschriften und von verwaltungsrechtlichen Sanktionen sollte jedoch nicht zu einer Verletzung des Grundsatzes „ne bis in idem", wie er vom Gerichtshof ausgelegt worden ist, führen.

(150) Um die verwaltungsrechtlichen Sanktionen bei Verstößen gegen diese Verordnung zu vereinheitlichen und ihnen mehr Wirkung zu verleihen, sollte jede Aufsichtsbehörde befugt sein, Geldbußen zu verhängen. In dieser Verordnung sollten die Verstöße sowie die Obergrenze der entsprechenden Geldbußen und die Kriterien für ihre Festsetzung genannt werden, wobei diese Geldbußen von der zuständigen Aufsichtsbehörde in jedem Einzelfall unter Berücksichtigung aller besonderen Umstände und insbesondere der Art, Schwere und Dauer des Verstoßes und seiner Folgen sowie der Maßnahmen, die ergriffen worden sind, um die Einhaltung der aus dieser Verordnung erwachsenden Verpflichtungen zu gewährleisten und die Folgen des Verstoßes abzuwenden oder abzumildern, festzusetzen sind. Werden Geldbußen Unternehmen auferlegt, sollte zu diesem Zweck der Begriff „Unternehmen" im Sinne der Artikel 101 und 102 AEUV verstanden werden. Werden Geldbußen Personen auferlegt, bei denen es sich nicht um Unternehmen handelt, so sollte die Aufsichtsbehörde bei der Erwägung des angemessenen Betrags für die Geldbuße dem allgemeinen Einkommensniveau in dem betreffenden Mitgliedstaat und der wirtschaftlichen Lage der Personen Rechnung tragen. Das Kohärenzverfahren kann auch genutzt werden, um eine kohärente Anwendung von Geldbußen zu fördern. Die Mitgliedstaaten sollten bestimmen können, ob und inwieweit gegen Behörden Geldbußen verhängt werden können. Auch wenn die Aufsichtsbehörden bereits Geldbußen verhängt oder eine Verwarnung erteilt haben, können sie ihre anderen Befugnisse ausüben oder andere Sanktionen nach Maßgabe dieser Verordnung verhängen.

(151) Nach den Rechtsordnungen Dänemarks und Estlands sind die in dieser Verordnung vorgesehenen Geldbußen nicht zulässig. Die Vorschriften über die Geldbußen können so angewandt werden, dass die Geldbuße in Dänemark durch die zuständigen nationalen Gerichte als Strafe und in Estland durch die Aufsichtsbehörde im Rahmen eines Verfahrens bei Vergehen verhängt wird, sofern eine solche Anwendung der Vorschriften in diesen Mitgliedstaaten die gleiche Wirkung wie die von den Aufsichtsbehörden verhängten Geldbußen hat. Daher sollten die zuständigen nationalen Gerichte die Empfehlung der Aufsichtsbehörde, die die Geldbuße in die Wege geleitet hat, berücksichtigen. In jedem Fall sollten die verhängten Geldbußen wirksam, verhältnismäßig und abschreckend sein.

(152) Soweit diese Verordnung verwaltungsrechtliche Sanktionen nicht harmonisiert oder wenn es in anderen Fällen – beispielsweise bei schweren Verstößen gegen diese Verordnung – erforderlich ist, sollten die Mitgliedstaaten eine Regelung anwenden, die wirksame, verhältnismäßige und abschreckende Sanktionen vorsieht. Es sollte im Recht der Mitgliedstaaten geregelt werden, ob diese Sanktionen strafrechtlicher oder verwaltungsrechtlicher Art sind.

(153) Im Recht der Mitgliedstaaten sollten die Vorschriften über die freie Meinungsäußerung und Informationsfreiheit, auch von Journalisten, Wissenschaftlern, Künstlern und/oder Schriftstellern, mit dem Recht auf Schutz der personenbezogenen Daten gemäß dieser Verordnung in Einklang gebracht werden. Für die Verarbeitung personenbezogener Daten ausschließlich zu journalistischen Zwecken oder zu wissenschaftlichen, künstlerischen oder literarischen Zwecken sollten Abweichungen und Ausnahmen von bestimmten Vorschriften dieser Verordnung gelten, wenn dies erforderlich ist, um das Recht auf Schutz der personenbezogenen Daten mit dem Recht auf Freiheit der Meinungsäußerung und Informationsfreiheit, wie es in Artikel 11 der Charta garantiert ist, in Einklang zu bringen. Dies sollte insbesondere für die Verarbeitung personenbezogener Daten im audiovisuellen Bereich sowie in Nachrichten- und Pressearchiven gelten. Die Mitgliedstaaten sollten daher Gesetzgebungsmaßnahmen zur Regelung der Abweichungen und Ausnahmen erlassen, die zum Zwecke der Abwägung zwischen diesen Grundrechten notwendig sind. Die Mitgliedstaaten sollten solche Abweichungen und Ausnahmen in Bezug auf die allgemeinen Grundsätze, die Rechte der betroffenen Person, den Verantwortlichen und den Auftragsverarbeiter, die Übermittlung von personenbezogenen Daten an Drittländer oder an internationale Organisationen, die unabhängigen Aufsichtsbehörden, die Zusammenarbeit und Kohärenz und besondere Datenverarbeitungssituationen erlassen. Sollten diese Abweichungen oder Ausnahmen von Mitgliedstaat zu Mitgliedstaat unterschiedlich sein, sollte das Recht des Mitgliedstaats angewendet werden, dem der Verantwortliche unterliegt. Um der Bedeutung des Rechts auf freie Meinungsäußerung in einer

demokratischen Gesellschaft Rechnung zu tragen, müssen Begriffe wie Journalismus, die sich auf diese Freiheit beziehen, weit ausgelegt werden.

(154) Diese Verordnung ermöglicht es, dass bei ihrer Anwendung der Grundsatz des Zugangs der Öffentlichkeit zu amtlichen Dokumenten berücksichtigt wird. Der Zugang der Öffentlichkeit zu amtlichen Dokumenten kann als öffentliches Interesse betrachtet werden. Personenbezogene Daten in Dokumenten, die sich im Besitz einer Behörde oder einer öffentlichen Stelle befinden, sollten von dieser Behörde oder Stelle öffentlich offengelegt werden können, sofern dies im Unionsrecht oder im Recht der Mitgliedstaaten, denen sie unterliegt, vorgesehen ist. Diese Rechtsvorschriften sollten den Zugang der Öffentlichkeit zu amtlichen Dokumenten und die Weiterverwendung von Informationen des öffentlichen Sektors mit dem Recht auf Schutz personenbezogener Daten in Einklang bringen und können daher die notwendige Übereinstimmung mit dem Recht auf Schutz personenbezogener Daten gemäß dieser Verordnung regeln. Die Bezugnahme auf Behörden und öffentliche Stellen sollte in diesem Kontext sämtliche Behörden oder sonstigen Stellen beinhalten, die vom Recht des jeweiligen Mitgliedstaats über den Zugang der Öffentlichkeit zu Dokumenten erfasst werden. Die Richtlinie 2003/98/EG des Europäischen Parlaments und des Rates[1] lässt das Schutzniveau für natürliche Personen in Bezug auf die Verarbeitung personenbezogener Daten gemäß den Bestimmungen des Unionsrechts und des Rechts der Mitgliedstaaten unberührt und beeinträchtigt diesen in keiner Weise, und sie bewirkt insbesondere keine Änderung der in dieser Verordnung dargelegten Rechte und Pflichten. Insbesondere sollte die genannte Richtlinie nicht für Dokumente gelten, die nach den Zugangsregelungen der Mitgliedstaaten aus Gründen des Schutzes personenbezogener Daten nicht oder nur eingeschränkt zugänglich sind, oder für Teile von Dokumenten, die nach diesen Regelungen zugänglich sind, wenn sie personenbezogene Daten enthalten, bei denen Rechtsvorschriften vorsehen, dass ihre Weiterverwendung nicht mit dem Recht über den Schutz natürlicher Personen in Bezug auf die Verarbeitung personenbezogener Daten vereinbar ist.

(155) Im Recht der Mitgliedstaaten oder in Kollektivvereinbarungen (einschließlich „Betriebsvereinbarungen") können spezifische Vorschriften für die Verarbeitung personenbezogener Beschäftigtendaten im Beschäftigungskontext vorgesehen werden, und zwar insbesondere Vorschriften über die Bedingungen, unter denen personenbezogene Daten im Beschäftigungskontext auf der Grundlage der Einwilligung des Beschäftigten verarbeitet werden dürfen, über die Verarbeitung dieser Daten für Zwecke der Einstellung, der Erfüllung des Arbeitsvertrags einschließlich der Erfüllung von durch Rechtsvorschriften oder durch Kollektivvereinbarungen festgelegten Pflichten, des Managements, der Planung und der Organisation der Arbeit, der Gleichheit und Diversität am Arbeitsplatz, der Gesundheit und Sicherheit am Arbeitsplatz sowie für Zwecke der Inanspruchnahme der mit der Beschäftigung zusammenhängenden individuellen oder kollektiven Rechte und Leistungen und für Zwecke der Beendigung des Beschäftigungsverhältnisses.

(156) Die Verarbeitung personenbezogener Daten für im öffentlichen Interesse liegende Archivzwecke, zu wissenschaftlichen oder historischen Forschungszwecken oder zu statistischen Zwecken sollte geeigneten Garantien für die Rechte und Freiheiten der betroffenen Person gemäß dieser Verordnung unterliegen. Mit diesen Garantien sollte sichergestellt werden, dass technische und organisatorische Maßnahmen bestehen, mit denen insbesondere der Grundsatz der Datenminimierung gewährleistet wird. Die Weiterverarbeitung personenbezogener Daten zu im öffentlichen Interesse liegende Archivzwecken, zu wissenschaftlichen oder historischen Forschungszwecken oder zu statistischen Zwecken erfolgt erst dann, wenn der Verantwortliche geprüft hat, ob es möglich ist, diese Zwecke durch die Verarbeitung von personenbezogenen Daten, bei der die Identifizierung von betroffenen Personen nicht oder nicht mehr möglich ist, zu erfüllen, sofern geeignete Garantien bestehen (wie z.B. die Pseudonymisierung von personenbezogenen Daten). Die Mitgliedstaaten sollten geeignete Garantien in Bezug auf die Verarbeitung personenbezogener Daten für im öffentlichen Interesse liegende Archivzwecke, zu wissenschaftlichen oder historischen Forschungszwecken oder zu statistischen Zwecken vorsehen. Es sollte den Mitgliedstaaten erlaubt sein, unter bestimmten Bedingungen und vorbehaltlich geeigneter Garantien für die betroffenen Personen Präzisierungen und Ausnahmen in Bezug auf die Informationsanforderungen sowie der Rechte auf Berichtigung, Löschung, Vergessenwerden, zur Einschränkung der Verarbeitung, auf Datenübertragbarkeit sowie auf Widerspruch bei der Verarbeitung personenbezogener Daten zu im öffentlichen Interesse liegende Archivzwecken, zu wissenschaftlichen oder historischen Forschungszwecken oder zu statistischen Zwecken vorzusehen. Im Rahmen der betreffenden Bedingungen

1) **Amtl. Anm.**: Richtlinie 2003/98/EG des Europäischen Parlaments und des Rates vom 17. November 2003 über die Weiterverwendung von Informationen des öffentlichen Sektors (ABl. L 345 vom 31.12.2003, S. 90).

und Garantien können spezifische Verfahren für die Ausübung dieser Rechte durch die betroffenen Personen vorgesehen sein – sofern dies angesichts der mit der spezifischen Verarbeitung verfolgten Zwecke angemessen ist – sowie technische und organisatorische Maßnahmen zur Minimierung der Verarbeitung personenbezogener Daten im Hinblick auf die Grundsätze der Verhältnismäßigkeit und der Notwendigkeit. Die Verarbeitung personenbezogener Daten zu wissenschaftlichen Zwecken sollte auch anderen einschlägigen Rechtsvorschriften, beispielsweise für klinische Prüfungen, genügen.

(157) Durch die Verknüpfung von Informationen aus Registern können Forscher neue Erkenntnisse von großem Wert in Bezug auf weit verbreiteten Krankheiten wie Herz-Kreislauferkrankungen, Krebs und Depression erhalten. Durch die Verwendung von Registern können bessere Forschungsergebnisse erzielt werden, da sie auf einen größeren Bevölkerungsanteil gestützt sind. Im Bereich der Sozialwissenschaften ermöglicht die Forschung anhand von Registern es den Forschern, entscheidende Erkenntnisse über den langfristigen Zusammenhang einer Reihe sozialer Umstände zu erlangen, wie Arbeitslosigkeit und Bildung mit anderen Lebensumständen. Durch Register erhaltene Forschungsergebnisse bieten solide, hochwertige Erkenntnisse, die die Basis für die Erarbeitung und Umsetzung wissensgestützter politischer Maßnahmen darstellen, die die Lebensqualität zahlreicher Menschen verbessern und die Effizienz der Sozialdienste verbessern können. Zur Erleichterung der wissenschaftlichen Forschung können daher personenbezogene Daten zu wissenschaftlichen Forschungszwecken verarbeitet werden, wobei sie angemessenen Bedingungen und Garantien unterliegen, die im Unionsrecht oder im Recht der Mitgliedstaaten festgelegt sind.

(158) Diese Verordnung sollte auch für die Verarbeitung personenbezogener Daten zu Archivzwecken gelten, wobei darauf hinzuweisen ist, dass die Verordnung nicht für verstorbene Personen gelten sollte. Behörden oder öffentliche oder private Stellen, die Aufzeichnungen von öffentlichem Interesse führen, sollten gemäß dem Unionsrecht oder dem Recht der Mitgliedstaaten rechtlich verpflichtet sein, Aufzeichnungen von bleibendem Wert für das allgemeine öffentliche Interesse zu erwerben, zu erhalten, zu bewerten, aufzubereiten, zu beschreiben, mitzuteilen, zu fördern, zu verbreiten sowie Zugang dazu bereitzustellen. Es sollte den Mitgliedstaaten ferner erlaubt sein vorzusehen, dass personenbezogene Daten zu Archivzwecken weiterverarbeitet werden, beispielsweise im Hinblick auf die Bereitstellung spezifischer Informationen im Zusammenhang mit dem politischen Verhalten unter ehemaligen totalitären Regimen, Völkermord, Verbrechen gegen die Menschlichkeit, insbesondere dem Holocaust, und Kriegsverbrechen.

(159) Diese Verordnung sollte auch für die Verarbeitung personenbezogener Daten zu wissenschaftlichen Forschungszwecken gelten. Die Verarbeitung personenbezogener Daten zu wissenschaftlichen Forschungszwecken im Sinne dieser Verordnung sollte weit ausgelegt werden und die Verarbeitung für beispielsweise die technologische Entwicklung und die Demonstration, die Grundlagenforschung, die angewandte Forschung und die privat finanzierte Forschung einschließen. Darüber hinaus sollte sie dem in Artikel 179 Absatz 1 AEUV festgeschriebenen Ziel, einen europäischen Raum der Forschung zu schaffen, Rechnung tragen. Die wissenschaftlichen Forschungszwecke sollten auch Studien umfassen, die im öffentlichen Interesse im Bereich der öffentlichen Gesundheit durchgeführt werden. Um den Besonderheiten der Verarbeitung personenbezogener Daten zu wissenschaftlichen Forschungszwecken zu genügen, sollten spezifische Bedingungen insbesondere hinsichtlich der Veröffentlichung oder sonstigen Offenlegung personenbezogener Daten im Kontext wissenschaftlicher Zwecke gelten. Geben die Ergebnisse wissenschaftlicher Forschung insbesondere im Gesundheitsbereich Anlass zu weiteren Maßnahmen im Interesse der betroffenen Person, sollten die allgemeinen Vorschriften dieser Verordnung für diese Maßnahmen gelten.

(160) Diese Verordnung sollte auch für die Verarbeitung personenbezogener Daten zu historischen Forschungszwecken gelten. Dazu sollte auch historische Forschung und Forschung im Bereich der Genealogie zählen, wobei darauf hinzuweisen ist, dass diese Verordnung nicht für verstorbene Personen gelten sollte.

(161) Für die Zwecke der Einwilligung in die Teilnahme an wissenschaftlichen Forschungstätigkeiten im Rahmen klinischer Prüfungen sollten die einschlägigen Bestimmungen der Verordnung (EU) Nr. 536/2014 des Europäischen Parlaments und des Rates[1] gelten.

(162) Diese Verordnung sollte auch für die Verarbeitung personenbezogener Daten zu statistischen Zwecken gelten. Das Unionsrecht oder das Recht der Mitgliedstaaten sollte in den Grenzen dieser

1) **Amtl. Anm.:** Verordnung (EU) Nr. 536/2014 des Europäischen Parlaments und des Rates vom 16. April 2014 über klinische Prüfungen mit Humanarzneimitteln und zur Aufhebung der Richtlinie 2001/20/EG Text von Bedeutung für den EWR (ABl. L 158 vom 27.5.2014, S. 1).

Verordnung den statistischen Inhalt, die Zugangskontrolle, die Spezifikationen für die Verarbeitung personenbezogener Daten zu statistischen Zwecken und geeignete Maßnahmen zur Sicherung der Rechte und Freiheiten der betroffenen Personen und zur Sicherstellung der statistischen Geheimhaltung bestimmen. Unter dem Begriff „statistische Zwecke" ist jeder für die Durchführung statistischer Untersuchungen und die Erstellung statistischer Ergebnisse erforderliche Vorgang der Erhebung und Verarbeitung personenbezogener Daten zu verstehen. Diese statistischen Ergebnisse können für verschiedene Zwecke, so auch für wissenschaftliche Forschungszwecke, weiterverwendet werden. Im Zusammenhang mit den statistischen Zwecken wird vorausgesetzt, dass die Ergebnisse der Verarbeitung zu statistischen Zwecken keine personenbezogenen Daten, sondern aggregierte Daten sind und diese Ergebnisse oder personenbezogenen Daten nicht für Maßnahmen oder Entscheidungen gegenüber einzelnen natürlichen Personen verwendet werden.

(163) Die vertraulichen Informationen, die die statistischen Behörden der Union und der Mitgliedstaaten zur Erstellung der amtlichen europäischen und der amtlichen nationalen Statistiken erheben, sollten geschützt werden. Die europäischen Statistiken sollten im Einklang mit den in Artikel 338 Absatz 2 AEUV dargelegten statistischen Grundsätzen entwickelt, erstellt und verbreitet werden, wobei die nationalen Statistiken auch mit dem Recht der Mitgliedstaaten übereinstimmen müssen. Die Verordnung (EG) Nr. 223/2009 des Europäischen Parlaments und des Rates[1] enthält genauere Bestimmungen zur Vertraulichkeit europäischer Statistiken.

(164) Hinsichtlich der Befugnisse der Aufsichtsbehörden, von dem Verantwortlichen oder vom Auftragsverarbeiter Zugang zu personenbezogenen Daten oder zu seinen Räumlichkeiten zu erlangen, können die Mitgliedstaaten in den Grenzen dieser Verordnung den Schutz des Berufsgeheimnisses oder anderer gleichwertiger Geheimhaltungspflichten durch Rechtsvorschriften regeln, soweit dies notwendig ist, um das Recht auf Schutz der personenbezogenen Daten mit einer Pflicht zur Wahrung des Berufsgeheimnisses in Einklang zu bringen. Dies berührt nicht die bestehenden Verpflichtungen der Mitgliedstaaten zum Erlass von Vorschriften über das Berufsgeheimnis, wenn dies aufgrund des Unionsrechts erforderlich ist.

(165) Im Einklang mit Artikel 17 AEUV achtet diese Verordnung den Status, den Kirchen und religiöse Vereinigungen oder Gemeinschaften in den Mitgliedstaaten nach deren bestehenden verfassungsrechtlichen Vorschriften genießen, und beeinträchtigt ihn nicht.

(166) Um die Zielvorgaben dieser Verordnung zu erfüllen, d.h. die Grundrechte und Grundfreiheiten natürlicher Personen und insbesondere ihr Recht auf Schutz ihrer personenbezogenen Daten zu schützen und den freien Verkehr personenbezogener Daten innerhalb der Union zu gewährleisten, sollte der Kommission die Befugnis übertragen werden, gemäß Artikel 290 AEUV Rechtsakte zu erlassen. Delegierte Rechtsakte sollten insbesondere in Bezug auf die für Zertifizierungsverfahren geltenden Kriterien und Anforderungen, die durch standardisierte Bildsymbole darzustellenden Informationen und die Verfahren für die Bereitstellung dieser Bildsymbole erlassen werden. Es ist von besonderer Bedeutung, dass die Kommission im Zuge ihrer Vorbereitungsarbeit angemessene Konsultationen, auch auf der Ebene von Sachverständigen, durchführt. Bei der Vorbereitung und Ausarbeitung delegierter Rechtsakte sollte die Kommission gewährleisten, dass die einschlägigen Dokumente dem Europäischen Parlament und dem Rat gleichzeitig, rechtzeitig und auf angemessene Weise übermittelt werden.

(167) Zur Gewährleistung einheitlicher Bedingungen für die Durchführung dieser Verordnung sollten der Kommission Durchführungsbefugnisse übertragen werden, wenn dies in dieser Verordnung vorgesehen ist. Diese Befugnisse sollten nach Maßgabe der Verordnung (EU) Nr. 182/2011 des Europäischen Parlaments und des Rates ausgeübt werden. In diesem Zusammenhang sollte die Kommission besondere Maßnahmen für Kleinstunternehmen sowie kleine und mittlere Unternehmen erwägen.

(168) Für den Erlass von Durchführungsrechtsakten bezüglich Standardvertragsklauseln für Verträge zwischen Verantwortlichen und Auftragsverarbeitern sowie zwischen Auftragsverarbeitern; Verhaltensregeln; technische Standards und Verfahren für die Zertifizierung; Anforderungen an die Angemessenheit des Datenschutzniveaus in einem Drittland, einem Gebiet oder bestimmten Sektor dieses Drittlands oder in einer internationalen Organisation; Standardschutzklauseln; Formate und

1) **Amtl. Anm.:** Verordnung (EG) Nr. 223/2009 des Europäischen Parlaments und des Rates vom 11. März 2009 über europäische Statistiken und zur Aufhebung der Verordnung (EG, Euratom) Nr. 1101/2008 des Europäischen Parlaments und des Rates über die Übermittlung von unter die Geheimhaltungspflicht fallenden Informationen an das Statistische Amt der Europäischen Gemeinschaften, der Verordnung (EG) Nr. 322/97 des Rates über die Gemeinschaftsstatistiken und des Beschlusses 89/382/EWG, Euratom des Rates zur Einsetzung eines Ausschusses für das Statistische Programm der Europäischen Gemeinschaften (ABl. L 87 vom 31.3.2009, S. 164).

Verfahren für den Informationsaustausch zwischen Verantwortlichen, Auftragsverarbeitern und Aufsichtsbehörden im Hinblick auf verbindliche interne Datenschutzvorschriften; Amtshilfe; sowie Vorkehrungen für den elektronischen Informationsaustausch zwischen Aufsichtsbehörden und zwischen Aufsichtsbehörden und dem Ausschuss sollte das Prüfverfahren angewandt werden.

(169) Die Kommission sollte sofort geltende Durchführungsrechtsakte erlassen, wenn anhand vorliegender Beweise festgestellt wird, dass ein Drittland, ein Gebiet oder ein bestimmter Sektor in diesem Drittland oder eine internationale Organisation kein angemessenes Schutzniveau gewährleistet, und dies aus Gründen äußerster Dringlichkeit erforderlich ist.

(170) Da das Ziel dieser Verordnung, nämlich die Gewährleistung eines gleichwertigen Datenschutzniveaus für natürliche Personen und des freien Verkehrs personenbezogener Daten in der Union, von den Mitgliedstaaten nicht ausreichend verwirklicht werden kann, sondern vielmehr wegen des Umfangs oder der Wirkungen der Maßnahme auf Unionsebene besser zu verwirklichen ist, kann die Union im Einklang mit dem in Artikel 5 des Vertrags über die Europäische Union (EUV) verankerten Subsidiaritätsprinzip tätig werden. Entsprechend dem in demselben Artikel genannten Grundsatz der Verhältnismäßigkeit geht diese Verordnung nicht über das für die Verwirklichung dieses Ziels erforderliche Maß hinaus.

(171) Die Richtlinie 95/46/EG sollte durch diese Verordnung aufgehoben werden. Verarbeitungen, die zum Zeitpunkt der Anwendung dieser Verordnung bereits begonnen haben, sollten innerhalb von zwei Jahren nach dem Inkrafttreten dieser Verordnung mit ihr in Einklang gebracht werden. Beruhen die Verarbeitungen auf einer Einwilligung gemäß der Richtlinie 95/46/EG, so ist es nicht erforderlich, dass die betroffene Person erneut ihre Einwilligung dazu erteilt, wenn die Art der bereits erteilten Einwilligung den Bedingungen dieser Verordnung entspricht, so dass der Verantwortliche die Verarbeitung nach dem Zeitpunkt der Anwendung der vorliegenden Verordnung fortsetzen kann. Auf der Richtlinie 95/46/EG beruhende Entscheidungen bzw. Beschlüsse der Kommission und Genehmigungen der Aufsichtsbehörden bleiben in Kraft, bis sie geändert, ersetzt oder aufgehoben werden.

(172) Der Europäische Datenschutzbeauftragte wurde gemäß Artikel 28 Absatz 2 der Verordnung (EG) Nr. 45/2001 konsultiert und hat am 7. März 2012[1] eine Stellungnahme abgegeben.

(173) Diese Verordnung sollte auf alle Fragen des Schutzes der Grundrechte und Grundfreiheiten bei der Verarbeitung personenbezogener Daten Anwendung finden, die nicht den in der Richtlinie 2002/58/EG des Europäischen Parlaments und des Rates[2] bestimmten Pflichten, die dasselbe Ziel verfolgen, unterliegen, einschließlich der Pflichten des Verantwortlichen und der Rechte natürlicher Personen. Um das Verhältnis zwischen der vorliegenden Verordnung und der Richtlinie 2002/58/EG klarzustellen, sollte die Richtlinie entsprechend geändert werden. Sobald diese Verordnung angenommen ist, sollte die Richtlinie 2002/58/EG einer Überprüfung unterzogen werden, um insbesondere die Kohärenz mit dieser Verordnung zu gewährleisten –

HABEN FOLGENDE VERORDNUNG ERLASSEN:

Kapitel I
Allgemeine Bestimmungen

Artikel 1 Gegenstand und Ziele

(1) Diese Verordnung enthält Vorschriften zum Schutz natürlicher Personen bei der Verarbeitung personenbezogener Daten und zum freien Verkehr solcher Daten.

(2) Diese Verordnung schützt die Grundrechte und Grundfreiheiten natürlicher Personen und insbesondere deren Recht auf Schutz personenbezogener Daten.

(3) Der freie Verkehr personenbezogener Daten in der Union darf aus Gründen des Schutzes natürlicher Personen bei der Verarbeitung personenbezogener Daten weder eingeschränkt noch verboten werden.

Artikel 2 Sachlicher Anwendungsbereich

(1) Diese Verordnung gilt für die ganz oder teilweise automatisierte Verarbeitung personenbezogener Daten sowie für die nichtautomatisierte Verarbeitung personenbezogener Daten, die in einem Dateisystem gespeichert sind oder gespeichert werden sollen.

1) **Amtl. Anm.:** ABl. C 192 vom 30.6.2012, S. 7.
2) **Amtl. Anm.:** Richtlinie 2002/58/EG des Europäischen Parlaments und des Rates vom 12. Juli 2002 über die Verarbeitung personenbezogener Daten und den Schutz der Privatsphäre in der elektronischen Kommunikation (Datenschutzrichtlinie für elektronische Kommunikation) (ABl. L 201 vom 31.7.2002, S. 37).

(2) Diese Verordnung findet keine Anwendung auf die Verarbeitung personenbezogener Daten
a) im Rahmen einer Tätigkeit, die nicht in den Anwendungsbereich des Unionsrechts fällt,
b) durch die Mitgliedstaaten im Rahmen von Tätigkeiten, die in den Anwendungsbereich von Titel V Kapitel 2 EUV fallen,
c) durch natürliche Personen zur Ausübung ausschließlich persönlicher oder familiärer Tätigkeiten,
d) durch die zuständigen Behörden zum Zwecke der Verhütung, Ermittlung, Aufdeckung oder Verfolgung von Straftaten oder der Strafvollstreckung, einschließlich des Schutzes vor und der Abwehr von Gefahren für die öffentliche Sicherheit.

(3) [1]Für die Verarbeitung personenbezogener Daten durch die Organe, Einrichtungen, Ämter und Agenturen der Union gilt die Verordnung (EG) Nr. 45/2001. [2]Die Verordnung (EG) Nr. 45/2001 und sonstige Rechtsakte der Union, die diese Verarbeitung personenbezogener Daten regeln, werden im Einklang mit Artikel 98 an die Grundsätze und Vorschriften der vorliegenden Verordnung angepasst.

(4) Die vorliegende Verordnung lässt die Anwendung der Richtlinie 2000/31/EG und speziell die Vorschriften der Artikel 12 bis 15 dieser Richtlinie zur Verantwortlichkeit der Vermittler unberührt.

Artikel 3 Räumlicher Anwendungsbereich

(1) Diese Verordnung findet Anwendung auf die Verarbeitung personenbezogener Daten, soweit diese im Rahmen der Tätigkeiten einer Niederlassung eines Verantwortlichen oder eines Auftragsverarbeiters in der Union erfolgt, unabhängig davon, ob die Verarbeitung in der Union stattfindet.

(2) Diese Verordnung findet Anwendung auf die Verarbeitung personenbezogener Daten von betroffenen Personen, die sich in der Union befinden, durch einen nicht in der Union niedergelassenen Verantwortlichen oder Auftragsverarbeiter, wenn die Datenverarbeitung im Zusammenhang damit steht
a) betroffenen Personen in der Union Waren oder Dienstleistungen anzubieten, unabhängig davon, ob von diesen betroffenen Personen eine Zahlung zu leisten ist;
b) das Verhalten betroffener Personen zu beobachten, soweit ihr Verhalten in der Union erfolgt.

(3) Diese Verordnung findet Anwendung auf die Verarbeitung personenbezogener Daten durch einen nicht in der Union niedergelassenen Verantwortlichen an einem Ort, der aufgrund Völkerrechts dem Recht eines Mitgliedstaats unterliegt.

Artikel 4 Begriffsbestimmungen

Im Sinne dieser Verordnung bezeichnet der Ausdruck:

1. „personenbezogene Daten" alle Informationen, die sich auf eine identifizierte oder identifizierbare natürliche Person (im Folgenden „betroffene Person") beziehen; als identifizierbar wird eine natürliche Person angesehen, die direkt oder indirekt, insbesondere mittels Zuordnung zu einer Kennung wie einem Namen, zu einer Kennnummer, zu Standortdaten, zu einer Online-Kennung zu einem oder mehreren besonderen Merkmalen, die Ausdruck der physischen, physiologischen, genetischen, psychischen, wirtschaftlichen, kulturellen oder sozialen Identität dieser natürlichen Person sind, identifiziert werden kann;

2. „Verarbeitung" jeden mit oder ohne Hilfe automatisierter Verfahren ausgeführten Vorgang oder jede solche Vorgangsreihe im Zusammenhang mit personenbezogenen Daten wie das Erheben, das Erfassen, die Organisation, das Ordnen, die Speicherung, die Anpassung oder Veränderung, das Auslesen, das Abfragen, die Verwendung, die Offenlegung durch Übermittlung, Verbreitung oder eine andere Form der Bereitstellung, den Abgleich oder die Verknüpfung, die Einschränkung, das Löschen oder die Vernichtung;

3. „Einschränkung der Verarbeitung" die Markierung gespeicherter personenbezogener Daten mit dem Ziel, ihre künftige Verarbeitung einzuschränken;

4. „Profiling" jede Art der automatisierten Verarbeitung personenbezogener Daten, die darin besteht, dass diese personenbezogenen Daten verwendet werden, um bestimmte persönliche Aspekte, die sich auf eine natürliche Person beziehen, zu bewerten, insbesondere um Aspekte bezüglich Arbeitsleistung, wirtschaftliche Lage, Gesundheit, persönliche Vorlieben, Interessen, Zuverlässigkeit, Verhalten, Aufenthaltsort oder Ortswechsel dieser natürlichen Person zu analysieren oder vorherzusagen;

5. „Pseudonymisierung" die Verarbeitung personenbezogener Daten in einer Weise, dass die personenbezogenen Daten ohne Hinzuziehung zusätzlicher Informationen nicht mehr einer spezifischen betroffenen Person zugeordnet werden können, sofern diese zusätzlichen Informationen gesondert aufbewahrt werden und technischen und organisatorischen Maßnahmen unterliegen, die gewährleisten, dass die personenbezogenen Daten nicht einer identifizierten oder identifizierbaren natürlichen Person zugewiesen werden;

6. „Dateisystem" jede strukturierte Sammlung personenbezogener Daten, die nach bestimmten Kriterien zugänglich sind, unabhängig davon, ob diese Sammlung zentral, dezentral oder nach funktionalen oder geografischen Gesichtspunkten geordnet geführt wird;

7. „Verantwortlicher" die natürliche oder juristische Person, Behörde, Einrichtung oder andere Stelle, die allein oder gemeinsam mit anderen über die Zwecke und Mittel der Verarbeitung von personenbezogenen Daten entscheidet; sind die Zwecke und Mittel dieser Verarbeitung durch das Unionsrecht oder das Recht der Mitgliedstaaten vorgegeben, so kann der Verantwortliche beziehungsweise können die bestimmten Kriterien seiner Benennung nach dem Unionsrecht oder dem Recht der Mitgliedstaaten vorgesehen werden;

8. „Auftragsverarbeiter" eine natürliche oder juristische Person, Behörde, Einrichtung oder andere Stelle, die personenbezogene Daten im Auftrag des Verantwortlichen verarbeitet;

9. „Empfänger" eine natürliche oder juristische Person, Behörde, Einrichtung oder andere Stelle, der personenbezogene Daten offengelegt werden, unabhängig davon, ob es sich bei ihr um einen Dritten handelt oder nicht. Behörden, die im Rahmen eines bestimmten Untersuchungsauftrags nach dem Unionsrecht oder dem Recht der Mitgliedstaaten möglicherweise personenbezogene Daten erhalten, gelten jedoch nicht als Empfänger; die Verarbeitung dieser Daten durch die genannten Behörden erfolgt im Einklang mit den geltenden Datenschutzvorschriften gemäß den Zwecken der Verarbeitung;

10. „Dritter" eine natürliche oder juristische Person, Behörde, Einrichtung oder andere Stelle, außer der betroffenen Person, dem Verantwortlichen, dem Auftragsverarbeiter und den Personen, die unter der unmittelbaren Verantwortung des Verantwortlichen oder des Auftragsverarbeiters befugt sind, die personenbezogenen Daten zu verarbeiten;

11. „Einwilligung" der betroffenen Person jede freiwillig für den bestimmten Fall, in informierter Weise und unmissverständlich abgegebene Willensbekundung in Form einer Erklärung oder einer sonstigen eindeutigen bestätigenden Handlung, mit der die betroffene Person zu verstehen gibt, dass sie mit der Verarbeitung der sie betreffenden personenbezogenen Daten einverstanden ist;

12. „Verletzung des Schutzes personenbezogener Daten" eine Verletzung der Sicherheit, die, ob unbeabsichtigt oder unrechtmäßig, zur Vernichtung, zum Verlust, zur Veränderung, oder zur unbefugten Offenlegung von beziehungsweise zum unbefugten Zugang zu personenbezogenen Daten führt, die übermittelt, gespeichert oder auf sonstige Weise verarbeitet wurden;

13. „genetische Daten" personenbezogene Daten zu den ererbten oder erworbenen genetischen Eigenschaften einer natürlichen Person, die eindeutige Informationen über die Physiologie oder die Gesundheit dieser natürlichen Person liefern und insbesondere aus der Analyse einer biologischen Probe der betreffenden natürlichen Person gewonnen wurden;

14. „biometrische Daten" mit speziellen technischen Verfahren gewonnene personenbezogene Daten zu den physischen, physiologischen oder verhaltenstypischen Merkmalen einer natürlichen Person, die die eindeutige Identifizierung dieser natürlichen Person ermöglichen oder bestätigen, wie Gesichtsbilder oder daktyloskopische Daten;

15. „Gesundheitsdaten" personenbezogene Daten, die sich auf die körperliche oder geistige Gesundheit einer natürlichen Person, einschließlich der Erbringung von Gesundheitsdienstleistungen, beziehen und aus denen Informationen über deren Gesundheitszustand hervorgehen;

16. „Hauptniederlassung"

 a) im Falle eines Verantwortlichen mit Niederlassungen in mehr als einem Mitgliedstaat den Ort seiner Hauptverwaltung in der Union, es sei denn, die Entscheidungen hinsichtlich der Zwecke und Mittel der Verarbeitung personenbezogener Daten werden in einer anderen Niederlassung des Verantwortlichen in der Union getroffen und diese Niederlassung ist befugt, diese Entscheidungen umsetzen zu lassen; in diesem Fall gilt die Niederlassung, die derartige Entscheidungen trifft, als Hauptniederlassung;

 b) im Falle eines Auftragsverarbeiters mit Niederlassungen in mehr als einem Mitgliedstaat den Ort seiner Hauptverwaltung in der Union oder, sofern der Auftragsverarbeiter keine Hauptverwaltung in der Union hat, die Niederlassung des Auftragsverarbeiters in der Union, in der die Verarbeitungstätigkeiten im Rahmen der Tätigkeiten einer Niederlassung eines Auftragsverarbeiters hauptsächlich stattfinden, soweit der Auftragsverarbeiter spezifischen Pflichten aus dieser Verordnung unterliegt;

17. „Vertreter" eine in der Union niedergelassene natürliche oder juristische Person, die von dem Verantwortlichen oder Auftragsverarbeiter schriftlich gemäß Artikel 27 bestellt wurde und den Verantwortlichen oder Auftragsverarbeiter in Bezug auf die ihnen jeweils nach dieser Verordnung obliegenden Pflichten vertritt;

18. „Unternehmen" eine natürliche oder juristische Person, die eine wirtschaftliche Tätigkeit ausübt, unabhängig von ihrer Rechtsform, einschließlich Personengesellschaften oder Vereinigungen, die regelmäßig einer wirtschaftlichen Tätigkeit nachgehen;

19. „Unternehmensgruppe" eine Gruppe, die aus einem herrschenden Unternehmen und den von diesem abhängigen Unternehmen besteht;

20. „verbindliche interne Datenschutzvorschriften" Maßnahmen zum Schutz personenbezogener Daten, zu deren Einhaltung sich ein im Hoheitsgebiet eines Mitgliedstaats niedergelassener Verantwortlicher oder Auftragsverarbeiter verpflichtet im Hinblick auf Datenübermittlungen oder eine Kategorie von Datenübermittlungen personenbezogener Daten an einen Verantwortlichen oder Auftragsverarbeiter derselben Unternehmensgruppe oder derselben Gruppe von Unternehmen, die eine gemeinsame Wirtschaftstätigkeit ausüben, in einem oder mehreren Drittländern;

21. „Aufsichtsbehörde" eine von einem Mitgliedstaat gemäß Artikel 51 eingerichtete unabhängige staatliche Stelle;

22. „betroffene Aufsichtsbehörde" eine Aufsichtsbehörde, die von der Verarbeitung personenbezogener Daten betroffen ist, weil

 a) der Verantwortliche oder der Auftragsverarbeiter im Hoheitsgebiet des Mitgliedstaats dieser Aufsichtsbehörde niedergelassen ist,

 b) diese Verarbeitung erhebliche Auswirkungen auf betroffene Personen mit Wohnsitz im Mitgliedstaat dieser Aufsichtsbehörde hat oder haben kann oder

 c) eine Beschwerde bei dieser Aufsichtsbehörde eingereicht wurde;

23. „grenzüberschreitende Verarbeitung" entweder

 a) eine Verarbeitung personenbezogener Daten, die im Rahmen der Tätigkeiten von Niederlassungen eines Verantwortlichen oder eines Auftragsverarbeiters in der Union in mehr als einem Mitgliedstaat erfolgt, wenn der Verantwortliche oder Auftragsverarbeiter in mehr als einem Mitgliedstaat niedergelassen ist, oder

 b) eine Verarbeitung personenbezogener Daten, die im Rahmen der Tätigkeiten einer einzelnen Niederlassung eines Verantwortlichen oder eines Auftragsverarbeiters in der Union erfolgt, die jedoch erhebliche Auswirkungen auf betroffene Personen in mehr als einem Mitgliedstaat hat oder haben kann;

24. „maßgeblicher und begründeter Einspruch" einen Einspruch gegen einen Beschlussentwurf im Hinblick darauf, ob ein Verstoß gegen diese Verordnung vorliegt oder ob beabsichtigte Maßnahmen gegen den Verantwortlichen oder den Auftragsverarbeiter im Einklang mit dieser Verordnung steht, wobei aus diesem Einspruch die Tragweite der Risiken klar hervorgeht, die von dem Beschlussentwurf in Bezug auf die Grundrechte und Grundfreiheiten der betroffenen Personen und gegebenenfalls den freien Verkehr personenbezogener Daten in der Union ausgehen;

25. „Dienst der Informationsgesellschaft" eine Dienstleistung im Sinne des Artikels 1 Nummer 1 Buchstabe b der Richtlinie (EU) 2015/1535 des Europäischen Parlaments und des Rates[1];

26. „internationale Organisation" eine völkerrechtliche Organisation und ihre nachgeordneten Stellen oder jede sonstige Einrichtung, die durch eine zwischen zwei oder mehr Ländern geschlossene Übereinkunft oder auf der Grundlage einer solchen Übereinkunft geschaffen wurde.

Kapitel II
Grundsätze

Artikel 5 Grundsätze für die Verarbeitung personenbezogener Daten

(1) Personenbezogene Daten müssen

 a) auf rechtmäßige Weise, nach Treu und Glauben und in einer für die betroffene Person nachvollziehbaren Weise verarbeitet werden („Rechtmäßigkeit, Verarbeitung nach Treu und Glauben, Transparenz");

 b) für festgelegte, eindeutige und legitime Zwecke erhoben werden und dürfen nicht in einer mit diesen Zwecken nicht zu vereinbarenden Weise weiterverarbeitet werden; eine Weiterverarbeitung für im öffentlichen Interesse liegende Archivzwecke, für wissenschaftliche oder historische Forschungszwecke oder für statistische Zwecke gilt gemäß Artikel 89 Absatz 1 nicht als unvereinbar mit den ursprünglichen Zwecken („Zweckbindung");

1) **Amtl. Anm.:** Richtlinie (EU) 2015/1535 des Europäischen Parlaments und des Rates vom 9. September 2015 über ein Informationsverfahren auf dem Gebiet der technischen Vorschriften und der Vorschriften für die Dienste der Informationsgesellschaft (ABl. L 241 vom 17.9.2015, S. 1).

c) dem Zweck angemessen und erheblich sowie auf das für die Zwecke der Verarbeitung notwendige Maß beschränkt sein („Datenminimierung");

d) sachlich richtig und erforderlichenfalls auf dem neuesten Stand sein; es sind alle angemessenen Maßnahmen zu treffen, damit personenbezogene Daten, die im Hinblick auf die Zwecke ihrer Verarbeitung unrichtig sind, unverzüglich gelöscht oder berichtigt werden („Richtigkeit");

e) in einer Form gespeichert werden, die die Identifizierung der betroffenen Personen nur so lange ermöglicht, wie es für die Zwecke, für die sie verarbeitet werden, erforderlich ist; personenbezogene Daten dürfen länger gespeichert werden, soweit die personenbezogenen Daten vorbehaltlich der Durchführung geeigneter technischer und organisatorischer Maßnahmen, die von dieser Verordnung zum Schutz der Rechte und Freiheiten der betroffenen Person gefordert werden, ausschließlich für im öffentlichen Interesse liegende Archivzwecke oder für wissenschaftliche und historische Forschungszwecke oder für statistische Zwecke gemäß Artikel 89 Absatz 1 verarbeitet werden („Speicherbegrenzung");

f) in einer Weise verarbeitet werden, die eine angemessene Sicherheit der personenbezogenen Daten gewährleistet, einschließlich Schutz vor unbefugter oder unrechtmäßiger Verarbeitung und vor unbeabsichtigtem Verlust, unbeabsichtigter Zerstörung oder unbeabsichtigter Schädigung durch geeignete technische und organisatorische Maßnahmen („Integrität und Vertraulichkeit");[1]

(2) Der Verantwortliche ist für die Einhaltung des Absatzes 1 verantwortlich und muss dessen Einhaltung nachweisen können („Rechenschaftspflicht").

Artikel 6 Rechtmäßigkeit der Verarbeitung

(1)
Die Verarbeitung ist nur rechtmäßig, wenn mindestens eine der nachstehenden Bedingungen erfüllt ist:

a) Die betroffene Person hat ihre Einwilligung zu der Verarbeitung der sie betreffenden personenbezogenen Daten für einen oder mehrere bestimmte Zwecke gegeben;

b) die Verarbeitung ist für die Erfüllung eines Vertrags, dessen Vertragspartei die betroffene Person ist, oder zur Durchführung vorvertraglicher Maßnahmen erforderlich, die auf Anfrage der betroffenen Person erfolgen;

c) die Verarbeitung ist zur Erfüllung einer rechtlichen Verpflichtung erforderlich, der der Verantwortliche unterliegt;

d) die Verarbeitung ist erforderlich, um lebenswichtige Interessen der betroffenen Person oder einer anderen natürlichen Person zu schützen;

e) die Verarbeitung ist für die Wahrnehmung einer Aufgabe erforderlich, die im öffentlichen Interesse liegt oder in Ausübung öffentlicher Gewalt erfolgt, die dem Verantwortlichen übertragen wurde;

f) die Verarbeitung ist zur Wahrung der berechtigten Interessen des Verantwortlichen oder eines Dritten erforderlich, sofern nicht die Interessen oder Grundrechte und Grundfreiheiten der betroffenen Person, die den Schutz personenbezogener Daten erfordern, überwiegen, insbesondere dann, wenn es sich bei der betroffenen Person um ein Kind handelt.

Unterabsatz 1 Buchstabe f gilt nicht für die von Behörden in Erfüllung ihrer Aufgaben vorgenommene Verarbeitung.

(2) Die Mitgliedstaaten können spezifischere Bestimmungen zur Anpassung der Anwendung der Vorschriften dieser Verordnung in Bezug auf die Verarbeitung zur Erfüllung von Absatz 1 Buchstaben c und e beibehalten oder einführen, indem sie spezifische Anforderungen für die Verarbeitung sowie sonstige Maßnahmen präziser bestimmen, um eine rechtmäßig und nach Treu und Glauben erfolgende Verarbeitung zu gewährleisten, einschließlich für andere besondere Verarbeitungssituationen gemäß Kapitel IX.

(3) [1]Die Rechtsgrundlage für die Verarbeitungen gemäß Absatz 1 Buchstaben c und e wird festgelegt durch

a) Unionsrecht oder

b) das Recht der Mitgliedstaaten, dem der Verantwortliche unterliegt.

[2]Der Zweck der Verarbeitung muss in dieser Rechtsgrundlage festgelegt oder hinsichtlich der Verarbeitung gemäß Absatz 1 Buchstabe e für die Erfüllung einer Aufgabe erforderlich sein, die im öffentlichen Interesse liegt oder in Ausübung öffentlicher Gewalt erfolgt, die dem Verantwortlichen übertragen wurde. [3]Diese Rechtsgrundlage kann spezifische Bestimmungen zur Anpassung der Anwendung der Vorschriften dieser Verordnung enthalten, unter anderem Bestimmungen darüber, welche allgemeinen Bedingungen für die Regelung der Rechtmäßigkeit der Verarbeitung durch den Verantwortlichen gelten, welche Arten von Daten verarbeitet werden, welche Personen betroffen sind, an welche Einrichtungen und für welche Zwecke die personenbezogenen Daten offengelegt werden dürfen, welcher Zweckbindung sie unterliegen,

1) Zeichensetzung amtlich.

wie lange sie gespeichert werden dürfen und welche Verarbeitungsvorgänge und -verfahren angewandt werden dürfen, einschließlich Maßnahmen zur Gewährleistung einer rechtmäßig und nach Treu und Glauben erfolgenden Verarbeitung, wie solche für sonstige besondere Verarbeitungssituationen gemäß Kapitel IX. [4]Das Unionsrecht oder das Recht der Mitgliedstaaten müssen ein im öffentlichen Interesse liegendes Ziel verfolgen und in einem angemessenen Verhältnis zu dem verfolgten legitimen Zweck stehen.

(4) Beruht die Verarbeitung zu einem anderen Zweck als zu demjenigen, zu dem die personenbezogenen Daten erhoben wurden, nicht auf der Einwilligung der betroffenen Person oder auf einer Rechtsvorschrift der Union oder der Mitgliedstaaten, die in einer demokratischen Gesellschaft eine notwendige und verhältnismäßige Maßnahme zum Schutz der in Artikel 23 Absatz 1 genannten Ziele darstellt, so berücksichtigt der Verantwortliche – um festzustellen, ob die Verarbeitung zu einem anderen Zweck mit demjenigen, zu dem die personenbezogenen Daten ursprünglich erhoben wurden, vereinbar ist – unter anderem

a) jede Verbindung zwischen den Zwecken, für die die personenbezogenen Daten erhoben wurden, und den Zwecken der beabsichtigten Weiterverarbeitung,

b) den Zusammenhang, in dem die personenbezogenen Daten erhoben wurden, insbesondere hinsichtlich des Verhältnisses zwischen den betroffenen Personen und dem Verantwortlichen,

c) die Art der personenbezogenen Daten, insbesondere ob besondere Kategorien personenbezogener Daten gemäß Artikel 9 verarbeitet werden oder ob personenbezogene Daten über strafrechtliche Verurteilungen und Straftaten gemäß Artikel 10 verarbeitet werden,

d) die möglichen Folgen der beabsichtigten Weiterverarbeitung für die betroffenen Personen,

e) das Vorhandensein geeigneter Garantien, wozu Verschlüsselung oder Pseudonymisierung gehören kann.

Artikel 7 Bedingungen für die Einwilligung

(1) Beruht die Verarbeitung auf einer Einwilligung, muss der Verantwortliche nachweisen können, dass die betroffene Person in die Verarbeitung ihrer personenbezogenen Daten eingewilligt hat.

(2) [1]Erfolgt die Einwilligung der betroffenen Person durch eine schriftliche Erklärung, die noch andere Sachverhalte betrifft, so muss das Ersuchen um Einwilligung in verständlicher und leicht zugänglicher Form in einer klaren und einfachen Sprache so erfolgen, dass es von den anderen Sachverhalten klar zu unterscheiden ist. [2]Teile der Erklärung sind dann nicht verbindlich, wenn sie einen Verstoß gegen diese Verordnung darstellen.

(3) [1]Die betroffene Person hat das Recht, ihre Einwilligung jederzeit zu widerrufen. [2]Durch den Widerruf der Einwilligung wird die Rechtmäßigkeit der aufgrund der Einwilligung bis zum Widerruf erfolgten Verarbeitung nicht berührt. [3]Die betroffene Person wird vor Abgabe der Einwilligung hiervon in Kenntnis gesetzt. [4]Der Widerruf der Einwilligung muss so einfach wie die Erteilung der Einwilligung sein.

(4) Bei der Beurteilung, ob die Einwilligung freiwillig erteilt wurde, muss dem Umstand in größtmöglichem Umfang Rechnung getragen werden, ob unter anderem die Erfüllung eines Vertrags, einschließlich der Erbringung einer Dienstleistung, von der Einwilligung zu einer Verarbeitung von personenbezogenen Daten abhängig ist, die für die Erfüllung des Vertrags nicht erforderlich sind.

Artikel 8 Bedingungen für die Einwilligung eines Kindes in Bezug auf Dienste der Informationsgesellschaft

(1)
[1]Gilt Artikel 6 Absatz 1 Buchstabe a bei einem Angebot von Diensten der Informationsgesellschaft, das einem Kind direkt gemacht wird, so ist die Verarbeitung der personenbezogenen Daten des Kindes rechtmäßig, wenn das Kind das sechzehnte Lebensjahr vollendet hat. [2]Hat das Kind noch nicht das sechzehnte Lebensjahr vollendet, so ist diese Verarbeitung nur rechtmäßig, sofern und soweit diese Einwilligung durch den Träger der elterlichen Verantwortung für das Kind oder mit dessen Zustimmung erteilt wird. Die Mitgliedstaaten können durch Rechtsvorschriften zu diesen Zwecken eine niedrigere Altersgrenze vorsehen, die jedoch nicht unter dem vollendeten dreizehnten Lebensjahr liegen darf.

(2) Der Verantwortliche unternimmt unter Berücksichtigung der verfügbaren Technik angemessene Anstrengungen, um sich in solchen Fällen zu vergewissern, dass die Einwilligung durch den Träger der elterlichen Verantwortung für das Kind oder mit dessen Zustimmung erteilt wurde.

(3) Absatz 1 lässt das allgemeine Vertragsrecht der Mitgliedstaaten, wie etwa die Vorschriften zur Gültigkeit, zum Zustandekommen oder zu den Rechtsfolgen eines Vertrags in Bezug auf ein Kind, unberührt.

Artikel 9 Verarbeitung besonderer Kategorien personenbezogener Daten

(1) Die Verarbeitung personenbezogener Daten, aus denen die rassische und ethnische Herkunft, politische Meinungen, religiöse oder weltanschauliche Überzeugungen oder die Gewerkschaftszugehörigkeit

hervorgehen, sowie die Verarbeitung von genetischen Daten, biometrischen Daten zur eindeutigen Identifizierung einer natürlichen Person, Gesundheitsdaten oder Daten zum Sexualleben oder der sexuellen Orientierung einer natürlichen Person ist untersagt.

(2) Absatz 1 gilt nicht in folgenden Fällen:

a) Die betroffene Person hat in die Verarbeitung der genannten personenbezogenen Daten für einen oder mehrere festgelegte Zwecke ausdrücklich eingewilligt, es sei denn, nach Unionsrecht oder dem Recht der Mitgliedstaaten kann das Verbot nach Absatz 1 durch die Einwilligung der betroffenen Person nicht aufgehoben werden,

b) die Verarbeitung ist erforderlich, damit der Verantwortliche oder die betroffene Person die ihm bzw. ihr aus dem Arbeitsrecht und dem Recht der sozialen Sicherheit und des Sozialschutzes erwachsenden Rechte ausüben und seinen bzw. ihren diesbezüglichen Pflichten nachkommen kann, soweit dies nach Unionsrecht oder dem Recht der Mitgliedstaaten oder einer Kollektivvereinbarung nach dem Recht der Mitgliedstaaten, das geeignete Garantien für die Grundrechte und die Interessen der betroffenen Person vorsieht, zulässig ist,

c) die Verarbeitung ist zum Schutz lebenswichtiger Interessen der betroffenen Person oder einer anderen natürlichen Person erforderlich und die betroffene Person ist aus körperlichen oder rechtlichen Gründen außerstande, ihre Einwilligung zu geben,

d) die Verarbeitung erfolgt auf der Grundlage geeigneter Garantien durch eine politisch, weltanschaulich, religiös oder gewerkschaftlich ausgerichtete Stiftung, Vereinigung oder sonstige Organisation ohne Gewinnerzielungsabsicht im Rahmen ihrer rechtmäßigen Tätigkeiten und unter der Voraussetzung, dass sich die Verarbeitung ausschließlich auf die Mitglieder oder ehemalige Mitglieder der Organisation oder auf Personen, die im Zusammenhang mit deren Tätigkeitszweck regelmäßige Kontakte mit ihr unterhalten, bezieht und die personenbezogenen Daten nicht ohne Einwilligung der betroffenen Personen nach außen offengelegt werden,

e) die Verarbeitung bezieht sich auf personenbezogene Daten, die die betroffene Person offensichtlich öffentlich gemacht hat,

f) die Verarbeitung ist zur Geltendmachung, Ausübung oder Verteidigung von Rechtsansprüchen oder bei Handlungen der Gerichte im Rahmen ihrer justiziellen Tätigkeit erforderlich,

g) die Verarbeitung ist auf der Grundlage des Unionsrechts oder des Rechts eines Mitgliedstaats, das in angemessenem Verhältnis zu dem verfolgten Ziel steht, den Wesensgehalt des Rechts auf Datenschutz wahrt und angemessene und spezifische Maßnahmen zur Wahrung der Grundrechte und Interessen der betroffenen Person vorsieht, aus Gründen eines erheblichen öffentlichen Interesses erforderlich,

h) die Verarbeitung ist für Zwecke der Gesundheitsvorsorge oder der Arbeitsmedizin, für die Beurteilung der Arbeitsfähigkeit des Beschäftigten, für die medizinische Diagnostik, die Versorgung oder Behandlung im Gesundheits- oder Sozialbereich oder für die Verwaltung von Systemen und Diensten im Gesundheits- oder Sozialbereich auf der Grundlage des Unionsrechts oder des Rechts eines Mitgliedstaats oder aufgrund eines Vertrags mit einem Angehörigen eines Gesundheitsberufs und vorbehaltlich der in Absatz 3 genannten Bedingungen und Garantien erforderlich,

i) die Verarbeitung ist aus Gründen des öffentlichen Interesses im Bereich der öffentlichen Gesundheit, wie dem Schutz vor schwerwiegenden grenzüberschreitenden Gesundheitsgefahren oder zur Gewährleistung hoher Qualitäts- und Sicherheitsstandards bei der Gesundheitsversorgung und bei Arzneimitteln und Medizinprodukten, auf der Grundlage des Unionsrechts oder des Rechts eines Mitgliedstaats, das angemessene und spezifische Maßnahmen zur Wahrung der Rechte und Freiheiten der betroffenen Person, insbesondere des Berufsgeheimnisses, vorsieht, erforderlich, oder

j) die Verarbeitung ist auf der Grundlage des Unionsrechts oder des Rechts eines Mitgliedstaats, das in angemessenem Verhältnis zu dem verfolgten Ziel steht, den Wesensgehalt des Rechts auf Datenschutz wahrt und angemessene und spezifische Maßnahmen zur Wahrung der Grundrechte und Interessen der betroffenen Person vorsieht, für im öffentlichen Interesse liegende Archivzwecke, für wissenschaftliche oder historische Forschungszwecke oder für statistische Zwecke gemäß Artikel 89 Absatz 1 erforderlich.

(3) Die in Absatz 1 genannten personenbezogenen Daten dürfen zu den in Absatz 2 Buchstabe h genannten Zwecken verarbeitet werden, wenn diese Daten von Fachpersonal oder unter dessen Verantwortung verarbeitet werden und dieses Fachpersonal nach dem Unionsrecht oder dem Recht eines Mitgliedstaats oder den Vorschriften nationaler zuständiger Stellen dem Berufsgeheimnis unterliegt, oder wenn die Verarbeitung durch eine andere Person erfolgt, die ebenfalls nach dem Unionsrecht oder dem Recht eines Mitgliedstaats oder den Vorschriften nationaler zuständiger Stellen einer Geheimhaltungspflicht unterliegt.

(4) Die Mitgliedstaaten können zusätzliche Bedingungen, einschließlich Beschränkungen, einführen oder aufrechterhalten, soweit die Verarbeitung von genetischen, biometrischen oder Gesundheitsdaten betroffen ist.

Artikel 10 Verarbeitung von personenbezogenen Daten über strafrechtliche Verurteilungen und Straftaten

[1]Die Verarbeitung personenbezogener Daten über strafrechtliche Verurteilungen und Straftaten oder damit zusammenhängende Sicherungsmaßregeln aufgrund von Artikel 6 Absatz 1 darf nur unter behördlicher Aufsicht vorgenommen werden oder wenn dies nach dem Unionsrecht oder dem Recht der Mitgliedstaaten, das geeignete Garantien für die Rechte und Freiheiten der betroffenen Personen vorsieht, zulässig ist. [2]Ein umfassendes Register der strafrechtlichen Verurteilungen darf nur unter behördlicher Aufsicht geführt werden.

Artikel 11 Verarbeitung, für die eine Identifizierung der betroffenen Person nicht erforderlich ist

(1) Ist für die Zwecke, für die ein Verantwortlicher personenbezogene Daten verarbeitet, die Identifizierung der betroffenen Person durch den Verantwortlichen nicht oder nicht mehr erforderlich, so ist dieser nicht verpflichtet, zur bloßen Einhaltung dieser Verordnung zusätzliche Informationen aufzubewahren, einzuholen oder zu verarbeiten, um die betroffene Person zu identifizieren.

(2) [1]Kann der Verantwortliche in Fällen gemäß Absatz 1 des vorliegenden Artikels nachweisen, dass er nicht in der Lage ist, die betroffene Person zu identifizieren, so unterrichtet er die betroffene Person hierüber, sofern möglich. [2]In diesen Fällen finden die Artikel 15 bis 20 keine Anwendung, es sei denn, die betroffene Person stellt zur Ausübung ihrer in diesen Artikeln niedergelegten Rechte zusätzliche Informationen bereit, die ihre Identifizierung ermöglichen.

Kapitel III
Rechte der betroffenen Person

Abschnitt 1
Transparenz und Modalitäten

Artikel 12 Transparente Information, Kommunikation und Modalitäten für die Ausübung der Rechte der betroffenen Person

(1) [1]Der Verantwortliche trifft geeignete Maßnahmen, um der betroffenen Person alle Informationen gemäß den Artikeln 13 und 14 und alle Mitteilungen gemäß den Artikeln 15 bis 22 und Artikel 34, die sich auf die Verarbeitung beziehen, in präziser, transparenter, verständlicher und leicht zugänglicher Form in einer klaren und einfachen Sprache zu übermitteln; dies gilt insbesondere für Informationen, die sich speziell an Kinder richten. [2]Die Übermittlung der Informationen erfolgt schriftlich oder in anderer Form, gegebenenfalls auch elektronisch. [3]Falls von der betroffenen Person verlangt, kann die Information mündlich erteilt werden, sofern die Identität der betroffenen Person in anderer Form nachgewiesen wurde.

(2) [1]Der Verantwortliche erleichtert der betroffenen Person die Ausübung ihrer Rechte gemäß den Artikeln 15 bis 22. [2]In den in Artikel 11 Absatz 2 genannten Fällen darf sich der Verantwortliche nur dann weigern, aufgrund des Antrags der betroffenen Person auf Wahrnehmung ihrer Rechte gemäß den Artikeln 15 bis 22 tätig zu werden, wenn er glaubhaft macht, dass er nicht in der Lage ist, die betroffene Person zu identifizieren.

(3) [1]Der Verantwortliche stellt der betroffenen Person Informationen über die auf Antrag gemäß den Artikeln 15 bis 22 ergriffenen Maßnahmen unverzüglich, in jedem Fall aber innerhalb eines Monats nach Eingang des Antrags zur Verfügung. [2]Diese Frist kann um weitere zwei Monate verlängert werden, wenn dies unter Berücksichtigung der Komplexität und der Anzahl von Anträgen erforderlich ist. [3]Der Verantwortliche unterrichtet die betroffene Person innerhalb eines Monats nach Eingang des Antrags über eine Fristverlängerung, zusammen mit den Gründen für die Verzögerung. [4]Stellt die betroffene Person den Antrag elektronisch, so ist sie nach Möglichkeit auf elektronischem Weg zu unterrichten, sofern sie nichts anderes angibt.

(4) Wird der Verantwortliche auf den Antrag der betroffenen Person hin nicht tätig, so unterrichtet er die betroffene Person ohne Verzögerung, spätestens aber innerhalb eines Monats nach Eingang des Antrags über die Gründe hierfür und über die Möglichkeit, bei einer Aufsichtsbehörde Beschwerde einzulegen oder einen gerichtlichen Rechtsbehelf einzulegen.

(5) [1]Informationen gemäß den Artikeln 13 und 14 sowie alle Mitteilungen und Maßnahmen gemäß den Artikeln 15 bis 22 und Artikel 34 werden unentgeltlich zur Verfügung gestellt. [2]Bei offenkundig unbe-

gründeten oder – insbesondere im Fall von häufiger Wiederholung – exzessiven Anträgen einer betroffenen Person kann der Verantwortliche entweder

a) ein angemessenes Entgelt verlangen, bei dem die Verwaltungskosten für die Unterrichtung oder die Mitteilung oder die Durchführung der beantragten Maßnahme berücksichtigt werden, oder

b) sich weigern, aufgrund des Antrags tätig zu werden.

[3]Der Verantwortliche hat den Nachweis für den offenkundig unbegründeten oder exzessiven Charakter des Antrags zu erbringen.

(6) Hat der Verantwortliche begründete Zweifel an der Identität der natürlichen Person, die den Antrag gemäß den Artikeln 15 bis 21 stellt, so kann er unbeschadet des Artikels 11 zusätzliche Informationen anfordern, die zur Bestätigung der Identität der betroffenen Person erforderlich sind.

(7) [1]Die Informationen, die den betroffenen Personen gemäß den Artikeln 13 und 14 bereitzustellen sind, können in Kombination mit standardisierten Bildsymbolen bereitgestellt werden, um in leicht wahrnehmbarer, verständlicher und klar nachvollziehbarer Form einen aussagekräftigen Überblick über die beabsichtigte Verarbeitung zu vermitteln. [2]Werden die Bildsymbole in elektronischer Form dargestellt, müssen sie maschinenlesbar sein.

(8) Der Kommission wird die Befugnis übertragen, gemäß Artikel 92 delegierte Rechtsakte zur Bestimmung der Informationen, die durch Bildsymbole darzustellen sind, und der Verfahren für die Bereitstellung standardisierter Bildsymbole zu erlassen.

Abschnitt 2
Informationspflicht und Recht auf Auskunft zu personenbezogenen Daten

Artikel 13 Informationspflicht bei Erhebung von personenbezogenen Daten bei der betroffenen Person

(1) Werden personenbezogene Daten bei der betroffenen Person erhoben, so teilt der Verantwortliche der betroffenen Person zum Zeitpunkt der Erhebung dieser Daten Folgendes mit:

a) den Namen und die Kontaktdaten des Verantwortlichen sowie gegebenenfalls seines Vertreters;

b) gegebenenfalls die Kontaktdaten des Datenschutzbeauftragten;

c) die Zwecke, für die die personenbezogenen Daten verarbeitet werden sollen, sowie die Rechtsgrundlage für die Verarbeitung;

d) wenn die Verarbeitung auf Artikel 6 Absatz 1 Buchstabe f beruht, die berechtigten Interessen, die von dem Verantwortlichen oder einem Dritten verfolgt werden;

e) gegebenenfalls die Empfänger oder Kategorien von Empfängern der personenbezogenen Daten und

f) gegebenenfalls die Absicht des Verantwortlichen, die personenbezogenen Daten an ein Drittland oder eine internationale Organisation zu übermitteln, sowie das Vorhandensein oder das Fehlen eines Angemessenheitsbeschlusses der Kommission oder im Falle von Übermittlungen gemäß Artikel 46 oder Artikel 47 oder Artikel 49 Absatz 1 Unterabsatz 2 einen Verweis auf die geeigneten oder angemessenen Garantien und die Möglichkeit, wie eine Kopie von ihnen zu erhalten ist, oder wo sie verfügbar sind.

(2) Zusätzlich zu den Informationen gemäß Absatz 1 stellt der Verantwortliche der betroffenen Person zum Zeitpunkt der Erhebung dieser Daten folgende weitere Informationen zur Verfügung, die notwendig sind, um eine faire und transparente Verarbeitung zu gewährleisten:

a) die Dauer, für die die personenbezogenen Daten gespeichert werden oder, falls dies nicht möglich ist, die Kriterien für die Festlegung dieser Dauer;

b) das Bestehen eines Rechts auf Auskunft seitens des Verantwortlichen über die betreffenden personenbezogenen Daten sowie auf Berichtigung oder Löschung oder auf Einschränkung der Verarbeitung oder eines Widerspruchsrechts gegen die Verarbeitung sowie des Rechts auf Datenübertragbarkeit;

c) wenn die Verarbeitung auf Artikel 6 Absatz 1 Buchstabe a oder Artikel 9 Absatz 2 Buchstabe a beruht, das Bestehen eines Rechts, die Einwilligung jederzeit zu widerrufen, ohne dass die Rechtmäßigkeit der aufgrund der Einwilligung bis zum Widerruf erfolgten Verarbeitung berührt wird;

d) das Bestehen eines Beschwerderechts bei einer Aufsichtsbehörde;

e) ob die Bereitstellung der personenbezogenen Daten gesetzlich oder vertraglich vorgeschrieben oder für einen Vertragsabschluss erforderlich ist, ob die betroffene Person verpflichtet ist, die personenbezogenen Daten bereitzustellen, und welche möglichen Folgen die Nichtbereitstellung hätte und

f) das Bestehen einer automatisierten Entscheidungsfindung einschließlich Profiling gemäß Artikel 22 Absätze 1 und 4 und – zumindest in diesen Fällen – aussagekräftige Informationen über die involvierte

Logik sowie die Tragweite und die angestrebten Auswirkungen einer derartigen Verarbeitung für die betroffene Person.

(3) Beabsichtigt der Verantwortliche, die personenbezogenen Daten für einen anderen Zweck weiterzuverarbeiten als den, für den die personenbezogenen Daten erhoben wurden, so stellt er der betroffenen Person vor dieser Weiterverarbeitung Informationen über diesen anderen Zweck und alle anderen maßgeblichen Informationen gemäß Absatz 2 zur Verfügung.

(4) Die Absätze 1, 2 und 3 finden keine Anwendung, wenn und soweit die betroffene Person bereits über die Informationen verfügt.

Artikel 14 Informationspflicht, wenn die personenbezogenen Daten nicht bei der betroffenen Person erhoben wurden

(1) Werden personenbezogene Daten nicht bei der betroffenen Person erhoben, so teilt der Verantwortliche der betroffenen Person Folgendes mit:

a) den Namen und die Kontaktdaten des Verantwortlichen sowie gegebenenfalls seines Vertreters;

b) zusätzlich die Kontaktdaten des Datenschutzbeauftragten;

c) die Zwecke, für die die personenbezogenen Daten verarbeitet werden sollen, sowie die Rechtsgrundlage für die Verarbeitung;

d) die Kategorien personenbezogener Daten, die verarbeitet werden;

e) gegebenenfalls die Empfänger oder Kategorien von Empfängern der personenbezogenen Daten;

f) gegebenenfalls die Absicht des Verantwortlichen, die personenbezogenen Daten an einen Empfänger in einem Drittland oder einer internationalen Organisation zu übermitteln, sowie das Vorhandensein oder das Fehlen eines Angemessenheitsbeschlusses der Kommission oder im Falle von Übermittlungen gemäß Artikel 46 oder Artikel 47 oder Artikel 49 Absatz 1 Unterabsatz 2 einen Verweis auf die geeigneten oder angemessenen Garantien und die Möglichkeit, eine Kopie von ihnen zu erhalten, oder wo sie verfügbar sind.

(2) Zusätzlich zu den Informationen gemäß Absatz 1 stellt der Verantwortliche der betroffenen Person die folgenden Informationen zur Verfügung, die erforderlich sind, um der betroffenen Person gegenüber eine faire und transparente Verarbeitung zu gewährleisten:

a) die Dauer, für die die personenbezogenen Daten gespeichert werden oder, falls dies nicht möglich ist, die Kriterien für die Festlegung dieser Dauer;

b) wenn die Verarbeitung auf Artikel 6 Absatz 1 Buchstabe f beruht, die berechtigten Interessen, die von dem Verantwortlichen oder einem Dritten verfolgt werden;

c) das Bestehen eines Rechts auf Auskunft seitens des Verantwortlichen über die betreffenden personenbezogenen Daten sowie auf Berichtigung oder Löschung oder auf Einschränkung der Verarbeitung und eines Widerspruchsrechts gegen die Verarbeitung sowie des Rechts auf Datenübertragbarkeit;

d) wenn die Verarbeitung auf Artikel 6 Absatz 1 Buchstabe a oder Artikel 9 Absatz 2 Buchstabe a beruht, das Bestehen eines Rechts, die Einwilligung jederzeit zu widerrufen, ohne dass die Rechtmäßigkeit der aufgrund der Einwilligung bis zum Widerruf erfolgten Verarbeitung berührt wird;

e) das Bestehen eines Beschwerderechts bei einer Aufsichtsbehörde;

f) aus welcher Quelle die personenbezogenen Daten stammen und gegebenenfalls ob sie aus öffentlich zugänglichen Quellen stammen;

g) das Bestehen einer automatisierten Entscheidungsfindung einschließlich Profiling gemäß Artikel 22 Absätze 1 und 4 und – zumindest in diesen Fällen – aussagekräftige Informationen über die involvierte Logik sowie die Tragweite und die angestrebten Auswirkungen einer derartigen Verarbeitung für die betroffene Person.

(3) Der Verantwortliche erteilt die Informationen gemäß den Absätzen 1 und 2

a) unter Berücksichtigung der spezifischen Umstände der Verarbeitung der personenbezogenen Daten innerhalb einer angemessenen Frist nach Erlangung der personenbezogenen Daten, längstens jedoch innerhalb eines Monats,

b) falls die personenbezogenen Daten zur Kommunikation mit der betroffenen Person verwendet werden sollen, spätestens zum Zeitpunkt der ersten Mitteilung an sie, oder,

c) falls die Offenlegung an einen anderen Empfänger beabsichtigt ist, spätestens zum Zeitpunkt der ersten Offenlegung.

(4) Beabsichtigt der Verantwortliche, die personenbezogenen Daten für einen anderen Zweck weiterzuverarbeiten als den, für den die personenbezogenen Daten erlangt wurden, so stellt er der betroffenen Person vor dieser Weiterverarbeitung Informationen über diesen anderen Zweck und alle anderen maßgeblichen Informationen gemäß Absatz 2 zur Verfügung.

(5) Die Absätze 1 bis 4 finden keine Anwendung, wenn und soweit
a) die betroffene Person bereits über die Informationen verfügt,
b) die Erteilung dieser Informationen sich als unmöglich erweist oder einen unverhältnismäßigen Aufwand erfordern würde; dies gilt insbesondere für die Verarbeitung für im öffentlichen Interesse liegende Archivzwecke, für wissenschaftliche oder historische Forschungszwecke oder für statistische Zwecke vorbehaltlich der in Artikel 89 Absatz 1 genannten Bedingungen und Garantien oder soweit die in Absatz 1 des vorliegenden Artikels genannte Pflicht voraussichtlich die Verwirklichung der Ziele dieser Verarbeitung unmöglich macht oder ernsthaft beeinträchtigt. In diesen Fällen ergreift der Verantwortliche geeignete Maßnahmen zum Schutz der Rechte und Freiheiten sowie der berechtigten Interessen der betroffenen Person, einschließlich der Bereitstellung dieser Informationen für die Öffentlichkeit,
c) die Erlangung oder Offenlegung durch Rechtsvorschriften der Union oder der Mitgliedstaaten, denen der Verantwortliche unterliegt und die geeignete Maßnahmen zum Schutz der berechtigten Interessen der betroffenen Person vorsehen, ausdrücklich geregelt ist oder
d) die personenbezogenen Daten gemäß dem Unionsrecht oder dem Recht der Mitgliedstaaten dem Berufsgeheimnis, einschließlich einer satzungsmäßigen Geheimhaltungspflicht, unterliegen und daher vertraulich behandelt werden müssen.

Artikel 15 Auskunftsrecht der betroffenen Person
(1) Die betroffene Person hat das Recht, von dem Verantwortlichen eine Bestätigung darüber zu verlangen, ob sie betreffende personenbezogene Daten verarbeitet werden; ist dies der Fall, so hat sie ein Recht auf Auskunft über diese personenbezogenen Daten und auf folgende Informationen:
a) die Verarbeitungszwecke;
b) die Kategorien personenbezogener Daten, die verarbeitet werden;
c) die Empfänger oder Kategorien von Empfängern, gegenüber denen die personenbezogenen Daten offengelegt worden sind oder noch offengelegt werden, insbesondere bei Empfängern in Drittländern oder bei internationalen Organisationen;
d) falls möglich die geplante Dauer, für die die personenbezogenen Daten gespeichert werden, oder, falls dies nicht möglich ist, die Kriterien für die Festlegung dieser Dauer;
e) das Bestehen eines Rechts auf Berichtigung oder Löschung der sie betreffenden personenbezogenen Daten oder auf Einschränkung der Verarbeitung durch den Verantwortlichen oder eines Widerspruchsrechts gegen diese Verarbeitung;
f) das Bestehen eines Beschwerderechts bei einer Aufsichtsbehörde;
g) wenn die personenbezogenen Daten nicht bei der betroffenen Person erhoben werden, alle verfügbaren Informationen über die Herkunft der Daten;
h) das Bestehen einer automatisierten Entscheidungsfindung einschließlich Profiling gemäß Artikel 22 Absätze 1 und 4 und – zumindest in diesen Fällen – aussagekräftige Informationen über die involvierte Logik sowie die Tragweite und die angestrebten Auswirkungen einer derartigen Verarbeitung für die betroffene Person.
(2) Werden personenbezogene Daten an ein Drittland oder an eine internationale Organisation übermittelt, so hat die betroffene Person das Recht, über die geeigneten Garantien gemäß Artikel 46 im Zusammenhang mit der Übermittlung unterrichtet zu werden.
(3) [1]Der Verantwortliche stellt eine Kopie der personenbezogenen Daten, die Gegenstand der Verarbeitung sind, zur Verfügung. [2]Für alle weiteren Kopien, die die betroffene Person beantragt, kann der Verantwortliche ein angemessenes Entgelt auf der Grundlage der Verwaltungskosten verlangen. [3]Stellt die betroffene Person den Antrag elektronisch, so sind die Informationen in einem gängigen elektronischen Format zur Verfügung zu stellen, sofern sie nichts anderes angibt.
(4) Das Recht auf Erhalt einer Kopie gemäß Absatz 3 darf die Rechte und Freiheiten anderer Personen nicht beeinträchtigen.

Abschnitt 3
Berichtigung und Löschung

Artikel 16 Recht auf Berichtigung
[1]Die betroffene Person hat das Recht, von dem Verantwortlichen unverzüglich die Berichtigung sie betreffender unrichtiger personenbezogener Daten zu verlangen. [2]Unter Berücksichtigung der Zwecke der Verarbeitung hat die betroffene Person das Recht, die Vervollständigung unvollständiger personenbezogener Daten – auch mittels einer ergänzenden Erklärung – zu verlangen.

Artikel 17 Recht auf Löschung („Recht auf Vergessenwerden")

(1) Die betroffene Person hat das Recht, von dem Verantwortlichen zu verlangen, dass sie betreffende personenbezogene Daten unverzüglich gelöscht werden, und der Verantwortliche ist verpflichtet, personenbezogene Daten unverzüglich zu löschen, sofern einer der folgenden Gründe zutrifft:

a) Die personenbezogenen Daten sind für die Zwecke, für die sie erhoben oder auf sonstige Weise verarbeitet wurden, nicht mehr notwendig.

b) Die betroffene Person widerruft ihre Einwilligung, auf die sich die Verarbeitung gemäß Artikel 6 Absatz 1 Buchstabe a oder Artikel 9 Absatz 2 Buchstabe a stützte, und es fehlt an einer anderweitigen Rechtsgrundlage für die Verarbeitung.

c) Die betroffene Person legt gemäß Artikel 21 Absatz 1 Widerspruch gegen die Verarbeitung ein und es liegen keine vorrangigen berechtigten Gründe für die Verarbeitung vor, oder die betroffene Person legt gemäß Artikel 21 Absatz 2 Widerspruch gegen die Verarbeitung ein.

d) Die personenbezogenen Daten wurden unrechtmäßig verarbeitet.

e) Die Löschung der personenbezogenen Daten ist zur Erfüllung einer rechtlichen Verpflichtung nach dem Unionsrecht oder dem Recht der Mitgliedstaaten erforderlich, dem der Verantwortliche unterliegt.

f) Die personenbezogenen Daten wurden in Bezug auf angebotene Dienste der Informationsgesellschaft gemäß Artikel 8 Absatz 1 erhoben.

(2) Hat der Verantwortliche die personenbezogenen Daten öffentlich gemacht und ist er gemäß Absatz 1 zu deren Löschung verpflichtet, so trifft er unter Berücksichtigung der verfügbaren Technologie und der Implementierungskosten angemessene Maßnahmen, auch technischer Art, um für die Datenverarbeitung Verantwortliche, die die personenbezogenen Daten verarbeiten, darüber zu informieren, dass eine betroffene Person von ihnen die Löschung aller Links zu diesen personenbezogenen Daten oder von Kopien oder Replikationen dieser personenbezogenen Daten verlangt hat.

(3) Die Absätze 1 und 2 gelten nicht, soweit die Verarbeitung erforderlich ist

a) zur Ausübung des Rechts auf freie Meinungsäußerung und Information;

b) zur Erfüllung einer rechtlichen Verpflichtung, die die Verarbeitung nach dem Recht der Union oder der Mitgliedstaaten, dem der Verantwortliche unterliegt, erfordert, oder zur Wahrnehmung einer Aufgabe, die im öffentlichen Interesse liegt oder in Ausübung öffentlicher Gewalt erfolgt, die dem Verantwortlichen übertragen wurde;

c) aus Gründen des öffentlichen Interesses im Bereich der öffentlichen Gesundheit gemäß Artikel 9 Absatz 2 Buchstaben h und i sowie Artikel 9 Absatz 3;

d) für im öffentlichen Interesse liegende Archivzwecke, wissenschaftliche oder historische Forschungszwecke oder für statistische Zwecke gemäß Artikel 89 Absatz 1, soweit das in Absatz 1 genannte Recht voraussichtlich die Verwirklichung der Ziele dieser Verarbeitung unmöglich macht oder ernsthaft beeinträchtigt, oder

e) zur Geltendmachung, Ausübung oder Verteidigung von Rechtsansprüchen.

Artikel 18 Recht auf Einschränkung der Verarbeitung

(1) Die betroffene Person hat das Recht, von dem Verantwortlichen die Einschränkung der Verarbeitung zu verlangen, wenn eine der folgenden Voraussetzungen gegeben ist:

a) die Richtigkeit der personenbezogenen Daten von der betroffenen Person bestritten wird, und zwar für eine Dauer, die es dem Verantwortlichen ermöglicht, die Richtigkeit der personenbezogenen Daten zu überprüfen,

b) die Verarbeitung unrechtmäßig ist und die betroffene Person die Löschung der personenbezogenen Daten ablehnt und stattdessen die Einschränkung der Nutzung der personenbezogenen Daten verlangt;[1]

c) der Verantwortliche die personenbezogenen Daten für die Zwecke der Verarbeitung nicht länger benötigt, die betroffene Person sie jedoch zur Geltendmachung, Ausübung oder Verteidigung von Rechtsansprüchen benötigt, oder

d) die betroffene Person Widerspruch gegen die Verarbeitung gemäß Artikel 21 Absatz 1 eingelegt hat, solange noch nicht feststeht, ob die berechtigten Gründe des Verantwortlichen gegenüber denen der betroffenen Person überwiegen.

(2) Wurde die Verarbeitung gemäß Absatz 1 eingeschränkt, so dürfen diese personenbezogenen Daten – von ihrer Speicherung abgesehen – nur mit Einwilligung der betroffenen Person oder zur Geltendmachung, Ausübung oder Verteidigung von Rechtsansprüchen oder zum Schutz der Rechte einer anderen

1) Zeichensetzung amtlich.

natürlichen oder juristischen Person oder aus Gründen eines wichtigen öffentlichen Interesses der Union oder eines Mitgliedstaats verarbeitet werden.

(3) Eine betroffene Person, die eine Einschränkung der Verarbeitung gemäß Absatz 1 erwirkt hat, wird von dem Verantwortlichen unterrichtet, bevor die Einschränkung aufgehoben wird.

Artikel 19 Mitteilungspflicht im Zusammenhang mit der Berichtigung oder Löschung personenbezogener Daten oder der Einschränkung der Verarbeitung

[1]Der Verantwortliche teilt allen Empfängern, denen personenbezogenen Daten offengelegt wurden, jede Berichtigung oder Löschung der personenbezogenen Daten oder eine Einschränkung der Verarbeitung nach Artikel 16, Artikel 17 Absatz 1 und Artikel 18 mit, es sei denn, dies erweist sich als unmöglich oder ist mit einem unverhältnismäßigen Aufwand verbunden. [2]Der Verantwortliche unterrichtet die betroffene Person über diese Empfänger, wenn die betroffene Person dies verlangt.

Artikel 20 Recht auf Datenübertragbarkeit

(1) Die betroffene Person hat das Recht, die sie betreffenden personenbezogenen Daten, die sie einem Verantwortlichen bereitgestellt hat, in einem strukturierten, gängigen und maschinenlesbaren Format zu erhalten, und sie hat das Recht, diese Daten einem anderen Verantwortlichen ohne Behinderung durch den Verantwortlichen, dem die personenbezogenen Daten bereitgestellt wurden, zu übermitteln, sofern

a) die Verarbeitung auf einer Einwilligung gemäß Artikel 6 Absatz 1 Buchstabe a oder Artikel 9 Absatz 2 Buchstabe a oder auf einem Vertrag gemäß Artikel 6 Absatz 1 Buchstabe b beruht und

b) die Verarbeitung mithilfe automatisierter Verfahren erfolgt.

(2) Bei der Ausübung ihres Rechts auf Datenübertragbarkeit gemäß Absatz 1 hat die betroffene Person das Recht, zu erwirken, dass die personenbezogenen Daten direkt von einem Verantwortlichen einem anderen Verantwortlichen übermittelt werden, soweit dies technisch machbar ist.

(3) [1]Die Ausübung des Rechts nach Absatz 1 des vorliegenden Artikels lässt Artikel 17 unberührt. [2]Dieses Recht gilt nicht für eine Verarbeitung, die für die Wahrnehmung einer Aufgabe erforderlich ist, die im öffentlichen Interesse liegt oder in Ausübung öffentlicher Gewalt erfolgt, die dem Verantwortlichen übertragen wurde.

(4) Das Recht gemäß Absatz 1 darf die Rechte und Freiheiten anderer Personen nicht beeinträchtigen.

Abschnitt 4
Widerspruchsrecht und automatisierte Entscheidungsfindung im Einzelfall

Artikel 21 Widerspruchsrecht

(1) [1]Die betroffene Person hat das Recht, aus Gründen, die sich aus ihrer besonderen Situation ergeben, jederzeit gegen die Verarbeitung sie betreffender personenbezogener Daten, die aufgrund von Artikel 6 Absatz 1 Buchstaben e oder f erfolgt, Widerspruch einzulegen; dies gilt auch für ein auf diese Bestimmungen gestütztes Profiling. [2]Der Verantwortliche verarbeitet die personenbezogenen Daten nicht mehr, es sei denn, er kann zwingende schutzwürdige Gründe für die Verarbeitung nachweisen, die die Interessen, Rechte und Freiheiten der betroffenen Person überwiegen, oder die Verarbeitung dient der Geltendmachung, Ausübung oder Verteidigung von Rechtsansprüchen.

(2) Werden personenbezogene Daten verarbeitet, um Direktwerbung zu betreiben, so hat die betroffene Person das Recht, jederzeit Widerspruch gegen die Verarbeitung sie betreffender personenbezogener Daten zum Zwecke derartiger Werbung einzulegen; dies gilt auch für das Profiling, soweit es mit solcher Direktwerbung in Verbindung steht.

(3) Widerspricht die betroffene Person der Verarbeitung für Zwecke der Direktwerbung, so werden die personenbezogenen Daten nicht mehr für diese Zwecke verarbeitet.

(4) Die betroffene Person muss spätestens zum Zeitpunkt der ersten Kommunikation mit ihr ausdrücklich auf das in den Absätzen 1 und 2 genannte Recht hingewiesen werden; dieser Hinweis hat in einer verständlichen und von anderen Informationen getrennten Form zu erfolgen.

(5) Im Zusammenhang mit der Nutzung von Diensten der Informationsgesellschaft kann die betroffene Person ungeachtet der Richtlinie 2002/58/EG ihr Widerspruchsrecht mittels automatisierter Verfahren ausüben, bei denen technische Spezifikationen verwendet werden.

(6) Die betroffene Person hat das Recht, aus Gründen, die sich aus ihrer besonderen Situation ergeben, gegen die sie betreffende Verarbeitung sie betreffender personenbezogener Daten, die zu wissenschaftlichen oder historischen Forschungszwecken oder zu statistischen Zwecken gemäß Artikel 89 Absatz 1 erfolgt, Widerspruch einzulegen, es sei denn, die Verarbeitung ist zur Erfüllung einer im öffentlichen Interesse liegenden Aufgabe erforderlich.

Artikel 22 Automatisierte Entscheidungen im Einzelfall einschließlich Profiling
(1) Die betroffene Person hat das Recht, nicht einer ausschließlich auf einer automatisierten Verarbeitung
– einschließlich Profiling – beruhenden Entscheidung unterworfen zu werden, die ihr gegenüber rechtliche
Wirkung entfaltet oder sie in ähnlicher Weise erheblich beeinträchtigt.
(2) Absatz 1 gilt nicht, wenn die Entscheidung
a) für den Abschluss oder die Erfüllung eines Vertrags zwischen der betroffenen Person und dem Ver-
 antwortlichen erforderlich ist,
b) aufgrund von Rechtsvorschriften der Union oder der Mitgliedstaaten, denen der Verantwortliche
 unterliegt, zulässig ist und diese Rechtsvorschriften angemessene Maßnahmen zur Wahrung der
 Rechte und Freiheiten sowie der berechtigten Interessen der betroffenen Person enthalten oder
c) mit ausdrücklicher Einwilligung der betroffenen Person erfolgt.
(3) In den in Absatz 2 Buchstaben a und c genannten Fällen trifft der Verantwortliche angemessene
Maßnahmen, um die Rechte und Freiheiten sowie die berechtigten Interessen der betroffenen Person zu
wahren, wozu mindestens das Recht auf Erwirkung des Eingreifens einer Person seitens des Verantwort-
lichen, auf Darlegung des eigenen Standpunkts und auf Anfechtung der Entscheidung gehört.
(4) Entscheidungen nach Absatz 2 dürfen nicht auf besonderen Kategorien personenbezogener Daten nach
Artikel 9 Absatz 1 beruhen, sofern nicht Artikel 9 Absatz 2 Buchstabe a oder g gilt und angemessene
Maßnahmen zum Schutz der Rechte und Freiheiten sowie der berechtigten Interessen der betroffenen
Person getroffen wurden.

Abschnitt 5
Beschränkungen

Artikel 23 Beschränkungen
(1) Durch Rechtsvorschriften der Union oder der Mitgliedstaaten, denen der Verantwortliche oder der
Auftragsverarbeiter unterliegt, können die Pflichten und Rechte gemäß den Artikeln 12 bis 22 und Artikel
34 sowie Artikel 5, insofern dessen Bestimmungen den in den Artikeln 12 bis 22 vorgesehenen Rechten
und Pflichten entsprechen, im Wege von Gesetzgebungsmaßnahmen beschränkt werden, sofern eine sol-
che Beschränkung den Wesensgehalt der Grundrechte und Grundfreiheiten achtet und in einer demokra-
tischen Gesellschaft eine notwendige und verhältnismäßige Maßnahme darstellt, die Folgendes sicher-
stellt:
a) die nationale Sicherheit;
b) die Landesverteidigung;
c) die öffentliche Sicherheit;
d) die Verhütung, Ermittlung, Aufdeckung oder Verfolgung von Straftaten oder die Strafvollstreckung,
 einschließlich des Schutzes vor und der Abwehr von Gefahren für die öffentliche Sicherheit;
e) den Schutz sonstiger wichtiger Ziele des allgemeinen öffentlichen Interesses der Union oder eines
 Mitgliedstaats, insbesondere eines wichtigen wirtschaftlichen oder finanziellen Interesses der Union
 oder eines Mitgliedstaats, etwa im Währungs-, Haushalts- und Steuerbereich sowie im Bereich der
 öffentlichen Gesundheit und der sozialen Sicherheit;
f) den Schutz der Unabhängigkeit der Justiz und den Schutz von Gerichtsverfahren;
g) die Verhütung, Aufdeckung, Ermittlung und Verfolgung von Verstößen gegen die berufsständischen
 Regeln reglementierter Berufe;
h) Kontroll-, Überwachungs- und Ordnungsfunktionen, die dauernd oder zeitweise mit der Ausübung
 öffentlicher Gewalt für die unter den Buchstaben a bis e und g genannten Zwecke verbunden sind;
i) den Schutz der betroffenen Person oder der Rechte und Freiheiten anderer Personen;
j) die Durchsetzung zivilrechtlicher Ansprüche.
(2) Jede Gesetzgebungsmaßnahme im Sinne des Absatzes 1 muss insbesondere gegebenenfalls spezifische
Vorschriften enthalten zumindest in Bezug auf
a) die Zwecke der Verarbeitung oder die Verarbeitungskategorien,
b) die Kategorien personenbezogener Daten,
c) den Umfang der vorgenommenen Beschränkungen,
d) die Garantien gegen Missbrauch oder unrechtmäßigen Zugang oder unrechtmäßige Übermittlung;
e) die Angaben zu dem Verantwortlichen oder den Kategorien von Verantwortlichen,
f) die jeweiligen Speicherfristen sowie die geltenden Garantien unter Berücksichtigung von Art, Um-
 fang und Zwecken der Verarbeitung oder der Verarbeitungskategorien,
g) die Risiken für die Rechte und Freiheiten der betroffenen Personen und

h) das Recht der betroffenen Personen auf Unterrichtung über die Beschränkung, sofern dies nicht dem
 Zweck der Beschränkung abträglich ist.

Kapitel IV
Verantwortlicher und Auftragsverarbeiter

Abschnitt 1
Allgemeine Pflichten

Artikel 24 Verantwortung des für die Verarbeitung Verantwortlichen

(1) [1]Der Verantwortliche setzt unter Berücksichtigung der Art, des Umfangs, der Umstände und der Zwe-
cke der Verarbeitung sowie der unterschiedlichen Eintrittswahrscheinlichkeit und Schwere der Risiken
für die Rechte und Freiheiten natürlicher Personen geeignete technische und organisatorische Maßnahmen
um, um sicherzustellen und den Nachweis dafür erbringen zu können, dass die Verarbeitung gemäß dieser
Verordnung erfolgt. [2]Diese Maßnahmen werden erforderlichenfalls überprüft und aktualisiert.

(2) Sofern dies in einem angemessenen Verhältnis zu den Verarbeitungstätigkeiten steht, müssen die
Maßnahmen gemäß Absatz 1 die Anwendung geeigneter Datenschutzvorkehrungen durch den Verant-
wortlichen umfassen.

(3) Die Einhaltung der genehmigten Verhaltensregeln gemäß Artikel 40 oder eines genehmigten Zertifi-
zierungsverfahrens gemäß Artikel 42 kann als Gesichtspunkt herangezogen werden, um die Erfüllung der
Pflichten des Verantwortlichen nachzuweisen.

Artikel 25 Datenschutz durch Technikgestaltung und durch datenschutzfreundliche
Voreinstellungen

(1) Unter Berücksichtigung des Stands der Technik, der Implementierungskosten und der Art, des Um-
fangs, der Umstände und der Zwecke der Verarbeitung sowie der unterschiedlichen Eintrittswahrschein-
lichkeit und Schwere der mit der Verarbeitung verbundenen Risiken für die Rechte und Freiheiten na-
türlicher Personen trifft der Verantwortliche sowohl zum Zeitpunkt der Festlegung der Mittel für die
Verarbeitung als auch zum Zeitpunkt der eigentlichen Verarbeitung geeignete technische und organisa-
torische Maßnahmen – wie z.B. Pseudonymisierung –, die dafür ausgelegt sind, die Datenschutzgrund-
sätze wie etwa Datenminimierung wirksam umzusetzen und die notwendigen Garantien in die Verarbei-
tung aufzunehmen, um den Anforderungen dieser Verordnung zu genügen und die Rechte der betroffenen
Personen zu schützen.

(2) [1]Der Verantwortliche trifft geeignete technische und organisatorische Maßnahmen, die sicherstellen,
dass durch Voreinstellung nur personenbezogene Daten, deren Verarbeitung für den jeweiligen bestimm-
ten Verarbeitungszweck erforderlich ist, verarbeitet werden. [2]Diese Verpflichtung gilt für die Menge der
erhobenen personenbezogenen Daten, den Umfang ihrer Verarbeitung, ihre Speicherfrist und ihre Zu-
gänglichkeit. [3]Solche Maßnahmen müssen insbesondere sicherstellen, dass personenbezogene Daten
durch Voreinstellungen nicht ohne Eingreifen der Person einer unbestimmten Zahl von natürlichen Per-
sonen zugänglich gemacht werden.

(3) Ein genehmigtes Zertifizierungsverfahren gemäß Artikel 42 kann als Faktor herangezogen werden,
um die Erfüllung der in den Absätzen 1 und 2 des vorliegenden Artikels genannten Anforderungen nach-
zuweisen.

Artikel 26 Gemeinsam Verantwortliche

(1) [1]Legen zwei oder mehr Verantwortliche gemeinsam die Zwecke der und die Mittel zur Verarbeitung
fest, so sind sie gemeinsam Verantwortliche. [2]Sie legen in einer Vereinbarung in transparenter Form fest,
wer von ihnen welche Verpflichtung gemäß dieser Verordnung erfüllt, insbesondere was die Wahrneh-
mung der Rechte der betroffenen Person angeht, und wer welchen Informationspflichten gemäß den Ar-
tikeln 13 und 14 nachkommt, sofern und soweit die jeweiligen Aufgaben der Verantwortlichen nicht durch
Rechtsvorschriften der Union oder der Mitgliedstaaten, denen die Verantwortlichen unterliegen, festge-
legt sind. [3]In der Vereinbarung kann eine Anlaufstelle für die betroffenen Personen angegeben werden.

(2) [1]Die Vereinbarung gemäß Absatz 1 muss die jeweiligen tatsächlichen Funktionen und Beziehungen
der gemeinsam Verantwortlichen gegenüber betroffenen Personen gebührend widerspiegeln. [2]Das we-
sentliche der Vereinbarung wird der betroffenen Person zur Verfügung gestellt.

(3) Ungeachtet der Einzelheiten der Vereinbarung gemäß Absatz 1 kann die betroffene Person ihre Rechte
im Rahmen dieser Verordnung bei und gegenüber jedem einzelnen der Verantwortlichen geltend machen.

Artikel 27 Vertreter von nicht in der Union niedergelassenen Verantwortlichen oder Auftragsverarbeitern

(1) In den Fällen gemäß Artikel 3 Absatz 2 benennt der Verantwortliche oder der Auftragsverarbeiter schriftlich einen Vertreter in der Union.

(2) Die Pflicht gemäß Absatz 1 des vorliegenden Artikels gilt nicht für

a) eine Verarbeitung, die gelegentlich erfolgt, nicht die umfangreiche Verarbeitung besonderer Datenkategorien im Sinne des Artikels 9 Absatz 1 oder die umfangreiche Verarbeitung von personenbezogenen Daten über strafrechtliche Verurteilungen und Straftaten im Sinne des Artikels 10 einschließt und unter Berücksichtigung der Art, der Umstände, des Umfangs und der Zwecke der Verarbeitung voraussichtlich nicht zu einem Risiko für die Rechte und Freiheiten natürlicher Personen führt, oder

b) Behörden oder öffentliche Stellen.

(3) Der Vertreter muss in einem der Mitgliedstaaten niedergelassen sein, in denen die betroffenen Personen, deren personenbezogene Daten im Zusammenhang mit den ihnen angebotenen Waren oder Dienstleistungen verarbeitet werden oder deren Verhalten beobachtet wird, sich befinden.

(4) Der Vertreter wird durch den Verantwortlichen oder den Auftragsverarbeiter beauftragt, zusätzlich zu diesem oder an seiner Stelle insbesondere für Aufsichtsbehörden und betroffene Personen bei sämtlichen Fragen im Zusammenhang mit der Verarbeitung zur Gewährleistung der Einhaltung dieser Verordnung als Anlaufstelle zu dienen.

(5) Die Benennung eines Vertreters durch den Verantwortlichen oder den Auftragsverarbeiter erfolgt unbeschadet etwaiger rechtlicher Schritte gegen den Verantwortlichen oder den Auftragsverarbeiter selbst.

Artikel 28 Auftragsverarbeiter

(1) Erfolgt eine Verarbeitung im Auftrag eines Verantwortlichen, so arbeitet dieser nur mit Auftragsverarbeitern, die hinreichend Garantien dafür bieten, dass geeignete technische und organisatorische Maßnahmen so durchgeführt werden, dass die Verarbeitung im Einklang mit den Anforderungen dieser Verordnung erfolgt und den Schutz der Rechte der betroffenen Person gewährleistet.

(2) [1]Der Auftragsverarbeiter nimmt keinen weiteren Auftragsverarbeiter ohne vorherige gesonderte oder allgemeine schriftliche Genehmigung des Verantwortlichen in Anspruch. [2]Im Fall einer allgemeinen schriftlichen Genehmigung informiert der Auftragsverarbeiter den Verantwortlichen immer über jede beabsichtigte Änderung in Bezug auf die Hinzuziehung oder die Ersetzung anderer Auftragsverarbeiter, wodurch der Verantwortliche die Möglichkeit erhält, gegen derartige Änderungen Einspruch zu erheben.

(3) [1]Die Verarbeitung durch einen Auftragsverarbeiter erfolgt auf der Grundlage eines Vertrags oder eines anderen Rechtsinstruments nach dem Unionsrecht oder dem Recht der Mitgliedstaaten, der bzw. das den Auftragsverarbeiter in Bezug auf den Verantwortlichen bindet und in dem Gegenstand und Dauer der Verarbeitung, Art und Zweck der Verarbeitung, die Art der personenbezogenen Daten, die Kategorien betroffener Personen und die Pflichten und Rechte des Verantwortlichen festgelegt sind. [2]Dieser Vertrag bzw. dieses Rechtsinstrument sieht insbesondere vor, dass der Auftragsverarbeiter

a) die personenbezogenen Daten nur auf dokumentierte Weisung des Verantwortlichen – auch in Bezug auf die Übermittlung personenbezogener Daten an ein Drittland oder eine internationale Organisation – verarbeitet, sofern er nicht durch das Recht der Union oder der Mitgliedstaaten, dem der Auftragsverarbeiter unterliegt, hierzu verpflichtet ist; in einem solchen Fall teilt der Auftragsverarbeiter dem Verantwortlichen diese rechtlichen Anforderungen vor der Verarbeitung mit, sofern das betreffende Recht eine solche Mitteilung nicht wegen eines wichtigen öffentlichen Interesses verbietet;

b) gewährleistet, dass sich die zur Verarbeitung der personenbezogenen Daten befugten Personen zur Vertraulichkeit verpflichtet haben oder einer angemessenen gesetzlichen Verschwiegenheitspflicht unterliegen;

c) alle gemäß Artikel 32 erforderlichen Maßnahmen ergreift;

d) die in den Absätzen 2 und 4 genannten Bedingungen für die Inanspruchnahme der Dienste eines weiteren Auftragsverarbeiters einhält;

e) angesichts der Art der Verarbeitung den Verantwortlichen nach Möglichkeit mit geeigneten technischen und organisatorischen Maßnahmen dabei unterstützt, seiner Pflicht zur Beantwortung von Anträgen auf Wahrnehmung der in Kapitel III genannten Rechte der betroffenen Person nachzukommen;

f) unter Berücksichtigung der Art der Verarbeitung und der ihm zur Verfügung stehenden Informationen den Verantwortlichen bei der Einhaltung der in den Artikeln 32 bis 36 genannten Pflichten unterstützt;

g) nach Abschluss der Erbringung der Verarbeitungsleistungen alle personenbezogenen Daten nach Wahl des Verantwortlichen entweder löscht oder zurückgibt und die vorhandenen Kopien löscht, sofern nicht nach dem Unionsrecht oder dem Recht der Mitgliedstaaten eine Verpflichtung zur Speicherung der personenbezogenen Daten besteht;

h) dem Verantwortlichen alle erforderlichen Informationen zum Nachweis der Einhaltung der in diesem Artikel niedergelegten Pflichten zur Verfügung stellt und Überprüfungen – einschließlich Inspektionen –, die vom Verantwortlichen oder einem anderen von diesem beauftragten Prüfer durchgeführt werden, ermöglicht und dazu beiträgt.

Mit Blick auf Unterabsatz 1 Buchstabe h informiert der Auftragsverarbeiter den Verantwortlichen unverzüglich, falls er der Auffassung ist, dass eine Weisung gegen diese Verordnung oder gegen andere Datenschutzbestimmungen der Union oder der Mitgliedstaaten verstößt.

(4) [1]Nimmt der Auftragsverarbeiter die Dienste eines weiteren Auftragsverarbeiters in Anspruch, um bestimmte Verarbeitungstätigkeiten im Namen des Verantwortlichen auszuführen, so werden diesem weiteren Auftragsverarbeiter im Wege eines Vertrags oder eines anderen Rechtsinstruments nach dem Unionsrecht oder dem Recht des betreffenden Mitgliedstaats dieselben Datenschutzpflichten auferlegt, die in dem Vertrag oder anderen Rechtsinstrument zwischen dem Verantwortlichen und dem Auftragsverarbeiter gemäß Absatz 3 festgelegt sind, wobei insbesondere hinreichende Garantien dafür geboten werden muss, dass die geeigneten technischen und organisatorischen Maßnahmen so durchgeführt werden, dass die Verarbeitung entsprechend den Anforderungen dieser Verordnung erfolgt. [2]Kommt der weitere Auftragsverarbeiter seinen Datenschutzpflichten nicht nach, so haftet der erste Auftragsverarbeiter gegenüber dem Verantwortlichen für die Einhaltung der Pflichten jenes anderen Auftragsverarbeiters.

(5) Die Einhaltung genehmigter Verhaltensregeln gemäß Artikel 40 oder eines genehmigten Zertifizierungsverfahrens gemäß Artikel 42 durch einen Auftragsverarbeiter kann als Faktor herangezogen werden, um hinreichende Garantien im Sinne der Absätze 1 und 4 des vorliegenden Artikels nachzuweisen.

(6) Unbeschadet eines individuellen Vertrags zwischen dem Verantwortlichen und dem Auftragsverarbeiter kann der Vertrag oder das andere Rechtsinstrument im Sinne der Absätze 3 und 4 des vorliegenden Artikels ganz oder teilweise auf den in den Absätzen 7 und 8 des vorliegenden Artikels genannten Standardvertragsklauseln beruhen, auch wenn diese Bestandteil einer dem Verantwortlichen oder dem Auftragsverarbeiter gemäß den Artikeln 42 und 43 erteilten Zertifizierung sind.

(7) Die Kommission kann im Einklang mit dem Prüfverfahren gemäß Artikel 93 Absatz 2 Standardvertragsklauseln zur Regelung der in den Absätzen 3 und 4 des vorliegenden Artikels genannten Fragen festlegen.

(8) Eine Aufsichtsbehörde kann im Einklang mit dem Kohärenzverfahren gemäß Artikel 63 Standardvertragsklauseln zur Regelung der in den Absätzen 3 und 4 des vorliegenden Artikels genannten Fragen festlegen.

(9) Der Vertrag oder das andere Rechtsinstrument im Sinne der Absätze 3 und 4 ist schriftlich abzufassen, was auch in einem elektronischen Format erfolgen kann.

(10) Unbeschadet der Artikel 82, 83 und 84 gilt ein Auftragsverarbeiter, der unter Verstoß gegen diese Verordnung die Zwecke und Mittel der Verarbeitung bestimmt, in Bezug auf diese Verarbeitung als Verantwortlicher.

Artikel 29 Verarbeitung unter der Aufsicht des Verantwortlichen oder des Auftragsverarbeiters

Der Auftragsverarbeiter und jede dem Verantwortlichen oder dem Auftragsverarbeiter unterstellte Person, die Zugang zu personenbezogenen Daten hat, dürfen diese Daten ausschließlich auf Weisung des Verantwortlichen verarbeiten, es sei denn, dass sie nach dem Unionsrecht oder dem Recht der Mitgliedstaaten zur Verarbeitung verpflichtet sind.

Artikel 30 Verzeichnis von Verarbeitungstätigkeiten

(1) [1]Jeder Verantwortliche und gegebenenfalls sein Vertreter führen ein Verzeichnis aller Verarbeitungstätigkeiten, die ihrer Zuständigkeit unterliegen. [2]Dieses Verzeichnis enthält sämtliche folgenden Angaben:

a) den Namen und die Kontaktdaten des Verantwortlichen und gegebenenfalls des gemeinsam mit ihm Verantwortlichen, des Vertreters des Verantwortlichen sowie eines etwaigen Datenschutzbeauftragten;

b) die Zwecke der Verarbeitung;

c) eine Beschreibung der Kategorien betroffener Personen und der Kategorien personenbezogener Daten;

d) die Kategorien von Empfängern, gegenüber denen die personenbezogenen Daten offengelegt worden sind oder noch offengelegt werden, einschließlich Empfänger in Drittländern oder internationalen Organisationen;

e) gegebenenfalls Übermittlungen von personenbezogenen Daten an ein Drittland oder an eine internationale Organisation, einschließlich der Angabe des betreffenden Drittlands oder der betreffenden internationalen Organisation, sowie bei den in Artikel 49 Absatz 1 Unterabsatz 2 genannten Datenübermittlungen die Dokumentierung geeigneter Garantien;

f) wenn möglich, die vorgesehenen Fristen für die Löschung der verschiedenen Datenkategorien;

g) wenn möglich, eine allgemeine Beschreibung der technischen und organisatorischen Maßnahmen gemäß Artikel 32 Absatz 1.

(2) Jeder Auftragsverarbeiter und gegebenenfalls sein Vertreter führen ein Verzeichnis zu allen Kategorien von im Auftrag eines Verantwortlichen durchgeführten Tätigkeiten der Verarbeitung, die Folgendes enthält:

a) den Namen und die Kontaktdaten des Auftragsverarbeiters oder der Auftragsverarbeiter und jedes Verantwortlichen, in dessen Auftrag der Auftragsverarbeiter tätig ist, sowie gegebenenfalls des Vertreters des Verantwortlichen oder des Auftragsverarbeiters und eines etwaigen Datenschutzbeauftragten;

b) die Kategorien von Verarbeitungen, die im Auftrag jedes Verantwortlichen durchgeführt werden;

c) gegebenenfalls Übermittlungen von personenbezogenen Daten an ein Drittland oder an eine internationale Organisation, einschließlich der Angabe des betreffenden Drittlands oder der betreffenden internationalen Organisation, sowie bei den in Artikel 49 Absatz 1 Unterabsatz 2 genannten Datenübermittlungen die Dokumentierung geeigneter Garantien;

d) wenn möglich, eine allgemeine Beschreibung der technischen und organisatorischen Maßnahmen gemäß Artikel 32 Absatz 1.

(3) Das in den Absätzen 1 und 2 genannte Verzeichnis ist schriftlich zu führen, was auch in einem elektronischen Format erfolgen kann.

(4) Der Verantwortliche oder der Auftragsverarbeiter sowie gegebenenfalls der Vertreter des Verantwortlichen oder des Auftragsverarbeiters stellen der Aufsichtsbehörde das Verzeichnis auf Anfrage zur Verfügung.

(5) Die in den Absätzen 1 und 2 genannten Pflichten gelten nicht für Unternehmen oder Einrichtungen, die weniger als 250 Mitarbeiter beschäftigen, es sei denn, die von ihnen vorgenommene Verarbeitung birgt ein Risiko für die Rechte und Freiheiten der betroffenen Personen, die Verarbeitung erfolgt nicht nur gelegentlich oder es erfolgt eine Verarbeitung besonderer Datenkategorien gemäß Artikel 9 Absatz 1 bzw. die Verarbeitung von personenbezogenen Daten über strafrechtliche Verurteilungen und Straftaten im Sinne des Artikels 10.

Artikel 31 Zusammenarbeit mit der Aufsichtsbehörde
Der Verantwortliche und der Auftragsverarbeiter und gegebenenfalls deren Vertreter arbeiten auf Anfrage mit der Aufsichtsbehörde bei der Erfüllung ihrer Aufgaben zusammen.

Abschnitt 2
Sicherheit personenbezogener Daten

Artikel 32 Sicherheit der Verarbeitung
(1) Unter Berücksichtigung des Stands der Technik, der Implementierungskosten und der Art, des Umfangs, der Umstände und der Zwecke der Verarbeitung sowie der unterschiedlichen Eintrittswahrscheinlichkeit und Schwere des Risikos für die Rechte und Freiheiten natürlicher Personen treffen der Verantwortliche und der Auftragsverarbeiter geeignete technische und organisatorische Maßnahmen, um ein dem Risiko angemessenes Schutzniveau zu gewährleisten; diese Maßnahmen schließen gegebenenfalls unter anderem Folgendes ein:

a) die Pseudonymisierung und Verschlüsselung personenbezogener Daten;

b) die Fähigkeit, die Vertraulichkeit, Integrität, Verfügbarkeit und Belastbarkeit der Systeme und Dienste im Zusammenhang mit der Verarbeitung auf Dauer sicherzustellen;

c) die Fähigkeit, die Verfügbarkeit der personenbezogenen Daten und den Zugang zu ihnen bei einem physischen oder technischen Zwischenfall rasch wiederherzustellen;

d) ein Verfahren zur regelmäßigen Überprüfung, Bewertung und Evaluierung der Wirksamkeit der technischen und organisatorischen Maßnahmen zur Gewährleistung der Sicherheit der Verarbeitung.

(2) Bei der Beurteilung des angemessenen Schutzniveaus sind insbesondere die Risiken zu berücksichtigen, die mit der Verarbeitung verbunden sind, insbesondere durch – ob unbeabsichtigt oder unrechtmäßig – Vernichtung, Verlust, Veränderung oder unbefugte Offenlegung von beziehungsweise unbefugten Zugang zu personenbezogenen Daten, die übermittelt, gespeichert oder auf andere Weise verarbeitet wurden.

(3) Die Einhaltung genehmigter Verhaltensregeln gemäß Artikel 40 oder eines genehmigten Zertifizierungsverfahrens gemäß Artikel 42 kann als Faktor herangezogen werden, um die Erfüllung der in Absatz 1 des vorliegenden Artikels genannten Anforderungen nachzuweisen.

(4) Der Verantwortliche und der Auftragsverarbeiter unternehmen Schritte, um sicherzustellen, dass ihnen unterstellte natürliche Personen, die Zugang zu personenbezogenen Daten haben, diese nur auf Anweisung des Verantwortlichen verarbeiten, es sei denn, sie sind nach dem Recht der Union oder der Mitgliedstaaten zur Verarbeitung verpflichtet.

Artikel 33 Meldung von Verletzungen des Schutzes personenbezogener Daten an die Aufsichtsbehörde

(1) [1]Im Falle einer Verletzung des Schutzes personenbezogener Daten meldet der Verantwortliche unverzüglich und möglichst binnen 72 Stunden, nachdem ihm die Verletzung bekannt wurde, diese der gemäß Artikel 55 zuständigen Aufsichtsbehörde, es sei denn, dass die Verletzung des Schutzes personenbezogener Daten voraussichtlich nicht zu einem Risiko für die Rechte und Freiheiten natürlicher Personen führt. [2]Erfolgt die Meldung an die Aufsichtsbehörde nicht binnen 72 Stunden, so ist ihr eine Begründung für die Verzögerung beizufügen.

(2) Wenn dem Auftragsverarbeiter eine Verletzung des Schutzes personenbezogener Daten bekannt wird, meldet er diese dem Verantwortlichen unverzüglich.

(3) Die Meldung gemäß Absatz 1 enthält zumindest folgende Informationen:

a) eine Beschreibung der Art der Verletzung des Schutzes personenbezogener Daten, soweit möglich mit Angabe der Kategorien und der ungefähren Zahl der betroffenen Personen, der betroffenen Kategorien und der ungefähren Zahl der betroffenen personenbezogenen Datensätze;

b) den Namen und die Kontaktdaten des Datenschutzbeauftragten oder einer sonstigen Anlaufstelle für weitere Informationen;

c) eine Beschreibung der wahrscheinlichen Folgen der Verletzung des Schutzes personenbezogener Daten;

d) eine Beschreibung der von dem Verantwortlichen ergriffenen oder vorgeschlagenen Maßnahmen zur Behebung der Verletzung des Schutzes personenbezogener Daten und gegebenenfalls Maßnahmen zur Abmilderung ihrer möglichen nachteiligen Auswirkungen.

(4) Wenn und soweit die Informationen nicht zur gleichen Zeit bereitgestellt werden können, kann der Verantwortliche diese Informationen ohne unangemessene weitere Verzögerung schrittweise zur Verfügung stellen.

(5) [1]Der Verantwortliche dokumentiert Verletzungen des Schutzes personenbezogener Daten einschließlich aller im Zusammenhang mit der Verletzung des Schutzes personenbezogener Daten stehenden Fakten, von deren Auswirkungen und der ergriffenen Abhilfemaßnahmen. [2]Diese Dokumentation muss der Aufsichtsbehörde die Überprüfung der Einhaltung der Bestimmungen dieses Artikels ermöglichen.

Artikel 34 Benachrichtigung der von einer Verletzung des Schutzes personenbezogener Daten betroffenen Person

(1) Hat die Verletzung des Schutzes personenbezogener Daten voraussichtlich ein hohes Risiko für die persönlichen Rechte und Freiheiten natürlicher Personen zur Folge, so benachrichtigt der Verantwortliche die betroffene Person unverzüglich von der Verletzung.

(2) Die in Absatz 1 genannte Benachrichtigung der betroffenen Person beschreibt in klarer und einfacher Sprache die Art der Verletzung des Schutzes personenbezogener Daten und enthält zumindest die in Artikel 33 Absatz 3 Buchstaben b, c und d genannten Informationen und Maßnahmen.

(3) Die Benachrichtigung der betroffenen Person gemäß Absatz 1 ist nicht erforderlich, wenn eine der folgenden Bedingungen erfüllt ist:

a) der Verantwortliche geeignete technische und organisatorische Sicherheitsvorkehrungen getroffen hat und diese Vorkehrungen auf die von der Verletzung betroffenen personenbezogenen Daten angewandt wurden, insbesondere solche, durch die die personenbezogenen Daten für alle Personen, die nicht zum Zugang zu den personenbezogenen Daten befugt sind, unzugänglich gemacht werden, etwa durch Verschlüsselung;

b) der Verantwortliche durch nachfolgende Maßnahmen sichergestellt hat, dass das hohe Risiko für die Rechte und Freiheiten der betroffenen Personen gemäß Absatz 1 aller Wahrscheinlichkeit nach nicht mehr besteht;

c) dies mit einem unverhältnismäßigen Aufwand verbunden wäre. In diesem Fall hat stattdessen eine öffentliche Bekanntmachung oder eine ähnliche Maßnahme zu erfolgen, durch die die betroffenen Personen vergleichbar wirksam informiert werden.

(4) Wenn der Verantwortliche die betroffene Person nicht bereits über die Verletzung des Schutzes personenbezogener Daten benachrichtigt hat, kann die Aufsichtsbehörde unter Berücksichtigung der Wahrscheinlichkeit, mit der die Verletzung des Schutzes personenbezogener Daten zu einem hohen Risiko führt, von dem Verantwortlichen verlangen, dies nachzuholen, oder sie kann mit einem Beschluss feststellen, dass bestimmte der in Absatz 3 genannten Voraussetzungen erfüllt sind.

Abschnitt 3
Datenschutz-Folgenabschätzung und vorherige Konsultation

Artikel 35　Datenschutz-Folgenabschätzung

(1) [1]Hat eine Form der Verarbeitung, insbesondere bei Verwendung neuer Technologien, aufgrund der Art, des Umfangs, der Umstände und der Zwecke der Verarbeitung voraussichtlich ein hohes Risiko für die Rechte und Freiheiten natürlicher Personen zur Folge, so führt der Verantwortliche vorab eine Abschätzung der Folgen der vorgesehenen Verarbeitungsvorgänge für den Schutz personenbezogener Daten durch. [2]Für die Untersuchung mehrerer ähnlicher Verarbeitungsvorgänge mit ähnlich hohen Risiken kann eine einzige Abschätzung vorgenommen werden.

(2) Der Verantwortliche holt bei der Durchführung einer Datenschutz-Folgenabschätzung den Rat des Datenschutzbeauftragten, sofern ein solcher benannt wurde, ein.

(3) Eine Datenschutz-Folgenabschätzung gemäß Absatz 1 ist insbesondere in folgenden Fällen erforderlich:

a)　systematische und umfassende Bewertung persönlicher Aspekte natürlicher Personen, die sich auf automatisierte Verarbeitung einschließlich Profiling gründet und die ihrerseits als Grundlage für Entscheidungen dient, die Rechtswirkung gegenüber natürlichen Personen entfalten oder diese in ähnlich erheblicher Weise beeinträchtigen;

b)　umfangreiche Verarbeitung besonderer Kategorien von personenbezogenen Daten gemäß Artikel 9 Absatz 1 oder von personenbezogenen Daten über strafrechtliche Verurteilungen und Straftaten gemäß Artikel 10 oder

c)　systematische umfangreiche Überwachung öffentlich zugänglicher Bereiche.

(4) [1]Die Aufsichtsbehörde erstellt eine Liste der Verarbeitungsvorgänge, für die gemäß Absatz 1 eine Datenschutz-Folgenabschätzung durchzuführen ist, und veröffentlicht diese. [2]Die Aufsichtsbehörde übermittelt diese Listen den in Artikel 68 genannten Ausschuss.

(5) [1]Die Aufsichtsbehörde kann des Weiteren eine Liste der Arten von Verarbeitungsvorgängen erstellen und veröffentlichen, für die keine Datenschutz-Folgenabschätzung erforderlich ist. [2]Die Aufsichtsbehörde übermittelt diese Listen dem Ausschuss.

(6) Vor Festlegung der in den Absätzen 4 und 5 genannten Listen wendet die zuständige Aufsichtsbehörde das Kohärenzverfahren gemäß Artikel 63 an, wenn solche Listen Verarbeitungstätigkeiten umfassen, die mit dem Angebot von Waren oder Dienstleistungen für betroffene Personen oder der Beobachtung des Verhaltens dieser Personen in mehreren Mitgliedstaaten im Zusammenhang stehen oder die den freien Verkehr personenbezogener Daten innerhalb der Union erheblich beeinträchtigen könnten.

(7) Die Folgenabschätzung enthält zumindest Folgendes:

a)　eine systematische Beschreibung der geplanten Verarbeitungsvorgänge und der Zwecke der Verarbeitung, gegebenenfalls einschließlich der von dem Verantwortlichen verfolgten berechtigten Interessen;

b)　eine Bewertung der Notwendigkeit und Verhältnismäßigkeit der Verarbeitungsvorgänge in Bezug auf den Zweck;

c)　eine Bewertung der Risiken für die Rechte und Freiheiten der betroffenen Personen gemäß Absatz 1 und

d)　die zur Bewältigung der Risiken geplanten Abhilfemaßnahmen, einschließlich Garantien, Sicherheitsvorkehrungen und Verfahren, durch die der Schutz personenbezogener Daten sichergestellt und der Nachweis dafür erbracht wird, dass diese Verordnung eingehalten wird, wobei den Rechten und berechtigten Interessen der betroffenen Personen und sonstiger Betroffener Rechnung getragen wird.

(8) Die Einhaltung genehmigter Verhaltensregeln gemäß Artikel 40 durch die zuständigen Verantwortlichen oder die zuständigen Auftragsverarbeiter ist bei der Beurteilung der Auswirkungen der von diesen durchgeführten Verarbeitungsvorgänge, insbesondere für die Zwecke einer Datenschutz-Folgenabschätzung, gebührend zu berücksichtigen.

(9) Der Verantwortliche holt gegebenenfalls den Standpunkt der betroffenen Personen oder ihrer Vertreter zu der beabsichtigten Verarbeitung unbeschadet des Schutzes gewerblicher oder öffentlicher Interessen oder der Sicherheit der Verarbeitungsvorgänge ein.

(10) Falls die Verarbeitung gemäß Artikel 6 Absatz 1 Buchstabe c oder e auf einer Rechtsgrundlage im Unionsrecht oder im Recht des Mitgliedstaats, dem der Verantwortliche unterliegt, beruht und falls diese Rechtsvorschriften den konkreten Verarbeitungsvorgang oder die konkreten Verarbeitungsvorgänge regeln und bereits im Rahmen der allgemeinen Folgenabschätzung im Zusammenhang mit dem Erlass dieser Rechtsgrundlage eine Datenschutz-Folgenabschätzung erfolgte, gelten die Absätze 1 bis 7 nur, wenn es nach dem Ermessen der Mitgliedstaaten erforderlich ist, vor den betreffenden Verarbeitungstätigkeiten eine solche Folgenabschätzung durchzuführen.

(11) Erforderlichenfalls führt der Verantwortliche eine Überprüfung durch, um zu bewerten, ob die Verarbeitung gemäß der Datenschutz-Folgenabschätzung durchgeführt wird; dies gilt zumindest, wenn hinsichtlich des mit den Verarbeitungsvorgängen verbundenen Risikos Änderungen eingetreten sind.

Artikel 36 Vorherige Konsultation

(1) Der Verantwortliche konsultiert vor der Verarbeitung die Aufsichtsbehörde, wenn aus einer Datenschutz-Folgenabschätzung gemäß Artikel 35 hervorgeht, dass die Verarbeitung ein hohes Risiko zur Folge hätte, sofern der Verantwortliche keine Maßnahmen zur Eindämmung des Risikos trifft.

(2) [1]Falls die Aufsichtsbehörde der Auffassung ist, dass die geplante Verarbeitung gemäß Absatz 1 nicht im Einklang mit dieser Verordnung stünde, insbesondere weil der Verantwortliche das Risiko nicht ausreichend ermittelt oder nicht ausreichend eingedämmt hat, unterbreitet sie dem Verantwortlichen und gegebenenfalls dem Auftragsverarbeiter innerhalb eines Zeitraums von bis zu acht Wochen nach Erhalt des Ersuchens um Konsultation entsprechende schriftliche Empfehlungen und kann ihre in Artikel 58 genannten Befugnisse ausüben. [2]Diese Frist kann unter Berücksichtigung der Komplexität der geplanten Verarbeitung um sechs Wochen verlängert werden. [3]Die Aufsichtsbehörde unterrichtet den Verantwortlichen oder gegebenenfalls den Auftragsverarbeiter über eine solche Fristverlängerung innerhalb eines Monats nach Eingang des Antrags auf Konsultation zusammen mit den Gründen für die Verzögerung. [4]Diese Fristen können ausgesetzt werden, bis die Aufsichtsbehörde die für die Zwecke der Konsultation angeforderten Informationen erhalten hat.

(3) Der Verantwortliche stellt der Aufsichtsbehörde bei einer Konsultation gemäß Absatz 1 folgende Informationen zur Verfügung:

a) gegebenenfalls Angaben zu den jeweiligen Zuständigkeiten des Verantwortlichen, der gemeinsam Verantwortlichen und der an der Verarbeitung beteiligten Auftragsverarbeiter, insbesondere bei einer Verarbeitung innerhalb einer Gruppe von Unternehmen;

b) die Zwecke und die Mittel der beabsichtigten Verarbeitung;

c) die zum Schutz der Rechte und Freiheiten der betroffenen Personen gemäß dieser Verordnung vorgesehenen Maßnahmen und Garantien;

d) gegebenenfalls die Kontaktdaten des Datenschutzbeauftragten;

e) die Datenschutz-Folgenabschätzung gemäß Artikel 35 und

f) alle sonstigen von der Aufsichtsbehörde angeforderten Informationen.

(4) Die Mitgliedstaaten konsultieren die Aufsichtsbehörde bei der Ausarbeitung eines Vorschlags für von einem nationalen Parlament zu erlassende Gesetzgebungsmaßnahmen oder von auf solchen Gesetzgebungsmaßnahmen basierenden Regelungsmaßnahmen, die die Verarbeitung betreffen.

(5) Ungeachtet des Absatzes 1 können Verantwortliche durch das Recht der Mitgliedstaaten verpflichtet werden, bei der Verarbeitung zur Erfüllung einer im öffentlichen Interesse liegenden Aufgabe, einschließlich der Verarbeitung zu Zwecken der sozialen Sicherheit und der öffentlichen Gesundheit, die Aufsichtsbehörde zu konsultieren und deren vorherige Genehmigung einzuholen.

Abschnitt 4
Datenschutzbeauftragter

Artikel 37 Benennung eines Datenschutzbeauftragten

(1) Der Verantwortliche und der Auftragsverarbeiter benennen auf jeden Fall einen Datenschutzbeauftragten, wenn

a) die Verarbeitung von einer Behörde oder öffentlichen Stelle durchgeführt wird, mit Ausnahme von Gerichten, soweit sie im Rahmen ihrer justiziellen Tätigkeit handeln,

b) die Kerntätigkeit des Verantwortlichen oder des Auftragsverarbeiters in der Durchführung von Verarbeitungsvorgängen besteht, welche aufgrund ihrer Art, ihres Umfangs und/oder ihrer Zwecke eine umfangreiche regelmäßige und systematische Überwachung von betroffenen Personen erforderlich machen, oder

443

Art. 38, 39 DS-GVO 24

c) die Kerntätigkeit des Verantwortlichen oder des Auftragsverarbeiters in der umfangreichen Verarbeitung besonderer Kategorien von Daten gemäß Artikel 9 oder von personenbezogenen Daten über strafrechtliche Verurteilungen und Straftaten gemäß Artikel 10 besteht.

(2) Eine Unternehmensgruppe darf einen gemeinsamen Datenschutzbeauftragten ernennen, sofern von jeder Niederlassung aus der Datenschutzbeauftragte leicht erreicht werden kann.

(3) Falls es sich bei dem Verantwortlichen oder dem Auftragsverarbeiter um eine Behörde oder öffentliche Stelle handelt, kann für mehrere solcher Behörden oder Stellen unter Berücksichtigung ihrer Organisationsstruktur und ihrer Größe ein gemeinsamer Datenschutzbeauftragter benannt werden.

(4) [1]In anderen als den in Absatz 1 genannten Fällen können der Verantwortliche oder der Auftragsverarbeiter oder Verbände und andere Vereinigungen, die Verantwortliche oder Auftragsverarbeitern vertreten, einen Datenschutzbeauftragten benennen; falls dies nach dem Recht der Union oder der Mitgliedstaaten vorgeschrieben ist, müssen sie einen solchen benennen. [2]Der Datenschutzbeauftragte kann für derartige Verbände und andere Vereinigungen, die Verantwortliche oder Auftragsverarbeiter vertreten, handeln.

(5) Der Datenschutzbeauftragte wird auf der Grundlage seiner beruflichen Qualifikation und insbesondere des Fachwissens benannt, das er auf dem Gebiet des Datenschutzrechts und der Datenschutzpraxis besitzt, sowie auf der Grundlage seiner Fähigkeit zur Erfüllung der in Artikel 39 genannten Aufgaben.

(6) Der Datenschutzbeauftragte kann Beschäftigter des Verantwortlichen oder des Auftragsverarbeiters sein oder seine Aufgaben auf der Grundlage eines Dienstleistungsvertrags erfüllen.

(7) Der Verantwortliche oder der Auftragsverarbeiter veröffentlicht die Kontaktdaten des Datenschutzbeauftragten und teilt diese Daten der Aufsichtsbehörde mit.

Artikel 38 Stellung des Datenschutzbeauftragten

(1) Der Verantwortliche und der Auftragsverarbeiter stellen sicher, dass der Datenschutzbeauftragte ordnungsgemäß und frühzeitig in alle mit dem Schutz personenbezogener Daten zusammenhängenden Fragen eingebunden wird.

(2) Der Verantwortliche und der Auftragsverarbeiter unterstützen den Datenschutzbeauftragten bei der Erfüllung seiner Aufgaben gemäß Artikel 39, indem sie die für die Erfüllung dieser Aufgaben erforderlichen Ressourcen und den Zugang zu personenbezogenen Daten und Verarbeitungsvorgängen sowie die zur Erhaltung seines Fachwissens erforderlichen Ressourcen zur Verfügung stellen.

(3) [1]Der Verantwortliche und der Auftragsverarbeiter stellen sicher, dass der Datenschutzbeauftragte bei der Erfüllung seiner Aufgaben keine Anweisungen bezüglich der Ausübung dieser Aufgaben erhält. [2]Der Datenschutzbeauftragte darf von dem Verantwortlichen oder dem Auftragsverarbeiter wegen der Erfüllung seiner Aufgaben nicht abberufen oder benachteiligt werden. [3]Der Datenschutzbeauftragte berichtet unmittelbar der höchsten Managementebene des Verantwortlichen oder des Auftragsverarbeiters.

(4) Betroffene Personen können den Datenschutzbeauftragten zu allen mit der Verarbeitung ihrer personenbezogenen Daten und mit der Wahrnehmung ihrer Rechte gemäß dieser Verordnung im Zusammenhang stehenden Fragen zu Rate ziehen.

(5) Der Datenschutzbeauftragte ist nach dem Recht der Union oder der Mitgliedstaaten bei der Erfüllung seiner Aufgaben an die Wahrung der Geheimhaltung oder der Vertraulichkeit gebunden.

(6) [1]Der Datenschutzbeauftragte kann andere Aufgaben und Pflichten wahrnehmen. [2]Der Verantwortliche oder der Auftragsverarbeiter stellt sicher, dass derartige Aufgaben und Pflichten nicht zu einem Interessenkonflikt führen.

Artikel 39 Aufgaben des Datenschutzbeauftragten

(1) Dem Datenschutzbeauftragten obliegen zumindest folgende Aufgaben:

a) Unterrichtung und Beratung des Verantwortlichen oder des Auftragsverarbeiters und der Beschäftigten, die Verarbeitungen durchführen, hinsichtlich ihrer Pflichten nach dieser Verordnung sowie nach sonstigen Datenschutzvorschriften der Union bzw. der Mitgliedstaaten;

b) Überwachung der Einhaltung dieser Verordnung, anderer Datenschutzvorschriften der Union bzw. der Mitgliedstaaten sowie der Strategien des Verantwortlichen oder des Auftragsverarbeiters für den Schutz personenbezogener Daten einschließlich der Zuweisung von Zuständigkeiten, der Sensibilisierung und Schulung der an den Verarbeitungsvorgängen beteiligten Mitarbeiter und der diesbezüglichen Überprüfungen;

c) Beratung – auf Anfrage – im Zusammenhang mit der Datenschutz-Folgenabschätzung und Überwachung ihrer Durchführung gemäß Artikel 35;

d) Zusammenarbeit mit der Aufsichtsbehörde;

e) Tätigkeit als Anlaufstelle für die Aufsichtsbehörde in mit der Verarbeitung zusammenhängenden Fragen, einschließlich der vorherigen Konsultation gemäß Artikel 36, und gegebenenfalls Beratung zu allen sonstigen Fragen.

(2) Der Datenschutzbeauftragte trägt bei der Erfüllung seiner Aufgaben dem mit den Verarbeitungsvorgängen verbundenen Risiko gebührend Rechnung, wobei er die Art, den Umfang, die Umstände und die Zwecke der Verarbeitung berücksichtigt.

Abschnitt 5
Verhaltensregeln und Zertifizierung

Artikel 40 Verhaltensregeln

(1) Die Mitgliedstaaten, die Aufsichtsbehörden, der Ausschuss und die Kommission fördern die Ausarbeitung von Verhaltensregeln, die nach Maßgabe der Besonderheiten der einzelnen Verarbeitungsbereiche und der besonderen Bedürfnisse von Kleinstunternehmen sowie kleinen und mittleren Unternehmen zur ordnungsgemäßen Anwendung dieser Verordnung beitragen sollen.

(2) Verbände und andere Vereinigungen, die Kategorien von Verantwortlichen oder Auftragsverarbeitern vertreten, können Verhaltensregeln ausarbeiten oder ändern oder erweitern, mit denen die Anwendung dieser Verordnung beispielsweise zu dem Folgenden präzisiert wird:

a) faire und transparente Verarbeitung;
b) die berechtigten Interessen des Verantwortlichen in bestimmten Zusammenhängen;
c) Erhebung personenbezogener Daten;
d) Pseudonymisierung personenbezogener Daten;
e) Unterrichtung der Öffentlichkeit und der betroffenen Personen;
f) Ausübung der Rechte betroffener Personen;
g) Unterrichtung und Schutz von Kindern und Art und Weise, in der die Einwilligung des Trägers der elterlichen Verantwortung für das Kind einzuholen ist;
h) die Maßnahmen und Verfahren gemäß den Artikeln 24 und 25 und die Maßnahmen für die Sicherheit der Verarbeitung gemäß Artikel 32;
i) die Meldung von Verletzungen des Schutzes personenbezogener Daten an Aufsichtsbehörden und die Benachrichtigung der betroffenen Person von solchen Verletzungen des Schutzes personenbezogener Daten;
j) die Übermittlung personenbezogener Daten an Drittländer oder an internationale Organisationen oder
k) außergerichtliche Verfahren und sonstige Streitbeilegungsverfahren zur Beilegung von Streitigkeiten zwischen Verantwortlichen und betroffenen Personen im Zusammenhang mit der Verarbeitung, unbeschadet der Rechte betroffener Personen gemäß den Artikeln 77 und 79.

(3) [1]Zusätzlich zur Einhaltung durch die unter diese Verordnung fallenden Verantwortlichen oder Auftragsverarbeiter können Verhaltensregeln, die gemäß Absatz 5 des vorliegenden Artikels genehmigt wurden und gemäß Absatz 9 des vorliegenden Artikels allgemeine Gültigkeit besitzen, auch von Verantwortlichen oder Auftragsverarbeitern, die gemäß Artikel 3 nicht unter diese Verordnung fallen, eingehalten werden, um geeignete Garantien im Rahmen der Übermittlung personenbezogener Daten an Drittländer oder internationale Organisationen nach Maßgabe des Artikels 46 Absatz 2 Buchstabe e zu bieten. [2]Diese Verantwortlichen oder Auftragsverarbeiter gehen mittels vertraglicher oder sonstiger rechtlich bindender Instrumente die verbindliche und durchsetzbare Verpflichtung ein, die geeigneten Garantien anzuwenden, auch im Hinblick auf die Rechte der betroffenen Personen.

(4) Die Verhaltensregeln gemäß Absatz 2 des vorliegenden Artikels müssen Verfahren vorsehen, die es der in Artikel 41 Absatz 1 genannten Stelle ermöglichen, die obligatorische Überwachung der Einhaltung ihrer Bestimmungen durch die Verantwortlichen oder die Auftragsverarbeiter, die sich zur Anwendung der Verhaltensregeln verpflichten, vorzunehmen, unbeschadet der Aufgaben und Befugnisse der Aufsichtsbehörde, die nach Artikel 55 oder 56 zuständig ist.

(5) [1]Verbände und andere Vereinigungen gemäß Absatz 2 des vorliegenden Artikels, die beabsichtigen, Verhaltensregeln auszuarbeiten oder bestehende Verhaltensregeln zu ändern oder zu erweitern, legen den Entwurf der Verhaltensregeln bzw. den Entwurf zu deren Änderung oder Erweiterung der Aufsichtsbehörde vor, die nach Artikel 55 zuständig ist. [2]Die Aufsichtsbehörde gibt eine Stellungnahme darüber ab, ob der Entwurf der Verhaltensregeln bzw. der Entwurf zu deren Änderung oder Erweiterung mit dieser Verordnung vereinbar ist und genehmigt diesen Entwurf der Verhaltensregeln bzw. den Entwurf zu deren Änderung oder Erweiterung, wenn sie der Auffassung ist, dass er ausreichende geeignete Garantien bietet.

(6) Wird durch die Stellungnahme nach Absatz 5 der Entwurf der Verhaltensregeln bzw. der Entwurf zu deren Änderung oder Erweiterung genehmigt und beziehen sich die betreffenden Verhaltensregeln nicht

auf Verarbeitungstätigkeiten in mehreren Mitgliedstaaten, so nimmt die Aufsichtsbehörde die Verhaltensregeln in ein Verzeichnis auf und veröffentlicht sie.

(7) Bezieht sich der Entwurf der Verhaltensregeln auf Verarbeitungstätigkeiten in mehreren Mitgliedstaaten, so legt die nach Artikel 55 zuständige Aufsichtsbehörde – bevor sie den Entwurf der Verhaltensregeln bzw. den Entwurf zu deren Änderung oder Erweiterung genehmigt – ihn nach dem Verfahren gemäß Artikel 63 dem Ausschuss vor, der zu der Frage Stellung nimmt, ob der Entwurf der Verhaltensregeln bzw. der Entwurf zu deren Änderung oder Erweiterung mit dieser Verordnung vereinbar ist oder – im Fall nach Absatz 3 dieses Artikels – geeignete Garantien vorsieht.

(8) Wird durch die Stellungnahme nach Absatz 7 bestätigt, dass der Entwurf der Verhaltensregeln bzw. der Entwurf zu deren Änderung oder Erweiterung mit dieser Verordnung vereinbar ist oder – im Fall nach Absatz 3 – geeignete Garantien vorsieht, so übermittelt der Ausschuss seine Stellungnahme der Kommission.

(9) [1]Die Kommission kann im Wege von Durchführungsrechtsakten beschließen, dass die ihr gemäß Absatz 8 übermittelten genehmigten Verhaltensregeln bzw. deren genehmigte Änderung oder Erweiterung allgemeine Gültigkeit in der Union besitzen. [2]Diese Durchführungsrechtsakte werden gemäß dem Prüfverfahren nach Artikel 93 Absatz 2 erlassen.

(10) Die Kommission trägt dafür Sorge, dass die genehmigten Verhaltensregeln, denen gemäß Absatz 9 allgemeine Gültigkeit zuerkannt wurde, in geeigneter Weise veröffentlicht werden.

(11) Der Ausschuss nimmt alle genehmigten Verhaltensregeln bzw. deren genehmigte Änderungen oder Erweiterungen in ein Register auf und veröffentlicht sie in geeigneter Weise.

Artikel 41 Überwachung der genehmigten Verhaltensregeln

(1) Unbeschadet der Aufgaben und Befugnisse der zuständigen Aufsichtsbehörde gemäß den Artikeln 57 und 58 kann die Überwachung der Einhaltung von Verhaltensregeln gemäß Artikel 40 von einer Stelle durchgeführt werden, die über das geeignete Fachwissen hinsichtlich des Gegenstands der Verhaltensregeln verfügt und die von der zuständigen Aufsichtsbehörde zu diesem Zweck akkreditiert wurde.

(2) Eine Stelle gemäß Absatz 1 kann zum Zwecke der Überwachung der Einhaltung von Verhaltensregeln akkreditiert werden, wenn sie

a) ihre Unabhängigkeit und ihr Fachwissen hinsichtlich des Gegenstands der Verhaltensregeln zur Zufriedenheit der zuständigen Aufsichtsbehörde nachgewiesen hat;

b) Verfahren festgelegt hat, die es ihr ermöglichen, zu bewerten, ob Verantwortliche und Auftragsverarbeiter die Verhaltensregeln anwenden können, die Einhaltung der Verhaltensregeln durch die Verantwortlichen und Auftragsverarbeiter zu überwachen und die Anwendung der Verhaltensregeln regelmäßig zu überprüfen;

c) Verfahren und Strukturen festgelegt hat, mit denen sie Beschwerden über Verletzungen der Verhaltensregeln oder über die Art und Weise, in der die Verhaltensregeln von dem Verantwortlichen oder dem Auftragsverarbeiter angewendet werden oder wurden, nachgeht und diese Verfahren und Strukturen für betroffene Personen und die Öffentlichkeit transparent macht, und

d) zur Zufriedenheit der zuständigen Aufsichtsbehörde nachgewiesen hat, dass ihre Aufgaben und Pflichten nicht zu einem Interessenkonflikt führen.

(3) Die zuständige Aufsichtsbehörde übermittelt den Entwurf der Anforderungen an die Akkreditierung einer Stelle nach Absatz 1 gemäß dem Kohärenzverfahren nach Artikel 63 an den Ausschuss.

(4) [1]Unbeschadet der Aufgaben und Befugnisse der zuständigen Aufsichtsbehörde und der Bestimmungen des Kapitels VIII ergreift eine Stelle gemäß Absatz 1 vorbehaltlich geeigneter Garantien im Falle einer Verletzung der Verhaltensregeln durch einen Verantwortlichen oder einen Auftragsverarbeiter geeignete Maßnahmen, einschließlich eines vorläufigen oder endgültigen Ausschlusses des Verantwortlichen oder Auftragsverarbeiters von den Verhaltensregeln. [2]Sie unterrichtet die zuständige Aufsichtsbehörde über solche Maßnahmen und deren Begründung.

(5) Die zuständige Aufsichtsbehörde widerruft die Akkreditierung einer Stelle gemäß Absatz 1, wenn die Anforderungen an ihre Akkreditierung nicht oder nicht mehr erfüllt sind oder wenn die Stelle Maßnahmen ergreift, die nicht mit dieser Verordnung vereinbar sind.

(6) Dieser Artikel gilt nicht für die Verarbeitung durch Behörden oder öffentliche Stellen.

Artikel 42 Zertifizierung

(1) [1]Die Mitgliedstaaten, die Aufsichtsbehörden, der Ausschuss und die Kommission fördern insbesondere auf Unionsebene die Einführung von datenschutzspezifischen Zertifizierungsverfahren sowie von Datenschutzsiegeln und -prüfzeichen, die dazu dienen, nachzuweisen, dass diese Verordnung bei Verarbeitungsvorgängen von Verantwortlichen oder Auftragsverarbeitern eingehalten wird. [2]Den besonderen

Bedürfnissen von Kleinstunternehmen sowie kleinen und mittleren Unternehmen wird Rechnung getragen.

(2) [1]Zusätzlich zur Einhaltung durch die unter diese Verordnung fallenden Verantwortlichen oder Auftragsverarbeiter können auch datenschutzspezifische Zertifizierungsverfahren, Siegel oder Prüfzeichen, die gemäß Absatz 5 des vorliegenden Artikels genehmigt worden sind, vorgesehen werden, um nachzuweisen, dass die Verantwortlichen oder Auftragsverarbeiter, die gemäß Artikel 3 nicht unter diese Verordnung fallen, im Rahmen der Übermittlung personenbezogener Daten an Drittländer oder internationale Organisationen nach Maßgabe von Artikel 46 Absatz 2 Buchstabe f geeignete Garantien bieten. [2]Diese Verantwortlichen oder Auftragsverarbeiter gehen mittels vertraglicher oder sonstiger rechtlich bindender Instrumente die verbindliche und durchsetzbare Verpflichtung ein, diese geeigneten Garantien anzuwenden, auch im Hinblick auf die Rechte der betroffenen Personen.

(3) Die Zertifizierung muss freiwillig und über ein transparentes Verfahren zugänglich sein.

(4) Eine Zertifizierung gemäß diesem Artikel mindert nicht die Verantwortung des Verantwortlichen oder des Auftragsverarbeiters für die Einhaltung dieser Verordnung und berührt nicht die Aufgaben und Befugnisse der Aufsichtsbehörden, die gemäß Artikel 55 oder 56 zuständig sind.

(5) [1]Eine Zertifizierung nach diesem Artikel wird durch die Zertifizierungsstellen nach Artikel 43 oder durch die zuständige Aufsichtsbehörde anhand der von dieser zuständigen Aufsichtsbehörde gemäß Artikel 58 Absatz 3 oder – gemäß Artikel 63 – durch den Ausschuss genehmigten Kriterien erteilt. [2]Werden die Kriterien vom Ausschuss genehmigt, kann dies zu einer gemeinsamen Zertifizierung, dem Europäischen Datenschutzsiegel, führen.

(6) Der Verantwortliche oder der Auftragsverarbeiter, der die von ihm durchgeführte Verarbeitung dem Zertifizierungsverfahren unterwirft, stellt der Zertifizierungsstelle nach Artikel 43 oder gegebenenfalls der zuständigen Aufsichtsbehörde alle für die Durchführung des Zertifizierungsverfahrens erforderlichen Informationen zur Verfügung und gewährt ihr den in diesem Zusammenhang erforderlichen Zugang zu seinen Verarbeitungstätigkeiten.

(7) [1]Die Zertifizierung wird einem Verantwortlichen oder einem Auftragsverarbeiter für eine Höchstdauer von drei Jahren erteilt und kann unter denselben Bedingungen verlängert werden, sofern die einschlägigen Kriterien weiterhin erfüllt werden. [2]Die Zertifizierung wird gegebenenfalls durch die Zertifizierungsstellen nach Artikel 43 oder durch die zuständige Aufsichtsbehörde widerrufen, wenn die Kriterien für die Zertifizierung nicht oder nicht mehr erfüllt werden.

(8) Der Ausschuss nimmt alle Zertifizierungsverfahren und Datenschutzsiegel und -prüfzeichen in ein Register auf und veröffentlicht sie in geeigneter Weise.

Artikel 43 Zertifizierungsstellen

(1) [1]Unbeschadet der Aufgaben und Befugnisse der zuständigen Aufsichtsbehörde gemäß den Artikeln 57 und 58 erteilen oder verlängern Zertifizierungsstellen, die über das geeignete Fachwissen hinsichtlich des Datenschutzes verfügen, nach Unterrichtung der Aufsichtsbehörde – damit diese erforderlichenfalls von ihren Befugnissen gemäß Artikel 58 Absatz 2 Buchstabe h Gebrauch machen kann – die Zertifizierung. [2]Die Mitgliedstaaten stellen sicher, dass diese Zertifizierungsstellen von einer oder beiden der folgenden Stellen akkreditiert werden:

a) der gemäß Artikel 55 oder 56 zuständigen Aufsichtsbehörde;

b) der nationalen Akkreditierungsstelle, die gemäß der Verordnung (EG) Nr. 765/2008 des Europäischen Parlaments und des Rates[1] im Einklang mit EN-ISO/IEC 17065/2012 und mit den zusätzlichen von der gemäß Artikel 55 oder 56 zuständigen Aufsichtsbehörde festgelegten Anforderungen benannt wurde.

(2) Zertifizierungsstellen nach Absatz 1 dürfen nur dann gemäß dem genannten Absatz akkreditiert werden, wenn sie

a) ihre Unabhängigkeit und ihr Fachwissen hinsichtlich des Gegenstands der Zertifizierung zur Zufriedenheit der zuständigen Aufsichtsbehörde nachgewiesen haben;

b) sich verpflichtet haben, die Kriterien nach Artikel 42 Absatz 5, die von der gemäß Artikel 55 oder 56 zuständigen Aufsichtsbehörde oder – gemäß Artikel 63 – von dem Ausschuss genehmigt wurden, einzuhalten;

c) Verfahren für die Erteilung, die regelmäßige Überprüfung und den Widerruf der Datenschutzzertifizierung sowie der Datenschutzsiegel und -prüfzeichen festgelegt haben;

1) **Amtl. Anm.:** Verordnung (EG) Nr. 765/2008 des Europäischen Parlaments und des Rates vom 9. Juli 2008 über die Vorschriften für die Akkreditierung und Marktüberwachung im Zusammenhang mit der Vermarktung von Produkten und zur Aufhebung der Verordnung (EWG) Nr. 339/93 des Rates (ABl. L 218 vom 13.8.2008, S. 30).

d) Verfahren und Strukturen festgelegt haben, mit denen sie Beschwerden über Verletzungen der Zertifizierung oder die Art und Weise, in der die Zertifizierung von dem Verantwortlichen oder dem Auftragsverarbeiter umgesetzt wird oder wurde, nachgehen und diese Verfahren und Strukturen für betroffene Personen und die Öffentlichkeit transparent machen, und

e) zur Zufriedenheit der zuständigen Aufsichtsbehörde nachgewiesen haben, dass ihre Aufgaben und Pflichten nicht zu einem Interessenkonflikt führen.

(3) [1]Die Akkreditierung von Zertifizierungsstellen nach den Absätzen 1 und 2 erfolgt anhand der Anforderungen, die von der gemäß Artikel 55 oder 56 zuständigen Aufsichtsbehörde oder – gemäß Artikel 63 – von dem Ausschuss genehmigt wurden. [2]Im Fall einer Akkreditierung nach Absatz 1 Buchstabe b des vorliegenden Artikels ergänzen diese Anforderungen diejenigen, die in der Verordnung (EG) Nr. 765/2008 und in den technischen Vorschriften, in denen die Methoden und Verfahren der Zertifizierungsstellen beschrieben werden, vorgesehen sind.

(4) [1]Die Zertifizierungsstellen nach Absatz 1 sind unbeschadet der Verantwortung, die der Verantwortliche oder der Auftragsverarbeiter für die Einhaltung dieser Verordnung hat, für die angemessene Bewertung, die der Zertifizierung oder dem Widerruf einer Zertifizierung zugrunde liegt, verantwortlich. [2]Die Akkreditierung wird für eine Höchstdauer von fünf Jahren erteilt und kann unter denselben Bedingungen verlängert werden, sofern die Zertifizierungsstelle die Anforderungen dieses Artikels erfüllt.

(5) Die Zertifizierungsstellen nach Absatz 1 teilen den zuständigen Aufsichtsbehörden die Gründe für die Erteilung oder den Widerruf der beantragten Zertifizierung mit.

(6) [1]Die Anforderungen nach Absatz 3 des vorliegenden Artikels und die Kriterien nach Artikel 42 Absatz 5 werden von der Aufsichtsbehörde in leicht zugänglicher Form veröffentlicht. [2]Die Aufsichtsbehörden übermitteln diese Anforderungen und Kriterien auch dem Ausschuss.

(7) Unbeschadet des Kapitels VIII widerruft die zuständige Aufsichtsbehörde oder die nationale Akkreditierungsstelle die Akkreditierung einer Zertifizierungsstelle nach Absatz 1, wenn die Voraussetzungen für die Akkreditierung nicht oder nicht mehr erfüllt sind oder wenn eine Zertifizierungsstelle Maßnahmen ergreift, die nicht mit dieser Verordnung vereinbar sind.

(8) Der Kommission wird die Befugnis übertragen, gemäß Artikel 92 delegierte Rechtsakte zu erlassen, um die Anforderungen festzulegen, die für die in Artikel 42 Absatz 1 genannten datenschutzspezifischen Zertifizierungsverfahren zu berücksichtigen sind.

(9) [1]Die Kommission kann Durchführungsrechtsakte erlassen, mit denen technische Standards für Zertifizierungsverfahren und Datenschutzsiegel und -prüfzeichen sowie Mechanismen zur Förderung und Anerkennung dieser Zertifizierungsverfahren und Datenschutzsiegel und -prüfzeichen festgelegt werden. [2]Diese Durchführungsrechtsakte werden gemäß dem in Artikel 93 Absatz 2 genannten Prüfverfahren erlassen.

Kapitel V
Übermittlungen personenbezogener Daten an Drittländer oder an internationale Organisationen

Artikel 44 Allgemeine Grundsätze der Datenübermittlung
[1]Jedwede Übermittlung personenbezogener Daten, die bereits verarbeitet werden oder nach ihrer Übermittlung an ein Drittland oder eine internationale Organisation verarbeitet werden sollen, ist nur zulässig, wenn der Verantwortliche und der Auftragsverarbeiter die in diesem Kapitel niedergelegten Bedingungen einhalten und auch die sonstigen Bestimmungen dieser Verordnung eingehalten werden; dies gilt auch für die etwaige Weiterübermittlung personenbezogener Daten aus dem betreffenden Drittland oder der betreffenden internationalen Organisation an ein anderes Drittland oder eine andere internationale Organisation. [2]Alle Bestimmungen dieses Kapitels sind anzuwenden, um sicherzustellen, dass das durch diese Verordnung gewährleistete Schutzniveau für natürliche Personen nicht untergraben wird.

Artikel 45 Datenübermittlung auf der Grundlage eines Angemessenheitsbeschlusses
(1) [1]Eine Übermittlung personenbezogener Daten an ein Drittland oder eine internationale Organisation darf vorgenommen werden, wenn die Kommission beschlossen hat, dass das betreffende Drittland, ein Gebiet oder ein oder mehrere spezifische Sektoren in diesem Drittland oder die betreffende internationale Organisation ein angemessenes Schutzniveau bietet. [2]Eine solche Datenübermittlung bedarf keiner besonderen Genehmigung.

(2) Bei der Prüfung der Angemessenheit des gebotenen Schutzniveaus berücksichtigt die Kommission insbesondere das Folgende:

a) die Rechtsstaatlichkeit, die Achtung der Menschenrechte und Grundfreiheiten, die in dem betreffenden Land bzw. bei der betreffenden internationalen Organisation geltenden einschlägigen Rechts-

vorschriften sowohl allgemeiner als auch sektoraler Art – auch in Bezug auf öffentliche Sicherheit, Verteidigung, nationale Sicherheit und Strafrecht sowie Zugang der Behörden zu personenbezogenen Daten – sowie die Anwendung dieser Rechtsvorschriften, Datenschutzvorschriften, Berufsregeln und Sicherheitsvorschriften einschließlich der Vorschriften für die Weiterübermittlung personenbezogener Daten an ein anderes Drittland bzw. eine andere internationale Organisation, die Rechtsprechung sowie wirksame und durchsetzbare Rechte der betroffenen Person und wirksame verwaltungsrechtliche und gerichtliche Rechtsbehelfe für betroffene Personen, deren personenbezogene Daten übermittelt werden,

b) die Existenz und die wirksame Funktionsweise einer oder mehrerer unabhängiger Aufsichtsbehörden in dem betreffenden Drittland oder denen eine internationale Organisation untersteht und die für die Einhaltung und Durchsetzung der Datenschutzvorschriften, einschließlich angemessener Durchsetzungsbefugnisse, für die Unterstützung und Beratung der betroffenen Personen bei der Ausübung ihrer Rechte und für die Zusammenarbeit mit den Aufsichtsbehörden der Mitgliedstaaten zuständig sind, und

c) die von dem betreffenden Drittland bzw. der betreffenden internationalen Organisation eingegangenen internationalen Verpflichtungen oder andere Verpflichtungen, die sich aus rechtsverbindlichen Übereinkünften oder Instrumenten sowie aus der Teilnahme des Drittlands oder der internationalen Organisation an multilateralen oder regionalen Systemen insbesondere in Bezug auf den Schutz personenbezogener Daten ergeben.

(3) [1]Nach der Beurteilung der Angemessenheit des Schutzniveaus kann die Kommission im Wege eines Durchführungsrechtsaktes beschließen, dass ein Drittland, ein Gebiet oder ein oder mehrere spezifische Sektoren in einem Drittland oder eine internationale Organisation ein angemessenes Schutzniveau im Sinne des Absatzes 2 des vorliegenden Artikels bieten. [2]In dem Durchführungsrechtsakt ist ein Mechanismus für eine regelmäßige Überprüfung, die mindestens alle vier Jahre erfolgt, vorzusehen, bei der allen maßgeblichen Entwicklungen in dem Drittland oder bei der internationalen Organisation Rechnung getragen wird. [3]Im Durchführungsrechtsakt werden der territoriale und der sektorale Anwendungsbereich sowie gegebenenfalls die in Absatz 2 Buchstabe b des vorliegenden Artikels genannte Aufsichtsbehörde bzw. genannten Aufsichtsbehörden angegeben. [4]Der Durchführungsrechtsakt wird gemäß dem in Artikel 93 Absatz 2 genannten Prüfverfahren erlassen.

(4) Die Kommission überwacht fortlaufend die Entwicklungen in Drittländern und bei internationalen Organisationen, die die Wirkungsweise der nach Absatz 3 des vorliegenden Artikels erlassenen Beschlüsse und der nach Artikel 25 Absatz 6 der Richtlinie 95/46/EG erlassenen Feststellungen beeinträchtigen könnten.

(5)
[1]Die Kommission widerruft, ändert oder setzt die in Absatz 3 des vorliegenden Artikels genannten Beschlüsse im Wege von Durchführungsrechtsakten aus, soweit dies nötig ist und ohne rückwirkende Kraft, soweit entsprechende Informationen – insbesondere im Anschluss an die in Absatz 3 des vorliegenden Artikels genannte Überprüfung – dahingehend vorliegen, dass ein Drittland, ein Gebiet oder ein oder mehrere spezifischer Sektor in einem Drittland oder eine internationale Organisation kein angemessenes Schutzniveau im Sinne des Absatzes 2 des vorliegenden Artikels mehr gewährleistet. [2]Diese Durchführungsrechtsakte werden gemäß dem Prüfverfahren nach Artikel 93 Absatz 2 erlassen.
In hinreichend begründeten Fällen äußerster Dringlichkeit erlässt die Kommission gemäß dem in Artikel 93 Absatz 3 genannten Verfahren sofort geltende Durchführungsrechtsakte.

(6) Die Kommission nimmt Beratungen mit dem betreffenden Drittland bzw. der betreffenden internationalen Organisation auf, um Abhilfe für die Situation zu schaffen, die zu dem gemäß Absatz 5 erlassenen Beschluss geführt hat.

(7) Übermittlungen personenbezogener Daten an das betreffende Drittland, das Gebiet oder einen oder mehrere spezifische Sektoren in diesem Drittland oder an die betreffende internationale Organisation gemäß den Artikeln 46 bis 49 werden durch einen Beschluss nach Absatz 5 des vorliegenden Artikels nicht berührt.

(8) Die Kommission veröffentlicht im *Amtsblatt der Europäischen Union* und auf ihrer Website eine Liste aller Drittländer beziehungsweise Gebiete und spezifischer Sektoren in einem Drittland und aller internationalen Organisationen, für die sie durch Beschluss festgestellt hat, dass sie ein angemessenes Schutzniveau gewährleisten bzw. nicht mehr gewährleisten.

(9) Von der Kommission auf der Grundlage von Artikel 25 Absatz 6 der Richtlinie 95/46/EG erlassene Feststellungen bleiben so lange in Kraft, bis sie durch einen nach dem Prüfverfahren gemäß den Absätzen 3 oder 5 des vorliegenden Artikels erlassenen Beschluss der Kommission geändert, ersetzt oder aufgehoben werden.

Artikel 46 Datenübermittlung vorbehaltlich geeigneter Garantien

(1) Falls kein Beschluss nach Artikel 45 Absatz 3 vorliegt, darf ein Verantwortlicher oder ein Auftragsverarbeiter personenbezogene Daten an ein Drittland oder eine internationale Organisation nur übermitteln, sofern der Verantwortliche oder der Auftragsverarbeiter geeignete Garantien vorgesehen hat und sofern den betroffenen Personen durchsetzbare Rechte und wirksame Rechtsbehelfe zur Verfügung stehen.

(2) Die in Absatz 1 genannten geeigneten Garantien können, ohne dass hierzu eine besondere Genehmigung einer Aufsichtsbehörde erforderlich wäre, bestehen in

a) einem rechtlich bindenden und durchsetzbaren Dokument zwischen den Behörden oder öffentlichen Stellen,

b) verbindlichen internen Datenschutzvorschriften gemäß Artikel 47,

c) Standarddatenschutzklauseln, die von der Kommission gemäß dem Prüfverfahren nach Artikel 93 Absatz 2 erlassen werden,

d) von einer Aufsichtsbehörde angenommenen Standarddatenschutzklauseln, die von der Kommission gemäß dem Prüfverfahren nach Artikel 93 Absatz 2 genehmigt wurden,

e) genehmigten Verhaltensregeln gemäß Artikel 40 zusammen mit rechtsverbindlichen und durchsetzbaren Verpflichtungen des Verantwortlichen oder des Auftragsverarbeiters in dem Drittland zur Anwendung der geeigneten Garantien, einschließlich in Bezug auf die Rechte der betroffenen Personen, oder

f) einem genehmigten Zertifizierungsmechanismus gemäß Artikel 42 zusammen mit rechtsverbindlichen und durchsetzbaren Verpflichtungen des Verantwortlichen oder des Auftragsverarbeiters in dem Drittland zur Anwendung der geeigneten Garantien, einschließlich in Bezug auf die Rechte der betroffenen Personen.

(3) Vorbehaltlich der Genehmigung durch die zuständige Aufsichtsbehörde können die geeigneten Garantien gemäß Absatz 1 auch insbesondere bestehen in

a) Vertragsklauseln, die zwischen dem Verantwortlichen oder dem Auftragsverarbeiter und dem Verantwortlichen, dem Auftragsverarbeiter oder dem Empfänger der personenbezogenen Daten im Drittland oder der internationalen Organisation vereinbart wurden, oder

b) Bestimmungen, die in Verwaltungsvereinbarungen zwischen Behörden oder öffentlichen Stellen aufzunehmen sind und durchsetzbare und wirksame Rechte für die betroffenen Personen einschließen.

(4) Die Aufsichtsbehörde wendet das Kohärenzverfahren nach Artikel 63 an, wenn ein Fall gemäß Absatz 3 des vorliegenden Artikels vorliegt.

(5) [1]Von einem Mitgliedstaat oder einer Aufsichtsbehörde auf der Grundlage von Artikel 26 Absatz 2 der Richtlinie 95/46/EG erteilte Genehmigungen bleiben so lange gültig, bis sie erforderlichenfalls von dieser Aufsichtsbehörde geändert, ersetzt oder aufgehoben werden. [2]Von der Kommission auf der Grundlage von Artikel 26 Absatz 4 der Richtlinie 95/46/EG erlassene Feststellungen bleiben so lange in Kraft, bis sie erforderlichenfalls mit einem nach Absatz 2 des vorliegenden Artikels erlassenen Beschluss der Kommission geändert, ersetzt oder aufgehoben werden.

Artikel 47 Verbindliche interne Datenschutzvorschriften

(1) Die zuständige Aufsichtsbehörde genehmigt gemäß dem Kohärenzverfahren nach Artikel 63 verbindliche interne Datenschutzvorschriften, sofern diese

a) rechtlich bindend sind, für alle betreffenden Mitglieder der Unternehmensgruppe oder einer Gruppe von Unternehmen, die eine gemeinsame Wirtschaftstätigkeit ausüben, gelten und von diesen Mitgliedern durchgesetzt werden, und dies auch für ihre Beschäftigten gilt,

b) den betroffenen Personen ausdrücklich durchsetzbare Rechte in Bezug auf die Verarbeitung ihrer personenbezogenen Daten übertragen und

c) die in Absatz 2 festgelegten Anforderungen erfüllen.

(2) Die verbindlichen internen Datenschutzvorschriften nach Absatz 1 enthalten mindestens folgende Angaben:

a) Struktur und Kontaktdaten der Unternehmensgruppe oder Gruppe von Unternehmen, die eine gemeinsame Wirtschaftstätigkeit ausüben, und jedes ihrer Mitglieder;

b) die betreffenden Datenübermittlungen oder Reihen von Datenübermittlungen einschließlich der betreffenden Arten personenbezogener Daten, Art und Zweck der Datenverarbeitung, Art der betroffenen Personen und das betreffende Drittland beziehungsweise die betreffenden Drittländer;

c) interne und externe Rechtsverbindlichkeit der betreffenden internen Datenschutzvorschriften;

d) die Anwendung der allgemeinen Datenschutzgrundsätze, insbesondere Zweckbindung, Datenmini-
 mierung, begrenzte Speicherfristen, Datenqualität, Datenschutz durch Technikgestaltung und durch
 datenschutzfreundliche Voreinstellungen, Rechtsgrundlage für die Verarbeitung, Verarbeitung be-
 sonderer Kategorien von personenbezogenen Daten, Maßnahmen zur Sicherstellung der Datensi-
 cherheit und Anforderungen für die Weiterübermittlung an nicht an diese internen Datenschutzvor-
 schriften gebundene Stellen;
e) die Rechte der betroffenen Personen in Bezug auf die Verarbeitung und die diesen offenstehenden
 Mittel zur Wahrnehmung dieser Rechte einschließlich des Rechts, nicht einer ausschließlich auf einer
 automatisierten Verarbeitung – einschließlich Profiling – beruhenden Entscheidung nach Artikel 22
 unterworfen zu werden sowie des in Artikel 79 niedergelegten Rechts auf Beschwerde bei der zu-
 ständigen Aufsichtsbehörde beziehungsweise auf Einlegung eines Rechtsbehelfs bei den zuständigen
 Gerichten der Mitgliedstaaten und im Falle einer Verletzung der verbindlichen internen Daten-
 schutzvorschriften Wiedergutmachung und gegebenenfalls Schadenersatz zu erhalten;
f) die von dem in einem Mitgliedstaat niedergelassenen Verantwortlichen oder Auftragsverarbeiter
 übernommene Haftung für etwaige Verstöße eines nicht in der Union niedergelassenen betreffenden
 Mitglieds der Unternehmensgruppe gegen die verbindlichen internen Datenschutzvorschriften; der
 Verantwortliche oder der Auftragsverarbeiter ist nur dann teilweise oder vollständig von dieser Haf-
 tung befreit, wenn er nachweist, dass der Umstand, durch den der Schaden eingetreten ist, dem be-
 treffenden Mitglied nicht zur Last gelegt werden kann;
g) die Art und Weise, wie die betroffenen Personen über die Bestimmungen der Artikel 13 und 14 hinaus
 über die verbindlichen internen Datenschutzvorschriften und insbesondere über die unter den Buch-
 staben d, e und f dieses Absatzes genannten Aspekte informiert werden;
h) die Aufgaben jedes gemäß Artikel 37 benannten Datenschutzbeauftragten oder jeder anderen Person
 oder Einrichtung, die mit der Überwachung der Einhaltung der verbindlichen internen Datenschutz-
 vorschriften in der Unternehmensgruppe oder Gruppe von Unternehmen, die eine gemeinsame Wirt-
 schaftstätigkeit ausüben, sowie mit der Überwachung der Schulungsmaßnahmen und dem Umgang
 mit Beschwerden befasst ist;
i) die Beschwerdeverfahren;
j) die innerhalb der Unternehmensgruppe oder Gruppe von Unternehmen, die eine gemeinsame Wirt-
 schaftstätigkeit ausüben, bestehenden Verfahren zur Überprüfung der Einhaltung der verbindlichen
 internen Datenschutzvorschriften. Derartige Verfahren beinhalten Datenschutzüberprüfungen und
 Verfahren zur Gewährleistung von Abhilfemaßnahmen zum Schutz der Rechte der betroffenen Per-
 son. Die Ergebnisse derartiger Überprüfungen sollten der in Buchstabe h genannten Person oder
 Einrichtung sowie dem Verwaltungsrat des herrschenden Unternehmens einer Unternehmensgruppe
 oder der Gruppe von Unternehmen, die eine gemeinsame Wirtschaftstätigkeit ausüben, mitgeteilt
 werden und sollten der zuständigen Aufsichtsbehörde auf Anfrage zur Verfügung gestellt werden;
k) die Verfahren für die Meldung und Erfassung von Änderungen der Vorschriften und ihre Meldung
 an die Aufsichtsbehörde;
l) die Verfahren für die Zusammenarbeit mit der Aufsichtsbehörde, die die Befolgung der Vorschriften
 durch sämtliche Mitglieder der Unternehmensgruppe oder Gruppe von Unternehmen, die eine ge-
 meinsame Wirtschaftstätigkeit ausüben, gewährleisten, insbesondere durch Offenlegung der Ergeb-
 nisse von Überprüfungen der unter Buchstabe j genannten Maßnahmen gegenüber der Aufsichtsbe-
 hörde;
m) die Meldeverfahren zur Unterrichtung der zuständigen Aufsichtsbehörde über jegliche für ein Mit-
 glied der Unternehmensgruppe oder Gruppe von Unternehmen, die eine gemeinsame Wirtschafts-
 tätigkeit ausüben, in einem Drittland geltenden rechtlichen Bestimmungen, die sich nachteilig auf
 die Garantie auswirken könnten, die die verbindlichen internen Datenschutzvorschriften bieten, und
n) geeignete Datenschutzschulungen für Personal mit ständigem oder regelmäßigem Zugang zu perso-
 nenbezogenen Daten.

(3) [1]Die Kommission kann das Format und die Verfahren für den Informationsaustausch über verbindliche
interne Datenschutzvorschriften im Sinne des vorliegenden Artikels zwischen Verantwortlichen, Auf-
tragsverarbeitern und Aufsichtsbehörden festlegen. [2]Diese Durchführungsrechtsakte werden gemäß dem
Prüfverfahren nach Artikel 93 Absatz 2 erlassen.

Artikel 48 Nach dem Unionsrecht nicht zulässige Übermittlung oder Offenlegung
Jegliches Urteil eines Gerichts eines Drittlands und jegliche Entscheidung einer Verwaltungsbehörde
eines Drittlands, mit denen von einem Verantwortlichen oder einem Auftragsverarbeiter die Übermittlung
oder Offenlegung personenbezogener Daten verlangt wird, dürfen unbeschadet anderer Gründe für die
Übermittlung gemäß diesem Kapitel jedenfalls nur dann anerkannt oder vollstreckbar werden, wenn sie

auf eine in Kraft befindliche internationale Übereinkunft wie etwa ein Rechtshilfeabkommen zwischen dem ersuchenden Drittland und der Union oder einem Mitgliedstaat gestützt sind.

Artikel 49 Ausnahmen für bestimmte Fälle

(1)

Falls weder ein Angemessenheitsbeschluss nach Artikel 45 Absatz 3 vorliegt noch geeignete Garantien nach Artikel 46, einschließlich verbindlicher interner Datenschutzvorschriften, bestehen, ist eine Übermittlung oder eine Reihe von Übermittlungen personenbezogener Daten an ein Drittland oder an eine internationale Organisation nur unter einer der folgenden Bedingungen zulässig:

a) die betroffene Person hat in die vorgeschlagene Datenübermittlung ausdrücklich eingewilligt, nachdem sie über die für sie bestehenden möglichen Risiken derartiger Datenübermittlungen ohne Vorliegen eines Angemessenheitsbeschlusses und ohne geeignete Garantien unterrichtet wurde,

b) die Übermittlung ist für die Erfüllung eines Vertrags zwischen der betroffenen Person und dem Verantwortlichen oder zur Durchführung von vorvertraglichen Maßnahmen auf Antrag der betroffenen Person erforderlich,

c) die Übermittlung ist zum Abschluss oder zur Erfüllung eines im Interesse der betroffenen Person von dem Verantwortlichen mit einer anderen natürlichen oder juristischen Person geschlossenen Vertrags erforderlich,

d) die Übermittlung ist aus wichtigen Gründen des öffentlichen Interesses notwendig,

e) die Übermittlung ist zur Geltendmachung, Ausübung oder Verteidigung von Rechtsansprüchen erforderlich,

f) die Übermittlung ist zum Schutz lebenswichtiger Interessen der betroffenen Person oder anderer Personen erforderlich, sofern die betroffene Person aus physischen oder rechtlichen Gründen außerstande ist, ihre Einwilligung zu geben,

g) die Übermittlung erfolgt aus einem Register, das gemäß dem Recht der Union oder der Mitgliedstaaten zur Information der Öffentlichkeit bestimmt ist und entweder der gesamten Öffentlichkeit oder allen Personen, die ein berechtigtes Interesse nachweisen können, zur Einsichtnahme offensteht, aber nur soweit die im Recht der Union oder der Mitgliedstaaten festgelegten Voraussetzungen für die Einsichtnahme im Einzelfall gegeben sind.

[1]Falls die Übermittlung nicht auf eine Bestimmung der Artikel 45 oder 46 – einschließlich der verbindlichen internen Datenschutzvorschriften – gestützt werden könnte und keine der Ausnahmen für einen bestimmten Fall gemäß dem ersten Unterabsatz anwendbar ist, darf eine Übermittlung an ein Drittland oder eine internationale Organisation nur dann erfolgen, wenn die Übermittlung nicht wiederholt erfolgt, nur eine begrenzte Zahl von betroffenen Personen betrifft, für die Wahrung der zwingenden berechtigten Interessen des Verantwortlichen erforderlich ist, sofern die Interessen oder die Rechte und Freiheiten der betroffenen Person nicht überwiegen, und der Verantwortliche alle Umstände der Datenübermittlung beurteilt und auf der Grundlage dieser Beurteilung geeignete Garantien in Bezug auf den Schutz personenbezogener Daten vorgesehen hat. [2]Der Verantwortliche setzt die Aufsichtsbehörde von der Übermittlung in Kenntnis. [3]Der Verantwortliche unterrichtet die betroffene Person über die Übermittlung und seine zwingenden berechtigten Interessen; dies erfolgt zusätzlich zu den der betroffenen Person nach den Artikeln 13 und 14 mitgeteilten Informationen.

(2) [1]Datenübermittlungen gemäß Absatz 1 Unterabsatz 1 Buchstabe g dürfen nicht die Gesamtheit oder ganze Kategorien der im Register enthaltenen personenbezogenen Daten umfassen. [2]Wenn das Register der Einsichtnahme durch Personen mit berechtigtem Interesse dient, darf die Übermittlung nur auf Anfrage dieser Personen oder nur dann erfolgen, wenn diese Personen die Adressaten der Übermittlung sind.

(3) Absatz 1 Unterabsatz 1 Buchstaben a, b und c sowie Absatz 1 Unterabsatz 2 gelten nicht für Tätigkeiten, die Behörden in Ausübung ihrer hoheitlichen Befugnisse durchführen.

(4) Das öffentliche Interesse im Sinne des Absatzes 1 Unterabsatz 1 Buchstabe d muss im Unionsrecht oder im Recht des Mitgliedstaats, dem der Verantwortliche unterliegt, anerkannt sein.

(5) [1]Liegt kein Angemessenheitsbeschluss vor, so können im Unionsrecht oder im Recht der Mitgliedstaaten aus wichtigen Gründen des öffentlichen Interesses ausdrücklich Beschränkungen der Übermittlung bestimmter Kategorien von personenbezogenen Daten an Drittländer oder internationale Organisationen vorgesehen werden. [2]Die Mitgliedstaaten teilen der Kommission derartige Bestimmungen mit.

(6) Der Verantwortliche oder der Auftragsverarbeiter erfasst die von ihm vorgenommene Beurteilung sowie die angemessenen Garantien im Sinne des Absatzes 1 Unterabsatz 2 des vorliegenden Artikels in der Dokumentation gemäß Artikel 30.

Artikel 50 Internationale Zusammenarbeit zum Schutz personenbezogener Daten
In Bezug auf Drittländer und internationale Organisationen treffen die Kommission und die Aufsichts-
behörden geeignete Maßnahmen zur
a) Entwicklung von Mechanismen der internationalen Zusammenarbeit, durch die die wirksame Durch-
setzung von Rechtsvorschriften zum Schutz personenbezogener Daten erleichtert wird,
b) gegenseitigen Leistung internationaler Amtshilfe bei der Durchsetzung von Rechtsvorschriften zum
Schutz personenbezogener Daten, unter anderem durch Meldungen, Beschwerdeverweisungen,
Amtshilfe bei Untersuchungen und Informationsaustausch, sofern geeignete Garantien für den Schutz
personenbezogener Daten und anderer Grundrechte und Grundfreiheiten bestehen,
c) Einbindung maßgeblicher Interessenträger in Diskussionen und Tätigkeiten, die zum Ausbau der
internationalen Zusammenarbeit bei der Durchsetzung von Rechtsvorschriften zum Schutz perso-
nenbezogener Daten dienen,
d) Förderung des Austauschs und der Dokumentation von Rechtsvorschriften und Praktiken zum Schutz
personenbezogener Daten einschließlich Zuständigkeitskonflikten mit Drittländern.

Kapitel VI
Unabhängige Aufsichtsbehörden

Abschnitt 1
Unabhängigkeit

Artikel 51 Aufsichtsbehörde
(1) Jeder Mitgliedstaat sieht vor, dass eine oder mehrere unabhängige Behörden für die Überwachung der
Anwendung dieser Verordnung zuständig sind, damit die Grundrechte und Grundfreiheiten natürlicher
Personen bei der Verarbeitung geschützt werden und der freie Verkehr personenbezogener Daten in der
Union erleichtert wird (im Folgenden „Aufsichtsbehörde").
(2) ¹Jede Aufsichtsbehörde leistet einen Beitrag zur einheitlichen Anwendung dieser Verordnung in der
gesamten Union. ²Zu diesem Zweck arbeiten die Aufsichtsbehörden untereinander sowie mit der Kom-
mission gemäß Kapitel VII zusammen.
(3) Gibt es in einem Mitgliedstaat mehr als eine Aufsichtsbehörde, so bestimmt dieser Mitgliedstaat die
Aufsichtsbehörde, die diese Behörden im Ausschuss vertritt, und führt ein Verfahren ein, mit dem sicher-
gestellt wird, dass die anderen Behörden die Regeln für das Kohärenzverfahren nach Artikel 63 einhalten.
(4) Jeder Mitgliedstaat teilt der Kommission bis spätestens 25. Mai 2018 die Rechtsvorschriften, die er
aufgrund dieses Kapitels erlässt, sowie unverzüglich alle folgenden Änderungen dieser Vorschriften mit.

Artikel 52 Unabhängigkeit
(1) Jede Aufsichtsbehörde handelt bei der Erfüllung ihrer Aufgaben und bei der Ausübung ihrer Befug-
nisse gemäß dieser Verordnung völlig unabhängig.
(2) Das Mitglied oder die Mitglieder jeder Aufsichtsbehörde unterliegen bei der Erfüllung ihrer Aufgaben
und der Ausübung ihrer Befugnisse gemäß dieser Verordnung weder direkter noch indirekter Beeinflus-
sung von außen und ersuchen weder um Weisung noch nehmen sie Weisungen entgegen.
(3) Das Mitglied oder die Mitglieder der Aufsichtsbehörde sehen von allen mit den Aufgaben ihres Amtes
nicht zu vereinbarenden Handlungen ab und üben während ihrer Amtszeit keine andere mit ihrem Amt
nicht zu vereinbarende entgeltliche oder unentgeltliche Tätigkeit aus.
(4) Jeder Mitgliedstaat stellt sicher, dass jede Aufsichtsbehörde mit den personellen, technischen und
finanziellen Ressourcen, Räumlichkeiten und Infrastrukturen ausgestattet wird, die sie benötigt, um ihre
Aufgaben und Befugnisse auch im Rahmen der Amtshilfe, Zusammenarbeit und Mitwirkung im Aus-
schuss effektiv wahrnehmen zu können.
(5) Jeder Mitgliedstaat stellt sicher, dass jede Aufsichtsbehörde ihr eigenes Personal auswählt und hat,
das ausschließlich der Leitung des Mitglieds oder der Mitglieder der betreffenden Aufsichtsbehörde un-
tersteht.
(6) Jeder Mitgliedstaat stellt sicher, dass jede Aufsichtsbehörde einer Finanzkontrolle unterliegt, die ihre
Unabhängigkeit nicht beeinträchtigt und dass sie über eigene, öffentliche, jährliche Haushaltspläne ver-
fügt, die Teil des gesamten Staatshaushalts oder nationalen Haushalts sein können.

Artikel 53 Allgemeine Bedingungen für die Mitglieder der Aufsichtsbehörde
(1) Die Mitgliedstaaten sehen vor, dass jedes Mitglied ihrer Aufsichtsbehörden im Wege eines transpa-
renten Verfahrens ernannt wird, und zwar

- vom Parlament,
- von der Regierung,
- vom Staatsoberhaupt oder
- von einer unabhängigen Stelle, die nach dem Recht des Mitgliedstaats mit der Ernennung betraut wird.

(2) Jedes Mitglied muss über die für die Erfüllung seiner Aufgaben und Ausübung seiner Befugnisse erforderliche Qualifikation, Erfahrung und Sachkunde insbesondere im Bereich des Schutzes personenbezogener Daten verfügen.

(3) Das Amt eines Mitglieds endet mit Ablauf der Amtszeit, mit seinem Rücktritt oder verpflichtender Versetzung in den Ruhestand gemäß dem Recht des betroffenen Mitgliedstaats.

(4) Ein Mitglied wird seines Amtes nur enthoben, wenn es eine schwere Verfehlung begangen hat oder die Voraussetzungen für die Wahrnehmung seiner Aufgaben nicht mehr erfüllt.

Artikel 54 Errichtung der Aufsichtsbehörde

(1) Jeder Mitgliedstaat sieht durch Rechtsvorschriften Folgendes vor:

a) die Errichtung jeder Aufsichtsbehörde;

b) die erforderlichen Qualifikationen und sonstigen Voraussetzungen für die Ernennung zum Mitglied jeder Aufsichtsbehörde;

c) die Vorschriften und Verfahren für die Ernennung des Mitglieds oder der Mitglieder jeder Aufsichtsbehörde;

d) die Amtszeit des Mitglieds oder der Mitglieder jeder Aufsichtsbehörde von mindestens vier Jahren; dies gilt nicht für die erste Amtszeit nach dem 24. Mai 2016, die für einen Teil der Mitglieder kürzer sein kann, wenn eine zeitlich versetzte Ernennung zur Wahrung der Unabhängigkeit der Aufsichtsbehörde notwendig ist;

e) die Frage, ob und – wenn ja – wie oft das Mitglied oder die Mitglieder jeder Aufsichtsbehörde wiederernannt werden können;

f) die Bedingungen im Hinblick auf die Pflichten des Mitglieds oder der Mitglieder und der Bediensteten jeder Aufsichtsbehörde, die Verbote von Handlungen, beruflichen Tätigkeiten und Vergütungen während und nach der Amtszeit, die mit diesen Pflichten unvereinbar sind, und die Regeln für die Beendigung des Beschäftigungsverhältnisses.

(2) [1]Das Mitglied oder die Mitglieder und die Bediensteten jeder Aufsichtsbehörde sind gemäß dem Unionsrecht oder dem Recht der Mitgliedstaaten sowohl während ihrer Amts- beziehungsweise Dienstzeit als auch nach deren Beendigung verpflichtet, über alle vertraulichen Informationen, die ihnen bei der Wahrnehmung ihrer Aufgaben oder der Ausübung ihrer Befugnisse bekannt geworden sind, Verschwiegenheit zu wahren. [2]Während dieser Amts- beziehungsweise Dienstzeit gilt diese Verschwiegenheitspflicht insbesondere für die von natürlichen Personen gemeldeten Verstößen gegen diese Verordnung.

Abschnitt 2
Zuständigkeit, Aufgaben und Befugnisse

Artikel 55 Zuständigkeit

(1) Jede Aufsichtsbehörde ist für die Erfüllung der Aufgaben und die Ausübung der Befugnisse, die ihr mit dieser Verordnung übertragen wurden, im Hoheitsgebiet ihres eigenen Mitgliedstaats zuständig.

(2) [1]Erfolgt die Verarbeitung durch Behörden oder private Stellen auf der Grundlage von Artikel 6 Absatz 1 Buchstabe c oder e, so ist die Aufsichtsbehörde des betroffenen Mitgliedstaats zuständig. [2]In diesem Fall findet Artikel 56 keine Anwendung.

(3) Die Aufsichtsbehörden sind nicht zuständig für die Aufsicht über die von Gerichten im Rahmen ihrer justiziellen Tätigkeit vorgenommenen Verarbeitungen.

Artikel 56 Zuständigkeit der federführenden Aufsichtsbehörde

(1) Unbeschadet des Artikels 55 ist die Aufsichtsbehörde der Hauptniederlassung oder der einzigen Niederlassung des Verantwortlichen oder des Auftragsverarbeiters gemäß dem Verfahren nach Artikel 60 die zuständige federführende Aufsichtsbehörde für die von diesem Verantwortlichen oder diesem Auftragsverarbeiter durchgeführte grenzüberschreitende Verarbeitung.

(2) Abweichend von Absatz 1 ist jede Aufsichtsbehörde dafür zuständig, sich mit einer bei ihr eingereichten Beschwerde oder einem etwaigen Verstoß gegen diese Verordnung zu befassen, wenn der Gegenstand nur mit einer Niederlassung in ihrem Mitgliedstaat zusammenhängt oder betroffene Personen nur ihres Mitgliedstaats erheblich beeinträchtigt.

(3) [1]In den in Absatz 2 des vorliegenden Artikels genannten Fällen unterrichtet die Aufsichtsbehörde unverzüglich die federführende Aufsichtsbehörde über diese Angelegenheit. [2]Innerhalb einer Frist von drei Wochen nach der Unterrichtung entscheidet die federführende Aufsichtsbehörde, ob sie sich mit dem Fall gemäß dem Verfahren nach Artikel 60 befasst oder nicht, wobei sie berücksichtigt, ob der Verantwortliche oder der Auftragsverarbeiter in dem Mitgliedstaat, dessen Aufsichtsbehörde sie unterrichtet hat, eine Niederlassung hat oder nicht.

(4) [1]Entscheidet die federführende Aufsichtsbehörde, sich mit dem Fall zu befassen, so findet das Verfahren nach Artikel 60 Anwendung. [2]Die Aufsichtsbehörde, die die federführende Aufsichtsbehörde unterrichtet hat, kann dieser einen Beschlussentwurf vorlegen. [3]Die federführende Aufsichtsbehörde trägt diesem Entwurf bei der Ausarbeitung des Beschlussentwurfs nach Artikel 60 Absatz 3 weitestgehend Rechnung.

(5) Entscheidet die federführende Aufsichtsbehörde, sich mit dem Fall nicht selbst zu befassen, so befasst die Aufsichtsbehörde, die die federführende Aufsichtsbehörde unterrichtet hat, sich mit dem Fall gemäß den Artikeln 61 und 62.

(6) Die federführende Aufsichtsbehörde ist der einzige Ansprechpartner der Verantwortlichen oder der Auftragsverarbeiter für Fragen der von diesem Verantwortlichen oder diesem Auftragsverarbeiter durchgeführten grenzüberschreitenden Verarbeitung.

Artikel 57 Aufgaben

(1) Unbeschadet anderer in dieser Verordnung dargelegter Aufgaben muss jede Aufsichtsbehörde in ihrem Hoheitsgebiet

a) die Anwendung dieser Verordnung überwachen und durchsetzen;

b) die Öffentlichkeit für die Risiken, Vorschriften, Garantien und Rechte im Zusammenhang mit der Verarbeitung sensibilisieren und sie darüber aufklären. Besondere Beachtung finden dabei spezifische Maßnahmen für Kinder;

c) im Einklang mit dem Recht des Mitgliedsstaats das nationale Parlament, die Regierung und andere Einrichtungen und Gremien über legislative und administrative Maßnahmen zum Schutz der Rechte und Freiheiten natürlicher Personen in Bezug auf die Verarbeitung beraten;

d) die Verantwortlichen und die Auftragsverarbeiter für die ihnen aus dieser Verordnung entstehenden Pflichten sensibilisieren;

e) auf Anfrage jeder betroffenen Person Informationen über die Ausübung ihrer Rechte aufgrund dieser Verordnung zur Verfügung stellen und gegebenenfalls zu diesem Zweck mit den Aufsichtsbehörden in anderen Mitgliedstaaten zusammenarbeiten;

f) sich mit Beschwerden einer betroffenen Person oder Beschwerden einer Stelle, einer Organisation oder eines Verbandes gemäß Artikel 80 befassen, den Gegenstand der Beschwerde in angemessenem Umfang untersuchen und den Beschwerdeführer innerhalb einer angemessenen Frist über den Fortgang und das Ergebnis der Untersuchung unterrichten, insbesondere, wenn eine weitere Untersuchung oder Koordinierung mit einer anderen Aufsichtsbehörde notwendig ist;

g) mit anderen Aufsichtsbehörden zusammenarbeiten, auch durch Informationsaustausch, und ihnen Amtshilfe leisten, um die einheitliche Anwendung und Durchsetzung dieser Verordnung zu gewährleisten;

h) Untersuchungen über die Anwendung dieser Verordnung durchführen, auch auf der Grundlage von Informationen einer anderen Aufsichtsbehörde oder einer anderen Behörde;

i) maßgebliche Entwicklungen verfolgen, soweit sie sich auf den Schutz personenbezogener Daten auswirken, insbesondere die Entwicklung der Informations- und Kommunikationstechnologie und der Geschäftspraktiken;

j) Standardvertragsklauseln im Sinne des Artikels 28 Absatz 8 und des Artikels 46 Absatz 2 Buchstabe d festlegen;

k) eine Liste der Verarbeitungsarten erstellen und führen, für die gemäß Artikel 35 Absatz 4 eine Datenschutz-Folgenabschätzung durchzuführen ist;

l) Beratung in Bezug auf die in Artikel 36 Absatz 2 genannten Verarbeitungsvorgänge leisten;

m) die Ausarbeitung von Verhaltensregeln gemäß Artikel 40 Absatz 1 fördern und zu diesen Verhaltensregeln, die ausreichende Garantien im Sinne des Artikels 40 Absatz 5 bieten müssen, Stellungnahmen abgeben und sie billigen;

n) die Einführung von Datenschutzzertifizierungsmechanismen und von Datenschutzsiegeln und -prüfzeichen nach Artikel 42 Absatz 1 anregen und Zertifizierungskriterien nach Artikel 42 Absatz 5 billigen;

o) gegebenenfalls die nach Artikel 42 Absatz 7 erteilten Zertifizierungen regelmäßig überprüfen;

p) die Anforderungen an die Akkreditierung einer Stelle für die Überwachung der Einhaltung der Verhaltensregeln gemäß Artikel 41 und einer Zertifizierungsstelle gemäß Artikel 43 abfassen und veröffentlichen;

q) die Akkreditierung einer Stelle für die Überwachung der Einhaltung der Verhaltensregeln gemäß Artikel 41 und einer Zertifizierungsstelle gemäß Artikel 43 vornehmen;

r) Vertragsklauseln und Bestimmungen im Sinne des Artikels 46 Absatz 3 genehmigen;

s) verbindliche interne Vorschriften gemäß Artikel 47 genehmigen;

t) Beiträge zur Tätigkeit des Ausschusses leisten;

u) interne Verzeichnisse über Verstöße gegen diese Verordnung und gemäß Artikel 58 Absatz 2 ergriffene Maßnahmen und

v) jede sonstige Aufgabe im Zusammenhang mit dem Schutz personenbezogener Daten erfüllen.

(2) Jede Aufsichtsbehörde erleichtert das Einreichen von in Absatz 1 Buchstabe f genannten Beschwerden durch Maßnahmen wie etwa die Bereitstellung eines Beschwerdeformulars, das auch elektronisch ausgefüllt werden kann, ohne dass andere Kommunikationsmittel ausgeschlossen werden.

(3) Die Erfüllung der Aufgaben jeder Aufsichtsbehörde ist für die betroffene Person und gegebenenfalls für den Datenschutzbeauftragten unentgeltlich.

(4) [1]Bei offenkundig unbegründeten oder – insbesondere im Fall von häufiger Wiederholung – exzessiven Anfragen kann die Aufsichtsbehörde eine angemessene Gebühr auf der Grundlage der Verwaltungskosten verlangen oder sich weigern, aufgrund der Anfrage tätig zu werden. [2]In diesem Fall trägt die Aufsichtsbehörde die Beweislast für den offenkundig unbegründeten oder exzessiven Charakter der Anfrage.

Artikel 58 Befugnisse

(1) Jede Aufsichtsbehörde verfügt über sämtliche folgenden Untersuchungsbefugnisse, die es ihr gestatten,

a) den Verantwortlichen, den Auftragsverarbeiter und gegebenenfalls den Vertreter des Verantwortlichen oder des Auftragsverarbeiters anzuweisen, alle Informationen bereitzustellen, die für die Erfüllung ihrer Aufgaben erforderlich sind,

b) Untersuchungen in Form von Datenschutzüberprüfungen durchzuführen,

c) eine Überprüfung der nach Artikel 42 Absatz 7 erteilten Zertifizierungen durchzuführen,

d) den Verantwortlichen oder den Auftragsverarbeiter auf einen vermeintlichen Verstoß gegen diese Verordnung hinzuweisen,

e) von dem Verantwortlichen und dem Auftragsverarbeiter Zugang zu allen personenbezogenen Daten und Informationen, die zur Erfüllung ihrer Aufgaben notwendig sind, zu erhalten,

f) gemäß dem Verfahrensrecht der Union oder dem Verfahrensrecht des Mitgliedstaats Zugang zu den Räumlichkeiten, einschließlich aller Datenverarbeitungsanlagen und -geräte, des Verantwortlichen und des Auftragsverarbeiters zu erhalten.

(2) Jede Aufsichtsbehörde verfügt über sämtliche folgenden Abhilfebefugnisse, die es ihr gestatten,

a) einen Verantwortlichen oder einen Auftragsverarbeiter zu warnen, dass beabsichtigte Verarbeitungsvorgänge voraussichtlich gegen diese Verordnung verstoßen,

b) einen Verantwortlichen oder einen Auftragsverarbeiter zu verwarnen, wenn er mit Verarbeitungsvorgängen gegen diese Verordnung verstoßen hat,

c) den Verantwortlichen oder den Auftragsverarbeiter anzuweisen, den Anträgen der betroffenen Person auf Ausübung der ihr nach dieser Verordnung zustehenden Rechte zu entsprechen,

d) den Verantwortlichen oder den Auftragsverarbeiter anzuweisen, Verarbeitungsvorgänge gegebenenfalls auf bestimmte Weise und innerhalb eines bestimmten Zeitraums in Einklang mit dieser Verordnung zu bringen,

e) den Verantwortlichen anzuweisen, die von einer Verletzung des Schutzes personenbezogener Daten betroffene Person entsprechend zu benachrichtigen,

f) eine vorübergehende oder endgültige Beschränkung der Verarbeitung, einschließlich eines Verbots, zu verhängen,

g) die Berichtigung oder Löschung von personenbezogenen Daten oder die Einschränkung der Verarbeitung gemäß den Artikeln 16, 17 und 18 und die Unterrichtung der Empfänger, an die diese personenbezogenen Daten gemäß Artikel 17 Absatz 2 und Artikel 19 offengelegt wurden, über solche Maßnahmen anzuordnen,

h) eine Zertifizierung zu widerrufen oder die Zertifizierungsstelle anzuweisen, eine gemäß den Artikeln 42 und 43 erteilte Zertifizierung zu widerrufen, oder die Zertifizierungsstelle anzuweisen, keine Zertifizierung zu erteilen, wenn die Voraussetzungen für die Zertifizierung nicht oder nicht mehr erfüllt werden,

i) eine Geldbuße gemäß Artikel 83 zu verhängen, zusätzlich zu oder anstelle von in diesem Absatz genannten Maßnahmen, je nach den Umständen des Einzelfalls,

j) die Aussetzung der Übermittlung von Daten an einen Empfänger in einem Drittland oder an eine internationale Organisation anzuordnen.

(3) Jede Aufsichtsbehörde verfügt über sämtliche folgenden Genehmigungsbefugnisse und beratenden Befugnisse, die es ihr gestatten,

a) gemäß dem Verfahren der vorherigen Konsultation nach Artikel 36 den Verantwortlichen zu beraten,

b) zu allen Fragen, die im Zusammenhang mit dem Schutz personenbezogener Daten stehen, von sich aus oder auf Anfrage Stellungnahmen an das nationale Parlament, die Regierung des Mitgliedstaats oder im Einklang mit dem Recht des Mitgliedstaats an sonstige Einrichtungen und Stellen sowie an die Öffentlichkeit zu richten,

c) die Verarbeitung gemäß Artikel 36 Absatz 5 zu genehmigen, falls im Recht des Mitgliedstaats eine derartige vorherige Genehmigung verlangt wird,

d) eine Stellungnahme abzugeben und Entwürfe von Verhaltensregeln gemäß Artikel 40 Absatz 5 zu billigen,

e) Zertifizierungsstellen gemäß Artikel 43 zu akkreditieren,

f) im Einklang mit Artikel 42 Absatz 5 Zertifizierungen zu erteilen und Kriterien für die Zertifizierung zu billigen,

g) Standarddatenschutzklauseln nach Artikel 28 Absatz 8 und Artikel 46 Absatz 2 Buchstabe d festzulegen,

h) Vertragsklauseln gemäß Artikel 46 Absatz 3 Buchstabe a zu genehmigen,

i) Verwaltungsvereinbarungen gemäß Artikel 46 Absatz 3 Buchstabe b zu genehmigen,

j) verbindliche interne Vorschriften gemäß Artikel 47 zu genehmigen.

(4) Die Ausübung der der Aufsichtsbehörde gemäß diesem Artikel übertragenen Befugnisse erfolgt vorbehaltlich geeigneter Garantien einschließlich wirksamer gerichtlicher Rechtsbehelfe und ordnungsgemäßer Verfahren gemäß dem Unionsrecht und dem Recht des Mitgliedstaats im Einklang mit der Charta.

(5) Jeder Mitgliedstaat sieht durch Rechtsvorschriften vor, dass seine Aufsichtsbehörde befugt ist, Verstöße gegen diese Verordnung den Justizbehörden zur Kenntnis zu bringen und gegebenenfalls die Einleitung eines gerichtlichen Verfahrens zu betreiben oder sich sonst daran zu beteiligen, um die Bestimmungen dieser Verordnung durchzusetzen.

(6) [1]Jeder Mitgliedstaat kann durch Rechtsvorschriften vorsehen, dass seine Aufsichtsbehörde neben den in den Absätzen 1, 2 und 3 aufgeführten Befugnissen über zusätzliche Befugnisse verfügt. [2]Die Ausübung dieser Befugnisse darf nicht die effektive Durchführung des Kapitels VII beeinträchtigen.

Artikel 59 Tätigkeitsbericht
[1]Jede Aufsichtsbehörde erstellt einen Jahresbericht über ihre Tätigkeit, der eine Liste der Arten der gemeldeten Verstöße und der Arten der getroffenen Maßnahmen nach Artikel 58 Absatz 2 enthalten kann. [2]Diese Berichte werden dem nationalen Parlament, der Regierung und anderen nach dem Recht der Mitgliedstaaten bestimmten Behörden übermittelt. [3]Sie werden der Öffentlichkeit, der Kommission und dem Ausschuss zugänglich gemacht.

Kapitel VII
Zusammenarbeit und Kohärenz

Abschnitt 1
Zusammenarbeit

Artikel 60 Zusammenarbeit zwischen der federführenden Aufsichtsbehörde und den anderen betroffenen Aufsichtsbehörden
(1) [1]Die federführende Aufsichtsbehörde arbeitet mit den anderen betroffenen Aufsichtsbehörden im Einklang mit diesem Artikel zusammen und bemüht sich dabei, einen Konsens zu erzielen. [2]Die federführende Aufsichtsbehörde und die betroffenen Aufsichtsbehörden tauschen untereinander alle zweckdienlichen Informationen aus.

(2) Die federführende Aufsichtsbehörde kann jederzeit andere betroffene Aufsichtsbehörden um Amtshilfe gemäß Artikel 61 ersuchen und gemeinsame Maßnahmen gemäß Artikel 62 durchführen, insbesondere zur Durchführung von Untersuchungen oder zur Überwachung der Umsetzung einer Maßnahme in Bezug auf einen Verantwortlichen oder einen Auftragsverarbeiter, der in einem anderen Mitgliedstaat niedergelassen ist.

(3) [1]Die federführende Aufsichtsbehörde übermittelt den anderen betroffenen Aufsichtsbehörden unverzüglich die zweckdienlichen Informationen zu der Angelegenheit. [2]Sie legt den anderen betroffenen Aufsichtsbehörden unverzüglich einen Beschlussentwurf zur Stellungnahme vor und trägt deren Standpunkten gebührend Rechnung.

(4) Legt eine der anderen betroffenen Aufsichtsbehörden innerhalb von vier Wochen, nachdem sie gemäß Absatz 3 des vorliegenden Artikels konsultiert wurde, gegen diesen Beschlussentwurf einen maßgeblichen und begründeten Einspruch ein und schließt sich die federführende Aufsichtsbehörde dem maßgeblichen und begründeten Einspruch nicht an oder ist der Ansicht, dass der Einspruch nicht maßgeblich oder nicht begründet ist, so leitet die federführende Aufsichtsbehörde das Kohärenzverfahren gemäß Artikel 63 für die Angelegenheit ein.

(5) [1]Beabsichtigt die federführende Aufsichtsbehörde, sich dem maßgeblichen und begründeten Einspruch anzuschließen, so legt sie den anderen betroffenen Aufsichtsbehörden einen überarbeiteten Beschlussentwurf zur Stellungnahme vor. [2]Der überarbeitete Beschlussentwurf wird innerhalb von zwei Wochen dem Verfahren nach Absatz 4 unterzogen.

(6) Legt keine der anderen betroffenen Aufsichtsbehörden Einspruch gegen den Beschlussentwurf ein, der von der federführenden Aufsichtsbehörde innerhalb der in den Absätzen 4 und 5 festgelegten Frist vorgelegt wurde, so gelten die federführende Aufsichtsbehörde und die betroffenen Aufsichtsbehörden als mit dem Beschlussentwurf einverstanden und sind an ihn gebunden.

(7) [1]Die federführende Aufsichtsbehörde erlässt den Beschluss und teilt ihn der Hauptniederlassung oder der einzigen Niederlassung des Verantwortlichen oder gegebenenfalls des Auftragsverarbeiters mit und setzt die anderen betroffenen Aufsichtsbehörden und den Ausschuss von dem betreffenden Beschluss einschließlich einer Zusammenfassung der maßgeblichen Fakten und Gründe in Kenntnis. [2]Die Aufsichtsbehörde, bei der eine Beschwerde eingereicht worden ist, unterrichtet den Beschwerdeführer über den Beschluss.

(8) Wird eine Beschwerde abgelehnt oder abgewiesen, so erlässt die Aufsichtsbehörde, bei der die Beschwerde eingereicht wurde, abweichend von Absatz 7 den Beschluss, teilt ihn dem Beschwerdeführer mit und setzt den Verantwortlichen in Kenntnis.

(9) [1]Sind sich die federführende Aufsichtsbehörde und die betreffenden Aufsichtsbehörden darüber einig, Teile der Beschwerde abzulehnen oder abzuweisen und bezüglich anderer Teile dieser Beschwerde tätig zu werden, so wird in dieser Angelegenheit für jeden dieser Teile ein eigener Beschluss erlassen. [2]Die federführende Aufsichtsbehörde erlässt den Beschluss für den Teil, der das Tätigwerden in Bezug auf den Verantwortlichen betrifft, teilt ihn der Hauptniederlassung oder einzigen Niederlassung des Verantwortlichen oder des Auftragsverarbeiters im Hoheitsgebiet ihres Mitgliedstaats mit und setzt den Beschwerdeführer hiervon in Kenntnis, während die für den Beschwerdeführer zuständige Aufsichtsbehörde den Beschluss für den Teil erlässt, der die Ablehnung oder Abweisung dieser Beschwerde betrifft, und ihn diesem Beschwerdeführer mitteilt und den Verantwortlichen oder den Auftragsverarbeiter hiervon in Kenntnis setzt.

(10) [1]Nach der Unterrichtung über den Beschluss der federführenden Aufsichtsbehörde gemäß den Absätzen 7 und 9 ergreift der Verantwortliche oder der Auftragsverarbeiter die erforderlichen Maßnahmen, um die Verarbeitungstätigkeiten all seiner Niederlassungen in der Union mit dem Beschluss in Einklang zu bringen. [2]Der Verantwortliche oder der Auftragsverarbeiter teilt der federführenden Aufsichtsbehörde die Maßnahmen mit, die zur Einhaltung des Beschlusses ergriffen wurden; diese wiederum unterrichtet die anderen betroffenen Aufsichtsbehörden.

(11) Hat – in Ausnahmefällen – eine betroffene Aufsichtsbehörde Grund zu der Annahme, dass zum Schutz der Interessen betroffener Personen dringender Handlungsbedarf besteht, so kommt das Dringlichkeitsverfahren nach Artikel 66 zur Anwendung.

(12) Die federführende Aufsichtsbehörde und die anderen betroffenen Aufsichtsbehörden übermitteln einander die nach diesem Artikel geforderten Informationen auf elektronischem Wege unter Verwendung eines standardisierten Formats.

Artikel 61 Gegenseitige Amtshilfe

(1) [1]Die Aufsichtsbehörden übermitteln einander maßgebliche Informationen und gewähren einander Amtshilfe, um diese Verordnung einheitlich durchzuführen und anzuwenden, und treffen Vorkehrungen für eine wirksame Zusammenarbeit. [2]Die Amtshilfe bezieht sich insbesondere auf Auskunftsersuchen und aufsichtsbezogene Maßnahmen, beispielsweise Ersuchen um vorherige Genehmigungen und eine vorherige Konsultation, um Vornahme von Nachprüfungen und Untersuchungen.

(2) [1]Jede Aufsichtsbehörde ergreift alle geeigneten Maßnahmen, um einem Ersuchen einer anderen Aufsichtsbehörde unverzüglich und spätestens innerhalb eines Monats nach Eingang des Ersuchens nachzu-

kommen. [2]Dazu kann insbesondere auch die Übermittlung maßgeblicher Informationen über die Durchführung einer Untersuchung gehören.

(3) [1]Amtshilfeersuchen enthalten alle erforderlichen Informationen, einschließlich Zweck und Begründung des Ersuchens. [2]Die übermittelten Informationen werden ausschließlich für den Zweck verwendet, für den sie angefordert wurden.

(4) Die ersuchte Aufsichtsbehörde lehnt das Ersuchen nur ab, wenn
a) sie für den Gegenstand des Ersuchens oder für die Maßnahmen, die sie durchführen soll, nicht zuständig ist oder
b) ein Eingehen auf das Ersuchen gegen diese Verordnung verstoßen würde oder gegen das Unionsrecht oder das Recht der Mitgliedstaaten, dem die Aufsichtsbehörde, bei der das Ersuchen eingeht, unterliegt.

(5) [1]Die ersuchte Aufsichtsbehörde informiert die ersuchende Aufsichtsbehörde über die Ergebnisse oder gegebenenfalls über den Fortgang der Maßnahmen, die getroffen wurden, um dem Ersuchen nachzukommen. [2]Die ersuchte Aufsichtsbehörde erläutert gemäß Absatz 4 die Gründe für die Ablehnung des Ersuchens.

(6) Die ersuchten Aufsichtsbehörden übermitteln die Informationen, um die von einer anderen Aufsichtsbehörde ersucht wurde, in der Regel auf elektronischem Wege unter Verwendung eines standardisierten Formats.

(7) [1]Ersuchte Aufsichtsbehörden verlangen für Maßnahmen, die sie aufgrund eines Amtshilfeersuchens getroffen haben, keine Gebühren. [2]Die Aufsichtsbehörden können untereinander Regeln vereinbaren, um einander in Ausnahmefällen besondere aufgrund der Amtshilfe entstandene Ausgaben zu erstatten.

(8) [1]Erteilt eine ersuchte Aufsichtsbehörde nicht binnen eines Monats nach Eingang des Ersuchens einer anderen Aufsichtsbehörde die Informationen gemäß Absatz 5, so kann die ersuchende Aufsichtsbehörde eine einstweilige Maßnahme im Hoheitsgebiet ihres Mitgliedstaats gemäß Artikel 55 Absatz 1 ergreifen. [2]In diesem Fall wird von einem dringenden Handlungsbedarf gemäß Artikel 66 Absatz 1 ausgegangen, der einen im Dringlichkeitsverfahren angenommenen verbindlichen Beschluss des Ausschuss gemäß Artikel 66 Absatz 2 erforderlich macht.

(9) [1]Die Kommission kann im Wege von Durchführungsrechtsakten Form und Verfahren der Amtshilfe nach diesem Artikel und die Ausgestaltung des elektronischen Informationsaustauschs zwischen den Aufsichtsbehörden sowie zwischen den Aufsichtsbehörden und dem Ausschuss, insbesondere das in Absatz 6 des vorliegenden Artikels genannte standardisierte Format, festlegen. [2]Diese Durchführungsrechtsakte werden gemäß dem in Artikel 93 Absatz 2 genannten Prüfverfahren erlassen.

Artikel 62 Gemeinsame Maßnahmen der Aufsichtsbehörden

(1) Die Aufsichtsbehörden führen gegebenenfalls gemeinsame Maßnahmen einschließlich gemeinsamer Untersuchungen und gemeinsamer Durchsetzungsmaßnahmen durch, an denen Mitglieder oder Bedienstete der Aufsichtsbehörden anderer Mitgliedstaaten teilnehmen.

(2) [1]Verfügt der Verantwortliche oder der Auftragsverarbeiter über Niederlassungen in mehreren Mitgliedstaaten oder werden die Verarbeitungsvorgänge voraussichtlich auf eine bedeutende Zahl betroffener Personen in mehr als einem Mitgliedstaat erhebliche Auswirkungen haben, ist die Aufsichtsbehörde jedes dieser Mitgliedstaaten berechtigt, an den gemeinsamen Maßnahmen teilzunehmen. [2]Die gemäß Artikel 56 Absatz 1 oder Absatz 4 zuständige Aufsichtsbehörde lädt die Aufsichtsbehörde jedes dieser Mitgliedstaaten zur Teilnahme an den gemeinsamen Maßnahmen ein und antwortet unverzüglich auf das Ersuchen einer Aufsichtsbehörde um Teilnahme.

(3) [1]Eine Aufsichtsbehörde kann gemäß dem Recht des Mitgliedstaats und mit Genehmigung der unterstützenden Aufsichtsbehörde den an den gemeinsamen Maßnahmen beteiligten Mitgliedern oder Bediensteten der unterstützenden Aufsichtsbehörde Befugnisse einschließlich Untersuchungsbefugnisse übertragen oder, soweit dies nach dem Recht des Mitgliedstaats der einladenden Aufsichtsbehörde zulässig ist, den Mitgliedern oder Bediensteten der unterstützenden Aufsichtsbehörde gestatten, ihre Untersuchungsbefugnisse nach dem Recht des Mitgliedstaats der unterstützenden Aufsichtsbehörde auszuüben. [2]Diese Untersuchungsbefugnisse können nur unter der Leitung und in Gegenwart der Mitglieder oder Bediensteten der einladenden Aufsichtsbehörde ausgeübt werden. [3]Die Mitglieder oder Bediensteten der unterstützenden Aufsichtsbehörde unterliegen dem Recht des Mitgliedstaats der einladenden Aufsichtsbehörde.

(4) Sind gemäß Absatz 1 Bedienstete einer unterstützenden Aufsichtsbehörde in einem anderen Mitgliedstaat im Einsatz, so übernimmt der Mitgliedstaat der einladenden Aufsichtsbehörde nach Maßgabe des Rechts des Mitgliedstaats, in dessen Hoheitsgebiet der Einsatz erfolgt, die Verantwortung für ihr Handeln, einschließlich der Haftung für alle von ihnen bei ihrem Einsatz verursachten Schäden.

(5) [1]Der Mitgliedstaat, in dessen Hoheitsgebiet der Schaden verursacht wurde, ersetzt diesen Schaden so, wie er ihn ersetzen müsste, wenn seine eigenen Bediensteten ihn verursacht hätten. [2]Der Mitgliedstaat der unterstützenden Aufsichtsbehörde, deren Bedienstete im Hoheitsgebiet eines anderen Mitgliedstaats einer Person Schaden zugefügt haben, erstattet diesem anderen Mitgliedstaat den Gesamtbetrag des Schadenersatzes, den dieser an die Berechtigten geleistet hat.

(6) Unbeschadet der Ausübung seiner Rechte gegenüber Dritten und mit Ausnahme des Absatzes 5 verzichtet jeder Mitgliedstaat in dem Fall des Absatzes 1 darauf, den in Absatz 4 genannten Betrag des erlittenen Schadens anderen Mitgliedstaaten gegenüber geltend zu machen.

(7) [1]Ist eine gemeinsame Maßnahme geplant und kommt eine Aufsichtsbehörde binnen eines Monats nicht der Verpflichtung nach Absatz 2 Satz 2 des vorliegenden Artikels nach, so können die anderen Aufsichtsbehörden eine einstweilige Maßnahme im Hoheitsgebiet ihres Mitgliedstaats gemäß Artikel 55 ergreifen. [2]In diesem Fall wird von einem dringenden Handlungsbedarf gemäß Artikel 66 Absatz 1 ausgegangen, der eine im Dringlichkeitsverfahren angenommene Stellungnahme oder einen im Dringlichkeitsverfahren angenommenen verbindlichen Beschluss des Ausschusses gemäß Artikel 66 Absatz 2 erforderlich macht.

Abschnitt 2
Kohärenz

Artikel 63 Kohärenzverfahren
Um zur einheitlichen Anwendung dieser Verordnung in der gesamten Union beizutragen, arbeiten die Aufsichtsbehörden im Rahmen des in diesem Abschnitt beschriebenen Kohärenzverfahrens untereinander und gegebenenfalls mit der Kommission zusammen.

Artikel 64 Stellungnahme des Ausschusses
(1) [1]Der Ausschuss gibt eine Stellungnahme ab, wenn die zuständige Aufsichtsbehörde beabsichtigt, eine der nachstehenden Maßnahmen zu erlassen. [2]Zu diesem Zweck übermittelt die zuständige Aufsichtsbehörde dem Ausschuss den Entwurf des Beschlusses, wenn dieser

a) der Annahme einer Liste der Verarbeitungsvorgänge dient, die der Anforderung einer Datenschutz-Folgenabschätzung gemäß Artikel 35 Absatz 4 unterliegen,

b) eine Angelegenheit gemäß Artikel 40 Absatz 7 und damit die Frage betrifft, ob ein Entwurf von Verhaltensregeln oder eine Änderung oder Ergänzung von Verhaltensregeln mit dieser Verordnung in Einklang steht,

c) der Billigung der Anforderungen an die Akkreditierung einer Stelle nach Artikel 41 Absatz 3, einer Zertifizierungsstelle nach Artikel 43 Absatz 3 oder der Kriterien für die Zertifizierung gemäß Artikel 42 Absatz 5 dient,

d) der Festlegung von Standard-Datenschutzklauseln gemäß Artikel 46 Absatz 2 Buchstabe d und Artikel 28 Absatz 8 dient,

e) der Genehmigung von Vertragsklauseln gemäß Artikels 46 Absatz 3 Buchstabe a dient, oder

f) der Annahme verbindlicher interner Vorschriften im Sinne von Artikel 47 dient.

(2) Jede Aufsichtsbehörde, der Vorsitz des Ausschusses oder die Kommission können beantragen, dass eine Angelegenheit mit allgemeiner Geltung oder mit Auswirkungen in mehr als einem Mitgliedstaat vom Ausschuss geprüft wird, um eine Stellungnahme zu erhalten, insbesondere wenn eine zuständige Aufsichtsbehörde den Verpflichtungen zur Amtshilfe gemäß Artikel 61 oder zu gemeinsamen Maßnahmen gemäß Artikel 62 nicht nachkommt.

(3) [1]In den in den Absätzen 1 und 2 genannten Fällen gibt der Ausschuss eine Stellungnahme zu der Angelegenheit ab, die ihm vorgelegt wurde, sofern er nicht bereits eine Stellungnahme zu derselben Angelegenheit abgegeben hat. [2]Diese Stellungnahme wird binnen acht Wochen mit der einfachen Mehrheit der Mitglieder des Ausschusses angenommen. [3]Diese Frist kann unter Berücksichtigung der Komplexität der Angelegenheit um weitere sechs Wochen verlängert werden. [4]Was den in Absatz 1 genannten Beschlussentwurf angeht, der gemäß Absatz 5 den Mitgliedern des Ausschusses übermittelt wird, so wird angenommen, dass ein Mitglied, das innerhalb einer vom Vorsitz angegebenen angemessenen Frist keine Einwände erhoben hat, dem Beschlussentwurf zustimmt.

(4) Die Aufsichtsbehörden und die Kommission übermitteln unverzüglich dem Ausschuss auf elektronischem Wege unter Verwendung eines standardisierten Formats alle zweckdienlichen Informationen, einschließlich – je nach Fall – einer kurzen Darstellung des Sachverhalts, des Beschlussentwurfs, der Gründe, warum eine solche Maßnahme ergriffen werden muss, und der Standpunkte anderer betroffener Aufsichtsbehörden.

(5) Der Vorsitz des Ausschusses unterrichtet unverzüglich auf elektronischem Wege
a) unter Verwendung eines standardisierten Formats die Mitglieder des Ausschusses und die Kommission über alle zweckdienlichen Informationen, die ihm zugegangen sind. Soweit erforderlich stellt das Sekretariat des Ausschusses Übersetzungen der zweckdienlichen Informationen zur Verfügung und
b) je nach Fall die in den Absätzen 1 und 2 genannte Aufsichtsbehörde und die Kommission über die Stellungnahme und veröffentlicht sie.

(6) Die in Absatz 1 genannte zuständige Aufsichtsbehörde nimmt den in Absatz 1 genannten Beschlussentwurf nicht vor Ablauf der in Absatz 3 genannten Frist an.

(7) Die in Absatz 1 genannte zuständige Aufsichtsbehörde trägt der Stellungnahme des Ausschusses weitestgehend Rechnung und teilt dessen Vorsitz binnen zwei Wochen nach Eingang der Stellungnahme auf elektronischem Wege unter Verwendung eines standardisierten Formats mit, ob sie den Beschlussentwurf beibehalten oder ändern wird; gegebenenfalls übermittelt sie den geänderten Beschlussentwurf.

(8) Teilt die in Absatz 1 genannte zuständige Aufsichtsbehörde dem Vorsitz des Ausschusses innerhalb der Frist nach Absatz 7 des vorliegenden Artikels unter Angabe der maßgeblichen Gründe mit, dass sie beabsichtigt, der Stellungnahme des Ausschusses insgesamt oder teilweise nicht zu folgen, so gilt Artikel 65 Absatz 1.

Artikel 65 Streitbeilegung durch den Ausschuss

(1) Um die ordnungsgemäße und einheitliche Anwendung dieser Verordnung in Einzelfällen sicherzustellen, erlässt der Ausschuss in den folgenden Fällen einen verbindlichen Beschluss:
a) wenn eine betroffene Aufsichtsbehörde in einem Fall nach Artikel 60 Absatz 4 einen maßgeblichen und begründeten Einspruch gegen einen Beschlussentwurf der federführenden Aufsichtsbehörde eingelegt hat und sich die federführende Aufsichtsbehörde dem Einspruch nicht angeschlossen hat oder den Einspruch als nicht maßgeblich oder nicht begründet abgelehnt hat. Der verbindliche Beschluss betrifft alle Angelegenheiten, die Gegenstand des maßgeblichen und begründeten Einspruchs sind, insbesondere die Frage, ob ein Verstoß gegen diese Verordnung vorliegt;
b) wenn es widersprüchliche Standpunkte dazu gibt, welche der betroffenen Aufsichtsbehörden für die Hauptniederlassung zuständig ist,
c) wenn eine zuständige Aufsichtsbehörde in den in Artikel 64 Absatz 1 genannten Fällen keine Stellungnahme des Ausschusses einholt oder der Stellungnahme des Ausschusses gemäß Artikel 64 nicht folgt. In diesem Fall kann jede betroffene Aufsichtsbehörde oder die Kommission die Angelegenheit dem Ausschuss vorlegen.

(2) [1]Der in Absatz 1 genannte Beschluss wird innerhalb eines Monats nach der Befassung mit der Angelegenheit mit einer Mehrheit von zwei Dritteln der Mitglieder des Ausschusses angenommen. [2]Diese Frist kann wegen der Komplexität der Angelegenheit um einen weiteren Monat verlängert werden. [3]Der in Absatz 1 genannte Beschluss wird begründet und an die federführende Aufsichtsbehörde und alle betroffenen Aufsichtsbehörden übermittelt und ist für diese verbindlich.

(3) [1]War der Ausschuss nicht in der Lage, innerhalb der in Absatz 2 genannten Fristen einen Beschluss anzunehmen, so nimmt er seinen Beschluss innerhalb von zwei Wochen nach Ablauf des in Absatz 2 genannten zweiten Monats mit einfacher Mehrheit der Mitglieder des Ausschusses an. [2]Bei Stimmengleichheit zwischen den Mitgliedern des Ausschusses gibt die Stimme des Vorsitzes den Ausschlag.

(4) Die betroffenen Aufsichtsbehörden nehmen vor Ablauf der in den Absätzen 2 und 3 genannten Fristen keinen Beschluss über die dem Ausschuss vorgelegte Angelegenheit an.

(5) [1]Der Vorsitz des Ausschusses unterrichtet die betroffenen Aufsichtsbehörden unverzüglich über den in Absatz 1 genannten Beschluss. [2]Er setzt die Kommission hiervon in Kenntnis. [3]Der Beschluss wird unverzüglich auf der Website des Ausschusses veröffentlicht, nachdem die Aufsichtsbehörde den in Absatz 6 genannten endgültigen Beschluss mitgeteilt hat.

(6) [1]Die federführende Aufsichtsbehörde oder gegebenenfalls die Aufsichtsbehörde, bei der die Beschwerde eingereicht wurde, trifft den endgültigen Beschluss auf der Grundlage des in Absatz 1 des vorliegenden Artikels genannten Beschlusses unverzüglich und spätestens einen Monat, nachdem der Europäische Datenschutzausschuss seinen Beschluss mitgeteilt hat. [2]Die federführende Aufsichtsbehörde oder gegebenenfalls die Aufsichtsbehörde, bei der die Beschwerde eingereicht wurde, setzt den Ausschuss von dem Zeitpunkt, zu dem ihr endgültiger Beschluss dem Verantwortlichen oder dem Auftragsverarbeiter bzw. der betroffenen Person mitgeteilt wird, in Kenntnis. [3]Der endgültige Beschluss der betroffenen Aufsichtsbehörden wird gemäß Artikel 60 Absätze 7, 8 und 9 angenommen. [4]Im endgültigen Beschluss wird auf den in Absatz 1 genannten Beschluss verwiesen und festgelegt, dass der in Absatz 1 des vorliegenden

Artikels genannte Beschluss gemäß Absatz 5 auf der Website des Ausschusses veröffentlicht wird. [5]Dem endgültigen Beschluss wird der in Absatz 1 des vorliegenden Artikels genannte Beschluss beigefügt.

Artikel 66 Dringlichkeitsverfahren

(1) [1]Unter außergewöhnlichen Umständen kann eine betroffene Aufsichtsbehörde abweichend vom Kohärenzverfahren nach Artikel 63, 64 und 65 oder dem Verfahren nach Artikel 60 sofort einstweilige Maßnahmen mit festgelegter Geltungsdauer von höchstens drei Monaten treffen, die in ihrem Hoheitsgebiet rechtliche Wirkung entfalten sollen, wenn sie zu der Auffassung gelangt, dass dringender Handlungsbedarf besteht, um Rechte und Freiheiten von betroffenen Personen zu schützen. [2]Die Aufsichtsbehörde setzt die anderen betroffenen Aufsichtsbehörden, den Ausschuss und die Kommission unverzüglich von diesen Maßnahmen und den Gründen für deren Erlass in Kenntnis.

(2) Hat eine Aufsichtsbehörde eine Maßnahme nach Absatz 1 ergriffen und ist sie der Auffassung, dass dringend endgültige Maßnahmen erlassen werden müssen, kann sie unter Angabe von Gründen im Dringlichkeitsverfahren um eine Stellungnahme oder einen verbindlichen Beschluss des Ausschusses ersuchen.

(3) Jede Aufsichtsbehörde kann unter Angabe von Gründen, auch für den dringenden Handlungsbedarf, im Dringlichkeitsverfahren um eine Stellungnahme oder gegebenenfalls einen verbindlichen Beschluss des Ausschusses ersuchen, wenn eine zuständige Aufsichtsbehörde trotz dringenden Handlungsbedarfs keine geeignete Maßnahme getroffen hat, um die Rechte und Freiheiten von betroffenen Personen zu schützen.

(4) Abweichend von Artikel 64 Absatz 3 und Artikel 65 Absatz 2 wird eine Stellungnahme oder ein verbindlicher Beschluss im Dringlichkeitsverfahren nach den Absätzen 2 und 3 binnen zwei Wochen mit einfacher Mehrheit der Mitglieder des Ausschusses angenommen.

Artikel 67 Informationsaustausch

Die Kommission kann Durchführungsrechtsakte von allgemeiner Tragweite zur Festlegung der Ausgestaltung des elektronischen Informationsaustauschs zwischen den Aufsichtsbehörden sowie zwischen den Aufsichtsbehörden und dem Ausschuss, insbesondere des standardisierten Formats nach Artikel 64, erlassen.

Diese Durchführungsrechtsakte werden gemäß dem Prüfverfahren nach Artikel 93 Absatz 2 erlassen.

Abschnitt 3
Europäischer Datenschutzausschuss

Artikel 68 Europäischer Datenschutzausschuss

(1) Der Europäische Datenschutzausschuss (im Folgenden „Ausschuss") wird als Einrichtung der Union mit eigener Rechtspersönlichkeit eingerichtet.

(2) Der Ausschuss wird von seinem Vorsitz vertreten.

(3) Der Ausschuss besteht aus dem Leiter einer Aufsichtsbehörde jedes Mitgliedstaats und dem Europäischen Datenschutzbeauftragten oder ihren jeweiligen Vertretern.

(4) Ist in einem Mitgliedstaat mehr als eine Aufsichtsbehörde für die Überwachung der Anwendung der nach Maßgabe dieser Verordnung erlassenen Vorschriften zuständig, so wird im Einklang mit den Rechtsvorschriften dieses Mitgliedstaats ein gemeinsamer Vertreter benannt.

(5) [1]Die Kommission ist berechtigt, ohne Stimmrecht an den Tätigkeiten und Sitzungen des Ausschusses teilzunehmen. [2]Die Kommission benennt einen Vertreter. [3]Der Vorsitz des Ausschusses unterrichtet die Kommission über die Tätigkeiten des Ausschusses.

(6) In den in Artikel 65 genannten Fällen ist der Europäische Datenschutzbeauftragte nur bei Beschlüssen stimmberechtigt, die Grundsätze und Vorschriften betreffen, die für die Organe, Einrichtungen, Ämter und Agenturen der Union gelten und inhaltlich den Grundsätzen und Vorschriften dieser Verordnung entsprechen.

Artikel 69 Unabhängigkeit

(1) Der Ausschuss handelt bei der Erfüllung seiner Aufgaben oder in Ausübung seiner Befugnisse gemäß den Artikeln 70 und 71 unabhängig.

(2) Unbeschadet der Ersuchen der Kommission gemäß Artikel 70 Absätze 1 und 2 ersucht der Ausschuss bei der Erfüllung seiner Aufgaben oder in Ausübung seiner Befugnisse weder um Weisung noch nimmt er Weisungen entgegen.

Artikel 70 Aufgaben des Ausschusses

(1) [1]Der Ausschuss stellt die einheitliche Anwendung dieser Verordnung sicher. [2]Hierzu nimmt der Ausschuss von sich aus oder gegebenenfalls auf Ersuchen der Kommission insbesondere folgende Tätigkeiten wahr:

a) Überwachung und Sicherstellung der ordnungsgemäßen Anwendung dieser Verordnung in den in den Artikeln 64 und 65 genannten Fällen unbeschadet der Aufgaben der nationalen Aufsichtsbehörden;

b) Beratung der Kommission in allen Fragen, die im Zusammenhang mit dem Schutz personenbezogener Daten in der Union stehen, einschließlich etwaiger Vorschläge zur Änderung dieser Verordnung;

c) Beratung der Kommission über das Format und die Verfahren für den Austausch von Informationen zwischen den Verantwortlichen, den Auftragsverarbeitern und den Aufsichtsbehörden in Bezug auf verbindliche interne Datenschutzvorschriften;

d) Bereitstellung von Leitlinien, Empfehlungen und bewährten Verfahren zu Verfahren für die Löschung gemäß Artikel 17 Absatz 2 von Links zu personenbezogenen Daten oder Kopien oder Replikationen dieser Daten aus öffentlich zugänglichen Kommunikationsdiensten;

e) Prüfung – von sich aus, auf Antrag eines seiner Mitglieder oder auf Ersuchen der Kommission – von die Anwendung dieser Verordnung betreffenden Fragen und Bereitstellung von Leitlinien, Empfehlungen und bewährten Verfahren zwecks Sicherstellung einer einheitlichen Anwendung dieser Verordnung;

f) Bereitstellung von Leitlinien, Empfehlungen und bewährten Verfahren gemäß Buchstabe e des vorliegenden Absatzes zur näheren Bestimmung der Kriterien und Bedingungen für die auf Profiling beruhenden Entscheidungen gemäß Artikel 22 Absatz 2;

g) Bereitstellung von Leitlinien, Empfehlungen und bewährten Verfahren gemäß Buchstabe e des vorliegenden Absatzes für die Feststellung von Verletzungen des Schutzes personenbezogener Daten und die Festlegung der Unverzüglichkeit im Sinne des Artikels 33 Absätze 1 und 2, und zu den spezifischen Umständen, unter denen der Verantwortliche oder der Auftragsverarbeiter die Verletzung des Schutzes personenbezogener Daten zu melden hat;

h) Bereitstellung von Leitlinien, Empfehlungen und bewährten Verfahren gemäß Buchstabe e des vorliegenden Absatzes zu den Umständen, unter denen eine Verletzung des Schutzes personenbezogener Daten voraussichtlich ein hohes Risiko für die Rechte und Freiheiten natürlicher Personen im Sinne des Artikels 34 Absatz 1 zur Folge hat;

i) Bereitstellung von Leitlinien, Empfehlungen und bewährten Verfahren gemäß Buchstabe e des vorliegenden Absatzes zur näheren Bestimmung der in Artikel 47 aufgeführten Kriterien und Anforderungen für die Übermittlungen personenbezogener Daten, die auf verbindlichen internen Datenschutzvorschriften von Verantwortlichen oder Auftragsverarbeitern beruhen, und der dort aufgeführten weiteren erforderlichen Anforderungen zum Schutz personenbezogener Daten der betroffenen Personen;

j) Bereitstellung von Leitlinien, Empfehlungen und bewährten Verfahren gemäß Buchstabe e des vorliegenden Absatzes zur näheren Bestimmung der Kriterien und Bedingungen für die Übermittlungen personenbezogener Daten gemäß Artikel 49 Absatz 1;

k) Ausarbeitung von Leitlinien für die Aufsichtsbehörden in Bezug auf die Anwendung von Maßnahmen nach Artikel 58 Absätze 1, 2 und 3 und die Festsetzung von Geldbußen gemäß Artikel 83;

l) Überprüfung der praktischen Anwendung der Leitlinien, Empfehlungen und bewährten Verfahren;

m) Bereitstellung von Leitlinien, Empfehlungen und bewährten Verfahren gemäß Buchstabe e des vorliegenden Absatzes zur Festlegung gemeinsamer Verfahren für die von natürlichen Personen vorgenommene Meldung von Verstößen gegen diese Verordnung gemäß Artikel 54 Absatz 2;

n) Förderung der Ausarbeitung von Verhaltensregeln und der Einrichtung von datenschutzspezifischen Zertifizierungsverfahren sowie Datenschutzsiegeln und -prüfzeichen gemäß den Artikeln 40 und 42;

o) Genehmigung der Zertifizierungskriterien gemäß Artikel 42 Absatz 5 und Führung eines öffentlichen Registers der Zertifizierungsverfahren sowie von Datenschutzsiegeln und -prüfzeichen gemäß Artikel 42 Absatz 8 und der in Drittländern niedergelassenen zertifizierten Verantwortlichen oder Auftragsverarbeiter gemäß Artikel 42 Absatz 7;

p) Genehmigung der in Artikel 43 Absatz 3 genannten Anforderungen im Hinblick auf die Akkreditierung von Zertifizierungsstellen gemäß Artikel 43;

q) Abgabe einer Stellungnahme für die Kommission zu den Zertifizierungsanforderungen gemäß Artikel 43 Absatz 8;

r) Abgabe einer Stellungnahme für die Kommission zu den Bildsymbolen gemäß Artikel 12 Absatz 7;

s) Abgabe einer Stellungnahme für die Kommission zur Beurteilung der Angemessenheit des in einem Drittland oder einer internationalen Organisation gebotenen Schutzniveaus einschließlich zur Beurteilung der Frage, ob das Drittland, das Gebiet, ein oder mehrere spezifische Sektoren in diesem Drittland oder eine internationale Organisation kein angemessenes Schutzniveau mehr gewährleistet. Zu diesem Zweck gibt die Kommission dem Ausschuss alle erforderlichen Unterlagen, darunter den Schriftwechsel mit der Regierung des Drittlands, dem Gebiet oder spezifischen Sektor oder der internationalen Organisation;

t) Abgabe von Stellungnahmen im Kohärenzverfahren gemäß Artikel 64 Absatz 1 zu Beschlussentwürfen von Aufsichtsbehörden, zu Angelegenheiten, die nach Artikel 64 Absatz 2 vorgelegt wurden und um Erlass verbindlicher Beschlüsse gemäß Artikel 65, einschließlich der in Artikel 66 genannten Fälle;

u) Förderung der Zusammenarbeit und eines wirksamen bilateralen und multilateralen Austauschs von Informationen und bewährten Verfahren zwischen den Aufsichtsbehörden;

v) Förderung von Schulungsprogrammen und Erleichterung des Personalaustausches zwischen Aufsichtsbehörden sowie gegebenenfalls mit Aufsichtsbehörden von Drittländern oder mit internationalen Organisationen;

w) Förderung des Austausches von Fachwissen und von Dokumentationen über Datenschutzvorschriften und -praxis mit Datenschutzaufsichtsbehörden in aller Welt;

x) Abgabe von Stellungnahmen zu den auf Unionsebene erarbeiteten Verhaltensregeln gemäß Artikel 40 Absatz 9 und

y) Führung eines öffentlich zugänglichen elektronischen Registers der Beschlüsse der Aufsichtsbehörden und Gerichte in Bezug auf Fragen, die im Rahmen des Kohärenzverfahrens behandelt wurden.

(2) Die Kommission kann, wenn sie den Ausschuss um Rat ersucht, unter Berücksichtigung der Dringlichkeit des Sachverhalts eine Frist angeben.

(3) Der Ausschuss leitet seine Stellungnahmen, Leitlinien, Empfehlungen und bewährten Verfahren an die Kommission und an den in Artikel 93 genannten Ausschuss weiter und veröffentlicht sie.

(4) [1]Der Ausschuss konsultiert gegebenenfalls interessierte Kreise und gibt ihnen Gelegenheit, innerhalb einer angemessenen Frist Stellung zu nehmen. [2]Unbeschadet des Artikels 76 macht der Ausschuss die Ergebnisse der Konsultation der Öffentlichkeit zugänglich.

Artikel 71 Berichterstattung

(1) [1]Der Ausschuss erstellt einen Jahresbericht über den Schutz natürlicher Personen bei der Verarbeitung in der Union und gegebenenfalls in Drittländern und internationalen Organisationen. [2]Der Bericht wird veröffentlicht und dem Europäischen Parlament, dem Rat und der Kommission übermittelt.

(2) Der Jahresbericht enthält eine Überprüfung der praktischen Anwendung der in Artikel 70 Absatz 1 Buchstabe 1 genannten Leitlinien, Empfehlungen und bewährten Verfahren sowie der in Artikel 65 genannten verbindlichen Beschlüsse.

Artikel 72 Verfahrensweise

(1) Sofern in dieser Verordnung nichts anderes bestimmt ist, fasst der Ausschuss seine Beschlüsse mit einfacher Mehrheit seiner Mitglieder.

(2) Der Ausschuss gibt sich mit einer Mehrheit von zwei Dritteln seiner Mitglieder eine Geschäftsordnung und legt seine Arbeitsweise fest.

Artikel 73 Vorsitz

(1) Der Ausschuss wählt aus dem Kreis seiner Mitglieder mit einfacher Mehrheit einen Vorsitzenden und zwei stellvertretende Vorsitzende.

(2) Die Amtszeit des Vorsitzenden und seiner beiden Stellvertreter beträgt fünf Jahre; ihre einmalige Wiederwahl ist zulässig.

Artikel 74 Aufgaben des Vorsitzes

(1) Der Vorsitz hat folgende Aufgaben:

a) Einberufung der Sitzungen des Ausschusses und Erstellung der Tagesordnungen,

b) Übermittlung der Beschlüsse des Ausschusses nach Artikel 65 an die federführende Aufsichtsbehörde und die betroffenen Aufsichtsbehörden,

c) Sicherstellung einer rechtzeitigen Ausführung der Aufgaben des Ausschusses, insbesondere der Aufgaben im Zusammenhang mit dem Kohärenzverfahren nach Artikel 63.

(2) Der Ausschuss legt die Aufteilung der Aufgaben zwischen dem Vorsitzenden und dessen Stellvertretern in seiner Geschäftsordnung fest.

Artikel 75 Sekretariat

(1) Der Ausschuss wird von einem Sekretariat unterstützt, das von dem Europäischen Datenschutzbeauftragten bereitgestellt wird.

(2) Das Sekretariat führt seine Aufgaben ausschließlich auf Anweisung des Vorsitzes des Ausschusses aus.

(3) Das Personal des Europäischen Datenschutzbeauftragten, das an der Wahrnehmung der dem Ausschuss gemäß dieser Verordnung übertragenen Aufgaben beteiligt ist, unterliegt anderen Berichtspflichten als das Personal, das an der Wahrnehmung der dem Europäischen Datenschutzbeauftragten übertragenen Aufgaben beteiligt ist.

(4) Soweit angebracht, erstellen und veröffentlichen der Ausschuss und der Europäische Datenschutzbeauftragte eine Vereinbarung zur Anwendung des vorliegenden Artikels, in der die Bedingungen ihrer Zusammenarbeit festgelegt sind und die für das Personal des Europäischen Datenschutzbeauftragten gilt, das an der Wahrnehmung der dem Ausschuss gemäß dieser Verordnung übertragenen Aufgaben beteiligt ist.

(5) Das Sekretariat leistet dem Ausschuss analytische, administrative und logistische Unterstützung.

(6) Das Sekretariat ist insbesondere verantwortlich für

a) das Tagesgeschäft des Ausschusses,

b) die Kommunikation zwischen den Mitgliedern des Ausschusses, seinem Vorsitz und der Kommission,

c) die Kommunikation mit anderen Organen und mit der Öffentlichkeit,

d) den Rückgriff auf elektronische Mittel für die interne und die externe Kommunikation,

e) die Übersetzung sachdienlicher Informationen,

f) die Vor- und Nachbereitung der Sitzungen des Ausschusses,

g) die Vorbereitung, Abfassung und Veröffentlichung von Stellungnahmen, von Beschlüssen über die Beilegung von Streitigkeiten zwischen Aufsichtsbehörden und von sonstigen vom Ausschuss angenommenen Dokumenten.

Artikel 76 Vertraulichkeit

(1) Die Beratungen des Ausschusses sind gemäß seiner Geschäftsordnung vertraulich, wenn der Ausschuss dies für erforderlich hält.

(2) Der Zugang zu Dokumenten, die Mitgliedern des Ausschusses, Sachverständigen und Vertretern von Dritten vorgelegt werden, wird durch die Verordnung (EG) Nr. 1049/2001 des Europäischen Parlaments und des Rates[1]) geregelt.

Kapitel VIII
Rechtsbehelfe, Haftung und Sanktionen

Artikel 77 Recht auf Beschwerde bei einer Aufsichtsbehörde

(1) Jede betroffene Person hat unbeschadet eines anderweitigen verwaltungsrechtlichen oder gerichtlichen Rechtsbehelfs das Recht auf Beschwerde bei einer Aufsichtsbehörde, insbesondere in dem Mitgliedstaat ihres gewöhnlichen Aufenthaltsorts, ihres Arbeitsplatzes oder des Orts des mutmaßlichen Verstoßes, wenn die betroffene Person der Ansicht ist, dass die Verarbeitung der sie betreffenden personenbezogenen Daten gegen diese Verordnung verstößt.

(2) Die Aufsichtsbehörde, bei der die Beschwerde eingereicht wurde, unterrichtet den Beschwerdeführer über den Stand und die Ergebnisse der Beschwerde einschließlich der Möglichkeit eines gerichtlichen Rechtsbehelfs nach Artikel 78.

Artikel 78 Recht auf wirksamen gerichtlichen Rechtsbehelf gegen eine Aufsichtsbehörde

(1) Jede natürliche oder juristische Person hat unbeschadet eines anderweitigen verwaltungsrechtlichen oder außergerichtlichen Rechtsbehelfs das Recht auf einen wirksamen gerichtlichen Rechtsbehelf gegen einen sie betreffenden rechtsverbindlichen Beschluss einer Aufsichtsbehörde.

(2) Jede betroffene Person hat unbeschadet eines anderweitigen verwaltungsrechtlichen oder außergerichtlichen Rechtbehelfs das Recht auf einen wirksamen gerichtlichen Rechtsbehelf, wenn die nach den Artikeln 55 und 56 zuständige Aufsichtsbehörde sich nicht mit einer Beschwerde befasst oder die be-

1) **Amtl. Anm.:** Verordnung (EG) Nr. 1049/2001 des Europäischen Parlaments und des Rates vom 30. Mai 2001 über den Zugang der Öffentlichkeit zu Dokumenten des Europäischen Parlaments, des Rates und der Kommission (ABl. L 145 vom 31.5.2001, S. 43).

troffene Person nicht innerhalb von drei Monaten über den Stand oder das Ergebnis der gemäß Artikel 77 erhobenen Beschwerde in Kenntnis gesetzt hat.

(3) Für Verfahren gegen eine Aufsichtsbehörde sind die Gerichte des Mitgliedstaats zuständig, in dem die Aufsichtsbehörde ihren Sitz hat.

(4) Kommt es zu einem Verfahren gegen den Beschluss einer Aufsichtsbehörde, dem eine Stellungnahme oder ein Beschluss des Ausschusses im Rahmen des Kohärenzverfahrens vorangegangen ist, so leitet die Aufsichtsbehörde diese Stellungnahme oder diesen Beschluss dem Gericht zu.

Artikel 79 Recht auf wirksamen gerichtlichen Rechtsbehelf gegen Verantwortliche oder Auftragsverarbeiter

(1) Jede betroffene Person hat unbeschadet eines verfügbaren verwaltungsrechtlichen oder außergerichtlichen Rechtsbehelfs einschließlich des Rechts auf Beschwerde bei einer Aufsichtsbehörde gemäß Artikel 77 das Recht auf einen wirksamen gerichtlichen Rechtsbehelf, wenn sie der Ansicht ist, dass die ihr aufgrund dieser Verordnung zustehenden Rechte infolge einer nicht im Einklang mit dieser Verordnung stehenden Verarbeitung ihrer personenbezogenen Daten verletzt wurden.

(2) [1]Für Klagen gegen einen Verantwortlichen oder gegen einen Auftragsverarbeiter sind die Gerichte des Mitgliedstaats zuständig, in dem der Verantwortliche oder der Auftragsverarbeiter eine Niederlassung hat. [2]Wahlweise können solche Klagen auch bei den Gerichten des Mitgliedstaats erhoben werden, in dem die betroffene Person ihren gewöhnlichen Aufenthaltsort hat, es sei denn, es handelt sich bei dem Verantwortlichen oder dem Auftragsverarbeiter um eine Behörde eines Mitgliedstaats, die in Ausübung ihrer hoheitlichen Befugnisse tätig geworden ist.

Artikel 80 Vertretung von betroffenen Personen

(1) Die betroffene Person hat das Recht, eine Einrichtung, Organisationen oder Vereinigung ohne Gewinnerzielungsabsicht, die ordnungsgemäß nach dem Recht eines Mitgliedstaats gegründet ist, deren satzungsmäßige Ziele im öffentlichem Interesse liegen und die im Bereich des Schutzes der Rechte und Freiheiten von betroffenen Personen in Bezug auf den Schutz ihrer personenbezogenen Daten tätig ist, zu beauftragen, in ihrem Namen eine Beschwerde einzureichen, in ihrem Namen die in den Artikeln 77, 78 und 79 genannten Rechte wahrzunehmen und das Recht auf Schadensersatz gemäß Artikel 82 in Anspruch zu nehmen, sofern dieses im Recht der Mitgliedstaaten vorgesehen ist.

(2) Die Mitgliedstaaten können vorsehen, dass jede der in Absatz 1 des vorliegenden Artikels genannten Einrichtungen, Organisationen oder Vereinigungen unabhängig von einem Auftrag der betroffenen Person in diesem Mitgliedstaat das Recht hat, bei der gemäß Artikel 77 zuständigen Aufsichtsbehörde eine Beschwerde einzulegen und die in den Artikeln 78 und 79 aufgeführten Rechte in Anspruch zu nehmen, wenn ihres Erachtens die Rechte einer betroffenen Person gemäß dieser Verordnung infolge einer Verarbeitung verletzt worden sind.

Artikel 81 Aussetzung des Verfahrens

(1) Erhält ein zuständiges Gericht in einem Mitgliedstaat Kenntnis von einem Verfahren zu demselben Gegenstand in Bezug auf die Verarbeitung durch denselben Verantwortlichen oder Auftragsverarbeiter, das vor einem Gericht in einem anderen Mitgliedstaat anhängig ist, so nimmt es mit diesem Gericht Kontakt auf, um sich zu vergewissern, dass ein solches Verfahren existiert.

(2) Ist ein Verfahren zu demselben Gegenstand in Bezug auf die Verarbeitung durch denselben Verantwortlichen oder Auftragsverarbeiter vor einem Gericht in einem anderen Mitgliedstaat anhängig, so kann jedes später angerufene zuständige Gericht das bei ihm anhängige Verfahren aussetzen.

(3) Sind diese Verfahren in erster Instanz anhängig, so kann sich jedes später angerufene Gericht auf Antrag einer Partei auch für unzuständig erklären, wenn das zuerst angerufene Gericht für die betreffenden Klagen zuständig ist und die Verbindung der Klagen nach seinem Recht zulässig ist.

Artikel 82 Haftung und Recht auf Schadensersatz

(1) Jede Person, der wegen eines Verstoßes gegen diese Verordnung ein materieller oder immaterieller Schaden entstanden ist, hat Anspruch auf Schadensersatz gegen den Verantwortlichen oder gegen den Auftragsverarbeiter.

(2) [1]Jeder an einer Verarbeitung beteiligte Verantwortliche haftet für den Schaden, der durch eine nicht dieser Verordnung entsprechende Verarbeitung verursacht wurde. [2]Ein Auftragsverarbeiter haftet für den durch eine Verarbeitung verursachten Schaden nur dann, wenn er seinen speziell den Auftragsverarbeitern auferlegten Pflichten aus dieser Verordnung nicht nachgekommen ist oder unter Nichtbeachtung der rechtmäßig erteilten Anweisungen des für die Datenverarbeitung Verantwortlichen oder gegen diese Anweisungen gehandelt hat.

(3) Der Verantwortliche oder der Auftragsverarbeiter wird von der Haftung gemäß Absatz 2 befreit, wenn er nachweist, dass er in keinerlei Hinsicht für den Umstand, durch den der Schaden eingetreten ist, verantwortlich ist.

(4) Ist mehr als ein Verantwortlicher oder mehr als ein Auftragsverarbeiter bzw. sowohl ein Verantwortlicher als auch ein Auftragsverarbeiter an derselben Verarbeitung beteiligt und sind sie gemäß den Absätzen 2 und 3 für einen durch die Verarbeitung verursachten Schaden verantwortlich, so haftet jeder Verantwortliche oder jeder Auftragsverarbeiter für den gesamten Schaden, damit ein wirksamer Schadensersatz für die betroffene Person sichergestellt ist.

(5) Hat ein Verantwortlicher oder Auftragsverarbeiter gemäß Absatz 4 vollständigen Schadenersatz für den erlittenen Schaden gezahlt, so ist dieser Verantwortliche oder Auftragsverarbeiter berechtigt, von den übrigen an derselben Verarbeitung beteiligten für die Datenverarbeitung Verantwortlichen oder Auftragsverarbeitern den Teil des Schadenersatzes zurückzufordern, der unter den in Absatz 2 festgelegten Bedingungen ihrem Anteil an der Verantwortung für den Schaden entspricht.

(6) Mit Gerichtsverfahren zur Inanspruchnahme des Rechts auf Schadenersatz sind die Gerichte zu befassen, die nach den in Artikel 79 Absatz 2 genannten Rechtsvorschriften des Mitgliedstaats zuständig sind.

Artikel 83 Allgemeine Bedingungen für die Verhängung von Geldbußen

(1) Jede Aufsichtsbehörde stellt sicher, dass die Verhängung von Geldbußen gemäß diesem Artikel für Verstöße gegen diese Verordnung gemäß den Absätzen 4, 5 und 6 in jedem Einzelfall wirksam, verhältnismäßig und abschreckend ist.

(2) [1]Geldbußen werden je nach den Umständen des Einzelfalls zusätzlich zu oder anstelle von Maßnahmen nach Artikel 58 Absatz 2 Buchstaben a bis h und j verhängt. [2]Bei der Entscheidung über die Verhängung einer Geldbuße und über deren Betrag wird in jedem Einzelfall Folgendes gebührend berücksichtigt:

a) Art, Schwere und Dauer des Verstoßes unter Berücksichtigung der Art, des Umfangs oder des Zwecks der betreffenden Verarbeitung sowie der Zahl der von der Verarbeitung betroffenen Personen und des Ausmaßes des von ihnen erlittenen Schadens;

b) Vorsätzlichkeit oder Fahrlässigkeit des Verstoßes;

c) jegliche von dem Verantwortlichen oder dem Auftragsverarbeiter getroffenen Maßnahmen zur Minderung des den betroffenen Personen entstandenen Schadens;

d) Grad der Verantwortung des Verantwortlichen oder des Auftragsverarbeiters unter Berücksichtigung der von ihnen gemäß den Artikeln 25 und 32 getroffenen technischen und organisatorischen Maßnahmen;

e) etwaige einschlägige frühere Verstöße des Verantwortlichen oder des Auftragsverarbeiters;

f) Umfang der Zusammenarbeit mit der Aufsichtsbehörde, um dem Verstoß abzuhelfen und seine möglichen nachteiligen Auswirkungen zu mindern;

g) Kategorien personenbezogener Daten, die von dem Verstoß betroffen sind;

h) Art und Weise, wie der Verstoß der Aufsichtsbehörde bekannt wurde, insbesondere ob und gegebenenfalls in welchem Umfang der Verantwortliche oder der Auftragsverarbeiter den Verstoß mitgeteilt hat;

i) Einhaltung der nach Artikel 58 Absatz 2 früher gegen den für die betreffenden Verantwortlichen oder Auftragsverarbeiter in Bezug auf denselben Gegenstand angeordneten Maßnahmen, wenn solche Maßnahmen angeordnet wurden;

j) Einhaltung von genehmigten Verhaltensregeln nach Artikel 40 oder genehmigten Zertifizierungsverfahren nach Artikel 42 und

k) jegliche anderen erschwerenden oder mildernden Umstände im jeweiligen Fall, wie unmittelbar oder mittelbar durch den Verstoß erlangte finanzielle Vorteile oder vermiedene Verluste.

(3) Verstößt ein Verantwortlicher oder Auftragsverarbeiter bei gleichen oder miteinander verbundenen Verarbeitungsvorgängen vorsätzlich oder fahrlässig gegen mehrere Bestimmungen dieser Verordnung, so übersteigt der Gesamtbetrag der Geldbuße nicht den Betrag für den schwerwiegendsten Verstoß.

(4) Bei Verstößen gegen die folgenden Bestimmungen werden im Einklang mit Absatz 2 Geldbußen von bis zu 10 000 000 EUR oder im Fall eines Unternehmens von bis zu 2 % seines gesamten weltweit erzielten Jahresumsatzes des vorangegangenen Geschäftsjahrs verhängt, je nachdem, welcher der Beträge höher ist:

a) die Pflichten der Verantwortlichen und der Auftragsverarbeiter gemäß den Artikeln 8, 11, 25 bis 39, 42 und 43;

b) die Pflichten der Zertifizierungsstelle gemäß den Artikeln 42 und 43;

c) die Pflichten der Überwachungsstelle gemäß Artikel 41 Absatz 4.

(5) Bei Verstößen gegen die folgenden Bestimmungen werden im Einklang mit Absatz 2 Geldbußen von bis zu 20 000 000 EUR oder im Fall eines Unternehmens von bis zu 4 % seines gesamten weltweit erzielten Jahresumsatzes des vorangegangenen Geschäftsjahrs verhängt, je nachdem, welcher der Beträge höher ist:

a) die Grundsätze für die Verarbeitung, einschließlich der Bedingungen für die Einwilligung, gemäß den Artikeln 5, 6, 7 und 9;

b) die Rechte der betroffenen Person gemäß den Artikeln 12 bis 22;

c) die Übermittlung personenbezogener Daten an einen Empfänger in einem Drittland oder an eine internationale Organisation gemäß den Artikeln 44 bis 49;

d) alle Pflichten gemäß den Rechtsvorschriften der Mitgliedstaaten, die im Rahmen des Kapitels IX erlassen wurden;

e) Nichtbefolgung einer Anweisung oder einer vorübergehenden oder endgültigen Beschränkung oder Aussetzung der Datenübermittlung durch die Aufsichtsbehörde gemäß Artikel 58 Absatz 2 oder Nichtgewährung des Zugangs unter Verstoß gegen Artikel 58 Absatz 1.

(6) Bei Nichtbefolgung einer Anweisung der Aufsichtsbehörde gemäß Artikel 58 Absatz 2 werden im Einklang mit Absatz 2 des vorliegenden Artikels Geldbußen von bis zu 20 000 000 EUR oder im Fall eines Unternehmens von bis zu 4 % seines gesamten weltweit erzielten Jahresumsatzes des vorangegangenen Geschäftsjahrs verhängt, je nachdem, welcher der Beträge höher ist.

(7) Unbeschadet der Abhilfebefugnisse der Aufsichtsbehörden gemäß Artikel 58 Absatz 2 kann jeder Mitgliedstaat Vorschriften dafür festlegen, ob und in welchem Umfang gegen Behörden und öffentliche Stellen, die in dem betreffenden Mitgliedstaat niedergelassen sind, Geldbußen verhängt werden können.

(8) Die Ausübung der eigenen Befugnisse durch eine Aufsichtsbehörde gemäß diesem Artikel muss angemessenen Verfahrensgarantien gemäß dem Unionsrecht und dem Recht der Mitgliedstaaten, einschließlich wirksamer gerichtlicher Rechtsbehelfe und ordnungsgemäßer Verfahren, unterliegen.

(9) [1]Sieht die Rechtsordnung eines Mitgliedstaats keine Geldbußen vor, kann dieser Artikel so angewandt werden, dass die Geldbuße von der zuständigen Aufsichtsbehörde in die Wege geleitet und von den zuständigen nationalen Gerichten verhängt wird, wobei sicherzustellen ist, dass diese Rechtsbehelfe wirksam sind und die gleiche Wirkung wie die von Aufsichtsbehörden verhängten Geldbußen haben. [2]In jeden Fall müssen die verhängten Geldbußen wirksam, verhältnismäßig und abschreckend sein. [3]Die betreffenden Mitgliedstaaten teilen der Kommission bis zum 25. Mai 2018 die Rechtsvorschriften mit, die sie aufgrund dieses Absatzes erlassen, sowie unverzüglich alle späteren Änderungsgesetze oder Änderungen dieser Vorschriften.

Artikel 84 Sanktionen

(1) [1]Die Mitgliedstaaten legen die Vorschriften über andere Sanktionen für Verstöße gegen diese Verordnung – insbesondere für Verstöße, die keiner Geldbuße gemäß Artikel 83 unterliegen – fest und treffen alle zu deren Anwendung erforderlichen Maßnahmen. [2]Diese Sanktionen müssen wirksam, verhältnismäßig und abschreckend sein.

(2) Jeder Mitgliedstaat teilt der Kommission bis zum 25. Mai 2018 die Rechtsvorschriften, die er aufgrund von Absatz 1 erlässt, sowie unverzüglich alle späteren Änderungen dieser Vorschriften mit.

Kapitel IX
Vorschriften für besondere Verarbeitungssituationen

Artikel 85 Verarbeitung und Freiheit der Meinungsäußerung und Informationsfreiheit

(1) Die Mitgliedstaaten bringen durch Rechtsvorschriften das Recht auf den Schutz personenbezogener Daten gemäß dieser Verordnung mit dem Recht auf freie Meinungsäußerung und Informationsfreiheit, einschließlich der Verarbeitung zu journalistischen Zwecken und zu wissenschaftlichen, künstlerischen oder literarischen Zwecken, in Einklang.

(2) Für die Verarbeitung, die zu journalistischen Zwecken oder zu wissenschaftlichen, künstlerischen oder literarischen Zwecken erfolgt, sehen die Mitgliedstaaten Abweichungen oder Ausnahmen von Kapitel II (Grundsätze), Kapitel III (Rechte der betroffenen Person), Kapitel IV (Verantwortlicher und Auftragsverarbeiter), Kapitel V (Übermittlung personenbezogener Daten an Drittländer oder an internationale Organisationen), Kapitel VI (Unabhängige Aufsichtsbehörden), Kapitel VII (Zusammenarbeit und Kohärenz) und Kapitel IX (Vorschriften für besondere Verarbeitungssituationen) vor, wenn dies erforderlich ist, um das Recht auf Schutz der personenbezogenen Daten mit der Freiheit der Meinungsäußerung und der Informationsfreiheit in Einklang zu bringen.

(3) Jeder Mitgliedstaat teilt der Kommission die Rechtsvorschriften, die er aufgrund von Absatz 2 erlassen hat, sowie unverzüglich alle späteren Änderungsgesetze oder Änderungen dieser Vorschriften mit.

Artikel 86 Verarbeitung und Zugang der Öffentlichkeit zu amtlichen Dokumenten

Personenbezogene Daten in amtlichen Dokumenten, die sich im Besitz einer Behörde oder einer öffentlichen Einrichtung oder einer privaten Einrichtung zur Erfüllung einer im öffentlichen Interesse liegenden Aufgabe befinden, können von der Behörde oder der Einrichtung gemäß dem Unionsrecht oder dem Recht des Mitgliedstaats, dem die Behörde oder Einrichtung unterliegt, offengelegt werden, um den Zugang der Öffentlichkeit zu amtlichen Dokumenten mit dem Recht auf Schutz personenbezogener Daten gemäß dieser Verordnung in Einklang zu bringen.

Artikel 87 Verarbeitung der nationalen Kennziffer

[1]Die Mitgliedstaaten können näher bestimmen, unter welchen spezifischen Bedingungen eine nationale Kennziffer oder andere Kennzeichen von allgemeiner Bedeutung Gegenstand einer Verarbeitung sein dürfen. [2]In diesem Fall darf die nationale Kennziffer oder das andere Kennzeichen von allgemeiner Bedeutung nur unter Wahrung geeigneter Garantien für die Rechte und Freiheiten der betroffenen Person gemäß dieser Verordnung verwendet werden.

Artikel 88 Datenverarbeitung im Beschäftigungskontext

(1) Die Mitgliedstaaten können durch Rechtsvorschriften oder durch Kollektivvereinbarungen spezifischere Vorschriften zur Gewährleistung des Schutzes der Rechte und Freiheiten hinsichtlich der Verarbeitung personenbezogener Beschäftigtendaten im Beschäftigungskontext, insbesondere für Zwecke der Einstellung, der Erfüllung des Arbeitsvertrags einschließlich der Erfüllung von durch Rechtsvorschriften oder durch Kollektivvereinbarungen festgelegten Pflichten, des Managements, der Planung und der Organisation der Arbeit, der Gleichheit und Diversität am Arbeitsplatz, der Gesundheit und Sicherheit am Arbeitsplatz, des Schutzes des Eigentums der Arbeitgeber oder der Kunden sowie für Zwecke der Inanspruchnahme der mit der Beschäftigung zusammenhängenden individuellen oder kollektiven Rechte und Leistungen und für Zwecke der Beendigung des Beschäftigungsverhältnisses vorsehen.

(2) Diese Vorschriften umfassen geeignete und besondere Maßnahmen zur Wahrung der menschlichen Würde, der berechtigten Interessen und der Grundrechte der betroffenen Person, insbesondere im Hinblick auf die Transparenz der Verarbeitung, die Übermittlung personenbezogener Daten innerhalb einer Unternehmensgruppe oder einer Gruppe von Unternehmen, die eine gemeinsame Wirtschaftstätigkeit ausüben, und die Überwachungssysteme am Arbeitsplatz.

(3) Jeder Mitgliedstaat teilt der Kommission bis zum 25. Mai 2018 die Rechtsvorschriften, die er aufgrund von Absatz 1 erlässt, sowie unverzüglich alle späteren Änderungen dieser Vorschriften mit.

Artikel 89 Garantien und Ausnahmen in Bezug auf die Verarbeitung zu im öffentlichen Interesse liegenden Archivzwecken, zu wissenschaftlichen oder historischen Forschungszwecken und zu statistischen Zwecken

(1) [1]Die Verarbeitung zu im öffentlichen Interesse liegenden Archivzwecken, zu wissenschaftlichen oder historischen Forschungszwecken oder zu statistischen Zwecken unterliegt geeigneten Garantien für die Rechte und Freiheiten der betroffenen Person gemäß dieser Verordnung. [2]Mit diesen Garantien wird sichergestellt, dass technische und organisatorische Maßnahmen bestehen, mit denen insbesondere die Achtung des Grundsatzes der Datenminimierung gewährleistet wird. [3]Zu diesen Maßnahmen kann die Pseudonymisierung gehören, sofern es möglich ist, diese Zwecke auf diese Weise zu erfüllen. [4]In allen Fällen, in denen diese Zwecke durch die Weiterverarbeitung, bei der die Identifizierung von betroffenen Personen nicht oder nicht mehr möglich ist, erfüllt werden können, werden diese Zwecke auf diese Weise erfüllt.

(2) Werden personenbezogene Daten zu wissenschaftlichen oder historischen Forschungszwecken oder zu statistischen Zwecken verarbeitet, können vorbehaltlich der Bedingungen und Garantien gemäß Absatz 1 des vorliegenden Artikels im Unionsrecht oder im Recht der Mitgliedstaaten insoweit Ausnahmen von den Rechten gemäß der Artikel 15, 16, 18 und 21 vorgesehen werden, als diese Rechte voraussichtlich die Verwirklichung der spezifischen Zwecke unmöglich machen oder ernsthaft beeinträchtigen und solche Ausnahmen für die Erfüllung dieser Zwecke notwendig sind.

(3) Werden personenbezogene Daten für im öffentlichen Interesse liegende Archivzwecke verarbeitet, können vorbehaltlich der Bedingungen und Garantien gemäß Absatz 1 des vorliegenden Artikels im Unionsrecht oder im Recht der Mitgliedstaaten insoweit Ausnahmen von den Rechten gemäß der Artikel 15, 16, 18, 19, 20 und 21 vorgesehen werden, als diese Rechte voraussichtlich die Verwirklichung der spezifischen Zwecke unmöglich machen oder ernsthaft beeinträchtigen und solche Ausnahmen für die Erfüllung dieser Zwecke notwendig sind.

(4) Dient die in den Absätzen 2 und 3 genannte Verarbeitung gleichzeitig einem anderen Zweck, gelten die Ausnahmen nur für die Verarbeitung zu den in diesen Absätzen genannten Zwecken.

Artikel 90 Geheimhaltungspflichten

(1) [1]Die Mitgliedstaaten können die Befugnisse der Aufsichtsbehörden im Sinne des Artikels 58 Absatz 1 Buchstaben e und f gegenüber den Verantwortlichen oder den Auftragsverarbeitern, die nach Unionsrecht oder dem Recht der Mitgliedstaaten oder nach einer von den zuständigen nationalen Stellen erlassenen Verpflichtung dem Berufsgeheimnis oder einer gleichwertigen Geheimhaltungspflicht unterliegen, regeln, soweit dies notwendig und verhältnismäßig ist, um das Recht auf Schutz der personenbezogenen Daten mit der Pflicht zur Geheimhaltung in Einklang zu bringen. [2]Diese Vorschriften gelten nur in Bezug auf personenbezogene Daten, die der Verantwortliche oder der Auftragsverarbeiter bei einer Tätigkeit erlangt oder erhoben hat, die einer solchen Geheimhaltungspflicht unterliegt.

(2) Jeder Mitgliedstaat teilt der Kommission bis zum 25. Mai 2018 die Vorschriften mit, die er aufgrund von Absatz 1 erlässt, und setzt sie unverzüglich von allen weiteren Änderungen dieser Vorschriften in Kenntnis.

Artikel 91 Bestehende Datenschutzvorschriften von Kirchen und religiösen Vereinigungen oder Gemeinschaften

(1) Wendet eine Kirche oder eine religiöse Vereinigung oder Gemeinschaft in einem Mitgliedstaat zum Zeitpunkt des Inkrafttretens dieser Verordnung umfassende Regeln zum Schutz natürlicher Personen bei der Verarbeitung an, so dürfen diese Regeln weiter angewandt werden, sofern sie mit dieser Verordnung in Einklang gebracht werden.

(2) Kirchen und religiöse Vereinigungen oder Gemeinschaften, die gemäß Absatz 1 umfassende Datenschutzregeln anwenden, unterliegen der Aufsicht durch eine unabhängige Aufsichtsbehörde, die spezifischer Art sein kann, sofern sie die in Kapitel VI niedergelegten Bedingungen erfüllt.

Kapitel X
Delegierte Rechtsakte und Durchführungsrechtsakte

Artikel 92 Ausübung der Befugnisübertragung

(1) Die Befugnis zum Erlass delegierter Rechtsakte wird der Kommission unter den in diesem Artikel festgelegten Bedingungen übertragen.

(2) Die Befugnis zum Erlass delegierter Rechtsakte gemäß Artikel 12 Absatz 8 und Artikel 43 Absatz 8 wird der Kommission auf unbestimmte Zeit ab dem 24. Mai 2016 übertragen.

(3) [1]Die Befugnisübertragung gemäß Artikel 12 Absatz 8 und Artikel 43 Absatz 8 kann vom Europäischen Parlament oder vom Rat jederzeit widerrufen werden. [2]Der Beschluss über den Widerruf beendet die Übertragung der in diesem Beschluss angegebenen Befugnis. [3]Er wird am Tag nach seiner Veröffentlichung im Amtsblatt der Europäischen Union oder zu einem im Beschluss über den Widerruf angegebenen späteren Zeitpunkt wirksam. [4]Die Gültigkeit von delegierten Rechtsakten, die bereits in Kraft sind, wird von dem Beschluss über den Widerruf nicht berührt.

(4) Sobald die Kommission einen delegierten Rechtsakt erlässt, übermittelt sie ihn gleichzeitig dem Europäischen Parlament und dem Rat.

(5) [1]Ein delegierter Rechtsakt, der gemäß Artikel 12 Absatz 8 und Artikel 43 Absatz 8 erlassen wurde, tritt nur in Kraft, wenn weder das Europäische Parlament noch der Rat innerhalb einer Frist von drei Monaten nach Übermittlung dieses Rechtsakts an das Europäische Parlament und den Rat Einwände erhoben haben oder wenn vor Ablauf dieser Frist das Europäische Parlament und der Rat beide der Kommission mitgeteilt haben, dass sie keine Einwände erheben werden. [2]Auf Veranlassung des Europäischen Parlaments oder des Rates wird diese Frist um drei Monate verlängert.

Artikel 93 Ausschussverfahren

(1) [1]Die Kommission wird von einem Ausschuss unterstützt. [2]Dieser Ausschuss ist ein Ausschuss im Sinne der Verordnung (EU) Nr. 182/2011.

(2) Wird auf diesen Absatz Bezug genommen, so gilt Artikel 5 der Verordnung (EU) Nr. 182/2011.

(3) Wird auf diesen Absatz Bezug genommen, so gilt Artikel 8 der Verordnung (EU) Nr. 182/2011 in Verbindung mit deren Artikel 5.

<message_id>msg_011YoesU4MUWRpZ5rEEe8ZiH</message_id><timestamp_utc>2025-08-28T15:16:52.702178Z</timestamp_utc>end_turn</stop_reason>

Kapitel XI
Schlussbestimmungen

Artikel 94 Aufhebung der Richtlinie 95/46/EG
(1) Die Richtlinie 95/46/EG wird mit Wirkung vom 25. Mai 2018 aufgehoben.
(2) [1]Verweise auf die aufgehobene Richtlinie gelten als Verweise auf die vorliegende Verordnung. [2]Verweise auf die durch Artikel 29 der Richtlinie 95/46/EG eingesetzte Gruppe für den Schutz von Personen bei der Verarbeitung personenbezogener Daten gelten als Verweise auf den kraft dieser Verordnung errichteten Europäischen Datenschutzausschuss.

Artikel 95 Verhältnis zur Richtlinie 2002/58/EG
Diese Verordnung erlegt natürlichen oder juristischen Personen in Bezug auf die Verarbeitung in Verbindung mit der Bereitstellung öffentlich zugänglicher elektronischer Kommunikationsdienste in öffentlichen Kommunikationsnetzen in der Union keine zusätzlichen Pflichten auf, soweit sie besonderen in der Richtlinie 2002/58/EG festgelegten Pflichten unterliegen, die dasselbe Ziel verfolgen.

Artikel 96 Verhältnis zu bereits geschlossenen Übereinkünften
Internationale Übereinkünfte, die die Übermittlung personenbezogener Daten an Drittländer oder internationale Organisationen mit sich bringen, die von den Mitgliedstaaten vor dem 24. Mai 2016 abgeschlossen wurden und die im Einklang mit dem vor diesem Tag geltenden Unionsrecht stehen, bleiben in Kraft, bis sie geändert, ersetzt oder gekündigt werden.

Artikel 97 Berichte der Kommission
(1) [1]Bis zum 25. Mai 2020 und danach alle vier Jahre legt die Kommission dem Europäischen Parlament und dem Rat einen Bericht über die Bewertung und Überprüfung dieser Verordnung vor. [2]Die Berichte werden öffentlich gemacht.
(2) Im Rahmen der Bewertungen und Überprüfungen nach Absatz 1 prüft die Kommission insbesondere die Anwendung und die Wirkungsweise
a) des Kapitels V über die Übermittlung personenbezogener Daten an Drittländer oder an internationale Organisationen insbesondere im Hinblick auf die gemäß Artikel 45 Absatz 3 der vorliegenden Verordnung erlassenen Beschlüsse sowie die gemäß Artikel 25 Absatz 6 der Richtlinie 95/46/EG erlassenen Feststellungen,
b) des Kapitels VII über Zusammenarbeit und Kohärenz.
(3) Für den in Absatz 1 genannten Zweck kann die Kommission Informationen von den Mitgliedstaaten und den Aufsichtsbehörden anfordern.
(4) Bei den in den Absätzen 1 und 2 genannten Bewertungen und Überprüfungen berücksichtigt die Kommission die Standpunkte und Feststellungen des Europäischen Parlaments, des Rates und anderer einschlägiger Stellen oder Quellen.
(5) Die Kommission legt erforderlichenfalls geeignete Vorschläge zur Änderung dieser Verordnung vor und berücksichtigt dabei insbesondere die Entwicklungen in der Informationstechnologie und die Fortschritte in der Informationsgesellschaft.

Artikel 98 Überprüfung anderer Rechtsakte der Union zum Datenschutz
[1]Die Kommission legt gegebenenfalls Gesetzgebungsvorschläge zur Änderung anderer Rechtsakte der Union zum Schutz personenbezogener Daten vor, damit ein einheitlicher und kohärenter Schutz natürlicher Personen bei der Verarbeitung sichergestellt wird. [2]Dies betrifft insbesondere die Vorschriften zum Schutz natürlicher Personen bei der Verarbeitung solcher Daten durch die Organe, Einrichtungen, Ämter und Agenturen der Union und zum freien Verkehr solcher Daten.

Artikel 99 Inkrafttreten und Anwendung
(1) Diese Verordnung tritt am zwanzigsten Tag nach ihrer Veröffentlichung[1)] im Amtsblatt der Europäischen Union in Kraft.
(2) Sie gilt ab dem 25. Mai 2018.

Diese Verordnung ist in allen ihren Teilen verbindlich und gilt unmittelbar in jedem Mitgliedstaat.
Geschehen zu Brüssel am 27. April 2016.

Im Namen des Europäischen Parlaments
Der Präsident
M. SCHULZ

Im Namen des Rates
Die Präsidentin
J.A. HENNIS-PLASSCHAERT

1) Veröffentlicht am 4.5.2016.

Verwaltungsverfahrensgesetz (VwVfG)

In der Fassung der Bekanntmachung vom 23. Januar 2003[1] (BGBl. I S. 102)
(FNA 201-6)
zuletzt geändert durch Art. 5 Abs. 25 G zur Einführung einer Karte für Unionsbürger und Angehörige des Europäischen Wirtschaftsraums mit Funktion zum elektronischen Identitätsnachweis sowie zur Änd. des PersonalausweisG und weiterer Vorschriften vom 21. Juni 2019 (BGBl. I S. 846)

Inhaltsübersicht

1) Neubekanntmachung des VwVfG idF der Bek. v. 21.9.1998 (BGBl. I S. 3050) in der ab 1.2.2003 geltenden Fassung.

Teil I

Anwendungsbereich, örtliche Zuständigkeit, elektronische Kommunikation, Amtshilfe, europäische Verwaltungszusammenarbeit

Abschnitt 1
Anwendungsbereich, örtliche Zuständigkeit, elektronische Kommunikation

§ 1 Anwendungsbereich

(1) Dieses Gesetz gilt für die öffentlich-rechtliche Verwaltungstätigkeit der Behörden

1. des Bundes, der bundesunmittelbaren Körperschaften, Anstalten und Stiftungen des öffentlichen Rechts,
2. der Länder, der Gemeinden und Gemeindeverbände, der sonstigen der Aufsicht des Landes unterstehenden juristischen Personen des öffentlichen Rechts, wenn sie Bundesrecht im Auftrag des Bundes ausführen,

soweit nicht Rechtsvorschriften des Bundes inhaltsgleiche oder entgegenstehende Bestimmungen enthalten.

(2) ¹Dieses Gesetz gilt auch für die öffentlich-rechtliche Verwaltungstätigkeit der in Absatz 1 Nr. 2 bezeichneten Behörden, wenn die Länder Bundesrecht, das Gegenstände der ausschließlichen oder konkurrierenden Gesetzgebung des Bundes betrifft, als eigene Angelegenheit ausführen, soweit nicht Rechtsvorschriften des Bundes inhaltsgleiche oder entgegenstehende Bestimmungen enthalten. ²Für die Ausführung von Bundesgesetzen, die nach Inkrafttreten dieses Gesetzes erlassen werden, gilt dies nur, soweit die Bundesgesetze mit Zustimmung des Bundesrates dieses Gesetz für anwendbar erklären.

(3) Für die Ausführung von Bundesrecht durch die Länder gilt dieses Gesetz nicht, soweit die öffentlich-rechtliche Verwaltungstätigkeit der Behörden landesrechtlich durch ein Verwaltungsverfahrensgesetz geregelt ist.

(4) Behörde im Sinne dieses Gesetzes ist jede Stelle, die Aufgaben der öffentlichen Verwaltung wahrnimmt.

§ 2 Ausnahmen vom Anwendungsbereich

(1) Dieses Gesetz gilt nicht für die Tätigkeit der Kirchen, der Religionsgesellschaften und Weltanschauungsgemeinschaften sowie ihrer Verbände und Einrichtungen.

(2) Dieses Gesetz gilt ferner nicht für

1. Verfahren der Bundes- oder Landesfinanzbehörden nach der Abgabenordnung,
2. die Strafverfolgung, die Verfolgung und Ahndung von Ordnungswidrigkeiten, die Rechtshilfe für das Ausland in Straf- und Zivilsachen und, unbeschadet des § 80 Abs. 4, für Maßnahmen des Richterdienstrechts,
3. Verfahren vor dem Deutschen Patent- und Markenamt und den bei diesem errichteten Schiedsstellen,
4. Verfahren nach dem Sozialgesetzbuch,
5. das Recht des Lastenausgleichs,
6. das Recht der Wiedergutmachung.

(3) Für die Tätigkeit

1. der Gerichtsverwaltungen und der Behörden der Justizverwaltung einschließlich der ihrer Aufsicht unterliegenden Körperschaften des öffentlichen Rechts gilt dieses Gesetz nur, soweit die Tätigkeit der Nachprüfung durch die Gerichte der Verwaltungsgerichtsbarkeit oder durch die in verwaltungsrechtlichen Anwalts-, Patentanwalts- und Notarsachen zuständigen Gerichte unterliegt;
2. der Behörden bei Leistungs-, Eignungs- und ähnlichen Prüfungen von Personen gelten nur die §§ 3a bis 13, 20 bis 27, 29 bis 38, 40 bis 52, 79, 80 und 96;
3. der Vertretungen des Bundes im Ausland gilt dieses Gesetz nicht.

§ 3 Örtliche Zuständigkeit

(1) Örtlich zuständig ist

1. in Angelegenheiten, die sich auf unbewegliches Vermögen oder ein ortsgebundenes Recht oder Rechtsverhältnis beziehen, die Behörde, in deren Bezirk das Vermögen oder der Ort liegt;
2. in Angelegenheiten, die sich auf den Betrieb eines Unternehmens oder einer seiner Betriebsstätten, auf die Ausübung eines Berufs oder auf eine andere dauernde Tätigkeit beziehen, die Behörde, in deren Bezirk das Unternehmen oder die Betriebsstätte betrieben oder der Beruf oder die Tätigkeit ausgeübt wird oder werden soll;
3. in anderen Angelegenheiten, die

a) eine natürliche Person betreffen, die Behörde, in deren Bezirk die natürliche Person ihren gewöhnlichen Aufenthalt hat oder zuletzt hatte,
b) eine juristische Person oder eine Vereinigung betreffen, die Behörde, in deren Bezirk die juristische Person oder die Vereinigung ihren Sitz hat oder zuletzt hatte;
4. in Angelegenheiten, bei denen sich die Zuständigkeit nicht aus den Nummern 1 bis 3 ergibt, die Behörde, in deren Bezirk der Anlass für die Amtshandlung hervortritt.

(2) [1]Sind nach Absatz 1 mehrere Behörden zuständig, so entscheidet die Behörde, die zuerst mit der Sache befasst worden ist, es sei denn, die gemeinsame fachlich zuständige Aufsichtsbehörde bestimmt, dass eine andere örtlich zuständige Behörde zu entscheiden hat. [2]Sie kann in den Fällen, in denen eine gleiche Angelegenheit sich auf mehrere Betriebsstätten eines Betriebs oder Unternehmens bezieht, eine der nach Absatz 1 Nr. 2 zuständigen Behörden als gemeinsame zuständige Behörde bestimmen, wenn dies unter Wahrung der Interessen der Beteiligten zur einheitlichen Entscheidung geboten ist. [3]Diese Aufsichtsbehörde entscheidet ferner über die örtliche Zuständigkeit, wenn sich mehrere Behörden für zuständig oder für unzuständig halten oder wenn die Zuständigkeit aus anderen Gründen zweifelhaft ist. [4]Fehlt eine gemeinsame Aufsichtsbehörde, so treffen die fachlich zuständigen Aufsichtsbehörden die Entscheidung gemeinsam.

(3) Ändern sich im Lauf des Verwaltungsverfahrens die die Zuständigkeit begründenden Umstände, so kann die bisher zuständige Behörde das Verwaltungsverfahren fortführen, wenn dies unter Wahrung der Interessen der Beteiligten der einfachen und zweckmäßigen Durchführung des Verfahrens dient und die nunmehr zuständige Behörde zustimmt.

(4) [1]Bei Gefahr im Verzug ist für unaufschiebbare Maßnahmen jede Behörde örtlich zuständig, in deren Bezirk der Anlass für die Amtshandlung hervortritt. [2]Die nach Absatz 1 Nr. 1 bis 3 örtlich zuständige Behörde ist unverzüglich zu unterrichten.

§ 3a Elektronische Kommunikation

(1) Die Übermittlung elektronischer Dokumente ist zulässig, soweit der Empfänger hierfür einen Zugang eröffnet.

(2) [1]Eine durch Rechtsvorschrift angeordnete Schriftform kann, soweit nicht durch Rechtsvorschrift etwas anderes bestimmt ist, durch die elektronische Form ersetzt werden. [2]Der elektronischen Form genügt ein elektronisches Dokument, das mit einer qualifizierten elektronischen Signatur versehen ist. [3]Die Signierung mit einem Pseudonym, das die Identifizierung der Person des Signaturschlüsselinhabers nicht unmittelbar durch die Behörde ermöglicht, ist nicht zulässig. [4]Die Schriftform kann auch ersetzt werden
1. durch unmittelbare Abgabe der Erklärung in einem elektronischen Formular, das von der Behörde in einem Eingabegerät oder über öffentlich zugängliche Netze zur Verfügung gestellt wird;
2. bei Anträgen und Anzeigen durch Versendung eines elektronischen Dokuments an die Behörde mit der Versandart nach § 5 Absatz 5 des De-Mail-Gesetzes;
3. bei elektronischen Verwaltungsakten oder sonstigen elektronischen Dokumenten der Behörden durch Versendung einer De-Mail-Nachricht nach § 5 Absatz 5 des De-Mail-Gesetzes, bei der die Bestätigung des akkreditierten Diensteanbieters die erlassende Behörde als Nutzer des De-Mail-Kontos erkennen lässt;
4. durch sonstige sichere Verfahren, die durch Rechtsverordnung der Bundesregierung mit Zustimmung des Bundesrates festgelegt werden, welche den Datenübermittler (Absender der Daten) authentifizieren und die Integrität des elektronisch übermittelten Datensatzes sowie die Barrierefreiheit gewährleisten; der IT-Planungsrat gibt Empfehlungen zu geeigneten Verfahren ab.
[5]In den Fällen des Satzes 4 Nummer 1 muss bei einer Eingabe über öffentlich zugängliche Netze ein elektronischer Identitätsnachweis nach § 18 des Personalausweisgesetzes, nach § 12 des eID-Karte-Gesetzes oder nach § 78 Absatz 5 des Aufenthaltsgesetzes erfolgen.

(3) [1]Ist ein der Behörde übermitteltes elektronisches Dokument für sie zur Bearbeitung nicht geeignet, teilt sie dies dem Absender unter Angabe der für sie geltenden technischen Rahmenbedingungen unverzüglich mit. [2]Macht ein Empfänger geltend, er könne das von der Behörde übermittelte elektronische Dokument nicht bearbeiten, hat sie es ihm erneut in einem geeigneten elektronischen Format oder als Schriftstück zu übermitteln.

Abschnitt 2
Amtshilfe

§ 4 Amtshilfepflicht
(1) Jede Behörde leistet anderen Behörden auf Ersuchen ergänzende Hilfe (Amtshilfe).

(2) Amtshilfe liegt nicht vor, wenn
1. Behörden einander innerhalb eines bestehenden Weisungsverhältnisses Hilfe leisten;
2. die Hilfeleistung in Handlungen besteht, die der ersuchten Behörde als eigene Aufgabe obliegen.

§ 5 Voraussetzungen und Grenzen der Amtshilfe

(1) Eine Behörde kann um Amtshilfe insbesondere dann ersuchen, wenn sie
1. aus rechtlichen Gründen die Amtshandlung nicht selbst vornehmen kann;
2. aus tatsächlichen Gründen, besonders weil die zur Vornahme der Amtshandlung erforderlichen Dienstkräfte oder Einrichtungen fehlen, die Amtshandlung nicht selbst vornehmen kann;
3. zur Durchführung ihrer Aufgaben auf die Kenntnis von Tatsachen angewiesen ist, die ihr unbekannt sind und die sie selbst nicht ermitteln kann;
4. zur Durchführung ihrer Aufgaben Urkunden oder sonstige Beweismittel benötigt, die sich im Besitz der ersuchten Behörde befinden;
5. die Amtshandlung nur mit wesentlich größerem Aufwand vornehmen könnte als die ersuchte Behörde.

(2) [1]Die ersuchte Behörde darf Hilfe nicht leisten, wenn
1. sie hierzu aus rechtlichen Gründen nicht in der Lage ist;
2. durch die Hilfeleistung dem Wohl des Bundes oder eines Landes erhebliche Nachteile bereitet würden.

[2]Die ersuchte Behörde ist insbesondere zur Vorlage von Urkunden oder Akten sowie zur Erteilung von Auskünften nicht verpflichtet, wenn die Vorgänge nach einem Gesetz oder ihrem Wesen nach geheim gehalten werden müssen.

(3) Die ersuchte Behörde braucht Hilfe nicht zu leisten, wenn
1. eine andere Behörde die Hilfe wesentlich einfacher oder mit wesentlich geringerem Aufwand leisten kann;
2. sie die Hilfe nur mit unverhältnismäßig großem Aufwand leisten könnte;
3. sie unter Berücksichtigung der Aufgaben der ersuchenden Behörde durch die Hilfeleistung die Erfüllung ihrer eigenen Aufgaben ernstlich gefährden würde.

(4) Die ersuchte Behörde darf die Hilfe nicht deshalb verweigern, weil sie das Ersuchen aus anderen als den in Absatz 3 genannten Gründen oder weil sie die mit der Amtshilfe zu verwirklichende Maßnahme für unzweckmäßig hält.

(5) [1]Hält die ersuchte Behörde sich zur Hilfe nicht für verpflichtet, so teilt sie der ersuchenden Behörde ihre Auffassung mit. [2]Besteht diese auf der Amtshilfe, so entscheidet über die Verpflichtung zur Amtshilfe die gemeinsame fachlich zuständige Aufsichtsbehörde oder, sofern eine solche nicht besteht, die für die ersuchte Behörde fachlich zuständige Aufsichtsbehörde.

§ 6 Auswahl der Behörde

Kommen für die Amtshilfe mehrere Behörden in Betracht, so soll nach Möglichkeit eine Behörde der untersten Verwaltungsstufe des Verwaltungszweigs ersucht werden, dem die ersuchende Behörde angehört.

§ 7 Durchführung der Amtshilfe

(1) Die Zulässigkeit der Maßnahme, die durch die Amtshilfe verwirklicht werden soll, richtet sich nach dem für die ersuchende Behörde, die Durchführung der Amtshilfe nach dem für die ersuchte Behörde geltenden Recht.

(2) [1]Die ersuchende Behörde trägt gegenüber der ersuchten Behörde die Verantwortung für die Rechtmäßigkeit der zu treffenden Maßnahme. [2]Die ersuchte Behörde ist für die Durchführung der Amtshilfe verantwortlich.

§ 8 Kosten der Amtshilfe

(1) [1]Die ersuchende Behörde hat der ersuchten Behörde für die Amtshilfe keine Verwaltungsgebühr zu entrichten. [2]Auslagen hat sie der ersuchten Behörde auf Anforderung zu erstatten, wenn sie im Einzelfall 35 Euro übersteigen. [3]Leisten Behörden desselben Rechtsträgers einander Amtshilfe, so werden die Auslagen nicht erstattet.

(2) Nimmt die ersuchte Behörde zur Durchführung der Amtshilfe eine kostenpflichtige Amtshandlung vor, so stehen ihr die von einem Dritten hierfür geschuldeten Kosten (Verwaltungsgebühren, Benutzungsgebühren und Auslagen) zu.

Abschnitt 3
Europäische Verwaltungszusammenarbeit

§ 8a Grundsätze der Hilfeleistung

(1) Jede Behörde leistet Behörden anderer Mitgliedstaaten der Europäischen Union auf Ersuchen Hilfe, soweit dies nach Maßgabe von Rechtsakten der Europäischen Gemeinschaft geboten ist.

(2) [1]Behörden anderer Mitgliedstaaten der Europäischen Union können um Hilfe ersucht werden, soweit dies nach Maßgabe von Rechtsakten der Europäischen Gemeinschaft zugelassen ist. [2]Um Hilfe ist zu ersuchen, soweit dies nach Maßgabe von Rechtsakten der Europäischen Gemeinschaft geboten ist.

(3) Die §§ 5, 7 und 8 Absatz 2 sind entsprechend anzuwenden, soweit Rechtsakte der Europäischen Gemeinschaft nicht entgegenstehen.

§ 8b Form und Behandlung der Ersuchen

(1) [1]Ersuchen sind in deutscher Sprache an Behörden anderer Mitgliedstaaten der Europäischen Union zu richten; soweit erforderlich, ist eine Übersetzung beizufügen. [2]Die Ersuchen sind gemäß den gemeinschaftsrechtlichen Vorgaben und unter Angabe des maßgeblichen Rechtsakts zu begründen.

(2) [1]Ersuchen von Behörden anderer Mitgliedstaaten der Europäischen Union dürfen nur erledigt werden, wenn sich ihr Inhalt in deutscher Sprache aus den Akten ergibt. [2]Soweit erforderlich, soll bei Ersuchen in einer anderen Sprache von der ersuchenden Behörde eine Übersetzung verlangt werden.

(3) Ersuchen von Behörden anderer Mitgliedstaaten der Europäischen Union können abgelehnt werden, wenn sie nicht ordnungsgemäß und unter Angabe des maßgeblichen Rechtsakts begründet sind und die erforderliche Begründung nach Aufforderung nicht nachgereicht wird.

(4) [1]Einrichtungen und Hilfsmittel der Kommission zur Behandlung von Ersuchen sollen genutzt werden. [2]Informationen sollen elektronisch übermittelt werden.

§ 8c Kosten der Hilfeleistung

Ersuchende Behörden anderer Mitgliedstaaten der Europäischen Union haben Verwaltungsgebühren oder Auslagen nur zu erstatten, soweit dies nach Maßgabe von Rechtsakten der Europäischen Gemeinschaft verlangt werden kann.

§ 8d Mitteilungen von Amts wegen

(1) [1]Die zuständige Behörde teilt den Behörden anderer Mitgliedstaaten der Europäischen Union und der Kommission Angaben über Sachverhalte und Personen mit, soweit dies nach Maßgabe von Rechtsakten der Europäischen Gemeinschaft geboten ist. [2]Dabei sollen die hierzu eingerichteten Informationsnetze genutzt werden.

(2) Übermittelt eine Behörde Angaben nach Absatz 1 an die Behörde eines anderen Mitgliedstaats der Europäischen Union, unterrichtet sie den Betroffenen über die Tatsache der Übermittlung, soweit Rechtsakte der Europäischen Gemeinschaft dies vorsehen; dabei ist auf die Art der Angaben sowie auf die Zweckbestimmung und die Rechtsgrundlage der Übermittlung hinzuweisen.

§ 8e Anwendbarkeit

[1]Die Regelungen dieses Abschnitts sind mit Inkrafttreten des jeweiligen Rechtsaktes der Europäischen Gemeinschaft, wenn dieser unmittelbare Wirkung entfaltet, im Übrigen mit Ablauf der jeweiligen Umsetzungsfrist anzuwenden. [2]Sie gelten auch im Verhältnis zu den anderen Vertragsstaaten des Abkommens über den Europäischen Wirtschaftsraum, soweit Rechtsakte der Europäischen Gemeinschaft auch auf diese Staaten anzuwenden sind.

Teil II
Allgemeine Vorschriften über das Verwaltungsverfahren

Abschnitt 1
Verfahrensgrundsätze

§ 9 Begriff des Verwaltungsverfahrens

Das Verwaltungsverfahren im Sinne dieses Gesetzes ist die nach außen wirkende Tätigkeit der Behörden, die auf die Prüfung der Voraussetzungen, die Vorbereitung und den Erlass eines Verwaltungsaktes oder auf den Abschluss eines öffentlich-rechtlichen Vertrags gerichtet ist; es schließt den Erlass des Verwaltungsaktes oder den Abschluss des öffentlich-rechtlichen Vertrags ein.

§ 10 Nichtförmlichkeit des Verwaltungsverfahrens
[1]Das Verwaltungsverfahren ist an bestimmte Formen nicht gebunden, soweit keine besonderen Rechtsvorschriften für die Form des Verfahrens bestehen. [2]Es ist einfach, zweckmäßig und zügig durchzuführen.

§ 11 Beteiligungsfähigkeit
Fähig, am Verfahren beteiligt zu sein, sind
1. natürliche und juristische Personen,
2. Vereinigungen, soweit ihnen ein Recht zustehen kann,
3. Behörden.

§ 12 Handlungsfähigkeit
(1) Fähig zur Vornahme von Verfahrenshandlungen sind
1. natürliche Personen, die nach bürgerlichem Recht geschäftsfähig sind,
2. natürliche Personen, die nach bürgerlichem Recht in der Geschäftsfähigkeit beschränkt sind, soweit sie für den Gegenstand des Verfahrens durch Vorschriften des bürgerlichen Rechts als geschäftsfähig oder durch Vorschriften des öffentlichen Rechts als handlungsfähig anerkannt sind,
3. juristische Personen und Vereinigungen (§ 11 Nr. 2) durch ihre gesetzlichen Vertreter oder durch besonders Beauftragte,
4. Behörden durch ihre Leiter, deren Vertreter oder Beauftragte.
(2) Betrifft ein Einwilligungsvorbehalt nach § 1903 des Bürgerlichen Gesetzbuchs den Gegenstand des Verfahrens, so ist ein geschäftsfähiger Betreuter nur insoweit zur Vornahme von Verfahrenshandlungen fähig, als er nach den Vorschriften des bürgerlichen Rechts ohne Einwilligung des Betreuers handeln kann oder durch Vorschriften des öffentlichen Rechts als handlungsfähig anerkannt ist.
(3) Die §§ 53 und 55 der Zivilprozessordnung gelten entsprechend.

§ 13 Beteiligte
(1) Beteiligte sind
1. Antragsteller und Antragsgegner,
2. diejenigen, an die die Behörde den Verwaltungsakt richten will oder gerichtet hat,
3. diejenigen, mit denen die Behörde einen öffentlich-rechtlichen Vertrag schließen will oder geschlossen hat,
4. diejenigen, die nach Absatz 2 von der Behörde zu dem Verfahren hinzugezogen worden sind.
(2) [1]Die Behörde kann von Amts wegen oder auf Antrag diejenigen, deren rechtliche Interessen durch den Ausgang des Verfahrens berührt werden können, als Beteiligte hinzuziehen. [2]Hat der Ausgang des Verfahrens rechtsgestaltende Wirkung für einen Dritten, so ist dieser auf Antrag als Beteiligter zu dem Verfahren hinzuzuziehen; soweit er der Behörde bekannt ist, hat diese ihn von der Einleitung des Verfahrens zu benachrichtigen.
(3) Wer anzuhören ist, ohne dass die Voraussetzungen des Absatzes 1 vorliegen, wird dadurch nicht Beteiligter.

§ 14 Bevollmächtigte und Beistände
(1) [1]Ein Beteiligter kann sich durch einen Bevollmächtigten vertreten lassen. [2]Die Vollmacht ermächtigt zu allen das Verwaltungsverfahren betreffenden Verfahrenshandlungen, sofern sich aus ihrem Inhalt nicht etwas anderes ergibt. [3]Der Bevollmächtigte hat auf Verlangen seine Vollmacht schriftlich nachzuweisen. [4]Ein Widerruf der Vollmacht wird der Behörde gegenüber erst wirksam, wenn er ihr zugeht.
(2) Die Vollmacht wird weder durch den Tod des Vollmachtgebers noch durch eine Veränderung in seiner Handlungsfähigkeit oder seiner gesetzlichen Vertretung aufgehoben; der Bevollmächtigte hat jedoch, wenn er für den Rechtsnachfolger im Verwaltungsverfahren auftritt, dessen Vollmacht auf Verlangen schriftlich beizubringen.
(3) [1]Ist für das Verfahren ein Bevollmächtigter bestellt, so soll sich die Behörde an ihn wenden. [2]Sie kann sich an den Beteiligten selbst wenden, soweit er zur Mitwirkung verpflichtet ist. [3]Wendet sich die Behörde an den Beteiligten, so soll der Bevollmächtigte verständigt werden. [4]Vorschriften über die Zustellung an Bevollmächtigte bleiben unberührt.
(4) [1]Ein Beteiligter kann zu Verhandlungen und Besprechungen mit einem Beistand erscheinen. [2]Das von dem Beistand Vorgetragene gilt als von dem Beteiligten vorgebracht, soweit dieser nicht unverzüglich widerspricht.
(5) Bevollmächtigte und Beistände sind zurückzuweisen, wenn sie entgegen § 3 des Rechtsdienstleistungsgesetzes Rechtsdienstleistungen erbringen.
(6) [1]Bevollmächtigte und Beistände können vom Vortrag zurückgewiesen werden, wenn sie hierzu ungeeignet sind; vom mündlichen Vortrag können sie nur zurückgewiesen werden, wenn sie zum sachge-

mäßen Vortrag nicht fähig sind. [2]Nicht zurückgewiesen werden können Personen, die nach § 67 Abs. 2 Satz 1 und 2 Nr. 3 bis 7 der Verwaltungsgerichtsordnung zur Vertretung im verwaltungsgerichtlichen Verfahren befugt sind.

(7) [1]Die Zurückweisung nach den Absätzen 5 und 6 ist auch dem Beteiligten, dessen Bevollmächtigter oder Beistand zurückgewiesen wird, mitzuteilen. [2]Verfahrenshandlungen des zurückgewiesenen Bevollmächtigten oder Beistands, die dieser nach der Zurückweisung vornimmt, sind unwirksam.

§ 15 Bestellung eines Empfangsbevollmächtigten

[1]Ein Beteiligter ohne Wohnsitz oder gewöhnlichen Aufenthalt, Sitz oder Geschäftsleitung im Inland hat der Behörde auf Verlangen innerhalb einer angemessenen Frist einen Empfangsbevollmächtigten im Inland zu benennen. [2]Unterlässt er dies, gilt ein an ihn gerichtetes Schriftstück am siebenten Tage nach der Aufgabe zur Post und ein elektronisch übermitteltes Dokument am dritten Tage nach der Absendung als zugegangen. [3]Dies gilt nicht, wenn feststeht, dass das Dokument den Empfänger nicht oder zu einem späteren Zeitpunkt erreicht hat. [4]Auf die Rechtsfolgen der Unterlassung ist der Beteiligte hinzuweisen.

§ 16 Bestellung eines Vertreters von Amts wegen

(1) Ist ein Vertreter nicht vorhanden, so hat das Betreuungsgericht, für einen minderjährigen Beteiligten das Familiengericht auf Ersuchen der Behörde einen geeigneten Vertreter zu bestellen

1. für einen Beteiligten, dessen Person unbekannt ist;
2. für einen abwesenden Beteiligten, dessen Aufenthalt unbekannt ist oder der an der Besorgung seiner Angelegenheiten verhindert ist;
3. für einen Beteiligten ohne Aufenthalt im Inland, wenn er der Aufforderung der Behörde, einen Vertreter zu bestellen, innerhalb der ihm gesetzten Frist nicht nachgekommen ist;
4. für einen Beteiligten, der infolge einer psychischen Krankheit oder körperlichen, geistigen oder seelischen Behinderung nicht in der Lage ist, in dem Verwaltungsverfahren selbst tätig zu werden;
5. bei herrenlosen Sachen, auf die sich das Verfahren bezieht, zur Wahrung der sich in Bezug auf die Sache ergebenden Rechte und Pflichten.

(2) Für die Bestellung des Vertreters ist in den Fällen des Absatzes 1 Nr. 4 das Gericht zuständig, in dessen Bezirk der Beteiligte seinen gewöhnlichen Aufenthalt hat; im Übrigen ist das Gericht zuständig, in dessen Bezirk die ersuchende Behörde ihren Sitz hat.

(3) [1]Der Vertreter hat gegen den Rechtsträger der Behörde, die um seine Bestellung ersucht hat, Anspruch auf eine angemessene Vergütung und auf die Erstattung seiner baren Auslagen. [2]Die Behörde kann von dem Vertretenen Ersatz ihrer Aufwendungen verlangen. [3]Sie bestimmt die Vergütung und stellt die Auslagen und Aufwendungen fest.

(4) Im Übrigen gelten für die Bestellung und für das Amt des Vertreters in den Fällen des Absatzes 1 Nr. 4 die Vorschriften über die Betreuung, in den übrigen Fällen die Vorschriften über die Pflegschaft entsprechend.

§ 17 Vertreter bei gleichförmigen Eingaben

(1) [1]Bei Anträgen und Eingaben, die in einem Verwaltungsverfahren von mehr als 50 Personen auf Unterschriftslisten unterzeichnet oder in Form vervielfältigter gleichlautender Texte eingereicht worden sind (gleichförmige Eingaben), gilt für das Verfahren derjenige Unterzeichner als Vertreter der übrigen Unterzeichner, der darin mit seinem Namen, seinem Beruf und seiner Anschrift als Vertreter bezeichnet ist, soweit er nicht von ihnen als Bevollmächtigter bestellt worden ist. [2]Vertreter kann nur eine natürliche Person sein.

(2) [1]Die Behörde kann gleichförmige Eingaben, die die Angaben nach Absatz 1 Satz 1 nicht deutlich sichtbar auf jeder mit einer Unterschrift versehenen Seite enthalten oder dem Erfordernis des Absatzes 1 Satz 2 nicht entsprechen, unberücksichtigt lassen. [2]Will die Behörde so verfahren, so hat sie dies durch ortsübliche Bekanntmachung mitzuteilen. [3]Die Behörde kann ferner gleichförmige Eingaben insoweit unberücksichtigt lassen, als Unterzeichner ihren Namen oder ihre Anschrift nicht oder unleserlich angegeben haben.

(3) [1]Die Vertretungsmacht erlischt, sobald der Vertreter oder der Vertretene dies der Behörde schriftlich erklärt; der Vertreter kann eine solche Erklärung nur hinsichtlich aller Vertretenen abgeben. [2]Gibt der Vertretene eine solche Erklärung ab, so soll er der Behörde zugleich mitteilen, ob er seine Eingabe aufrechterhält und ob er einen Bevollmächtigten bestellt hat.

(4) [1]Endet die Vertretungsmacht des Vertreters, so kann die Behörde die nicht mehr Vertretenen auffordern, innerhalb einer angemessenen Frist einen gemeinsamen Vertreter zu bestellen. [2]Sind mehr als 50 Personen aufzufordern, so kann die Behörde die Aufforderung ortsüblich bekannt machen. [3]Wird der

Aufforderung nicht fristgemäß entsprochen, so kann die Behörde von Amts wegen einen gemeinsamen Vertreter bestellen.

§ 18 Vertreter für Beteiligte bei gleichem Interesse

(1) [1]Sind an einem Verwaltungsverfahren mehr als 50 Personen im gleichen Interesse beteiligt, ohne vertreten zu sein, so kann die Behörde sie auffordern, innerhalb einer angemessenen Frist einen gemeinsamen Vertreter zu bestellen, wenn sonst die ordnungsmäßige Durchführung des Verwaltungsverfahrens beeinträchtigt wäre. [2]Kommen sie der Aufforderung nicht fristgemäß nach, so kann die Behörde von Amts wegen einen gemeinsamen Vertreter bestellen. [3]Vertreter kann nur eine natürliche Person sein.

(2) [1]Die Vertretungsmacht erlischt, sobald der Vertreter oder der Vertretene dies der Behörde schriftlich erklärt; der Vertreter kann eine solche Erklärung nur hinsichtlich aller Vertretenen abgeben. [2]Gibt der Vertretene eine solche Erklärung ab, so soll er der Behörde zugleich mitteilen, ob er seine Eingabe aufrechterhält und ob er einen Bevollmächtigten bestellt hat.

§ 19 Gemeinsame Vorschriften für Vertreter bei gleichförmigen Eingaben und bei gleichem Interesse

(1) [1]Der Vertreter hat die Interessen der Vertretenen sorgfältig wahrzunehmen. [2]Er kann alle das Verwaltungsverfahren betreffenden Verfahrenshandlungen vornehmen. [3]An Weisungen ist er nicht gebunden.

(2) § 14 Abs. 5 bis 7 gilt entsprechend.

(3) [1]Der von der Behörde bestellte Vertreter hat gegen deren Rechtsträger Anspruch auf angemessene Vergütung und auf Erstattung seiner baren Auslagen. [2]Die Behörde kann von den Vertretenen zu gleichen Anteilen Ersatz ihrer Aufwendungen verlangen. [3]Sie bestimmt die Vergütung und stellt die Auslagen und Aufwendungen fest.

§ 20 Ausgeschlossene Personen

(1) [1]In einem Verwaltungsverfahren darf für eine Behörde nicht tätig werden,
1. wer selbst Beteiligter ist;
2. wer Angehöriger eines Beteiligten ist;
3. wer einen Beteiligten kraft Gesetzes oder Vollmacht allgemein oder in diesem Verwaltungsverfahren vertritt;
4. wer Angehöriger einer Person ist, die einen Beteiligten in diesem Verfahren vertritt;
5. wer bei einem Beteiligten gegen Entgelt beschäftigt ist oder bei ihm als Mitglied des Vorstands, des Aufsichtsrates oder eines gleichartigen Organs tätig ist; dies gilt nicht für den, dessen Anstellungskörperschaft Beteiligte ist;
6. wer außerhalb seiner amtlichen Eigenschaft in der Angelegenheit ein Gutachten abgegeben hat oder sonst tätig geworden ist.
[2]Dem Beteiligten steht gleich, wer durch die Tätigkeit oder durch die Entscheidung einen unmittelbaren Vorteil oder Nachteil erlangen kann. [3]Dies gilt nicht, wenn der Vor- oder Nachteil nur darauf beruht, dass jemand einer Berufs- oder Bevölkerungsgruppe angehört, deren gemeinsame Interessen durch die Angelegenheit berührt werden.

(2) Absatz 1 gilt nicht für Wahlen zu einer ehrenamtlichen Tätigkeit und für die Abberufung von ehrenamtlich Tätigen.

(3) Wer nach Absatz 1 ausgeschlossen ist, darf bei Gefahr im Verzug unaufschiebbare Maßnahmen treffen.

(4) [1]Hält sich ein Mitglied eines Ausschusses (§ 88) für ausgeschlossen oder bestehen Zweifel, ob die Voraussetzungen des Absatzes 1 gegeben sind, ist dies dem Vorsitzenden des Ausschusses mitzuteilen. [2]Der Ausschuss entscheidet über den Ausschluss. [3]Der Betroffene darf an dieser Entscheidung nicht mitwirken. [4]Das ausgeschlossene Mitglied darf bei der weiteren Beratung und Beschlussfassung nicht zugegen sein.

(5) [1]Angehörige im Sinne des Absatzes 1 Nr. 2 und 4 sind:
1. der Verlobte,
2. der Ehegatte,
2a. der Lebenspartner,
3. Verwandte und Verschwägerte gerader Linie,
4. Geschwister,
5. Kinder der Geschwister,
6. Ehegatten der Geschwister und Geschwister der Ehegatten,
6a. Lebenspartner der Geschwister und Geschwister der Lebenspartner,
7. Geschwister der Eltern,

8. Personen, die durch ein auf längere Dauer angelegtes Pflegeverhältnis mit häuslicher Gemeinschaft
 wie Eltern und Kind miteinander verbunden sind (Pflegeeltern und Pflegekinder).
²Angehörige sind die in Satz 1 aufgeführten Personen auch dann, wenn
1. in den Fällen der Nummern 2, 3 und 6 die die Beziehung begründende Ehe nicht mehr besteht;
1a. in den Fällen der Nummern 2a, 3 und 6a die die Beziehung begründende Lebenspartnerschaft nicht
 mehr besteht; `
2. in den Fällen der Nummern 3 bis 7 die Verwandtschaft oder Schwägerschaft durch Annahme als
 Kind erloschen ist;
3. im Falle der Nummer 8 die häusliche Gemeinschaft nicht mehr besteht, sofern die Personen weiterhin
 wie Eltern und Kind miteinander verbunden sind.

§ 21 Besorgnis der Befangenheit
(1) ¹Liegt ein Grund vor, der geeignet ist, Misstrauen gegen eine unparteiische Amtsausübung zu recht-
fertigen, oder wird von einem Beteiligten das Vorliegen eines solchen Grundes behauptet, so hat, wer in
einem Verwaltungsverfahren für eine Behörde tätig werden soll, den Leiter der Behörde oder den von
diesem Beauftragten zu unterrichten und sich auf dessen Anordnung der Mitwirkung zu enthalten. ²Betrifft
die Besorgnis der Befangenheit den Leiter der Behörde, so trifft diese Anordnung die Aufsichtsbehörde,
sofern sich der Behördenleiter nicht selbst einer Mitwirkung enthält.
(2) Für Mitglieder eines Ausschusses (§ 88) gilt § 20 Abs. 4 entsprechend.

§ 22 Beginn des Verfahrens
¹Die Behörde entscheidet nach pflichtgemäßem Ermessen, ob und wann sie ein Verwaltungsverfahren
durchführt. ²Dies gilt nicht, wenn die Behörde auf Grund von Rechtsvorschriften
1. von Amts wegen oder auf Antrag tätig werden muss;
2. nur auf Antrag tätig werden darf und ein Antrag nicht vorliegt.

§ 23 Amtssprache
(1) Die Amtssprache ist deutsch.
(2) ¹Werden bei einer Behörde in einer fremden Sprache Anträge gestellt oder Eingaben, Belege, Urkun-
den oder sonstige Dokumente vorgelegt, soll die Behörde unverzüglich die Vorlage einer Übersetzung
verlangen. ²In begründeten Fällen kann die Vorlage einer beglaubigten oder von einem öffentlich be-
stellten oder beeidigten Dolmetscher oder Übersetzer angefertigten Übersetzung verlangt werden. ³Wird
die verlangte Übersetzung nicht unverzüglich vorgelegt, so kann die Behörde auf Kosten des Beteiligten
selbst eine Übersetzung beschaffen. ⁴Hat die Behörde Dolmetscher oder Übersetzer herangezogen, er-
halten diese in entsprechender Anwendung des Justizvergütungs- und -entschädigungsgesetzes eine Ver-
gütung.
(3) Soll durch eine Anzeige, einen Antrag oder die Abgabe einer Willenserklärung eine Frist in Lauf
gesetzt werden, innerhalb deren die Behörde in einer bestimmten Weise tätig werden muss, und gehen
diese in einer fremden Sprache ein, so beginnt der Lauf der Frist erst mit dem Zeitpunkt, in dem der
Behörde eine Übersetzung vorliegt.
(4) ¹Soll durch eine Anzeige, einen Antrag oder eine Willenserklärung, die in fremder Sprache eingehen,
zugunsten eines Beteiligten eine Frist gegenüber der Behörde gewahrt, ein öffentlich-rechtlicher Anspruch
geltend gemacht oder eine Leistung begehrt werden, so gelten die Anzeige, der Antrag oder die Willens-
erklärung als zum Zeitpunkt des Eingangs bei der Behörde abgegeben, wenn auf Verlangen der Behörde
innerhalb einer von dieser zu setzenden angemessenen Frist eine Übersetzung vorgelegt wird. ²Andern-
falls ist der Zeitpunkt des Eingangs der Übersetzung maßgebend, soweit sich nicht aus zwischenstaatli-
chen Vereinbarungen etwas anderes ergibt. ³Auf diese Rechtsfolge ist bei der Fristsetzung hinzuweisen.

§ 24 Untersuchungsgrundsatz
(1) ¹Die Behörde ermittelt den Sachverhalt von Amts wegen. ²Sie bestimmt Art und Umfang der Ermitt-
lungen; an das Vorbringen und an die Beweisanträge der Beteiligten ist sie nicht gebunden. ³Setzt die
Behörde automatische Einrichtungen zum Erlass von Verwaltungsakten ein, muss sie für den Einzelfall
bedeutsame tatsächliche Angaben des Beteiligten berücksichtigen, die im automatischen Verfahren nicht
ermittelt würden.
(2) Die Behörde hat alle für den Einzelfall bedeutsamen, auch die für die Beteiligten günstigen Umstände
zu berücksichtigen.
(3) Die Behörde darf die Entgegennahme von Erklärungen oder Anträgen, die in ihren Zuständigkeits-
bereich fallen, nicht deshalb verweigern, weil sie die Erklärung oder den Antrag in der Sache für unzulässig
oder unbegründet hält.

§ 25 Beratung, Auskunft, frühe Öffentlichkeitsbeteiligung

(1) ¹Die Behörde soll die Abgabe von Erklärungen, die Stellung von Anträgen oder die Berichtigung von Erklärungen oder Anträgen anregen, wenn diese offensichtlich nur versehentlich oder aus Unkenntnis unterblieben oder unrichtig abgegeben oder gestellt worden sind. ²Sie erteilt, soweit erforderlich, Auskunft über die den Beteiligten im Verwaltungsverfahren zustehenden Rechte und die ihnen obliegenden Pflichten.

(2) ¹Die Behörde erörtert, soweit erforderlich, bereits vor Stellung eines Antrags mit dem zukünftigen Antragsteller, welche Nachweise und Unterlagen von ihm zu erbringen sind und in welcher Weise das Verfahren beschleunigt werden kann. ²Soweit es der Verfahrensbeschleunigung dient, soll sie dem Antragsteller nach Eingang des Antrags unverzüglich Auskunft über die voraussichtliche Verfahrensdauer und die Vollständigkeit der Antragsunterlagen geben.

(3) ¹Die Behörde wirkt darauf hin, dass der Träger bei der Planung von Vorhaben, die nicht nur unwesentliche Auswirkungen auf die Belange einer größeren Zahl von Dritten haben können, die betroffene Öffentlichkeit frühzeitig über die Ziele des Vorhabens, die Mittel, es zu verwirklichen, und die voraussichtlichen Auswirkungen des Vorhabens unterrichtet (frühe Öffentlichkeitsbeteiligung). ²Die frühe Öffentlichkeitsbeteiligung soll möglichst bereits vor Stellung eines Antrags stattfinden. ³Der betroffenen Öffentlichkeit soll Gelegenheit zur Äußerung und zur Erörterung gegeben werden. ⁴Das Ergebnis der vor Antragstellung durchgeführten frühen Öffentlichkeitsbeteiligung soll der betroffenen Öffentlichkeit und der Behörde spätestens mit der Antragstellung, im Übrigen unverzüglich mitgeteilt werden. ⁵Satz 1 gilt nicht, soweit die betroffene Öffentlichkeit bereits nach anderen Rechtsvorschriften vor der Antragstellung zu beteiligen ist. ⁶Beteiligungsrechte nach anderen Rechtsvorschriften bleiben unberührt.

§ 26 Beweismittel

(1) ¹Die Behörde bedient sich der Beweismittel, die sie nach pflichtgemäßem Ermessen zur Ermittlung des Sachverhalts für erforderlich hält. ²Sie kann insbesondere
1. Auskünfte jeder Art einholen,
2. Beteiligte anhören, Zeugen und Sachverständige vernehmen oder die schriftliche oder elektronische Äußerung von Beteiligten, Sachverständigen und Zeugen einholen,
3. Urkunden und Akten beiziehen,
4. den Augenschein einnehmen.

(2) ¹Die Beteiligten sollen bei der Ermittlung des Sachverhalts mitwirken. ²Sie sollen insbesondere ihnen bekannte Tatsachen und Beweismittel angeben. ³Eine weitergehende Pflicht, bei der Ermittlung des Sachverhalts mitzuwirken, insbesondere eine Pflicht zum persönlichen Erscheinen oder zur Aussage, besteht nur, soweit sie durch Rechtsvorschrift besonders vorgesehen ist.

(3) ¹Für Zeugen und Sachverständige besteht eine Pflicht zur Aussage oder zur Erstattung von Gutachten, wenn sie durch Rechtsvorschrift vorgesehen ist. ²Falls die Behörde Zeugen und Sachverständige herangezogen hat, erhalten sie auf Antrag in entsprechender Anwendung des Justizvergütungs- und -entschädigungsgesetzes eine Entschädigung oder Vergütung.

§ 27 Versicherung an Eides statt

(1) ¹Die Behörde darf bei der Ermittlung des Sachverhalts eine Versicherung an Eides statt nur verlangen und abnehmen, wenn die Abnahme der Versicherung über den betreffenden Gegenstand und in dem betreffenden Verfahren durch Gesetz oder Rechtsverordnung vorgesehen und die Behörde durch Rechtsvorschrift für zuständig erklärt worden ist. ²Eine Versicherung an Eides statt soll nur gefordert werden, wenn andere Mittel zur Erforschung der Wahrheit nicht vorhanden sind, zu keinem Ergebnis geführt haben oder einen unverhältnismäßigen Aufwand erfordern. ³Von eidesunfähigen Personen im Sinne des § 393 der Zivilprozessordnung darf eine eidesstattliche Versicherung nicht verlangt werden.

(2) ¹Wird die Versicherung an Eides statt von einer Behörde zur Niederschrift aufgenommen, so sind zur Aufnahme nur der Behördenleiter, sein allgemeiner Vertreter sowie Angehörige des öffentlichen Dienstes befugt, welche die Befähigung zum Richteramt haben oder die Voraussetzungen des § 110 Satz 1 des Deutschen Richtergesetzes erfüllen. ²Andere Angehörige des öffentlichen Dienstes kann der Behördenleiter oder sein allgemeiner Vertreter hierzu allgemein oder im Einzelfall schriftlich ermächtigen.

(3) ¹Die Versicherung besteht darin, dass der Versichernde die Richtigkeit seiner Erklärung über den betreffenden Gegenstand bestätigt und erklärt: „Ich versichere an Eides statt, dass ich nach bestem Wissen die reine Wahrheit gesagt und nichts verschwiegen habe." ²Bevollmächtigte und Beistände sind berechtigt, an der Aufnahme der Versicherung an Eides statt teilzunehmen.

(4) ¹Vor der Aufnahme der Versicherung an Eides statt ist der Versichernde über die Bedeutung der eidesstattlichen Versicherung und die strafrechtlichen Folgen einer unrichtigen oder unvollständigen eidesstattlichen Versicherung zu belehren. ²Die Belehrung ist in der Niederschrift zu vermerken.

(5) ^1Die Niederschrift hat ferner die Namen der anwesenden Personen sowie den Ort und den Tag der Niederschrift zu enthalten. ^2Die Niederschrift ist demjenigen, der die eidesstattliche Versicherung abgibt, zur Genehmigung vorzulesen oder auf Verlangen zur Durchsicht vorzulegen. ^3Die erteilte Genehmigung ist zu vermerken und von dem Versichernden zu unterschreiben. ^4Die Niederschrift ist sodann von demjenigen, der die Versicherung an Eides statt aufgenommen hat, sowie von dem Schriftführer zu unterschreiben.

§ 27a Öffentliche Bekanntmachung im Internet

(1) ^1Ist durch Rechtsvorschrift eine öffentliche oder ortsübliche Bekanntmachung angeordnet, soll die Behörde deren Inhalt zusätzlich im Internet veröffentlichen. ^2Dies wird dadurch bewirkt, dass der Inhalt der Bekanntmachung auf einer Internetseite der Behörde oder ihres Verwaltungsträgers zugänglich gemacht wird. ^3Bezieht sich die Bekanntmachung auf zur Einsicht auszulegende Unterlagen, sollen auch diese über das Internet zugänglich gemacht werden. ^4Soweit durch Rechtsvorschrift nichts anderes geregelt ist, ist der Inhalt der zur Einsicht ausgelegten Unterlagen maßgeblich.

(2) In der öffentlichen oder ortsüblichen Bekanntmachung ist die Internetseite anzugeben.

§ 28 Anhörung Beteiligter

(1) Bevor ein Verwaltungsakt erlassen wird, der in Rechte eines Beteiligten eingreift, ist diesem Gelegenheit zu geben, sich zu den für die Entscheidung erheblichen Tatsachen zu äußern.

(2) Von der Anhörung kann abgesehen werden, wenn sie nach den Umständen des Einzelfalls nicht geboten ist, insbesondere wenn

1. eine sofortige Entscheidung wegen Gefahr im Verzug oder im öffentlichen Interesse notwendig erscheint;

2. durch die Anhörung die Einhaltung einer für die Entscheidung maßgeblichen Frist in Frage gestellt würde;

3. von den tatsächlichen Angaben eines Beteiligten, die dieser in einem Antrag oder einer Erklärung gemacht hat, nicht zu seinen Ungunsten abgewichen werden soll;

4. die Behörde eine Allgemeinverfügung oder gleichartige Verwaltungsakte in größerer Zahl oder Verwaltungsakte mit Hilfe automatischer Einrichtungen erlassen will;

5. Maßnahmen in der Verwaltungsvollstreckung getroffen werden sollen.

(3) Eine Anhörung unterbleibt, wenn ihr ein zwingendes öffentliches Interesse entgegensteht.

§ 29 Akteneinsicht durch Beteiligte

(1) ^1Die Behörde hat den Beteiligten Einsicht in die das Verfahren betreffenden Akten zu gestatten, soweit deren Kenntnis zur Geltendmachung oder Verteidigung ihrer rechtlichen Interessen erforderlich ist. ^2Satz 1 gilt bis zum Abschluss des Verwaltungsverfahrens nicht für Entwürfe zu Entscheidungen sowie die Arbeiten zu ihrer unmittelbaren Vorbereitung. ^3Soweit nach den §§ 17 und 18 eine Vertretung stattfindet, haben nur die Vertreter Anspruch auf Akteneinsicht.

(2) Die Behörde ist zur Gestattung der Akteneinsicht nicht verpflichtet, soweit durch sie die ordnungsgemäße Erfüllung der Aufgaben der Behörde beeinträchtigt, das Bekanntwerden des Inhalts der Akten dem Wohl des Bundes oder eines Landes Nachteile bereiten würde oder soweit die Vorgänge nach einem Gesetz oder ihrem Wesen nach, namentlich wegen der berechtigten Interessen der Beteiligten oder dritter Personen, geheim gehalten werden müssen.

(3) ^1Die Akteneinsicht erfolgt bei der Behörde, die die Akten führt. ^2Im Einzelfall kann die Einsicht auch bei einer anderen Behörde oder bei einer diplomatischen oder berufskonsularischen Vertretung der Bundesrepublik Deutschland im Ausland erfolgen; weitere Ausnahmen kann die Behörde, die die Akten führt, gestatten.

§ 30 Geheimhaltung

Die Beteiligten haben Anspruch darauf, dass ihre Geheimnisse, insbesondere die zum persönlichen Lebensbereich gehörenden Geheimnisse sowie die Betriebs- und Geschäftsgeheimnisse, von der Behörde nicht unbefugt offenbart werden.

Abschnitt 2
Fristen, Termine, Wiedereinsetzung

§ 31 Fristen und Termine

(1) Für die Berechnung von Fristen und für die Bestimmung von Terminen gelten die §§ 187 bis 193 des Bürgerlichen Gesetzbuchs entsprechend, soweit nicht durch die Absätze 2 bis 5 etwas anderes bestimmt ist.

(2) Der Lauf einer Frist, die von einer Behörde gesetzt wird, beginnt mit dem Tag, der auf die Bekanntgabe der Frist folgt, außer wenn dem Betroffenen etwas anderes mitgeteilt wird.

(3) [1]Fällt das Ende einer Frist auf einen Sonntag, einen gesetzlichen Feiertag oder einen Sonnabend, so endet die Frist mit dem Ablauf des nächstfolgenden Werktags. [2]Dies gilt nicht, wenn dem Betroffenen unter Hinweis auf diese Vorschrift ein bestimmter Tag als Ende der Frist mitgeteilt worden ist.

(4) Hat eine Behörde Leistungen nur für einen bestimmten Zeitraum zu erbringen, so endet dieser Zeitraum auch dann mit dem Ablauf seines letzten Tages, wenn dieser auf einen Sonntag, einen gesetzlichen Feiertag oder einen Sonnabend fällt.

(5) Der von einer Behörde gesetzte Termin ist auch dann einzuhalten, wenn er auf einen Sonntag, gesetzlichen Feiertag oder Sonnabend fällt.

(6) Ist eine Frist nach Stunden bestimmt, so werden Sonntage, gesetzliche Feiertage oder Sonnabende mitgerechnet.

(7) [1]Fristen, die von einer Behörde gesetzt sind, können verlängert werden. [2]Sind solche Fristen bereits abgelaufen, so können sie rückwirkend verlängert werden, insbesondere wenn es unbillig wäre, die durch den Fristablauf eingetretenen Rechtsfolgen bestehen zu lassen. [3]Die Behörde kann die Verlängerung der Frist nach § 36 mit einer Nebenbestimmung verbinden.

§ 32 Wiedereinsetzung in den vorigen Stand

(1) [1]War jemand ohne Verschulden verhindert, eine gesetzliche Frist einzuhalten, so ist ihm auf Antrag Wiedereinsetzung in den vorigen Stand zu gewähren. [2]Das Verschulden eines Vertreters ist dem Vertretenen zuzurechnen.

(2) [1]Der Antrag ist innerhalb von zwei Wochen nach Wegfall des Hindernisses zu stellen. [2]Die Tatsachen zur Begründung des Antrags sind bei der Antragstellung oder im Verfahren über den Antrag glaubhaft zu machen. [3]Innerhalb der Antragsfrist ist die versäumte Handlung nachzuholen. [4]Ist dies geschehen, so kann Wiedereinsetzung auch ohne Antrag gewährt werden.

(3) Nach einem Jahr seit dem Ende der versäumten Frist kann die Wiedereinsetzung nicht mehr beantragt oder die versäumte Handlung nicht mehr nachgeholt werden, außer wenn dies vor Ablauf der Jahresfrist infolge höherer Gewalt unmöglich war.

(4) Über den Antrag auf Wiedereinsetzung entscheidet die Behörde, die über die versäumte Handlung zu befinden hat.

(5) Die Wiedereinsetzung ist unzulässig, wenn sich aus einer Rechtsvorschrift ergibt, dass sie ausgeschlossen ist.

Abschnitt 3
Amtliche Beglaubigung

§ 33 Beglaubigung von Dokumenten

(1) [1]Jede Behörde ist befugt, Abschriften von Urkunden, die sie selbst ausgestellt hat, zu beglaubigen. [2]Darüber hinaus sind die von der Bundesregierung durch Rechtsverordnung bestimmten Behörden im Sinne des § 1 Abs. 1 Nr. 1 und die nach Landesrecht zuständigen Behörden befugt, Abschriften zu beglaubigen, wenn die Urschrift von einer Behörde ausgestellt ist oder die Abschrift zur Vorlage bei einer Behörde benötigt wird, sofern nicht durch Rechtsvorschrift die Erteilung beglaubigter Abschriften aus amtlichen Registern und Archiven anderen Behörden ausschließlich vorbehalten ist; die Rechtsverordnung bedarf nicht der Zustimmung des Bundesrates.

(2) Abschriften dürfen nicht beglaubigt werden, wenn Umstände zu der Annahme berechtigen, dass der ursprüngliche Inhalt des Schriftstücks, dessen Abschrift beglaubigt werden soll, geändert worden ist, insbesondere wenn dieses Schriftstück Lücken, Durchstreichungen, Einschaltungen, Änderungen, unleserliche Wörter, Zahlen oder Zeichen, Spuren der Beseitigung von Wörtern, Zahlen und Zeichen enthält oder wenn der Zusammenhang eines aus mehreren Blättern bestehenden Schriftstücks aufgehoben ist.

(3) [1]Eine Abschrift wird beglaubigt durch einen Beglaubigungsvermerk, der unter die Abschrift zu setzen ist. [2]Der Vermerk muss enthalten
1.　die genaue Bezeichnung des Schriftstücks, dessen Abschrift beglaubigt wird,
2.　die Feststellung, dass die beglaubigte Abschrift mit dem vorgelegten Schriftstück übereinstimmt,
3.　den Hinweis, dass die beglaubigte Abschrift nur zur Vorlage bei der angegebenen Behörde erteilt wird, wenn die Urschrift nicht von einer Behörde ausgestellt worden ist,
4.　den Ort und den Tag der Beglaubigung, die Unterschrift des für die Beglaubigung zuständigen Bediensteten und das Dienstsiegel.

(4) Die Absätze 1 bis 3 gelten entsprechend für die Beglaubigung von

1. Ablichtungen, Lichtdrucken und ähnlichen in technischen Verfahren hergestellten Vervielfältigungen,
2. auf fototechnischem Wege von Schriftstücken hergestellten Negativen, die bei einer Behörde aufbewahrt werden,
3. Ausdrucken elektronischer Dokumente,
4. elektronischen Dokumenten,
 a) die zur Abbildung eines Schriftstücks hergestellt wurden,
 b) die ein anderes technisches Format als das mit einer qualifizierten elektronischen Signatur verbundene Ausgangsdokument erhalten haben.

(5) [1]Der Beglaubigungsvermerk muss zusätzlich zu den Angaben nach Absatz 3 Satz 2 bei der Beglaubigung

1. des Ausdrucks eines elektronischen Dokuments, das mit einer qualifizierten elektronischen Signatur verbunden ist, die Feststellungen enthalten,
 a) wen die Signaturprüfung als Inhaber der Signatur ausweist,
 b) welchen Zeitpunkt die Signaturprüfung für die Anbringung der Signatur ausweist und
 c) welche Zertifikate mit welchen Daten dieser Signatur zugrunde lagen;
2. eines elektronischen Dokuments den Namen des für die Beglaubigung zuständigen Bediensteten und die Bezeichnung der Behörde, die die Beglaubigung vornimmt, enthalten; die Unterschrift des für die Beglaubigung zuständigen Bediensteten und das Dienstsiegel nach Absatz 3 Satz 2 Nr. 4 werden durch eine dauerhaft überprüfbare qualifizierte elektronische Signatur ersetzt.

[2]Wird ein elektronisches Dokument, das ein anderes technisches Format als das mit einer qualifizierten elektronischen Signatur verbundene Ausgangsdokument erhalten hat, nach Satz 1 Nr. 2 beglaubigt, muss der Beglaubigungsvermerk zusätzlich die Feststellungen nach Satz 1 Nr. 1 für das Ausgangsdokument enthalten.

(6) Die nach Absatz 4 hergestellten Dokumente stehen, sofern sie beglaubigt sind, beglaubigten Abschriften gleich.

(7) Jede Behörde soll von Urkunden, die sie selbst ausgestellt hat, auf Verlangen ein elektronisches Dokument nach Absatz 4 Nummer 4 Buchstabe a oder eine elektronische Abschrift fertigen und beglaubigen.

§ 34 Beglaubigung von Unterschriften

(1) [1]Die von der Bundesregierung durch Rechtsverordnung bestimmten Behörden im Sinne des § 1 Abs. 1 Nr. 1 und die nach Landesrecht zuständigen Behörden sind befugt, Unterschriften zu beglaubigen, wenn das unterzeichnete Schriftstück zur Vorlage bei einer Behörde oder bei einer sonstigen Stelle, der auf Grund einer Rechtsvorschrift das unterzeichnete Schriftstück vorzulegen ist, benötigt wird. [2]Dies gilt nicht für

1. Unterschriften ohne zugehörigen Text,
2. Unterschriften, die der öffentlichen Beglaubigung (§ 129 des Bürgerlichen Gesetzbuchs) bedürfen.

(2) Eine Unterschrift soll nur beglaubigt werden, wenn sie in Gegenwart des beglaubigenden Bediensteten vollzogen oder anerkannt wird.

(3) [1]Der Beglaubigungsvermerk ist unmittelbar bei der Unterschrift, die beglaubigt werden soll, anzubringen. [2]Er muss enthalten

1. die Bestätigung, dass die Unterschrift echt ist,
2. die genaue Bezeichnung desjenigen, dessen Unterschrift beglaubigt wird, sowie die Angabe, ob sich der für die Beglaubigung zuständige Bedienstete Gewissheit über diese Person verschafft hat und ob die Unterschrift in seiner Gegenwart vollzogen oder anerkannt worden ist,
3. den Hinweis, dass die Beglaubigung nur zur Vorlage bei der angegebenen Behörde oder Stelle bestimmt ist,
4. den Ort und den Tag der Beglaubigung, die Unterschrift des für die Beglaubigung zuständigen Bediensteten und das Dienstsiegel.

(4) Die Absätze 1 bis 3 gelten für die Beglaubigung von Handzeichen entsprechend.

(5) Die Rechtsverordnungen nach Absatz 1 und 4 bedürfen nicht der Zustimmung des Bundesrates.

Teil III
Verwaltungsakt

Abschnitt 1
Zustandekommen des Verwaltungsaktes

§ 35 Begriff des Verwaltungsaktes
[1]Verwaltungsakt ist jede Verfügung, Entscheidung oder andere hoheitliche Maßnahme, die eine Behörde zur Regelung eines Einzelfalls auf dem Gebiet des öffentlichen Rechts trifft und die auf unmittelbare Rechtswirkung nach außen gerichtet ist. [2]Allgemeinverfügung ist ein Verwaltungsakt, der sich an einen nach allgemeinen Merkmalen bestimmten oder bestimmbaren Personenkreis richtet oder die öffentlich-rechtliche Eigenschaft einer Sache oder ihre Benutzung durch die Allgemeinheit betrifft.

§ 35a Vollständig automatisierter Erlass eines Verwaltungsaktes
Ein Verwaltungsakt kann vollständig durch automatische Einrichtungen erlassen werden, sofern dies durch Rechtsvorschrift zugelassen ist und weder ein Ermessen noch ein Beurteilungsspielraum besteht.

§ 36 Nebenbestimmungen zum Verwaltungsakt
(1) Ein Verwaltungsakt, auf den ein Anspruch besteht, darf mit einer Nebenbestimmung nur versehen werden, wenn sie durch Rechtsvorschrift zugelassen ist oder wenn sie sicherstellen soll, dass die gesetzlichen Voraussetzungen des Verwaltungsaktes erfüllt werden.
(2) Unbeschadet des Absatzes 1 darf ein Verwaltungsakt nach pflichtgemäßem Ermessen erlassen werden mit
1. einer Bestimmung, nach der eine Vergünstigung oder Belastung zu einem bestimmten Zeitpunkt beginnt, endet oder für einen bestimmten Zeitraum gilt (Befristung);
2. einer Bestimmung, nach der der Eintritt oder der Wegfall einer Vergünstigung oder einer Belastung von dem ungewissen Eintritt eines zukünftigen Ereignisses abhängt (Bedingung);
3. einem Vorbehalt des Widerrufs
oder verbunden werden mit
4. einer Bestimmung, durch die dem Begünstigten ein Tun, Dulden oder Unterlassen vorgeschrieben wird (Auflage);
5. einem Vorbehalt der nachträglichen Aufnahme, Änderung oder Ergänzung einer Auflage.
(3) Eine Nebenbestimmung darf dem Zweck des Verwaltungsaktes nicht zuwiderlaufen.

§ 37 Bestimmtheit und Form des Verwaltungsaktes; Rechtsbehelfsbelehrung
(1) Ein Verwaltungsakt muss inhaltlich hinreichend bestimmt sein.
(2) [1]Ein Verwaltungsakt kann schriftlich, elektronisch, mündlich oder in anderer Weise erlassen werden. [2]Ein mündlicher Verwaltungsakt ist schriftlich oder elektronisch zu bestätigen, wenn hieran ein berechtigtes Interesse besteht und der Betroffene dies unverzüglich verlangt. [3]Ein elektronischer Verwaltungsakt ist unter denselben Voraussetzungen schriftlich zu bestätigen; § 3a Abs. 2 findet insoweit keine Anwendung.
(3) [1]Ein schriftlicher oder elektronischer Verwaltungsakt muss die erlassende Behörde erkennen lassen und die Unterschrift oder die Namenswiedergabe des Behördenleiters, seines Vertreters oder seines Beauftragten enthalten. [2]Wird für einen Verwaltungsakt, für den durch Rechtsvorschrift die Schriftform angeordnet ist, die elektronische Form verwendet, muss auch das der Signatur zugrunde liegende qualifizierte Zertifikat oder ein zugehöriges qualifiziertes Attributzertifikat die erlassende Behörde erkennen lassen. [3]Im Fall des § 3a Absatz 2 Satz 4 Nummer 3 muss die Bestätigung nach § 5 Absatz 5 des De-Mail-Gesetzes die erlassende Behörde als Nutzer des De-Mail-Kontos erkennen lassen.
(4) Für eine Verwaltungsakt kann für die nach § 3a Abs. 2 erforderliche Signatur durch Rechtsvorschrift die dauerhafte Überprüfbarkeit vorgeschrieben werden.
(5) [1]Bei einem schriftlichen Verwaltungsakt, der mit Hilfe automatischer Einrichtungen erlassen wird, können abweichend von Absatz 3 Unterschrift und Namenswiedergabe fehlen. [2]Zur Inhaltsangabe können Schlüsselzeichen verwendet werden, wenn derjenige, für den der Verwaltungsakt bestimmt ist oder der von ihm betroffen wird, auf Grund der dazu gegebenen Erläuterungen den Inhalt des Verwaltungsaktes eindeutig erkennen kann.
(6) [1]Einem schriftlichen oder elektronischen Verwaltungsakt, der der Anfechtung unterliegt, ist eine Erklärung beizufügen, durch die der Beteiligte über den Rechtsbehelf, der gegen den Verwaltungsakt gegeben ist, über die Behörde oder das Gericht, bei denen der Rechtsbehelf einzulegen ist, den Sitz und über die einzuhaltende Frist belehrt wird (Rechtsbehelfsbelehrung). [2]Die Rechtsbehelfsbelehrung ist auch der

schriftlichen oder elektronischen Bestätigung eines Verwaltungsaktes und der Bescheinigung nach § 42a Absatz 3 beizufügen.

§ 38 Zusicherung

(1) ¹Eine von der zuständigen Behörde erteilte Zusage, einen bestimmten Verwaltungsakt später zu erlassen oder zu unterlassen (Zusicherung), bedarf zu ihrer Wirksamkeit der schriftlichen Form. ²Ist vor dem Erlass des zugesicherten Verwaltungsaktes die Anhörung Beteiligter oder die Mitwirkung einer anderen Behörde oder eines Ausschusses auf Grund einer Rechtsvorschrift erforderlich, so darf die Zusicherung erst nach Anhörung der Beteiligten oder nach Mitwirkung dieser Behörde oder des Ausschusses gegeben werden.

(2) Auf die Unwirksamkeit der Zusicherung finden, unbeschadet des Absatzes¹ Satz 1, § 44, auf die Heilung von Mängeln bei der Anhörung Beteiligter und der Mitwirkung anderer Behörden oder Ausschüsse § 45 Abs. 1 Nr. 3 bis 5 sowie Abs. 2, auf die Rücknahme § 48, auf den Widerruf, unbeschadet des Absatzes 3, § 49 entsprechende Anwendung.

(3) Ändert sich nach Abgabe der Zusicherung die Sach- oder Rechtslage derart, dass die Behörde bei Kenntnis der nachträglich eingetretenen Änderung die Zusicherung nicht gegeben hätte oder aus rechtlichen Gründen nicht hätte geben dürfen, ist die Behörde an die Zusicherung nicht mehr gebunden.

§ 39 Begründung des Verwaltungsaktes

(1) ¹Ein schriftlicher oder elektronischer sowie ein schriftlich oder elektronisch bestätigter Verwaltungsakt ist mit einer Begründung zu versehen. ²In der Begründung sind die wesentlichen tatsächlichen und rechtlichen Gründe mitzuteilen, die die Behörde zu ihrer Entscheidung bewogen haben. ³Die Begründung von Ermessensentscheidungen soll auch die Gesichtspunkte erkennen lassen, von denen die Behörde bei der Ausübung ihres Ermessens ausgegangen ist.

(2) Einer Begründung bedarf es nicht,

1. soweit die Behörde einem Antrag entspricht oder einer Erklärung folgt und der Verwaltungsakt nicht in Rechte eines anderen eingreift;
2. soweit demjenigen, für den der Verwaltungsakt bestimmt ist oder der von ihm betroffen wird, die Auffassung der Behörde über die Sach- und Rechtslage bereits bekannt oder auch ohne Begründung für ihn ohne weiteres erkennbar ist;
3. wenn die Behörde gleichartige Verwaltungsakte in größerer Zahl oder Verwaltungsakte mit Hilfe automatischer Einrichtungen erlässt und die Begründung nach den Umständen des Einzelfalls nicht geboten ist;
4. wenn sich dies aus einer Rechtsvorschrift ergibt;
5. wenn eine Allgemeinverfügung öffentlich bekannt gegeben wird.

§ 40 Ermessen

Ist die Behörde ermächtigt, nach ihrem Ermessen zu handeln, hat sie ihr Ermessen entsprechend dem Zweck der Ermächtigung auszuüben und die gesetzlichen Grenzen des Ermessens einzuhalten.

§ 41 Bekanntgabe des Verwaltungsaktes

(1) ¹Ein Verwaltungsakt ist demjenigen Beteiligten bekannt zu geben, für den er bestimmt ist oder der von ihm betroffen wird. ²Ist ein Bevollmächtigter bestellt, so kann die Bekanntgabe ihm gegenüber vorgenommen werden.

(2) ¹Ein schriftlicher Verwaltungsakt, der im Inland durch die Post übermittelt wird, gilt am dritten Tag nach der Aufgabe zur Post als bekannt gegeben. ²Ein Verwaltungsakt, der im Inland oder in das Ausland elektronisch übermittelt wird, gilt am dritten Tag nach der Absendung als bekannt gegeben. ³Dies gilt nicht, wenn der Verwaltungsakt nicht oder zu einem späteren Zeitpunkt zugegangen ist; im Zweifel hat die Behörde den Zugang des Verwaltungsaktes und den Zeitpunkt des Zugangs nachzuweisen.

(2a) ¹Mit Einwilligung des Beteiligten kann ein elektronischer Verwaltungsakt dadurch bekannt gegeben werden, dass er vom Beteiligten oder von seinem Bevollmächtigten über öffentlich zugängliche Netze abgerufen wird. ²Die Behörde hat zu gewährleisten, dass der Abruf nur nach Authentifizierung der berechtigten Person möglich ist und der elektronische Verwaltungsakt von ihr gespeichert werden kann. ³Der Verwaltungsakt gilt am Tag nach dem Abruf als bekannt gegeben. ⁴Wird der Verwaltungsakt nicht innerhalb von zehn Tagen nach Absendung einer Benachrichtigung über die Bereitstellung abgerufen, wird diese beendet. ⁵In diesem Fall ist die Bekanntgabe nicht bewirkt; die Möglichkeit einer erneuten Bereitstellung zum Abruf oder der Bekanntgabe auf andere Weise bleibt unberührt.

(3) ¹Ein Verwaltungsakt darf öffentlich bekannt gegeben werden, wenn dies durch Rechtsvorschrift zugelassen ist. ²Eine Allgemeinverfügung darf auch dann öffentlich bekannt gegeben werden, wenn eine Bekanntgabe an die Beteiligten untunlich ist.

(4) ¹Die öffentliche Bekanntgabe eines schriftlichen oder elektronischen Verwaltungsaktes wird dadurch bewirkt, dass sein verfügender Teil ortsüblich bekannt gemacht wird. ²In der ortsüblichen Bekanntmachung ist anzugeben, wo der Verwaltungsakt und seine Begründung eingesehen werden können. ³Der Verwaltungsakt gilt zwei Wochen nach der ortsüblichen Bekanntmachung als bekannt gegeben. ⁴In einer Allgemeinverfügung kann ein hiervon abweichender Tag, jedoch frühestens der auf die Bekanntmachung folgende Tag bestimmt werden.

(5) Vorschriften über die Bekanntgabe eines Verwaltungsaktes mittels Zustellung bleiben unberührt.

§ 42 Offenbare Unrichtigkeiten im Verwaltungsakt
¹Die Behörde kann Schreibfehler, Rechenfehler und ähnliche offenbare Unrichtigkeiten in einem Verwaltungsakt jederzeit berichtigen. ²Bei berechtigtem Interesse des Beteiligten ist zu berichtigen. ³Die Behörde ist berechtigt, die Vorlage des Dokuments zu verlangen, das berichtigt werden soll.

§ 42a Genehmigungsfiktion
(1) ¹Eine beantragte Genehmigung gilt nach Ablauf einer für die Entscheidung festgelegten Frist als erteilt (Genehmigungsfiktion), wenn dies durch Rechtsvorschrift angeordnet und der Antrag hinreichend bestimmt ist. ²Die Vorschriften über die Bestandskraft von Verwaltungsakten und über das Rechtsbehelfsverfahren gelten entsprechend.

(2) ¹Die Frist nach Absatz 1 Satz 1 beträgt drei Monate, soweit durch Rechtsvorschrift nichts Abweichendes bestimmt ist. ²Die Frist beginnt mit Eingang der vollständigen Unterlagen. ³Sie kann einmal angemessen verlängert werden, wenn dies wegen der Schwierigkeit der Angelegenheit gerechtfertigt ist. ⁴Die Fristverlängerung ist zu begründen und rechtzeitig mitzuteilen.

(3) Auf Verlangen ist demjenigen, dem der Verwaltungsakt nach § 41 Abs. 1 hätte bekannt gegeben werden müssen, der Eintritt der Genehmigungsfiktion schriftlich zu bescheinigen.

Abschnitt 2
Bestandskraft des Verwaltungsaktes

§ 43 Wirksamkeit des Verwaltungsaktes
(1) ¹Ein Verwaltungsakt wird gegenüber demjenigen, für den er bestimmt ist oder der von ihm betroffen wird, in dem Zeitpunkt wirksam, in dem er ihm bekannt gegeben wird. ²Der Verwaltungsakt wird mit dem Inhalt wirksam, mit dem er bekannt gegeben wird.

(2) Ein Verwaltungsakt bleibt wirksam, solange und soweit er nicht zurückgenommen, widerrufen, anderweitig aufgehoben oder durch Zeitablauf oder auf andere Weise erledigt ist.

(3) Ein nichtiger Verwaltungsakt ist unwirksam.

§.44 Nichtigkeit des Verwaltungsaktes
(1) Ein Verwaltungsakt ist nichtig, soweit er an einem besonders schwerwiegenden Fehler leidet und dies bei verständiger Würdigung aller in Betracht kommenden Umstände offensichtlich ist.

(2) Ohne Rücksicht auf das Vorliegen der Voraussetzungen des Absatzes 1 ist ein Verwaltungsakt nichtig,
1. der schriftlich oder elektronisch erlassen worden ist, die erlassende Behörde aber nicht erkennen lässt;
2. der nach einer Rechtsvorschrift nur durch die Aushändigung einer Urkunde erlassen werden kann, aber dieser Form nicht genügt;
3. den eine Behörde außerhalb ihrer durch § 3 Abs. 1 Nr. 1 begründeten Zuständigkeit erlassen hat, ohne dazu ermächtigt zu sein;
4. den aus tatsächlichen Gründen niemand ausführen kann;
5. der die Begehung einer rechtswidrigen Tat verlangt, die einen Straf- oder Bußgeldtatbestand verwirklicht;
6. der gegen die guten Sitten verstößt.

(3) Ein Verwaltungsakt ist nicht schon deshalb nichtig, weil
1. Vorschriften über die örtliche Zuständigkeit nicht eingehalten worden sind, außer wenn ein Fall des Absatzes 2 Nr. 3 vorliegt;
2. eine nach § 20 Abs. 1 Satz 1 Nr. 2 bis 6 ausgeschlossene Person mitgewirkt hat;
3. ein durch Rechtsvorschrift zur Mitwirkung berufener Ausschuss den für den Erlass des Verwaltungsaktes vorgeschriebenen Beschluss nicht gefasst hat oder nicht beschlussfähig war;
4. die nach einer Rechtsvorschrift erforderliche Mitwirkung einer anderen Behörde unterblieben ist.

(4) Betrifft die Nichtigkeit nur einen Teil des Verwaltungsaktes, so ist er im Ganzen nichtig, wenn der nichtige Teil so wesentlich ist, dass die Behörde den Verwaltungsakt ohne den nichtigen Teil nicht erlassen hätte.

(5) Die Behörde kann die Nichtigkeit jederzeit von Amts wegen feststellen; auf Antrag ist sie festzustellen, wenn der Antragsteller hieran ein berechtigtes Interesse hat.

§ 45 Heilung von Verfahrens- und Formfehlern

(1) Eine Verletzung von Verfahrens- oder Formvorschriften, die nicht den Verwaltungsakt nach § 44 nichtig macht, ist unbeachtlich, wenn

1. der für den Erlass des Verwaltungsaktes erforderliche Antrag nachträglich gestellt wird;
2. die erforderliche Begründung nachträglich gegeben wird;
3. die erforderliche Anhörung eines Beteiligten nachgeholt wird;
4. der Beschluss eines Ausschusses, dessen Mitwirkung für den Erlass des Verwaltungsaktes erforderlich ist, nachträglich gefasst wird;
5. die erforderliche Mitwirkung einer anderen Behörde nachgeholt wird.

(2) Handlungen nach Absatz 1 können bis zum Abschluss der letzten Tatsacheninstanz eines verwaltungsgerichtlichen Verfahrens nachgeholt werden.

(3) [1]Fehlt einem Verwaltungsakt die erforderliche Begründung oder ist die erforderliche Anhörung eines Beteiligten vor Erlass des Verwaltungsaktes unterblieben und ist dadurch die rechtzeitige Anfechtung des Verwaltungsaktes versäumt worden, so gilt die Versäumung der Rechtsbehelfsfrist als nicht verschuldet. [2]Das für die Wiedereinsetzungsfrist nach § 32 Abs. 2 maßgebende Ereignis tritt im Zeitpunkt der Nachholung der unterlassenen Verfahrenshandlung ein.

§ 46 Folgen von Verfahrens- und Formfehlern

Die Aufhebung eines Verwaltungsaktes, der nicht nach § 44 nichtig ist, kann nicht allein deshalb beansprucht werden, weil er unter Verletzung von Vorschriften über das Verfahren, die Form oder die örtliche Zuständigkeit zustande gekommen ist, wenn offensichtlich ist, dass die Verletzung die Entscheidung in der Sache nicht beeinflusst hat.

§ 47 Umdeutung eines fehlerhaften Verwaltungsaktes

(1) Ein fehlerhafter Verwaltungsakt kann in einen anderen Verwaltungsakt umgedeutet werden, wenn er auf das gleiche Ziel gerichtet ist, von der erlassenden Behörde in der geschehenen Verfahrensweise und Form rechtmäßig hätte erlassen werden können und wenn die Voraussetzungen für dessen Erlass erfüllt sind.

(2) [1]Absatz 1 gilt nicht, wenn der Verwaltungsakt, in den der fehlerhafte Verwaltungsakt umzudeuten wäre, der erkennbaren Absicht der erlassenden Behörde widerspräche oder seine Rechtsfolgen für den Betroffenen ungünstiger wären als die des fehlerhaften Verwaltungsaktes. [2]Eine Umdeutung ist ferner unzulässig, wenn der fehlerhafte Verwaltungsakt nicht zurückgenommen werden dürfte.

(3) Eine Entscheidung, die nur als gesetzlich gebundene Entscheidung ergehen kann, kann nicht in eine Ermessensentscheidung umgedeutet werden.

(4) § 28 ist entsprechend anzuwenden.

§ 48 Rücknahme eines rechtswidrigen Verwaltungsaktes

(1) [1]Ein rechtswidriger Verwaltungsakt kann, auch nachdem er unanfechtbar geworden ist, ganz oder teilweise mit Wirkung für die Zukunft oder für die Vergangenheit zurückgenommen werden. [2]Ein Verwaltungsakt, der ein Recht oder einen rechtlich erheblichen Vorteil begründet oder bestätigt hat (begünstigender Verwaltungsakt), darf nur unter den Einschränkungen der Absätze 2 bis 4 zurückgenommen werden.

(2) [1]Ein rechtswidriger Verwaltungsakt, der eine einmalige oder laufende Geldleistung oder teilbare Sachleistung gewährt oder hierfür Voraussetzung ist, darf nicht zurückgenommen werden, soweit der Begünstigte auf den Bestand des Verwaltungsaktes vertraut hat und sein Vertrauen unter Abwägung mit dem öffentlichen Interesse an einer Rücknahme schutzwürdig ist. [2]Das Vertrauen ist in der Regel schutzwürdig, wenn der Begünstigte gewährte Leistungen verbraucht oder eine Vermögensdisposition getroffen hat, die er nicht mehr oder nur unter unzumutbaren Nachteilen rückgängig machen kann. [3]Auf Vertrauen kann sich der Begünstigte nicht berufen, wenn er

1. den Verwaltungsakt durch arglistige Täuschung, Drohung oder Bestechung erwirkt hat;
2. den Verwaltungsakt durch Angaben erwirkt hat, die in wesentlicher Beziehung unrichtig oder unvollständig waren;
3. die Rechtswidrigkeit des Verwaltungsaktes kannte oder infolge grober Fahrlässigkeit nicht kannte.

[4]In den Fällen des Satzes 3 wird der Verwaltungsakt in der Regel mit Wirkung für die Vergangenheit zurückgenommen.

(3) [1]Wird ein rechtswidriger Verwaltungsakt, der nicht unter Absatz 2 fällt, zurückgenommen, so hat die Behörde dem Betroffenen auf Antrag den Vermögensnachteil auszugleichen, den dieser dadurch erleidet, dass er auf den Bestand des Verwaltungsaktes vertraut hat, soweit sein Vertrauen unter Abwägung mit dem öffentlichen Interesse schutzwürdig ist. [2]Absatz 2 Satz 3 ist anzuwenden. [3]Der Vermögensnachteil ist jedoch nicht über den Betrag des Interesses hinaus zu ersetzen, das der Betroffene an dem Bestand des Verwaltungsaktes hat. [4]Der auszugleichende Vermögensnachteil wird durch die Behörde festgesetzt. [5]Der Anspruch kann nur innerhalb eines Jahres geltend gemacht werden; die Frist beginnt, sobald die Behörde den Betroffenen auf sie hingewiesen hat.

(4) [1]Erhält die Behörde von Tatsachen Kenntnis, welche die Rücknahme eines rechtswidrigen Verwaltungsaktes rechtfertigen, so ist die Rücknahme nur innerhalb eines Jahres seit dem Zeitpunkt der Kenntnisnahme zulässig. [2]Dies gilt nicht im Falle des Absatzes 2 Satz 3 Nr. 1. ,

(5) Über die Rücknahme entscheidet nach Unanfechtbarkeit des Verwaltungsaktes die nach § 3 zuständige Behörde; dies gilt auch dann, wenn der zurückzunehmende Verwaltungsakt von einer anderen Behörde erlassen worden ist.

§ 49 Widerruf eines rechtmäßigen Verwaltungsaktes

(1) Ein rechtmäßiger nicht begünstigender Verwaltungsakt kann, auch nachdem er unanfechtbar geworden ist, ganz oder teilweise mit Wirkung für die Zukunft widerrufen werden, außer wenn ein Verwaltungsakt gleichen Inhalts erneut erlassen werden müsste oder aus anderen Gründen ein Widerruf unzulässig ist.

(2) [1]Ein rechtmäßiger begünstigender Verwaltungsakt darf, auch nachdem er unanfechtbar geworden ist, ganz oder teilweise mit Wirkung für die Zukunft nur widerrufen werden,

1. wenn der Widerruf durch Rechtsvorschrift zugelassen oder im Verwaltungsakt vorbehalten ist;
2. wenn mit dem Verwaltungsakt eine Auflage verbunden ist und der Begünstigte diese nicht oder nicht innerhalb einer ihm gesetzten Frist erfüllt hat;
3. wenn die Behörde auf Grund nachträglich eingetretener Tatsachen berechtigt wäre, den Verwaltungsakt nicht zu erlassen, und wenn ohne den Widerruf das öffentliche Interesse gefährdet würde;
4. wenn die Behörde auf Grund einer geänderten Rechtsvorschrift berechtigt wäre, den Verwaltungsakt nicht zu erlassen, soweit der Begünstigte von der Vergünstigung noch keinen Gebrauch gemacht oder auf Grund des Verwaltungsaktes noch keine Leistungen empfangen hat, und wenn ohne den Widerruf das öffentliche Interesse gefährdet würde;
5. um schwere Nachteile für das Gemeinwohl zu verhüten oder zu beseitigen.

[2]§ 48 Abs. 4 gilt entsprechend.

(3) [1]Ein rechtmäßiger Verwaltungsakt, der eine einmalige oder laufende Geldleistung oder teilbare Sachleistung zur Erfüllung eines bestimmten Zwecks gewährt oder hierfür Voraussetzung ist, kann, auch nachdem er unanfechtbar geworden ist, ganz oder teilweise auch mit Wirkung für die Vergangenheit widerrufen werden,

1. wenn die Leistung nicht, nicht alsbald nach der Erbringung oder nicht mehr für den in dem Verwaltungsakt bestimmten Zweck verwendet wird;
2. wenn mit dem Verwaltungsakt eine Auflage verbunden ist und der Begünstigte diese nicht oder nicht innerhalb einer ihm gesetzten Frist erfüllt hat.

[2]§ 48 Abs. 4 gilt entsprechend.

(4) Der widerrufene Verwaltungsakt wird mit dem Wirksamwerden des Widerrufs unwirksam, wenn die Behörde keinen anderen Zeitpunkt bestimmt.

(5) Über den Widerruf entscheidet nach Unanfechtbarkeit des Verwaltungsaktes die nach § 3 zuständige Behörde; dies gilt auch dann, wenn der zu widerrufende Verwaltungsakt von einer anderen Behörde erlassen worden ist.

(6) [1]Wird ein begünstigender Verwaltungsakt in den Fällen des Absatzes 2 Nr. 3 bis 5 widerrufen, so hat die Behörde den Betroffenen auf Antrag für den Vermögensnachteil zu entschädigen, den dieser dadurch erleidet, dass er auf den Bestand des Verwaltungsaktes vertraut hat, soweit sein Vertrauen schutzwürdig ist. [2]§ 48 Abs. 3 Satz 3 bis 5 gilt entsprechend. [3]Für Streitigkeiten über die Entschädigung ist der ordentliche Rechtsweg gegeben.

§ 49a Erstattung, Verzinsung

(1) [1]Soweit ein Verwaltungsakt mit Wirkung für die Vergangenheit zurückgenommen oder widerrufen worden oder infolge Eintritts einer auflösenden Bedingung unwirksam geworden ist, sind bereits erbrachte Leistungen zu erstatten. [2]Die zu erstattende Leistung ist durch schriftlichen Verwaltungsakt festzusetzen.

(2) ¹Für den Umfang der Erstattung mit Ausnahme der Verzinsung gelten die Vorschriften des Bürgerlichen Gesetzbuchs über die Herausgabe einer ungerechtfertigten Bereicherung entsprechend. ²Auf den Wegfall der Bereicherung kann sich der Begünstigte nicht berufen, soweit er die Umstände kannte oder infolge grober Fahrlässigkeit nicht kannte, die zur Rücknahme, zum Widerruf oder zur Unwirksamkeit des Verwaltungsaktes geführt haben.

(3) ¹Der zu erstattende Betrag ist vom Eintritt der Unwirksamkeit des Verwaltungsaktes an mit fünf Prozentpunkten über dem Basiszinssatz jährlich zu verzinsen. ²Von der Geltendmachung des Zinsanspruchs kann insbesondere dann abgesehen werden, wenn der Begünstigte die Umstände, die zur Rücknahme, zum Widerruf oder zur Unwirksamkeit des Verwaltungsaktes geführt haben, nicht zu vertreten hat und den zu erstattenden Betrag innerhalb der von der Behörde festgesetzten Frist leistet.

(4) ¹Wird eine Leistung nicht alsbald nach der Auszahlung für den bestimmten Zweck verwendet, so können für die Zeit bis zur zweckentsprechenden Verwendung Zinsen nach Absatz 3 Satz 1 verlangt werden. ²Entsprechendes gilt, soweit eine Leistung in Anspruch genommen wird, obwohl andere Mittel anteilig oder vorrangig einzusetzen sind. ³§ 49 Abs. 3 Satz 1 Nr. 1 bleibt unberührt.

§ 50 Rücknahme und Widerruf im Rechtsbehelfsverfahren
§ 48 Abs. 1 Satz 2 und Abs. 2 bis 4 sowie § 49 Abs. 2 bis 4 und 6 gelten nicht, wenn ein begünstigender Verwaltungsakt, der von einem Dritten angefochten worden ist, während des Vorverfahrens oder während des verwaltungsgerichtlichen Verfahrens aufgehoben wird, soweit dadurch dem Widerspruch oder der Klage abgeholfen wird.

§ 51 Wiederaufgreifen des Verfahrens
(1) Die Behörde hat auf Antrag des Betroffenen über die Aufhebung oder Änderung eines unanfechtbaren Verwaltungsaktes zu entscheiden, wenn
1. sich die dem Verwaltungsakt zugrunde liegende Sach- oder Rechtslage nachträglich zugunsten des Betroffenen geändert hat;
2. neue Beweismittel vorliegen, die eine dem Betroffenen günstigere Entscheidung herbeigeführt haben würden;
3. Wiederaufnahmegründe entsprechend § 580 der Zivilprozessordnung gegeben sind.

(2) Der Antrag ist nur zulässig, wenn der Betroffene ohne grobes Verschulden außerstande war, den Grund für das Wiederaufgreifen in dem früheren Verfahren, insbesondere durch Rechtsbehelf, geltend zu machen.

(3) ¹Der Antrag muss binnen drei Monaten gestellt werden. ²Die Frist beginnt mit dem Tage, an dem der Betroffene von dem Grund für das Wiederaufgreifen Kenntnis erhalten hat.

(4) Über den Antrag entscheidet die nach § 3 zuständige Behörde; dies gilt auch dann, wenn der Verwaltungsakt, dessen Aufhebung oder Änderung begehrt wird, von einer anderen Behörde erlassen worden ist.

(5) Die Vorschriften des § 48 Abs. 1 Satz 1 und des § 49 Abs. 1 bleiben unberührt.

§ 52 Rückgabe von Urkunden und Sachen
¹Ist ein Verwaltungsakt unanfechtbar widerrufen oder zurückgenommen oder ist seine Wirksamkeit aus einem anderen Grund nicht oder nicht mehr gegeben, so kann die Behörde die auf Grund dieses Verwaltungsaktes erteilten Urkunden oder Sachen, die zum Nachweis der Rechte aus dem Verwaltungsakt oder zu deren Ausübung bestimmt sind, zurückfordern. ²Der Inhaber und, sofern er nicht der Besitzer ist, auch der Besitzer dieser Urkunden oder Sachen sind zu ihrer Herausgabe verpflichtet. ³Der Inhaber oder der Besitzer kann jedoch verlangen, dass ihm die Urkunden oder Sachen wieder ausgehändigt werden, nachdem sie von der Behörde als ungültig gekennzeichnet sind; dies gilt nicht bei Sachen, bei denen eine solche Kennzeichnung nicht oder nicht mit der erforderlichen Offensichtlichkeit oder Dauerhaftigkeit möglich ist.

Abschnitt 3
Verjährungsrechtliche Wirkungen des Verwaltungsaktes

§ 53 Hemmung der Verjährung durch Verwaltungsakt
(1) ¹Ein Verwaltungsakt, der zur Feststellung oder Durchsetzung des Anspruchs eines öffentlich-rechtlichen Rechtsträgers erlassen wird, hemmt die Verjährung dieses Anspruchs. ²Die Hemmung endet mit Eintritt der Unanfechtbarkeit des Verwaltungsaktes oder sechs Monate nach seiner anderweitigen Erledigung.

(2) ¹Ist ein Verwaltungsakt im Sinne des Absatzes 1 unanfechtbar geworden, beträgt die Verjährungsfrist 30 Jahre. ²Soweit der Verwaltungsakt einen Anspruch auf künftig fällig werdende regelmäßig wiederkehrende Leistungen zum Inhalt hat, bleibt es bei der für diesen Anspruch geltenden Verjährungsfrist.

Teil IV
Öffentlich-rechtlicher Vertrag

§ 54 Zulässigkeit des öffentlich-rechtlichen Vertrags
¹Ein Rechtsverhältnis auf dem Gebiet des öffentlichen Rechts kann durch Vertrag begründet, geändert oder aufgehoben werden (öffentlich-rechtlicher Vertrag), soweit Rechtsvorschriften nicht entgegenstehen. ²Insbesondere kann die Behörde, anstatt einen Verwaltungsakt zu erlassen, einen öffentlich-rechtlichen Vertrag mit demjenigen schließen, an den sie sonst den Verwaltungsakt richten würde.

§ 55 Vergleichsvertrag
Ein öffentlich-rechtlicher Vertrag im Sinne des § 54 Satz 2, durch den eine bei verständiger Würdigung des Sachverhalts oder der Rechtslage bestehende Ungewissheit durch gegenseitiges Nachgeben beseitigt wird (Vergleich), kann geschlossen werden, wenn die Behörde den Abschluss des Vergleichs zur Beseitigung der Ungewissheit nach pflichtgemäßem Ermessen für zweckmäßig hält.

§ 56 Austauschvertrag
(1) ¹Ein öffentlich-rechtlicher Vertrag im Sinne des § 54 Satz 2, in dem sich der Vertragspartner der Behörde zu einer Gegenleistung verpflichtet, kann geschlossen werden, wenn die Gegenleistung für einen bestimmten Zweck im Vertrag vereinbart wird und der Behörde zur Erfüllung ihrer öffentlichen Aufgaben dient. ²Die Gegenleistung muss den gesamten Umständen nach angemessen sein und im sachlichen Zusammenhang mit der vertraglichen Leistung der Behörde stehen.
(2) Besteht auf die Leistung der Behörde ein Anspruch, so kann nur eine solche Gegenleistung vereinbart werden, die bei Erlass eines Verwaltungsaktes Inhalt einer Nebenbestimmung nach § 36 sein könnte.

§ 57 Schriftform
Ein öffentlich-rechtlicher Vertrag ist schriftlich zu schließen, soweit nicht durch Rechtsvorschrift eine andere Form vorgeschrieben ist.

§ 58 Zustimmung von Dritten und Behörden
(1) Ein öffentlich-rechtlicher Vertrag, der in Rechte eines Dritten eingreift, wird erst wirksam, wenn der Dritte schriftlich zustimmt.
(2) Wird anstatt eines Verwaltungsaktes, bei dessen Erlass nach einer Rechtsvorschrift die Genehmigung, die Zustimmung oder das Einvernehmen einer anderen Behörde erforderlich ist, ein Vertrag geschlossen, so wird dieser erst wirksam, nachdem die andere Behörde in der vorgeschriebenen Form mitgewirkt hat.

§ 59 Nichtigkeit des öffentlich-rechtlichen Vertrags
(1) Ein öffentlich-rechtlicher Vertrag ist nichtig, wenn sich die Nichtigkeit aus der entsprechenden Anwendung von Vorschriften des Bürgerlichen Gesetzbuchs ergibt.
(2) Ein Vertrag im Sinne des § 54 Satz 2 ist ferner nichtig, wenn
1. ein Verwaltungsakt mit entsprechendem Inhalt nichtig wäre;
2. ein Verwaltungsakt mit entsprechendem Inhalt nicht nur wegen eines Verfahrens- oder Formfehlers im Sinne des § 46 rechtswidrig wäre und dies den Vertragschließenden bekannt war;
3. die Voraussetzungen zum Abschluss eines Vergleichsvertrags nicht vorlagen und ein Verwaltungsakt mit entsprechendem Inhalt nicht nur wegen eines Verfahrens- oder Formfehlers im Sinne des § 46 rechtswidrig wäre;
4. sich die Behörde eine nach § 56 unzulässige Gegenleistung versprechen lässt.
(3) Betrifft die Nichtigkeit nur einen Teil des Vertrags, so ist er im Ganzen nichtig, wenn nicht anzunehmen ist, dass er auch ohne den nichtigen Teil geschlossen worden wäre.

§ 60 Anpassung und Kündigung in besonderen Fällen
(1) ¹Haben die Verhältnisse, die für die Festsetzung des Vertragsinhalts maßgebend gewesen sind, sich seit Abschluss des Vertrags so wesentlich geändert, dass einer Vertragspartei das Festhalten an der ursprünglichen vertraglichen Regelung nicht zuzumuten ist, so kann diese Vertragspartei eine Anpassung des Vertragsinhalts an die geänderten Verhältnisse verlangen oder, sofern eine Anpassung nicht möglich oder einer Vertragspartei nicht zuzumuten ist, den Vertrag kündigen. ²Die Behörde kann den Vertrag auch kündigen, um schwere Nachteile für das Gemeinwohl zu verhüten oder zu beseitigen.

(2) ¹Die Kündigung bedarf der Schriftform, soweit nicht durch Rechtsvorschrift eine andere Form vorgeschrieben ist. ²Sie soll begründet werden.

§ 61 Unterwerfung unter die sofortige Vollstreckung
(1) ¹Jeder Vertragschließende kann sich der sofortigen Vollstreckung aus einem öffentlich-rechtlichen Vertrag im Sinne des § 54 Satz 2 unterwerfen. ²Die Behörde muss hierbei von dem Behördenleiter, seinem allgemeinen Vertreter oder einem Angehörigen des öffentlichen Dienstes, der die Befähigung zum Richteramt hat oder die Voraussetzungen des § 110 Satz 1 des Deutschen Richtergesetzes erfüllt, vertreten werden.
(2) ¹Auf öffentlich-rechtliche Verträge im Sinne des Absatzes 1 Satz 1 ist das Verwaltungs-Vollstreckungsgesetz des Bundes entsprechend anzuwenden, wenn Vertragschließender eine Behörde im Sinne des § 1 Abs. 1 Nr. 1 ist. ²Will eine natürliche oder juristische Person des Privatrechts oder eine nichtrechtsfähige Vereinigung die Vollstreckung wegen einer Geldforderung betreiben, so ist § 170 Abs. 1 bis 3 der Verwaltungsgerichtsordnung entsprechend anzuwenden. ³Richtet sich die Vollstreckung wegen der Erzwingung einer Handlung, Duldung oder Unterlassung gegen eine Behörde im Sinne des § 1 Abs. 1 Nr. 2, so ist § 172 der Verwaltungsgerichtsordnung entsprechend anzuwenden.

§ 62 Ergänzende Anwendung von Vorschriften
¹Soweit sich aus den §§ 54 bis 61 nichts Abweichendes ergibt, gelten die übrigen Vorschriften dieses Gesetzes. ²Ergänzend gelten die Vorschriften des Bürgerlichen Gesetzbuchs entsprechend.

Teil V
Besondere Verfahrensarten

Abschnitt 1
Förmliches Verwaltungsverfahren

§ 63 Anwendung der Vorschriften über das förmliche Verwaltungsverfahren
(1) Das förmliche Verwaltungsverfahren nach diesem Gesetz findet statt, wenn es durch Rechtsvorschrift angeordnet ist.
(2) Für das förmliche Verwaltungsverfahren gelten die §§ 64 bis 71 und, soweit sich aus ihnen nichts Abweichendes ergibt, die übrigen Vorschriften dieses Gesetzes.
(3) ¹Die Mitteilung nach § 17 Abs. 2 Satz 2 und die Aufforderung nach § 17 Abs. 4 Satz 2 sind im förmlichen Verwaltungsverfahren öffentlich bekannt zu machen. ²Die öffentliche Bekanntmachung wird dadurch bewirkt, dass die Behörde die Mitteilung oder die Aufforderung in ihrem amtlichen Veröffentlichungsblatt und außerdem in örtlichen Tageszeitungen, die in dem Bereich verbreitet sind, in dem sich die Entscheidung voraussichtlich auswirken wird, bekannt macht.

§ 64 Form des Antrags
Setzt das förmliche Verwaltungsverfahren einen Antrag voraus, so ist er schriftlich oder zur Niederschrift bei der Behörde zu stellen.

§ 65 Mitwirkung von Zeugen und Sachverständigen
(1) ¹Im förmlichen Verwaltungsverfahren sind Zeugen zur Aussage und Sachverständige zur Erstattung von Gutachten verpflichtet. ²Die Vorschriften der Zivilprozessordnung über die Pflicht, als Zeuge auszusagen oder als Sachverständiger ein Gutachten zu erstatten, über die Ablehnung von Sachverständigen sowie über die Vernehmung von Angehörigen des öffentlichen Dienstes als Zeugen oder Sachverständige gelten entsprechend.
(2) ¹Verweigern Zeugen oder Sachverständige ohne Vorliegen eines der in den §§ 376, 383 bis 385 und 408 der Zivilprozessordnung bezeichneten Gründe die Aussage oder die Erstattung des Gutachtens, so kann die Behörde das für den Wohnsitz oder den Aufenthaltsort des Zeugen oder des Sachverständigen zuständige Verwaltungsgericht um die Vernehmung ersuchen. ²Befindet sich der Wohnsitz oder der Aufenthaltsort des Zeugen oder des Sachverständigen nicht am Sitz eines Verwaltungsgerichts oder einer besonders errichteten Kammer, so kann auch das zuständige Amtsgericht um die Vernehmung ersucht werden. ³In dem Ersuchen hat die Behörde den Gegenstand der Vernehmung darzulegen sowie die Namen und Anschriften der Beteiligten anzugeben. ⁴Das Gericht hat die Beteiligten von den Beweisterminen zu benachrichtigen.
(3) Hält die Behörde mit Rücksicht auf die Bedeutung der Aussage eines Zeugen oder des Gutachtens eines Sachverständigen oder zur Herbeiführung einer wahrheitsgemäßen Aussage die Beeidigung für geboten, so kann sie das nach Absatz 2 zuständige Gericht um die eidliche Vernehmung ersuchen.

(4) Das Gericht entscheidet über die Rechtmäßigkeit einer Verweigerung des Zeugnisses, des Gutachtens oder der Eidesleistung.

(5) Ein Ersuchen nach Absatz 2 oder 3 an das Gericht darf nur von dem Behördenleiter, seinem allgemeinen Vertreter oder einem Angehörigen des öffentlichen Dienstes gestellt werden, der die Befähigung zum Richteramt hat oder die Voraussetzungen des § 110 Satz 1 des Deutschen Richtergesetzes erfüllt.

§ 66 Verpflichtung zur Anhörung von Beteiligten

(1) Im förmlichen Verwaltungsverfahren ist dem Beteiligten Gelegenheit zu geben, sich vor der Entscheidung zu äußern.

(2) Den Beteiligten ist Gelegenheit zu geben, der Vernehmung von Zeugen und Sachverständigen und der Einnahme des Augenscheins beizuwohnen und hierbei sachdienliche Fragen zu stellen; ein schriftlich oder elektronisch vorliegendes Gutachten soll ihnen zugänglich gemacht werden.

§ 67 Erfordernis der mündlichen Verhandlung

(1) [1]Die Behörde entscheidet nach mündlicher Verhandlung. [2]Hierzu sind die Beteiligten mit angemessener Frist schriftlich zu laden. [3]Bei der Ladung ist darauf hinzuweisen, dass bei Ausbleiben eines Beteiligten auch ohne ihn verhandelt und entschieden werden kann. [4]Sind mehr als 50 Ladungen vorzunehmen, so können sie durch öffentliche Bekanntmachung ersetzt werden. [5]Die öffentliche Bekanntmachung wird dadurch bewirkt, dass der Verhandlungstermin mindestens zwei Wochen vorher im amtlichen Veröffentlichungsblatt der Behörde und außerdem in örtlichen Tageszeitungen, die in dem Bereich verbreitet sind, in dem sich die Entscheidung voraussichtlich auswirken wird, mit dem Hinweis nach Satz 3 bekannt gemacht wird. [6]Maßgebend für die Frist nach Satz 5 ist die Bekanntgabe im amtlichen Veröffentlichungsblatt.

(2) Die Behörde kann ohne mündliche Verhandlung entscheiden, wenn
1. einem Antrag im Einvernehmen mit allen Beteiligten in vollem Umfang entsprochen wird;
2. kein Beteiligter innerhalb einer hierfür gesetzten Frist Einwendungen gegen die vorgesehene Maßnahme erhoben hat;
3. die Behörde den Beteiligten mitgeteilt hat, dass sie beabsichtige, ohne mündliche Verhandlung zu entscheiden, und kein Beteiligter innerhalb einer hierfür gesetzten Frist Einwendungen dagegen erhoben hat;
4. alle Beteiligten auf sie verzichtet haben;
5. wegen Gefahr im Verzug eine sofortige Entscheidung notwendig ist.

(3) Die Behörde soll das Verfahren so fördern, dass es möglichst in einem Verhandlungstermin erledigt werden kann.

§ 68 Verlauf der mündlichen Verhandlung

(1) [1]Die mündliche Verhandlung ist nicht öffentlich. [2]An ihr können Vertreter der Aufsichtsbehörden und Personen, die bei der Behörde zur Ausbildung beschäftigt sind, teilnehmen. [3]Anderen Personen kann der Verhandlungsleiter die Anwesenheit gestatten, wenn kein Beteiligter widerspricht.

(2) [1]Der Verhandlungsleiter hat die Sache mit den Beteiligten zu erörtern. [2]Er hat darauf hinzuwirken, dass unklare Anträge erläutert, sachdienliche Anträge gestellt, ungenügende Angaben ergänzt sowie alle für die Feststellung des Sachverhalts wesentlichen Erklärungen abgegeben werden.

(3) [1]Der Verhandlungsleiter ist für die Ordnung verantwortlich. [2]Er kann Personen, die seine Anordnungen nicht befolgen, entfernen lassen. [3]Die Verhandlung kann ohne diese Personen fortgesetzt werden.

(4) [1]Über die mündliche Verhandlung ist eine Niederschrift zu fertigen. [2]Die Niederschrift muss Angaben enthalten über
1. den Ort und den Tag der Verhandlung,
2. die Namen des Verhandlungsleiters, der erschienenen Beteiligten, Zeugen und Sachverständigen,
3. den behandelten Verfahrensgegenstand und die gestellten Anträge,
4. den wesentlichen Inhalt der Aussagen der Zeugen und Sachverständigen,
5. das Ergebnis eines Augenscheins.
[3]Die Niederschrift ist von dem Verhandlungsleiter und, soweit ein Schriftführer hinzugezogen worden ist, auch von diesem zu unterzeichnen. [4]Der Aufnahme in die Verhandlungsniederschrift steht die Aufnahme in eine Schrift gleich, die ihr als Anlage beigefügt und als solche bezeichnet ist; auf die Anlage ist in der Verhandlungsniederschrift hinzuweisen.

§ 69 Entscheidung

(1) Die Behörde entscheidet unter Würdigung des Gesamtergebnisses des Verfahrens.

(2) [1]Verwaltungsakte, die das förmliche Verfahren abschließen, sind schriftlich zu erlassen, schriftlich zu begründen und den Beteiligten zuzustellen; in den Fällen des § 39 Abs. 2 Nr. 1 und 3 bedarf es einer

Begründung nicht. [2]Ein elektronischer Verwaltungsakt nach Satz 1 ist mit einer dauerhaft überprüfbaren qualifizierten elektronischen Signatur zu versehen. [3]Sind mehr als 50 Zustellungen vorzunehmen, so können sie durch öffentliche Bekanntmachung ersetzt werden. [4]Die öffentliche Bekanntmachung wird dadurch bewirkt, dass der verfügende Teil des Verwaltungsaktes und die Rechtsbehelfsbelehrung im amtlichen Veröffentlichungsblatt der Behörde und außerdem in örtlichen Tageszeitungen bekannt gemacht werden, die in dem Bereich verbreitet sind, in dem sich die Entscheidung voraussichtlich auswirken wird. [5]Der Verwaltungsakt gilt mit dem Tage als zugestellt, an dem seit dem Tage der Bekanntmachung in dem amtlichen Veröffentlichungsblatt zwei Wochen verstrichen sind; hierauf ist in der Bekanntmachung hinzuweisen. [6]Nach der öffentlichen Bekanntmachung kann der Verwaltungsakt bis zum Ablauf der Rechtsbehelfsfrist von den Beteiligten schriftlich oder elektronisch angefordert werden; hierauf ist in der Bekanntmachung gleichfalls hinzuweisen.

(3) [1]Wird das förmliche Verwaltungsverfahren auf andere Weise abgeschlossen, so sind die Beteiligten hiervon zu benachrichtigen. [2]Sind mehr als 50 Benachrichtigungen vorzunehmen, so können sie durch öffentliche Bekanntmachung ersetzt werden; Absatz 2 Satz 4 gilt entsprechend.

§ 70 Anfechtung der Entscheidung
Vor Erhebung einer verwaltungsgerichtlichen Klage, die einen im förmlichen Verwaltungsverfahren erlassenen Verwaltungsakt zum Gegenstand hat, bedarf es keiner Nachprüfung in einem Vorverfahren.

§ 71 Besondere Vorschriften für das förmliche Verfahren vor Ausschüssen
(1) [1]Findet das förmliche Verwaltungsverfahren vor einem Ausschuss (§ 88) statt, so hat jedes Mitglied das Recht, sachdienliche Fragen zu stellen. [2]Wird eine Frage von einem Beteiligten beanstandet, so entscheidet der Ausschuss über ihre Zulässigkeit.

(2) [1]Bei der Beratung und Abstimmung dürfen nur Ausschussmitglieder zugegen sein, die an der mündlichen Verhandlung teilgenommen haben. [2]Ferner dürfen Personen zugegen sein, die bei der Behörde, bei der der Ausschuss gebildet ist, zur Ausbildung beschäftigt sind, soweit der Vorsitzende ihre Anwesenheit gestattet. [3]Die Abstimmungsergebnisse sind festzuhalten.

(3) [1]Jeder Beteiligte kann ein Mitglied des Ausschusses ablehnen, das in diesem Verwaltungsverfahren nicht tätig werden darf (§ 20) oder bei dem die Besorgnis der Befangenheit besteht (§ 21). [2]Eine Ablehnung vor der mündlichen Verhandlung ist schriftlich oder zur Niederschrift zu erklären. [3]Die Erklärung ist unzulässig, wenn sich der Beteiligte, ohne den ihm bekannten Ablehnungsgrund geltend zu machen, in die mündliche Verhandlung eingelassen hat. [4]Für die Entscheidung über die Ablehnung gilt § 20 Abs. 4 Satz 2 bis 4.

Abschnitt 1a
Verfahren über eine einheitliche Stelle

§ 71a Anwendbarkeit
(1) Ist durch Rechtsvorschrift angeordnet, dass ein Verwaltungsverfahren über eine einheitliche Stelle abgewickelt werden kann, so gelten die Vorschriften dieses Abschnitts und, soweit sich aus ihnen nichts Abweichendes ergibt, die übrigen Vorschriften dieses Gesetzes.

(2) Der zuständigen Behörde obliegen die Pflichten aus § 71b Abs. 3, 4 und 6, § 71c Abs. 2 und § 71e auch dann, wenn sich der Antragsteller oder Anzeigepflichtige unmittelbar an die zuständige Behörde wendet.

§ 71b Verfahren
(1) Die einheitliche Stelle nimmt Anzeigen, Anträge, Willenserklärungen und Unterlagen entgegen und leitet sie unverzüglich an die zuständigen Behörden weiter.

(2) [1]Anzeigen, Anträge, Willenserklärungen und Unterlagen gelten am dritten Tag nach Eingang bei der einheitlichen Stelle als bei der zuständigen Behörde eingegangen. [2]Fristen werden mit Eingang bei der einheitlichen Stelle gewahrt.

(3) [1]Soll durch die Anzeige, den Antrag oder die Abgabe einer Willenserklärung eine Frist in Lauf gesetzt werden, innerhalb deren die zuständige Behörde tätig werden muss, stellt die zuständige Behörde eine Empfangsbestätigung aus. [2]In der Empfangsbestätigung ist das Datum des Eingangs bei der einheitlichen Stelle mitzuteilen und auf die Frist, die Voraussetzungen für den Beginn des Fristlaufs und auf eine an den Fristablauf geknüpfte Rechtsfolge sowie auf die verfügbaren Rechtsbehelfe hinzuweisen.

(4) [1]Ist die Anzeige oder der Antrag unvollständig, teilt die zuständige Behörde unverzüglich mit, welche Unterlagen nachzureichen sind. [2]Die Mitteilung enthält den Hinweis, dass der Lauf der Frist nach Absatz 3 erst mit Eingang der vollständigen Unterlagen beginnt. [3]Das Datum des Eingangs der nachgereichten Unterlagen bei der einheitlichen Stelle ist mitzuteilen.

(5) [1]Soweit die einheitliche Stelle zur Verfahrensabwicklung in Anspruch genommen wird, sollen Mitteilungen der zuständigen Behörde an den Antragsteller oder Anzeigepflichtigen über sie weitergegeben werden. [2]Verwaltungsakte werden auf Verlangen desjenigen, an den sich der Verwaltungsakt richtet, von der zuständigen Behörde unmittelbar bekannt gegeben.

(6) [1]Ein schriftlicher Verwaltungsakt, der durch die Post in das Ausland übermittelt wird, gilt einen Monat nach Aufgabe zur Post als bekannt gegeben. [2]§ 41 Abs. 2 Satz 3 gilt entsprechend. [3]Von dem Antragsteller oder Anzeigepflichtigen kann nicht nach § 15 verlangt werden, einen Empfangsbevollmächtigten zu bestellen.

§ 71c Informationspflichten

(1) [1]Die einheitliche Stelle erteilt auf Anfrage unverzüglich Auskunft über die maßgeblichen Vorschriften, die zuständigen Behörden, den Zugang zu den öffentlichen Registern und Datenbanken, die zustehenden Verfahrensrechte und die Einrichtungen, die den Antragsteller oder Anzeigepflichtigen bei der Aufnahme oder Ausübung seiner Tätigkeit unterstützen. [2]Sie teilt unverzüglich mit, wenn eine Anfrage zu unbestimmt ist.

(2) [1]Die zuständigen Behörden erteilen auf Anfrage unverzüglich Auskunft über die maßgeblichen Vorschriften und deren gewöhnliche Auslegung. [2]Nach § 25 erforderliche Anregungen und Auskünfte werden unverzüglich gegeben.

§ 71d Gegenseitige Unterstützung

[1]Die einheitliche Stelle und die zuständigen Behörden wirken gemeinsam auf eine ordnungsgemäße und zügige Verfahrensabwicklung hin; alle einheitlichen Stellen und zuständigen Behörden sind hierbei zu unterstützen. [2]Die zuständigen Behörden stellen der einheitlichen Stelle insbesondere die erforderlichen Informationen zum Verfahrensstand zur Verfügung.

§ 71e Elektronisches Verfahren

[1]Das Verfahren nach diesem Abschnitt wird auf Verlangen in elektronischer Form abgewickelt. [2]§ 3a Abs. 2 Satz 2 und 3 und Abs. 3 bleibt unberührt.

Abschnitt 2
Planfeststellungsverfahren

§ 72 Anwendung der Vorschriften über das Planfeststellungsverfahren

(1) Ist ein Planfeststellungsverfahren durch Rechtsvorschrift angeordnet, so gelten hierfür die §§ 73 bis 78 und, soweit sich aus ihnen nichts Abweichendes ergibt, die übrigen Vorschriften dieses Gesetzes; die §§ 51 und 71a bis 71e sind nicht anzuwenden, § 29 ist mit der Maßgabe anzuwenden, dass Akteneinsicht nach pflichtgemäßem Ermessen zu gewähren ist.

(2) [1]Die Mitteilung nach § 17 Abs. 2 Satz 2 und die Aufforderung nach § 17 Abs. 4 Satz 2 sind im Planfeststellungsverfahren öffentlich bekannt zu machen. [2]Die öffentliche Bekanntmachung wird dadurch bewirkt, dass die Behörde die Mitteilung oder die Aufforderung in ihrem amtlichen Veröffentlichungsblatt und außerdem in örtlichen Tageszeitungen, die in dem Bereich verbreitet sind, in dem sich das Vorhaben voraussichtlich auswirken wird, bekannt macht.

§ 73 Anhörungsverfahren

(1) [1]Der Träger des Vorhabens hat den Plan der Anhörungsbehörde zur Durchführung des Anhörungsverfahrens einzureichen. [2]Der Plan besteht aus den Zeichnungen und Erläuterungen, die das Vorhaben, seinen Anlass und die von dem Vorhaben betroffenen Grundstücke und Anlagen erkennen lassen.

(2) Innerhalb eines Monats nach Zugang des vollständigen Plans fordert die Anhörungsbehörde die Behörden, deren Aufgabenbereich durch das Vorhaben berührt wird, zur Stellungnahme auf und veranlasst, dass der Plan in den Gemeinden, in denen sich das Vorhaben voraussichtlich auswirken wird, ausgelegt wird.

(3) [1]Die Gemeinden nach Absatz 2 haben den Plan innerhalb von drei Wochen nach Zugang für die Dauer eines Monats zur Einsicht auszulegen. [2]Auf eine Auslegung kann verzichtet werden, wenn der Kreis der Betroffenen und die Vereinigungen nach Absatz 4 Satz 5 bekannt sind und ihnen innerhalb angemessener Frist Gelegenheit gegeben wird, den Plan einzusehen.

(3a) [1]Die Behörden nach Absatz 2 haben ihre Stellungnahme innerhalb einer von der Anhörungsbehörde zu setzenden Frist abzugeben, die drei Monate nicht überschreiten darf. [2]Stellungnahmen, die nach Ablauf der Frist nach Satz 1 eingehen, sind zu berücksichtigen, wenn der Planfeststellungsbehörde die vorgebrachten Belange bekannt sind oder hätten bekannt sein müssen oder für die Rechtmäßigkeit der Entscheidung von Bedeutung sind; im Übrigen können sie berücksichtigt werden.

(4) [1]Jeder, dessen Belange durch das Vorhaben berührt werden, kann bis zwei Wochen nach Ablauf der Auslegungsfrist schriftlich oder zur Niederschrift bei der Anhörungsbehörde oder bei der Gemeinde Einwendungen gegen den Plan erheben. [2]Im Falle des Absatzes 3 Satz 2 bestimmt die Anhörungsbehörde die Einwendungsfrist. [3]Mit Ablauf der Einwendungsfrist sind alle Einwendungen ausgeschlossen, die nicht auf besonderen privatrechtlichen Titeln beruhen. [4]Hierauf ist in der Bekanntmachung der Auslegung oder bei der Bekanntgabe der Einwendungsfrist hinzuweisen. [5]Vereinigungen, die auf Grund einer Anerkennung nach anderen Rechtsvorschriften befugt sind, Rechtsbehelfe nach der Verwaltungsgerichtsordnung gegen die Entscheidung nach § 74 einzulegen, können innerhalb der Frist nach Satz 1 Stellungnahmen zu dem Plan abgeben. [6]Die Sätze 2 bis 4 gelten entsprechend.

(5) [1]Die Gemeinden, in denen der Plan auszulegen ist, haben die Auslegung vorher ortsüblich bekannt zu machen. [2]In der Bekanntmachung ist darauf hinzuweisen,
1. wo und in welchem Zeitraum der Plan zur Einsicht ausgelegt ist;
2. dass etwaige Einwendungen oder Stellungnahmen von Vereinigungen nach Absatz 4 Satz 5 bei den in der Bekanntmachung zu bezeichnenden Stellen innerhalb der Einwendungsfrist vorzubringen sind;
3. dass bei Ausbleiben eines Beteiligten in dem Erörterungstermin auch ohne ihn verhandelt werden kann;
4. dass
 a) die Personen, die Einwendungen erhoben haben, oder die Vereinigungen, die Stellungnahmen abgegeben haben, von dem Erörterungstermin durch öffentliche Bekanntmachung benachrichtigt werden können,
 b) die Zustellung der Entscheidung über die Einwendungen durch öffentliche Bekanntmachung ersetzt werden kann,
 wenn mehr als 50 Benachrichtigungen oder Zustellungen vorzunehmen sind.
[3]Nicht ortsansässige Betroffene, deren Person und Aufenthalt bekannt sind oder sich innerhalb angemessener Frist ermitteln lassen, sollen auf Veranlassung der Anhörungsbehörde von der Auslegung mit dem Hinweis nach Satz 2 benachrichtigt werden.

(6) [1]Nach Ablauf der Einwendungsfrist hat die Anhörungsbehörde die rechtzeitig gegen den Plan erhobenen Einwendungen, die rechtzeitig abgegebenen Stellungnahmen von Vereinigungen nach Absatz 4 Satz 5 sowie die Stellungnahmen der Behörden zu dem Plan mit dem Träger des Vorhabens, den Behörden, den Betroffenen sowie denjenigen, die Einwendungen erhoben oder Stellungnahmen abgegeben haben, zu erörtern. [2]Der Erörterungstermin ist mindestens eine Woche vorher ortsüblich bekannt zu machen. [3]Die Behörden, der Träger des Vorhabens und diejenigen, die Einwendungen erhoben oder Stellungnahmen abgegeben haben, sind von dem Erörterungstermin zu benachrichtigen. [4]Sind außer der Benachrichtigung der Behörden und des Trägers des Vorhabens mehr als 50 Benachrichtigungen vorzunehmen, so können diese Benachrichtigungen durch öffentliche Bekanntmachung ersetzt werden. [5]Die öffentliche Bekanntmachung wird dadurch bewirkt, dass abweichend von Satz 2 der Erörterungstermin im amtlichen Veröffentlichungsblatt der Anhörungsbehörde und außerdem in örtlichen Tageszeitungen bekannt gemacht wird, die in dem Bereich verbreitet sind, in dem sich das Vorhaben voraussichtlich auswirken wird; maßgebend für die Frist nach Satz 2 ist die Bekanntgabe im amtlichen Veröffentlichungsblatt. [6]Im Übrigen gelten für die Erörterung die Vorschriften über die mündliche Verhandlung im förmlichen Verwaltungsverfahren (§ 67 Abs. 1 Satz 3, Abs. 2 Nr. 1 und 4 und Abs. 3, § 68) entsprechend. [7]Die Anhörungsbehörde schließt die Erörterung innerhalb von drei Monaten nach Ablauf der Einwendungsfrist ab.

(7) Abweichend von den Vorschriften des Absatzes 6 Satz 2 bis 5 kann der Erörterungstermin bereits in der Bekanntmachung nach Absatz 5 Satz 2 bestimmt werden.

(8) [1]Soll ein ausgelegter Plan geändert werden und werden dadurch der Aufgabenbereich einer Behörde oder einer Vereinigung nach Absatz 4 Satz 5 oder Belange Dritter erstmals oder stärker als bisher berührt, so ist diesen die Änderung mitzuteilen und ihnen Gelegenheit zu Stellungnahmen und Einwendungen innerhalb von zwei Wochen zu geben; Absatz 4 Satz 3 bis 6 gilt entsprechend. [2]Wird sich die Änderung voraussichtlich auf das Gebiet einer anderen Gemeinde auswirken, so ist der geänderte Plan in dieser Gemeinde auszulegen; die Absätze 2 bis 6 gelten entsprechend.

(9) Die Anhörungsbehörde gibt zum Ergebnis des Anhörungsverfahrens eine Stellungnahme ab und leitet diese der Planfeststellungsbehörde innerhalb eines Monats nach Abschluss der Erörterung mit dem Plan, den Stellungnahmen der Behörden und der Vereinigungen nach Absatz 4 Satz 5 sowie den nicht erledigten Einwendungen zu.

§ 74 Planfeststellungsbeschluss, Plangenehmigung

(1) [1]Die Planfeststellungsbehörde stellt den Plan fest (Planfeststellungsbeschluss). [2]Die Vorschriften über die Entscheidung und die Anfechtung der Entscheidung im förmlichen Verwaltungsverfahren (§§ 69 und 70) sind anzuwenden.

(2) [1]Im Planfeststellungsbeschluss entscheidet die Planfeststellungsbehörde über die Einwendungen, über die bei der Erörterung vor der Anhörungsbehörde keine Einigung erzielt worden ist. [2]Sie hat dem Träger des Vorhabens Vorkehrungen oder die Errichtung und Unterhaltung von Anlagen aufzuerlegen, die zum Wohl der Allgemeinheit oder zur Vermeidung nachteiliger Wirkungen auf Rechte anderer erforderlich sind. [3]Sind solche Vorkehrungen oder Anlagen untunlich oder mit dem Vorhaben unvereinbar, so hat der Betroffene Anspruch auf angemessene Entschädigung in Geld.

(3) Soweit eine abschließende Entscheidung noch nicht möglich ist, ist diese im Planfeststellungsbeschluss vorzubehalten; dem Träger des Vorhabens ist dabei aufzugeben, noch fehlende oder von der Planfeststellungsbehörde bestimmte Unterlagen rechtzeitig vorzulegen.

(4) [1]Der Planfeststellungsbeschluss ist dem Träger des Vorhabens, denjenigen, über deren Einwendungen entschieden worden ist, und den Vereinigungen, über deren Stellungnahmen entschieden worden ist, zuzustellen. [2]Eine Ausfertigung des Beschlusses ist mit einer Rechtsbehelfsbelehrung und einer Ausfertigung des festgestellten Plans in den Gemeinden zwei Wochen zur Einsicht auszulegen; der Ort und die Zeit der Auslegung sind ortsüblich bekannt zu machen. [3]Mit dem Ende der Auslegungsfrist gilt der Beschluss gegenüber den übrigen Betroffenen als zugestellt; darauf ist in der Bekanntmachung hinzuweisen.

(5) [1]Sind außer an den Träger des Vorhabens mehr als 50 Zustellungen nach Absatz 4 vorzunehmen, so können diese Zustellungen durch öffentliche Bekanntmachung ersetzt werden. [2]Die öffentliche Bekanntmachung wird dadurch bewirkt, dass der verfügende Teil des Planfeststellungsbeschlusses, die Rechtsbehelfsbelehrung und ein Hinweis auf die Auslegung nach Absatz 4 Satz 2 im amtlichen Veröffentlichungsblatt der zuständigen Behörde und außerdem in örtlichen Tageszeitungen bekannt gemacht werden, die in dem Bereich verbreitet sind, in dem sich das Vorhaben voraussichtlich auswirken wird; auf Auflagen ist hinzuweisen. [3]Mit dem Ende der Auslegungsfrist gilt der Beschluss den Betroffenen und denjenigen gegenüber, die Einwendungen erhoben haben, als zugestellt; hierauf ist in der Bekanntmachung hinzuweisen. [4]Nach der öffentlichen Bekanntmachung kann der Planfeststellungsbeschluss bis zum Ablauf der Rechtsbehelfsfrist von den Betroffenen und von denjenigen, die Einwendungen erhoben haben, schriftlich oder elektronisch angefordert werden; hierauf ist in der Bekanntmachung gleichfalls hinzuweisen.

(6) [1]An Stelle eines Planfeststellungsbeschlusses kann eine Plangenehmigung erteilt werden, wenn

1. Rechte anderer nicht oder nur unwesentlich beeinträchtigt werden oder die Betroffenen sich mit der Inanspruchnahme ihres Eigentums oder eines anderen Rechts schriftlich einverstanden erklärt haben,

2. mit den Trägern öffentlicher Belange, deren Aufgabenbereich berührt wird, das Benehmen hergestellt worden ist und

3. nicht andere Rechtsvorschriften eine Öffentlichkeitsbeteiligung vorschreiben, die den Anforderungen des § 73 Absatz 3 Satz 1 und Absatz 4 bis 7 entsprechen muss.

[2]Die Plangenehmigung hat die Rechtswirkungen der Planfeststellung; auf ihre Erteilung sind die Vorschriften über das Planfeststellungsverfahren nicht anzuwenden; davon ausgenommen sind Absatz 4 Satz 1 und Absatz 5, die entsprechend anzuwenden sind. [3]Vor Erhebung einer verwaltungsgerichtlichen Klage bedarf es keiner Nachprüfung in einem Vorverfahren. [4]§ 75 Abs. 4 gilt entsprechend.

(7) [1]Planfeststellung und Plangenehmigung entfallen in Fällen von unwesentlicher Bedeutung. [2]Diese liegen vor, wenn

1. andere öffentliche Belange nicht berührt sind oder die erforderlichen behördlichen Entscheidungen vorliegen und sie dem Plan nicht entgegenstehen,

2. Rechte anderer nicht beeinflusst werden oder mit den vom Plan Betroffenen entsprechende Vereinbarungen getroffen worden sind und

3. nicht andere Rechtsvorschriften eine Öffentlichkeitsbeteiligung vorschreiben, die den Anforderungen des § 73 Absatz 3 Satz 1 und Absatz 4 bis 7 entsprechen muss.

§ 75 Rechtswirkungen der Planfeststellung

(1) [1]Durch die Planfeststellung wird die Zulässigkeit des Vorhabens einschließlich der notwendigen Folgemaßnahmen an anderen Anlagen im Hinblick auf alle von ihm berührten öffentlichen Belange festgestellt; neben der Planfeststellung sind andere behördliche Entscheidungen, insbesondere öffentlich-rechtliche Genehmigungen, Verleihungen, Erlaubnisse, Bewilligungen, Zustimmungen und Planfeststellungen nicht erforderlich. [2]Durch die Planfeststellung werden alle öffentlich-rechtlichen Beziehungen zwischen dem Träger des Vorhabens und den durch den Plan Betroffenen rechtsgestaltend geregelt.

(1a) [1]Mängel bei der Abwägung der von dem Vorhaben berührten öffentlichen und privaten Belange sind nur erheblich, wenn sie offensichtlich und auf das Abwägungsergebnis von Einfluss gewesen sind. [2]Erhebliche Mängel bei der Abwägung oder eine Verletzung von Verfahrens- oder Formvorschriften führen nur dann zur Aufhebung des Planfeststellungsbeschlusses oder der Plangenehmigung, wenn sie nicht durch Planergänzung oder durch ein ergänzendes Verfahren behoben werden können; die §§ 45 und 46 bleiben unberührt.

(2) [1]Ist der Planfeststellungsbeschluss unanfechtbar geworden, so sind Ansprüche auf Unterlassung des Vorhabens, auf Beseitigung oder Änderung der Anlagen oder auf Unterlassung ihrer Benutzung ausgeschlossen. [2]Treten nicht voraussehbare Wirkungen des Vorhabens oder der dem festgestellten Plan entsprechenden Anlagen auf das Recht eines anderen erst nach Unanfechtbarkeit des Plans auf, so kann der Betroffene Vorkehrungen oder die Errichtung und Unterhaltung von Anlagen verlangen, welche die nachteiligen Wirkungen ausschließen. [3]Sie sind dem Träger des Vorhabens durch Beschluss der Planfeststellungsbehörde aufzuerlegen. [4]Sind solche Vorkehrungen oder Anlagen untunlich oder mit dem Vorhaben unvereinbar, so richtet sich der Anspruch auf angemessene Entschädigung in Geld. [5]Werden Vorkehrungen oder Anlagen im Sinne des Satzes 2 notwendig, weil nach Abschluss des Planfeststellungsverfahrens auf einem benachbarten Grundstück Veränderungen eingetreten sind, so hat die hierdurch entstehenden Kosten der Eigentümer des benachbarten Grundstücks zu tragen, es sei denn, dass die Veränderungen durch natürliche Ereignisse oder höhere Gewalt verursacht worden sind; Satz 4 ist nicht anzuwenden.

(3) [1]Anträge, mit denen Ansprüche auf Herstellung von Einrichtungen oder auf angemessene Entschädigung nach Absatz 2 Satz 2 und 4 geltend gemacht werden, sind schriftlich an die Planfeststellungsbehörde zu richten. [2]Sie sind nur innerhalb von drei Jahren nach dem Zeitpunkt zulässig, zu dem der Betroffene von den nachteiligen Wirkungen des dem unanfechtbar festgestellten Plan entsprechenden Vorhabens oder der Anlage Kenntnis erhalten hat; sie sind ausgeschlossen, wenn nach Herstellung des dem Plan entsprechenden Zustands 30 Jahre verstrichen sind.

(4) [1]Wird mit der Durchführung des Plans nicht innerhalb von fünf Jahren nach Eintritt der Unanfechtbarkeit begonnen, so tritt er außer Kraft. [2]Als Beginn der Durchführung des Plans gilt jede erstmals nach außen erkennbare Tätigkeit von mehr als nur geringfügiger Bedeutung zur plangemäßen Verwirklichung des Vorhabens; eine spätere Unterbrechung der Verwirklichung des Vorhabens berührt den Beginn der Durchführung nicht.

§ 76 Planänderungen vor Fertigstellung des Vorhabens

(1) Soll vor Fertigstellung des Vorhabens der festgestellte Plan geändert werden, bedarf es eines neuen Planfeststellungsverfahrens.

(2) Bei Planänderungen von unwesentlicher Bedeutung kann die Planfeststellungsbehörde von einem neuen Planfeststellungsverfahren absehen, wenn die Belange anderer nicht berührt werden oder wenn die Betroffenen der Änderung zugestimmt haben.

(3) Führt die Planfeststellungsbehörde in den Fällen des Absatzes 2 oder in anderen Fällen einer Planänderung von unwesentlicher Bedeutung ein Planfeststellungsverfahren durch, so bedarf es keines Anhörungsverfahrens und keiner öffentlichen Bekanntgabe des Planfeststellungsbeschlusses.

§ 77 Aufhebung des Planfeststellungsbeschlusses

[1]Wird ein Vorhaben, mit dessen Durchführung begonnen worden ist, endgültig aufgegeben, so hat die Planfeststellungsbehörde den Planfeststellungsbeschluss aufzuheben. [2]In dem Aufhebungsbeschluss sind dem Träger des Vorhabens die Wiederherstellung des früheren Zustands oder geeignete andere Maßnahmen aufzuerlegen, soweit dies zum Wohl der Allgemeinheit oder zur Vermeidung nachteiliger Wirkungen auf Rechte anderer erforderlich ist. [3]Werden solche Maßnahmen notwendig, weil nach Abschluss des Planfeststellungsverfahrens auf einem benachbarten Grundstück Veränderungen eingetreten sind, so kann der Träger des Vorhabens durch Beschluss der Planfeststellungsbehörde zu geeigneten Vorkehrungen verpflichtet werden; die hierdurch entstehenden Kosten hat jedoch der Eigentümer des benachbarten Grundstücks zu tragen, es sei denn, dass die Veränderungen durch natürliche Ereignisse oder höhere Gewalt verursacht worden sind.

§ 78 Zusammentreffen mehrerer Vorhaben

(1) Treffen mehrere selbständige Vorhaben, für deren Durchführung Planfeststellungsverfahren vorgeschrieben sind, derart zusammen, dass für diese Vorhaben oder für Teile von ihnen nur eine einheitliche Entscheidung möglich ist, und ist mindestens eines der Planfeststellungsverfahren bundesrechtlich geregelt, so findet für diese Vorhaben oder für deren Teile nur ein Planfeststellungsverfahren statt.

(2) [1]Zuständigkeiten und Verfahren richten sich nach den Rechtsvorschriften über das Planfeststellungsverfahren, das für diejenige Anlage vorgeschrieben ist, die einen größeren Kreis öffentlich-rechtlicher

Beziehungen berührt. [2]Bestehen Zweifel, welche Rechtsvorschrift anzuwenden ist, so entscheidet, falls nach den in Betracht kommenden Rechtsvorschriften mehrere Bundesbehörden in den Geschäftsbereichen mehrerer oberster Bundesbehörden zuständig sind, die Bundesregierung, sonst die zuständige oberste Bundesbehörde. [3]Bestehen Zweifel, welche Rechtsvorschrift anzuwenden ist, und sind nach den in Betracht kommenden Rechtsvorschriften eine Bundesbehörde und eine Landesbehörde zuständig, so führen, falls sich die obersten Bundes- und Landesbehörden nicht einigen, die Bundesregierung und die Landesregierung das Einvernehmen darüber herbei, welche Rechtsvorschrift anzuwenden ist.

Teil VI
Rechtsbehelfsverfahren

§ 79 Rechtsbehelfe gegen Verwaltungsakte
Für förmliche Rechtsbehelfe gegen Verwaltungsakte gelten die Verwaltungsgerichtsordnung und die zu ihrer Ausführung ergangenen Rechtsvorschriften, soweit nicht durch Gesetz etwas anderes bestimmt ist; im Übrigen gelten die Vorschriften dieses Gesetzes.

§ 80 Erstattung von Kosten im Vorverfahren
(1) [1]Soweit der Widerspruch erfolgreich ist, hat der Rechtsträger, dessen Behörde den angefochtenen Verwaltungsakt erlassen hat, demjenigen, der Widerspruch erhoben hat, die zur zweckentsprechenden Rechtsverfolgung oder Rechtsverteidigung notwendigen Aufwendungen zu erstatten. [2]Dies gilt auch, wenn der Widerspruch nur deshalb keinen Erfolg hat, weil die Verletzung einer Verfahrens- oder Formvorschrift nach § 45 unbeachtlich ist. [3]Soweit der Widerspruch erfolglos geblieben ist, hat derjenige, der den Widerspruch eingelegt hat, die zur zweckentsprechenden Rechtsverfolgung oder Rechtsverteidigung notwendigen Aufwendungen der Behörde, die den angefochtenen Verwaltungsakt erlassen hat, zu erstatten; dies gilt nicht, wenn der Widerspruch gegen einen Verwaltungsakt eingelegt wird, der im Rahmen
1. eines bestehenden oder früheren öffentlich-rechtlichen Dienst- oder Amtsverhältnisses oder
2. einer bestehenden oder früheren gesetzlichen Dienstpflicht oder einer Tätigkeit, die an Stelle der gesetzlichen Dienstpflicht geleistet werden kann,
erlassen wurde. [4]Aufwendungen, die durch das Verschulden eines Erstattungsberechtigten entstanden sind, hat dieser selbst zu tragen; das Verschulden eines Vertreters ist dem Vertretenen zuzurechnen.
(2) Die Gebühren und Auslagen eines Rechtsanwalts oder eines sonstigen Bevollmächtigten im Vorverfahren sind erstattungsfähig, wenn die Zuziehung eines Bevollmächtigten notwendig war.
(3) [1]Die Behörde, die die Kostenentscheidung getroffen hat, setzt auf Antrag den Betrag der zu erstattenden Aufwendungen fest; hat ein Ausschuss oder Beirat (§ 73 Abs. 2 der Verwaltungsgerichtsordnung) die Kostenentscheidung getroffen, so obliegt die Kostenfestsetzung der Behörde, bei der der Ausschuss oder Beirat gebildet ist. [2]Die Kostenentscheidung bestimmt auch, ob die Zuziehung eines Rechtsanwalts oder eines sonstigen Bevollmächtigten notwendig war.
(4) Die Absätze 1 bis 3 gelten auch für Vorverfahren bei Maßnahmen des Richterdienstrechts.

Teil VII
Ehrenamtliche Tätigkeit, Ausschüsse

Abschnitt 1
Ehrenamtliche Tätigkeit

§ 81 Anwendung der Vorschriften über die ehrenamtliche Tätigkeit
Für die ehrenamtliche Tätigkeit im Verwaltungsverfahren gelten die §§ 82 bis 87, soweit Rechtsvorschriften nichts Abweichendes bestimmen.

§ 82 Pflicht zu ehrenamtlicher Tätigkeit
Eine Pflicht zur Übernahme ehrenamtlicher Tätigkeit besteht nur, wenn sie durch Rechtsvorschrift vorgesehen ist.

§ 83 Ausübung ehrenamtlicher Tätigkeit
(1) Der ehrenamtlich Tätige hat seine Tätigkeit gewissenhaft und unparteiisch auszuüben.
(2) [1]Bei Übernahme seiner Aufgaben ist er zur gewissenhaften und unparteiischen Tätigkeit und zur Verschwiegenheit besonders zu verpflichten. [2]Die Verpflichtung ist aktenkundig zu machen.

§ 84 Verschwiegenheitspflicht
(1) [1]Der ehrenamtlich Tätige hat, auch nach Beendigung seiner ehrenamtlichen Tätigkeit, über die ihm dabei bekannt gewordenen Angelegenheiten Verschwiegenheit zu wahren. [2]Dies gilt nicht für Mitteilun-

gen im dienstlichen Verkehr oder über Tatsachen, die offenkundig sind oder ihrer Bedeutung nach keiner Geheimhaltung bedürfen.

(2) Der ehrenamtlich Tätige darf ohne Genehmigung über Angelegenheiten, über die er Verschwiegenheit zu wahren hat, weder vor Gericht noch außergerichtlich aussagen oder Erklärungen abgeben.

(3) Die Genehmigung, als Zeuge auszusagen, darf nur versagt werden, wenn die Aussage dem Wohl des Bundes oder eines Landes Nachteile bereiten oder die Erfüllung öffentlicher Aufgaben ernstlich gefährden oder erheblich erschweren würde.

(4) ¹Ist der ehrenamtlich Tätige Beteiligter in einem gerichtlichen Verfahren oder soll sein Vorbringen der Wahrnehmung seiner berechtigten Interessen dienen, so darf die Genehmigung auch dann, wenn die Voraussetzungen des Absatzes 3 erfüllt sind, nur versagt werden, wenn ein zwingendes öffentliches Interesse dies erfordert. ²Wird sie versagt, so ist dem ehrenamtlich Tätigen der Schutz zu gewähren, den die öffentlichen Interessen zulassen.

(5) Die Genehmigung nach den Absätzen 2 bis 4 erteilt die fachlich zuständige Aufsichtsbehörde der Stelle, die den ehrenamtlich Tätigen berufen hat.

§ 85 Entschädigung
Der ehrenamtlich Tätige hat Anspruch auf Ersatz seiner notwendigen Auslagen und seines Verdienstausfalls.

§ 86 Abberufung
¹Personen, die zu ehrenamtlicher Tätigkeit herangezogen worden sind, können von der Stelle, die sie berufen hat, abberufen werden, wenn ein wichtiger Grund vorliegt. ²Ein wichtiger Grund liegt insbesondere vor, wenn der ehrenamtlich Tätige
1. seine Pflicht gröblich verletzt oder sich als unwürdig erwiesen hat,
2. seine Tätigkeit nicht mehr ordnungsgemäß ausüben kann.

§ 87 Ordnungswidrigkeiten
(1) Ordnungswidrig handelt, wer
1. eine ehrenamtliche Tätigkeit nicht übernimmt, obwohl er zur Übernahme verpflichtet ist,
2. eine ehrenamtliche Tätigkeit, zu deren Übernahme er verpflichtet war, ohne anerkennenswerten Grund niederlegt.
(2) Die Ordnungswidrigkeit kann mit einer Geldbuße geahndet werden.

Abschnitt 2
Ausschüsse

§ 88 Anwendung der Vorschriften über Ausschüsse
Für Ausschüsse, Beiräte und andere kollegiale Einrichtungen (Ausschüsse) gelten, wenn sie in einem Verwaltungsverfahren tätig werden, die §§ 89 bis 93, soweit Rechtsvorschriften nichts Abweichendes bestimmen.

§ 89 Ordnung in den Sitzungen
Der Vorsitzende eröffnet, leitet und schließt die Sitzungen; er ist für die Ordnung verantwortlich.

§ 90 Beschlussfähigkeit
(1) ¹Ausschüsse sind beschlussfähig, wenn alle Mitglieder geladen und mehr als die Hälfte, mindestens aber drei der stimmberechtigten Mitglieder anwesend sind. ²Beschlüsse können auch im schriftlichen Verfahren gefasst werden, wenn kein Mitglied widerspricht.
(2) Ist eine Angelegenheit wegen Beschlussunfähigkeit zurückgestellt worden und wird der Ausschuss zur Behandlung desselben Gegenstands erneut geladen, so ist er ohne Rücksicht auf die Zahl der Erschienenen beschlussfähig, wenn darauf in dieser Ladung hingewiesen worden ist.

§ 91 Beschlussfassung
¹Beschlüsse werden mit Stimmenmehrheit gefasst. ²Bei Stimmengleichheit entscheidet die Stimme des Vorsitzenden, wenn er stimmberechtigt ist; sonst gilt Stimmengleichheit als Ablehnung.

§ 92 Wahlen durch Ausschüsse
(1) ¹Gewählt wird, wenn kein Mitglied des Ausschusses widerspricht, durch Zuruf oder Zeichen, sonst durch Stimmzettel. ²Auf Verlangen eines Mitglieds ist geheim zu wählen.
(2) ¹Gewählt ist, wer von den abgegebenen Stimmen die meisten erhalten hat. ²Bei Stimmengleichheit entscheidet das vom Leiter der Wahl zu ziehende Los.

(3) ¹Sind mehrere gleichartige Wahlstellen zu besetzen, so ist nach dem Höchstzahlverfahren d'Hondt zu wählen, außer wenn einstimmig etwas anderes beschlossen worden ist. ²Über die Zuteilung der letzten Wahlstelle entscheidet bei gleicher Höchstzahl das vom Leiter der Wahl zu ziehende Los.

§ 93 Niederschrift
¹Über die Sitzung ist eine Niederschrift zu fertigen. ²Die Niederschrift muss Angaben enthalten über
1. ʾden Ort und den Tag der Sitzung,
2. die Namen des Vorsitzenden und der anwesenden Ausschussmitglieder,
3. den behandelten Gegenstand und die gestellten Anträge,
4. die gefassten Beschlüsse,
5. das Ergebnis von Wahlen.
³Die Niederschrift ist von dem Vorsitzenden und, soweit ein Schriftführer hinzugezogen worden ist, auch von diesem zu unterzeichnen.

Teil VIII
Schlussvorschriften

§ 94 Übertragung gemeindlicher Aufgaben
¹Die Landesregierungen können durch Rechtsverordnung die nach den §§ 73 und 74 dieses Gesetzes den Gemeinden obliegenden Aufgaben auf eine andere kommunale Gebietskörperschaft oder eine Verwaltungsgemeinschaft übertragen. ²Rechtsvorschriften der Länder, die entsprechende Regelungen bereits enthalten, bleiben unberührt.

§ 95 Sonderregelung für Verteidigungsangelegenheiten
¹Nach Feststellung des Verteidigungsfalles oder des Spannungsfalles kann in Verteidigungsangelegenheiten von der Anhörung Beteiligter (§ 28 Abs. 1), von der schriftlichen Bestätigung (§ 37 Abs. 2 Satz 2) und von der schriftlichen Begründung eines Verwaltungsaktes (§ 39 Abs. 1) abgesehen werden; in diesen Fällen gilt ein Verwaltungsakt abweichend von § 41 Abs. 4 Satz 3 mit dem auf die Bekanntmachung folgenden Tag als bekannt gegeben. ²Dasselbe gilt für die sonstigen gemäß Artikel 80a des Grundgesetzes anzuwendenden Rechtsvorschriften.

§ 96 Überleitung von Verfahren
(1) Bereits begonnene Verfahren sind nach den Vorschriften dieses Gesetzes zu Ende zu führen.
(2) Die Zulässigkeit eines Rechtsbehelfs gegen die vor Inkrafttreten dieses Gesetzes ergangenen Entscheidungen richtet sich nach den bisher geltenden Vorschriften.
(3) Fristen, deren Lauf vor Inkrafttreten dieses Gesetzes begonnen hat, werden nach den bisher geltenden Rechtsvorschriften berechnet.
(4) Für die Erstattung von Kosten im Vorverfahren gelten die Vorschriften dieses Gesetzes, wenn das Vorverfahren vor Inkrafttreten dieses Gesetzes noch nicht abgeschlossen worden ist.

§§ 97 bis 99 (weggefallen)

§ 100 Landesgesetzliche Regelungen
Die Länder können durch Gesetz
1. eine dem § 16 entsprechende Regelung treffen;
2. bestimmen, dass für Planfeststellungen, die auf Grund landesrechtlicher Vorschriften durchgeführt werden, die Rechtswirkungen des § 75 Abs. 1 Satz 1 auch gegenüber nach Bundesrecht notwendigen Entscheidungen gelten.

§ 101 Stadtstaatenklausel
Die Senate der Länder Berlin, Bremen und Hamburg werden ermächtigt, die örtliche Zuständigkeit abweichend von § 3 dem besonderen Verwaltungsaufbau ihrer Länder entsprechend zu regeln.

§ 102 Übergangsvorschrift zu § 53
Artikel 229 § 6 Abs. 1 bis 4 des Einführungsgesetzes zum Bürgerlichen Gesetzbuche gilt entsprechend bei der Anwendung des § 53 in der seit dem 1. Januar 2002 geltenden Fassung.

§ 103 (Inkrafttreten)

Verwaltungszustellungsgesetz (VwZG)[1)]

Vom 12. August 2005 (BGBl. I S. 2354)
(FNA 201-9)
zuletzt geändert durch Art. 11 Abs. 3 eIDAS-Durchführungsgesetz[2)3)] vom 18. Juli 2017
(BGBl. I S. 2745)

§ 1 Anwendungsbereich

(1) Die Vorschriften dieses Gesetzes gelten für das Zustellungsverfahren der Bundesbehörden, der bundesunmittelbaren Körperschaften, Anstalten und Stiftungen des öffentlichen Rechts und der Landesfinanzbehörden.
(2) Zugestellt wird, soweit dies durch Rechtsvorschrift oder behördliche Anordnung bestimmt ist.

§ 2 Allgemeines

(1) Zustellung ist die Bekanntgabe eines schriftlichen oder elektronischen Dokuments in der in diesem Gesetz bestimmten Form.
(2) [1]Die Zustellung wird durch einen Erbringer von Postdienstleistungen (Post), einen nach § 17 des De-Mail-Gesetzes akkreditierten Diensteanbieter oder durch die Behörde ausgeführt. [2]Daneben gelten die in den §§ 9 und 10 geregelten Sonderarten der Zustellung.
(3) [1]Die Behörde hat die Wahl zwischen den einzelnen Zustellungsarten. [2]§ 5 Absatz 5 Satz 2 bleibt unberührt.

§ 3 Zustellung durch die Post mit Zustellungsurkunde

(1) Soll durch die Post mit Zustellungsurkunde zugestellt werden, übergibt die Behörde der Post den Zustellungsauftrag, das zuzustellende Dokument in einem verschlossenen Umschlag und einen vorbereiteten Vordruck einer Zustellungsurkunde.
(2) [1]Für die Ausführung der Zustellung gelten die §§ 177 bis 182 der Zivilprozessordnung entsprechend. [2]Im Fall des § 181 Abs. 1 der Zivilprozessordnung kann das zuzustellende Dokument bei einer von der Post dafür bestimmten Stelle am Ort der Zustellung oder am Ort des Amtsgerichts, in dessen Bezirk der Ort der Zustellung liegt, niedergelegt werden oder bei der Behörde, die den Zustellungsauftrag erteilt hat, wenn sie ihren Sitz an einem der vorbezeichneten Orte hat. [3]Für die Zustellungsurkunde, den Zustellungsauftrag, den verschlossenen Umschlag nach Absatz 1 und die schriftliche Mitteilung nach § 181 Abs. 1 Satz 3 der Zivilprozessordnung sind die Vordrucke nach der Zustellungsvordruckverordnung zu verwenden.

§ 4 Zustellung durch die Post mittels Einschreiben

(1) Ein Dokument kann durch die Post mittels Einschreiben durch Übergabe oder mittels Einschreiben mit Rückschein zugestellt werden.
(2) [1]Zum Nachweis der Zustellung genügt der Rückschein. [2]Im Übrigen gilt das Dokument am dritten Tag nach der Aufgabe zur Post als zugestellt, es sei denn, dass es nicht oder zu einem späteren Zeitpunkt zugegangen ist. [3]Im Zweifel hat die Behörde den Zugang und dessen Zeitpunkt nachzuweisen. [4]Der Tag der Aufgabe zur Post ist in den Akten zu vermerken.

§ 5 Zustellung durch die Behörde gegen Empfangsbekenntnis; elektronische Zustellung

(1) [1]Bei der Zustellung durch die Behörde händigt der zustellende Bedienstete das Dokument dem Empfänger in einem verschlossenen Umschlag aus. [2]Das Dokument kann auch offen ausgehändigt werden, wenn keine schutzwürdigen Interessen des Empfängers entgegenstehen. [3]Der Empfänger hat mit dem Datum der Aushändigung versehenes Empfangsbekenntnis zu unterschreiben. [4]Der Bedienstete vermerkt das Datum der Zustellung auf dem Umschlag des auszuhändigenden Dokuments oder bei offener Aushändigung auf dem Dokument selbst.

1) Verkündet als Art. 1 G zur Novellierung des Verwaltungszustellungsrechts v. 12.8.2005 (BGBl. I S. 2354); Inkrafttreten gem. Art. 4 Abs. 1 Satz 2 dieses G am 1.2.2006.
2) **Amtl. Anm.:** Dieses Gesetz dient der Durchführung der Verordnung (EU) Nr. 910/2014 des Europäischen Parlaments und des Rates vom 23. Juli 2014 über elektronische Identifizierung und Vertrauensdienste für elektronische Transaktionen im Binnenmarkt und zur Aufhebung der Richtlinie 1999/93/EG.
3) **Amtl. Anm.:** Notifiziert gemäß der Richtlinie (EU) 2015/1535 des Europäischen Parlaments und des Rates vom 9. September 2015 über ein Informationsverfahren auf dem Gebiet der technischen Vorschriften und der Vorschriften für die Dienste der Informationsgesellschaft (ABl. L 241 vom 17.9.2015, S. 1).

(2) [1]Die §§ 177 bis 181 der Zivilprozessordnung sind anzuwenden. [2]Zum Nachweis der Zustellung ist in den Akten zu vermerken:

1. im Fall der Ersatzzustellung in der Wohnung, in Geschäftsräumen und Einrichtungen nach § 178 der Zivilprozessordnung der Grund, der diese Art der Zustellung rechtfertigt,

2. im Fall der Zustellung bei verweigerter Annahme nach § 179 der Zivilprozessordnung, wer die Annahme verweigert hat und dass das Dokument am Ort der Zustellung zurückgelassen oder an den Absender zurückgesandt wurde sowie der Zeitpunkt und der Ort der verweigerten Annahme,

3. in den Fällen der Ersatzzustellung nach den §§ 180 und 181 der Zivilprozessordnung der Grund der Ersatzzustellung sowie wann und wo das Dokument in einen Briefkasten eingelegt oder sonst niedergelegt und in welcher Weise die Niederlegung schriftlich mitgeteilt wurde. [3]Im Fall des § 181 Abs. 1 der Zivilprozessordnung kann das zuzustellende Dokument bei der Behörde, die den Zustellungsauftrag erteilt hat, niedergelegt werden, wenn diese Behörde ihren Sitz am Ort der Zustellung oder am Ort des Amtsgerichts hat, in dessen Bezirk der Ort der Zustellung liegt.

(3) [1]Zur Nachtzeit, an Sonntagen und allgemeinen Feiertagen darf nach den Absätzen 1 und 2 im Inland nur mit schriftlicher oder elektronischer Erlaubnis des Behördenleiters zugestellt werden. [2]Die Nachtzeit umfasst die Stunden von 21 bis 6 Uhr. [3]Die Erlaubnis ist bei der Zustellung abschriftlich mitzuteilen. [4]Eine Zustellung, bei der diese Vorschriften nicht beachtet sind, ist wirksam, wenn die Annahme nicht verweigert wird.

(4) Das Dokument kann an Behörden, Körperschaften, Anstalten und Stiftungen des öffentlichen Rechts, an Rechtsanwälte, Patentanwälte, Notare, Steuerberater, Steuerbevollmächtigte, Wirtschaftsprüfer, vereidigte Buchprüfer, Steuerberatungsgesellschaften, Wirtschaftsprüfungsgesellschaften und Buchprüfungsgesellschaften auch auf andere Weise, auch elektronisch, gegen Empfangsbekenntnis zugestellt werden.

(5) [1]Ein elektronisches Dokument kann im Übrigen unbeschadet des Absatzes 4 elektronisch zugestellt werden, soweit der Empfänger hierfür einen Zugang eröffnet. [2]Es ist elektronisch zuzustellen, wenn auf Grund einer Rechtsvorschrift ein Verfahren auf Verlangen des Empfängers in elektronischer Form abgewickelt wird. [3]Für die Übermittlung ist das Dokument mit einer qualifizierten elektronischen Signatur zu versehen und gegen unbefugte Kenntnisnahme Dritter zu schützen.

(6) [1]Bei der elektronischen Zustellung ist die Übermittlung mit dem Hinweis „Zustellung gegen Empfangsbekenntnis" einzuleiten. [2]Die Übermittlung muss die absendende Behörde, den Namen und die Anschrift des Zustellungsadressaten sowie den Namen des Bediensteten erkennen lassen, der das Dokument zur Übermittlung aufgegeben hat.

(7) [1]Zum Nachweis der Zustellung nach den Absätzen 4 und 5 genügt das mit Datum und Unterschrift versehene Empfangsbekenntnis, das an die Behörde durch die Post oder elektronisch zurückzusenden ist. [2]Ein elektronisches Dokument gilt in den Fällen des Absatzes 5 Satz 2 am dritten Tag nach der Absendung an den vom Empfänger hierfür eröffneten Zugang als zugestellt, wenn der Behörde nicht spätestens an diesem Tag ein Empfangsbekenntnis nach Satz 1 zugeht. [3]Satz 2 gilt nicht, wenn der Empfänger nachweist, dass das Dokument nicht oder zu einem späteren Zeitpunkt zugegangen ist. [4]Der Empfänger ist in den Fällen des Absatzes 5 Satz 2 vor der Übermittlung über die Rechtsfolgen nach den Sätzen 2 und 3 zu belehren. [5]Zum Nachweis der Zustellung ist von der absendenden Behörde in den Akten zu vermerken, zu welchem Zeitpunkt und an welchen Zugang das Dokument gesendet wurde. [6]Der Empfänger ist über den Eintritt der Zustellungsfiktion nach Satz 2 zu benachrichtigen.

§ 5a Elektronische Zustellung gegen Abholbestätigung über De-Mail-Dienste

(1) [1]Die elektronische Zustellung kann unbeschadet des § 5 Absatz 4 und 5 Satz 1 und 2 durch Übermittlung der nach § 17 des De-Mail-Gesetzes akkreditierten Diensteanbieter gegen Abholbestätigung nach § 5 Absatz 9 des De-Mail-Gesetzes an das De-Mail-Postfach des Empfängers erfolgen. [2]Für die Zustellung nach Satz 1 ist § 5 Absatz 4 und 6 mit der Maßgabe anzuwenden, dass an die Stelle des Empfangsbekenntnisses die Abholbestätigung tritt.

(2) [1]Der nach § 17 des De-Mail-Gesetzes akkreditierte Diensteanbieter hat eine Versandbestätigung nach § 5 Absatz 7 des De-Mail-Gesetzes und eine Abholbestätigung nach § 5 Absatz 9 des De-Mail-Gesetzes zu erzeugen. [2]Er hat diese Bestätigungen unverzüglich der absendenden Behörde zu übermitteln.

(3) [1]Zum Nachweis der elektronischen Zustellung genügt die Abholbestätigung nach § 5 Absatz 9 des De-Mail-Gesetzes. [2]Für diese gelten § 371 Absatz 1 Satz 2 und § 371a Absatz 3 der Zivilprozessordnung.

(4) [1]Ein elektronisches Dokument gilt in den Fällen des § 5 Absatz 5 Satz 2 am dritten Tag nach der Absendung an das De-Mail-Postfach des Empfängers als zugestellt, wenn er dieses Postfach als Zugang eröffnet hat und der Behörde nicht spätestens an diesem Tag eine elektronische Abholbestätigung nach § 5 Absatz 9 des De-Mail-Gesetzes zugeht. [2]Satz 1 gilt nicht, wenn der Empfänger nachweist, dass das

Dokument nicht oder zu einem späteren Zeitpunkt zugegangen ist. [3]Der Empfänger ist in den Fällen des § 5 Absatz 5 Satz 2 vor der Übermittlung über die Rechtsfolgen nach den Sätzen 1 und 2 zu belehren. [4]Als Nachweis der Zustellung nach Satz 1 dient die Versandbestätigung nach § 5 Absatz 7 des De-Mail-Gesetzes oder ein Vermerk der absendenden Behörde in den Akten, zu welchem Zeitpunkt und an welches De-Mail-Postfach das Dokument gesendet wurde. [5]Der Empfänger ist über den Eintritt der Zustellungsfiktion nach Satz 1 elektronisch zu benachrichtigen.

§ 6 Zustellung an gesetzliche Vertreter

(1) [1]Bei Geschäftsunfähigen oder beschränkt Geschäftsfähigen ist an ihre gesetzlichen Vertreter zuzustellen. [2]Gleiches gilt bei Personen, für die ein Betreuer bestellt ist, soweit der Aufgabenkreis des Betreuers reicht.

(2) [1]Bei Behörden wird an den Behördenleiter, bei juristischen Personen, nicht rechtsfähigen Personenvereinigungen und Zweckvermögen an ihre gesetzlichen Vertreter zugestellt. [2]§ 34 Abs. 2 der Abgabenordnung bleibt unberührt.

(3) Bei mehreren gesetzlichen Vertretern oder Behördenleitern genügt die Zustellung an einen von ihnen.

(4) Der zustellende Bedienstete braucht nicht zu prüfen, ob die Anschrift den Vorschriften der Absätze 1 bis 3 entspricht.

§ 7 Zustellung an Bevollmächtigte

(1) [1]Zustellungen können an den allgemeinen oder für bestimmte Angelegenheiten bestellten Bevollmächtigten gerichtet werden. [2]Sie sind an ihn zu richten, wenn er schriftliche Vollmacht vorgelegt hat. [3]Ist ein Bevollmächtigter für mehrere Beteiligte bestellt, so genügt die Zustellung eines Dokuments an ihn für alle Beteiligten.

(2) Einem Zustellungsbevollmächtigten mehrerer Beteiligter sind so viele Ausfertigungen oder Abschriften zuzustellen, als Beteiligte vorhanden sind.

(3) Auf § 180 Abs. 2 der Abgabenordnung beruhende Regelungen und § 183 der Abgabenordnung bleiben unberührt.

§ 8 Heilung von Zustellungsmängeln

Lässt sich die formgerechte Zustellung eines Dokuments nicht nachweisen oder ist es unter Verletzung zwingender Zustellungsvorschriften zugegangen, gilt es als in dem Zeitpunkt zugestellt, in dem es dem Empfangsberechtigten tatsächlich zugegangen ist, im Fall des § 5 Abs. 5 in dem Zeitpunkt, in dem der Empfänger das Empfangsbekenntnis zurückgesendet hat.

§ 9 Zustellung im Ausland

(1) Eine Zustellung im Ausland erfolgt

1. durch Einschreiben mit Rückschein, soweit die Zustellung von Dokumenten unmittelbar durch die Post völkerrechtlich zulässig ist,

2. auf Ersuchen der Behörde durch die Behörden des fremden Staates oder durch die zuständige diplomatische oder konsularische Vertretung der Bundesrepublik Deutschland,

3. auf Ersuchen der Behörde durch das Auswärtige Amt an eine Person, die das Recht der Immunität genießt und zu einer Vertretung der Bundesrepublik Deutschland im Ausland gehört, sowie an Familienangehörige einer solchen Person, wenn diese das Recht der Immunität genießen, oder

4. durch Übermittlung elektronischer Dokumente, soweit dies völkerrechtlich zulässig ist.

(2) [1]Zum Nachweis der Zustellung nach Absatz 1 Nr. 1 genügt der Rückschein. [2]Die Zustellung nach Absatz 1 Nr. 2 und 3 wird durch das Zeugnis der ersuchten Behörde nachgewiesen. [3]Der Nachweis der Zustellung gemäß Absatz 1 Nr. 4 richtet sich nach § 5 Abs. 7 Satz 1 bis 3 und 5 sowie nach § 5a Absatz 3 und 4 Satz 1, 2 und 4.

(3) [1]Die Behörde kann bei der Zustellung nach Absatz 1 Nr. 2 und 3 anordnen, dass die Person, an die zugestellt werden soll, innerhalb einer angemessenen Frist einen Zustellungsbevollmächtigten benennt, der im Inland wohnt oder dort einen Geschäftsraum hat. [2]Wird kein Zustellungsbevollmächtigter benannt, können spätere Zustellungen bis zur nachträglichen Benennung dadurch bewirkt werden, dass das Dokument unter der Anschrift der Person, an die zugestellt werden soll, zur Post gegeben wird. [3]Das Dokument gilt am siebenten Tag nach Aufgabe zur Post als zugestellt, wenn nicht feststeht, dass es den Empfänger nicht oder zu einem späteren Zeitpunkt erreicht hat. [4]Die Behörde kann eine längere Frist bestimmen. [5]In der Anordnung nach Satz 1 ist auf diese Rechtsfolgen hinzuweisen. [6]Zum Nachweis der Zustellung ist in den Akten zu vermerken, zu welcher Zeit und unter welcher Anschrift das Dokument zur Post gegeben wurde. [7]Ist durch Rechtsvorschrift angeordnet, dass ein Verwaltungsverfahren über eine einheitliche Stelle nach den Vorschriften des Verwaltungsverfahrensgesetzes abgewickelt werden kann, finden die Sätze 1 bis 6 keine Anwendung.

§ 10 Öffentliche Zustellung

(1) [1]Die Zustellung kann durch öffentliche Bekanntmachung erfolgen, wenn

1. der Aufenthaltsort des Empfängers unbekannt ist und eine Zustellung an einen Vertreter oder Zustellungsbevollmächtigten nicht möglich ist,

2. bei juristischen Personen, die zur Anmeldung einer inländischen Geschäftsanschrift zum Handelsregister verpflichtet sind, eine Zustellung weder unter der eingetragenen Anschrift noch unter einer im Handelsregister eingetragenen Anschrift einer für Zustellungen empfangsberechtigten Person oder einer ohne Ermittlungen bekannten anderen inländischen Anschrift möglich ist oder

3. sie im Fall des § 9 nicht möglich ist oder keinen Erfolg verspricht.

[2]Die Anordnung über die öffentliche Zustellung trifft ein zeichnungsberechtigter Bediensteter.

(2) [1]Die öffentliche Zustellung erfolgt durch Bekanntmachung einer Benachrichtigung an der Stelle, die von der Behörde hierfür allgemein bestimmt ist, oder durch Veröffentlichung einer Benachrichtigung im Bundesanzeiger. [2]Die Benachrichtigung muss

1. die Behörde, für die zugestellt wird,

2. den Namen und die letzte bekannte Anschrift des Zustellungsadressaten,

3. das Datum und das Aktenzeichen des Dokuments sowie

4. die Stelle, wo das Dokument eingesehen werden kann,

erkennen lassen. [3]Die Benachrichtigung muss den Hinweis enthalten, dass das Dokument öffentlich zugestellt wird und Fristen in Gang gesetzt werden können, nach deren Ablauf Rechtsverluste drohen können. [4]Bei der Zustellung einer Ladung muss die Benachrichtigung den Hinweis enthalten, dass das Dokument eine Ladung zu einem Termin enthält, dessen Versäumung Rechtsnachteile zur Folge haben kann. [5]In den Akten ist zu vermerken, wann und wie die Benachrichtigung bekannt gemacht wurde. [6]Das Dokument gilt als zugestellt, wenn seit dem Tag der Bekanntmachung der Benachrichtigung zwei Wochen vergangen sind.

Verwaltungs-Vollstreckungsgesetz (VwVG)

Vom 27. April 1953 (BGBl. I S. 157)
(FNA 201-4)
zuletzt geändert durch Art. 42 Elfte ZuständigkeitsanpassungsVO vom 19. Juni 2020 (BGBl. I S. 1328)

Nichtamtliche Inhaltsübersicht

Der Bundestag hat mit Zustimmung des Bundesrates das folgende Gesetz beschlossen:

Erster Abschnitt
Vollstreckung wegen Geldforderungen

§ 1 Vollstreckbare Geldforderungen
(1) Die öffentlich-rechtlichen Geldforderungen des Bundes und der bundesunmittelbaren juristischen Personen des öffentlichen Rechts werden nach den Bestimmungen dieses Gesetzes im Verwaltungswege vollstreckt.
(2) Ausgenommen sind solche öffentlich-rechtlichen Geldforderungen, die im Wege des Parteistreites vor den Verwaltungsgerichten verfolgt werden oder für die ein anderer Rechtsweg als der Verwaltungs-rechtsweg begründet ist.
(3) Die Vorschriften der Abgabenordnung, des Sozialversicherungsrechts einschließlich der Arbeitslo-senversicherung und des Justizbeitreibungsgesetzes bleiben unberührt.

§ 2 Vollstreckungsschuldner
(1) Als Vollstreckungsschuldner kann in Anspruch genommen werden,
a) wer eine Leistung als Selbstschuldner schuldet;
b) wer für die Leistung, die ein anderer schuldet, persönlich haftet.
(2) Wer zur Duldung der Zwangsvollstreckung verpflichtet ist, wird dem Vollstreckungsschuldner gleich-gestellt, soweit die Duldungspflicht reicht.

§ 3 Vollstreckungsanordnung
(1) Die Vollstreckung wird gegen den Vollstreckungsschuldner durch Vollstreckungsanordnung einge-leitet; eines vollstreckbaren Titels bedarf es nicht.
(2) Voraussetzungen für die Einleitung der Vollstreckung sind:
a) der Leistungsbescheid, durch den der Schuldner zur Leistung aufgefordert worden ist;
b) die Fälligkeit der Leistung;

c) der Ablauf einer Frist von einer Woche seit Bekanntgabe des Leistungsbescheides oder, wenn die Leistung erst danach fällig wird, der Ablauf einer Frist von einer Woche nach Eintritt der Fälligkeit.

(3) Vor Anordnung der Vollstreckung soll der Schuldner ferner mit einer Zahlungsfrist von einer weiteren Woche besonders gemahnt werden.

(4) Die Vollstreckungsanordnung wird von der Behörde erlassen, die den Anspruch geltend machen darf.

§ 4 Vollstreckungsbehörden

Vollstreckungsbehörden sind:

a) die von einer obersten Bundesbehörde im Einvernehmen mit dem Bundesminister des Innern, für Bau und Heimat bestimmten Behörden des betreffenden Verwaltungszweiges;

b) die Vollstreckungsbehörden der Bundesfinanzverwaltung, wenn eine Bestimmung nach Buchstabe a nicht getroffen worden ist.

§ 5 Anzuwendende Vollstreckungsvorschriften

(1) Das Verwaltungszwangsverfahren und der Vollstreckungsschutz richten sich im Falle des § 4 nach den Vorschriften der Abgabenordnung (§§ 77, 249 bis 258, 260, 262 bis 267, 281 bis 317, 318 Abs. 1 bis 4, §§ 319 bis 327).

(2) Wird die Vollstreckung im Wege der Amtshilfe von Organen der Länder vorgenommen, so ist sie nach landesrechtlichen Bestimmungen durchzuführen.

§ 5a Ermittlung des Aufenthaltsorts des Vollstreckungsschuldners

(1) Ist der Wohnsitz oder der gewöhnliche Aufenthaltsort des Vollstreckungsschuldners nicht durch Anfrage bei der Meldebehörde zu ermitteln, so darf die Vollstreckungsbehörde folgende Angaben erheben:

1. beim Ausländerzentralregister die Angaben zur aktenführenden Ausländerbehörde und die Angaben zum Zuzug oder Fortzug des Vollstreckungsschuldners und bei der Ausländerbehörde, die nach der Auskunft aus dem Ausländerzentralregister aktenführend ist, den Aufenthaltsort des Vollstreckungsschuldners,

2. bei den Trägern der gesetzlichen Rentenversicherung die dort bekannte derzeitige Anschrift und den derzeitigen oder zukünftigen Aufenthaltsort des Vollstreckungsschuldners sowie

3. beim Kraftfahrt-Bundesamt die Halterdaten nach § 35 Absatz 4c Nummer 2 des Straßenverkehrsgesetzes.

(2) Die Vollstreckungsbehörde darf die gegenwärtigen Anschriften, den Ort der Hauptniederlassung oder den Sitz des Vollstreckungsschuldners erheben

1. durch Einsicht in das Handels-, Genossenschafts-, Partnerschafts-, Unternehmens- oder Vereinsregister oder

2. durch Einholung der Anschrift bei den nach Landesrecht für die Durchführung der Aufgaben nach § 14 Absatz 1 der Gewerbeordnung zuständigen Behörden.

(3) Nach Absatz 1 Nummer 2 und Absatz 2 erhobene Daten, die innerhalb der letzten drei Monate bei der Vollstreckungsbehörde eingegangen sind, dürfen von der Vollstreckungsbehörde auch einer weiteren Vollstreckungsbehörde übermittelt werden, wenn die Voraussetzungen für die Datenerhebung auch bei der weiteren Vollstreckungsbehörde vorliegen.

(4) [1]Ist der Vollstreckungsschuldner Unionsbürger, so darf die Vollstreckungsbehörde die Daten nach Absatz 1 Nummer 1 nur erheben, wenn ihr tatsächliche Anhaltspunkte für die Vermutung vorliegen, dass bei der betroffenen Person das Nichtbestehen oder der Verlust des Freizügigkeitsrechts festgestellt worden ist. [2]Eine Übermittlung der Daten nach Absatz 1 Nummer 1 an die Vollstreckungsbehörde ist ausgeschlossen, wenn der Vollstreckungsschuldner ein Unionsbürger ist, für den eine Feststellung des Nichtbestehens oder des Verlusts des Freizügigkeitsrechts nicht vorliegt.

§ 5b Auskunftsrechte der Vollstreckungsbehörde

(1) Kommt der Vollstreckungsschuldner seiner Pflicht, eine Vermögensauskunft nach § 5 Absatz 1 dieses Gesetzes in Verbindung mit § 284 Absatz 1 der Abgabenordnung zu erteilen, nicht nach oder ist bei einer Vollstreckung in die in der Vermögensauskunft angeführten Vermögensgegenstände eine vollständige Befriedigung der Forderung, wegen der die Vermögensauskunft verlangt wird, voraussichtlich nicht zu erwarten, so darf die Vollstreckungsbehörde

1. bei den Trägern der gesetzlichen Rentenversicherung den Namen und die Vornamen oder die Firma sowie die Anschriften der derzeitigen Arbeitgeber eines versicherungspflichtigen Beschäftigungsverhältnisses des Vollstreckungsschuldners erheben und

2. beim Kraftfahrt-Bundesamt die Fahrzeug- und Halterdaten nach § 35 Absatz 1 Nummer 17 des Straßenverkehrsgesetzes.

(2) Nach Absatz 1 erhobene Daten, die innerhalb der letzten drei Monate bei der Vollstreckungsbehörde eingegangen sind, dürfen von der Vollstreckungsbehörde auch einer weiteren Vollstreckungsbehörde übermittelt werden, wenn die Voraussetzungen für die Datenerhebung auch bei der weiteren Vollstreckungsbehörde vorliegen.

Zweiter Abschnitt
Erzwingung von Handlungen, Duldungen oder Unterlassungen

§ 6 Zulässigkeit des Verwaltungszwanges
(1) Der Verwaltungsakt, der auf die Herausgabe einer Sache oder auf die Vornahme einer Handlung oder auf Duldung oder Unterlassung gerichtet ist, kann mit den Zwangsmitteln nach § 9 durchgesetzt werden, wenn er unanfechtbar ist oder wenn sein sofortiger Vollzug angeordnet oder wenn dem Rechtsmittel keine aufschiebende Wirkung beigelegt ist.
(2) Der Verwaltungszwang kann ohne vorausgehenden Verwaltungsakt angewendet werden, wenn der sofortige Vollzug zur Verhinderung einer rechtswidrigen Tat, die einen Straf- oder Bußgeldtatbestand verwirklicht, oder zur Abwendung einer drohenden Gefahr notwendig ist und die Behörde hierbei innerhalb ihrer gesetzlichen Befugnisse handelt.

§ 7 Vollzugsbehörden
(1) Ein Verwaltungsakt wird von der Behörde vollzogen, die ihn erlassen hat; sie vollzieht auch Beschwerdeentscheidungen.
(2) Die Behörde der unteren Verwaltungsstufe kann für den Einzelfall oder allgemein mit dem Vollzug beauftragt werden.

§ 8 Örtliche Zuständigkeit
Muß eine Zwangsmaßnahme außerhalb des Bezirks der Vollzugsbehörde ausgeführt werden, so hat die entsprechende Bundesbehörde des Bezirks, in dem sie ausgeführt werden soll, auf Ersuchen der Vollzugsbehörde den Verwaltungszwang durchzuführen.

§ 9 Zwangsmittel
(1) Zwangsmittel sind:
a) Ersatzvornahme (§ 10),
b) Zwangsgeld (§ 11),
c) unmittelbarer Zwang (§ 12).
(2) [1]Das Zwangsmittel muß in einem angemessenen Verhältnis zu seinem Zweck stehen. [2]Dabei ist das Zwangsmittel möglichst so zu bestimmen, daß der Betroffene und die Allgemeinheit am wenigsten beeinträchtigt werden.

§ 10 Ersatzvornahme
Wird die Verpflichtung, eine Handlung vorzunehmen, deren Vornahme durch einen anderen möglich ist (vertretbare Handlung), nicht erfüllt, so kann die Vollzugsbehörde einen anderen mit der Vornahme der Handlung auf Kosten des Pflichtigen beauftragen.

§ 11 Zwangsgeld
(1) [1]Kann eine Handlung durch einen anderen nicht vorgenommen werden und hängt sie nur vom Willen des Pflichtigen ab, so kann der Pflichtige zur Vornahme der Handlung durch ein Zwangsgeld angehalten werden. [2]Bei vertretbaren Handlungen kann es verhängt werden, wenn die Ersatzvornahme untunlich ist, besonders, wenn der Pflichtige außerstande ist, die Kosten zu tragen, die aus der Ausführung durch einen anderen entstehen.
(2) Das Zwangsgeld ist auch zulässig, wenn der Pflichtige der Verpflichtung zuwiderhandelt, eine Handlung zu dulden oder zu unterlassen.
(3) Die Höhe des Zwangsgeldes beträgt bis zu 25 000 Euro.

§ 12 Unmittelbarer Zwang
Führt die Ersatzvornahme oder das Zwangsgeld nicht zum Ziel oder sind sie untunlich, so kann die Vollzugsbehörde den Pflichtigen zur Handlung, Duldung oder Unterlassung zwingen oder die Handlung selbst vornehmen.

§ 13 Androhung der Zwangsmittel
(1) [1]Die Zwangsmittel müssen, wenn sie nicht sofort angewendet werden können (§ 6 Abs. 2), schriftlich angedroht werden. [2]Hierbei ist für die Erfüllung der Verpflichtung eine Frist zu bestimmen, innerhalb der der Vollzug dem Pflichtigen billigerweise zugemutet werden kann.

(2) ¹Die Androhung kann mit dem Verwaltungsakt verbunden werden, durch den die Handlung, Duldung oder Unterlassung aufgegeben wird. ²Sie soll mit ihm verbunden werden, wenn der sofortige Vollzug angeordnet oder den Rechtsmitteln keine aufschiebende Wirkung beigelegt ist.

(3) ¹Die Androhung muß sich auf ein bestimmtes Zwangsmittel beziehen. ²Unzulässig ist die gleichzeitige Androhung mehrerer Zwangsmittel und die Androhung, mit der sich die Vollzugsbehörde die Wahl zwischen mehreren Zwangsmitteln vorbehält.

(4) ¹Soll die Handlung auf Kosten des Pflichtigen (Ersatzvornahme) ausgeführt werden, so ist in der Androhung der Kostenbetrag vorläufig zu veranschlagen. ²Das Recht auf Nachforderung bleibt unberührt, wenn die Ersatzvornahme einen höheren Kostenaufwand verursacht.

(5) Der Betrag des Zwangsgeldes ist in bestimmter Höhe anzudrohen.

(6) ¹Die Zwangsmittel können auch neben einer Strafe oder Geldbuße angedroht und so oft wiederholt und hierbei jeweils erhöht oder gewechselt werden, bis die Verpflichtung erfüllt ist. ²Eine neue Androhung ist erst dann zulässig, wenn das zunächst angedrohte Zwangsmittel erfolglos ist.

(7) ¹Die Androhung ist zuzustellen. ²Dies gilt auch dann, wenn sie mit dem zugrunde liegenden Verwaltungsakt verbunden ist und für ihn keine Zustellung vorgeschrieben ist.

§ 14 Festsetzung der Zwangsmittel
¹Wird die Verpflichtung innerhalb der Frist, die in der Androhung bestimmt ist, nicht erfüllt, so setzt die Vollzugsbehörde das Zwangsmittel fest. ²Bei sofortigem Vollzug (§ 6 Abs. 2) fällt die Festsetzung weg.

§ 15 Anwendung der Zwangsmittel
(1) Das Zwangsmittel wird der Festsetzung gemäß angewendet.

(2) ¹Leistet der Pflichtige bei der Ersatzvornahme oder bei unmittelbarem Zwang Widerstand, so kann dieser mit Gewalt gebrochen werden. ²Die Polizei hat auf Verlangen der Vollzugsbehörde Amtshilfe zu leisten.

(3) Der Vollzug ist einzustellen, sobald sein Zweck erreicht ist.

§ 16 Ersatzzwangshaft
(1) ¹Ist das Zwangsgeld uneinbringlich, so kann das Verwaltungsgericht auf Antrag der Vollzugsbehörde nach Anhörung des Pflichtigen durch Beschluß Ersatzzwangshaft anordnen, wenn bei Androhung des Zwangsgeldes hierauf hingewiesen worden ist. ²Das Grundrecht des Artikels 2 Abs. 2 Satz 2 des Grundgesetzes wird insoweit eingeschränkt.

(2) Die Ersatzzwangshaft beträgt mindestens einen Tag, höchstens zwei Wochen.

(3) Die Ersatzzwangshaft ist auf Antrag der Vollzugsbehörde von der Justizverwaltung nach den Bestimmungen der §§ 802g, 802h und 802j Abs. 2 der Zivilprozeßordnung zu vollstrecken.

§ 17 Vollzug gegen Behörden
Gegen Behörden und juristische Personen des öffentlichen Rechts sind Zwangsmittel unzulässig, soweit nicht etwas anderes bestimmt ist.

§ 18 Rechtsmittel
(1) ¹Gegen die Androhung eines Zwangsmittels sind die Rechtsmittel gegeben, die gegen den Verwaltungsakt zulässig sind, dessen Durchsetzung erzwungen werden soll. ²Ist die Androhung mit dem zugrunde liegenden Verwaltungsakt verbunden, so erstreckt sich das Rechtsmittel zugleich auf den Verwaltungsakt, soweit er nicht bereits Gegenstand eines Rechtsmittel- oder gerichtlichen Verfahrens ist. ³Ist die Androhung nicht mit dem zugrunde liegenden Verwaltungsakt verbunden und ist dieser unanfechtbar geworden, so kann die Androhung nur insoweit angefochten werden, als eine Rechtsverletzung durch die Androhung selbst behauptet wird.

(2) Wird ein Zwangsmittel ohne vorausgehenden Verwaltungsakt angewendet (§ 6 Abs. 2), so sind hiergegen die Rechtsmittel zulässig, die gegen Verwaltunsakte allgemein gegeben sind.

Dritter Abschnitt
Kosten

§ 19 Kosten
(1) ¹Für Amtshandlungen nach diesem Gesetz werden Kosten (Gebühren und Auslagen) gemäß § 337 Abs. 1, §§ 338 bis 346 der Abgabenordnung erhoben. ²Für die Gewährung einer Entschädigung an Auskunftspflichtige, Sachverständige und Treuhänder, gelten §§ 107 und 318 Abs. 5 der Abgabenordnung.

(2) ¹Für die Mahnung nach § 3 Abs. 3 wird eine Mahngebühr erhoben. ²Sie beträgt ein halbes Prozent des Mahnbetrages, mindestens jedoch 5 Euro und höchstens 150 Euro. ³Die Mahngebühr wird auf volle Euro aufgerundet.

(3) Soweit die Bundespolizei nach diesem Gesetz tätig wird, werden Gebühren und Auslagen nach dem Bundesgebührengesetz erhoben.

§ 19a Vollstreckungspauschale, Verordnungsermächtigung

(1) [1]Bundesunmittelbare Körperschaften und Anstalten des öffentlichen Rechts, die den Vollstreckungsbehörden der Bundesfinanzverwaltung nach § 4 Buchstabe b Vollstreckungsanordnungen übermitteln, sind verpflichtet, für jede ab dem 1. Juli 2014 übermittelte Vollstreckungsanordnung einen Pauschalbetrag für bei den Vollstreckungsschuldnern uneinbringliche Gebühren und Auslagen (Vollstreckungspauschale) zu zahlen. [2]Dies gilt nicht für Vollstreckungsanordnungen wegen Geldforderungen nach dem Bundeskindergeldgesetz.

(2) Die Vollstreckungspauschale bemisst sich nach dem Gesamtbetrag der im Berechnungszeitraum auf Grund von Vollstreckungsanordnungen der juristischen Personen nach Absatz 1 festgesetzten Gebühren und Auslagen, die bei den Vollstreckungsschuldnern nicht beigetrieben werden konnten, geteilt durch die Anzahl aller in diesem Zeitraum von diesen Anordnungsbehörden übermittelten Vollstreckungsanordnungen.

(3) Das Bundesministerium der Finanzen wird ermächtigt, im Einvernehmen mit dem Bundesministerium für Arbeit und Soziales und dem Bundesministerium für Gesundheit durch Rechtsverordnung, die nicht der Zustimmung des Bundesrates bedarf, die Höhe der Vollstreckungspauschale zu bestimmen sowie den Berechnungszeitraum, die Entstehung und die Fälligkeit der Vollstreckungspauschale, den Abrechnungszeitraum, das Abrechnungsverfahren und die abrechnende Stelle zu regeln.

(4) Die Höhe der Vollstreckungspauschale ist durch das Bundesministerium der Finanzen nach Maßgabe des Absatzes 2 alle drei Jahre zu überprüfen und durch Rechtsverordnung nach Absatz 3 anzupassen, wenn die nach Maßgabe des Absatzes 2 berechnete Vollstreckungspauschale um mehr als 20 Prozent von der Vollstreckungspauschale in der geltenden Fassung abweicht.

(5) Die juristischen Personen nach Absatz 1 sind nicht berechtigt, den Vollstreckungsschuldner mit der Vollstreckungspauschale zu belasten.

Vierter Abschnitt
Übergangs- und Schlußvorschriften

§ 20 Außerkrafttreten früherer Bestimmungen
Soweit die Vollstreckung in Bundesgesetzen abweichend von diesem Gesetz geregelt ist, sind für Bundesbehörden und bundesunmittelbare juristische Personen des öffentlichen Rechts die Bestimmungen dieses Gesetzes anzuwenden; § 1 Abs. 3 bleibt unberührt.

§ 21 (aufgehoben)

§ 22 Inkrafttreten
Dieses Gesetz tritt am 1. Mai 1953 in Kraft.

Gesetz über den unmittelbaren Zwang bei Ausübung öffentlicher Gewalt durch Vollzugsbeamte des Bundes (UZwG)

Vom 10. März 1961 (BGBl. I S. 165)
(FNA 201-5)
zuletzt geändert durch Art. 43 Elfte ZuständigkeitsanpassungsVO vom 19. Juni 2020 (BGBl. I S. 1328)

Inhaltsübersicht

Der Bundestag hat das folgende Gesetz beschlossen:

Erster Abschnitt
Allgemeine Vorschriften über den unmittelbaren Zwang

§ 1 Rechtliche Grundlagen
(1) Die Vollzugsbeamten des Bundes haben bei der in rechtmäßiger Ausübung ihres Dienstes zulässigen Anwendung unmittelbaren Zwanges nach den Vorschriften dieses Gesetzes zu verfahren.
(2) Soweit andere Gesetze Vorschriften über die Art der Anwendung unmittelbaren Zwanges enthalten, bleiben sie unberührt.

§ 2 Begriffsbestimmungen
(1) Unmittelbarer Zwang ist die Einwirkung auf Personen oder Sachen durch körperliche Gewalt, ihre Hilfsmittel und durch Waffen.
(2) Körperliche Gewalt ist jede unmittelbare körperliche Einwirkung auf Personen oder Sachen.
(3) Hilfsmittel der körperlichen Gewalt sind insbesondere Fesseln, Wasserwerfer, technische Sperren, Diensthunde, Dienstpferde und Dienstfahrzeuge.
(4) Waffen sind die dienstlich zugelassenen Hieb- und Schußwaffen, Reizstoffe und Explosivmittel.

§ 3 Einschränkung von Grundrechten
Soweit rechtmäßig unmittelbarer Zwang bei Ausübung öffentlicher Gewalt angewendet wird, werden die in Artikel 2 Abs. 2 Satz 1 und 2, Artikel 13 Abs. 1 des Grundgesetzes für die Bundesrepublik Deutschland geschützten Grundrechte auf Leben, körperliche Unversehrtheit, Freiheit der Person und Unverletzlichkeit der Wohnung eingeschränkt.

§ 4 Grundsatz der Verhältnismäßigkeit
(1) Die Vollzugsbeamten haben bei der Anwendung unmittelbaren Zwanges unter mehreren möglichen und geeigneten Maßnahmen diejenigen zu treffen, die den einzelnen und die Allgemeinheit am wenigsten beeinträchtigen.
(2) Ein durch eine Maßnahme des unmittelbaren Zwanges zu erwartender Schaden darf nicht erkennbar außer Verhältnis zu dem beabsichtigten Erfolg stehen.

§ 5 Hilfeleistung für Verletzte
Wird unmittelbarer Zwang angewendet, ist Verletzten, soweit es nötig ist und die Lage es zuläßt, Beistand zu leisten und ärztliche Hilfe zu verschaffen.

§ 6 Vollzugsbeamte des Bundes
Vollzugsbeamte des Bundes nach diesem Gesetz sind
1. die Polizeivollzugsbeamten des Bundes (§ 1 des Bundespolizeibeamtengesetzes vom 19. Juli 1960 – Bundesgesetzbl. I S. 569);
2. die Beamten des Zollgrenzdienstes (Grenzaufsichtsdienst und Grenzabfertigungsdienst), des Zollfahndungsdienstes, des Bewachungs- und Begleitungsdienstes und die übrigen Beamten der Bundesfinanzbehörden, die mit Vollzugsaufgaben betraut sind;
3. (aufgehoben)
4. die Beamten der Wasserstraßen- und Schiffahrtsverwaltung des Bundes mit strom- und schiffahrtspolizeilichen Befugnissen;
5. (aufgehoben)
6. die Beauftragten des Bundesamtes für Güterverkehr, soweit sie mit Überwachungsaufgaben nach den §§ 11 bis 13 des Güterkraftverkehrsgesetzes betraut sind;
7. die Beamten der Bundesgerichte und der Behörden der Bundesjustizverwaltung, die mit Vollzugs- und Sicherungsaufgaben betraut sind;
8. andere Personen, die durch die zuständigen Bundesbehörden mit Aufgaben betraut sind, die den unter den Nummern 1 bis 7 aufgeführten Beamten obliegen;
9. die der Dienstgewalt von Bundesbehörden unterstehenden Personen, die mit Aufgaben der Strafverfolgung oder der Verfolgung von Ordnungswidrigkeiten im Sinne des Gesetzes über Ordnungswidrigkeiten betraut sind, wenn sie sich in Ausübung dieser Tätigkeit im Vollzugsdienst befinden.

§ 7 Handeln auf Anordnung
(1) [1]Vollzugsbeamte sind verpflichtet, unmittelbaren Zwang anzuwenden, der im Vollzugsdienst von ihrem Vorgesetzten oder einer sonst dazu befugten Person angeordnet wird. [2]Dies gilt nicht, wenn die Anordnung die Menschenwürde verletzt oder nicht zu dienstlichen Zwecken erteilt worden ist.
(2) [1]Eine Anordnung darf nicht befolgt werden, wenn dadurch eine Straftat begangen würde. [2]Befolgt der Vollzugsbeamte die Anordnung trotzdem, so trifft ihn eine Schuld nur, wenn er erkennt oder wenn es nach den ihm bekannten Umständen offensichtlich ist, daß dadurch eine Straftat begangen wird.
(3) Bedenken gegen die Rechtmäßigkeit der Anordnung hat der Vollzugsbeamte dem Anordnenden gegenüber vorzubringen, soweit das nach den Umständen möglich ist.
(4) § 56 Abs. 2 und 3 des Bundesbeamtengesetzes in der Fassung der Bekanntmachung vom 17. Juli 1971 (Bundesgesetzbl. I S. 1181) ist nicht anzuwenden.

Zweiter Abschnitt
Besondere Vorschriften für Fesselung und den Gebrauch von Schußwaffen und Explosivmitteln

§ 8 Fesselung von Personen
Wer im Gewahrsam von Vollzugsbeamten ist, darf gefesselt werden, wenn
1. die Gefahr besteht, daß er die Vollzugsbeamten oder Dritte angreift, oder wenn er Widerstand leistet;
2. er zu fliehen versucht oder wenn bei Würdigung aller Tatsachen, besonders der persönlichen Verhältnisse und der Umstände, die einer Flucht entgegenstehen, zu befürchten ist, daß er sich aus dem Gewahrsam befreien wird;
3. Selbstmordgefahr besteht.

§ 9 Zum Gebrauch von Schußwaffen Berechtigte
Bei Anwendung unmittelbaren Zwanges ist der Gebrauch von Schußwaffen nur gestattet
1. den Polizeivollzugsbeamten des Bundes (§ 1 des Bundespolizeibeamtengesetzes vom 19. Juli 1960 – Bundesgesetzbl. I S. 569);
2. den Beamten des Grenzaufsichtsdienstes und denen des Grenzabfertigungsdienstes, wenn sie Grenzaufsichtsdienst verrichten, des Zollfahndungsdienstes und des Bewachungs- und Begleitungsdienstes;
3. (aufgehoben)
4. den Beamten der Wasserstraßen- und Schiffahrtsverwaltung des Bundes mit strom- und schiffahrtspolizeilichen Befugnissen nach näherer Anweisung des Bundesministeriums für Verkehr und digitale Infrastruktur;

5. (aufgehoben)
6. den mit Vollzugs- und Sicherungsaufgaben betrauten Beamten der Bundesgerichte und der Behörden der Bundesjustizverwaltung;
7. anderen Personen, die durch die zuständigen Bundesbehörden mit Aufgaben betraut sind, die den unter den Nummern 1 bis 6 aufgeführten Beamten obliegen;
8. den der Dienstgewalt von Bundesbehörden unterstehenden Personen, die mit Aufgaben der Strafverfolgung betraut sind, wenn sie sich in Ausübung dieser Tätigkeit im Vollzugsdienst befinden.

§ 10 Schußwaffengebrauch gegen Personen
(1) Schußwaffen dürfen gegen einzelne Personen nur gebraucht werden,
1. um die unmittelbar bevorstehende Ausführung oder die Fortsetzung einer rechtswidrigen Tat zu verhindern, die sich den Umständen nach
 a) als ein Verbrechen
 oder
 b) als ein Vergehen, das unter Anwendung oder Mitführung von Schußwaffen oder Sprengstoffen begangen werden soll oder ausgeführt wird,
 darstellt;
2. um eine Person, die sich der Festnahme oder der Feststellung ihrer Person durch die Flucht zu entziehen versucht, anzuhalten, wenn sie
 a) bei einer rechtswidrigen Tat auf frischer Tat betroffen wird, die sich den Umständen nach als ein Verbrechen darstellt oder als ein Vergehen, das unter Anwendung oder Mitführung von Schußwaffen oder Sprengstoffen begangen wird,
 b) eines Verbrechens dringend verdächtig ist oder
 c) eines Vergehens dringend verdächtig ist und Anhaltspunkte befürchten lassen, daß sie von einer Schußwaffe oder einem Sprengstoff Gebrauch machen werde;
3. zur Vereitlung der Flucht oder zur Wiederergreifung einer Person, die sich in amtlichem Gewahrsam befindet oder befand
 a) zur Verbüßung einer Freiheitsstrafe wegen einer Straftat mit Ausnahme des Strafarrestes,
 b) zum Vollzug der Unterbringung in der Sicherungsverwahrung,
 c) wegen des dringenden Verdachts eines Verbrechens,
 d) auf Grund richterlichen Haftbefehls oder
 e) sonst wegen des dringenden Verdachts eines Vergehens, wenn zu befürchten ist, daß sie von einer Schußwaffe oder einem Sprengstoff Gebrauch machen werde;
4. gegen eine Person, die mit Gewalt einen Gefangenen oder jemanden, dessen Unterbringung in
 a) der Sicherungsverwahrung (§ 66 des Strafgesetzbuches),
 b) einem psychiatrischen Krankenhaus (§ 63 des Strafgesetzbuches, § 126a der Strafprozeßordnung) oder
 c) einer Entziehungsanstalt (§ 64 des Strafgesetzbuches, § 126a der Strafprozeßordnung) angeordnet ist, aus dem amtlichen Gewahrsam zu befreien versucht.
(2) Schußwaffen dürfen gegen eine Menschenmenge nur dann gebraucht werden, wenn von ihr oder aus ihr heraus Gewalttaten begangen werden oder unmittelbar bevorstehen und Zwangsmaßnahmen gegen einzelne nicht zum Ziele führen oder offensichtlich keinen Erfolg versprechen.
(3) Das Recht zum Gebrauch von Schußwaffen auf Grund anderer gesetzlicher Vorschriften bleibt unberührt.

§ 11 Schußwaffengebrauch im Grenzdienst
(1) [1]Die in § 9 Nr. 1, 2, 7 und 8 genannten Vollzugsbeamten können im Grenzdienst Schußwaffen auch gegen Personen gebrauchen, die sich der wiederholten Weisung, zu halten oder die Überprüfung ihrer Person oder der etwa mitgeführten Beförderungsmittel und Gegenstände zu dulden, durch die Flucht zu entziehen versuchen. [2]Ist anzunehmen, daß die mündliche Weisung nicht verstanden wird, so kann sie durch einen Warnschuß ersetzt werden.
(2) Als Grenzdienst gilt auch die Durchführung von Bundes- und Landesaufgaben, die den in Absatz 1 bezeichneten Personen im Zusammenhang mit dem Grenzdienst übertragen sind.

§ 12 Besondere Vorschriften für den Schußwaffengebrauch
(1) [1]Schußwaffen dürfen nur gebraucht werden, wenn andere Maßnahmen des unmittelbaren Zwanges erfolglos angewendet sind oder offensichtlich keinen Erfolg versprechen. [2]Gegen Personen ist ihr Gebrauch nur zulässig, wenn der Zweck nicht durch Waffenwirkung gegen Sachen erreicht wird.

(2) [1]Der Zweck des Schußwaffengebrauchs darf nur sein, angriffs- oder fluchtunfähig zu machen. [2]Es ist verboten, zu schießen, wenn durch den Schußwaffengebrauch für die Vollzugsbeamten erkennbar Unbeteiligte mit hoher Wahrscheinlichkeit gefährdet werden, außer wenn es sich beim Einschreiten gegen eine Menschenmenge (§ 10 Abs. 2) nicht vermeiden läßt.

(3) Gegen Personen, die sich dem äußeren Eindruck nach im Kindesalter befinden, dürfen Schußwaffen nicht gebraucht werden.

§ 13 Androhung

(1) [1]Die Anwendung von Schußwaffen ist anzudrohen. [2]Als Androhung gilt auch die Abgabe eines Warnschusses. [3]Einer Menschenmenge gegenüber ist die Androhung zu wiederholen.

(2) Der Einsatz von Wasserwerfern und Dienstfahrzeugen gegen eine Menschenmenge ist anzudrohen.

§ 14 Explosivmittel

Die Vorschriften der §§ 9 bis 13 gelten entsprechend für den Gebrauch von Explosivmitteln.

Dritter Abschnitt
Schlußvorschriften

§ 15 Notstandsfall

(1) Unterstellt die Bundesregierung die Polizei eines Landes oder mehrerer Länder nach Artikel 91 Abs. 2 des Grundgesetzes für die Bundesrepublik Deutschland ihren Weisungen, so gilt dieses Gesetz auch für die unterstellten Polizeikräfte.

(2) (gegenstandslos)

§ 16 Beamtenrechtliche Rahmenvorschrift

Für die Vollzugsbeamten der Länder kann durch Landesgesetz eine dem Grundsatz des § 7 dieses Gesetzes entsprechende Regelung getroffen werden.

§ 17 Vollzugsbeamte im Land Berlin

(gegenstandslos)

§ 18 Verwaltungsvorschriften

Die allgemeinen Verwaltungsvorschriften zu diesem Gesetz erläßt das Bundesministerium des Innern, für Bau und Heimat für seinen Geschäftsbereich; die anderen Bundesministerien erlassen sie für ihre Geschäftsbereiche im Einvernehmen mit dem Bundesministerium des Innern, für Bau und Heimat.

§ 19 Berlin-Klausel

(gegenstandslos)

§ 20 Inkrafttreten

(1) Dieses Gesetz tritt am 1. April 1961 in Kraft.

(2) Gleichzeitig tritt das Gesetz über den Waffengebrauch des Grenzaufsichtspersonals der Reichsfinanzverwaltung vom 2. Juli 1921 (Reichsgesetzbl. S. 935) außer Kraft.

Gesetz über das Verfahren in Familiensachen und in den Angelegenheiten der freiwilligen Gerichtsbarkeit (FamFG)[1)]

Vom 17. Dezember 2008 (BGBl. I S. 2586)
(FNA 315-24)
zuletzt geändert durch Art. 4 G zur Umsetzung der Entscheidung des Bundesverfassungsgerichts vom 26. März 2019 zum Ausschluss der Stiefkindadoption in nichtehelichen Familien vom 19. März 20120 (BGBl. I S. 541)

– Auszug –

Inhaltsübersicht (Auszug)

Buch 7
Verfahren in Freiheitsentziehungssachen

§ 415 Freiheitsentziehungssachen
(1) Freiheitsentziehungssachen sind Verfahren, die die auf Grund von Bundesrecht angeordnete Freiheitsentziehung betreffen, soweit das Verfahren bundesrechtlich nicht abweichend geregelt ist.
(2) Eine Freiheitsentziehung liegt vor, wenn einer Person gegen ihren Willen oder im Zustand der Willenlosigkeit insbesondere in einer abgeschlossenen Einrichtung, wie einem Gewahrsamsraum oder einem abgeschlossenen Teil eines Krankenhauses, die Freiheit entzogen wird.

§ 416 Örtliche Zuständigkeit
[1]Zuständig ist das Gericht, in dessen Bezirk die Person, der die Freiheit entzogen werden soll, ihren gewöhnlichen Aufenthalt hat, sonst das Gericht, in dessen Bezirk das Bedürfnis für die Freiheitsentziehung entsteht. [2]Befindet sich die Person bereits in Verwahrung einer abgeschlossenen Einrichtung, ist das Gericht zuständig, in dessen Bezirk die Einrichtung liegt.

§ 417 Antrag
(1) Die Freiheitsentziehung darf das Gericht nur auf Antrag der zuständigen Verwaltungsbehörde anordnen.
(2) [1]Der Antrag ist zu begründen. [2]Die Begründung hat folgende Tatsachen zu enthalten:
1. die Identität des Betroffen,
2. den gewöhnlichen Aufenthaltsort des Betroffenen,
3. die Erforderlichkeit der Freiheitsentziehung,
4. die erforderliche Dauer der Freiheitsentziehung sowie

1) Verkündet als Art. 1 G zur Reform des Verfahrens in Familiensachen und in den Angelegenheiten der freiwilligen Gerichtsbarkeit (FGG-Reformgesetz – FGG-RG) v. 17. 12. 2008 (BGBl. I S. 2586, geänd. durch G v. 30. 7. 2009, BGBl. I S. 2449); Inkrafttreten gem. Art. 112 Abs. 1 dieses G am 1. 9. 2009 mit Ausnahme des § 376 Abs. 2 FamFG, der gem. Art. 14 Abs. 1 G v. 25. 5. 2009 (BGBl. I S. 1102) bereits am 29. 5. 2009 in Kraft getreten ist.

5. in Verfahren der Abschiebungs-, Zurückschiebungs- und Zurückweisungshaft die Verlassenspflicht des Betroffenen sowie die Voraussetzungen und die Durchführbarkeit der Abschiebung, Zurückschiebung und Zurückweisung. [3]Die Behörde soll in Verfahren der Abschiebungshaft mit der Antragstellung die Akte des Betroffenen vorlegen.

(3) Tatsachen nach Absatz 2 Satz 2 können bis zum Ende der letzten Tatsacheninstanz ergänzt werden.

§ 418 Beteiligte

(1) Zu beteiligen sind die Person, der die Freiheit entzogen werden soll (Betroffener), und die Verwaltungsbehörde, die den Antrag auf Freiheitsentziehung gestellt hat.

(2) Der Verfahrenspfleger wird durch seine Bestellung als Beteiligter zum Verfahren hinzugezogen.

(3) Beteiligt werden können im Interesse des Betroffenen

1. dessen Ehegatte oder Lebenspartner, wenn die Ehegatten oder Lebenspartner nicht dauernd getrennt leben, sowie dessen Eltern und Kinder, wenn der Betroffene bei diesen lebt oder bei Einleitung des Verfahrens gelebt hat, die Pflegeeltern sowie

2. eine von ihm benannte Person seines Vertrauens.

§ 419 Verfahrenspfleger

(1) [1]Das Gericht hat dem Betroffenen einen Verfahrenspfleger zu bestellen, wenn dies zur Wahrnehmung seiner Interessen erforderlich ist. [2]Die Bestellung ist insbesondere erforderlich, wenn von einer Anhörung des Betroffenen abgesehen werden soll.

(2) Die Bestellung eines Verfahrenspflegers soll unterbleiben oder aufgehoben werden, wenn die Interessen des Betroffenen von einem Rechtsanwalt oder einem anderen geeigneten Verfahrensbevollmächtigten vertreten werden.

(3) Die Bestellung endet, wenn sie nicht vorher aufgehoben wird, mit der Rechtskraft des Beschlusses über die Freiheitsentziehung oder mit dem sonstigen Abschluss des Verfahrens.

(4) Die Bestellung eines Verfahrenspflegers oder deren Aufhebung sowie die Ablehnung einer derartigen Maßnahme sind nicht selbständig anfechtbar.

(5) [1]Für die Vergütung und den Aufwendungsersatz des Verfahrenspflegers gilt § 277 entsprechend. [2]Dem Verfahrenspfleger sind keine Kosten aufzuerlegen.

§ 420 Anhörung; Vorführung

(1) [1]Das Gericht hat den Betroffenen vor der Anordnung der Freiheitsentziehung persönlich anzuhören. [2]Erscheint er zu dem Anhörungstermin nicht, kann abweichend von § 33 Abs. 3 seine sofortige Vorführung angeordnet werden. [3]Das Gericht entscheidet hierüber durch nicht anfechtbaren Beschluss.

(2) Die persönliche Anhörung des Betroffenen kann unterbleiben, wenn nach ärztlichem Gutachten hiervon erhebliche Nachteile für seine Gesundheit zu besorgen sind oder wenn er an einer übertragbaren Krankheit im Sinne des Infektionsschutzgesetzes leidet.

(3) [1]Das Gericht hat die sonstigen Beteiligten anzuhören. [2]Die Anhörung kann unterbleiben, wenn sie nicht ohne erhebliche Verzögerung oder nicht ohne unverhältnismäßige Kosten möglich ist.

(4) [1]Die Freiheitsentziehung in einem abgeschlossenen Teil eines Krankenhauses darf nur nach Anhörung eines ärztlichen Sachverständigen angeordnet werden. [2]Die Verwaltungsbehörde, die den Antrag auf Freiheitsentziehung gestellt hat, soll ihrem Antrag ein ärztliches Gutachten beifügen.

§ 421 Inhalt der Beschlussformel

Die Beschlussformel zur Anordnung einer Freiheitsentziehung enthält auch

1. die nähere Bezeichnung der Freiheitsentziehung sowie

2. den Zeitpunkt, zu dem die Freiheitsentziehung endet.

§ 422 Wirksamwerden von Beschlüssen

(1) Der Beschluss, durch den eine Freiheitsentziehung angeordnet wird, wird mit Rechtskraft wirksam.

(2) [1]Das Gericht kann die sofortige Wirksamkeit des Beschlusses anordnen. [2]In diesem Fall wird er wirksam, wenn der Beschluss und die Anordnung der sofortigen Wirksamkeit

1. dem Betroffenen, der zuständigen Verwaltungsbehörde oder dem Verfahrenspfleger bekannt gegeben werden oder

2. der Geschäftsstelle des Gerichts zum Zweck der Bekanntgabe übergeben werden.

[3]Der Zeitpunkt der sofortigen Wirksamkeit ist auf dem Beschluss zu vermerken.

(3) Der Beschluss, durch den eine Freiheitsentziehung angeordnet wird, wird von der zuständigen Verwaltungsbehörde vollzogen.

(4) Wird Zurückweisungshaft (§ 15 des Aufenthaltsgesetzes) oder Abschiebungshaft (§ 62 des Aufenthaltsgesetzes) im Wege der Amtshilfe in Justizvollzugsanstalten vollzogen, gelten die §§ 171, 173 bis 175 und 178 Abs. 3 des Strafvollzugsgesetzes entsprechend, soweit in § 62a des Aufenthaltsgesetzes für die Abschiebungshaft nichts Abweichendes bestimmt ist.

§ 423 Absehen von der Bekanntgabe
Von der Bekanntgabe der Gründe eines Beschlusses an den Betroffenen kann abgesehen werden, wenn dies nach ärztlichem Zeugnis erforderlich ist, um erhebliche Nachteile für seine Gesundheit zu vermeiden.

§ 424 Aussetzung des Vollzugs
(1) ¹Das Gericht kann die Vollziehung der Freiheitsentziehung aussetzen. ²Es hat die Verwaltungsbehörde und den Leiter der Einrichtung vorher anzuhören. ³Für Aussetzungen bis zu einer Woche bedarf es keiner Entscheidung des Gerichts. ⁴Die Aussetzung kann mit Auflagen versehen werden.
(2) Das Gericht kann die Aussetzung widerrufen, wenn der Betroffene eine Auflage nicht erfüllt oder sein Zustand dies erfordert.

§ 425 Dauer und Verlängerung der Freiheitsentziehung
(1) In dem Beschluss, durch den eine Freiheitsentziehung angeordnet wird, ist eine Frist für die Freiheitsentziehung bis zur Höchstdauer eines Jahres zu bestimmen, soweit nicht in einem anderen Gesetz eine kürzere Höchstdauer der Freiheitsentziehung bestimmt ist.
(2) ¹Wird nicht innerhalb der Frist die Verlängerung der Freiheitsentziehung durch richterlichen Beschluss angeordnet, ist der Betroffene freizulassen. ²Dem Gericht ist die Freilassung mitzuteilen.
(3) Für die Verlängerung der Freiheitsentziehung gelten die Vorschriften über die erstmalige Anordnung entsprechend.

§ 426 Aufhebung
(1) ¹Der Beschluss, durch den eine Freiheitsentziehung angeordnet wird, ist vor Ablauf der nach § 425 Abs. 1 festgesetzten Frist von Amts wegen aufzuheben, wenn der Grund für die Freiheitsentziehung weggefallen ist. ²Vor der Aufhebung hat das Gericht die zuständige Verwaltungsbehörde anzuhören.
(2) ¹Die Beteiligten können die Aufhebung der Freiheitsentziehung beantragen. ²Das Gericht entscheidet über den Antrag durch Beschluss.

§ 427 Einstweilige Anordnung
(1) ¹Das Gericht kann durch einstweilige Anordnung eine vorläufige Freiheitsentziehung anordnen, wenn dringende Gründe für die Annahme bestehen, dass die Voraussetzungen für die Anordnung einer Freiheitsentziehung gegeben sind und ein dringendes Bedürfnis für ein sofortiges Tätigwerden besteht. ²Die vorläufige Freiheitsentziehung darf die Dauer von sechs Wochen nicht überschreiten.
(2) Bei Gefahr im Verzug kann das Gericht eine einstweilige Anordnung bereits vor der persönlichen Anhörung des Betroffenen sowie vor Bestellung und Anhörung des Verfahrenspflegers erlassen; die Verfahrenshandlungen sind unverzüglich nachzuholen.

§ 428 Verwaltungsmaßnahme; richterliche Prüfung
(1) ¹Bei jeder Verwaltungsmaßnahme, die eine Freiheitsentziehung darstellt und nicht auf richterlicher Anordnung beruht, hat die zuständige Verwaltungsbehörde die richterliche Entscheidung unverzüglich herbeizuführen. ²Ist die Freiheitsentziehung nicht bis zum Ablauf des ihr folgenden Tages durch richterliche Entscheidung angeordnet, ist der Betroffene freizulassen.
(2) Wird eine Maßnahme der Verwaltungsbehörde nach Absatz 1 Satz 1 angefochten, ist auch hierüber im gerichtlichen Verfahren nach den Vorschriften dieses Buches zu entscheiden.

§ 429 Ergänzende Vorschriften über die Beschwerde
(1) Das Recht der Beschwerde steht der zuständigen Behörde zu.
(2) Das Recht der Beschwerde steht im Interesse des Betroffenen
1. dessen Ehegatten oder Lebenspartner, wenn die Ehegatten oder Lebenspartner nicht dauernd getrennt leben, sowie dessen Eltern und Kindern, wenn der Betroffene bei diesen lebt oder bei Einleitung des Verfahrens gelebt hat, den Pflegeeltern sowie
2. einer von ihm benannten Person seines Vertrauens
zu, wenn sie im ersten Rechtszug beteiligt worden sind.
(3) Das Recht der Beschwerde steht dem Verfahrenspfleger zu.
(4) Befindet sich der Betroffene bereits in einer abgeschlossenen Einrichtung, kann die Beschwerde auch bei dem Gericht eingelegt werden, in dessen Bezirk die Einrichtung liegt.

§ 430 Auslagenersatz

Wird ein Antrag der Verwaltungsbehörde auf Freiheitsentziehung abgelehnt oder zurückgenommen und hat das Verfahren ergeben, dass ein begründeter Anlass zur Stellung des Antrags nicht vorlag, hat das Gericht die Auslagen des Betroffenen, soweit sie zur zweckentsprechenden Rechtsverfolgung notwendig waren, der Körperschaft aufzuerlegen, der die Verwaltungsbehörde angehört.

§ 431 Mitteilung von Entscheidungen

[1]Für Mitteilungen von Entscheidungen gelten die §§ 308 und 311 entsprechend, wobei an die Stelle des Betreuers die Verwaltungsbehörde tritt. [2]Die Aufhebung einer Freiheitsentziehungsmaßnahme nach § 426 Satz 1 und die Aussetzung ihrer Vollziehung nach § 424 Abs. 1 Satz 1 sind dem Leiter der abgeschlossenen Einrichtung, in der sich der Betroffene befindet, mitzuteilen.

§ 432 Benachrichtigung von Angehörigen

Von der Anordnung der Freiheitsentziehung und deren Verlängerung hat das Gericht einen Angehörigen des Betroffenen oder eine Person seines Vertrauens unverzüglich zu benachrichtigen.
...

Gesetz über Gebühren und Auslagen des Bundes (Bundesgebührengesetz – BGebG)[1]

Vom 7. August 2013 (BGBl. I S. 3154)
(FNA 202-5)
zuletzt geändert durch Art. 1 G zur Einbeziehung der Bundespolizei in den Anwendungsbereich des
BundesgebührenG vom 10. März 2017 (BGBl. I S. 417)

Inhaltsübersicht

§ 1 Gebührenerhebung

Der Gebührengläubiger erhebt für individuell zurechenbare öffentliche Leistungen vom Gebührenschuldner Gebühren und Auslagen nach Maßgabe dieses Gesetzes und der Gebührenverordnungen nach § 22 Absatz 3 und 4.

§ 2 Anwendungsbereich

(1) Dieses Gesetz gilt für die Gebühren und Auslagen öffentlich-rechtlicher Verwaltungstätigkeit der Behörden des Bundes und der bundesunmittelbaren Körperschaften, Anstalten und Stiftungen des öffentlichen Rechts, soweit dieses Gesetz oder die Gebührenverordnungen nach § 22 Absatz 3 und 4 für individuell zurechenbare öffentliche Leistungen die Erhebung von Gebühren oder die Erstattung von Auslagen vorsehen.

(2) [1]Dieses Gesetz gilt auch für die Erhebung von Gebühren und Auslagen durch die in Absatz 1 genannten Behörden nach anderen Rechtsvorschriften des Bundes, soweit dort nichts anderes bestimmt ist. [2]Es gilt jedoch nicht für individuell zurechenbare öffentliche Leistungen

1. in Verfahren nach der Abgabenordnung,
2. in Verfahren nach dem Sozialgesetzbuch und der Postbeamtenkrankenkasse,
3. der Bundesbehörden der Justiz- und Gerichtsverwaltung sowie des Deutschen Patent- und Markenamtes, des Bundeskartellamtes und der Bundesnetzagentur, soweit sie als Regulierungsbehörde im Sinne des Energiewirtschaftsgesetzes auftritt,
4. der Stiftung Preußischer Kulturbesitz, der Akademie der Künste, der Deutschen Nationalbibliothek, der Stiftung zur Aufarbeitung der SED-Diktatur, der Stiftung Jüdisches Museum Berlin, der Stiftung Reichspräsident-Friedrich-Ebert-Gedenkstätte, der Stiftung Bundespräsident-Theodor-Heuss-Haus, der Stiftung Bundeskanzler-Adenauer-Haus und der Museumsstiftung Post und Telekommunikation,
5. des Deutschen Weinfonds und in Verfahren nach der Verordnung über den Klärschlamm-Entschädigungsfonds,
6. nach der Bundesrechtsanwaltsordnung, der Patentanwaltsordnung, der Bundesnotarordnung, der Wirtschaftsprüferordnung, dem Gesetz zur Einrichtung einer Abschlussprüferaufsichtsstelle beim Bundesamt für Wirtschaft und Ausfuhrkontrolle und dem Steuerberatungsgesetz sowie
7. nach dem Bundesfernstraßengesetz, dem Fernstraßenbauprivatfinanzierungsgesetz, dem Bundesfernstraßenmautgesetz, dem Mautsystemgesetz und dem Infrastrukturabgabengesetz.

(3) Dieses Gesetz findet keine Anwendung, soweit das Recht der Europäischen Union die Erhebung von Gebühren oder Auslagen für bestimmte Leistungen ausschließt.

1) Verkündet als Art. 1 G v. 7. 8. 2013 (BGBl. I S. 3154); Inkrafttreten gem. Art. 5 Abs. 1 Satz 1 dieses G am 15. 8. 2013; gem. § 24 BGebG tritt § 23 Abs. 2–8 am 1. 10. 2021 außer Kraft.

§ 3 Begriffsbestimmungen
(1) Individuell zurechenbare öffentliche Leistungen sind
1. in Ausübung hoheitlicher Befugnisse erbrachte Handlungen,
2. die Ermöglichung der Inanspruchnahme von vom Bund oder von bundesunmittelbaren Körperschaften, Anstalten und Stiftungen unterhaltenen Einrichtungen und Anlagen sowie von Bundeswasserstraßen, soweit die Ermöglichung der Inanspruchnahme öffentlich-rechtlich geregelt ist,
3. Überwachungsmaßnahmen, Prüfungen und Untersuchungen sowie
4. sonstige Handlungen, die im Rahmen einer öffentlich-rechtlichen Verwaltungstätigkeit erbracht werden,
soweit ihnen Außenwirkung zukommt.
(2) Individuell zurechenbar ist eine Leistung,
1. die beantragt oder sonst willentlich in Anspruch genommen wird,
2. die zugunsten des von der Leistung Betroffenen erbracht wird,
3. die durch den von der Leistung Betroffenen veranlasst wurde oder
4. bei der ein Anknüpfungspunkt im Pflichtenkreis des von der Leistung Betroffenen rechtlich begründet ist; für Stichprobenkontrollen gilt dies nur, soweit diese nach anderen Gesetzen des Bundes oder Rechtsakten der Europäischen Union besonders angeordnet sind und von dem Gegenstand der Kontrolle eine erhebliche Gefahr ausgeht.
(3) [1]Kosten im Sinne dieses Gesetzes sind solche, die nach betriebswirtschaftlichen Grundsätzen als Einzel- und Gemeinkosten ansatzfähig sind, insbesondere Personal- und Sachkosten sowie kalkulatorische Kosten. [2]Zu den Gemeinkosten zählen auch die Kosten der Rechts- und Fachaufsicht.
(4) Gebühren sind öffentlich-rechtliche Geldleistungen, die der Gebührengläubiger vom Gebührenschuldner für individuell zurechenbare öffentliche Leistungen erhebt.
(5) Auslagen sind nicht von der Gebühr umfasste Kosten, die die Behörde für individuell zurechenbare öffentliche Leistungen im Einzelfall nach § 12 Absatz 1 oder 2 erhebt.
(6) Behörde im Sinne dieses Gesetzes ist jede Stelle, die Aufgaben der öffentlichen Verwaltung wahrnimmt.

§ 4 Entstehung der Gebührenschuld
(1) [1]Die Gebührenschuld entsteht mit Beendigung der individuell zurechenbaren öffentlichen Leistung. [2]Bedarf diese Leistung einer Zustellung, Eröffnung oder sonstigen Bekanntgabe, so gilt dies als deren Beendigung.
(2) Abweichend von Absatz 1 entsteht die Gebührenschuld,
1. wenn ein Antrag oder ein Widerspruch zurückgenommen wird oder sich auf sonstige Weise erledigt, mit der Zurücknahme oder der sonstigen Erledigung und
2. wenn eine individuell zurechenbare öffentliche Leistung aus Gründen, die der Betroffene zu vertreten hat, nicht zum festgesetzten Termin erbracht werden kann oder abgebrochen werden muss, im Zeitpunkt des für die Erbringung der Leistung festgesetzten Termins oder des Abbruchs der Leistung.

§ 5 Gebührengläubiger
Gebührengläubiger ist
1. der Rechtsträger der Behörde, die die individuell zurechenbare öffentliche Leistung erbringt, oder
2. der Beliehene, wenn die individuell zurechenbare öffentliche Leistung von diesem erbracht wird.

§ 6 Gebührenschuldner
(1) Zur Zahlung von Gebühren ist derjenige verpflichtet,
1. dem die öffentliche Leistung individuell zurechenbar ist,
2. der die Gebührenschuld eines anderen durch eine gegenüber der Behörde abgegebene oder ihr mitgeteilte Erklärung übernommen hat oder
3. der für die Gebührenschuld eines anderen kraft Gesetzes haftet.
(2) Mehrere Gebührenschuldner haften als Gesamtschuldner.

§ 7 Sachliche Gebührenfreiheit
Gebühren werden nicht erhoben
1. für mündliche, einfache schriftliche oder elektronische Auskünfte,
2. für einfache Auskünfte aus Registern und Dateien,
3. für einfache elektronische Kopien,
4. in Gnadensachen,
5. bei Dienstaufsichtsbeschwerden,

6. für Maßnahmen der Rechts- und Fachaufsicht gegenüber bundesunmittelbaren Körperschaften, Anstalten und Stiftungen des öffentlichen Rechts,

7. im Rahmen eines bestehenden oder früheren Dienst- oder Amtsverhältnisses,

8. im Rahmen einer bestehenden oder früheren gesetzlichen Dienstpflicht oder einer Tätigkeit, die anstelle der gesetzlichen Dienstpflicht geleistet werden kann,

9. für Entscheidungen im Rahmen der Bewilligung von Geldleistungen sowie für in diesem Zusammenhang erforderliche Abwicklungsmaßnahmen und Durchführungskontrollen,

10. für Entscheidungen über Stundung, Erlass oder Erstattung von Gebühren,

11. für Sachen im Gemeingebrauch, soweit in Gesetzen des Bundes nichts anderes bestimmt ist.

§ 8 Persönliche Gebührenfreiheit

(1) Die Bundesrepublik Deutschland und die bundesunmittelbaren Körperschaften, Anstalten und Stiftungen des öffentlichen Rechts, deren Ausgaben auf Grund gesetzlicher Verpflichtung ganz oder teilweise aus dem Haushalt des Bundes getragen werden, sind von der Zahlung der Gebühren für individuell zurechenbare öffentliche Leistungen befreit.

(2) [1]Die Länder und die landesunmittelbaren Körperschaften, Anstalten und Stiftungen des öffentlichen Rechts, deren Ausgaben auf Grund gesetzlicher Verpflichtung ganz oder teilweise aus dem Haushalt des Landes getragen werden, sowie die Gemeinden und Gemeindeverbände sind gebührenbefreit, soweit der Empfänger der individuell zurechenbaren öffentlichen Leistung dem Bund ebenfalls Gebührenfreiheit einräumt. [2]Nicht befreit sind wirtschaftliche Unternehmen der Länder sowie der Gemeinden und Gemeindeverbände. [3]Der Empfänger der individuell zurechenbaren öffentlichen Leistung hat entsprechende Angaben von Amts wegen zu machen. [4]Die Erhebung von Gebühren für die Inanspruchnahme öffentlicher Einrichtungen durch die Behörden des Bundes bleibt durch die Sätze 1 bis 3 unberührt.

(3) [1]Die Gebührenfreiheit tritt nicht ein, soweit die in Absatz 1 oder 2 Genannten gegenüber der Behörde erklären, dass sie berechtigt sind, die Gebühren Dritten aufzuerlegen oder sonst auf Dritte umzulegen. [2]Die in Absatz 1 oder 2 Genannten haben entsprechende Angaben von Amts wegen zu machen.

(4) Abweichend von Absatz 1 oder 2 bleibt die Gebührenpflicht bestehen, wenn die individuell zurechenbare öffentliche Leistung durch folgende Behörden erbracht wird:

1. Bundesanstalt für Geowissenschaften und Rohstoffe,
2. Physikalisch-Technische Bundesanstalt,
3. Bundesanstalt für Materialforschung und -prüfung,
4. Bundessortenamt,
5. Bundesamt für Seeschifffahrt und Hydrographie,
6. Berufsgenossenschaft für Transport und Verkehrswirtschaft,
7. Bundesamt für Strahlenschutz,
8. Akkreditierungsstelle,
9. die in § 31b Absatz 1 des Luftverkehrsgesetzes genannte Flugsicherungsorganisation sowie das Bundesaufsichtsamt für Flugsicherung im Aufgabenbereich der Flugsicherung,
10. Paul-Ehrlich-Institut, mit Ausnahme von individuell zurechenbaren öffentlichen Leistungen, die für die Länder, Gemeinden oder Gemeindeverbände erbracht werden,
11. Bundesinstitut für Arzneimittel und Medizinprodukte, mit Ausnahme von individuell zurechenbaren öffentlichen Leistungen, die für die Länder, Gemeinden oder Gemeindeverbände erbracht werden,
12. Bundesarchiv für die Nutzung von Archivgut im Sinne der Bundesarchiv-Benutzungsverordnung.

§ 9 Grundlagen der Gebührenbemessung

(1) [1]Die Gebühr soll die mit der individuell zurechenbaren öffentlichen Leistung verbundenen Kosten aller an der Leistung Beteiligten decken, soweit die Kosten nicht als Auslagen nach § 12 Absatz 1 oder 2 abzurechnen sind. [2]In die Gebühr sind die mit der Leistung regelmäßig verbundenen Auslagen einzubeziehen. [3]Zur Ermittlung der Gebühr nach Satz 1 sind die Kosten im Sinne des § 3 Absatz 3 zu Grunde zu legen.

(2) Kommt der individuell zurechenbaren öffentlichen Leistung ein in Geld berechenbarer wirtschaftlicher Wert oder ein in Geld berechenbarer wirtschaftlicher Nutzen für den von der Leistung Betroffenen zu, kann dieser Wert oder Nutzen zusätzlich zu den Kosten angemessen berücksichtigt werden.

(3) Die nach Absatz 1 oder 2 bestimmte Gebührenhöhe darf zu der individuell zurechenbaren öffentlichen Leistung nicht außer Verhältnis stehen und insbesondere kein wesentliches Hindernis für die Inanspruchnahme der Leistung durch den Gebührenschuldner darstellen.

(4) Aus Gründen des öffentlichen Interesses oder der Billigkeit kann eine niedrigere Gebühr als die in den Absätzen 1 bis 3 vorgesehene Gebühr oder eine Gebührenbefreiung bestimmt werden.

(5) Die Behörde kann Gebührenbefreiungen oder -ermäßigungen gewähren, wenn die Festsetzung der nach den Absätzen 1 bis 4 bestimmten Gebühr im Einzelfall unbillig wäre.

(6) Unterliegt die individuell zurechenbare öffentliche Leistung der Umsatzsteuer, kann diese der Gebühr hinzugerechnet werden.

§ 10 Gebühren in besonderen Fällen
(1) [1]Die Gebühren sind nach Maßgabe der Absätze 2 bis 7 festzusetzen, wenn
1. ein Antrag abgelehnt oder ein Widerspruch zurückgewiesen wird,
2. ein Verwaltungsakt zurückgenommen oder widerrufen wird,
3. ein Antrag oder ein Widerspruch zurückgenommen wird oder sich auf sonstige Weise erledigt,
4. eine individuell zurechenbare öffentliche Leistung aus Gründen, die der Betroffene zu vertreten hat, nicht zum festgesetzten Termin erbracht werden kann oder aus diesen Gründen abgebrochen werden muss und
5. ein Verwaltungsakt nach Ablauf einer bestimmten Frist auf Grund einer Rechtsvorschrift als erlassen gilt.
[2]Bemessungsgrundlage sind die Kosten nach § 9 Absatz 1. [3]Aus Gründen des öffentlichen Interesses oder der Billigkeit kann eine niedrigere Gebühr oder eine Gebührenbefreiung bestimmt werden.

(2) [1]Wird ein Antrag ganz oder teilweise abgelehnt, ist eine Gebühr bis zu der Höhe zu erheben, die für die beantragte individuell zurechenbare öffentliche Leistung vorgesehen ist. [2]Wird der Antrag allein wegen Unzuständigkeit der Behörde abgelehnt, wird keine Gebühr erhoben.

(3) [1]Für die Entscheidung über einen Widerspruch ist, soweit dieser erfolglos geblieben ist, eine Gebühr bis zu der Höhe zu erheben, die für die angefochtene Leistung vorgesehen ist. [2]Bei einem Widerspruch, der sich allein gegen die Festsetzung von Gebühren und Auslagen richtet, beträgt die Gebühr bis zu 25 Prozent des Betrags, hinsichtlich dessen dem Widerspruch nicht abgeholfen wurde. [3]Hat der Widerspruch nur deshalb keinen Erfolg, weil die Verletzung einer Verfahrens- oder Formvorschrift nach § 45 des Verwaltungsverfahrensgesetzes unbeachtlich ist, wird keine Gebühr erhoben.

(4) Für die Rücknahme oder den Widerruf eines Verwaltungsaktes ist, soweit der Adressat dies zu vertreten hat, eine Gebühr bis zu der Höhe der für den Erlass des Verwaltungsaktes im Zeitpunkt der Rücknahme oder des Widerrufs vorgesehenen Gebühr zu erheben.

(5) [1]Wird ein Antrag zurückgenommen oder erledigt er sich auf sonstige Weise, bevor die individuell zurechenbare öffentliche Leistung vollständig erbracht ist, sind bis zu 75 Prozent der für die Leistung vorgesehenen Gebühr zu erheben. [2]Wird ein Widerspruch zurückgenommen oder erledigt er sich auf sonstige Weise, bevor der Widerspruchsbescheid erlassen ist, beträgt die Gebühr bis zu 75 Prozent des Betrags, der für die angefochtene Leistung festgesetzt wurde. [3]Keine Gebühr ist zu erheben, wenn die Behörde mit der sachlichen Bearbeitung noch nicht begonnen hat, soweit sich aus Absatz 6 nichts anderes ergibt.

(6) Kann eine individuell zurechenbare öffentliche Leistung aus Gründen, die der Betroffene zu vertreten hat, nicht zum festgesetzten Termin erbracht werden oder muss sie aus diesen Gründen abgebrochen werden, ist eine Gebühr bis zur Höhe des für die vollständige Leistung vorgesehenen Betrags zu erheben.

(7) Für einen Verwaltungsakt, der nach Ablauf einer bestimmten Frist auf Grund einer Rechtsvorschrift als erlassen gilt, beträgt die Gebühr bis zu 75 Prozent des Betrags, der für den durch den Ablauf der Frist ersetzten Verwaltungsakt vorgesehen ist.

§ 11 Gebührenarten
Die Gebühren sind wie folgt zu bestimmen:
1. durch feste Sätze (Festgebühren),
2. nach dem Zeitaufwand für die individuell zurechenbare öffentliche Leistung (Zeitgebühren) oder
3. durch Rahmensätze (Rahmengebühren).

§ 12 Auslagen
(1) [1]Kosten, die nicht bereits nach § 9 Absatz 1 Satz 2 in die Gebühr einbezogen sind, werden als Auslagen gesondert in der tatsächlich entstandenen Höhe erhoben für
1. Zeugen, Sachverständige, Umweltgutachter, Dolmetscher oder Übersetzer,
2. Leistungen anderer Behörden und Dritter,
3. Dienstreisen und Dienstgänge,
4. Zustellung oder öffentliche Bekanntmachung und
5. Ausfertigungen und Papierkopien, die auf besonderen Antrag erstellt werden.
[2]Auslagen sind auch dann zu erheben, wenn die individuell zurechenbare öffentliche Leistung nach den §§ 7, 8, 9 Absatz 4 oder 5, § 10 Absatz 2 bis 6 gebührenfrei oder die Gebühr ermäßigt ist.

(2) Abweichend von Absatz 1 kann bestimmt werden, dass
1. bestimmte Auslagen nach Absatz 1 Satz 1 nicht gesondert erhoben werden,
2. auch andere als die in Absatz 1 Satz 1 bezeichneten Auslagen gesondert erhoben werden; dies gilt nicht für einfache elektronische Kopien,
3. Auslagen pauschal oder bis zu einem Höchstbetrag erhoben werden und
4. Auslagen nicht oder nicht in voller Höhe erhoben werden, wenn die individuell zurechenbare öffentliche Leistung gebührenfrei oder die Gebühr ermäßigt ist.
(3) Für Auslagen gelten die §§ 4 bis 6, 9 Absatz 4 bis 6, § 10 Absatz 3 sowie die §§ 13 und 14 sowie die §§ 16 bis 21 entsprechend.

§ 13 Gebührenfestsetzung
(1) [1]Gebühren werden von Amts wegen schriftlich oder elektronisch festgesetzt. [2]Die Gebührenfestsetzung soll zusammen mit der Sachentscheidung erfolgen. [3]Gebühren, die bei richtiger Behandlung der Sache durch die Behörde nicht entstanden wären, werden nicht erhoben.
(2) Bei Festsetzung einer Rahmengebühr nach § 11 Nummer 3 ist § 9 Absatz 1 bis 3 anzuwenden.
(3) [1]Die Festsetzung sowie ihre Aufhebung oder Änderung ist nicht mehr zulässig, wenn die Festsetzungsfrist abgelaufen ist. [2]Die Festsetzungsfrist beträgt vier Jahre. [3]Sie beginnt mit Ablauf des Kalenderjahres, in dem der Gebührenanspruch entstanden ist. [4]Die Festsetzungsfrist läuft nicht ab, solange
1. über einen vor Ablauf der Frist gestellten Antrag auf Aufhebung oder Änderung der Festsetzung oder einen eingelegten Rechtsbehelf nicht unanfechtbar entschieden worden ist oder
2. der Anspruch wegen höherer Gewalt innerhalb der letzten sechs Monate der Festsetzungsfrist nicht verfolgt werden kann.

§ 14 Fälligkeit
Die Gebühr wird zehn Tage nach der Bekanntgabe der Gebührenfestsetzung an den Gebührenschuldner fällig, sofern die Behörde keinen anderen Zeitpunkt festlegt.

§ 15 Vorschusszahlung und Sicherheitsleistung
(1) Die Behörde kann eine individuell zurechenbare öffentliche Leistung, die auf Antrag zu erbringen ist, von der Zahlung eines Vorschusses oder von der Leistung einer Sicherheit bis zur Höhe der voraussichtlich entstehenden Gebühren und Auslagen abhängig machen.
(2) Dem Antragsteller ist eine Frist zur Zahlung des Vorschusses oder zur Leistung der Sicherheit zu setzen.

§ 16 Säumniszuschlag
(1) [1]Werden Gebühren nicht bis zum Ablauf des Fälligkeitstages entrichtet, so ist für jeden angefangenen Monat der Säumnis ein Säumniszuschlag von 1 Prozent des abgerundeten rückständigen Betrags zu entrichten. [2]Der Säumniszuschlag wird nur erhoben, wenn der rückständige Betrag 50 Euro übersteigt und die Säumnis länger als drei Tage beträgt.
(2) Für die Berechnung des Säumniszuschlages ist der rückständige Betrag auf volle 50 Euro abzurunden.
(3) Eine wirksam geleistete Gebühr gilt als entrichtet
1. bei Übergabe oder Übersendung von Zahlungsmitteln am Tag des Eingangs bei der für den Gebührengläubiger zuständigen Kasse (Bundeskasse oder Zahlstelle); bei Hingabe oder Übersendung von Schecks jedoch drei Tage nach dem Tag des Eingangs des Schecks bei der zuständigen Kasse,
2. bei Überweisung oder Einzahlung auf ein Konto der zuständigen Kasse und bei Einzahlung mit Zahlschein oder Postanweisung an dem Tag, an dem der Betrag der Kasse gutgeschrieben wird, oder
3. bei Vorliegen einer Einzugsermächtigung am Fälligkeitstag.
(4) [1]In den Fällen der Gesamtschuld entstehen Säumniszuschläge gegenüber jedem säumigen Gesamtschuldner. [2]Insgesamt ist jedoch kein höherer Säumniszuschlag zu entrichten, als verwirkt worden wäre, wenn die Säumnis nur bei einem Gesamtschuldner eingetreten wäre.

§ 17 Stundung, Niederschlagung und Erlass
Stundung, Niederschlagung und Erlass von festgesetzten Gebühren richten sich nach § 59 der Bundeshaushaltsordnung.

§ 18 Zahlungsverjährung
(1) [1]Der Anspruch auf Zahlung von Gebühren verjährt nach fünf Jahren. [2]Die Verjährung beginnt mit dem Ablauf des Kalenderjahres, in dem der Anspruch erstmals fällig geworden ist.
(2) Die Verjährung ist gehemmt, solange der Anspruch wegen höherer Gewalt innerhalb der letzten sechs Monate der Verjährungsfrist nicht verfolgt werden kann.

§ 19 Unterbrechung der Zahlungsverjährung
(1) Die Verjährung nach § 18 wird unterbrochen durch
1. schriftliche Geltendmachung des Anspruchs,
2. Zahlungsaufschub,
3. Stundung,
4. Aussetzung der Vollziehung,
5. Sicherheitsleistung,
6. Vollstreckungsaufschub,
7. eine Vollstreckungsmaßnahme,
8. Anmeldung im Insolvenzverfahren,
9. Aufnahme in einen Insolvenzplan oder einen gerichtlichen Schuldenbereinigungsplan,
10. Einbeziehung in ein Verfahren, das die Restschuldbefreiung für den Schuldner zum Ziel hat, oder
11. Ermittlungen des Gläubigers nach dem Wohnsitz oder dem Aufenthaltsort des Gebührenschuldners.
(2) Die Unterbrechung der Verjährung durch eine der in Absatz 1 genannten Maßnahmen dauert fort bis
1. die Stundung, die Aussetzung der Vollziehung oder der Vollstreckungsaufschub beendet ist,
2. bei Sicherheitsleistung, Pfändungspfandrecht, Zwangshypothek oder einem sonstigen Vorzugsrecht auf Befriedigung das entsprechende Recht erloschen ist,
3. das Insolvenzverfahren beendet ist,
4. der Insolvenzplan oder der gerichtliche Schuldenbereinigungsplan erfüllt ist oder hinfällig wird,
5. die Restschuldbefreiung erteilt oder versagt wird oder das Verfahren, das die Restschuldbefreiung zum Ziel hat, vorzeitig beendet wird oder
6. die Ermittlung der Behörde nach dem Wohnsitz oder dem Aufenthalt des Gebührenschuldners beendet ist.
(3) Mit Ablauf des Kalenderjahres, in dem die Unterbrechung endet, beginnt eine neue Verjährungsfrist.
(4) Die Verjährung wird nur in Höhe des Betrags unterbrochen, auf den sich die Unterbrechung bezieht.

§ 20 Rechtsbehelf
(1) [1]Die Gebührenfestsetzung kann zusammen mit der Sachentscheidung oder selbständig angefochten werden. [2]Der Rechtsbehelf gegen eine Sachentscheidung erstreckt sich auch auf die Gebührenfestsetzung.
(2) Wird die Gebührenfestsetzung selbständig angefochten, so ist das Rechtsbehelfsverfahren gebührenrechtlich als selbständiges Verfahren zu behandeln.

§ 21 Erstattung
(1) Überzahlte oder zu Unrecht erhobene Gebühren sind unverzüglich zu erstatten, zu Unrecht erhobene Gebühren aber nur, solange ihre Festsetzung noch anfechtbar ist.
(2) Der Erstattungsanspruch erlischt durch Verjährung, wenn er nicht bis zum Ablauf des dritten Kalenderjahres geltend gemacht wird, das auf die Entstehung des Anspruchs folgt; die Verjährung beginnt jedoch nicht vor der Unanfechtbarkeit der Gebührenfestsetzung.

§ 22 Gebührenverordnungen
(1) [1]Durch Gebührenverordnungen nach Absatz 3 oder 4 sind für individuell zurechenbare öffentliche Leistungen Gebühren vorzusehen. [2]Die Gebühren sind nach Maßgabe des § 9 Absatz 1 bis 4, des § 10 Absatz 1 Satz 3 sowie des § 11 zu bestimmen. [3]Für Auslagen gilt § 12 Absatz 2. [4]Des Weiteren kann die Stelle bestimmt werden, die die Gebühren und Auslagen einzieht.
(2) Soweit ein Rechtsakt der Europäischen Union oder ein völkerrechtlicher Vertrag im Einzelnen inhaltlich bestimmte Vorgaben für die Erhebung von Gebühren und Auslagen enthält, die von diesem Gesetz abweichen, ist die Erhebung von Gebühren und Auslagen nach Maßgabe des Rechtsaktes oder Vertrages durch Gebührenverordnung nach Absatz 3 oder 4 zu bestimmen.
(3) Die Bundesregierung erlässt ohne Zustimmung des Bundesrates durch Allgemeine Gebührenverordnung folgende Bestimmungen, soweit sie für den Bereich der Bundesverwaltung einheitlich gelten sollen:
1. Vorgaben zur Ermittlung der Gebühr nach § 9 Absatz 1 einschließlich der Bemessung von Zeitgebühren nach § 11 Nummer 2,
2. Gebührenregelungen für Beglaubigungen und Bescheinigungen sowie
3. Pauschalierung von Auslagen nach § 12 Absatz 2 Nummer 3.
(4) [1]Die Bundesministerien erlassen ohne Zustimmung des Bundesrates Besondere Gebührenverordnungen für ihren Zuständigkeitsbereich, soweit keine Regelungen durch die Allgemeine Gebührenverordnung nach Absatz 3 getroffen wurden. [2]Regelungen der Besonderen Gebührenverordnungen nach Satz 1 finden keine Anwendung, soweit nach Erlass einer Besonderen Gebührenverordnung inhaltsgleiche oder ent-

gegenstehende Bestimmungen durch die Allgemeine Gebührenverordnung nach Absatz 3 getroffen wurden.

(5) [1]Die durch Gebührenverordnungen nach Absatz 3 oder 4 festgelegten Gebühren sind regelmäßig, mindestens alle fünf Jahre, zu überprüfen und, soweit erforderlich, anzupassen. [2]Bei einer Anpassung gelten für eine individuell zurechenbare öffentliche Leistung, die bereits beantragt oder begonnen, aber noch nicht vollständig erbracht wurde, die bisherigen Vorschriften fort, soweit durch Gebührenverordnungen nach Absatz 3 oder 4 nichts anderes bestimmt ist.

§ 23[1]) Übergangsregelung

(1) Für die Erhebung von Gebühren und Auslagen für eine individuell zurechenbare öffentliche Leistung, die vor dem 15. August 2013 beantragt oder begonnen, aber noch nicht vollständig erbracht wurde, ist das Verwaltungskostengesetz in der bis zum 14. August 2013 geltenden Fassung weiter anzuwenden.

(2) Für die Erhebung von Gebühren und Auslagen durch die in § 2 Absatz 1 genannten Behörden nach Rechtsvorschriften, die vor dem 15. August 2013 erlassen wurden, gilt dieses Gesetz nach Maßgabe der Absätze 3 bis 7.

(3) [1]Soweit nichts anderes bestimmt ist, sind die Gebührensätze so zu bemessen, dass zwischen der den Verwaltungsaufwand berücksichtigenden Höhe der Gebühr einerseits und der Bedeutung, dem wirtschaftlichen Wert oder dem sonstigen Nutzen der individuell zurechenbaren öffentlichen Leistung andererseits ein angemessenes Verhältnis besteht. [2]Ist gesetzlich vorgesehen, dass Gebühren nur zur Deckung des Verwaltungsaufwandes erhoben werden, sind die Gebührensätze so zu bemessen, dass die Gebühr die mit der individuell zurechenbaren öffentlichen Leistung verbundenen Kosten nicht übersteigt. [3]§ 9 Absatz 1 wird nicht angewendet. [4]§ 6 des Verwaltungskostengesetzes in der bis zum 14. August 2013 geltenden Fassung ist weiter anzuwenden.

(4) [1]Ist die Gebühr nach dem Wert des Gegenstandes zu berechnen, so ist der Wert zum Zeitpunkt der Beendigung der individuell zurechenbaren öffentlichen Leistung maßgeblich. [2]Sind Rahmensätze für Gebühren vorgesehen, ist § 9 Absatz 1 des Verwaltungskostengesetzes in der bis zum 14. August 2013 geltenden Fassung weiter anzuwenden, soweit nichts anderes bestimmt ist. [3]§ 13 Absatz 2 wird nicht angewendet.

(5) [1]§ 10 wird nicht angewendet. [2]Für die Ablehnung, Rücknahme oder Erledigung eines Antrags sowie für die Rücknahme oder den Widerruf eines Verwaltungsaktes ist § 15 des Verwaltungskostengesetzes in der bis zum 14. August 2013 geltenden Fassung weiter anzuwenden, soweit nichts anderes bestimmt ist. [3]Für die Rückweisung, Zurücknahme oder Erledigung eines Widerspruchs sind die Rechtsvorschriften, die vor dem 15. August 2013 erlassen wurden, weiter anzuwenden.

(6) [1]§ 12 Absatz 1 und 2 wird nicht angewendet. [2]Für die Erhebung von Auslagen ist § 10 des Verwaltungskostengesetzes in der bis zum 14. August 2013 geltenden Fassung weiter anzuwenden.

(7) Die §§ 1 bis 22 sowie die Absätze 1 bis 6 gelten nicht für Gebühren und Auslagen des Auswärtigen Amts und der Vertretungen des Bundes im Ausland.

(8) [1]Die Absätze 2 bis 7 finden keine Anwendung
1. für die durch Artikel 3 des Gesetzes zur Aktualisierung der Strukturreform des Gebührenrechts des Bundes vom 18. Juli 2016 (BGBl. I S. 1666) geänderten Regelungen nach dem 1. Oktober 2019 und
2. für die durch Artikel 4 des Gesetzes zur Aktualisierung der Strukturreform des Gebührenrechts des Bundes vom 18. Juli 2016 (BGBl. I S. 1666) geänderten Regelungen nach dem 1. Oktober 2021.
[2]Durch Besondere Gebührenverordnung nach § 22 Absatz 4 kann bestimmt werden, dass die Absätze 2 bis 7 bereits zu einem früheren als den in Satz 1 bestimmten Zeitpunkten für den jeweiligen Anwendungsbereich der Besonderen Gebührenverordnung nicht anwendbar sind.

§ 24 Außerkrafttreten
§ 23 Absatz 2 bis 8 tritt am 1. Oktober 2021 außer Kraft.

1) § 23 Abs. 2–8 treten am 1. 10. 2021 außer Kraft; vgl. § 24 dieses G.

Verwaltungsgerichtsordnung (VwGO)[1)2)3)]

In der Fassung der Bekanntmachung vom 19. März 1991[4)] (BGBl. I S. 686)
(FNA 340-1)
zuletzt geändert durch Art. 181 Elfte ZuständigkeitsanpassungsVO vom 19. Juni 2020 (BGBl. I S. 1328)

Nichtamtliche Inhaltsübersicht

1) Die Änderungen durch G v. 10.10.2013 (BGBl. I S. 3786) treten teilweise erst **mWv 1.1.2022** in Kraft und sind insoweit im Text noch nicht berücksichtigt.
2) Die Änderungen durch G v. 5.7.2017 (BGBl. I S. 2208) treten teilweise erst **mWv 1.1.2026** in Kraft und sind insoweit im Text noch nicht berücksichtigt.
3) Die Änderungen durch G v. 12.12.2019 (BGBl. I S. 2652) treten erst **mWv 1.1.2024** in Kraft und sind im Text noch nicht berücksichtigt.
4) Neubekanntmachung der VwGO v. 21.1.1960 (BGBl. I S. 17) in der ab 1.1.1991 geltenden Fassung.

Teil I
Gerichtsverfassung

1. Abschnitt
Gerichte

§ 1 [Unabhängigkeit der Verwaltungsgerichte]
Die Verwaltungsgerichtsbarkeit wird durch unabhängige, von den Verwaltungsbehörden getrennte Gerichte ausgeübt.

§ 2 [Gerichte und Instanzen der Verwaltungsgerichtsbarkeit]
Gerichte der Verwaltungsgerichtsbarkeit sind in den Ländern die Verwaltungsgerichte und je ein Oberverwaltungsgericht, im Bund das Bundesverwaltungsgericht mit Sitz in Leipzig.

§ 3 [Gerichtsorganisation]
(1) Durch Gesetz werden angeordnet
1. die Errichtung und Aufhebung eines Verwaltungsgerichts oder eines Oberverwaltungsgerichts,
2. die Verlegung eines Gerichtssitzes,
3. Änderungen in der Abgrenzung der Gerichtsbezirke,
4. die Zuweisung einzelner Sachgebiete an ein Verwaltungsgericht für die Bezirke mehrerer Verwaltungsgerichte,
4a. die Zuweisung von Verfahren, bei denen sich die örtliche Zuständigkeit nach § 52 Nr. 2 Satz 1, 2 oder 5 bestimmt, an ein anderes Verwaltungsgericht oder an mehrere Verwaltungsgerichte des Landes,
5. die Errichtung einzelner Kammern des Verwaltungsgerichts oder einzelner Senate des Oberverwaltungsgerichts an anderen Orten,
6. der Übergang anhängiger Verfahren auf ein anderes Gericht bei Maßnahmen nach den Nummern 1, 3, 4 und 4a, wenn sich die Zuständigkeit nicht nach den bisher geltenden Vorschriften richten soll.

(2) Mehrere Länder können die Errichtung eines gemeinsamen Gerichts oder gemeinsamer Spruchkörper eines Gerichts oder die Ausdehnung von Gerichtsbezirken über die Landesgrenzen hinaus, auch für einzelne Sachgebiete, vereinbaren.

§ 4 [Präsidium und Geschäftsverteilung]
¹Für die Gerichte der Verwaltungsgerichtsbarkeit gelten die Vorschriften des Zweiten Titels des Gerichtsverfassungsgesetzes[1)] entsprechend. ²Die Mitglieder und drei Vertreter des für Entscheidungen nach § 99 Abs. 2 zuständigen Spruchkörpers bestimmt das Präsidium jeweils für die Dauer von vier Jahren. ³Die Mitglieder und ihre Vertreter müssen Richter auf Lebenszeit sein.

§ 5 [Besetzung und Gliederung der Verwaltungsgerichte]
(1) Das Verwaltungsgericht besteht aus dem Präsidenten und aus den Vorsitzenden Richtern und weiteren Richtern in erforderlicher Anzahl.
(2) Bei dem Verwaltungsgericht werden Kammern gebildet.
(3) ¹Die Kammer des Verwaltungsgerichts entscheidet in der Besetzung von drei Richtern und zwei ehrenamtlichen Richtern, soweit nicht ein Einzelrichter entscheidet. ²Bei Beschlüssen außerhalb der mündlichen Verhandlung und bei Gerichtsbescheiden (§ 84) wirken die ehrenamtlichen Richter nicht mit.

§ 6 [Übertragung auf Einzelrichter, Rückübertragung auf die Kammer]
(1) ¹Die Kammer soll in der Regel den Rechtsstreit einem ihrer Mitglieder als Einzelrichter zur Entscheidung übertragen, wenn
1. die Sache keine besonderen Schwierigkeiten tatsächlicher oder rechtlicher Art aufweist und
2. die Rechtssache keine grundsätzliche Bedeutung hat.
²Ein Richter auf Probe darf im ersten Jahr nach seiner Ernennung nicht Einzelrichter sein.
(2) Der Rechtsstreit darf dem Einzelrichter nicht übertragen werden, wenn bereits vor der Kammer mündlich verhandelt worden ist, es sei denn, daß inzwischen ein Vorbehalts-, Teil- oder Zwischenurteil ergangen ist.
(3) ¹Der Einzelrichter kann nach Anhörung der Beteiligten den Rechtsstreit auf die Kammer zurückübertragen, wenn sich aus einer wesentlichen Änderung der Prozeßlage ergibt, daß die Rechtssache grund-

1) Siehe §§ 21a bis 21i GVG.

sätzliche Bedeutung hat oder die Sache besondere Schwierigkeiten tatsächlicher oder rechtlicher Art aufweist. [2]Eine erneute Übertragung auf den Einzelrichter ist ausgeschlossen.
(4) [1]Beschlüsse nach den Absätzen 1 und 3 sind unanfechtbar. [2]Auf eine unterlassene Übertragung kann ein Rechtsbehelf nicht gestützt werden.

§§ 7 und 8 (weggefallen)

§ 9 [Besetzung und Gliederung der Oberverwaltungsgerichte]
(1) Das Oberverwaltungsgericht besteht aus dem Präsidenten und aus den Vorsitzenden Richtern und weiteren Richtern in erforderlicher Anzahl.
(2) Bei dem Oberverwaltungsgericht werden Senate gebildet.
(3) [1]Die Senate des Oberverwaltungsgerichts entscheiden in der Besetzung von drei Richtern; die Landesgesetzgebung kann vorsehen, daß die Senate in der Besetzung von fünf Richtern entscheiden, von denen zwei auch ehrenamtliche Richter sein können. [2]Für die Fälle des § 48 Abs. 1 kann auch vorgesehen werden, daß die Senate in der Besetzung von fünf Richtern und zwei ehrenamtlichen Richtern entscheiden. [3]Satz 1 Halbsatz 2 und Satz 2 gelten nicht für die Fälle des § 99 Abs. 2.

§ 10 [Besetzung und Gliederung des Bundesverwaltungsgerichts]
(1) Das Bundesverwaltungsgericht besteht aus dem Präsidenten und aus den Vorsitzenden Richtern und weiteren Richtern in erforderlicher Anzahl.
(2) Bei dem Bundesverwaltungsgericht werden Senate gebildet.
(3) Die Senate des Bundesverwaltungsgerichts entscheiden in der Besetzung von fünf Richtern, bei Beschlüssen außerhalb der mündlichen Verhandlung in der Besetzung von drei Richtern.

§ 11 [Großer Senat beim Bundesverwaltungsgericht]
(1) Bei dem Bundesverwaltungsgericht wird ein Großer Senat gebildet.
(2) Der Große Senat entscheidet, wenn ein Senat in einer Rechtsfrage von der Entscheidung eines anderen Senats oder des Großen Senats abweichen will.
(3) [1]Eine Vorlage an den Großen Senat ist nur zulässig, wenn der Senat, von dessen Entscheidung abgewichen werden soll, auf Anfrage des erkennenden Senats erklärt hat, daß er an seiner Rechtsauffassung festhält. [2]Kann der Senat, von dessen Entscheidung abgewichen werden soll, wegen einer Änderung des Geschäftsverteilungsplanes mit der Rechtsfrage nicht mehr befaßt werden, tritt der Senat an seine Stelle, der nach dem Geschäftsverteilungsplan für den Fall, in dem abweichend entschieden wurde, nunmehr zuständig wäre. [3]Über die Anfrage und die Antwort entscheidet der jeweilige Senat durch Beschluß in der für Urteile erforderlichen Besetzung.
(4) Der erkennende Senat kann eine Frage von grundsätzlicher Bedeutung dem Großen Senat zur Entscheidung vorlegen, wenn das nach seiner Auffassung zur Fortbildung des Rechts oder zur Sicherung einer einheitlichen Rechtsprechung erforderlich ist.
(5) [1]Der Große Senat besteht aus dem Präsidenten und je einem Richter der Revisionssenate, in denen der Präsident nicht den Vorsitz führt. [2]Legt ein anderer als ein Revisionssenat vor oder soll von dessen Entscheidung abgewichen werden, ist auch ein Mitglied dieses Senats im Großen Senat vertreten. [3]Bei einer Verhinderung des Präsidenten tritt ein Richter des Senats, dem er angehört, an seine Stelle.
(6) [1]Die Mitglieder und die Vertreter werden durch das Präsidium für ein Geschäftsjahr bestellt. [2]Das gilt auch für das Mitglied eines anderen Senats nach Absatz 5 Satz 2 und für seinen Vertreter. [3]Den Vorsitz im Großen Senat führt der Präsident, bei Verhinderung das dienstälteste Mitglied. [4]Bei Stimmengleichheit gibt die Stimme des Vorsitzenden den Ausschlag.
(7) [1]Der Große Senat entscheidet nur über die Rechtsfrage. [2]Er kann ohne mündliche Verhandlung entscheiden. [3]Seine Entscheidung ist in der vorliegenden Sache für den erkennenden Senat bindend.

§ 12 [Großer Senat beim Oberverwaltungsgericht]
(1) [1]Die Vorschriften des § 11 gelten für das Oberverwaltungsgericht entsprechend, soweit es über eine Frage des Landesrechts endgültig entscheidet. [2]An die Stelle der Revisionssenate treten die nach diesem Gesetz gebildeten Berufungssenate.
(2) Besteht ein Oberverwaltungsgericht nur aus zwei Berufungssenaten, so treten an die Stelle des Großen Senats die Vereinigten Senate.
(3) Durch Landesgesetz kann eine abweichende Zusammensetzung des Großen Senats bestimmt werden.

§ 13 [Geschäftsstelle]
[1]Bei jedem Gericht wird eine Geschäftsstelle eingerichtet. [2]Sie wird mit der erforderlichen Anzahl von Urkundsbeamten besetzt.

§ 14 [Rechts- und Amtshilfe]
Alle Gerichte und Verwaltungsbehörden leisten den Gerichten der Verwaltungsgerichtsbarkeit Rechts-
und Amtshilfe.

2. Abschnitt
Richter

§ 15 [Hauptamtliche Richter]
(1) Die Richter werden auf Lebenszeit ernannt, soweit nicht in §§ 16 und 17 Abweichendes bestimmt ist.
(2) (weggefallen)
(3) Die Richter des Bundesverwaltungsgerichts müssen das fünfunddreißigste Lebensjahr vollendet ha-
ben.

§ 16 [Richter im Nebenamt]
Bei dem Oberverwaltungsgericht und bei dem Verwaltungsgericht können auf Lebenszeit ernannte Rich-
ter anderer Gerichte und ordentliche Professoren des Rechts für eine bestimmte Zeit von mindestens zwei
Jahren, längstens jedoch für die Dauer ihres Hauptamts, zu Richtern im Nebenamt ernannt werden.

§ 17 [Richter auf Probe, Richter kraft Auftrags, Richter auf Zeit]
Bei den Verwaltungsgerichten können auch folgende Richter verwendet werden:
1. Richter auf Probe,
2. Richter kraft Auftrags und
3. Richter auf Zeit.

§ 18 [Ernennung zum Richter auf Zeit]
[1]Zur Deckung eines nur vorübergehenden Personalbedarfs kann ein Beamter auf Lebenszeit mit der Be-
fähigung zum Richteramt für die Dauer von mindestens zwei Jahren, längstens jedoch für die Dauer seines
Hauptamts, zum Richter auf Zeit ernannt werden. [2]§ 15 Absatz 1 Satz 1 und 3 sowie Absatz 2 des Deut-
schen Richtergesetzes ist entsprechend anzuwenden.

3. Abschnitt
Ehrenamtliche Richter

§ 19 [Aufgaben]
Der ehrenamtliche Richter wirkt bei der mündlichen Verhandlung und der Urteilsfindung mit gleichen
Rechten wie der Richter mit.

§ 20 [Voraussetzungen der Berufung]
[1]Der ehrenamtliche Richter muß Deutscher sein. [2]Er soll das 25. Lebensjahr vollendet und seinen Wohn-
sitz innerhalb des Gerichtsbezirks haben.

§ 21 [Ausschluss vom Ehrenamt]
(1) Vom Amt des ehrenamtlichen Richters sind ausgeschlossen
1. Personen, die infolge Richterspruchs die Fähigkeit zur Bekleidung öffentlicher Ämter nicht besitzen
 oder wegen einer vorsätzlichen Tat zu einer Freiheitsstrafe von mehr als sechs Monaten verurteilt
 worden sind,
2. Personen, gegen die Anklage wegen einer Tat erhoben ist, die den Verlust der Fähigkeit zur Beklei-
 dung öffentlicher Ämter zur Folge haben kann,
3. Personen, die nicht das Wahlrecht zu den gesetzgebenden Körperschaften des Landes besitzen.
(2) Personen, die in Vermögensverfall geraten sind, sollen nicht zu ehrenamtlichen Richtern berufen
werden.

§ 22 [Hinderungsgründe für Laienbeisitzer]
Zu ehrenamtlichen Richtern können nicht berufen werden
1. Mitglieder des Bundestages, des Europäischen Parlaments, der gesetzgebenden Körperschaften ei-
 nes Landes, der Bundesregierung oder einer Landesregierung,
2. Richter,
3. Beamte und Angestellte im öffentlichen Dienst, soweit sie nicht ehrenamtlich tätig sind,
4. Berufssoldaten und Soldaten auf Zeit,
4a. *[aufgehoben]*
5. Rechtsanwälte, Notare und Personen, die fremde Rechtsangelegenheiten geschäftsmäßig besorgen.

§ 23 [Ablehnungsrecht]
(1) Die Berufung zum Amt des ehrenamtlichen Richters dürfen ablehnen
1. Geistliche und Religionsdiener,
2. Schöffen und andere ehrenamtliche Richter,
3. Personen, die zwei Amtsperioden lang als ehrenamtliche Richter bei Gerichten der allgemeinen Verwaltungsgerichtsbarkeit tätig gewesen sind,
4. Ärzte, Krankenpfleger, Hebammen,
5. Apothekenleiter, die keinen weiteren Apotheker beschäftigen,
6. Personen, die die Regelaltersgrenze nach dem Sechsten Buch Sozialgesetzbuch erreicht haben.
(2) In besonderen Härtefällen kann außerdem auf Antrag von der Übernahme des Amtes befreit werden.

§ 24 [Entbindung vom Ehrenamt]
(1) Ein ehrenamtlicher Richter ist von seinem Amt zu entbinden, wenn er
1. nach §§ 20 bis 22 nicht berufen werden konnte oder nicht mehr berufen werden kann oder
2. seine Amtspflichten gröblich verletzt hat oder
3. einen Ablehnungsgrund nach § 23 Abs. 1 geltend macht oder
4. die zur Ausübung seines Amtes erforderlichen geistigen oder körperlichen Fähigkeiten nicht mehr besitzt oder
5. seinen Wohnsitz im Gerichtsbezirk aufgibt.
(2) In besonderen Härtefällen kann außerdem auf Antrag von der weiteren Ausübung des Amtes entbunden werden.
(3) [1]Die Entscheidung trifft ein Senat des Oberverwaltungsgerichts in den Fällen des Absatzes 1 Nr. 1, 2 und 4 auf Antrag des Präsidenten des Verwaltungsgerichts, in den Fällen des Absatzes 1 Nr. 3 und 5 und des Absatzes 2 auf Antrag des ehrenamtlichen Richters. [2]Die Entscheidung ergeht durch Beschluß nach Anhörung des ehrenamtlichen Richters. [3]Sie ist unanfechtbar.
(4) Absatz 3 gilt entsprechend in den Fällen des § 23 Abs. 2.
(5) Auf Antrag des ehrenamtlichen Richters ist die Entscheidung nach Absatz 3 von dem Senat des Oberverwaltungsgerichts aufzuheben, wenn Anklage nach § 21 Nr. 2 erhoben war und der Angeschuldigte rechtskräftig außer Verfolgung gesetzt oder freigesprochen worden ist.

§ 25 [Wahlperiode]
Die ehrenamtlichen Richter werden auf fünf Jahre gewählt.

§ 26 [Wahlausschuss]
(1) Bei jedem Verwaltungsgericht wird ein Ausschuß zur Wahl der ehrenamtlichen Richter bestellt.
(2) [1]Der Ausschuß besteht aus dem Präsidenten des Verwaltungsgerichts als Vorsitzendem, einem von der Landesregierung bestimmten Verwaltungsbeamten und sieben Vertrauensleuten als Beisitzern. [2]Die Vertrauensleute, ferner sieben Vertreter werden aus den Einwohnern des Verwaltungsgerichtsbezirks vom Landtag oder von einem durch ihn bestimmten Landtagsausschuß oder nach Maßgabe eines Landesgesetzes gewählt. [3]Sie müssen die Voraussetzungen zur Berufung als ehrenamtliche Richter erfüllen. [4]Die Landesregierungen werden ermächtigt, durch Rechtsverordnung die Zuständigkeit für die Bestimmung des Verwaltungsbeamten abweichend von Satz 1 zu regeln. [5]Sie können diese Ermächtigung auf oberste Landesbehörden übertragen. [6]In den Fällen des § 3 Abs. 2 richtet sich die Zuständigkeit für die Bestellung des Verwaltungsbeamten sowie des Landes für die Wahl der Vertrauensleute nach dem Sitz des Gerichts. [7]Die Landesgesetzgebung kann in diesen Fällen vorsehen, dass jede beteiligte Landesregierung einen Verwaltungsbeamten in den Ausschuss entsendet und dass jedes beteiligte Land mindestens zwei Vertrauensleute bestellt.
(3) Der Ausschuß ist beschlußfähig, wenn wenigstens der Vorsitzende, ein Verwaltungsbeamter und drei Vertrauensleute anwesend sind.

§ 27 [Zahl der ehrenamtlichen Richter]
Die für jedes Verwaltungsgericht erforderliche Zahl von ehrenamtlichen Richtern wird durch den Präsidenten so bestimmt, daß voraussichtlich jeder zu höchstens zwölf ordentlichen Sitzungstagen im Jahr herangezogen wird.

§ 28 [Vorschlagsliste]
[1]Die Kreise und kreisfreien Städte stellen in jedem fünften Jahr eine Vorschlagsliste für ehrenamtliche Richter auf. [2]Der Ausschuß bestimmt für jeden Kreis und für jede kreisfreie Stadt die Zahl der Personen, die in die Vorschlagsliste aufzunehmen sind. [3]Hierbei ist die doppelte Anzahl der nach § 27 erforderlichen ehrenamtlichen Richter zugrunde zu legen. [4]Für die Aufnahme in die Liste ist die Zustimmung von zwei

Dritteln der anwesenden Mitglieder der Vertretungskörperschaft des Kreises oder der kreisfreien Stadt, mindestens jedoch die Hälfte der gesetzlichen Mitgliederzahl erforderlich. [5]Die jeweiligen Regelungen zur Beschlussfassung der Vertretungskörperschaft bleiben unberührt. [6]Die Vorschlagslisten sollen außer dem Namen auch den Geburtsort, den Geburtstag und Beruf des Vorgeschlagenen enthalten; sie sind dem Präsidenten des zuständigen Verwaltungsgerichts zu übermitteln.

§ 29 [Wahlverfahren]
(1) Der Ausschuß wählt aus den Vorschlagslisten mit einer Mehrheit von mindestens zwei Dritteln der Stimmen die erforderliche Zahl von ehrenamtlichen Richtern.
(2) Bis zur Neuwahl bleiben die bisherigen ehrenamtlichen Richter im Amt.

§ 30 [Heranziehung zu Sitzungen, Vertreter]
(1) Das Präsidium des Verwaltungsgerichts bestimmt vor Beginn des Geschäftsjahres die Reihenfolge, in der die ehrenamtlichen Richter zu den Sitzungen heranzuziehen sind.
(2) Für die Heranziehung von Vertretern bei unvorhergesehener Verhinderung kann eine Hilfsliste aus ehrenamtlichen Richtern aufgestellt werden, die am Gerichtssitz oder in seiner Nähe wohnen.

§ 31 (weggefallen)

§ 32 [Entschädigung]
Der ehrenamtliche Richter und der Vertrauensmann (§ 26) erhalten eine Entschädigung nach dem Justizvergütungs- und -entschädigungsgesetz.

§ 33 [Ordnungsgeld]
(1) [1]Gegen einen ehrenamtlichen Richter, der sich ohne genügende Entschuldigung zu einer Sitzung nicht rechtzeitig einfindet oder der sich seinen Pflichten auf andere Weise entzieht, kann ein Ordnungsgeld festgesetzt werden. [2]Zugleich können ihm die durch sein Verhalten verursachten Kosten auferlegt werden.
(2) [1]Die Entscheidung trifft der Vorsitzende. [2]Bei nachträglicher Entschuldigung kann er sie ganz oder zum Teil aufheben.

§ 34 [Ehrenamtliche Richter beim Oberverwaltungsgericht]
§§ 19 bis 33 gelten für die ehrenamtlichen Richter bei dem Oberverwaltungsgericht entsprechend, wenn die Landesgesetzgebung bestimmt hat, daß bei diesem Gericht ehrenamtliche Richter mitwirken.

4. Abschnitt
Vertreter des öffentlichen Interesses

§ 35 [Vertreter des Bundesinteresses beim Bundesverwaltungsgericht]
(1) [1]Die Bundesregierung bestellt einen Vertreter des Bundesinteresses beim Bundesverwaltungsgericht[1)] und richtet ihn im Bundesministerium des Innern, für Bau und Heimat ein. [2]Der Vertreter des Bundesinteresses beim Bundesverwaltungsgericht kann sich an jedem Verfahren vor dem Bundesverwaltungsgericht beteiligen; dies gilt nicht für Verfahren vor den Wehrdienstsenaten. [3]Er ist an die Weisungen[2)] der Bundesregierung gebunden.
(2) Das Bundesverwaltungsgericht gibt dem Vertreter des Bundesinteresses beim Bundesverwaltungsgericht Gelegenheit zur Äußerung.

§ 36 [Vertreter des öffentlichen Interesses]
(1) [1]Bei dem Oberverwaltungsgericht und bei dem Verwaltungsgericht kann nach Maßgabe einer Rechtsverordnung der Landesregierung ein Vertreter des öffentlichen Interesses bestimmt werden. [2]Dabei kann ihm allgemein oder für bestimmte Fälle die Vertretung des Landes oder von Landesbehörden übertragen werden.
(2) § 35 Abs. 2 gilt entsprechend.

§ 37 [Befähigung zum Richteramt]
(1) Der Vertreter des Bundesinteresses beim Bundesverwaltungsgericht und seine hauptamtlichen Mitarbeiter des höheren Dienstes müssen die Befähigung zum Richteramt haben oder die Voraussetzungen des § 110 Satz 1 des Deutschen Richtergesetzes erfüllen.

1) Beachte hierzu Art. 14 Nr. 8 G v. 9.7.2001 (BGBl. I S. 1510), der am 1.1.2002 in Kraft getreten ist:
„8. Beteiligungserklärungen des Oberbundesanwalts beim Bundesverwaltungsgericht, die bis zum Inkrafttreten dieses Gesetzes abgegeben worden sind, werden von dem Vertreter des Bundesinteresses beim Bundesverwaltungsgericht weiterverfolgt."
2) Siehe die AVwV zu § 35 VwGO – Dienstanweisung für den Vertreter des Bundesinteresses beim Bundesverwaltungsgericht –.

(2) Der Vertreter des öffentlichen Interesses bei dem Oberverwaltungsgericht und bei dem Verwaltungsgericht muß die Befähigung zum Richteramt nach dem Deutschen Richtergesetz haben; § 174 bleibt unberührt.

5. Abschnitt
Gerichtsverwaltung

§ 38 [Dienstaufsicht]
(1) Der Präsident des Gerichts übt die Dienstaufsicht über die Richter, Beamten, Angestellten und Arbeiter aus.
(2) Übergeordnete Dienstaufsichtsbehörde für das Verwaltungsgericht ist der Präsident des Oberverwaltungsgerichts.

§ 39 [Verwaltungsgeschäfte]
Dem Gericht dürfen keine Verwaltungsgeschäfte außerhalb der Gerichtsverwaltung übertragen werden.

6. Abschnitt
Verwaltungsrechtsweg und Zuständigkeit

§ 40[1] [Zulässigkeit des Verwaltungsrechtsweges]
(1) [1]Der Verwaltungsrechtsweg ist in allen öffentlich-rechtlichen Streitigkeiten nichtverfassungsrechtlicher Art gegeben, soweit die Streitigkeiten nicht durch Bundesgesetz einem anderen Gericht ausdrücklich zugewiesen sind. [2]Öffentlich-rechtliche Streitigkeiten auf dem Gebiet des Landesrechts können einem anderen Gericht auch durch Landesgesetz zugewiesen werden.
(2) [1]Für vermögensrechtliche Ansprüche aus Aufopferung für das gemeine Wohl und aus öffentlich-rechtlicher Verwahrung sowie für Schadensersatzansprüche aus der Verletzung öffentlich-rechtlicher Pflichten, die nicht auf einem öffentlich-rechtlichen Vertrag beruhen, ist der ordentliche Rechtsweg gegeben; dies gilt nicht für Streitigkeiten über das Bestehen und die Höhe eines Ausgleichsanspruchs im Rahmen des Artikels 14 Abs. 1 Satz 2 des Grundgesetzes. [2]Die besonderen Vorschriften des Beamtenrechts sowie über den Rechtsweg bei Ausgleich von Vermögensnachteilen wegen Rücknahme rechtswidriger Verwaltungsakte bleiben unberührt.

§ 41 (weggefallen)

§ 42 [Anfechtungs- und Verpflichtungsklage]
(1) Durch Klage kann die Aufhebung eines Verwaltungsakts (Anfechtungsklage) sowie die Verurteilung zum Erlaß eines abgelehnten oder unterlassenen Verwaltungsakts (Verpflichtungsklage) begehrt werden.
(2) Soweit gesetzlich nichts anderes bestimmt ist, ist die Klage nur zulässig, wenn der Kläger geltend macht, durch den Verwaltungsakt oder seine Ablehnung oder Unterlassung in seinen Rechten verletzt zu sein.

§ 43 [Feststellungsklage]
(1) Durch Klage kann die Feststellung des Bestehens oder Nichtbestehens eines Rechtsverhältnisses oder der Nichtigkeit eines Verwaltungsakts begehrt werden, wenn der Kläger ein berechtigtes Interesse an der baldigen Feststellung hat (Feststellungsklage).
(2) [1]Die Feststellung kann nicht begehrt werden, soweit der Kläger seine Rechte durch Gestaltungs- oder Leistungsklage verfolgen kann oder hätte verfolgen können. [2]Dies gilt nicht, wenn die Feststellung der Nichtigkeit eines Verwaltungsakts begehrt wird.

§ 44 [Objektive Klagehäufung]
Mehrere Klagebegehren können vom Kläger in einer Klage zusammen verfolgt werden, wenn sie sich gegen denselben Beklagten richten, im Zusammenhang stehen und dasselbe Gericht zuständig ist.

§ 44a [Rechtsbehelfe gegen behördliche Verfahrenshandlungen]
[1]Rechtsbehelfe gegen behördliche Verfahrenshandlungen können nur gleichzeitig mit den gegen die Sachentscheidung zulässigen Rechtsbehelfen geltend gemacht werden. [2]Dies gilt nicht, wenn behördliche Verfahrenshandlungen vollstreckt werden können oder gegen einen Nichtbeteiligten ergehen.

§ 45 [Sachliche Zuständigkeit]
Das Verwaltungsgericht entscheidet im ersten Rechtszug über alle Streitigkeiten, für die der Verwaltungsrechtsweg offensteht.

1) Siehe hierzu auch §§ 17, 17a und 17b GVG.

§ 46 [Instanzielle Zuständigkeit des Oberverwaltungsgerichts]
Das Oberverwaltungsgericht entscheidet über das Rechtsmittel
1. der Berufung gegen Urteile des Verwaltungsgerichts und
2. der Beschwerde gegen andere Entscheidungen des Verwaltungsgerichts.

§ 47 [Sachliche Zuständigkeit des Oberverwaltungsgerichts bei der Normenkontrolle]
(1) Das Oberverwaltungsgericht entscheidet im Rahmen seiner Gerichtsbarkeit auf Antrag über die Gültigkeit
1. von Satzungen, die nach den Vorschriften des Baugesetzbuchs erlassen worden sind, sowie von Rechtsverordnungen auf Grund des § 246 Abs. 2 des Baugesetzbuchs,
2. von anderen im Rang unter dem Landesgesetz stehenden Rechtsvorschriften, sofern das Landesrecht dies bestimmt.

(2) [1]Den Antrag kann jede natürliche oder juristische Person, die geltend macht, durch die Rechtsvorschrift oder deren Anwendung in ihren Rechten verletzt zu sein oder in absehbarer Zeit verletzt zu werden, sowie jede Behörde innerhalb eines Jahres nach Bekanntmachung der Rechtsvorschrift stellen. [2]Er ist gegen die Körperschaft, Anstalt oder Stiftung zu richten, welche die Rechtsvorschrift erlassen hat. [3]Das Oberverwaltungsgericht kann dem Land und anderen juristischen Personen des öffentlichen Rechts, deren Zuständigkeit durch die Rechtsvorschrift berührt wird, Gelegenheit zur Äußerung binnen einer zu bestimmenden Frist geben. [4]§ 65 Abs. 1 und 4 und § 66 sind entsprechend anzuwenden.

(3) Das Oberverwaltungsgericht prüft die Vereinbarkeit der Rechtsvorschrift mit Landesrecht nicht, soweit gesetzlich vorgesehen ist, daß die Rechtsvorschrift ausschließlich durch das Verfassungsgericht eines Landes nachprüfbar ist.

(4) Ist ein Verfahren zur Überprüfung der Gültigkeit der Rechtsvorschrift bei einem Verfassungsgericht anhängig, so kann das Oberverwaltungsgericht anordnen, daß die Verhandlung bis zur Erledigung des Verfahrens vor dem Verfassungsgericht auszusetzen sei.

(5) [1]Das Oberverwaltungsgericht entscheidet durch Urteil oder, wenn es eine mündliche Verhandlung nicht für erforderlich hält, durch Beschluß. [2]Kommt das Oberverwaltungsgericht zu der Überzeugung, daß die Rechtsvorschrift ungültig ist, so erklärt es sie für unwirksam; in diesem Fall ist die Entscheidung allgemein verbindlich und die Entscheidungsformel vom Antragsgegner ebenso zu veröffentlichen wie die Rechtsvorschrift bekanntzumachen wäre. [3]Für die Wirkung der Entscheidung gilt § 183 entsprechend.

(6) Das Gericht kann auf Antrag eine einstweilige Anordnung erlassen, wenn dies zur Abwehr schwerer Nachteile oder aus anderen wichtigen Gründen dringend geboten ist.

§ 48 [Weitere sachliche Zuständigkeit des Oberverwaltungsgerichts]
(1) [1]Das Oberverwaltungsgericht entscheidet im ersten Rechtszug über sämtliche Streitigkeiten, die betreffen
1. die Errichtung, den Betrieb, die sonstige Innehabung, die Veränderung, die Stillegung, den sicheren Einschluß und den Abbau von Anlagen im Sinne der §§ 7 und 9a Abs. 3 des Atomgesetzes,
1a. das Bestehen und die Höhe von Ausgleichsansprüchen auf Grund der §§ 7e und 7f des Atomgesetzes,
2. die Bearbeitung, Verarbeitung und sonstige Verwendung von Kernbrennstoffen außerhalb von Anlagen der in § 7 des Atomgesetzes bezeichneten Art (§ 9 des Atomgesetzes) und die wesentliche Abweichung oder die wesentliche Veränderung im Sinne des § 9 Abs. 1 Satz 2 des Atomgesetzes sowie die Aufbewahrung von Kernbrennstoffen außerhalb der staatlichen Verwahrung (§ 6 des Atomgesetzes),
3. die Errichtung, den Betrieb und die Änderung von Kraftwerken mit Feuerungsanlagen für feste, flüssige und gasförmige Brennstoffe mit einer Feuerungswärmeleistung von mehr als dreihundert Megawatt,
4. Planfeststellungsverfahren gemäß § 43 des Energiewirtschaftsgesetzes, soweit nicht die Zuständigkeit des Bundesverwaltungsgerichts nach § 50 Absatz 1 Nummer 6 begründet ist,
4a. Planfeststellungsverfahren für die Errichtung, den Betrieb und die Änderung von Einrichtungen nach § 45 Absatz 1 des Windenergie-auf-See-Gesetzes,
5. Verfahren für die Errichtung, den Betrieb und die wesentliche Änderung von ortsfesten Anlagen zur Verbrennung oder thermischen Zersetzung von Abfällen mit einer jährlichen Durchsatzleistung (effektive Leistung) von mehr als einhunderttausend Tonnen und von ortsfesten Anlagen, in denen ganz oder teilweise Abfälle im Sinne des § 48 des Kreislaufwirtschaftsgesetzes gelagert oder abgelagert werden,
6. das Anlegen, die Erweiterung oder Änderung und den Betrieb von Verkehrsflughäfen und von Verkehrslandeplätzen mit beschränktem Bauschutzbereich,

7. Planfeststellungsverfahren für den Bau oder die Änderung der Strecken von Straßenbahnen, Magnetschwebebahnen und von öffentlichen Eisenbahnen sowie für den Bau oder die Änderung von Rangier- und Containerbahnhöfen,
8. Planfeststellungsverfahren für den Bau oder die Änderung von Bundesfernstraßen,
9. Planfeststellungsverfahren für den Neubau oder den Ausbau von Bundeswasserstraßen und
10. Planfeststellungsverfahren für Maßnahmen des öffentlichen Küsten- oder Hochwasserschutzes.
²Satz 1 gilt auch für Streitigkeiten über Genehmigungen, die anstelle einer Planfeststellung erteilt werden, sowie für Streitigkeiten über sämtliche für das Vorhaben erforderlichen Genehmigungen und Erlaubnisse, auch soweit sie Nebeneinrichtungen betreffen, die mit ihm in einem räumlichen und betrieblichen Zusammenhang stehen. ³Die Länder können durch Gesetz vorschreiben, daß über Streitigkeiten, die Besitzeinweisungen in den Fällen des Satzes 1 betreffen, das Oberverwaltungsgericht im ersten Rechtszug entscheidet.

(2) Das Oberverwaltungsgericht entscheidet im ersten Rechtszug ferner über Klagen gegen die von einer obersten Landesbehörde nach § 3 Abs. 2 Nr. 1 des Vereinsgesetzes ausgesprochenen Vereinsverbote und nach § 8 Abs. 2 Satz 1 des Vereinsgesetzes erlassenen Verfügungen.

§ 49 [Instanzielle Zuständigkeit des Bundesverwaltungsgerichts]
Das Bundesverwaltungsgericht entscheidet über das Rechtsmittel
1. der Revision gegen Urteile des Oberverwaltungsgerichts nach § 132,
2. der Revision gegen Urteile des Verwaltungsgerichts nach §§ 134 und 135,
3. der Beschwerde nach § 99 Abs. 2 und § 133 Abs. 1 dieses Gesetzes sowie nach § 17a Abs. 4 Satz 4 des Gerichtsverfassungsgesetzes.

§ 50 [Sachliche Zuständigkeit des Bundesverwaltungsgerichts]
(1) Das Bundesverwaltungsgericht entscheidet im ersten und letzten Rechtszug
1. über öffentlich-rechtliche Streitigkeiten nichtverfassungsrechtlicher Art zwischen dem Bund und den Ländern und zwischen verschiedenen Ländern,
2. über Klagen gegen die vom Bundesminister des Innern, für Bau und Heimat nach § 3 Abs. 2 Nr. 2 des Vereinsgesetzes ausgesprochenen Vereinsverbote und nach § 8 Abs. 2 Satz 1 des Vereinsgesetzes erlassenen Verfügungen,
3. über Streitigkeiten gegen Abschiebungsanordnungen nach § 58a des Aufenthaltsgesetzes und ihre Vollziehung, sowie den Erlass eines Einreise- und Aufenthaltsverbots auf dieser Grundlage,
4. über Klagen, denen Vorgänge im Geschäftsbereich des Bundesnachrichtendienstes zugrunde liegen,
5. über Klagen gegen Maßnahmen und Entscheidungen nach § 44a des Abgeordnetengesetzes, nach den Verhaltensregeln für Mitglieder des Deutschen Bundestages[1], nach § 6b des Bundesministergesetzes und nach § 7 des Gesetzes über die Rechtsverhältnisse der Parlamentarischen Staatssekretäre in Verbindung mit § 6b des Bundesministergesetzes,
6. über sämtliche Streitigkeiten, die Planfeststellungsverfahren und Plangenehmigungsverfahren für Vorhaben betreffen, die in dem Allgemeinen Eisenbahngesetz, dem Bundesfernstraßengesetz, dem Bundeswasserstraßengesetz, dem Energieleitungsausbaugesetz, dem Bundesbedarfsplangesetz oder dem Magnetschwebebahnplanungsgesetz bezeichnet sind.

(2) (weggefallen)
(3) Hält das Bundesverwaltungsgericht nach Absatz 1 Nr. 1 eine Streitigkeit für verfassungsrechtlich, so legt es die Sache dem Bundesverfassungsgericht zur Entscheidung vor.

§ 51 [Aussetzung bei Verfahren über Vereinsverbote]
(1) Ist gemäß § 5 Abs. 2 des Vereinsgesetzes das Verbot des Gesamtvereins anstelle des Verbots eines Teilvereins zu vollziehen, so ist ein Verfahren über eine Klage dieses Teilvereins gegen das ihm gegenüber erlassene Verbot bis zum Erlaß der Entscheidung über eine Klage gegen das Verbot des Gesamtvereins auszusetzen.
(2) Eine Entscheidung des Bundesverwaltungsgerichts bindet im Falle des Absatzes 1 die Oberverwaltungsgerichte.
(3) Das Bundesverwaltungsgericht unterrichtet die Oberverwaltungsgerichte über die Klage eines Vereins nach § 50 Abs. 1 Nr. 2.

1) Siehe Anl. 1 der Geschäftsordnung des Deutschen Bundestages.

§ 52 [Örtliche Zuständigkeit]
Für die örtliche Zuständigkeit gilt folgendes:
1. In Streitigkeiten, die sich auf unbewegliches Vermögen oder ein ortsgebundenes Recht oder Rechtsverhältnis beziehen, ist nur das Verwaltungsgericht örtlich zuständig, in dessen Bezirk das Vermögen oder der Ort liegt.
2. [1]Bei Anfechtungsklagen gegen den Verwaltungsakt einer Bundesbehörde oder einer bundesunmittelbaren Körperschaft, Anstalt oder Stiftung des öffentlichen Rechts ist das Verwaltungsgericht örtlich zuständig, in dessen Bezirk die Bundesbehörde, die Körperschaft, Anstalt oder Stiftung ihren Sitz hat, vorbehaltlich der Nummern 1 und 4. [2]Dies gilt auch bei Verpflichtungsklagen in den Fällen des Satzes 1. [3]In Streitigkeiten nach dem Asylgesetz ist jedoch das Verwaltungsgericht örtlich zuständig, in dessen Bezirk der Ausländer nach dem Asylgesetz seinen Aufenthalt zu nehmen hat; ist eine örtliche Zuständigkeit danach nicht gegeben, bestimmt sie sich nach Nummer 3. [4]Soweit ein Land, in dem der Ausländer seinen Aufenthalt zu nehmen hat, von der Möglichkeit nach § 83 Absatz 3 des Asylgesetzes Gebrauch gemacht hat, ist das Verwaltungsgericht örtlich zuständig, das nach dem Landesrecht für Streitigkeiten nach dem Asylgesetz betreffend den Herkunftsstaat des Ausländers zuständig ist. [5]Für Klagen gegen den Bund auf Gebieten, die in die Zuständigkeit der diplomatischen und konsularischen Auslandsvertretungen der Bundesrepublik Deutschland fallen, auf dem Gebiet der Visumangelegenheiten auch, wenn diese in die Zuständigkeit des Bundesamts für Auswärtige Angelegenheiten fallen, ist das Verwaltungsgericht örtlich zuständig, in dessen Bezirk die Bundesregierung ihren Sitz hat.
3. [1]Bei allen anderen Anfechtungsklagen vorbehaltlich der Nummern 1 und 4 ist das Verwaltungsgericht örtlich zuständig, in dessen Bezirk der Verwaltungsakt erlassen wurde. [2]Ist er von einer Behörde, deren Zuständigkeit sich auf mehrere Verwaltungsgerichtsbezirke erstreckt, oder von einer gemeinsamen Behörde mehrerer oder aller Länder erlassen, so ist das Verwaltungsgericht zuständig, in dessen Bezirk der Beschwerte seinen Sitz oder Wohnsitz hat. [3]Fehlt ein solcher innerhalb des Zuständigkeitsbereichs der Behörde, so bestimmt sich die Zuständigkeit nach Nummer 5. [4]Bei Anfechtungsklagen gegen Verwaltungsakte einer von den Ländern mit der Vergabe von Studienplätzen beauftragten Behörde ist jedoch das Verwaltungsgericht örtlich zuständig, in dessen Bezirk die Behörde ihren Sitz hat. [5]Dies gilt auch bei Verpflichtungsklagen in den Fällen der Sätze 1, 2 und 4.
4. [1]Für alle Klagen aus einem gegenwärtigen oder früheren Beamten-, Richter-, Wehrpflicht-, Wehrdienst- oder Zivildienstverhältnis und für Streitigkeiten, die sich auf die Entstehung eines solchen Verhältnisses beziehen, ist das Verwaltungsgericht örtlich zuständig, in dessen Bezirk der Kläger oder Beklagte seinen dienstlichen Wohnsitz oder in Ermangelung dessen seinen Wohnsitz hat. [2]Hat der Kläger oder Beklagte keinen dienstlichen Wohnsitz oder keinen Wohnsitz innerhalb des Zuständigkeitsbereichs der Behörde, die den ursprünglichen Verwaltungsakt erlassen hat, so ist das Gericht örtlich zuständig, in dessen Bezirk diese Behörde ihren Sitz hat. [3]Die Sätze 1 und 2 gelten für Klagen nach § 79 des *Gesetzes zur Regelung der Rechtsverhältnisse der unter Artikel 131 des Grundgesetzes fallenden Personen*[1)] entsprechend.
5. In allen anderen Fällen ist das Verwaltungsgericht örtlich zuständig, in dessen Bezirk der Beklagte seinen Sitz, Wohnsitz oder in Ermangelung dessen seinen Aufenthalt hat oder seinen letzten Wohnsitz oder Aufenthalt hatte.

§ 53 [Bestimmung des zuständigen Gerichts]
(1) Das zuständige Gericht innerhalb der Verwaltungsgerichtsbarkeit wird durch das nächsthöhere Gericht bestimmt,
1. wenn das an sich zuständige Gericht in einem einzelnen Fall an der Ausübung der Gerichtsbarkeit rechtlich oder tatsächlich verhindert ist,
2. wenn es wegen der Grenzen verschiedener Gerichtsbezirke ungewiß ist, welches Gericht für den Rechtsstreit zuständig ist,
3. wenn der Gerichtsstand sich nach § 52 richtet und verschiedene Gerichte in Betracht kommen,
4. wenn verschiedene Gerichte sich rechtskräftig für zuständig erklärt haben,
5. wenn verschiedene Gerichte, von denen eines für den Rechtsstreit zuständig ist, sich rechtskräftig für unzuständig erklärt haben.
(2) Wenn eine örtliche Zuständigkeit nach § 52 nicht gegeben ist, bestimmt das Bundesverwaltungsgericht das zuständige Gericht.

1) **Aufgehoben mWv 1.10.1994** durch G v. 20.9.1994 (BGBl. I S. 2442).

(3) ¹Jeder am Rechtsstreit Beteiligte und jedes mit dem Rechtsstreit befaßte Gericht kann das im Rechtszug höhere Gericht oder das Bundesverwaltungsgericht anrufen. ²Das angerufene Gericht kann ohne mündliche Verhandlung entscheiden.

Teil II
Verfahren

7. Abschnitt
Allgemeine Verfahrensvorschriften

§ 54 [Ausschließung und Ablehnung von Gerichtspersonen]

(1) Für die Ausschließung und Ablehnung der Gerichtspersonen gelten §§ 41 bis 49 der Zivilprozeßordnung entsprechend.

(2) Von der Ausübung des Amtes als Richter oder ehrenamtlicher Richter ist auch ausgeschlossen, wer bei dem vorausgegangenen Verwaltungsverfahren mitgewirkt hat.

(3) Besorgnis der Befangenheit nach § 42 der Zivilprozeßordnung ist stets dann begründet, wenn der Richter oder ehrenamtliche Richter der Vertretung einer Körperschaft angehört, deren Interessen durch das Verfahren berührt werden.

§ 55 [Ordnungsvorschriften des GVG]

§§ 169, 171a bis 198 des Gerichtsverfassungsgesetzes über die Öffentlichkeit, Sitzungspolizei, Gerichtssprache, Beratung und Abstimmung finden entsprechende Anwendung.

§ 55a¹⁾ [Elektronische Dokumentenübermittlung]

(1) Vorbereitende Schriftsätze und deren Anlagen, schriftlich einzureichende Anträge und Erklärungen der Beteiligten sowie schriftlich einzureichende Auskünfte, Aussagen, Gutachten, Übersetzungen und Erklärungen Dritter können nach Maßgabe der Absätze 2 bis 6 als elektronische Dokumente bei Gericht eingereicht werden.

(2) ¹Das elektronische Dokument muss für die Bearbeitung durch das Gericht geeignet sein. ²Die Bundesregierung bestimmt durch Rechtsverordnung mit Zustimmung des Bundesrates die für die Übermittlung und Bearbeitung geeigneten technischen Rahmenbedingungen.

(3) ¹Das elektronische Dokument muss mit einer qualifizierten elektronischen Signatur der verantwortenden Person versehen sein oder von der verantwortenden Person signiert und auf einem sicheren Übermittlungsweg eingereicht werden. ²Satz 1 gilt nicht für Anlagen, die vorbereitenden Schriftsätzen beigefügt sind.

(4) Sichere Übermittlungswege sind

1. der Postfach- und Versanddienst eines De-Mail-Kontos, wenn der Absender bei Versand der Nachricht sicher im Sinne des § 4 Absatz 1 Satz 2 des De-Mail-Gesetzes angemeldet ist und er sich die sichere Anmeldung gemäß § 5 Absatz 5 des De-Mail-Gesetzes bestätigen lässt,

2. der Übermittlungsweg zwischen dem besonderen elektronischen Anwaltspostfach nach § 31a der Bundesrechtsanwaltsordnung oder einem entsprechenden, auf gesetzlicher Grundlage errichteten elektronischen Postfach und der elektronischen Poststelle des Gerichts,

3. der Übermittlungsweg zwischen einem nach Durchführung eines Identifizierungsverfahrens eingerichteten Postfach einer Behörde oder einer juristischen Person des öffentlichen Rechts und der elektronischen Poststelle des Gerichts; das Nähere regelt die Verordnung nach Absatz 2 Satz 2,

4. sonstige bundeseinheitliche Übermittlungswege, die durch Rechtsverordnung der Bundesregierung mit Zustimmung des Bundesrates festgelegt werden, bei denen die Authentizität und Integrität der Daten sowie die Barrierefreiheit gewährleistet sind.

(5) ¹Ein elektronisches Dokument ist eingegangen, sobald es auf der für den Empfang bestimmten Einrichtung des Gerichts gespeichert ist. ²Dem Absender ist eine automatisierte Bestätigung über den Zeitpunkt des Eingangs zu erteilen. ³Die Vorschriften dieses Gesetzes über die Beifügung von Abschriften für die übrigen Beteiligten finden keine Anwendung.

(6) ¹Ist ein elektronisches Dokument für das Gericht zur Bearbeitung nicht geeignet, ist dies dem Absender unter Hinweis auf die Unwirksamkeit des Eingangs und die geltenden technischen Rahmenbedingungen unverzüglich mitzuteilen. ²Das Dokument gilt als zum Zeitpunkt der früheren Einreichung eingegangen, sofern der Absender es unverzüglich in einer für das Gericht zur Bearbeitung geeigneten Form nachreicht und glaubhaft macht, dass es mit dem zuerst eingereichten Dokument inhaltlich übereinstimmt.

1) Siehe auch die Elektronischer-Rechtsverkehr-VO.

(7) [1]Soweit eine handschriftliche Unterzeichnung durch den Richter oder den Urkundsbeamten der Geschäftsstelle vorgeschrieben ist, genügt dieser Form die Aufzeichnung als elektronisches Dokument, wenn die verantwortenden Personen am Ende des Dokuments ihren Namen hinzufügen und das Dokument mit einer qualifizierten elektronischen Signatur versehen. [2]Der in Satz 1 genannten Form genügt auch ein elektronisches Dokument, in welches das handschriftlich unterzeichnete Schriftstück gemäß § 55b Absatz 6 Satz 4 übertragen worden ist.

§ 55b [Elektronische Aktenführung]
(1) [1]Die Prozessakten können elektronisch geführt werden. [2]Die Bundesregierung und die Landesregierungen bestimmen jeweils für ihren Bereich durch Rechtsverordnung den Zeitpunkt, von dem an die Prozessakten elektronisch geführt werden. [3]In der Rechtsverordnung sind die organisatorisch-technischen Rahmenbedingungen für die Bildung, Führung und Verwahrung der elektronischen Akten festzulegen. [4]Die Landesregierungen können die Ermächtigung auf die für die Verwaltungsgerichtsbarkeit zuständigen obersten Landesbehörden übertragen. [5]Die Zulassung der elektronischen Akte kann auf einzelne Gerichte oder Verfahren beschränkt werden; wird von dieser Möglichkeit Gebrauch gemacht, kann in der Rechtsverordnung bestimmt werden, dass durch Verwaltungsvorschrift, die öffentlich bekanntzumachen ist, geregelt wird, in welchen Verfahren die Prozessakten elektronisch zu führen sind. [6]Die Rechtsverordnung der Bundesregierung bedarf nicht der Zustimmung des Bundesrates.
(1a) [1]Die Prozessakten werden ab dem 1. Januar 2026 elektronisch geführt. [2]Die Bundesregierung und die Landesregierungen bestimmen jeweils für ihren Bereich durch Rechtsverordnung die organisatorischen und dem Stand der Technik entsprechenden technischen Rahmenbedingungen für die Bildung, Führung und Verwahrung der elektronischen Akten einschließlich der einzuhaltenden Anforderungen der Barrierefreiheit. [3]Die Bundesregierung und die Landesregierungen können jeweils für ihren Bereich durch Rechtsverordnung bestimmen, dass Akten, die in Papierform angelegt wurden, in Papierform weitergeführt werden. [4]Die Landesregierungen können die Ermächtigungen nach den Sätzen 2 und 3 auf die für die Verwaltungsgerichtsbarkeit zuständigen obersten Landesbehörden übertragen. [5]Die Rechtsverordnungen der Bundesregierung bedürfen nicht der Zustimmung des Bundesrates.
(2) [1]Werden die Akten in Papierform geführt, ist von einem elektronischen Dokument ein Ausdruck für die Akten zu fertigen. [2]Kann dies bei Anlagen zu vorbereitenden Schriftsätzen nicht oder nur mit unverhältnismäßigem Aufwand erfolgen, so kann ein Ausdruck unterbleiben. [3]Die Daten sind in diesem Fall dauerhaft zu speichern; der Speicherort ist aktenkundig zu machen.
(3) Wird das elektronische Dokument auf einem sicheren Übermittlungsweg eingereicht, so ist dies aktenkundig zu machen.
(4) Ist das elektronische Dokument mit einer qualifizierten elektronischen Signatur versehen und nicht auf einem sicheren Übermittlungsweg eingereicht, muss der Ausdruck einen Vermerk darüber enthalten,
1. welches Ergebnis die Integritätsprüfung des Dokumentes ausweist,
2. wen die Signaturprüfung als Inhaber der Signatur ausweist,
3. welchen Zeitpunkt die Signaturprüfung für die Anbringung der Signatur ausweist.
(5) Ein eingereichtes elektronisches Dokument kann im Falle von Absatz 2 nach Ablauf von sechs Monaten gelöscht werden.
(6) [1]Werden die Prozessakten elektronisch geführt, sind in Papierform vorliegende Schriftstücke und sonstige Unterlagen nach dem Stand der Technik zur Ersetzung der Urschrift in ein elektronisches Dokument zu übertragen. [2]Es ist sicherzustellen, dass das elektronische Dokument mit den vorliegenden Schriftstücken und sonstigen Unterlagen bildlich und inhaltlich übereinstimmt. [3]Das elektronische Dokument ist mit einem Übertragungsnachweis zu versehen, der das bei der Übertragung angewandte Verfahren und die bildliche und inhaltliche Übereinstimmung dokumentiert. [4]Wird ein von den verantwortenden Personen handschriftlich unterzeichnetes gerichtliches Schriftstück übertragen, ist der Übertragungsnachweis mit einer qualifizierten elektronischen Signatur des Urkundsbeamten der Geschäftsstelle zu versehen. [5]Die in Papierform vorliegenden Schriftstücke und sonstigen Unterlagen können sechs Monate nach der Übertragung vernichtet werden, sofern sie nicht rückgabepflichtig sind.

§ 55c Formulare; Verordnungsermächtigung
[1]Das Bundesministerium der Justiz und für Verbraucherschutz kann durch Rechtsverordnung mit Zustimmung des Bundesrates elektronische Formulare einführen. [2]Die Rechtsverordnung kann bestimmen, dass die in den Formularen enthaltenen Angaben ganz oder teilweise in strukturierter maschinenlesbarer Form zu übermitteln sind. [3]Die Formulare sind auf einer in der Rechtsverordnung zu bestimmenden Kommunikationsplattform im Internet zur Nutzung bereitzustellen. [4]Die Rechtsverordnung kann bestimmen, dass eine Identifikation des Formularverwenders abweichend von § 55a Absatz 3 auch durch Nut-

zung des elektronischen Identitätsnachweises nach § 18 des Personalausweisgesetzes, § 12 des eID-Karte-Gesetzes oder § 78 Absatz 5 des Aufenthaltsgesetzes erfolgen kann.

§ 55d [noch nicht in Kraft]

§ 56 [Zustellungen]

(1) Anordnungen und Entscheidungen, durch die eine Frist in Lauf gesetzt wird, sowie Terminbestimmungen und Ladungen sind zuzustellen, bei Verkündung jedoch nur, wenn es ausdrücklich vorgeschrieben ist.

(2) Zugestellt wird von Amts wegen nach den Vorschriften der Zivilprozessordnung.

(3) Wer nicht im Inland wohnt, hat auf Verlangen einen Zustellungsbevollmächtigten zu bestellen.

§ 56a [Öffentliche Bekanntmachung im Massenverfahren]

(1) [1]Sind gleiche Bekanntgaben an mehr als fünfzig Personen erforderlich, kann das Gericht für das weitere Verfahren die Bekanntgabe durch öffentliche Bekanntmachung anordnen. [2]In dem Beschluß muß bestimmt werden, in welchen Tageszeitungen die Bekanntmachungen veröffentlicht werden; dabei sind Tageszeitungen vorzusehen, die in dem Bereich verbreitet sind, in dem sich die Entscheidung voraussichtlich auswirken wird. [3]Der Beschluß ist den Beteiligten zuzustellen. [4]Die Beteiligten sind darauf hinzuweisen, auf welche Weise die weiteren Bekanntgaben bewirkt werden und wann das Dokument als zugestellt gilt. [5]Der Beschluß ist unanfechtbar. [6]Das Gericht kann den Beschluß jederzeit aufheben; es muß ihn aufheben, wenn die Voraussetzungen des Satzes 1 nicht vorlagen oder nicht mehr vorliegen.

(2) [1]Die öffentliche Bekanntmachung erfolgt durch Aushang an der Gerichtstafel oder durch Einstellung in ein elektronisches Informationssystem, das im Gericht öffentlich zugänglich ist und durch Veröffentlichung im Bundesanzeiger sowie in den im Beschluss nach Absatz 1 Satz 2 bestimmten Tageszeitungen. [2]Sie kann zusätzlich in einem von dem Gericht für Bekanntmachungen bestimmten Informations- und Kommunikationssystem erfolgen. [3]Bei einer Entscheidung genügt die öffentliche Bekanntmachung der Entscheidungsformel und der Rechtsbehelfsbelehrung. [4]Statt des bekannt zu machenden Dokuments kann eine Benachrichtigung öffentlich bekannt gemacht werden, in der angegeben ist, wo das Dokument eingesehen werden kann. [5]Eine Terminbestimmung oder Ladung muss im vollständigen Wortlaut öffentlich bekannt gemacht werden.

(3) [1]Das Dokument gilt als an dem Tage zugestellt, an dem seit dem Tage der Veröffentlichung im Bundesanzeiger zwei Wochen verstrichen sind; darauf ist in jeder Veröffentlichung hinzuweisen. [2]Nach der öffentlichen Bekanntmachung einer Entscheidung können die Beteiligten eine Ausfertigung schriftlich anfordern; darauf ist in der Veröffentlichung gleichfalls hinzuweisen.

§ 57 [Fristen]

(1) Der Lauf einer Frist beginnt, soweit nichts anderes bestimmt ist, mit der Zustellung oder, wenn diese nicht vorgeschrieben ist, mit der Eröffnung oder Verkündung.

(2) Für die Fristen gelten die Vorschriften der §§ 222, 224 Abs. 2 und 3, §§ 225 und 226 der Zivilprozeßordnung.

§ 58 [Rechtsbehelfsbelehrung]

(1) Die Frist für ein Rechtsmittel oder einen anderen Rechtsbehelf beginnt nur zu laufen, wenn der Beteiligte über den Rechtsbehelf, die Verwaltungsbehörde oder das Gericht, bei denen der Rechtsbehelf anzubringen ist, den Sitz und die einzuhaltende Frist schriftlich oder elektronisch belehrt worden ist.

(2) [1]Ist die Belehrung unterblieben oder unrichtig erteilt, so ist die Einlegung des Rechtsbehelfs nur innerhalb eines Jahres seit Zustellung, Eröffnung oder Verkündung zulässig, außer wenn die Einlegung vor Ablauf der Jahresfrist infolge höherer Gewalt unmöglich war oder eine schriftliche oder elektronische Belehrung dahin erfolgt ist, daß ein Rechtsbehelf nicht gegeben sei. [2]§ 60 Abs. 2 gilt für den Fall höherer Gewalt entsprechend.

§ 59 (aufgehoben)

§ 60 [Wiedereinsetzung]

(1) Wenn jemand ohne Verschulden verhindert war, eine gesetzliche Frist einzuhalten, so ist ihm auf Antrag Wiedereinsetzung in den vorigen Stand zu gewähren.

(2) [1]Der Antrag ist binnen zwei Wochen nach Wegfall des Hindernisses zu stellen; bei Versäumung der Frist zur Begründung der Berufung, des Antrags auf Zulassung der Berufung, der Revision, der Nichtzulassungsbeschwerde oder der Beschwerde beträgt die Frist einen Monat. [2]Die Tatsachen zur Begründung des Antrags sind bei der Antragstellung oder im Verfahren über den Antrag glaubhaft zu machen. [3]Innerhalb der Antragsfrist ist die versäumte Rechtshandlung nachzuholen. [4]Ist dies geschehen, so kann die Wiedereinsetzung auch ohne Antrag gewährt werden.

(3) Nach einem Jahr seit dem Ende der versäumten Frist ist der Antrag unzulässig, außer wenn der Antrag vor Ablauf der Jahresfrist infolge höherer Gewalt unmöglich war.

(4) Über den Wiedereinsetzungsantrag entscheidet das Gericht, das über die versäumte Rechtshandlung zu befinden hat.

(5) Die Wiedereinsetzung ist unanfechtbar.

§ 61 [Beteiligungsfähigkeit]
Fähig, am Verfahren beteiligt zu sein, sind
1. natürliche und juristische Personen,
2. Vereinigungen, soweit ihnen ein Recht zustehen kann,
3. Behörden, sofern das Landesrecht dies bestimmt.

§ 62 [Prozessfähigkeit]
(1) Fähig zur Vornahme von Verfahrenshandlungen sind
1. die nach bürgerlichem Recht Geschäftsfähigen,
2. die nach bürgerlichem Recht in der Geschäftsfähigkeit Beschränkten, soweit sie durch Vorschriften des bürgerlichen oder öffentlichen Rechts für den Gegenstand des Verfahrens als geschäftsfähig anerkannt sind.

(2) Betrifft ein Einwilligungsvorbehalt nach § 1903 des Bürgerlichen Gesetzbuchs den Gegenstand des Verfahrens, so ist ein geschäftsfähiger Betreuter nur insoweit zur Vornahme von Verfahrenshandlungen fähig, als er nach den Vorschriften des bürgerlichen Rechts ohne Einwilligung des Betreuers handeln kann oder durch Vorschriften des öffentlichen Rechts als handlungsfähig anerkannt ist.

(3) Für Vereinigungen sowie für Behörden handeln ihre gesetzlichen Vertreter und Vorstände.

(4) §§ 53 bis 58 der Zivilprozeßordnung gelten entsprechend.

§ 63 [Beteiligte]
Beteiligte am Verfahren sind
1. der Kläger,
2. der Beklagte,
3. der Beigeladene (§ 65),
4. der Vertreter des Bundesinteresses beim Bundesverwaltungsgericht oder der Vertreter des öffentlichen Interesses, falls er von seiner Beteiligungsbefugnis Gebrauch macht.

§ 64 [Streitgenossenschaft]
Die Vorschriften der §§ 59 bis 63 der Zivilprozeßordnung über die Streitgenossenschaft sind entsprechend anzuwenden.

§ 65 [Beiladung Dritter]
(1) Das Gericht kann, solange das Verfahren noch nicht rechtskräftig abgeschlossen oder in höherer Instanz anhängig ist, von Amts wegen oder auf Antrag andere, deren rechtliche Interessen durch die Entscheidung berührt werden, beiladen.

(2) Sind an dem streitigen Rechtsverhältnis Dritte derart beteiligt, daß die Entscheidung auch ihnen gegenüber nur einheitlich ergehen kann, so sind sie beizuladen (notwendige Beiladung).

(3) [1]Kommt nach Absatz 2 die Beiladung von mehr als fünfzig Personen in Betracht, kann das Gericht durch Beschluß anordnen, daß nur solche Personen beigeladen werden, die dies innerhalb einer bestimmten Frist beantragen. [2]Der Beschluß ist unanfechtbar. [3]Er ist im Bundesanzeiger bekanntzumachen. [4]Er muß außerdem in Tageszeitungen veröffentlicht werden, die in dem Bereich verbreitet sind, in dem sich die Entscheidung voraussichtlich auswirken wird. [5]Die Bekanntmachung kann zusätzlich in einem von dem Gericht für Bekanntmachungen bestimmten Informations- und Kommunikationssystem erfolgen. [6]Die Frist muß mindestens drei Monate seit Veröffentlichung im Bundesanzeiger betragen. [7]In der Veröffentlichung in Tageszeitungen ist mitzuteilen, an welchem Tage die Frist abläuft. [8]Für die Wiedereinsetzung in den vorigen Stand bei Versäumung der Frist gilt § 60 entsprechend. [9]Das Gericht soll Personen, die von der Entscheidung erkennbar in besonderem Maße betroffen werden, auch ohne Antrag beiladen.

(4) [1]Der Beiladungsbeschluß ist allen Beteiligten zuzustellen. [2]Dabei sollen der Stand der Sache und der Grund der Beiladung angegeben werden. [3]Die Beiladung ist unanfechtbar.

§ 66 [Prozessuale Rechte des Beigeladenen]
[1]Der Beigeladene kann innerhalb der Anträge eines Beteiligten selbständig Angriffs- und Verteidigungsmittel geltend machen und alle Verfahrenshandlungen wirksam vornehmen. [2]Abweichende Sachanträge kann er nur stellen, wenn eine notwendige Beiladung vorliegt.

§ 67 [Prozessbevollmächtigte und Beistände]

(1) Die Beteiligten können vor dem Verwaltungsgericht den Rechtsstreit selbst führen.

(2) ¹Die Beteiligten können sich durch einen Rechtsanwalt oder einen Rechtslehrer an einer staatlichen oder staatlich anerkannten Hochschule eines Mitgliedstaates der Europäischen Union, eines anderen Vertragsstaates des Abkommens über den Europäischen Wirtschaftsraum oder der Schweiz, der die Befähigung zum Richteramt besitzt, als Bevollmächtigten vertreten lassen. ²Darüber hinaus sind als Bevollmächtigte vor dem Verwaltungsgericht vertretungsbefugt nur

1. Beschäftigte des Beteiligten oder eines mit ihm verbundenen Unternehmens (§ 15 des Aktiengesetzes); Behörden und juristische Personen des öffentlichen Rechts einschließlich der von ihnen zur Erfüllung ihrer öffentlichen Aufgaben gebildeten Zusammenschlüsse können sich auch durch Beschäftigte anderer Behörden oder juristischer Personen des öffentlichen Rechts einschließlich der von ihnen zur Erfüllung ihrer öffentlichen Aufgaben gebildeten Zusammenschlüsse vertreten lassen,

2. volljährige Familienangehörige (§ 15 der Abgabenordnung, § 11 des Lebenspartnerschaftsgesetzes), Personen mit Befähigung zum Richteramt und Streitgenossen, wenn die Vertretung nicht im Zusammenhang mit einer entgeltlichen Tätigkeit steht,

3. Steuerberater, Steuerbevollmächtigte, Wirtschaftsprüfer und vereidigte Buchprüfer, Personen und Vereinigungen im Sinn des § 3a des Steuerberatungsgesetzes sowie Gesellschaften im Sinn des § 3 Nr. 2 und 3 des Steuerberatungsgesetzes, die durch Personen im Sinn des § 3 Nr. 1 des Steuerberatungsgesetzes handeln, in Abgabenangelegenheiten,

4. berufsständische Vereinigungen der Landwirtschaft für ihre Mitglieder,

5. Gewerkschaften und Vereinigungen von Arbeitgebern sowie Zusammenschlüsse solcher Verbände für ihre Mitglieder oder für andere Verbände oder Zusammenschlüsse mit vergleichbarer Ausrichtung und deren Mitglieder,

6. Vereinigungen, deren satzungsgemäße Aufgaben die gemeinschaftliche Interessenvertretung, die Beratung und Vertretung der Leistungsempfänger nach dem sozialen Entschädigungsrecht oder der behinderten Menschen wesentlich umfassen und die unter Berücksichtigung von Art und Umfang ihrer Tätigkeit sowie ihres Mitgliederkreises die Gewähr für eine sachkundige Prozessvertretung bieten, für ihre Mitglieder in Angelegenheiten der Kriegsopferfürsorge und des Schwerbehindertenrechts sowie der damit im Zusammenhang stehenden Angelegenheiten,

7. juristische Personen, deren Anteile sämtlich im wirtschaftlichen Eigentum einer der in den Nummern 5 und 6 bezeichneten Organisationen stehen, wenn die juristische Person ausschließlich die Rechtsberatung und Prozessvertretung dieser Organisation und ihrer Mitglieder oder anderer Verbände oder Zusammenschlüsse mit vergleichbarer Ausrichtung und deren Mitglieder entsprechend deren Satzung durchführt, und wenn die Organisation für die Tätigkeit der Bevollmächtigten haftet.

³Bevollmächtigte, die keine natürlichen Personen sind, handeln durch ihre Organe und mit der Prozessvertretung beauftragten Vertreter.

(3) ¹Das Gericht weist Bevollmächtigte, die nicht nach Maßgabe des Absatzes 2 vertretungsbefugt sind, durch unanfechtbaren Beschluss zurück. ²Prozesshandlungen eines nicht vertretungsbefugten Bevollmächtigten und Zustellungen oder Mitteilungen an diesen Bevollmächtigten sind bis zu seiner Zurückweisung wirksam. ³Das Gericht kann den in Absatz 2 Satz 2 Nr. 1 und 2 bezeichneten Bevollmächtigten durch unanfechtbaren Beschluss die weitere Vertretung untersagen, wenn sie nicht in der Lage sind, das Sach- und Streitverhältnis sachgerecht darzustellen.

(4) ¹Vor dem Bundesverwaltungsgericht und dem Oberverwaltungsgericht müssen sich die Beteiligten, außer im Prozesskostenhilfeverfahren, durch Prozessbevollmächtigte vertreten lassen. ²Dies gilt auch für Prozesshandlungen, durch die ein Verfahren vor dem Bundesverwaltungsgericht oder einem Oberverwaltungsgericht eingeleitet wird. ³Als Bevollmächtigte sind nur die in Absatz 2 Satz 1 bezeichneten Personen zugelassen. ⁴Behörden und juristische Personen des öffentlichen Rechts einschließlich der von ihnen zur Erfüllung ihrer öffentlichen Aufgaben gebildeten Zusammenschlüsse können sich durch eigene Beschäftigte mit Befähigung zum Richteramt oder durch Beschäftigte mit Befähigung zum Richteramt anderer Behörden oder juristischer Personen des öffentlichen Rechts einschließlich der von ihnen zur Erfüllung ihrer öffentlichen Aufgaben gebildeten Zusammenschlüsse vertreten lassen. ⁵Vor dem Bundesverwaltungsgericht sind auch die in Absatz 2 Satz 2 Nr. 5 bezeichneten Organisationen einschließlich der von ihnen gebildeten juristischen Personen gemäß Absatz 2 Satz 2 Nr. 7 als Bevollmächtigte zugelassen, jedoch nur in Angelegenheiten, die Rechtsverhältnisse im Sinne des § 52 Nr. 4 betreffen, in Personalvertretungsangelegenheiten und in Angelegenheiten, die in einem Zusammenhang mit einem gegenwärtigen oder früheren Arbeitsverhältnis von Arbeitnehmern im Sinne des § 5 des Arbeitsgerichtsgesetzes stehen, einschließlich Prüfungsangelegenheiten. ⁶Die in Satz 5 genannten Bevollmächtigten müssen durch Personen mit der Befähigung zum Richteramt handeln. ⁷Vor dem Oberverwaltungsgericht

sind auch die in Absatz 2 Satz 2 Nr. 3 bis 7 bezeichneten Personen und Organisationen als Bevollmächtigte zugelassen. [8]Ein Beteiligter, der nach Maßgabe der Sätze 3, 5 und 7 zur Vertretung berechtigt ist, kann sich selbst vertreten.

(5) [1]Richter dürfen nicht als Bevollmächtigte vor dem Gericht auftreten, dem sie angehören. [2]Ehrenamtliche Richter dürfen, außer in den Fällen des Absatzes 2 Satz 2 Nr. 1, nicht vor einem Spruchkörper auftreten, dem sie angehören. [3]Absatz 3 Satz 1 und 2 gilt entsprechend.

(6) [1]Die Vollmacht ist schriftlich zu den Gerichtsakten einzureichen. [2]Sie kann nachgereicht werden; hierfür kann das Gericht eine Frist bestimmen. [3]Der Mangel der Vollmacht kann in jeder Lage des Verfahrens geltend gemacht werden. [4]Das Gericht hat den Mangel der Vollmacht von Amts wegen zu berücksichtigen, wenn nicht als Bevollmächtigter ein Rechtsanwalt auftritt. [5]Ist ein Bevollmächtigter bestellt, sind die Zustellungen oder Mitteilungen des Gerichts an ihn zu richten.

(7) [1]In der Verhandlung können die Beteiligten mit Beiständen erscheinen. [2]Beistand kann sein, wer in Verfahren, in denen die Beteiligten den Rechtsstreit selbst führen können, als Bevollmächtigter zur Vertretung in der Verhandlung befugt ist. [3]Das Gericht kann andere Personen als Beistand zulassen, wenn dies sachdienlich ist und hierfür nach den Umständen des Einzelfalls ein Bedürfnis besteht. [4]Absatz 3 Satz 1 und 3 und Absatz 5 gelten entsprechend. [5]Das von dem Beistand Vorgetragene gilt als von dem Beteiligten vorgebracht, soweit es nicht von diesem sofort widerrufen oder berichtigt wird.

§ 67a [Gemeinsamer Bevollmächtigter]

(1) [1]Sind an einem Rechtsstreit mehr als zwanzig Personen im gleichen Interesse beteiligt, ohne durch einen Prozeßbevollmächtigten vertreten zu sein, kann das Gericht ihnen durch Beschluß aufgeben, innerhalb einer angemessenen Frist einen gemeinsamen Bevollmächtigten zu bestellen, wenn sonst die ordnungsgemäße Durchführung des Rechtsstreits beeinträchtigt wäre. [2]Bestellen die Beteiligten einen gemeinsamen Bevollmächtigten nicht innerhalb der ihnen gesetzten Frist, kann das Gericht einen Rechtsanwalt als gemeinsamen Vertreter durch Beschluß bestellen. [3]Die Beteiligten können Verfahrenshandlungen nur durch den gemeinsamen Bevollmächtigten oder Vertreter vornehmen. [4]Beschlüsse nach den Sätzen 1 und 2 sind unanfechtbar.

(2) [1]Die Vertretungsmacht erlischt, sobald der Vertreter oder der Vertretene dies dem Gericht schriftlich oder zu Protokoll des Urkundsbeamten der Geschäftsstelle erklärt; der Vertreter kann die Erklärung nur hinsichtlich aller Vertretenen abgeben. [2]Gibt der Vertretene eine solche Erklärung ab, so erlischt die Vertretungsmacht nur, wenn zugleich die Bestellung eines anderen Bevollmächtigten angezeigt wird.

8. Abschnitt
Besondere Vorschriften für Anfechtungs- und Verpflichtungsklagen

§ 68 [Vorverfahren]

(1) [1]Vor Erhebung der Anfechtungsklage sind Rechtmäßigkeit und Zweckmäßigkeit des Verwaltungsakts in einem Vorverfahren nachzuprüfen. [2]Einer solchen Nachprüfung bedarf es nicht, wenn ein Gesetz dies bestimmt oder wenn

1. der Verwaltungsakt von einer obersten Bundesbehörde oder von einer obersten Landesbehörde erlassen worden ist, außer wenn ein Gesetz die Nachprüfung vorschreibt, oder
2. der Abhilfebescheid oder der Widerspruchsbescheid erstmalig eine Beschwer enthält.

(2) Für die Verpflichtungsklage gilt Absatz 1 entsprechend, wenn der Antrag auf Vornahme des Verwaltungsakts abgelehnt worden ist.

§ 69 [Widerspruch]

Das Vorverfahren beginnt mit der Erhebung des Widerspruchs.

§ 70 [Form und Frist des Widerspruchs]

(1) [1]Der Widerspruch ist innerhalb eines Monats, nachdem der Verwaltungsakt dem Beschwerten bekanntgegeben worden ist, schriftlich, in elektronischer Form nach § 3a Absatz 2 des Verwaltungsverfahrensgesetzes oder zur Niederschrift bei der Behörde zu erheben, die den Verwaltungsakt erlassen hat. [2]Die Frist wird auch durch Einlegung bei der Behörde, die den Widerspruchsbescheid zu erlassen hat, gewahrt.

(2) §§ 58 und 60 Abs. 1 bis 4 gelten entsprechend.

§ 71 Anhörung

Ist die Aufhebung oder Änderung eines Verwaltungsakts im Widerspruchsverfahren erstmalig mit einer Beschwer verbunden, soll der Betroffene vor Erlaß des Abhilfebescheids oder des Widerspruchsbescheids gehört werden.

§ 72 [Abhilfe]
Hält die Behörde den Widerspruch für begründet, so hilft sie ihm ab und entscheidet über die Kosten.

§ 73 [Widerspruchsbescheid]
(1) [1]Hilft die Behörde dem Widerspruch nicht ab, so ergeht ein Widerspruchsbescheid. [2]Diesen erläßt
1. die nächsthöhere Behörde, soweit nicht durch Gesetz eine andere höhere Behörde bestimmt wird,
2. wenn die nächsthöhere Behörde eine oberste Bundes- oder oberste Landesbehörde ist, die Behörde, die den Verwaltungsakt erlassen hat,
3. in Selbstverwaltungsangelegenheiten die Selbstverwaltungsbehörde, soweit nicht durch Gesetz anderes bestimmt wird.
[3]Abweichend von Satz 2 Nr. 1 kann durch Gesetz bestimmt werden, dass die Behörde, die den Verwaltungsakt erlassen hat, auch für die Entscheidung über den Widerspruch zuständig ist.
(2) [1]Vorschriften, nach denen im Vorverfahren des Absatzes 1 Ausschüsse oder Beiräte an die Stelle einer Behörde treten, bleiben unberührt. [2]Die Ausschüsse oder Beiräte können abweichend von Absatz 1 Nr. 1 auch bei der Behörde gebildet werden, die den Verwaltungsakt erlassen hat.
(3) [1]Der Widerspruchsbescheid ist zu begründen, mit einer Rechtsmittelbelehrung zu versehen und zuzustellen. [2]Zugestellt wird von Amts wegen nach den Vorschriften des Verwaltungszustellungsgesetzes.
[3]Der Widerspruchsbescheid bestimmt auch, wer die Kosten trägt.

§ 74 [Klagefrist]
(1) [1]Die Anfechtungsklage muß innerhalb eines Monats nach Zustellung des Widerspruchsbescheids erhoben werden. [2]Ist nach § 68 ein Widerspruchsbescheid nicht erforderlich, so muß die Klage innerhalb eines Monats nach Bekanntgabe des Verwaltungsakts erhoben werden.
(2) Für die Verpflichtungsklage gilt Absatz 1 entsprechend, wenn der Antrag auf Vornahme des Verwaltungsakts abgelehnt worden ist.

§ 75 [Klage bei Untätigkeit der Behörden]
[1]Ist über einen Widerspruch oder über einen Antrag auf Vornahme eines Verwaltungsakts ohne zureichenden Grund in angemessener Frist sachlich nicht entschieden worden, so ist die Klage abweichend von § 68 zulässig. [2]Die Klage kann nicht vor Ablauf von drei Monaten seit der Einlegung des Widerspruchs oder seit dem Antrag auf Vornahme des Verwaltungsakts erhoben werden, außer wenn wegen besonderer Umstände des Falles eine kürzere Frist geboten ist. [3]Liegt ein zureichender Grund dafür vor, daß über den Widerspruch noch nicht entschieden oder der beantragte Verwaltungsakt noch nicht erlassen ist, so setzt das Gericht das Verfahren bis zum Ablauf einer von ihm bestimmten Frist, die verlängert werden kann, aus. [4]Wird dem Widerspruch innerhalb der vom Gericht gesetzten Frist stattgegeben oder der Verwaltungsakt innerhalb dieser Frist erlassen, so ist die Hauptsache für erledigt zu erklären.

§ 76 (weggefallen)

§ 77 [Ausschließlichkeit des Widerspruchsverfahrens]
(1) Alle bundesrechtlichen Vorschriften in anderen Gesetzen über Einspruchs- oder Beschwerdeverfahren sind durch die Vorschriften dieses Abschnitts ersetzt.
(2) Das gleiche gilt für landesrechtliche Vorschriften über Einspruchs- oder Beschwerdeverfahren als Voraussetzung der verwaltungsgerichtlichen Klage.

§ 78 [Beklagter]
(1) Die Klage ist zu richten
1. gegen den Bund, das Land oder die Körperschaft, deren Behörde den angefochtenen Verwaltungsakt erlassen oder den beantragten Verwaltungsakt unterlassen hat; zur Bezeichnung des Beklagten genügt die Angabe der Behörde,
2. sofern das Landesrecht dies bestimmt, gegen die Behörde selbst, die den angefochtenen Verwaltungsakt erlassen oder den beantragten Verwaltungsakt unterlassen hat.
(2) Wenn ein Widerspruchsbescheid erlassen ist, der erstmalig eine Beschwer enthält (§ 68 Abs. 1 Satz 2 Nr. 2), ist Behörde im Sinne des Absatzes 1 die Widerspruchsbehörde.

§ 79 [Gegenstand der Anfechtungsklage]
(1) Gegenstand der Anfechtungsklage ist
1. der ursprüngliche Verwaltungsakt in der Gestalt, die er durch den Widerspruchsbescheid gefunden hat,
2. der Abhilfebescheid oder Widerspruchsbescheid, wenn dieser erstmalig eine Beschwer enthält.
(2) [1]Der Widerspruchsbescheid kann auch dann alleiniger Gegenstand der Anfechtungsklage sein, wenn und soweit er gegenüber dem ursprünglichen Verwaltungsakt eine zusätzliche selbständige Beschwer

enthält. [2]Als eine zusätzliche Beschwer gilt auch die Verletzung einer wesentlichen Verfahrensvorschrift, sofern der Widerspruchsbescheid auf dieser Verletzung beruht. [3]§ 78 Abs. 2 gilt entsprechend.

§ 80 [Aufschiebende Wirkung]

(1) [1]Widerspruch und Anfechtungsklage haben aufschiebende Wirkung. [2]Das gilt auch bei rechtsgestaltenden und feststellenden Verwaltungsakten sowie bei Verwaltungsakten mit Doppelwirkung (§ 80a).

(2) [1]Die aufschiebende Wirkung entfällt nur

1. bei der Anforderung von öffentlichen Abgaben und Kosten,
2. bei unaufschiebbaren Anordnungen und Maßnahmen von Polizeivollzugsbeamten,
3. in anderen durch Bundesgesetz oder für Landesrecht durch Landesgesetz vorgeschriebenen Fällen, insbesondere für Widersprüche und Klagen Dritter gegen Verwaltungsakte, die Investitionen oder die Schaffung von Arbeitsplätzen betreffen,
4. in den Fällen, in denen die sofortige Vollziehung im öffentlichen Interesse oder im überwiegenden Interesse eines Beteiligten von der Behörde, die den Verwaltungsakt erlassen oder über den Widerspruch zu entscheiden hat, besonders angeordnet wird.

[2]Die Länder können auch bestimmen, daß Rechtsbehelfe keine aufschiebende Wirkung haben, soweit sie sich gegen Maßnahmen richten, die in der Verwaltungsvollstreckung durch die Länder nach Bundesrecht getroffen werden.

(3) [1]In den Fällen des Absatzes 2 Nr. 4 ist das besondere Interesse an der sofortigen Vollziehung des Verwaltungsakts schriftlich zu begründen. [2]Einer besonderen Begründung bedarf es nicht, wenn die Behörde bei Gefahr im Verzug, insbesondere bei drohenden Nachteilen für Leben, Gesundheit oder Eigentum vorsorglich eine als solche bezeichnete Notstandsmaßnahme im öffentlichen Interesse trifft.

(4) [1]Die Behörde, die den Verwaltungsakt erlassen oder über den Widerspruch zu entscheiden hat, kann in den Fällen des Absatzes 2 die Vollziehung aussetzen, soweit nicht bundesgesetzlich etwas anderes bestimmt ist. [2]Bei der Anforderung von öffentlichen Abgaben und Kosten kann sie die Vollziehung auch gegen Sicherheit aussetzen. [3]Die Aussetzung soll bei öffentlichen Abgaben und Kosten erfolgen, wenn ernstliche Zweifel an der Rechtmäßigkeit des angegriffenen Verwaltungsakts bestehen oder wenn die Vollziehung für den Abgaben- oder Kostenpflichtigen eine unbillige, nicht durch überwiegende öffentliche Interessen gebotene Härte zur Folge hätte.

(5) [1]Auf Antrag kann das Gericht der Hauptsache die aufschiebende Wirkung in den Fällen des Absatzes 2 Nr. 1 bis 3 ganz oder teilweise anordnen, im Falle des Absatzes 2 Nr. 4 ganz oder teilweise wiederherstellen. [2]Der Antrag ist schon vor Erhebung der Anfechtungsklage zulässig. [3]Ist der Verwaltungsakt im Zeitpunkt der Entscheidung schon vollzogen, so kann das Gericht die Aufhebung der Vollziehung anordnen. [4]Die Wiederherstellung der aufschiebenden Wirkung kann von der Leistung einer Sicherheit oder von anderen Auflagen abhängig gemacht werden. [5]Sie kann auch befristet werden.

(6) [1]In den Fällen des Absatzes 2 Nr. 1 ist der Antrag nach Absatz 5 nur zulässig, wenn die Behörde einen Antrag auf Aussetzung der Vollziehung ganz oder zum Teil abgelehnt hat. [2]Das gilt nicht, wenn

1. die Behörde über den Antrag ohne Mitteilung eines zureichenden Grundes in angemessener Frist sachlich nicht entschieden hat oder
2. eine Vollstreckung droht.

(7) [1]Das Gericht der Hauptsache kann Beschlüsse über Anträge nach Absatz 5 jederzeit ändern oder aufheben. [2]Jeder Beteiligte kann die Änderung oder Aufhebung wegen veränderter oder im ursprünglichen Verfahren ohne Verschulden nicht geltend gemachter Umstände beantragen.

(8) In dringenden Fällen kann der Vorsitzende entscheiden.

§ 80a [Verwaltungsakte mit Doppelwirkung]

(1) Legt ein Dritter einen Rechtsbehelf gegen den an einen anderen gerichteten, diesen begünstigenden Verwaltungsakt ein, kann die Behörde

1. auf Antrag des Begünstigten nach § 80 Abs. 2 Nr. 4 die sofortige Vollziehung anordnen,
2. auf Antrag des Dritten nach § 80 Abs. 4 die Vollziehung aussetzen und einstweilige Maßnahmen zur Sicherung der Rechte des Dritten treffen.

(2) Legt ein Betroffener gegen einen an ihn gerichteten belastenden Verwaltungsakt, der einen Dritten begünstigt, einen Rechtsbehelf ein, kann die Behörde auf Antrag des Dritten nach § 80 Abs. 2 Nr. 4 die sofortige Vollziehung anordnen.

(3) [1]Das Gericht kann auf Antrag Maßnahmen nach den Absätzen 1 und 2 ändern oder aufheben oder solche Maßnahmen treffen. [2]§ 80 Abs. 5 bis 8 gilt entsprechend.

§ 80b [Ende der aufschiebenden Wirkung]

(1) [1]Die aufschiebende Wirkung des Widerspruchs und der Anfechtungsklage endet mit der Unanfecht-barkeit oder, wenn die Anfechtungsklage im ersten Rechtszug abgewiesen worden ist, drei Monate nach Ablauf der gesetzlichen Begründungsfrist des gegen die abweisende Entscheidung gegebenen Rechts-mittels. [2]Dies gilt auch, wenn die Vollziehung durch die Behörde ausgesetzt oder die aufschiebende Wir-kung durch das Gericht wiederhergestellt oder angeordnet worden ist, es sei denn, die Behörde hat die Vollziehung bis zur Unanfechtbarkeit ausgesetzt.

(2) Das Oberverwaltungsgericht kann auf Antrag anordnen, daß die aufschiebende Wirkung fortdauert.

(3) § 80 Abs. 5 bis 8 und § 80a gelten entsprechend.

9. Abschnitt
Verfahren im ersten Rechtszug

§ 81 [Klageerhebung]

(1) [1]Die Klage ist bei dem Gericht schriftlich zu erheben. [2]Bei dem Verwaltungsgericht kann sie auch zu Protokoll des Urkundsbeamten der Geschäftsstelle erhoben werden.

(2) Der Klage und allen Schriftsätzen sollen vorbehaltlich des § 55a Absatz 5 Satz 3 Abschriften für die übrigen Beteiligten beigefügt werden.

§ 82 [Inhalt der Klageschrift]

(1) [1]Die Klage muß den Kläger, den Beklagten und den Gegenstand des Klagebegehrens bezeichnen. [2]Sie soll einen bestimmten Antrag enthalten. [3]Die zur Begründung dienenden Tatsachen und Beweismittel sollen angegeben, die angefochtene Verfügung und der Widerspruchsbescheid sollen in Abschrift beige-fügt werden.

(2) [1]Entspricht die Klage diesen Anforderungen nicht, hat der Vorsitzende oder der nach § 21g des Ge-richtsverfassungsgesetzes zuständige Berufsrichter (Berichterstatter) den Kläger zu der erforderlichen Ergänzung innerhalb einer bestimmten Frist aufzufordern. [2]Er kann dem Kläger für die Ergänzung eine Frist mit ausschließender Wirkung setzen, wenn es an einem der in Absatz 1 Satz 1 genannten Erforder-nisse fehlt. [3]Für die Wiedereinsetzung in den vorigen Stand gilt § 60 entsprechend.

§ 83 [Sachliche und örtliche Zuständigkeit]

[1]Für die sachliche und örtliche Zuständigkeit gelten die §§ 17 bis 17b des Gerichtsverfassungsgesetzes entsprechend. [2]Beschlüsse entsprechend § 17a Abs. 2 und 3 des Gerichtsverfassungsgesetzes sind unan-fechtbar.

§ 84 [Gerichtsbescheid]

(1) [1]Das Gericht kann ohne mündliche Verhandlung durch Gerichtsbescheid entscheiden, wenn die Sache keine besonderen Schwierigkeiten tatsächlicher oder rechtlicher Art aufweist und der Sachverhalt geklärt ist. [2]Die Beteiligten sind vorher zu hören. [3]Die Vorschriften über Urteile gelten entsprechend.

(2) Die Beteiligten können innerhalb eines Monats nach Zustellung des Gerichtsbescheids

1. Berufung einlegen, wenn sie zugelassen worden ist (§ 124a),
2. Zulassung der Berufung oder mündliche Verhandlung beantragen; wird von beiden Rechtsbehelfen Gebrauch gemacht, findet mündliche Verhandlung statt,
3. Revision einlegen, wenn sie zugelassen worden ist,
4. Nichtzulassungsbeschwerde einlegen oder mündliche Verhandlung beantragen, wenn die Revision nicht zugelassen worden ist; wird von beiden Rechtsbehelfen Gebrauch gemacht, findet mündliche Verhandlung statt,
5. mündliche Verhandlung beantragen, wenn ein Rechtsmittel nicht gegeben ist.

(3) Der Gerichtsbescheid wirkt als Urteil; wird rechtzeitig mündliche Verhandlung beantragt, gilt er als nicht ergangen.

(4) Wird mündliche Verhandlung beantragt, kann das Gericht in dem Urteil von einer weiteren Darstellung des Tatbestandes und der Entscheidungsgründe absehen, soweit es der Begründung des Gerichtsbeschei-des folgt und dies in seiner Entscheidung feststellt.

§ 85 [Klagezustellung]

[1]Der Vorsitzende verfügt die Zustellung der Klage an den Beklagten. [2]Zugleich mit der Zustellung ist der Beklagte aufzufordern, sich schriftlich zu äußern; § 81 Abs. 1 Satz 2 gilt entsprechend. [3]Hierfür kann eine Frist gesetzt werden.

§ 86 [Untersuchungsgrundsatz; Aufklärungspflicht; vorbereitende Schriftsätze]
(1) [1]Das Gericht erforscht den Sachverhalt von Amts wegen; die Beteiligten sind dabei heranzuziehen. [2]Es ist an das Vorbringen und an die Beweisanträge der Beteiligten nicht gebunden.

(2) Ein in der mündlichen Verhandlung gestellter Beweisantrag kann nur durch einen Gerichtsbeschluß, der zu begründen ist, abgelehnt werden.

(3) Der Vorsitzende hat darauf hinzuwirken, daß Formfehler beseitigt, unklare Anträge erläutert, sachdienliche Anträge gestellt, ungenügende tatsächliche Angaben ergänzt, ferner alle für die Feststellung und Beurteilung des Sachverhalts wesentlichen Erklärungen abgegeben werden.

(4) [1]Die Beteiligten sollen zur Vorbereitung der mündlichen Verhandlung Schriftsätze einreichen. [2]Hierzu kann sie der Vorsitzende unter Fristsetzung auffordern. [3]Die Schriftsätze sind den Beteiligten von Amts wegen zu übermitteln.

(5) [1]Den Schriftsätzen sind die Urkunden oder elektronischen Dokumente, auf die Bezug genommen wird, in Abschrift ganz oder im Auszug beizufügen. [2]Sind die Urkunden dem Gegner bereits bekannt oder sehr umfangreich, so genügt die genaue Bezeichnung mit dem Anerbieten, Einsicht bei Gericht zu gewähren.

§ 86a (aufgehoben)

§ 87 [Vorbereitendes Verfahren]
(1) [1]Der Vorsitzende oder der Berichterstatter hat schon vor der mündlichen Verhandlung alle Anordnungen zu treffen, die notwendig sind, um den Rechtsstreit möglichst in einer mündlichen Verhandlung zu erledigen. [2]Er kann insbesondere
1. die Beteiligten zur Erörterung des Sach- und Streitstandes und zur gütlichen Beilegung des Rechtsstreits laden und einen Vergleich entgegennehmen;
2. den Beteiligten die Ergänzung oder Erläuterung ihrer vorbereitenden Schriftsätze, die Vorlegung von Urkunden, die Übermittlung von elektronischen Dokumenten und die Vorlegung von anderen zur Niederlegung bei Gericht geeigneten Gegenständen aufgeben, insbesondere eine Frist zur Erklärung über bestimmte klärungsbedürftige Punkte setzen;
3. Auskünfte einholen;
4. die Vorlage von Urkunden oder die Übermittlung von elektronischen Dokumenten anordnen;
5. das persönliche Erscheinen der Beteiligten anordnen; § 95 gilt entsprechend;
6. Zeugen und Sachverständige zur mündlichen Verhandlung laden.

(2) Die Beteiligten sind von jeder Anordnung zu benachrichtigen.

(3) [1]Der Vorsitzende oder der Berichterstatter kann einzelne Beweise erheben. [2]Dies darf nur insoweit geschehen, als es zur Vereinfachung der Verhandlung vor dem Gericht sachdienlich und von vornherein anzunehmen ist, daß das Gericht das Beweisergebnis auch ohne unmittelbaren Eindruck von dem Verlauf der Beweisaufnahme sachgemäß zu würdigen vermag.

§ 87a [Entscheidung im vorbereitenden Verfahren]
(1) Der Vorsitzende entscheidet, wenn die Entscheidung im vorbereitenden Verfahren ergeht,
1. über die Aussetzung und das Ruhen des Verfahrens;
2. bei Zurücknahme der Klage, Verzicht auf den geltend gemachten Anspruch oder Anerkenntnis des Anspruchs, auch über einen Antrag auf Prozesskostenhilfe;
3. bei Erledigung des Rechtsstreits in der Hauptsache, auch über einen Antrag auf Prozesskostenhilfe;
4. über den Streitwert;
5. über Kosten;
6. über die Beiladung.

(2) Im Einverständnis der Beteiligten kann der Vorsitzende auch sonst anstelle der Kammer oder des Senats entscheiden.

(3) Ist ein Berichterstatter bestellt, so entscheidet dieser anstelle des Vorsitzenden.

§ 87b [Fristsetzung, Fristversäumnis]
(1) [1]Der Vorsitzende oder der Berichterstatter kann dem Kläger eine Frist setzen zur Angabe der Tatsachen, durch deren Berücksichtigung oder Nichtberücksichtigung im Verwaltungsverfahren er sich beschwert fühlt. [2]Die Fristsetzung nach Satz 1 kann mit der Fristsetzung nach § 82 Abs. 2 Satz 2 verbunden werden.

(2) Der Vorsitzende oder der Berichterstatter kann einem Beteiligten unter Fristsetzung aufgeben, zu bestimmten Vorgängen
1. Tatsachen anzugeben oder Beweismittel zu bezeichnen,
2. Urkunden oder andere bewegliche Sachen vorzulegen sowie elektronische Dokumente zu übermitteln, soweit der Beteiligte dazu verpflichtet ist.

(3) ¹Das Gericht kann Erklärungen und Beweismittel, die erst nach Ablauf einer nach den Absätzen 1 und 2 gesetzten Frist vorgebracht werden, zurückweisen und ohne weitere Ermittlungen entscheiden, wenn

1. ihre Zulassung nach der freien Überzeugung des Gerichts die Erledigung des Rechtsstreits verzögern würde und
2. der Beteiligte die Verspätung nicht genügend entschuldigt und
3. der Beteiligte über die Folgen einer Fristversäumung belehrt worden ist.

²Der Entschuldigungsgrund ist auf Verlangen des Gerichts glaubhaft zu machen. ³Satz 1 gilt nicht, wenn es mit geringem Aufwand möglich ist, den Sachverhalt auch ohne Mitwirkung des Beteiligten zu ermitteln.

§ 88 [Bindung an Klagebegehren]

Das Gericht darf über das Klagebegehren nicht hinausgehen, ist aber an die Fassung der Anträge nicht gebunden.

§ 89 [Widerklage]

(1) ¹Bei dem Gericht der Klage kann eine Widerklage erhoben werden, wenn der Gegenanspruch mit dem in der Klage geltend gemachten Anspruch oder mit den gegen ihn vorgebrachten Verteidigungsmitteln zusammenhängt. ²Dies gilt nicht, wenn in den Fällen des § 52 Nr. 1 für die Klage wegen des Gegenanspruchs ein anderes Gericht zuständig ist.

(2) Bei Anfechtungs- und Verpflichtungsklagen ist die Widerklage ausgeschlossen.

§ 90 [Rechtshängigkeit]

(1) ¹Durch Erhebung der Klage wird die Streitsache rechtshängig. ²In Verfahren nach dem Siebzehnten Titel des Gerichtsverfassungsgesetzes wegen eines überlangen Gerichtsverfahrens wird die Streitsache erst mit Zustellung der Klage rechtshängig.

(2) (weggefallen)

(3) (weggefallen)

§ 91 [Klageänderung]

(1) Eine Änderung der Klage ist zulässig, wenn die übrigen Beteiligten einwilligen oder das Gericht die Änderung für sachdienlich hält.

(2) Die Einwilligung des Beklagten in die Änderung der Klage ist anzunehmen, wenn er sich, ohne ihr zu widersprechen, in einem Schriftsatz oder in einer mündlichen Verhandlung auf die geänderte Klage eingelassen hat.

(3) Die Entscheidung, daß eine Änderung der Klage nicht vorliegt oder zuzulassen sei, ist nicht selbständig anfechtbar.

§ 92 [Klagerücknahme]

(1) ¹Der Kläger kann bis zur Rechtskraft des Urteils seine Klage zurücknehmen. ²Die Zurücknahme nach Stellung der Anträge in der mündlichen Verhandlung setzt die Einwilligung des Beklagten und, wenn ein Vertreter des öffentlichen Interesses an der mündlichen Verhandlung teilgenommen hat, auch seine Einwilligung voraus. ³Die Einwilligung gilt als erteilt, wenn der Klagerücknahme nicht innerhalb von zwei Wochen seit Zustellung des die Rücknahme enthaltenden Schriftsatzes widersprochen wird; das Gericht hat auf diese Folge hinzuweisen.

(2) ¹Die Klage gilt als zurückgenommen, wenn der Kläger das Verfahren trotz Aufforderung des Gerichts länger als zwei Monate nicht betreibt. ²Absatz 1 Satz 2 und 3 gilt entsprechend. ³Der Kläger ist in der Aufforderung auf die sich aus Satz 1 und § 155 Abs. 2 ergebenden Rechtsfolgen hinzuweisen. ⁴Das Gericht stellt durch Beschluß fest, daß die Klage als zurückgenommen gilt.

(3) ¹Ist die Klage zurückgenommen oder gilt sie als zurückgenommen, so stellt das Gericht das Verfahren durch Beschluß ein und spricht die sich nach diesem Gesetz ergebenden Rechtsfolgen der Zurücknahme aus. ²Der Beschluß ist unanfechtbar.

§ 93 [Verbindung und Trennung von Verfahren]

¹Das Gericht kann durch Beschluß mehrere bei ihm anhängige Verfahren über den gleichen Gegenstand zu gemeinsamer Verhandlung und Entscheidung verbinden und wieder trennen. ²Es kann anordnen, daß mehrere in einem Verfahren erhobene Ansprüche in getrennten Verfahren verhandelt und entschieden werden.

§ 93a [Musterverfahren]

(1) ¹Ist die Rechtmäßigkeit einer behördlichen Maßnahme Gegenstand von mehr als zwanzig Verfahren, kann das Gericht eines oder mehrere geeignete Verfahren vorab durchführen (Musterverfahren) und die übrigen Verfahren aussetzen. ²Die Beteiligten sind vorher zu hören. ³Der Beschluß ist unanfechtbar.

(2) [1]Ist über die durchgeführten Verfahren rechtskräftig entschieden worden, kann das Gericht nach Anhörung der Beteiligten über die ausgesetzten Verfahren durch Beschluß entscheiden, wenn es einstimmig der Auffassung ist, daß die Sachen gegenüber rechtskräftig entschiedenen Musterverfahren keine wesentlichen Besonderheiten tatsächlicher oder rechtlicher Art aufweisen und der Sachverhalt geklärt ist. [2]Das Gericht kann in einem Musterverfahren erhobene Beweise einführen; es kann nach seinem Ermessen die wiederholte Vernehmung eines Zeugen oder eine neue Begutachtung durch denselben oder andere Sachverständige anordnen. [3]Beweisanträge zu Tatsachen, über die bereits im Musterverfahren Beweis erhoben wurde, kann das Gericht ablehnen, wenn ihre Zulassung nach seiner freien Überzeugung nicht zum Nachweis neuer entscheidungserheblicher Tatsachen beitragen und die Erledigung des Rechtsstreits verzögern würde. [4]Die Ablehnung kann in der Entscheidung nach Satz 1 erfolgen. [5]Den Beteiligten steht gegen den Beschluß nach Satz 1 das Rechtsmittel zu, das zulässig wäre, wenn das Gericht durch Urteil entschieden hätte. [6]Die Beteiligten sind über dieses Rechtsmittel zu belehren.

§ 94 [Aussetzung des Verfahrens]
Das Gericht kann, wenn die Entscheidung des Rechtsstreits ganz oder zum Teil von dem Bestehen oder Nichtbestehen eines Rechtsverhältnisses abhängt, das den Gegenstand eines anderen anhängigen Rechtsstreits bildet oder von einer Verwaltungsbehörde festzustellen ist, anordnen, daß die Verhandlung bis zur Erledigung des anderen Rechtsstreits oder bis zur Entscheidung der Verwaltungsbehörde auszusetzen sei.

§ 95 [Persönliches Erscheinen]
(1) [1]Das Gericht kann das persönliche Erscheinen eines Beteiligten anordnen. [2]Für den Fall des Ausbleibens kann es Ordnungsgeld wie gegen einen im Vernehmungstermin nicht erschienenen Zeugen androhen. [3]Bei schuldhaftem Ausbleiben setzt das Gericht durch Beschluß das angedrohte Ordnungsgeld fest. [4]Androhung und Festsetzung des Ordnungsgelds können wiederholt werden.
(2) Ist Beteiligter eine juristische Person oder eine Vereinigung, so ist das Ordnungsgeld dem nach Gesetz oder Satzung Vertretungsberechtigten anzudrohen und gegen ihn festzusetzen.
(3) Das Gericht kann einer beteiligten öffentlich-rechtlichen Körperschaft oder Behörde aufgeben, zur mündlichen Verhandlung einen Beamten oder Angestellten zu entsenden, der mit einem schriftlichen Nachweis über die Vertretungsbefugnis versehen und über die Sach- und Rechtslage ausreichend unterrichtet ist.

§ 96 [Unmittelbarkeit der Beweisaufnahme]
(1) [1]Das Gericht erhebt Beweis in der mündlichen Verhandlung. [2]Es kann insbesondere Augenschein einnehmen, Zeugen, Sachverständige und Beteiligte vernehmen und Urkunden heranziehen.
(2) Das Gericht kann in geeigneten Fällen schon vor der mündlichen Verhandlung durch eines seiner Mitglieder als beauftragten Richter Beweis erheben lassen oder durch Bezeichnung der einzelnen Beweisfragen ein anderes Gericht um die Beweisaufnahme ersuchen.

§ 97 [Beweistermine]
[1]Die Beteiligten werden von allen Beweisterminen benachrichtigt und können der Beweisaufnahme beiwohnen. [2]Sie können an Zeugen und Sachverständige sachdienliche Fragen richten. [3]Wird eine Frage beanstandet, so entscheidet das Gericht.

§ 98 [Beweisaufnahme]
Soweit dieses Gesetz nicht abweichende Vorschriften enthält, sind auf die Beweisaufnahme §§ 358 bis 444 und 450 bis 494 der Zivilprozeßordnung entsprechend anzuwenden.

§ 99 [Vorlage- und Auskunftspflicht der Behörden]
(1) [1]Behörden sind zur Vorlage von Urkunden oder Akten, zur Übermittlung elektronischer Dokumente und zu Auskünften verpflichtet. [2]Wenn das Bekanntwerden des Inhalts dieser Urkunden, Akten, elektronischen Dokumente oder dieser Auskünfte dem Wohl des Bundes oder eines Landes Nachteile bereiten würde oder wenn die Vorgänge nach einem Gesetz oder ihrem Wesen nach geheim gehalten werden müssen, kann die zuständige oberste Aufsichtsbehörde die Vorlage von Urkunden oder Akten, die Übermittlung der elektronischen Dokumente und die Erteilung der Auskünfte verweigern.
(2) [1]Auf Antrag eines Beteiligten stellt das Oberverwaltungsgericht ohne mündliche Verhandlung durch Beschluss fest, ob die Verweigerung der Vorlage der Urkunden oder Akten, der Übermittlung der elektronischen Dokumente oder der Erteilung von Auskünften rechtmäßig ist. [2]Verweigert eine oberste Bundesbehörde die Vorlage, Übermittlung oder Auskunft mit der Begründung, das Bekanntwerden des Inhalts der Urkunden, der Akten, der elektronischen Dokumente oder der Auskünfte würde dem Wohl des Bundes Nachteile bereiten, entscheidet das Bundesverwaltungsgericht; Gleiches gilt, wenn das Bundesverwaltungsgericht nach § 50 für die Hauptsache zuständig ist. [3]Der Antrag ist bei dem für die Hauptsache

zuständigen Gericht zu stellen. [4]Dieses gibt den Antrag und die Hauptsacheakten an den nach § 189 zuständigen Spruchkörper ab. [5]Die oberste Aufsichtsbehörde hat die nach Absatz 1 Satz 2 verweigerten Urkunden oder Akten auf Aufforderung dieses Spruchkörpers vorzulegen, die elektronischen Dokumente zu übermitteln oder die verweigerten Auskünfte zu erteilen. [6]Sie ist zu diesem Verfahren beizuladen. [7]Das Verfahren unterliegt den Vorschriften des materiellen Geheimschutzes. [8]Können diese nicht eingehalten werden oder macht die zuständige Aufsichtsbehörde geltend, dass besondere Gründe der Geheimhaltung oder des Geheimschutzes der Übergabe der Urkunden oder Akten oder der Übermittlung der elektronischen Dokumente an das Gericht entgegenstehen, wird die Vorlage oder Übermittlung nach Satz 5 dadurch bewirkt, dass die Urkunden, Akten oder elektronischen Dokumente dem Gericht in von der obersten Aufsichtsbehörde bestimmten Räumlichkeiten zur Verfügung gestellt werden. [9]Für die nach Satz 5 vorgelegten Akten, elektronischen Dokumente und für die gemäß Satz 8 geltend gemachten besonderen Gründe gilt § 100 nicht. [10]Die Mitglieder des Gerichts sind zur Geheimhaltung verpflichtet; die Entscheidungsgründe dürfen Art und Inhalt der geheim gehaltenen Urkunden, Akten, elektronischen Dokumente und Auskünfte nicht erkennen lassen. [11]Für das nichtrichterliche Personal gelten die Regelungen des personellen Geheimschutzes. [12]Soweit nicht das Bundesverwaltungsgericht entschieden hat, kann der Beschluss selbständig mit der Beschwerde angefochten werden. [13]Über die Beschwerde gegen den Beschluss eines Oberverwaltungsgerichts entscheidet das Bundesverwaltungsgericht. [14]Für das Beschwerdeverfahren gelten die Sätze 4 bis 11 sinngemäß.

§ 100 [Akteneinsicht; Abschriften]

(1) [1]Die Beteiligten können die Gerichtsakten und die dem Gericht vorgelegten Akten einsehen. [2]Beteiligte können sich auf ihre Kosten durch die Geschäftsstelle Ausfertigungen, Auszüge, Ausdrucke und Abschriften erteilen lassen.

(2) [1]Werden die Prozessakten elektronisch geführt, wird Akteneinsicht durch Bereitstellung des Inhalts der Akten zum Abruf gewährt. [2]Auf besonderen Antrag wird Akteneinsicht durch Einsichtnahme in die Akten in Diensträumen gewährt. [3]Ein Aktenausdruck oder ein Datenträger mit dem Inhalt der Akten wird auf besonders zu begründenden Antrag nur übermittelt, wenn der Antragsteller hieran ein berechtigtes Interesse darlegt. [4]Stehen der Akteneinsicht in der nach Satz 1 vorgesehenen Form wichtige Gründe entgegen, kann die Akteneinsicht in der nach den Sätzen 2 und 3 vorgesehenen Form auch ohne Antrag gewährt werden. [5]Über einen Antrag nach Satz 3 entscheidet der Vorsitzende; die Entscheidung ist unanfechtbar. [6]§ 87a Absatz 3 gilt entsprechend.

(3) [1]Werden die Prozessakten in Papierform geführt, wird Akteneinsicht durch Einsichtnahme in die Akten in Diensträumen gewährt. [2]Die Akteneinsicht kann, soweit nicht wichtige Gründe entgegenstehen, auch durch Bereitstellung des Inhalts der Akten zum Abruf gewährt werden. [3]Nach dem Ermessen des Vorsitzenden kann der nach § 67 Absatz 2 Satz 1 und 2 Nummer 3 bis 6 bevollmächtigten Person die Mitnahme der Akten in die Wohnung oder Geschäftsräume gestattet werden. [4]§ 87a Absatz 3 gilt entsprechend.

(4) In die Entwürfe zu Urteilen, Beschlüssen und Verfügungen, die Arbeiten zu ihrer Vorbereitung und die Dokumente, die Abstimmungen betreffen, wird Akteneinsicht nach den Absätzen 1 bis 3 nicht gewährt.

§ 101 [Grundsatz der mündlichen Verhandlung]

(1) Das Gericht entscheidet, soweit nichts anderes bestimmt ist, auf Grund mündlicher Verhandlung.

(2) Mit Einverständnis der Beteiligten kann das Gericht ohne mündliche Verhandlung entscheiden.

(3) Entscheidungen des Gerichts, die nicht Urteile sind, können ohne mündliche Verhandlung ergehen, soweit nichts anderes bestimmt ist.

§ 102 [Ladung; Sitzungen außerhalb des Gerichtssitzes]

(1) [1]Sobald der Termin zur mündlichen Verhandlung bestimmt ist, sind die Beteiligten mit einer Ladungsfrist von mindestens zwei Wochen, bei dem Bundesverwaltungsgericht von mindestens vier Wochen, zu laden. [2]In dringenden Fällen kann der Vorsitzende die Frist abkürzen.

(2) Bei der Ladung ist darauf hinzuweisen, daß beim Ausbleiben eines Beteiligten auch ohne ihn verhandelt und entschieden werden kann.

(3) Die Gerichte der Verwaltungsgerichtsbarkeit können Sitzungen auch außerhalb des Gerichtssitzes abhalten, wenn dies zur sachdienlichen Erledigung notwendig ist.

(4) § 227 Abs. 3 Satz 1 der Zivilprozeßordnung ist nicht anzuwenden.

§ 102a [Verhandlung im Wege der Bild- und Tonübertragung]

(1) [1]Das Gericht kann den Beteiligten, ihren Bevollmächtigten und Beiständen auf Antrag oder von Amts wegen gestatten, sich während einer mündlichen Verhandlung an einem anderen Ort aufzuhalten und dort Verfahrenshandlungen vorzunehmen. [2]Die Verhandlung wird zeitgleich in Bild und Ton an diesen Ort und in das Sitzungszimmer übertragen.

(2) [1]Das Gericht kann auf Antrag gestatten, dass sich ein Zeuge, ein Sachverständiger oder ein Beteiligter während einer Vernehmung an einem anderen Ort aufhält. [2]Die Vernehmung wird zeitgleich in Bild und Ton an diesen Ort und in das Sitzungszimmer übertragen. [3]Ist Beteiligten, Bevollmächtigten und Beiständen nach Absatz 1 Satz 1 gestattet worden, sich an einem anderen Ort aufzuhalten, so wird die Vernehmung auch an diesen Ort übertragen.

(3) [1]Die Übertragung wird nicht aufgezeichnet. [2]Entscheidungen nach Absatz 1 Satz 1 und Absatz 2 Satz 1 sind unanfechtbar.

(4) Die Absätze 1 und 3 gelten entsprechend für Erörterungstermine (§ 87 Absatz 1 Satz 2 Nummer 1).

§ 103 [Gang der mündlichen Verhandlung]
(1) Der Vorsitzende eröffnet und leitet die mündliche Verhandlung.

(2) Nach Aufruf der Sache trägt der Vorsitzende oder der Berichterstatter den wesentlichen Inhalt der Akten vor.

(3) Hierauf erhalten die Beteiligten das Wort, um ihre Anträge zu stellen und zu begründen.

§ 104 [Richterliche Frage- und Erörterungspflicht]
(1) Der Vorsitzende hat die Streitsache mit den Beteiligten tatsächlich und rechtlich zu erörtern.

(2) [1]Der Vorsitzende hat jedem Mitglied des Gerichts auf Verlangen zu gestatten, Fragen zu stellen. [2]Wird eine Frage beanstandet, so entscheidet das Gericht.

(3) [1]Nach Erörterung der Streitsache erklärt der Vorsitzende die mündliche Verhandlung für geschlossen. [2]Das Gericht kann die Wiedereröffnung beschließen.

§ 105 [Protokoll über die mündliche Verhandlung]
Für das Protokoll gelten die §§ 159 bis 165 der Zivilprozeßordnung entsprechend.

§ 106 [Gerichtlicher Vergleich]
[1]Um den Rechtsstreit vollständig oder zum Teil zu erledigen, können die Beteiligten zu Protokoll des Gerichts oder des beauftragten oder ersuchten Richters einen Vergleich schließen, soweit sie über den Gegenstand des Vergleichs verfügen können. [2]Ein gerichtlicher Vergleich kann auch dadurch geschlossen werden, daß die Beteiligten einen in der Form eines Beschlusses ergangenen Vorschlag des Gerichts, des Vorsitzenden oder des Berichterstatters schriftlich oder durch Erklärung zu Protokoll in der mündlichen Verhandlung gegenüber dem Gericht annehmen.

10. Abschnitt
Urteile und andere Entscheidungen

§ 107 [Entscheidung durch Urteil]
Über die Klage wird, soweit nichts anderes bestimmt ist, durch Urteil entschieden.

§ 108 [Urteilsgrundlage; freie Beweiswürdigung; rechtliches Gehör]
(1) [1]Das Gericht entscheidet nach seiner freien, aus dem Gesamtergebnis des Verfahrens gewonnenen Überzeugung. [2]In dem Urteil sind die Gründe anzugeben, die für die richterliche Überzeugung leitend gewesen sind.

(2) Das Urteil darf nur auf Tatsachen und Beweisergebnisse gestützt werden, zu denen die Beteiligten sich äußern konnten.

§ 109 [Zwischenurteil]
Über die Zulässigkeit der Klage kann durch Zwischenurteil vorab entschieden werden.

§ 110 [Teilurteil]
Ist nur ein Teil des Streitgegenstands zur Entscheidung reif, so kann das Gericht ein Teilurteil erlassen.

§ 111 [Zwischenurteil über den Grund]
[1]Ist bei einer Leistungsklage ein Anspruch nach Grund und Betrag streitig, so kann das Gericht durch Zwischenurteil über den Grund vorab entscheiden. [2]Das Gericht kann, wenn der Anspruch für begründet erklärt ist, anordnen, daß über den Betrag zu verhandeln ist.

§ 112 [Besetzung des Gerichts]
Das Urteil kann nur von den Richtern und ehrenamtlichen Richtern gefällt werden, die an der dem Urteil zugrunde liegenden Verhandlung teilgenommen haben.

§ 113 [Urteilstenor]
(1) [1]Soweit der Verwaltungsakt rechtswidrig und der Kläger dadurch in seinen Rechten verletzt ist, hebt das Gericht den Verwaltungsakt und den etwaigen Widerspruchsbescheid auf. [2]Ist der Verwaltungsakt

schon vollzogen, so kann das Gericht auf Antrag auch aussprechen, daß und wie die Verwaltungsbehörde die Vollziehung rückgängig zu machen hat. [3]Dieser Ausspruch ist nur zulässig, wenn die Behörde dazu in der Lage und diese Frage spruchreif ist. [4]Hat sich der Verwaltungsakt vorher durch Zurücknahme oder anders erledigt, so spricht das Gericht auf Antrag durch Urteil aus, daß der Verwaltungsakt rechtswidrig gewesen ist, wenn der Kläger ein berechtigtes Interesse an dieser Feststellung hat.

(2) [1]Begehrt der Kläger die Änderung eines Verwaltungsakts, der einen Geldbetrag festsetzt oder eine darauf bezogene Feststellung trifft, kann das Gericht den Betrag in anderer Höhe festsetzen oder die Feststellung durch eine andere ersetzen. [2]Erfordert die Ermittlung des festzusetzenden oder festzustellenden Betrags einen nicht unerheblichen Aufwand, kann das Gericht die Änderung des Verwaltungsakts durch Angabe der zu Unrecht berücksichtigten oder nicht berücksichtigten tatsächlichen oder rechtlichen Verhältnisse so bestimmen, daß die Behörde den Betrag auf Grund der Entscheidung errechnen kann. [3]Die Behörde teilt den Beteiligten das Ergebnis der Neuberechnung unverzüglich formlos mit; nach Rechtskraft der Entscheidung ist der Verwaltungsakt mit dem geänderten Inhalt neu bekanntzugeben.

(3) [1]Hält das Gericht eine weitere Sachaufklärung für erforderlich, kann es, ohne in der Sache selbst zu entscheiden, den Verwaltungsakt und den Widerspruchsbescheid aufheben, soweit nach Art oder Umfang die noch erforderlichen Ermittlungen erheblich sind und die Aufhebung auch unter Berücksichtigung der Belange der Beteiligten sachdienlich ist. [2]Auf Antrag kann das Gericht bis zum Erlaß des neuen Verwaltungsakts eine einstweilige Regelung treffen, insbesondere bestimmen, daß Sicherheiten geleistet werden oder ganz oder zum Teil bestehen bleiben und Leistungen zunächst nicht zurückgewährt werden müssen. [3]Der Beschluß kann jederzeit geändert oder aufgehoben werden. [4]Eine Entscheidung nach Satz 1 kann nur binnen sechs Monaten seit Eingang der Akten der Behörde bei Gericht ergehen.

(4) Kann neben der Aufhebung eines Verwaltungsakts eine Leistung verlangt werden, so ist im gleichen Verfahren auch die Verurteilung zur Leistung zulässig.

(5) [1]Soweit die Ablehnung oder Unterlassung des Verwaltungsakts rechtswidrig und der Kläger dadurch in seinen Rechten verletzt ist, spricht das Gericht die Verpflichtung der Verwaltungsbehörde aus, die beantragte Amtshandlung vorzunehmen, wenn die Sache spruchreif ist. [2]Andernfalls spricht es die Verpflichtung aus, den Kläger unter Beachtung der Rechtsauffassung des Gerichts zu bescheiden.

§ 114 [Nachprüfung von Ermessensentscheidungen]
[1]Soweit die Verwaltungsbehörde ermächtigt ist, nach ihrem Ermessen zu handeln, prüft das Gericht auch, ob der Verwaltungsakt oder die Ablehnung oder Unterlassung des Verwaltungsakts rechtswidrig ist, weil die gesetzlichen Grenzen des Ermessens überschritten sind oder von dem Ermessen in einer dem Zweck der Ermächtigung nicht entsprechenden Weise Gebrauch gemacht ist. [2]Die Verwaltungsbehörde kann ihre Ermessenserwägungen hinsichtlich des Verwaltungsaktes auch noch im verwaltungsgerichtlichen Verfahren ergänzen.

§ 115 [Klagen gegen den Widerspruchsbescheid]
§§ 113 und 114 gelten entsprechend, wenn nach § 79 Abs. 1 Nr. 2 und Abs. 2 der Widerspruchsbescheid Gegenstand der Anfechtungsklage ist.

§ 116 [Verkündung und Zustellung des Urteils]
(1) [1]Das Urteil wird, wenn eine mündliche Verhandlung stattgefunden hat, in der Regel in dem Termin, in dem die mündliche Verhandlung geschlossen wird, verkündet, in besonderen Fällen in einem sofort anzuberaumenden Termin, der nicht über zwei Wochen hinaus angesetzt werden soll. [2]Das Urteil ist den Beteiligten zuzustellen.

(2) Statt der Verkündung ist die Zustellung des Urteils zulässig; dann ist das Urteil binnen zwei Wochen nach der mündlichen Verhandlung der Geschäftsstelle zu übermitteln.

(3) Entscheidet das Gericht ohne mündliche Verhandlung, so wird die Verkündung durch Zustellung an die Beteiligten ersetzt.

§ 117 [Form und Inhalt des Urteils]
(1) [1]Das Urteil ergeht „Im Namen des Volkes". [2]Es ist schriftlich abzufassen und von den Richtern, die bei der Entscheidung mitgewirkt haben, zu unterzeichnen. [3]Ist ein Richter verhindert, seine Unterschrift beizufügen, so wird dies mit dem Hinderungsgrund vom Vorsitzenden oder, wenn er verhindert ist, vom dienstältesten beisitzenden Richter unter dem Urteil vermerkt. [4]Der Unterschrift der ehrenamtlichen Richter bedarf es nicht.

(2) Das Urteil enthält
1. die Bezeichnung der Beteiligten, ihrer gesetzlichen Vertreter und der Bevollmächtigten nach Namen, Beruf, Wohnort und ihrer Stellung im Verfahren,

2. die Bezeichnung des Gerichts und die Namen der Mitglieder, die bei der Entscheidung mitgewirkt haben,
3. die Urteilsformel,
4. den Tatbestand,
5. die Entscheidungsgründe,
6. die Rechtsmittelbelehrung.

(3) ¹Im Tatbestand ist der Sach- und Streitstand unter Hervorhebung der gestellten Anträge seinem wesentlichen Inhalt nach gedrängt darzustellen. ²Wegen der Einzelheiten soll auf Schriftsätze, Protokolle und andere Unterlagen verwiesen werden, soweit sich aus ihnen der Sach- und Streitstand ausreichend ergibt.

(4) ¹Ein Urteil, das bei der Verkündung noch nicht vollständig abgefaßt war, ist vor Ablauf von zwei Wochen, vom Tag der Verkündung an gerechnet, vollständig abgefaßt der Geschäftsstelle zu übermitteln. ²Kann dies ausnahmsweise nicht geschehen, so ist innerhalb dieser zwei Wochen das von den Richtern unterschriebene Urteil ohne Tatbestand, Entscheidungsgründe und Rechtsmittelbelehrung der Geschäftsstelle zu übermitteln; Tatbestand, Entscheidungsgründe und Rechtsmittelbelehrung sind alsbald nachträglich niederzulegen, von den Richtern besonders zu unterschreiben und der Geschäftsstelle zu übermitteln.

(5) Das Gericht kann von einer weiteren Darstellung der Entscheidungsgründe absehen, soweit es der Begründung des Verwaltungsakts oder des Widerspruchsbescheids folgt und dies in seiner Entscheidung feststellt.

(6) ¹Der Urkundsbeamte der Geschäftsstelle hat auf dem Urteil den Tag der Zustellung und im Falle des § 116 Abs. 1 Satz 1 den Tag der Verkündung zu vermerken und diesen Vermerk zu unterschreiben. ²Werden die Akten elektronisch geführt, hat der Urkundsbeamte der Geschäftsstelle den Vermerk in einem gesonderten Dokument festzuhalten. ³Das Dokument ist mit dem Urteil untrennbar zu verbinden.

§ 118 [Urteilsberichtigung]
(1) Schreibfehler, Rechenfehler und ähnliche offenbare Unrichtigkeiten im Urteil sind jederzeit vom Gericht zu berichtigen.
(2) ¹Über die Berichtigung kann ohne vorgängige mündliche Verhandlung entschieden werden. ²Der Berichtigungsbeschluß wird auf dem Urteil und den Ausfertigungen vermerkt. ³Ist das Urteil elektronisch abgefasst, ist auch der Beschluss elektronisch abzufassen und mit dem Urteil untrennbar zu verbinden.

§ 119 [Berichtigung des Tatbestands eines Urteils]
(1) Enthält der Tatbestand des Urteils andere Unrichtigkeiten oder Unklarheiten, so kann die Berichtigung binnen zwei Wochen nach Zustellung des Urteils beantragt werden.
(2) ¹Das Gericht entscheidet ohne Beweisaufnahme durch Beschluß. ²Der Beschluß ist unanfechtbar. ³Bei der Entscheidung wirken nur die Richter mit, die beim Urteil mitgewirkt haben. ⁴Ist ein Richter verhindert, so entscheidet bei Stimmengleichheit die Stimme des Vorsitzenden. ⁵Der Berichtigungsbeschluß wird auf dem Urteil und den Ausfertigungen vermerkt. ⁶Ist das Urteil elektronisch abgefasst, ist auch der Beschluss elektronisch abzufassen und mit dem Urteil untrennbar zu verbinden.

§ 120 [Urteilsergänzung]
(1) Wenn ein nach dem Tatbestand von einem Beteiligten gestellter Antrag oder die Kostenfolge bei der Entscheidung ganz oder zum Teil übergangen ist, so ist auf Antrag das Urteil durch nachträgliche Entscheidung zu ergänzen.
(2) Die Entscheidung muß binnen zwei Wochen nach Zustellung des Urteils beantragt werden.
(3) ¹Die mündliche Verhandlung hat nur den nicht erledigten Teil des Rechtsstreits zum Gegenstand. ²Von der Durchführung einer mündlichen Verhandlung kann abgesehen werden, wenn mit der Ergänzung des Urteils nur über einen Nebenanspruch oder über die Kosten entschieden werden soll und wenn die Bedeutung der Sache keine mündliche Verhandlung erfordert.

§ 121 [Rechtskraft]
Rechtskräftige Urteile binden, soweit über den Streitgegenstand entschieden worden ist,
1. die Beteiligten und ihre Rechtsnachfolger und
2. im Fall des § 65 Abs. 3 die Personen, die einen Antrag auf Beiladung nicht oder nicht fristgemäß gestellt haben.

§ 122 [Beschlüsse]
(1) §§ 88, 108 Abs. 1 Satz 1, §§ 118, 119 und 120 gelten entsprechend für Beschlüsse.
(2) ¹Beschlüsse sind zu begründen, wenn sie durch Rechtsmittel angefochten werden können oder über einen Rechtsbehelf entscheiden. ²Beschlüsse über die Aussetzung der Vollziehung (§§ 80, 80a) und über

einstweilige Anordnungen (§ 123) sowie Beschlüsse nach Erledigung des Rechtsstreits in der Hauptsache (§ 161 Abs. 2) sind stets zu begründen. ³Beschlüsse, die über ein Rechtsmittel entscheiden, bedürfen keiner weiteren Begründung, soweit das Gericht das Rechtsmittel aus den Gründen der angefochtenen Entscheidung als unbegründet zurückweist.

11. Abschnitt
Einstweilige Anordnung

§ 123 [Erlass einstweiliger Anordnungen]
(1) ¹Auf Antrag kann das Gericht, auch schon vor Klageerhebung, eine einstweilige Anordnung in bezug auf den Streitgegenstand treffen, wenn die Gefahr besteht, daß durch eine Veränderung des bestehenden Zustands die Verwirklichung eines Rechts des Antragstellers vereitelt oder wesentlich erschwert werden könnte. ²Einstweilige Anordnungen sind auch zur Regelung eines vorläufigen Zustands in bezug auf ein streitiges Rechtsverhältnis zulässig, wenn diese Regelung, vor allem bei dauernden Rechtsverhältnissen, um wesentliche Nachteile abzuwenden oder drohende Gewalt zu verhindern oder aus anderen Gründen nötig erscheint.
(2) ¹Für den Erlaß einstweiliger Anordnungen ist das Gericht der Hauptsache zuständig. ²Dies ist das Gericht des ersten Rechtszugs und, wenn die Hauptsache im Berufungsverfahren anhängig ist, das Berufungsgericht. ³§ 80 Abs. 8 ist entsprechend anzuwenden.
(3) Für den Erlaß einstweiliger Anordnungen gelten §§ 920, 921, 923, 926, 928 bis 932, 938, 939, 941 und 945 der Zivilprozeßordnung entsprechend.
(4) Das Gericht entscheidet durch Beschluß.
(5) Die Vorschriften der Absätze 1 bis 3 gelten nicht für die Fälle der §§ 80 und 80a.

Teil III
Rechtsmittel und Wiederaufnahme des Verfahrens

12. Abschnitt
Berufung

§ 124 [Zulässigkeit der Berufung]
(1) Gegen Endurteile einschließlich der Teilurteile nach § 110 und gegen Zwischenurteile nach den §§ 109 und 111 steht den Beteiligten die Berufung zu, wenn sie von dem Verwaltungsgericht oder dem Oberverwaltungsgericht zugelassen wird.
(2) Die Berufung ist nur zuzulassen,
1. wenn ernstliche Zweifel an der Richtigkeit des Urteils bestehen,
2. wenn die Rechtssache besondere tatsächliche oder rechtliche Schwierigkeiten aufweist,
3. wenn die Rechtssache grundsätzliche Bedeutung hat,
4. wenn das Urteil von einer Entscheidung des Oberverwaltungsgerichts, des Bundesverwaltungsgerichts, des Gemeinsamen Senats der obersten Gerichtshöfe des Bundes oder des Bundesverfassungsgerichts abweicht und auf dieser Abweichung beruht oder
5. wenn ein der Beurteilung des Berufungsgerichts unterliegender Verfahrensmangel geltend gemacht wird und vorliegt, auf dem die Entscheidung beruhen kann.

§ 124a [Zulassung und Begründung der Berufung]
(1) ¹Das Verwaltungsgericht lässt die Berufung in dem Urteil zu, wenn die Gründe des § 124 Abs. 2 Nr. 3 oder Nr. 4 vorliegen. ²Das Oberverwaltungsgericht ist an die Zulassung gebunden. ³Zu einer Nichtzulassung der Berufung ist das Verwaltungsgericht nicht befugt.
(2) ¹Die Berufung ist, wenn sie von dem Verwaltungsgericht zugelassen worden ist, innerhalb eines Monats nach Zustellung des vollständigen Urteils bei dem Verwaltungsgericht einzulegen. ²Die Berufung muss das angefochtene Urteil bezeichnen.
(3) ¹Die Berufung ist in den Fällen des Absatzes 2 innerhalb von zwei Monaten nach Zustellung des vollständigen Urteils zu begründen. ²Die Begründung ist, sofern sie nicht zugleich mit der Einlegung der Berufung erfolgt, bei dem Oberverwaltungsgericht einzureichen. ³Die Begründungsfrist kann auf einen vor ihrem Ablauf gestellten Antrag von dem Vorsitzenden des Senats verlängert werden. ⁴Die Begründung muss einen bestimmten Antrag enthalten sowie die im Einzelnen anzuführenden Gründe der Anfechtung (Berufungsgründe). ⁵Mangelt es an einem dieser Erfordernisse, so ist die Berufung unzulässig.
(4) ¹Wird die Berufung nicht in dem Urteil des Verwaltungsgerichts zugelassen, so ist die Zulassung innerhalb eines Monats nach Zustellung des vollständigen Urteils zu beantragen. ²Der Antrag ist bei dem

Verwaltungsgericht zu stellen. ³Er muss das angefochtene Urteil bezeichnen. ⁴Innerhalb von zwei Monaten nach Zustellung des vollständigen Urteils sind die Gründe darzulegen, aus denen die Berufung zuzulassen ist. ⁵Die Begründung ist, soweit sie nicht bereits mit dem Antrag vorgelegt worden ist, bei dem Oberverwaltungsgericht einzureichen. ⁶Die Stellung des Antrags hemmt die Rechtskraft des Urteils.
(5) ¹Über den Antrag entscheidet das Oberverwaltungsgericht durch Beschluss. ²Die Berufung ist zuzulassen, wenn einer der Gründe des § 124 Abs. 2 dargelegt ist und vorliegt. ³Der Beschluss soll kurz begründet werden. ⁴Mit der Ablehnung des Antrags wird das Urteil rechtskräftig. ⁵Lässt das Oberverwaltungsgericht die Berufung zu, wird das Antragsverfahren als Berufungsverfahren fortgesetzt; der Einlegung einer Berufung bedarf es nicht.
(6) ¹Die Berufung ist in den Fällen des Absatzes 5 innerhalb eines Monats nach Zustellung des Beschlusses über die Zulassung der Berufung zu begründen. ²Die Begründung ist bei dem Oberverwaltungsgericht einzureichen. ³Absatz 3 Satz 3 bis 5 gilt entsprechend.

§ 124b (aufgehoben)

§ 125 [Berufungsverfahren; Entscheidung bei Unzulässigkeit]
(1) ¹Für das Berufungsverfahren gelten die Vorschriften des Teils II entsprechend, soweit sich aus diesem Abschnitt nichts anderes ergibt. ²§ 84 findet keine Anwendung.
(2) ¹Ist die Berufung unzulässig, so ist sie zu verwerfen. ²Die Entscheidung kann durch Beschluß ergehen. ³Die Beteiligten sind vorher zu hören. ⁴Gegen den Beschluß steht den Beteiligten das Rechtsmittel zu, das zulässig wäre, wenn das Gericht durch Urteil entschieden hätte. ⁵Die Beteiligten sind über dieses Rechtsmittel zu belehren.

§ 126 [Zurücknahme der Berufung]
(1) ¹Die Berufung kann bis zur Rechtskraft des Urteils zurückgenommen werden. ²Die Zurücknahme nach Stellung der Anträge in der mündlichen Verhandlung setzt die Einwilligung des Beklagten und, wenn ein Vertreter des öffentlichen Interesses an der mündlichen Verhandlung teilgenommen hat, auch seine Einwilligung voraus.
(2) ¹Die Berufung gilt als zurückgenommen, wenn der Berufungskläger das Verfahren trotz Aufforderung des Gerichts länger als drei Monate nicht betreibt. ²Absatz 1 Satz 2 gilt entsprechend. ³Der Berufungskläger ist in der Aufforderung auf die sich aus Satz 1 und § 155 Abs. 2 ergebenden Rechtsfolgen hinzuweisen. ⁴Das Gericht stellt durch Beschluß fest, daß die Berufung als zurückgenommen gilt.
(3) ¹Die Zurücknahme bewirkt den Verlust des eingelegten Rechtsmittels. ²Das Gericht entscheidet durch Beschluß über die Kostenfolge.

§ 127 [Anschlussberufung]
(1) ¹Der Berufungsbeklagte und die anderen Beteiligten können sich der Berufung anschließen. ²Die Anschlussberufung ist bei dem Oberverwaltungsgericht einzulegen.
(2) ¹Die Anschließung ist auch statthaft, wenn der Beteiligte auf die Berufung verzichtet hat oder die Frist für die Berufung oder den Antrag auf Zulassung der Berufung verstrichen ist. ²Sie ist zulässig bis zum Ablauf eines Monats nach der Zustellung der Berufungsbegründungsschrift.
(3) ¹Die Anschlussberufung muss in der Anschlussschrift begründet werden. ²§ 124a Abs. 3 Satz 2, 4 und 5 gilt entsprechend.
(4) Die Anschlussberufung bedarf keiner Zulassung.
(5) Die Anschließung verliert ihre Wirkung, wenn die Berufung zurückgenommen oder als unzulässig verworfen wird.

§ 128 [Umfang der Nachprüfung]
¹Das Oberverwaltungsgericht prüft den Streitfall innerhalb des Berufungsantrags im gleichen Umfang wie das Verwaltungsgericht. ²Es berücksichtigt auch neu vorgebrachte Tatsachen und Beweismittel.

§ 128a [Neue Erklärungen und Beweismittel; Verspätung; Ausschluss]
(1) ¹Neue Erklärungen und Beweismittel, die im ersten Rechtszug entgegen einer hierfür gesetzten Frist (§ 87b Abs. 1 und 2) nicht vorgebracht worden sind, sind nur zuzulassen, wenn nach der freien Überzeugung des Gerichts ihre Zulassung die Erledigung des Rechtsstreits nicht verzögern würde oder wenn der Beteiligte die Verspätung genügend entschuldigt. ²Der Entschuldigungsgrund ist auf Verlangen des Gerichts glaubhaft zu machen. ³Satz 1 gilt nicht, wenn der Beteiligte im ersten Rechtszug über die Folgen einer Fristversäumung nicht nach § 87b Abs. 3 Nr. 3 belehrt worden ist oder wenn es mit geringem Aufwand möglich ist, den Sachverhalt auch ohne Mitwirkung des Beteiligten zu ermitteln.
(2) Erklärungen und Beweismittel, die das Verwaltungsgericht zu Recht zurückgewiesen hat, bleiben auch im Berufungsverfahren ausgeschlossen.

§ 129 [Bindung an die Anträge]
Das Urteil des Verwaltungsgerichts darf nur soweit geändert werden, als eine Änderung beantragt ist.

§ 130 [Zurückverweisung]
(1) Das Oberverwaltungsgericht hat die notwendigen Beweise zu erheben und in der Sache selbst zu entscheiden.

(2) Das Oberverwaltungsgericht darf die Sache, soweit ihre weitere Verhandlung erforderlich ist, unter Aufhebung des Urteils und des Verfahrens an das Verwaltungsgericht nur zurückverweisen,
1. soweit das Verfahren vor dem Verwaltungsgericht an einem wesentlichen Mangel leidet und aufgrund dieses Mangels eine umfangreiche oder aufwändige Beweisaufnahme notwendig ist oder
2. wenn das Verwaltungsgericht noch nicht in der Sache selbst entschieden hat
und ein Beteiligter die Zurückverweisung beantragt.

(3) Das Verwaltungsgericht ist an die rechtliche Beurteilung der Berufungsentscheidung gebunden.

§ 130a [Entscheidung durch Beschluss]
[1]Das Oberverwaltungsgericht kann über die Berufung durch Beschluß entscheiden, wenn es sie einstimmig für begründet oder einstimmig für unbegründet hält und eine mündliche Verhandlung nicht für erforderlich hält. [2]§ 125 Abs. 2 Satz 3 bis 5 gilt entsprechend.

§ 130b [Vereinfachte Abfassung des Berufungsurteils]
[1]Das Oberverwaltungsgericht kann in dem Urteil über die Berufung auf den Tatbestand der angefochtenen Entscheidung Bezug nehmen, wenn es sich die Feststellungen des Verwaltungsgerichts in vollem Umfange zu eigen macht. [2]Von einer weiteren Darstellung der Entscheidungsgründe kann es absehen, soweit es die Berufung aus den Gründen der angefochtenen Entscheidung als unbegründet zurückweist.

§ 131 (aufgehoben)

13. Abschnitt
Revision

§ 132 [Zulassung der Revision]
(1) Gegen das Urteil des Oberverwaltungsgerichts (§ 49 Nr. 1) und gegen Beschlüsse nach § 47 Abs. 5 Satz 1 steht den Beteiligten die Revision an das Bundesverwaltungsgericht zu, wenn das Oberverwaltungsgericht oder auf Beschwerde gegen die Nichtzulassung das Bundesverwaltungsgericht sie zugelassen hat.

(2) Die Revision ist nur zuzulassen, wenn
1. die Rechtssache grundsätzliche Bedeutung hat,
2. das Urteil von einer Entscheidung des Bundesverwaltungsgerichts, des Gemeinsamen Senats der obersten Gerichtshöfe des Bundes oder des Bundesverfassungsgerichts abweicht und auf dieser Abweichung beruht oder
3. ein Verfahrensmangel geltend gemacht wird und vorliegt, auf dem die Entscheidung beruhen kann.

(3) Das Bundesverwaltungsgericht ist an die Zulassung gebunden.

§ 133 [Beschwerde gegen die Nichtzulassung der Revision]
(1) Die Nichtzulassung der Revision kann durch Beschwerde angefochten werden.

(2) [1]Die Beschwerde ist bei dem Gericht, gegen dessen Urteil Revision eingelegt werden soll, innerhalb eines Monats nach Zustellung des vollständigen Urteils einzulegen. [2]Die Beschwerde muß das angefochtene Urteil bezeichnen.

(3) [1]Die Beschwerde ist innerhalb von zwei Monaten nach der Zustellung des vollständigen Urteils zu begründen. [2]Die Begründung ist bei dem Gericht, gegen dessen Urteil Revision eingelegt werden soll, einzureichen. [3]In der Begründung muß die grundsätzliche Bedeutung der Rechtssache dargelegt oder die Entscheidung, von der das Urteil abweicht, oder der Verfahrensmangel bezeichnet werden.

(4) Die Einlegung der Beschwerde hemmt die Rechtskraft des Urteils.

(5) [1]Wird der Beschwerde nicht abgeholfen, entscheidet das Bundesverwaltungsgericht durch Beschluß. [2]Der Beschluß soll kurz begründet werden; von einer Begründung kann abgesehen werden, wenn sie nicht geeignet ist, zur Klärung der Voraussetzungen beizutragen, unter denen eine Revision zuzulassen ist. [3]Mit der Ablehnung der Beschwerde durch das Bundesverwaltungsgericht wird das Urteil rechtskräftig.

(6) Liegen die Voraussetzungen des § 132 Abs. 2 Nr. 3 vor, kann das Bundesverwaltungsgericht in dem Beschluß das angefochtene Urteil aufheben und den Rechtsstreit zur anderweitigen Verhandlung und Entscheidung zurückverweisen.

§ 134 [Sprungrevision]

(1) ¹Gegen das Urteil eines Verwaltungsgerichts (§ 49 Nr. 2) steht den Beteiligten die Revision unter Übergehung der Berufungsinstanz zu, wenn der Kläger und der Beklagte der Einlegung der Sprungrevision schriftlich zustimmen und wenn sie von dem Verwaltungsgericht im Urteil oder auf Antrag durch Beschluß zugelassen wird. ²Der Antrag ist innerhalb eines Monats nach Zustellung des vollständigen Urteils schriftlich zu stellen. ³Die Zustimmung zu der Einlegung der Sprungrevision ist dem Antrag oder, wenn die Revision im Urteil zugelassen ist, der Revisionsschrift beizufügen.

(2) ¹Die Revision ist nur zuzulassen, wenn die Voraussetzungen des § 132 Abs. 2 Nr. 1 oder 2 vorliegen. ²Das Bundesverwaltungsgericht ist an die Zulassung gebunden. ³Die Ablehnung der Zulassung ist unanfechtbar.

(3) ¹Lehnt das Verwaltungsgericht den Antrag auf Zulassung der Revision durch Beschluß ab, beginnt mit der Zustellung dieser Entscheidung der Lauf der Frist für den Antrag auf Zulassung der Berufung von neuem, sofern der Antrag in der gesetzlichen Frist und Form gestellt und die Zustimmungserklärung beigefügt war. ²Läßt das Verwaltungsgericht die Revision durch Beschluß zu, beginnt der Lauf der Revisionsfrist mit der Zustellung dieser Entscheidung.

(4) Die Revision kann nicht auf Mängel des Verfahrens gestützt werden.

(5) Die Einlegung der Revision und die Zustimmung gelten als Verzicht auf die Berufung, wenn das Verwaltungsgericht die Revision zugelassen hat.

§ 135 [Revision bei Ausschluss der Berufung]

¹Gegen das Urteil eines Verwaltungsgerichts (§ 49 Nr. 2) steht den Beteiligten die Revision an das Bundesverwaltungsgericht zu, wenn durch Bundesgesetz die Berufung ausgeschlossen ist. ²Die Revision kann nur eingelegt werden, wenn das Verwaltungsgericht oder auf Beschwerde gegen die Nichtzulassung das Bundesverwaltungsgericht sie zugelassen hat. ³Für die Zulassung gelten die §§ 132 und 133 entsprechend.

§ 136 (aufgehoben)

§ 137 [Zulässige Revisionsgründe]

(1) Die Revision kann nur darauf gestützt werden, daß das angefochtene Urteil auf der Verletzung
1. von Bundesrecht oder
2. einer Vorschrift des Verwaltungsverfahrensgesetzes eines Landes, die ihrem Wortlaut nach mit dem Verwaltungsverfahrensgesetz des Bundes übereinstimmt,

beruht.

(2) Das Bundesverwaltungsgericht ist an die in dem angefochtenen Urteil getroffenen tatsächlichen Feststellungen gebunden, außer wenn in bezug auf diese Feststellungen zulässige und begründete Revisionsgründe vorgebracht sind.

(3) ¹Wird die Revision auf Verfahrensmängel gestützt und liegt nicht zugleich eine der Voraussetzungen des § 132 Abs. 2 Nr. 1 und 2 vor, so ist nur über die geltend gemachten Verfahrensmängel zu entscheiden. ²Im übrigen ist das Bundesverwaltungsgericht an die geltend gemachten Revisionsgründe nicht gebunden.

§ 138 [Absolute Revisionsgründe]

Ein Urteil ist stets als auf der Verletzung von Bundesrecht beruhend anzusehen, wenn
1. das erkennende Gericht nicht vorschriftsmäßig besetzt war,
2. bei der Entscheidung ein Richter mitgewirkt hat, der von der Ausübung des Richteramts kraft Gesetzes ausgeschlossen oder wegen Besorgnis der Befangenheit mit Erfolg abgelehnt war,
3. einem Beteiligten das rechtliche Gehör versagt war,
4. ein Beteiligter im Verfahren nicht nach Vorschrift des Gesetzes vertreten war, außer wenn er der Prozeßführung ausdrücklich oder stillschweigend zugestimmt hat,
5. das Urteil auf eine mündliche Verhandlung ergangen ist, bei der die Vorschriften über die Öffentlichkeit des Verfahrens verletzt worden sind, oder
6. die Entscheidung nicht mit Gründen versehen ist.

§ 139 [Frist; Revisionseinlegung; Revisionsbegründung]

(1) ¹Die Revision ist bei dem Gericht, dessen Urteil angefochten wird, innerhalb eines Monats nach Zustellung des vollständigen Urteils oder des Beschlusses über die Zulassung der Revision nach § 134 Abs. 3 Satz 2 schriftlich einzulegen. ²Die Revisionsfrist ist auch gewahrt, wenn die Revision innerhalb der Frist bei dem Bundesverwaltungsgericht eingelegt wird. ³Die Revision muß das angefochtene Urteil bezeichnen.

(2) ¹Wird der Beschwerde gegen die Nichtzulassung der Revision abgeholfen oder läßt das Bundesverwaltungsgericht die Revision zu, so wird das Beschwerdeverfahren als Revisionsverfahren fortgesetzt,

wenn nicht das Bundesverwaltungsgericht das angefochtene Urteil nach § 133 Abs. 6 aufhebt; der Einlegung einer Revision durch den Beschwerdeführer bedarf es nicht. [2]Darauf ist in dem Beschluß hinzuweisen.

(3) [1]Die Revision ist innerhalb von zwei Monaten nach Zustellung des vollständigen Urteils oder des Beschlusses über die Zulassung der Revision nach § 134 Abs. 3 Satz 2 zu begründen; im Falle des Absatzes 2 beträgt die Begründungsfrist einen Monat nach Zustellung des Beschlusses über die Zulassung der Revision. [2]Die Begründung ist bei dem Bundesverwaltungsgericht einzureichen. [3]Die Begründungsfrist kann auf einen vor ihrem Ablauf gestellten Antrag von dem Vorsitzenden verlängert werden. [4]Die Begründung muß einen bestimmten Antrag enthalten, die verletzte Rechtsnorm und, soweit Verfahrensmängel gerügt werden, die Tatsachen angeben, die den Mangel ergeben.

§ 140 [Zurücknahme der Revision]

(1) [1]Die Revision kann bis zur Rechtskraft des Urteils zurückgenommen werden. [2]Die Zurücknahme nach Stellung der Anträge in der mündlichen Verhandlung setzt die Einwilligung des Revisionsbeklagten und, wenn der Vertreter des Bundesinteresses beim Bundesverwaltungsgericht an der mündlichen Verhandlung teilgenommen hat, auch seine Einwilligung voraus.
(2) [1]Die Zurücknahme bewirkt den Verlust des eingelegten Rechtsmittels. [2]Das Gericht entscheidet durch Beschluß über die Kostenfolge.

§ 141 [Revisionsverfahren]

[1]Für die Revision gelten die Vorschriften über die Berufung entsprechend, soweit sich aus diesem Abschnitt nichts anderes ergibt. [2]Die §§ 87a, 130a und 130b finden keine Anwendung.

§ 142 [Unzulässigkeit von Klageänderungen und Beiladungen]

(1) [1]Klageänderungen und Beiladungen sind im Revisionsverfahren unzulässig. [2]Das gilt nicht für Beiladungen nach § 65 Abs. 2.
(2) [1]Ein im Revisionsverfahren nach § 65 Abs. 2 Beigeladener kann Verfahrensmängel nur innerhalb von zwei Monaten nach Zustellung des Beiladungsbeschlusses rügen. [2]Die Frist kann auf einen vor ihrem Ablauf gestellten Antrag von dem Vorsitzenden verlängert werden.

§ 143 [Prüfung der Zulässigkeitsvoraussetzungen]

[1]Das Bundesverwaltungsgericht prüft, ob die Revision statthaft und ob sie in der gesetzlichen Form und Frist eingelegt und begründet worden ist. [2]Mangelt es an einem dieser Erfordernisse, so ist die Revision unzulässig.

§ 144 [Revisionsentscheidung]

(1) Ist die Revision unzulässig, so verwirft sie das Bundesverwaltungsgericht durch Beschluß.
(2) Ist die Revision unbegründet, so weist das Bundesverwaltungsgericht die Revision zurück.
(3) [1]Ist die Revision begründet, so kann das Bundesverwaltungsgericht
1. in der Sache selbst entscheiden,
2. das angefochtene Urteil aufheben und die Sache zur anderweitigen Verhandlung und Entscheidung zurückverweisen.
[2]Das Bundesverwaltungsgericht verweist den Rechtsstreit zurück, wenn der im Revisionsverfahren nach § 142 Abs. 1 Satz 2 Beigeladene ein berechtigtes Interesse daran hat.
(4) Ergeben die Entscheidungsgründe zwar eine Verletzung des bestehenden Rechts, stellt sich die Entscheidung selbst aber aus anderen Gründen als richtig dar, so ist die Revision zurückzuweisen.
(5) [1]Verweist das Bundesverwaltungsgericht die Sache bei der Sprungrevision nach § 49 Nr. 2 und nach § 134 zur anderweitigen Verhandlung und Entscheidung zurück, so kann es nach seinem Ermessen auch an das Oberverwaltungsgericht zurückverweisen, das für die Berufung zuständig gewesen wäre. [2]Für das Verfahren vor dem Oberverwaltungsgericht gelten dann die gleichen Grundsätze, wie wenn der Rechtsstreit auf eine ordnungsgemäß eingelegte Berufung bei dem Oberverwaltungsgericht anhängig geworden wäre.
(6) Das Gericht, an das die Sache zur anderweitigen Verhandlung und Entscheidung zurückverwiesen ist, hat seiner Entscheidung die rechtliche Beurteilung des Revisionsgerichts zugrunde zu legen.
(7) [1]Die Entscheidung über die Revision bedarf keiner Begründung, soweit das Bundesverwaltungsgericht Rügen von Verfahrensmängeln nicht für durchgreifend hält. [2]Das gilt nicht für Rügen nach § 138 und, wenn mit der Revision ausschließlich Verfahrensmängel geltend gemacht werden, für Rügen, auf denen die Zulassung der Revision beruht.

§ 145 (aufgehoben)

14. *Abschnitt*
Beschwerde, Erinnerung, Anhörungsrüge

§ 146 [Statthaftigkeit der Beschwerde]
(1) Gegen die Entscheidungen des Verwaltungsgerichts, des Vorsitzenden oder des Berichterstatters, die nicht Urteile oder Gerichtsbescheide sind, steht den Beteiligten und den sonst von der Entscheidung Betroffenen die Beschwerde an das Oberverwaltungsgericht zu, soweit nicht in diesem Gesetz etwas anderes bestimmt ist.
(2) Prozeßleitende Verfügungen, Aufklärungsanordnungen, Beschlüsse über eine Vertagung oder die Bestimmung einer Frist, Beweisbeschlüsse, Beschlüsse über Ablehnung von Beweisanträgen, über Verbindung und Trennung von Verfahren und Ansprüchen und über die Ablehnung von Gerichtspersonen sowie Beschlüsse über die Ablehnung der Prozesskostenhilfe, wenn das Gericht ausschließlich die persönlichen oder wirtschaftlichen Voraussetzungen der Prozesskostenhilfe verneint, können nicht mit der Beschwerde angefochten werden.
(3) Außerdem ist vorbehaltlich einer gesetzlich vorgesehenen Beschwerde gegen die Nichtzulassung der Revision die Beschwerde nicht gegeben in Streitigkeiten über Kosten, Gebühren und Auslagen, wenn der Wert des Beschwerdegegenstands zweihundert Euro nicht übersteigt.
(4) ¹Die Beschwerde gegen Beschlüsse des Verwaltungsgerichts in Verfahren des vorläufigen Rechtsschutzes (§§ 80, 80a und 123) ist innerhalb eines Monats nach Bekanntgabe der Entscheidung zu begründen. ²Die Begründung ist, sofern sie nicht bereits mit der Beschwerde vorgelegt worden ist, bei dem Oberverwaltungsgericht einzureichen. ³Sie muss einen bestimmten Antrag enthalten, die Gründe darlegen, aus denen die Entscheidung abzuändern oder aufzuheben ist, und sich mit der angefochtenen Entscheidung auseinander setzen. ⁴Mangelt es an einem dieser Erfordernisse, ist die Beschwerde als unzulässig zu verwerfen. ⁵Das Verwaltungsgericht legt die Beschwerde unverzüglich vor; § 148 Abs. 1 findet keine Anwendung. ⁶Das Oberverwaltungsgericht prüft nur die dargelegten Gründe.

§ 147 [Form; Frist]
(1) ¹Die Beschwerde ist bei dem Gericht, dessen Entscheidung angefochten wird, schriftlich oder zu Protokoll des Urkundsbeamten der Geschäftsstelle innerhalb von zwei Wochen nach Bekanntgabe der Entscheidung einzulegen. ²§ 67 Abs. 4 bleibt unberührt.
(2) Die Beschwerdefrist ist auch gewahrt, wenn die Beschwerde innerhalb der Frist bei dem Beschwerdegericht eingeht.

§ 148 [Abhilfe; Vorlage an das Oberverwaltungsgericht]
(1) Hält das Verwaltungsgericht, der Vorsitzende oder der Berichterstatter, dessen Entscheidung angefochten wird, die Beschwerde für begründet, so ist ihr abzuhelfen; sonst ist sie unverzüglich dem Oberverwaltungsgericht vorzulegen.
(2) Das Verwaltungsgericht soll die Beteiligten von der Vorlage der Beschwerde an das Oberverwaltungsgericht in Kenntnis setzen.

§ 149 [Aufschiebende Wirkung]
(1) ¹Die Beschwerde hat nur dann aufschiebende Wirkung, wenn sie die Festsetzung eines Ordnungs- oder Zwangsmittels zum Gegenstand hat. ²Das Gericht, der Vorsitzende oder der Berichterstatter, dessen Entscheidung angefochten wird, kann auch sonst bestimmen, daß die Vollziehung der angefochtenen Entscheidung einstweilen auszusetzen ist.
(2) §§ 178 und 181 Abs. 2 des Gerichtsverfassungsgesetzes bleiben unberührt.

§ 150 [Entscheidung durch Beschluss]
Über die Beschwerde entscheidet das Oberverwaltungsgericht durch Beschluß.

§ 151 [Beauftragter oder ersuchter Richter; Urkundsbeamter]
¹Gegen die Entscheidungen des beauftragten oder ersuchten Richters oder des Urkundsbeamten kann innerhalb von zwei Wochen nach Bekanntgabe die Entscheidung des Gerichts beantragt werden. ²Der Antrag ist schriftlich oder zu Protokoll des Urkundsbeamten der Geschäftsstelle des Gerichts zu stellen. ³§§ 147 bis 149 gelten entsprechend.

§ 152 [Beschwerde zum Bundesverwaltungsgericht]
(1) Entscheidungen des Oberverwaltungsgerichts können vorbehaltlich des § 99 Abs. 2 und des § 133 Abs. 1 dieses Gesetzes sowie des § 17a Abs. 4 Satz 4 des Gerichtsverfassungsgesetzes nicht mit der Beschwerde an das Bundesverwaltungsgericht angefochten werden.

(2) Im Verfahren vor dem Bundesverwaltungsgericht gilt für Entscheidungen des beauftragten oder ersuchten Richters oder des Urkundsbeamten der Geschäftsstelle § 151 entsprechend.

§ 152a [Anhörungsrüge]

(1) [1]Auf die Rüge eines durch eine gerichtliche Entscheidung beschwerten Beteiligten ist das Verfahren fortzuführen, wenn
1. ein Rechtsmittel oder ein anderer Rechtsbehelf gegen die Entscheidung nicht gegeben ist und
2. das Gericht den Anspruch dieses Beteiligten auf rechtliches Gehör in entscheidungserheblicher Weise verletzt hat.
[2]Gegen eine der Endentscheidung vorausgehende Entscheidung findet die Rüge nicht statt.

(2) [1]Die Rüge ist innerhalb von zwei Wochen nach Kenntnis von der Verletzung des rechtlichen Gehörs zu erheben; der Zeitpunkt der Kenntniserlangung ist glaubhaft zu machen. [2]Nach Ablauf eines Jahres seit Bekanntgabe der angegriffenen Entscheidung kann die Rüge nicht mehr erhoben werden. [3]Formlos mitgeteilte Entscheidungen gelten mit dem dritten Tage nach Aufgabe zur Post als bekannt gegeben. [4]Die Rüge ist schriftlich oder zu Protokoll des Urkundsbeamten der Geschäftsstelle bei dem Gericht zu erheben, dessen Entscheidung angegriffen wird. [5]§ 67 Abs. 4 bleibt unberührt. [6]Die Rüge muss die angegriffene Entscheidung bezeichnen und das Vorliegen der in Absatz 1 Satz 1 Nr. 2 genannten Voraussetzungen darlegen.

(3) Den übrigen Beteiligten ist, soweit erforderlich, Gelegenheit zur Stellungnahme zu geben.

(4) [1]Ist die Rüge nicht statthaft oder nicht in der gesetzlichen Form oder Frist erhoben, so ist sie als unzulässig zu verwerfen. [2]Ist die Rüge unbegründet, weist das Gericht sie zurück. [3]Die Entscheidung ergeht durch unanfechtbaren Beschluss. [4]Der Beschluss soll kurz begründet werden.

(5) [1]Ist die Rüge begründet, so hilft ihr das Gericht ab, indem es das Verfahren fortführt, soweit dies aufgrund der Rüge geboten ist. [2]Das Verfahren wird in die Lage zurückversetzt, in der es sich vor dem Schluss der mündlichen Verhandlung befand. [3]In schriftlichen Verfahren tritt an die Stelle des Schlusses der mündlichen Verhandlung der Zeitpunkt, bis zu dem Schriftsätze eingereicht werden können. [4]Für den Ausspruch des Gerichts ist § 343 der Zivilprozessordnung entsprechend anzuwenden.

(6) § 149 Abs. 1 Satz 2 ist entsprechend anzuwenden.

15. Abschnitt
Wiederaufnahme des Verfahrens

§ 153 [Wiederaufnahme des Verfahrens]

(1) Ein rechtskräftig beendetes Verfahren kann nach den Vorschriften des Vierten Buchs der Zivilprozeßordnung[1]) wiederaufgenommen werden.

(2) Die Befugnis zur Erhebung der Nichtigkeitsklage und der Restitutionsklage steht auch dem Vertreter des öffentlichen Interesses, im Verfahren vor dem Bundesverwaltungsgericht im ersten und letzten Rechtszug auch dem Vertreter des Bundesinteresses beim Bundesverwaltungsgericht zu.

Teil IV
Kosten und Vollstreckung

16. Abschnitt
Kosten

§ 154 [Kostentragungspflicht]

(1) Der unterliegende Teil trägt die Kosten des Verfahrens.

(2) Die Kosten eines ohne Erfolg eingelegten Rechtsmittels fallen demjenigen zur Last, der das Rechtsmittel eingelegt hat.

(3) Dem Beigeladenen können Kosten nur auferlegt werden, wenn er Anträge gestellt oder Rechtsmittel eingelegt hat; § 155 Abs. 4 bleibt unberührt.

(4) Die Kosten des erfolgreichen Wiederaufnahmeverfahrens können der Staatskasse auferlegt werden, soweit sie nicht durch das Verschulden eines Beteiligten entstanden sind.

§ 155 [Kostenverteilung]

(1) [1]Wenn ein Beteiligter teils obsiegt, teils unterliegt, so sind die Kosten gegeneinander aufzuheben oder verhältnismäßig zu teilen. [2]Sind die Kosten gegeneinander aufgehoben, so fallen die Gerichtskosten jedem

1) Siehe §§ 578 bis 591 ZPO.

Teil zur Hälfte zur Last. [3]Einem Beteiligten können die Kosten ganz auferlegt werden, wenn der andere nur zu einem geringen Teil unterlegen ist.

(2) Wer einen Antrag, eine Klage, ein Rechtsmittel oder einen anderen Rechtsbehelf zurücknimmt, hat die Kosten zu tragen.

(3) Kosten, die durch einen Antrag auf Wiedereinsetzung in den vorigen Stand entstehen, fallen dem Antragsteller zur Last.

(4) Kosten, die durch Verschulden eines Beteiligten entstanden sind, können diesem auferlegt werden.

§ 156 [Kosten bei sofortigem Anerkenntnis]

Hat der Beklagte durch sein Verhalten keine Veranlassung zur Erhebung der Klage gegeben, so fallen dem Kläger die Prozeßkosten zur Last, wenn der Beklagte den Anspruch sofort anerkennt.

§ 157 (weggefallen)

§ 158 [Anfechtung der Kostenentscheidung]

(1) Die Anfechtung der Entscheidung über die Kosten ist unzulässig, wenn nicht gegen die Entscheidung in der Hauptsache ein Rechtsmittel eingelegt wird.

(2) Ist eine Entscheidung in der Hauptsache nicht ergangen, so ist die Entscheidung über die Kosten unanfechtbar.

§ 159 [Mehrere Kostenpflichtige]

[1]Besteht der kostenpflichtige Teil aus mehreren Personen, so gilt § 100 der Zivilprozeßordnung entsprechend. [2]Kann das streitige Rechtsverhältnis dem kostenpflichtigen Teil gegenüber nur einheitlich entschieden werden, so können die Kosten den mehreren Personen als Gesamtschuldnern auferlegt werden.

§ 160 [Kostenpflicht bei Vergleich]

[1]Wird der Rechtsstreit durch Vergleich erledigt und haben die Beteiligten keine Bestimmung über die Kosten getroffen, so fallen die Gerichtskosten jedem Teil zur Hälfte zur Last. [2]Die außergerichtlichen Kosten trägt jeder Beteiligte selbst.

§ 161 [Kostenentscheidung; Erledigung der Hauptsache]

(1) Das Gericht hat im Urteil oder, wenn das Verfahren in anderer Weise beendet worden ist, durch Beschluß über die Kosten zu entscheiden.

(2) [1]Ist der Rechtsstreit in der Hauptsache erledigt, so entscheidet das Gericht außer in den Fällen des § 113 Abs. 1 Satz 4 nach billigem Ermessen über die Kosten des Verfahrens durch Beschluß; der bisherige Sach- und Streitstand ist zu berücksichtigen. [2]Der Rechtsstreit ist auch in der Hauptsache erledigt, wenn der Beklagte der Erledigungserklärung des Klägers nicht innerhalb von zwei Wochen seit Zustellung des die Erledigungserklärung enthaltenden Schriftsatzes widerspricht und er vom Gericht auf diese Folge hingewiesen worden ist.

(3) In den Fällen des § 75 fallen die Kosten stets dem Beklagten zur Last, wenn der Kläger mit seiner Bescheidung vor Klageerhebung rechnen durfte.

§ 162 [Erstattungsfähige Kosten]

(1) Kosten sind die Gerichtskosten (Gebühren und Auslagen) und die zur zweckentsprechenden Rechtsverfolgung oder Rechtsverteidigung notwendigen Aufwendungen der Beteiligten einschließlich der Kosten des Vorverfahrens.

(2) [1]Die Gebühren und Auslagen eines Rechtsanwalts oder eines Rechtsbeistands, in Abgabenangelegenheiten auch einer der in § 67 Abs. 2 Satz 2 Nr. 3 genannten Personen, sind stets erstattungsfähig. [2]Soweit ein Vorverfahren geschwebt hat, sind Gebühren und Auslagen erstattungsfähig, wenn das Gericht die Zuziehung eines Bevollmächtigten für das Vorverfahren für notwendig erklärt. [3]Juristische Personen des öffentlichen Rechts und Behörden können an Stelle ihrer tatsächlichen notwendigen Aufwendungen für Post- und Telekommunikationsdienstleistungen den in Nummer 7002 der Anlage 1 zum Rechtsanwaltsvergütungsgesetz bestimmten Höchstsatz der Pauschale fordern.

(3) Die außergerichtlichen Kosten des Beigeladenen sind nur erstattungsfähig, wenn sie das Gericht aus Billigkeit der unterliegenden Partei oder der Staatskasse auferlegt.

§ 163 (weggefallen)

§ 164[1] [Kostenfestsetzung]

Der Urkundsbeamte des Gerichts des ersten Rechtszugs setzt auf Antrag den Betrag der zu erstattenden Kosten fest.

1) Siehe hierzu auch den Streitwertkatalog VwGO.

§ 165 [Anfechtung der Kostenfestsetzung]
[1]Die Beteiligten können die Festsetzung der zu erstattenden Kosten anfechten. [2]§ 151 gilt entsprechend.

§ 165a [Prozesskostensicherheit]
§ 110 der Zivilprozessordnung gilt entsprechend.

§ 166 [Prozesskostenhilfe]
(1) [1]Die Vorschriften der Zivilprozeßordnung über die Prozeßkostenhilfe[1] sowie § 569 Abs. 3 Nr. 2 der Zivilprozessordnung gelten entsprechend. [2]Einem Beteiligten, dem Prozesskostenhilfe bewilligt worden ist, kann auch ein Steuerberater, Steuerbevollmächtigter, Wirtschaftsprüfer oder vereidigter Buchprüfer beigeordnet werden. [3]Die Vergütung richtet sich nach den für den beigeordneten Rechtsanwalt geltenden Vorschriften des Rechtsanwaltsvergütungsgesetzes.

(2) [1]Die Prüfung der persönlichen und wirtschaftlichen Verhältnisse nach den §§ 114 bis 116 der Zivilprozessordnung einschließlich der in § 118 Absatz 2 der Zivilprozessordnung bezeichneten Maßnahmen, der Beurkundung von Vergleichen nach § 118 Absatz 1 Satz 3 der Zivilprozessordnung und der Entscheidungen nach § 118 Absatz 2 Satz 4 der Zivilprozessordnung obliegt dem Urkundsbeamten der Geschäftsstelle des jeweiligen Rechtszugs, wenn der Vorsitzende ihm das Verfahren insoweit überträgt. [2]Liegen die Voraussetzungen für die Bewilligung der Prozesskostenhilfe hiernach nicht vor, erlässt der Urkundsbeamte die den Antrag ablehnende Entscheidung; anderenfalls vermerkt der Urkundsbeamte in den Prozessakten, dass dem Antragsteller nach seinen persönlichen und wirtschaftlichen Verhältnissen Prozesskostenhilfe gewährt werden kann und in welcher Höhe gegebenenfalls Monatsraten oder Beträge aus dem Vermögen zu zahlen sind.

(3) Dem Urkundsbeamten obliegen im Verfahren über die Prozesskostenhilfe ferner die Bestimmung des Zeitpunkts für die Einstellung und eine Wiederaufnahme der Zahlungen nach § 120 Absatz 3 der Zivilprozessordnung sowie die Änderung und die Aufhebung der Bewilligung der Prozesskostenhilfe nach den §§ 120a und 124 Absatz 1 Nummer 2 bis 5 der Zivilprozessordnung.

(4) [1]Der Vorsitzende kann Aufgaben nach den Absätzen 2 und 3 zu jedem Zeitpunkt an sich ziehen. [2]§ 5 Absatz 1 Nummer 1, die §§ 6, 7, 8 Absatz 1 bis 4 und § 9 des Rechtspflegergesetzes gelten entsprechend mit der Maßgabe, dass an die Stelle des Rechtspflegers der Urkundsbeamte der Geschäftsstelle tritt.

(5) § 87a Absatz 3 gilt entsprechend.

(6) Gegen Entscheidungen des Urkundsbeamten nach den Absätzen 2 und 3 kann innerhalb von zwei Wochen nach Bekanntgabe die Entscheidung des Gerichts beantragt werden.

(7) Durch Landesgesetz kann bestimmt werden, dass die Absätze 2 bis 6 für die Gerichte des jeweiligen Landes nicht anzuwenden sind.

17. Abschnitt
Vollstreckung

§ 167 [Anwendung der ZPO; vorläufige Vollstreckbarkeit]
(1) [1]Soweit sich aus diesem Gesetz nichts anderes ergibt, gilt für die Vollstreckung das Achte Buch der Zivilprozeßordnung[2] entsprechend. [2]Vollstreckungsgericht ist das Gericht des ersten Rechtszugs.

(2) Urteile auf Anfechtungs- und Verpflichtungsklagen können nur wegen der Kosten für vorläufig vollstreckbar erklärt werden.

§ 168 [Vollstreckungstitel]
(1) Vollstreckt wird
1. aus rechtskräftigen und aus vorläufig vollstreckbaren gerichtlichen Entscheidungen,
2. aus einstweiligen Anordnungen,
3. aus gerichtlichen Vergleichen,
4. aus Kostenfestsetzungsbeschlüssen,
5. aus den für vollstreckbar erklärten Schiedssprüchen öffentlich-rechtlicher Schiedsgerichte, sofern die Entscheidung über die Vollstreckbarkeit rechtskräftig oder für vorläufig vollstreckbar erklärt ist.

(2) Für die Vollstreckung können den Beteiligten auf ihren Antrag Ausfertigungen des Urteils ohne Tatbestand und ohne Entscheidungsgründe erteilt werden, deren Zustellung in den Wirkungen der Zustellung eines vollständigen Urteils gleichsteht.

1) Siehe §§ 114 bis 127 ZPO.
2) Siehe §§ 704 bis 945 ZPO.

§ 169 [Vollstreckung zugunsten der öffentlichen Hand]

(1) [1]Soll zugunsten des Bundes, eines Landes, eines Gemeindeverbands, einer Gemeinde oder einer Körperschaft, Anstalt oder Stiftung des öffentlichen Rechts vollstreckt werden, so richtet sich die Vollstreckung nach dem Verwaltungsvollstreckungsgesetz. [2]Vollstreckungsbehörde im Sinne des Verwaltungsvollstreckungsgesetzes ist der Vorsitzende des Gerichts des ersten Rechtszugs; er kann für die Ausführung der Vollstreckung eine andere Vollstreckungsbehörde oder einen Gerichtsvollzieher in Anspruch nehmen.

(2) Wird die Vollstreckung zur Erzwingung von Handlungen, Duldungen und Unterlassungen im Wege der Amtshilfe von Organen der Länder vorgenommen, so ist sie nach landesrechtlichen Bestimmungen durchzuführen.

§ 170 [Vollstreckung gegen die öffentliche Hand]

(1) [1]Soll gegen den Bund, ein Land, einen Gemeindeverband, eine Gemeinde, eine Körperschaft, eine Anstalt oder Stiftung des öffentlichen Rechts wegen einer Geldforderung vollstreckt werden, so verfügt auf Antrag des Gläubigers das Gericht des ersten Rechtszugs die Vollstreckung. [2]Es bestimmt die vorzunehmenden Vollstreckungsmaßnahmen und ersucht die zuständige Stelle um deren Vornahme. [3]Die ersuchte Stelle ist verpflichtet, dem Ersuchen nach den für sie geltenden Vollstreckungsvorschriften nachzukommen.

(2) [1]Das Gericht hat vor Erlaß der Vollstreckungsverfügung die Behörde oder bei Körperschaften, Anstalten und Stiftungen des öffentlichen Rechts, gegen die vollstreckt werden soll, die gesetzlichen Vertreter von der beabsichtigten Vollstreckung zu benachrichtigen mit der Aufforderung, die Vollstreckung innerhalb einer vom Gericht zu bemessenden Frist abzuwenden. [2]Die Frist darf einen Monat nicht übersteigen.

(3) [1]Die Vollstreckung ist unzulässig in Sachen, die für die Erfüllung öffentlicher Aufgaben unentbehrlich sind oder deren Veräußerung ein öffentliches Interesse entgegensteht. [2]Über Einwendungen entscheidet das Gericht nach Anhörung der zuständigen Aufsichtsbehörde oder bei obersten Bundes- oder Landesbehörden des zuständigen Ministers.

(4) Für öffentlich-rechtliche Kreditinstitute gelten die Absätze 1 bis 3 nicht.

(5) Der Ankündigung der Vollstreckung und der Einhaltung einer Wartefrist bedarf es nicht, wenn es sich um den Vollzug einer einstweiligen Anordnung handelt.

§ 171 [Vollstreckungsklausel]

In den Fällen der §§ 169, 170 Abs. 1 bis 3 bedarf es einer Vollstreckungsklausel nicht.

§ 172 [Zwangsgeld gegen die Behörde]

[1]Kommt die Behörde in den Fällen des § 113 Abs. 1 Satz 2 und Abs. 5 und des § 123 der ihr im Urteil oder in der einstweiligen Anordnung auferlegten Verpflichtung nicht nach, so kann das Gericht des ersten Rechtszugs auf Antrag unter Fristsetzung gegen sie ein Zwangsgeld bis zehntausend Euro durch Beschluß androhen, nach fruchtlosem Fristablauf festsetzen und von Amts wegen vollstrecken. [2]Das Zwangsgeld kann wiederholt angedroht, festgesetzt und vollstreckt werden.

Teil V
Schluß- und Übergangsbestimmungen

§ 173 [Entsprechende Anwendung des GVG und der ZPO]

[1]Soweit dieses Gesetz keine Bestimmungen über das Verfahren enthält, sind das Gerichtsverfassungsgesetz und die Zivilprozeßordnung einschließlich § 278 Absatz 5 und § 278a entsprechend anzuwenden, wenn die grundsätzlichen Unterschiede der beiden Verfahrensarten dies nicht ausschließen; Buch 6 der Zivilprozeßordnung ist nicht anzuwenden. [2]Die Vorschriften des Siebzehnten Titels des Gerichtsverfassungsgesetzes sind mit der Maßgabe entsprechend anzuwenden, dass an die Stelle des Oberlandesgerichts das Oberverwaltungsgericht, an die Stelle des Bundesgerichtshofs das Bundesverwaltungsgericht und an die Stelle der Zivilprozeßordnung die Verwaltungsgerichtsordnung tritt. [3]Gericht im Sinne des § 1062 der Zivilprozeßordnung ist das zuständige Verwaltungsgericht, Gericht im Sinne des § 1065 der Zivilprozeßordnung das zuständige Oberverwaltungsgericht.

§ 174 [Befähigung zum Richteramt]

(1) Für den Vertreter des öffentlichen Interesses bei dem Oberverwaltungsgericht und bei dem Verwaltungsgericht steht der Befähigung zum Richteramt nach dem Deutschen Richtergesetz die Befähigung zum höheren Verwaltungsdienst gleich, wenn sie nach mindestens dreijährigem Studium der Rechtswissenschaft an einer Universität und dreijähriger Ausbildung im öffentlichen Dienst durch Ablegen der gesetzlich vorgeschriebenen Prüfungen erlangt worden ist.

(2) Bei Kriegsteilnehmern gilt die Voraussetzung des Absatzes 1 als erfüllt, wenn sie den für sie geltenden besonderen Vorschriften genügt haben.

§ 175 [§ 43 EGGVG]
§ 43 des Einführungsgesetzes zum Gerichtsverfassungsgesetz gilt entsprechend.

§§ 176, 177 (weggefallen)

§§ 178 und 179 (Änderungsvorschriften)

§ 180 [Zeugen- und Sachverständigenvernehmung nach dem VwVfG oder dem SGB X]
[1]Erfolgt die Vernehmung oder die Vereidigung von Zeugen und Sachverständigen nach dem Verwaltungsverfahrensgesetz oder nach dem Zehnten Buch Sozialgesetzbuch durch das Verwaltungsgericht, so findet sie vor dem dafür im Geschäftsverteilungsplan bestimmten Richter statt. [2]Über die Rechtmäßigkeit einer Verweigerung des Zeugnisses, des Gutachtens oder der Eidesleistung nach dem Verwaltungsverfahrensgesetz oder nach dem Zehnten Buch Sozialgesetzbuch entscheidet das Verwaltungsgericht durch Beschluß.

§§ 181 und 182 (Änderungsvorschriften)

§ 183 [Nichtigkeit von Landesrecht]
[1]Hat das Verfassungsgericht eines Landes die Nichtigkeit von Landesrecht festgestellt oder Vorschriften des Landesrechts für nichtig erklärt, so bleiben vorbehaltlich 'einer besonderen gesetzlichen Regelung durch das Land die nicht mehr anfechtbaren Entscheidungen der Gerichte der Verwaltungsgerichtsbarkeit, die auf der für nichtig erklärten Norm beruhen, unberührt. [2]Die Vollstreckung aus einer solchen Entscheidung ist unzulässig. [3]§ 767 der Zivilprozeßordnung gilt entsprechend.

§ 184 [Sonderregelungen der Länder]
Das Land kann bestimmen, daß das Oberverwaltungsgericht die bisherige Bezeichnung „Verwaltungsgerichtshof" weiterführt.

§ 185 [Sonderregelungen für Berlin, Brandenburg, Bremen, Hamburg, Mecklenburg-Vorpommern, Saarland und Schleswig-Holstein]
(1) In den Ländern Berlin und Hamburg treten an die Stelle der Kreise im Sinne des § 28 die Bezirke.
(2) Die Länder Berlin, Brandenburg, Bremen, Hamburg, Mecklenburg-Vorpommern, Saarland und Schleswig-Holstein können Abweichungen von den Vorschriften des § 73 Abs. 1 Satz 2 zulassen.

§ 186 [Sonderregelungen für Berlin, Bremen und Hamburg]
[1]§ 22 Nr. 3 findet in den Ländern Berlin, Bremen und Hamburg auch mit der Maßgabe Anwendung, daß in der öffentlichen Verwaltung ehrenamtlich tätige Personen nicht zu ehrenamtlichen Richtern berufen werden können. [2]§ 6 des Einführungsgesetzes zum Gerichtsverfassungsgesetz gilt entsprechend.

§ 187 [Disziplinar-, Schieds- und Berufsgerichtsbarkeit; Personalvertretungsrecht]
(1) Die Länder können den Gerichten der Verwaltungsgerichtsbarkeit Aufgaben der Disziplinargerichtsbarkeit und der Schiedsgerichtsbarkeit bei Vermögensauseinandersetzungen öffentlich-rechtlicher Verbände übertragen, diesen Gerichten Berufsgerichte angliedern sowie dabei die Besetzung und das Verfahren regeln.
(2) Die Länder können ferner für das Gebiet des Personalvertretungsrechts von diesem Gesetz abweichende Vorschriften über die Besetzung und das Verfahren der Verwaltungsgerichte und des Oberverwaltungsgerichts erlassen.

§ 188 [Sozialkammern; Sozialsenate; Kostenfreiheit]
[1]Die Sachgebiete in Angelegenheiten der Fürsorge mit Ausnahme der Angelegenheiten der Sozialhilfe und des Asylbewerberleistungsgesetzes, der Jugendhilfe, der Kriegsopferfürsorge, der Schwerbehindertenfürsorge sowie der Ausbildungsförderung sollen in einer Kammer oder in einem Senat zusammengefaßt werden. [2]Gerichtskosten (Gebühren und Auslagen) werden in den Verfahren dieser Art nicht erhoben; dies gilt nicht für Erstattungsstreitigkeiten zwischen Sozialleistungsträgern.

§ 189 [Fachsenate für Entscheidungen nach § 99 Abs. 2]
Für die nach § 99 Abs. 2 zu treffenden Entscheidungen sind bei den Oberverwaltungsgerichten und dem Bundesverwaltungsgericht Fachsenate zu bilden.

§ 190 [Fortgeltung bestimmter Sonderregelungen]

(1) Die folgenden Gesetze, die von diesem Gesetz abweichen, bleiben unberührt:

1. das Lastenausgleichsgesetz vom 14. August 1952 (Bundesgesetzbl. I S. 446) in der Fassung der dazu ergangenen Änderungsgesetze,

2. das *Gesetz über die Errichtung eines Bundesaufsichtsamtes für das Versicherungs- und Bausparwesen*[1] vom 31. Juli 1951 (Bundesgesetzbl. I S. 480) in der Fassung des Gesetzes zur Ergänzung des Gesetzes über die Errichtung eines Bundesaufsichtsamtes für das Versicherungs- und Bausparwesen vom 22. Dezember 1954 (Bundesgesetzbl. I S. 501),

3. (weggefallen)

4. das Flurbereinigungsgesetz vom 14. Juli 1953 (Bundesgesetzbl. I S. 591),

5. das *Personalvertretungsgesetz*[2] vom 5. August 1955 (Bundesgesetzbl. I S. 477),

6. die Wehrbeschwerdeordnung (WBO) vom 23. Dezember 1956 (Bundesgesetzbl. I S. 1066),

7. das *Kriegsgefangenenentschädigungsgesetz (KgfEG)*[3] in der Fassung vom 8. Dezember 1956 (Bundesgesetzbl. I S. 908),

8. § 13 Abs. 2 des Patentgesetzes und die Vorschriften über das Verfahren vor dem Deutschen Patentamt.

(2) (weggefallen)

(3) (weggefallen)

§ 191 [Revision bei Klagen aus dem Beamtenverhältnis]

(1) (Änderungsvorschrift)

(2) § 127 des Beamtenrechtsrahmengesetzes und § 54 des Beamtenstatusgesetzes bleiben unberührt.

§ 192 (Änderungsvorschrift)

§ 193 [Oberverwaltungsgericht als Verfassungsgericht]

In einem Land, in dem kein Verfassungsgericht besteht, bleibt eine dem Oberverwaltungsgericht übertragene Zuständigkeit zur Entscheidung von Verfassungsstreitigkeiten innerhalb des Landes bis zur Errichtung eines Verfassungsgerichts unberührt.

§ 194 [Übergangsvorschriften für Rechtsmittel]

(1) Die Zulässigkeit der Berufungen richtet sich nach dem bis zum 31. Dezember 2001 geltenden Recht, wenn vor dem 1. Januar 2002

1. die mündliche Verhandlung, auf die das anzufechtende Urteil ergeht, geschlossen worden ist,

2. in Verfahren ohne mündliche Verhandlung die Geschäftsstelle die anzufechtende Entscheidung zum Zwecke der Zustellung an die Parteien herausgegeben hat.

(2) Im Übrigen richtet sich die Zulässigkeit eines Rechtsmittels gegen eine gerichtliche Entscheidung nach dem bis zum 31. Dezember 2001 geltenden Recht, wenn vor dem 1. Januar 2002 die gerichtliche Entscheidung bekannt gegeben oder verkündet oder von Amts wegen an Stelle einer Verkündung zugestellt worden ist.

(3) Fristgerecht vor dem 1. Januar 2002 eingelegte Rechtsmittel gegen Beschlüsse in Verfahren der Prozesskostenhilfe gelten als durch das Oberverwaltungsgericht zugelassen.

(4) In Verfahren, die vor dem 1. Januar 2002 anhängig geworden sind oder für die die Klagefrist vor diesem Tage begonnen hat, sowie in Verfahren über Rechtsmittel gegen gerichtliche Entscheidungen, die vor dem 1. Januar 2002 bekannt gegeben oder verkündet oder von Amts wegen an Stelle einer Verkündung zugestellt worden sind, gelten für die Prozessvertretung der Beteiligten die bis zu diesem Zeitpunkt geltenden Vorschriften.

(5) § 40 Abs. 2 Satz 1, § 154 Abs. 3, § 162 Abs. 2 Satz 3 und § 188 Satz 2 sind für die ab 1. Januar 2002 bei Gericht anhängig werdenden Verfahren in der zu diesem Zeitpunkt geltenden Fassung anzuwenden.

§ 195 [Inkrafttreten, Außerkrafttreten]

(1) (Inkrafttreten)

(2) bis (6) (Aufhebungs-, Änderungs- und zeitlich überholte Vorschriften)

(7) Für Rechtsvorschriften im Sinne des § 47, die vor dem 1. Januar 2007 bekannt gemacht worden sind, gilt die Frist des § 47 Abs. 2 in der bis zum Ablauf des 31. Dezember 2006 geltenden Fassung.

1) **Aufgehoben mWv 2.9.2005** durch G v. 29.8.2005 (BGBl. I S. 2546).

2) **Aufgehoben mWv 1.4.1974** durch G v. 15.3.1974 (BGBl. I S. 693); siehe jetzt das BundespersonalvertretungsG.

3) **Aufgehoben mWv 1.1.1993** durch G v. 21.12.1992 (BGBl. I S. 2094).

Bundesdatenschutzgesetz (BDSG)[1]

Vom 30. Juni 2017 (BGBl. I S. 2097)
(FNA 204-4)

zuletzt geändert durch Art. 12 Zweites Datenschutz-Anpassungs- und Umsetzungsgesetz EU
vom 20. November 2019 (BGBl. I S. 1626)

Inhaltsübersicht

1) Verkündet als Art. 1 des Datenschutz-Anpassungs- und -UmsetzungsG EU v. 30.6.2017 (BGBl. I S. 2097); Inkrafttreten gem. Art. 8 Abs. 1 dieses G am 25.5.2018.

Kapitel 2
Rechte der betroffenen Person

§ 32	Informationspflicht bei Erhebung von personenbezogenen Daten bei der betroffenen Person
§ 33	Informationspflicht, wenn die personenbezogenen Daten nicht bei der betroffenen Person erhoben wurden
§ 34	Auskunftsrecht der betroffenen Person
§ 35	Recht auf Löschung
§ 36	Widerspruchsrecht
§ 37	Automatisierte Entscheidungen im Einzelfall einschließlich Profiling

Kapitel 3
Pflichten der Verantwortlichen und Auftragsverarbeiter

§ 38	Datenschutzbeauftragte nichtöffentlicher Stellen
§ 39	Akkreditierung

Kapitel 4
Aufsichtsbehörde für die Datenverarbeitung durch nichtöffentliche Stellen

§ 40	Aufsichtsbehörden der Länder

Kapitel 5
Sanktionen

§ 41	Anwendung der Vorschriften über das Bußgeld- und Strafverfahren
§ 42	Strafvorschriften
§ 43	Bußgeldvorschriften

Kapitel 6
Rechtsbehelfe

§ 44	Klagen gegen den Verantwortlichen oder Auftragsverarbeiter

Teil 3
Bestimmungen für Verarbeitungen zu Zwecken gemäß Artikel 1 Absatz 1 der Richtlinie (EU) 2016/680

Kapitel 1
Anwendungsbereich, Begriffsbestimmungen und allgemeine Grundsätze für die Verarbeitung personenbezogener Daten

§ 45	Anwendungsbereich
§ 46	Begriffsbestimmungen
§ 47	Allgemeine Grundsätze für die Verarbeitung personenbezogener Daten

Kapitel 2
Rechtsgrundlagen der Verarbeitung personenbezogener Daten

§ 48	Verarbeitung besonderer Kategorien personenbezogener Daten
§ 49	Verarbeitung zu anderen Zwecken
§ 50	Verarbeitung zu archivarischen, wissenschaftlichen und statistischen Zwecken
§ 51	Einwilligung

§ 52	Verarbeitung auf Weisung des Verantwortlichen
§ 53	Datengeheimnis
§ 54	Automatisierte Einzelentscheidung

Kapitel 3
Rechte der betroffenen Person

§ 55	Allgemeine Informationen zu Datenverarbeitungen
§ 56	Benachrichtigung betroffener Personen
§ 57	Auskunftsrecht
§ 58	Rechte auf Berichtigung und Löschung sowie Einschränkung der Verarbeitung
§ 59	Verfahren für die Ausübung der Rechte der betroffenen Person
§ 60	Anrufung der oder des Bundesbeauftragten
§ 61	Rechtsschutz gegen Entscheidungen der oder des Bundesbeauftragten oder bei deren oder dessen Untätigkeit

Kapitel 4
Pflichten der Verantwortlichen und Auftragsverarbeiter

§ 62	Auftragsverarbeitung
§ 63	Gemeinsam Verantwortliche
§ 64	Anforderungen an die Sicherheit der Datenverarbeitung
§ 65	Meldung von Verletzungen des Schutzes personenbezogener Daten an die oder den Bundesbeauftragten
§ 66	Benachrichtigung betroffener Personen bei Verletzungen des Schutzes personenbezogener Daten
§ 67	Durchführung einer Datenschutz-Folgenabschätzung
§ 68	Zusammenarbeit mit der oder dem Bundesbeauftragten
§ 69	Anhörung der oder des Bundesbeauftragten
§ 70	Verzeichnis von Verarbeitungstätigkeiten
§ 71	Datenschutz durch Technikgestaltung und datenschutzfreundliche Voreinstellungen
§ 72	Unterscheidung zwischen verschiedenen Kategorien betroffener Personen
§ 73	Unterscheidung zwischen Tatsachen und persönlichen Einschätzungen
§ 74	Verfahren bei Übermittlungen
§ 75	Berichtigung und Löschung personenbezogener Daten sowie Einschränkung der Verarbeitung
§ 76	Protokollierung
§ 77	Vertrauliche Meldung von Verstößen

Kapitel 5
Datenübermittlungen an Drittstaaten und an internationale Organisationen

§ 78	Allgemeine Voraussetzungen
§ 79	Datenübermittlung bei geeigneten Garantien
§ 80	Datenübermittlung ohne geeignete Garantien
§ 81	Sonstige Datenübermittlung an Empfänger in Drittstaaten

Teil 1
Gemeinsame Bestimmungen

Kapitel 1
Anwendungsbereich und Begriffsbestimmungen

§ 1 Anwendungsbereich des Gesetzes

(1) [1]Dieses Gesetz gilt für die Verarbeitung personenbezogener Daten durch
1. öffentliche Stellen des Bundes,
2. öffentliche Stellen der Länder, soweit der Datenschutz nicht durch Landesgesetz geregelt ist und soweit sie
 a) Bundesrecht ausführen oder
 b) als Organe der Rechtspflege tätig werden und es sich nicht um Verwaltungsangelegenheiten handelt.

[2]Für nichtöffentliche Stellen gilt dieses Gesetz für die ganz oder teilweise automatisierte Verarbeitung personenbezogener Daten sowie die nicht automatisierte Verarbeitung personenbezogener Daten, die in einem Dateisystem gespeichert sind oder gespeichert werden sollen, es sei denn, die Verarbeitung durch natürliche Personen erfolgt zur Ausübung ausschließlich persönlicher oder familiärer Tätigkeiten.

(2) [1]Andere Rechtsvorschriften des Bundes über den Datenschutz gehen den Vorschriften dieses Gesetzes vor. [2]Regeln sie einen Sachverhalt, für den dieses Gesetz gilt, nicht oder nicht abschließend, finden die Vorschriften dieses Gesetzes Anwendung. [3]Die Verpflichtung zur Wahrung gesetzlicher Geheimhaltungspflichten oder von Berufs- oder besonderen Amtsgeheimnissen, die nicht auf gesetzlichen Vorschriften beruhen, bleibt unberührt.

(3) Die Vorschriften dieses Gesetzes gehen denen des Verwaltungsverfahrensgesetzes vor, soweit bei der Ermittlung des Sachverhalts personenbezogene Daten verarbeitet werden.

(4) [1]Dieses Gesetz findet Anwendung auf öffentliche Stellen. [2]Auf nichtöffentliche Stellen findet es Anwendung, sofern
1. der Verantwortliche oder Auftragsverarbeiter personenbezogene Daten im Inland verarbeitet,
2. die Verarbeitung personenbezogener Daten im Rahmen der Tätigkeiten einer inländischen Niederlassung des Verantwortlichen oder Auftragsverarbeiters erfolgt oder
3. der Verantwortliche oder Auftragsverarbeiter zwar keine Niederlassung in einem Mitgliedstaat der Europäischen Union oder in einem anderen Vertragsstaat des Abkommens über den Europäischen Wirtschaftsraum hat, er aber in den Anwendungsbereich der Verordnung (EU) 2016/679 des Europäischen Parlaments und des Rates vom 27. April 2016 zum Schutz natürlicher Personen bei der Verarbeitung personenbezogener Daten, zum freien Datenverkehr und zur Aufhebung der Richtlinie 95/46/EG (Datenschutz-Grundverordnung) (ABl. L 119 vom 4.5.2016, S. 1; L 314 vom 22.11.2016, S. 72; L 127 vom 23.5.2018, S. 2) in der jeweils geltenden Fassung fällt.

[3]Sofern dieses Gesetz nicht gemäß Satz 2 Anwendung findet, gelten für den Verantwortlichen oder Auftragsverarbeiter nur die §§ 8 bis 21, 39 bis 44.

(5) Die Vorschriften dieses Gesetzes finden keine Anwendung, soweit das Recht der Europäischen Union, im Besonderen die Verordnung (EU) 2016/679 in der jeweils geltenden Fassung, unmittelbar gilt.

(6) [1]Bei Verarbeitungen zu Zwecken gemäß Artikel 2 der Verordnung (EU) 2016/679 stehen die Vertragsstaaten des Abkommens über den Europäischen Wirtschaftsraum den Mitgliedstaaten der Europäischen Union gleich. [2]Andere Staaten gelten insoweit als Drittstaaten.

(7) ¹Bei Verarbeitungen zu Zwecken gemäß Artikel 1 Absatz 1 der Richtlinie (EU) 2016/680 des Europäischen Parlaments und des Rates vom 27. April 2016 zum Schutz natürlicher Personen bei der Verarbeitung personenbezogener Daten durch die zuständigen Behörden zum Zwecke der Verhütung, Ermittlung, Aufdeckung oder Verfolgung von Straftaten oder der Strafvollstreckung sowie zum freien Datenverkehr und zur Aufhebung des Rahmenbeschlusses 2008/977/JI des Rates (ABl. L 119 vom 4.5.2016, S. 89) stehen die bei der Umsetzung, Anwendung und Entwicklung des Schengen-Besitzstands assoziierten Staaten den Mitgliedstaaten der Europäischen Union gleich. ²Andere Staaten gelten insoweit als Drittstaaten.

(8) Für Verarbeitungen personenbezogener Daten durch öffentliche Stellen im Rahmen von nicht in die Anwendungsbereiche der Verordnung (EU) 2016/679 und der Richtlinie (EU) 2016/680 fallenden Tätigkeiten finden die Verordnung (EU) 2016/679 und die Teile 1 und 2 dieses Gesetzes entsprechend Anwendung, soweit nicht in diesem Gesetz oder einem anderen Gesetz Abweichendes geregelt ist.

§ 2 Begriffsbestimmungen

(1) Öffentliche Stellen des Bundes sind die Behörden, die Organe der Rechtspflege und andere öffentlich-rechtlich organisierte Einrichtungen des Bundes, der bundesunmittelbaren Körperschaften, der Anstalten und Stiftungen des öffentlichen Rechts sowie deren Vereinigungen ungeachtet ihrer Rechtsform.

(2) Öffentliche Stellen der Länder sind die Behörden, die Organe der Rechtspflege und andere öffentlich-rechtlich organisierte Einrichtungen eines Landes, einer Gemeinde, eines Gemeindeverbandes oder sonstiger der Aufsicht des Landes unterstehender juristischer Personen des öffentlichen Rechts sowie deren Vereinigungen ungeachtet ihrer Rechtsform.

(3) ¹Vereinigungen des privaten Rechts von öffentlichen Stellen des Bundes und der Länder, die Aufgaben der öffentlichen Verwaltung wahrnehmen, gelten ungeachtet der Beteiligung nichtöffentlicher Stellen als öffentliche Stellen des Bundes, wenn

1. sie über den Bereich eines Landes hinaus tätig werden oder
2. dem Bund die absolute Mehrheit der Anteile gehört oder die absolute Mehrheit der Stimmen zusteht. ²Andernfalls gelten sie als öffentliche Stellen der Länder.

(4) ¹Nichtöffentliche Stellen sind natürliche und juristische Personen, Gesellschaften und andere Personenvereinigungen des privaten Rechts, soweit sie nicht unter die Absätze 1 bis 3 fallen. ²Nimmt eine nichtöffentliche Stelle hoheitliche Aufgaben der öffentlichen Verwaltung wahr, ist sie insoweit öffentliche Stelle im Sinne dieses Gesetzes.

(5) ¹Öffentliche Stellen des Bundes gelten als nichtöffentliche Stellen im Sinne dieses Gesetzes, soweit sie als öffentlich-rechtliche Unternehmen am Wettbewerb teilnehmen. ²Als nichtöffentliche Stellen im Sinne dieses Gesetzes gelten auch öffentliche Stellen der Länder, soweit sie als öffentlich-rechtliche Unternehmen am Wettbewerb teilnehmen, Bundesrecht ausführen und der Datenschutz nicht durch Landesgesetz geregelt ist.

Kapitel 2
Rechtsgrundlagen der Verarbeitung personenbezogener Daten

§ 3 Verarbeitung personenbezogener Daten durch öffentliche Stellen
Die Verarbeitung personenbezogener Daten durch eine öffentliche Stelle ist zulässig, wenn sie zur Erfüllung der in der Zuständigkeit des Verantwortlichen liegenden Aufgabe oder in Ausübung öffentlicher Gewalt, die dem Verantwortlichen übertragen wurde, erforderlich ist.

§ 4 Videoüberwachung öffentlich zugänglicher Räume
(1) ¹Die Beobachtung öffentlich zugänglicher Räume mit optisch-elektronischen Einrichtungen (Videoüberwachung) ist nur zulässig, soweit sie

1. zur Aufgabenerfüllung öffentlicher Stellen,
2. zur Wahrnehmung des Hausrechts oder
3. zur Wahrnehmung berechtigter Interessen für konkret festgelegte Zwecke

erforderlich ist und keine Anhaltspunkte bestehen, dass schutzwürdige Interessen der betroffenen Personen überwiegen. ²Bei der Videoüberwachung von

1. öffentlich zugänglichen großflächigen Anlagen, wie insbesondere Sport-, Versammlungs- und Vergnügungsstätten, Einkaufszentren oder Parkplätzen, oder
2. Fahrzeugen und öffentlich zugänglichen großflächigen Einrichtungen des öffentlichen Schienen-, Schiffs- und Busverkehrs

gilt der Schutz von Leben, Gesundheit oder Freiheit von dort aufhältigen Personen als ein besonders wichtiges Interesse.

(2) Der Umstand der Beobachtung und der Name und die Kontaktdaten des Verantwortlichen sind durch geeignete Maßnahmen zum frühestmöglichen Zeitpunkt erkennbar zu machen.

(3) [1]Die Speicherung oder Verwendung von nach Absatz 1 erhobenen Daten ist zulässig, wenn sie zum Erreichen des verfolgten Zwecks erforderlich ist und keine Anhaltspunkte bestehen, dass schutzwürdige Interessen der betroffenen Personen überwiegen. [2]Absatz 1 Satz 2 gilt entsprechend. [3]Für einen anderen Zweck dürfen sie nur weiterverarbeitet werden, soweit dies zur Abwehr von Gefahren für die staatliche und öffentliche Sicherheit sowie zur Verfolgung von Straftaten erforderlich ist.

(4) [1]Werden durch Videoüberwachung erhobene Daten einer bestimmten Person zugeordnet, so besteht die Pflicht zur Information der betroffenen Person über die Verarbeitung gemäß den Artikeln 13 und 14 der Verordnung (EU) 2016/679. [2]§ 32 gilt entsprechend.

(5) Die Daten sind unverzüglich zu löschen, wenn sie zur Erreichung des Zwecks nicht mehr erforderlich sind oder schutzwürdige Interessen der betroffenen Personen einer weiteren Speicherung entgegenstehen.

Kapitel 3
Datenschutzbeauftragte öffentlicher Stellen

§ 5 Benennung

(1) [1]Öffentliche Stellen benennen eine Datenschutzbeauftragte oder einen Datenschutzbeauftragten. [2]Dies gilt auch für öffentliche Stellen nach § 2 Absatz 5, die am Wettbewerb teilnehmen.

(2) Für mehrere öffentliche Stellen kann unter Berücksichtigung ihrer Organisationsstruktur und ihrer Größe eine gemeinsame Datenschutzbeauftragte oder ein gemeinsamer Datenschutzbeauftragter benannt werden.

(3) Die oder der Datenschutzbeauftragte wird auf der Grundlage ihrer oder seiner beruflichen Qualifikation und insbesondere ihres oder seines Fachwissens benannt, das sie oder er auf dem Gebiet des Datenschutzrechts und der Datenschutzpraxis besitzt, sowie auf der Grundlage ihrer oder seiner Fähigkeit zur Erfüllung der in § 7 genannten Aufgaben.

(4) Die oder der Datenschutzbeauftragte kann Beschäftigte oder Beschäftigter der öffentlichen Stelle sein oder ihre oder seine Aufgaben auf der Grundlage eines Dienstleistungsvertrags erfüllen.

(5) Die öffentliche Stelle veröffentlicht die Kontaktdaten der oder des Datenschutzbeauftragten und teilt diese Daten der oder dem Bundesbeauftragten für den Datenschutz und die Informationsfreiheit mit.

§ 6 Stellung

(1) Die öffentliche Stelle stellt sicher, dass die oder der Datenschutzbeauftragte ordnungsgemäß und frühzeitig in alle mit dem Schutz personenbezogener Daten zusammenhängenden Fragen eingebunden wird.

(2) Die öffentliche Stelle unterstützt die Datenschutzbeauftragte oder den Datenschutzbeauftragten bei der Erfüllung ihrer oder seiner Aufgaben gemäß § 7, indem sie die für die Erfüllung dieser Aufgaben erforderlichen Ressourcen und den Zugang zu personenbezogenen Daten und Verarbeitungsvorgängen sowie die zur Erhaltung ihres oder seines Fachwissens erforderlichen Ressourcen zur Verfügung stellt.

(3) [1]Die öffentliche Stelle stellt sicher, dass die oder der Datenschutzbeauftragte bei der Erfüllung ihrer oder seiner Aufgaben keine Anweisungen bezüglich der Ausübung dieser Aufgaben erhält. [2]Die oder der Datenschutzbeauftragte berichtet unmittelbar der höchsten Leitungsebene der öffentlichen Stelle. [3]Die oder der Datenschutzbeauftragte darf von der öffentlichen Stelle wegen der Erfüllung ihrer oder seiner Aufgaben nicht abberufen oder benachteiligt werden.

(4) [1]Die Abberufung der oder des Datenschutzbeauftragten ist nur in entsprechender Anwendung des § 626 des Bürgerlichen Gesetzbuchs zulässig. [2]Die Kündigung des Arbeitsverhältnisses ist unzulässig, es sei denn, dass Tatsachen vorliegen, welche die öffentliche Stelle zur Kündigung aus wichtigem Grund ohne Einhaltung einer Kündigungsfrist berechtigen. [3]Nach dem Ende der Tätigkeit als Datenschutzbeauftragte oder als Datenschutzbeauftragter ist die Kündigung des Arbeitsverhältnisses innerhalb eines Jahres unzulässig, es sei denn, dass die öffentliche Stelle zur Kündigung aus wichtigem Grund ohne Einhaltung einer Kündigungsfrist berechtigt ist.

(5) [1]Betroffene Personen können die Datenschutzbeauftragte oder den Datenschutzbeauftragten zu allen mit der Verarbeitung ihrer personenbezogenen Daten und mit der Wahrnehmung ihrer Rechte gemäß der Verordnung (EU) 2016/679, diesem Gesetz sowie anderen Rechtsvorschriften über den Datenschutz im Zusammenhang stehenden Fragen zu Rate ziehen. [2]Die oder der Datenschutzbeauftragte ist zur Verschwiegenheit über die Identität der betroffenen Person sowie über Umstände, die Rückschlüsse auf die

betroffene Person zulassen, verpflichtet, soweit sie oder er nicht davon durch die betroffene Person befreit wird.

(6) [1]Wenn die oder der Datenschutzbeauftragte bei ihrer oder seiner Tätigkeit Kenntnis von Daten erhält, für die der Leitung oder einer bei der öffentlichen Stelle beschäftigten Person aus beruflichen Gründen ein Zeugnisverweigerungsrecht zusteht, steht dieses Recht auch der oder dem Datenschutzbeauftragten und den ihr oder ihm unterstellten Beschäftigten zu. [2]Über die Ausübung dieses Rechts entscheidet die Person, der das Zeugnisverweigerungsrecht aus beruflichen Gründen zusteht, es sei denn, dass diese Entscheidung in absehbarer Zeit nicht herbeigeführt werden kann. [3]Soweit das Zeugnisverweigerungsrecht der oder des Datenschutzbeauftragten reicht, unterliegen ihre oder seine Akten und andere Dokumente einem Beschlagnahmeverbot.

§ 7 Aufgaben

(1) [1]Der oder dem Datenschutzbeauftragten obliegen neben den in der Verordnung (EU) 2016/679 genannten Aufgaben zumindest folgende Aufgaben:

1. Unterrichtung und Beratung der öffentlichen Stelle und der Beschäftigten, die Verarbeitungen durchführen, hinsichtlich ihrer Pflichten nach diesem Gesetz und sonstigen Vorschriften über den Datenschutz, einschließlich der zur Umsetzung der Richtlinie (EU) 2016/680 erlassenen Rechtsvorschriften;
2. Überwachung der Einhaltung dieses Gesetzes und sonstiger Vorschriften über den Datenschutz, einschließlich der zur Umsetzung der Richtlinie (EU) 2016/680 erlassenen Rechtsvorschriften, sowie der Strategien der öffentlichen Stelle für den Schutz personenbezogener Daten, einschließlich der Zuweisung von Zuständigkeiten, der Sensibilisierung und der Schulung der an den Verarbeitungsvorgängen beteiligten Beschäftigten und der diesbezüglichen Überprüfungen;
3. Beratung im Zusammenhang mit der Datenschutz-Folgenabschätzung und Überwachung ihrer Durchführung gemäß § 67 dieses Gesetzes;
4. Zusammenarbeit mit der Aufsichtsbehörde;
5. Tätigkeit als Anlaufstelle für die Aufsichtsbehörde in mit der Verarbeitung zusammenhängenden Fragen, einschließlich der vorherigen Konsultation gemäß § 69 dieses Gesetzes, und gegebenenfalls Beratung zu allen sonstigen Fragen.

[2]Im Fall einer oder eines bei einem Gericht bestellten Datenschutzbeauftragten beziehen sich diese Aufgaben nicht auf das Handeln des Gerichts im Rahmen seiner justiziellen Tätigkeit.

(2) [1]Die oder der Datenschutzbeauftragte kann andere Aufgaben und Pflichten wahrnehmen. [2]Die öffentliche Stelle stellt sicher, dass derartige Aufgaben und Pflichten nicht zu einem Interessenkonflikt führen.

(3) Die oder der Datenschutzbeauftragte trägt bei der Erfüllung ihrer oder seiner Aufgaben dem mit den Verarbeitungsvorgängen verbundenen Risiko gebührend Rechnung, wobei sie oder er die Art, den Umfang, die Umstände und die Zwecke der Verarbeitung berücksichtigt.

Kapitel 4
Die oder der Bundesbeauftragte für den Datenschutz und die Informationsfreiheit

§ 8 Errichtung

(1) [1]Die oder der Bundesbeauftragte für den Datenschutz und die Informationsfreiheit (Bundesbeauftragte) ist eine oberste Bundesbehörde. [2]Der Dienstsitz ist Bonn.

(2) Die Beamtinnen und Beamten der oder des Bundesbeauftragten sind Beamtinnen und Beamte des Bundes.

(3) [1]Die oder der Bundesbeauftragte kann Aufgaben der Personalverwaltung und Personalwirtschaft auf andere Stellen des Bundes übertragen, soweit hierdurch die Unabhängigkeit der oder des Bundesbeauftragten nicht beeinträchtigt wird. [2]Diesen Stellen dürfen personenbezogene Daten der Beschäftigten übermittelt werden, soweit deren Kenntnis zur Erfüllung der übertragenen Aufgaben erforderlich ist.

§ 9 Zuständigkeit

(1) [1]Die oder der Bundesbeauftragte ist zuständig für die Aufsicht über die öffentlichen Stellen des Bundes, auch soweit sie als öffentlich-rechtliche Unternehmen am Wettbewerb teilnehmen, sowie über Unternehmen, soweit diese für die geschäftsmäßige Erbringung von Telekommunikationsdienstleistungen Daten von natürlichen oder juristischen Personen verarbeiten und sich die Zuständigkeit nicht bereits aus § 115 Absatz 4 des Telekommunikationsgesetzes ergibt. [2]Die Vorschriften dieses Kapitels gelten auch für Auftragsverarbeiter, soweit sie nichtöffentliche Stellen sind, bei denen dem Bund die Mehrheit der

Anteile gehört oder die Mehrheit der Stimmen zusteht und der Auftraggeber eine öffentliche Stelle des Bundes ist.

(2) Die oder der Bundesbeauftragte ist nicht zuständig für die Aufsicht über die von den Bundesgerichten im Rahmen ihrer justiziellen Tätigkeit vorgenommenen Verarbeitungen.

§ 10 Unabhängigkeit

(1) [1]Die oder der Bundesbeauftragte handelt bei der Erfüllung ihrer oder seiner Aufgaben und bei der Ausübung ihrer oder seiner Befugnisse völlig unabhängig. [2]Sie oder er unterliegt weder direkter noch indirekter Beeinflussung von außen und ersucht weder um Weisung noch nimmt sie oder er Weisungen entgegen.

(2) Die oder der Bundesbeauftragte unterliegt der Rechnungsprüfung durch den Bundesrechnungshof, soweit hierdurch ihre oder seine Unabhängigkeit nicht beeinträchtigt wird.

§ 11 Ernennung und Amtszeit

(1) [1]Der Deutsche Bundestag wählt ohne Aussprache auf Vorschlag der Bundesregierung die Bundesbeauftragte oder den Bundesbeauftragten mit mehr als der Hälfte der gesetzlichen Zahl seiner Mitglieder. [2]Die oder der Gewählte ist von der Bundespräsidentin oder dem Bundespräsidenten zu ernennen. [3]Die oder der Bundesbeauftragte muss bei ihrer oder seiner Wahl das 35. Lebensjahr vollendet haben. [4]Sie oder er muss über die für die Erfüllung ihrer oder seiner Aufgaben und Ausübung ihrer oder seiner Befugnisse erforderliche Qualifikation, Erfahrung und Sachkunde insbesondere im Bereich des Schutzes personenbezogener Daten verfügen. [5]Insbesondere muss die oder der Bundesbeauftragte über durch einschlägige Berufserfahrung erworbene Kenntnisse des Datenschutzrechts verfügen und die Befähigung zum Richteramt oder höheren Verwaltungsdienst haben.

(2) [1]Die oder der Bundesbeauftragte leistet vor der Bundespräsidentin oder dem Bundespräsidenten folgenden Eid: „Ich schwöre, dass ich meine Kraft dem Wohle des deutschen Volkes widmen, seinen Nutzen mehren, Schaden von ihm wenden, das Grundgesetz und die Gesetze des Bundes wahren und verteidigen, meine Pflichten gewissenhaft erfüllen und Gerechtigkeit gegen jedermann üben werde. So wahr mir Gott helfe." [2]Der Eid kann auch ohne religiöse Beteuerung geleistet werden.

(3) [1]Die Amtszeit der oder des Bundesbeauftragten beträgt fünf Jahre. [2]Einmalige Wiederwahl ist zulässig.

§ 12 Amtsverhältnis

(1) Die oder der Bundesbeauftragte steht nach Maßgabe dieses Gesetzes zum Bund in einem öffentlich-rechtlichen Amtsverhältnis.

(2) [1]Das Amtsverhältnis beginnt mit der Aushändigung der Ernennungsurkunde. [2]Es endet mit dem Ablauf der Amtszeit oder mit dem Rücktritt. [3]Die Bundespräsidentin oder der Bundespräsident enthebt auf Vorschlag der Präsidentin oder des Präsidenten des Bundestages die Bundesbeauftragte oder den Bundesbeauftragten ihres oder seines Amtes, wenn die oder der Bundesbeauftragte eine schwere Verfehlung begangen hat oder die Voraussetzungen für die Wahrnehmung ihrer oder seiner Aufgaben nicht mehr erfüllt. [4]Im Fall der Beendigung des Amtsverhältnisses oder der Amtsenthebung erhält die oder der Bundesbeauftragte eine von der Bundespräsidentin oder dem Bundespräsidenten vollzogene Urkunde. [5]Eine Amtsenthebung wird mit der Aushändigung der Urkunde wirksam. [6]Endet das Amtsverhältnis mit Ablauf der Amtszeit, ist die oder der Bundesbeauftragte verpflichtet, auf Ersuchen der Präsidentin oder des Präsidenten des Bundestages die Geschäfte bis zur Ernennung einer Nachfolgerin oder eines Nachfolgers für die Dauer von höchstens sechs Monaten weiterzuführen.

(3) [1]Die Leitende Beamtin oder der Leitende Beamte nimmt die Rechte der oder des Bundesbeauftragten wahr, wenn die oder der Bundesbeauftragte an der Ausübung ihres oder seines Amtes verhindert ist oder wenn ihr oder sein Amtsverhältnis endet und sie oder er nicht zur Weiterführung der Geschäfte verpflichtet ist. [2]§ 10 Absatz 1 ist entsprechend anzuwenden.

(4) [1]Die oder der Bundesbeauftragte erhält vom Beginn des Kalendermonats an, in dem das Amtsverhältnis beginnt, bis zum Schluss des Kalendermonats, in dem das Amtsverhältnis endet, im Fall des Absatzes 2 Satz 6 bis zum Ende des Monats, in dem die Geschäftsführung endet, Amtsbezüge in Höhe der Besoldungsgruppe B 11 sowie den Familienzuschlag entsprechend Anlage V des Bundesbesoldungsgesetzes. [2]Das Bundesreisekostengesetz und das Bundesumzugskostengesetz sind entsprechend anzuwenden. [3]Im Übrigen sind § 12 Absatz 6 sowie die §§ 13 bis 20 und 21a Absatz 5 des Bundesministergesetzes mit den Maßgaben anzuwenden, dass an die Stelle der vierjährigen Amtszeit in § 15 Absatz 1 des Bundesministergesetzes eine Amtszeit von fünf Jahren tritt. [4]Abweichend von Satz 3 in Verbindung mit den §§ 15 bis 17 und 21a Absatz 5 des Bundesministergesetzes berechnet sich das Ruhegehalt der oder des Bundesbeauftragten unter Hinzurechnung der Amtszeit als ruhegehaltsfähige Dienstzeit in entsprechender Anwendung des Beamtenversorgungsgesetzes, wenn dies günstiger ist und die oder der Bundesbeauftragte sich unmittelbar vor ihrer oder seiner Wahl zur oder zum Bundesbeauftragten als Beamtin oder

Beamter oder als Richterin oder Richter mindestens in dem letzten gewöhnlich vor Erreichen der Besoldungsgruppe B 11 zu durchlaufenden Amt befunden hat.

§ 13 Rechte und Pflichten

(1) [1]Die oder der Bundesbeauftragte sieht von allen mit den Aufgaben ihres oder seines Amtes nicht zu vereinbarenden Handlungen ab und übt während ihrer oder seiner Amtszeit keine andere mit ihrem oder seinem Amt nicht zu vereinbarende entgeltliche oder unentgeltliche Tätigkeit aus. [2]Insbesondere darf die oder der Bundesbeauftragte neben ihrem oder seinem Amt kein anderes besoldetes Amt, kein Gewerbe und keinen Beruf ausüben und weder der Leitung oder dem Aufsichtsrat oder Verwaltungsrat eines auf Erwerb gerichteten Unternehmens noch einer Regierung oder einer gesetzgebenden Körperschaft des Bundes oder eines Landes angehören. [3]Sie oder er darf nicht gegen Entgelt außergerichtliche Gutachten abgeben.

(2) [1]Die oder der Bundesbeauftragte hat der Präsidentin oder dem Präsidenten des Bundestages Mitteilung über Geschenke zu machen, die sie oder er in Bezug auf das Amt erhält. [2]Die Präsidentin oder der Präsident des Bundestages entscheidet über die Verwendung der Geschenke. [3]Sie oder er kann Verfahrensvorschriften erlassen.

(3) [1]Die oder der Bundesbeauftragte ist berechtigt, über Personen, die ihr oder ihm in ihrer oder seiner Eigenschaft als Bundesbeauftragte oder Bundesbeauftragter Tatsachen anvertraut haben, sowie über diese Tatsachen selbst das Zeugnis zu verweigern. [2]Dies gilt auch für die Mitarbeiterinnen und Mitarbeiter der oder des Bundesbeauftragten mit der Maßgabe, dass über die Ausübung dieses Rechts die oder der Bundesbeauftragte entscheidet. [3]Soweit das Zeugnisverweigerungsrecht der oder des Bundesbeauftragten reicht, darf die Vorlegung oder Auslieferung von Akten oder anderen Dokumenten von ihr oder ihm nicht gefordert werden.

(4) [1]Die oder der Bundesbeauftragte ist, auch nach Beendigung ihres oder seines Amtsverhältnisses, verpflichtet, über die ihr oder ihm amtlich bekanntgewordenen Angelegenheiten Verschwiegenheit zu bewahren. [2]Dies gilt nicht für Mitteilungen im dienstlichen Verkehr oder über Tatsachen, die offenkundig sind oder ihrer Bedeutung nach keiner Geheimhaltung bedürfen. [3]Die oder der Bundesbeauftragte entscheidet nach pflichtgemäßem Ermessen, ob und inwieweit sie oder er über solche Angelegenheiten vor Gericht oder außergerichtlich aussagt oder Erklärungen abgibt; wenn sie oder er nicht mehr im Amt ist, ist die Genehmigung der oder des amtierenden Bundesbeauftragten erforderlich. [4]Unberührt bleibt die gesetzlich begründete Pflicht, Straftaten anzuzeigen und bei einer Gefährdung der freiheitlichen demokratischen Grundordnung für deren Erhaltung einzutreten. [5]Für die Bundesbeauftragte oder den Bundesbeauftragten und ihre oder seine Mitarbeiterinnen und Mitarbeiter gelten die §§ 93, 97 und 105 Absatz 1, § 111 Absatz 5 in Verbindung mit § 105 Absatz 1 sowie § 116 Absatz 1 der Abgabenordnung nicht. [6]Satz 5 findet keine Anwendung, soweit die Finanzbehörden die Kenntnis für die Durchführung eines Verfahrens wegen einer Steuerstraftat sowie eines damit zusammenhängenden Steuerverfahrens benötigen, an deren Verfolgung ein zwingendes öffentliches Interesse besteht, oder soweit es sich um vorsätzlich falsche Angaben der oder des Auskunftspflichtigen oder der für sie oder ihn tätigen Personen handelt. [7]Stellt die oder der Bundesbeauftragte einen Datenschutzverstoß fest, ist sie oder er befugt, diesen anzuzeigen und die betroffene Person hierüber zu informieren.

(5) [1]Die oder der Bundesbeauftragte darf als Zeugin oder Zeuge aussagen, es sei denn, die Aussage würde
1. dem Wohl des Bundes oder eines Landes Nachteile bereiten, insbesondere Nachteile für die Sicherheit der Bundesrepublik Deutschland oder ihre Beziehungen zu anderen Staaten, oder
2. Grundrechte verletzen.

[2]Betrifft die Aussage laufende oder abgeschlossene Vorgänge, die dem Kernbereich exekutiver Eigenverantwortung der Bundesregierung zuzurechnen sind oder sein könnten, darf die oder der Bundesbeauftragte nur im Benehmen mit der Bundesregierung aussagen. [3]§ 28 des Bundesverfassungsgerichtsgesetzes bleibt unberührt.

(6) Die Absätze 3 und 4 Satz 5 bis 7 gelten entsprechend für die öffentlichen Stellen, die für die Kontrolle der Einhaltung der Vorschriften über den Datenschutz in den Ländern zuständig sind.

§ 14 Aufgaben

(1) [1]Die oder der Bundesbeauftragte hat neben den in der Verordnung (EU) 2016/679 genannten Aufgaben die Aufgaben,
1. die Anwendung dieses Gesetzes und sonstiger Vorschriften über den Datenschutz, einschließlich der zur Umsetzung der Richtlinie (EU) 2016/680 erlassenen Rechtsvorschriften, zu überwachen und durchzusetzen,

2. die Öffentlichkeit für die Risiken, Vorschriften, Garantien und Rechte im Zusammenhang mit der Verarbeitung personenbezogener Daten zu sensibilisieren und sie darüber aufzuklären, wobei spezifische Maßnahmen für Kinder besondere Beachtung finden,
3. den Deutschen Bundestag und den Bundesrat, die Bundesregierung und andere Einrichtungen und Gremien über legislative und administrative Maßnahmen zum Schutz der Rechte und Freiheiten natürlicher Personen in Bezug auf die Verarbeitung personenbezogener Daten zu beraten,
4. die Verantwortlichen und die Auftragsverarbeiter für die ihnen aus diesem Gesetz und sonstigen Vorschriften über den Datenschutz, einschließlich den zur Umsetzung der Richtlinie (EU) 2016/680 erlassenen Rechtsvorschriften, entstehenden Pflichten zu sensibilisieren,
5. auf Anfrage jeder betroffenen Person Informationen über die Ausübung ihrer Rechte aufgrund dieses Gesetzes und sonstiger Vorschriften über den Datenschutz, einschließlich der zur Umsetzung der Richtlinie (EU) 2016/680 erlassenen Rechtsvorschriften, zur Verfügung zu stellen und gegebenenfalls zu diesem Zweck mit den Aufsichtsbehörden in anderen Mitgliedstaaten zusammenzuarbeiten,
6. sich mit Beschwerden einer betroffenen Person oder Beschwerden einer Stelle, einer Organisation oder eines Verbandes gemäß Artikel 55 der Richtlinie (EU) 2016/680 zu befassen, den Gegenstand der Beschwerde in angemessenem Umfang zu untersuchen und den Beschwerdeführer innerhalb einer angemessenen Frist über den Fortgang und das Ergebnis der Untersuchung zu unterrichten, insbesondere, wenn eine weitere Untersuchung oder Koordinierung mit einer anderen Aufsichtsbehörde notwendig ist,
7. mit anderen Aufsichtsbehörden zusammenzuarbeiten, auch durch Informationsaustausch, und ihnen Amtshilfe zu leisten, um die einheitliche Anwendung und Durchsetzung dieses Gesetzes und sonstiger Vorschriften über den Datenschutz, einschließlich der zur Umsetzung der Richtlinie (EU) 2016/680 erlassenen Rechtsvorschriften, zu gewährleisten,
8. Untersuchungen über die Anwendung dieses Gesetzes und sonstiger Vorschriften über den Datenschutz, einschließlich der zur Umsetzung der Richtlinie (EU) 2016/680 erlassenen Rechtsvorschriften, durchzuführen, auch auf der Grundlage von Informationen einer anderen Aufsichtsbehörde oder einer anderen Behörde,
9. maßgebliche Entwicklungen zu verfolgen, soweit sie sich auf den Schutz personenbezogener Daten auswirken, insbesondere die Entwicklung der Informations- und Kommunikationstechnologie und der Geschäftspraktiken,
10. Beratung in Bezug auf die in § 69 genannten Verarbeitungsvorgänge zu leisten und
11. Beiträge zur Tätigkeit des Europäischen Datenschutzausschusses zu leisten. [2]Im Anwendungsbereich der Richtlinie (EU) 2016/680 nimmt die oder der Bundesbeauftragte zudem die Aufgabe nach § 60 wahr.

(2) [1]Zur Erfüllung der in Absatz 1 Satz 1 Nummer 3 genannten Aufgabe kann die oder der Bundesbeauftragte zu allen Fragen, die im Zusammenhang mit dem Schutz personenbezogener Daten stehen, von sich aus oder auf Anfrage Stellungnahmen an den Deutschen Bundestag oder einen seiner Ausschüsse, den Bundesrat, die Bundesregierung, sonstige Einrichtungen und Stellen sowie an die Öffentlichkeit richten. [2]Auf Ersuchen des Deutschen Bundestages, eines seiner Ausschüsse oder der Bundesregierung geht die oder der Bundesbeauftragte ferner Hinweisen auf Angelegenheiten und Vorgänge des Datenschutzes bei den öffentlichen Stellen des Bundes nach.

(3) Die oder der Bundesbeauftragte erleichtert das Einreichen der in Absatz 1 Satz 1 Nummer 6 genannten Beschwerden durch Maßnahmen wie etwa die Bereitstellung eines Beschwerdeformulars, das auch elektronisch ausgefüllt werden kann, ohne dass andere Kommunikationsmittel ausgeschlossen werden.

(4) [1]Die Erfüllung der Aufgaben der oder des Bundesbeauftragten ist für die betroffene Person unentgeltlich. [2]Bei offenkundig unbegründeten oder, insbesondere im Fall von häufiger Wiederholung, exzessiven Anfragen kann die oder der Bundesbeauftragte eine angemessene Gebühr auf der Grundlage der Verwaltungskosten verlangen oder sich weigern, aufgrund der Anfrage tätig zu werden. [3]In diesem Fall trägt die oder der Bundesbeauftragte die Beweislast für den offenkundig unbegründeten oder exzessiven Charakter der Anfrage.

§ 15 Tätigkeitsbericht

[1]Die oder der Bundesbeauftragte erstellt einen Jahresbericht über ihre oder seine Tätigkeit, der eine Liste der Arten der gemeldeten Verstöße und der Arten der getroffenen Maßnahmen, einschließlich der verhängten Sanktionen und der Maßnahmen nach Artikel 58 Absatz 2 der Verordnung (EU) 2016/679, enthalten kann. [2]Die oder der Bundesbeauftragte übermittelt den Bericht dem Deutschen Bundestag, dem

Bundesrat und der Bundesregierung und macht ihn der Öffentlichkeit, der Europäischen Kommission und dem Europäischen Datenschutzausschuss zugänglich.

§ 16 Befugnisse

(1) [1]Die oder der Bundesbeauftragte nimmt im Anwendungsbereich der Verordnung (EU) 2016/679 die Befugnisse gemäß Artikel 58 der Verordnung (EU) 2016/679 wahr. [2]Kommt die oder der Bundesbeauftragte zu dem Ergebnis, dass Verstöße gegen die Vorschriften über den Datenschutz oder sonstige Mängel bei der Verarbeitung personenbezogener Daten vorliegen, teilt sie oder er dies der zuständigen Rechts- oder Fachaufsichtsbehörde mit und gibt dieser vor der Ausübung der Befugnisse des Artikels 58 Absatz 2 Buchstabe b bis g, i und j der Verordnung (EU) 2016/679 gegenüber dem Verantwortlichen Gelegenheit zur Stellungnahme innerhalb einer angemessenen Frist. [3]Von der Einräumung der Gelegenheit zur Stellungnahme kann abgesehen werden, wenn eine sofortige Entscheidung wegen Gefahr im Verzug oder im öffentlichen Interesse notwendig erscheint oder ihr ein zwingendes öffentliches Interesse entgegensteht. [4]Die Stellungnahme soll auch eine Darstellung der Maßnahmen enthalten, die aufgrund der Mitteilung der oder des Bundesbeauftragten getroffen worden sind.

(2) [1]Stellt die oder der Bundesbeauftragte bei Datenverarbeitungen durch öffentliche Stellen des Bundes zu Zwecken außerhalb des Anwendungsbereichs der Verordnung (EU) 2016/679 Verstöße gegen die Vorschriften dieses Gesetzes oder gegen andere Vorschriften über den Datenschutz oder sonstige Mängel bei der Verarbeitung oder Nutzung personenbezogener Daten fest, so beanstandet sie oder er dies gegenüber der zuständigen obersten Bundesbehörde und fordert diese zur Stellungnahme innerhalb einer von ihr oder ihm zu bestimmenden Frist auf. [2]Die oder der Bundesbeauftragte kann von einer Beanstandung absehen oder auf eine Stellungnahme verzichten, insbesondere wenn es sich um unerhebliche oder inzwischen beseitigte Mängel handelt. [3]Die Stellungnahme soll auch eine Darstellung der Maßnahmen enthalten, die aufgrund der Beanstandung der oder des Bundesbeauftragten getroffen worden sind. [4]Die oder der Bundesbeauftragte kann den Verantwortlichen auch davor warnen, dass beabsichtigte Verarbeitungsvorgänge voraussichtlich gegen in diesem Gesetz enthaltene und andere auf die jeweilige Datenverarbeitung anzuwendende Vorschriften über den Datenschutz verstoßen.

(3) [1]Die Befugnisse der oder des Bundesbeauftragten erstrecken sich auch auf
1. von ihrer oder seiner Aufsicht unterliegenden Stellen erlangte personenbezogene Daten über den Inhalt und die näheren Umstände des Brief-, Post- und Fernmeldeverkehrs und
2. personenbezogene Daten, die einem besonderen Amtsgeheimnis, insbesondere dem Steuergeheimnis nach § 30 der Abgabenordnung, unterliegen.
[2]Das Grundrecht des Brief-, Post- und Fernmeldegeheimnisses des Artikels 10 des Grundgesetzes wird insoweit eingeschränkt.

(4) [1]Die öffentlichen Stellen des Bundes sind verpflichtet, der oder dem Bundesbeauftragten und ihren oder seinen Beauftragten
1. jederzeit Zugang zu den Grundstücken und Diensträumen, einschließlich aller Datenverarbeitungsanlagen und -geräte, sowie zu allen personenbezogenen Daten und Informationen, die zur Erfüllung ihrer oder seiner Aufgaben notwendig sind, zu gewähren und
2. alle Informationen, die für die Erfüllung ihrer oder seiner Aufgaben erforderlich sind, bereitzustellen.
[2]Für nichtöffentliche Stellen besteht die Verpflichtung des Satzes 1 Nummer 1 nur während der üblichen Betriebs- und Geschäftszeiten.

(5) [1]Die oder der Bundesbeauftragte wirkt auf die Zusammenarbeit mit den öffentlichen Stellen, die für die Kontrolle der Einhaltung der Vorschriften über den Datenschutz in den Ländern zuständig sind, sowie mit den Aufsichtsbehörden nach § 40 hin. [2]§ 40 Absatz 3 Satz 1 zweiter Halbsatz gilt entsprechend.

Kapitel 5
Vertretung im Europäischen Datenschutzausschuss, zentrale Anlaufstelle, Zusammenarbeit der Aufsichtsbehörden des Bundes und der Länder in Angelegenheiten der Europäischen Union

§ 17 Vertretung im Europäischen Datenschutzausschuss, zentrale Anlaufstelle

(1) [1]Gemeinsamer Vertreter im Europäischen Datenschutzausschuss und zentrale Anlaufstelle ist die oder der Bundesbeauftragte (gemeinsamer Vertreter). [2]Als Stellvertreterin oder Stellvertreter des gemeinsamen Vertreters wählt der Bundesrat eine Leiterin oder einen Leiter der Aufsichtsbehörde eines Landes (Stellvertreter). [3]Die Wahl erfolgt für fünf Jahre. [4]Mit dem Ausscheiden aus dem Amt als Leiterin oder Leiter der Aufsichtsbehörde eines Landes endet zugleich die Funktion als Stellvertreter. [5]Wiederwahl ist zulässig.

(2) Der gemeinsame Vertreter überträgt in Angelegenheiten, die die Wahrnehmung einer Aufgabe betreffen, für welche die Länder allein das Recht zur Gesetzgebung haben, oder welche die Einrichtung oder das Verfahren von Landesbehörden betreffen, dem Stellvertreter auf dessen Verlangen die Verhandlungsführung und das Stimmrecht im Europäischen Datenschutzausschuss.

§ 18 Verfahren der Zusammenarbeit der Aufsichtsbehörden des Bundes und der Länder

(1) [1]Die oder der Bundesbeauftragte und die Aufsichtsbehörden der Länder (Aufsichtsbehörden des Bundes und der Länder) arbeiten in Angelegenheiten der Europäischen Union mit dem Ziel einer einheitlichen Anwendung der Verordnung (EU) 2016/679 und der Richtlinie (EU) 2016/680 zusammen. [2]Vor der Übermittlung eines gemeinsamen Standpunktes an die Aufsichtsbehörden der anderen Mitgliedstaaten, die Europäische Kommission oder den Europäischen Datenschutzausschuss geben sich die Aufsichtsbehörden des Bundes und der Länder frühzeitig Gelegenheit zur Stellungnahme. [3]Zu diesem Zweck tauschen sie untereinander alle zweckdienlichen Informationen aus. [4]Die Aufsichtsbehörden des Bundes und der Länder beteiligen die nach den Artikeln 85 und 91 der Verordnung (EU) 2016/679 eingerichteten spezifischen Aufsichtsbehörden, sofern diese von der Angelegenheit betroffen sind.

(2) [1]Soweit die Aufsichtsbehörden des Bundes und der Länder kein Einvernehmen über den gemeinsamen Standpunkt erzielen, legen die federführende Behörde oder in Ermangelung einer solchen der gemeinsame Vertreter und sein Stellvertreter einen Vorschlag für einen gemeinsamen Standpunkt vor. [2]Einigen sich der gemeinsame Vertreter und sein Stellvertreter nicht auf einen Vorschlag für einen gemeinsamen Standpunkt, legt in Angelegenheiten, die die Wahrnehmung von Aufgaben betreffen, für welche die Länder allein das Recht der Gesetzgebung haben, oder welche die Einrichtung oder das Verfahren von Landesbehörden betreffen, der Stellvertreter den Vorschlag für einen gemeinsamen Standpunkt fest. [3]In den übrigen Fällen fehlenden Einvernehmens nach Satz 2 legt der gemeinsame Vertreter den Standpunkt fest. [4]Der nach den Sätzen 1 bis 3 vorgeschlagene Standpunkt ist den Verhandlungen zu Grunde zu legen, wenn nicht die Aufsichtsbehörden von Bund und Ländern einen anderen Standpunkt mit einfacher Mehrheit beschließen. [5]Der Bund und jedes Land haben jeweils eine Stimme. [6]Enthaltungen werden nicht gezählt.

(3) [1]Der gemeinsame Vertreter und dessen Stellvertreter sind an den gemeinsamen Standpunkt nach den Absätzen 1 und 2 gebunden und legen unter Beachtung dieses Standpunktes einvernehmlich die jeweilige Verhandlungsführung fest. [2]Sollte ein Einvernehmen nicht erreicht werden, entscheidet in den in § 18 Absatz 2 Satz 2 genannten Angelegenheiten der Stellvertreter über die weitere Verhandlungsführung. [3]In den übrigen Fällen gibt die Stimme des gemeinsamen Vertreters den Ausschlag.

§ 19 Zuständigkeiten

(1) [1]Federführende Aufsichtsbehörde eines Landes im Verfahren der Zusammenarbeit und Kohärenz nach Kapitel VII der Verordnung (EU) 2016/679 ist die Aufsichtsbehörde des Landes, in dem der Verantwortliche oder der Auftragsverarbeiter seine Hauptniederlassung im Sinne des Artikels 4 Nummer 16 der Verordnung (EU) 2016/679 oder seine einzige Niederlassung in der Europäischen Union im Sinne des Artikels 56 Absatz 1 der Verordnung (EU) 2016/679 hat. [2]Im Zuständigkeitsbereich der oder des Bundesbeauftragten gilt Artikel 56 Absatz 1 in Verbindung mit Artikel 4 Nummer 16 der Verordnung (EU) 2016/679 entsprechend. [3]Besteht über die Federführung kein Einvernehmen, findet für die Festlegung der federführenden Aufsichtsbehörde das Verfahren des § 18 Absatz 2 entsprechende Anwendung.

(2) [1]Die Aufsichtsbehörde, bei der eine betroffene Person Beschwerde eingereicht hat, gibt die Beschwerde an die federführende Aufsichtsbehörde nach Absatz 1, in Ermangelung einer solchen an die Aufsichtsbehörde eines Landes ab, in dem der Verantwortliche oder der Auftragsverarbeiter eine Niederlassung hat. [2]Wird eine Beschwerde bei einer sachlich unzuständigen Aufsichtsbehörde eingereicht, gibt diese, sofern eine Abgabe nach Satz 1 nicht in Betracht kommt, die Beschwerde an die Aufsichtsbehörde am Wohnsitz des Beschwerdeführers ab. [3]Die empfangende Aufsichtsbehörde gilt als die Aufsichtsbehörde nach Maßgabe des Kapitels VII der Verordnung (EU) 2016/679, bei der die Beschwerde eingereicht worden ist, und kommt den Verpflichtungen aus Artikel 60 Absatz 7 bis 9 und Artikel 65 Absatz 6 der Verordnung (EU) 2016/679 nach. [4]Im Zuständigkeitsbereich der oder des Bundesbeauftragten gibt die Aufsichtsbehörde, bei der eine Beschwerde eingereicht wurde, diese, sofern eine Abgabe nach Absatz 1 nicht in Betracht kommt, an den Bundesbeauftragten oder die Bundesbeauftragte ab.

Kapitel 6
Rechtsbehelfe

§ 20 Gerichtlicher Rechtsschutz

(1) [1]Für Streitigkeiten zwischen einer natürlichen oder einer juristischen Person und einer Aufsichtsbehörde des Bundes oder eines Landes über Rechte gemäß Artikel 78 Absatz 1 und 2 der Verordnung (EU) 2016/679 sowie § 61 ist der Verwaltungsrechtsweg gegeben. [2]Satz 1 gilt nicht für Bußgeldverfahren.

(2) Die Verwaltungsgerichtsordnung ist nach Maßgabe der Absätze 3 bis 7 anzuwenden.

(3) Für Verfahren nach Absatz 1 Satz 1 ist das Verwaltungsgericht örtlich zuständig, in dessen Bezirk die Aufsichtsbehörde ihren Sitz hat.

(4) In Verfahren nach Absatz 1 Satz 1 ist die Aufsichtsbehörde beteiligungsfähig.

(5) [1]Beteiligte eines Verfahrens nach Absatz 1 Satz 1 sind
1. die natürliche oder juristische Person als Klägerin oder Antragstellerin und
2. die Aufsichtsbehörde als Beklagte oder Antragsgegnerin.
[2]§ 63 Nummer 3 und 4 der Verwaltungsgerichtsordnung bleibt unberührt.

(6) Ein Vorverfahren findet nicht statt.

(7) Die Aufsichtsbehörde darf gegenüber einer Behörde oder deren Rechtsträger nicht die sofortige Vollziehung gemäß § 80 Absatz 2 Satz 1 Nummer 4 der Verwaltungsgerichtsordnung anordnen.

§ 21 Antrag der Aufsichtsbehörde auf gerichtliche Entscheidung bei angenommener Rechtswidrigkeit eines Beschlusses der Europäischen Kommission

(1) Hält eine Aufsichtsbehörde einen Angemessenheitsbeschluss der Europäischen Kommission, einen Beschluss über die Anerkennung von Standardschutzklauseln oder über die Allgemeingültigkeit von genehmigten Verhaltensregeln, auf dessen Gültigkeit es für eine Entscheidung der Aufsichtsbehörde ankommt, für rechtswidrig, so hat die Aufsichtsbehörde ihr Verfahren auszusetzen und einen Antrag auf gerichtliche Entscheidung zu stellen.

(2) [1]Für Verfahren nach Absatz 1 ist der Verwaltungsrechtsweg gegeben. [2]Die Verwaltungsgerichtsordnung ist nach Maßgabe der Absätze 3 bis 6 anzuwenden.

(3) Über einen Antrag der Aufsichtsbehörde nach Absatz 1 entscheidet im ersten und letzten Rechtszug das Bundesverwaltungsgericht.

(4) [1]In Verfahren nach Absatz 1 ist die Aufsichtsbehörde beteiligungsfähig. [2]An einem Verfahren nach Absatz 1 ist die Aufsichtsbehörde als Antragstellerin beteiligt; § 63 Nummer 3 und 4 der Verwaltungsgerichtsordnung bleibt unberührt. [3]Das Bundesverwaltungsgericht kann der Europäischen Kommission Gelegenheit zur Äußerung binnen einer zu bestimmenden Frist geben.

(5) Ist ein Verfahren zur Überprüfung der Gültigkeit eines Beschlusses der Europäischen Kommission nach Absatz 1 bei dem Gerichtshof der Europäischen Union anhängig, so kann das Bundesverwaltungsgericht anordnen, dass die Verhandlung bis zur Erledigung des Verfahrens vor dem Gerichtshof der Europäischen Union auszusetzen ist.

(6) [1]In Verfahren nach Absatz 1 ist § 47 Absatz 5 Satz 1 und Absatz 6 der Verwaltungsgerichtsordnung entsprechend anzuwenden. [2]Kommt das Bundesverwaltungsgericht zu der Überzeugung, dass der Beschluss der Europäischen Kommission nach Absatz 1 gültig ist, so stellt es dies in seiner Entscheidung fest. [3]Andernfalls legt es die Frage nach der Gültigkeit des Beschlusses gemäß Artikel 267 des Vertrags über die Arbeitsweise der Europäischen Union dem Gerichtshof der Europäischen Union zur Entscheidung vor.

Teil 2
Durchführungsbestimmungen für Verarbeitungen zu Zwecken gemäß Artikel 2 der Verordnung (EU) 2016/679

Kapitel 1
Rechtsgrundlagen der Verarbeitung personenbezogener Daten

Abschnitt 1
Verarbeitung besonderer Kategorien personenbezogener Daten und Verarbeitung zu anderen Zwecken

§ 22 Verarbeitung besonderer Kategorien personenbezogener Daten
(1) Abweichend von Artikel 9 Absatz 1 der Verordnung (EU) 2016/679 ist die Verarbeitung besonderer Kategorien personenbezogener Daten im Sinne des Artikels 9 Absatz 1 der Verordnung (EU) 2016/679 zulässig

1. durch öffentliche und nichtöffentliche Stellen, wenn sie
 a) erforderlich ist, um die aus dem Recht der sozialen Sicherheit und des Sozialschutzes erwachsenden Rechte auszuüben und den diesbezüglichen Pflichten nachzukommen,
 b) zum Zweck der Gesundheitsvorsorge, für die Beurteilung der Arbeitsfähigkeit des Beschäftigten, für die medizinische Diagnostik, die Versorgung oder Behandlung im Gesundheits- oder Sozialbereich oder für die Verwaltung von Systemen und Diensten im Gesundheits- und Sozialbereich oder aufgrund eines Vertrags der betroffenen Person mit einem Angehörigen eines Gesundheitsberufs erforderlich ist und diese Daten von ärztlichem Personal oder durch sonstige Personen, die einer entsprechenden Geheimhaltungspflicht unterliegen, oder unter deren Verantwortung verarbeitet werden,
 c) aus Gründen des öffentlichen Interesses im Bereich der öffentlichen Gesundheit, wie des Schutzes vor schwerwiegenden grenzüberschreitenden Gesundheitsgefahren oder zur Gewährleistung hoher Qualitäts- und Sicherheitsstandards bei der Gesundheitsversorgung und bei Arzneimitteln und Medizinprodukten erforderlich ist; ergänzend zu den in Absatz 2 genannten Maßnahmen sind insbesondere die berufsrechtlichen und strafrechtlichen Vorgaben zur Wahrung des Berufsgeheimnisses einzuhalten, oder
 d) aus Gründen eines erheblichen öffentlichen Interesses zwingend erforderlich ist,
2. durch öffentliche Stellen, wenn sie
 a) zur Abwehr einer erheblichen Gefahr für die öffentliche Sicherheit erforderlich ist,
 b) zur Abwehr erheblicher Nachteile für das Gemeinwohl oder zur Wahrung erheblicher Belange des Gemeinwohls zwingend erforderlich ist oder
 c) aus zwingenden Gründen der Verteidigung oder der Erfüllung über- oder zwischenstaatlicher Verpflichtungen einer öffentlichen Stelle des Bundes auf dem Gebiet der Krisenbewältigung oder Konfliktverhinderung oder für humanitäre Maßnahmen erforderlich ist

und soweit die Interessen des Verantwortlichen an der Datenverarbeitung in den Fällen der Nummer 1 Buchstabe d und der Nummer 2 die Interessen der betroffenen Person überwiegen.

(2) [1]In den Fällen des Absatzes 1 sind angemessene und spezifische Maßnahmen zur Wahrung der Interessen der betroffenen Person vorzusehen. [2]Unter Berücksichtigung des Stands der Technik, der Implementierungskosten und der Art, des Umfangs, der Umstände und der Zwecke der Verarbeitung sowie der unterschiedlichen Eintrittswahrscheinlichkeit und Schwere der mit der Verarbeitung verbundenen Risiken für die Rechte und Freiheiten natürlicher Personen können dazu insbesondere gehören:

1. technisch organisatorische Maßnahmen, um sicherzustellen, dass die Verarbeitung gemäß der Verordnung (EU) 2016/679 erfolgt,
2. Maßnahmen, die gewährleisten, dass nachträglich überprüft und festgestellt werden kann, ob und von wem personenbezogene Daten eingegeben, verändert oder entfernt worden sind,
3. Sensibilisierung der an Verarbeitungsvorgängen Beteiligten,
4. Benennung einer oder eines Datenschutzbeauftragten,
5. Beschränkung des Zugangs zu den personenbezogenen Daten innerhalb der verantwortlichen Stelle und von Auftragsverarbeitern,
6. Pseudonymisierung personenbezogener Daten,
7. Verschlüsselung personenbezogener Daten,
8. Sicherstellung der Fähigkeit, Vertraulichkeit, Integrität, Verfügbarkeit und Belastbarkeit der Systeme und Dienste im Zusammenhang mit der Verarbeitung personenbezogener Daten, einschließ-

lich der Fähigkeit, die Verfügbarkeit und den Zugang bei einem physischen oder technischen Zwischenfall rasch wiederherzustellen,

9. zur Gewährleistung der Sicherheit der Verarbeitung die Einrichtung eines Verfahrens zur regelmäßigen Überprüfung, Bewertung und Evaluierung der Wirksamkeit der technischen und organisatorischen Maßnahmen oder

10. spezifische Verfahrensregelungen, die im Fall einer Übermittlung oder Verarbeitung für andere Zwecke die Einhaltung der Vorgaben dieses Gesetzes sowie der Verordnung (EU) 2016/679 sicherstellen.

§ 23 Verarbeitung zu anderen Zwecken durch öffentliche Stellen

(1) Die Verarbeitung personenbezogener Daten zu einem anderen Zweck als zu demjenigen, zu dem die Daten erhoben wurden, durch öffentliche Stellen im Rahmen ihrer Aufgabenerfüllung ist zulässig, wenn

1. offensichtlich ist, dass sie im Interesse der betroffenen Person liegt und kein Grund zu der Annahme besteht, dass sie in Kenntnis des anderen Zwecks ihre Einwilligung verweigern würde,

2. Angaben der betroffenen Person überprüft werden müssen, weil tatsächliche Anhaltspunkte für deren Unrichtigkeit bestehen,

3. sie zur Abwehr erheblicher Nachteile für das Gemeinwohl oder einer Gefahr für die öffentliche Sicherheit, die Verteidigung oder die nationale Sicherheit, zur Wahrung erheblicher Belange des Gemeinwohls oder zur Sicherung des Steuer- und Zollaufkommens erforderlich ist,

4. sie zur Verfolgung von Straftaten oder Ordnungswidrigkeiten, zur Vollstreckung oder zum Vollzug von Strafen oder Maßnahmen im Sinne des § 11 Absatz 1 Nummer 8 des Strafgesetzbuchs oder von Erziehungsmaßregeln oder Zuchtmitteln im Sinne des Jugendgerichtsgesetzes oder zur Vollstreckung von Geldbußen erforderlich ist,

5. sie zur Abwehr einer schwerwiegenden Beeinträchtigung der Rechte einer anderen Person erforderlich ist oder

6. sie der Wahrnehmung von Aufsichts- und Kontrollbefugnissen, der Rechnungsprüfung oder der Durchführung von Organisationsuntersuchungen des Verantwortlichen dient; dies gilt auch für die Verarbeitung zu Ausbildungs- und Prüfungszwecken durch den Verantwortlichen, soweit schutzwürdige Interessen der betroffenen Person dem nicht entgegenstehen.

(2) Die Verarbeitung besonderer Kategorien personenbezogener Daten im Sinne des Artikels 9 Absatz 1 der Verordnung (EU) 2016/679 zu einem anderen Zweck als zu demjenigen, zu dem die Daten erhoben wurden, ist zulässig, wenn die Voraussetzungen des Absatzes 1 und ein Ausnahmetatbestand nach Artikel 9 Absatz 2 der Verordnung (EU) 2016/679 oder nach § 22 vorliegen.

§ 24 Verarbeitung zu anderen Zwecken durch nichtöffentliche Stellen

(1) Die Verarbeitung personenbezogener Daten zu einem anderen Zweck als zu demjenigen, zu dem die Daten erhoben wurden, durch nichtöffentliche Stellen ist zulässig, wenn

1. sie zur Abwehr von Gefahren für die staatliche oder öffentliche Sicherheit oder zur Verfolgung von Straftaten erforderlich ist oder

2. sie zur Geltendmachung, Ausübung oder Verteidigung zivilrechtlicher Ansprüche erforderlich ist,

sofern nicht die Interessen der betroffenen Person an dem Ausschluss der Verarbeitung überwiegen.

(2) Die Verarbeitung besonderer Kategorien personenbezogener Daten im Sinne des Artikels 9 Absatz 1 der Verordnung (EU) 2016/679 zu einem anderen Zweck als zu demjenigen, zu dem die Daten erhoben wurden, ist zulässig, wenn die Voraussetzungen des Absatzes 1 und ein Ausnahmetatbestand nach Artikel 9 Absatz 2 der Verordnung (EU) 2016/679 oder nach § 22 vorliegen.

§ 25 Datenübermittlungen durch öffentliche Stellen

(1) ^1Die Übermittlung personenbezogener Daten durch öffentliche Stellen an öffentliche Stellen ist zulässig, wenn sie zur Erfüllung der in der Zuständigkeit der übermittelnden Stelle oder des Dritten, an den die Daten übermittelt werden, liegenden Aufgaben erforderlich ist und die Voraussetzungen vorliegen, die eine Verarbeitung nach § 23 zulassen würden. ^2Der Dritte, an den die Daten übermittelt werden, darf diese nur für den Zweck verarbeiten, zu dessen Erfüllung sie ihm übermittelt werden. ^3Eine Verarbeitung für andere Zwecke ist unter den Voraussetzungen des § 23 zulässig.

(2) ^1Die Übermittlung personenbezogener Daten durch öffentliche Stellen an nichtöffentliche Stellen ist zulässig, wenn

1. sie zur Erfüllung der in der Zuständigkeit der übermittelnden Stelle liegenden Aufgaben erforderlich ist und die Voraussetzungen vorliegen, die eine Verarbeitung nach § 23 zulassen würden,

2. der Dritte, an den die Daten übermittelt werden, ein berechtigtes Interesse an der Kenntnis der zu übermittelnden Daten glaubhaft darlegt und die betroffene Person kein schutzwürdiges Interesse an dem Ausschluss der Übermittlung hat oder

3. es zur Geltendmachung, Ausübung oder Verteidigung rechtlicher Ansprüche erforderlich ist und der Dritte sich gegenüber der übermittelnden öffentlichen Stelle verpflichtet hat, die Daten nur für den Zweck zu verarbeiten, zu dessen Erfüllung sie ihm übermittelt werden. ²Eine Verarbeitung für andere Zwecke ist zulässig, wenn eine Übermittlung nach Satz 1 zulässig wäre und die übermittelnde Stelle zugestimmt hat.

(3) Die Übermittlung besonderer Kategorien personenbezogener Daten im Sinne des Artikels 9 Absatz 1 der Verordnung (EU) 2016/679 ist zulässig, wenn die Voraussetzungen des Absatzes 1 oder 2 und ein Ausnahmetatbestand nach Artikel 9 Absatz 2 der Verordnung (EU) 2016/679 oder nach § 22 vorliegen.

Abschnitt 2
Besondere Verarbeitungssituationen

§ 26 Datenverarbeitung für Zwecke des Beschäftigungsverhältnisses

(1) ¹Personenbezogene Daten von Beschäftigten dürfen für Zwecke des Beschäftigungsverhältnisses verarbeitet werden, wenn dies für die Entscheidung über die Begründung eines Beschäftigungsverhältnisses oder nach Begründung des Beschäftigungsverhältnisses für dessen Durchführung oder Beendigung oder zur Ausübung oder Erfüllung der sich aus einem Gesetz oder einem Tarifvertrag, einer Betriebs- oder Dienstvereinbarung (Kollektivvereinbarung) ergebenden Rechte und Pflichten der Interessenvertretung der Beschäftigten erforderlich ist. ²Zur Aufdeckung von Straftaten dürfen personenbezogene Daten von Beschäftigten nur dann verarbeitet werden, wenn zu dokumentierende tatsächliche Anhaltspunkte den Verdacht begründen, dass die betroffene Person im Beschäftigungsverhältnis eine Straftat begangen hat, die Verarbeitung zur Aufdeckung erforderlich ist und das schutzwürdige Interesse der oder des Beschäftigten an dem Ausschluss der Verarbeitung nicht überwiegt, insbesondere Art und Ausmaß im Hinblick auf den Anlass nicht unverhältnismäßig sind.

(2) ¹Erfolgt die Verarbeitung personenbezogener Daten von Beschäftigten auf der Grundlage einer Einwilligung, so sind für die Beurteilung der Freiwilligkeit der Einwilligung insbesondere die im Beschäftigungsverhältnis bestehende Abhängigkeit der beschäftigten Person sowie die Umstände, unter denen die Einwilligung erteilt worden ist, zu berücksichtigen. ²Freiwilligkeit kann insbesondere vorliegen, wenn für die beschäftigte Person ein rechtlicher oder wirtschaftlicher Vorteil erreicht wird oder Arbeitgeber und beschäftigte Person gleichgelagerte Interessen verfolgen. ³Die Einwilligung hat schriftlich oder elektronisch zu erfolgen, soweit nicht wegen besonderer Umstände eine andere Form angemessen ist. ⁴Der Arbeitgeber hat die beschäftigte Person über den Zweck der Datenverarbeitung und über ihr Widerrufsrecht nach Artikel 7 Absatz 3 der Verordnung (EU) 2016/679 in Textform aufzuklären.

(3) ¹Abweichend von Artikel 9 Absatz 1 der Verordnung (EU) 2016/679 ist die Verarbeitung besonderer Kategorien personenbezogener Daten im Sinne des Artikels 9 Absatz 1 der Verordnung (EU) 2016/679 für Zwecke des Beschäftigungsverhältnisses zulässig, wenn sie zur Ausübung von Rechten oder zur Erfüllung rechtlicher Pflichten aus dem Arbeitsrecht, dem Recht der sozialen Sicherheit und des Sozialschutzes erforderlich ist und kein Grund zu der Annahme besteht, dass das schutzwürdige Interesse der betroffenen Person an dem Ausschluss der Verarbeitung überwiegt. ²Absatz 2 gilt auch für die Einwilligung in die Verarbeitung besonderer Kategorien personenbezogener Daten; die Einwilligung muss sich dabei ausdrücklich auf diese Daten beziehen. ³§ 22 Absatz 2 gilt entsprechend.

(4) ¹Die Verarbeitung personenbezogener Daten, einschließlich besonderer Kategorien personenbezogener Daten von Beschäftigten für Zwecke des Beschäftigungsverhältnisses, ist auf der Grundlage von Kollektivvereinbarungen zulässig. ²Dabei haben die Verhandlungspartner Artikel 88 Absatz 2 der Verordnung (EU) 2016/679 zu beachten.

(5) Der Verantwortliche muss geeignete Maßnahmen ergreifen, um sicherzustellen, dass insbesondere die in Artikel 5 der Verordnung (EU) 2016/679 dargelegten Grundsätze für die Verarbeitung personenbezogener Daten eingehalten werden.

(6) Die Beteiligungsrechte der Interessenvertretungen der Beschäftigten bleiben unberührt.

(7) Die Absätze 1 bis 6 sind auch anzuwenden, wenn personenbezogene Daten, einschließlich besonderer Kategorien personenbezogener Daten, von Beschäftigten verarbeitet werden, ohne dass sie in einem Dateisystem gespeichert sind oder gespeichert werden sollen.

(8) ¹Beschäftigte im Sinne dieses Gesetzes sind:

1. Arbeitnehmerinnen und Arbeitnehmer, einschließlich der Leiharbeitnehmerinnen und Leiharbeitnehmer im Verhältnis zum Entleiher,

2. zu ihrer Berufsbildung Beschäftigte,
3. Teilnehmerinnen und Teilnehmer an Leistungen zur Teilhabe am Arbeitsleben sowie an Abklärungen der beruflichen Eignung oder Arbeitserprobung (Rehabilitandinnen und Rehabilitanden),
4. in anerkannten Werkstätten für behinderte Menschen Beschäftigte,
5. Freiwillige, die einen Dienst nach dem Jugendfreiwilligendienstegesetz oder dem Bundesfreiwilligendienstgesetz leisten,
6. Personen, die wegen ihrer wirtschaftlichen Unselbständigkeit als arbeitnehmerähnliche Personen anzusehen sind; zu diesen gehören auch die in Heimarbeit Beschäftigten und die ihnen Gleichgestellten,
7. Beamtinnen und Beamte des Bundes, Richterinnen und Richter des Bundes, Soldatinnen und Soldaten sowie Zivildienstleistende.
²Bewerberinnen und Bewerber für ein Beschäftigungsverhältnis sowie Personen, deren Beschäftigungsverhältnis beendet ist, gelten als Beschäftigte.

§ 27 Datenverarbeitung zu wissenschaftlichen oder historischen Forschungszwecken und zu statistischen Zwecken

(1) ¹Abweichend von Artikel 9 Absatz 1 der Verordnung (EU) 2016/679 ist die Verarbeitung besonderer Kategorien personenbezogener Daten im Sinne des Artikels 9 Absatz 1 der Verordnung (EU) 2016/679 auch ohne Einwilligung für wissenschaftliche oder historische Forschungszwecke oder für statistische Zwecke zulässig, wenn die Verarbeitung zu diesen Zwecken erforderlich ist und die Interessen des Verantwortlichen an der Verarbeitung die Interessen der betroffenen Person an einem Ausschluss der Verarbeitung erheblich überwiegen. ²Der Verantwortliche sieht angemessene und spezifische Maßnahmen zur Wahrung der Interessen der betroffenen Person gemäß § 22 Absatz 2 Satz 2 vor.
(2) ¹Die in den Artikeln 15, 16, 18 und 21 der Verordnung (EU) 2016/679 vorgesehenen Rechte der betroffenen Person sind insoweit beschränkt, als diese Rechte voraussichtlich die Verwirklichung der Forschungs- oder Statistikzwecke unmöglich machen oder ernsthaft beinträchtigen[1]) und die Beschränkung für die Erfüllung der Forschungs- oder Statistikzwecke notwendig ist. ²Das Recht auf Auskunft gemäß Artikel 15 der Verordnung (EU) 2016/679 besteht darüber hinaus nicht, wenn die Daten für Zwecke der wissenschaftlichen Forschung erforderlich sind und die Auskunftserteilung einen unverhältnismäßigen Aufwand erfordern würde.
(3) ¹Ergänzend zu den in § 22 Absatz 2 genannten Maßnahmen sind zu wissenschaftlichen oder historischen Forschungszwecken oder zu statistischen Zwecken verarbeitete besondere Kategorien personenbezogener Daten im Sinne des Artikels 9 Absatz 1 der Verordnung (EU) 2016/679 zu anonymisieren, sobald dies nach dem Forschungs- oder Statistikzweck möglich ist, es sei denn, berechtigte Interessen der betroffenen Person stehen dem entgegen. ²Bis dahin sind die Merkmale gesondert zu speichern, mit denen Einzelangaben über persönliche oder sachliche Verhältnisse einer bestimmten oder bestimmbaren Person zugeordnet werden können. ³Sie dürfen mit den Einzelangaben nur zusammengeführt werden, soweit der Forschungs- oder Statistikzweck dies erfordert.
(4) Der Verantwortliche darf personenbezogene Daten nur veröffentlichen, wenn die betroffene Person eingewilligt hat oder dies für die Darstellung von Forschungsergebnissen über Ereignisse der Zeitgeschichte unerlässlich ist.

§ 28 Datenverarbeitung zu im öffentlichen Interesse liegenden Archivzwecken

(1) ¹Abweichend von Artikel 9 Absatz 1 der Verordnung (EU) 2016/679 ist die Verarbeitung besonderer Kategorien personenbezogener Daten im Sinne des Artikels 9 Absatz 1 der Verordnung (EU) 2016/679 zulässig, wenn sie für im öffentlichen Interesse liegende Archivzwecke erforderlich ist. ²Der Verantwortliche sieht angemessene und spezifische Maßnahmen zur Wahrung der Interessen der betroffenen Person gemäß § 22 Absatz 2 Satz 2 vor.
(2) Das Recht auf Auskunft der betroffenen Person gemäß Artikel 15 der Verordnung (EU) 2016/679 besteht nicht, wenn das Archivgut nicht durch den Namen der Person erschlossen ist oder keine Angaben gemacht werden, die das Auffinden des betreffenden Archivguts mit vertretbarem Verwaltungsaufwand ermöglichen.
(3) ¹Das Recht auf Berichtigung der betroffenen Person gemäß Artikel 16 der Verordnung (EU) 2016/679 besteht nicht, wenn die personenbezogenen Daten zu Archivzwecken im öffentlichen Interesse verarbeitet werden. ²Bestreitet die betroffene Person die Richtigkeit der personenbezogenen Daten, ist ihr die Möglichkeit einer Gegendarstellung einzuräumen. ³Das zuständige Archiv ist verpflichtet, die Gegendarstellung den Unterlagen hinzuzufügen.

1) Richtig wohl: „beeinträchtigen".

(4) Die in Artikel 18 Absatz 1 Buchstabe a, b und d, den Artikeln 20 und 21 der Verordnung (EU) 2016/679 vorgesehenen Rechte bestehen nicht, soweit diese Rechte voraussichtlich die Verwirklichung der im öffentlichen Interesse liegenden Archivzwecke unmöglich machen oder ernsthaft beeinträchtigen und die Ausnahmen für die Erfüllung dieser Zwecke erforderlich sind.

§ 29 Rechte der betroffenen Person und aufsichtsbehördliche Befugnisse im Fall von Geheimhaltungspflichten

(1) [1]Die Pflicht zur Information der betroffenen Person gemäß Artikel 14 Absatz 1 bis 4 der Verordnung (EU) 2016/679 besteht ergänzend zu den in Artikel 14 Absatz 5 der Verordnung (EU) 2016/679 genannten Ausnahmen nicht, soweit durch ihre Erfüllung Informationen offenbart würden, die ihrem Wesen nach, insbesondere wegen der überwiegenden berechtigten Interessen eines Dritten, geheim gehalten werden müssen. [2]Das Recht auf Auskunft der betroffenen Person gemäß Artikel 15 der Verordnung (EU) 2016/679 besteht nicht, soweit durch die Auskunft Informationen offenbart würden, die nach einer Rechtsvorschrift oder ihrem Wesen nach, insbesondere wegen der überwiegenden berechtigten Interessen eines Dritten, geheim gehalten werden müssen. [3]Die Pflicht zur Benachrichtigung gemäß Artikel 34 der Verordnung (EU) 2016/679 besteht ergänzend zu der in Artikel 34 Absatz 3 der Verordnung (EU) 2016/679 genannten Ausnahme nicht, soweit durch die Benachrichtigung Informationen offenbart würden, die nach einer Rechtsvorschrift oder ihrem Wesen nach, insbesondere wegen der überwiegenden berechtigten Interessen eines Dritten, geheim gehalten werden müssen. [4]Abweichend von der Ausnahme nach Satz 3 ist die betroffene Person nach Artikel 34 der Verordnung (EU) 2016/679 zu benachrichtigen, wenn die Interessen der betroffenen Person, insbesondere unter Berücksichtigung drohender Schäden, gegenüber dem Geheimhaltungsinteresse überwiegen.

(2) Werden Daten Dritter im Zuge der Aufnahme oder im Rahmen eines Mandatsverhältnisses an einen Berufsgeheimnisträger übermittelt, so besteht die Pflicht der übermittelnden Stelle zur Information der betroffenen Person gemäß Artikel 13 Absatz 3 der Verordnung (EU) 2016/679 nicht, sofern nicht das Interesse der betroffenen Person an der Informationserteilung überwiegt.

(3) [1]Gegenüber den in § 203 Absatz 1, 2a und 3 des Strafgesetzbuchs genannten Personen oder deren Auftragsverarbeitern bestehen die Untersuchungsbefugnisse der Aufsichtsbehörden gemäß Artikel 58 Absatz 1 Buchstabe e und f der Verordnung (EU) 2016/679 nicht, soweit die Inanspruchnahme der Befugnisse zu einem Verstoß gegen die Geheimhaltungspflichten dieser Personen führen würde. [2]Erlangt eine Aufsichtsbehörde im Rahmen einer Untersuchung Kenntnis von Daten, die einer Geheimhaltungspflicht im Sinne des Satzes 1 unterliegen, gilt die Geheimhaltungspflicht auch für die Aufsichtsbehörde.

§ 30 Verbraucherkredite

(1) Eine Stelle, die geschäftsmäßig personenbezogene Daten, die zur Bewertung der Kreditwürdigkeit von Verbrauchern genutzt werden dürfen, zum Zweck der Übermittlung erhebt, speichert oder verändert, hat Auskunftsverlangen von Darlehensgebern aus anderen Mitgliedstaaten der Europäischen Union genauso zu behandeln wie Auskunftsverlangen inländischer Darlehensgeber.

(2) [1]Wer den Abschluss eines Verbraucherdarlehensvertrags oder eines Vertrags über eine entgeltliche Finanzierungshilfe mit einem Verbraucher infolge einer Auskunft einer Stelle im Sinne des Absatzes 1 ablehnt, hat den Verbraucher unverzüglich hierüber sowie über die erhaltene Auskunft zu unterrichten. [2]Die Unterrichtung unterbleibt, soweit hierdurch die öffentliche Sicherheit oder Ordnung gefährdet würde. [3]§ 37 bleibt unberührt.

§ 31 Schutz des Wirtschaftsverkehrs bei Scoring und Bonitätsauskünften

(1) Die Verwendung eines Wahrscheinlichkeitswerts über ein bestimmtes zukünftiges Verhalten einer natürlichen Person zum Zweck der Entscheidung über die Begründung, Durchführung oder Beendigung eines Vertragsverhältnisses mit dieser Person (Scoring) ist nur zulässig, wenn

1. die Vorschriften des Datenschutzrechts eingehalten wurden,
2. die zur Berechnung des Wahrscheinlichkeitswerts genutzten Daten unter Zugrundelegung eines wissenschaftlich anerkannten mathematisch-statistischen Verfahrens nachweisbar für die Berechnung der Wahrscheinlichkeit des bestimmten Verhaltens erheblich sind,
3. für die Berechnung des Wahrscheinlichkeitswerts nicht ausschließlich Anschriftendaten genutzt wurden und
4. im Fall der Nutzung von Anschriftendaten die betroffene Person vor Berechnung des Wahrscheinlichkeitswerts über die vorgesehene Nutzung dieser Daten unterrichtet worden ist; die Unterrichtung ist zu dokumentieren.

(2) [1]Die Verwendung eines von Auskunfteien ermittelten Wahrscheinlichkeitswerts über die Zahlungsfähig- und Zahlungswilligkeit einer natürlichen Person ist im Fall der Einbeziehung von Informationen über Forderungen nur zulässig, soweit die Voraussetzungen nach Absatz 1 vorliegen und nur solche

Forderungen über eine geschuldete Leistung, die trotz Fälligkeit nicht erbracht worden ist, berücksichtigt werden,

1. die durch ein rechtskräftiges oder für vorläufig vollstreckbar erklärtes Urteil festgestellt worden sind oder für die ein Schuldtitel nach § 794 der Zivilprozessordnung vorliegt,
2. die nach § 178 der Insolvenzordnung festgestellt und nicht vom Schuldner im Prüfungstermin bestritten worden sind,
3. die der Schuldner ausdrücklich anerkannt hat,
4. bei denen
 a) der Schuldner nach Eintritt der Fälligkeit der Forderung mindestens zweimal schriftlich gemahnt worden ist,
 b) die erste Mahnung mindestens vier Wochen zurückliegt,
 c) der Schuldner zuvor, jedoch frühestens bei der ersten Mahnung, über eine mögliche Berücksichtigung durch eine Auskunftei unterrichtet worden ist und
 d) der Schuldner die Forderung nicht bestritten hat oder
5. deren zugrunde liegendes Vertragsverhältnis aufgrund von Zahlungsrückständen fristlos gekündigt werden kann und bei denen der Schuldner zuvor über eine mögliche Berücksichtigung durch eine Auskunftei unterrichtet worden ist.

^2Die Zulässigkeit der Verarbeitung, einschließlich der Ermittlung von Wahrscheinlichkeitswerten, von anderen bonitätsrelevanten Daten nach allgemeinem Datenschutzrecht bleibt unberührt.

Kapitel 2
Rechte der betroffenen Person

§ 32 Informationspflicht bei Erhebung von personenbezogenen Daten bei der betroffenen Person
(1) Die Pflicht zur Information der betroffenen Person gemäß Artikel 13 Absatz 3 der Verordnung (EU) 2016/679 besteht ergänzend zu der in Artikel 13 Absatz 4 der Verordnung (EU) 2016/679 genannten Ausnahme dann nicht, wenn die Erteilung der Information über die beabsichtigte Weiterverarbeitung

1. eine Weiterverarbeitung analog gespeicherter Daten betrifft, bei der sich der Verantwortliche durch die Weiterverarbeitung unmittelbar an die betroffene Person wendet, der Zweck mit dem ursprünglichen Erhebungszweck gemäß der Verordnung (EU) 2016/679 vereinbar ist, die Kommunikation mit der betroffenen Person nicht in digitaler Form erfolgt und das Interesse der betroffenen Person an der Informationserteilung nach den Umständen des Einzelfalls, insbesondere mit Blick auf den Zusammenhang, in dem die Daten erhoben wurden, als gering anzusehen ist,
2. im Fall einer öffentlichen Stelle die ordnungsgemäße Erfüllung der in der Zuständigkeit des Verantwortlichen liegenden Aufgaben im Sinne des Artikels 23 Absatz 1 Buchstabe a bis e der Verordnung (EU) 2016/679 gefährden würde und die Interessen des Verantwortlichen an der Nichterteilung der Information die Interessen der betroffenen Person überwiegen,
3. die öffentliche Sicherheit oder Ordnung gefährden oder sonst dem Wohl des Bundes oder eines Landes Nachteile bereiten würde und die Interessen des Verantwortlichen an der Nichterteilung der Information die Interessen der betroffenen Person überwiegen,
4. die Geltendmachung, Ausübung oder Verteidigung rechtlicher Ansprüche beeinträchtigen würde und die Interessen des Verantwortlichen an der Nichterteilung der Information die Interessen der betroffenen Person überwiegen oder
5. eine vertrauliche Übermittlung von Daten an öffentliche Stellen gefährden würde.

(2) ^1Unterbleibt eine Information der betroffenen Person nach Maßgabe des Absatzes 1, ergreift der Verantwortliche geeignete Maßnahmen zum Schutz der berechtigten Interessen der betroffenen Person, einschließlich der Bereitstellung der in Artikel 13 Absatz 1 und 2 der Verordnung (EU) 2016/679 genannten Informationen für die Öffentlichkeit in präziser, transparenter, verständlicher und leicht zugänglicher Form in einer klaren und einfachen Sprache. ^2Der Verantwortliche hält schriftlich fest, aus welchen Gründen er von einer Information abgesehen hat. ^3Die Sätze 1 und 2 finden in den Fällen des Absatzes 1 Nummer 4 und 5 keine Anwendung.

(3) Unterbleibt die Benachrichtigung in den Fällen des Absatzes 1 wegen eines vorübergehenden Hinderungsgrundes, kommt der Verantwortliche der Informationspflicht unter Berücksichtigung der spezifischen Umstände der Verarbeitung innerhalb einer angemessenen Frist nach Fortfall des Hinderungsgrundes, spätestens jedoch innerhalb von zwei Wochen, nach.

§ 33 Informationspflicht, wenn die personenbezogenen Daten nicht bei der betroffenen Person erhoben wurden

(1) Die Pflicht zur Information der betroffenen Person gemäß Artikel 14 Absatz 1, 2 und 4 der Verordnung (EU) 2016/679 besteht ergänzend zu den in Artikel 14 Absatz 5 der Verordnung (EU) 2016/679 und der in § 29 Absatz 1 Satz 1 genannten Ausnahme nicht, wenn die Erteilung der Information

1. im Fall einer öffentlichen Stelle
 a) die ordnungsgemäße Erfüllung der in der Zuständigkeit des Verantwortlichen liegenden Aufgaben im Sinne des Artikels 23 Absatz 1 Buchstabe a bis e der Verordnung (EU) 2016/679 gefährden würde oder
 b) die öffentliche Sicherheit oder Ordnung gefährden oder sonst dem Wohl des Bundes oder eines Landes Nachteile bereiten würde
und deswegen das Interesse der betroffenen Person an der Informationserteilung zurücktreten muss,
2. im Fall einer nichtöffentlichen Stelle
 a) die Geltendmachung, Ausübung oder Verteidigung zivilrechtlicher Ansprüche beeinträchtigen würde oder die Verarbeitung Daten aus zivilrechtlichen Verträgen beinhaltet und der Verhütung von Schäden durch Straftaten dient, sofern nicht das berechtigte Interesse der betroffenen Person an der Informationserteilung überwiegt, oder
 b) die zuständige öffentliche Stelle gegenüber dem Verantwortlichen festgestellt hat, dass das Bekanntwerden der Daten die öffentliche Sicherheit oder Ordnung gefährden oder sonst dem Wohl des Bundes oder eines Landes Nachteile bereiten würde; im Fall der Datenverarbeitung für Zwecke der Strafverfolgung bedarf es keiner Feststellung nach dem ersten Halbsatz.

(2) [1]Unterbleibt eine Information der betroffenen Person nach Maßgabe des Absatzes 1, ergreift der Verantwortliche geeignete Maßnahmen zum Schutz der berechtigten Interessen der betroffenen Person, einschließlich der Bereitstellung der in Artikel 14 Absatz 1 und 2 der Verordnung (EU) 2016/679 genannten Informationen für die Öffentlichkeit in präziser, transparenter, verständlicher und leicht zugänglicher Form in einer klaren und einfachen Sprache. [2]Der Verantwortliche hält schriftlich fest, aus welchen Gründen er von einer Information abgesehen hat.

(3) Bezieht sich die Informationserteilung auf die Übermittlung personenbezogener Daten durch öffentliche Stellen an Verfassungsschutzbehörden, den Bundesnachrichtendienst, den Militärischen Abschirmdienst und, soweit die Sicherheit des Bundes berührt wird, andere Behörden des Bundesministeriums der Verteidigung, ist sie nur mit Zustimmung dieser Stellen zulässig.

§ 34 Auskunftsrecht der betroffenen Person

(1) Das Recht auf Auskunft der betroffenen Person gemäß Artikel 15 der Verordnung (EU) 2016/679 besteht ergänzend zu den in § 27 Absatz 2, § 28 Absatz 2 und § 29 Absatz 1 Satz 2 genannten Ausnahmen nicht, wenn

1. die betroffene Person nach § 33 Absatz 1 Nummer 1, 2 Buchstabe b oder Absatz 3 nicht zu informieren ist, oder
2. die Daten
 a) nur deshalb gespeichert sind, weil sie aufgrund gesetzlicher oder satzungsmäßiger Aufbewahrungsvorschriften nicht gelöscht werden dürfen, oder
 b) ausschließlich Zwecken der Datensicherung oder der Datenschutzkontrolle dienen
 und die Auskunftserteilung einen unverhältnismäßigen Aufwand erfordern würde sowie eine Verarbeitung zu anderen Zwecken durch geeignete technische und organisatorische Maßnahmen ausgeschlossen ist.

(2) [1]Die Gründe der Auskunftsverweigerung sind zu dokumentieren. [2]Die Ablehnung der Auskunftserteilung ist gegenüber der betroffenen Person zu begründen, soweit nicht durch die Mitteilung der tatsächlichen und rechtlichen Gründe, auf die die Entscheidung gestützt wird, der mit der Auskunftsverweigerung verfolgte Zweck gefährdet würde. [3]Die zum Zweck der Auskunftserteilung an die betroffene Person und zu deren Vorbereitung gespeicherten Daten dürfen nur für diesen Zweck sowie für Zwecke der Datenschutzkontrolle verarbeitet werden; für andere Zwecke ist die Verarbeitung nach Maßgabe des Artikels 18 der Verordnung (EU) 2016/679 einzuschränken.

(3) [1]Wird der betroffenen Person durch eine öffentliche Stelle des Bundes keine Auskunft erteilt, so ist sie auf ihr Verlangen der oder dem Bundesbeauftragten zu erteilen, soweit nicht die jeweils zuständige oberste Bundesbehörde im Einzelfall feststellt, dass dadurch die Sicherheit des Bundes oder eines Landes gefährdet würde. [2]Die Mitteilung der oder des Bundesbeauftragten an die betroffene Person über das Ergebnis der datenschutzrechtlichen Prüfung darf keine Rückschlüsse auf den Erkenntnisstand des Verantwortlichen zulassen, sofern dieser nicht einer weitergehenden Auskunft zustimmt.

(4) Das Recht der betroffenen Person auf Auskunft über personenbezogene Daten, die durch eine öffentliche Stelle weder automatisiert verarbeitet noch nicht automatisiert verarbeitet und in einem Dateisystem gespeichert werden, besteht nur, soweit die betroffene Person Angaben macht, die das Auffinden der Daten ermöglichen, und der für die Erteilung der Auskunft erforderliche Aufwand nicht außer Verhältnis zu dem von der betroffenen Person geltend gemachten Informationsinteresse steht.

§ 35 Recht auf Löschung

(1) ¹Ist eine Löschung im Fall nicht automatisierter Datenverarbeitung wegen der besonderen Art der Speicherung nicht oder nur mit unverhältnismäßig hohem Aufwand möglich und ist das Interesse der betroffenen Person an der Löschung als gering anzusehen, besteht das Recht der betroffenen Person auf und die Pflicht des Verantwortlichen zur Löschung personenbezogener Daten gemäß Artikel 17 Absatz 1 der Verordnung (EU) 2016/679 ergänzend zu den in Artikel 17 Absatz 3 der Verordnung (EU) 2016/679 genannten Ausnahmen nicht. ²In diesem Fall tritt an die Stelle einer Löschung die Einschränkung der Verarbeitung gemäß Artikel 18 der Verordnung (EU) 2016/679. ³Die Sätze 1 und 2 finden keine Anwendung, wenn die personenbezogenen Daten unrechtmäßig verarbeitet wurden.

(2) ¹Ergänzend zu Artikel 18 Absatz 1 Buchstabe b und c der Verordnung (EU) 2016/679 gilt Absatz 1 Satz 1 und 2 entsprechend im Fall des Artikels 17 Absatz 1 Buchstabe a und d der Verordnung (EU) 2016/679, solange und soweit der Verantwortliche Grund zu der Annahme hat, dass durch eine Löschung schutzwürdige Interessen der betroffenen Person beeinträchtigt würden. ²Der Verantwortliche unterrichtet die betroffene Person über die Einschränkung der Verarbeitung, sofern sich die Unterrichtung nicht als unmöglich erweist oder einen unverhältnismäßigen Aufwand erfordern würde.

(3) Ergänzend zu Artikel 17 Absatz 3 Buchstabe b der Verordnung (EU) 2016/679 gilt Absatz 1 entsprechend im Fall des Artikels 17 Absatz 1 Buchstabe a der Verordnung (EU) 2016/679, wenn einer Löschung satzungsgemäße oder vertragliche Aufbewahrungsfristen entgegenstehen.

§ 36 Widerspruchsrecht

Das Recht auf Widerspruch gemäß Artikel 21 Absatz 1 der Verordnung (EU) 2016/679 gegenüber einer öffentlichen Stelle besteht nicht, soweit an der Verarbeitung ein zwingendes öffentliches Interesse besteht, das die Interessen der betroffenen Person überwiegt, oder eine Rechtsvorschrift zur Verarbeitung verpflichtet.

§ 37 Automatisierte Entscheidungen im Einzelfall einschließlich Profiling

(1) Das Recht gemäß Artikel 22 Absatz 1 der Verordnung (EU) 2016/679, keiner ausschließlich auf einer automatisierten Verarbeitung beruhenden Entscheidung unterworfen zu werden, besteht über die in Artikel 22 Absatz 2 Buchstabe a und c der Verordnung (EU) 2016/679 genannten Ausnahmen hinaus nicht, wenn die Entscheidung im Rahmen der Leistungserbringung nach einem Versicherungsvertrag ergeht und

1. dem Begehren der betroffenen Person stattgegeben wurde oder
2. die Entscheidung auf der Anwendung verbindlicher Entgeltregelungen für Heilbehandlungen beruht und der Verantwortliche für den Fall, dass dem Antrag nicht vollumfänglich stattgegeben wird, angemessene Maßnahmen zur Wahrung der berechtigten Interessen der betroffenen Person trifft, wozu mindestens das Recht auf Erwirkung des Eingreifens einer Person seitens des Verantwortlichen, auf Darlegung des eigenen Standpunktes und auf Anfechtung der Entscheidung zählt; der Verantwortliche informiert die betroffene Person über diese Rechte spätestens zum Zeitpunkt der Mitteilung, aus der sich ergibt, dass dem Antrag der betroffenen Person nicht vollumfänglich stattgegeben wird.

(2) ¹Entscheidungen nach Absatz 1 dürfen auf der Verarbeitung von Gesundheitsdaten im Sinne des Artikels 4 Nummer 15 der Verordnung (EU) 2016/679 beruhen. ²Der Verantwortliche sieht angemessene und spezifische Maßnahmen zur Wahrung der Interessen der betroffenen Person gemäß § 22 Absatz 2 Satz 2 vor.

Kapitel 3
Pflichten der Verantwortlichen und Auftragsverarbeiter

§ 38 Datenschutzbeauftragte nichtöffentlicher Stellen

(1) ¹Ergänzend zu Artikel 37 Absatz 1 Buchstabe b und c der Verordnung (EU) 2016/679 benennen der Verantwortliche und der Auftragsverarbeiter eine Datenschutzbeauftragte oder einen Datenschutzbeauftragten, soweit sie in der Regel mindestens 20 Personen ständig mit der automatisierten Verarbeitung personenbezogener Daten beschäftigen. ²Nehmen der Verantwortliche oder der Auftragsverarbeiter Verarbeitungen vor, die einer Datenschutz-Folgenabschätzung nach Artikel 35 der Verordnung (EU)

2016/679 unterliegen, oder verarbeiten sie personenbezogene Daten geschäftsmäßig zum Zweck der Übermittlung, der anonymisierten Übermittlung oder für Zwecke der Markt- oder Meinungsforschung, haben sie unabhängig von der Anzahl der mit der Verarbeitung beschäftigten Personen eine Datenschutzbeauftragte oder einen Datenschutzbeauftragten zu benennen.

(2) § 6 Absatz 4, 5 Satz 2 und Absatz 6 finden Anwendung, § 6 Absatz 4 jedoch nur, wenn die Benennung einer oder eines Datenschutzbeauftragten verpflichtend ist.

§ 39 Akkreditierung

[1]Die Erteilung der Befugnis, als Zertifizierungsstelle gemäß Artikel 43 Absatz 1 Satz 1 der Verordnung (EU) 2016/679 tätig zu werden, erfolgt durch die für die datenschutzrechtliche Aufsicht über die Zertifizierungsstelle zuständige Aufsichtsbehörde des Bundes oder der Länder auf der Grundlage einer Akkreditierung durch die Deutsche Akkreditierungsstelle. [2]§ 2 Absatz 3 Satz 2, § 4 Absatz 3 und § 10 Absatz 1 Satz 1 Nummer 3 des Akkreditierungsstellengesetzes finden mit der Maßgabe Anwendung, dass der Datenschutz als ein dem Anwendungsbereich des § 1 Absatz 2 Satz 2 unterfallender Bereich gilt.

Kapitel 4
Aufsichtsbehörde für die Datenverarbeitung durch nichtöffentliche Stellen

§ 40 Aufsichtsbehörden der Länder

(1) Die nach Landesrecht zuständigen Behörden überwachen im Anwendungsbereich der Verordnung (EU) 2016/679 bei den nichtöffentlichen Stellen die Anwendung der Vorschriften über den Datenschutz.

(2) [1]Hat der Verantwortliche oder Auftragsverarbeiter mehrere inländische Niederlassungen, findet für die Bestimmung der zuständigen Aufsichtsbehörde Artikel 4 Nummer 16 der Verordnung (EU) 2016/679 entsprechende Anwendung. [2]Wenn sich mehrere Behörden für zuständig oder für unzuständig halten oder wenn die Zuständigkeit aus anderen Gründen zweifelhaft ist, treffen die Aufsichtsbehörden die Entscheidung gemeinsam nach Maßgabe des § 18 Absatz 2. [3]§ 3 Absatz 3 und 4 des Verwaltungsverfahrensgesetzes findet entsprechende Anwendung.

(3) [1]Die Aufsichtsbehörde darf die von ihr gespeicherten Daten nur für Zwecke der Aufsicht verarbeiten; hierbei darf sie Daten an andere Aufsichtsbehörden übermitteln. [2]Eine Verarbeitung zu einem anderen Zweck ist über Artikel 6 Absatz 4 der Verordnung (EU) 2016/679 hinaus zulässig, wenn

1. offensichtlich ist, dass sie im Interesse der betroffenen Person liegt und kein Grund zu der Annahme besteht, dass sie in Kenntnis des anderen Zwecks ihre Einwilligung verweigern würde,

2. sie zur Abwehr erheblicher Nachteile für das Gemeinwohl oder einer Gefahr für die öffentliche Sicherheit oder zur Wahrung erheblicher Belange des Gemeinwohls erforderlich ist oder

3. sie zur Verfolgung von Straftaten oder Ordnungswidrigkeiten, zur Vollstreckung oder zum Vollzug von Strafen oder Maßnahmen im Sinne des § 11 Absatz 1 Nummer 8 des Strafgesetzbuchs oder von Erziehungsmaßregeln oder Zuchtmitteln im Sinne des Jugendgerichtsgesetzes oder zur Vollstreckung von Geldbußen erforderlich ist.

[3]Stellt die Aufsichtsbehörde einen Verstoß gegen die Vorschriften über den Datenschutz fest, so ist sie befugt, die betroffenen Personen hierüber zu unterrichten, den Verstoß anderen für die Verfolgung oder Ahndung zuständigen Stellen anzuzeigen sowie bei schwerwiegenden Verstößen die Gewerbeaufsichtsbehörde zur Durchführung gewerberechtlicher Maßnahmen zu unterrichten. [4]§ 13 Absatz 4 Satz 4 bis 7 gilt entsprechend.

(4) [1]Die der Aufsicht unterliegenden Stellen sowie die mit deren Leitung beauftragten Personen haben einer Aufsichtsbehörde auf Verlangen die für die Erfüllung ihrer Aufgaben erforderlichen Auskünfte zu erteilen. [2]Der Auskunftspflichtige kann die Auskunft auf solche Fragen verweigern, deren Beantwortung ihn selbst oder einen der in § 383 Absatz 1 Nummer 1 bis 3 der Zivilprozessordnung bezeichneten Angehörigen der Gefahr strafgerichtlicher Verfolgung oder eines Verfahrens nach dem Gesetz über Ordnungswidrigkeiten aussetzen würde. [3]Der Auskunftspflichtige ist darauf hinzuweisen.

(5) [1]Die von einer Aufsichtsbehörde mit der Überwachung der Einhaltung der Vorschriften über den Datenschutz beauftragten Personen sind befugt, zur Erfüllung ihrer Aufgaben Grundstücke und Geschäftsräume der Stelle zu betreten und Zugang zu allen Datenverarbeitungsanlagen und -geräten zu erhalten. [2]Die Stelle ist insoweit zur Duldung verpflichtet. [3]§ 16 Absatz 4 gilt entsprechend.

(6) [1]Die Aufsichtsbehörden beraten und unterstützen die Datenschutzbeauftragten mit Rücksicht auf deren typische Bedürfnisse. [2]Sie können die Abberufung der oder des Datenschutzbeauftragten verlangen, wenn sie oder er die zur Erfüllung ihrer oder seiner Aufgaben erforderliche Fachkunde nicht besitzt oder im Fall des Artikels 38 Absatz 6 der Verordnung (EU) 2016/679 ein schwerwiegender Interessenkonflikt vorliegt.

(7) Die Anwendung der Gewerbeordnung bleibt unberührt.

Kapitel 5
Sanktionen

§ 41 Anwendung der Vorschriften über das Bußgeld- und Strafverfahren
(1) [1]Für Verstöße nach Artikel 83 Absatz 4 bis 6 der Verordnung (EU) 2016/679 gelten, soweit dieses Gesetz nichts anderes bestimmt, die Vorschriften des Gesetzes über Ordnungswidrigkeiten sinngemäß. [2]Die §§ 17, 35 und 36 des Gesetzes über Ordnungswidrigkeiten finden keine Anwendung. [3]§ 68 des Gesetzes über Ordnungswidrigkeiten findet mit der Maßgabe Anwendung, dass das Landgericht entscheidet, wenn die festgesetzte Geldbuße den Betrag von einhunderttausend Euro übersteigt.
(2) [1]Für Verfahren wegen eines Verstoßes nach Artikel 83 Absatz 4 bis 6 der Verordnung (EU) 2016/679 gelten, soweit dieses Gesetz nichts anderes bestimmt, die Vorschriften des Gesetzes über Ordnungswidrigkeiten und der allgemeinen Gesetze über das Strafverfahren, namentlich der Strafprozessordnung und des Gerichtsverfassungsgesetzes, entsprechend. [2]Die §§ 56 bis 58, 87, 88, 99 und 100 des Gesetzes über Ordnungswidrigkeiten finden keine Anwendung. [3]§ 69 Absatz 4 Satz 2 des Gesetzes über Ordnungswidrigkeiten findet mit der Maßgabe Anwendung, dass die Staatsanwaltschaft das Verfahren nur mit Zustimmung der Aufsichtsbehörde, die den Bußgeldbescheid erlassen hat, einstellen kann.

§ 42 Strafvorschriften
(1) Mit Freiheitsstrafe bis zu drei Jahren oder mit Geldstrafe wird bestraft, wer wissentlich nicht allgemein zugängliche personenbezogene Daten einer großen Zahl von Personen, ohne hierzu berechtigt zu sein,
1. einem Dritten übermittelt oder
2. auf andere Art und Weise zugänglich macht
und hierbei gewerbsmäßig handelt.
(2) Mit Freiheitsstrafe bis zu zwei Jahren oder mit Geldstrafe wird bestraft, wer personenbezogene Daten, die nicht allgemein zugänglich sind,
1. ohne hierzu berechtigt zu sein, verarbeitet oder
2. durch unrichtige Angaben erschleicht
und hierbei gegen Entgelt oder in der Absicht handelt, sich oder einen anderen zu bereichern oder einen anderen zu schädigen.
(3) [1]Die Tat wird nur auf Antrag verfolgt. [2]Antragsberechtigt sind die betroffene Person, der Verantwortliche, die oder der Bundesbeauftragte und die Aufsichtsbehörde.
(4) Eine Meldung nach Artikel 33 der Verordnung (EU) 2016/679 oder eine Benachrichtigung nach Artikel 34 Absatz 1 der Verordnung (EU) 2016/679 darf in einem Strafverfahren gegen den Meldepflichtigen oder Benachrichtigenden oder seine in § 52 Absatz 1 der Strafprozessordnung bezeichneten Angehörigen nur mit Zustimmung des Meldepflichtigen oder Benachrichtigenden verwendet werden.

§ 43 Bußgeldvorschriften
(1) Ordnungswidrig handelt, wer vorsätzlich oder fahrlässig
1. entgegen § 30 Absatz 1 ein Auskunftsverlangen nicht richtig behandelt oder
2. entgegen § 30 Absatz 2 Satz 1 einen Verbraucher nicht, nicht richtig, nicht vollständig oder nicht rechtzeitig unterrichtet.
(2) Die Ordnungswidrigkeit kann mit einer Geldbuße bis zu fünfzigtausend Euro geahndet werden.
(3) Gegen Behörden und sonstige öffentliche Stellen im Sinne des § 2 Absatz 1 werden keine Geldbußen verhängt.
(4) Eine Meldung nach Artikel 33 der Verordnung (EU) 2016/679 oder eine Benachrichtigung nach Artikel 34 Absatz 1 der Verordnung (EU) 2016/679 darf in einem Verfahren nach dem Gesetz über Ordnungswidrigkeiten gegen den Meldepflichtigen oder Benachrichtigenden oder seine in § 52 Absatz 1 der Strafprozessordnung bezeichneten Angehörigen nur mit Zustimmung des Meldepflichtigen oder Benachrichtigenden verwendet werden.

Kapitel 6
Rechtsbehelfe

§ 44 Klagen gegen den Verantwortlichen oder Auftragsverarbeiter
(1) [1]Klagen der betroffenen Person gegen einen Verantwortlichen oder einen Auftragsverarbeiter wegen eines Verstoßes gegen datenschutzrechtliche Bestimmungen im Anwendungsbereich der Verordnung

(EU) 2016/679 oder der darin enthaltenen Rechte der betroffenen Person können bei dem Gericht des Ortes erhoben werden, an dem sich eine Niederlassung des Verantwortlichen oder Auftragsverarbeiters befindet. [2]Klagen nach Satz 1 können auch bei dem Gericht des Ortes erhoben werden, an dem die betroffene Person ihren gewöhnlichen Aufenthaltsort hat.

(2) Absatz 1 gilt nicht für Klagen gegen Behörden, die in Ausübung ihrer hoheitlichen Befugnisse tätig geworden sind.

(3) [1]Hat der Verantwortliche oder Auftragsverarbeiter einen Vertreter nach Artikel 27 Absatz 1 der Verordnung (EU) 2016/679 benannt, gilt dieser auch als bevollmächtigt, Zustellungen in zivilgerichtlichen Verfahren nach Absatz 1 entgegenzunehmen. [2]§ 184 der Zivilprozessordnung bleibt unberührt.

Teil 3
Bestimmungen für Verarbeitungen zu Zwecken gemäß Artikel 1 Absatz 1 der Richtlinie (EU) 2016/680

Kapitel 1
Anwendungsbereich, Begriffsbestimmungen und allgemeine Grundsätze für die Verarbeitung personenbezogener Daten

§ 45 Anwendungsbereich
[1]Die Vorschriften dieses Teils gelten für die Verarbeitung personenbezogener Daten durch die für die Verhütung, Ermittlung, Aufdeckung, Verfolgung oder Ahndung von Straftaten oder Ordnungswidrigkeiten zuständigen öffentlichen Stellen, soweit sie Daten zum Zweck der Erfüllung dieser Aufgaben verarbeiten. [2]Die öffentlichen Stellen gelten dabei als Verantwortliche. [3]Die Verhütung von Straftaten im Sinne des Satzes 1 umfasst den Schutz vor und die Abwehr von Gefahren für die öffentliche Sicherheit. [4]Die Sätze 1 und 2 finden zudem Anwendung auf diejenigen öffentlichen Stellen, die für die Vollstreckung von Strafen, von Maßnahmen im Sinne des § 11 Absatz 1 Nummer 8 des Strafgesetzbuchs, von Erziehungsmaßregeln oder Zuchtmitteln im Sinne des Jugendgerichtsgesetzes und von Geldbußen zuständig sind. [5]Soweit dieser Teil Vorschriften für Auftragsverarbeiter enthält, gilt er auch für diese.

§ 46 Begriffsbestimmungen
Es bezeichnen die Begriffe:
1. „personenbezogene Daten" alle Informationen, die sich auf eine identifizierte oder identifizierbare natürliche Person (betroffene Person) beziehen; als identifizierbar wird eine natürliche Person angesehen, die direkt oder indirekt, insbesondere mittels Zuordnung zu einer Kennung wie einem Namen, zu einer Kennnummer, zu Standortdaten, zu einer Online-Kennung oder zu einem oder mehreren besonderen Merkmalen, die Ausdruck der physischen, physiologischen, genetischen, psychischen, wirtschaftlichen, kulturellen oder sozialen Identität dieser Person sind, identifiziert werden kann;
2. „Verarbeitung" jeden mit oder ohne Hilfe automatisierter Verfahren ausgeführten Vorgang oder jede solche Vorgangsreihe im Zusammenhang mit personenbezogenen Daten wie das Erheben, das Erfassen, die Organisation, das Ordnen, die Speicherung, die Anpassung, die Veränderung, das Auslesen, das Abfragen, die Verwendung, die Offenlegung durch Übermittlung, Verbreitung oder eine andere Form der Bereitstellung, den Abgleich, die Verknüpfung, die Einschränkung, das Löschen oder die Vernichtung;
3. „Einschränkung der Verarbeitung" die Markierung gespeicherter personenbezogener Daten mit dem Ziel, ihre künftige Verarbeitung einzuschränken;
4. „Profiling" jede Art der automatisierten Verarbeitung personenbezogener Daten, bei der diese Daten verwendet werden, um bestimmte persönliche Aspekte, die sich auf eine natürliche Person beziehen, zu bewerten, insbesondere um Aspekte der Arbeitsleistung, der wirtschaftlichen Lage, der Gesundheit, der persönlichen Vorlieben, der Interessen, der Zuverlässigkeit, des Verhaltens, der Aufenthaltsorte oder der Ortswechsel dieser natürlichen Person zu analysieren oder vorherzusagen;
5. „Pseudonymisierung" die Verarbeitung personenbezogener Daten in einer Weise, in der die Daten ohne Hinzuziehung zusätzlicher Informationen nicht mehr einer spezifischen betroffenen Person zugeordnet werden können, sofern diese zusätzlichen Informationen gesondert aufbewahrt werden und technischen und organisatorischen Maßnahmen unterliegen, die gewährleisten, dass die Daten keiner betroffenen Person zugewiesen werden können;
6. „Dateisystem" jede strukturierte Sammlung personenbezogener Daten, die nach bestimmten Kriterien zugänglich sind, unabhängig davon, ob diese Sammlung zentral, dezentral oder nach funktionalen oder geografischen Gesichtspunkten geordnet geführt wird;

7. „Verantwortlicher" die natürliche oder juristische Person, Behörde, Einrichtung oder andere Stelle, die allein oder gemeinsam mit anderen über die Zwecke und Mittel der Verarbeitung von perso- nenbezogenen Daten entscheidet;

8. „Auftragsverarbeiter" eine natürliche oder juristische Person, Behörde, Einrichtung oder andere Stelle, die personenbezogene Daten im Auftrag des Verantwortlichen verarbeitet;

9. „Empfänger" eine natürliche oder juristische Person, Behörde, Einrichtung oder andere Stelle, der personenbezogene Daten offengelegt werden, unabhängig davon, ob es sich bei ihr um einen Dritten handelt oder nicht; Behörden, die im Rahmen eines bestimmten Untersuchungsauftrags nach dem Unionsrecht oder anderen Rechtsvorschriften personenbezogene Daten erhalten, gelten jedoch nicht als Empfänger; die Verarbeitung dieser Daten durch die genannten Behörden erfolgt im Einklang mit den geltenden Datenschutzvorschriften gemäß den Zwecken der Verarbeitung;

10. „Verletzung des Schutzes personenbezogener Daten" eine Verletzung der Sicherheit, die zur un- beabsichtigten oder unrechtmäßigen Vernichtung, zum Verlust, zur Veränderung oder zur unbe- fugten Offenlegung von oder zum unbefugten Zugang zu personenbezogenen Daten geführt hat, die verarbeitet wurden;

11. „genetische Daten" personenbezogene Daten zu den ererbten oder erworbenen genetischen Eigen- schaften einer natürlichen Person, die eindeutige Informationen über die Physiologie oder die Ge- sundheit dieser Person liefern, insbesondere solche, die aus der Analyse einer biologischen Probe der Person gewonnen wurden;

12. „biometrische Daten" mit speziellen technischen Verfahren gewonnene personenbezogene Daten zu den physischen, physiologischen oder verhaltenstypischen Merkmalen einer natürlichen Person, die die eindeutige Identifizierung dieser natürlichen Person ermöglichen oder bestätigen, insbe- sondere Gesichtsbilder oder daktyloskopische Daten;

13. „Gesundheitsdaten" personenbezogene Daten, die sich auf die körperliche oder geistige Gesundheit einer natürlichen Person, einschließlich der Erbringung von Gesundheitsdienstleistungen, beziehen und aus denen Informationen über deren Gesundheitszustand hervorgehen;

14. „besondere Kategorien personenbezogener Daten"

 a) Daten, aus denen die rassische oder ethnische Herkunft, politische Meinungen, religiöse oder weltanschauliche Überzeugungen oder die Gewerkschaftszugehörigkeit hervorgehen,

 b) genetische Daten,

 c) biometrische Daten zur eindeutigen Identifizierung einer natürlichen Person,

 d) Gesundheitsdaten und

 e) Daten zum Sexualleben oder zur sexuellen Orientierung;

15. „Aufsichtsbehörde" eine von einem Mitgliedstaat gemäß Artikel 41 der Richtlinie (EU) 2016/680 eingerichtete unabhängige staatliche Stelle;

16. „internationale Organisation" eine völkerrechtliche Organisation und ihre nachgeordneten Stellen sowie jede sonstige Einrichtung, die durch eine von zwei oder mehr Staaten geschlossene Über- einkunft oder auf der Grundlage einer solchen Übereinkunft geschaffen wurde;

17. „Einwilligung" jede freiwillig für den bestimmten Fall, in informierter Weise und unmissverständ- lich abgegebene Willensbekundung in Form einer Erklärung oder einer sonstigen eindeutigen be- stätigenden Handlung, mit der die betroffene Person zu verstehen gibt, dass sie mit der Verarbeitung der sie betreffenden personenbezogenen Daten einverstanden ist.

§ 47 Allgemeine Grundsätze für die Verarbeitung personenbezogener Daten

Personenbezogene Daten müssen

1. auf rechtmäßige Weise und nach Treu und Glauben verarbeitet werden,

2. für festgelegte, eindeutige und rechtmäßige Zwecke erhoben und nicht in einer mit diesen Zwecken nicht zu vereinbarenden Weise verarbeitet werden,

3. dem Verarbeitungszweck entsprechen, für das Erreichen des Verarbeitungszwecks erforderlich sein und ihre Verarbeitung nicht außer Verhältnis zu diesem Zweck stehen,

4. sachlich richtig und erforderlichenfalls auf dem neuesten Stand sein; dabei sind alle angemessenen Maßnahmen zu treffen, damit personenbezogene Daten, die im Hinblick auf die Zwecke ihrer Ver- arbeitung unrichtig sind, unverzüglich gelöscht oder berichtigt werden,

5. nicht länger als es für die Zwecke, für die sie verarbeitet werden, erforderlich ist, in einer Form gespeichert werden, die die Identifizierung der betroffenen Personen ermöglicht, und

6. in einer Weise verarbeitet werden, die eine angemessene Sicherheit der personenbezogenen Daten gewährleistet; hierzu gehört auch ein durch geeignete technische und organisatorische Maßnahmen zu gewährleistender Schutz vor unbefugter oder unrechtmäßiger Verarbeitung, unbeabsichtigtem Verlust, unbeabsichtigter Zerstörung oder unbeabsichtigter Schädigung.

Kapitel 2

Rechtsgrundlagen der Verarbeitung personenbezogener Daten

§ 48 Verarbeitung besonderer Kategorien personenbezogener Daten
(1) Die Verarbeitung besonderer Kategorien personenbezogener Daten ist nur zulässig, wenn sie zur Aufgabenerfüllung unbedingt erforderlich ist.

(2) [1]Werden besondere Kategorien personenbezogener Daten verarbeitet, sind geeignete Garantien für die Rechtsgüter der betroffenen Personen vorzusehen. [2]Geeignete Garantien können insbesondere sein
1. spezifische Anforderungen an die Datensicherheit oder die Datenschutzkontrolle,
2. die Festlegung von besonderen Aussonderungsprüffristen,
3. die Sensibilisierung der an Verarbeitungsvorgängen Beteiligten,
4. die Beschränkung des Zugangs zu den personenbezogenen Daten innerhalb der verantwortlichen Stelle,
5. die von anderen Daten getrennte Verarbeitung,
6. die Pseudonymisierung personenbezogener Daten,
7. die Verschlüsselung personenbezogener Daten oder
8. spezifische Verfahrensregelungen, die im Fall einer Übermittlung oder Verarbeitung für andere Zwecke die Rechtmäßigkeit der Verarbeitung sicherstellen.

§ 49 Verarbeitung zu anderen Zwecken
[1]Eine Verarbeitung personenbezogener Daten zu einem anderen Zweck als zu demjenigen, zu dem sie erhoben wurden, ist zulässig, wenn es sich bei dem anderen Zweck um einen der in § 45 genannten Zwecke handelt, der Verantwortliche befugt ist, Daten zu diesem Zweck zu verarbeiten, und die Verarbeitung zu diesem Zweck erforderlich und verhältnismäßig ist. [2]Die Verarbeitung personenbezogener Daten zu einem anderen, in § 45 nicht genannten Zweck ist zulässig, wenn sie in einer Rechtsvorschrift vorgesehen ist.

§ 50 Verarbeitung zu archivarischen, wissenschaftlichen und statistischen Zwecken
[1]Personenbezogene Daten dürfen im Rahmen der in § 45 genannten Zwecke in archivarischer, wissenschaftlicher oder statistischer Form verarbeitet werden, wenn hieran ein öffentliches Interesse besteht und geeignete Garantien für die Rechtsgüter der betroffenen Personen vorgesehen werden. [2]Solche Garantien können in einer so zeitnah wie möglich erfolgenden Anonymisierung der personenbezogenen Daten, in Vorkehrungen gegen ihre unbefugte Kenntnisnahme durch Dritte oder in ihrer räumlich und organisatorisch von den sonstigen Fachaufgaben getrennten Verarbeitung bestehen.

§ 51 Einwilligung
(1) Soweit die Verarbeitung personenbezogener Daten nach einer Rechtsvorschrift auf der Grundlage einer Einwilligung erfolgen kann, muss der Verantwortliche die Einwilligung der betroffenen Person nachweisen können.

(2) Erfolgt die Einwilligung der betroffenen Person durch eine schriftliche Erklärung, die noch andere Sachverhalte betrifft, muss das Ersuchen um Einwilligung in verständlicher und leicht zugänglicher Form in einer klaren und einfachen Sprache so erfolgen, dass es von den anderen Sachverhalten klar zu unterscheiden ist.

(3) [1]Die betroffene Person hat das Recht, ihre Einwilligung jederzeit zu widerrufen. [2]Durch den Widerruf der Einwilligung wird die Rechtmäßigkeit der aufgrund der Einwilligung bis zum Widerruf erfolgten Verarbeitung nicht berührt. [3]Die betroffene Person ist vor Abgabe der Einwilligung hiervon in Kenntnis zu setzen.

(4) [1]Die Einwilligung ist nur wirksam, wenn sie auf der freien Entscheidung der betroffenen Person beruht. [2]Bei der Beurteilung, ob die Einwilligung freiwillig erteilt wurde, müssen die Umstände der Erteilung berücksichtigt werden. [3]Die betroffene Person ist auf den vorgesehenen Zweck der Verarbeitung hinzuweisen. [4]Ist dies nach den Umständen des Einzelfalles erforderlich oder verlangt die betroffene Person dies, ist sie auch über die Folgen der Verweigerung der Einwilligung zu belehren.

(5) Soweit besondere Kategorien personenbezogener Daten verarbeitet werden, muss sich die Einwilligung ausdrücklich auf diese Daten beziehen.

§ 52 Verarbeitung auf Weisung des Verantwortlichen
Jede einem Verantwortlichen oder einem Auftragsverarbeiter unterstellte Person, die Zugang zu personenbezogenen Daten hat, darf diese Daten ausschließlich auf Weisung des Verantwortlichen verarbeiten, es sei denn, dass sie nach einer Rechtsvorschrift zur Verarbeitung verpflichtet ist.

§ 53 Datengeheimnis
[1]Mit Datenverarbeitung befasste Personen dürfen personenbezogene Daten nicht unbefugt verarbeiten (Datengeheimnis). [2]Sie sind bei der Aufnahme ihrer Tätigkeit auf das Datengeheimnis zu verpflichten. [3]Das Datengeheimnis besteht auch nach der Beendigung ihrer Tätigkeit fort.

§ 54 Automatisierte Einzelentscheidung
(1) Eine ausschließlich auf einer automatischen Verarbeitung beruhende Entscheidung, die mit einer nachteiligen Rechtsfolge für die betroffene Person verbunden ist oder sie erheblich beeinträchtigt, ist nur zulässig, wenn sie in einer Rechtsvorschrift vorgesehen ist.

(2) Entscheidungen nach Absatz 1 dürfen nicht auf besonderen Kategorien personenbezogener Daten beruhen, sofern nicht geeignete Maßnahmen zum Schutz der Rechtsgüter sowie der berechtigten Interessen der betroffenen Personen getroffen wurden.

(3) Profiling, das zur Folge hat, dass betroffene Personen auf der Grundlage von besonderen Kategorien personenbezogener Daten diskriminiert werden, ist verboten.

Kapitel 3
Rechte der betroffenen Person

§ 55 Allgemeine Informationen zu Datenverarbeitungen
Der Verantwortliche hat in allgemeiner Form und für jedermann zugänglich Informationen zur Verfügung zu stellen über
1. die Zwecke der von ihm vorgenommenen Verarbeitungen,
2. die im Hinblick auf die Verarbeitung ihrer personenbezogenen Daten bestehenden Rechte der betroffenen Personen auf Auskunft, Berichtigung, Löschung und Einschränkung der Verarbeitung,
3. den Namen und die Kontaktdaten des Verantwortlichen und der oder des Datenschutzbeauftragten,
4. das Recht, die Bundesbeauftragte oder den Bundesbeauftragten anzurufen, und
5. die Erreichbarkeit der oder des Bundesbeauftragten.

§ 56 Benachrichtigung betroffener Personen
(1) Ist die Benachrichtigung betroffener Personen über die Verarbeitung sie betreffender personenbezogener Daten in speziellen Rechtsvorschriften, insbesondere bei verdeckten Maßnahmen, vorgesehen oder angeordnet, so hat diese Benachrichtigung zumindest die folgenden Angaben zu enthalten:
1. die in § 55 genannten Angaben,
2. die Rechtsgrundlage der Verarbeitung,
3. die für die Daten geltende Speicherdauer oder, falls dies nicht möglich ist, die Kriterien für die Festlegung dieser Dauer,
4. gegebenenfalls die Kategorien von Empfängern der personenbezogenen Daten sowie
5. erforderlichenfalls weitere Informationen, insbesondere, wenn die personenbezogenen Daten ohne Wissen der betroffenen Person erhoben wurden.

(2) In den Fällen des Absatzes 1 kann der Verantwortliche die Benachrichtigung insoweit und solange aufschieben, einschränken oder unterlassen, wie andernfalls
1. die Erfüllung der in § 45 genannten Aufgaben,
2. die öffentliche Sicherheit oder
3. Rechtsgüter Dritter
gefährdet würden, wenn das Interesse an der Vermeidung dieser Gefahren das Informationsinteresse der betroffenen Person überwiegt.

(3) Bezieht sich die Benachrichtigung auf die Übermittlung personenbezogener Daten an Verfassungsschutzbehörden, den Bundesnachrichtendienst, den Militärischen Abschirmdienst und, soweit die Sicherheit des Bundes berührt wird, andere Behörden des Bundesministeriums der Verteidigung, ist sie nur mit Zustimmung dieser Stellen zulässig.

(4) Im Fall der Einschränkung nach Absatz 2 gilt § 57 Absatz 7 entsprechend.

§ 57 Auskunftsrecht
(1) [1]Der Verantwortliche hat betroffenen Personen auf Antrag Auskunft darüber zu erteilen, ob er sie betreffende Daten verarbeitet. [2]Betroffene Personen haben darüber hinaus das Recht, Informationen zu erhalten über
1. die personenbezogenen Daten, die Gegenstand der Verarbeitung sind, und die Kategorie, zu der sie gehören,
2. die verfügbaren Informationen über die Herkunft der Daten,

3. die Zwecke der Verarbeitung und deren Rechtsgrundlage,
4. die Empfänger oder die Kategorien von Empfängern, gegenüber denen die Daten offengelegt worden sind, insbesondere bei Empfängern in Drittstaaten oder bei internationalen Organisationen,
5. die für die Daten geltende Speicherdauer oder, falls dies nicht möglich ist, die Kriterien für die Festlegung dieser Dauer,
6. das Bestehen eines Rechts auf Berichtigung, Löschung oder Einschränkung der Verarbeitung der Daten durch den Verantwortlichen,
7. das Recht nach § 60, die Bundesbeauftragte oder den Bundesbeauftragten anzurufen, sowie
8. Angaben zur Erreichbarkeit der oder des Bundesbeauftragten.

(2) Absatz 1 gilt nicht für personenbezogene Daten, die nur deshalb verarbeitet werden, weil sie aufgrund gesetzlicher Aufbewahrungsvorschriften nicht gelöscht werden dürfen oder die ausschließlich Zwecken der Datensicherung oder der Datenschutzkontrolle dienen, wenn die Auskunftserteilung einen unverhältnismäßigen Aufwand erfordern würde und eine Verarbeitung zu anderen Zwecken durch geeignete technische und organisatorische Maßnahmen ausgeschlossen ist.

(3) Von der Auskunftserteilung ist abzusehen, wenn die betroffene Person keine Angaben macht, die das Auffinden der Daten ermöglichen, und deshalb der für die Erteilung der Auskunft erforderliche Aufwand außer Verhältnis zu dem von der betroffenen Person geltend gemachten Informationsinteresse steht.

(4) Der Verantwortliche kann unter den Voraussetzungen des § 56 Absatz 2 von der Auskunft nach Absatz 1 Satz 1 absehen oder die Auskunftserteilung nach Absatz 1 Satz 2 teilweise oder vollständig einschränken.

(5) Bezieht sich die Auskunftserteilung auf die Übermittlung personenbezogener Daten an Verfassungsschutzbehörden, den Bundesnachrichtendienst, den Militärischen Abschirmdienst und, soweit die Sicherheit des Bundes berührt wird, andere Behörden des Bundesministeriums der Verteidigung, ist sie nur mit Zustimmung dieser Stellen zulässig.

(6) [1]Der Verantwortliche hat die betroffene Person über das Absehen von oder die Einschränkung einer Auskunft unverzüglich schriftlich zu unterrichten. [2]Dies gilt nicht, wenn bereits die Erteilung dieser Informationen eine Gefährdung im Sinne des § 56 Absatz 2 mit sich bringen würde. [3]Die Unterrichtung nach Satz 1 ist zu begründen, es sei denn, dass die Mitteilung der Gründe den mit dem Absehen von oder der Einschränkung der Auskunft verfolgten Zweck gefährden würde.

(7) [1]Wird die betroffene Person nach Absatz 6 über das Absehen von oder die Einschränkung der Auskunft unterrichtet, kann sie ihr Auskunftsrecht auch über die Bundesbeauftragte oder den Bundesbeauftragten ausüben. [2]Der Verantwortliche hat die betroffene Person über diese Möglichkeit sowie darüber zu unterrichten, dass sie sich gemäß § 60 die Bundesbeauftragte oder den Bundesbeauftragten anrufen oder gerichtlichen Rechtsschutz suchen kann. [3]Macht die betroffene Person von ihrem Recht nach Satz 1 Gebrauch, ist die Auskunft auf ihr Verlangen der oder dem Bundesbeauftragten zu erteilen, soweit nicht die zuständige oberste Bundesbehörde im Einzelfall feststellt, dass dadurch die Sicherheit des Bundes oder eines Landes gefährdet würde. [4]Die oder der Bundesbeauftragte hat die betroffene Person zumindest darüber zu unterrichten, dass alle erforderlichen Prüfungen erfolgt sind oder eine Überprüfung durch sie stattgefunden hat. [5]Diese Mitteilung kann die Information enthalten, ob datenschutzrechtliche Verstöße festgestellt wurden. [6]Die Mitteilung der oder des Bundesbeauftragten an die betroffene Person darf keine Rückschlüsse auf den Erkenntnisstand des Verantwortlichen zulassen, sofern dieser keiner weitergehenden Auskunft zustimmt. [7]Der Verantwortliche darf die Zustimmung nur insoweit und solange verweigern, wie er nach Absatz 4 von einer Auskunft absehen oder sie einschränken könnte. [8]Die oder der Bundesbeauftragte hat zudem die betroffene Person über ihr Recht auf gerichtlichen Rechtsschutz zu unterrichten.

(8) Der Verantwortliche hat die sachlichen oder rechtlichen Gründe für die Entscheidung zu dokumentieren.

§ 58 Rechte auf Berichtigung und Löschung sowie Einschränkung der Verarbeitung

(1) [1]Die betroffene Person hat das Recht, von dem Verantwortlichen unverzüglich die Berichtigung sie betreffender unrichtiger Daten zu verlangen. [2]Insbesondere im Fall von Aussagen oder Beurteilungen betrifft die Frage der Richtigkeit nicht den Inhalt der Aussage oder Beurteilung. [3]Wenn die Richtigkeit oder Unrichtigkeit der Daten nicht festgestellt werden kann, tritt an die Stelle der Berichtigung eine Einschränkung der Verarbeitung. [4]In diesem Fall hat der Verantwortliche die betroffene Person zu unterrichten, bevor er die Einschränkung wieder aufhebt. [5]Die betroffene Person kann zudem die Vervollständigung unvollständiger personenbezogener Daten verlangen, wenn dies unter Berücksichtigung der Verarbeitungszwecke angemessen ist.

(2) Die betroffene Person hat das Recht, von dem Verantwortlichen unverzüglich die Löschung sie betreffender Daten zu verlangen, wenn deren Verarbeitung unzulässig ist, deren Kenntnis für die Aufga-

benerfüllung nicht mehr erforderlich ist oder diese zur Erfüllung einer rechtlichen Verpflichtung gelöscht werden müssen.

(3) [1]Anstatt die personenbezogenen Daten zu löschen, kann der Verantwortliche deren Verarbeitung einschränken, wenn

1. Grund zu der Annahme besteht, dass eine Löschung schutzwürdige Interessen einer betroffenen Person beeinträchtigen würde,
2. die Daten zu Beweiszwecken in Verfahren, die Zwecken des § 45 dienen, weiter aufbewahrt werden müssen oder
3. eine Löschung wegen der besonderen Art der Speicherung nicht oder nur mit unverhältnismäßigem Aufwand möglich ist.

[2]In Verarbeitung nach Satz 1 eingeschränkte Daten dürfen nur zu dem Zweck verarbeitet werden, der ihrer Löschung entgegenstand.

(4) Bei automatisierten Dateisystemen ist technisch sicherzustellen, dass eine Einschränkung der Verarbeitung eindeutig erkennbar ist und eine Verarbeitung für andere Zwecke nicht ohne weitere Prüfung möglich ist.

(5) [1]Hat der Verantwortliche eine Berichtigung vorgenommen, hat er einer Stelle, die ihm die personenbezogenen Daten zuvor übermittelt hat, die Berichtigung mitzuteilen. [2]In Fällen der Berichtigung, Löschung oder Einschränkung der Verarbeitung nach den Absätzen 1 bis 3 hat der Verantwortliche Empfängern, denen die Daten übermittelt wurden, diese Maßnahmen mitzuteilen. [3]Der Empfänger hat die Daten zu berichtigen, zu löschen oder ihre Verarbeitung einzuschränken.

(6) [1]Der Verantwortliche hat die betroffene Person über ein Absehen von der Berichtigung oder Löschung personenbezogener Daten oder über die an deren Stelle tretende Einschränkung der Verarbeitung schriftlich zu unterrichten. [2]Dies gilt nicht, wenn bereits die Erteilung dieser Informationen eine Gefährdung im Sinne des § 56 Absatz 2 mit sich bringen würde. [3]Die Unterrichtung nach Satz 1 ist zu begründen, es sei denn, dass die Mitteilung der Gründe den mit dem Absehen von der Unterrichtung verfolgten Zweck gefährden würde.

(7) § 57 Absatz 7 und 8 findet entsprechende Anwendung.

§ 59 Verfahren für die Ausübung der Rechte der betroffenen Person

(1) [1]Der Verantwortliche hat mit betroffenen Personen unter Verwendung einer klaren und einfachen Sprache in präziser, verständlicher und leicht zugänglicher Form zu kommunizieren. [2]Unbeschadet besonderer Formvorschriften soll er bei der Beantwortung von Anträgen grundsätzlich die für den Antrag gewählte Form verwenden.

(2) Bei Anträgen hat der Verantwortliche die betroffene Person unbeschadet des § 57 Absatz 6 und des § 58 Absatz 6 unverzüglich schriftlich darüber in Kenntnis zu setzen, wie verfahren wurde.

(3) [1]Die Erteilung von Informationen nach § 55, die Benachrichtigungen nach den §§ 56 und 66 und die Bearbeitung von Anträgen nach den §§ 57 und 58 erfolgen unentgeltlich. [2]Bei offenkundig unbegründeten oder exzessiven Anträgen nach den §§ 57 und 58 kann der Verantwortliche entweder eine angemessene Gebühr auf der Grundlage der Verwaltungskosten verlangen oder sich weigern, aufgrund des Antrags tätig zu werden. [3]In diesem Fall muss der Verantwortliche den offenkundig unbegründeten oder exzessiven Charakter des Antrags belegen können.

(4) Hat der Verantwortliche begründete Zweifel an der Identität einer betroffenen Person, die einen Antrag nach den §§ 57 oder 58 gestellt hat, kann er von ihr zusätzliche Informationen anfordern, die zur Bestätigung ihrer Identität erforderlich sind.

§ 60 Anrufung der oder des Bundesbeauftragten

(1) [1]Jede betroffene Person kann sich unbeschadet anderweitiger Rechtsbehelfe mit einer Beschwerde an die Bundesbeauftragte oder den Bundesbeauftragten wenden, wenn sie der Auffassung ist, bei der Verarbeitung ihrer personenbezogenen Daten durch öffentliche Stellen zu den in § 45 genannten Zwecken in ihren Rechten verletzt worden zu sein. [2]Dies gilt nicht für die Verarbeitung von personenbezogenen Daten durch Gerichte, soweit diese die Daten im Rahmen ihrer justiziellen Tätigkeit verarbeitet haben. [3]Die oder der Bundesbeauftragte hat die betroffene Person über den Stand und das Ergebnis der Beschwerde zu unterrichten und sie hierbei auf die Möglichkeit gerichtlichen Rechtsschutzes nach § 61 hinzuweisen.

(2) [1]Die oder der Bundesbeauftragte hat eine bei ihr oder ihm eingelegte Beschwerde über eine Verarbeitung, die in die Zuständigkeit einer Aufsichtsbehörde in einem anderen Mitgliedstaat der Europäischen Union fällt, unverzüglich an die zuständige Aufsichtsbehörde des anderen Staates weiterzuleiten. [2]Sie oder er hat in diesem Fall die betroffene Person über die Weiterleitung zu unterrichten und ihr auf deren Ersuchen weitere Unterstützung zu leisten.

§ 61 Rechtsschutz gegen Entscheidungen der oder des Bundesbeauftragten oder bei deren oder dessen Untätigkeit

(1) Jede natürliche oder juristische Person kann unbeschadet anderer Rechtsbehelfe gerichtlich gegen eine verbindliche Entscheidung der oder des Bundesbeauftragten vorgehen.

(2) Absatz 1 gilt entsprechend zugunsten betroffener Personen, wenn sich die oder der Bundesbeauftragte mit einer Beschwerde nach § 60 nicht befasst oder die betroffene Person nicht innerhalb von drei Monaten nach Einlegung der Beschwerde über den Stand oder das Ergebnis der Beschwerde in Kenntnis gesetzt hat.

Kapitel 4
Pflichten der Verantwortlichen und Auftragsverarbeiter

§ 62 Auftragsverarbeitung

(1) [1]Werden personenbezogene Daten im Auftrag eines Verantwortlichen durch andere Personen oder Stellen verarbeitet, hat der Verantwortliche für die Einhaltung der Vorschriften dieses Gesetzes und anderer Vorschriften über den Datenschutz zu sorgen. [2]Die Rechte der betroffenen Personen auf Auskunft, Berichtigung, Löschung, Einschränkung der Verarbeitung und Schadensersatz sind in diesem Fall gegenüber dem Verantwortlichen geltend zu machen.

(2) Ein Verantwortlicher darf nur solche Auftragsverarbeiter mit der Verarbeitung personenbezogener Daten beauftragen, die mit geeigneten technischen und organisatorischen Maßnahmen sicherstellen, dass die Verarbeitung im Einklang mit den gesetzlichen Anforderungen erfolgt und der Schutz der Rechte der betroffenen Personen gewährleistet wird.

(3) [1]Auftragsverarbeiter dürfen ohne vorherige schriftliche Genehmigung des Verantwortlichen keine weiteren Auftragsverarbeiter hinzuziehen. [2]Hat der Verantwortliche dem Auftragsverarbeiter eine allgemeine Genehmigung zur Hinzuziehung weiterer Auftragsverarbeiter erteilt, hat der Auftragsverarbeiter den Verantwortlichen über jede beabsichtigte Hinzuziehung oder Ersetzung zu informieren. [3]Der Verantwortliche kann in diesem Fall die Hinzuziehung oder Ersetzung untersagen.

(4) [1]Zieht ein Auftragsverarbeiter einen weiteren Auftragsverarbeiter hinzu, so hat er diesem dieselben Verpflichtungen aus seinem Vertrag mit dem Verantwortlichen nach Absatz 5 aufzuerlegen, die auch für ihn gelten, sowie diese Pflichten für den weiteren Auftragsverarbeiter nicht schon aufgrund anderer Vorschriften verbindlich sind. [2]Erfüllt ein weiterer Auftragsverarbeiter diese Verpflichtungen nicht, so haftet der ihn beauftragende Auftragsverarbeiter gegenüber dem Verantwortlichen für die Einhaltung der Pflichten des weiteren Auftragsverarbeiters.

(5) [1]Die Verarbeitung durch einen Auftragsverarbeiter hat auf der Grundlage eines Vertrags oder eines anderen Rechtsinstruments zu erfolgen, der oder das den Auftragsverarbeiter an den Verantwortlichen bindet und der oder das den Gegenstand, die Dauer, die Art und den Zweck der Verarbeitung, die Art der personenbezogenen Daten, die Kategorien betroffener Personen und die Rechte und Pflichten des Verantwortlichen festlegt. [2]Der Vertrag oder das andere Rechtsinstrument haben insbesondere vorzusehen, dass der Auftragsverarbeiter

1. nur auf dokumentierte Weisung des Verantwortlichen handelt; ist der Auftragsverarbeiter der Auffassung, dass eine Weisung rechtswidrig ist, hat er den Verantwortlichen unverzüglich zu informieren;

2. gewährleistet, dass die zur Verarbeitung der personenbezogenen Daten befugten Personen zur Vertraulichkeit verpflichtet werden, soweit sie keiner angemessenen gesetzlichen Verschwiegenheitspflicht unterliegen;

3. den Verantwortlichen mit geeigneten Mitteln dabei unterstützt, die Einhaltung der Bestimmungen über die Rechte der betroffenen Person zu gewährleisten;

4. alle personenbezogenen Daten nach Abschluss der Erbringung der Verarbeitungsleistungen nach Wahl des Verantwortlichen zurückgibt oder löscht und bestehende Kopien vernichtet, wenn nicht nach einer Rechtsvorschrift eine Verpflichtung zur Speicherung der Daten besteht;

5. dem Verantwortlichen alle erforderlichen Informationen, insbesondere die gemäß § 76 erstellten Protokolle, zum Nachweis der Einhaltung seiner Pflichten zur Verfügung stellt;

6. Überprüfungen, die von dem Verantwortlichen oder einem von diesem beauftragten Prüfer durchgeführt werden, ermöglicht und dazu beiträgt;

7. die in den Absätzen 3 und 4 aufgeführten Bedingungen für die Inanspruchnahme der Dienste eines weiteren Auftragsverarbeiters einhält;

8. alle gemäß § 64 erforderlichen Maßnahmen ergreift und

9. unter Berücksichtigung der Art der Verarbeitung und der ihm zur Verfügung stehenden Informationen den Verantwortlichen bei der Einhaltung der in den §§ 64 bis 67 und § 69 genannten Pflichten unterstützt.

(6) Der Vertrag im Sinne des Absatzes 5 ist schriftlich oder elektronisch abzufassen.

(7) Ein Auftragsverarbeiter, der die Zwecke und Mittel der Verarbeitung unter Verstoß gegen diese Vorschrift bestimmt, gilt in Bezug auf diese Verarbeitung als Verantwortlicher.

§ 63 Gemeinsam Verantwortliche

[1]Legen zwei oder mehr Verantwortliche gemeinsam die Zwecke und die Mittel der Verarbeitung fest, gelten sie als gemeinsam Verantwortliche. [2]Gemeinsam Verantwortliche haben ihre jeweiligen Aufgaben und datenschutzrechtlichen Verantwortlichkeiten in transparenter Form in einer Vereinbarung festzulegen, soweit diese nicht bereits in Rechtsvorschriften festgelegt sind. [3]Aus der Vereinbarung muss insbesondere hervorgehen, wer welchen Informationspflichten nachzukommen hat und wie und gegenüber wem betroffene Personen ihre Rechte wahrnehmen können. [4]Eine entsprechende Vereinbarung hindert die betroffene Person nicht, ihre Rechte gegenüber jedem der gemeinsam Verantwortlichen geltend zu machen.

§ 64 Anforderungen an die Sicherheit der Datenverarbeitung

(1) [1]Der Verantwortliche und der Auftragsverarbeiter haben unter Berücksichtigung des Stands der Technik, der Implementierungskosten, der Art, des Umfangs, der Umstände und der Zwecke der Verarbeitung sowie der Eintrittswahrscheinlichkeit und der Schwere der mit der Verarbeitung verbundenen Gefahren für die Rechtsgüter der betroffenen Personen die erforderlichen technischen und organisatorischen Maßnahmen zu treffen, um bei der Verarbeitung personenbezogener Daten ein dem Risiko angemessenes Schutzniveau zu gewährleisten, insbesondere im Hinblick auf die Verarbeitung besonderer Kategorien personenbezogener Daten. [2]Der Verantwortliche hat hierbei die einschlägigen Technischen Richtlinien und Empfehlungen des Bundesamtes für Sicherheit in der Informationstechnik zu berücksichtigen.

(2) [1]Die in Absatz 1 genannten Maßnahmen können unter anderem die Pseudonymisierung und Verschlüsselung personenbezogener Daten umfassen, soweit solche Mittel in Anbetracht der Verarbeitungszwecke möglich sind. [2]Die Maßnahmen nach Absatz 1 sollen dazu führen, dass

1. die Vertraulichkeit, Integrität, Verfügbarkeit und Belastbarkeit der Systeme und Dienste im Zusammenhang mit der Verarbeitung auf Dauer sichergestellt werden und

2. die Verfügbarkeit der personenbezogenen Daten und der Zugang zu ihnen bei einem physischen oder technischen Zwischenfall rasch wiederhergestellt werden können.

(3) [1]Im Fall einer automatisierten Verarbeitung haben der Verantwortliche und der Auftragsverarbeiter nach einer Risikobewertung Maßnahmen zu ergreifen, die Folgendes bezwecken:

1. Verwehrung des Zugangs zu Verarbeitungsanlagen, mit denen die Verarbeitung durchgeführt wird, für Unbefugte (Zugangskontrolle),

2. Verhinderung des unbefugten Lesens, Kopierens, Veränderns oder Löschens von Datenträgern (Datenträgerkontrolle),

3. Verhinderung der unbefugten Eingabe von personenbezogenen Daten sowie der unbefugten Kenntnisnahme, Veränderung und Löschung von gespeicherten personenbezogenen Daten (Speicherkontrolle),

4. Verhinderung der Nutzung automatisierter Verarbeitungssysteme mit Hilfe von Einrichtungen zur Datenübertragung durch Unbefugte (Benutzerkontrolle),

5. Gewährleistung, dass die zur Benutzung eines automatisierten Verarbeitungssystems Berechtigten ausschließlich zu den von ihrer Zugangsberechtigung umfassten personenbezogenen Daten Zugang haben (Zugriffskontrolle),

6. Gewährleistung, dass überprüft und festgestellt werden kann, an welche Stellen personenbezogene Daten mit Hilfe von Einrichtungen zur Datenübertragung übermittelt oder zur Verfügung gestellt wurden oder werden können (Übertragungskontrolle),

7. Gewährleistung, dass nachträglich überprüft und festgestellt werden kann, welche personenbezogenen Daten zu welcher Zeit und von wem in automatisierte Verarbeitungssysteme eingegeben oder verändert worden sind (Eingabekontrolle),

8. Gewährleistung, dass bei der Übermittlung personenbezogener Daten sowie beim Transport von Datenträgern die Vertraulichkeit und Integrität der Daten geschützt werden (Transportkontrolle),

9. Gewährleistung, dass eingesetzte Systeme im Störungsfall wiederhergestellt werden können (Wiederherstellbarkeit),

10. Gewährleistung, dass alle Funktionen des Systems zur Verfügung stehen und auftretende Fehlfunktionen gemeldet werden (Zuverlässigkeit),

11. Gewährleistung, dass gespeicherte personenbezogene Daten nicht durch Fehlfunktionen des Systems beschädigt werden können (Datenintegrität),

12. Gewährleistung, dass personenbezogene Daten, die im Auftrag verarbeitet werden, nur entsprechend den Weisungen des Auftraggebers verarbeitet werden können (Auftragskontrolle),

13. Gewährleistung, dass personenbezogene Daten gegen Zerstörung oder Verlust geschützt sind (Verfügbarkeitskontrolle),

14. Gewährleistung, dass zu unterschiedlichen Zwecken erhobene personenbezogene Daten getrennt verarbeitet werden können (Trennbarkeit).

²Ein Zweck nach Satz 1 Nummer 2 bis 5 kann insbesondere durch die Verwendung von dem Stand der Technik entsprechenden Verschlüsselungsverfahren erreicht werden.

§ 65 Meldung von Verletzungen des Schutzes personenbezogener Daten an die oder den Bundesbeauftragten

(1) ¹Der Verantwortliche hat eine Verletzung des Schutzes personenbezogener Daten unverzüglich und möglichst innerhalb von 72 Stunden, nachdem sie ihm bekannt geworden ist, der oder dem Bundesbeauftragten zu melden, es sei denn, dass die Verletzung voraussichtlich keine Gefahr für die Rechtsgüter natürlicher Personen mit sich gebracht hat. ²Erfolgt die Meldung an die Bundesbeauftragte oder den Bundesbeauftragten nicht innerhalb von 72 Stunden, so ist die Verzögerung zu begründen.

(2) Ein Auftragsverarbeiter hat eine Verletzung des Schutzes personenbezogener Daten unverzüglich dem Verantwortlichen zu melden.

(3) Die Meldung nach Absatz 1 hat zumindest folgende Informationen zu enthalten:

1. eine Beschreibung der Art der Verletzung des Schutzes personenbezogener Daten, die, soweit möglich, Angaben zu den Kategorien und der ungefähren Anzahl der betroffenen Personen, zu den betroffenen Kategorien personenbezogener Daten und zu der ungefähren Anzahl der betroffenen personenbezogenen Datensätze zu enthalten hat,

2. den Namen und die Kontaktdaten der oder des Datenschutzbeauftragten oder einer sonstigen Person oder Stelle, die weitere Informationen erteilen kann,

3. eine Beschreibung der wahrscheinlichen Folgen der Verletzung und

4. eine Beschreibung der von dem Verantwortlichen ergriffenen oder vorgeschlagenen Maßnahmen zur Behandlung der Verletzung und der getroffenen Maßnahmen zur Abmilderung ihrer möglichen nachteiligen Auswirkungen.

(4) Wenn die Informationen nach Absatz 3 nicht zusammen mit der Meldung übermittelt werden können, hat der Verantwortliche sie unverzüglich nachzureichen, sobald sie ihm vorliegen.

(5) ¹Der Verantwortliche hat Verletzungen des Schutzes personenbezogener Daten zu dokumentieren. ²Die Dokumentation hat alle mit den Vorfällen zusammenhängenden Tatsachen, deren Auswirkungen und die ergriffenen Abhilfemaßnahmen zu umfassen.

(6) Soweit von einer Verletzung des Schutzes personenbezogener Daten personenbezogene Daten betroffen sind, die von einem oder an einen Verantwortlichen in einem anderen Mitgliedstaat der Europäischen Union übermittelt wurden, sind die in Absatz 3 genannten Informationen dem dortigen Verantwortlichen unverzüglich zu übermitteln.

(7) § 42 Absatz 4 findet entsprechende Anwendung.

(8) Weitere Pflichten des Verantwortlichen zu Benachrichtigungen über Verletzungen des Schutzes personenbezogener Daten bleiben unberührt.

§ 66 Benachrichtigung betroffener Personen bei Verletzungen des Schutzes personenbezogener Daten

(1) Hat eine Verletzung des Schutzes personenbezogener Daten voraussichtlich eine erhebliche Gefahr für Rechtsgüter betroffener Personen zur Folge, so hat der Verantwortliche die betroffenen Personen unverzüglich über den Vorfall zu benachrichtigen.

(2) Die Benachrichtigung nach Absatz 1 hat in klarer und einfacher Sprache die Art der Verletzung des Schutzes personenbezogener Daten zu beschreiben und zumindest die in § 65 Absatz 3 Nummer 2 bis 4 genannten Informationen und Maßnahmen zu enthalten.

(3) Von der Benachrichtigung nach Absatz 1 kann abgesehen werden, wenn

1. der Verantwortliche geeignete technische und organisatorische Sicherheitsvorkehrungen getroffen hat und diese Vorkehrungen auf die von der Verletzung des Schutzes personenbezogener Daten betroffenen Daten angewandt wurden; dies gilt insbesondere für Vorkehrungen wie Verschlüsselungen, durch die die Daten für unbefugte Personen unzugänglich gemacht wurden;

2. der Verantwortliche durch im Anschluss an die Verletzung getroffene Maßnahmen sichergestellt hat, dass aller Wahrscheinlichkeit nach keine erhebliche Gefahr im Sinne des Absatzes 1 mehr besteht, oder

3. dies mit einem unverhältnismäßigen Aufwand verbunden wäre; in diesem Fall hat stattdessen eine öffentliche Bekanntmachung oder eine ähnliche Maßnahme zu erfolgen, durch die die betroffenen Personen vergleichbar wirksam informiert werden.

(4) [1]Wenn der Verantwortliche die betroffenen Personen über eine Verletzung des Schutzes personenbezogener Daten nicht benachrichtigt hat, kann die oder der Bundesbeauftragte förmlich feststellen, dass ihrer oder seiner Auffassung nach die in Absatz 3 genannten Voraussetzungen nicht erfüllt sind. [2]Hierbei hat sie oder er die Wahrscheinlichkeit zu berücksichtigen, dass die Verletzung eine erhebliche Gefahr im Sinne des Absatzes 1 zur Folge hat.

(5) Die Benachrichtigung der betroffenen Personen nach Absatz 1 kann unter den in § 56 Absatz 2 genannten Voraussetzungen aufgeschoben, eingeschränkt oder unterlassen werden, soweit nicht die Interessen der betroffenen Person aufgrund der von der Verletzung ausgehenden erheblichen Gefahr im Sinne des Absatzes 1 überwiegen.

(6) § 42 Absatz 4 findet entsprechende Anwendung.

§ 67 Durchführung einer Datenschutz-Folgenabschätzung

(1) Hat eine Form der Verarbeitung, insbesondere bei Verwendung neuer Technologien, aufgrund der Art, des Umfangs, der Umstände und der Zwecke der Verarbeitung voraussichtlich eine erhebliche Gefahr für die Rechtsgüter betroffener Personen zur Folge, so hat der Verantwortliche vorab eine Abschätzung der Folgen der vorgesehenen Verarbeitungsvorgänge für die betroffenen Personen durchzuführen.

(2) Für die Untersuchung mehrerer ähnlicher Verarbeitungsvorgänge mit ähnlich hohem Gefahrenpotential kann eine gemeinsame Datenschutz-Folgenabschätzung vorgenommen werden.

(3) Der Verantwortliche hat die Datenschutzbeauftragte oder den Datenschutzbeauftragten an der Durchführung der Folgenabschätzung zu beteiligen.

(4) Die Folgenabschätzung hat den Rechten der von der Verarbeitung betroffenen Personen Rechnung zu tragen und zumindest Folgendes zu enthalten:

1. eine systematische Beschreibung der geplanten Verarbeitungsvorgänge und der Zwecke der Verarbeitung,

2. eine Bewertung der Notwendigkeit und Verhältnismäßigkeit der Verarbeitungsvorgänge in Bezug auf deren Zweck,

3. eine Bewertung der Gefahren für die Rechtsgüter der betroffenen Personen und

4. die Maßnahmen, mit denen bestehenden Gefahren abgeholfen werden soll, einschließlich der Garantien, der Sicherheitsvorkehrungen und der Verfahren, durch die der Schutz personenbezogener Daten sichergestellt und die Einhaltung der gesetzlichen Vorgaben nachgewiesen werden sollen.

(5) Soweit erforderlich, hat der Verantwortliche eine Überprüfung durchzuführen, ob die Verarbeitung den Maßgaben folgt, die sich aus der Folgenabschätzung ergeben haben.

§ 68 Zusammenarbeit mit der oder dem Bundesbeauftragten

Der Verantwortliche hat mit der oder dem Bundesbeauftragten bei der Erfüllung ihrer oder seiner Aufgaben zusammenzuarbeiten.

§ 69 Anhörung der oder des Bundesbeauftragten

(1) [1]Der Verantwortliche hat vor der Inbetriebnahme von neu anzulegenden Dateisystemen die Bundesbeauftragte oder den Bundesbeauftragten anzuhören, wenn

1. aus einer Datenschutz-Folgenabschätzung nach § 67 hervorgeht, dass die Verarbeitung eine erhebliche Gefahr für die Rechtsgüter der betroffenen Personen zur Folge hätte, wenn der Verantwortliche keine Abhilfemaßnahmen treffen würde, oder

2. die Form der Verarbeitung, insbesondere bei der Verwendung neuer Technologien, Mechanismen oder Verfahren, eine erhebliche Gefahr für die Rechtsgüter der betroffenen Personen zur Folge hat. [2]Die oder der Bundesbeauftragte kann eine Liste der Verarbeitungsvorgänge erstellen, die der Pflicht zur Anhörung nach Satz 1 unterliegen.

(2) [1]Der oder dem Bundesbeauftragten sind im Fall des Absatzes 1 vorzulegen:

1. die nach § 67 durchgeführte Datenschutz-Folgenabschätzung,

2. gegebenenfalls Angaben zu den jeweiligen Zuständigkeiten des Verantwortlichen, der gemeinsam Verantwortlichen und der an der Verarbeitung beteiligten Auftragsverarbeiter,

3. Angaben zu den Zwecken und Mitteln der beabsichtigten Verarbeitung,

4. Angaben zu den zum Schutz der Rechtsgüter der betroffenen Personen vorgesehenen Maßnahmen und Garantien und
5. Name und Kontaktdaten der oder des Datenschutzbeauftragten.

[2]Auf Anforderung sind ihr oder ihm zudem alle sonstigen Informationen zu übermitteln, die sie oder er benötigt, um die Rechtmäßigkeit der Verarbeitung sowie insbesondere die in Bezug auf den Schutz der personenbezogenen Daten der betroffenen Personen bestehenden Gefahren und die diesbezüglichen Garantien bewerten zu können.

(3) [1]Falls die oder der Bundesbeauftragte der Auffassung ist, dass die geplante Verarbeitung gegen gesetzliche Vorgaben verstoßen würde, insbesondere weil der Verantwortliche das Risiko nicht ausreichend ermittelt oder keine ausreichenden Abhilfemaßnahmen getroffen hat, kann sie oder er dem Verantwortlichen und gegebenenfalls dem Auftragsverarbeiter innerhalb eines Zeitraums von sechs Wochen nach Einleitung der Anhörung schriftliche Empfehlungen unterbreiten, welche Maßnahmen noch ergriffen werden sollten. [2]Die oder der Bundesbeauftragte kann diese Frist um einen Monat verlängern, wenn die geplante Verarbeitung besonders komplex ist. [3]Sie oder er hat in diesem Fall innerhalb eines Monats nach Einleitung der Anhörung den Verantwortlichen und gegebenenfalls den Auftragsverarbeiter über die Fristverlängerung zu informieren.

(4) [1]Hat die beabsichtigte Verarbeitung erhebliche Bedeutung für die Aufgabenerfüllung des Verantwortlichen und ist sie daher besonders dringlich, kann er mit der Verarbeitung nach Beginn der Anhörung, aber vor Ablauf der in Absatz 3 Satz 1 genannten Frist beginnen. [2]In diesem Fall sind die Empfehlungen der oder des Bundesbeauftragten im Nachhinein zu berücksichtigen und sind die Art und Weise der Verarbeitung daraufhin gegebenenfalls anzupassen.

§ 70 Verzeichnis von Verarbeitungtätigkeiten

(1) [1]Der Verantwortliche hat ein Verzeichnis aller Kategorien von Verarbeitungtätigkeiten zu führen, die in seine Zuständigkeit fallen. [2]Dieses Verzeichnis hat die folgenden Angaben zu enthalten:
1. den Namen und die Kontaktdaten des Verantwortlichen und gegebenenfalls des gemeinsam mit ihm Verantwortlichen sowie den Namen und die Kontaktdaten der oder des Datenschutzbeauftragten,
2. die Zwecke der Verarbeitung,
3. die Kategorien von Empfängern, gegenüber denen die personenbezogenen Daten offengelegt worden sind oder noch offengelegt werden sollen,
4. eine Beschreibung der Kategorien betroffener Personen und der Kategorien personenbezogener Daten,
5. gegebenenfalls die Verwendung von Profiling,
6. gegebenenfalls die Kategorien von Übermittlungen personenbezogener Daten an Stellen in einem Drittstaat oder an eine internationale Organisation,
7. Angaben über die Rechtsgrundlage der Verarbeitung,
8. die vorgesehenen Fristen für die Löschung oder die Überprüfung der Erforderlichkeit der Speicherung der verschiedenen Kategorien personenbezogener Daten und
9. eine allgemeine Beschreibung der technischen und organisatorischen Maßnahmen gemäß § 64.

(2) Der Auftragsverarbeiter hat ein Verzeichnis aller Kategorien von Verarbeitungen zu führen, die er im Auftrag eines Verantwortlichen durchführt, das Folgendes zu enthalten hat:
1. den Namen und die Kontaktdaten des Auftragsverarbeiters, jedes Verantwortlichen, in dessen Auftrag der Auftragsverarbeiter tätig ist, sowie gegebenenfalls des oder des Datenschutzbeauftragten,
2. gegebenenfalls Übermittlungen von personenbezogenen Daten an Stellen in einem Drittstaat oder an eine internationale Organisation unter Angabe des Staates oder der Organisation und
3. eine allgemeine Beschreibung der technischen und organisatorischen Maßnahmen gemäß § 64.

(3) Die in den Absätzen 1 und 2 genannten Verzeichnisse sind schriftlich oder elektronisch zu führen.

(4) Verantwortliche und Auftragsverarbeiter haben auf Anforderung ihre Verzeichnisse der oder dem Bundesbeauftragten zur Verfügung zu stellen.

§ 71 Datenschutz durch Technikgestaltung und datenschutzfreundliche Voreinstellungen

(1) [1]Der Verantwortliche hat sowohl zum Zeitpunkt der Festlegung der Mittel für die Verarbeitung als auch zum Zeitpunkt der Verarbeitung selbst angemessene Vorkehrungen zu treffen, die geeignet sind, die Datenschutzgrundsätze wie etwa die Datensparsamkeit wirksam umzusetzen, und die sicherstellen, dass die gesetzlichen Anforderungen eingehalten und die Rechte der betroffenen Personen geschützt werden. [2]Er hat hierbei den Stand der Technik, die Implementierungskosten und die Art, den Umfang, die Umstände und die Zwecke der Verarbeitung sowie die unterschiedliche Eintrittswahrscheinlichkeit und Schwere der mit der Verarbeitung verbundenen Gefahren für die Rechtsgüter der betroffenen Personen zu berücksichtigen. [3]Insbesondere sind die Verarbeitung personenbezogener Daten und die Auswahl und

Gestaltung von Datenverarbeitungssystemen an dem Ziel auszurichten, so wenig personenbezogene Daten wie möglich zu verarbeiten. [4]Personenbezogene Daten sind zum frühestmöglichen Zeitpunkt zu anonymisieren oder zu pseudonymisieren, soweit dies nach dem Verarbeitungszweck möglich ist.

(2) [1]Der Verantwortliche hat geeignete technische und organisatorische Maßnahmen zu treffen, die sicherstellen, dass durch Voreinstellungen grundsätzlich nur solche personenbezogenen Daten verarbeitet werden können, deren Verarbeitung für den jeweiligen bestimmten Verarbeitungszweck erforderlich ist. [2]Dies betrifft die Menge der erhobenen Daten, den Umfang ihrer Verarbeitung, ihre Speicherfrist und ihre Zugänglichkeit. [3]Die Maßnahmen müssen insbesondere gewährleisten, dass die Daten durch Voreinstellungen nicht automatisiert einer unbestimmten Anzahl von Personen zugänglich gemacht werden können.

§ 72 Unterscheidung zwischen verschiedenen Kategorien betroffener Personen

[1]Der Verantwortliche hat bei der Verarbeitung personenbezogener Daten so weit wie möglich zwischen den verschiedenen Kategorien betroffener Personen zu unterscheiden. [2]Dies betrifft insbesondere folgende Kategorien:

1. Personen, gegen die ein begründeter Verdacht besteht, dass sie eine Straftat begangen haben,
2. Personen, gegen die ein begründeter Verdacht besteht, dass sie in naher Zukunft eine Straftat begehen werden,
3. verurteilte Straftäter,
4. Opfer einer Straftat oder Personen, bei denen bestimmte Tatsachen darauf hindeuten, dass sie Opfer einer Straftat sein könnten, und
5. andere Personen wie insbesondere Zeugen, Hinweisgeber oder Personen, die mit den in den Nummern 1 bis 4 genannten Personen in Kontakt oder Verbindung stehen.

§ 73 Unterscheidung zwischen Tatsachen und persönlichen Einschätzungen

[1]Der Verantwortliche hat bei der Verarbeitung so weit wie möglich danach zu unterscheiden, ob personenbezogene Daten auf Tatsachen oder auf persönlichen Einschätzungen beruhen. [2]Zu diesem Zweck soll er, soweit dies im Rahmen der jeweiligen Verarbeitung möglich und angemessen ist, Beurteilungen, die auf persönlichen Einschätzungen beruhen, als solche kenntlich machen. [3]Es muss außerdem feststellbar sein, welche Stelle die Unterlagen führt, die der auf einer persönlichen Einschätzung beruhenden Beurteilung zugrunde liegen.

§ 74 Verfahren bei Übermittlungen

(1) [1]Der Verantwortliche hat angemessene Maßnahmen zu ergreifen, um zu gewährleisten, dass personenbezogene Daten, die unrichtig oder nicht mehr aktuell sind, nicht übermittelt oder sonst zur Verfügung gestellt werden. [2]Zu diesem Zweck hat er, soweit dies mit angemessenem Aufwand möglich ist, die Qualität der Daten vor ihrer Übermittlung oder Bereitstellung zu überprüfen. [3]Bei jeder Übermittlung personenbezogener Daten hat er zudem, soweit dies möglich und angemessen ist, Informationen beizufügen, die es dem Empfänger gestatten, die Richtigkeit, die Vollständigkeit und die Zuverlässigkeit der Daten sowie deren Aktualität zu beurteilen.

(2) [1]Gelten für die Verarbeitung von personenbezogenen Daten besondere Bedingungen, so hat bei Datenübermittlungen die übermittelnde Stelle den Empfänger auf diese Bedingungen und die Pflicht zu ihrer Beachtung hinzuweisen. [2]Die Hinweispflicht kann dadurch erfüllt werden, dass die Daten entsprechend markiert werden.

(3) Die übermittelnde Stelle darf auf Empfänger in anderen Mitgliedstaaten der Europäischen Union und auf Einrichtungen und sonstige Stellen, die nach den Kapiteln 4 und 5 des Titels V des Dritten Teils des Vertrags über die Arbeitsweise der Europäischen Union errichtet wurden, keine Bedingungen anwenden, die nicht auch für entsprechende innerstaatliche Datenübermittlungen gelten.

§ 75 Berichtigung und Löschung personenbezogener Daten sowie Einschränkung der Verarbeitung

(1) Der Verantwortliche hat personenbezogene Daten zu berichtigen, wenn sie unrichtig sind.

(2) Der Verantwortliche hat personenbezogene Daten unverzüglich zu löschen, wenn ihre Verarbeitung unzulässig ist, sie zur Erfüllung einer rechtlichen Verpflichtung gelöscht werden müssen oder ihre Kenntnis für seine Aufgabenerfüllung nicht mehr erforderlich ist.

(3) [1]§ 58 Absatz 3 bis 5 ist entsprechend anzuwenden. [2]Sind unrichtige personenbezogene Daten oder personenbezogene Daten unrechtmäßig übermittelt worden, ist auch dies dem Empfänger mitzuteilen.

(4) Unbeschadet in Rechtsvorschriften festgesetzter Höchstspeicher- oder Löschfristen hat der Verantwortliche für die Löschung von personenbezogenen Daten oder eine regelmäßige Überprüfung der Notwendigkeit ihrer Speicherung angemessene Fristen vorzusehen und durch verfahrensrechtliche Vorkehrungen sicherzustellen, dass diese Fristen eingehalten werden.

§ 76 Protokollierung

(1) In automatisierten Verarbeitungssystcmen haben Verantwortliche und Auftragsverarbeiter mindestens die folgenden Verarbeitungsvorgänge zu protokollieren:

1. Erhebung,
2. Veränderung,
3. Abfrage,
4. Offenlegung einschließlich Übermittlung,
5. Kombination und
6. Löschung.

(2) Die Protokolle über Abfragen und Offenlegungen müssen es ermöglichen, die Begründung, das Datum und die Uhrzeit dieser Vorgänge und so weit wie möglich die Identität der Person, die die personenbezogenen Daten abgefragt oder offengelegt hat, und die Identität des Empfängers der Daten festzustellen.

(3) Die Protokolle dürfen ausschließlich für die Überprüfung der Rechtmäßigkeit der Datenverarbeitung durch die Datenschutzbeauftragte oder den Datenschutzbeauftragten, die Bundesbeauftragte oder den Bundesbeauftragten und die betroffene Person sowie für die Eigenüberwachung, für die Gewährleistung der Integrität und Sicherheit der personenbezogenen Daten und für Strafverfahren verwendet werden.

(4) Die Protokolldaten sind am Ende des auf deren Generierung folgenden Jahres zu löschen.

(5) Der Verantwortliche und der Auftragsverarbeiter haben die Protokolle der oder dem Bundesbeauftragten auf Anforderung zur Verfügung zu stellen.

§ 77 Vertrauliche Meldung von Verstößen

Der Verantwortliche hat zu ermöglichen, dass ihm vertrauliche Meldungen über in seinem Verantwortungsbereich erfolgende Verstöße gegen Datenschutzvorschriften zugeleitet werden können.

Kapitel 5
Datenübermittlungen an Drittstaaten und an internationale Organisationen

§ 78 Allgemeine Voraussetzungen

(1) Die Übermittlung personenbezogener Daten an Stellen in Drittstaaten oder an internationale Organisationen ist bei Vorliegen der übrigen für Datenübermittlungen geltenden Voraussetzungen zulässig, wenn

1. die Stelle oder internationale Organisation für die in § 45 genannten Zwecke zuständig ist und
2. die Europäische Kommission gemäß Artikel 36 Absatz 3 der Richtlinie (EU) 2016/680 einen Angemessenheitsbeschluss gefasst hat.

(2) [1]Die Übermittlung personenbezogener Daten hat trotz des Vorliegens eines Angemessenheitsbeschlusses im Sinne des Absatzes 1 Nummer 2 und des zu berücksichtigenden öffentlichen Interesses an der Datenübermittlung zu unterbleiben, wenn im Einzelfall ein datenschutzrechtlich angemessener und die elementaren Menschenrechte wahrender Umgang mit den Daten beim Empfänger nicht hinreichend gesichert ist oder sonst überwiegende schutzwürdige Interessen einer betroffenen Person entgegenstehen. [2]Bei seiner Beurteilung hat der Verantwortliche maßgeblich zu berücksichtigen, ob der Empfänger im Einzelfall einen angemessenen Schutz der übermittelten Daten garantiert.

(3) [1]Wenn personenbezogene Daten, die aus einem anderen Mitgliedstaat der Europäischen Union übermittelt oder zur Verfügung gestellt wurden, nach Absatz 1 übermittelt werden sollen, muss diese Übermittlung zuvor von der zuständigen Stelle des anderen Mitgliedstaats genehmigt werden. [2]Übermittlungen ohne vorherige Genehmigung sind nur dann zulässig, wenn die Übermittlung erforderlich ist, um eine unmittelbare und ernsthafte Gefahr für die öffentliche Sicherheit eines Staates oder für die wesentlichen Interessen eines Mitgliedstaats abzuwehren, und die vorherige Genehmigung nicht rechtzeitig eingeholt werden kann. [3]Im Fall des Satzes 2 ist die Stelle des anderen Mitgliedstaats, die für die Erteilung der Genehmigung zuständig gewesen wäre, unverzüglich über die Übermittlung zu unterrichten.

(4) [1]Der Verantwortliche, der Daten nach Absatz 1 übermittelt, hat durch geeignete Maßnahmen sicherzustellen, dass der Empfänger die übermittelten Daten nur dann an andere Drittstaaten oder andere internationale Organisationen weiterübermittelt, wenn der Verantwortliche diese Übermittlung zuvor genehmigt hat. [2]Bei der Entscheidung über die Erteilung der Genehmigung hat der Verantwortliche alle maßgeblichen Faktoren zu berücksichtigen, insbesondere die Schwere der Straftat, den Zweck der ursprünglichen Übermittlung und das in dem Drittstaat oder der internationalen Organisation, an das oder die die Daten weiterübermittelt werden sollen, bestehende Schutzniveau für personenbezogene Daten. [3]Eine Genehmigung darf nur dann erfolgen, wenn auch eine direkte Übermittlung an den anderen Drittstaat oder die andere internationale Organisation zulässig wäre. [4]Die Zuständigkeit für die Erteilung der Genehmigung kann auch abweichend geregelt werden.

§ 79 Datenübermittlung bei geeigneten Garantien

(1) Liegt entgegen § 78 Absatz 1 Nummer 2 kein Beschluss nach Artikel 36 Absatz 3 der Richtlinie (EU) 2016/680 vor, ist eine Übermittlung bei Vorliegen der übrigen Voraussetzungen des § 78 auch dann zulässig, wenn

1. in einem rechtsverbindlichen Instrument geeignete Garantien für den Schutz personenbezogener Daten vorgesehen sind oder
2. der Verantwortliche nach Beurteilung aller Umstände, die bei der Übermittlung eine Rolle spielen, zu der Auffassung gelangt ist, dass geeignete Garantien für den Schutz personenbezogener Daten bestehen.

(2) ¹Der Verantwortliche hat Übermittlungen nach Absatz 1 Nummer 2 zu dokumentieren. ²Die Dokumentation hat den Zeitpunkt der Übermittlung, die Identität des Empfängers, den Grund der Übermittlung und die übermittelten personenbezogenen Daten zu enthalten. ³Sie ist der oder dem Bundesbeauftragten auf Anforderung zur Verfügung zu stellen.

(3) ¹Der Verantwortliche hat die Bundesbeauftragte oder den Bundesbeauftragten zumindest jährlich über Übermittlungen zu unterrichten, die aufgrund einer Beurteilung nach Absatz 1 Nummer 2 erfolgt sind. ²In der Unterrichtung kann er die Empfänger und die Übermittlungszwecke angemessen kategorisieren.

§ 80 Datenübermittlung ohne geeignete Garantien

(1) Liegt entgegen § 78 Absatz 1 Nummer 2 kein Beschluss nach Artikel 36 Absatz 3 der Richtlinie (EU) 2016/680 vor und liegen auch keine geeigneten Garantien im Sinne des § 79 Absatz 1 vor, ist eine Übermittlung bei Vorliegen der übrigen Voraussetzungen des § 78 auch dann zulässig, wenn die Übermittlung erforderlich ist

1. zum Schutz lebenswichtiger Interessen einer natürlichen Person,
2. zur Wahrung berechtigter Interessen der betroffenen Person,
3. zur Abwehr einer gegenwärtigen und erheblichen Gefahr für die öffentliche Sicherheit eines Staates,
4. im Einzelfall für die in § 45 genannten Zwecke oder
5. im Einzelfall zur Geltendmachung, Ausübung oder Verteidigung von Rechtsansprüchen im Zusammenhang mit den in § 45 genannten Zwecken.

(2) Der Verantwortliche hat von einer Übermittlung nach Absatz 1 abzusehen, wenn die Grundrechte der betroffenen Person das öffentliche Interesse an der Übermittlung überwiegen.

(3) Für Übermittlungen nach Absatz 1 gilt § 79 Absatz 2 entsprechend.

§ 81 Sonstige Datenübermittlung an Empfänger in Drittstaaten

(1) Verantwortliche können bei Vorliegen der übrigen für die Datenübermittlung in Drittstaaten geltenden Voraussetzungen im besonderen Einzelfall personenbezogene Daten unmittelbar an nicht in § 78 Absatz 1 Nummer 1 genannte Stellen in Drittstaaten übermitteln, wenn die Übermittlung für die Erfüllung ihrer Aufgaben unbedingt erforderlich ist und

1. im konkreten Fall keine Grundrechte der betroffenen Person das öffentliche Interesse an einer Übermittlung überwiegen,
2. die Übermittlung an die in § 78 Absatz 1 Nummer 1 genannten Stellen wirkungslos oder ungeeignet wäre, insbesondere weil sie nicht rechtzeitig durchgeführt werden kann, und
3. der Verantwortliche dem Empfänger die Zwecke der Verarbeitung mitteilt und ihn darauf hinweist, dass die übermittelten Daten nur in dem Umfang verarbeitet werden dürfen, in dem ihre Verarbeitung für diese Zwecke erforderlich ist.

(2) Im Fall des Absatzes 1 hat der Verantwortliche die in § 78 Absatz 1 Nummer 1 genannten Stellen unverzüglich über die Übermittlung zu unterrichten, sofern dies nicht wirkungslos oder ungeeignet ist.

(3) Für Übermittlungen nach Absatz 1 gilt § 79 Absatz 2 und 3 entsprechend.

(4) Bei Übermittlungen nach Absatz 1 hat der Verantwortliche den Empfänger zu verpflichten, die übermittelten personenbezogenen Daten ohne seine Zustimmung nur für den Zweck zu verarbeiten, für den sie übermittelt worden sind.

(5) Abkommen im Bereich der justiziellen Zusammenarbeit in Strafsachen und der polizeilichen Zusammenarbeit bleiben unberührt.

§ 82 Gegenseitige Amtshilfe

(1) ¹Die oder der Bundesbeauftragte hat den Datenschutzaufsichtsbehörden in anderen Mitgliedstaaten der Europäischen Union Informationen zu übermitteln und Amtshilfe zu leisten, soweit dies für eine einheitliche Umsetzung und Anwendung der Richtlinie (EU) 2016/680 erforderlich ist. ²Die Amtshilfe betrifft insbesondere Auskunftsersuchen und aufsichtsbezogene Maßnahmen, beispielsweise Ersuchen um Konsultation oder um Vornahme von Nachprüfungen und Untersuchungen.

(2) Die oder der Bundesbeauftragte hat alle geeigneten Maßnahmen zu ergreifen, um Amtshilfeersuchen unverzüglich und spätestens innerhalb eines Monats nach deren Eingang nachzukommen.

(3) Die oder der Bundesbeauftragte darf Amtshilfeersuchen nur ablehnen, wenn

1. sie oder er für den Gegenstand des Ersuchens oder für die Maßnahmen, die sie oder er durchführen soll, nicht zuständig ist oder

2. ein Eingehen auf das Ersuchen gegen Rechtsvorschriften verstoßen würde.

(4) ¹Die oder der Bundesbeauftragte hat die ersuchende Aufsichtsbehörde des anderen Staates über die Ergebnisse oder gegebenenfalls über den Fortgang der Maßnahmen zu informieren, die getroffen wurden, um dem Amtshilfeersuchen nachzukommen. ²Sie oder er hat im Fall des Absatzes 3 die Gründe für die Ablehnung des Ersuchens zu erläutern.

(5) Die oder der Bundesbeauftragte hat die Informationen, um die sie oder er von der Aufsichtsbehörde des anderen Staates ersucht wurde, in der Regel elektronisch und in einem standardisierten Format zu übermitteln.

(6) Die oder der Bundesbeauftragte hat Amtshilfeersuchen kostenfrei zu erledigen, soweit sie oder er nicht im Einzelfall mit der Aufsichtsbehörde des anderen Staates die Erstattung entstandener Ausgaben vereinbart hat.

(7) ¹Ein Amtshilfeersuchen der oder des Bundesbeauftragten hat alle erforderlichen Informationen zu enthalten; hierzu gehören insbesondere der Zweck und die Begründung des Ersuchens. ²Die auf das Ersuchen übermittelten Informationen dürfen ausschließlich zu dem Zweck verwendet werden, zu dem sie angefordert wurden.

§ 83 Schadensersatz und Entschädigung

(1) ¹Hat ein Verantwortlicher einer betroffenen Person durch eine Verarbeitung personenbezogener Daten, die nach diesem Gesetz oder nach anderen auf ihre Verarbeitung anwendbaren Vorschriften rechtswidrig war, einen Schaden zugefügt, ist er oder sein Rechtsträger der betroffenen Person zum Schadensersatz verpflichtet. ²Die Ersatzpflicht entfällt, soweit bei einer nicht automatisierten Verarbeitung der Schaden nicht auf ein Verschulden des Verantwortlichen zurückzuführen ist.

(2) Wegen eines Schadens, der nicht Vermögensschaden ist, kann die betroffene Person eine angemessene Entschädigung in Geld verlangen.

(3) Lässt sich bei einer automatisierten Verarbeitung personenbezogener Daten nicht ermitteln, welche von mehreren beteiligten Verantwortlichen den Schaden verursacht hat, so haftet jeder Verantwortliche beziehungsweise sein Rechtsträger.

(4) Hat bei der Entstehung des Schadens ein Verschulden der betroffenen Person mitgewirkt, ist § 254 des Bürgerlichen Gesetzbuchs entsprechend anzuwenden.

(5) Auf die Verjährung finden die für unerlaubte Handlungen geltenden Verjährungsvorschriften des Bürgerlichen Gesetzbuchs entsprechende Anwendung.

§ 84 Strafvorschriften

Für Verarbeitungen personenbezogener Daten durch öffentliche Stellen im Rahmen von Tätigkeiten nach § 45 Satz 1, 3 oder 4 findet § 42 entsprechende Anwendung.

Teil 4

Besondere Bestimmungen für Verarbeitungen im Rahmen von nicht in die Anwendungsbereiche der Verordnung (EU) 2016/679 und der Richtlinie (EU) 2016/680 fallenden Tätigkeiten

§ 85 Verarbeitung personenbezogener Daten im Rahmen von nicht in die Anwendungsbereiche der Verordnung (EU) 2016/679 und der Richtlinie (EU) 2016/680 fallenden Tätigkeiten

(1) [1]Die Übermittlung personenbezogener Daten an einen Drittstaat oder an über- oder zwischenstaatliche Stellen oder internationale Organisationen im Rahmen von nicht in die Anwendungsbereiche der Verordnung (EU) 2016/679 und der Richtlinie (EU) 2016/680 fallenden Tätigkeiten ist über die bereits gemäß der Verordnung (EU) 2016/679 zulässigen Fälle hinaus auch dann zulässig, wenn sie zur Erfüllung eigener Aufgaben aus zwingenden Gründen der Verteidigung oder zur Erfüllung über- oder zwischenstaatlicher Verpflichtungen einer öffentlichen Stelle des Bundes auf dem Gebiet der Krisenbewältigung oder Konfliktverhinderung oder für humanitäre Maßnahmen erforderlich ist. [2]Der Empfänger ist darauf hinzuweisen, dass die übermittelten Daten nur zu dem Zweck verwendet werden dürfen, zu dem sie übermittelt wurden.

(2) Für Verarbeitungen im Rahmen von nicht in die Anwendungsbereiche der Verordnung (EU) 2016/679 und der Richtlinie (EU) 2016/680 fallenden Tätigkeiten durch Dienststellen im Geschäftsbereich des Bundesministeriums der Verteidigung gilt § 16 Absatz 4 nicht, soweit das Bundesministerium der Verteidigung im Einzelfall feststellt, dass die Erfüllung der dort genannten Pflichten die Sicherheit des Bundes gefährden würde.

(3) [1]Für Verarbeitungen im Rahmen von nicht in die Anwendungsbereiche der Verordnung (EU) 2016/679 und der Richtlinie (EU) 2016/680 fallenden Tätigkeiten durch öffentliche Stellen des Bundes besteht keine Informationspflicht gemäß Artikel 13 Absatz 1 und 2 der Verordnung (EU) 2016/679, wenn

1. es sich um Fälle des § 32 Absatz 1 Nummer 1 bis 3 handelt oder

2. durch ihre Erfüllung Informationen offenbart würden, die nach einer Rechtsvorschrift oder ihrem Wesen nach, insbesondere wegen der überwiegenden berechtigten Interessen eines Dritten, geheim gehalten werden müssen, und deswegen das Interesse der betroffenen Person an der Erteilung der Information zurücktreten muss.

[2]Ist die betroffene Person in den Fällen des Satzes 1 nicht zu informieren, besteht auch kein Recht auf Auskunft. [3]§ 32 Absatz 2 und § 33 Absatz 2 finden keine Anwendung.

§ 86 Verarbeitung personenbezogener Daten für Zwecke staatlicher Auszeichnungen und Ehrungen

(1) [1]Zur Vorbereitung und Durchführung staatlicher Verfahren bei Auszeichnungen und Ehrungen dürfen sowohl die zuständigen als auch andere öffentliche und nichtöffentliche Stellen die dazu erforderlichen personenbezogenen Daten, einschließlich besonderer Kategorien personenbezogener Daten im Sinne des Artikels 9 Absatz 1 der Verordnung (EU) 2016/679, auch ohne Kenntnis der betroffenen Person verarbeiten. [2]Für nichtöffentliche Stellen gilt insoweit § 1 Absatz 8 entsprechend. [3]Eine Verarbeitung der personenbezogenen Daten nach Satz 1 für andere Zwecke ist nur mit Einwilligung der betroffenen Person zulässig.

(2) Soweit eine Verarbeitung ausschließlich für die in Absatz 1 Satz 1 genannten Zwecke erfolgt, sind die Artikel 13 bis 16, 19 und 21 der Verordnung (EU) 2016/679 nicht anzuwenden.

(3) Bei der Verarbeitung besonderer Kategorien personenbezogener Daten im Sinne des Artikels 9 Absatz 1 der Verordnung (EU) 2016/679 sieht der Verantwortliche angemessene und spezifische Maßnahmen zur Wahrung der Rechte der betroffenen Person gemäß § 22 Absatz 2 vor.

Gesetz zur Regelung des Zugangs zu Informationen des Bundes (Informationsfreiheitsgesetz – IFG)

Vom 5. September 2005 (BGBl. I S. 2722)
(FNA 201-10)
zuletzt geändert durch Art. 44 Elfte ZuständigkeitsanpassungsVO vom 19. Juni 2020 (BGBl. I S. 1328)

Der Bundestag hat das folgende Gesetz beschlossen:

§ 1 Grundsatz
(1) [1]Jeder hat nach Maßgabe dieses Gesetzes gegenüber den Behörden des Bundes einen Anspruch auf Zugang zu amtlichen Informationen. [2]Für sonstige Bundesorgane und -einrichtungen gilt dieses Gesetz, soweit sie öffentlich-rechtliche Verwaltungsaufgaben wahrnehmen. [3]Einer Behörde im Sinne dieser Vorschrift steht eine natürliche Person oder juristische Person des Privatrechts gleich, soweit eine Behörde sich dieser Person zur Erfüllung ihrer öffentlich-rechtlichen Aufgaben bedient.
(2) [1]Die Behörde kann Auskunft erteilen, Akteneinsicht gewähren oder Informationen in sonstiger Weise zur Verfügung stellen. [2]Begehrt der Antragsteller eine bestimmte Art des Informationszugangs, so darf dieser nur aus wichtigem Grund auf andere Art gewährt werden. [3]Als wichtiger Grund gilt insbesondere ein deutlich höherer Verwaltungsaufwand.
(3) Regelungen in anderen Rechtsvorschriften über den Zugang zu amtlichen Informationen gehen mit Ausnahme des § 29 des Verwaltungsverfahrensgesetzes und des § 25 des Zehnten Buches Sozialgesetzbuch vor.

§ 2 Begriffsbestimmungen
Im Sinne dieses Gesetzes ist
1. amtliche Information: jede amtlichen Zwecken dienende Aufzeichnung, unabhängig von der Art ihrer Speicherung. Entwürfe und Notizen, die nicht Bestandteil eines Vorgangs werden sollen, gehören nicht dazu;
2. Dritter: jeder, über den personenbezogene Daten oder sonstige Informationen vorliegen.

§ 3 Schutz von besonderen öffentlichen Belangen
Der Anspruch auf Informationszugang besteht nicht,
1. wenn das Bekanntwerden der Information nachteilige Auswirkungen haben kann auf
 a) internationale Beziehungen,
 b) militärische und sonstige sicherheitsempfindliche Belange der Bundeswehr,
 c) Belange der inneren oder äußeren Sicherheit,
 d) Kontroll- oder Aufsichtsaufgaben der Finanz-, Wettbewerbs- und Regulierungsbehörden,
 e) Angelegenheiten der externen Finanzkontrolle,
 f) Maßnahmen zum Schutz vor unerlaubtem Außenwirtschaftsverkehr,
 g) die Durchführung eines laufenden Gerichtsverfahrens, den Anspruch einer Person auf ein faires Verfahren oder die Durchführung strafrechtlicher, ordnungswidrigkeitsrechtlicher oder disziplinarischer Ermittlungen,
2. wenn das Bekanntwerden der Information die öffentliche Sicherheit gefährden kann,
3. wenn und solange
 a) die notwendige Vertraulichkeit internationaler Verhandlungen oder
 b) die Beratungen von Behörden beeinträchtigt werden,
4. wenn die Information einer durch Rechtsvorschrift oder durch die Allgemeine Verwaltungsvorschrift zum materiellen und organisatorischen Schutz von Verschlusssachen geregelten Geheimhaltungs- oder Vertraulichkeitspflicht oder einem Berufs- oder besonderen Amtsgeheimnis unterliegt,
5. hinsichtlich vorübergehend beigezogener Information einer anderen öffentlichen Stelle, die nicht Bestandteil der eigenen Vorgänge werden soll,
6. wenn das Bekanntwerden der Information geeignet wäre, fiskalische Interessen des Bundes im Wirtschaftsverkehr oder wirtschaftliche Interessen der Sozialversicherungen zu beeinträchtigen,
7. bei vertraulich erhobener oder übermittelter Information, soweit das Interesse des Dritten an einer vertraulichen Behandlung im Zeitpunkt des Antrags auf Informationszugang noch fortbesteht,
8. gegenüber den Nachrichtendiensten sowie den Behörden und sonstigen öffentlichen Stellen des Bundes, soweit sie Aufgaben im Sinne des § 10 Nr. 3 des Sicherheitsüberprüfungsgesetzes wahrnehmen.

§ 4 Schutz des behördlichen Entscheidungsprozesses

(1) [1]Der Antrag auf Informationszugang soll abgelehnt werden für Entwürfe zu Entscheidungen sowie Arbeiten und Beschlüsse zu ihrer unmittelbaren Vorbereitung, soweit und solange durch die vorzeitige Bekanntgabe der Informationen der Erfolg der Entscheidung oder bevorstehender behördlicher Maßnahmen vereitelt würde. [2]Nicht der unmittelbaren Entscheidungsvorbereitung nach Satz 1 dienen regelmäßig Ergebnisse der Beweiserhebung und Gutachten oder Stellungnahmen Dritter.

(2) Der Antragsteller soll über den Abschluss des jeweiligen Verfahrens informiert werden.

§ 5 Schutz personenbezogener Daten

(1) [1]Zugang zu personenbezogenen Daten darf nur gewährt werden, soweit das Informationsinteresse des Antragstellers das schutzwürdige Interesse des Dritten am Ausschluss des Informationszugangs überwiegt oder der Dritte eingewilligt hat. [2]Besondere Kategorien personenbezogener Daten im Sinne des Artikels 9 Absatz 1 der Verordnung (EU) 2016/679 des Europäischen Parlaments und des Rates vom 27. April 2016 zum Schutz natürlicher Personen bei der Verarbeitung personenbezogener Daten, zum freien Datenverkehr und zur Aufhebung der Richtlinie 95/46/EG (Datenschutz- Grundverordnung) (ABl. L 119 vom 4.5.2016, S. 1; L 314 vom 22.11.2016, S. 72; L 127 vom 23.5.2018, S. 2) in der jeweils geltenden Fassung dürfen nur übermittelt werden, wenn der Dritte ausdrücklich eingewilligt hat.

(2) Das Informationsinteresse des Antragstellers überwiegt nicht bei Informationen aus Unterlagen, soweit sie mit dem Dienst- oder Amtsverhältnis oder einem Mandat des Dritten in Zusammenhang stehen und bei Informationen, die einem Berufs- oder Amtsgeheimnis unterliegen.

(3) Das Informationsinteresse des Antragstellers überwiegt das schutzwürdige Interesse des Dritten am Ausschluss des Informationszugangs in der Regel dann, wenn sich die Angabe auf Name, Titel, akademischen Grad, Berufs- und Funktionsbezeichnung, Büroanschrift und -telekommunikationsnummer beschränkt und der Dritte als Gutachter, Sachverständiger oder in vergleichbarer Weise eine Stellungnahme in einem Verfahren abgegeben hat.

(4) Name, Titel, akademischer Grad, Berufs- und Funktionsbezeichnung, Büroanschrift und -telekommunikationsnummer von Bearbeitern sind vom Informationszugang nicht ausgeschlossen, soweit sie Ausdruck und Folge der amtlichen Tätigkeit sind und kein Ausnahmetatbestand erfüllt ist.

§ 6 Schutz des geistigen Eigentums und von Betriebs- oder Geschäftsgeheimnissen

[1]Der Anspruch auf Informationszugang besteht nicht, soweit der Schutz geistigen Eigentums entgegensteht. [2]Zugang zu Betriebs- oder Geschäftsgeheimnissen darf nur gewährt werden, soweit der Betroffene eingewilligt hat.

§ 7 Antrag und Verfahren

(1) [1]Über den Antrag auf Informationszugang entscheidet die Behörde, die zur Verfügung über die begehrten Informationen berechtigt ist. [2]Im Fall des § 1 Abs. 1 Satz 3 ist der Antrag an die Behörde zu richten, die sich der natürlichen oder juristischen Person des Privatrechts zur Erfüllung ihrer öffentlich-rechtlichen Aufgaben bedient. [3]Betrifft der Antrag Daten Dritter im Sinne von § 5 Abs. 1 und 2 oder § 6, muss er begründet werden. [4]Bei gleichförmigen Anträgen von mehr als 50 Personen gelten die §§ 17 bis 19 des Verwaltungsverfahrensgesetzes entsprechend.

(2) [1]Besteht ein Anspruch auf Informationszugang zum Teil, ist dem Antrag in dem Umfang stattzugeben, in dem der Informationszugang ohne Preisgabe der geheimhaltungsbedürftigen Informationen oder ohne unverhältnismäßigen Verwaltungsaufwand möglich ist. [2]Entsprechendes gilt, wenn sich der Antragsteller in den Fällen, in denen Belange Dritter berührt sind, mit einer Unkenntlichmachung der diesbezüglichen Informationen einverstanden erklärt.

(3) [1]Auskünfte können mündlich, schriftlich oder elektronisch erteilt werden. [2]Die Behörde ist nicht verpflichtet, die inhaltliche Richtigkeit der Information zu prüfen.

(4) [1]Im Fall der Einsichtnahme in amtliche Informationen kann sich der Antragsteller Notizen machen oder Ablichtungen und Ausdrucke fertigen lassen. [2]§ 6 Satz 1 bleibt unberührt.

(5) [1]Die Information ist dem Antragsteller unter Berücksichtigung seiner Belange unverzüglich zugänglich zu machen. [2]Der Informationszugang soll innerhalb eines Monats erfolgen. [3]§ 8 bleibt unberührt.

§ 8 Verfahren bei Beteiligung Dritter

(1) Die Behörde gibt einem Dritten, dessen Belange durch den Antrag auf Informationszugang berührt sind, schriftlich Gelegenheit zur Stellungnahme innerhalb eines Monats, sofern Anhaltspunkte dafür vorliegen, dass er ein schutzwürdiges Interesse am Ausschluss des Informationszugangs haben kann.

(2) [1]Die Entscheidung nach § 7 Abs. 1 Satz 1 ergeht schriftlich und ist auch dem Dritten bekannt zu geben. [2]Der Informationszugang darf erst erfolgen, wenn die Entscheidung dem Dritten gegenüber bestands-

kräftig ist oder die sofortige Vollziehung angeordnet worden ist und seit der Bekanntgabe der Anordnung an den Dritten zwei Wochen verstrichen sind. [3]§ 9 Abs. 4 gilt entsprechend.

§ 9 Ablehnung des Antrags; Rechtsweg
(1) Die Bekanntgabe einer Entscheidung, mit der der Antrag ganz oder teilweise abgelehnt wird, hat innerhalb der Frist nach § 7 Abs. 5 Satz 2 zu erfolgen.

(2) Soweit die Behörde den Antrag ganz oder teilweise ablehnt, hat sie mitzuteilen, ob und wann der Informationszugang ganz oder teilweise zu einem späteren Zeitpunkt voraussichtlich möglich ist.

(3) Der Antrag kann abgelehnt werden, wenn der Antragsteller bereits über die begehrten Informationen verfügt oder sich diese in zumutbarer Weise aus allgemein zugänglichen Quellen beschaffen kann.

(4) [1]Gegen die ablehnende Entscheidung sind Widerspruch und Verpflichtungsklage zulässig. [2]Ein Widerspruchsverfahren nach den Vorschriften des 8. Abschnitts der Verwaltungsgerichtsordnung ist auch dann durchzuführen, wenn die Entscheidung von einer obersten Bundesbehörde getroffen wurde.

§ 10 Gebühren und Auslagen
(1) [1]Für individuell zurechenbare öffentliche Leistungen nach diesem Gesetz werden Gebühren und Auslagen erhoben. [2]Dies gilt nicht für die Erteilung einfacher Auskünfte.

(2) Die Gebühren sind auch unter Berücksichtigung des Verwaltungsaufwandes so zu bemessen, dass der Informationszugang nach § 1 wirksam in Anspruch genommen werden kann.

(3) [1]Das Bundesministerium des Innern, für Bau und Heimat wird ermächtigt, für individuell zurechenbare öffentliche Leistungen nach diesem Gesetz die Gebührentatbestände und Gebührensätze durch Rechtsverordnung ohne Zustimmung des Bundesrates zu bestimmen. [2]§ 10 des Bundesgebührengesetzes findet keine Anwendung.

§ 11 Veröffentlichungspflichten
(1) Die Behörden sollen Verzeichnisse führen, aus denen sich die vorhandenen Informationssammlungen und -zwecke erkennen lassen.

(2) Organisations- und Aktenpläne ohne Angabe personenbezogener Daten sind nach Maßgabe dieses Gesetzes allgemein zugänglich zu machen.

(3) Die Behörden sollen die in den Absätzen 1 und 2 genannten Pläne und Verzeichnisse sowie weitere geeignete Informationen in elektronischer Form allgemein zugänglich machen.

§ 12 Bundesbeauftragter für die Informationsfreiheit
(1) Jeder kann den Bundesbeauftragten für die Informationsfreiheit anrufen, wenn er sein Recht auf Informationszugang nach diesem Gesetz als verletzt ansieht.

(2) Die Aufgabe des Bundesbeauftragten für die Informationsfreiheit wird von dem Bundesbeauftragten für den Datenschutz wahrgenommen.

(3) Die Bestimmungen des Bundesdatenschutzgesetzes in der am 24. Mai 2018 geltenden Fassung über die Kontrollaufgaben des Bundesbeauftragten für den Datenschutz (§ 24 Abs. 1 und 3 bis 5), über Beanstandungen (§ 25 Abs. 1 Satz 1 Nr. 1 und 4, Satz 2 und Abs. 2 und 3) sowie über weitere Aufgaben gemäß § 26 Abs. 1 bis 3 gelten entsprechend.

§ 13 Änderung anderer Vorschriften
[hier nicht wiedergegeben]

§ 14 Bericht und Evaluierung
[1]Die Bundesregierung unterrichtet den Deutschen Bundestag zwei Jahre vor Außerkrafttreten über die Anwendung dieses Gesetzes. [2]Der Deutsche Bundestag wird das Gesetz ein Jahr vor Außerkrafttreten auf wissenschaftlicher Grundlage evaluieren.

§ 15 Inkrafttreten
Dieses Gesetz tritt am 1. Januar 2006 in Kraft.

Gesetz zur Regelung des Statusrechts der Beamtinnen und Beamten in den Ländern (Beamtenstatusgesetz – BeamtStG)

Vom 17. Juni 2008 (BGBl. I S. 1010)
(FNA 2030-1-9)
zuletzt geändert durch Art. 10 Zweites Datenschutz-Anpassungs- und UmsetzungsG EU
vom 20. November 2019 (BGBl. I S. 1626)

Der Bundestag hat mit Zustimmung des Bundesrates das folgende Gesetz beschlossen:

Inhaltsübersicht

Abschnitt 1
Allgemeine Vorschriften

§ 1 Geltungsbereich

Dieses Gesetz regelt das Statusrecht der Beamtinnen und Beamten der Länder, Gemeinden und Gemeindeverbände sowie der sonstigen der Aufsicht eines Landes unterstehenden Körperschaften, Anstalten und Stiftungen des öffentlichen Rechts.

§ 2 Dienstherrnfähigkeit

Das Recht, Beamtinnen und Beamte zu haben, besitzen
1. Länder, Gemeinden und Gemeindeverbände,
2. sonstige Körperschaften, Anstalten und Stiftungen des öffentlichen Rechts, die dieses Recht im Zeitpunkt des Inkrafttretens dieses Gesetzes besitzen oder denen es durch ein Landesgesetz oder aufgrund eines Landesgesetzes verliehen wird.

Abschnitt 2
Beamtenverhältnis

§ 3 Beamtenverhältnis

(1) Beamtinnen und Beamte stehen zu ihrem Dienstherrn in einem öffentlich-rechtlichen Dienst- und Treueverhältnis (Beamtenverhältnis).

(2) Die Berufung in das Beamtenverhältnis ist nur zulässig zur Wahrnehmung
1. hoheitsrechtlicher Aufgaben oder
2. solcher Aufgaben, die aus Gründen der Sicherung des Staates oder des öffentlichen Lebens nicht ausschließlich Personen übertragen werden dürfen, die in einem privatrechtlichen Arbeitsverhältnis stehen.

§ 4 Arten des Beamtenverhältnisses

(1) [1]Das Beamtenverhältnis auf Lebenszeit dient der dauernden Wahrnehmung von Aufgaben nach § 3 Abs. 2. [2]Es bildet die Regel.

(2) Das Beamtenverhältnis auf Zeit dient
a) der befristeten Wahrnehmung von Aufgaben nach § 3 Abs. 2 oder
b) der zunächst befristeten Übertragung eines Amtes mit leitender Funktion.

(3) Das Beamtenverhältnis auf Probe dient der Ableistung einer Probezeit
a) zur späteren Verwendung auf Lebenszeit oder
b) zur Übertragung eines Amtes mit leitender Funktion.

(4) Das Beamtenverhältnis auf Widerruf dient
a) der Ableistung eines Vorbereitungsdienstes oder
b) der nur vorübergehenden Wahrnehmung von Aufgaben nach § 3 Abs. 2.

§ 5 Ehrenbeamtinnen und Ehrenbeamte

(1) Als Ehrenbeamtin oder Ehrenbeamter kann berufen werden, wer Aufgaben im Sinne des § 3 Abs. 2 unentgeltlich wahrnehmen soll.

(2) Die Rechtsverhältnisse der Ehrenbeamtinnen und Ehrenbeamten können durch Landesrecht abweichend von den für Beamtinnen und Beamte allgemein geltenden Vorschriften geregelt werden, soweit es deren besondere Rechtsstellung erfordert.

(3) Ein Ehrenbeamtenverhältnis kann nicht in ein Beamtenverhältnis anderer Art, ein solches Beamtenverhältnis nicht in ein Ehrenbeamtenverhältnis umgewandelt werden.

§ 6 Beamtenverhältnis auf Zeit

Für die Rechtsverhältnisse der Beamtinnen auf Zeit und Beamten auf Zeit gelten die Vorschriften für Beamtinnen auf Lebenszeit und Beamte auf Lebenszeit entsprechend, soweit durch Landesrecht nichts anderes bestimmt ist.

§ 7 Voraussetzungen des Beamtenverhältnisses

(1) In das Beamtenverhältnis darf nur berufen werden, wer

1. Deutsche oder Deutscher im Sinne des Artikels 116 Absatz 1 des Grundgesetzes ist oder die Staatsangehörigkeit
 a)　eines anderen Mitgliedstaates der Europäischen Union oder
 b)　eines anderen Vertragsstaates des Abkommens über den Europäischen Wirtschaftsraum oder
 c)　eines Drittstaates, dem die Bundesrepublik Deutschland und die Europäische Union vertraglich einen entsprechenden Anspruch auf Anerkennung von Berufsqualifikationen eingeräumt haben,
 besitzt,
2. die Gewähr dafür bietet, jederzeit für die freiheitliche demokratische Grundordnung im Sinne des Grundgesetzes einzutreten, und
3. die nach Landesrecht vorgeschriebene Befähigung besitzt.

(2) Wenn die Aufgaben es erfordern, darf nur eine Deutsche oder ein Deutscher im Sinne des Artikels 116 Absatz 1 des Grundgesetzes in ein Beamtenverhältnis berufen werden.

(3) Ausnahmen von Absatz 1 Nr. 1 und Absatz 2 können nur zugelassen werden, wenn

1. für die Gewinnung der Beamtin oder des Beamten ein dringendes dienstliches Interesse besteht oder
2. bei der Berufung von Hochschullehrerinnen und Hochschullehrern und anderen Mitarbeiterinnen und Mitarbeitern des wissenschaftlichen und künstlerischen Personals in das Beamtenverhältnis andere wichtige Gründe vorliegen.

§ 8 Ernennung

(1) Einer Ernennung bedarf es zur

1. Begründung des Beamtenverhältnisses,
2. Umwandlung des Beamtenverhältnisses in ein solches anderer Art (§ 4),
3. Verleihung eines anderen Amtes mit anderem Grundgehalt oder
4. Verleihung eines anderen Amtes mit anderer Amtsbezeichnung, soweit das Landesrecht dies bestimmt.

(2) [1]Die Ernennung erfolgt durch Aushändigung einer Ernennungsurkunde. [2]In der Urkunde müssen enthalten sein

1. bei der Begründung des Beamtenverhältnisses die Wörter „unter Berufung in das Beamtenverhältnis" mit dem die Art des Beamtenverhältnisses bestimmenden Zusatz „auf Lebenszeit", „auf Probe", „auf Widerruf", „als Ehrenbeamtin" oder „als Ehrenbeamter" oder „auf Zeit" mit der Angabe der Zeitdauer der Berufung,
2. bei der Umwandlung des Beamtenverhältnisses in ein solches anderer Art die diese Art bestimmenden Worte nach Nummer 1 und
3. bei der Verleihung eines Amtes die Amtsbezeichnung.

(3) Mit der Begründung eines Beamtenverhältnisses auf Probe, auf Lebenszeit und auf Zeit wird gleichzeitig ein Amt verliehen.

(4) Eine Ernennung auf einen zurückliegenden Zeitpunkt ist unzulässig und insoweit unwirksam.

§ 9 Kriterien der Ernennung

Ernennungen sind nach Eignung, Befähigung und fachlicher Leistung ohne Rücksicht auf Geschlecht, Abstammung, Rasse oder ethnische Herkunft, Behinderung, Religion oder Weltanschauung, politische Anschauungen, Herkunft, Beziehungen oder sexuelle Identität vorzunehmen.

§ 10 Voraussetzung der Ernennung auf Lebenszeit

[1]Die Ernennung zur Beamtin auf Lebenszeit oder zum Beamten auf Lebenszeit ist nur zulässig, wenn die Beamtin oder der Beamte sich in einer Probezeit von mindestens sechs Monaten und höchstens fünf Jahren bewährt hat. [2]Von der Mindestprobezeit können durch Landesrecht Ausnahmen bestimmt werden.

§ 11 Nichtigkeit der Ernennung

(1) Die Ernennung ist nichtig, wenn

1. sie nicht der in § 8 Abs. 2 vorgeschriebenen Form entspricht,
2. sie von einer sachlich unzuständigen Behörde ausgesprochen wurde oder
3. zum Zeitpunkt der Ernennung

a) nach § 7 Abs. 1 Nr. 1 keine Ernennung erfolgen durfte und keine Ausnahme nach § 7 Abs. 3 zugelassen war,

b) nicht die Fähigkeit zur Bekleidung öffentlicher Ämter vorlag oder

c) eine ihr zu Grunde liegende Wahl unwirksam ist.

(2) Die Ernennung ist von Anfang an als wirksam anzusehen, wenn

1. im Fall des Absatzes 1 Nr. 1 aus der Urkunde oder aus dem Akteninhalt eindeutig hervorgeht, dass die für die Ernennung zuständige Stelle ein bestimmtes Beamtenverhältnis begründen oder ein bestehendes Beamtenverhältnis in ein solches anderer Art umwandeln wollte, für das die sonstigen Voraussetzungen vorliegen, und die für die Ernennung zuständige Stelle die Wirksamkeit schriftlich bestätigt; das Gleiche gilt, wenn die Angabe der Zeitdauer fehlt, durch Landesrecht aber die Zeitdauer bestimmt ist,

2. im Fall des Absatzes 1 Nr. 2 die sachlich zuständige Behörde die Ernennung bestätigt oder

3. im Fall des Absatzes 1 Nr. 3 Buchstabe a eine Ausnahme nach § 7 Abs. 3 nachträglich zugelassen wird.

§ 12 Rücknahme der Ernennung

(1) Die Ernennung ist mit Wirkung für die Vergangenheit zurückzunehmen, wenn

1. sie durch Zwang, arglistige Täuschung oder Bestechung herbeigeführt wurde,

2. nicht bekannt war, dass die ernannte Person wegen eines Verbrechens oder Vergehens rechtskräftig zu einer Strafe verurteilt war oder wird, das sie für die Berufung in das Beamtenverhältnis nach § 8 Abs. 1 Nr. 1 als unwürdig erscheinen lässt,

3. die Ernennung nach § 7 Abs. 2 nicht erfolgen durfte und eine Ausnahme nach § 7 Abs. 3 nicht zugelassen war und die Ausnahme nicht nachträglich erteilt wird oder

4. eine durch Landesrecht vorgeschriebene Mitwirkung einer unabhängigen Stelle oder einer Aufsichtsbehörde unterblieben ist und nicht nachgeholt wurde.

(2) [1]Die Ernennung soll zurückgenommen werden, wenn nicht bekannt war, dass gegen die ernannte Person in einem Disziplinarverfahren auf Entfernung aus dem Beamtenverhältnis oder auf Aberkennung des Ruhegehalts erkannt worden war. [2]Dies gilt auch, wenn die Entscheidung gegen eine Beamtin oder einen Beamten der Europäischen Union oder eines Staates nach § 7 Abs. 1 Nr. 1 ergangen ist.

Abschnitt 3
Länderübergreifender Wechsel und Wechsel in die Bundesverwaltung

§ 13 Grundsatz

Die Vorschriften dieses Abschnitts gelten nur bei landesübergreifender Abordnung, Versetzung und Umbildung von Körperschaften sowie bei einer Abordnung oder Versetzung aus einem Land in die Bundesverwaltung.

§ 14 Abordnung

(1) Beamtinnen und Beamte können aus dienstlichen Gründen vorübergehend ganz oder teilweise zu einer dem übertragenen Amt entsprechenden Tätigkeit in den Bereich eines Dienstherrn eines anderen Landes oder des Bundes abgeordnet werden.

(2) [1]Aus dienstlichen Gründen ist eine Abordnung vorübergehend ganz oder teilweise auch zu einer nicht dem Amt entsprechenden Tätigkeit zulässig, wenn der Beamtin oder dem Beamten die Wahrnehmung der neuen Tätigkeit aufgrund der Vorbildung oder Berufsausbildung zuzumuten ist. [2]Dabei ist auch die Abordnung zu einer Tätigkeit, die nicht einem Amt mit demselben Grundgehalt entspricht, zulässig.

(3) [1]Die Abordnung bedarf der Zustimmung der Beamtin oder des Beamten. [2]Abweichend von Satz 1 ist die Abordnung auch ohne Zustimmung zulässig, wenn die neue Tätigkeit zuzumuten ist und einem Amt mit demselben Grundgehalt entspricht und die Abordnung die Dauer von fünf Jahren nicht übersteigt.

(4) [1]Die Abordnung wird von dem abgebenden im Einverständnis mit dem aufnehmenden Dienstherrn verfügt. [2]Soweit zwischen den Dienstherren nichts anderes vereinbart ist, sind die für den Bereich des aufnehmenden Dienstherrn geltenden Vorschriften über die Pflichten und Rechte der Beamtinnen und Beamten mit Ausnahme der Regelungen über Diensteid, Amtsbezeichnung, Zahlung von Bezügen, Krankenfürsorgeleistungen und Versorgung entsprechend anzuwenden. [3]Die Verpflichtung zur Bezahlung hat auch der Dienstherr, zu dem die Abordnung erfolgt ist.

§ 15 Versetzung

(1) Beamtinnen und Beamte können auf Antrag oder aus dienstlichen Gründen in den Bereich eines Dienstherrn eines anderen Landes oder des Bundes in ein Amt einer Laufbahn versetzt werden, für die sie die Befähigung besitzen.

(2) [1]Eine Versetzung bedarf der Zustimmung der Beamtin oder des Beamten. [2]Abweichend von Satz 1 ist die Versetzung auch ohne Zustimmung zulässig, wenn das neue Amt mit mindestens demselben Grundgehalt verbunden ist wie das bisherige Amt. [3]Stellenzulagen gelten hierbei nicht als Bestandteile des Grundgehalts.

(3) [1]Die Versetzung wird von dem abgebenden im Einverständnis mit dem aufnehmenden Dienstherrn verfügt. [2]Das Beamtenverhältnis wird mit dem neuen Dienstherrn fortgesetzt.

§ 16 Umbildung einer Körperschaft

(1) Beamtinnen und Beamte einer juristischen Person des öffentlichen Rechts mit Dienstherrnfähigkeit (Körperschaft), die vollständig in eine andere Körperschaft eingegliedert wird, treten mit der Umbildung kraft Gesetzes in den Dienst der aufnehmenden Körperschaft über.

(2) [1]Die Beamtinnen und Beamten einer Körperschaft, die vollständig in mehrere andere Körperschaften eingegliedert wird, sind anteilig in den Dienst der aufnehmenden Körperschaften zu übernehmen. [2]Die beteiligten Körperschaften haben innerhalb einer Frist von sechs Monaten nach der Umbildung im Einvernehmen miteinander zu bestimmen, von welchen Körperschaften die einzelnen Beamtinnen und Beamten zu übernehmen sind. [3]Solange eine Beamtin oder ein Beamter nicht übernommen ist, haften alle aufnehmenden Körperschaften für die ihr oder ihm zustehenden Bezüge als Gesamtschuldner.

(3) [1]Die Beamtinnen und Beamten einer Körperschaft, die teilweise in eine oder mehrere andere Körperschaften eingegliedert wird, sind zu einem verhältnismäßigen Teil, bei mehreren Körperschaften anteilig, in den Dienst der aufnehmenden Körperschaften zu übernehmen. [2]Absatz 2 Satz 2 ist entsprechend anzuwenden.

(4) Die Absätze 1 bis 3 gelten entsprechend, wenn eine Körperschaft mit einer oder mehreren anderen Körperschaften zu einer neuen Körperschaft zusammengeschlossen wird, wenn ein oder mehrere Teile verschiedener Körperschaften zu einem oder mehreren neuen Teilen einer Körperschaft zusammengeschlossen werden, wenn aus einer Körperschaft oder aus Teilen einer Körperschaft eine oder mehrere neue Körperschaften gebildet werden, oder wenn Aufgaben einer Körperschaft vollständig oder teilweise auf eine oder mehrere andere Körperschaften übergehen.

§ 17 Rechtsfolgen der Umbildung

(1) Tritt eine Beamtin oder ein Beamter aufgrund des § 16 Abs. 1 kraft Gesetzes in den Dienst einer anderen Körperschaft über oder wird sie oder er aufgrund des § 16 Abs. 2 oder 3 von einer anderen Körperschaft übernommen, wird das Beamtenverhältnis mit dem neuen Dienstherrn fortgesetzt.

(2) Im Fall des § 16 Abs. 1 ist der Beamtin oder dem Beamten von der aufnehmenden oder neuen Körperschaft die Fortsetzung des Beamtenverhältnisses schriftlich zu bestätigen.

(3) [1]In den Fällen des § 16 Abs. 2 und 3 wird die Übernahme von der Körperschaft verfügt, in deren Dienst die Beamtin oder der Beamte treten soll. [2]Die Verfügung wird mit der Zustellung an die Beamtin oder den Beamten wirksam. [3]Die Beamtin oder der Beamte ist verpflichtet, der Übernahmeverfügung Folge zu leisten. [4]Kommt die Beamtin oder der Beamte der Verpflichtung nicht nach, ist sie oder er zu entlassen.

(4) Die Absätze 1 bis 3 gelten entsprechend in den Fällen des § 16 Abs. 4.

§ 18 Rechtsstellung der Beamtinnen und Beamten

(1) [1]Beamtinnen und Beamten, die nach § 16 in den Dienst einer anderen Körperschaft kraft Gesetzes übertreten oder übernommen werden, soll ein gleich zu bewertendes Amt übertragen werden, das ihrem bisherigen Amt nach Bedeutung und Inhalt ohne Rücksicht auf Dienststellung und Dienstalter entspricht. [2]Wenn eine dem bisherigen Amt entsprechende Verwendung nicht möglich ist, kann ihnen auch ein anderes Amt mit geringerem Grundgehalt übertragen werden. [3]Das Grundgehalt muss mindestens dem des Amtes entsprechen, das die Beamtinnen und Beamten vor dem bisherigen Amt innehatten. [4]In diesem Fall dürfen sie neben der neuen Amtsbezeichnung die des früheren Amtes mit dem Zusatz „außer Dienst" („a.D.") führen.

(2) [1]Die aufnehmende oder neue Körperschaft kann, wenn die Zahl der bei ihr nach der Umbildung vorhandenen Beamtinnen und Beamten den tatsächlichen Bedarf übersteigt, innerhalb einer Frist, deren Bestimmung dem Landesrecht vorbehalten bleibt, Beamtinnen und Beamte im Beamtenverhältnis auf Lebenszeit oder auf Zeit in den einstweiligen Ruhestand versetzen, wenn deren Aufgabengebiet von der Umbildung berührt wurde. [2]Bei Beamtinnen auf Zeit und Beamten auf Zeit, die nach Satz 1 in den einstweiligen Ruhestand versetzt sind, endet der einstweilige Ruhestand mit Ablauf der Amtszeit; sie gelten in diesem Zeitpunkt als dauernd in den Ruhestand versetzt, wenn sie bei Verbleiben im Amt mit Ablauf der Amtszeit in den Ruhestand getreten wären.

§ 19 Rechtsstellung der Versorgungsempfängerinnen und Versorgungsempfänger

(1) Die Vorschriften des § 16 Abs. 1 und 2 und des § 17 gelten entsprechend für die im Zeitpunkt der Umbildung bei der abgebenden Körperschaft vorhandenen Versorgungsempfängerinnen und Versorgungsempfänger.

(2) In den Fällen des § 16 Abs. 3 bleiben die Ansprüche der im Zeitpunkt der Umbildung vorhandenen Versorgungsempfängerinnen und Versorgungsempfänger gegenüber der abgebenden Körperschaft bestehen.

(3) Die Absätze 1 und 2 gelten entsprechend in den Fällen des § 16 Abs. 4.

Abschnitt 4
Zuweisung einer Tätigkeit bei anderen Einrichtungen

§ 20 Zuweisung

(1) Beamtinnen und Beamten kann mit ihrer Zustimmung vorübergehend ganz oder teilweise eine ihrem Amt entsprechende Tätigkeit zugewiesen werden

1. bei einer öffentlichen Einrichtung ohne Dienstherrneigenschaft oder bei einer öffentlich-rechtlichen Religionsgemeinschaft im dienstlichen oder öffentlichen Interesse oder

2. bei einer anderen Einrichtung, wenn öffentliche Interessen es erfordern.

(2) Beamtinnen und Beamten einer Dienststelle, die ganz oder teilweise in eine öffentlich-rechtlich organisierte Einrichtung ohne Dienstherrneigenschaft oder eine privatrechtlich organisierte Einrichtung der öffentlichen Hand umgewandelt wird, kann auch ohne ihre Zustimmung ganz oder teilweise eine ihrem Amt entsprechende Tätigkeit bei dieser Einrichtung zugewiesen werden, wenn öffentliche Interessen es erfordern.

(3) Die Rechtsstellung der Beamtinnen und Beamten bleibt unberührt.

Abschnitt 5
Beendigung des Beamtenverhältnisses

§ 21 Beendigungsgründe

Das Beamtenverhältnis endet durch

1. Entlassung,
2. Verlust der Beamtenrechte,
3. Entfernung aus dem Beamtenverhältnis nach den Disziplinargesetzen oder
4. Eintritt oder Versetzung in den Ruhestand.

§ 22 Entlassung kraft Gesetzes

(1) Beamtinnen und Beamte sind entlassen, wenn

1. die Voraussetzungen des § 7 Absatz 1 Nummer 1 nicht mehr vorliegen und eine Ausnahme nach § 7 Absatz 3 auch nachträglich nicht zugelassen wird oder

2. sie die Altersgrenze erreichen und das Beamtenverhältnis nicht durch Eintritt in den Ruhestand endet.

(2) [1]Die Beamtin oder der Beamte ist entlassen, wenn ein öffentlich-rechtliches Dienst- oder Amtsverhältnis zu einem anderen Dienstherrn oder zu einer Einrichtung ohne Dienstherrneigenschaft begründet wird, sofern nicht im Einvernehmen mit dem neuen Dienstherrn oder der Einrichtung die Fortdauer des Beamtenverhältnisses neben dem neuen Dienst- oder Amtsverhältnis angeordnet oder durch Landesrecht etwas anderes bestimmt wird. [2]Dies gilt nicht für den Eintritt in ein Beamtenverhältnis auf Widerruf oder als Ehrenbeamtin oder Ehrenbeamter.

(3) Die Beamtin oder der Beamte ist mit der Berufung in ein Beamtenverhältnis auf Zeit aus einem anderen Beamtenverhältnis bei demselben Dienstherrn entlassen, soweit das Landesrecht keine abweichenden Regelungen trifft.

(4) Das Beamtenverhältnis auf Widerruf endet mit Ablauf des Tages der Ablegung oder dem endgültigen Nichtbestehen der für die Laufbahn vorgeschriebenen Prüfung, sofern durch Landesrecht nichts anderes bestimmt ist.

(5) Das Beamtenverhältnis auf Probe in einem Amt mit leitender Funktion endet mit Ablauf der Probezeit oder mit Versetzung zu einem anderen Dienstherrn.

§ 23 Entlassung durch Verwaltungsakt

(1) [1]Beamtinnen und Beamte sind zu entlassen, wenn sie
1. den Diensteid oder ein an dessen Stelle vorgeschriebenes Gelöbnis verweigern,
2. nicht in den Ruhestand oder einstweiligen Ruhestand versetzt werden können, weil eine versorgungsrechtliche Wartezeit nicht erfüllt ist,
3. dauernd dienstunfähig sind und das Beamtenverhältnis nicht durch Versetzung in den Ruhestand endet,
4. die Entlassung in schriftlicher Form verlangen oder
5. nach Erreichen der Altersgrenze berufen worden sind.
[2]Im Fall des Satzes 1 Nr. 3 ist § 26 Abs. 2 entsprechend anzuwenden.

(2) Beamtinnen und Beamte können entlassen werden, wenn sie in Fällen des § 7 Abs. 2 die Eigenschaft als Deutsche oder Deutscher im Sinne des Artikels 116 Absatz 1 des Grundgesetzes verlieren.

(3) [1]Beamtinnen auf Probe und Beamte auf Probe können entlassen werden,
1. wenn sie eine Handlung begehen, die im Beamtenverhältnis auf Lebenszeit mindestens eine Kürzung der Dienstbezüge zur Folge hätte,
2. wenn sie sich in der Probezeit nicht bewährt haben oder
3. wenn ihr Aufgabengebiet bei einer Behörde von der Auflösung dieser Behörde oder einer auf landesrechtlicher Vorschrift beruhenden wesentlichen Änderung des Aufbaus oder Verschmelzung dieser Behörde mit einer anderen oder von der Umbildung einer Körperschaft berührt wird und eine andere Verwendung nicht möglich ist.
[2]Im Fall des Satzes 1 Nr. 2 ist § 26 Abs. 2 bei allein mangelnder gesundheitlicher Eignung entsprechend anzuwenden.

(4) [1]Beamtinnen auf Widerruf und Beamte auf Widerruf können jederzeit entlassen werden. [2]Die Gelegenheit zur Beendigung des Vorbereitungsdienstes und zur Ablegung der Prüfung soll gegeben werden.

§ 24 Verlust der Beamtenrechte

(1) [1]Wenn eine Beamtin oder ein Beamter im ordentlichen Strafverfahren durch das Urteil eines deutschen Gerichts
1. wegen einer vorsätzlichen Tat zu einer Freiheitsstrafe von mindestens einem Jahr oder
2. wegen einer vorsätzlichen Tat, die nach den Vorschriften über Friedensverrat, Hochverrat und Gefährdung des demokratischen Rechtsstaates, Landesverrat und Gefährdung der äußeren Sicherheit oder, soweit sich die Tat auf eine Diensthandlung im Hauptamt bezieht, Bestechlichkeit, strafbar ist, zu einer Freiheitsstrafe von mindestens sechs Monaten
verurteilt wird, endet das Beamtenverhältnis mit der Rechtskraft des Urteils. [2]Entsprechendes gilt, wenn die Fähigkeit zur Bekleidung öffentlicher Ämter aberkannt wird oder wenn die Beamtin oder der Beamte aufgrund einer Entscheidung des Bundesverfassungsgerichts nach Artikel 18 des Grundgesetzes ein Grundrecht verwirkt hat.

(2) Wird eine Entscheidung, die den Verlust der Beamtenrechte zur Folge hat, in einem Wiederaufnahmeverfahren aufgehoben, gilt das Beamtenverhältnis als nicht unterbrochen.

§ 25 Ruhestand wegen Erreichens der Altersgrenze

Beamtinnen auf Lebenszeit und Beamte auf Lebenszeit treten nach Erreichen der Altersgrenze in den Ruhestand.

§ 26 Dienstunfähigkeit

(1) [1]Beamtinnen auf Lebenszeit und Beamte auf Lebenszeit sind in den Ruhestand zu versetzen, wenn sie wegen ihres körperlichen Zustands oder aus gesundheitlichen Gründen zur Erfüllung ihrer Dienstpflichten dauernd unfähig (dienstunfähig) sind. [2]Als dienstunfähig kann auch angesehen werden, wer infolge Erkrankung innerhalb eines Zeitraums von sechs Monaten mehr als drei Monate keinen Dienst getan hat und keine Aussicht besteht, dass innerhalb einer Frist, deren Bestimmung dem Landesrecht vorbehalten bleibt, die Dienstfähigkeit wieder voll hergestellt ist. [3]In den Ruhestand wird nicht versetzt, wer anderweitig verwendbar ist. [4]Für Gruppen von Beamtinnen und Beamten können besondere Voraussetzungen für die Dienstunfähigkeit durch Landesrecht geregelt werden.

(2) [1]Eine anderweitige Verwendung ist möglich, wenn der Beamtin oder dem Beamten ein anderes Amt derselben oder einer anderen Laufbahn übertragen werden kann. [2]In den Fällen des Satzes 1 ist die Übertragung eines anderen Amtes ohne Zustimmung zulässig, wenn das neue Amt zum Bereich desselben Dienstherrn gehört, es mit mindestens demselben Grundgehalt verbunden ist wie das bisherige Amt und wenn zu erwarten ist, dass die gesundheitlichen Anforderungen des neuen Amtes erfüllt werden. [3]Beam-

tinnen und Beamte, die nicht die Befähigung für die andere Laufbahn besitzen, haben an Qualifizierungsmaßnahmen für den Erwerb der neuen Befähigung teilzunehmen.

(3) Zur Vermeidung der Versetzung in den Ruhestand kann der Beamtin oder dem Beamten unter Beibehaltung des übertragenen Amtes ohne Zustimmung auch eine geringerwertige Tätigkeit im Bereich desselben Dienstherrn übertragen werden, wenn eine anderweitige Verwendung nicht möglich ist und die Wahrnehmung der neuen Aufgabe unter Berücksichtigung der bisherigen Tätigkeit zumutbar ist.

§ 27 Begrenzte Dienstfähigkeit

(1) Von der Versetzung in den Ruhestand wegen Dienstunfähigkeit soll abgesehen werden, wenn die Beamtin oder der Beamte unter Beibehaltung des übertragenen Amtes die Dienstpflichten noch während mindestens der Hälfte der regelmäßigen Arbeitszeit erfüllen kann (begrenzte Dienstfähigkeit).

(2) [1]Die Arbeitszeit ist entsprechend der begrenzten Dienstfähigkeit herabzusetzen. [2]Mit Zustimmung der Beamtin oder des Beamten ist auch eine Verwendung in einer nicht dem Amt entsprechenden Tätigkeit möglich.

§ 28 Ruhestand bei Beamtenverhältnis auf Probe

(1) Beamtinnen auf Probe und Beamte auf Probe sind in den Ruhestand zu versetzen, wenn sie infolge Krankheit, Verwundung oder sonstiger Beschädigung, die sie sich ohne grobes Verschulden bei Ausübung oder aus Veranlassung des Dienstes zugezogen haben, dienstunfähig geworden sind.

(2) Beamtinnen auf Probe und Beamte auf Probe können in den Ruhestand versetzt werden, wenn sie aus anderen Gründen dienstunfähig geworden sind.

(3) § 26 Abs. 1 Satz 3, Abs. 2 und 3 sowie § 27 sind entsprechend anzuwenden.

§ 29 Wiederherstellung der Dienstfähigkeit

(1) Wird nach der Versetzung in den Ruhestand wegen Dienstunfähigkeit die Dienstfähigkeit wiederhergestellt und beantragt die Ruhestandsbeamtin oder der Ruhestandsbeamte vor Ablauf einer Frist, deren Bestimmung dem Landesrecht vorbehalten bleibt, spätestens zehn Jahre nach der Versetzung in den Ruhestand, eine erneute Berufung in das Beamtenverhältnis, ist diesem Antrag zu entsprechen, falls nicht zwingende dienstliche Gründe entgegenstehen.

(2) [1]Beamtinnen und Beamte, die wegen Dienstunfähigkeit in den Ruhestand versetzt worden sind, können erneut in das Beamtenverhältnis berufen werden, wenn im Dienstbereich des früheren Dienstherrn ein Amt mit mindestens demselben Grundgehalt übertragen werden soll und wenn zu erwarten ist, dass die gesundheitlichen Anforderungen des neuen Amtes erfüllt werden. [2]Beamtinnen und Beamte, die nicht die Befähigung für die andere Laufbahn besitzen, haben an Qualifizierungsmaßnahmen für den Erwerb der neuen Befähigung teilzunehmen. [3]Den wegen Dienstunfähigkeit in den Ruhestand versetzten Beamtinnen und Beamten kann unter Übertragung eines Amtes ihrer früheren Laufbahn nach Satz 1 auch eine geringerwertige Tätigkeit im Bereich desselben Dienstherrn übertragen werden, wenn eine anderweitige Verwendung nicht möglich ist und die Wahrnehmung der neuen Aufgabe unter Berücksichtigung ihrer früheren Tätigkeit zumutbar ist.

(3) Die erneute Berufung in ein Beamtenverhältnis ist auch in den Fällen der begrenzten Dienstfähigkeit möglich.

(4) Beamtinnen und Beamte, die wegen Dienstunfähigkeit in den Ruhestand versetzt worden sind, sind verpflichtet, sich geeigneten und zumutbaren Maßnahmen zur Wiederherstellung ihrer Dienstfähigkeit zu unterziehen; die zuständige Behörde kann ihnen entsprechende Weisungen erteilen.

(5) [1]Die Dienstfähigkeit der Ruhestandsbeamtin oder des Ruhestandsbeamten kann nach Maßgabe des Landesrechts untersucht werden; sie oder er ist verpflichtet, sich nach Weisung der zuständigen Behörde ärztlich untersuchen zu lassen. [2]Die Ruhestandsbeamtin oder der Ruhestandsbeamte kann eine solche Untersuchung verlangen, wenn sie oder er einen Antrag nach Absatz 1 zu stellen beabsichtigt.

(6) Bei einer erneuten Berufung gilt das frühere Beamtenverhältnis als fortgesetzt.

§ 30 Einstweiliger Ruhestand

(1) [1]Beamtinnen auf Lebenszeit und Beamte auf Lebenszeit können jederzeit in den einstweiligen Ruhestand versetzt werden, wenn sie ein Amt bekleiden, bei dessen Ausübung sie in fortdauernder Übereinstimmung mit den grundsätzlichen politischen Ansichten und Zielen der Regierung stehen müssen. [2]Die Bestimmung der Ämter nach Satz 1 ist dem Landesrecht vorbehalten.

(2) Beamtinnen und Beamte, die auf Probe ernannt sind und ein Amt im Sinne des Absatzes 1 bekleiden, können jederzeit entlassen werden.

(3) [1]Für den einstweiligen Ruhestand gelten die Vorschriften über den Ruhestand. [2]§ 29 Abs. 2 und 6 gilt entsprechend. [3]Der einstweilige Ruhestand endet bei erneuter Berufung in das Beamtenverhältnis auf Lebenszeit auch bei einem anderen Dienstherrn, wenn den Beamtinnen oder Beamten ein Amt verliehen

wird, das derselben oder einer gleichwertigen Laufbahn angehört wie das frühere Amt und mit mindestens demselben Grundgehalt verbunden ist.

(4) Erreichen Beamtinnen und Beamte, die in den einstweiligen Ruhestand versetzt sind, die gesetzliche Altersgrenze, gelten sie mit diesem Zeitpunkt als dauernd in den Ruhestand versetzt.

§ 31 Einstweiliger Ruhestand bei Umbildung und Auflösung von Behörden

(1) [1]Bei der Auflösung einer Behörde oder bei einer auf landesrechtlicher Vorschrift beruhenden wesentlichen Änderung des Aufbaus oder bei Verschmelzung einer Behörde mit einer oder mehreren anderen kann eine Beamtin auf Lebenszeit oder ein Beamter auf Lebenszeit in den einstweiligen Ruhestand versetzt werden, wenn das übertragene Aufgabengebiet von der Auflösung oder Umbildung berührt wird und eine Versetzung nach Landesrecht nicht möglich ist. [2]Zusätzliche Voraussetzungen können geregelt werden.

(2) [1]Die erneute Berufung der in den einstweiligen Ruhestand versetzten Beamtin oder des in den einstweiligen Ruhestand versetzten Beamten in ein Beamtenverhältnis ist vorzusehen, wenn ein der bisherigen Tätigkeit entsprechendes Amt zu besetzen ist, für das sie oder er geeignet ist. [2]Für erneute Berufungen nach Satz 1, die weniger als fünf Jahre vor Erreichen der Altersgrenze (§ 25) wirksam werden, können durch Landesrecht abweichende Regelungen getroffen werden.

(3) § 29 Abs. 6 gilt entsprechend.

§ 32 Wartezeit

Die Versetzung in den Ruhestand setzt die Erfüllung einer versorgungsrechtlichen Wartezeit voraus.

Abschnitt 6
Rechtliche Stellung im Beamtenverhältnis

§ 33 Grundpflichten

(1) [1]Beamtinnen und Beamte dienen dem ganzen Volk, nicht einer Partei. [2]Sie haben ihre Aufgaben unparteiisch und gerecht zu erfüllen und ihr Amt zum Wohl der Allgemeinheit zu führen. [3]Beamtinnen und Beamte müssen sich durch ihr gesamtes Verhalten zu der freiheitlichen demokratischen Grundordnung im Sinne des Grundgesetzes bekennen und für deren Erhaltung eintreten.

(2) Beamtinnen und Beamte haben bei politischer Betätigung diejenige Mäßigung und Zurückhaltung zu wahren, die sich aus ihrer Stellung gegenüber der Allgemeinheit und aus der Rücksicht auf die Pflichten ihres Amtes ergibt.

§ 34 Wahrnehmung der Aufgaben, Verhalten

[1]Beamtinnen und Beamte haben sich mit vollem persönlichen Einsatz ihrem Beruf zu widmen. [2]Sie haben die übertragenen Aufgaben uneigennützig nach bestem Gewissen wahrzunehmen. [3]Ihr Verhalten innerhalb und außerhalb des Dienstes muss der Achtung und dem Vertrauen gerecht werden, die ihr Beruf erfordern. [4]Sie dürfen ihr Gesicht bei Ausübung des Dienstes oder bei einer Tätigkeit mit unmittelbarem Dienstbezug nicht verhüllen, es sei denn, dienstliche oder gesundheitliche Gründe erfordern dies.

§ 35 Folgepflicht

(1) [1]Beamtinnen und Beamte haben ihre Vorgesetzten zu beraten und zu unterstützen. [2]Sie sind verpflichtet, deren dienstliche Anordnungen auszuführen und deren allgemeine Richtlinien zu befolgen. [3]Dies gilt nicht, soweit die Beamtinnen und Beamten nach besonderen gesetzlichen Vorschriften an Weisungen nicht gebunden und nur dem Gesetz unterworfen sind.

(2) Beamtinnen und Beamte haben bei organisatorischen Veränderungen dem Dienstherrn Folge zu leisten.

§ 36 Verantwortung für die Rechtmäßigkeit

(1) Beamtinnen und Beamte tragen für die Rechtmäßigkeit ihrer dienstlichen Handlungen die volle persönliche Verantwortung.

(2) [1]Bedenken gegen die Rechtmäßigkeit dienstlicher Anordnungen haben Beamtinnen und Beamte unverzüglich auf dem Dienstweg geltend zu machen. [2]Wird die Anordnung aufrechterhalten, haben sie sich, wenn die Bedenken fortbestehen, an die nächst höhere Vorgesetzte oder den nächst höheren Vorgesetzten zu wenden. [3]Wird die Anordnung bestätigt, müssen die Beamtinnen und Beamten sie ausführen und sind von der eigenen Verantwortung befreit. [4]Dies gilt nicht, wenn das aufgetragene Verhalten die Würde des Menschen verletzt oder strafbar oder ordnungswidrig ist und die Strafbarkeit oder Ordnungswidrigkeit für die Beamtinnen oder Beamten erkennbar ist. [5]Die Bestätigung hat auf Verlangen schriftlich zu erfolgen.

(3) ¹Wird von den Beamtinnen oder Beamten die sofortige Ausführung der Anordnung verlangt, weil Gefahr im Verzug besteht und die Entscheidung der oder des höheren Vorgesetzten nicht rechtzeitig herbeigeführt werden kann, gilt Absatz 2 Satz 3 und 4 entsprechend. ²Die Anordnung ist durch die anordnende oder den anordnenden Vorgesetzten schriftlich zu bestätigen, wenn die Beamtin oder der Beamte dies unverzüglich nach Ausführung der Anordnung verlangt.

§ 37 Verschwiegenheitspflicht

(1) ¹Beamtinnen und Beamte haben über die ihnen bei oder bei Gelegenheit ihrer amtlichen Tätigkeit bekannt gewordenen dienstlichen Angelegenheiten Verschwiegenheit zu bewahren. ²Dies gilt auch über den Bereich eines Dienstherrn hinaus sowie nach Beendigung des Beamtenverhältnisses.

(2) ¹Absatz 1 gilt nicht, soweit

1. Mitteilungen im dienstlichen Verkehr geboten sind,
2. Tatsachen mitgeteilt werden, die offenkundig sind oder ihrer Bedeutung nach keiner Geheimhaltung bedürfen, oder
3. gegenüber der zuständigen obersten Dienstbehörde, einer Strafverfolgungsbehörde oder einer durch Landesrecht bestimmten weiteren Behörde oder außerdienstlichen Stelle ein durch Tatsachen begründeter Verdacht einer Korruptionsstraftat nach den §§ 331 bis 337 des Strafgesetzbuches angezeigt wird.

²Im Übrigen bleiben die gesetzlich begründeten Pflichten, geplante Straftaten anzuzeigen und für die Erhaltung der freiheitlichen demokratischen Grundordnung einzutreten, von Absatz 1 unberührt.

(3) ¹Beamtinnen und Beamte dürfen ohne Genehmigung über Angelegenheiten, für die Absatz 1 gilt, weder vor Gericht noch außergerichtlich aussagen oder Erklärungen abgeben. ²Die Genehmigung erteilt der Dienstherr oder, wenn das Beamtenverhältnis beendet ist, der letzte Dienstherr. ³Hat sich der Vorgang, der den Gegenstand der Äußerung bildet, bei einem früheren Dienstherrn ereignet, darf die Genehmigung nur mit dessen Zustimmung erteilt werden. ⁴Durch Landesrecht kann bestimmt werden, dass an die Stelle des in den Sätzen 2 und 3 genannten jeweiligen Dienstherrn eine andere Stelle tritt.

(4) ¹Die Genehmigung, als Zeugin oder Zeuge auszusagen, darf nur versagt werden, wenn die Aussage dem Wohl des Bundes oder eines deutschen Landes erhebliche Nachteile bereiten oder die Erfüllung öffentlicher Aufgaben ernstlich gefährden oder erheblich erschweren würde. ²Durch Landesrecht kann bestimmt werden, dass die Verweigerung der Genehmigung zur Aussage vor Untersuchungsausschüssen des Deutschen Bundestages oder der Volksvertretung eines Landes einer Nachprüfung unterzogen werden kann. ³Die Genehmigung, ein Gutachten zu erstatten, kann versagt werden, wenn die Erstattung den dienstlichen Interessen Nachteile bereiten würde.

(5) ¹Sind Beamtinnen oder Beamte Partei oder Beschuldigte in einem gerichtlichen Verfahren oder soll ihr Vorbringen der Wahrnehmung ihrer berechtigten Interessen dienen, darf die Genehmigung auch dann, wenn die Voraussetzungen des Absatzes 4 Satz 1 erfüllt sind, nur versagt werden, wenn die dienstlichen Rücksichten dies unabweisbar erfordern. ²Wird sie versagt, ist Beamtinnen oder Beamten der Schutz zu gewähren, den die dienstlichen Rücksichten zulassen.

(6) ¹Beamtinnen und Beamte haben, auch nach Beendigung des Beamtenverhältnisses, auf Verlangen des Dienstherrn oder des letzten Dienstherrn amtliche Schriftstücke, Zeichnungen, bildliche Darstellungen sowie Aufzeichnungen jeder Art über dienstliche Vorgänge, auch soweit es sich um Wiedergaben handelt, herauszugeben. ²Die gleiche Verpflichtung trifft ihre Hinterbliebenen und Erben.

§ 38 Diensteid

(1) ¹Beamtinnen und Beamte haben einen Diensteid zu leisten. ²Der Diensteid hat eine Verpflichtung auf das Grundgesetz zu enthalten.

(2) In den Fällen, in denen Beamtinnen und Beamte erklären, dass sie aus Glaubens- oder Gewissensgründen den Eid nicht leisten wollen, kann für diese an Stelle des Eides ein Gelöbnis zugelassen werden.

(3) In den Fällen, in denen nach § 7 Abs. 3 eine Ausnahme von § 7 Abs. 1 Nr. 1 zugelassen worden ist, kann an Stelle des Eides ein Gelöbnis vorgeschrieben werden.

§ 39 Verbot der Führung der Dienstgeschäfte

¹Beamtinnen und Beamten kann aus zwingenden dienstlichen Gründen die Führung der Dienstgeschäfte verboten werden. ²Das Verbot erlischt, wenn nicht bis zum Ablauf von drei Monaten gegen die Beamtin oder den Beamten ein Disziplinarverfahren oder ein sonstiges auf Rücknahme der Ernennung oder auf Beendigung des Beamtenverhältnisses gerichtetes Verfahren eingeleitet worden ist.

§ 40 Nebentätigkeit

¹Eine Nebentätigkeit ist grundsätzlich anzeigepflichtig. ²Sie ist unter Erlaubnis- oder Verbotsvorbehalt zu stellen, soweit sie geeignet ist, dienstliche Interessen zu beeinträchtigen.

§ 41 Tätigkeit nach Beendigung des Beamtenverhältnisses

[1]Ruhestandsbeamtinnen und Ruhestandsbeamte sowie frühere Beamtinnen mit Versorgungsbezügen und frühere Beamte mit Versorgungsbezügen haben die Ausübung einer Erwerbstätigkeit oder sonstigen Beschäftigung außerhalb des öffentlichen Dienstes, die mit der dienstlichen Tätigkeit innerhalb eines Zeitraums, dessen Bestimmung dem Landesrecht vorbehalten bleibt, im Zusammenhang steht und durch die dienstliche Interessen beeinträchtigt werden können, anzuzeigen. [2]Die Erwerbstätigkeit oder sonstige Beschäftigung ist zu untersagen, wenn zu besorgen ist, dass durch sie dienstliche Interessen beeinträchtigt werden. [3]Das Verbot endet spätestens mit Ablauf von fünf Jahren nach Beendigung des Beamtenverhältnisses.

§ 42 Verbot der Annahme von Belohnungen, Geschenken und sonstigen Vorteilen

(1) [1]Beamtinnen und Beamte dürfen, auch nach Beendigung des Beamtenverhältnisses, keine Belohnungen, Geschenke oder sonstigen Vorteile für sich oder eine dritte Person in Bezug auf ihr Amt fordern, sich versprechen lassen oder annehmen. [2]Ausnahmen bedürfen der Zustimmung ihres gegenwärtigen oder letzten Dienstherrn.

(2) Wer gegen das in Absatz 1 genannte Verbot verstößt, hat das aufgrund des pflichtwidrigen Verhaltens Erlangte auf Verlangen dem Dienstherrn herauszugeben, soweit nicht die Einziehung von Taterträgen angeordnet worden oder es auf andere Weise auf den Staat übergegangen ist.

§ 43 Teilzeitbeschäftigung

Teilzeitbeschäftigung ist zu ermöglichen.

§ 44 Erholungsurlaub

Beamtinnen und Beamten steht jährlicher Erholungsurlaub unter Fortgewährung der Bezüge zu.

§ 45 Fürsorge

[1]Der Dienstherr hat im Rahmen des Dienst- und Treueverhältnisses für das Wohl der Beamtinnen und Beamten und ihrer Familien, auch für die Zeit nach Beendigung des Beamtenverhältnisses, zu sorgen. [2]Er schützt die Beamtinnen und Beamten bei ihrer amtlichen Tätigkeit und in ihrer Stellung.

§ 46 Mutterschutz und Elternzeit

Effektiver Mutterschutz und Elternzeit sind zu gewährleisten.

§ 47 Nichterfüllung von Pflichten

(1) [1]Beamtinnen und Beamte begehen ein Dienstvergehen, wenn sie schuldhaft die ihnen obliegenden Pflichten verletzen. [2]Ein Verhalten außerhalb des Dienstes ist nur dann ein Dienstvergehen, wenn es nach den Umständen des Einzelfalls in besonderem Maße geeignet ist, das Vertrauen in einer für ihr Amt bedeutsamen Weise zu beeinträchtigen.

(2) [1]Bei Ruhestandsbeamtinnen und Ruhestandsbeamten oder früheren Beamtinnen mit Versorgungsbezügen und früheren Beamten mit Versorgungsbezügen gilt es als Dienstvergehen, wenn sie sich gegen die freiheitliche demokratische Grundordnung im Sinne des Grundgesetzes betätigen oder an Bestrebungen teilnehmen, die darauf abzielen, den Bestand oder die Sicherheit der Bundesrepublik Deutschland zu beeinträchtigen, oder wenn sie schuldhaft gegen die in den §§ 37, 41 und 42 bestimmten Pflichten verstoßen. [2]Bei sonstigen früheren Beamtinnen und früheren Beamten gilt es als Dienstvergehen, wenn sie schuldhaft gegen die in den §§ 37, 41 und 42 bestimmten Pflichten verstoßen. [3]Für Beamtinnen und Beamte nach den Sätzen 1 und 2 können durch Landesrecht weitere Handlungen festgelegt werden, die als Dienstvergehen gelten.

(3) Das Nähere über die Verfolgung von Dienstvergehen regeln die Disziplinargesetze.

§ 48 Pflicht zum Schadensersatz

[1]Beamtinnen und Beamte, die vorsätzlich oder grob fahrlässig die ihnen obliegenden Pflichten verletzen, haben dem Dienstherrn, dessen Aufgaben sie wahrgenommen haben, den daraus entstehenden Schaden zu ersetzen. [2]Haben mehrere Beamtinnen oder Beamte gemeinsam den Schaden verursacht, haften sie als Gesamtschuldner.

§ 49 Übermittlungen bei Strafverfahren

(1) [1]Das Gericht, die Strafverfolgungs- oder die Strafvollstreckungsbehörde hat in Strafverfahren gegen Beamtinnen und Beamte zur Sicherstellung der erforderlichen dienstrechtlichen Maßnahmen im Fall der Erhebung der öffentlichen Klage

1. die Anklageschrift oder eine an ihre Stelle tretende Antragsschrift,
2. den Antrag auf Erlass eines Strafbefehls und
3. die einen Rechtszug abschließende Entscheidung mit Begründung

zu übermitteln. [2]Ist gegen die Entscheidung ein Rechtsmittel eingelegt worden, ist die Entscheidung unter Hinweis auf das eingelegte Rechtsmittel zu übermitteln. [3]Der Erlass und der Vollzug eines Haftbefehls oder eines Unterbringungsbefehls sind mitzuteilen.

(2) In Verfahren wegen fahrlässig begangener Straftaten werden die in Absatz 1 Satz 1 bestimmten Übermittlungen nur vorgenommen, wenn

1. es sich um schwere Verstöße handelt, namentlich Vergehen der Trunkenheit im Straßenverkehr oder der fahrlässigen Tötung, oder

2. in sonstigen Fällen die Kenntnis der Daten aufgrund der Umstände des Einzelfalls erforderlich ist, um zu prüfen, ob dienstrechtliche Maßnahmen zu ergreifen sind.

(3) [1]Entscheidungen über Verfahrenseinstellungen, die nicht bereits nach Absatz 1 oder 2 zu übermitteln sind, sollen übermittelt werden, wenn die in Absatz 2 Nr. 2 genannten Voraussetzungen erfüllt sind. [2]Dabei ist zu berücksichtigen, wie gesichert die zu übermittelnden Erkenntnisse sind.

(4) [1]Sonstige Tatsachen, die in einem Strafverfahren bekannt werden, dürfen mitgeteilt werden, wenn ihre Kenntnis aufgrund besonderer Umstände des Einzelfalls für dienstrechtliche Maßnahmen gegen eine Beamtin oder einen Beamten erforderlich ist und soweit nicht für die übermittelnde Stelle erkennbar ist, dass schutzwürdige Interessen der Beamtin oder des Beamten an dem Ausschluss der Übermittlung überwiegen. [2]Erforderlich ist die Kenntnis der Daten auch dann, wenn diese Anlass zur Prüfung bieten, ob dienstrechtliche Maßnahmen zu ergreifen sind. [3]Absatz 3 Satz 2 ist entsprechend anzuwenden.

(5) Nach den Absätzen 1 bis 4 übermittelte Daten dürfen auch für die Wahrnehmung der Aufgaben nach dem Sicherheitsüberprüfungsgesetz oder einem entsprechenden Landesgesetz verwendet werden.

(6) [1]Übermittlungen nach den Absätzen 1 bis 3 sind auch zulässig, soweit sie Daten betreffen, die dem Steuergeheimnis (§ 30 der Abgabenordnung) unterliegen. [2]Übermittlungen nach Absatz 4 sind unter den Voraussetzungen des § 30 Abs. 4 Nr. 5 der Abgabenordnung zulässig.

§ 50 Personalakte
[1]Für jede Beamtin und jeden Beamten ist eine Personalakte zu führen. [2]Zur Personalakte gehören alle Unterlagen, die die Beamtin oder den Beamten betreffen, soweit sie mit dem Dienstverhältnis in einem unmittelbaren inneren Zusammenhang stehen (Personalaktendaten). [3]Die Personalakte ist vertraulich zu behandeln. [4]Personalaktendaten dürfen ohne Einwilligung der Beamtin oder des Beamten nur für Zwecke der Personalverwaltung oder Personalwirtschaft verarbeitet werden. [5]Für Ausnahmefälle kann landesrechtlich eine von Satz 4 abweichende Verarbeitung vorgesehen werden.

§ 51 Personalvertretung
Die Bildung von Personalvertretungen zum Zweck der vertrauensvollen Zusammenarbeit zwischen der Behördenleitung und dem Personal ist unter Einbeziehung der Beamtinnen und Beamten zu gewährleisten.

§ 52 Mitgliedschaft in Gewerkschaften und Berufsverbänden
[1]Beamtinnen und Beamte haben das Recht, sich in Gewerkschaften oder Berufsverbänden zusammenzuschließen. [2]Sie dürfen wegen Betätigung für ihre Gewerkschaft oder ihren Berufsverband nicht dienstlich gemaßregelt oder benachteiligt werden.

§ 53 Beteiligung der Spitzenorganisationen
[1]Bei der Vorbereitung gesetzlicher Regelungen der beamtenrechtlichen Verhältnisse durch die obersten Landesbehörden sind die Spitzenorganisationen der zuständigen Gewerkschaften und Berufsverbände zu beteiligen. [2]Das Beteiligungsverfahren kann auch durch Vereinbarung ausgestaltet werden.

Abschnitt 7
Rechtsweg

§ 54 Verwaltungsrechtsweg
(1) Für alle Klagen der Beamtinnen, Beamten, Ruhestandsbeamtinnen, Ruhestandsbeamten, früheren Beamtinnen, früheren Beamten und der Hinterbliebenen aus dem Beamtenverhältnis sowie für Klagen des Dienstherrn ist der Verwaltungsrechtsweg gegeben.

(2) [1]Vor allen Klagen ist ein Vorverfahren nach den Vorschriften des 8. Abschnitts der Verwaltungsgerichtsordnung durchzuführen. [2]Dies gilt auch dann, wenn die Maßnahme von der obersten Dienstbehörde getroffen worden ist. [3]Ein Vorverfahren ist nicht erforderlich, wenn ein Landesgesetz dieses ausdrücklich bestimmt.

(3) [1]Den Widerspruchsbescheid erlässt die oberste Dienstbehörde. [2]Sie kann die Entscheidung für Fälle, in denen sie die Maßnahme nicht selbst getroffen hat, durch allgemeine Anordnung auf andere Behörden übertragen. [3]Die Anordnung ist zu veröffentlichen.

(4) Widerspruch und Anfechtungsklage gegen Abordnung oder Versetzung haben keine aufschiebende Wirkung.

Abschnitt 8
Spannungs- und Verteidigungsfall

§ 55 Anwendungsbereich

[1]Beschränkungen, Anordnungen und Verpflichtungen nach den §§ 56 bis 59 sind nur nach Maßgabe des Artikels 80a des Grundgesetzes zulässig. [2]Sie sind auf Personen im Sinne des § 5 Abs. 1 des Arbeitssicherstellungsgesetzes nicht anzuwenden.

§ 56 Dienstleistung im Verteidigungsfall

(1) Beamtinnen und Beamte können für Zwecke der Verteidigung auch ohne ihre Zustimmung zu einem anderen Dienstherrn abgeordnet oder zur Dienstleistung bei über- oder zwischenstaatlichen zivilen Dienststellen verpflichtet werden.

(2) [1]Beamtinnen und Beamten können für Zwecke der Verteidigung auch Aufgaben übertragen werden, die nicht ihrem Amt oder ihrer Laufbahnbefähigung entsprechen, sofern ihnen die Übernahme nach ihrer Vor- und Ausbildung und im Hinblick auf die Ausnahmesituation zumutbar ist. [2]Aufgaben einer Laufbahn mit geringeren Zugangsvoraussetzungen dürfen ihnen nur übertragen werden, wenn dies aus dienstlichen Gründen unabweisbar ist.

(3) Beamtinnen und Beamte haben bei der Erfüllung der ihnen für Zwecke der Verteidigung übertragenen Aufgaben Gefahren und Erschwernisse auf sich zu nehmen, soweit diese ihnen nach den Umständen und den persönlichen Verhältnissen zugemutet werden können.

(4) Beamtinnen und Beamte sind bei einer Verlegung der Behörde oder Dienststelle auch in das Ausland zur Dienstleistung am neuen Dienstort verpflichtet.

§ 57 Aufschub der Entlassung und des Ruhestands

[1]Die Entlassung der Beamtinnen und Beamten auf ihren Antrag kann für Zwecke der Verteidigung hinausgeschoben werden, wenn dies im öffentlichen Interesse erforderlich ist und der Personalbedarf der öffentlichen Verwaltung im Bereich ihres Dienstherrn auf freiwilliger Grundlage nicht gedeckt werden kann. [2]Satz 1 gilt entsprechend für den Ablauf der Amtszeit bei Beamtenverhältnissen auf Zeit. [3]Der Eintritt der Beamtinnen und Beamten in den Ruhestand nach Erreichen der Altersgrenze und die vorzeitige Versetzung in den Ruhestand auf Antrag ohne Nachweis der Dienstunfähigkeit können unter den Voraussetzungen des Satzes 1 bis zum Ende des Monats hinausgeschoben werden, in dem die für Bundesbeamtinnen und Bundesbeamte geltende Regelaltersgrenze erreicht wird.

§ 58 Erneute Berufung von Ruhestandsbeamtinnen und Ruhestandsbeamten

[1]Ruhestandsbeamtinnen und Ruhestandsbeamte, die die für Bundesbeamtinnen und Bundesbeamte geltende Regelaltersgrenze noch nicht erreicht haben, können für Zwecke der Verteidigung erneut in ein Beamtenverhältnis berufen werden, wenn dies im öffentlichen Interesse erforderlich ist und der Personalbedarf der öffentlichen Verwaltung im Bereich ihres bisherigen Dienstherrn auf freiwilliger Grundlage nicht gedeckt werden kann. [2]Das Beamtenverhältnis endet, wenn es nicht vorher beendet wird, mit dem Ende des Monats, in dem die für Bundesbeamtinnen und Bundesbeamte geltende Regelaltersgrenze erreicht wird.

§ 59 Verpflichtung zur Gemeinschaftsunterkunft und Mehrarbeit

(1) Wenn dienstliche Gründe es erfordern, können Beamtinnen und Beamte für Zwecke der Verteidigung verpflichtet werden, vorübergehend in einer Gemeinschaftsunterkunft zu wohnen und an einer Gemeinschaftsverpflegung teilzunehmen.

(2) [1]Beamtinnen und Beamte sind verpflichtet, für Zwecke der Verteidigung über die regelmäßige Arbeitszeit hinaus ohne besondere Vergütung Dienst zu tun. [2]Für die Mehrbeanspruchung wird ein Freizeitausgleich nur gewährt, soweit es die dienstlichen Erfordernisse gestatten.

Abschnitt 9
Sonderregelungen für Verwendungen im Ausland

§ 60 Verwendungen im Ausland

(1) [1]Beamtinnen und Beamte, die zur Wahrnehmung des ihnen übertragenen Amtes im Ausland oder außerhalb des Deutschen Hoheitsgebiets auf Schiffen oder in Luftfahrzeugen verwendet werden und dabei

wegen vom Inland wesentlich abweichender Verhältnisse erhöhten Gefahren ausgesetzt sind, können aus dienstlichen Gründen verpflichtet werden,

1. vorübergehend in einer Gemeinschaftsunterkunft zu wohnen und an einer Gemeinschaftsverpflegung teilzunehmen,
2. Schutzkleidung zu tragen,
3. Dienstkleidung zu tragen und
4. über die regelmäßige Arbeitszeit hinaus ohne besondere Vergütung Dienst zu tun.

[2]In den Fällen des Satzes 1 Nr. 4 wird für die Mehrbeanspruchung ein Freizeitausgleich nur gewährt, soweit es die dienstlichen Erfordernisse gestatten.

(2) Sind nach Absatz 1 verwendete Beamtinnen und Beamte zum Zeitpunkt des vorgesehenen Eintritts in den Ruhestand nach den §§ 25 und 26 oder des vorgesehenen Ablaufs ihrer Amtszeit wegen Verschleppung, Gefangenschaft oder aus sonstigen mit dem Dienst zusammenhängenden Gründen, die sie nicht zu vertreten haben, dem Einflussbereich des Dienstherrn entzogen, verlängert sich das Dienstverhältnis bis zum Ablauf des auf die Beendigung dieses Zustands folgenden Monats.

Abschnitt 10
Sonderregelungen für wissenschaftliches Hochschulpersonal

§ 61 Hochschullehrerinnen und Hochschullehrer
[1]Abweichend von den §§ 14 und 15 können Hochschullehrerinnen und Hochschullehrer nur mit ihrer Zustimmung in den Bereich eines Dienstherrn eines anderen Landes oder des Bundes abgeordnet oder versetzt werden. [2]Abordnung und Versetzung im Sinne von Satz 1 sind auch ohne Zustimmung der Hochschullehrerinnen oder Hochschullehrer zulässig, wenn die Hochschule oder die Hochschuleinrichtung, an der sie tätig sind, aufgelöst oder mit einer anderen Hochschule zusammengeschlossen wird oder wenn die Studien- oder Fachrichtung, in der sie tätig sind, ganz oder teilweise aufgehoben oder an eine andere Hochschule verlegt wird. [3]In diesen Fällen beschränkt sich eine Mitwirkung der aufnehmenden Hochschule oder Hochschuleinrichtung bei der Einstellung auf eine Anhörung. [4]Die Vorschriften über den einstweiligen Ruhestand sind auf Hochschullehrerinnen und Hochschullehrer nicht anzuwenden.

Abschnitt 11
Schlussvorschriften

§ 62 Folgeänderungen
[hier nicht wiedergegeben]

§ 63 Inkrafttreten, Außerkrafttreten
(1) [1]Die §§ 25 und 50 treten am Tag nach der Verkündung[1]) in Kraft. [2]Gleichzeitig treten die §§ 25 und 26 Abs. 3 sowie die §§ 56 bis 56f des Beamtenrechtsrahmengesetzes in der Fassung der Bekanntmachung vom 31. März 1999 (BGBl. I S. 654), das zuletzt durch Artikel 2 Abs. 1 des Gesetzes vom 5. Dezember 2006 (BGBl. I S. 2748) geändert worden ist, außer Kraft.

(2) § 62 Abs. 13 und 14 tritt für Bundesbeamtinnen und Bundesbeamte am 12. Februar 2009 in Kraft.

(3) [1]Im Übrigen tritt das Gesetz am 1. April 2009 in Kraft. [2]Gleichzeitig tritt das Beamtenrechtsrahmengesetz mit Ausnahme von Kapitel II und § 135 außer Kraft.

(4) [1]Die Länder können für die Zeit bis zum Inkrafttreten des § 11 Landesregelungen im Sinne dieser Vorschrift in Kraft setzen. [2]In den Ländern, die davon Gebrauch machen, ist § 8 des Beamtenrechtsrahmengesetzes nicht anzuwenden.

1) Verkündet am 19.6.2008.

Rahmengesetz zur Vereinheitlichung des Beamtenrechts (Beamtenrechtsrahmengesetz – BRRG)[1]

In der Fassung der Bekanntmachung vom 31. März 1999[2] (BGBl. I S. 654)
(FNA 2030-1)
zuletzt geändert durch Art. 6 Abs. 1 G zur Neuregelung des Mutterschutzrechts[3] vom 23. Mai 2017
(BGBl. I S. 1228)

Nichtamtliche Inhaltsübersicht

1) Das BRRG ist gem. § 63 Abs. 2 G v. 17.6.2008 (BGBl. I S. 1010) mit Ausnahme von Kapitel II und § 135 mWv 1.4.2009 **außer Kraft getreten.** Siehe jetzt das BeamtenstatusG.
2) Neubekanntmachung des BRRG idF der Bek. v. 27.2.1985 (BGBl. I S. 462) in der ab 1.1.1999 geltenden Fassung.
3) **Amtl. Anm.:** Dieses Gesetz dient der Umsetzung der Richtlinie 92/85/EWG des Rates vom 19. Oktober 1992 über die Durchführung von Maßnahmen zur Verbesserung der Sicherheit und des Gesundheitsschutzes von schwangeren Arbeitnehmerinnen, Wöchnerinnen und stillenden Arbeitnehmerinnen am Arbeitsplatz (zehnte Einzelrichtlinie im Sinne des Artikels 16 Absatz 1 der Richtlinie 89/391/EWG) (ABl. L 348 vom 28.11.1992, S. 1), die zuletzt durch die Richtlinie 2014/27/EU (ABl. L 65 vom 5.3.2014, S. 1) geändert worden ist.

Kapitel I
(Vorschriften für die Landesgesetzgebung)

§§ 1 bis 120 (aufgehoben)

Kapitel II
Vorschriften, die einheitlich und unmittelbar gelten

Abschnitt I
Allgemeines

§ 121 [Dienstherrnfähigkeit]
Das Recht, Beamte zu haben, besitzen außer dem Bund
1. die Länder, die Gemeinden und die Gemeindeverbände,
2. sonstige Körperschaften, Anstalten und Stiftungen des öffentlichen Rechts, die dieses Recht im Zeitpunkt des Inkrafttretens dieses Gesetzes besitzen oder denen es nach diesem Zeitpunkt durch Gesetz, Rechtsverordnung oder Satzung verliehen wird; derartige Satzungen bedürfen der Genehmigung durch eine gesetzlich hierzu ermächtigte Stelle.

§ 122 [Zulassung zum Vorbereitungsdienst; Laufbahnbefähigung]
(1) Die Zulassung zum Vorbereitungsdienst einer Laufbahn darf nicht deshalb abgelehnt werden, weil der Bewerber die für seine Laufbahn vorgeschriebene Vorbildung (§ 13) im Bereich eines anderen Dienstherrn erworben hat.
(2) [1]Wer unter den Voraussetzungen der §§ 13 bis 14c die Befähigung für eine Laufbahn erworben hat, besitzt die Befähigung für entsprechende Laufbahnen bei allen Dienstherren im Geltungsbereich dieses Gesetzes. [2]Das gleiche gilt, wenn die Befähigung auf Grund der Maßgaben in Anlage I Kapitel XIX Sachgebiet A Abschnitt III Nr. 2 Buchstabe c oder Nr. 3 Buchstabe b des Einigungsvertrages vom 31. August 1990 in Verbindung mit Artikel 1 des Gesetzes vom 23. September 1990 (BGBl. 1990 II S. 885, 1141) festgestellt worden ist und der Beamte die laufbahnrechtliche Probezeit erfolgreich abgeleistet hat.

§ 123 [Abordnung oder Versetzung zu einem anderen Dienstherrn]
(1) Der Beamte kann nach Maßgabe der §§ 17 und 18 auch über den Bereich des Bundes oder eines Landes hinaus zu einem anderen Dienstherrn im Geltungsbereich dieses Gesetzes abgeordnet oder versetzt werden.
(2) [1]Die Abordnung oder Versetzung wird von dem abgebenden im Einverständnis mit dem aufnehmenden Dienstherrn verfügt; das Einverständnis ist schriftlich oder elektronisch zu erklären. [2]In der Verfügung ist zum Ausdruck zu bringen, daß das Einverständnis vorliegt.

§ 123a [Zuweisung einer vorübergehenden Tätigkeit bei einer öffentlichen Einrichtung außerhalb des BRRG, Zuweisung bei Privatisierung]
(1) [1]Dem Beamten kann im dienstlichen oder öffentlichen Interesse mit seiner Zustimmung vorübergehend eine seinem Amt entsprechende Tätigkeit bei einer öffentlichen Einrichtung außerhalb des Anwendungsbereichs dieses Gesetzes zugewiesen werden. [2]Die Zuweisung einer Tätigkeit bei einer anderen Einrichtung ist zulässig, wenn dringende öffentliche Interessen dies erfordern; die Entscheidung trifft die oberste Dienstbehörde.
(2) Dem Beamten einer Dienststelle, die ganz oder teilweise in eine öffentlich-rechtlich organisierte Einrichtung ohne Dienstherreneigenschaft oder eine privatrechtlich organisierte Einrichtung der öffentlichen Hand umgewandelt wird, kann auch ohne seine Zustimmung eine seinem Amt entsprechende Tätigkeit bei dieser Einrichtung zugewiesen werden, wenn dringende öffentliche Interessen dies erfordern.
(3) Die Rechtsstellung des Beamten bleibt unberührt.

§ 124 [Verschwiegenheitspflicht; Aussagegenehmigung]
§ 39 findet auch insoweit Anwendung, als seine Voraussetzungen über den Bereich des Bundes oder eines Landes hinaus gegeben sind.

§ 125 [Entlassung bei Ernennung zum Soldaten]
[1]Der Beamte ist entlassen, wenn er zum Berufssoldaten oder zum Soldaten auf Zeit ernannt wird. [2]Die Entlassung gilt als Entlassung auf eigenen Antrag.

§ 125a [Polizeivollzugsbeamte auf Widerruf]

(1) [1]Bewirbt sich ein Polizeivollzugsbeamter auf Widerruf oder früherer Polizeivollzugsbeamter auf Widerruf, der ein Dienstverhältnis von nicht mehr als drei Jahren eingegangen ist und mindestens zwei Jahre Vollzugsdienst im Bundesgrenzschutz oder in der Bundespolizei geleistet hat, bis zum Ablauf von sechs Monaten nach Beendigung des Dienstverhältnisses als Polizeivollzugsbeamter auf Widerruf um Einstellung als Beamter und wird er in den Vorbereitungsdienst eingestellt, so darf nach Erwerb der Befähigung für die Laufbahn die Anstellung nicht über den Zeitpunkt hinausgeschoben werden, zu dem der Beamte ohne Ableisten eines Vollzugsdienstes bis zur Dauer des Grundwehrdienstes zur Anstellung herangestanden hätte. [2]Das Ableisten der vorgeschriebenen Probezeit wird dadurch nicht berührt. [3]Die Sätze 1 und 2 gelten für Beförderungen sinngemäß, sofern die dienstlichen Leistungen eine Beförderung während der Probezeit rechtfertigen.

(2) [1]Beginnt ein früherer Polizeivollzugsbeamter auf Widerruf, der ein Dienstverhältnis von nicht mehr als drei Jahren eingegangen war und mindestens zwei Jahre Vollzugsdienst im Bundesgrenzschutz oder in der Bundespolizei geleistet hat, im Anschluß an den Vollzugsdienst im Bundesgrenzschutz oder in der Bundespolizei eine für den künftigen Beruf als Beamter oder Richter vorgeschriebene Ausbildung (Hochschul-, Fachschul- oder praktische Ausbildung) oder wird diese durch den Vollzugsdienst im Bundesgrenzschutz oder in der Bundespolizei unterbrochen, so gilt Absatz 1 entsprechend, wenn er sich bis zum Ablauf von sechs Monaten nach Abschluß der Ausbildung um Einstellung als Beamter oder Richter bewirbt und auf Grund dieser Bewerbung eingestellt wird. [2]Dienstzeiten, die Voraussetzung für eine Beförderung sind, beginnen für den unter den Voraussetzungen des Satzes 1 eingestellten Richter mit dem Zeitpunkt, zu dem er ohne Ableisten eines Vollzugsdienstes bis zur Dauer des Grundwehrdienstes zur Ernennung auf Lebenszeit herangestanden hätte.

(3) Die Absätze 1 und 2 gelten entsprechend für einen früheren Polizeivollzugsbeamten auf Widerruf, dessen Ausbildung für ein späteres Beamtenverhältnis durch eine festgesetzte mehrjährige Tätigkeit im Arbeitsverhältnis an Stelle des sonst vorgeschriebenen Vorbereitungsdienstes durchgeführt wird.

§ 125b [Änderung der Einstellungsvoraussetzungen während des Mutterschutzes bzw. Erziehungsurlaubs]

(1) [1]Haben sich die Anforderungen an die fachliche Eignung für die Einstellung in den öffentlichen Dienst in der Zeit erhöht, in der sich die Bewerbung um Einstellung nur infolge der Geburt oder der Betreuung eines Kindes verzögert hat, und ist die Bewerbung innerhalb von drei Jahren nach der Geburt dieses Kindes oder sechs Monate nach Erfüllung der ausbildungsmäßigen Einstellungsvoraussetzungen erfolgt, so ist der Grad der fachlichen Eignung nach den Anforderungen zu prüfen, die zu einem Zeitpunkt bestanden haben, zu dem die Bewerbung ohne die Geburt oder die Betreuung des Kindes hätte erfolgen können. [2]Führt die Prüfung zu dem Ergebnis, dass der Bewerber ohne diese Verzögerung eingestellt worden wäre, kann er vor anderen Bewerbern eingestellt werden. [3]Die Zahl der Stellen, die diesen Bewerbern in einem Einstellungstermin vorbehalten werden kann, bestimmt sich nach dem zahlenmäßigen Verhältnis der Bewerber mit Verzögerung zu denjenigen ohne eine solche Verzögerung; Bruchteile von Stellen sind zu Gunsten der betroffenen Bewerber aufzurunden. [4]Für die Berechnung des Zeitraums der Verzögerung sind nur die einen Anspruch auf Elternzeit nach § 15 Abs. 1 Satz 1 und Abs. 2 des Bundeselterngeld- und Elternzeitgesetzes begründenden Zeiten sowie bei Frauen zusätzlich die Zeiten nach § 3 des Mutterschutzgesetzes zu berücksichtigen.

(2) [1]Verzögert sich die Bewerbung um Einstellung nur wegen der tatsächlichen Pflege eines nach ärztlichem Gutachten pflegebedürftigen sonstigen nahen Angehörigen im Sinne des § 12 Abs. 2, gilt Absatz 1 Satz 1 bis 3 entsprechend. [2]Der berücksichtigungsfähige Zeitraum beträgt längstens drei Jahre.

§ 125c [Übermittlungen bei Strafverfahren gegen Beamte]

(1) [1]Das Gericht, die Strafverfolgungs- oder die Strafvollstreckungsbehörde hat in Strafverfahren gegen Beamte zur Sicherstellung der erforderlichen dienstrechtlichen Maßnahmen im Falle der Erhebung der öffentlichen Klage

1. die Anklageschrift oder eine an ihre Stelle tretende Antragsschrift,

2. den Antrag auf Erlaß eines Strafbefehls und

3. die einen Rechtszug abschließende Entscheidung mit Begründung

zu übermitteln; ist gegen die Entscheidung ein Rechtsmittel eingelegt worden, ist die Entscheidung unter Hinweis auf das eingelegte Rechtsmittel zu übermitteln. [2]Der Erlaß und der Vollzug eines Haftbefehls oder eines Unterbringungsbefehls sind mitzuteilen.

(2) In Verfahren wegen fahrlässig begangener Straftaten werden die in Absatz 1 Satz 1 bestimmten Übermittlungen nur vorgenommen, wenn

1. es sich um schwere Verstöße, namentlich Vergehen der Trunkenheit im Straßenverkehr oder der fahrlässigen Tötung, handelt oder

2. in sonstigen Fällen die Kenntnis der Daten auf Grund der Umstände des Einzelfalls erforderlich ist, um zu prüfen, ob dienstrechtliche Maßnahmen zu ergreifen sind.

(3) [1]Entscheidungen über Verfahrenseinstellungen, die nicht bereits nach Absatz 1 oder 2 zu übermitteln sind, sollen übermittelt werden, wenn die in Absatz 2 Nr. 2 genannten Voraussetzungen erfüllt sind. [2]Dabei ist zu berücksichtigen, wie gesichert die zu übermittelnden Erkenntnisse sind.

(4) [1]Sonstige Tatsachen, die in einem Strafverfahren bekannt werden, dürfen mitgeteilt werden, wenn ihre Kenntnis auf Grund besonderer Umstände des Einzelfalls für dienstrechtliche Maßnahmen gegen einen Beamten erforderlich ist und soweit nicht für die übermittelnde Stelle erkennbar ist, daß schutzwürdige Interessen des Beamten an dem Ausschluß der Übermittlung überwiegen; erforderlich ist die Kenntnis der Daten auch dann, wenn diese Anlaß zur Prüfung bieten, ob dienstrechtliche Maßnahmen zu ergreifen sind. [2]Absatz 3 Satz 2 ist entsprechend anzuwenden.

(5) Nach den Absätzen 1 bis 4 übermittelte Daten dürfen auch für die Wahrnehmung der Aufgaben nach dem Sicherheitsüberprüfungsgesetz oder einem entsprechenden Landesgesetz verwendet werden.

(6) [1]Übermittlungen nach den Absätzen 1 bis 3 sind auch zulässig, soweit sie Daten betreffen, die dem Steuergeheimnis (§ 30 der Abgabenordnung) unterliegen. [2]Übermittlungen nach Absatz 4 sind unter den Voraussetzungen des § 30 Abs. 4 Nr. 5 der Abgabenordnung zulässig.

(7) Mitteilungen sind an den zuständigen Dienstvorgesetzten oder seinen Vertreter im Amt zu richten und als „Vertrauliche Personalsache" zu kennzeichnen.

Abschnitt II
Rechtsweg

§ 126 [Verwaltungsrechtsweg, Vorverfahren]
(1) Für alle Klagen der Beamten, Ruhestandsbeamten, früheren Beamten und der Hinterbliebenen aus dem Beamtenverhältnis ist der Verwaltungsrechtsweg gegeben.

(2) Für Klagen des Dienstherrn gilt das gleiche.

(3) Für Klagen nach Absatz 1, einschließlich der Leistungs- und Feststellungsklagen, gelten die Vorschriften des 8. Abschnitts der Verwaltungsgerichtsordnung mit folgenden Maßgaben:

1. Eines Vorverfahrens bedarf es auch dann, wenn die Maßnahme von der obersten Dienstbehörde getroffen worden ist.

2. [1]Den Widerspruchsbescheid erläßt die oberste Dienstbehörde. [2]Sie kann die Entscheidung für Fälle, in denen sie die Maßnahme nicht selbst getroffen hat, durch allgemeine Anordnung auf andere Behörden übertragen; die Anordnung ist zu veröffentlichen.

3. Widerspruch und Anfechtungsklage gegen die Abordnung oder die Versetzung haben keine aufschiebende Wirkung.

4. Eines Vorverfahrens bedarf es nicht, wenn ein Gesetz dies bestimmt.

§ 127 [Revision]
Für die Revision gegen das Urteil eines Oberverwaltungsgerichts über eine Klage aus dem Beamtenverhältnis gilt folgendes:

1. Die Revision ist außer in den Fällen des § 132 Abs. 2 der Verwaltungsgerichtsordnung zuzulassen, wenn das Urteil von der Entscheidung eines anderen Oberverwaltungsgerichts abweicht und auf dieser Abweichung beruht, solange eine Entscheidung des Bundesverwaltungsgerichts in der Rechtsfrage nicht ergangen ist.

2. Die Revision kann außer auf die Verletzung von Bundesrecht darauf gestützt werden, daß das angefochtene Urteil auf der Verletzung von Landesrecht beruht.

Abschnitt III
Rechtsstellung der Beamten und Versorgungsempfänger bei der Umbildung von Körperschaften

§ 128 [Übertritt oder Übernahme von Beamten und Versorgungsempfängern bei der Umbildung von Körperschaften]
(1) Die Beamten einer Körperschaft, die vollständig in eine andere Körperschaft eingegliedert wird, treten mit der Umbildung kraft Gesetzes in den Dienst der aufnehmenden Körperschaft über.

(2) [1]Die Beamten einer Körperschaft, die vollständig in mehrere andere Körperschaften eingegliedert wird, sind anteilig in den Dienst der aufnehmenden Körperschaften zu übernehmen. [2]Die beteiligten Kör-

perschaften haben innerhalb einer Frist von sechs Monaten nach dem Zeitpunkt, in dem die Umbildung vollzogen ist, im Einvernehmen miteinander zu bestimmen, von welchen Körperschaften die einzelnen Beamten zu übernehmen sind. [3]Solange ein Beamter nicht übernommen ist, haften alle aufnehmenden Körperschaften für die ihm zustehenden Bezüge als Gesamtschuldner.

(3) [1]Die Beamten einer Körperschaft, die teilweise in eine oder mehrere andere Körperschaften eingegliedert wird, sind zu einem verhältnismäßigen Teil, bei mehreren Körperschaften anteilig, in den Dienst der aufnehmenden Körperschaften zu übernehmen. [2]Absatz 2 Satz 2 findet Anwendung.

(4) Die Absätze 1 bis 3 gelten entsprechend, wenn eine Körperschaft mit einer oder mehreren anderen Körperschaften zu einer neuen Körperschaft zusammengeschlossen wird, wenn aus einer Körperschaft oder aus Teilen einer Körperschaft eine oder mehrere neue Körperschaften gebildet werden, oder wenn Aufgaben einer Körperschaft vollständig oder teilweise auf eine oder mehrere andere Körperschaften übergehen.

§ 129 [Verfahren bei Übertritt oder Übernahme in den Dienst einer anderen Körperschaft]
(1) Tritt ein Beamter auf Grund des § 128 Abs. 1 kraft Gesetzes in den Dienst einer anderen Körperschaft über oder wird er auf Grund des § 128 Abs. 2 oder 3 von einer anderen Körperschaft übernommen, so gilt § 18 Abs. 4 entsprechend.

(2) Im Falle des § 128 Abs. 1 ist dem Beamten von der aufnehmenden oder neuen Körperschaft die Fortsetzung des Beamtenverhältnisses schriftlich, aber nicht in elektronischer Form zu bestätigen.

(3) [1]In den Fällen des § 128 Abs. 2 und 3 wird die Übernahme von der Körperschaft verfügt, in deren Dienst der Beamte treten soll; die Verfügung wird mit der Zustellung an den Beamten wirksam. [2]Der Beamte ist verpflichtet, der Übernahmeverfügung Folge zu leisten; kommt er der Verpflichtung nicht nach, so ist er zu entlassen.

(4) Die Absätze 1 bis 3 gelten entsprechend in den Fällen des § 128 Abs. 4.

§ 130 [Übertragung eines gleich zu bewertenden Amtes; einstweiliger Ruhestand]
(1) [1]Dem nach § 128 in den Dienst einer anderen Körperschaft kraft Gesetzes übergetretenen oder von ihr übernommenen Beamten soll ein seinem bisherigen Amt nach Bedeutung und Inhalt ohne Rücksicht auf Dienststellung und Dienstalter gleichzubewertendes Amt übertragen werden. [2]Wenn eine dem bisherigen Amt entsprechende Verwendung nicht möglich ist, finden § 18 Abs. 2 Satz 2 und § 23 Abs. 3 Nr. 3 entsprechende Anwendung. [3]Bei Anwendung des § 18 Abs. 2 Satz 2 darf der Beamte neben der neuen Amtsbezeichnung die des früheren Amtes mit dem Zusatz „außer Dienst" („a.D.") führen.

(2) [1]Die aufnehmende oder neue Körperschaft kann, wenn die Zahl der bei ihr nach der Umbildung vorhandenen Beamten den tatsächlichen Bedarf übersteigt, innerhalb einer Frist von sechs Monaten die entbehrlichen Beamten auf Lebenszeit oder auf Zeit, deren Aufgabengebiet von der Umbildung berührt wurde, in den einstweiligen Ruhestand versetzen. [2]Die Frist des Satzes 1 beginnt im Falle des § 128 Abs. 1 mit dem Übertritt, in den Fällen des § 128 Abs. 2 und 3 mit der Bestimmung derjenigen Beamten, zu deren Übernahme die Körperschaft verpflichtet ist; entsprechendes gilt in den Fällen des § 128 Abs. 4. [3]§ 20 Satz 3 findet Anwendung. [4]Bei Beamten auf Zeit, die nach Satz 1 in den einstweiligen Ruhestand versetzt sind, endet der einstweilige Ruhestand mit Ablauf der Amtszeit; sie gelten in diesem Zeitpunkt als dauernd in den Ruhestand versetzt, wenn sie bei Verbleiben im Amt mit Ablauf der Amtszeit in den Ruhestand getreten wären.

§ 131 [Ernennung von Beamten bei bevorstehender Umbildung]
[1]Ist innerhalb absehbarer Zeit mit einer Umbildung im Sinne des § 128 zu rechnen, so können die obersten Aufsichtsbehörden der beteiligten Körperschaften anordnen, daß Beamte, deren Aufgabengebiet von der Umbildung voraussichtlich berührt wird, nur mit ihrer Genehmigung ernannt werden dürfen. [2]Die Anordnung darf höchstens für die Dauer eines Jahres ergehen. [3]Sie ist den beteiligten Körperschaften zuzustellen. [4]Die Genehmigung soll nur versagt werden, wenn durch derartige Ernennungen die Durchführung der nach den §§ 128 bis 130 erforderlichen Maßnahmen wesentlich erschwert würde.

§ 132 [Umbildung, Versorgungsempfänger]
(1) Die Vorschriften des § 128 Abs. 1 und 2 und des § 129 gelten entsprechend für die im Zeitpunkt der Umbildung bei der abgebenden Körperschaft vorhandenen Versorgungsempfänger.

(2) In den Fällen des § 128 Abs. 3 bleiben die Ansprüche der im Zeitpunkt der Umbildung vorhandenen Versorgungsempfänger gegenüber der abgebenden Körperschaft bestehen.

(3) Die Absätze 1 und 2 gelten entsprechend in den Fällen des § 128 Abs. 4.

§ 133 [Körperschaft; Begriff]
Als Körperschaft im Sinne der Vorschriften dieses Abschnittes gelten alle juristischen Personen des öffentlichen Rechts mit Dienstherrnfähigkeit (§ 121).

Abschnitt IV
Sonderregelungen für den Spannungs- und Verteidigungsfall

§ 133a [Anwendungsbereich]
[1]Beschränkungen, Anordnungen und Verpflichtungen nach den §§ 133b bis 133e sind nur nach Maßgabe des Artikels 80a des Grundgesetzes zulässig. [2]Sie finden keine Anwendung auf Personen im Sinne des § 5 Abs. 1 des Arbeitssicherstellungsgesetzes vom 9. Juli 1968 (BGBl. I S. 787), zuletzt geändert durch Artikel 32 des Gesetzes vom 18. Dezember 1989 (BGBl. I S. 2261).

§ 133b [Abordnung; Verpflichtung zu anderen nicht laufbahngerechten oder erschwerten Aufgaben; Verlegung des Dienstortes]
(1) Der Beamte kann für Zwecke der Verteidigung auch ohne seine Zustimmung zu einem anderen Dienstherrn abgeordnet oder zur Dienstleistung bei über- oder zwischenstaatlichen zivilen Dienststellen verpflichtet werden.

(2) [1]Dem Beamten können für Zwecke der Verteidigung auch Aufgaben übertragen werden, die nicht seinem Amt oder seiner Laufbahnbefähigung entsprechen, sofern ihm die Übernahme nach seiner Vor- und Ausbildung und im Hinblick auf die Ausnahmesituation zumutbar ist. [2]Aufgaben einer niedrigeren Laufbahngruppe dürfen ihm nur übertragen werden, wenn dies aus dienstlichen Gründen unabweisbar ist.

(3) Der Beamte hat bei der Erfüllung der ihm für Zwecke der Verteidigung übertragenen Aufgaben Gefahren und Erschwernisse auf sich zu nehmen, soweit diese ihm nach den Umständen und seinen persönlichen Verhältnissen zugemutet werden können.

(4) Der Beamte ist bei einer Verlegung der Behörde oder Dienststelle – auch außerhalb des Geltungsbereiches dieses Gesetzes – zur Dienstleistung am neuen Dienstort verpflichtet.

§ 133c [Aufschub der Entlassung, des Ruhestandes]
[1]Die Entlassung eines Beamten auf seinen Antrag kann für Zwecke der Verteidigung hinausgeschoben werden, wenn dies im öffentlichen Interesse erforderlich ist und der Personalbedarf der öffentlichen Verwaltung im Bereich seines Dienstherrn auf freiwilliger Grundlage nicht gedeckt werden kann. [2]Satz 1 gilt entsprechend für den Ablauf der Amtszeit bei Beamtenverhältnissen auf Zeit. [3]Der Eintritt des Beamten in den Ruhestand nach Erreichen der Altersgrenze und die vorzeitige Versetzung in den Ruhestand auf Antrag ohne Nachweis der Dienstunfähigkeit können unter den Voraussetzungen des Satzes 1 bis zum Ende des Monats hinausgeschoben werden, in dem der Beamte das 65. Lebensjahr vollendet.

§ 133d [Erneute Berufung von Ruhestandsbeamten unter 65 Jahren]
[1]Ein Ruhestandsbeamter, der das 65. Lebensjahr noch nicht vollendet hat, kann für Zwecke der Verteidigung erneut in ein Beamtenverhältnis berufen werden, wenn dies im öffentlichen Interesse erforderlich ist und der Personalbedarf der öffentlichen Verwaltung im Bereich seines bisherigen Dienstherrn auf freiwilliger Grundlage nicht gedeckt werden kann. [2]Das Beamtenverhältnis endet, wenn es nicht vorher beendet wird, mit dem Ende des Monats, in dem der Beamte das 65. Lebensjahr vollendet.

§ 133e [Verpflichtung zur Gemeinschaftsunterkunft, Teilnahme an Gemeinschaftsverpflegung und zur Mehrarbeit]
(1) Wenn dienstliche Gründe es erfordern, kann der Beamte für Zwecke der Verteidigung verpflichtet werden, vorübergehend in Gemeinschaftsunterkunft zu wohnen und an Gemeinschaftsverpflegung teilzunehmen.

(2) [1]Der Beamte ist verpflichtet, für Zwecke der Verteidigung über die regelmäßige Arbeitszeit hinaus ohne besondere Vergütung Dienst zu tun. [2]Für die Mehrbeanspruchung wird ein Freizeitausgleich nur gewährt, soweit es die dienstlichen Erfordernisse gestatten.

Abschnitt V
Sonderregelungen für Verwendungen im Ausland

§ 133f [Sonderregelungen für Verwendungen im Ausland]
(1) Die Vorschriften dieses Abschnitts gelten für Beamte, die zur Wahrnehmung der ihnen übertragenen Amtes im Ausland oder außerhalb des Deutschen Hoheitsgebiets auf Schiffen oder in Luftfahrzeugen verwendet werden und dabei wegen vom Inland wesentlich abweichenden Verhältnissen erhöhten Gefahren ausgesetzt sind.

(2) ¹Ein gemäß Absatz 1 verwendeter Beamter kann, soweit dienstliche Gründe es erfordern, verpflichtet werden,

1. vorübergehend in einer Gemeinschaftsunterkunft zu wohnen und an einer Gemeinschaftsverpflegung teilzunehmen,
2. Schutzkleidung zu tragen,
3. Dienstkleidung zu tragen,
4. über die regelmäßige Arbeitszeit hinaus ohne besondere Vergütung Dienst zu tun.

²In den Fällen der Nummer 4 wird für die Mehrbeanspruchung ein Freizeitausgleich nur gewährt, soweit es die dienstlichen Erfordernisse gestatten.

(3) Der Dienstherr hat darauf hinzuwirken, daß die erforderlichen Maßnahmen zum Schutz und zur Fürsorge für die gemäß Absatz 1 verwendeten Beamten getroffen werden.

(4) Ist ein gemäß Absatz 1 verwendeter Beamter zum Zeitpunkt des vorgesehenen Eintritts in den Ruhestand nach den §§ 25 und 26 oder des vorgesehenen Ablaufs seiner Amtszeit wegen Verschleppung, Gefangenschaft oder aus sonstigen mit dem Dienst zusammenhängenden Gründen, die er nicht zu vertreten hat, dem Einflußbereich des Dienstherrn entzogen, verlängert sich das Dienstverhältnis bis zum Ablauf des auf die Beendigung dieses Zustands folgenden Monats.

Kapitel III
(Allgemeine Schlußvorschriften)

§ 134 (aufgehoben)

§ 135 [Keine Geltung dieses Gesetzes für öffentlich-rechtliche Religionsgesellschaften] ¹Dieses Gesetz gilt nicht für die öffentlich-rechtlichen Religionsgesellschaften und ihre Verbände. ²Diesen bleibt es überlassen, die Rechtsverhältnisse ihrer Beamten und Seelsorger diesem Gesetz entsprechend zu regeln und die Vorschriften des Kapitels II Abschnitt II für anwendbar zu erklären.

§§ 136 bis 142 (aufgehoben)

Bundesbeamtengesetz (BBG)[1]

Vom 5. Februar 2009 (BGBl. I S. 160)
(FNA 2030-2-30)
zuletzt geändert durch Art. 11 Zweites Datenschutz-Anpassungs- und UmsetzungsG EU
vom 20. November 2019 (BGBl. I S. 1626)

Inhaltsübersicht

1) Verkündet als Art. 1 DienstrechtsneuordnungsG v. 5.2.2009 (BGBl. I S. 160); Inkrafttreten gem. Art. 17 Abs. 11 dieses G
 am 12.2.2009.

Abschnitt 1
Allgemeine Vorschriften

§ 1 Geltungsbereich
Dieses Gesetz gilt für die Beamtinnen und Beamten des Bundes, soweit nicht gesetzlich etwas anderes bestimmt ist.

§ 2 Dienstherrnfähigkeit
Das Recht, Beamtinnen und Beamte zu haben, besitzen der Bund sowie bundesunmittelbare Körperschaften, Anstalten und Stiftungen des öffentlichen Rechts, die dieses Recht zum Zeitpunkt des Inkrafttretens dieses Gesetzes besitzen oder denen es danach durch Gesetz oder aufgrund eines Gesetzes verliehen wird.

§ 3 Begriffsbestimmungen
(1) Oberste Dienstbehörde der Beamtin oder des Beamten ist die oberste Behörde eines Dienstherrn, in deren Geschäftsbereich die Beamtin oder der Beamte ein Amt wahrnimmt.
(2) Dienstvorgesetzte oder Dienstvorgesetzter ist, wer für beamtenrechtliche Entscheidungen über die persönlichen Angelegenheiten der ihr oder ihm nachgeordneten Beamtinnen und Beamten zuständig ist.
(3) Vorgesetzte oder Vorgesetzter ist, wer dienstliche Anordnungen erteilen darf.
(4) Die Dienstvorgesetzten- und Vorgesetzteneigenschaft bestimmt sich nach dem Aufbau der Verwaltung.

Abschnitt 2
Beamtenverhältnis

§ 4 Beamtenverhältnis
Beamtinnen und Beamte stehen zu ihrem Dienstherrn in einem öffentlich-rechtlichen Dienst- und Treueverhältnis (Beamtenverhältnis).

§ 5 Zulässigkeit des Beamtenverhältnisses
Die Berufung in das Beamtenverhältnis ist nur zulässig zur Wahrnehmung
1. hoheitsrechtlicher Aufgaben oder
2. von Aufgaben, die zur Sicherung des Staates oder des öffentlichen Lebens nicht ausschließlich Personen übertragen werden dürfen, die in einem privatrechtlichen Arbeitsverhältnis stehen.

§ 6 Arten des Beamtenverhältnisses

(1) [1]Das Beamtenverhältnis auf Lebenszeit dient der dauernden Wahrnehmung von Aufgaben nach § 5. [2]Es bildet die Regel.

(2) [1]Das Beamtenverhältnis auf Zeit ist in gesetzlich besonders bestimmten Fällen zulässig und dient der befristeten Wahrnehmung von Aufgaben nach § 5. [2]Für das Beamtenverhältnis auf Zeit gelten die Vorschriften über das Beamtenverhältnis auf Lebenszeit entsprechend, soweit nicht gesetzlich etwas anderes bestimmt ist.

(3) Das Beamtenverhältnis auf Probe dient der Ableistung einer Probezeit

1. zur späteren Verwendung auf Lebenszeit oder

2. zur Übertragung eines Amtes mit leitender Funktion.

(4) Das Beamtenverhältnis auf Widerruf dient

1. der Ableistung eines Vorbereitungsdienstes oder

2. der vorübergehenden Wahrnehmung von Aufgaben nach § 5.

(5) [1]Das Ehrenbeamtenverhältnis dient der unentgeltlichen Wahrnehmung von Aufgaben nach § 5. [2]Es kann nicht in ein Beamtenverhältnis anderer Art und ein solches kann nicht in ein Ehrenbeamtenverhältnis umgewandelt werden.

§ 7 Voraussetzungen des Beamtenverhältnisses

(1) In das Beamtenverhältnis darf berufen werden, wer

1. Deutsche oder Deutscher im Sinne des Artikels 116 Absatz 1 des Grundgesetzes ist oder die Staatsangehörigkeit

 a) eines anderen Mitgliedstaates der Europäischen Union oder

 b) eines anderen Vertragsstaates des Abkommens über den Europäischen Wirtschaftsraum oder

 c) eines Drittstaates, dem die Bundesrepublik Deutschland und die Europäische Union vertraglich einen entsprechenden Anspruch auf Anerkennung der Berufsqualifikationen eingeräumt haben, besitzt,

2. die Gewähr dafür bietet, jederzeit für die freiheitliche demokratische Grundordnung im Sinne des Grundgesetzes einzutreten, und

3. a) die für die entsprechende Laufbahn vorgeschriebene Vorbildung besitzt oder

 b) die erforderliche Befähigung durch Lebens- und Berufserfahrung erworben hat.

(2) Wenn die Aufgaben es erfordern, darf nur eine Deutsche oder ein Deutscher im Sinne des Artikels 116 Absatz 1 des Grundgesetzes in ein Beamtenverhältnis berufen werden.

(3) Das Bundesministerium des Innern, für Bau und Heimat kann Ausnahmen von Absatz 1 Nr. 1 und Absatz 2 zulassen, wenn für die Berufung der Beamtin oder des Beamten ein dringendes dienstliches Bedürfnis besteht.

§ 8 Stellenausschreibung

(1) [1]Zu besetzende Stellen sind auszuschreiben. [2]Bei der Einstellung von Bewerberinnen und Bewerbern muss die Ausschreibung öffentlich sein. [3]Ausnahmen von den Sätzen 1 und 2 kann die Bundesregierung durch Rechtsverordnung regeln.

(2) [1]Die Art der Ausschreibung regelt die oberste Dienstbehörde nach Maßgabe des § 6 des Bundesgleichstellungsgesetzes. [2]Sie kann diese Befugnis auf unmittelbar nachgeordnete Behörden übertragen.

§ 9 Auswahlkriterien

[1]Die Auswahl der Bewerberinnen und Bewerber richtet sich nach Eignung, Befähigung und fachlicher Leistung ohne Rücksicht auf Geschlecht, Abstammung, Rasse oder ethnische Herkunft, Behinderung, Religion oder Weltanschauung, politische Anschauungen, Herkunft, Beziehungen oder sexuelle Identität. [2]Dem stehen gesetzliche Maßnahmen zur Durchsetzung der tatsächlichen Gleichstellung im Erwerbsleben, insbesondere Quotenregelungen mit Einzelfallprüfung sowie zur Förderung schwerbehinderter Menschen nicht entgegen.

§ 10 Ernennung

(1) Einer Ernennung bedarf es zur

1. Begründung des Beamtenverhältnisses,

2. Umwandlung des Beamtenverhältnisses in ein solches anderer Art,

3. Verleihung eines anderen Amtes mit anderem Endgrundgehalt und anderer Amtsbezeichnung oder

4. Verleihung eines anderen Amtes mit anderer Amtsbezeichnung beim Wechsel der Laufbahngruppe.

(2) ¹Die Ernennung erfolgt durch Aushändigung einer Ernennungsurkunde. ²In der Urkunde müssen enthalten sein

1. bei der Begründung des Beamtenverhältnisses die Wörter „unter Berufung in das Beamtenverhältnis" mit dem die Art des Beamtenverhältnisses bestimmenden Zusatz „auf Lebenszeit", „auf Probe", „auf Widerruf" oder „als Ehrenbeamtin" oder „als Ehrenbeamter" oder „auf Zeit" mit der Angabe der Zeitdauer der Berufung,
2. bei der Umwandlung des Beamtenverhältnisses in ein solches anderer Art die diese Art bestimmenden Wörter nach Nummer 1 und
3. bei der Verleihung eines Amtes die Amtsbezeichnung.

(3) Mit der Begründung eines Beamtenverhältnisses auf Probe, auf Lebenszeit und auf Zeit wird gleichzeitig ein Amt verliehen.

§ 11 Voraussetzungen der Ernennung auf Lebenszeit

(1) ¹Zur Beamtin auf Lebenszeit oder zum Beamten auf Lebenszeit darf nur ernannt werden, wer

1. die in § 7 bezeichneten Voraussetzungen erfüllt und
2. sich in einer Probezeit in vollem Umfang bewährt hat.

²Für die Feststellung der Bewährung gilt ein strenger Maßstab. ³Die Probezeit dauert mindestens drei Jahre. ⁴Die Anrechnung einer gleichwertigen Tätigkeit kann bis zu einer Mindestprobezeit von einem Jahr vorgesehen werden. ⁵Die Bundesregierung regelt durch Rechtsverordnung die Einzelheiten, insbesondere die Kriterien und das Verfahren der Bewährungsfeststellung, die Anrechnung von Zeiten sowie Ausnahmen von der Probezeit einschließlich der Mindestprobezeit.

(2) ¹Ein Beamtenverhältnis auf Probe ist spätestens nach fünf Jahren in ein solches auf Lebenszeit umzuwandeln, wenn die beamtenrechtlichen Voraussetzungen hierfür erfüllt sind. ²Die Frist verlängert sich um die Zeit, um die sich die Probezeit wegen Elternzeit oder einer Beurlaubung unter Wegfall der Besoldung verlängert.

§ 11a Ableisten eines Vorbereitungsdienstes durch Beamtinnen auf Lebenszeit und Beamte auf Lebenszeit

(1) Eine Beamtin auf Lebenszeit oder ein Beamter auf Lebenszeit kann zur Ableistung eines fachspezifischen Vorbereitungsdienstes des Bundes zur Erlangung der Befähigung für eine höhere Laufbahn oder für eine andere Laufbahn derselben oder einer höheren Laufbahngruppe zur Beamtin auf Widerruf oder zum Beamten auf Widerruf ernannt werden, wenn die Dienstbehörde die Fortdauer des Beamtenverhältnisses auf Lebenszeit neben dem Beamtenverhältnis auf Widerruf anordnet.

(2) Hat eine Beamtin auf Lebenszeit oder ein Beamter auf Lebenszeit den Vorbereitungsdienst nach Absatz 1 abgeschlossen, kann sie oder er zur Ableistung einer Probezeit für die neue Laufbahn zur Beamtin auf Probe oder zum Beamten auf Probe ernannt werden, wenn die bisherige Dienstbehörde im Einvernehmen mit der neuen Dienstbehörde die Fortdauer des Beamtenverhältnisses auf Lebenszeit neben dem Beamtenverhältnis auf Probe anordnet.

(3) Für die Dauer des Vorbereitungsdienstes und der Probezeit ruhen die Rechte und Pflichten aus dem im Beamtenverhältnis auf Lebenszeit übertragenen Amt.

(4) Vorschriften über den Wechsel in eine andere Laufbahn derselben Laufbahngruppe bleiben unberührt.

§ 12 Zuständigkeit und Wirksamwerden der Ernennung

(1) Die Bundespräsidentin oder der Bundespräsident oder eine von ihr oder ihm bestimmte Stelle¹⁾ ernennt die Beamtinnen und Beamten, soweit gesetzlich nichts anderes bestimmt ist.

(2) ¹Die Ernennung wird mit dem Tag der Aushändigung der Ernennungsurkunde wirksam, wenn nicht in der Urkunde ausdrücklich ein späterer Zeitpunkt bestimmt ist. ²Eine Ernennung auf einen zurückliegenden Zeitpunkt ist unzulässig und insoweit unwirksam.

(3) Mit der Ernennung erlischt ein privatrechtliches Arbeitsverhältnis zum Dienstherrn.

§ 13 Nichtigkeit der Ernennung

(1) Die Ernennung ist nichtig, wenn

1. sie nicht der in § 10 Abs. 2 vorgeschriebenen Form entspricht,
2. sie von einer sachlich unzuständigen Behörde ausgesprochen wurde oder
3. zum Zeitpunkt der Ernennung

1) Siehe hierzu die AnO des Bundespräsidenten über die Ernennung und Entlassung der Beamtinnen, Beamten, Richterinnen und Richter des Bundes mit Durchführungsbestimmungen.

a) nach § 7 Abs. 1 Nr. 1 keine Ernennung erfolgen durfte und keine Ausnahme nach § 7 Abs. 3 zugelassen war oder

b) die Fähigkeit zur Wahrnehmung öffentlicher Ämter nicht vorlag.

(2) Die Ernennung ist von Anfang an als wirksam anzusehen, wenn

1. im Fall des Absatzes 1 Nummer 1 aus der Urkunde oder aus dem Akteninhalt eindeutig hervorgeht, dass die für die Ernennung zuständige Stelle ein bestimmtes Beamtenverhältnis begründen oder ein bestehendes Beamtenverhältnis in ein solches anderer Art umwandeln wollte, für das die sonstigen Voraussetzungen vorliegen, und die oder der Dienstvorgesetzte dies schriftlich festgestellt hat; das Gleiche gilt, wenn die Angabe der Dauer fehlt, die Dauer aber durch Rechtsvorschrift bestimmt ist,

2. im Fall des Absatzes 1 Nr. 2 die sachlich zuständige Behörde die Ernennung bestätigt oder

3. im Fall des Absatzes 1 Nr. 3 Buchstabe a eine Ausnahme nach § 7 Abs. 3 nachträglich zugelassen wird.

§ 14 Rücknahme der Ernennung

(1) Die Ernennung ist mit Wirkung auch für die Vergangenheit zurückzunehmen, wenn

1. sie durch Zwang, arglistige Täuschung oder Bestechung herbeigeführt wurde,

2. dem Dienstherrn nicht bekannt war, dass die ernannte Person wegen einer Straftat rechtskräftig verurteilt ist und deswegen für die Berufung in das Beamtenverhältnis als unwürdig erscheint, oder

3. die Ernennung nach § 7 Abs. 2 nicht erfolgen durfte und eine Ausnahme nach § 7 Abs. 3 nicht zugelassen war und eine Ausnahme nicht nachträglich zugelassen wird.

(2) ¹Die Ernennung soll zurückgenommen werden, wenn dem Dienstherrn nicht bekannt war, dass gegen die ernannte Person in einem Disziplinarverfahren auf Entfernung aus dem Beamtenverhältnis oder auf Aberkennung des Ruhegehalts erkannt worden war. ²Dies gilt auch, wenn die Entscheidung gegen eine Beamtin oder einen Beamten der Europäischen Union oder eines anderen Staates nach § 7 Abs. 1 Nr. 1 ergangen ist.

(3) ¹Die oberste Dienstbehörde nimmt die Ernennung innerhalb von sechs Monaten zurück, nachdem sie von ihr und dem Grund der Rücknahme Kenntnis erlangt hat. ²Der Rücknahmebescheid wird der Beamtin oder dem Beamten zugestellt.

§ 15 Rechtsfolgen nichtiger oder zurückgenommener Ernennungen

¹Ist die erstmalige Ernennung nichtig oder zurückgenommen worden, hat die oder der Dienstvorgesetzte jede weitere Wahrnehmung der Dienstgeschäfte zu verbieten. ²Bei Nichtigkeit ist das Verbot erst dann auszusprechen, wenn die sachlich zuständige Behörde es abgelehnt hat, die Ernennung zu bestätigen, oder die Ausnahme nach § 7 Abs. 3 nicht nachträglich zugelassen wird. ³Die bis zu dem Verbot oder bis zur Zustellung der Erklärung der Rücknahme vorgenommenen Amtshandlungen sind in gleicher Weise gültig, wie wenn eine Beamtin oder ein Beamter sie ausgeführt hätte. ⁴Die gezahlte Besoldung kann belassen werden.

Abschnitt 3
Laufbahnen

§ 16 Laufbahn

(1) Eine Laufbahn umfasst alle Ämter, die verwandte und gleichwertige Vor- und Ausbildungen voraussetzen.

(2) ¹Die Befähigung für die Laufbahn, in die eingestellt, gewechselt oder von einem anderen Dienstherrn versetzt werden soll, ist festzustellen und der Beamtin oder dem Beamten schriftlich mitzuteilen. ²Gleiches gilt, wenn die Beamtin oder der Beamte infolge der Umbildung einer Körperschaft übernommen wird oder kraft Gesetzes in den Dienst der aufnehmenden Körperschaft übertritt.

§ 17 Zulassung zu den Laufbahnen

(1) Für die Zulassung zu den Laufbahnen werden die Bildungsgänge und ihre Abschlüsse den Laufbahnen unter Berücksichtigung der mit der Laufbahn verbundenen Anforderungen zugeordnet.

(2) Für die Zulassung zu den Laufbahnen des einfachen Dienstes sind mindestens zu fordern

1. als Bildungsvoraussetzung

 a) der erfolgreiche Besuch einer Hauptschule oder

 b) ein als gleichwertig anerkannter Bildungsstand und

2. als sonstige Voraussetzung

 a) ein Vorbereitungsdienst oder

 b) eine abgeschlossene Berufsausbildung.

(3) Für die Zulassung zu den Laufbahnen des mittleren Dienstes sind mindestens zu fordern
1. als Bildungsvoraussetzung
 a) der Abschluss einer Realschule oder
 b) der erfolgreiche Besuch einer Hauptschule und eine abgeschlossene Berufsausbildung oder
 c) der erfolgreiche Besuch einer Hauptschule und eine Ausbildung in einem öffentlich-rechtlichen Ausbildungsverhältnis oder
 d) ein als gleichwertig anerkannter Bildungsstand und
2. als sonstige Voraussetzung
 a) ein mit einer Laufbahnprüfung abgeschlossener Vorbereitungsdienst oder
 b) eine inhaltliche dessen Anforderungen entsprechende abgeschlossene Berufsausbildung oder
 c) eine abgeschlossene Berufsausbildung und eine hauptberufliche Tätigkeit.
(4) Für die Zulassung zu den Laufbahnen des gehobenen Dienstes sind mindestens zu fordern
1. als Bildungsvoraussetzung
 a) eine zu einem Hochschulstudium berechtigende Schulbildung oder
 b) ein als gleichwertig anerkannter Bildungsstand und
2. als sonstige Voraussetzung
 a) ein mit einer Laufbahnprüfung abgeschlossener Vorbereitungsdienst oder
 b) ein inhaltlich dessen Anforderungen entsprechendes mit einem Bachelor abgeschlossenes Hochschulstudium oder ein gleichwertiger Abschluss oder
 c) ein mit einem Bachelor abgeschlossenes Hochschulstudium oder ein gleichwertiger Abschluss und eine hauptberufliche Tätigkeit.
(5) Für die Zulassung zu den Laufbahnen des höheren Dienstes sind mindestens zu fordern
1. als Bildungsvoraussetzung
 a) ein mit einem Master abgeschlossenes Hochschulstudium oder
 b) ein gleichwertiger Abschluss und
2. als sonstige Voraussetzung
 a) ein mit einer Laufbahnprüfung abgeschlossener Vorbereitungsdienst oder
 b) eine inhaltlich dem Vorbereitungsdienst entsprechende Ausbildung und eine inhaltlich der Laufbahnprüfung entsprechende Prüfung oder
 c) eine hauptberufliche Tätigkeit.
(6) Vor- und Ausbildung, Prüfung sowie sonstige Voraussetzungen müssen geeignet sein, die Befähigung für die Laufbahn zu vermitteln.
(7) Die Bundesregierung kann durch Rechtsverordnung[1] Ausnahmen von den Absätzen 2 bis 5 zulassen.

§ 18 Anerkennung der Laufbahnbefähigung aufgrund der Richtlinie 2005/36/EG und aufgrund in Drittstaaten erworbener Berufsqualifikationen

(1) Die Laufbahnbefähigung kann auch aufgrund
1. der Richtlinie 2005/36/EG des Europäischen Parlaments und des Rates vom 7. September 2005 über die Anerkennung von Berufsqualifikationen (ABl. L 255 vom 30.9.2005, S. 22, L 271 vom 16.10.2007, S. 18, L 93 vom 4.4.2008, S. 28, L 33 vom 3.2.2009, S. 49), die zuletzt durch die Richtlinie 2013/55/EU (ABl. L 354 vom 28.12.2013, S. 132) geändert worden ist,
2. eines mit einem Drittstaat geschlossenen Vertrages, in dem die Bundesrepublik Deutschland und die Europäische Union einen entsprechenden Anspruch auf Anerkennung der Berufsqualifikationen eingeräumt haben, oder
3. einer auf eine Tätigkeit in einer öffentlichen Verwaltung vorbereitenden Berufsqualifikation, die in einem von § 7 Absatz 1 Nummer 1 Buchstabe c nicht erfassten Drittstaat erworben worden ist, anerkannt werden.
(2) Die deutsche Sprache muss in dem für die Wahrnehmung der Aufgaben der Laufbahn erforderlichen Maß beherrscht werden.
(3) Das Bundesministerium des Innern, für Bau und Heimat wird ermächtigt, durch Rechtsverordnung[2] die Voraussetzungen und das Verfahren der Anerkennung zu bestimmen.
(4) Das Berufsqualifikationsfeststellungsgesetz findet mit Ausnahme des § 12 Absatz 5 Satz 2 und des § 17 keine Anwendung.

1) Siehe die BundeslaufbahnVO und die dazu erlassene Allg. Verwaltungsvorschrift.
2) Siehe die LaufbahnbefähigungsanerkennungsVO.

§ 19 Andere Bewerberinnen und andere Bewerber
Der Bundespersonalausschuss oder ein von ihm bestimmter unabhängiger Ausschuss stellt fest, wer die Befähigung für eine Laufbahn ohne die vorgeschriebene Vorbildung durch Lebens- und Berufserfahrung erworben hat.

§ 20 Einstellung
[1]Die Einstellung in ein höheres Amt als das Eingangsamt der Laufbahn ist zulässig bei entsprechenden beruflichen Erfahrungen oder sonstigen Qualifikationen, die zusätzlich zu den Abschlüssen und beruflichen Erfahrungen, die für die Anerkennung der Laufbahnbefähigung erforderlich sind, erworben wurden. [2]Das Nähere regelt die Bundesregierung durch Rechtsverordnung[1].

§ 21 Dienstliche Beurteilung
[1]Eignung, Befähigung und fachliche Leistung der Beamtinnen und Beamten sind regelmäßig zu beurteilen. [2]Ausnahmen von der Beurteilungspflicht kann die Bundesregierung durch Rechtsverordnung regeln.

§ 22 Beförderungen
(1) [1]Für Beförderungen gelten die Grundsätze des § 9. [2]Erfolgt die Auswahlentscheidung auf der Grundlage dienstlicher Beurteilungen, darf das Ende des letzten Beurteilungszeitraums zum Zeitpunkt der Auswahlentscheidung höchstens drei Jahre zurückliegen.

(2) Beförderungen, die mit einer höherwertigen Funktion verbunden sind, setzen eine mindestens sechsmonatige Erprobungszeit voraus.

(3) Ämter, die nach der Gestaltung der Laufbahn regelmäßig zu durchlaufen sind, dürfen nicht übersprungen werden.

(4) Eine Beförderung ist unzulässig vor Ablauf eines Jahres
1. seit der Einstellung in das Beamtenverhältnis auf Probe oder
2. a) seit der Einstellung in das Beamtenverhältnis auf Lebenszeit oder
 b) seit der letzten Beförderung,
 es sei denn, das bisherige Amt musste nicht regelmäßig durchlaufen werden.

(5) [1]Vor dem Wechsel in ein Amt einer höheren Laufbahngruppe ist eine entsprechende Qualifikation durch eine Prüfung nachzuweisen. [2]Die Voraussetzungen und das Verfahren regelt die Bundesregierung durch Rechtsverordnung.

(6) Der Bundespersonalausschuss kann Ausnahmen von den Absätzen 2 bis 4 zulassen, wenn sie die Bundesregierung nicht durch Rechtsverordnung regelt.

§ 23 Beförderungssperre zwischen zwei Mandaten
[1]Legen Beamtinnen oder Beamte, deren Rechte und Pflichten aus dem Beamtenverhältnis ruhen oder die ohne Besoldung beurlaubt sind, ihr Mandat im Europäischen Parlament, im Deutschen Bundestag oder in der gesetzgebenden Körperschaft eines Landes nieder und bewerben sie sich zu diesem Zeitpunkt erneut um ein Mandat, ist die Übertragung eines anderen Amtes mit höherem Endgrundgehalt und die Übertragung eines anderen Amtes beim Wechsel der Laufbahngruppe nicht zulässig. [2]Satz 1 gilt entsprechend für die Zeit zwischen zwei Wahlperioden.

§ 24 Führungsämter auf Probe
(1) [1]Ein Amt mit leitender Funktion wird zunächst im Beamtenverhältnis auf Probe übertragen. [2]Die regelmäßige Probezeit beträgt zwei Jahre. [3]Die oberste Dienstbehörde kann eine Verkürzung zulassen, wenn vor Ablauf der Probezeit eine höherwertige Funktion übertragen wird oder die Funktion als ständige Vertretung der Amtsinhaberin oder des Amtsinhabers mindestens sechs Monate tatsächlich wahrgenommen wurde. [4]Die Mindestprobezeit beträgt ein Jahr. [5]Angerechnet werden können Zeiten, in denen die leitende Funktion oder eine gleichwertige Funktion als Beamtin oder Beamter der Bundesbesoldungsordnungen B, W oder R oder der früheren Bundesbesoldungsordnung C oder entsprechender Landesbesoldungsordnungen oder als Richterin oder Richter bereits übertragen war. [6]Eine Verlängerung der Probezeit ist nicht zulässig, es sei denn, wegen Elternzeit konnte die Mindestprobezeit nicht geleistet werden. [7]Bei Beurlaubungen im dienstlichen Interesse kann von der Probezeit abgesehen werden. [8]§ 22 Abs. 2 und 4 Nr. 1 ist nicht anzuwenden.

(2) [1]In ein Amt mit leitender Funktion darf berufen werden, wer
1. sich in einem Beamtenverhältnis auf Lebenszeit befindet und
2. in dieses Amt auch als Beamtin auf Lebenszeit oder Beamter auf Lebenszeit berufen werden könnte.
[2]Mit der Ernennung ruhen für die Dauer der Probezeit die Rechte und Pflichten aus dem zuletzt im Beamtenverhältnis auf Lebenszeit übertragenen Amt mit Ausnahme der Pflicht zur Verschwiegenheit und

1) Siehe die BundeslaufbahnVO und die dazu erlassene Allg. Verwaltungsvorschrift.

des Verbotes der Annahme von Belohnungen, Geschenken und sonstigen Vorteilen. ³Das Beamtenverhältnis auf Lebenszeit besteht fort. ⁴Dienstvergehen, die mit Bezug auf das Beamtenverhältnis auf Lebenszeit oder das Beamtenverhältnis auf Probe begangen worden sind, werden so verfolgt, als stünde die Beamtin oder der Beamte nur im Beamtenverhältnis auf Lebenszeit.

(3) ¹Der Bundespersonalausschuss kann Ausnahmen von Absatz 2 Satz 1 zulassen, wenn sie die Bundesregierung nicht durch Rechtsverordnung regelt. ²Besteht nur ein Beamtenverhältnis auf Probe nach Absatz 1, beträgt die regelmäßige Probezeit drei Jahre und die Mindestprobezeit zwei Jahre. ³Die für die Beamtinnen auf Probe und Beamten auf Probe geltenden Vorschriften des Bundesdisziplinargesetzes bleiben unberührt.

(4) ¹Mit erfolgreichem Abschluss der Probezeit soll das Amt nach Absatz 1 auf Dauer im Beamtenverhältnis auf Lebenszeit übertragen werden. ²Eine erneute Berufung in ein Beamtenverhältnis auf Probe zur Übertragung dieses Amtes innerhalb eines Jahres ist nicht zulässig. ³Wird das Amt nicht auf Dauer übertragen, erlischt der Anspruch auf Besoldung aus diesem Amt. ⁴Weiter gehende Ansprüche bestehen nicht.

(5) ¹Ämter im Sinne des Absatzes 1 sind die Ämter der Besoldungsgruppen B 6 bis B 9 in obersten Bundesbehörden sowie die der Besoldungsordnung B angehörenden Ämter der Leiterinnen und Leiter der übrigen Bundesbehörden sowie der bundesunmittelbaren Körperschaften, Anstalten und Stiftungen des öffentlichen Rechts, wenn sie keine richterliche Unabhängigkeit besitzen. ²Ausgenommen sind das Amt der Direktorin und des Direktors beim Bundesverfassungsgericht sowie die den Funktionen der stellvertretenden Direktorin und des stellvertretenden Direktors des Bundesrates zugeordneten Ämter.

(6) ¹Beamtinnen und Beamte führen während ihrer Amtszeit im Dienst nur die Amtsbezeichnung des ihnen nach Absatz 1 übertragenen Amtes. ²Sie dürfen nur diese auch außerhalb des Dienstes führen. ³Wird ihnen das Amt nach Absatz 1 nicht auf Dauer übertragen, dürfen sie die Amtsbezeichnung nach Satz 1 nach dem Ausscheiden aus dem Beamtenverhältnis auf Probe nicht weiterführen.

§ 25 Benachteiligungsverbote

¹Schwangerschaft, Mutterschutz und Elternzeit dürfen sich bei der Einstellung und dem beruflichen Fortkommen nicht nachteilig auswirken. ²Dies gilt auch für Teilzeit, Telearbeit und familienbedingte Beurlaubung, wenn nicht zwingende sachliche Gründe vorliegen.

§ 26 Rechtsverordnung über Laufbahnen

(1) Die Bundesregierung wird ermächtigt, durch Rechtsverordnung nach Maßgabe der §§ 16 bis 25
1. allgemeine Vorschriften über die Laufbahnen und Vorbereitungsdienste der Beamtinnen und Beamten[1] und
2. besondere Vorschriften für die einzelnen Laufbahnen und Vorbereitungsdienste
zu erlassen.

(2) Die Bundesregierung kann die Befugnis nach Absatz 1 Nr. 2 durch Rechtsverordnung obersten Dienstbehörden übertragen.

Abschnitt 4
Abordnung, Versetzung und Zuweisung

§ 27 Abordnung

(1) ¹Eine Abordnung ist die vorübergehende Übertragung einer dem Amt der Beamtin oder des Beamten entsprechenden Tätigkeit bei einer anderen Dienststelle desselben oder eines anderen Dienstherrn unter Beibehaltung der Zugehörigkeit zur bisherigen Dienststelle. ²Die Abordnung kann ganz oder teilweise erfolgen.

(2) ¹Eine Abordnung ist ganz oder teilweise aus dienstlichen Gründen auch zu einer nicht dem bisherigen Amt entsprechenden Tätigkeit möglich, wenn die Wahrnehmung der neuen Tätigkeit aufgrund der Vorbildung oder Berufsausbildung zumutbar ist. ²Dabei ist auch die Abordnung zu einer Tätigkeit zulässig, die nicht einem Amt mit demselben Endgrundgehalt entspricht.

(3) ¹Die Abordnung bedarf der Zustimmung der Beamtin oder des Beamten, wenn sie
1. im Fall des Absatzes 2 länger als zwei Jahre dauert oder
2. zu einem anderen Dienstherrn erfolgt.
²Die Abordnung zu einem anderen Dienstherrn ist ohne Zustimmung zulässig, wenn die Tätigkeit einem Amt mit demselben Endgrundgehalt auch einer anderen Laufbahn entspricht und nicht länger als fünf Jahre dauert.

1) Siehe die BundeslaufbahnVO.

(4) ¹Die Abordnung zu einem anderen Dienstherrn wird von dem abgebenden im Einverständnis mit dem aufnehmenden Dienstherrn verfügt. ²Das Einverständnis ist schriftlich oder elektronisch zu erklären.

(5) Werden Beamtinnen und Beamte des Bundes zu einem Land, einer Gemeinde, einem Gemeindeverband oder einer sonstigen nicht der Bundesaufsicht unterstehenden Körperschaft, Anstalt oder Stiftung des öffentlichen Rechts zur vorübergehenden Beschäftigung abgeordnet, sind, soweit zwischen den Dienstherren nichts anderes vereinbart ist, die für den Bereich des aufnehmenden Dienstherrn geltenden Vorschriften über die Pflichten und Rechte der Beamtinnen und Beamten entsprechend anzuwenden mit Ausnahme der Regelungen über Diensteid, Amtsbezeichnung, Zahlung von Bezügen, Krankenfürsorgeleistungen und Versorgung.

(6) Die Verpflichtung zur Zahlung der Besoldung hat auch der Dienstherr, zu dem die Abordnung erfolgt ist.

§ 28 Versetzung

(1) Eine Versetzung ist die auf Dauer angelegte Übertragung eines anderen Amtes bei einer anderen Dienststelle bei demselben oder einem anderen Dienstherrn.

(2) Eine Versetzung ist auf Antrag der Beamtin oder des Beamten oder aus dienstlichen Gründen ohne ihre oder seine Zustimmung zulässig, wenn das Amt mit mindestens demselben Endgrundgehalt verbunden ist wie das bisherige Amt, und die Tätigkeit aufgrund der Vorbildung oder Berufsausbildung zumutbar ist.

(3) ¹Bei der Auflösung oder einer wesentlichen Änderung des Aufbaus oder der Aufgaben einer Behörde oder der Verschmelzung von Behörden können Beamtinnen und Beamte, deren Aufgabengebiet davon berührt wird, ohne ihre Zustimmung in ein anderes Amt derselben oder einer anderen Laufbahn mit geringerem Endgrundgehalt im Bereich desselben Dienstherrn versetzt werden, wenn eine dem bisherigen Amt entsprechende Verwendung nicht möglich ist. ²Das Endgrundgehalt muss mindestens dem des Amtes entsprechen, das die Beamtin oder der Beamte vor dem bisherigen Amt wahrgenommen hat. ³Beamtinnen und Beamte sind verpflichtet, an Qualifizierungsmaßnahmen zum Erwerb der Befähigung für eine andere Laufbahn teilzunehmen.

(4) Im Übrigen bedarf die Versetzung der Zustimmung der Beamtin oder des Beamten.

(5) ¹Die Versetzung zu einem anderen Dienstherrn wird von dem abgebenden im Einverständnis mit dem aufnehmenden Dienstherrn verfügt. ²Das Einverständnis ist schriftlich oder elektronisch zu erklären.

§ 29 Zuweisung

(1) ¹Beamtinnen und Beamten kann mit ihrer Zustimmung vorübergehend ganz oder teilweise eine ihrem Amt entsprechende Tätigkeit

1. bei einer öffentlichen Einrichtung ohne Dienstherrnfähigkeit im dienstlichen oder öffentlichen Interesse oder
2. bei einer anderen Einrichtung, wenn ein öffentliches Interesse es erfordert,

zugewiesen werden. ²Die Entscheidung trifft die oberste Dienstbehörde oder eine von ihr bestimmte Stelle.

(2) Beamtinnen und Beamten einer Dienststelle, die ganz oder teilweise in eine öffentlich-rechtlich organisierte Einrichtung ohne Dienstherrnfähigkeit oder eine privatrechtlich organisierte Einrichtung der öffentlichen Hand umgewandelt wird, kann auch ohne ihre Zustimmung eine ihrem Amt entsprechende Tätigkeit bei dieser Einrichtung zugewiesen werden, wenn öffentliche Interessen es erfordern.

(3) Die Rechtsstellung der Beamtinnen und Beamten bleibt unberührt.

Abschnitt 5
Beendigung des Beamtenverhältnisses

Unterabschnitt 1
Entlassung

§ 30 Beendigungsgründe

Das Beamtenverhältnis endet durch
1. Entlassung,
2. Verlust der Beamtenrechte,
3. Entfernung aus dem Beamtenverhältnis nach dem Bundesdisziplinargesetz oder
4. Eintritt oder Versetzung in den Ruhestand.

§ 31 Entlassung kraft Gesetzes

(1) [1]Beamtinnen und Beamte sind entlassen, wenn

1. die Voraussetzungen des § 7 Abs. 1 Nr. 1 nicht mehr vorliegen und eine Ausnahme nach § 7 Abs. 3 auch nachträglich nicht zugelassen wird,

2. sie in ein öffentlich-rechtliches Dienst- oder Amtsverhältnis zu einem anderen Dienstherrn oder zu einer Einrichtung ohne Dienstherrnfähigkeit nach deutschem Recht treten oder zur Berufssoldatin, zum Berufssoldaten, zur Soldatin auf Zeit oder zum Soldaten auf Zeit ernannt werden, sofern gesetzlich nichts anderes bestimmt ist oder

3. sie in den Fällen des § 11a Absatz 2 eine Probezeit für die neue Laufbahn abgeleistet haben und in der neuen Laufbahn zu Beamtinnen auf Lebenszeit oder zu Beamten auf Lebenszeit ernannt sind.

[2]Satz 1 Nummer 2 gilt nicht, wenn

1. die Beamtin oder der Beamte in ein Beamtenverhältnis auf Widerruf oder in ein Ehrenbeamtenverhältnis eintritt oder

2. die oberste Dienstbehörde nach ihrem Ermessen die Fortdauer des Beamtenverhältnisses angeordnet hat, bevor die Beamtin oder der Beamte in das Dienst oder Amtsverhältnis zu dem anderen Dienstherrn oder der Einrichtung eingetreten ist; bei Dienstherren im Sinne des Beamtenstatusgesetzes kann die Fortdauer nur mit deren Einvernehmen angeordnet werden.

(2) [1]Die oberste Dienstbehörde entscheidet darüber, ob die Voraussetzungen des Absatzes 1 Satz 1 vorliegen, und stellt den Tag der Beendigung des Beamtenverhältnisses fest. [2]Die oberste Dienstbehörde kann diese Aufgaben auf unmittelbar nachgeordnete Behörden übertragen.

§ 32 Entlassung aus zwingenden Gründen

(1) Beamtinnen und Beamte sind zu entlassen, wenn sie

1. den Diensteid oder ein an dessen Stelle vorgeschriebenes Gelöbnis verweigern,

2. nicht in den Ruhestand oder einstweiligen Ruhestand versetzt werden können, weil eine versorgungsrechtliche Wartezeit nicht erfüllt ist, oder

3. zur Zeit der Ernennung Inhaberin oder Inhaber eines Amtes, das kraft Gesetzes mit dem Mandat unvereinbar ist, Mitglied des Deutschen Bundestages oder des Europäischen Parlaments waren und nicht innerhalb der von der obersten Dienstbehörde gesetzten angemessenen Frist ihr Mandat niederlegen.

(2) Beamtinnen und Beamte können entlassen werden, wenn sie in den Fällen des § 7 Abs. 2 die Eigenschaft als Deutsche oder Deutscher im Sinne des Artikels 116 Absatz 1 des Grundgesetzes verlieren.

§ 33 Entlassung auf Verlangen

(1) [1]Beamtinnen und Beamte sind zu entlassen, wenn sie gegenüber der zuständigen Behörde schriftlich ihre Entlassung verlangen. [2]Die Erklärung kann, solange die Entlassungsverfügung noch nicht zugegangen ist, innerhalb von zwei Wochen nach Zugang bei der zuständigen Behörde zurückgenommen werden, mit Zustimmung der zuständigen Behörde auch nach Ablauf dieser Frist.

(2) [1]Die Entlassung kann jederzeit verlangt werden. [2]Sie ist für den beantragten Zeitpunkt auszusprechen. [3]Sie kann jedoch so lange hinausgeschoben werden, bis die Beamtin oder der Beamte die ihr oder ihm übertragenen Aufgaben ordnungsgemäß erledigt hat, längstens drei Monate.

§ 34 Entlassung von Beamtinnen auf Probe und Beamten auf Probe

(1) [1]Beamtinnen auf Probe und Beamte auf Probe im Sinne des § 6 Abs. 3 Satz 1 können außerdem entlassen werden, wenn einer der folgenden Entlassungsgründe vorliegt:

1. ein Verhalten, das im Beamtenverhältnis auf Lebenszeit mindestens eine Kürzung der Dienstbezüge zur Folge hätte,

2. fehlende Bewährung im Sinne des § 11 Abs. 1 Satz 1 Nr. 2,

3. Dienstunfähigkeit, ohne dass eine Versetzung in den Ruhestand erfolgt ist, oder

4. Auflösung oder wesentliche Änderung des Aufbaus oder der Aufgaben der Beschäftigungsbehörde oder deren Verschmelzung mit einer anderen Behörde, wenn das übertragene Aufgabengebiet davon berührt wird und eine anderweitige Verwendung nicht möglich ist.

[2]Im Fall des Satzes 1 Nr. 2 ist bei allein mangelnder gesundheitlicher Eignung und im Fall der Nummer 3 eine anderweitige Verwendung entsprechend zu prüfen.

(2) [1]Die Frist für die Entlassung beträgt bei einer Beschäftigungszeit

1. bis zum Ablauf von drei Monaten zwei Wochen zum Monatsschluss und

2. von mehr als drei Monaten sechs Wochen zum Schluss eines Kalendervierteljahres.

[2]Als Beschäftigungszeit gilt die Zeit ununterbrochener Tätigkeit im Beamtenverhältnis auf Probe im Bereich derselben obersten Dienstbehörde.

(3) ¹Im Fall des Absatzes 1 Nr. 1 ist eine Entlassung ohne Einhaltung einer Frist möglich. ²Die §§ 21 bis 29 des Bundesdisziplinargesetzes sind entsprechend anzuwenden.

(4) Beamtinnen auf Probe und Beamte auf Probe sind mit dem Ende des Monats entlassen, in dem sie die im Beamtenverhältnis auf Lebenszeit geltende Altersgrenze erreichen.

§ 35 Entlassung von Beamtinnen und Beamten in Führungsämtern auf Probe
¹Beamtinnen und Beamte in Ämtern mit leitender Funktion sind
1. mit Ablauf der Probezeit nach § 24 Abs. 1,
2. mit Beendigung des Beamtenverhältnisses auf Lebenszeit,
3. mit Versetzung zu einem anderen Dienstherrn,
4. mit Festsetzung mindestens einer Kürzung der Dienstbezüge als Disziplinarmaßnahme oder
5. in den Fällen, in denen nur ein Beamtenverhältnis auf Probe besteht, mit Ende des Monats, in dem sie die im Beamtenverhältnis auf Lebenszeit geltende Altersgrenze erreichen,
aus dem Beamtenverhältnis auf Probe nach § 24 Abs. 1 entlassen. ²Die §§ 31 bis 33 bleiben unberührt. ³§ 34 Abs. 1 gilt entsprechend.

§ 36 Entlassung von politischen Beamtinnen auf Probe und politischen Beamten auf Probe
Politische Beamtinnen und politische Beamte, die sich in einem Beamtenverhältnis auf Probe befinden, können jederzeit aus diesem entlassen werden.

§ 37 Entlassung von Beamtinnen auf Widerruf und Beamten auf Widerruf
(1) ¹Beamtinnen auf Widerruf und Beamte auf Widerruf können jederzeit entlassen werden. ²Die Entlassung ist ohne Einhaltung einer Frist möglich. ³§ 34 Abs. 4 gilt entsprechend.

(2) ¹Beamtinnen auf Widerruf und Beamten auf Widerruf im Vorbereitungsdienst soll Gelegenheit gegeben werden, den Vorbereitungsdienst abzuleisten und die Prüfung abzulegen. ²Sie sind mit Ablauf des Tages aus dem Beamtenverhältnis entlassen, an dem ihnen
1. das Bestehen oder endgültige Nichtbestehen der Prüfung oder
2. das endgültige Nichtbestehen einer vorgeschriebenen Zwischenprüfung
bekannt gegeben wird.

§ 38¹⁾ Verfahren der Entlassung
¹Soweit gesetzlich nichts anderes bestimmt ist, wird die Entlassung von der Stelle schriftlich verfügt, die für die Ernennung zuständig wäre. ²Die Entlassung wird im Fall des § 32 Abs. 1 Nr. 1 mit der Zustellung, im Übrigen mit dem Ablauf des Monats wirksam, der auf den Monat folgt, in dem der Beamtin oder dem Beamten die Entlassungsverfügung zugestellt wird.

§ 39 Folgen der Entlassung
¹Nach der Entlassung besteht kein Anspruch auf Besoldung und Versorgung, soweit gesetzlich nichts anderes bestimmt ist. ²Die oberste Dienstbehörde kann die Erlaubnis erteilen, die Amtsbezeichnung mit dem Zusatz „außer Dienst" oder „a.D." sowie die im Zusammenhang mit dem Amt verliehenen Titel zu führen. ³Die Erlaubnis kann zurückgenommen werden, wenn die frühere Beamtin oder der frühere Beamte sich ihrer als nicht würdig erweist. ⁴Die oberste Dienstbehörde kann die Befugnis nach den Sätzen 2 und 3 auf nachgeordnete Behörden übertragen.

§ 40 Ausscheiden bei Wahlen oder Übernahme politischer Ämter
(1) ¹Beamtinnen und Beamte müssen aus ihrem Amt ausscheiden, wenn sie die Wahl zum Europäischen Parlament oder zum Deutschen Bundestag annehmen. ²Das Nähere bestimmt ein Gesetz. ³Für Beamtinnen und Beamte, die in die gesetzgebende Körperschaft eines Landes gewählt worden sind und deren Amt kraft Gesetzes mit dem Mandat unvereinbar ist, gelten die für in den Deutschen Bundestag gewählte Beamtinnen und Beamte maßgebenden Vorschriften der §§ 5 bis 7, 8 Abs. 2, der §§ 9, 23 Abs. 5 und des § 36 Abs. 1 des Abgeordnetengesetzes entsprechend.

(2) ¹Werden Beamtinnen oder Beamte zum Mitglied der Regierung eines Landes ernannt, gilt § 18 Abs. 1 und 2 des Bundesministergesetzes entsprechend. ²Dies gilt auch für den Eintritt in ein Amtsverhältnis, das dem Parlamentarischer Staatssekretärinnen oder Parlamentarischer Staatssekretäre im Sinne des Gesetzes über die Rechtsverhältnisse der Parlamentarischen Staatssekretäre entspricht.

(3) ¹Bei Eintritt in ein kommunales Wahlbeamtenverhältnis auf Zeit ist § 31 Abs. 1 Satz 1 Nr. 2 nicht anzuwenden. ²Die Rechte und Pflichten aus dem zuletzt im Beamtenverhältnis wahrgenommenen Amt ruhen für die Dauer des Wahlbeamtenverhältnisses mit Ausnahme der Pflicht zur Verschwiegenheit und des Verbotes der Annahme von Belohnungen, Geschenken und sonstigen Vorteilen. ³Beamtinnen und

1) Siehe hierzu auch die AnO des Bundespräsidenten über die Ernennung und Entlassung der Beamtinnen, Beamten, Richterinnen und Richter des Bundes mit Durchführungsbestimmungen.

Beamte kehren nach Beendigung ihrer Amtszeit unter Übertragung ihres letzten Amtes in ihr Dienstverhältnis zurück, sofern sie zu diesem Zeitpunkt noch nicht die für sie geltende Altersgrenze erreicht haben. [4]Die Beamtinnen und Beamten erhalten nach Beendigung des Wahlbeamtenverhältnisses die Besoldung aus dem zuletzt im Beamtenverhältnis des Bundes wahrgenommenen Amt. [5]Wird die Rückkehr nach Beendigung des Wahlbeamtenverhältnisses abgelehnt oder ihr nicht gefolgt, sind sie zu entlassen. [6]Die Entlassung wird von der Stelle schriftlich verfügt, die für die Ernennung zuständig wäre. [7]Die Entlassung tritt mit dem Ablauf des Monats ein, der auf den Monat folgt, in dem die Entlassungsverfügung zugestellt wird.

§ 41 Verlust der Beamtenrechte

(1) [1]Werden Beamtinnen oder Beamte im ordentlichen Strafverfahren durch das Urteil eines deutschen Gerichts

1. wegen einer vorsätzlichen Tat zu einer Freiheitsstrafe von mindestens einem Jahr oder

2. wegen einer vorsätzlichen Tat, die nach den Vorschriften über Friedensverrat, Hochverrat, Gefährdung des demokratischen Rechtsstaates oder Landesverrat und Gefährdung der äußeren Sicherheit oder, soweit sich die Tat auf eine Diensthandlung im Hauptamt bezieht, Bestechlichkeit strafbar ist, zu einer Freiheitsstrafe von mindestens sechs Monaten

verurteilt, endet das Beamtenverhältnis mit der Rechtskraft des Urteils. [2]Entsprechendes gilt, wenn die Fähigkeit zur Wahrnehmung öffentlicher Ämter aberkannt wird oder wenn Beamtinnen oder Beamte aufgrund einer Entscheidung des Bundesverfassungsgerichts nach Artikel 18 des Grundgesetzes ein Grundrecht verwirkt haben.

(2) [1]Nach Beendigung des Beamtenverhältnisses nach Absatz 1 besteht kein Anspruch auf Besoldung und Versorgung, soweit gesetzlich nichts anderes bestimmt ist. [2]Die Amtsbezeichnung und die im Zusammenhang mit dem Amt verliehenen Titel dürfen nicht weiter geführt werden.

§ 42 Wirkung eines Wiederaufnahmeverfahrens

(1) [1]Wird eine Entscheidung, die den Verlust der Beamtenrechte bewirkt hat, im Wiederaufnahmeverfahren durch eine Entscheidung ersetzt, die diese Wirkung nicht hat, gilt das Beamtenverhältnis als nicht unterbrochen. [2]Beamtinnen und Beamte haben, sofern sie die Altersgrenze noch nicht erreicht haben und dienstfähig sind, Anspruch auf Übertragung eines Amtes derselben oder einer mindestens gleichwertigen Laufbahn wie ihr bisheriges Amt und mit mindestens demselben Endgrundgehalt. [3]Bis zur Übertragung des neuen Amtes erhalten sie die Besoldung, die ihnen aus ihrem bisherigen Amt zugestanden hätte.

(2) [1]Ist aufgrund des im Wiederaufnahmeverfahren festgestellten Sachverhalts oder aufgrund eines rechtskräftigen Strafurteils, das nach der früheren Entscheidung ergangen ist, ein Disziplinarverfahren mit dem Ziel der Entfernung aus dem Beamtenverhältnis eingeleitet worden, verliert die Beamtin oder der Beamte die ihr oder ihm nach Absatz 1 zustehenden Ansprüche, wenn auf Entfernung aus dem Beamtenverhältnis erkannt wird. [2]Bis zur Rechtskraft der Entscheidung können die Ansprüche nicht geltend gemacht werden.

(3) Absatz 2 gilt entsprechend in Fällen der Entlassung von Beamtinnen auf Probe und Beamten auf Probe oder von Beamtinnen auf Widerruf und Beamten auf Widerruf wegen eines Verhaltens im Sinne des § 34 Abs. 1 Nr. 1.

(4) [1]Auf die Besoldung nach Absatz 1 Satz 3 wird ein anderes Arbeitseinkommen oder ein Unterhaltsbeitrag angerechnet. [2]Die Beamtinnen und Beamten sind hierüber zur Auskunft verpflichtet.

§ 43[1]) Gnadenrecht

[1]Der Bundespräsidentin oder dem Bundespräsidenten oder der von ihr oder ihm bestimmten Stelle steht hinsichtlich des Verlustes der Beamtenrechte das Gnadenrecht zu. [2]Wird im Gnadenweg der Verlust der Beamtenrechte in vollem Umfang beseitigt, gilt ab diesem Zeitpunkt § 42 entsprechend.

Unterabschnitt 2
Dienstunfähigkeit[2])

§ 44 Dienstunfähigkeit

(1) [1]Die Beamtin auf Lebenszeit oder der Beamte auf Lebenszeit ist in den Ruhestand zu versetzen, wenn sie oder er wegen des körperlichen Zustandes oder aus gesundheitlichen Gründen zur Erfüllung der Dienstpflichten dauernd unfähig (dienstunfähig) ist. [2]Als dienstunfähig kann auch angesehen werden, wer infolge Erkrankung innerhalb von sechs Monaten mehr als drei Monate keinen Dienst getan hat, wenn

1) Siehe hierzu die AnO des Bundespräsidenten über die Ausübung des Begnadigungsrechts des Bundes.
2) Siehe hierzu die BMI-Rundschreiben – D1 – 30101/5#1 – und – D1 – 210 173/3 –.

keine Aussicht besteht, dass innerhalb weiterer sechs Monate die Dienstfähigkeit wieder voll hergestellt ist. [3]In den Ruhestand wird nicht versetzt, wer anderweitig verwendbar ist.

(2) [1]Eine anderweitige Verwendung ist möglich, wenn ein anderes Amt, auch einer anderen Laufbahn, übertragen werden kann. [2]Die Übertragung eines anderen Amtes ohne Zustimmung ist zulässig, wenn das neue Amt zum Bereich desselben Dienstherrn gehört, es mit mindestens demselben Endgrundgehalt verbunden ist wie das bisherige Amt und zu erwarten ist, dass die Beamtin oder der Beamte den gesundheitlichen Anforderungen des neuen Amtes genügt.

(3) Zur Vermeidung der Versetzung in den Ruhestand kann einer Beamtin oder einem Beamten unter Beibehaltung des übertragenen Amtes ohne Zustimmung auch eine geringerwertige Tätigkeit übertragen werden, wenn eine anderweitige Verwendung nicht möglich und die Wahrnehmung der neuen Aufgabe unter Berücksichtigung der bisherigen Tätigkeit zumutbar ist.

(4) [1]Zur Vermeidung einer Versetzung in den Ruhestand kann die Beamtin oder der Beamte nach dem Erwerb der Befähigung für eine neue Laufbahn auch ohne Zustimmung in ein Amt dieser Laufbahn mit geringerem Endgrundgehalt versetzt werden, wenn eine dem bisherigen Amt entsprechende Verwendung nicht möglich und die Wahrnehmung der neuen Aufgabe unter Berücksichtigung der bisherigen Tätigkeit zumutbar ist. [2]Das neue Amt muss derselben Laufbahngruppe zugeordnet sein wie das derzeitige Amt. [3]Für die Übertragung bedarf es keiner Ernennung.

(5) Die Beamtin oder der Beamte, die oder der nicht die Befähigung für eine andere Laufbahn besitzt, ist verpflichtet, an Qualifizierungsmaßnahmen für den Erwerb der neuen Befähigung teilzunehmen.

(6) Bestehen Zweifel über die Dienstunfähigkeit, besteht die Verpflichtung, sich nach Weisung der Behörde ärztlich untersuchen und, falls dies aus amtsärztlicher Sicht für erforderlich gehalten wird, auch beobachten zu lassen.

(7) Gesetzliche Vorschriften, die für einzelne Gruppen von Beamtinnen und Beamten andere Voraussetzungen für die Beurteilung der Dienstunfähigkeit bestimmen, bleiben unberührt.

§ 45[1]) Begrenzte Dienstfähigkeit

(1) [1]Von der Versetzung in den Ruhestand wegen Dienstunfähigkeit ist abzusehen, wenn die Beamtin oder der Beamte unter Beibehaltung des übertragenen Amtes die Dienstpflichten noch während mindestens der Hälfte der regelmäßigen Arbeitszeit erfüllen kann (begrenzte Dienstfähigkeit). [2]Von der begrenzten Dienstfähigkeit soll abgesehen werden, wenn der Beamtin oder dem Beamten nach § 44 Abs. 2 oder 3 ein anderes Amt oder eine geringerwertige Tätigkeit übertragen werden kann.

(2) [1]Die Arbeitszeit ist entsprechend der begrenzten Dienstfähigkeit zu verkürzen. [2]Mit Zustimmung der Beamtin oder des Beamten ist auch eine Verwendung in einer nicht dem Amt entsprechenden Tätigkeit möglich.

(3) [1]Die für die Ernennung zuständige Behörde entscheidet über die Feststellung der begrenzten Dienstfähigkeit. [2]Für das Verfahren gelten die Vorschriften über die Dienstunfähigkeit entsprechend.

§ 46 Wiederherstellung der Dienstfähigkeit

(1) [1]Beamtinnen und Beamte, die wegen Dienstunfähigkeit in den Ruhestand versetzt wurden, sind verpflichtet, einer erneuten Berufung in das Beamtenverhältnis Folge zu leisten, wenn ihnen im Dienstbereich ihres früheren Dienstherrn ein Amt ihrer früheren oder einer anderen Laufbahn mit mindestens demselben Endgrundgehalt übertragen werden soll und zu erwarten ist, dass sie den gesundheitlichen Anforderungen des neuen Amtes genügen. [2]Der Dienstherr ist verpflichtet, in regelmäßigen Abständen das Vorliegen der Voraussetzungen für die Dienstfähigkeit zu überprüfen, es sei denn, nach den Umständen des Einzelfalls kommt eine erneute Berufung in das Beamtenverhältnis nicht in Betracht.

(2) Beamtinnen und Beamten, die wegen Dienstunfähigkeit in den Ruhestand versetzt wurden, kann ferner unter Übertragung eines Amtes ihrer früheren Laufbahn nach Absatz 1 auch eine geringerwertige Tätigkeit übertragen werden, wenn eine anderweitige Verwendung nicht möglich ist und ihnen die Wahrnehmung der neuen Aufgabe unter Berücksichtigung ihrer früheren Tätigkeit zumutbar ist.

(3) Beamtinnen und Beamte, die nicht die Befähigung für die andere Laufbahn besitzen, haben an Qualifizierungsmaßnahmen für den Erwerb der neuen Befähigung teilzunehmen.

(4) [1]Beamtinnen und Beamte sind verpflichtet, zur Wiederherstellung ihrer Dienstfähigkeit an geeigneten und zumutbaren gesundheitlichen und beruflichen Rehabilitationsmaßnahmen teilzunehmen. [2]Diese Verpflichtung gilt auch zur Vermeidung einer drohenden Dienstunfähigkeit. [3]Vor der Versetzung in den Ruhestand sind sie auf diese Pflicht hinzuweisen, es sei denn, nach den Umständen des Einzelfalls kommt eine erneute Berufung in das Beamtenverhältnis nicht in Betracht. [4]Der Dienstherr hat, sofern keine an-

1) Siehe hierzu das BMI-Rundschreiben – D1 – 30101/5#6 –.

deren Ansprüche bestehen, die Kosten für diese gesundheitlichen und beruflichen Rehabilitationsmaßnahmen zu tragen.

(5) Beantragen Beamtinnen oder Beamte nach Wiederherstellung ihrer Dienstfähigkeit die erneute Berufung in das Beamtenverhältnis, ist diesem Antrag zu entsprechen, falls nicht zwingende dienstliche Gründe entgegenstehen.

(6) Die erneute Berufung in ein Beamtenverhältnis ist auch in den Fällen der begrenzten Dienstfähigkeit möglich.

(7) [1]Zur Prüfung ihrer Dienstfähigkeit sind Beamtinnen und Beamte verpflichtet, sich nach Weisung der Behörde ärztlich untersuchen zu lassen. [2]Sie können eine solche Untersuchung verlangen, wenn sie einen Antrag auf erneute Berufung in das Beamtenverhältnis stellen.

(8) Bei einer erneuten Berufung gilt das frühere Beamtenverhältnis als fortgesetzt.

§ 47 Verfahren bei Dienstunfähigkeit

(1) [1]Hält die oder der Dienstvorgesetzte die Beamtin oder den Beamten aufgrund eines ärztlichen Gutachtens über den Gesundheitszustand für dienstunfähig und ist eine anderweitige Verwendung nicht möglich oder liegen die Voraussetzungen für die begrenzte Dienstfähigkeit nicht vor, teilt sie oder er der Beamtin oder dem Beamten mit, dass die Versetzung in den Ruhestand beabsichtigt ist. [2]Dabei sind die Gründe für die Versetzung in den Ruhestand anzugeben.

(2) [1]Die Beamtin oder der Beamte kann innerhalb eines Monats Einwendungen erheben. [2]Danach entscheidet die für die Ernennung zuständige Behörde über die Versetzung in den Ruhestand mit Zustimmung der obersten Dienstbehörde oder der von ihr bestimmten Stelle, soweit gesetzlich nichts anderes bestimmt ist. [3]Die oberste Dienstbehörde kann bestimmen, dass ihre Zustimmung nicht erforderlich ist.

(3) [1]Die Versetzungsverfügung ist der Beamtin oder dem Beamten schriftlich zuzustellen. [2]Sie kann bis zum Beginn des Ruhestands zurückgenommen werden.

(4) [1]Der Ruhestand beginnt mit dem Ende des Monats, in dem die Versetzung in den Ruhestand der Beamtin oder dem Beamten bekannt gegeben worden ist. [2]Zu diesem Zeitpunkt wird die Besoldung einbehalten, die das Ruhegehalt übersteigt.

§ 48 Ärztliche Untersuchung

(1) [1]In den Fällen der §§ 44 bis 47 kann die zuständige Behörde die ärztliche Untersuchung nur einer Amtsärztin oder einem Amtsarzt übertragen oder einer Ärztin oder einem Arzt, die oder der als Gutachterin oder Gutachter nach Satz 2 zugelassen ist. [2]Die oberste Dienstbehörde bestimmt, welche Ärztin oder welcher Arzt mit der Fertigung von Gutachten beauftragt werden kann. [3]Sie kann diese Befugnis auf nachgeordnete Behörden übertragen.

(2) [1]Die Ärztin oder der Arzt teilt der Behörde auf Anforderung im Einzelfall die tragenden Gründe des Gutachtens mit, soweit deren Kenntnis für die Behörde unter Beachtung des Grundsatzes der Verhältnismäßigkeit für die von ihr zu treffende Entscheidung erforderlich ist. [2]Diese Mitteilung ist in einem gesonderten und versiegelten Umschlag zu übersenden und versiegelt zur Personalakte zu nehmen. [3]Sie darf nur für die Entscheidung der in Absatz 1 genannten Fälle verwendet werden.

(3) [1]Zu Beginn der Untersuchung ist die Beamtin oder der Beamte auf deren Zweck und die Mitteilungspflicht nach Absatz 2 hinzuweisen. [2]Die Ärztin oder der Arzt übermittelt der Beamtin oder dem Beamten oder, soweit dem ärztliche Gründe entgegenstehen, einer oder einem Bevollmächtigten ein Doppel der Mitteilung nach Absatz 2.

§ 49 Ruhestand beim Beamtenverhältnis auf Probe wegen Dienstunfähigkeit

(1) Beamtinnen auf Probe und Beamte auf Probe sind in den Ruhestand zu versetzen, wenn sie infolge Krankheit, Verwundung oder sonstiger Beschädigung, die sie sich ohne grobes Verschulden bei Ausübung oder aus Veranlassung des Dienstes zugezogen haben, dienstunfähig geworden sind.

(2) [1]Beamtinnen auf Probe und Beamte auf Probe können in den Ruhestand versetzt werden, wenn sie aus anderen Gründen dienstunfähig geworden sind. [2]Die Entscheidung trifft die oberste Dienstbehörde. [3]Die Befugnis kann auf andere Behörden übertragen werden.

(3) Die §§ 44 bis 48 mit Ausnahme des § 44 Abs. 4 sind entsprechend anzuwenden.

Unterabschnitt 3
Ruhestand

§ 50 Wartezeit

Der Eintritt in den Ruhestand setzt eine versorgungsrechtliche Wartezeit voraus, soweit gesetzlich nichts anderes bestimmt ist.

§ 51 Ruhestand wegen Erreichens der Altersgrenze

(1) [1]Beamtinnen auf Lebenszeit und Beamte auf Lebenszeit treten mit dem Ende des Monats in den Ruhestand, in dem sie die für sie jeweils geltende Altersgrenze erreichen. [2]Die Altersgrenze wird in der Regel mit Vollendung des 67. Lebensjahres erreicht (Regelaltersgrenze), soweit nicht gesetzlich eine andere Altersgrenze (besondere Altersgrenze) bestimmt ist.

(2) [1]Beamtinnen auf Lebenszeit und Beamte auf Lebenszeit, die vor dem 1. Januar 1947 geboren sind, erreichen die Regelaltersgrenze mit Vollendung des 65. Lebensjahres. [2]Für Beamtinnen auf Lebenszeit und Beamte auf Lebenszeit, die nach dem 31. Dezember 1946 geboren sind, wird die Regelaltersgrenze wie folgt angehoben:

Geburtsjahr	Anhebung um Monate	Altersgrenze	
		Jahr	Monat
1947	1	65	1
1948	2	65	2
1949	3	65	3
1950	4	65	4
1951	5	65	5
1952	6	65	6
1953	7	65	7
1954	8	65	8
1955	9	65	9
1956	10	65	10
1957	11	65	11
1958	12	66	0
1959	14	66	2
1960	16	66	4
1961	18	66	6
1962	20	66	8
1963	22	66	10

(3) [1]Beamtinnen auf Lebenszeit und Beamte auf Lebenszeit im Feuerwehrdienst der Bundeswehr treten mit dem Ende des Monats in den Ruhestand, in dem sie das 62. Lebensjahr vollenden. [2]Dies gilt auch für Beamtinnen auf Lebenszeit und Beamte auf Lebenszeit in den Laufbahnen des feuerwehrtechnischen Dienstes, die 22 Jahre im Feuerwehrdienst beschäftigt waren. [3]Beamtinnen und Beamte im Sinne der Sätze 1 und 2 treten mit dem Ende des Monats in den Ruhestand, in dem sie das 60. Lebensjahr vollenden, wenn sie vor dem 1. Januar 1952 geboren sind. [4]Für Beamtinnen und Beamte im Sinne der Sätze 1 und 2, die nach dem 31. Dezember 1951 geboren sind, wird die Altersgrenze wie folgt angehoben:

Geburtsjahr Geburtsmonat	Anhebung um Monate	Altersgrenze	
		Jahr	Monat
1952			
Januar	1	60	1
Februar	2	60	2
März	3	60	3
April	4	60	4
Mai	5	60	5
Juni-Dezember	6	60	6
1953	7	60	7
1954	8	60	8
1955	9	60	9
1956	10	60	10

Geburtsjahr Geburtsmonat	Anhebung um Monate	Altersgrenze	
		Jahr	Monat
1957	11	60	11
1958	12	61	0
1959	14	61	2
1960	16	61	4
1961	18	61	6
1962	20	61	8
1963	22	61	10

(4) [1]Wer die Regelaltersgrenze oder eine gesetzlich bestimmte besondere Altersgrenze erreicht hat, darf nicht zur Beamtin oder zum Beamten ernannt werden. [2]Wer trotzdem ernannt worden ist, ist zu entlassen.

§ 52 Ruhestand auf Antrag

(1) Beamtinnen auf Lebenszeit und Beamte auf Lebenszeit können auf ihren Antrag in den Ruhestand versetzt werden, wenn

1. sie das 62. Lebensjahr vollendet haben und
2. schwerbehindert im Sinne des § 2 Abs. 2 des Neunten Buches Sozialgesetzbuch sind.

(2) [1]Beamtinnen auf Lebenszeit und Beamte auf Lebenszeit, die schwerbehindert im Sinne des § 2 Abs. 2 des Neunten Buches Sozialgesetzbuch sind und vor dem 1. Januar 1952 geboren sind, können auf ihren Antrag in den Ruhestand versetzt werden, wenn sie das 60. Lebensjahr vollendet haben. [2]Für Beamtinnen auf Lebenszeit und Beamte auf Lebenszeit, die schwerbehindert im Sinne des § 2 Abs. 2 des Neunten Buches Sozialgesetzbuch sind und nach dem 31. Dezember 1951 geboren sind, wird die Altersgrenze wie folgt angehoben:

Geburtsjahr Geburtsmonat	Anhebung um Monate	Altersgrenze	
		Jahr	Monat
1952			
Januar	1	60	1
Februar	2	60	2
März	3	60	3
April	4	60	4
Mai	5	60	5
Juni-Dezember	6	60	6
1953	7	60	7
1954	8	60	8
1955	9	60	9
1956	10	60	10
1957	11	60	11
1958	12	61	0
1959	14	61	2
1960	16	61	4
1961	18	61	6
1962	20	61	8
1963	22	61	10

(3) Beamtinnen auf Lebenszeit und Beamte auf Lebenszeit können auf ihren Antrag in den Ruhestand versetzt werden, wenn sie das 63. Lebensjahr vollendet haben.

§ 53 Hinausschieben des Eintritts in den Ruhestand

(1) [1]Auf Antrag der Beamtin oder des Beamten kann der Eintritt in den Ruhestand bis zu drei Jahre hinausgeschoben werden, wenn

1. dies im dienstlichen Interesse liegt und
2. die Arbeitszeit mindestens die Hälfte der regelmäßigen wöchentlichen Arbeitszeit beträgt.
²Der Antrag ist spätestens sechs Monate vor dem Eintritt in den Ruhestand zu stellen. ³Unter den gleichen Voraussetzungen kann der Eintritt in den Ruhestand bei einer besonderen Altersgrenze um bis zu drei Jahre hinausgeschoben werden.

(1a) ¹Dem Antrag nach Absatz 1 ist zu entsprechen, wenn
1. die Beamtin oder der Beamte familienbedingt
 a) teilzeitbeschäftigt oder beurlaubt nach § 92 gewesen ist,
 b) Familienpflegezeit nach § 92a in Anspruch genommen hat oder
 c) Pflegezeit nach § 92b in Anspruch genommen hat,
2. das Ruhegehalt, das sie oder er bei Eintritt in den Ruhestand wegen Erreichens der Altersgrenze erhalten würde, nicht die Höchstgrenze erreicht,
3. die Arbeitszeit mindestens die Hälfte der regelmäßigen wöchentlichen Arbeitszeit beträgt und
4. dienstliche Belange einem Hinausschieben nicht entgegenstehen.
²Den familienbedingten Abwesenheitszeiten nach Satz 1 Nummer 1 stehen entsprechende Zeiten im Beamten- oder Richterverhältnis oder als Tarifbeschäftigte beim Bund oder bei einem anderen Dienstherrn oder bei einem öffentlichen Arbeitgeber gleich. ³Der Eintritt in den Ruhestand kann höchstens um die Dauer der familienbedingten Teilzeitbeschäftigung oder Beurlaubung oder Familienpflegezeit hinausgeschoben werden.

(1b) Dienstliche Belange stehen einem Hinausschieben des Eintritts in den Ruhestand insbesondere dann entgegen, wenn
1. die bisher wahrgenommenen Aufgaben wegfallen,
2. Planstellen eingespart werden sollen,
3. die Beamtin oder der Beamte in einem Planstellenabbaubereich beschäftigt ist,
4. die Aufgabe, die die Beamtin oder der Beamte wahrnimmt, einem festen Rotationsprinzip unterliegt,
5. andere personalwirtschaftliche Gründe gegen eine Weiterbeschäftigung sprechen oder
6. zu erwarten ist, dass sie oder er den Anforderungen des Dienstes nicht mehr gewachsen ist.

(2) ¹Der Eintritt in den Ruhestand kann im Einzelfall mit Zustimmung der Beamtin oder des Beamten um höchstens drei Jahre hinausgeschoben werden, wenn
1. die Dienstgeschäfte nur durch diese Beamtin oder diesen Beamten fortgeführt werden können und
2. die Arbeitszeit der Beamtin oder des Beamten mindestens die Hälfte der regelmäßigen Arbeitszeit beträgt.
²Das Gleiche gilt bei einer besonderen Altersgrenze.

(3) Die Absätze 1 und 2 gelten im Beamtenverhältnis auf Probe nach § 24 entsprechend.

(4) ¹Auf Antrag der Beamtin oder des Beamten kann der Eintritt in den Ruhestand bei Vorliegen eines dienstlichen Interesses um höchstens zwei Jahre hinausgeschoben werden. ²Das gilt nur, wenn für einen Zeitraum von höchstens zwei Jahren vor Beginn des Monats, in dem die jeweils geltende Regelaltersgrenze oder die besondere Altersgrenze erreicht wird, und höchstens zwei Jahre danach Teilzeitbeschäftigung mit der Hälfte der regelmäßigen Arbeitszeit bewilligt wird. ³Die Zeiträume vor und nach der jeweils geltenden Regelaltersgrenze oder der besonderen Altersgrenze müssen gleich lang sein. ⁴Sie muss vor dem 1. Januar 2021 beginnen. ⁵Eine Bewilligung nach § 9 Absatz 2 der Arbeitszeitverordnung ist nicht möglich. ⁶Der Antrag ist spätestens sechs Monate vor dem Zeitpunkt zu stellen, zu dem die Teilzeitbeschäftigung beginnen soll.

(5) ¹Dem Antrag nach Absatz 4 darf nur entsprochen werden, wenn die Beamtin oder der Beamte sich verpflichtet, während des Bewilligungszeitraumes berufliche Verpflichtungen außerhalb des Beamtenverhältnisses nur in dem Umfang einzugehen, in dem Vollzeitbeschäftigten die Ausübung von Nebentätigkeiten gestattet ist. ²Ausnahmen hiervon sind nur zulässig, soweit dies mit dem Beamtenverhältnis vereinbar ist. ³Dabei ist von der regelmäßigen wöchentlichen Arbeitszeit für Vollzeitbeschäftigte auszugehen. ⁴Wird der Verpflichtung nach Satz 1 schuldhaft nicht nachgekommen, soll die Bewilligung mit Wirkung für die Zukunft widerrufen werden.

(6) ¹Die Bewilligung nach Absatz 4 darf außer in den Fällen des Absatzes 5 Satz 4 mit Wirkung für die Zukunft nur widerrufen werden, wenn der Beamtin oder dem Beamten die Teilzeitbeschäftigung nicht mehr zugemutet werden kann. ²Wird die Bewilligung widerrufen, nach dem die Regelaltersgrenze oder die besondere Altersgrenze erreicht worden ist, tritt die Beamtin oder der Beamte mit dem Ende des Monats in den Ruhestand, in dem der Widerruf bekannt gegeben worden ist. ³Die Vorschriften über die Beendigung des Beamtenverhältnisses wegen Dienstunfähigkeit und die Feststellung der begrenzten Dienstfähigkeit bleiben unberührt.

§ 54 Einstweiliger Ruhestand

(1) Die Bundespräsidentin oder der Bundespräsident kann jederzeit die nachfolgend genannten politischen Beamtinnen und politischen Beamten in den einstweiligen Ruhestand versetzen, wenn sie Beamtinnen auf Lebenszeit oder Beamte auf Lebenszeit sind:

1. Staatssekretärinnen und Staatssekretäre sowie Ministerialdirektorinnen und Ministerialdirektoren,
2. sonstige Beamtinnen und Beamte des höheren Dienstes im auswärtigen Dienst von der Besoldungsgruppe B 3 an aufwärts sowie Botschafterinnen und Botschafter in der Besoldungsgruppe A 16,
3. Beamtinnen und Beamte des höheren Dienstes des Militärischen Abschirmdienstes, des Bundesamtes für Verfassungsschutz und des Bundesnachrichtendienstes von der Besoldungsgruppe B 6 an aufwärts,
4. die Chefin oder den Chef des Presse- und Informationsamtes der Bundesregierung, deren oder dessen Stellvertretung und die Stellvertretende Sprecherin oder den Stellvertretenden Sprecher der Bundesregierung,
5. die Generalbundesanwältin oder den Generalbundesanwalt beim Bundesgerichtshof,
6. *[aufgehoben]*
7. die Präsidentin oder den Präsidenten des Bundeskriminalamtes,
8. die Präsidentin oder den Präsidenten des Bundespolizeipräsidiums,
9. die Präsidentin oder den Präsidenten des Bundesamtes für das Personalmanagement der Bundeswehr
10. die Präsidentin oder den Präsidenten des Bundesamtes für Ausrüstung, Informationstechnik und Nutzung der Bundeswehr,
11. die Präsidentin oder den Präsidenten des Bundesamtes für Infrastruktur, Umweltschutz und Dienstleistungen der Bundeswehr und
12. die Präsidentin oder den Präsidenten der Generalzolldirektion.

(2) Gesetzliche Vorschriften, nach denen andere politische Beamtinnen und politische Beamte in den einstweiligen Ruhestand versetzt werden können, bleiben unberührt.

§ 55 Einstweiliger Ruhestand bei organisatorischen Veränderungen

[1]Im Fall der Auflösung oder einer wesentlichen Änderung des Aufbaus oder der Aufgaben einer Behörde oder der Verschmelzung von Behörden können Beamtinnen auf Lebenszeit und Beamte auf Lebenszeit, deren Aufgabengebiet davon betroffen ist und die ein Amt der Bundesbesoldungsordnung B wahrnehmen, in den einstweiligen Ruhestand versetzt werden, wenn durch die organisatorische Änderung eine ihrem Amt entsprechende Planstelle eingespart wird und eine Versetzung nicht möglich ist. [2]Frei werdende Planstellen sollen den in den einstweiligen Ruhestand versetzten Beamtinnen und Beamten, die dafür geeignet sind, vorbehalten werden.

§ 56 Beginn des einstweiligen Ruhestands

[1]Wenn nicht im Einzelfall ausdrücklich ein späterer Zeitpunkt festgesetzt wird, beginnt der einstweilige Ruhestand mit dem Zeitpunkt, zu dem die Versetzung in den einstweiligen Ruhestand der Beamtin oder dem Beamten bekannt gegeben wird, spätestens jedoch mit dem Ende des dritten Monats, der auf den Monat der Bekanntgabe folgt. [2]Die Verfügung kann bis zum Beginn des Ruhestands zurückgenommen werden.

§ 57 Erneute Berufung

Die in den einstweiligen Ruhestand versetzten Beamtinnen und Beamten sind verpflichtet, einer erneuten Berufung in das Beamtenverhältnis auf Lebenszeit Folge zu leisten, wenn ihnen im Dienstbereich ihres früheren Dienstherrn ein Amt mit mindestens demselben Endgrundgehalt verliehen werden soll.

§ 58 Ende des einstweiligen Ruhestands

(1) Der einstweilige Ruhestand endet bei erneuter Berufung in das Beamtenverhältnis auf Lebenszeit.
(2) Die in den einstweiligen Ruhestand versetzten Beamtinnen und Beamten gelten mit Erreichen der Regelaltersgrenze als dauernd in den Ruhestand versetzt.

§ 59 Zuständigkeit bei Versetzung in den Ruhestand

[1]Die Versetzung in den Ruhestand wird von der für die Ernennung zuständigen Stelle verfügt, soweit gesetzlich nichts anderes bestimmt ist. [2]Die Versetzungsverfügung ist der Beamtin oder dem Beamten schriftlich zuzustellen. [3]Sie kann bis zum Beginn des Ruhestands zurückgenommen werden.

Abschnitt 6
Rechtliche Stellung im Beamtenverhältnis

Unterabschnitt 1
Allgemeine Pflichten und Rechte

§ 60 Grundpflichten

(1) [1]Beamtinnen und Beamte dienen dem ganzen Volk, nicht einer Partei. [2]Sie haben ihre Aufgaben unparteiisch und gerecht zu erfüllen und ihr Amt zum Wohl der Allgemeinheit zu führen. [3]Beamtinnen und Beamte müssen sich durch ihr gesamtes Verhalten zu der freiheitlichen demokratischen Grundordnung im Sinne des Grundgesetzes bekennen und für deren Erhaltung eintreten.

(2) Beamtinnen und Beamte haben bei politischer Betätigung diejenige Mäßigung und Zurückhaltung zu wahren, die sich aus ihrer Stellung gegenüber der Allgemeinheit und aus der Rücksicht auf die Pflichten ihres Amtes ergeben.

§ 61 Wahrnehmung der Aufgaben, Verhalten

(1) [1]Beamtinnen und Beamte haben sich mit vollem persönlichem Einsatz ihrem Beruf zu widmen. [2]Sie haben das ihnen übertragene Amt uneigennützig nach bestem Gewissen wahrzunehmen. [3]Ihr Verhalten innerhalb und außerhalb des Dienstes muss der Achtung und dem Vertrauen gerecht werden, die ihr Beruf erfordert. [4]Sie dürfen ihr Gesicht bei Ausübung des Dienstes oder bei einer Tätigkeit mit unmittelbarem Dienstbezug nicht verhüllen, es sei denn, dienstliche oder gesundheitliche Gründe erfordern dies.

(2) Beamtinnen und Beamte sind verpflichtet, an Maßnahmen der dienstlichen Qualifizierung zur Erhaltung oder Fortentwicklung ihrer Kenntnisse und·Fähigkeiten teilzunehmen.

§ 62 Folgepflicht

(1) [1]Beamtinnen und Beamte haben ihre Vorgesetzten zu beraten und zu unterstützen. [2]Sie sind verpflichtet, deren dienstliche Anordnungen auszuführen und deren allgemeine Richtlinien zu befolgen. [3]Dies gilt nicht, soweit die Beamtinnen und Beamten nach besonderen gesetzlichen Vorschriften an Weisungen nicht gebunden und nur dem Gesetz unterworfen sind.

(2) Beamtinnen und Beamte haben bei organisatorischen Veränderungen dem Dienstherrn Folge zu leisten.

§ 63 Verantwortung für die Rechtmäßigkeit

(1) Beamtinnen und Beamte tragen für die Rechtmäßigkeit ihrer dienstlichen Handlungen die volle persönliche Verantwortung.

(2) [1]Bedenken gegen die Rechtmäßigkeit dienstlicher Anordnungen haben Beamtinnen und Beamte unverzüglich bei der oder dem unmittelbaren Vorgesetzten geltend zu machen. [2]Wird die Anordnung aufrechterhalten, haben sie sich, wenn ihre Bedenken gegen deren Rechtmäßigkeit fortbestehen, an die nächsthöhere Vorgesetzte oder den nächsthöheren Vorgesetzten zu wenden. [3]Wird die Anordnung bestätigt, müssen die Beamtinnen und Beamten sie ausführen und sind von der eigenen Verantwortung befreit. [4]Dies gilt nicht, wenn das aufgetragene Verhalten die Würde des Menschen verletzt oder strafbar oder ordnungswidrig ist und die Strafbarkeit oder Ordnungswidrigkeit für die Beamtinnen und Beamten erkennbar ist. [5]Die Bestätigung hat auf Verlangen schriftlich zu erfolgen.

(3) [1]Verlangt eine Vorgesetzte oder ein Vorgesetzter die sofortige Ausführung der Anordnung, weil Gefahr im Verzug ist und die Entscheidung der oder des höheren Vorgesetzten nicht rechtzeitig herbeigeführt werden kann, gilt Absatz 2 Satz 3 und 4 entsprechend. [2]Die Anordnung ist durch die anordnende oder den anordnenden Vorgesetzten schriftlich zu bestätigen, wenn die Beamtin oder der Beamte dies unverzüglich nach Ausführung der Anordnung verlangt.

§ 64 Eidespflicht, Eidesformel

(1) Beamtinnen und Beamte haben folgenden Diensteid zu leisten: „Ich schwöre, das Grundgesetz und alle in der Bundesrepublik Deutschland geltenden Gesetze zu wahren und meine Amtspflichten gewissenhaft zu erfüllen, so wahr mir Gott helfe."

(2) Der Eid kann auch ohne die Worte „so wahr mir Gott helfe" geleistet werden.

(3) Lehnt eine Beamtin oder ein Beamter aus Glaubens- oder Gewissensgründen die Ablegung des vorgeschriebenen Eides ab, können an Stelle der Worte „Ich schwöre" die Worte „Ich gelobe" oder eine andere Beteuerungsformel gesprochen werden.

(4) [1]In den Fällen, in denen nach § 7 Abs. 3 eine Ausnahme von § 7 Abs. 1 Nr. 1 zugelassen worden ist, kann von einer Eidesleistung abgesehen werden. [2]Sofern gesetzlich nichts anderes bestimmt ist, hat die

Beamtin oder der Beamte in diesen Fällen zu geloben, ihre oder scine Amtspflichten gewissenhaft zu erfüllen.

§ 65 Befreiung von Amtshandlungen
(1) Beamtinnen und Beamte sind von Amtshandlungen zu befreien, die sich gegen sie selbst oder Angehörige richten würden, zu deren Gunsten ihnen wegen familienrechtlicher Beziehungen im Strafverfahren das Zeugnisverweigerungsrecht zusteht.
(2) Gesetzliche Vorschriften, nach denen Beamtinnen oder Beamte von einzelnen Amtshandlungen ausgeschlossen sind, bleiben unberührt.

§ 66 Verbot der Führung der Dienstgeschäfte
[1]Die oberste Dienstbehörde oder die von ihr bestimmte Behörde kann einer Beamtin oder einem Beamten aus zwingenden dienstlichen Gründen die Führung der Dienstgeschäfte verbieten. [2]Das Verbot erlischt, wenn nicht bis zum Ablauf von drei Monaten gegen die Beamtin oder den Beamten ein Disziplinarverfahren oder ein sonstiges auf Rücknahme der Ernennung oder auf Beendigung des Beamtenverhältnisses gerichtetes Verfahren eingeleitet worden ist.

§ 67 Verschwiegenheitspflicht
(1) [1]Beamtinnen und Beamte haben über die ihnen bei oder bei Gelegenheit ihrer amtlichen Tätigkeit bekannt gewordenen dienstlichen Angelegenheiten Verschwiegenheit zu bewahren. [2]Dies gilt auch über den Bereich eines Dienstherrn hinaus sowie nach Beendigung des Beamtenverhältnisses.
(2) [1]Absatz 1 gilt nicht, soweit
1. Mitteilungen im dienstlichen Verkehr geboten sind,
2. Tatsachen mitgeteilt werden, die offenkundig sind oder ihrer Bedeutung nach keiner Geheimhaltung bedürfen, oder
3. gegenüber der zuständigen obersten Dienstbehörde, einer Strafverfolgungsbehörde oder einer von der obersten Dienstbehörde bestimmten weiteren Behörde oder außerdienstlichen Stelle ein durch Tatsachen begründeter Verdacht einer Korruptionsstraftat nach den §§ 331 bis 337 des Strafgesetzbuches angezeigt wird.
[2]Im Übrigen bleiben die gesetzlich begründeten Pflichten, geplante Straftaten anzuzeigen und für die Erhaltung der freiheitlichen demokratischen Grundordnung einzutreten, von Absatz 1 unberührt.
(3) [1]Beamtinnen und Beamte dürfen ohne Genehmigung über Angelegenheiten nach Absatz 1 weder vor Gericht noch außergerichtlich aussagen oder Erklärungen abgeben. [2]Die Genehmigung erteilt die oder der Dienstvorgesetzte oder, wenn das Beamtenverhältnis beendet ist, die oder der letzte Dienstvorgesetzte. [3]Hat sich der Vorgang, der den Gegenstand der Äußerung bildet, bei einem früheren Dienstherrn ereignet, darf die Genehmigung nur mit dessen Zustimmung erteilt werden.
(4) [1]Beamtinnen und Beamte haben, auch nach Beendigung des Beamtenverhältnisses, auf Verlangen der oder des Dienstvorgesetzten oder der oder des letzten Dienstvorgesetzten amtliche Schriftstücke, Zeichnungen, bildliche Darstellungen sowie Aufzeichnungen jeder Art über dienstliche Vorgänge, auch soweit es sich um Wiedergaben handelt, herauszugeben. [2]Entsprechendes gilt für ihre Hinterbliebenen und Erben.

§ 68 Versagung der Aussagegenehmigung
(1) Die Genehmigung, als Zeugin oder Zeuge auszusagen, darf nur versagt werden, wenn die Aussage dem Wohle des Bundes oder eines deutschen Landes Nachteile bereiten oder die Erfüllung öffentlicher Aufgaben ernstlich gefährden oder erheblich erschweren würde.
(2) [1]Sind Beamtinnen oder Beamte Partei oder Beschuldigte in einem gerichtlichen Verfahren oder soll ihr Vorbringen der Wahrnehmung ihrer berechtigten Interessen dienen, darf die Genehmigung auch dann, wenn die Voraussetzungen des Absatzes 1 erfüllt sind, nur versagt werden, wenn die dienstlichen Rücksichten dies unabweisbar erfordern. [2]Wird die Genehmigung versagt, haben die oder der Dienstvorgesetzte der Beamtin oder dem Beamten den Schutz zu gewähren, den die dienstlichen Rücksichten zulassen.
(3) [1]Über die Versagung der Genehmigung entscheidet die oberste Dienstbehörde. [2]Sie kann diese Befugnis auf andere Behörden übertragen.

§ 69 Gutachtenerstattung
[1]Die Genehmigung, ein Gutachten zu erstatten, kann versagt werden, wenn die Erstattung den dienstlichen Interessen Nachteile bereiten würde. [2]§ 68 Abs. 3 gilt entsprechend.

§ 70 Auskünfte an die Medien
Die Leitung der Behörde entscheidet, wer den Medien Auskünfte erteilt.

§ 71[1] Verbot der Annahme von Belohnungen, Geschenken und sonstigen Vorteilen

(1) [1]Beamtinnen und Beamte dürfen, auch nach Beendigung des Beamtenverhältnisses, keine Belohnungen, Geschenke oder sonstigen Vorteile für sich oder einen Dritten in Bezug auf ihr Amt fordern, sich versprechen lassen oder annehmen. [2]Ausnahmen bedürfen der Zustimmung der obersten oder der letzten obersten Dienstbehörde. [3]Die Befugnis zur Zustimmung kann auf andere Behörden übertragen werden.

(2) [1]Wer gegen das in Absatz 1 genannte Verbot verstößt, hat auf Verlangen das aufgrund des pflichtwidrigen Verhaltens Erlangte dem Dienstherrn herauszugeben, soweit nicht im Strafverfahren die Einziehung von Taterträgen angeordnet worden ist oder es auf andere Weise auf den Staat übergegangen ist. [2]Für den Umfang des Herausgabeanspruchs gelten die Vorschriften des Bürgerlichen Gesetzbuches über die Herausgabe einer ungerechtfertigten Bereicherung entsprechend. [3]Die Herausgabepflicht nach Satz 1 umfasst auch die Pflicht, dem Dienstherrn Auskunft über Art, Umfang und Verbleib des Erlangten zu geben.

§ 72 Wahl der Wohnung

(1) Beamtinnen und Beamte haben ihre Wohnung so zu nehmen, dass die ordnungsmäßige Wahrnehmung ihrer Dienstgeschäfte nicht beeinträchtigt wird.

(2) Die oder der Dienstvorgesetzte kann, wenn die dienstlichen Verhältnisse es erfordern, anweisen, dass die Wohnung innerhalb einer bestimmten Entfernung von der Dienststelle zu nehmen oder eine Dienstwohnung zu beziehen ist.

§ 73 Aufenthaltspflicht

Wenn besondere dienstliche Verhältnisse es dringend erfordern, kann die Beamtin oder der Beamte angewiesen werden, sich während der dienstfreien Zeit in erreichbarer Nähe des Dienstortes aufzuhalten.

§ 74 Dienstkleidung

Die Bundespräsidentin oder der Bundespräsident oder die von ihr oder ihm bestimmte Stelle erlässt die Bestimmungen über Dienstkleidung, die bei Wahrnehmung des Amtes üblich oder erforderlich ist.

§ 75 Pflicht zum Schadensersatz

(1) [1]Beamtinnen und Beamte, die vorsätzlich oder grob fahrlässig die ihnen obliegenden Pflichten verletzt haben, haben dem Dienstherrn, dessen Aufgaben sie wahrgenommen haben, den daraus entstehenden Schaden zu ersetzen. [2]Haben zwei oder mehr Beamtinnen und Beamte gemeinsam den Schaden verursacht, haften sie als Gesamtschuldnerisch.

(2) Hat der Dienstherr Dritten Schadensersatz geleistet, gilt als Zeitpunkt, zu dem der Dienstherr Kenntnis im Sinne der Verjährungsvorschriften des Bürgerlichen Gesetzbuches erlangt, der Zeitpunkt, zu dem der Ersatzanspruch gegenüber Dritten vom Dienstherrn anerkannt oder dem Dienstherrn gegenüber rechtskräftig festgestellt wird.

(3) Leistet die Beamtin oder der Beamte dem Dienstherrn Ersatz und hat dieser einen Ersatzanspruch gegen Dritte, geht der Ersatzanspruch auf sie oder ihn über.

§ 76 Übergang eines Schadensersatzanspruchs gegen Dritte

[1]Werden Beamtinnen, Beamte, Versorgungsberechtigte oder ihre Angehörigen körperlich verletzt oder getötet, geht ein gesetzlicher Schadensersatzanspruch, der diesen Personen infolge der Körperverletzung oder der Tötung gegen Dritte zusteht, insoweit auf den Dienstherrn über, als dieser während einer auf der Körperverletzung beruhenden Aufhebung der Dienstfähigkeit oder infolge der Körperverletzung oder der Tötung zur Gewährung von Leistungen verpflichtet ist. [2]Ist eine Versorgungskasse zur Gewährung der Versorgung verpflichtet, geht der Anspruch auf sie über. [3]Der Übergang des Anspruchs kann nicht zum Nachteil der Verletzten oder der Hinterbliebenen geltend gemacht werden.

§ 77 Nichterfüllung von Pflichten

(1) [1]Beamtinnen und Beamte begehen ein Dienstvergehen, wenn sie schuldhaft die ihnen obliegenden Pflichten verletzen. [2]Außerhalb des Dienstes ist dieses nur dann ein Dienstvergehen, wenn die Pflichtverletzung nach den Umständen des Einzelfalls in besonderem Maße geeignet ist, das Vertrauen in einer für ihr Amt oder das Ansehen des Beamtentums bedeutsamen Weise zu beeinträchtigen.

(2) [1]Bei Ruhestandsbeamtinnen und Ruhestandsbeamten sowie früheren Beamtinnen und früheren Beamten mit Versorgungsbezügen gilt es als Dienstvergehen, wenn sie

1. sich gegen die freiheitliche demokratische Grundordnung im Sinne des Grundgesetzes betätigen,
2. an Bestrebungen teilnehmen, die darauf abzielen, den Bestand oder die Sicherheit der Bundesrepublik Deutschland zu beeinträchtigen,

1) Siehe hierzu das RdSchr. des BMI zum Verbot der Annahme von Belohnungen oder Geschenken in der Bundesverwaltung.

3. gegen die Verschwiegenheitspflicht, gegen die Anzeigepflicht oder das Verbot einer Tätigkeit nach Beendigung des Beamtenverhältnisses oder gegen das Verbot der Annahme von Belohnungen, Geschenken und sonstigen Vorteilen verstoßen oder

4. einer Verpflichtung nach § 46 Absatz 1, 2, 4 oder 7 oder § 57 schuldhaft nicht nachkommen.

²Satz 1 Nummer 1 bis 3 gilt auch für frühere Beamtinnen mit Anspruch auf Altersgeld und frühere Beamte mit Anspruch auf Altersgeld.

(3) Die Verfolgung von Dienstvergehen richtet sich nach dem Bundesdisziplinargesetz.

§ 78 Fürsorgepflicht des Dienstherrn

¹Der Dienstherr hat im Rahmen des Dienst- und Treueverhältnisses für das Wohl der Beamtinnen und Beamten und ihrer Familien, auch für die Zeit nach Beendigung des Beamtenverhältnisses, zu sorgen. ²Er schützt die Beamtinnen und Beamten bei ihrer amtlichen Tätigkeit und in ihrer Stellung.

§ 78a Zahlung durch den Dienstherrn bei Schmerzensgeldansprüchen

(1) ¹Hat eine Beamtin oder ein Beamter wegen einer vorsätzlichen Verletzung des Körpers, der Gesundheit, der Freiheit oder der sexuellen Selbstbestimmung, die ihr oder ihm wegen ihrer oder seiner Eigenschaft als Amtsträgerin oder Amtsträger zugefügt worden ist, einen durch ein rechtskräftiges Endurteil eines deutschen Gerichts festgestellten Anspruch auf Schmerzensgeld gegen einen Dritten, so soll der Dienstherr auf Antrag die Zahlung auf diesen Anspruch bis zur Höhe des zuerkannten Schmerzensgeldanspruchs übernehmen, sofern dies zur Vermeidung einer unbilligen Härte notwendig ist. ²Der rechtskräftigen Feststellung steht ein nicht oder nicht mehr widerruflicher Vergleich nach § 794 Absatz 1 Nummer 1 der Zivilprozessordnung gleich, wenn er der Höhe nach angemessen ist.

(2) Eine unbillige Härte liegt insbesondere vor, wenn ein Versuch der Vollstreckung in das Vermögen nicht zu einer vollständigen Befriedigung der Beamtin oder des Beamten geführt hat, sofern der Betrag, hinsichtlich dessen die Beamtin oder der Beamte nicht befriedigt wurde, mindestens 250 Euro erreicht.

(3) Der Dienstherr kann die Zahlung nach Absatz 1 ablehnen, wenn aufgrund desselben Sachverhalts eine einmalige Unfallentschädigung (§ 43 des Beamtenversorgungsgesetzes) oder ein Unfallausgleich (§ 35 des Beamtenversorgungsgesetzes) gezahlt wird.

(4) ¹Der Antrag nach Absatz 1 kann innerhalb einer Ausschlussfrist von zwei Jahren nach Eintritt der Rechtskraft des Urteils nach Absatz 1 Satz 1 oder nach Eintritt der Unwiderruflichkeit des Vergleichs nach Absatz 1 Satz 2 schriftlich oder elektronisch gestellt werden. ²Dem Antrag ist ein Nachweis des Vollstreckungsversuches beizufügen. ³Die Entscheidung trifft die oberste Dienstbehörde oder die von ihr bestimmte Behörde. ⁴Für Versorgungsempfängerinnen und Versorgungsempfänger ist die für die Zahlung der Versorgungsbezüge verantwortliche Behörde zuständig. ⁵Soweit der Dienstherr die Zahlung übernommen hat, gehen Ansprüche gegen Dritte auf ihn über. ⁶Der Übergang der Ansprüche kann nicht zum Nachteil der oder des Geschädigten geltend gemacht werden.

(5) Absatz 1 ist nicht anzuwenden auf Schmerzensgeldansprüche, die im Wege des Urkundenprozesses nach den §§ 592 bis 600 der Zivilprozessordnung festgestellt worden sind.

§ 79 Mutterschutz, Elternzeit und Jugendarbeitsschutz

(1) ¹Die Bundesregierung regelt durch Rechtsverordnung die der Eigenart des öffentlichen Dienstes entsprechende Anwendung der Vorschriften des Mutterschutzgesetzes auf Beamtinnen. ²Diese Rechtsverordnung stellt für Beamtinnen hinsichtlich Inhalt, Art und Umfang den Schutz sicher, der Frauen nach dem Mutterschutzgesetz gewährleistet wird. ³Für die Kontrolle und Überwachung der Einhaltung der dem Gesundheitsschutz dienenden mutterschutzrechtlichen Vorschriften gilt § 29 des Mutterschutzgesetzes entsprechend.

(2) ¹Die Bundesregierung regelt durch Rechtsverordnung die der Eigenart des öffentlichen Dienstes entsprechende Anwendung der Vorschriften des Bundeselterngeld- und Elternzeitgesetzes über die Elternzeit auf Beamtinnen und Beamte. ²Das Bundesministerium des Innern, für Bau und Heimat kann in den Fällen des Artikels 91 Absatz 2 Satz 1 und des Artikels 115f Absatz 1 Nummer 1 des Grundgesetzes den Anspruch auf Elternzeit für Polizeivollzugsbeamtinnen und Polizeivollzugsbeamte in der Bundespolizei aus zwingenden Gründen der inneren Sicherheit ausschließen oder einschränken.

(3) ¹Das Jugendarbeitsschutzgesetz gilt für jugendliche Beamtinnen und jugendliche Beamte entsprechend. ²Die Bundesregierung kann durch Rechtsverordnung Ausnahmen von den Vorschriften des Jugendarbeitsschutzgesetzes für jugendliche Polizeivollzugsbeamtinnen und jugendliche Polizeivollzugsbeamte bestimmen, soweit diese aufgrund der Eigenart des Polizeivollzugsdienstes oder aus Gründen der inneren Sicherheit erforderlich sind.

§ 80 Beihilfe in Krankheits-, Pflege- und Geburtsfällen

(1) [1]Beihilfe erhalten:

1. Beamtinnen und Beamte, die Anspruch auf Besoldung haben oder die Elternzeit in Anspruch nehmen,
2. Versorgungsempfängerinnen und Versorgungsempfänger, die Anspruch auf Versorgungsbezüge haben,
3. frühere Beamtinnen und frühere Beamte für den Zeitraum, in dem sie einen Unterhaltsbeitrag oder Übergangsgeld nach dem Beamtenversorgungsgesetz beziehen,
4. frühere Beamtinnen auf Zeit und frühere Beamte auf Zeit für den Zeitraum, in dem sie Übergangsgeld nach dem Beamtenversorgungsgesetz beziehen.

[2]Satz 1 gilt auch, wenn Bezüge aufgrund der Anwendung von Ruhens- oder Anrechnungsvorschriften nicht gezahlt werden.

(2) [1]Beihilfe wird auch gewährt für Aufwendungen

1. der Ehegattin oder des Ehegatten, der Lebenspartnerin oder des Lebenspartners, die oder der kein zur wirtschaftlichen Selbständigkeit führendes Einkommen hat, und
2. der Kinder, die beim Familienzuschlag nach dem Bundesbesoldungsgesetz berücksichtigungsfähig sind.

[2]Satz 1 Nummer 2 gilt nicht für Kinder, die Waisengeld nach § 23 des Beamtenversorgungsgesetzes erhalten.

(3) [1]Beihilfefähig sind grundsätzlich nur notwendige und wirtschaftlich angemessene Aufwendungen

1. in Krankheits- und Pflegefällen,
2. für die Behandlung von Behinderungen,
3. für die Früherkennung von Krankheiten und für Schutzimpfungen,
4. in Geburtsfällen, für eine künstliche Befruchtung, für Maßnahmen zur Empfängnisregelung und -verhütung sowie in Ausnahmefällen bei Sterilisation und Schwangerschaftsabbruch sowie
5. bei Organspenden.

(4) [1]Beihilfe kann nur gewährt werden

1. als mindestens 50-prozentige Erstattung der beihilfefähigen Aufwendungen,
2. in Pflegefällen auch in Form einer Pauschale, deren Höhe sich am tatsächlichen Versorgungsaufwand orientiert, oder
3. im Wege der Beteiligung an den Kosten individueller Leistungen von Leistungserbringerinnen oder Leistungserbringern.

[2]Beihilfe darf nur gewährt werden, soweit sie zusammen mit anderen aus demselben Anlass zu gewährenden Leistungen die dem Grunde nach beihilfefähigen Aufwendungen nicht überschreitet. [3]Nicht beihilfefähig sind Aufwendungen beihilfeberechtigter Polizeivollzugsbeamtinnen und Polizeivollzugsbeamter der Bundespolizei, denen Leistungen nach § 70 Absatz 2 des Bundesbesoldungsgesetzes zustehen.

(5) [1]Steht einer beihilfeberechtigten oder berücksichtigungsfähigen Person gegen eine Leistungserbringerin oder einen Leistungserbringer wegen einer unrichtigen Abrechnung ein Anspruch auf Erstattung oder Schadensersatz zu, kann der Dienstherr durch schriftliche oder elektronische Anzeige gegenüber der Leistungserbringerin oder dem Leistungserbringer bewirken, dass der Anspruch insoweit auf ihn übergeht, als er aufgrund der unrichtigen Abrechnung zu hohe Beihilfeleistungen erbracht hat. [2]Satz 1 gilt für den Anspruch gegen eine Abrechnungsstelle der Leistungserbringerin oder des Leistungserbringers entsprechend.

(6) [1]Das Bundesministerium des Innern, für Bau und Heimat regelt im Einvernehmen mit dem Auswärtigen Amt, dem Bundesministerium der Finanzen, dem Bundesministerium der Verteidigung und dem Bundesministerium für Gesundheit durch Rechtsverordnung[1]) ohne Zustimmung des Bundesrates die näheren Einzelheiten, insbesondere zu den beihilfeberechtigten und berücksichtigungsfähigen Personen sowie zu Inhalt und Umfang der Beihilfen. [2]In der Rechtsverordnung können unter anderem vorgesehen werden:

1. Höchstbeträge,
2. in Anlehnung an das Fünfte Buch Sozialgesetzbuch
 a) der Ausschluss der Beihilfefähigkeit von Aufwendungen für Untersuchungen, Behandlungen, Arznei-, Heil- und Hilfsmittel, deren diagnostischer oder therapeutischer Nutzen nicht nach dem allgemein anerkannten Stand der medizinischen Erkenntnisse nachgewiesen ist,
 b) der Ausschluss der Beihilfefähigkeit von Aufwendungen für Arznei-, Heil- und Hilfsmittel, die zur Behandlung geringfügiger Erkrankungen bestimmt sind und deren Kosten geringfügig oder der allgemeinen Lebenshaltung zuzurechnen sind,

1) Siehe die BundesbeihilfeVO und die dazu erlassene Allg. Verwaltungsvorschrift.

c) die Beschränkung der Beihilfefähigkeit von Aufwendungen für Untersuchungen und Behandlungen, Arznei-, Heil- und Hilfsmittel, Geräte zur Selbstbehandlung und Körperersatzstücke, Krankenhausleistungen, häusliche Krankenpflege, Familien- und Haushaltshilfen, Fahrt- und Unterkunftskosten, Anschlussheil- und Suchtbehandlungen sowie für Rehabilitationsmaßnahmen auf bestimmte Personengruppen, Umstände oder Indikationen,

3. Eigenbehalte,
4. Belastungsgrenzen und
5. die Beihilfefähigkeit von Aufwendungen für Präventionsmaßnahmen zur Verhinderung und Verminderung von Krankheitsrisiken.

§ 81[1] Reisekosten

(1) [1]Beamtinnen und Beamte erhalten die notwendigen Kosten einer dienstlich veranlassten Reise (Dienstreise) vergütet. [2]Die Reisekostenvergütung umfasst die Fahrt- und Flugkosten, eine Wegstreckenentschädigung, Tage- und Übernachtungsgelder, Reisebeihilfen für Familienheimfahrten sowie sonstige Kosten, die durch die Reise veranlasst sind.

(2) [1]Die Einzelheiten zu Art und Umfang der Reisekostenvergütung sowie die Grundsätze des Abrechnungsverfahrens regelt die Bundesregierung durch Rechtsverordnung. [2]Bei der Bemessung der Reisekostenvergütung können Höchstgrenzen oder Pauschalen für eine Erstattung festgesetzt und abweichende Regelungen für besondere Fälle getroffen werden.

(3) [1]Für Reisen nach Absatz 1 im oder in das Ausland sowie vom Ausland in das Inland (Auslandsdienstreisen) kann das Bundesministerium des Innern, für Bau und Heimat im Einvernehmen mit dem Auswärtigen Amt, dem Bundesministerium der Verteidigung und dem Bundesministerium der Finanzen durch Rechtsverordnung abweichende Vorschriften erlassen. [2]Dazu gehören die Anordnung und Genehmigung von Dienstreisen sowie der Umfang der Reisekostenvergütung einschließlich zusätzlich zu erstattender notwendiger Kosten, die der Erreichung des Zwecks von Auslandsdienstreisen dienen und die die besonderen Verhältnisse im Ausland berücksichtigen.

§ 82[2] Umzugskosten

(1) [1]Beamtinnen und Beamte sowie ihre Hinterbliebenen erhalten die notwendigen Kosten für einen Umzug vergütet (Umzugskostenvergütung), wenn die Übernahme der Umzugskosten zugesagt worden ist. [2]Die Umzugskostenzusage kann bei einem dienstlich veranlassten Umzug oder in besonderen Fällen gegeben werden. [3]Die Umzugskostenvergütung umfasst

1. Beförderungsauslagen,
2. Reisekosten,
3. Trennungsgeld,
4. Mietentschädigung und
5. sonstige Auslagen.

(2) [1]Die Einzelheiten zu Art und Umfang der Umzugskostenvergütung sowie die Grundsätze des Abrechnungsverfahrens regelt die Bundesregierung durch Rechtsverordnung. [2]Bei der Bemessung der Umzugskostenvergütung können Höchstgrenzen oder Pauschalen für eine Erstattung festgesetzt und abweichende Regelungen für besondere Fälle getroffen werden.

(3) Für Umzüge nach Absatz 1 im oder in das Ausland sowie aus dem Ausland in das Inland (Auslandsumzüge) kann das Auswärtige Amt im Einvernehmen mit dem Bundesministerium des Innern, für Bau und Heimat, dem Bundesministerium der Verteidigung und dem Bundesministerium der Finanzen durch Rechtsverordnung[3] abweichende Vorschriften zur Umzugskostenvergütung erlassen, soweit die besonderen Bedürfnisse des Auslandsdienstes und die besonderen Verhältnisse im Ausland es erfordern.

§ 83[4] Trennungsgeld

(1) [1]Beamtinnen und Beamte, die an einen Ort außerhalb des Dienst- oder Wohnortes abgeordnet, versetzt, zugewiesen oder aufgrund einer anderen personellen Maßnahme an einem Ort außerhalb ihres bisherigen Dienst- oder Wohnortes beschäftigt werden, erhalten die notwendigen Kosten, die durch die häusliche Trennung oder in besonderen Fällen entstehen (Trennungsgeld). [2]Dabei sind die häuslichen Ersparnisse zu berücksichtigen.

(2) Werden Beamtinnen auf Widerruf und Beamte auf Widerruf im Vorbereitungsdienst zum Zwecke ihrer Ausbildung einer Ausbildungsstelle an einen anderen Ort als dem bisherigen Dienst- oder Wohnort

1) Siehe hierzu das BundesreisekostenG und die dazu erlassene Allg. Verwaltungsvorschrift sowie die AuslandsreisekostenVO und die dazu erlassene Allg. Verwaltungsvorschrift.
2) Siehe hierzu das BundesumzugskostenG und die dazu erlassene Allg. Verwaltungsvorschrift.
3) Siehe die AuslandsumzugskostenVO.
4) Siehe hierzu die TrennungsgeldVO und die AuslandstrennungsgeldVO.

zugewiesen, können ihnen die dadurch entstehenden notwendigen Mehrausgaben ganz oder teilweise erstattet werden.

(3) ¹Die Einzelheiten zu Art und Umfang des Trennungsgeldes und der Gewährung von Reisebeihilfen für Familienheimfahrten sowie die Grundsätze des Abrechnungsverfahrens regelt die Bundesregierung durch Rechtsverordnung. ²Bei der Bemessung des Trennungsgeldes und der Reisebeihilfen für Familienheimfahrten können Höchstgrenzen und Pauschalen für eine Erstattung festgesetzt und abweichende Regelungen für besondere Fälle getroffen werden.

(4) Für Maßnahmen nach Absatz 1 im oder in das Ausland sowie vom Ausland in das Inland kann das Auswärtige Amt im Einvernehmen mit dem Bundesministerium des Innern, für Bau und Heimat, dem Bundesministerium der Verteidigung und dem Bundesministerium der Finanzen durch Rechtsverordnung abweichende Vorschriften zu Trennungsgeld und Reisebeihilfen für Familienheimfahrten erlassen, soweit die besonderen Bedürfnisse des Auslandsdienstes und die besonderen Verhältnisse im Ausland es erfordern.

§ 84 Jubiläumszuwendung

¹Beamtinnen und Beamten wird bei Dienstjubiläen eine Zuwendung gewährt. ²Das Nähere regelt die Bundesregierung durch Rechtsverordnung[1].

§ 84a Rückforderung zu viel gezahlter Geldleistungen

¹Die Rückforderung zu viel gezahlter Geldleistungen, die der Dienstherr auf Grund beamtenrechtlicher Vorschriften geleistet hat, richtet sich nach den Vorschriften des Bürgerlichen Gesetzbuchs über die Herausgabe einer ungerechtfertigten Bereicherung. ²Der Kenntnis des Mangels des rechtlichen Grundes der Zahlung steht es gleich, wenn der Mangel so offensichtlich war, dass die Empfängerin oder der Empfänger ihn hätte erkennen müssen. ³Von der Rückforderung kann aus Billigkeitsgründen mit Zustimmung der obersten Dienstbehörde oder der von ihr bestimmten Stelle ganz oder teilweise abgesehen werden.

§ 85 Dienstzeugnis

¹Beamtinnen und Beamten wird auf Antrag ein Dienstzeugnis über Art und Dauer der von ihnen wahrgenommenen Ämter erteilt, wenn sie daran ein berechtigtes Interesse haben oder das Beamtenverhältnis beendet ist. ²Das Dienstzeugnis muss auf Verlangen auch über die ausgeübte Tätigkeit und die erbrachten Leistungen Auskunft geben.

§ 86 Amtsbezeichnungen

(1) Die Bundespräsidentin oder der Bundespräsident oder eine von ihr oder ihm bestimmte Stelle setzt die Amtsbezeichnungen fest, soweit gesetzlich nichts anderes bestimmt ist.

(2) ¹Beamtinnen und Beamte führen im Dienst die Amtsbezeichnung des ihnen übertragenen Amtes. ²Sie dürfen sie auch außerhalb des Dienstes führen. ³Nach dem Wechsel in ein anderes Amt dürfen sie die bisherige Amtsbezeichnung nicht mehr führen. ⁴Ist das neue Amt mit einem niedrigeren Endgrundgehalt verbunden, darf neben der neuen Amtsbezeichnung die des früheren Amtes mit dem Zusatz „außer Dienst" oder „a.D." geführt werden.

(3) ¹Ruhestandsbeamtinnen und Ruhestandsbeamte dürfen die ihnen bei der Versetzung in den Ruhestand zustehende Amtsbezeichnung mit dem Zusatz „außer Dienst" oder „a.D." und die im Zusammenhang mit dem Amt verliehenen Titel weiter führen. ²Ändert sich die Bezeichnung des früheren Amtes, darf die geänderte Amtsbezeichnung geführt werden.

Unterabschnitt 2
Arbeitszeit

§ 87 Arbeitszeit

(1) Die regelmäßige Arbeitszeit darf wöchentlich im Durchschnitt 44 Stunden nicht überschreiten.

(2) Soweit Bereitschaftsdienst besteht, kann die Arbeitszeit entsprechend den dienstlichen Bedürfnissen verlängert werden.

(3) ¹Das Nähere zur Regelung der Arbeitszeit, insbesondere zur Dauer, zu Möglichkeiten ihrer flexiblen Ausgestaltung und zur Kontrolle ihrer Einhaltung, regelt die Bundesregierung durch Rechtsverordnung[2]. ²Eine Kontrolle der Einhaltung der Arbeitszeit mittels automatisierter Datenverarbeitungssysteme ist zulässig, soweit diese Systeme eine Mitwirkung der Beamtinnen und Beamten erfordern. ³Die erhobenen Daten dürfen nur für Zwecke der Arbeitszeitkontrolle, der Wahrung arbeitsschutzrechtlicher Bestimmungen und des gezielten Personaleinsatzes verwendet werden, soweit dies zur Aufgabenwahrneh-

1) Siehe die DienstjubiläumsVO.
2) Siehe die ArbeitszeitVO.

mung der jeweils zuständigen Stelle erforderlich ist. [4]In der Rechtsverordnung sind Löschfristen für die erhobenen Daten vorzusehen.

§ 88 Mehrarbeit
[1]Beamtinnen und Beamte sind verpflichtet, ohne Vergütung über die regelmäßige wöchentliche Arbeitszeit hinaus Dienst zu tun, wenn zwingende dienstliche Verhältnisse dies erfordern und sich die Mehrarbeit auf Ausnahmefälle beschränkt. [2]Werden sie durch eine dienstlich angeordnete oder genehmigte Mehrarbeit mehr als fünf Stunden im Monat über die regelmäßige Arbeitszeit hinaus beansprucht, ist ihnen innerhalb eines Jahres für die Mehrarbeit, die sie über die regelmäßige Arbeitszeit hinaus leisten, entsprechende Dienstbefreiung zu gewähren. [3]Bei Teilzeitbeschäftigung sind die fünf Stunden anteilig zu kürzen. [4]Ist die Dienstbefreiung aus zwingenden dienstlichen Gründen nicht möglich, können Beamtinnen und Beamte in Besoldungsgruppen mit aufsteigenden Gehältern eine Vergütung[1] erhalten.

§ 89 Erholungsurlaub
[1]Beamtinnen und Beamten steht jährlich ein Erholungsurlaub unter Fortgewährung der Besoldung zu. [2]Die Bewilligung, die Dauer und die Abgeltung des Erholungsurlaubs regelt die Bundesregierung durch Rechtsverordnung[2]. [3]Die Dauer des zusätzlichen Urlaubs für in das Ausland entsandte Beamtinnen und Beamte des Auswärtigen Dienstes regelt das Gesetz über den Auswärtigen Dienst.

§ 90 Urlaub aus anderen Anlässen, Mandatsträgerinnen und Mandatsträger
(1) Die Bundesregierung regelt durch Rechtsverordnung[3] die Bewilligung von Urlaub aus anderen Anlässen und bestimmt, inwieweit die Besoldung während eines solchen Urlaubs fortbesteht.

(2) Stimmen Beamtinnen und Beamte ihrer Aufstellung als Bewerberinnen oder Bewerber für die Wahl zum Europäischen Parlament oder zum Deutschen Bundestag oder zu der gesetzgebenden Körperschaft eines Landes zu, ist ihnen auf Antrag innerhalb der letzten zwei Monate vor dem Wahltag der zur Vorbereitung ihrer Wahl erforderliche Urlaub unter Wegfall der Besoldung zu gewähren.

(3) [1]Beamtinnen und Beamten, die in die gesetzgebende Körperschaft eines Landes gewählt worden sind und deren Rechte und Pflichten aus dem Beamtenverhältnis nicht nach § 40 Abs. 1 ruhen, ist zur Ausübung des Mandats auf Antrag
1. Teilzeitbeschäftigung im Umfang von mindestens 30 Prozent der regelmäßigen Arbeitszeit zu bewilligen oder
2. ein Urlaub unter Wegfall der Besoldung zu gewähren.

[2]Der Antrag soll jeweils für den Zeitraum von mindestens sechs Monaten gestellt werden. [3]§ 23 Abs. 5 des Abgeordnetengesetzes ist entsprechend anzuwenden. [4]Auf Beamtinnen und Beamte, denen nach Satz 1 Nr. 2 Urlaub unter Wegfall der Besoldung gewährt wird, ist § 7 Abs. 1, 3 und 4 des Abgeordnetengesetzes entsprechend anzuwenden.

(4) [1]Für die Tätigkeit als Mitglied einer kommunalen Vertretung, eines nach Kommunalverfassungsrecht gebildeten Ausschusses oder vergleichbarer Einrichtungen in Gemeindebezirken ist Beamtinnen und Beamten der erforderliche Urlaub unter Fortzahlung der Besoldung zu gewähren. [2]Satz 1 gilt auch für die von einer kommunalen Vertretung gewählten ehrenamtlichen Mitglieder von Ausschüssen, die aufgrund eines Gesetzes gebildet worden sind.

§ 91 Teilzeit
(1) Beamtinnen und Beamten, die Anspruch auf Besoldung haben, kann auf Antrag Teilzeitbeschäftigung bis zur Hälfte der regelmäßigen Arbeitszeit und bis zur jeweils beantragten Dauer bewilligt werden, soweit dienstliche Belange dem nicht entgegenstehen.

(2) [1]Dem Antrag nach Absatz 1 darf nur entsprochen werden, wenn die Beamtinnen und Beamten sich verpflichten, während des Bewilligungszeitraumes außerhalb des Beamtenverhältnisses berufliche Verpflichtungen nur in dem Umfang einzugehen, der den Vollzeitbeschäftigten für die Ausübung von Nebentätigkeiten gestattet ist. [2]Ausnahmen hiervon sind nur zulässig, soweit dies mit dem Beamtenverhältnis vereinbar ist. [3]Dabei ist von der regelmäßigen wöchentlichen Arbeitszeit ohne Rücksicht auf die Bewilligung von Teilzeitbeschäftigung auszugehen. [4]Wird die Verpflichtung nach Satz 1 schuldhaft verletzt, soll die Bewilligung widerrufen werden.

(3) [1]Die zuständige Dienstbehörde kann nachträglich die Dauer der Teilzeitbeschäftigung beschränken oder den Umfang der zu leistenden Arbeitszeit erhöhen, soweit zwingende dienstliche Belange dies erfordern. [2]Sie soll eine Änderung des Umfangs der Teilzeitbeschäftigung oder den Übergang zur Voll-

1) Siehe hierzu die BundesmehrarbeitsvergütungsVO.
2) Siehe die ErholungsurlaubsVO.
3) Siehe die SonderurlaubsVO.

zeitbeschäftigung zulassen, wenn der Beamtin oder dem Beamten die Teilzeitbeschäftigung im bisherigen Umfang nicht mehr zugemutet werden kann und dienstliche Belange dem nicht entgegenstehen.

§ 92 Familienbedingte Teilzeit, familienbedingte Beurlaubung

(1) [1]Beamtinnen und Beamten, die Anspruch auf Besoldung haben, wird auf Antrag Teilzeitbeschäftigung oder Urlaub ohne Besoldung bewilligt, wenn

1. sie
 a) mindestens ein Kind, das das 18. Lebensjahr noch nicht vollendet hat, tatsächlich betreuen oder pflegen oder
 b) eine sonstige Angehörige oder einen sonstigen Angehörigen tatsächlich betreuen oder pflegen, die oder der pflegebedürftig ist nach einer Bescheinigung der Pflegekasse oder des Medizinischen Dienstes der Krankenversicherung, nach einer entsprechenden Bescheinigung einer privaten Pflegeversicherung oder nach einem ärztlichen Gutachten oder an einer Erkrankung nach § 3 Absatz 6 Satz 1 des Pflegezeitgesetzes leidet, und
2. keine zwingenden dienstlichen Belange entgegenstehen.

[2]§ 91 Absatz 3 Satz 1 gilt entsprechend. [3]Teilzeitbeschäftigung, Familienpflegezeiten und Pflegezeiten mit weniger als der Hälfte der regelmäßigen wöchentlichen Arbeitszeit oder Urlaub ohne Besoldung dürfen zusammen nicht länger als 15 Jahre dauern. [4]Ausnahmen hiervon sind in besonders begründeten Fällen zulässig.

(2) [1]Die Dienststelle muss die Ablehnung von Anträgen im Einzelnen begründen. [2]Bei Beamtinnen und Beamten im Schul- und Hochschuldienst kann der Bewilligungszeitraum bis zum Ende des laufenden Schulhalbjahres oder Semesters ausgedehnt werden. [3]Der Antrag auf Verlängerung einer Beurlaubung ist spätestens sechs Monate vor Ablauf der genehmigten Beurlaubung zu stellen.

(3) Während einer Freistellung vom Dienst nach Absatz 1 dürfen nur solche Nebentätigkeiten genehmigt werden, die dem Zweck der Freistellung nicht zuwiderlaufen.

(4) [1]Die zuständige Dienststelle kann eine Rückkehr aus dem Urlaub zulassen, wenn die Fortsetzung des Urlaubs nicht zumutbar ist und dienstliche Belange dem nicht entgegenstehen. [2]Teilzeitbeschäftigte mit Familienpflichten, die eine Vollzeitbeschäftigung beantragen, und Beurlaubte mit Familienpflichten, die eine vorzeitige Rückkehr aus der Beurlaubung beantragen, müssen bei der Besetzung von Vollzeitstellen unter Beachtung des Leistungsprinzips und der Regelungen des Bundesgleichstellungsgesetzes vorrangig berücksichtigt werden.

(5) [1]Während der Zeit der Beurlaubung nach Absatz 1 besteht ein Anspruch auf Leistungen der Krankheitsfürsorge in entsprechender Anwendung der Beihilferegelungen für Beamtinnen mit Anspruch auf Besoldung und Beamte mit Anspruch auf Besoldung. [2]Dies gilt nicht, wenn die Beamtin oder der Beamte berücksichtigungsfähige Angehörige oder berücksichtigungsfähiger Angehöriger einer oder eines Beihilfeberechtigten wird oder in der gesetzlichen Krankenversicherung nach § 10 Abs. 1 des Fünften Buches Sozialgesetzbuch versichert ist. [3]Beamtinnen und Beamte, die die Voraussetzungen des § 3 Abs. 1 des Pflegezeitgesetzes erfüllen, erhalten für die Dauer der Pflegezeit nach § 4 des Pflegezeitgesetzes Leistungen entsprechend § 44a Abs. 1 des Elften Buches Sozialgesetzbuch.

(6) [1]Die Dienststelle hat durch geeignete Maßnahmen den aus familiären Gründen Beurlaubten die Verbindung zum Beruf und den beruflichen Wiedereinstieg zu erleichtern. [2]Dazu gehören das Angebot von Urlaubs- und Krankheitsvertretungen, ihre rechtzeitige Unterrichtung über das Fortbildungsprogramm und das Angebot der Teilnahme an der Fortbildung während oder nach der Beurlaubung. [3]Die Teilnahme an einer Fortbildungsveranstaltung während der Beurlaubung begründet einen Anspruch auf bezahlte Dienstbefreiung nach Ende der Beurlaubung. [4]Die Dauer der bezahlten Dienstbefreiung richtet sich nach der Dauer der Fortbildung. [5]Mit den Beurlaubten sind rechtzeitig vor Ablauf einer Beurlaubung Beratungsgespräche zu führen, in denen sie über die Möglichkeiten ihrer Beschäftigung nach der Beurlaubung informiert werden.

§ 92a Familienpflegezeit mit Vorschuss

(1) Beamtinnen und Beamten, die Anspruch auf Besoldung haben, wird auf Antrag für längstens 24 Monate Teilzeitbeschäftigung mit einer regelmäßigen wöchentlichen Arbeitszeit von mindestens 15 Stunden als Familienpflegezeit bewilligt, wenn

1. sie eine nahe Angehörige oder einen nahen Angehörigen nach § 7 Absatz 3 des Pflegezeitgesetzes tatsächlich betreuen oder pflegen, die oder der pflegebedürftig ist nach einer Bescheinigung der Pflegekasse oder des Medizinischen Dienstes der Krankenversicherung, einer entsprechenden Bescheinigung einer privaten Pflegeversicherung oder einem ärztlichen Gutachten oder an einer Erkrankung nach § 3 Absatz 6 Satz 1 des Pflegezeitgesetzes leidet, und
2. keine dringenden dienstlichen Belange entgegenstehen.

(2) Ist die Familienpflegezeit für weniger als 24 Monate bewilligt worden, kann sie nachträglich bis zur Dauer von 24 Monaten verlängert werden.

(3) Familienpflegezeit und Pflegezeit dürfen zusammen nicht länger als 24 Monate je pflegebedürftigen nahen Angehörigen dauern.

(4) Die Beamtin oder der Beamte hat jede Änderung der Tatsachen mitzuteilen, die für die Bewilligung maßgeblich sind.

(5) Liegen die Voraussetzungen für die Bewilligung der Familienpflegezeit nicht mehr vor, so ist die Bewilligung zu widerrufen, und zwar mit Ablauf des zweiten Monats, der auf den Wegfall der Voraussetzungen folgt.

(6) Ist der Beamtin oder dem Beamten die Teilzeitbeschäftigung im bisherigen Umfang nicht mehr zumutbar, ist die Bewilligung zu widerrufen, wenn keine dringenden dienstlichen Belange entgegenstehen.

§ 92b Pflegezeit mit Vorschuss
(1) Unter den Voraussetzungen des § 92a Absatz 1 wird auf Antrag für längstens sechs Monate Teilzeitbeschäftigung mit einer regelmäßigen wöchentlichen Arbeitszeit von weniger als 15 Stunden oder Urlaub ohne Besoldung als Pflegezeit bewilligt.

(2) Ist die Pflegezeit für weniger als sechs Monate bewilligt worden, kann sie nachträglich bis zur Dauer von sechs Monaten verlängert werden.

(3) § 92 Absatz 5 und § 92a Absatz 3 bis 6 gelten entsprechend.

§ 93 Altersteilzeit
(1) Beamtinnen und Beamten, die Anspruch auf Besoldung haben, kann auf Antrag, der sich auf die Zeit bis zum Beginn des Ruhestands erstrecken muss, Teilzeitbeschäftigung als Altersteilzeit mit der Hälfte der bisherigen Arbeitszeit, höchstens der Hälfte der in den letzten zwei Jahren vor Beginn der Altersteilzeit durchschnittlich zu leistenden Arbeitszeit, bewilligt werden, wenn
1. a) sie das 60. Lebensjahr vollendet haben,
 b) das 55. Lebensjahr vollendet haben und zum Zeitpunkt der Antragstellung schwerbehindert im Sinne des § 2 Abs. 2 des Neunten Buches Sozialgesetzbuch sind oder
 c) das 55. Lebensjahr vollendet haben und in einem besonders festgelegten Stellenabbaubereich beschäftigt sind
und
2. sie in den letzten fünf Jahren vor Beginn der Altersteilzeit drei Jahre mindestens teilzeitbeschäftigt waren,
3. die Altersteilzeit vor dem 1. Januar 2010 beginnt und
4. dringende dienstliche Belange dem nicht entgegenstehen.

(2) [1]Beamtinnen und Beamten kann Altersteilzeit in Form der Blockbildung im Sinne des § 9 der Arbeitszeitverordnung nach Maßgabe des Absatzes 1 bewilligt werden, wenn sie
1. das 60. Lebensjahr vollendet haben und bei vorheriger Teilzeitbeschäftigung die Zeiten der Freistellung von der Arbeit in der Weise zusammengefasst werden, dass zuvor mit mindestens der Hälfte der regelmäßigen Arbeitszeit, im Fall des § 92 Abs. 1, der §§ 92a, 92b oder bei Teilzeitbeschäftigung während der Elternzeit mindestens im Umfang der bisherigen Teilzeitbeschäftigung Dienst geleistet wird, wobei geringfügige Unterschreitungen des notwendigen Umfangs der Arbeitszeit unberücksichtigt bleiben, oder
2. die Voraussetzungen des Absatzes 1 Nr. 1 Buchstabe c vorliegen.
[2]Beamtinnen auf Lebenszeit und Beamte auf Lebenszeit, denen vor dem 1. Januar 2010 Altersteilzeitbeschäftigung in Form der Blockbildung im Sinne des § 9 der Arbeitszeitverordnung bewilligt worden ist, erreichen die Altersgrenze mit Vollendung des 65. Lebensjahres. [3]Beim Ruhestand auf Antrag nach § 52 bleibt es bei der Altersgrenze nach § 42 Abs. 4 des Bundesbeamtengesetzes in der bis zum 11. Februar 2009 geltenden Fassung.

(3) [1]Beamtinnen und Beamten, die Anspruch auf Besoldung haben, kann auf Antrag, Teilzeitbeschäftigung als Altersteilzeit mit der Hälfte der bisherigen Arbeitszeit, höchstens der Hälfte der in den letzten zwei Jahren vor Beginn der Altersteilzeit durchschnittlich zu leistenden Arbeitszeit bewilligt werden, wenn
1. sie bei Beginn der Altersteilzeit das 60. Lebensjahr vollendet haben,
2. sie in den letzten fünf Jahren vor Beginn der Altersteilzeit drei Jahre mindestens teilzeitbeschäftigt waren,
3. die Altersteilzeit vor dem 1. Januar 2021 beginnt,
4. sie in einem festgelegten Restrukturierungs- oder Stellenabbaubereich beschäftigt sind und
5. dienstliche Belange dem nicht entgegenstehen.

[2]Der Antrag muss sich auf die gesamte Zeit bis zum Eintritt in den Ruhestand erstrecken. [3]Altersteilzeit nach Satz 1 kann auch im Blockmodell nach § 9 Absatz 2 der Arbeitszeitverordnung bewilligt werden.

(4) [1]Beamtinnen und Beamten ist unter den Voraussetzungen des Absatzes 3 Satz 1 mit Ausnahme des Satzes 1 Nummer 4 und 5 Altersteilzeit im Rahmen einer Quote von 2,5 Prozent der Beamtinnen und Beamten der obersten Dienstbehörden einschließlich ihrer Geschäftsbereiche zu bewilligen. [2]Die Bewilligung von Altersteilzeit ist ausgeschlossen, wenn diese Quote durch die Altersteilzeitverhältnisse nach Satz 1 und den Absätzen 1 bis 3 ausgeschöpft ist oder der Bewilligung dienstliche Belange entgegenstehen.

(5) Das Bundesministerium des Innern, für Bau und Heimat regelt im Einvernehmen mit dem Bundesministerium der Finanzen durch Rechtsverordnung[1]) die Einzelheiten der Altersteilzeitbewilligung, insbesondere die Festlegung der Restrukturierungs- und Stellenabbaubereiche nach Absatz 3 Satz 1 Nummer 4 und die Verteilung der Quote nach Absatz 4.

(6) Änderungen der regelmäßigen wöchentlichen Arbeitszeit nach den Arbeitszeitregelungen gelten für die zu leistende Arbeitszeit entsprechend.

(7) § 91 Abs. 2 gilt entsprechend.

§ 94 Hinweispflicht

Wird eine Verkürzung der Arbeitszeit oder eine langfristige Beurlaubung beantragt, sind die Beamtinnen und Beamten auf die Folgen verkürzter Arbeitszeit oder langfristiger Beurlaubungen hinzuweisen, insbesondere auf die Folgen für Ansprüche aufgrund beamtenrechtlicher Regelungen sowie auf die Möglichkeit einer Befristung mit Verlängerung und deren Folgen.

§ 95 Beurlaubung ohne Besoldung

(1) Beamtinnen und Beamten, die Anspruch auf Besoldung haben, kann in Bereichen, in denen wegen der Arbeitsmarktsituation ein außergewöhnlicher Überhang an Bewerberinnen und Bewerbern besteht und deshalb ein dringendes öffentliches Interesse daran besteht, verstärkt Bewerberinnen und Bewerber im öffentlichen Dienst zu beschäftigen, auf Antrag Urlaub ohne Besoldung

1. bis zur Dauer von insgesamt sechs Jahren oder
2. für einen Zeitraum, der sich bis zum Beginn des Ruhestands erstrecken muss

bewilligt werden, wenn dienstliche Belange dem nicht entgegenstehen.

(2) Beamtinnen und Beamten, die Anspruch auf Besoldung haben, kann in Bereichen, in denen ein Stellenüberhang abgebaut werden soll, auf Antrag Urlaub ohne Besoldung bewilligt werden, wenn dienstliche Belange dem nicht entgegenstehen.

(3) [1]Dem Antrag nach den Absätzen 1 und 2 darf nur entsprochen werden, wenn die Beamtinnen und Beamten erklären, während der Dauer des Bewilligungszeitraums auf die Ausübung genehmigungspflichtiger Nebentätigkeiten zu verzichten und nicht genehmigungspflichtige Nebentätigkeiten nur in dem Umfang auszuüben, wie sie bei Vollzeitbeschäftigung ohne Verletzung dienstlicher Pflichten ausgeübt werden könnten. [2]Wird diese Verpflichtung schuldhaft verletzt, soll die Bewilligung widerrufen werden. [3]Die zuständige Dienstbehörde darf trotz der Erklärung der Beamtinnen oder Beamten nach Satz 1 Nebentätigkeiten genehmigen, soweit sie dem Zweck der Bewilligung des Urlaubs nicht zuwiderlaufen. [4]Sie kann eine Rückkehr aus dem Urlaub zulassen, wenn der Beamtin oder dem Beamten die Fortsetzung des Urlaubs nicht zugemutet werden kann und dienstliche Belange dem nicht entgegenstehen.

(4) [1]Urlaub nach den Absätzen 1 und 2 darf, auch im Zusammenhang mit Urlaub oder Teilzeitbeschäftigung mit weniger als der Hälfte der regelmäßigen Arbeitszeit nach § 92 Abs. 1, die Dauer von 15 Jahren nicht überschreiten. [2]Bei Beamtinnen im Schul- und Hochschuldienst und Beamten im Schul- und Hochschuldienst kann der Bewilligungszeitraum bis zum Ende des laufenden Schulhalbjahres oder Semesters ausgedehnt werden. [3]In den Fällen des Absatzes 1 Nr. 2 ist Satz 1 nicht anzuwenden, wenn es den Beamtinnen und Beamten nicht mehr zuzumuten ist, zur Voll- oder Teilzeitbeschäftigung zurückzukehren.

(5) In den Fällen, in denen nach § 72e Abs. 1 Nr. 2 und Abs. 4 des Bundesbeamtengesetzes in der bis zum 11. Februar 2009 geltenden Fassung Urlaub ohne Dienstbezüge bis zum Beginn des Ruhestands bewilligt worden ist, gilt § 93 Abs. 2 Satz 2 entsprechend.

§ 96 Fernbleiben vom Dienst

(1) [1]Beamtinnen und Beamte dürfen dem Dienst nicht ohne Genehmigung ihrer Dienstvorgesetzten fernbleiben. [2]Dienstunfähigkeit infolge von Krankheit ist auf Verlangen nachzuweisen.[2])

1) Siehe die BeamtenaltersteilzeitVO sowie die Durchführungshinweise des BMI.
2) Siehe hierzu das Rundschreiben des BMI – D1 – 210 173/3 –.

(2) Verliert die Beamtin oder der Beamte wegen unentschuldigten Fernbleibens vom Dienst nach dem Bundesbesoldungsgesetz den Anspruch auf Besoldung, wird dadurch die Durchführung eines Disziplinarverfahrens nicht ausgeschlossen.

Unterabschnitt 3
Nebentätigkeit

§ 97 Begriffsbestimmungen

(1) Nebentätigkeit ist die Wahrnehmung eines Nebenamtes oder die Ausübung einer Nebenbeschäftigung.

(2) Nebenamt ist ein nicht zu einem Hauptamt gehörender Kreis von Aufgaben, der aufgrund eines öffentlich-rechtlichen Dienst- oder Amtsverhältnisses wahrgenommen wird.

(3) Nebenbeschäftigung ist jede sonstige, nicht zu einem Hauptamt gehörende Tätigkeit innerhalb oder außerhalb des öffentlichen Dienstes.

(4) Als Nebentätigkeit gilt nicht die Wahrnehmung öffentlicher Ehrenämter sowie einer unentgeltlichen Vormundschaft, Betreuung oder Pflegschaft.

§ 98 Nebentätigkeit im öffentlichen Dienst

Beamtinnen und Beamte sind verpflichtet, auf Verlangen ihrer Dienstbehörde eine Nebentätigkeit im öffentlichen Dienst auszuüben, sofern diese Tätigkeit ihrer Vorbildung oder Berufsausbildung entspricht und sie nicht über Gebühr in Anspruch nimmt.

§ 99 Genehmigungspflichtige Nebentätigkeiten

(1) [1]Beamtinnen und Beamte bedürfen zur Ausübung jeder entgeltlichen Nebentätigkeit, mit Ausnahme der in § 100 Abs. 1 abschließend aufgeführten, der vorherigen Genehmigung, soweit sie nicht nach § 98 zu ihrer Ausübung verpflichtet sind. [2]Gleiches gilt für folgende unentgeltliche Nebentätigkeiten:
1. Wahrnehmung eines Nebenamtes,
2. gewerbliche oder freiberufliche Tätigkeiten oder die Mitarbeit bei einer dieser Tätigkeiten und
3. Eintritt in ein Organ eines Unternehmens mit Ausnahme einer Genossenschaft.

(2) [1]Die Genehmigung ist zu versagen, wenn zu besorgen ist, dass durch die Nebentätigkeit dienstliche Interessen beeinträchtigt werden. [2]Ein solcher Versagungsgrund liegt insbesondere vor, wenn die Nebentätigkeit
1. nach Art und Umfang die Arbeitskraft so stark in Anspruch nimmt, dass die ordnungsgemäße Erfüllung der dienstlichen Pflichten behindert werden kann,
2. die Beamtin oder den Beamten in einen Widerstreit mit den dienstlichen Pflichten bringen kann,
3. in einer Angelegenheit ausgeübt wird, in der die Behörde, der die Beamtin oder der Beamte angehört, tätig wird oder tätig werden kann,
4. die Unparteilichkeit oder Unbefangenheit der Beamtin oder des Beamten beeinflussen kann,
5. zu einer wesentlichen Einschränkung der künftigen dienstlichen Verwendbarkeit der Beamtin oder des Beamten führen kann oder
6. dem Ansehen der öffentlichen Verwaltung abträglich sein kann.
[3]Ein solcher Versagungsgrund liegt in der Regel auch vor, wenn sich die Nebentätigkeit wegen gewerbsmäßiger Dienst- oder Arbeitsleistung oder sonst nach Art, Umfang, Dauer oder Häufigkeit als Ausübung eines Zweitberufs darstellt.

(3) [1]Die Voraussetzung des Absatzes 2 Satz 2 Nr. 1 gilt in der Regel als erfüllt, wenn die zeitliche Beanspruchung durch eine oder mehrere Nebentätigkeiten in der Woche ein Fünftel der regelmäßigen wöchentlichen Arbeitszeit überschreitet. [2]Bei begrenzter Dienstfähigkeit ist ein Fünftel der nach § 45 Abs. 2 Satz 1 verkürzten Arbeitszeit zugrunde zu legen. [3]Soweit der Gesamtbetrag der Vergütung für eine oder mehrere Nebentätigkeiten 40 Prozent des jährlichen Endgrundgehalts des Amtes der Beamtin oder des Beamten übersteigt, liegt ein Versagungsgrund vor. [4]Die Dienstbehörde kann Ausnahmen zulassen, wenn die Beamtin oder der Beamte durch Angabe bestimmter Tatsachen nachweist, dass die zeitliche Beanspruchung ein Fünftel der regelmäßigen wöchentlichen Arbeitszeit nicht übersteigt oder die Versagung unter Berücksichtigung der Umstände des Einzelfalls nicht angemessen wäre. [5]Bei Anwendung der Sätze 1 bis 4 sind genehmigungs- und anzeigepflichtige Nebentätigkeiten zusammen zu berücksichtigen.

(4) [1]Die Genehmigung ist auf längstens fünf Jahre zu befristen. [2]Sie kann mit Auflagen und Bedingungen versehen werden. [3]Ergibt sich eine Beeinträchtigung dienstlicher Interessen nach Erteilung der Genehmigung, ist diese zu widerrufen.

(5) [1]Die Genehmigung erteilt die oberste Dienstbehörde. [2]Sie kann diese Zuständigkeit auf nachgeordnete Behörden übertragen. [3]Anträge auf Erteilung einer Genehmigung sowie Entscheidungen über diese Anträge bedürfen der Schriftform. [4]Die Beamtin oder der Beamte hat dabei die für die Entscheidung erfor-

derlichen Nachweise zu führen, insbesondere über Art und Umfang der Nebentätigkeit sowie die Entgelte und geldwerten Vorteile hieraus. ⁵Jede Änderung ist unverzüglich schriftlich oder elektronisch anzuzeigen.

§ 100 Nicht genehmigungspflichtige Nebentätigkeiten

(1) Nicht genehmigungspflichtig sind
1. die Verwaltung eigenen oder der Nutznießung der Beamtin oder des Beamten unterliegenden Vermögens,
2. schriftstellerische, wissenschaftliche, künstlerische oder Vortragstätigkeiten,
3. mit Lehr- oder Forschungsaufgaben zusammenhängende selbstständige Gutachtertätigkeiten von Lehrerinnen und Lehrern an öffentlichen Hochschulen und an Hochschulen der Bundeswehr sowie von Beamtinnen und Beamten an wissenschaftlichen Instituten und Anstalten und
4. Tätigkeiten zur Wahrung von Berufsinteressen in Gewerkschaften oder Berufsverbänden oder in Selbsthilfeeinrichtungen der Beamtinnen und Beamten.

(2) ¹Tätigkeiten nach Absatz 1 Nr. 2 und 3 sowie eine Tätigkeit in Selbsthilfeeinrichtungen nach Absatz 1 Nr. 4 sind der Dienstbehörde schriftlich oder elektronisch vor ihrer Aufnahme anzuzeigen, wenn für sie ein Entgelt oder ein geldwerter Vorteil geleistet wird. ²Hierbei sind insbesondere Art und Umfang der Nebentätigkeit sowie die voraussichtliche Höhe der Entgelte und geldwerten Vorteile anzugeben. ³Jede Änderung ist unverzüglich schriftlich oder elektronisch mitzuteilen.

(3) Die Dienstbehörde kann aus begründetem Anlass verlangen, dass über eine ausgeübte nicht genehmigungspflichtige Nebentätigkeit schriftlich oder elektronisch Auskunft erteilt wird, insbesondere über deren Art und Umfang.

(4) Eine nicht genehmigungspflichtige Nebentätigkeit ist ganz oder teilweise zu untersagen, wenn die Beamtin oder der Beamte bei ihrer Ausübung dienstliche Pflichten verletzt.

§ 101 Ausübung von Nebentätigkeiten

(1) ¹Nebentätigkeiten dürfen nur außerhalb der Arbeitszeit ausgeübt werden, es sei denn, sie werden auf Verlangen der oder des Dienstvorgesetzten ausgeübt oder es besteht ein dienstliches Interesse an der Ausübung der Nebentätigkeit. ²Das dienstliche Interesse ist aktenkundig zu machen. ³Ausnahmen dürfen nur in besonders begründeten Fällen, insbesondere im öffentlichen Interesse, auf schriftlichen oder elektronischen Antrag zugelassen werden, wenn dienstliche Gründe dem nicht entgegenstehen und die versäumte Arbeitszeit nachgeleistet wird.

(2) ¹Bei der Ausübung von Nebentätigkeiten dürfen Einrichtungen, Personal oder Material des Dienstherrn nur bei Vorliegen eines öffentlichen oder wissenschaftlichen Interesses mit dessen Genehmigung und gegen Entrichtung eines angemessenen Entgelts in Anspruch genommen werden. ²Das Entgelt ist nach den dem Dienstherrn entstehenden Kosten zu bemessen und muss den besonderen Vorteil berücksichtigen, der der Beamtin oder dem Beamten durch die Inanspruchnahme entsteht.

§ 102 Regressanspruch für die Haftung aus angeordneter Nebentätigkeit

¹Beamtinnen und Beamte, die aus einer auf Verlangen, Vorschlag oder Veranlassung der oder des Dienstvorgesetzten ausgeübten Tätigkeit im Vorstand, Aufsichtsrat, Verwaltungsrat oder in einem sonstigen Organ einer Gesellschaft, Genossenschaft oder eines in einer anderen Rechtsform betriebenen Unternehmens haftbar gemacht werden, haben gegen den Dienstherrn Anspruch auf Ersatz des ihnen entstandenen Schadens. ²Ist der Schaden vorsätzlich oder grob fahrlässig herbeigeführt, ist der Dienstherr nur dann ersatzpflichtig, wenn die Beamtin oder der Beamte auf Verlangen der oder des Vorgesetzten gehandelt hat.

§ 103 Erlöschen der mit dem Hauptamt verbundenen Nebentätigkeit

Endet das Beamtenverhältnis, enden, wenn im Einzelfall nichts anderes bestimmt wird, auch die Nebenämter und Nebenbeschäftigungen, die im Zusammenhang mit dem Hauptamt übertragen sind oder die auf Verlangen, Vorschlag oder Veranlassung der oder des Dienstvorgesetzten ausgeübt worden sind.

§ 104 Erlass ausführender Rechtsverordnungen

¹Die zur Ausführung der §§ 97 bis 103 notwendigen weiteren Vorschriften zu Nebentätigkeiten von Beamtinnen und Beamten erlässt die Bundesregierung durch Rechtsverordnung¹⁾. ²In ihr kann bestimmt werden,

1) Siehe hierzu die BundesnebentätigkeitsVO sowie die VO über die Nebentätigkeit der Richter im Bundesdienst.

1. welche Tätigkeiten als öffentlicher Dienst im Sinne dieser Vorschriften anzusehen sind oder ihm gleichstehen,
2. ob und inwieweit eine im öffentlichen Dienst ausgeübte oder auf Verlangen, Vorschlag oder Veranlassung der oder des Dienstvorgesetzten ausgeübte Nebentätigkeit vergütet wird oder eine Vergütung abzuführen ist,
3. unter welchen Voraussetzungen die Beamtin oder der Beamte zur Ausübung von Nebentätigkeiten Einrichtungen, Personal oder Material des Dienstherrn in Anspruch nehmen darf und in welcher Höhe hierfür ein Entgelt an den Dienstherrn zu entrichten ist; das Entgelt kann pauschaliert in einem Prozentsatz des aus der Nebentätigkeit erzielten Bruttoeinkommens festgelegt werden und bei unentgeltlich ausgeübter Nebentätigkeit entfallen,
4. dass die Beamtin oder der Beamte verpflichtet werden kann, nach Ablauf eines jeden Kalenderjahres der oder dem Dienstvorgesetzten die ihr oder ihm zugeflossenen Entgelte und geldwerten Vorteile aus Nebentätigkeiten anzugeben.

§ 105 Anzeigepflicht nach Beendigung des Beamtenverhältnisses

(1) [1]Ruhestandsbeamtinnen, Ruhestandsbeamte, frühere Beamtinnen mit Versorgungsbezügen und frühere Beamte mit Versorgungsbezügen haben eine Erwerbstätigkeit oder sonstige Beschäftigung außerhalb des öffentlichen Dienstes, die mit ihrer dienstlichen Tätigkeit in den letzten fünf Jahren vor Beendigung des Beamtenverhältnisses im Zusammenhang steht und durch die dienstliche Interessen beeinträchtigt werden können, vor ihrer Aufnahme schriftlich oder elektronisch anzuzeigen. [2]Die Anzeigepflicht endet, wenn die Beamtinnen und Beamten mit Erreichen der Regelaltersgrenze in den Ruhestand treten, drei Jahre, im Übrigen fünf Jahre nach Beendigung des Beamtenverhältnisses. [3]Die Sätze 1 und 2 gelten auch für frühere Beamtinnen mit Anspruch auf Altersgeld und frühere Beamte mit Anspruch auf Altersgeld.
(2) [1]Die Erwerbstätigkeit oder sonstige Beschäftigung ist zu untersagen, soweit zu besorgen ist, dass durch sie dienstliche Interessen beeinträchtigt werden. [2]Die Untersagung ist für den Zeitraum bis zum Ende der Anzeigepflicht auszusprechen, es sei denn, die Voraussetzungen für eine Untersagung liegen nur für einen kürzeren Zeitraum vor.
(3) [1]Zuständig ist die letzte oberste Dienstbehörde. [2]Sie kann ihre Zuständigkeit auf nachgeordnete Behörden übertragen.

Unterabschnitt 4
Personalaktenrecht

§ 106 Personalakte

(1) [1]Für jede Beamtin und jeden Beamten ist eine Personalakte zu führen. [2]Sie ist vertraulich zu behandeln und durch technische und organisatorische Maßnahmen nach den Artikeln 24, 25 und 32 der Verordnung (EU) 2016/679 des Europäischen Parlaments und des Rates vom 27. April 2016 zum Schutz natürlicher Personen bei der Verarbeitung personenbezogener Daten, zum freien Datenverkehr und zur Aufhebung der Richtlinie 95/46/EG (Datenschutz-Grundverordnung) (ABl. L 119 vom 4.5.2016, S. 1; L 314 vom 22.11.2016, S. 72; L 127 vom 23.5.2018, S. 2) in der jeweils geltenden Fassung vor unbefugter Einsichtnahme zu schützen. [3]Die Akte kann in Teilen oder vollständig automatisiert geführt werden. [4]Zur Personalakte gehören alle Unterlagen, die die Beamtin oder den Beamten betreffen, soweit sie mit ihrem oder seinem Dienstverhältnis in einem unmittelbaren inneren Zusammenhang stehen (Personalaktendaten). [5]Andere Unterlagen dürfen in die Personalakte nicht aufgenommen werden. [6]Nicht Bestandteil der Personalakte sind Unterlagen, die besonderen, von der Person und dem Dienstverhältnis sachlich zu trennenden Zwecken dienen, insbesondere Prüfungs-, Sicherheits- und Kindergeldakten. [7]Kindergeldakten können mit Besoldungs- und Versorgungsakten verbunden geführt werden, wenn diese von der übrigen Personalakte getrennt sind und von einer von der Personalverwaltung getrennten Organisationseinheit bearbeitet werden.
(2) [1]Die Personalakte kann nach sachlichen Gesichtspunkten in Grundakte und Teilakten gegliedert werden. [2]Teilakten können bei der für den betreffenden Aufgabenbereich zuständigen Behörde geführt werden. [3]Nebenakten (Unterlagen, die sich auch in der Grundakte oder in Teilakten befinden) dürfen nur geführt werden, wenn die personalverwaltende Behörde nicht zugleich Beschäftigungsbehörde ist oder wenn mehrere personalverwaltende Behörden für die Beamtin oder den Beamten zuständig sind; sie dürfen nur solche Unterlagen enthalten, deren Kenntnis zur rechtmäßigen Aufgabenerledigung der betreffenden Behörde erforderlich ist. [4]In die Grundakte ist ein vollständiges Verzeichnis aller Teil- und Nebenakten aufzunehmen. [5]Wird die Personalakte weder vollständig in Schriftform noch vollständig elektronisch geführt, so muss sich aus dem Verzeichnis nach Satz 4 ergeben, welche Teile der Personalakte in welcher Form geführt werden.

(3) Personalaktendaten dürfen ohne Einwilligung der Beamtin oder des Beamten nur für Zwecke der Personalverwaltung oder der Personalwirtschaft verarbeitet werden.

(4) Der Dienstherr darf personenbezogene Daten über Bewerberinnen, Bewerber, Beamtinnen und Beamte sowie über ehemalige Beamtinnen und ehemalige Beamte nur erheben, soweit dies zur Begründung, Durchführung, Beendigung oder Abwicklung des Dienstverhältnisses oder zur Durchführung organisatorischer, personeller oder sozialer Maßnahmen, insbesondere zu Zwecken der Personalplanung oder des Personaleinsatzes, erforderlich ist oder eine Rechtsvorschrift dies erlaubt.

§ 107 Zugang zur Personalakte

(1) [1]Zugang zur Personalakte dürfen nur Beschäftigte haben, die im Rahmen der Personalverwaltung mit der Bearbeitung von Personalangelegenheiten beauftragt sind, und nur soweit dies zu Zwecken der Personalverwaltung oder der Personalwirtschaft erforderlich ist. [2]Zugang zu Personalaktendaten darf auch Beschäftigten, die Aufgaben des ärztlichen Dienstes wahrnehmen, gewährt werden, soweit die Kenntnis der Daten zur Erfüllung ihrer Aufgaben erforderlich ist. [3]Zugang zu entscheidungsrelevanten Teilen der Personalakte haben auch Gleichstellungsbeauftragte, soweit dies zur Wahrnehmung ihrer Aufgaben erforderlich ist.

(2) [1]Den mit Angelegenheiten der Innenrevision beauftragten Beschäftigten ist Einsicht in die Personalakte zu gewähren, soweit sie die zur Erfüllung ihrer Aufgaben erforderlichen Erkenntnisse nicht durch eine in sonstiger Weise erteilte Auskunft aus der Personalakte gewinnen können. [2]Jede Einsichtnahme nach Satz 1 ist zu dokumentieren.

§ 108 Beihilfeakte

(1) [1]Unterlagen über Beihilfen sind als Teilakte zu führen. [2]Diese ist von der übrigen Personalakte getrennt aufzubewahren. [3]Sie soll in einer von der übrigen Personalverwaltung getrennten Organisationseinheit bearbeitet werden. [4]Zugang sollen nur Beschäftigte dieser Organisationseinheit haben.

(2) [1]Personenbezogene Daten dürfen ohne Einwilligung für Beihilfezwecke verarbeitet werden, soweit die Daten für diese Zwecke erforderlich sind; Näheres regelt die Rechtsverordnung nach § 80 Absatz 6. [2]Für andere Zwecke dürfen personenbezogene Daten aus der Beihilfeakte verarbeitet werden, wenn sie erforderlich sind

1. für die Einleitung oder Durchführung eines behördlichen oder gerichtlichen Verfahrens, das im Zusammenhang mit einem Beihilfeantrag steht, oder

2. zur Abwehr erheblicher Nachteile für das Gemeinwohl, zur Abwehr einer sonst unmittelbar drohenden Gefahr für die öffentliche Sicherheit oder zur Abwehr einer schwerwiegenden Beeinträchtigung der Rechte einer anderen Person.

(3) Die Absätze 1 und 2 gelten entsprechend für Unterlagen über Heilfürsorge und Heilverfahren.

(4) [1]Personenbezogene Daten aus der Beihilfeakte dürfen ohne Einwilligung genutzt oder an eine andere Behörde übermittelt werden, soweit sie für die Festsetzung und Berechnung der Besoldung oder Versorgung oder für die Prüfung der Kindergeldberechtigung erforderlich sind. [2]Dies gilt auch für Daten aus der Besoldungsakte und der Versorgungsakte, soweit sie für die Festsetzung und Berechnung der Beihilfe erforderlich sind.

(5) [1]Die Beihilfebearbeitung sowie die Führung der Beihilfeakte können mit Zustimmung der obersten Dienstbehörde auf eine andere Stelle des Bundes übertragen werden. [2]Dieser Stelle dürfen personenbezogene Daten, einschließlich Gesundheitsangaben, übermittelt werden, soweit deren Kenntnis für die Beihilfebearbeitung erforderlich ist. [3]Die Absätze 1 bis 3 sind für diese Stelle anzuwenden.

§ 109 Anhörung

[1]Beamtinnen und Beamte sind zu Beschwerden, Behauptungen und Bewertungen, die für sie ungünstig sind oder ihnen nachteilig werden können, vor deren Aufnahme in die Personalakte zu hören, soweit die Anhörung nicht nach anderen Rechtsvorschriften erfolgt. [2]Ihre Äußerungen sind zur Personalakte zu nehmen.

§ 110 Auskunft

(1) [1]Das Recht der Beamtin oder des Beamten auf Auskunft gemäß Artikel 15 der Verordnung (EU) 2016/679 umfasst auch das Recht auf Einsicht in die vollständige Personalakte. [2]Dies gilt auch nach Beendigung des Beamtenverhältnisses. [3]Soweit keine dienstlichen Gründe entgegenstehen, werden Kopien oder Ausdrucke aus der Personalakte angefertigt. [4]Der Beamtin oder dem Beamten ist auf Verlangen ein Ausdruck der Personalaktendaten zu überlassen, die zu ihrer oder seiner Person automatisiert gespeichert sind.

(2) [1]Die Beamtin oder der Beamte hat ein Recht auf Auskunft auch über personenbezogene Daten über sie oder ihn, die in anderen Akten enthalten sind und für ihr oder sein Dienstverhältnis verarbeitet werden,

soweit gesetzlich nichts anderes bestimmt ist. [2]Das Recht auf Auskunft umfasst auch das Recht auf Einsicht in die Akten. [3]Keine Einsicht wird gewährt, soweit die anderen Akten personenbezogene Daten Dritter oder geheimhaltungsbedürftige nicht personenbezogene Daten enthalten, die mit den Daten der Beamtin oder des Beamten derart verbunden sind, dass eine Trennung nicht oder nur mit unverhältnismäßig großem Aufwand möglich ist. [4]Nicht der Auskunft unterliegen Sicherheitsakten.

(3) [1]Bevollmächtigten der Beamtin oder des Beamten ist Auskunft aus der Personalakte zu erteilen, soweit dienstliche Gründe nicht entgegenstehen. [2]Das Recht auf Auskunft umfasst auch das Recht auf Einsicht in die vollständige Personalakte. [3]Entsprechendes gilt für Hinterbliebene der Beamtin oder des Beamten und für Bevollmächtigte der Hinterbliebenen, wenn ein berechtigtes Interesse glaubhaft gemacht wird.

(4) Für Fälle der Einsichtnahme bestimmt die aktenführende Behörde, wo die Einsicht gewährt wird.

§ 111 Übermittlung von Personalaktendaten und Auskünfte an Dritte

(1) [1]Ohne Einwilligung der Beamtin oder des Beamten ist es zulässig, die Personalakte der obersten Dienstbehörde oder einer im Rahmen der Dienstaufsicht weisungsbefugten Behörde zu übermitteln, soweit dies für Zwecke der Personalverwaltung oder Personalwirtschaft erforderlich ist. [2]Das Gleiche gilt für Behörden desselben Geschäftsbereichs, soweit die Übermittlung zur Vorbereitung oder Durchführung einer Personalentscheidung notwendig ist, sowie für Behörden eines anderen Geschäftsbereichs desselben Dienstherrn, soweit diese an einer Personalentscheidung mitzuwirken haben. [3]Einer Ärztin oder einem Arzt, die oder der im Auftrag der personalverwaltenden Behörde ein medizinisches Gutachten erstellt, darf die Personalakte ebenfalls ohne Einwilligung übermittelt werden. [4]Für Auskünfte aus der Personalakte gelten die Sätze 1 bis 3 entsprechend. [5]Soweit eine Auskunft ausreicht, ist von einer Übermittlung abzusehen.

(2) [1]Auskünfte an Dritte dürfen ohne Einwilligung der Beamtin oder des Beamten erteilt werden, wenn dies zwingend erforderlich ist

1. für die Abwehr einer erheblichen Beeinträchtigung des Gemeinwohls oder
2. für den Schutz berechtigter, höherrangiger Interessen der oder des Dritten.

[2]In diesen Fällen wird keine Akteneinsicht gewährt. [3]Inhalt und Empfängerin oder Empfänger der Auskunft sind der Beamtin oder dem Beamten schriftlich mitzuteilen.

§ 111a Verarbeitung von Personalaktendaten im Auftrag

(1) [1]Die Erteilung eines Auftrags zur Verarbeitung von Personalaktendaten einschließlich der Inanspruchnahme einer weiteren Auftragsverarbeiterin oder eines weiteren Auftragsverarbeiters im Sinne des Artikels 28 der Verordnung (EU) 2016/679 ist nur zulässig, wenn

1. die dort genannten Voraussetzungen vorliegen und
2. die oberste Dienstbehörde der Auftragserteilung zugestimmt hat.

[2]Die personalverwaltende Behörde hat die Einhaltung der beamten- und datenschutzrechtlichen Vorschriften durch die Auftragsverarbeiterin oder den Auftragsverarbeiter regelmäßig zu kontrollieren.

(2) Eine nichtöffentliche Stelle darf nur beauftragt werden, wenn

1. bei der personalverwaltenden Behörde sonst Störungen im Geschäftsablauf auftreten können oder die Auftragsverarbeiterin oder der Auftragsverarbeiter die übertragenen Aufgaben erheblich kostengünstiger erledigen kann und
2. die bei der Auftragsverarbeiterin oder dem Auftragsverarbeiter zur Verarbeitung der Personalaktendaten befugten Personen besonders auf den Schutz der Personalaktendaten verpflichtet sind.

§ 111b Aufgabenübertragung

(1) [1]Soweit gesetzlich nichts anderes bestimmt ist, darf die personalverwaltende Behörde mit Zustimmung der obersten Bundesbehörde Aufgaben, die ihr gegenüber Bewerberinnen und Bewerbern, Beamtinnen und Beamten sowie gegenüber ehemaligen Beamtinnen und Beamten obliegen, auf eine andere öffentliche Stelle im Sinne des § 2 Absatz 1 und 3 des Bundesdatenschutzgesetzes übertragen. [2] Die oberste Bundesbehörde kann die Zuständigkeit für die Entscheidung über die Zustimmung auf die oberste Dienstbehörde übertragen.

(2) Soweit es zur Erfüllung der übertragenen Aufgaben erforderlich ist, darf die personalverwaltende Stelle der Stelle, der sie Aufgaben übertragen hat,

1. personenbezogene Daten von Bewerberinnen und Bewerbern sowie Personalaktendaten von Beamtinnen und Beamten und ehemaligen Beamtinnen und Beamten übermitteln und
2. die Führung der Personalakte übertragen.

(3) [1]Auf Vereinigungen des privaten Rechts von öffentlichen Stellen des Bundes dürfen Aufgaben nur mit Zustimmung der obersten Dienstbehörde und nur dann übertragen werden, wenn die Vereinigungen

die Voraussetzungen des § 2 Absatz 3 Satz 1 des Bundesdatenschutzgesetzes erfüllen. [2]§ 2 Absatz 5 des Bundesdatenschutzgesetzes gilt insoweit nicht.

§ 112 Entfernung von Unterlagen

(1) [1]Unterlagen über Beschwerden, Behauptungen und Bewertungen, auf die § 16 Abs. 3 und 4 Satz 1 des Bundesdisziplinargesetzes nicht anzuwenden ist, sind,

1. falls sie sich als unbegründet oder falsch erwiesen haben, mit Zustimmung der Beamtin oder des Beamten unverzüglich aus der Personalakte zu entfernen und zu vernichten, oder

2. falls sie für die Beamtin oder den Beamten ungünstig sind oder ihr oder ihm nachteilig werden können, auf Antrag nach zwei Jahren zu entfernen und zu vernichten; dies gilt nicht für dienstliche Beurteilungen.

[2]Die Frist nach Satz 1 Nr. 2 wird durch erneute Sachverhalte im Sinne dieser Vorschrift oder durch die Einleitung eines Straf- oder Disziplinarverfahrens unterbrochen. [3]Stellt sich der erneute Vorwurf als unbegründet oder falsch heraus, gilt die Frist als nicht unterbrochen.

(2) [1]Mitteilungen in Strafsachen, soweit sie nicht Bestandteil einer Disziplinarakte sind, sowie Auskünfte aus dem Bundeszentralregister sind mit Zustimmung der Beamtin oder des Beamten nach zwei Jahren zu entfernen und zu vernichten. [2]Absatz 1 Satz 2 und 3 gilt entsprechend.

§ 113 Aufbewahrungsfrist

(1) [1]Personalakten sind nach ihrem Abschluss von der personalaktenführenden Behörde fünf Jahre aufzubewahren. [2]Personalakten sind abgeschlossen,

1. wenn die Beamtin oder der Beamte ohne Versorgungsansprüche aus dem öffentlichen Dienst ausgeschieden ist, mit Ablauf des Jahres des Erreichens der Regelaltersgrenze, in den Fällen des § 41 oder des § 10 des Bundesdisziplinargesetzes jedoch erst, wenn mögliche Versorgungsempfängerinnen und Versorgungsempfänger nicht mehr vorhanden sind,

2. wenn die Beamtin oder der Beamte ohne versorgungsberechtigte oder altersgeldberechtigte Hinterbliebene verstorben ist, mit Ablauf des Todesjahres oder,

3. wenn nach dem Tod der Beamtin oder des Beamten versorgungsberechtigte oder altersgeldberechtigte Hinterbliebene vorhanden sind, mit Ablauf des Jahres, in dem die letzte Versorgungsverpflichtung entfallen ist.

[3]Kann der nach Satz 2 Nr. 2 und 3 maßgebliche Zeitpunkt nicht festgestellt werden, ist § 11 Absatz 2 Satz 2 und 3 des Bundesarchivgesetzes entsprechend anzuwenden.

(2) [1]Unterlagen über Beihilfen, Heilfürsorge, Heilverfahren, Unterstützungen, Erkrankungen, Umzugs- und Reisekosten sind fünf Jahre, Unterlagen über Erholungsurlaub sind drei Jahre nach Ablauf des Jahres aufzubewahren, in dem die Bearbeitung des einzelnen Vorgangs abgeschlossen wurde. [2]Für zahlungsbegründende Unterlagen nach Satz 1 beträgt die Aufbewahrungsfrist sechs Jahre. [3]Unterlagen, aus denen die Art einer Erkrankung ersichtlich ist, sind unverzüglich zurückzugeben oder zu vernichten, wenn sie für den Zweck, zu dem sie vorgelegt worden sind, nicht mehr benötigt werden. [4]Als Zweck, zu dem die Unterlagen vorgelegt worden sind, gelten auch Verfahren, mit denen Rabatte oder Erstattungen geltend gemacht werden.

(3) [1]Versorgungsakten und Altersgeldakten sind zehn Jahre nach Ablauf des Jahres aufzubewahren, in dem die letzte Versorgungszahlung oder Altersgeld- oder Hinterbliebenenaltersgeldzahlung geleistet worden ist. [2]Besteht die Möglichkeit eines Wiederauflebens des Anspruchs, sind die Akten 30 Jahre aufzubewahren.

(4) Die Personalakten sind nach Ablauf der Aufbewahrungsfrist zu vernichten, sofern sie nicht nach den §§ 5 bis 7 des Bundesarchivgesetzes vom Bundesarchiv oder einem Landesarchiv übernommen werden.

§ 114 Automatisierte Verarbeitung von Personalaktendaten

(1) [1]Personalaktendaten dürfen nur für Zwecke der Personalverwaltung oder der Personalwirtschaft automatisiert verarbeitet werden. [2]Ihre Übermittlung ist nur nach Maßgabe des § 111 zulässig. [3]Ein automatisierter Datenabruf durch andere Behörden ist unzulässig, soweit durch besondere Rechtsvorschrift nichts anderes bestimmt ist.

(2) Personalaktendaten im Sinne des § 108 dürfen nur im Rahmen ihrer Zweckbestimmung und nur von den übrigen Personaldateien technisch und organisatorisch getrennt automatisiert verarbeitet werden.

(3) Von den Unterlagen über medizinische oder psychologische Untersuchungen und Tests dürfen im Rahmen der Personalverwaltung nur die Ergebnisse automatisiert verarbeitet werden, soweit sie die Eignung betreffen und ihre Verwendung dem Schutz der Beamtin oder des Beamten dient.

(4) Beamtenrechtliche Entscheidungen dürfen nicht ausschließlich auf eine automatisierte Verarbeitung personenbezogener Daten gestützt werden, die der Bewertung einzelner Persönlichkeitsmerkmale dienen.

(5) [1]Bei erstmaliger Speicherung ist der Beamtin oder dem Beamten die Art der zu ihrer oder seiner Person nach Absatz 1 gespeicherten Daten mitzuteilen, bei wesentlichen Änderungen sind sie zu benachrichtigen. [2]Ferner sind die Verarbeitungs- und Nutzungsformen automatisierter Personalverwaltungsverfahren zu dokumentieren und einschließlich des jeweiligen Verwendungszweckes sowie der regelmäßigen Empfänger und des Inhalts automatisierter Datenübermittlung allgemein bekannt zu geben.

§ 115 Übermittlungen in Strafverfahren

(1) [1]Das Gericht, die Strafverfolgungs- oder die Strafvollstreckungsbehörde hat in Strafverfahren gegen Beamtinnen und Beamte zur Sicherstellung der erforderlichen dienstrechtlichen Maßnahmen im Fall der Erhebung der öffentlichen Klage

1. die Anklageschrift oder eine an ihre Stelle tretende Antragsschrift,
2. den Antrag auf Erlass eines Strafbefehls und
3. die einen Rechtszug abschließende Entscheidung mit Begründung

zu übermitteln. [2]Ist gegen die Entscheidung ein Rechtsmittel eingelegt worden, ist die Entscheidung unter Hinweis auf das eingelegte Rechtsmittel zu übermitteln. [3]Der Erlass und der Vollzug eines Haftbefehls oder eines Unterbringungsbefehls sind mitzuteilen.

(2) In Verfahren wegen fahrlässig begangener Straftaten werden die in Absatz 1 Satz 1 bestimmten Übermittlungen nur vorgenommen, wenn

1. es sich um schwere Verstöße handelt, namentlich Vergehen der Trunkenheit im Straßenverkehr oder der fahrlässigen Tötung, oder
2. in sonstigen Fällen die Kenntnis der Daten aufgrund der Umstände des Einzelfalls erforderlich ist, um zu prüfen, ob dienstrechtliche Maßnahmen zu ergreifen sind.

(3) [1]Entscheidungen über Verfahrenseinstellungen, die nicht bereits nach Absatz 1 oder 2 zu übermitteln sind, sollen übermittelt werden, wenn die in Absatz 2 Nr. 2 genannten Voraussetzungen erfüllt sind. [2]Dabei ist zu berücksichtigen, wie gesichert die Erkenntnisse sind, die der zu übermittelnden Entscheidung zugrunde liegen.

(4) [1]Sonstige Tatsachen, die in einem Strafverfahren bekannt werden, dürfen mitgeteilt werden, wenn ihre Kenntnis aufgrund besonderer Umstände des Einzelfalls für dienstrechtliche Maßnahmen gegen eine Beamtin oder einen Beamten erforderlich ist und soweit nicht für die übermittelnde Stelle erkennbar ist, dass schutzwürdige Interessen der Beamtin oder des Beamten an dem Ausschluss der Übermittlung überwiegen. [2]Erforderlich ist die Kenntnis der Daten auch dann, wenn diese Anlass zur Prüfung bieten, ob dienstrechtliche Maßnahmen zu ergreifen sind. [3]Absatz 3 Satz 2 ist entsprechend anzuwenden.

(5) Nach den Absätzen 1 bis 4 übermittelte Daten dürfen auch für die Wahrnehmung der Aufgaben nach dem Sicherheitsüberprüfungsgesetz oder einem entsprechenden Gesetz verwendet werden.

(6) [1]Übermittlungen nach den Absätzen 1 bis 3 sind auch zulässig, soweit sie Daten betreffen, die dem Steuergeheimnis (§ 30 der Abgabenordnung) unterliegen. [2]Übermittlungen nach Absatz 4 sind unter den Voraussetzungen des § 30 Abs. 4 Nr. 5 der Abgabenordnung zulässig.

(7) Mitteilungen sind an die zuständigen Dienstvorgesetzten oder deren Vertretung im Amt zu richten und als „Vertrauliche Personalsache" zu kennzeichnen.

Abschnitt 7
Beamtenvertretung

§ 116 Mitgliedschaft in Gewerkschaften und Berufsverbänden

(1) [1]Beamtinnen und Beamte haben das Recht, sich in Gewerkschaften oder Berufsverbänden zusammenzuschließen. [2]Sie können die für sie zuständigen Gewerkschaften oder Berufsverbände mit ihrer Vertretung beauftragen, soweit gesetzlich nichts anderes bestimmt ist.

(2) Keine Beamtin und kein Beamter darf wegen Betätigung für eine Gewerkschaft oder einen Berufsverband dienstlich gemaßregelt oder benachteiligt werden.

§ 117 Personalvertretung

[1]Die Personalvertretung der Beamtinnen und Beamten ist zu gewährleisten. [2]Das Nähere wird durch Gesetz[1]) geregelt.

§ 118 Beteiligung der Spitzenorganisationen

Die Spitzenorganisationen der zuständigen Gewerkschaften sind bei der Vorbereitung allgemeiner Regelungen der beamtenrechtlichen Verhältnisse zu beteiligen.

1) Siehe das BundespersonalvertretungsG.

Abschnitt 8
Bundespersonalausschuss

§ 119 Aufgaben
(1) [1]Der Bundespersonalausschuss dient der einheitlichen Handhabung beamtenrechtlicher Ausnahmevorschriften. [2]Weitere als die in diesem Gesetz vorgesehenen Aufgaben können ihm durch Rechtsverordnung der Bundesregierung übertragen werden.

(2) Der Bundespersonalausschuss übt seine Tätigkeit unabhängig und in eigener Verantwortung aus.

§ 120 Mitglieder
(1) Der Bundespersonalausschuss besteht aus acht ordentlichen und acht stellvertretenden Mitgliedern.

(2) [1]Ständige ordentliche Mitglieder sind die Präsidentin des Bundesrechnungshofes oder der Präsident des Bundesrechnungshofes als Vorsitzende oder Vorsitzender und die Leiterin der Dienstrechtsabteilung oder der Leiter der Dienstrechtsabteilung des Bundesministeriums des Innern, für Bau und Heimat. [2]Nichtständige ordentliche Mitglieder sind die Leiterinnen der Zentralabteilungen und Leiter der Zentralabteilungen von zwei anderen obersten Bundesbehörden und vier weitere Beamtinnen und Beamte des Bundes. [3]Stellvertretende Mitglieder sind je eine Beamtin oder ein Beamter des Bundes der in Satz 1 genannten Behörden, die Leiterinnen der Zentralabteilungen und Leiter der Zentralabteilungen von zwei weiteren obersten Bundesbehörden sowie vier weitere Beamtinnen oder Beamte des Bundes.

(3) Die nichtständigen ordentlichen Mitglieder sowie die stellvertretenden Mitglieder werden von der Bundespräsidentin oder vom Bundespräsidenten auf Vorschlag der Bundesministerin des Innern, für Bau und Heimat oder des Bundesministers des Innern, für Bau und Heimat für die Dauer von vier Jahren bestellt, davon vier ordentliche und vier stellvertretende Mitglieder aufgrund einer Benennung durch die Spitzenorganisationen der zuständigen Gewerkschaften.

(4) Der Bundespersonalausschuss wird zur Durchführung seiner Aufgaben durch eine Geschäftsstelle im Bundesministerium des Innern, für Bau und Heimat unterstützt.

§ 121 Rechtsstellung der Mitglieder
Die Dienstaufsicht über die Mitglieder des Bundespersonalausschusses führt im Auftrag der Bundesregierung die Bundesministerin des Innern, für Bau und Heimat oder der Bundesminister des Innern, für Bau und Heimat mit folgenden Maßgaben:
1. Die Mitglieder des Bundespersonalausschusses sind unabhängig und nur dem Gesetz unterworfen. Sie dürfen wegen ihrer Tätigkeit weder dienstlich gemaßregelt noch benachteiligt werden.
2. Sie scheiden aus ihrem Amt als Mitglied des Bundespersonalausschusses aus
 a) durch Zeitablauf,
 b) durch Ausscheiden aus dem Hauptamt oder aus der Behörde, die für ihre Mitgliedschaft maßgeblich sind,
 c) durch Beendigung des Beamtenverhältnisses oder
 d) unter den gleichen Voraussetzungen, unter denen Mitglieder einer Kammer oder eines Senats für Disziplinarsachen wegen einer rechtskräftigen Entscheidung in einem Straf- oder Disziplinarverfahren ihr Amt verlieren; § 66 ist nicht anzuwenden.

§ 122 Geschäftsordnung
Der Bundespersonalausschuss gibt sich eine Geschäftsordnung.

§ 123 Sitzungen und Beschlüsse
(1) [1]Die Sitzungen des Bundespersonalausschusses sind nicht öffentlich. [2]Der Bundespersonalausschuss kann von den Verwaltungen beauftragten Personen sowie Dritten die Anwesenheit bei der Verhandlung gestatten.

(2) [1]Die oder der Vorsitzende des Bundespersonalausschusses oder die oder der stellvertretende Vorsitzende des Bundespersonalausschusses leitet die Sitzungen. [2]Sind beide verhindert, tritt an ihre Stelle das dienstälteste Mitglied.

(3) Die von den Verwaltungen beauftragten Personen sind auf Verlangen zu hören.

(4) [1]Beschlüsse werden mit Stimmenmehrheit gefasst. [2]Zur Beschlussfähigkeit ist die Anwesenheit von mindestens sechs Mitgliedern erforderlich. [3]Bei Stimmengleichheit entscheidet die Stimme der oder des Vorsitzenden.

(5) [1]Beschlüsse des Bundespersonalausschusses sind bekannt zu machen, soweit sie allgemeine Bedeutung haben. [2]Art und Umfang regelt die Geschäftsordnung.

(6) Soweit dem Bundespersonalausschuss eine Entscheidungsbefugnis eingeräumt ist, binden seine Beschlüsse die beteiligten Verwaltungen.

§ 124 Beweiserhebung, Auskünfte und Amtshilfe

(1) Der Bundespersonalausschuss kann zur Durchführung seiner Aufgaben in entsprechender Anwendung der Vorschriften der Verwaltungsgerichtsordnung Beweise erheben.

(2) [1]Die beteiligten Verwaltungen haben dem Bundespersonalausschuss auf Verlangen Auskünfte zu erteilen und Akten vorzulegen, soweit dies zur Durchführung seiner Aufgaben erforderlich ist. [2]Alle Dienststellen haben dem Bundespersonalausschuss unentgeltlich Amtshilfe zu leisten.

Abschnitt 9
Beschwerdeweg und Rechtsschutz

§ 125 Dienstweg bei Anträgen und Beschwerden

(1) [1]Beamtinnen und Beamte können Anträge und Beschwerden vorbringen. [2]Hierbei ist der Dienstweg einzuhalten. [3]Der Beschwerdeweg bis zur obersten Dienstbehörde steht offen.

(2) Richtet sich die Beschwerde gegen die unmittelbare Vorgesetzte oder den unmittelbaren Vorgesetzten, kann sie bei der oder dem nächsthöheren Vorgesetzten unmittelbar eingereicht werden.

§ 126 Verwaltungsrechtsweg

(1) Für alle Klagen der Beamtinnen, Beamten, Ruhestandsbeamtinnen, Ruhestandsbeamten, früheren Beamtinnen, früheren Beamten und der Hinterbliebenen aus dem Beamtenverhältnis sowie für Klagen des Dienstherrn ist der Verwaltungsrechtsweg gegeben.

(2) [1]Vor allen Klagen ist ein Vorverfahren nach den Vorschriften des 8. Abschnitts der Verwaltungsgerichtsordnung durchzuführen. [2]Dies gilt auch dann, wenn die Maßnahme von der obersten Dienstbehörde getroffen worden ist.

(3) [1]Den Widerspruchsbescheid erlässt die oberste Dienstbehörde. [2]Sie kann die Entscheidung für Fälle, in denen sie die Maßnahme nicht selbst getroffen hat, durch allgemeine Anordnung anderen Behörden übertragen. [3]Die Anordnung ist zu veröffentlichen.

(4) Widerspruch und Anfechtungsklage gegen die Abordnung oder die Versetzung haben keine aufschiebende Wirkung.

§ 127 Vertretung des Dienstherrn

(1) [1]Bei Klagen aus dem Beamtenverhältnis wird der Dienstherr durch die oberste Dienstbehörde vertreten, der die Beamtin oder der Beamte untersteht oder bei der Beendigung des Beamtenverhältnisses unterstanden hat. [2]Bei Ansprüchen nach den §§ 53 bis 61 des Beamtenversorgungsgesetzes wird der Dienstherr durch die oberste Dienstbehörde vertreten, deren sachlicher Weisung die Regelungsbehörde untersteht.

(2) Besteht die oberste Dienstbehörde nicht mehr und ist eine andere Dienstbehörde nicht bestimmt, tritt an ihre Stelle das Bundesministerium des Innern, für Bau und Heimat.

(3) [1]Die oberste Dienstbehörde kann die Vertretung durch eine allgemeine Anordnung anderen Behörden übertragen. [2]Die Anordnung ist im Bundesgesetzblatt zu veröffentlichen.

§ 128 Zustellung von Verfügungen und Entscheidungen

[1]Verfügungen und Entscheidungen, die Beamtinnen und Beamten oder Versorgungsberechtigten nach den Vorschriften dieses Gesetzes bekannt zu geben sind, sind zuzustellen, wenn durch sie eine Frist in Lauf gesetzt wird oder Rechte der Beamtin oder des Beamten oder der Versorgungsberechtigten durch sie berührt werden. [2]Soweit gesetzlich nichts anderes bestimmt ist, richtet sich die Zustellung nach den Vorschriften des Verwaltungszustellungsgesetzes.

Abschnitt 10
Besondere Rechtsverhältnisse

§ 129 Beamtinnen und Beamte oberster Bundesorgane

[1]Die Beamtinnen und Beamten des Bundestages, des Bundesrates und des Bundesverfassungsgerichtes sind Beamtinnen und Beamte des Bundes. [2]Die Ernennung, Entlassung und Versetzung in den Ruhestand werden durch die Präsidentin oder den Präsidenten des Bundestages, die Präsidentin oder den Präsidenten des Bundesrates oder durch die Präsidentin oder den Präsidenten des Bundesverfassungsgerichtes vorgenommen. [3]Diese sind jeweils die oberste Dienstbehörde.

§ 130 Wissenschaftliches und leitendes Personal der Hochschulen des Bundes

(1) Die beamteten Leiterinnen und beamteten Leiter, die beamteten hauptberuflichen Mitglieder von Leitungsgremien sowie die zum wissenschaftlichen Personal zählenden Beamtinnen und Beamten einer

Hochschule des Bundes, die nach Landesrecht die Eigenschaft einer staatlich anerkannten Hochschule erhalten hat und deren Personal im Dienst des Bundes steht, stehen in einem Beamtenverhältnis zum Bund.

(2) Das wissenschaftliche Personal dieser Hochschulen besteht insbesondere aus den Hochschullehrerinnen und Hochschullehrern (Professorinnen und Professoren, Juniorprofessorinnen und Juniorprofessoren), den wissenschaftlichen Mitarbeiterinnen und wissenschaftlichen Mitarbeitern sowie den Lehrkräften für besondere Aufgaben.

(3) Die Hochschullehrerinnen und Hochschullehrer nehmen die ihrer Hochschule jeweils obliegenden Aufgaben in Wissenschaft, Forschung, Lehre und Weiterbildung in ihren Fächern nach näherer Ausgestaltung ihres Dienstverhältnisses selbstständig wahr.

(4) [1]Professuren und Juniorprofessuren sind öffentlich auszuschreiben. [2]Von einer Ausschreibung kann abgesehen werden, wenn

1. ein bereits bestehendes Beamtenverhältnis auf Zeit auf derselben Professur in ein Beamtenverhältnis auf Lebenszeit umgewandelt oder

2. eine Juniorprofessorin oder ein Juniorprofessor der eigenen Hochschule berufen

werden soll.

(5) [1]Wissenschaftliche Mitarbeiterinnen und wissenschaftliche Mitarbeiter sind die Beamtinnen und Beamten, denen wissenschaftliche Dienstleistungen obliegen. [2]In begründeten Fällen kann ihnen auch die selbstständige Wahrnehmung von Aufgaben in Forschung und Lehre übertragen werden.

(6) Lehrkräfte für besondere Aufgaben sind, soweit sie nicht in einem privatrechtlichen Dienstverhältnis stehen, Beamtinnen und Beamte, die auch ohne Erfüllung der Einstellungsvoraussetzungen für Hochschullehrerinnen und Hochschullehrer beschäftigt werden können, sofern überwiegend die Vermittlung praktischer Fähigkeiten und Kenntnisse erforderlich ist.

§ 131 Einstellungsvoraussetzungen für Hochschullehrerinnen und Hochschullehrer sowie wissenschaftliche Mitarbeiterinnen und wissenschaftliche Mitarbeiter

(1) Einstellungsvoraussetzungen für Professorinnen und Professoren sind neben den allgemeinen dienstrechtlichen Voraussetzungen

1. ein abgeschlossenes Hochschulstudium,

2. die pädagogische Eignung,

3. eine besondere Befähigung zu wissenschaftlicher Arbeit, die in der Regel durch die Qualität einer Promotion nachgewiesen wird, und

4. je nach den Anforderungen der Stelle

 a) zusätzliche wissenschaftliche Leistungen oder

 b) besondere Leistungen bei der Anwendung oder Entwicklung wissenschaftlicher Erkenntnisse und Methoden in einer mehrjährigen beruflichen Praxis.

(2) [1]Einstellungsvoraussetzungen für Juniorprofessorinnen und Juniorprofessoren sind neben den allgemeinen dienstrechtlichen Voraussetzungen

1. ein abgeschlossenes Hochschulstudium,

2. die pädagogische Eignung und

3. eine besondere Befähigung zu wissenschaftlicher Arbeit, die in der Regel durch die herausragende Qualität einer Promotion nachgewiesen wird.

[2]Sofern vor oder nach der Promotion ein Beschäftigungsverhältnis als wissenschaftliche Mitarbeiterin oder wissenschaftlicher Mitarbeiter bestand, sollen Promotions- und Beschäftigungsphase zusammen nicht mehr als sechs Jahre betragen haben. [3]Verlängerungen aufgrund von Zeiten eines mutterschutzrechtlichen Beschäftigungsverbots, Inanspruchnahme von Elternzeit, Beurlaubung oder Herabsetzung der Arbeitszeit wegen Betreuung oder Pflege eines Kindes unter 18 Jahren oder einer oder eines pflegebedürftigen sonstigen Angehörigen sowie einer Freistellung bleiben hierbei unberücksichtigt. [4]Auf die Zeiten nach Satz 2 sind alle befristeten Arbeitsverhältnisse mit mehr als einem Viertel der regelmäßigen Arbeitszeit, die mit einer deutschen Hochschule oder einer Forschungseinrichtung abgeschlossen wurden, sowie entsprechende Beamtenverhältnisse auf Zeit und privatrechtliche Dienstverhältnisse anzurechnen.

(3) Einstellungsvoraussetzung für wissenschaftliche Mitarbeiterinnen und wissenschaftliche Mitarbeiter ist neben den allgemeinen dienstrechtlichen Voraussetzungen ein abgeschlossenes Hochschulstudium.

§ 132 Dienstrechtliche Stellung des hauptberuflichen wissenschaftlichen und leitenden Personals der Hochschulen

(1) [1]Professorinnen und Professoren werden, soweit kein privatrechtliches Dienstverhältnis begründet wird, bei erstmaliger Berufung in das Professorenverhältnis für sechs Jahre zu Beamtinnen auf Zeit und

Beamten auf Zeit ernannt. [2]Abweichend hiervon ist die sofortige Begründung eines Beamtenverhältnisses auf Lebenszeit möglich, wenn

1. Bewerberinnen und Bewerber für ein Professorenamt sonst nicht gewonnen werden können oder
2. eine Juniorprofessorin oder ein Juniorprofessor der eigenen Hochschule berufen wird.

[3]Werden Professorinnen oder Professoren aus einem Beamtenverhältnis auf Lebenszeit berufen, ruht dieses Rechtsverhältnis mit allen Rechten und Pflichten für die Dauer des Beamtenverhältnisses auf Zeit. [4]Davon ausgenommen sind die Pflicht zur Verschwiegenheit und das Verbot, Belohnungen, Geschenke und sonstige Vorteile anzunehmen. [5]Nach frühestens drei Jahren kann das Beamtenverhältnis auf Zeit in ein solches auf Lebenszeit umgewandelt werden, wenn die Hochschule zuvor ein Bewertungsverfahren mit positivem Ergebnis durchgeführt hat. [6]Erfolgt keine Umwandlung in ein Beamtenverhältnis auf Lebenszeit, sind die Professorinnen und Professoren mit Ablauf ihrer Amtszeit oder Erreichen der Altersgrenze aus dem Beamtenverhältnis auf Zeit entlassen. [7]Eine·einmalige erneute Berufung in ein Beamtenverhältnis auf Zeit auf derselben Professur ist zulässig.

(2) [1]Juniorprofessorinnen und Juniorprofessoren werden, soweit kein privatrechtliches Dienstverhältnis begründet wird, für drei Jahre zu Beamtinnen auf Zeit oder Beamten auf Zeit ernannt. [2]Das Beamtenverhältnis soll im Laufe des dritten Jahres um weitere drei Jahre verlängert werden, wenn die Juniorprofessorin oder der Juniorprofessor sich als Hochschullehrerin oder Hochschullehrer bewährt hat. [3]Anderenfalls kann es um bis zu einem Jahr verlängert werden. [4]Eine weitere Verlängerung ist, abgesehen von den Fällen des Absatzes 5, nicht zulässig. [5]Dies gilt auch für eine erneute Einstellung als Juniorprofessorin oder Juniorprofessor.

(3) [1]Wissenschaftliche Mitarbeiterinnen und wissenschaftliche Mitarbeiter, deren Stelle eine befristete Beschäftigung vorsieht, werden, soweit kein privatrechtliches Dienstverhältnis begründet wird, für die Dauer von drei Jahren zu Beamtinnen auf Zeit und Beamten auf Zeit ernannt. [2]Eine einmalige Verlängerung des Beamtenverhältnisses auf Zeit um weitere drei Jahre ist zulässig.

(4) Für beamtete Hochschuldozentinnen und beamtete Hochschuldozenten gelten die §§ 42 und 48d, für beamtete Oberassistentinnen, beamtete Oberassistenten, beamtete Oberingenieurinnen und beamtete Oberingenieure die §§ 42 und 48b und für beamtete wissenschaftliche und künstlerische Assistentinnen und Assistenten die §§ 42 und 48 des Hochschulrahmengesetzes in der bis zum 30. Dezember 2004 geltenden Fassung entsprechend.

(5) Soweit Hochschullehrerinnen und Hochschullehrer oder wissenschaftliche Mitarbeiterinnen und wissenschaftliche Mitarbeiter Beamtinnen auf Zeit und Beamte auf Zeit sind, ist das Dienstverhältnis, sofern dienstliche Gründe dem nicht entgegenstehen, auf Antrag der Beamtin oder des Beamten um Zeiten eines mutterschutzrechtlichen Beschäftigungsverbots und der Inanspruchnahme von Elternzeit sowie, von bis zu drei Jahren, um Zeiten einer familienbedingten Teilzeit oder Beurlaubung nach § 92 und um Zeiten einer Familienpflegezeit nach § 92a oder um Zeiten einer Pflegezeit nach § 92b zu verlängern.

(6) [1]Der Eintritt einer Professorin oder eines Professors in den Ruhestand wegen Erreichens der Altersgrenze wird zum Ende des Semesters oder Trimesters wirksam, in dem die Regelaltersgrenze erreicht wird. [2]Eine Versetzung in den Ruhestand auf Antrag soll zum Ende des Semesters oder Trimesters ausgesprochen werden, es sei denn, dass gesundheitliche Gründe dem entgegenstehen. [3]Eine Entlassung aus dem Beamtenverhältnis auf Antrag kann bis zum Ende des Semesters oder Trimesters hinausgeschoben werden, wenn dienstliche Belange dies erfordern.

(7) [1]Auf Antrag der Professorin oder des Professors kann der Eintritt in den Ruhestand insgesamt bis zum Ende des Monats, in dem das 75. Lebensjahr vollendet wird, hinausgeschoben werden, wenn dies wegen der besonderen wissenschaftlichen Leistungen im Einzelfall im dienstlichen Interesse liegt. [2]§ 53 Abs. 1 Satz 2 gilt entsprechend.

(8) [1]Beamtete Leiterinnen und beamtete Leiter und beamtete hauptberufliche Mitglieder von Leitungsgremien werden für sechs Jahre in ein Beamtenverhältnis auf Zeit berufen. [2]Sie sind mit Ablauf ihrer Amtszeit oder Erreichen der Regelaltersgrenze aus diesem Beamtenverhältnis entlassen. [3]Abweichend von Satz 2 treten sie mit Ablauf ihrer Amtszeit oder mit Erreichen der Regelaltersgrenze in den Ruhestand, wenn sie

1. eine Dienstzeit von insgesamt mindestens zehn Jahren in Beamtenverhältnissen oder in einem Dienstverhältnis als Berufssoldatin oder Berufssoldat mit Anspruch auf Besoldung zurückgelegt haben oder
2. aus einem Beamtenverhältnis auf Lebenszeit oder aus einem Dienstverhältnis als Berufssoldatin oder Berufssoldat in ein Beamtenverhältnis auf Zeit berufen worden waren.

[4]Handelt es sich in den Fällen des Satzes 3 Nummer 2 um ein Beamtenverhältnis auf Lebenszeit zum Bund, so gilt Absatz 1 Satz 3 und 4 entsprechend.

(9) [1]Die Vorschriften über die Laufbahnen und über den einstweiligen Ruhestand sowie die §§ 87 und 88 sind auf Hochschullehrerinnen und Hochschullehrer nicht anzuwenden. [2]Erfordert der Aufgabenbereich einer Hochschuleinrichtung eine regelmäßige oder planmäßige Anwesenheit, kann die oberste Dienstbehörde die §§ 87 und 88 für bestimmte Gruppen von Beamtinnen und Beamten für anwendbar erklären.

(10) [1]Hochschullehrerinnen und Hochschullehrer können nur mit ihrer Zustimmung abgeordnet oder versetzt werden. [2]Bei der Auflösung, der Verschmelzung oder einer wesentlichen Änderung des Aufbaues oder der Aufgaben von staatlich anerkannten Hochschulen des Bundes, deren Ausbildungsgänge ausschließlich auf den öffentlichen Dienst ausgerichtet sind, gilt § 28 Abs. 3 für beamtete Professorinnen, Professoren, Juniorprofessorinnen, Juniorprofessoren sowie Hochschuldozentinnen und Hochschuldozenten entsprechend.

§ 133 Ehrenbeamtinnen und Ehrenbeamte

(1) Für Ehrenbeamtinnen und Ehrenbeamte nach § 6 Abs. 5 gelten die Vorschriften dieses Gesetzes mit folgenden Maßgaben:
1. Nach Erreichen der Regelaltersgrenze können Ehrenbeamtinnen und Ehrenbeamte verabschiedet werden. Sie sind zu verabschieden, wenn die sonstigen Voraussetzungen für die Versetzung einer Beamtin oder eines Beamten in den Ruhestand gegeben sind.
2. Nicht anzuwenden sind die §§ 28, 53 Abs. 2, §§ 72, 76, 87, 88, 97 bis 101 und 104, auf Honorarkonsularbeamtinnen und Honorarkonsularbeamte, außerdem § 7 Abs. 1 Nr. 1.

(2) Die Unfallfürsorge für Ehrenbeamtinnen und Ehrenbeamte und ihre Hinterbliebenen richtet sich nach § 68 des Beamtenversorgungsgesetzes.

(3) Im Übrigen regeln sich die Rechtsverhältnisse nach den besonderen für die einzelnen Gruppen der Ehrenbeamtinnen und Ehrenbeamten geltenden Vorschriften.

Abschnitt 11
Umbildung von Körperschaften

§ 134 Umbildung einer Körperschaft

(1) Beamtinnen und Beamte einer juristischen Person des öffentlichen Rechts mit Dienstherrnfähigkeit (Körperschaft), die vollständig in eine andere Körperschaft eingegliedert wird, treten mit der Umbildung kraft Gesetzes in den Dienst der aufnehmenden Körperschaft über.

(2) [1]Beamtinnen und Beamte einer Körperschaft, die vollständig in mehrere andere Körperschaften eingegliedert wird, sind anteilig in den Dienst der aufnehmenden Körperschaften zu übernehmen. [2]Die beteiligten Körperschaften haben innerhalb einer Frist von sechs Monaten nach dem Zeitpunkt, in dem die Umbildung vollzogen ist, im Einvernehmen miteinander zu bestimmen, von welchen Körperschaften die einzelnen Beamtinnen und Beamten zu übernehmen sind. [3]Solange die Übernahme nicht erfolgt ist, haften alle beteiligten Körperschaften für die zustehenden Bezüge als Gesamtschuldner.

(3) [1]Beamtinnen und Beamte einer Körperschaft, die teilweise in eine oder mehrere andere Körperschaften eingegliedert wird, sind zu einem verhältnismäßigen Teil, bei mehreren Körperschaften anteilig, in den Dienst der aufnehmenden Körperschaften zu übernehmen. [2]Absatz 2 Satz 2 findet Anwendung.

(4) Die Absätze 1 bis 3 gelten entsprechend, wenn eine Körperschaft mit einer oder mehreren anderen Körperschaften zu einer neuen Körperschaft zusammengeschlossen wird, wenn aus einer Körperschaft oder aus Teilen einer Körperschaft eine oder mehrere neue Körperschaften gebildet werden oder wenn Aufgaben einer Körperschaft vollständig oder teilweise auf eine oder mehrere andere Körperschaften übergehen.

§ 135 Rechtsfolgen der Umbildung

(1) Tritt eine Beamtin oder ein Beamter aufgrund des § 134 Abs. 1 kraft Gesetzes in den Dienst einer anderen Körperschaft über oder wird sie oder er aufgrund des § 134 Abs. 2 oder 3 von einer anderen Körperschaft übernommen, wird das Beamtenverhältnis mit dem neuen Dienstherrn fortgesetzt.

(2) Im Fall des § 134 Abs. 1 ist der Beamtin oder dem Beamten von der aufnehmenden oder neuen Körperschaft die Fortsetzung des Beamtenverhältnisses schriftlich zu bestätigen.

(3) [1]In den Fällen des § 134 Abs. 2 und 3 wird die Übernahme von der Körperschaft verfügt, in deren Dienst die Beamtin oder der Beamte treten soll. [2]Die Verfügung wird mit der Zustellung an die Beamtin oder den Beamten wirksam. [3]Die Beamtin oder der Beamte ist verpflichtet, der Verfügung Folge zu leisten. [4]Kommt sie oder er der Verpflichtung nicht nach, wird sie oder er entlassen.

(4) Die Absätze 1 bis 3 gelten entsprechend in den Fällen des § 134 Abs. 4.

§ 136 Rechtsstellung der Beamtinnen und Beamten

(1) [1]Den nach § 134 in den Dienst einer anderen Körperschaft übergetretenen oder von ihr übernommenen Beamtinnen und Beamten soll ein dem bisherigen Amt nach Bedeutung und Inhalt gleich zu bewertendes Amt übertragen werden. [2]Wenn eine dem bisherigen Amt entsprechende Verwendung nicht möglich ist, sind § 28 Abs. 3 und § 34 Abs. 1 Satz 1 Nr. 4 entsprechend anzuwenden. [3]Bei Anwendung des § 28 Abs. 3 darf die Beamtin oder der Beamte neben der neuen Amtsbezeichnung die des früheren Amtes mit dem Zusatz „außer Dienst" oder „a.D." führen.

(2) [1]Die aufnehmende oder neue Körperschaft kann, wenn die Zahl der bei ihr nach der Umbildung vorhandenen Beamtinnen und Beamten den tatsächlichen Bedarf übersteigt, innerhalb einer Frist von sechs Monaten die entbehrlichen Beamtinnen auf Lebenszeit oder auf Zeit oder die Beamten auf Lebenszeit oder auf Zeit, deren Aufgabengebiet von der Umbildung berührt wurde, in den einstweiligen Ruhestand versetzen. [2]Die Frist des Satzes 1 beginnt im Falle des § 134 Abs. 1 mit dem Übertritt, in den Fällen des § 134 Abs. 2 und 3 mit der Bestimmung derjenigen Beamtinnen und Beamten, zu deren Übernahme die Körperschaft verpflichtet ist. [3]Entsprechendes gilt in den Fällen des § 134 Abs. 4. [4]§ 55 Satz 2 ist anzuwenden. [5]Bei Beamtinnen auf Zeit und Beamten auf Zeit, die nach Satz 1 in den einstweiligen Ruhestand versetzt sind, endet der einstweilige Ruhestand mit Ablauf der Amtszeit. [6]Sie gelten zu diesem Zeitpunkt als dauernd in den Ruhestand versetzt, wenn sie bei Verbleiben im Amt mit Ablauf der Amtszeit in den Ruhestand getreten wären.

§ 137 Rechtsstellung der Versorgungsempfängerinnen und Versorgungsempfänger

(1) Die Vorschriften des § 134 Abs. 1 und 2 und des § 135 gelten entsprechend für die zum Zeitpunkt der Umbildung bei der abgebenden Körperschaft vorhandenen Versorgungsempfängerinnen und Versorgungsempfänger.

(2) In den Fällen des § 134 Abs. 3 bleiben die Ansprüche der zum Zeitpunkt der Umbildung vorhandenen Versorgungsempfängerinnen und Versorgungsempfänger gegenüber der abgebenden Körperschaft bestehen.

(3) Die Absätze 1 und 2 gelten entsprechend in den Fällen des § 134 Abs. 4.

Abschnitt 12
Spannungs- und Verteidigungsfall, Verwendungen im Ausland

§ 138 Anwendungsbereich
[1]Beschränkungen, Anordnungen und Verpflichtungen nach den §§ 139 bis 142 sind nur nach Maßgabe des Artikels 80a des Grundgesetzes zulässig. [2]Sie sind auf Personen im Sinne des § 5 Abs. 1 des Arbeitssicherstellungsgesetzes nicht anzuwenden.

§ 139 Dienstleistung im Verteidigungsfall
(1) Beamtinnen und Beamte können für Zwecke der Verteidigung auch ohne ihre Zustimmung zu einem anderen Dienstherrn abgeordnet oder zur Dienstleistung bei über- oder zwischenstaatlichen zivilen Dienststellen verpflichtet werden.

(2) [1]Beamtinnen und Beamten können für Zwecke der Verteidigung auch Aufgaben übertragen werden, die nicht ihrem Amt oder ihrer Laufbahnbefähigung entsprechen, sofern ihnen die Übernahme nach ihrer Vor- und Ausbildung und im Hinblick auf die Ausnahmesituation zumutbar ist. [2]Aufgaben einer Laufbahn mit geringeren Zugangsvoraussetzungen dürfen ihnen nur übertragen werden, wenn dies aus dienstlichen Gründen unabweisbar ist.

(3) Beamtinnen und Beamte haben bei der Erfüllung der ihnen für Zwecke der Verteidigung übertragenen Aufgaben Gefahren und Erschwernisse auf sich zu nehmen, soweit diese ihnen nach den Umständen und den persönlichen Verhältnissen zugemutet werden können.

(4) Beamtinnen und Beamte sind bei einer Verlegung ihrer Behörde oder Dienststelle auch in das Ausland zur Dienstleistung am neuen Dienstort verpflichtet.

§ 140 Aufschub der Entlassung und des Ruhestands
[1]Die Entlassung der Beamtinnen und Beamten auf ihren Antrag kann für Zwecke der Verteidigung hinausgeschoben werden, wenn dies im öffentlichen Interesse erforderlich ist und der Personalbedarf der öffentlichen Verwaltung im Bereich ihres Dienstherrn auf freiwilliger Grundlage nicht gedeckt werden kann. [2]Satz 1 gilt entsprechend für den Ablauf der Amtszeit bei Beamtenverhältnissen auf Zeit. [3]Der Eintritt in den Ruhestand nach Erreichen der Altersgrenze und die vorzeitige Versetzung in den Ruhestand auf Antrag ohne Nachweis der Dienstunfähigkeit können unter den Voraussetzungen des Satzes 1 bis zum Ende des Monats hinausgeschoben werden, in dem die Regelaltersgrenze erreicht wird.

§ 141 Erneute Berufung von Ruhestandsbeamtinnen und Ruhestandsbeamten
[1]Ruhestandsbeamtinnen und Ruhestandsbeamte, die die Regelaltersgrenze noch nicht erreicht haben, können für Zwecke der Verteidigung erneut in ein Beamtenverhältnis berufen werden, wenn dies im öffentlichen Interesse erforderlich ist und der Personalbedarf der öffentlichen Verwaltung im Bereich ihres bisherigen Dienstherrn auf freiwilliger Grundlage nicht gedeckt werden kann. [2]Das Beamtenverhältnis endet, wenn es nicht vorher beendet wird, mit dem Ende des Monats, in dem die Regelaltersgrenze erreicht wird.

§ 142 Verpflichtung zur Gemeinschaftsunterkunft und Mehrarbeit
(1) Wenn dienstliche Gründe es erfordern, können Beamtinnen und Beamte für Zwecke der Verteidigung verpflichtet werden, vorübergehend in einer Gemeinschaftsunterkunft zu wohnen und an einer Gemeinschaftsverpflegung teilzunehmen.
(2) [1]Beamtinnen und Beamte sind verpflichtet, für Zwecke der Verteidigung über die regelmäßige Arbeitszeit hinaus ohne besondere Vergütung Dienst zu tun. [2]Für die Mehrbeanspruchung wird ein Freizeitausgleich nur gewährt, soweit es die dienstlichen Erfordernisse gestatten.

§ 143 Verwendungen im Ausland
(1) [1]Beamtinnen und Beamte, die zur Wahrnehmung des ihnen übertragenen Amts im Ausland oder außerhalb des deutschen Hoheitsgebiets auf Schiffen oder in Luftfahrzeugen verwendet werden und dabei wegen vom Inland wesentlich abweichender Verhältnisse erhöhten Gefahren ausgesetzt sind, können aus dienstlichen Gründen verpflichtet werden,
1. vorübergehend in einer Gemeinschaftsunterkunft zu wohnen und an einer Gemeinschaftsverpflegung teilzunehmen,
2. Schutzkleidung zu tragen,
3. Dienstkleidung zu tragen und
4. über die regelmäßige Arbeitszeit hinaus ohne besondere Vergütung Dienst zu tun.
[2]In den Fällen des Satzes 1 Nr. 4 wird für die Mehrbeanspruchung ein Freizeitausgleich nur gewährt, soweit es die dienstlichen Erfordernisse gestatten.
(2) Sind nach Absatz 1 verwendete Beamtinnen und Beamte zum Zeitpunkt des vorgesehenen Eintritts in den Ruhestand nach den §§ 44, 51 und 53 oder des vorgesehenen Ablaufs ihrer Amtszeit wegen Verschleppung, Gefangenschaft oder aus sonstigen mit dem Dienst zusammenhängenden Gründen, die sie nicht zu vertreten haben, dem Einflussbereich des Dienstherrn entzogen, verlängert sich das Beamtenverhältnis bis zum Ablauf des auf die Beendigung dieses Zustands folgenden Monats.

Abschnitt 13
Übergangs- und Schlussvorschriften

§ 144 Entscheidungsrecht oberster Bundesbehörden
(1) [1]Ist eine bundesunmittelbare Körperschaft, Anstalt oder Stiftung des öffentlichen Rechts Dienstherr einer Beamtin oder eines Beamten, kann die für die Aufsicht zuständige oberste Bundesbehörde in den Fällen, in denen nach diesem Gesetz oder dem Beamtenversorgungsgesetz die oberste Dienstbehörde die Entscheidung hat, sich diese Entscheidung vorbehalten oder die Entscheidung von ihrer vorherigen Zustimmung abhängig machen. [2]Sie kann auch verbindliche Grundsätze für die Entscheidung aufstellen.
(2) Für bundesunmittelbare Körperschaften, Anstalten und Stiftungen des öffentlichen Rechts, die Behörden nicht besitzen, tritt an deren Stelle für die in diesem Gesetz oder dem Beamtenversorgungsgesetz einer Behörde übertragenen oder zu übertragenden Zuständigkeiten die zuständige Verwaltungsstelle.

§ 145 Rechtsverordnungen, Durchführungsvorschriften
(1) Rechtsverordnungen nach diesem Gesetz bedürfen nicht der Zustimmung des Bundesrates.
(2) Die zur Durchführung dieses Gesetzes und der auf Grund dieses Gesetzes erlassenen Rechtsverordnungen erforderlichen allgemeinen Verwaltungsvorschriften erlässt das Bundesministerium des Innern, für Bau und Heimat, soweit dieses Gesetz nichts anderes bestimmt.

§ 146 Öffentlich-rechtliche Religionsgesellschaften
[1]Dieses Gesetz gilt nicht für die öffentlich-rechtlichen Religionsgesellschaften und ihre Verbände. [2]Diesen bleibt es überlassen, die Rechtsverhältnisse ihrer Beamtinnen und Beamten und Seelsorgerinnen und Seelsorger diesem Gesetz entsprechend zu regeln oder Vorschriften dieses Gesetzes für anwendbar zu erklären.

§ 147 Übergangsregelungen

(1) [1]Für Beamtinnen und Beamte, die vor Inkrafttreten dieses Gesetzes in ein Beamtenverhältnis auf Probe berufen worden sind, sind anstelle des § 10 Abs. 1 und 3 und des § 11 der § 6 Abs. 1 und der § 9 des Bundesbeamtengesetzes in der Fassung der Bekanntmachung vom 31. März 1999 (BGBl. I S. 675) in der bis zum 11. Februar 2009 geltenden Fassung anzuwenden. [2]Abweichend von Satz 1 werden Beamtinnen und Beamte, die vor dem 12. Februar 2009 in ein Beamtenverhältnis auf Probe berufen worden sind, auf Antrag in ein Beamtenverhältnis auf Lebenszeit berufen, wenn

1. sie sich in der Probezeit in vollem Umfang bewährt haben und
2. seit der Berufung in das Beamtenverhältnis auf Probe mindestens drei Jahre vergangen sind.

(2) Die Bundesregierung überprüft die Anhebung der Altersgrenzen nach den §§ 51 und 52 unter Beachtung des Berichts nach § 154 Abs. 4 des Sechsten Buches Sozialgesetzbuch.

Gesetz über die Versorgung der Beamten und Richter des Bundes (Beamtenversorgungsgesetz – BeamtVG)[1)2)3)4)]

In der Fassung der Bekanntmachung vom 24. Februar 2010[5)] (BGBl. I S. 150)
(FNA 2030-25)
zuletzt geändert durch Art. 3, 4 Zweites G zur Änd. des BundespersonalvertretungsG und weiterer dienstrechtl. Vorschriften aus Anlass der COVID-19-Pandemie vom 25. Mai 2020 (BGBl. I S. 1063)

Inhaltsübersicht

1) Die in der Neubekanntmachung v. 24.2.2010 als Fußnoten wiedergegebenen, zum 1.9.2009 in Kraft getretenen Änderungen durch das G v. 3.4.2009 (BGBl. I S. 700) wurden in den laufenden Text übernommen.
2) Zur Anwendung in den Ländern siehe § 108.
3) Die Änderungen durch das G v. 12.12.2019 (BGBl. I S. 2652) treten erst **mWv 1.1.2024** in Kraft und sind noch nicht im Text berücksichtigt.
4) Die Änderungen durch das G v. 25.5.2020 (BGBl. I S. 1063) treten teilweise erst **mWv 1.1.2021** in Kraft und sind im Text gekennzeichnet.
5) Neubekanntmachung des Beamtenversorgungsgesetzes idF der Bek. v. 16.3.1999 (BGBl. I S. 322) in der ab 1.7.2009 geltenden Fassung.

Abschnitt 1
Allgemeine Vorschriften

§ 1 Geltungsbereich

(1) Dieses Gesetz regelt die Versorgung der Beamten des Bundes.

(2) Dieses Gesetz gilt nach Maßgabe des Deutschen Richtergesetzes entsprechend für die Versorgung der Richter des Bundes.

(3) Dieses Gesetz gilt nicht für die öffentlich-rechtlichen Religionsgesellschaften und ihre Verbände.

§ 1a Lebenspartnerschaft

Von den Vorschriften dieses Gesetzes gelten entsprechend:

1. Vorschriften, die sich auf das Bestehen oder das frühere Bestehen einer Ehe beziehen, für das Bestehen oder das frühere Bestehen einer Lebenspartnerschaft,
2. Vorschriften, die sich auf die Eheschließung oder die Heirat beziehen, für die Begründung einer Lebenspartnerschaft,
3. Vorschriften, die sich auf die Auflösung oder Scheidung einer Ehe beziehen, für die Aufhebung einer Lebenspartnerschaft,
4. Vorschriften, die sich auf den Ehegatten beziehen, für den Lebenspartner,
5. Vorschriften, die sich auf den geschiedenen Ehegatten oder früheren Ehegatten beziehen, für den früheren Lebenspartner aus einer aufgehobenen Lebenspartnerschaft und
6. Vorschriften, die sich auf die Witwe, den Witwer oder den hinterbliebenen Ehegatten beziehen, für den hinterbliebenen Lebenspartner.

§ 2 Arten der Versorgung

Versorgungsbezüge[1)] sind

1. Ruhegehalt oder Unterhaltsbeitrag,
2. Hinterbliebenenversorgung,
3. Bezüge bei Verschollenheit,
4. Unfallfürsorge,
5. Übergangsgeld,
6. Ausgleich bei besonderen Altersgrenzen,

1) Beachte hierzu Art. 2 § 4 Zweites HaushaltsstrukturG: Rückforderungsvorbehalt
Ab 1. Januar 1982 werden die Versorgungsbezüge unter dem Vorbehalt gezahlt, daß Überzahlungen auf Grund der Rechtsänderungen durch die §§ 1 bis 3 zurückgefordert werden.

48 BeamtVG §§ 3–5

7. Erhöhungsbetrag nach § 14 Absatz 4 Satz 3 Halbsatz 1,
8. Unterschiedsbetrag nach § 50 Absatz 1 Satz 2 und 3,
9. Leistungen nach den §§ 50a bis 50e,
10. Ausgleichsbetrag nach § 50 Absatz 3,
11. Anpassungszuschlag nach § 69b Satz 5,
12. Einmalzahlung nach Abschnitt 11.

§ 3 Regelung durch Gesetz

(1) Die Versorgung der Beamten und ihrer Hinterbliebenen wird durch Gesetz geregelt.

(2) ¹Zusicherungen, Vereinbarungen und Vergleiche, die dem Beamten eine höhere als die ihm gesetzlich zustehende Versorgung verschaffen sollen, sind unwirksam. ²Das Gleiche gilt für Versicherungsverträge, die zu diesem Zweck abgeschlossen werden.

(3) Auf die gesetzlich zustehende Versorgung kann weder ganz noch teilweise verzichtet werden.

Abschnitt 2
Ruhegehalt, Unterhaltsbeitrag

§ 4 Entstehen und Berechnung des Ruhegehalts

(1) ¹Ein Ruhegehalt wird nur gewährt, wenn der Beamte
1. eine Dienstzeit von mindestens fünf Jahren abgeleistet hat oder
2. infolge Krankheit, Verwundung oder sonstiger Beschädigung, die er sich ohne grobes Verschulden bei Ausübung oder aus Veranlassung des Dienstes zugezogen hat, dienstunfähig geworden ist.
²Die Dienstzeit wird vom Zeitpunkt der ersten Berufung in das Beamtenverhältnis ab gerechnet und nur berücksichtigt, sofern sie ruhegehaltfähig ist; § 6 Absatz 1 Satz 3 und 4 ist insoweit nicht anzuwenden. ³Zeiten, die kraft gesetzlicher Vorschrift als ruhegehaltfähig gelten oder nach § 10 als ruhegehaltfähige Dienstzeit berücksichtigt werden, sind einzurechnen; Satz 2 zweiter Halbsatz gilt entsprechend. ⁴Satz 3 gilt nicht für Zeiten, die der Beamte vor dem 3. Oktober 1990 in dem in Artikel 3 des Einigungsvertrages genannten Gebiet zurückgelegt hat.

(2) Der Anspruch auf Ruhegehalt entsteht mit dem Beginn des Ruhestandes, in den Fällen des § 4 des Bundesbesoldungsgesetzes nach Ablauf der Zeit, für die Dienstbezüge gewährt werden.

(3) Das Ruhegehalt wird auf der Grundlage der ruhegehaltfähigen Dienstbezüge und der ruhegehaltfähigen Dienstzeit berechnet.

§ 5 Ruhegehaltfähige Dienstbezüge

(1) ¹Ruhegehaltfähige Dienstbezüge sind
1. das Grundgehalt,
2. der Familienzuschlag (§ 50 Absatz 1) der Stufe 1,
3. sonstige Dienstbezüge, die im Besoldungsrecht als ruhegehaltfähig bezeichnet sind,
4. Leistungsbezüge nach § 33 Absatz 1 des Bundesbesoldungsgesetzes, soweit sie nach § 33 Absatz 3 des Bundesbesoldungsgesetzes ruhegehaltfähig sind oder auf Grund der nach § 33 Absatz 4 des Bundesbesoldungsgesetzes erlassenen Rechtsverordnungen für ruhegehaltfähig erklärt wurden,
die dem Beamten in den Fällen der Nummern 1 und 3 zuletzt zugestanden haben oder in den Fällen der Nummer 2 nach dem Besoldungsrecht zustehen würden; sie werden mit dem Faktor 0,9901 vervielfältigt. ²Bei Teilzeitbeschäftigung und Beurlaubung ohne Dienstbezüge (Freistellung) gelten als ruhegehaltfähige Dienstbezüge die dem letzten Amt entsprechenden vollen ruhegehaltfähigen Dienstbezüge. ³Satz 2 gilt entsprechend bei eingeschränkter Verwendung eines Beamten wegen begrenzter Dienstfähigkeit nach § 45 des Bundesbeamtengesetzes. ⁴§ 78 des Bundesbesoldungsgesetzes ist nicht anzuwenden.

(2) Ist der Beamte wegen Dienstunfähigkeit auf Grund eines Dienstunfalls im Sinne des § 31 in den Ruhestand versetzt worden, so ist das Grundgehalt der nach Absatz 1 Satz 1 Nummer 1, Absatz 3 oder 5 maßgebenden Besoldungsgruppe nach der Stufe zugrunde zu legen, die er bis zum Eintritt in den Ruhestand wegen Erreichens der Altersgrenze hätte erreichen können.

(3) ¹Ist ein Beamter aus einem Amt in den Ruhestand getreten, das nicht der Eingangsbesoldungsgruppe seiner Laufbahn oder das keiner Laufbahn angehört, und hat er die Dienstbezüge dieses oder eines mindestens gleichwertigen Amtes vor dem Eintritt in den Ruhestand nicht mindestens zwei Jahre erhalten, so sind ruhegehaltfähig nur die Bezüge des vorher bekleideten Amtes. ²Hat der Beamte vorher ein Amt nicht bekleidet, so setzt die oberste Dienstbehörde im Einvernehmen mit dem Bundesministerium des Innern, für Bau und Heimat oder mit der von diesem bestimmten Behörde die ruhegehaltfähigen Dienstbezüge bis zur Höhe der ruhegehaltfähigen Dienstbezüge der nächstniedrigeren Besoldungsgruppe fest.

[3]In die Zweijahresfrist einzurechnen ist die innerhalb dieser Frist liegende Zeit einer Beurlaubung ohne Dienstbezüge, soweit sie als ruhegehaltfähig berücksichtigt worden ist.

(4) Absatz 3 gilt nicht, wenn der Beamte vor Ablauf der Frist infolge von Krankheit, Verwundung oder sonstiger Beschädigung, die er sich ohne grobes Verschulden bei Ausübung oder aus Veranlassung des Dienstes zugezogen hat, in den Ruhestand getreten ist.

(5) [1]Das Ruhegehalt eines Beamten, der früher ein mit höheren Dienstbezügen verbundenes Amt bekleidet und diese Bezüge mindestens zwei Jahre erhalten hat, wird, sofern der Beamte in ein mit geringeren Dienstbezügen verbundenes Amt nicht lediglich auf seinen im eigenen Interesse gestellten Antrag übergetreten ist, nach den höheren ruhegehaltfähigen Dienstbezügen des früheren Amtes und der gesamten ruhegehaltfähigen Dienstzeit berechnet. [2]Absatz 3 Satz 3 und Absatz 4 gelten entsprechend. [3]Das Ruhegehalt darf jedoch die ruhegehaltfähigen Dienstbezüge des letzten Amtes nicht übersteigen.

(6) [1]Verringern sich bei einem Wechsel in ein Amt der Besoldungsordnung W die ruhegehaltfähigen Dienstbezüge, berechnet sich das Ruhegehalt aus den ruhegehaltfähigen Dienstbezügen des früheren Amtes und der gesamten ruhegehaltfähigen Dienstzeit, sofern der Beamte die Dienstbezüge des früheren Amtes mindestens zwei Jahre erhalten hat; hierbei ist die zum Zeitpunkt des Wechsels in die Besoldungsordnung W erreichte Stufe des Grundgehaltes zugrunde zu legen. [2]Auf die Zweijahresfrist wird der Zeitraum, in dem der Beamte Dienstbezüge aus einem Amt der Besoldungsordnung W erhalten hat, angerechnet. [3]Absatz 5 Satz 2 und 3 gilt entsprechend.

§ 6 Regelmäßige ruhegehaltfähige Dienstzeit

(1) [1]Ruhegehaltfähig ist die Dienstzeit, die der Beamte vom Tage seiner ersten Berufung in das Beamtenverhältnis an im Dienst eines öffentlich-rechtlichen Dienstherrn im Beamtenverhältnis zurückgelegt hat. [2]Dies gilt nicht für die Zeit

1. *[aufgehoben]*
2. in einem Amt, das die Arbeitskraft des Beamten nur nebenbei beansprucht,
3. einer Tätigkeit als Beamter, der ohne Ruhegehaltsberechtigung nur Gebühren bezieht, soweit sie nicht nach § 11 Nummer 1 Buchstabe a berücksichtigt wird,
4. einer ehrenamtlichen Tätigkeit,
5. einer Beurlaubung ohne Dienstbezüge; Zeiten einer Beurlaubung ohne Dienstbezüge, die keine Zeiten im öffentlichen Dienst einer zwischenstaatlichen oder überstaatlichen Einrichtung sind, können berücksichtigt werden, wenn
 a) spätestens bei Beendigung des Urlaubs schriftlich oder elektronisch anerkannt worden ist, dass dieser dienstlichen Interessen oder öffentlichen Belangen dient, und
 b) der Beamte für die Dauer der Beurlaubung einen Versorgungszuschlag zahlt, sofern gesetzlich nichts anderes bestimmt ist; der Versorgungszuschlag beträgt 30 Prozent der ohne Beurlaubung zustehenden ruhegehaltfähigen Dienstbezüge, wobei Leistungsbezüge nach § 5 Absatz 1 Nummer 4 von Anfang an in voller Höhe zu berücksichtigen sind; das Bundesministerium des Innern, für Bau und Heimat kann Ausnahmen zulassen.
6. eines schuldhaften Fernbleibens vom Dienst unter Verlust der Dienstbezüge,
7. für die eine Abfindung aus öffentlichen Mitteln gewährt ist.

[3]Zeiten einer Teilzeitbeschäftigung sind nur zu dem Teil ruhegehaltfähig, der dem Verhältnis der ermäßigten zur regelmäßigen Arbeitszeit entspricht; Zeiten einer Altersteilzeit nach § 93 des Bundesbeamtengesetzes sowie nach entsprechenden Bestimmungen für Richter sind zu neun Zehnteln der Arbeitszeit ruhegehaltfähig, die der Bemessung der ermäßigten Arbeitszeit während der Altersteilzeit zugrunde gelegt worden ist. [4]Zeiten der eingeschränkten Verwendung eines Beamten wegen begrenzter Dienstfähigkeit nach § 45 des Bundesbeamtengesetzes sind nur zu dem Teil ruhegehaltfähig, der dem Verhältnis der ermäßigten zur regelmäßigen Arbeitszeit entspricht, mindestens im Umfang des § 13 Absatz 1 Satz 1.

(2) [1]Nicht ruhegehaltfähig sind Dienstzeiten

1. in einem Beamtenverhältnis, das durch eine Entscheidung der in § 41 Absatz 1 des Bundesbeamtengesetzes bezeichneten Art oder durch Disziplinarurteil beendet worden ist,
2. in einem Beamtenverhältnis auf Probe oder auf Widerruf, wenn der Beamte entlassen worden ist, weil er eine Handlung begangen hat, die bei einem Beamten auf Lebenszeit mindestens eine Kürzung der Dienstbezüge zur Folge hätte,
3. in einem Beamtenverhältnis, das durch Entlassung auf Antrag des Beamten beendet worden ist,
 a) wenn ihm ein Verfahren mit der Folge des Verlustes der Beamtenrechte oder der Entfernung aus dem Dienst drohte oder
 b) wenn der Beamte den Antrag gestellt hat, um einer drohenden Entlassung nach Nummer 2 zuvorzukommen.

²Die oberste Dienstbehörde kann Ausnahmen zulassen.
(3) Der im Beamtenverhältnis zurückgelegten Dienstzeit stehen gleich
1. die im Richterverhältnis zurückgelegte Dienstzeit,
2. die nach dem 8. Mai 1945 zurückgelegte Zeit als Mitglied der Bundesregierung oder einer Landes-
regierung,
3. die Zeit der Bekleidung des Amtes eines Parlamentarischen Staatssekretärs bei einem Mitglied der
Bundesregierung nach dem 14. Dezember 1972 oder bei einem Mitglied einer Landesregierung,
soweit entsprechende Voraussetzungen vorliegen.

§ 6a Zeiten im öffentlichen Dienst einer zwischenstaatlichen oder überstaatlichen Einrichtung

(1) ¹Zeiten einer hauptberuflichen Tätigkeit, die vor Beginn des Ruhestandes im öffentlichen Dienst einer
zwischenstaatlichen oder überstaatlichen Einrichtung zurückgelegt worden sind, werden auf Antrag als
ruhegehaltfähige Dienstzeit berücksichtigt. ²§ 6 Absatz 1 Satz 3 gilt entsprechend.

(2) ¹Hat der Beamte bei seinem Ausscheiden aus dem öffentlichen Dienst bei einer zwischenstaatlichen
oder überstaatlichen Einrichtung einen Anspruch auf eine Alterssicherungsleistung in Form eines Kapi-
talbetrages, ist dem Antrag nach Absatz 1 nur dann stattzugeben, wenn der Beamte den ihm ins-
gesamt zustehenden Betrag innerhalb von sechs Monaten nach Antragstellung an den Dienstherrn abführt.
²Dauerte die Verwendung nach Beginn des Ruhestandes an, bleibt der Kapitalbetrag in Höhe des auf die
Dauer der Verwendung nach Beginn des Ruhestandes entfallenden Anteils unberücksichtigt. ³Bei der
Anwendung des Satzes 2 gilt § 14 Absatz 1 Satz 2 und 3 entsprechend. ⁴Hat der Beamte oder Ruhe-
standsbeamte vor seinem Ausscheiden aus dem öffentlichen Dienst der zwischenstaatlichen oder über-
staatlichen Einrichtung unmittelbar oder mittelbar Zahlungen aus der einmaligen Leistung erhalten oder
hat die Einrichtung diese durch Aufrechnung oder in anderer Form verringert, ist bei der Anwendung der
Sätze 1 und 2 der ungekürzte Betrag zu berücksichtigen; Entsprechendes gilt, sofern der Beamte oder
Ruhestandsbeamte auf die einmalige Alterssicherungsleistung verzichtet oder diese nicht beantragt. ⁵Auf
freiwilligen Beiträgen beruhende Anteile, einschließlich darauf entfallender Erträge, bleiben außer Be-
tracht.

(3) ¹Liegt die Zeit der Verwendung bei einer zwischenstaatlichen oder überstaatlichen Einrichtung vor
der Berufung in das Beamtenverhältnis zum Bund oder der Versetzung in den Bundesdienst, ist der Ka-
pitalbetrag vom Beginn des auf die Beendigung der Verwendung folgenden Monats bis zum Ablauf des
Monats, der dem Eintritt in den Bundesdienst vorausgeht, zu verzinsen. ²Der Zinssatz beträgt für das Jahr
zwei Prozentpunkte über dem Basiszinssatz, mindestens aber 2 Prozent. ³§ 14 Absatz 1 Satz 2 und 3 gilt
entsprechend.

(4) ¹Der Antrag kann im Fall des Anspruchs auf eine Alterssicherungsleistung in Form eines Kapitalbe-
trages (Absatz 2) nur bis zum Ablauf des zwölften Kalendermonats nach Beendigung der Verwendung
bei einer zwischenstaatlichen oder überstaatlichen Einrichtung oder nach der Berufung in das Beamten-
verhältnis gestellt werden; die Versetzung in den Bundesdienst steht dabei der Berufung in das Beam-
tenverhältnis gleich. ²In den übrigen Fällen kann der Antrag nur bis zum Ablauf des zwölften Monats
nach Beginn des Ruhestandes nach § 30 Nummer 4 des Bundesbeamtengesetzes gestellt werden; dauert
die Verwendung über den Beginn des Ruhestandes hinaus an, tritt an die Stelle des Ruhestandsbeginns
die Beendigung der Verwendung bei einer zwischenstaatlichen oder überstaatlichen Einrichtung. ³Der
Antrag wirkt ab Ruhestandsbeginn.

§ 7 Erhöhung der ruhegehaltfähigen Dienstzeit

¹Die ruhegehaltfähige Dienstzeit nach § 6 erhöht sich um die Zeit, die
1. ein Ruhestandsbeamter in einem seine Arbeitskraft voll beanspruchenden Dienstverhältnis als Be-
amter, Richter, Berufssoldat oder in einem Amtsverhältnis im Sinne des § 6 Absatz 3 Nummer 2 und
3 zurückgelegt hat, ohne einen neuen Versorgungsanspruch zu erlangen,
2. im einstweiligen Ruhestand zurückgelegt worden ist, bis zu drei Jahren, wenn die Versetzung in den
einstweiligen Ruhestand nach dem 31. Dezember 2011 erfolgt ist.
²§ 6 Absatz 1 Satz 2 Nummer 5 und 6 und Absatz 2 gilt entsprechend, für die Anwendung des Satzes 1
Nummer 1 außerdem § 6 Absatz 1 Satz 2 Nummer 7.

§ 8 Berufsmäßiger Wehrdienst und vergleichbare Zeiten

(1) Als ruhegehaltfähig gilt die Dienstzeit, in der ein Beamter vor der Berufung in das Beamtenverhältnis
berufsmäßig im Dienst der Bundeswehr, der Nationalen Volksarmee der ehemaligen Deutschen Demo-
kratischen Republik oder im Vollzugsdienst der Polizei gestanden hat.
(2) § 6 Absatz 1 Satz 2 Nummer 5 bis 7, Satz 3 und Absatz 2 gilt entsprechend.

§ 9 Nichtberufsmäßiger Wehrdienst und vergleichbare Zeiten

(1) Als ruhegehaltfähig gilt die Zeit, während der ein Beamter vor der Berufung in das Beamtenverhältnis

1. nichtberufsmäßigen Wehrdienst in der Bundeswehr oder der Nationalen Volksarmee der ehemaligen Deutschen Demokratischen Republik oder einen vergleichbaren zivilen Ersatzdienst oder Polizeivollzugsdienst geleistet hat oder

2. sich insgesamt länger als drei Monate in einem Gewahrsam (§ 1 Absatz 1 Nummer 1 in Verbindung mit § 9 des Häftlingshilfegesetzes in der bis zum 28. Dezember 1991 geltenden Fassung) befunden hat oder

3. sich auf Grund einer Krankheit oder Verwundung als Folge eines Dienstes nach Nummer 1 oder im Sinne des § 8 Absatz 1 im Anschluss an die Entlassung arbeitsunfähig in einer Heilbehandlung befunden hat.

(2) § 6 Absatz 1 Satz 2 Nummer 2, 5 bis 7 und Absatz 2 gilt entsprechend.

§ 10 Zeiten im privatrechtlichen Arbeitsverhältnis im öffentlichen Dienst

[1]Als ruhegehaltfähig sollen auch folgende Zeiten berücksichtigt werden, in denen ein Beamter vor der Berufung in das Beamtenverhältnis im privatrechtlichen Arbeitsverhältnis im Dienst eines öffentlich-rechtlichen Dienstherrn ohne von dem Beamten zu vertretende Unterbrechung tätig war, sofern diese Tätigkeit zu seiner Ernennung geführt hat:

1. Zeiten einer hauptberuflichen in der Regel einem Beamten obliegenden oder später einem Beamten übertragenen entgeltlichen Beschäftigung oder

2. Zeiten einer für die Laufbahn des Beamten förderlichen Tätigkeit.

[2]Der Tätigkeit im Dienst eines öffentlich-rechtlichen Dienstherrn steht die Tätigkeit im Dienst von Einrichtungen gleich, die von mehreren der im Satz 1 bezeichneten Dienstherren durch Staatsvertrag oder Verwaltungsabkommen zur Erfüllung ihnen obliegender hoheitsrechtlicher Aufgaben geschaffen worden sind. [3]Zeiten mit einer geringeren als der regelmäßigen Arbeitszeit dürfen nur zu dem Teil als ruhegehaltfähig berücksichtigt werden, der dem Verhältnis der tatsächlichen zur regelmäßigen Arbeitszeit entspricht.

§ 11 Sonstige Zeiten

Die Zeit, während der ein Beamter vor der Berufung in das Beamtenverhältnis

1. a) als Rechtsanwalt oder Verwaltungsrechtsrat oder als Beamter oder Notar, der ohne Ruhegehaltsberechtigung nur Gebühren bezieht, oder

 b) hauptberuflich im Dienst öffentlich-rechtlicher Religionsgesellschaften oder ihrer Verbände (Artikel 140 des Grundgesetzes) oder im öffentlichen oder nichtöffentlichen Schuldienst oder

 c) hauptberuflich im Dienst der Fraktionen des Bundestages oder der Landtage oder kommunaler Vertretungskörperschaften oder

 d) hauptberuflich im Dienst von kommunalen Spitzenverbänden oder ihren Landesverbänden sowie von Spitzenverbänden der Sozialversicherung oder ihren Landesverbänden

 tätig gewesen ist oder

2. hauptberuflich im ausländischen öffentlichen Dienst gestanden hat oder

3. a) auf wissenschaftlichem, künstlerischem, technischem oder wirtschaftlichem Gebiet besondere Fachkenntnisse erworben hat, die die notwendige Voraussetzung für die Wahrnehmung seines Amtes bilden, oder

 b) als Entwicklungshelfer im Sinne des Entwicklungshelfer-Gesetzes tätig gewesen ist,

kann als ruhegehaltfähige Dienstzeit berücksichtigt werden, die Zeit nach Nummer 1 Buchstabe a und Nummer 3 jedoch höchstens bis zur Hälfte und in der Regel nicht über zehn Jahre hinaus.

§ 12 Ausbildungszeiten

(1) [1]Die verbrachte Mindestzeit

1. der außer der allgemeinen Schulbildung vorgeschriebenen Ausbildung (Fachschul-, Hochschul- und praktische Ausbildung, Vorbereitungsdienst, übliche Prüfungszeit),

2. einer praktischen hauptberuflichen Tätigkeit, die für die Übernahme in das Beamtenverhältnis vorgeschrieben ist,

kann als ruhegehaltfähige Dienstzeit berücksichtigt werden, die Zeit einer Fachschulausbildung einschließlich der Prüfungszeit bis zu 1 095 Tagen und die Zeit einer Hochschulausbildung einschließlich der Prüfungszeit bis zu 855 Tagen, insgesamt höchstens bis zu 1 095 Tagen. [2]Wird die allgemeine Schulbildung durch eine andere Art der Ausbildung ersetzt, so steht diese der Schulbildung gleich. [3]Zum Zeitpunkt des Ruhestandseintritts ist das Ruhegehalt unter Berücksichtigung von Hochschulausbildungszeiten nach Satz 1 zu berechnen.

(1a) [1]Ergibt eine Berechnung des Ruhegehalts unter Berücksichtigung von Hochschulausbildungszeiten nach Absatz 1 Satz 1 in der bis zum 11. Februar 2009 geltenden Fassung gegenüber der Ruhegehaltsberechnung nach Absatz 1 Satz 3 einen Differenzbetrag, der größer ist als der Rentenbetrag, der sich durch Vervielfältigung des aktuellen Rentenwertes mit dem Faktor 2,25 ergibt, bleibt es bei der Berechnung des Ruhegehalts unter Berücksichtigung von Hochschulausbildungszeiten nach Absatz 1 Satz 1 in der bis zum 11. Februar 2009 geltenden Fassung, soweit dadurch eine ruhegehaltfähige Gesamtdienstzeit von 40 Jahren nicht überschritten wird. [2]Die der Berechnung nach Satz 1 zugrunde gelegten Hochschulausbildungszeiten sind um die Hochschulausbildungszeiten zu vermindern, die dem Rentenbetrag entsprechen, der sich durch Vervielfältigung des aktuellen Rentenwertes mit dem Faktor 2,25 ergibt.

(2) [1]Für Beamte des Vollzugsdienstes und des Einsatzdienstes der Feuerwehr können verbrachte Zeiten einer praktischen Ausbildung und einer praktischen hauptberuflichen Tätigkeit anstelle einer Berücksichtigung nach Absatz 1 bis zu einer Gesamtzeit von fünf Jahren als ruhegehaltfähige Dienstzeit berücksichtigt werden, wenn sie für die Wahrnehmung des Amtes förderlich sind. [2]Absatz 1 Satz 2 gilt entsprechend.

(3) Hat der Beamte sein Studium nach der Festsetzung von Regelstudienzeiten in dem jeweiligen Studiengang begonnen, kann die tatsächliche Studiendauer nur insoweit berücksichtigt werden, als die Regelstudienzeit einschließlich der Prüfungszeit nicht überschritten ist.

(4) [1]Bei anderen als Laufbahnbewerbern können Zeiten nach Absatz 1 als ruhegehaltfähig berücksichtigt werden, wenn und soweit sie für Laufbahnbewerber vorgeschrieben sind. [2]Ist eine Laufbahn der Fachrichtung des Beamten bei einem Dienstherrn noch nicht gestaltet, so gilt das Gleiche für solche Zeiten, die bei Gestaltung der Laufbahn mindestens vorgeschrieben werden müssen.

§ 12a Nicht zu berücksichtigende Zeiten

Zeiten nach § 30 des Bundesbesoldungsgesetzes sind nicht ruhegehaltfähig.

§ 12b Zeiten in dem in Artikel 3 des Einigungsvertrages genannten Gebiet

(1) [1]Wehrdienstzeiten und vergleichbare Zeiten nach den §§ 8 und 9, Beschäftigungszeiten nach § 10 und sonstige Zeiten nach den §§ 11 und 67 Absatz 2, die der Beamte vor dem 3. Oktober 1990 in dem in Artikel 3 des Einigungsvertrages genannten Gebiet zurückgelegt hat, werden nicht als ruhegehaltfähige Dienstzeit berücksichtigt, sofern die allgemeine Wartezeit für die gesetzliche Rentenversicherung erfüllt ist und diese Zeiten als rentenrechtliche Zeiten berücksichtigungsfähig sind; Ausbildungszeiten nach § 12 sind nicht ruhegehaltfähig, soweit die allgemeine Wartezeit für die gesetzliche Rentenversicherung erfüllt ist. [2]Rentenrechtliche Zeiten sind auch solche im Sinne des Artikels 2 des Renten-Überleitungsgesetzes.

(2) Sofern die allgemeine Wartezeit für die gesetzliche Rentenversicherung nicht erfüllt ist, können die in Absatz 1 genannten Zeiten im Rahmen der dort genannten Vorschriften insgesamt höchstens bis zu fünf Jahren als ruhegehaltfähig berücksichtigt werden.

§ 13 Zurechnungszeit und Zeit gesundheitsschädigender Verwendung

(1) [1]Ist der Beamte vor Vollendung des sechzigsten Lebensjahres wegen Dienstunfähigkeit in den Ruhestand versetzt worden, wird die Zeit vom Beginn des Ruhestandes bis zum Ablauf des Monats der Vollendung des sechzigsten Lebensjahres, soweit diese nicht nach anderen Vorschriften als ruhegehaltfähig berücksichtigt wird, für die Berechnung des Ruhegehalts der ruhegehaltfähigen Dienstzeit zu zwei Dritteln hinzugerechnet (Zurechnungszeit). [2]Ist der Beamte nach § 46 des Bundesbeamtengesetzes erneut in das Beamtenverhältnis berufen worden, so wird eine der Berechnung des früheren Ruhegehalts zugrunde gelegene Zurechnungszeit insoweit berücksichtigt, als die Zahl der dem neuen Ruhegehalt zugrunde liegenden Dienstjahre hinter der Zahl der dem früheren Ruhegehalt zugrunde gelegenen Dienstjahre zurückbleibt.

(2) [1]Die Zeit der Verwendung eines Beamten in Ländern, in denen er gesundheitsschädigenden klimatischen Einflüssen ausgesetzt ist, kann zum Doppelten als ruhegehaltfähige Dienstzeit berücksichtigt werden, wenn sie ununterbrochen mindestens ein Jahr gedauert hat. [2]Entsprechendes gilt für einen beurlaubten Beamten, dessen Tätigkeit in den in Satz 1 genannten Gebieten öffentlichen Belangen oder dienstlichen Interessen diente, wenn dies spätestens bei Beendigung des Urlaubs anerkannt worden ist.

(3) [1]Zeiten einer besonderen Verwendung im Ausland können bis zum Doppelten als ruhegehaltfähige Dienstzeit berücksichtigt werden, wenn sie
1. einzeln ununterbrochen mindestens 30 Tage gedauert haben und
2. insgesamt mindestens 180 Tage gedauert haben.
[2]Eine besondere Verwendung im Ausland ist eine Verwendung nach § 31a Absatz 1 Satz 2 in der während der Verwendung geltenden Fassung.

(4) Sind sowohl die Voraussetzungen des Absatzes 1 als auch die Voraussetzungen der Absätze 2 und 3 erfüllt, findet nur die für den Beamten günstigere Vorschrift Anwendung.

§ 14 Höhe des Ruhegehalts

(1) [1]Das Ruhegehalt beträgt für jedes Jahr ruhegehaltfähiger Dienstzeit 1,79375 Prozent, insgesamt jedoch höchstens 71,75 Prozent, der ruhegehaltfähigen Dienstbezüge. [2]Bei der Berechnung der Jahre ruhegehaltfähiger Dienstzeit werden unvollständige Jahre als Dezimalzahl angegeben. [3]Dabei wird ein Jahr mit 365 Tagen angesetzt und wird das Ergebnis kaufmännisch auf zwei Dezimalstellen gerundet. [4]Der Ruhegehaltssatz wird ebenfalls kaufmännisch auf zwei Dezimalstellen gerundet.

(2) (weggefallen)

(3) [1]Das Ruhegehalt vermindert sich um 3,6 Prozent für jedes Jahr, um das der Beamte
1. vor Ablauf des Monats, in dem er das 65. Lebensjahr vollendet, nach § 52 Absatz 1 und 2 des Bundesbeamtengesetzes in den Ruhestand versetzt wird,
2. vor Ablauf des Monats, in dem er die für ihn geltende gesetzliche Altersgrenze erreicht, nach § 52 Absatz 3 des Bundesbeamtengesetzes in den Ruhestand versetzt wird,
3. vor Ablauf des Monats, in dem er das 65. Lebensjahr vollendet, wegen Dienstunfähigkeit, die nicht auf einem Dienstunfall beruht, in den Ruhestand versetzt wird;
die Minderung des Ruhegehalts darf 10,8 vom Hundert in den Fällen der Nummern 1 und 3 und 14,4 vom Hundert in den Fällen der Nummer 2 nicht übersteigen. [2]Absatz 1 Satz 2 bis 4 gilt entsprechend. [3]Gilt für den Beamten eine vor der Vollendung des 65. Lebensjahres liegende Altersgrenze, tritt sie in den Fällen des Satzes 1 Nummer 1 und 3 an die Stelle des 65. Lebensjahres. [4]Gilt für den Beamten eine nach Vollendung des 67. Lebensjahres liegende Altersgrenze, wird in den Fällen des Satzes 1 Nummer 2 nur die Zeit bis zum Ablauf des Monats berücksichtigt, in dem der Beamte das 67. Lebensjahr vollendet. [5]In den Fällen des Satzes 1 Nummer 2 ist das Ruhegehalt nicht zu vermindern, wenn der Beamte zum Zeitpunkt des Eintritts in den Ruhestand das 65. Lebensjahr vollendet und mindestens 45 Jahre mit ruhegehaltfähigen Dienstzeiten nach den §§ 6, 8 bis 10, Zeiten im Sinne des § 6a und nach § 14a Absatz 2 Satz 1 berücksichtigungsfähigen Pflichtbeitragszeiten, soweit sie nicht im Zusammenhang mit Arbeitslosigkeit stehen, und Zeiten nach § 50d sowie Zeiten einer dem Beamten zuzuordnenden Erziehung eines Kindes bis zu dessen vollendetem zehnten Lebensjahr zurückgelegt hat. [6]In den Fällen des Satzes 1 Nummer 3 ist das Ruhegehalt nicht zu vermindern, wenn der Beamte zum Zeitpunkt des Eintritts in den Ruhestand das 63. Lebensjahr vollendet und mindestens 40 Jahre mit ruhegehaltfähigen Dienstzeiten nach den §§ 6, 8 bis 10, Zeiten im Sinne des § 6a und nach § 14a Absatz 2 Satz 1 berücksichtigungsfähigen Pflichtbeitragszeiten, soweit sie nicht im Zusammenhang mit Arbeitslosigkeit stehen, und Zeiten nach § 50d sowie Zeiten einer dem Beamten zuzuordnenden Erziehung eines Kindes bis zu dessen vollendetem zehnten Lebensjahr zurückgelegt hat. [7]Soweit sich bei der Berechnung nach den Sätzen 5 und 6 Zeiten überschneiden, sind diese nur einmal zu berücksichtigen.

(4) [1]Das Ruhegehalt beträgt mindestens fünfunddreißig Prozent der ruhegehaltfähigen Dienstbezüge (§ 5). [2]An die Stelle des Ruhegehalts nach Satz 1 treten, wenn dies günstiger ist, fünfundsechzig Prozent der jeweils ruhegehaltfähigen Dienstbezüge aus der Endstufe der Besoldungsgruppe A 4. [3]Die Mindestversorgung nach Satz 2 erhöht sich um 30,68 Euro für den Ruhestandsbeamten und die Witwe; der Erhöhungsbetrag bleibt bei einer Kürzung nach § 25 außer Betracht. [4]Die Sätze 1 bis 3 sind nicht anzuwenden, wenn der Beamte eine ruhegehaltfähige Dienstzeit nach den §§ 6, 6a, 8 bis 10 und 67 von weniger als fünf Jahren zurückgelegt hat oder das erdiente Ruhegehalt allein wegen fehlender Berücksichtigung von Zeiten nach § 6a als ruhegehaltfähig hinter der Mindestversorgung nach den Sätzen 1 bis 3 zurückbleibt. [5]Satz 4 gilt nicht, wenn in Fällen des § 4 Absatz 1 Satz 1 Nummer 2 der Beamte wegen Dienstunfähigkeit in den Ruhestand versetzt worden ist.

(5) [1]Übersteigt beim Zusammentreffen von Mindestversorgung nach Absatz 4 mit einer Rente nach Anwendung des § 55 die Versorgung das erdiente Ruhegehalt, so ruht die Versorgung bis zur Höhe des Unterschieds zwischen dem erdienten Ruhegehalt und der Mindestversorgung; in den von § 85 erfassten Fällen gilt das nach dieser Vorschrift maßgebliche Ruhegehalt als erdient. [2]Der Erhöhungsbetrag nach Absatz 4 Satz 3 sowie der Unterschiedsbetrag nach § 50 Absatz 1 bleiben bei der Berechnung außer Betracht. [3]Die Summe aus Versorgung und Rente darf nicht hinter dem Betrag der Mindestversorgung zuzüglich des Unterschiedsbetrages nach § 50 Absatz 1 zurückbleiben. [4]Zahlbar bleibt mindestens das erdiente Ruhegehalt zuzüglich des Unterschiedsbetrages nach § 50 Absatz 1. [5]Die Sätze 1 bis 4 gelten entsprechend für Witwen und Waisen.

(6) [1]Bei einem in den einstweiligen Ruhestand versetzten Beamten beträgt das Ruhegehalt für die Dauer der Zeit, die der Beamte das Amt, aus dem er in den einstweiligen Ruhestand versetzt worden ist, innehatte, mindestens für die Dauer von sechs Monaten, längstens für die Dauer von drei Jahren, 71,75 Prozent der

ruhegehaltfähigen Dienstbezüge aus der Endstufe der Besoldungsgruppe, in der sich der Beamte zur Zeit seiner Versetzung in den einstweiligen Ruhestand befunden hat. ²Das erhöhte Ruhegehalt darf die Dienstbezüge, die dem Beamten in diesem Zeitpunkt zustanden, nicht übersteigen; das nach sonstigen Vorschriften ermittelte Ruhegehalt darf nicht unterschritten werden.

§ 14a Vorübergehende Erhöhung des Ruhegehaltssatzes

(1) Der nach § 14 Absatz 1, § 36 Absatz 3 Satz 1, § 66 Absatz 2 und § 85 Absatz 4 berechnete Ruhegehaltssatz erhöht sich vorübergehend, wenn der Beamte vor Erreichen der Regelaltersgrenze nach § 51 Absatz 1 und 2 des Bundesbeamtengesetzes in den Ruhestand getreten ist und er

1. bis zum Beginn des Ruhestandes die Wartezeit von 60 Kalendermonaten für eine Rente der gesetzlichen Rentenversicherung erfüllt hat,
2. a) wegen Dienstunfähigkeit im Sinne des § 44 Absatz 1 des Bundesbeamtengesetzes in den Ruhestand versetzt worden ist oder
 b) wegen Erreichens einer besonderen Altersgrenze in den Ruhestand getreten ist,
3. einen Ruhegehaltssatz von 66,97 Prozent noch nicht erreicht hat und
4. kein Erwerbs- oder Erwerbsersatzeinkommen nach § 53 Absatz 7 bezieht, das im Durchschnitt des Kalenderjahres 525 Euro monatlich übersteigt.

(2) ¹Die Erhöhung des Ruhegehaltssatzes beträgt 0,95667 Prozent für je zwölf Kalendermonate der für die Erfüllung der Wartezeit (Absatz 1 Nummer 1) anrechnungsfähigen Pflichtbeitragszeiten, soweit sie vor Begründung des Beamtenverhältnisses zurückgelegt worden sind; unberücksichtigt bleiben
1. Pflichtbeitragszeiten, die als ruhegehaltfähig berücksichtigt werden,
2. Pflichtbeitragszeiten, für die Leistungen nach § 50e Absatz 1 Satz 1 vorübergehend gewährt werden.
²Die Erhöhung ist kaufmännisch auf zwei Dezimalstellen zu runden; der erhöhte Ruhegehaltssatz darf 66,97 Prozent nicht überschreiten. ³In den Fällen des § 14 Absatz 3 ist das Ruhegehalt, das sich nach Anwendung der Sätze 1 und 2 ergibt, entsprechend zu vermindern. ⁴Für die Berechnung nach Satz 1 wird die Gesamtzahl der Kalendermonate in Jahre umgerechnet. ⁵Dabei werden unvollständige Jahre als Dezimalzahl angegeben. ⁶Das Ergebnis wird kaufmännisch auf zwei Dezimalstellen gerundet.

(3) ¹Die Erhöhung fällt spätestens mit Ablauf des Monats weg, in dem der Ruhestandsbeamte die Regelaltersgrenze nach § 51 Absatz 1 und 2 des Bundesbeamtengesetzes erreicht. ²Sie endet vorher, wenn der Ruhestandsbeamte
1. aus den anrechnungsfähigen Pflichtbeitragszeiten eine Versichertenrente einer inländischen oder ausländischen Alterssicherungseinrichtung bezieht, mit Ablauf des Tages vor dem Beginn der Rente, oder
2. in den Fällen des Absatzes 1 Nummer 2 Buchstabe a nicht mehr dienstunfähig ist, mit Ablauf des Monats, in dem ihm der Wegfall der Erhöhung mitgeteilt wird, oder
3. ein Erwerbseinkommen bezieht, mit Ablauf des Tages vor dem Beginn der Erwerbstätigkeit.
³§ 35 Absatz 3 Satz 2 gilt sinngemäß.

(4) ¹Die Erhöhung des Ruhegehaltssatzes wird auf Antrag vorgenommen. ²Anträge, die innerhalb von drei Monaten nach Eintritt des Beamten in den Ruhestand gestellt werden, gelten als zum Zeitpunkt des Ruhestandseintritts gestellt. ³Wird der Antrag zu einem späteren Zeitpunkt gestellt, so tritt die Erhöhung vom Beginn des Antragsmonats an ein.

§ 15 Unterhaltsbeitrag für entlassene Beamte auf Lebenszeit und auf Probe

(1) Einem Beamten auf Lebenszeit, der vor Ableistung einer Dienstzeit von fünf Jahren (§ 4 Absatz 1 Satz 1 Nummer 1) wegen Dienstunfähigkeit oder Erreichens der Altersgrenze nach § 32 Absatz 1 Nummer 2 des Bundesbeamtengesetzes entlassen ist, kann auf Antrag ein Unterhaltsbeitrag bis zur Höhe des Ruhegehalts bewilligt werden.

(2) Das Gleiche gilt für einen Beamten auf Probe, der wegen Dienstunfähigkeit oder wegen Erreichens der Altersgrenze entlassen ist (§ 34 Absatz 1 Satz 1 Nummer 3, Absatz 4 des Bundesbeamtengesetzes).

§ 15a Beamte auf Zeit und auf Probe in leitender Funktion

(1) § 15 ist auf Beamtenverhältnisse auf Zeit und auf Probe in leitender Funktion nicht anzuwenden.

(2) Aus diesen Beamtenverhältnissen auf Probe und auf Zeit ergibt sich kein selbständiger Anspruch auf Versorgung; die Unfallfürsorge bleibt hiervon unberührt.

(3) ¹Tritt ein Beamter auf Zeit nach Ablauf der ersten Amtszeit wieder in sein vorheriges Amt im Beamtenverhältnis auf Lebenszeit oder im Richterverhältnis auf Lebenszeit ein, berechnen sich die ruhegehaltfähigen Dienstbezüge aus dem Beamtenverhältnis auf Lebenszeit oder aus dem Richterverhältnis auf Lebenszeit zuzüglich eines Unterschiedsbetrages zwischen diesen und den Dienstbezügen, die im Beamtenverhältnis auf Zeit ruhegehaltfähig wären. ²Der Unterschiedsbetrag wird gewährt in Höhe eines

Viertels, wenn dem Beamten das Amt mindestens fünf Jahre, in Höhe der Hälfte, wenn es mindestens fünf Jahre und zwei Amtszeiten übertragen war.

(4) Tritt der Beamte auf Zeit wegen Erreichens der gesetzlichen Altersgrenze in den Ruhestand, berechnen sich die ruhegehaltfähigen Dienstbezüge aus dem Beamtenverhältnis auf Zeit, wenn dem Beamten das Amt mindestens fünf Jahre übertragen war.

(5) Wird der Beamte auf Zeit während seiner Amtszeit wegen Dienstunfähigkeit in den Ruhestand versetzt, gilt Absatz 4 entsprechend.

Abschnitt 3
Hinterbliebenenversorgung

§ 16 Allgemeines
Die Hinterbliebenenversorgung (§§ 17 bis 28) umfasst
1. Bezüge für den Sterbemonat,
2. Sterbegeld,
3. Witwengeld,
4. Witwenabfindung,
5. Waisengeld,
6. Unterhaltsbeiträge,
7. Witwerversorgung.

§ 17 Bezüge für den Sterbemonat
(1) ¹Den Erben eines verstorbenen Beamten, Ruhestandsbeamten oder entlassenen Beamten verbleiben für den Sterbemonat die Bezüge des Verstorbenen. ²Dies gilt auch für eine für den Sterbemonat gewährte Aufwandsentschädigung.

(2) Die an den Verstorbenen noch nicht gezahlten Teile der Bezüge für den Sterbemonat können statt an die Erben auch an die in § 18 Absatz 1 bezeichneten Hinterbliebenen gezahlt werden.

§ 18 Sterbegeld
(1) ¹Beim Tode eines Beamten mit Dienstbezügen oder eines Beamten auf Widerruf im Vorbereitungsdienst erhalten der hinterbliebene Ehegatte und die Abkömmlinge des Beamten Sterbegeld. ²Das Sterbegeld ist in Höhe des Zweifachen der Dienstbezüge oder der Anwärterbezüge des Verstorbenen ausschließlich der Zuschläge für Personen nach § 53 Absatz 4 Nummer 2 des Bundesbesoldungsgesetzes, des Auslandsverwendungszuschlags und der Vergütungen in einer Summe zu zahlen; § 5 Absatz 1 Satz 2 und 3 gilt entsprechend. ³Die Sätze 1 und 2 gelten entsprechend beim Tod eines Ruhestandsbeamten oder eines entlassenen Beamten, der im Sterbemonat einen Unterhaltsbeitrag erhalten hat; an die Stelle der Dienstbezüge tritt das Ruhegehalt oder der Unterhaltsbeitrag zuzüglich des Unterschiedsbetrages nach § 50 Absatz 1.

(2) Sind Anspruchsberechtigte im Sinne des Absatzes 1 nicht vorhanden, ist Sterbegeld auf Antrag zu gewähren
1. Verwandten der aufsteigenden Linie, Geschwistern, Geschwisterkindern sowie Stiefkindern, wenn sie zur Zeit des Todes des Beamten mit diesem in häuslicher Gemeinschaft gelebt haben oder wenn der Verstorbene ganz oder überwiegend ihr Ernährer gewesen ist,
2. sonstigen Personen, die die Kosten der letzten Krankheit oder der Bestattung getragen haben, bis zur Höhe ihrer Aufwendungen, höchstens jedoch in Höhe des Sterbegeldes nach Absatz 1 Satz 2 und 3.

(3) ¹Stirbt eine Witwe oder eine frühere Ehefrau eines Beamten, der im Zeitpunkt des Todes Witwengeld oder ein Unterhaltsbeitrag zustand, so erhalten die in Absatz 1 genannten Kinder Sterbegeld, wenn sie berechtigt sind, Waisengeld oder einen Unterhaltsbeitrag zu beziehen und wenn sie zur Zeit des Todes zur häuslichen Gemeinschaft der Verstorbenen gehört haben. ²Absatz 1 Satz 2 erster Halbsatz gilt entsprechend mit der Maßgabe, dass an die Stelle der Dienstbezüge das Witwengeld oder der Unterhaltsbeitrag tritt.

(4) Sind mehrere gleichberechtigte Personen vorhanden, so ist für die Bestimmung des Zahlungsempfängers die Reihenfolge der Aufzählung in den Absätzen 1 und 2 maßgebend; bei Vorliegen eines wichtigen Grundes kann von dieser Reihenfolge abgewichen oder das Sterbegeld aufgeteilt werden.

§ 19 Witwengeld
(1) ¹Die Witwe eines Beamten auf Lebenszeit, der die Voraussetzungen des § 4 Absatz 1 erfüllt hat, oder eines Ruhestandsbeamten erhält Witwengeld. ²Dies gilt nicht, wenn

1. die Ehe mit dem Verstorbenen nicht mindestens ein Jahr gedauert hat, es sei denn, dass nach den besonderen Umständen des Falles die Annahme nicht gerechtfertigt ist, dass es der alleinige oder überwiegende Zweck der Heirat war, der Witwe eine Versorgung zu verschaffen, oder

2. die Ehe erst nach dem Eintritt des Beamten in den Ruhestand geschlossen worden ist und der Ruhestandsbeamte zur Zeit der Eheschließung die Regelaltersgrenze nach § 51 Absatz 1 und 2 des Bundesbeamtengesetzes bereits erreicht hatte.

(2) Absatz 1 gilt auch für die Witwe eines Beamten auf Probe, der an den Folgen einer Dienstbeschädigung (§ 49 Absatz 1 des Bundesbeamtengesetzes) verstorben ist oder dem die Entscheidung nach § 49 Absatz 2 des Bundesbeamtengesetzes zugestellt war.

§ 20 Höhe des Witwengeldes

(1) [1]Das Witwengeld beträgt 55 Prozent des Ruhegehalts, das der Verstorbene erhalten hat oder hätte erhalten können, wenn er am Todestage in den Ruhestand getreten wäre. [2]Das Witwengeld beträgt nach Anwendung des § 50c mindestens 60 Prozent des Ruhegehaltes nach § 14 Absatz 4 Satz 2; § 14 Absatz 4 Satz 3 ist anzuwenden. [3]§ 14 Absatz 6 sowie die §§ 14a und 50e sind nicht anzuwenden. [4]Änderungen des Mindestruhegehalts (§ 14 Absatz 4) sind zu berücksichtigen.

(2) [1]War die Witwe mehr als zwanzig Jahre jünger als der Verstorbene und ist aus der Ehe ein Kind nicht hervorgegangen, so wird das Witwengeld (Absatz 1) für jedes angefangene Jahr des Altersunterschiedes über zwanzig Jahre um fünf Prozent gekürzt, jedoch höchstens um fünfzig Prozent. [2]Nach fünfjähriger Dauer der Ehe werden für jedes angefangene Jahr ihrer weiteren Dauer dem gekürzten Betrag fünf Prozent des Witwengeldes hinzugesetzt, bis der volle Betrag wieder erreicht ist. [3]Das nach Satz 1 errechnete Witwengeld darf nicht hinter dem Mindestwitwengeld (Absatz 1 in Verbindung mit § 14 Absatz 4) zurückbleiben.

(3) Von dem nach Absatz 2 gekürzten Witwengeld ist auch bei der Anwendung des § 25 auszugehen.

§ 21 Witwenabfindung

(1) Eine Witwe, die Anspruch auf Witwengeld oder auf einen Unterhaltsbeitrag hat, erhält im Falle einer Heirat eine Witwenabfindung.

(2) [1]Die Witwenabfindung beträgt das Vierundzwanzigfache des für den Monat, in dem die Witwe heiratet, nach Anwendung der Anrechnungs-, Kürzungs- und Ruhensvorschriften zu zahlenden Betrages des Witwengeldes oder Unterhaltsbeitrages; eine Kürzung nach § 25 und die Anwendung der §§ 53 und 54 Absatz 1 Satz 1 Nummer 3 bleiben jedoch außer Betracht. [2]Die Abfindung ist in einer Summe zu zahlen.

(3) Lebt der Anspruch auf Witwengeld oder auf Unterhaltsbeitrag nach § 61 Absatz 3 wieder auf, so ist die Witwenabfindung, soweit sie für eine Zeit berechnet ist, die nach dem Wiederaufleben des Anspruchs auf Witwengeld oder Unterhaltsbeitrag liegt, in angemessenen monatlichen Teilbeträgen einzubehalten.

§ 22 Unterhaltsbeitrag für nicht witwengeldberechtigte Witwen und frühere Ehefrauen

(1) [1]In den Fällen des § 19 Absatz 1 Satz 2 Nummer 2 ist, sofern die besonderen Umstände des Falles keine volle oder teilweise Versagung rechtfertigen, ein Unterhaltsbeitrag in Höhe des Witwengeldes zu gewähren. [2]Einkünfte sind in angemessenem Umfang anzurechnen. [3]Verzichtet die Versorgungsberechtigte auf Einkünfte oder wird ihr an deren Stelle eine Kapitalleistung gezahlt, ist der Betrag anzurechnen, der ansonsten zu zahlen wäre; § 55 Absatz 1 Satz 8 und 9 gilt entsprechend.

(2) [1]Der geschiedenen Ehefrau eines verstorbenen Beamten oder Ruhestandsbeamten, die im Falle des Fortbestehens der Ehe Witwengeld erhalten hätte, ist auf Antrag ein Unterhaltsbeitrag insoweit zu gewähren, als sie im Zeitpunkt des Todes des Beamten oder Ruhestandsbeamten gegen diesen einen Anspruch auf schuldrechtlichen Versorgungsausgleich nach § 1587f Nummer 2 des Bürgerlichen Gesetzbuchs in der bis zum 31. August 2009 geltenden Fassung wegen einer Anwartschaft oder eines Anspruchs nach § 1587a Absatz 2 Nummer 1 des Bürgerlichen Gesetzbuchs in der bis zum 31. August 2009 geltenden Fassung hatte. [2]Der Unterhaltsbeitrag wird jedoch nur gewährt,

1. solange die geschiedene Ehefrau erwerbsgemindert im Sinne des Sechsten Buches Sozialgesetzbuch ist oder mindestens ein waisengeldberechtigtes Kind erzieht oder

2. wenn sie das sechzigste Lebensjahr vollendet hat.

[3]Der Erziehung eines waisengeldberechtigten Kindes steht die Sorge für ein waisengeldberechtigtes Kind mit körperlichen oder geistigen Gebrechen gleich. [4]Der nach Satz 1 festgestellte Betrag ist in einem Prozentsatz des Witwengeldes festzusetzen; der Unterhaltsbeitrag darf fünf Sechstel des entsprechend § 57 gekürzten Witwengeldes nicht übersteigen. [5]§ 21 gilt entsprechend.

(3) Absatz 2 gilt entsprechend für die frühere Ehefrau eines verstorbenen Beamten oder Ruhestandsbeamten, deren Ehe mit diesem aufgehoben oder für nichtig erklärt war.

§ 23 Waisengeld

(1) Die Kinder eines verstorbenen Beamten auf Lebenszeit, eines verstorbenen Ruhestandsbeamten oder eines verstorbenen Beamten auf Probe, der an den Folgen einer Dienstbeschädigung (§ 49 Absatz 1 des Bundesbeamtengesetzes) verstorben ist oder dem die Entscheidung nach § 49 Absatz 2 des Bundesbeamtengesetzes zugestellt war, erhalten Waisengeld, wenn der Beamte die Voraussetzungen des § 4 Absatz 1 erfüllt hat.

(2) [1]Kein Waisengeld erhalten die Kinder eines verstorbenen Ruhestandsbeamten, wenn das Kindschaftsverhältnis durch Annahme als Kind begründet wurde und der Ruhestandsbeamte in diesem Zeitpunkt bereits im Ruhestand war und die Regelaltersgrenze nach § 51 Absatz 1 und 2 des Bundesbeamtengesetzes erreicht hatte. [2]Es kann ihnen jedoch ein Unterhaltsbeitrag bis zur Höhe des Waisengeldes bewilligt werden.

§ 24 Höhe des Waisengeldes

(1) [1]Das Waisengeld beträgt für die Halbwaise zwölf Prozent und für die Vollwaise zwanzig Prozent des Ruhegehalts, das der Verstorbene erhalten hat oder hätte erhalten können, wenn er am Todestag in den Ruhestand getreten wäre. [2]§ 14 Absatz 6 sowie die §§ 14a und 50e sind nicht anzuwenden. [3]Änderungen des Mindestruhegehalts (§ 14 Absatz 4) sind zu berücksichtigen.

(2) Wenn die Mutter des Kindes des Verstorbenen nicht zum Bezuge von Witwengeld berechtigt ist und auch keinen Unterhaltsbeitrag in Höhe des Witwengeldes erhält, wird das Waisengeld nach dem Satz für Vollwaisen gezahlt; es darf zuzüglich des Unterhaltsbeitrages den Betrag des Witwengeldes und des Waisengeldes nach dem Satz für Halbwaisen nicht übersteigen.

(3) Ergeben sich für eine Waise Waisengeldansprüche aus Beamtenverhältnissen mehrerer Personen, wird nur das höchste Waisengeld gezahlt.

§ 25 Zusammentreffen von Witwengeld, Waisengeld und Unterhaltsbeiträgen

(1) [1]Witwen- und Waisengeld dürfen weder einzeln noch zusammen den Betrag des ihrer Berechnung zugrunde zu legenden Ruhegehalts übersteigen. [2]Ergibt sich an Witwen- und Waisengeld zusammen ein höherer Betrag, so werden die einzelnen Bezüge im gleichen Verhältnis gekürzt.

(2) Nach dem Ausscheiden eines Witwen- oder Waisengeldberechtigten erhöht sich das Witwen- oder Waisengeld der verbleibenden Berechtigten vom Beginn des folgenden Monats an insoweit, als sie nach Absatz 1 noch nicht den vollen Betrag nach § 20 oder § 24 erhalten.

(3) Die Absätze 1 und 2 gelten entsprechend, wenn neben Witwen- oder Waisengeld ein Unterhaltsbeitrag nach § 22 Absatz 2 oder 3 oder § 86 Absatz 1 gewährt wird.

(4) [1]Unterhaltsbeiträge nach § 22 Absatz 2 gelten für die Anwendung der Absätze 1 bis 3 als Witwengeld. [2]Unterhaltsbeiträge nach § 23 Absatz 2 dürfen nur insoweit bewilligt werden, als sie allein oder zusammen mit gesetzlichen Hinterbliebenenbezügen die in Absatz 1 Satz 1 bezeichnete Höchstgrenze nicht übersteigen.

§ 26 Unterhaltsbeitrag für Hinterbliebene von Beamten auf Lebenszeit und auf Probe

(1) Der Witwe, der geschiedenen Ehefrau (§ 22 Absatz 2, 3) und den Kindern eines Beamten, dem nach § 15 ein Unterhaltsbeitrag bewilligt worden ist oder hätte bewilligt werden können, kann auf Antrag die in den §§ 19, 20 und 22 bis 25 vorgesehene Versorgung bis zu der dort bezeichneten Höhe als Unterhaltsbeitrag bewilligt werden.

(2) § 21 gilt entsprechend.

§ 27 Beginn der Zahlungen

(1) [1]Die Zahlung des Witwen- und Waisengeldes sowie eines Unterhaltsbeitrages nach § 22 Absatz 1 oder § 23 Absatz 2 beginnt mit dem Ablauf des Sterbemonats. [2]Kinder, die nach diesem Zeitpunkt geboren werden, erhalten Waisengeld vom Ersten des Geburtsmonats an.

(2) Die Zahlung eines Unterhaltsbeitrages nach § 22 Absatz 2 oder 3 beginnt mit dem Ersten des Monats, in dem eine der in § 22 Absatz 2 Satz 2 genannten Voraussetzungen eintritt, frühestens jedoch mit Ablauf des Sterbemonats.

(3) Die Absätze 1 und 2 gelten entsprechend für die Zahlung eines Unterhaltsbeitrages nach § 26.

§ 28 Witwerversorgung

[1]Die §§ 19 bis 27 gelten entsprechend für den Witwer oder den geschiedenen Ehemann (§ 22 Absatz 2, 3) einer verstorbenen Beamtin oder Ruhestandsbeamtin. [2]An die Stelle des Witwengeldes im Sinne der Vorschriften dieses Gesetzes tritt das Witwergeld, an die Stelle der Witwe der Witwer.

Abschnitt 4
Bezüge bei Verschollenheit

§ 29 Zahlung der Bezüge

(1) Ein verschollener Beamter, Ruhestandsbeamter oder sonstiger Versorgungsempfänger erhält die ihm zustehenden Bezüge bis zum Ablauf des Monats, in dem die oberste Dienstbehörde oder die von ihr bestimmte Stelle feststellt, dass sein Ableben mit Wahrscheinlichkeit anzunehmen ist.

(2) [1]Vom Ersten des Monats ab, der dem in Absatz 1 bezeichneten Zeitpunkt folgt, erhalten die Personen, die im Falle des Todes des Verschollenen Witwen- oder Waisengeld erhalten würden oder einen Unterhaltsbeitrag erhalten könnten, diese Bezüge. [2]Die §§ 17 und 18 gelten nicht.

(3) [1]Kehrt der Verschollene zurück, so lebt sein Anspruch auf Bezüge, soweit nicht besondere gesetzliche Gründe entgegenstehen, wieder auf. [2]Nachzahlungen sind längstens für die Dauer eines Jahres zu leisten; die nach Absatz 2 für den gleichen Zeitraum gewährten Bezüge sind anzurechnen.

(4) Ergibt sich, dass bei einem Beamten die Voraussetzungen des § 9 des Bundesbesoldungsgesetzes vorliegen, so können die nach Absatz 2 gezahlten Bezüge von ihm zurückgefordert werden.

(5) Wird der Verschollene für tot erklärt oder die Todeszeit gerichtlich festgestellt oder eine Sterbeurkunde über den Tod des Verschollenen ausgestellt, so ist die Hinterbliebenenversorgung von dem Ersten des auf die Rechtskraft der gerichtlichen Entscheidung oder der Ausstellung der Sterbeurkunde folgenden Monats ab unter Berücksichtigung des festgestellten Todeszeitpunktes neu festzusetzen.

Abschnitt 5
Unfallfürsorge

§ 30 Allgemeines

(1) [1]Wird ein Beamter durch einen Dienstunfall verletzt, so wird ihm und seinen Hinterbliebenen Unfallfürsorge gewährt. [2]Unfallfürsorge wird auch dem Kind einer Beamtin gewährt, das durch deren Dienstunfall während der Schwangerschaft unmittelbar geschädigt wurde. [3]Satz 2 gilt auch, wenn die Schädigung durch besondere Einwirkungen verursacht worden ist, die generell geeignet sind, bei der Mutter einen Dienstunfall im Sinne des § 31 Absatz 3 zu verursachen.

(2) [1]Die Unfallfürsorge umfasst

1. Erstattung von Sachschäden und besonderen Aufwendungen (§ 32),
2. Heilverfahren (§§ 33, 34),
3. Unfallausgleich (§ 35),
4. Unfallruhegehalt oder Unterhaltsbeitrag (§§ 36 bis 38),
5. Unfall-Hinterbliebenenversorgung (§§ 39 bis 42),
6. einmalige Unfallentschädigung und einmalige Entschädigung (§ 43),
7. Schadensausgleich in besonderen Fällen (§ 43a),
8. Einsatzversorgung im Sinne des § 31a.

[2]Im Fall von Absatz 1 Satz 2 und 3 erhält das Kind der Beamtin Leistungen nach den Nummern 2 und 3 sowie nach § 38a.

(3) Im Übrigen gelten die allgemeinen Vorschriften.

§ 31 Dienstunfall

(1) [1]Dienstunfall ist ein auf äußerer Einwirkung beruhendes, plötzliches, örtlich und zeitlich bestimmbares, einen Körperschaden verursachendes Ereignis, das in Ausübung des Dienstes eingetreten ist. [2]Zum Dienst gehören auch

1. Dienstreisen und die dienstliche Tätigkeit am Bestimmungsort,
2. die Teilnahme an dienstlichen Veranstaltungen und
3. Nebentätigkeiten im öffentlichen Dienst oder in dem ihm gleichstehenden Dienst, zu deren Übernahme der Beamte gemäß § 98 des Bundesbeamtengesetzes verpflichtet ist, oder Nebentätigkeiten, deren Wahrnehmung von ihm im Zusammenhang mit den Dienstgeschäften erwartet wird, sofern der Beamte hierbei nicht in der gesetzlichen Unfallversicherung versichert ist (§ 2 Siebtes Buch Sozialgesetzbuch).

(2) [1]Als Dienst gilt auch das Zurücklegen des mit dem Dienst zusammenhängenden Weges nach und von der Dienststelle; hat der Beamte wegen der Entfernung seiner ständigen Familienwohnung vom Dienstort an diesem oder in dessen Nähe eine Unterkunft, so gilt Halbsatz 1 auch für den Weg von und nach der Familienwohnung. [2]Der Zusammenhang mit dem Dienst gilt als nicht unterbrochen, wenn der Beamte von dem unmittelbaren Wege zwischen der Wohnung und der Dienststelle in vertretbarem Umfang ab-

weicht, weil sein eigenes dem Grunde nach kindergeldberechtigendes Kind wegen seiner oder seines Ehegatten beruflichen Tätigkeit fremder Obhut anvertraut wird oder weil er mit anderen berufstätigen oder in der gesetzlichen Unfallversicherung versicherten Personen gemeinsam ein Fahrzeug für den Weg nach und von der Dienststelle benutzt. [3]Ein Unfall, den der Verletzte bei Durchführung des Heilverfahrens (§ 33) oder auf einem hierzu notwendigen Wege erleidet, gilt als Folge eines Dienstunfalles.

(3) [1]Erkrankt ein Beamter, der wegen der Art seiner dienstlichen Verrichtungen der Gefahr der Erkrankung an einer bestimmten Krankheit besonders ausgesetzt ist, an dieser Krankheit, so gilt die Erkrankung als Dienstunfall, es sei denn, dass der Beamte sich die Krankheit außerhalb des Dienstes zugezogen hat. [2]Die Erkrankung gilt jedoch stets als Dienstunfall, wenn sie durch gesundheitsschädigende Verhältnisse verursacht worden ist, denen der Beamte am Ort seines dienstlich angeordneten Aufenthalts im Ausland besonders ausgesetzt war. [3]Als Krankheiten im Sinne des Satzes 1 kommen die in Anlage 1 zur Berufskrankheiten-Verordnung vom 31. Oktober 1997 (BGBl. I S. 2623) in der jeweils geltenden Fassung genannten Krankheiten mit den dort bezeichneten Maßgaben in Betracht. [4]Für die Feststellung einer Krankheit als Dienstunfall sind auch den Versicherungsschutz nach § 2, § 3 oder § 6 des Siebten Buches Sozialgesetzbuch begründende Tätigkeiten zu berücksichtigen, wenn sie ihrer Art nach geeignet waren, die Krankheit zu verursachen, und die schädigende Einwirkung überwiegend durch dienstliche Verrichtungen nach Satz 1 verursacht worden ist.

(4) [1]Dem durch Dienstunfall verursachten Körperschaden ist ein Körperschaden gleichzusetzen, den ein Beamter außerhalb seines Dienstes erleidet, wenn er im Hinblick auf sein pflichtgemäßes dienstliches Verhalten oder wegen seiner Eigenschaft als Beamter angegriffen wird. [2]Gleichzuachten ist ferner ein Körperschaden, den ein Beamter im Ausland erleidet, wenn er bei Kriegshandlungen, Aufruhr oder Unruhen, denen er am Ort seines dienstlich angeordneten Aufenthaltes im Ausland besonders ausgesetzt war, angegriffen wird.

(5) Unfallfürsorge wie bei einem Dienstunfall kann auch gewährt werden, wenn ein Beamter, der zur Wahrnehmung einer Tätigkeit, die öffentlichen Belangen oder dienstlichen Interessen dient, beurlaubt worden ist und in Ausübung dieser Tätigkeit einen Körperschaden erleidet.

§ 31a Einsatzversorgung

(1) [1]Unfallfürsorge wie bei einem Dienstunfall wird auch dann gewährt, wenn ein Beamter auf Grund eines in Ausübung des Dienstes eingetretenen Unfalls oder einer derart eingetretenen Erkrankung im Sinne des § 31 bei einer besonderen Verwendung im Ausland eine gesundheitliche Schädigung erleidet (Einsatzunfall). [2]Eine besondere Verwendung im Ausland ist eine Verwendung auf Grund eines Übereinkommens oder einer Vereinbarung mit einer über- oder zwischenstaatlichen Einrichtung oder mit einem auswärtigen Staat im Ausland oder außerhalb des deutschen Hoheitsgebietes auf Schiffen oder in Luftfahrzeugen,

1. für die ein Beschluss der Bundesregierung vorliegt oder
2. die im Rahmen von Maßnahmen nach § 56 Absatz 1 Satz 2 Nummer 4 des Bundesbesoldungsgesetzes stattfindet.

[3]Dem steht eine sonstige Verwendung im Ausland oder außerhalb des deutschen Hoheitsgebietes auf Schiffen oder in Luftfahrzeugen mit vergleichbar gesteigerter Gefährdungslage gleich. [4]Die Verwendung im Sinne der Sätze 2 und 3 beginnt mit dem Eintreffen im Einsatzgebiet und endet mit dem Verlassen des Einsatzgebietes.

(2) Gleiches gilt, wenn bei einem Beamten eine Erkrankung oder ihre Folgen oder ein Unfall auf gesundheitsschädigende oder sonst vom Inland wesentlich abweichende Verhältnisse bei einer Verwendung im Sinne des Absatzes 1 zurückzuführen sind oder wenn eine gesundheitliche Schädigung bei dienstlicher Verwendung im Ausland auf einen Unfall oder eine Erkrankung im Zusammenhang mit einer Verschleppung oder einer Gefangenschaft zurückzuführen ist oder darauf beruht, dass der Beamte aus sonstigen mit dem Dienst zusammenhängenden Gründen dem Einflussbereich des Dienstherrn entzogen ist.

(3) § 31 Absatz 5 gilt entsprechend.

(4) Die Unfallfürsorge ist ausgeschlossen, wenn sich der Beamte vorsätzlich oder grob fahrlässig der Gefährdung ausgesetzt oder die Gründe für eine Verschleppung, Gefangenschaft oder sonstige Einflussbereichsentziehung herbeigeführt hat, es sei denn, dass der Ausschluss für ihn eine unbillige Härte wäre.

§ 32 Erstattung von Sachschäden und besonderen Aufwendungen

[1]Sind bei einem Dienstunfall Kleidungsstücke oder sonstige Gegenstände, die der Beamte zur Dienstausübung oder während der Dienstzeit benötigt und deshalb mit sich geführt hat, beschädigt oder zerstört worden oder abhanden gekommen, so kann dafür Ersatz geleistet werden. [2]Anträge auf Gewährung von Sachschadenersatz nach Satz 1 sind innerhalb einer Ausschlussfrist von drei Monaten zu stellen. [3]Sind

durch eine Erste-Hilfe-Leistung nach dem Unfall besondere Kosten entstanden, so ist dem Beamten der nachweisbar notwendige Aufwand zu ersetzen.

§ 33 Heilverfahren
(1) Das Heilverfahren umfasst
1. die notwendigen ärztlichen, zahnärztlichen und psychotherapeutischen Maßnahmen,
2. die notwendige Versorgung mit Arznei-, Verband-, Heil- und Hilfsmitteln, mit Geräten zur Selbstbehandlung und zur Selbstkontrolle sowie mit Körperersatzstücken, die den Erfolg der Heilbehandlung sichern oder die Unfallfolgen erleichtern sollen,
3. die notwendigen Krankenhausleistungen,
4. die notwendigen Rehabilitationsmaßnahmen,
5. die notwendige Pflege (§ 34),
6. die notwendige Haushaltshilfe und
7. die notwendigen Fahrten.

(2) Der Verletzte ist verpflichtet, sich einer Krankenhausbehandlung zu unterziehen, wenn sie nach einer Stellungnahme eines durch die Dienstbehörde bestimmten Arztes zur Sicherung des Heilerfolges notwendig ist.

(3) [1]Der Verletzte ist verpflichtet, sich einer ärztlichen Untersuchung und Behandlung zu unterziehen, es sei denn, dass sie mit einer erheblichen Gefahr für Leben oder Gesundheit des Verletzten verbunden ist. [2]Das Gleiche gilt für eine Operation dann, wenn sie keinen erheblichen Eingriff in die körperliche Unversehrtheit bedeutet. [3]Die oberste Dienstbehörde oder die von ihr bestimmte Stelle kann bestimmen, welcher Arzt die Untersuchung oder Behandlung nach Satz 1 durchführt.

(4) [1]Verursachen die Folgen des Dienstunfalles außergewöhnliche Kosten für Kleider- und Wäscheverschleiß, so sind diese in angemessenem Umfang zu ersetzen. [2]Kraftfahrzeughilfe wird gewährt, wenn der Verletzte infolge des Dienstunfalls nicht nur vorübergehend auf die Benutzung eines Kraftfahrzeugs angewiesen ist, um die zur Dienstausübung erforderlichen Wege zurückzulegen. [3]Notwendige Aufwendungen für eine bedarfsgerechte Anpassung des Wohnumfelds werden erstattet, wenn infolge des Dienstunfalls nicht nur vorübergehend die Anpassung vorhandenen oder die Beschaffung bedarfsgerechten Wohnraums erforderlich ist. [4]Ist der Verletzte an den Folgen des Dienstunfalles verstorben, so können auch die Kosten für die Überführung und die Bestattung in angemessener Höhe erstattet werden.

(5) Die Durchführung regelt das Bundesministerium des Innern, für Bau und Heimat im Einvernehmen mit dem Bundesministerium der Finanzen durch Rechtsverordnung[1].

§ 34 Pflegekosten und Hilflosigkeitszuschlag
(1) [1]Ist der Verletzte infolge des Dienstunfalles so hilflos, dass er nicht ohne fremde Hilfe und Pflege auskommen kann, so sind ihm die Kosten einer notwendigen Pflege in angemessenem Umfang zu erstatten. [2]Die Dienstbehörde kann jedoch selbst für die Pflege Sorge tragen.

(2) Nach dem Beginn des Ruhestandes ist dem Verletzten auf Antrag für die Dauer der Hilflosigkeit ein Zuschlag zu dem Unfallruhegehalt bis zum Erreichen der ruhegehaltfähigen Dienstbezüge zu gewähren; die Kostenerstattung nach Absatz 1 entfällt.

§ 35 Unfallausgleich
(1) [1]Ist der Verletzte infolge des Dienstunfalles in seiner Erwerbsfähigkeit länger als sechs Monate um mindestens 25 Prozent gemindert, so erhält er, solange dieser Zustand andauert, neben den Dienstbezügen, den Anwärterbezügen oder dem Ruhegehalt einen Unfallausgleich. [2]Dieser wird in Höhe der Grundrente nach § 31 Absatz 1 bis 3 in Verbindung mit § 30 Absatz 1 Satz 2 zweiter Halbsatz des Bundesversorgungsgesetzes gewährt. [3]Wird die Minderung der Erwerbsfähigkeit bei der Feststellung gestaffelt eingeschätzt, ist der Unfallausgleich in Höhe desjenigen Grades der Minderung der Erwerbsfähigkeit zu zahlen, der wenigstens sechs Monate Bestand hat.

(2) [1]Die Minderung der Erwerbsfähigkeit ist nach der körperlichen Beeinträchtigung im allgemeinen Erwerbsleben zu beurteilen. [2]Hat bei Eintritt des Dienstunfalles eine abschätzbare Minderung der Erwerbsfähigkeit bereits bestanden, so ist für die Berechnung des Unfallausgleichs von der individuellen Erwerbsfähigkeit des Verletzten, die unmittelbar vor dem Eintritt des Dienstunfalles bestand, auszugehen und zu ermitteln, welcher Teil dieser individuellen Erwerbsfähigkeit durch den Dienstunfall gemindert wurde. [3]Beruht die frühere Erwerbsminderung auf einem Dienstunfall, so kann ein einheitlicher Unfallausgleich festgesetzt werden.

(3) [1]Der Unfallausgleich wird neu festgestellt, wenn in den Verhältnissen, die für die Feststellung maßgebend gewesen sind, eine wesentliche Änderung eingetreten ist. [2]Zu diesem Zweck ist der Beamte ver-

1) Siehe die HeilverfahrensVO.

pflichtet, sich auf Anordnung der obersten Dienstbehörde durch einen von ihr bestimmten Arzt untersuchen zu lassen; die oberste Dienstbehörde kann diese Befugnis auf andere Stellen übertragen.

(4) Der Unfallausgleich wird auch während einer Beurlaubung ohne Dienstbezüge gewährt.

§ 36 Unfallruhegehalt

(1) Ist der Beamte infolge des Dienstunfalles dienstunfähig geworden und deswegen in den Ruhestand versetzt worden, so erhält er Unfallruhegehalt.

(2) Für die Berechnung des Unfallruhegehalts eines vor Vollendung des 60. Lebensjahres in den Ruhestand versetzten Beamten wird der ruhegehaltfähigen Dienstzeit nur die Hälfte der Zurechnungszeit nach § 13 Absatz 1 hinzugerechnet; § 13 Absatz 4 gilt entsprechend.

(3) [1]Der Ruhegehaltssatz nach § 14 Absatz 1 erhöht sich um 20 Prozent. [2]Das Unfallruhegehalt beträgt mindestens 66,67 Prozent der ruhegehaltfähigen Dienstbezüge und darf 75 Prozent der ruhegehaltfähigen Dienstbezüge nicht übersteigen. [3]Es darf nicht hinter 75 Prozent der jeweils ruhegehaltfähigen Dienstbezüge aus der Endstufe der Besoldungsgruppe A 4 zurückbleiben; § 14 Absatz 4 Satz 3 gilt entsprechend.

§ 37 Erhöhtes Unfallruhegehalt

(1) [1]Setzt sich ein Beamter bei Ausübung einer Diensthandlung einer damit verbundenen besonderen Lebensgefahr aus und erleidet er infolge dieser Gefährdung einen Dienstunfall, so sind bei der Bemessung des Unfallruhegehalts 80 Prozent der ruhegehaltfähigen Dienstbezüge aus der Endstufe der übernächsten Besoldungsgruppe zugrunde zu legen, wenn er infolge dieses Dienstunfalles dienstunfähig geworden und in den Ruhestand versetzt wurde und im Zeitpunkt der Versetzung in den Ruhestand infolge des Dienstunfalles in seiner Erwerbsfähigkeit um mindestens 50 Prozent beschränkt ist. [2]Satz 1 gilt mit der Maßgabe, dass sich für Beamte der Laufbahngruppe des einfachen Dienstes die ruhegehaltfähigen Dienstbezüge mindestens nach der Besoldungsgruppe A 6, für Beamte der Laufbahngruppe des mittleren Dienstes mindestens nach der Besoldungsgruppe A 9, für Beamte der Laufbahngruppe des gehobenen Dienstes mindestens nach der Besoldungsgruppe A 12 und für Beamte der Laufbahngruppe des höheren Dienstes mindestens nach der Besoldungsgruppe A 16 bemessen; die Einteilung in Laufbahngruppen gilt für die Polizeivollzugsbeamten, die sonstigen Beamten des Vollzugsdienstes und die Beamten des Einsatzdienstes der Berufsfeuerwehr entsprechend.

(2) Unfallruhegehalt nach Absatz 1 wird auch gewährt, wenn der Beamte

1. in Ausübung des Dienstes durch einen rechtswidrigen Angriff oder

2. außerhalb seines Dienstes durch einen Angriff im Sinne des § 31 Absatz 4

einen Dienstunfall mit den in Absatz 1 genannten Folgen erleidet.

(3) Unfallruhegehalt nach Absatz 1 wird auch gewährt, wenn ein Beamter einen Einsatzunfall oder ein diesem gleichstehendes Ereignis im Sinne des § 31a erleidet und er infolge des Einsatzunfalls oder des diesem gleichstehenden Ereignisses dienstunfähig geworden und in den Ruhestand versetzt wurde und im Zeitpunkt der Versetzung in den Ruhestand infolge des Einsatzunfalls oder des diesem gleichstehenden Ereignisses in seiner Erwerbsfähigkeit um mindestens 50 Prozent beschränkt ist.

§ 38 Unterhaltsbeitrag für frühere Beamte und frühere Ruhestandsbeamte

(1) [1]Ein durch Dienstunfall verletzter früherer Beamter, dessen Beamtenverhältnis nicht durch Eintritt oder Versetzung in den Ruhestand geendet hat, erhält neben dem Heilverfahren (§§ 33, 34) für die Dauer einer durch den Dienstunfall verursachten Erwerbsbeschränkung einen Unterhaltsbeitrag. [2]Der Anspruch erlischt ab der Gewährung von Altersgeld.

(2) Der Unterhaltsbeitrag beträgt

1. bei völliger Erwerbsunfähigkeit 66,67 Prozent der ruhegehaltfähigen Dienstbezüge nach Absatz 4,

2. bei Minderung der Erwerbsfähigkeit um wenigstens 25 Prozent den der Minderung entsprechenden Teil des Unterhaltsbeitrages nach Nummer 1.

(3) [1]Im Falle des Absatzes 2 Nummer 2 kann der Unterhaltsbeitrag, solange der Verletzte aus Anlass des Unfalles unverschuldet arbeitslos ist, bis auf den Betrag nach Nummer 1 erhöht werden. [2]Bei Hilflosigkeit des Verletzten gilt § 34 entsprechend.

(4) [1]Die ruhegehaltfähigen Dienstbezüge bestimmen sich nach § 5 Absatz 1. [2]Bei einem früheren Beamten auf Widerruf im Vorbereitungsdienst sind die Dienstbezüge zugrunde zu legen, die er bei der Ernennung zum Beamten auf Probe zuerst erhalten hätte; das Gleiche gilt bei einem früheren Polizeivollzugsbeamten auf Widerruf mit Dienstbezügen. [3]Ist der Beamte wegen Dienstunfähigkeit infolge des Dienstunfalles entlassen worden, gilt § 5 Absatz 2 entsprechend. [4]Der Unterhaltsbeitrag für einen früheren Beamten auf Widerruf, der ein Amt bekleidete, das seine Arbeitskraft nur nebenbei beanspruchte, ist nach billigem Ermessen festzusetzen.

(5) [1]Ist der Beamte wegen Dienstunfähigkeit infolge des Dienstunfalles entlassen worden, darf der Unterhaltsbeitrag nach Absatz 2 Nummer 1 nicht hinter dem Mindestunfallruhegehalt (§ 36 Absatz 3 Satz 3) zurückbleiben. [2]Ist der Beamte wegen Dienstunfähigkeit infolge eines Dienstunfalles der in § 37 bezeichneten Art entlassen worden und war er im Zeitpunkt der Entlassung infolge des Dienstunfalles in seiner Erwerbsfähigkeit um mindestens fünfzig Prozent beschränkt, treten an die Stelle des Mindestunfallruhegehalts achtzig Prozent der ruhegehaltfähigen Dienstbezüge aus der Endstufe der Besoldungsgruppe, die sich bei sinngemäßer Anwendung des § 37 ergibt. [3]Absatz 4 Satz 4 gilt entsprechend.

(6) [1]Die Minderung der Erwerbsfähigkeit ist nach der körperlichen Beeinträchtigung im allgemeinen Erwerbsleben zu beurteilen. [2]Zum Zwecke der Nachprüfung des Grades der Minderung der Erwerbsfähigkeit ist der frühere Beamte verpflichtet, sich auf Anordnung der obersten Dienstbehörde durch einen von ihr bestimmten Arzt untersuchen zu lassen; die oberste Dienstbehörde kann diese Befugnis auf andere Stellen übertragen.

(7) Die Absätze 1 bis 6 gelten entsprechend für einen durch Dienstunfall verletzten früheren Ruhestandsbeamten, der seine Rechte als Ruhestandsbeamter verloren hat oder dem das Ruhegehalt aberkannt worden ist.

§ 38a Unterhaltsbeitrag bei Schädigung eines ungeborenen Kindes

(1) Der Unterhaltsbeitrag wird im Fall des § 30 Absatz 1 Satz 2 und 3 für die Dauer der durch einen Dienstunfall der Mutter verursachten Minderung der Erwerbsfähigkeit gewährt

1. bei Verlust der Erwerbsfähigkeit in Höhe des Mindestunfallwaisengeldes nach § 39 Absatz 1 Nummer 2 in Verbindung mit § 36 Absatz 3 Satz 3,
2. bei Minderung der Erwerbsfähigkeit um mindestens 25 Prozent in Höhe eines der Minderung der Erwerbsfähigkeit entsprechenden Teils des Unterhaltsbeitrages nach Nummer 1.

(2) [1]§ 38 Absatz 6 gilt entsprechend. [2]Bei Minderjährigen wird die Minderung der Erwerbsfähigkeit nach den Auswirkungen bemessen, die sich bei Erwachsenen mit gleichem Gesundheitsschaden ergeben würden. [3]Die Sorgeberechtigten sind verpflichtet, Untersuchungen zu ermöglichen.

(3) Der Unterhaltsbeitrag beträgt vor Vollendung des 14. Lebensjahres 30 Prozent, vor Vollendung des 18. Lebensjahres 50 Prozent der Sätze nach Absatz 1.

(4) Der Anspruch auf Unterhaltsbeitrag ruht insoweit, als während einer Heimpflege von mehr als einem Kalendermonat Pflegekosten gemäß § 34 Absatz 1 erstattet werden.

(5) Hat ein Unterhaltsbeitragsberechtigter Anspruch auf Waisengeld nach diesem Gesetz, wird nur der höhere Versorgungsbezug gezahlt.

§ 39 Unfall-Hinterbliebenenversorgung

(1) [1]Ist ein Beamter, der Unfallruhegehalt erhalten hätte, oder ein Ruhestandsbeamter, der Unfallruhegehalt bezog, an den Folgen des Dienstunfalles verstorben, so erhalten seine Hinterbliebenen Unfall-Hinterbliebenenversorgung. [2]Für diese gelten folgende besondere Vorschriften:

1. Das Witwengeld beträgt sechzig Prozent des Unfallruhegehalts (§§ 36, 37).
2. [1]Das Waisengeld beträgt für jedes waisengeldberechtigte Kind (§ 23) dreißig Prozent des Unfallruhegehalts. [2]Es wird auch elternlosen Enkeln gewährt, deren Unterhalt zur Zeit des Dienstunfalles ganz oder überwiegend durch den Verstorbenen bestritten wurde.

(2) Ist ein Ruhestandsbeamter, der Unfallruhegehalt bezog, nicht an den Folgen des Dienstunfalles verstorben, so steht den Hinterbliebenen nur Versorgung nach Abschnitt 3 zu; diese Bezüge sind aber unter Zugrundelegung des Unfallruhegehalts zu berechnen.

§ 40 Unterhaltsbeitrag für Verwandte der aufsteigenden Linie

[1]Verwandten der aufsteigenden Linie, deren Unterhalt zur Zeit des Dienstunfalles ganz oder überwiegend durch den Verstorbenen (§ 39 Absatz 1) bestritten wurde, ist für die Dauer der Bedürftigkeit ein Unterhaltsbeitrag von zusammen dreißig Prozent des Unfallruhegehalts zu gewähren, mindestens jedoch vierzig Prozent des in § 36 Absatz 3 Satz 3 genannten Betrages. [2]Sind mehrere Personen dieser Art vorhanden, so wird der Unterhaltsbeitrag den Eltern vor den Großeltern gewährt; an die Stelle eines verstorbenen Elternteiles treten dessen Eltern.

§ 41 Unterhaltsbeitrag für Hinterbliebene

(1) Ist in den Fällen des § 38 der frühere Beamte oder der frühere Ruhestandsbeamte an den Folgen des Dienstunfalles verstorben, so erhalten seine Hinterbliebenen einen Unterhaltsbeitrag in Höhe des Witwen- und Waisengeldes, das sich nach den allgemeinen Vorschriften unter Zugrundelegung des Unterhaltsbeitrages nach § 38 Absatz 2 Nummer 1 ergibt.

(2) Ist der frühere Beamte oder der frühere Ruhestandsbeamte nicht an den Folgen des Dienstunfalles verstorben, so kann seinen Hinterbliebenen ein Unterhaltsbeitrag bis zur Höhe des Witwen- und Wai-

sengeldes bewilligt werden, das sich nach den allgemeinen Vorschriften unter Zugrundelegung des Unterhaltsbeitrages ergibt, den der Verstorbene im Zeitpunkt seines Todes bezogen hat.

(3) Für die Hinterbliebenen eines an den Unfallfolgen verstorbenen Beamten gilt Absatz 1 entsprechend, wenn nicht Unfall-Hinterbliebenenversorgung nach § 39 zusteht.

(4) § 21 gilt entsprechend.

§ 42 Höchstgrenzen der Hinterbliebenenversorgung

[1]Die Unfallversorgung der Hinterbliebenen (§§ 39 bis 41) darf insgesamt die Bezüge (Unfallruhegehalt oder Unterhaltsbeitrag) nicht übersteigen, die der Verstorbene erhalten hat oder hätte erhalten können. [2]Abweichend von Satz 1 sind in den Fällen des § 37 als Höchstgrenze mindestens die ruhegehaltfähigen Dienstbezüge aus der Endstufe der übernächsten anstelle der von dem Verstorbenen tatsächlich erreichten Besoldungsgruppe zugrunde zu legen. [3]§ 25 ist entsprechend anzuwenden. [4]Der Unfallausgleich (§ 35) sowie der Zuschlag bei Hilflosigkeit (§ 34 Absatz 2) oder bei Arbeitslosigkeit (§ 38 Absatz 3 Satz 1) bleiben sowohl bei der Berechnung des Unterhaltsbeitrages nach § 41 als auch bei der vergleichenden Berechnung nach § 25 außer Betracht.

§ 43 Einmalige Unfallentschädigung und einmalige Entschädigung

(1) Ein Beamter des Bundes, der einen Dienstunfall der in § 37 bezeichneten Art erleidet, erhält eine einmalige Unfallentschädigung von 150 000 Euro, wenn er nach Feststellung der obersten Dienstbehörde oder der von ihr bestimmten Stelle infolge des Unfalls in seiner Erwerbsfähigkeit dauerhaft um wenigstens 50 Prozent beeinträchtigt ist.

(2) Ist ein Beamter des Bundes an den Folgen eines Dienstunfalles der in § 37 bezeichneten Art verstorben und hat er eine einmalige Unfallentschädigung nach Absatz 1 nicht erhalten, wird seinen Hinterbliebenen eine einmalige Unfallentschädigung nach Maßgabe der folgenden Bestimmungen gewährt:

1. Die Witwe sowie die versorgungsberechtigten Kinder erhalten eine Entschädigung in Höhe von insgesamt 100 000 Euro.
2. Sind Anspruchsberechtigte im Sinne der Nummer 1 nicht vorhanden, so erhalten die Eltern und die in Nummer 1 bezeichneten, nicht versorgungsberechtigten Kinder eine Entschädigung in Höhe von insgesamt 40 000 Euro.
3. Sind Anspruchsberechtigte im Sinne der Nummern 1 und 2 nicht vorhanden, so erhalten die Großeltern und Enkel eine Entschädigung in Höhe von insgesamt 20 000 Euro.

(3) [1]Die Absätze 1 und 2 gelten entsprechend, wenn ein Beamter, der

1. als Angehöriger des besonders gefährdeten fliegenden Personals während des Flugdienstes,
2. als Helm- oder Schwimmtaucher während des besonders gefährlichen Tauchdienstes,
3. im Bergrettungsdienst während des Einsatzes und der Ausbildung oder
4. als Angehöriger des besonders gefährdeten Munitionsuntersuchungspersonals während des dienstlichen Umgangs mit Munition oder
5. als Angehöriger eines Verbandes der Bundespolizei für besondere polizeiliche Einsätze bei einer besonders gefährlichen Diensthandlung im Einsatz oder in der Ausbildung dazu oder
6. im Einsatz beim Ein- oder Aushängen von Außenlasten bei einem Drehflügelflugzeug

einen Unfall erleidet, der nur auf die eigentümlichen Verhältnisse des Dienstes nach den Nummern 1 bis 6 zurückzuführen ist. [2]Die Bundesregierung bestimmt durch Rechtsverordnung[1]) den Personenkreis des Satzes 1 und die zum Dienst im Sinne des Satzes 1 gehörenden dienstlichen Verrichtungen. [3]Die Sätze 1 und 2 gelten entsprechend für andere Angehörige des öffentlichen Dienstes, zu deren Dienstobliegenheiten Tätigkeiten der in Satz 1 Nummer 1 bis 6 bezeichneten Art gehören.

(4) (weggefallen)

(5) Absatz 1 gilt entsprechend, wenn ein Beamter oder ein anderer Angehöriger des öffentlichen Dienstes einen Einsatzunfall oder ein diesem gleichstehendes Ereignis im Sinne des § 31a erleidet.

(6) Die Hinterbliebenen erhalten eine einmalige Entschädigung nach Maßgabe des Absatzes 2, wenn ein Beamter oder ein anderer Angehöriger des öffentlichen Dienstes an den Folgen eines Einsatzunfalls oder eines diesem gleichstehenden Ereignisses im Sinne des § 31a verstorben ist.

(7) [1]Für die einmalige Entschädigung nach den Absätzen 5 und 6 gelten § 31 Absatz 5 und § 31a Absatz 4 entsprechend. [2]Besteht auf Grund derselben Ursache Anspruch sowohl auf eine einmalige Unfallentschädigung nach den Absätzen 1 bis 3 als auch auf eine einmalige Entschädigung nach Absatz 5 oder 6, wird nur die einmalige Entschädigung gewährt.

1) Siehe die Beamten-UnfallentschädigungsVO.

§ 43a Schadensausgleich in besonderen Fällen

(1) [1]Schäden, die einem Beamten oder anderen Angehörigen des öffentlichen Dienstes während einer Verwendung im Sinne des § 31a Absatz 1 infolge von besonderen, vom Inland wesentlich abweichenden Verhältnissen, insbesondere infolge von Kriegshandlungen, kriegerischen Ereignissen, Aufruhr, Unruhen oder Naturkatastrophen oder als Folge der Ereignisse nach § 31a Absatz 2 entstehen, werden ihm in angemessenem Umfang ersetzt. [2]Gleiches gilt für Schäden des Beamten oder anderer Angehöriger des öffentlichen Dienstes durch einen Gewaltakt gegen staatliche Amtsträger, Einrichtungen oder Maßnahmen, wenn der Beamte oder andere Angehörige des öffentlichen Dienstes von dem Gewaltakt in Ausübung des Dienstes oder wegen seiner Eigenschaft als Beamter oder anderer Angehöriger des öffentlichen Dienstes betroffen ist.

(2) Im Falle einer Verwendung im Sinne des § 31a Absatz 1 wird einem Beamten oder anderen Angehörigen des öffentlichen Dienstes ein angemessener Ausgleich auch für Schäden infolge von Maßnahmen einer ausländischen Regierung, die sich gegen die Bundesrepublik Deutschland richten, gewährt.

(3) [1]Ist ein Beamter oder anderer Angehöriger des öffentlichen Dienstes an den Folgen des schädigenden Ereignisses der in Absatz 1 oder 2 bezeichneten Art verstorben, wird ein angemessener Ausgleich gewährt

1. der Witwe sowie den versorgungsberechtigten Kindern,
2. den Eltern sowie den nicht versorgungsberechtigten Kindern, wenn Hinterbliebene der in Nummer 1 bezeichneten Art nicht vorhanden sind.

[2]Der Ausgleich für ausgefallene Versicherungen wird der natürlichen Person gewährt, die der Beamte oder andere Angehörige des öffentlichen Dienstes im Versicherungsvertrag begünstigt hat. [3]Sind Versicherungsansprüche zur Finanzierung des Erwerbs von Wohneigentum an eine juristische Person abgetreten worden, wird der Ausgleich für die ausgefallene Versicherung an diese juristische Person gezahlt, wenn die Abtretung durch den Beamten dazu gedient hat, eine natürliche Person von Zahlungspflichten auf Grund der Finanzierung des Wohneigentums freizustellen.

(4) [1]Der Schadensausgleich nach den Absätzen 1 bis 3 wird nur einmal gewährt. [2]Wird er auf Grund derselben Ursache nach § 63b des Soldatenversorgungsgesetzes vorgenommen, sind die Absätze 1 bis 3 nicht anzuwenden.

(5) Die Absätze 1 bis 4 sind auch auf Schäden bei dienstlicher Verwendung im Ausland anzuwenden, die im Zusammenhang mit einer Verschleppung oder einer Gefangenschaft entstanden sind oder darauf beruhen, dass der Geschädigte aus sonstigen mit dem Dienst zusammenhängenden Gründen dem Einflussbereich des Dienstherrn entzogen ist.

(6) Für den Schadensausgleich gelten § 31 Absatz 5 und § 31a Absatz 4 entsprechend.

§ 44 Nichtgewährung von Unfallfürsorge

(1) Unfallfürsorge wird nicht gewährt, wenn der Verletzte den Dienstunfall vorsätzlich herbeigeführt hat.

(2) [1]Hat der Verletzte eine die Heilbehandlung betreffende Anordnung ohne gesetzlichen oder sonstigen wichtigen Grund nicht befolgt und wird dadurch seine Dienst- oder Erwerbsfähigkeit ungünstig beeinflusst, so kann ihm die oberste Dienstbehörde oder die von ihr bestimmte Stelle die Unfallfürsorge insoweit versagen. [2]Der Verletzte ist auf diese Folgen schriftlich hinzuweisen.

(3) Hinterbliebenenversorgung nach den Unfallfürsorgevorschriften wird im Falle des § 22 Absatz 1 nicht gewährt.

§ 45 Meldung und Untersuchungsverfahren

(1) [1]Unfälle, aus denen Unfallfürsorgeansprüche nach diesem Gesetz entstehen können, sind innerhalb einer Ausschlussfrist von zwei Jahren nach dem Eintritt des Unfalles bei dem Dienstvorgesetzten des Verletzten zu melden. [2]§ 32 Satz 2 bleibt unberührt. [3]Die Frist nach Satz 1 gilt auch dann als gewahrt, wenn der Unfall bei der zuständigen Dienstunfallfürsorgestelle gemeldet worden ist.

(2) [1]Nach Ablauf der Ausschlussfrist wird Unfallfürsorge nur gewährt, wenn seit dem Unfall noch nicht zehn Jahre vergangen sind und gleichzeitig glaubhaft gemacht wird, dass mit der Möglichkeit einer den Anspruch auf Unfallfürsorge begründenden Folge des Unfalles nicht habe gerechnet werden können oder dass der Berechtigte durch außerhalb seines Willens liegende Umstände gehindert worden ist, den Unfall zu melden. [2]Die Meldung muss, nachdem mit der Möglichkeit einer den Anspruch auf Unfallfürsorge begründenden Folge des Unfalles gerechnet werden konnte oder das Hindernis für die Meldung weggefallen ist, innerhalb dreier Monate erfolgen. [3]Die Unfallfürsorge wird in diesen Fällen vom Tage der Meldung an gewährt; zur Vermeidung von Härten kann sie auch von einem früheren Zeitpunkt an gewährt werden.

(3) [1]Der Dienstvorgesetzte hat jeden Unfall, der ihm von Amts wegen oder durch die Meldung des verletzten Beamten bekannt wird, unverzüglich zu untersuchen und das Ergebnis der zuständigen Dienstun-

fallfürsorgestelle mitzuteilen. [2]Die oberste Dienstbehörde oder die von ihr bestimmte Stelle entscheidet, ob ein Dienstunfall vorliegt und ob der Verletzte den Unfall vorsätzlich herbeigeführt hat. [3]Die Entscheidung ist dem Verletzten oder seinen Hinterbliebenen bekanntzugeben.

(4) [1]Unfallfürsorge nach § 30 Absatz 1 Satz 2 wird nur gewährt, wenn der Unfall der Beamtin innerhalb der Fristen nach den Absätzen 1 und 2 gemeldet und als Dienstunfall anerkannt worden ist. [2]Der Anspruch auf Unfallfürsorge nach § 30 Absatz 2 Satz 2 ist innerhalb von zwei Jahren vom Tag der Geburt an von den Sorgeberechtigten geltend zu machen. [3]Absatz 2 gilt mit der Maßgabe, dass die Zehn-Jahres-Frist am Tag der Geburt zu laufen beginnt. [4]Der Antrag muss, nachdem mit der Möglichkeit einer Schädigung durch einen Dienstunfall der Mutter während der Schwangerschaft gerechnet werden konnte oder das Hindernis für den Antrag weggefallen ist, innerhalb von drei Monaten gestellt werden.

§ 46 Begrenzung der Unfallfürsorgeansprüche

(1) [1]Der verletzte Beamte und seine Hinterbliebenen haben aus Anlass eines Dienstunfalles gegen den Dienstherrn nur die in den §§ 30 bis 43a geregelten Ansprüche. [2]Ist der Beamte nach dem Dienstunfall in den Dienstbereich eines anderen öffentlich-rechtlichen Dienstherrn versetzt worden, so richten sich die Ansprüche gegen diesen; das Gleiche gilt in den Fällen des gesetzlichen Übertritts oder der Übernahme bei der Umbildung von Körperschaften. [3]Satz 2 gilt in den Fällen, in denen der Beamte aus dem Dienstbereich eines öffentlich-rechtlichen Dienstherrn außerhalb des Geltungsbereichs dieses Gesetzes zu einem Dienstherrn im Geltungsbereich dieses Gesetzes versetzt wird, mit der Maßgabe, dass dieses Gesetz angewendet wird.

(2) [1]Weitergehende Ansprüche auf Grund allgemeiner gesetzlicher Vorschriften können gegen einen öffentlich-rechtlichen Dienstherrn im Bundesgebiet oder gegen die in seinem Dienst stehenden Personen nur dann geltend gemacht werden, wenn der Dienstunfall

1. durch eine vorsätzliche unerlaubte Handlung einer solchen Person verursacht worden oder
2. bei der Teilnahme am allgemeinen Verkehr eingetreten ist.

[2]Im Fall des Satzes 1 Nummer 2 sind Leistungen, die dem Beamten und seinen Hinterbliebenen nach diesem Gesetz gewährt werden, auf die weitergehenden Ansprüche anzurechnen; der Dienstherr, der Leistungen nach diesem Gesetz gewährt, hat keinen Anspruch auf Ersatz dieser Leistungen gegen einen anderen öffentlich-rechtlichen Dienstherrn im Bundesgebiet.

(3) Ersatzansprüche gegen andere Personen bleiben unberührt.

(4) [1]Auf laufende und einmalige Geldleistungen, die nach diesem Gesetz wegen eines Körper-, Sach- oder Vermögensschadens gewährt werden, sind Geldleistungen anzurechnen, die wegen desselben Schadens von anderer Seite erbracht werden. [2]Hierzu gehören insbesondere Geldleistungen, die von Drittstaaten oder von zwischenstaatlichen oder überstaatlichen Einrichtungen gewährt oder veranlasst werden. [3]Nicht anzurechnen sind Leistungen privater Schadensversicherungen, die auf Beiträgen der Beamten oder anderen Angehörigen des öffentlichen Dienstes beruhen; dies gilt nicht in den Fällen des § 32.

§ 46a (weggefallen)

Abschnitt 6
Übergangsgeld, Ausgleich

§ 47 Übergangsgeld

(1) [1]Ein Beamter mit Dienstbezügen, der nicht auf eigenen Antrag entlassen wird, erhält als Übergangsgeld nach vollendeter einjähriger Beschäftigungszeit das Einfache und bei längerer Beschäftigungszeit für jedes weitere volle Jahr ihrer Dauer die Hälfte, insgesamt höchstens das Sechsfache der Dienstbezüge (§ 1 Absatz 2 Nummer 1 bis 4 des Bundesbesoldungsgesetzes) des letzten Monats. [2]§ 5 Absatz 1 Satz 2 gilt entsprechend. [3]Das Übergangsgeld wird auch dann gewährt, wenn der Beamte im Zeitpunkt der Entlassung ohne Dienstbezüge beurlaubt war. [4]Maßgebend sind die Dienstbezüge, die der Beamte im Zeitpunkt der Entlassung erhalten hätte.

(2) [1]Als Beschäftigungszeit gilt die Zeit ununterbrochener hauptberuflicher entgeltlicher Tätigkeit im Dienste desselben Dienstherrn oder der Verwaltung, deren Aufgaben der Dienstherr übernommen hat, sowie im Falle der Versetzung die entsprechende Zeit im Dienste des früheren Dienstherrn; die vor einer Beurlaubung ohne Dienstbezüge liegende Beschäftigungszeit wird mit berücksichtigt. [2]Zeiten mit einer Ermäßigung der regelmäßigen Arbeitszeit sind nur zu dem Teil anzurechnen, der dem Verhältnis der ermäßigten zur regelmäßigen Arbeitszeit entspricht.

(3) Das Übergangsgeld wird nicht gewährt, wenn

1. der Beamte wegen eines Verhaltens im Sinne der §§ 31, 32 Absatz 1 Nummer 1 und 3, Absatz 2, § 34 Absatz 1 Satz 1 Nummer 1 und § 40 Absatz 2 des Bundesbeamtengesetzes entlassen wird oder

2. ein Unterhaltsbeitrag nach § 15 bewilligt wird oder

3. die Beschäftigungszeit als ruhegehaltfähige Dienstzeit angerechnet wird oder

4. der Beamte mit der Berufung in ein Richterverhältnis oder mit der Ernennung zum Beamten auf Zeit entlassen wird.

(4) [1]Das Übergangsgeld wird in Monatsbeträgen für die der Entlassung folgende Zeit wie die Dienstbezüge gezahlt. [2]Es ist längstens bis zum Ende des Monats zu zahlen, in dem der Beamte die für sein Beamtenverhältnis bestimmte gesetzliche Altersgrenze erreicht hat. [3]Beim Tode des Empfängers ist der noch nicht ausgezahlte Betrag den Hinterbliebenen in einer Summe zu zahlen.

(5) Bezieht der entlassene Beamte Erwerbs- oder Erwerbsersatzeinkommen im Sinne des § 53 Absatz 7, verringert sich das Übergangsgeld um den Betrag dieser Einkünfte.

§ 47a Übergangsgeld für entlassene politische Beamte

(1) [1]Ein Beamter, der aus einem Amt im Sinne des § 54 des Bundesbeamtengesetzes nicht auf eigenen Antrag entlassen wird, erhält ein Übergangsgeld in Höhe von 71,75 Prozent der ruhegehaltfähigen Dienstbezüge aus der Endstufe der Besoldungsgruppe, in der er sich zur Zeit seiner Entlassung befunden hat. [2]§ 4 des Bundesbesoldungsgesetzes gilt entsprechend.

(2) Das Übergangsgeld wird für die Dauer der Zeit, die der Beamte das Amt, aus dem er entlassen worden ist, innehatte, mindestens für die Dauer von sechs Monaten, längstens für die Dauer von drei Jahren, gewährt.

(3) § 47 Absatz 3 Nummer 1 bis 4 und Absatz 4 gilt entsprechend.

(4) Bezieht der entlassene Beamte Erwerbs- oder Erwerbsersatzeinkommen im Sinne des § 53 Absatz 7, so verringern sich die in entsprechender Anwendung des § 4 des Bundesbesoldungsgesetzes fortgezahlten Bezüge und das Übergangsgeld um den Betrag dieser Einkünfte; § 63 Nummer 10 findet keine Anwendung.

§ 48 Ausgleich bei besonderen Altersgrenzen

(1) [1]Beamte des Vollzugsdienstes, Beamte des Einsatzdienstes der Feuerwehr und Beamte im Flugverkehrskontrolldienst, die vor Vollendung des 67. Lebensjahres wegen Erreichens der besonderen Altersgrenze in den Ruhestand treten, erhalten neben dem Ruhegehalt einen Ausgleich in Höhe des Fünffachen der Dienstbezüge (§ 1 Absatz 2 Nummer 1, 3 und 4 des Bundesbesoldungsgesetzes) des letzten Monats, jedoch nicht über 4 091 Euro. [2]Dieser Betrag verringert sich um jeweils ein Fünftel für jedes Jahr, das über die besondere Altersgrenze hinaus abgeleistet wird. [3]§ 5 Absatz 1 Satz 2 gilt entsprechend. [4]Der Ausgleich ist bei Eintritt in den Ruhestand in einer Summe zu zahlen. [5]Der Ausgleich wird nicht neben einer einmaligen (Unfall-)Entschädigung im Sinne des § 43 gewährt.

(2) [1]Schwebt zum Zeitpunkt des Eintritts in den Ruhestand gegen den Beamten ein Verfahren auf Rücknahme der Ernennung oder ein Verfahren, das nach § 41 Absatz 1 des Bundesbeamtengesetzes zum Verlust der Beamtenrechte führen könnte, oder ist gegen den Beamten Disziplinarklage erhoben worden, darf der Ausgleich erst bei dem rechtskräftigen Abschluss des Verfahrens und nur gewährt werden, wenn kein Verlust der Versorgungsbezüge eingetreten ist. [2]Die disziplinarrechtlichen Vorschriften bleiben unberührt.

(3) Der Ausgleich wird im Falle der Bewilligung von Urlaub bis zum Eintritt in den Ruhestand nach § 95 Absatz 1 Nummer 2 des Bundesbeamtengesetzes nicht gewährt.

Abschnitt 7
Gemeinsame Vorschriften

§ 49 Festsetzung und Zahlung der Versorgungsbezüge, Versorgungsauskunft

(1) [1]Die oberste Dienstbehörde setzt die Versorgungsbezüge fest, bestimmt die Person des Zahlungsempfängers und entscheidet über die Berücksichtigung von Zeiten als ruhegehaltfähige Dienstzeit sowie über die Bewilligung von Versorgungsbezügen auf Grund von Kannvorschriften. [2]Sie kann diese Befugnisse im Einvernehmen mit dem Bundesministerium des Innern, für Bau und Heimat auf andere Stellen übertragen.[1)]

(2) [1]Entscheidungen über die Bewilligung von Versorgungsbezügen auf Grund von Kannvorschriften dürfen erst beim Eintritt des Versorgungsfalles getroffen werden; vorherige Zusicherungen sind unwirksam. [2]Bei der Einstellung eines Beamten des Bundes ist auf Antrag zu entscheiden, ob ruhegehaltfähige Zeiten nach § 10 vorliegen und Zeiten auf Grund der §§ 11 und 12 als ruhegehaltfähig berücksichtigt werden können. [3]Satz 2 gilt für die Versetzung eines Beamten von einem anderen Dienstherrn in den

1) Siehe die Beamtenversorgungs-ZuständigkeitsAnO, die BMVg-Beamtenversorgungs-ZuständigkeitsAnO sowie die ZO-Vers Deutsche Post AG.

Dienst des Bundes entsprechend. ⁴Die Entscheidungen stehen unter dem Vorbehalt des Gleichbleibens der Sach- und Rechtslage, die diesen Entscheidungen zugrunde liegt.

(3) Entscheidungen in versorgungsrechtlichen Angelegenheiten, die eine grundsätzliche, über den Einzelfall hinausgehende Bedeutung haben, sind von dem für das Versorgungsrecht zuständigen Ministerium zu treffen.

(4) Die Versorgungsbezüge sind, soweit nichts anderes bestimmt ist, für die gleichen Zeiträume und im gleichen Zeitpunkt zu zahlen wie die Dienstbezüge der Beamten.

(5) Werden Versorgungsbezüge nach dem Tag der Fälligkeit gezahlt, so besteht kein Anspruch auf Verzugszinsen.

(6) Hat ein Versorgungsberechtigter seinen Wohnsitz oder dauernden Aufenthalt außerhalb des Geltungsbereichs dieses Gesetzes, so kann die oberste Dienstbehörde oder die von ihr bestimmte Stelle die Zahlung der Versorgungsbezüge von der Bestellung eines Empfangsbevollmächtigten im Geltungsbereich dieses Gesetzes abhängig machen.

(7) ¹Für die Zahlung der Versorgungsbezüge hat der Empfänger auf Verlangen der zuständigen Behörde ein Konto anzugeben oder einzurichten, auf das die Überweisung erfolgen kann. ²Die Übermittlungskosten mit Ausnahme der Kosten für die Gutschrift auf dem Konto des Empfängers trägt die die Versorgungsbezüge zahlende Stelle; bei einer Überweisung der Versorgungsbezüge auf ein im Ausland geführtes Konto trägt der Versorgungsempfänger die Kosten und die Gefahr der Übermittlung der Versorgungsbezüge sowie die Kosten einer Meldung nach § 11 Absatz 2 des Außenwirtschaftsgesetzes in Verbindung mit einer auf Grund dieser Vorschrift erlassenen Rechtsverordnung. ³Die Kontoeinrichtungs-, Kontoführungs- oder Buchungsgebühren trägt der Empfänger. ⁴Eine Auszahlung auf andere Weise kann nur zugestanden werden, wenn dem Empfänger die Einrichtung oder Benutzung eines Kontos aus wichtigem Grund nicht zugemutet werden kann.

(8) ¹Bei der Berechnung von Versorgungsbezügen sind die sich ergebenden Bruchteile eines Cents unter 0,5 abzurunden und ab 0,5 aufzurunden. ²Zwischenrechnungen werden jeweils auf zwei Dezimalstellen durchgeführt. ³Jeder Versorgungsbestandteil ist einzeln zu runden. ⁴Abweichend von den Sätzen 1 und 2 sind bei der Berechnung von Leistungen nach den §§ 50a bis 50d die Regelungen des § 121 des Sechsten Buches Sozialgesetzbuch anzuwenden.

(9) Beträge von weniger als fünf Euro sind nur auf Verlangen des Empfangsberechtigten auszuzahlen.

(10) ¹Die zuständige Dienstbehörde hat dem Beamten auf schriftlichen Antrag eine Auskunft zum Anspruch auf Versorgungsbezüge nach der Sach- und Rechtslage zum Zeitpunkt der Antragstellung zu erteilen. ²Die Auskunft steht unter dem Vorbehalt künftiger Sach- und Rechtsänderungen sowie der Richtigkeit und Vollständigkeit der zugrunde liegenden Daten.

§ 50 Familienzuschlag und Ausgleichsbetrag

(1) ¹Auf den Familienzuschlag finden die für die Beamten geltenden Vorschriften des Besoldungsrechts Anwendung. ²Der Unterschiedsbetrag zwischen Stufe 1 und der nach dem Besoldungsrecht in Betracht kommenden Stufe des Familienzuschlags wird nach Anwendung des Faktors nach § 5 Absatz 1 Satz 1 neben dem Ruhegehalt gezahlt. ³Er wird unter Berücksichtigung der nach den Verhältnissen des Beamten oder Ruhestandsbeamten für die Stufen des Familienzuschlags in Betracht kommenden Kinder neben dem Witwengeld gezahlt, soweit die Witwe Anspruch auf Kindergeld für diese Kinder hat oder ohne Berücksichtigung der §§ 64, 65 des Einkommensteuergesetzes oder der §§ 3, 4 des Bundeskindergeldgesetzes haben würde; soweit hiernach ein Anspruch auf den Unterschiedsbetrag nicht besteht, wird er neben dem Waisengeld gezahlt, wenn die Waise bei den Stufen des Familienzuschlags zu berücksichtigen ist oder zu berücksichtigen wäre, wenn der Beamte oder Ruhestandsbeamte noch lebte. ⁴Sind mehrere Anspruchsberechtigte vorhanden, wird der Unterschiedsbetrag auf die Anspruchsberechtigten nach der Zahl der auf sie entfallenden Kinder zu gleichen Teilen aufgeteilt. ⁵§ 40 Absatz 7 des Bundesbesoldungsgesetzes gilt entsprechend.

(2) (weggefallen)

(3) ¹Neben dem Waisengeld wird ein Ausgleichsbetrag gezahlt, der dem Betrag für das erste Kind nach § 66 Absatz 1 des Einkommensteuergesetzes entspricht, wenn in der Person der Waise die Voraussetzungen des § 32 Absatz 1 bis 5 des Einkommensteuergesetzes erfüllt sind, Ausschlussgründe nach § 65 des Einkommensteuergesetzes nicht vorliegen, keine Person vorhanden ist, die nach § 62 des Einkommensteuergesetzes oder nach § 1 des Bundeskindergeldgesetzes anspruchsberechtigt ist, und die Waise keinen Anspruch auf Kindergeld nach § 1 Absatz 2 des Bundeskindergeldgesetzes hat. ²Der Ausgleichsbetrag gilt für die Anwendung der §§ 53 und 54 nicht als Versorgungsbezug. ³Im Falle des § 54 wird er nur zu den neuen Versorgungsbezügen gezahlt.

§ 50a Kindererziehungszuschlag

(1) [1]Das Ruhegehalt erhöht sich für jeden Monat einer dem Beamten zuzuordnenden Kindererziehungszeit um einen Kindererziehungszuschlag. [2]Dies gilt nicht, wenn der Beamte wegen der Erziehung des Kindes in der gesetzlichen Rentenversicherung versicherungspflichtig (§ 3 Satz 1 Nummer 1 Sechstes Buch Sozialgesetzbuch) war und die allgemeine Wartezeit für eine Rente der gesetzlichen Rentenversicherung erfüllt ist. [3]§ 249 Absatz 4 bis 6 und § 249a des Sechsten Buches Sozialgesetzbuch gelten entsprechend.

(2) [1]Die Kindererziehungszeit beginnt mit dem ersten Kalendermonat, der auf die Geburt folgt, und endet

1. für ein vor dem 1. Januar 1992 geborenes Kind nach 30 Kalendermonaten,
2. für ein nach dem 31. Dezember 1991 geborenes Kind nach 36 Kalendermonaten.

[2]Die Kindererziehungszeit endet vorzeitig mit dem

1. Tod des Kindes,
2. Eintritt oder der Versetzung des Anspruchsberechtigten in den Ruhestand,
3. Tod des Anspruchsberechtigten oder
4. Wechsel der Zuordnung der Erziehungszeit zu einem anderen Elternteil.

[3]Wird während einer Kindererziehungszeit vom erziehenden Elternteil ein weiteres Kind erzogen, für das dem erziehenden Elternteil eine Kindererziehungszeit zuzuordnen ist, wird die Kindererziehungszeit für dieses und jedes weitere Kind um die Anzahl der Kalendermonate der gleichzeitigen Erziehung verlängert.

(3) Für die Zuordnung der Kindererziehungszeit zu einem Elternteil (§ 56 Absatz 1 Satz 1 Nummer 3 und Absatz 3 Nummer 2 und 3 Erstes Buch Sozialgesetzbuch) gilt § 56 Absatz 2 des Sechsten Buches Sozialgesetzbuch entsprechend.

(4) Die Höhe des Kindererziehungszuschlags entspricht für jeden Monat der Kindererziehungszeit dem in § 70 Absatz 2 Satz 1 des Sechsten Buches Sozialgesetzbuch bestimmten Bruchteil des aktuellen Rentenwerts.

(5) [1]Der um den Kindererziehungszuschlag erhöhte Betrag, der sich unter Berücksichtigung der ruhegehaltfähigen Dienstbezüge und der auf die Kindererziehungszeit entfallenden ruhegehaltfähigen Dienstzeit als Ruhegehalt ergeben würde, darf die Höchstgrenze nicht überstei gen. [2]Als Höchstgrenze gilt der Betrag, der sich unter Berücksichtigung des aktuellen Rentenwerts nach dem Sechsten Buch Sozialgesetzbuch und des auf die Jahre der Kindererziehungszeit entfallenden Höchstwerts an Entgeltpunkten in der Rentenversicherung nach Anlage 2b zum Sechsten Buch Sozialgesetzbuch als Rente ergeben würde.

(6) Das um den Kindererziehungszuschlag erhöhte Ruhegehalt darf nicht höher sein als das Ruhegehalt, das unter Berücksichtigung des Höchstruhegehaltssatzes und der ruhegehaltfähigen Dienstbezüge aus der Endstufe der Besoldungsgruppe, aus der sich das Ruhegehalt berechnet, ergeben würde.

(7) [1]Der Kindererziehungszuschlag gilt als Teil des Ruhegehalts. [2]Auf das Mindestruhegehalt ist die Erhöhung nach Absatz 1 nicht anzuwenden.

§ 50b Kindererziehungsergänzungszuschlag

(1) [1]Das Ruhegehalt erhöht sich um einen Kindererziehungsergänzungszuschlag, wenn

1. nach dem 31. Dezember 1991 liegende Zeiten der Erziehung eines Kindes bis zur Vollendung des zehnten Lebensjahres oder Zeiten der nichterwerbsmäßigen Pflege eines pflegebedürftigen Kindes (§ 3 Sechstes Buch Sozialgesetzbuch) bis zur Vollendung des 18. Lebensjahres
 a) mit entsprechenden Zeiten für ein anderes Kind zusammentreffen oder
 b) mit Zeiten im Beamtenverhältnis, die als ruhegehaltfähig berücksichtigt werden, oder Zeiten nach § 50d Absatz 1 Satz 1 zusammentreffen,
2. für diese Zeiten kein Anspruch nach § 70 Absatz 3a Satz 2 des Sechsten Buches Sozialgesetzbuch besteht und
3. dem Beamten die Zeiten nach § 50a Absatz 3 zuzuordnen sind.

[2]Der Kindererziehungsergänzungszuschlag wird nicht für Zeiten gewährt, für die ein Kindererziehungszuschlag zusteht.

(2) Die Höhe des Kindererziehungsergänzungszuschlags entspricht für jeden angefangenen Monat, in dem die Voraussetzungen nach Absatz 1 erfüllt waren,

1. im Fall von Absatz 1 Nummer 1 Buchstabe a dem in § 70 Absatz 3a Satz 2 Buchstabe b des Sechsten Buches Sozialgesetzbuch bestimmten Bruchteil des aktuellen Rentenwerts,
2. im Fall von Absatz 1 Nummer 1 Buchstabe b einem Bruchteil in Höhe von 0,0208 des aktuellen Rentenwerts.

(3) [1]§ 50a Absatz 5 gilt entsprechend mit der Maßgabe, dass in Satz 1 neben den Kindererziehungszuschlag der Kindererziehungsergänzungszuschlag und eine Leistung nach § 50d Absatz 1 sowie bei der Ermittlung der Höchstgrenze an die Stelle des in Satz 2 genannten Höchstwerts an Entgeltpunkten für jeden Monat der Zeiten nach den §§ 50a und 50b der in § 70 Absatz 2 Satz 1 des Sechsten Buches Sozi-

algesetzbuch bestimmte Bruchteil des aktuellen Rentenwerts tritt. [2]§ 50a Absatz 6 und 7 gilt entsprechend.

§ 50c Kinderzuschlag zum Witwengeld

(1) [1]Das Witwengeld nach § 20 Absatz 1 erhöht sich für jeden Monat einer nach § 50a Absatz 3 zuzuordnenden Kindererziehungszeit bis zum Ablauf des Monats, in dem das Kind das dritte Lebensjahr vollendet hat, um einen Kinderzuschlag. [2]Der Zuschlag ist Bestandteil der Versorgung. [3]Satz 1 gilt nicht bei Bezügen nach § 20 Absatz 1 in Verbindung mit § 14 Absatz 4 Satz 2.

(2) [1]War die Kindererziehungszeit dem vor Vollendung des dritten Lebensjahres des Kindes Verstorbenen zugeordnet, erhalten Witwen und Witwer den Kinderzuschlag anteilig mindestens für die Zeit, die bis zum Ablauf des Monats, in dem das Kind das dritte Lebensjahr vollendet hat, fehlt. [2]Stirbt ein Beamter vor der Geburt des Kindes, sind der Berechnung des Kinderzuschlags 36 Kalendermonate zugrunde zu legen, wenn das Kind innerhalb von 300 Tagen nach dem Tod geboren wird. [3]Ist das Kind später geboren, wird der Zuschlag erst nach Ablauf des in § 50a Absatz 2 Satz 1 genannten Zeitraums gewährt. [4]Verstirbt das Kind vor der Vollendung des dritten Lebensjahres, ist der Kinderzuschlag anteilig zu gewähren.

(3) Die Höhe des Kinderzuschlags entspricht für jeden Monat der Kindererziehungszeit, in dem die Voraussetzungen des Absatzes 1 erfüllt waren, 55 Prozent des in § 78a Absatz 1 Satz 3 des Sechsten Buches Sozialgesetzbuch bestimmten Bruchteils des aktuellen Rentenwerts.

(4) § 50a Absatz 7 Satz 1 gilt entsprechend.

§ 50d Pflege- und Kinderpflegeergänzungszuschlag

(1) [1]War ein Beamter nach § 3 Satz 1 Nummer 1a des Sechsten Buches Sozialgesetzbuch versicherungspflichtig, weil er einen Pflegebedürftigen nicht erwerbsmäßig gepflegt hat, erhält er für die Zeit der Pflege einen Pflegezuschlag zum Ruhegehalt. [2]Dies gilt nicht, wenn die allgemeine Wartezeit in der gesetzlichen Rentenversicherung erfüllt ist.

(2) [1]Hat ein Beamter ein ihm nach § 50a Absatz 3 zuzuordnendes pflegebedürftiges Kind nicht erwerbsmäßig gepflegt (§ 3 Sechstes Buch Sozialgesetzbuch), erhält er neben dem Pflegezuschlag einen Kinderpflegeergänzungszuschlag. [2]Dieser wird längstens für die Zeit bis zur Vollendung des 18. Lebensjahres des pflegebedürftigen Kindes und nicht neben einem Kindererziehungsergänzungszuschlag oder einer Leistung nach § 70 Absatz 3a des Sechsten Buches Sozialgesetzbuch gewährt.

(3) [1]Die Höhe des Pflegezuschlags ergibt sich aus der Vervielfältigung der nach § 166 Absatz 2 in Verbindung mit § 70 Absatz 1 des Sechsten Buches Sozialgesetzbuch für die Zeit der Pflege nach Absatz 1 ermittelten Entgeltpunkte mit dem aktuellen Rentenwert. [2]Die Höhe des Kinderpflegeergänzungszuschlags ergibt sich aus dem in § 70 Absatz 3a Satz 2 Buchstabe a und 3 des Sechsten Buches Sozialgesetzbuch bestimmten Bruchteil des aktuellen Rentenwerts.

(4) [1]§ 50a Absatz 5 bis 7 gilt entsprechend. [2]§ 50a Absatz 5 gilt bei der Anwendung des Absatzes 2 mit der Maßgabe, dass bei der Ermittlung der Höchstgrenze an die Stelle des in Satz 2 genannten Höchstwerts an Entgeltpunkten für jeden Monat berücksichtigungsfähiger Kinderpflegezeit der in § 70 Absatz 2 Satz 1 des Sechsten Buches Sozialgesetzbuch bestimmte Bruchteil des aktuellen Rentenwerts tritt.

§ 50e Vorübergehende Gewährung von Zuschlägen

(1) [1]Versorgungsempfänger, die vor Erreichen der Regelaltersgrenze nach § 51 Absatz 1 und 2 des Bundesbeamtengesetzes in den Ruhestand treten, erhalten vorübergehend Leistungen entsprechend den §§ 50a, 50b und 50d,

1. bis zum Beginn des Ruhestandes die allgemeine Wartezeit für eine Rente der gesetzlichen Rentenversicherung erfüllt ist,
2. a) sie wegen Dienstunfähigkeit im Sinne des § 44 Absatz 1 des Bundesbeamtengesetzes in den Ruhestand versetzt worden sind oder
 b) sie wegen Erreichens einer besonderen Altersgrenze in den Ruhestand getreten sind,
3. entsprechende Leistungen nach dem Sechsten Buch Sozialgesetzbuch dem Grunde nach zustehen, jedoch vor dem Erreichen der maßgebenden Altersgrenze noch nicht gewährt werden,
4. sie einen Ruhegehaltssatz von 66,97 Prozent noch nicht erreicht haben,
5. sie kein Erwerbs- oder Erwerbsersatzeinkommen nach § 53 Absatz 7 beziehen, das im Durchschnitt des Kalenderjahres 525 Euro monatlich übersteigt.

[2]Durch die Leistung nach Satz 1 darf der Betrag nicht überschritten werden, der sich bei Berechnung des Ruhegehalts mit einem Ruhegehaltssatz von 66,97 Prozent ergibt.

(2) [1]Die Leistung entfällt spätestens mit Ablauf des Monats, in dem der Versorgungsempfänger die Regelaltersgrenze nach § 51 Absatz 1 und 2 des Bundesbeamtengesetzes erreicht. [2]Sie endet vorher, wenn der Versorgungsempfänger

1. eine Versichertenrente der gesetzlichen Rentenversicherung bezieht, mit Ablauf des Tages vor dem Beginn der Rente, oder

2. ein Erwerbseinkommen (§ 53 Absatz 7 Satz 1 und 2) bezieht, das im Durchschnitt des Kalenderjahres 525 Euro monatlich übersteigt, mit Ablauf des Tages vor Beginn der Erwerbstätigkeit.

(3) [1]Die Leistung wird auf Antrag gewährt. [2]Anträge, die innerhalb von drei Monaten nach Eintritt des Beamten in den Ruhestand gestellt werden, gelten als zum Zeitpunkt des Ruhestandseintritts gestellt. [3]Wird der Antrag zu einem späteren Zeitpunkt gestellt, so wird die Leistung vom Beginn des Antrags-monats an gewährt.

§ 50f[1] Abzug für Pflegeleistungen

[1]Die zu zahlenden Versorgungsbezüge vermindern sich um den hälftigen Prozentsatz nach § 55 Absatz 1 Satz 1 des Elften Buches Sozialgesetzbuch. [2]Versorgungsbezüge nach Satz 1 sind

1. Ruhegehalt, Witwengeld, Waisengeld, Unterhaltsbeitrag zuzüglich des Unterschiedsbetrages nach § 50 Absatz 1 Satz 2 bis 4,

2. Leistungen nach § 4 Absatz 2 Nummer 3 bis 7 des Gesetzes über die Gewährung einer jährlichen Sonderzuwendung in der Fassung der Bekanntmachung vom 15. Dezember 1998 (BGBl. I S. 3642), das zuletzt durch Artikel 18 des Gesetzes vom 10. September 2003 (BGBl. I S. 1798) geändert worden ist.

[3]Die Verminderung darf den Betrag, der sich aus dem hälftigen Prozentsatz nach § 55 Absatz 1 Satz 1 des Elften Buches Sozialgesetzbuch des zwölften Teils der jährlichen Beitragsbemessungsgrenze in der Pflegeversicherung (§ 55 Absatz 2 des Elften Buches Sozialgesetzbuch) errechnet, nicht übersteigen.

§ 51 Abtretung, Verpfändung, Aufrechnungs- und Zurückbehaltungsrecht

(1) Ansprüche auf Versorgungsbezüge können, wenn gesetzlich nichts anderes bestimmt ist, nur insoweit abgetreten oder verpfändet werden, als sie der Pfändung unterliegen.

(2) [1]Gegenüber Ansprüchen auf Versorgungsbezüge kann der Dienstherr ein Aufrechnungs- oder Zu-rückbehaltungsrecht nur in Höhe des pfändbaren Teils der Versorgungsbezüge geltend machen. [2]Dies gilt nicht, soweit gegen den Versorgungsberechtigten ein Anspruch auf Schadenersatz wegen vorsätzlicher unerlaubter Handlung besteht.

(3) [1]Ansprüche auf Sterbegeld (§ 18), auf Erstattung der Kosten des Heilverfahrens (§ 33) und der Pflege (§ 34), auf Unfallausgleich (§ 35) sowie auf eine einmalige Unfallentschädigung (§ 43) und auf Scha-densausgleich in besonderen Fällen (§ 43a) können weder gepfändet noch abgetreten noch verpfändet werden. [2]Forderungen des Dienstherrn gegen den Verstorbenen aus Vorschuss- oder Darlehensgewäh-rungen sowie aus Überzahlungen von Dienst- oder Versorgungsbezügen können auf das Sterbegeld an-gerechnet werden.

§ 52 Rückforderung von Versorgungsbezügen

(1) Wird ein Versorgungsberechtigter durch eine gesetzliche Änderung seiner Versorgungsbezüge mit rückwirkender Kraft schlechter gestellt, so sind die Unterschiedsbeträge nicht zu erstatten.

(2) [1]Im Übrigen regelt sich die Rückforderung zuviel gezahlter Versorgungsbezüge nach den Vorschriften des Bürgerlichen Gesetzbuchs über die Herausgabe einer ungerechtfertigten Bereicherung, soweit ge-setzlich nichts anderes bestimmt ist. [2]Der Kenntnis des Mangels des rechtlichen Grundes der Zahlung steht es gleich, wenn der Mangel so offensichtlich war, dass der Empfänger ihn hätte erkennen müssen. [3]Von der Rückforderung kann aus Billigkeitsgründen mit Zustimmung der obersten Dienstbehörde oder der von ihr bestimmten Stelle ganz oder teilweise abgesehen werden.

(3) [1]Die Rückforderung von Beträgen von weniger als fünf Euro unterbleibt. [2]Treffen mehrere Einzel-beträge zusammen, gilt die Grenze für die Gesamtrückforderung.

(4) § 118 Absatz 3 bis 5 des Sechsten Buches Sozialgesetzbuch gilt entsprechend.

§ 53 Zusammentreffen von Versorgungsbezügen mit Erwerbs- und Erwerbsersatzeinkommen

(1) [1]Bezieht ein Versorgungsberechtigter Erwerbs- oder Erwerbsersatzeinkommen (Absatz 7), erhält er daneben seine Versorgungsbezüge nur bis zum Erreichen der in Absatz 2 bezeichneten Höchstgrenze. [2]Satz 1 ist nicht auf Empfänger von Waisengeld anzuwenden.

(2) Als Höchstgrenze gelten

1. für Ruhestandsbeamte und Witwen die ruhegehaltfähigen Dienstbezüge aus der Endstufe der Besol-dungsgruppe, aus der sich das Ruhegehalt berechnet, mindestens ein Betrag in Höhe des Einein-halbfachen der jeweils ruhegehaltfähigen Dienstbezüge aus der Endstufe der Besoldungsgruppe A 4, zuzüglich des jeweils zustehenden Unterschiedsbetrages nach § 50 Absatz 1,

1) Siehe hierzu auch die Durchführungshinweise des BMI.

2. *[aufgehoben]*
3. für Ruhestandsbeamte, die wegen Dienstunfähigkeit, die nicht auf einem Dienstunfall beruht, oder nach § 52 Absatz 1 und 2 des Bundesbeamtengesetzes in den Ruhestand getreten sind, bis zum Ablauf des Monats, in dem die Regelaltersgrenze nach § 51 Absatz 1 und 2 des Bundesbeamtengesetzes erreicht wird, 71,75 Prozent der ruhegehaltfähigen Dienstbezüge aus der Endstufe der Besoldungsgruppe, aus der sich das Ruhegehalt berechnet, mindestens ein Betrag in Höhe von 71,75 Prozent des Eineinhalbfachen der jeweils ruhegehaltfähigen Dienstbezüge aus der Endstufe der Besoldungsgruppe A 4, zuzüglich des jeweils zustehenden Unterschiedsbetrages nach § 50 Absatz 1 sowie eines Betrages von monatlich 525 Euro.

(3) (weggefallen)

(4) (weggefallen)

(5) [1]Dem Versorgungsberechtigten ist mindestens ein Betrag in Höhe von 20 Prozent seines jeweiligen Versorgungsbezuges (§ 2) zu belassen. [2]Satz 1 gilt nicht beim Bezug von Verwendungseinkommen, das mindestens aus derselben Besoldungsgruppe oder einer vergleichbaren Entgeltgruppe berechnet wird, aus der sich auch die ruhegehaltfähigen Dienstbezüge bestimmen. [3]Für sonstiges in der Höhe vergleichbares Verwendungseinkommen gelten Satz 2 und Absatz 7 Satz 4 entsprechend.

(6) [1]Bei der Ruhensberechnung für einen früheren Beamten oder früheren Ruhestandsbeamten, der Anspruch auf Versorgung nach § 38 hat, ist mindestens ein Betrag als Versorgung zu belassen, der unter Berücksichtigung seiner Minderung der Erwerbsfähigkeit infolge des Dienstunfalles dem Unfallausgleich entspricht. [2]Dies gilt nicht, wenn die Minderung der Erwerbsfähigkeit weniger als 25 Prozent beträgt oder wegen desselben Unfalls Grundrente nach dem Bundesversorgungsgesetz zusteht.

(7) [1]Erwerbseinkommen sind Einkünfte aus nichtselbständiger Arbeit einschließlich Abfindungen, aus selbständiger Arbeit sowie aus Gewerbebetrieb und aus Land- und Forstwirtschaft. [2]Nicht als Erwerbseinkommen gelten
1. Aufwandsentschädigungen,
2. im Rahmen der Einkunftsarten nach Satz 1 anerkannte Betriebsausgaben und Werbungskosten nach dem Einkommensteuergesetz,
3. Jubiläumszuwendungen,
4. ein Unfallausgleich nach § 35,
5. steuerfreie Einnahmen für Leistungen zur Grundpflege oder hauswirtschaftlichen Versorgung nach § 3 Nummer 36 des Einkommensteuergesetzes,
6. Einkünfte aus Tätigkeiten, die nach Art und Umfang Nebentätigkeiten im Sinne des § 100 Absatz 1 Nummer 2 des Bundesbeamtengesetzes entsprechen,
7. als Einmalzahlung gewährte Leistungsbezüge im Sinne der Bundesleistungsbesoldungsverordnung und des § 18 (Bund) des Tarifvertrags für den öffentlichen Dienst und vergleichbare Leistungen aus einer Beschäftigung im öffentlichen Dienst sowie
8. Bezüge nach den §§ 52 bis 56 des Bundesbesoldungsgesetzes, wenn ein Versorgungsberechtigter auf Grund seiner Verwendung außerhalb des Geltungsbereiches des Grundgesetzes ein Einkommen nach Absatz 8 bezieht.
[3]Erwerbsersatzeinkommen sind Leistungen, die auf Grund oder in entsprechender Anwendung öffentlich-rechtlicher Vorschriften kurzfristig erbracht werden, um Erwerbseinkommen zu ersetzen. [4]Erwerbseinkommen wird in den Monaten des Zusammentreffens mit Versorgungsbezügen mit einem Zwölftel des im Kalenderjahr erzielten Einkommens angerechnet. [5]Erwerbsersatzeinkommen werden im Zuflussmonat angerechnet.

(8) [1]Nach Ablauf des Monats, in dem der Versorgungsberechtigte die Regelaltersgrenze nach § 51 Absatz 1 und 2 des Bundesbeamtengesetzes erreicht, gelten die Absätze 1 bis 7 nur für Erwerbseinkommen aus einer Verwendung im öffentlichen Dienst (Verwendungseinkommen). [2]Dies ist jede Beschäftigung im Dienst von Körperschaften, Anstalten und Stiftungen des deutschen öffentlichen Rechts oder ihrer Verbände; ausgenommen ist die Beschäftigung bei öffentlich-rechtlichen Religionsgesellschaften oder ihren Verbänden. [3]Der Verwendung im öffentlichen Dienst steht gleich die Verwendung im öffentlichen Dienst einer zwischenstaatlichen oder überstaatlichen Einrichtung, an der eine Körperschaft oder ein Verband im Sinne des Satzes 2 durch Zahlung von Beiträgen oder Zuschüssen oder in anderer Weise beteiligt ist. [4]Ob die Voraussetzungen zutreffen, entscheidet auf Antrag der zuständigen Stelle oder des Versorgungsberechtigten das Bundesministerium des Innern, für Bau und Heimat.

(9) [1]Bezieht ein Wahlbeamter auf Zeit im Ruhestand neben seinen Versorgungsbezügen Verwendungseinkommen nach Absatz 8, findet anstelle der Absätze 1 bis 8 § 53 in der bis zum 31. Dezember 1998 geltenden Fassung Anwendung. [2]Satz 1 gilt entsprechend für Hinterbliebene.

(10) Bezieht ein Beamter im einstweiligen Ruhestand Erwerbs- und Erwerbsersatzeinkommen nach Absatz 7, das nicht Verwendungseinkommen nach Absatz 8 ist, ruhen die Versorgungsbezüge um fünfzig Prozent des Betrages, um den sie und das Einkommen die Höchstgrenze übersteigen.

§ 53a Zusammentreffen von Versorgungsbezügen mit Altersgeld, Witwenaltersgeld oder Waisenaltersgeld

[1]Bezieht ein Versorgungsempfänger Altersgeld, Witwenaltersgeld oder Waisenaltersgeld nach dem Altersgeldgesetz vom 28. August 2013 (BGBl. I S. 3386) oder eine vergleichbare Alterssicherungsleistung, ruhen seine Versorgungsbezüge nach Anwendung des § 55 in Höhe des jeweiligen Betrages des Altersgelds, Witwenaltersgelds oder Waisenaltersgelds. [2]Satz 1 gilt nicht beim Bezug einer Mindestversorgung nach § 14 Absatz 4. [3]Beim Zusammentreffen von Ruhegehalt mit Witwenaltersgeld wird mindestens ein Betrag in Höhe des Ruhegehalts zuzüglich 20 Prozent des Witwenaltersgelds gezahlt. [4]Beim Zusammentreffen von Witwen- oder Witwergeld mit Altersgeld wird mindestens ein Betrag in Höhe des Altersgelds zuzüglich 20 Prozent des Witwen- oder Witwergelds gezahlt.

§ 54 Zusammentreffen mehrerer Versorgungsbezüge

(1) [1]Erhalten aus einer Verwendung im öffentlichen Dienst (§ 53 Absatz 8) an neuen Versorgungsbezügen
1. ein Ruhestandsbeamter Ruhegehalt oder eine ähnliche Versorgung,
2. eine Witwe oder Waise aus der Verwendung des verstorbenen Beamten oder Ruhestandsbeamten Witwengeld, Waisengeld oder eine ähnliche Versorgung,
3. eine Witwe Ruhegehalt oder eine ähnliche Versorgung,

so sind neben den neuen Versorgungsbezügen die früheren Versorgungsbezüge nur bis zum Erreichen der in Absatz 2 bezeichneten Höchstgrenze zu zahlen. [2]Dabei darf die Gesamtversorgung nicht hinter der früheren Versorgung zurückbleiben.

(2) [1]Als Höchstgrenze gelten
1. für Ruhestandsbeamte (Absatz 1 Satz 1 Nummer 1) das Ruhegehalt, das sich unter Zugrundelegung der gesamten ruhegehaltfähigen Dienstzeit und der ruhegehaltfähigen Dienstbezüge aus der Endstufe der Besoldungsgruppe, aus der sich das frühere Ruhegehalt berechnet, ergibt, zuzüglich des Unterschiedsbetrages nach § 50 Absatz 1,
2. für Witwen und Waisen (Absatz 1 Satz 1 Nummer 2) das Witwen- oder Waisengeld, das sich aus dem Ruhegehalt nach Nummer 1 ergibt, zuzüglich des Unterschiedsbetrages nach § 50 Absatz 1,
3. für Witwen (Absatz 1 Satz 1 Nummer 3) 71,75 Prozent, in den Fällen des § 36 75 Prozent, in den Fällen des § 37 80 Prozent, der ruhegehaltfähigen Dienstbezüge aus der Endstufe der Besoldungsgruppe, aus der sich das dem Witwengeld zugrunde liegende Ruhegehalt bemisst, zuzüglich des Unterschiedsbetrages nach § 50 Absatz 1.

[2]Ist bei einem an der Ruhensregelung nach Satz 1 Nummer 1 oder 2 beteiligten Versorgungsbezug das Ruhegehalt nach § 14 Absatz 3 gemindert, ist das für die Höchstgrenze maßgebende Ruhegehalt in sinngemäßer Anwendung dieser Vorschrift festzusetzen. [3]Ist bei der Ruhensregelung nach Satz 1 Nummer 3 das dem Witwengeld zugrunde liegende Ruhegehalt nach § 14 Absatz 3 gemindert, ist die Höchstgrenze entsprechend dieser Vorschrift zu berechnen, wobei dem zu vermindernden Ruhegehalt mindestens ein Ruhegehaltssatz von 71,75 Prozent zugrunde zu legen ist. [4]Ist bei einem an der Ruhensregelung nach Satz 1 Nummer 1 oder 2 beteiligten Versorgungsbezug der Ruhegehaltssatz nach § 14 Absatz 1 Satz 1 Halbsatz 2 oder 3 dieses Gesetzes in der bis zum 31. Dezember 1991 geltenden Fassung gemindert, ist der für die Höchstgrenze maßgebende Ruhegehaltssatz in sinngemäßer Anwendung dieser Vorschrift festzusetzen. [5]Ist bei der Ruhensregelung nach Satz 1 Nummer 3 der Ruhegehaltssatz des dem Witwengeld zugrunde liegenden Ruhegehalts nach § 14 Absatz 1 Satz 1 Halbsatz 2 oder 3 dieses Gesetzes in der bis zum 31. Dezember 1991 geltenden Fassung gemindert, ist die Höchstgrenze entsprechend dieser Vorschrift zu berechnen, wobei der zu vermindernde Ruhegehaltssatz mindestens 71,75 Prozent beträgt.

(3) Im Falle des Absatzes 1 Nummer 3 ist neben dem neuen Versorgungsbezug mindestens ein Betrag in Höhe von 20 Prozent des früheren Versorgungsbezuges zu belassen.

(4) [1]Erwirbt ein Ruhestandsbeamter einen Anspruch auf Witwer- oder Witwengeld oder eine ähnliche Versorgung, so erhält er daneben sein Ruhegehalt zuzüglich des Unterschiedsbetrages nach § 50 Absatz 1 nur bis zum Erreichen der in Absatz 2 Satz 1 Nummer 3 sowie Satz 3 und 5 bezeichneten Höchstgrenze; beruht das Witwengeld, das Witwergeld oder die ähnliche Versorgung auf dem Recht eines anderen Dienstherrn und gewährt dieser eine einmalige Sonderzahlung, ist die monatliche Höchstgrenze um ein Zwölftel der tatsächlich an die Witwe oder den Witwer gewährten Sonderzahlung zu erhöhen. [2]Die Gesamtbezüge dürfen nicht hinter seinem Ruhegehalt zuzüglich des Unterschiedsbetrages nach § 50 Absatz 1 sowie eines Betrages in Höhe von 20 Prozent des neuen Versorgungsbezuges zurückbleiben.

(5) § 53 Absatz 6 gilt entsprechend.

§ 55 Zusammentreffen von Versorgungsbezügen mit Renten

(1) [1]Versorgungsbezüge werden neben Renten nur bis zum Erreichen der in Absatz 2 bezeichneten Höchstgrenze gezahlt. [2]Als Renten gelten

1. Renten aus den gesetzlichen Rentenversicherungen,
1a. Renten nach dem Gesetz über die Alterssicherung der Landwirte,
2. Renten aus einer zusätzlichen Alters- oder Hinterbliebenenversorgung für Angehörige des öffentlichen Dienstes,
3. Renten aus der gesetzlichen Unfallversicherung, wobei für den Ruhegehaltsempfänger ein dem Unfallausgleich (§ 35) entsprechender Betrag unberücksichtigt bleibt; bei einer Minderung der Erwerbsfähigkeit um 20 Prozent bleiben zwei Drittel der Mindestgrundrente nach dem Bundesversorgungsgesetz, bei einer Minderung der Erwerbsfähigkeit um 10 Prozent ein Drittel der Mindestgrundrente nach dem Bundesversorgungsgesetz unberücksichtigt,
4. Leistungen aus einer berufsständischen Versorgungseinrichtung oder aus einer befreienden Lebensversicherung, zu denen der Arbeitgeber auf Grund eines Beschäftigungsverhältnisses im öffentlichen Dienst mindestens die Hälfte der Beiträge oder Zuschüsse in dieser Höhe geleistet hat.

[3]Wird eine Rente im Sinne des Satzes 2 nicht beantragt oder auf sie verzichtet oder wird an deren Stelle eine Kapitalleistung gezahlt, so tritt an die Stelle der Rente der Betrag, der vom Leistungsträger ansonsten zu zahlen wäre. [4]Erfolgt die Zahlung eines Kapitalbetrages, weil kein Anspruch auf eine laufende Rente besteht, so ist der Betrag zugrunde zu legen, der sich bei einer Verrentung der einmaligen Zahlung ergibt. [5]Dies gilt nicht, wenn der Ruhestandsbeamte innerhalb von drei Monaten nach Zufluss den Kapitalbetrag zuzüglich der hierauf gewährten Zinsen an den Dienstherrn abführt. [6]Zu den Renten und den Leistungen nach Nummer 4 rechnet nicht der Kinderzuschuss. [7]Renten, Rentenerhöhungen und Rentenminderungen, die auf § 1587b des Bürgerlichen Gesetzbuchs oder § 1 des Gesetzes zur Regelung von Härten im Versorgungsausgleich, jeweils in der bis zum 31. August 2009 geltenden Fassung, beruhen, sowie übertragene Anrechte nach Maßgabe des Versorgungsausgleichsgesetzes und Zuschläge oder Abschläge beim Rentensplitting unter Ehegatten nach § 76c des Sechsten Buches Sozialgesetzbuch bleiben unberücksichtigt. [8]Der Verrentungsbetrag nach Satz 4 berechnet sich nach folgender Formel:

$$EP \times aRW = VrB.$$

[9]In dieser Formel bedeutet:

EP: Entgeltpunkte, die sich ergeben durch Multiplikation des Kapitalbetrages in Euro mit dem für dessen Auszahlungsjahr maßgeblichen Faktor zur Umrechnung von Kapitalwerten in Entgeltpunkte nach § 187 Absatz 3 des Sechsten Buches Sozialgesetzbuch und anschließende Division durch Euro; die Entgeltpunkte werden kaufmännisch auf vier Dezimalstellen gerundet;

aRW: aktueller Rentenwert in Euro,

VrB: Verrentungsbetrag in Euro.

(2) [1]Als Höchstgrenze gelten

1. für Ruhestandsbeamte der Betrag, der sich als Ruhegehalt zuzüglich des Unterschiedsbetrages nach § 50 Absatz 1 ergeben würde, wenn der Berechnung zugrunde gelegt werden

 a) bei den ruhegehaltfähigen Dienstbezügen die Endstufe der Besoldungsgruppe, aus der sich das Ruhegehalt berechnet,
 b) als ruhegehaltfähige Dienstzeit die Zeit vom vollendeten siebzehnten Lebensjahr bis zum Eintritt des Versorgungsfalles abzüglich von Zeiten nach § 12a und nicht ruhegehaltfähiger Zeiten im Sinne des § 6a, zuzüglich ruhegehaltfähiger Dienstzeiten vor Vollendung des 17. Lebensjahres sowie der Zeiten, um die sich die ruhegehaltfähige Dienstzeit erhöht, und der bei der Rente berücksichtigten Zeiten einer rentenversicherungspflichtigen Beschäftigung oder Tätigkeit nach Eintritt des Versorgungsfalles,

2. für Witwen der Betrag, der sich als Witwengeld zuzüglich des Unterschiedsbetrages nach § 50 Absatz 1, für Waisen der Betrag, der sich als Waisengeld zuzüglich des Unterschiedsbetrages nach § 50 Absatz 1, wenn dieser neben dem Waisengeld gezahlt wird, aus dem Ruhegehalt nach Nummer 1 ergeben würde.

[2]Ist bei einem an der Ruhensregelung beteiligten Versorgungsbezug das Ruhegehalt nach § 14 Absatz 3 gemindert, ist das für die Höchstgrenze maßgebende Ruhegehalt in sinngemäßer Anwendung dieser Vorschrift festzusetzen. [3]Ist bei einem an der Ruhensregelung beteiligten Versorgungsbezug der Ruhegehaltssatz nach § 14 Absatz 1 Satz 1 Halbsatz 2 oder 3 dieses Gesetzes in der bis zum 31. Dezember 1991

geltenden Fassung gemindert, ist der für die Höchstgrenze maßgebende Ruhegehaltssatz in sinngemäßer Anwendung dieser Vorschrift festzusetzen.

(3) Als Renten im Sinne des Absatzes 1 gelten nicht

1. bei Ruhestandsbeamten (Absatz 2 Nummer 1) Hinterbliebenenrenten aus einer Beschäftigung oder Tätigkeit des Ehegatten,

2. bei Witwen und Waisen (Absatz 2 Nummer 2) Renten auf Grund einer eigenen Beschäftigung oder Tätigkeit.

(4) ¹Bei Anwendung der Absätze 1 und 2 bleibt außer Ansatz der Teil der Rente (Absatz 1), der

1. dem Verhältnis der Versicherungsjahre auf Grund freiwilliger Weiterversicherung oder Selbstversicherung zu den gesamten Versicherungsjahren oder, wenn sich die Rente nach Werteinheiten berechnet, dem Verhältnis der Werteinheiten für freiwillige Beiträge zu der Summe der Werteinheiten für freiwillige Beiträge, Pflichtbeiträge, Ersatzzeiten und Ausfallzeiten oder, wenn sich die Rente nach Entgeltpunkten berechnet, dem Verhältnis der Entgeltpunkte für freiwillige Beiträge zu der Summe der Entgeltpunkte für freiwillige Beiträge, Pflichtbeiträge, Ersatzzeiten, Zurechnungszeiten und Anrechnungszeiten entspricht,

2. auf einer Höherversicherung beruht.

²Dies gilt nicht, soweit der Arbeitgeber mindestens die Hälfte der Beiträge oder Zuschüsse in dieser Höhe geleistet hat.

(5) Bei Anwendung des § 53 ist von der nach Anwendung der Absätze 1 bis 4 verbleibenden Gesamtversorgung auszugehen.

(6) ¹Beim Zusammentreffen von zwei Versorgungsbezügen mit einer Rente ist zunächst der neuere Versorgungsbezug nach den Absätzen 1 bis 4 und danach der frühere Versorgungsbezug unter Berücksichtigung des gekürzten neueren Versorgungsbezuges nach § 54 zu regeln. ²Der hiernach gekürzte frühere Versorgungsbezug ist unter Berücksichtigung des gekürzten neueren Versorgungsbezuges nach den Absätzen 1 bis 4 zu regeln; für die Berechnung der Höchstgrenze nach Absatz 2 ist hierbei die Zeit bis zum Eintritt des neueren Versorgungsfalles zu berücksichtigen.

(7) § 53 Absatz 6 gilt entsprechend.

(8) ¹Den in Absatz 1 bezeichneten Renten stehen entsprechende wiederkehrende Geldleistungen gleich, die auf Grund der Zugehörigkeit zu Zusatz- oder Sonderversorgungssystemen der ehemaligen Deutschen Demokratischen Republik geleistet werden oder die von einem ausländischen Versicherungsträger nach einem für die Bundesrepublik Deutschland wirksamen zwischen- oder überstaatlichen Abkommen gewährt werden. ²Für die Umrechnung von Renten ausländischer Versorgungsträger gilt § 17a Absatz 1 des Vierten Buches Sozialgesetzbuch entsprechend.

§ 56 Zusammentreffen von Versorgungsbezügen mit einer laufenden Alterssicherungsleistung aus zwischenstaatlicher oder überstaatlicher Verwendung

(1) Steht einem Ruhestandsbeamten auf Grund einer Verwendung im öffentlichen Dienst einer zwischenstaatlichen oder überstaatlichen Einrichtung von dieser Einrichtung eine laufende Alterssicherungsleistung zu und ist die Zeit dieser Verwendung nach § 6a Absatz 1 ruhegehaltfähig, ruht sein deutsches Ruhegehalt in Höhe des in Absatz 2 bezeichneten Betrages.

(2) ¹Das Ruhegehalt ruht nach Anwendung von § 14 Absatz 3 in Höhe der aus einer Verwendung bei der zwischenstaatlichen oder überstaatlichen Einrichtung zustehenden laufenden Alterssicherungsleistung. ²Beruht diese Leistung auch auf Zeiten nach Beginn des Ruhestandes, bleibt die laufende Alterssicherungsleistung in Höhe des auf die Dauer der Verwendung nach Beginn des Ruhestandes entfallenden Anteils unberücksichtigt; § 14 Absatz 1 Satz 2 und 3 gilt entsprechend. ³Bei der Anwendung des Satzes 1 werden auch Ansprüche auf Alterssicherungsleistungen berücksichtigt, die der Beamte während der Zeit erworben hat, in der er, ohne ein Amt bei der zwischenstaatlichen oder überstaatlichen Einrichtung auszuüben, dort einen Anspruch auf Vergütung oder sonstige Entschädigung hat. ⁴Satz 3 gilt entsprechend für nach dem Ausscheiden aus dem Dienst einer zwischenstaatlichen oder überstaatlichen Einrichtung erworbene und bei der Berechnung der Alterssicherungsleistung berücksichtigte Ansprüche. ⁵Ist die Alterssicherungsleistung durch Teilkapitalisierung, Aufrechnung oder in anderer Form vermindert worden, ist bei der Anwendung der Sätze 1 und 2 der ungekürzt zustehende Betrag zugrunde zu legen. ⁶Satz 5 gilt entsprechend, sofern der Beamte oder Ruhestandsbeamte auf die laufende Alterssicherungsleistung verzichtet oder diese nicht beantragt. ⁷Auf freiwilligen Beiträgen beruhende Anteile, einschließlich darauf entfallender Erträge, bleiben außer Betracht.

(3) Absatz 2 gilt ungeachtet der Ruhegehaltfähigkeit einer Verwendungszeit nach § 6a entsprechend, wenn der Ruhestandsbeamte Anspruch auf Invaliditätspension aus seinem Amt bei der zwischenstaatlichen oder überstaatlichen Einrichtung hat.

(4) [1]Steht der Witwe oder den Waisen eines Beamten oder Ruhestandsbeamten eine laufende Alterssicherungsleistung der zwischenstaatlichen oder überstaatlichen Einrichtung für Hinterbliebene zu und ist die Zeit der Verwendung des Beamten nach § 6a Absatz 1 ruhegehaltfähig, ruhen das deutsche Witwengeld und Waisengeld in Höhe der Alterssicherungsleistung der zwischenstaatlichen oder überstaatlichen Einrichtung. [2]Absatz 2 Satz 2 bis 7 und Absatz 3 gelten entsprechend.

(5) Der sich nach den Absätzen 1 bis 4 ergebende Ruhensbetrag ist von den nach Anwendung der §§ 53 bis 55 verbleibenden Versorgungsbezügen abzuziehen.

§ 57 Kürzung der Versorgungsbezüge nach der Ehescheidung

(1) [1]Sind durch Entscheidung des Familiengerichts

1. Anwartschaften in einer gesetzlichen Rentenversicherung nach § 1587b Absatz 2 des Bürgerlichen Gesetzbuchs in der bis zum 31. August 2009 geltenden Fassung oder

2. Anrechte nach dem Versorgungsausgleichsgesetz

übertragen oder begründet worden, werden nach Wirksamkeit dieser Entscheidung die Versorgungsbezüge der ausgleichspflichtigen Person und ihrer Hinterbliebenen nach Anwendung von Ruhens-, Kürzungs- und Anrechnungsvorschriften um den nach Absatz 2 oder Absatz 3 berechneten Betrag gekürzt. [2]Das Ruhegehalt, das die ausgleichspflichtige Person im Zeitpunkt der Wirksamkeit der Entscheidung des Familiengerichts über den Versorgungsausgleich erhält, wird erst gekürzt, wenn aus der Versicherung der ausgleichsberechtigten Person eine Rente zu gewähren ist; dies gilt nur, wenn der Anspruch auf Ruhegehalt vor dem 1. September 2009 entstanden und das Verfahren über den Versorgungsausgleich zu diesem Zeitpunkt eingeleitet worden ist. [3]Das einer Vollwaise zu gewährende Waisengeld wird nicht gekürzt, wenn nach dem Recht der gesetzlichen Rentenversicherungen die Voraussetzungen für die Gewährung einer Waisenrente aus der Versicherung der ausgleichsberechtigten Person nicht erfüllt sind.

(2) [1]Der Kürzungsbetrag für das Ruhegehalt berechnet sich aus dem Monatsbetrag der durch die Entscheidung des Familiengerichts begründeten Anwartschaften oder übertragenen Anrechte; in den Fällen des § 10 Absatz 2 des Versorgungsausgleichsgesetzes berechnet sich der Kürzungsbetrag aus dem sich nach Verrechnung ergebenden Monatsbetrag. [2]Der Monatsbetrag erhöht oder vermindert sich bei einem Beamten um die Vomhundertsätze der nach dem Ende der Ehezeit bis zum Zeitpunkt des Eintritts in den Ruhestand eingetretenen Erhöhungen oder Verminderungen der beamtenrechtlichen Versorgungsbezüge, die in festen Beträgen festgesetzt sind. [3]Vom Zeitpunkt des Eintritts in den Ruhestand an, bei einem Ruhestandsbeamten vom Tag nach dem Ende der Ehezeit an, erhöht oder vermindert sich der Kürzungsbetrag in dem Verhältnis, in dem sich das Ruhegehalt vor Anwendung von Ruhens-, Kürzungs- und Anrechnungsvorschriften durch Anpassung der Versorgungsbezüge erhöht oder vermindert.

(3) Der Kürzungsbetrag für das Witwen- und Waisengeld berechnet sich aus dem Kürzungsbetrag nach Absatz 2 für das Ruhegehalt, das der Beamte erhalten hat oder hätte erhalten können, wenn er am Todestag in den Ruhestand getreten wäre, nach den Anteilssätzen des Witwen- oder Waisengeldes.

(4) Ein Unterhaltsbeitrag nach § 22 Absatz 2 oder 3 oder nach entsprechendem bisherigen Recht und eine Abfindungsrente nach bisherigem Recht werden nicht gekürzt.

(5) In den Fällen des Absatzes 1 Satz 2 und des § 5 des Gesetzes zur Regelung von Härten im Versorgungsausgleich vom 21. Februar 1983 in der bis zum 31. August 2009 geltenden Fassung steht die Zahlung des Ruhegehalts der ausgleichspflichtigen Person für den Fall rückwirkender oder erst nachträglich bekanntwerdender Rentengewährung an die ausgleichsberechtigte Person oder deren Hinterbliebene unter dem Vorbehalt der Rückforderung.

§ 58 Abwendung der Kürzung der Versorgungsbezüge

(1) Die Kürzung der Versorgungsbezüge nach § 57 kann von dem Beamten oder Ruhestandsbeamten ganz oder teilweise durch Zahlung eines Kapitalbetrages an den Dienstherrn abgewendet werden.

(2) [1]Als voller Kapitalbetrag wird der Betrag angesetzt, der aufgrund der Entscheidung des Familiengerichts zu leisten gewesen wäre, erhöht oder vermindert um die Prozentsätze der nach dem Ende der Ehezeit bis zum Tag der Zahlung des Kapitalbetrages eingetretenen Erhöhungen oder Verminderungen der beamtenrechtlichen Versorgungsbezüge, die in festen Beträgen festgesetzt sind. [2]Vom Zeitpunkt des Eintritts in den Ruhestand an, bei einem Ruhestandsbeamten vom Tage nach dem Ende der Ehezeit an, erhöht oder vermindert sich der Kapitalbetrag in dem Verhältnis, in dem sich das Ruhegehalt vor Anwendung von Ruhens-, Kürzungs- und Anrechnungsvorschriften durch Anpassung der Versorgungsbezüge erhöht oder vermindert.

(3) Bei teilweiser Zahlung vermindert sich die Kürzung der Versorgungsbezüge in dem entsprechenden Verhältnis; der Betrag der teilweisen Zahlung soll den Monatsbetrag der Dienstbezüge des Beamten oder des Ruhegehalts des Ruhestandsbeamten nicht unterschreiten.

(4) Ergeht nach der Scheidung eine Entscheidung zur Abänderung des Wertausgleichs und sind Zahlungen nach Absatz 1 erfolgt, sind im Umfang der Abänderung zu viel gezahlte Beiträge unter Anrechnung der nach § 57 anteilig errechneten Kürzungsbeträge zurückzuzahlen.

§ 59 Erlöschen der Versorgungsbezüge wegen Verurteilung
(1) [1]Ein Ruhestandsbeamter,
1. gegen den wegen einer vor Beendigung des Beamtenverhältnisses begangenen Tat eine Entscheidung ergangen ist, die nach § 41 Absatz 1 des Bundesbeamtengesetzes zum Verlust der Beamtenrechte geführt hätte, oder
2. der wegen einer nach Beendigung des Beamtenverhältnisses begangenen Tat durch ein deutsches Gericht im Geltungsbereich dieses Gesetzes im ordentlichen Strafverfahren
 a) wegen einer vorsätzlichen Tat zu Freiheitsstrafe von mindestens zwei Jahren oder
 b) wegen einer vorsätzlichen Tat, die nach den Vorschriften über Friedensverrat, Hochverrat, Gefährdung des demokratischen Rechtsstaates oder Landesverrat und Gefährdung der äußeren Sicherheit strafbar ist, zu Freiheitsstrafe von mindestens sechs Monaten
 verurteilt worden ist,

verliert mit der Rechtskraft der Entscheidung seine Rechte als Ruhestandsbeamter. [2]Entsprechendes gilt, wenn der Ruhestandsbeamte auf Grund einer Entscheidung des Bundesverfassungsgerichts gemäß Artikel 18 des Grundgesetzes ein Grundrecht verwirkt hat.
(2) Die §§ 42 und 43 des Bundesbeamtengesetzes sind entsprechend anzuwenden.

§ 60 Erlöschen der Versorgungsbezüge bei Ablehnung einer erneuten Berufung
[1]Kommt ein Ruhestandsbeamter entgegen den Vorschriften des § 46 Absatz 1 und des § 57 des Bundesbeamtengesetzes einer erneuten Berufung in das Beamtenverhältnis schuldhaft nicht nach, obwohl er auf die Folgen eines solchen Verhaltens schriftlich hingewiesen worden ist, so verliert er für diese Zeit seine Versorgungsbezüge. [2]Die oberste Dienstbehörde stellt den Verlust der Versorgungsbezüge fest. [3]Eine disziplinarrechtliche Verfolgung wird dadurch nicht ausgeschlossen.

§ 61 Erlöschen der Witwen- und Waisenversorgung
(1) [1]Der Anspruch der Witwen und Waisen auf Versorgungsbezüge erlischt
1. für jeden Berechtigten mit dem Ende des Monats, in dem er stirbt,
2. für jede Witwe außerdem mit dem Ende des Monats, in dem sie heiratet,
3. für jede Waise außerdem mit dem Ende des Monats, in dem sie das achtzehnte Lebensjahr vollendet,
4. für jeden Berechtigten, der durch ein deutsches Gericht im Geltungsbereich dieses Gesetzes im ordentlichen Strafverfahren wegen eines Verbrechens zu Freiheitsstrafe von mindestens zwei Jahren oder wegen einer vorsätzlichen Tat, die nach den Vorschriften über Friedensverrat, Hochverrat, Gefährdung des demokratischen Rechtsstaates oder Landesverrat und Gefährdung der äußeren Sicherheit strafbar ist, zu Freiheitsstrafe von mindestens sechs Monaten verurteilt worden ist, mit der Rechtskraft des Urteils.

[2]Entsprechendes gilt, wenn der Berechtigte auf Grund einer Entscheidung des Bundesverfassungsgerichts gemäß Artikel 18 des Grundgesetzes ein Grundrecht verwirkt hat. [3]In den Fällen des Satzes 1 Nummer 4 und des Satzes 2 gilt § 41 sinngemäß. [4]Die §§ 42 und 43 des Bundesbeamtengesetzes finden entsprechende Anwendung.
(2) [1]Waisengeld wird nach Vollendung des 18. Lebensjahres auf Antrag gewährt, wenn die Waise
1. das 27. Lebensjahr noch nicht vollendet hat und
 a) sich in Schulausbildung oder Berufsausbildung befindet,
 b) sich in einer Übergangszeit von höchstens vier Kalendermonaten befindet, die zwischen zwei Ausbildungsabschnitten oder zwischen einem Ausbildungsabschnitt und der Ableistung des gesetzlichen Wehr- oder Zivildienstes oder der Ableistung eines freiwilligen Dienstes im Sinne des Buchstaben c liegt, oder
 c) einen freiwilligen Dienst im Sinne des § 32 Absatz 4 Satz 1 Nummer 2 Buchstabe d des Einkommensteuergesetzes leistet;
2. wegen körperlicher, geistiger oder seelischer Behinderung außerstande ist, sich selbst zu unterhalten; Waisengeld wird auch über das 27. Lebensjahr hinaus gewährt, wenn
 a) die Behinderung vor Vollendung des 27. Lebensjahres eingetreten ist und
 b) die Waise ledig oder verwitwet ist oder ihr Ehegatte oder früherer Ehegatte ihr keinen ausreichenden Unterhalt leisten kann oder dem Grunde nach nicht unterhaltspflichtig ist und sie auch nicht unterhält.

[2]In den Fällen des Satzes 1 Nummer 1 Buchstabe a und b sowie Nummer 2 erhöht sich die jeweilige Altersgrenze für eine Waise, die einen in § 32 Absatz 5 Satz 1 Nummer 1 oder 2 des Einkommensteuergesetzes genannten Dienst oder eine in § 32 Absatz 5 Satz 1 Nummer 3 des Einkommensteuergesetzes genannte Tätigkeit ausgeübt hat, um den Zeitraum, der der Dauer des jeweiligen Dienstes oder der jeweiligen Tätigkeit entspricht. [3]Die Altersgrenze erhöht sich jedoch höchstens um die Dauer des inländischen gesetzlichen Grundwehrdienstes oder bei anerkannten Kriegsdienstverweigerern um die Dauer des inländischen gesetzlichen Zivildienstes. [4]Die Ableistung eines freiwilligen Dienstes im Sinne des Satzes 1 Nummer 1 Buchstabe c ist kein gleichgestellter Dienst im Sinne des Satzes 2. [5]In den Fällen des Satzes 1 Nummer 2 wird Waisengeld ungeachtet der Höhe eines eigenen Einkommens dem Grunde nach gewährt. [6]Soweit ein eigenes Einkommen der Waise jedoch das Zweifache des Mindestvollwaisengeldes nach § 14 Absatz 4 Satz 2 in Verbindung mit § 24 Absatz 1 übersteigt, wird es zur Hälfte auf das Waisengeld zuzüglich des Unterschiedsbetrages nach § 50 Absatz 1 angerechnet.

(3) [1]Hat eine Witwe geheiratet und wird die Ehe aufgelöst, so lebt der Anspruch auf Witwengeld wieder auf; ein von der Witwe infolge Auflösung der Ehe erworbener neuer Versorgungs-, Unterhalts- oder Rentenanspruch ist auf das Witwengeld und den Unterschiedsbetrag nach § 50 Absatz 1 anzurechnen. [2]Wird eine in Satz 1 genannte Leistung nicht beantragt oder wird auf sie verzichtet oder wird an ihrer Stelle eine Abfindung, Kapitalleistung oder Beitragserstattung gezahlt, ist der Betrag anzurechnen, der ansonsten zu zahlen wäre. [3]Der Auflösung der Ehe steht die Nichtigerklärung gleich.

§ 62 Anzeigepflicht

(1) Die Beschäftigungsstelle hat der die Versorgungsbezüge anweisenden Stelle (Regelungsbehörde) jede Verwendung eines Versorgungsberechtigten unter Angabe der gewährten Bezüge, ebenso jede spätere Änderung der Bezüge oder die Zahlungseinstellung sowie die Gewährung einer Versorgung unverzüglich anzuzeigen.

(2) [1]Der Versorgungsberechtigte ist verpflichtet, der Regelungsbehörde

1. die Verlegung des Wohnsitzes,
2. den Bezug und jede Änderung von Einkünften nach den §§ 10, 14 Absatz 5, §§ 14a, 22 Absatz 1 Satz 2 und §§ 47, 47a sowie den §§ 53 bis 56 und 61 Absatz 2,
3. die Witwe nach der Heirat (§ 61 Absatz 1 Satz 1 Nummer 2) sowie im Falle der Auflösung dieser Ehe den Erwerb und jede Änderung eines neuen Versorgungs-, Unterhalts- oder Rentenanspruchs (§ 61 Absatz 3 Satz 1 zweiter Halbsatz),
4. die Begründung eines neuen öffentlich-rechtlichen Dienstverhältnisses oder eines privatrechtlichen Arbeitsverhältnisses im öffentlichen Dienst in den Fällen des § 47 Absatz 5 und des § 47a,
5. die Erfüllung der allgemeinen Wartezeit nach dem Sechsten Buch Sozialgesetzbuch

unverzüglich anzuzeigen. [2]Auf Verlangen der Regelungsbehörde ist der Versorgungsberechtigte verpflichtet, Nachweise vorzulegen oder der Erteilung erforderlicher Nachweise oder Auskünfte, die für die Versorgungsbezüge erheblich sind, durch Dritte zuzustimmen. [3]Die Regelungsbehörde oder die für das Bezügezahlungsverfahren zuständige Stelle darf diejenigen Daten übermitteln, die für Datenübermittlungen nach § 69 Absatz 1 Nummer 1 und 2 des Zehnten Buches Sozialgesetzbuch oder nach § 151 des Sechsten Buches Sozialgesetzbuch erforderlich sind.

(2a) [1]Wer Dienstunfallfürsorgeleistungen nach Abschnitt 5 beantragt oder erhält, hat gegenüber der obersten Dienstbehörde oder der von ihr bestimmten Stelle alle Tatsachen anzugeben, die für die Leistung erheblich sind. [2]Absatz 2 Satz 2 gilt entsprechend.

(3) [1]Kommt ein Versorgungsberechtigter der ihm nach Absatz 2 Satz 1 Nummer 2 und 3 auferlegten Verpflichtung schuldhaft nicht nach, so kann ihm die Versorgung ganz oder teilweise auf Zeit oder Dauer entzogen werden. [2]Beim Vorliegen besonderer Verhältnisse kann die Versorgung ganz oder teilweise wieder zuerkannt werden. [3]Die Entscheidung trifft die oberste Dienstbehörde oder die von ihr bestimmte Stelle.

(4) Solange ein Versorgungsberechtigter der Verpflichtung nach Absatz 2 Nummer 1 schuldhaft nicht nachkommt, kann die Auszahlung der Versorgungsbezüge vorübergehend ausgesetzt werden.

§ 62a Versorgungsbericht, Mitteilungspflichten

(1) Die Bundesregierung soll dem Deutschen Bundestag in jeder Wahlperiode einen Bericht über die jeweils im Vorjahr erbrachten Versorgungsleistungen im öffentlichen Dienst, über die Entwicklung der Sondervermögen sowie über Vorausberechnungen über die zumindest in den nächsten 30 Jahren zu erwartenden Versorgungsleistungen vorlegen.

(2) [1]Öffentliche Stellen im Sinne des § 2 Absatz 1 und 2 des Bundesdatenschutzgesetzes, die Dienstvorgesetzte im Sinne des § 3 Absatz 2 des Bundesbeamtengesetzes sind, übermitteln dem Bundesministerium des Innern, für Bau und Heimat die für die Erstellung des Berichtes erforderlichen Daten

1. zu den Gründen der Dienstunfähigkeit nach Hauptdiagnoseklassen und
2. zur Person und letzten Beschäftigung des Betroffenen, die zur statistischen Auswertung erforderlich sind.

[2]Soweit entsprechende Daten nicht vorliegen, können bei anderen als den in Satz 1 genannten Stellen, insbesondere solchen, die mit der ärztlichen Begutachtung beauftragt wurden, Angaben zu Gründen einer Versetzung in den Ruhestand erhoben werden.

§ 63 Gleichstellungen

Für die Anwendung dieses Abschnitts gelten

1. ein Unterhaltsbeitrag nach § 15 als Ruhegehalt,
2. ein Unterhaltsbeitrag nach § 38 als Ruhegehalt, außer für die Anwendung des § 59,
3. ein Unterhaltsbeitrag nach § 26 als Witwen- oder Waisengeld,
4. ein Unterhaltsbeitrag nach den §§ 41 und 61 Absatz 1 Satz 3 als Witwen- oder Waisengeld, außer für die Anwendung des § 61 Absatz 1 Satz 1 Nummer 4 und Satz 2,
5. ein Unterhaltsbeitrag nach § 22 Absatz 1 und § 40 als Witwengeld,
6. ein Unterhaltsbeitrag nach § 22 Absatz 2 oder 3 als Witwengeld, außer für die Anwendung des § 57,
7. ein Unterhaltsbeitrag nach § 23 Absatz 2 als Waisengeld,
7a. ein Unterhaltsbeitrag nach § 38a als Waisengeld,
8. ein Unterhaltsbeitrag nach § 43 des Bundesbeamtengesetzes, den §§ 59 und 61 Absatz 1 Satz 4 und § 68 als Ruhegehalt, Witwen- oder Waisengeld,
9. die Bezüge der nach § 32 des Deutschen Richtergesetzes oder einer entsprechenden gesetzlichen Vorschrift nicht im Amt befindlichen Richter und Mitglieder einer obersten Rechnungsprüfungsbehörde als Ruhegehalt,
10. die Bezüge, die nach oder entsprechend § 4 Absatz 1 Satz 1 des Bundesbesoldungsgesetzes gewährt werden, als Ruhegehalt;

die Empfänger dieser Versorgungsbezüge gelten als Ruhestandsbeamte, Witwen oder Waisen.

Abschnitt 8
Sondervorschriften

§ 64 Entzug von Hinterbliebenenversorgung

(1) [1]Die oberste Dienstbehörde kann Empfängern von Hinterbliebenenversorgung die Versorgungsbezüge auf Zeit teilweise oder ganz entziehen, wenn sie sich gegen die freiheitliche demokratische Grundordnung im Sinne des Grundgesetzes betätigt haben; § 41 gilt sinngemäß. [2]Die diese Maßnahme rechtfertigenden Tatsachen sind in einem Untersuchungsverfahren festzustellen, in dem die eidliche Vernehmung von Zeugen und Sachverständigen zulässig und der Versorgungsberechtigte zu hören ist.
(2) § 61 Absatz 1 Satz 1 Nummer 4 und Satz 2 bleibt unberührt.

§ 65 Nichtberücksichtigung der Versorgungsbezüge

[1]Werden Versorgungsberechtigte im öffentlichen Dienst (§ 53 Absatz 8) verwendet, so sind ihre Bezüge aus dieser Beschäftigung ohne Rücksicht auf die Versorgungsbezüge zu bemessen. [2]Das Gleiche gilt für eine auf Grund der Beschäftigung zu gewährende Versorgung.

Abschnitt 9
Versorgung besonderer Beamtengruppen

§ 66 Beamte auf Zeit

(1) Für die Versorgung der Beamten auf Zeit und ihrer Hinterbliebenen gelten die Vorschriften für die Versorgung der Beamten auf Lebenszeit und ihrer Hinterbliebenen entsprechend, soweit in diesem Gesetz nichts anderes bestimmt ist.
(2) [1]Für Beamte auf Zeit, die eine ruhegehaltfähige Dienstzeit von zehn Jahren zurückgelegt haben, beträgt das Ruhegehalt, wenn es für sie günstiger ist, nach einer Amtszeit von acht Jahren als Beamter auf Zeit 33,48345 Prozent der ruhegehaltfähigen Dienstbezüge und steigt mit jedem weiteren vollen Amtsjahr als Beamter auf Zeit um 1,91333 Prozent der ruhegehaltfähigen Dienstbezüge bis zum Höchstruhegehaltssatz von 71,75 Prozent. [2]Als Amtszeit rechnet hierbei auch die Zeit bis zur Dauer von fünf Jahren, die ein Beamter auf Zeit im einstweiligen Ruhestand zurückgelegt hat. [3]§ 14 Absatz 3 findet Anwendung. [4]Die Sätze 1 bis 3 finden auf zu Beamten auf Zeit ernannte Militärgeistliche keine Anwendung.

(3) Ein Übergangsgeld nach § 47 wird nicht gewährt, wenn der Beamte auf Zeit einer gesetzlichen Verpflichtung, sein Amt nach Ablauf der Amtszeit unter erneuter Berufung in das Beamtenverhältnis weiterzuführen, nicht nachkommt.

(4) [1]Führt der Beamte auf Zeit nach Ablauf seiner Amtszeit sein bisheriges Amt unter erneuter Berufung als Beamter auf Zeit für die folgende Amtszeit weiter, gilt für die Anwendung dieses Gesetzes das Beamtenverhältnis als nicht unterbrochen. [2]Satz 1 gilt entsprechend für Beamte auf Zeit, die aus ihrem bisherigen Amt ohne Unterbrechung in ein vergleichbares oder höherwertiges Amt unter erneuter Berufung als Beamter auf Zeit gewählt werden.

(5) Wird ein Beamter auf Zeit wegen Dienstunfähigkeit entlassen, gelten die §§ 15 und 26 entsprechend.

§ 67 Professoren an Hochschulen, Hochschuldozenten, Oberassistenten, Oberingenieure, Wissenschaftliche und Künstlerische Assistenten mit Bezügen nach § 77 Absatz 2 des Bundesbesoldungsgesetzes sowie Professoren und hauptberufliche Leiter und Mitglieder von Leitungsgremien an Hochschulen mit Bezügen nach der Bundesbesoldungsordnung W

(1) [1]Für die Versorgung der zu Beamten ernannten Professoren an Hochschulen, Hochschuldozenten, Oberassistenten, Oberingenieure, Wissenschaftlichen und Künstlerischen Assistenten mit Bezügen nach § 77 Absatz 2 des Bundesbesoldungsgesetzes und ihrer Hinterbliebenen gelten die Vorschriften dieses Gesetzes, soweit nachfolgend nichts anderes bestimmt ist. [2]Satz 1 gilt auch für die Versorgung der zu Beamten ernannten Professoren und der hauptberuflichen Leiter und Mitglieder von Leitungsgremien an Hochschulen mit Bezügen nach der Bundesbesoldungsordnung W und ihre Hinterbliebenen.

(2) [1]Ruhegehaltfähig ist auch die Zeit, in der die Professoren, Hochschuldozenten, Oberassistenten, Oberingenieure, Wissenschaftlichen und Künstlerischen Assistenten nach der Habilitation dem Lehrkörper einer Hochschule angehört haben. [2]Als ruhegehaltfähig gilt auch die zur Vorbereitung für die Promotion benötigte Zeit bis zu zwei Jahren. [3]Die in einer Habilitationsordnung vorgeschriebene Mindestzeit für die Erbringung der Habilitationsleistungen oder sonstiger gleichwertiger wissenschaftlicher Leistungen kann als ruhegehaltfähige Dienstzeit berücksichtigt werden; soweit die Habilitationsordnung eine Mindestdauer nicht vorschreibt, sind bis zu drei Jahre berücksichtigungsfähig. [4]Die nach erfolgreichem Abschluss eines Hochschulstudiums vor der Ernennung zum Professor, Hochschuldozenten, Oberassistenten, Oberingenieur, Wissenschaftlichen und Künstlerischen Assistenten liegende Zeit einer hauptberuflichen Tätigkeit, in der besondere Fachkenntnisse erworben wurde, die für die Wahrnehmung des Amtes förderlich sind, soll im Falle des § 44 Absatz 1 Nummer 4 Buchstabe c des Hochschulrahmengesetzes als ruhegehaltfähig berücksichtigt werden; im Übrigen kann sie bis zu fünf Jahren in vollem Umfang, darüber hinaus bis zur Hälfte als ruhegehaltfähig berücksichtigt werden. [5]Zeiten nach Satz 4 können in der Regel insgesamt nicht über zehn Jahre hinaus als ruhegehaltfähig berücksichtigt werden. [6]Zeiten mit einer geringeren als der regelmäßigen Arbeitszeit dürfen nur bis zu dem Teil als ruhegehaltfähig berücksichtigt werden, der dem Verhältnis der tatsächlichen zur regelmäßigen Arbeitszeit entspricht.

(3) [1]Über die Ruhegehaltfähigkeit von Zeiten nach Absatz 2 sowie auf Grund der §§ 10 bis 12 soll in der Regel bei der Berufung in das Beamtenverhältnis entschieden werden. [2]Diese Entscheidungen stehen unter dem Vorbehalt eines Gleichbleibens der Rechtslage, die ihnen zugrunde liegt.

(4) Für Hochschuldozenten, Oberassistenten, Oberingenieure, Wissenschaftliche und Künstlerische Assistenten beträgt das Übergangsgeld abweichend von § 47 Absatz 1 Satz 1 für ein Jahr Dienstzeit das Einfache, insgesamt höchstens das Sechsfache der Dienstbezüge (§ 1 Absatz 2 Nummer 1 bis 4 des Bundesbesoldungsgesetzes) des letzten Monats.

§ 68 Ehrenbeamte

[1]Erleidet der Ehrenbeamte einen Dienstunfall (§ 31), so hat er Anspruch auf ein Heilverfahren (§ 33). [2]Außerdem kann ihm Ersatz von Sachschäden (§ 32) und von der obersten Dienstbehörde oder der von ihr bestimmten Stelle im Einvernehmen mit dem Bundesministerium des Innern, für Bau und Heimat ein nach billigem Ermessen festzusetzender Unterhaltsbeitrag bewilligt werden. [3]Das Gleiche gilt für seine Hinterbliebenen.

Abschnitt 10
Übergangsvorschriften

§ 69 Anwendung bisherigen und neuen Rechts für am 1. Januar 1977 vorhandene Versorgungsempfänger

(1) Die Rechtsverhältnisse der am 1. Januar 1992 vorhandenen Ruhestandsbeamten, entpflichteten Hochschullehrer, Witwen, Waisen und sonstigen Versorgungsempfänger regeln sich, sofern der Versorgungs-

fall oder die Entpflichtung vor dem 1. Januar 1977 eingetreten oder wirksam geworden ist, nach dem bis zum 31. Dezember 1976 geltenden Recht mit folgenden Maßgaben:

1. Die Witwenabfindung richtet sich nach diesem Gesetz.

2. [1]Die §§ 3, 9, 22 Absatz 1 Satz 2 und 3, die §§ 33, 34, 42 Satz 2, die §§ 49 bis 50a, 51, 52, 55 Absatz 1 Satz 7 und Absatz 2 bis 8, die §§ 57 bis 65, 69e Absatz 3, 4 und 7 sowie § 70 dieses Gesetzes sind anzuwenden. [2]§ 6 Absatz 1 Satz 5, § 10 Absatz 2, § 14a Absatz 1, 3 und 4, § 55 Absatz 1 Satz 1 und 2 und § 56 sind in der bis zum 31. Dezember 1991 geltenden Fassung anzuwenden. [3]§ 14a Absatz 2 Satz 1 bis 3, § 53 Absatz 1, 2 Nummer 1 bis 3 erste Höchstgrenzenalternative, Absatz 3 bis 10 sowie § 54 sind in der am 1. Januar 2002 geltenden Fassung anzuwenden; § 53 Absatz 2 Nummer 3 zweite Höchstgrenzenalternative dieses Gesetzes ist mit der Maßgabe anzuwenden, dass an die Stelle der Zahl „71,75" die Zahl „75" tritt. [4]In den Fällen der §§ 140 und 141a des Bundesbeamtengesetzes in der Fassung vom 28. Juli 1972 (BGBl. I S. 1288) oder des entsprechenden Landesrechts richten sich die ruhegehaltfähigen Dienstbezüge und der Ruhegehaltssatz nach den §§ 36 und 37 in der bis zum 31. Dezember 1991 geltenden Fassung; § 69e Absatz 3 und 4 ist in diesen Fällen nicht anzuwenden. [5]Satz 4 Halbsatz 2 gilt entsprechend für die Bezüge der entpflichteten Hochschullehrer sowie für die von den §§ 181a und 181b des Bundesbeamtengesetzes in der Fassung vom 28. Juli 1972 (BGBl. I S. 1288) oder entsprechenden landesrechtlichen Vorschriften erfassten Versorgungsempfänger. [6]Ist in den Fällen des § 54 dieses Gesetzes die Ruhensregelung nach dem bis zum 31. Dezember 1976 geltenden Recht für den Versorgungsempfänger günstiger, verbleibt es dabei, solange eine weitere Versorgung besteht. [7]Solange ein über den 1. Januar 1999 hinaus bestehendes Beschäftigungsverhältnis andauert, finden, wenn dies für den Versorgungsempfänger günstiger ist, die §§ 53 und 53a in der bis zum 31. Dezember 1998 geltenden Fassung, längstens für weitere sieben Jahre vom 1. Januar 1999 an, mit folgenden Maßgaben Anwendung:

 a) Ist in den Fällen des § 53 die Ruhensregelung nach dem bis zum 31. Dezember 1976 geltenden Recht für den Versorgungsempfänger günstiger, verbleibt es dabei, solange ein über den 31. Dezember 1976 hinaus bestehendes Beschäftigungsverhältnis andauert.

 b) Ist in den Fällen des § 53 die Ruhensregelung nach dem bis zum 31. Dezember 1991 geltenden Recht günstiger, verbleibt es dabei, solange ein über den 31. Dezember 1991 hinaus bestehendes Beschäftigungsverhältnis andauert.

 c) Bei der Anwendung des § 53a Absatz 1 Satz 1 treten an die Stelle der dort genannten Vorschriften die entsprechenden Vorschriften des bis zum 31. Dezember 1976 geltenden Rechts.

 d) § 53a gilt nicht, solange eine am 31. Dezember 1991 über diesen Zeitpunkt hinaus bestehende Beschäftigung oder Tätigkeit eines Ruhestandsbeamten andauert.

3. Die Mindestversorgungsbezüge (§ 14 Absatz 4 Satz 2 und 3) und die Mindestunfallversorgungsbezüge bestimmen sich nach diesem Gesetz.

4. [1]Als Ruhegehalt im Sinne der §§ 53 bis 58, 62 und 65 gelten auch die Bezüge der entpflichteten beamteten Hochschullehrer; die Empfänger dieser Bezüge gelten als Ruhestandsbeamte. [2]Die Bezüge der entpflichteten beamteten Hochschullehrer gelten unter Hinzurechnung des dem Entpflichteten zustehenden, mindestens des zuletzt zugesicherten Vorlesungsgeldes (Kolleggeldpauschale) als Höchstgrenze im Sinne des § 53 Absatz 2 Nummer 1 und 3 dieses Gesetzes und als ruhegehaltfähige Dienstbezüge im Sinne des § 53a Absatz 2 in der bis zum 31. Dezember 1998 geltenden Fassung. [3]§ 65 gilt nicht für entpflichtete Hochschullehrer, die die Aufgaben der von ihnen bis zur Entpflichtung innegehabten Stelle vertretungsweise wahrnehmen.

5. [1]Die Rechtsverhältnisse der Hinterbliebenen eines Ruhestandsbeamten, der nach dem 31. Dezember 1976 und vor dem 1. Januar 1992 verstorben ist, richten sich nach diesem Gesetz in der bis zum 31. Dezember 1991 geltenden Fassung, jedoch unter Zugrundelegung des bisherigen Ruhegehalts; § 22 Absatz 1 Satz 2 und § 55 Absatz 4 finden in der ab 1. Januar 1992 geltenden Fassung dieses Gesetzes Anwendung. [2]§ 53 findet Anwendung. [3]§ 53 findet, wenn dies für den Versorgungsempfänger günstiger ist, in der bis zum 31. Dezember 1998 geltenden Fassung, längstens für weitere sieben Jahre vom 1. Januar 1999 an, Anwendung, solange ein über den 1. Januar 1999 hinaus bestehendes Beschäftigungsverhältnis andauert. [4]§ 53 findet, wenn dies für den Versorgungsempfänger günstiger ist, in der bis zum 31. Dezember 1991 geltenden Fassung Anwendung, solange ein über den 31. Dezember 1991 hinaus bestehendes Beschäftigungsverhältnis, längstens für weitere sieben Jahre vom 1. Januar 1999 an, andauert. [5]§ 26 dieses Gesetzes ist auch auf Hinterbliebene eines früheren Beamten auf Lebenszeit oder auf Widerruf anwendbar, denen nach dem bis zum 31. Dezember 1976 geltenden Recht ein Unterhaltsbeitrag bewilligt war oder hätte bewilligt werden können. [6]Für die Hinterbliebenen eines entpflichteten Hochschullehrers, der nach dem 31. Dezember 1976 und

vor dem 1. Januar 1992 verstorben ist, gilt § 91 Absatz 2 Nummer 3 in der bis zum 31. Dezember 1991 geltenden Fassung entsprechend.

6. [1]Die Rechtsverhältnisse der Hinterbliebenen eines Ruhestandsbeamten, der nach dem 31. Dezember 1991 verstorben ist, regeln sich nach diesem Gesetz, jedoch unter Zugrundelegung des bisherigen Ruhegehalts; § 56 findet in der bis zum 31. Dezember 1991 geltenden Fassung Anwendung. [2]Für die Hinterbliebenen eines entpflichteten Hochschullehrers, der nach dem 31. Dezember 1991 verstorben ist, gilt § 91 Absatz 2 Nummer 3 entsprechend.

(2) [1]Für die am 1. Januar 1977 vorhandenen früheren Beamten, früheren Ruhestandsbeamten und ihre Hinterbliebenen gelten die §§ 38, 41 und 61 Absatz 1 Satz 3; § 82 findet in der bis zum 31. Dezember 1991 geltenden Fassung Anwendung. [2]Für eine sich danach ergebende Versorgung gelten die Vorschriften des Absatzes 1, wobei § 38 Absatz 4 Satz 3 und § 38 Absatz 5 anzuwenden sind.

(3) [1]Haben nach bisherigem Recht Versorgungsbezüge nicht zugestanden, werden Zahlungen nur auf Antrag gewährt, und zwar vom Ersten des Monats, in dem der Antrag gestellt worden ist. [2]Anträge, die bis zum 31. Dezember 1977 gestellt werden, gelten als am 1. Januar 1977 gestellt.

(4) [1]Absatz 1 Nummer 2 Satz 3 ist mit dem Inkrafttreten der achten auf den 31. Dezember 2002 folgenden Anpassung nach § 70 nicht mehr anzuwenden. [2]Ab dem genannten Zeitpunkt sind § 14a Absatz 1 Satz 1 Nummer 3 und Absatz 2 Satz 1 bis 3 sowie die §§ 53 und 54 dieses Gesetzes anzuwenden; bei der Anwendung von § 56 Absatz 1 Satz 1 in der bis zum 31. Dezember 1991 geltenden Fassung gilt § 69e Absatz 4 für die Verminderung der Prozentsätze entsprechend.

§ 69a Anwendung bisherigen und neuen Rechts für am 1. Januar 1992 vorhandene Versorgungsempfänger

Die Rechtsverhältnisse der am 1. Januar 1992 vorhandenen Ruhestandsbeamten, entpflichteten Hochschullehrer, Witwen, Waisen und sonstigen Versorgungsempfänger regeln sich, sofern der Versorgungsfall oder die Entpflichtung nach dem 31. Dezember 1976 eingetreten oder wirksam geworden ist, nach dem bis zum 31. Dezember 1991 geltenden Recht mit folgenden Maßgaben:

1. [1]§ 22 Absatz 1 Satz 2 und 3, § 42 Satz 2, die §§ 49, 50, 50a, 52, 55 Absatz 1 Satz 7 und Absatz 2 bis 8 sowie die §§ 57, 58, 61, 62 und 69e Absatz 3, 4, 6 und 7 dieses Gesetzes sind anzuwenden. [2]§ 14a Absatz 2 Satz 1 bis 3, § 53 Absatz 1, 2 Nummer 1 bis 3 erste Höchstgrenzenalternative, Absatz 3 bis 10 sowie § 54 sind in der am 1. Januar 2002 geltenden Fassung anzuwenden. [3]§ 53 Absatz 2 Nummer 3 zweite Höchstgrenzenalternative dieses Gesetzes ist mit der Maßgabe anzuwenden, dass an die Stelle der Zahl „71,75" die Zahl „75" tritt. [4]Auf die von § 82 in der bis zum 31. Dezember 1991 geltenden Fassung erfassten Versorgungsfälle ist § 69e Absatz 3 und 4 nicht anzuwenden.

2. Solange ein über den 1. Januar 1999 hinaus bestehendes Beschäftigungsverhältnis andauert, finden, wenn dies für den Versorgungsempfänger günstiger ist, die §§ 53 und 53a in der bis zum 31. Dezember 1998 geltenden Fassung, längstens für weitere sieben Jahre vom 1. Januar 1999 an, mit folgenden Maßgaben Anwendung:

 a) Ist in den Fällen des § 53 die Ruhensregelung nach dem bis zum 31. Dezember 1991 geltenden Recht günstiger, verbleibt es dabei, solange ein über den 31. Dezember 1991 hinaus bestehendes Beschäftigungsverhältnis andauert.

 b) Bei der Anwendung des § 53a Absatz 1 Satz 1 treten an die Stelle der dort genannten Vorschriften die entsprechenden Vorschriften des bis zum 31. Dezember 1991 geltenden Rechts.

 c) § 53a gilt nicht, solange eine am 31. Dezember 1991 über diesen Zeitpunkt hinaus bestehende Beschäftigung oder Tätigkeit eines Ruhestandsbeamten andauert.

3. [1]Die Rechtsverhältnisse der Hinterbliebenen eines Ruhestandsbeamten, der nach dem 31. Dezember 1991 verstorben ist, regeln sich nach den ab dem 1. Januar 1992 geltenden Vorschriften, jedoch unter Zugrundelegung des bisherigen Ruhegehalts. [2]§ 56 findet in der bis zum 31. Dezember 1991 geltenden Fassung Anwendung. [3]Für die Hinterbliebenen eines entpflichteten Hochschullehrers, der nach dem 31. Dezember 1991 verstorben ist, gilt § 91 Absatz 2 Nummer 3 entsprechend.

4. § 69 Absatz 1 Nummer 2 gilt entsprechend.

5. [1]Nummer 1 Satz 2 und 3 ist mit dem Inkrafttreten der achten auf den 31. Dezember 2002 folgenden Anpassung nach § 70 nicht mehr anzuwenden. [2]Ab dem genannten Zeitpunkt sind § 14a Absatz 1 Satz 1 Nummer 3 und Absatz 2 Satz 1 bis 3 sowie die §§ 53 und 54 dieses Gesetzes anzuwenden. [3]Bei der Anwendung von § 56 Absatz 1 Satz 1 in der bis zum 31. Dezember 1991 geltenden Fassung gilt § 69e Absatz 4 für die Verringerung der Prozentsätze entsprechend.

§ 69b Übergangsregelungen für vor dem 1. Juli 1997 eingetretene Versorgungsfälle

[1]Für Versorgungsfälle, die vor dem 1. Juli 1997 eingetreten sind, finden § 5 Absatz 2, § 12 Absatz 1 Satz 1, § 13 Absatz 1 Satz 1, § 36 Absatz 2 und § 66 Absatz 7 in der bis zum 30. Juni 1997 geltenden

Fassung Anwendung. [2]Satz 1 gilt entsprechend für künftige Hinterbliebene eines vor dem 1. Juli 1997 vorhandenen Versorgungsempfängers. [3]Versorgungsempfänger, die am 28. Februar 1997 einen Erhöhungsbetrag nach § 14 Absatz 2 in der an diesem Tag geltenden Fassung bezogen haben, erhalten diesen weiter mit der Maßgabe, dass sich dieser Erhöhungsbetrag bei der nächsten allgemeinen Erhöhung der Versorgungsbezüge um die Hälfte verringert; die Verringerung darf jedoch die Hälfte der allgemeinen Erhöhung nicht übersteigen. [4]Bei einer weiteren allgemeinen Erhöhung der Versorgungsbezüge entfällt der verbleibende Erhöhungsbetrag. [5]Versorgungsempfänger, die am 30. Juni 1997 einen Anpassungszuschlag gemäß § 71 in der an diesem Tag geltenden Fassung bezogen haben, erhalten diesen in Höhe des zu diesem Zeitpunkt zustehenden Betrages weiter. [6]Künftige Hinterbliebene der in den Sätzen 3 und 5 genannten Versorgungsempfänger erhalten die jeweiligen Beträge entsprechend anteilig.

§ 69c Übergangsregelungen für vor dem 1. Januar 1999 eingetretene Versorgungsfälle und für am 1. Januar 1999 vorhandene Beamte

(1) [1]Für Versorgungsfälle, die vor dem 1. Januar 1999 eingetreten sind, finden § 4 Absatz 1 Satz 1 Nummer 3, § 5 Absatz 3 bis 5, die §§ 7, 14 Absatz 6 sowie die §§ 43 und 66 Absatz 6 in der bis zum 31. Dezember 1998 geltenden Fassung Anwendung. [2]Satz 1 gilt entsprechend für künftige Hinterbliebene eines vor dem·1. Januar 1999 vorhandenen Versorgungsempfängers.

(2) Für Beamte, die vor dem 1. Januar 2001 befördert worden sind oder denen ein anderes Amt mit höherem Endgrundgehalt verliehen worden ist, findet § 5 Absatz 3 bis 5 in der bis zum 31. Dezember 1998 geltenden Fassung Anwendung.

(3) Für Beamte, denen erstmals vor dem 1. Januar 1999 ein Amt im Sinne des § 36 des Bundesbeamtengesetzes in der bis zum 31. Dezember 1998 geltenden Fassung oder des entsprechenden Landesrechts übertragen worden war, finden § 4 Absatz 1 Satz 1 Nummer 3, die §§ 7 und 14 Absatz 6 in der bis zum 31. Dezember 1998 geltenden Fassung Anwendung.

(4) [1]Die §§ 53 und 53a in der bis zum 31. Dezember 1998 geltenden Fassung finden, wenn dies für den Versorgungsempfänger günstiger ist, längstens für weitere sieben Jahre vom 1. Januar 1999 an, Anwendung, solange eine am 31. Dezember 1998 über diesen Zeitpunkt hinaus ausgeübte Beschäftigung oder Tätigkeit des Versorgungsempfängers andauern. [2]Im Falle des Satzes 1 sind ebenfalls anzuwenden § 2 Absatz 5 Satz 4, Absatz 7 und 8 des Gesetzes zur Übernahme der Beamten und Arbeitnehmer der Bundesanstalt für Flugsicherung vom 23. Juli 1992 (BGBl. I S. 1370, 1376) in der bis zum 31. Dezember 1998 geltenden Fassung sowie § 2 Absatz 3 des Bundeswehrbeamtenanpassungsgesetzes vom 20. Dezember 1991 (BGBl. I S. 2378) in der bis zum 31. Dezember 1997 geltenden Fassung und § 2 Absatz 3 des Gesetzes zur Verbesserung der personellen Struktur in der Bundeszollverwaltung vom 11. Dezember 1990 (BGBl. I S. 2682, 2690) in der bis zum 31. Dezember 1995 geltenden Fassung.

§ 69d Übergangsregelungen für vor dem 1. Januar 2001 eingetretene Versorgungsfälle und für am 1. Januar 2001 vorhandene Beamte und Versorgungsempfänger

(1) [1]Auf Versorgungsfälle, die vor dem 1. Januar 2001 eingetreten sind, sind § 13 Absatz 1 Satz 1, § 14 Absatz 3 und § 36 Absatz 2 in der bis zum 31. Dezember 2000 geltenden Fassung anzuwenden; § 85a ist in der bis zum 31. Dezember 2000 geltenden Fassung anzuwenden, wenn dies für den Versorgungsempfänger günstiger ist. [2]Satz 1 gilt entsprechend für künftige Hinterbliebene eines vor dem 1. Januar 2001 vorhandenen Versorgungsempfängers.

(2)·[1]Für am 1. Januar 2001 vorhandene Wahlbeamte auf Zeit im Ruhestand, deren Beschäftigungsverhältnis über den 1. Januar 2001 hinaus andauert, gilt § 53a in der bis zum 31. Dezember 2000 geltenden Fassung längstens bis zum 31. Dezember 2007, wenn dies für den Versorgungsempfänger günstiger ist als die Anwendung des § 53 Absatz 10. [2]Für am 1. Januar 1992 vorhandene Wahlbeamte auf Zeit im Ruhestand bleibt § 69a unberührt.

(3) Für am 1. Januar 2001 vorhandene Beamte, die bis zum 31. Dezember 2003 wegen Dienstunfähigkeit in den Ruhestand versetzt werden, gilt Folgendes:
1. § 14 Absatz 3 ist mit folgenden Maßgaben anzuwenden:

Zeitpunkt der Versetzung in den Ruhestand	Minderung des Ruhegehalts für jedes Jahr des vorgezogenen Ruhestandes (Prozent)	Höchstsatz der Gesamtminderung des Ruhegehalts (Prozent)
vor dem 1.1.2002	1,8	3,6
vor dem 1.1.2003	2,4	7,2
vor dem 1.1.2004	3,0	10,8

2. § 13 Absatz 1 Satz 1 ist mit folgenden Maßgaben anzuwenden:

Zeitpunkt der Versetzung in den Ruhestand	Umfang der Berücksichtigung als Zurechnungszeit in Zwölfteln
vor dem 1.1.2002	5
vor dem 1.1.2003	6
vor dem 1.1.2004	7

(4) Für am 1. Januar 2001 vorhandene Beamte, die vor dem 1. Januar 1942 geboren sind, wegen Dienstunfähigkeit in den Ruhestand versetzt werden und zu diesem Zeitpunkt mindestens 40 Jahre ruhegehaltfähige Dienstzeit nach § 6, § 8 oder § 9 zurückgelegt haben, gilt Absatz 1 entsprechend.

(5) Auf am 1. Januar 2001 vorhandene Beamte, die bis zum 16. November 1950 geboren und am 16. November 2000 schwerbehindert im Sinne des § 2 Absatz 2 des Neunten Buches Sozialgesetzbuch sind sowie nach § 52 Absatz 1 und 2 des Bundesbeamtengesetzes in den Ruhestand versetzt werden, ist § 14 Absatz 3 nicht anzuwenden.

§ 69e Übergangsregelungen aus Anlass des Versorgungsänderungsgesetzes 2001 sowie des Dienstrechtsneuordnungsgesetzes

(1) Die Rechtsverhältnisse der am 1. Januar 2002 vorhandenen Ruhestandsbeamten, entpflichteten Hochschullehrer, Witwen, Waisen und sonstigen Versorgungsempfänger regeln sich nach dem bis zum 31. Dezember 2001 geltenden Recht mit folgenden Maßgaben:
1. Die Absätze 3, 4, 6 und 7, § 22 Absatz 1 Satz 3, § 42 Satz 2, die §§ 49 bis 50a, 50b, 50d bis 50f, 52, 54 Absatz 1 Satz 2, § 55 Absatz 1 Satz 3 bis 7 sowie die §§ 57, 58, 61, 62 und 85 Absatz 11 dieses Gesetzes sind anzuwenden. Artikel 11 des Gesetzes zur Änderung des Beamtenversorgungsgesetzes, des Soldatenversorgungsgesetzes sowie sonstiger versorgungsrechtlicher Vorschriften vom 20. September 1994 (BGBl. I S. 2442) bleibt unberührt.
2. § 14a Absatz 1 Satz 1 Nummer 3 und Absatz 2 Satz 1 bis 3, § 53 Absatz 1, 2 Nummer 1 bis 3 erste Höchstgrenzenalternative, Absatz 3, 4, 5 Satz 1 und Absatz 6 bis 10 sowie § 54 Absatz 2 bis 5 sind in der am 1. Januar 2002 geltenden Fassung anzuwenden. § 50e Absatz 1 dieses Gesetzes ist mit der Maßgabe anzuwenden, dass an die Stelle der Zahl „66,97" die Zahl „70" tritt. § 53 Absatz 2 Nummer 3 zweite Höchstgrenzenalternative dieses Gesetzes ist mit der Maßgabe anzuwenden, dass an die Stelle der Zahl „71,75" die Zahl „75" tritt. Die Sätze 1 bis 3 sind mit dem Inkrafttreten der achten auf den 31. Dezember 2002 folgenden Anpassung nach § 70 nicht mehr anzuwenden. Ab dem genannten Zeitpunkt sind § 14a Absatz 1 Satz 1 Nummer 3 und Absatz 2 Satz 1 bis 3 sowie die[1]) § 53 Absatz 1, 2, 5 Satz 1 und Absatz 6 bis 10 sowie § 54 dieses Gesetzes anzuwenden.
3. Mit dem Inkrafttreten der achten auf den 31. Dezember 2002 folgenden Anpassung nach § 70 ist § 56 Absatz 1 und 6 in der bis zum 31. Dezember 2001 geltenden Fassung mit der Maßgabe anzuwenden, dass an die Stelle der Zahl „1,875" die Zahl „1,79375" sowie an die Stelle der Zahl „2,5" die Zahl „2,39167" tritt. § 69c Absatz 5 bleibt unberührt.

(2) [1]Auf Versorgungsfälle, die nach dem 31. Dezember 2001 eintreten, sind § 14 Absatz 1 und 6, § 14a Absatz 1 Satz 1 Nummer 3 und Absatz 2, § 47a Absatz 1, die §§ 50e und 53 Absatz 2 Nummer 3 erste Höchstgrenzenalternative, § 54 Absatz 2 sowie § 66 Absatz 2 und 8 in der bis zum 31. Dezember 2002 geltenden Fassung anzuwenden. [2]§ 50e Absatz 1 dieses Gesetzes ist mit der Maßgabe anzuwenden, dass an die Stelle der Zahl „66,97" jeweils die Zahl „70" tritt. [3]§ 53 Absatz 2 Nummer 3 zweite Höchstgrenzenalternative dieses Gesetzes ist mit der Maßgabe anzuwenden, dass an die Stelle der Zahl „71,75" die Zahl „75" tritt. [4]§ 56 Absatz 1 und 6 ist mit der Maßgabe anzuwenden, dass an die Stelle der Zahl „1,79375" die Zahl „1,875" sowie an die Stelle der Zahl „2,39167" die Zahl „2,5" tritt. [5]Die Sätze 1 bis 4 sind mit dem Inkrafttreten der achten auf den 31. Dezember 2002 folgenden Anpassung nach § 70 nicht mehr anzuwenden.

(3) [1]Ab der ersten auf den 31. Dezember 2002 folgenden Anpassung nach § 70 werden die der Berechnung der Versorgungsbezüge zugrunde liegenden ruhegehaltfähigen Dienstbezüge bis zur siebten Anpassung nach § 70 durch einen Anpassungsfaktor nach Maßgabe der folgenden Tabelle vermindert:

Anpassung nach dem 31. Dezember 2002	Anpassungsfaktor
1.	0,99458
2.	0,98917

1) Wortlaut amtlich.

3.	0,98375
4.	0,97833
5.	0,97292
6.	0,96750
7.	0,96208

[2]Dies gilt nicht für das Ruhegehalt, das durch Anwendung des § 14 Absatz 4 Satz 1 und 2 und § 91 Absatz 2 Nummer 1 ermittelt ist. [3]Für Versorgungsbezüge, deren Berechnung ein Ortszuschlag nach dem Bundesbesoldungsgesetz in der bis zum 30. Juni 1997 geltenden Fassung nicht zugrunde liegt, und für Versorgungsbezüge, die in festen Beträgen festgesetzt sind, sowie bei der Anwendung von Ruhensvorschriften (§§ 53 bis 56) gelten die Sätze 1 und 2 entsprechend. [4]Zu den ruhegehaltfähigen Dienstbezügen im Sinne des Satzes 1 gehören auch die Anpassungszuschläge, der Strukturausgleich sowie Erhöhungszuschläge nach den Artikeln 5 und 6 des Siebenten Gesetzes zur Änderung des Bundesbesoldungsgesetzes vom 15. April 1970 (BGBl. I S. 339). [5]Für die von den Erhöhungen 2003/2004 nach § 71 ausgenommenen Versorgungsempfänger beginnt die Verminderung nach Satz 1 am 1. Januar 2005 mit dem dritten Anpassungsfaktor.

(4) [1]In Versorgungsfällen, die vor der achten auf den 31. Dezember 2002 folgenden Anpassung nach § 70 eingetreten sind, wird der den Versorgungsbezügen zugrunde liegende Ruhegehaltssatz mit dem Inkrafttreten und vor dem Vollzug der achten Anpassung nach § 70 mit dem Faktor 0,95667 vervielfältigt; § 14 Absatz 1 Satz 2 und 3 ist anzuwenden. [2]Der nach Satz 1 verminderte Ruhegehaltssatz gilt als neu festgesetzt. [3]Er ist ab dem Tag der achten Anpassung nach § 70 der Berechnung der Versorgungsbezüge zugrunde zu legen. [4]Satz 1 gilt nicht für das Ruhegehalt, das durch Anwendung des § 14 Absatz 4 Satz 1 und 2 und § 91 Absatz 2 Nummer 1 ermittelt ist.

(4a) Für die Verteilung der Versorgungslasten bei Beamten und Richtern, die vor dem 1. Januar 2002 im Dienst eines anderen Dienstherrn übernommen worden sind, gilt § 107b Absatz 1 in der bis zum 31. Dezember 2001 geltenden Fassung.

(5) [1]§ 19 Absatz 1 Satz 2 Nummer 1 ist in der bis zum 31. Dezember 2001 geltenden Fassung anzuwenden, wenn die Ehe vor dem 1. Januar 2002 geschlossen wurde. [2]§ 20 Absatz 1 Satz 1 ist in der bis zum 31. Dezember 2001 geltenden Fassung anzuwenden, wenn die Ehe vor dem 1. Januar 2002 geschlossen wurde und mindestens ein Ehegatte vor dem 2. Januar 1962 geboren ist. [3]§ 50c ist in diesen Fällen nicht anzuwenden.

(6) [1]In den Fällen des § 36 Absatz 3 gilt unbeschadet des § 85 der § 14 Absatz 1 Satz 1 in der bis zum 31. Dezember 2002 geltenden Fassung. [2]In den Fällen des Satzes 1 sowie des § 37 sind die Absätze 3, 4 und 7 sowie § 85 Absatz 11 nicht anzuwenden.

(7) Die Wirkungen der Minderungen der der Berechnung der Versorgungsbezüge zugrunde liegenden ruhegehaltfähigen Dienstbezüge sind bis zum 31. Dezember 2011 unter Berücksichtigung der allgemeinen Entwicklung der Alterssicherungssysteme und der Situation in den öffentlich-rechtlichen Versorgungssystemen sowie der Entwicklung der allgemeinen wirtschaftlichen und finanziellen Verhältnisse zu prüfen.

§ 69f[1]) Übergangsregelungen zur Berücksichtigung von Hochschulausbildungszeiten

(1) Auf Versorgungsfälle, die vor dem 12. Februar 2009 eingetreten sind, ist § 12 Absatz 1 Satz 1 in der bis zum 11. Februar 2009 geltenden Fassung anzuwenden.

(2) Für Versorgungsfälle, die nach dem 11. Februar 2009 und bis zum 31. Dezember 2012 eintreten, ist § 12 Absatz 1 Satz 1 in der bis zum 11. Februar 2009 geltenden Fassung mit der Maßgabe anzuwenden, dass sich die danach höchstens anrechenbare Zeit einer Hochschulausbildung für jeden nach diesem Tag beginnenden Kalendermonat bis einschließlich des Kalendermonats, in dem der Versorgungsfall eintritt, um jeweils fünf Tage vermindert.

§ 69g[1]) Versorgungsüberleitungsregelungen aus Anlass des Dienstrechtsneuordnungsgesetzes

(1) Für Versorgungsfälle, die vor dem 1. Juli 2009 eingetreten sind, gilt Folgendes:
1. § 5 Absatz 1 dieses Gesetzes ist mit folgenden Maßgaben anzuwenden:
 a) § 2 Absatz 1 Satz 1 sowie Absatz 2 Satz 1, 2 und 4 des Besoldungsüberleitungsgesetzes gilt entsprechend. Die Zuordnung im Sinne des § 2 Absatz 3 des Besoldungsüberleitungsgesetzes erfolgt innerhalb der Besoldungsgruppe, aus der sich das Ruhegehalt berechnet, zu dem Betrag der Stufe, der dem Betrag nach § 2 Absatz 2 Satz 1, 2 und 4 des Besoldungsüberleitungsgesetzes

1) Siehe hierzu auch die Durchführungshinweise des BMI.

entspricht oder unmittelbar darunter liegt. Liegt der zugeordnete Betrag nach Satz 2 unter dem Betrag nach § 2 Absatz 2 Satz 1, 2 und 4 des Besoldungsüberleitungsgesetzes, wird in Höhe der Differenz ein Überleitungsbetrag als ruhegehaltfähiger Dienstbezug gewährt. Der Überleitungsbetrag ist bei allgemeinen Erhöhungen oder Verminderungen der Versorgungsbezüge nach § 70 entsprechend anzupassen. Der Überleitungsbetrag gehört zu den der Bemessung nach § 2 der Zweiten Besoldungs-Übergangsverordnung zugrunde zu legenden Dienstbezügen. Auf die ruhegehaltfähigen Dienstbezüge nach Satz 1, die nicht von Satz 2 erfasst werden, ist § 2 Absatz 2 Satz 2 des Besoldungsüberleitungsgesetzes entsprechend anzuwenden.

b) Für Versorgungsbezüge, deren Berechnung ruhegehaltfähige Dienstbezüge nach der Bundesbesoldungsordnung B zugrunde liegen, gelten die Beträge nach § 20 Absatz 2 des Bundesbesoldungsgesetzes.

c) Für die nicht von den Buchstaben a und b erfassten ruhegehaltfähigen Dienstbezüge mit Ausnahme des Familienzuschlags der Stufe 1 gilt § 2 Absatz 2 Satz 2 des Besoldungsüberleitungsgesetzes entsprechend. Zu den ruhegehaltfähigen Dienstbezügen nach Satz 1 gehören auch die Anpassungszuschläge, der Strukturausgleich sowie Erhöhungszuschläge nach den Artikeln 5 und 6 des Siebenten Gesetzes zur Änderung des Bundesbesoldungsgesetzes vom 15. April 1970 (BGBl. I S. 339).

2. *[aufgehoben]*

3. Für Versorgungsbezüge, die in festen Beträgen festgesetzt sind, gelten § 2 Absatz 2 Satz 2 des Besoldungsüberleitungsgesetzes sowie der Faktor nach § 5 Absatz 1 Satz 1 entsprechend.

(2) Für Versorgungsfälle, die ab dem 1. Juli 2009 eintreten, gilt Folgendes:

1. § 5 Absatz 1 ist für Beamte, die aus einer zugeordneten Überleitungsstufe nach § 2 Absatz 3 des Besoldungsüberleitungsgesetzes in den Ruhestand treten oder versetzt werden, mit folgenden Maßgaben anzuwenden:

Ruhegehaltfähig ist das Grundgehalt der Stufe, die unmittelbar unter der nach § 2 Absatz 3 des Besoldungsüberleitungsgesetzes zugeordneten Überleitungsstufe liegt. In Höhe der Differenz zu dem Betrag der Überleitungsstufe nach Satz 1 wird ein Überleitungsbetrag als ruhegehaltfähiger Dienstbezug gewährt. Absatz 1 Nummer 1 Buchstabe a Satz 4 und 5 ist anzuwenden.

2. Absatz 1 Nummer 3 gilt entsprechend.

(3) Für Versorgungsfälle, die vor dem 1. Januar 2012 eingetreten sind, werden die Bezüge und Bezügebestandteile nach den Absätzen 1 und 2 mit Ausnahme der Bezüge nach Absatz 1 Nummer 1 Buchstabe b und Nummer 2 sowie nach Absatz 2 Nummer 2 in Verbindung mit Absatz 1 Nummer 2 um 2,44 Prozent erhöht.

§ 69h[1] Übergangsregelungen zur Anhebung des Ruhestandseintrittsalters

(1) Für Beamte, die nach dem 11. Februar 2009 nach § 52 Absatz 1 und 2 des Bundesbeamtengesetzes in den Ruhestand versetzt werden, ist § 14 Absatz 3 mit folgenden Maßgaben anzuwenden:

1. An die Stelle der Vollendung des 65. Lebensjahres tritt, wenn sie vor dem 1. Januar 1952 geboren sind, die Vollendung des 63. Lebensjahres.

2. An die Stelle der Vollendung des 65. Lebensjahres tritt, wenn sie nach dem 31. Dezember 1951 und vor dem 1. Januar 1964 geboren sind, das Erreichen folgenden Lebensalters:

Geburtsdatum bis	Lebensalter	
	Jahr	Monat
31. Januar 1952	63	1
29. Februar 1952	63	2
31. März 1952	63	3
30. April 1952	63	4
31. Mai 1952	63	5
31. Dezember 1952	63	6
31. Dezember 1953	63	7
31. Dezember 1954	63	8
31. Dezember 1955	63	9
31. Dezember 1956	63	10

1) Siehe hierzu auch die Durchführungshinweise des BMI.

Geburtsdatum bis	Lebensalter	
	Jahr	Monat
31. Dezember 1957	63	11
31. Dezember 1958	64	0
31. Dezember 1959	64	2
31. Dezember 1960	64	4
31. Dezember 1961	64	6
31. Dezember 1962	64	8
31. Dezember 1963	64	10

3. Für am 12. Februar 2009 vorhandene Beamte, die vor dem 1. Januar 1955 geboren sind, deren Schwerbehinderung im Sinne des § 2 Absatz 2 des Neunten Buches Sozialgesetzbuch bis zum 31. Dezember 2006 anerkannt und denen Altersteilzeit nach § 93 Absatz 1 des Bundesbeamtengesetzes bewilligt wurde, sowie für Beamte, die nach den §§ 52 und 93 Absatz 2 Satz 3 des Bundesbeamtengesetzes in den Ruhestand versetzt werden, gilt § 14 Absatz 3 in der bis zum 11. Februar 2009 geltenden Fassung.

(2) Für Beamte, die nach dem 11. Februar 2009 nach § 52 Absatz 3 des Bundesbeamtengesetzes in den Ruhestand versetzt werden, ist § 14 Absatz 3 Satz 1 Nummer 2 mit folgenden Maßgaben anzuwenden:

1. An die Stelle des Erreichens der gesetzlichen Altersgrenze tritt, wenn sie vor dem 1. Januar 1949 geboren sind, die Vollendung des 65. Lebensjahres.

2. An die Stelle des Erreichens der gesetzlichen Altersgrenze tritt, wenn sie nach dem 31. Dezember 1948 und vor dem 1. Januar 1950 geboren sind, das Erreichen folgenden Lebensalters:

Geburtsdatum bis	Lebensalter	
	Jahr	Monat
31. Januar 1949	65	1
28. Februar 1949	65	2
31. Dezember 1949	65	3

3. Für am 12. Februar 2009 vorhandene Beamte, die vor dem 1. Januar 1955 geboren sind und denen Altersteilzeit nach § 93 Absatz 1 des Bundesbeamtengesetzes bewilligt wurde, tritt an die Stelle des Erreichens der für den Beamten geltenden gesetzlichen Altersgrenze die Vollendung des 65. Lebensjahres.

(3) Für Beamte, die nach dem 11. Februar 2009 wegen Dienstunfähigkeit, die nicht auf einem Dienstunfall beruht, in den Ruhestand versetzt werden, ist § 14 Absatz 3 mit folgenden Maßgaben anzuwenden:

1. An die Stelle der Vollendung des 65. Lebensjahres tritt, wenn sie vor dem 1. Januar 2012 in den Ruhestand versetzt werden, die Vollendung des 63. Lebensjahres.

2. An die Stelle der Vollendung des 65. Lebensjahres tritt, wenn sie nach dem 31. Dezember 2011 und vor dem 1. Januar 2024 in den Ruhestand versetzt werden, das Erreichen folgenden Lebensalters:

Zeitpunkt der Versetzung in den Ruhestand vor dem	Lebensalter	
	Jahr	Monat
1. Februar 2012	63	1
1. März 2012	63	2
1. April 2012	63	3
1. Mai 2012	63	4
1. Juni 2012	63	5
1. Januar 2013	63	6
1. Januar 2014	63	7
1. Januar 2015	63	8
1. Januar 2016	63	9
1. Januar 2017	63	10
1. Januar 2018	63	11

Zeitpunkt der Versetzung in den Ruhestand vor dem	Lebensalter	
	Jahr	Monat
1. Januar 2019	64	0
1. Januar 2020	64	2
1. Januar 2021	64	4
1. Januar 2022	64	6
1. Januar 2023	64	8
1. Januar 2024	64	10

3. Für Beamte, die vor dem 1. Januar 2024 in den Ruhestand versetzt werden, gilt § 14 Absatz 3 Satz 6 mit der Maßgabe, dass an die Stelle der Zahl „40" die Zahl „35" tritt.

§ 69i Übergangsregelung aus Anlass des Einsatzversorgungs-Verbesserungsgesetzes und des Bundeswehr-Attraktivitätssteigerungsgesetzes
[1]Ist der Anspruch nach § 43 in der Zeit vom 1. November 1991 bis zum 12. Dezember 2011 entstanden, beträgt die Unfallentschädigung

1.	im Fall des § 43 Absatz 1	150 000 Euro,
2.	im Fall des § 43 Absatz 2 Nummer 1	100 000 Euro,
3.	im Fall des § 43 Absatz 2 Nummer 2	40 000 Euro,
4.	im Fall des § 43 Absatz 2 Nummer 3	20 000 Euro.

[2]Aus gleichem Anlass bereits gewährte Leistungen nach § 43 sind anzurechnen.

§ 69j Übergangsregelung aus Anlass des Professorenbesoldungsneuregelungsgesetzes
[1]Die ruhegehaltfähigen Dienstbezüge nach § 5 Absatz 1 Satz 1 Nummer 1 und 4 der Professoren sowie der hauptberuflichen Leiter von Hochschulen und Mitglieder von Leitungsgremien an Hochschulen, die vor dem 1. Januar 2013 aus einem Amt der Besoldungsgruppe W 2 oder W 3 in den Ruhestand versetzt worden sind, werden neu festgesetzt. [2]§ 77a des Bundesbesoldungsgesetzes gilt entsprechend. [3]Die ruhegehaltfähigen Dienstbezüge nach Satz 1 sind nach Maßgabe des Satzes 2 zusammen mindestens in der Höhe festzusetzen, in der sie auf der Grundlage des bis zum 31. Dezember 2012 geltenden Rechts festgesetzt worden sind. [4]Für Hinterbliebene gelten die Sätze 1 bis 3 entsprechend.

§ 69k Übergangsregelung aus Anlass des Gesetzes zur Änderung des Versorgungsrücklagegesetzes und weiterer dienstrechtlicher Vorschriften
[1]Für Versorgungsfälle, die vor dem 11. Januar 2017 eingetreten sind, sind § 6 Absatz 1 Satz 2 Nummer 1, § 8 Absatz 1, § 9 Absatz 1, § 10 Satz 1, die §§ 11, 12 Absatz 1 Satz 1 und Absatz 2, § 13 Absatz 2 Satz 1 und 3, § 14a Absatz 2 Satz 1, § 38 Absatz 2 Nummer 2 und § 55 Absatz 2 in der bis zum 10. Januar 2017 geltenden Fassung anzuwenden. [2]Satz 1 gilt entsprechend für künftige Hinterbliebene eines vor dem 11. Januar 2017 vorhandenen Versorgungsempfängers.

§ 69l Übergangsregelung zu § 55
[1]§ 55 Absatz 1 Satz 2 Nummer 1a gilt nicht für Versorgungsfälle, die am 14. Juni 2017 vorhanden waren. [2]Für Versorgungsfälle, die nach dem 14. Juni 2017 eintreten, sind Renten nach dem Gesetz über die Alterssicherung der Landwirte mit der Maßgabe zu berücksichtigen, dass der Teil der Rente nach dem Gesetz über die Alterssicherung der Landwirte außer Ansatz bleibt, der auf rentenrechtlichen Zeiten beruht, die bis zum 14. Juni 2017 zurückgelegt worden sind.

§ 69m Übergangsregelung aus Anlass des Besoldungsstrukturenmodernisierungsgesetzes
(1) [1]§ 6a findet auf am 30. Juni 2020 vorhandene Beamte Anwendung, wenn eine Verwendung im Sinne des § 6a Absatz 1 vor dem 1. Juli 2020
1. begonnen hat und über diesen Zeitpunkt hinaus andauert oder
2. bereits beendet war und der Beamte auf Grund dieser Verwendung einen Anspruch auf eine laufende Alterssicherungsleistung hat oder
3. bereits beendet war und der Beamte auf Grund dieser Verwendung einen Anspruch auf eine Alterssicherungsleistung in Form eines Kapitalbetrages (§ 6a Absatz 2) hat mit den Maßgaben, dass
 a) abweichend von § 6a Absatz 3 Satz 1 der Kapitalbetrag vom Beginn des auf die Beendigung der Verwendung folgenden Monats bis zum 30. Juni 2020 zu verzinsen ist und
 b) der Antrag nach § 6a Absatz 4 Satz 1 bis zum 31. Januar 2022 gestellt werden kann.
[2]Die Zeit einer vor dem 1. Juli 2020 bereits beendeten Verwendung im Dienst einer zwischenstaatlichen oder überstaatlichen Einrichtung ist ungeachtet des § 6a ruhegehaltfähig, sofern die für diese Zeit zuste-

hende Alterssicherungsleistung im Sinne des § 6a Absatz 2 bereits vor dem 1. Juli 2020 an den Dienstherrn abgeführt worden ist.

(2) ¹Für am 30. Juni 2020 vorhandene Versorgungsempfänger gilt vorbehaltlich von Satz 2 die bisherige Rechtslage weiter, insbesondere sind § 6 Absatz 3 Nummer 4, § 7 Satz 1 Nummer 1 Buchstabe b, § 55 Absatz 1 Satz 8 und 9, die §§ 56, 69c Absatz 5 sowie § 85 Absatz 6 Satz 2 bis 4 in der bis zum 30. Juni 2020 geltenden Fassung weiter anzuwenden; dabei bleiben § 69 Absatz 1 Nummer 2 Satz 2, Nummer 4 Satz 1, Nummer 6 Satz 1, Absatz 4 Satz 2, § 69a Nummer 3 Satz 2, Nummer 5 Satz 3 und § 69e Absatz 1 Nummer 3 Satz 1 unberührt. ²Versorgungsempfänger nach Satz 1, deren Ruhensbetrag mittels Höchstgrenzenberechnung nach § 56 Absatz 1 Satz 1 in Verbindung mit Absatz 2 in einer ab dem 1. Oktober 1994 anzuwendenden Fassung bestimmt wird, können einmalig für die Zukunft beantragen, dass ihr Ruhegehalt in Höhe von 1,79375 Prozent der ruhegehaltfähigen Dienstbezüge für jedes Jahr einer Verwendung im öffentlichen Dienst einer zwischenstaatlichen oder überstaatlichen Einrichtung ruht; der Unterschiedsbetrag nach § 50 Absatz 1 ruht für jedes Jahr einer Verwendung im öffentlichen Dienst einer zwischenstaatlichen oder überstaatlichen Einrichtung in Höhe von 2,5 Prozent. ³Bei der Anwendung von Satz 2 ist § 69c Absatz 5 Satz 1 bis 4 in der bis zum 30. Juni 2020 geltenden Fassung vorrangig zu berücksichtigen. ⁴Dienstzeiten, die über volle Jahre hinausgehen, sind einzubeziehen; § 14 Absatz 1 Satz 2 und 3 gilt entsprechend. ⁵Zeiten ab Beginn des Ruhestandes sind nicht zu berücksichtigen, es sei denn, sie führen zu einer Erhöhung des Ruhegehaltssatzes. ⁶Die zuständige Behörde erteilt auf schriftlichen oder elektronischen Antrag Auskunft zur Höhe des Ruhensbetrages nach Satz 2 zu dem nach Satz 7 oder 8 maßgeblichen Zeitpunkt. ⁷Anträge, die bis zum 31. Juli 2021 gestellt werden, gelten als zum 1. Juli 2020 gestellt. ⁸Wird der Antrag später gestellt, tritt die Änderung mit Beginn des Antragsmonats ein. ⁹Vor dem Änderungszeitpunkt entstandene Ruhensbeträge bleiben unberührt. ¹⁰Die Sätze 1 bis 9 gelten entsprechend für künftige Hinterbliebene eines vor dem 1. Juli 2020 vorhandenen Ruhestandsbeamten.

(3) ¹Für am 31. August 2020 vorhandene Ruhestandsbeamte, bei denen eine ruhegehaltfähige Zeit nach § 85 Absatz 7 in der bis zum 31. August 2020 geltenden Fassung berücksichtigt worden ist, ist § 50a auf schriftlichen oder elektronischen Antrag anzuwenden. ²Dem Antrag ist stattzugeben, wenn am 1. September 2020 das Ruhegehalt ohne Zeiten nach § 85 Absatz 7 Satz 1 in der bis zum 31. August 2020 geltenden Fassung zusammen mit dem Kindererziehungszuschlag nach § 50a Absatz 1 in Verbindung mit Absatz 2 Satz 1 Nummer 1 sowie Absatz 5 und 6 dieses Gesetzes das Ruhegehalt übersteigt, das sich unter Berücksichtigung des § 85 Absatz 7 in der bis zum 31. August 2020 geltenden Fassung ergibt. ³Anträge, die innerhalb von drei Monaten ab dem 1. September 2020 gestellt werden, gelten als zum 1. September 2020 gestellt. ⁴Wird der Antrag zu einem späteren Zeitpunkt gestellt, tritt die Änderung mit Beginn des Antragsmonats ein. ⁵Wurde dem Antrag stattgegeben, ist § 85 Absatz 7 in der bis zum 31. August 2020 geltenden Fassung ab dem Zeitpunkt der Gewährung eines Kindererziehungszuschlags nach § 50a nicht mehr anzuwenden. ⁶Die Sätze 1 bis 5 gelten entsprechend für vor dem 1. September 2020 vorhandene Hinterbliebene.

Abschnitt 11
Anpassung der Versorgungsbezüge

§ 70 Allgemeine Anpassung

(1) Werden die Dienstbezüge der Besoldungsberechtigten allgemein erhöht oder vermindert, sind von demselben Zeitpunkt an die Versorgungsbezüge durch Bundesgesetz entsprechend zu regeln.

(2) Als allgemeine Änderung der Dienstbezüge im Sinne des Absatzes 1 gelten auch die Neufassung der Grundgehaltstabelle mit unterschiedlicher Änderung der Grundgehaltssätze und die allgemeine Erhöhung oder Verminderung der Dienstbezüge um feste Beträge.

§ 71 Erhöhung der Versorgungsbezüge

(1) ¹Bei Versorgungsempfängern gilt·die Erhöhung nach § 14 Absatz 2 des Bundesbesoldungsgesetzes entsprechend für die

1. in § 5 Absatz 1 Satz 1 Nummer 1 und § 69g Absatz 1 Nummer 1 Buchstabe a Satz 3 dieses Gesetzes sowie in § 84 Nummer 1, 3 und 4 des Bundesbesoldungsgesetzes genannten Bezügebestandteile,
2. Leistungsbezüge nach § 5 Absatz 1 Satz 1 Nummer 4, soweit sie nach den auf Grund des § 33 Absatz 4 des Bundesbesoldungsgesetzes erlassenen Rechtsverordnungen an den regelmäßigen Besoldungsanpassungen teilnehmen,
3. den Versorgungsbezügen zugrunde liegenden Grundvergütungen,
4. den Versorgungsbezügen zugrunde liegenden Grundgehältern nach fortgeltenden oder früheren Besoldungsordnungen.

[2]Satz 1 gilt entsprechend für Empfänger von Versorgungsbezügen der weggefallenen Besoldungsgruppen A 1 und A 2.

(2) [1]Versorgungsbezüge, deren Berechnung ein Ortszuschlag nach dem Bundesbesoldungsgesetz in der bis zum 30. Juni 1997 geltenden Fassung nicht zugrunde liegt, werden ab 1. März 2020 um 0,96 Prozent erhöht, wenn der Versorgungsfall vor dem 1. Juli 1997 eingetreten ist. [2]Satz 1 gilt entsprechend für

1. Hinterbliebene eines vor dem 1. Juli 1997 vorhandenen Versorgungsempfängers,
2. Versorgungsbezüge, die in festen Beträgen festgesetzt sind,
3. den Betrag nach Artikel 13 § 2 Absatz 4 des Fünften Gesetzes zur Änderung besoldungsrechtlicher Vorschriften vom 28. Mai 1990 (BGBl. I S. 967).

§ 72 *[aufgehoben]*

§§ 73–76 (weggefallen)

Abschnitt 12
(weggefallen)

§§ 77–83 (weggefallen)

Abschnitt 13
Übergangsvorschriften alten Rechts

§ 84 Ruhegehaltfähige Dienstzeit

[1]Für am 1. Januar 1977 vorhandene Beamte können zum Ausgleich von Härten Zeiten, die nach dem bis zum 31. Dezember 1976 geltenden Recht ruhegehaltfähig waren, als ruhegehaltfähig galten oder als ruhegehaltfähig berücksichtigt werden konnten und vor dem 1. Januar 1977 zurückgelegt worden sind, im Anwendungsbereich des bis zum 31. Dezember 1976 geltenden Rechts als ruhegehaltfähig berücksichtigt werden. [2]Die Entscheidung trifft das Bundesministerium des Innern, für Bau und Heimat.

§ 85 Ruhegehaltssatz für am 31. Dezember 1991 vorhandene Beamte

(1) [1]Hat das Beamtenverhältnis, aus dem der Beamte in den Ruhestand tritt, oder ein unmittelbar vorangehendes anderes öffentlich-rechtliches Dienstverhältnis bereits am 31. Dezember 1991 bestanden, bleibt der zu diesem Zeitpunkt erreichte Ruhegehaltssatz gewahrt. [2]Dabei richtet sich die Berechnung der ruhegehaltfähigen Dienstzeit und des Ruhegehaltssatzes nach dem bis zum 31. Dezember 1991 geltenden Recht; § 14 Absatz 1 Satz 1 Halbsatz 2 und 3 findet hierbei keine Anwendung. [3]Der sich nach den Sätzen 1 und 2 ergebende Ruhegehaltssatz steigt mit jedem Jahr, das vom 1. Januar 1992 an nach dem von diesem Zeitpunkt an geltenden Recht als ruhegehaltfähige Dienstzeit zurückgelegt wird, um ein Prozent der ruhegehaltfähigen Dienstbezüge bis zum Höchstsatz von fünfundsiebzig Prozent; insoweit gilt § 14 Absatz 1 Satz 2 und 3 entsprechend. [4]Bei der Anwendung von Satz 3 bleiben Zeiten bis zur Vollendung einer zehnjährigen ruhegehaltfähigen Dienstzeit außer Betracht; § 13 Absatz 1 findet in der bis zum 31. Dezember 1991 geltenden Fassung Anwendung. [5]§ 14 Absatz 3 findet Anwendung.

(2) Für die Beamten auf Zeit, deren Beamtenverhältnis über den 31. Dezember 1991 hinaus fortbesteht, ist § 66 Absatz 2 und 6 in der bis zum 31. Dezember 1991 geltenden Fassung anzuwenden.

(3) [1]Hat das Beamtenverhältnis, aus dem der Beamte in den Ruhestand tritt, oder ein unmittelbar vorangehendes anderes öffentlich-rechtliches Dienstverhältnis bereits am 31. Dezember 1991 bestanden und erreicht der Beamte vor dem 1. Januar 2002 die für ihn jeweils maßgebende gesetzliche Altersgrenze, so richtet sich die Berechnung der ruhegehaltfähigen Dienstzeit und des Ruhegehaltssatzes nach dem bis zum 31. Dezember 1991 geltenden Recht. [2]Satz 1 gilt entsprechend, wenn ein von dieser Vorschrift erfasster Beamter vor dem Zeitpunkt des Erreichens der jeweils maßgebenden gesetzlichen Altersgrenze wegen Dienstunfähigkeit oder auf Antrag in den Ruhestand versetzt wird oder verstirbt.

(4) [1]Der sich nach Absatz 1, 2 oder 3 ergebende Ruhegehaltssatz wird der Berechnung des Ruhegehalts zugrunde gelegt, wenn er höher ist als der Ruhegehaltssatz, der sich nach diesem Gesetz für die gesamte ruhegehaltfähige Dienstzeit ergibt. [2]Der sich nach Absatz 1 ergebende Ruhegehaltssatz darf den Ruhegehaltssatz, der sich nach dem bis zum 31. Dezember 1991 geltenden Recht ergäbe, nicht übersteigen.

(5) Hat das Beamtenverhältnis, aus dem der Beamte in den Ruhestand tritt, oder ein unmittelbar vorangehendes anderes öffentlich-rechtliches Dienstverhältnis bereits am 31. Dezember 1991 bestanden, ist § 14 Absatz 3 mit folgenden Maßgaben anzuwenden:

Bei Erreichen der Altersgrenze nach § 42 Absatz 4 Satz 1 Nummer 2 des Bundesbeamtengesetzes oder entsprechendem Landesrecht		beträgt der Prozentsatz der Minderung für jedes Jahr
vor dem	1. Januar 1998	0,0,
nach dem	31. Dezember 1997	0,6,
nach dem	31. Dezember 1998	1,2,
nach dem	31. Dezember 1999	1,8,
nach dem	31. Dezember 2000	2,4,
nach dem	31. Dezember 2001	3,0,
nach dem	31. Dezember 2002	3,6.

(6) [1]Errechnet sich der Ruhegehaltssatz nach Absatz 1 in Verbindung mit Absatz 4 Satz 2, Absatz 2 oder 3, ist entsprechend diesen Vorschriften auch der Ruhegehaltssatz für die Höchstgrenze nach § 54 Absatz 2 und § 55 Absatz 2 zu berechnen. [2]§ 14 Absatz 1 Satz 2 bis 4 gilt entsprechend.

(7) *[aufgehoben]*

(8) Auf die am 31. Dezember 1991 vorhandenen Beamten, denen auf Grund eines bis zu diesem Zeitpunkt erlittenen Dienstunfalles ein Unfallausgleich gewährt wird, findet § 35 in der bis zum 31. Dezember 1991 geltenden Fassung Anwendung.

(9) Bei der Anwendung der Absätze 1 und 3 bleibt der am 31. Dezember 1991 erreichte Ruhegehaltssatz auch dann gewahrt, wenn dem Beamtenverhältnis, aus dem der Beamte in den Ruhestand tritt, mehrere öffentlich-rechtliche Dienstverhältnisse in unmittelbarem zeitlichen Zusammenhang mit dem am 31. Dezember 1991 bestehenden öffentlich-rechtlichen Dienstverhältnis vorangegangen sind.

(10) Einem öffentlich-rechtlichen Dienstverhältnis steht ein Beschäftigungsverhältnis im Sinne des § 5 Absatz 1 Nummer 2 und des § 6 Absatz 1 Nummer 2 des Sechsten Buches Sozialgesetzbuch gleich.

(11) Für den nach den Absätzen 1 bis 4 ermittelten Ruhegehaltssatz sowie die in Absatz 6 Satz 2 genannten Prozentsätze gilt § 69e Absatz 4 entsprechend.

(12) Die §§ 12a und 12b sind anzuwenden.

§ 85a Erneute Berufung in das Beamtenverhältnis

[1]Bei einem nach § 46 oder § 57 des Bundesbeamtengesetzes erneut in das Beamtenverhältnis berufenen Beamten bleibt der am Tag vor der erneuten Berufung in das Beamtenverhältnis vor Anwendung von Ruhens-, Kürzungs- und Anrechnungsvorschriften zustehende Betrag des Ruhegehalts gewahrt. [2]Tritt der Beamte erneut in den Ruhestand, wird die ruhgehaltfähige Dienstzeit und das Ruhegehalt nach dem im Zeitpunkt der Zurruhesetzung geltenden Recht berechnet. [3]Bei der Anwendung des § 85 Absatz 1 und 3 gilt die Zeit des Ruhestandes nicht als Unterbrechung des Beamtenverhältnisses; die Zeit im Ruhestand ist nicht ruhegehaltfähig. [4]Das höhere Ruhegehalt wird gezahlt.

§ 86 Hinterbliebenenversorgung

(1) Die Gewährung von Unterhaltsbeiträgen an geschiedene Ehegatten richtet sich nach den bis zum 31. Dezember 1976 geltenden beamtenrechtlichen Vorschriften, wenn die Ehe vor dem 1. Juli 1977 geschieden, aufgehoben oder für nichtig erklärt worden ist.

(2) [1]Die Vorschrift des § 19 Absatz 1 Satz 2 Nummer 2 über den Ausschluss von Witwengeld findet keine Anwendung, wenn die Ehe am 1. Januar 1977 bestanden und das bis zu diesem Zeitpunkt geltende Landesrecht den Ausschlussgrund nicht enthalten hat. [2]An die Stelle des fünfundsechzigsten Lebensjahres in § 19 Absatz 1 Satz 2 Nummer 2 tritt ein in der bis zum 31. Dezember 1976 geltenden landesrechtlichen Vorschrift vorgesehenes höheres Lebensalter, wenn die Ehe am 1. Januar 1977 bestanden hat.

(3) Die Vorschrift über die Kürzung des Witwengeldes bei großem Altersunterschied der Ehegatten (§ 20 Absatz 2) finden keine Anwendung, wenn die Ehe am 1. Januar 1977 bestanden und das bis zu diesem Zeitpunkt für den Beamten oder Ruhestandsbeamten geltende Landesrecht entsprechende Kürzungsvorschriften nicht enthalten hat.

(4) Die Vorschrift des § 22 Absatz 2 in der bis zum 31. Juli 1989 geltenden Fassung findet Anwendung, wenn ein Scheidungsverfahren bis zum 31. Juli 1989 rechtshängig geworden ist oder die Parteien bis zum 31. Juli 1989 eine Vereinbarung nach § 1587o des Bürgerlichen Gesetzbuchs in der bis zum 31. August 2009 geltenden Fassung getroffen haben.

§ 87 Unfallfürsorge

(1) Für die am 1. Januar 1977 vorhandenen Beamten steht ein vor diesem Zeitpunkt erlittener Dienstunfall im Sinne des bisherigen Bundes- oder Landesrechts dem Dienstunfall im Sinne dieses Gesetzes gleich.

(2) Bis zum Erlass der Rechtsverordnungen nach § 31 Absatz 3, § 33 Absatz 5 und § 43 Absatz 3 gelten die bisherigen Verordnungen des Bundes und der Länder weiter, soweit dieses Gesetz dem nicht entgegensteht.

(3) Eine Entschädigung aus einer Unfallversicherung, für die der Dienstherr die Beiträge gezahlt hat, ist auf die Unfallentschädigung nach § 43 Absatz 3 anzurechnen.

§ 88 Abfindung

(1) Bei der Entlassung einer verheirateten Beamtin bis zum 31. August 1977 finden die bisherigen Vorschriften über die Abfindung nach § 152 des Bundesbeamtengesetzes oder dem entsprechenden bisherigen Landesrecht weiter Anwendung.

(2) [1]Eine erneut in das Beamtenverhältnis berufene Beamtin kann eine früher erhaltene Abfindung an ihren neuen Dienstherrn zurückzahlen. [2]Hierbei sind anstelle der Dienstbezüge, die der Abfindung zugrunde lagen, die Dienstbezüge nach § 1 Absatz 2 Nummer 1 bis 4 des Bundesbesoldungsgesetzes nach der Besoldungsgruppe des vor der Abfindung innegehabten Amtes zugrunde zu legen, die sich ergeben würden, wenn die im Zeitpunkt der erneuten Berufung in das Beamtenverhältnis maßgebenden Grundgehalts- und Familienzuschlagssätze im Monat vor der Entlassung gegolten hätten. [3]Der Antrag auf Rückzahlung ist innerhalb einer Ausschlussfrist von zwei Jahren nach Inkrafttreten dieses Gesetzes, bei erneuter Berufung in das Beamtenverhältnis auf Lebenszeit nach dem Inkrafttreten dieses Gesetzes innerhalb einer Ausschlussfrist von zwei Jahren nach der Berufung in das Beamtenverhältnis auf Lebenszeit zu stellen. [4]Eine teilweise Rückzahlung der Abfindung ist nicht zulässig. [5]Nach der Rückzahlung werden die Zeiten vor der Entlassung aus dem früheren Dienstverhältnis besoldungs- und versorgungsrechtlich so behandelt, als wäre eine Abfindung nicht gewährt worden. [6]Satz 5 gilt entsprechend, wenn eine Beamtin bei erneuter Berufung in das Beamtenverhältnis innerhalb der Ausschlussfrist nach Satz 3 auf eine zugesicherte aber noch nicht gezahlte Abfindungsrente verzichtet.

§ 89 (weggefallen)

§ 90 Zusammentreffen von Versorgungsbezügen mit Versorgung aus zwischenstaatlicher und überstaatlicher Verwendung

(1) Bei der Anwendung des § 56 Absatz 1 bleibt die Zeit, die ein Beamter oder Ruhestandsbeamter vor dem 1. Juli 1968 im Dienst einer zwischenstaatlichen oder überstaatlichen Einrichtung tätig war, bis zu sechs Jahren außer Betracht.

(2) Auf die am 1. Juli 1968 vorhandenen Versorgungsempfänger findet § 56 Absatz 1 Satz 3 mit der Maßgabe Anwendung, dass ihnen zwölf Prozent der ruhegehaltfähigen Dienstbezüge als Versorgung verbleiben.

(3) Hat ein Beamter oder Versorgungsempfänger vor dem 1. Juli 1968 bei seinem Ausscheiden aus dem öffentlichen Dienst einer zwischenstaatlichen oder überstaatlichen Einrichtung anstelle einer Versorgung einen Kapitalbetrag als Abfindung oder Zahlung aus einem Versorgungsfonds erhalten, sind Absatz 1, § 56 Absatz 3 und § 69c Absatz 3 anzuwenden.

§ 91 Hochschullehrer, Wissenschaftliche Assistenten und Lektoren

(1) [1]Auf die Versorgung der Hochschullehrer, Wissenschaftlichen Assistenten und Lektoren im Sinne des Kapitels I Abschnitt V, 3. Titel des Beamtenrechtsrahmengesetzes in der vor dem Inkrafttreten des Hochschulrahmengesetzes geltenden Fassung, die nicht als Professoren oder als Hochschulassistenten übernommen worden sind, und ihrer Hinterbliebenen finden die für Beamte auf Lebenszeit, auf Probe oder auf Widerruf geltenden Vorschriften dieses Gesetzes nach Maßgabe der bis zum 31. Dezember 1976 geltenden landesrechtlichen Vorschriften Anwendung. [2]§ 67 Absatz 2 Satz 1 gilt entsprechend.

(2) Für Professoren, die nach dem 31. Dezember 1976 von ihren amtlichen Pflichten entbunden werden (Entpflichtung), und ihre Hinterbliebenen gilt Folgendes:

1. [1]Die §§ 53 bis 58, 62 und 65 finden Anwendung; hierbei gelten die Bezüge der entpflichteten Professoren als Ruhegehalt, die Empfänger als Ruhestandsbeamte. [2]§ 65 gilt nicht für entpflichtete Hochschullehrer, die die Aufgaben der von ihnen bis zur Entpflichtung innegehabten Stelle vertretungsweise wahrnehmen.

2. Die Bezüge der entpflichteten Professoren gelten unter Hinzurechnung des dem Entpflichteten zustehenden, mindestens des zuletzt vor einer Überleitung nach dem nach § 72 des Hochschulrahmengesetzes erlassenen Landesgesetz zugesicherten Vorlesungsgeldes (Kolleggeldpauschale) als Höchstgrenze im Sinne des § 53 Absatz 2 Nummer 1 und 3 dieses Gesetzes sowie als ruhegehaltfähige Dienstbezüge im Sinne des § 53a Absatz 2 in der bis zum 31. Dezember 1998 geltenden Fassung.

3. ^1Für die Versorgung der Hinterbliebenen eines entpflichteten Hochschullehrers gilt dieses Gesetz mit der Maßgabe, dass sich die Bemessung des den Hinterbliebenenbezügen zugrunde zu legenden Ruhegehalts sowie die Bemessung des Sterbe-, Witwen- und Waisengeldes der Hinterbliebenen nach dem vor dem 1. Januar 1977 geltenden Landesrecht bestimmt. ^2Für die Anwendung des § 19 Absatz 1 Satz 2 Nummer 2 und des § 23 Absatz 2 gelten die entpflichteten Professoren als Ruhestandsbeamte.

4. ^1Für Professoren, die unter § 76 Absatz 4 des Hochschulrahmengesetzes fallen, wird abweichend von Nummer 2 das Vorlesungsgeld (Kolleggeldpauschale), das ihnen beim Fortbestand ihres letzten Beamtenverhältnisses als Professor im Landesdienst vor der Annahme des Beamtenverhältnisses an einer Hochschule der Bundeswehr zuletzt zugesichert worden wäre, der Höchstgrenze im Sinne des § 53 Absatz 2 Nummer 1 und 3 dieses Gesetzes sowie den ruhegehaltsfähigen Dienstbezügen im Sinne des § 53a Absatz 2 in der bis zum 31. Dezember 1998 geltenden Fassung hinzugerechnet. ^2Für ihre Hinterbliebenen gilt in den Fällen der Nummer 3 das Landesrecht, das für das Beamtenverhältnis als Professor im Landesdienst maßgebend war.

(3) Die Versorgung der Hinterbliebenen eines nach dem nach § 72 des Hochschulrahmengesetzes erlassenen Landesgesetz übergeleiteten Professors, der einen Antrag nach § 76 Absatz 2 des Hochschulrahmengesetzes nicht gestellt hat, regelt sich nach § 67 dieses Gesetzes, wenn der Professor vor der Entpflichtung verstorben ist.

§§ 92 bis 104 (weggefallen)

Abschnitt 14
Schlussvorschriften

§ 105 Außerkrafttreten
^1Soweit Rechtsvorschriften den Vorschriften dieses Gesetzes entsprechen oder widersprechen, treten sie mit dem Inkrafttreten dieses Gesetzes außer Kraft. ^2Dies gilt nicht für die nachstehenden Vorschriften in der beim Inkrafttreten dieses Gesetzes geltenden Fassung:

1. § 27 Absatz 2 des Landesbesoldungsgesetzes Baden-Württemberg,
2. Artikel 77 Absatz 2, Artikel 77a, 123 des Gesetzes über kommunale Wahlbeamte des Landes Bayern,
3. § 191 des Landesbeamtengesetzes Berlin,
4. § 209 des Hamburgischen Beamtengesetzes,
5. Landesgesetze und Verwaltungsvereinbarungen über die Anwendung der Ruhensvorschriften bei Verwendung im Dienst öffentlich-rechtlicher Religionsgesellschaften und ihrer Verbände oder bei Ersatzschulen,
6. Vorschriften über die Rechtsstellung der in den Bundestag oder den Landtag gewählten Beamten und Richter; solche Vorschriften können auch nach Inkrafttreten dieses Gesetzes noch erlassen werden.

§ 106 Verweisung auf aufgehobene Vorschriften
Soweit in Gesetzen und Verordnungen auf Vorschriften oder Bezeichnungen verwiesen wird, die durch dieses Gesetz außer Kraft treten oder aufgehoben werden, treten an ihre Stelle die entsprechenden Vorschriften oder die Bezeichnungen dieses Gesetzes.

§ 107 Ermächtigung zum Erlass von Rechtsverordnungen und Verwaltungsvorschriften
^1Rechtsverordnungen nach diesem Gesetz bedürfen nicht der Zustimmung des Bundesrates. ^2Die zur Durchführung dieses Gesetzes erforderlichen allgemeinen Verwaltungsvorschriften erlässt das Bundesministerium des Innern, für Bau und Heimat im Einvernehmen mit dem Bundesministerium der Finanzen.[1]

§ 107a Überleitungsregelungen aus Anlass der Herstellung der Einheit Deutschlands
^1Die Bundesregierung wird ermächtigt, durch Rechtsverordnung[2], die bis zum 31. Dezember 2009 zu erlassen ist, für die Beamtenversorgung Übergangsregelungen zu bestimmen, die den besonderen Verhältnissen in dem in Artikel 3 des Einigungsvertrages genannten Gebiet Rechnung tragen. ^2Diese Verordnungsermächtigung erstreckt sich insbesondere auf Berechnungsgrundlagen, Höhe von Versorgungsleistungen und Ruhensregelungen abweichend von diesem Gesetz.

1) Siehe die BeamtenversorgungsG-VwV.
2) Siehe die Beamtenversorgungs-ÜbergangsVO.

§ 107b Verteilung der Versorgungslasten

(1) [1]Wird ein Beamter oder Richter im Einvernehmen mit seinem Dienstherrn in den Dienst eines anderen Dienstherrn übernommen, so tragen der aufnehmende Dienstherr und der abgebende Dienstherr bei Eintritt des Versorgungsfalles die Versorgungsbezüge anteilig nach Maßgabe der Absätze 2 bis 5, wenn der Beamte oder Richter bereits auf Lebenszeit ernannt worden ist und dem abgebenden Dienstherrn nach Ablegung der Laufbahnprüfung oder Feststellung der Befähigung mindestens fünf Jahre zur Dienstleistung zur Verfügung stand; dies gilt nicht für Beamte auf Zeit sowie für Beamte, die beim aufnehmenden Dienstherrn in ein Beamtenverhältnis auf Zeit berufen werden. [2]Bei einem bundesübergreifenden Dienstherrenwechsel gilt Satz 1 nur, wenn der Versorgungsfall vor dem Inkrafttreten des Versorgungslastenteilungs-Staatsvertrags[1] für den Bund eingetreten ist. [3]In diesem Fall ist § 10 des Versorgungslastenteilungs-Staatsvertrags anzuwenden.

(2) [1]Versorgungsbezüge im Sinne des Absatzes 1 Satz 1 sind alle regelmäßig wiederkehrenden Leistungen aus dem Beamten- oder Richterverhältnis, die mit oder nach Eintritt des Versorgungsfalles fällig werden. [2]Ist dem Beamten oder Richter aus Anlass oder nach der Übernahme vom aufnehmenden Dienstherrn ein höherwertiges Amt verliehen worden, so bemisst sich der Anteil des abgebenden Dienstherrn so, wie wenn der Beamte oder Richter in dem beim abgebenden Dienstherrn zuletzt bekleideten Amt verblieben wäre. [3]Entsprechendes gilt für Berufungsgewinne im Hochschulbereich und für Zulagen für die Wahrnehmung einer höherwertigen Funktion.

(3) Wird der übernommene Beamte oder Richter vom aufnehmenden Dienstherrn in den einstweiligen Ruhestand versetzt, beginnt die Versorgungslastenbeteiligung des abgebenden Dienstherrn erst mit der Antragsaltersgrenze (§ 52 Absatz 3 des Bundesbeamtengesetzes) des Beamten oder Richters, spätestens jedoch mit Einsetzen der Hinterbliebenenversorgung.

(4) [1]Die Versorgungsbezüge werden in dem Verhältnis der beim abgebenden Dienstherrn abgeleisteten ruhegehaltfähigen Dienstzeiten zu den beim aufnehmenden Dienstherrn abgeleisteten ruhegehaltfähigen Dienstzeiten aufgeteilt, dabei bleiben Ausbildungszeiten (z.B. Studium, Vorbereitungsdienst) unberücksichtigt; Zeiten einer Beurlaubung, für die der beurlaubende Dienstherr die Ruhegehaltfähigkeit anerkannt oder zugesichert hat, stehen den bei ihm abgeleisteten ruhegehaltfähigen Dienstzeiten gleich. [2]Im Falle des Absatzes 3 wird die Zeit im einstweiligen Ruhestand, soweit sie ruhegehaltfähig ist, zu Lasten des aufnehmenden Dienstherrn berücksichtigt. [3]Zeiten, für die der Beamte oder Richter vor der Übernahme bereits zum aufnehmenden Dienstherrn abgeordnet war, gelten als beim abgebenden Dienstherrn abgeleistete Dienstzeiten.

(5) [1]Der aufnehmende Dienstherr hat die vollen Versorgungsbezüge auszuzahlen. [2]Ihm steht gegen den abgebenden Dienstherrn ein Anspruch auf die in den Absätzen 2 und 4 genannten Versorgungsanteile zu. [3]Zahlt an Stelle des aufnehmenden Dienstherrn eine Versorgungskasse die Versorgungsbezüge aus, hat der aufnehmende Dienstherr den ihm nach Satz 2 erstatteten Betrag an die Versorgungskasse abzuführen.

(6)[2] [1]Ist ein Dienstherr zur Zahlung einer Abfindung nach Abschnitt 2 des Versorgungslastenteilungs-Staatsvertrages verpflichtet und hat zuvor bereits ein Dienstherrenwechsel im Sinne von Absatz 1 Satz 1 von einem anderen Dienstherrn nach § 2 des Bundesbeamtengesetzes stattgefunden, so hat der frühere Dienstherr dem abgebenden Dienstherrn die zu zahlende Abfindung vorbehaltlich des § 17 des Versorgungsrücklagegesetzes anteilig nach den bei ihm zurückgelegten Dienstzeiten zu erstatten. [2]Absatz 2 Satz 2 sowie § 6 Absatz 1 des Versorgungslastenteilungs-Staatsvertrages gelten entsprechend.

§ 107c Verteilung der Versorgungslasten bei erneuter Berufung in ein öffentlich-rechtliches Dienstverhältnis in dem in Artikel 3 des Einigungsvertrages genannten Gebiet

Erwirbt ein Ruhestandsbeamter oder Richter im Ruhestand eines Dienstherrn im Gebiet der Bundesrepublik Deutschland nach dem Stand vom 2. Oktober 1990 auf Grund einer zwischen dem 3. Oktober 1990 und dem 31. Dezember 1999 erfolgten Berufung in ein öffentlich-rechtliches Dienstverhältnis bei einem Dienstherrn in dem in Artikel 3 des Einigungsvertrages genannten Gebiet gegen diesen einen weiteren Versorgungsanspruch, so erstattet der frühere Dienstherr dem neuen Dienstherrn die Versorgungsbezüge in dem Umfang, in dem die beim früheren Dienstherrn entstandenen Versorgungsansprüche infolge der Ruhensvorschrift des § 54 nicht zur Auszahlung gelangen, sofern der Ruhestandsbeamte oder Richter im Ruhestand im Zeitpunkt der Berufung in das neue öffentlich-rechtliche Dienstverhältnis das fünfzigste Lebensjahr vollendet hatte.

1) Der Versorgungslastenteilungs-Staatsvertrag ist am 1.1.2011 für den Bund (vgl. Bek. v. 8.10.2010, BGBl. I S. 1404) und alle Länder in Kraft getreten; siehe auch die BMI-Rdschr. D4 – 223 320/13, D4 – 30301/38#2, D4 – 30300/32#1 und D4 – 30301/44#2.

2) Siehe hierzu Art. 14 Abs. 2 Satz 2 G v. 5.1.2017 (BGBl. I S. 17): „Bereits abgeschlossene Vereinbarungen zur Verteilung der Versorgungslasten bleiben unberührt.".

§ 107d Befristete Ausnahme für Verwendungseinkommen

[1]Für Ruhestandsbeamte, die ein Verwendungseinkommen aus einer Beschäftigung erzielen, die unmittelbar oder mittelbar

1. im Zusammenhang steht mit der Aufnahme, Betreuung oder Rückführung von Flüchtlingen und ihren Angehörigen oder

2. der Durchführung von migrationsspezifischen Sicherheitsaufgaben im Ausland dient,

beträgt die Höchstgrenze nach § 53 Absatz 2 Nummer 1 erste Alternative bis zum 31. Dezember 2023 120 Prozent der ruhegehaltfähigen Dienstbezüge aus der Endstufe der Besoldungsgruppe, aus der sich das Ruhegehalt berechnet, zuzüglich des jeweils zustehenden Unterschiedsbetrages nach § 50 Absatz 1. [2]Satz 1 gilt für Beamte, die wegen Dienstunfähigkeit oder nach § 52 des Bundesbeamtengesetzes in den Ruhestand versetzt worden sind, erst nach Ablauf des Monats, in dem sie die Regelaltersgrenze nach § 51 Absatz 1 und 2 des Bundesbeamtengesetzes erreicht haben.

§ 107e Sonderregelung für Einkommen aus Beschäftigungen zur Bewältigung der Auswirkungen der COVID-19-Pandemie[1)]

[1]Für Ruhestandsbeamte, die ein Erwerbseinkommen aus einer Beschäftigung erzielen, die in unmittelbarem Zusammenhang mit der Bewältigung der Auswirkungen der COVID-19-Pandemie steht, beträgt die Höchstgrenze nach § 53 Absatz 2 Nummer 1 erste Alternative bis zum 31. Dezember 2020 150 Prozent der ruhegehaltfähigen Dienstbezüge aus der Endstufe der Besoldungsgruppe, aus der sich das Ruhegehalt berechnet, zuzüglich des jeweils zustehenden Unterschiedsbetrages nach § 50 Absatz 1. [2]§ 53 Absatz 5 Satz 2 und 3 ist nicht anzuwenden. [3]Die Sätze 1 und 2 gelten nicht für Beamte, die wegen Dienstunfähigkeit oder nach § 52 Absatz 1 oder 2 des Bundesbeamtengesetzes in den Ruhestand versetzt worden sind.

§ 108 Anwendungsbereich in den Ländern

(1) Für die Beamten der Länder, der Gemeinden, der Gemeindeverbände sowie der sonstigen der Aufsicht eines Landes unterstehenden Körperschaften, Anstalten und Stiftungen des öffentlichen Rechts gilt das Beamtenversorgungsgesetz in der bis zum 31. August 2006 geltenden Fassung, soweit es nicht durch Landesrecht ersetzt wurde.

(2) Nach Maßgabe des Deutschen Richtergesetzes ist auf die Versorgung der Richter der Länder das Beamtenversorgungsgesetz in der bis zum 31. August 2006 geltenden Fassung entsprechend anzuwenden, soweit nichts anderes bestimmt ist.

§ 109 (Inkrafttreten)

1) § 107e wird mWv 1.1.2021 aufgehoben.

Bundespersonalvertretungsgesetz (BPersVG)

Vom 15. März 1974 (BGBl. I S. 693)
(FNA 2035-4)
zuletzt geändert durch Art. 1, 2 Zweites G zur Änd. des BPersVG und weiterer dienstrechtl. Vorschriften
aus Anlass der COVID-19-Pandemie vom 25. Mai 2020 (BGBl. I S. 1063)

Nichtamtliche Inhaltsübersicht

<div align="center">

Erster Teil
Personalvertretungen im Bundesdienst[1]

Erstes Kapitel
Allgemeine Vorschriften

</div>

§ 1 [Errichtung von Personalvertretungen]

[1]In den Verwaltungen des Bundes und der bundesunmittelbaren Körperschaften, Anstalten und Stiftungen des öffentlichen Rechts sowie in den Gerichten des Bundes werden Personalvertretungen gebildet. [2]Zu den Verwaltungen im Sinne dieses Gesetzes gehören auch die Betriebsverwaltungen.

§ 2 [Stellung der Gewerkschaften und Vereinigungen der Arbeitgeber]

(1) Dienststelle und Personalvertretung arbeiten unter Beachtung der Gesetze und Tarifverträge vertrauensvoll und im Zusammenwirken mit den in der Dienststelle vertretenen Gewerkschaften und Arbeitgebervereinigungen zum Wohle der Beschäftigten und zur Erfüllung der der Dienststelle obliegenden Aufgaben zusammen.

(2) Zur Wahrnehmung der in diesem Gesetz genannten Aufgaben und Befugnisse der in der Dienststelle vertretenen Gewerkschaften ist deren Beauftragten nach Unterrichtung des Dienststellenleiters oder seines Vertreters Zugang zu der Dienststelle zu gewähren, soweit dem nicht unumgängliche Notwendigkeiten des Dienstablaufs, zwingende Sicherheitsvorschriften oder der Schutz von Dienstgeheimnissen entgegenstehen.

(3) Die Aufgaben der Gewerkschaften und der Vereinigungen der Arbeitgeber, insbesondere die Wahrnehmung der Interessen ihrer Mitglieder, werden durch dieses Gesetz nicht berührt.

§ 3 [Unabdingbarkeit des Personalvertretungsrechts]

Durch Tarifvertrag kann das Personalvertretungsrecht nicht abweichend von diesem Gesetz geregelt werden.

§ 4 [Begriff des Beschäftigten im öffentlichen Dienst]

(1) Beschäftigte im öffentlichen Dienst im Sinne dieses Gesetzes sind die Beamten und Arbeitnehmer einschließlich der zu ihrer Berufsausbildung Beschäftigten sowie Richter, die an eine der in § 1 genannten Verwaltungen oder zur Wahrnehmung einer nichtrichterlichen Tätigkeit an ein Gericht des Bundes abgeordnet sind.

(2) Wer Beamter ist, bestimmen die Beamtengesetze.

(3) [1]Arbeitnehmer im Sinne dieses Gesetzes sind Beschäftigte, die nach dem für die Dienststelle maßgebenden Tarifvertrag oder nach der Dienstordnung Arbeitnehmer sind oder die als übertarifliche Arbeitnehmer beschäftigt werden. [2]Als Arbeitnehmer gelten auch Beschäftigte, die sich in einer beruflichen Ausbildung befinden.

(4) *[aufgehoben]*

(5) Als Beschäftigte im Sinne dieses Gesetzes gelten nicht
1. Personen, deren Beschäftigung überwiegend durch Beweggründe karitativer oder religiöser Art bestimmt ist,
2. Personen, die überwiegend zu ihrer Heilung, Wiedereingewöhnung, sittlichen Besserung oder Erziehung beschäftigt werden.

1) Für den Bereich der Bundeswehr siehe § 91 SoldatenG.

§ 5 [Bildung von Gruppen]
¹Die Beamten und Arbeitnehmer bilden je eine Gruppe. ²Die in § 4 Abs. 1 bezeichneten Richter treten zur Gruppe der Beamten.

§ 6 [Begriff der Dienststelle]
(1) Dienststellen im Sinne dieses Gesetzes sind die einzelnen Behörden, Verwaltungsstellen und Betriebe der in § 1 genannten Verwaltungen sowie die Gerichte.
(2) ¹Die einer Behörde der Mittelstufe unmittelbar nachgeordnete Behörde bildet mit den ihr nachgeordneten Stellen eine Dienststelle; dies gilt nicht, soweit auch die weiter nachgeordneten Stellen im Verwaltungsaufbau nach Aufgabenbereich und Organisation selbständig sind. ²Behörden der Mittelstufe im Sinne dieses Gesetzes sind die der obersten Dienstbehörde unmittelbar nachgeordneten Behörden, denen andere Dienststellen nachgeordnet sind.
(3) ¹Nebenstellen und Teile einer Dienststelle, die räumlich weit von dieser entfernt liegen, gelten als selbständige Dienststellen, wenn die Mehrheit ihrer wahlberechtigten Beschäftigten dies in geheimer Abstimmung beschließt. ²Der Beschluß ist für die folgende Wahl und die Amtszeit der aus ihr hervorgehenden Personalvertretung wirksam.
(4) Bei gemeinsamen Dienststellen des Bundes und anderer Körperschaften gelten nur die im Bundesdienst Beschäftigten als zur Dienststelle gehörig.

§ 7 [Dienststellenleiter]
¹Für die Dienststelle handelt ihr Leiter. ²Er kann sich bei Verhinderung durch seinen ständigen Vertreter vertreten lassen. ³Bei obersten Dienstbehörden kann er auch den Leiter der Abteilung für Personal- und Verwaltungsangelegenheiten, bei Bundesoberbehörden ohne nachgeordnete Dienststellen und bei Behörden der Mittelstufe auch den jeweils entsprechenden Abteilungsleiter zu seinem Vertreter bestimmen. ⁴Das gleiche gilt für sonstige Beauftragte, sofern der Personalrat sich mit dieser Beauftragung einverstanden erklärt.

§ 8 [Verbot der Behinderung der Arbeit des Personalrats]
Personen, die Aufgaben oder Befugnisse nach diesem Gesetz wahrnehmen, dürfen darin nicht behindert und wegen ihrer Tätigkeit nicht benachteiligt oder begünstigt werden; dies gilt auch für ihre berufliche Entwicklung.

§ 9 [Übernahme eines Auszubildenden]
(1) Beabsichtigt der Arbeitgeber, einen in einem Berufsausbildungsverhältnis nach dem Berufsbildungsgesetz, dem Krankenpflegegesetz, dem Pflegeberufegesetz oder dem Hebammengesetz stehenden Beschäftigten (Auszubildenden), der Mitglied einer Personalvertretung oder einer Jugend- und Auszubildendenvertretung ist, nach erfolgreicher Beendigung des Berufsausbildungsverhältnisses nicht in ein Arbeitsverhältnis auf unbestimmte Zeit zu übernehmen, so hat er dies drei Monate vor Beendigung des Berufsausbildungsverhältnisses dem Auszubildenden schriftlich mitzuteilen.
(2) Verlangt ein in Absatz 1 genannter Auszubildender innerhalb der letzten drei Monate vor Beendigung des Berufsausbildungsverhältnisses schriftlich vom Arbeitgeber seine Weiterbeschäftigung, so gilt zwischen dem Auszubildenden und dem Arbeitgeber im Anschluß an das erfolgreiche Berufsausbildungsverhältnis ein Arbeitsverhältnis auf unbestimmte Zeit als begründet.
(3) Die Absätze 1 und 2 gelten auch, wenn das Berufsausbildungsverhältnis vor Ablauf eines Jahres nach Beendigung der Amtszeit der Personalvertretung oder der Jugend- und Auszubildendenvertretung erfolgreich endet.
(4) ¹Der Arbeitgeber kann spätestens bis zum Ablauf von zwei Wochen nach Beendigung des Berufsausbildungsverhältnisses beim Verwaltungsgericht beantragen,
1. festzustellen, daß ein Arbeitsverhältnis nach den Absätzen 2 oder 3 nicht begründet wird, oder
2. das bereits nach den Absätzen 2 oder 3 begründete Arbeitsverhältnis aufzulösen,
wenn Tatsachen vorliegen, auf Grund derer dem Arbeitgeber unter Berücksichtigung aller Umstände die Weiterbeschäftigung nicht zugemutet werden kann. ²In dem Verfahren vor dem Verwaltungsgericht ist die Personalvertretung, bei einem Mitglied der Jugend- und Auszubildendenvertretung auch diese beteiligt.
(5) Die Absätze 2 bis 4 sind unabhängig davon anzuwenden, ob der Arbeitgeber seiner Mitteilungspflicht nach Absatz 1 nachgekommen ist.

§ 10 [Geheimhaltungspflicht]
(1) ¹Personen, die Aufgaben oder Befugnisse nach diesem Gesetz wahrnehmen oder wahrgenommen haben, haben über die ihnen dabei bekanntgewordenen Angelegenheiten und Tatsachen Stillschweigen

zu bewahren. [2]Abgesehen von den Fällen des § 68 Abs. 2 Satz 3 und des § 93 gilt die Schweigepflicht nicht für Mitglieder der Personalvertretung und der Jugend- und Auszubildendenvertretung gegenüber den übrigen Mitgliedern der Vertretung und für die in Satz 1 bezeichneten Personen gegenüber der zuständigen Personalvertretung; sie entfällt ferner gegenüber der vorgesetzten Dienststelle, der bei ihr gebildeten Stufenvertretung und gegenüber dem Gesamtpersonalrat. [3]Satz 2 gilt auch für die Anrufung der Einigungsstelle.

(2) Die Schweigepflicht besteht nicht für Angelegenheiten oder Tatsachen, die offenkundig sind oder ihrer Bedeutung nach keiner Geheimhaltung bedürfen.

§ 11 [Unfall in Wahrnehmung dieses Gesetzes]
Erleidet ein Beamter anläßlich der Wahrnehmung von Rechten oder Erfüllung von Pflichten nach diesem Gesetz einen Unfall, der im Sinne der beamtenrechtlichen Unfallfürsorgevorschriften ein Dienstunfall wäre, so sind diese Vorschriften entsprechend anzuwenden.

Zweites Kapitel
Personalrat, Stufenvertretung, Gesamtpersonalrat, Personalversammlung

Erster Abschnitt
Wahl und Zusammensetzung des Personalrates

§ 12 [Bildung von Personalräten]
(1) In allen Dienststellen, die in der Regel mindestens fünf Wahlberechtigte beschäftigen, von denen drei wählbar sind, werden Personalräte gebildet.

(2) Dienststellen, bei denen die Voraussetzungen des Absatzes 1 nicht gegeben sind, werden von der übergeordneten Dienststelle im Einvernehmen mit der Stufenvertretung einer benachbarten Dienststelle zugeteilt.

§ 13 [Wahlberechtigung]
(1) [1]Wahlberechtigt sind alle Beschäftigten, die am Wahltage das 18. Lebensjahr vollendet haben, es sei denn, daß sie infolge Richterspruchs das Recht, in öffentlichen Angelegenheiten zu wählen oder zu stimmen, nicht besitzen. [2]Beschäftigte, die am Wahltage seit mehr als sechs Monaten unter Wegfall der Bezüge beurlaubt sind, sind nicht wahlberechtigt.

(2) [1]Wer zu einer Dienststelle abgeordnet ist, wird in ihr wahlberechtigt, sobald die Abordnung länger als drei Monate gedauert hat; im gleichen Zeitpunkt verliert er das Wahlrecht bei der alten Dienststelle. [2]Das gilt nicht für Beschäftigte, die als Mitglieder einer Stufenvertretung oder des Gesamtpersonalrates freigestellt sind. [3]Satz 1 gilt ferner nicht, wenn feststeht, daß der Beschäftigte binnen weiterer sechs Monate in die alte Dienststelle zurückkehren wird. [4]Hinsichtlich des Verlustes des Wahlrechts bei der alten Dienststelle gelten die Sätze 1 und 3 entsprechend in Fällen einer Zuweisung nach § 29 des Bundesbeamtengesetzes oder auf Grund entsprechender arbeitsvertraglicher Vereinbarung.

(3) Beamte im Vorbereitungsdienst und Beschäftigte in entsprechender Berufsausbildung sind nur bei ihrer Stammbehörde wahlberechtigt.

§ 14 [Wählbarkeit]
(1) [1]Wählbar sind alle Wahlberechtigten, die am Wahltage
1. seit sechs Monaten dem Geschäftsbereich ihrer obersten Dienstbehörde angehören und
2. seit einem Jahr in öffentlichen Verwaltungen oder von diesen geführten Betrieben beschäftigt sind. [2]Nicht wählbar ist, wer infolge Richterspruchs die Fähigkeit, Rechte aus öffentlichen Wahlen zu erlangen, nicht besitzt.

(2) Die in § 13 Abs. 3 genannten Personen sind nicht in eine Stufenvertretung wählbar.

(3) Nicht wählbar sind für die Personalvertretung ihrer Dienststelle die in § 7 genannten Personen sowie Beschäftigte, die zu selbständigen Entscheidungen in Personalangelegenheiten der Dienststelle befugt sind.

§ 15 [Entfallen von Wählbarkeitsvoraussetzungen]
(1) Besteht die oberste Dienstbehörde oder die Dienststelle weniger als ein Jahr, so bedarf es für die Wählbarkeit nicht der Voraussetzung des § 14 Abs. 1 Nr. 1.

(2) Die Voraussetzung des § 14 Abs. 1 Nr. 2 entfällt, wenn nicht mindestens fünfmal so viel wählbare Beschäftigte jeder Gruppe vorhanden wären, als nach den §§ 16 und 17 zu wählen sind.

§ 16 [Zahl der Personalratsmitglieder]
(1) ¹Der Personalrat besteht in Dienststellen mit in der Regel

5 bis 20 wahlberechtigten Beschäftigten	aus einer Person,
21 Wahlberechtigten bis 50 Beschäftigten	aus drei Mitgliedern,
51 bis 150 Beschäftigten	aus fünf Mitgliedern,
151 bis 300 Beschäftigten	aus sieben Mitgliedern,
301 bis 600 Beschäftigten	aus neun Mitgliedern,
601 bis 1 000 Beschäftigten	aus elf Mitgliedern.

²Die Zahl der Mitglieder erhöht sich in Dienststellen mit 1 001 bis 5 000 Beschäftigten um je zwei für je weitere angefangene 1 000, mit 5 001 und mehr Beschäftigten um je zwei für je weitere angefangene 2 000. (2) Die Höchstzahl der Mitglieder beträgt einunddreißig.

§ 17 [Zahlenmäßiges Verhältnis der einzelnen Gruppen im Personalrat]
(1) ¹Sind in der Dienststelle Angehörige verschiedener Gruppen beschäftigt, so muß jede Gruppe entsprechend ihrer Stärke im Personalrat vertreten sein, wenn dieser aus mindestens drei Mitgliedern besteht. ²Bei gleicher Stärke der Gruppen entscheidet das Los. ³Macht eine Gruppe von ihrem Recht, im Personalrat vertreten zu sein, keinen Gebrauch, so verliert sie ihren Anspruch auf Vertretung.
(2) Der Wahlvorstand errechnet die Verteilung der Sitze auf die Gruppen nach den Grundsätzen der Verhältniswahl.
(3) Eine Gruppe erhält mindestens

bei weniger als 51 Gruppenangehörigen	einen Vertreter,
bei 51 bis 200 Gruppenangehörigen	zwei Vertreter,
bei 201 bis 600 Gruppenangehörigen	drei Vertreter,
bei 601 bis 1 000 Gruppenangehörigen	vier Vertreter,
bei 1 001 bis 3 000 Gruppenangehörigen	fünf Vertreter,
bei 3 001 und mehr Gruppenangehörigen	sechs Vertreter.

(4) ¹Ein Personalrat, für den in § 16 Abs. 1 drei Mitglieder vorgesehen sind, besteht aus vier Mitgliedern, wenn eine Gruppe mindestens ebensoviel Beschäftigte zählt wie die beiden anderen Gruppen zusammen. ²Das vierte Mitglied steht der stärksten Gruppe zu.
(5) ¹Eine Gruppe, der in der Regel nicht mehr als fünf Beschäftigte angehören, erhält nur dann eine Vertretung, wenn sie mindestens ein Zwanzigstel der Beschäftigten der Dienststelle umfaßt. ²Erhält sie keine Vertretung und findet Gruppenwahl statt, so kann sich jeder Angehörige dieser Gruppe durch Erklärung gegenüber dem Wahlvorstand einer anderen Gruppe anschließen.
(6) Der Personalrat soll sich aus Vertretern der verschiedenen Beschäftigungsarten zusammensetzen.
(7) Die Geschlechter sollen im Personalrat entsprechend dem Zahlenverhältnis vertreten sein.

§ 18 [Abweichende Verteilung der Personalratssitze]
(1) Die Verteilung der Mitglieder des Personalrates auf die Gruppen kann abweichend von § 17 geordnet werden, wenn jede Gruppe dies vor der Neuwahl in getrennter geheimer Abstimmung beschließt.
(2) ¹Für jede Gruppe können auch Angehörige anderer Gruppen vorgeschlagen werden. ²Die Gewählten gelten als Vertreter derjenigen Gruppe, für die sie vorgeschlagen worden sind. ³Satz 2 gilt auch für Ersatzmitglieder.

§ 19 [Wahlvorschriften]
(1) Der Personalrat wird in geheimer und unmittelbarer Wahl gewählt.
(2) ¹Besteht der Personalrat aus mehr als einer Person, so wählen die Beamten und Arbeitnehmer ihre Vertreter (§ 17) je in getrennten Wahlgängen, es sei denn, daß die wahlberechtigten Angehörigen jeder Gruppe vor der Neuwahl in getrennten geheimen Abstimmungen die gemeinsame Wahl beschließen. ²Der Beschluß bedarf der Mehrheit der Stimmen aller Wahlberechtigten jeder Gruppe.
(3) ¹Die Wahl wird nach den Grundsätzen der Verhältniswahl durchgeführt. ²Wird nur ein Wahlvorschlag eingereicht, so findet Personenwahl statt. ³In Dienststellen, deren Personalrat aus einer Person besteht, wird dieser mit einfacher Stimmenmehrheit gewählt. ⁴Das gleiche gilt für Gruppen, denen nur ein Vertreter im Personalrat zusteht.
(4) ¹Zur Wahl des Personalrates können die wahlberechtigten Beschäftigten und die in der Dienststelle vertretenen Gewerkschaften Wahlvorschläge machen. ²Jeder Wahlvorschlag der Beschäftigten muß von mindestens einem Zwanzigstel der wahlberechtigten Gruppenangehörigen, jedoch mindestens von drei Wahlberechtigten unterzeichnet sein. ³In jedem Fall genügt die Unterzeichnung durch 50 wahlberechtigte

Gruppenangehörige. [4]Die nach § 14 Abs. 3 nicht wählbaren Beschäftigten dürfen keine Wahlvorschläge machen oder unterzeichnen.

(5) Ist gemeinsame Wahl beschlossen worden, so muß jeder Wahlvorschlag der Beschäftigten von mindestens einem Zwanzigstel der wahlberechtigten Beschäftigten unterzeichnet sein; Absatz 4 Satz 2 bis 4 gilt entsprechend.

(6) [1]Werden bei gemeinsamer Wahl für eine Gruppe gruppenfremde Bewerber vorgeschlagen, muß der Wahlvorschlag von mindestens einem Zehntel der wahlberechtigten Angehörigen der Gruppe unterzeichnet sein, für die sie vorgeschlagen sind. [2]Absatz 4 Satz 3, 4 gilt entsprechend.

(7) Jeder Beschäftigte kann nur auf einem Wahlvorschlag benannt werden.

(8) [1]Besteht in einer Dienststelle kein Personalrat, so können die in der Dienststelle vertretenen Gewerkschaften zur Wahl des Personalrates Wahlvorschläge machen. [2]Auf diese Wahlvorschläge sind die Absätze 4 bis 6 nicht anzuwenden.

(9) [1]Jeder Wahlvorschlag einer Gewerkschaft muß von zwei Beauftragten unterzeichnet sein; die Beauftragten müssen Beschäftigte der Dienststelle sein und einer in der Dienststelle vertretenen Gewerkschaft angehören. [2]Bei Zweifeln an der Beauftragung kann der Wahlvorstand verlangen, daß die Gewerkschaft die Beauftragung bestätigt.

§ 20 [Bestellung oder Wahl des Wahlvorstands]

(1) [1]Spätestens acht Wochen vor Ablauf der Amtszeit bestellt der Personalrat drei Wahlberechtigte als Wahlvorstand und einen von ihnen als Vorsitzenden. [2]Sind in der Dienststelle Angehörige verschiedener Gruppen beschäftigt, so muß jede Gruppe im Wahlvorstand vertreten sein. [3]Hat die Dienststelle weibliche und männliche Beschäftigte, sollen dem Wahlvorstand Frauen und Männer angehören. [4]Je ein Beauftragter der in der Dienststelle vertretenen Gewerkschaften ist berechtigt, an den Sitzungen des Wahlvorstandes mit beratender Stimme teilzunehmen.

(2) [1]Besteht sechs Wochen vor Ablauf der Amtszeit des Personalrates kein Wahlvorstand, so beruft der Leiter der Dienststelle auf Antrag von mindestens drei Wahlberechtigten oder einer in der Dienststelle vertretenen Gewerkschaft eine Personalversammlung zur Wahl des Wahlvorstandes ein. [2]Absatz 1 gilt entsprechend. [3]Die Personalversammlung wählt sich einen Versammlungsleiter.

§ 21 [Wahl des Wahlvorstands]

[1]Besteht in einer Dienststelle, die die Voraussetzungen des § 12 erfüllt, kein Personalrat, so beruft der Leiter der Dienststelle eine Personalversammlung zur Wahl des Wahlvorstandes ein. [2]§ 20 Abs. 2 Satz 3 gilt entsprechend.

§ 22 [Bestellung des Wahlvorstands durch den Dienststellenleiter]

Findet eine Personalversammlung (§ 20 Abs. 2, § 21) nicht statt oder wählt die Personalversammlung keinen Wahlvorstand, so bestellt ihn der Leiter der Dienststelle auf Antrag von mindestens drei Wahlberechtigten oder einer in der Dienststelle vertretenen Gewerkschaft.

§ 23 [Vorbereitung und Durchführung der Wahl]

(1) [1]Der Wahlvorstand hat die Wahl unverzüglich einzuleiten; sie soll spätestens nach sechs Wochen stattfinden. [2]Kommt der Wahlvorstand dieser Verpflichtung nicht nach, so beruft der Leiter der Dienststelle auf Antrag von mindestens drei Wahlberechtigten oder einer in der Dienststelle vertretenen Gewerkschaft eine Personalversammlung zur Wahl eines neuen Wahlvorstandes ein. [3]§ 20 Abs. 2 Satz 3 und § 22 gelten entsprechend.

(2) [1]Unverzüglich nach Abschluß der Wahl nimmt der Wahlvorstand öffentlich die Auszählung der Stimmen vor, stellt deren Ergebnis in einer Niederschrift fest und gibt es den Angehörigen der Dienststelle durch Aushang bekannt. [2]Dem Dienststellenleiter und den in der Dienststelle vertretenen Gewerkschaften ist eine Abschrift der Niederschrift zu übersenden.

§ 24 [Wahlschutz und Wahlkosten]

(1) [1]Niemand darf die Wahl des Personalrates behindern oder in einer gegen die guten Sitten verstoßenden Weise beeinflussen. [2]Insbesondere darf kein Wahlberechtigter in der Ausübung des aktiven und passiven Wahlrechts beschränkt werden. [3]§ 47 Abs. 1, 2 Satz 1 und 2 gilt für Mitglieder des Wahlvorstandes und Wahlbewerber entsprechend.

(2) [1]Die Kosten der Wahl trägt die Dienststelle. [2]Notwendige Versäumnis von Arbeitszeit infolge der Ausübung des Wahlrechts, der Teilnahme an den in den §§ 20 bis 23 genannten Personalversammlungen oder der Betätigung im Wahlvorstand hat keine Minderung der Dienstbezüge oder des Arbeitsentgeltes zur Folge. [3]Für die Mitglieder des Wahlvorstandes gelten § 44 Abs. 1 Satz 2 und § 46 Abs. 2 Satz 2 entsprechend.

§ 25 [Wahlanfechtung]

Mindestens drei Wahlberechtigte, jede in der Dienststelle vertretene Gewerkschaft oder der Leiter der Dienststelle können binnen einer Frist von zwölf Arbeitstagen, vom Tage der Bekanntgabe des Wahlergebnisses an gerechnet, die Wahl beim Verwaltungsgericht anfechten, wenn gegen wesentliche Vorschriften über das Wahlrecht, die Wählbarkeit oder das Wahlverfahren verstoßen worden und eine Berichtigung nicht erfolgt ist, es sei denn, daß durch den Verstoß das Wahlergebnis nicht geändert oder beeinflußt werden konnte.

Zweiter Abschnitt
Amtszeit des Personalrates

§ 26[1] [Amtszeit]

[1]Die regelmäßige Amtszeit des Personalrates beträgt vier Jahre. [2]Die Amtszeit beginnt mit dem Tage der Wahl oder, wenn zu diesem Zeitpunkt noch ein Personalrat besteht, mit dem Ablauf seiner Amtszeit. [3]Sie endet spätestens am 31. Mai des Jahres, in dem nach § 27 Abs. 1 die regelmäßigen Personalratswahlen stattfinden.

§ 26a [Personalratswahlen im Jahr 2020][2]

[1]Für die Personalratswahlen im Jahr 2020 gilt § 26 Satz 2 mit der Maßgabe, dass die Amtszeit des Personalrats mit der Konstituierung beginnt. [2]Ist am Tage des Ablaufs der regelmäßigen Amtszeit des Personalrates ein neuer Personalrat noch nicht gewählt oder konstituiert, führt der Personalrat die Geschäfte weiter, bis der neue Personalrat gewählt und zu seiner ersten Sitzung zusammengetreten ist, längstens jedoch bis zum Ablauf des 31. März 2021. [3]Dies gilt entsprechend für die Jugend- und Auszubildendenvertretungen.

§ 27[1] [Zeitpunkt der Personalratswahl]

(1) Die regelmäßigen Personalratswahlen finden alle vier Jahre in der Zeit vom 1. März bis 31. Mai statt.

(2) Außerhalb dieser Zeit ist der Personalrat zu wählen, wenn

1. mit Ablauf von vierundzwanzig Monaten, vom Tage der Wahl gerechnet, die Zahl der regelmäßig Beschäftigten um die Hälfte, mindestens aber um 50 gestiegen oder gesunken ist oder
2. die Gesamtzahl der Mitglieder des Personalrates auch nach Eintreten sämtlicher Ersatzmitglieder um mehr als ein Viertel der vorgeschriebenen Zahl gesunken ist oder
3. der Personalrat mit der Mehrheit seiner Mitglieder seinen Rücktritt beschlossen hat oder
4. der Personalrat durch gerichtliche Entscheidung aufgelöst ist oder
5. in der Dienststelle kein Personalrat besteht.

(3) In den Fällen des Absatzes 2 Nr. 1 bis 3 führt der Personalrat die Geschäfte weiter, bis der neue Personalrat gewählt ist.

(4) Ist eine in der Dienststelle vorhandene Gruppe, die bisher im Personalrat vertreten war, durch kein Mitglied des Personalrates mehr vertreten, so wählt diese Gruppe neue Mitglieder.

(5) [1]Hat außerhalb des für die regelmäßigen Personalratswahlen festgelegten Zeitraumes eine Personalratswahl stattgefunden, so ist der Personalrat in dem auf die Wahl folgenden nächsten Zeitraum der regelmäßigen Personalratswahlen neu zu wählen. [2]Hat die Amtszeit des Personalrates zu Beginn des für die regelmäßigen Personalratswahlen festgelegten Zeitraumes noch nicht ein Jahr betragen, so ist der Personalrat in dem übernächsten Zeitraum der regelmäßigen Personalratswahlen neu zu wählen.

§ 28 [Ausschluss eines Personalratsmitgliedes, Auflösung des Personalrats]

(1) [1]Auf Antrag eines Viertels der Wahlberechtigten oder einer in der Dienststelle vertretenen Gewerkschaft kann das Verwaltungsgericht den Ausschluß eines Mitgliedes aus dem Personalrat oder die Auflösung des Personalrates wegen grober Vernachlässigung seiner gesetzlichen Befugnisse oder wegen grober Verletzung seiner gesetzlichen Pflichten beschließen. [2]Der Personalrat kann aus den gleichen Gründen den Ausschluß eines Mitgliedes beantragen. [3]Der Leiter der Dienststelle kann den Ausschluß eines Mitgliedes aus dem Personalrat oder die Auflösung des Personalrates wegen grober Verletzung seiner gesetzlichen Pflichten beantragen.

(2) [1]Ist der Personalrat aufgelöst, so setzt der Vorsitzende der Fachkammer des Verwaltungsgerichtes einen Wahlvorstand ein. [2]Dieser hat unverzüglich eine Neuwahl einzuleiten. [3]Bis zur Neuwahl nimmt der Wahlvorstand die dem Personalrat nach diesem Gesetz zustehenden Befugnisse und Pflichten wahr.

1) Beachte hierzu auch § 116b.
2) § 26a wird mWv 1.4.2021 aufgehoben.

§ 29 [Erlöschen der Mitgliedschaft]

(1) Die Mitgliedschaft im Personalrat erlischt durch

1. Ablauf der Amtszeit,
2. Niederlegung des Amtes,
3. Beendigung des Dienstverhältnisses,
4. Ausscheiden aus der Dienststelle,
5. Verlust der Wählbarkeit mit Ausnahme der Fälle des § 14 Abs. 2 Satz 1,
6. gerichtliche Entscheidung nach § 28,
7. Feststellung nach Ablauf der in § 25 bezeichneten Frist, daß der Gewählte nicht wählbar war.

(2) Die Mitgliedschaft im Personalrat wird durch einen Wechsel der Gruppenzugehörigkeit eines Mitgliedes nicht berührt; dieses bleibt Vertreter der Gruppe, die es gewählt hat.

§ 30 [Ruhen der Mitgliedschaft]

Die Mitgliedschaft eines Beamten im Personalrat ruht, solange ihm die Führung der Dienstgeschäfte verboten oder er wegen eines gegen ihn schwebenden Disziplinarverfahrens vorläufig des Dienstes enthoben ist.

§ 31 [Nachrücken von Ersatzmitgliedern]

(1) [1]Scheidet ein Mitglied aus dem Personalrat aus, so tritt ein Ersatzmitglied ein. [2]Das gleiche gilt, wenn ein Mitglied des Personalrates zeitweilig verhindert ist.

(2) [1]Die Ersatzmitglieder werden der Reihe nach aus den nicht gewählten Beschäftigten derjenigen Vorschlagslisten entnommen, denen die zu ersetzenden Mitglieder angehören. [2]Ist das ausgeschiedene oder verhinderte Mitglied mit einfacher Stimmenmehrheit gewählt, so tritt der nicht gewählte Beschäftigte mit der nächsthöheren Stimmenzahl als Ersatzmitglied ein.

(3) § 29 Abs. 2 gilt entsprechend bei einem Wechsel der Gruppenzugehörigkeit vor dem Eintritt des Ersatzmitgliedes in den Personalrat.

(4) Im Falle des § 27 Abs. 2 Nr. 4 treten Ersatzmitglieder nicht ein.

Dritter Abschnitt
Geschäftsführung des Personalrates

§ 32 [Vorsitzender]

(1) [1]Der Personalrat bildet aus seiner Mitte den Vorstand. [2]Diesem muß ein Mitglied jeder im Personalrat vertretenen Gruppe angehören. [3]Die Vertreter jeder Gruppe wählen das auf sie entfallende Vorstandsmitglied. [4]Der Vorstand führt die laufenden Geschäfte.

(2) [1]Der Personalrat bestimmt mit einfacher Mehrheit, welches Vorstandsmitglied den Vorsitz übernimmt. [2]Er bestimmt zugleich die Vertretung des Vorsitzenden durch seine Stellvertreter. [3]Dabei sind die Gruppen zu berücksichtigen, denen der Vorsitzende nicht angehört, es sei denn, daß die Vertreter dieser Gruppen darauf verzichten.

(3) [1]Der Vorsitzende vertritt den Personalrat im Rahmen der von diesem gefaßten Beschlüsse. [2]In Angelegenheiten, die nur eine Gruppe betreffen, vertritt der Vorsitzende, wenn er nicht selbst dieser Gruppe angehört, gemeinsam mit einem der Gruppe angehörenden Vorstandsmitglied den Personalrat.

§ 33 [Wahl von weiteren Personalratsmitgliedern]

[1]Hat der Personalrat elf oder mehr Mitglieder, so wählt er aus seiner Mitte mit einfacher Stimmenmehrheit zwei weitere Mitglieder in den Vorstand. [2]Sind Mitglieder des Personalrates aus Wahlvorschlagslisten mit verschiedenen Bezeichnungen gewählt worden und sind im Vorstand Mitglieder aus derjenigen Liste nicht vertreten, die die zweitgrößte Anzahl, mindestens jedoch ein Drittel aller von den Angehörigen der Dienststelle abgegebenen Stimmen erhalten hat, so ist eines der weiteren Vorstandsmitglieder aus dieser Liste zu wählen.

§ 34 [Frist für die vorgeschriebenen Wahlen]

(1) Spätestens sechs Arbeitstage nach dem Wahltage hat der Wahlvorstand die Mitglieder des Personalrates zur Vornahme der vorgeschriebenen Wahlen einzuberufen und die Sitzung zu leiten, bis der Personalrat aus seiner Mitte einen Wahlleiter bestellt hat.

(2) [1]Die weiteren Sitzungen beraumt der Vorsitzende des Personalrates an. [2]Er setzt die Tagesordnung fest und leitet die Verhandlung. [3]Der Vorsitzende hat die Mitglieder des Personalrates zu den Sitzungen rechtzeitig unter Mitteilung der Tagesordnung zu laden. [4]Satz 3 gilt auch für die Ladung der Schwerbehindertenvertretung, der Mitglieder der Jugend- und Auszubildendenvertretung und der Vertreter der nichtständig Beschäftigten, soweit sie ein Recht auf Teilnahme an der Sitzung haben.

(3) Auf Antrag eines Viertels der Mitglieder des Personalrates, der Mehrheit der Vertreter einer Gruppe, des Leiters der Dienststelle, in Angelegenheiten, die besonders schwerbeschädigte Beschäftigte betreffen, des Vertrauensmannes der Schwerbeschädigten oder in Angelegenheiten, die besonders die in § 57 genannten Beschäftigten betreffen, der Mehrheit der Mitglieder der Jugend- und Auszubildendenvertretung hat der Vorsitzende eine Sitzung anzuberaumen und den Gegenstand, dessen Beratung beantragt ist, auf die Tagesordnung zu setzen.

(4) Der Leiter der Dienststelle nimmt an den Sitzungen, die auf sein Verlangen anberaumt sind, und an den Sitzungen, zu denen er ausdrücklich eingeladen ist, teil.

§ 35 [Personalratssitzungen]

[1]Die Sitzungen des Personalrates sind nicht öffentlich; sie finden in der Regel während der Arbeitszeit statt. [2]Der Personalrat hat bei der Anberaumung seiner Sitzungen auf die dienstlichen Erfordernisse Rücksicht zu nehmen. [3]Der Leiter der Dienststelle ist vom Zeitpunkt der Sitzung vorher zu verständigen.

§ 36 [Teilnahme von Gewerkschaften]

Auf Antrag von einem Viertel der Mitglieder oder der Mehrheit einer Gruppe des Personalrates kann ein Beauftragter einer im Personalrat vertretenen Gewerkschaft an den Sitzungen beratend teilnehmen; in diesem Falle sind der Zeitpunkt der Sitzung und die Tagesordnung der Gewerkschaft rechtzeitig mitzuteilen.

§ 37 [Beschlüsse des Personalrats]

(1) [1]Die Beschlüsse des Personalrates werden mit einfacher Stimmenmehrheit der anwesenden Mitglieder gefaßt. [2]Stimmenthaltung gilt als Ablehnung. [3]Bei Stimmengleichheit ist ein Antrag abgelehnt.

(2) Der Personalrat ist nur beschlußfähig, wenn mindestens die Hälfte seiner Mitglieder anwesend ist; Stellvertretung durch Ersatzmitglieder ist zulässig.

(3)[1)] [1]Personalratsmitglieder können mittels Video- oder Telefonkonferenzen an Sitzungen teilnehmen, wenn

1. vorhandene Einrichtungen genutzt werden, die durch die Dienststelle zur dienstlichen Nutzung freigegeben sind,
2. vorbehaltlich einer abweichenden Regelung in der Geschäftsordnung kein Mitglied des Personalrates unverzüglich nach Bekanntgabe der Absicht zur Durchführung der Sitzung mittels Video- oder Telefonkonferenz diesen Verfahren gegenüber dem Vorsitzenden widerspricht und
3. der Personalrat geeignete organisatorische Maßnahmen trifft, um sicherzustellen, dass Dritte vom Inhalt der Sitzung keine Kenntnis nehmen können.

[2]Eine Aufzeichnung ist unzulässig. [3]Personalratsmitglieder, die mittels Video- oder Telefonkonferenz an Sitzungen teilnehmen, gelten als anwesend. [4]§ 41 Absatz 1 Satz 3 findet mit der Maßgabe Anwendung, dass der Vorsitzende vor Beginn der Beratung die zugeschalteten Personalratsmitglieder feststellt und in die Anwesenheitsliste einträgt.

§ 38 [Angelegenheiten der einzelnen Gruppen]

(1) Über die gemeinsamen Angelegenheiten der Beamten und Arbeitnehmer wird vom Personalrat gemeinsam beraten und beschlossen.

(2) [1]In Angelegenheiten, die lediglich die Angehörigen einer Gruppe betreffen, sind nach gemeinsamer Beratung im Personalrat nur die Vertreter dieser Gruppe zur Beschlußfassung berufen. [2]Dies gilt nicht für eine Gruppe, die im Personalrat nicht vertreten ist.

(3) Absatz 2 gilt entsprechend für Angelegenheiten, die lediglich die Angehörigen zweier Gruppen betreffen.

§ 39 [Aussetzung von Personalratsbeschlüssen]

(1) [1]Erachtet die Mehrheit der Vertreter einer Gruppe oder der Jugend- und Auszubildendenvertretung einen Beschluß des Personalrates als eine erhebliche Beeinträchtigung wichtiger Interessen der durch sie vertretenen Beschäftigten, so ist auf ihren Antrag der Beschluß auf die Dauer von sechs Arbeitstagen vom Zeitpunkt der Beschlußfassung an auszusetzen. [2]In dieser Frist soll, gegebenenfalls mit Hilfe der unter den Mitgliedern des Personalrates oder der Jugend- und Auszubildendenvertretung vertretenen Gewerkschaften, eine Verständigung versucht werden. [3]Die Aussetzung eines Beschlusses nach Satz 1 hat keine Verlängerung einer Frist zur Folge.

(2) [1]Nach Ablauf der Frist ist über die Angelegenheit neu zu beschließen. [2]Wird der erste Beschluß bestätigt, so kann der Antrag auf Aussetzung nicht wiederholt werden.

1) Absatz 3 wird mWv 1.4.2021 aufgehoben.

(3) Die Absätze 1 und 2 gelten entsprechend, wenn die Schwerbehindertenvertretung einen Beschluß des Personalrates als eine erhebliche Beeinträchtigung wichtiger Interessen des Schwerbeschädigten erachtet.

§ 40 [Teilnahme der Jugend- und Auszubildendenvertreter, der Schwerbehindertenvertretung und der Vertreter der nicht ständig Beschäftigten]

(1) ¹Ein Vertreter der Jugend- und Auszubildendenvertretung, der von dieser benannt wird, und die Schwerbehindertenvertretung können an allen Sitzungen des Personalrates beratend teilnehmen. ²An der Behandlung von Angelegenheiten, die besonders die in § 57 genannten Beschäftigten betreffen, kann die gesamte Jugend- und Auszubildendenvertretung beratend teilnehmen. ³Bei Beschlüssen des Personalrates, die überwiegend die in § 57 genannten Beschäftigten betreffen, haben die Jugend- und Auszubildendenvertreter Stimmrecht.

(2) An der Behandlung von Angelegenheiten, die besonders die nichtständig Beschäftigten betreffen, können die in § 65 Abs. 1 bezeichneten Vertreter mit beratender Stimme teilnehmen.

§ 41 [Sitzungsprotokoll]

(1) ¹Über jede Verhandlung des Personalrates ist eine Niederschrift aufzunehmen, die mindestens den Wortlaut der Beschlüsse und die Stimmenmehrheit, mit der sie gefaßt sind, enthält. ²Die Niederschrift ist von dem Vorsitzenden und einem weiteren Mitglied zu unterzeichnen. ³Der Niederschrift ist eine Anwesenheitsliste beizufügen, in die sich jeder Teilnehmer eigenhändig einzutragen hat.

(2) ¹Haben der Leiter der Dienststelle oder Beauftragte von Gewerkschaften an der Sitzung teilgenommen, so ist ihnen der entsprechende Teil der Niederschrift abschriftlich zuzuleiten. ²Einwendungen gegen die Niederschrift sind unverzüglich schriftlich zu erheben und der Niederschrift beizufügen.

§ 42 [Geschäftsordnung]

Sonstige Bestimmungen über die Geschäftsführung können in einer Geschäftsordnung getroffen werden, die der Personalrat mit der Mehrheit der Stimmen seiner Mitglieder beschließt.

§ 43 [Sprechstunden des Personalrats]

¹Der Personalrat kann Sprechstunden während der Arbeitszeit einrichten. ²Zeit und Ort bestimmt er im Einvernehmen mit dem Leiter der Dienststelle.

(2)¹⁾ ¹Die Sprechstunde kann mittels Videokonferenz abgehalten werden, wenn
1. vorhandene Einrichtungen genutzt werden, die durch die Dienststelle zur dienstlichen Nutzung freigegeben sind,
2. dies in der Geschäftsordnung des Personalrates vorgesehen ist und
3. der Personalrat geeignete organisatorische Maßnahmen trifft, um sicherzustellen, dass Dritte vom Inhalt der Sprechstunde keine Kenntnis nehmen können.
²Eine Aufzeichnung ist unzulässig.

§ 44 [Kosten und Sachaufwand des Personalrats]

(1) ¹Die durch die Tätigkeit des Personalrates entstehenden Kosten trägt die Dienststelle. ²Mitglieder des Personalrates erhalten bei Reisen, die zur Erfüllung ihrer Aufgaben notwendig sind, Reisekostenvergütungen nach dem Bundesreisekostengesetz.

(2) Für die Sitzungen, die Sprechstunden und die laufende Geschäftsführung hat die Dienststelle in erforderlichem Umfang Räume, den Geschäftsbedarf und Büropersonal zur Verfügung zu stellen.

(3) Dem Personalrat werden in allen Dienststellen geeignete Plätze für Bekanntmachungen und Anschläge zur Verfügung gestellt.

§ 45 [Umlageverbot]

Der Personalrat darf für seine Zwecke von den Beschäftigten keine Beiträge erheben oder annehmen.

Vierter Abschnitt
Rechtsstellung der Personalratsmitglieder

§ 46 [Ehrenamtliche Tätigkeit, Arbeitsversäumnis, Freistellung]

(1) Die Mitglieder des Personalrates führen ihr Amt unentgeltlich als Ehrenamt.

(2) ¹Versäumnis von Arbeitszeit, die zur ordnungsgemäßen Durchführung der Aufgaben des Personalrats erforderlich ist, hat keine Minderung der Dienstbezüge oder des Arbeitsentgeltes zur Folge. ²Werden Personalratsmitglieder durch die Erfüllung ihrer Aufgaben über die regelmäßige Arbeitszeit hinaus beansprucht, so ist ihnen Dienstbefreiung in entsprechendem Umfang zu gewähren.

1) Absatz 2 wird mWv 1.4.2021 aufgehoben.

(3) [1]Mitglieder des Personalrates sind von ihrer dienstlichen Tätigkeit freizustellen, wenn und soweit es nach Umfang und Art der Dienststelle zur ordnungsgemäßen Durchführung ihrer Aufgaben erforderlich ist. [2]Bei der Auswahl der freizustellenden Mitglieder hat der Personalrat zunächst die nach § 32 Abs. 1 gewählten Vorstandsmitglieder, sodann die nach § 33 gewählten Ergänzungsmitglieder und schließlich weitere Mitglieder zu berücksichtigen. [3]Bei weiteren Freistellungen sind die auf die einzelnen Wahlvorschlagslisten entfallenden Stimmen im Wege des Höchstzahlverfahrens zu berücksichtigen, wenn die Wahl des Personalrates nach den Grundsätzen der Verhältniswahl durchgeführt (§ 19 Abs. 3 Satz 1) wurde; dabei sind die nach Satz 2 freigestellten Vorstandsmitglieder von den auf jede Wahlvorschlagsliste entfallenden Freistellungen abzuziehen. [4]Im Falle der Personenwahl (§ 19 Abs. 3 Satz 2) bestimmt sich die Rangfolge der weiteren freizustellenden Mitglieder nach der Zahl der für sie bei der Wahl zum Personalrat abgegebenen Stimmen. [5]Sind die Mitglieder der im Personalrat vertretenen Gruppen teils nach den Grundsätzen der Verhältniswahl, teils im Wege der Personenwahl gewählt worden, sind bei weiteren Freistellungen die Gruppen entsprechend der Zahl ihrer Mitglieder nach dem Höchstzahlverfahren zu berücksichtigen; innerhalb der Gruppen bestimmen sich die weiteren Freistellungen in diesem Fall je nach Wahlverfahren in entsprechender Anwendung des Satzes 3 und nach Satz 4. [6]Die Freistellung darf nicht zur Beeinträchtigung des beruflichen Werdegangs führen.

(4) [1]Von ihrer dienstlichen Tätigkeit sind nach Absatz 3 ganz freizustellen in Dienststellen mit in der Regel

300 bis 600 Beschäftigten	ein Mitglied,
601 bis 1 000 Beschäftigten	zwei Mitglieder,
1 001 bis 2 000 Beschäftigten	drei Mitglieder,
2 001 bis 3 000 Beschäftigten	vier Mitglieder,
3 001 bis 4 000 Beschäftigten	fünf Mitglieder,
4 001 bis 5 000 Beschäftigten	sechs Mitglieder,
5 001 bis 6 000 Beschäftigten	sieben Mitglieder,
6 001 bis 7 000 Beschäftigten	acht Mitglieder,
7 001 bis 8 000 Beschäftigten	neun Mitglieder,
8 001 bis 9 000 Beschäftigten	zehn Mitglieder,
9 001 bis 10 000 Beschäftigten	elf Mitglieder.

[2]In Dienststellen mit mehr als 10 000 Beschäftigten ist für je angefangene weitere 2 000 Beschäftigte ein weiteres Mitglied freizustellen. [3]Von den Sätzen 1 und 2 kann im Einvernehmen zwischen Personalrat und Dienststellenleiter abgewichen werden.

(5) [1]Die von ihrer dienstlichen Tätigkeit ganz freigestellten Personalratsmitglieder erhalten eine monatliche Aufwandsentschädigung. [2]Nur teilweise, aber mindestens für die Hälfte der regelmäßigen Arbeitszeit freigestellte Personalratsmitglieder erhalten die Hälfte der Aufwandsentschädigung nach Satz 1. [3]Die Bundesregierung bestimmt durch Rechtsverordnung[1], die nicht der Zustimmung des Bundesrates bedarf, die Höhe der Aufwandsentschädigung.

(6) Die Mitglieder des Personalrates sind unter Fortzahlung der Bezüge für die Teilnahme an Schulungs- und Bildungsveranstaltungen vom Dienst freizustellen, soweit diese Kenntnisse vermitteln, die für die Tätigkeit im Personalrat erforderlich sind.

(7) [1]Unbeschadet des Absatzes 6 hat jedes Mitglied des Personalrates während seiner regelmäßigen Amtszeit Anspruch auf Freistellung vom Dienst unter Fortzahlung der Bezüge für insgesamt drei Wochen zur Teilnahme an Schulungs- und Bildungsveranstaltungen, die von der Bundeszentrale für politische Bildung als geeignet anerkannt sind. [2]Beschäftigte, die erstmals das Amt eines Personalratsmitgliedes übernehmen und nicht zuvor Jugend- und Auszubildendenvertreter gewesen sind, haben einen Anspruch nach Satz 1 für insgesamt vier Wochen.

§ 47 [Außerordentliche Kündigung und Versetzung von Personalratsmitgliedern]

(1) [1]Die außerordentliche Kündigung von Mitgliedern des Personalrates, die in einem Arbeitsverhältnis stehen, bedarf der Zustimmung des Personalrates. [2]Verweigert der Personalrat seine Zustimmung oder äußert er sich nicht innerhalb von drei Arbeitstagen nach Eingang des Antrages, so kann das Verwaltungsgericht sie auf Antrag des Dienststellenleiters ersetzen, wenn die außerordentliche Kündigung unter Berücksichtigung aller Umstände gerechtfertigt ist. [3]In dem Verfahren vor dem Verwaltungsgericht ist der betroffene Arbeitnehmer Beteiligter.

(2) [1]Mitglieder des Personalrates dürfen gegen ihren Willen nur versetzt oder abgeordnet werden, wenn dies auch unter Berücksichtigung der Mitgliedschaft im Personalrat aus wichtigen dienstlichen Gründen unvermeidbar ist. [2]Als Versetzung im Sinne des Satzes 1 gilt auch die mit einem Wechsel des Dienstortes verbundene Umsetzung in derselben Dienststelle; das Einzugsgebiet im Sinne des Umzugskostenrechts

1) Siehe die VO über die Höhe der Aufwandsentschädigung für vom Dienst freigestellte Personalvertretungsmitglieder.

gehört zum Dienstort. [3]Die Versetzung oder Abordnung von Mitgliedern des Personalrates bedarf der Zustimmung des Personalrates.

(3) [1]Für Beamte im Vorbereitungsdienst und Beschäftigte in entsprechender Berufsausbildung gelten die Absätze 1, 2 und die §§ 15, 16 des Kündigungsschutzgesetzes nicht. [2]Absätze 1 und 2 gelten ferner nicht bei der Versetzung oder Abordnung dieser Beschäftigten zu einer anderen Dienststelle im Anschluß an das Ausbildungsverhältnis. [3]Die Mitgliedschaft der in Satz 1 bezeichneten Beschäftigten im Personalrat ruht unbeschadet des § 29, solange sie entsprechend den Erfordernissen ihrer Ausbildung zu einer anderen Dienststelle versetzt oder abgeordnet sind.

Fünfter Abschnitt
Personalversammlung

§ 48 [Zusammensetzung der Personalversammlung]
(1) [1]Die Personalversammlung besteht aus den Beschäftigten der Dienststelle. [2]Sie wird vom Vorsitzenden des Personalrates geleitet. [3]Sie ist nicht öffentlich.

(2) Kann nach den dienstlichen Verhältnissen eine gemeinsame Versammlung aller Beschäftigten nicht stattfinden, so sind Teilversammlungen abzuhalten.

§ 49 [Ordentliche und außerordentliche Personalversammlung]
(1) Der Personalrat hat einmal in jedem Kalenderhalbjahr in einer Personalversammlung einen Tätigkeitsbericht zu erstatten.

(2) Der Personalrat ist berechtigt und auf Wunsch des Leiters der Dienststelle oder eines Viertels der wahlberechtigten Beschäftigten verpflichtet, eine Personalversammlung einzuberufen und den Gegenstand, dessen Beratung beantragt ist, auf die Tagesordnung zu setzen.

(3) Auf Antrag einer in der Dienststelle vertretenen Gewerkschaft muß der Personalrat vor Ablauf von zwölf Arbeitstagen nach Eingang des Antrages eine Personalversammlung nach Absatz 1 einberufen, wenn im vorhergegangenen Kalenderhalbjahr keine Personalversammlung und keine Teilversammlung durchgeführt worden sind.

§ 50 [Zeitpunkt und Verdienstausfall]
(1) [1]Die in § 49 Abs. 1 bezeichneten und die auf Wunsch des Leiters der Dienststelle einberufenen Personalversammlungen finden während der Arbeitszeit statt, soweit nicht die dienstlichen Verhältnisse eine andere Regelung erfordern. [2]Die Teilnahme an der Personalversammlung hat keine Minderung der Dienstbezüge oder des Arbeitsentgeltes zur Folge. [3]Soweit in den Fällen des Satzes 1 Personalversammlungen aus dienstlichen Gründen außerhalb der Arbeitszeit stattfinden müssen, ist den Teilnehmern Dienstbefreiung in entsprechendem Umfang zu gewähren. [4]Fahrkosten, die durch die Teilnahme an Personalversammlungen nach Satz 1 entstehen, werden in entsprechender Anwendung des Bundesreisekostengesetzes erstattet.

(2) [1]Andere Personalversammlungen finden außerhalb der Arbeitszeit statt. [2]Hiervon kann im Einvernehmen mit dem Leiter der Dienststelle abgewichen werden.

§ 51 [Themen der Personalversammlung]
[1]Die Personalversammlung kann dem Personalrat Anträge unterbreiten und zu seinen Beschlüssen Stellung nehmen. [2]Sie darf alle Angelegenheiten behandeln, die die Dienststelle oder ihre Beschäftigten unmittelbar betreffen, insbesondere Tarif-, Besoldungs- und Sozialangelegenheiten sowie Fragen der Frauenförderung und der Vereinbarkeit von Familie und Beruf. [3]§ 66 Abs. 2 und § 67 Abs. 1 Satz 3 gelten für die Personalversammlung entsprechend.

§ 52 [Beauftragte der Verbände]
(1) [1]Beauftragte aller in der Dienststelle vertretenen Gewerkschaften und ein Beauftragter der Arbeitgebervereinigung, der die Dienststelle angehört, sind berechtigt, mit beratender Stimme an der Personalversammlung teilzunehmen. [2]Der Personalrat hat die Einberufung der Personalversammlung den in Satz 1 genannten Gewerkschaften und der Arbeitgebervereinigung mitzuteilen. [3]Ein beauftragtes Mitglied der Stufenvertretung oder des Gesamtpersonalrates sowie ein Beauftragter der Dienststelle, bei der die Stufenvertretung besteht, können an der Personalversammlung teilnehmen.

(2) [1]Der Leiter der Dienststelle kann an der Personalversammlung teilnehmen. [2]An Versammlungen, die auf seinen Wunsch einberufen sind oder zu denen er ausdrücklich eingeladen ist, hat er teilzunehmen.

Sechster Abschnitt
Stufenvertretungen und Gesamtpersonalrat

§ 53 [Bildung von Stufenvertretungen]

(1) Für den Geschäftsbereich mehrstufiger Verwaltungen werden bei den Behörden der Mittelstufe Bezirkspersonalräte, bei den obersten Dienstbehörden Hauptpersonalräte gebildet.

(2) Die Mitglieder des Bezirkspersonalrates werden von den zum Geschäftsbereich der Behörde der Mittelstufe, die Mitglieder des Hauptpersonalrates von den zum Geschäftsbereich der obersten Dienstbehörde gehörenden Beschäftigten gewählt.

(3) [1]Die §§ 12 bis 16, § 17 Abs. 1, 2, 6 und 7, §§ 18 bis 21 und 23 bis 25 gelten entsprechend. [2]§ 14 Abs. 3 gilt nur für die Beschäftigten der Dienststelle, bei der die Stufenvertretung zu errichten ist. [3]Eine Personalversammlung zur Bestellung des Bezirks- oder Hauptwahlvorstandes findet nicht statt. [4]An ihrer Stelle übt der Leiter der Dienststelle, bei der die Stufenvertretung zu errichten ist, die Befugnis zur Bestellung des Wahlvorstandes nach § 20 Abs. 2, §§ 21 und 23 aus.

(4) Werden in einer Verwaltung die Personalräte und Stufenvertretungen gleichzeitig gewählt, so führen die bei den Dienststellen bestehenden Wahlvorstände die Wahlen der Stufenvertretungen im Auftrage des Bezirks- oder Hauptwahlvorstandes durch; andernfalls bestellen auf sein Ersuchen die Personalräte oder, wenn solche nicht bestehen, die Leiter der Dienststelle die örtlichen Wahlvorstände für die Wahl der Stufenvertretungen.

(5) [1]In den Stufenvertretungen erhält jede Gruppe mindestens einen Vertreter. [2]Besteht die Stufenvertretung aus mehr als neun Mitgliedern, erhält jede Gruppe mindestens zwei Vertreter. [3]§ 17 Abs. 5 gilt entsprechend.

§ 54 [Amtszeit, Geschäftsführung und Rechtsstellung der Stufenvertretungen]

(1) Für die Stufenvertretungen gelten die §§ 26 bis 39, 40 Abs. 1, §§ 41, 42, 44, 45, 46 Abs. 1 bis 3 und 5 bis 7, § 47 entsprechend, soweit in Absatz 2 nichts anderes bestimmt ist.

(2) § 34 Abs. 1 gilt mit der Maßgabe, daß die Mitglieder der Stufenvertretung spätestens zwölf Arbeitstage nach dem Wahltag einzuberufen sind.

§ 55 [Gesamtpersonalrat]

In den Fällen des § 6 Abs. 3 wird neben den einzelnen Personalräten ein Gesamtpersonalrat gebildet.

§ 56 [Wahl und Amtszeit des Gesamtpersonalrates]

Für den Gesamtpersonalrat gelten § 53 Abs. 2 und 3 und § 54 Abs. 1 Halbsatz 1 entsprechend.

Drittes Kapitel
Jugend- und Auszubildendenvertretung, Jugend- und Auszubildendenversammlung

§ 57 [Errichtung der Jugend- und Auszubildendenvertretung]

In Dienststellen, bei denen Personalvertretungen gebildet sind und denen in der Regel mindestens fünf Beschäftigte angehören, die das 18. Lebensjahr noch nicht vollendet haben (jugendliche Beschäftigte) oder die sich in einer beruflichen Ausbildung befinden und das 25. Lebensjahr noch nicht vollendet haben, werden Jugend- und Auszubildendenvertretungen gebildet.

§ 58 [Wahlberechtigung und Wählbarkeit]

(1) [1]Wahlberechtigt sind alle in § 57 genannten Beschäftigten. [2]§ 13 Abs. 1 gilt entsprechend.

(2) [1]Wählbar sind Beschäftigte, die am Wahltage noch nicht das 26. Lebensjahr vollendet haben. [2]§ 14 Abs. 1 Satz 1 Nr. 1, Satz 2, Abs. 2 und 3 gilt entsprechend.

§ 59 [Zahl der Jugend- und Auszubildendenvertreter, Zusammensetzung der Jugend- und Auszubildendenvertretung]

(1) Die Jugend- und Auszubildendenvertretung besteht in Dienststellen mit in der Regel

5 bis 20 der in § 57 genannten Beschäftigten aus einem Jugend- und Auszubildendenvertreter,
21 bis 50 der in § 57 genannten Beschäftigten aus drei Jugend- und Auszubildendenvertretern,
51 bis 200 der in § 57 genannten Beschäftigten aus fünf Jugend- und Auszubildendenvertretern,
201 bis 300 der in § 57 genannten Beschäftigten aus sieben Jugend- und Auszubildendenvertretern,
301 bis 1 000 der in § 57 genannten Beschäftigten aus elf Jugend- und Auszubildendenvertretern,
mehr als 1 000 der in § 57 genannten Beschäftigten aus fünfzehn Jugend- und Auszubildendenvertretern.

(2) Die Jugend- und Auszubildendenvertretung soll sich aus Vertretern der verschiedenen Beschäftigungsarten der der Dienststelle angehörenden, in § 57 genannten Beschäftigten zusammensetzen.

(3) Die Geschlechter sollen in der Jugend- und Auszubildendenvertretung entsprechend ihrem Zahlenverhältnis vertreten sein.

§ 60 [Wahlvorschriften]

(1) [1]Der Personalrat bestimmt den Wahlvorstand und seinen Vorsitzenden. [2]§ 19 Abs. 1, 3, 4 Satz 1, Abs. 5, 7 und 9, § 20 Abs. 1 Satz 3 und 4, § 24 Abs. 1 Satz 1 und 2, Abs. 2 und § 25 gelten entsprechend.

(2) [1]Die regelmäßige Amtszeit der Jugend- und Auszubildendenvertretung beträgt zwei Jahre. [2]Sie beginnt mit dem Tage der Wahl oder, wenn zu diesem Zeitpunkt noch eine Jugend- und Auszubildendenvertretung besteht, mit dem Ablauf ihrer Amtszeit. [3]Die regelmäßigen Wahlen der Jugend- und Auszubildendenvertretung finden alle zwei Jahre in der Zeit vom 1. März bis 31. Mai statt. [4]Die Amtszeit endet spätestens am 31. Mai des Jahres, in dem nach Satz 3 die regelmäßigen Wahlen der Jugend- und Auszubildendenvertretung stattfinden. [5]Für die Wahl der Jugend- und Auszubildendenvertretung außerhalb des Zeitraums für die regelmäßigen Wahlen gilt § 27 Abs. 2 Nr. 2 bis 5, Abs. 3 und 5 entsprechend.

(3) Besteht die Jugend- und Auszubildendenvertretung aus drei oder mehr Mitgliedern, so wählt sie aus ihrer Mitte einen Vorsitzenden und dessen Stellvertreter.

(4) Die §§ 28 bis 31 gelten entsprechend.

§ 61 [Allgemeine Aufgaben]

(1) Die Jugend- und Auszubildendenvertretung hat folgende allgemeine Aufgaben:
1. Maßnahmen, die den in § 57 genannten Beschäftigten dienen, insbesondere in Fragen der Berufsbildung, beim Personalrat zu beantragen,
2. darüber zu wachen, daß die zugunsten der in § 57 genannten Beschäftigten geltenden Gesetze, Verordnungen, Unfallverhütungsvorschriften, Tarifverträge, Dienstvereinbarungen und Verwaltungsanordnungen durchgeführt werden,
3. Anregungen und Beschwerden von in § 57 genannten Beschäftigten, insbesondere in Fragen der Berufsbildung, entgegenzunehmen und, falls sie berechtigt erscheinen, beim Personalrat auf eine Erledigung hinzuwirken; die Jugend- und Auszubildendenvertretung hat die betroffenen in § 57 genannten Beschäftigten über den Stand und das Ergebnis der Verhandlungen zu informieren.

(2) Die Zusammenarbeit der Jugend- und Auszubildendenvertretung mit dem Personalrat bestimmt sich nach § 34 Abs. 3, §§ 39 und 40 Abs. 1.

(3) [1]Zur Durchführung ihrer Aufgaben ist die Jugend- und Auszubildendenvertretung durch den Personalrat rechtzeitig und umfassend zu unterrichten. [2]Die Jugend- und Auszubildendenvertretung kann verlangen, daß ihr der Personalrat die zur Durchführung ihrer Aufgaben erforderlichen Unterlagen zur Verfügung stellt.

(4) Der Personalrat hat die Jugend- und Auszubildendenvertretung zu den Besprechungen zwischen Dienststellenleiter und Personalrat nach § 66 Abs. 1 beizuziehen, wenn Angelegenheiten behandelt werden, die besonders in § 57 genannte Beschäftigte betreffen.

(5) [1]Die Jugend- und Auszubildendenvertretung kann nach Verständigung des Personalrates Sitzungen abhalten; § 34 Abs. 1, 2 gilt sinngemäß. [2]An den Sitzungen der Jugend- und Auszubildendenvertretung kann ein vom Personalrat beauftragtes Personalratsmitglied teilnehmen.

§ 62 [Geschäftsführung]

[1]Für die Jugend- und Auszubildendenvertretung gelten die §§ 43 bis 45, § 46 Abs. 1, 2, 3 Satz 1 und 6, Abs. 6, 7 und § 67 Abs. 1 Satz 3 sinngemäß. [2]§ 47 gilt entsprechend mit der Maßgabe, daß die außerordentliche Kündigung, die Versetzung und die Abordnung von Mitgliedern der Jugend- und Auszubildendenvertretung der Zustimmung des Personalrates bedürfen. [3]Für Mitglieder des Wahlvorstandes und Wahlbewerber gilt § 47 Abs. 1, 2 Satz 1 und 2 entsprechend.

§ 63 [Ordentliche und außerordentliche Jugend- und Auszubildendenversammlung]

[1]Die Jugend- und Auszubildendenvertretung hat einmal in jedem Kalenderjahr eine Jugend- und Auszubildendenversammlung durchzuführen. [2]Diese soll möglichst unmittelbar vor oder nach einer ordentlichen Personalversammlung stattfinden. [3]Sie wird vom Vorsitzenden der Jugend- und Auszubildendenvertretung geleitet. [4]Der Personalratsvorsitzende oder ein vom Personalrat beauftragtes anderes Mitglied soll an der Jugend- und Auszubildendenversammlung teilnehmen. [5]Die für die Personalversammlung geltenden Vorschriften sind sinngemäß anzuwenden. [6]Außer der in Satz 1 bezeichneten Jugend- und Auszubildendenversammlung kann eine weitere, nicht auf Wunsch des Leiters der Dienststelle einberufene Versammlung während der Arbeitszeit stattfinden.

§ 64 [Bildung von Jugend- und Auszubildendenstufenvertretungen]

(1) [1]Für den Geschäftsbereich mehrstufiger Verwaltungen werden, soweit Stufenvertretungen bestehen, bei den Behörden der Mittelstufen Bezirks-Jugend- und Auszubildendenvertretungen und bei den obersten

Dienstbehörden Haupt-Jugend- und Auszubildendenvertretungen gebildet. ²Für die Jugend- und Auszubildendenstufenvertretungen gelten § 53 Abs. 2 und 4 sowie die §§ 57 bis 62 entsprechend.
(2) ¹In den Fällen des § 6 Abs. 3 wird neben den einzelnen Jugend- und Auszubildendenvertretungen eine Gesamt-Jugend- und Auszubildendenvertretung gebildet. ²Absatz 1 Satz 2 gilt entsprechend.

Viertes Kapitel
Vertretung der nichtständig Beschäftigten

§ 65 [Vertretung der nichtständig Beschäftigten]
(1) ¹Steigt während der Amtszeit des Personalrates die Zahl der Beschäftigten vorübergehend um mehr als 20 Personen, die voraussichtlich nur für einen Zeitraum von höchstens sechs Monaten beschäftigt werden, so wählen die nichtständig Beschäftigten in geheimer Wahl

bei 21 bis 50 nichtständig Beschäftigten	einen Vertreter,
bei 51 bis 100 nichtständig Beschäftigten	zwei Vertreter,
bei mehr als 100 nichtständig Beschäftigten	drei Vertreter.

²Der Personalrat bestimmt den Wahlvorstand und seinen Vorsitzenden. ³Im übrigen gelten für die Wahl der Vertreter § 13 Abs. 1 und 3, §§ 14, 17 Abs. 6 und 7, §§ 19, 24 Abs. 1 Satz 1 und 2, Abs. 2 und § 25 mit Ausnahme der Vorschriften über die Dauer der Zugehörigkeit zum Geschäftsbereich der obersten Dienstbehörde und zum öffentlichen Dienst entsprechend.
(2) ¹Die Amtszeit der in Absatz 1 bezeichneten Vertreter endet mit Ablauf des für die Beschäftigung der nichtständig Beschäftigten vorgesehenen Zeitraums oder mit Wegfall der Voraussetzungen für ihre Wahl. ²§ 26 Satz 2, § 27 Abs. 2 Nr. 2 bis 4, Abs. 3 und §§ 28 bis 31 gelten entsprechend.
(3) Für die in Absatz 1 bezeichneten Vertreter gelten §§ 43 bis 45, § 46 Abs. 1, 2, 3 Satz 1 und § 67 Abs. 1 Satz 3 sinngemäß.
(4) An den Sitzungen des Personalrates nehmen die in Absatz 1 bezeichneten Vertreter nach Maßgabe des § 40 Abs. 2 teil.

Fünftes Kapitel
Beteiligung der Personalvertretung

Erster Abschnitt
Allgemeines

§ 66 [Grundsätze für die Zusammenarbeit]
(1) ¹Der Leiter der Dienststelle und die Personalvertretung sollen mindestens einmal im Monat zu Besprechungen zusammentreten. ²In ihnen soll auch die Gestaltung des Dienstbetriebes behandelt werden, insbesondere alle Vorgänge, die die Beschäftigten wesentlich berühren. ³Sie haben über strittige Fragen mit dem ernsten Willen zur Einigung zu verhandeln und Vorschläge für die Beilegung von Meinungsverschiedenheiten zu machen.
(2) ¹Dienststelle und Personalvertretung haben alles zu unterlassen, was geeignet ist, die Arbeit und den Frieden der Dienststelle zu beeinträchtigen. ²Insbesondere dürfen Dienststelle und Personalvertretung keine Maßnahmen des Arbeitskampfes gegeneinander durchführen. ³Arbeitskämpfe tariffähiger Parteien werden hierdurch nicht berührt.
(3) Außenstehende Stellen dürfen erst angerufen werden, wenn eine Einigung in der Dienststelle nicht erzielt worden ist.

§ 67 [Grundsätze für die Behandlung der Beschäftigten]
(1) ¹Dienststelle und Personalvertretung haben darüber zu wachen, dass alle Angehörigen der Dienststelle nach Recht und Billigkeit behandelt werden, insbesondere, dass jede Benachteiligung von Personen aus Gründen ihrer Rasse oder wegen ihrer ethnischen Herkunft, ihrer Abstammung oder sonstigen Herkunft, ihrer Nationalität, ihrer Religion oder Weltanschauung, ihrer Behinderung, ihres Alters, ihrer politischen oder gewerkschaftlichen Betätigung oder Einstellung oder wegen ihres Geschlechts oder ihrer sexuellen Identität unterbleibt. ²Dabei müssen sie sich so verhalten, daß das Vertrauen der Verwaltungsangehörigen in die Objektivität und Neutralität ihrer Amtsführung nicht beeinträchtigt wird. ³Der Leiter der Dienststelle und die Personalvertretung haben jede parteipolitische Betätigung in der Dienststelle zu unterlassen; die Behandlung von Tarif-, Besoldungs- und Sozialangelegenheiten wird hierdurch nicht berührt.

(2) Beschäftigte, die Aufgaben nach diesem Gesetz wahrnehmen, werden dadurch in der Betätigung für ihre Gewerkschaft auch in der Dienststelle nicht beschränkt.

(3) Die Personalvertretung hat sich für die Wahrung der Vereinigungsfreiheit der Beschäftigten einzusetzen.

§ 68 [Allgemeine Aufgaben]

(1) Die Personalvertretung hat folgende allgemeine Aufgaben:

1. Maßnahmen, die der Dienststelle und ihren Angehörigen dienen, zu beantragen,
2. darüber zu wachen, daß die zugunsten der Beschäftigten geltenden Gesetze, Verordnungen, Tarifverträge, Dienstvereinbarungen und Verwaltungsanordnungen durchgeführt werden,
3. Anregungen und Beschwerden von Beschäftigten entgegenzunehmen und, falls sie berechtigt erscheinen, durch Verhandlung mit dem Leiter der Dienststelle auf ihre Erledigung hinzuwirken,
4. die Eingliederung und berufliche Entwicklung Schwerbeschädigter und sonstiger schutzbedürftiger, insbesondere älterer Personen zu fördern,
5. Maßnahmen zur beruflichen Förderung Schwerbeschädigter zu beantragen,
5a. die Durchsetzung der tatsächlichen Gleichberechtigung von Frauen und Männern insbesondere bei der Einstellung, Beschäftigung, Aus-, Fort- und Weiterbildung und dem beruflichen Aufstieg, zu fördern,
6. die Eingliederung ausländischer Beschäftigter in die Dienststelle und das Verständnis zwischen ihnen und den deutschen Beschäftigten zu fördern,
7. mit der Jugend- und Auszubildendenvertretung zur Förderung der Belange der in § 57 genannten Beschäftigten eng zusammenzuarbeiten.

(2) [1]Die Personalvertretung ist zur Durchführung ihrer Aufgaben rechtzeitig und umfassend zu unterrichten. [2]Ihr sind die hierfür erforderlichen Unterlagen vorzulegen. [3]Personalakten dürfen nur mit Zustimmung des Beschäftigten und nur von den von ihm bestimmten Mitgliedern der Personalvertretung eingesehen werden. [4]Dienstliche Beurteilungen sind auf Verlangen des Beschäftigten der Personalvertretung zur Kenntnis zu bringen.

Zweiter Abschnitt
Formen und Verfahren der Mitbestimmung und Mitwirkung

§ 69 [Einholung der Zustimmung des Personalrats]

(1) Soweit eine Maßnahme der Mitbestimmung des Personalrates unterliegt, kann sie nur mit seiner Zustimmung getroffen werden.

(2) [1]Der Leiter der Dienststelle unterrichtet den Personalrat von der beabsichtigten Maßnahme und beantragt seine Zustimmung. [2]Der Personalrat kann verlangen, daß der Leiter der Dienststelle die beabsichtigte Maßnahme begründet; der Personalrat kann außer in Personalangelegenheiten auch eine schriftliche Begründung verlangen. [3]Der Beschluß des Personalrates über die beantragte Zustimmung ist dem Leiter der Dienststelle innerhalb von zehn Arbeitstagen mitzuteilen. [4]In dringenden Fällen kann der Leiter der Dienststelle diese Frist auf drei Arbeitstage abkürzen. [5]Die Maßnahme gilt als gebilligt, wenn nicht der Personalrat innerhalb der genannten Frist die Zustimmung unter Angabe der Gründe schriftlich verweigert. [6]Soweit dabei Beschwerden oder Behauptungen tatsächlicher Art vorgetragen werden, die für einen Beschäftigten ungünstig sind oder ihm nachteilig werden können, ist dem Beschäftigten Gelegenheit zur Äußerung zu geben; die Äußerung ist aktenkundig zu machen.

(3) [1]Kommt eine Einigung nicht zustande, so kann der Leiter der Dienststelle oder der Personalrat die Angelegenheit binnen sechs Arbeitstagen auf dem Dienstwege den übergeordneten Dienststellen, bei denen Stufenvertretungen bestehen, vorlegen. [2]In Körperschaften, Anstalten oder Stiftungen des öffentlichen Rechtes ist als oberste Dienstbehörde das in ihrer Verfassung für die Geschäftsführung vorgesehene oberste Organ anzurufen. [3]In Zweifelsfällen bestimmt die zuständige Bundesbehörde die anzurufende Stelle. [4]Absatz 2 gilt entsprechend. [5]Legt der Leiter der Dienststelle die Angelegenheit nach Satz 1 der übergeordneten Dienststelle vor, teilt er dies dem Personalrat unter Angabe der Gründe mit.

(4) [1]Ergibt sich zwischen der obersten Dienstbehörde und der bei ihr bestehenden zuständigen Personalvertretung keine Einigung, so entscheidet die Einigungsstelle (§ 71); in den Fällen des § 77 Abs. 2 stellt sie fest, ob ein Grund zur Verweigerung der Zustimmung vorliegt. [2]Die Einigungsstelle soll binnen zwei Monaten nach der Erklärung eines Beteiligten, die Entscheidung der Einigungsstelle herbeiführen zu wollen, entscheiden. [3]In den Fällen der §§ 76, 85 Abs. 1 Nr. 7 beschließt die Einigungsstelle, wenn sie sich nicht der Auffassung der obersten Dienstbehörde anschließt, eine Empfehlung an diese. [4]Die oberste Dienstbehörde entscheidet sodann endgültig.

(5) ¹Der Leiter der Dienststelle kann bei Maßnahmen, die der Natur der Sache nach keinen Aufschub dulden, bis zur endgültigen Entscheidung vorläufige Regelungen treffen. ²Er hat dem Personalrat die vorläufige Regelung mitzuteilen und zu begründen und unverzüglich das Verfahren nach den Absätzen 2 bis 4 einzuleiten oder fortzusetzen.

§ 70 [Vorschlagsrecht des Personalrats]

(1) ¹Beantragt der Personalrat eine Maßnahme, die nach § 75 Abs. 3 Nr. 1 bis 6 und 11 bis 17 seiner Mitbestimmung unterliegt, so hat er sie schriftlich dem Leiter der Dienststelle vorzuschlagen. ²Entspricht dieser dem Antrag nicht, so bestimmt sich das weitere Verfahren nach § 69 Abs. 3 und 4.

(2) ¹Beantragt der Personalrat eine Maßnahme, die nach anderen als den in Absatz 1 Satz 1 bezeichneten Vorschriften seiner Mitbestimmung unterliegt, so hat er sie schriftlich dem Leiter der Dienststelle vorzuschlagen. ²Entspricht dieser dem Antrag nicht, so bestimmt sich das weitere Verfahren nach § 69 Abs. 3; die oberste Dienstbehörde entscheidet endgültig.

§ 71 [Einigungsstelle]

(1) ¹Die Einigungsstelle wird bei der obersten Dienstbehörde gebildet. ²Sie besteht aus je drei Beisitzern, die von der obersten Dienstbehörde und der bei ihr bestehenden zuständigen Personalvertretung bestellt werden, und einem unparteiischen Vorsitzenden, auf dessen Person sich beide Seiten einigen. ³Unter den Beisitzern, die von der Personalvertretung bestellt werden, muß sich je ein Beamter und ein Arbeitnehmer befinden, es sei denn, die Angelegenheit betrifft lediglich die Beamten oder die im Arbeitsverhältnis stehenden Beschäftigten. ⁴Kommt eine Einigung über die Person des Vorsitzenden nicht zustande, so bestellt ihn der Präsident des Bundesverwaltungsgerichts.

(2) ¹Die Verhandlung ist nicht öffentlich. ²Der obersten Dienstbehörde und der zuständigen Personalvertretung ist Gelegenheit zur mündlichen Äußerung zu geben. ³Im Einvernehmen mit den Beteiligten kann die Äußerung schriftlich erfolgen.

(3) ¹Die Einigungsstelle entscheidet durch Beschluß. ²Sie kann den Anträgen der Beteiligten auch teilweise entsprechen. ³Der Beschluß wird mit Stimmenmehrheit gefaßt. ⁴Er muß sich im Rahmen der geltenden Rechtsvorschriften, insbesondere des Haushaltsgesetzes, halten.

(4) ¹Der Beschluß ist den Beteiligten zuzustellen. ²Er bindet, abgesehen von den Fällen des § 69 Abs. 4 Sätze 3, 5 die Beteiligten, soweit er eine Entscheidung im Sinne des Absatzes 3 enthält.

§ 72 [Konsultationspflicht]

(1) Soweit der Personalrat an Entscheidungen mitwirkt, ist die beabsichtigte Maßnahme vor der Durchführung mit dem Ziele einer Verständigung rechtzeitig und eingehend mit ihm zu erörtern.

(2) ¹Äußert sich der Personalrat nicht innerhalb von zehn Arbeitstagen oder hält er bei Erörterung seine Einwendungen oder Vorschläge nicht aufrecht, so gilt die beabsichtigte Maßnahme als gebilligt. ²Erhebt der Personalrat Einwendungen, so hat er dem Leiter der Dienststelle die Gründe mitzuteilen. ³§ 69 Abs. 2 Satz 6 gilt entsprechend.

(3) Entspricht die Dienststelle den Einwendungen des Personalrates nicht oder nicht in vollem Umfange, so teilt sie dem Personalrat ihre Entscheidung unter Angabe der Gründe schriftlich mit.

(4) ¹Der Personalrat einer nachgeordneten Dienststelle kann die Angelegenheit binnen drei Arbeitstagen nach Zugang der Mitteilung auf dem Dienstwege den übergeordneten Dienststellen, bei denen Stufenvertretungen bestehen, mit dem Antrag auf Entscheidung vorlegen. ²Diese entscheiden nach Verhandlung mit der bei ihnen bestehenden Stufenvertretung. ³§ 69 Abs. 3 Sätze 2, 3 gilt entsprechend. ⁴Eine Abschrift seines Antrages leitet der Personalrat seiner Dienststelle zu.

(5) Ist ein Antrag gemäß Absatz 4 gestellt, so ist die beabsichtigte Maßnahme bis zur Entscheidung der angerufenen Dienststelle auszusetzen.

(6) § 69 Abs. 5 gilt entsprechend.

§ 73 [Dienstvereinbarungen]

(1) ¹Dienstvereinbarungen sind zulässig, soweit sie dieses Gesetz ausdrücklich vorsieht. ²Sie werden durch Dienststelle und Personalrat gemeinsam beschlossen, sind schriftlich niederzulegen, von beiden Seiten zu unterzeichnen und in geeigneter Weise bekanntzumachen.

(2) Dienstvereinbarungen, die für einen größeren Bereich gelten, gehen den Dienstvereinbarungen für einen kleineren Bereich vor.

§ 74 [Durchführung von Entscheidungen]

(1) Entscheidungen, an denen der Personalrat beteiligt war, führt die Dienststelle durch, es sei denn, daß im Einzelfall etwas anderes vereinbart ist.

(2) Der Personalrat darf nicht durch einseitige Handlungen in den Dienstbetrieb eingreifen.

Dritter Abschnitt
Angelegenheiten, in denen der Personalrat zu beteiligen ist

§ 75 [Mitbestimmung in Angelegenheiten der Angestellten und Arbeiter und in sonstigen allgemeinen Angelegenheiten]

(1) Der Personalrat hat mitzubestimmen in Personalangelegenheiten der Arbeitnehmer bei

1. Einstellung,
2. Übertragung einer höher oder niedriger zu bewertenden Tätigkeit, Höher- oder Rückgruppierung, Eingruppierung,
3. Versetzung zu einer anderen Dienststelle,
 Umsetzung innerhalb der Dienststelle, wenn sie mit einem Wechsel des Dienstortes verbunden ist (das Einzugsgebiet im Sinne des Umzugskostenrechts gehört zum Dienstort),
4. Abordnung für eine Dauer von mehr als drei Monaten,
4a. Zuweisung entsprechend § 29 des Bundesbeamtengesetzes für eine Dauer von mehr als drei Monaten,
5. Weiterbeschäftigung über die Altersgrenze hinaus,
6. Anordnungen, welche die Freiheit in der Wahl der Wohnung beschränken,
7. Versagung oder Widerruf der Genehmigung einer Nebentätigkeit.

(2) ¹Der Personalrat hat mitzubestimmen in sozialen Angelegenheiten bei

1. Gewährung von Unterstützungen, Vorschüssen, Darlehen und entsprechenden sozialen Zuwendungen,
2. Zuweisung und Kündigung von Wohnungen, über die die Dienststelle verfügt, sowie der allgemeinen Festsetzung der Nutzungsbedingungen,
3. Zuweisung von Dienst- und Pachtland und Festsetzung der Nutzungsbedingungen.

²Hat ein Beschäftigter eine Leistung nach Nummer 1 beantragt, wird der Personalrat nur auf seinen Antrag beteiligt; auf Verlangen des Antragstellers bestimmt nur der Vorstand des Personalrates mit. ³Die Dienststelle kann dem Personalrat nach Abschluß jedes Kalendervierteljahres einen Überblick über die Unterstützungen und entsprechenden sozialen Zuwendungen zu geben. ⁴Dabei sind die Anträge und die Leistungen gegenüberzustellen. ⁵Auskunft über die von den Antragstellern angeführten Gründe wird hierbei nicht erteilt.

(3) Der Personalrat hat, soweit eine gesetzliche oder tarifliche Regelung nicht besteht, gegebenenfalls durch Abschluß von Dienstvereinbarungen mitzubestimmen über

1. Beginn und Ende der täglichen Arbeitszeit und der Pausen sowie die Verteilung der Arbeitszeit auf die einzelnen Wochentage,
2. Zeit, Ort und Art der Auszahlung der Dienstbezüge und Arbeitsentgelte,
3. Aufstellung des Urlaubsplanes, Festsetzung der zeitlichen Lage des Erholungsurlaubs für einzelne Beschäftigte, wenn zwischen dem Dienststellenleiter und den beteiligten Beschäftigten kein Einverständnis erzielt wird,
4. Fragen der Lohngestaltung innerhalb der Dienststelle, insbesondere die Aufstellung von Entlohnungsgrundsätzen, die Einführung und Anwendung von neuen Entlohnungsmethoden und deren Änderung sowie die Festsetzung der Akkord- und Prämiensätze und vergleichbarer leistungsbezogener Entgelte, einschließlich der Geldfaktoren,
5. Errichtung, Verwaltung und Auflösung von Sozialeinrichtungen ohne Rücksicht auf ihre Rechtsform,
6. Durchführung der Berufsausbildung bei Arbeitnehmern,
7. Auswahl der Teilnehmer an Fortbildungsveranstaltungen für Arbeitnehmer,
8. Inhalt von Personalfragebogen für Arbeitnehmer,
9. Beurteilungsrichtlinien für Arbeitnehmer,
10. Bestellung von Vertrauens- oder Betriebsärzten als Arbeitnehmer,
11. Maßnahmen zur Verhütung von Dienst- und Arbeitsunfällen und sonstigen Gesundheitsschädigungen,
12. Grundsätze über die Bewertung von anerkannten Vorschlägen im Rahmen des betrieblichen Vorschlagwesens,
13. Aufstellung von Sozialplänen einschließlich Plänen für Umschulungen zum Ausgleich oder zur Milderung von wirtschaftlichen Nachteilen, die dem Beschäftigten infolge von Rationalisierungsmaßnahmen entstehen,
14. Absehen von der Ausschreibung von Dienstposten, die besetzt werden sollen,
15. Regelung der Ordnung in der Dienststelle und des Verhaltens der Beschäftigten,

16. Gestaltung der Arbeitsplätze,
17. Einführung und Anwendung technischer Einrichtungen, die dazu bestimmt sind, das Verhalten oder die Leistung der Beschäftigten zu überwachen.

(4) Muß für Gruppen von Beschäftigten die tägliche Arbeitszeit (Absatz 3 Nr. 1) nach Erfordernissen, die die Dienststelle nicht voraussehen kann, unregelmäßig und kurzfristig festgesetzt werden, so beschränkt sich die Mitbestimmung auf die Grundsätze für die Aufstellung der Dienstpläne, insbesondere für die Anordnung von Dienstbereitschaft, Mehrarbeit und Überstunden.

(5) ¹Arbeitsentgelte und sonstige Arbeitsbedingungen, die durch Tarifvertrag geregelt sind oder üblicherweise geregelt werden, können nicht Gegenstand einer Dienstvereinbarung (Absatz 3) sein. ²Dies gilt nicht, wenn ein Tarifvertrag den Abschluß ergänzender Dienstvereinbarungen ausdrücklich zuläßt.

§ 76 [Mitbestimmung in Angelegenheiten der Beamten und in sonstigen allgemeinen Angelegenheiten]

(1) Der Personalrat hat mitzubestimmen in Personalangelegenheiten der Beamten bei

1. Einstellung, Anstellung,
2. Beförderung, Übertragung eines anderen Amtes mit höherem Endgrundgehalt ohne Änderung der Amtsbezeichnung, Verleihung eines anderen Amtes mit anderer Amtsbezeichnung beim Wechsel der Laufbahngruppe, Laufbahnwechsel,
3. Übertragung einer höher oder niedriger zu bewertenden Tätigkeit,
4. Versetzung zu einer anderen Dienststelle, Umsetzung innerhalb der Dienststelle, wenn sie mit einem Wechsel des Dienstortes verbunden ist (das Einzugsgebiet im Sinne des Umzugskostenrechts gehört zum Dienstort),
5. Abordnung für eine Dauer von mehr als drei Monaten,
5a. Zuweisung nach § 29 des Bundesbeamtengesetzes für eine Dauer von mehr als drei Monaten,
6. Anordnungen, welche die Freiheit in der Wahl der Wohnung beschränken,
7. Versagung oder Widerruf der Genehmigung einer Nebentätigkeit,
8. Ablehnung eines Antrages nach den §§ 91, 92, 92a, 92b oder § 95 des Bundesbeamtengesetzes auf Teilzeitbeschäftigung, Ermäßigung der regelmäßigen Arbeitszeit oder Urlaub,
9. Hinausschiebung des Eintritts in den Ruhestand wegen Erreichens der Altersgrenze.

(2) ¹Der Personalrat hat, soweit eine gesetzliche oder tarifliche Regelung nicht besteht, gegebenenfalls durch 'Abschluß von Dienstvereinbarungen mitzubestimmen über

1. Auswahl der Teilnehmer an Fortbildungsveranstaltungen für Beamte,
2. Inhalt von Personalfragebogen für Beamte,
3. Beurteilungsrichtlinien für Beamte,
4. Bestellung von Vertrauens- oder Betriebsärzten als Beamte,
5. Maßnahmen zur Hebung der Arbeitsleistung und Erleichterung des Arbeitsablaufs,
6. allgemeine Fragen der Fortbildung der Beschäftigten,
7. Einführung grundlegend neuer Arbeitsmethoden,
8. Erlaß von Richtlinien über die personelle Auswahl bei Einstellungen, Versetzungen, Umgruppierungen und Kündigungen,
9. Geltendmachung von Ersatzansprüchen gegen einen Beschäftigten,
10. Maßnahmen, die der Durchsetzung der tatsächlichen Gleichberechtigung von Frauen und Männern, insbesondere bei der Einstellung, Beschäftigung, Aus-, Fort- und Weiterbildung und dem beruflichen Aufstieg dienen.

²In den Fällen der Nummer 9 bestimmt der Personalrat nur auf Antrag des Beschäftigten mit; dieser ist von der beabsichtigten Maßnahme rechtzeitig vorher in Kenntnis zu setzen.

§ 77 [Mitbestimmung bei bestimmten Beschäftigtengruppen; Zustimmungsverweigerungsgründe in Personalangelegenheiten]

(1) ¹In Personalangelegenheiten der in § 14 Abs. 3 bezeichneten Beschäftigten, der Beamten auf Zeit, der Beschäftigten mit überwiegend wissenschaftlicher oder künstlerischer Tätigkeit bestimmt der Personalrat nach § 75 Abs. 1, § 76 Abs. 1 nur mit, wenn sie es beantragen. ²§ 75 Abs. 1 und 3 Nr. 14, § 76 Abs. 1 gelten nicht für die in § 54 Abs. 1 des Bundesbeamtengesetzes bezeichneten Beamten und für Beamtenstellen von der Besoldungsgruppe A 16 an aufwärts.

(2) Der Personalrat kann in den Fällen des § 75 Abs. 1 und des § 76 Abs. 1 seine Zustimmung verweigern, wenn

1. die Maßnahme gegen ein Gesetz, eine Verordnung, eine Bestimmung in einem Tarifvertrag, eine gerichtliche Entscheidung, den Frauenförderplan oder eine Verwaltungsanordnung oder gegen eine Richtlinie im Sinne des § 76 Abs. 2 Nr. 8 verstößt oder

2. die durch Tatsachen begründete Besorgnis besteht, daß durch die Maßnahme der betroffene Beschäftigte oder andere Beschäftigte benachteiligt werden, ohne daß dies aus dienstlichen oder persönlichen Gründen gerechtfertigt ist, oder

3. die durch Tatsachen begründete Besorgnis besteht, daß der Beschäftigte oder Bewerber den Frieden in der Dienststelle durch unsoziales oder gesetzwidriges Verhalten stören werde.

§ 78 [Mitwirkung des Personalrats]

(1) Der Personalrat wirkt mit bei

1. Vorbereitung von Verwaltungsanordnungen einer Dienststelle für die innerdienstlichen, sozialen und persönlichen Angelegenheiten der Beschäftigten ihres Geschäftsbereiches, wenn nicht nach § 118 des Bundesbeamtengesetzes die Spitzenorganisationen der zuständigen Gewerkschaften bei der Vorbereitung zu beteiligen sind,

2. Auflösung, Einschränkung, Verlegung oder Zusammenlegung von Dienststellen oder wesentlichen Teilen von ihnen,

3. Erhebung der Disziplinarklage gegen einen Beamten,

4. Entlassung von Beamten auf Probe oder auf Widerruf, wenn sie die Entlassung nicht selbst beantragt haben,

5. vorzeitiger Versetzung in den Ruhestand.

(2) [1]In den Fällen des Absatzes 1 Nr. 3 bis 5 gilt für die Mitwirkung des Personalrates § 77 Abs. 1 Satz 2 entsprechend. [2]In den Fällen des Absatzes 1 Nr. 3 bis 5 wird der Personalrat nur auf Antrag des Beschäftigten beteiligt; in diesen Fällen ist der Beschäftigte von der beabsichtigten Maßnahme rechtzeitig vorher in Kenntnis zu setzen. [3]Der Personalrat kann bei der Mitwirkung nach Absatz 1 Nr. 3 Einwendungen auf die in § 77 Abs. 2 Nr. 1 und 2 bezeichneten Gründe stützen.

(3) [1]Vor der Weiterleitung von Personalanforderungen zum Haushaltsvoranschlag ist der Personalrat anzuhören. [2]Gibt der Personalrat einer nachgeordneten Dienststelle zu den Personalanforderungen eine Stellungnahme ab, so ist diese mit den Personalanforderungen der übergeordneten Dienststelle vorzulegen. [3]Das gilt entsprechend für die Personalplanung.

(4) Absatz 3 gilt entsprechend für Neu-, Um- und Erweiterungsbauten von Diensträumen.

(5) Vor grundlegenden Änderungen von Arbeitsverfahren und Arbeitsabläufen ist der Personalrat anzuhören.

§ 79 [Mitwirkung des Personalrats bei Kündigungen]

(1) [1]Der Personalrat wirkt bei der ordentlichen Kündigung durch den Arbeitgeber mit. [2]§ 77 Abs. 1 Satz 2 gilt entsprechend. [3]Der Personalrat kann gegen die Kündigung Einwendungen erheben, wenn nach seiner Ansicht

1. bei der Auswahl des zu kündigenden Arbeitnehmers soziale Gesichtspunkte nicht oder nicht ausreichend berücksichtigt worden sind,

2. die Kündigung gegen eine Richtlinie im Sinne des § 76 Abs. 2 Nr. 8 verstößt,

3. der zu kündigende Arbeitnehmer an einem anderen Arbeitsplatz in derselben Dienststelle oder in einer anderen Dienststelle desselben Verwaltungszweiges an demselben Dienstort einschließlich seines Einzugsgebietes weiterbeschäftigt werden kann,

4. die Weiterbeschäftigung des Arbeitnehmers nach zumutbaren Umschulungs- oder Fortbildungsmaßnahmen möglich ist oder

5. die Weiterbeschäftigung des Arbeitnehmers unter geänderten Vertragsbedingungen möglich ist und der Arbeitnehmer sein Einverständnis hiermit erklärt.

[4]Wird dem Arbeitnehmer gekündigt, obwohl der Personalrat nach Satz 3 Einwendungen gegen die Kündigung erhoben hat, so ist dem Arbeitnehmer mit der Kündigung eine Abschrift der Stellungnahme des Personalrats zuzuleiten, es sei denn, daß die Stufenvertretung in der Verhandlung nach § 72 Abs. 4 Satz 2 die Einwendungen nicht aufrechterhalten hat.

(2) [1]Hat der Arbeitnehmer im Falle des Absatzes 1 Satz 4 nach dem Kündigungsschutzgesetz Klage auf Feststellung erhoben, daß das Arbeitsverhältnis durch die Kündigung nicht aufgelöst ist, so muß der Arbeitgeber auf Verlangen des Arbeitnehmers diesen nach Ablauf der Kündigungsfrist bis zum rechtskräftigen Abschluß des Rechtsstreits bei unveränderten Arbeitsbedingungen weiterbeschäftigen. [2]Auf Antrag des Arbeitgebers kann das Arbeitsgericht ihn durch einstweilige Verfügung von der Verpflichtung zur Weiterbeschäftigung nach Satz 1 entbinden, wenn

1. die Klage des Arbeitnehmers keine hinreichende Aussicht auf Erfolg bietet oder mutwillig erscheint oder
2. die Weiterbeschäftigung des Arbeitnehmers zu einer unzumutbaren wirtschaftlichen Belastung des Arbeitgebers führen würde oder
3. der Widerspruch des Personalrates offensichtlich unbegründet war.

(3) [1]Vor fristlosen Entlassungen und außerordentlichen Kündigungen ist der Personalrat anzuhören. [2]Der Dienststellenleiter hat die beabsichtigte Maßnahme zu begründen. [3]Hat der Personalrat Bedenken, so hat er sie unter Angabe der Gründe dem Dienststellenleiter unverzüglich, spätestens innerhalb von drei Arbeitstagen schriftlich mitzuteilen.

(4) Eine Kündigung ist unwirksam, wenn der Personalrat nicht beteiligt worden ist.

§ 80 [Teilnahme des Personalrats an Prüfungen]

An Prüfungen, die eine Dienststelle von den Beschäftigten ihres Bereichs abnimmt, kann ein Mitglied des für diesen Bereich zuständigen Personalrates, das von diesem benannt ist, beratend teilnehmen.

§ 81 [Mitwirkung bei Unfallverhütung]

(1) Der Personalrat hat bei der Bekämpfung von Unfall- und Gesundheitsgefahren die für den Arbeitsschutz zuständigen Behörden, die Träger der gesetzlichen Unfallversicherung und die übrigen in Betracht kommenden Stellen durch Anregung, Beratung und Auskunft zu unterstützen und sich für die Durchführung der Vorschriften über den Arbeitsschutz und die Unfallverhütung in der Dienststelle einzusetzen.

(2) [1]Der Dienststellenleiter und die in Absatz 1 genannten Stellen sind verpflichtet, bei allen im Zusammenhang mit dem Arbeitsschutz oder der Unfallverhütung stehenden Besichtigungen und Fragen und bei Unfalluntersuchungen den Personalrat oder die von ihm bestimmten Personalratsmitglieder derjenigen Dienststelle hinzuzuziehen, in der die Besichtigung oder Untersuchung stattfindet. [2]Der Dienststellenleiter hat dem Personalrat unverzüglich die den Arbeitsschutz und die Unfallverhütung betreffenden Auflagen und Anordnungen der in Absatz 1 genannten Stellen mitzuteilen.

(3) An Besprechungen des Dienststellenleiters mit den Sicherheitsbeauftragten im Rahmen des § 22 Abs. 2 des Siebten Buches Sozialgesetzbuch nehmen vom Personalrat beauftragte Personalratsmitglieder teil.

(4) Der Personalrat erhält die Niederschriften über Untersuchungen, Besichtigungen und Besprechungen, zu denen er nach den Absätzen 2 und 3 hinzuzuziehen ist.

(5) Der Dienststellenleiter hat dem Personalrat eine Durchschrift der nach § 193 Abs. 5 des Siebten Buches Sozialgesetzbuch vom Personalrat zu unterschreibenden Unfallanzeige oder des nach beamtenrechtlichen Vorschriften zu erstattenden Berichts auszuhändigen.

Vierter Abschnitt
Beteiligung der Stufenvertretungen und des Gesamtpersonalrates

§ 82 [Beteiligung der Stufenvertretung]

(1) In Angelegenheiten, in denen die Dienststelle nicht zur Entscheidung befugt ist, ist an Stelle des Personalrates die bei der zuständigen Dienststelle gebildete Stufenvertretung zu beteiligen.

(2) [1]Vor einem Beschluß in Angelegenheiten, die einzelne Beschäftigte oder Dienststellen betreffen, gibt die Stufenvertretung dem Personalrat Gelegenheit zur Äußerung. [2]In diesem Falle verdoppeln sich die Fristen der §§ 69 und 72.

(3) Die Absätze 1 und 2 gelten entsprechend für die Verteilung der Zuständigkeit zwischen Personalrat und Gesamtpersonalrat.

(4) Für die Befugnisse und Pflichten der Stufenvertretungen und des Gesamtpersonalrates gelten die §§ 69 bis 81 entsprechend.

(5) Werden im Geschäftsbereich mehrstufiger Verwaltungen personelle oder soziale Maßnahmen von einer Dienststelle getroffen, bei der keine für eine Beteiligung an diesen Maßnahmen zuständige Personalvertretung vorgesehen ist, so ist die Stufenvertretung bei der nächsthöheren Dienststelle, zu deren Geschäftsbereich die entscheidende Dienststelle und die von der Entscheidung Betroffenen gehören, zu beteiligen.

Sechstes Kapitel
Gerichtliche Entscheidungen[1]

§ 83 [Rechtsweg]
(1) Die Verwaltungsgerichte, im dritten Rechtszug das Bundesverwaltungsgericht, entscheiden außer in den Fällen der §§ 9, 25, 28 und 47 Abs. 1 über
1. Wahlberechtigung und Wählbarkeit,
2. Wahl und Amtszeit der Personalvertretungen und der in den §§ 57, 65 genannten Vertreter sowie die Zusammensetzung der Personalvertretungen und der Jugend- und Auszubildendenvertretungen,
3. Zuständigkeit, Geschäftsführung und Rechtsstellung der Personalvertretungen und der in den §§ 57, 65 genannten Vertreter,
4. Bestehen oder Nichtbestehen von Dienstvereinbarungen.

(2) Die Vorschriften des Arbeitsgerichtsgesetzes über das Beschlußverfahren gelten entsprechend.

§ 84 [Fachkammern, Fachsenate]
(1) ¹Für die nach diesem Gesetz zu treffenden Entscheidungen sind bei den Verwaltungsgerichten des ersten und zweiten Rechtszuges Fachkammern (Fachsenate) zu bilden. ²Die Zuständigkeit einer Fachkammer kann auf die Bezirke anderer Gerichte oder Teile von ihnen erstreckt werden.

(2) ¹Die Fachkammer besteht aus einem Vorsitzenden und ehrenamtlichen Richtern. ²Die ehrenamtlichen Richter müssen Beschäftigte im öffentlichen Dienst des Bundes sein. ³Sie werden je zur Hälfte durch die Landesregierung oder die von ihr bestimmte Stelle auf Vorschlag
1. der unter den Beschäftigten vertretenen Gewerkschaften und
2. der in § 1 bezeichneten Verwaltungen und Gerichte
berufen. ⁴Für die Berufung und Stellung der ehrenamtlichen Richter und ihre Heranziehung zu den Sitzungen gelten die Vorschriften des Arbeitsgerichtsgesetzes über ehrenamtliche Richter entsprechend.

(3) ¹Die Fachkammer wird tätig in der Besetzung mit einem Vorsitzenden und je zwei nach Absatz 2 Satz 3 Nr. 1 und 2 berufenen Beisitzern. ²Unter den in Absatz 2 Satz 3 Nr. 1 bezeichneten Beisitzern muß sich je ein Beamter und ein Arbeitnehmer befinden.

Siebentes Kapitel
Vorschriften für besondere Verwaltungszweige und die Behandlung von Verschlußsachen

§ 85 [Anwendbarkeit für die Bundespolizei]
(1) Für die Bundespolizei gilt dieses Gesetz mit folgenden Abweichungen:
1. Die Beschäftigten der Bundespolizeibehörden und der ihnen nachgeordneten Dienststellen wählen Bundespolizeipersonalvertretungen (Bundespolizeipersonalrat, Bundespolizeibezirkspersonalrat, Bundespolizeihauptpersonalrat).
2. Polizeivollzugsbeamte sind nur wahlberechtigt (§ 13 Abs. 1), wenn sie am Wahltag die Grundausbildung bereits beendet haben und nicht bei der Berufung in das Beamtenverhältnis schriftlich erklärt haben, nur eine Dienstzeit von zwei Jahren ableisten zu wollen.
3. In Angelegenheiten, die lediglich die Polizeivollzugsbeamten betreffen, die nach Nummer 2 nicht wahlberechtigt sind, wirkt die Bundespolizeipersonalvertretung mit, wenn ein Vertrauensmann (Absatz 2) dies im Einzelfalle beantragt.
4. Die in Nummer 3 bezeichneten Polizeivollzugsbeamten werden bei der Ermittlung der Zahl der vom Dienst freizustellenden Personalratsmitglieder nach § 46 Abs. 4 nicht berücksichtigt.
5. Die Vorschriften über die Jugend- und Auszubildendenvertretung gelten nicht für die Polizeivollzugsbeamten.
6. Eine Beteiligung der Bundespolizeipersonalvertretung findet nicht statt bei
 a) Anordnungen für Polizeivollzugsbeamte, durch die Einsatz oder Einsatzübungen geregelt werden,
 b) der Einstellung von Polizeivollzugsbeamten für die Grundausbildung.
7. Die Bundespolizeipersonalvertretung bestimmt bei der Berufsförderung von Polizeivollzugsbeamten mit, soweit der Beamte dies beantragt.

(2) ¹Die Polizeivollzugsbeamten, die nach Absatz 1 Nr. 2 nicht das Wahlrecht zu den Bundespolizeipersonalvertretungen besitzen, wählen in jeder Einheit einen Vertrauensmann und zwei Stellvertreter. ²Einheiten im Sinne des Satzes 1 sind die Hundertschaften oder vergleichbare Einheiten und Dienststellen

1) Siehe hierzu auch § 190 VwGO.

nach näherer Bestimmung des Bundesministers des Innern. [3]Für die Wahl, die Amtszeit und die Aufgaben des Vertrauensmannes gilt folgendes:

1. Wahlberechtigt und wählbar sind ohne Rücksicht auf ihr Alter die in Satz 1 genannten Polizeivollzugsbeamten; im übrigen gelten § 13 Abs. 1, § 14 Abs. 1 Satz 2 entsprechend.

2. [1]Der Bundespolizeipersonalrat bestimmt spätestens drei Wochen vor dem unter Nummer 4 Satz 2 genannten Zeitpunkt drei Wahlberechtigte als Wahlvorstand und einen von ihnen als Vorsitzenden. [2]Hat der Bundespolizeipersonalrat den Wahlvorstand nicht fristgemäß bestimmt oder besteht in der Dienststelle kein Bundespolizeipersonalrat, so bestellt der Leiter der Dienststelle den Wahlvorstand.

3. [1]Der Wahlvorstand hat unverzüglich eine Versammlung der Wahlberechtigten einzuberufen. [2]In dieser Versammlung ist die Wahl des Vertrauensmannes und seiner Stellvertreter durchzuführen. [3]Gewählt wird durch Handaufheben. [4]Widerspricht ein Wahlberechtigter diesem Verfahren, so wird eine geheime Wahl mit Stimmzetteln vorgenommen. [5]§ 24 gilt entsprechend.

4. [1]Für die Amtszeit des Vertrauensmannes und seiner Stellvertreter gelten § 29 Abs. 1 Nr. 2, 4, 5 und § 30 entsprechend. [2]§ 31 Abs. 1, 2 ist mit der Maßgabe anzuwenden, daß eine Neuwahl stattfindet, wenn nach Eintreten beider Stellvertreter kein Vertrauensmann mehr vorhanden ist.

5. [1]Für die Geschäftsführung und Rechtsstellung des Vertrauensmannes gelten § 43 bis 45, 46 Abs. 1, 2, 3 Satz 1 und 6 entsprechend. [2]Für die Aufgaben und Befugnisse des Vertrauensmannes gelten § 2, § 47 Abs. 2, §§ 66 bis 68 entsprechend. [3]In den Fällen des § 75 Abs. 2 Satz 1 Nr. 1, Abs. 3 Nr. 3, 14, 15, § 76 Abs. 1 Nr. 2, 4, 5, Abs. 2 Nr. 1, 5, 6, 9, § 78 Abs. 1 Nr. 4 ist, soweit Polizeivollzugsbeamte, die nach Absatz 1 Nr. 2 nicht das Wahlrecht zu den Bundespolizeipersonalvertretungen besitzen, betroffen sind, der Vertrauensmann rechtzeitig von dem Dienststellenleiter zu hören, in den Fällen des § 76 Abs. 2 Nr. 9, § 78 Abs. 1 Nr. 4 jedoch nur auf Antrag der Betroffenen. [4]Der Vertrauensmann kann an den Sitzungen des Bundespolizeipersonalrates beratend teilnehmen; in den Fällen des Absatzes 1 Nr. 3 hat er im Bundespolizeipersonalrat Stimmrecht.

(3) [1]Die Dienstleistenden (§ 49 Abs. 1 des Bundesgrenzschutzgesetzes[1]) vom 18. August 1972 (BGBl. I S. 1834), das zuletzt durch Artikel 3 des Gesetzes vom 19. Oktober 1994 (BGBl. I S. 2978) geändert worden ist), stehen bei der Anwendung dieses Gesetzes den Polizeivollzugsbeamten gleich, die nach Absatz 1 Nr. 2 nicht das Wahlrecht zu den Bundesgrenzschutzpersonalvertretungen[2] besitzen; sie wählen gemeinsam mit diesen den Vertrauensmann und dessen Stellvertreter (Absatz 2). [2]Erleidet ein Dienstleistender anläßlich der Wahrnehmung von Rechten oder Erfüllung von Pflichten nach diesem Gesetz durch einen Unfall eine gesundheitliche Schädigung, die eine Grenzschutzdienstbeschädigung wäre, so sind die dafür geltenden Vorschriften entsprechend anzuwenden.

§ 86[3] [Anwendbarkeit für den Bundesnachrichtendienst]

Für den Bundesnachrichtendienst gilt dieses Gesetz mit folgenden Abweichungen:

1. [1]Teile und Stellen des Bundesnachrichtendienstes, die nicht zur Zentrale des Bundesnachrichtendienstes gehören, gelten als Dienststellen im Sinne des § 6 Abs. 1. [2]In Zweifelsfällen entscheidet der Leiter des Bundesnachrichtendienstes über die Dienststelleneigenschaft.

2. Die Mitgliedschaft im Personalrat ruht bei Personen, die zu einer sicherheitsempfindlichen Tätigkeit nicht zugelassen sind.

3. [1]Die Personalversammlungen finden nur in den Räumen der Dienststelle statt, sie werden in der Zentrale nur als Teilversammlungen durchgeführt. [2]Über die Abgrenzung entscheidet der Leiter des Bundesnachrichtendienstes. [3]Der Leiter des Bundesnachrichtendienstes kann nach Anhörung des Personalrates bestimmen, dass Personalversammlungen als Vollversammlung durchgeführt werden.

4. Der Leiter der Dienststelle kann nach Anhörung des Personalrates bestimmen, daß Beschäftigte, bei denen dies wegen ihrer dienstlichen Aufgaben zwingend geboten ist, nicht an Personalversammlungen teilnehmen.

5. [1]Die Tagesordnung der Personalversammlung und die in der Personalversammlung sowie im Tätigkeitsbericht zu behandelnden Punkte legt der Personalrat im Benehmen mit dem Leiter der Dienststelle fest. [2]Andere Punkte dürfen nicht behandelt werden. [3]Der Leiter der Dienststelle nimmt an den Personalversammlungen teil.

1) Siehe jetzt das Bundespolizeigesetz.

2) Richtig wohl: „Bundespolizeipersonalvertretungen".

3) Die Änderungen durch G v. 29.8.2016 (BGBl. I S. 2065) sind bis zur erstmaligen Wahl des Gesamtpersonalrats mit der Maßgabe anzuwenden, dass dessen Rechte und Pflichten übergangsweise weiter durch den Personalrat der Zentrale wahrgenommen werden (Art. 3 Abs. 3 G v. 29.8.2016, BGBl. I S. 2065).

6. In den Fällen des § 20 Abs. 2, der §§ 21 und 23 sowie des § 28 Absatz 2 bestellt der Leiter der Dienststelle den Wahlvorstand.

7. [1]Die Beschäftigten des Bundesnachrichtendienstes wählen keine Stufenvertretung. [2]Soweit eine Stufenvertretung zuständig ist, ist an ihrer Stelle der Gesamtpersonalrat zu beteiligen. [3]Die Aufgaben der obersten Dienstbehörde nach diesem Gesetz nimmt der Chef des Bundeskanzleramtes wahr.

8. [1]An die Stelle der Mitbestimmung und der Zustimmung tritt die Mitwirkung des Personalrates. [2]Die oberste Dienstbehörde und der Gesamtpersonalrat können durch Dienstvereinbarung ergänzende Regelungen über die Beteiligung der Personalvertretungen im Bundesnachrichtendienst treffen oder jederzeit widerruflich von Regelungen des § 86, ausgenommen die Nummern 2, 7, 10 und 13, abweichen.

9. § 93 ist mit folgender Maßgabe anzuwenden:
 a) Personalvertretungen bei Dienststellen im Sinne der Nummer 1 bilden keine Ausschüsse, an ihre Stelle tritt der Ausschuß des Gesamtpersonalrates.
 b) Der Leiter des Bundesnachrichtendienstes kann außer in den Fällen des § 93 Abs. 5 auch bei Vorliegen besonderer nachrichtendienstlicher Gründe Anordnungen im Sinne des § 93 Abs. 5 treffen oder von einer Beteiligung absehen.
 c) § 93 Absatz 1 Satz 1 ist nur anzuwenden, wenn nicht alle Mitglieder der zuständigen Personalvertretung ermächtigt sind, von Verschlusssachen des entsprechenden Geheimhaltungsgrades Kenntnis zu erhalten.

10. [1]Bei Vorliegen besonderer Sicherheitsvorfälle oder einer besonderen Einsatzsituation, von der der Bundesnachrichtendienst ganz oder teilweise betroffen ist, ruhen die Rechte und Pflichten der zuständigen Personalvertretungen. [2]Beginn und Ende des Ruhens der Befugnisse der Personalvertretung werden jeweils vom Leiter des Bundesnachrichtendienstes im Einvernehmen mit dem Chef des Bundeskanzleramtes festgestellt.

11. [1]§ 70 Absatz 1 und § 79 Absatz 2 sind nicht anzuwenden. [2]Die Vorschriften über eine Beteiligung von Vertretern oder Beauftragten der Gewerkschaften und Arbeitgebervereinigungen (§ 20 Absatz 1, die §§ 36 und 39 Absatz 1 sowie § 52) sind nicht anzuwenden. [3]Der Leiter des Bundesnachrichtendienstes kann bestimmen, dass Beauftragte der Gewerkschaften zu einer sicherheitsempfindlichen Tätigkeit zugelassen sein müssen. [4]Der Leiter des Bundesnachrichtendienstes kann die Anwendung des § 12 Absatz 2 ausschließen.

12. Soweit sich aus den Nummern 1 bis 11 nichts anderes ergibt, gelten die §§ 59 bis 63 des Soldatenbeteiligungsgesetzes entsprechend.

13. [1]Für gerichtliche Entscheidungen nach § 83 Abs. 1 ist im ersten und letzten Rechtszug das Bundesverwaltungsgericht zuständig. [2]Im gerichtlichen Verfahren ist § 99 der Verwaltungsgerichtsordnung entsprechend anzuwenden.

§ 87 [Anwendbarkeit für das Bundesamt für Verfassungsschutz]

Für das Bundesamt für Verfassungsschutz gilt dieses Gesetz mit folgenden Abweichungen:

1. Der Leiter des Bundesamtes für Verfassungsschutz kann nach Anhörung des Personalrats bestimmen, daß Beschäftigte, bei denen dies wegen ihrer dienstlichen Aufgaben dringend geboten ist, nicht an Personalversammlungen teilnehmen.

2. Die Vorschriften über eine Beteiligung von Vertretern oder Beauftragten der Gewerkschaften und Arbeitgebervereinigungen (§ 20 Abs. 1, §§ 36, 39 Abs. 1, § 52) sind nicht anzuwenden.

3. Bei der Beteiligung der Stufenvertretung und der Einigungsstelle sind Angelegenheiten, die lediglich Beschäftigte des Bundesamtes für Verfassungsschutz betreffen, wie Verschlußsachen des Geheimhaltungsgrades „VS-VERTRAULICH" zu behandeln (§ 93), soweit nicht die zuständige Stelle etwas anderes bestimmt.

§ 88 [Anwendbarkeit für bundesunmittelbare Körperschaften und Anstalten des öffentlichen Rechts]

Für bundesunmittelbare Körperschaften und Anstalten des öffentlichen Rechts im Bereich der Sozialversicherung und für die Bundesagentur für Arbeit gilt dieses Gesetz mit folgenden Abweichungen:

1. Behörden der Mittelstufe im Sinne des § 6 Abs. 2 Satz 2 sind die der Hauptverwaltungsstelle unmittelbar nachgeordneten Dienststellen, denen andere Dienststellen nachgeordnet sind.

2. [1]Abweichend von § 7 Satz 1 handelt für die Körperschaft oder Anstalt der Vorstand, soweit ihm die Entscheidungsbefugnis vorbehalten ist; für die Agenturen für Arbeit und die Regionaldirektionen der Bundesagentur für Arbeit handelt die Geschäftsführung. [2]Der Vorstand oder die Geschäftsführung kann sich durch eines oder mehrere der jeweiligen Mitglieder vertreten lassen. [3]§ 7 Satz 3 und 4 bleibt unberührt.

3. ¹Als oberste Dienstbehörde im Sinne des § 69 Abs. 3, 4 und des § 71 gilt der Vorstand. ²§ 69 Abs. 3 Satz 2 ist nicht anzuwenden.

§ 89 [Anwendbarkeit für die Deutsche Bundesbank]

Für die Deutsche Bundesbank gilt dieses Gesetz mit folgenden Abweichungen:

1. Als Behörden der Mittelstufe im Sinne des § 6 Abs. 2 Satz 2 gelten die Landeszentralbanken, denen Zweiganstalten unterstehen.

2. ¹Oberste Dienstbehörde ist der Präsident der Deutschen Bundesbank. ²Der Zentralbankrat gilt als oberste Dienstbehörde, soweit ihm die Entscheidung zusteht, § 69 Abs. 3 Satz 2 ist nicht anzuwenden.

3. ¹Der Zentralbankrat, das Direktorium und der Vorstand einer Landeszentralbank können sich durch eines oder mehrere ihrer Mitglieder vertreten lassen. ²§ 7 Satz 2 bleibt unberührt.

§ 89a (aufgehoben)

§ 90 [Sonderbestimmungen für die Rundfunkanstalt „Deutsche Welle"]

Für die Rundfunkanstalt des Bundesrechts „Deutsche Welle" gilt dieses Gesetz mit folgenden Abweichungen:

1. ¹Die Einrichtungen der Deutschen Welle am Sitz Köln und die Einrichtungen der Deutschen Welle am Sitz Berlin bilden je eine Dienststelle im Sinne dieses Gesetzes. ²Diese Aufteilung auf zwei Dienststellen bleibt bei Verlegung des Sitzes von Köln nach Bonn bestehen. ³Andere Einrichtungen der Deutschen Welle werden vom Intendanten der Deutschen Welle einer Dienststelle zugeteilt. ⁴§ 6 Abs. 3 findet keine Anwendung.

2. ¹Die Beschäftigten in beiden Dienststellen wählen – neben den örtlichen Personalräten – einen Gesamtpersonalrat. ²Dieser wirkt bei der Entscheidung nach Nummer 1 Satz 3 mit. ³Er ist zuständig für die Behandlung dienststellenübergreifender Angelegenheiten. ⁴Der Gesamtpersonalrat hat seinen Sitzort am Sitz des Intendanten. ⁵Die für den Gesamtpersonalrat maßgebenden Bestimmungen finden im übrigen entsprechende Anwendung.

3. ¹Die Beschäftigten im Sinne des § 57 in beiden Dienststellen wählen – neben den örtlichen Jugend- und Auszubildendenvertretungen – eine Gesamt-Jugend- und Auszubildendenvertretung. ²Nummer 2 Satz 3 gilt entsprechend. ³Der Sitzort der Gesamt-Jugend- und Auszubildendenvertretung ist am Sitzort des Gesamtpersonalrats. ⁴Die für die Gesamt-Jugend- und Auszubildendenvertretung maßgebenden Bestimmungen finden im übrigen entsprechende Anwendung.

4. ¹Leiter der Dienststellen ist der Intendant. ²Er gilt als oberste Dienstbehörde im Sinne dieses Gesetzes; § 69 Abs. 3 Satz 2 findet keine Anwendung. ³§ 7 ist entsprechend anzuwenden.

5. ¹Beschäftigte der Deutschen Welle im Sinne dieses Gesetzes sind die durch Arbeitsvertrag unbefristet oder auf Zeit angestellten Beschäftigten der Deutschen Welle einschließlich der zu ihrer Berufsausbildung Beschäftigten. ²Beschäftigte im Sinne diese Gesetzes sind nicht:

 a) der Intendant, die Direktoren und der Justitiar,

 b) Personen in einem arbeitnehmerähnlichen Verhältnis, sonstige freie Mitarbeiter und Personen, die auf Produktionsdauer beschäftigt sind.

 ³Beschäftigte, die in einer Einrichtung der Deutschen Welle im Ausland eingesetzt sind, sowie Volontäre sind nicht wählbar.

6. § 44 Abs. 1 Satz 2 findet mit der Maßgabe Anwendung, daß an die Stelle des Bundesreisekostengesetzes die Reisekostenordnung der Deutschen Welle tritt.

7. a) Bei Beschäftigten, deren Vergütung sich nach der Vergütungsgruppe I des Vergütungstarifvertrags der Deutschen Welle bemißt oder deren Vergütung über der höchsten Vergütungsgruppe liegt, wird der Personalrat in den Fällen des § 75 Abs. 1 und 3 Nr. 14 nicht beteiligt.

 b) Bei im Programmbereich Beschäftigten der Vergütungsgruppe II des Vergütungstarifvertrags der Deutschen Welle tritt in Fällen des § 75 Abs. 1 an die Stelle der Mitbestimmung des Personalrats die Mitwirkung.

 c) ¹Bei Beschäftigten mit überwiegend wissenschaftlicher oder künstlerischer Tätigkeit sowie bei Beschäftigten, die maßgeblich an der Programmgestaltung beteiligt sind, bestimmt der Personalrat in den Fällen des § 75 Abs. 1 nur mit, wenn sie dies beantragen. ²§ 69 Abs. 4 Satz 3 und 4 gilt entsprechend.

§ 91 [Anwendbarkeit für Dienststellen des Bundes im Ausland]

(1) Für Dienststellen des Bundes im Ausland gilt dieses Gesetz mit folgenden Abweichungen:

1. Ortskräfte sind nicht Beschäftigte im Sinne des § 4.
2. Die Beschäftigten sind nicht in eine Stufenvertretung oder in einen Gesamtpersonalrat bei einer Dienststelle im Inland wählbar.
3. ¹Die nach § 13 wahlberechtigten Beschäftigten im Geschäftsbereich des Auswärtigen Amtes im Ausland ohne die Dienststellen des Deutschen Archäologischen Instituts sind außer zur Wahl des Personalrates ihrer Dienststelle auch zur Wahl des Personalrates des Auswärtigen Amtes wahlberechtigt, jedoch nicht wählbar. ²Zur Wahl des Hauptpersonalrates des Auswärtigen Amtes sind sie nicht wahlberechtigt. ³Soweit eine Stufenvertretung zuständig wäre, ist an ihrer Stelle der Personalrat des Auswärtigen Amtes zu beteiligen. ⁴§ 47 Abs. 2 gilt nicht für die nach Satz 1 zur Wahl des Personalrates des Auswärtigen Amtes wahlberechtigten Beschäftigten.
4. § 47 Abs. 2 gilt für Mitglieder von Personalräten im Geschäftsbereich des Bundesministeriums der Verteidigung im Ausland nur für die Dauer einer regelmäßigen Amtszeit in dem durch § 26 festgelegten Umfang.
5. Für gerichtliche Entscheidungen nach § 83 ist das Verwaltungsgericht zuständig, in dessen Bezirk die oberste Dienstbehörde ihren Sitz hat.

(2) ¹In Dienststellen des Bundes im Ausland, in denen in der Regel mindestens fünf Ortskräfte (Absatz 1 Nr. 1) beschäftigt sind, wählen diese einen Vertrauensmann und höchstens zwei Stellvertreter. ²Gewählt wird durch Handaufheben; widerspricht ein Wahlberechtigter diesem Verfahren, so wird eine geheime Wahl mit Stimmzetteln vorgenommen. ³§ 24 Abs. 1 Satz 1 und 2, Abs. 2 gilt entsprechend. ⁴Die Amtszeit des Vertrauensmannes und seiner Stellvertreter beträgt zwei Jahre; im übrigen gilt § 29 Abs. 1 sinngemäß. ⁵§ 31 ist mit der Maßgabe anzuwenden, daß eine Neuwahl stattfindet, wenn nach Eintreten der Stellvertreter kein Vertrauensmann mehr vorhanden ist. ⁶Der Vertrauensmann nimmt Anregungen, Anträge und Beschwerden der Ortskräfte in innerdienstlichen, sozialen und persönlichen Angelegenheiten entgegen und vertritt sie gegenüber dem Dienststellenleiter und dem Personalrat. ⁷Vor der Beschlußfassung in Angelegenheiten, die die besonderen Interessen der Ortskräfte wesentlich berühren, hat der Personalrat dem Vertrauensmann Gelegenheit zur Äußerung zu geben. ⁸Für den Vertrauensmann gelten die §§ 43 bis 45, 46 Abs. 1, 2, 3 Satz 1 und § 67 Abs. 1 Satz 3 sinngemäß.

§ 92 [Anwendbarkeit für den Geschäftsbereich des Bundesministeriums der Verteidigung]

Für den Geschäftsbereich des Bundesministeriums der Verteidigung gilt § 82 Abs. 5 mit folgender Maßgabe:

1. Werden personelle oder soziale Maßnahmen von einer Dienststelle, bei der keine für eine Beteiligung an diesen Maßnahmen zuständige Personalvertretung vorgesehen ist, mit Wirkung für einzelne Beschäftigte einer ihr nicht nachgeordneten Dienststelle getroffen, so ist der Personalrat dieser Dienststelle von deren Leiter zu beteiligen, nachdem zuvor ein Einvernehmen zwischen den Dienststellen über die beabsichtigte Maßnahme hergestellt worden ist.
2. ¹Bei innerdienstlichen oder sozialen Angelegenheiten, die Liegenschaften eines Dienstortes betreffen, wird die Beteiligung durch einen Ausschuss ausgeübt, der bei der für die Entscheidung zuständigen Stelle eingerichtet ist, sofern ein solcher gebildet worden ist und das gesetzlich zuständige Beteiligungsgremium zugestimmt hat. ²Die Aufgaben und Befugnisse des Dienststellenleiters werden in diesen Fällen durch die für die Entscheidung zuständige Stelle wahrgenommen. ³Kommt im Beteiligungsverfahren nicht rechtzeitig zustande, richtet sich das weitere Verfahren nach § 69 Absatz 3 und 4 oder nach § 72 Absatz 4 und 5.

§ 93 [Beteiligung des Personalrats bei Verschlusssachen]

(1) ¹Soweit eine Angelegenheit an der eine Personalvertretung zu beteiligen ist, als Verschlußsache mindestens des Geheimhaltungsgrades „VS-VERTRAULICH" eingestuft ist, tritt an die Stelle der Personalvertretung ein Ausschuß. ²Dem Ausschuß gehört höchstens je ein in entsprechender Anwendung des § 32 Abs. 1 gewählter Vertreter der im Personalrat vertretenen Gruppen an. ³Die Mitglieder des Ausschusses müssen nach den dafür geltenden Bestimmungen ermächtigt sein, Kenntnis von Verschlußsachen des in Betracht kommenden Geheimhaltungsgrades zu erhalten. ⁴Personalvertretungen bei Dienststellen, die Behörden der Mittelstufe nachgeordnet sind, bilden keinen Ausschuß; an ihre Stelle tritt der Ausschuß des Bezirkspersonalrates.

(2) Wird der zuständige Ausschuß nicht rechtzeitig gebildet, ist der Ausschuß der bei der Dienststelle bestehenden Stufenvertretung oder, wenn dieser nicht rechtzeitig gebildet wird, der Ausschuß der bei der obersten Dienstbehörde bestehenden Stufenvertretung zu beteiligen.

(3) Die Einigungsstelle (§ 71) besteht in den in Absatz 1 Satz 1 bezeichneten Fällen aus je einem Bcisitzer, der von der obersten Dienstbehörde und der bei ihr bestehenden zuständigen Personalvertretung bestellt wird, und einem unparteiischen Vorsitzenden, die nach den dafür geltenden Bestimmungen ermächtigt sind, von Verschlußsachen des in Betracht kommenden Geheimhaltungsgrades Kenntnis zu erhalten.

(4) [1]§§ 40, 82 Abs. 2 und die Vorschriften über die Beteiligung der Gewerkschaften und Arbeitgebervereinigungen in den §§ 36 und 39 Abs. 1 sind nicht anzuwenden. [2]Angelegenheiten, die als Verschlußsachen mindestens des Geheimhaltungsgrades „VS-VERTRAULICH" eingestuft sind, werden in der Personalversammlung nicht behandelt.

(5) [1]Die oberste Dienstbehörde kann anordnen, daß in den Fällen des Absatzes 1 Satz 1 dem Ausschuß und der Einigungsstelle Unterlagen nicht vorgelegt und Auskünfte nicht erteilt werden dürfen, soweit dies zur Vermeidung von Nachteilen für das Wohl der Bundesrepublik Deutschland oder eines ihrer Länder oder auf Grund internationaler Verpflichtungen geboten ist. [2]Im Verfahren nach § 83 sind die gesetzlichen Voraussetzungen für die Anordnung glaubhaft zu machen.

Zweiter Teil
Personalvertretungen in den Ländern

Erstes Kapitel
Rahmenvorschriften für die Landesgesetzgebung

§ 94 [Rahmenvorschriften]
Für die Gesetzgebung der Länder sind die §§ 95 bis 106 Rahmenvorschriften.

§ 95 [Bildung von Personalvertretungen]
(1) In den Verwaltungen und Betrieben der Länder, Gemeinden, Gemeindeverbände und der sonstigen nicht bundesunmittelbaren Körperschaften, Anstalten und Stiftungen des öffentlichen Rechts sowie in den Gerichten der Länder werden Personalvertretungen gebildet; für Beamte im Vorbereitungsdienst und Beschäftigte in entsprechender Berufsausbildung, Staatsanwälte, Polizeibeamte und Angehörige von Rundfunk- und Fernsehanstalten sowie von Dienststellen, die bildenden, wissenschaftlichen oder künstlerischen Zwecken dienen, können die Länder eine besondere Regelung unter Beachtung des § 104 vorsehen.

(2) [1]In den einzelnen Dienststellen ist die Bildung von Jugend- und Auszubildendenvertretungen vorzusehen. [2]Einem Vertreter der Jugend- und Auszubildendenvertretung ist die Teilnahme an allen Sitzungen der Personalvertretung mit beratender Stimme zu gestatten. [3]Die Länder haben zu regeln, in welchen Fällen der gesamten Jugend- und Auszubildendenvertretung ein Teilnahmerecht mit beratender Stimme und in welchen Fällen ihr das Stimmrecht in der Personalvertretung einzuräumen ist.

(3) Der Schwerbehindertenvertretung ist die Teilnahme an allen Sitzungen der Personalvertretung zu gestatten.

§ 96 [Gewerkschaften und Arbeitgebervereinigungen]
Die Aufgaben der Gewerkschaften und der Vereinigungen der Arbeitgeber werden durch das Personalvertretungsrecht nicht berührt.

§ 97 [Unabdingbarkeit des Personalvertretungsrechts]
Durch Tarifvertrag oder Dienstvereinbarung darf eine von den gesetzlichen Vorschriften abweichende Regelung des Personalvertretungsrechts nicht zugelassen werden.

§ 98 [Wahlvorschriften]
(1) Die Personalvertretungen werden in geheimer und unmittelbarer Wahl und bei Vorliegen mehrerer Wahlvorschläge nach den Grundsätzen der Verhältniswahl gewählt.

(2) Sind in einer Dienststelle Angehörige verschiedener Gruppen wahlberechtigt, so wählen die Angehörigen jeder Gruppe ihre Vertreter in getrennten Wahlgängen, sofern nicht die Mehrheit der Wahlberechtigten jeder Gruppe in getrennter geheimer Abstimmung die gemeinsame Wahl beschließt.

(3) Über Angelegenheiten, die nur die Angehörigen einer Gruppe betreffen, kann die Personalvertretung nicht gegen den Willen dieser Gruppe beschließen.

(4) Die Geschlechter sollen in den Personalvertretungen und den Jugend- und Auszubildendenvertretungen entsprechend dem Zahlenverhältnis vertreten sein.

§ 99 [Behinderungsverbot]

(1) Wahl und Tätigkeit der Personalvertretungen und der Jugendvertretungen oder der Jugend- und Auszubildendenvertretungen dürfen nicht behindert oder in einer gegen die guten Sitten verstoßenden Weise beeinflußt werden.

(2) Mitglieder der Personalvertretungen und der Jugendvertretungen oder der Jugend- und Auszubildendenvertretungen dürfen gegen ihren Willen nur versetzt oder abgeordnet werden, wenn dies aus wichtigen dienstlichen Gründen auch unter Berücksichtigung der Mitgliedschaft in der Personalvertretung oder der Jugendvertretung sowie der Jugend- und Auszubildendenvertretung unvermeidbar ist und die Personalvertretung zustimmt.

§ 100 [Ehrenamt]

(1) Die Mitglieder der Personalvertretungen führen ihr Amt unentgeltlich als Ehrenamt.

(2) Durch die Wahl und die Tätigkeit der Personalvertretungen dürfen den Beschäftigten wirtschaftliche Nachteile nicht entstehen.

(3) Die durch die Wahl und die Tätigkeit der Personalvertretungen entstehenden Kosten trägt die Verwaltung.

§ 101 [Personalratssitzungen]

(1) Die Sitzungen der Personalvertretungen sind nicht öffentlich.

(2) Personen, die Aufgaben oder Befugnisse nach dem Personalvertretungsrecht wahrnehmen oder wahrgenommen haben, haben über die ihnen dabei bekanntgewordenen Angelegenheiten und Tatsachen Stillschweigen zu bewahren.

(3) [1]Den Personalvertretungen sind auf Verlangen die zur Durchführung ihrer Aufgaben erforderlichen Unterlagen zur Verfügung zu stellen. [2]Personalakten dürfen Mitgliedern der Personalvertretungen nur mit Zustimmung des Beschäftigten vorgelegt werden.

§ 102 [Neuwahlen]

(1) Die Personalvertretungen sind in angemessenen Zeitabständen neu zu wählen.

(2) [1]Die Personalvertretungen können wegen grober Vernachlässigung ihrer gesetzlichen Befugnisse oder wegen grober Verletzung ihrer gesetzlichen Pflichten durch gerichtliche Entscheidung aufgelöst werden. [2]Das gleiche gilt für den Ausschluß einzelner Mitglieder.

§ 103 [Aufgaben der Personalvertretungen]

Die Personalvertretungen haben darauf hinzuwirken, daß die zugunsten der Beschäftigten geltenden Vorschriften und Bestimmungen durchgeführt werden.

§ 104 [Mitwirkung des Personalrats]

[1]Die Personalvertretungen sind in innerdienstlichen, sozialen und personellen Angelegenheiten der Beschäftigten zu beteiligen; dabei soll eine Regelung angestrebt werden, wie sie für Personalvertretungen in Bundesbehörden in diesem Gesetz festgelegt ist. [2]Für den Fall der Nichteinigung zwischen der obersten Dienstbehörde und der zuständigen Personalvertretung in Angelegenheiten, die der Mitbestimmung unterliegen, soll die Entscheidung einer unabhängigen Stelle vorgesehen werden, deren Mitglieder von den Beteiligten bestellt werden. [3]Entscheidungen, die wegen ihrer Auswirkungen auf das Gemeinwesen wesentlicher Bestandteil der Regierungsgewalt sind, insbesondere Entscheidungen

in personellen Angelegenheiten der Beamten,

über die Gestaltung von Lehrveranstaltungen im Rahmen des Vorbereitungsdienstes einschließlich der Auswahl der Lehrpersonen

und in organisatorischen Angelegenheiten,

dürfen jedoch nicht den Stellen entzogen werden, die der Volksvertretung verantwortlich sind.

§ 105 [Diskriminierungsverbot]

[1]Die Personalvertretungen haben gemeinsam mit dem Leiter der Dienststelle für eine sachliche und gerechte Behandlung der Angelegenheiten der Beschäftigten zu sorgen. [2]Insbesondere darf kein Beschäftigter wegen seiner Abstammung, Religion, Nationalität, Herkunft, politischen oder gewerkschaftlichen Betätigung oder Einstellung, wegen seines Geschlechtes oder wegen persönlicher Beziehungen bevorzugt oder benachteiligt werden. [3]Der Leiter der Dienststelle und die Personalvertretung haben jede parteipolitische Betätigung in der Dienststelle zu unterlassen; die Behandlung von Tarif-, Besoldungs- und Sozialangelegenheiten wird hierdurch nicht berührt.

§ 106 [Rechtsweg]

Zu gerichtlichen Entscheidungen sind die Verwaltungsgerichte berufen.

Zweites Kapitel
Unmittelbar für die Länder geltende Vorschriften

§ 107 [Schutz der Personalratsmitglieder]
[1]Personen, die Aufgaben oder Befugnisse nach dem Personalvertretungsrecht wahrnehmen, dürfen darin nicht behindert und wegen ihrer Tätigkeit nicht benachteiligt oder begünstigt werden; dies gilt auch für ihre berufliche Entwicklung. [2]§ 9 gilt entsprechend.

§ 108 [Kündigungsschutz]
(1) [1]Die außerordentliche Kündigung von Mitgliedern der Personalvertretungen, der Jugendvertretungen oder der Jugend- und Auszubildendenvertretungen, der Wahlvorstände sowie von Wahlbewerbern, die in einem Arbeitsverhältnis stehen, bedarf der Zustimmung der zuständigen Personalvertretung. [2]Verweigert die zuständige Personalvertretung ihre Zustimmung oder äußert sie sich nicht innerhalb von drei Arbeitstagen nach Eingang des Antrags, so kann das Verwaltungsgericht sie auf Antrag des Dienststellenleiters ersetzen, wenn die außerordentliche Kündigung unter Berücksichtigung aller Umstände gerechtfertigt ist. [3]In dem Verfahren vor dem Verwaltungsgericht ist der betroffene Arbeitnehmer Beteiligter.
(2) Eine durch den Arbeitgeber ausgesprochene Kündigung des Arbeitsverhältnisses eines Beschäftigten ist unwirksam, wenn die Personalvertretung nicht beteiligt worden ist.

§ 109 [Unfall in Wahrnehmung dieses Gesetzes]
Erleidet ein Beamter anläßlich der Wahrnehmung von Rechten oder Erfüllung von Pflichten nach dem Personalvertretungsrecht einen Unfall, der im Sinne der beamtenrechtlichen Unfallfürsorgevorschriften ein Dienstunfall wäre, so finden diese Vorschriften entsprechende Anwendung.

Dritter Teil
Strafvorschriften

§§ 110, 111 (aufgehoben)

Vierter Teil
Schlußvorschriften

§ 112 [Geltung für Religionsgemeinschaften]
Dieses Gesetz findet keine Anwendung auf Religionsgemeinschaften und ihre karitativen und erzieherischen Einrichtungen ohne Rücksicht auf ihre Rechtsform; ihnen bleibt die selbständige Ordnung eines Personalvertretungsrechtes überlassen.

§ 113 [Barrierefreie elektronische Kommunikation][1)]
Soweit in diesem Gesetz elektronische Kommunikationsmöglichkeiten eröffnet werden, sind diese auch für Beschäftigte mit Behinderungen barrierefrei zugänglich und nutzbar zu gestalten.

§ 114 [nicht wiedergegebene Änderungsvorschrift]

§ 115 [Ermächtigung zum Erlass von Wahlordnungen]
Die Bundesregierung wird ermächtigt, zur Durchführung der in den §§ 12 bis 25, 55 bis 57, 64, 65, 85 Abs. 2 sowie den §§ 86, 89a und 91 bezeichneten Wahlen durch Rechtsverordnung, die nicht der Zustimmung des Bundesrates bedarf, Vorschriften zu erlassen über
1. die Vorbereitung der Wahl, insbesondere die Aufstellung der Wählerlisten und die Errechnung der Vertreterzahl,
2. die Frist für die Einsichtnahme in die Wählerlisten und die Erhebung von Einsprüchen,
3. die Vorschlagslisten und die Frist für ihre Einreichung,
4. das Wahlausschreiben und die Fristen für seine Bekanntmachung,
5. die Stimmabgabe,
6. die Feststellung des Wahlergebnisses und die Fristen für seine Bekanntmachung,
7. die Aufbewahrung der Wahlakten.

§ 116 [Erstmalige Wahlen nach diesem Gesetz]
(1) [1]Die ersten Personalratswahlen nach § 27 Abs. 1 und die ersten Wahlen der Jugendvertretung nach § 60 Abs. 2 finden im Jahre 1976 statt. [2]Unbeschadet des Satzes 1 finden im Oktober 1974 Personalrats-

1) § 113 wird mWv 1.4.2021 aufgehoben.

wahlen in den Dienststellen des Bundes im Ausland, im Bundesnachrichtendienst und Wahlen der Jugendvertretungen statt.

(2) ¹Personalvertretungen und Jugendvertretungen, die beim Inkrafttreten dieses Gesetzes bestehen, bleiben bis zur Neuwahl nach Absatz 1, längstens jedoch in den Fällen des Absatzes 1 Satz 1 bis zum 31. Mai 1976, in den Fällen des Absatzes 1 Satz 2 bis zum 31. Oktober 1974 im Amt; § 27 Abs. 2 bis 5 bleibt unberührt. ²Satz 1 gilt sinngemäß für Obmänner in Dienststellen des Bundes im Ausland und Vertrauensmänner im Bundesnachrichtendienst.

(3) Vertrauensmänner im Bundesgrenzschutz, die beim Inkrafttreten dieses Gesetzes im Amt sind, bleiben bis zur Neuwahl nach § 85 Abs. 2, längstens bis zum 31. Oktober 1974 im Amt.

§ 116a [Erstmalige Wahlen zu den Jugend- und Auszubildendenvertretungen]

(1) ¹Die erstmaligen Wahlen zu den Jugend- und Auszubildendenvertretungen, die an die Stelle der in § 57 in der Fassung des Gesetzes vom 15. März 1974 (BGBl. I S. 693) bezeichneten Jugendvertretungen treten, finden abweichend von § 60 Abs. 2 Satz 3 in der Zeit vom 1. Oktober bis 30. November 1988 statt. ²Sie finden unabhängig davon statt, seit wann zum Zeitpunkt dieser Wahlen die bestehenden in Satz 1 genannten Jugendvertretungen im Amt sind; § 27 Abs. 5 findet keine entsprechende Anwendung. ³Die Amtszeit der gemäß Satz 1 erstmalig gewählten Jugend- und Auszubildendenvertretungen endet spätestens am 31. Mai 1991; die nächsten regelmäßigen Wahlen finden demgemäß in der Zeit vom 1. März bis 31. Mai 1991 statt.

(2) Die Rechte und Pflichten der bis zum Beginn der Amtszeit der erstmalig gewählten Jugend- und Auszubildendenvertretungen bestehenden in Absatz 1 genannten Jugendvertretungen richten sich im übrigen nach diesem Gesetz in der Fassung des Gesetzes vom 15. März 1974 (BGBl. I S. 693), zuletzt geändert durch Artikel 4 des Gesetzes vom 24. Juli 1986 (BGBl. I S. 1110).

(3) ¹Wahlen zu den in Absatz 1 genannten Jugendvertretungen finden nicht statt, wenn eine der Voraussetzungen für eine solche Wahl in entsprechender Anwendung des § 27 Abs. 2 Nr. 2 bis 5 nach dem Zeitpunkt eintritt, von dem an dieses Gesetz die Bildung von Jugend- und Auszubildendenvertretungen vorsieht. ²Im übrigen finden Wahlen zu den in Absatz 1 genannten Jugendvertretungen nach dem 31. Juli 1988 nicht statt.

(4) Artikel 1 Satz 2 des Gesetzes vom 18. Dezember 1987 (BGBl. I S. 2746) findet in den in Absatz 3 genannten Fällen keine Anwendung.

(5) ¹Wird eine in Absatz 1 genannte Jugendvertretung durch Gerichtsbeschluß aufgelöst, so findet § 28 Abs. 2 Satz 2 entsprechende Anwendung nur, wenn eine Verpflichtung des Wahlvorstands zur Einleitung von Neuwahlen von Jugendvertretungen unter Beachtung der Regelung nach Absatz 3 besteht. ²Die Wahrnehmung der Befugnisse und Pflichten der Jugendvertretung durch den Wahlvorstand in entsprechender Anwendung des § 28 Abs. 2 Satz 3 endet mit dem Beginn der Amtszeit der erstmals gewählten Jugend- und Auszubildendenvertretung.

§ 116b [Übergangsvorschrift]

¹§ 26 und § 27 Abs. 1 finden in der auf eine Amtszeit des Personalrats von vier Jahren abstellenden Fassung erstmalig Anwendung auf Personalräte, die nach dem 28. Februar 1991 gewählt werden. ²Entsprechendes gilt für die auf vierundzwanzig Monate abstellende Vorschrift des § 27 Abs. 2 Nr. 1. ³Auf vor dem 1. März 1991 gewählte Personalräte finden – unbeschadet des § 27 Abs. 5 – die Vorschriften des § 26, des § 27 Abs. 1 und Abs. 2 Nr. 1 in der Fassung des Gesetzes vom 15. März 1974 (BGBl. I S. 693) Anwendung.

§ 117 [Verweisungen]

Soweit in anderen Vorschriften auf Vorschriften verwiesen wird oder Bezeichnungen verwendet werden, die durch dieses Gesetz aufgehoben oder geändert werden, treten an ihre Stelle die entsprechenden Vorschriften dieses Gesetzes.

§ 118 [gegenstandslos]

§ 119 [Inkrafttreten]

¹Dieses Gesetz tritt am 1. April 1974 in Kraft. ²Gleichzeitig treten das Personalvertretungsgesetz vom 5. August 1955 (Bundesgesetzbl. I S. 477) und das Gesetz über Personalvertretungen im Bundesgrenzschutz vom 16. März 1965 (Bundesgesetzbl. I S. 68), beide Gesetze zuletzt geändert durch das Gesetz vom 13. November 1973 (Bundesgesetzbl. I S. 1613), außer Kraft.

Bundesdisziplinargesetz (BDG)[1]

Vom 9. Juli 2001 (BGBl. I S. 1510)
(FNA 2031-4)
zuletzt geändert durch Art. 62 Elfte ZuständigkeitsanpassungsVO vom 19. Juni 2020 (BGBl. I S. 1328)

Inhaltsübersicht

1) Verkündet als Art. 1 G zur Neuordnung des Bundesdisziplinarrechts v. 9. 7. 2001 (BGBl. I S. 1510); Inkrafttreten gem. Art. 27 Abs. 1 Satz 3 dieses G am 1. 1. 2002.

Teil 1
Allgemeine Bestimmungen

§ 1 Persönlicher Geltungsbereich
[1]Dieses Gesetz gilt für Beamte und Ruhestandsbeamte im Sinne des Bundesbeamtengesetzes. [2]Frühere
Beamte, die Unterhaltsbeiträge nach den Bestimmungen des Beamtenversorgungsgesetzes oder entspre-
chender früherer Regelungen beziehen, gelten bis zum Ende dieses Bezuges als Ruhestandsbeamte, ihre

Bezüge als Ruhegehalt. ³Frühere Beamte mit Anspruch auf Altersgeld gelten, auch soweit der Anspruch ruht, als Ruhestandsbeamte; das Altersgeld gilt als Ruhegehalt.

§ 2 Sachlicher Geltungsbereich

(1) Dieses Gesetz gilt für die

1. von Beamten während ihres Beamtenverhältnisses begangenen Dienstvergehen (§ 77 Abs. 1 des Bundesbeamtengesetzes) und

2. von Ruhestandsbeamten

 a) während ihres Beamtenverhältnisses begangenen Dienstvergehen (§ 77 Abs. 1 des Bundesbeamtengesetzes) und

 b) nach Eintritt in den Ruhestand begangenen als Dienstvergehen geltenden Handlungen (§ 77 Abs. 2 des Bundesbeamtengesetzes).

(2) ¹Für Beamte und Ruhestandsbeamte, die früher in einem anderen Dienstverhältnis als Beamte, Richter, Berufssoldaten oder Soldaten auf Zeit gestanden haben, gilt dieses Gesetz auch wegen solcher Dienstvergehen, die sie in dem früheren Dienstverhältnis oder als Versorgungsberechtigte aus einem solchen Dienstverhältnis begangen haben; auch bei den aus einem solchen Dienstverhältnis Ausgeschiedenen und Entlassenen gelten Handlungen, die in § 77 Abs. 2 des Bundesbeamtengesetzes bezeichnet sind, als Dienstvergehen. ²Ein Wechsel des Dienstherrn steht der Anwendung dieses Gesetzes nicht entgegen.

(3) Für Beamte, die Wehrdienst im Rahmen einer Wehrübung, einer Übung, einer besonderen Auslandsverwendung, einer Hilfeleistung im Innern oder einer Hilfeleistung im Ausland leisten, gilt dieses Gesetz auch wegen solcher Dienstvergehen, die während des Wehrdienstes begangen wurden, wenn das Verhalten sowohl soldatenrechtlich als auch beamtenrechtlich ein Dienstvergehen darstellt.

§ 3 Ergänzende Anwendung des Verwaltungsverfahrensgesetzes und der Verwaltungsgerichtsordnung

Zur Ergänzung dieses Gesetzes sind die Bestimmungen des Verwaltungsverfahrensgesetzes und der Verwaltungsgerichtsordnung entsprechend anzuwenden, soweit sie nicht zu den Bestimmungen dieses Gesetzes in Widerspruch stehen oder soweit nicht in diesem Gesetz etwas anderes bestimmt ist.

§ 4 Gebot der Beschleunigung

Disziplinarverfahren sind beschleunigt durchzuführen.

Teil 2
Disziplinarmaßnahmen

§ 5 Arten der Disziplinarmaßnahmen

(1) Disziplinarmaßnahmen gegen Beamte sind:

1. Verweis (§ 6)
2. Geldbuße (§ 7)
3. Kürzung der Dienstbezüge (§ 8)
4. Zurückstufung (§ 9) und
5. Entfernung aus dem Beamtenverhältnis (§ 10).

(2) Disziplinarmaßnahmen gegen Ruhestandsbeamte sind:

1. Kürzung des Ruhegehalts (§ 11) und
2. Aberkennung des Ruhegehalts (§ 12).

(3) ¹Beamten auf Probe und Beamten auf Widerruf können nur Verweise erteilt und Geldbußen auferlegt werden. ²Für die Entlassung von Beamten auf Probe und Beamten auf Widerruf wegen eines Dienstvergehens gelten § 34 Abs. 1 Nr. 1 und Abs. 3 sowie § 37 des Bundesbeamtengesetzes.

§ 6 Verweis

¹Der Verweis ist der schriftliche Tadel eines bestimmten Verhaltens des Beamten. ²Missbilligende Äußerungen (Zurechtweisungen, Ermahnungen oder Rügen), die nicht ausdrücklich als Verweis bezeichnet werden, sind keine Disziplinarmaßnahmen.

§ 7 Geldbuße

¹Die Geldbuße kann bis zur Höhe der monatlichen Dienst- oder Anwärterbezüge des Beamten auferlegt werden. ²Hat der Beamte keine Dienst- oder Anwärterbezüge, darf die Geldbuße bis zu dem Betrag von 500 Euro auferlegt werden.

§ 8 Kürzung der Dienstbezüge

(1) [1]Die Kürzung der Dienstbezüge ist die bruchteilmäßige Verminderung der monatlichen Dienstbezüge des Beamten um höchstens ein Fünftel auf längstens drei Jahre. [2]Sie erstreckt sich auf alle Ämter, die der Beamte bei Eintritt der Unanfechtbarkeit der Entscheidung inne hat. [3]Hat der Beamte aus einem früheren öffentlich-rechtlichen Dienstverhältnis einen Versorgungsanspruch erworben, bleibt dieser von der Kürzung der Dienstbezüge unberührt.

(2) [1]Die Kürzung der Dienstbezüge beginnt mit dem Kalendermonat, der auf den Eintritt der Unanfechtbarkeit der Entscheidung folgt. [2]Tritt der Beamte vor Eintritt der Unanfechtbarkeit der Entscheidung in den Ruhestand, gilt eine entsprechende Kürzung des Ruhegehalts (§ 11) als festgesetzt. [3]Tritt der Beamte während der Dauer der Kürzung der Dienstbezüge in den Ruhestand, wird sein Ruhegehalt entsprechend wie die Dienstbezüge für denselben Zeitraum gekürzt. [4]Sterbegeld sowie Witwen- und Waisengeld werden nicht gekürzt.

(3) [1]Die Kürzung der Dienstbezüge wird gehemmt, solange der Beamte ohne Dienstbezüge beurlaubt ist. [2]Er kann jedoch für die Dauer seiner Beurlaubung den Kürzungsbetrag monatlich vorab an den Dienstherrn entrichten; die Dauer der Kürzung der Dienstbezüge nach der Beendigung der Beurlaubung verringert sich entsprechend.

(4) [1]Solange seine Dienstbezüge gekürzt werden, darf der Beamte nicht befördert werden. [2]Der Zeitraum kann in der Entscheidung abgekürzt werden, sofern dies im Hinblick auf die Dauer des Disziplinarverfahrens angezeigt ist.

(5) [1]Die Rechtsfolgen der Kürzung der Dienstbezüge erstrecken sich auch auf ein neues Beamtenverhältnis. [2]Hierbei steht bei Anwendung des Absatzes 4 die Einstellung oder Anstellung in einem höheren als dem bisherigen Amt der Beförderung gleich.

§ 9 Zurückstufung

(1) [1]Die Zurückstufung ist die Versetzung des Beamten in ein Amt derselben Laufbahn mit geringerem Endgrundgehalt. [2]Der Beamte verliert alle Rechte aus seinem bisherigen Amt einschließlich der damit verbundenen Dienstbezüge und der Befugnis, die bisherige Amtsbezeichnung zu führen. [3]Soweit in der Entscheidung nichts anderes bestimmt ist, enden mit der Zurückstufung auch die Ehrenämter und die Nebentätigkeiten, die der Beamte im Zusammenhang mit dem bisherigen Amt oder auf Verlangen, Vorschlag oder Veranlassung seines Dienstvorgesetzten übernommen hat.

(2) [1]Die Dienstbezüge aus dem neuen Amt werden von dem Kalendermonat an gezahlt, der dem Eintritt der Unanfechtbarkeit der Entscheidung folgt. [2]Tritt der Beamte vor Eintritt der Unanfechtbarkeit der Entscheidung in den Ruhestand, erhält er Versorgungsbezüge nach der in der Entscheidung bestimmten Besoldungsgruppe.

(3) [1]Der Beamte darf frühestens fünf Jahre nach Eintritt der Unanfechtbarkeit der Entscheidung befördert werden. [2]Der Zeitraum kann in der Entscheidung verkürzt werden, sofern dies im Hinblick auf die Dauer des Disziplinarverfahrens angezeigt ist.

(4) [1]Die Rechtsfolgen der Zurückstufung erstrecken sich auch auf ein neues Beamtenverhältnis. [2]Hierbei steht im Hinblick auf Absatz 3 die Einstellung oder Anstellung in einem höheren Amt als dem, in welches der Beamte zurückgestuft wurde, der Beförderung gleich.

§ 10 Entfernung aus dem Beamtenverhältnis

(1) [1]Mit der Entfernung aus dem Beamtenverhältnis endet das Dienstverhältnis. [2]Der Beamte verliert den Anspruch auf Diensbezüge und Versorgung sowie die Befugnis, die Amtsbezeichnung und die im Zusammenhang mit dem Amt verliehenen Titel zu führen und die Dienstkleidung zu tragen.

(2) [1]Die Zahlung der Dienstbezüge wird mit dem Ende des Kalendermonats eingestellt, in dem die Entscheidung unanfechtbar wird. [2]Tritt der Beamte in den Ruhestand, bevor die Entscheidung über die Entfernung aus dem Beamtenverhältnis unanfechtbar wird, gilt die Entscheidung als Aberkennung des Ruhegehalts.

(3) [1]Der aus dem Beamtenverhältnis entfernte Beamte erhält für die Dauer von sechs Monaten einen Unterhaltsbeitrag in Höhe von 50 Prozent der Dienstbezüge, die ihm bei Eintritt der Unanfechtbarkeit der Entscheidung zustehen; eine Einbehaltung von Dienstbezügen nach § 38 Abs. 2 bleibt unberücksichtigt. [2]Die Gewährung des Unterhaltsbeitrags kann in der Entscheidung ganz oder teilweise ausgeschlossen werden, soweit der Beamte ihrer nicht würdig oder den erkennbaren Umständen nach nicht bedürftig ist. [3]Sie kann in der Entscheidung über sechs Monate hinaus verlängert werden, soweit dies notwendig ist, um eine unbillige Härte zu vermeiden; der Beamte hat die Umstände glaubhaft zu machen. [4]Für die Zahlung des Unterhaltsbeitrags gelten die besonderen Regelungen des § 79.

(4) Die Entfernung aus dem Beamtenverhältnis und ihre Rechtsfolgen erstrecken sich auf alle Ämter, die der Beamte bei Eintritt der Unanfechtbarkeit der Entscheidung inne hat.

(5) Wird ein Beamter, der früher in einem anderen Dienstverhältnis im Bundesdienst gestanden hat, aus dem Beamtenverhältnis entfernt, verliert er auch die Ansprüche aus dem früheren Dienstverhältnis, wenn diese Disziplinarmaßnahme wegen eines Dienstvergehens ausgesprochen wird, das in dem früheren Dienstverhältnis begangen wurde.

(6) Ist ein Beamter aus dem Beamtenverhältnis entfernt worden, darf er nicht wieder zum Beamten ernannt werden; es soll auch kein anderes Beschäftigungsverhältnis begründet werden.

§ 11 Kürzung des Ruhegehalts

[1]Die Kürzung des Ruhegehalts ist die bruchteilmäßige Verminderung des monatlichen Ruhegehalts des Ruhestandsbeamten um höchstens ein Fünftel auf längstens drei Jahre. [2]§ 8 Abs. 1 Satz 2 und 3 sowie Abs. 2 Satz 1 und 4 gilt entsprechend.

§ 12 Aberkennung des Ruhegehalts

(1) Mit der Aberkennung des Ruhegehalts verliert der Ruhestandsbeamte den Anspruch auf Versorgung einschließlich der Hinterbliebenenversorgung und die Befugnis, die Amtsbezeichnung und die Titel zu führen, die im Zusammenhang mit dem früheren Amt verliehen wurden.

(2) [1]Nach der Aberkennung des Ruhegehalts erhält der Ruhestandsbeamte bis zur Gewährung einer Rente auf Grund einer Nachversicherung, längstens jedoch für die Dauer von sechs Monaten, einen Unterhaltsbeitrag in Höhe von 70 Prozent des Ruhegehalts, das ihm bei Eintritt der Unanfechtbarkeit der Entscheidung zusteht; eine Kürzung des Ruhegehalts nach § 38 Abs. 3 bleibt unberücksichtigt. [2]§ 10 Abs. 3 Satz 2 bis 4 gilt entsprechend.

(3) Die Aberkennung des Ruhegehalts und ihre Rechtsfolgen erstrecken sich auf alle Ämter, die der Ruhestandsbeamte bei Eintritt in den Ruhestand inne gehabt hat.

(4) § 10 Abs. 2 Satz 1 sowie Abs. 5 und 6 gilt entsprechend.

§ 13 Bemessung der Disziplinarmaßnahme

(1) [1]Die Entscheidung über eine Disziplinarmaßnahme ergeht nach pflichtgemäßem Ermessen. [2]Die Disziplinarmaßnahme ist nach der Schwere des Dienstvergehens zu bemessen. [3]Das Persönlichkeitsbild des Beamten ist angemessen zu berücksichtigen. [4]Ferner soll berücksichtigt werden, in welchem Umfang der Beamte das Vertrauen des Dienstherrn oder der Allgemeinheit beeinträchtigt hat.

(2) [1]Ein Beamter, der durch ein schweres Dienstvergehen das Vertrauen des Dienstherrn oder der Allgemeinheit endgültig verloren hat, ist aus dem Beamtenverhältnis zu entfernen. [2]Dem Ruhestandsbeamten wird das Ruhegehalt aberkannt, wenn er als noch im Dienst befindlicher Beamter aus dem Beamtenverhältnis hätte entfernt werden müssen.

§ 14 Zulässigkeit von Disziplinarmaßnahmen nach Straf- oder Bußgeldverfahren

(1) Ist gegen einen Beamten im Straf- oder Bußgeldverfahren unanfechtbar eine Strafe, Geldbuße oder Ordnungsmaßnahme verhängt worden oder kann eine Tat nach § 153a Abs. 1 Satz 5 oder Abs. 2 Satz 2 der Strafprozessordnung nach der Erfüllung von Auflagen und Weisungen nicht mehr als Vergehen verfolgt werden, darf wegen desselben Sachverhalts

1. ein Verweis, eine Geldbuße oder eine Kürzung des Ruhegehalts nicht ausgesprochen werden,
2. eine Kürzung der Dienstbezüge nur ausgesprochen werden, wenn dies zusätzlich erforderlich ist, um den Beamten zur Pflichterfüllung anzuhalten.

(2) Ist der Beamte im Straf- oder Bußgeldverfahren rechtskräftig freigesprochen worden, darf wegen des Sachverhalts, der Gegenstand der gerichtlichen Entscheidung gewesen ist, eine Disziplinarmaßnahme nur ausgesprochen werden, wenn dieser Sachverhalt ein Dienstvergehen darstellt, ohne den Tatbestand einer Straf- oder Bußgeldvorschrift zu erfüllen.

§ 15 Disziplinarmaßnahmeverbot wegen Zeitablaufs

(1) Sind seit der Vollendung eines Dienstvergehens mehr als zwei Jahre vergangen, darf ein Verweis nicht mehr erteilt werden.

(2) Sind seit der Vollendung eines Dienstvergehens mehr als drei Jahre vergangen, darf eine Geldbuße, eine Kürzung der Dienstbezüge oder eine Kürzung des Ruhegehalts nicht mehr ausgesprochen werden.

(3) Sind seit der Vollendung eines Dienstvergehens mehr als sieben Jahre vergangen, darf auf Zurückstufung nicht mehr erkannt werden.

(4) Die Fristen der Absätze 1 bis 3 werden durch die Einleitung oder Ausdehnung des Disziplinarverfahrens, die Erhebung der Disziplinarklage, die Erhebung der Nachtragsdisziplinarklage oder die Anordnung oder Ausdehnung von Ermittlungen gegen Beamte auf Probe und Beamte auf Widerruf nach § 34 Abs. 4 Satz 2 und § 37 Abs. 1 in Verbindung mit § 34 Abs. 3 Satz 2 des Bundesbeamtengesetzes unterbrochen.

(5) ¹Die Fristen der Absätze 1 bis 3 sind für die Dauer des Widerspruchsverfahrens, des gerichtlichen Disziplinarverfahrens, für die Dauer einer Aussetzung des Disziplinarverfahrens nach § 22 oder für die Dauer der Mitwirkung des Personalrats gehemmt. ²Ist vor Ablauf der Frist wegen desselben Sachverhalts ein Straf- oder Bußgeldverfahren eingeleitet oder eine Klage aus dem Beamtenverhältnis erhoben worden, ist die Frist für die Dauer dieses Verfahrens gehemmt.

§ 16 Verwertungsverbot, Entfernung aus der Personalakte

(1) ¹Ein Verweis darf nach zwei Jahren, eine Geldbuße, eine Kürzung der Dienstbezüge und eine Kürzung des Ruhegehalts dürfen nach drei Jahren und eine Zurückstufung darf nach sieben Jahren bei weiteren Disziplinarmaßnahmen und bei sonstigen Personalmaßnahmen nicht mehr berücksichtigt werden (Verwertungsverbot). ²Der Beamte gilt nach dem Eintritt des Verwertungsverbots als von der Disziplinarmaßnahme nicht betroffen.

(2) ¹Die Frist für das Verwertungsverbot beginnt, sobald die Entscheidung über die Disziplinarmaßnahme unanfechtbar ist. ²Sie endet nicht, solange ein gegen den Beamten eingeleitetes Straf- oder Disziplinarverfahren nicht unanfechtbar abgeschlossen ist, eine andere Disziplinarmaßnahme berücksichtigt werden darf, eine Entscheidung über die Kürzung der Dienstbezüge noch nicht vollstreckt ist oder ein gerichtliches Verfahren über die Beendigung des Beamtenverhältnisses oder über die Geltendmachung von Schadenersatz gegen den Beamten anhängig ist.

(3) ¹Eintragungen in der Personalakte über die Disziplinarmaßnahme sind nach Eintritt des Verwertungsverbots von Amts wegen zu entfernen und zu vernichten. ²Das Rubrum und die Entscheidungsformel einer abschließenden gerichtlichen Entscheidung, mit der auf eine Zurückstufung erkannt wurde, verbleiben in der Personalakte. ³Dabei sind die Bezeichnung weiterer Beteiligter und der Bevollmächtigten, die Namen der Richter sowie die Kostenentscheidung unkenntlich zu machen. ⁴Auf Antrag des Beamten unterbleibt die Entfernung oder erfolgt eine gesonderte Aufbewahrung. ⁵Der Antrag ist innerhalb eines Monats zu stellen, nachdem dem Beamten die bevorstehende Entfernung mitgeteilt und er auf sein Antragsrecht und die Antragsfrist hingewiesen worden ist. ⁶Wird der Antrag gestellt oder verbleiben Rubrum und Entscheidungsformel einer abschließenden gerichtlichen Entscheidung nach Satz 2 in der Personalakte, ist das Verwertungsverbot bei den Eintragungen zu vermerken.

(4) ¹Die Absätze 1 bis 3 gelten entsprechend für Disziplinarvorgänge, die nicht zu einer Disziplinarmaßnahme geführt haben. ²Die Frist für das Verwertungsverbot beträgt, wenn das Disziplinarverfahren nach § 32 Abs. 1 Nr. 1 eingestellt wird, drei Monate und im Übrigen zwei Jahre. ³Die Frist beginnt mit dem Eintritt der Unanfechtbarkeit der Entscheidung, die das Disziplinarverfahren abschließt, im Übrigen mit dem Tag, an dem der Dienstvorgesetzte, der für die Einleitung des Disziplinarverfahrens zuständig ist, zureichende tatsächliche Anhaltspunkte erhält, die den Verdacht eines Dienstvergehens rechtfertigen.

(5) Auf die Entfernung und Vernichtung von Disziplinarvorgängen, die zu einer missbilligenden Äußerung geführt haben, findet § 112 Abs. 1 Satz 1 Nr. 2, Satz 2 und 3 des Bundesbeamtengesetzes Anwendung.

Teil 3
Behördliches Disziplinarverfahren

Kapitel 1
Einleitung, Ausdehnung und Beschränkung

§ 17 Einleitung von Amts wegen

(1) ¹Liegen zureichende tatsächliche Anhaltspunkte vor, die den Verdacht eines Dienstvergehens rechtfertigen, hat der Dienstvorgesetzte die Dienstpflicht, ein Disziplinarverfahren einzuleiten. ²Der höhere Dienstvorgesetzte und die oberste Dienstbehörde stellen im Rahmen ihrer Aufsicht die Erfüllung dieser Pflicht sicher; sie können das Disziplinarverfahren jederzeit an sich ziehen. ³Die Einleitung ist aktenkundig zu machen.

(2) ¹Ist zu erwarten, dass nach den §§ 14 und 15 eine Disziplinarmaßnahme nicht in Betracht kommt, wird ein Disziplinarverfahren nicht eingeleitet. ²Die Gründe sind aktenkundig zu machen und dem Beamten bekannt zu geben.

(3) ¹Hat ein Beamter zwei oder mehrere Ämter inne, die nicht im Verhältnis von Haupt- zu Nebenamt stehen, und beabsichtigt der Dienstvorgesetzte, zu dessen Geschäftsbereich eines dieser Ämter gehört, ein Disziplinarverfahren gegen ihn einzuleiten, teilt er dies den Dienstvorgesetzten mit, die für die anderen Ämter zuständig sind. ²Ein weiteres Disziplinarverfahren kann gegen den Beamten wegen desselben Sachverhalts nicht eingeleitet werden. ³Hat ein Beamter zwei oder mehrere Ämter inne, die im Verhältnis

von Haupt- zu Nebenamt stehen, kann nur der Dienstvorgesetzte ein Disziplinarverfahren gegen ihn einleiten, der für das Hauptamt zuständig ist.

(4) [1]Die Zuständigkeiten nach den Absätzen 1 bis 3 werden durch eine Beurlaubung, eine Abordnung oder eine Zuweisung nicht berührt. [2]Bei einer Abordnung geht die aus Absatz 1 sich ergebende Pflicht hinsichtlich der während der Abordnung begangenen Dienstvergehen auf den neuen Dienstvorgesetzten über, soweit dieser nicht ihre Ausübung den anderen Dienstvorgesetzten überlässt oder soweit nichts anderes bestimmt ist.

§ 18 Einleitung auf Antrag des Beamten

(1) Der Beamte kann bei dem Dienstvorgesetzten oder dem höheren Dienstvorgesetzten die Einleitung eines Disziplinarverfahrens gegen sich selbst beantragen, um sich von dem Verdacht eines Dienstvergehens zu entlasten.

(2) [1]Der Antrag darf nur abgelehnt werden, wenn keine zureichenden tatsächlichen Anhaltspunkte vorliegen, die den Verdacht eines Dienstvergehens rechtfertigen. [2]Die Entscheidung ist dem Beamten mitzuteilen.

(3) § 17 Abs. 1 Satz 2 zweiter Halbsatz und Satz 3 sowie Abs. 3 und 4 gilt entsprechend.

§ 19 Ausdehnung und Beschränkung

(1) [1]Das Disziplinarverfahren kann bis zum Erlass einer Entscheidung nach den §§ 32 bis 34 auf neue Handlungen ausgedehnt werden, die den Verdacht eines Dienstvergehens rechtfertigen. [2]Die Ausdehnung ist aktenkundig zu machen.

(2) [1]Das Disziplinarverfahren kann bis zum Erlass einer Entscheidung nach den §§ 32 bis 34 oder eines Widerspruchsbescheids nach § 42 beschränkt werden, indem solche Handlungen ausgeschieden werden, die für die Art und Höhe der zu erwartenden Disziplinarmaßnahme voraussichtlich nicht ins Gewicht fallen. [2]Die Beschränkung ist aktenkundig zu machen. [3]Die ausgeschiedenen Handlungen können nicht wieder in das Disziplinarverfahren einbezogen werden, es sei denn, die Voraussetzungen für die Beschränkung entfallen nachträglich. [4]Werden die ausgeschiedenen Handlungen nicht wieder einbezogen, können sie nach dem unanfechtbaren Abschluss des Disziplinarverfahrens nicht Gegenstand eines neuen Disziplinarverfahrens sein.

Kapitel 2
Durchführung

§ 20 Unterrichtung, Belehrung und Anhörung des Beamten

(1) [1]Der Beamte ist über die Einleitung des Disziplinarverfahrens unverzüglich zu unterrichten, sobald dies ohne Gefährdung der Aufklärung des Sachverhalts möglich ist. [2]Hierbei ist ihm zu eröffnen, welches Dienstvergehen ihm zur Last gelegt wird. [3]Er ist gleichzeitig darauf hinzuweisen, dass es ihm freisteht, sich mündlich oder schriftlich zu äußern oder nicht zur Sache auszusagen und sich jederzeit eines Bevollmächtigten oder Beistands zu bedienen.

(2) [1]Für die Abgabe einer schriftlichen Äußerung wird dem Beamten eine Frist von einem Monat und für die Abgabe der Erklärung, sich mündlich äußern zu wollen, eine Frist von zwei Wochen gesetzt. [2]Hat der Beamte rechtzeitig erklärt, sich mündlich äußern zu wollen, ist die Anhörung innerhalb von drei Wochen nach Eingang der Erklärung durchzuführen. [3]Ist der Beamte aus zwingenden Gründen gehindert, eine Frist nach Satz 1 einzuhalten oder einer Ladung zur mündlichen Verhandlung Folge zu leisten, und hat er dies unverzüglich mitgeteilt, ist die maßgebliche Frist zu verlängern oder er erneut zu laden. [4]Die Fristsetzungen und Ladungen sind dem Beamten zuzustellen.

(3) Ist die nach Absatz 1 Satz 2 und 3 vorgeschriebene Belehrung unterblieben oder unrichtig erfolgt, darf die Aussage des Beamten nicht zu seinem Nachteil verwertet werden.

§ 21 Pflicht zur Durchführung von Ermittlungen, Ausnahmen

(1) [1]Zur Aufklärung des Sachverhalts sind die erforderlichen Ermittlungen durchzuführen. [2]Dabei sind die belastenden, die entlastenden und die Umstände zu ermitteln, die für die Bemessung einer Disziplinarmaßnahme bedeutsam sind. [3]Der höhere Dienstvorgesetzte und die oberste Dienstbehörde können die Ermittlungen an sich ziehen.

(2) [1]Von Ermittlungen ist abzusehen, soweit der Sachverhalt auf Grund der tatsächlichen Feststellungen eines rechtskräftigen Urteils im Straf- oder Bußgeldverfahren oder im verwaltungsgerichtlichen Verfahren, durch das nach § 9 des Bundesbesoldungsgesetzes über den Verlust der Besoldung bei schuldhaftem Fernbleiben vom Dienst entschieden worden ist, feststeht. [2]Von Ermittlungen kann auch abgesehen wer-

den, soweit der Sachverhalt auf sonstige Weise aufgeklärt ist, insbesondere nach der Durchführung eines anderen gesetzlich geordneten Verfahrens.

§ 22 Zusammentreffen von Disziplinarverfahren mit Strafverfahren oder anderen Verfahren, Aussetzung

(1) [1]Ist gegen den Beamten wegen des Sachverhalts, der dem Disziplinarverfahren zugrunde liegt, im Strafverfahren die öffentliche Klage erhoben worden, wird das Disziplinarverfahren ausgesetzt. [2]Die Aussetzung unterbleibt, wenn keine begründeten Zweifel am Sachverhalt bestehen oder wenn im Strafverfahren aus Gründen nicht verhandelt werden kann, die in der Person des Beamten liegen.

(2) Das nach Absatz 1 Satz 1 ausgesetzte Disziplinarverfahren ist unverzüglich fortzusetzen, wenn die Voraussetzungen des Absatzes 1 Satz 2 nachträglich eintreten, spätestens mit dem rechtskräftigen Abschluss des Strafverfahrens.

(3) [1]Das Disziplinarverfahren kann auch ausgesetzt werden, wenn in einem anderen gesetzlich geordneten Verfahren über eine Frage zu entscheiden ist, deren Beurteilung für die Entscheidung im Disziplinarverfahren von wesentlicher Bedeutung ist. [2]Absatz 1 Satz 2 und Absatz 2 gelten entsprechend.

§ 23 Bindung an tatsächliche Feststellungen aus Strafverfahren oder anderen Verfahren

(1) Die tatsächlichen Feststellungen eines rechtskräftigen Urteils im Straf- oder Bußgeldverfahren oder im verwaltungsgerichtlichen Verfahren, durch das nach § 9 des Bundesbesoldungsgesetzes über den Verlust der Besoldung bei schuldhaftem Fernbleiben vom Dienst entschieden worden ist, sind im Disziplinarverfahren, das denselben Sachverhalt zum Gegenstand hat, bindend.

(2) Die in einem anderen gesetzlich geordneten Verfahren getroffenen tatsächlichen Feststellungen sind nicht bindend, können aber der Entscheidung im Disziplinarverfahren ohne nochmalige Prüfung zugrunde gelegt werden.

§ 24 Beweiserhebung

(1) [1]Die erforderlichen Beweise sind zu erheben. [2]Hierbei können insbesondere
1. schriftliche dienstliche Auskünfte eingeholt werden,
2. Zeugen und Sachverständige vernommen oder ihre schriftliche Äußerung eingeholt werden,
3. Urkunden und Akten beigezogen sowie
4. der Augenschein eingenommen werden.

(2) Niederschriften über Aussagen von Personen, die schon in einem anderen gesetzlich geordneten Verfahren vernommen worden sind, sowie Niederschriften über einen richterlichen Augenschein können ohne erneute Beweiserhebung verwertet werden.

(3) [1]Über einen Beweisantrag des Beamten ist nach pflichtgemäßem Ermessen zu entscheiden. [2]Dem Beweisantrag ist stattzugeben, soweit er für die Tat- oder Schuldfrage oder für die Bemessung der Art und Höhe einer Disziplinarmaßnahme von Bedeutung sein kann.

(4) [1]Dem Beamten ist Gelegenheit zu geben, an der Vernehmung von Zeugen und Sachverständigen sowie an der Einnahme des Augenscheins teilzunehmen und hierbei sachdienliche Fragen zu stellen. [2]Er kann von der Teilnahme ausgeschlossen werden, soweit dies aus wichtigen Gründen, insbesondere mit Rücksicht auf den Zweck der Ermittlungen oder zum Schutz der Rechte Dritter, erforderlich ist. [3]Ein schriftliches Gutachten ist ihm zugänglich zu machen, soweit nicht zwingende Gründe dem entgegenstehen.

§ 25 Zeugen und Sachverständige

(1) [1]Zeugen sind zur Aussage und Sachverständige zur Erstattung von Gutachten verpflichtet. [2]Die Bestimmungen der Strafprozessordnung über die Pflicht, als Zeuge auszusagen oder als Sachverständiger ein Gutachten zu erstatten, über die Ablehnung von Sachverständigen sowie über die Vernehmung von Angehörigen des öffentlichen Dienstes als Zeugen oder Sachverständige gelten entsprechend.

(2) [1]Verweigern Zeugen oder Sachverständige ohne Vorliegen eines der in den §§ 52 bis 55 und 76 der Strafprozessordnung bezeichneten Gründe die Aussage oder die Erstattung des Gutachtens, kann das Gericht um die Vernehmung ersucht werden. [2]In dem Ersuchen sind der Gegenstand der Vernehmung darzulegen sowie die Namen und Anschriften der Beteiligten anzugeben. [3]Das Gericht entscheidet über die Rechtmäßigkeit der Verweigerung der Aussage oder der Erstattung des Gutachtens.

(3) Ein Ersuchen nach Absatz 2 darf nur von dem Dienstvorgesetzten, seinem allgemeinen Vertreter oder einem beauftragten Beschäftigten gestellt werden, der die Befähigung zum Richteramt hat.

§ 26 Herausgabe von Unterlagen

[1]Der Beamte hat Schriftstücke, Zeichnungen, bildliche Darstellungen und Aufzeichnungen einschließlich technischer Aufzeichnungen, die einen dienstlichen Bezug aufweisen, auf Verlangen für das Disziplinarverfahren zur Verfügung zu stellen. [2]Das Gericht kann die Herausgabe auf Antrag durch Beschluss

anordnen und sie durch die Festsetzung von Zwangsgeld erzwingen; für den Antrag gilt § 25 Abs. 3 entsprechend. [3]Der Beschluss ist unanfechtbar.

§ 27 Beschlagnahmen und Durchsuchungen
(1) [1]Das Gericht kann auf Antrag durch Beschluss Beschlagnahmen und Durchsuchungen anordnen; § 25 Abs. 3 gilt entsprechend. [2]Die Anordnung darf nur getroffen werden, wenn der Beamte des ihm zur Last gelegten Dienstvergehens dringend verdächtig ist und die Maßnahme zu der Bedeutung der Sache und der zu erwartenden Disziplinarmaßnahme nicht außer Verhältnis steht. [3]Die Bestimmungen der Strafprozessordnung über Beschlagnahmen und Durchsuchungen gelten entsprechend, soweit nicht in diesem Gesetz etwas anderes bestimmt ist.
(2) Die Maßnahmen nach Absatz 1 dürfen nur durch die nach der Strafprozessordnung dazu berufenen Behörden durchgeführt werden.
(3) Durch Absatz 1 wird das Grundrecht der Unverletzlichkeit der Wohnung (Artikel 13 Abs. 1 des Grundgesetzes) eingeschränkt.

§ 28 Protokoll
[1]Über Anhörungen des Beamten und Beweiserhebungen sind Protokolle aufzunehmen; § 168a der Strafprozessordnung gilt entsprechend. [2]Bei der Einholung von schriftlichen dienstlichen Auskünften sowie der Beiziehung von Urkunden und Akten genügt die Aufnahme eines Aktenvermerks.

§ 29 Innerdienstliche Informationen
(1) Die Vorlage von Personalakten und anderen Behördenunterlagen mit personenbezogenen Daten sowie die Erteilung von Auskünften aus diesen Akten und Unterlagen an die mit Disziplinarvorgängen befassten Stellen und die Verarbeitung oder Nutzung der so erhobenen personenbezogenen Daten im Disziplinarverfahren sind, soweit nicht andere Rechtsvorschriften dem entgegenstehen, auch gegen den Willen des Beamten oder anderer Betroffener zulässig, wenn und soweit die Durchführung des Disziplinarverfahrens dies erfordert und überwiegende Belange des Beamten, anderer Betroffener oder der ersuchten Stellen nicht entgegenstehen.
(2) Zwischen den Dienststellen eines oder verschiedener Dienstherrn sowie zwischen den Teilen einer Dienststelle sind Mitteilungen über Disziplinarverfahren, über Tatsachen aus Disziplinarverfahren und über Entscheidungen der Disziplinarorgane sowie die Vorlage hierüber geführter Akten zulässig, wenn und soweit dies zur Durchführung des Disziplinarverfahrens, im Hinblick auf die künftige Übertragung von Aufgaben oder Ämtern an den Beamten oder im Einzelfall aus besonderen dienstlichen Gründen unter Berücksichtigung der Belange des Beamten oder anderer Betroffener erforderlich ist.

§ 29a Informationen nach Maßgabe des Artikels 56a der Richtlinie 2005/36/EG
[1]Nach Maßgabe des Artikels 56a der Richtlinie 2005/36/EG des Europäischen Parlaments und des Rates vom 7. September 2005 über die Anerkennung von Berufsqualifikationen (ABl. L 255 vom 30. 9. 2005, S. 22, L 271 vom 16. 10. 2007, S. 18, L 93 vom 4. 4. 2008, S. 28, L 33 vom 3. 2. 2009, S. 49), die zuletzt durch die Richtlinie 2013/55/EU (ABl. L 354 vom 28. 12. 2013, S. 132) geändert worden ist, unterrichten die Dienststellen die zuständigen Behörden der Mitgliedstaaten der Europäischen Union über Entscheidungen der Disziplinarorgane über die
1. Entfernung aus dem Beamtenverhältnis nach § 5 Absatz 1 Nummer 5 in Verbindung mit § 10 Absatz 1,
2. Einstellung eines Disziplinarverfahrens, wenn das Disziplinarverfahren wegen Beendigung des Beamtenverhältnisses nach § 41 Absatz 1 des Bundesbeamtengesetzes nicht zu Ende geführt wird, und
3. Einstellung eines Disziplinarverfahrens, wenn die Beamtin oder der Beamte auf Verlangen nach § 33 des Bundesbeamtengesetzes aus dem Beamtenverhältnis entlassen wird und das Disziplinarverfahren voraussichtlich zur Entfernung aus dem Beamtenverhältnis geführt hätte.
[2]Der Zeitraum nach Artikel 56a Absatz 2 Satz 2 Buchstabe e der Richtlinie 2005/36/EG nach Satz 1 ist der Zeitraum bis zum Erreichen der für die jeweilige Laufbahn maßgeblichen gesetzlichen Altersgrenze für den Eintritt in den Ruhestand, längstens jedoch 15 Jahre.

§ 30 Abschließende Anhörung
[1]Nach der Beendigung der Ermittlungen ist dem Beamten Gelegenheit zu geben, sich abschließend zu äußern; § 20 Abs. 2 gilt entsprechend. [2]Die Anhörung kann unterbleiben, wenn das Disziplinarverfahren nach § 32 Abs. 2 Nr. 2 oder 3 eingestellt werden soll.

§ 31 Abgabe des Disziplinarverfahrens
[1]Hält der Dienstvorgesetzte nach dem Ergebnis der Anhörungen und Ermittlungen seine Befugnisse nach den §§ 32 bis 34 nicht für ausreichend, so führt er die Entscheidung des höheren Dienstvorgesetzten oder

der obersten Dienstbehörde herbei. [2]Der höhere Dienstvorgesetzte oder die oberste Dienstbehörde können das Disziplinarverfahren an den Dienstvorgesetzten zurückgeben, wenn sie weitere Ermittlungen für geboten oder dessen Befugnisse für ausreichend halten.

Kapitel 3
Abschlussentscheidung

§ 32 Einstellungsverfügung
(1) Das Disziplinarverfahren wird eingestellt, wenn
1. ein Dienstvergehen nicht erwiesen ist,
2. ein Dienstvergehen zwar erwiesen ist, eine Disziplinarmaßnahme jedoch nicht angezeigt erscheint,
3. nach § 14 oder § 15 eine Disziplinarmaßnahme nicht ausgesprochen werden darf oder
4. das Disziplinarverfahren oder eine Disziplinarmaßnahme aus sonstigen Gründen unzulässig ist.
(2) Das Disziplinarverfahren wird ferner eingestellt, wenn
1. der Beamte stirbt,
2. das Beamtenverhältnis durch Entlassung, Verlust der Beamtenrechte oder Entfernung endet oder
3. bei einem Ruhestandsbeamten die Folgen einer gerichtlichen Entscheidung nach § 59 Abs. 1 des Beamtenversorgungsgesetzes eintreten.
(3) Die Einstellungsverfügung ist zu begründen und zuzustellen.

§ 33 Disziplinarverfügung
(1) Ist ein Verweis, eine Geldbuße, eine Kürzung der Dienstbezüge oder eine Kürzung des Ruhegehalts angezeigt, wird eine solche Maßnahme durch Disziplinarverfügung ausgesprochen.
(2) Jeder Dienstvorgesetzte ist zu Verweisen und Geldbußen gegen die ihm unterstellten Beamten befugt.
(3) Kürzungen der Dienstbezüge können festsetzen:
1. die oberste Dienstbehörde bis zum Höchstmaß und
2. die der obersten Dienstbehörde unmittelbar nachgeordneten Dienstvorgesetzten bis zu einer Kürzung um ein Fünftel der Dienstbezüge auf zwei Jahre.
(4) Kürzungen des Ruhegehalts bis zum Höchstmaß kann der nach § 84 zur Ausübung der Disziplinarbefugnisse zuständige Dienstvorgesetzte festsetzen.
(5) Die oberste Dienstbehörde kann ihre Befugnisse nach Absatz 3 Nr. 1 durch allgemeine Anordnung ganz oder teilweise auf nachgeordnete Dienstvorgesetzte übertragen; die Anordnung ist im Bundesgesetzblatt zu veröffentlichen.
(6) Die Disziplinarverfügung ist zu begründen und zuzustellen.

§ 34 Erhebung der Disziplinarklage
(1) Soll gegen den Beamten auf Zurückstufung, auf Entfernung aus dem Beamtenverhältnis oder auf Aberkennung des Ruhegehalts erkannt werden, ist gegen ihn Disziplinarklage zu erheben.
(2) [1]Die Disziplinarklage wird bei Beamten durch die oberste Dienstbehörde, bei Ruhestandsbeamten durch den nach § 84 zur Ausübung der Disziplinarbefugnisse zuständigen Dienstvorgesetzten erhoben. [2]Die oberste Dienstbehörde kann ihre Befugnis nach Satz 1 durch allgemeine Anordnung ganz oder teilweise auf nachgeordnete Dienstvorgesetzte übertragen; die Anordnung ist im Bundesgesetzblatt zu veröffentlichen. [3]§ 17 Abs. 1 Satz 2 zweiter Halbsatz sowie Abs. 3 und 4 gilt entsprechend.

§ 35 Grenzen der erneuten Ausübung der Disziplinarbefugnisse
(1) [1]Die Einstellungsverfügung und die Disziplinarverfügung sind dem höheren Dienstvorgesetzten unverzüglich zuzuleiten. [2]Hält dieser seine Befugnisse nach den Absätzen 2 und 3 nicht für ausreichend, hat er die Einstellungsverfügung oder die Disziplinarverfügung unverzüglich der obersten Dienstbehörde zuzuleiten. [3]Die oberste Dienstbehörde kann das Disziplinarverfahren an den höheren Dienstvorgesetzten zurückgeben, wenn sie weitere Ermittlungen für geboten oder seine Befugnisse für ausreichend hält.
(2) [1]Der höhere Dienstvorgesetzte oder die oberste Dienstbehörde kann ungeachtet einer Einstellung des Disziplinarverfahrens nach § 32 Abs. 1 im Rahmen ihrer Zuständigkeiten wegen desselben Sachverhalts eine Disziplinarverfügung erlassen oder Disziplinarklage erheben. [2]Eine Entscheidung nach Satz 1 ist nur innerhalb von drei Monaten nach der Zustellung der Einstellungsverfügung zulässig, es sei denn, es ergeht wegen desselben Sachverhalts ein rechtskräftiges Urteil auf Grund von tatsächlichen Feststellungen, die von denjenigen tatsächlichen Feststellungen, auf denen die Einstellung beruht, abweichen.
(3) [1]Der höhere Dienstvorgesetzte oder die oberste Dienstbehörde kann eine Disziplinarverfügung eines nachgeordneten Dienstvorgesetzten, die oberste Dienstbehörde auch eine von ihr selbst erlassene Disziplinarverfügung jederzeit aufheben. [2]Sie können im Rahmen ihrer Zuständigkeiten in der Sache neu ent-

scheiden oder Disziplinarklage erheben. [3]Eine Verschärfung der Disziplinarmaßnahme nach Art oder Höhe oder die Erhebung der Disziplinarklage ist nur innerhalb von drei Monaten nach der Zustellung der Disziplinarverfügung zulässig, es sei denn, es ergeht wegen desselben Sachverhalts ein rechtskräftiges Urteil auf Grund von tatsächlichen Feststellungen, die von denjenigen tatsächlichen Feststellungen, auf denen die Entscheidung beruht, abweichen.

§ 36 Verfahren bei nachträglicher Entscheidung im Straf- oder Bußgeldverfahren

(1) Ergeht nach dem Eintritt der Unanfechtbarkeit der Disziplinarverfügung in einem Straf- oder Bußgeldverfahren, das wegen desselben Sachverhalts eingeleitet worden ist, unanfechtbar eine Entscheidung, nach der gemäß § 14 die Disziplinarmaßnahme nicht zulässig wäre, ist die Disziplinarverfügung auf Antrag des Beamten von dem Dienstvorgesetzten, der sie erlassen hat, aufzuheben und das Disziplinarverfahren einzustellen.

(2) [1]Die Antragsfrist beträgt drei Monate. [2]Sie beginnt mit dem Tag, an dem der Beamte von der in Absatz 1 bezeichneten Entscheidung Kenntnis erhalten hat.

§ 37 Kostentragungspflicht

(1) [1]Dem Beamten, gegen den eine Disziplinarmaßnahme verhängt wird, können die entstandenen Auslagen auferlegt werden. [2]Bildet das Dienstvergehen, das dem Beamten zur Last gelegt wird, nur zum Teil die Grundlage für die Disziplinarverfügung oder sind durch Ermittlungen, deren Ergebnis zugunsten des Beamten ausgefallen ist, besondere Kosten entstanden, können ihm die Auslagen nur in verhältnismäßigem Umfang auferlegt werden.

(2) [1]Wird das Disziplinarverfahren eingestellt, trägt der Dienstherr die entstandenen Auslagen. [2]Erfolgt die Einstellung trotz Vorliegens eines Dienstvergehens, können die Auslagen dem Beamten auferlegt oder im Verhältnis geteilt werden.

(3) Bei einem Antrag nach § 36 gilt im Falle der Ablehnung des Antrags Absatz 1 und im Falle seiner Stattgabe Absatz 2 entsprechend.

(4) [1]Soweit der Dienstherr die entstandenen Auslagen trägt, hat er dem Beamten auch die Aufwendungen zu erstatten, die zur zweckentsprechenden Rechtsverfolgung notwendig waren. [2]Hat sich der Beamte eines Bevollmächtigten oder Beistands bedient, sind auch dessen Gebühren und Auslagen erstattungsfähig. [3]Aufwendungen, die durch das Verschulden des Beamten entstanden sind, hat dieser selbst zu tragen; das Verschulden eines Vertreters ist ihm zuzurechnen.

Kapitel 4
Vorläufige Dienstenthebung und Einbehaltung von Bezügen

§ 38 Zulässigkeit

(1) [1]Die für die Erhebung der Disziplinarklage zuständige Behörde kann einen Beamten gleichzeitig mit oder nach der Einleitung des Disziplinarverfahrens vorläufig des Dienstes entheben, wenn im Disziplinarverfahren voraussichtlich auf Entfernung aus dem Beamtenverhältnis oder auf Aberkennung des Ruhegehalts erkannt werden wird oder wenn bei einem Beamten auf Probe oder einem Beamten auf Widerruf voraussichtlich eine Entlassung nach § 5 Abs. 3 Satz 2 dieses Gesetzes in Verbindung mit § 34 Abs. 1 Satz 1 Nr. 1 oder § 37 Abs. 1 Satz 1 des Bundesbeamtengesetzes erfolgen wird. [2]Sie kann den Beamten außerdem vorläufig des Dienstes entheben, wenn durch sein Verbleiben im Dienst der Dienstbetrieb oder die Ermittlungen wesentlich beeinträchtigt würden und die vorläufige Dienstenthebung zu der Bedeutung der Sache und der zu erwartenden Disziplinarmaßnahme nicht außer Verhältnis steht.

(2) [1]Die für die Erhebung der Disziplinarklage zuständige Behörde kann gleichzeitig mit oder nach der vorläufigen Dienstenthebung anordnen, dass dem Beamten bis zu 50 Prozent der monatlichen Dienst- oder Anwärterbezüge einbehalten werden, wenn im Disziplinarverfahren voraussichtlich auf Entfernung aus dem Beamtenverhältnis oder auf Aberkennung des Ruhegehalts erkannt werden wird. [2]Das Gleiche gilt, wenn der Beamte im Beamtenverhältnis auf Probe oder auf Widerruf voraussichtlich nach § 5 Abs. 3 Satz 2 dieses Gesetzes in Verbindung mit § 34 Abs. 1 Satz 1 Nr. 1 oder § 37 Abs. 1 Satz 1 des Bundesbeamtengesetzes entlassen werden wird.

(3) Die für die Erhebung der Disziplinarklage zuständige Behörde kann gleichzeitig mit oder nach der Einleitung des Disziplinarverfahrens anordnen, dass dem Ruhestandsbeamten bis zu 30 Prozent des Ruhegehalts einbehalten werden, wenn im Disziplinarverfahren voraussichtlich auf Aberkennung des Ruhegehalts erkannt werden wird.

(4) Die für die Erhebung der Disziplinarklage zuständige Behörde kann die vorläufige Dienstenthebung, die Einbehaltung von Dienst- oder Anwärterbezügen sowie die Einbehaltung von Ruhegehalt jederzeit ganz oder teilweise aufheben.

§ 39 Rechtswirkungen

(1) [1]Die vorläufige Dienstenthebung wird mit der Zustellung, die Einbehaltung von Bezügen mit dem auf die Zustellung folgenden Fälligkeitstag wirksam und vollziehbar. [2]Sie erstrecken sich auf alle Ämter, die der Beamte inne hat.

(2) Für die Dauer der vorläufigen Dienstenthebung ruhen die im Zusammenhang mit dem Amt entstandenen Ansprüche auf Aufwandsentschädigung.

(3) [1]Wird der Beamte vorläufig des Dienstes enthoben, während er schuldhaft dem Dienst fernbleibt, dauert der nach § 9 des Bundesbesoldungsgesetzes begründete Verlust der Bezüge fort. [2]Er endet mit dem Zeitpunkt, zu dem der Beamte seinen Dienst aufgenommen hätte, wenn er hieran nicht durch die vorläufige Dienstenthebung gehindert worden wäre. [3]Der Zeitpunkt ist von der für die Erhebung der Disziplinarklage zuständigen Behörde festzustellen und dem Beamten mitzuteilen.

(4) Die vorläufige Dienstenthebung und die Einbehaltung von Bezügen enden mit dem rechtskräftigen Abschluss des Disziplinarverfahrens.

§ 40 Verfall und Nachzahlung der einbehaltenen Beträge

(1) Die nach § 38 Abs. 2 und 3 einbehaltenen Bezüge verfallen, wenn

1. im Disziplinarverfahren auf Entfernung aus dem Beamtenverhältnis oder auf Aberkennung des Ruhegehalts erkannt worden oder eine Entlassung nach § 5 Abs. 3 Satz 2 dieses Gesetzes in Verbindung mit § 34 Abs. 1 Satz 1 Nr. 1 oder § 37 Abs. 1 Satz 1 des Bundesbeamtengesetzes erfolgt ist,
2. in einem wegen desselben Sachverhalts eingeleiteten Strafverfahren eine Strafe verhängt worden ist, die den Verlust der Rechte als Beamter oder Ruhestandsbeamter zur Folge hat,
3. das Disziplinarverfahren auf Grund des § 32 Abs. 1 Nr. 3 eingestellt worden ist und ein neues Disziplinarverfahren, das innerhalb von drei Monaten nach der Einstellung wegen desselben Sachverhalts eingeleitet worden ist, zur Entfernung aus dem Beamtenverhältnis oder zur Aberkennung des Ruhegehalts geführt hat oder
4. das Disziplinarverfahren aus den Gründen des § 32 Abs. 2 Nr. 2 oder 3 eingestellt worden ist und die für die Erhebung der Disziplinarklage zuständige Behörde (§ 34 Abs. 2) festgestellt hat, dass die Entfernung aus dem Beamtenverhältnis oder die Aberkennung des Ruhegehalts gerechtfertigt gewesen wäre.

(2) [1]Wird das Disziplinarverfahren auf andere Weise als in den Fällen des Absatzes 1 unanfechtbar abgeschlossen, sind die nach § 38 Abs. 2 und 3 einbehaltenen Bezüge nachzuzahlen. [2]Auf die nachzuzahlenden Dienstbezüge können Einkünfte aus genehmigungspflichtigen Nebentätigkeiten (§ 99 des Bundesbeamtengesetzes) angerechnet werden, die der Beamte aus Anlass der vorläufigen Dienstenthebung ausgeübt hat, wenn eine Disziplinarmaßnahme verhängt worden ist oder die für die Erhebung der Disziplinarklage zuständige Behörde feststellt, dass ein Dienstvergehen erwiesen ist. [3]Der Beamte ist verpflichtet, über die Höhe solcher Einkünfte Auskunft zu geben.

Kapitel 5
Widerspruchsverfahren

§ 41 Erforderlichkeit, Form und Frist des Widerspruchs

(1) [1]Vor der Erhebung der Klage des Beamten ist ein Widerspruchsverfahren durchzuführen. [2]Ein Widerspruchsverfahren findet nicht statt, wenn die angefochtene Entscheidung durch die oberste Dienstbehörde erlassen worden ist.

(2) Für die Form und die Frist des Widerspruchs gilt § 70 der Verwaltungsgerichtsordnung.

§ 42 Widerspruchsbescheid

(1) [1]Der Widerspruchsbescheid wird durch die oberste Dienstbehörde, bei Ruhestandsbeamten durch den nach § 84 zuständigen Dienstvorgesetzten erlassen. [2]Die oberste Dienstbehörde kann ihre Zuständigkeit nach Satz 1 durch allgemeine Anordnung ganz oder teilweise auf nachgeordnete Behörden übertragen; die Anordnung ist im Bundesgesetzblatt zu veröffentlichen.

(2) [1]In dem Widerspruchsbescheid darf die angefochtene Entscheidung nicht zum Nachteil des Beamten abgeändert werden. [2]Die Befugnis, eine abweichende Entscheidung nach § 35 Abs. 3 zu treffen, bleibt unberührt.

§ 43 Grenzen der erneuten Ausübung der Disziplinarbefugnisse

[1]Der Widerspruchsbescheid ist der obersten Dienstbehörde unverzüglich zuzuleiten. [2]Diese kann den Widerspruchsbescheid, durch den über eine Disziplinarverfügung entschieden worden ist, jederzeit aufheben. [3]Sie kann in der Sache neu entscheiden oder Disziplinarklage erheben. [4]Eine Verschärfung der Disziplinarmaßnahme nach Art oder Höhe oder die Erhebung der Disziplinarklage ist nur innerhalb von drei Monaten nach der Zustellung des Widerspruchsbescheids zulässig, es sei denn, es ergeht wegen desselben Sachverhalts ein rechtskräftiges Urteil auf Grund von tatsächlichen Feststellungen, die von denjenigen tatsächlichen Feststellungen, auf denen die Entscheidung beruht, abweichen.

§ 44 Kostentragungspflicht

(1) [1]Im Widerspruchsverfahren trägt der unterliegende Teil die entstandenen Auslagen. [2]Hat der Widerspruch teilweise Erfolg, sind die Auslagen im Verhältnis zu teilen. [3]Wird eine Disziplinarverfügung trotz des Vorliegens eines Dienstvergehens aufgehoben, können die Auslagen ganz oder teilweise dem Beamten auferlegt werden.

(2) Nimmt der Beamte den Widerspruch zurück, trägt er die entstandenen Auslagen.

(3) Erledigt sich das Widerspruchsverfahren in der Hauptsache auf andere Weise, ist über die entstandenen Auslagen nach billigem Ermessen zu entscheiden.

(4) § 37 Abs. 4 gilt entsprechend.

Teil 4
Gerichtliches Disziplinarverfahren

Kapitel 1
Disziplinargerichtsbarkeit

§ 45 Zuständigkeit der Verwaltungsgerichtsbarkeit

[1]Die Aufgaben der Disziplinargerichtsbarkeit nach diesem Gesetz nehmen die Gerichte der Verwaltungsgerichtsbarkeit wahr. [2]Hierzu werden bei den Verwaltungsgerichten Kammern und bei den Oberverwaltungsgerichten Senate für Disziplinarsachen gebildet. [3]Die Landesgesetzgebung kann die Zuweisung der in Satz 1 genannten Aufgaben an ein Gericht für die Bezirke mehrerer Gerichte anordnen. [4]Soweit nach Landesrecht für Verfahren nach dem Landesdisziplinargesetz ein Gericht für die Bezirke mehrerer Gerichte zuständig ist, ist dieses Gericht, wenn nichts anderes bestimmt wird, auch für die in Satz 1 genannten Aufgaben zuständig. [5]§ 50 Abs. 1 Nr. 4 der Verwaltungsgerichtsordnung bleibt unberührt.

§ 46 Kammer für Disziplinarsachen

(1) [1]Die Kammer für Disziplinarsachen entscheidet in der Besetzung von drei Richtern und zwei Beamtenbeisitzern als ehrenamtlichen Richtern, wenn nicht ein Einzelrichter entscheidet. [2]An Beschlüssen außerhalb der mündlichen Verhandlung und an Gerichtsbescheiden wirken die Beamtenbeisitzer nicht mit. [3]Einer der Beamtenbeisitzer soll dem Verwaltungszweig und der Laufbahngruppe des Beamten angehören, gegen den sich das Disziplinarverfahren richtet.

(2) [1]Für die Übertragung des Rechtsstreits auf den Einzelrichter gilt § 6 der Verwaltungsgerichtsordnung. [2]In dem Verfahren der Disziplinarklage ist eine Übertragung auf den Einzelrichter ausgeschlossen.

(3) [1]Der Vorsitzende der Kammer für Disziplinarsachen entscheidet, wenn die Entscheidung im vorbereitenden Verfahren ergeht,

1. bei Zurücknahme der Klage, des Antrags oder eines Rechtsmittels,
2. bei Erledigung des gerichtlichen Disziplinarverfahrens in der Hauptsache und
3. über die Kosten.

[2]Ist ein Berichterstatter bestellt, entscheidet er anstelle des Vorsitzenden.

(4) [1]Die Landesgesetzgebung kann die Besetzung der Kammer für Disziplinarsachen abweichend von den Absätzen 1 bis 3 regeln. [2]Soweit nach Landesrecht für die Verfahren nach dem Landesdisziplinargesetz eine andere Besetzung der Kammer für Disziplinarsachen vorgesehen ist, gilt diese Besetzung, wenn nichts anderes bestimmt wird, auch für die gerichtlichen Verfahren nach diesem Gesetz.

§ 47 Beamtenbeisitzer

(1) [1]Die Beamtenbeisitzer müssen auf Lebenszeit ernannte Beamte im Bundesdienst sein und bei ihrer Auswahl oder Bestellung ihren dienstlichen Wohnsitz (§ 15 des Bundesbesoldungsgesetzes) im Bezirk des zuständigen Verwaltungsgerichts haben. [2]Ist einem Verwaltungsgericht die Zuständigkeit für die Bezirke mehrerer Verwaltungsgerichte übertragen, müssen die Beamtenbeisitzer ihren dienstlichen Wohnsitz in einem dieser Bezirke haben.

(2) Die §§ 20 bis 29 und 34 der Verwaltungsgerichtsordnung sind vorbehaltlich des § 50 Abs. 3 auf die Beamtenbeisitzer nicht anzuwenden.
(3) Das Verfahren zur Auswahl oder Bestellung der Beamtenbeisitzer bestimmt sich nach Landesrecht.

§ 48 Ausschluss von der Ausübung des Richteramts
(1) Ein Richter oder Beamtenbeisitzer ist von der Ausübung des Richteramts kraft Gesetzes ausgeschlossen, wenn er
1. durch das Dienstvergehen verletzt ist,
2. Ehegatte, Lebenspartner oder gesetzlicher Vertreter des Beamten oder des Verletzten ist oder war,
3. mit dem Beamten oder dem Verletzten in gerader Linie verwandt oder verschwägert oder in der Seitenlinie bis zum dritten Grad verwandt oder bis zum zweiten Grad verschwägert ist oder war,
4. in dem Disziplinarverfahren gegen den Beamten tätig war oder als Zeuge gehört wurde oder als Sachverständiger ein Gutachten erstattet hat,
5. in einem wegen desselben Sachverhalts eingeleiteten Straf- oder Bußgeldverfahren gegen den Beamten beteiligt war,
6. Dienstvorgesetzter des Beamten ist oder war oder bei einem Dienstvorgesetzten des Beamten mit der Bearbeitung von Personalangelegenheiten des Beamten befasst ist oder
7. als Mitglied einer Personalvertretung in dem Disziplinarverfahren gegen den Beamten mitgewirkt hat.
(2) Ein Beamtenbeisitzer ist auch ausgeschlossen, wenn er der Dienststelle des Beamten angehört.

§ 49 Nichtheranziehung eines Beamtenbeisitzers
Ein Beamtenbeisitzer, gegen den Disziplinarklage oder wegen einer vorsätzlich begangenen Straftat die öffentliche Klage erhoben oder der Erlass eines Strafbefehls beantragt oder dem die Führung seiner Dienstgeschäfte verboten worden ist, darf während dieser Verfahren oder für die Dauer des Verbots zur Ausübung seines Amts nicht herangezogen werden.

§ 50 Entbindung vom Amt des Beamtenbeisitzers
(1) Der Beamtenbeisitzer ist von seinem Amt zu entbinden, wenn
1. er im Strafverfahren rechtskräftig zu einer Freiheitsstrafe verurteilt worden ist,
2. im Disziplinarverfahren gegen ihn unanfechtbar eine Disziplinarmaßnahme mit Ausnahme eines Verweises ausgesprochen worden ist,
3. er in ein Amt außerhalb der Bezirke, für die das Gericht zuständig ist, versetzt wird,
4. das Beamtenverhältnis endet oder
5. die Voraussetzungen für das Amt des Beamtenbeisitzers nach § 47 Abs. 1 bei ihrer Auswahl oder Bestellung nicht vorlagen.
(2) In besonderen Härtefällen kann der Beamtenbeisitzer auch auf Antrag von der weiteren Ausübung des Amts entbunden werden.
(3) Für die Entscheidung gilt § 24 Abs. 3 der Verwaltungsgerichtsordnung entsprechend.

§ 51 Senate für Disziplinarsachen
(1) Für den Senat für Disziplinarsachen des Oberverwaltungsgerichts gelten § 46 Abs. 1 und 3 sowie die §§ 47 bis 50 entsprechend.
(2) Für das Bundesverwaltungsgericht gilt § 48 Abs. 1 entsprechend.

Kapitel 2
Disziplinarverfahren vor dem Verwaltungsgericht

Abschnitt 1
Klageverfahren

§ 52 Klageerhebung, Form und Frist der Klage
(1) ¹Die Disziplinarklage ist schriftlich zu erheben. ²Die Klageschrift muss den persönlichen und beruflichen Werdegang des Beamten, den bisherigen Gang des Disziplinarverfahrens, die Tatsachen, in denen ein Dienstvergehen gesehen wird, und die anderen Tatsachen und Beweismittel, die für die Entscheidung bedeutsam sind, geordnet darstellen. ³Liegen die Voraussetzungen des § 23 Abs. 1 vor, kann wegen der Tatsachen, in denen ein Dienstvergehen gesehen wird, auf die bindenden Feststellungen der ihnen zugrunde liegenden Urteile verwiesen werden.

(2) ¹Für die Form und Frist der übrigen Klagen gelten die §§ 74, 75 und 81 der Verwaltungsgerichtsordnung. ²Der Lauf der Frist des § 75 Satz 2 der Verwaltungsgerichtsordnung ist gehemmt, solange das Disziplinarverfahren nach § 22 ausgesetzt ist.

§ 53 Nachtragsdisziplinarklage

(1) Neue Handlungen, die nicht Gegenstand einer anhängigen Disziplinarklage sind, können nur durch Erhebung einer Nachtragsdisziplinarklage in das Disziplinarverfahren einbezogen werden.

(2) ¹Hält der Dienstherr die Einbeziehung neuer Handlungen für angezeigt, teilt er dies dem Gericht unter Angabe der konkreten Anhaltspunkte mit, die den Verdacht eines Dienstvergehens rechtfertigen. ²Das Gericht setzt das Disziplinarverfahren vorbehaltlich des Absatzes 3 aus und bestimmt eine Frist, bis zu der die Nachtragsdisziplinarklage erhoben werden kann. ³Die Frist kann auf einen vor ihrem Ablauf gestellten Antrag des Dienstherrn verlängert werden, wenn dieser sie aus Gründen, die er nicht zu vertreten hat, voraussichtlich nicht einhalten kann. ⁴Die Fristsetzung und ihre Verlängerung erfolgen durch Beschluss. ⁵Der Beschluss ist unanfechtbar.

(3) ¹Das Gericht kann von einer Aussetzung des Disziplinarverfahrens nach Absatz 2 absehen, wenn die neuen Handlungen für die Art und Höhe der zu erwartenden Disziplinarmaßnahme voraussichtlich nicht ins Gewicht fallen oder ihre Einbeziehung das Disziplinarverfahren erheblich verzögern würde; Absatz 2 Satz 4 und 5 gilt entsprechend. ²Ungeachtet einer Fortsetzung des Disziplinarverfahrens nach Satz 1 kann wegen der neuen Handlungen bis zur Zustellung der Ladung zur mündlichen Verhandlung oder bis zur Zustellung eines Beschlusses nach § 59 Nachtragsdisziplinarklage erhoben werden. ³Die neuen Handlungen können auch Gegenstand eines neuen Disziplinarverfahrens sein.

(4) Wird innerhalb der nach Absatz 2 bestimmten Frist nicht Nachtragsdisziplinarklage erhoben, setzt das Gericht das Disziplinarverfahren ohne Einbeziehung der neuen Handlungen fort; Absatz 3 Satz 2 und 3 gilt entsprechend.

§ 54 Belehrung der Beamten

Der Beamte ist durch den Vorsitzenden gleichzeitig mit der Zustellung der Disziplinarklage oder der Nachtragsdisziplinarklage auf die Fristen des § 55 Abs. 1 und des § 58 Abs. 2 sowie auf die Folgen der Fristversäumnis hinzuweisen.

§ 55 Mängel des behördlichen Disziplinarverfahrens oder der Klageschrift

(1) Bei einer Disziplinarklage hat der Beamte wesentliche Mängel des behördlichen Disziplinarverfahrens oder der Klageschrift innerhalb zweier Monate nach Zustellung der Klage oder der Nachtragsdisziplinarklage geltend zu machen.

(2) Wesentliche Mängel, die nicht oder nicht innerhalb der Frist des Absatzes 1 geltend gemacht werden, kann das Gericht unberücksichtigt lassen, wenn ihre Berücksichtigung nach seiner freien Überzeugung die Erledigung des Disziplinarverfahrens verzögern würde und der Beamte über die Folgen der Fristversäumnis belehrt worden ist; dies gilt nicht, wenn der Beamte zwingende Gründe für die Verspätung glaubhaft macht.

(3) ¹Das Gericht kann dem Dienstherrn zur Beseitigung eines wesentlichen Mangels, den der Beamte rechtzeitig geltend gemacht hat oder dessen Berücksichtigung es unabhängig davon für angezeigt hält, eine Frist setzen. ²§ 53 Abs. 2 Satz 3 bis 5 gilt entsprechend. ³Wird der Mangel innerhalb der Frist nicht beseitigt, wird das Disziplinarverfahren durch Beschluss des Gerichts eingestellt.

(4) Die rechtskräftige Einstellung nach Absatz 3 steht einem rechtskräftigen Urteil gleich.

§ 56 Beschränkung des Disziplinarverfahrens

¹Das Gericht kann das Disziplinarverfahren beschränken, indem es solche Handlungen ausscheidet, die für die Art und Höhe der zu erwartenden Disziplinarmaßnahme voraussichtlich nicht ins Gewicht fallen. ²Die ausgeschiedenen Handlungen können nicht wieder in das Disziplinarverfahren einbezogen werden, es sei denn, die Voraussetzungen für die Beschränkung entfallen nachträglich. ³Werden die ausgeschiedenen Handlungen nicht wieder einbezogen, können sie nach dem unanfechtbaren Abschluss des Disziplinarverfahrens nicht Gegenstand eines neuen Disziplinarverfahrens sein.

§ 57 Bindung an tatsächliche Feststellungen aus anderen Verfahren

(1) ¹Die tatsächlichen Feststellungen eines rechtskräftigen Urteils im Straf- oder Bußgeldverfahren oder im verwaltungsgerichtlichen Verfahren, durch das nach § 9 des Bundesbesoldungsgesetzes über den Verlust der Besoldung bei schuldhaftem Fernbleiben vom Dienst entschieden worden ist, sind im Disziplinarverfahren, das denselben Sachverhalt zum Gegenstand hat, für das Gericht bindend. ²Es hat jedoch die erneute Prüfung solcher Feststellungen zu beschließen, die offenkundig unrichtig sind.

(2) Die in einem anderen gesetzlich geordneten Verfahren getroffenen tatsächlichen Feststellungen sind nicht bindend, können aber der Entscheidung ohne erneute Prüfung zugrunde gelegt werden.

§ 58 Beweisaufnahme

(1) Das Gericht erhebt die erforderlichen Beweise.

(2) [1]Bei einer Disziplinarklage sind Beweisanträge von dem Dienstherrn in der Klageschrift und von dem Beamten innerhalb zweier Monate nach Zustellung der Klage oder der Nachtragsdisziplinarklage zu stellen. [2]Ein verspäteter Antrag kann abgelehnt werden, wenn seine Berücksichtigung nach der freien Überzeugung des Gerichts die Erledigung des Disziplinarverfahrens verzögern würde und der Beamte über die Folgen der Fristversäumung belehrt worden ist; dies gilt nicht, wenn zwingende Gründe für die Verspätung glaubhaft gemacht werden.

(3) Die Bestimmungen der Strafprozessordnung über die Pflicht, als Zeuge auszusagen oder als Sachverständiger ein Gutachten zu erstatten, über die Ablehnung von Sachverständigen sowie über die Vernehmung von Angehörigen des öffentlichen Dienstes als Zeugen und Sachverständige gelten entsprechend.

§ 59 Entscheidung durch Beschluss

(1) [1]Bei einer Disziplinarklage kann das Gericht, auch nach der Eröffnung der mündlichen Verhandlung, mit Zustimmung der Beteiligten durch Beschluss

1. auf die erforderliche Disziplinarmaßnahme (§ 5) erkennen, wenn nur ein Verweis, eine Geldbuße, eine Kürzung der Dienstbezüge oder eine Kürzung des Ruhegehalts verwirkt ist, oder

2. die Disziplinarklage abweisen.

[2]Zur Erklärung der Zustimmung kann den Beteiligten von dem Gericht, dem Vorsitzenden oder dem Berichterstatter eine Frist gesetzt werden, nach deren Ablauf die Zustimmung als erteilt gilt, wenn nicht ein Beteiligter widersprochen hat.

(2) Der rechtskräftige Beschluss nach Absatz 1 steht einem rechtskräftigen Urteil gleich.

§ 60 Mündliche Verhandlung, Entscheidung durch Urteil

(1) [1]Das Gericht entscheidet über die Klage, wenn das Disziplinarverfahren nicht auf andere Weise abgeschlossen wird, auf Grund mündlicher Verhandlung durch Urteil. [2]§ 106 der Verwaltungsgerichtsordnung wird nicht angewandt.

(2) [1]Bei einer Disziplinarklage dürfen nur die Handlungen zum Gegenstand der Urteilsfindung gemacht werden, die dem Beamten in der Klage oder der Nachtragsdisziplinarklage als Dienstvergehen zur Last gelegt werden. [2]Das Gericht kann in dem Urteil

1. auf die erforderliche Disziplinarmaßnahme (§ 5) erkennen oder

2. die Disziplinarklage abweisen.

(3) Bei der Klage gegen eine Disziplinarverfügung prüft das Gericht neben der Rechtmäßigkeit auch die Zweckmäßigkeit der angefochtenen Entscheidung.

§ 61 Grenzen der erneuten Ausübung der Disziplinarbefugnisse

(1) Soweit der Dienstherr die Disziplinarklage zurückgenommen hat, können die ihr zugrunde liegenden Handlungen nicht mehr Gegenstand eines Disziplinarverfahrens sein.

(2) [1]Hat das Gericht unanfechtbar über die Klage gegen eine Disziplinarverfügung entschieden, ist hinsichtlich der dieser Entscheidung zugrunde liegenden Handlungen eine erneute Ausübung der Disziplinarbefugnisse nur wegen solcher erheblicher Tatsachen und Beweismittel zulässig, die keinen Eingang in das gerichtliche Disziplinarverfahren gefunden haben. [2]Eine Verschärfung der Disziplinarmaßnahme nach Art oder Höhe oder die Erhebung der Disziplinarklage ist nur innerhalb von drei Monaten nach der Zustellung des Urteils zulässig, es sei denn, es ergeht wegen desselben Sachverhalts ein rechtskräftiges Urteil auf Grund von tatsächlichen Feststellungen, die von denjenigen tatsächlichen Feststellungen, auf denen die Entscheidung beruht, abweichen.

Abschnitt 2
Besondere Verfahren

§ 62 Antrag auf gerichtliche Fristsetzung

(1) [1]Ist ein behördliches Disziplinarverfahren nicht innerhalb von sechs Monaten seit der Einleitung durch Einstellung, durch Erlass einer Disziplinarverfügung oder durch Erhebung der Disziplinarklage abgeschlossen worden, kann der Beamte bei dem Gericht die gerichtliche Bestimmung einer Frist zum Abschluss des Disziplinarverfahrens beantragen. [2]Die Frist des Satzes 1 ist gehemmt, solange das Disziplinarverfahren nach § 22 ausgesetzt ist.

(2) ¹Liegt ein zureichender Grund für den fehlenden Abschluss des behördlichen Disziplinarverfahrens innerhalb von sechs Monaten nicht vor, bestimmt das Gericht eine Frist, in der es abzuschließen ist. ²Anderenfalls lehnt es den Antrag ab. ³§ 53 Abs. 2 Satz 3 bis 5 gilt entsprechend.

(3) Wird das behördliche Disziplinarverfahren innerhalb der nach Absatz 2 bestimmten Frist nicht abgeschlossen, ist es durch Beschluss des Gerichts einzustellen.

(4) Der rechtskräftige Beschluss nach Absatz 3 steht einem rechtskräftigen Urteil gleich.

§ 63 Antrag auf Aussetzung der vorläufigen Dienstenthebung und der Einbehaltung von Bezügen

(1) ¹Der Beamte kann die Aussetzung der vorläufigen Dienstenthebung und der Einbehaltung von Dienst- oder Anwärterbezügen beim Gericht beantragen; Gleiches gilt für den Ruhestandsbeamten bezüglich der Einbehaltung von Ruhegehalt. ²Der Antrag ist bei dem Oberverwaltungsgericht zu stellen, wenn bei ihm in derselben Sache ein Disziplinarverfahren anhängig ist.

(2) Die vorläufige Dienstenthebung und die Einbehaltung von Bezügen sind auszusetzen, wenn ernstliche Zweifel an ihrer Rechtmäßigkeit bestehen.

(3) Für die Änderung oder Aufhebung von Beschlüssen über Anträge nach Absatz 1 gilt § 80 Abs. 7 der Verwaltungsgerichtsordnung entsprechend.

Kapitel 3
Disziplinarverfahren vor dem Oberverwaltungsgericht

Abschnitt 1
Berufung

§ 64 Statthaftigkeit, Form und Frist der Berufung

(1) ¹Gegen das Urteil des Verwaltungsgerichts über eine Disziplinarklage steht den Beteiligten die Berufung an das Oberverwaltungsgericht zu. ²Die Berufung ist bei dem Verwaltungsgericht innerhalb eines Monats nach Zustellung des vollständigen Urteils schriftlich einzulegen und zu begründen. ³Die Begründungsfrist kann auf einen vor ihrem Ablauf gestellten Antrag von dem Vorsitzenden verlängert werden. ⁴Die Begründung muss einen bestimmten Antrag sowie die im Einzelnen anzuführenden Gründe der Anfechtung (Berufungsgründe) enthalten. ⁵Mangelt es an einem dieser Erfordernisse, ist die Berufung unzulässig.

(2) ¹Im Übrigen steht den Beteiligten die Berufung gegen das Urteil des Verwaltungsgerichts nur zu, wenn sie von dem Verwaltungsgericht oder dem Oberverwaltungsgericht zugelassen wird. ²Die §§ 124 und 124a der Verwaltungsgerichtsordnung sind anzuwenden.

§ 65 Berufungsverfahren

(1) ¹Für das Berufungsverfahren gelten die Bestimmungen über das Disziplinarverfahren vor dem Verwaltungsgericht entsprechend, soweit sich aus diesem Gesetz nichts anderes ergibt. ²Die §§ 53 und 54 werden nicht angewandt.

(2) Wesentliche Mängel des behördlichen Disziplinarverfahrens, die nach § 55 Abs. 2 unberücksichtigt bleiben durften, bleiben auch im Berufungsverfahren unberücksichtigt.

(3) ¹Ein Beweisantrag, der vor dem Verwaltungsgericht nicht innerhalb der Frist des § 58 Abs. 2 gestellt worden ist, kann abgelehnt werden, wenn seine Berücksichtigung nach der freien Überzeugung des Oberverwaltungsgerichts die Erledigung des Disziplinarverfahrens verzögern würde und der Beamte im ersten Rechtszug über die Folgen der Fristversäumung belehrt worden ist; dies gilt nicht, wenn zwingende Gründe für die Verspätung glaubhaft gemacht werden. ²Beweisanträge, die das Verwaltungsgericht zu Recht abgelehnt hat, bleiben auch im Berufungsverfahren ausgeschlossen.

(4) Die durch das Verwaltungsgericht erhobenen Beweise können der Entscheidung ohne erneute Beweisaufnahme zugrunde gelegt werden.

§ 66 Mündliche Verhandlung, Entscheidung durch Urteil

¹Das Oberverwaltungsgericht entscheidet über die Berufung, wenn das Disziplinarverfahren nicht auf andere Weise abgeschlossen wird, auf Grund mündlicher Verhandlung durch Urteil. ²§ 106 der Verwaltungsgerichtsordnung wird nicht angewandt.

Abschnitt 2
Beschwerde

§ 67 Statthaftigkeit, Form und Frist der Beschwerde
(1) Für die Statthaftigkeit, Form und Frist der Beschwerde gelten die §§ 146 und 147 der Verwaltungsgerichtsordnung.
(2) Gegen Beschlüsse des Verwaltungsgerichts, durch die nach § 59 Abs. 1 über eine Disziplinarklage entschieden wird, kann die Beschwerde nur auf das Fehlen der Zustimmung der Beteiligten gestützt werden.
(3) Für das Beschwerdeverfahren gegen Beschlüsse des Verwaltungsgerichts über eine Aussetzung nach § 63 gilt § 146 Abs. 4 der Verwaltungsgerichtsordnung entsprechend.

§ 68 Entscheidung des Oberverwaltungsgerichts
Das Oberverwaltungsgericht entscheidet über die Beschwerde durch Beschluss.

Kapitel 4
Disziplinarverfahren vor dem Bundesverwaltungsgericht

§ 69 Form, Frist und Zulassung der Revision
Für die Zulassung der Revision, für die Form und Frist der Einlegung der Revision und der Einlegung der Beschwerde gegen ihre Nichtzulassung sowie für die Revisionsgründe gelten die §§ 132, 133, 137 bis 139 der Verwaltungsgerichtsordnung.

§ 70 Revisionsverfahren, Entscheidung über die Revision
(1) Für das Revisionsverfahren gelten die Bestimmungen über das Disziplinarverfahren vor dem Oberverwaltungsgericht entsprechend.
(2) Für die Entscheidung über die Revision gelten die §§ 143 und 144 der Verwaltungsgerichtsordnung.

Kapitel 5
Wiederaufnahme des gerichtlichen Disziplinarverfahrens

§ 71 Wiederaufnahmegründe
(1) Die Wiederaufnahme des durch rechtskräftiges Urteil abgeschlossenen Disziplinarverfahrens ist zulässig, wenn
1. in dem Urteil eine Disziplinarmaßnahme ausgesprochen worden ist, die nach Art oder Höhe im Gesetz nicht vorgesehen ist,
2. Tatsachen oder Beweismittel beigebracht werden, die erheblich und neu sind,
3. das Urteil auf dem Inhalt einer unechten oder verfälschten Urkunde oder auf einem vorsätzlich oder fahrlässig falsch abgegebenen Zeugnis oder Gutachten beruht,
4. ein Urteil, auf dessen tatsächlichen Feststellungen das Urteil im Disziplinarverfahren beruht, durch ein anderes rechtskräftiges Urteil aufgehoben worden ist,
5. an dem Urteil ein Richter oder Beamtenbeisitzer mitgewirkt hat, der sich in dieser Sache der strafbaren Verletzung einer Amtspflicht schuldig gemacht hat,
6. an dem Urteil ein Richter oder Beamtenbeisitzer mitgewirkt hat, der von der Ausübung des Richteramts kraft Gesetzes ausgeschlossen war, es sei denn, dass die Gründe für den gesetzlichen Ausschluss bereits erfolglos geltend gemacht worden waren,
7. der Beamte nachträglich glaubhaft ein Dienstvergehen eingesteht, das in dem Disziplinarverfahren nicht hat festgestellt werden können, oder
8. im Verfahren der Disziplinarklage nach dessen rechtskräftigem Abschluss in einem wegen desselben Sachverhalts eingeleiteten Straf- oder Bußgeldverfahren unanfechtbar eine Entscheidung ergeht, nach der gemäß § 14 die Disziplinarmaßnahme nicht zulässig wäre.
(2) [1]Erheblich im Sinne des Absatzes 1 Nr. 2 sind Tatsachen und Beweismittel, wenn sie allein oder in Verbindung mit den früher getroffenen Feststellungen geeignet sind, eine andere Entscheidung zu begründen, die Ziel der Wiederaufnahme des Disziplinarverfahrens sein kann. [2]Neu im Sinne des Absatzes 1 Nr. 2 sind Tatsachen und Beweismittel, die dem Gericht bei seiner Entscheidung nicht bekannt gewesen sind. [3]Ergeht nach Eintritt der Rechtskraft des Urteils im Disziplinarverfahren in einem wegen desselben Sachverhalts eingeleiteten Straf- oder Bußgeldverfahren ein rechtskräftiges Urteil auf Grund von tatsächlichen Feststellungen, die von denjenigen tatsächlichen Feststellungen des Urteils im Disziplinar-

verfahren abweichen, auf denen es beruht, gelten die abweichenden Feststellungen des Urteils im Straf- oder Bußgeldverfahren als neue Tatsachen im Sinne des Absatzes 1 Nr. 2.

(3) In den Fällen des Absatzes 1 Nr. 3 und 5 ist die Wiederaufnahme des Disziplinarverfahrens nur zulässig, wenn wegen der behaupteten Handlung eine rechtskräftige strafgerichtliche Verurteilung erfolgt ist oder wenn ein strafgerichtliches Verfahren aus anderen Gründen als wegen Mangels an Beweisen nicht eingeleitet oder nicht durchgeführt werden kann.

§ 72 Unzulässigkeit der Wiederaufnahme

(1) Die Wiederaufnahme des durch rechtskräftiges Urteil abgeschlossenen Disziplinarverfahrens ist unzulässig, wenn nach dem Eintritt der Rechtskraft

1. ein Urteil im Straf- oder Bußgeldverfahren ergangen ist, das sich auf denselben Sachverhalt gründet und diesen ebenso würdigt, solange dieses Urteil nicht rechtskräftig aufgehoben worden ist, oder

2. ein Urteil im Strafverfahren ergangen ist, durch das der Verurteilte sein Amt oder seinen Anspruch auf Ruhegehalt verloren hat oder ihn verloren hätte, wenn er noch im Dienst gewesen wäre oder Ruhegehalt bezogen hätte.

(2) Die Wiederaufnahme des Disziplinarverfahrens zuungunsten des Beamten ist außerdem unzulässig, wenn seit dem Eintritt der Rechtskraft des Urteils drei Jahre vergangen sind.

§ 73 Frist, Verfahren

(1) [1]Der Antrag auf Wiederaufnahme des Disziplinarverfahrens muss bei dem Gericht, dessen Entscheidung angefochten wird, binnen drei Monaten schriftlich oder zur Niederschrift des Urkundsbeamten der Geschäftsstelle eingereicht werden. [2]Die Frist beginnt mit dem Tag, an dem der Antragsberechtigte von dem Grund für die Wiederaufnahme Kenntnis erhalten hat. [3]In dem Antrag ist das angefochtene Urteil zu bezeichnen und anzugeben, inwieweit es angefochten wird und welche Änderungen beantragt werden; die Anträge sind unter Bezeichnung der Beweismittel zu begründen.

(2) Für das weitere Verfahren gelten die Bestimmungen über das gerichtliche Disziplinarverfahren entsprechend, soweit sich aus diesem Gesetz nichts anderes ergibt.

§ 74 Entscheidung durch Beschluss

(1) Das Gericht kann den Antrag, auch nach der Eröffnung der mündlichen Verhandlung, durch Beschluss verwerfen, wenn es die gesetzlichen Voraussetzungen für seine Zulassung nicht für gegeben oder ihn für offensichtlich unbegründet hält.

(2) [1]Das Gericht kann vor der Eröffnung der mündlichen Verhandlung mit Zustimmung der zuständigen Behörde durch Beschluss das angefochtene Urteil aufheben und die Disziplinarklage abweisen oder die Disziplinarverfügung aufheben. [2]Der Beschluss ist unanfechtbar.

(3) Der rechtskräftige Beschluss nach Absatz 1 sowie der Beschluss nach Absatz 2 stehen einem rechtskräftigen Urteil gleich.

§ 75 Mündliche Verhandlung, Entscheidung des Gerichts

(1) Das Gericht entscheidet, wenn das Wiederaufnahmeverfahren nicht auf andere Weise abgeschlossen wird, auf Grund mündlicher Verhandlung durch Urteil.

(2) Gegen das Urteil des Verwaltungsgerichts und des Oberverwaltungsgerichts kann das in dem jeweiligen Verfahren statthafte Rechtsmittel eingelegt werden.

§ 76 Rechtswirkungen, Entschädigung

(1) [1]Wird in einem Wiederaufnahmeverfahren das angefochtene Urteil zugunsten des Beamten aufgehoben, erhält dieser von dem Eintritt der Rechtskraft des aufgehobenen Urteils an die Rechtsstellung, die er erhalten hätte, wenn das aufgehobene Urteil der Entscheidung entsprochen hätte, die im Wiederaufnahmeverfahren ergangen ist. [2]Wurde in dem aufgehobenen Urteil auf Entfernung aus dem Beamtenverhältnis oder auf Aberkennung des Ruhegehalts erkannt, gilt § 42 des Bundesbeamtengesetzes entsprechend.

(2) [1]Der Beamte und die Personen, denen er kraft Gesetzes unterhaltspflichtig ist, können im Falle des Absatzes 1 neben den hiernach nachträglich zu gewährenden Bezügen in entsprechender Anwendung des Gesetzes über die Entschädigung für Strafverfolgungsmaßnahmen vom 8. März 1971 (BGBl. I S. 157) in der jeweils geltenden Fassung Ersatz des sonstigen Schadens vom Dienstherrn verlangen. [2]Der Anspruch ist innerhalb von drei Monaten nach dem rechtskräftigen Abschluss des Wiederaufnahmeverfahrens bei der für die Erhebung der Disziplinarklage zuständigen Behörde geltend zu machen.

Kapitel 6
Kosten

§ 77 Kostentragung und erstattungsfähige Kosten
(1) Für die Kostentragungspflicht der Beteiligten und die Erstattungsfähigkeit von Kosten gelten die Bestimmungen der Verwaltungsgerichtsordnung entsprechend, sofern sich aus den nachfolgenden Vorschriften nichts anderes ergibt.
(2) Wird eine Disziplinarverfügung trotz Vorliegens eines Dienstvergehens aufgehoben, können die Kosten ganz oder teilweise dem Beamten auferlegt werden.
(3) In Verfahren über den Antrag auf gerichtliche Fristsetzung (§ 62) hat das Gericht zugleich mit der Entscheidung über den Fristsetzungsantrag über die Kosten des Verfahrens zu befinden.
(4) Kosten im Sinne dieser Vorschrift sind auch die Kosten des behördlichen Disziplinarverfahrens.

§ 78 Gerichtskosten
[1]In gerichtlichen Disziplinarverfahren werden Gebühren nach dem Gebührenverzeichnis der Anlage zu diesem Gesetz erhoben. [2]Im Übrigen sind die für Kosten in Verfahren vor den Gerichten der Verwaltungsgerichtsbarkeit geltenden Vorschriften des Gerichtskostengesetzes entsprechend anzuwenden.

Teil 5
Unterhaltsbeitrag, Unterhaltsleistung und Begnadigung

§ 79 Unterhaltsbeitrag bei Entfernung aus dem Beamtenverhältnis oder bei Aberkennung des Ruhegehalts
(1) Die Zahlung des Unterhaltsbeitrags nach § 10 Abs. 3 oder § 12 Abs. 2 beginnt, soweit in der Entscheidung nichts anderes bestimmt ist, zum Zeitpunkt des Verlusts der Dienstbezüge oder des Ruhegehalts.
(2) [1]Die Zahlung des Unterhaltsbeitrags nach § 12 Abs. 2 steht unter dem Vorbehalt der Rückforderung, wenn für denselben Zeitraum eine Rente auf Grund der Nachversicherung gewährt wird. [2]Zur Sicherung des Rückforderungsanspruchs hat der Ruhestandsbeamte eine entsprechende Abtretungserklärung abzugeben.
(3) Das Gericht kann in der Entscheidung bestimmen, dass der Unterhaltsbeitrag ganz oder teilweise an Personen gezahlt wird, zu deren Unterhalt der Beamte oder Ruhestandsbeamte verpflichtet ist; nach Rechtskraft der Entscheidung kann dies die oberste Dienstbehörde bestimmen.
(4) [1]Auf den Unterhaltsbeitrag werden Erwerbs- und Erwerbsersatzeinkommen im Sinne des § 18a Abs. 2 sowie Abs. 3 Satz 1 und 2 des Vierten Buches Sozialgesetzbuch angerechnet. [2]Der frühere Beamte oder frühere Ruhestandsbeamte ist verpflichtet, der obersten Dienstbehörde alle Änderungen in seinen Verhältnissen, die für die Zahlung des Unterhaltsbeitrags bedeutsam sein können, unverzüglich anzuzeigen. [3]Kommt er dieser Pflicht schuldhaft nicht nach, kann ihm der Unterhaltsbeitrag ganz oder teilweise mit Wirkung für die Vergangenheit entzogen werden. [4]Die Entscheidung trifft die oberste Dienstbehörde.
(5) Der Anspruch auf den Unterhaltsbeitrag erlischt, wenn der Betroffene wieder in ein öffentlich-rechtliches Amts- oder Dienstverhältnis berufen wird.

§ 80 Unterhaltsleistung bei Mithilfe zur Aufdeckung von Straftaten
(1) [1]Im Falle der Entfernung aus dem Beamtenverhältnis oder der Aberkennung des Ruhegehalts kann die zuletzt zuständige oberste Dienstbehörde dem ehemaligen Beamten oder ehemaligen Ruhestandsbeamten, der gegen das Verbot der Annahme von Belohnungen oder Geschenken verstoßen hat, die Gewährung einer monatlichen Unterhaltsleistung zusagen, wenn er sein Wissen über Tatsachen offenbart hat, deren Kenntnis dazu beigetragen hat, Straftaten, insbesondere nach den §§ 331 bis 335 des Strafgesetzbuches, zu verhindern oder über seinen eigenen Tatbeitrag hinaus aufzuklären. [2]Die Nachversicherung ist durchzuführen.
(2) [1]Die Unterhaltsleistung ist als Prozentsatz der Anwartschaft auf eine Altersrente, die sich aus der Nachversicherung ergibt, oder einer entsprechenden Leistung aus der berufsständischen Alterssicherung mit folgenden Maßgaben festzusetzen:
1. Die Unterhaltsleistung darf die Höhe der Rentenanwartschaft aus der Nachversicherung nicht erreichen;
2. Unterhaltsleistung und Rentenanwartschaft aus der Nachversicherung dürfen zusammen den Betrag nicht übersteigen, der sich als Ruhegehalt nach § 14 Abs. 1 des Beamtenversorgungsgesetzes ergäbe.
[2]Die Höchstgrenzen nach Satz 1 gelten auch für die Zeit des Bezugs der Unterhaltsleistung; an die Stelle der Rentenanwartschaft aus der Nachversicherung tritt die anteilige Rente.

(3) Die Zahlung der Unterhaltsleistung an den früheren Beamten kann erst erfolgen, wenn dieser das 65. Lebensjahr vollendet hat oder eine Rente wegen Erwerbs- oder Berufsunfähigkeit aus der gesetzlichen Rentenversicherung oder eine entsprechende Leistung aus der berufsständischen Versorgung erhält.

(4) [1]Der Anspruch auf die Unterhaltsleistung erlischt bei erneutem Eintritt in den öffentlichen Dienst sowie in den Fällen, die bei einem Ruhestandsbeamten das Erlöschen der Versorgungsbezüge nach § 59 des Beamtenversorgungsgesetzes zur Folge hätten. [2]Der hinterbliebene Ehegatte oder Lebenspartner erhält 55 Prozent der Unterhaltsleistung, wenn zum Zeitpunkt der Entfernung aus dem Beamtenverhältnis oder der Aberkennung des Ruhegehalts die Ehe oder Lebenspartnerschaft bereits bestanden hatte.

§ 81 Begnadigung

(1) [1]Dem Bundespräsidenten steht das Begnadigungsrecht in Disziplinarsachen nach diesem Gesetz zu. [2]Er kann es anderen Stellen übertragen.

(2) Wird die Entfernung aus dem Beamtenverhältnis oder die Aberkennung des Ruhegehalts im Gnadenweg aufgehoben, gilt § 43 Satz 2 des Bundesbeamtengesetzes entsprechend.

Teil 6
Besondere Bestimmungen für einzelne Beamtengruppen und für Ruhestandsbeamte

§ 82 Polizeivollzugsbeamte des Bundes

Das Bundesministerium des Innern, für Bau und Heimat bestimmt durch Rechtsverordnung, welche Vorgesetzten der Polizeivollzugsbeamten des Bundes als Dienstvorgesetzte im Sinne des § 33 Abs. 2, Abs. 3 Nr. 2 und Abs. 5 gelten.

§ 83 Beamte der bundesunmittelbaren Körperschaften, Anstalten und Stiftungen des öffentlichen Rechts

(1) [1]Das für die Aufsicht zuständige Bundesministerium gilt im Sinne dieses Gesetzes als oberste Dienstbehörde der Beamten der bundesunmittelbaren Körperschaften, Anstalten und Stiftungen des öffentlichen Rechts. [2]Es kann durch Rechtsverordnung im Einvernehmen mit dem Bundesministerium des Innern, für Bau und Heimat seine Befugnisse auf nachgeordnete Behörden übertragen und bestimmen, wer als nachgeordnete Behörde, Dienstvorgesetzter und höherer Dienstvorgesetzter im Sinne dieses Gesetzes anzusehen ist. [3]Es kann durch Rechtsverordnung im Einvernehmen mit dem Bundesministerium des Innern, für Bau und Heimat darüber hinaus die Zuständigkeit für Verweise, Geldbußen und Kürzungen der Dienstbezüge abweichend von § 33 regeln.

(2) Für die in Absatz 1 bezeichneten Körperschaften, Anstalten und Stiftungen des öffentlichen Rechts gilt § 144 Abs. 2 des Bundesbeamtengesetzes entsprechend.

§ 84 Ausübung der Disziplinarbefugnisse bei Ruhestandsbeamten

[1]Bei Ruhestandsbeamten werden die Disziplinarbefugnisse durch die zum Zeitpunkt des Eintritts in den Ruhestand zuständige oberste Dienstbehörde ausgeübt. [2]Diese kann ihre Befugnisse durch allgemeine Anordnung ganz oder teilweise auf nachgeordnete Dienstvorgesetzte übertragen; die Anordnung ist im Bundesgesetzblatt zu veröffentlichen. [3]Besteht die zuständige oberste Dienstbehörde nicht mehr, bestimmt das Bundesministerium des Innern, für Bau und Heimat, welche Behörde zuständig ist.

Teil 7
Übergangs- und Schlussbestimmungen

§ 85 Übergangsbestimmungen

(1) [1]Die nach bisherigem Recht eingeleiteten Disziplinarverfahren werden in der Lage, in der sie sich bei Inkrafttreten dieses Gesetzes befinden, nach diesem Gesetz fortgeführt, soweit in den Absätzen 2 bis 7 nichts Abweichendes bestimmt ist. [2]Maßnahmen, die nach bisherigem Recht getroffen worden sind, bleiben rechtswirksam.

(2) Die folgenden Disziplinarmaßnahmen nach bisherigem Recht stehen folgenden Disziplinarmaßnahmen nach diesem Gesetz gleich:

1. die Gehaltskürzung der Kürzung der Dienstbezüge,
2. die Versetzung in ein Amt derselben Laufbahn mit geringerem Endgrundgehalt der Zurückstufung und
3. die Entfernung aus dem Dienst der Entfernung aus dem Beamtenverhältnis.

(3) Vor dem Inkrafttreten dieses Gesetzes eingeleitete förmliche Disziplinarverfahren werden nach bisherigem Recht fortgeführt.

(4) [1]Die Behörde des Bundesdisziplinaranwalts wird mit Ablauf des 31. Dezember 2003 aufgelöst. [2]Ab diesem Zeitpunkt fertigt die Einleitungsbehörde in den Fällen von Absatz 3 die Anschuldigungsschrift; die Vorschriften der Bundesdisziplinarordnung sind nicht anzuwenden, soweit sie den Bundesdisziplinaranwalt betreffen.

(5) [1]Für die Wiederaufnahme von Disziplinarverfahren, die vor dem Inkrafttreten dieses Gesetzes rechtskräftig abgeschlossen worden sind, gilt bis zum Ablauf des 31. Dezember 2003 Abschnitt IV der Bundesdisziplinarordnung. [2]Ab diesem Zeitpunkt gelten die Bestimmungen dieses Gesetzes.

(6) Die nach bisherigem Recht in einem Disziplinarverfahren ergangenen Entscheidungen sind nach bisherigem Recht zu vollstrecken, wenn sie unanfechtbar geworden sind.

(7) [1]Die Frist für das Verwertungsverbot und ihre Berechnung für die Disziplinarmaßnahmen, die vor dem Inkrafttreten dieses Gesetzes verhängt worden sind, bestimmen sich nach diesem Gesetz. [2]Dies gilt nicht, wenn die Frist und ihre Berechnung nach bisherigem Recht für den Beamten günstiger ist.

(8) [1]Gebühren nach § 78 Satz 1 werden nur für die nach dem 31. Dezember 2009 anhängig werdenden gerichtlichen Verfahren erhoben. [2]Dies gilt nicht im Verfahren über ein Rechtsmittel, das nach dem 31. Dezember 2009 eingelegt worden ist.

§ 86 Verwaltungsvorschriften

Die zur Durchführung dieses Gesetzes erforderlichen Verwaltungsvorschriften erlässt das Bundesministerium des Innern, für Bau und Heimat; die Verwaltungsvorschriften sind im Gemeinsamen Ministerialblatt zu veröffentlichen.

Anlage
(zu § 78)

Gebührenverzeichnis

Gliederung

Abschnitt 1	Klageverfahren erster Instanz
Abschnitt 2	Zulassung und Durchführung der Berufung
Abschnitt 3	Revision
Abschnitt 4	Besondere Verfahren
Abschnitt 5	Rüge wegen Verletzung des Anspruchs auf rechtliches Gehör
Abschnitt 6	Beschwerde

Nr.	Gebührentatbestand	Gebührenbetrag oder Satz der jeweiligen Gebühr 10 bis 17
	Vorbemerkung: Das Verfahren über den Antrag auf Wiederaufnahme gilt als neuer Rechtszug.	
	Abschnitt 1 **Klageverfahren erster Instanz**	
	Verfahren über eine Disziplinarklage mit dem Antrag auf	
10	– Entfernung aus dem Beamtenverhältnis	360,00 €
11	– Aberkennung des Ruhegehalts	360,00 €
12	– Zurückstufung	240,00 €
	Verfahren über die Klage gegen eine Disziplinarverfügung, in der als Disziplinarmaßnahme ausgesprochen worden ist	
13	– Kürzung der Dienstbezüge	180,00 €
14	– Kürzung des Ruhegehalts	180,00 €
15	– Geldbuße	120,00 €
16	– Verweis	60,00 €
17	Verfahren über die Klage gegen eine Disziplinarverfügung, wenn nur eine Kostenentscheidung in der Disziplinarverfügung angegriffen wird, oder gegen eine Einstellungsverfügung (§ 32 BDG)	60,00 €

Nr.	Gebührentatbestand	Gebührenbetrag oder Satz der jeweiligen Gebühr 10 bis 17
18	Beendigung des gesamten Verfahrens durch 1. Zurücknahme der Klage a) vor dem Schluss der mündlichen Verhandlung oder b) wenn eine solche nicht stattfindet, vor Ablauf des Tages, an dem die Entscheidung in der Hauptsache der Geschäftsstelle übermittelt wird, oder 2. Erledigungserklärungen, wenn keine Entscheidung über die Kosten ergeht oder die Entscheidung einer zuvor mitgeteilten Einigung der Beteiligten über die Kostentragung oder der Kostenübernahmeerklärung eines Beteiligten folgt: Die Gebühren 10 bis 17 ermäßigen sich auf	0,5
	Die Gebühr ermäßigt sich auch, wenn mehrere Ermäßigungstatbestände erfüllt sind.	

Abschnitt 2

Zulassung und Durchführung der Berufung

20	Verfahren über die Zulassung der Berufung: Soweit der Antrag abgelehnt wird	1,0
21	Verfahren über die Zulassung der Berufung: Soweit der Antrag zurückgenommen oder das Verfahren durch anderweitige Erledigung beendet wird	0,5
	Die Gebühr entsteht nicht, soweit die Berufung zugelassen wird.	
22	Verfahren über die Berufung im Allgemeinen	1,5
23	Beendigung des gesamten Verfahrens durch Zurücknahme der Berufung oder der Klage, bevor die Schrift zur Begründung der Berufung bei Gericht eingegangen ist: Die Gebühr 22 ermäßigt sich auf	0,5
	Erledigungserklärungen stehen der Zurücknahme gleich, wenn keine Entscheidung über die Kosten ergeht oder die Entscheidung einer zuvor mitgeteilten Einigung der Beteiligten über die Kostentragung oder der Kostenübernahmeerklärung eines Beteiligten folgt.	
24	Beendigung des gesamten Verfahrens, wenn nicht Nummer 23 erfüllt ist, durch 1. Zurücknahme der Berufung oder der Klage a) vor dem Schluss der mündlichen Verhandlung oder b) wenn eine solche nicht stattfindet, vor Ablauf des Tages, an dem die Entscheidung in der Hauptsache der Geschäftsstelle übermittelt wird, oder 2. Erledigungserklärungen, wenn keine Entscheidung über die Kosten ergeht oder die Entscheidung einer zuvor mitgeteilten Einigung der Beteiligten über die Kostentragung oder der Kostenübernahmeerklärung eines Beteiligten folgt: Die Gebühr 22 ermäßigt sich auf	1,0
	Die Gebühr ermäßigt sich auch, wenn mehrere Ermäßigungstatbestände erfüllt sind.	

Abschnitt 3

Revision

30	Verfahren über die Revision im Allgemeinen	2,0
31	Beendigung des gesamten Verfahrens durch Zurücknahme der Revision oder der Klage, bevor die Schrift zur Begründung der Revision bei Gericht eingegangen ist: Die Gebühr 30 ermäßigt sich auf	1,0

Nr.	Gebührentatbestand	Gebührenbetrag oder Satz der jeweiligen Gebühr 10 bis 17
	Erledigungserklärungen stehen der Zurücknahme gleich, wenn keine Entscheidung über die Kosten ergeht oder die Entscheidung einer zuvor mitgeteilten Einigung der Beteiligten über die Kostentragung oder der Kostenübernahmeerklärung eines Beteiligten folgt.	
32	Beendigung des gesamten Verfahrens, wenn nicht Nummer 31 erfüllt ist, durch 1. Zurücknahme der Revision oder der Klage a) vor dem Schluss der mündlichen Verhandlung oder b) wenn eine solche nicht stattfindet, vor Ablauf des Tages, an dem die Entscheidung in der Hauptsache der Geschäftsstelle übermittelt wird, oder 2. Erledigungserklärungen, wenn keine Entscheidung über die Kosten ergeht oder die Entscheidung einer zuvor mitgeteilten Einigung der Beteiligten über die Kostentragung oder der Kostenübernahmeerklärung eines Beteiligten folgt: Die Gebühr 30 ermäßigt sich auf	1,5
	Die Gebühr ermäßigt sich auch, wenn mehrere Ermäßigungstatbestände erfüllt sind.	

Nr.	Gebührentatbestand	Gebührenbetrag oder Satz der jeweiligen Gebühr 40 und 41
Abschnitt 4		
Besondere Verfahren		
40	Verfahren über den Antrag auf Aussetzung der vorläufigen Dienstenthebung und der Einbehaltung von Bezügen	180,00 €
41	Verfahren über den Antrag auf gerichtliche Festsetzung einer Frist zum Abschluss des Disziplinarverfahrens einschließlich der Einstellung des Disziplinarverfahrens nach fruchtlosem Ablauf der Frist	60,00 €
42	Beendigung des gesamten Verfahrens durch 1. Zurücknahme des Antrags a) vor dem Schluss der mündlichen Verhandlung oder b) wenn eine solche nicht stattfindet, vor Ablauf des Tages, an dem die Entscheidung über den Antrag der Geschäftsstelle übermittelt wird, oder 2. Erledigungserklärungen, wenn keine Entscheidung über die Kosten ergeht oder die Entscheidung einer zuvor mitgeteilten Einigung der Beteiligten über die Kostentragung oder der Kostenübernahmeerklärung eines Beteiligten folgt: Die Gebühren 40 und 41 ermäßigen sich auf	0,5
	Die Gebühr ermäßigt sich auch, wenn mehrere Ermäßigungstatbestände erfüllt sind.	
Abschnitt 5		
Rüge wegen Verletzung des Anspruchs auf rechtliches Gehör		
50	Verfahren über die Rüge wegen Verletzung des Anspruchs auf rechtliches Gehör: Die Rüge wird in vollem Umfang verworfen oder zurückgewiesen	50,00 €

Nr.	Gebührentatbestand	Gebührenbetrag oder Satz der jeweiligen Gebühr 10 bis 17 und 40
	Abschnitt 6 **Beschwerde**	
60	Verfahren über die Beschwerde gegen die Entscheidung über den Antrag auf Aussetzung der vorläufigen Dienstenthebung und der Einbehaltung von Bezügen	1,5
61	Verfahren über die Beschwerde gegen eine Entscheidung in der Hauptsache durch Beschluss nach § 59 BDG	1,5
62	Verfahren über die Beschwerde gegen die Nichtzulassung der Revision: Die Beschwerde wird verworfen oder zurückgewiesen	1,5
63	Beendigung des gesamten Verfahrens durch 1. Zurücknahme der Beschwerde, der Klage oder des Antrags a) vor dem Schluss der mündlichen Verhandlung oder b) wenn eine solche nicht stattfindet, vor Ablauf des Tages, an dem die Entscheidung über die Beschwerde der Geschäftsstelle übermittelt wird, oder 2. Erledigungserklärungen, wenn keine Entscheidung über die Kosten ergeht oder die Entscheidung einer zuvor mitgeteilten Einigung der Beteiligten über die Kostentragung oder der Kostenübernahmeerklärung eines Beteiligten folgt: Die Gebühren 60 bis 62 ermäßigen sich auf	0,75
	Die Gebühr ermäßigt sich auch, wenn mehrere Ermäßigungstatbestände erfüllt sind.	
64	Verfahren über nicht besonders aufgeführte Beschwerden im disziplinargerichtlichen Verfahren, die nicht nach anderen Vorschriften gebührenfrei sind: Die Beschwerde wird verworfen oder zurückgewiesen	50,00 €

Umweltinformationsgesetz (UIG)[1]

In der Fassung der Bekanntmachung vom 27. Oktober 2014[2] (BGBl. I S. 1643)
(FNA 2129-42)
zuletzt geändert durch Art. 2 Abs. 17 G zur Modernisierung des Rechts der
Umweltverträglichkeitsprüfung[3] vom 20. Juli 2017 (BGBl. I S. 2808)

Nichtamtliche Inhaltsübersicht

Abschnitt 1
Allgemeine Vorschriften

§ 1 Zweck des Gesetzes; Anwendungsbereich
(1) Zweck dieses Gesetzes ist es, den rechtlichen Rahmen für den freien Zugang zu Umweltinformationen bei informationspflichtigen Stellen sowie für die Verbreitung dieser Umweltinformationen zu schaffen.
(2) Dieses Gesetz gilt für informationspflichtige Stellen des Bundes und der bundesunmittelbaren juristischen Personen des öffentlichen Rechts.

§ 2 Begriffsbestimmungen
(1) Informationspflichtige Stellen sind
1. die Regierung und andere Stellen der öffentlichen Verwaltung. Gremien, die diese Stellen beraten, gelten als Teil der Stelle, die deren Mitglieder beruft. Zu den informationspflichtigen Stellen gehören nicht
 a) die obersten Bundesbehörden, soweit und solange sie im Rahmen der Gesetzgebung tätig werden, und
 b) Gerichte des Bundes, soweit sie nicht Aufgaben der öffentlichen Verwaltung wahrnehmen;
2. natürliche oder juristische Personen des Privatrechts, soweit sie öffentliche Aufgaben wahrnehmen oder öffentliche Dienstleistungen erbringen, die im Zusammenhang mit der Umwelt stehen, insbesondere solche der umweltbezogenen Daseinsvorsorge, und dabei der Kontrolle des Bundes oder

1) **Amtl. Anm.:** Dieses Gesetz dient der Umsetzung der Richtlinie 2003/4/EG des Europäischen Parlaments und des Rates vom 28. Januar 2003 über den Zugang der Öffentlichkeit zu Umweltinformationen und zur Aufhebung der Richtlinie 90/313/EWG des Rates (ABl. L 41 vom 14.2.2003, S. 26).
2) Neubekanntmachung des UIG v. 22.12.2004 (BGBl. I S. 3704) in der ab 6.11.2014 geltenden Fassung.
3) **Amtl. Anm.:** Dieses Gesetz dient der Umsetzung der Richtlinie 2011/92/EU des Europäischen Parlaments und des Rates vom 13. Dezember 2011 über die Umweltverträglichkeitsprüfung bei bestimmten öffentlichen und privaten Projekten in der Fassung der Richtlinie 2014/52/EU (ABl. L 124 vom 25.4.2014, S. 1), der Richtlinie 2001/42/EG des Europäischen Parlaments und des Rates vom 27. Juni 2001 über die Prüfung der Umweltauswirkungen bestimmter Pläne und Programme (ABl. L 197 vom 21.7.2001, S. 30).

einer unter der Aufsicht des Bundes stehenden juristischen Person des öffentlichen Rechts unterliegen.

(2) Kontrolle im Sinne des Absatzes 1 Nummer 2 liegt vor, wenn

1. die Person des Privatrechts bei der Wahrnehmung der öffentlichen Aufgabe oder bei der Erbringung der öffentlichen Dienstleistung gegenüber Dritten besonderen Pflichten unterliegt oder über besondere Rechte verfügt, insbesondere ein Kontrahierungszwang oder ein Anschluss- und Benutzungszwang besteht, oder

2. eine oder mehrere der in Absatz 1 Nummer 2 genannten juristischen Personen des öffentlichen Rechts allein oder zusammen, unmittelbar oder mittelbar
 a) die Mehrheit des gezeichneten Kapitals des Unternehmens besitzen,
 b) über die Mehrheit der mit den Anteilen des Unternehmens verbundenen Stimmrechte verfügen oder
 c) mehr als die Hälfte der Mitglieder des Verwaltungs-, Leitungs- oder Aufsichtsorgans des Unternehmens bestellen können, oder

3. mehrere juristische Personen des öffentlichen Rechts zusammen unmittelbar oder mittelbar über eine Mehrheit im Sinne der Nummer 2 Buchstabe a bis c verfügen und der überwiegende Anteil an dieser Mehrheit den in Absatz 1 Nummer 2 genannten juristischen Personen des öffentlichen Rechts zuzuordnen ist.

(3) Umweltinformationen sind unabhängig von der Art ihrer Speicherung alle Daten über

1. den Zustand von Umweltbestandteilen wie Luft und Atmosphäre, Wasser, Boden, Landschaft und natürliche Lebensräume einschließlich Feuchtgebiete, Küsten- und Meeresgebiete, die Artenvielfalt und ihre Bestandteile, einschließlich gentechnisch veränderter Organismen, sowie die Wechselwirkungen zwischen diesen Bestandteilen;

2. Faktoren wie Stoffe, Energie, Lärm und Strahlung, Abfälle aller Art sowie Emissionen, Ableitungen und sonstige Freisetzungen von Stoffen in die Umwelt, die sich auf die Umweltbestandteile im Sinne der Nummer 1 auswirken oder wahrscheinlich auswirken;

3. Maßnahmen oder Tätigkeiten, die
 a) sich auf die Umweltbestandteile im Sinne der Nummer 1 oder auf Faktoren im Sinne der Nummer 2 auswirken oder wahrscheinlich auswirken oder
 b) den Schutz von Umweltbestandteilen im Sinne der Nummer 1 bezwecken; zu den Maßnahmen gehören auch politische Konzepte, Rechts- und Verwaltungsvorschriften, Abkommen, Umweltvereinbarungen, Pläne und Programme;

4. Berichte über die Umsetzung des Umweltrechts;

5. Kosten-Nutzen-Analysen oder sonstige wirtschaftliche Analysen und Annahmen, die zur Vorbereitung oder Durchführung von Maßnahmen oder Tätigkeiten im Sinne der Nummer 3 verwendet werden, und

6. den Zustand der menschlichen Gesundheit und Sicherheit, die Lebensbedingungen des Menschen sowie Kulturstätten und Bauwerke, soweit sie jeweils vom Zustand der Umweltbestandteile im Sinne der Nummer 1 oder von Faktoren, Maßnahmen oder Tätigkeiten im Sinne der Nummern 2 und 3 betroffen sind oder sein können; hierzu gehört auch die Kontamination der Lebensmittelkette.

(4) [1]Eine informationspflichtige Stelle verfügt über Umweltinformationen, wenn diese bei ihr vorhanden sind oder für sie bereitgehalten werden. [2]Ein Bereithalten liegt vor, wenn eine natürliche oder juristische Person, die selbst nicht informationspflichtige Stelle ist, Umweltinformationen für eine informationspflichtige Stelle im Sinne des Absatzes 1 aufbewahrt, auf die diese Stelle einen Übermittlungsanspruch hat.

Abschnitt 2
Informationszugang auf Antrag

§ 3 Anspruch auf Zugang zu Umweltinformationen

(1) [1]Jede Person hat nach Maßgabe dieses Gesetzes Anspruch auf freien Zugang zu Umweltinformationen, über die eine informationspflichtige Stelle im Sinne des § 2 Absatz 1 verfügt, ohne ein rechtliches Interesse darlegen zu müssen. [2]Daneben bleiben andere Ansprüche auf Zugang zu Informationen unberührt.

(2) [1]Der Zugang kann durch Auskunftserteilung, Gewährung von Akteneinsicht oder in sonstiger Weise eröffnet werden. [2]Wird eine bestimmte Art des Informationszugangs beantragt, so darf dieser nur aus gewichtigen Gründen auf andere Art eröffnet werden. [3]Als gewichtiger Grund gilt insbesondere ein deutlich höherer Verwaltungsaufwand. [4]Soweit Umweltinformationen der antragstellenden Person bereits auf

andere, leicht zugängliche Art, insbesondere durch Verbreitung nach § 10, zur Verfügung stehen, kann die informationspflichtige Stelle die Person auf diese Art des Informationszugangs verweisen.

(3) [1]Soweit ein Anspruch nach Absatz 1 besteht, sind die Umweltinformationen der antragstellenden Person unter Berücksichtigung etwaiger von ihr angegebener Zeitpunkte, spätestens jedoch mit Ablauf der Frist nach Satz 2 Nummer 1 oder Nummer 2 zugänglich zu machen. [2]Die Frist beginnt mit Eingang des Antrags bei der informationspflichtigen Stelle, die über die Informationen verfügt, und endet

1. mit Ablauf eines Monats oder
2. soweit Umweltinformationen derart umfangreich und komplex sind, dass die in Nummer 1 genannte Frist nicht eingehalten werden kann, mit Ablauf von zwei Monaten.

§ 4 Antrag und Verfahren

(1) Umweltinformationen werden von einer informationspflichtigen Stelle auf Antrag zugänglich gemacht.

(2) [1]Der Antrag muss erkennen lassen, zu welchen Umweltinformationen der Zugang gewünscht wird. [2]Ist der Antrag zu unbestimmt, so ist der antragstellenden Person dies innerhalb eines Monats mitzuteilen und Gelegenheit zur Präzisierung des Antrags zu geben. [3]Kommt die antragstellende Person der Aufforderung zur Präzisierung nach, beginnt der Lauf der Frist zur Beantwortung von Anträgen erneut. [4]Die Informationssuchenden sind bei der Stellung und Präzisierung von Anträgen zu unterstützen.

(3) [1]Wird der Antrag bei einer informationspflichtigen Stelle gestellt, die nicht über die Umweltinformationen verfügt, leitet sie den Antrag an die über die begehrten Informationen verfügende Stelle weiter, wenn ihr diese bekannt ist, und unterrichtet die antragstellende Person hierüber. [2]Anstelle der Weiterleitung des Antrags kann sie die antragstellende Person auch auf andere ihr bekannte informationspflichtige Stellen hinweisen, die über die Informationen verfügen.

(4) Wird eine andere als die beantragte Art des Informationszugangs im Sinne von § 3 Absatz 2 eröffnet, ist dies innerhalb der Frist nach § 3 Absatz 3 Satz 2 Nummer 1 unter Angabe der Gründe mitzuteilen.

(5) Über die Geltung der längeren Frist nach § 3 Absatz 3 Satz 2 Nummer 2 ist die antragstellende Person spätestens mit Ablauf der Frist nach § 3 Absatz 3 Satz 2 Nummer 1 unter Angabe der Gründe zu unterrichten.

§ 5 Ablehnung des Antrags

(1) [1]Wird der Antrag ganz oder teilweise nach den §§ 8 und 9 abgelehnt, ist die antragstellende Person innerhalb der Fristen nach § 3 Absatz 3 Satz 2 hierüber zu unterrichten. [2]Eine Ablehnung liegt auch dann vor, wenn nach § 3 Absatz 2 der Informationszugang auf andere Art gewährt oder die antragstellende Person auf eine andere Art des Informationszugangs verwiesen wird. [3]Der antragstellenden Person sind die Gründe für die Ablehnung mitzuteilen; in den Fällen des § 8 Absatz 2 Nummer 4 ist darüber hinaus die Stelle, die das Material vorbereitet, sowie der voraussichtliche Zeitpunkt der Fertigstellung mitzuteilen. [4]§ 39 Absatz 2 des Verwaltungsverfahrensgesetzes findet keine Anwendung.

(2) [1]Wenn der Antrag schriftlich gestellt wurde oder die antragstellende Person dies begehrt, erfolgt die Ablehnung in schriftlicher Form. [2]Sie ist auf Verlangen der antragstellenden Person in elektronischer Form mitzuteilen, wenn der Zugang hierfür eröffnet ist.

(3) Liegt ein Ablehnungsgrund nach § 8 oder § 9 vor, sind die hiervon nicht betroffenen Informationen zugänglich zu machen, soweit es möglich ist, die betroffenen Informationen auszusondern.

(4) Die antragstellende Person ist im Falle der vollständigen oder teilweisen Ablehnung eines Antrags auch über die Rechtsschutzmöglichkeiten gegen die Entscheidung sowie darüber zu belehren, bei welcher Stelle und innerhalb welcher Frist um Rechtsschutz nachgesucht werden kann.

§ 6 Rechtsschutz

(1) Für Streitigkeiten nach diesem Gesetz ist der Verwaltungsrechtsweg gegeben.

(2) Gegen die Entscheidung durch eine Stelle der öffentlichen Verwaltung im Sinne des § 2 Absatz 1 Nummer 1 ist ein Widerspruchsverfahren nach den §§ 68 bis 73 der Verwaltungsgerichtsordnung auch dann durchzuführen, wenn die Entscheidung von einer obersten Bundesbehörde getroffen worden ist.

(3) [1]Ist die antragstellende Person der Auffassung, dass eine informationspflichtige Stelle im Sinne des § 2 Absatz 1 Nummer 2 den Antrag nicht vollständig erfüllt hat, kann sie die Entscheidung der informationspflichtigen Stelle nach Absatz 4 überprüfen lassen. [2]Die Überprüfung ist nicht Voraussetzung für die Erhebung der Klage nach Absatz 1. [3]Eine Klage gegen die zuständige Stelle nach § 13 Absatz 1 ist ausgeschlossen.

(4) [1]Der Anspruch auf nochmalige Prüfung ist gegenüber der informationspflichtigen Stelle im Sinne des § 2 Absatz 1 Nummer 2 innerhalb eines Monats, nachdem diese Stelle mitgeteilt hat, dass der Anspruch nicht oder nicht vollständig erfüllt werden kann, schriftlich geltend zu machen. [2]Die informationspflich-

tige Stelle hat der antragstellenden Person das Ergebnis ihrer nochmaligen Prüfung innerhalb eines Monats zu übermitteln.

(5) Durch Landesgesetz kann für Streitigkeiten um Ansprüche gegen private informationspflichtige Stellen auf Grund von landesrechtlichen Vorschriften über den Zugang zu Umweltinformationen der Verwaltungsrechtsweg vorgesehen werden.

§ 7 Unterstützung des Zugangs zu Umweltinformationen

(1) [1]Die informationspflichtigen Stellen ergreifen Maßnahmen, um den Zugang zu den bei ihnen verfügbaren Umweltinformationen zu erleichtern. [2]Zu diesem Zweck wirken sie darauf hin, dass Umweltinformationen, über die sie verfügen, zunehmend in elektronischen Datenbanken oder in sonstigen Formaten gespeichert werden, die über Mittel der elektronischen Kommunikation abrufbar sind.

(2) Die informationspflichtigen Stellen treffen praktische Vorkehrungen zur Erleichterung des Informationszugangs, beispielsweise durch

1. die Benennung von Auskunftspersonen oder Informationsstellen,
2. die Veröffentlichung von Verzeichnissen über verfügbare Umweltinformationen,
3. die Einrichtung öffentlich zugänglicher Informationsnetze und Datenbanken oder
4. die Veröffentlichung von Informationen über behördliche Zuständigkeiten.

(3) Soweit möglich, gewährleisten die informationspflichtigen Stellen, dass alle Umweltinformationen, die von ihnen oder für sie zusammengestellt werden, auf dem gegenwärtigen Stand, exakt und vergleichbar sind.

Abschnitt 3
Ablehnungsgründe

§ 8 Schutz öffentlicher Belange

(1) [1]Soweit das Bekanntgeben der Informationen nachteilige Auswirkungen hätte auf

1. die internationalen Beziehungen, die Verteidigung oder bedeutsame Schutzgüter der öffentlichen Sicherheit,
2. die Vertraulichkeit der Beratungen von informationspflichtigen Stellen im Sinne des § 2 Absatz 1,
3. die Durchführung eines laufenden Gerichtsverfahrens, den Anspruch einer Person auf ein faires Verfahren oder die Durchführung strafrechtlicher, ordnungswidrigkeitenrechtlicher oder disziplinarrechtlicher Ermittlungen oder
4. den Zustand der Umwelt und ihrer Bestandteile im Sinne des § 2 Absatz 3 Nummer 1 oder Schutzgüter im Sinne des § 2 Absatz 3 Nummer 6,

ist der Antrag abzulehnen, es sei denn, das öffentliche Interesse an der Bekanntgabe überwiegt. [2]Der Zugang zu Umweltinformationen über Emissionen kann nicht unter Berufung auf die in den Nummern 2 und 4 genannten Gründe abgelehnt werden.

(2) Soweit ein Antrag

1. offensichtlich missbräuchlich gestellt wurde,
2. sich auf interne Mitteilungen der informationspflichtigen Stellen im Sinne des § 2 Absatz 1 bezieht,
3. bei einer Stelle, die nicht über die Umweltinformationen verfügt, gestellt wird, sofern er nicht nach § 4 Absatz 3 weitergeleitet werden kann,
4. sich auf die Zugänglichmachung von Material, das gerade vervollständigt wird, noch nicht abgeschlossener Schriftstücke oder noch nicht aufbereiteter Daten bezieht oder
5. zu unbestimmt ist und auf Aufforderung der informationspflichtigen Stelle nach § 4 Absatz 2 nicht innerhalb einer angemessenen Frist präzisiert wird,

ist er abzulehnen, es sei denn, das öffentliche Interesse an der Bekanntgabe überwiegt.

§ 9 Schutz sonstiger Belange

(1) [1]Soweit

1. durch das Bekanntgeben der Informationen personenbezogene Daten offenbart und dadurch Interessen der Betroffenen erheblich beeinträchtigt würden,
2. Rechte am geistigen Eigentum, insbesondere Urheberrechte, durch das Zugänglichmachen von Umweltinformationen verletzt würden oder
3. durch das Bekanntgeben Betriebs- oder Geschäftsgeheimnisse zugänglich gemacht würden oder die Informationen dem Steuergeheimnis oder dem Statistikgeheimnis unterliegen,

ist der Antrag abzulehnen, es sei denn, die Betroffenen haben zugestimmt oder das öffentliche Interesse an der Bekanntgabe überwiegt. [2]Der Zugang zu Umweltinformationen über Emissionen kann nicht unter Berufung auf die in den Nummern 1 und 3 genannten Gründe abgelehnt werden. [3]Vor der Entscheidung

über die Offenbarung der durch Satz 1 Nummer 1 bis 3 geschützten Informationen sind die Betroffenen anzuhören. [4]Die informationspflichtige Stelle hat in der Regel von einer Betroffenheit im Sinne des Satzes 1 Nummer 3 auszugehen, soweit übermittelte Informationen als Betriebs- und Geschäftsgeheimnisse gekennzeichnet sind. [5]Soweit die informationspflichtige Stelle dies verlangt, haben mögliche Betroffene im Einzelnen darzulegen, dass ein Betriebs- oder Geschäftsgeheimnis vorliegt.

(2) [1]Umweltinformationen, die private Dritte einer informationspflichtigen Stelle übermittelt haben, ohne rechtlich dazu verpflichtet zu sein oder rechtlich verpflichtet werden zu können, und deren Offenbarung nachteilige Auswirkungen auf die Interessen der Dritten hätte, dürfen ohne deren Einwilligung anderen nicht zugänglich gemacht werden, es sei denn, das öffentliche Interesse an der Bekanntgabe überwiegt. [2]Der Zugang zu Umweltinformationen über Emissionen kann nicht unter Berufung auf die in Satz 1 genannten Gründe abgelehnt werden.

Abschnitt 4
Verbreitung von Umweltinformationen

§ 10 Unterrichtung der Öffentlichkeit

(1) [1]Die informationspflichtigen Stellen unterrichten die Öffentlichkeit in angemessenem Umfang aktiv und systematisch über die Umwelt. [2]In diesem Rahmen verbreiten sie Umweltinformationen, die für ihre Aufgaben von Bedeutung sind und über die sie verfügen.

(2) [1]Zu den zu verbreitenden Umweltinformationen gehören zumindest:
1. der Wortlaut von völkerrechtlichen Verträgen, das von den Organen der Europäischen Gemeinschaften erlassene Gemeinschaftsrecht sowie Rechtsvorschriften von Bund, Ländern oder Kommunen über die Umwelt oder mit Bezug zur Umwelt;
2. politische Konzepte sowie Pläne und Programme mit Bezug zur Umwelt;
3. Berichte über den Stand der Umsetzung von Rechtsvorschriften sowie Konzepten, Plänen und Programmen nach den Nummern 1 und 2, sofern solche Berichte von den jeweiligen informationspflichtigen Stellen in elektronischer Form ausgearbeitet worden sind oder bereitgehalten werden;
4. Daten oder Zusammenfassungen von Daten aus der Überwachung von Tätigkeiten, die sich auf die Umwelt auswirken oder wahrscheinlich auswirken;
5. Zulassungsentscheidungen, die erhebliche Auswirkungen auf die Umwelt haben, und Umweltvereinbarungen sowie
6. zusammenfassende Darstellung und Bewertung der Umweltauswirkungen nach den §§ 24 und 25 des Gesetzes über die Umweltverträglichkeitsprüfung in der Fassung der Bekanntmachung vom 24. Februar 2010 (BGBl. I S. 94) in der jeweils geltenden Fassung und Risikobewertungen im Hinblick auf Umweltbestandteile nach § 2 Absatz 3 Nummer 1.

[2]In Fällen des Satzes 1 Nummer 5 und 6 genügt zur Verbreitung die Angabe, wo solche Informationen zugänglich sind oder gefunden werden können. [3]Die veröffentlichten Umweltinformationen werden in angemessenen Abständen aktualisiert.

(3) [1]Die Verbreitung von Umweltinformationen soll in für die Öffentlichkeit verständlicher Darstellung und leicht zugänglichen Formaten erfolgen. [2]Hierzu sollen, soweit vorhanden, elektronische Kommunikationsmittel verwendet werden. [3]Satz 2 gilt nicht für Umweltinformationen, die vor Inkrafttreten dieses Gesetzes angefallen sind, es sei denn, sie liegen bereits in elektronischer Form vor.

(4) Die Anforderungen an die Unterrichtung der Öffentlichkeit nach den Absätzen 1 und 2 können auch dadurch erfüllt werden, dass Verknüpfungen zu Internet-Seiten eingerichtet werden, auf denen die zu verbreitenden Umweltinformationen zu finden sind.

(5) [1]Im Falle einer unmittelbaren Bedrohung der menschlichen Gesundheit oder der Umwelt haben die informationspflichtigen Stellen sämtliche Informationen, über die sie verfügen und die es der eventuell betroffenen Öffentlichkeit ermöglichen könnten, Maßnahmen zur Abwendung oder Begrenzung von Schäden infolge dieser Bedrohung zu ergreifen, unmittelbar und unverzüglich zu verbreiten; dies gilt unabhängig davon, ob diese Folge menschlicher Tätigkeit oder einer natürlichen Ursache ist. [2]Verfügen mehrere informationspflichtige Stellen über solche Informationen, sollen sie sich bei deren Verbreitung abstimmen.

(6) § 7 Absatz 1 und 3 sowie die §§ 8 und 9 finden entsprechende Anwendung.

(7) Die Wahrnehmung der Aufgaben des § 10 kann auf bestimmte Stellen der öffentlichen Verwaltung oder private Stellen übertragen werden.

§ 11 Umweltzustandsbericht

[1]Die Bundesregierung veröffentlicht regelmäßig im Abstand von nicht mehr als vier Jahren einen Bericht über den Zustand der Umwelt im Bundesgebiet. [2]Hierbei berücksichtigt sie § 10 Absatz 1, 3 und 6. [3]Der Bericht enthält Informationen über die Umweltqualität und vorhandene Umweltbelastungen. [4]Der erste Bericht nach Inkrafttreten dieses Gesetzes ist spätestens am 31. Dezember 2006 zu veröffentlichen.

Abschnitt 5
Schlussvorschriften

§ 12 Gebühren und Auslagen

(1) [1]Für die Übermittlung von Informationen auf Grund dieses Gesetzes werden Gebühren und Auslagen erhoben. [2]Dies gilt nicht für die Erteilung mündlicher und einfacher schriftlicher Auskünfte, die Einsichtnahme in Umweltinformationen vor Ort, Maßnahmen und Vorkehrungen nach § 7 Absatz 1 und 2 sowie die Unterrichtung der Öffentlichkeit nach den §§ 10 und 11.

(2) Die Gebühren sind auch unter Berücksichtigung des Verwaltungsaufwandes so zu bemessen, dass der Informationsanspruch nach § 3 Absatz 1 wirksam in Anspruch genommen werden kann.

(3) [1]Die Bundesregierung wird ermächtigt, für individuell zurechenbare öffentliche Leistungen von informationspflichtigen Stellen die Höhe der Gebühren und Auslagen durch Rechtsverordnung, die nicht der Zustimmung des Bundesrates bedarf, zu bestimmen. [2]§ 9 Absatz 1 und 2 sowie die §§ 10 und 12 des Bundesgebührengesetzes finden keine Anwendung.

(4) [1]Private informationspflichtige Stellen im Sinne des § 2 Absatz 1 Nummer 2 können für die Übermittlung von Informationen nach diesem Gesetz von der antragstellenden Person Gebühren- und Auslagenerstattung entsprechend den Grundsätzen nach den Absätzen 1 und 2 verlangen. [2]Die Höhe der erstattungsfähigen Gebühren und Auslagen bemisst sich nach den in der Rechtsverordnung nach Absatz 3 festgelegten Sätzen für individuell zurechenbare öffentliche Leistungen von informationspflichtigen Stellen des Bundes und der bundesunmittelbaren juristischen Personen des öffentlichen Rechts.

§ 13 Überwachung

(1) Die zuständigen Stellen der öffentlichen Verwaltung, die die Kontrolle im Sinne des § 2 Absatz 2 für den Bund oder eine unter der Aufsicht des Bundes stehende juristische Person des öffentlichen Rechts ausüben, überwachen die Einhaltung dieses Gesetzes durch private informationspflichtige Stellen im Sinne des § 2 Absatz 1 Nummer 2.

(2) Die informationspflichtigen Stellen nach § 2 Absatz 1 Nummer 2 haben den zuständigen Stellen auf Verlangen alle Informationen herauszugeben, die die Stellen zur Wahrnehmung ihrer Aufgaben nach Absatz 1 benötigen.

(3) Die nach Absatz 1 zuständigen Stellen können gegenüber den informationspflichtigen Stellen nach § 2 Absatz 1 Nummer 2 die zur Einhaltung und Durchführung dieses Gesetzes erforderlichen Maßnahmen ergreifen oder Anordnungen treffen.

(4) Die Bundesregierung wird ermächtigt, durch Rechtsverordnung, die nicht der Zustimmung des Bundesrates bedarf, die Aufgaben nach den Absätzen 1 bis 3 abweichend von Absatz 1 auf andere Stellen der öffentlichen Verwaltung zu übertragen.

§ 14 Ordnungswidrigkeiten

(1) Ordnungswidrig handelt, wer vorsätzlich oder fahrlässig einer vollziehbaren Anordnung nach § 13 Absatz 3 zuwiderhandelt.

(2) Die Ordnungswidrigkeit nach Absatz 1 kann mit einer Geldbuße bis zu zehntausend Euro geahndet werden.

Gesetz über die Umweltverträglichkeitsprüfung (UVPG)[1)2)]

In der Fassung der Bekanntmachung vom 24. Februar 2010[3)] (BGBl. I S. 94)
(FNA 2129-20)
zuletzt geändert durch Art. 117 Elfte ZuständigkeitsanpassungsVO vom 19. Juni 2020 (BGBl. I S. 1328)
– Auszug –

Inhaltsübersicht

1) **Amtl. Anm.:** Das Gesetz dient der Umsetzung der Richtlinie 85/337/EWG des Rates vom 27. Juni 1985 über die Umweltverträglichkeitsprüfung bei bestimmten öffentlichen und privaten Projekten (ABl. L 175 vom 5.7.1985, S. 40), der Richtlinie 97/11/EG des Rates vom 3. März 1997 zur Änderung der Richtlinie 85/337/EWG über die Umweltverträglichkeitsprüfung bei bestimmten öffentlichen und privaten Projekten (ABl. L 73 vom 14.3.1997, S. 5), der Richtlinie 2001/42/EG des Europäischen Parlaments und des Rates vom 27. Juni 2001 über die Prüfung der Umweltauswirkungen bestimmter Pläne und Programme (ABl. L 197 vom 21.7.2001, S. 30) sowie der Umsetzung von Artikel 3 der Richtlinie 2003/35/EG des Europäischen Parlaments und des Rates vom 26. Mai 2003 über die Beteiligung der Öffentlichkeit bei der Ausarbeitung bestimmter umweltbezogener Pläne und Programme und zur Änderung der Richtlinien 85/337/EWG und 96/61/EG des Rates in Bezug auf die Öffentlichkeitsbeteiligung und den Zugang zu Gerichten (ABl. L 156 vom 25.6.2003, S. 17).
2) Zur Sicherstellung ordnungsgemäßer Planungs-und Genehmigungsverfahren während der COVID-19-Pandemie siehe das PlanungssicherstellungsG vom 20.5.2020 (BGBl. I S. 1041).
3) Neubekanntmachung des UVPG idF der Bek. v. 25.6.2005 (BGBl. I S. 1757) in der ab 2.3.2010 geltenden Fassung.

Teil 1
Allgemeine Vorschriften für die Umweltprüfungen

§ 1 Anwendungsbereich
(1) Dieses Gesetz gilt für
1. die in Anlage 1 aufgeführten Vorhaben,
2. die in Anlage 5 aufgeführten Pläne und Programme,

3. sonstige Pläne und Programme, für die nach den §§ 35 bis 37 eine Strategische Umweltprüfung oder Vorprüfung durchzuführen ist, sowie

4. die grenzüberschreitende Behörden- und Öffentlichkeitsbeteiligung bei UVP-pflichtigen Vorhaben im Ausland nach den §§ 58 und 59 und bei SUP-pflichtigen Plänen und Programmen eines anderen Staates nach den §§ 62 und 63.

(2) [1]Bei Vorhaben oder Teilen von Vorhaben, die ausschließlich Zwecken der Verteidigung dienen, kann das Bundesministerium der Verteidigung oder eine von ihm benannte Stelle im Einzelfall entscheiden, dieses Gesetz ganz oder teilweise nicht anzuwenden, soweit sich die Anwendung nach Einschätzung des Bundesministeriums der Verteidigung oder der von ihm benannten Stelle nachteilig auf die Erfüllung dieser Zwecke auswirken würde, insbesondere wegen Eilbedürftigkeit des Vorhabens oder aus Gründen der Geheimhaltung. [2]Zwecke der Verteidigung schließen auch zwischenstaatliche Verpflichtungen ein. [3]Bei der Entscheidung ist der Schutz vor erheblichen nachteiligen Umweltauswirkungen zu berücksichtigen. [4]Sonstige Rechtsvorschriften, die das Zulassungsverfahren betreffen, bleiben unberührt. [5]Wird eine Entscheidung nach Satz 1 getroffen, unterrichtet das Bundesministerium der Verteidigung hierüber das für Umwelt zuständige Ministerium des betroffenen Landes unverzüglich sowie das Bundesministerium für Umwelt, Naturschutz und nukleare Sicherheit spätestens bis zum Ablauf des 31. März des Folgejahres.

(3) [1]Bei Vorhaben oder Teilen von Vorhaben, die ausschließlich der Bewältigung von Katastrophenfällen dienen, kann die zuständige Behörde im Einzelfall entscheiden, dieses Gesetz ganz oder teilweise nicht anzuwenden, soweit sich die Anwendung nach Einschätzung der zuständigen Behörde negativ auf die Erfüllung dieses Zwecks auswirken würde. [2]Bei der Entscheidung ist der Schutz vor erheblichen nachteiligen Umweltauswirkungen zu berücksichtigen. [3]Sonstige Rechtsvorschriften, die das Zulassungsverfahren betreffen, bleiben unberührt.

(4) [1]Dieses Gesetz findet Anwendung, soweit Rechtsvorschriften des Bundes oder der Länder die Umweltverträglichkeitsprüfung nicht näher bestimmen oder die wesentlichen Anforderungen dieses Gesetzes nicht beachten. [2]Rechtsvorschriften mit weitergehenden Anforderungen bleiben unberührt.

§ 2 Begriffsbestimmungen

(1) Schutzgüter im Sinne dieses Gesetzes sind

1. Menschen, insbesondere die menschliche Gesundheit,
2. Tiere, Pflanzen und die biologische Vielfalt,
3. Fläche, Boden, Wasser, Luft, Klima und Landschaft,
4. kulturelles Erbe und sonstige Sachgüter sowie
5. die Wechselwirkung zwischen den vorgenannten Schutzgütern.

(2) [1]Umweltauswirkungen im Sinne dieses Gesetzes sind unmittelbare und mittelbare Auswirkungen eines Vorhabens oder der Durchführung eines Plans oder Programms auf die Schutzgüter. [2]Dies schließt auch solche Auswirkungen des Vorhabens ein, die aufgrund von dessen Anfälligkeit für schwere Unfälle oder Katastrophen zu erwarten sind, soweit diese schweren Unfälle oder Katastrophen für das Vorhaben relevant sind.

(3) Grenzüberschreitende Umweltauswirkungen im Sinne dieses Gesetzes sind Umweltauswirkungen eines Vorhabens in einem anderen Staat.

(4) Vorhaben im Sinne dieses Gesetzes sind nach Maßgabe der Anlage 1

1. bei Neuvorhaben
 a) die Errichtung und der Betrieb einer technischen Anlage,
 b) der Bau einer sonstigen Anlage,
 c) die Durchführung einer sonstigen in Natur und Landschaft eingreifenden Maßnahme,
2. bei Änderungsvorhaben
 a) die Änderung, einschließlich der Erweiterung, der Lage, der Beschaffenheit oder des Betriebs einer technischen Anlage,
 b) die Änderung, einschließlich der Erweiterung, der Lage oder der Beschaffenheit einer sonstigen Anlage,
 c) die Änderung, einschließlich der Erweiterung, der Durchführung einer sonstigen in Natur und Landschaft eingreifenden Maßnahme.

(5) [1]Windfarm im Sinne dieses Gesetzes sind drei oder mehr Windkraftanlagen, deren Einwirkungsbereich sich überschneidet und die in einem funktionalen Zusammenhang stehen, unabhängig davon, ob sie von einem oder mehreren Vorhabenträgern errichtet und betrieben werden. [2]Ein funktionaler Zusammenhang wird insbesondere angenommen, wenn sich die Windkraftanlagen in derselben Konzentrationszone oder in einem Gebiet nach § 7 Absatz 3 des Raumordnungsgesetzes befinden.

(6) Zulassungsentscheidungen im Sinne dieses Gesetzes sind
1. die Bewilligung, die Erlaubnis, die Genehmigung, der Planfeststellungsbeschluss und sonstige behördliche Entscheidungen über die Zulässigkeit von Vorhaben, die in einem Verwaltungsverfahren getroffen werden, einschließlich des Vorbescheids, der Teilgenehmigung und anderer Teilzulassungen, mit Ausnahme von Anzeigeverfahren,
2. Linienbestimmungen und andere Entscheidungen in vorgelagerten Verfahren nach den §§ 47 und 49,
3. Beschlüsse nach § 10 des Baugesetzbuchs über die Aufstellung, Änderung oder Ergänzung von Bebauungsplänen, durch die die Zulässigkeit von bestimmten Vorhaben im Sinne der Anlage 1 begründet werden soll, sowie Beschlüsse nach § 10 des Baugesetzbuchs über Bebauungspläne, die Planfeststellungsbeschlüsse für Vorhaben im Sinne der Anlage 1 ersetzen.
(7) [1]Pläne und Programme im Sinne dieses Gesetzes sind nur solche bundesrechtlich oder durch Rechtsakte der Europäischen Union vorgesehenen Pläne und Programme, die
1. von einer Behörde ausgearbeitet und angenommen werden,
2. von einer Behörde zur Annahme durch eine Regierung oder im Wege eines Gesetzgebungsverfahrens ausgearbeitet werden oder
3. von einem Dritten zur Annahme durch eine Behörde ausgearbeitet werden.
[2]Ausgenommen sind Pläne und Programme, die ausschließlich Zwecken der Verteidigung oder der Bewältigung von Katastrophenfällen dienen, sowie Finanz- und Haushaltspläne und -programme.
(8) Öffentlichkeit im Sinne dieses Gesetzes sind einzelne oder mehrere natürliche oder juristische Personen sowie deren Vereinigungen.
(9) Betroffene Öffentlichkeit im Sinne dieses Gesetzes ist jede Person, deren Belange durch eine Zulassungsentscheidung oder einen Plan oder ein Programm berührt werden; hierzu gehören auch Vereinigungen, deren satzungsmäßiger Aufgabenbereich durch eine Zulassungsentscheidung oder einen Plan oder ein Programm berührt wird, darunter auch Vereinigungen zur Förderung des Umweltschutzes.
(10) Umweltprüfungen im Sinne dieses Gesetzes sind Umweltverträglichkeitsprüfungen und Strategische Umweltprüfungen.
(11) Einwirkungsbereich im Sinne dieses Gesetzes ist das geographische Gebiet, in dem Umweltauswirkungen auftreten, die für die Zulassung eines Vorhabens relevant sind.

§ 3 Grundsätze für Umweltprüfungen
[1]Umweltprüfungen umfassen die Ermittlung, Beschreibung und Bewertung der erheblichen Auswirkungen eines Vorhabens oder eines Plans oder Programms auf die Schutzgüter. [2]Sie dienen einer wirksamen Umweltvorsorge nach Maßgabe der geltenden Gesetze und werden nach einheitlichen Grundsätzen sowie unter Beteiligung der Öffentlichkeit durchgeführt.

Teil 2
Umweltverträglichkeitsprüfung

Abschnitt 1
Voraussetzungen für eine Umweltverträglichkeitsprüfung

§ 4 Umweltverträglichkeitsprüfung
Die Umweltverträglichkeitsprüfung ist unselbständiger Teil verwaltungsbehördlicher Verfahren, die Zulassungsentscheidungen dienen.

§ 5 Feststellung der UVP-Pflicht
(1) [1]Die zuständige Behörde stellt auf der Grundlage geeigneter Angaben des Vorhabenträgers sowie eigener Informationen unverzüglich fest, dass nach den §§ 6 bis 14 für das Vorhaben eine Pflicht zur Durchführung einer Umweltverträglichkeitsprüfung (UVP-Pflicht) besteht oder nicht. [2]Die Feststellung trifft die Behörde
1. auf Antrag des Vorhabenträgers oder
2. bei einem Antrag nach § 15 oder
3. von Amts wegen nach Beginn des Verfahrens, das der Zulassungsentscheidung dient.
(2) [1]Sofern eine Vorprüfung vorgenommen worden ist, gibt die zuständige Behörde die Feststellung der Öffentlichkeit bekannt. [2]Dabei gibt sie die wesentlichen Gründe für das Bestehen oder Nichtbestehen der UVP-Pflicht unter Hinweis auf die jeweils einschlägigen Kriterien nach Anlage 3 an. [3]Gelangt die Behörde zu dem Ergebnis, dass keine UVP-Pflicht besteht, geht sie auch darauf ein, welche Merkmale des Vorhabens oder des Standorts oder welche Vorkehrungen für diese Einschätzung maßgebend sind. [4]Bei der

Feststellung der UVP-Pflicht kann die Bekanntgabe mit der Bekanntmachung nach § 19 verbunden werden.

(3) [1]Die Feststellung ist nicht selbständig anfechtbar. [2]Beruht die Feststellung auf einer Vorprüfung, so ist die Einschätzung der zuständigen Behörde in einem gerichtlichen Verfahren betreffend die Zulassungsentscheidung nur daraufhin zu überprüfen, ob die Vorprüfung entsprechend den Vorgaben des § 7 durchgeführt worden ist und ob das Ergebnis nachvollziehbar ist.

§ 6 Unbedingte UVP-Pflicht bei Neuvorhaben

[1]Für ein Neuvorhaben, das in Anlage 1 Spalte 1 mit dem Buchstaben „X" gekennzeichnet ist, besteht die UVP-Pflicht, wenn die zur Bestimmung der Art des Vorhabens genannten Merkmale vorliegen. [2]Sofern Größen- oder Leistungswerte angegeben sind, besteht die UVP-Pflicht, wenn die Werte erreicht oder überschritten werden.

§ 7 Vorprüfung bei Neuvorhaben

(1) [1]Bei einem Neuvorhaben, das in Anlage 1 Spalte 2 mit dem Buchstaben „A" gekennzeichnet ist, führt die zuständige Behörde eine allgemeine Vorprüfung zur Feststellung der UVP-Pflicht durch. [2]Die allgemeine Vorprüfung wird als überschlägige Prüfung unter Berücksichtigung der in Anlage 3 aufgeführten Kriterien durchgeführt. [3]Die UVP-Pflicht besteht, wenn das Neuvorhaben nach Einschätzung der zuständigen Behörde erhebliche nachteilige Umweltauswirkungen haben kann, die nach § 25 Absatz 2 bei der Zulassungsentscheidung zu berücksichtigen wären.

(2) [1]Bei einem Neuvorhaben, das in Anlage 1 Spalte 2 mit dem Buchstaben „S" gekennzeichnet ist, führt die zuständige Behörde eine standortbezogene Vorprüfung zur Feststellung der UVP-Pflicht durch. [2]Die standortbezogene Vorprüfung wird als überschlägige Prüfung in zwei Stufen durchgeführt. [3]In der ersten Stufe prüft die zuständige Behörde, ob bei dem Neuvorhaben besondere örtliche Gegebenheiten gemäß den in Anlage 3 Nummer 2.3 aufgeführten Schutzkriterien vorliegen. [4]Ergibt die Prüfung in der ersten Stufe, dass keine besonderen örtlichen Gegebenheiten vorliegen, so besteht keine UVP-Pflicht. [5]Ergibt die Prüfung in der ersten Stufe, dass besondere örtliche Gegebenheiten vorliegen, so prüft die Behörde auf der zweiten Stufe unter Berücksichtigung der in Anlage 3 aufgeführten Kriterien, ob das Neuvorhaben erhebliche nachteilige Umweltauswirkungen haben kann, die die besondere Empfindlichkeit oder die Schutzziele des Gebietes betreffen und nach § 25 Absatz 2 bei der Zulassungsentscheidung zu berücksichtigen wären. [6]Die UVP-Pflicht besteht, wenn das Neuvorhaben nach Einschätzung der zuständigen Behörde solche Umweltauswirkungen haben kann.

(3) [1]Die Vorprüfung nach den Absätzen 1 und 2 entfällt, wenn der Vorhabenträger die Durchführung einer Umweltverträglichkeitsprüfung beantragt und die zuständige Behörde das Entfallen der Vorprüfung als zweckmäßig erachtet. [2]Für diese Neuvorhaben besteht die UVP-Pflicht. [3]Die Entscheidung der zuständigen Behörde ist nicht anfechtbar.

(4) Zur Vorbereitung der Vorprüfung ist der Vorhabenträger verpflichtet, der zuständigen Behörde geeignete Angaben nach Anlage 2 zu den Merkmalen des Neuvorhabens und des Standorts sowie zu den möglichen erheblichen Umweltauswirkungen des Neuvorhabens zu übermitteln.

(5) [1]Bei der Vorprüfung berücksichtigt die Behörde, ob erhebliche nachteilige Umweltauswirkungen durch Merkmale des Vorhabens oder des Standorts oder durch Vorkehrungen des Vorhabenträgers offensichtlich ausgeschlossen werden. [2]Liegen der Behörde Ergebnisse vorgelagerter Umweltprüfungen oder anderer rechtlich vorgeschriebener Untersuchungen zu den Umweltauswirkungen des Vorhabens vor, bezieht sie diese Ergebnisse in die Vorprüfung ein. [3]Bei der allgemeinen Vorprüfung kann sie ergänzend berücksichtigen, inwieweit Prüfwerte für Größe oder Leistung, die die allgemeine Vorprüfung eröffnen, überschritten werden.

(6) [1]Die zuständige Behörde trifft die Feststellung zügig und spätestens sechs Wochen nach Erhalt der nach Absatz 4 erforderlichen Angaben. [2]In Ausnahmefällen kann sie die Frist für die Feststellung um bis zu drei Wochen oder, wenn dies wegen der besonderen Schwierigkeit der Prüfung erforderlich ist, um bis zu sechs Wochen verlängern.

(7) Die zuständige Behörde dokumentiert die Durchführung und das Ergebnis der allgemeinen und der standortbezogenen Vorprüfung.

§ 8 UVP-Pflicht bei Störfallrisiko

Sofern die allgemeine Vorprüfung ergibt, dass aufgrund der Verwirklichung eines Vorhabens, das zugleich benachbartes Schutzobjekt im Sinne des § 3 Absatz 5d des Bundes-Immissionsschutzgesetzes ist, innerhalb des angemessenen Sicherheitsabstandes zu Betriebsbereichen im Sinne des § 3 Absatz 5a des Bundes-Immissionsschutzgesetzes die Möglichkeit besteht, dass ein Störfall im Sinne des § 2 Nummer 7 der Störfall-Verordnung eintritt, sich die Eintrittswahrscheinlichkeit eines solchen Störfalls vergrößert

oder sich die Folgen eines solchen Störfalls verschlimmern können, ist davon auszugehen, dass das Vorhaben erhebliche nachteilige Umweltauswirkungen haben kann.

§ 9 UVP-Pflicht bei Änderungsvorhaben

(1) [1]Wird ein Vorhaben geändert, für das eine Umweltverträglichkeitsprüfung durchgeführt worden ist, so besteht für das Änderungsvorhaben die UVP-Pflicht, wenn

1. allein die Änderung die Größen- oder Leistungswerte für eine unbedingte UVP-Pflicht gemäß § 6 erreicht oder überschreitet oder

2. die allgemeine Vorprüfung ergibt, dass die Änderung zusätzliche erhebliche nachteilige oder andere erhebliche nachteilige Umweltauswirkungen hervorrufen kann.

[2]Wird ein Vorhaben geändert, für das keine Größen- oder Leistungswerte vorgeschrieben sind, so wird die allgemeine Vorprüfung nach Satz 1 Nummer 2 durchgeführt. [3]Wird ein Vorhaben der Anlage 1 Nummer 18.1 bis 18.8 geändert, so wird die allgemeine Vorprüfung nach Satz 1 Nummer 2 nur durchgeführt, wenn allein durch die Änderung der jeweils für den Bau des entsprechenden Vorhabens in Anlage 1 enthaltene Prüfwert erreicht oder überschritten wird.

(2) [1]Wird ein Vorhaben geändert, für das keine Umweltverträglichkeitsprüfung durchgeführt worden ist, so besteht für das Änderungsvorhaben die UVP-Pflicht, wenn das geänderte Vorhaben

1. den Größen- oder Leistungswert für die unbedingte UVP-Pflicht gemäß § 6 erstmals erreicht oder überschreitet oder

2. einen in Anlage 1 angegebenen Prüfwert für die Vorprüfung erstmals oder erneut erreicht oder überschreitet und eine Vorprüfung ergibt, dass die Änderung erhebliche nachteilige Umweltauswirkungen hervorrufen kann..

[2]Wird ein Städtebauprojekt oder eine Industriezone nach Anlage 1 Nummer 18.5, 18.7 und 18.8 geändert, gilt Satz 1 mit der Maßgabe, dass allein durch die Änderung der Größen- oder Leistungswert nach Satz 1 Nummer 1 oder der Prüfwert nach Satz 1 Nummer 2 erreicht oder überschritten wird.

(3) [1]Wird ein Vorhaben geändert, für das keine Umweltverträglichkeitsprüfung durchgeführt worden ist, so wird für das Änderungsvorhaben eine Vorprüfung durchgeführt, wenn für das Vorhaben nach Anlage 1

1. eine UVP-Pflicht besteht und dafür keine Größen- oder Leistungswerte vorgeschrieben sind oder

2. eine Vorprüfung, aber keine Prüfwerte vorgeschrieben sind.

[2]Die UVP-Pflicht besteht, wenn die Vorprüfung ergibt, dass die Änderung erhebliche nachteilige Umweltauswirkungen hervorrufen kann.

(4) Für die Vorprüfung bei Änderungsvorhaben gilt § 7 entsprechend.

(5) Der in den jeweiligen Anwendungsbereich der Richtlinien 85/337/EWG und 97/11/EG fallende, aber vor Ablauf der jeweiligen Umsetzungsfristen erreichte Bestand bleibt hinsichtlich des Erreichens oder Überschreitens der Größen- oder Leistungswerte und der Prüfwerte unberücksichtigt.

§ 10 UVP-Pflicht bei kumulierenden Vorhaben

(1) Für kumulierende Vorhaben besteht die UVP-Pflicht, wenn die kumulierenden Vorhaben zusammen die maßgeblichen Größen- oder Leistungswerte nach § 6 erreichen oder überschreiten.

(2) [1]Bei kumulierenden Vorhaben, die zusammen die Prüfwerte für eine allgemeine Vorprüfung erstmals oder erneut erreichen oder überschreiten, ist die allgemeine Vorprüfung durchzuführen. [2]Für die allgemeine Vorprüfung gilt § 7 Absatz 1 und 3 bis 7 entsprechend.

(3) [1]Bei kumulierenden Vorhaben, die zusammen die Prüfwerte für eine standortbezogene Vorprüfung erstmals oder erneut erreichen oder überschreiten, ist die standortbezogene Vorprüfung durchzuführen. [2]Für die standortbezogene Vorprüfung gilt § 7 Absatz 2 bis 7 entsprechend.

(4) [1]Kumulierende Vorhaben liegen vor, wenn mehrere Vorhaben derselben Art von einem oder mehreren Vorhabenträgern durchgeführt werden und in einem engen Zusammenhang stehen. [2]Ein enger Zusammenhang liegt vor, wenn

1. sich der Einwirkungsbereich der Vorhaben überschneidet und

2. die Vorhaben funktional und wirtschaftlich aufeinander bezogen sind.

[3]Technische und sonstige Anlagen müssen zusätzlich mit gemeinsamen betrieblichen oder baulichen Einrichtungen verbunden sein.

(5) Für die in Anlage 1 Nummer 14.4, 14.5 und 19.1 aufgeführten Vorhaben gilt Absatz 4 mit der Maßgabe, dass zusätzlich ein enger zeitlicher Zusammenhang besteht.

(6) Der in den jeweiligen Anwendungsbereich der Richtlinien 85/337/EWG und 97/11/EG fallende, aber vor Ablauf der jeweiligen Umsetzungsfristen erreichte Bestand bleibt hinsichtlich des Erreichens oder Überschreitens der Größen- oder Leistungswerte und der Prüfwerte unberücksichtigt.

§ 11 UVP-Pflicht bei hinzutretenden kumulierenden Vorhaben, bei denen das Zulassungsverfahren für das frühere Vorhaben abgeschlossen ist

(1) Hinzutretende kumulierende Vorhaben liegen vor, wenn zu einem beantragten oder bestehenden Vorhaben (früheren Vorhaben) nachträglich ein kumulierendes Vorhaben hinzutritt.

(2) [1]Wenn für das frühere Vorhaben eine Zulassungsentscheidung getroffen worden ist, so besteht für den Fall, dass für das frühere Vorhaben bereits eine Umweltverträglichkeitsprüfung durchgeführt worden ist, für das hinzutretende kumulierende Vorhaben die UVP-Pflicht, wenn

1. das hinzutretende Vorhaben allein die Größen- oder Leistungswerte für eine UVP-Pflicht gemäß § 6 erreicht oder überschreitet oder

2. eine allgemeine Vorprüfung ergibt, dass durch sein Hinzutreten zusätzliche erhebliche nachteilige oder andere erhebliche nachteilige Umweltauswirkungen hervorgerufen werden können. [2]Für die allgemeine Vorprüfung gilt § 7 Absatz 1 und 3 bis 7 entsprechend.

(3) [1]Wenn für das frühere Vorhaben eine Zulassungsentscheidung getroffen worden ist, so ist für den Fall, dass für das frühere Vorhaben keine Umweltverträglichkeitsprüfung durchgeführt worden ist, für das hinzutretende kumulierende Vorhaben

1. die Umweltverträglichkeitsprüfung durchzuführen, wenn die kumulierenden Vorhaben zusammen die maßgeblichen Größen- oder Leistungswerte nach § 6 erreichen oder überschreiten oder

2. die allgemeine Vorprüfung durchzuführen, wenn die kumulierenden Vorhaben zusammen die Prüfwerte für die allgemeine Vorprüfung erstmals oder erneut erreichen oder überschreiten oder

3. die standortbezogene Vorprüfung durchzuführen, wenn die kumulierenden Vorhaben zusammen die Prüfwerte für die standortbezogene Vorprüfung erstmals oder erneut erreichen oder überschreiten. [2]Für die Vorprüfung gilt § 7 entsprechend.

(4) [1]Erreichen oder überschreiten in den Fällen des Absatzes 3 die kumulierenden Vorhaben zwar zusammen die maßgeblichen Größen- oder Leistungswerte nach § 6, werden jedoch für das hinzutretende kumulierende Vorhaben weder der Prüfwert für die standortbezogene Vorprüfung noch der Prüfwert für die allgemeine Vorprüfung erreicht oder überschritten, so besteht für das hinzutretende kumulierende Vorhaben die UVP-Pflicht nur, wenn die allgemeine Vorprüfung ergibt, dass durch sein Hinzutreten zusätzliche erhebliche nachteilige oder andere erhebliche nachteilige Umweltauswirkungen eintreten können. [2]Für die allgemeine Vorprüfung gilt § 7 Absatz 1 und 3 bis 7 entsprechend.

(5) In der Vorprüfung für das hinzutretende kumulierende Vorhaben ist das frühere Vorhaben als Vorbelastung zu berücksichtigen.

(6) Der in den jeweiligen Anwendungsbereich der Richtlinien 85/337/EWG und 97/11/EG fallende, aber vor Ablauf der jeweiligen Umsetzungsfristen erreichte Bestand bleibt hinsichtlich des Erreichens oder Überschreitens der Größen- oder Leistungswerte und der Prüfwerte unberücksichtigt.

§ 12 UVP-Pflicht bei hinzutretenden kumulierenden Vorhaben, bei denen das frühere Vorhaben noch im Zulassungsverfahren ist

(1) [1]Wenn für das frühere Vorhaben zum Zeitpunkt der Antragstellung für das hinzutretende kumulierende Vorhaben noch keine Zulassungsentscheidung getroffen worden ist, so besteht für den Fall, dass für das frühere Vorhaben allein die UVP-Pflicht besteht, für das hinzutretende kumulierende Vorhaben die UVP-Pflicht, wenn

1. das hinzutretende Vorhaben allein die Größen- und Leistungswerte für die UVP-Pflicht gemäß § 6 erreicht oder überschreitet oder

2. die allgemeine Vorprüfung ergibt, dass durch das hinzutretende Vorhaben zusätzliche erhebliche nachteilige oder andere erhebliche Umweltauswirkungen hervorgerufen werden können. [2]Für die allgemeine Vorprüfung gilt § 7 Absatz 1 und 3 bis 7 entsprechend.

(2) [1]Wenn für das frühere Vorhaben zum Zeitpunkt der Antragstellung für das hinzutretende kumulierende Vorhaben noch keine Zulassungsentscheidung getroffen worden ist, so ist für den Fall, dass für das frühere Vorhaben allein keine UVP-Pflicht besteht und die Antragsunterlagen für dieses Zulassungsverfahren bereits vollständig eingereicht sind, für das hinzutretende kumulierende Vorhaben

1. die Umweltverträglichkeitsprüfung durchzuführen, wenn die kumulierenden Vorhaben zusammen die maßgeblichen Größen- oder Leistungswerte nach § 6 erreichen oder überschreiten,

2. die allgemeine Vorprüfung durchzuführen, wenn die kumulierenden Vorhaben zusammen die Prüfwerte für die allgemeine Vorprüfung erstmals oder erneut erreichen oder überschreiten, oder

3. die standortbezogene Vorprüfung durchzuführen, wenn die kumulierenden Vorhaben zusammen die Prüfwerte für die standortbezogene Vorprüfung erstmals oder erneut erreichen oder überschreiten. [2]Für die Vorprüfung gilt § 7 entsprechend. [3]Für das frühere Vorhaben besteht keine UVP-Pflicht und keine Pflicht zur Durchführung einer Vorprüfung.

(3) ¹Wenn für das frühere Vorhaben zum Zeitpunkt der Antragstellung für das hinzutretende kumulierende Vorhaben noch keine Zulassungsentscheidung getroffen worden ist, so ist für den Fall, dass für das frühere Vorhaben allein keine UVP-Pflicht besteht und die Antragsunterlagen für dieses Zulassungsverfahren noch nicht vollständig eingereicht sind, für die kumulierenden Vorhaben jeweils

1. eine Umweltverträglichkeitsprüfung durchzuführen, wenn die kumulierenden Vorhaben zusammen die maßgeblichen Größen- oder Leistungswerte nach § 6 erreichen oder überschreiten,

2. eine allgemeine Vorprüfung durchzuführen, wenn die kumulierenden Vorhaben zusammen die Prüfwerte für eine allgemeine Vorprüfung erstmals oder erneut erreichen oder überschreiten, oder

3. eine standortbezogene Vorprüfung durchzuführen, wenn die kumulierenden Vorhaben zusammen die Prüfwerte für eine standortbezogene Vorprüfung erstmals oder erneut erreichen oder überschreiten.

²Für die Vorprüfung gilt § 7 entsprechend. ³Bei einem Vorhaben, das einer Betriebsplanpflicht nach § 51 des Bundesberggesetzes unterliegt, besteht für das frühere Vorhaben keine Verpflichtung zur Durchführung einer Umweltverträglichkeitsprüfung oder einer Vorprüfung nach den Sätzen 1 und 2, wenn für das frühere Vorhaben zum Zeitpunkt der Antragstellung für das hinzutretende kumulierende Vorhaben ein zugelassener Betriebsplan besteht.

(4) ¹Erreichen oder überschreiten in den Fällen des Absatzes 2 oder Absatzes 3 die kumulierenden Vorhaben zwar zusammen die maßgeblichen Größen- oder Leistungswerte nach § 6, werden jedoch für das hinzutretende kumulierende Vorhaben weder der Prüfwert für die standortbezogene Vorprüfung noch der Prüfwert für die allgemeine Vorprüfung erreicht oder überschritten, so besteht für das hinzutretende kumulierende Vorhaben die UVP-Pflicht nur, wenn die allgemeine Vorprüfung ergibt, dass durch sein Hinzutreten zusätzliche erhebliche nachteilige oder andere erhebliche nachteilige Umweltauswirkungen hervorgerufen werden können. ²Für die allgemeine Vorprüfung gilt § 7 Absatz 1 und 3 bis 7 entsprechend. ³Im Fall des Absatzes 3 sind die Sätze 1 und 2 für das frühere Vorhaben entsprechend anzuwenden.

(5) Das frühere Vorhaben und das hinzutretende kumulierende Vorhaben sind in der Vorprüfung für das jeweils andere Vorhaben als Vorbelastung zu berücksichtigen.

(6) Der in den jeweiligen Anwendungsbereich der Richtlinien 85/337/EWG und 97/11/EG fallende, aber vor Ablauf der jeweiligen Umsetzungsfristen erreichte Bestand bleibt hinsichtlich des Erreichens oder Überschreitens der Größen- oder Leistungswerte und der Prüfwerte unberücksichtigt.

§ 13 Ausnahme von der UVP-Pflicht bei kumulierenden Vorhaben
Für die in Anlage 1 Nummer 18.5, 18.7 und 18.8 aufgeführten Industriezonen und Städtebauprojekte gelten die §§ 10 bis 12 nicht.

§ 14 Entwicklungs- und Erprobungsvorhaben
(1) ¹Sofern ein in Anlage 1 Spalte 1 mit einem „X" gekennzeichnetes Vorhaben ein Entwicklungs- und Erprobungsvorhaben ist und nicht länger als zwei Jahre durchgeführt wird, besteht für dieses Vorhaben eine UVP-Pflicht abweichend von § 6 nur, wenn sie durch die allgemeine Vorprüfung festgestellt wird. ²Für die Vorprüfung gilt § 7 Absatz 1 und 3 bis 7 entsprechend. ³Bei der allgemeinen Vorprüfung ist die Durchführungsdauer besonders zu berücksichtigen.
(2) Ein Entwicklungs- und Erprobungsvorhaben ist ein Vorhaben, das ausschließlich oder überwiegend der Entwicklung und Erprobung neuer Verfahren oder Erzeugnisse dient.

Abschnitt 2
Verfahrensschritte der Umweltverträglichkeitsprüfung

§ 15 Unterrichtung über den Untersuchungsrahmen
(1) ¹Auf Antrag des Vorhabenträgers oder wenn die zuständige Behörde es für zweckmäßig hält, unterrichtet und berät die zuständige Behörde den Vorhabenträger entsprechend dem Planungsstand des Vorhabens frühzeitig über Inhalt, Umfang und Detailtiefe der Angaben, die der Vorhabenträger voraussichtlich in den UVP-Bericht aufnehmen muss (Untersuchungsrahmen). ²Die Unterrichtung und Beratung kann sich auch auf weitere Gesichtspunkte des Verfahrens, insbesondere auf dessen zeitlichen Ablauf, auf die zu beteiligenden Behörden oder die Einholung von Sachverständigengutachten erstrecken. ³Verfügen die zuständige Behörde oder die zu beteiligenden Behörden über Informationen, die für die Erarbeitung des UVP-Berichts zweckdienlich sind, so stellen sie diese Informationen dem Vorhabenträger zur Verfügung.
(2) Der Vorhabenträger hat der zuständigen Behörde geeignete Unterlagen zu den Merkmalen des Vorhabens, einschließlich seiner Größe oder Leistung, und des Standorts sowie zu den möglichen Umweltauswirkungen vorzulegen.

(3) [1]Vor der Unterrichtung über den Untersuchungsrahmen kann die zuständige Behörde dem Vorhabenträger sowie den nach § 17 zu beteiligenden Behörden Gelegenheit zu einer Besprechung geben. [2]Die Besprechung soll sich auf den Gegenstand, den Umfang und die Methoden der Umweltverträglichkeitsprüfung erstrecken. [3]Zur Besprechung kann die zuständige Behörde hinzuziehen:
1. Sachverständige,
2. nach § 55 zu beteiligende Behörden,
3. nach § 3 des Umwelt-Rechtsbehelfsgesetzes anerkannte Umweltvereinigungen sowie
4. sonstige Dritte.
[4]Das Ergebnis der Besprechung wird von der zuständigen Behörde dokumentiert.

(4) Ist das Vorhaben Bestandteil eines mehrstufigen Planungs- und Zulassungsprozesses und ist dem Verfahren nach § 4 ein anderes Planungs- oder Zulassungsverfahren vorausgegangen, als dessen Bestandteil eine Umweltprüfung durchgeführt wurde, soll sich die Umweltverträglichkeitsprüfung auf zusätzliche erhebliche oder andere erhebliche Umweltauswirkungen sowie auf erforderliche Aktualisierungen und Vertiefungen beschränken.

(5) Die zuständige Behörde berät den Vorhabenträger auch nach der Unterrichtung über den Untersuchungsrahmen, soweit dies für eine zügige und sachgerechte Durchführung des Verfahrens zweckmäßig ist.

§ 16 UVP-Bericht

(1) [1]Der Vorhabenträger hat der zuständigen Behörde einen Bericht zu den voraussichtlichen Umweltauswirkungen des Vorhabens (UVP-Bericht) vorzulegen, der zumindest folgende Angaben enthält:
1. eine Beschreibung des Vorhabens mit Angaben zum Standort, zur Art, zum Umfang und zur Ausgestaltung, zur Größe und zu anderen wesentlichen Merkmalen des Vorhabens,
2. eine Beschreibung der Umwelt und ihrer Bestandteile im Einwirkungsbereich des Vorhabens,
3. eine Beschreibung der Merkmale des Vorhabens und des Standorts, mit denen das Auftreten erheblicher nachteiliger Umweltauswirkungen des Vorhabens ausgeschlossen, vermindert oder ausgeglichen werden soll,
4. eine Beschreibung der geplanten Maßnahmen, mit denen das Auftreten erheblicher nachteiliger Umweltauswirkungen des Vorhabens ausgeschlossen, vermindert oder ausgeglichen werden soll, sowie eine Beschreibung geplanter Ersatzmaßnahmen,
5. eine Beschreibung der zu erwartenden erheblichen Umweltauswirkungen des Vorhabens,
6. eine Beschreibung der vernünftigen Alternativen, die für das Vorhaben und seine spezifischen Merkmale relevant und vom Vorhabenträger geprüft worden sind, und die Angabe der wesentlichen Gründe für die getroffene Wahl unter Berücksichtigung der jeweiligen Umweltauswirkungen sowie
7. eine allgemein verständliche, nichttechnische Zusammenfassung des UVP-Berichts.
[2]Bei einem Vorhaben nach § 1 Absatz 1, das einzeln oder im Zusammenwirken mit anderen Vorhaben, Projekten oder Plänen geeignet ist, ein Natura 2000-Gebiet erheblich zu beeinträchtigen, muss der UVP-Bericht Angaben zu den Auswirkungen des Vorhabens auf die Erhaltungsziele dieses Gebiets enthalten.

(2) Der UVP-Bericht ist zu einem solchen Zeitpunkt vorzulegen, dass er den übrigen Unterlagen ausgelegt werden kann.

(3) Der UVP-Bericht muss auch die in Anlage 4 genannten weiteren Angaben enthalten, soweit diese Angaben für das Vorhaben von Bedeutung sind.

(4) [1]Inhalt und Umfang des UVP-Berichts bestimmen sich nach den Rechtsvorschriften, die für die Zulassungsentscheidung maßgebend sind. [2]In den Fällen des § 15 stützt der Vorhabenträger den UVP-Bericht zusätzlich auf den Untersuchungsrahmen.

(5) [1]Der UVP-Bericht muss den gegenwärtigen Wissensstand und gegenwärtige Prüfmethoden berücksichtigen. [2]Er muss die Angaben enthalten, die der Vorhabenträger mit zumutbarem Aufwand ermitteln kann. [3]Die Angaben müssen ausreichend sein, um
1. der zuständigen Behörde eine begründete Bewertung der Umweltauswirkungen des Vorhabens nach § 25 Absatz 1 zu ermöglichen und
2. Dritten die Beurteilung zu ermöglichen, ob und in welchem Umfang sie von den Umweltauswirkungen des Vorhabens betroffen sein können.

(6) Zur Vermeidung von Mehrfachprüfungen hat der Vorhabenträger die vorhandenen Ergebnisse anderer rechtlich vorgeschriebener Prüfungen in den UVP-Bericht einzubeziehen.

(7) [1]Der Vorhabenträger muss durch geeignete Maßnahmen sicherstellen, dass der UVP-Bericht den Anforderungen nach den Absätzen 1 bis 6 entspricht. [2]Die zuständige Behörde hat Nachbesserungen innerhalb einer angemessenen Frist zu verlangen, soweit der Bericht den Anforderungen nicht entspricht.

(8) ¹Sind kumulierende Vorhaben, für die jeweils eine Umweltverträglichkeitsprüfung durchzuführen ist, Gegenstand paralleler oder verbundener Zulassungsverfahren, so können die Vorhabenträger einen gemeinsamen UVP-Bericht vorlegen. ²Legen sie getrennte UVP-Berichte vor, so sind darin auch jeweils die Umweltauswirkungen der anderen kumulierenden Vorhaben als Vorbelastung zu berücksichtigen. (9) Der Vorhabenträger hat den UVP-Bericht auch elektronisch vorzulegen.

§ 17 Beteiligung anderer Behörden

(1) Die zuständige Behörde unterrichtet die Behörden, deren umweltbezogener Aufgabenbereich durch das Vorhaben berührt wird, einschließlich der von dem Vorhaben betroffenen Gemeinden und Landkreise sowie der sonstigen im Landesrecht vorgesehenen Gebietskörperschaften, über das Vorhaben und übermittelt ihnen den UVP-Bericht.

(2) ¹Die zuständige Behörde holt die Stellungnahmen der unterrichteten Behörden ein. ²Für die Stellungnahmen gilt § 73 Absatz 3a des Verwaltungsverfahrensgesetzes entsprechend.

§ 18 Beteiligung der Öffentlichkeit

(1) ¹Die zuständige Behörde beteiligt die Öffentlichkeit zu den Umweltauswirkungen des Vorhabens. ²Der betroffenen Öffentlichkeit wird im Rahmen der Beteiligung Gelegenheit zur Äußerung gegeben. ³Dabei sollen nach dem Umwelt-Rechtsbehelfsgesetz anerkannte Vereinigungen die zuständige Behörde in einer dem Umweltschutz dienenden Weise unterstützen. ⁴Das Beteiligungsverfahren muss den Anforderungen des § 73 Absatz 3 Satz 1 und Absatz 5 bis 7 des Verwaltungsverfahrensgesetzes entsprechen.

(2) ¹In einem vorgelagerten Verfahren oder in einem Planfeststellungsverfahren über einen Wege- und Gewässerplan mit landschaftspflegerischem Begleitplan nach § 41 des Flurbereinigungsgesetzes kann die zuständige Behörde abweichend von Absatz 1 und abweichend von § 73 Absatz 6 des Verwaltungsverfahrensgesetzes auf die Durchführung eines Erörterungstermins verzichten. ²Auf eine Benachrichtigung nach § 73 Absatz 5 Satz 3 des Verwaltungsverfahrensgesetzes kann in einem vorgelagerten Verfahren verzichtet werden.

§ 19 Unterrichtung der Öffentlichkeit

(1) Bei der Bekanntmachung zu Beginn des Beteiligungsverfahrens unterrichtet die zuständige Behörde die Öffentlichkeit

1. über den Antrag auf Zulassungsentscheidung oder über eine sonstige Handlung des Vorhabenträgers zur Einleitung eines Verfahrens, in dem die Umweltverträglichkeit geprüft wird,

2. über die Feststellung der UVP-Pflicht des Vorhabens nach § 5 sowie, falls erforderlich, über die Durchführung einer grenzüberschreitenden Beteiligung nach den §§ 54 bis 56,

3. über die für das Verfahren und für die Zulassungsentscheidung jeweils zuständigen Behörden, bei denen weitere relevante Informationen erhältlich sind und bei denen Äußerungen oder Fragen eingereicht werden können, sowie über die festgelegten Fristen zur Übermittlung dieser Äußerungen oder Fragen,

4. über die Art einer möglichen Zulassungsentscheidung,

5. darüber, dass ein UVP-Bericht vorgelegt wurde,

6. über die Bezeichnung der das Vorhaben betreffenden entscheidungserheblichen Berichte und Empfehlungen, die der zuständigen Behörde zum Zeitpunkt des Beginns des Beteiligungsverfahrens vorliegen,

7. darüber, wo und in welchem Zeitraum die Unterlagen nach den Nummern 5 und 6 zur Einsicht ausgelegt werden sowie

8. über weitere Einzelheiten des Verfahrens der Beteiligung der Öffentlichkeit.

(2) ¹Im Rahmen des Beteiligungsverfahrens legt die zuständige Behörde zumindest folgende Unterlagen zur Einsicht für die Öffentlichkeit aus:

1. den UVP-Bericht,

2. die das Vorhaben betreffenden entscheidungserheblichen Berichte und Empfehlungen, die der zuständigen Behörde zum Zeitpunkt des Beginns des Beteiligungsverfahrens vorgelegen haben.

²In Verfahren nach § 18 Absatz 2 und § 1 der Atomrechtlichen Verfahrensverordnung können die Unterlagen abweichend von § 18 Absatz 1 Satz 4 bei der Genehmigungsbehörde oder bei einer geeigneten Stelle in der Nähe des Standorts des Vorhabens ausgelegt werden.

(3) Weitere Informationen, die für die Zulassungsentscheidung von Bedeutung sein können und die der zuständigen Behörde erst nach Beginn des Beteiligungsverfahrens vorliegen, sind der Öffentlichkeit nach den Bestimmungen des Bundes und der Länder über den Zugang zu Umweltinformationen zugänglich zu machen.

§ 20 Zentrale Internetportale; Verordnungsermächtigung

(1) [1]Für die Zugänglichmachung des Inhalts der Bekanntmachung nach § 19 Absatz 1 und der nach § 19 Absatz 2 auszulegenden Unterlagen im Internet richten Bund und Länder zentrale Internetportale ein. [2]Die Zugänglichmachung erfolgt im zentralen Internetportal des Bundes, wenn die Zulassungsbehörde eine Bundesbehörde ist. [3]Für den Aufbau und Betrieb des zentralen Internetportals des Bundes ist das Umweltbundesamt zuständig.

(2) [1]Die zuständige Behörde macht den Inhalt der Bekanntmachung nach § 19 Absatz 1 und die in § 19 Absatz 2 Satz 1 Nummer 1 und 2 genannten Unterlagen über das einschlägige zentrale Internetportal zugänglich. [2]Maßgeblich ist der Inhalt der ausgelegten Unterlagen.

(3) Der Inhalt der zentralen Internetportale kann auch für die Zwecke der Berichterstattung nach § 73 verwendet werden.

(4) Die Bundesregierung wird ermächtigt, durch Rechtsverordnung mit Zustimmung des Bundesrates Folgendes zu regeln:
1. die Art und Weise der Zugänglichmachung nach den Absätzen 1 und 2 sowie
2. die Dauer der Speicherung der Unterlagen.

(5) Alle in das zentrale Internetportal einzustellenden Unterlagen sind elektronisch vorzulegen.

§ 21 Äußerungen und Einwendungen der Öffentlichkeit

(1) Die betroffene Öffentlichkeit kann sich im Rahmen der Beteiligung schriftlich oder zur Niederschrift bei der zuständigen Behörde äußern.

(2) Die Äußerungsfrist endet einen Monat nach Ablauf der Frist für die Auslegung der Unterlagen.

(3) [1]Bei Vorhaben, für die Unterlagen in erheblichem Umfang eingereicht worden sind, kann die zuständige Behörde eine längere Äußerungsfrist festlegen. [2]Die Äußerungsfrist darf die nach § 73 Absatz 3a Satz 1 des Verwaltungsverfahrensgesetzes zu setzende Frist nicht überschreiten.

(4) [1]Mit Ablauf der Äußerungsfrist sind für das Verfahren über die Zulässigkeit des Vorhabens alle Äußerungen, die nicht auf besonderen privatrechtlichen Titeln beruhen, ausgeschlossen. [2]Hierauf weist die zuständige Behörde in der Bekanntmachung der Auslegung oder bei der Bekanntgabe der Äußerungsfrist hin.

(5) Die Äußerungsfrist gilt auch für solche Einwendungen, die sich nicht auf die Umweltauswirkungen des Vorhabens beziehen.

§ 22 Erneute Beteiligung der Öffentlichkeit bei Änderungen im Laufe des Verfahrens

(1) [1]Ändert der Vorhabenträger im Laufe des Verfahrens die Unterlagen, die nach § 19 Absatz 2 auszulegen sind, so ist eine erneute Beteiligung der Öffentlichkeit erforderlich. [2]Sie ist jedoch auf die Änderungen zu beschränken. [3]Hierauf weist die zuständige Behörde in der Bekanntmachung hin.

(2) [1]Die zuständige Behörde soll von einer erneuten Beteiligung der Öffentlichkeit absehen, wenn zusätzliche erhebliche oder andere erhebliche Umweltauswirkungen nicht zu besorgen sind. [2]Dies ist insbesondere dann der Fall, wenn solche Umweltauswirkungen durch die vom Vorhabenträger vorgesehenen Vorkehrungen ausgeschlossen werden.

§ 23 Geheimhaltung und Datenschutz sowie Schutz der Rechte am geistigen Eigentum

(1) [1]Die Rechtsvorschriften über Geheimhaltung und Datenschutz sowie über die Rechte am geistigen Eigentum bleiben unberührt. [2]Insbesondere sind Urkunden, Akten und elektronische Dokumente geheim zu halten, wenn das Bekanntwerden ihres Inhalts dem Wohl des Bundes oder eines Landes Nachteile bereiten würde oder wenn die Vorgänge nach einem Gesetz oder ihrem Wesen nach geheim gehalten werden müssen.

(2) [1]Soweit die nach § 19 Absatz 2 zur Einsicht für die Öffentlichkeit auszulegenden Unterlagen Informationen der in Absatz 1 genannten Art enthalten, kennzeichnet der Vorhabenträger diese Informationen und legt zusätzlich eine Darstellung vor, die den Inhalt der Unterlagen ohne Preisgabe des Geheimnisses beschreibt. [2]Die Inhaltsdarstellung muss so ausführlich sein, dass Dritten die Beurteilung ermöglicht wird, ob und in welchem Umfang sie von den Umweltauswirkungen des Vorhabens betroffen sein können.

(3) Geheimhaltungsbedürftige Unterlagen sind bei der Auslegung durch die Inhaltsdarstellung zu ersetzen.

§ 24 Zusammenfassende Darstellung

(1) [1]Die zuständige Behörde erarbeitet eine zusammenfassende Darstellung
1. der Umweltauswirkungen des Vorhabens,
2. der Merkmale des Vorhabens und des Standorts, mit denen erhebliche nachteilige Umweltauswirkungen ausgeschlossen, vermindert oder ausgeglichen werden sollen, und

3. der Maßnahmen, mit denen erhebliche nachteilige Umweltauswirkungen ausgeschlossen, vermindert oder ausgeglichen werden sollen, sowie

4. der Ersatzmaßnahmen bei Eingriffen in Natur und Landschaft. [2]Die Erarbeitung erfolgt auf der Grundlage des UVP-Berichts, der behördlichen Stellungnahmen nach § 17 Absatz 2 und § 55 Absatz 4 sowie der Äußerungen der betroffenen Öffentlichkeit nach den §§ 21 und 56. [3]Die Ergebnisse eigener Ermittlungen sind einzubeziehen.

(2) Die zusammenfassende Darstellung soll möglichst innerhalb eines Monats nach dem Abschluss der Erörterung im Beteiligungsverfahren erarbeitet werden.

§ 25 Begründete Bewertung der Umweltauswirkungen und Berücksichtigung des Ergebnisses bei der Entscheidung

(1) [1]Auf der Grundlage der zusammenfassenden Darstellung bewertet die zuständige Behörde die Umweltauswirkungen des Vorhabens im Hinblick auf eine wirksame Umweltvorsorge im Sinne des § 3 nach Maßgabe der geltenden Gesetze. [2]Die Bewertung ist zu begründen.

(2) Bei der Entscheidung über die Zulässigkeit des Vorhabens berücksichtigt die zuständige Behörde die begründete Bewertung nach dem in Absatz 1 bestimmten Maßstab.

(3) Bei der Entscheidung über die Zulassung des Vorhabens müssen die zusammenfassende Darstellung und die begründete Bewertung nach Einschätzung der zuständigen Behörde hinreichend aktuell sein.

§ 26 Inhalt des Bescheids über die Zulassung oder Ablehnung des Vorhabens

(1) Der Bescheid zur Zulassung des Vorhabens muss zumindest die folgenden Angaben enthalten:

1. die umweltbezogenen Nebenbestimmungen, sofern sie mit der Zulassungsentscheidung verbunden sind,

2. eine Beschreibung der vorgesehenen Überwachungsmaßnahmen nach § 28 oder nach entsprechenden bundes- oder landesrechtlichen Vorschriften sowie

3. eine Begründung, aus der die wesentlichen tatsächlichen und rechtlichen Gründe hervorgehen, die die Behörde zu ihrer Entscheidung bewogen haben; hierzu gehören
 a) Angaben über das Verfahren zur Beteiligung der Öffentlichkeit,
 b) die zusammenfassende Darstellung gemäß § 24,
 c) die begründete Bewertung gemäß § 25 Absatz 1 und
 d) eine Erläuterung, wie die begründete Bewertung, insbesondere die Angaben des UVP-Berichts, die behördlichen Stellungnahmen nach § 17 Absatz 2 und § 55 Absatz 4 sowie die Äußerungen der Öffentlichkeit nach den §§ 21 und 56, in der Zulassungsentscheidung berücksichtigt wurden oder wie ihnen anderweitig Rechnung getragen wurde.

(2) Wird das Vorhaben nicht zugelassen, müssen im Bescheid die dafür wesentlichen Gründe erläutert werden.

(3) Im Übrigen richtet sich der Inhalt des Bescheids nach den einschlägigen fachrechtlichen Vorschriften.

§ 27 Bekanntmachung der Entscheidung und Auslegung des Bescheids

[1]Die zuständige Behörde hat in entsprechender Anwendung des § 74 Absatz 5 Satz 2 des Verwaltungsverfahrensgesetzes die Entscheidung zur Zulassung oder Ablehnung des Vorhabens öffentlich bekannt zu machen sowie in entsprechender Anwendung des § 74 Absatz 4 Satz 2 des Verwaltungsverfahrensgesetzes den Bescheid zur Einsicht auszulegen. [2]§ 20 gilt hierfür entsprechend. [3]Soweit der Bescheid geheimhaltungsbedürftige Angaben im Sinne von § 23 Absatz 2 enthält, sind die entsprechenden Stellen unkenntlich zu machen.

§ 28 Überwachung

(1) [1]Soweit bundes- oder landesrechtliche Regelungen keine Überwachungsmaßnahmen vorsehen, ergreift die zuständige Behörde die geeigneten Überwachungsmaßnahmen, um die Einhaltung der umweltbezogenen Bestimmungen des Zulassungsbescheids nach § 26 zu überprüfen. [2]Dies gilt insbesondere für

1. die im Zulassungsbescheid festgelegten Merkmale des Vorhabens und des Standorts sowie

2. die Maßnahmen, mit denen erhebliche nachteilige Umweltauswirkungen ausgeschlossen, vermindert oder ausgeglichen werden sollen, und die Ersatzmaßnahmen bei Eingriffen in Natur und Landschaft. [3]Die zuständige Behörde kann dem Vorhabenträger Überwachungsmaßnahmen nach den Sätzen 1 und 2 aufgeben.

(2) [1]Soweit bundes- oder landesrechtliche Regelungen keine entsprechenden Überwachungsmaßnahmen vorsehen, ergreift die zuständige Behörde geeignete Maßnahmen zur Überwachung erheblicher nachteiliger Umweltauswirkungen, wenn die Auswirkungen des Vorhabens schwer vorhersehbar oder die Wirksamkeit von Maßnahmen, mit denen erhebliche Umweltauswirkungen ausgeschlossen, vermindert oder

ausgeglichen werden sollen, oder die Wirksamkeit von Ersatzmaßnahmen unsicher sind. ²Die zuständige Behörde kann dem Vorhabenträger Überwachungsmaßnahmen nach Satz 1 aufgeben.

Abschnitt 3
Teilzulassungen, Zulassung eines Vorhabens durch mehrere Behörden, verbundene Prüfverfahren

§ 29 Umweltverträglichkeitsprüfung bei Teilzulassungen
(1) ¹In Verfahren zur Vorbereitung eines Vorbescheids und zur Erteilung einer ersten Teilgenehmigung oder einer sonstigen ersten Teilzulassung hat sich die Umweltverträglichkeitsprüfung vorläufig auf die nach dem jeweiligen Planungsstand erkennbaren Umweltauswirkungen des Gesamtvorhabens zu erstrecken und abschließend auf die Umweltauswirkungen, die Gegenstand der Teilzulassung sind. ²Dem jeweiligen Umfang der Umweltverträglichkeitsprüfung ist bei der Unterrichtung über den Untersuchungsrahmen und beim UVP-Bericht Rechnung zu tragen.
(2) ¹Bei weiteren Teilzulassungen soll die Umweltverträglichkeitsprüfung auf zusätzliche erhebliche oder andere erhebliche Umweltauswirkungen des Vorhabens beschränkt werden. ²Absatz 1 gilt entsprechend.

§ 30 Erneute Öffentlichkeitsbeteiligung bei Teilzulassungen
(1) ¹Ist für ein Vorhaben bereits eine Teilzulassung nach § 29 erteilt worden, so ist im Verfahren zur Erteilung der Zulassung oder weiterer Teilzulassungen eine erneute Beteiligung der Öffentlichkeit erforderlich. ²Sie ist jedoch auf den Gegenstand der weiteren Teilzulassung zu beschränken. ³Hierauf weist die zuständige Behörde in der Bekanntmachung hin.
(2) ¹Die zuständige Behörde kann von einer erneuten Beteiligung der Öffentlichkeit absehen, soweit zusätzliche erhebliche oder andere erhebliche Umweltauswirkungen nicht zu besorgen sind. ²Dies ist insbesondere dann der Fall, wenn solche Umweltauswirkungen durch die vom Vorhabenträger vorgesehenen Vorkehrungen ausgeschlossen werden.

§ 31 Zulassung eines Vorhabens durch mehrere Behörden; federführende Behörde
(1) Bedarf ein Vorhaben der Zulassung durch mehrere Landesbehörden, so bestimmen die Länder eine federführende Behörde.
(2) ¹Die federführende Behörde ist zumindest für folgende Aufgaben zuständig:
1. die Feststellung der UVP-Pflicht (§ 5),
2. die Unterrichtung über den Untersuchungsrahmen (§ 15),
3. die Erarbeitung der zusammenfassenden Darstellung (§ 24),
4. die Benachrichtigung eines anderen Staates (§ 54),
5. die grenzüberschreitende Behördenbeteiligung (§ 55 Absatz 1 bis 4 und 6) und
6. die grenzüberschreitende Öffentlichkeitsbeteiligung (§ 56).
²Die Länder können der federführenden Behörde weitere verfahrensrechtliche Zuständigkeiten übertragen. ³Die federführende Behörde nimmt ihre Aufgaben im Zusammenwirken zumindest mit denjenigen Zulassungsbehörden und mit derjenigen für Naturschutz und Landschaftspflege zuständigen Behörde wahr, deren Aufgabenbereich durch das Vorhaben berührt wird. ⁴Sie erfüllt diese Aufgaben nach den Verfahrensvorschriften, die für die Umweltverträglichkeitsprüfung in dem von ihr durchzuführenden Zulassungsverfahren gelten.
(3) ¹Bedarf ein Vorhaben einer Genehmigung nach dem Atomgesetz sowie einer Zulassung durch eine oder mehrere weitere Behörden und ist eine der zuständigen Behörden eine Bundesbehörde, so ist die atomrechtliche Genehmigungsbehörde federführende Behörde. ²Sie ist neben den in Absatz 2 Satz 1 genannten Aufgaben auch für die Beteiligung der Öffentlichkeit (§§ 18 und 19) zuständig.
(4) ¹Wird über die Zulässigkeit eines Vorhabens im Rahmen mehrerer Verfahren entschieden, so wird eine gemeinsame zusammenfassende Darstellung nach § 24 für das gesamte Vorhaben erstellt. ²Auf der Grundlage der zusammenfassenden Darstellung nehmen die Zulassungsbehörden eine Gesamtbewertung der Umweltauswirkungen des Vorhabens vor und berücksichtigen nach § 25 Absatz 2 die Gesamtbewertung bei den Zulassungsentscheidungen. ³Die federführende Behörde stellt das Zusammenwirken der Zulassungsbehörden sicher.

§ 32 Verbundene Prüfverfahren
¹Für ein Vorhaben, das einzeln oder im Zusammenwirken mit anderen Vorhaben, Projekten oder Plänen geeignet ist, ein Natura 2000-Gebiet erheblich zu beeinträchtigen, wird die Verträglichkeitsprüfung nach § 34 Absatz 1 des Bundesnaturschutzgesetzes im Verfahren zur Zulassungsentscheidung des Vorhabens vorgenommen. ²Die Umweltverträglichkeitsprüfung kann mit der Prüfung nach Satz 1 und mit anderen Prüfungen zur Ermittlung oder Bewertung von Umweltauswirkungen verbunden werden.

Teil 3
Strategische Umweltprüfung

Abschnitt 1
Voraussetzungen für eine Strategische Umweltprüfung

§ 33 Strategische Umweltprüfung
Die Strategische Umweltprüfung (SUP) ist unselbständiger Teil behördlicher Verfahren zur Aufstellung oder Änderung von Plänen und Programmen.

§ 34 Feststellung der SUP-Pflicht
(1) Die zuständige Behörde stellt frühzeitig fest, ob nach den §§ 35 bis 37 eine Verpflichtung zur Durchführung einer Strategischen Umweltprüfung (SUP-Pflicht) besteht.
(2) [1]Die Feststellung der SUP-Pflicht ist, sofern eine Vorprüfung des Einzelfalls nach § 35 Absatz 2 oder § 37 vorgenommen worden ist, der Öffentlichkeit nach den Bestimmungen des Bundes und der Länder über den Zugang zu Umweltinformationen zugänglich zu machen; soll eine Strategische Umweltprüfung unterbleiben, ist dies einschließlich der dafür wesentlichen Gründe bekannt zu geben. [2]Die Feststellung ist nicht selbständig anfechtbar.

§ 35 SUP-Pflicht in bestimmten Plan- oder Programmbereichen und im Einzelfall
(1) Eine Strategische Umweltprüfung ist durchzuführen bei Plänen und Programmen, die
1. in der Anlage 5 Nummer 1 aufgeführt sind oder
2. in der Anlage 5 Nummer 2 aufgeführt sind und für Entscheidungen über die Zulässigkeit von in der Anlage 1 aufgeführten Vorhaben oder von Vorhaben, die nach Landesrecht einer Umweltverträglichkeitsprüfung oder Vorprüfung des Einzelfalls bedürfen, einen Rahmen setzen.
(2) [1]Bei nicht unter Absatz 1 fallenden Plänen und Programmen ist eine Strategische Umweltprüfung nur dann durchzuführen, wenn sie für die Entscheidung über die Zulässigkeit von in der Anlage 1 aufgeführten oder anderen Vorhaben einen Rahmen setzen und nach einer Vorprüfung im Einzelfall im Sinne von Absatz 4 voraussichtlich erhebliche Umweltauswirkungen haben. [2]§ 34 Absatz 4 und § 35 Absatz 6 des Baugesetzbuchs bleiben unberührt.
(3) Pläne und Programme setzen einen Rahmen für die Entscheidung über die Zulässigkeit von Vorhaben, wenn sie Festlegungen mit Bedeutung für spätere Zulassungsentscheidungen, insbesondere zum Bedarf, zur Größe, zum Standort, zur Beschaffenheit, zu Betriebsbedingungen von Vorhaben oder zur Inanspruchnahme von Ressourcen, enthalten.
(4) [1]Hängt die Durchführung einer Strategischen Umweltprüfung von einer Vorprüfung des Einzelfalls ab, hat die zuständige Behörde aufgrund einer überschlägigen Prüfung unter Berücksichtigung der in Anlage 6 aufgeführten Kriterien einzuschätzen, ob der Plan oder das Programm voraussichtlich erhebliche Umweltauswirkungen hat, die im weiteren Aufstellungsverfahren nach § 43 Absatz 2 zu berücksichtigen wären. [2]Bei der Vorprüfung nach Satz 1 ist zu berücksichtigen, inwieweit Umweltauswirkungen durch Vermeidungs- und Verminderungsmaßnahmen offensichtlich ausgeschlossen werden. [3]Die in § 41 genannten Behörden sind bei der Vorprüfung nach Satz 1 zu beteiligen. [4]Die Durchführung und das Ergebnis der Vorprüfung sind zu dokumentieren.

§ 36 SUP-Pflicht aufgrund einer Verträglichkeitsprüfung
Eine Strategische Umweltprüfung ist durchzuführen bei Plänen und Programmen, die einer Verträglichkeitsprüfung nach § 36 Satz 1 Nummer 2 des Bundesnaturschutzgesetzes unterliegen.

§ 37 Ausnahmen von der SUP-Pflicht
[1]Werden Pläne und Programme nach § 35 Absatz 1 und § 36 nur geringfügig geändert oder legen sie die Nutzung kleiner Gebiete auf lokaler Ebene fest, so ist eine Strategische Umweltprüfung nur dann durchzuführen, wenn eine Vorprüfung des Einzelfalls im Sinne von § 35 Absatz 4 ergibt, dass der Plan oder das Programm voraussichtlich erhebliche Umweltauswirkungen hat. [2]Die §§ 13 und 13a des Baugesetzbuchs sowie § 8 Absatz 2 des Raumordnungsgesetzes bleiben unberührt.

Abschnitt 2
Verfahrensschritte der Strategischen Umweltprüfung

§ 38 Vorrang anderer Rechtsvorschriften bei der SUP
[1]Unbeschadet des § 52 finden die Vorschriften dieses Abschnitts Anwendung, soweit Rechtsvorschriften des Bundes und der Länder die Strategische Umweltprüfung nicht näher bestimmen oder in ihren Anfor-

derungen diesem Gesetz nicht entsprechen. [2]Rechtsvorschriften mit weitergehenden Anforderungen bleiben unberührt.

§ 39 Festlegung des Untersuchungsrahmens

(1) Die für die Strategische Umweltprüfung zuständige Behörde legt den Untersuchungsrahmen der Strategischen Umweltprüfung einschließlich des Umfangs und Detaillierungsgrads der in den Umweltbericht nach § 40 aufzunehmenden Angaben fest.

(2) [1]Der Untersuchungsrahmen einschließlich des Umfangs und Detaillierungsgrads der in den Umweltbericht aufzunehmenden Angaben bestimmen sich unter Berücksichtigung des § 33 in Verbindung mit § 2 Absatz 1 nach den Rechtsvorschriften, die für die Entscheidung über die Ausarbeitung, Annahme oder Änderung des Plans oder Programms maßgebend sind. [2]Der Umweltbericht enthält die Angaben, die mit zumutbarem Aufwand ermittelt werden können, und berücksichtigt dabei den gegenwärtigen Wissensstand und der Behörde bekannte Äußerungen der Öffentlichkeit, allgemein anerkannte Prüfungsmethoden, Inhalt und Detaillierungsgrad des Plans oder Programms sowie dessen Stellung im Entscheidungsprozess.

(3) [1]Sind Pläne und Programme Bestandteil eines mehrstufigen Planungs- und Zulassungsprozesses, soll zur Vermeidung von Mehrfachprüfungen bei der Festlegung des Untersuchungsrahmens bestimmt werden, auf welcher der Stufen dieses Prozesses bestimmte Umweltauswirkungen schwerpunktmäßig geprüft werden sollen. [2]Dabei sind Art und Umfang der Umweltauswirkungen, fachliche Erfordernisse sowie Inhalt und Entscheidungsgegenstand des Plans oder Programms zu berücksichtigen. [3]Bei nachfolgenden Plänen und Programmen sowie bei der nachfolgenden Zulassung von Vorhaben, für die der Plan oder das Programm einen Rahmen setzt, soll sich die Umweltprüfung auf zusätzliche oder andere erhebliche Umweltauswirkungen sowie auf erforderliche Aktualisierungen und Vertiefungen beschränken.

(4) [1]Die Behörden, deren umwelt- und gesundheitsbezogener Aufgabenbereich durch den Plan oder das Programm berührt wird, werden bei der Festlegung des Untersuchungsrahmens der Strategischen Umweltprüfung sowie des Umfangs und Detaillierungsgrads der in den Umweltbericht aufzunehmenden Angaben beteiligt. [2]Die zuständige Behörde gibt auf der Grundlage geeigneter Informationen den zu beteiligenden Behörden Gelegenheit zu einer Besprechung oder zur Stellungnahme über die nach Absatz 1 zu treffenden Festlegungen. [3]Sachverständige, betroffene Gemeinden, nach § 60 Absatz 1 zu beteiligende Behörden, nach § 3 des Umwelt-Rechtsbehelfsgesetzes anerkannte Umweltvereinigungen sowie sonstige Dritte können hinzugezogen werden. [4]Verfügen die zu beteiligenden Behörden über Informationen, die für den Umweltbericht zweckdienlich sind, übermitteln sie diese der zuständigen Behörde.

§ 40 Umweltbericht

(1) [1]Die zuständige Behörde erstellt frühzeitig einen Umweltbericht. [2]Dabei werden die voraussichtlichen erheblichen Umweltauswirkungen der Durchführung des Plans oder Programms sowie vernünftiger Alternativen ermittelt, beschrieben und bewertet.

(2) [1]Der Umweltbericht nach Absatz 1 muss nach Maßgabe des § 39 folgende Angaben enthalten:

1. Kurzdarstellung des Inhalts und der wichtigsten Ziele des Plans oder Programms sowie der Beziehung zu anderen relevanten Plänen und Programmen,
2. Darstellung der für den Plan oder das Programm geltenden Ziele des Umweltschutzes sowie der Art, wie diese Ziele und sonstige Umwelterwägungen bei der Ausarbeitung des Plans oder Programms berücksichtigt wurden,
3. Darstellung der Merkmale der Umwelt, des derzeitigen Umweltzustands sowie dessen voraussichtliche Entwicklung bei Nichtdurchführung des Plans oder des Programms,
4. Angabe der derzeitigen für den Plan oder das Programm bedeutsamen Umweltprobleme, insbesondere der Probleme, die sich auf ökologisch empfindliche Gebiete nach Nummer 2.6 der Anlage 6 beziehen,
5. Beschreibung der voraussichtlichen erheblichen Auswirkungen auf die Umwelt nach § 3 in Verbindung mit § 2 Absatz 1 und 2,
6. Darstellung der Maßnahmen, die geplant sind, um erhebliche nachteilige Umweltauswirkungen aufgrund der Durchführung des Plans oder des Programms zu verhindern, zu verringern und so weit wie möglich auszugleichen,
7. Hinweise auf Schwierigkeiten, die bei der Zusammenstellung der Angaben aufgetreten sind, zum Beispiel technische Lücken oder fehlende Kenntnisse,
8. Kurzdarstellung der Gründe für die Wahl der geprüften Alternativen sowie eine Beschreibung, wie die Umweltprüfung durchgeführt wurde,
9. Darstellung der geplanten Überwachungsmaßnahmen gemäß § 45.

²Die Angaben nach Satz 1 sollen entsprechend der Art des Plans oder Programms Dritten die Beurteilung ermöglichen, ob und in welchem Umfang sie von den Umweltauswirkungen des Plans oder Programms betroffen werden können. ³Eine allgemein verständliche, nichttechnische Zusammenfassung der Angaben nach diesem Absatz ist dem Umweltbericht beizufügen.

(3) Die zuständige Behörde bewertet vorläufig im Umweltbericht die Umweltauswirkungen des Plans oder Programms im Hinblick auf eine wirksame Umweltvorsorge im Sinne der[1] § 3 in Verbindung mit § 2 Absatz 1 und 2 nach Maßgabe der geltenden Gesetze.

(4) Angaben, die der zuständigen Behörde aus anderen Verfahren oder Tätigkeiten vorliegen, können in den Umweltbericht aufgenommen werden, wenn sie für den vorgesehenen Zweck geeignet und hinreichend aktuell sind.

§ 41 Beteiligung anderer Behörden

¹Die zuständige Behörde übermittelt den Behörden, deren umwelt- und gesundheitsbezogener Aufgabenbereich durch den Plan oder das Programm berührt wird, den Entwurf des Plans oder Programms sowie den Umweltbericht und holt die Stellungnahmen dieser Behörden ein. ²Die zuständige Behörde setzt für die Abgabe der Stellungnahmen eine angemessene Frist von mindestens einem Monat.

§ 42 Beteiligung der Öffentlichkeit

(1) Für die Öffentlichkeitsbeteiligung gelten § 18 Absatz 1 sowie die §§ 19 und 22 entsprechend, soweit nachfolgend nichts anderes bestimmt wird.

(2) ¹Der Entwurf des Plans oder Programms, der Umweltbericht sowie weitere Unterlagen, deren Einbeziehung die zuständige Behörde für zweckmäßig hält, werden frühzeitig für eine angemessene Dauer von mindestens einem Monat öffentlich ausgelegt. ²Auslegungsorte sind unter Berücksichtigung von Art und Inhalt des Plans oder Programms von der zuständigen Behörde so festzulegen, dass eine wirksame Beteiligung der betroffenen Öffentlichkeit gewährleistet ist.

(3) ¹Die betroffene Öffentlichkeit kann sich zu dem Entwurf des Plans oder Programms und zu dem Umweltbericht äußern. ²Die zuständige Behörde bestimmt für die Äußerung eine angemessene Frist von mindestens einem Monat nach Ende der Auslegungsfrist. ³Mit Ablauf der Äußerungsfrist sind alle Äußerungen ausgeschlossen, die nicht auf besonderen privatrechtlichen Titeln beruhen. ⁴Hierauf ist in der Bekanntmachung der Auslegung oder bei der Bekanntgabe der Äußerungsfrist hinzuweisen. ⁵Ein Erörterungstermin ist durchzuführen, soweit Rechtsvorschriften des Bundes dies für bestimmte Pläne und Programme vorsehen.

§ 43 Abschließende Bewertung und Berücksichtigung

(1) ¹Nach Abschluss der Behörden- und Öffentlichkeitsbeteiligung überprüft die zuständige Behörde die Darstellungen und Bewertungen des Umweltberichts unter Berücksichtigung der ihr nach den §§ 41, 42, 60 Absatz 1 und § 61 Absatz 1 übermittelten Stellungnahmen und Äußerungen. ²Bei der Überprüfung gelten die in § 40 Absatz 3 bestimmten Maßstäbe.

(2) Das Ergebnis der Überprüfung nach Absatz 1 ist im Verfahren zur Aufstellung oder Änderung des Plans oder Programms zu berücksichtigen.

§ 44 Bekanntgabe der Entscheidung über die Annahme oder Ablehnung des Plans oder Programms

(1) ¹Die Annahme eines Plans oder Programms ist öffentlich bekannt zu machen. ²Die Ablehnung eines Plans oder Programms kann öffentlich bekannt gemacht werden.

(2) Bei Annahme des Plans oder Programms sind folgende Informationen zur Einsicht auszulegen:

1. der angenommene Plan oder das angenommene Programm,
2. eine zusammenfassende Erklärung, wie Umwelterwägungen in den Plan oder das Programm einbezogen wurden, wie der Umweltbericht nach § 40 sowie die Stellungnahmen und Äußerungen nach den §§ 41, 42, 60 Absatz 1 und § 61 Absatz 1 berücksichtigt wurden und aus welchen Gründen der angenommene Plan oder das angenommene Programm nach Abwägung mit den geprüften Alternativen gewählt wurde,
3. eine Aufstellung der Überwachungsmaßnahmen nach § 45 sowie
4. eine Rechtsbehelfsbelehrung, soweit über die Annahme des Plans oder Programms nicht durch Gesetz entschieden wird.

§ 45 Überwachung

(1) ¹Die erheblichen Umweltauswirkungen, die sich aus der Durchführung des Plans oder Programms ergeben, sind zu überwachen, um insbesondere frühzeitig unvorhergesehene nachteilige Auswirkungen

1) Richtig wohl: „des".

zu ermitteln und geeignete Abhilfemaßnahmen ergreifen zu können. ²Die erforderlichen Überwachungsmaßnahmen sind mit der Annahme des Plans oder Programms auf der Grundlage der Angaben im Umweltbericht festzulegen.

(2) Soweit Rechtsvorschriften des Bundes oder der Länder keine abweichende Zuständigkeit regeln, obliegt die Überwachung der für die Strategische Umweltprüfung zuständigen Behörde.

(3) Andere Behörden haben der nach Absatz 2 zuständigen Behörde auf Verlangen alle Umweltinformationen zur Verfügung zu stellen, die zur Wahrnehmung der Aufgaben nach Absatz 1 erforderlich sind.

(4) Die Ergebnisse der Überwachung sind der Öffentlichkeit nach den Vorschriften des Bundes und der Länder über den Zugang zu Umweltinformationen sowie den in § 41 genannten Behörden zugänglich zu machen und bei einer erneuten Aufstellung oder einer Änderung des Plans oder Programms zu berücksichtigen.

(5) ¹Zur Erfüllung der Anforderungen nach Absatz 1 können bestehende Überwachungsmechanismen, Daten- und Informationsquellen genutzt werden. ²§ 40 Absatz 4 gilt entsprechend.

§ 46 Verbundene Prüfverfahren

¹Für einen Plan nach § 35 oder § 36, der einzeln oder im Zusammenwirken mit anderen Vorhaben, Projekten oder Plänen geeignet ist, ein Natura 2000-Gebiet erheblich zu beeinträchtigen, ist die Verträglichkeitsprüfung nach § 34 Absatz 1 des Bundesnaturschutzgesetzes im Verfahren zur Aufstellung oder Änderung des Plans vorzunehmen. ²Die Strategische Umweltprüfung kann mit der Prüfung nach Satz 1 und mit anderen Prüfungen zur Ermittlung oder Bewertung von Umweltauswirkungen verbunden werden.

Teil 4
Besondere Verfahrensvorschriften für bestimmte Umweltprüfungen

§ 47 Linienbestimmung und Genehmigung von Flugplätzen

(1) ¹Für die Linienbestimmung nach § 16 Absatz 1 des Bundesfernstraßengesetzes und für die Linienbestimmung nach § 13 Absatz 1 des Bundeswasserstraßengesetzes sowie im Verfahren zur Genehmigung von Flugplätzen nach § 6 Absatz 1 des Luftverkehrsgesetzes wird bei Vorhaben die Umweltverträglichkeit nach dem jeweiligen Planungsstand des Vorhabens geprüft. ²In die Prüfung der Umweltverträglichkeit sind bei der Linienbestimmung alle ernsthaft in Betracht kommenden Trassenvarianten einzubeziehen.

(2) Absatz 1 gilt nicht, wenn in einem Raumordnungsverfahren bereits die Umweltverträglichkeit geprüft wurde und wenn dabei im Falle einer Linienbestimmung alle ernsthaft in Betracht kommenden Trassenvarianten einbezogen wurden.

(3) Im nachfolgenden Zulassungsverfahren kann die Prüfung der Umweltverträglichkeit auf zusätzliche erhebliche oder andere erhebliche Umweltauswirkungen des Vorhabens beschränkt werden.

(4) Die Linienbestimmung nach § 16 Absatz 1 des Bundesfernstraßengesetzes und die Linienbestimmung nach § 13 Absatz 1 des Bundeswasserstraßengesetzes kann nur im Rahmen des Rechtsbehelfsverfahrens gegen die nachfolgende Zulassungsentscheidung überprüft werden.

§ 48 Raumordnungspläne

¹Besteht für die Aufstellung eines Raumordnungsplans nach diesem Gesetz die SUP-Pflicht, so wird die Strategische Umweltprüfung einschließlich der Überwachung nach dem Raumordnungsgesetz durchgeführt. ²Auf einen Raumordnungsplan nach Anlage 5 Nummer 1.5 oder 1.6, der Flächen für die Windenergienutzung oder für den Abbau von Rohstoffen ausweist, ist § 1 Absatz 1 Satz 1 Nummer 4 des Umwelt-Rechtsbehelfsgesetzes nicht anzuwenden.

§ 49 Raumordnungsverfahren

(1) Für das Raumordnungsverfahren bei Vorhaben, für die nach diesem Gesetz die UVP-Pflicht besteht, wird die Umweltverträglichkeitsprüfung nach dem Planungsstand des jeweiligen Vorhabens, einschließlich der Standortalternativen nach § 15 Absatz 1 Satz 3 des Raumordnungsgesetzes, durchgeführt, soweit durch Landesrecht nicht etwas anderes bestimmt ist.

(2) Im nachfolgenden Zulassungsverfahren kann die Prüfung der Umweltverträglichkeit auf zusätzliche erhebliche oder andere erhebliche Umweltauswirkungen des Vorhabens beschränkt werden.

(3) Das Ergebnis des Raumordnungsverfahrens nach § 15 des Raumordnungsgesetzes kann nur im Rahmen des Rechtsbehelfsverfahrens gegen die nachfolgende Zulassungsentscheidung überprüft werden.

§ 50 Bauleitpläne

(1) ¹Werden Bebauungspläne im Sinne des § 2 Absatz 6 Nummer 3, insbesondere bei Vorhaben nach Anlage 1 Nummer 18.1 bis 18.9, aufgestellt, geändert oder ergänzt, so wird die Umweltverträglichkeitsprüfung einschließlich der Vorprüfung nach den §§ 1 und 2 Absatz 1 und 2 sowie nach den §§ 3 bis 13

im Aufstellungsverfahren als Umweltprüfung sowie die Überwachung nach den Vorschriften des Baugesetzbuchs durchgeführt. [2]Eine nach diesem Gesetz vorgeschriebene Vorprüfung entfällt, wenn für den aufzustellenden Bebauungsplan eine Umweltprüfung nach den Vorschriften des Baugesetzbuchs durchgeführt wird.

(2) Besteht für die Aufstellung, Änderung oder Ergänzung eines Bauleitplans nach diesem Gesetz eine Verpflichtung zur Durchführung einer Strategischen Umweltprüfung, wird hierfür unbeschadet der §§ 13, 13a und 13b des Baugesetzbuchs eine Umweltprüfung einschließlich der Überwachung nach den Vorschriften des Baugesetzbuchs durchgeführt.

(3) Wird die Umweltverträglichkeitsprüfung in einem Aufstellungsverfahren für einen Bebauungsplan und in einem nachfolgenden Zulassungsverfahren durchgeführt, soll die Umweltverträglichkeitsprüfung im nachfolgenden Zulassungsverfahren auf zusätzliche oder andere erhebliche Umweltauswirkungen des Vorhabens beschränkt werden.

§ 51 Bergrechtliche Verfahren
[1]Bei bergbaulichen Vorhaben, die in der Anlage 1 aufgeführt sind und dem Bergrecht unterliegen, werden die Umweltverträglichkeitsprüfung und die Überwachung des Vorhabens nach den Vorschriften des Bundesberggesetzes durchgeführt. [2]Teil 2 Abschnitt 2 und 3 in Verbindung mit Anlage 4 findet nur Anwendung, soweit das Bundesberggesetz dies anordnet.

§ 52 Landschaftsplanungen
Bei Landschaftsplanungen richten sich die Erforderlichkeit und die Durchführung einer Strategischen Umweltprüfung nach Landesrecht.

§ 53 Verkehrswegeplanungen auf Bundesebene
(1) Bei Bedarfsplänen nach Nummer 1.1 der Anlage 5 ist eine Strategische Umweltprüfung nur für solche erheblichen Umweltauswirkungen erforderlich, die nicht bereits Gegenstand einer Strategischen Umweltprüfung in Verfahren zur Aufstellung oder Änderung von anderen Plänen und Programmen nach Nummer 1.1 der Anlage 5 waren.

(2) [1]Bei der Verkehrswegeplanung auf Bundesebene nach Nummer 1.1 der Anlage 5 werden bei der Erstellung des Umweltberichts in Betracht kommende vernünftige Alternativen, die die Ziele und den geographischen Anwendungsbereich des Plans oder Programms berücksichtigen, insbesondere alternative Verkehrsnetze und alternative Verkehrsträger ermittelt, beschrieben und bewertet. [2]Auf die Verkehrswegeplanung auf Bundesebene ist § 1 Absatz 1 Satz 1 Nummer 4 des Umwelt-Rechtsbehelfsgesetzes nicht anzuwenden.

(3) Das Bundesministerium für Verkehr und digitale Infrastruktur wird ermächtigt, im Einvernehmen mit dem Bundesministerium für Umwelt, Naturschutz und nukleare Sicherheit durch Rechtsverordnung ohne Zustimmung des Bundesrates für das Verfahren der Durchführung der Strategischen Umweltprüfung bei Plänen und Programmen nach Nummer 1.1 der Anlage 5 besondere Bestimmungen zur praktikablen und effizienten Durchführung zu erlassen über

1. die Einzelheiten des Verfahrens zur Festlegung des Untersuchungsrahmens nach § 39 im Hinblick auf Besonderheiten der Verkehrswegeplanung,
2. das Verfahren der Erarbeitung und über Inhalt und Ausgestaltung des Umweltberichts nach § 40 im Hinblick auf Besonderheiten der Verkehrswegeplanung,
3. die Einzelheiten der Beteiligung von Behörden und der Öffentlichkeit nach den §§ 41, 42, 60 und 61, unter Berücksichtigung der Verwendungsmöglichkeiten von elektronischen Kommunikationsmitteln,
4. die Form der Bekanntgabe der Entscheidung nach § 44, unter Berücksichtigung der Verwendungsmöglichkeiten von elektronischen Kommunikationsmitteln,
5. die Form, den Zeitpunkt und die Berücksichtigung von Ergebnissen der Überwachung nach § 45.

(4) Das Bundesministerium für Verkehr und digitale Infrastruktur wird ferner ermächtigt, im Einvernehmen mit dem Bundesministerium für Umwelt, Naturschutz und nukleare Sicherheit durch Rechtsverordnung mit Zustimmung des Bundesrates zu bestimmen, dass die Länder zur Anmeldung von Verkehrsprojekten für Pläne und Programme nach Nummer 1.1 der Anlage 5 bestimmte vorbereitende Prüfungen vorzunehmen und deren Ergebnisse oder sonstigen Angaben beizubringen haben, die für die Durchführung der Strategischen Umweltprüfung notwendig sind.

Teil 5
Grenzüberschreitende Umweltprüfungen

Abschnitt 1
Grenzüberschreitende Umweltverträglichkeitsprüfung

§ 54 Benachrichtigung eines anderen Staates

(1) [1]Wenn ein Vorhaben, für das eine UVP-Pflicht besteht, erhebliche grenzüberschreitende Umweltauswirkungen haben kann, benachrichtigt die zuständige deutsche Behörde frühzeitig die von dem anderen Staat benannte Behörde durch Übersendung geeigneter Unterlagen über das Vorhaben. [2]Wenn der andere Staat keine Behörde benannt hat, so wird die oberste für Umweltangelegenheiten zuständige Behörde des anderen Staates benachrichtigt.

(2) Absatz 1 gilt entsprechend, wenn ein anderer Staat um Benachrichtigung ersucht.

(3) Die Benachrichtigung und die geeigneten Unterlagen sind in deutscher Sprache und in einer Amtssprache des anderen Staates zu übermitteln.

(4) Die zuständige deutsche Behörde bittet die von dem anderen Staat benannte Behörde um Mitteilung innerhalb einer angemessenen Frist, ob eine Beteiligung erwünscht wird.

(5) Teilt der andere Staat mit, dass eine Beteiligung gewünscht wird, so findet eine grenzüberschreitende Behörden- und Öffentlichkeitsbeteiligung nach Maßgabe der §§ 55 bis 57 statt.

(6) Wenn ein Vorhaben, für das die UVP-Pflicht besteht, grenzüberschreitende Umweltauswirkungen haben kann und der andere Staat eine Beteiligung nicht wünscht, kann sich die betroffene Öffentlichkeit des anderen Staates am inländischen Beteiligungsverfahren nach Maßgabe der §§ 18 bis 22 beteiligen.

§ 55 Grenzüberschreitende Behördenbeteiligung bei inländischen Vorhaben

(1) Die zuständige deutsche Behörde übermittelt der benannten Behörde des anderen Staates sowie weiteren von dieser angegebenen Behörden, soweit die Angaben nicht in der Benachrichtigung enthalten waren,

1. den Inhalt der Bekanntmachung nach § 19 Absatz 1 und
2. die Unterlagen, die nach § 19 Absatz 2 zur Einsicht für die Öffentlichkeit auszulegen sind.

(2) [1]Folgende Unterlagen sind in deutscher Sprache und in einer Amtssprache des anderen Staates zu übermitteln:

1. der Inhalt der Bekanntmachung nach § 19 Absatz 1,
2. die nichttechnische Zusammenfassung des UVP-Berichts sowie
3. die Teile des UVP-Berichts, die es den beteiligten Behörden und der Öffentlichkeit des anderen Staates ermöglichen, die voraussichtlichen erheblichen nachteiligen grenzüberschreitenden Umweltauswirkungen des Vorhabens einzuschätzen und dazu Stellung zu nehmen oder sich zu äußern.

[2]Die zuständige Behörde kann verlangen, dass ihr der Vorhabenträger eine Übersetzung dieser Angaben in die entsprechende Amtssprache zur Verfügung stellt.

(3) Die zuständige deutsche Behörde unterrichtet die benannte Behörde des anderen Staates sowie weitere von dieser angegebene Behörden über den geplanten zeitlichen Ablauf des Genehmigungsverfahrens.

(4) [1]Die zuständige deutsche Behörde gibt der benannten Behörde des anderen Staates sowie weiteren von dieser angegebenen Behörden mindestens im gleichen Umfang wie den nach § 17 zu beteiligenden Behörden Gelegenheit zur Stellungnahme. [2]Für die Stellungnahmen gilt § 73 Absatz 3a des Verwaltungsverfahrensgesetzes entsprechend.

(5) [1]Soweit erforderlich oder soweit der andere Staat darum ersucht, führen die zuständigen obersten Bundes- und Landesbehörden innerhalb eines vereinbarten, angemessenen Zeitrahmens mit dem anderen Staat Konsultationen durch, insbesondere über die grenzüberschreitenden Umweltauswirkungen des Vorhabens und über die Maßnahmen zu deren Vermeidung oder Verminderung. [2]Die Konsultationen können von einem geeigneten Gremium durchgeführt werden, das aus Vertretern der zuständigen obersten Bundes- und Länderbehörden und aus Vertretern des anderen Staates besteht.

(6) Die zuständige deutsche Behörde übermittelt den beteiligten Behörden des anderen Staates in einer Amtssprache des anderen Staates sonstige für das Verfahren der grenzüberschreitenden Umweltverträglichkeitsprüfung wesentliche Unterlagen, insbesondere Einladungen zum Erörterungstermin und zu Konsultationen.

(7) Die beteiligten Behörden des anderen Staates können ihre Mitteilungen und Stellungnahmen in einer ihrer Amtssprachen übermitteln.

§ 56 Grenzüberschreitende Öffentlichkeitsbeteiligung bei inländischen Vorhaben
(1) Bei der grenzüberschreitenden Öffentlichkeitsbeteiligung kann sich die Öffentlichkeit des anderen Staates am Verfahren nach den §§ 18 bis 22 beteiligen.
(2) Die zuständige deutsche Behörde wirkt darauf hin, dass
1. das Vorhaben in dem anderen Staat auf geeignete Weise bekannt gemacht wird und
2. dabei angegeben wird,
 a) wo, in welcher Form und in welchem Zeitraum die Unterlagen nach § 19 Absatz 2 der Öffentlichkeit des anderen Staates zugänglich gemacht werden,
 b) welcher deutschen Behörde in welcher Form und innerhalb welcher Frist die betroffene Öffentlichkeit des anderen Staates Äußerungen übermitteln kann sowie
 c) dass im Verfahren zur Beteiligung der Öffentlichkeit mit Ablauf der festgelegten Frist alle Äußerungen für das Verfahren über die Zulässigkeit des Vorhabens ausgeschlossen sind, die nicht auf besonderen privatrechtlichen Titeln beruhen.
(3) Die zuständige deutsche Behörde kann der betroffenen Öffentlichkeit des anderen Staates die elektronische Übermittlung von Äußerungen auch abweichend von den Voraussetzungen des § 3a Absatz 2 des Verwaltungsverfahrensgesetzes gestatten, sofern im Verhältnis zum anderen Staat für die elektronische Übermittlung die Voraussetzungen der Grundsätze von Gegenseitigkeit und Gleichwertigkeit erfüllt sind.
(4) Die Öffentlichkeit des anderen Staates kann ihre Äußerungen in einer ihrer Amtssprachen übermitteln.

§ 57 Übermittlung des Bescheids
(1) [1]Die zuständige deutsche Behörde übermittelt der benannten Behörde des anderen Staates sowie denjenigen Behörden des anderen Staates, die Stellungnahmen abgegeben haben, in deutscher Sprache den Zulassungsbescheid. [2]Zusätzlich übermittelt sie in einer Amtssprache des anderen Staates
1. die Teile des Bescheids, die es den beteiligten Behörden und der Öffentlichkeit des anderen Staates ermöglichen, zu erkennen,
 a) auf welche Art und Weise die voraussichtlichen erheblichen nachteiligen grenzüberschreitenden Umweltauswirkungen des Vorhabens sowie Gesichtspunkte oder Maßnahmen zum Ausschluss, zur Verminderung oder zum Ausgleich solcher Auswirkungen bei der Zulassungsentscheidung berücksichtigt worden sind und
 b) auf welche Art und Weise die Stellungnahmen der Behörden und die Äußerungen der betroffenen Öffentlichkeit des anderen Staates sowie die Ergebnisse der Konsultationen nach § 55 Absatz 5 bei der Zulassungsentscheidung berücksichtigt worden sind sowie
2. die Rechtsbehelfsbelehrung.
(2) Die zuständige deutsche Behörde wirkt darauf hin, dass der betroffenen Öffentlichkeit des anderen Staates
1. die Zulassungsentscheidung auf geeignete Weise bekannt gemacht wird und
2. der Bescheid einschließlich der übersetzten Teile zugänglich gemacht wird.

§ 58 Grenzüberschreitende Behördenbeteiligung bei ausländischen Vorhaben
(1) [1]Erhält die zuständige Behörde die Benachrichtigung eines anderen Staates über ein geplantes Vorhaben, für das in dem anderen Staat eine Pflicht zur Durchführung einer Umweltverträglichkeitsprüfung besteht und das erhebliche Umweltauswirkungen in Deutschland haben kann, so ersucht die zuständige deutsche Behörde, soweit entsprechende Angaben der Benachrichtigung nicht bereits beigefügt sind, die zuständige Behörde des anderen Staates um Unterlagen über das Vorhaben, insbesondere um eine Beschreibung des Vorhabens und um Angaben über dessen Umweltauswirkungen in Deutschland. [2]Die zuständige deutsche Behörde soll die zuständige Behörde des anderen Staates ersuchen, ihr in deutscher Sprache die Angaben des § 55 Absatz 2 zu übermitteln.
(2) [1]Auf der Grundlage der erhaltenen Angaben teilt die zuständige Behörde der zuständigen Behörde des anderen Staates mit, ob sie eine Beteiligung am Zulassungsverfahren für erforderlich hält. [2]Benötigt sie hierfür weitere Angaben, so ersucht sie die zuständige Behörde des anderen Staates um weitere Angaben im Sinne des § 16 Absatz 1 und 3 in deutscher Sprache.
(3) [1]Die zuständige Behörde unterrichtet die Behörden, die bei einem inländischen Vorhaben nach § 17 zu beteiligen wären, über das Vorhaben und übermittelt ihnen die Unterlagen und Angaben, die ihr vorliegen. [2]Sofern sie nicht die Abgabe einer einheitlichen Stellungnahme für angezeigt hält, weist sie die beteiligten Behörden darauf hin, welcher Behörde des anderen Staates eine Stellungnahme zugeleitet werden kann und welche Frist es für die Stellungnahme gibt.

(4) Erhält die zuständige Behörde auf andere Weise Kenntnis von einem geplanten ausländischen Vorhaben, das erhebliche Umweltauswirkungen in Deutschland haben kann, gelten die Absätze 1 bis 3 entsprechend.

(5) [1]Zuständig ist die Behörde, die für ein gleichartiges Vorhaben in Deutschland zuständig wäre. [2]Sind mehrere Behörden zuständig, so verständigen sie sich unverzüglich auf eine federführende Behörde. [3]Die federführende Behörde nimmt in diesem Fall zumindest die in den Absätzen 1 und 2 genannten Aufgaben der zuständigen deutschen Behörde wahr. [4]Die anderen zuständigen Behörden können der federführenden Behörde im Einvernehmen mit der federführenden Behörde weitere Aufgaben übertragen.

(6) Für Konsultationen mit dem anderen Staat gilt § 55 Absatz 5 entsprechend.

§ 59 Grenzüberschreitende Öffentlichkeitsbeteiligung bei ausländischen Vorhaben

(1) Auf der Grundlage der von dem anderen Staat zu diesem Zweck übermittelten Unterlagen macht die zuständige deutsche Behörde das Vorhaben in geeigneter Weise in den voraussichtlich betroffenen Gebieten der Öffentlichkeit bekannt.

(2) In der Bekanntmachung weist die zuständige deutsche Behörde darauf hin, welcher Behörde des anderen Staates eine Stellungnahme zugeleitet werden kann und welche Frist es für die Stellungnahme gibt.

(3) Die zuständige Behörde macht die Unterlagen öffentlich zugänglich.

(4) Die Bekanntmachung und die nach Absatz 3 öffentlich zugänglich zu machenden Unterlagen sind zumindest über das zentrale Internetportal zugänglich zu machen.

(5) Die Vorschriften über die öffentliche Bekanntmachung der Entscheidung und die Auslegung des Bescheids nach § 27 gelten entsprechend, soweit Rechtsvorschriften des Bundes oder der Länder für die Form der Bekanntmachung und Zugänglichmachung des Bescheids nicht etwas Abweichendes regeln.

Abschnitt 2
Grenzüberschreitende Strategische Umweltprüfung

§ 60 Grenzüberschreitende Behördenbeteiligung bei inländischen Plänen und Programmen

(1) [1]Für die grenzüberschreitende Behördenbeteiligung bei Strategischen Umweltprüfungen gelten die Vorschriften über die Benachrichtigung eines anderen Staates nach § 54 und für die grenzüberschreitende Behördenbeteiligung nach § 55 entsprechend. [2]Bei der Benachrichtigung der zuständigen Behörde eines anderen Staates ist ein Exemplar des Plan- oder Programmentwurfs und des Umweltberichts zu übermitteln.

(2) [1]Die zuständige deutsche Behörde übermittelt den beteiligten Behörden des anderen Staates die Benachrichtigung in einer Amtssprache des anderen Staates. [2]Bei der Durchführung der grenzüberschreitenden Behördenbeteiligung übermittelt sie zumindest folgende Unterlagen in der Amtssprache des anderen Staates:
1. den Inhalt der Bekanntmachung nach § 42 in Verbindung mit § 19 Absatz 1,
2. die nichttechnische Zusammenfassung des Umweltberichts sowie
3. die Teile des Plan- oder Programmentwurfs und des Umweltberichts, die es den beteiligten Behörden und der Öffentlichkeit des anderen Staates ermöglichen, die voraussichtlichen erheblichen nachteiligen grenzüberschreitenden Umweltauswirkungen des Vorhabens einzuschätzen und dazu Stellung zu nehmen oder sich zu äußern.

(3) Die zuständige deutsche Behörde setzt eine angemessene Frist, innerhalb derer die zuständige Behörde des anderen Staates Gelegenheit zur Stellungnahme hat.

§ 61 Grenzüberschreitende Öffentlichkeitsbeteiligung bei inländischen Plänen und Programmen

(1) [1]Für die grenzüberschreitende Öffentlichkeitsbeteiligung bei Strategischen Umweltprüfungen gilt § 56 entsprechend. [2]Die in dem anderen Staat betroffene Öffentlichkeit kann sich am Verfahren nach § 42 beteiligen.

(2) [1]Die zuständige deutsche Behörde übermittelt bei der Annahme des Plans oder Programms dem beteiligten anderen Staat die in § 44 Absatz 2 genannten Informationen. [2]Dabei übermittelt sie folgende Informationen auch in einer Amtssprache des anderen Staates:
1. die Entscheidung zur Annahme des Programms,
2. die Teile der zusammenfassenden Erklärung, die es den beteiligten Behörden und der Öffentlichkeit des anderen Staates ermöglichen zu erkennen, auf welche Art und Weise
 a) der Plan oder das Programm die im Umweltbericht dargestellten voraussichtlichen erheblichen nachteiligen grenzüberschreitenden Umweltauswirkungen sowie Maßnahmen zum Ausschluss, zur Verringerung oder zum Ausgleich dieser Auswirkungen berücksichtigt,

b) die Stellungnahmen der Behörden und die Äußerungen der betroffenen Öffentlichkeit des anderen Staates sowie die Ergebnisse der Konsultationen nach § 60 Absatz 1 in Verbindung mit § 55 Absatz 5 berücksichtigt,

3. eine Rechtsbehelfsbelehrung, soweit über die Annahme des Plans oder Programms nicht durch Gesetz entschieden wird, und

4. sonstige Unterlagen, die für das Verfahren der grenzüberschreitenden Strategischen Umweltprüfung wesentlich sind.

§ 62 Grenzüberschreitende Behördenbeteiligung bei ausländischen Plänen und Programmen
Für die Beteiligung der deutschen Behörden bei Plänen und Programmen eines anderen Staates gelten die Vorschriften für die grenzüberschreitende Behördenbeteiligung bei ausländischen Vorhaben nach § 58 und für die Konsultation mit dem anderen Staat nach § 55 Absatz 5 entsprechend.

§ 63 Grenzüberschreitende Öffentlichkeitsbeteiligung bei ausländischen Plänen und Programmen
(1) Für die Beteiligung der deutschen Öffentlichkeit bei Plänen und Programmen eines anderen Staates gilt § 59 Absatz 1 bis 3 und 5 entsprechend.

(2) Für die Bekanntgabe der Entscheidung über die Annahme oder Ablehnung des Plans oder Programms und für die Auslegung von Unterlagen im Falle der Annahme gilt § 44 entsprechend.

Abschnitt 3
Gemeinsame Vorschriften

§ 64 Völkerrechtliche Verpflichtungen
Weitergehende Regelungen zur Umsetzung völkerrechtlicher Verpflichtungen von Bund und Ländern bleiben unberührt.

Teil 6
Vorschriften für bestimmte Leitungsanlagen (Anlage 1 Nummer 19)

§ 65 Planfeststellung; Plangenehmigung
(1) Vorhaben, die in der Anlage 1 unter den Nummern 19.3 bis 19.9 aufgeführt sind, sowie die Änderung solcher Vorhaben bedürfen der Planfeststellung durch die zuständige Behörde, sofern dafür nach den §§ 6 bis 14 eine Verpflichtung zur Durchführung einer Umweltverträglichkeitsprüfung besteht.

(2) [1]Sofern keine Verpflichtung zur Durchführung einer Umweltverträglichkeitsprüfung besteht, bedarf das Vorhaben der Plangenehmigung. [2]Die Plangenehmigung entfällt in Fällen von unwesentlicher Bedeutung. [3]Diese liegen vor, wenn die Prüfwerte nach § 7 Absatz 1 und 2 für Größe und Leistung, die die Vorprüfung eröffnen, nicht erreicht werden oder die Voraussetzungen des § 74 Absatz 7 Satz 2 des Verwaltungsverfahrensgesetzes erfüllt sind; die §§ 10 bis 12 gelten entsprechend. [4]Die Sätze 2 und 3 gelten nicht für Errichtung, Betrieb und Änderung von Rohrleitungsanlagen zum Befördern wassergefährdender Stoffe sowie für die Änderung ihres Betriebs, ausgenommen Änderungen von unwesentlicher Bedeutung.

§ 66 Entscheidung; Nebenbestimmungen; Verordnungsermächtigung
(1) [1]Der Planfeststellungsbeschluss darf nur ergehen, wenn

1. sichergestellt ist, dass das Wohl der Allgemeinheit nicht beeinträchtigt wird, insbesondere
 a) Gefahren für die Schutzgüter nicht hervorgerufen werden können und
 b) Vorsorge gegen die Beeinträchtigung der Schutzgüter, insbesondere durch bauliche, betriebliche oder organisatorische Maßnahmen entsprechend dem Stand der Technik getroffen wird,

2. umweltrechtliche Vorschriften und andere öffentlich-rechtliche Vorschriften dem Vorhaben nicht entgegenstehen,

3. Ziele der Raumordnung beachtet und Grundsätze und sonstige Erfordernisse der Raumordnung berücksichtigt sind,

4. Belange des Arbeitsschutzes gewahrt sind.

[2]Bei Vorhaben im Sinne der Nummer 19.3 der Anlage 1 darf der Planfeststellungsbeschluss darüber hinaus nur erteilt werden, wenn eine nachteilige Veränderung der Wasserbeschaffenheit nicht zu besorgen ist.

(2) [1]Der Planfeststellungsbeschluss kann mit Bedingungen versehen, mit Auflagen verbunden und befristet werden, soweit dies zur Wahrung des Wohls der Allgemeinheit oder zur Erfüllung von öffentlich-rechtlichen Vorschriften, die dem Vorhaben entgegenstehen können, erforderlich ist. [2]Die Aufnahme, Änderung oder Ergänzung von Auflagen über Anforderungen an das Vorhaben ist auch nach dem Ergehen des Planfeststellungsbeschlusses zulässig.

(3) Die Absätze 1 und 2 gelten für die Plangenehmigung entsprechend.

(4) Der Planfeststellungsbeschluss muss zumindest die folgenden Angaben enthalten:
1. die umweltbezogenen Nebenbestimmungen, die mit der Zulassungsentscheidung verbunden sind,
2. eine Beschreibung der vorgesehenen Überwachungsmaßnahmen,
3. eine Begründung, aus der die wesentlichen tatsächlichen und rechtlichen Gründe hervorgehen, die die Behörde zu ihrer Entscheidung bewogen haben; hierzu gehören
 a) Angaben über das Verfahren zur Beteiligung der Öffentlichkeit,
 b) die zusammenfassende Darstellung gemäß § 24,
 c) die begründete Bewertung gemäß § 25 Absatz 1 sowie
 d) eine Erläuterung, wie die begründete Bewertung, insbesondere die Angaben des UVP-Berichts, die behördlichen Stellungnahmen nach § 17 Absatz 2 und § 55 Absatz 4 sowie die Äußerungen der Öffentlichkeit nach den §§ 21 und 56, in den Zulassungsentscheidung berücksichtigt wurden oder wie ihnen anderweitig Rechnung getragen wurde.

(5) Wird das Vorhaben nicht zugelassen, müssen im Bescheid die dafür wesentlichen Gründe erläutert werden.

(6) [1]Die Bundesregierung wird ermächtigt, nach Anhörung der beteiligten Kreise durch Rechtsverordnung mit Zustimmung des Bundesrates Vorschriften zur Erfüllung der Voraussetzungen des Absatzes 1 Satz 1 Nummer 1 zu erlassen über
1. die dem Stand der Technik entsprechenden baulichen, betrieblichen oder organisatorischen Maßnahmen zur Vorsorge gegen die Beeinträchtigung der Schutzgüter,
2. die Pflichten von Vorhabenträgern und Dritten,
 a) Behörden und die Öffentlichkeit zu informieren,
 b) Behörden Unterlagen vorzulegen,
 c) Behörden technische Ermittlungen und Prüfungen zu ermöglichen sowie ihnen dafür Arbeitskräfte und technische Hilfsmittel zur Verfügung zu stellen,
2a. die behördlichen Befugnisse,
 a) technische Ermittlungen und Prüfungen vorzunehmen,
 b) während der Betriebszeit Betriebsräume sowie unmittelbar zugehörige befriedete Betriebsgrundstücke zu betreten,
 c) bei Erforderlichkeit zur Verhütung dringender Gefahren für die öffentliche Sicherheit oder Ordnung Wohnräume und außerhalb der Betriebszeit Betriebsräume sowie unmittelbar zugehörige befriedete Betriebsgrundstücke zu betreten,
 d) jederzeit Anlagen zu betreten sowie Grundstücke, die nicht unmittelbar zugehörige befriedete Betriebsgrundstücke nach den Buchstaben b und c sind,
3. die Überprüfung von Vorhaben durch Sachverständige, Sachverständigenorganisationen und zugelassene Überwachungsstellen sowie über die Anforderungen, die diese Sachverständigen, Sachverständigenorganisationen und zugelassene Überwachungsstellen erfüllen müssen, sowie über das Verfahren ihrer Anerkennung,
4. die Anpassung bestehender Vorhaben an die Anforderungen der geltenden Vorschriften,
5. die Anzeige von Änderungen, die nach § 65 weder einer Planfeststellung noch einer Plangenehmigung bedürfen, an die zuständige Behörde,
6. die Befugnis für behördliche Anordnungen im Einzelfall.
[2]In der Rechtsverordnung können Vorschriften über die Einsetzung technischer Kommissionen getroffen werden. [3]Die Kommissionen sollen die Bundesregierung oder das Bundesministerium für Umwelt, Naturschutz und nukleare Sicherheit in technischen Fragen beraten. [4]Sie schlagen dem Stand der Technik entsprechende Regeln (technische Regeln) unter Berücksichtigung der für andere Schutzziele vorhandenen Regeln und, soweit dessen Zuständigkeiten berührt sind, in Abstimmung mit der Kommission für Anlagensicherheit nach § 51a Absatz 1 des Bundes-Immissionsschutzgesetzes vor. [5]In die Kommissionen sind Vertreter der beteiligten Bundesbehörden und Landesbehörden, der Sachverständigen, Sachverständigenorganisationen und zugelassenen Überwachungsstellen, der Wissenschaft sowie der Hersteller und Betreiber von Leitungsanlagen zu berufen. [6]Technische Regeln können vom Bundesministerium für Umwelt, Naturschutz und nukleare Sicherheit im Bundesanzeiger veröffentlicht werden. [7]In der Rechtsverordnung können auch die Stoffe, die geeignet sind, die Wasserbeschaffenheit nachteilig zu verändern (wassergefährdende Stoffe im Sinne von Nummer 19.3 der Anlage 1), bestimmt werden. [8]Das Grundrecht der Unverletzlichkeit der Wohnung (Artikel 13 des Grundgesetzes) wird durch Satz 1 Nummer 2a Buchstabe c eingeschränkt.

(7) Die Bundesregierung wird ermächtigt, für Rohrleitungsanlagen, die keiner Planfeststellung oder Plangenehmigung bedürfen, nach Anhörung der beteiligten Kreise im Sinne von § 23 Absatz 2 des Wasserhaushaltsgesetzes durch Rechtsverordnung mit Zustimmung des Bundesrates

1. eine Anzeigepflicht vorzuschreiben,
2. Regelungen entsprechend Absatz 6 Satz 1 Nummer 1 bis 4, 6 oder entsprechend Absatz 6 Satz 2 und 7 zu erlassen.

(8) Für Anlagen, die militärischen Zwecken dienen, obliegen dem Bundesministerium der Verteidigung und den von ihm benannten Stellen die Aufgaben des Vollzugs und der Überwachung.

§ 67 Verfahren; Verordnungsermächtigung

[1]Für die Durchführung des Planfeststellungsverfahrens und des Plangenehmigungsverfahrens gelten die §§ 72 bis 78 des Verwaltungsverfahrensgesetzes. [2]Die Bundesregierung wird ermächtigt, durch Rechtsverordnung mit Zustimmung des Bundesrates weitere Einzelheiten des Planfeststellungsverfahrens, insbesondere zu Art und Umfang der Antragsunterlagen, zu regeln.

§ 68 Überwachung

(1) [1]Die zuständige Behörde hat durch geeignete Maßnahmen zu überwachen, dass Vorhaben, die in Anlage 1 unter den Nummern 19.3 bis 19.9 aufgeführt sind, im Einklang mit den umweltbezogenen Bestimmungen des Zulassungsbescheids nach § 65 durchgeführt werden. [2]Bei UVP-pflichtigen Vorhaben gilt dies insbesondere für die im Planfeststellungsbescheid festgelegten Merkmale des Vorhabens und des Standorts, für die Maßnahmen, mit denen erhebliche nachteilige Umweltauswirkungen ausgeschlossen, vermindert oder ausgeglichen werden sollen, sowie für die Ersatzmaßnahmen bei Eingriffen in Natur und Landschaft.

(2) Die Überwachung nach Absatz 1 kann dem Vorhabenträger aufgegeben werden, soweit dies nach landesrechtlichen Vorschriften vorgesehen ist.

§ 69 Bußgeldvorschriften

(1) Ordnungswidrig handelt, wer vorsätzlich oder fahrlässig
1. ohne Planfeststellungsbeschluss nach § 65 Absatz 1 oder ohne Plangenehmigung nach § 65 Absatz 2 Satz 1 ein Vorhaben durchführt,
2. einer vollziehbaren Auflage nach § 66 Absatz 2 zuwiderhandelt oder
3. einer Rechtsverordnung nach
 a) § 66 Absatz 6 Satz 1 Nummer 1, 3, 4 oder 6, jeweils auch in Verbindung mit Absatz 7 Nummer 2, oder
 b) § 66 Absatz 6 Satz 1 Nummer 2, auch in Verbindung mit Absatz 7 Nummer 2, oder § 66 Absatz 6 Satz 1 Nummer 5 oder Absatz 7 Nummer 1
 oder einer vollziehbaren Anordnung aufgrund einer solchen Rechtsverordnung zuwiderhandelt, soweit die Rechtsverordnung für einen bestimmten Tatbestand auf diese Bußgeldvorschrift verweist.

(2) Die Ordnungswidrigkeit kann in den Fällen des Absatzes 1 Nummer 3 Buchstabe b mit einer Geldbuße bis zu zwanzigtausend Euro, in den übrigen Fällen mit einer Geldbuße bis zu fünfzigtausend Euro geahndet werden.

Teil 7
Schlussvorschriften

§ 70 Ermächtigung zum Erlass von Verwaltungsvorschriften

Die Bundesregierung kann mit Zustimmung des Bundesrates allgemeine Verwaltungsvorschriften erlassen, insbesondere über
1. Kriterien und Verfahren, die zu dem in § 3 Satz 2 und § 25 Absatz 1 genannten Zweck bei der Ermittlung, Beschreibung und Bewertung von Umweltauswirkungen zugrunde zu legen sind,
2. Grundsätze für den Untersuchungsrahmen nach § 15,
3. Grundsätze für die zusammenfassende Darstellung nach § 24 und für die begründete Bewertung nach § 25 Absatz 1,
4. Grundsätze und Verfahren zur Vorprüfung nach § 7 sowie über die in Anlage 3 aufgeführten Kriterien,
5. Grundsätze für die Erstellung des Umweltberichts nach § 40,
6. Grundsätze für die Überwachung nach den §§ 28, 45 und 68.

§ 71 Bestimmungen zum Verwaltungsverfahren

Von den Regelungen des Verwaltungsverfahrens, die in diesem Gesetz und aufgrund dieses Gesetzes getroffen werden, kann durch Landesrecht nur in dem Umfang abgewichen werden, der in § 1 Absatz 4 und § 38 bestimmt ist.

§ 72 Vermeidung von Interessenkonflikten
Ist die zuständige Behörde bei der Umweltverträglichkeitsprüfung zugleich Vorhabenträger, so ist die Unabhängigkeit des Behördenhandelns bei der Wahrnehmung der Aufgaben nach diesem Gesetz durch geeignete organisatorische Maßnahmen sicherzustellen, insbesondere durch eine angemessene funktionale Trennung.

§ 73 Berichterstattung an die Europäische Kommission
(1) Zur Vorbereitung der Berichterstattung an die Europäische Kommission teilen die zuständigen Behörden des Bundes und der Länder dem für Umweltschutz zuständigen Bundesministerium erstmals am 31. März 2023 und sodann alle sechs Jahre für ihren Zuständigkeitsbereich folgende Angaben mit:
1. die Anzahl der Vorhaben, für die im Betrachtungszeitraum eine Umweltverträglichkeitsprüfung durchgeführt worden ist, getrennt nach den in Anlage 1 genannten Vorhabenarten sowie
2. die Anzahl der Vorhaben nach Anlage 1 Spalte 2, für die im Betrachtungszeitraum eine Vorprüfung nach § 7 Absatz 1 oder 2 durchgeführt worden ist.
(2) Sofern entsprechende Angaben verfügbar sind, sind ebenfalls mitzuteilen:
1. die durchschnittliche Verfahrensdauer der im Betrachtungszeitraum durchgeführten Umweltverträglichkeitsprüfungen,
2. eine Abschätzung der durchschnittlichen unmittelbaren Kosten
 a) aller im Betrachtungszeitraum durchgeführten Umweltverträglichkeitsprüfungen sowie
 b) der Umweltverträglichkeitsprüfungen, die im Betrachtungszeitraum für Vorhaben kleiner und mittlerer Unternehmen durchgeführt worden sind.

§ 74 Übergangsvorschrift
(1) Für Vorhaben, für die das Verfahren zur Feststellung der UVP-Pflicht im Einzelfall nach § 3c oder nach § 3e Absatz 1 Nummer 2 in der Fassung dieses Gesetzes, die vor dem 16. Mai 2017 galt, vor dem 16. Mai 2017 eingeleitet wurde, sind die Vorschriften des Teils 2 Abschnitt 1 über die Vorprüfung des Einzelfalls in der bis dahin geltenden Fassung weiter anzuwenden.
(2) Verfahren nach § 4 sind nach der Fassung dieses Gesetzes, die vor dem 16. Mai 2017 galt, zu Ende zu führen, wenn vor diesem Zeitpunkt
1. das Verfahren zur Unterrichtung über voraussichtlich beizubringende Unterlagen in der bis dahin geltenden Fassung des § 5 Absatz 1 eingeleitet wurde oder
2. die Unterlagen nach § 6 in der bis dahin geltenden Fassung dieses Gesetzes vorgelegt wurden.
(3) Verfahren nach § 33 sind nach der Fassung dieses Gesetzes, die vor dem 16. Mai 2017 galt, zu Ende zu führen, wenn vor diesem Zeitpunkt der Untersuchungsrahmen nach § 14f Absatz 1 in der bis dahin geltenden Fassung dieses Gesetzes festgelegt wurde.
(4) Besteht nach den Absätzen 1 und 2 eine Verpflichtung zur Durchführung einer Umweltverträglichkeitsprüfung und ist diese gemäß § 50 im Bebauungsplanverfahren nach den Vorschriften des Baugesetzbuchs durchzuführen, gilt insoweit § 244 des Baugesetzbuchs.
(5) (weggefallen)
(6) Verfahren zur Errichtung und zum Betrieb sowie zur Änderung von Rohrleitungsanlagen nach Nummer 19.3 der Anlage 1, die vor dem 25. Juni 2002 eingeleitet worden sind, sind nach den Bestimmungen des Gesetzes zur Umsetzung der UVP-Änderungsrichtlinie, der IVU-Richtlinie und weiterer EG-Richtlinien zum Umweltschutz vom 27. Juli 2001 (BGBl. I S. 1950) zu Ende zu führen.
(6a) [1]Eine Genehmigung für eine Rohrleitungsanlage zum Befördern wassergefährdender Stoffe, die nach § 19a Absatz 1 Satz 1 des Wasserhaushaltsgesetzes in der am 28. Februar 2010 geltenden Fassung erteilt worden ist, gilt, soweit eine Umweltverträglichkeitsprüfung durchgeführt worden ist, als Planfeststellung nach § 65 Absatz 1, in den übrigen Fällen als Plangenehmigung nach § 65 Absatz 2 fort. [2]Eine Rohrleitungsanlage zum Befördern wassergefährdender Stoffe, die nach § 19e Absatz 2 Satz 1 und 2 des Wasserhaushaltsgesetzes in der am 28. Februar 2010 geltenden Fassung angezeigt worden ist oder keiner Anzeige bedurfte, bedarf keiner Planfeststellung oder Plangenehmigung; § 66 Absatz 2 und 6 gilt entsprechend.
(7) (weggefallen)
(8) [1]Die Vorschriften des Teils 3 gelten für Pläne und Programme, deren erster förmlicher Vorbereitungsakt nach dem 29. Juni 2005 erfolgt. [2]Verfahren zur Aufstellung oder Änderung von Plänen und Programmen, deren erster förmlicher Vorbereitungsakt nach dem 20. Juli 2004 erfolgt ist, sind nach den Vorschriften dieses Gesetzes zu Ende zu führen.
(9) [1]Pläne und Programme, deren erster förmlicher Vorbereitungsakt vor dem 21. Juli 2004 erfolgt ist und die später als am 20. Juli 2006 angenommen oder in ein Gesetzgebungsverfahren eingebracht werden,

unterliegen den Vorschriften des Teils 3. [2]§ 48 dieses Gesetzes sowie § 27 Absatz 1 und 3 des Raumordnungsgesetzes bleiben unberührt.

(10) [1]Verfahren, für die nach § 49 Absatz 1 eine Umweltverträglichkeitsprüfung durchzuführen ist und die vor dem 1. März 2010 begonnen worden sind, sind nach diesem Gesetz in der ab dem 1. März 2010 geltenden Fassung zu Ende zu führen. [2]Hat eine Öffentlichkeitsbeteiligung bereits stattgefunden, ist von einer erneuten Beteiligung der Öffentlichkeit nach § 9 in der vor dem 29. Juli 2017 geltenden Fassung abzusehen, soweit keine zusätzlichen oder anderen erheblichen Umweltauswirkungen zu erwarten sind. [3]Hat eine Behördenbeteiligung bereits stattgefunden, bedarf es einer erneuten Beteiligung nach den §§ 7 und 8 in der vor dem 29. Juli 2017 geltenden Fassung nur, wenn neue Unterlagen zu erheblichen Umweltauswirkungen des Vorhabens vorliegen.

(11) [1]Verfahren nach § 4, die der Entscheidung über die Zulässigkeit von Vorhaben dienen und die vor dem 25. Juni 2005 begonnen worden sind, sind nach den Vorschriften dieses Gesetzes in der ab dem 15. Dezember 2006 geltenden Fassung zu Ende zu führen. [2]Satz 1 findet keine Anwendung auf Verfahren, bei denen das Vorhaben vor dem 25. Juni 2005 bereits öffentlich gemacht worden ist.

(12) [1]Für Verfahren nach § 4, die der Entscheidung über die Zulässigkeit von Vorhaben nach Nummer 13.2.2 der Anlage 1 dienen, findet dieses Gesetz nur Anwendung, wenn das Verfahren nach dem 1. März 2010 eingeleitet worden ist. [2]Verfahren nach § 4, die der Entscheidung über die Zulässigkeit von Vorhaben nach den Nummern 3.15, 13.1 bis 13.2.1.3, 13.3 bis 13.18 und 17 der Anlage 1 dienen und die vor dem 1. März 2010 eingeleitet worden sind, sind nach der bis zu diesem Tag geltenden Fassung des Gesetzes zu Ende zu führen.

(13) Für Verfahren nach § 4, die der Entscheidung über die Zulässigkeit von Vorhaben nach Nummer 17.3 der Anlage 1 dienen, ist dieses Gesetz nur anzuwenden, wenn das Verfahren nach dem 1. August 2013 eingeleitet worden ist.

Anlagen

(hier nicht wiedergegeben)

Gesetz über ergänzende Vorschriften zu Rechtsbehelfen in Umweltangelegenheiten nach der EG-Richtlinie 2003/35/EG (Umwelt-Rechtsbehelfsgesetz – UmwRG)[1]

In der Fassung der Bekanntmachung vom 23. August 2017[2] (BGBl. I S. 3290)
(FNA 2129-46)
zuletzt geändert durch Art. G zur Änd. des Erneuerbare-Energien-G, des Kraft-Wärme-KopplungsG, des EnergiewirtschaftsG und weiterer energierechtlicher Vorschriften vom 17. Dezember 2018 (BGBl. I S. 2549)

§ 1 Anwendungsbereich

(1) [1]Dieses Gesetz ist anzuwenden auf Rechtsbehelfe gegen folgende Entscheidungen:
1. Zulassungsentscheidungen im Sinne von § 2 Absatz 6 des Gesetzes über die Umweltverträglichkeitsprüfung über die Zulässigkeit von Vorhaben, für die nach
 a) dem Gesetz über die Umweltverträglichkeitsprüfung,
 b) der Verordnung über die Umweltverträglichkeitsprüfung bergbaulicher Vorhaben oder
 c) landesrechtlichen Vorschriften
 eine Pflicht zur Durchführung einer Umweltverträglichkeitsprüfung (UVP) bestehen kann;
2. Genehmigungen für Anlagen, die in Spalte c des Anhangs 1 der Verordnung über genehmigungsbedürftige Anlagen mit dem Buchstaben G gekennzeichnet sind, gegen Entscheidungen nach § 17 Absatz 1a des Bundes-Immissionsschutzgesetzes, gegen Erlaubnisse nach § 8 Absatz 1 des Wasserhaushaltsgesetzes für Gewässerbenutzungen, die mit einem Vorhaben im Sinne der Richtlinie 2010/75/EU des Europäischen Parlaments und des Rates vom 24. November 2010 über Industrieemissionen (integrierte Vermeidung und Verminderung der Umweltverschmutzung) (Neufassung) (ABl. L 334 vom 17.12.2010, S. 17) verbunden sind, sowie gegen Planfeststellungsbeschlüsse für Deponien nach § 35 Absatz 2 des Kreislaufwirtschaftsgesetzes;
2a. Genehmigungen für Anlagen nach § 23b Absatz 1 Satz 1 oder § 19 Absatz 4 des Bundes-Immissionsschutzgesetzes oder Zulassungen für Betriebspläne nach § 57d Absatz 1 des Bundesberggesetzes;
2b. Entscheidungen über die Zulässigkeit von Vorhaben, die benachbarte Schutzobjekte im Sinne des § 3 Absatz 5d des Bundes-Immissionsschutzgesetzes darstellen und die innerhalb des angemessenen Sicherheitsabstands zu einem Betriebsbereich nach § 3 Absatz 5a des Bundes-Immissionsschutzgesetzes verwirklicht werden sollen und einer Zulassung nach landesrechtlichen Vorschriften bedürfen;
3. Entscheidungen nach dem Umweltschadensgesetz;
4. Entscheidungen über die Annahme von Plänen und Programmen im Sinne von § 2 Absatz 7 des Gesetzes über die Umweltverträglichkeitsprüfung und im Sinne der entsprechenden landesrechtlichen Vorschriften, für die nach
 a) Anlage 5 des Gesetzes über die Umweltverträglichkeitsprüfung oder
 b) landesrechtlichen Vorschriften
 eine Pflicht zur Durchführung einer Strategischen Umweltprüfung bestehen kann; ausgenommen hiervon sind Pläne und Programme, über deren Annahme durch formelles Gesetz entschieden wird;
5. Verwaltungsakte oder öffentlich-rechtliche Verträge, durch die andere als in den Nummern 1 bis 2b genannte Vorhaben unter Anwendung umweltbezogener Rechtsvorschriften des Bundesrechts, des Landesrechts oder unmittelbar geltender Rechtsakte der Europäischen Union zugelassen werden, und

1) **Amtl. Anm.:** Dieses Gesetz dient der Umsetzung von Artikel 11 der Richtlinie 2011/92/EU des Europäischen Parlaments und des Rates vom 13. Dezember 2011 über die Umweltverträglichkeitsprüfung bei bestimmten öffentlichen und privaten Projekten in der Fassung der Richtlinie 2014/52/EU (ABl. L 124 vom 25.4.2014, S. 1), der Umsetzung von Artikel 4 der Richtlinie 2003/35/EG des Europäischen Parlaments und des Rates vom 26. Mai 2003 über die Beteiligung der Öffentlichkeit bei der Ausarbeitung bestimmter umweltbezogener Pläne und Programme und zur Änderung der Richtlinien 85/337/EWG und 96/61/EG des Rates in Bezug auf die Öffentlichkeitsbeteiligung und den Zugang zu Gerichten (ABl. L 156 vom 25.6.2003, S. 17), der Umsetzung von Artikel 25 der Richtlinie 2010/75/EU des Europäischen Parlaments und des Rates vom 24. November 2010 über Industrieemissionen (integrierte Vermeidung und Verminderung der Umweltverschmutzung) (Neufassung) (ABl. L 334 vom 17.12.2010, S. 17), der Umsetzung von Artikel 23 der Richtlinie 2012/18/EU des Europäischen Parlaments und des Rates vom 4. Juli 2012 zur Beherrschung der Gefahren schwerer Unfälle mit gefährlichen Stoffen, zur Änderung und anschließenden Aufhebung der Richtlinie 96/82/EG des Rates (ABl. L 197 vom 24.7.2012, S. 1) sowie der Umsetzung von Artikel 13 der Richtlinie 2004/35/EG des Europäischen Parlaments und des Rates vom 21. April 2004 über Umwelthaftung zur Vermeidung und Sanierung von Umweltschäden (ABl. L 143 vom 30.4.2004, S. 56).
2) Neubekanntmachung des UmwRG idF v. 8.4.2013 (BGBl. I S. 753) in der ab 29.7.2017 geltenden Fassung.

6. Verwaltungsakte über Überwachungs- oder Aufsichtsmaßnahmen zur Umsetzung oder Durchführung von Entscheidungen nach den Nummern 1 bis 5, die der Einhaltung umweltbezogener Rechtsvorschriften des Bundesrechts, des Landesrechts oder unmittelbar geltender Rechtsakte der Europäischen Union dienen. [2]Dieses Gesetz findet auch Anwendung, wenn entgegen geltenden Rechtsvorschriften keine Entscheidung nach Satz 1 getroffen worden ist. [3]Unberührt bleiben

1. § 44a der Verwaltungsgerichtsordnung,
2. § 17 Absatz 3 Satz 3 bis 5 und § 19 Absatz 2 Satz 5 bis 7 des Standortauswahlgesetzes sowie
3. § 15 Absatz 3 Satz 2 des Netzausbaubeschleunigungsgesetzes Übertragungsnetz, § 17a Absatz 5 Satz 1 des Energiewirtschaftsgesetzes, § 6 Absatz 9 Satz 1 des Windenergie-auf-See-Gesetzes, § 47 Absatz 4 und § 49 Absatz 3 des Gesetzes über die Umweltverträglichkeitsprüfung und andere entsprechende Rechtsvorschriften.

[4]Die Sätze 1 und 2 gelten nicht, wenn eine Entscheidung im Sinne dieses Absatzes auf Grund einer Entscheidung in einem verwaltungsgerichtlichen Streitverfahren erlassen worden ist.

(2) Dieses Gesetz gilt auch im Bereich der ausschließlichen Wirtschaftszone oder des Festlandsockels im Rahmen der Vorgaben des Seerechtsübereinkommens der Vereinten Nationen vom 10. Dezember 1982 (BGBl. 1994 II S. 1799, 1995 II S. 602).

(3) Soweit in Planfeststellungsverfahren, die Absatz 1 Satz 1 Nummer 1, 2 oder 5 unterfallen, Rechtsbehelfe nach diesem Gesetz eröffnet sind, wird § 64 Absatz 1 des Bundesnaturschutzgesetzes nicht angewendet.

(4) Umweltbezogene Rechtsvorschriften im Sinne dieses Gesetzes sind Bestimmungen, die sich zum Schutz von Mensch und Umwelt auf

1. den Zustand von Umweltbestandteilen im Sinne von § 2 Absatz 3 Nummer 1 des Umweltinformationsgesetzes oder
2. Faktoren im Sinne von § 2 Absatz 3 Nummer 2 des Umweltinformationsgesetzes

beziehen.

§ 2 Rechtsbehelfe von Vereinigungen

(1) [1]Eine nach § 3 anerkannte inländische oder ausländische Vereinigung kann, ohne eine Verletzung in eigenen Rechten geltend machen zu müssen, Rechtsbehelfe nach Maßgabe der Verwaltungsgerichtsordnung gegen eine Entscheidung nach § 1 Absatz 1 Satz 1 oder deren Unterlassen einlegen, wenn die Vereinigung

1. geltend macht, dass eine Entscheidung nach § 1 Absatz 1 Satz 1 oder deren Unterlassen Rechtsvorschriften, die für die Entscheidung von Bedeutung sein können, widerspricht,
2. geltend macht, in ihrem satzungsgemäßen Aufgabenbereich der Förderung der Ziele des Umweltschutzes durch die Entscheidung nach § 1 Absatz 1 Satz 1 oder deren Unterlassen berührt zu sein, und
3. im Falle eines Verfahrens nach
 a) § 1 Absatz 1 Satz 1 Nummer 1 bis 2b zur Beteiligung berechtigt war;
 b) § 1 Absatz 1 Satz 1 Nummer 4 zur Beteiligung berechtigt war und sie sich hierbei in der Sache gemäß den geltenden Rechtsvorschriften geäußert hat oder ihr entgegen den geltenden Rechtsvorschriften keine Gelegenheit zur Äußerung gegeben worden ist.

[2]Bei Rechtsbehelfen gegen eine Entscheidung nach § 1 Absatz 1 Satz 1 Nummer 2a bis 6 oder gegen deren Unterlassen muss die Vereinigung zudem die Verletzung umweltbezogener Rechtsvorschriften geltend machen.

(2) [1]Eine Vereinigung, die nicht nach § 3 anerkannt ist, kann einen Rechtsbehelf nach Absatz 1 nur dann einlegen, wenn

1. sie bei Einlegung des Rechtsbehelfs die Voraussetzungen für eine Anerkennung erfüllt,
2. sie einen Antrag auf Anerkennung gestellt hat und
3. über eine Anerkennung aus Gründen, die von der Vereinigung nicht zu vertreten sind, noch nicht entschieden ist.

[2]Bei einer ausländischen Vereinigung gelten die Voraussetzungen der Nummer 3 als erfüllt. [3]Mit der Bestandskraft einer die Anerkennung versagenden Entscheidung wird der Rechtsbehelf unzulässig.

(3) [1]Ist eine Entscheidung nach § 1 Absatz 1 Satz 1 nach den geltenden Rechtsvorschriften weder öffentlich bekannt gemacht noch der Vereinigung bekannt gegeben worden, so müssen Widerspruch und Klage binnen eines Jahres erhoben werden, nachdem die Vereinigung von der Entscheidung Kenntnis erlangt hat oder hätte erlangen können. [2]Widerspruch oder Klage gegen eine Entscheidung nach § 1 Absatz 1 Satz 1 Nummer 5 oder 6 müssen jedoch spätestens binnen zweier Jahre, nachdem der Verwaltungsakt erteilt wurde, erhoben werden. [3]Satz 1 gilt entsprechend, wenn eine Entscheidung nach § 1 Absatz 1 Satz

1 entgegen geltenden Rechtsvorschriften nicht getroffen worden ist und die Vereinigung von diesem Umstand Kenntnis erlangt hat oder hätte erlangen können.
(4) [1]Rechtsbehelfe nach Absatz 1 sind begründet, soweit

1. die Entscheidung nach § 1 Absatz 1 Satz 1 Nummer 1 und 2 oder deren Unterlassen gegen Rechtsvorschriften verstößt, die für diese Entscheidung von Bedeutung sind, oder

2. die Entscheidung nach § 1 Absatz 1 Satz 1 Nummer 2a bis 6 oder deren Unterlassen gegen umweltbezogene Rechtsvorschriften verstößt, die für diese Entscheidung von Bedeutung sind,

und der Verstoß Belange berührt, die zu den Zielen gehören, die die Vereinigung nach ihrer Satzung fördert. [2]Bei Entscheidungen nach § 1 Absatz 1 Satz 1 Nummer 1 oder 4 muss zudem eine Pflicht zur Durchführung einer Umweltprüfung im Sinne von § 1 Nummer 1 des Gesetzes über die Umweltverträglichkeitsprüfung bestehen.

§ 3 Anerkennung von Vereinigungen

(1) [1]Auf Antrag wird einer inländischen oder ausländischen Vereinigung die Anerkennung zur Einlegung von Rechtsbehelfen nach diesem Gesetz erteilt. [2]Die Anerkennung ist zu erteilen, wenn die Vereinigung

1. nach ihrer Satzung ideell und nicht nur vorübergehend vorwiegend die Ziele des Umweltschutzes fördert,

2. im Zeitpunkt der Anerkennung mindestens drei Jahre besteht und in diesem Zeitraum im Sinne der Nummer 1 tätig gewesen ist,

3. die Gewähr für eine sachgerechte Aufgabenerfüllung, insbesondere für eine sachgerechte Beteiligung an behördlichen Entscheidungsverfahren, bietet; dabei sind Art und Umfang ihrer bisherigen Tätigkeit, der Mitgliederkreis sowie die Leistungsfähigkeit der Vereinigung zu berücksichtigen,

4. gemeinnützige Zwecke im Sinne von § 52 der Abgabenordnung verfolgt und

5. jeder Person den Eintritt als Mitglied ermöglicht, die die Ziele der Vereinigung unterstützt; Mitglieder sind Personen, die mit dem Eintritt volles Stimmrecht in der Mitgliederversammlung der Vereinigung erhalten; bei Vereinigungen, deren Mitgliederkreis zu mindestens drei Vierteln aus juristischen Personen besteht, kann von der Voraussetzung nach Halbsatz 1 abgesehen werden, sofern die Mehrzahl dieser juristischen Personen diese Voraussetzung erfüllt.

[3]In der Anerkennung ist der satzungsgemäße Aufgabenbereich, für den die Anerkennung gilt, zu bezeichnen; dabei sind insbesondere anzugeben, ob die Vereinigung im Schwerpunkt die Ziele des Naturschutzes und der Landschaftspflege fördert, sowie der räumliche Bereich, auf den sich die Anerkennung bezieht. [4]Die Anerkennung kann, auch nachträglich, mit der Auflage verbunden werden, dass Satzungsänderungen mitzuteilen sind. [5]Sie ist von der zuständigen Behörde im Internet zu veröffentlichen.

(2) [1]Für eine ausländische Vereinigung sowie für eine Vereinigung mit einem Tätigkeitsbereich, der über das Gebiet eines Landes hinausgeht, wird die Anerkennung durch das Umweltbundesamt ausgesprochen. [2]Bei der Anerkennung einer Vereinigung nach Satz 1, die im Schwerpunkt die Ziele des Naturschutzes und der Landschaftspflege fördert, ergeht diese Anerkennung im Einvernehmen mit dem Bundesamt für Naturschutz. [3]Für die Anerkennung werden keine Gebühren und Auslagen erhoben.

(3) Für eine inländische Vereinigung mit einem Tätigkeitsbereich, der nicht über das Gebiet eines Landes hinausgeht, wird die Anerkennung durch die zuständige Behörde des Landes ausgesprochen.

§ 4 Verfahrensfehler

(1) [1]Die Aufhebung einer Entscheidung über die Zulässigkeit eines Vorhabens nach § 1 Absatz 1 Satz 1 Nummer 1 bis 2b kann verlangt werden, wenn

1. eine nach den Bestimmungen des Gesetzes über die Umweltverträglichkeitsprüfung, nach der Verordnung über die Umweltverträglichkeitsprüfung bergbaulicher Vorhaben oder nach entsprechenden landesrechtlichen Vorschriften
 a) erforderliche Umweltverträglichkeitsprüfung oder
 b) erforderliche Vorprüfung des Einzelfalls zur Feststellung der UVP-Pflichtigkeit
 weder durchgeführt noch nachgeholt worden ist,

2. eine erforderliche Öffentlichkeitsbeteiligung im Sinne von § 18 des Gesetzes über die Umweltverträglichkeitsprüfung oder im Sinne von § 10 des Bundes-Immissionsschutzgesetzes weder durchgeführt noch nachgeholt worden ist oder

3. ein anderer Verfahrensfehler vorliegt, der
 a) nicht geheilt worden ist,
 b) nach seiner Art und Schwere mit den in den Nummern 1 und 2 genannten Fällen vergleichbar ist und

c) der betroffenen Öffentlichkeit die Möglichkeit der gesetzlich vorgesehenen Beteiligung am Entscheidungsprozess genommen hat; zur Beteiligung am Entscheidungsprozess gehört auch der Zugang zu den Unterlagen, die zur Einsicht für die Öffentlichkeit auszulegen sind. [2]Eine durchgeführte Vorprüfung des Einzelfalls zur Feststellung der UVP-Pflichtigkeit, die nicht dem Maßstab des § 5 Absatz 3 Satz 2 des Gesetzes über die Umweltverträglichkeitsprüfung genügt, steht einer nicht durchgeführten Vorprüfung nach Satz 1 Nummer 1 Buchstabe b gleich.

(1a) [1]Für Verfahrensfehler, die nicht unter Absatz 1 fallen, gilt § 46 des Verwaltungsverfahrensgesetzes. [2]Lässt sich durch das Gericht nicht aufklären, ob ein Verfahrensfehler nach Satz 1 die Entscheidung in der Sache beeinflusst hat, wird eine Beeinflussung vermutet.

(1b) [1]Eine Verletzung von Verfahrensvorschriften führt nur dann zur Aufhebung der Entscheidung nach § 1 Absatz 1 Satz 1 Nummer 1 bis 2b oder 5, wenn sie nicht durch Entscheidungsergänzung oder ein ergänzendes Verfahren behoben werden kann. [2]Unberührt bleiben
1. § 45 Absatz 2 des Verwaltungsverfahrensgesetzes sowie
2. § 75 Absatz 1a des Verwaltungsverfahrensgesetzes und andere entsprechende Rechtsvorschriften zur Planerhaltung.
[3]Auf Antrag kann das Gericht anordnen, dass die Verhandlung bis zur Heilung von Verfahrensfehlern im Sinne der Absätze 1 und 1a ausgesetzt wird, soweit dies im Sinne der Verfahrenskonzentration sachdienlich ist.

(2) Soweit Gegenstand der gerichtlichen Überprüfung Beschlüsse im Sinne des § 2 Absatz 6 Nummer 3 des Gesetzes über die Umweltverträglichkeitsprüfung sind, gelten abweichend von den Absätzen 1 bis 1b die §§ 214 und 215 und die diesbezüglichen Überleitungsvorschriften des Baugesetzbuchs sowie die einschlägigen landesrechtlichen Vorschriften.

(3) [1]Die Absätze 1 bis 2 gelten für Rechtsbehelfe von
1. Personen gemäß § 61 Nummer 1 der Verwaltungsgerichtsordnung und Vereinigungen gemäß § 61 Nummer 2 der Verwaltungsgerichtsordnung sowie
2. Vereinigungen, die die Anforderungen des § 3 Absatz 1 oder des § 2 Absatz 2 erfüllen.
[2]Auf Rechtsbehelfe von Personen und Vereinigungen nach Satz 1 Nummer 1 ist Absatz 1 Satz 1 Nummer 3 mit der Maßgabe anzuwenden, dass die Aufhebung einer Entscheidung nur verlangt werden kann, wenn der Verfahrensfehler dem Beteiligten die Möglichkeit der gesetzlich vorgesehenen Beteiligung am Entscheidungsprozess genommen hat.

(4) [1]Für Rechtsbehelfe von Vereinigungen nach Absatz 3 Satz 1 Nummer 2 gegen Entscheidungen nach § 1 Absatz 1 Satz 1 Nummer 4 sind die Absätze 1 bis 2 entsprechend anzuwenden. [2]Soweit Gegenstand der gerichtlichen Überprüfung Raumordnungspläne nach dem Raumordnungsgesetz sind, gelten abweichend von Satz 1 die §§ 11 und 27 Absatz 2 des Raumordnungsgesetzes sowie die einschlägigen landesrechtlichen Vorschriften.

(5) Für Rechtsbehelfe gegen Entscheidungen im Sinne des § 1 Absatz 1 Satz 1 Nummer 3, 5 und 6 gelten bei Verfahrensfehlern die jeweiligen fachrechtlichen Regelungen sowie die Regelungen des Verwaltungsverfahrensgesetzes.

§ 5 Missbräuchliches oder unredliches Verhalten im Rechtsbehelfsverfahren

Einwendungen, die eine Person oder eine Vereinigung im Sinne des § 4 Absatz 3 Satz 1 erstmals im Rechtsbehelfsverfahren erhebt, bleiben unberücksichtigt, wenn die erstmalige Geltendmachung im Rechtsbehelfsverfahren missbräuchlich oder unredlich ist.

§ 6 Klagebegründungsfrist

[1]Eine Person oder eine Vereinigung im Sinne des § 4 Absatz 3 Satz 1 hat innerhalb einer Frist von zehn Wochen ab Klageerhebung die zur Begründung ihrer Klage gegen eine Entscheidung im Sinne von § 1 Absatz 1 Satz 1 oder gegen deren Unterlassen dienenden Tatsachen und Beweismittel anzugeben. [2]Erklärungen und Beweismittel, die erst nach Ablauf dieser Frist vorgebracht werden, sind nur zuzulassen, wenn die Voraussetzung nach § 87b Absatz 3 Satz 1 Nummer 2 der Verwaltungsgerichtsordnung erfüllt ist. [3]§ 87b Absatz 3 Satz 2 und 3 der Verwaltungsgerichtsordnung gilt entsprechend. [4]Die Frist nach Satz 1 kann durch den Vorsitzenden oder den Berichterstatter auf Antrag verlängert werden, wenn die Person oder die Vereinigung in dem Verfahren, in dem die angefochtene Entscheidung ergangen ist, keine Möglichkeit der Beteiligung hatte.

§ 7 Besondere Bestimmungen für Rechtsbehelfe gegen bestimmte Entscheidungen

(1) [1]Ist für Entscheidungen nach § 1 Absatz 1 Satz 1 Nummer 5 oder 6 nach den geltenden Rechtsvorschriften keine öffentliche Bekanntmachung vorgeschrieben, so hat die zuständige Behörde die im Ein-

zelfall getroffene Entscheidung mit Rechtsbehelfsbelehrung einer oder mehreren genau zu bezeichnenden Personen oder Vereinigungen bekannt zu geben, wenn dies beantragt wird

1. vom Antragsteller des Verwaltungsaktes nach § 1 Absatz 1 Satz 1 Nummer 5 oder
2. von demjenigen, an den die Behörde den Verwaltungsakt nach § 1 Absatz 1 Satz 1 Nummer 6 gerichtet hat.

²Die Kosten der Bekanntgabe hat der Antragsteller zu tragen.

(2) ¹Über Rechtsbehelfe gegen eine Entscheidung nach § 1 Absatz 1 Satz 1 Nummer 4 oder deren Unterlassen entscheidet im ersten Rechtszug das Oberverwaltungsgericht, auch wenn kein Fall des § 47 Absatz 1 Nummer 1 oder 2 der Verwaltungsgerichtsordnung vorliegt. ²Ist eine Gestaltungs- oder Leistungsklage oder ein Antrag nach § 47 Absatz 1 der Verwaltungsgerichtsordnung nicht statthaft, ist § 47 der Verwaltungsgerichtsordnung entsprechend anzuwenden. ³Bei länderübergreifenden Plänen und Programmen ist das Oberverwaltungsgericht örtlich zuständig, in dessen Bezirk die Behörde, die die Entscheidung über die Annahme des Plans oder Programms getroffen hat, ihren Sitz hat.

(3) ¹Hat eine Vereinigung im Sinne des § 4 Absatz 3 Satz 1 Nummer 2 in einem Verfahren nach § 1 Absatz 1 Satz 1 Nummer 4 Gelegenheit zur Äußerung gehabt, ist sie im Verfahren über den Rechtsbehelf nach Absatz 2 mit allen Einwendungen ausgeschlossen, die sie im Verfahren nach § 1 Absatz 1 Satz 1 Nummer 4 nicht oder nach den geltenden Rechtsvorschriften nicht rechtzeitig geltend gemacht hat, aber hätte geltend machen können. ²Satz 1 gilt nicht für Verfahren zur Aufstellung, Änderung, Ergänzung oder Aufhebung von Bebauungsplänen nach § 10 des Baugesetzbuches.

(4) Im Rechtsbehelfsverfahren gegen eine Entscheidung nach § 1 Absatz 1 Satz 1 Nummer 1 bis 2b findet § 73 Absatz 4 Satz 3 bis 6 des Verwaltungsverfahrensgesetzes, auch in den Fällen seines Absatzes 8, keine Anwendung.

(5) ¹Eine Verletzung materieller Rechtsvorschriften führt nur dann zur Aufhebung der Entscheidung nach § 1 Absatz 1 Satz 1 Nummer 1 bis 2b oder 5, wenn sie nicht durch Entscheidungsergänzung oder ein ergänzendes Verfahren behoben werden kann. ²Satz 1 gilt nicht im Anwendungsbereich des § 75 Absatz 1a des Verwaltungsverfahrensgesetzes.

(6) Absatz 2 Satz 1 und 3 sowie die Absätze 4 und 5 gelten auch für Rechtsbehelfe von Personen und Vereinigungen nach § 4 Absatz 3 Satz 1 Nummer 1.

§ 8 Überleitungsvorschrift

(1) ¹Dieses Gesetz gilt für Rechtsbehelfe gegen Entscheidungen nach § 1 Absatz 1 Satz 1 Nummer 1 und 2, die nach dem 25. Juni 2005 ergangen sind oder hätten ergehen müssen. ²Abweichend von Satz 1 ist § 6 nur auf solche in Satz 1 genannten Rechtsbehelfe anzuwenden, die nach dem 28. Januar 2013 erhoben worden sind.

(2) Dieses Gesetz gilt für Rechtsbehelfe gegen Entscheidungen nach § 1 Absatz 1 Satz 1 Nummer 4 bis 6,
1. die am 2. Juni 2017 noch keine Bestandskraft erlangt haben oder
2. die nach diesem Zeitpunkt ergangen sind oder hätten ergehen müssen.

(3) Folgende Anerkennungen gelten als Anerkennungen im Sinne dieses Gesetzes fort:
1. Anerkennungen
 a) nach § 3 dieses Gesetzes in der Fassung vom 28. Februar 2010,
 b) nach § 59 des Bundesnaturschutzgesetzes in der Fassung vom 28. Februar 2010 und
 c) auf Grund landesrechtlicher Vorschriften im Rahmen des § 60 des Bundesnaturschutzgesetzes in der Fassung vom 28. Februar 2010,
 die vor dem 1. März 2010 erteilt worden sind, sowie
2. Anerkennungen des Bundes und der Länder nach § 29 des Bundesnaturschutzgesetzes in der bis zum 3. April 2002 geltenden Fassung.

Umwelthaftungsgesetz (UmweltHG)[1]

Vom 10. Dezember 1990 (BGBl. I S. 2634)
(FNA 400-9)
zuletzt geändert durch Art. 6 G zur Einführung eines Anspruchs auf Hinterbliebenengeld
vom 17. Juli 2017 (BGBl. I S. 2421)

§ 1 Anlagenhaftung bei Umwelteinwirkungen

Wird durch eine Umwelteinwirkung, die von einer im Anhang 1 genannten Anlage ausgeht, jemand getötet, sein Körper oder seine Gesundheit verletzt oder eine Sache beschädigt, so ist der Inhaber der Anlage verpflichtet, dem Geschädigten den daraus entstehenden Schaden zu ersetzen.

§ 2 Haftung für nichtbetriebene Anlagen

(1) Geht die Umwelteinwirkung von einer noch nicht fertiggestellten Anlage aus und beruht sie auf Umständen, die die Gefährlichkeit der Anlage nach ihrer Fertigstellung begründen, so haftet der Inhaber der noch nicht fertiggestellten Anlage nach § 1.

(2) Geht die Umwelteinwirkung von einer nicht mehr betriebenen Anlage aus und beruht sie auf Umständen, die die Gefährlichkeit der Anlage vor der Einstellung des Betriebs begründet haben, so haftet derjenige nach § 1, der im Zeitpunkt der Einstellung des Betriebs Inhaber der Anlage war.

§ 3 Begriffsbestimmungen

(1) Ein Schaden entsteht durch eine Umwelteinwirkung, wenn er durch Stoffe, Erschütterungen, Geräusche, Druck, Strahlen, Gase, Dämpfe, Wärme oder sonstige Erscheinungen verursacht wird, die sich in Boden, Luft oder Wasser ausgebreitet haben.

(2) Anlagen sind ortsfeste Einrichtungen wie Betriebsstätten und Lager.

(3) Zu den Anlagen gehören auch

a) Maschinen, Geräte, Fahrzeuge und sonstige ortsveränderliche technische Einrichtungen und
b) Nebeneinrichtungen,

die mit der Anlage oder einem Anlagenteil in einem räumlichen oder betriebstechnischen Zusammenhang stehen und für das Entstehen von Umwelteinwirkungen von Bedeutung sein können.

§ 4 Ausschluß der Haftung

Die Ersatzpflicht besteht nicht, soweit der Schaden durch höhere Gewalt verursacht wurde.

§ 5 Beschränkung der Haftung bei Sachschäden

Ist die Anlage bestimmungsgemäß betrieben worden (§ 6 Abs. 2 Satz 2), so ist die Ersatzpflicht für Sachschäden ausgeschlossen, wenn die Sache nur unwesentlich oder in einem Maße beeinträchtigt wird, das nach den örtlichen Verhältnissen zumutbar ist.

§ 6 Ursachenvermutung

(1) [1]Ist eine Anlage nach den Gegebenheiten des Einzelfalles geeignet, den entstandenen Schaden zu verursachen, so wird vermutet, daß der Schaden durch diese Anlage verursacht ist. [2]Die Eignung im Einzelfall beurteilt sich nach dem Betriebsablauf, den verwendeten Einrichtungen, der Art und Konzentration der eingesetzten und freigesetzten Stoffe, den meteorologischen Gegebenheiten, nach Zeit und Ort des Schadenseintritts und nach dem Schadensbild sowie allen sonstigen Gegebenheiten, die im Einzelfall für oder gegen die Schadensverursachung sprechen.

(2) [1]Absatz 1 findet keine Anwendung, wenn die Anlage bestimmungsgemäß betrieben wurde. [2]Ein bestimmungsgemäßer Betrieb liegt vor, wenn die besonderen Betriebspflichten eingehalten worden sind und auch keine Störung des Betriebs vorliegt.

(3) Besondere Betriebspflichten sind solche, die sich aus verwaltungsrechtlichen Zulassungen, Auflagen und vollziehbaren Anordnungen und Rechtsvorschriften ergeben, soweit sie die Verhinderung von solchen Umwelteinwirkungen bezwecken, die für die Verursachung des Schadens in Betracht kommen.

(4) Sind in der Zulassung, in Auflagen, in vollziehbaren Anordnungen oder in Rechtsvorschriften zur Überwachung einer besonderen Betriebspflicht Kontrollen vorgeschrieben, so wird die Einhaltung dieser Betriebspflicht vermutet, wenn

1) Verkündet als Art. 1 G über die Umwelthaftung vom 10.12.1990 (BGBl. I S. 2634); Inkrafttreten gem. Art. 5 dieses G am 1. Januar 1991.

1. die Kontrollen in dem Zeitraum durchgeführt wurden, in dem die in Frage stehende Umwelteinwir-
 kung von der Anlage ausgegangen sein kann, und diese Kontrollen keinen Anhalt für die Verletzung
 der Betriebspflicht ergeben haben, oder
2. im Zeitpunkt der Geltendmachung des Schadensersatzanspruchs die in Frage stehende Umweltein-
 wirkung länger als zehn Jahre zurückliegt.

§ 7 Ausschluß der Vermutung
(1) ¹Sind mehrere Anlagen geeignet, den Schaden zu verursachen, so gilt die Vermutung nicht, wenn ein
anderer Umstand nach den Gegebenheiten des Einzelfalles geeignet ist, den Schaden zu verursachen. ²Die
Eignung im Einzelfall beurteilt sich nach Zeit und Ort des Schadenseintritts und nach dem Schadensbild
sowie allen sonstigen Gegebenheiten, die im Einzelfall für oder gegen die Schadensverursachung spre-
chen.

(2) Ist nur eine Anlage geeignet, den Schaden zu verursachen, so gilt die Vermutung dann nicht, wenn
ein anderer Umstand nach den Gegebenheiten des Einzelfalles geeignet ist, den Schaden zu verursachen.

§ 8 Auskunftsanspruch des Geschädigten gegen den Inhaber einer Anlage
(1) ¹Liegen Tatsachen vor, die die Annahme begründen, daß eine Anlage den Schaden verursacht hat, so
kann der Geschädigte vom Inhaber der Anlage Auskunft verlangen, soweit dies zur Feststellung, daß ein
Anspruch auf Schadensersatz nach diesem Gesetz besteht, erforderlich ist. ²Verlangt werden können nur
Angaben über die verwendeten Einrichtungen, die Art und Konzentration der eingesetzten oder freige-
setzten Stoffe und die sonst von der Anlage ausgehenden Wirkungen sowie die besonderen Betriebs-
pflichten nach § 6 Abs. 3.

(2) Der Anspruch nach Absatz 1 besteht insoweit nicht, als die Vorgänge aufgrund gesetzlicher Vor-
schriften geheimzuhalten sind oder die Geheimhaltung einem überwiegenden Interesse des Inhabers der
Anlage oder eines Dritten entspricht.

(3) ¹Der Geschädigte kann vom Inhaber der Anlage Gewährung von Einsicht in vorhandene Unterlagen
verlangen, soweit die Annahme begründet ist, daß die Auskunft unvollständig, unrichtig oder nicht aus-
reichend ist, oder wenn die Auskunft nicht in angemessener Frist erteilt wird. ²Absätze 1 und 2 gelten
entsprechend.

(4) Die §§ 259 bis 261 des Bürgerlichen Gesetzbuchs finden entsprechende Anwendung.

§ 9 Auskunftsanspruch des Geschädigten gegen Behörden
¹Liegen Tatsachen vor, die die Annahme begründen, daß eine Anlage den Schaden verursacht hat, so kann
der Geschädigte von Behörden, die die Anlage genehmigt haben oder überwachen, oder deren Aufgabe
es ist, Einwirkungen auf die Umwelt zu erfassen, Auskunft verlangen, soweit dies zur Feststellung, daß
ein Anspruch auf Schadensersatz nach diesem Gesetz besteht, erforderlich ist. ²Die Behörde ist zur Er-
teilung der Auskunft nicht verpflichtet, soweit durch sie die ordnungsgemäße Erfüllung der Aufgaben der
Behörde beeinträchtigt würde, das Bekanntwerden des Inhalts der Auskunft dem Wohle des Bundes oder
eines Landes Nachteile bereiten würde oder soweit die Vorgänge nach einem Gesetz oder ihrem Wesen
nach, namentlich wegen der berechtigten Interessen der Beteiligten oder dritter Personen, geheimgehalten
werden müssen. ³§ 8 Abs. 1 Satz 2 gilt entsprechend für die Behörden, die die Anlage genehmigt haben
oder überwachen; von diesen Behörden können auch Angaben über Namen und Anschrift des Inhabers
der Anlage, seines gesetzlichen Vertreters oder eines Zustellungsbevollmächtigten verlangt werden.

§ 10 Auskunftsanspruch des Inhabers einer Anlage
(1) Wird gegen den Inhaber einer Anlage ein Anspruch aufgrund dieses Gesetzes geltend gemacht, so
kann er von dem Geschädigten und von dem Inhaber einer anderen Anlage Auskunft und Einsichtsge-
währung oder von den in § 9 genannten Behörden Auskunft verlangen, soweit dies zur Feststellung des
Umfangs seiner Ersatzpflicht gegenüber dem Geschädigten oder seines Ausgleichsanspruchs gegen den
anderen Inhaber erforderlich ist.

(2) Für den Anspruch gegen den Geschädigten gilt § 8 Abs. 2, 3 Satz 1 und § 8 Abs. 4, für den Anspruch
gegen den Inhaber einer anderen Anlage gilt § 8 Abs. 1 Satz 2, Abs. 2 bis 4 und für den Auskunftsanspruch
gegen Behörden § 9 entsprechend.

§ 11 Mitverschulden
Hat bei der Entstehung des Schadens ein Verschulden des Geschädigten mitgewirkt, so gilt § 254 des
Bürgerlichen Gesetzbuchs; im Falle der Sachbeschädigung steht das Verschulden desjenigen, der die
tatsächliche Gewalt über die Sache ausübt, dem Verschulden des Geschädigten gleich.

§ 12 Umfang der Ersatzpflicht bei Tötung

(1) ¹Im Falle der Tötung ist Ersatz der Kosten einer versuchten Heilung sowie des Vermögensnachteils zu leisten, den der Getötete dadurch erlitten hat, daß während der Krankheit seine Erwerbsfähigkeit aufgehoben oder gemindert war oder seine Bedürfnisse vermehrt waren. ²Der Ersatzpflichtige hat außerdem die Kosten der Beerdigung demjenigen zu ersetzen, der diese Kosten zu tragen hat.

(2) ¹Stand der Getötete zur Zeit der Verletzung zu einem Dritten in einem Verhältnis, aus dem er diesem gegenüber kraft Gesetzes unterhaltspflichtig war oder unterhaltspflichtig werden konnte, und ist dem Dritten infolge der Tötung das Recht auf Unterhalt entzogen, so hat der Ersatzpflichtige dem Dritten insoweit Schadensersatz zu leisten, als der Getötete während der mutmaßlichen Dauer seines Lebens zur Gewährung des Unterhalts verpflichtet gewesen wäre. ²Die Ersatzpflicht tritt auch ein, wenn der Dritte zur Zeit der Verletzung gezeugt, aber noch nicht geboren war.

(3) ¹Der Ersatzpflichtige hat dem Hinterbliebenen, der zur Zeit der Verletzung zu dem Getöteten in einem besonderen persönlichen Näheverhältnis stand, für das dem Hinterbliebenen zugefügte seelische Leid eine angemessene Entschädigung in Geld zu leisten. ²Ein besonderes persönliches Näheverhältnis wird vermutet, wenn der Hinterbliebene der Ehegatte, der Lebenspartner, ein Elternteil oder ein Kind des Getöteten war.

§ 13 Umfang der Ersatzpflicht bei Körperverletzung

¹Im Falle der Verletzung des Körpers oder der Gesundheit ist Ersatz der Kosten der Heilung sowie des Vermögensnachteils zu leisten, den der Verletzte dadurch erleidet, daß infolge der Verletzung zeitweise oder dauernd seine Erwerbsfähigkeit aufgehoben oder gemindert ist oder seine Bedürfnisse vermehrt sind. ²Wegen des Schadens, der nicht Vermögensschaden ist, kann auch eine billige Entschädigung in Geld gefordert werden.

§ 14 Schadensersatz durch Geldrente

(1) Der Schadensersatz wegen Aufhebung oder Minderung der Erwerbsfähigkeit und wegen vermehrter Bedürfnisse des Verletzten sowie der nach § 12 Abs. 2 einem Dritten zu gewährende Schadensersatz ist für die Zukunft durch eine Geldrente zu leisten.

(2) § 843 Abs. 2 bis 4 des Bürgerlichen Gesetzbuchs ist entsprechend anzuwenden.

§ 15 Haftungshöchstgrenzen

¹Der Ersatzpflichtige haftet für Tötung, Körper- und Gesundheitsverletzung insgesamt nur bis zu einem Höchstbetrag von 85 Millionen Euro und für Sachbeschädigungen ebenfalls insgesamt nur bis zu einem Höchstbetrag von 85 Millionen Euro, soweit die Schäden aus einer einheitlichen Umwelteinwirkung entstanden sind. ²Übersteigen die mehreren aufgrund der einheitlichen Umwelteinwirkung zu leistenden Entschädigungen die in Satz 1 bezeichneten jeweiligen Höchstbeträge, so verringern sich die einzelnen Entschädigungen in dem Verhältnis, in dem ihr Gesamtbetrag zum Höchstbetrag steht.

§ 16 Aufwendungen bei Wiederherstellungsmaßnahmen

(1) Stellt die Beschädigung einer Sache auch eine Beeinträchtigung der Natur oder der Landschaft dar, so ist, soweit der Geschädigte den Zustand herstellt, der bestehen würde, wenn die Beeinträchtigung nicht eingetreten wäre, § 251 Abs. 2 des Bürgerlichen Gesetzbuchs mit der Maßgabe anzuwenden, daß Aufwendungen für die Wiederherstellung des vorherigen Zustandes nicht allein deshalb unverhältnismäßig sind, weil sie den Wert der Sache übersteigen.

(2) Für die erforderlichen Aufwendungen hat der Schädiger auf Verlangen des Ersatzberechtigten Vorschuß zu leisten.

§ 17 Verjährung

Auf die Verjährung finden die für unerlaubte Handlungen geltenden Verjährungsvorschriften des Bürgerlichen Gesetzbuchs entsprechende Anwendung.

§ 18 Weitergehende Haftung

(1) Eine Haftung aufgrund anderer Vorschriften bleibt unberührt.

(2) Dieses Gesetz findet keine Anwendung im Falle eines nuklearen Ereignisses, soweit für den Schaden das Atomgesetz in Verbindung mit dem Pariser Atomhaftungsübereinkommen vom 29. Juli 1960 (im Wortlaut der Bekanntmachung vom 15. Juli 1985, BGBl. 1985 II S. 963), dem Brüsseler Reaktorschiff-Übereinkommen vom 25. Mai 1962 (BGBl. 1975 II S. 957, 977) und dem Brüsseler Kernmaterial-Seetransport-Abkommen vom 17. Dezember 1971 (BGBl. 1975 II S. 957, 1026) in der jeweils gültigen Fassung maßgebend ist.

§ 19 Deckungsvorsorge

(1) [1]Die Inhaber von Anlagen, die in Anhang 2 genannt sind, haben dafür Sorge zu tragen, daß sie ihren gesetzlichen Verpflichtungen zum Ersatz von Schäden nachkommen können, die dadurch entstehen, daß infolge einer von der Anlage ausgehenden Umwelteinwirkung ein Mensch getötet, sein Körper oder seine Gesundheit verletzt oder eine Sache beschädigt wird (Deckungsvorsorge). [2]Geht von einer nicht mehr betriebenen Anlage eine besondere Gefährlichkeit aus, kann die zuständige Behörde anordnen, daß derjenige, der im Zeitpunkt der Einstellung des Betriebs Inhaber der Anlage war, für die Dauer von höchstens zehn Jahren weiterhin entsprechende Deckungsvorsorge zu treffen hat.

(2) Die Deckungsvorsorge kann erbracht werden
1. durch eine Haftpflichtversicherung bei einem im Geltungsbereich dieses Gesetzes zum Geschäftsbetrieb befugten Versicherungsunternehmen oder
2. durch eine Freistellungs- oder Gewährleistungsverpflichtung des Bundes oder eines Landes oder
3. durch eine Freistellungs- oder Gewährleistungsverpflichtung eines im Geltungsbereich dieses Gesetzes zum Geschäftsbetrieb befugten Kreditinstituts, wenn gewährleistet ist, daß sie einer Haftpflichtversicherung vergleichbare Sicherheiten bietet.

(3) Die in § 2 Abs. 1 Nr. 1 bis 5 des Pflichtversicherungsgesetzes in der Fassung der Bekanntmachung vom 5. April 1965 (BGBl. I S. 213), zuletzt geändert durch Gesetz vom 22. März 1988 (BGBl. I S. 358), Genannten sind von der Pflicht zur Deckungsvorsorge befreit.

(4) Die zuständige Behörde kann den Betrieb einer im Anhang 2 genannten Anlage ganz oder teilweise untersagen, wenn der Inhaber seiner Verpflichtung zur Deckungsvorsorge nicht nachkommt und die Deckungsvorsorge nicht binnen einer von der zuständigen Behörde festzusetzenden angemessenen Frist nachweist.

§ 20 Ermächtigung zum Erlaß von Rechtsverordnungen

(1) Die Bundesregierung wird durch Rechtsverordnung mit Zustimmung des Bundesrates Vorschriften erlassen über
1. den Zeitpunkt, ab dem der Inhaber einer Anlage nach § 19 Deckungsvorsorge zu treffen hat,
2. Umfang und Höhe der Deckungsvorsorge,
3. die an Freistellungs- und Gewährleistungsverpflichtungen von Kreditinstituten zu stellenden Anforderungen,
4. Verfahren und Befugnisse der für die Überwachung der Deckungsvorsorge zuständigen Behörde,
5. die zuständige Stelle gemäß § 117 Abs. 2 des Versicherungsvertragsgesetzes sowie über die Erstattung der Anzeige im Sinne des § 117 Abs. 2 des Versicherungsvertragsgesetzes,
6. die Pflichten des Inhabers der Anlage, des Versicherungsunternehmens und desjenigen, der eine Freistellungs- oder Gewährleistungsverpflichtung übernommen hat, gegenüber der für die Überwachung der Deckungsvorsorge zuständigen Behörde.

(2) [1]Die Rechtsverordnung ist vor Zuleitung an den Bundesrat dem Deutschen Bundestag zuzuleiten. [2]Sie kann durch Beschluß des Bundestages geändert oder abgelehnt werden. [3]Der Beschluß des Bundestages wird der Bundesregierung zugeleitet. [4]Hat sich der Deutsche Bundestag nach Ablauf von drei Sitzungswochen seit Eingang der Rechtsverordnung nicht mit ihr befaßt, so wird die unveränderte Rechtsverordnung der Bundesregierung zugeleitet. [5]Der Deutsche Bundestag befaßt sich mit der Rechtsverordnung auf Antrag von so vielen Mitgliedern des Bundestages, wie zur Bildung einer Fraktion erforderlich sind.

§ 21 Strafvorschriften

(1) Mit Freiheitsstrafe bis zu einem Jahr oder mit Geldstrafe wird bestraft, wer
1. entgegen § 19 Abs. 1 Satz 1, auch in Verbindung mit einer Rechtsverordnung nach § 20 Abs. 1 Nr. 1 oder 2, nicht oder nicht ausreichende Deckungsvorsorge trifft oder
2. einer vollziehbaren Anordnung nach § 19 Abs. 1 Satz 2 zuwiderhandelt.

(2) Handelt der Täter fahrlässig, so ist die Strafe Freiheitsstrafe bis zu sechs Monaten oder Geldstrafe bis zu einhundertachtzig Tagessätzen.

§ 22 Bußgeldvorschriften

(1) Ordnungswidrig handelt, wer einer Rechtsverordnung nach § 20 Abs. 1 Nr. 3 bis 6 zuwiderhandelt, soweit sie für einen bestimmten Tatbestand auf diese Bußgeldvorschrift verweist.

(2) Die Ordnungswidrigkeit kann mit einer Geldbuße bis zu 5 000 Euro geahndet werden.

§ 23 Übergangsvorschriften

Dieses Gesetz und § 32a der Zivilprozeßordnung finden keine Anwendung, soweit der Schaden vor dem Inkrafttreten dieses Gesetzes verursacht worden ist.

Anhang 1
(zu § 1 UmweltHG)

Für die genannten Anlagen gilt:
1. Ist für eine der im Anhang genannten Anlagen das Erreichen oder Überschreiten einer Leistungsgrenze oder einer Anlagengröße maßgebend, so ist auf den rechtlich zulässigen und, sofern dieser überschritten wird, auf den tatsächlichen Betriebsumfang abzustellen. Der rechtlich zulässige Betriebsumfang bestimmt sich aus dem Inhalt verwaltungsrechtlicher Zulassungen, aus Auflagen, aus vollziehbaren Anordnungen und aus Rechtsvorschriften.
2. Ist für eine der im Anhang genannten Anlagen die Menge eines Stoffes maßgebend, so ist darauf abzustellen, ob diese Menge
 a) im bestimmungsgemäßen Betrieb vorhanden sein kann oder
 b) bei einer Störung des bestimmungsgemäßen Betriebs entstehen kann.
3. Mehrere Anlagen eines Betreibers, die die maßgebenden Leistungsgrenzen, Anlagengrößen oder Stoffmengen jeweils allein nicht erreichen, sind Anlagen im Sinne des § 1 UmweltHG, sofern sie in einen engen räumlichen und betrieblichen Zusammenhang stehen und zusammen die maßgebenden Leistungsgrenzen oder Anlagengrößen (Nummer 1) oder Stoffmengen (Nummer 2) erreichen.

Wärmeerzeugung, Bergbau, Energie
1. Kraftwerke, Heizkraftwerke und Heizwerke mit Feuerungsanlagen für den Einsatz von festen, flüssigen oder gasförmigen Brennstoffen, soweit die Feuerungswärmeleistung
 a) bei festen oder flüssigen Brennstoffen 50 Megawatt oder
 b) bei gasförmigen Brennstoffen 100 Megawatt übersteigt
2. Feuerungsanlagen für den Einsatz von
 a) Kohle, Koks, Kohlebriketts, Torfbriketts, Brenntorf, Heizölen, Methanol, Äthanol, naturbelasenem Holz sowie von
 aa) gestrichenem, lackiertem oder beschichtetem Holz sowie daraus anfallenden Resten, soweit keine Holzschutzmittel aufgetragen oder enthalten sind und Beschichtungen nicht aus halogenorganischen Verbindungen bestehen, oder von
 bb) Sperrholz, Spanplatten, Faserplatten oder sonst verleimtem Holz sowie daraus anfallenden Resten, soweit keine Holzschutzmittel aufgetragen oder enthalten sind und Beschichtungen nicht aus halogenorganischen Verbindungen bestehen,
 mit einer Feuerungswärmeleistung von 50 Megawatt oder mehr oder
 b) gasförmigen Brennstoffen
 aa) Gasen der öffentlichen Gasversorgung, naturbelassenem Erdgas oder Erdölgas mit vergleichbaren Schwefelgehalten, Flüssiggas oder Wasserstoff,
 bb) Klärgas mit einem Volumengehalt an Schwefelverbindungen bis zu 1 vom Tausend, angegeben als Schwefel, oder Biogas aus der Landwirtschaft,
 cc) Koksofengas, Grubengas, Stahlgas, Hochofengas, Raffineriegas und Synthesegas mit einem Volumengehalt an Schwefelverbindungen bis zu 1 vom Tausend, angegeben als Schwefel,
 mit einer Feuerungswärmeleistung von 100 Megawatt oder mehr
3. Feuerungsanlagen für den Einsatz anderer fester, flüssiger oder gasförmiger brennbarer Stoffe mit einer Feuerungswärmeleistung von 1 Megawatt oder mehr
4. Verbrennungsmotoranlagen für den Einsatz von Altöl oder Deponiegas
5. Gasturbinen zum Antrieb von Generatoren oder Arbeitsmaschinen mit einer Feuerungswärmeleistung von 10 Megawatt oder mehr, ausgenommen Gasturbinen mit geschlossenem Kreislauf
6. Kühltürme mit einem Kühlwasserdurchsatz von 10 000 Kubikmetern oder mehr je Stunde unter Einschluß von Kühltürmen von Anlagen zur Spaltung von Kernbrennstoffen oder zur Aufarbeitung bestrahlter Kernbrennstoffe
7. Anlagen zum Mahlen oder Trocknen von Kohle mit einer Leistung von 30 Tonnen oder mehr je Stunde
8. Anlagen zum Brikettieren von Braun- oder Steinkohle
9. Anlagen zur Trockendestillation, insbesondere von Steinkohle, Braunkohle, Holz, Torf oder Pech (z.B. Kokereien, Gaswerke, und Schwelereien), ausgenommen Holzkohlenmeiler
10. Anlagen zur Destillation oder Weiterverarbeitung von Teer oder Teererzeugnissen oder von Teer- oder Gaswasser
11. Anlagen zur Erzeugung von Generator- oder Wassergas aus festen Brennstoffen
12. Anlagen zur Vergasung oder Verflüssigung von Kohle
13. Anlagen zur Erzeugung von Stadt- oder Ferngas aus Kohlenwasserstoffen durch Spalten

14. Anlagen über Tage zur Gewinnung von Öl aus Schiefer oder anderen Gesteinen oder Sanden sowie Anlagen zur Destillation oder Weiterverarbeitung solcher Öle
15. Anlagen innerhalb von Kernbrennstoffabriken
 - zur chemischen Umwandlung von Uran- oder Plutoniumverbindungen (Konversion),
 - zum Sintern von Brennstofftabletten oder
 - zum Aufbereiten von kernbrennstoffhaltigen Rückständen
16. Verfahrenstechnische Anlagen innerhalb von Urananreicherungsanlagen (Isotopentrennanlage oder Produktanlage) einschließlich Lager- und Hantierungsanlagen für Behälter mit Uranhexafluorid (UF)
17. Einrichtungen zur Aufbewahrung von Kernbrennstoffen in Form von löslichen Uranverbindungen
18. Einrichtungen zur Behandlung radioaktiver Abfälle

Steine und Erden, Glas, Keramik, Baustoffe

19. Anlagen zur Herstellung von Zementklinker oder Zementen
20. Anlagen zum Brennen von Bauxit, Dolomit, Gips, Kalkstein, Kieselgur, Magnesit, Quarzit oder Schamotte
21. Anlagen zur Gewinnung, Bearbeitung oder Verarbeitung von Asbest
22. Anlagen zum mechanischen Be- oder Verarbeiten von Asbesterzeugnissen auf Maschinen
23. Anlagen zum Blähen von Perlite, Schiefer oder Ton
24. Anlagen zur Herstellung von Glas, auch soweit es aus Altglas hergestellt wird, einschließlich Glasfasern, die nicht für medizinische oder fernmeldetechnische Zwecke bestimmt sind
25. Anlagen zum Brennen keramischer Erzeugnisse unter Verwendung von Tonen, soweit der Rauminhalt der Brennanlage drei Kubikmeter oder mehr und die Besatzdichte 300 Kilogramm oder mehr je Kubikmeter Rauminhalt der Brennanlage beträgt, ausgenommen elektrisch beheizte Brennöfen, die diskontinuierlich und ohne Abluftführung betrieben werden
26. Anlagen zum Schmelzen mineralischer Stoffe
27. Anlagen zur Herstellung oder zum Schmelzen von Mischungen aus Bitumen oder Teer mit Mineralstoffen einschließlich Aufbereitungsanlagen für bituminöse Straßenbaustoffe und Teersplittanlagen, von denen den Umständen nach zu erwarten ist, daß sie länger als während der zwölf Monate, die auf die Inbetriebnahme folgen, an demselben Ort betrieben werden

Stahl, Eisen und sonstige Metalle einschließlich Verarbeitung

28. Anlagen zum Rösten (Erhitzen unter Luftzufuhr zur Überführung in Oxide), Schmelzen oder Sintern (Stückigmachen von feinkörnigen Stoffen durch Erhitzen) von Erzen
29. Anlagen zur Gewinnung von Roheisen oder Nichteisenrohmetallen
30. Anlagen zur Stahlerzeugung sowie Anlagen zum Erschmelzen von Gußeisen oder Rohstahl, ausgenommen Schmelzanlagen für Gußeisen oder Stahl mit einer Schmelzleistung bis zu 2,5 Tonnen pro Stunde
31. Schmelzanlagen für Zink oder Zinklegierungen für einen Einsatz von 1 000 Kilogramm oder mehr oder Schmelzanlagen für sonstige Nichteisenmetalle einschließlich der Anlagen zur Raffination für einen Einsatz von 500 Kilogramm oder mehr, ausgenommen
 - Vakuum-Schmelzanlagen,
 - Schmelzanlagen für niedrigschmelzende Gusslegierungen aus Zinn und Wismut oder aus Feinzink, Aluminium und Kupfer,
 - Schmelzanlagen, die Bestandteil von Druck- oder Kokillengießmaschinen sind,
 - Schmelzanlagen für Edelmetalle oder für Legierungen, die nur aus Edelmetallen oder aus Edelmetallen und Kupfer bestehen, und
 - Schwallötbäder
32. Anlagen zum Abziehen der Oberflächen von Stahl, insbesondere von Blöcken, Brammen, Knüppeln, Platinen oder Blechen durch Flämmen
33. Anlagen zum Walzen von Metallen, ausgenommen
 - Kaltwalzwerke mit einer Bandbreite bis zu 650 Millimeter und
 - Anlagen zum Walzen von Nichteisenmetallen mit einer Leistung von weniger als 8 Tonnen Schwermetall oder weniger als 2 Tonnen Leichtmetall je Stunde
34. Eisen-, Temper- oder Stahlgießereien, ausgenommen Anlagen, in denen Formen oder Kerne auf kaltem Wege hergestellt werden, soweit deren Leistung weniger als 80 Tonnen Gußteile je Monat beträgt
35. Gießereien für Nichteisenmetalle, ausgenommen
 - Gießereien für Glocken- oder Kunstguß,
 - Gießereien, in denen in metallische Formen abgegossen wird,
 - Gießereien, in denen das Metall in ortsbeweglichen Tiegeln niedergeschmolzen wird und
 - Gießereien zur Herstellung von Ziehwerkzeugen aus niedrigschmelzenden Gußlegierungen aus Zinn und Wismut oder aus Feinzink, Aluminium und Kupfer

36. Anlagen zum Aufbringen von metallischen Schutzschichten aus Blei, Zinn oder Zink auf Metalloberflächen mit Hilfe von schmelzflüssigen Bädern oder durch Flammspritzen mit einer Leistung von 1 Tonne Rohgutdurchsatz oder mehr je Stunde, ausgenommen Anlagen zum kontinuierlichen Verzinken nach dem Sendzimirverfahren

37. Anlagen, die aus einem oder mehreren maschinell angetriebenen Hämmern bestehen, wenn die Schlagenergie eines Hammers 1 Kilojoule überschreitet; den Hämmern stehen Fallwerke gleich

38. Anlagen zur Sprengverformung oder zum Plattieren mit Sprengstoffen bei einem Einsatz von 10 Kilogramm Sprengstoff oder mehr je Schuß

39. Anlagen zum Zerkleinern von Schrott durch Rotormühlen mit einer Nennleistung des Rotorantriebes von 500 Kilowatt oder mehr

40. Anlagen zur Herstellung von warmgefertigten nahtlosen oder geschweißten Rohren aus Stahl

41. Anlagen zur Herstellung von Schiffskörpern oder -sektionen aus Metall mit einer Länge von 20 Metern oder mehr

42. Anlagen zur Herstellung von Bleiakkumulatoren

43. Anlagen zur Herstellung von Metallpulver oder -pasten durch Stampfen

44. Anlagen zur Herstellung von Aluminium-, Eisen- oder Magnesiumpulver oder -pasten oder von blei- oder nickelhaltigen Pulvern oder Pasten in einem anderen als dem in Nummer 43 genannten Verfahren

Chemische Erzeugnisse, Arzneimittel, Mineralölraffination und Weiterverarbeitung

45. Anlagen zur fabrikmäßigen Herstellung von Stoffen durch chemische Umwandlung, insbesondere
 a) zur Herstellung von anorganischen Chemikalien wie Säuren, Basen, Salze,
 b) zur Herstellung von Metallen oder Nichtmetallen auf nassem Wege oder mit Hilfe elektrischer Energie,
 c) zur Herstellung von Korund oder Karbid,
 d) zur Herstellung von Halogenen oder Halogenerzeugnissen oder von Schwefel oder Schwefelerzeugnissen,
 e) zur Herstellung von phosphor- oder stickstoffhaltigen Düngemitteln,
 f) zur Herstellung von unter Druck gelöstem Acetylen (Dissousgasfabriken),
 g) zur Herstellung von organischen Chemikalien oder Lösungsmitteln wie Alkohole, Aldehyde, Ketone, Säuren, Ester, Acetate, Äther,
 h) zur Herstellung von Kunststoffen oder Chemiefasern,
 i) zur Herstellung von Cellulosenitraten,
 k) zur Herstellung von Kunstharzen,
 l) zur Herstellung von Kohlenwasserstoffen,
 m) zur Herstellung von synthetischem Kautschuk,
 n) zum Regenerieren von Gummi oder Gummimischprodukten unter Verwendung von Chemikalien,
 o) zur Herstellung von Teerfarben oder Teerfarbenzwischenprodukten,
 p) zur Herstellung von Seifen oder Waschmitteln;
 hierzu gehören nicht Anlagen zur Erzeugung oder Spaltung von Kernbrennstoffen oder zur Aufarbeitung bestrahlter Kernbrennstoffe, soweit in diesem Anhang nichts anderes bestimmt ist

46. Anlagen zur Chemikalienaufbereitung und zur Abwasserbehandlung in Anlagen zur Aufarbeitung bestrahlter Kernbrennstoffe

47. Anlagen, in denen Pflanzenschutz- oder Schädlingsbekämpfungsmittel oder ihre Wirkstoffe gemahlen oder maschinell gemischt, abgepackt oder umgefüllt werden

48. Anlagen zur fabrikmäßigen Herstellung von Arzneimitteln oder Arzneimittelzwischenprodukten, soweit
 a) Pflanzen, Pflanzenteile oder Pflanzenbestandteile extrahiert, destilliert oder auf ähnliche Weise behandelt werden, ausgenommen Extraktionsanlagen mit Ethanol ohne Erwärmen,
 b) Tierkörper, auch lebende Tiere, sowie Körperteile, Körperbestandteile und Stoffwechselprodukte von Tieren eingesetzt werden oder
 c) Mikroorganismen sowie deren Bestandteile oder Stoffwechselprodukte verwendet werden

49. Anlagen zur Destillation oder Raffination oder sonstigen Weiterverarbeitung von Erdöl oder Erdölerzeugnissen in Mineralöl-, Altöl- oder Schmierstoffraffinerien in petrochemischen Werken oder bei der Gewinnung von Paraffin

50. Anlagen zur Herstellung von Schmierstoffen, wie Schmieröle, Schmierfette, Metallbearbeitungsöle

51. Anlagen zur Herstellung von Ruß

52. Anlagen zur Herstellung von Kohlenstoff (Hartbrandkohle) oder Elektrographit durch Brennen, zum Beispiel für Elektroden, Stromabnehmer oder Apparateteile

53. Anlagen zur Aufarbeitung von organischen Lösungsmitteln durch Destillieren mit einer Leistung von 1 Tonne oder mehr je Stunde

54. Anlagen zum Erschmelzen von Naturharzen mit einer Leistung von 1 Tonne oder mehr je Tag
55. Anlagen zur Herstellung von Firnis, Lacken oder Druckfarben mit einer Leistung von 1 Tonne oder
 mehr je Tag

Oberflächenbehandlung mit organischen Stoffen, Herstellung von bahnenförmigen Materialien aus Kunststoffen, sonstige Verarbeitung von Harzen und Kunststoffen

56. Anlagen zum Lackieren von Gegenständen oder bahnen- oder tafelförmigen Materialien ein-
 schließlich der zugehörigen Trocknungsanlagen, soweit die Lacke organische Lösungsmittel ent-
 halten und von diesen 25 Kilogramm oder mehr je Stunde eingesetzt werden
57. Anlagen zum Bedrucken von bahnen- oder tafelförmigen Materialien mit Rotationsdruckmaschinen
 einschließlich der zugehörigen Trocknungsanlagen, soweit die Farben oder Lacke
 a) als organisches Lösungsmittel ausschließlich Ethanol enthalten und von diesem 50 Kilogramm
 oder mehr je Stunde eingesetzt werden, oder
 b) sonstige organische Lösungsmittel enthalten und von diesen 25 Kilogramm oder mehr je
 Stunde eingesetzt werden
58. Anlagen zum Beschichten, Imprägnieren oder Tränken von Glasfasern, Mineralfasern oder bah-
 nen- oder tafelförmigen Materialien einschließlich der zugehörigen Trocknungsanlagen mit
 a) Kunstharzen oder
 b) Kunststoffen oder Gummi unter Einsatz von 25 Kilogramm organischen Lösungsmitteln je
 Stunde oder mehr
59. Anlagen zum Tränken oder Überziehen von Stoffen oder Gegenständen mit Teer, Teeröl oder
 heißem Bitumen, ausgenommen Anlagen zum Tränken oder Überziehen von Kabeln mit heißem
 Bitumen
60. Anlagen zum Isolieren von Drähten unter Verwendung von Phenol- oder Kresolharzen
61. Anlagen zur Herstellung von bahnenförmigen Materialien auf Streichmaschinen einschließlich zu-
 gehörigen Trocknungsanlagen unter Verwendung von Gemischen aus Kunststoffen und Weich-
 machern oder von Gemischen aus sonstigen Stoffen und oxidiertem Leinöl

Holz, Zellstoff

62. Anlagen zur Gewinnung von Zellstoff aus Holz, Stroh oder ähnlichen Faserstoffen
63. Anlagen zur Herstellung von Holzfaserplatten, Holzspanplatten oder Holzfasermatten

Nahrungs-, Genuß- und Futtermittel, landwirtschaftliche Erzeugnisse

64. Anlagen zum Halten oder zur Aufzucht von Geflügel oder zum Halten von Schweinen mit
 a) 50 000 Hennenplätzen
 b) 100 000 Junghennenplätzen
 c) 100 000 Mastgeflügelplätzen
 d) 1 700 Mastschweineplätzen oder
 e) 500 Sauenplätzen
 oder mehr. Bei gemischten Beständen werden die Vomhundertanteile, bis zu denen die vorge-
 nannten Platzzahlen jeweils ausgeschöpft werden, addiert; die maßgebende Anlagengröße ist er-
 reicht, wenn die Summe der Vomhundertanteile einen Wert von 100 erreicht; Bestände, die kleiner
 sind als jeweils 5 vom Hundert der in den Buchstaben a bis e genannte Platzzahlen, bleiben bei
 der Ermittlung der maßgebenden Anlagengröße unberücksichtigt.
65. Anlagen zur Tierkörperbeseitigung sowie Anlagen, in denen Tierkörperteile oder Erzeugnisse tie-
 rischer Herkunft zur Beseitigung in Tierkörperbeseitigungsanlagen gesammelt oder gelagert wer-
 den
66. Mühlen für Nahrungs- oder Futtermittel mit einer Produktionsleistung von 500 Tonnen und mehr je
 Tag
67. Anlagen zum Extrahieren pflanzlicher Fette oder Öle, soweit die Menge des eingesetzten Extrak-
 tionsmittels 1 Tonne oder mehr beträgt

Abfälle und Reststoffe

68. Anlagen zur teilweisen oder vollständigen Beseitigung von festen oder flüssigen Stoffen durch
 Verbrennen
69. Anlagen zur thermischen Zersetzung brennbarer fester oder flüssiger Stoffe unter Sauerstoffman-
 gel (Pyrolyseanlagen)
70. Anlagen zur Rückgewinnung von einzelnen Bestandteilen aus festen Stoffen durch Verbrennen,
 ausgenommen Anlagen zur Rückgewinnung von Edelmetallen in Gekrätze-Veraschungsöfen, so-
 weit die Menge der Ausgangsstoffe weniger als 200 kg je Tag beträgt
71. Anlagen, in denen feste Abfälle, auf die die Vorschriften des *Abfallgesetzes* Anwendung finden,
 aufbereitet werden, mit einer Leistung von 1 Tonne oder mehr je Stunde, ausgenommen Anlagen,
 in denen Stoffe aus Haushaltungen anfallenden oder aus gleichartigen Abfällen durch Sortieren
 für den Wirtschaftskreislauf zurückgewonnen werden

72. Anlagen zum Umschlagen von festen Abfällen im Sinne von § 1 Abs. 1 des Abfallgesetzes mit einer Leistung von 100 Tonnen oder mehr je Tag, ausgenommen Anlagen zum Umschlagen von Erdaushub oder von Gestein, das bei der Gewinnung oder Aufbereitung von Bodenschätzen anfällt
73. Kompostwerke
74. Anlagen zur chemischen Aufbereitung von cyanidhaltigen Konzentraten, Nitriten, Nitraten oder Säuren, soweit hierdurch eine Verwertung als Reststoff oder eine Entsorgung als Abfall ermöglicht werden soll
75. Ortsfeste Anlagen im Sinne des § 4 des Abfallgesetzes zum Lagern, Behandeln oder Ablagern von Abfällen im Sinne des § 2 Abs. 2 des Abfallgesetzes
76. Ortsfeste Anlagen im Sinne des § 4 des Abfallgesetzes zur thermischen Behandlung oder Ablagerung von in Haushaltungen anfallenden Abfällen
77. Anlagen, die der Lagerung oder Behandlung von Autowracks dienen im Sinne des § 5 des Abfallgesetzes

Lagerung, Be- und Entladen von Stoffen
78. Anlagen zum Lagern von brennbaren Gasen in Behältern mit einem Fassungsvermögen von 3 Tonnen oder mehr
79. Anlagen zum Lagern von Mineralöl, flüssigen Mineralölerzeugnissen oder Methanol aus anderen Stoffen in Behältern mit einem Fassungsvermögen von 10 000 Tonnen oder mehr
80. Anlagen zum Lagern von Acrylnitril in Behältern mit einem Fassungsvermögen von 350 Tonnen oder mehr
81. Anlagen zum Lagern von Chlor in Behältern mit einem Fassungsvermögen von 10 Tonnen oder mehr
82. Anlagen zum Lagern von Schwefeldioxid in Behältern mit einem Fassungsvermögen von 20 Tonnen oder mehr
83. Anlagen zum Lagern von flüssigem Sauerstoff in Behältern mit einem Fassungsvermögen von 200 Tonnen oder mehr
84. Anlagen zum Lagern von 25 Tonnen oder mehr Ammoniumnitrat oder ammoniumnitrathaltiger Zubereitungen der Gruppe A nach Anhang IV Nr. 2 der Gefahrstoffverordnung vom 26. August 1986 (BGBl. I S. 1470)
85. Anlagen zum Lagern von 5 Tonnen Alkalichlorat oder mehr
86. Anlagen zum Lagern von 5 Tonnen oder mehr Pflanzenschutz- oder Schädlingsbekämpfungsmitteln oder ihrer Wirkstoffe
87. Anlagen zum Lagern von Schwefeltrioxid in Behältern mit einem Fassungsvermögen von 100 Tonnen und mehr
88. Anlagen zum Lagern von 100 Tonnen oder mehr ammoniumnitrathaltiger Zubereitungen der Gruppe B nach Anhang IV Nr. 2 der Gefahrstoffverordnung vom 26. August 1986 (BGBl. I S. 1470)
89. Anlagen zum Lagern von insgesamt 20 Tonnen oder mehr von im Anhang II der Störfall-Verordnung bezeichneten Stoffen, auch als Bestandteile von Zubereitungen, soweit es sich nicht um Stoffe der Nummern 1 bis 4, 6, 14, 15, 17, 18, 21, 25, 26, 36, 39, 40 bis 42, 45, 56, 64 bis 67, 76, 81, 83, 84, 102, 110, 112, 114, 116, 169, 173, 184, 185, 211, 223, 236, 245, 246, 261, 266, 271, 272, 277, 281, 286, 294, 295, 303, 305, 306, 310 oder 317 handelt

Sonstiges
90. Anlagen zur Herstellung, Bearbeitung, Verarbeitung, Wiedergewinnung oder Vernichtung von explosionsgefährlichen Stoffen im Sinne des Sprengstoffgesetzes, die zur Verwendung als Sprengstoffe, Zündstoffe, Treibstoffe, pyrotechnische Sätze oder zur Herstellung dieser Stoffe bestimmt sind; hierzu gehören auch die Anlagen zum Laden, Entladen und Delaborieren von Munition oder sonstigen Sprengkörpern, ausgenommen Anlagen zur Herstellung von Zündhölzern
91. Anlagen zur Herstellung von Zellhorn
92. Anlagen zur Herstellung von Zusatzstoffen zu Lacken und Druckfarben auf der Basis von Cellulosenitrat, dessen Stickstoffgehalt bis zu 12,6 vom Hundert beträgt
93. Anlagen zum Schmelzen oder Destillieren von Naturasphalt
94. Pechsiedereien
95. Anlagen zur Herstellung von Bautenschutz-, Reinigungs-, Holzschutz- oder Klebemitteln mit einer Leistung von einer Tonne oder mehr je Tag, ausgenommen Anlagen, in denen diese Mittel ausschließlich unter Verwendung von Wasser als Verdünnungsmittel hergestellt werden
96. Anlagen zur Herstellung von Holzschutzmitteln unter Verwendung von halogenierten aromatischen Kohlenwasserstoffen

Anhang 2
(zu § 19 UmweltHG)

1. Anlagen, für die gemäß den §§ 1, 7 der Störfall-Verordnung eine Sicherheitsanalyse anzufertigen ist
2. Anlagen zur Rückgewinnung von einzelnen Bestandteilen aus festen Stoffen durch Verbrennen, soweit in ihnen Stoffe nach Anhang II der Störfall-Verordnung im bestimmungsgemäßen Betrieb vorhanden sein oder bei einer Störung des bestimmungsgemäßen Betriebs entstehen können, ausgenommen Anlagen zur Rückgewinnung von Edelmetallen in Gekrätze-Veraschungsöfen, soweit die Menge der Ausgangsstoffe weniger als 200 kg je Tag beträgt
3. Anlagen zur Herstellung von Zusatzstoffen zu Lacken oder Druckfarben auf der Basis von Cellulosenitrat, dessen Stickstoffgehalt bis zu 12,6 vom Hundert beträgt

Gesetz zur Ausführung der Verordnung (EG) Nr. 1221/2009 des Europäischen Parlaments und des Rates vom 25. November 2009 über die freiwillige Teilnahme von Organisationen an einem Gemeinschaftssystem für Umweltmanagement und Umweltbetriebsprüfung und zur Aufhebung der Verordnung (EG) Nr. 761/2001, sowie der Beschlüsse der Kommission 2001/681/EG und 2006/193/EG (Umweltauditgesetz – UAG)

In der Fassung der Bekanntmachung vom 4. September 2002[1] (BGBl. I S. 3490)
(FNA 2129-29)
zuletzt geändert durch Art. 124 Elfte ZuständigkeitsanpassungsVO vom 19. Juni 2020 (BGBl. I S. 1328)

Inhaltsübersicht

1) Neubekanntmachung des G idF v. 7.12.1995 (BGBl. I S. 1591) in der ab 21.8.2002 geltenden Fassung.

Teil 1
Allgemeine Vorschriften

§ 1 Zweck des Gesetzes

(1) Zweck dieses Gesetzes ist es, eine wirksame Durchführung der Verordnung (EG) Nr. 1221/2009 des Europäischen Parlaments und des Rates vom 25. November 2009 über die freiwillige Teilnahme von Organisationen an einem Gemeinschaftssystem für Umweltmanagement und Umweltbetriebsprüfung und zur Aufhebung der Verordnung (EG) Nr. 761/2001, sowie der Beschlüsse der Kommission 2001/681/EG und 2006/193/EG (ABl. L 342 vom 22.12.2009, S. 1) in der jeweils geltenden Fassung sicherzustellen, auch in Bezug auf die Umweltdimension der nachhaltigen Entwicklung und die Grundlagen einer nachhaltigen Unternehmensführung, und insbesondere dadurch, dass

1. unabhängige, zuverlässige und fachkundige Umweltgutachter und Umweltgutachterorganisationen zugelassen werden,
2. eine wirksame Aufsicht über zugelassene Umweltgutachter und Umweltgutachterorganisationen ausgeübt wird und
3. Register über die geprüften Organisationen geführt werden.

(2) Sofern Ergebnisse der Umweltprüfung freiwillig oder auf Grund einer gesetzlichen Verpflichtung in einen Jahresabschluss, einen Einzelabschluss nach internationalen Rechnungslegungsstandards (§ 325 Abs. 2a des Handelsgesetzbuchs), einen Lagebericht, einen Konzernabschluss oder einen Konzernlagebericht aufgenommen werden, bleibt die Verantwortung des Abschlussprüfers nach den §§ 322, 323 des Handelsgesetzbuchs unberührt.

§ 2 Begriffsbestimmungen

(1) [1]Für Zwecke dieses Gesetzes sind die in Artikel 2 der Verordnung (EG) Nr. 1221/2009 genannten Begriffsbestimmungen anzuwenden. [2]Ergänzend gelten die Begriffsbestimmungen der Absätze 2 bis 4.

(2) Umweltgutachter im Sinne dieses Gesetzes sind natürliche Personen, die zur Wahrnehmung der Aufgaben im Sinne der Artikel 4 Absatz 5 sowie Artikel 6 in Verbindung mit Artikel 18, 19 und 25 bis 27 der Verordnung (EG) Nr. 1221/2009 nach diesem Gesetz zugelassen sind oder die in einem anderen Mitgliedstaat der Europäischen Union im Rahmen des Artikels 28 Absätze 1 bis 5 der Verordnung (EG) Nr. 1221/2009 nach dessen innerstaatlichem Recht zugelassen sind.

(3) Umweltgutachterorganisationen sind eingetragene Vereine, Aktiengesellschaften, Kommanditgesellschaften auf Aktien, Gesellschaften mit beschränkter Haftung, eingetragene Genossenschaften, offene Handelsgesellschaften, Kommanditgesellschaften und Partnerschaftsgesellschaften, die zur Wahrnehmung der Aufgaben im Sinne der Artikel 4 Absatz 5 sowie Artikel 6 in Verbindung mit Artikel 18, 19 und 25 bis 27 der Verordnung (EG) Nr. 1221/2009 nach diesem Gesetz zugelassen sind, sowie Personenvereinigungen, die in einem anderen Mitgliedstaat der Europäischen Union im Rahmen des Artikels 28 der Verordnung (EG) Nr. 1221/2009 nach dessen innerstaatlichem Recht als Umweltgutachterorganisationen zugelassen sind.

(4) Zulassungsbereiche im Sinne dieses Gesetzes sind die Ebenen und Zwischenstufen der Klassifizierung gemäß Anhang I der Verordnung (EG) Nr. 1893/2006 des Europäischen Parlaments und des Rates vom 20. Dezember 2006 zur Aufstellung der statistischen Systematik der Wirtschaftszweige NACE Revision 2 und zur Änderung der Verordnung (EWG) Nr. 3037/90 des Rates sowie einiger Verordnungen der EG über bestimmte Bereiche der Statistik (ABl. EU Nr. L 393 S. 1) in der jeweils geltenden Fassung in Verbindung mit der deutschen Klassifikation der Wirtschaftszweige des Statistischen Bundesamtes, Ausgabe 2008 (WZ 2008).

§ 3 (weggefallen)

Teil 2
Zulassung von Umweltgutachtern und Umweltgutachterorganisationen sowie Aufsicht; Beschränkung der Haftung

Abschnitt 1
Zulassung

§ 4 Anforderungen an Umweltgutachter

(1) [1]Umweltgutachter besitzen die nach der Verordnung (EG) Nr. 1221/2009 für die Wahrnehmung ihrer Aufgaben erforderliche Zuverlässigkeit, Unabhängigkeit und Fachkunde, wenn sie die in den §§ 5 bis 7 genannten Anforderungen erfüllen. [2]Sie müssen den Nachweis erbringen, dass sie über dokumentierte Prüfungsmethoden und -verfahren (einschließlich der Qualitätskontrolle und der Vorkehrungen zur Wahrung der Vertraulichkeit) zur Erfüllung ihrer gutachterlichen Aufgaben verfügen.

(2) Die Tätigkeit als Umweltgutachter ist keine gewerbsmäßige Tätigkeit.

(3) [1]Umweltgutachter müssen der Zulassungsstelle bei Antragstellung eine zustellungsfähige Anschrift im Bundesgebiet angeben. [2]Nachträgliche Änderungen der zustellungsfähigen Anschrift sind der Zulassungsstelle innerhalb von vier Wochen nach der Änderung anzugeben.

(4) [1]Umweltgutachter müssen im beruflichen Verkehr die Berufsbezeichnung „Umweltgutachter" zu führen, Frauen können die Berufsbezeichnung „Umweltgutachterin" führen. [2]Die Berufsbezeichnung darf nicht führen, wer keine Zulassung nach § 9 besitzt.

(5) Die Bundesregierung kann nach Anhörung des Umweltgutachterausschusses durch Rechtsverordnung, die nicht der Zustimmung des Bundesrates bedarf, die Anforderungen der §§ 5 bis 7 zu dem in § 1 Abs. 1 Nr. 1 bestimmten Zweck näher bestimmen.

§ 5 Zuverlässigkeit

(1) Die erforderliche Zuverlässigkeit besitzt ein Umweltgutachter, wenn er auf Grund seiner persönlichen Eigenschaften, seines Verhaltens und seiner Fähigkeiten zur ordnungsgemäßen Erfüllung der ihm obliegenden Aufgaben geeignet ist.

(2) Für die Zuverlässigkeit bietet in der Regel derjenige keine Gewähr, der

1. wegen Verletzung der Vorschriften
 a) des Strafrechts über Eigentums- und Vermögensdelikte, Urkundenfälschung, Insolvenzstraftaten, gemeingefährliche Delikte und Umweltdelikte,
 b) des Immissionsschutz-, Abfall-, Wasser-, Natur- und Landschaftsschutz-, Chemikalien-, Gentechnik- oder Atom- und Strahlenschutzrechts,
 c) des Lebensmittel-, Arzneimittel-, Pflanzenschutz- oder Infektionsschutzrechts,
 d) des Gewerbe- oder Arbeitsschutzrechts,
 e) des Betäubungsmittel-, Waffen- oder Sprengstoffrechts
 mit einer Strafe oder in den Fällen der Buchstaben b bis e mit einer Geldbuße in Höhe von mehr als tausend Deutsche Mark oder fünfhundert Euro belegt worden ist,
2. wiederholt oder grob pflichtwidrig
 a) gegen Vorschriften nach Nummer 1 Buchstabe b bis e verstoßen hat oder
 b) als Betriebsbeauftragter für Immissionsschutz, Gewässerschutz, Abfall, als Strahlenschutzbeauftragter im Sinne des § 70 des Strahlenschutzgesetzes oder als Störfallbeauftragter im Sinne des § 58a des Bundes-Immissionsschutzgesetzes seine Verpflichtungen als Beauftragter verletzt hat,
3. infolge strafgerichtlicher Verurteilung die Fähigkeit zur Bekleidung öffentlicher Ämter verloren hat,
4. sich nicht in geordneten wirtschaftlichen Verhältnissen befindet, es sei denn, dass dadurch die Interessen der Auftraggeber oder anderer Personen nicht gefährdet sind, oder
5. aus gesundheitlichen Gründen nicht nur vorübergehend unfähig ist, den Beruf des Umweltgutachters ordnungsgemäß auszuüben.

§ 6 Unabhängigkeit

(1) Der Umweltgutachter muss die gemäß Artikel 20 Absatz 4 und 5 der Verordnung (EG) Nr. 1221/2009 erforderliche Unabhängigkeit aufweisen.

(2) [1]Für die gemäß Artikel 20 Absatz 4 und 5 der Verordnung (EG) Nr. 1221/2009 erforderliche Unabhängigkeit bietet in der Regel derjenige keine Gewähr, der

1. neben seiner Tätigkeit als Umweltgutachter
 a) Inhaber einer Organisation oder der Mehrheit der Anteile an einer Organisation im Sinne des Artikels 2 Nr. 21 der Verordnung (EG) Nr. 1221/2009 aus derselben Gruppe gemäß NACE Re-

vision 2 in der jeweils geltenden Fassung ist, auf die sich seine Tätigkeit als Umweltgutachter bezieht,

b) Angestellter einer Organisation im Sinne des Artikels 2 Nr. 21 der Verordnung (EG) Nr. 1221/2009 aus derselben Gruppe gemäß NACE Revision 2 in der jeweils geltenden Fassung ist, auf die sich seine Tätigkeit als Umweltgutachter bezieht,

c) eine Tätigkeit auf Grund eines Beamtenverhältnisses, Soldatenverhältnisses oder eines Anstellungsvertrages mit einer juristischen Person des öffentlichen Rechts, mit Ausnahme der in Absatz 3 genannten Fälle, ausübt, soweit nicht § 17 Absatz 2 Satz 3 Anwendung findet,

d) eine Tätigkeit auf Grund eines Richterverhältnisses, öffentlich-rechtlichen Dienstverhältnisses als Wahlbeamter auf Zeit oder eines öffentlich-rechtlichen Amtsverhältnisses ausübt, es sei denn, dass er die ihm übertragenen Aufgaben ehrenamtlich wahrnimmt,

2. Weisungen auf Grund vertraglicher oder sonstiger Beziehungen bei der Tätigkeit als Umweltgutachter auch dann zu befolgen hat, wenn sie ihn zu gutachterlichen Handlungen gegen seine Überzeugung verpflichten,

3. organisatorisch, wirtschaftlich, kapital- oder personalmäßig mit Dritten verflochten ist, ohne dass deren Einflussnahme auf die Wahrnehmung der Aufgaben als Umweltgutachter, insbesondere durch Festlegungen in Satzung, Gesellschaftsvertrag oder Anstellungsvertrag auszuschließen ist.

²Satz 1 Nr. 1 Buchstabe a und b gilt nicht für den Fall einer Begutachtung des Umweltmanagementsystems eines Umweltgutachters, einer Umweltgutachterorganisation oder eines Inhabers einer Fachkenntnisbescheinigung.

(3) Vereinbar mit dem Beruf des Umweltgutachters ist eine Beratungstätigkeit als Bediensteter einer Industrie- und Handelskammer, Handwerkskammer, Berufskammer oder sonstigen Körperschaft des öffentlichen Rechts, die eine Selbsthilfeeinrichtung für Unternehmen ist, die sich an dem Gemeinschaftssystem beteiligen können; dies gilt nicht, wenn der Bedienstete im Hinblick auf seine Tätigkeit als Umweltgutachter für Registrierungsaufgaben im Sinne des Artikels 12 Absatz 2 und 3 der Verordnung (EG) Nr. 1221/2009 zuständig ist oder Weisungen im Sinne des Absatzes 2 Nr. 2 unterliegt.

§ 7 Fachkunde

(1) Die erforderliche Fachkunde besitzt ein Umweltgutachter, wenn er auf Grund seiner Ausbildung, beruflichen Bildung und praktischen Erfahrung zur ordnungsgemäßen Erfüllung der ihm obliegenden Aufgaben geeignet ist.

(2) Die Fachkunde erfordert

1. den Abschluss eines einschlägigen Studiums, insbesondere auf den Gebieten der Wirtschafts- oder Verwaltungswissenschaften, der Naturwissenschaften oder Technik, der Biowissenschaften, Agrarwissenschaften, Forstwissenschaften, Geowissenschaften, der Medizin oder des Rechts, an einer Hochschule im Sinne des § 1 des Hochschulrahmengesetzes, soweit nicht die Voraussetzungen des Absatzes 3 gegeben sind,

2. ausreichende Fachkenntnisse gemäß Artikel 20 Absatz 2 Buchstabe a bis j der Verordnung (EG) Nr. 1221/2009, die in den nachfolgenden Fachgebieten geprüft werden:

 a) Methodik, Durchführung und Beurteilung der Umweltbetriebsprüfung,

 b) Umweltmanagement und die Begutachtung von Umweltinformationen (Umwelterklärung sowie Ausschnitte aus dieser),

 c) zulassungsbereichsspezifische Angelegenheiten des Umweltschutzes, auch in Bezug auf die Umweltdimension der nachhaltigen Entwicklung und die Grundlagen einer nachhaltigen Unternehmensführung, einschließlich der einschlägigen Rechts- und veröffentlichten Verwaltungsvorschriften und

 d) Allgemeines Umweltrecht, nach Artikel 30 Absatz 3 und 6 in Verbindung mit Artikel 49 Absatz 3 der Verordnung (EG) Nr. 1221/2009 erstellte Leitlinien der Kommission und einschlägige Normen zum Umweltmanagement,

3. eine mindestens dreijährige eigenverantwortliche hauptberufliche Tätigkeit, bei der praktische Kenntnisse über den betrieblichen Umweltschutz erworben wurden.

(3) Von der Anforderung eines Hochschulstudiums nach Absatz 2 Nr. 1 können Ausnahmen erteilt werden, wenn in den Zulassungsbereichen, für die die Zulassung beantragt ist,

1. eine Fachschulausbildung, die Qualifikation als Meister oder eine gleichwertige Zulassung oder Anerkennung durch eine oberste Bundes- oder Landesbehörde oder eine Körperschaft des öffentlichen Rechts vorliegt und

2. Aufgaben in leitender Stellung oder als Selbständiger mindestens fünf Jahre hauptberuflich wahrgenommen wurden.

(4) [1]Soweit die Ausnahme des Artikels 22 Absatz 3 der Verordnung (EG) Nr. 1221/2009 nicht vorliegt, wird ein Umweltgutachter für eine Tätigkeit in einem Land außerhalb der Europäischen Union in folgenden Fachgebieten geprüft:

a) Kenntnis und Verständnis der Rechts- und Verwaltungsvorschriften im Umweltbereich des Landes, für das die Zulassung beantragt wird, sowie

b) Kenntnis und Verständnis der Amtssprache dieses Landes.

[2]Die Fachkundeanforderungen der Absätze 1 bis 3 bleiben hiervon unberührt.

§ 8 Fachkenntnisbescheinigung

(1) [1]Eine Person, die nicht als Umweltgutachter zugelassen ist, darf für einen Umweltgutachter oder eine Umweltgutachterorganisation im Rahmen eines Angestelltenverhältnisses gutachterliche Tätigkeiten auf Grund der Verordnung (EG) Nr. 1221/2009 wahrnehmen, wenn sie

1. die Fachkundeanforderungen nach § 7 Absatz 2 Nummer 1 und 3 erfüllt,

2. auf mindestens einem der in § 7 Absatz 2 Nummer 2 genannten Fachgebiete diejenigen Fachkenntnisse besitzt, die für die Wahrnehmung gutachterlicher Tätigkeiten in einem oder mehreren Zulassungsbereichen erforderlich sind, und

3. in entsprechender Anwendung der §§ 5 und 6 die für ihre Tätigkeit erforderliche Zuverlässigkeit und Unabhängigkeit besitzt.

[2]§ 7 Absatz 3 gilt entsprechend.

(2) [1]Wenn die Anforderungen des Absatzes 1 erfüllt sind, ist von der Zulassungsstelle über Art und Umfang der nachgewiesenen Fachkenntnisse eine Bescheinigung zu erteilen, die erkennen lässt, auf welchen Fachgebieten und für welche Zulassungsbereiche die erforderlichen Fachkenntnisse vorliegen (Fachkenntnisbescheinigung). [2]Die Fachkenntnisbescheinigung gestattet eine gutachterliche Tätigkeit nur in dem in ihr beschriebenen Umfang und nur als Angestellter eines Umweltgutachters oder einer Umweltgutachterorganisation im Zusammenwirken mit einem Umweltgutachter, der Berichte verantwortlich zeichnet, die Umwelterklärung validiert und die Erklärung nach Anhang VII der Verordnung (EG) Nr. 1221/2009 abgibt. [3]Berichte, Umwelterklärungen und die Erklärung nach Anhang VII der Verordnung (EG) Nr. 1221/2009 sind vom Inhaber der Fachkenntnisbescheinigung lediglich mitzuzeichnen; Artikel 18, 19 und 25 der Verordnung (EG) Nr. 1221/2009 gelten für die Tätigkeit des Inhabers der Fachkenntnisbescheinigung entsprechend.

§ 9 Zulassung als Umweltgutachter

(1) [1]Die Zulassung als Umweltgutachter ist von der Zulassungsstelle zu erteilen, wenn der Antragsteller die Anforderungen nach § 4 Abs. 1 und den §§ 5, 6 und 7 Absatz 1 bis 3 erfüllt. [2]Die Zulassung ist auch auf Zulassungsbereiche zu erstrecken, für die der Umweltgutachter nicht selbst über die erforderliche Fachkunde verfügt,

1. wenn er im Hinblick auf die Erstellung der Gültigkeitserklärung nach Artikel 4 Absatz 6 der Verordnung (EWG) Nr. 1836/93 des Rates vom 29. Juni 1993 über die freiwillige Beteiligung gewerblicher Unternehmen an einem Gemeinschaftssystem für das Umweltmanagement und die Umweltbetriebsprüfung (ABl. L 168 vom 10.7.1993, S. 1, L 203 vom 29.8.1995, S. 17) oder nach Artikel 3 Absatz 2 und 3, Anhang V Abschnitte 5.4, 5.5 und 5.6 der Verordnung (EG) Nr. 761/2001 des Europäischen Parlaments und des Rates vom 19. März 2001 über die freiwillige Beteiligung von Organisationen an einem Gemeinschaftssystem für das Umweltmanagement und die Umweltbetriebsprüfung (EMAS) (ABl. L 114 vom 24.4.2001, S. 1) oder im Hinblick auf die Begutachtung und Validierung nach Artikel 4 Absatz 5, Artikel 18, 19 und 25 Absatz 4 und 8 der Verordnung (EG) Nr. 1221/2009 Personen angestellt hat, die für diese Zulassungsbereiche

 a) als Umweltgutachter zugelassen sind oder

 b) die erforderlichen Fachkenntnisbescheinigungen besitzen und

2. wenn er sicherstellt, dass die in Nummer 1 Buchstabe b genannten Personen regelmäßig an Fortbildungsmaßnahmen teilnehmen können.

[3]Die Erteilung der Zulassung für die Tätigkeit in einem Land außerhalb der Europäischen Union (Drittlandszulassung) setzt neben der Erfüllung der Anforderungen nach den Sätzen 1 und 2 voraus, dass der Antragsteller die Anforderungen nach § 7 Absatz 4 erfüllt.

(2) [1]In dem Zulassungsbescheid ist anzugeben,

1. für welche Zulassungsbereiche der Umweltgutachter selbst die erforderliche Fachkunde besitzt,

2. auf welche Zulassungsbereiche sich die Zulassung auf Grund angestellter fachkundiger Personen im Sinne des Absatzes 1 Satz 2 Nummer 1 erstreckt,

3. im Falle der Drittlandszulassung

a) auf welches Drittland sich die Zulassung erstreckt, sowie

b) ob die Drittlandszulassung erfolgt auf Grund

 aa) eigener Rechts- und Sprachkenntnisse des Umweltgutachters gemäß Artikel 22 Absatz 2 der Verordnung (EG) Nr. 1221/2009 oder

 bb) einer gemäß Artikel 22 Absatz 3 der Verordnung (EG) Nr. 1221/2009 mit einer qualifizierten Person oder Organisation getroffenen vertraglichen Vereinbarung.

²Im Falle der Nummer 3 Buchstabe b Doppelbuchstabe bb sind die Personen, die die Voraussetzungen des Artikels 22 Absatz 2 Buchstabe a und b der Verordnung (EG) Nr. 1221/2009 erfüllen, in dem Zulassungsbescheid genau zu bezeichnen.

(3) Soweit sich die Zulassung auf Zulassungsbereiche erstreckt, für die der Umweltgutachter nicht selbst über die erforderliche Fachkunde verfügt, gestattet die Zulassung eine gutachterliche Tätigkeit nur im Zusammenwirken mit den in Absatz 1 Satz 2 Nr. 1 genannten Personen oder mit den qualifizierten Personen oder Organisationen, mit denen der Umweltgutachter eine vertragliche Vereinbarung gemäß Artikel 22 Absatz 3 der Verordnung (EG) Nr. 1221/2009 geschlossen hat; insbesondere sind Berichte und die Validierung von Umwelterklärungen sowie die Erklärung nach Anhang VII der Verordnung (EG) Nr. 1221/2009 von diesen Personen oder Organisationen mitzuzeichnen.

(4) ¹Die Zulassung umfasst die Befugnis, gemäß Artikel 9 Absatz 1 der Verordnung (EG) Nr. 761/2001 oder Artikel 4 Absatz 3 und Artikel 45 der Verordnung (EG) Nr. 1221/2009 Zertifizierungsbescheinigungen nach den von der Europäischen Kommission anerkannten Zertifizierungsverfahren zu erteilen. ²Sie umfasst ferner die Befugnis, Zertifizierungsbescheinigungen nach DIN EN ISO 14001:2004+AC: 2009 (Ausgabe 11/2009), DIN EN ISO 14001:2015 (Ausgabe 11/2015), DIN EN 16001:2009 (Ausgabe 8/2009), DIN EN ISO 50001:2011 (Ausgabe 12/2011) und DIN EN ISO 50001:2018 (Ausgabe 12/2018) zu erteilen. ³Die genannten DIN-Normen sind bei der Beuth Verlag GmbH, 10772 Berlin, zu beziehen und bei der Deutschen Nationalbibliothek in Leipzig archivmäßig gesichert niedergelegt.

§ 10 Zulassung als Umweltgutachterorganisation

(1) ¹Die Zulassung als Umweltgutachterorganisation setzt voraus, dass

1. mindestens ein Drittel der persönlich haftenden Gesellschafter, der Partner, der Mitglieder des Vorstandes oder der Geschäftsführer

 a) als Umweltgutachter zugelassen sind oder

 b) aus bei der Umweltgutachterorganisation angestellten Personen mit Fachkenntnisbescheinigungen und mindestens einem Umweltgutachter besteht,

2. im Hinblick auf Artikel 4 Absatz 5, Artikel 18, 19, 25 Absatz 4 und 8 der Verordnung (EG) Nr. 1221/2009 zeichnungsberechtigte persönlich haftende Gesellschafter, Partner, Mitglieder des Vorstandes oder Geschäftsführer oder zeichnungsberechtigte Angestellte für die Zulassungsbereiche, für die die Zulassung beantragt ist,

 a) als Umweltgutachter zugelassen sind oder

 b) die erforderlichen Fachkenntnisbescheinigungen besitzen und

3. sichergestellt ist, dass die in Nummer 2 genannten Personen regelmäßig an Fortbildungsmaßnahmen teilnehmen können,

4. geordnete wirtschaftliche Verhältnisse bestehen,

5. kein wirtschaftlicher, finanzieller oder sonstiger Druck die gutachterliche Tätigkeit beeinflussen oder das Vertrauen in die unparteiische Aufgabenwahrnehmung in Frage stellen können, wobei § 6 Abs. 2 Nr. 1 Buchstabe a und Nr. 2 und 3 entsprechend gilt,

6. die Organisation über ein Organigramm mit ausführlichen Angaben über die Strukturen und Verantwortungsbereiche innerhalb der Organisation verfügt und dieses sowie eine Erklärung über den Rechtsstatus, die Eigentumsverhältnisse und die Finanzierungsquellen der Zulassungsstelle auf Verlangen vorlegt und

7. der Zulassungsstelle der Nachweis erbracht wird, dass die Antragstellerin über dokumentierte Prüfungsmethoden und -verfahren (einschließlich der Qualitätskontrolle und der Vorkehrungen zur Wahrung der Vertraulichkeit) zur Erfüllung ihrer gutachterlichen Aufgaben verfügt.

²Eine Drittlandszulassung setzt neben der Erfüllung der Anforderungen nach Satz 1 voraus, dass die Umweltgutachterorganisation, soweit nicht die Ausnahme des Artikels 22 Absatz 3 der Verordnung (EG) Nr. 1221/2009 vorliegt, über einen oder mehrere Umweltgutachter mit einer Drittlandszulassung für das Land verfügt, auf das sich der Zulassungsantrag der Umweltgutachterorganisation bezieht, und die im Hinblick auf Artikel 4 Absatz 5, die Artikel 18, 19, 25 Absatz 4 und 8 der Verordnung (EG) Nr. 1221/2009 zeichnungsberechtigte Vertreter oder Angestellte der Umweltgutachterorganisation sind.

(2) [1]Die Zulassung ist von der Zulassungsstelle zu erteilen, wenn die Voraussetzungen des Absatzes 1 erfüllt sind. [2]Die Zulassung gestattet gutachterliche Tätigkeiten nur in denjenigen Zulassungsbereichen, für die die Voraussetzungen des Absatzes 1 Satz 1 Nummer 2 oder Absatz 1 Satz 2 vorliegen. [3]In dem Zulassungsbescheid ist anzugeben,

1. auf welche Zulassungsbereiche sich die Zulassung der Umweltgutachterorganisation auf Grund von fachkundigen Personen im Sinne des Absatzes 1 Satz 1 Nummer 2 erstreckt,

2. im Falle der Drittlandszulassung
 a) auf welches Drittland sich die Zulassung erstreckt sowie
 b) ob die Drittlandszulassung erfolgt auf Grund
 aa) des Vorhandenseins eines oder mehrerer Umweltgutachter im Sinne von Absatz 1 Satz 2, die im Hinblick auf Artikel 4 Absatz 5, die Artikel 18, 19, 25 Absatz 4 und 8 der Verordnung (EG) Nr. 1221/2009 zeichnungsberechtigte Vertreter oder Angestellte der Organisation sind oder
 bb) einer gemäß Artikel 22 Absatz 3 der Verordnung (EG) Nr. 1221/2009 mit einer qualifizierten Person oder Organisation getroffenen vertraglichen Vereinbarung.

[4]Im Falle des Satzes 3 Nummer 2 Buchstabe b sind die Personen, die die Voraussetzungen des Artikels 22 Absatz 2 Buchstabe a und b der Verordnung (EG) Nr. 1221/2009 erfüllen, in dem Zulassungsbescheid genau zu bezeichnen.

(3) Die Zulassung gestattet gutachterliche Tätigkeiten von fachkundigen Personen im Sinne des Absatzes 1 Nr. 2 Buchstabe b nur im Zusammenwirken mit einem zugelassenen Umweltgutachter, der Berichte und die Validierung der Umwelterklärungen verantwortlich zeichnet; die genannten Personen müssen mitzeichnen.

(4) § 9 Absatz 4 gilt entsprechend.

(5) [1]Die zugelassene Umweltgutachterorganisation hat die Bezeichnung „Umweltgutachter" in die Firma oder den Namen aufzunehmen. [2]Die Bezeichnung darf in die Firma oder den Namen nicht aufgenommen werden, wenn keine Zulassung nach Absatz 2 erteilt ist.

§ 10a Ausländische Unterlagen und Nachweise; Verfahren

(1) [1]Soweit im Rahmen des Zulassungsverfahrens Nachweise nach diesem Gesetz oder nach einer auf Grund dieses Gesetzes erlassenen Verordnung vorzulegen sind, stehen Nachweise aus einem anderen Mitgliedstaat der Europäischen Union oder einem anderen Vertragsstaat des Abkommens über den Europäischen Wirtschaftsraum inländischen Nachweisen gleich, wenn sie gleichwertig sind oder wenn aus ihnen hervorgeht, dass die betreffenden Anforderungen erfüllt sind. [2]Es kann verlangt werden, dass die Unterlagen in beglaubigter Kopie und beglaubigter deutscher Übersetzung vorgelegt werden.

(2) [1]Die Zulassungsstelle bestätigt den Empfang der von dem Antragsteller eingereichten Unterlagen innerhalb eines Monats und teilt gegebenenfalls mit, welche Unterlagen noch nachzureichen sind. [2]Die Prüfung des Antrags auf Zulassung muss innerhalb von drei Monaten nach Einreichen der vollständigen Unterlagen abgeschlossen sein. [3]Diese Frist kann in begründeten Fällen um einen Monat verlängert werden. [4]Bestehen Zweifel an der Echtheit von vorgelegten Nachweisen nach Absatz 1 oder benötigt die Zulassungsstelle weitere Informationen, kann sie durch Nachfrage bei der zuständigen Stelle des Herkunftsstaates die Echtheit überprüfen und entsprechende Auskünfte einholen. [5]Die mündliche Zulassungsprüfung ist innerhalb von sechs Monaten nach Vorliegen der erforderlichen Unterlagen abzuschließen, es sei denn, der Antragsteller beantragt einen späteren Prüfungszeitpunkt.

§ 11 Bescheinigungs- und Zulassungsverfahren

(1) [1]Das Verfahren für die Erteilung einer Fachkenntnisbescheinigung nach § 8 und für die Zulassung nach den §§ 9 und 10 setzt einen schriftlichen Antrag voraus. [2]Dem Antrag sind die zur Prüfung erforderlichen Unterlagen beizufügen.

(2) [1]Die Fachkenntnisse des Umweltgutachters werden in einer mündlichen Prüfung von einem Prüfungsausschuss der Zulassungsstelle festgestellt. [2]Gegenstand der mündlichen Prüfung sind

1. die in § 7 Abs. 2 Nr. 2 Buchstabe a bis d genannten Fachgebiete und

2. praktische Probleme aus der Berufsarbeit eines Umweltgutachters.

(3) Der Prüfungsgegenstand im Sinne des Absatzes 2 Nr. 1 ist insoweit beschränkt, als der Antragsteller für bestimmte Fachgebiete Fachkenntnisbescheinigungen vorgelegt hat oder der Antragsteller in vorherigen Prüfungen zur Zulassung als Umweltgutachter einzelne Fachgebiete bereits bestanden hat.

(4) [1]Die nach § 7 Absatz 4 Satz 1 erforderlichen Rechts- und Sprachkenntnisse werden in einem Fachgespräch bei der Zulassungsstelle festgestellt. [2]§ 12 Absatz 1 Satz 1 gilt entsprechend.

(5) Für die Erteilung einer Fachkenntnisbescheinigung nach § 8 gelten die Absätze 2 und 3 entsprechend.

(6) Die Bundesregierung kann nach Anhörung des Umweltgutachterausschusses durch Rechtsverordnung,[1]) die nicht der Zustimmung des Bundesrates bedarf,

1. Verfahren nach den Absätzen 1 und 4, einschließlich Wiederholungsprüfungen,

2. Anforderungen an die Qualifikation der Mitglieder der Prüfungsausschüsse und die Durchführung der mündlichen Prüfung nach § 12 und

3. schriftliche Prüfungen allgemein oder für bestimmte Fachgebiete oder für bestimmte Zulassungsbereiche als unselbständigen Teil der Zulassungs- und Bescheinigungsverfahren vorschreiben und nähere Bestimmungen zu Gegenstand und Durchführung der schriftlichen Prüfungen treffen.

§ 12 Mündliche Prüfung

(1) [1]Die mündliche Prüfung ist unselbständiger Teil der Zulassungs- und Bescheinigungsverfahren. [2]Über den wesentlichen Inhalt und Ablauf der Prüfung ist eine Niederschrift zu fertigen.

(2) Zur Aufnahme in die Prüferliste des Umweltgutachterausschusses (§ 21 Abs. 1 Satz 2 Nr. 2) müssen die betreffenden Personen

1. ein Hochschulstudium abgeschlossen haben, das sie für die Prüfertätigkeit auf ihrem Fachgebiet qualifiziert,

2. über mindestens fünf Jahre eigenverantwortliche, hauptberufliche Erfahrungen in der Praxis des betrieblichen Umweltschutzes und,

3. im Falle der Zulassung als Prüfer für das Fachgebiet gemäß § 7 Abs. 2 Nr. 2 Buchstabe c, über mindestens fünf Jahre eigenverantwortliche, hauptberufliche Erfahrungen in einem betroffenen Zulassungsbereich verfügen.

(3) [1]Die Zulassungsstelle wählt die Prüfer für die einzelnen Zulassungs- und Bescheinigungsverfahren aus der Prüferliste des Umweltgutachterausschusses (§ 21 Abs. 1 Satz 2 Nr. 2) aus und bestimmt den Vorsitzenden. [2]Die Prüfer müssen jeweils die erforderliche Fachkunde für diejenigen Zulassungsbereiche und Fachgebiete besitzen, für die die Zulassung oder die Fachkenntnisbescheinigung im Einzelfall beantragt ist. [3]Der Prüfer für das Fachgebiet „Recht" gemäß § 7 Abs. 2 Nr. 2 Buchstabe d muss zusätzlich die Befähigung zum Richteramt haben. [4]Der Prüfungsausschuss besteht aus mindestens drei und höchstens fünf Mitgliedern. [5]Mindestens ein Mitglied des Prüfungsausschusses muss jeweils als Umweltgutachter zugelassen sein.

§ 13 (weggefallen)

§ 14 Zulassungsregister

(1) [1]Die Zulassungsstelle führt ein Zulassungsregister für Umweltgutachter, Umweltgutachterorganisationen und Inhaber von Fachkenntnisbescheinigungen. [2]Das Zulassungsregister enthält Namen, Anschrift sowie Gegenstand der Zulassungen und Bescheinigungen der eingetragenen Personen und Umweltgutachterorganisationen. [3]Die Zulassungsstelle übermittelt der Europäischen Kommission über das Bundesministerium für Umwelt, Naturschutz und nukleare Sicherheit nach Artikel 28 Absatz 8 der Verordnung (EG) Nr. 1221/2009 monatlich eine fortgeschriebene Liste der eingetragenen Umweltgutachter und Umweltgutachterorganisationen. [4]Diese Liste, ergänzt um die registrierten Inhaber von Fachkenntnisbescheinigungen, ist gleichzeitig dem Umweltgutachterausschuss, den zuständigen obersten Landesbehörden und der Stelle nach § 32 Abs. 2 Satz 1 in geeigneter Weise zugänglich zu machen.

(2) Jeder ist nach Maßgabe des Umweltinformationsgesetzes berechtigt, das Zulassungsregister einzusehen.

Abschnitt 2
Aufsicht

§ 15 Überprüfung von Umweltgutachtern, Umweltgutachterorganisationen und Inhabern von Fachkenntnisbescheinigungen

(1) [1]Umweltgutachter, Umweltgutachterorganisationen und Inhaber von Fachkenntnisbescheinigungen sind von der Zulassungsstelle in regelmäßigen Abständen, mindestens alle 24 Monate nach Wirksamwerden der Zulassung oder der Fachkenntnisbescheinigung dahin zu überprüfen, ob die Voraussetzungen für die Zulassung nach den §§ 9 und 10 und für die Erteilung der Fachkenntnisbescheinigung nach § 8 weiterhin vorliegen. [2]Dabei muss auch eine Überprüfung der Qualität der vorgenommenen Begutachtungen erfolgen. [3]Dies umfasst eine mindestens alle 24 Monate durchzuführende Überprüfung der vom Umweltgutachter oder der Umweltgutachterorganisation validierten oder vom Inhaber einer Fachkenntnisbescheinigung mitgezeichneten Umwelterklärungen und der erstellten Begutachtungsberichte.

1) Siehe die UAG-ZulassungsverfahrensVO.

(2) [1]Umweltgutachter und Inhaber einer Fachkenntnisbescheinigung sind zur Feststellung der erforderlichen Fähigkeiten und Fachkunde spätestens alle sechs Jahre nach Wirksamwerden der Zulassung einer praktischen Überprüfung bei ihrer Arbeit in Organisationen zu unterziehen. [2]Organisationen haben die Durchführung einer Überprüfung nach Satz 1 durch die Zulassungsstelle zu dulden.

(3) [1]Die Zulassungsstelle kann, falls erforderlich, das Fortbestehen der Zulassungsvoraussetzungen, insbesondere die erforderlichen Fähigkeiten des Umweltgutachters, der Umweltgutachterorganisation oder des Inhabers einer Fachkenntnisbescheinigung anhand einer Überprüfung im Umweltgutachterbüro oder im Büro des Inhabers der Fachkenntnisbescheinigung überprüfen (Geschäftsstellenprüfung). [2]In diesem Fall soll die Überprüfung gemäß Absatz 1 Satz 3 im Rahmen der Geschäftsstellenprüfung durchgeführt werden.

(4) Unbeschadet der Absätze 1 bis 3 können aus besonderem Anlass geeignete Aufsichtsmaßnahmen ergriffen werden, wenn die Zulassungsstelle Anhaltspunkte dafür hat, dass der Umweltgutachter, die Umweltgutachterorganisation oder der Inhaber der Fachkenntnisbescheinigung die Voraussetzungen der Zulassung nicht mehr erfüllt oder seinen Aufgaben nach der Verordnung (EG) Nr. 1221/2009, nach diesem Gesetz oder nach den auf Grund dieses Gesetzes erlassenen Rechtsverordnungen nicht ordnungsgemäß nachgeht.

(5) Stellt die Zulassungsstelle im Rahmen der Aufsicht Mängel in der Qualität einer Begutachtung oder sonstige Tatsachen fest, die einen Grund für eine vorübergehende Aussetzung oder Streichung gemäß Artikel 15 Absätze 1 oder 4 der Verordnung (EG) Nr. 1221/2009 darstellen können, so setzt sie die Register führende Stelle über den Inhalt des Aufsichtsberichts in Kenntnis.

(6) Umweltgutachter, Umweltgutachterorganisationen und Inhaber von Fachkenntnisbescheinigungen sind verpflichtet,

1. Zweitschriften der von ihnen gezeichneten oder mitgezeichneten
 a) Vereinbarungen mit den Unternehmen über Gegenstand und Umfang der Begutachtung,
 b) Berichte an die Leitung der Organisation,
 c) in Abstimmung mit der Organisation erstellten Begutachtungsprogramme,
 d) validierten Umwelterklärungen, aktualisierten Umwelterklärungen und Umweltinformationen und
 e) Niederschriften über Besuche auf dem Betriebsgelände und über Gespräche mit dem Betriebspersonal
 im Sinne der Artikel 19 Absatz 1 und 25 Absatz 1 und 5 bis 9 der Verordnung (EG) Nr. 1221/2009 bis zur Überprüfung durch die Zulassungsstelle, jedoch nicht länger als fünf Jahre, aufzubewahren,
2. die Zulassungsstelle unverzüglich über alle Veränderungen zu unterrichten, die auf die Zulassung oder die Fachkenntnisbescheinigung Einfluss haben können,
3. sich bei Begutachtungen unparteiisch zu verhalten,
4. der Zulassungsstelle zur Vorbereitung der regelmäßig durchzuführenden Aufsichtsverfahren die erforderlichen Angaben zu machen und auf Verlangen der Zulassungsstelle die zur Überprüfung erforderlichen Unterlagen vorzulegen, wobei Umweltgutachterorganisationen auf Anforderung durch die Zulassungsstelle auch die zur Überprüfung der bei ihnen angestellten Umweltgutachter und Inhaber von Fachkenntnisbescheinigungen erforderlichen Unterlagen vorzulegen haben und
5. bei der Überprüfung von Organisationen neben den an den einzelnen Standorten der Organisation geltenden Rechtsvorschriften auch die hierzu ergangenen amtlich veröffentlichten Verwaltungsvorschriften des Bundes und der Länder zu berücksichtigen.

(7) Umweltgutachter und Inhaber von Fachkenntnisbescheinigungen sind verpflichtet, sich fortzubilden.

(8) Die Geschäftsräume der zu überprüfenden Umweltgutachter, Inhaber von Fachkenntnisbescheinigungen, Umweltgutachterorganisationen sowie, im Falle der Durchführung einer Überprüfung nach Absatz 2 Satz 1, der begutachteten Organisation, können zu den üblichen Geschäftszeiten betreten werden, wenn dies zur Feststellung der Anforderungen nach den §§ 8 bis 10 erforderlich ist.

(9) [1]Der Aufsicht nach diesem Gesetz unterliegen Umweltgutachter oder Umweltgutachterorganisationen auch, soweit sie auf Grund ihrer Zulassung als Umweltgutachter oder Umweltgutachterorganisation befugt sind, Tätigkeiten auf Grund anderer rechtlicher Regelungen auszuüben. [2]Dieser Paragraf gilt bei der Ausübung von Tätigkeiten durch Umweltgutachter oder Umweltgutachterorganisationen auf Grund anderer rechtlicher Regelungen entsprechend.

§ 16 Anordnung, Untersagung

(1) Zur Erfüllung der Anforderungen und Pflichten nach der Verordnung (EG) Nr. 1221/2009, nach diesem Gesetz, nach den auf Grund dieses Gesetzes erlassenen Rechtsverordnungen und bei Tätigkeiten auf Grund anderer rechtlicher Regelungen im Sinne von § 15 Absatz 9 kann die Zulassungsstelle die erfor-

derlichen Maßnahmen gegenüber Umweltgutachtern, Umweltgutachterorganisationen und Inhabern von Fachkenntnisbescheinigungen treffen.

(2) ¹Die Zulassungsstelle kann insbesondere die Fortführung gutachterlicher Tätigkeiten ganz oder teilweise vorläufig untersagen, wenn Umweltgutachter, Umweltgutachterorganisationen und Inhaber von Fachkenntnisbescheinigungen

1. unter Verstoß gegen die Pflichten nach Artikel 4 Absatz 5 und Artikel 25 Absatz 8, jeweils in Verbindung mit Artikel 18 und 19, der Verordnung (EG) Nr. 1221/2009 eine Umwelterklärung mit unzutreffenden Angaben und Beurteilungen, insbesondere hinsichtlich der Einhaltung der an einem Standort einer Organisation geltenden Umweltvorschriften, validiert haben,

2. die Pflichten nach § 15 Abs. 6 und 7 nicht ordnungsgemäß erfüllt haben oder

3. eine vollziehbare Anordnung der Zulassungsstelle nicht befolgt haben.

²Die Untersagung hat zu unterbleiben oder ist wieder aufzuheben, sobald die Pflichten und Anordnungen nach Satz 1 erfüllt sind oder bei nachträglicher Unmöglichkeit keine Wiederholungsgefahr eines Rechtsverstoßes besteht.

§ 17 Rücknahme und Widerruf von Zulassung und Fachkenntnisbescheinigung

(1) Zulassung und Fachkenntnisbescheinigung sind mit Wirkung für die Zukunft zurückzunehmen, wenn nachträglich Tatsachen bekannt werden, bei deren Kenntnis die Zulassung oder die Erteilung der Fachkenntnisbescheinigung hätte versagt werden müssen.

(2) ¹Zulassung und Fachkenntnisbescheinigung sind zu widerrufen, wenn

1. der Umweltgutachter oder der Inhaber einer Fachkenntnisbescheinigung

 a) eine Tätigkeit im Sinne des § 6 Abs. 2 Nr. 1 aufgenommen und innerhalb einer von der Zulassungsstelle zu setzenden Frist nicht aufgegeben hat,

 b) infolge strafgerichtlicher Verurteilung die Fähigkeit zur Bekleidung öffentlicher Ämter verloren hat (§ 5 Abs. 2 Nr. 3),

 c) aus gesundheitlichen Gründen nicht nur vorübergehend unfähig geworden ist, gutachterliche Tätigkeiten ordnungsgemäß auszuführen (§ 5 Abs. 2 Nr. 5),

2. die Umweltgutachterorganisation die Anforderungen nach § 10 Absatz 1 Satz 1 Nummer 1 nicht mehr erfüllt und innerhalb einer von der Zulassungsstelle zu setzenden Frist einen gesetzmäßigen Zustand nicht herbeigeführt hat.

²Eine Zulassung oder Fachkenntnisbescheinigung wird abweichend von Satz 1 Nummer 1 Buchstabe a nicht widerrufen, wenn der Umweltgutachter oder Inhaber einer Fachkenntnisbescheinigung nur vorübergehend Angestellter einer juristischen Person des öffentlichen Rechts ist; der Umweltgutachter oder Inhaber einer Fachkenntnisbescheinigung darf jedoch keine gutachterlichen Tätigkeiten auf der Grundlage seiner Zulassung oder Fachkenntnisbescheinigung ausüben, es sei denn, die Zulassungsstelle gestattet es. ³Die Zulassungsstelle kann im Falle des Satzes 2 die Ausübung gutachterlicher Tätigkeiten auf Antrag des Umweltgutachters oder Inhabers einer Fachkenntnisbescheinigung gestatten, wenn sie sich davon überzeugt hat, dass der Umweltgutachter oder Inhaber der Fachkenntnisbescheinigung weiterhin die erforderliche Unabhängigkeit nach § 6 Absatz 1 besitzt. ⁴Die Zulassung ist teilweise zu widerrufen, soweit die Voraussetzungen des § 9 Abs. 1 Satz 2 und des § 10 Abs. 1 Satz 1 Nummer 2 weggefallen und innerhalb einer von der Zulassungsstelle zu setzenden Frist nicht wiederhergestellt sind.

(3) ¹Die Drittlandszulassung ist zu widerrufen, soweit eine nach § 9 Absatz 1 Satz 1 und 2 einem Umweltgutachter oder eine nach § 10 Absatz 2 Satz 1 in Verbindung mit Absatz 1 Satz 1 einer Umweltgutachterorganisation erteilte Zulassung widerrufen wurde. ²Sie ist ferner zu widerrufen, wenn im Falle des Umweltgutachters die Voraussetzungen des § 7 Absatz 4 in Verbindung mit Artikel 22 Absatz 2 der Verordnung (EG) Nr. 1221/2009 oder im Falle der Umweltgutachterorganisation die Voraussetzungen des § 10 Absatz 1 Satz 2 weggefallen und innerhalb einer von der Zulassungsstelle zu setzenden Frist nicht wiederhergestellt sind. ³Darüber hinaus ist die Drittlandszulassung eines Umweltgutachters oder einer Umweltgutachterorganisation zu widerrufen, wenn die Voraussetzungen des Artikels 22 Absatz 3 der Verordnung (EG) Nr. 1221/2009 weggefallen und innerhalb einer von der Zulassungsstelle zu setzenden Frist nicht wiederhergestellt sind.

(4) Zulassung und Fachkenntnisbescheinigung können, außer nach den Vorschriften des Verwaltungsverfahrensgesetzes, widerrufen werden, wenn

1. der Umweltgutachter keine zustellungsfähige Anschrift im Bundesgebiet angegeben hat (§ 4 Abs. 3),

2. bei der Durchführung von Begutachtungsaufträgen im Einzelfall ein Abhängigkeitsverhältnis zum auftraggebenden Unternehmen oder zum Betriebsprüfer des Standortes oder Weisungsverhältnisse

im Sinne des § 6 Abs. 2 Nr. 2 zwischen den begutachtenden Personen bestanden und die Gefahr der Wiederholung gegeben ist oder

3. vollziehbare Anordnungen der Zulassungsstelle im Rahmen der Aufsicht nicht befolgt werden.

§ 18 Umweltgutachter und Umweltgutachterorganisationen aus anderen Mitgliedstaaten der Europäischen Union

(1) [1]Umweltgutachter und Umweltgutachterorganisationen, die in einem anderen Mitgliedstaat der Europäischen Union oder in einem Staat des Europäischen Wirtschaftsraums zugelassen sind, haben der Zulassungsstelle ihre gutachterliche Tätigkeit nach den Sätzen 2 und 3 vor jeder Begutachtung im Bundesgebiet mindestens vier Wochen vor Aufnahme ihrer Tätigkeit anzuzeigen. [2]In der Anzeige sind der Name, die Anschrift, die fachlichen Qualifikationen und, bei Umweltgutachtern, auch die Staatsangehörigkeit sowie, bei Umweltgutachterorganisationen, die Zusammensetzung der die Begutachtung durchführenden Personengruppe anzugeben. [3]Ferner sind Ort und Zeit der Begutachtung, Anschrift und Ansprechpartner der Organisation sowie, soweit erforderlich, die zur Sicherstellung der erforderlichen Sprach- und Rechtskenntnisse getroffenen Maßnahmen anzugeben. [4]Wenn dies zur Gewährleistung der Qualität der Begutachtung erforderlich ist, kann die Zulassungsstelle weitere Nachweise zu den Sprach- und Rechtskenntnissen verlangen. [5]Bei der erstmaligen Anzeige sowie danach auf Anforderung der Zulassungsstelle sind der Anzeige eine Ausfertigung oder beglaubigte Abschrift der Zulassung und eine beglaubigte deutsche Übersetzung beizufügen.

(2) [1]Die Zulassungsstelle muss vor Aufnahme der Tätigkeit von Umweltgutachtern oder Umweltgutachterorganisationen, die in einem anderen Mitgliedstaat der Europäischen Union oder in einem Staat des Europäischen Wirtschaftsraums zugelassen sind, im Bundesgebiet überprüfen, ob diese über eine gültige Zulassung des Mitgliedstaates verfügen. [2]In regelmäßigen Abständen und mindestens alle 24 Monate nach der ersten Anzeige muss auch eine Überprüfung der Qualität der im Bundesgebiet vorgenommenen Begutachtungen erfolgen. [3]§ 15 Absatz 5, 6, 8 und 9 sowie § 16 gelten hierfür entsprechend. [4]Die Zulassungsstelle kann den Umweltgutachter oder die Umweltgutachterorganisation zur Sicherstellung der Qualität der vorgenommenen Begutachtungen einer praktischen Überprüfung bei seiner oder ihrer Arbeit in Organisationen unterziehen. [5]Organisationen haben die Durchführung einer Überprüfung nach Satz 4 zu dulden.

(3) [1]Die Zulassungsstelle erstellt einen Aufsichtsbericht. [2]Ist die Qualität der Begutachtungen zu beanstanden, so übermittelt sie den Aufsichtsbericht dem betroffenen Umweltgutachter oder der Umweltgutachterorganisation, der Zulassungsstelle, die die Zulassung erteilt hat, der zuständigen Register führenden Stelle und, bei weiteren Streitigkeiten, dem Forum der Zulassungsstellen.

(4) Soweit dies zur Feststellung der Anforderungen nach den §§ 7 bis 10 erforderlich ist, dürfen die inländischen Geschäftsräume der ausländischen Umweltgutachter oder Umweltgutachterorganisationen sowie die von diesen begutachteten Organisation zu den üblichen Geschäftszeiten zur Durchführung der Überprüfung nach Absatz 2 Satz 4 betreten werden.

(5) Ist der Umweltgutachter oder die Umweltgutachterorganisation nicht im Inland ansässig oder vertreten, so erfolgen Zustellungen, sofern nicht besondere völkervertragliche Regelungen etwas Abweichendes vorschreiben, nach Absendung einer Abschrift des Bescheides durch Aufgabe des Bescheides zur Post mit Einschreiben; die Zustellung gilt nach Ablauf von zwei Wochen ab der Aufgabe zur Post als erfolgt.

§ 19 Verbot der Validierung von Umwelterklärungen

Wer nicht die erforderliche Zulassung oder Fachkenntnisbescheinigung besitzt, darf weder eine Umwelterklärung nach Artikel 19 Absatz 2 oder Artikel 25 Absatz 8 der Verordnung (EG) Nr. 1221/2009 validieren, noch eine Erklärung nach Anhang VII der Verordnung (EG) Nr. 1221/2009 abgeben oder eine Mitzeichnung nach § 8 Absatz 2 Satz 3 vornehmen.

§ 20 Aufsichtsverfahren

Die Bundesregierung kann nach Anhörung des Umweltgutachterausschusses durch Rechtsverordnung, die nicht der Zustimmung des Bundesrates bedarf, Inhalt und Umfang der Pflichten nach § 15 Abs. 6 und 7 sowie das Verfahren für Aufsichtsmaßnahmen zu dem in § 1 Abs. 1 Nr. 2 genannten Zweck näher regeln.

Abschnitt 3
Umweltgutachterausschuss, Widerspruchsbehörde

§ 21 Aufgaben des Umweltgutachterausschusses

(1) [1]Beim Bundesministerium für Umwelt, Naturschutz und nukleare Sicherheit wird ein Umweltgutachterausschuss gebildet. [2]Der Umweltgutachterausschuss hat die Aufgabe,

1. Richtlinien[1] für die Auslegung und Anwendung der §§ 4 bis 18 und der auf Grund dieser Rechtsvorschriften ergangenen Rechtsverordnungen zu erlassen,
2. eine Prüferliste für die Besetzung der Prüfungsausschüsse der Zulassungsstelle zu führen,
3. Empfehlungen für die Benennung von Sachverständigen durch die Widerspruchsbehörde auszusprechen,
4. das Bundesministerium für Umwelt, Naturschutz und nukleare Sicherheit in allen Zulassungs- und Aufsichtsangelegenheiten zu beraten,
5. die Verbreitung von EMAS zu fördern.

[3]Die Richtlinien nach Satz 2 Nr. 1 sind vom Bundesministerium für Umwelt, Naturschutz und nukleare Sicherheit im Bundesanzeiger zu veröffentlichen.

(2) [1]Der Umweltgutachterausschuss erhält von der Zulassungsstelle halbjährlich einen Bericht über Umfang, Inhalt und Probleme der Zulassungs- und Aufsichtstätigkeit. [2]Insbesondere ist zu berichten über

1. die getroffenen Aufsichtsmaßnahmen,
2. die Praktikabilität und den Anpassungsbedarf erlassener Richtlinien nach Absatz 1 Satz 2 Nr. 1 und
3. den Regelungsbedarf durch neue Richtlinien nach Absatz 1 Satz 2 Nr. 1.

[3]Der Umweltgutachterausschuss kann von der Zulassungsstelle Berichte zu besonderen Fragen anfordern.

§ 22 Mitglieder des Umweltgutachterausschusses

(1) [1]Mitglieder des Umweltgutachterausschusses sind

– 6 Vertreter der Unternehmen oder ihrer Organisationen,
– 4 Vertreter der Umweltgutachter oder ihrer Organisationen,
– 2 Vertreter der Umweltverwaltung des Bundes,
– 1 Vertreter der Wirtschaftsverwaltung des Bundes,
– 4 Vertreter der Umweltverwaltung der Länder,
– 2 Vertreter der Wirtschaftsverwaltung der Länder,
– 3 Vertreter der Gewerkschaften,
– 3 Vertreter der Umweltverbände.

[2]Sie unterliegen keinen Weisungen und sind ehrenamtlich tätig. [3]Die Vorschriften der §§ 83 und 84 des Verwaltungsverfahrensgesetzes sind anzuwenden.

(2) Die Mitglieder des Umweltgutachterausschusses müssen in Angelegenheiten des betrieblichen Umweltschutzes über gründliche Fachkenntnisse und mindestens dreijährige praktische Erfahrungen verfügen.

(3) [1]Das Bundesministerium für Umwelt, Naturschutz und nukleare Sicherheit beruft die Mitglieder des Umweltgutachterausschusses und für jedes Mitglied einen Stellvertreter für die Dauer von drei Jahren auf Vorschlag der Bundesdachverbände der Wirtschaft, der freien Berufe im Einvernehmen mit den Organisationen der Umweltgutachter, der Gewerkschaften und der Umweltverbände sowie der zuständigen obersten Bundes- und Landesbehörden. [2]Für die Stellvertreter gelten die Absätze 1 und 2 entsprechend.

(4) [1]Ein Mitglied wird höchstens zweimal in Folge für den Umweltgutachterausschuss berufen. [2]Anschließend muss vor einer erneuten Berufung eine Unterbrechung von mindestens einer Berufungsperiode liegen.

§ 23 Geschäftsordnung, Vorsitz und Beschlussfassung des Umweltgutachterausschusses

(1) Der Umweltgutachterausschuss gibt sich eine Geschäftsordnung, die der Genehmigung durch das Bundesministerium für Umwelt, Naturschutz und nukleare Sicherheit bedarf.

(2) [1]Der Umweltgutachterausschuss wählt den Vorsitzenden und vier Stellvertreter aus seiner Mitte. [2]Zu ihnen muss jeweils ein Vertreter der Unternehmen, der Umweltgutachter, der Verwaltung, der Gewerkschaften und der Umweltverbände gehören.

(3) Der Umweltgutachterausschuss beschließt

1. in Angelegenheiten nach § 21 Abs. 1 Satz 2 Nr. 1 und 2 mit der Mehrheit von zwei Dritteln der gesetzlichen Mitgliederzahl,
2. in Angelegenheiten der Geschäftsordnung mit der Mehrheit der gesetzlichen Mitgliederzahl und
3. in sonstigen Fällen mit der Mehrheit der anwesenden Mitglieder.

§ 24 Widerspruchsbehörde

(1) Zuständig für die Entscheidung über Widersprüche gegen Verwaltungsakte der Zulassungsstelle ist das Bundesverwaltungsamt, das insoweit den fachlichen Weisungen des Bundesministeriums für Umwelt, Naturschutz und nukleare Sicherheit unterliegt.

1) Siehe die UAG-ZertifizierungsverfahrensRL, die UAG-FachkundeRL, die UAG-AufsichtsRL und die UAG-PrüferRL.

(2) ¹Die Entscheidung ist durch einen Beamten der Bundesverwaltung zu treffen, der die Befähigung zum Richteramt besitzt. ²Von der Widerspruchsbehörde hinzugezogene Sachverständige dürfen nicht dem Umweltgutachterausschuss angehören. ³Sie müssen in Angelegenheiten des betrieblichen Umweltschutzes über gründliche Fachkenntnisse und mindestens dreijährige praktische Erfahrungen verfügen. (3) ¹Die Widerspruchsbehörde kann an den Sitzungen des Umweltgutachterausschusses teilnehmen. ²Ihr ist auf Verlangen das Wort zu erteilen.

§ 25 Widerspruchsverfahren

(1) ¹Der Widerspruch soll vor Erlass des Widerspruchsbescheides mit den Beteiligten mündlich erörtert· werden. ²Mit Einverständnis aller Beteiligten kann von der mündlichen Erörterung abgesehen werden. ³Im Übrigen ist das Widerspruchsverfahren an bestimmte Formen nicht gebunden, soweit die §§ 68 bis 73 der Verwaltungsgerichtsordnung keine besonderen Rechtsvorschriften für die Form des Verfahrens enthalten. ⁴Es ist einfach und zweckmäßig durchzuführen.

(2) Soweit der Widerspruch gegen Entscheidungen der auf Grund des § 28 beliehenen Zulassungsstelle erfolgreich ist, sind die Aufwendungen des Widerspruchsführers nach § 80 Abs. 1 Satz 1 und 2 des Verwaltungsverfahrensgesetzes von dem privaten Rechtsträger der Zulassungsstelle zu erstatten.

§ 26 Geschäftsstelle

¹Für die Arbeit des Umweltgutachterausschusses wird eine Geschäftsstelle eingerichtet. ²Sie unterliegt den Weisungen des Vorsitzenden des Umweltgutachterausschusses.

§ 27 Rechtsaufsicht

(1) ¹Der Umweltgutachterausschuss steht unter der Aufsicht des Bundesministeriums für Umwelt, Naturschutz und nukleare Sicherheit (Aufsichtsbehörde). ²Die Aufsicht erstreckt sich auf die Rechtmäßigkeit der Ausschusstätigkeit, insbesondere darauf, dass die gesetzlichen Aufgaben erfüllt werden. (2) ¹Die Aufsichtsbehörde kann an den Sitzungen des Umweltgutachterausschusses teilnehmen. ²Ihr ist auf Verlangen das Wort zu erteilen. ³Sie kann schriftliche oder elektronische Berichte und Aktenvorlage fordern. (3) ¹Beschlüsse nach § 21 Abs. 1 Satz 2 Nr. 1 bis 3 bedürfen der Genehmigung durch die Aufsichtsbehörde. ²Die Aufsichtsbehörde kann rechtswidrige Beschlüsse des Umweltgutachterausschusses beanstanden und nach vorheriger Beanstandung·aufheben. ³Wenn der Umweltgutachterausschuss Beschlüsse oder sonstige Handlungen unterlässt, die zur Erfüllung seiner gesetzlichen Aufgaben erforderlich sind, kann die Aufsichtsbehörde anordnen, dass innerhalb einer bestimmten Frist die erforderlichen Maßnahmen getroffen werden. ⁴Die Aufsichtsbehörde hat die geforderten Handlungen im Einzelnen zu bezeichnen. ⁵Sie kann ihre Anordnung selbst durchführen oder von einem anderen durchführen lassen, wenn die Anordnung vom Umweltgutachterausschuss nicht befolgt worden ist. (4) ¹Wenn die Aufsichtsmittel nach Absatz 3 nicht ausreichen, kann die Aufsichtsbehörde den Umweltgutachterausschuss auflösen. ²Sie hat nach Eintritt der Unanfechtbarkeit der Auflösungsanordnung unverzüglich neue Mitglieder gemäß § 22 Abs. 3 zu berufen. ³Sie braucht vorgeschlagene Personen nicht zu berücksichtigen, die Mitglieder des aufgelösten Ausschusses waren.

Abschnitt 4
Zuständigkeit

§ 28 Zulassungsstelle

¹Das Bundesministerium für Umwelt, Naturschutz und nukleare Sicherheit wird ermächtigt, eine oder mehrere juristische Personen des Privatrechts mit den Aufgaben der Zulassungsstelle durch Rechtsverordnung¹⁾, die nicht der Zustimmung des Bundesrates bedarf, zu beleihen, wenn deren Bereitschaft und Eignung zur ordnungsgemäßen Erfüllung der Zulassungs- und Aufsichtsaufgaben gegeben sind. ²Die Zulassungsstelle nimmt die Aufgaben der Zulassung und Beaufsichtigung der Umweltgutachter und Umweltgutachterorganisationen sowie der Inhaber von Fachkenntnisbescheinigungen gemäß Artikel 20 bis 24 und 27 bis 29 der Verordnung (EG) Nr. 1221/2009 und diesem Gesetz wahr. ³Sie berichtet dem Bundesministerium für Umwelt, Naturschutz und nukleare Sicherheit und dem Umweltgutachterausschuss regelmäßig über die Treffen und weiteren Aktivitäten des Forums der Zulassungsstellen der Mitgliedstaaten gemäß Artikel 30 und 31 der Verordnung (EG) Nr. 1221/2009.

§ 29 Aufsicht über die Zulassungsstelle

¹Die nach § 28 beliehene Zulassungsstelle steht unter der Aufsicht des Bundesministeriums für Umwelt, Naturschutz und nukleare Sicherheit (Aufsichtsbehörde). ²Die Aufsicht erstreckt sich auf die Rechtmä-

1) Siehe die UAG-BeleihungsVO.

ßigkeit der Zulassungs- und Aufsichtstätigkeit und auf die Entscheidungen nach § 16 Abs. 2, § 17 Absatz 4 Nr. 2 und 3 sowie § 18 Abs. 2 Satz 3.

Abschnitt 5
Beschränkung der Haftung

§ 30 Beschränkung der Haftung
Auf die Schadensersatzpflicht von Personen, die fahrlässig gehandelt haben, findet § 323 Abs. 2 des Handelsgesetzbuchs entsprechende Anwendung.

§ 31 (weggefallen)

Teil 3
Registrierung geprüfter Organisationen, Gebühren und Auslagen, Bußgeld-, Übergangs- und Schlussvorschriften

Abschnitt 1
Registrierung geprüfter Organisationen

§ 32 EMAS-Register
(1) [1]In das EMAS-Register wird eingetragen, an welchen Standorten die Organisation ein Umweltmanagementsystem betreibt, das die Anforderungen der Verordnung (EG) Nr. 1221/2009 erfüllt. [2]Die Führung des Registers und die übrigen Aufgaben gemäß den Artikeln 11 bis 17 und Artikel 32 Absatz 3 der Verordnung (EG) Nr. 1221/2009 werden den Industrie- und Handelskammern und den Handwerkskammern übertragen. [3]Bei Registrierung einer Organisation mit mehreren an EMAS teilnehmenden Standorten bestimmt sich die Register führende Stelle nach Wahl der Organisation nach dem Hauptsitz oder dem Sitz der Managementzentrale im Sinne des Artikels 3 Absatz 2 Unterabsatz 2 der Verordnung (EG) Nr. 1221/2009 der Organisation. [4]Aufsichtsmaßnahmen werden von der Aufsichtsbehörde im Einvernehmen mit der obersten für den Umweltschutz zuständigen Behörde des Landes getroffen.

(2) [1]Die Register führenden Stellen benennen durch schriftliche oder elektronische Vereinbarung eine gemeinsame Stelle, die der Europäischen Kommission nach Artikel 12 Absatz 2 und 3 der Verordnung (EG) Nr. 1221/2009 monatlich ein fortgeschriebenes Verzeichnis nach Absatz 1 Satz 1 übermittelt. [2]Das Verzeichnis ist gleichzeitig dem Bundesministerium für Umwelt, Naturschutz und nukleare Sicherheit, der Zulassungsstelle, dem Umweltgutachterausschuss und den zuständigen obersten Landesbehörden in geeigneter Weise zur Verfügung zu stellen. [3]Die gemeinsame Stelle vertritt die Register führenden Stellen bei den Treffen der Register führenden Stellen der Mitgliedstaaten gemäß Artikel 16 Absatz 1 der Verordnung (EG) Nr. 1221/2009. [4]Zu den in Artikel 16 Absatz 3 und Artikel 17 der Verordnung (EG) Nr. 1221/2009 genannten Zwecken ist sie berechtigt, bei den Register führenden Stellen Daten zu erheben und diese bei den Treffen der Register führenden Stellen der Mitgliedstaaten und etwaiger im Rahmen dessen gegründeter Arbeitsgruppen bekannt zu geben und zu verwenden.

(3) [1]Die Industrie- und Handelskammern und die Handwerkskammern können schriftlich oder elektronisch vereinbaren, dass die von ihnen nach Absatz 1 Satz 2 wahrgenommenen Aufgaben auf eine Industrie- und Handelskammer oder eine Handwerkskammer ganz oder teilweise übertragen werden. [2]Die Vereinbarung bedarf der Genehmigung der Aufsichtsbehörde im Einvernehmen mit der zuständigen Umweltbehörde.

(4) Jeder ist nach Maßgabe des Umweltinformationsgesetzes berechtigt, das EMAS-Register einzusehen.

(5) Der Zulassungsstelle ist zum Zweck der Aufsicht über Umweltgutachter, Umweltgutachterorganisationen und Inhaber von Fachkenntnisbescheinigungen Einsicht in die für die Aufsicht relevanten Daten oder Unterlagen der Register führenden Stellen zu gewähren.

§ 33 Registrierung im EMAS-Register
(1) [1]Die für eine Registrierung im EMAS-Register nach Artikel 13 bis 15 der Verordnung (EG) Nr. 1221/2009 erforderliche Glaubhaftmachung, dass die Organisation alle Bedingungen der Verordnung (EG) Nr. 1221/2009 erfüllt, ist insbesondere dann nicht gegeben, wenn
1. die Umwelterklärung nicht von einem zugelassenen Umweltgutachter oder einer zugelassenen Umweltgutachterorganisation validiert worden ist oder
2. die Personen, die die Validierung der Umwelterklärung mitgezeichnet haben, nach dem Inhalt ihrer Zulassung oder Fachkenntnisbescheinigung insgesamt nicht über die Fachkunde verfügen, die zur Begutachtung der geprüften Organisation erforderlich ist.

[2]Zur Glaubhaftmachung im Sinne des Satzes 1 ist es nicht erforderlich, dass die Personen, die die Umwelterklärung validiert haben, bei demselben Umweltgutachter oder derselben Umweltgutachterorganisation angestellt sind; Umweltgutachter und Umweltgutachterorganisationen können auch auf Grund gesonderter Vereinbarungen, die nur für einzelne Begutachtungsaufträge geschlossen werden, zusammenwirken (Fallkooperation).

(2) Im Falle einer Sammelregistrierung gemäß Artikel 3 Absatz 2 in Verbindung mit Artikel 13 der Verordnung (EG) Nr. 1221/2009 ist eine Organisation unter Auflistung aller ihrer an EMAS teilnehmenden Standorte in das Register einzutragen.

(3) [1]Vor der Eintragung einer Organisation, einschließlich der Ergänzung der Eintragung um einen neuen, bisher noch nicht in das Umweltmanagement der Organisation einbezogenen Standort, gibt die Register führende Stelle den für die Belange des Umweltschutzes an dem jeweiligen Standort zuständigen Behörden (Umweltbehörden) Gelegenheit, sich innerhalb einer Frist von vier Wochen zu der beabsichtigten Eintragung zu äußern. [2]Im Falle der Eintragung einer Organisation mit mehreren Standorten gibt die Register führende Stelle die Stellungnahme der Umweltbehörden den Industrie- und Handelskammern oder Handwerkskammern, die bei gesonderter Eintragung der einzelnen Standorte als Register führende Stelle zuständig wären, zur Kenntnis. [3]Wird die Register führende Stelle von der zuständigen Umweltbehörde über einen Verstoß gegen an einem Standort der Organisation geltende Umweltvorschriften unterrichtet, so verweigert sie die Eintragung der antragstellenden Organisation, bis der Nachweis gemäß Artikel 13 Absatz 2 Buchstabe c der Verordnung (EG) Nr. 1221/2009 erbracht wird, dass der Verstoß behoben ist. [4]Hält die Umweltbehörde oder die Register führende Stelle einen Verstoß gegen an einem Standort der Organisation geltende Umweltvorschriften für gegeben und bestreitet die betroffene Organisation diesen Rechtsverstoß, so ist die Entscheidung über die Eintragung bis zur Klärung zwischen Umweltbehörde und Organisation auszusetzen. [5]Bevor die Register führende Stelle die Eintragung einer Organisation auf Grund des Artikels 13 Absatz 4 der Verordnung (EG) Nr. 1221/2009 wegen eines Verstoßes gegen an einem Standort geltende Umweltvorschriften verweigert, ist der betroffenen Organisation gemäß Artikel 13 Absatz 6 der Verordnung (EG) Nr. 1221/2009 Gelegenheit zur Stellungnahme zu geben. [6]Die Register führende Stelle unterrichtet die Leitung der Organisation gemäß Artikel 13 Absatz 4 der Verordnung (EG) Nr. 1221/2009 über die Gründe für die ergriffenen Maßnahmen und die mit der zuständigen Umweltbehörde geführten Gespräche.

(4) Die Register führenden Stellen und die gemeinsame Stelle sind berechtigt, die zum Zweck der Erfüllung ihrer Aufgaben nach diesem Gesetz erforderlichen Angaben zu speichern.

(5) Die Register führende Stelle setzt die Umweltbehörden über das Ergebnis des Registrierungsverfahrens in Kenntnis.

(6) Ergänzende Regelungen über die Registrierung ausländischer Standorte nach § 35 Absatz 1 Satz 1 oder auf Grund einer Verordnung nach § 35 Absatz 2 bleiben unberührt.

§ 34 Verlängerung der EMAS-Registrierung, Verfahren bei Verstößen, Streichung und vorübergehende Aufhebung der Registrierung

(1) Stellt die Umweltbehörde fest, dass eine registrierte Organisation gegen Umweltvorschriften verstößt, so setzt sie die Register führende Stelle hierüber in Kenntnis.

(2) Bei Anhaltspunkten für einen Verstoß gegen an einem Standort der Organisation geltende Umweltvorschriften erkundigt sich die Register führende Stelle bei der Umweltbehörde, ob ein Umweltrechtsverstoß vorliegt.

(3) Wird der Register führenden Stelle eine vollständige Umwelterklärung nach Artikel 6 Absatz 1 Buchstabe c der Verordnung (EG) Nr. 1221/2009 vorgelegt, prüft sie, ob ihr Informationen nach Absatz 1 oder Anhaltspunkte nach Absatz 2 dieses Gesetzes vorliegen.

(4) [1]Bevor die Register führende Stelle die Eintragung einer Organisation
1. auf Grund des Artikels 15 Absatz 1 oder Absatz 3 der Verordnung (EG) Nr. 1221/2009 wegen nachträglicher Nichterfüllung der einschlägigen Anforderungen am Standort vorübergehend aufhebt oder streicht oder
2. auf Grund des Artikels 15 Absatz 4 der Verordnung (EG) Nr. 1221/2009 wegen eines Verstoßes gegen an einem Standort geltende Umweltvorschriften vorübergehend aufhebt oder streicht oder
3. auf Grund des Artikels 15 Absatz 2 oder Absatz 7 der Verordnung (EG) Nr. 1221/2009 wegen nicht ausreichend gründlicher Durchführung der gutachterlichen Tätigkeit des Umweltgutachters vorübergehend aufhebt,

ist der betroffenen Organisation und, im Falle der Nummer 2, der für den betroffenen Standort zuständigen Umweltbehörde nach Maßgabe des Artikels 15 Absatz 1 Satz 1 und Absatz 6 der Verordnung (EG) Nr. 1221/2009 Gelegenheit zur Stellungnahme zu geben. [2]Bestreitet die Organisation mit vertretbaren

Gründen das Vorliegen von Verstößen im Sinne des Satzes 1 Nr. 1 bis 3 und macht sie glaubhaft, dass die Streichung oder vorübergehende Aufhebung der Eintragung zu erheblichen wirtschaftlichen oder sonstigen Nachteilen für die Organisation führen würde, so darf die Streichung oder vorübergehende Aufhebung der Eintragung erst erfolgen, wenn wegen der Verstöße im Sinne des Satzes 1 Nr. 1 bis 3 ein vollziehbarer Verwaltungsakt, ein rechtskräftiger Bußgeldbescheid oder eine rechtskräftige strafgerichtliche Verurteilung vorliegt. ³Die Register führende Stelle unterrichtet die Leitung der Organisation gemäß Artikel 15 Absatz 8 und 9 der Verordnung (EG) Nr. 1221/2009 über die Gründe für die ergriffenen Maßnahmen und die mit der zuständigen Umweltbehörde geführten Gespräche.

(5) Die Registrierung einer Organisation mit mehreren Standorten wird ausgesetzt oder gestrichen, wenn einer oder mehrere Standorte die Voraussetzungen gemäß Artikel 15 Absatz 1 Satz 2, Absatz 2, 3 oder Absatz 4 der Verordnung (EG) Nr. 1221/2009 nicht mehr erfüllt.

(6) Die Register führende Stelle setzt die Umweltbehörde über das Ergebnis des Verfahrens zur Verlängerung der Registrierung gemäß Artikel 15 Absatz 3 der Verordnung (EG) Nr. 1221/2009 in Kenntnis.

§ 35 Registrierungsverfahren; Verordnungsermächtigung

(1) ¹Die Industrie- und Handelskammern und die Handwerkskammern können das Verfahren für die Registrierung und Streichung von Standorten kammerzugehöriger Unternehmen und für die vorübergehende Aufhebung von Registrierungen gemäß Artikel 13 Absatz 2 und 3 sowie Artikel 13 Absatz 2 bis 5, Artikel 14 und Artikel 15 Absatz 1 bis 4 und 10 der Verordnung (EG) Nr. 1221/2009 mit Ausnahme des Verfahrens für Organisationen, die ihren Sitz in Staaten außerhalb der Europäischen Union haben, durch Satzung näher regeln, die der Genehmigung durch die Aufsichtsbehörde im Einvernehmen mit der obersten für den Umweltschutz zuständigen Behörde eines Landes bedarf. ²Die Satzungen gelten auch für Organisationen, die nicht Mitglied einer Kammer sind.

(2) Das Bundesministerium für Umwelt, Naturschutz und nukleare Sicherheit wird ermächtigt, durch Rechtsverordnung, die nicht der Zustimmung des Bundesrates bedarf, von § 33 und § 34 abweichende Regelungen des Registrierungsverfahrens für Organisationen, die ihren Sitz in Staaten außerhalb der Europäischen Union haben, zu treffen.

Abschnitt 2
Gebühren und Auslagen und Bußgeldvorschriften

§ 36 Gebühren und Auslagen

(1) Für individuell zurechenbare öffentliche Leistungen auf Grund dieses Gesetzes werden Gebühren und Auslagen erhoben.

(2) Das Bundesministerium für Umwelt, Naturschutz und nukleare Sicherheit wird ermächtigt, nach Anhörung des Umweltgutachterausschusses durch Rechtsverordnung¹⁾, die nicht der Zustimmung des Bundesrates bedarf, für individuell zurechenbare öffentliche Leistungen der Zulassungsstelle und der Widerspruchsbehörde auf Grund dieses Gesetzes die Höhe der Gebühren, die gebührenpflichtigen Tatbestände und die Auslagen näher zu bestimmen und dabei feste Sätze und Rahmensätze vorzusehen.

(3) ¹Die Industrie- und Handelskammern und die Handwerkskammern werden ermächtigt, für individuell zurechenbare öffentliche Leistungen der Register führenden Stelle die Höhe der Gebühren durch Satzung zu bestimmen. ²Dabei ist Artikel 36 Buchstabe b der Verordnung (EG) Nr. 1221/2009 zu beachten. ³Die Satzung bedarf der Genehmigung durch die Aufsichtsbehörde im Einvernehmen mit der zuständigen Umweltbehörde. ⁴§ 35 Absatz 1 Satz 2 findet Anwendung.

§ 37²⁾ Bußgeldvorschriften

(1) Ordnungswidrig handelt, wer vorsätzlich oder fahrlässig
1. entgegen § 4 Abs. 3 eine Angabe nicht, nicht richtig oder nicht rechtzeitig macht,
2. entgegen § 4 Abs. 4 Satz 2 in Verbindung mit Satz 1 die dort genannte Berufsbezeichnung führt,
3. entgegen § 10 Abs. 5 Satz 2 in Verbindung mit Satz 1 die dort genannte Bezeichnung in die Firma oder den Namen aufnimmt,
4. entgegen § 15 Abs. 6 Nr. 1 eine Zweitschrift nicht oder nicht für die vorgeschriebene Dauer aufbewahrt,
5. entgegen § 15 Abs. 6 Nr. 2 die Zulassungsstelle nicht oder nicht rechtzeitig unterrichtet,
6. entgegen § 15 Abs. 6 Nr. 4 eine Unterlage nicht oder nicht rechtzeitig vorlegt,
7. einer vollziehbaren Anordnung nach § 15 Abs. 4 oder nach § 16 Abs. 1, auch in Verbindung mit § 18 Abs. 2 Satz 3, zuwiderhandelt,

1) Siehe die UAG-GebührenVO.
2) Siehe die UAG-OrdnungswidrigkeitenzuständigkeitsVO.

8. entgegen § 18 Abs. 1 Satz 1 eine Anzeige nicht, nicht richtig, nicht vollständig oder nicht rechtzeitig erstattet,

9. entgegen § 19 eine Umwelterklärung validiert oder eine Validierung oder Erklärung mitzeichnet,

10. einer Rechtsverordnung nach § 20 oder nach § 35 Absatz 2 oder einer auf Grund einer solchen Rechtsverordnung ergangenen vollziehbaren Anordnung zuwiderhandelt, soweit die Rechtsverordnung für einen bestimmten Tatbestand auf diese Bußgeldvorschrift verweist,

11. entgegen Artikel 10 Absatz 1 der Verordnung (EG) Nr. 1221/2009 des Europäischen Parlaments und des Rates vom 25. November 2009 über die freiwillige Teilnahme von Organisationen an einem Gemeinschaftssystem für Umweltmanagement und Umweltbetriebsprüfung und zur Aufhebung der Verordnung (EG) Nr. 761/2001, sowie der Beschlüsse der Kommission 2001/681/EG und 2006/193/EG (ABl. L 342 vom 22.12.2009, S. 1) das EMAS-Zeichen verwendet, obwohl er oder sie keine gültige Eintragung in das EMAS-Register besitzt,

12. entgegen Artikel 19 Absatz 2 oder Artikel 25 Absatz 8 der Verordnung (EG) Nr. 1221/2009, jeweils auch in Verbindung mit § 8 Absatz 2 Satz 3, eine dort genannte Information oder Umwelterklärung nicht, nicht richtig, nicht vollständig oder nicht rechtzeitig validiert,

12a. entgegen Artikel 25 Absatz 9 der Verordnung (EG) Nr. 1221/2009, auch in Verbindung mit § 8 Absatz 2 Satz 3, eine dort genannte Erklärung nicht, nicht richtig, nicht vollständig oder nicht rechtzeitig ausstellt, oder

13. einer unmittelbar geltenden Vorschrift in Rechtsakten der Europäischen Gemeinschaften oder der Europäischen Union im Anwendungsbereich dieses Gesetzes zuwiderhandelt, soweit eine nach Anhörung des Umweltgutachterausschusses erlassene Rechtsverordnung nach Absatz 2 für einen bestimmten Tatbestand auf diese Bußgeldvorschrift verweist.

(2) Das Bundesministerium für Umwelt, Naturschutz und nukleare Sicherheit wird ermächtigt, soweit dies zur Durchsetzung der Rechtsakte der Europäischen Gemeinschaften oder der Europäischen Union erforderlich ist, durch Rechtsverordnung ohne Zustimmung des Bundesrates die Tatbestände zu bezeichnen, die als Ordnungswidrigkeiten gemäß Absatz 1 Nr. 13 geahndet werden können.

(3) Die Ordnungswidrigkeit kann in den Fällen des Absatzes 1 Nr. 2 bis 4, 7, 9, 11, 12 und 13 mit einer Geldbuße bis zu fünfundzwanzigtausend Euro, in den Fällen des Absatzes 1 Nr. 1, 5, 6, 8 und 10 mit einer Geldbuße bis zu fünftausend Euro geahndet werden.

Abschnitt 3
Übergangs- und Schlussvorschriften

§ 38 Übergangsvorschriften

(1) Zulassungen von Umweltgutachtern, Umweltgutachterorganisationen und Inhabern von Fachkenntnisbescheinigungen, die vor dem 13. Dezember 2011 erteilt worden sind, behalten auch nach diesem Zeitpunkt ihre Gültigkeit.

(2) [1]Vor dem 21. August 2002 nach § 13 Abs. 2 des Umweltauditgesetzes vom 7. Dezember 1995 (BGBl. I S. 1591), das zuletzt durch Artikel 26 des Gesetzes vom 27. April 2002 (BGBl. I S. 1467) geändert worden ist, allgemein anerkannte Qualifikationsnachweise behalten auch nach dem 21. August 2002 ihre Gültigkeit. [2]§ 9 Abs. 1 Nr. 1 Buchstabe c, § 10 Abs. 1 Nr. 2 Buchstabe c, § 11 Abs. 3, § 15 Abs. 3 und die §§ 19 und 33 Abs. 1 Nr. 2 des Umweltauditgesetzes in der in Satz 1 genannten Fassung sind auf vor dem 21. August 2002 allgemein anerkannte Qualifikationsnachweise im Sinne des Satzes 1 weiterhin anzuwenden.

§ 39 (Inkrafttreten)

Gesetz zum Schutz vor schädlichen Umwelteinwirkungen durch Luftverunreinigungen, Geräusche, Erschütterungen und ähnliche Vorgänge (Bundes-Immissionsschutzgesetz – BImSchG)[1][2]

In der Fassung der Bekanntmachung vom 17. Mai 2013[3] (BGBl. I S. 1274)

(FNA 2129-8)

zuletzt geändert durch Art. 103 Elfte ZuständigkeitsanpassungsVO vom 19. Juni 2020 (BGBl. I S. 1328)

Inhaltsübersicht

1) **Amtl. Anm.**: Dieses Gesetz dient der Umsetzung folgender Richtlinien:
 – Richtlinie 96/82/EG des Rates vom 9. Dezember 1996 zur Beherrschung der Gefahren bei schweren Unfällen mit gefährlichen Stoffen (ABl. L 345 vom 31.12.2003, S. 97), die zuletzt durch die Richtlinie 2012/18/EU (ABl. L 197 vom 24.7.2012, S. 1) geändert worden ist;
 – Richtlinie 97/68/EG des Europäischen Parlaments und des Rates vom 16. Dezember 1997 zur Angleichung der Rechtsvorschriften der Mitgliedstaaten über Maßnahmen zur Bekämpfung der Emission von gasförmigen Schadstoffen und luftverunreinigenden Partikeln aus Verbrennungsmotoren für mobile Maschinen und Geräte (ABl. L 59 vom 27.2.1998, S. 1), die zuletzt durch die Richtlinie 2012/46/EU (ABl. L 353 vom 21.12.2012, S. 80) geändert worden ist;
 – Richtlinie 98/70/EG des Europäischen Parlaments und des Rates vom 13. Oktober 1998 über die Qualität von Otto- und Dieselkraftstoffen und zur Änderung der Richtlinie 93/12/EWG des Rates (ABl. L 350 vom 28.12.1998, S. 58), die zuletzt durch die Richtlinie 2009/30/EG (ABl. L 140 vom 5.6.2009, S. 88) geändert worden ist;
 – Richtlinie 1999/32/EG des Rates vom 26. April 1999 über eine Verringerung des Schwefelgehalts bestimmter flüssiger Kraft- oder Brennstoffe und zur Änderung der Richtlinie 93/12/EWG (ABl. L 121 vom 11.5.1999, S. 13), die zuletzt durch die Richtlinie 2009/30/EG (ABl. L 140 vom 5.6.2009, S. 88) geändert worden ist;
 – Richtlinie 2000/25/EG des Europäischen Parlaments und des Rates vom 22. Mai 2000 über Maßnahmen zur Bekämpfung der Emission gasförmiger Schadstoffe und luftverunreinigender Partikel aus Motoren, die zum Antrieb von land- und forstwirtschaftlichen Zugmaschinen bestimmt sind, und zur Änderung der Richtlinie 74/150/EWG des Rates (ABl. L 173 vom 12.7.2000, S. 1), die zuletzt durch die Richtlinie 2011/87/EU (ABl. L 301 vom 18.11.2011, S. 1) geändert worden ist;
 – Richtlinie 2002/49/EG des Europäischen Parlaments und des Rates vom 25. Juni 2002 über die Bewertung und Bekämpfung von Umgebungslärm (ABl. L 189 vom 18.7.2002, S. 12);
 – Richtlinie 2003/35/EG des Europäischen Parlaments und des Rates vom 26. Mai 2003 über die Beteiligung der Öffentlichkeit bei der Ausarbeitung bestimmter umweltbezogener Pläne und Programme und zur Änderung der Richtlinien 85/337/EWG und 96/61/EG des Rates in Bezug auf die Öffentlichkeitsbeteiligung und den Zugang zu Gerichten (ABl. L 156 vom 25.6.2003, S. 17), die zuletzt durch die Richtlinie 2011/92/EU (ABl. L 26 vom 28.1.2012, S. 1) geändert worden ist;
 – Richtlinie 2008/50/EG des Europäischen Parlaments und des Rates vom 21. Mai 2008 über Luftqualität und saubere Luft für Europa (ABl. L 152 vom 11.6.2008, S. 1);
 – Richtlinie 2008/98/EG des Europäischen Parlaments und des Rates vom 19. November 2008 über Abfälle und zur Aufhebung bestimmter Richtlinien (ABl. L 312 vom 22.11.2008, S. 3, L 127 vom 26.5.2009, S. 24);
 – Richtlinie 2009/28/EG des Europäischen Parlaments und des Rates vom 23. April 2009 zur Förderung der Nutzung von Energie aus erneuerbaren Quellen und zur Änderung und anschließenden Aufhebung der Richtlinien 2001/77/EG und 2003/30/EG (ABl. L 140 vom 5.6.2009, S. 16);
 – Richtlinie 2010/75/EU des Europäischen Parlaments und des Rates vom 24. November 2010 über Industrieemissionen (integrierte Vermeidung und Verminderung der Umweltverschmutzung) (Neufassung) (ABl. L 334 vom 17.12.2010, S. 17).
2) Zur Sicherstellung ordnungsgemäßer Planungs-und Genehmigungsverfahren während der COVID-19-Pandemie siehe das PlanungssicherstellungsG vom 20.5.2020 (BGBl. I S. 1041).
3) Neubekanntmachung des BImSchG idF der Bek. v. 26.9.2002 (BGBl. I S. 3830) in der ab 2.5.2013 geltenden Fassung. Die Berichtigung BGBl. 2013 I S. 3753 des G zur Umsetzung der RL über Industrieemissionen v. 8.4.2013 (BGBl. I S. 734) ist im Text berücksichtigt.

Erster Teil
Allgemeine Vorschriften

§ 1 Zweck des Gesetzes
(1) Zweck dieses Gesetzes ist es, Menschen, Tiere und Pflanzen, den Boden, das Wasser, die Atmosphäre sowie Kultur- und sonstige Sachgüter vor schädlichen Umwelteinwirkungen zu schützen und dem Entstehen schädlicher Umwelteinwirkungen vorzubeugen.

(2) Soweit es sich um genehmigungsbedürftige Anlagen handelt, dient dieses Gesetz auch
– der integrierten Vermeidung und Verminderung schädlicher Umwelteinwirkungen durch Emissionen in Luft, Wasser und Boden unter Einbeziehung der Abfallwirtschaft, um ein hohes Schutzniveau für die Umwelt insgesamt zu erreichen, sowie
– dem Schutz und der Vorsorge gegen Gefahren, erhebliche Nachteile und erhebliche Belästigungen, die auf andere Weise herbeigeführt werden.

§ 2 Geltungsbereich
(1) Die Vorschriften dieses Gesetzes gelten für
1. die Errichtung und den Betrieb von Anlagen,
2. das Herstellen, Inverkehrbringen und Einführen von Anlagen, Brennstoffen und Treibstoffen, Stoffen und Erzeugnissen aus Stoffen nach Maßgabe der §§ 32 bis 37,
3. die Beschaffenheit, die Ausrüstung, den Betrieb und die Prüfung von Kraftfahrzeugen und ihren Anhängern und von Schienen-, Luft- und Wasserfahrzeugen sowie von Schwimmkörpern und schwimmenden Anlagen nach Maßgabe der §§ 38 bis 40 und
4. den Bau öffentlicher Straßen sowie von Eisenbahnen, Magnetschwebebahnen und Straßenbahnen nach Maßgabe der §§ 41 bis 43.

(2) [1]Die Vorschriften dieses Gesetzes gelten nicht für Flugplätze, soweit nicht die sich aus diesem Gesetz ergebenden Anforderungen für Betriebsbereiche oder der Sechste Teil betroffen sind, und für Anlagen,

Geräte, Vorrichtungen sowie Kernbrennstoffe und sonstige radioaktive Stoffe, die den Vorschriften des Atomgesetzes oder einer hiernach erlassenen Rechtsverordnung unterliegen, soweit es sich um den Schutz vor den Gefahren der Kernenergie und der schädlichen Wirkung ionisierender Strahlen handelt. [2]Sie gelten ferner nicht, soweit sich aus wasserrechtlichen Vorschriften des Bundes und der Länder zum Schutz der Gewässer oder aus Vorschriften des Düngemittel- und Pflanzenschutzrechts etwas anderes ergibt.
(3) Die Vorschriften dieses Gesetzes über Abfälle gelten nicht für
1. Luftverunreinigungen,
2. Böden am Ursprungsort (Böden in situ) einschließlich nicht ausgehobener, kontaminierter Böden und Bauwerke, die dauerhaft mit dem Boden verbunden sind,
3. nicht kontaminiertes Bodenmaterial und andere natürlich vorkommende Materialien, die bei Bauarbeiten ausgehoben wurden, sofern sichergestellt ist, dass die Materialien in ihrem natürlichen Zustand an dem Ort, an dem sie ausgehoben wurden, für Bauzwecke verwendet werden.

§ 3 Begriffsbestimmungen

(1) Schädliche Umwelteinwirkungen im Sinne dieses Gesetzes sind Immissionen, die nach Art, Ausmaß oder Dauer geeignet sind, Gefahren, erhebliche Nachteile oder erhebliche Belästigungen für die Allgemeinheit oder die Nachbarschaft herbeizuführen.
(2) Immissionen im Sinne dieses Gesetzes sind auf Menschen, Tiere und Pflanzen, den Boden, das Wasser, die Atmosphäre sowie Kultur- und sonstige Sachgüter einwirkende Luftverunreinigungen, Geräusche, Erschütterungen, Licht, Wärme, Strahlen und ähnliche Umwelteinwirkungen.
(3) Emissionen im Sinne dieses Gesetzes sind die von einer Anlage ausgehenden Luftverunreinigungen, Geräusche, Erschütterungen, Licht, Wärme, Strahlen und ähnliche Erscheinungen.
(4) Luftverunreinigungen im Sinne dieses Gesetzes sind Veränderungen der natürlichen Zusammensetzung der Luft, insbesondere durch Rauch, Ruß, Staub, Gase, Aerosole, Dämpfe oder Geruchsstoffe.
(5) Anlagen im Sinne dieses Gesetzes sind
1. Betriebsstätten und sonstige ortsfeste Einrichtungen,
2. Maschinen, Geräte und sonstige ortsveränderliche technische Einrichtungen sowie Fahrzeuge, soweit sie nicht der Vorschrift des § 38 unterliegen, und
3. Grundstücke, auf denen Stoffe gelagert oder abgelagert oder Arbeiten durchgeführt werden, die Emissionen verursachen können, ausgenommen öffentliche Verkehrswege.
(5a) Ein Betriebsbereich ist der gesamte unter der Aufsicht eines Betreibers stehende Bereich, in dem gefährliche Stoffe im Sinne des Artikels 3 Nummer 10 der Richtlinie 2012/18/EU des Europäischen Parlaments und des Rates vom 4. Juli 2012 zur Beherrschung der Gefahren schwerer Unfälle mit gefährlichen Stoffen, zur Änderung und anschließenden Aufhebung der Richtlinie 96/82/EG des Rates (ABl. L 197 vom 24.7.2012, S. 1) in einer oder mehreren Anlagen einschließlich gemeinsamer oder verbundener Infrastrukturen oder Tätigkeiten auch bei Lagerung im Sinne des Artikels 3 Nummer 16 der Richtlinie in den in Artikel 3 Nummer 2 oder Nummer 3 der Richtlinie bezeichneten Mengen tatsächlich vorhanden oder vorgesehen sind oder vorhanden sein werden, soweit vernünftigerweise vorhersehbar ist, dass die genannten gefährlichen Stoffe bei außer Kontrolle geratenen Prozessen anfallen; ausgenommen sind die in Artikel 2 Absatz 2 der Richtlinie 2012/18/EU angeführten Einrichtungen, Gefahren und Tätigkeiten, es sei denn, es handelt sich um eine in Artikel 2 Absatz 2 Unterabsatz 2 der Richtlinie 2012/18/EU genannte Einrichtung, Gefahr oder Tätigkeit.
(5b) [1]Eine störfallrelevante Errichtung und ein Betrieb oder eine störfallrelevante Änderung einer Anlage oder eines Betriebsbereichs ist eine Errichtung und ein Betrieb einer Anlage, die Betriebsbereich oder Bestandteil eines Betriebsbereichs ist, oder eine Änderung einer Anlage oder eines Betriebsbereichs einschließlich der Änderung eines Lagers, eines Verfahrens oder der Art oder physikalischen Form oder der Mengen der gefährlichen Stoffe im Sinne des Artikels 3 Nummer 10 der Richtlinie 2012/18/EU, aus der sich erhebliche Auswirkungen auf die Gefahren schwerer Unfälle ergeben können. [2]Eine störfallrelevante Änderung einer Anlage oder eines Betriebsbereichs liegt zudem vor, wenn eine Änderung dazu führen könnte, dass ein Betriebsbereich der unteren Klasse zu einem Betriebsbereich der oberen Klasse wird oder umgekehrt.
(5c) [1]Der angemessene Sicherheitsabstand im Sinne dieses Gesetzes ist der Abstand zwischen einem Betriebsbereich oder einer Anlage, die Betriebsbereich oder Bestandteil eines Betriebsbereichs ist, und einem benachbarten Schutzobjekt, der zur gebotenen Begrenzung der Auswirkungen auf das benachbarte Schutzobjekt, welche durch schwere Unfälle im Sinne des Artikels 3 Nummer 13 der Richtlinie 2012/18/EU hervorgerufen werden können, beiträgt. [2]Der angemessene Sicherheitsabstand ist anhand störfallspezifischer Faktoren zu ermitteln.

(5d) Benachbarte Schutzobjekte im Sinne dieses Gesetzes sind ausschließlich oder überwiegend dem Wohnen dienende Gebiete, öffentlich genutzte Gebäude und Gebiete, Freizeitgebiete, wichtige Verkehrswege und unter dem Gesichtspunkt des Naturschutzes besonders wertvolle oder besonders empfindliche Gebiete.

(6) [1]Stand der Technik im Sinne dieses Gesetzes ist der Entwicklungsstand fortschrittlicher Verfahren, Einrichtungen oder Betriebsweisen, der die praktische Eignung einer Maßnahme zur Begrenzung von Emissionen in Luft, Wasser und Boden, zur Gewährleistung der Anlagensicherheit, zur Gewährleistung einer umweltverträglichen Abfallentsorgung oder sonst zur Vermeidung oder Verminderung von Auswirkungen auf die Umwelt zur Erreichung eines allgemein hohen Schutzniveaus für die Umwelt insgesamt gesichert erscheinen lässt. [2]Bei der Bestimmung des Standes der Technik sind insbesondere die in der Anlage aufgeführten Kriterien zu berücksichtigen.

(6a) BVT-Merkblatt im Sinne dieses Gesetzes ist ein Dokument, das auf Grund des Informationsaustausches nach Artikel 13 der Richtlinie 2010/75/EU des Europäischen Parlaments und des Rates vom 24. November 2010 über Industrieemissionen (integrierte Vermeidung und Verminderung der Umweltverschmutzung) (Neufassung) (ABl. L 334 vom 17.12.2010, S. 17) für bestimmte Tätigkeiten erstellt wird und insbesondere die angewandten Techniken, die derzeitigen Emissions- und Verbrauchswerte, alle Zukunftstechniken sowie die Techniken beschreibt, die für die Festlegung der besten verfügbaren Techniken sowie der BVT-Schlussfolgerungen berücksichtigt wurden.

(6b) BVT-Schlussfolgerungen im Sinne dieses Gesetzes sind ein nach Artikel 13 Absatz 5 der Richtlinie 2010/75/EU von der Europäischen Kommission erlassenes Dokument, das die Teile eines BVT-Merkblatts mit den Schlussfolgerungen in Bezug auf Folgendes enthält:
1. die besten verfügbaren Techniken, ihre Beschreibung und Informationen zur Bewertung ihrer Anwendbarkeit,
2. die mit den besten verfügbaren Techniken assoziierten Emissionswerte,
3. die zu den Nummern 1 und 2 gehörigen Überwachungsmaßnahmen,
4. die zu den Nummern 1 und 2 gehörigen Verbrauchswerte sowie
5. die gegebenenfalls einschlägigen Standortsanierungsmaßnahmen.

(6c) Emissionsbandbreiten im Sinne dieses Gesetzes sind die mit den besten verfügbaren Techniken assoziierten Emissionswerte.

(6d) Die mit den besten verfügbaren Techniken assoziierten Emissionswerte im Sinne dieses Gesetzes sind der Bereich von Emissionswerten, die unter normalen Betriebsbedingungen unter Verwendung einer besten verfügbaren Technik oder einer Kombination von besten verfügbaren Techniken entsprechend der Beschreibung in den BVT-Schlussfolgerungen erzielt werden, ausgedrückt als Mittelwert für einen vorgegebenen Zeitraum unter spezifischen Referenzbedingungen.

(6e) Zukunftstechniken im Sinne dieses Gesetzes sind neue Techniken für Anlagen nach der Industrieemissions-Richtlinie, die bei gewerblicher Nutzung entweder ein höheres allgemeines Umweltschutzniveau oder zumindest das gleiche Umweltschutzniveau und größere Kostenersparnisse bieten könnten als der bestehende Stand der Technik.

(7) Dem Herstellen im Sinne dieses Gesetzes steht das Verarbeiten, Bearbeiten oder sonstiges Behandeln, dem Einführen im Sinne dieses Gesetzes das sonstige Verbringen in den Geltungsbereich dieses Gesetzes gleich.

(8) Anlagen nach der Industrieemissions-Richtlinie im Sinne dieses Gesetzes sind die in der Rechtsverordnung nach § 4 Absatz 1 Satz 4 gekennzeichneten Anlagen.

(9) Gefährliche Stoffe im Sinne dieses Gesetzes sind Stoffe oder Gemische gemäß Artikel 3 der Verordnung (EG) Nummer 1272/2008 des Europäischen Parlaments und des Rates vom 16. Dezember 2008 über die Einstufung, Kennzeichnung und Verpackung von Stoffen und Gemischen, zur Änderung und Aufhebung der Richtlinien 67/548/EWG und 1999/45/EG und zur Änderung der Verordnung (EG) Nr. 1907/2006 (ABl. L 353 vom 31.12.2008, S. 1), die zuletzt durch die Verordnung (EG) Nr. 286/2011 (ABl. L 83 vom 30.3.2011, S. 1) geändert worden ist.

(10) Relevante gefährliche Stoffe im Sinne dieses Gesetzes sind gefährliche Stoffe, die in erheblichem Umfang in der Anlage verwendet, erzeugt oder freigesetzt werden und die ihrer Art nach eine Verschmutzung des Bodens oder des Grundwassers auf dem Anlagengrundstück verursachen können.

Zweiter Teil
Errichtung und Betrieb von Anlagen

Erster Abschnitt
Genehmigungsbedürftige Anlagen

§ 4 Genehmigung

(1) [1]Die Errichtung und der Betrieb von Anlagen, die auf Grund ihrer Beschaffenheit oder ihres Betriebs in besonderem Maße geeignet sind, schädliche Umwelteinwirkungen hervorzurufen oder in anderer Weise die Allgemeinheit oder die Nachbarschaft zu gefährden, erheblich zu benachteiligen oder erheblich zu belästigen, sowie von ortsfesten Abfallentsorgungsanlagen zur Lagerung oder Behandlung von Abfällen bedürfen einer Genehmigung. [2]Mit Ausnahme von Abfallentsorgungsanlagen bedürfen Anlagen, die nicht gewerblichen Zwecken dienen und nicht im Rahmen wirtschaftlicher Unternehmungen Verwendung finden, der Genehmigung nur, wenn sie in besonderem Maße geeignet sind, schädliche Umwelteinwirkungen durch Luftverunreinigungen oder Geräusche hervorzurufen. [3]Die Bundesregierung bestimmt nach Anhörung der beteiligten Kreise (§ 51) durch Rechtsverordnung mit Zustimmung des Bundesrates die Anlagen, die einer Genehmigung bedürfen (genehmigungsbedürftige Anlagen); in der Rechtsverordnung kann auch vorgesehen werden, dass eine Genehmigung nicht erforderlich ist, wenn eine Anlage insgesamt oder in ihren in der Rechtsverordnung bezeichneten wesentlichen Teilen der Bauart nach zugelassen ist und in Übereinstimmung mit der Bauartzulassung errichtet und betrieben wird. [4]Anlagen nach Artikel 10 in Verbindung mit Anhang I der Richtlinie 2010/75/EU sind in der Rechtsverordnung nach Satz 3 zu kennzeichnen.

(2) [1]Anlagen des Bergwesens oder Teile dieser Anlagen bedürfen der Genehmigung nach Absatz 1 nur, soweit sie über Tage errichtet und betrieben werden. [2]Keiner Genehmigung nach Absatz 1 bedürfen Tagebaue und die zum Betrieb eines Tagebaus erforderlichen sowie die zur Wetterführung unerlässlichen Anlagen.

§ 5 Pflichten der Betreiber genehmigungsbedürftiger Anlagen

(1) Genehmigungsbedürftige Anlagen sind so zu errichten und zu betreiben, dass zur Gewährleistung eines hohen Schutzniveaus für die Umwelt insgesamt

1. schädliche Umwelteinwirkungen und sonstige Gefahren, erhebliche Nachteile und erhebliche Belästigungen für die Allgemeinheit und die Nachbarschaft nicht hervorgerufen werden können;
2. Vorsorge gegen schädliche Umwelteinwirkungen und sonstige Gefahren, erhebliche Nachteile und erhebliche Belästigungen getroffen wird, insbesondere durch die dem Stand der Technik entsprechenden Maßnahmen;
3. Abfälle vermieden, nicht zu vermeidende Abfälle verwertet und nicht zu verwertende Abfälle ohne Beeinträchtigung des Wohls der Allgemeinheit beseitigt werden; Abfälle sind nicht zu vermeiden, soweit die Vermeidung technisch nicht möglich oder nicht zumutbar ist; die Vermeidung ist unzulässig, soweit sie zu nachteiligeren Umweltauswirkungen führt als die Verwertung; die Verwertung und Beseitigung von Abfällen erfolgt nach den Vorschriften des Kreislaufwirtschaftsgesetzes und den sonstigen für die Abfälle geltenden Vorschriften;
4. Energie sparsam und effizient verwendet wird.

(2) [1]Soweit genehmigungsbedürftige Anlagen dem Anwendungsbereich des Treibhausgas-Emissionshandelsgesetzes unterliegen, sind Anforderungen zur Begrenzung von Emissionen von Treibhausgasen nur zulässig, um zur Erfüllung der Pflichten nach Absatz 1 Nummer 1 sicherzustellen, dass im Einwirkungsbereich der Anlage keine schädlichen Umwelteinwirkungen entstehen; dies gilt nur für Treibhausgase, die für die betreffende Tätigkeit nach Anhang 1 des Treibhausgas-Emissionshandelsgesetzes umfasst sind. [2]Bei diesen Anlagen dürfen zur Erfüllung der Pflicht zur effizienten Verwendung von Energie in Bezug auf die Emissionen von Kohlendioxid, die auf Verbrennungs- oder anderen Prozessen der Anlage beruhen, keine Anforderungen gestellt werden, die über die Pflichten hinausgehen, welche das Treibhausgas-Emissionshandelsgesetz begründet.

(3) Genehmigungsbedürftige Anlagen sind so zu errichten, zu betreiben und stillzulegen, dass auch nach einer Betriebseinstellung

1. von der Anlage oder dem Anlagengrundstück keine schädlichen Umwelteinwirkungen und sonstige Gefahren, erhebliche Nachteile und erhebliche Belästigungen für die Allgemeinheit und die Nachbarschaft hervorgerufen werden können,
2. vorhandene Abfälle ordnungsgemäß und schadlos verwertet oder ohne Beeinträchtigung des Wohls der Allgemeinheit beseitigt werden und
3. die Wiederherstellung eines ordnungsgemäßen Zustandes des Anlagengrundstücks gewährleistet ist.

(4) [1]Wurden nach dem 7. Januar 2013 auf Grund des Betriebs einer Anlage nach der Industrieemissions-Richtlinie erhebliche Bodenverschmutzungen oder erhebliche Grundwasserverschmutzungen durch relevante gefährliche Stoffe im Vergleich zu dem im Bericht über den Ausgangszustand angegebenen Zustand verursacht, so ist der Betreiber nach Einstellung des Betriebs der Anlage verpflichtet, soweit dies verhältnismäßig ist, Maßnahmen zur Beseitigung dieser Verschmutzung zu ergreifen, um das Anlagengrundstück in jenen Ausgangszustand zurückzuführen. [2]Die zuständige Behörde hat der Öffentlichkeit relevante Informationen zu diesen vom Betreiber getroffenen Maßnahmen zugänglich zu machen, und zwar auch über das Internet. [3]Soweit Informationen Geschäfts- oder Betriebsgeheimnisse enthalten, gilt § 10 Absatz 2 entsprechend.

§ 6 Genehmigungsvoraussetzungen

(1) Die Genehmigung ist zu erteilen, wenn
1. sichergestellt ist, dass die sich aus § 5 und einer auf Grund des § 7 erlassenen Rechtsverordnung ergebenden Pflichten erfüllt werden, und
2. andere öffentlich-rechtliche Vorschriften und Belange des Arbeitsschutzes der Errichtung und dem Betrieb der Anlage nicht entgegenstehen.

(2) Bei Anlagen, die unterschiedlichen Betriebsweisen dienen oder in denen unterschiedliche Stoffe eingesetzt werden (Mehrzweck- oder Vielstoffanlagen), ist die Genehmigung auf Antrag auf die unterschiedlichen Betriebsweisen und Stoffe zu erstrecken, wenn die Voraussetzungen nach Absatz 1 für alle erfassten Betriebsweisen und Stoffe erfüllt sind.

(3) Eine beantragte Änderungsgenehmigung darf auch dann nicht versagt werden, wenn zwar nach ihrer Durchführung nicht alle Immissionswerte einer Verwaltungsvorschrift nach § 48 oder einer Rechtsverordnung nach § 48a eingehalten werden, wenn aber
1. der Immissionsbeitrag der Anlage unter Beachtung des § 17 Absatz 3a Satz 3 durch das Vorhaben deutlich und über das durch nachträgliche Anordnungen nach § 17 Absatz 1 durchsetzbare Maß reduziert wird,
2. weitere Maßnahmen zur Luftreinhaltung, insbesondere Maßnahmen, die über den Stand der Technik bei neu zu errichtenden Anlagen hinausgehen, durchgeführt werden,
3. der Antragsteller darüber hinaus einen Immissionsmanagementplan zur Verringerung seines Verursacheranteils vorlegt, um eine spätere Einhaltung der Anforderungen nach § 5 Absatz 1 Nummer 1 zu erreichen, und
4. die konkreten Umstände einen Widerruf der Genehmigung nicht erfordern.

§ 7 Rechtsverordnungen über Anforderungen an genehmigungsbedürftige Anlagen

(1) [1]Die Bundesregierung wird ermächtigt, nach Anhörung der beteiligten Kreise (§ 51) durch Rechtsverordnung mit Zustimmung des Bundesrates vorzuschreiben, dass die Errichtung, die Beschaffenheit, der Betrieb, der Zustand nach Betriebseinstellung und die betreibereigene Überwachung genehmigungsbedürftiger Anlagen zur Erfüllung der sich aus § 5 ergebenden Pflichten bestimmten Anforderungen genügen müssen, insbesondere, dass
1. die Anlagen bestimmten technischen Anforderungen entsprechen müssen,
2. die von Anlagen ausgehenden Emissionen bestimmte Grenzwerte nicht überschreiten dürfen oder Anlagen äquivalenten Parametern oder äquivalenten technischen Maßnahmen entsprechen müssen[1],
2a. der Einsatz von Energie bestimmten Anforderungen entsprechen muss,
3. die Betreiber von Anlagen Messungen von Emissionen und Immissionen nach in der Rechtsverordnung näher zu bestimmenden Verfahren vorzunehmen haben oder vornehmen lassen müssen und
4. die Betreiber von Anlagen bestimmte sicherheitstechnische Prüfungen sowie bestimmte Prüfungen von sicherheitstechnischen Unterlagen nach in der Rechtsverordnung näher zu bestimmenden Verfahren
 a) während der Errichtung oder sonst vor der Inbetriebnahme der Anlage,
 b) nach deren Inbetriebnahme oder einer Änderung im Sinne des § 15 oder des § 16,
 c) in regelmäßigen Abständen oder
 d) bei oder nach einer Betriebseinstellung
 durch einen Sachverständigen nach § 29a vornehmen lassen müssen, soweit solche Prüfungen nicht in Rechtsverordnungen nach § 34 des Produktsicherheitsgesetzes vorgeschrieben sind, und

1) § 7 Abs. 1 Nr. 2 gem. G v. 8.4.2013 (BGBl. I S. 734); in der Neubekanntmachung fehlt: „oder Anlagen äquivalenten Parametern oder äquivalenten technischen Maßnahmen entsprechen müssen".

5. die Rückführung in den Ausgangszustand nach § 5 Absatz 4 bestimmten Anforderungen entsprechen muss, insbesondere in Bezug auf den Ausgangszustandsbericht und die Feststellung der Erheblichkeit von Boden- und Grundwasserverschmutzungen.

[2]Bei der Festlegung der Anforderungen nach Satz 1[1)] sind insbesondere mögliche Verlagerungen von nachteiligen Auswirkungen von einem Schutzgut auf ein anderes zu berücksichtigen; ein hohes Schutzniveau für die Umwelt insgesamt ist zu gewährleisten.

(1a) [1]Nach jeder Veröffentlichung einer BVT-Schlussfolgerung ist unverzüglich zu gewährleisten, dass für Anlagen nach der Industrieemissions-Richtlinie bei der Festlegung von Emissionsgrenzwerten nach Absatz 1 Satz 1 Nummer 2 die Emissionen unter normalen Betriebsbedingungen die in den BVT-Schlussfolgerungen genannten Emissionsbandbreiten nicht überschreiten. [2]Im Hinblick auf bestehende Anlagen ist

1. innerhalb eines Jahres nach Veröffentlichung von BVT-Schlussfolgerungen zur Haupttätigkeit eine Überprüfung und gegebenenfalls Anpassung der Rechtsverordnung vorzunehmen und
2. innerhalb von vier Jahren nach Veröffentlichung von BVT-Schlussfolgerungen zur Haupttätigkeit sicherzustellen, dass die betreffenden Anlagen die Emissionsgrenzwerte der Rechtsverordnung einhalten.

(1b) [1]Abweichend von Absatz 1a
1. können in der Rechtsverordnung weniger strenge Emissionsgrenzwerte und Fristen festgelegt werden, wenn
 a) wegen technischer Merkmale der betroffenen Anlagenart die Anwendung der in den BVT-Schlussfolgerungen genannten Emissionsbandbreiten unverhältnismäßig wäre und dies begründet wird oder
 b) in Anlagen Zukunftstechniken für einen Gesamtzeitraum von höchstens neun Monaten erprobt oder angewendet werden sollen, sofern nach dem festgelegten Zeitraum die Anwendung der betreffenden Technik beendet wird oder in der Anlage mindestens die mit den besten verfügbaren Techniken assoziierten Emissionsbandbreiten erreicht werden, oder
2. kann in der Rechtsverordnung bestimmt werden, dass die zuständige Behörde weniger strenge Emissionsbegrenzungen und Fristen festlegen kann, wenn
 a) wegen technischer Merkmale der betroffenen Anlagen die Anwendung der in den BVT-Schlussfolgerungen genannten Emissionsbandbreiten unverhältnismäßig wäre oder
 b) in Anlagen Zukunftstechniken für einen Gesamtzeitraum von höchstens neun Monaten erprobt oder angewendet werden sollen, sofern nach dem festgelegten Zeitraum die Anwendung der betreffenden Technik beendet wird oder in der Anlage mindestens die mit den besten verfügbaren Techniken assoziierten Emissionsbandbreiten erreicht werden.

[2]Absatz 1 Satz 2 bleibt unberührt. [3]Emissionsgrenzwerte und Emissionsbegrenzungen nach Satz 1 dürfen die in den Anhängen der Richtlinie 2010/75/EU festgelegten Emissionsgrenzwerte nicht überschreiten und keine schädlichen Umwelteinwirkungen hervorrufen.

(2) [1]In der Rechtsverordnung kann bestimmt werden, inwieweit die nach Absatz 1 zur Vorsorge gegen schädliche Umwelteinwirkungen festgelegten Anforderungen nach Ablauf bestimmter Übergangsfristen erfüllt werden müssen, soweit zum Zeitpunkt des Inkrafttretens der Rechtsverordnung in einem Vorbescheid oder einer Genehmigung geringere Anforderungen gestellt worden sind. [2]Bei der Bestimmung der Dauer der Übergangsfristen und der einzuhaltenden Anforderungen sind insbesondere Art, Menge und Gefährlichkeit der von den Anlagen ausgehenden Emissionen sowie die Nutzungsdauer und technische Besonderheiten der Anlagen zu berücksichtigen. [3]Die Sätze 1 und 2 gelten entsprechend für Anlagen, die nach § 67 Absatz 2 oder § 67a Absatz 1 anzuzeigen sind oder vor Inkrafttreten dieses Gesetzes nach § 16 Absatz 4 der Gewerbeordnung anzuzeigen waren.

(3) [1]Soweit die Rechtsverordnung Anforderungen nach § 5 Absatz 1 Nummer 2 festgelegt hat, kann in ihr bestimmt werden, dass bei in Absatz 2 genannten Anlagen von den auf Grund der Absätze 1 und 2 festgelegten Anforderungen zur Vorsorge gegen schädliche Umwelteinwirkungen abgewichen werden darf. [2]Dies gilt nur, wenn durch technische Maßnahmen an Anlagen des Betreibers oder Dritter insgesamt eine weitergehende Minderung von Emissionen derselben oder in ihrer Wirkung auf die Umwelt vergleichbaren Stoffen erreicht wird als bei Beachtung der auf Grund der Absätze 1 und 2 festgelegten Anforderungen und hierdurch der in § 1 genannte Zweck gefördert wird. [3]In der Rechtsverordnung kann weiterhin bestimmt werden, inwieweit zur Erfüllung von zwischenstaatlichen Vereinbarungen mit Nachbarstaaten der Bundesrepublik Deutschland Satz 2 auch für die Durchführung technischer Maßnahmen an Anlagen gilt, die in den Nachbarstaaten gelegen sind.

1) § 7 Abs. 1 Satz 2 gem. G v. 8.4.2013 (BGBl. I S. 734); in der Neubekanntmachung fehlt: „nach Satz 1".

(4) ¹Zur Erfüllung von bindenden Rechtsakten der Europäischen Gemeinschaften oder der Europäischen Union kann die Bundesregierung zu dem in § 1 genannten Zweck mit Zustimmung des Bundesrates durch Rechtsverordnung Anforderungen an die Errichtung, die Beschaffenheit und den Betrieb, die Betriebseinstellung und betreibereigene Überwachung genehmigungsbedürftiger Anlagen vorschreiben. ²Für genehmigungsbedürftige Anlagen, die vom Anwendungsbereich der Richtlinie 1999/31/EG des Rates vom 26. April 1999 über Abfalldeponien (ABl. EG Nr. L 182 S. 1) erfasst werden, kann die Bundesregierung durch Rechtsverordnung mit Zustimmung des Bundesrates dieselben Anforderungen festlegen wie für Deponien im Sinne des § 3 Absatz 27 des Kreislaufwirtschaftsgesetzes, insbesondere Anforderungen an die Erbringung einer Sicherheitsleistung, an die Stilllegung und die Sach- und Fachkunde des Betreibers.

(5) Wegen der Anforderungen nach Absatz 1 Nr. 1 bis 4, auch in Verbindung mit Absatz 4, kann auf jedermann zugängliche Bekanntmachungen sachverständiger Stellen verwiesen werden; hierbei ist

1. in der Rechtsverordnung das Datum der Bekanntmachung anzugeben und die Bezugsquelle genau zu bezeichnen,

2. die Bekanntmachung bei dem Deutschen Patentamt archivmäßig gesichert niederzulegen und in der Rechtsverordnung darauf hinzuweisen.

§ 8[1] Teilgenehmigung

(1) Auf Antrag soll eine Genehmigung für die Errichtung einer Anlage oder eines Teils einer Anlage oder für die Errichtung und den Betrieb eines Teils einer Anlage erteilt werden, wenn

1. ein berechtigtes Interesse an der Erteilung einer Teilgenehmigung besteht,

2. die Genehmigungsvoraussetzungen für den beantragten Gegenstand der Teilgenehmigung vorliegen und

3. eine vorläufige Beurteilung ergibt, dass der Errichtung und dem Betrieb der gesamten Anlage keine von vornherein unüberwindlichen Hindernisse im Hinblick auf die Genehmigungsvoraussetzungen entgegenstehen.

(2) Die Bindungswirkung der vorläufigen Gesamtbeurteilung entfällt, wenn eine Änderung der Sach- oder Rechtslage oder Einzelprüfungen im Rahmen späterer Teilgenehmigungen zu einer von der vorläufigen Gesamtbeurteilung abweichenden Beurteilung führen.

§ 8a Zulassung vorzeitigen Beginns

(1) In einem Verfahren zur Erteilung einer Genehmigung soll die Genehmigungsbehörde auf Antrag vorläufig zulassen, dass bereits vor Erteilung der Genehmigung mit der Errichtung einschließlich der Maßnahmen, die zur Prüfung der Betriebstüchtigkeit der Anlage erforderlich sind, begonnen wird, wenn

1. mit einer Entscheidung zugunsten des Antragstellers gerechnet werden kann,

2. ein öffentliches Interesse oder ein berechtigtes Interesse des Antragstellers an dem vorzeitigen Beginn besteht und

3. der Antragsteller sich verpflichtet, alle bis zur Entscheidung durch die Errichtung der Anlage verursachten Schäden zu ersetzen und, wenn das Vorhaben nicht genehmigt wird, den früheren Zustand wiederherzustellen.

(2) ¹Die Zulassung kann jederzeit widerrufen werden. ²Sie kann mit Auflagen verbunden oder unter dem Vorbehalt nachträglicher Auflagen erteilt werden. ³Die zuständige Behörde kann die Leistung einer Sicherheit verlangen, soweit dies erforderlich ist, um die Erfüllung der Pflichten des Antragstellers zu sichern.

(3) In einem Verfahren zur Erteilung einer Genehmigung nach § 16 Absatz 1 kann die Genehmigungsbehörde unter den in Absatz 1 genannten Voraussetzungen auch den Betrieb der Anlage vorläufig zulassen, wenn die Änderung der Erfüllung einer sich aus diesem Gesetz oder einer auf Grund dieses Gesetzes erlassenen Rechtsverordnung ergebenden Pflicht dient.

§ 9 Vorbescheid

(1) Auf Antrag soll durch Vorbescheid über einzelne Genehmigungsvoraussetzungen sowie über den Standort der Anlage entschieden werden, sofern die Auswirkungen der geplanten Anlage ausreichend beurteilt werden können und ein berechtigtes Interesse an der Erteilung eines Vorbescheides besteht.

(2) Der Vorbescheid wird unwirksam, wenn der Antragsteller nicht innerhalb von zwei Jahren nach Eintritt der Unanfechtbarkeit die Genehmigung beantragt; die Frist kann auf Antrag bis auf vier Jahre verlängert werden.

(3) Die Vorschriften der §§ 6 und 21 gelten sinngemäß.

1) Die Absatzzählung wurde durch Neubek. v. 17.5.2013 (BGBl. I S. 1274) eingeführt.

§ 10 Genehmigungsverfahren

(1) [1]Das Genehmigungsverfahren setzt einen schriftlichen oder elektronischen Antrag voraus. [2]Dem Antrag sind die zur Prüfung nach § 6 erforderlichen Zeichnungen, Erläuterungen und sonstigen Unterlagen beizufügen. [3]Reichen die Unterlagen für die Prüfung nicht aus, so hat sie der Antragsteller auf Verlangen der zuständigen Behörde innerhalb einer angemessenen Frist zu ergänzen. [4]Erfolgt die Antragstellung elektronisch, kann die zuständige Behörde Mehrfertigungen sowie die Übermittlung der dem Antrag beizufügenden Unterlagen auch in schriftlicher Form verlangen.

(1a) [1]Der Antragsteller, der beabsichtigt, eine Anlage nach der Industrieemissions-Richtlinie zu betreiben, in der relevante gefährliche Stoffe verwendet, erzeugt oder freigesetzt werden, hat mit den Unterlagen nach Absatz 1 einen Bericht über den Ausgangszustand vorzulegen, wenn und soweit eine Verschmutzung des Bodens oder des Grundwassers auf dem Anlagengrundstück durch die relevanten gefährlichen Stoffe möglich ist. [2]Die Möglichkeit einer Verschmutzung des Bodens oder des Grundwassers besteht nicht, wenn auf Grund der tatsächlichen Umstände ein Eintrag ausgeschlossen werden kann.

(2) [1]Soweit Unterlagen Geschäfts- oder Betriebsgeheimnisse enthalten, sind die Unterlagen zu kennzeichnen und getrennt vorzulegen. [2]Ihr Inhalt muss, soweit es ohne Preisgabe des Geheimnisses geschehen kann, so ausführlich dargestellt sein, dass es Dritten möglich ist, zu beurteilen, ob und in welchem Umfang sie von den Auswirkungen der Anlage betroffen werden können.

(3) [1]Sind die Unterlagen des Antragstellers vollständig, so hat die zuständige Behörde das Vorhaben in ihrem amtlichen Veröffentlichungsblatt und außerdem entweder im Internet oder in örtlichen Tageszeitungen, die im Bereich des Standortes der Anlage verbreitet sind, öffentlich bekannt zu machen. [2]Der Antrag und die vom Antragsteller vorgelegten Unterlagen, mit Ausnahme der Unterlagen nach Absatz 2 Satz 1, sowie die entscheidungserheblichen Berichte und Empfehlungen, die der Behörde im Zeitpunkt der Bekanntmachung vorliegen, sind nach der Bekanntmachung einen Monat zur Einsicht auszulegen. [3]Weitere Informationen, die für die Entscheidung über die Zulässigkeit des Vorhabens von Bedeutung sein können und die der zuständigen Behörde erst nach Beginn der Auslegung vorliegen, sind der Öffentlichkeit nach den Bestimmungen über den Zugang zu Umweltinformationen zugänglich zu machen. [4]Bis zwei Wochen nach Ablauf der Auslegungsfrist kann die Öffentlichkeit gegenüber der zuständigen Behörde schriftlich oder elektronisch Einwendungen erheben; bei Anlagen nach der Industrieemissions-Richtlinie gilt eine Frist von einem Monat. [5]Mit Ablauf der Einwendungsfrist sind für das Genehmigungsverfahren alle Einwendungen ausgeschlossen, die nicht auf besonderen privatrechtlichen Titeln beruhen. [6]Einwendungen, die auf besonderen privatrechtlichen Titeln beruhen, sind auf den Rechtsweg vor den ordentlichen Gerichten zu verweisen.

(3a) Nach dem Umwelt-Rechtsbehelfsgesetz anerkannte Vereinigungen sollen die zuständige Behörde in einer dem Umweltschutz dienenden Weise unterstützen.

(4) In der Bekanntmachung nach Absatz 3 Satz 1 ist
1. darauf hinzuweisen, wo und wann der Antrag auf Erteilung der Genehmigung und die Unterlagen zur Einsicht ausgelegt sind;
2. dazu aufzufordern, etwaige Einwendungen bei einer in der Bekanntmachung zu bezeichnenden Stelle innerhalb der Einwendungsfrist vorzubringen; dabei ist auf die Rechtsfolgen nach Absatz 3 Satz 5 hinzuweisen;
3. ein Erörterungstermin zu bestimmen und darauf hinzuweisen, dass er auf Grund einer Ermessensentscheidung der Genehmigungsbehörde nach Absatz 6 durchgeführt wird und dass dann die formgerecht erhobenen Einwendungen auch bei Ausbleiben des Antragstellers oder von Personen, die Einwendungen erhoben haben, erörtert werden;
4. darauf hinzuweisen, dass die Zustellung der Entscheidung über die Einwendungen durch öffentliche Bekanntmachung ersetzt werden kann.

(5) [1]Die für die Erteilung der Genehmigung zuständige Behörde (Genehmigungsbehörde) holt die Stellungnahmen der Behörden ein, deren Aufgabenbereich durch das Vorhaben berührt wird. [2]Soweit für das Vorhaben selbst oder für weitere damit unmittelbar in einem räumlichen oder betrieblichen Zusammenhang stehende Vorhaben, die Auswirkungen auf die Umwelt haben können und die für die Genehmigung Bedeutung haben, eine Zulassung nach anderen Gesetzen vorgeschrieben ist, hat die Genehmigungsbehörde eine vollständige Koordinierung der Zulassungsverfahren sowie der Inhalts- und Nebenbestimmungen sicherzustellen.

(6) Nach Ablauf der Einwendungsfrist kann die Genehmigungsbehörde die rechtzeitig gegen das Vorhaben erhobenen Einwendungen mit dem Antragsteller und denjenigen, die Einwendungen erhoben haben, erörtern.

(6a) [1]Über den Genehmigungsantrag ist nach Eingang des Antrags und der nach Absatz 1 Satz 2 einzureichenden Unterlagen innerhalb einer Frist von sieben Monaten, in vereinfachten Verfahren innerhalb

einer Frist von drei Monaten, zu entscheiden. [2]Die zuständige Behörde kann die Frist um jeweils drei Monate verlängern, wenn dies wegen der Schwierigkeit der Prüfung oder aus Gründen, die dem Antragsteller zuzurechnen sind, erforderlich ist. [3]Die Fristverlängerung soll gegenüber dem Antragsteller begründet werden.

(7) [1]Der Genehmigungsbescheid ist schriftlich zu erlassen, schriftlich zu begründen und dem Antragsteller und den Personen, die Einwendungen erhoben haben, zuzustellen. [2]Er ist, soweit die Zustellung nicht nach Absatz 8 erfolgt, öffentlich bekannt zu machen. [3]Die öffentliche Bekanntmachung erfolgt nach Maßgabe des Absatzes 8.

(8) [1]Die Zustellung des Genehmigungsbescheids an die Personen, die Einwendungen erhoben haben, kann durch öffentliche Bekanntmachung ersetzt werden. [2]Die öffentliche Bekanntmachung wird dadurch bewirkt, dass der verfügende Teil des Bescheides und die Rechtsbehelfsbelehrung in entsprechender Anwendung des Absatzes 3 Satz 1 bekannt gemacht werden; auf Auflagen ist hinzuweisen. [3]In diesem Fall ist eine Ausfertigung des gesamten Bescheides vom Tage nach der Bekanntmachung an zwei Wochen zur Einsicht auszulegen. [4]In der öffentlichen Bekanntmachung ist anzugeben, wo und wann der Bescheid und seine Begründung eingesehen und nach Satz 6 angefordert werden können. [5]Mit dem Ende der Auslegungsfrist gilt der Bescheid auch gegenüber Dritten, die keine Einwendung erhoben haben, als zugestellt; darauf ist in der Bekanntmachung hinzuweisen. [6]Nach der öffentlichen Bekanntmachung können der Bescheid und seine Begründung bis zum Ablauf der Widerspruchsfrist von den Personen, die Einwendungen erhoben haben, schriftlich oder elektronisch angefordert werden.

(8a) [1]Unbeschadet der Absätze 7 und 8 sind bei Anlagen nach der Industrieemissions-Richtlinie folgende Unterlagen im Internet öffentlich bekannt zu machen:
1. der Genehmigungsbescheid mit Ausnahme in Bezug genommener Antragsunterlagen und des Berichts über den Ausgangszustand sowie
2. die Bezeichnung des für die betreffende Anlage maßgeblichen BVT-Merkblatts.
[2]Soweit der Genehmigungsbescheid Geschäfts- oder Betriebsgeheimnisse enthält, sind die entsprechenden Stellen unkenntlich zu machen. [3]Absatz 8 Satz 3, 5 und 6 gilt entsprechend.

(9) Die Absätze 1 bis 8 gelten entsprechend für die Erteilung eines Vorbescheides.

(10) [1]Die Bundesregierung wird ermächtigt, durch Rechtsverordnung mit Zustimmung des Bundesrates das Genehmigungsverfahren zu regeln; in der Rechtsverordnung kann auch das Verfahren bei Erteilung einer Genehmigung im vereinfachten Verfahren (§ 19) sowie bei der Erteilung eines Vorbescheides (§ 9), einer Teilgenehmigung (§ 8) und einer Zulassung vorzeitigen Beginns (§ 8a) geregelt werden. [2]In der Verordnung ist auch näher zu bestimmen, welchen Anforderungen das Genehmigungsverfahren für Anlagen genügen muss, für die nach dem Gesetz über die Umweltverträglichkeitsprüfung eine Umweltverträglichkeitsprüfung durchzuführen ist.

(11) Das Bundesministerium der Verteidigung wird ermächtigt, im Einvernehmen mit dem Bundesministerium für Umwelt, Umwelt, Naturschutz und nukleare Sicherheit durch Rechtsverordnung mit Zustimmung des Bundesrates das Genehmigungsverfahren für Anlagen, die der Landesverteidigung dienen, abweichend von den Absätzen 1 bis 9 zu regeln.

§ 11 Einwendungen Dritter bei Teilgenehmigung und Vorbescheid
Ist eine Teilgenehmigung oder ein Vorbescheid erteilt worden, können nach Eintritt ihrer Unanfechtbarkeit im weiteren Verfahren zur Genehmigung der Errichtung und des Betriebs der Anlage Einwendungen nicht mehr auf Grund von Tatsachen erhoben werden, die im vorhergehenden Verfahren fristgerecht vorgebracht worden sind oder nach den ausgelegten Unterlagen hätten vorgebracht werden können.

§ 12 Nebenbestimmungen zur Genehmigung
(1) [1]Die Genehmigung kann unter Bedingungen erteilt und mit Auflagen verbunden werden, soweit dies erforderlich ist, um die Erfüllung der in § 6 genannten Genehmigungsvoraussetzungen sicherzustellen. [2]Zur Sicherstellung der Anforderungen nach § 5 Absatz 3 soll bei Abfallentsorgungsanlagen im Sinne des § 4 Absatz 1 Satz 1 auch eine Sicherheitsleistung auferlegt werden.

(1a) Für den Fall, dass eine Verwaltungsvorschrift nach § 48 für die jeweilige Anlagenart keine Anforderungen vorsieht, ist bei der Festlegung von Emissionsbegrenzungen für Anlagen nach der Industrieemissions-Richtlinie in der Genehmigung sicherzustellen, dass die Emissionen unter normalen Betriebsbedingungen die in den BVT-Schlussfolgerungen genannten Emissionsbandbreiten nicht überschreiten.

(1b) [1]Abweichend von Absatz 1a kann die zuständige Behörde weniger strenge Emissionsbegrenzungen festlegen, wenn
1. eine Bewertung ergibt, dass wegen technischer Merkmale der Anlage die Anwendung der in den BVT-Schlussfolgerungen genannten Emissionsbandbreiten unverhältnismäßig wäre, oder

2. in Anlagen Zukunftstechniken für einen Gesamtzeitraum von höchstens neun Monaten erprobt oder angewendet werden sollen, sofern nach dem festgelegten Zeitraum die Anwendung der betreffenden Technik beendet wird oder in der Anlage mindestens die mit den besten verfügbaren Techniken assoziierten Emissionsbandbreiten erreicht werden.

[2]Bei der Festlegung der Emissionsbegrenzungen nach Satz 1 sind insbesondere mögliche Verlagerungen von nachteiligen Auswirkungen von einem Schutzgut auf ein anderes zu berücksichtigen; ein hohes Schutzniveau für die Umwelt insgesamt ist zu gewährleisten. [3]Emissionsbegrenzungen nach Satz 1 dürfen die in den Anhängen der Richtlinie 2010/75/EU festgelegten Emissionsgrenzwerte nicht überschreiten und keine schädlichen Umwelteinwirkungen hervorrufen.

(2) [1]Die Genehmigung kann auf Antrag für einen bestimmten Zeitraum erteilt werden. [2]Sie kann mit einem Vorbehalt des Widerrufs erteilt werden, wenn die genehmigungsbedürftige Anlage lediglich Erprobungszwecken dienen soll.

(2a) [1]Die Genehmigung kann mit Einverständnis des Antragstellers mit dem Vorbehalt nachträglicher Auflagen erteilt werden, soweit hierdurch hinreichend bestimmte, in der Genehmigung bereits allgemein festgelegte Anforderungen an die Errichtung oder den Betrieb der Anlage in einem Zeitpunkt nach Erteilung der Genehmigung näher festgelegt werden sollen. [2]Dies gilt unter den Voraussetzungen des Satzes 1 auch für den Fall, dass eine beteiligte Behörde sich nicht rechtzeitig äußert.

(2b) Im Falle des § 6 Absatz 2 soll der Antragsteller durch eine Auflage verpflichtet werden, der zuständigen Behörde unverzüglich die erstmalige Herstellung oder Verwendung eines anderen Stoffes innerhalb der genehmigten Betriebsweise mitzuteilen.

(2c) [1]Der Betreiber kann durch Auflage verpflichtet werden, den Wechsel eines im Genehmigungsverfahren dargelegten Entsorgungswegs von Abfällen der zuständigen Behörde anzuzeigen. [2]Das gilt ebenso für in Abfallbehandlungsanlagen erzeugte Abfälle. [3]Bei Abfallbehandlungsanlagen können außerdem Anforderungen an die Qualität und das Schadstoffpotential der angenommenen Abfälle sowie der die Anlage verlassenden Abfälle gestellt werden.

(3) Die Teilgenehmigung kann für einen bestimmten Zeitraum oder mit dem Vorbehalt erteilt werden, dass sie bis zur Entscheidung über die Genehmigung widerrufen oder mit Auflagen verbunden werden kann.

§ 13 Genehmigung und andere behördliche Entscheidungen

Die Genehmigung schließt andere die Anlage betreffende behördliche Entscheidungen ein, insbesondere öffentlich-rechtliche Genehmigungen, Zulassungen, Verleihungen, Erlaubnisse und Bewilligungen mit Ausnahme von Planfeststellungen, Zulassungen bergrechtlicher Betriebspläne, behördlichen Entscheidungen auf Grund atomrechtlicher Vorschriften und wasserrechtlichen Erlaubnissen und Bewilligungen nach § 8 in Verbindung mit § 10 des Wasserhaushaltsgesetzes.

§ 14 Ausschluss von privatrechtlichen Abwehransprüchen

[1]Auf Grund privatrechtlicher, nicht auf besonderen Titeln beruhender Ansprüche zur Abwehr benachteiligender Einwirkungen von einem Grundstück auf ein benachbartes Grundstück kann nicht die Einstellung des Betriebs einer Anlage verlangt werden, deren Genehmigung unanfechtbar ist; es können nur Vorkehrungen verlangt werden, die die benachteiligenden Wirkungen ausschließen. [2]Soweit solche Vorkehrungen nach dem Stand der Technik nicht durchführbar oder wirtschaftlich nicht vertretbar sind, kann lediglich Schadensersatz verlangt werden.

§ 14a Vereinfachte Klageerhebung

Der Antragsteller kann eine verwaltungsgerichtliche Klage erheben, wenn über seinen Widerspruch nach Ablauf von drei Monaten seit der Einlegung nicht entschieden ist, es sei denn, dass wegen besonderer Umstände des Falles eine kürzere Frist geboten ist.

§ 15 Änderung genehmigungsbedürftiger Anlagen

(1) [1]Die Änderung der Lage, der Beschaffenheit oder des Betriebs einer genehmigungsbedürftigen Anlage ist, sofern eine Genehmigung nicht beantragt wird, der zuständigen Behörde mindestens einen Monat, bevor mit der Änderung begonnen werden soll, schriftlich oder elektronisch anzuzeigen, wenn sich die Änderung auf in § 1 genannte Schutzgüter auswirken kann. [2]Der Anzeige sind Unterlagen im Sinne des § 10 Absatz 1 Satz 2 beizufügen, soweit diese für die Prüfung erforderlich sein können, ob das Vorhaben genehmigungsbedürftig ist. [3]Die zuständige Behörde hat dem Träger des Vorhabens den Eingang der Anzeige und der beigefügten Unterlagen unverzüglich schriftlich oder elektronisch zu bestätigen; sie kann bei einer elektronischen Anzeige Mehrausfertigungen sowie die Übermittlung der Unterlagen, die der Anzeige beizufügen sind, auch in schriftlicher Form verlangen. [4]Sie teilt dem Träger des Vorhabens nach Eingang der Anzeige unverzüglich mit, welche zusätzlichen Unterlagen sie zur Beurteilung der Voraus-

setzungen des § 16 Absatz 1 und des § 16a benötigt. [5]Die Sätze 1 bis 4 gelten entsprechend für eine Anlage, die nach § 67 Absatz 2 oder § 67a Absatz 1 anzuzeigen ist oder vor Inkrafttreten dieses Gesetzes nach § 16 Absatz 4 der Gewerbeordnung anzuzeigen war.

(2) [1]Die zuständige Behörde hat unverzüglich, spätestens innerhalb eines Monats nach Eingang der Anzeige und der nach Absatz 1 Satz 2 erforderlichen Unterlagen, zu prüfen, ob die Änderung einer Genehmigung bedarf. [2]Der Träger des Vorhabens darf die Änderung vornehmen, sobald die zuständige Behörde ihm mitteilt, dass die Änderung keiner Genehmigung bedarf, oder sich innerhalb der in Satz 1 bestimmten Frist nicht geäußert hat. [3]Absatz 1 Satz 3 gilt für nachgereichte Unterlagen entsprechend.

(2a) [1]Bei einer störfallrelevanten Änderung einer genehmigungsbedürftigen Anlage, die Betriebsbereich oder Bestandteil eines Betriebsbereichs ist, hat die zuständige Behörde unverzüglich, spätestens innerhalb von zwei Monaten nach Eingang der Anzeige und der nach Absatz 1 Satz 2 erforderlichen Unterlagen zu prüfen, ob diese Änderung einer Genehmigung bedarf. [2]Soweit es zur Ermittlung des angemessenen Sicherheitsabstands erforderlich ist, kann die zuständige Behörde ein Gutachten zu den Auswirkungen verlangen, die bei schweren Unfällen durch die Anlage hervorgerufen werden können. [3]Der Träger des Vorhabens darf die störfallrelevante Änderung vornehmen, sobald ihm die zuständige Behörde mitteilt, dass sie keiner Genehmigung bedarf.

(3) [1]Beabsichtigt der Betreiber, den Betrieb einer genehmigungsbedürftigen Anlage einzustellen, so hat er dies unter Angabe des Zeitpunktes der Einstellung der zuständigen Behörde unverzüglich anzuzeigen. [2]Der Anzeige sind Unterlagen über die vom Betreiber vorgesehenen Maßnahmen zur Erfüllung der sich aus § 5 Absatz 3 und 4 ergebenden Pflichten beizufügen. [3]Die Sätze 1 und 2 gelten für die in Absatz 1 Satz 5 bezeichneten Anlagen entsprechend.

(4) In der Rechtsverordnung nach § 10 Absatz 10 können die näheren Einzelheiten für das Verfahren nach den Absätzen 1 bis 3 geregelt werden.

§ 16 Wesentliche Änderung genehmigungsbedürftiger Anlagen

(1) [1]Die Änderung der Lage, der Beschaffenheit oder des Betriebs einer genehmigungsbedürftigen Anlage bedarf der Genehmigung, wenn durch die Änderung nachteilige Auswirkungen hervorgerufen werden können und diese für die Prüfung nach § 6 Absatz 1 Nummer 1 erheblich sein können (wesentliche Änderung); eine Genehmigung ist stets erforderlich, wenn die Änderung oder Erweiterung des Betriebs einer genehmigungsbedürftigen Anlage für sich genommen die Leistungsgrenzen oder Anlagengrößen des Anhangs zur Verordnung über genehmigungsbedürftige Anlagen erreichen. [2]Eine Genehmigung ist nicht erforderlich, wenn durch die Änderung hervorgerufene nachteilige Auswirkungen offensichtlich gering sind und die Erfüllung der sich aus § 6 Absatz 1 Nummer 1 ergebenden Anforderungen sichergestellt ist.

(2) [1]Die zuständige Behörde soll von der öffentlichen Bekanntmachung des Vorhabens sowie der Auslegung des Antrags und der Unterlagen absehen, wenn der Träger des Vorhabens dies beantragt und erhebliche nachteilige Auswirkungen auf in § 1 genannte Schutzgüter nicht zu besorgen sind. [2]Dies ist insbesondere dann der Fall, wenn erkennbar ist, dass die Auswirkungen durch die getroffenen oder vom Träger des Vorhabens vorgesehenen Maßnahmen ausgeschlossen werden oder die Nachteile im Verhältnis zu den jeweils vergleichbaren Vorteilen gering sind. [3]Betrifft die wesentliche Änderung eine in einem vereinfachten Verfahren zu genehmigende Anlage, ist auch die wesentliche Änderung im vereinfachten Verfahren zu genehmigen. [4]§ 19 Absatz 3 gilt entsprechend.

(3) [1]Über den Genehmigungsantrag ist innerhalb einer Frist von sechs Monaten, im Falle des Absatzes 2 in drei Monaten zu entscheiden. [2]Im Übrigen gilt § 10 Absatz 6a Satz 2 und 3 entsprechend.

(4) [1]Für nach § 15 Absatz 1 anzeigebedürftige Änderungen kann der Träger des Vorhabens eine Genehmigung beantragen. [2]Diese ist im vereinfachten Verfahren zu erteilen; Absatz 3 und § 19 Absatz 3 gelten entsprechend.

(5) Einer Genehmigung bedarf es nicht, wenn eine genehmigte Anlage oder Teile einer genehmigten Anlage im Rahmen der erteilten Genehmigung ersetzt oder ausgetauscht werden sollen.

§ 16a Störfallrelevante Änderung genehmigungsbedürftiger Anlagen

[1]Die störfallrelevante Änderung einer genehmigungsbedürftigen Anlage, die Betriebsbereich oder Bestandteil eines Betriebsbereichs ist, bedarf der Genehmigung, wenn durch die störfallrelevante Änderung der angemessene Sicherheitsabstand zu benachbarten Schutzobjekten erstmalig unterschritten wird, der bereits unterschrittene Sicherheitsabstand räumlich noch weiter unterschritten wird oder eine erhebliche Gefahrenerhöhung ausgelöst wird und die Änderung nicht bereits durch § 16 Absatz 1 Satz 1 erfasst ist. [2]Einer Genehmigung bedarf es nicht, soweit dem Gebot, den angemessenen Sicherheitsabstand zu wahren, bereits auf Ebene einer raumbedeutsamen Planung oder Maßnahme durch verbindliche Vorgaben Rechnung getragen worden ist.

§ 17 Nachträgliche Anordnungen

(1) [1]Zur Erfüllung der sich aus diesem Gesetz und der auf Grund dieses Gesetzes erlassenen Rechtsverordnungen ergebenden Pflichten können nach Erteilung der Genehmigung sowie nach einer nach § 15 Absatz 1 angezeigten Änderung Anordnungen getroffen werden. [2]Wird nach Erteilung der Genehmigung sowie nach einer nach § 15 Absatz 1 angezeigten Änderung festgestellt, dass die Allgemeinheit oder die Nachbarschaft nicht ausreichend vor schädlichen Umwelteinwirkungen oder sonstigen Gefahren, erheblichen Nachteilen oder erheblichen Belästigungen geschützt ist, soll die zuständige Behörde nachträgliche Anordnungen treffen.

(1a) [1]Bei Anlagen nach der Industrieemissions-Richtlinie ist vor dem Erlass einer nachträglichen Anordnung nach Absatz 1 Satz 2, durch welche Emissionsbegrenzungen neu festgelegt werden sollen, der Entwurf der Anordnung öffentlich bekannt zu machen. [2]§ 10 Absatz 3 und 4 Nummer 1 und 2 gilt für die Bekanntmachung entsprechend. [3]Einwendungsbefugt sind Personen, deren Belange durch die nachträgliche Anordnung berührt werden, sowie Vereinigungen, welche die Anforderungen von § 3 Absatz 1 oder § 2 Absatz 2 des Umwelt-Rechtsbehelfsgesetzes erfüllen. [4]Für die Entscheidung über den Erlass der nachträglichen Anordnung gilt § 10 Absatz 7 bis 8a entsprechend.

(1b) Absatz 1a gilt für den Erlass einer nachträglichen Anordnung entsprechend, bei der von der Behörde auf Grundlage einer Verordnung nach § 7 Absatz 1b oder einer Verwaltungsvorschrift nach § 48 Absatz 1b weniger strenge Emissionsbegrenzungen festgelegt werden sollen.

(2) [1]Die zuständige Behörde darf eine nachträgliche Anordnung nicht treffen, wenn sie unverhältnismäßig ist, vor allem wenn der mit der Erfüllung der Anordnung verbundene Aufwand außer Verhältnis zu dem mit der Anordnung angestrebten Erfolg steht; dabei sind insbesondere Art, Menge und Gefährlichkeit der von der Anlage ausgehenden Emissionen und der von ihr verursachten Immissionen sowie die Nutzungsdauer und technische Besonderheiten der Anlage zu berücksichtigen. [2]Darf eine nachträgliche Anordnung wegen Unverhältnismäßigkeit nicht getroffen werden, soll die zuständige Behörde die Genehmigung unter den Voraussetzungen des § 21 Absatz 1 Nummer 3 bis 5 ganz oder teilweise widerrufen; § 21 Absatz 3 bis 6 sind anzuwenden.

(2a) § 12 Absatz 1a gilt für Anlagen nach der Industrieemissions-Richtlinie entsprechend.

(2b) [1]Abweichend von Absatz 2a kann die zuständige Behörde weniger strenge Emissionsbegrenzungen festlegen, wenn

1. wegen technischer Merkmale der Anlage die Anwendung der in den BVT-Schlussfolgerungen genannten Emissionsbandbreiten unverhältnismäßig wäre und die Behörde dies begründet oder
2. in Anlagen Zukunftstechniken für einen Gesamtzeitraum von höchstens neun Monaten erprobt oder angewendet werden sollen, sofern nach dem festgelegten Zeitraum die Anwendung der betreffenden Technik beendet wird oder in der Anlage mindestens die mit den besten verfügbaren Techniken assoziierten Emissionsbandbreiten erreicht werden.

[2]§ 12 Absatz 1b Satz 2 und 3 gilt entsprechend. [3]Absatz 1a gilt entsprechend.

(3) Soweit durch Rechtsverordnung die Anforderungen nach § 5 Absatz 1 Nummer 2 abschließend festgelegt sind, dürfen durch nachträgliche Anordnungen weitergehende Anforderungen zur Vorsorge gegen schädliche Umwelteinwirkungen nicht gestellt werden.

(3a) [1]Die zuständige Behörde soll von nachträglichen Anordnungen absehen, soweit in einem vom Betreiber vorgelegten Plan technische Maßnahmen an dessen Anlagen oder an Anlagen Dritter vorgesehen sind, die zu einer weitergehenden Verringerung der Emissionsfrachten führen als die Summe der Minderungen, die durch den Erlass nachträglicher Anordnungen zur Erfüllung der sich aus diesem Gesetz oder den auf Grund dieses Gesetzes erlassenen Rechtsverordnungen ergebenden Pflichten bei den beteiligten Anlagen erreichbar wäre und hierdurch der in § 1 genannte Zweck gefördert wird. [2]Dies gilt nicht, soweit der Betreiber bereits zur Emissionsminderung auf Grund einer nachträglichen Anordnung nach Absatz 1 oder einer Auflage nach § 12 Absatz 1 verpflichtet ist oder eine nachträgliche Anordnung nach Absatz 1 Satz 2 getroffen werden soll. [3]Der Ausgleich ist nur zwischen denselben oder in der Wirkung auf die Umwelt vergleichbaren Stoffen zulässig. [4]Die Sätze 1 bis 3 gelten auch für nicht betriebsbereite Anlagen, für die die Genehmigung zur Errichtung und zum Betrieb erteilt ist oder für die in einem Vorbescheid oder einer Teilgenehmigung Anforderungen nach § 5 Absatz 1 Nummer 2 festgelegt sind. [5]Die Durchführung der Maßnahmen des Plans ist durch Anordnung sicherzustellen.

(4) [1]Ist es zur Erfüllung der Anordnung erforderlich, die Lage, die Beschaffenheit oder den Betrieb der Anlage wesentlich zu ändern und ist in der Anordnung nicht abschließend bestimmt, in welcher Weise sie zu erfüllen ist, so bedarf die Änderung der Genehmigung nach § 16. [2]Ist zur Erfüllung der Anordnung die störfallrelevante Änderung einer Anlage erforderlich, die Betriebsbereich oder Bestandteil eines Betriebsbereichs ist, und wird durch diese Änderung der angemessene Sicherheitsabstand erstmalig unterschritten, wird der bereits unterschrittene Sicherheitsabstand räumlich noch weiter unterschritten oder

wird eine erhebliche Gefahrenerhöhung ausgelöst, so bedarf die Änderung einer Genehmigung nach § 16 oder § 16a, wenn in der Anordnung nicht abschließend bestimmt ist, in welcher Weise sie zu erfüllen ist.

(4a) [1]Zur Erfüllung der Pflichten nach § 5 Absatz 3 soll bei Abfallentsorgungsanlagen im Sinne des § 4 Absatz 1 Satz 1 auch eine Sicherheitsleistung angeordnet werden. [2]Nach der Einstellung des gesamten Betriebs können Anordnungen zur Erfüllung der sich aus § 5 Absatz 3 ergebenden Pflichten nur noch während eines Zeitraums von einem Jahr getroffen werden.

(4b) Anforderungen im Sinne des § 12 Absatz 2c können auch nachträglich angeordnet werden.

(5) Die Absätze 1 bis 4b gelten entsprechend für Anlagen, die nach § 67 Absatz 2 anzuzeigen sind oder vor Inkrafttreten dieses Gesetzes nach § 16 Absatz 4 der Gewerbeordnung anzuzeigen waren.

§ 18 Erlöschen der Genehmigung

(1) Die Genehmigung erlischt, wenn

1. innerhalb einer von der Genehmigungsbehörde gesetzten angemessenen Frist nicht mit der Errichtung oder dem Betrieb der Anlage begonnen oder

2. eine Anlage während eines Zeitraums von mehr als drei Jahren nicht mehr betrieben worden ist.

(2) Die Genehmigung erlischt ferner, soweit das Genehmigungserfordernis aufgehoben wird.

(3) Die Genehmigungsbehörde kann auf Antrag die Fristen nach Absatz 1 aus wichtigem Grunde verlängern, wenn hierdurch der Zweck des Gesetzes nicht gefährdet wird.

§ 19 Vereinfachtes Verfahren

(1) [1]Durch Rechtsverordnung nach § 4 Absatz 1 Satz 3 kann vorgeschrieben werden, dass die Genehmigung von Anlagen bestimmter Art oder bestimmten Umfangs in einem vereinfachten Verfahren erteilt wird, sofern dies nach Art, Ausmaß und Dauer der von diesen Anlagen hervorgerufenen schädlichen Umwelteinwirkungen und sonstigen Gefahren, erheblichen Nachteilen und erheblichen Belästigungen mit dem Schutz der Allgemeinheit und der Nachbarschaft vereinbar ist. [2]Satz 1 gilt für Abfallentsorgungsanlagen entsprechend.

(2) In dem vereinfachten Verfahren sind § 10 Absatz 2, 3, 3a, 4, 6, 7 Satz 2 und 3, Absatz 8 und 9 sowie die §§ 11 und 14 nicht anzuwenden.

(3) Die Genehmigung ist auf Antrag des Trägers des Vorhabens abweichend von den Absätzen 1 und 2 nicht in einem vereinfachten Verfahren zu erteilen.

(4) [1]Die Genehmigung einer Anlage, die Betriebsbereich oder Bestandteil eines Betriebsbereichs ist, kann nicht im vereinfachten Verfahren erteilt werden, wenn durch deren störfallrelevante Errichtung und Betrieb der angemessene Sicherheitsabstand zu benachbarten Schutzobjekten unterschritten wird oder durch deren störfallrelevante Änderung der angemessene Sicherheitsabstand zu benachbarten Schutzobjekten erstmalig unterschritten wird, der bereits unterschrittene Sicherheitsabstand räumlich noch weiter unterschritten wird oder eine erhebliche Gefahrenerhöhung ausgelöst wird. [2]In diesen Fällen ist das Verfahren nach § 10 mit Ausnahme von Absatz 4 Nummer 3 und Absatz 6 anzuwenden. [3]§ 10 Absatz 3 Satz 4 ist mit der Maßgabe anzuwenden, dass nur die Personen Einwendungen erheben können, deren Belange berührt sind oder Vereinigungen, welche die Anforderungen des § 3 Absatz 1 oder des § 2 Absatz 2 des Umwelt-Rechtsbehelfsgesetzes erfüllen. [4]Bei störfallrelevanten Änderungen ist § 16 Absatz 3 entsprechend anzuwenden. [5]Die Sätze 1 bis 4 gelten nicht, soweit dem Gebot, den angemessenen Sicherheitsabstand zu wahren, bereits auf Ebene einer raumbedeutsamen Planung oder Maßnahme durch verbindliche Vorgaben Rechnung getragen worden ist.

§ 20 Untersagung, Stilllegung und Beseitigung

(1) [1]Kommt der Betreiber einer genehmigungsbedürftigen Anlage einer Auflage, einer vollziehbaren nachträglichen Anordnung oder einer abschließend bestimmten Pflicht aus einer Rechtsverordnung nach § 7 nicht nach und betreffen die Auflage, die Anordnung oder die Pflicht die Beschaffenheit oder den Betrieb der Anlage, so kann die zuständige Behörde den Betrieb ganz oder teilweise bis zur Erfüllung der Auflage, der Anordnung oder der Pflichten aus der Rechtsverordnung nach § 7 untersagen. [2]Die zuständige Behörde hat den Betrieb ganz oder teilweise nach Satz 1 zu untersagen, wenn ein Verstoß gegen die Auflage, Anordnung oder Pflicht eine unmittelbare Gefährdung der menschlichen Gesundheit verursacht oder eine unmittelbare erhebliche Gefährdung der Umwelt darstellt.

(1a) [1]Die zuständige Behörde hat die Inbetriebnahme oder Weiterführung einer genehmigungsbedürftigen Anlage, die Betriebsbereich oder Bestandteil eines Betriebsbereichs ist und gewerblichen Zwecken dient oder im Rahmen wirtschaftlicher Unternehmungen Verwendung findet, ganz oder teilweise zu untersagen, solange und soweit die von dem Betreiber getroffenen Maßnahmen zur Verhütung schwerer Unfälle im Sinne des Artikels 3 Nummer 13 der Richtlinie 2012/18/EU oder zur Begrenzung der Auswirkungen

derartiger Unfälle eindeutig unzureichend sind. [2]Bei der Entscheidung über eine Untersagung berücksichtigt die zuständige Behörde auch schwerwiegende Unterlassungen in Bezug auf erforderliche Folgemaßnahmen, die in einem Überwachungsbericht nach § 16 Absatz 2 Nummer 1 der Störfall-Verordnung festgelegt worden sind. [3]Die zuständige Behörde kann die Inbetriebnahme oder Weiterführung einer Anlage im Sinne des Satzes 1 ganz oder teilweise untersagen, wenn der Betreiber die in einer zur Umsetzung der Richtlinie 2012/18/EU erlassenen Rechtsverordnung vorgeschriebenen Mitteilungen, Berichte oder sonstigen Informationen nicht fristgerecht übermittelt.

(2) [1]Die zuständige Behörde soll anordnen, dass eine Anlage, die ohne die erforderliche Genehmigung errichtet, betrieben oder wesentlich geändert wird, stillzulegen oder zu beseitigen ist. [2]Sie hat die Beseitigung anzuordnen, wenn die Allgemeinheit oder die Nachbarschaft nicht auf andere Weise ausreichend geschützt werden kann.

(3) [1]Die zuständige Behörde kann den weiteren Betrieb einer genehmigungsbedürftigen Anlage durch den Betreiber oder einen mit der Leitung des Betriebs Beauftragten untersagen, wenn Tatsachen vorliegen, welche die Unzuverlässigkeit dieser Personen in Bezug auf die Einhaltung von Rechtsvorschriften zum Schutz vor schädlichen Umwelteinwirkungen dartun, und die Untersagung zum Wohl der Allgemeinheit geboten ist. [2]Dem Betreiber der Anlage kann auf Antrag die Erlaubnis erteilt werden, die Anlage durch eine Person betreiben zu lassen, die die Gewähr für den ordnungsgemäßen Betrieb der Anlage bietet. [3]Die Erlaubnis kann mit Auflagen verbunden werden.

§ 21 Widerruf der Genehmigung

(1) Eine nach diesem Gesetz erteilte rechtmäßige Genehmigung darf, auch nachdem sie unanfechtbar geworden ist, ganz oder teilweise mit Wirkung für die Zukunft nur widerrufen werden,
1. wenn der Widerruf gemäß § 12 Absatz 2 Satz 2 oder Absatz 3 vorbehalten ist;
2. wenn mit der Genehmigung eine Auflage verbunden ist und der Begünstigte diese nicht oder nicht innerhalb einer ihm gesetzten Frist erfüllt hat;
3. wenn die Genehmigungsbehörde auf Grund nachträglich eingetretener Tatsachen berechtigt wäre, die Genehmigung nicht zu erteilen, und wenn ohne den Widerruf das öffentliche Interesse gefährdet würde;
4. wenn die Genehmigungsbehörde auf Grund einer geänderten Rechtsvorschrift berechtigt wäre, die Genehmigung nicht zu erteilen, soweit der Betreiber von der Genehmigung noch keinen Gebrauch gemacht hat, und wenn ohne den Widerruf das öffentliche Interesse gefährdet würde;
5. um schwere Nachteile für das Gemeinwohl zu verhüten oder zu beseitigen.

(2) Erhält die Genehmigungsbehörde von Tatsachen Kenntnis, welche den Widerruf einer Genehmigung rechtfertigen, so ist der Widerruf nur innerhalb eines Jahres seit dem Zeitpunkt der Kenntnisnahme zulässig.

(3) Die widerrufene Genehmigung wird mit dem Wirksamwerden des Widerrufs unwirksam, wenn die Genehmigungsbehörde keinen späteren Zeitpunkt bestimmt.

(4) [1]Wird die Genehmigung in den Fällen des Absatzes 1 Nr. 3 bis 5 widerrufen, so hat die Genehmigungsbehörde den Betroffenen auf Antrag für den Vermögensnachteil zu entschädigen, den dieser dadurch erleidet, dass er auf den Bestand der Genehmigung vertraut hat, soweit sein Vertrauen schutzwürdig ist. [2]Der Vermögensnachteil ist jedoch nicht über den Betrag des Interesses hinaus zu ersetzen, das der Betroffene an dem Bestand der Genehmigung hat. [3]Der auszugleichende Vermögensnachteil wird durch die Genehmigungsbehörde festgesetzt. [4]Der Anspruch kann nur innerhalb eines Jahres geltend gemacht werden; die Frist beginnt, sobald die Genehmigungsbehörde den Betroffenen auf sie hingewiesen hat.

(5) Die Länder können die in Absatz 4 Satz 1 getroffene Bestimmung des Entschädigungspflichtigen abweichend regeln.

(6) Für Streitigkeiten über die Entschädigung ist der ordentliche Rechtsweg gegeben.

(7) Die Absätze 1 bis 6 gelten nicht, wenn eine Genehmigung, die von einem Dritten angefochten worden ist, während des Vorverfahrens oder während des verwaltungsgerichtlichen Verfahrens aufgehoben wird, soweit dadurch dem Widerspruch oder der Klage abgeholfen wird.

Zweiter Abschnitt

Nicht genehmigungsbedürftige Anlagen

§ 22 Pflichten der Betreiber nicht genehmigungsbedürftiger Anlagen

(1) [1]Nicht genehmigungsbedürftige Anlagen sind so zu errichten und zu betreiben, dass

1. schädliche Umwelteinwirkungen verhindert werden, die nach dem Stand der Technik vermeidbar sind,
2. nach dem Stand der Technik unvermeidbare schädliche Umwelteinwirkungen auf ein Mindestmaß beschränkt werden und
3. die beim Betrieb der Anlagen entstehenden Abfälle ordnungsgemäß beseitigt werden können.

[2]Die Bundesregierung wird ermächtigt, nach Anhörung der beteiligten Kreise (§ 51) durch Rechtsverordnung mit Zustimmung des Bundesrates auf Grund der Art oder Menge anfallender Abfälle die Anlagen zu bestimmen, für die die Anforderungen des § 5 Absatz 1 Nummer 3 entsprechend gelten. [3]Für Anlagen, die nicht gewerblichen Zwecken dienen und nicht im Rahmen wirtschaftlicher Unternehmungen Verwendung finden, gilt die Verpflichtung des Satzes 1 nur, soweit sie auf die Verhinderung oder Beschränkung von schädlichen Umwelteinwirkungen durch Luftverunreinigungen, Geräusche oder von Funkanlagen ausgehende nichtionisierende Strahlen gerichtet ist.

(1a) [1]Geräuscheinwirkungen, die von Kindertageseinrichtungen, Kinderspielplätzen und ähnlichen Einrichtungen wie beispielsweise Ballspielplätzen durch Kinder hervorgerufen werden, sind im Regelfall keine schädliche Umwelteinwirkung. [2]Bei der Beurteilung der Geräuscheinwirkungen dürfen Immissionsgrenz- und -richtwerte nicht herangezogen werden.

(2) Weitergehende öffentlich-rechtliche Vorschriften bleiben unberührt.

§ 23 Anforderungen an die Errichtung, die Beschaffenheit und den Betrieb nicht genehmigungsbedürftiger Anlagen

(1) [1]Die Bundesregierung wird ermächtigt, nach Anhörung der beteiligten Kreise (§ 51) durch Rechtsverordnung mit Zustimmung des Bundesrates vorzuschreiben, dass die Errichtung, die Beschaffenheit und der Betrieb nicht genehmigungsbedürftiger Anlagen bestimmten Anforderungen zum Schutz der Allgemeinheit und der Nachbarschaft vor schädlichen Umwelteinwirkungen und, soweit diese Anlagen gewerblichen Zwecken dienen oder im Rahmen wirtschaftlicher Unternehmungen Verwendung finden und Betriebsbereiche oder Bestandteile von Betriebsbereichen sind, vor sonstigen Gefahren zur Verhütung schwerer Unfälle im Sinne des Artikels 3 Nummer 13 der Richtlinie 2012/18/EU und zur Begrenzung der Auswirkungen derartiger Unfälle für Mensch und Umwelt sowie zur Vorsorge gegen schädliche Umwelteinwirkungen genügen müssen, insbesondere dass

1. die Anlagen bestimmten technischen Anforderungen entsprechen müssen,
2. die von Anlagen ausgehenden Emissionen bestimmte Grenzwerte nicht überschreiten dürfen,
3. die Betreiber von Anlagen Messungen von Emissionen und Immissionen nach in der Rechtsverordnung näher zu bestimmenden Verfahren vorzunehmen haben oder von einer in der Rechtsverordnung zu bestimmenden Stelle vornehmen lassen müssen,
4. die Betreiber bestimmter Anlagen der zuständigen Behörde unverzüglich die Inbetriebnahme oder eine Änderung einer Anlage, die für die Erfüllung von in der Rechtsverordnung vorgeschriebenen Pflichten von Bedeutung sein kann, anzuzeigen haben,
4a. Die Betreiber von Anlagen, die Betriebsbereiche oder Bestandteile von Betriebsbereichen sind, innerhalb einer angemessenen Frist vor Errichtung vor Inbetriebnahme oder vor einer Änderung dieser Anlagen, die für die Erfüllung von in der Rechtsverordnung vorgeschriebenen Pflichten von Bedeutung sein kann, dies der zuständigen Behörde anzuzeigen haben und
5. bestimmte Anlagen nur betrieben werden dürfen, nachdem die Bescheinigung eines nach Landesrecht zuständigen Behörde bekannt gegebenen Sachverständigen vorgelegt worden ist, dass die Anlage den Anforderungen der Rechtsverordnung oder einer Bauartzulassung nach § 33 entspricht.

[2]In der Rechtsverordnung nach Satz 1 können auch die Anforderungen bestimmt werden, denen Sachverständige hinsichtlich ihrer Fachkunde, Zuverlässigkeit und gerätetechnischen Ausstattung genügen müssen. [3]Wegen der Anforderungen nach Satz 1 Nr. 1 bis 3 gilt § 7 Absatz 5 entsprechend.

(1a) [1]Für bestimmte nicht genehmigungsbedürftige Anlagen kann durch Rechtsverordnung nach Absatz 1 vorgeschrieben werden, dass auf Antrag des Trägers des Vorhabens ein Verfahren zur Erteilung einer Genehmigung nach § 4 Absatz 1 Satz 1 in Verbindung mit § 6 durchzuführen ist. [2]Im Falle eines Antrags nach Satz 1 sind für die betroffene Anlage an Stelle der für nicht genehmigungsbedürftige Anlagen gel-

tenden Vorschriften die Vorschriften über genehmigungsbedürftige Anlagen anzuwenden. ³Für das Verfahren gilt § 19 Absatz 2 und 3 entsprechend.

(2) ¹Soweit die Bundesregierung von der Ermächtigung keinen Gebrauch macht, sind die Landesregierungen ermächtigt, durch Rechtsverordnung Vorschriften im Sinne des Absatzes 1 zu erlassen. ²Die Landesregierungen können die Ermächtigung auf eine oder mehrere oberste Landesbehörden übertragen.

§ 23a Anzeigeverfahren für nicht genehmigungsbedürftige Anlagen, die Betriebsbereich oder Bestandteil eines Betriebsbereichs sind

(1) ¹Die störfallrelevante Errichtung und der Betrieb oder die störfallrelevante Änderung einer nicht genehmigungsbedürftigen Anlage, die Betriebsbereich oder Bestandteil eines Betriebsbereichs ist, ist der zuständigen Behörde vor ihrer Durchführung schriftlich oder elektronisch anzuzeigen, sofern eine Genehmigung nach Absatz 3 in Verbindung mit § 23b nicht beantragt wird. ²Der Anzeige sind alle Unterlagen beizufügen, die für die Feststellung nach Absatz 2 erforderlich sein können; die zuständige Behörde kann bei einer elektronischen Anzeige Mehrausfertigungen sowie die Übermittlung der der Anzeige beizufügenden Unterlagen auch in schriftlicher Form verlangen. ³Soweit es zur Ermittlung des angemessenen Sicherheitsabstands erforderlich ist, kann die zuständige Behörde ein Gutachten zu den Auswirkungen verlangen, die bei schweren Unfällen durch die Anlage hervorgerufen werden können. ⁴Die zuständige Behörde hat dem Träger des Vorhabens den Eingang der Anzeige und der beigefügten Unterlagen unverzüglich schriftlich oder elektronisch zu bestätigen. ⁵Sie teilt dem Träger des Vorhabens nach Eingang der Anzeige unverzüglich mit, welche zusätzlichen Unterlagen sie für die Feststellung nach Absatz 2 benötigt.

(2) ¹Die zuständige Behörde hat festzustellen, ob durch die störfallrelevante Errichtung und den Betrieb oder die störfallrelevante Änderung der Anlage der angemessene Sicherheitsabstand zu benachbarten Schutzobjekten erstmalig unterschritten wird, räumlich noch weiter unterschritten wird oder eine erhebliche Gefahrenerhöhung ausgelöst wird. ²Diese Feststellung ist dem Träger des Vorhabens spätestens zwei Monate nach Eingang der Anzeige und der erforderlichen Unterlagen bekannt zu geben und der Öffentlichkeit nach den Bestimmungen des Bundes und der Länder über den Zugang zu Umweltinformationen zugänglich zu machen. ³Wird kein Genehmigungsverfahren nach § 23b durchgeführt, macht die zuständige Behörde dies in ihrem amtlichen Veröffentlichungsblatt und entweder im Internet oder in örtlichen Tageszeitungen, die im Bereich des Standortes des Betriebsbereichs verbreitet sind, öffentlich bekannt. ⁴Der Träger des Vorhabens darf die Errichtung und den Betrieb oder die Änderung vornehmen, sobald die zuständige Behörde ihm mitteilt, dass sein Vorhaben keiner Genehmigung bedarf.

(3) Auf Antrag des Trägers des Vorhabens führt die zuständige Behörde das Genehmigungsverfahren nach § 23b auch ohne die Feststellung nach Absatz 2 Satz 1 durch.

§ 23b Störfallrechtliches Genehmigungsverfahren

(1) ¹Ergibt die Feststellung nach § 23a Absatz 2 Satz 1, dass der angemessene Sicherheitsabstand erstmalig unterschritten wird, räumlich noch weiter unterschritten wird oder eine erhebliche Gefahrenerhöhung ausgelöst wird, bedarf die störfallrelevante Errichtung und der Betrieb oder die störfallrelevante Änderung einer nicht genehmigungsbedürftigen Anlage, die Betriebsbereich oder Bestandteil eines Betriebsbereichs ist, einer störfallrechtlichen Genehmigung. ²Dies gilt nicht, soweit dem Gebot, den angemessenen Sicherheitsabstand zu wahren, bereits auf Ebene einer raumbedeutsamen Planung oder Maßnahme durch verbindliche Vorgaben Rechnung getragen worden ist. ³Die Genehmigung setzt einen schriftlichen oder elektronischen Antrag voraus. ⁴§ 10 Absatz 1 Satz 4 und Absatz 2 gilt entsprechend. ⁵Die Genehmigung ist zu erteilen, wenn sichergestellt ist, dass die Anforderungen des § 22 und der auf Grundlage des § 23 erlassenen Rechtsverordnungen eingehalten werden und andere öffentlich-rechtliche Vorschriften und Belange des Arbeitsschutzes nicht entgegenstehen. ⁶Die Genehmigung kann unter Bedingungen erteilt und mit Auflagen verbunden werden, soweit dies erforderlich ist, um die Erfüllung der Genehmigungsvoraussetzungen sicherzustellen. ⁷Die Genehmigung schließt andere die Anlage betreffende behördliche Entscheidungen ein mit Ausnahme von Planfeststellungen, Zulassungen bergrechtlicher Betriebspläne, behördlichen Entscheidungen auf Grund atomrechtlicher Vorschriften und wasserrechtlichen Erlaubnissen und Bewilligungen nach § 8 in Verbindung mit § 10 des Wasserhaushaltsgesetzes. ⁸Die §§ 8, 8a, 9 und 18 gelten entsprechend.

(2) ¹Im Genehmigungsverfahren ist die Öffentlichkeit zu beteiligen. ²Dazu macht die zuständige Behörde das Vorhaben öffentlich bekannt und legt den Antrag, die vom Antragsteller vorgelegten Unterlagen mit Ausnahme der Unterlagen nach Absatz 1 Satz 4 sowie die entscheidungserheblichen Berichte und Empfehlungen, die der Behörde im Zeitpunkt der Bekanntmachung vorliegen, einen Monat zur Einsicht aus. ³Personen, deren Belange durch das Vorhaben berührt werden sowie Vereinigungen, welche die Anforderungen von § 3 Absatz 1 oder § 2 Absatz 2 des Umwelt-Rechtsbehelfsgesetzes erfüllen, können inner-

halb der in § 10 Absatz 3 Satz 4 erster Halbsatz genannten Frist gegenüber der zuständigen Behörde schriftlich oder elektronisch Einwendungen erheben. [4]§ 10 Absatz 3 Satz 5 und Absatz 3a gilt entsprechend. [5]Einwendungen, die auf besonderen privatrechtlichen Titeln beruhen, sind auf den Rechtsweg vor den ordentlichen Gerichten zu verweisen.

(3) [1]Die Genehmigungsbehörde holt die Stellungnahmen der Behörden ein, deren Aufgabenbereich durch das Vorhaben berührt wird. [2]Soweit für das Vorhaben selbst oder für weitere damit unmittelbar in Zusammenhang stehende Vorhaben, die Auswirkungen auf die Umwelt haben können und die für die Genehmigung Bedeutung haben, eine Zulassung nach anderen Gesetzen vorgeschrieben ist, hat die Genehmigungsbehörde eine vollständige Koordinierung der Zulassungsverfahren sowie der Inhalts- und Nebenbestimmungen sicherzustellen.

(4) [1]Über den Antrag auf störfallrelevante Errichtung und Betrieb einer Anlage hat die zuständige Behörde innerhalb einer Frist von sieben Monaten nach Eingang des Antrags und der erforderlichen Unterlagen zu entscheiden. [2]Über den Antrag auf störfallrelevante Änderung einer Anlage ist innerhalb einer Frist von sechs Monaten nach Eingang des Antrags und der erforderlichen Unterlagen zu entscheiden. [3]Die zuständige Behörde kann die jeweilige Frist um drei Monate verlängern, wenn dies wegen der Schwierigkeit der Prüfung oder aus Gründen, die dem Antragsteller zuzurechnen sind, erforderlich ist. [4]Die Fristverlängerung soll gegenüber dem Antragsteller begründet werden. [5]§ 10 Absatz 7 Satz 1 gilt entsprechend.

(5) Die Bundesregierung wird ermächtigt, durch Rechtsverordnung mit Zustimmung des Bundesrates weitere Einzelheiten des Verfahrens nach den Absätzen 1 bis 4 zu regeln, insbesondere
1. Form und Inhalt des Antrags,
2. Verfahren und Inhalt der Bekanntmachung und Auslegung des Vorhabens durch die zuständige Behörde sowie
3. Inhalt und Bekanntmachung des Genehmigungsbescheids.

§ 23c Betriebsplanzulassung nach dem Bundesberggesetz

[1]Die §§ 23a und 23b Absatz 1, 3 und 4 gelten nicht für die störfallrelevante Errichtung und den Betrieb oder die störfallrelevante Änderung einer nicht genehmigungsbedürftigen Anlage, die Betriebsbereich oder Bestandteil eines Betriebsbereichs ist, wenn für die Errichtung und den Betrieb oder die Änderung eine Betriebsplanzulassung nach dem Bundesberggesetz erforderlich ist. [2]§ 23b Absatz 2 ist für die in Satz 1 genannten Vorhaben unter den in § 57d des Bundesberggesetzes genannten Bedingungen entsprechend anzuwenden. [3]Die Regelungen, die auf Grundlage des § 23b Absatz 5 durch Rechtsverordnung getroffen werden, gelten für die in Satz 1 genannten Vorhaben, soweit § 57d des Bundesberggesetzes dies anordnet.

§ 24 Anordnungen im Einzelfall

[1]Die zuständige Behörde kann im Einzelfall die zur Durchführung des § 22 und der auf dieses Gesetz gestützten Rechtsverordnungen erforderlichen Anordnungen treffen. [2]Kann das Ziel der Anordnung auch durch eine Maßnahme zum Zwecke des Arbeitsschutzes erreicht werden, soll diese angeordnet werden.

§ 25 Untersagung

(1) Kommt der Betreiber einer Anlage einer vollziehbaren behördlichen Anordnung nach § 24 Satz 1 nicht nach, so kann die zuständige Behörde den Betrieb der Anlage ganz oder teilweise bis zur Erfüllung der Anordnung untersagen.

(1a) [1]Die zuständige Behörde hat die Inbetriebnahme oder Weiterführung einer nicht genehmigungsbedürftigen Anlage, die Betriebsbereich oder Bestandteil eines Betriebsbereichs ist und gewerblichen Zwecken dient oder im Rahmen wirtschaftlicher Unternehmungen Verwendung findet, ganz oder teilweise zu untersagen, solange und soweit die von dem Betreiber getroffenen Maßnahmen zur Verhütung schwerer Unfälle im Sinne des Artikels 3 Nummer 13 der Richtlinie 2012/18/EU oder zur Begrenzung der Auswirkungen derartiger Unfälle eindeutig unzureichend sind. [2]Bei der Entscheidung über eine Untersagung berücksichtigt die zuständige Behörde auch schwerwiegende Unterlassungen in Bezug auf erforderliche Folgemaßnahmen, die in einem Überwachungsbericht nach § 16 Absatz 2 Nummer 1 der Störfall-Verordnung festgelegt worden sind. [3]Die zuständige Behörde hat die Inbetriebnahme oder die Weiterführung einer Anlage im Sinne des Satzes 1 außerdem ganz oder teilweise zu untersagen, wenn der Betreiber
1. die in einer zur Umsetzung der Richtlinie 2012/18/EU erlassenen Rechtsverordnung vorgeschriebenen Mitteilungen, Berichte oder sonstige Informationen nicht fristgerecht übermittelt oder
2. eine nach § 23a erforderliche Anzeige nicht macht oder die Anlage ohne die nach § 23b erforderliche Genehmigung störfallrelevant errichtet, betreibt oder störfallrelevant ändert.

(2) Wenn die von einer Anlage hervorgerufenen schädlichen Umwelteinwirkungen das Leben oder die Gesundheit von Menschen oder bedeutende Sachwerte gefährden, soll die zuständige Behörde die Er-

richtung oder den Betrieb der Anlage ganz oder teilweise untersagen, soweit die Allgemeinheit oder die Nachbarschaft nicht auf andere Weise ausreichend geschützt werden kann.

§ 25a Stilllegung und Beseitigung nicht genehmigungsbedürftiger Anlagen, die Betriebsbereich oder Bestandteil eines Betriebsbereichs sind
[1]Die zuständige Behörde kann anordnen, dass eine Anlage, die Betriebsbereich oder Bestandteil eines Betriebsbereichs ist und ohne die erforderliche Genehmigung nach § 23b störfallrelevant errichtet oder geändert wird, ganz oder teilweise stillzulegen oder zu beseitigen ist. [2]Sie soll die Beseitigung anordnen, wenn die Allgemeinheit oder die Nachbarschaft nicht auf andere Weise ausreichend geschützt werden kann.

Dritter Abschnitt
Ermittlung von Emissionen und Immissionen, sicherheitstechnische Prüfungen

§ 26 Messungen aus besonderem Anlass
[1]Die zuständige Behörde kann anordnen, dass der Betreiber einer genehmigungsbedürftigen Anlage oder, soweit § 22 Anwendung findet, einer nicht genehmigungsbedürftigen Anlage Art und Ausmaß der von der Anlage ausgehenden Emissionen sowie die Immissionen im Einwirkungsbereich der Anlage durch eine der von der zuständigen Behörde eines Landes bekannt gegebenen Stellen ermitteln lässt, wenn zu befürchten ist, dass durch die Anlage schädliche Umwelteinwirkungen hervorgerufen werden. [2]Die zuständige Behörde ist befugt, Einzelheiten über Art und Umfang der Ermittlungen sowie über die Vorlage des Ermittlungsergebnisses vorzuschreiben.

§ 27 Emissionserklärung
(1) [1]Der Betreiber einer genehmigungsbedürftigen Anlage ist verpflichtet, der zuständigen Behörde innerhalb einer vor ihm zu setzenden Frist oder zu dem in der Rechtsverordnung nach Absatz 4 festgesetzten Zeitpunkt Angaben zu machen über Art, Menge, räumliche und zeitliche Verteilung der Luftverunreinigungen, die von der Anlage in einem bestimmten Zeitraum ausgegangen sind, sowie über die Austrittsbedingungen (Emissionserklärung); er hat die Emissionserklärung nach Maßgabe der Rechtsverordnung nach Absatz 4 entsprechend dem neuesten Stand zu ergänzen. [2]§ 52 Absatz 5 gilt sinngemäß. [3]Satz 1 gilt nicht für Betreiber von Anlagen, von denen nur in geringem Umfang Luftverunreinigungen ausgehen können.
(2) [1]Auf die nach Absatz 1 erlangten Kenntnisse und Unterlagen sind die §§ 93, 97, 105 Absatz 1, § 111 Absatz 5 in Verbindung mit § 105 Absatz 1 sowie § 116 Absatz 1 der Abgabenordnung nicht anzuwenden. [2]Dies gilt nicht, soweit die Finanzbehörden die Kenntnisse für die Durchführung eines Verfahrens wegen einer Steuerstraftat sowie eines damit zusammenhängenden Besteuerungsverfahrens benötigen, an deren Verfolgung ein zwingendes öffentliches Interesse besteht, oder soweit es sich um vorsätzlich falsche Angaben des Auskunftspflichtigen oder der für ihn tätigen Personen handelt.
(3) [1]Der Inhalt der Emissionserklärung ist Dritten auf Antrag bekannt zu geben. [2]Einzelangaben der Emissionserklärung dürfen nicht veröffentlicht oder Dritten bekannt gegeben werden, wenn aus diesen Rückschlüsse auf Betriebs- oder Geschäftsgeheimnisse gezogen werden können. [3]Bei Abgabe der Emissionserklärung hat der Betreiber der zuständigen Behörde mitzuteilen und zu begründen, welche Einzelangaben der Emissionserklärung Rückschlüsse auf Betriebs- oder Geschäftsgeheimnisse erlauben.
(4) [1]Die Bundesregierung wird ermächtigt, durch Rechtsverordnung mit Zustimmung des Bundesrates Inhalt, Umfang, Form und Zeitpunkt der Abgabe der Emissionserklärung, das bei der Ermittlung der Emissionen einzuhaltende Verfahren und den Zeitraum, innerhalb dessen die Emissionserklärung zu ergänzen ist, zu regeln. [2]In der Rechtsverordnung wird auch bestimmt, welche Betreiber genehmigungsbedürftiger Anlagen nach Absatz 1 Satz 3 von der Pflicht zur Abgabe einer Emissionserklärung befreit sind. [3]Darüber hinaus kann zur Erfüllung der Pflichten aus bindenden Rechtsakten der Europäischen Gemeinschaften oder der Europäischen Union in der Rechtsverordnung vorgeschrieben werden, dass die zuständigen Behörden über die nach Landesrecht zuständige Behörde dem Bundesministerium für Umwelt, Naturschutz und nukleare Sicherheit zu einem festgelegten Zeitpunkt Emissionsdaten zur Verfügung stellen, die den Emissionserklärungen zu entnehmen sind.

§ 28 Erstmalige und wiederkehrende Messungen bei genehmigungsbedürftigen Anlagen
[1]Die zuständige Behörde kann bei genehmigungsbedürftigen Anlagen
1. nach der Inbetriebnahme oder einer Änderung im Sinne des § 15 oder des § 16 und sodann
2. nach Ablauf eines Zeitraums von jeweils drei Jahren
Anordnungen nach § 26 auch ohne die dort genannten Voraussetzungen treffen. [2]Hält die Behörde wegen Art, Menge und Gefährlichkeit der von der Anlage ausgehenden Emissionen Ermittlungen auch während

des in Nummer 2 genannten Zeitraums für erforderlich, so soll sie auf Antrag des Betreibers zulassen, dass diese Ermittlungen durch den Immissionsschutzbeauftragten durchgeführt werden, wenn dieser hierfür die erforderliche Fachkunde, Zuverlässigkeit und gerätetechnische Ausstattung besitzt.

§ 29 Kontinuierliche Messungen

(1) [1]Die zuständige Behörde kann bei genehmigungsbedürftigen Anlagen anordnen, dass statt durch Einzelmessungen nach § 26 oder § 28 oder neben solchen Messungen bestimmte Emissionen oder Immissionen unter Verwendung aufzeichnender Messgeräte fortlaufend ermittelt werden. [2]Bei Anlagen mit erheblichen Emissionsmassenströmen luftverunreinigender Stoffe sollen unter Berücksichtigung von Art und Gefährlichkeit dieser Stoffe Anordnungen nach Satz 1 getroffen werden, soweit eine Überschreitung der in Rechtsvorschriften, Auflagen oder Anordnungen festgelegten Emissionsbegrenzungen nach der Art der Anlage nicht ausgeschlossen werden kann.

(2) Die zuständige Behörde kann bei nicht genehmigungsbedürftigen Anlagen, soweit § 22 anzuwenden ist, anordnen, dass statt durch Einzelmessungen nach § 26 oder neben solchen Messungen bestimmte Emissionen oder Immissionen unter Verwendung aufzeichnender Messgeräte fortlaufend ermittelt werden, wenn dies zur Feststellung erforderlich ist, ob durch die Anlage schädliche Umwelteinwirkungen hervorgerufen werden.

§ 29a Anordnung sicherheitstechnischer Prüfungen

(1) [1]Die zuständige Behörde kann anordnen, dass der Betreiber einer genehmigungsbedürftigen Anlage oder einer Anlage innerhalb eines Betriebsbereichs nach § 3 Absatz 5a einen der von der zuständigen Behörde eines Landes bekannt gegebenen Sachverständigen mit der Durchführung bestimmter sicherheitstechnischer Prüfungen sowie Prüfungen von sicherheitstechnischen Unterlagen beauftragt. [2]In der Anordnung kann die Durchführung der Prüfungen durch den Störfallbeauftragten (§ 58a), eine zugelassene Überwachungsstelle nach § 37 Absatz 1 des Produktsicherheitsgesetzes oder einen in einer für Anlagen nach § 2 Nummer 30 des Produktsicherheitsgesetzes erlassenen Rechtsverordnung genannten Sachverständigen gestattet werden, wenn diese die Anforderungen nach § 29b Absatz 2 Satz 2 und 3 erfüllen; das Gleiche gilt für einen nach § 36 Absatz 1 der Gewerbeordnung bestellten Sachverständigen oder für Sachverständige, die im Rahmen von § 13a der Gewerbeordnung ihre gewerbliche Tätigkeit nur vorübergehend und gelegentlich im Inland ausüben wollen, soweit eine besondere Sachkunde im Bereich sicherheitstechnischer Prüfungen nachgewiesen wird. [3]Die zuständige Behörde ist befugt, Einzelheiten über Art und Umfang der sicherheitstechnischen Prüfungen sowie über die Vorlage des Prüfungsergebnisses vorzuschreiben.

(2) [1]Prüfungen können angeordnet werden

1. für einen Zeitpunkt während der Errichtung oder sonst vor der Inbetriebnahme der Anlage,
2. für einen Zeitpunkt nach deren Inbetriebnahme,
3. in regelmäßigen Abständen,
4. im Falle einer Betriebseinstellung oder
5. wenn Anhaltspunkte dafür bestehen, dass bestimmte sicherheitstechnische Anforderungen nicht erfüllt werden.

[2]Satz 1 gilt entsprechend bei einer Änderung im Sinne des § 15 oder des § 16.

(3) Der Betreiber hat die Ergebnisse der sicherheitstechnischen Prüfungen der zuständigen Behörde spätestens einen Monat nach Durchführung der Prüfungen vorzulegen; er hat diese Ergebnisse unverzüglich vorzulegen, sofern dies zur Abwehr gegenwärtiger Gefahren erforderlich ist.

§ 29b Bekanntgabe von Stellen und Sachverständigen

(1) Die Bekanntgabe von Stellen im Sinne von § 26, von Stellen im Sinne einer auf Grund dieses Gesetzes erlassenen Rechtsverordnung oder von Sachverständigen im Sinne von § 29a durch die zuständige Behörde eines Landes berechtigt die bekannt gegebenen Stellen und Sachverständigen, die in der Bekanntgabe festgelegten Ermittlungen oder Prüfungen auf Antrag eines Anlagenbetreibers durchzuführen.

(2) [1]Die Bekanntgabe setzt einen Antrag bei der zuständigen Behörde des Landes voraus. [2]Sie ist zu erteilen, wenn der Antragsteller oder die Antragstellerin über die erforderliche Fachkunde, Unabhängigkeit, Zuverlässigkeit und gerätetechnische Ausstattung verfügt sowie die für die Aufgabenerfüllung erforderlichen organisatorischen Anforderungen erfüllt. [3]Sachverständige im Sinne des § 29a müssen über eine Haftpflichtversicherung verfügen.

(3) [1]Die Bundesregierung wird ermächtigt, nach Anhörung der beteiligten Kreise (§ 51) durch Rechtsverordnung mit Zustimmung des Bundesrates Anforderungen an die Bekanntgabe von Stellen und Sachverständigen sowie an bekannt gegebene Stellen und Sachverständige zu regeln. [2]In der Rechtsverordnung nach Satz 1 können insbesondere

1. Anforderungen an die Gleichwertigkeit nicht inländischer Anerkennungen und Nachweise bestimmt werden,
2. Anforderungen an das Verfahren der Bekanntgabe und ihrer Aufhebung bestimmt werden,
3. Anforderungen an den Inhalt der Bekanntgabe bestimmt werden, insbesondere, dass sie mit Nebenbestimmungen versehen und für das gesamte Bundesgebiet erteilt werden kann,
4. Anforderungen an die Organisationsform der bekannt zu gebenden Stellen bestimmt werden,
5. Anforderungen an die Struktur bestimmt werden, die die Sachverständigen der Erfüllung ihrer Aufgaben zugrunde legen,
6. Anforderungen an die Fachkunde, Zuverlässigkeit, Unabhängigkeit und gerätetechnische Ausstattung der bekannt zu gebenden Stellen und Sachverständigen bestimmt werden,
7. Pflichten der bekannt gegebenen Stellen und Sachverständigen festgelegt werden.

§ 30 Kosten der Messungen und sicherheitstechnischen Prüfungen
[1]Die Kosten für die Ermittlungen der Emissionen und Immissionen sowie für die sicherheitstechnischen Prüfungen trägt der Betreiber der Anlage. [2]Bei nicht genehmigungsbedürftigen Anlagen trägt der Betreiber die Kosten für Ermittlungen nach § 26 oder § 29 Absatz 2 nur, wenn die Ermittlungen ergeben, dass
1. Auflagen oder Anordnungen nach den Vorschriften dieses Gesetzes oder der auf dieses Gesetz gestützten Rechtsverordnungen nicht erfüllt worden sind oder
2. Anordnungen oder Auflagen nach den Vorschriften dieses Gesetzes oder der auf dieses Gesetz gestützten Rechtsverordnungen geboten sind.

§ 31 Auskunftspflichten des Betreibers
(1) [1]Der Betreiber einer Anlage nach der Industrieemissions-Richtlinie hat nach Maßgabe der Nebenbestimmungen der Genehmigung oder auf Grund von Rechtsverordnungen der zuständigen Behörde jährlich Folgendes vorzulegen:
1. eine Zusammenfassung der Ergebnisse der Emissionsüberwachung,
2. sonstige Daten, die erforderlich sind, um die Einhaltung der Genehmigungsanforderungen gemäß § 6 Absatz 1 Nummer 1 zu überprüfen.
[2]Die Pflicht nach Satz 1 besteht nicht, soweit die erforderlichen Angaben der zuständigen Behörde bereits auf Grund anderer Vorschriften vorzulegen sind. [3]Wird in einer Rechtsverordnung nach § 7 ein Emissionsgrenzwert nach § 7 Absatz 1a, in einer Verwaltungsvorschrift nach § 48 ein Emissionswert nach § 48 Absatz 1a oder in einer Genehmigung nach § 12 Absatz 1 oder einer nachträglichen Anordnung nach § 17 Absatz 2a eine Emissionsbegrenzung nach § 12 Absatz 1a oder § 17 Absatz 2a oberhalb der in den BVT-Schlussfolgerungen genannten Emissionsbandbreiten bestimmt, so hat die Zusammenfassung nach Satz 1 Nummer 1 einen Vergleich mit den in den BVT-Schlussfolgerungen genannten Emissionsbandbreiten zu ermöglichen.

(2) [1]Der Betreiber einer Anlage nach der Industrieemissions-Richtlinie kann von der zuständigen Behörde verpflichtet werden, diejenigen Daten zu übermitteln, deren Übermittlung nach einem Durchführungsrechtsakt nach Artikel 72 Absatz 2 der Richtlinie 2010/75/EU vorgeschrieben ist und die zur Erfüllung der Berichtspflicht nach § 61 Absatz 1 erforderlich sind, soweit solche Daten nicht bereits auf Grund anderer Vorschriften bei der zuständigen Behörde vorhanden sind. [2]§ 3 Absatz 1 Satz 2 und § 5 Absatz 2 bis 6 des Gesetzes zur Ausführung des Protokolls über Schadstofffreisetzungs- und -verbringungsregister vom 21. Mai 2003 sowie zur Durchführung der Verordnung (EG) Nummer 166/2006 vom 6. Juni 2007 (BGBl. I S. 1002) gelten entsprechend.

(2a) [1]Der Betreiber von Anlagen, die Betriebsbereich oder Bestandteil eines Betriebsbereichs sind, kann von der zuständigen Behörde verpflichtet werden, diejenigen Daten zu übermitteln, deren Übermittlung nach einem Durchführungsrechtsakt nach Artikel 21 Absatz 5 der Richtlinie 2012/18/EU vorgeschrieben ist und die zur Erfüllung der Berichtspflicht nach § 61 Absatz 2 erforderlich sind, soweit solche Daten nicht bereits auf Grund anderer Vorschriften bei der zuständigen Behörde vorhanden sind. [2]Absatz 2 Satz 2 gilt entsprechend.

(3) Wird bei einer Anlage nach der Industrieemissions-Richtlinie festgestellt, dass Anforderungen gemäß § 6 Absatz 1 Nummer 1 nicht eingehalten werden, hat der Betreiber dies der zuständigen Behörde unverzüglich mitzuteilen.

(4) Der Betreiber einer Anlage nach der Industrieemissions-Richtlinie hat bei allen Ereignissen mit schädlichen Umwelteinwirkungen die zuständige Behörde unverzüglich zu unterrichten, soweit er hierzu nicht bereits nach § 4 des Umweltschadensgesetzes oder nach § 19 der Störfall-Verordnung verpflichtet ist.

(5) [1]Der Betreiber der Anlage hat das Ergebnis der auf Grund einer Anordnung nach § 26, § 28 oder § 29 getroffenen Ermittlungen der zuständigen Behörde auf Verlangen mitzuteilen und die Aufzeichnungen

der Messgeräte nach § 29 fünf Jahre lang aufzubewahren. [2]Die zuständige Behörde kann die Art der Übermittlung der Messergebnisse vorschreiben. [3]Die Ergebnisse der Überwachung der Emissionen, die bei der Behörde vorliegen, sind für die Öffentlichkeit nach den Bestimmungen des Umweltinformationsgesetzes mit Ausnahme des § 12 zugänglich; für Landesbehörden gelten die landesrechtlichen Vorschriften.

Dritter Teil

Beschaffenheit von Anlagen, Stoffen, Erzeugnissen, Brennstoffen, Treibstoffen und Schmierstoffen; Treibhausgasminderung bei Kraftstoffen

Erster Abschnitt

Beschaffenheit von Anlagen, Stoffen, Erzeugnissen, Brennstoffen, Treibstoffen und Schmierstoffen

§ 32 Beschaffenheit von Anlagen

(1) [1]Die Bundesregierung wird ermächtigt, nach Anhörung der beteiligten Kreise (§ 51) durch Rechtsverordnung mit Zustimmung des Bundesrates vorzuschreiben, dass serienmäßig hergestellte Teile von Betriebsstätten und sonstigen ortsfesten Einrichtungen sowie die in § 3 Absatz 5 Nummer 2 bezeichneten Anlagen und hierfür serienmäßig hergestellte Teile gewerbsmäßig oder im Rahmen wirtschaftlicher Unternehmungen nur in den Verkehr gebracht oder eingeführt werden dürfen, wenn sie bestimmten Anforderungen zum Schutz vor schädlichen Umwelteinwirkungen durch Luftverunreinigungen, Geräusche, Erschütterungen oder nichtionisierende Strahlen genügen. [2]In den Rechtsverordnungen nach Satz 1 kann insbesondere vorgeschrieben werden, dass
1. die Emissionen der Anlagen oder der serienmäßig hergestellten Teile bestimmte Werte nicht überschreiten dürfen,
2. die Anlagen oder die serienmäßig hergestellten Teile bestimmten technischen Anforderungen zur Begrenzung der Emissionen entsprechen müssen.
[3]Emissionswerte nach Satz 2 Nr. 1 können unter Berücksichtigung der technischen Entwicklung auch für einen Zeitpunkt nach Inkrafttreten der Rechtsverordnung festgesetzt werden. [4]Wegen der Anforderungen nach den Sätzen 1 bis 3 gilt § 7 Absatz 5 entsprechend.
(2) In einer Rechtsverordnung kann ferner vorgeschrieben werden, dass die Anlagen oder die serienmäßig hergestellten Teile gewerbsmäßig oder im Rahmen wirtschaftlicher Unternehmungen nur in den Verkehr gebracht oder eingeführt werden dürfen, wenn sie mit Angaben über die Höhe ihrer Emissionen gekennzeichnet sind.

§ 33 Bauartzulassung

(1) Die Bundesregierung wird ermächtigt, zum Schutz vor schädlichen Umwelteinwirkungen sowie zur Vorsorge gegen schädliche Umwelteinwirkungen nach Anhörung der beteiligten Kreise (§ 51) durch Rechtsverordnung mit Zustimmung des Bundesrates
1. zu bestimmen, dass in § 3 Absatz 5 Nummer 1 oder 2 bezeichnete Anlagen oder bestimmte Teile von solchen Anlagen nach einer Bauartprüfung allgemein zugelassen und dass mit der Bauartzulassung Auflagen zur Errichtung und zum Betrieb verbunden werden können;
2. vorzuschreiben, dass bestimmte serienmäßig hergestellte Anlagen oder bestimmte hierfür serienmäßig hergestellte Teile gewerbsmäßig oder im Rahmen wirtschaftlicher Unternehmungen nur in Verkehr gebracht werden dürfen, wenn die Bauart der Anlage oder des Teils allgemein zugelassen ist und die Anlage oder der Teil dem zugelassenen Muster entspricht;
3. das Verfahren der Bauartzulassung zu regeln;
4. zu bestimmen, welche Gebühren und Auslagen für die Bauartzulassung zu entrichten sind; die Gebühren werden nur zur Deckung des mit den Prüfungen verbundenen Personal- und Sachaufwandes erhoben, zu dem insbesondere der Aufwand für die Sachverständigen, die Prüfeinrichtungen und -stoffe sowie für die Entwicklung geeigneter Prüfverfahren und für den Erfahrungsaustausch gehört; es kann bestimmt werden, dass eine Gebühr auch für eine Prüfung erhoben werden kann, die nicht begonnen oder nicht zu Ende geführt worden ist, wenn der Grund hierfür von demjenigen zu vertreten sind, der die Prüfung veranlasst hat; die Höhe der Gebührensätze richtet sich nach der Zahl der Stunden, die ein Sachverständiger durchschnittlich für die verschiedenen Prüfungen der bestimmten Anlagenart benötigt; in der Rechtsverordnung können die Kostenbefreiung, die Kostengläubigerschaft, die Kostenschuldnerschaft, der Umfang der zu erstattenden Auslagen und die Kostenerhebung abweichend von den Vorschriften des Verwaltungskostengesetzes vom 23. Juni 1970 (BGBl. I S. 821) geregelt werden.

(2) Die Zulassung der Bauart darf nur von der Erfüllung der in § 32 Absatz 1 und 2 genannten oder in anderen Rechtsvorschriften festgelegten Anforderungen sowie von einem Nachweis der Höhe der Emissionen der Anlage oder des Teils abhängig gemacht werden.

§ 34 Beschaffenheit von Brennstoffen, Treibstoffen und Schmierstoffen

(1) [1]Die Bundesregierung wird ermächtigt, nach Anhörung der beteiligten Kreise (§ 51) durch Rechtsverordnung mit Zustimmung des Bundesrates vorzuschreiben, dass Brennstoffe, Treibstoffe, Schmierstoffe oder Zusätze zu diesen Stoffen gewerbsmäßig oder im Rahmen wirtschaftlicher Unternehmungen nur hergestellt, in den Verkehr gebracht oder eingeführt werden dürfen, wenn sie bestimmten Anforderungen zum Schutz vor schädlichen Umwelteinwirkungen durch Luftverunreinigungen genügen. [2]In den Rechtsverordnungen nach Satz 1 kann insbesondere bestimmt werden, dass

1. . natürliche Bestandteile oder Zusätze von Brennstoffen, Treibstoffen oder Schmierstoffen nach Satz 1, die bei bestimmungsgemäßer Verwendung der Brennstoffe, Treibstoffe, Schmierstoffe oder Zusätze Luftverunreinigungen hervorrufen oder die Bekämpfung von Luftverunreinigungen behindern, nicht zugesetzt werden oder einen bestimmten Höchstgehalt nicht überschreiten dürfen,

1a. Zusätze zu Brennstoffen, Treibstoffen oder Schmierstoffen bestimmte Stoffe, die Luftverunreinigungen hervorrufen oder die Bekämpfung von Luftverunreinigungen behindern, nicht oder nur in besonderer Zusammensetzung enthalten dürfen,

2. Brennstoffe, Treibstoffe oder Schmierstoffe nach Satz 1 bestimmte Zusätze enthalten müssen, durch die das Entstehen von Luftverunreinigungen begrenzt wird,

3. Brennstoffe, Treibstoffe, Schmierstoffe oder Zusätze nach Satz 1 einer bestimmten Behandlung, durch die das Entstehen von Luftverunreinigungen begrenzt wird, unterworfen werden müssen,

4. derjenige, der gewerbsmäßig oder im Rahmen wirtschaftlicher Unternehmungen flüssige Brennstoffe, Treibstoffe, Schmierstoffe oder Zusätze zu diesen Stoffen herstellt, einführt oder sonst in den Geltungsbereich dieses Gesetzes verbringt, der zuständigen Bundesoberbehörde

 a) Zusätze zu flüssigen Brennstoffen, Treibstoffen oder Schmierstoffen, die in ihrer chemischen Zusammensetzung andere Elemente als Kohlenstoff, Wasserstoff und Sauerstoff enthalten, anzuzeigen hat und

 b) näher zu bestimmende Angaben über die Art und die eingesetzte Menge sowie die möglichen schädlichen Umwelteinwirkungen der Zusätze und deren Verbrennungsprodukte zu machen hat.

[3]Anforderungen nach Satz 2 können unter Berücksichtigung der technischen Entwicklung auch für einen Zeitpunkt nach Inkrafttreten der Rechtsverordnung festgesetzt werden. [4]Wegen der Anforderungen nach den Sätzen 1 bis 3 gilt § 7 Absatz 5 entsprechend.

(2) Die Bundesregierung wird ermächtigt, durch Rechtsverordnung mit Zustimmung des Bundesrates vorzuschreiben,

1. dass bei der Einfuhr von Brennstoffen, Treibstoffen, Schmierstoffen oder Zusätzen, für die Anforderungen nach Absatz 1 Satz 1 festgesetzt worden sind, eine schriftliche Erklärung des Herstellers über die Beschaffenheit der Brennstoffe, Treibstoffe, Schmierstoffe oder Zusätze den Zolldienststellen vorzulegen, bis zum ersten Bestimmungsort der Sendung mitzuführen und bis zum Abgang der Sendung vom ersten Bestimmungsort dort verfügbar zu halten ist,

2. dass der Einführer diese Erklärung zu seinen Geschäftspapieren zu nehmen hat,

3. welche Angaben über die Beschaffenheit der Brennstoffe, Treibstoffe, Schmierstoffe oder Zusätze die schriftliche Erklärung enthalten muss,

4. dass Brennstoffe, Treibstoffe, Schmierstoffe oder Zusätze nach Absatz 1 Satz 1, die in den Geltungsbereich dieses Gesetzes, ausgenommen in Zollausschlüsse, verbracht werden, bei der Verbringung von dem Einführer den zuständigen Behörden des Bestimmungsortes zu melden sind,

5. dass bei der Lagerung von Brennstoffen, Treibstoffen, Schmierstoffen oder Zusätzen nach Absatz 1 Satz 1 Tankbelegbücher zu führen sind, aus denen sich die Lieferer der Brennstoffe, Treibstoffe, Schmierstoffe oder Zusätze nach Absatz 1 Satz 1 ergeben,

6. dass derjenige, der gewerbsmäßig oder im Rahmen wirtschaftlicher Unternehmungen an den Verbraucher Stoffe oder Zusätze nach Absatz 1 Satz 1 veräußert, diese deutlich sichtbar und leicht lesbar mit Angaben über bestimmte Eigenschaften kenntlich zu machen hat und

7. dass derjenige, der die Stoffe oder Zusätze nach Absatz 1 Satz 1 gewerbsmäßig oder im Rahmen wirtschaftlicher Unternehmungen in den Verkehr bringt, den nach Nummer 6 Auszeichnungspflichtigen über bestimmte Eigenschaften zu unterrichten hat.

(3) [1]Die Bundesregierung wird ermächtigt, nach Anhörung der beteiligten Kreise (§ 51) durch Rechtsverordnung mit Zustimmung des Bundesrates vorzuschreiben, dass, wer gewerbsmäßig oder im Rahmen wirtschaftlicher Unternehmungen Treibstoffe in den Verkehr bringt, zur Vermeidung von Schäden an

Fahrzeugen verpflichtet werden kann, auch Treibstoffe mit bestimmten Eigenschaften, insbesondere mit nicht zu überschreitenden Höchstgehalten an Sauerstoff und Biokraftstoff, in den Verkehr zu bringen. [2]In der Rechtsverordnung nach Satz 1 kann darüber hinaus die Unterrichtung der Verbraucher über biogene Anteile der Treibstoffe und den geeigneten Einsatz der verschiedenen Treibstoffmischungen geregelt werden; für die Regelung der Pflicht zur Unterrichtung gilt Absatz 2 Nummer 6 und 7 entsprechend.

(4) Die Bundesregierung wird ermächtigt, nach Anhörung der beteiligten Kreise (§ 51) durch Rechtsverordnung ohne Zustimmung des Bundesrates zu regeln, dass Unternehmen, die Treibstoffe in Verkehr bringen, jährlich folgende Daten der in der Rechtsverordnung zu bestimmenden Bundesbehörde vorzulegen haben:

a) die Gesamtmenge der jeweiligen Art von geliefertem Treibstoff unter Angabe des Erwerbsortes und des Ursprungs des Treibstoffs und

b) die Lebenszyklustreibhausgasemissionen pro Energieeinheit.

§ 35 Beschaffenheit von Stoffen und Erzeugnissen

(1) [1]Die Bundesregierung wird ermächtigt, nach Anhörung der beteiligten Kreise (§ 51) durch Rechtsverordnung mit Zustimmung des Bundesrates vorzuschreiben, dass bestimmte Stoffe oder Erzeugnisse aus Stoffen, die geeignet sind, bei ihrer bestimmungsgemäßen Verwendung oder bei der Verbrennung zum Zwecke der Beseitigung oder der Rückgewinnung einzelner Bestandteile schädliche Umweltwirkungen durch Luftverunreinigungen hervorzurufen, gewerbsmäßig oder im Rahmen wirtschaftlicher Unternehmungen nur hergestellt, eingeführt oder sonst in den Verkehr gebracht werden dürfen, wenn sie zum Schutz vor schädlichen Umwelteinwirkungen durch Luftverunreinigungen bestimmten Anforderungen an ihre Zusammensetzung und das Verfahren zu ihrer Herstellung genügen. [2]Die Ermächtigung des Satzes 1 erstreckt sich nicht auf Anlagen, Brennstoffe, Treibstoffe und Fahrzeuge.

(2) [1]Anforderungen nach Absatz 1 Satz 1 können unter Berücksichtigung der technischen Entwicklung auch für einen Zeitpunkt nach Inkrafttreten der Rechtsverordnung festgesetzt werden. [2]Wegen der Anforderungen nach Absatz 1 und Absatz 2 Satz 1 gilt § 7 Absatz 5 entsprechend.

(3) Soweit dies mit dem Schutz der Allgemeinheit vor schädlichen Umwelteinwirkungen durch Luftverunreinigungen vereinbar ist, kann in der Rechtsverordnung nach Absatz 1 an Stelle der Anforderungen über die Zusammensetzung und das Herstellungsverfahren vorgeschrieben werden, dass die Stoffe und Erzeugnisse deutlich sichtbar und leicht lesbar mit dem Hinweis zu kennzeichnen sind, dass bei ihrer bestimmungsgemäßen Verwendung oder bei ihrer Verbrennung schädliche Umwelteinwirkungen entstehen können oder dass bei einer bestimmten Verwendungsart schädliche Umwelteinwirkungen vermieden werden können.

§ 36 Ausfuhr

In den Rechtsverordnungen nach den §§ 32 bis 35 kann vorgeschrieben werden, dass die Vorschriften über das Herstellen, Einführen und das Inverkehrbringen nicht gelten für Anlagen, Stoffe, Erzeugnisse, Brennstoffe und Treibstoffe, die zur Lieferung in Gebiete außerhalb des Geltungsbereichs dieses Gesetzes bestimmt sind.

§ 37 Erfüllung von zwischenstaatlichen Vereinbarungen und Rechtsakten der Europäischen Gemeinschaften oder der Europäischen Union

[1]Zur Erfüllung von Verpflichtungen aus zwischenstaatlichen Vereinbarungen oder von bindenden Rechtsakten der Europäischen Gemeinschaften oder der Europäischen Union kann die Bundesregierung zu dem in § 1 genannten Zweck durch Rechtsverordnung mit Zustimmung des Bundesrates bestimmen, dass Anlagen, Stoffe, Erzeugnisse, Brennstoffe oder Treibstoffe gewerbsmäßig oder im Rahmen wirtschaftlicher Unternehmungen nur in den Verkehr gebracht werden dürfen, wenn sie nach Maßgabe der §§ 32 bis 35 bestimmte Anforderungen erfüllen. [2]In einer Rechtsverordnung nach Satz 1, die der Erfüllung bindender Rechtsakte der Europäischen Gemeinschaften oder der Europäischen Union über Maßnahmen zur Bekämpfung der Emission von gasförmigen Schadstoffen und luftverunreinigenden Partikeln aus Verbrennungsmotoren für mobile Maschinen und Geräte dient, kann das Kraftfahrt-Bundesamt als Genehmigungsbehörde bestimmt und insoweit der Fachaufsicht des Bundesministeriums für Umwelt, Naturschutz und nukleare Sicherheit unterstellt werden.

Zweiter Abschnitt
Treibhausgasminderung bei Kraftstoffen

§ 37a Mindestanteil von Biokraftstoffen an der Gesamtmenge des in Verkehr gebrachten Kraftstoffs; Treibhausgasminderung

(1) [1]Wer gewerbsmäßig oder im Rahmen wirtschaftlicher Unternehmungen nach § 2 Absatz 1 Nummer 1 und 4 des Energiesteuergesetzes zu versteuernde Otto- oder Dieselkraftstoffe in Verkehr bringt, hat sicherzustellen, dass für die gesamte im Lauf eines Kalenderjahres (Verpflichtungsjahr) von ihm in Verkehr gebrachte Menge Kraftstoffs die Vorgaben der Absätze 3 und 4 eingehalten werden. [2]Kraftstoff gilt mit dem Entstehen der Energiesteuer nach § 8 Absatz 1, § 9 Absatz 1, § 9a Absatz 4, § 15 Absatz 1 oder Absatz 2, auch jeweils in Verbindung mit § 15 Absatz 4, § 19b Absatz 1, § 22 Absatz 1 oder § 23 Absatz 1 oder Absatz 2, § 38 Absatz 1, § 42 Absatz 1 oder § 43 Absatz 1 des Energiesteuergesetzes als in Verkehr gebracht. [3]Die Abgabe von fossilem Otto- und fossilem Dieselkraftstoff an die Bundeswehr zu Zwecken der Verteidigung oder der Erfüllung zwischenstaatlicher Verpflichtungen gilt nicht als Inverkehrbringen im Sinne der Sätze 1 und 2. [4]Dies gilt auch für den Erwerb von fossilem Otto- und fossilem Dieselkraftstoff durch die Bundeswehr zu einem in Satz 3 genannten Zweck. [5]Der Bundeswehr gleichgestellt sind auf Grund völkerrechtlicher Verträge in der Bundesrepublik Deutschland befindliche Truppen sowie Einrichtungen, die die Bundeswehr oder diese Truppen zur Erfüllung ihrer jeweiligen Aufgaben einsetzt oder einsetzen. [6]Die Abgabe von Kraftstoff im Eigentum des Erdölbevorratungsverbandes auf Grund einer Freigabe nach § 12 Absatz 1 des Erdölbevorratungsgesetzes durch den Erdölbevorratungsverband, Mitglieder des Erdölbevorratungsverbandes oder Dritte sowie nachfolgende Abgaben gelten nicht als Inverkehrbringen im Sinne der Sätze 1 und 2. [7]Dies gilt auch für die Abgabe von Kraftstoff in den in Satz 6 genannten Fällen im Rahmen von Delegationen nach § 7 Absatz 1 des Erdölbevorratungsgesetzes durch Mitglieder des Erdölbevorratungsverbandes oder Dritte sowie für nachfolgende Abgaben. [8]Die Abgabe von Ausgleichsmengen an unterversorgte Unternehmen zum Versorgungsausgleich im Sinne von § 1 Absatz 1 der Mineralölausgleichs-Verordnung vom 13. Dezember 1985 (BGBl. I S. 2267), die zuletzt durch Artikel 5 Absatz 3 des Gesetzes vom 26. Juni 2013 (BGBl. I S. 1738) geändert worden ist, in der jeweils geltenden Fassung gilt nicht als Inverkehrbringen im Sinne der Sätze 1 und 2. [9]Ein Inverkehrbringen im Sinne der Sätze 1 und 2 liegt ebenfalls nicht vor, wenn der Erdölbevorratungsverband Kraftstoff aus seinem Eigentum abgibt und dieser Abgabe keine Rücklieferung am Abgabeort gegenübersteht oder er dafür Mineralölprodukte erwirbt, die nicht unter die Vorschrift des Satzes 1 fallen. [10]Satz 9 gilt auch für die nachfolgenden Abgaben des Kraftstoffs.

(2) [1]Verpflichteter nach Absatz 1 Satz 1 und 2 ist der jeweilige Steuerschuldner im Sinne des Energiesteuergesetzes. [2]Abweichend von Satz 1 ist in den Fällen des § 7 Absatz 4 Satz 1 des Energiesteuergesetzes der Dritte (Einlagerer) Verpflichteter. [3]In den Fällen des § 22 Absatz 1 des Energiesteuergesetzes gilt allein derjenige als Verpflichteter im Sinne von Satz 1, der eine der dort jeweils genannten Handlungen zuerst vornimmt.

(3) [1]Verpflichtete nach Absatz 1 Satz 1 und 2 in Verbindung mit Absatz 2 (Verpflichtete), die Dieselkraftstoff in Verkehr bringen, haben bis zum 31. Dezember 2014 einen Anteil Dieselkraftstoff ersetzenden Biokraftstoffs von mindestens 4,4 Prozent sicherzustellen. [2]Verpflichtete, die Ottokraftstoff in Verkehr bringen, haben einen Anteil Ottokraftstoff ersetzenden Biokraftstoffs von mindestens 1,2 Prozent für das Jahr 2007, von mindestens 2 Prozent für das Jahr 2008 und von mindestens 2,8 Prozent jeweils für die Jahre 2009 bis 2014 sicherzustellen. [3]Unbeschadet der Sätze 1 und 2 beträgt der Mindestanteil von Biokraftstoff an der Gesamtmenge Otto- und Dieselkraftstoffs, die von Verpflichteten in Verkehr gebracht wird, im Jahr 2009 5,25 Prozent und in den Jahren 2010 bis 2014 jeweils 6,25 Prozent. [4]Satz 3 gilt entsprechend für Verpflichtete, die ausschließlich Ottokraftstoff oder ausschließlich Dieselkraftstoff in Verkehr bringen. [5]Die Mindestanteile von Biokraftstoff beziehen sich in den Fällen der Sätze 1, 2 und 4 jeweils auf den Energiegehalt der Menge fossilen Otto- oder fossilen Dieselkraftstoffs zuzüglich des Biokraftstoffanteils, in den Fällen des Satzes 3 auf den Energiegehalt der Menge Otto- und fossilen Dieselkraftstoffs zuzüglich des Biokraftstoffanteils. [6]Die Gesamtmengen nach Satz 5 sind um die Mengen zu berichtigen, für die eine Steuerentlastung nach § 46 Absatz 1 Satz 1 Nummer 1 oder Nummer 3 oder nach § 47 Absatz 1 Nummer 1, 2 oder Nummer 6 des Energiesteuergesetzes gewährt wurde oder wird.

(4) [1]Verpflichtete haben ab dem Jahr 2015 sicherzustellen, dass die Treibhausgasemissionen der von ihnen in Verkehr gebrachten fossilen Otto- und fossilen Dieselkraftstoffe zuzüglich der Treibhausgasemissionen der von ihnen in Verkehr gebrachten Biokraftstoffe um einen festgelegten Prozentsatz gegenüber dem Referenzwert nach Satz 3 gemindert werden. [2]Die Höhe des in Satz 1 genannten Prozentsatzes beträgt

1. ab dem Jahr 2015 3,5 Prozent,
2. ab dem Jahr 2017 4 Prozent und
3. ab dem Jahr 2020 6 Prozent.

[3]Der Referenzwert, gegenüber dem die Treibhausgasminderung zu erfolgen hat, berechnet sich durch Multiplikation des Basiswertes mit der vom Verpflichteten in Verkehr gebrachten energetischen Menge fossilen Otto- und fossilen Dieselkraftstoffs zuzüglich der vom Verpflichteten in Verkehr gebrachten energetischen Menge Biokraftstoffs. [4]Der Basiswert beträgt 83,8 Kilogramm Kohlenstoffdioxid-Äquivalent pro Gigajoule. [5]Die Treibhausgasemissionen von fossilen Otto- und fossilen Dieselkraftstoffen berechnen sich durch Multiplikation des Basiswertes mit der vom Verpflichteten in Verkehr gebrachten energetischen Menge fossilen Otto- und fossilen Dieselkraftstoffs. [6]Die Treibhausgasemissionen von Biokraftstoffen berechnen sich durch Multiplikation der in den anerkannten Nachweisen nach § 14 der Biokraftstoff-Nachhaltigkeitsverordnung vom 30. September 2009 (BGBl. I S. 3182), die zuletzt durch Artikel 2 der Verordnung vom 26. November 2012 (BGBl. I S. 2363) geändert worden ist, in der jeweils geltenden Fassung ausgewiesenen Treibhausgasemissionen in Kilogramm Kohlenstoffdioxid-Äquivalent pro Gigajoule mit der vom Verpflichteten in Verkehr gebrachten energetischen Menge Biokraftstoffs. [7]Biokraftstoffe werden wie fossile Otto- oder fossile Dieselkraftstoffe behandelt, sofern

1. für die Biokraftstoffe anerkannte Nachweise nach § 14 der Biokraftstoff-Nachhaltigkeitsverordnung nicht vorgelegt werden,
2. für die Biokraftstoffe anerkannte Nachweise nach § 14 der Biokraftstoff-Nachhaltigkeitsverordnung vorgelegt werden, die keine Treibhausgasemissionen ausweisen,
3. für die Biokraftstoffe anerkannte Nachweise nach § 14 der Biokraftstoff-Nachhaltigkeitsverordnung vorgelegt werden, die unwirksam im Sinne der Biokraftstoff-Nachhaltigkeitsverordnung sind und nicht anerkannt werden dürfen,
4. die Biokraftstoffe nach § 37b Absatz 8 Satz 1 von der Anrechenbarkeit ausgeschlossen sind oder
5. die Europäische Kommission nach Artikel 18 Absatz 8 der Richtlinie 2009/28/EG des Europäischen Parlaments und des Rates vom 23. April 2009 zur Förderung der Nutzung von Energie aus erneuerbaren Quellen und zur Änderung und anschließenden Aufhebung der Richtlinien 2001/77/EG und 2003/30/EG (ABl. L 140 vom 5.6.2009, S. 16), die zuletzt durch die Richtlinie 2013/18/EU (ABl. L 158 vom 10.6.2013, S. 230) geändert worden ist, oder nach Artikel 7c Absatz 8 der Richtlinie 98/70/EG des Europäischen Parlaments und des Rates vom 13. Oktober 1998 über die Qualität von Otto- und Dieselkraftstoffen und zur Änderung der Richtlinie 93/12/EWG des Rates (ABl. L 350 vom 28.12.1998, S. 58), die zuletzt durch die delegierte Richtlinie 2014/77/EU (ABl. L 170 vom 11.6.2014, S. 62) geändert worden ist, entschieden hat, dass die Bundesrepublik Deutschland den Biokraftstoff für die in Artikel 17 Absatz 1 Buchstabe a, b und c der Richtlinie 2009/28/EG oder für die in Artikel 7a der Richtlinie 98/70/EG genannten Zwecke nicht berücksichtigen darf.

[8]Satz 7 erster Halbsatz gilt entsprechend für die in § 37b Absatz 2 bis 6 genannten Energieerzeugnisse, wenn diese keine Biokraftstoffe im Sinne dieses Gesetzes sind. [9]Bei der Berechnung des Referenzwertes nach den Sätzen 3 und 4 sowie der Treibhausgasemissionen nach den Sätzen 5 und 6 sind Kraftstoffmengen, für die dem Verpflichteten eine Steuerentlastung nach § 46 Absatz 1 Satz 1 Nummer 1 oder Nummer 3 oder nach § 47 Absatz 1 Nummer 1, 2 oder Nummer 6 des Energiesteuergesetzes gewährt wurde oder wird, nicht zu berücksichtigen. [10]In den Fällen des Absatzes 5 Satz 1 Nummer 2 und 3 gilt Satz 9 unabhängig von der Person des Entlastungsberechtigten.

(5) [1]Die Verpflichtungen nach Absatz 1 Satz 1 und 2 in Verbindung mit den Absätzen 3 und 4 können von Verpflichteten

1. durch Inverkehrbringen von Biokraftstoff, der fossilem Otto- oder fossilem Dieselkraftstoff, welcher nach § 2 Absatz 1 Nummer 1 und 4 des Energiesteuergesetzes zu versteuern ist, beigemischt wurde,
2. durch Inverkehrbringen reinen Biokraftstoffs, der nach § 2 Absatz 1 Nummer 1 und 4 des Energiesteuergesetzes zu versteuern ist, und
3. in den Fällen des Absatzes 3 Satz 2 und 3 sowie des Absatzes 4 durch Inverkehrbringen von
 a) Biokraftstoff nach § 37b Absatz 6, der fossilem Erdgaskraftstoff, welcher nach § 2 Absatz 1 Nummer 7 oder Absatz 2 Nummer 1 des Energiesteuergesetzes zu versteuern ist, zugemischt wurde, oder
 b) reinem Biokraftstoff nach § 37b Absatz 6, der nach § 2 Absatz 1 Nummer 7 oder Absatz 2 Nummer 1 des Energiesteuergesetzes zu versteuern ist,

erfüllt werden. [2]Elektrischer Strom zur Verwendung in Straßenfahrzeugen kann zur Erfüllung von Verpflichtungen nach Absatz 1 Satz 1 und 2 in Verbindung mit den Absätzen 3 und 4 eingesetzt werden, sofern eine Rechtsverordnung der Bundesregierung nach § 37d Absatz 2 Satz 1 Nummer 11 dies zulässt und gegenüber der zuständigen Stelle nachgewiesen wird, dass der Strom ordnungsgemäß gemessen und

überwacht wurde. ³Andere Kraftstoffe und Upstream-Emissionsminderungen können zur Erfüllung der Verpflichtungen nach Absatz 1 Satz 1 und 2 in Verbindung mit Absatz 4 angerechnet werden, sofern eine Rechtsverordnung der Bundesregierung nach § 37d Absatz 2 Satz 1 Nummer 13 dies zulässt.

(6) ¹Die Erfüllung von Verpflichtungen nach Absatz 1 Satz 1 und 2 in Verbindung mit den Absätzen 3 und 4 kann durch Vertrag, der der Schriftform bedarf, auf einen Dritten, der nicht selbst Verpflichteter ist, übertragen werden. ²Im Fall des Absatzes 1 Satz 1 und 2 in Verbindung mit Absatz 3 muss der Vertrag mengenmäßige Angaben zum Umfang der vom Dritten gegenüber dem Verpflichteten eingegangenen Verpflichtung sowie Angaben dazu enthalten, für welche Biokraftstoffe die Übertragung gilt. ³Im Fall des Absatzes 1 Satz 1 und 2 in Verbindung mit Absatz 4 muss der Vertrag außerdem Angaben zu den Treibhausgasemissionen der Biokraftstoffe in Kilogramm Kohlenstoffdioxid-Äquivalent enthalten. ⁴Der Dritte kann Verträge nach Satz 1 ausschließlich durch Biokraftstoffe erfüllen, die er im Verpflichtungsjahr in Verkehr bringt oder gebracht hat. ⁵Abweichend von Satz 4 kann der Dritte ab dem Verpflichtungsjahr 2016 Verträge nach Satz 3 auch durch Biokraftstoffe erfüllen, die er bereits im Vorjahr des Verpflichtungsjahres in Verkehr gebracht hat, wenn die Biokraftstoffe nicht bereits Gegenstand eines Vertrages nach Satz 1 waren und der Dritte im Vorjahr des Verpflichtungsjahres nicht selbst Verpflichteter gewesen ist. ⁶Absatz 1 Satz 2 und Absatz 5 Satz 1 gelten entsprechend. ⁷Bei Vorliegen der Voraussetzungen nach den Sätzen 1 bis 6 ist der Verpflichtete so zu behandeln, als hätte er die vom Dritten in Verkehr gebrachten Biokraftstoffe im Verpflichtungsjahr selbst in Verkehr gebracht. ⁸Absatz 3 Satz 6 und Absatz 4 Satz 3 bis 10 gelten entsprechend. ⁹Die vom Dritten zur Erfüllung einer nach Satz 1 übertragenen Verpflichtung eingesetzten Biokraftstoffe können nicht zur Erfüllung der Verpflichtung eines weiteren Verpflichteten eingesetzt werden.

(7) ¹Die Erfüllung von Verpflichtungen nach Absatz 1 Satz 1 und 2 in Verbindung mit den Absätzen 3 und 4 kann durch Vertrag, der der Schriftform bedarf, auf einen Dritten, der selbst Verpflichteter ist, übertragen werden. ²Absatz 6 Satz 2 gilt entsprechend. ³Im Fall des Absatzes 1 Satz 1 und 2 in Verbindung mit Absatz 4 muss der Vertrag Angaben zum Umfang der vom Dritten im Verpflichtungsjahr sicherzustellenden Treibhausgasminderungsmenge in Kilogramm Kohlenstoffdioxid-Äquivalent enthalten. ⁴Der Dritte kann Verträge nach den Sätzen 2 und 3 ausschließlich durch Biokraftstoffe erfüllen, die er im Verpflichtungsjahr in Verkehr bringt oder gebracht hat. ⁵Absatz 1 Satz 2 und Absatz 5 Satz 1 gelten entsprechend. ⁶Bei Vorliegen der Voraussetzungen nach den Sätzen 1 bis 5 werden

1. im Fall des Absatzes 1 Satz 1 und 2 in Verbindung mit Absatz 3 die vom Dritten in Verkehr gebrachten Biokraftstoffe ausschließlich bei der Ermittlung der Mindestanteile von Biokraftstoff nach Absatz 3 Satz 5 und

2. im Fall des Absatzes 1 Satz 1 und 2 in Verbindung mit Absatz 4 die vom Dritten erreichte Treibhausgasminderungsmenge ausschließlich bei der Berechnung der Treibhausgasemissionen nach Absatz 4 Satz 5 und 6

zugunsten des Verpflichteten berücksichtigt. ⁷Im Fall des Satzes 6 Nummer 2 berechnet sich die Treibhausgasminderungsmenge in entsprechender Anwendung des Absatzes 4 Satz 3 bis 10. ⁸Die vom Dritten zur Erfüllung einer nach Satz 1 übertragenen Verpflichtung eingesetzten Biokraftstoff- oder Treibhausgasminderungsmengen können nicht zur Erfüllung der eigenen Verpflichtung des Dritten oder der Verpflichtung eines weiteren Verpflichteten eingesetzt werden.

(8) ¹Biokraftstoff- oder Treibhausgasminderungsmengen, die den nach den Absätzen 3 und 4 vorgeschriebenen Mindestanteil oder Prozentsatz für ein bestimmtes Verpflichtungsjahr übersteigen und für die keine Steuerentlastung nach § 50 Absatz 1 Satz 1 Nummer 1, 2 und 4 des Energiesteuergesetzes beantragt wurde, werden auf Antrag des Verpflichteten auf den Mindestanteil oder Prozentsatz des Folgejahres angerechnet. ²Bei Biokraftstoffmengen, die den nach Absatz 3 vorgeschriebenen Mindestanteil im Verpflichtungsjahr 2014 übersteigen und deren Anrechnung auf das Verpflichtungsjahr 2015 vom Verpflichteten beantragt wird, ist die anrechenbare Treibhausgasminderungsmenge auf der Grundlage eines Durchschnittswertes von 43,58 Kilogramm Kohlendioxid-Äquivalent pro Gigajoule zu ermitteln.

§ 37b Begriffsbestimmungen und Anrechenbarkeit von Biokraftstoffen

(1) ¹Biokraftstoffe sind unbeschadet der Absätze 2 bis 6 Energieerzeugnisse ausschließlich aus Biomasse im Sinne der Biomasseverordnung vom 21. Juni 2001 (BGBl. I S. 1234), die zuletzt durch Artikel 12 des Gesetzes vom 21. Juli 2014 (BGBl. I S. 1066) geändert worden ist, in der jeweils geltenden Fassung. ²Energieerzeugnisse, die anteilig aus Biomasse hergestellt werden, gelten in Höhe dieses Anteils als Biokraftstoff.

(2) ¹Fettsäuremethylester (Biodiesel) sind abweichend von Absatz 1 nur dann Biokraftstoffe, wenn sie aus biogenen Ölen oder Fetten gewonnen werden, die selbst Biomasse im Sinne der Biomasseverordnung sind, und wenn ihre Eigenschaften mindestens den Anforderungen für Biodiesel nach § 5 der Verordnung

über die Beschaffenheit und die Auszeichnung der Qualitäten von Kraft- und Brennstoffen vom 8. Dezember 2010 (BGBl. I S. 1849), die durch Artikel 8 Absatz 1 der Verordnung vom 2. Mai 2013 (BGBl. I S. 1021) geändert worden ist, in der jeweils geltenden Fassung entsprechen. ²Biodiesel ist unter diesen Voraussetzungen in vollem Umfang als Biokraftstoff zu behandeln.

(3) ¹Bioethanol ist abweichend von Absatz 1 nur dann Biokraftstoff, wenn es sich um Ethylalkohol ex Unterposition 2207 10 00 der Kombinierten Nomenklatur im Sinne des § 1a Satz 1 Nummer 2 des Energiesteuergesetzes handelt. ²Im Fall von Bioethanol, das fossilem Ottokraftstoff beigemischt wird, müssen die Eigenschaften des Bioethanols außerdem mindestens den Anforderungen der DIN EN 15376, Ausgabe März 2008 oder Ausgabe November 2009 oder Ausgabe April 2011, entsprechen. ³Im Fall von Bioethanol, das im Ethanolkraftstoff (E85) enthalten ist, müssen die Eigenschaften des Ethanolkraftstoffs (E85) außerdem mindestens den Anforderungen für Ethanolkraftstoff (E85) nach § 6 der Verordnung über die Beschaffenheit und die Auszeichnung der Qualitäten von Kraft- und Brennstoffen entsprechen. ⁴Für Energieerzeugnisse, die anteilig aus Bioethanol hergestellt werden, gelten für den Bioethanolanteil die Sätze 1 und 2 entsprechend.

(4) Pflanzenöl ist abweichend von Absatz 1 nur dann Biokraftstoff, wenn seine Eigenschaften mindestens den Anforderungen für Pflanzenölkraftstoff nach § 9 der Verordnung über die Beschaffenheit und die Auszeichnung der Qualitäten von Kraft- und Brennstoffen entsprechen.

(5) ¹Hydrierte biogene Öle sind abweichend von Absatz 1 nur dann Biokraftstoffe, wenn sie aus biogenen Ölen oder Fetten gewonnen werden, die selbst Biomasse im Sinne der Biomasseverordnung sind, und wenn die Hydrierung nicht in einem raffinerietechnischen Verfahren gemeinsam mit mineralölstämmigen Ölen erfolgt ist. ²Hydrierte biogene Öle sind unter diesen Voraussetzungen in vollem Umfang als Biokraftstoff zu behandeln.

(6) Biomethan ist abweichend von Absatz 1 nur dann Biokraftstoff, wenn es den Anforderungen für Erdgas nach § 8 der Verordnung über die Beschaffenheit und die Auszeichnung der Qualitäten von Kraft- und Brennstoffen entspricht.

(7) ¹Für die Kraftstoffe nach den Absätzen 1 bis 6 gilt § 11 der Verordnung über die Beschaffenheit und die Auszeichnung der Qualitäten von Kraft- und Brennstoffen entsprechend. ²Die in Satz 1 sowie den Absätzen 2 bis 4 und 6 genannten oder in Bezug genommenen Normen sind im Beuth Verlag GmbH, Berlin, erschienen und bei der Deutschen Nationalbibliothek archivmäßig gesichert niedergelegt.

(8) ¹Nicht auf die Erfüllung von Verpflichtungen nach § 37a Absatz 1 Satz 1 und 2 in Verbindung mit § 37a Absatz 3 und 4 angerechnet werden können

1. biogene Öle, die in einem raffinerietechnischen Verfahren gemeinsam mit mineralölstämmigen Ölen hydriert wurden,
2. der Biokraftstoffanteil von Energieerzeugnissen mit einem Bioethanolanteil von weniger als 70 Volumenprozent, denen Bioethanol enthaltende Waren der Unterposition 3824 90 99 der Kombinierten Nomenklatur zugesetzt wurden,
3. Biokraftstoffe, die vollständig oder teilweise aus tierischen Ölen oder Fetten hergestellt wurden, und
4. Biokraftstoffe, für die eine Steuerentlastung nach § 50 Absatz 1 Satz 1 Nummer 1, 2 oder 4 des Energiesteuergesetzes gewährt wurde oder wird.

²Im Fall des § 37a Absatz 1 Satz 1 und 2 in Verbindung mit § 37a Absatz 3 werden Biokraftstoffe, für die eine Steuerentlastung nach § 46 Absatz 1 Satz 1 Nummer 1 oder Nummer 3 oder nach § 47 Absatz 1 Nummer 1, 2 oder Nummer 6 des Energiesteuergesetzes gewährt wurde oder wird, nicht auf die Erfüllung der Verpflichtungen angerechnet.

(9) Das Bundesministerium für Umwelt, Naturschutz und nukleare Sicherheit gibt den Energiegehalt der verschiedenen Kraftstoffe sowie Änderungen ihres Energiegehaltes im Bundesanzeiger bekannt.

§ 37c Mitteilungs- und Abgabepflichten

(1) ¹Verpflichtete haben der zuständigen Stelle jeweils bis zum 15. April des auf das Verpflichtungsjahr folgenden Jahres die im Verpflichtungsjahr von ihnen in Verkehr gebrachte Menge fossilen Otto- und fossilen Dieselkraftstoffs, die im Verpflichtungsjahr von ihnen in Verkehr gebrachte Menge Biokraftstoffs, bezogen auf die verschiedenen jeweils betroffenen Biokraftstoffe, und für die Verpflichtungsjahre ab dem Kalenderjahr 2015 außerdem die Treibhausgasemissionen in Kilogramm Kohlenstoffdioxid-Äquivalent der jeweiligen Mengen schriftlich mitzuteilen. ²In der Mitteilung sind darüber hinaus die Firma des Verpflichteten, der Ort der für das Inverkehrbringen verantwortlichen Niederlassung oder der Sitz des Unternehmens, die jeweils zugehörige Anschrift sowie der Name und die Anschrift des Vertretungsberechtigten anzugeben. ³Soweit die Erfüllung von Verpflichtungen nach § 37a Absatz 6 Satz 1 oder nach § 37a Absatz 7 Satz 1 vertraglich auf Dritte übertragen wurde, haben Verpflichtete der zuständigen Stelle zusätzlich die Angaben nach § 37a Absatz 6 Satz 2 oder Satz 3 oder § 37a Absatz 7 Satz 2 oder Satz 3

schriftlich mitzuteilen und eine Kopie des Vertrags mit dem Dritten vorzulegen. [4]Im Fall des § 37a Absatz 6 hat der Dritte der zuständigen Stelle die auf Grund seiner vertraglichen Verpflichtung von ihm im Verpflichtungsjahr in Verkehr gebrachte Menge Biokraftstoffs, bezogen auf die verschiedenen jeweils betroffenen Biokraftstoffe, und für die Verpflichtungsjahre ab dem Kalenderjahr 2015 außerdem die Treibhausgasemissionen in Kilogramm Kohlenstoffdioxid-Äquivalent der jeweiligen Mengen schriftlich mitzuteilen. [5]Im Fall des § 37a Absatz 6 Satz 5 gilt dies entsprechend für die im Vorjahr des Verpflichtungsjahres vom Dritten in Verkehr gebrachten Biokraftstoffe. [6]Im Fall des § 37a Absatz 7 hat der Dritte der zuständigen Stelle die auf Grund seiner vertraglichen Verpflichtung von ihm im Verpflichtungsjahr in Verkehr gebrachte Menge Biokraftstoffs, bezogen auf die verschiedenen jeweils betroffenen Biokraftstoffe, und für die Verpflichtungsjahre ab dem Kalenderjahr 2015 die auf Grund seiner vertraglichen Verpflichtung im Verpflichtungsjahr sichergestellte Treibhausgasminderungsmenge in Kilogramm Kohlenstoffdioxid-Äquivalent schriftlich mitzuteilen. [7]Die zuständige Stelle erteilt jedem Verpflichteten eine Registriernummer und führt ein elektronisches Register, das für alle Verpflichteten die nach den Sätzen 1 bis 6 erforderlichen Angaben enthält.

(2) [1]Soweit Verpflichtete einer Verpflichtung nach § 37a Absatz 1 Satz 1 und 2 in Verbindung mit § 37a Absatz 3 und 4 nicht nachkommen, setzt die zuständige Stelle in den Fällen des § 37a Absatz 3 für die nach dem Energiegehalt berechnete Fehlmenge Biokraftstoffs oder in den Fällen des § 37a Absatz 4 für die Fehlmenge der zu mindernden Treibhausgasemissionen eine Abgabe fest. [2]Die Abgabenschuld des Verpflichteten entsteht am 15. April des auf das Verpflichtungsjahr folgenden Kalenderjahres. [3]In den Fällen des § 37a Absatz 3 Satz 1 oder Satz 3, auch in Verbindung mit § 37a Absatz 3 Satz 4, beträgt die Höhe der Abgabe 19 Euro pro Gigajoule. [4]In den Fällen des § 37a Absatz 3 Satz 2 beträgt die Höhe der Abgabe 43 Euro pro Gigajoule. [5]In den Fällen des § 37a Absatz 3 Satz 3, auch in Verbindung mit § 37a Absatz 3 Satz 4, wird die Abgabe nicht für die Fehlmengen Biokraftstoffs festgesetzt, für die bereits nach Satz 3 oder Satz 4 eine Abgabe festzusetzen ist. [6]In den Fällen des § 37a Absatz 4 wird die Abgabe nach der Fehlmenge der zu mindernden Treibhausgasemissionen berechnet und beträgt 0,47 Euro pro Kilogramm Kohlenstoffdioxid-Äquivalent. [7]Soweit im Falle des § 37a Absatz 6 Satz 1 oder des § 37a Absatz 7 Satz 1 der Dritte seine vertragliche Verpflichtung nicht erfüllt, setzt die zuständige Stelle die Abgabe gegen den Verpflichteten fest.

(3) [1]Soweit der Verpflichtete der zuständigen Stelle die nach Absatz 1 Satz 1 und 3 erforderlichen Angaben nicht oder nicht ordnungsgemäß mitgeteilt hat, schätzt die zuständige Stelle die vom Verpflichteten im Verpflichtungsjahr in Verkehr gebrachten Mengen fossilen Otto- und fossilen Dieselkraftstoffs und Biokraftstoffs sowie ab dem Jahr 2015 auch die Treibhausgasminderung. [2]Die Schätzung ist unwiderlegliche Basis für die Verpflichtung nach § 37a Absatz 1 Satz 1 und 2 in Verbindung mit § 37a Absatz 3 und 4. [3]Die Schätzung unterbleibt, soweit der Verpflichtete im Rahmen der Anhörung zum Festsetzungsbescheid nach Absatz 2 Satz 1 in Verbindung mit Absatz 2 Satz 3, 4 oder Satz 6 die Mitteilung nachholt. [4]Soweit ein Dritter die nach Absatz 1 Satz 4 bis 6 erforderlichen Angaben nicht ordnungsgemäß mitgeteilt hat, geht die zuständige Stelle davon aus, dass der Dritte die von ihm eingegangene Verpflichtung nicht erfüllt hat. [5]Satz 4 gilt nicht, soweit der Dritte im Rahmen der Anhörung zum Festsetzungsbescheid gegen den Verpflichteten nach Absatz 2 Satz 7 diese Mitteilung nachholt.

(4) In den Fällen des § 37a Absatz 2 Satz 2 hat der Steuerlagerinhaber seinem zuständigen Hauptzollamt mit der monatlichen Energiesteueranmeldung die für jeden Verpflichteten in Verkehr gebrachte Menge fossilen Otto- und fossilen Dieselkraftstoffs zuzüglich des Biokraftstoffanteils schriftlich mitzuteilen.

(5) [1]Hinsichtlich der Absätze 1 bis 4 finden die für die Verbrauchsteuern geltenden Vorschriften der Abgabenordnung entsprechende Anwendung. [2]Die Mitteilungen nach Absatz 1 und Absatz 4 gelten als Steueranmeldungen im Sinne der Abgabenordnung. [3]§ 170 Absatz 2 Satz 1 Nummer 1 der Abgabenordnung findet Anwendung. [4]In den Fällen des Absatzes 2 ist der Verpflichtete vor der Festsetzung der Abgabe anzuhören.

§ 37d Zuständige Stelle, Rechtsverordnungen

(1) [1]Innerhalb der Bundesverwaltung werden eine oder mehrere Stellen errichtet, denen die Aufgaben übertragen werden, die Erfüllung der Verpflichtungen nach § 37a zu überwachen, die in § 37c geregelten Aufgaben zu erfüllen und die Berichte nach § 37f zu überprüfen. [2]Die Bundesregierung wird ermächtigt, die jeweils zuständige Stelle durch Rechtsverordnung ohne Zustimmung des Bundesrates zu bestimmen.

(2) [1]Die Bundesregierung wird ermächtigt, nach Anhörung der beteiligten Kreise (§ 51) durch Rechtsverordnung ohne Zustimmung des Bundesrates

1. unter Berücksichtigung der technischen Entwicklung

a) auch in Abweichung von § 37b Absatz 1 bis 6 Energieerzeugnisse als Biokraftstoffe zu bestimmen,

b) in Abweichung von § 37b Absatz 1 bis 6 festzulegen, dass bestimmte Energieerzeugnisse nicht oder nicht mehr in vollem Umfang als Biokraftstoffe gelten,

c) die Anrechenbarkeit von biogenen Ölen im Sinne von § 37b Absatz 8 Satz 1 Nummer 1 auf die Erfüllung von Verpflichtungen nach § 37a Absatz 1 Satz 1 und 2 in Verbindung mit § 37a Absatz 3 und 4 abweichend von § 37b Absatz 8 Satz 1 Nummer 1 zu regeln, soweit landwirtschaftliche Rohstoffe, Abfälle oder Reststoffe, die bei der Herstellung von biogenen Ölen verwendet werden sollen, nachhaltig erzeugt worden sind,

d) die Anrechenbarkeit von Biomethan auf die Erfüllung von Verpflichtungen nach § 37a Absatz 1 Satz 1 und 2 in Verbindung mit § 37a Absatz 3 und 4 zu konkretisieren,

e) die Anrechenbarkeit von Biomethan, das in das Erdgasnetz eingespeist wird, auf die Erfüllung von Verpflichtungen nach § 37a Absatz 1 Satz 1 und 2 in Verbindung mit § 37a Absatz 3 und 4 näher zu regeln,

f) zu bestimmen, wie im Falle der Einspeisung von Biomethan in das Erdgasnetz der Nachweis über die Treibhausgasemissionen zu führen ist, sowie

g) das Nachweisverfahren für die Anrechenbarkeit von Biomethan insgesamt näher zu regeln,

2. zu bestimmen, dass der mengenmäßige Anteil eines bestimmten Biokraftstoffs nach Nummer 1 oder § 37b Absatz 1 bis 7 am Gesamtkraftstoffabsatz im Rahmen der Erfüllung von Verpflichtungen nach § 37a Absatz 1 Satz 1 und 2 in Verbindung mit § 37a Absatz 3 nach Maßgabe einer Multiplikation der tatsächlich in Verkehr gebrachten Menge des jeweiligen Biokraftstoffs mit einem bestimmten Rechenfaktor zu berechnen ist, der unter Berücksichtigung der Treibhausgasbilanz des jeweiligen Biokraftstoffs festzulegen ist,

3. vorzuschreiben, dass Biokraftstoffe nur dann auf die Erfüllung von Verpflichtungen nach § 37a Absatz 1 Satz 1 und 2 in Verbindung mit § 37a Absatz 3 und 4 angerechnet werden, wenn bei der Erzeugung der eingesetzten Biomasse nachweislich bestimmte ökologische und soziale Anforderungen an eine nachhaltige Produktion der Biomasse sowie zum Schutz natürlicher Lebensräume erfüllt werden und wenn der Biokraftstoff eine bestimmte Treibhausgasminderung aufweist,

4. die Anforderungen im Sinne der Nummer 3 festzulegen,

5. die Höhe der Abgabe nach § 37c Absatz 2 Satz 3, 4 oder Satz 6 zu ändern, um im Fall von Änderungen des Preisniveaus für Kraftstoffe eine vergleichbare wirtschaftliche Belastung aller Verpflichteten sicherzustellen,

6. den Basiswert abweichend von § 37a Absatz 4 Satz 4 zu bestimmen,

7. die Anrechenbarkeit bestimmter Biokraftstoffe auf die Verpflichtungen nach § 37a Absatz 1 Satz 1 und 2 in Verbindung mit § 37a Absatz 3 und 4 zu begrenzen, sofern die Richtlinie 2009/28/EG eine Begrenzung der Anrechenbarkeit dieser Biokraftstoffe auf das Ziel von Artikel 3 Absatz 4 der Richtlinie 2009/28/EG vorsieht, sowie das Nachweisverfahren zu regeln,

8. einen Mindestanteil bestimmter Biokraftstoffe oder anderer erneuerbarer Kraftstoffe zur Erfüllung der Verpflichtungen nach § 37a Absatz 1 Satz 1 und 2 in Verbindung mit § 37a Absatz 3 oder 4 festzulegen sowie das Nachweisverfahren zu regeln,

9. das Berechnungsverfahren für die Treibhausgasemissionen von fossilen Otto- und fossilen Dieselkraftstoffen abweichend von § 37a Absatz 4 Satz 5 festzulegen und das Nachweisverfahren zu regeln,

10. das Berechnungsverfahren für die Treibhausgasemissionen von Biokraftstoffen abweichend von § 37a Absatz 4 Satz 6 festzulegen und das Nachweisverfahren zu regeln,

11. die Anrechenbarkeit von elektrischem Strom zur Verwendung in Straßenfahrzeugen gemäß § 37a Absatz 5 Satz 2 zu regeln und dabei insbesondere

a) das Berechnungsverfahren für die Treibhausgasemissionen der eingesetzten Mengen elektrischen Stroms festzulegen und

b) das Nachweisverfahren zu regeln,

12. unter Berücksichtigung der technischen Entwicklung den Anwendungsbereich in § 37a Absatz 1 Satz 1 auf weitere Kraftstoffe auszudehnen und dabei insbesondere

a) das Berechnungsverfahren für die Treibhausgasemissionen dieser Kraftstoffe festzulegen und

b) das Nachweisverfahren zu regeln,

13. unter Berücksichtigung der technischen Entwicklung die Vorgaben nach § 37a Absatz 5 Satz 1 um weitere Maßnahmen zur Treibhausgasminderung, die zur Erfüllung von Verpflichtungen nach § 37a Absatz 1 Satz 1 und 2 in Verbindung mit § 37a Absatz 3 und 4 eingesetzt werden können, zu ergänzen und dabei insbesondere

a) das Berechnungsverfahren für die Treibhausgasemissionen dieser Maßnahmen festzulegen und
b) das Nachweisverfahren sowie die Übertragbarkeit der Nachweise zu regeln,

14. die Berichtspflicht nach § 37f Absatz 1 insbesondere zu Art, Form und Inhalt des Berichts näher auszugestalten sowie die zur Sicherstellung einer ordnungsgemäßen Berichterstattung erforderlichen Anordnungen der zuständigen Stelle zu regeln,

15. ein Nachweisverfahren festzulegen für die Voraussetzungen
a) nach § 37a Absatz 4 Satz 7 Nummer 5,
b) nach § 37b Absatz 1 bis 7, gegebenenfalls in Verbindung mit der Verordnung nach Nummer 1 Buchstabe a oder Buchstabe b,
c) nach § 37b Absatz 8 Satz 1,
d) der Verordnung nach Nummer 1 Buchstabe c und
e) der Verordnung nach den Nummern 2 bis 4,

16. Ausnahmen von den Vorgaben nach § 37b Absatz 8 Satz 1 Nummer 3 festzulegen, sofern dies dem Sinn und Zweck der Regelung nicht entgegensteht,

17. von § 37c Absatz 1 und 3 bis 5 abweichende Verfahrensregelungen zu treffen,

18. Ausnahmen von der in § 37a Absatz 6 Satz 5 und Absatz 8 Satz 1 vorgesehenen Möglichkeit der Anrechnung von Übererfüllungen auf den Mindestteil des Folgejahres festzulegen, sofern dies zur Einhaltung von Zielvorgaben aus bindenden Rechtsakten der Europäischen Gemeinschaften oder der Europäischen Union erforderlich ist.

[2]In Rechtsverordnungen nach Satz 1 kann die Zuständigkeit zur Durchführung einer in einer Rechtsverordnung nach Absatz 1 Satz 2 bestimmten Stelle übertragen werden. [3]Rechtsverordnungen nach Satz 1 Nummer 1 Buchstabe c bedürfen der Zustimmung des Deutschen Bundestages. Rechtsverordnungen nach Satz 1 Nummer 13 bedürfen der Zustimmung des Deutschen Bundestages, sofern Regelungen zu strombasierten Kraftstoffen getroffen werden. [5]Hat sich der Deutsche Bundestag nach Ablauf von vier Sitzungswochen seit Eingang der Rechtsverordnung nach Satz 3 oder 4 nicht mit ihr befasst, gilt die Zustimmung zu der unveränderten Rechtsverordnung als erteilt.

(3) Die Bundesregierung wird ermächtigt, durch Rechtsverordnung ohne Zustimmung des Bundesrates nähere Bestimmungen zur Durchführung der §§ 37a bis 37c sowie der auf Absatz 2 beruhenden Rechtsverordnungen zu erlassen und darin insbesondere

1. das Verfahren zur Sicherung und Überwachung der Erfüllung der Quotenverpflichtung in den Fällen des § 37a Absatz 6 und 7 und hinsichtlich der für die Ermittlung der Mindestanteile an Biokraftstoff oder der Treibhausgasminderung benötigten Daten näher zu regeln,

2. zur Sicherung und Überwachung der Erfüllung der Quotenverpflichtung abweichende Bestimmungen zu § 37a Absatz 4 Satz 9 und 10 sowie zu § 37a Absatz 6 und 7 zu erlassen,

3. die erforderlichen Nachweise und die Überwachung der Einhaltung der Anforderungen an Biokraftstoffe sowie die hierfür erforderlichen Probenahmen näher zu regeln,

4. zu bestimmen, dass das Entstehen von Verpflichtungen nach § 37a Absatz 1 Satz 1 und 2 in Verbindung mit § 37a Absatz 3 und 4 an das Inverkehrbringen einer bestimmten Mindestmenge an Kraftstoff geknüpft wird.

§ 37e Gebühren und Auslagen; Verordnungsermächtigung

(1) Für Amtshandlungen, die auf Rechtsverordnungen beruhen

1. die auf der Grundlage des § 37d Absatz 2 Satz 1 Nummer 3 und 4 erlassen worden sind oder

2. die auf der Grundlage des § 37d Absatz 2 Satz 1 Nummer 13 erlassen worden sind,

werden zur Deckelung des Verwaltungsaufwands Gebühren und Auslagen erhoben.

(2) [1]Das Bundesministerium für Ernährung und Landwirtschaft wird ermächtigt, im Einvernehmen mit dem Bundesministerium für Umwelt, Naturschutz und nukleare Sicherheit und dem Bundesministerium der Finanzen durch Rechtsverordnung ohne Zustimmung des Bundesrates die gebührenpflichtigen Tatbestände und Gebührensätze für Amtshandlungen im Sinne von Absatz 1 Nummer 1 zu bestimmen und dabei feste Sätze, auch in Form von Zeitgebühren oder Rahmensätzen, vorzusehen. [2]In der Rechtsverordnung kann die Erstattung von Auslagen abweichend vom Verwaltungskostengesetz in der bis zum 14. August 2013 geltenden Fassung oder von § 12 Absatz 1 des Bundesgebührengesetzes vom 7. August 2013 (BGBl. I S. 3154), das zuletzt durch Artikel 3 des Gesetzes vom 31. März 2016 (BGBl. I S. 518) geändert worden ist, geregelt werden.

(3) [1]Das Bundesministerium für Umwelt, Naturschutz und nukleare Sicherheit wird ermächtigt, durch Rechtsverordnung ohne Zustimmung des Bundesrates die gebührenpflichtigen Tatbestände und Gebührensätze für Amtshandlungen im Sinne von Absatz 1 Nummer 2 zu bestimmen und dabei feste Sätze, auch

in Form von Zeitgebühren oder Rahmensätzen, vorzusehen. [2]In der Rechtsverordnung kann die Erstattung von Auslagen auch abweichend von § 12 Absatz 1 des Bundesgebührengesetzes geregelt werden.

§ 37f Berichte über Kraftstoffe und Energieerzeugnisse
(1) [1]Verpflichtete haben der zuständigen Stelle jährlich bis zum 31. März einen Bericht über die im vorangegangenen Verpflichtungsjahr in Verkehr gebrachten Kraftstoffe und Energieerzeugnisse vorzulegen, sofern eine Rechtsverordnung nach § 37d Absatz 2 Satz 1 Nummer 14 dies vorsieht. [2]Der Bericht enthält zumindest folgende Angaben:
1. die Gesamtmenge jedes Typs von in Verkehr gebrachten Kraftstoffen und Energieerzeugnissen unter Angabe des Erwerbsortes und des Ursprungs und
2. die Treibhausgasemissionen pro Energieeinheit.
(2) [1]Die zuständige Stelle überprüft die Berichte. [2]Der Verpflichtete hat der zuständigen Stelle auf Verlangen die Auskünfte zu erteilen und die Unterlagen vorzulegen, die zur Überprüfung der Berichte erforderlich sind.

§ 37g Bericht der Bundesregierung
Nachdem der Bericht nach Artikel 22 der Richtlinie 2009/28/EG der Europäischen Kommission vorgelegt wurde, übermittelt die Bundesregierung den Bericht nach § 64 der Biokraftstoff-Nachhaltigkeitsverordnung dem Deutschen Bundestag und dem Bundesrat.

Vierter Teil
Beschaffenheit und Betrieb von Fahrzeugen, Bau und Änderung von Straßen und Schienenwegen

§ 38 Beschaffenheit und Betrieb von Fahrzeugen
(1) [1]Kraftfahrzeuge und ihre Anhänger, Schienen-, Luft- und Wasserfahrzeuge sowie Schwimmkörper und schwimmende Anlagen müssen so beschaffen sein, dass ihre durch die Teilnahme am Verkehr verursachten Emissionen bei bestimmungsgemäßem Betrieb die zum Schutz vor schädlichen Umwelteinwirkungen einzuhaltenden Grenzwerte nicht überschreiten. [2]Sie müssen so betrieben werden, dass vermeidbare Emissionen verhindert und unvermeidbare Emissionen auf ein Mindestmaß beschränkt bleiben.
(2) [1]Das Bundesministerium für Verkehr und digitale Infrastruktur und das Bundesministerium für Umwelt, Naturschutz und nukleare Sicherheit bestimmen nach Anhörung der beteiligten Kreise (§ 51) durch Rechtsverordnung mit Zustimmung des Bundesrates die zum Schutz vor schädlichen Umwelteinwirkungen notwendigen Anforderungen an die Beschaffenheit, die Ausrüstung, den Betrieb und die Prüfung der in Absatz 1 Satz 1 genannten Fahrzeuge und Anlagen, auch soweit diese den verkehrsrechtlichen Vorschriften des Bundes unterliegen. [2]Dabei können Emissionsgrenzwerte unter Berücksichtigung der technischen Entwicklung auch für einen Zeitpunkt nach Inkrafttreten der Rechtsverordnung festgesetzt werden.
(3) Wegen der Anforderungen nach Absatz 2 gilt § 7 Absatz 5 entsprechend.

§ 39 Erfüllung von zwischenstaatlichen Vereinbarungen und Rechtsakten der Europäischen Gemeinschaften oder der Europäischen Union
[1]Zur Erfüllung von Verpflichtungen aus zwischenstaatlichen Vereinbarungen oder von bindenden Rechtsakten der Europäischen Gemeinschaften oder der Europäischen Union können zu dem in § 1 genannten Zweck das Bundesministerium für Verkehr und digitale Infrastruktur und das Bundesministerium für Umwelt, Naturschutz und nukleare Sicherheit durch Rechtsverordnung mit Zustimmung des Bundesrates bestimmen, dass die in § 38 genannten Fahrzeuge bestimmten Anforderungen an Beschaffenheit, Ausrüstung, Prüfung und Betrieb genügen müssen. [2]Wegen der Anforderungen nach Satz 1 gilt § 7 Absatz 5 entsprechend.

§ 40 Verkehrsbeschränkungen
(1) [1]Die zuständige Straßenverkehrsbehörde beschränkt oder verbietet den Kraftfahrzeugverkehr nach Maßgabe der straßenverkehrsrechtlichen Vorschriften, soweit ein Luftreinhalteplan oder ein Plan für kurzfristig zu ergreifende Maßnahmen nach § 47 Absatz 1 oder 2 dies vorsehen. [2]Die Straßenverkehrsbehörde kann im Einvernehmen mit der für den Immissionsschutz zuständigen Behörde Ausnahmen von Verboten oder Beschränkungen des Kraftfahrzeugverkehrs zulassen, wenn unaufschiebbare und überwiegende Gründe des Wohls der Allgemeinheit dies erfordern.
(2) [1]Die zuständige Straßenverkehrsbehörde kann den Kraftfahrzeugverkehr nach Maßgabe der straßenverkehrsrechtlichen Vorschriften auf bestimmten Straßen oder in bestimmten Gebieten verbieten oder beschränken, wenn der Kraftfahrzeugverkehr zur Überschreitung von in Rechtsverordnungen nach § 48a Absatz 1a festgelegten Immissionswerten beiträgt und soweit die für den Immissionsschutz zuständige

Behörde dies im Hinblick auf die örtlichen Verhältnisse für geboten hält, um schädliche Umwelteinwirkungen durch Luftverunreinigungen zu vermindern oder deren Entstehen zu vermeiden. [2]Hierbei sind die Verkehrsbedürfnisse und die städtebaulichen Belange zu berücksichtigen. [3]§ 47 Absatz 6 Satz 1 bleibt unberührt.

(3) [1]Die Bundesregierung wird ermächtigt, nach Anhörung der beteiligten Kreise (§ 51) durch Rechtsverordnung mit Zustimmung des Bundesrates zu regeln, dass Kraftfahrzeuge mit geringem Beitrag zur Schadstoffbelastung von Verkehrsverboten ganz oder teilweise ausgenommen sind oder ausgenommen werden können, sowie die hierfür maßgebenden Kriterien und die amtliche Kennzeichnung der Kraftfahrzeuge festzulegen. [2]Die Verordnung kann auch regeln, dass bestimmte Fahrten oder Personen ausgenommen sind oder ausgenommen werden können, wenn das Wohl der Allgemeinheit oder unaufschiebbare und überwiegende Interessen des Einzelnen dies erfordern.

§ 41 Straßen und Schienenwege

(1) Bei dem Bau oder der wesentlichen Änderung öffentlicher Straßen sowie von Eisenbahnen, Magnetschwebebahnen und Straßenbahnen ist unbeschadet des § 50 sicherzustellen, dass durch diese keine schädlichen Umwelteinwirkungen durch Verkehrsgeräusche hervorgerufen werden können, die nach dem Stand der Technik vermeidbar sind.

(2) Absatz 1 gilt nicht, soweit die Kosten der Schutzmaßnahme außer Verhältnis zu dem angestrebten Schutzzweck stehen würden.

§ 42 Entschädigung für Schallschutzmaßnahmen

(1) [1]Werden im Falle des § 41 die in der Rechtsverordnung nach § 43 Absatz 1 Satz 1 Nummer 1 festgelegten Immissionsgrenzwerte überschritten, hat der Eigentümer einer betroffenen baulichen Anlage gegen den Träger der Baulast einen Anspruch auf angemessene Entschädigung in Geld, es sei denn, dass die Beeinträchtigung wegen der besonderen Benutzung der Anlage zumutbar ist. [2]Dies gilt auch bei baulichen Anlagen, die bei Auslegung der Pläne im Planfeststellungsverfahren oder bei Auslegung des Entwurfs der Bauleitpläne mit ausgewiesener Wegeplanung baurechtlich genehmigt waren.

(2) [1]Die Entschädigung ist zu leisten für Schallschutzmaßnahmen an den baulichen Anlagen in Höhe der erbrachten notwendigen Aufwendungen, soweit sich diese im Rahmen der Rechtsverordnung nach § 43 Absatz 1 Satz 1 Nummer 3 halten. [2]Vorschriften, die weitergehende Entschädigungen gewähren, bleiben unberührt.

(3) [1]Kommt zwischen dem Träger der Baulast und dem Betroffenen keine Einigung über die Entschädigung zustande, setzt die nach Landesrecht zuständige Behörde auf Antrag eines der Beteiligten die Entschädigung durch schriftlichen Bescheid fest. [2]Im Übrigen gelten für das Verfahren die Enteignungsgesetze der Länder entsprechend.

§ 43 Rechtsverordnung der Bundesregierung

(1) [1]Die Bundesregierung wird ermächtigt, nach Anhörung der beteiligten Kreise (§ 51) durch Rechtsverordnung mit Zustimmung des Bundesrates die zur Durchführung des § 41 und des § 42 Absatz 1 und 2 erforderlichen Vorschriften zu erlassen, insbesondere über

1. bestimmte Grenzwerte, die zum Schutz der Nachbarschaft vor schädlichen Umwelteinwirkungen durch Geräusche nicht überschritten werden dürfen, sowie über das Verfahren zur Ermittlung der Emissionen oder Immissionen,

2. bestimmte technische Anforderungen an den Bau von Straßen, Eisenbahnen, Magnetschwebebahnen und Straßenbahnen zur Vermeidung von schädlichen Umwelteinwirkungen durch Geräusche und

3. Art und Umfang der zum Schutz vor schädlichen Umwelteinwirkungen durch Geräusche notwendigen Schallschutzmaßnahmen an baulichen Anlagen.

[2]Der in den Rechtsverordnungen auf Grund des Satzes 1 zur Berücksichtigung der Besonderheiten des Schienenverkehrs vorgesehene Abschlag von 5 Dezibel (A) ist ab dem 1. Januar 2015 und für Schienenbahnen, die ausschließlich der Verordnung über den Bau und Betrieb der Straßenbahnen vom 11. Dezember 1987 (BGBl. I S. 2648) unterliegen, ab dem 1. Januar 2019 nicht mehr anzuwenden, soweit zu diesem Zeitpunkt für den jeweiligen Abschnitt eines Vorhabens das Planfeststellungsverfahren noch nicht eröffnet ist und die Auslegung des Plans noch nicht öffentlich bekannt gemacht wurde. [3]Von der Anwendung des in Satz 2 genannten Abschlags kann bereits vor dem 1. Januar 2015 abgesehen werden, wenn die damit verbundenen Mehrkosten vom Vorhabenträger oder dem Bund getragen werden.

(2) Wegen der Anforderungen nach Absatz 1 gilt § 7 Absatz 5 entsprechend.

Fünfter Teil
Überwachung und Verbesserung der Luftqualität, Luftreinhalteplanung

§ 44 Überwachung der Luftqualität
(1) Zur Überwachung der Luftqualität führen die zuständigen Behörden regelmäßige Untersuchungen nach den Anforderungen der Rechtsverordnungen nach § 48a Absatz 1 oder 1a durch.

(2) Die Landesregierungen oder die von ihnen bestimmten Stellen werden ermächtigt, durch Rechtsverordnungen Untersuchungsgebiete festzulegen, in denen Art und Umfang bestimmter nicht von Absatz 1 erfasster Luftverunreinigungen in der Atmosphäre, die schädliche Umwelteinwirkungen hervorrufen können, in einem bestimmten Zeitraum oder fortlaufend festzustellen sowie die für die Entstehung der Luftverunreinigungen und ihrer Ausbreitung bedeutsamen Umstände zu untersuchen sind.

§ 45 Verbesserung der Luftqualität
(1) [1]Die zuständigen Behörden ergreifen die erforderlichen Maßnahmen, um die Einhaltung der durch eine Rechtsverordnung nach § 48a festgelegten Immissionswerte sicherzustellen. [2]Hierzu gehören insbesondere Pläne nach § 47.

(2) Die Maßnahmen nach Absatz 1
a) müssen einem integrierten Ansatz zum Schutz von Luft, Wasser und Boden Rechnung tragen;
b) dürfen nicht gegen die Vorschriften zum Schutz von Gesundheit und Sicherheit der Arbeitnehmer am Arbeitsplatz verstoßen;
c) dürfen keine erheblichen Beeinträchtigungen der Umwelt in anderen Mitgliedstaaten verursachen.

§ 46 Emissionskataster
Soweit es zur Erfüllung von bindenden Rechtsakten der Europäischen Gemeinschaften oder der Europäischen Union erforderlich ist, stellen die zuständigen Behörden Emissionskataster auf.

§ 46a Unterrichtung der Öffentlichkeit
[1]Die Öffentlichkeit ist nach Maßgabe der Rechtsverordnungen nach § 48a Absatz 1 über die Luftqualität zu informieren. [2]Überschreitungen von in Rechtsverordnungen nach § 48a Absatz 1 festgelegten Informations- oder Alarmschwellen sind der Öffentlichkeit von der zuständigen Behörde unverzüglich durch Rundfunk, Fernsehen, Presse oder auf andere Weise bekannt zu geben.

§ 47 Luftreinhaltepläne, Pläne für kurzfristig zu ergreifende Maßnahmen, Landesverordnungen
(1) [1]Werden die durch eine Rechtsverordnung nach § 48a Absatz 1 festgelegten Immissionsgrenzwerte einschließlich festgelegter Toleranzmargen überschritten, hat die zuständige Behörde einen Luftreinhalteplan aufzustellen, welcher die erforderlichen Maßnahmen zur dauerhaften Verminderung von Luftverunreinigungen festlegt und den Anforderungen der Rechtsverordnung entspricht. [2]Satz 1 gilt entsprechend, soweit eine Rechtsverordnung nach § 48a Absatz 1 zur Einhaltung von Zielwerten die Aufstellung eines Luftreinhalteplans regelt. [3]Die Maßnahmen eines Luftreinhalteplans müssen geeignet sein, den Zeitraum einer Überschreitung von bereits einzuhaltenden Immissionsgrenzwerten so kurz wie möglich zu halten.

(2) [1]Besteht die Gefahr, dass die durch eine Rechtsverordnung nach § 48a Absatz 1 festgelegten Alarmschwellen überschritten werden, hat die zuständige Behörde einen Plan für kurzfristig zu ergreifende Maßnahmen aufzustellen, soweit die Rechtsverordnung dies vorsieht. [2]Besteht die Gefahr, dass durch eine Rechtsverordnung nach § 48a Absatz 1 festgelegte Immissionsgrenzwerte oder Zielwerte überschritten werden, kann die zuständige Behörde einen Plan für kurzfristig zu ergreifende Maßnahmen aufstellen, soweit die Rechtsverordnung dies vorsieht. [3]Die im Plan festgelegten Maßnahmen müssen geeignet sein, die Gefahr der Überschreitung der Werte zu verringern oder den Zeitraum, während dessen die Werte überschritten werden, zu verkürzen. [4]Ein Plan für kurzfristig zu ergreifende Maßnahmen kann Teil eines Luftreinhalteplans nach Absatz 1 sein.

(3) [1]Liegen Anhaltspunkte dafür vor, dass die durch eine Rechtsverordnung nach § 48a Absatz 1a festgelegten Immissionswerte nicht eingehalten werden, oder sind in einem Untersuchungsgebiet im Sinne des § 44 Absatz 2 sonstige schädliche Umwelteinwirkungen zu erwarten, kann die zuständige Behörde einen Luftreinhalteplan aufstellen. [2]Bei der Aufstellung dieser Pläne sind die Ziele der Raumordnung zu beachten; die Grundsätze und sonstigen Erfordernisse der Raumordnung sind zu berücksichtigen.

(4) [1]Die Maßnahmen sind entsprechend des Verursacheranteils unter Beachtung des Grundsatzes der Verhältnismäßigkeit gegen alle Emittenten zu richten, die zum Überschreiten der Immissionswerte oder in einem Untersuchungsgebiet im Sinne des § 44 Absatz 2 zu sonstigen schädlichen Umwelteinwirkungen beitragen. [2]Werden in Plänen nach Absatz 1 oder 2 Maßnahmen im Straßenverkehr erforderlich, sind diese im Einvernehmen mit den zuständigen Straßenbau- und Straßenverkehrsbehörden festzulegen.

³Werden Immissionswerte hinsichtlich mehrerer Schadstoffe überschritten, ist ein alle Schadstoffe erfassender Plan aufzustellen. ⁴Werden Immissionswerte durch Emissionen überschritten, die außerhalb des Plangebiets verursacht werden, hat in den Fällen der Absätze 1 und 2 auch die dort zuständige Behörde einen Plan aufzustellen.

(4a) ¹Verbote des Kraftfahrzeugverkehrs für Kraftfahrzeuge mit Selbstzündungsmotor kommen wegen der Überschreitung des Immissionsgrenzwertes für Stickstoffdioxid in der Regel nur in Gebieten in Betracht, in denen der Wert von 50 Mikrogramm Stickstoffdioxid pro Kubikmeter Luft im Jahresmittel überschritten worden ist. ²Folgende Kraftfahrzeuge sind von Verkehrsverboten ausgenommen:

1. Kraftfahrzeuge der Schadstoffklasse Euro 6,
2. Kraftfahrzeuge der Schadstoffklassen Euro 4 und Euro 5, sofern diese im praktischen Fahrbetrieb in entsprechender Anwendung des Artikels Artikel 2 Nummer 41 in Verbindung mit Anhang IIIa der Verordnung (EG) Nr. 692/2008 der Kommission vom 18. Juli 2008 zur Durchführung und Änderung der Verordnung (EG) Nr. 715/2007 des Europäischen Parlaments und des Rates über die Typgenehmigung von Kraftfahrzeugen hinsichtlich der Emissionen von leichten Personenkraftwagen und Nutzfahrzeugen (Euro 5 und Euro 6) und über den Zugang zu Reparatur- und Wartungsinformationen für Fahrzeuge (ABl. L 199 vom 28.7.2008, S. 1), die zuletzt durch die Verordnung (EU) 2017/1221 (ABl. L 174 vom 7.7.2017, S. 3) geändert worden ist, weniger als 270 Milligramm Stickstoffoxide pro Kilometer ausstoßen,
3. Kraftomnibusse mit einer Allgemeinen Betriebserlaubnis für ein Stickstoffoxid-Minderungssystem mit erhöter Minderungsleistung, sofern die Nachrüstung finanziell aus einem öffentlichen Titel des Bundes gefördert worden ist, oder die die technischen Anforderungen erfüllen, die für diese Förderung erforderlich gewesen wären,
4. schwere Kommunalfahrzeuge mit einer Allgemeinen Betriebserlaubnis für ein Stickstoffoxid-Minderungssystem mit erhöter Minderungsleistung, sofern die Nachrüstung finanziell aus einem öffentlichen Titel des Bundes gefördert worden ist, oder die die technischen Anforderungen erfüllen, die für diese Förderung erforderlich gewesen wären, sowie Fahrzeuge der privaten Entsorgungswirtschaft von mehr als 3,5 Tonnen mit einer Allgemeinen Betriebserlaubnis für ein Stickstoffoxid-Minderungssystem mit erhöter Minderungsleistung, die die technischen Anforderungen erfüllen, die für diese Förderung erforderlich gewesen wären,
5. Handwerker- und Lieferfahrzeuge zwischen 2,8 und 7,5 Tonnen mit einer Allgemeinen Betriebserlaubnis für ein Stickstoffoxid-Minderungssystem mit erhöter Minderungsleistung, sofern die Nachrüstung finanziell aus einem öffentlichen Titel des Bundes gefördert worden ist, oder die die technischen Anforderungen erfüllen, die für diese Förderung erforderlich gewesen wären
6. Kraftfahrzeuge der Schadstoffklasse Euro VI und
7. Kraftfahrzeuge im Sinne von Anhang 3 Nummer 5, 6 und 7 der Verordnung zur Kennzeichnung der Kraftfahrzeuge mit geringem Beitrag zur Schadstoffbelastung vom 10. Oktober 2006 (BGBl. I S. 2218), die zuletzt durch Artikel 85 der Verordnung vom 31. August 2015 (BGBl. I S. 1474) geändert worden ist.

³Im Einzelfall kann der Luftreinhalteplan im Fall des Satzes 2 Nummer 6 auch für diese Kraftfahrzeuge ein Verbot des Kraftfahrzeugverkehrs vorsehen, wenn die schnellstmögliche Einhaltung des Immissionsgrenzwertes für Stickstoffdioxid anderenfalls nicht sichergestellt werden kann. ⁴Weitere Ausnahmen von Verboten des Kraftfahrzeugverkehrs, insbesondere nach § 40 Absatz 1 Satz 2, können durch die zuständigen Behörden zugelassen werden. ⁵Die Vorschriften zu ergänzenden technischen Regelungen, insbesondere zu Nachrüstmaßnahmen bei Kraftfahrzeugen, im Straßenverkehrsgesetz und in der Straßenverkehrs-Zulassungs-Ordnung bleiben unberührt.

(5) ¹Die nach den Absätzen 1 bis 4 aufzustellenden Pläne müssen den Anforderungen des § 45 Absatz 2 entsprechen. ²Die Öffentlichkeit ist bei der Aufstellung von Plänen nach den Absätzen 1 und 3 zu beteiligen. ³Die Pläne müssen für die Öffentlichkeit zugänglich sein.

(5a) ¹Bei der Aufstellung oder Änderung von Luftreinhalteplänen nach Absatz 1 ist die Öffentlichkeit durch die zuständige Behörde zu beteiligen. ²Die Aufstellung oder Änderung eines Luftreinhalteplanes sowie Informationen über das Beteiligungsverfahren sind in einem amtlichen Veröfflichungsblatt und auf andere geeignete Weise öffentlich bekannt zu machen. ³Der Entwurf des neuen oder geänderten Luftreinhalteplanes ist einen Monat zur Einsicht auszulegen; bis zwei Wochen nach Ablauf der Auslegungsfrist kann gegenüber der zuständigen Behörde schriftlich oder elektronisch Stellung genommen werden; der Zeitpunkt des Fristablaufs ist bei der Bekanntmachung nach Satz 2 mitzuteilen. ⁴Fristgemäß eingegangene Stellungnahmen werden von der zuständigen Behörde bei der Entscheidung über die Annahme des Plans angemessen berücksichtigt. ⁵Der aufgestellte Plan ist von der zuständigen Behörde in einem amtlichen Veröffentlichungsblatt und auf andere geeignete Weise öffentlich bekannt zu machen. ⁶In der

öffentlichen Bekanntmachung sind das überplante Gebiet und eine Übersicht über die wesentlichen Maßnahmen darzustellen. [7]Eine Ausfertigung des Plans, einschließlich einer Darstellung des Ablaufs des Beteiligungsverfahrens und der Gründe und Erwägungen, auf denen die getroffene Entscheidung beruht, wird zwei Wochen zur Einsicht ausgelegt. [8]Dieser Absatz findet keine Anwendung, wenn es sich bei dem Luftreinhalteplan nach Absatz 1 um einen Plan handelt, für den nach dem Gesetz über die Umweltverträglichkeitsprüfung eine Strategische Umweltprüfung durchzuführen ist.

(5b) Werden nach Absatz 2 Pläne für kurzfristig zu ergreifende Maßnahmen aufgestellt, macht die zuständige Behörde der Öffentlichkeit sowohl die Ergebnisse ihrer Untersuchungen zur Durchführbarkeit und zum Inhalt solcher Pläne als auch Informationen über die Durchführung dieser Pläne zugänglich.

(6) [1]Die Maßnahmen, die Pläne nach den Absätzen 1 bis 4 festlegen, sind durch Anordnungen oder sonstige Entscheidungen der zuständigen Träger öffentlicher Verwaltung nach diesem Gesetz oder nach anderen Rechtsvorschriften durchzusetzen. [2]Sind in Plänen planungsrechtliche Festlegungen vorgesehen, haben die zuständigen Planungsträger dies bei ihren Planungen zu berücksichtigen.

(7) [1]Die Landesregierungen oder die von ihnen bestimmten Stellen werden ermächtigt, bei der Gefahr, dass Immissionsgrenzwerte überschritten werden, die eine Rechtsverordnung nach § 48a Absatz 1 festlegt, durch Rechtsverordnung vorzuschreiben, dass in näher zu bestimmenden Gebieten bestimmte

1. ortsveränderliche Anlagen nicht betrieben werden dürfen,
2. ortsfeste Anlagen nicht errichtet werden dürfen,
3. ortsveränderliche oder ortsfeste Anlagen nur zu bestimmten Zeiten betrieben werden dürfen oder erhöhten betriebstechnischen Anforderungen genügen müssen,
4. Brennstoffe in Anlagen nicht oder nur beschränkt verwendet werden dürfen,

soweit die Anlagen oder Brennstoffe geeignet sind, zur Überschreitung der Immissionswerte beizutragen. [2]Absatz 4 Satz 1 und § 49 Absatz 3 gelten entsprechend.

Sechster Teil
Lärmminderungsplanung

§ 47a Anwendungsbereich des Sechsten Teils

[1]Dieser Teil des Gesetzes gilt für den Umgebungslärm, dem Menschen insbesondere in bebauten Gebieten, in öffentlichen Parks oder anderen ruhigen Gebieten eines Ballungsraums, in ruhigen Gebieten auf dem Land, in der Umgebung von Schulgebäuden, Krankenhäusern und anderen lärmempfindlichen Gebäuden und Gebieten ausgesetzt sind. [2]Er gilt nicht für Lärm, der von der davon betroffenen Person selbst oder durch Tätigkeiten innerhalb von Wohnungen verursacht wird, für Nachbarschaftslärm, Lärm am Arbeitsplatz, in Verkehrsmitteln oder Lärm, der auf militärische Tätigkeiten in militärischen Gebieten zurückzuführen ist.

§ 47b Begriffsbestimmungen

Im Sinne dieses Gesetzes bezeichnen die Begriffe

1. „Umgebungslärm" belästigende oder gesundheitsschädliche Geräusche im Freien, die durch Aktivitäten von Menschen verursacht werden, einschließlich des Lärms, der von Verkehrsmitteln, Straßenverkehr, Eisenbahnverkehr, Flugverkehr sowie Geländen für industrielle Tätigkeiten ausgeht;
2. „Ballungsraum" ein Gebiet mit einer Einwohnerzahl von über 100 000 und einer Bevölkerungsdichte von mehr als 1 000 Einwohnern pro Quadratkilometer;
3. „Hauptverkehrsstraße" eine Bundesfernstraße, Landesstraße oder auch sonstige grenzüberschreitende Straße, jeweils mit einem Verkehrsaufkommen von über drei Millionen Kraftfahrzeugen pro Jahr;
4. „Haupteisenbahnstrecke" ein Schienenweg von Eisenbahnen nach dem Allgemeinen Eisenbahngesetz mit einem Verkehrsaufkommen von über 30 000 Zügen pro Jahr;
5. „Großflughafen" ein Verkehrsflughafen mit einem Verkehrsaufkommen von über 50 000 Bewegungen pro Jahr, wobei mit „Bewegung" der Start oder die Landung bezeichnet wird, hiervon sind ausschließlich die der Ausbildung dienenden Bewegungen mit Leichtflugzeugen ausgenommen.

§ 47c Lärmkarten

(1) [1]Die zuständigen Behörden arbeiten bis zum 30. Juni 2007 bezogen auf das vorangegangene Kalenderjahr Lärmkarten für Ballungsräume mit mehr als 250 000 Einwohnern sowie für Hauptverkehrsstraßen mit einem Verkehrsaufkommen von über sechs Millionen Kraftfahrzeugen pro Jahr, Haupteisenbahnstrecken mit einem Verkehrsaufkommen von über 60 000 Zügen pro Jahr und Großflughäfen aus. [2]Gleiches gilt bis zum 30. Juni 2012 und danach alle fünf Jahre für sämtliche Ballungsräume sowie für sämtliche Hauptverkehrsstraßen und Haupteisenbahnstrecken.

(2) Die Lärmkarten haben den Mindestanforderungen des Anhangs IV der Richtlinie 2002/49/EG des Europäischen Parlaments und des Rates vom 25. Juni 2002 über die Bewertung und Bekämpfung von Umgebungslärm (ABl. EG Nr. L 189 S. 12) zu entsprechen und die nach Anhang VI der Richtlinie 2002/49/EG an die Kommission zu übermittelnden Daten zu enthalten.

(2a) Öffentliche Eisenbahninfrastrukturunternehmen sind verpflichtet, den für die Ausarbeitung von Lärmkarten zuständigen Behörden folgende für die Erarbeitung von Lärmkarten erforderlichen Daten unentgeltlich zur Verfügung zu stellen:

1. Daten zur Eisenbahninfrastruktur und
2. Daten zum Verkehr der Eisenbahnen auf den Schienenwegen.

(3) Die zuständigen Behörden arbeiten bei der Ausarbeitung von Lärmkarten für Grenzgebiete mit den zuständigen Behörden anderer Mitgliedstaaten der Europäischen Union zusammen.

(4) Die Lärmkarten werden mindestens alle fünf Jahre nach dem Zeitpunkt ihrer Erstellung überprüft und bei Bedarf überarbeitet.

(5) [1]Die zuständigen Behörden teilen dem Bundesministerium für Umwelt, Naturschutz und nukleare Sicherheit oder einer von ihm benannten Stelle zum 30. Juni 2005 und danach alle fünf Jahre die Ballungsräume mit mehr als 250 000 Einwohnern, die Hauptverkehrsstraßen mit einem Verkehrsaufkommen von über sechs Millionen Kraftfahrzeugen pro Jahr, die Haupteisenbahnstrecken mit einem Verkehrsaufkommen von über 60 000 Zügen pro Jahr und die Großflughäfen mit. [2]Gleiches gilt zum 31. Dezember 2008 für sämtliche Ballungsräume sowie sämtliche Hauptverkehrsstraßen und Haupteisenbahnstrecken.

(6) Die zuständigen Behörden teilen Informationen aus den Lärmkarten, die in der Rechtsverordnung nach § 47f bezeichnet werden, dem Bundesministerium für Umwelt, Naturschutz und nukleare Sicherheit oder einer von ihm benannten Stelle mit.

§ 47d Lärmaktionspläne

(1) [1]Die zuständigen Behörden stellen bis zum 18. Juli 2008 Lärmaktionspläne auf, mit denen Lärmprobleme und Lärmauswirkungen geregelt werden für

1. Orte in der Nähe der Hauptverkehrsstraßen mit einem Verkehrsaufkommen von über sechs Millionen Kraftfahrzeugen pro Jahr, der Haupteisenbahnstrecken mit einem Verkehrsaufkommen von über 60 000 Zügen pro Jahr und der Großflughäfen,
2. Ballungsräume mit mehr als 250 000 Einwohnern.

[2]Gleiches gilt bis zum 18. Juli 2013 für sämtliche Ballungsräume sowie für sämtliche Hauptverkehrsstraßen und Haupteisenbahnstrecken. [3]Die Festlegung von Maßnahmen in den Plänen ist in das Ermessen der zuständigen Behörden gestellt, sollte aber auch unter Berücksichtigung der Belastung durch mehrere Lärmquellen insbesondere auf die Prioritäten eingehen, die sich gegebenenfalls aus der Überschreitung relevanter Grenzwerte oder aufgrund anderer Kriterien ergeben, und insbesondere für die wichtigsten Bereiche gelten, wie sie in den Lärmkarten ausgewiesen werden.

(2) [1]Die Lärmaktionspläne haben den Mindestanforderungen des Anhangs V der Richtlinie 2002/49/EG zu entsprechen und die nach Anhang VI der Richtlinie 2002/49/EG an die Kommission zu übermittelnden Daten zu enthalten. [2]Ziel dieser Pläne soll es auch sein, ruhige Gebiete gegen eine Zunahme des Lärms zu schützen.

(2a) Öffentliche Eisenbahninfrastrukturunternehmen sind verpflichtet, an der Aufstellung von Lärmaktionsplänen für Orte in der Nähe der Haupteisenbahnstrecken und für Ballungsräume mit Eisenbahnverkehr mitzuwirken.

(3) [1]Die Öffentlichkeit wird zu Vorschlägen für Lärmaktionspläne gehört. [2]Sie erhält rechtzeitig und effektiv die Möglichkeit, an der Ausarbeitung und der Überprüfung der Lärmaktionspläne mitzuwirken. [3]Die Ergebnisse der Mitwirkung sind zu berücksichtigen. [4]Die Öffentlichkeit ist über die getroffenen Entscheidungen zu unterrichten. [5]Es sind angemessene Fristen mit einer ausreichenden Zeitspanne für jede Phase der Beteiligung vorzusehen.

(4) § 47c Absatz 3 gilt entsprechend.

(5) Die Lärmaktionspläne werden bei bedeutsamen Entwicklungen für die Lärmsituation, ansonsten jedoch alle fünf Jahre nach dem Zeitpunkt ihrer Aufstellung überprüft und erforderlichenfalls überarbeitet.

(6) § 47 Absatz 3 Satz 2 und Absatz 6 gilt entsprechend.

(7) Die zuständigen Behörden teilen Informationen aus den Lärmaktionsplänen, die in der Rechtsverordnung nach § 47f bezeichnet werden, dem Bundesministerium für Umwelt, Naturschutz und nukleare Sicherheit oder einer von ihm benannten Stelle mit.

§ 47e Zuständige Behörden

(1) Zuständige Behörden für die Aufgaben dieses Teils des Gesetzes sind die Gemeinden oder die nach Landesrecht zuständigen Behörden, soweit nicht nachstehend Abweichendes geregelt ist.

(2) Die obersten Landesbehörden oder die von ihnen benannten Stellen sind zuständig für die Mitteilungen nach § 47c Absatz 5 und 6 sowie nach § 47d Absatz 7.

(3) Das Eisenbahn-Bundesamt ist zuständig für die Ausarbeitung der Lärmkarten für Schienenwege von Eisenbahnen des Bundes nach § 47c sowie insoweit für die Mitteilung der Haupteisenbahnstrecken nach § 47c Absatz 5, für die Mitteilung der Informationen nach § 47c Absatz 6 und für die Information der Öffentlichkeit über Lärmkarten nach § 47f Absatz 1 Satz 1 Nummer 3.

(4) [1]Abweichend von Absatz 1 ist ab dem 1. Januar 2015 das Eisenbahn-Bundesamt zuständig für die Aufstellung eines bundesweiten Lärmaktionsplanes für die Haupteisenbahnstrecken des Bundes mit Maßnahmen in Bundeshoheit. [2]Bei Lärmaktionsplänen für Ballungsräume wirkt das Eisenbahn-Bundesamt an der Lärmaktionsplanung mit.

§ 47f Rechtsverordnungen

(1) [1]Die Bundesregierung wird ermächtigt, nach Anhörung der beteiligten Kreise (§ 51) durch Rechtsverordnung mit Zustimmung des Bundesrates weitere Regelungen zur Umsetzung der Richtlinie 2002/49/EG in deutsches Recht zu erlassen, insbesondere
1. zur Definition von Lärmindizes und zu ihrer Anwendung,
2. zu den Berechnungsmethoden für Lärmindizes und zur Bewertung gesundheitsschädlicher Auswirkungen,
3. zur Information der Öffentlichkeit über zuständige Behörden sowie Lärmkarten und Lärmaktionspläne,
4. zu Kriterien für die Festlegung von Maßnahmen in Lärmaktionsplänen.
[2]Passt die Kommission gemäß Artikel 12 der Richtlinie 2002/49/EG deren Anhang I Abschnitt 3, Anhang II und Anhang III nach dem Verfahren des Artikels 13 Absatz 2 der Richtlinie 2002/49/EG an den wissenschaftlichen und technischen Fortschritt an, gilt Satz 1 auch insoweit.

(2) Die Bundesregierung wird ermächtigt, nach Anhörung der beteiligten Kreise (§ 51) durch Rechtsverordnung mit Zustimmung des Bundesrates weitere Regelungen zu erlassen
1. zum Format und Inhalt von Lärmkarten und Lärmaktionsplänen,
2. zur Datenerhebung und Datenübermittlung.

Siebenter Teil
Gemeinsame Vorschriften

§ 48 Verwaltungsvorschriften

(1) [1]Die Bundesregierung erlässt nach Anhörung der beteiligten Kreise (§ 51) mit Zustimmung des Bundesrates zur Durchführung dieses Gesetzes und der auf Grund dieses Gesetzes erlassenen Rechtsverordnungen des Bundes allgemeine Verwaltungsvorschriften, insbesondere über
1. Immissionswerte, die zu dem in § 1 genannten Zweck nicht überschritten werden dürfen,
2. Emissionswerte, deren Überschreiten nach dem Stand der Technik vermeidbar ist,
3. das Verfahren zur Ermittlung der Emissionen und Immissionen,
4. die von der zuständigen Behörde zu treffenden Maßnahmen bei Anlagen, für die Regelungen in einer Rechtsverordnung nach § 7 Absatz 2 oder 3 vorgesehen werden können, unter Berücksichtigung insbesondere der dort genannten Voraussetzungen,
5. äquivalente Parameter oder äquivalente technische Maßnahmen zu Emissionswerten,
6. angemessene Sicherheitsabstände gemäß § 3 Absatz 5c.
[2]Bei der Festlegung der Anforderungen sind insbesondere mögliche Verlagerungen von nachteiligen Auswirkungen von einem Schutzgut auf ein anderes zu berücksichtigen; ein hohes Schutzniveau für die Umwelt insgesamt ist zu gewährleisten.

(1a) [1]Nach jeder Veröffentlichung einer BVT-Schlussfolgerung ist unverzüglich zu gewährleisten, dass für Anlagen nach der Industrieemissions-Richtlinie bei der Festlegung von Emissionswerten nach Absatz 1 Satz 1 Nummer 2 die Emissionen unter normalen Betriebsbedingungen die in den BVT-Schlussfolgerungen genannten Emissionsbandbreiten nicht überschreiten. [2]Im Hinblick auf bestehende Anlagen ist innerhalb eines Jahres nach Veröffentlichung von BVT-Schlussfolgerungen zur Haupttätigkeit eine Überprüfung und gegebenenfalls Anpassung der Verwaltungsvorschrift vorzunehmen.

(1b) [1]Abweichend von Absatz 1a
1. können in der Verwaltungsvorschrift weniger strenge Emissionswerte festgelegt werden, wenn
 a) wegen technischer Merkmale der betroffenen Anlagenart die Anwendung der in den BVT-Schlussfolgerungen genannten Emissionsbandbreiten unverhältnismäßig wäre und dies begründet wird oder

b) in Anlagen Zukunftstechniken für einen Gesamtzeitraum von höchstens neun Monaten erprobt oder angewendet werden sollen, sofern nach dem festgelegten Zeitraum die Anwendung der betreffenden Technik beendet wird oder in der Anlage mindestens die mit den besten verfügbaren Techniken assoziierten Emissionsbandbreiten erreicht werden, oder

2. kann in der Verwaltungsvorschrift bestimmt werden, dass die zuständige Behörde weniger strenge Emissionsbegrenzungen festlegen kann, wenn

 a) wegen technischer Merkmale der betroffenen Anlagen die Anwendung der in den BVT-Schlussfolgerungen genannten Emissionsbandbreiten unverhältnismäßig wäre oder

 b) in Anlagen Zukunftstechniken für einen Gesamtzeitraum von höchstens neun Monaten erprobt oder angewendet werden sollen, sofern nach dem festgelegten Zeitraum die Anwendung der betreffenden Technik beendet wird oder in der Anlage mindestens die mit den besten verfügbaren Techniken assoziierten Emissionsbandbreiten erreicht werden.

[2]Absatz 1 Satz 2 bleibt unberührt. [3]Emissionswerte und Emissionsbegrenzungen nach Satz 1 dürfen die in den Anhängen der Richtlinie 2010/75/EU festgelegten Emissionsgrenzwerte nicht überschreiten. (2) (aufgehoben)

§ 48a Rechtsverordnungen über Emissionswerte und Immissionswerte

(1) [1]Zur Erfüllung von bindenden Rechtsakten der Europäischen Gemeinschaften oder der Europäischen Union kann die Bundesregierung zu dem in § 1 genannten Zweck mit Zustimmung des Bundesrates Rechtsverordnungen über die Festsetzung von Immissions- und Emissionswerten einschließlich der Verfahren zur Ermittlung sowie Maßnahmen zur Einhaltung dieser Werte und zur Überwachung und Messung erlassen. [2]In den Rechtsverordnungen kann auch geregelt werden, wie die Bevölkerung zu unterrichten ist.

(1a) [1]Über die Erfüllung von bindenden Rechtsakten der Europäischen Gemeinschaften oder der Europäischen Union hinaus kann die Bundesregierung zu dem in § 1 genannten Zweck mit Zustimmung des Bundesrates Rechtsverordnungen über die Festlegung von Immissionswerten für weitere Schadstoffe einschließlich der Verfahren zur Ermittlung sowie Maßnahmen zur Einhaltung dieser Werte und zur Überwachung und Messung erlassen. [2]In den Rechtsverordnungen kann auch geregelt werden, wie die Bevölkerung zu unterrichten ist.

(2) Die in Rechtsverordnungen nach Absatz 1 festgelegten Maßnahmen sind durch Anordnungen oder sonstige Entscheidungen der zuständigen Träger öffentlicher Verwaltung nach diesem Gesetz oder nach anderen Rechtsvorschriften durchzusetzen; soweit planungsrechtliche Festlegungen vorgesehen sind, haben die zuständigen Planungsträger zu befinden, ob und inwieweit Planungen in Betracht zu ziehen sind.

(3) Zur Erfüllung von bindenden Rechtsakten der Europäischen Gemeinschaften oder der Europäischen Union kann die Bundesregierung zu dem in § 1 genannten Zweck mit Zustimmung des Bundesrates in Rechtsverordnungen von Behörden zu erfüllende Pflichten begründen und ihnen Befugnisse zur Erhebung, Verarbeitung und Nutzung personenbezogener Daten einräumen, soweit diese für die Beurteilung und Kontrolle der in den Beschlüssen gestellten Anforderungen erforderlich sind.

§ 48b Beteiligung des Bundestages beim Erlass von Rechtsverordnungen

[1]Rechtsverordnungen nach § 7 Absatz 1 Satz 1 Nummer 2, § 23 Absatz 1 Satz 1 Nummer 2, § 43 Absatz 1 Satz 1 Nummer 1, § 48a Absatz 1 und § 48a Absatz 1a dieses Gesetzes sind dem Bundestag zuzuleiten. [2]Die Zuleitung erfolgt vor der Zuleitung an den Bundesrat. [3]Die Rechtsverordnungen können durch Beschluss des Bundestages geändert oder abgelehnt werden. [4]Der Beschluss des Bundestages wird der Bundesregierung zugeleitet. [5]Hat sich der Bundestag nach Ablauf von vier Sitzungswochen seit Eingang der Rechtsverordnung nicht mit ihr befasst, wird die unveränderte Rechtsverordnung dem Bundesrat zugeleitet. [6]Die Sätze 1 bis 5 gelten nicht bei Rechtsverordnungen nach § 7 Absatz 1 Satz 1 Nummer 2 für den Fall, dass wegen der Fortentwicklung des Standes der Technik die Umsetzung von BVT-Schlussfolgerungen nach § 7 Absatz 1a erforderlich ist.

§ 49 Schutz bestimmter Gebiete

(1) Die Landesregierungen werden ermächtigt, durch Rechtsverordnung vorzuschreiben, dass in näher zu bestimmenden Gebieten, die eines besonderen Schutzes vor schädlichen Umwelteinwirkungen durch Luftverunreinigungen oder Geräusche bedürfen, bestimmte

1. ortsveränderliche Anlagen nicht betrieben werden dürfen,

2. ortsfeste Anlagen nicht errichtet werden dürfen,

3. ortsveränderliche oder ortsfeste Anlagen nur zu bestimmten Zeiten betrieben werden dürfen oder erhöhten betriebstechnischen Anforderungen genügen müssen oder

4. Brennstoffe in Anlagen nicht oder nur beschränkt verwendet werden dürfen,

soweit die Anlagen oder Brennstoffe geeignet sind, schädliche Umwelteinwirkungen durch Luftverunreinigungen oder Geräusche hervorzurufen, die mit dem besonderen Schutzbedürfnis dieser Gebiete nicht vereinbar sind, und die Luftverunreinigungen und Geräusche durch Auflagen nicht verhindert werden können.

(2) ¹Die Landesregierungen werden ermächtigt, durch Rechtsverordnung Gebiete festzusetzen, in denen während austauscharmer Wetterlagen ein starkes Anwachsen schädlicher Umwelteinwirkungen durch Luftverunreinigungen zu befürchten ist. ²In der Rechtsverordnung kann vorgeschrieben werden, dass in diesen Gebieten

1. ortsveränderliche oder ortsfeste Anlagen nur zu bestimmten Zeiten betrieben oder

2. Brennstoffe, die in besonderem Maße Luftverunreinigungen hervorrufen, in Anlagen nicht oder nur beschränkt verwendet

werden dürfen, sobald die austauscharme Wetterlage von der zuständigen Behörde bekannt gegeben wird.

(3) Landesrechtliche Ermächtigungen für die Gemeinden und Gemeindeverbände zum Erlass von ortsrechtlichen Vorschriften, die Regelungen zum Schutz der Bevölkerung vor schädlichen Umwelteinwirkungen durch Luftverunreinigungen oder Geräusche zum Gegenstand haben, bleiben unberührt.

§ 50 Planung

¹Bei raumbedeutsamen Planungen und Maßnahmen sind die für eine bestimmte Nutzung vorgesehenen Flächen einander so zuzuordnen, dass schädliche Umwelteinwirkungen und von schweren Unfällen im Sinne des Artikels 3 Nummer 13 der Richtlinie 2012/18/EU in Betriebsbereichen hervorgerufene Auswirkungen auf die ausschließlich oder überwiegend dem Wohnen dienenden Gebiete sowie auf sonstige schutzbedürftige Gebiete, insbesondere öffentlich genutzte Gebiete, wichtige Verkehrswege, Freizeitgebiete und unter dem Gesichtspunkt des Naturschutzes besonders wertvolle oder besonders empfindliche Gebiete und öffentlich genutzte Gebäude, so weit wie möglich vermieden werden. ²Bei raumbedeutsamen Planungen und Maßnahmen in Gebieten, in denen die in Rechtsverordnungen nach § 48a Absatz 1 festgelegten Immissionsgrenzwerte und Zielwerte nicht überschritten werden, ist bei der Abwägung der betroffenen Belange die Erhaltung der bestmöglichen Luftqualität als Belang zu berücksichtigen.

§ 51 Anhörung beteiligter Kreise

Soweit Ermächtigungen zum Erlass von Rechtsverordnungen und allgemeinen Verwaltungsvorschriften die Anhörung der beteiligten Kreise vorschreiben, ist ein jeweils auszuwählender Kreis von Vertretern der Wissenschaft, der Betroffenen, der beteiligten Wirtschaft, des beteiligten Verkehrswesens und der für den Immissionsschutz zuständigen obersten Landesbehörden zu hören.

§ 51a Kommission für Anlagensicherheit

(1) Beim Bundesministerium für Umwelt, Naturschutz und nukleare Sicherheit wird zur Beratung der Bundesregierung oder des zuständigen Bundesministeriums eine Kommission für Anlagensicherheit gebildet.

(2) ¹Die Kommission für Anlagensicherheit soll gutachtlich in regelmäßigen Zeitabständen sowie aus besonderem Anlass Möglichkeiten zur Verbesserung der Anlagensicherheit aufzeigen. ²Sie schlägt darüber hinaus dem Stand der Sicherheitstechnik entsprechende Regeln (sicherheitstechnische Regeln) unter Berücksichtigung der für andere Schutzziele vorhandenen Regeln vor. ³Nach Anhörung der für die Anlagensicherheit zuständigen obersten Landesbehörden kann das Bundesministerium für Umwelt, Naturschutz und nukleare Sicherheit diese Regeln im Bundesanzeiger veröffentlichen. ⁴Die Kommission für Anlagensicherheit überprüft innerhalb angemessener Zeitabstände, spätestens nach jeweils fünf Jahren, ob die veröffentlichten sicherheitstechnischen Regeln weiterhin dem Stand der Sicherheitstechnik entsprechen.

(3) In die Kommission für Anlagensicherheit sind im Einvernehmen mit dem Bundesministerium für Arbeit und Soziales neben Vertreterinnen oder Vertretern der beteiligten Bundesbehörden sowie der für den Immissions- und Arbeitsschutz zuständigen Landesbehörden insbesondere Vertreterinnen oder Vertreter der Wissenschaft, der Umweltverbände, der Gewerkschaften, der Sachverständigen nach § 29a und der zugelassenen Überwachungsstellen nach § 37 Absatz 5 des Produktsicherheitsgesetzes, der Berufsgenossenschaften, der beteiligten Wirtschaft sowie Vertreterinnen oder Vertreter der nach § 24 der Betriebssicherheitsverordnung und § 21 der Gefahrstoffverordnung eingesetzten Ausschüsse zu berufen.

(4) ¹Die Kommission für Anlagensicherheit wählt aus ihrer Mitte eine Vorsitzende oder einen Vorsitzenden und gibt sich eine Geschäftsordnung. ²Die Wahl der oder des Vorsitzenden und die Geschäftsordnung bedürfen der im Einvernehmen mit dem Bundesministerium für Arbeit und Soziales zu erteilenden Zustimmung des Bundesministeriums für Umwelt, Naturschutz und nukleare Sicherheit.

§ 51b Sicherstellung der Zustellungsmöglichkeit

[1]Der Betreiber einer genehmigungsbedürftigen Anlage hat sicherzustellen, dass für ihn bestimmte Schriftstücke im Geltungsbereich dieses Gesetzes zugestellt werden können. [2]Kann die Zustellung nur dadurch sichergestellt werden, dass ein Bevollmächtigter bestellt wird, so hat der Betreiber den Bevollmächtigten der zuständigen Behörde zu benennen.

§ 52 Überwachung

(1) [1]Die zuständigen Behörden haben die Durchführung dieses Gesetzes und der auf dieses Gesetz gestützten Rechtsverordnungen zu überwachen. [2]Sie können die dafür erforderlichen Maßnahmen treffen und bei der Durchführung dieser Maßnahmen Beauftragte einsetzen. [3]Sie haben Genehmigungen im Sinne des § 4 regelmäßig zu überprüfen und soweit erforderlich durch nachträgliche Anordnungen nach § 17 auf den neuesten Stand zu bringen. [4]Eine Überprüfung im Sinne von Satz 2 wird in jedem Fall vorgenommen, wenn

1. Anhaltspunkte dafür bestehen, dass der Schutz der Nachbarschaft und der Allgemeinheit nicht ausreichend ist und deshalb die in der Genehmigung festgelegten Begrenzungen der Emissionen überprüft oder neu festgesetzt werden müssen,
2. wesentliche Veränderungen des Standes der Technik eine erhebliche Verminderung der Emissionen ermöglichen,
3. eine Verbesserung der Betriebssicherheit erforderlich ist, insbesondere durch die Anwendung anderer Techniken, oder
4. neue umweltrechtliche Vorschriften dies fordern.

[5]Bei Anlagen nach der Industrieemissions-Richtlinie ist innerhalb von vier Jahren nach der Veröffentlichung von BVT-Schlussfolgerungen zur Haupttätigkeit

1. eine Überprüfung und gegebenenfalls Aktualisierung der Genehmigung im Sinne von Satz 3 vorzunehmen und
2. sicherzustellen, dass die betreffende Anlage die Genehmigungsanforderungen nach § 6 Absatz 1 Nummer 1 und den Nebenbestimmungen nach § 12 einhält.

[6]Satz 5 gilt auch für Genehmigungen, die nach Veröffentlichung von BVT-Schlussfolgerungen auf der Grundlage der bislang geltenden Rechts- und Verwaltungsvorschriften erteilt worden sind. [7]Wird festgestellt, dass eine Einhaltung der nachträglichen Anordnung nach § 17 oder der Genehmigung innerhalb der in Satz 5 bestimmten Frist wegen technischer Merkmale der betroffenen Anlage unverhältnismäßig wäre, kann die zuständige Behörde einen längeren Zeitraum festlegen. [8]Als Teil jeder Überprüfung der Genehmigung hat die zuständige Behörde die Festlegung weniger strenger Emissionsbegrenzungen nach § 7 Absatz 1b Satz 1 Nummer 2 Buchstabe a, § 12 Absatz 1b Satz 1 Nummer 1, § 17 Absatz 2b Satz 1 Nummer 1 und § 48 Absatz 1b Satz 1 Nummer 2 Buchstabe a erneut zu bewerten.

(1a) Im Falle des § 31 Absatz 1 Satz 3 hat die zuständige Behörde mindestens jährlich die Ergebnisse der Emissionsüberwachung zu bewerten, um sicherzustellen, dass die Emissionen unter normalen Betriebsbedingungen die in den BVT-Schlussfolgerungen festgelegten Emissionsbandbreiten nicht überschreiten.

(1b) [1]Zur Durchführung von Absatz 1 Satz 1 stellen die zuständigen Behörden zur regelmäßigen Überwachung von Anlagen nach der Industrieemissions-Richtlinie in ihrem Zuständigkeitsbereich Überwachungspläne und Überwachungsprogramme gemäß § 52a auf. [2]Zur Überwachung nach Satz 1 gehören insbesondere Vor-Ort-Besichtigungen, Überwachung der Emissionen und Überprüfung interner Berichte und Folgedokumente, Überprüfung der Eigenkontrolle, Prüfung der angewandten Techniken und der Eignung des Umweltmanagements der Anlage zur Sicherstellung der Anforderungen nach § 6 Absatz 1 Nummer 1.

(2) [1]Eigentümer und Betreiber von Anlagen sowie Eigentümer und Besitzer von Grundstücken, auf denen Anlagen betrieben werden, sind verpflichtet, den Angehörigen der zuständigen Behörde und deren Beauftragten den Zutritt zu den Grundstücken und zur Verhütung dringender Gefahren für die öffentliche Sicherheit oder Ordnung auch zu Wohnräumen und die Vornahme von Prüfungen einschließlich der Ermittlung von Emissionen und Immissionen zu gestatten sowie die Auskünfte zu erteilen und die Unterlagen vorzulegen, die zur Erfüllung ihrer Aufgaben erforderlich sind. [2]Das Grundrecht der Unverletzlichkeit der Wohnung (Artikel 13 des Grundgesetzes) wird insoweit eingeschränkt. [3]Betreiber von Anlagen, für die ein Immissionsschutzbeauftragter oder ein Störfallbeauftragter bestellt ist, haben diesen auf Verlangen der zuständigen Behörde zu Überwachungsmaßnahmen nach Satz 1 hinzuzuziehen. [4]Im Rahmen der Pflichten nach Satz 1 haben die Eigentümer und Betreiber der Anlagen Arbeitskräfte sowie Hilfsmittel, insbesondere Treibstoffe und Antriebsaggregate, bereitzustellen.

(3) [1]Absatz 2 gilt entsprechend für Eigentümer und Besitzer von Anlagen, Stoffen, Erzeugnissen, Brennstoffen, Treibstoffen und Schmierstoffen, soweit diese den §§ 37a bis 37c oder der Regelung der nach

den §§ 32 bis 35, 37 oder 37d erlassenen Rechtsverordnung unterliegen. [2]Die Eigentümer und Besitzer haben den Angehörigen der zuständigen Behörde und deren Beauftragten die Entnahme von Stichproben zu gestatten, soweit dies zur Erfüllung ihrer Aufgaben erforderlich ist.

(4) [1]Kosten, die durch Prüfungen im Rahmen des Genehmigungsverfahrens entstehen, trägt der Antragsteller. [2]Kosten, die bei der Entnahme von Stichproben nach Absatz 3 und deren Untersuchung entstehen, trägt der Auskunftspflichtige. [3]Kosten, die durch sonstige Überwachungsmaßnahmen nach Absatz 2 oder 3 entstehen, trägt der Auskunftspflichtige, es sei denn, die Maßnahme betrifft die Ermittlung von Emissionen und Immissionen oder die Überwachung einer nicht genehmigungsbedürftigen Anlage außerhalb des Überwachungssystems nach der Zwölften Verordnung zur Durchführung des Bundes-Immissionsschutzgesetzes; in diesen Fällen sind die Kosten dem Auskunftspflichtigen nur aufzuerlegen, wenn die Ermittlungen ergeben, dass

1. Auflagen oder Anordnungen nach den Vorschriften dieses Gesetzes oder der auf dieses Gesetz gestützten Rechtsverordnungen nicht erfüllt worden oder
2. Auflagen oder Anordnungen nach den Vorschriften dieses Gesetzes oder der auf dieses Gesetz gestützten Rechtsverordnungen geboten

sind.

(5) Der zur Auskunft Verpflichtete kann die Auskunft auf solche Fragen verweigern, deren Beantwortung ihn selbst oder einen der in § 383 Absatz 1 Nummer 1 bis 3 der Zivilprozessordnung bezeichneten Angehörigen der Gefahr strafgerichtlicher Verfolgung oder eines Verfahrens nach dem Gesetz über Ordnungswidrigkeiten aussetzen würde.

(6) [1]Soweit zur Durchführung dieses Gesetzes oder der auf dieses Gesetz gestützten Rechtsverordnungen Immissionen zu ermitteln sind, haben auch die Eigentümer und Besitzer von Grundstücken, auf denen Anlagen nicht betrieben werden, den Angehörigen der zuständigen Behörde und deren Beauftragten den Zutritt zu den Grundstücken und zur Verhütung dringender Gefahren für die öffentliche Sicherheit oder Ordnung auch zu Wohnräumen und die Vornahme der Prüfungen zu gestatten. [2]Das Grundrecht der Unverletzlichkeit der Wohnung (Artikel 13 des Grundgesetzes) wird insoweit eingeschränkt. [3]Bei Ausübung der Befugnisse nach Satz 1 ist auf die berechtigten Belange der Eigentümer und Besitzer Rücksicht zu nehmen; für entstandene Schäden hat das Land, im Falle des § 59 Absatz 1 der Bund, Ersatz zu leisten. [4]Waren die Schäden unvermeidbare Folgen der Überwachungsmaßnahmen und haben die Überwachungsmaßnahmen zu Anordnungen der zuständigen Behörde gegen den Betreiber einer Anlage geführt, so hat dieser die Ersatzleistung dem Land oder dem Bund zu erstatten.

(7) [1]Auf die nach den Absätzen 2, 3 und 6 erlangten Kenntnisse und Unterlagen sind die §§ 93, 97, 105 Absatz 1, § 111 Absatz 5 in Verbindung mit § 105 Absatz 1 sowie § 116 Absatz 1 der Abgabenordnung nicht anzuwenden. [2]Dies gilt nicht, soweit die Finanzbehörden die Kenntnisse für die Durchführung eines Verfahrens wegen einer Steuerstraftat sowie eines damit zusammenhängenden Besteuerungsverfahrens benötigen, an deren Verfolgung ein zwingendes öffentliches Interesse besteht, oder soweit es sich um vorsätzlich falsche Angaben des Auskunftspflichtigen oder der für ihn tätigen Personen handelt.

§ 52a Überwachungspläne, Überwachungsprogramme für Anlagen nach der Industrieemissions-Richtlinie

(1) [1]Überwachungspläne haben Folgendes zu enthalten:

1. den räumlichen Geltungsbereich des Plans,
2. eine allgemeine Bewertung der wichtigen Umweltprobleme im Geltungsbereich des Plans,
3. ein Verzeichnis der in den Geltungsbereich des Plans fallenden Anlagen,
4. Verfahren für die Aufstellung von Programmen für die regelmäßige Überwachung,
5. Verfahren für die Überwachung aus besonderem Anlass sowie
6. soweit erforderlich, Bestimmungen für die Zusammenarbeit zwischen verschiedenen Überwachungsbehörden.

[2]Die Überwachungspläne sind von den zuständigen Behörden regelmäßig zu überprüfen und, soweit erforderlich, zu aktualisieren.

(2) [1]Auf der Grundlage der Überwachungspläne erstellen oder aktualisieren die zuständigen Behörden regelmäßig Überwachungsprogramme, in denen auch die Zeiträume angegeben sind, in denen Vor-Ort-Besichtigungen stattfinden müssen. [2]In welchem zeitlichen Abstand Anlagen vor Ort besichtigt werden müssen, richtet sich nach einer systematischen Beurteilung der mit der Anlage verbundenen Umweltrisiken insbesondere anhand der folgenden Kriterien:

1. mögliche und tatsächliche Auswirkungen der betreffenden Anlage auf die menschliche Gesundheit und auf die Umwelt unter Berücksichtigung der Emissionswerte und -typen, der Empfindlichkeit der örtlichen Umgebung und des von der Anlage ausgehenden Unfallrisikos,

2. bisherige Einhaltung der Genehmigungsanforderungen nach § 6 Absatz 1 Nummer 1 und der Nebenbestimmungen nach § 12,

3. Eintragung eines Unternehmens in ein Verzeichnis gemäß den Artikeln 13 bis 15 der Verordnung (EG) Nummer 1221/2009 des Europäischen Parlaments und des Rates vom 25. November 2009 über die freiwillige Teilnahme von Organisationen an einem Gemeinschaftssystem für Umweltmanagement und Umweltbetriebsprüfung und zur Aufhebung der Verordnung (EG) Nr. 761/2001, sowie der Beschlüsse der Kommission 2001/681/EG und 2006/193/EG (ABl. L 342 vom 22.12.2009, S. 1).

(3) [1]Der Abstand zwischen zwei Vor-Ort-Besichtigungen darf die folgenden Zeiträume nicht überschreiten:

1. ein Jahr bei Anlagen, die der höchsten Risikostufe unterfallen, sowie

2. drei Jahre bei Anlagen, die der niedrigsten Risikostufe unterfallen. [2]Wurde bei einer Überwachung festgestellt, dass der Betreiber einer Anlage in schwerwiegender Weise gegen die Genehmigung verstößt, hat die zuständige Behörde innerhalb von sechs Monaten nach der Feststellung des Verstoßes eine zusätzliche Vor-Ort-Besichtigung durchzuführen.

(4) Die zuständigen Behörden führen unbeschadet des Absatzes 2 bei Beschwerden wegen ernsthafter Umweltbeeinträchtigungen, bei Ereignissen mit erheblichen Umweltauswirkungen und bei Verstößen gegen die Vorschriften dieses Gesetzes oder der auf Grund dieses Gesetzes erlassenen Rechtsverordnungen eine Überwachung durch.

(5) [1]Nach jeder Vor-Ort-Besichtigung einer Anlage erstellt die zuständige Behörde einen Bericht mit den relevanten Feststellungen über die Einhaltung der Genehmigungsanforderungen nach § 6 Absatz 1 Nummer 1 und der Nebenbestimmungen nach § 12 sowie mit Schlussfolgerungen, ob weitere Maßnahmen notwendig sind. [2]Der Bericht ist dem Betreiber innerhalb von zwei Monaten nach der Vor-Ort-Besichtigung durch die zuständige Behörde zu übermitteln. [3]Der Bericht ist der Öffentlichkeit nach den Vorschriften über den Zugang zu Umweltinformationen innerhalb von vier Monaten nach der Vor-Ort-Besichtigung zugänglich zu machen.

§ 52b Mitteilungspflichten zur Betriebsorganisation

(1) [1]Besteht bei Kapitalgesellschaften das vertretungsberechtigte Organ aus mehreren Mitgliedern oder sind bei Personengesellschaften mehrere vertretungsberechtigte Gesellschafter vorhanden, so ist der zuständigen Behörde anzuzeigen, wer von ihnen nach den Bestimmungen über die Geschäftsführungsbefugnis für die Gesellschaft die Pflichten des Betreibers der genehmigungsbedürftigen Anlage wahrnimmt, die ihm nach diesem Gesetz und nach den auf Grund dieses Gesetzes erlassenen Rechtsverordnungen und allgemeinen Verwaltungsvorschriften obliegen. [2]Die Gesamtverantwortung aller Organmitglieder oder Gesellschafter bleibt hiervon unberührt.

(2) Der Betreiber der genehmigungsbedürftigen Anlage oder im Rahmen ihrer Geschäftsführungsbefugnis die nach Absatz 1 Satz 1 anzuzeigende Person hat der zuständigen Behörde mitzuteilen, auf welche Weise sichergestellt ist, dass die dem Schutz vor schädlichen Umwelteinwirkungen und vor sonstigen Gefahren, erheblichen Nachteilen und erheblichen Belästigungen dienenden Vorschriften und Anordnungen beim Betrieb beachtet werden.

§ 53 Bestellung eines Betriebsbeauftragten für Immissionsschutz

(1) [1]Betreiber genehmigungsbedürftiger Anlagen haben einen oder mehrere Betriebsbeauftragte für Immissionsschutz (Immissionsschutzbeauftragte) zu bestellen, sofern dies im Hinblick auf die Art oder die Größe der Anlagen wegen der

1. von den Anlagen ausgehenden Emissionen,

2. technischen Probleme der Emissionsbegrenzung oder

3. Eignung der Erzeugnisse, bei bestimmungsgemäßer Verwendung schädliche Umwelteinwirkungen durch Luftverunreinigungen, Geräusche oder Erschütterungen hervorzurufen,

erforderlich ist. [2]Das Bundesministerium für Umwelt, Naturschutz und nukleare Sicherheit bestimmt nach Anhörung der beteiligten Kreise (§ 51) durch Rechtsverordnung mit Zustimmung des Bundesrates die genehmigungsbedürftigen Anlagen, deren Betreiber Immissionsschutzbeauftragte zu bestellen haben.

(2) Die zuständige Behörde kann anordnen, dass Betreiber genehmigungsbedürftiger Anlagen, für die die Bestellung eines Immissionsschutzbeauftragten nicht durch Rechtsverordnung vorgeschrieben ist, sowie Betreiber nicht genehmigungsbedürftiger Anlagen einen oder mehrere Immissionsschutzbeauftragte zu bestellen haben, soweit sich im Einzelfall die Notwendigkeit der Bestellung aus den in Absatz 1 Satz 1 genannten Gesichtspunkten ergibt.

§ 54 Aufgaben

(1) ¹Der Immissionsschutzbeauftragte berät den Betreiber und die Betriebsangehörigen in Angelegenheiten, die für den Immissionsschutz bedeutsam sein können. ²Er ist berechtigt und verpflichtet,

1. auf die Entwicklung und Einführung
 a) umweltfreundlicher Verfahren, einschließlich Verfahren zur Vermeidung oder ordnungsgemäßen und schadlosen Verwertung der beim Betrieb entstehenden Abfälle oder deren Beseitigung als Abfall sowie zur Nutzung von entstehender Wärme,
 b) umweltfreundlicher Erzeugnisse, einschließlich Verfahren zur Wiedergewinnung und Wiederverwendung,
 hinzuwirken,

2. bei der Entwicklung und Einführung umweltfreundlicher Verfahren und Erzeugnisse mitzuwirken, insbesondere durch Begutachtung der Verfahren und Erzeugnisse unter dem Gesichtspunkt der Umweltfreundlichkeit,

3. soweit dies nicht Aufgabe des Störfallbeauftragten nach § 58b Absatz 1 Satz 2 Nummer 3 ist, die Einhaltung der Vorschriften dieses Gesetzes und der auf Grund dieses Gesetzes erlassenen Rechtsverordnungen und die Erfüllung erteilter Bedingungen und Auflagen zu überwachen, insbesondere durch Kontrolle der Betriebsstätte in regelmäßigen Abständen, Messungen von Emissionen und Immissionen, Mitteilung festgestellter Mängel und Vorschläge über Maßnahmen zur Beseitigung dieser Mängel,

4. die Betriebsangehörigen über die von der Anlage verursachten schädlichen Umwelteinwirkungen aufzuklären sowie über die Einrichtungen und Maßnahmen zu ihrer Verhinderung unter Berücksichtigung der sich aus diesem Gesetz oder Rechtsverordnungen auf Grund dieses Gesetzes ergebenden Pflichten.

(2) Der Immissionsschutzbeauftragte erstattet dem Betreiber jährlich einen Bericht über die nach Absatz 1 Satz 2 Nr. 1 bis 4 getroffenen und beabsichtigten Maßnahmen.

§ 55 Pflichten des Betreibers

(1) ¹Der Betreiber hat den Immissionsschutzbeauftragten schriftlich zu bestellen und die ihm obliegenden Aufgaben genau zu bezeichnen. ²Der Betreiber hat die Bestellung des Immissionsschutzbeauftragten und die Bezeichnung seiner Aufgaben sowie Veränderungen in seinem Aufgabenbereich und dessen Abberufung der zuständigen Behörde unverzüglich anzuzeigen. ³Dem Immissionsschutzbeauftragten ist eine Abschrift der Anzeige auszuhändigen.

(1a) ¹Der Betreiber hat den Betriebs- oder Personalrat vor der Bestellung des Immissionsschutzbeauftragten unter Bezeichnung der ihm obliegenden Aufgaben zu unterrichten. ²Entsprechendes gilt bei Veränderungen im Aufgabenbereich des Immissionsschutzbeauftragten und bei dessen Abberufung.

(2) ¹Der Betreiber darf zum Immissionsschutzbeauftragten nur bestellen, wer die zur Erfüllung seiner Aufgaben erforderliche Fachkunde und Zuverlässigkeit besitzt. ²Werden der zuständigen Behörde Tatsachen bekannt, aus denen sich ergibt, dass der Immissionsschutzbeauftragte nicht die zur Erfüllung seiner Aufgaben erforderliche Fachkunde oder Zuverlässigkeit besitzt, kann sie verlangen, dass der Betreiber einen anderen Immissionsschutzbeauftragten bestellt. ³Das Bundesministerium für Umwelt, Naturschutz und nukleare Sicherheit wird ermächtigt, nach Anhörung der beteiligten Kreise (§ 51) durch Rechtsverordnung mit Zustimmung des Bundesrates vorzuschreiben, welche Anforderungen an die Fachkunde und Zuverlässigkeit des Immissionsschutzbeauftragten zu stellen sind.

(3) ¹Werden mehrere Immissionsschutzbeauftragte bestellt, so hat der Betreiber für die erforderliche Koordinierung in der Wahrnehmung der Aufgaben, insbesondere durch Bildung eines Ausschusses für Umweltschutz, zu sorgen. ²Entsprechendes gilt, wenn neben einem oder mehreren Immissionsschutzbeauftragten Betriebsbeauftragte nach anderen gesetzlichen Vorschriften bestellt werden. ³Der Betreiber hat ferner für die Zusammenarbeit der Betriebsbeauftragten mit den im Bereich des Arbeitsschutzes beauftragten Personen zu sorgen.

(4) Der Betreiber hat den Immissionsschutzbeauftragten bei der Erfüllung seiner Aufgaben zu unterstützen und ihm insbesondere, soweit dies zur Erfüllung seiner Aufgaben erforderlich ist, Hilfspersonal sowie Räume, Einrichtungen, Geräte und Mittel zur Verfügung zu stellen und die Teilnahme an Schulungen zu ermöglichen.

§ 56 Stellungnahme zu Entscheidungen des Betreibers

(1) Der Betreiber hat vor Entscheidungen über die Einführung von Verfahren und Erzeugnissen sowie vor Investitionsentscheidungen eine Stellungnahme des Immissionsschutzbeauftragten einzuholen, wenn die Entscheidungen für den Immissionsschutz bedeutsam sein können.

(2) Die Stellungnahme ist so rechtzeitig einzuholen, dass sie bei den Entscheidungen nach Absatz 1 angemessen berücksichtigt werden kann; sie ist derjenigen Stelle vorzulegen, die über die Einführung von Verfahren und Erzeugnissen sowie über die Investition entscheidet.

§ 57 Vortragsrecht
[1]Der Betreiber hat durch innerbetriebliche Organisationsmaßnahmen sicherzustellen, dass der Immissionsschutzbeauftragte seine Vorschläge oder Bedenken unmittelbar der Geschäftsleitung vortragen kann, wenn er sich mit dem zuständigen Betriebsleiter nicht einigen konnte und er wegen der besonderen Bedeutung der Sache eine Entscheidung der Geschäftsleitung für erforderlich hält. [2]Kann der Immissionsschutzbeauftragte sich über eine von ihm vorgeschlagene Maßnahme im Rahmen seines Aufgabenbereichs mit der Geschäftsleitung nicht einigen, so hat diese den Immissionsschutzbeauftragten umfassend über die Gründe ihrer Ablehnung zu unterrichten.

§ 58 Benachteiligungsverbot, Kündigungsschutz
(1) Der Immissionsschutzbeauftragte darf wegen der Erfüllung der ihm übertragenen Aufgaben nicht benachteiligt werden.
(2) [1]Ist der Immissionsschutzbeauftragte Arbeitnehmer des zur Bestellung verpflichteten Betreibers, so ist die Kündigung des Arbeitsverhältnisses unzulässig, es sei denn, dass Tatsachen vorliegen, die den Betreiber zur Kündigung aus wichtigem Grund ohne Einhaltung einer Kündigungsfrist berechtigen. [2]Nach der Abberufung als Immissionsschutzbeauftragter ist die Kündigung innerhalb eines Jahres, vom Zeitpunkt der Beendigung der Bestellung an gerechnet, unzulässig, es sei denn, dass Tatsachen vorliegen, die den Betreiber zur Kündigung aus wichtigem Grund ohne Einhaltung einer Kündigungsfrist berechtigen.

§ 58a Bestellung eines Störfallbeauftragten
(1) [1]Betreiber genehmigungsbedürftiger Anlagen haben einen oder mehrere Störfallbeauftragte zu bestellen, sofern dies im Hinblick auf die Art und Größe der Anlage wegen der bei einer Störung des bestimmungsgemäßen Betriebs auftretenden Gefahren für die Allgemeinheit und die Nachbarschaft erforderlich ist. [2]Die Bundesregierung bestimmt nach Anhörung der beteiligten Kreise (§ 51) durch Rechtsverordnung mit Zustimmung des Bundesrates die genehmigungsbedürftigen Anlagen, deren Betreiber Störfallbeauftragte zu bestellen haben.
(2) Die zuständige Behörde kann anordnen, dass Betreiber genehmigungsbedürftiger Anlagen, für die die Bestellung eines Störfallbeauftragten nicht durch Rechtsverordnung vorgeschrieben ist, einen oder mehrere Störfallbeauftragte zu bestellen haben, soweit sich im Einzelfall die Notwendigkeit der Bestellung aus dem Absatz 1 Satz 1 genannten Gesichtspunkt ergibt.

§ 58b Aufgaben des Störfallbeauftragten
(1) [1]Der Störfallbeauftragte berät den Betreiber in Angelegenheiten, die für die Sicherheit der Anlage bedeutsam sein können. [2]Er ist berechtigt und verpflichtet,
1. auf die Verbesserung der Sicherheit der Anlage hinzuwirken,
2. dem Betreiber unverzüglich ihm bekannt gewordene Störungen des bestimmungsgemäßen Betriebs mitzuteilen, die zu Gefahren für die Allgemeinheit und die Nachbarschaft führen können,
3. die Einhaltung der Vorschriften dieses Gesetzes und der auf Grund dieses Gesetzes erlassenen Rechtsverordnungen sowie die Erfüllung erteilter Bedingungen und Auflagen im Hinblick auf die Verhinderung von Störungen des bestimmungsgemäßen Betriebs der Anlage zu überwachen, insbesondere durch Kontrolle der Betriebsstätte in regelmäßigen Abständen, Mitteilung festgestellter Mängel und Vorschläge zur Beseitigung dieser Mängel,
4. Mängel, die den vorbeugenden und abwehrenden Brandschutz sowie die technische Hilfeleistung betreffen, unverzüglich dem Betreiber zu melden.
(2) [1]Der Störfallbeauftragte erstattet dem Betreiber jährlich einen Bericht über die nach Absatz 1 Satz 2 Nr. 1 bis 3 getroffenen und beabsichtigten Maßnahmen. [2]Darüber hinaus ist er verpflichtet, die von ihm ergriffenen Maßnahmen zur Erfüllung seiner Aufgaben nach Absatz 1 Satz 2 Nr. 2 schriftlich oder elektronisch aufzuzeichnen. [3]Er muss diese Aufzeichnungen mindestens fünf Jahre aufbewahren.

§ 58c Pflichten und Rechte des Betreibers gegenüber dem Störfallbeauftragten
(1) Die in den §§ 55 und 57 genannten Pflichten des Betreibers gelten gegenüber dem Störfallbeauftragten entsprechend; in Rechtsverordnungen nach § 55 Absatz 2 Satz 3 kann auch geregelt werden, welche Anforderungen an die Fachkunde und Zuverlässigkeit des Störfallbeauftragten zu stellen sind.
(2) [1]Der Betreiber hat vor Investitionsentscheidungen sowie vor der Planung von Betriebsanlagen und der Einführung von Arbeitsverfahren und Arbeitsstoffen eine Stellungnahme des Störfallbeauftragten einzuholen, wenn diese Entscheidungen für die Sicherheit der Anlage bedeutsam sein können. [2]Die Stel-

lungnahme ist so rechtzeitig einzuholen, dass sie bei den Entscheidungen nach Satz 1 angemessen berücksichtigt werden kann; sie ist derjenigen Stelle vorzulegen, die die Entscheidungen trifft.

(3) Der Betreiber kann dem Störfallbeauftragten für die Beseitigung und die Begrenzung der Auswirkungen von Störungen des bestimmungsgemäßen Betriebs, die zu Gefahren für die Allgemeinheit und die Nachbarschaft führen können oder bereits geführt haben, Entscheidungsbefugnisse übertragen.

§ 58d Verbot der Benachteiligung des Störfallbeauftragten, Kündigungsschutz
§ 58 gilt für den Störfallbeauftragten entsprechend.

§ 58e Erleichterungen für auditierte Unternehmensstandorte
(1) Die Bundesregierung wird ermächtigt, zur Förderung der privaten Eigenverantwortung für EMAS-Standorte durch Rechtsverordnung mit Zustimmung des Bundesrates Erleichterungen zum Inhalt der Antragsunterlagen im Genehmigungsverfahren sowie überwachungsrechtliche Erleichterungen vorzusehen, soweit die entsprechenden Anforderungen der Verordnung (EG) Nummer 1221/2009 gleichwertig mit den Anforderungen sind, die zur Überwachung und zu den Antragsunterlagen nach diesem Gesetz oder nach den auf Grund dieses Gesetzes erlassenen Rechtsverordnungen vorgesehen sind oder soweit die Gleichwertigkeit durch die Rechtsverordnung nach dieser Vorschrift sichergestellt wird.

(2) Durch Rechtsverordnung nach Absatz 1 können weitere Voraussetzungen für die Inanspruchnahme und die Rücknahme von Erleichterungen oder die vollständige oder teilweise Aussetzung von Erleichterungen für Fälle festgelegt werden, in denen die Voraussetzungen für deren Gewährung nicht mehr vorliegen.

(3) [1]Durch Rechtsverordnung nach Absatz 1 können ordnungsrechtliche Erleichterungen gewährt werden, wenn der Umweltgutachter oder die Umweltgutachterorganisation die Einhaltung der Umweltvorschriften geprüft hat, keine Abweichungen festgestellt hat und dies in der Validierung bescheinigt. [2]Dabei können insbesondere Erleichterungen vorgesehen werden zu

1. Kalibrierungen, Ermittlungen, Prüfungen und Messungen,
2. Messberichten sowie sonstigen Berichten und Mitteilungen von Ermittlungsergebnissen,
3. Aufgaben des Immissionsschutz- und Störfallbeauftragten,
4. Mitteilungspflichten zur Betriebsorganisation und
5. der Häufigkeit der behördlichen Überwachung.

§ 59 Zuständigkeit bei Anlagen der Landesverteidigung
Die Bundesregierung wird ermächtigt, durch Rechtsverordnung mit Zustimmung des Bundesrates zu bestimmen, dass der Vollzug dieses Gesetzes und der auf dieses Gesetz gestützten Rechtsverordnungen bei Anlagen, die der Landesverteidigung dienen, Bundesbehörden obliegt.

§ 60 Ausnahmen für Anlagen der Landesverteidigung
(1) [1]Das Bundesministerium der Verteidigung kann für Anlagen nach § 3 Absatz 5 Nummer 1 und 3, die der Landesverteidigung dienen, in Einzelfällen, auch für bestimmte Arten von Anlagen, Ausnahmen von diesem Gesetz und von den auf dieses Gesetz gestützten Rechtsverordnungen zulassen, soweit dies zwingende Gründe der Verteidigung oder die Erfüllung zwischenstaatlicher Verpflichtungen erfordern. [2]Dabei ist der Schutz vor schädlichen Umwelteinwirkungen zu berücksichtigen.

(2) [1]Die Bundeswehr darf bei Anlagen nach § 3 Absatz 5 Nummer 2, die ihrer Bauart nach ausschließlich zur Verwendung in ihrem Bereich bestimmt sind, von den Vorschriften dieses Gesetzes und der auf dieses Gesetz gestützten Rechtsverordnungen abweichen, soweit dies zur Erfüllung ihrer besonderen Aufgaben zwingend erforderlich ist. [2]Die auf Grund völkerrechtlicher Verträge in der Bundesrepublik Deutschland stationierten Truppen dürfen bei Anlagen nach § 3 Absatz 5 Nummer 2, die zur Verwendung in deren Bereich bestimmt sind, von den Vorschriften dieses Gesetzes und der auf dieses Gesetz gestützten Rechtsverordnungen abweichen, soweit dies zur Erfüllung ihrer besonderen Aufgaben zwingend erforderlich ist.

§ 61 Berichterstattung an die Europäische Kommission
(1) [1]Die Länder übermitteln dem Bundesministerium Umwelt, Naturschutz und nukleare Sicherheit nach dessen Vorgaben Informationen über die Umsetzung der Richtlinie 2010/75/EU, insbesondere über repräsentative Daten über Emissionen und sonstige Arten von Umweltverschmutzung, über Emissionsgrenzwerte und darüber, inwieweit der Stand der Technik angewendet wird. [2]Die Länder stellen diese Informationen auf elektronischem Wege zur Verfügung. [3]Art und Form der von den Ländern zu übermittelnden Informationen sowie der Zeitpunkt ihrer Übermittlung richten sich nach den Anforderungen, die auf der Grundlage von Artikel 72 Absatz 2 der Richtlinie 2010/75/EU festgelegt werden. [4]§ 5 Absatz 1 Satz 2, Absatz 2 bis 6 des Gesetzes zur Ausführung des Protokolls über Schadstofffreisetzungs- und

-verbringungsregister vom 21. Mai 2003 sowie zur Durchführung der Verordnung (EG) Nummer 166/2006 gilt entsprechend.

(2) [1]Die Länder übermitteln dem Bundesministerium für Umwelt, Naturschutz und nukleare Sicherheit nach dessen Vorgaben Informationen über die Umsetzung der Richtlinie 2012/18/EU sowie über die unter diese Richtlinie fallenden Betriebsbereiche. [2]Art und Form der von den Ländern zu übermittelnden Informationen sowie der Zeitpunkt ihrer Übermittlung richten sich nach den Anforderungen, die auf der Grundlage von Artikel 21 Absatz 5 der Richtlinie 2012/18/EU festgelegt werden. [3]Absatz 1 Satz 2 und 4 gilt entsprechend.

§ 62 Ordnungswidrigkeiten

(1) Ordnungswidrig handelt, wer vorsätzlich oder fahrlässig

1. eine Anlage ohne die Genehmigung nach § 4 Absatz 1 errichtet,

2. einer auf Grund des § 7 erlassenen Rechtsverordnung oder auf Grund einer solchen Rechtsverordnung erlassenen vollziehbaren Anordnung zuwiderhandelt, soweit die Rechtsverordnung für einen bestimmten Tatbestand auf diese Bußgeldvorschrift verweist,

3. eine vollziehbare Auflage nach § 8a Absatz 2 Satz 2 oder § 12 Absatz 1 nicht, nicht richtig, nicht vollständig oder nicht rechtzeitig erfüllt,

4. die Lage, die Beschaffenheit oder den Betrieb einer genehmigungsbedürftigen Anlage ohne die Genehmigung nach § 16 Absatz 1 wesentlich ändert,

4a. ohne Genehmigung nach § 16a Satz 1 oder § 23b Absatz 1 Satz 1 eine dort genannte Anlage störfallrelevant ändert oder störfallrelevant errichtet,

5. einer vollziehbaren Anordnung nach § 17 Absatz 1 Satz 1 oder 2, jeweils auch in Verbindung mit Absatz 5, § 24 Satz 1, § 26, § 28 Satz 1 oder § 29 nicht, nicht richtig, nicht vollständig oder nicht rechtzeitig nachkommt,

6. eine Anlage entgegen einer vollziehbaren Untersagung nach § 25 Absatz 1 betreibt,

7. einer auf Grund der §§ 23, 32, 33 Absatz 1 Nummer 1 oder 2, §§ 34, 35, 37, 38 Absatz 2, § 39 oder § 48a Absatz 1 Satz 1 oder 2, Absatz 1a oder 3 erlassenen Rechtsverordnung oder einer auf Grund einer solchen Rechtsverordnung ergangenen vollziehbaren Anordnung zuwiderhandelt, soweit die Rechtsverordnung für einen bestimmten Tatbestand auf diese Bußgeldvorschrift verweist,

7a. entgegen § 38 Absatz 1 Satz 2 Kraftfahrzeuge und ihre Anhänger, die nicht zum Verkehr auf öffentlichen Straßen zugelassen sind, Schienen-, Luft- und Wasserfahrzeuge sowie Schwimmkörper und schwimmende Anlagen nicht so betreibt, dass vermeidbare Emissionen verhindert und unvermeidbare Emissionen auf ein Mindestmaß beschränkt bleiben oder

8. entgegen einer Rechtsverordnung nach § 49 Absatz 1 Nummer 2 oder einer auf Grund einer solchen Rechtsverordnung ergangenen vollziehbaren Anordnung eine ortsfeste Anlage errichtet, soweit die Rechtsverordnung für einen bestimmten Tatbestand auf diese Bußgeldvorschrift verweist,

9. entgegen § 37c Absatz 1 Satz 1 bis 3 der zuständigen Stelle die dort genannten Angaben nicht, nicht richtig, nicht vollständig oder nicht rechtzeitig mitteilt oder nicht oder nicht rechtzeitig eine Kopie des Vertrages mit dem Dritten vorlegt,

10. entgegen § 37c Absatz 1 Satz 4, auch in Verbindung mit Satz 5, oder Satz 6 der zuständigen Stelle die dort genannten Angaben nicht richtig mitteilt,

11. entgegen § 37f Absatz 1 Satz 1, auch in Verbindung mit einer Rechtsverordnung nach § 37d Absatz 2 Satz 1 Nummer 14, der zuständigen Stelle einen Bericht nicht, nicht richtig, nicht vollständig oder nicht rechtzeitig vorlegt.

(2) Ordnungswidrig handelt ferner, wer vorsätzlich oder fahrlässig

1. entgegen § 15 Absatz 1 oder 3 eine Anzeige nicht, nicht richtig, nicht vollständig oder nicht rechtzeitig macht,

1a. entgegen § 15 Absatz 2 Satz 2 eine Änderung vornimmt,

1b. entgegen § 23a Absatz 1 Satz 1 eine Anzeige nicht, nicht richtig, nicht vollständig oder nicht rechtzeitig macht,

2. entgegen § 27 Absatz 1 Satz 1 in Verbindung mit einer Rechtsverordnung nach Abs. 4 Satz 1 eine Emissionserklärung nicht, nicht richtig, nicht vollständig oder nicht rechtzeitig abgibt oder nicht, nicht richtig, nicht vollständig oder nicht rechtzeitig ergänzt,

3. entgegen § 31 Absatz 1 Satz 1 eine dort genannte Zusammenfassung oder dort genannte Daten nicht, nicht richtig, nicht vollständig oder nicht rechtzeitig vorlegt,

3a. entgegen § 31 Absatz 5 Satz 1 eine Mitteilung nicht, nicht richtig, nicht vollständig oder nicht rechtzeitig macht,

4. entgegen § 52 Absatz 2 Satz 1, 3 oder 4, auch in Verbindung mit Absatz 3 Satz 1 oder Absatz 6 Satz 1 Auskünfte nicht, nicht richtig, nicht vollständig oder nicht rechtzeitig erteilt, eine Maßnahme nicht duldet, Unterlagen nicht vorlegt, beauftragte Personen nicht hinzuzieht oder einer dort sonst genannten Verpflichtung zuwiderhandelt,

5. entgegen § 52 Absatz 3 Satz 2 die Entnahme von Stichproben nicht gestattet,

6. eine Anzeige nach § 67 Absatz 2 Satz 1 nicht, nicht richtig, nicht vollständig oder nicht rechtzeitig erstattet oder

7. entgegen § 67 Absatz 2 Satz 2 Unterlagen nicht, nicht richtig, nicht vollständig oder nicht rechtzeitig vorlegt.

(3) [1]Ordnungswidrig handelt, wer vorsätzlich oder fahrlässig

1. einer unmittelbar geltenden Vorschrift in Rechtsakten der Europäischen Union zuwiderhandelt, die inhaltlich

 a) einem in Absatz 1 Nummer 1, 3, 4, 5, 6, 7a, 9 oder Nummer 10 oder

 b) einem in Absatz 2

 bezeichneten Gebot oder Verbot entspricht, soweit eine Rechtsverordnung nach Satz 2 für einen bestimmten Tatbestand auf diese Bußgeldvorschrift verweist, oder

2. einer unmittelbar geltenden Vorschrift in Rechtsakten der Europäischen Union zuwiderhandelt, die inhaltlich einer Regelung entspricht, zu der die in Absatz 1 Nummer 2, 7 oder Nummer 8 genannten Vorschriften ermächtigen, soweit eine Rechtsverordnung nach Satz 2 für einen bestimmten Tatbestand auf diese Bußgeldvorschrift verweist.

[2]Das Bundesministerium für Umwelt, Naturschutz und nukleare Sicherheit wird ermächtigt, soweit dies zur Durchsetzung der Rechtsakte der Europäischen Union erforderlich ist, durch Rechtsverordnung mit Zustimmung des Bundesrates die Tatbestände zu bezeichnen, die als Ordnungswidrigkeit geahndet werden können.

(4) Die Ordnungswidrigkeit kann in den Fällen der Absätze 1 und 3 Nummer 1 Buchstabe a und Nummer 2 mit einer Geldbuße bis zu fünfzigtausend Euro und in den übrigen Fällen mit einer Geldbuße bis zu zehntausend Euro geahndet werden.

(5) Verwaltungsbehörde im Sinne des § 36 Absatz 1 Nummer 1 des Gesetzes über Ordnungswidrigkeiten ist in den Fällen des Absatzes 1 Nummer 9 bis 11 die zuständige Stelle.

§§ 63 bis 65 (weggefallen)

Achter Teil
Schlussvorschriften

§ 66 Fortgeltung von Vorschriften

(1) (weggefallen)

(2) Bis zum Inkrafttreten von entsprechenden Rechtsverordnungen oder allgemeinen Verwaltungsvorschriften nach diesem Gesetz ist die Allgemeine Verwaltungsvorschrift zum Schutz gegen Baulärm – Geräuschimmissionen – vom 19. August 1970 (Beilage zum BAnz. Nr. 160 vom 1. September 1970) maßgebend.

§ 67 Übergangsvorschrift

(1) Eine Genehmigung, die vor dem Inkrafttreten dieses Gesetzes nach § 16 oder § 25 Absatz 1 der Gewerbeordnung erteilt worden ist, gilt als Genehmigung nach diesem Gesetz fort.

(2) [1]Eine genehmigungsbedürftige Anlage, die bei Inkrafttreten der Verordnung nach § 4 Absatz 1 Satz 3 errichtet oder wesentlich geändert ist oder mit deren Errichtung oder wesentlichen Änderung begonnen worden ist, muss innerhalb eines Zeitraums von drei Monaten nach Inkrafttreten der Verordnung der zuständigen Behörde angezeigt werden, sofern die Anlage nicht nach § 16 Absatz 1 oder § 25 Absatz 1 der Gewerbeordnung genehmigungsbedürftig war oder nach § 16 Absatz 4 der Gewerbeordnung angezeigt worden ist. [2]Der zuständigen Behörde sind innerhalb eines Zeitraums von zwei Monaten nach Erstattung der Anzeige Unterlagen gemäß § 10 Absatz 1 über Art, Lage, Umfang und Betriebsweise der Anlage im Zeitpunkt des Inkrafttretens der Verordnung nach § 4 Absatz 1 Satz 3 vorzulegen.

(3) Die Anzeigepflicht nach Absatz 2 gilt nicht für ortsveränderliche Anlagen, die im vereinfachten Verfahren (§ 19) genehmigt werden können.

(4) Bereits begonnene Verfahren sind nach den Vorschriften dieses Gesetzes und der auf dieses Gesetz gestützten Rechts- und Verwaltungsvorschriften zu Ende zu führen.

(5) [1]Soweit durch das Gesetz zur Umsetzung der Richtlinie über Industrieemissionen vom 8. April 2013 (BGBl. I S. 734) neue Anforderungen festgelegt worden sind, sind diese Anforderungen von Anlagen

nach der Industrieemissions-Richtlinie erst ab dem 7. Januar 2014 zu erfüllen, wenn vor dem 7. Januar 2013

1. die Anlage sich im Betrieb befand oder

2. eine Genehmigung für die Anlage erteilt wurde oder vom Vorhabenträger ein vollständiger Genehmigungsantrag gestellt wurde.

[2]Bestehende Anlagen nach Satz 1, die nicht von Anhang I der Richtlinie 2008/1/EG des Europäischen Parlaments und des Rates vom 15. Januar 2008 über die integrierte Vermeidung und Verminderung der Umweltverschmutzung (kodifizierte Fassung) (ABl. L 24 vom 29.1.2008, S. 8), die durch die Richtlinie 2009/31/EG (ABl. L 140 vom 5.6.2009, S. 114) geändert worden ist, erfasst wurden, haben abweichend von Satz 1 die dort genannten Anforderungen ab dem 7. Juli 2015 zu erfüllen.

(6) [1]Eine nach diesem Gesetz erteilte Genehmigung für eine Anlage zum Umgang mit

1. gentechnisch veränderten Mikroorganismen,

2. gentechnisch veränderten Zellkulturen, soweit sie nicht dazu bestimmt sind, zu Pflanzen regeneriert zu werden,

3. Bestandteilen oder Stoffwechselprodukten von Mikroorganismen nach Nummer 1 oder Zellkulturen nach Nummer 2, soweit sie biologisch aktive, rekombinante Nukleinsäure enthalten,

ausgenommen Anlagen, die ausschließlich Forschungszwecken dienen, gilt auch nach dem Inkrafttreten eines Gesetzes zur Regelung von Fragen der Gentechnik fort. [2]Absatz 4 gilt entsprechend.

(7) [1]Eine Planfeststellung oder Genehmigung nach dem Abfallgesetz gilt als Genehmigung nach diesem Gesetz fort. [2]Eine Anlage, die nach dem Abfallgesetz angezeigt wurde, gilt als nach diesem Gesetz angezeigt. [3]Abfallentsorgungsanlagen, die weder nach dem Abfallgesetz planfestgestellt oder genehmigt noch angezeigt worden sind, sind unverzüglich bei der zuständigen Behörde anzuzeigen. [4]Absatz 2 Satz 2 gilt entsprechend.

(8) Für die für das Jahr 1996 abzugebenden Emissionserklärungen ist § 27 in der am 14. Oktober 1996 geltenden Fassung weiter anzuwenden.

(9) [1]Baugenehmigungen für Windkraftanlagen mit einer Gesamthöhe von mehr als 50 Metern, die bis zum 1. Juli 2005 erteilt worden sind, gelten als Genehmigungen nach diesem Gesetz. [2]Nach diesem Gesetz erteilte Genehmigungen für Windfarmen gelten als Genehmigungen für die einzelnen Windkraftanlagen. [3]Verfahren auf Erteilung einer Baugenehmigung für Windkraftanlagen, die vor dem 1. Juli 2005 rechtshängig geworden sind, werden nach den Vorschriften der Verordnung über genehmigungsbedürftige Anlagen und der Anlage 1 des Gesetzes über die Umweltverträglichkeitsprüfung in der bisherigen Fassung abgeschlossen; für die in diesem Zusammenhang erteilten Baugenehmigungen gilt Satz 1 entsprechend. [4]Sofern ein Verfahren nach Satz 3 in eine Klage auf Erteilung einer Genehmigung nach diesem Gesetz geändert wird, gilt diese Änderung als sachdienlich.

(10) § 47 Absatz 5a gilt für die Verfahren zur Aufstellung oder Änderung von Luftreinhalteplänen nach § 47, die nach dem 25. Juni 2005 eingeleitet worden sind.

(11) [1]Für Kraftstoffe, die bis zum 31. Dezember 2014 in Verkehr gebracht werden, finden die §§ 37a bis 37f in der am 31. Dezember 2014 geltenden Fassung Anwendung. [2]Die weitere Behandlung von Biokraftstoffmengen, die den Mindestanteil für das Kalenderjahr 2014 übersteigen und deren Anrechnung auf das Verpflichtungsjahr 2015 vom Verpflichteten beantragt wurde, richtet sich ausschließlich nach den am 1. Januar 2015 geltenden Regelungen.

§ 67a Überleitungsregelung aus Anlass der Herstellung der Einheit Deutschlands

(1) [1]In dem in Artikel 3 des Einigungsvertrages genannten Gebiet muss eine genehmigungsbedürftige Anlage, die vor dem 1. Juli 1990 errichtet worden ist oder mit deren Errichtung vor diesem Zeitpunkt begonnen wurde, innerhalb von sechs Monaten nach diesem Zeitpunkt der zuständigen Behörde angezeigt werden. [2]Der Anzeige sind Unterlagen über Art, Umfang und Betriebsweise beizufügen.

(2) In dem in Artikel 3 des Einigungsvertrages genannten Gebiet darf die Erteilung einer Genehmigung zur Errichtung und zum Betrieb oder zur wesentlichen Änderung der Lage, Beschaffenheit oder des Betriebs einer genehmigungsbedürftigen Anlage wegen der Überschreitung eines Immissionswertes durch die Immissionsvorbelastung nicht versagt werden, wenn

1. die Zusatzbelastung geringfügig ist und mit einer deutlichen Verminderung der Immissionsbelastung im Einwirkungsbereich der Anlage innerhalb von fünf Jahren ab Genehmigung zu rechnen ist oder

2. im Zusammenhang mit dem Vorhaben Anlagen stillgelegt oder verbessert werden und dadurch eine Verminderung der Vorbelastung herbeigeführt wird, die im Jahresmittel mindestens doppelt so groß ist wie die von der Neuanlage verursachte Zusatzbelastung.

(3) Soweit die Technische Anleitung zur Reinhaltung der Luft vom 27. Februar 1986 (GMBl S. 95, 202) die Durchführung von Maßnahmen zur Sanierung von Altanlagen bis zu einem bestimmten Termin vor-

sieht, verlängern sich die hieraus ergebenden Fristen für das in Artikel 3 des Einigungsvertrages genannte Gebiet um ein Jahr; als Fristbeginn gilt der 1. Juli 1990.

§§ 68 bis 72 (Änderung von Rechtsvorschriften, Überleitung von Verweisungen, Aufhebung von Vorschriften)

§ 73 Bestimmungen zum Verwaltungsverfahren

Von den in diesem Gesetz und auf Grund dieses Gesetzes getroffenen Regelungen des Verwaltungsverfahrens kann durch Landesrecht nicht abgewichen werden.

Anlage
(zu § 3 Absatz 6)

Kriterien zur Bestimmung des Standes der Technik

Bei der Bestimmung des Standes der Technik sind unter Berücksichtigung der Verhältnismäßigkeit zwischen Aufwand und Nutzen möglicher Maßnahmen sowie des Grundsatzes der Vorsorge und der Vorbeugung, jeweils bezogen auf Anlagen einer bestimmten Art, insbesondere folgende Kriterien zu berücksichtigen:

1. Einsatz abfallarmer Technologie,
2. Einsatz weniger gefährlicher Stoffe,
3. Förderung der Rückgewinnung und Wiederverwertung der bei den einzelnen Verfahren erzeugten und verwendeten Stoffe und gegebenenfalls der Abfälle,
4. vergleichbare Verfahren, Vorrichtungen und Betriebsmethoden, die mit Erfolg im Betrieb erprobt wurden,
5. Fortschritte in der Technologie und in den wissenschaftlichen Erkenntnissen,
6. Art, Auswirkungen und Menge der jeweiligen Emissionen,
7. Zeitpunkte der Inbetriebnahme der neuen oder der bestehenden Anlagen,
8. für die Einführung einer besseren verfügbaren Technik erforderliche Zeit,
9. Verbrauch an Rohstoffen und Art der bei den einzelnen Verfahren verwendeten Rohstoffe (einschließlich Wasser) sowie Energieeffizienz,
10. Notwendigkeit, die Gesamtwirkung der Emissionen und die Gefahren für den Menschen und die Umwelt so weit wie möglich zu vermeiden oder zu verringern,
11. Notwendigkeit, Unfällen vorzubeugen und deren Folgen für den Menschen und die Umwelt zu verringern,
12. Informationen, die von internationalen Organisationen veröffentlicht werden,
13. Informationen, die in BVT-Merkblättern enthalten sind.

Vierte Verordnung zur Durchführung des Bundes-Immissionsschutzgesetzes
(Verordnung über genehmigungsbedürftige Anlagen – 4. BImSchV)

In der Fassung der Bekanntmachung vom 31. Mai 2017[1] (BGBl. I S. 1440)
(FNA 2129-8-4-3)

§ 1 Genehmigungsbedürftige Anlagen

(1) [1]Die Errichtung und der Betrieb der im Anhang 1 genannten Anlagen bedürfen einer Genehmigung, soweit den Umständen nach zu erwarten ist, dass sie länger als während der zwölf Monate, die auf die Inbetriebnahme folgen, an demselben Ort betrieben werden. [2]Für die in Nummer 8 des Anhangs 1 genannten Anlagen, ausgenommen Anlagen zur Behandlung am Entstehungsort, gilt Satz 1 auch, soweit sie weniger als während der zwölf Monate, die auf die Inbetriebnahme folgen, an demselben Ort betrieben werden sollen. [3]Für die in den Nummern 2.10.2, 7.4, 7.5, 7.25, 7.28, 9.1, 9.3 und 9.11 des Anhangs 1 genannten Anlagen gilt Satz 1 nur, soweit sie gewerblichen Zwecken dienen oder im Rahmen wirtschaftlicher Unternehmungen verwendet werden. [4]Hängt die Genehmigungsbedürftigkeit im Anhang 1 genannten Anlagen vom Erreichen oder Überschreiten einer bestimmten Leistungsgrenze oder Anlagengröße ab, ist jeweils auf den rechtlich und tatsächlich möglichen Betriebsumfang der durch denselben Betreiber betriebenen Anlage abzustellen.

(2) Das Genehmigungserfordernis erstreckt sich auf alle vorgesehenen

1. Anlagenteile und Verfahrensschritte, die zum Betrieb notwendig sind, und
2. Nebeneinrichtungen, die mit den Anlagenteilen und Verfahrensschritten nach Nummer 1 in einem räumlichen und betriebstechnischen Zusammenhang stehen und die von Bedeutung sein können für
 a) das Entstehen schädlicher Umwelteinwirkungen,
 b) die Vorsorge gegen schädliche Umwelteinwirkungen oder
 c) das Entstehen sonstiger Gefahren, erheblicher Nachteile oder erheblicher Belästigungen.

(3) [1]Die im Anhang 1 bestimmten Voraussetzungen sind auch erfüllt, wenn mehrere Anlagen derselben Art in einem engen räumlichen und betrieblichen Zusammenhang stehen (gemeinsame Anlage) und zusammen die maßgebenden Leistungsgrenzen oder Anlagengrößen erreichen oder überschreiten werden. [2]Ein enger räumlicher und betrieblicher Zusammenhang ist gegeben, wenn die Anlagen

1. auf demselben Betriebsgelände liegen,
2. mit gemeinsamen Betriebseinrichtungen verbunden sind und
3. einem vergleichbaren technischen Zweck dienen.

(4) Gehören zu einer Anlage Teile oder Nebeneinrichtungen, die je gesondert genehmigungsbedürftig wären, so bedarf es lediglich einer Genehmigung.

(5) Soll die für die Genehmigungsbedürftigkeit maßgebende Leistungsgrenze oder Anlagengröße durch die Erweiterung einer bestehenden Anlage erstmals überschritten werden, bedarf die gesamte Anlage der Genehmigung.

(6) Keiner Genehmigung bedürfen Anlagen, soweit sie der Forschung, Entwicklung oder Erprobung neuer Einsatzstoffe, Brennstoffe, Erzeugnisse oder Verfahren im Labor- oder Technikumsmaßstab dienen; hierunter fallen auch solche Anlagen im Labor- oder Technikumsmaßstab, in denen neue Erzeugnisse in der für die Erprobung ihrer Eigenschaften durch Dritte erforderlichen Menge vor der Markteinführung hergestellt werden, soweit die neuen Erzeugnisse noch weiter erforscht oder entwickelt werden.

(7) Keiner Genehmigung bedürfen Anlagen zur Lagerung von Stoffen, die eine Behörde in Erfüllung ihrer gesetzlichen Aufgabe zur Gefahrenabwehr sichergestellt hat.

§ 2 Zuordnung zu den Verfahrensarten

(1) [1]Das Genehmigungsverfahren wird durchgeführt nach

1. § 10 des Bundes-Immissionsschutzgesetzes für
 a) Anlagen, die in Spalte c des Anhangs 1 mit dem Buchstaben G gekennzeichnet sind,
 b) Anlagen, die sich aus in Spalte c des Anhangs 1 mit dem Buchstaben G und dem Buchstaben V gekennzeichneten Anlagen zusammensetzen,
 c) Anlagen, die in Spalte c des Anhangs 1 mit dem Buchstaben V gekennzeichnet sind und zu deren Genehmigung nach den §§ 3a bis 3f des Gesetzes über die Umweltverträglichkeitsprüfung eine Umweltverträglichkeitsprüfung durchzuführen ist,

1) Neubekanntmachung der 4. BImSchV v. 2.5.2013 (BGBl. I S. 973) in der ab 14.1.2017 geltenden Fassung.

2. § 19 des Bundes-Immissionsschutzgesetzes im vereinfachten Verfahren für in Spalte c des Anhangs 1 mit dem Buchstaben V gekennzeichnete Anlagen. [2]Soweit die Zuordnung zu den Genehmigungsverfahren von der Leistungsgrenze oder Anlagengröße abhängt, gilt § 1 Absatz 1 Satz 4 entsprechend.

(2) Kann eine Anlage vollständig verschiedenen Anlagenbezeichnungen im Anhang 1 zugeordnet werden, so ist die speziellere Anlagenbezeichnung maßgebend.

(3) [1]Für in Spalte c des Anhangs 1 mit dem Buchstaben G gekennzeichnete Anlagen, die ausschließlich oder überwiegend der Entwicklung und Erprobung neuer Verfahren, Einsatzstoffe, Brennstoffe oder Erzeugnisse dienen (Versuchsanlagen), wird das vereinfachte Verfahren durchgeführt, wenn die Genehmigung für einen Zeitraum von höchstens drei Jahren nach Inbetriebnahme der Anlage erteilt werden soll; dieser Zeitraum kann auf Antrag um höchstens ein Jahr verlängert werden. [2]Satz 1 ist auf Anlagen der Anlage 1 (Liste „UVP-pflichtige Vorhaben") zum Gesetz über die Umweltverträglichkeitsprüfung nur anzuwenden, soweit nach den Vorschriften dieses Gesetzes keine Umweltverträglichkeitsprüfung durchzuführen ist. [3]Soll die Lage, die Beschaffenheit oder der Betrieb einer nach Satz 1 genehmigten Anlage für einen anderen Entwicklungs- oder Erprobungszweck geändert werden, ist ein Verfahren nach Satz 1 durchzuführen.

(4) Wird die für die Zuordnung zu einer Verfahrensart maßgebende Leistungsgrenze oder Anlagengröße durch die Errichtung und den Betrieb einer weiteren Teilanlage oder durch eine sonstige Erweiterung der Anlage erreicht oder überschritten, so wird die Genehmigung für die Änderung in dem Verfahren erteilt, dem die Anlage nach der Summe ihrer Leistung oder Größe entspricht.

§ 3 Anlagen nach der Industrieemissions-Richtlinie
Anlagen nach Artikel 10 in Verbindung mit Anhang I der Richtlinie 2010/75/EU des Europäischen Parlaments und des Rates vom 24. November 2010 über Industrieemissionen (integrierte Vermeidung und Verminderung der Umweltverschmutzung) (Neufassung) (ABl. L 334 vom 17.12.2010, S. 17) sind Anlagen, die in Spalte d des Anhangs 1 mit dem Buchstaben E gekennzeichnet sind.

Anhang 1
Rohstoffbegriff in Nummer 7
Der in Anlagenbeschreibungen unter Nummer 7 verwendete Begriff „Rohstoff" gilt unabhängig davon, ob dieser zuvor verarbeitet wurde oder nicht.
Abfallbegriff in Nummer 8
Der in den Anlagenbeschreibungen unter den Nummern 8.2 bis 8.15 verwendete Begriff „Abfall" betrifft jeweils ausschließlich Abfälle, auf die die Vorschriften des Kreislaufwirtschaftsgesetzes Anwendung finden.
Mischungsregel
Wird in Anlagenbeschreibungen unter Nummer 7 auf diese Mischungsregel Bezug genommen, errechnet sich die Produktionskapazität **P** beim Einsatz tierischer und pflanzlicher Rohstoffe wie folgt:

$$P = \frac{75}{[300 - (22{,}5 \cdot A)]} \qquad \begin{array}{l} \textit{für } A \geq 10 \\ \textit{für } A < 10 \end{array}$$

wobei **A** den gewichtsprozentualen Anteil der tierischen Rohstoffe an den insgesamt eingesetzten Rohstoffen darstellt.
Legende
Nr.:
Ordnungsnummer der Anlagenart
Anlagenbeschreibung:
 Die vollständige Beschreibung der Anlagenart ergibt sich aus dem fortlaufenden Text von der 2. bis zur jeweils letzten Gliederungsebene der Ordnungsnummer.
 (z.B. ergibt sich die vollständige Beschreibung der Anlagenart von Nummer 1.2.4.1 aus dem fortlaufenden Text der Nummern 1.2, 1.2.4 und 1.2.4.1)
Verfahrensart:
 G: Genehmigungsverfahren gemäß § 10 BImSchG (mit Öffentlichkeitsbeteiligung)
 V: Vereinfachtes Verfahren gemäß § 19 BImSchG (ohne Öffentlichkeitsbeteiligung)
Anlage gemäß Art. 10 der Richtlinie 2010/75/EU:
 E: Anlage gemäß § 3

Nr.	Anlagenbeschreibung	Verfahrensart	Anlage gemäß Art. 10 der RL 2010/75/EU
a	b	c	d
1.	**Wärmeerzeugung, Bergbau und Energie**		
1.1	Anlagen zur Erzeugung von Strom, Dampf, Warmwasser, Prozesswärme oder erhitztem Abgas durch den Einsatz von Brennstoffen in einer Verbrennungseinrichtung (wie Kraftwerk, Heizkraftwerk, Heizwerk, Gasturbinenanlage, Verbrennungsmotoranlage, sonstige Feuerungsanlage), einschließlich zugehöriger Dampfkessel, mit einer Feuerungswärmeleistung von 50 Megawatt oder mehr;	G	E
1.2	Anlagen zur Erzeugung von Strom, Dampf, Warmwasser, Prozesswärme oder erhitztem Abgas in einer Verbrennungseinrichtung (wie Kraftwerk, Heizkraftwerk, Heizwerk, Gasturbinenanlage, Verbrennungsmotoranlage, sonstige Feuerungsanlage), einschließlich zugehöriger Dampfkessel, ausgenommen Verbrennungsmotoranlagen für Bohranlagen und Notstromaggregate, durch den Einsatz von		
1.2.1	Kohle, Koks einschließlich Petrolkoks, Kohlebriketts, Torfbriketts, Brenntorf, naturbelassenem Holz sowie in der eigenen Produktionsanlage anfallendem gestrichenem, lackiertem oder beschichtetem Holz oder Sperrholz, Spanplatten, Faserplatten oder sonst verleimtem Holz sowie daraus anfallenden Resten, soweit keine Holzschutzmittel aufgetragen oder infolge einer Behandlung enthalten sind und Beschichtungen keine halogenorganischen Verbindungen oder Schwermetalle enthalten, emulgiertem Naturbitumen, Heizölen, ausgenommen Heizöl EL, mit einer Feuerungswärmeleistung von 1 Megawatt bis weniger als 50 Megawatt,	V	
1.2.2	gasförmigen Brennstoffen (insbesondere Koksofengas, Grubengas, Stahlgas, Raffineriegas, Synthesegas, Erdölgas aus der Tertiärförderung von Erdöl, Klärgas, Biogas), ausgenommen naturbelassenem Erdgas, Flüssiggas, Gasen der öffentlichen Gasversorgung oder Wasserstoff, mit einer Feuerungswärmeleistung von		
1.2.2.1	10 Megawatt bis weniger als 50 Megawatt,	V	
1.2.2.2	1 Megawatt bis weniger als 10 Megawatt, bei Verbrennungsmotoranlagen oder Gasturbinenanlagen,	V	
1.2.3	Heizöl EL, Dieselkraftstoff, Methanol, Ethanol, naturbelassenen Pflanzenölen oder Pflanzenölmethylestern, naturbelassenem Erdgas, Flüssiggas, Gasen der öffentlichen Gasversorgung oder Wasserstoff mit einer Feuerungswärmeleistung von		
1.2.3.1	20 Megawatt bis weniger als 50 Megawatt,	V	

Nr.	Anlagenbeschreibung	Verfahrensart	Anlage gemäß Art. 10 der RL 2010/75/EU
a	b	c	d
1.2.3.2	1 Megawatt bis weniger als 20 Megawatt, bei Verbrennungsmotoranlagen oder Gasturbinenanlagen,	V	
1.2.4	anderen als in Nummer 1.2.1 oder 1.2.3 genannten festen oder flüssigen Brennstoffen mit einer Feuerungswärmeleistung von 100 Kilowatt bis weniger als 50 Megawatt;	V	
1.3	(nicht besetzt)		
1.4	Verbrennungsmotoranlagen oder Gasturbinenanlagen zum Antrieb von Arbeitsmaschinen für den Einsatz von		
1.4.1	Heizöl EL, Dieselkraftstoff, Methanol, Ethanol, naturbelassenen Pflanzenölen, Pflanzenölmethylestern, Koksofengas, Grubengas, Stahlgas, Raffineriegas, Synthesegas, Erdölgas aus der Tertiärförderung von Erdöl, Klärgas, Biogas, naturbelassenem Erdgas, Flüssiggas, Gasen der öffentlichen Gasversorgung oder Wasserstoff mit einer Feuerungswärmeleistung von		
1.4.1.1	50 Megawatt oder mehr,	G	E
1.4.1.2	1 Megawatt bis weniger als 50 Megawatt, ausgenommen Verbrennungsmotoranlagen für Bohranlagen,	V	
1.4.2	anderen als in Nummer 1.4.1 genannten Brennstoffen mit einer Feuerungswärmeleistung von		
1.4.2.1	50 Megawatt oder mehr,	G	E
1.4.2.2	100 Kilowatt bis weniger als 50 Megawatt;	V	
1.5	(nicht besetzt)		
1.6	Anlagen zur Nutzung von Windenergie mit einer Gesamthöhe von mehr als 50 Metern und		
1.6.1	20 oder mehr Windkraftanlagen,	G	
1.6.2	weniger als 20 Windkraftanlagen;	V	
1.7	(nicht besetzt)		
1.8	Elektroumspannanlagen mit einer Oberspannung von 220 Kilovolt oder mehr einschließlich der Schaltfelder, ausgenommen eingehauste Elektroumspannanlagen;	V	
1.9	Anlagen zum Mahlen oder Trocknen von Kohle mit einer Kapazität von 1 Tonne oder mehr je Stunde;	V	
1.10	Anlagen zum Brikettieren von Braun- oder Steinkohle;	G	
1.11	Anlagen zur Trockendestillation (z.B. Kokereien, Gaswerke und Schwelereien), insbesondere von Steinkohle oder Braunkohle, Holz, Torf oder Pech, ausgenommen Holzkohlenmeiler;	G	E

Nr.	Anlagenbeschreibung	Verfahrensart	Anlage gemäß Art. 10 der RL 2010/75/EU
a	b	c	d
1.12	Anlagen zur Destillation oder Weiterverarbeitung von Teer oder Teererzeugnissen oder von Teer- oder Gaswasser;	G	
1.13	(nicht besetzt)		
1.14	Anlagen zur Vergasung oder Verflüssigung von		
1.14.1	Kohle,	G	E
1.14.2	bituminösem Schiefer mit einem Energieäquivalent von		
1.14.2.1	20 Megawatt oder mehr,	G	E
1.14.2.2	weniger als 20 Megawatt,	G	
1.14.3	anderen Brennstoffen als Kohle oder bituminösem Schiefer, insbesondere zur Erzeugung von Generator-, Wasser-, oder Holzgas, mit einer Produktionskapazität an Stoffen, entsprechend einem Energieäquivalent von		
1.14.3.1	20 Megawatt oder mehr,	G	E
1.14.3.2	1 Megawatt bis weniger als 20 Megawatt;	V	
1.15	Anlagen zur Erzeugung von Biogas, soweit nicht von Nummer 8.6 erfasst, mit einer Produktionskapazität von 1,2 Million Normkubikmetern je Jahr Rohgas oder mehr;	V	
1.16	Anlagen zur Aufbereitung von Biogas mit einer Verarbeitungskapazität von 1,2 Million Normkubikmetern je Jahr Rohgas oder mehr;	V	
2.	**Steine und Erden, Glas, Keramik, Baustoffe**		
2.1	Steinbrüche mit einer Abbaufläche von		
2.1.1	10 Hektar oder mehr,	G	
2.1.2	weniger als 10 Hektar, soweit Sprengstoffe verwendet werden;	V	
2.2	Anlagen zum Brechen, Trocknen, Mahlen oder Klassieren von natürlichem oder künstlichem Gestein, ausgenommen Klassieranlagen für Sand oder Kies sowie Anlagen, die nicht mehr als zehn Tage im Jahr betrieben werden;	V	
2.3	Anlagen zur Herstellung von Zementklinker oder Zementen mit einer Produktionskapazität von		
2.3.1	500 Tonnen oder mehr je Tag,	G	E
2.3.2	50 Tonnen bis weniger als 500 Tonnen je Tag, soweit nicht in Drehrohröfen hergestellt,	G	E
2.3.3	weniger als 500 Tonnen je Tag, soweit in Drehrohröfen hergestellt,	V	
2.3.4	weniger als 50 Tonnen je Tag, soweit nicht in Drehrohröfen hergestellt;	V	
2.4	Anlagen zum Brennen von		
2.4.1	Kalkstein, Magnesit oder Dolomit mit einer Produktionskapazität von		

Nr.	Anlagenbeschreibung	Verfahrensart	Anlage gemäß Art. 10 der RL 2010/75/EU
a	b	c	d
2.4.1.1	50 Tonnen oder mehr Branntkalk oder Magnesiumoxid je Tag,	G	E
2.4.1.2	weniger als 50 Tonnen Branntkalk oder Magnesiumoxid je Tag,	V	
2.4.2	Bauxit, Gips, Kieselgur, Quarzit oder Ton zu Schamotte;	V	
2.5	Anlagen zur Gewinnung von Asbest;	G	E
2.6	Anlagen zur Be- oder Verarbeitung von Asbest oder Asbesterzeugnissen;	G	E
2.7	Anlagen zum Blähen von Perlite oder Schiefer;	V	
2.8	Anlagen zur Herstellung von Glas, auch soweit es aus Altglas hergestellt wird, einschließlich Anlagen zur Herstellung von Glasfasern, mit einer Schmelzkapazität von		
2.8.1	20 Tonnen oder mehr je Tag,	G	E
2.8.2	100 Kilogramm bis weniger als 20 Tonnen je Tag, ausgenommen in Anlagen zur Herstellung von Glasfasern, die für medizinische oder fernmeldetechnische Zwecke bestimmt sind;	V	
2.9	(nicht besetzt)		
2.10	Anlagen zum Brennen keramischer Erzeugnisse (einschließlich Anlagen zum Blähen von Ton) mit einer Produktionskapazität von		
2.10.1	75 Tonnen oder mehr je Tag,	G	E
2.10.2	weniger als 75 Tonnen je Tag, soweit der Rauminhalt der Brennanlage 4 Kubikmeter oder mehr beträgt oder die Besatzdichte mehr als 100 Kilogramm je Kubikmeter Rauminhalt der Brennanlage beträgt, ausgenommen elektrisch beheizte Brennöfen, die diskontinuierlich und ohne Abluftführung betrieben werden;	V	
2.11	Anlagen zum Schmelzen mineralischer Stoffe einschließlich Anlagen zur Herstellung von Mineralfasern mit einer Schmelzkapazität von		
2.11.1	20 Tonnen oder mehr je Tag,	G	E
2.11.2	weniger als 20 Tonnen je Tag;	V	
2.12	(nicht besetzt)		
2.13	(nicht besetzt)		
2.14	Anlagen zur Herstellung von Formstücken unter Verwendung von Zement oder anderen Bindemitteln durch Stampfen, Schocken, Rütteln oder Vibrieren mit einer Produktionskapazität von 10 Tonnen oder mehr je Stunde;	V	

Nr.	Anlagenbeschreibung	Verfahrensart	Anlage gemäß Art. 10 der RL 2010/75/EU
a	b	c	d
2.15	Anlagen zur Herstellung oder zum Schmelzen von Mischungen aus Bitumen oder Teer mit Mineralstoffen, ausgenommen Anlagen, die Mischungen in Kaltbauweise herstellen, einschließlich Aufbereitungsanlagen für bituminöse Straßenbaustoffe und Teersplittanlagen;	V	
3.	**Stahl, Eisen und sonstige Metalle einschließlich Verarbeitung**		
3.1	Anlagen zum Rösten (Erhitzen unter Luftzufuhr zur Überführung in Oxide), Schmelzen oder Sintern (Stückigmachen von feinkörnigen Stoffen durch Erhitzen) von Erzen;	G	E
3.2	Anlagen zur Herstellung oder zum Erschmelzen von Roheisen		
3.2.1	und zur Weiterverarbeitung zu Rohstahl, bei denen sich Gewinnungs- und Weiterverarbeitungseinheiten nebeneinander befinden und in funktioneller Hinsicht miteinander verbunden sind (Integrierte Hüttenwerke), mit einer Schmelzkapazität von		
3.2.1.1	2,5 Tonnen oder mehr je Stunde,	G	E
3.2.1.2	weniger als 2,5 Tonnen je Stunde,	G	
3.2.2	oder Stahl, einschließlich Stranggießen, auch soweit Konzentrate oder sekundäre Rohstoffe eingesetzt werden, mit einer Schmelzkapazität von		
3.2.2.1	2,5 Tonnen oder mehr je Stunde,	G	E
3.2.2.2	weniger als 2,5 Tonnen je Stunde;	V	
3.3	Anlagen zur Herstellung von Nichteisenrohmetallen aus Erzen, Konzentraten oder sekundären Rohstoffen durch metallurgische, chemische oder elektrolytische Verfahren;	G	E
3.4	Anlagen zum Schmelzen, zum Legieren oder zur Raffination von Nichteisenmetallen mit einer Schmelzkapazität von		
3.4.1	4 Tonnen je Tag oder mehr bei Blei und Cadmium oder von 20 Tonnen je Tag oder mehr bei sonstigen Nichteisenmetallen,	G	E

Nr.	Anlagenbeschreibung	Verfahrensart	Anlage gemäß Art. 10 der RL 2010/75/EU
a	b	c	d
3.4.2	0,5 Tonnen bis weniger als 4 Tonnen je Tag bei Blei und Cadmium oder von 2 Tonnen bis weniger als 20 Tonnen je Tag bei sonstigen Nichteisenmetallen, ausgenommen 1. Vakuum-Schmelzanlagen, 2. Schmelzanlagen für Gusslegierungen aus Zinn und Wismut oder aus Feinzink und Aluminium in Verbindung mit Kupfer oder Magnesium, 3. Schmelzanlagen, die Bestandteil von Druck oder Kokillengießmaschinen sind oder die ausschließlich im Zusammenhang mit einzelnen Druck- oder Kokillengießmaschinen gießfertige Nichteisenmetalle oder gießfertige Legierungen niederschmelzen, 4. Schmelzanlagen für Edelmetalle oder für Legierungen, die nur aus Edelmetallen oder aus Edelmetallen und Kupfer bestehen, 5. Schwalllötbäder und 6. Heißluftverzinnungsanlagen;	V	
3.5	Anlagen zum Abziehen der Oberflächen von Stahl, insbesondere von Blöcken, Brammen, Knüppeln, Platinen oder Blechen, durch Flämmen;	V	
3.6	Anlagen zur Umformung von		
3.6.1	Stahl durch Warmwalzen mit einer Kapazität je Stunde von		
3.6.1.1	20 Tonnen oder mehr,	G	E
3.6.1.2	weniger als 20 Tonnen,	V	
3.6.2	Stahl durch Kaltwalzen mit einer Bandbreite von 650 Millimetern oder mehr,	V	
3.6.3	Schwermetallen, ausgenommen Eisen oder Stahl, durch Walzen mit einer Kapazität von 1 Tonne oder mehr je Stunde,	V	
3.6.4	Leichtmetallen durch Walzen mit einer Kapazität von 0,5 Tonnen oder mehr je Stunde;	V	
3.7	Eisen-, Temper- oder Stahlgießereien mit einer Verarbeitungskapazität an Flüssigmetall von		
3.7.1	20 Tonnen oder mehr je Tag,	G	E
3.7.2	2 Tonnen bis weniger als 20 Tonnen je Tag;	V	
3.8	Gießereien für Nichteisenmetalle mit einer Verarbeitungskapazität an Flüssigmetall von		
3.8.1	4 Tonnen oder mehr je Tag bei Blei und Cadmium oder 20 Tonnen oder mehr je Tag bei sonstigen Nichteisenmetallen,	G	E

Nr.	Anlagenbeschreibung	Verfahrensart	Anlage gemäß Art. 10 der RL 2010/75/EU
a	b	c	d
3.8.2	0,5 Tonnen bis weniger als 4 Tonnen je Tag bei Blei und Cadmium oder 2 Tonnen bis weniger als 20 Tonnen je Tag bei sonstigen Nichteisenmetallen, ausgenommen 1. Gießereien für Glocken- oder Kunstguss, 2. Gießereien, in denen in metallische Formen abgegossen wird, und 3. Gießereien, in denen das Material in ortsbeweglichen Tiegeln niedergeschmolzen wird;	V	
3.9	Anlagen zum Aufbringen von metallischen Schutzschichten		
3.9.1	mit Hilfe von schmelzflüssigen Bädern auf Metalloberflächen mit einer Verarbeitungskapazität von		
3.9.1.1	2 Tonnen oder mehr Rohstahl je Stunde,	G	E
3.9.1.2	2 Tonnen oder mehr Rohgut je Stunde, soweit nicht von der Nummer 3.9.1.1 erfasst,	G	
3.9.1.3	500 Kilogramm bis weniger als 2 Tonnen Rohgut je Stunde, ausgenommen Anlagen zum kontinuierlichen Verzinken nach dem Sendzimirverfahren,	V	
3.9.2	durch Flamm-, Plasma- oder Lichtbogenspritzen		
3.9.2.1	auf Metalloberflächen mit einer Verarbeitungskapazität von 2 Tonnen oder mehr Rohstahl je Stunde,	G	E
3.9.2.2	auf Metall- oder Kunststoffoberflächen mit einem Durchsatz an Blei, Zinn, Zink, Nickel, Kobalt oder ihren Legierungen von 2 Kilogramm oder mehr je Stunde;	V	
3.10	Anlagen zur Oberflächenbehandlung mit einem Volumen der Wirkbäder von		
3.10.1	30 Kubikmeter oder mehr bei der Behandlung von Metall- oder Kunststoffoberflächen durch ein elektrolytisches oder chemisches Verfahren,	G	E
3.10.2	1 Kubikmeter bis weniger als 30 Kubikmeter bei der Behandlung von Metalloberflächen durch Beizen oder Brennen unter Verwendung von Fluss- oder Salpetersäure;	V	
3.11	Anlagen, die aus einem oder mehreren maschinell angetriebenen Hämmern oder Fallwerken bestehen, wenn die Schlagenergie eines Hammers oder Fallwerkes		
3.11.1	50 Kilojoule oder mehr und die Feuerungswärmeleistung der Wärmebehandlungsöfen 20 Megawatt oder mehr beträgt,	G	E
3.11.2	50 Kilojoule oder mehr beträgt, soweit nicht von Nummer 3.11.1 erfasst,	G	
3.11.3	1 Kilojoule bis weniger als 50 Kilojoule beträgt;	V	
3.12	(nicht besetzt)		

Nr.	Anlagenbeschreibung	Verfahrensart	Anlage gemäß Art. 10 der RL 2010/75/EU
a	b	c	d
3.13	Anlagen zur Sprengverformung oder zum Plattieren mit Sprengstoffen bei einem Einsatz von 10 Kilogramm Sprengstoff oder mehr je Schuss;	V	
3.14 – 3.15	(nicht besetzt)		
3.16	Anlagen zur Herstellung von warmgefertigten nahtlosen oder geschweißten Rohren aus Stahl mit einer Produktionskapazität von		
3.16.1	20 Tonnen oder mehr je Stunde,	G	E
3.16.2	weniger als 20 Tonnen je Stunde;	G	
3.17	(nicht besetzt)		
3.18	Anlage zur Herstellung oder Reparatur von Schiffskörpern oder -sektionen (Schiffswerft) aus Metall mit einer Länge von 20 Metern oder mehr;	G	
3.19	Anlagen zum Bau von Schienenfahrzeugen mit einer Produktionskapazität von 600 Schienenfahrzeugeinheiten oder mehr je Jahr; 1 Schienenfahrzeugeinheit entspricht 0,5 Lokomotiven, 1 Straßenbahn, 1 Wagen eines Triebzuges, 1 Triebkopf, 1 Personenwagen oder 3 Güterwagen;	G	
3.20	Anlagen zur Oberflächenbehandlung von Gegenständen aus Stahl, Blech oder Guss mit festen Strahlmitteln, die außerhalb geschlossener Räume betrieben werden, ausgenommen nicht begehbare Handstrahlkabinen sowie Anlagen mit einem Luftdurchsatz von weniger als 300 Kubikmetern je Stunde;	V	
3.21	Anlagen zur Herstellung von Bleiakkumulatoren;	V	
3.22	Anlagen zur Behandlung von Schrotten in Schredderanlagen, sofern nicht von Nummer 8.9 erfasst, mit einer Durchsatzkapazität an Eingangsstoffen von		
3.22.1	50 Tonnen oder mehr je Tag,	G	
3.22.2	10 Tonnen bis weniger als 50 Tonnen je Tag;	V	
3.23	Anlagen zur Herstellung von Metallpulvern oder -pasten, insbesondere Aluminium-, Eisen- oder Magnesiumpulver oder -pasten oder blei- oder nickelhaltigen Pulvern oder Pasten, ausgenommen Anlagen zur Herstellung von Edelmetallpulver;	V	
3.24	Anlagen für den Bau und die Montage von Kraftfahrzeugen oder Anlagen für den Bau von Kraftfahrzeugmotoren mit einer Kapazität von jeweils 100 000 Stück oder mehr je Jahr;	G	
3.25	Anlagen für Bau und Instandhaltung, ausgenommen die Wartung einschließlich kleinerer Reparaturen, von Luftfahrzeugen,		
3.25.1	soweit je Jahr mehr als 50 Luftfahrzeuge hergestellt werden können,	G	
3.25.2	soweit je Jahr mehr als 50 Luftfahrzeuge instand gehalten werden können;	V	

Nr.	Anlagenbeschreibung	Verfahrensart	Anlage gemäß Art. 10 der RL 2010/75/EU
a	b	c	d
4.	**Chemische Erzeugnisse, Arzneimittel, Mineralölraffination und Weiterverarbeitung**		
4.1	Anlagen zur Herstellung von Stoffen oder Stoffgruppen durch chemische, biochemische oder biologische Umwandlung in industriellem Umfang, ausgenommen Anlagen zur Erzeugung oder Spaltung von Kernbrennstoffen oder zur Aufarbeitung bestrahlter Kernbrennstoffe, zur Herstellung von		
4.1.1	Kohlenwasserstoffen (lineare oder ringförmige, gesättigte oder ungesättigte, aliphatische oder aromatische),	G	E
4.1.2	sauerstoffhaltigen Kohlenwasserstoffen wie Alkohole, Aldehyde, Ketone, Carbonsäuren, Ester, Acetate, Ether, Peroxide, Epoxide,	G	E
4.1.3	schwefelhaltigen Kohlenwasserstoffen,	G	E
4.1.4	stickstoffhaltigen Kohlenwasserstoffen wie Amine, Amide, Nitroso-, Nitro- oder Nitratverbindungen, Nitrile, Cyanate, Isocyanate,	G	E
4.1.5	phosphorhaltigen Kohlenwasserstoffen,	G	E
4.1.6	halogenhaltigen Kohlenwasserstoffen,	G	E
4.1.7	metallorganischen Verbindungen,	G	E
4.1.8	Kunststoffen (Kunstharzen, Polymeren, Chemiefasern, Fasern auf Zellstoffbasis),	G	E
4.1.9	synthetischen Kautschuken,	G	E
4.1.10	Farbstoffen und Pigmenten sowie von Ausgangsstoffen für Farben und Anstrichmittel,	G	E
4.1.11	Tensiden,	G	E
4.1.12	Gasen wie Ammoniak, Chlor und Chlorwasserstoff, Fluor und Fluorwasserstoff, Kohlenstoffoxiden, Schwefelverbindungen, Stickstoffoxiden, Wasserstoff, Schwefeldioxid, Phosgen,	G	E
4.1.13	Säuren wie Chromsäure, Flusssäure, Phosphorsäure, Salpetersäure, Salzsäure, Schwefelsäure, Oleum, schwefelige Säuren,	G	E
4.1.14	Basen wie Ammoniumhydroxid, Kaliumhydroxid, Natriumhydroxid,	G	E
4.1.15	Salzen wie Ammoniumchlorid, Kaliumchlorat, Kaliumkarbonat, Natriumkarbonat, Perborat, Silbernitrat,	G	E
4.1.16	Nichtmetallen, Metalloxiden oder sonstigen anorganischen Verbindungen wie Kalziumkarbid, Silizium, Siliziumkarbid, anorganische Peroxide, Schwefel,	G	E
4.1.17	phosphor-, stickstoff- oder kaliumhaltigen Düngemitteln (Einnährstoff- oder Mehrnährstoffdünger),	G	E
4.1.18	Pflanzenschutzmittel oder Biozide,	G	E

Nr.	Anlagenbeschreibung	Verfahrensart	Anlage gemäß Art. 10 der RL 2010/75/EU
a	b	c	d
4.1.19	Arzneimittel einschließlich Zwischenerzeugnisse,	G	E
4.1.20	Explosivstoffen,	G	E
4.1.21	Stoffen oder Stoffgruppen, die keiner oder mehreren der Nummern 4.1.1 bis 4.1.20 entsprechen,	G	E
4.1.22	− organischen Grundchemikalien, − anorganischen Grundchemikalien, − phosphor-, stickstoff- oder kaliumhaltigen Düngemitteln (Einnährstoff oder Mehrnährstoff), − Ausgangsstoffen für Pflanzenschutzmittel und Bioziden, − Grundarzneimitteln unter Verwendung eines chemischen oder biologischen Verfahrens oder − Explosivstoffen, im Verbund, bei denen sich mehrere Einheiten nebeneinander befinden und in funktioneller Hinsicht miteinander verbunden sind (integrierte chemische Anlagen);	G	E
4.2	Anlagen, in denen Pflanzenschutzmittel, Biozide oder ihre Wirkstoffe gemahlen oder maschinell gemischt, abgepackt oder umgefüllt werden, soweit diese Stoffe in einer Menge von 5 Tonnen je Tag oder mehr gehandhabt werden;	V	
4.3	Anlagen zur Herstellung von Arzneimitteln oder Arzneimittelzwischenprodukten im industriellen Umfang, soweit nicht von Nummer 4.1.19 erfasst, ausgenommen Anlagen, die ausschließlich der Herstellung der Darreichungsform dienen, in denen		
4.3.1	Pflanzen, Pflanzenteile oder Pflanzenbestandteile extrahiert, destilliert oder auf ähnliche Weise behandelt werden, ausgenommen Extraktionsanlagen mit Ethanol ohne Erwärmen,	V	
4.3.2	Tierkörper, auch lebender Tiere, sowie Körperteile, Körperbestandteile und Stoffwechselprodukte von Tieren eingesetzt werden;	V	
4.4	Anlagen zur Destillation oder Raffination oder sonstigen Weiterverarbeitung von Erdöl oder Erdölerzeugnissen in		
4.4.1	Mineralölraffinerien,	G	E
4.4.2	Schmierstoffraffinerien,	G	
4.4.3	Gasraffinerien,	G	E
4.4.4	petrochemischen Werken oder bei der Gewinnung von Paraffin;	G	
4.5	Anlagen zur Herstellung von Schmierstoffen, wie Schmieröle, Schmierfette, Metallbearbeitungsöle;	V	
4.6	Anlagen zur Herstellung von Ruß;	G	E

Nr.	Anlagenbeschreibung	Verfahrensart	Anlage gemäß Art. 10 der RL 2010/75/EU
a	b	c	d
4.7	Anlagen zur Herstellung von Kohlenstoff (Hartbrandkohle) oder Elektrographit durch Brennen oder Graphitieren, zum Beispiel für Elektroden, Stromabnehmer oder Apparateteile;	G	E
4.8	Anlagen zum Destillieren von flüchtigen organischen Verbindungen, die bei einer Temperatur von 293,15 Kelvin einen Dampfdruck von mindestens 0,01 Kilopascal haben, mit einer Durchsatzkapazität von 1 Tonne oder mehr je Stunde;	V	
4.9	Anlagen zum Erschmelzen von Naturharzen oder Kunstharzen mit einer Kapazität von 1 Tonne oder mehr je Tag;	V	
4.10	Anlagen zur Herstellung von Anstrich- oder Beschichtungsstoffen (Lasuren, Firnis, Lacke, Dispersionsfarben) oder Druckfarben unter Einsatz von 25 Tonnen oder mehr je Tag an flüchtigen organischen Verbindungen, die bei einer Temperatur von 293,15 Kelvin einen Dampfdruck von mindestens 0,01 Kilopascal haben;	G	
5.	**Oberflächenbehandlung mit organischen Stoffen, Herstellung von bahnenförmigen Materialien aus Kunststoffen, sonstige Verarbeitung von Harzen und Kunststoffen**		
5.1	Anlagen zur Behandlung von Oberflächen, ausgenommen Anlagen, soweit die Farben oder Lacke ausschließlich hochsiedende Öle (mit einem Dampfdruck von weniger als 0,01 Kilopascal bei einer Temperatur von 293,15 Kelvin) als organische Lösungsmittel enthalten und die Lösungsmittel unter den jeweiligen Verwendungsbedingungen keine höhere Flüchtigkeit aufweisen,		
5.1.1	von Stoffen, Gegenständen oder Erzeugnissen einschließlich der dazugehörigen Trocknungsanlagen unter Verwendung von organischen Lösungsmitteln, insbesondere zum Appretieren, Bedrucken, Beschichten, Entfetten, Imprägnieren, Kaschieren, Kleben, Lackieren, Reinigen oder Tränken mit einem Verbrauch an organischen Lösungsmitteln von		
5.1.1.1	150 Kilogramm oder mehr je Stunde oder 200 Tonnen oder mehr je Jahr,	G	E
5.1.1.2	25 Kilogramm bis weniger als 150 Kilogramm je Stunde oder 15 Tonnen bis weniger als 200 Tonnen je Jahr, ausgenommen zum Bedrucken,	V	
5.1.2	von bahnen- oder tafelförmigen Materialien mit Rotationsdruckmaschinen einschließlich der zugehörigen Trocknungsanlagen, soweit die Farben oder Lacke		

Nr.	Anlagenbeschreibung	Verfahrensart	Anlage gemäß Art. 10 der RL 2010/75/EU
a	b	c	d
5.1.2.1	organische Lösungsmittel mit einem Anteil von mehr als 50 Gew.-% an Ethanol enthalten und in der Anlage insgesamt 50 Kilogramm bis weniger als 150 Kilogramm je Stunde oder 30 Tonnen bis weniger als 200 Tonnen je Jahr an organischen Lösungsmitteln verbraucht werden,	V	
5.1.2.2	sonstige organische Lösungsmittel enthalten und in der Anlage insgesamt 25 Kilogramm bis weniger als 150 Kilogramm organische Lösungsmittel je Stunde oder 15 Tonnen bis weniger als 200 Tonnen je Jahr an organischen Lösungsmitteln verbraucht werden,	V	
5.1.3	zum Isolieren von Drähten unter Verwendung von phenol- oder kresolhaltigen Drahtlacken mit einem Verbrauch an organischen Lösungsmitteln von weniger als 150 Kilogramm je Stunde oder von weniger als 200 Tonnen je Jahr;	V	
5.2	Anlagen zum Beschichten, Imprägnieren, Kaschieren, Lackieren oder Tränken von Gegenständen, Glas- oder Mineralfasern oder bahnen- oder tafelförmigen Materialien einschließlich der zugehörigen Trocknungsanlagen mit Kunstharzen, die unter weitgehender Selbstvernetzung ausreagieren (Reaktionsharze), wie Melamin-, Harnstoff-, Phenol-, Epoxid-, Furan-, Kresol-, Resorcin- oder Polyesterharzen, ausgenommen Anlagen für den Einsatz von Pulverbeschichtungsstoffen, mit einem Harzverbrauch von		
5.2.1	25 Kilogramm oder mehr je Stunde,	G	
5.2.2	10 Kilogramm bis weniger als 25 Kilogramm je Stunde;	V	
5.3	Anlagen zur Konservierung von Holz oder Holzerzeugnissen mit Chemikalien, ausgenommen die ausschließliche Bläueschutzbehandlung, mit einer Produktionskapazität von mehr als 75 Kubikmetern je Tag;	G	E
5.4	Anlagen zum Tränken oder Überziehen von Stoffen oder Gegenständen mit Teer, Teeröl oder heißem Bitumen, soweit die Menge dieser Kohlenwasserstoffe 25 Kilogramm oder mehr je Stunde beträgt, ausgenommen Anlagen zum Tränken oder Überziehen von Kabeln mit heißem Bitumen;	V	
5.5	(nicht besetzt)		
5.6	Anlagen zur Herstellung von bahnenförmigen Materialien auf Streichmaschinen einschließlich der zugehörigen Trocknungsanlagen unter Verwendung von Gemischen aus Kunststoffen und Weichmachern oder von Gemischen aus sonstigen Stoffen und oxidiertem Leinöl;	V	

Nr.	Anlagenbeschreibung	Verfahrensart	Anlage gemäß Art. 10 der RL 2010/75/EU
a	b	c	d
5.7	Anlagen zur Verarbeitung von flüssigen ungesättigten Polyesterharzen mit Styrol-Zusatz oder flüssigen Epoxidharzen mit Aminen zu Formmassen (zum Beispiel Harzmatten oder Faserformmassen) oder Formteilen oder Fertigerzeugnissen, soweit keine geschlossenen Werkzeuge (Formen) verwendet werden, für einen Harzverbrauch von 500 Kilogramm oder mehr je Woche;	V	
5.8	Anlagen zur Herstellung von Gegenständen unter Verwendung von Amino- oder Phenoplasten, wie Furan-, Harnstoff-, Phenol-, Resorcin- oder Xylolharzen mittels Wärmebehandlung, soweit die Menge der Ausgangsstoffe 10 Kilogramm oder mehr je Stunde beträgt;	V	
5.9	Anlagen zur Herstellung von Reibbelägen unter Verwendung von 10 Kilogramm oder mehr je Stunde an Phenoplasten oder sonstigen Kunstharzbindemitteln, soweit kein Asbest eingesetzt wird;	V	
5.10	Anlagen zur Herstellung von künstlichen Schleifscheiben, -körpern, -papieren oder -geweben unter Verwendung organischer Binde- oder Lösungsmittel, ausgenommen Anlagen, die von Nummer 5.1 erfasst werden;	V	
5.11	Anlagen zur Herstellung von Polyurethanformteilen, Bauteilen unter Verwendung von Polyurethan, Polyurethanblöcken in Kastenformen oder zum Ausschäumen von Hohlräumen mit Polyurethan, soweit die Menge der Polyurethan-Ausgangsstoffe 200 Kilogramm oder mehr je Stunde beträgt, ausgenommen Anlagen zum Einsatz von thermoplastischem Polyurethangranulat;	V	
5.12	Anlagen zur Herstellung von PVC-Folien durch Kalandrieren unter Verwendung von Gemischen aus Kunststoffen und Zusatzstoffen mit einer Kapazität von 10 000 Tonnen oder mehr je Jahr;	V	
6.	**Holz, Zellstoff**		
6.1	Anlagen zur Gewinnung von Zellstoff aus Holz, Stroh oder ähnlichen Faserstoffen;	G	E
6.2	Anlagen zur Herstellung von Papier, Karton oder Pappe mit einer Produktionskapazität von		
6.2.1	20 Tonnen oder mehr je Tag,	G	E
6.2.2	weniger als 20 Tonnen je Tag, ausgenommen Anlagen, die aus einer oder mehreren Maschinen zur Herstellung von Papier, Karton oder Pappe bestehen, soweit die Bahnlänge des Papiers, des Kartons oder der Pappe bei allen Maschinen weniger als 75 Meter beträgt;	V	
6.3	Anlagen zur Herstellung von Holzspanplatten, Holzfaserplatten oder Holzfasermatten mit einer Produktionskapazität von		

Nr.	Anlagenbeschreibung	Verfahrensart	Anlage gemäß Art. 10 der RL 2010/75/EU
a	b	c	d
6.3.1	600 Kubikmetern oder mehr je Tag,	G	E
6.3.2	weniger als 600 Kubikmetern je Tag;	V	
6.4	Anlagen zur Herstellung von Holzpresslingen (z.B. Holzpellets, Holzbriketts) mit einer Produktionskapazität von 10 000 Tonnen oder mehr je Jahr;	V	
7.	**Nahrungs-, Genuss- und Futtermittel, landwirtschaftliche Erzeugnisse**		
7.1	Anlagen zum Halten oder zur Aufzucht von		
7.1.1	Hennen mit		
7.1.1.1	40 000 oder mehr Hennenplätzen,	G	E
7.1.1.2	15 000 bis weniger als 40 000 Hennenplätzen,	V	
7.1.2	Junghennen mit		
7.1.2.1	40 000 oder mehr Junghennenplätzen,	G	E
7.1.2.2	30 000 bis weniger als 40 000 Junghennenplätzen,	V	
7.1.3	Mastgeflügel mit		
7.1.3.1	40 000 oder mehr Mastgeflügelplätzen,	G	E
7.1.3.2	30 000 bis weniger als 40 000 Mastgeflügelplätzen,	V	
7.1.4	Truthühnern mit		
7.1.4.1	40 000 oder mehr Truthühnermastplätzen,	G	E
7.1.4.2	15 000 bis weniger als 40 000 Truthühnermastplätzen,	V	
7.1.5	Rindern (ausgenommen Plätze für Mutterkuhhaltung mit mehr als sechs Monaten Weidehaltung je Kalenderjahr) mit 600 oder mehr Rinderplätzen,	V	
7.1.6	Kälbern mit 500 oder mehr Kälbermastplätzen,	V	
7.1.7	Mastschweinen (Schweine von 30 Kilogramm oder mehr Lebendgewicht) mit		
7.1.7.1	2 000 oder mehr Mastschweineplätzen,	G	E
7.1.7.2	1 500 bis weniger als 2 000 Mastschweineplätzen,	V	
7.1.8	Sauen einschließlich dazugehörender Ferkelaufzuchtplätze (Ferkel bis weniger als 30 Kilogramm Lebendgewicht) mit		
7.1.8.1	750 oder mehr Sauenplätzen,	G	E
7.1.8.2	560 bis weniger als 750 Sauenplätzen,	V	
7.1.9	Ferkeln für die getrennte Aufzucht (Ferkel von 10 Kilogramm bis weniger als 30 Kilogramm Lebendgewicht) mit		
7.1.9.1	6 000 oder mehr Ferkelplätzen,	G	
7.1.9.2	4 500 bis weniger als 6 000 Ferkelplätzen,	V	
7.1.10	Pelztieren mit		

Nr.	Anlagenbeschreibung	Verfahrensart	Anlage gemäß Art. 10 der RL 2010/75/EU
a	b	c	d
7.1.10.1	1 000 oder mehr Pelztierplätzen,	G	
7.1.10.2	750 bis weniger als 1 000 Pelztierplätzen,	V	
7.1.11	gemischten Beständen mit einem Wert von 100 oder mehr der Summe der Vom Hundert-Anteile, bis zu denen die Platzzahlen jeweils ausgeschöpft werden		
7.1.11.1	in den Nummern 7.1.1.1, 7.1.2.1, 7.1.3.1, 7.1.4.1, 7.1.7.1 oder 7.1.8.1,	G	E
7.1.11.2	in den Nummern 7.1.1.1, 7.1.2.1, 7.1.3.1, 7.1.4.1, 7.1.7.1, 7.1.8.1 in Verbindung mit den Nummern 7.1.9.1 oder 7.1.10.1, soweit nicht von Nummer 7.1.11.1 erfasst,	G	
7.1.11.3	in den Nummern 7.1.1.2, 7.1.2.2, 7.1.3.2, 7.1.4.2, 7.1.5, 7.1.6, 7.1.7.2, 7.1.8.2, 7.1.9.2 oder 7.1.10.2, soweit nicht von Nummer 7.1.11.1 oder 7.1.11.2 erfasst;	V	
7.2	Anlagen zum Schlachten von Tieren mit einer Kapazität von		
7.2.1	50 Tonnen Lebendgewicht oder mehr je Tag,	G	E
7.2.2	0,5 Tonnen bis weniger als 50 Tonnen Lebendgewicht je Tag bei Geflügel,	V	
7.2.3	4 Tonnen bis weniger als 50 Tonnen Lebendgewicht je Tag bei sonstigen Tieren;	V	
7.3	Anlagen		
7.3.1	zur Erzeugung von Speisefetten aus tierischen Rohstoffen, ausgenommen bei Verarbeitung von ausschließlich Milch, mit einer Produktionskapazität von		
7.3.1.1	75 Tonnen Fertigerzeugnissen oder mehr je Tag,	G	E
7.3.1.2	weniger als 75 Tonnen Fertigerzeugnissen je Tag, ausgenommen Anlagen zur Erzeugung von Speisefetten aus selbst gewonnenen tierischen Fetten in Fleischereien mit einer Kapazität von weniger als 200 Kilogramm Speisefett je Woche,	V	
7.3.2	zum Schmelzen von tierischen Fetten mit einer Produktionskapazität von		
7.3.2.1	75 Tonnen Fertigerzeugnissen oder mehr je Tag,	G	E
7.3.2.2	weniger als 75 Tonnen Fertigerzeugnissen je Tag, ausgenommen Anlagen zur Verarbeitung von selbst gewonnenen tierischen Fetten zu Speisefetten in Fleischereien mit einer Kapazität von weniger als 200 Kilogramm Speisefett je Woche;	V	
7.4	Anlagen zur Herstellung von Nahrungs- oder Futtermittelkonserven aus		
7.4.1	tierischen Rohstoffen, allein, ausgenommen bei Verarbeitung von ausschließlich Milch, oder mit pflanzlichen Rohstoffen, mit einer Produktionskapazität von		

Nr.	Anlagenbeschreibung	Verfahrensart	Anlage gemäß Art. 10 der RL 2010/75/EU
a	b	c	d
7.4.1.1	**P** Tonnen Konserven oder mehr je Tag gemäß Mischungsregel,	G	E
7.4.1.2	1 Tonne bis weniger als **P** Tonnen Konserven je Tag gemäß Mischungsregel, ausgenommen Anlagen zum Sterilisieren oder Pasteurisieren von Nahrungs- oder Futtermitteln in geschlossenen Behältnissen,	V	
7.4.2	ausschließlich pflanzlichen Rohstoffen mit einer Produktionskapazität von		
7.4.2.1	300 Tonnen Konserven oder mehr je Tag oder 600 Tonnen Konserven oder mehr je Tag, sofern die Anlage an nicht mehr als 90 aufeinander folgenden Tagen im Jahr in Betrieb ist,	G	E
7.4.2.2	10 Tonnen bis weniger als 300 Tonnen Konserven je Tag, ausgenommen Anlagen zum Sterilisieren oder Pasteurisieren dieser Nahrungsmittel in geschlossenen Behältnissen oder weniger als 600 Tonnen Konserven je Tag, sofern die Anlage an nicht mehr als 90 aufeinander folgenden Tagen im Jahr in Betrieb ist;	V	
7.5	Anlagen zum Räuchern von Fleisch- oder Fischwaren mit einer Produktionskapazität von		
7.5.1	75 Tonnen geräucherten Waren oder mehr je Tag,	G	E
7.5.2	weniger als 75 Tonnen geräucherten Waren je Tag, ausgenommen 1. Anlagen in Gaststätten oder 2. Räuchereien mit einer Produktionskapazität von weniger als 1 Tonne Fleisch- oder Fischwaren je Woche;	V	
7.6	(nicht besetzt)		
7.7	(nicht besetzt)		
7.8	Anlagen zur Herstellung von Gelatine mit einer Produktionskapazität je Tag von		
7.8.1	75 Tonnen Fertigerzeugnissen oder mehr,	G	E
7.8.2	weniger als 75 Tonnen Fertigerzeugnissen, sowie Anlagen zur Herstellung von Hautleim, Lederleim oder Knochenleim;	V	
7.9	Anlagen zur Herstellung von Futter- oder Düngemitteln oder technischen Fetten aus den Schlachtnebenprodukten Knochen, Tierhaare, Federn, Hörner, Klauen oder Blut, soweit nicht durch Nummer 9.11 erfasst, mit einer Produktionskapazität von		
7.9.1	75 Tonnen oder mehr Fertigerzeugnissen je Tag,	G	E
7.9.2	weniger als 75 Tonnen Fertigerzeugnissen je Tag;	G	
7.10	(nicht besetzt)		

Nr.	Anlagenbeschreibung	Verfahrensart	Anlage gemäß Art. 10 der RL 2010/75/EU
a	b	c	d
7.11	Anlagen zum Lagern unbehandelter Knochen, ausgenommen Anlagen für selbst gewonnene Knochen in 1. Fleischereien mit einer Verarbeitungskapazität von weniger als 4 000 Kilogramm Fleisch je Woche, 2. Anlagen, die nicht durch Nummer 7.2 erfasst werden;	V	
7.12	Anlagen zur		
7.12.1	Beseitigung oder Verwertung von Tierkörpern oder tierischen Abfällen mit einer Verarbeitungskapazität von		
7.12.1.1	10 Tonnen oder mehr je Tag,	G	E
7.12.1.2	50 Kilogramm je Stunde bis weniger als 10 Tonnen je Tag,	G	
7.12.1.3	weniger als 50 Kilogramm je Stunde und weniger als 50 Kilogramm je Charge,	V	
7.12.2	Sammlung oder Lagerung von Tierkörpern, Tierkörperteilen oder Abfällen tierischer Herkunft zum Einsatz in Anlagen nach Nummer 7.12.1, ausgenommen die Aufbewahrung gemäß § 10 des Tierische Nebenprodukte-Beseitigungsgesetzes vom 25. Januar 2004 (BGBl. I S. 82), das zuletzt durch Artikel 1 des Gesetzes vom 4. August 2016 (BGBl. I S. 1966) geändert worden ist, und Anlagen mit einem gekühlten Lagervolumen von weniger als 2 Kubikmetern;	G	
7.13	Anlagen zum Trocknen, Einsalzen oder Lagern ungegerbter Tierhäute oder Tierfelle, ausgenommen Anlagen, in denen weniger Tierhäute oder Tierfelle je Tag behandelt werden können als beim Schlachten von weniger als 4 Tonnen sonstiger Tiere nach Nummer 7.2.3 anfallen;	V	
7.14	Anlagen zum Gerben einschließlich Nachgerben von Tierhäuten oder Tierfellen mit einer Verarbeitungskapazität von		
7.14.1	12 Tonnen Fertigerzeugnissen oder mehr je Tag,	G	E
7.14.2	weniger als 12 Tonnen Fertigerzeugnissen je Tag, ausgenommen Anlagen, in denen weniger Tierhäute oder Tierfelle behandelt werden können als beim Schlachten von weniger als 4 Tonnen sonstiger Tiere nach Nummer 7.2.3 anfallen;	V	
7.15	Kottrocknungsanlagen;	V	
7.16	Anlagen zur Herstellung von Fischmehl oder Fischöl mit einer Produktionskapazität von		
7.16.1	75 Tonnen oder mehr je Tag,	G	E
7.16.2	weniger als 75 Tonnen je Tag;	G	
7.17	Anlagen zur Aufbereitung, Verarbeitung, Lagerung oder zum Umschlag von Fischmehl oder Fischöl		

Nr.	Anlagenbeschreibung	Verfahrensart	Anlage gemäß Art. 10 der RL 2010/75/EU
a	b	c	d
7.17.1	mit einer Aufbereitungs- oder Verarbeitungskapazität von 75 Tonnen oder mehr je Tag,	G	E
7.17.2	mit einer Aufbereitungs- oder Verarbeitungskapazität von weniger als 75 Tonnen je Tag,	V	
7.17.3	in denen Fischmehl ungefasst gelagert wird,	V	
7.17.4	mit einer Umschlagkapazität für ungefasstes Fischmehl von 200 Tonnen oder mehr je Tag;	V	
7.18	Anlagen zum Brennen von Melasse, soweit nicht von Nummer 4.1.2 erfasst, mit einer Produktionskapazität von		
7.18.1	300 Tonnen oder mehr je Tag oder 600 Tonnen oder mehr je Tag, sofern die Anlage an nicht mehr als 90 aufeinanderfolgenden Tagen im Jahr in Betrieb ist,	G	E
7.18.2	weniger als 300 Tonnen je Tag oder weniger als 600 Tonnen je Tag, sofern die Anlage an nicht mehr als 90 aufeinanderfolgenden Tagen im Jahr in Betrieb ist;	V	
7.19	Anlagen zur Herstellung von Sauerkraut mit einer Produktionskapazität von		
7.19.1	300 Tonnen Sauerkraut oder mehr je Tag oder 600 Tonnen Sauerkraut oder mehr je Tag, sofern die Anlage an nicht mehr als 90 aufeinander folgenden Tagen im Jahr in Betrieb ist,	G	E
7.19.2	10 Tonnen bis weniger als 300 Tonnen Sauerkraut je Tag oder weniger als 600 Tonnen Sauerkraut je Tag, sofern die Anlage an nicht mehr als 90 aufeinander folgenden Tagen im Jahr in Betrieb ist;	V	
7.20	Anlagen zur Herstellung von Braumalz (Mälzereien) mit einer Produktionskapazität von		
7.20.1	300 Tonnen Darrmalz oder mehr je Tag oder 600 Tonnen Braumalz oder mehr je Tag, sofern die Anlage an nicht mehr als 90 aufeinander folgenden Tagen im Jahr in Betrieb ist,	G	E
7.20.2	weniger als 300 Tonnen Darrmalz je Tag oder weniger als 600 Tonnen Braumalz je Tag, sofern die Anlage an nicht mehr als 90 aufeinander folgenden Tagen im Jahr in Betrieb ist;	V	
7.21	Anlagen zum Mahlen von Nahrungsmitteln, Futtermitteln oder ähnlichen nicht als Nahrungs- oder Futtermittel bestimmten pflanzlichen Stoffen (Mühlen) mit einer Produktionskapazität von 300 Tonnen Fertigerzeugnissen oder mehr je Tag oder 600 Tonnen Fertigerzeugnissen oder mehr je Tag, sofern die Anlage an nicht mehr als 90 aufeinander folgenden Tagen im Jahr in Betrieb ist;	G	E
7.22	Anlagen zur Herstellung von Hefe oder Stärkemehlen mit einer Produktionskapazität von		

Nr.	Anlagenbeschreibung	Verfahrensart	Anlage gemäß Art. 10 der RL 2010/75/EU
a	b	c	d
7.22.1	300 Tonnen oder mehr Hefe oder Stärkemehlen je Tag oder 600 Tonnen Hefe oder Stärkemehlen oder mehr je Tag, sofern die Anlage an nicht mehr als 90 aufeinander folgenden Tagen im Jahr in Betrieb ist,	G	E
7.22.2	1 Tonne bis weniger als 300 Tonnen Hefe oder Stärkemehlen je Tag oder weniger als 600 Tonnen Hefe oder Stärkemehlen je Tag, sofern die Anlage an nicht mehr als 90 aufeinander folgenden Tagen im Jahr in Betrieb ist;	V	
7.23	Anlagen zur Herstellung oder Raffination von Ölen oder Fetten aus pflanzlichen Rohstoffen mit einer Produktionskapazität von		
7.23.1	300 Tonnen Fertigerzeugnissen oder mehr je Tag oder 600 Tonnen Fertigerzeugnissen oder mehr je Tag, sofern die Anlage an nicht mehr als 90 aufeinander folgenden Tagen im Jahr in Betrieb ist,	G	E
7.23.2	weniger als 300 Tonnen Fertigerzeugnissen je Tag mit Hilfe von Extraktionsmitteln, soweit die Menge des eingesetzten Extraktionsmittels 1 Tonne oder mehr beträgt oder weniger als 600 Tonnen Fertigerzeugnissen je Tag mit Hilfe von Extraktionsmittel, sofern die Anlage an nicht mehr als 90 aufeinander folgenden Tagen im Jahr in Betrieb ist;	V	
7.24	Anlagen zur Herstellung oder Raffination von Zucker unter Verwendung von Zuckerrüben oder Rohzucker mit einer Produktionskapazität je Tag von		
7.24.1	300 Tonnen Fertigerzeugnissen oder mehr oder 600 Tonnen Fertigerzeugnissen oder mehr je Tag, sofern die Anlage an nicht mehr als 90 aufeinander folgenden Tagen im Jahr in Betrieb ist,	G	E
7.24.2	weniger als 300 Tonnen Fertigerzeugnissen oder weniger als 600 Tonnen Fertigerzeugnissen je Tag, sofern die Anlage an nicht mehr als 90 aufeinander folgenden Tagen im Jahr in Betrieb ist;	G	
7.25	Anlagen zur Trocknung von Grünfutter mit einer Produktionskapazität von		
7.25.1	300 Tonnen oder mehr je Tag oder 600 Tonnen oder mehr je Tag, sofern die Anlage an nicht mehr als 90 aufeinanderfolgenden Tagen im Jahr in Betrieb ist,	G	E
7.25.2	weniger als 300 Tonnen je Tag oder weniger als 600 Tonnen je Tag, sofern die Anlage an nicht mehr als 90 aufeinanderfolgenden Tagen im Jahr in Betrieb ist, ausgenommen Anlagen zur Trocknung von selbst gewonnenem Grünfutter im landwirtschaftlichen Betrieb;	V	
7.26	Anlagen zur Trocknung von Biertreber mit einer Produktionskapazität von		

Nr.	Anlagenbeschreibung	Verfahrensart	Anlage gemäß Art. 10 der RL 2010/75/EU
a	b	c	d
7.26.1	300 Tonnen oder mehr je Tag oder 600 Tonnen oder mehr je Tag, sofern die Anlage an nicht mehr als 90 aufeinanderfolgenden Tagen im Jahr in Betrieb ist,	G	E
7.26.2	weniger als 300 Tonnen je Tag oder weniger als 600 Tonnen je Tag, sofern die Anlage an nicht mehr als 90 aufeinanderfolgenden Tagen im Jahr in Betrieb ist;	V	
7.27	Brauereien mit einer Produktionskapazität von		
7.27.1	3 000 Hektoliter Bier oder mehr je Tag oder 6 000 Hektoliter Bier oder mehr je Tag, sofern die Anlage an nicht mehr als 90 aufeinander folgenden Tagen im Jahr in Betrieb ist,	G	E
7.27.2	200 Hektoliter Bier oder mehr je Tag als Vierteljahresdurchschnittswert, soweit nicht durch Nummer 7.27.1 erfasst;	V	
7.28	Anlagen zur Herstellung von Speisewürzen aus		
7.28.1	tierischen Rohstoffen, allein, ausgenommen bei Vorarbeitung von ausschließlich Milch, oder mit pflanzlichen Rohstoffen mit einer Produktionskapazität von		
7.28.1.1	P Tonnen Speisewürzen oder mehr je Tag gemäß Mischungsregel,	G	E
7.28.1.2	weniger als P Tonnen Speisewürzen je Tag gemäß Mischungsregel,	V	
7.28.2	ausschließlich pflanzlichen Rohstoffen mit einer Produktionskapazität von		
7.28.2.1	300 Tonnen Speisewürzen oder mehr je Tag oder 600 Tonnen Speisewürzen oder mehr je Tag, sofern die Anlage an nicht mehr als 90 aufeinander folgenden Tagen im Jahr in Betrieb ist,	G	E
7.28.2.2	weniger als 300 Tonnen Speisewürzen je Tag oder weniger als 600 Tonnen Speisewürzen je Tag, sofern die Anlage an nicht mehr als 90 aufeinander folgenden Tagen im Jahr in Betrieb ist;	V	
7.29	Anlagen zum Rösten oder Mahlen von Kaffee oder Abpacken von gemahlenem Kaffee mit einer Produktionskapazität von		
7.29.1	300 Tonnen geröstetem Kaffee oder mehr je Tag oder 600 Tonnen geröstetem Kaffee oder mehr je Tag, sofern die Anlage an nicht mehr als 90 aufeinander folgenden Tagen im Jahr in Betrieb ist,	G	E
7.29.2	0,5 Tonnen bis weniger als 300 Tonnen geröstetem Kaffee je Tag oder weniger als 600 Tonnen geröstetem Kaffee je Tag, sofern die Anlage an nicht mehr als 90 aufeinander folgenden Tagen im Jahr in Betrieb ist;	V	
7.30	Anlagen zum Rösten von Kaffee-Ersatzprodukten, Getreide, Kakaobohnen oder Nüssen mit einer Produktionskapazität von		

Nr.	Anlagenbeschreibung	Verfahrensart	Anlage gemäß Art. 10 der RL 2010/75/EU
a	b	c	d
7.30.1	300 Tonnen gerösteten Erzeugnissen oder mehr je Tag oder 600 Tonnen Erzeugnissen oder mehr je Tag, sofern die Anlage an nicht mehr als 90 aufeinander folgenden Tagen im Jahr in Betrieb ist,	G	E
7.30.2	1 Tonne bis weniger als 300 Tonnen gerösteten Erzeugnissen je Tag oder weniger als 600 Tonnen Erzeugnissen je Tag, sofern die Anlage an nicht mehr als 90 aufeinander folgenden Tagen im Jahr in Betrieb ist;	V	
7.31	Anlagen zur Herstellung von		
7.31.1	Süßwaren oder Sirup mit einer Produktionskapazität von		
7.31.1.1	P Tonnen oder mehr je Tag gemäß Mischungsregel bei der Verwendung von tierischen Rohstoffen, allein, ausgenommen bei Verarbeitung von ausschließlich Milch, oder mit pflanzlichen Rohstoffen,	G	E
7.31.1.2	300 Tonnen oder mehr je Tag bei der Verwendung ausschließlich pflanzlicher Rohstoffe oder 600 Tonnen oder mehr je Tag bei der Verwendung ausschließlich pflanzlicher Rohstoffe, sofern die Anlage an nicht mehr als 90 aufeinander folgenden Tagen im Jahr in Betrieb ist,	G	E
7.31.2	Kakaomasse aus Rohkakao oder thermischen Veredelung von Kakao oder Schokoladenmasse mit einer Produktionskapazität von		
7.31.2.1	50 Kilogramm bis weniger als P Tonnen je Tag gemäß Mischungsregel bei der Verwendung tierischer Rohstoffe, allein, ausgenommen bei Verarbeitung von ausschließlich Milch, oder mit pflanzlichen Rohstoffen,	V	
7.31.2.2	50 Kilogramm bis weniger als 300 Tonnen je Tag bei der Verwendung ausschließlich pflanzlicher Rohstoffe oder weniger als 600 Tonnen je Tag bei der Verwendung ausschließlich pflanzlicher Rohstoffe, sofern die Anlage an nicht mehr als 90 aufeinander folgenden Tagen im Jahr in Betrieb ist,	V	
7.31.3	Lakritz mit einer Produktionskapazität von		
7.31.3.1	50 Kilogramm bis weniger als P Tonnen je Tag gemäß Mischungsregel bei der Verwendung tierischer Rohstoffe, allein, ausgenommen bei Verarbeitung von ausschließlich Milch, oder mit pflanzlichen Rohstoffen,	V	
7.31.3.2	weniger als 300 Tonnen je Tag bei der Verwendung ausschließlich pflanzlicher Rohstoffe oder weniger als 600 Tonnen je Tag bei der Verwendung ausschließlich pflanzlicher Rohstoffe, sofern die Anlage an nicht mehr als 90 aufeinander folgenden Tagen im Jahr in Betrieb ist;	V	
7.32	Anlagen zur Behandlung oder Verarbeitung von		

Nr.	Anlagenbeschreibung	Verfahrensart	Anlage gemäß Art. 10 der RL 2010/75/EU
a	b	c	d
7.32.1	ausschließlich Milch mit einer Kapazität der eingehenden Milchmenge als Jahresdurchschnittswert von 200 Tonnen oder mehr Milch je Tag,	G	E
7.32.2	ausschließlich Milch in Sprühtrocknern mit einer Kapazität der eingehenden Milchmenge als Jahresdurchschnittswert von 5 Tonnen bis weniger als 200 Tonnen je Tag,	V	
7.32.3	Milcherzeugnissen oder Milchbestandteilen in Sprühtrocknern mit einer Produktionskapazität von 5 Tonnen oder mehr je Tag, soweit nicht von Nummer 7.34.1 erfasst;	V	
7.33	(nicht besetzt)		
7.34	Anlagen zur Herstellung von sonstigen Nahrungs- oder Futtermittelerzeugnissen aus		
7.34.1	tierischen Rohstoffen, allein, ausgenommen bei Verarbeitung von ausschließlich Milch, oder mit pflanzlichen Rohstoffen mit einer Produktionskapazität von **P** Tonnen Fertigerzeugnissen oder mehr je Tag gemäß Mischungsregel,	G	E
7.34.2	ausschließlich pflanzlichen Rohstoffen mit einer Produktionskapazität von 300 Tonnen Fertigerzeugnissen oder mehr je Tag;	G	E
7.35	(nicht besetzt)		
8.	**Verwertung und Beseitigung von Abfällen und sonstigen Stoffen**		
8.1	Anlagen zur Beseitigung oder Verwertung fester, flüssiger oder in Behältern gefasster gasförmiger Abfälle, Deponiegas oder anderer gasförmiger Stoffe mit brennbaren Bestandteilen durch		
8.1.1	thermische Verfahren, insbesondere Entgasung, Plasmaverfahren, Pyrolyse, Vergasung, Verbrennung oder eine Kombination dieser Verfahren mit einer Durchsatzkapazität von		
8.1.1.1	10 Tonnen gefährlichen Abfällen oder mehr je Tag,	G	E
8.1.1.2	weniger als 10 Tonnen gefährlichen Abfällen je Tag,	G	
8.1.1.3	3 Tonnen nicht gefährlichen Abfällen oder mehr je Stunde,	G	E
8.1.1.4	weniger als 3 Tonnen nicht gefährlichen Abfällen je Stunde, ausgenommen die Verbrennung von Altholz der Altholzkategorie A I und A II nach der Altholzverordnung vom 15. August 2002 (BGBl. I S. 3302), die zuletzt durch Artikel 6 der Verordnung vom 2. Dezember 2016 (BGBl. I S. 2770) geändert worden ist,	V	

Nr.	Anlagenbeschreibung	Verfahrensart	Anlage gemäß Art. 10 der RL 2010/75/EU
a	b	c	d
8.1.1.5	weniger als 3 Tonnen nicht gefährlichen Abfällen je Stunde, soweit ausschließlich Altholz der Altholzkategorie A I und A II nach der Altholzverordnung verbrannt wird und die Feuerungswärmeleistung 1 Megawatt oder mehr beträgt,	V	
8.1.2	Verbrennen von Altöl oder Deponiegas in einer Verbrennungsmotoranlage mit einer Feuerungswärmeleistung von		
8.1.2.1	50 Megawatt oder mehr,	G	E
8.1.2.2	weniger als 50 Megawatt,	V	
8.1.3	Abfackeln von Deponiegas oder anderen gasförmigen Stoffen, ausgenommen über Notfackeln, die für den nicht bestimmungsgemäßen Betrieb erforderlich sind;	V	
8.2	(nicht besetzt)		
8.3	Anlagen zur		
8.3.1	thermischen Aufbereitung von Stahlwerksstäuben für die Gewinnung von Metallen oder Metallverbindungen im Drehrohr oder in einer Wirbelschicht,	G	
8.3.2	Behandlung zum Zweck der Rückgewinnung von Metallen oder Metallverbindungen durch thermische Verfahren, insbesondere Pyrolyse, Verbrennung oder eine Kombination dieser Verfahren, sofern diese Abfälle nicht gefährlich sind, von		
8.3.2.1	edelmetallhaltigen Abfällen, einschließlich der Präparation, soweit die Menge der Einsatzstoffe 10 Kilogramm oder mehr je Tag beträgt,	V	
8.3.2.2	von mit organischen Verbindungen verunreinigten Metallen, Metallspänen oder Walzzunder;	V	
8.4	Anlagen, in denen Stoffe aus in Haushaltungen anfallenden oder aus hausmüllähnlichen Abfällen durch Sortieren für den Wirtschaftskreislauf zurückgewonnen werden, mit einer Durchsatzkapazität von 10 Tonnen Einsatzstoffen oder mehr je Tag;	V	
8.5	Anlagen zur Erzeugung von Kompost aus organischen Abfällen mit einer Durchsatzkapazität an Einsatzstoffen von		
8.5.1	75 Tonnen oder mehr je Tag,	G	E
8.5.2	10 Tonnen bis weniger als 75 Tonnen je Tag;	V	
8.6	Anlagen zur biologischen Behandlung, soweit nicht durch Nummer 8.5 oder 8.7 erfasst, von		
8.6.1	gefährlichen Abfällen mit einer Durchsatzkapazität an Einsatzstoffen von		
8.6.1.1	10 Tonnen oder mehr je Tag,	G	E
8.6.1.2	1 Tonne bis weniger als 10 Tonnen je Tag,	V	

Nr.	Anlagenbeschreibung	Verfahrensart	Anlage gemäß Art. 10 der RL 2010/75/EU
a	b	c	d
8.6.2	nicht gefährlichen Abfällen, soweit nicht durch Nummer 8.6.3 erfasst, mit einer Durchsatzkapazität an Einsatzstoffen von		
8.6.2.1	50 Tonnen oder mehr je Tag,	G	E
8.6.2.2	10 Tonnen bis weniger als 50 Tonnen je Tag,	V	
8.6.3	Gülle, soweit die Behandlung ausschließlich zur Verwertung durch anaerobe Vergärung (Biogaserzeugung) erfolgt, mit einer Durchsatzkapazität von		
8.6.3.1	100 Tonnen oder mehr je Tag,	G	E
8.6.3.2	weniger als 100 Tonnen je Tag, soweit die Produktionskapazität von Rohgas 1,2 Mio. Normkubikmetern je Jahr oder mehr beträgt;	V	
8.7	Anlagen zur Behandlung von verunreinigtem Boden durch biologische Verfahren, Entgasen, Strippen oder Waschen mit einem Einsatz an verunreinigtem Boden bei		
8.7.1	gefährlichen Abfällen von		
8.7.1.1	10 Tonnen oder mehr je Tag,	G	E
8.7.1.2	1 Tonne bis weniger als 10 Tonnen je Tag,	V	
8.7.2	nicht gefährlichen Abfällen von		
8.7.2.1	50 Tonnen oder mehr je Tag,	G	E
8.7.2.2	10 Tonnen bis weniger als 50 Tonnen je Tag;	V	
8.8	Anlagen zur chemischen Behandlung, insbesondere zur chemischen Emulsionsspaltung, Fällung, Flockung, Kalzinierung, Neutralisation oder Oxidation, von		
8.8.1	gefährlichen Abfällen mit einer Durchsatzkapazität an Einsatzstoffen von		
8.8.1.1	10 Tonnen oder mehr je Tag,	G	E
8.8.1.2	weniger als 10 Tonnen je Tag,	G	
8.8.2	nicht gefährlichen Abfällen mit einer Durchsatzkapazität an Einsatzstoffen von		
8.8.2.1	50 Tonnen oder mehr je Tag,	G	E
8.8.2.2	10 Tonnen bis weniger als 50 Tonnen je Tag;	V	
8.9	Anlagen zur Behandlung von		
8.9.1	nicht gefährlichen metallischen Abfällen in Schredderanlagen mit einer Durchsatzkapazität an Einsatzstoffen von		
8.9.1.1	50 Tonnen oder mehr je Tag,	G	E
8.9.1.2	10 Tonnen bis weniger als 50 Tonnen je Tag,	V	

Nr.	Anlagenbeschreibung	Verfahrensart	Anlage gemäß Art. 10 der RL 2010/75/EU
a	b	c	d
8.9.2	Altfahrzeugen, sonstigen Nutzfahrzeugen, Bussen oder Sonderfahrzeugen (einschließlich der Trockenlegung) mit einer Durchsatzkapazität je Woche von 5 oder mehr Altfahrzeugen, sonstigen Nutzfahrzeugen, Bussen oder Sonderfahrzeugen;	V	
8.10	Anlagen zur physikalisch-chemischen Behandlung, insbesondere zum Destillieren, Trocknen oder Verdampfen, mit einer Durchsatzkapazität an Einsatzstoffen bei		
8.10.1	gefährlichen Abfällen von		
8.10.1.1	10 Tonnen je Tag oder mehr,	G	E
8.10.1.2	1 Tonne bis weniger als 10 Tonnen je Tag,	V	
8.10.2	nicht gefährlichen Abfällen von		
8.10.2.1	50 Tonnen je Tag oder mehr,	G	E
8.10.2.2	10 Tonnen bis weniger als 50 Tonnen je Tag;	V	
8.11	Anlagen zur		
8.11.1	Behandlung von gefährlichen Abfällen, ausgenommen Anlagen, die durch die Nummern 8.1 und 8.8 erfasst werden, 1. durch Vermengung oder Vermischung sowie durch Konditionierung, 2. zum Zweck der Hauptverwendung als Brennstoff oder der Energieerzeugung durch andere Mittel, 3. zum Zweck der Ölraffination oder anderer Wiedergewinnungsmöglichkeiten von Öl, 4. zum Zweck der Regenerierung von Basen oder Säuren, 5. zum Zweck der Rückgewinnung oder Regenerierung von organischen Lösungsmitteln oder 6. zum Zweck der Wiedergewinnung von Bestandteilen, die der Bekämpfung von Verunreinigungen dienen, einschließlich der Wiedergewinnung von Katalysatorbestandteilen, mit einer Durchsatzkapazität an Einsatzstoffen von		
8.11.1.1	10 Tonnen oder mehr je Tag,	G	E
8.11.1.2	1 Tonne bis weniger als 10 Tonnen je Tag,	V	
8.11.2	sonstigen Behandlung, ausgenommen Anlagen, die durch die Nummern 8.1 bis 8.10 erfasst werden, mit einer Durchsatzkapazität von		
8.11.2.1	gefährlichen Abfällen von 10 Tonnen oder mehr je Tag,	G	E
8.11.2.2	gefährlichen Abfällen von 1 Tonne bis weniger als 10 Tonnen je Tag,	V	

Nr.	Anlagenbeschreibung	Verfahrensart	Anlage gemäß Art. 10 der RL 2010/75/EU
a	b	c	d
8.11.2.3	nicht gefährlichen Abfällen, soweit diese für die Verbrennung oder Mitverbrennung vorbehandelt werden oder es sich um Schlacken oder Aschen handelt, von 50 Tonnen oder mehr je Tag,	G	E
8.11.2.4	nicht gefährlichen Abfällen, soweit nicht durch die Nummer 8.11.2.3 erfasst, von 10 Tonnen oder mehr je Tag;	V	
8.12	Anlagen zur zeitweiligen Lagerung von Abfällen, auch soweit es sich um Schlämme handelt, ausgenommen die zeitweilige Lagerung bis zum Einsammeln auf dem Gelände der Entstehung der Abfälle und Anlagen, die durch Nummer 8.14 erfasst werden bei		
8.12.1	gefährlichen Abfällen mit einer Gesamtlagerkapazität von		
8.12.1.1	50 Tonnen oder mehr,	G	E
8.12.1.2	30 Tonnen bis weniger als 50 Tonnen,	V	
8.12.2	nicht gefährlichen Abfällen mit einer Gesamtlagerkapazität von 100 Tonnen oder mehr,	V	
8.12.3	Eisen- oder Nichteisenschrotten, einschließlich Autowracks, mit		
8.12.3.1	einer Gesamtlagerfläche von 15 000 Quadratmetern oder mehr oder einer Gesamtlagerkapazität von 1 500 Tonnen oder mehr,	G	
8.12.3.2	einer Gesamtlagerfläche von 1 000 bis weniger als 15 000 Quadratmetern oder einer Gesamtlagerkapazität von 100 bis weniger als 1 500 Tonnen;	V	
8.13	Anlagen zur zeitweiligen Lagerung von nicht gefährlichen Abfällen, soweit es sich um Gülle oder Gärreste handelt, mit einer Lagerkapazität von 6 500 Kubikmetern oder mehr;	V	
8.14	Anlagen zum Lagern von Abfällen über einen Zeitraum von jeweils mehr als einem Jahr mit		
8.14.1	einer Gesamtlagerkapazität von mehr als 50 Tonnen, soweit die Lagerung untertägig erfolgt,	G	E
8.14.2	einer Aufnahmekapazität von 10 Tonnen oder mehr je Tag oder einer Gesamtlagerkapazität von 25 000 Tonnen oder mehr,		
8.14.2.1	für andere Abfälle als Inertabfälle,	G	E
8.14.2.2	für Inertabfälle,	G	
8.14.3	einer Aufnahmekapazität von weniger als 10 Tonnen je Tag und einer Gesamtlagerkapazität von		
8.14.3.1	weniger als 25 000 Tonnen, soweit es sich um gefährliche Abfälle handelt,	G	
8.14.3.2	150 Tonnen bis weniger als 25 000 Tonnen, soweit es sich um nicht gefährliche Abfälle handelt,	G	

Nr.	Anlagenbeschreibung	Verfahrensart	Anlage gemäß Art. 10 der RL 2010/75/EU
a	b	c	d
8.14.3.3	weniger als 150 Tonnen, soweit es sich um nicht gefährliche Abfälle handelt;	V	
8.15	Anlagen zum Umschlagen von Abfällen, ausgenommen Anlagen zum Umschlagen von Erdaushub oder von Gestein, das bei der Gewinnung oder Aufbereitung von Bodenschätzen anfällt, soweit nicht von Nummer 8.12 oder 8.14 erfasst, mit einer Kapazität von		
8.15.1	10 Tonnen oder mehr gefährlichen Abfällen je Tag,	G	
8.15.2	1 Tonne bis weniger als 10 Tonnen gefährlichen Abfällen je Tag,	V	
8.15.3	100 Tonnen oder mehr nicht gefährlichen Abfällen je Tag;	V	
9.	**Lagerung, Be- und Entladen von Stoffen und Gemischen**		
9.1	Anlagen, die der Lagerung von Stoffen oder Gemischen, die bei einer Temperatur von 293,15 Kelvin und einem Standarddruck von 101,3 Kilopascal vollständig gasförmig vorliegen und dabei einen Explosionsbereich in Luft haben (entzündbare Gase), in Behältern oder von Erzeugnissen, die diese Stoffe oder Gemische z.B. als Treibmittel oder Brenngas enthalten, dienen, ausgenommen Erdgasröhrenspeicher und Anlagen, die von Nummer 9.3 erfasst werden,		
9.1.1	soweit es sich nicht ausschließlich um Einzelbehältnisse mit einem Volumen von jeweils nicht mehr als 1 000 Kubikzentimeter handelt, mit einem Fassungsvermögen von		
9.1.1.1	30 Tonnen oder mehr,	G	
9.1.1.2	3 Tonnen bis weniger als 30 Tonnen,	V	
9.1.2	soweit es sich ausschließlich um Einzelbehältnisse mit einem Volumen von jeweils nicht mehr als 1 000 Kubikzentimeter handelt, mit einem Fassungsvermögen entzündbarer Gase von 30 Tonnen oder mehr;	V	
9.2	Anlagen, die der Lagerung von Flüssigkeiten dienen, ausgenommen Anlagen, die von Nummer 9.3 erfasst werden, mit einem Fassungsvermögen von		
9.2.1	10 000 Tonnen oder mehr, soweit die Flüssigkeiten einen Flammpunkt von 373,15 Kelvin oder weniger haben,	G	
9.2.2	5 000 Tonnen bis weniger als 10 000 Tonnen, soweit die Flüssigkeiten einen Flammpunkt unter 294,15 Kelvin haben und deren Siedepunkt bei Normaldruck (101,3 Kilopascal) über 293,15 Kelvin liegt;	V	

Nr.	Anlagenbeschreibung	Verfahrensart	Anlage gemäß Art. 10 der RL 2010/75/EU
a	b	c	d
9.3	Anlagen, die der Lagerung von in der Stoffliste zu Nummer 9.3 (Anhang 2) genannten Stoffen dienen, mit einer Lagerkapazität von		
9.3.1	den in Spalte 4 der Stoffliste (Anhang 2) ausgewiesenen Mengen oder mehr,	G	
9.3.2	den in Spalte 3 der Stoffliste (Anhang 2) bis weniger als den in Spalte 4 der Anlage ausgewiesenen Mengen;	V	
9.4 – 9.10	(nicht besetzt)		
9.11	Offene oder unvollständig geschlossene Anlagen, ausgenommen Anlagen, die von Nummer 9.3 erfasst werden,		
9.11.1	zum Be- oder Entladen von Schüttgütern, die im trockenen Zustand stauben können, durch Kippen von Wagen oder Behältern oder unter Verwendung von Baggern, Schaufelladegeräten, Greifern, Saughebern oder ähnlichen Einrichtungen, soweit 400 Tonnen Schüttgüter oder mehr je Tag bewegt werden können, ausgenommen Anlagen zum Be- oder Entladen von Erdaushub oder von Gestein, das bei der Gewinnung oder Aufbereitung von Bodenschätzen anfällt, sowie Anlagen zur Erfassung von Getreide, Ölsaaten oder Hülsenfrüchten,	V	
9.11.2	zur Erfassung von Getreide, Ölsaaten oder Hülsenfrüchten, soweit 400 Tonnen oder mehr je Tag bewegt werden können und 25 000 Tonnen oder mehr je Kalenderjahr umgeschlagen werden können;	V	
9.12 – 9.35	(nicht besetzt)		
9.36	Anlagen zur Lagerung von Gülle oder Gärresten mit einer Lagerkapazität von 6 500 Kubikmetern oder mehr;	V	
9.37	Anlagen, die der Lagerung von Erdöl, petrochemischen oder chemischen Stoffen oder Erzeugnissen dienen, ausgenommen Anlagen, die von den Nummern 9.1, 9.2 oder 9.3 erfasst werden, mit einem Fassungsvermögen von 25 000 Tonnen oder mehr;	G	
10.	**Sonstige Anlagen**		

Nr.	Anlagenbeschreibung	Verfahrensart	Anlage gemäß Art. 10 der RL 2010/75/EU
a	b	c	d
10.1	Anlagen, in denen mit explosionsgefährlichen oder explosionsfähigen Stoffen im Sinne des Sprengstoffgesetzes umgegangen wird zur 1. Herstellung, Bearbeitung oder Verarbeitung dieser Stoffe, zur Verwendung als Sprengstoffe, Zündstoffe, Treibstoffe, pyrotechnische Sätze oder zur Herstellung derselben, ausgenommen Anlagen im handwerklichen Umfang und zur Herstellung von Zündhölzern sowie ortsbewegliche Mischladegeräte, oder 2. Wiedergewinnung oder Vernichtung dieser Stoffe;	G	
10.2	(nicht besetzt)		
10.3	Eigenständig betriebene Anlagen zur Behandlung der Abgase (Verminderung von Luftschadstoffen) aus nach den Nummern dieses Anhangs genehmigungsbedürftigen Anlagen,		
10.3.1	soweit in Spalte d mit dem Buchstaben E gekennzeichnet,	G	E
10.3.2	soweit in Spalte d mit dem Buchstaben E nicht gekennzeichnet und		
10.3.2.1	in Spalte c mit dem Buchstaben G gekennzeichnet,	G	
10.3.2.2	in Spalte c mit dem Buchstaben V gekennzeichnet;	V	
10.4	Eigenständig betriebene Anlagen zur Abscheidung von Kohlendioxid-Strömen aus nach den Nummern dieses Anhangs genehmigungsbedürftiger Anlagen zum Zwecke der dauerhaften geologischen Speicherung, soweit in Spalte d mit dem Buchstaben E gekennzeichnet;	G	E
10.5	(nicht besetzt)		
10.6	Anlagen zur Herstellung von Klebemitteln, ausgenommen Anlagen, die diese Mittel ausschließlich unter Verwendung von Wasser als Verdünnungsmittel herstellen, mit einer Kapazität von 1 Tonne oder mehr je Tag;	V	
10.7	Anlagen zum Vulkanisieren von Natur- oder Synthesekautschuk unter Verwendung von Schwefel oder Schwefelverbindungen mit einem Einsatz von		
10.7.1	25 Tonnen oder mehr Kautschuk je Stunde,	G	
10.7.2	weniger als 25 Tonnen Kautschuk je Stunde, ausgenommen Anlagen, in denen weniger als 50 Kilogramm Kautschuk je Stunde verarbeitet werden oder ausschließlich vorvulkanisierter Kautschuk eingesetzt wird;	V	

Nr.	Anlagenbeschreibung	Verfahrensart	Anlage gemäß Art. 10 der RL 2010/75/EU
a	b	c	d
10.8	Anlagen zur Herstellung von Bautenschutz-, Reinigungs- oder Holzschutzmitteln, soweit diese Produkte organische Lösungsmittel enthalten und von diesen 20 Tonnen oder mehr je Tag eingesetzt werden;	V	
10.9	Anlagen zur Herstellung von Holzschutzmitteln unter Verwendung von halogenierten aromatischen Kohlenwasserstoffen;	V	
10.10	Anlagen zur Vorbehandlung (Waschen, Bleichen, Mercerisieren) oder zum Färben von Fasern oder Textilien mit		
10.10.1	einer Verarbeitungskapazität von 10 Tonnen oder mehr Fasern oder Textilien je Tag,	G	E
10.10.2	einer Färbekapazität von 2 Tonnen bis weniger als 10 Tonnen Fasern oder Textilien je Tag bei Anlagen zum Färben von Fasern oder Textilien unter Verwendung von Färbebeschleunigern einschließlich der Spannrahmenanlagen, ausgenommen Anlagen, die unter erhöhtem Druck betrieben werden,	V	
10.10.3	einer Bleichkapazität von weniger als 10 Tonnen Fasern oder Textilien je Tag bei Anlagen zum Bleichen von Fasern oder Textilien unter Verwendung von Chlor oder Chlorverbindungen;	V	
10.11 – 10.14	(nicht besetzt)		
10.15	Prüfstände für oder mit		
10.15.1	Verbrennungsmotoren, ausgenommen 1. Rollenprüfstände, die in geschlossenen Räumen betrieben werden, und 2. Anlagen, in denen mit Katalysator oder Dieselrußfilter ausgerüstete Serienmotoren geprüft werden, mit einer Feuerungswärmeleistung von insgesamt 300 Kilowatt oder mehr,	V	
10.15.2	Gasturbinen oder Triebwerken mit einer Feuerungswärmeleistung von insgesamt		
10.15.2.1	200 Megawatt oder mehr,	G	
10.15.2.2	weniger als 200 Megawatt;	V	
10.16	Prüfstände für oder mit Luftschrauben;	V	
10.17	Renn- oder Teststrecken für Kraftfahrzeuge,		
10.17.1	als ständige Anlagen,	G	
10.17.2	zur Übung oder Ausübung des Motorsports an fünf Tagen oder mehr je Jahr, ausgenommen Anlagen mit Elektromotorfahrzeugen und Anlagen in geschlossenen Hallen sowie Modellsportanlagen;	V	

Nr.	Anlagenbeschreibung	Verfahrensart	Anlage gemäß Art. 10 der RL 2010/75/EU
a	b	c	d
10.18	Schießstände für Handfeuerwaffen, ausgenommen solche in geschlossenen Räumen und solche für Schusswaffen bis zu einem Kaliber von 5,6 mm lfB (.22 l.r.) für Munition mit Randfeuerzündung, wenn die Mündungsenergie der Geschosse höchstens 200 Joule (J) beträgt, (Kleinkaliberwaffen) und Schießplätze, ausgenommen solche für Kleinkaliberwaffen;	V	
10.19	(nicht besetzt)		
10.20	Anlagen zur Reinigung von Werkzeugen, Vorrichtungen oder sonstigen metallischen Gegenständen durch thermische Verfahren, soweit der Rauminhalt des Ofens 1 Kubikmeter oder mehr beträgt;	V	
10.21	Anlagen zur Innenreinigung von Eisenbahnkesselwagen, Straßentankfahrzeugen, Tankschiffen oder Tankcontainern sowie Anlagen zur automatischen Reinigung von Fässern einschließlich zugehöriger Aufarbeitungsanlagen, soweit die Behälter von organischen Stoffen gereinigt werden, ausgenommen Anlagen, in denen Behälter ausschließlich von Nahrungs-, Genuss- oder Futtermitteln gereinigt werden;	V	
10.22	Anlagen zur Begasung, Sterilisation oder Entgasung,		
10.22.1	mit einem Rauminhalt der Begasungs- oder Sterilisationskammer oder des zu begasenden Behälters von 1 Kubikmeter oder mehr, soweit Stoffe oder Gemische eingesetzt werden, die gemäß der Verordnung (EG) Nr. 1272/2008 des Europäischen Parlaments und des Rates vom 16. Dezember 2008 über die Einstufung, Kennzeichnung und Verpackung von Stoffen und Gemischen, zur Änderung und Aufhebung der Richtlinien 67/548/EWG und 1999/45/EG und zur Änderung der Verordnung (EG) Nr. 1907/2006 (ABl. L 353 vom 31.12.2008, S. 1), die zuletzt durch die Verordnung (EU) 2016/918 (ABl. L 156 vom 14.6.2016, S. 1) geändert worden ist, in die Gefahrenklassen „akute Toxizität" Kategorien 1, 2 oder 3, „spezifische Zielorgan-Toxizität (einmalige Exposition)" Kategorie 1 oder „spezifische Zielorgan-Toxizität (wiederholte Exposition)" Kategorie 1 einzustufen sind;	V	
10.22.2	soweit 40 Entgasungen oder mehr je Jahr gemäß TRGS 512 Nummer 5.4.3 durchzuführen sind;	V	
10.23	Anlagen zur Textilveredlung durch Sengen, Thermofixieren, Thermosolieren, Beschichten, Imprägnieren oder Appretieren, einschließlich der zugehörigen Trocknungsanlagen, ausgenommen Anlagen, in denen weniger als 500 Quadratmeter Textilien je Stunde behandelt werden;	V	
10.24	(nicht besetzt)		

Nr.	Anlagenbeschreibung	Verfahrensart	Anlage gemäß Art. 10 der RL 2010/75/EU
a	b	c	d
10.25	Kälteanlagen mit einem Gesamtinhalt an Kältemittel von 3 Tonnen Ammoniak oder mehr.	V	

Anhang 2

Stoffliste zu Nr. 9.3 des Anhangs 1

Nr.	Stoffe	Mengenschwelle Nr. 9.3.2 Anhang 1 (Tonnen)	Mengenschwelle Nr. 9.3.1 Anhang 1 (Tonnen)
Spalte 1	Spalte 2	Spalte 3	Spalte 4
1	Acrylnitril	20	200
2	Chlor	10	75
3	Schwefeldioxid	20	250
4	Sauerstoff	200	2 000
5	Ammoniumnitrat oder ammoniumnitrathaltige Zubereitungen der Gruppe A nach Anhang I Nummer 5 der Gefahrstoffverordnung	25	500
6	Alkalichlorat	5	100
7	Schwefeltrioxid	15	100
8	ammoniumnitrathaltige Zubereitungen der Gruppe B nach Anhang I Nummer 5 der Gefahrstoffverordnung	100	2 500
9	Ammoniak	3	30
10	Phosgen	0,075	0,75
11	Schwefelwasserstoff	5	50
12	Fluorwasserstoff	5	50
13	Cyanwasserstoff	5	20
14	Schwefelkohlenstoff	20	200
15	Brom	20	200
16	Acetylen (Ethin)	5	50
17	Wasserstoff	3	30
18	Ethylenoxid	5	50
19	Propylenoxid	5	50
20	Acrolein	20	200
21	Formaldehyd oder Paraformaldehyd (Konzentration ≥ 90 %)	5	50
22	Brommethan	20	200
23	Methylisocyanat	0,015	0,15
24	Tetraethylblei oder Tetramethylblei	5	50
25	1,2-Dibromethan	5	50
26	Chlorwasserstoff (verflüssigtes Gas)	20	200
27	Diphenylmethandiisocyanat (MDI)	20	200
28	Toluylendiisocyanat (TDI)	10	100
29	Stoffe oder Gemische, die gemäß der Verordnung (EG) Nr. 1272/2008 in die Gefahrenklasse „akute Toxizität" Kategorien 1 oder 2 einzustufen sind	2	20

Nr.	Stoffe	Mengenschwelle Nr. 9.3.2 Anhang 1 (Tonnen)	Mengenschwelle Nr. 9.3.1 Anhang 1 (Tonnen)
Spalte 1	Spalte 2	Spalte 3	Spalte 4
30	1. Stoffe oder Gemische, die gemäß der Verordnung (EG) Nr. 1272/2008 in die Gefahrenklassen – „akute Toxizität" Kategorien 1, 2 oder 3, – „spezifische Zielorgan-Toxizität (einmalige Exposition)" Kategorie 1, – „spezifische Zielorgan-Toxizität (wiederholte Exposition)" Kategorie 1, – „explosive Stoffe, Gemische und Erzeugnisse mit Explosivstoff", – „selbstzersetzliche Stoffe und Gemische", – „organische Peroxide", – „oxidierende Gase", – „oxidierende Flüssigkeiten" oder – „oxidierende Feststoffe" einzustufen sind, ausgenommen Stoffe oder Gemische, die in die Gefahrenklassen – „explosive Stoffe, Gemische und Erzeugnisse mit Explosivstoff", Unterklasse 1.6, – „selbstzersetzliche Stoffe und Gemische", Typ G, oder – „organische Peroxide", Typ G, einzustufen sind, sowie 2. Stoffe und Gemische mit explosiven Eigenschaften nach Methode A.14 der Verordnung (EG) Nr. 440/2008 der Kommission vom 30. Mai 2008 zur Festlegung von Prüfmethoden gemäß der Verordnung (EG) Nr. 1907/2006 des Europäischen Parlaments und des Rates zur Registrierung, Bewertung, Zulassung und Beschränkung chemischer Stoffe (REACH) (ABl. L 142 vom 31.5.2008, S. 1), die zuletzt durch die Verordnung (EU) 2016/266 (ABl. L 54 vom 1.3.2016, S. 1) geändert worden ist, die nicht einzustufen sind in die Gefahrenklassen – „explosive Stoffe, Gemische und Erzeugnisse mit Explosivstoff", – „selbstzersetzliche Stoffe und Gemische" oder – „organische Peroxide" gemäß der Verordnung (EG) Nr. 1272/2008	10	200

Neunte Verordnung zur Durchführung des Bundes-Immissionsschutzgesetzes
(Verordnung über das Genehmigungsverfahren – 9. BImSchV)

In der Fassung der Bekanntmachung vom 29. Mai 1992[1] (BGBl. I S. 1001)
(FNA 2129-8-9)
zuletzt geändert durch Art. 1 Erste ÄndVO[2] vom 8. Dezember 2017 (BGBl. I S. 3882)

Inhaltsübersicht

1) Neubekanntmachung der 9. BImSchV v. 18.2.1977 (BGBl. I S. 274) in der ab 1.6.1992 geltenden Fassung.
2) **Amtl. Anm.:** Diese Verordnung dient der Umsetzung der Richtlinie 2014/52/EU des Europäischen Parlaments und des Rates vom 16. April 2014 zur Änderung der Richtlinie 2011/92/EU über die Umweltverträglichkeitsprüfung bei bestimmten öffentlichen und privaten Projekten (ABl. L 124 vom 25.4.2014, S. 1).

Erster Teil
Allgemeine Vorschriften

Erster Abschnitt
Anwendungsbereich, Antrag und Unterlagen

§ 1 Anwendungsbereich

(1) Für die in der Vierten Verordnung zur Durchführung des Bundes-Immissionsschutzgesetzes (Verordnung über genehmigungsbedürftige Anlagen) genannten Anlagen ist das Verfahren bei der Erteilung

1. einer Genehmigung
 a) zur Errichtung und zum Betrieb,
 b) zur wesentlichen Änderung der Lage, der Beschaffenheit oder des Betriebs oder zur störfallrelevanten Änderung (Änderungsgenehmigung),
 c) zur Errichtung oder zum Betrieb einer Anlage oder eines Teils einer Anlage oder zur Errichtung und zum Betrieb eines Teils einer Anlage (Teilgenehmigung),
2. eines Vorbescheides,
3. einer Zulassung des vorzeitigen Beginns oder
4. einer nachträglichen Anordnung nach § 17 Abs. 1a des Bundes-Immissionsschutzgesetzes

nach dieser Verordnung durchzuführen, soweit es nicht in den §§ 8 bis 17 und 19 des Bundes-Immissionsschutzgesetzes oder in § 2 der Vierzehnten Verordnung zur Durchführung des Bundes-Immissionsschutzgesetzes (Verordnung über Anlagen der Landesverteidigung) geregelt ist; § 1 Absatz 2 des Gesetzes über die Umweltverträglichkeitsprüfung bleibt unberührt.

(2) [1]Ist nach den §§ 6 bis 14 des Gesetzes über die Umweltverträglichkeitsprüfung für die Errichtung und den Betrieb einer Anlage eine Umweltverträglichkeitsprüfung durchzuführen (UVP-pflichtige Anlage), so ist die Umweltverträglichkeitsprüfung jeweils unselbständiger Teil der in Absatz 1 genannten Verfahren. [2]Für die genehmigungsbedürftige Änderung einer Anlage gilt Satz 1 entsprechend. [3]Soweit in den in Absatz 1 genannten Verfahren über die Zulässigkeit des Vorhabens entschieden wird, ist die Umweltverträglichkeitsprüfung nach den Vorschriften dieser Verordnung und den für diese Prüfung in den genannten Verfahren ergangenen allgemeinen Verwaltungsvorschriften durchzuführen.

§ 1a Gegenstand der Prüfung der Umweltverträglichkeit

[1]Das Prüfverfahren nach § 1 Absatz 2 umfasst die Ermittlung, Beschreibung und Bewertung der für die Prüfung der Genehmigungsvoraussetzungen sowie der für die Prüfung der Belange des Naturschutzes und der Landschaftspflege bedeutsamen Auswirkungen einer UVP-pflichtigen Anlage auf die folgenden Schutzgüter:

1. Menschen, insbesondere die menschliche Gesundheit,
2. Tiere, Pflanzen und die biologische Vielfalt,
3. Fläche, Boden, Wasser, Luft, Klima und Landschaft,
4. kulturelles Erbe und sonstige Sachgüter sowie
5. die Wechselwirkung zwischen den vorgenannten Schutzgütern.

[2]Die Auswirkungen nach Satz 1 schließen Auswirkungen des UVP-pflichtigen Vorhabens ein, die aufgrund von dessen Anfälligkeit für schwere Unfälle oder Katastrophen zu erwarten sind, soweit diese schweren Unfälle oder Katastrophen für das UVP-pflichtige Vorhaben relevant sind.

§ 2 Antragstellung

(1) [1]Der Antrag ist von dem Träger des Vorhabens bei der Genehmigungsbehörde schriftlich oder elektronisch zu stellen. [2]Träger des Vorhabens kann auch sein, wer nicht beabsichtigt, die Anlage zu errichten oder zu betreiben.

(2) [1]Sobald der Träger des Vorhabens die Genehmigungsbehörde über das geplante Vorhaben unterrichtet, soll diese ihn im Hinblick auf die Antragstellung beraten und mit ihm den zeitlichen Ablauf des Genehmigungsverfahrens sowie sonstige für die Durchführung dieses Verfahrens erhebliche Fragen erörtern. [2]Sie kann andere Behörden hinzuziehen, soweit dies für Zwecke des Satzes 1 erforderlich ist. [3]Die Erörterung soll insbesondere der Klärung dienen,

1. welche Antragsunterlagen bei Antragstellung vorgelegt werden müssen,
2. welche voraussichtlichen Auswirkungen das Vorhaben auf die Allgemeinheit und die Nachbarschaft haben kann und welche Folgerungen sich daraus für das Verfahren ergeben,
3. welche Gutachten voraussichtlich erforderlich sind und wie doppelte Gutachten vermieden werden können,

4. wie der zeitliche Ablauf des Genehmigungsverfahrens ausgestaltet werden kann und welche sonstigen Maßnahmen zur Vereinfachung und Beschleunigung des Genehmigungsverfahrens vom Träger des Vorhabens und von der Genehmigungsbehörde getroffen werden können,

5. ob eine Verfahrensbeschleunigung dadurch erreicht werden kann, dass der behördliche Verfahrensbevollmächtigte, der die Gestaltung des zeitlichen Verfahrensablaufs sowie die organisatorische und fachliche Abstimmung überwacht, sich auf Vorschlag oder mit Zustimmung und auf Kosten des Antragstellers eines Projektmanagers bedient,

6. welche Behörden voraussichtlich im Verfahren zu beteiligen sind.

[4]Bei UVP-pflichtigen Vorhaben gilt ergänzend § 2a.

§ 2a Unterrichtung über den Untersuchungsrahmen bei UVP-pflichtigen Vorhaben

(1) [1]Auf Antrag des Trägers des UVP-pflichtigen Vorhabens oder wenn die Genehmigungsbehörde es für zweckmäßig hält, unterrichtet und berät die Genehmigungsbehörde den Träger des UVP-pflichtigen Vorhabens über die Beratung nach § 2 Absatz 2 hinaus entsprechend dem Planungsstand des UVP-pflichtigen Vorhabens frühzeitig über Art, Inhalt, Umfang und Detailtiefe der Angaben, die der Träger des UVP-pflichtigen Vorhabens voraussichtlich in die nach den §§ 3 bis 4e vorzulegenden Unterlagen aufnehmen muss (Untersuchungsrahmen). [2]Die Unterrichtung und Beratung kann sich auch auf weitere Gesichtspunkte des Verfahrens, insbesondere auf dessen zeitlichen Ablauf, auf die zu beteiligenden Behörden oder auf die Einholung von Sachverständigengutachten erstrecken. [3]Verfügen die Genehmigungsbehörde oder die zu beteiligenden Behörden über Informationen, die für die Beibringung der in den §§ 3 bis 4e genannten Unterlagen zweckdienlich sind, so weisen sie den Träger des UVP-pflichtigen Vorhabens darauf hin und stellen ihm diese Informationen zur Verfügung, soweit nicht Rechte Dritter oder öffentliche Interessen entgegenstehen.

(2) Der Träger des UVP-pflichtigen Vorhabens hat der Genehmigungsbehörde geeignete Unterlagen zu den Merkmalen des UVP-pflichtigen Vorhabens, einschließlich seiner Größe oder Leistung, und des Standorts sowie zu den möglichen Auswirkungen auf die in § 1a genannten Schutzgüter vorzulegen.

(3) [1]Vor der Unterrichtung über den Untersuchungsrahmen kann die zuständige Behörde dem Vorhabenträger sowie den nach § 11 zu beteiligenden Behörden Gelegenheit zu einer Besprechung über Art, Inhalt, Umfang und Detailtiefe der Unterlagen geben. [2]Die Besprechung soll sich auf den Gegenstand, den Umfang und die Methoden der Umweltverträglichkeitsprüfung sowie auf sonstige Fragen erstrecken, die für die Durchführung der Umweltverträglichkeitsprüfung erheblich sind. [3]Sachverständige und Dritte, insbesondere Standort- und Nachbargemeinden, können hinzugezogen werden. [4]Verfügen die Genehmigungsbehörde oder die zu beteiligenden Behörden über Informationen, die für die Beibringung der in den §§ 3 bis 4e genannten Unterlagen zweckdienlich sind, sollen sie den Träger des Vorhabens darauf hinweisen und ihm diese Informationen zur Verfügung stellen, soweit nicht Rechte Dritter entgegenstehen.

(4) [1]Bedarf das geplante Vorhaben der Zulassung durch mehrere Behörden, obliegen der Genehmigungsbehörde die Aufgaben nach Absatz 1 bis 3 nur, wenn sie auf Grund des § 31 Absatz 1 und 2 Satz 1 und 2 des Gesetzes über die Umweltverträglichkeitsprüfung als federführende Behörde bestimmt ist. [2]Die Genehmigungsbehörde nimmt diese Aufgaben im Zusammenwirken zumindest mit denjenigen Zulassungsbehörden und mit derjenigen für Naturschutz und Landschaftspflege zuständigen Behörde wahr, deren Aufgabenbereich durch das UVP-pflichtige Vorhaben berührt wird.

§ 3 Antragsinhalt

[1]Der Antrag muss enthalten

1. die Angabe des Namens und des Wohnsitzes oder des Sitzes des Antragstellers,

2. die Angabe, ob eine Genehmigung oder ein Vorbescheid beantragt wird und im Falle eines Antrags auf Genehmigung, ob es sich um eine Änderungsgenehmigung handelt, ob eine Teilgenehmigung oder ob eine Zulassung des vorzeitigen Beginns beantragt wird,

3. die Angabe des Standortes der Anlage, bei ortsveränderlicher Anlage die Angabe der vorgesehenen Standorte,

4. Angaben über Art und Umfang der Anlage,

5. die Angabe, zu welchem Zeitpunkt die Anlage in Betrieb genommen werden soll.

[2]Soll die Genehmigungsbehörde zulassen, dass die Genehmigung abweichend von § 19 Absatz 1 und 2 des Bundes-Immissionsschutzgesetzes nicht in einem vereinfachten Verfahren erteilt wird, so ist dies im Antrag anzugeben.

§ 4 Antragsunterlagen

(1) [1]Dem Antrag sind die Unterlagen beizufügen, die zur Prüfung der Genehmigungsvoraussetzungen erforderlich sind. [2]Dabei ist zu berücksichtigen, ob die Anlage Teil eines eingetragenen Standorts einer nach den Artikeln 13 bis 15 in Verbindung mit Artikel 2 Nummer 22 der Verordnung (EG) Nr. 1221/2009

des Europäischen Parlaments und des Rates vom 25. November 2009 über die freiwillige Teilnahme von Organisationen an einem Gemeinschaftssystem für Umweltmanagement und Umweltbetriebsprüfung und zur Aufhebung der Verordnung (EG) Nr. 761/2001, sowie der Beschlüsse der Kommission 2001/681/EG und 2006/193/EG (ABl. L 342 vom 22.12.2009, S. 1), die zuletzt durch die Verordnung (EU) Nr. 517/2013 vom 13. Mai 2013 (ABl. L 158 vom 10.6.2013, S. 1) geändert worden ist, registrierten Organisation ist, für die Angaben in einer der zuständigen Genehmigungsbehörde vorliegenden und für gültig erklärten, der Registrierung zu Grunde gelegten Umwelterklärung oder in einem dieser Registrierung zu Grunde liegenden Umweltbetriebsprüfungsbericht enthalten sind. [3]Die Unterlagen nach Satz 1 müssen insbesondere die nach den §§ 4a bis 4d erforderlichen Angaben enthalten, bei UVP-pflichtigen Anlagen darüber hinaus zusätzlich einen UVP-Bericht, der die erforderlichen Angaben nach § 4e und der Anlage enthält.

(2) [1]Soweit die Zulässigkeit oder die Ausführung des Vorhabens nach Vorschriften über Naturschutz und Landschaftspflege zu prüfen ist, sind die hierfür erforderlichen Unterlagen beizufügen; die Anforderungen an den Inhalt dieser Unterlagen bestimmen sich nach den naturschutzrechtlichen Vorschriften. [2]Die Unterlagen nach Satz 1 müssen insbesondere Angaben über Maßnahmen zur Vermeidung, Verminderung, zum Ausgleich oder zum Ersatz erheblicher Beeinträchtigungen von Natur und Landschaft enthalten.

(3) [1]Der Antragsteller hat der Genehmigungsbehörde außer den in Absätzen 1 und 2 genannten Unterlagen eine allgemein verständliche, für die Auslegung geeignete Kurzbeschreibung vorzulegen, die einen Überblick über die Anlage, ihren Betrieb und die voraussichtlichen Auswirkungen auf die Allgemeinheit und die Nachbarschaft ermöglicht; bei UVP-pflichtigen Anlagen erstreckt sich die Kurzbeschreibung auch auf die allgemein verständliche, nichttechnische Zusammenfassung des UVP-Berichts nach § 4e Absatz 1 Satz 1 Nummer 7. [2]Er hat ferner ein Verzeichnis der dem Antrag beigefügten Unterlagen vorzulegen, in dem die Unterlagen, die Geschäfts- oder Betriebsgeheimnisse enthalten, besonders gekennzeichnet sind.

(4) Bedarf das Vorhaben der Zulassung durch mehrere Behörden und ist auf Grund des § 31 Absatz 1 und 2 Satz 1 und 2 des Gesetzes über die Umweltverträglichkeitsprüfung eine federführende Behörde, die nicht Genehmigungsbehörde ist, zur Entgegennahme der Unterlagen zur Prüfung der Umweltverträglichkeit bestimmt, hat die Genehmigungsbehörde die für die Prüfung der Umweltverträglichkeit erforderlichen Unterlagen auch der federführenden Behörde zuzuleiten.

§ 4a Angaben zur Anlage und zum Anlagenbetrieb

(1) Die Unterlagen müssen die für die Entscheidung nach § 20 oder § 21 erforderlichen Angaben enthalten über

1. die Anlagenteile, Verfahrensschritte und Nebeneinrichtungen, auf die sich das Genehmigungserfordernis gemäß § 1 Absatz 2 der Verordnung über genehmigungsbedürftige Anlagen erstreckt,

2. den Bedarf an Grund und Boden und den Zustand des Anlagengrundstückes,

3. das vorgesehene Verfahren oder die vorgesehenen Verfahrenstypen einschließlich der erforderlichen Daten zur Kennzeichnung, wie Angaben zu Art, Menge und Beschaffenheit

 a) der Einsatzstoffe oder -stoffgruppen,

 b) der Zwischen-, Neben- und Endprodukte oder -produktgruppen,

 c) der anfallenden Abfälle

 und darüber hinaus, soweit ein Stoff für Zwecke der Forschung und Entwicklung hergestellt werden soll, der gemäß Artikel 9 Absatz 1, auch in Verbindung mit Absatz 7 der Verordnung (EG) Nr. 1907/2006 des Europäischen Parlaments und des Rates vom 18. Dezember 2006 zur Registrierung, Bewertung, Zulassung und Beschränkung chemischer Stoffe (REACH), zur Schaffung einer Europäischen Chemikalienagentur, zur Änderung der Richtlinie 1999/45/EG und zur Aufhebung der Verordnung (EWG) Nr. 793/93 des Rates, der Verordnung (EG) Nr. 1488/94 der Kommission, der Richtlinie 76/769/EWG des Rates sowie der Richtlinien 91/155/EWG, 93/67/EWG, 93/105/EG und 2000/21/EG der Kommission (ABl. L 396 vom 30.12.2006, S. 1), die zuletzt durch die Verordnung (EU) 2016/863 (ABl. L 144 vom 1.6.2016, S. 27) geändert worden ist, von der Registrierungspflicht ausgenommen ist,

 d) Angaben zur Identität des Stoffes, soweit vorhanden,

 e) dem Antragsteller vorliegende Prüfnachweise über physikalische, chemische und physikalisch-chemische sowie toxische und ökotoxische Eigenschaften des Stoffes einschließlich des Abbauverhaltens,

4. die in der Anlage verwendete und anfallende Energie,

5. mögliche Freisetzungen oder Reaktionen von Stoffen bei Störungen im Verfahrensablauf,

6. Art und Ausmaß der Emissionen, die voraussichtlich von der Anlage ausgehen werden, wobei sich diese Angaben, soweit es sich um Luftverunreinigungen handelt, auch auf das Rohgas vor einer Vermischung oder Verdünnung beziehen müssen, die Art, Lage und Abmessungen der Emissionsquellen, die räumliche und zeitliche Verteilung der Emissionen sowie über die Austrittsbedingungen und

7. die wichtigsten vom Antragsteller gegebenenfalls geprüften Alternativen in einer Übersicht.

(2) Soweit schädliche Umwelteinwirkungen hervorgerufen werden können, müssen die Unterlagen auch enthalten:

1. eine Prognose der zu erwartenden Immissionen, soweit Immissionswerte in Rechts- oder Verwaltungsvorschriften festgelegt sind und nach dem Inhalt dieser Vorschriften eine Prognose zum Vergleich mit diesen Werten erforderlich ist;

2. im Übrigen Angaben über Art, Ausmaß und Dauer von Immissionen sowie ihre Eignung, schädliche Umwelteinwirkungen herbeizuführen, soweit nach Rechts- oder Verwaltungsvorschriften eine Sonderfallprüfung durchzuführen ist.

(3) Für Anlagen, auf die die Verordnung über die Verbrennung und die Mitverbrennung von Abfällen anzuwenden ist, müssen die Unterlagen über Absatz 1 hinaus Angaben enthalten über

1. Art (insbesondere Abfallbezeichnung und -schlüssel gemäß der Verordnung über das Europäische Abfallverzeichnis) und Menge der zur Verbrennung vorgesehenen Abfälle,

2. die kleinsten und größten Massenströme der zur Verbrennung vorgesehenen Abfälle, angegeben als stündliche Einsatzmengen,

3. die kleinsten und größten Heizwerte der zur Verbrennung vorgesehenen Abfälle,

4. den größten Gehalt an Schadstoffen in den zur Verbrennung vorgesehenen Abfällen, insbesondere an polychlorierten Biphenylen (PCB), Pentachlorphenol (PCP), Chlor, Fluor, Schwefel und Schwermetallen,

5. die Maßnahmen für das Zuführen der Abfälle und den Einbau der Brenner, so dass ein möglichst weitgehender Ausbrand erreicht wird und

6. die Maßnahmen, wie die Emissionsgrenzwerte der Verordnung über die Verbrennung und die Mitverbrennung von Abfällen eingehalten werden.

(4) [1]Der Bericht über den Ausgangszustand nach § 10 Absatz 1a des Bundes-Immissionsschutzgesetzes hat die Informationen zu enthalten, die erforderlich sind, um den Stand der Boden- und Grundwasserverschmutzungen zu ermitteln, damit ein quantifizierter Vergleich mit dem Zustand bei der Betriebseinstellung der Anlage vorgenommen werden kann. [2]Der Bericht über den Ausgangszustand hat die folgenden Informationen zu enthalten:

1. Informationen über die derzeitige Nutzung und, falls verfügbar, über die frühere Nutzung des Anlagengrundstücks,

2. Informationen über Boden- und Grundwassermessungen, die den Zustand zum Zeitpunkt der Erstellung des Berichts über den Ausgangszustand nach § 10 Absatz 1a des Bundes-Immissionsschutzgesetzes wiedergeben und die dem Stand der Messtechnik entsprechen; neue Boden- und Grundwassermessungen sind nicht erforderlich, soweit bereits vorhandene Informationen die Anforderungen des ersten Halbsatzes erfüllen.

[3]Erfüllen Informationen, die auf Grund anderer Vorschriften erstellt wurden, die Anforderungen der Sätze 1 und 2, so können diese Informationen in den Bericht über den Ausgangszustand aufgenommen oder diesem beigefügt werden. [4]Der Bericht über den Ausgangszustand ist für den Teilbereich des Anlagengrundstücks zu erstellen, auf dem durch Verwendung, Erzeugung oder Freisetzung der relevanten gefährlichen Stoffe durch die Anlage die Möglichkeit der Verschmutzung des Bodens oder des Grundwassers besteht. [5]Die Sätze 1 bis 4 sind bei einem Antrag für eine Änderungsgenehmigung nur dann anzuwenden, wenn mit der Änderung neue relevante gefährliche Stoffe verwendet, erzeugt oder freigesetzt werden oder wenn mit der Änderung erstmals relevante gefährliche Stoffe verwendet, erzeugt oder freigesetzt werden; ein bereits vorhandener Bericht über den Ausgangszustand ist zu ergänzen. [6]§ 25 Absatz 2 bleibt unberührt.

§ 4b Angaben zu den Schutzmaßnahmen

(1) Die Unterlagen müssen die für die Entscheidung nach § 20 oder § 21 erforderlichen Angaben enthalten über

1. die vorgesehenen Maßnahmen zum Schutz vor und zur Vorsorge gegen schädliche Umwelteinwirkungen, insbesondere zur Verminderung der Emissionen, sowie zur Messung von Emissionen und Immissionen,

2. die vorgesehenen Maßnahmen zum Schutz der Allgemeinheit und der Nachbarschaft vor sonstigen Gefahren, erheblichen Nachteilen und erheblichen Belästigungen, wie Angaben über die vorgesehenen technischen und organisatorischen Vorkehrungen
 a) zur Verhinderung von Störungen des bestimmungsgemäßen Betriebs und
 b) zur Begrenzung der Auswirkungen, die sich aus Störungen des bestimmungsgemäßen Betriebs ergeben können,
3. die vorgesehenen Maßnahmen zum Arbeitsschutz,
4. die vorgesehenen Maßnahmen zum Schutz vor schädlichen Umwelteinwirkungen und sonstigen Gefahren, erheblichen Nachteilen und erheblichen Belästigungen für die Allgemeinheit und die Nachbarschaft im Falle der Betriebseinstellung und
5. die vorgesehenen Maßnahmen zur Überwachung der Emissionen in die Umwelt.

(2) [1]Soweit eine genehmigungsbedürftige Anlage Betriebsbereich oder Bestandteil eines Betriebsbereichs ist, für die ein Sicherheitsbericht nach § 9 der Störfall-Verordnung anzufertigen ist, müssen die Teile des Sicherheitsberichts, die den Abschnitten II Nummer 1, 3 und 4 sowie den Abschnitten III bis V des Anhangs II der Störfall-Verordnung entsprechen, dem Antrag beigefügt werden, soweit sie sich auf die genehmigungsbedürftige Anlage beziehen oder für sie von Bedeutung sind. [2]In einem Genehmigungsverfahren nach § 16 des Bundes-Immissionsschutzgesetzes gilt dies nur, soweit durch die beantragte Änderung sicherheitsrelevante Anlagenteile betroffen sind. [3]In diesem Fall und im Fall eines Genehmigungsverfahrens nach § 16a des Bundes-Immissionsschutzgesetzes kann die Behörde zulassen, dass sich die vorzulegenden Teile des Sicherheitsberichts nur auf diese Anlagenteile beschränken, wenn sie trotz dieser Beschränkung aus sich heraus verständlich und prüffähig erstellt werden können.

(3) Bestehen Anhaltspunkte dafür, dass eine Bekanntgabe der Angaben nach den Absätzen 1 und 2 zu einer eine erhebliche Gefahr für die öffentliche Sicherheit darstellenden Störung der Errichtung oder des bestimmungsgemäßen Betriebs der Anlage durch Dritte führen kann, und sind Maßnahmen der Gefahrenabwehr gegenüber diesen nicht möglich, ausreichend oder zulässig, kann die Genehmigungsbehörde die Vorlage einer aus sich heraus verständlichen und zusammenhängenden Darstellung verlangen, die für die Auslegung geeignet ist.

§ 4c Plan zur Behandlung der Abfälle

Die Unterlagen müssen die für die Entscheidung nach § 20 oder § 21 erforderlichen Angaben enthalten über die Maßnahmen zur Vermeidung oder Verwertung von Abfällen; hierzu sind insbesondere Angaben zu machen zu

1. den vorgesehenen Maßnahmen zur Vermeidung von Abfällen,
2. den vorgesehenen Maßnahmen zur ordnungsgemäßen und schadlosen stofflichen oder thermischen Verwertung der anfallenden Abfälle,
3. den Gründen, warum eine weitergehende Vermeidung oder Verwertung von Abfällen technisch nicht möglich oder unzumutbar ist,
4. den vorgesehenen Maßnahmen zur Beseitigung nicht zu vermeidender oder zu verwertender Abfälle einschließlich der rechtlichen und tatsächlichen Durchführbarkeit dieser Maßnahmen und der vorgesehenen Entsorgungswege,
5. den vorgesehenen Maßnahmen zur Verwertung oder Beseitigung von Abfällen, die bei einer Störung des bestimmungsgemäßen Betriebs entstehen können, sowie
6. den vorgesehenen Maßnahmen zur Behandlung der bei einer Betriebseinstellung vorhandenen Abfälle.

§ 4d Angaben zur Energieeffizienz

Die Unterlagen müssen Angaben über vorgesehene Maßnahmen zur sparsamen und effizienten Energieverwendung enthalten, insbesondere Angaben über Möglichkeiten zur Erreichung hoher energetischer Wirkungs- und Nutzungsgrade, zur Einschränkung von Energieverlusten sowie zur Nutzung der anfallenden Energie.

§ 4e Zusätzliche Angaben zur Prüfung der Umweltverträglichkeit; UVP-Bericht

(1) [1]Der Träger des UVP-pflichtigen Vorhabens hat den Unterlagen einen Bericht zu den voraussichtlichen Auswirkungen des UVP-pflichtigen Vorhabens auf die in § 1a genannten Schutzgüter (UVP-Bericht) beizufügen, der zumindest folgende Angaben enthält:

1. eine Beschreibung des UVP-pflichtigen Vorhabens mit Angaben zum Standort, zur Art, zum Umfang und zur Ausgestaltung, zur Größe und zu anderen wesentlichen Merkmalen des Vorhabens,
2. eine Beschreibung der Umwelt und ihrer Bestandteile im Einwirkungsbereich des UVP-pflichtigen Vorhabens,

3. eine Beschreibung der Merkmale des UVP-pflichtigen Vorhabens und des Standorts, mit denen das Auftreten erheblicher nachteiliger Auswirkungen des UVP-pflichtigen Vorhabens auf die in § 1a. genannten Schutzgüter vermieden, vermindert oder ausgeglichen werden soll,

4. eine Beschreibung der geplanten Maßnahmen, mit denen das Auftreten erheblicher nachteiliger Auswirkungen des UVP-pflichtigen Vorhabens auf die in § 1a genannten Schutzgüter vermieden, vermindert oder ausgeglichen werden soll, sowie eine Beschreibung geplanter Ersatzmaßnahmen,

5. eine Beschreibung der möglichen erheblichen Auswirkungen des UVP-pflichtigen Vorhabens auf die in § 1a genannten Schutzgüter,

6. eine Beschreibung der vernünftigen Alternativen zum Schutz vor und zur Vorsorge gegen schädliche Umwelteinwirkungen sowie zum Schutz der Allgemeinheit und der Nachbarschaft vor sonstigen Gefahren, erheblichen Nachteilen und erheblichen Belästigungen, die für das UVP-pflichtige Vorhaben und seine spezifischen Merkmale relevant und von dem Träger des UVP-pflichtigen Vorhabens geprüft worden sind, und die Angabe der wesentlichen Gründe für die getroffene Wahl unter Berücksichtigung der jeweiligen Auswirkungen auf die in § 1a genannten Schutzgüter sowie

7. eine allgemein verständliche, nichttechnische Zusammenfassung des UVP-Berichts. ²Bei einem UVP-pflichtigen Vorhaben, das einzeln oder im Zusammenwirken mit anderen Projekten oder Plänen geeignet ist, ein Natura 2000-Gebiet erheblich zu beeinträchtigen, muss der UVP-Bericht Angaben zu den Auswirkungen des UVP-pflichtigen Vorhabens auf die Erhaltungsziele dieses Gebiets enthalten.

(2) Der UVP-Bericht muss auch die in der Anlage zu § 4e genannten weiteren Angaben enthalten, soweit diese Angaben für die Entscheidung über die Zulassung des UVP-pflichtigen Vorhabens erforderlich sind.

(3) ¹Inhalt und Umfang des UVP-Berichts bestimmen sich nach den Rechtsvorschriften, die für die Entscheidung über die Zulassung des UVP-pflichtigen Vorhabens maßgebend sind. ²In den Fällen des § 2a stützt der Träger des UVP-pflichtigen Vorhabens den UVP-Bericht zusätzlich auf den Untersuchungsrahmen.

(4) ¹Der UVP-Bericht muss den gegenwärtigen Wissensstand und die gegenwärtigen Prüfmethoden berücksichtigen. ²Er muss die Angaben enthalten, die der Träger des UVP-pflichtigen Vorhabens mit zumutbarem Aufwand ermitteln kann. ³Die Angaben müssen ausreichend sein, um

1. der Genehmigungsbehörde eine begründete Bewertung der Auswirkungen des UVP-pflichtigen Vorhabens auf die in § 1a genannten Schutzgüter nach § 20 Absatz 1b zu ermöglichen und

2. Dritten die Beurteilung zu ermöglichen, ob und in welchem Umfang sie von den Auswirkungen des UVP-pflichtigen Vorhabens auf die in § 1a genannten Schutzgüter betroffen sein können.

(5) Zur Vermeidung von Mehrfachprüfungen hat der Träger des UVP-pflichtigen Vorhabens die vorhandenen Ergebnisse anderer rechtlich vorgeschriebener Prüfungen in den UVP-Bericht einzubeziehen.

(6) ¹Der Träger des UVP-pflichtigen Vorhabens muss durch geeignete Maßnahmen sicherstellen, dass der UVP-Bericht den Anforderungen nach den Absätzen 1 bis 5 entspricht. ²Die Genehmigungsbehörde hat Nachbesserungen innerhalb einer angemessenen Frist zu verlangen, soweit der Bericht den Anforderungen nicht entspricht.

(7) ¹Sind kumulierende Vorhaben nach dem Gesetz über die Umweltverträglichkeitsprüfung, für die jeweils eine Umweltverträglichkeitsprüfung durchzuführen ist, Gegenstand paralleler oder verbundener Zulassungsverfahren, so können die Träger der UVP-pflichtigen Vorhaben einen gemeinsamen UVP-Bericht vorlegen. ²Legen sie getrennte UVP-Berichte vor, so sind darin auch jeweils die Auswirkungen der anderen kumulierenden Vorhaben auf die in § 1a genannten Schutzgüter als Vorbelastung zu berücksichtigen.

§ 5 Vordrucke
Die Genehmigungsbehörde kann die Verwendung von Vordrucken für den Antrag und die Unterlagen verlangen.

§ 6 Eingangsbestätigung
Die Genehmigungsbehörde hat dem Antragsteller den Eingang des Antrags und der Unterlagen unverzüglich schriftlich oder elektronisch zu bestätigen.

§ 7 Prüfung der Vollständigkeit, Verfahrensablauf
(1) ¹Die Genehmigungsbehörde hat nach Eingang des Antrags und der Unterlagen unverzüglich, in der Regel innerhalb eines Monats, zu prüfen, ob der Antrag den Anforderungen des § 3 und die Unterlagen den Anforderungen der §§ 4 bis 4e entsprechen. ²Die zuständige Behörde kann die Frist in begründeten Ausnahmefällen einmal um zwei Wochen verlängern. ³Sind der Antrag oder die Unterlagen nicht vollständig, so hat die Genehmigungsbehörde den Antragsteller unverzüglich aufzufordern, den Antrag oder die Unterlagen innerhalb einer angemessenen Frist zu ergänzen. ⁴Teilprüfungen sind auch vor Vorlage

der vollständigen Unterlagen vorzunehmen, sobald dies nach den bereits vorliegenden Unterlagen möglich ist. [5]Die Behörde kann zulassen, dass Unterlagen, deren Einzelheiten für die Beurteilung der Genehmigungsfähigkeit der Anlage als solcher nicht unmittelbar von Bedeutung sind, insbesondere den Bericht über den Ausgangszustand nach § 10 Absatz 1a des Bundes-Immissionsschutzgesetzes, bis zum Beginn der Errichtung oder der Inbetriebnahme der Anlage nachgereicht werden können.

(2) Sind die Unterlagen vollständig, hat die Genehmigungsbehörde den Antragsteller über die voraussichtlich zu beteiligenden Behörden und den geplanten zeitlichen Ablauf des Genehmigungsverfahrens zu unterrichten.

Zweiter Abschnitt
Beteiligung Dritter

§ 8 Bekanntmachung des Vorhabens

(1) [1]Sind die zur Auslegung (§ 10 Absatz 1) erforderlichen Unterlagen vollständig, so hat die Genehmigungsbehörde das Vorhaben in ihrem amtlichen Veröffentlichungsblatt und außerdem entweder im Internet oder in örtlichen Tageszeitungen, die im Bereich des Standortes der Anlage verbreitet sind, öffentlich bekanntzumachen. [2]Eine zusätzliche Bekanntmachung und Auslegung ist, auch in den Fällen der §§ 22 und 23, nur nach Maßgabe des Absatzes 2 erforderlich. [3]Bei UVP-pflichtigen Anlagen erfolgt die Bekanntmachung durch die Genehmigungsbehörde auch über das jeweilige zentrale Internetportal nach § 20 Absatz 1 des Gesetzes über die Umweltverträglichkeitsprüfung. [4]Maßgeblich ist der Inhalt der ausgelegten Unterlagen.

(2) [1]Wird das Vorhaben während eines Vorbescheidsverfahrens, nach Erteilung eines Vorbescheides oder während des Genehmigungsverfahrens geändert, so darf die Genehmigungsbehörde von einer zusätzlichen Bekanntmachung und Auslegung absehen, wenn in den nach § 10 Absatz 1 auszulegenden Unterlagen keine Umstände darzulegen wären, die nachteilige Auswirkungen für Dritte besorgen lassen. [2]Dies ist insbesondere dann der Fall, wenn erkennbar ist, dass nachteilige Auswirkungen für Dritte durch die getroffenen oder vom Träger des Vorhabens vorgesehenen Vorkehrungen ausgeschlossen werden oder die Nachteile im Verhältnis zu den jeweils vergleichbaren Vorteilen gering sind. [3]Betrifft das Vorhaben eine UVP-pflichtige Anlage, darf von einer zusätzlichen Bekanntmachung und Auslegung nur abgesehen werden, wenn keine zusätzlichen erheblichen oder anderen erheblichen Auswirkungen auf in § 1a genannte Schutzgüter zu besorgen sind. [4]Ist eine zusätzliche Bekanntmachung und Auslegung erforderlich, werden die Einwendungsmöglichkeit und die Erörterung auf die vorgesehenen Änderungen beschränkt; hierauf ist in der Bekanntmachung hinzuweisen.

§ 9 Inhalt der Bekanntmachung

(1) [1]Die Bekanntmachung muss neben den Angaben nach § 10 Absatz 4 des Bundes-Immissionsschutzgesetzes Folgendes enthalten:
1. die in § 3 bezeichneten Angaben,
2. den Hinweis auf die Auslegungs- und die Einwendungsfrist unter Angabe des jeweils ersten und letzten Tages und
3. die Bezeichnung der für das Vorhaben entscheidungserheblichen Berichte und Empfehlungen, die der Genehmigungsbehörde zum Zeitpunkt des Beginns des Beteiligungsverfahrens vorliegen.

[2]Auf die zuständige Genehmigungsbehörde, die für die Beteiligung der Öffentlichkeit maßgebenden Vorschriften sowie eine grenzüberschreitende Behörden- und Öffentlichkeitsbeteiligung nach § 11a ist hinzuweisen.

(1a) Ist das Vorhaben UVP-pflichtig, muss die Bekanntmachung zusätzlich folgende Angaben enthalten:
1. einen Hinweis auf die UVP-Pflicht des Vorhabens und
2. die Angabe, dass ein UVP-Bericht vorgelegt wurde.

(2) Zwischen der Bekanntmachung des Vorhabens und dem Beginn der Auslegungsfrist soll eine Woche liegen; maßgebend ist dabei der voraussichtliche Tag der Ausgabe des Veröffentlichungsblattes oder der Tageszeitung, die zuletzt erscheint.

§ 10 Auslegung von Antrag und Unterlagen; Veröffentlichung des UVP-Berichts

(1) [1]Bei der Genehmigungsbehörde und, soweit erforderlich, bei einer geeigneten Stelle in der Nähe des Standortes des Vorhabens sind der Antrag sowie die beigefügten Unterlagen auszulegen, die die Angaben über die Auswirkungen der Anlage auf die Nachbarschaft und die Allgemeinheit enthalten. [2]Darüber hinaus sind, soweit vorhanden, die entscheidungserheblichen sonstigen der Genehmigungsbehörde vorliegenden behördlichen Unterlagen zu dem Vorhaben auszulegen, die Angaben über die Auswirkungen der Anlage auf die Nachbarschaft und die Allgemeinheit oder Empfehlungen zur Begrenzung dieser Aus-

wirkungen enthalten. [3]Verfügt die Genehmigungsbehörde bis zur Entscheidung über den Genehmigungsantrag über zusätzliche behördliche Stellungnahmen oder von ihr angeforderte Unterlagen, die Angaben über die Auswirkungen der Anlage auf die Nachbarschaft und die Allgemeinheit oder Empfehlungen zur Begrenzung dieser Auswirkungen enthalten, sind diese der Öffentlichkeit nach den Bestimmungen des Bundes und der Länder über den Zugang zu Umweltinformationen zugänglich zu machen. [4]Betrifft das Vorhaben eine UVP-pflichtige Anlage, so ist auch der vom Antragsteller zur Durchführung einer Umweltverträglichkeitsprüfung zusätzlich beigefügte UVP-Bericht nach § 4e auszulegen; ferner sind der Antrag und die Unterlagen auch in den Gemeinden auszulegen, in denen sich das Vorhaben voraussichtlich auswirkt. [5]Soweit eine Auslegung der Unterlagen nach § 4b Absatz 1 und 2 zu einer Störung im Sinne des § 4b Absatz 3 führen kann, ist an Stelle dieser Unterlagen die Darstellung nach § 4b Absatz 3 auszulegen. [6]In den Antrag und die Unterlagen nach den Sätzen 1, 2 und 4 sowie in die Darstellung nach § 4b Absatz 3 ist während der Dienststunden Einsicht zu gewähren. [7]Bei UVP-pflichtigen Vorhaben hat der Träger des Vorhabens den UVP-Bericht sowie die das Vorhaben betreffenden entscheidungserheblichen Berichte und Empfehlungen, die der Genehmigungsbehörde zum Zeitpunkt des Beginns des Beteiligungsverfahrens vorgelegen haben, auch elektronisch vorzulegen. [8]§ 8 Absatz 1 Satz 3 und 4 gilt bei UVP-pflichtigen Vorhaben für diese Unterlagen entsprechend.

(2) Auf Aufforderung eines Dritten ist diesem eine Abschrift oder Vervielfältigung der Kurzbeschreibung nach § 4 Absatz 3 Satz 1 zu überlassen.

(3) [1]Soweit Unterlagen Geschäfts- oder Betriebsgeheimnisse enthalten, ist an ihrer Stelle die Inhaltsdarstellung nach § 10 Absatz 2 Satz 2 des Bundes-Immissionsschutzgesetzes auszulegen. [2]Hält die Genehmigungsbehörde die Kennzeichnung der Unterlagen als Geschäfts- oder Betriebsgeheimnisse für unberechtigt, so hat sie vor der Entscheidung über die Auslegung dieser Unterlagen den Antragsteller zu hören.

§ 10a Akteneinsicht

[1]Die Genehmigungsbehörde gewährt Akteneinsicht nach pflichtgemäßem Ermessen; § 29 Absatz 1 Satz 3, Absatz 2 und 3 des Verwaltungsverfahrensgesetzes findet entsprechende Anwendung. [2]Sonstige sich aus anderen Rechtsvorschriften ergebende Rechte auf Zugang zu Informationen bleiben unberührt.

§ 11 Beteiligung anderer Behörden

[1]Spätestens gleichzeitig mit der öffentlichen Bekanntmachung des Vorhabens fordert die Genehmigungsbehörde die Behörden, deren Aufgabenbereich durch das Vorhaben berührt wird, auf, für ihren Zuständigkeitsbereich eine Stellungnahme innerhalb einer Frist von einem Monat abzugeben. [2]Die Antragsunterlagen sollen sternförmig an die zu beteiligenden Stellen versandt werden. [3]Hat eine Behörde bis zum Ablauf der Frist keine Stellungnahme abgegeben, so ist davon auszugehen, dass die beteiligte Behörde sich nicht äußern will. [4]Die Genehmigungsbehörde hat sich über den Stand der anderweitigen das Vorhaben betreffenden Zulassungsverfahren Kenntnis zu verschaffen und auf ihre Beteiligung hinzuwirken sowie mit den für diese Verfahren zuständigen Behörden frühzeitig den von ihr beabsichtigten Inhalt des Genehmigungsbescheides zu erörtern und abzustimmen.

§ 11a Grenzüberschreitende Behörden- und Öffentlichkeitsbeteiligung

(1) [1]Für nicht UVP-pflichtige Vorhaben einschließlich der Verfahren nach § 17 Absatz 1a des Bundes-Immissionsschutzgesetzes gelten für das Verfahren zur grenzüberschreitenden Behörden- und Öffentlichkeitsbeteiligung die Vorschriften der Abschnitte 1 und 3 des Teils 5 des Gesetzes über die Umweltverträglichkeitsprüfung sinngemäß. [2]Abweichend von Satz 1 gelten nicht die Vorgaben zur Veröffentlichung von Informationen in dem jeweiligen zentralen Internetportal nach § 59 Absatz 4 des Gesetzes über die Umweltverträglichkeitsprüfung.

(2) Für UVP-pflichtige Vorhaben gelten für das Verfahren zur grenzüberschreitenden Behörden- und Öffentlichkeitsbeteiligung einschließlich Verfahren nach § 17 Absatz 1a des Bundes-Immissionsschutzgesetzes die Vorschriften der Abschnitte 1 und 3 des Teils 5 des Gesetzes über die Umweltverträglichkeitsprüfung sinngemäß.

(3) [1]Rechtsvorschriften zur Geheimhaltung, insbesondere gemäß § 30 des Verwaltungsverfahrensgesetzes sowie zum Schutz von Geschäfts- oder Betriebsgeheimnissen gemäß § 10 Absatz 2 des Bundes-Immissionsschutzgesetzes sowie gemäß § 10 Absatz 3 bleiben unberührt; entgegenstehende Rechte Dritter sind zu beachten. [2]Ebenfalls unberührt bleiben die Vorschriften zur Datenübermittlung an Stellen im Ausland sowie an über- und zwischenstaatliche Stellen.

(4) Die Genehmigungsbehörde übermittelt den beteiligten Behörden des anderen Staates die Bezeichnung des für die betreffende Anlage maßgeblichen BVT-Merkblatts.

(5) Die Genehmigungsbehörde macht der Öffentlichkeit auch Aktualisierungen von Genehmigungen von Behörden anderer Staaten nach den Bestimmungen über den Zugang zu Umweltinformationen zugänglich.

§ 12 Einwendungen

(1) [1]Einwendungen können bei der Genehmigungsbehörde oder bei der Stelle erhoben werden, bei der Antrag und Unterlagen zur Einsicht ausliegen. [2]Bei UVP-pflichtigen Vorhaben gilt eine Einwendungsfrist von einem Monat nach Ablauf der Auslegungsfrist. [3]Nach Ablauf der Einwendungsfrist entscheidet die Genehmigungsbehörde unter Berücksichtigung von § 14, ob im Genehmigungsverfahren ein Erörterungstermin nach § 10 Absatz 6 des Bundes-Immissionsschutzgesetzes durchgeführt wird. [4]Das gilt auch für UVP-pflichtige Anlagen. [5]Die Entscheidung ist öffentlich bekannt zu machen.

(2) [1]Die Einwendungen sind dem Antragsteller bekanntzugeben. [2]Den nach § 11 beteiligten Behörden sind die Einwendungen bekanntzugeben, die ihren Aufgabenbereich berühren. [3]Auf Verlangen des Einwenders sollen dessen Name und Anschrift vor der Bekanntgabe unkenntlich gemacht werden, wenn diese zur ordnungsgemäßen Durchführung des Genehmigungsverfahrens nicht erforderlich sind; auf diese Möglichkeit ist in der öffentlichen Bekanntmachung hinzuweisen.

§ 13 Sachverständigengutachten

(1) [1]Die Genehmigungsbehörde holt Sachverständigengutachten ein, soweit dies für die Prüfung der Genehmigungsvoraussetzungen notwendig ist. [2]Der Auftrag hierzu soll möglichst bis zum Zeitpunkt der Bekanntmachung des Vorhabens (§ 8) erteilt werden. [3]Ein Sachverständigengutachten ist in der Regel notwendig

1. zur Beurteilung der Angaben derjenigen Teile des Sicherheitsberichts nach § 9 der Störfall-Verordnung, die Abschnitt II Nummer 1, 3 und 4 sowie den Abschnitten III bis V des Anhangs II der Störfall-Verordnung entsprechen, soweit sie dem Antrag nach § 4b Absatz 2 beizufügen sind;

2. zur Beurteilung der Wirtschaftlichkeitsanalyse einschließlich des Kosten-Nutzen-Vergleichs gemäß § 6 der KWK-Kosten-Nutzen-Vergleich-Verordnung, es sei denn, es liegt ein Testat einer für die Prüfung der Wirtschaftlichkeitsanalyse nach gesetzlichen Vorschriften zuständigen Bundesbehörde vor, sowie

3. zur Beurteilung der Angaben zur Finanzlage gemäß § 8 Absatz 2 der KWK-Kosten-Nutzen-Vergleich-Verordnung.

[4]Sachverständige können darüber hinaus mit Einwilligung des Antragstellers herangezogen werden, wenn zu erwarten ist, dass hierdurch das Genehmigungsverfahren beschleunigt wird.

(1a) Bei der Entscheidung, ob vorgelegte Unterlagen durch externe Sachverständige überprüft werden sollen, wird die Standorteintragung nach der Verordnung (EG) Nr. 761/2001 des Europäischen Parlaments und des Rates vom 19. März 2001 über die freiwillige Beteiligung von Organisationen an einem Gemeinschaftssystem für das Umweltmanagement und die Umweltbetriebsprüfung (EMAS) berücksichtigt.

(2) [1]Ein vom Antragsteller vorgelegtes Gutachten ist als sonstige Unterlage im Sinne von § 10 Absatz 1 Satz 2 des Bundes-Immissionsschutzgesetzes zu prüfen. [2]Erteilt der Träger des Vorhabens den Gutachtenauftrag nach Abstimmung mit der Genehmigungsbehörde oder erteilt er ihn an einen Sachverständigen, der nach § 29b Absatz 1 des Bundes-Immissionsschutzgesetzes von der nach Landesrecht zuständigen Behörde für diesen Bereich bekanntgegeben ist, so gilt das vorgelegte Gutachten als Sachverständigengutachten im Sinne des Absatzes 1; dies gilt auch für Gutachten, die von einem Sachverständigen erstellt werden, der den Anforderungen des § 29a Absatz 1 Satz 2 des Bundes-Immissionsschutzgesetzes entspricht.

Dritter Abschnitt
Erörterungstermin

§ 14 Zweck

(1) [1]Der Erörterungstermin dient dazu, die rechtzeitig erhobenen Einwendungen zu erörtern, soweit dies für die Prüfung der Genehmigungsvoraussetzungen von Bedeutung sein kann. [2]Er soll denjenigen, die Einwendungen erhoben haben, Gelegenheit geben, ihre Einwendungen zu erläutern.

(2) Rechtzeitig erhoben sind Einwendungen, die innerhalb der Einwendungsfrist bei den in § 12 Absatz 1 genannten Behörden eingegangen sind.

§ 15 Besondere Einwendungen

Einwendungen, die auf besonderen privatrechtlichen Titeln beruhen, sind im Erörterungstermin nicht zu behandeln; sie sind durch schriftlichen Bescheid auf den Rechtsweg vor den ordentlichen Gerichten zu verweisen.

§ 16 Wegfall

(1) [1]Ein Erörterungstermin findet nicht statt, wenn

1. Einwendungen gegen das Vorhaben nicht oder nicht rechtzeitig erhoben worden sind,
2. die rechtzeitig erhobenen Einwendungen zurückgenommen worden sind,
3. ausschließlich Einwendungen erhoben worden sind, die auf besonderen privatrechtlichen Titeln beruhen oder
4. die erhobenen Einwendungen nach der Einschätzung der Behörde keiner Erörterung bedürfen. [2]Das gilt auch für UVP-pflichtige Anlagen.

(2) Der Antragsteller ist vom Wegfall des Termins zu unterrichten.

§ 17 Verlegung

(1) [1]Die Genehmigungsbehörde kann den bekanntgemachten Erörterungstermin verlegen, wenn dies im Hinblick auf dessen zweckgerechte Durchführung erforderlich ist. [2]Ort und Zeit des neuen Erörterungstermins sind zum frühestmöglichen Zeitpunkt zu bestimmen.

(2) [1]Der Antragsteller und diejenigen, die rechtzeitig Einwendungen erhoben haben, sind von der Verlegung des Erörterungstermins zu benachrichtigen. [2]Sie können in entsprechender Anwendung des § 10 Absatz 3 Satz 1 des Bundes-Immissionsschutzgesetzes durch öffentliche Bekanntmachung benachrichtigt werden.

§ 18 Verlauf

(1) [1]Der Erörterungstermin ist öffentlich. [2]Im Einzelfall kann aus besonderen Gründen die Öffentlichkeit ausgeschlossen werden. [3]Vertreter der Aufsichtsbehörden und Personen, die bei der Behörde zur Ausbildung beschäftigt sind, sind zur Teilnahme berechtigt.

(2) [1]Der Verhandlungsleiter kann bestimmen, dass Einwendungen zusammengefasst erörtert werden. [2]In diesem Fall hat er die Reihenfolge der Erörterung bekanntzugeben. [3]Er kann für einen bestimmten Zeitraum das Recht zur Teilnahme an dem Erörterungstermin auf die Personen beschränken, deren Einwendungen zusammengefasst erörtert werden sollen.

(3) Der Verhandlungsleiter erteilt das Wort und kann es demjenigen entziehen, der eine von ihm festgesetzte Redezeit für die einzelnen Wortmeldungen überschreitet oder Ausführungen macht, die nicht den Gegenstand des Erörterungstermins betreffen oder nicht in sachlichem Zusammenhang mit der zu behandelnden Einwendung stehen.

(4) [1]Der Verhandlungsleiter ist für die Ordnung verantwortlich. [2]Er kann Personen, die seine Anordnungen nicht befolgen, entfernen lassen. [3]Der Erörterungstermin kann ohne diese Personen fortgesetzt werden.

(5) [1]Der Verhandlungsleiter beendet den Erörterungstermin, wenn dessen Zweck erreicht ist. [2]Er kann den Erörterungstermin ferner für beendet erklären, wenn, auch nach einer Vertagung, der Erörterungstermin aus dem Kreis der Teilnehmer erneut so gestört wird, dass seine ordnungsmäßige Durchführung nicht mehr gewährleistet ist. [3]Personen, deren Einwendungen noch nicht oder noch nicht abschließend erörtert wurden, können innerhalb eines Monats nach Aufhebung des Termins ihre Einwendungen gegenüber der Genehmigungsbehörde schriftlich oder elektronisch erläutern; hierauf sollen die Anwesenden bei Aufhebung des Termins hingewiesen werden.

§ 19 Niederschrift

(1) [1]Über den Erörterungstermin ist eine Niederschrift zu fertigen. [2]Die Niederschrift muss Angaben enthalten über

1. den Ort und den Tag der Erörterung,
2. den Namen des Verhandlungsleiters,
3. den Gegenstand des Genehmigungsverfahrens,
4. den Verlauf und die Ergebnisse des Erörterungstermins.

[3]Die Niederschrift ist von dem Verhandlungsleiter und, soweit ein Schriftführer hinzugezogen worden ist, auch von diesem zu unterzeichnen. [4]Der Aufnahme in die Verhandlungsniederschrift steht die Aufnahme in eine Schrift gleich, die ihr als Anlage beigefügt und als solche bezeichnet ist; auf die Anlage ist in der Verhandlungsniederschrift hinzuweisen. [5]Die Genehmigungsbehörde kann den Erörterungstermin zum Zwecke der Anfertigung der Niederschrift auf Tonträger aufzeichnen. [6]Die Tonaufzeichnungen sind nach dem Eintritt der Unanfechtbarkeit der Entscheidung über den Genehmigungsantrag zu löschen; liegen im Falle eines Vorbescheidsverfahrens die Voraussetzungen des § 9 Absatz 2 des Bundes-Immissionsschutzgesetzes vor, ist die Löschung nach Eintritt der Unwirksamkeit durchzuführen.

(2) [1]Dem Antragsteller ist eine Abschrift der Niederschrift zu überlassen. [2]Auf Anforderung ist auch demjenigen, der rechtzeitig Einwendungen erhoben hat, eine Abschrift der Niederschrift zu überlassen.

Vierter Abschnitt
Genehmigung

§ 20 Entscheidung
(1) [1]Sind alle Umstände ermittelt, die für die Beurteilung des Antrags von Bedeutung sind, hat die Genehmigungsbehörde unverzüglich über den Antrag zu entscheiden. [2]Nach dem Ablauf der Einwendungsfrist oder, soweit ein Erörterungstermin nach § 10 Absatz 6 des Bundes-Immissionsschutzgesetzes durchgeführt worden ist, nach dem Erörterungstermin eingehende Stellungnahmen von nach § 11 beteiligten Behörden sollen dabei nicht mehr berücksichtigt werden, es sei denn, die vorgebrachten öffentlichen Belange sind der Genehmigungsbehörde bereits bekannt oder hätten ihr bekannt sein müssen oder sind für die Beurteilung der Genehmigungsvoraussetzungen von Bedeutung.
(1a) [1]Die Genehmigungsbehörde erarbeitet bei UVP-pflichtigen Anlagen eine zusammenfassende Darstellung
1. der möglichen Auswirkungen des UVP-pflichtigen Vorhabens auf die in § 1a genannten Schutzgüter, einschließlich der Wechselwirkung,
2. der Merkmale des UVP-pflichtigen Vorhabens und des Standorts, mit denen erhebliche nachteilige Auswirkungen auf die in § 1a genannten Schutzgüter vermieden, vermindert oder ausgeglichen werden sollen, und
3. der Maßnahmen, mit denen erhebliche nachteilige Auswirkungen auf die in § 1a genannten Schutzgüter vermieden, vermindert oder ausgeglichen werden sollen, sowie
4. der Ersatzmaßnahmen bei Eingriffen in Natur und Landschaft.
[2]Die Erarbeitung einer zusammenfassenden Darstellung erfolgt auf der Grundlage der nach den §§ 4 bis 4e beizufügenden Unterlagen, der behördlichen Stellungnahmen nach den §§ 11 und 11a, der Ergebnisse eigener Ermittlungen sowie der Äußerungen und Einwendungen Dritter. [3]Die Darstellung ist möglichst innerhalb eines Monats nach Ablauf der Einwendungsfrist oder, soweit ein Erörterungstermin nach § 10 Absatz 6 des Bundes-Immissionsschutzgesetzes durchgeführt worden ist, des Erörterungstermins zu bearbeiten. [4]Bedarf das Vorhaben der Zulassung durch mehrere Behörden, so obliegt die Erarbeitung der zusammenfassenden Darstellung der Genehmigungsbehörde nur, wenn sie gemäß § 31 Absatz 1 und 2 Satz 1 und 2 des Gesetzes über die Umweltverträglichkeitsprüfung als federführende Behörde bestimmt ist; sie hat die Darstellung im Zusammenwirken zumindest mit den anderen Zulassungsbehörden und der für Naturschutz und Landschaftspflege zuständigen Behörde zu erarbeiten, deren Aufgabenbereich durch das Vorhaben berührt wird.
(1b) [1]Die Genehmigungsbehörde bewertet auf der Grundlage der zusammenfassenden Darstellung und nach den für die Entscheidung maßgeblichen Rechts- und Verwaltungsvorschriften die Auswirkungen des UVP-pflichtigen Vorhabens auf die in § 1a genannten Schutzgüter. [2]Die Bewertung ist zu begründen. [3]Bedarf das Vorhaben der Zulassung durch mehrere Behörden, so haben diese im Zusammenwirken auf der Grundlage der zusammenfassenden Darstellung nach Absatz 1a eine Gesamtbewertung der Auswirkungen vorzunehmen; ist die Genehmigungsbehörde federführende Behörde, so hat sie das Zusammenwirken sicherzustellen. [4]Bei der Entscheidung über den Antrag berücksichtigt die Genehmigungsbehörde die vorgenommene Bewertung oder die Gesamtbewertung nach Maßgabe der hierfür geltenden Vorschriften. [5]Bei der Entscheidung über die Genehmigung der UVP-pflichtigen Anlage müssen die zusammenfassende Darstellung und die begründete Bewertung nach Einschätzung der Genehmigungsbehörde hinreichend aktuell sein.
(2) [1]Der Antrag ist abzulehnen, sobald die Prüfung ergibt, dass die Genehmigungvoraussetzungen nicht vorliegen und ihre Erfüllung nicht durch Nebenbestimmungen sichergestellt werden kann. [2]Er soll abgelehnt werden, wenn der Antragsteller einer Aufforderung zur Ergänzung der Unterlagen innerhalb einer ihm gesetzten Frist, die auch im Falle ihrer Verlängerung drei Monate nicht überschreiten soll, nicht nachgekommen ist.
(3) [1]Für die ablehnende Entscheidung gilt § 10 Absatz 7 des Bundes-Immissionsschutzgesetzes entsprechend. [2]Betrifft die ablehnende Entscheidung eine UVP-pflichtige Anlage und ist eine zusammenfassende Darstellung nach Absatz 1a von der Genehmigungsbehörde erarbeitet worden, so ist diese in die Begründung für die Entscheidung aufzunehmen.
(4) [1]Wird das Genehmigungsverfahren auf andere Weise abgeschlossen, so sind der Antragsteller und die Personen, die Einwendungen erhoben haben, hiervon zu benachrichtigen. [2]§ 10 Absatz 8 Satz 1 des Bundes-Immissionsschutzgesetzes gilt entsprechend.

§ 21 Inhalt des Genehmigungsbescheides

(1) Der Genehmigungsbescheid muss enthalten

1. die Angabe des Namens und des Wohnsitzes oder des Sitzes des Antragstellers,
2. die Angabe, dass eine Genehmigung, eine Teilgenehmigung oder eine Änderungsgenehmigung erteilt wird, und die Angabe der Rechtsgrundlage,
3. die genaue Bezeichnung des Gegenstandes der Genehmigung einschließlich des Standortes der Anlage sowie den Bericht über den Ausgangszustand,
3a. die Festlegung der erforderlichen Emissionsbegrenzungen einschließlich der Begründung für die Festlegung weniger strenger Emissionsbegrenzungen nach § 7 Absatz 1b Satz 1 Nummer 2, § 12 Absatz 1b oder § 48 Absatz 1b Satz 1 Nummer 2 des Bundes-Immissionsschutzgesetzes,
4. die Nebenbestimmungen zur Genehmigung,
5. die Begründung, aus der die wesentlichen tatsächlichen und rechtlichen Gründe, die die Behörde zu ihrer Entscheidung bewogen haben, und die Behandlung der Einwendungen hervorgehen sollen,
6. Angaben über das Verfahren zur Beteiligung der Öffentlichkeit,
7. eine Rechtsbehelfsbelehrung.

(1a) Der Genehmigungsbescheid für UVP-pflichtige Anlagen muss neben den nach Absatz 1 erforderlichen Angaben zumindest noch folgende Angaben enthalten:

1. eine Beschreibung der vorgesehenen Überwachungsmaßnahmen und
2. eine ergänzende Begründung, in der folgende Angaben enthalten sind:
 a) die zusammenfassende Darstellung nach § 20 Absatz 1a,
 b) die begründete Bewertung nach § 20 Absatz 1b und
 c) eine Erläuterung, wie die begründete Bewertung nach § 20 Absatz 1b, insbesondere die Angaben des UVP-Berichts nach § 4e, die behördlichen Stellungnahmen nach den §§ 11 und 11a sowie die Äußerungen der Öffentlichkeit nach den §§ 11a und 12, in der Entscheidung berücksichtigt wurden oder wie ihnen anderweitig Rechnung getragen wurde.

(2) Der Genehmigungsbescheid soll den Hinweis enthalten, dass der Genehmigungsbescheid unbeschadet der behördlichen Entscheidungen ergeht, die nach § 13 des Bundes-Immissionsschutzgesetzes nicht von der Genehmigung eingeschlossen werden.

(2a) [1]Außer den nach Absatz 1 erforderlichen Angaben muss der Genehmigungsbescheid für Anlagen nach der Industrieemissions-Richtlinie folgende Angaben enthalten:

1. Auflagen zum Schutz des Bodens und des Grundwassers sowie Maßnahmen zur Überwachung und Behandlung der von der Anlage erzeugten Abfälle,
2. Regelungen für die Überprüfung der Einhaltung der Emissionsgrenzwerte oder sonstiger Anforderungen, im Fall von Messungen
 a) Anforderungen an die Messmethodik, die Messhäufigkeit und das Bewertungsverfahren zur Überwachung der Emissionen,
 b) die Vorgabe, dass in den Fällen, in denen ein Wert außerhalb der in den BVT-Schlussfolgerungen genannten Emissionsbandbreiten festgelegt wurde, die Ergebnisse der Emissionsüberwachung für die gleichen Zeiträume und Referenzbedingungen verfügbar sein müssen wie sie für die Emissionsbandbreiten der BVT-Schlussfolgerungen gelten,
3. Anforderungen an
 a) die regelmäßige Wartung,
 b) die Überwachung der Maßnahmen zur Vermeidung der Verschmutzung von Boden und Grundwasser sowie
 c) die Überwachung von Boden und Grundwasser hinsichtlich der in der Anlage verwendeten, erzeugten oder freigesetzten relevanten gefährlichen Stoffe, einschließlich der Zeiträume, in denen die Überwachung stattzufinden hat,
4. Maßnahmen im Hinblick auf von den normalen Betriebsbedingungen abweichende Bedingungen, wie das An- und Abfahren der Anlage, das unbeabsichtigte Austreten von Stoffen, Störungen, das kurzzeitige Abfahren der Anlage sowie die endgültige Stilllegung des Betriebs,
5. Vorkehrungen zur weitestgehenden Verminderung der weiträumigen oder grenzüberschreitenden Umweltverschmutzung.

[2]In den Fällen von Nummer 3 Buchstabe c sind die Zeiträume für die Überwachung so festzulegen, dass sie mindestens alle fünf Jahre für das Grundwasser und mindestens alle zehn Jahre für den Boden betragen, es sei denn, diese Überwachung erfolgt anhand einer systematischen Beurteilung des Verschmutzungsrisikos.

(3) Außer den nach Absatz 1 erforderlichen Angaben muss der Genehmigungsbescheid für Anlagen, auf die die Verordnung über die Verbrennung und die Mitverbrennung von Abfällen anzuwenden ist, Angaben enthalten über

1. Art (insbesondere Abfallschlüssel und -bezeichnung gemäß der Verordnung über das Europäische Abfallverzeichnis) und Menge der zur Verbrennung zugelassenen Abfälle,
2. die gesamte Abfallverbrennungs- oder Abfallmitverbrennungskapazität der Anlage,
3. die kleinsten und größten Massenströme der zur Verbrennung zugelassenen Abfälle, angegeben als stündliche Einsatzmenge,
4. die kleinsten und größten Heizwerte der zur Verbrennung zugelassenen Abfälle und
5. den größten Gehalt an Schadstoffen in den zur Verbrennung zugelassenen Abfällen, insbesondere an polychlorierten Biphenylen (PCB), Pentachlorphenol (PCP), Chlor, Fluor, Schwefel und Schwermetallen.

§ 21a Öffentliche Bekanntmachung und Veröffentlichung des Genehmigungsbescheids

(1) [1]Unbeschadet des § 10 Absatz 7 und 8 Satz 1 des Bundes-Immissionsschutzgesetzes ist die Entscheidung über den Antrag öffentlich bekannt zu machen, wenn das Verfahren mit Öffentlichkeitsbeteiligung durchgeführt wurde oder der Träger des Vorhabens dies beantragt. [2]§ 10 Absatz 8 Satz 2 und 3 des Bundes-Immissionsschutzgesetzes gelten entsprechend. [3]In der öffentlichen Bekanntmachung ist anzugeben, wo und wann der Bescheid und seine Begründung eingesehen werden können.

(2) [1]Bei UVP-pflichtigen Vorhaben hat die Genehmigungsbehörde die Entscheidung über den Antrag unbeschadet des § 10 Absatz 7 und 8 Satz 1 des Bundes-Immissionsschutzgesetzes öffentlich bekannt zu machen sowie den Bescheid zur Einsicht auszulegen. [2]§ 10 Absatz 8 Satz 2 und 3 des Bundes-Immissionsschutzgesetzes gelten entsprechend. [3]In der öffentlichen Bekanntmachung ist anzugeben, wo und wann der Bescheid und seine Begründung eingesehen werden können. [4]§ 8 Absatz 1 Satz 3 gilt für den Genehmigungsbescheid entsprechend. [5]§ 10 Absatz 8a Satz 1 und 2 des Bundes-Immissionsschutzgesetzes gilt entsprechend.

Zweiter Teil
Besondere Vorschriften

§ 22 Teilgenehmigung

(1) [1]Ist ein Antrag im Sinne des § 8 des Bundes-Immissionsschutzgesetzes gestellt, so kann die Genehmigungsbehörde zulassen, dass in den Unterlagen endgültige Angaben nur hinsichtlich des Gegenstandes der Teilgenehmigung gemacht werden. [2]Zusätzlich sind Angaben zu machen, die bei einer vorläufigen Prüfung ein ausreichendes Urteil darüber ermöglichen, ob die Genehmigungsvoraussetzungen im Hinblick auf die Errichtung und den Betrieb der gesamten Anlage vorliegen werden.

(2) Auszulegen sind der Antrag, die Unterlagen nach § 4, soweit sie den Gegenstand der jeweiligen Teilgenehmigung betreffen, sowie solche Unterlagen, die Angaben über die Auswirkungen der Anlage auf die Nachbarschaft und die Allgemeinheit enthalten.

(3) [1]Betrifft das Vorhaben eine UVP-pflichtige Anlage, so erstreckt sich im Verfahren zur Erteilung einer Teilgenehmigung die Umweltverträglichkeitsprüfung im Rahmen der vorläufigen Prüfung im Sinne des Absatzes 1 auf die erkennbaren Auswirkungen der gesamten Anlage auf die in § 1a genannten Schutzgüter und abschließend auf die Auswirkungen, deren Ermittlung, Beschreibung und Bewertung Voraussetzung für Feststellungen oder Gestattungen ist, die Gegenstand dieser Teilgenehmigung sind. [2]Ist in einem Verfahren über eine weitere Teilgenehmigung unter Einbeziehung der Öffentlichkeit zu entscheiden, soll die Umweltverträglichkeitsprüfung im nachfolgenden Verfahren auf zusätzliche erhebliche oder andere erhebliche Auswirkungen auf die in § 1a genannten Schutzgüter beschränkt werden. [3]Die Unterrichtung über den voraussichtlichen Untersuchungsrahmen nach § 2a beschränkt sich auf den zu erwartenden Umfang der durchzuführenden Umweltverträglichkeitsprüfung; für die dem Antrag zur Prüfung der Umweltverträglichkeit beizufügenden Unterlagen nach den §§ 4 bis 4e sowie die Auslegung dieser Unterlagen gelten die Absätze 1 und 2 entsprechend.

§ 23 Vorbescheid

(1) Der Antrag auf Erteilung eines Vorbescheides muss außer den in § 3 genannten Angaben insbesondere die bestimmte Angabe, für welche Genehmigungsvoraussetzungen oder für welchen Standort der Vorbescheid beantragt wird, enthalten.

(2) [1]Der Vorbescheid muss enthalten

1. die Angabe des Namens und des Wohnsitzes oder des Sitzes des Antragstellers,
2. die Angabe, dass ein Vorbescheid erteilt wird, und die Angabe der Rechtsgrundlage,

3. die genaue Bezeichnung des Gegenstandes des Vorbescheides,
4. die Voraussetzungen und die Vorbehalte, unter denen der Vorbescheid erteilt wird,
5. die Begründung, aus der die wesentlichen tatsächlichen und rechtlichen Gründe, die die Behörde zu ihrer Entscheidung bewogen haben, und die Behandlung der Einwendungen hervorgehen sollen.
[2]Bei UVP-pflichtigen Anlagen gilt § 20 Absatz 1a und 1b entsprechend.

(3) Der Vorbescheid soll enthalten
1. den Hinweis auf § 9 Absatz 2 des Bundes-Immissionsschutzgesetzes,
2. den Hinweis, dass der Vorbescheid nicht zur Errichtung der Anlage oder von Teilen der Anlage berechtigt,
3. den Hinweis, dass der Vorbescheid unbeschadet der behördlichen Entscheidungen ergeht, die nach § 13 des Bundes-Immissionsschutzgesetzes nicht von der Genehmigung eingeschlossen werden, und
4. die Rechtsbehelfsbelehrung.

(4) § 22 gilt entsprechend.

§ 23a Raumordnungsverfahren und Genehmigungsverfahren

(1) Die Genehmigungsbehörde hat die im Raumordnungsverfahren oder einem anderen raumordnerischen Verfahren, das den Anforderungen des § 15 Absatz 2 des Raumordnungsgesetzes entspricht (raumordnerisches Verfahren), ermittelten, beschriebenen und bewerteten Auswirkungen des Vorhabens auf die Umwelt nach Maßgabe des § 20 Absatz 1b bei der Entscheidung über den Antrag zu berücksichtigen.

(2) Im Genehmigungsverfahren soll hinsichtlich der im raumordnerischen Verfahren ermittelten und beschriebenen Auswirkungen auf die in § 1a genannten Schutzgüter von den Anforderungen der §§ 2a, 4 bis 4e, 11, 11a und 20 Absatz 1a insoweit abgesehen werden, als diese Verfahrensschritte bereits im raumordnerischen Verfahren erfolgt sind.

§ 24 Vereinfachtes Verfahren

[1]In dem vereinfachten Verfahren sind § 4 Abs. 3, die §§ 8 bis 10a, 12, 14 bis 19 und die Vorschriften, die die Durchführung der Umweltverträglichkeitsprüfung betreffen, nicht anzuwenden. [2]In dem vereinfachten Verfahren gelten zudem abweichend von § 11a Absatz 1 Satz 1 nicht die Vorschriften zur Öffentlichkeitsbeteiligung gemäß § 54 Absatz 5 und 6, §§ 56, 57 Absatz 2 und § 59 des Gesetzes über die Umweltverträglichkeitsprüfung. [3]§ 11 gilt sinngemäß.

§ 24a Zulassung vorzeitigen Beginns

(1) Ist in einem Verfahren zur Erteilung einer Genehmigung ein Antrag auf Zulassung des vorzeitigen Beginns im Sinne des § 8a des Bundes-Immissionsschutzgesetzes gestellt, so muss dieser
1. das öffentliche Interesse oder das berechtigte Interesse des Antragstellers an dem vorzeitigen Beginn darlegen und
2. die Verpflichtung des Trägers des Vorhabens enthalten, alle bis zur Erteilung der Genehmigung durch die Errichtung, den Probebetrieb und den Betrieb der Anlage verursachten Schäden zu ersetzen und, falls das Vorhaben nicht genehmigt wird, den früheren Zustand wiederherzustellen.

(2) Der Bescheid über die Zulassung des vorzeitigen Beginns muss enthalten
1. die Angabe des Namens und des Wohnsitzes oder des Sitzes des Antragstellers,
2. die Angabe, dass der vorzeitige Beginn zugelassen wird, und die Angabe der Rechtsgrundlage,
3. die genaue Bezeichnung des Gegenstandes des Bescheides,
4. die Nebenbestimmungen der Zulassung,
5. die Begründung, aus der die wesentlichen tatsächlichen und rechtlichen Gründe, die die Behörde zu ihrer Entscheidung bewogen haben, hervorgehen sollen.

(3) Der Bescheid über die Zulassung des vorzeitigen Beginns soll enthalten
1. die Bestätigung der Verpflichtung nach Absatz 1,
2. den Hinweis, dass die Zulassung jederzeit widerrufen werden kann,
3. die Bestimmung einer Sicherheitsleistung, sofern dies erforderlich ist, um die Erfüllung der Pflichten des Trägers des Vorhabens zu sichern.

§ 24b Verbundene Prüfverfahren bei UVP-pflichtigen Vorhaben

[1]Für ein UVP-pflichtiges Vorhaben, das einzeln oder im Zusammenwirken mit anderen Projekten oder Plänen geeignet ist, ein Natura 2000-Gebiet erheblich zu beeinträchtigen, wird die Verträglichkeitsprüfung nach § 34 Absatz 1 des Bundesnaturschutzgesetzes im Verfahren zur Entscheidung über die Zulassung des UVP-pflichtigen Vorhabens vorgenommen. [2]Die Umweltverträglichkeitsprüfung kann mit der Prüfung nach Satz 1 und mit anderen Prüfungen zur Ermittlung oder Bewertung von Auswirkungen auf die in § 1a genannten Schutzgüter verbunden werden.

Dritter Teil
Schlussvorschriften

§ 24c Vermeidung von Interessenkonflikten

Ist die Genehmigungsbehörde bei der Umweltverträglichkeitsprüfung zugleich Trägerin des UVP-pflichtigen Vorhabens, so ist die Unabhängigkeit des Behördenhandelns bei der Wahrnehmung der Aufgaben nach dieser Verordnung durch geeignete organisatorische Maßnahmen sicherzustellen, insbesondere durch eine angemessene funktionale Trennung.

§ 25 Übergangsvorschrift

(1) [1]Verfahren, die vor dem Inkrafttreten einer Änderung dieser Verordnung begonnen worden sind, sind nach den Vorschriften der geänderten Verordnung zu Ende zu führen. [2]Eine Wiederholung von Verfahrensabschnitten ist nicht erforderlich.

(1a) Abweichend von Absatz 1 sind Verfahren für UVP-pflichtige Vorhaben nach der Fassung dieser Verordnung, die bis zum 16. Mai 2017 galt, zu Ende zu führen, wenn vor dem 16. Mai 2017

1. das Verfahren zur Unterrichtung über die voraussichtlich beizubringenden Unterlagen in der bis dahin geltenden Fassung des § 2a eingeleitet wurde oder

2. die Unterlagen nach den §§ 4 bis 4e der bis dahin geltenden Fassung dieser Verordnung vorgelegt wurden.

(2) [1]§ 4a Absatz 4 Satz 1 bis 5 ist bei Anlagen, die sich am 2. Mai 2013 in Betrieb befanden oder für die vor diesem Zeitpunkt eine Genehmigung erteilt oder für die vor diesem Zeitpunkt mit ihren Betreibern ein vollständiger Genehmigungsantrag gestellt wurde, bei dem ersten nach dem 7. Januar 2014 gestellten Änderungsantrag hinsichtlich der gesamten Anlage anzuwenden, unabhängig davon, ob die beantragte Änderung die Verwendung, die Erzeugung oder die Freisetzung relevanter gefährlicher Stoffe betrifft. [2]Anlagen nach Satz 1, die nicht von Anhang I der Richtlinie 2008/1/EG über die integrierte Vermeidung und Verminderung der Umweltverschmutzung erfasst wurden, haben abweichend von Satz 1 die dort genannten Anforderungen ab dem 7. Juli 2015 zu erfüllen.

§§ 26 und 27 (aufgehoben)

Anlage
(zu § 4e)

Angaben des UVP-Berichts für die Umweltverträglichkeitsprüfung

Soweit die nachfolgenden Angaben über die in § 4e Absatz 1 genannten Mindestanforderungen hinausgehen und sie für die Entscheidung über die Zulassung des UVP-pflichtigen Vorhabens erforderlich sind, muss nach § 4e Absatz 2 der UVP-Bericht hierzu Angaben enthalten.

1. Eine Beschreibung des UVP-pflichtigen Vorhabens, insbesondere
 a) eine Beschreibung des Standorts,
 b) eine Beschreibung der physischen Merkmale des gesamten UVP-pflichtigen Vorhabens, einschließlich der erforderlichen Abrissarbeiten, soweit relevant, sowie des Flächenbedarfs während der Bau- und der Betriebsphase,
 c) eine Beschreibung der wichtigsten Merkmale der Betriebsphase des UVP-pflichtigen Vorhabens (insbesondere von Produktionsprozessen), z.B.
 aa) Energiebedarf und Energieverbrauch,
 bb) Art und Menge der verwendeten Rohstoffe und
 cc) Art und Menge der natürlichen Ressourcen (insbesondere Fläche, Boden, Wasser, Tiere, Pflanzen und biologische Vielfalt),
 d) eine Abschätzung, aufgeschlüsselt nach Art und Quantität,
 aa) der erwarteten Rückstände und Emissionen (z.B. Verunreinigung des Wassers, der Luft, des Bodens und Untergrunds, Lärm, Erschütterungen, Licht, Wärme, Strahlung) sowie
 bb) des während der Bau- und Betriebsphase erzeugten Abfalls.
2. Eine Beschreibung der von dem Träger des UVP-pflichtigen Vorhabens geprüften vernünftigen Alternativen (z.B. in Bezug auf Ausgestaltung, Technologie, Standort, Größe und Umfang des UVP-pflichtigen Vorhabens), die für das Vorhaben und seine spezifischen Merkmale relevant sind, und die Angabe der wesentlichen Gründe für die getroffene Wahl unter Berücksichtigung der jeweiligen Auswirkungen auf die in § 1a genannten Schutzgüter.
3. Eine Beschreibung des aktuellen Zustands der Umwelt und ihrer Bestandteile im Einwirkungsbereich des UVP-pflichtigen Vorhabens und eine Übersicht über die voraussichtliche Entwicklung der Umwelt bei Nichtdurchführung des UVP-pflichtigen Vorhabens, soweit diese Entwicklung gegenüber dem

aktuellen Zustand mit zumutbarem Aufwand auf der Grundlage der verfügbaren Umweltinformationen und wissenschaftlichen Erkenntnissen abgeschätzt werden kann.

4. Eine Beschreibung der möglichen erheblichen Auswirkungen des UVP-pflichtigen Vorhabens auf die in § 1a genannten Schutzgüter.

Die Darstellung der Auswirkungen auf die in § 1a genannten Schutzgüter soll den Umweltschutzzielen Rechnung tragen, die nach den Rechtsvorschriften, einschließlich verbindlicher planerischer Vorgaben, maßgebend sind für die Entscheidung über die Zulassung des UVP-pflichtigen Vorhabens. Die Darstellung soll sich auf die Art der Auswirkungen auf die in § 1a genannten Schutzgüter nach Buchstabe a erstrecken. Anzugeben sind jeweils die Art, in der Schutzgüter betroffen sind nach Buchstabe b, und die Ursachen der Auswirkungen nach Buchstabe c.

a) Art der Auswirkungen auf die in § 1a genannten Schutzgüter
Die Beschreibung der möglichen erheblichen Auswirkungen auf die in § 1a genannten Schutzgüter soll sich auf die direkten und die etwaigen indirekten, sekundären, kumulativen, grenzüberschreitenden, kurzfristigen, mittelfristigen und langfristigen, ständigen und vorübergehenden, positiven und negativen Auswirkungen des UVP-pflichtigen Vorhabens erstrecken.

b) Art, in der Schutzgüter betroffen sind
Bei der Angabe, in welcher Hinsicht die Schutzgüter von den Auswirkungen des UVP-pflichtigen Vorhabens betroffen sein können, sind in Bezug auf die nachfolgenden Schutzgüter insbesondere folgende Auswirkungen zu berücksichtigen:

Schutzgut (Auswahl)	mögliche Art der Betroffenheit
Menschen, insbesondere die menschliche Gesundheit	Auswirkungen sowohl auf einzelne Menschen als auch auf die Bevölkerung
Tiere, Pflanzen, biologische Vielfalt	Auswirkungen auf Flora und Fauna
Fläche	Flächenverbrauch
Boden	Veränderung der organischen Substanz, Bodenerosion, Bodenverdichtung, Bodenversiegelung
Wasser	hydromorphologische Veränderungen, Veränderungen von Quantität oder Qualität des Wassers
Luft	Luftverunreinigungen
Klima	Veränderungen des Klimas, z.B. durch Treibhausgasemissionen, Veränderung des Kleinklimas am Standort
Kulturelles Erbe	Auswirkungen auf historisch, architektonisch oder archäologisch bedeutende Stätten und Bauwerke und auf Kulturlandschaften.

c) Mögliche Ursachen der Auswirkungen auf die in § 1a genannten Schutzgüter
Bei der Beschreibung der Umstände, die zu erheblichen Auswirkungen des UVP-pflichtigen Vorhabens auf die in § 1a genannten Schutzgüter führen können, sind insbesondere folgende Gesichtspunkte zu berücksichtigen:

aa) die Durchführung baulicher Maßnahmen, einschließlich der Abrissarbeiten, soweit relevant, sowie die physische Anwesenheit der errichteten Anlagen oder Bauwerke,

bb) verwendete Techniken und eingesetzte Stoffe,

cc) die Nutzung natürlicher Ressourcen, insbesondere Fläche, Boden, Wasser, Tiere, Pflanzen und biologische Vielfalt und, soweit möglich, jeweils auch die nachhaltige Verfügbarkeit der betroffenen Ressource,

dd) Emissionen und Belästigungen sowie Verwertung oder Beseitigung von Abfällen,

ee) Risiken für die menschliche Gesundheit, für Natur und Landschaft sowie für das kulturelle Erbe, z.B. durch schwere Unfälle oder Katastrophen,

ff) das Zusammenwirken mit den Auswirkungen anderer bestehender oder zugelassener Vorhaben oder Tätigkeiten; dabei ist auch auf Umweltprobleme einzugehen, die sich daraus ergeben, dass ökologisch empfindliche Gebiete nach Anlage 3 Nummer 2.3 des Gesetzes über die Umweltverträglichkeitsprüfung betroffen sind oder die sich aus einer Nutzung natürlicher Ressourcen ergeben,

gg) Auswirkungen des UVP-pflichtigen Vorhabens auf das Klima, z.B. durch Art und Ausmaß der mit dem Vorhaben verbundenen Treibhausgasemissionen,

hh) die Anfälligkeit des UVP-pflichtigen Vorhabens gegenüber den Folgen des Klimawandels (z.B. durch erhöhte Hochwassergefahr am Standort),

ii)　die Anfälligkeit des UVP-pflichtigen Vorhabens für die Risiken von schweren Unfällen oder Katastrophen, soweit solche Risiken nach der Art, den Merkmalen und dem Standort des UVP-pflichtigen Vorhabens von Bedeutung sind.

5. Die Beschreibung der grenzüberschreitenden Auswirkungen des UVP-pflichtigen Vorhabens soll in einem gesonderten Abschnitt erfolgen.

6. Eine Beschreibung und Erläuterung der Merkmale des UVP-pflichtigen Vorhabens und seines Standorts, mit denen das Auftreten erheblicher nachteiliger Auswirkungen auf die in § 1a genannten Schutzgüter vermieden, vermindert oder ausgeglichen werden soll.

7. Eine Beschreibung und Erläuterung der geplanten Maßnahmen, mit denen das Auftreten erheblicher nachteiliger Auswirkungen auf die in § 1a genannten Schutzgüter vermieden, vermindert oder ausgeglichen werden soll, sowie eine Beschreibung geplanter Ersatzmaßnahmen und etwaiger Überwachungsmaßnahmen des Trägers des UVP-pflichtigen Vorhabens.

8. Soweit Auswirkungen aufgrund der Anfälligkeit des UVP-pflichtigen Vorhabens für die Risiken von schweren Unfällen und Katastrophen zu erwarten sind, soll die Beschreibung, soweit möglich, auch auf vorgesehene Vorsorge- und Notfallmaßnahmen eingehen.

9. Die Beschreibung der Auswirkungen auf Natura 2000-Gebiete soll in einem gesonderten Abschnitt erfolgen.

10. Die Beschreibung der Auswirkungen auf besonders geschützte Arten soll in einem gesonderten Abschnitt erfolgen.

11. Eine Beschreibung der Methoden oder Nachweise, die zur Ermittlung der erheblichen Auswirkungen auf die in § 1a genannten Schutzgüter genutzt wurden, einschließlich näherer Hinweise auf Schwierigkeiten und Unsicherheiten, die bei der Zusammenstellung der Angaben aufgetreten sind, insbesondere soweit diese Schwierigkeiten auf fehlenden Kenntnissen und Prüfmethoden oder auf technischen Lücken beruhen.

12. Eine Referenzliste der Quellen, die für die im UVP-Bericht enthaltenen Angaben herangezogen wurden.

Sechzehnte Verordnung zur Durchführung des Bundes-Immissionsschutzgesetzes (Verkehrslärmschutzverordnung – 16. BImSchV)

Vom 12. Juni 1990 (BGBl. I S. 1036)

(FNA 2129-8-16)

zuletzt geändert durch Art. 1 ÄndVO vom 18. Dezember 2014 (BGBl. I S. 2269)

– Auszug –

Auf Grund des § 43 Abs. 1 Satz 1 Nr. 1 des Bundes-Immissionsschutzgesetzes vom 15. März 1974 (BGBl. I S. 721, 1193) verordnet die Bundesregierung nach Anhörung der beteiligten Kreise:

§ 1 Anwendungsbereich

(1) Die Verordnung gilt für den Bau oder die wesentliche Änderung von öffentlichen Straßen sowie von Schienenwegen der Eisenbahnen und Straßenbahnen (Straßen und Schienenwege).

(2) [1]Die Änderung ist wesentlich, wenn

1. eine Straße um einen oder mehrere durchgehende Fahrstreifen für den Kraftfahrzeugverkehr oder ein Schienenweg um ein oder mehrere durchgehende Gleise baulich erweitert wird oder

2. durch einen erheblichen baulichen Eingriff der Beurteilungspegel des von dem zu ändernden Verkehrsweg ausgehenden Verkehrslärms um mindestens 3 Dezibel (A) oder auf mindestens 70 Dezibel (A) am Tage oder mindestens 60 Dezibel (A) in der Nacht erhöht wird.

[2]Eine Änderung ist auch wesentlich, wenn der Beurteilungspegel des von dem zu ändernden Verkehrsweg ausgehenden Verkehrslärms von mindestens 70 Dezibel (A) am Tage oder 60 Dezibel (A) in der Nacht durch einen erheblichen baulichen Eingriff erhöht wird; dies gilt nicht in Gewerbegebieten.

§ 2 Immissionsgrenzwerte

(1) Zum Schutz der Nachbarschaft vor schädlichen Umwelteinwirkungen durch Verkehrsgeräusche ist bei dem Bau oder der wesentlichen Änderung sicherzustellen, daß der Beurteilungspegel einen der folgenden Immissionsgrenzwerte nicht überschreitet:

		Tag	Nacht
1.	an Krankenhäusern, Schulen, Kurheimen und Altenheimen	57 Dezibel (A)	47 Dezibel (A)
2.	in reinen und allgemeinen Wohngebieten und Kleinsiedlungsgebieten	59 Dezibel (A)	49 Dezibel (A)
3.	in Kerngebieten, Dorfgebieten und Mischgebieten	64 Dezibel (A)	54 Dezibel (A)
4.	in Gewerbegebieten	69 Dezibel (A)	59 Dezibel (A)

(2) [1]Die Art der in Absatz 1 bezeichneten Anlagen und Gebiete ergibt sich aus den Festsetzungen in den Bebauungsplänen. [2]Sonstige in Bebauungsplänen festgesetzte Flächen für Anlagen und Gebiete sowie Anlagen und Gebiete, die bei keine Festsetzungen bestehen, sind nach Absatz 1, bauliche Anlagen im Außenbereich nach Absatz 2 Nr. 1, 3 und 4 entsprechend der Schutzbedürftigkeit zu beurteilen.

(3) Wird die zu schützende Nutzung nur am Tage oder nur in der Nacht ausgeübt, so ist nur der Immissionsgrenzwert für diesen Zeitraum anzuwenden.

(4) [1]Die Bundesregierung erstattet spätestens im Jahre 2025 und dann fortlaufend alle zehn Jahre dem Deutschen Bundestag Bericht über die Durchführung der Verordnung. [2]In dem Bericht wird insbesondere dargestellt, ob die in § 2 Absatz 1 genannten Immissionsgrenzwerte dem Stand der Lärmwirkungsforschung entsprechen und ob weitere Maßnahmen zum Schutz vor schädlichen Umwelteinwirkungen durch Verkehrsgeräusche erforderlich sind.

§ 3 Berechnung des Beurteilungspegels für Straßen

[1]Der Beurteilungspegel für Straßen ist nach Anlage 1 zu berechnen. [2]Die Berechnung hat getrennt für den Beurteilungszeitraum Tag (6 Uhr bis 22 Uhr) und den Beurteilungszeitraum Nacht (22 Uhr bis 6 Uhr) zu erfolgen.

§ 4 Berechnung des Beurteilungspegels für Schienenwege

(1) [1]Der Beurteilungspegel für Schienenwege ist nach Anlage 2 zu berechnen. [2]Die Berechnung hat getrennt für den Beurteilungszeitraum Tag (6 Uhr bis 22 Uhr) und den Beurteilungszeitraum Nacht (22 Uhr bis 6 Uhr) zu erfolgen.

(2) Bei der Berechnung sind insbesondere folgende Rahmenbedingungen zu beachten:
1. die Schallpegelkennwerte von Fahrzeugen und Fahrwegen,
2. die Einflüsse auf dem Ausbreitungsweg,
3. die Besonderheiten des Schienenverkehrs durch Auf- oder Abschläge
 a) für die Lästigkeit von Geräuschen infolge ihres zeitlichen Verlaufs, ihrer Dauer, ihrer Häufigkeit und ihrer Frequenz sowie
 b) für die Lästigkeit ton- oder impulshaltiger Geräusche.

(3) [1]Abweichend von Absatz 1 Satz 1 ist für Abschnitte von Vorhaben, für die bis zum 31. Dezember 2014 das Planfeststellungsverfahren bereits eröffnet und die Auslegung des Plans öffentlich bekannt gemacht worden ist, § 3 in Verbindung mit Anlage 2 in der bis zum 31. Dezember 2014 geltenden Fassung weiter anzuwenden. [2]§ 43 Absatz 1 Satz 3 des Bundes-Immissionsschutzgesetzes bleibt unberührt.

§ 5 Festlegung akustischer Kennwerte für abweichende Bahntechnik und schalltechnische Innovationen

(1) [1]Abweichende Bahntechnik oder schalltechnische Innovationen dürfen bei der Berechnung des Beurteilungspegels nach § 4 Absatz 1 Satz 1 nur berücksichtigt werden, wenn die zuständige Behörde in einem Verfahren nach Maßgabe der Absätze 2 bis 4 für die Berechnung akustische Kennwerte festgelegt hat. [2]Abweichende Bahntechnik ist Technik, die nicht in Anlage 2 Nummer 3 bis 6 oder Beiblatt 1 bis 3 aufgeführt ist und die einem der folgenden Bereiche zuzuordnen ist:
1. Fahrbahnarten,
2. Schallminderungsmaßnahmen am Gleis oder am Rad oder
3. bahnspezifische Schallminderungsmaßnahmen im Ausbreitungsweg.
[3]Schalltechnische Innovationen sind technische Neu- und Weiterentwicklungen zu der in Anlage 2 Nummer 3 bis 6 oder Beiblatt 1 bis 3 aufgeführten Bahntechnik, die Auswirkungen auf die Geräuschemission und -immission dieser Bahntechnik haben.

(2) [1]Über die Festlegung akustischer Kennwerte entscheidet auf Antrag für die Eisenbahnen des Bundes das Eisenbahn-Bundesamt und für sonstige Bahnen die jeweils nach Landesrecht zuständige Behörde. [2]Ein akustischer Kennwert ist festzulegen, wenn die Emissionsdaten der abweichenden Bahntechnik oder der schalltechnischen Innovationen für diese Technik bezeichnend sind und wenn bei schalltechnischen Innovationen die akustischen Kennwerte von den in Anlage 2 Nummer 3 bis 6 oder Beiblatt 1 bis 3 jeweils genannten Kennwerten wesentlich abweichen. [3]Eine wesentliche Abweichung muss mindestens die in der Anlage 2 Nummer 9.2.2 genannten Werte erreichen.

(3) Berechtigt, einen Antrag nach Absatz 2 Satz 1 zu stellen, sind
1. Eisenbahninfrastrukturunternehmen,
2. Inhaber der Schutzrechte von abweichenden Bahntechniken oder von schalltechnischen Innovationen und
3. Lizenznehmer von abweichenden Bahntechniken oder von schalltechnischen Innovationen.

(4) Der Antrag nach Absatz 2 Satz 1 muss folgende Angaben und Unterlagen enthalten:
1. eine Beschreibung der abweichenden Bahntechnik oder schalltechnische Innovation, für die die Festlegung akustischer Kennwerte beantragt wird, wobei insbesondere darzulegen ist, worin sich die abweichende Bahntechnik oder schalltechnische Innovation von der in Anlage 2 aufgeführten entsprechenden Technik unterscheidet,
2. das Gutachten einer anerkannten Messstelle nach Anlage 2 Nummer 9.3,
3. einen Vorschlag, zu welcher Regelung der Anlage 2 Nummer 3 bis 6 oder Beiblatt 1 bis 3 die abweichende Bahntechnik ergänzend oder die schalltechnische Innovation abweichend beschrieben werden kann, unter Beifügung eines Datenblattes, das die in der vorgeschlagenen Zuordnung üblichen akustischen Kennwerte darstellt,
4. eine Beschreibung, wie sich die akustische Wirksamkeit durch betriebsüblichen Verschleiß verändert.

(5) [1]Die zuständige Behörde gibt dem Antragsteller die Entscheidung nach Absatz 2 Satz 1 schriftlich bekannt. [2]Die zuständige Behörde macht zudem eine Festlegung akustischer Kennwerte nach Absatz 2 Satz 1 öffentlich bekannt.

Der Bundesrat hat zugestimmt.

Anlagen
(hier nicht wiedergegeben)

Neununddreißigste Verordnung zur Durchführung des Bundes-Immissionsschutzgesetzes (Verordnung über Luftqualitätsstandards und Emissionshöchstmengen – 39. BImSchV)[1)2)]

Vom 2. August 2010 (BGBl. I S. 1065)

(FNA 2129-8-39)

zuletzt geändert durch Art. 112 Elfte ZuständigkeitsanpassungsVO vom 19. Juni 2020 (BGBl. I S. 1328)

– Auszug –

Inhaltsübersicht

1) **Amtl. Anm.:** Diese Verordnung dient der Umsetzung der Richtlinie 2008/50/EG des Europäischen Parlaments und des Rates vom 21. Mai 2008 über Luftqualität und saubere Luft für Europa (ABl. L 152 vom 11.6.2008, S. 1), der Richtlinie 2004/107/EG des Europäischen Parlaments und des Rates vom 15. Dezember 2004 über Arsen, Kadmium, Quecksilber, Nickel und polyzyklische aromatische Kohlenwasserstoffe in der Luft (ABl. L 23 vom 26.1.2005, S. 3) sowie der Richtlinie 2001/81/EG des Europäischen Parlaments und des Rates vom 23. Oktober 2001 über nationale Emissionshöchstmengen für bestimmte Luftschadstoffe (ABl. L 309 vom 27.11.2001, S. 22).

2) Verkündet als Art. 1 VO v. 2.8.2010 (BGBl. I S. 1065); Inkrafttreten gem. Art. 2 Satz 1 dieser VO am 6.8.2010.

Teil 1
Allgemeine Vorschriften

§ 1 Begriffsbestimmungen

In dieser Verordnung gelten folgende Begriffsbestimmungen:

1. „Alarmschwelle" ist ein Wert, bei dessen Überschreitung bei kurzfristiger Exposition ein Risiko für die Gesundheit der Gesamtbevölkerung besteht und unverzüglich Maßnahmen ergriffen werden müssen;

2. „AOT40", ausgedrückt in MikrogrammKubikmeter × *Stunden*, ist die über einen vorgegebenen Zeitraum summierte Differenz zwischen Ozonwerten über 80 Mikrogramm pro Kubikmeter und 80 Mikrogramm pro Kubikmeter unter ausschließlicher Verwendung der täglichen Einstundenmittelwerte zwischen 8.00 Uhr und 20.00 Uhr mitteleuropäischer Zeit (MEZ);

3. „Arsen", „Kadmium", „Nickel" und „Benzo[*a*]pyren" bezeichnen den Gesamtgehalt des jeweiligen Elements oder der Verbindung in der PM_{10}-Fraktion;

4. „Ballungsraum" ist ein städtisches Gebiet mit mindestens 250 000 Einwohnern und Einwohnerinnen, das aus einer oder mehreren Gemeinden besteht, oder ein Gebiet, das aus einer oder mehreren Gemeinden besteht, welche jeweils eine Einwohnerdichte von 1 000 Einwohnern und Einwohnerinnen oder mehr je Quadratkilometer bezogen auf die Gemarkungsfläche haben und die zusammen mindestens eine Fläche von 100 Quadratkilometern darstellen;

5. „Beurteilung" ist die Ermittlung und Bewertung der Luftqualität durch Messung, Berechnung, Vorhersage oder Schätzung anhand der Methoden und Kriterien, die in dieser Verordnung genannt sind;

6. „Emissionen" sind Schadstoffe, die durch menschliche Tätigkeit aus Quellen auf dem Gebiet der Bundesrepublik Deutschland und ihrer ausschließlichen Wirtschaftszone freigesetzt werden, ausgenommen Schadstoffe des internationalen Seeverkehrs und von Flugzeugen außerhalb des Lande- und Startzyklus;

7. „Emissionsbeiträge aus natürlichen Quellen" sind Schadstoffemissionen, die nicht unmittelbar oder mittelbar durch menschliche Tätigkeit verursacht werden, einschließlich Naturereignissen wie Vulkanausbrüchen, Erdbeben, geothermischen Aktivitäten, Freilandbränden, Stürmen, Meeresgischt oder der atmosphärischen Aufwirbelung oder des atmosphärischen Transports natürlicher Partikel aus Trockengebieten;

8. „flüchtige organische Verbindungen" (NMVOC = non methane volatile organic compounds) sind alle organischen Verbindungen mit Ausnahme von Methan, die natürlichen Ursprungs sind oder durch menschliche Tätigkeit verursacht werden und durch Reaktion mit Stickstoffoxiden bei Sonnenlicht photochemische Oxidantien erzeugen können; die §§ 33 und 34 umfassen, soweit sie sich auf die Einhaltung der nationalen Emissionshöchstmengen von NMVOC beziehen, nur NMVOC, die durch menschliche Tätigkeit verursacht werden;

9. „Gebiet" ist ein von den zuständigen Behörden für die Beurteilung und Kontrolle der Luftqualität abgegrenzter Teil der Fläche eines Landes;

10. „geplante Maßnahmen" des Programms nach § 34 sind eine Zusammenstellung der von der Bundesregierung beabsichtigten Rechts- oder Verwaltungsvorschriften des Bundes sowie anderer in der Zuständigkeit der Bundesregierung liegender Maßnahmen, mit deren Hilfe die Werte für Ozon und Emissionshöchstmengen eingehalten werden sollen;

11. „Gesamtablagerung" ist die Gesamtmenge der Schadstoffe, die auf einer bestimmten Fläche innerhalb eines bestimmten Zeitraums aus der Luft auf Oberflächen (zum Beispiel Boden, Vegetation, Gewässer, Gebäude und so weiter) gelangt;

12. „gesamtes gasförmiges Quecksilber" ist elementarer Quecksilberdampf (Hg°) und reaktives gasförmiges Quecksilber; reaktives gasförmiges Quecksilber besteht aus wasserlöslichen Quecksilberverbindungen mit ausreichend hohem Dampfdruck, um in der Gasphase zu existieren;

13. „höchster Achtstundenmittelwert eines Tages" ist ein Wert, der ermittelt wird, indem die gleitenden Achtstundenmittelwerte aus Einstundenmittelwerten gebildet und stündlich aktualisiert werden; jeder auf diese Weise errechnete Achtstundenmittelwert gilt für den Tag, an dem dieser Zeitraum endet; das heißt, dass der erste Berechnungszeitraum für jeden einzelnen Tag die Zeitspanne von 17.00 Uhr des vorangegangenen Tages bis 1.00 Uhr des betreffenden Tages umfasst, während für den letzten Berechnungszeitraum jeweils die Stunden von 16.00 Uhr bis 24.00 Uhr des betreffenden Tages zu Grunde gelegt werden;

14. „Indikator für die durchschnittliche Exposition" ist ein Wert, der anhand von Messungen an Messstationen für den städtischen Hintergrund die durchschnittliche Exposition der Bevölkerung mit $PM_{2,5}$ angibt. Dieser Wert dient der Berechnung des nationalen Ziels der Reduzierung der Exposition und der Berechnung der Verpflichtung in Bezug auf die Expositionskonzentration;

15. „Immissionsgrenzwert" ist ein Wert, der auf Grund wissenschaftlicher Erkenntnisse mit dem Ziel festgelegt wird, schädliche Auswirkungen auf die menschliche Gesundheit oder die Umwelt insgesamt zu vermeiden, zu verhüten oder zu verringern, und der innerhalb eines bestimmten Zeitraums eingehalten werden muss und danach nicht überschritten werden darf;

16. „Informationsschwelle" ist ein Ozonwert in der Luft, bei dessen Überschreitung schon bei kurzfristiger Exposition ein Risiko für die Gesundheit besonders empfindlicher Bevölkerungsgruppen besteht und bei dem unverzüglich geeignete Informationen erforderlich sind;

17. „kritischer Wert" ist ein auf Grund wissenschaftlicher Erkenntnisse festgelegter Wert, dessen Überschreitung unmittelbare schädliche Auswirkungen für manche Rezeptoren wie Bäume, sonstige Pflanzen oder natürliche Ökosysteme, aber nicht für den Menschen haben kann;

18. „Pläne für kurzfristige Maßnahmen" sind Pläne mit den Maßnahmen, die kurzfristig zu ergreifen sind, um die Gefahr der Überschreitung von Alarmschwellen für Schwefeldioxid und Stickstoffdioxid zu verringern oder deren Dauer zu beschränken;

19. „langfristiges Ziel" ist ein Wert zum Schutz der menschlichen Gesundheit und der Umwelt, der unter Berücksichtigung von § 23 langfristig einzuhalten ist;

20. „Luft" ist die Außenluft in der Troposphäre mit Ausnahme von Arbeitsstätten im Sinne der Richtlinie 89/654/EWG des Rates vom 30. November 1989 über Mindestvorschriften für Sicherheit und Gesundheitsschutz in Arbeitsstätten (ABl. L 393 vom 30.12.1989, S. 1), die durch die Richtlinie 2007/30/EG (ABl. L 165 vom 27.6.2007, S. 21) geändert worden ist; an diesen Arbeitsstätten, zu denen die Öffentlichkeit normalerweise keinen Zugang hat, gelten die Bestimmungen für Gesundheitsschutz und Sicherheit am Arbeitsplatz;

21. „Luftreinhaltepläne" sind Pläne, in denen Maßnahmen zur Erreichung der Immissionsgrenzwerte oder des $PM_{2,5}$-Zielwerts festgelegt sind;

22. „Messstationen für den städtischen Hintergrund" sind Messstationen an Standorten in städtischen Gebieten, an denen die Werte repräsentativ für die Exposition der städtischen Bevölkerung sind;

23. „nationales Ziel für die Reduzierung der Exposition" ist eine prozentuale Reduzierung der durchschnittlichen Exposition der Bevölkerung der Bundesrepublik Deutschland, die für das Bezugsjahr mit dem Ziel festgesetzt wird, schädliche Auswirkungen auf die menschliche Gesundheit zu verringern;

24. „obere Beurteilungsschwelle" ist ein Wert, unterhalb dessen eine Kombination von ortsfesten Messungen und Modellrechnungen oder orientierenden Messungen angewandt werden kann, um die Luftqualität zu beurteilen;

25. „orientierende Messungen" sind Messungen, die weniger strenge Datenqualitätsziele erfüllen als ortsfeste Messungen;

26. „ortsfeste Messungen" sind kontinuierlich oder stichprobenartig an festen Orten durchgeführte Messungen, um Werte entsprechend den jeweiligen Datenqualitätszielen zu ermitteln;
27. „Ozonvorläuferstoffe" sind Stoffe, die zur Bildung von bodennahem Ozon beitragen;
28. „PM$_{10}$" sind Partikel, die einen größenselektierenden Lufteinlass passieren, der für einen aerodynamischen Durchmesser von 10 Mikrometern einen Abscheidegrad von 50 Prozent aufweist;
29. „PM$_{2,5}$" sind Partikel, die einen größenselektierenden Lufteinlass passieren, der für einen aerodynamischen Durchmesser von 2,5 Mikrometern einen Abscheidegrad von 50 Prozent aufweist;
30. „polyzyklische aromatische Kohlenwasserstoffe" sind organische Verbindungen, die sich aus mindestens zwei miteinander verbundenen aromatischen Ringen zusammensetzen, die ausschließlich aus Kohlenstoff und Wasserstoff bestehen;
31. „Schadstoff" ist jeder in der Luft vorhandene Stoff, der schädliche Auswirkungen auf die menschliche Gesundheit oder die Umwelt insgesamt haben kann;
32. „Stickstoffoxide" sind die Summe der Volumenmischungsverhältnisse von Stickstoffmonoxid und Stickstoffdioxid, ausgedrückt in der Einheit der Massenkonzentration von Stickstoffdioxid in Mikrogramm pro Kubikmeter;
33. „Toleranzmarge" bezeichnet den Prozentsatz, um den der in dieser Verordnung festgelegte Immissionsgrenzwert überschritten werden darf, unter der Voraussetzung, dass die in dieser Verordnung festgelegten Bedingungen erfüllt sind; im Fall zukünftiger Grenzwerte bezeichnet „Toleranzmarge" einen in jährlichen Stufen abnehmenden Wert, um den der Immissionsgrenzwert bis zur jeweils festgesetzten Frist überschritten werden darf, ohne die Erstellung von Plänen zu bedingen;
34. „untere Beurteilungsschwelle" ist ein Wert, unterhalb dessen für die Beurteilung der Luftqualität nur Modellrechnungen oder Schätzverfahren angewandt zu werden brauchen;
35. „Verpflichtung in Bezug auf die Expositionskonzentration" ist ein Niveau, das anhand des Indikators für die durchschnittliche Exposition mit dem Ziel festgesetzt wird, schädliche Auswirkungen auf die menschliche Gesundheit zu verringern, und das in einem bestimmten Zeitraum erreicht werden muss;
36. „Wert" ist die Konzentration eines Schadstoffs in der Luft im Normzustand gemäß Anlage 6 Abschnitt C oder die Ablagerung eines Schadstoffs auf bestimmten Flächen in bestimmten Zeiträumen;
37. „Zielwert" ist ein Wert, der mit dem Ziel festgelegt wird, schädliche Auswirkungen auf die menschliche Gesundheit oder die Umwelt insgesamt zu vermeiden, zu verhindern oder zu verringern, und der nach Möglichkeit innerhalb eines bestimmten Zeitraums eingehalten werden muss.

Teil 2
Immissionswerte

§ 2 Immissionsgrenzwerte, Alarmschwelle und kritischer Wert für Schwefeldioxid

(1) Zum Schutz der menschlichen Gesundheit beträgt der über eine volle Stunde gemittelte Immissionsgrenzwert für Schwefeldioxid

350 Mikrogramm pro Kubikmeter

bei 24 zugelassenen Überschreitungen im Kalenderjahr.

(2) Zum Schutz der menschlichen Gesundheit beträgt der über den Tag gemittelte Immissionsgrenzwert für Schwefeldioxid

125 Mikrogramm pro Kubikmeter

bei drei zugelassenen Überschreitungen im Kalenderjahr.

(3) Die Alarmschwelle für Schwefeldioxid beträgt über eine volle Stunde gemittelt

500 Mikrogramm pro Kubikmeter,

gemessen an drei aufeinanderfolgenden Stunden an den von den zuständigen Behörden gemäß Anlage 3 eingerichteten Probenahmestellen, die für die Luftqualität in einem Bereich von mindestens 100 Quadratkilometern oder im gesamten Gebiet oder Ballungsraum repräsentativ sind; maßgebend ist die kleinste dieser Flächen.

(4) Zum Schutz der Vegetation beträgt der kritische Wert für Schwefeldioxid für das Kalenderjahr sowie für das Winterhalbjahr (1. Oktober des laufenden Jahres bis 31. März des Folgejahres)

20 Mikrogramm pro Kubikmeter.

§ 3 Immissionsgrenzwerte und Alarmschwelle für Stickstoffdioxid (NO2); kritischer Wert für Stickstoffoxide (NOx)

(1) Zum Schutz der menschlichen Gesundheit beträgt der über eine volle Stunde gemittelte Immissionsgrenzwert für Stickstoffdioxid (NO$_2$)

200 Mikrogramm pro Kubikmeter

bei 18 zugelassenen Überschreitungen im Kalenderjahr.

(2) Zum Schutz der menschlichen Gesundheit beträgt der über ein Kalenderjahr gemittelte Immissions-
grenzwert für Stickstoffdioxid (NO_2)

40 Mikrogramm pro Kubikmeter.

(3) Die Alarmschwelle für Stickstoffdioxid (NO_2) beträgt über eine volle Stunde gemittelt

400 Mikrogramm pro Kubikmeter,

gemessen an drei aufeinanderfolgenden Stunden an den von den zuständigen Behörden gemäß Anlage 3
eingerichteten Probenahmestellen, die für die Luftqualität in einem Bereich von mindestens 100 Qua-
dratkilometern oder im gesamten Gebiet oder Ballungsraum repräsentativ sind; maßgebend ist die kleinste
dieser Flächen.

(4) Zum Schutz der Vegetation beträgt der über ein Kalenderjahr gemittelte kritische Wert für Stickstoff-
oxide (NO_x)

30 Mikrogramm pro Kubikmeter.

§ 4 Immissionsgrenzwerte für Partikel (PM10)

(1) Zum Schutz der menschlichen Gesundheit beträgt der über den Tag gemittelte Immissionsgrenzwert
für Partikel PM_{10}

50 Mikrogramm pro Kubikmeter

bei 35 zugelassenen Überschreitungen im Kalenderjahr.

(2) Zum Schutz der menschlichen Gesundheit beträgt der über ein Kalenderjahr gemittelte Immissions-
grenzwert für Partikel PM_{10}

40 Mikrogramm pro Kubikmeter.

§ 5 Zielwert, Immissionsgrenzwert, Verpflichtung in Bezug auf die Expositionskonzentration
sowie nationales Ziel für die Reduzierung der Exposition für Partikel (PM2,5)

(1) Zum Schutz der menschlichen Gesundheit beträgt der über ein Kalenderjahr gemittelte Zielwert für
$PM_{2,5}$

25 Mikrogramm pro Kubikmeter.

(2) Zum Schutz der menschlichen Gesundheit beträgt der ab 1. Januar 2015 einzuhaltende über ein Ka-
lenderjahr gemittelte Immissionsgrenzwert für $PM_{2,5}$

25 Mikrogramm pro Kubikmeter.

(3) [1]Für den Grenzwert des Absatzes 2 beträgt die Toleranzmarge 5 Mikrogramm pro Kubikmeter. [2]Sie
vermindert sich ab dem 1. Januar 2009 jährlich um ein Siebentel bis auf den Wert 0 zum 1. Januar 2015.

(4) Zum Schutz der menschlichen Gesundheit und um die Verpflichtung in Bezug auf die Expositions-
konzentration einzuhalten, darf der Indikator für die durchschnittliche $PM_{2,5}$-Exposition nach § 15 ab dem
1. Januar 2015 den Wert von

20 Mikrogramm pro Kubikmeter

nicht mehr überschreiten.

(5) [1]Ab dem 1. Januar 2020 ist zum Schutz der menschlichen Gesundheit ein nationales Ziel für die
Reduzierung der $PM_{2,5}$-Exposition einzuhalten. [2]Die Höhe dieses Ziels ist vom Wert des Indikators für
die durchschnittliche $PM_{2,5}$-Exposition nach § 15 im Referenzjahr 2010 abhängig. [3]Die Beurteilung wird
gemäß Anlage 12 Abschnitt B vom Umweltbundesamt vorgenommen.

§ 6 Immissionsgrenzwert für Blei

Zum Schutz der menschlichen Gesundheit beträgt der über ein Kalenderjahr gemittelte Immissionsgrenz-
wert für Blei

0,5 Mikrogramm pro Kubikmeter.

§ 7 Immissionsgrenzwert für Benzol

Zum Schutz der menschlichen Gesundheit beträgt der über ein Kalenderjahr gemittelte Immissionsgrenz-
wert für Benzol

5 Mikrogramm pro Kubikmeter.

§ 8 Immissionsgrenzwert für Kohlenmonoxid

Zum Schutz der menschlichen Gesundheit beträgt der als höchster Achtstundenmittelwert pro Tag zu
ermittelnde Immissionsgrenzwert für Kohlenmonoxid

10 Milligramm pro Kubikmeter.

§ 9 Zielwerte, langfristige Ziele, Informationsschwelle und Alarmschwelle für bodennahes Ozon
(1) [1]Der Zielwert zum Schutz der menschlichen Gesundheit vor Ozon beträgt

120 Mikrogramm pro Kubikmeter

als höchster Achtstundenmittelwert während eines Tages bei 25 zugelassenen Überschreitungen im Kalenderjahr. [2]Maßgebend für die Beurteilung, ob der Zielwert zum 1. Januar 2010 erreicht wurde, ist die Zahl der Überschreitungstage pro Kalenderjahr, gemittelt über drei Jahre. [3]Das Jahr 2010 ist das erste Jahr, das zur Berechnung der Zahl der Überschreitungstage pro Kalenderjahr herangezogen wird.
(2) [1]Der Zielwert zum Schutz der Vegetation vor Ozon beträgt

$$18\,000 \quad \frac{Mikrogramm}{Kubikmeter} \times Stunden$$

als AOT40 für den Zeitraum von Mai bis Juli. [2]Maßgebend für die Beurteilung, ob der Zielwert zum 1. Januar 2010 erreicht wurde, ist der AOT40-Wert für diesen Zeitraum, gemittelt über fünf Jahre. [3]Das Jahr 2010 ist das erste Jahr, das zur Berechnung des AOT40-Werts für den Zeitraum von Mai bis Juli herangezogen wird.
(3) Das langfristige Ziel zum Schutz der menschlichen Gesundheit vor Ozon beträgt

120 Mikrogramm pro Kubikmeter

als höchster Achtstundenmittelwert während eines Tages.
(4) Das langfristige Ziel zum Schutz der Vegetation vor Ozon beträgt

$$6\,000 \quad \frac{Mikrogramm}{Kubikmeter} \times Stunden$$

als AOT40 für den Zeitraum von Mai bis Juli.
(5) Die Informationsschwelle für Ozon liegt bei

180 Mikrogramm pro Kubikmeter

als Einstundenmittelwert.
(6) Die Alarmschwelle für Ozon liegt bei

240 Mikrogramm pro Kubikmeter

als Einstundenmittelwert.
(7) Die Kriterien zur Prüfung der Werte sind in Anlage 7 Abschnitt A festgelegt.

§ 10 Zielwerte für Arsen, Kadmium, Nickel und Benzo[a]pyren
Um schädliche Auswirkungen von Arsen, Kadmium, Nickel und Benzo[a]pyren als Marker für polyzyklische aromatische Kohlenwasserstoffe auf die menschliche Gesundheit und die Umwelt insgesamt zu vermeiden, zu verhindern oder zu verringern, werden folgende ab dem 1. Januar 2013 einzuhaltende Zielwerte als Gesamtgehalt in der PM_{10}-Fraktion über ein Kalenderjahr gemittelt festgesetzt:

Schadstoff	Zielwert in Nanogramm pro Kubikmeter
Arsen	6
Kadmium	5
Nickel	20
Benzo[a]pyren	1

Teil 3
Beurteilung der Luftqualität

§ 11 Festlegung von Gebieten und Ballungsräumen
Die zuständigen Behörden legen für die gesamte Fläche ihres Landes Gebiete und Ballungsräume fest.

§ 12 Einstufung der Gebiete und Ballungsräume für Schwefeldioxid, Stickstoffdioxid und Stickstoffoxide, Partikel (PM10 und PM2,5), Blei, Benzol und Kohlenmonoxid
(1) [1]Für Schwefeldioxid, Stickstoffdioxid und Stickstoffoxide, Partikel (PM_{10} und $PM_{2,5}$), Blei, Benzol und Kohlenmonoxid gelten die in Anlage 2 Abschnitt A festgelegten oberen und unteren Beurteilungsschwellen. [2]Alle Gebiete und Ballungsräume werden anhand dieser Beurteilungsschwellen eingestuft.
(2) [1]Die Einstufung nach Absatz 1 wird spätestens alle fünf Jahre gemäß dem in Anlage 2 Abschnitt B festgelegten Verfahren überprüft. [2]Bei signifikanten Änderungen der Aktivitäten, die für die Konzentra-

tion von Schwefeldioxid, Stickstoffdioxid oder gegebenenfalls Stickstoffoxiden, Partikeln (PM_{10} und $PM_{2,5}$), Blei, Benzol oder Kohlenmonoxid in der Luft von Bedeutung sind, sind die Einstufungen je nach Signifikanz in kürzeren Intervallen zu überprüfen.

§ 13 Vorschriften zur Ermittlung von Schwefeldioxid, Stickstoffdioxid und Stickstoffoxiden, Partikeln (PM10 und PM2,5), Blei, Benzol und Kohlenmonoxid
(1) Die Luftqualität wird in Bezug auf die in § 12 Absatz 1 genannten Schadstoffe in allen Gebieten und Ballungsräumen anhand der in den Absätzen 2 bis 4 sowie in der Anlage 3 festgelegten Kriterien beurteilt.
(2) [1]In allen Gebieten und Ballungsräumen, in denen der Wert der in Absatz 1 genannten Schadstoffe für diese Schadstoffe festgelegte obere Beurteilungsschwelle überschreitet, sind zur Beurteilung der Luftqualität ortsfeste Messungen durchzuführen. [2]Über diese ortsfesten Messungen hinaus können Modellrechnungen sowie orientierende Messungen durchgeführt werden, um angemessene Informationen über die räumliche Verteilung der Luftqualität zu erhalten.
(3) In allen Gebieten und Ballungsräumen, in denen der Wert der in Absatz 1 genannten Schadstoffe für diese Schadstoffe festgelegte obere Beurteilungsschwelle unterschreitet, kann zur Beurteilung der Luftqualität eine Kombination von ortsfesten Messungen und Modellrechnungen oder orientierenden Messungen angewandt werden.
(4) In allen Gebieten und Ballungsräumen, in denen der Wert der in Absatz 1 genannten Schadstoffe für diese Schadstoffe festgelegte untere Beurteilungsschwelle unterschreitet, genügen zur Beurteilung der Luftqualität Modellrechnungen, Techniken der objektiven Schätzung oder beides.
(5) [1]Zusätzlich zu den Beurteilungskriterien gemäß den Absätzen 2 bis 4 sind Messungen an Messstationen im ländlichen Hintergrund abseits signifikanter Luftverschmutzungsquellen gemäß Anlage 3 durchzuführen, um zumindest Informationen über die Gesamtmassenkonzentration und die Konzentration von Staubinhaltsstoffen von Partikeln ($PM_{2,5}$) im Jahresdurchschnitt zu erhalten. [2]Diese Messungen sind anhand der folgenden Kriterien durchzuführen:
1. es ist eine Probenahmestelle je 100 000 Quadratkilometer einzurichten;
2. Anlage 1 Abschnitt A und C gilt für die Datenqualitätsziele für Massenkonzentrationsmessungen von Partikeln; Anlage 4 ist uneingeschränkt anzuwenden.

§ 14 Probenahmestellen zur Messung von Schwefeldioxid, Stickstoffdioxid und Stickstoffoxiden, Partikeln (PM10 und PM2,5), Blei, Benzol und Kohlenmonoxid
(1) Für die Festlegung des Standorts von Probenahmestellen, an denen die in § 12 Absatz 1 genannten Schadstoffe in der Luft gemessen werden, gelten die Kriterien der Anlage 3.
(2) In Gebieten und Ballungsräumen, in denen ortsfeste Messungen die einzige Informationsquelle für die Beurteilung der Luftqualität darstellen, darf die Anzahl der Probenahmestellen für jeden relevanten Schadstoff nicht unter der in Anlage 5 Abschnitt A festgelegten Mindestanzahl liegen.
(3) [1]Für Gebiete und Ballungsräume, in denen die Informationen aus Probenahmestellen für ortsfeste Messungen durch solche aus Modellrechnungen oder orientierenden Messungen ergänzt werden, kann die in Anlage 5 Abschnitt A festgelegte Gesamtzahl der Probenahmestellen um bis zu 50 Prozent verringert werden, sofern
1. die zusätzlichen Methoden die notwendigen Informationen für die Beurteilung der Luftqualität in Bezug auf Immissionsgrenzwerte und Alarmschwellen sowie angemessene Informationen für die Öffentlichkeit liefern;
2. die Zahl der einzurichtenden Probenahmestellen und die räumliche Repräsentativität anderer Techniken ausreichen, um bei der Ermittlung des Werts des relevanten Schadstoffs die in Anlage 1 Abschnitt A festgelegten Datenqualitätsziele zu erreichen und Beurteilungsergebnisse ermöglichen, die den in Anlage 1 Abschnitt B festgelegten Kriterien entsprechen.
[2]Die Ergebnisse von Modellrechnungen oder orientierenden Messungen werden bei der Beurteilung, ob die Immissionsgrenzwerte eingehalten wurden, berücksichtigt.
(4) Das Bundesministerium für Umwelt, Naturschutz und nukleare Sicherheit oder die von ihm beauftragte Stelle errichtet und betreibt im Bundesgebiet mindestens drei Messstationen gemäß § 13 Absatz 5.
(5) [1]Die zuständigen Behörden weisen gemäß Anlage 5 Abschnitt C Probenahmestellen aus, die für den Schutz der Vegetation repräsentativ sind. [2]Die Absätze 2 und 3 gelten sinngemäß.

§ 15 Indikator für die durchschnittliche PM2,5-Exposition
[1]Der Indikator für die durchschnittliche $PM_{2,5}$-Exposition wird vom Umweltbundesamt berechnet. [2]Die Länder ermitteln die dafür notwendigen $PM_{2,5}$-Werte nach Maßgabe von Anlage 12 Abschnitt A. [3]Die Mindestzahl der Probenahmestellen darf nicht unter der gemäß Anlage 5 Abschnitt B vorgesehenen Anzahl liegen.

§ 16 Referenzmessmethoden für die Beurteilung von Schwefeldioxid, Stickstoffdioxid und Stickstoffoxiden, Partikeln (PM10 und PM2,5), Blei, Benzol und Kohlenmonoxid

(1) Es gelten die in Anlage 6 Abschnitt A und C festgelegten Referenzmessmethoden und Kriterien.

(2) Andere Messmethoden können angewandt werden, sofern die in Anlage 6 Abschnitt B festgelegten Bedingungen erfüllt sind.

§ 17 Vorschriften zur Ermittlung von Ozonwerten

(1) Liegen in einem Gebiet oder Ballungsraum die Ozonwerte in einem Jahr der vorangehenden fünfjährigen Messperiode oberhalb der in § 9 Absatz 3 und 4 festgelegten langfristigen Ziele, so sind ortsfeste Messungen vorzunehmen.

(2) Liegen die Daten für die vorangehende fünfjährige Messperiode nicht vollständig vor, so können die Ergebnisse von vorliegenden kürzeren Messperioden, während derjenigen Jahreszeit und an denjenigen Stellen, an denen wahrscheinlich die höchsten Werte für Ozon erreicht werden und die Rückschlüsse auf den Gesamtzeitraum zulassen, mit Informationen aus Emissionskatastern und Modellen verbunden werden, um zu bestimmen, ob die Ozonwerte während dieser fünf Jahre oberhalb der in Absatz 1 genannten langfristigen Ziele lagen.

§ 18 Probenahmestellen zur Messung von Ozonwerten

(1) Für die Festlegung des Standorts von Probenahmestellen zur Messung von Ozon gelten die Kriterien der Anlage 8.

(2) In Gebieten und Ballungsräumen, in denen Messungen die einzige Informationsquelle für die Beurteilung der Luftqualität darstellen, darf die Zahl der Probenahmestellen für ortsfeste Messungen von Ozon nicht unter der in Anlage 9 Abschnitt A festgelegten Mindestanzahl liegen.

(3) [1]Für Gebiete und Ballungsräume, in denen die Informationen aus Probenahmestellen für ortsfeste Messungen durch solche aus Modellrechnungen oder orientierenden Messungen ergänzt werden, kann die in Anlage 9 Abschnitt A festgelegte Gesamtzahl der Probenahmestellen verringert werden, sofern

1. die zusätzlichen Methoden die notwendigen Informationen für die Beurteilung der Luftqualität in Bezug auf die Zielwerte, die langfristigen Ziele sowie die Informations- und Alarmschwellen liefern;

2. die Zahl der einzurichtenden Probenahmestellen und die räumliche Repräsentativität anderer Techniken ausreichen, um bei der Ermittlung der Ozonwerte die in Anlage 1 Abschnitt A festgelegten Datenqualitätsziele zu erreichen, und Beurteilungsergebnisse ermöglichen, die den in Anlage 1 Abschnitt B festgelegten Kriterien entsprechen;

3. in jedem Gebiet oder Ballungsraum mindestens eine Probenahmestelle je zwei Millionen Einwohner und Einwohnerinnnen oder eine Probenahmestelle je 50 000 Quadratkilometer vorhanden ist, je nachdem, was zur größeren Zahl von Probenahmestellen führt; in jedem Fall muss es in jedem Gebiet oder Ballungsraum mindestens eine Probenahmestelle geben und

4. Stickstoffdioxid an allen verbleibenden Probenahmestellen mit Ausnahme von Stationen im ländlichen Hintergrund im Sinne von Anlage 8 Abschnitt A gemessen wird.

[2]Die Ergebnisse von Modellrechnungen oder orientierenden Messungen werden bei der Beurteilung der Luftqualität in Bezug auf die Zielwerte berücksichtigt.

(4) [1]Die Stickstoffdioxidwerte sind an mindestens 50 Prozent der nach Anlage 9 Abschnitt A erforderlichen Ozonprobenahmestellen zu messen. [2]Außer bei Messstationen im ländlichen Hintergrund im Sinne von Anlage 8 Abschnitt A, wo andere Messmethoden angewandt werden können, sind diese Messungen kontinuierlich vorzunehmen.

(5) In Gebieten und Ballungsräumen, in denen in jedem Jahr während der vorangehenden fünfjährigen Messperiode die Werte unter den langfristigen Zielen liegen, ist die Zahl der Probenahmestellen für ortsfeste Messungen gemäß Anlage 9 Abschnitt B zu bestimmen.

(6) [1]Das Bundesministerium für Umwelt, Naturschutz und nukleare Sicherheit oder die von ihm beauftragte Stelle errichtet und betreibt im Bundesgebiet mindestens eine Probenahmestelle zur Erfassung der Werte der in der Anlage 10 aufgelisteten Ozonvorläuferstoffe. [2]Sofern die Länder Ozonvorläuferstoffe messen, stimmen sie sich mit dem Bundesministerium für Umwelt, Naturschutz und nukleare Sicherheit oder der von ihm beauftragten Stelle ab.

§ 19 Referenzmessmethoden für die Beurteilung von Ozonwerten

(1) Es gilt die in Anlage 6 Abschnitt A Nummer 8 festgelegte Referenzmethode für die Messung von Ozon.

(2) Andere Messmethoden können angewandt werden, sofern die in Anlage 6 Abschnitt B festgelegten Bedingungen erfüllt sind.

§ 20 Vorschriften zur Ermittlung von Arsen, Kadmium, Nickel und Benzo[a]pyren und Quecksilber

(1) Die zuständigen Behörden erstellen für Arsen, Kadmium, Nickel und Benzo[a]pyren jeweils eine Liste von Gebieten und Ballungsräumen, in denen

1. der Wert den jeweiligen Zielwert nach § 10 erreicht oder unter diesem liegt und
2. der Wert den jeweiligen Zielwert überschreitet. Für diese Gebiete und Ballungsräume ist anzugeben, in welchen Teilgebieten die Zielwerte überschritten werden und welche Quellen hierzu beitragen.

(2) Die oberen und unteren Beurteilungsschwellen für Arsen, Kadmium, Nickel und Benzo[a]pyren sind in Anlage 15 festgelegt.

(3) [1]In Gebieten und Ballungsräumen, in denen die Werte von Arsen, Kadmium, Nickel und Benzo[a]pyren über der unteren Beurteilungsschwelle liegen, ist eine Messung entsprechend den Kriterien aus Anlage 16 Abschnitt A und B vorzusehen. [2]In Gebieten und Ballungsräumen, in denen ortsfeste Messungen die einzige Informationsquelle für die Beurteilung der Luftqualität darstellen, darf die Anzahl der Probenahmestellen nicht unter der in Anlage 16 Abschnitt D festgelegten Mindestanzahl liegen.

(4) [1]Die Messungen können durch Modellrechnungen ergänzt werden, damit in angemessenem Umfang Informationen über die Luftqualität gewonnen werden. [2]Eine Kombination von Messungen, einschließlich orientierender Messungen nach Anlage 17 Abschnitt A, und Modellrechnungen kann herangezogen werden, um die Luftqualität in Gebieten und Ballungsräumen zu beurteilen, in denen die Werte während eines repräsentativen Zeitraums zwischen der oberen und der unteren Beurteilungsschwelle liegen.

(5) In Gebieten und Ballungsräumen, in denen die Werte unter der unteren Beurteilungsschwelle gemäß Anlage 15 Abschnitt A liegen, brauchen für die Beurteilung der Werte nur Modellrechnungen oder Methoden der objektiven Schätzung angewandt zu werden.

(6) [1]Die Einstufung von Gebieten und Ballungsräumen ist spätestens alle fünf Jahre zu überprüfen. [2]Hierfür ist das Verfahren der Anlage 15 Abschnitt B anzuwenden. [3]Die Einstufung ist bei signifikanten Änderungen der Aktivitäten, die Auswirkungen auf die Werte von Arsen, Kadmium, Nickel oder Benzo[a]pyren haben, früher zu überprüfen.

(7) [1]Dort, wo die Werte von Arsen, Kadmium, Nickel und Benzo[a]pyren gemessen werden müssen, sind die Messungen kontinuierlich oder stichprobenartig an festen Orten durchzuführen. [2]Die Messungen sind so häufig durchzuführen, dass die Werte entsprechend beurteilt werden können.

(8) [1]Um den Anteil von Benzo[a]pyren-Immissionen an der Gesamtimmission von polyzyklischen aromatischen Kohlenwasserstoffen beurteilen zu können, werden an einer begrenzten Zahl von Probenahmestellen des Umweltbundesamtes andere relevante polyzyklische aromatische Kohlenwasserstoffe überwacht. [2]Diese Verbindungen umfassen mindestens:

1. Benzo[a]anthracen,
2. Benzo[b]fluoranthen,
3. Benzo[j]fluoranthen,
4. Benzo[k]fluoranthen,
5. Indeno[1,2,3-cd]pyren und
6. Dibenz[a,h]anthracen.

[3]Die Überwachungsstellen für diese polyzyklischen aromatischen Kohlenwasserstoffe werden mit Probenahmestellen für Benzo[a]pyren zusammengelegt und so gewählt, dass geographische Unterschiede und langfristige Trends bestimmt werden können. [4]Es gelten die Bestimmungen der Anlage 16 Abschnitt A bis C. [5]Sofern die Länder diese Stoffe messen, stimmen sie sich mit dem Bundesministerium für Umwelt, Naturschutz und nukleare Sicherheit oder der von ihm beauftragten Stelle ab.

(9) [1]Ungeachtet der Werte wird für eine Fläche von je 100 000 Quadratkilometern jeweils eine Hintergrundprobenahmestelle installiert, die zur orientierenden Messung von Arsen, Kadmium, Nickel, dem gesamten gasförmigen Quecksilber, Benzo[a]pyren und den übrigen in Absatz 8 genannten polyzyklischen aromatischen Kohlenwasserstoffen in der Luft dient. [2]Gemessen wird außerdem die Ablagerung von Arsen, Kadmium, Quecksilber und seinen Verbindungen, Nickel, Benzo[a]pyren und den übrigen in Absatz 8 genannten polyzyklischen aromatischen Kohlenwasserstoffe. [3]Das Bundesministerium für Umwelt, Naturschutz und nukleare Sicherheit oder die von ihm beauftragte Stelle errichtet und betreibt im Bundesgebiet mindestens drei Messstationen, um die notwendige räumliche Auflösung zu erreichen. [4]An einer der Hintergrundprobenahmestellen erfolgt zusätzlich die Messung von partikel- und gasförmigem zweiwertigem Quecksilber. [5]Die Probenahmestellen für diese Schadstoffe werden so gewählt, dass geographische Unterschiede und langfristige Trends bestimmt werden können. [6]Es gelten die Bestimmungen der Anlage 16 Abschnitt A, B und C.

(10) Die Verwendung von Bioindikatoren kann erwogen werden, wo regionale Muster der Auswirkungen der in Absatz 1 genannten Schadstoffe auf Ökosysteme beurteilt werden sollen.

(11) In Gebieten und Ballungsräumen, in denen Informationen von ortsfesten Messstationen durch Informationen aus anderen Quellen, zum Beispiel Emissionskataster, orientierende Messmethoden oder Modellierung der Luftqualität, ergänzt werden, müssen die Zahl einzurichtender ortsfester Messstationen und die räumliche Auflösung anderer Techniken ausreichen, um die Luftschadstoffwerte gemäß Anlage 16 Abschnitt A und Anlage 17 Abschnitt A zu ermitteln.

(12) [1]Die Kriterien für die Datenqualität werden in Anlage 17 Abschnitt A festgelegt. [2]Werden Modelle zur Beurteilung der Luftqualität verwendet, so gilt Anlage 17 Abschnitt B.

(13) [1]Die Referenzmethoden für die Probenahmen und die Analyse der Werte von Arsen, Kadmium, Quecksilber, Nickel und polyzyklischen aromatischen Kohlenwasserstoffen in der Luft sind in Anlage 18 Abschnitte A bis C festgelegt. [2]Anlage 18 Abschnitt D enthält Referenzmethoden zur Messung der Ablagerung von Arsen, Kadmium, Quecksilber, Nickel und polyzyklischen aromatischen Kohlenwasserstoffen. [3]Anlage 18 Abschnitt E betrifft Referenzmethoden zur Erstellung von Luftqualitätsmodellen, soweit solche Methoden verfügbar sind.

Teil 4
Kontrolle der Luftqualität

§ 21 Regelungen für die Einhaltung der Immissionsgrenzwerte für Schwefeldioxid, Stickstoffdioxid, Partikel (PM10 und PM2,5), Blei, Benzol und Kohlenmonoxid

(1) Die Einhaltung der Immissionsgrenzwerte für Schwefeldioxid, Stickstoffdioxid, Partikel PM_{10}, Partikel $PM_{2,5}$, Blei, Benzol und Kohlenmonoxid wird nach Anlage 3 beurteilt.

(2) Sofern die zuständigen Stellen in den Ländern eine Fristverlängerung nach Artikel 22 Absatz 1 der Richtlinie 2008/50/EG für die Stoffe Stickstoffdioxid und Benzol oder eine Ausnahme zur Verpflichtung der Einhaltung der Immissionsgrenzwerte für Partikel PM_{10} nach Artikel 22 Absatz 2 der Richtlinie 2008/50/EG in Anspruch nehmen wollen, muss dies der Kommission nach Maßgabe des Artikels 22 Absatz 4 der Richtlinie 2008/50/EG über die zuständige oberste Landesbehörde durch die Bundesregierung mitgeteilt werden.

(3) [1]Eine Ausnahme zur Verpflichtung zur Einhaltung der Immissionsgrenzwerte für Partikel PM_{10} nach Absatz 2 kann bis einschließlich 11. Juni 2011 in Anspruch genommen werden, wenn diese auf Grund standortspezifischer Ausbreitungsbedingungen, ungünstiger klimatischer Bedingungen oder grenzüberschreitender Schadstoffeinträge nicht eingehalten werden. [2]Eine Fristverlängerung nach Absatz 2 bezüglich Stickstoffdioxid und Benzol kann bis einschließlich 31. Dezember 2014 in Anspruch genommen werden.

(4) [1]Hat die Kommission neun Monate nach Eingang der Mitteilung nach Absatz 2 keine Einwände erhoben, so entfällt die Verpflichtung zur Einhaltung der Immissionsgrenzwerte bis zu dem in der Mitteilung für den jeweiligen Stoff genannten Zeitpunkt. [2]Dabei muss sichergestellt werden, dass der Wert für den jeweiligen Schadstoff den Immissionsgrenzwert um nicht mehr als die in Anlage 11 festgelegte Toleranzmarge überschreitet.

§ 22 Anforderungen an Gebiete und Ballungsräume, in denen die Zielwerte für Arsen, Kadmium, Nickel und Benzo[a]pyren überschritten sind

[1]Werden in Teilgebieten nach § 20 Absatz 1 Nummer 2 die Zielwerte für Arsen, Kadmium, Nickel und Benzo[a]pyren überschritten, stellen die zuständigen Behörden zur Weiterleitung an die Kommission dar, welche Maßnahmen für diese Gebiete ergriffen wurden, um die Zielwerte zu erreichen. [2]Dies betrifft vor allem die vorherrschenden Emissionsquellen. [3]Für Industrieanlagen, die unter die Richtlinie 2008/1/EG des Europäischen Parlaments und des Rates vom 15. Januar 2008 über die integrierte Vermeidung und Verminderung der Umweltverschmutzung (ABl. L 24 vom 29.1.2008, S. 8) fallen, bedeutet dies, dass die besten verfügbaren Techniken im Sinne des Artikels 2 Nummer 12 jener Richtlinie angewandt wurden.

§ 23 Einhaltung von langfristigem Ziel, nationalem Ziel und Zielwerten

Die Einhaltung
1. des langfristigen Ziels für Ozon,
2. des nationalen Ziels für $PM_{2,5}$ sowie
3. der Zielwerte für $PM_{2,5}$, Ozon, Arsen, Kadmium, Nickel und Benzo[a]pyren

ist sicherzustellen, soweit dies mit verhältnismäßigen Maßnahmen, insbesondere solchen, die keine unverhältnismäßigen Kosten verursachen, möglich ist.

§ 24 Überschreitung von Immissionsgrenzwerten durch Emissionsbeiträge aus natürlichen Quellen

(1) [1]Die zuständigen Behörden übermitteln dem Bundesministerium für Umwelt, Naturschutz und nukleare Sicherheit über die nach Landesrecht zuständige Behörde zur Weiterleitung an die Kommission für das jeweilige Jahr eine Aufstellung der ausgewiesenen Gebiete und Ballungsräume, in denen die Überschreitungen der Immissionsgrenzwerte für einen bestimmten Schadstoff Emissionsbeiträgen aus natürlichen Quellen zuzurechnen sind. [2]Sie fügen Angaben zu den Konzentrationen und Quellen sowie Unterlagen dafür bei, dass die Überschreitungen auf natürliche Quellen zurückzuführen sind.

(2) Emissionsbeiträge aus natürlichen Quellen bleiben bei der Ermittlung von Überschreitungen von Immissionsgrenzwerten außer Ansatz.

§ 25 Überschreitung von Immissionsgrenzwerten für Partikel PM10 auf Grund der Ausbringung von Streusand oder -salz auf Straßen im Winterdienst

(1) Die zuständigen Behörden übermitteln dem Bundesministerium für Umwelt, Naturschutz und nukleare Sicherheit über die nach Landesrecht zuständige Behörde zur Weiterleitung an die Kommission eine Liste der Gebiete und Ballungsräume, in denen die Immissionsgrenzwerte für Partikel PM_{10} in der Luft auf Grund der Aufwirbelung von Partikeln nach der Ausbringung abstumpfender Streumittel auf Straßen im Winterdienst überschritten werden, sowie Informationen über die dortigen Werte und Quellen von PM_{10}-Partikeln.

(2) Bei der Übermittlung fügen die zuständigen Behörden die erforderlichen Unterlagen dafür bei, dass die Überschreitungen auf aufgewirbelte Partikel zurückzuführen sind und angemessene Maßnahmen zur Verringerung der Werte getroffen wurden.

(3) Für Gebiete und Ballungsräume gemäß Absatz 1 ist ein Luftreinhalteplan gemäß § 27 nur insoweit zu erstellen, als Überschreitungen auf andere Partikel PM_{10}-Quellen als die Ausbringung von Streusand oder -salz auf Straßen im Winterdienst zurückzuführen sind.

(4) Emissionsbeiträge im Sinne des Absatzes 1 bleiben bei der Ermittlung von Überschreitungen von Immissionsgrenzwerten außer Ansatz.

§ 26 Erhalten der bestmöglichen Luftqualität

(1) [1]In Gebieten und Ballungsräumen, in denen die Werte von Schwefeldioxid, Stickstoffdioxid, Partikel PM_{10}, Partikel $PM_{2,5}$, Blei, Benzol und Kohlenmonoxid in der Luft unter den jeweiligen Immissionsgrenzwerten liegen, halten die zuständigen Behörden die Werte dieser Schadstoffe unterhalb dieser Grenzwerte. [2]In Gebieten und Ballungsräumen, in denen die Werte von Arsen, Kadmium, Nickel und Benzo[a]pyren in der Luft unter den jeweiligen in § 10 festgelegten Zielwerten liegen, halten die zuständigen Behörden die Werte dieser Schadstoffe unterhalb dieser Zielwerte.

(2) In Gebieten und Ballungsräumen, in denen die Ozonwerte die langfristigen Ziele erreichen, halten die zuständigen Behörden die Werte unterhalb der langfristigen Ziele, soweit Faktoren wie der grenzüberschreitende Charakter der Ozonbelastung und die meteorologischen Gegebenheiten dies zulassen.

(3) [1]Die zuständigen Behörden bemühen sich darum, die bestmögliche Luftqualität, die mit einer nachhaltigen Entwicklung in Einklang zu bringen ist, aufrechtzuerhalten. [2]Sie berücksichtigen dieses Ziel bei allen für die Luftqualität relevanten Planungen.

Teil 5
Pläne

§ 27 Luftreinhaltepläne

(1) Überschreiten in bestimmten Gebieten oder Ballungsräumen die Werte für Schadstoffe in der Luft einen Immissionsgrenzwert zuzüglich einer jeweils dafür geltenden Toleranzmarge oder den in Anlage 12 Abschnitt D genannten Zielwert, erstellen die zuständigen Behörden für diese Gebiete oder Ballungsräume Luftreinhaltepläne.

(2) [1]Ein Luftreinhalteplan muss geeignete Maßnahmen enthalten, um den Zeitraum einer Nichteinhaltung so kurz wie möglich zu halten, wenn

1. einer der in Anlage 11 Abschnitt B genannten Immissionsgrenzwerte überschritten wird oder diese Überschreitung nach Ablauf einer nach § 21 Absatz 2 bis 4 verlängerten Frist zur Einhaltung von Immissionsgrenzwerten eintritt,

2. der in Anlage 12 Abschnitt E genannte Immissionsgrenzwert nach Ablauf der Einhaltefrist überschritten wurde.

[2]Die genannten Pläne können zusätzlich gezielte Maßnahmen zum Schutz empfindlicher Bevölkerungsgruppen, einschließlich Maßnahmen zum Schutz von Kindern, vorsehen.

(3) Diese Luftreinhaltepläne müssen mindestens die in Anlage 13 aufgeführten Angaben umfassen und können Maßnahmen nach den §§ 22 und 28 enthalten.

(4) Müssen für mehrere Schadstoffe Luftreinhaltepläne ausgearbeitet oder durchgeführt werden, so arbeiten die zuständigen Behörden gegebenenfalls für alle betreffenden Schadstoffe einen integrierten Luftreinhalteplan aus und führen ihn durch.

(5) Die zuständigen Behörden stellen, soweit möglich, die Übereinstimmung der Luftreinhaltepläne mit den Lärmaktionsplänen nach § 47d des Bundes-Immissionsschutzgesetzes und mit dem Programm zur Verminderung der Ozonwerte und zur Einhaltung der Emissionshöchstmengen nach § 34 sicher, um die entsprechenden Umweltziele zu erreichen.

§ 28 Pläne für kurzfristige Maßnahmen

(1) [1]Besteht in einem bestimmten Gebiet oder Ballungsraum die Gefahr, dass die Werte für Schadstoffe die in § 2 Absatz 3 und § 3 Absatz 3 genannten Alarmschwellen überschreiten, erstellen die zuständigen Behörden Pläne mit den Maßnahmen, die kurzfristig zu ergreifen sind, um die Gefahr der Überschreitung zu verringern oder deren Dauer zu beschränken. [2]Besteht diese Gefahr bei einem oder mehreren der in Anlage 11 genannten Immissionsgrenzwerte oder bei dem in Anlage 12 genannten Partikel PM$_{2,5}$-Zielwert, können die zuständigen Behörden Pläne gegebenenfalls für kurzfristige Maßnahmen erstellen.

(2) [1]In diesen Plänen können im Einzelfall Maßnahmen zur Beschränkung und, soweit erforderlich, zur Aussetzung der Tätigkeiten vorgesehen werden, die die Gefahr einer Überschreitung der entsprechenden Immissionsgrenzwerte, Zielwerte oder Alarmschwellen erhöhen. [2]Diese Pläne können Maßnahmen enthalten, die den Kraftfahrzeugverkehr, Bautätigkeiten, Schiffe an Liegeplätzen, den Betrieb von Industrieanlagen, die Verwendung von Erzeugnissen oder den Bereich Haushaltsheizungen betreffen. [3]Ausnahmen für Anlagen der Landesverteidigung nach § 60 des Bundes-Immissionsschutzgesetzes bleiben unberührt. [4]Außerdem können in diesen Plänen gezielte Maßnahmen zum Schutz empfindlicher Bevölkerungsgruppen, einschließlich Maßnahmen zum Schutz von Kindern, vorgesehen werden.

§ 29 Maßnahmen bei grenzüberschreitender Luftverschmutzung

(1) Wird eine Alarmschwelle, ein Immissionsgrenzwert oder ein Zielwert zuzüglich der dafür geltenden Toleranzmarge oder ein langfristiges Ziel auf Grund erheblicher grenzüberschreitender Transporte von Schadstoffen oder ihrer Vorläuferstoffe überschritten, so arbeiten die zuständigen Behörden mit den betroffenen Mitgliedstaaten der Europäischen Union zusammen und sehen gegebenenfalls gemeinsame Maßnahmen vor, beispielsweise gemeinsame oder koordinierte Luftreinhaltepläne, um solche Überschreitungen durch geeignete, angemessene Maßnahmen zu beheben.

(2) [1]Die zuständigen Behörden arbeiten, gegebenenfalls nach § 28, gemeinsame Pläne für kurzfristige Maßnahmen aus, die sich auf benachbarte Gebiete anderer Mitgliedstaaten der Europäischen Union erstrecken, und setzen sie um. [2]Die zuständigen Behörden gewährleisten, dass die Behörden der benachbarten Gebiete in anderen Mitgliedstaaten der Europäischen Union, die Pläne für kurzfristige Maßnahmen entwickelt haben, alle zweckdienlichen Informationen erhalten.

(3) Werden die Informationsschwelle oder die Alarmschwellen in Gebieten oder Ballungsräumen nahe den Landesgrenzen überschritten, sind die zuständigen Behörden der betroffenen benachbarten Mitgliedstaaten der Europäischen Union so schnell wie möglich zu informieren.

Teil 6
Unterrichtung der Öffentlichkeit und Berichtspflichten

§ 30 Unterrichtung der Öffentlichkeit

(1) [1]Die zuständigen Behörden unterrichten die Öffentlichkeit, insbesondere relevante Organisationen wie Umweltschutzorganisationen, Verbraucherverbände, Interessenvertretungen empfindlicher Bevölkerungsgruppen, andere mit dem Gesundheitsschutz befasste relevante Stellen und die betroffenen Wirtschaftsverbände über

1. die Luftqualität gemäß Anlage 14,
2. Fristverlängerungen und Ausnahmen nach § 21 Absatz 2 bis 4 und
3. Luftreinhaltepläne.

[2]Diese Informationen sind kostenlos über leicht zugängliche Medien einschließlich des Internets oder jede andere geeignete Form der Telekommunikation zur Verfügung zu stellen; sie müssen den Bestimmungen der Richtlinie 2007/2/EG des Europäischen Parlaments und des Rates vom 14. März 2007 zur Schaffung einer Geodateninfrastruktur in der Europäischen Gemeinschaft (INSPIRE) (ABl. L 108 vom 25.4.2007, S. 1) entsprechen.

(2) [1]Die zuständigen Behörden veröffentlichen Jahresberichte für die von dieser Verordnung erfassten Schadstoffe. [2]Die Jahresberichte enthalten eine Zusammenfassung der Überschreitungen von Grenzwerten, Zielwerten und langfristigen Zielen, Informationsschwellen und Alarmschwellen in den relevanten Mittelungszeiträumen gemäß den §§ 2 bis 10. [3]Anhand der in den Jahresberichten enthaltenen Daten werden die Auswirkungen der Überschreitungen von den zuständigen Behörden zusammenfassend bewertet.

(3) Werden die in § 2 oder § 3 festgelegten Alarmschwellen oder die in § 9 festgelegte Alarmschwelle oder Informationsschwelle überschritten, informieren die zuständigen Behörden die Öffentlichkeit über Rundfunk, Fernsehen, Zeitungen oder Internet gemäß der in Anlage 14 festgelegten Maßnahmen.

(4) Wenn die zuständige Behörde in der Bundesrepublik Deutschland von der zuständigen Behörde eines benachbarten Mitgliedstaats der Europäischen Union die Mitteilung erhält, dass in diesem Mitgliedstaat eine Informationsschwelle oder eine Alarmschwelle in Gebieten oder Ballungsräumen nahe der Landesgrenzen überschritten wurde, hat sie die Öffentlichkeit so schnell wie möglich darüber zu informieren.

(5) Falls die zuständigen Behörden einen Plan für kurzfristige Maßnahmen erstellt haben, machen sie der Öffentlichkeit, insbesondere Umweltschutzorganisationen, Verbraucherverbänden, Interessenvertretungen empfindlicher Bevölkerungsgruppen, anderen mit dem Gesundheitsschutz befassten relevanten Stellen und den betroffenen Wirtschaftsverbänden sowohl die Ergebnisse ihrer Untersuchungen zu Durchführbarkeit und Inhalt spezifischer Pläne für kurzfristige Maßnahmen als auch Informationen über die Durchführung dieser Pläne zugänglich.

(6) [1]Die zuständigen Behörden stellen sicher, dass die Öffentlichkeit, insbesondere Umweltschutzorganisationen, Verbraucherverbände, Interessenvertretungen empfindlicher Bevölkerungsgruppen und andere relevante Gruppen im Gesundheitsbereich angemessen und rechtzeitig über die Immissionswerte und Ablagerungsraten von Arsen, Kadmium, Quecksilber, Nickel und Benzo[a]pyren und den übrigen polyzyklischen aromatischen Kohlenwasserstoffen zum Beispiel über das Internet unterrichtet werden. [2]Die Informationen nach Satz 1 müssen auch Folgendes enthalten:

1. Angaben zu jeder jährlichen Überschreitung der in § 10 festgelegten Zielwerte für Arsen, Kadmium, Nickel und Benzo[a]pyren,
2. Gründe für die Überschreitung und das Gebiet, in dem die Überschreitung festgestellt wurde,
3. eine kurze Beurteilung anhand des Zielwerts sowie
4. einschlägige Angaben über Auswirkungen auf die menschliche Gesundheit und Umweltfolgen.

[3]Darüber hinaus werden alle genannten Stellen darüber informiert, welche Maßnahmen zur Einhaltung der Zielwerte ergriffen wurden.

(7) Das Bundesministerium für Umwelt, Naturschutz und nukleare Sicherheit veröffentlicht die nach den §§ 34 und 35 erstellten Programme.

(8) Die zuständigen Behörden unterrichten die Öffentlichkeit zum Beispiel über das Internet über ihre Zuständigkeiten bei der Beurteilung der Luftqualität, der Zulassung von Messsystemen und bei der Qualitätssicherung.

§ 31 Übermittlung von Informationen und Berichten für Schwefeldioxid, Stickstoffoxide, Partikel PM10, Partikel PM2,5, Blei, Benzol, Kohlenmonoxid, Staubinhaltsstoffe und Ozon

Die zuständigen Behörden übermitteln dem Bundesministerium für Umwelt, Naturschutz und nukleare Sicherheit oder der von ihm beauftragten Stelle über die nach Landesrecht zuständige Behörde zur Weiterleitung an die Kommission die gemäß der Richtlinie 2008/50/EG erforderlichen Informationen.

§ 32 Übermittlung von Informationen und Berichten für Arsen, Kadmium, Nickel und Benzo[a]pyren

(1) Die zuständigen Behörden übermitteln dem Bundesministerium für Umwelt, Naturschutz und nukleare Sicherheit oder der von ihm beauftragten Stelle über die nach Landesrecht zuständige Behörde zur Weiterleitung an die Kommission in Bezug auf Gebiete und Ballungsräume, in denen einer der in § 10 festgelegten Zielwerte überschritten wird, folgende Informationen:

1. die Listen der betreffenden Gebiete und Ballungsräume,
2. die Teilgebiete, in denen die Werte überschritten werden,
3. die beurteilten Werte,
4. die Gründe für die Überschreitung der Zielwerte und insbesondere die Quellen, die zur Überschreitung der Zielwerte beitragen,
5. die Teile der Bevölkerung, die den überhöhten Werten ausgesetzt sind.

(2) [1]Die zuständigen Behörden übermitteln ferner zur Weiterleitung an die Kommission alle gemäß § 20 beurteilten Daten, sofern diese nicht bereits auf Grund der Entscheidung 97/101/EG des Rates vom 27. Januar 1997 zur Schaffung eines Austausches von Informationen und Daten aus den Netzen und Einzel-

stationen zur Messung der Luftverschmutzung in den Mitgliedstaaten (ABl. L 35 vom 5.2.1997, S. 14), die zuletzt durch die Richtlinie 2008/50/EG geändert worden ist, gemeldet worden sind. [2]Diese Informationen werden für jedes Kalenderjahr bis spätestens zum 31. Juli des darauffolgenden Jahres übermittelt.

(3) Zusätzlich zu den in Absatz 1 geforderten Angaben melden die zuständigen Behörden zur Weiterleitung an die Kommission alle gemäß § 22 ergriffenen Maßnahmen.

Teil 7
Emissionshöchstmengen, Programme der Bundesregierung

§ 33 Emissionshöchstmengen, Emissionsinventare und -prognosen
(1) Für die Bundesrepublik Deutschland werden für die Stoffe Schwefeldioxid (SO_2), Stickstoffoxide (NO_x), flüchtige organische Verbindungen (NMVOC) und Ammoniak (NH_3) folgende Emissionshöchstmengen in Kilotonnen pro Kalenderjahr bis einschließlich 31. Dezember 2019 festgelegt:

1. SO_2 520
2. NO_x 1 051
3. NMVOC 995
4. NH_3 550.

(2) Die Emissionen sind mit Maßnahmen des in § 34 beschriebenen Programms spätestens ab dem Jahr 2011 auf die in Absatz 1 genannten Höchstmengen zu begrenzen und dürfen bis einschließlich 31. Dezember 2019 nicht mehr überschritten werden.

(3) Das Umweltbundesamt erstellt für die in Absatz 1 genannten Stoffe jährlich Emissionsinventare und Emissionsprognosen für die Jahre 2015 und 2020.

§ 34 Programm der Bundesregierung zur Verminderung der Ozonwerte und zur Einhaltung der Emissionshöchstmengen
(1) Die Bundesregierung erstellt, nach Anhörung der Länder und der beteiligten Kreise gemäß § 51 des Bundes-Immissionsschutzgesetzes, ein Programm, das dauerhafte Maßnahmen zur Verminderung der Ozonwerte nach § 9 und zur Einhaltung der Emissionshöchstmengen für die in § 33 Absatz 1 genannten Stoffe enthält.

(2) Dieses Programm wird jährlich überprüft und, soweit erforderlich, fortgeschrieben.

(3) Die im Programm enthaltenen Maßnahmen zielen darauf ab,
1. die Emissionen der in § 33 Absatz 1 genannten Stoffe so weit zu vermindern, dass die dort festgelegten Emissionshöchstmengen ab dem genannten Termin eingehalten werden;
2. die in § 9 Absatz 1 und 2 festgelegten Zielwerte einzuhalten;
3. die in § 9 Absatz 3 und 4 festgelegten langfristigen Ziele zu erreichen;
4. in den Gebieten der Bundesrepublik Deutschland, in denen die Ozonwerte unter den langfristigen Zielen liegen, die bestmögliche Luftqualität im Einklang mit einer dauerhaften und umweltgerechten Entwicklung sowie ein hohes Schutzniveau für die Umwelt und die menschliche Gesundheit zu erhalten, soweit insbesondere der grenzüberschreitende Charakter der Ozonbelastung und die meteorologischen Gegebenheiten dies zulassen.

(4) [1]Das Programm enthält Informationen über eingeführte und geplante Maßnahmen zur Schadstoffreduzierung sowie quantifizierte Schätzungen über deren Auswirkungen auf die Schadstoffemissionen ab dem Jahr 2010. [2]Werden erhebliche Veränderungen der geographischen Verteilung der nationalen Emissionen erwartet, sind diese anzugeben. [3]Soweit das Programm auf die Verminderung der Ozonwerte beziehungsweise deren Vorläuferstoffe abzielt, sind die in Anlage 13 genannten Angaben zu machen.

(5) Die Maßnahmen des Programms müssen unter Berücksichtigung von Aufwand und Nutzen verhältnismäßig sein.

§ 35 Programme der Bundesregierung zur Einhaltung der Verpflichtung in Bezug auf die PM2,5-Expositionskonzentration sowie des nationalen Ziels für die Reduzierung der PM2,5-Exposition
(1) Besteht die Gefahr, dass die Verpflichtung nach Anlage 12 Abschnitt C in Bezug auf die $PM_{2,5}$-Expositionskonzentration gemäß § 5 Absatz 4 bis zum festgelegten Zeitpunkt nicht eingehalten werden kann, erstellt die Bundesregierung, nach Anhörung der Länder und der beteiligten Kreise gemäß § 51 des Bundes-Immissionsschutzgesetzes, ein Programm mit dauerhaften Maßnahmen zur Einhaltung dieser Verpflichtung.

(2) Besteht die Gefahr, dass das nationale Ziel für die Reduzierung der $PM_{2,5}$-Exposition gemäß § 5 Absatz 5 bis zum festgelegten Zeitpunkt nicht eingehalten werden kann, erstellt die Bundesregierung nach An-

hörung der Länder und der beteiligten Kreise gemäß § 51 des Bundes-Immissionsschutzgesetzes ein Programm, um das nationale Ziel zu erreichen.

Teil 8
Gemeinsame Vorschriften

§ 36 Zugänglichkeit der Normen
[1]DIN-, DIN EN- sowie DIN ISO-Normen, auf die in Anlage 1, 6, 17 und 18 verwiesen wird, sind bei der Beuth Verlag GmbH Berlin erschienen. [2]Die DIN-, DIN EN- sowie DIN ISO-Normen sind bei dem Deutschen Patent- und Markenamt in München archivmäßig gesichert niedergelegt.

Anlagen
(hier nicht wiedergegeben)

Gesetz
zum Schutz gegen Fluglärm

In der Fassung der Bekanntmachung vom 31. Oktober 2007[1] (BGBl. I S. 2550)
(FNA 2129-4)

Nichtamtliche Inhaltsübersicht

§ 1 Zweck und Geltungsbereich

Zweck dieses Gesetzes ist es, in der Umgebung von Flugplätzen bauliche Nutzungsbeschränkungen und baulichen Schallschutz zum Schutz der Allgemeinheit und der Nachbarschaft vor Gefahren, erheblichen Nachteilen und erheblichen Belästigungen durch Fluglärm sicherzustellen.

§ 2 Einrichtung von Lärmschutzbereichen

(1) In der Umgebung von Flugplätzen werden Lärmschutzbereiche eingerichtet, die das Gebiet der in dem nachfolgenden Absatz genannten Schutzzonen außerhalb des Flugplatzgeländes umfassen.

(2) [1]Der Lärmschutzbereich eines Flugplatzes wird nach dem Maße der Lärmbelastung in zwei Schutzzonen für den Tag und eine Schutzzone für die Nacht gegliedert. [2]Schutzzonen sind jeweils diejenigen Gebiete, in denen der durch Fluglärm hervorgerufene äquivalente Dauerschallpegel L_{Aeq} sowie bei der Nacht-Schutzzone auch der fluglärmbedingte Maximalpegel L_{Amax} die nachfolgend genannten Werte übersteigt, wobei die Häufigkeit aus dem Mittelwert über die sechs verkehrsreichsten Monate des Prognosejahres bestimmt wird (Anlage zu § 3):

1. Werte für neue oder wesentlich baulich erweiterte zivile Flugplätze im Sinne des § 4 Abs. 1 Nr. 1 und 2:

 Tag-Schutzzone 1:

 $$L_{Aeq\ Tag} = 60\ dB(A),$$

 Tag-Schutzzone 2:

 $$L_{Aeq\ Tag} = 55\ dB(A),$$

 Nacht-Schutzzone
 a) bis zum 31. Dezember 2010:

 $$L_{Aeq\ Nacht} = 53\ dB(A),$$
 $$L_{Amax} = 6\ mal\ 57\ dB(A),$$

 b) ab dem 1. Januar 2011:

 $$L_{Aeq\ Nacht} = 50\ dB(A),$$
 $$L_{Amax} = 6\ mal\ 53\ dB(A);$$

2. Werte für bestehende zivile Flugplätze im Sinne des § 4 Abs. 1 Nr. 1 und 2:

 Tag-Schutzzone 1:

 $$L_{Aeq\ Tag} = 65\ dB(A),$$

 Tag-Schutzzone 2:

 $$L_{Aeq\ Tag} = 60\ dB(A),$$

 Nacht-Schutzzone:

 $$L_{Aeq\ Nacht} = 55\ dB(A),$$
 $$L_{Amax} = 6\ mal\ 57\ dB(A);$$

1) Neubekanntmachung des G zum Schutz gegen Fluglärm v. 30. 3. 1971 (BGBl. I S. 282) in der ab 7. 6. 2007 geltenden Fassung.

3. Werte für neue oder wesentlich baulich erweiterte militärische Flugplätze im Sinne des § 4 Abs. 1 Nr. 3 und 4:

Tag-Schutzzone 1:

$$L_{Aeq\,Tag} = 63\ dB(A),$$

Tag-Schutzzone 2:

$$L_{Aeq\,Tag} = 58\ dB(A),$$

Nacht-Schutzzone

a) bis zum 31. Dezember 2010:

$$L_{Aeq\,Nacht} = 53\ dB(A),$$
$$L_{Amax} = 6\ mal\ 57\ dB(A),$$

b) ab dem 1. Januar 2011:

$$L_{Aeq\,Nacht} = 50\ dB(A),$$
$$L_{Amax} = 6\ mal\ 53\ dB(A);$$

4. Werte für bestehende militärische Flugplätze im Sinne des § 4 Abs. 1 Nr. 3 und 4:

Tag-Schutzzone 1:

$$L_{Aeq\,Tag} = 68\ dB(A),$$

Tag-Schutzzone 2:

$$L_{Aeq\,Tag} = 63\ dB(A),$$

Nacht-Schutzzone:

$$L_{Aeq\,Nacht} = 55\ dB(A),$$
$$L_{Amax} = 6\ mal\ 57\ dB(A).$$

[3]Neue oder wesentlich baulich erweiterte Flugplätze im Sinne dieser Vorschrift sind Flugplätze, für die ab dem 7. Juni 2007 eine Genehmigung, eine Planfeststellung oder eine Plangenehmigung nach § 6 oder § 8 des Luftverkehrsgesetzes für ihre Anlegung, den Bau einer neuen Start- oder Landebahn oder eine sonstige wesentliche bauliche Erweiterung erteilt wird. [4]Die sonstige bauliche Erweiterung eines Flugplatzes ist wesentlich, wenn sie zu einer Erhöhung des äquivalenten Dauerschallpegels $L_{Aeq\,Tag}$ an der Grenze der Tag-Schutzzone 1 oder des äquivalenten Dauerschallpegels $L_{Aeq\,Nacht}$ an der Grenze der Nacht-Schutzzone um mindestens 2 dB(A) führt. [5]Bestehende Flugplätze im Sinne dieser Vorschrift sind Flugplätze, bei denen die Voraussetzungen der Sätze 3 und 4 nicht erfüllt sind.

(3) Die Bundesregierung erstattet spätestens im Jahre 2017 und spätestens nach Ablauf von jeweils weiteren zehn Jahren dem Deutschen Bundestag Bericht über die Überprüfung der in Absatz 2 genannten Werte unter Berücksichtigung des Standes der Lärmwirkungsforschung und der Luftfahrttechnik.

§ 3 Ermittlung der Lärmbelastung

(1) Der äquivalente Dauerschallpegel $L_{Aeq\,Tag}$ für die Tag-Schutzzonen 1 und 2 sowie der äquivalente Dauerschallpegel $L_{Aeq\,Nacht}$ und der Maximalpegel L_{Amax} für die Nacht-Schutzzone werden unter Berücksichtigung von Art und Umfang des voraussehbaren Flugbetriebs nach der Anlage zu diesem Gesetz ermittelt.

(2) Die Bundesregierung wird ermächtigt, nach Anhörung der beteiligten Kreise (§ 15) durch Rechtsverordnung mit Zustimmung des Bundesrates Art und Umfang der erforderlichen Auskünfte der nach § 11 Verpflichteten und die Berechnungsmethode für die Ermittlung der Lärmbelastung zu regeln.

§ 4 Festsetzung von Lärmschutzbereichen

(1) Ein Lärmschutzbereich ist für folgende Flugplätze festzusetzen:

1. Verkehrsflughäfen mit Fluglinien- oder Pauschalflugreiseverkehr,
2. Verkehrslandeplätze mit Fluglinien- oder Pauschalflugreiseverkehr und mit einem Verkehrsaufkommen von über 25 000 Bewegungen pro Jahr; hiervon sind ausschließlich der Ausbildung dienende Bewegungen mit Leichtflugzeugen ausgenommen,
3. militärische Flugplätze, die dem Betrieb von Flugzeugen mit Strahltriebwerken zu dienen bestimmt sind,
4. militärische Flugplätze, die dem Betrieb von Flugzeugen mit einer höchstzulässigen Startmasse von mehr als 20 Tonnen zu dienen bestimmt sind, mit einem Verkehrsaufkommen von über 25 000 Bewegungen pro Jahr; hiervon sind ausschließlich der Ausbildung dienende Bewegungen mit Leichtflugzeugen ausgenommen.

(2) [1]Die Festsetzung des Lärmschutzbereichs erfolgt durch Rechtsverordnung der Landesregierung. [2]Karten und Pläne, die Bestandteil der Rechtsverordnung sind, können dadurch verkündet werden, dass sie bei einer Amtsstelle zu jedermanns Einsicht archivmäßig gesichert niedergelegt werden. [3]In der Rechtsverordnung ist darauf hinzuweisen.

(3) [1]Der Lärmschutzbereich für einen neuen Flugplatz im Sinne des § 2 Abs. 2 Satz 2 Nr. 1 und 3 ist auf der Grundlage der dort angegebenen Werte festzusetzen. [2]Auf derselben Grundlage ist der Lärmschutzbereich für einen wesentlich baulich erweiterten Flugplatz im Sinne des § 2 Abs. 2 Satz 2 Nr. 1 und 3 neu festzusetzen oder erstmalig festzusetzen, wenn bislang noch keine Festsetzung erfolgt ist. [3]Die Festsetzung soll vorgenommen werden, sobald die Genehmigung, die Planfeststellung oder die Plangenehmigung für die Anlegung oder die Erweiterung des Flugplatzes erteilt ist.

(4) [1]Der Lärmschutzbereich für einen bestehenden Flugplatz im Sinne des § 2 Abs. 2 Satz 2 Nr. 2 und 4 ist auf der Grundlage der dort angegebenen Werte spätestens bis zum Ende des Jahres 2009 neu festzusetzen oder erstmalig festzusetzen, wenn bislang noch keine Festsetzung erfolgt ist. [2]Ist eine wesentliche bauliche Erweiterung beantragt, ist eine Festsetzung für den bestehenden Flugplatz, die den bisherigen Bestand zur Grundlage hat, nicht mehr erforderlich, wenn eine Festsetzung des Lärmschutzbereichs für den wesentlich baulich erweiterten Flugplatz vorgenommen wird und die Inbetriebnahme des erweiterten Flugplatzes unmittelbar folgt. [3]Die Festsetzungen für verschiedene Flugplätze sollen nach Prioritäten vorgenommen werden, die sich aus der voraussichtlichen Größe der Lärmschutzbereiche und der betroffenen Bevölkerung ergeben; die vorgesehene Abfolge der Festsetzungen und ihr voraussichtlicher Zeitpunkt sind festzulegen und der Öffentlichkeit mitzuteilen.

(5) [1]Der Lärmschutzbereich für einen neuen, wesentlich baulich erweiterten oder bestehenden Flugplatz im Sinne des § 2 Abs. 2 Satz 2 Nr. 1 bis 4 ist neu festzusetzen, wenn eine Änderung in der Anlage oder im Betrieb des Flugplatzes zu einer wesentlichen Veränderung der Lärmbelastung in der Umgebung des Flugplatzes führen wird. [2]Eine Veränderung der Lärmbelastung ist insbesondere dann als wesentlich anzusehen, wenn sich die Höhe des äquivalenten Dauerschallpegels $L_{Aeq\,Tag}$ an der Grenze der Tag-Schutzzone 1 oder des äquivalenten Dauerschallpegels $L_{Aeq\,Nacht}$ an der Grenze der Nacht-Schutzzone um mindestens 2 dB(A) ändert. [3]Die Neufestsetzung ist für einen neuen oder wesentlich baulich erweiterten Flugplatz im Sinne des § 2 Abs. 2 Satz 2 Nr. 1 und 3 auf der Grundlage der dort angegebenen Werte vorzunehmen. [4]Die Neufestsetzung ist für einen bestehenden Flugplatz im Sinne des § 2 Abs. 2 Satz 2 Nr. 2 und 4 auf der Grundlage der dort angegebenen Werte vorzunehmen, solange kein Fall des Absatzes 4 Satz 2 vorliegt.

(6) [1]Spätestens nach Ablauf von zehn Jahren seit Festsetzung des Lärmschutzbereichs ist zu prüfen, ob sich die Lärmbelastung wesentlich verändert hat oder innerhalb der nächsten zehn Jahre voraussichtlich wesentlich verändern wird. [2]Die Prüfung ist in Abständen von zehn Jahren zu wiederholen, sofern nicht besondere Umstände eine frühere Prüfung erforderlich machen.

(7) [1]Für einen Flugplatz nach Absatz 1 ist kein Lärmschutzbereich festzusetzen oder neu festzusetzen, wenn dieser innerhalb einer Frist von zehn Jahren nach Vorliegen eines Festsetzungserfordernisses nach den Absätzen 4 und 5 geschlossen werden soll und für seine Schließung das Verwaltungsverfahren bereits begonnen hat. [2]Nach der Schließung eines Flugplatzes ist ein bestehender Lärmschutzbereich aufzuheben. [3]Die Sätze 1 und 2 gelten entsprechend für einen Flugplatz nach Absatz 1, wenn dieser die dort genannten Merkmale in sonstiger Weise dauerhaft verliert; Absatz 8 bleibt unberührt.

(8) [1]Wenn der Schutz der Allgemeinheit es erfordert, sollen auch für andere als in Absatz 1 genannte Flugplätze Lärmschutzbereiche festgesetzt werden. [2]Die Absätze 2 bis 7 gelten entsprechend.

§ 5 Bauverbote

(1) [1]In einem Lärmschutzbereich dürfen Krankenhäuser, Altenheime, Erholungsheime und ähnliche in gleichem Maße schutzbedürftige Einrichtungen nicht errichtet werden. [2]In den Tag-Schutzzonen des Lärmschutzbereichs gilt Gleiches für Schulen, Kindergärten und ähnliche in gleichem Maße schutzbedürftige Einrichtungen. [3]Die nach Landesrecht zuständige Behörde kann Ausnahmen zulassen, wenn dies zur Versorgung der Bevölkerung mit öffentlichen Einrichtungen oder sonst im öffentlichen Interesse dringend geboten ist.

(2) In der Tag-Schutzzone 1 und in der Nacht-Schutzzone dürfen Wohnungen nicht errichtet werden.

(3) [1]Das Verbot nach Absatz 2 gilt nicht für die Errichtung von
1. Wohnungen für Aufsichts- und Bereitschaftspersonen von Betrieben oder öffentlichen Einrichtungen sowie für Betriebsinhaber und Betriebsleiter,
2. Wohnungen, die nach § 35 Abs. 1 des Baugesetzbuchs im Außenbereich zulässig sind,
3. Wohnungen und Gemeinschaftsunterkünften für Angehörige der Bundeswehr und der auf Grund völkerrechtlicher Verträge in der Bundesrepublik Deutschland stationierten Streitkräfte,
4. Wohnungen im Geltungsbereich eines vor der Festsetzung des Lärmschutzbereichs bekannt gemachten Bebauungsplans,
5. Wohnungen innerhalb der im Zusammenhang bebauten Ortsteile nach § 34 des Baugesetzbuchs,

6. Wohnungen im Geltungsbereich eines nach der Festsetzung des Lärmschutzbereichs bekannt gemachten Bebauungsplans, wenn dieser der Erhaltung, der Erneuerung, der Anpassung oder dem Umbau von vorhandenen Ortsteilen mit Wohnbebauung dient. ²Satz 1 Nr. 4 gilt nicht für Grundstücke, auf denen die Errichtung von Wohnungen bauplanungsrechtlich mehr als sieben Jahre nach einer nach dem 6. Juni 2007 erfolgten Festsetzung des Lärmschutzbereichs vorgesehen gewesen ist, sofern im Geltungsbereich des Bebauungsplans noch nicht mit der Erschließung oder der Bebauung begonnen worden ist.

(4) Absatz 1 Satz 1 und 2 und Absatz 2 gelten nicht für bauliche Anlagen, für die vor der Festsetzung des Lärmschutzbereichs eine Baugenehmigung erteilt worden ist, sowie für nichtgenehmigungsbedürftige bauliche Anlagen, mit deren Errichtung nach Maßgabe des Bauordnungsrechts vor der Festsetzung des Lärmschutzbereichs hätte begonnen werden dürfen.

§ 6 Sonstige Beschränkungen der baulichen Nutzung

Die nach § 5 Abs. 1 Satz 3, Abs. 2 Satz 2 und Abs. 3 zulässigen baulichen Anlagen sowie Wohnungen in der Tag-Schutzzone 2 dürfen nur errichtet werden, sofern sie den nach § 7 festgesetzten Schallschutzanforderungen genügen.

§ 7 Schallschutz

Die Bundesregierung wird ermächtigt, nach Anhörung der beteiligten Kreise (§ 15) durch Rechtsverordnung mit Zustimmung des Bundesrates Schallschutzanforderungen einschließlich Anforderungen an Belüftungseinrichtungen unter Beachtung des Standes der Schallschutztechnik im Hochbau festzusetzen, denen die baulichen Anlagen zum Schutz ihrer Bewohner vor Fluglärm in dem Fall des § 6 genügen müssen.

§ 8 Entschädigung bei Bauverboten

(1) ¹Wird durch ein Bauverbot nach § 5 Abs. 1 Satz 1 und 2 oder Absatz 2 Satz 1 die bisher zulässige bauliche Nutzung aufgehoben und tritt dadurch eine nicht nur unwesentliche Wertminderung des Grundstücks ein, so kann der Eigentümer insoweit eine angemessene Entschädigung in Geld verlangen. ²Der Eigentümer kann ferner eine angemessene Entschädigung in Geld verlangen, soweit durch das Bauverbot Aufwendungen für Vorbereitungen zur baulichen Nutzung des Grundstücks an Wert verlieren, die der Eigentümer im Vertrauen auf den Bestand der bisher zulässigen baulichen Nutzung gemacht hat.

(2) Die Vorschriften des § 93 Abs. 2, 3 und 4, des § 95 Abs. 1, 2 und 4, der §§ 96, 97, 98 und 99 Abs. 1 des Baugesetzbuchs sowie die Vorschriften der §§ 17, 18 Abs. 1, 2 Satz 1, Abs. 3 und der §§ 19 bis 25 des Schutzbereichgesetzes vom 7. Dezember 1956 (Bundesgesetzbl. I S. 899), zuletzt geändert durch Artikel 1 Abs. 6 der Verordnung vom 5. April 2002 (BGBl. I S. 1250), sind sinngemäß anzuwenden.

§ 9 Erstattung von Aufwendungen für bauliche Schallschutzmaßnahmen, Entschädigung für Beeinträchtigungen des Außenwohnbereichs

(1) ¹Dem Eigentümer eines in der Tag-Schutzzone 1 gelegenen Grundstücks, auf dem bei Festsetzung des Lärmschutzbereichs Einrichtungen nach § 5 Abs. 1 Satz 1 und 2 oder Wohnungen errichtet sind oder auf dem die Errichtung von baulichen Anlagen nach § 5 Abs. 4 zulässig ist, werden auf Antrag Aufwendungen für bauliche Schallschutzmaßnahmen nach Maßgabe der Absätze 3 und 4 und des § 10 erstattet. ²Soweit für einen bestehenden zivilen Flugplatz im Sinne des § 2 Abs. 2 Satz 2 Nr. 2 der durch Fluglärm hervorgerufene äquivalente Dauerschallpegel $L_{Aeq\,Tag}$ bei einem Grundstück den Wert von 70 dB(A) übersteigt, entsteht der Anspruch mit der Festsetzung des Lärmschutzbereichs; ansonsten entsteht der Anspruch mit Beginn des sechsten Jahres nach Festsetzung des Lärmschutzbereichs. ³Für einen bestehenden militärischen Flugplatz im Sinne des § 2 Abs. 2 Satz 2 Nr. 4 gilt Satz 2 mit der Maßgabe, dass auf einen Wert von 73 dB(A) abzustellen ist. ⁴Für einen neuen oder wesentlich baulich erweiterten zivilen Flugplatz im Sinne des § 2 Abs. 2 Satz 2 Nr. 1 gilt Satz 2 mit der Maßgabe, dass auf einen Wert von 65 dB(A) abzustellen ist. ⁵Für einen neuen oder wesentlich baulich erweiterten militärischen Flugplatz im Sinne des § 2 Abs. 2 Satz 2 Nr. 3 gilt Satz 2 mit der Maßgabe, dass auf einen Wert von 68 dB(A) abzustellen ist.

(2) ¹Dem Eigentümer eines in der Nacht-Schutzzone gelegenen Grundstücks, auf dem bei Festsetzung des Lärmschutzbereichs Einrichtungen nach § 5 Abs. 1 Satz 1 oder Wohnungen errichtet sind oder auf dem die Errichtung von solchen baulichen Anlagen gemäß § 5 Abs. 4 zulässig ist, werden für Räume, die in nicht nur unwesentlichem Umfang zum Schlafen benutzt werden, Aufwendungen für bauliche Schallschutzmaßnahmen, bei einem zivilen Flugplatz im Sinne des § 2 Abs. 2 Satz 2 Nr. 1 und 2 einschließlich des Einbaus von Belüftungseinrichtungen, nach Maßgabe der Absätze 3 und 4 und des § 10 erstattet. ²Soweit für einen bestehenden Flugplatz im Sinne des § 2 Abs. 2 Satz 2 Nr. 2 und 4 der durch Fluglärm hervorgerufene äquivalente Dauerschallpegel $L_{Aeq\,Nacht}$ bei einem Grundstück den Wert von 60 dB(A) übersteigt, entsteht der Anspruch mit der Festsetzung des Lärmschutzbereichs; ansonsten entsteht der

Anspruch mit Beginn des sechsten Jahres nach Festsetzung des Lärmschutzbereichs. [3]Für einen neuen oder wesentlich baulich erweiterten Flugplatz im Sinne des § 2 Abs. 2 Satz 2 Nr. 1 Buchstabe a und Nr. 3 Buchstabe a gilt Satz 2 mit der Maßgabe, dass auf einen Wert von 58 dB(A) abzustellen ist; für einen Flugplatz im Sinne des § 2 Abs. 2 Satz 2 Nr. 1 Buchstabe b und Nr. 3 Buchstabe b ist auf einen Wert von 55 dB(A) abzustellen.

(3) [1]Ist ein Lärmschutzbereich auf Grund des § 4 Abs. 3, 4 oder 5 neu festgesetzt worden, werden Aufwendungen für bauliche Schallschutzmaßnahmen nicht erstattet, wenn gemäß § 6 bauliche Anlagen sowie Wohnungen schon bei der Errichtung in der bis zur Neufestsetzung geltenden Tag-Schutzzone 2 den Schallschutzanforderungen genügen mussten und die danach erforderlichen Schallschutzmaßnahmen sich im Rahmen der nach § 7 erlassenen Rechtsverordnung halten. [2]Ferner ist eine Erstattung ausgeschlossen, wenn der nach § 12 Zahlungspflichtige bereits im Rahmen freiwilliger Schallschutzprogramme oder in sonstigen Fällen Aufwendungen für bauliche Schallschutzmaßnahmen erstattet hat, die sich im Rahmen der nach § 7 erlassenen Rechtsverordnung halten. [3]Einer Erstattung steht nicht entgegen, dass ein Grundstückseigentümer oder ein sonstiger nach Absatz 7 Anspruchsberechtigter bauliche Schallschutzmaßnahmen vor dem Zeitpunkt des Entstehens des Anspruchs auf Erstattung der Aufwendungen durchgeführt hat, soweit die Durchführung nach der Festsetzung des der Anspruchsentstehung zugrunde liegenden Lärmschutzbereichs erfolgt ist.

(4) [1]Die Aufwendungen für bauliche Schallschutzmaßnahmen werden nur erstattet, soweit sich die Maßnahmen im Rahmen der nach § 7 erlassenen Rechtsverordnung halten. [2]Die Bundesregierung wird ermächtigt, durch Rechtsverordnung mit Zustimmung des Bundesrates den Höchstbetrag der Erstattung je Quadratmeter Wohnfläche und die Berechnung der Wohnfläche, pauschalierte Erstattungsbeträge sowie Art und Umfang der erstattungsfähigen Nebenleistungen zu regeln.

(5) [1]Der Eigentümer eines in der Tag-Schutzzone 1 gelegenen Grundstücks, auf dem bei Festsetzung des Lärmschutzbereichs für einen neuen oder wesentlich baulich erweiterten Flugplatz im Sinne des § 2 Abs. 2 Satz 2 Nr. 1 und 3 Einrichtungen nach § 5 Abs. 1 Satz 1 und 2 oder Wohnungen errichtet sind oder auf dem die Errichtung von solchen baulichen Anlagen gemäß § 5 Abs. 4 zulässig ist, kann eine angemessene Entschädigung für Beeinträchtigungen des Außenwohnbereichs in Geld nach Maßgabe der nach Absatz 6 erlassenen Rechtsverordnung verlangen. [2]Soweit für einen neuen oder wesentlich baulich erweiterten zivilen Flugplatz im Sinne des § 2 Abs. 2 Satz 2 Nr. 1 der durch Fluglärm hervorgerufene äquivalente Dauerschallpegel $L_{Aeq\,Tag}$ bei einem Grundstück den Wert von 65 dB(A) übersteigt, entsteht der Anspruch auf Erstattung mit der Inbetriebnahme des neuen oder wesentlich baulich erweiterten Flugplatzes; ansonsten entsteht der Anspruch mit Beginn des sechsten Jahres nach Festsetzung des Lärmschutzbereichs. [3]Für einen neuen oder wesentlich baulich erweiterten militärischen Flugplatz im Sinne des § 2 Abs. 2 Satz 2 Nr. 1 gilt Satz 2 mit der Maßgabe, dass auf einen Wert von 68 dB(A) abzustellen ist.

(6) [1]Die Bundesregierung wird ermächtigt, durch Rechtsverordnung mit Zustimmung des Bundesrates Regelungen über die Entschädigung für Beeinträchtigungen des Außenwohnbereichs zu treffen, insbesondere über den schutzwürdigen Umfang des Außenwohnbereichs und die Bemessung der Wertminderung und Entschädigung, auch unter Berücksichtigung der Intensität der Fluglärmbelastung, der Vorbelastung und der Art der baulichen Nutzung der betroffenen Flächen. [2]Im Übrigen gelten für das Verfahren die Enteignungsgesetze der Länder.

(7) [1]An die Stelle des nach den Absätzen 1, 2 und 5 anspruchsberechtigten Grundstückseigentümers tritt der Erbbauberechtigte oder der Wohnungseigentümer, wenn das auf dem Grundstück stehende Gebäude oder Teile des Gebäudes im Eigentum eines Erbbauberechtigten oder eines Wohnungseigentümers stehen. [2]Der Anspruch nach den Absätzen 1, 2 und 5 kann nur innerhalb einer Frist von fünf Jahren nach Entstehung des Anspruchs geltend gemacht werden.

§ 10 Verfahren bei der Erstattung von Aufwendungen

[1]Die nach Landesrecht zuständige Behörde setzt nach Anhörung der Beteiligten (Zahlungsempfänger und Zahlungspflichtiger) durch schriftlichen Bescheid fest, in welcher Höhe die Aufwendungen erstattungsfähig sind. [2]Der Bescheid muss eine Rechtsmittelbelehrung enthalten. [3]Er ist den Beteiligten zuzustellen.

§ 11 Auskunft

(1) Der Halter eines Flugplatzes und die mit der Flugsicherung Beauftragten sind verpflichtet, der nach Landesrecht zuständigen Behörde die zur Ermittlung der Lärmbelastung nach § 3 erforderlichen Auskünfte zu erteilen sowie die erforderlichen Daten, Unterlagen und Pläne vorzulegen.

(2) Der zur Erteilung einer Auskunft Verpflichtete kann die Auskunft auf solche Fragen verweigern, deren Beantwortung ihn selbst oder einen der in § 383 Abs. 1 Nr. 1 bis 3 der Zivilprozessordnung bezeichneten Angehörigen der Gefahr strafgerichtlicher Verfolgung oder eines Verfahrens nach dem Gesetz über Ordnungswidrigkeiten aussetzen würde.

(3) ¹Auf die nach Absatz 1 erlangten Kenntnisse und Unterlagen sind §§ 93, 97, 105 Abs. 1, § 111 Abs. 5 in Verbindung mit § 105 Abs. 1 sowie § 116 Abs. 1 der Abgabenordnung nicht anzuwenden. ²Dies gilt nicht, soweit die Finanzbehörden die Kenntnisse für die Durchführung eines Verfahrens wegen einer Steuerstraftat sowie eines damit zusammenhängenden Besteuerungsverfahrens benötigen, an deren Verfolgung ein zwingendes öffentliches Interesse besteht, oder soweit es sich um vorsätzlich falsche Angaben des Auskunftspflichtigen oder der für ihn tätigen Personen handelt.

§ 12 Zahlungspflichtiger

(1) Zur Zahlung der Entschädigung nach § 8, zur Erstattung der Aufwendungen für bauliche Schallschutzmaßnahmen nach § 9 Abs. 1 und 2 und zur Zahlung der Entschädigung für Beeinträchtigungen des Außenwohnbereichs nach § 9 Abs. 5 ist der Flugplatzhalter verpflichtet.

(2) ¹Soweit die auf Grund völkerrechtlicher Verträge in der Bundesrepublik Deutschland stationierten Streitkräfte Flugplätze im Bundesgebiet benutzen und ein Entsendestaat als Flugplatzhalter zahlungspflichtig ist, steht die Bundesrepublik für die Erfüllung der Zahlungspflicht ein. ²Rechtsstreitigkeiten wegen der Zahlung einer Entschädigung oder der Erstattung von Aufwendungen für bauliche Schallschutzmaßnahmen werden von der Bundesrepublik Deutschland im eigenen Namen für den Entsendestaat geführt, gegen den sich der Anspruch richtet.

§ 13 Sonstige Vorschriften

(1) ¹Dieses Gesetz regelt in der ab dem 7. Juni 2007 geltenden Fassung für die Umgebung von Flugplätzen mit Wirkung auch für das Genehmigungsverfahren nach § 6 des Luftverkehrsgesetzes sowie das Planfeststellungs- und Plangenehmigungsverfahren nach § 8 des Luftverkehrsgesetzes die Erstattung von Aufwendungen für bauliche Schallschutzmaßnahmen, einschließlich der zugrunde liegenden Schallschutzanforderungen, nach § 9 Abs. 1 bis 4 und die Entschädigung für Beeinträchtigungen des Außenwohnbereichs in der Umgebung neuer und wesentlich baulich erweiterter Flugplätze nach § 9 Abs. 5 und 6. ²Soweit in einer Genehmigung, Planfeststellung oder Plangenehmigung, die bis zum 6. Juni 2007 erteilt worden ist, weitergehende Regelungen getroffen worden sind, bleiben diese unberührt. ³Solange die Genehmigung, Planfeststellung oder Plangenehmigung nicht bestandskräftig ist, ist der Vollziehung der weitergehenden Regelungen ausgesetzt.

(2) Vorschriften, die weitergehende Planungsmaßnahmen zulassen, bleiben unberührt.

§ 14 Schutzziele für die Lärmaktionsplanung

Bei der Lärmaktionsplanung nach § 47d des Bundes-Immissionsschutzgesetzes sind für Flugplätze die jeweils anwendbaren Werte des § 2 Abs. 2 des Gesetzes zum Schutz gegen Fluglärm zu beachten.

§ 15 Anhörung beteiligter Kreise

Soweit Ermächtigungen zum Erlass von Rechtsverordnungen die Anhörung der beteiligten Kreise vorschreiben, ist ein jeweils auszuwählender Kreis von Vertretern der Wissenschaft, der Technik, der Flugplatzhalter, der Luftfahrtunternehmen, der kommunalen Spitzenverbände, der Lärmschutz- und Umweltverbände, der Kommissionen nach § 32b des Luftverkehrsgesetzes und der für die Luftfahrt und den Immissionsschutz zuständigen obersten Landesbehörden zu hören.

§§ 16 bis 18 (weggefallen)

Anlage
(zu § 3)

Der äquivalente Dauerschallpegel für die Tag-Schutzzonen 1 und 2 wird nach Gleichung (1) und für die Nacht-Schutzzone nach Gleichung (2) ermittelt:

(1)
$$L_{Aeq\,Tag} = 10 \lg \left[\frac{0,75}{T} \sum_{i=1}^{n} t_{10,i} \cdot 10^{0,1\,L_{Amax,i}} \right]$$

(2)
$$L_{Aeq\,Nacht} = 10 \lg \left[\frac{1,5}{T} \sum_{i=1}^{n} t_{10,i} \cdot 10^{0,1\,L_{Amax,i}} \right]$$

mit

$L_{Aeq\,Tag}$ — äquivalenter Dauerschallpegel während der Beurteilungszeit T tags (6 bis 22 Uhr) in dB(A)

$L_{Aeq\,Nacht}$ — äquivalenter Dauerschallpegel während der Beurteilungszeit T nachts (22 bis 6 Uhr) in dB(A)

\lg — Logarithmus zur Basis 10

T — Beurteilungszeit T in s; die Beurteilungszeit umfasst die sechs verkehrsreichsten Monate (180 Tage) des Prognosejahres

$\sum_{i=1}^{n}$ — Summe über alle Flugbewegungen tags (6 bis 22 Uhr) bzw. nachts (22 bis 6 Uhr) während der Beurteilungszeit T, wobei die prognostizierten Flugbewegungszahlen für die einzelnen Betriebsrichtungen jeweils um einen Zuschlag zur Berücksichtigung der zeitlich variierenden Nutzung der einzelnen Betriebsrichtungen erhöht werden. Für die Tag-Schutzzonen 1 und 2 sowie für die Nacht-Schutzzone beträgt der Zuschlag dreimal die Streuung der Nutzungsanteile der jeweiligen Betriebsrichtung in den zurückliegenden 10 Jahren (3 Sigma).

i — laufender Index des einzelnen Fluglärmereignisses

$t_{10,i}$ — Dauer des Geräusches des i-ten Fluglärmereignisses am Immissionsort in s (Zeitdauer des Fluglärmereignisses, während der der Schallpegel höchstens 10 dB(A) unter dem höchsten Schallpegel liegt (10 dB-down-time))

$L_{Amax,i}$ — Maximalwert des Schalldruckpegels des i-ten Fluglärmereignisses am Immissionsort in dB(A), ermittelt aus der Geräuschemission des Luftfahrzeuges unter Berücksichtigung des Abstandes zur Flugbahn und der Schallausbreitungsverhältnisse.

Zusätzlich wird auf der Grundlage der nach § 3 Abs. 2 erlassenen Rechtsverordnung für die Nachtzeit (22 bis 6 Uhr) die Kontur gleicher Pegelhäufigkeit für das Häufigkeits-Maximalpegelkriterium unter Berücksichtigung eines Pegelunterschiedes zwischen außen und innen von 15 dB(A) ermittelt. Die Nacht-Schutzzone bestimmt sich als Umhüllende dieser Kontur und der Kontur gleichen äquivalenten Dauerschallpegels während der Beurteilungszeit T nachts.

Gesetz zur Förderung der Kreislaufwirtschaft und Sicherung der umweltverträglichen Bewirtschaftung von Abfällen (Kreislaufwirtschaftsgesetz – KrWG)[1)2)]

Vom 24. Februar 2012 (BGBl. I S. 212)
(FNA 2129-56)
zuletzt geändert durch Art. 2 Abs. 9 G zur Modernisierung des Rechts der Umweltverträglichkeitsprüfung[3)] vom 20. Juli 2017 (BGBl. I S. 2808)

Inhaltsübersicht

1) Verkündet als Art. 1 G zur Neuordnung des Kreislaufwirtschafts- und Abfallrechts v. 24.2.2012 (BGBl. I S. 212, ber. S. 1474); Inkrafttreten gem. Art. 6 Abs. 1 Satz 1 dieses G am 1.6.2012.
 Amtl. Anm. zum G zur Neuordnung des Kreislaufwirtschafts- und Abfallrechts:
 „Dieses Gesetz dient der Umsetzung der Richtlinie 2008/98/EG des Europäischen Parlaments und des Rates vom 19. November 2008 über Abfälle und zur Aufhebung bestimmter Richtlinien (ABl. L 312 vom 22.11.2008, S. 3, L 127 vom 26.5.2009, S. 24). Die Verpflichtung aus der Richtlinie 98/34/EG des Europäischen Parlaments und des Rates vom 22. Juni 2008 über ein Informationsverfahren auf dem Gebiet der technischen Vorschriften und der Vorschriften für die Dienste der Informationsgesellschaft (ABl. L 204 vom 21.7.1998, S. 37), die zuletzt durch die Richtlinie 2006/96/EG vom 20. November 2006 (ABl. L 363 vom 20.12.2006, S. 81) geändert worden ist, sind beachtet worden."
2) Zur Sicherstellung ordnungsgemäßer Planungs- und Genehmigungsverfahren während der COVID-19-Pandemie siehe das PlanungssicherstellungsG vom 20.5.2020 (BGBl. I S. 1041).
3) **Amtl. Anm.:** Dieses Gesetz dient der Umsetzung der Richtlinie 2011/92/EU des Europäischen Parlaments und des Rates vom 13. Dezember 2011 über die Umweltverträglichkeitsprüfung bei bestimmten öffentlichen und privaten Projekten in der Fassung der Richtlinie 2014/52/EU (ABl. L 124 vom 25.4.2014, S. 1), der Richtlinie 2001/42/EG des Europäischen Parlaments und des Rates vom 27. Juni 2001 über die Prüfung der Umweltauswirkungen bestimmter Pläne und Programme (ABl. L 197 vom 21.7.2001, S. 30).

Teil 1
Allgemeine Vorschriften

§ 1 Zweck des Gesetzes

Zweck des Gesetzes ist es, die Kreislaufwirtschaft zur Schonung der natürlichen Ressourcen zu fördern und den Schutz von Mensch und Umwelt bei der Erzeugung und Bewirtschaftung von Abfällen sicherzustellen.

§ 2 Geltungsbereich

(1) Die Vorschriften dieses Gesetzes gelten für

1. die Vermeidung von Abfällen sowie
2. die Verwertung von Abfällen,
3. die Beseitigung von Abfällen und
4. die sonstigen Maßnahmen der Abfallbewirtschaftung.

(2) Die Vorschriften dieses Gesetzes gelten nicht für

1. Stoffe, die zu entsorgen sind
 a) nach dem Lebensmittel- und Futtermittelgesetzbuch in der Fassung der Bekanntmachung vom 22. August 2011 (BGBl. I S. 1770) in der jeweils geltenden Fassung, soweit es für Lebensmittel, Lebensmittel-Zusatzstoffe, kosmetische Mittel, Bedarfsgegenstände und mit Lebensmitteln verwechselbare Produkte gilt,
 b) nach dem Tabakerzeugnisgesetz vom 4. April 2016 (BGBl. I S. 569) in der jeweils geltenden Fassung,
 c) nach dem Milch- und Margarinegesetz vom 25. Juli 1990 (BGBl. I S. 1471), das zuletzt durch Artikel 22 des Gesetzes vom 9. Dezember 2010 (BGBl. I S. 1934) geändert worden ist, in der jeweils geltenden Fassung,
 d) nach dem Tiergesundheitsgesetz vom 22. Mai 2013 (BGBl. I S. 1324),
 e) nach dem Pflanzenschutzgesetz in der Fassung der Bekanntmachung vom 14. Mai 1998 (BGBl. I S. 971, 1527, 3512), das zuletzt durch Artikel 14 des Gesetzes vom 9. Dezember 2010 (BGBl. I S. 1934) geändert worden ist, in der jeweils geltenden Fassung sowie
 f) nach den auf Grund der in den Buchstaben a bis e genannten Gesetze erlassenen Rechtsverordnungen,
2. tierische Nebenprodukte, soweit diese nach der Verordnung (EG) Nr. 1069/2009 des Europäischen Parlaments und des Rates vom 21. Oktober 2009 mit Hygienevorschriften für nicht für den menschlichen Verzehr bestimmte tierische Nebenprodukte und zur Aufhebung der Verordnung (EG) Nr. 1774/2002 (Verordnung über tierische Nebenprodukte) (ABl. L 300 vom 14.11.2009, S. 1) in der jeweils geltenden Fassung, nach den zu ihrer Durchführung ergangenen Rechtsakten der Europäischen Union, nach dem Tierische Nebenprodukte-Beseitigungsgesetz vom 25. Januar 2004 (BGBl. I S. 82), das zuletzt durch Artikel 19 des Gesetzes vom 9. Dezember 2010 (BGBl. I S. 1934) geändert worden ist, in der jeweils geltenden Fassung oder nach den auf Grund des Tierische Nebenprodukte-Beseitigungsgesetzes erlassenen Rechtsverordnungen abzuholen, zu sammeln, zu befördern, zu lagern, zu behandeln, zu verarbeiten, zu verwenden, zu beseitigen oder in Verkehr zu bringen sind, mit Ausnahme derjenigen tierischen Nebenprodukte, die zur Verbrennung, Lagerung auf einer Deponie oder Verwendung in einer Biogas- oder Kompostieranlage bestimmt sind,
3. Körper von Tieren, die nicht durch Schlachtung zu Tode gekommen sind, einschließlich von solchen Tieren, die zur Tilgung von Tierseuchen getötet wurden, soweit diese Tierkörper nach den in Nummer 2 genannten Rechtsvorschriften zu beseitigen oder zu verarbeiten sind,
4. Fäkalien, soweit sie nicht durch Nummer 2 erfasst werden, Stroh und andere natürliche nicht gefährliche land- oder forstwirtschaftliche Materialien, die in der Land- und Forstwirtschaft oder zur Energieerzeugung aus einer solchen Biomasse durch Verfahren oder Methoden verwendet werden, die die Umwelt nicht schädigen oder die menschliche Gesundheit nicht gefährden,
5. Kernbrennstoffe und sonstige radioaktive Stoffe im Sinne des Atomgesetzes oder des Strahlenschutzgesetzes,
6. (aufgehoben)
7. Abfälle, die unmittelbar beim Aufsuchen, Gewinnen und Aufbereiten sowie bei der damit zusammenhängenden Lagerung von Bodenschätzen in Betrieben anfallen, die der Bergaufsicht unterstehen und die nach dem Bundesberggesetz vom 13. August 1980 (BGBl. I S. 1310), das zuletzt durch Artikel 15a des Gesetzes vom 31. Juli 2009 (BGBl. I S. 2585) geändert worden ist, in der jeweils geltenden Fassung und den auf Grund des Bundesberggesetzes erlassenen Rechtsverordnungen unter Bergaufsicht entsorgt werden,
8. gasförmige Stoffe, die nicht in Behältern gefasst sind,
9. Stoffe, sobald sie in Gewässer oder Abwasseranlagen eingeleitet oder eingebracht werden,
10. Böden am Ursprungsort (Böden in situ), einschließlich nicht ausgehobener, kontaminierter Böden und Bauwerke, die dauerhaft mit dem Grund und Boden verbunden sind,
11. nicht kontaminiertes Bodenmaterial und andere natürlich vorkommende Materialien, die bei Bauarbeiten ausgehoben wurden, sofern sichergestellt ist, dass die Materialien in ihrem natürlichen Zustand an dem Ort, an dem sie ausgehoben wurden, für Bauzwecke verwendet werden,

12. Sedimente, die zum Zweck der Bewirtschaftung von Gewässern, der Unterhaltung oder des Ausbaus von Wasserstraßen sowie der Vorbeugung gegen Überschwemmungen oder der Abschwächung der Auswirkungen von Überschwemmungen und Dürren oder zur Landgewinnung innerhalb von Oberflächengewässern umgelagert werden, sofern die Sedimente nachweislich nicht gefährlich sind,

13. die Erfassung und Übergabe von Schiffsabfällen und Ladungsrückständen, soweit dies auf Grund internationaler oder supranationaler Übereinkommen durch Bundes- oder Landesrecht geregelt wird,

14. das Aufsuchen, Bergen, Befördern, Lagern, Behandeln und Vernichten von Kampfmitteln sowie

15. Kohlendioxid, das für den Zweck der dauerhaften Speicherung abgeschieden, transportiert und in Kohlendioxidspeichern gespeichert wird, oder das in Forschungsspeichern gespeichert wird.

(3) Die Vorschriften dieses Gesetzes gelten nach Maßgabe der besonderen Vorschriften des Strahlenschutzgesetzes und der auf Grund des Strahlenschutzgesetzes erlassenen Rechtsverordnungen auch für die Entsorgung von Abfällen, die infolge eines Notfalls im Sinne des Strahlenschutzgesetzes radioaktiv kontaminiert sind oder radioaktiv kontaminiert sein können.

§ 3 Begriffsbestimmungen

(1) [1]Abfälle im Sinne dieses Gesetzes sind alle Stoffe oder Gegenstände, derer sich ihr Besitzer entledigt, entledigen will oder entledigen muss. [2]Abfälle zur Verwertung sind Abfälle, die verwertet werden; Abfälle, die nicht verwertet werden, sind Abfälle zur Beseitigung.

(2) Eine Entledigung im Sinne des Absatzes 1 ist anzunehmen, wenn der Besitzer Stoffe oder Gegenstände einer Verwertung im Sinne der Anlage 2 oder einer Beseitigung im Sinne der Anlage 1 zuführt oder die tatsächliche Sachherrschaft über sie unter Wegfall jeder weiteren Zweckbestimmung aufgibt.

(3) [1]Der Wille zur Entledigung im Sinne des Absatzes 1 ist hinsichtlich solcher Stoffe oder Gegenstände anzunehmen,

1. die bei der Energieumwandlung, Herstellung, Behandlung oder Nutzung von Stoffen oder Erzeugnissen oder bei Dienstleistungen anfallen, ohne dass der Zweck der jeweiligen Handlung hierauf gerichtet ist, oder

2. deren ursprüngliche Zweckbestimmung entfällt oder aufgegeben wird, ohne dass ein neuer Verwendungszweck unmittelbar an deren Stelle tritt.

[2]Für die Beurteilung der Zweckbestimmung ist die Auffassung des Erzeugers oder Besitzers unter Berücksichtigung der Verkehrsanschauung zugrunde zu legen.

(4) [1]Der Besitzer muss sich Stoffen oder Gegenständen im Sinne des Absatzes 1 entledigen, wenn diese nicht mehr entsprechend ihrer ursprünglichen Zweckbestimmung verwendet werden, auf Grund ihres konkreten Zustandes geeignet sind, gegenwärtig oder künftig das Wohl der Allgemeinheit, insbesondere die Umwelt, zu gefährden und deren Gefährdungspotenzial nur durch eine ordnungsgemäße und schadlose Verwertung oder gemeinwohlverträgliche Beseitigung nach den Vorschriften dieses Gesetzes und der auf Grund dieses Gesetzes erlassenen Rechtsverordnungen ausgeschlossen werden kann.

(5) [1]Gefährlich im Sinne dieses Gesetzes sind die Abfälle, die durch Rechtsverordnung nach § 48 Satz 2 oder auf Grund einer solchen Rechtsverordnung bestimmt worden sind. [2]Nicht gefährlich im Sinne dieses Gesetzes sind alle übrigen Abfälle.

(6) [1]Inertabfälle im Sinne dieses Gesetzes sind mineralische Abfälle,

1. die keinen wesentlichen physikalischen, chemischen oder biologischen Veränderungen unterliegen,

2. die sich nicht auflösen, nicht brennen und nicht in anderer Weise physikalisch oder chemisch reagieren,

3. die sich nicht biologisch abbauen und

4. die andere Materialien, mit denen sie in Kontakt kommen, nicht in einer Weise beeinträchtigen, die zu nachteiligen Auswirkungen auf Mensch und Umwelt führen könnte.

[2]Die gesamte Auslaugbarkeit und der Schadstoffgehalt der Abfälle sowie die Ökotoxizität des Sickerwassers müssen unerheblich sein und dürfen insbesondere nicht die Qualität von Oberflächen- oder Grundwasser gefährden.

(7) Bioabfälle im Sinne dieses Gesetzes sind biologisch abbaubare pflanzliche, tierische oder aus Pilzmaterialien bestehende

1. Garten- und Parkabfälle,

2. Landschaftspflegeabfälle,

3. Nahrungs- und Küchenabfälle aus Haushaltungen, aus dem Gaststätten- und Cateringgewerbe, aus dem Einzelhandel und vergleichbare Abfälle aus Nahrungsmittelverarbeitungsbetrieben sowie

4. Abfälle aus sonstigen Herkunftsbereichen, die den in den Nummern 1 bis 3 genannten Abfällen nach Art, Beschaffenheit oder stofflichen Eigenschaften vergleichbar sind.

(8) Erzeuger von Abfällen im Sinne dieses Gesetzes ist jede natürliche oder juristische Person,

1. durch deren Tätigkeit Abfälle anfallen (Ersterzeuger) oder

2. dic Vorbehandlungen, Mischungen oder sonstige Behandlungen vornimmt, die eine Veränderung der Beschaffenheit oder der Zusammensetzung dieser Abfälle bewirken (Zweiterzeuger).

(9) Besitzer von Abfällen im Sinne dieses Gesetzes ist jede natürliche oder juristische Person, die die tatsächliche Sachherrschaft über Abfälle hat.

(10) Sammler von Abfällen im Sinne dieses Gesetzes ist jede natürliche oder juristische Person, die gewerbsmäßig oder im Rahmen wirtschaftlicher Unternehmen, das heißt, aus Anlass einer anderweitigen gewerblichen oder wirtschaftlichen Tätigkeit, die nicht auf die Sammlung von Abfällen gerichtet ist, Abfälle sammelt.

(11) Beförderer von Abfällen im Sinne dieses Gesetzes ist jede natürliche oder juristische Person, die gewerbsmäßig oder im Rahmen wirtschaftlicher Unternehmen, das heißt, aus Anlass einer anderweitigen gewerblichen oder wirtschaftlichen Tätigkeit, die nicht auf die Beförderung von Abfällen gerichtet ist, Abfälle befördert.

(12) Händler von Abfällen im Sinne dieses Gesetzes ist jede natürliche oder juristische Person, die gewerbsmäßig oder im Rahmen wirtschaftlicher Unternehmen, das heißt, aus Anlass einer anderweitigen gewerblichen oder wirtschaftlichen Tätigkeit, die nicht auf das Handeln mit Abfällen gerichtet ist, oder öffentlicher Einrichtungen in eigener Verantwortung Abfälle erwirbt und weiterveräußert; die Erlangung der tatsächlichen Sachherrschaft über die Abfälle ist hierfür nicht erforderlich.

(13) Makler von Abfällen im Sinne dieses Gesetzes ist jede natürliche oder juristische Person, die gewerbsmäßig oder im Rahmen wirtschaftlicher Unternehmen, das heißt, aus Anlass einer anderweitigen gewerblichen oder wirtschaftlichen Tätigkeit, die nicht auf das Makeln von Abfällen gerichtet ist, oder öffentlicher Einrichtungen für die Bewirtschaftung von Abfällen für Dritte sorgt; die Erlangung der tatsächlichen Sachherrschaft über die Abfälle ist hierfür nicht erforderlich.

(14) Abfallbewirtschaftung im Sinne dieses Gesetzes sind die Bereitstellung, die Überlassung, die Sammlung, die Beförderung, die Verwertung und die Beseitigung von Abfällen, einschließlich der Überwachung dieser Verfahren, der Nachsorge von Beseitigungsanlagen sowie der Tätigkeiten, die von Händlern und Maklern vorgenommen werden.

(15) Sammlung im Sinne dieses Gesetzes ist das Einsammeln von Abfällen, einschließlich deren vorläufiger Sortierung und vorläufiger Lagerung zum Zweck der Beförderung zu einer Abfallbehandlungsanlage.

(16) Getrennte Sammlung im Sinne dieses Gesetzes ist eine Sammlung, bei der ein Abfallstrom nach Art und Beschaffenheit des Abfalls getrennt gehalten wird, um eine bestimmte Behandlung zu erleichtern oder zu ermöglichen.

(17) [1]Eine gemeinnützige Sammlung von Abfällen im Sinne dieses Gesetzes ist eine Sammlung, die durch eine nach § 5 Absatz 1 Nummer 9 des Körperschaftsteuergesetzes in der Fassung der Bekanntmachung vom 15. Oktober 2002 (BGBl. I S. 4144), das zuletzt durch Artikel 8 des Gesetzes vom 22. Juni 2011 (BGBl. I S. 1126) geändert worden ist, in der jeweils geltenden Fassung steuerbefreite Körperschaft, Personenvereinigung oder Vermögensmasse getragen wird und der Beschaffung von Mitteln zur Verwirklichung ihrer gemeinnützigen, mildtätigen oder kirchlichen Zwecke im Sinne der §§ 52 bis 54 der Abgabenordnung dient. [2]Um eine gemeinnützige Sammlung von Abfällen handelt es sich auch dann, wenn die Körperschaft, Personenvereinigung oder Vermögensmasse nach Satz 1 einen gewerblichen Sammler mit der Sammlung beauftragt und dieser den Veräußerungserlös nach Abzug seiner Kosten und eines angemessenen Gewinns vollständig an die Körperschaft, Personenvereinigung oder Vermögensmasse auskehrt.

(18) [1]Eine gewerbliche Sammlung von Abfällen im Sinne dieses Gesetzes ist eine Sammlung, die zum Zweck der Einnahmeerzielung erfolgt. [2]Die Durchführung der Sammeltätigkeit auf der Grundlage vertraglicher Bindungen zwischen dem Sammler und der privaten Haushaltung in dauerhaften Strukturen steht einer gewerblichen Sammlung nicht entgegen.

(19) Kreislaufwirtschaft im Sinne dieses Gesetzes sind die Vermeidung und Verwertung von Abfällen.

(20) [1]Vermeidung im Sinne dieses Gesetzes ist jede Maßnahme, die ergriffen wird, bevor ein Stoff, Material oder Erzeugnis zu Abfall geworden ist, und dazu dient, die Abfallmenge, die schädlichen Auswirkungen des Abfalls auf Mensch und Umwelt oder den Gehalt an schädlichen Stoffen in Materialien und Erzeugnissen zu verringern. [2]Hierzu zählen insbesondere die anlageninterne Kreislaufführung von Stoffen, die abfallarme Produktgestaltung, die Wiederverwendung von Erzeugnissen oder die Verlängerung ihrer Lebensdauer sowie ein Konsumverhalten, das auf den Erwerb von abfall- und schadstoffarmen Produkten sowie die Nutzung von Mehrwegverpackungen gerichtet ist.

(21) Wiederverwendung im Sinne dieses Gesetzes ist jedes Verfahren, bei dem Erzeugnisse oder Bestandteile, die keine Abfälle sind, wieder für denselben Zweck verwendet werden, für den sie ursprünglich bestimmt waren.

(22) Abfallentsorgung im Sinne dieses Gesetzes sind Verwertungs- und Beseitigungsverfahren, einschließlich der Vorbereitung vor der Verwertung oder Beseitigung.

(23) ¹Verwertung im Sinne dieses Gesetzes ist jedes Verfahren, als dessen Hauptergebnis die Abfälle innerhalb der Anlage oder in der weiteren Wirtschaft einem sinnvollen Zweck zugeführt werden, indem sie entweder andere Materialien ersetzen, die sonst zur Erfüllung einer bestimmten Funktion verwendet worden wären, oder indem die Abfälle so vorbereitet werden, dass sie diese Funktion erfüllen. ²Anlage 2 enthält eine nicht abschließende Liste von Verwertungsverfahren.

(24) Vorbereitung zur Wiederverwendung im Sinne dieses Gesetzes ist jedes Verwertungsverfahren der Prüfung, Reinigung oder Reparatur, bei dem Erzeugnisse oder Bestandteile von Erzeugnissen, die zu Abfällen geworden sind, so vorbereitet werden, dass sie ohne weitere Vorbehandlung wieder für denselben Zweck verwendet werden können, für den sie ursprünglich bestimmt waren.

(25) Recycling im Sinne dieses Gesetzes ist jedes Verwertungsverfahren, durch das Abfälle zu Erzeugnissen, Materialien oder Stoffen entweder für den ursprünglichen Zweck oder für andere Zwecke aufbereitet werden; es schließt die Aufbereitung organischer Materialien ein, nicht aber die energetische Verwertung und die Aufbereitung zu Materialien, die für die Verwendung als Brennstoff oder zur Verfüllung bestimmt sind.

(26) ¹Beseitigung im Sinne dieses Gesetzes ist jedes Verfahren, das keine Verwertung ist, auch wenn das Verfahren zur Nebenfolge hat, dass Stoffe oder Energie zurückgewonnen werden. ²Anlage 1 enthält eine nicht abschließende Liste von Beseitigungsverfahren.

(27) ¹Deponien im Sinne dieses Gesetzes sind Beseitigungsanlagen zur Ablagerung von Abfällen oberhalb der Erdoberfläche (oberirdische Deponien) oder unterhalb der Erdoberfläche (Untertagedeponien). ²Zu den Deponien zählen auch betriebsinterne Abfallbeseitigungsanlagen für die Ablagerung von Abfällen, in denen ein Erzeuger von Abfällen die Abfallbeseitigung am Erzeugungsort vornimmt.

(28) ¹Stand der Technik im Sinne dieses Gesetzes ist der Entwicklungsstand fortschrittlicher Verfahren, Einrichtungen oder Betriebsweisen, der die praktische Eignung einer Maßnahme zur Begrenzung von Emissionen in Luft, Wasser und Boden, zur Gewährleistung der Anlagensicherheit, zur Gewährleistung einer umweltverträglichen Abfallentsorgung oder sonst zur Vermeidung oder Verminderung von Auswirkungen auf die Umwelt zur Erreichung eines allgemein hohen Schutzniveaus für die Umwelt insgesamt gesichert erscheinen lässt. ²Bei der Bestimmung des Standes der Technik sind insbesondere die in Anlage 3 aufgeführten Kriterien zu berücksichtigen.

§ 4 Nebenprodukte

(1) Fällt ein Stoff oder Gegenstand bei einem Herstellungsverfahren an, dessen hauptsächlicher Zweck nicht auf die Herstellung dieses Stoffes oder Gegenstandes gerichtet ist, ist er als Nebenprodukt und nicht als Abfall anzusehen, wenn
1. sichergestellt ist, dass der Stoff oder Gegenstand weiter verwendet wird,
2. eine weitere, über ein normales industrielles Verfahren hinausgehende Vorbehandlung hierfür nicht erforderlich ist,
3. der Stoff oder Gegenstand als integraler Bestandteil eines Herstellungsprozesses erzeugt wird und
4. die weitere Verwendung rechtmäßig ist; dies ist der Fall, wenn der Stoff oder Gegenstand alle für seine jeweilige Verwendung anzuwendenden Produkt-, Umwelt- und Gesundheitsschutzanforderungen erfüllt und insgesamt nicht zu schädlichen Auswirkungen auf Mensch und Umwelt führt.

(2) Die Bundesregierung wird ermächtigt, nach Anhörung der beteiligten Kreise (§ 68) durch Rechtsverordnung mit Zustimmung des Bundesrates nach Maßgabe der in Absatz 1 genannten Anforderungen Kriterien zu bestimmen, nach denen bestimmte Stoffe oder Gegenstände als Nebenprodukt anzusehen sind, und Anforderungen zum Schutz von Mensch und Umwelt festzulegen.

§ 5 Ende der Abfalleigenschaft

(1) Die Abfalleigenschaft eines Stoffes oder Gegenstandes endet, wenn dieser ein Verwertungsverfahren durchlaufen hat und so beschaffen ist, dass
1. er üblicherweise für bestimmte Zwecke verwendet wird,
2. ein Markt für ihn oder eine Nachfrage nach ihm besteht,
3. er alle für seine jeweilige Zweckbestimmung geltenden technischen Anforderungen sowie alle Rechtsvorschriften und anwendbaren Normen für Erzeugnisse erfüllt sowie
4. seine Verwendung insgesamt nicht zu schädlichen Auswirkungen auf Mensch oder Umwelt führt.

(2) Die Bundesregierung wird ermächtigt, nach Anhörung der beteiligten Kreise (§ 68) durch Rechtsverordnung mit Zustimmung des Bundesrates nach Maßgabe der in Absatz 1 genannten Anforderungen die Bedingungen näher zu bestimmen, unter denen für bestimmte Stoffe und Gegenstände die Abfalleigenschaft endet, und Anforderungen zum Schutz von Mensch und Umwelt, insbesondere durch Grenzwerte für Schadstoffe, festzulegen.

Teil 2
Grundsätze und Pflichten der Erzeuger und Besitzer von Abfällen sowie der öffentlich-rechtlichen Entsorgungsträger

Abschnitt 1
Grundsätze der Abfallvermeidung und Abfallbewirtschaftung

§ 6 Abfallhierarchie
(1) Maßnahmen der Vermeidung und der Abfallbewirtschaftung stehen in folgender Rangfolge:
1. Vermeidung,
2. Vorbereitung zur Wiederverwendung,
3. Recycling,
4. sonstige Verwertung, insbesondere energetische Verwertung und Verfüllung,
5. Beseitigung.
(2) [1]Ausgehend von der Rangfolge nach Absatz 1 soll nach Maßgabe der §§ 7 und 8 diejenige Maßnahme Vorrang haben, die den Schutz von Mensch und Umwelt bei der Erzeugung und Bewirtschaftung von Abfällen unter Berücksichtigung des Vorsorge- und Nachhaltigkeitsprinzips am besten gewährleistet. [2]Für die Betrachtung der Auswirkungen auf Mensch und Umwelt nach Satz 1 ist der gesamte Lebenszyklus des Abfalls zugrunde zu legen. [3]Hierbei sind insbesondere zu berücksichtigen
1. die zu erwartenden Emissionen,
2. das Maß der Schonung der natürlichen Ressourcen,
3. die einzusetzende oder zu gewinnende Energie sowie
4. die Anreicherung von Schadstoffen in Erzeugnissen, in Abfällen zur Verwertung oder in daraus gewonnenen Erzeugnissen.
[4]Die technische Möglichkeit, die wirtschaftliche Zumutbarkeit und die sozialen Folgen der Maßnahme sind zu beachten.

Abschnitt 2
Kreislaufwirtschaft

§ 7 Grundpflichten der Kreislaufwirtschaft
(1) Die Pflichten zur Abfallvermeidung richten sich nach § 13 sowie den Rechtsverordnungen, die auf Grund der §§ 24 und 25 erlassen worden sind.
(2) [1]Die Erzeuger oder Besitzer von Abfällen sind zur Verwertung ihrer Abfälle verpflichtet. [2]Die Verwertung von Abfällen hat Vorrang vor deren Beseitigung. [3]Der Vorrang entfällt, wenn die Beseitigung der Abfälle den Schutz von Mensch und Umwelt nach Maßgabe des § 6 Absatz 2 Satz 2 und 3 am besten gewährleistet. [4]Der Vorrang gilt nicht für Abfälle, die unmittelbar und üblicherweise durch Maßnahmen der Forschung und Entwicklung anfallen.
(3) [1]Die Verwertung von Abfällen, insbesondere durch ihre Einbindung in Erzeugnisse, hat ordnungsgemäß und schadlos zu erfolgen. [2]Die Verwertung erfolgt ordnungsgemäß, wenn sie im Einklang mit den Vorschriften dieses Gesetzes und anderen öffentlich-rechtlichen Vorschriften steht. [3]Sie erfolgt schadlos, wenn nach der Beschaffenheit der Abfälle, dem Ausmaß der Verunreinigungen und der Art der Verwertung Beeinträchtigungen des Wohls der Allgemeinheit nicht zu erwarten sind, insbesondere keine Schadstoffanreicherung im Wertstoffkreislauf erfolgt.
(4) [1]Die Pflicht zur Verwertung von Abfällen ist zu erfüllen, soweit dies technisch möglich und wirtschaftlich zumutbar ist, insbesondere für einen gewonnenen Stoff oder gewonnene Energie ein Markt vorhanden ist oder geschaffen werden kann. [2]Die Verwertung von Abfällen ist auch dann technisch möglich, wenn hierzu eine Vorbehandlung erforderlich ist. [3]Die wirtschaftliche Zumutbarkeit ist gegeben, wenn die mit der Verwertung verbundenen Kosten nicht außer Verhältnis zu den Kosten stehen, die für eine Abfallbeseitigung zu tragen wären.

§ 8 Rangfolge und Hochwertigkeit der Verwertungsmaßnahmen

(1) [1]Bei der Erfüllung der Verwertungspflicht nach § 7 Absatz 2 Satz 1 hat diejenige der in § 6 Absatz 1 Nummer 2 bis 4 genannten Verwertungsmaßnahmen Vorrang, die den Schutz von Mensch und Umwelt nach der Art und Beschaffenheit des Abfalls unter Berücksichtigung der in § 6 Absatz 2 Satz 2 und 3 festgelegten Kriterien am besten gewährleistet. [2]Zwischen mehreren gleichrangigen Verwertungsmaßnahmen besteht ein Wahlrecht des Erzeugers oder Besitzers von Abfällen. [3]Bei der Ausgestaltung der nach Satz 1 oder 2 durchzuführenden Verwertungsmaßnahme ist eine den Schutz von Mensch und Umwelt am besten gewährleistende, hochwertige Verwertung anzustreben. [4]§ 7 Absatz 4 findet auf die Sätze 1 bis 3 entsprechende Anwendung.

(2) [1]Die Bundesregierung bestimmt nach Anhörung der beteiligten Kreise (§ 68) durch Rechtsverordnung mit Zustimmung des Bundesrates für bestimmte Abfallarten auf Grund der in § 6 Absatz 2 Satz 2 und 3 festgelegten Kriterien

1. den Vorrang oder Gleichrang einer Verwertungsmaßnahme und

2. Anforderungen an die Hochwertigkeit der Verwertung.

[2]Durch Rechtsverordnung nach Satz 1 kann insbesondere bestimmt werden, dass die Verwertung des Abfalls entsprechend seiner Art, Beschaffenheit, Menge und Inhaltsstoffe durch mehrfache, hintereinander geschaltete stoffliche und anschließende energetische Verwertungsmaßnahmen (Kaskadennutzung) zu erfolgen hat.

§ 9 Getrennthalten von Abfällen zur Verwertung, Vermischungsverbot

(1) Soweit dies zur Erfüllung der Anforderungen nach § 7 Absatz 2 bis 4 und § 8 Absatz 1 erforderlich ist, sind Abfälle getrennt zu halten und zu behandeln.

(2) [1]Die Vermischung, einschließlich der Verdünnung, gefährlicher Abfälle mit anderen Kategorien von gefährlichen Abfällen oder mit anderen Abfällen, Stoffen oder Materialien ist unzulässig. [2]Abweichend von Satz 1 ist eine Vermischung ausnahmsweise dann zulässig, wenn

1. sie in einer nach diesem Gesetz oder nach dem Bundes-Immissionsschutzgesetz hierfür zugelassenen Anlage erfolgt,

2. die Anforderungen an eine ordnungsgemäße und schadlose Verwertung nach § 7 Absatz 3 eingehalten und schädliche Auswirkungen der Abfallbewirtschaftung auf Mensch und Umwelt durch die Vermischung nicht verstärkt werden sowie

3. das Vermischungsverfahren dem Stand der Technik entspricht.

[3]Soweit gefährliche Abfälle in unzulässiger Weise vermischt worden sind, sind diese zu trennen, soweit dies erforderlich ist, um eine ordnungsgemäße und schadlose Verwertung nach § 7 Absatz 3 sicherzustellen, und die Trennung technisch möglich und wirtschaftlich zumutbar ist.

§ 10 Anforderungen an die Kreislaufwirtschaft

(1) Die Bundesregierung wird ermächtigt, nach Anhörung der beteiligten Kreise (§ 68) durch Rechtsverordnung mit Zustimmung des Bundesrates, soweit es zur Erfüllung der Pflichten nach § 7 Absatz 2 bis 4, § 8 Absatz 1 und § 9, insbesondere zur Sicherung der schadlosen Verwertung, erforderlich ist,

1. die Einbindung oder den Verbleib bestimmter Abfälle in Erzeugnisse/Erzeugnissen nach Art, Beschaffenheit oder Inhaltsstoffen zu beschränken oder zu verbieten,

2. Anforderungen an das Getrennthalten, die Zulässigkeit der Vermischung sowie die Beförderung und Lagerung von Abfällen festzulegen,

3. Anforderungen an das Bereitstellen, Überlassen, Sammeln und Einsammeln von Abfällen durch Hol- und Bringsysteme, jeweils auch in einer einheitlichen Wertstofftonne oder durch eine einheitliche Wertstofferfassung in vergleichbarer Qualität gemeinsam mit gleichartigen Erzeugnissen oder mit auf dem gleichen Wege zu verwertenden Erzeugnissen, die jeweils einer verordneten Rücknahme nach § 25 unterliegen, festzulegen,

4. für bestimmte Abfälle, deren Verwertung auf Grund ihrer Art, Beschaffenheit oder Menge in besonderer Weise geeignet ist, Beeinträchtigungen des Wohls der Allgemeinheit, vor allem der in § 15 Absatz 2 Satz 2 genannten Schutzgüter, herbeizuführen, nach Herkunftsbereich, Anfallstelle oder Ausgangsprodukt festzulegen,

 a) dass diese nur in bestimmter Menge oder Beschaffenheit oder nur für bestimmte Zwecke in Verkehr gebracht oder verwertet werden dürfen,

 b) dass diese mit bestimmter Beschaffenheit nicht in Verkehr gebracht werden dürfen,

5. Anforderungen an die Verwertung von mineralischen Abfällen in technischen Bauwerken festzulegen.

(2) Durch Rechtsverordnung nach Absatz 1 können auch Verfahren zur Überprüfung der dort festgelegten Anforderungen bestimmt werden, insbesondere

1. dass Nachweise oder Register zu führen und vorzulegen sind,
 a) auch ohne eine Anordnung nach § 51, oder
 b) abweichend von bestimmten Anforderungen nach den §§ 49 und 50 oder einer Rechtsverordnung nach § 52,
2. dass die Entsorger von Abfällen diese bei Annahme oder Weitergabe in bestimmter Art und Weise zu überprüfen und das Ergebnis dieser Prüfung in den Nachweisen oder Registern zu verzeichnen haben,
3. dass die Beförderer und Entsorger von Abfällen ein Betriebstagebuch zu führen haben, in dem bestimmte Angaben zu den Betriebsabläufen zu verzeichnen sind, die nicht schon in die Register aufgenommen werden,
4. dass die Erzeuger, Besitzer oder Entsorger von Abfällen bei Annahme oder Weitergabe der Abfälle auf die Anforderungen, die sich aus der Rechtsverordnung ergeben, hinzuweisen oder die Abfälle oder die für deren Beförderung vorgesehenen Behältnisse in bestimmter Weise zu kennzeichnen haben,
5. die Entnahme von Proben, der Verbleib und die Aufbewahrung von Rückstellproben und die hierfür anzuwendenden Verfahren,
6. die Analyseverfahren, die zur Bestimmung von einzelnen Stoffen oder Stoffgruppen erforderlich sind,
7. dass der Verpflichtete mit der Durchführung der Probenahme und der Analysen nach den Nummern 5 und 6 einen von der zuständigen Landesbehörde bekannt gegebenen Sachverständigen, eine von dieser Behörde bekannt gegebene Stelle oder eine sonstige Person, die über die erforderliche Sach- und Fachkunde verfügt, zu beauftragen hat,
8. welche Anforderungen an die Sach- und Fachkunde der Probenehmer nach Nummer 7 zu stellen sind sowie
9. dass Nachweise, Register und Betriebstagebücher nach den Nummern 1 bis 3 elektronisch zu führen und Dokumente in elektronischer Form gemäß § 3a Absatz 2 Satz 2 und 3 des Verwaltungsverfahrensgesetzes vorzulegen sind.

(3) [1]Wegen der Anforderungen nach Absatz 2 Nummer 5 bis 7 kann auf jedermann zugängliche Bekanntmachungen verwiesen werden. [2]Hierbei sind

1. in der Rechtsverordnung das Datum der Bekanntmachung anzugeben und die Bezugsquelle genau zu bezeichnen,
2. die Bekanntmachung beim Deutschen Patent- und Markenamt archivmäßig gesichert niederzulegen und in der Rechtsverordnung darauf hinzuweisen.

(4) Durch Rechtsverordnung nach Absatz 1 Nummer 4 kann vorgeschrieben werden, dass derjenige, der bestimmte Abfälle, an deren schadlose Verwertung nach Maßgabe des § 7 Absatz 2 und 3, des § 8 Absatz 1 und des § 9 auf Grund ihrer Art, Beschaffenheit oder Menge besondere Anforderungen zu stellen sind, in Verkehr bringt oder verwertet,

1. dies anzuzeigen hat,
2. dazu einer Erlaubnis bedarf,
3. bestimmten Anforderungen an seine Zuverlässigkeit genügen muss oder
4. seine notwendige Sach- oder Fachkunde in einem näher festzulegenden Verfahren nachzuweisen hat.

§ 11 Kreislaufwirtschaft für Bioabfälle und Klärschlämme

(1) Soweit dies zur Erfüllung der Anforderungen nach § 7 Absatz 2 bis 4 und § 8 Absatz 1 erforderlich ist, sind Bioabfälle, die einer Überlassungspflicht nach § 17 Absatz 1 unterliegen, spätestens ab dem 1. Januar 2015 getrennt zu sammeln.

(2) [1]Die Bundesregierung wird ermächtigt, nach Anhörung der beteiligten Kreise (§ 68) durch Rechtsverordnung mit Zustimmung des Bundesrates zur Förderung der Verwertung von Bioabfällen und Klärschlämmen, soweit es zur Erfüllung der Pflichten nach Absatz 1, § 7 Absatz 2 bis 4 und § 8 Absatz 1 erforderlich ist, insbesondere festzulegen,

1. welche Abfälle als Bioabfälle oder Klärschlämme gelten,
2. welche Anforderungen an die getrennte Sammlung von Bioabfällen zu stellen sind,
3. ob und auf welche Weise Bioabfälle und Klärschlämme zu behandeln, welche Verfahren hierbei anzuwenden und welche anderen Maßnahmen hierbei zu treffen sind,
4. welche Anforderungen an die Art und Beschaffenheit der unbehandelten, der zu behandelnden und der behandelten Bioabfälle und Klärschlämme zu stellen sind sowie
5. dass bestimmte Arten von Bioabfällen und Klärschlämmen nach Ausgangsstoff, Art, Beschaffenheit, Herkunft, Menge, Art oder Zeit der Aufbringung auf den Boden, Beschaffenheit des Bodens, Stand-

ortverhältnissen und Nutzungsart nicht, nur in bestimmten Mengen, nur in einer bestimmten Beschaffenheit oder nur für bestimmte Zwecke in Verkehr gebracht oder verwertet werden dürfen. [2]Durch Rechtsverordnung nach Satz 1 können entsprechend Satz 1 Nummer 3 bis 5 auch Anforderungen für die gemeinsame Verwertung von Bioabfällen und Klärschlämmen mit anderen Abfällen, Stoffen oder Materialien festgelegt werden. [3]Anforderungen nach Satz 1 Nummer 4 und 5, auch in Verbindung mit Satz 2, können nicht festgelegt werden, soweit die ordnungsgemäße und schadlose Verwertung von Bioabfällen und Klärschlämmen durch Regelungen des Düngerechts gewährleistet ist.

(3) [1]Durch Rechtsverordnung nach Absatz 2 Satz 1 können auch Verfahren zur Überprüfung der dort festgelegten Anforderungen an die Verwertung von Bioabfällen und Klärschlämmen bestimmt werden, insbesondere

1. Untersuchungspflichten hinsichtlich der Wirksamkeit der Behandlung, der Beschaffenheit der unbehandelten und behandelten Bioabfälle und Klärschlämme, der anzuwendenden Verfahren oder der anderen Maßnahmen,
2. Untersuchungsmethoden, die zur Überprüfung der Maßnahmen nach Nummer 1 erforderlich sind,
3. Untersuchungen des Bodens sowie
4. Verfahren zur Überprüfung der Anforderungen entsprechend § 10 Absatz 2 Nummer 1 bis 9 und Absatz 3.

[2]Durch Rechtsverordnung nach Absatz 2 Satz 1 Nummer 1 kann vorgeschrieben werden, dass derjenige, der bestimmte Bioabfälle oder Klärschlämme, an deren schadlose Verwertung nach Maßgabe des § 7 Absatz 2 und 3, des § 8 Absatz 1 und des § 9 auf Grund ihrer Art, Beschaffenheit oder Menge besondere Anforderungen zu stellen sind, in Verkehr bringt oder verwertet,

1. dies anzuzeigen hat,
2. dazu einer Erlaubnis bedarf,
3. bestimmten Anforderungen an seine Zuverlässigkeit genügen muss oder
4. seine notwendige Sach- oder Fachkunde in einem näher festzulegenden Verfahren nachzuweisen hat.

(4) [1]Die Landesregierungen können Rechtsverordnungen im Sinne der Absätze 2 und 3 für die Verwertung von Bioabfällen und Klärschlämmen und für die Aufbringung von Bioabfällen und Klärschlämmen auf Böden erlassen, soweit die Bundesregierung von der Ermächtigung keinen Gebrauch macht. [2]Die Landesregierungen können die Ermächtigung nach Satz 1 durch Rechtsverordnung ganz oder teilweise auf andere Behörden übertragen.

§ 12 Qualitätssicherung im Bereich der Bioabfälle und Klärschlämme

(1) Zur Förderung der Kreislaufwirtschaft und zur Sicherstellung des Schutzes von Mensch und Umwelt bei der Erzeugung und Bewirtschaftung von Bioabfällen und Klärschlämmen nach Maßgabe der hierfür geltenden Rechtsvorschriften können die Träger der Qualitätssicherung und die Qualitätszeichennehmer eine regelmäßige Qualitätssicherung einrichten.

(2) Qualitätszeichennehmer ist eine natürliche oder juristische Person, die

1. gewerbsmäßig, im Rahmen wirtschaftlicher Unternehmen oder öffentlicher Einrichtungen Bioabfälle oder Klärschlämme erzeugt, behandelt oder verwertet und
2. in Bezug auf erzeugte, behandelte oder verwertete Bioabfälle oder Klärschlämme, auch in Mischungen mit anderen Abfällen, Stoffen oder Materialien, über ein Qualitätszeichen eines Trägers der Qualitätssicherung verfügt.

(3) Das Qualitätszeichen darf nur erteilt werden, wenn der Qualitätszeichennehmer

1. die für die Sicherung der Qualität der Bioabfälle oder Klärschlämme erforderlichen Anforderungen an die Organisation, die personelle, gerätetechnische und sonstige Ausstattung sowie an die Zuverlässigkeit und Fach- und Sachkunde seines Personals erfüllt,
2. die Anforderungen an die Qualitätssicherung, insbesondere zur Minderung von Schadstoffen, zur Gewährleistung der seuchen- und phytohygienischen Unbedenklichkeit erfüllt und
3. sich verpflichtet, die Erfüllung der Anforderungen nach den Nummern 1 und 2 im Rahmen einer fortlaufenden Überwachung gegenüber dem Träger der Qualitätssicherung darzulegen.

(4) Der Qualitätszeichennehmer darf das Qualitätszeichen nur führen, soweit und solange es ihm vom Träger der Qualitätssicherung erteilt ist.

(5) [1]Ein Träger der Qualitätssicherung ist ein rechtsfähiger Zusammenschluss von Erzeugern oder Bewirtschaftern von Bioabfällen oder Klärschlämmen, Fachverbänden sowie von fachkundigen Einrichtungen, Institutionen oder Personen. [2]Der Träger der Qualitätssicherung bedarf der Anerkennung der zuständigen Behörde. [3]Die Erteilung des Qualitätszeichens erfolgt auf der Grundlage einer Satzung, eines Überwachungsvertrages oder einer sonstigen für den Qualitätszeichennehmer verbindlichen Regelung,

die insbesondere die Anforderungen an die Qualitätszeichennehmer, an die von diesen erzeugten, behandelten oder verwerteten Bioabfälle oder Klärschlämme und an deren Überwachung festlegt.

(6) Der Träger der Qualitätssicherung hat sich für die Überprüfung der Qualitätszeichennehmer Sachverständiger zu bedienen, die die für die Durchführung der Überwachung erforderliche Zuverlässigkeit, Unabhängigkeit sowie Fach- und Sachkunde besitzen.

(7) [1]Die Bundesregierung wird ermächtigt, nach Anhörung der beteiligten Kreise (§ 68) durch Rechtsverordnung mit Zustimmung des Bundesrates Anforderungen an die Qualitätssicherung von Bioabfällen und Klärschlämmen vorzuschreiben. [2]In der Rechtsverordnung können insbesondere

1. Anforderungen an die Maßnahmen zur Qualitätssicherung, einschließlich deren Umfang bestimmt werden,
2. Anforderungen an die Organisation, die personelle, gerätetechnische und sonstige Ausstattung und die Tätigkeit eines Qualitätszeichennehmers bestimmt sowie ein ausreichender Haftpflichtversicherungsschutz gefordert werden,
3. Anforderungen an den Qualitätszeichennehmer und die bei ihm beschäftigten Personen, insbesondere Mindestanforderungen an die Fach- und Sachkunde und die Zuverlässigkeit sowie an deren Nachweis, bestimmt werden,
4. Anforderungen an die Tätigkeit der Träger der Qualitätssicherung, insbesondere an deren Bildung, Auflösung, Organisation und Arbeitsweise, einschließlich der Bestellung, Aufgaben und Befugnisse der Prüforgane sowie Mindestanforderungen an die Mitglieder dieser Prüforgane, bestimmt werden,
5. Mindestanforderungen an die für die Träger der Qualitätssicherung tätigen Sachverständigen sowie deren Bestellung, Tätigkeit und Kontrolle bestimmt werden,
6. Anforderungen an das Qualitätszeichen, insbesondere an die Form und den Inhalt, sowie an seine Erteilung, seine Aufhebung, sein Erlöschen und seinen Entzug bestimmt werden,
7. die besonderen Voraussetzungen, das Verfahren, die Erteilung und die Aufhebung der Anerkennung des Trägers der Qualitätssicherung durch die zuständige Behörde geregelt werden,
8. für die erforderlichen Erklärungen, Nachweise, Benachrichtigungen oder sonstigen Daten die elektronische Führung und die Vorlage von Dokumenten in elektronischer Form gemäß § 3a Absatz 2 Satz 2 und 3 des Verwaltungsverfahrensgesetzes angeordnet werden.

§ 13 Pflichten der Anlagenbetreiber

Die Pflichten der Betreiber von genehmigungsbedürftigen und nicht genehmigungsbedürftigen Anlagen nach dem Bundes-Immissionsschutzgesetz, diese so zu errichten und zu betreiben, dass Abfälle vermieden, verwertet oder beseitigt werden, richten sich nach den Vorschriften des Bundes-Immissionsschutzgesetzes.

§ 14 Förderung des Recyclings und der sonstigen stofflichen Verwertung

(1) Zum Zweck des ordnungsgemäßen, schadlosen und hochwertigen Recyclings sind Papier-, Metall-, Kunststoff- und Glasabfälle spätestens ab dem 1. Januar 2015 getrennt zu sammeln, soweit dies technisch möglich und wirtschaftlich zumutbar ist.

(2) Die Vorbereitung zur Wiederverwendung und das Recycling von Siedlungsabfällen sollen spätestens ab dem 1. Januar 2020 mindestens 65 Gewichtsprozent insgesamt betragen.

(3) [1]Die Vorbereitung zur Wiederverwendung, das Recycling und die sonstige stoffliche Verwertung von nicht gefährlichen Bau- und Abbruchabfällen mit Ausnahme von in der Natur vorkommenden Materialien, die in der Anlage zur Abfallverzeichnisverordnung mit dem Abfallschlüssel 17 05 04 gekennzeichnet sind, sollen spätestens ab dem 1. Januar 2020 mindestens 70 Gewichtsprozent betragen. [2]Die sonstige stoffliche Verwertung nach Satz 1 schließt die Verfüllung, bei der Abfälle als Ersatz für andere Materialien genutzt werden, ein. [3]Die Bundesregierung überprüft diese Zielvorgabe vor dem Hintergrund der bauwirtschaftlichen Entwicklung und der Rahmenbedingungen für die Verwertung von Bauabfällen bis zum 31. Dezember 2016.

Abschnitt 3
Abfallbeseitigung

§ 15 Grundpflichten der Abfallbeseitigung

(1) [1]Die Erzeuger oder Besitzer von Abfällen, die nicht verwertet werden, sind verpflichtet, diese zu beseitigen, soweit in § 17 nichts anderes bestimmt ist. [2]Durch die Behandlung von Abfällen sind deren Menge und Schädlichkeit zu vermindern. [3]Energie oder Abfälle, die bei der Beseitigung anfallen, sind hochwertig zu nutzen; § 8 Absatz 1 Satz 3 gilt entsprechend.

(2) ¹Abfälle sind so zu beseitigen, dass das Wohl der Allgemeinheit nicht beeinträchtigt wird. ²Eine Beeinträchtigung liegt insbesondere dann vor, wenn
1. die Gesundheit der Menschen beeinträchtigt wird,
2. Tiere oder Pflanzen gefährdet werden,
3. Gewässer oder Böden schädlich beeinflusst werden,
4. schädliche Umwelteinwirkungen durch Luftverunreinigungen oder Lärm herbeigeführt werden,
5. die Ziele oder Grundsätze und sonstigen Erfordernisse der Raumordnung nicht beachtet oder die Belange des Naturschutzes, der Landschaftspflege sowie des Städtebaus nicht berücksichtigt werden oder
6. die öffentliche Sicherheit oder Ordnung in sonstiger Weise gefährdet oder gestört wird.

(3) ¹Soweit dies zur Erfüllung der Anforderungen nach den Absätzen 1 und 2 erforderlich ist, sind Abfälle zur Beseitigung getrennt zu halten und zu behandeln. ²§ 9 Absatz 2 gilt entsprechend.

§ 16 Anforderungen an die Abfallbeseitigung

¹Die Bundesregierung wird ermächtigt, nach Anhörung der beteiligten Kreise (§ 68) durch Rechtsverordnung mit Zustimmung des Bundesrates zur Erfüllung der Pflichten nach § 15 entsprechend dem Stand der Technik Anforderungen an die Beseitigung von Abfällen nach Herkunftsbereich, Anfallstelle sowie nach Art, Menge und Beschaffenheit festzulegen, insbesondere
1. Anforderungen an das Getrennthalten und die Behandlung von Abfällen,
2. Anforderungen an das Bereitstellen, Überlassen, Sammeln und Einsammeln, die Beförderung, Lagerung und Ablagerung von Abfällen sowie
3. Verfahren zur Überprüfung der Anforderungen entsprechend § 10 Absatz 2 Nummer 1 bis 9 und Absatz 3.

²Durch Rechtsverordnung nach Satz 1 Nummer 1 und 2 kann vorgeschrieben werden, dass derjenige, der bestimmte Abfälle, an deren Behandlung, Sammlung, Einsammlung, Beförderung, Lagerung und Ablagerung nach Maßgabe des § 15 auf Grund ihrer Art, Beschaffenheit oder Menge besondere Anforderungen zu stellen sind, in Verkehr bringt oder beseitigt,
1. dies anzuzeigen hat,
2. dazu einer Erlaubnis bedarf,
3. bestimmten Anforderungen an seine Zuverlässigkeit genügen muss oder
4. seine notwendige Sach- oder Fachkunde in einem näher festzulegenden Verfahren nachzuweisen hat.

Abschnitt 4
Öffentlich-rechtliche Entsorgung und Beauftragung Dritter

§ 17 Überlassungspflichten

(1) ¹Abweichend von § 7 Absatz 2 und § 15 Absatz 1 sind Erzeuger oder Besitzer von Abfällen aus privaten Haushaltungen verpflichtet, diese Abfälle den nach Landesrecht zur Entsorgung verpflichteten juristischen Personen (öffentlich-rechtliche Entsorgungsträger) zu überlassen, soweit sie zu einer Verwertung auf den von ihnen im Rahmen ihrer privaten Lebensführung genutzten Grundstücken nicht in der Lage sind oder diese nicht beabsichtigen. ²Satz 1 gilt auch für Erzeuger und Besitzer von Abfällen zur Beseitigung aus anderen Herkunftsbereichen, soweit sie diese nicht in eigenen Anlagen beseitigen. ³Die Befugnis zur Beseitigung der Abfälle in eigenen Anlagen nach Satz 2 besteht nicht, soweit die Überlassung der Abfälle an den öffentlich-rechtlichen Entsorgungsträger auf Grund überwiegender öffentlicher Interessen erforderlich ist.

(2) ¹Die Überlassungspflicht besteht nicht für Abfälle,
1. die einer Rücknahme- oder Rückgabepflicht auf Grund einer Rechtsverordnung nach § 25 unterliegen, soweit nicht die öffentlich-rechtlichen Entsorgungsträger auf Grund einer Bestimmung nach § 25 Absatz 2 Nummer 4 an der Rücknahme mitwirken; hierfür kann insbesondere eine einheitliche Wertstofftonne oder eine einheitliche Wertstofferfassung in vergleichbarer Qualität vorgesehen werden, durch die werthaltige Abfälle aus privaten Haushaltungen in effizienter Weise erfasst und einer hochwertigen Verwertung zugeführt werden,
2. die in Wahrnehmung der Produktverantwortung nach § 26 freiwillig zurückgenommen werden, soweit dem zurücknehmenden Hersteller oder Vertreiber ein Freistellungs- oder Feststellungsbescheid nach § 26 Absatz 3 oder Absatz 6 erteilt worden ist,
3. die durch gemeinnützige Sammlung einer ordnungsgemäßen und schadlosen Verwertung zugeführt werden,

4. die durch gewerbliche Sammlung einer ordnungsgemäßen und schadlosen Verwertung zugeführt werden, soweit überwiegende öffentliche Interessen dieser Sammlung nicht entgegenstehen.
[2]Satz 1 Nummer 3 und 4 gilt nicht für gemischte Abfälle aus privaten Haushaltungen und gefährliche Abfälle. [3]Sonderregelungen der Überlassungspflicht durch Rechtsverordnungen nach den §§ 10, 16 und 25 bleiben unberührt.

(3) [1]Überwiegende öffentliche Interessen nach Absatz 2 Satz 1 Nummer 4 stehen einer gewerblichen Sammlung entgegen, wenn die Sammlung in ihrer konkreten Ausgestaltung, auch im Zusammenwirken mit anderen Sammlungen, die Funktionsfähigkeit des öffentlich-rechtlichen Entsorgungsträgers, des von diesem beauftragten Dritten oder des auf Grund einer Rechtsverordnung nach § 25 eingerichteten Rücknahmesystems gefährdet. [2]Eine Gefährdung der Funktionsfähigkeit des öffentlich-rechtlichen Entsorgungsträgers oder des von diesem beauftragten Dritten ist anzunehmen, wenn die Erfüllung der nach § 20 bestehenden Entsorgungspflichten zu wirtschaftlich ausgewogenen Bedingungen verhindert oder die Planungssicherheit und Organisationsverantwortung wesentlich beeinträchtigt wird. [3]Eine wesentliche Beeinträchtigung der Planungssicherheit und Organisationsverantwortung des öffentlich-rechtlichen Entsorgungsträgers ist insbesondere anzunehmen, wenn durch die gewerbliche Sammlung
1. Abfälle erfasst werden, für die der öffentlich-rechtliche Entsorgungsträger oder der von diesem beauftragte Dritte eine haushaltsnahe oder sonstige hochwertige getrennte Erfassung und Verwertung der Abfälle durchführt,
2. die Stabilität der Gebühren gefährdet wird oder
3. die diskriminierungsfreie und transparente Vergabe von Entsorgungsleistungen im Wettbewerb erheblich erschwert oder unterlaufen wird.
[4]Satz 3 Nummer 1 und 2 gilt nicht, wenn die vom gewerblichen Sammler angebotene Sammlung und Verwertung der Abfälle wesentlich leistungsfähiger ist als die von dem öffentlich-rechtlichen Entsorgungsträger oder dem von ihm beauftragten Dritten bereits angebotene oder konkret geplante Leistung. [5]Bei der Beurteilung der Leistungsfähigkeit sind sowohl die in Bezug auf die Ziele der Kreislaufwirtschaft zu beurteilenden Kriterien der Qualität und der Effizienz, des Umfangs und der Dauer der Erfassung und Verwertung der Abfälle als auch die aus Sicht aller privaten Haushalte im Gebiet des öffentlich-rechtlichen Entsorgungsträgers zu beurteilende gemeinwohlorientierte Servicegerechtigkeit der Leistung zugrunde zu legen. [6]Leistungen, die über die unmittelbare Sammel- und Verwertungsleistung hinausgehen, insbesondere Entgeltzahlungen, sind bei der Beurteilung der Leistungsfähigkeit nicht zu berücksichtigen.
(4) [1]Die Länder können zur Sicherstellung der umweltverträglichen Beseitigung Andienungs- und Überlassungspflichten für gefährliche Abfälle zur Beseitigung bestimmen. [2]Andienungspflichten für gefährliche Abfälle zur Verwertung, die die Länder bis zum 7. Oktober 1996 bestimmt haben, bleiben unberührt.

§ 18 Anzeigeverfahren für Sammlungen

(1) Gemeinnützige Sammlungen im Sinne des § 17 Absatz 2 Satz 1 Nummer 3 und gewerbliche Sammlungen im Sinne des § 17 Absatz 2 Satz 1 Nummer 4 sind spätestens drei Monate vor ihrer beabsichtigten Aufnahme durch ihren Träger der zuständigen Behörde nach Maßgabe der Absätze 2 und 3 anzuzeigen.
(2) Der Anzeige einer gewerblichen Sammlung sind beizufügen
1. Angaben über die Größe und Organisation des Sammlungsunternehmens,
2. Angaben über Art, Ausmaß und Dauer, insbesondere über den größtmöglichen Umfang und die Mindestdauer der Sammlung,
3. Angaben über Art, Menge und Verbleib der zu verwertenden Abfälle,
4. eine Darlegung der innerhalb des angezeigten Zeitraums vorgesehenen Verwertungswege einschließlich der erforderlichen Maßnahmen zur Sicherstellung ihrer Kapazitäten sowie
5. eine Darlegung, wie die ordnungsgemäße und schadlose Verwertung der gesammelten Abfälle im Rahmen der Verwertungswege nach Nummer 4 gewährleistet wird.
(3) [1]Der Anzeige der gemeinnützigen Sammlung sind beizufügen
1. Angaben über die Größe und Organisation des Trägers der gemeinnützigen Sammlung sowie gegebenenfalls des Dritten, der mit der Sammlung beauftragt wird, sowie
2. Angaben über Art, Ausmaß und Dauer der Sammlung.
[2]Die Behörde kann verlangen, dass der Anzeige der gemeinnützigen Sammlung Unterlagen entsprechend Absatz 2 Nummer 3 bis 5 beizufügen sind.
(4) [1]Die zuständige Behörde fordert den von der gewerblichen oder gemeinnützigen Sammlung betroffenen öffentlich-rechtlichen Entsorgungsträger auf, für seinen Zuständigkeitsbereich eine Stellungnahme innerhalb einer Frist von zwei Monaten abzugeben. [2]Hat der öffentlich-rechtliche Entsorgungsträger bis zum Ablauf dieser Frist keine Stellungnahme abgegeben, ist davon auszugehen, dass sich dieser nicht äußern will.

(5) ¹Die zuständige Behörde kann die angezeigte Sammlung von Bedingungen abhängig machen, sie zeitlich befristen oder Auflagen für sie vorsehen, soweit dies erforderlich ist, um die Erfüllung der Voraussetzungen nach § 17 Absatz 2 Satz 1 Nummer 3 oder Nummer 4 sicherzustellen. ²Die zuständige Behörde hat die Durchführung der angezeigten Sammlung zu untersagen, wenn Tatsachen bekannt sind, aus denen sich Bedenken gegen die Zuverlässigkeit des Anzeigenden oder der für die Leitung und Beaufsichtigung der Sammlung verantwortlichen Personen ergeben, oder die Einhaltung der in § 17 Absatz 2 Satz 1 Nummer 3 oder Nummer 4 genannten Voraussetzungen anders nicht zu gewährleisten ist.

(6) ¹Die zuständige Behörde kann bestimmen, dass eine gewerbliche Sammlung mindestens für einen bestimmten Zeitraum durchzuführen ist; dieser Zeitraum darf drei Jahre nicht überschreiten. ²Wird die gewerbliche Sammlung vor Ablauf des nach Satz 1 bestimmten Mindestzeitraums eingestellt oder innerhalb dieses Zeitraums in ihrer Art und ihrem Ausmaß in Abweichung von den von der Behörde nach Absatz 5 Satz 1 festgelegten Bedingungen oder Auflagen wesentlich eingeschränkt, ist der Träger der gewerblichen Sammlung dem betroffenen öffentlich-rechtlichen Entsorgungsträger gegenüber zum Ersatz der Mehraufwendungen verpflichtet, die für die Sammlung und Verwertung der bislang von der gewerblichen Sammlung erfassten Abfälle erforderlich sind. ³Zur Absicherung des Ersatzanspruchs kann die zuständige Behörde dem Träger der gewerblichen Sammlung eine Sicherheitsleistung auferlegen.

(7) Soweit eine gewerbliche Sammlung, die zum Zeitpunkt des Inkrafttretens dieses Gesetzes bereits durchgeführt wurde, die Funktionsfähigkeit des öffentlich-rechtlichen Entsorgungsträgers, des von diesem beauftragten Dritten oder des auf Grund einer Rechtsverordnung nach § 25 eingerichteten Rücknahmesystems bislang nicht gefährdet hat, ist bei Anordnungen nach Absatz 5 oder 6 der Grundsatz der Verhältnismäßigkeit, insbesondere ein schutzwürdiges Vertrauen des Trägers der Sammlung auf ihre weitere Durchführung, zu beachten.

§ 19 Duldungspflichten bei Grundstücken

(1) ¹Die Eigentümer und Besitzer von Grundstücken, auf denen überlassungspflichtige Abfälle anfallen, sind verpflichtet, das Aufstellen von zur Erfassung notwendigen Behältnissen sowie das Betreten des Grundstücks zum Zweck des Einsammelns und zur Überwachung des Getrennthaltens und der Verwertung von Abfällen zu dulden. ²Die Bediensteten und Beauftragten der zuständigen Behörde dürfen Geschäfts- und Betriebsgrundstücke und Geschäfts- und Betriebsräume außerhalb der üblichen Geschäftszeiten sowie Wohnräume ohne Einverständnis des Inhabers nur zur Verhütung dringender Gefahren für die öffentliche Sicherheit und Ordnung betreten. ³Das Grundrecht auf Unverletzlichkeit der Wohnung (Artikel 13 Absatz 1 des Grundgesetzes) wird insoweit eingeschränkt.

(2) Absatz 1 gilt entsprechend für Rücknahme- und Sammelsysteme, die zur Durchführung von Rücknahmepflichten auf Grund einer Rechtsverordnung nach § 25 erforderlich sind.

§ 20 Pflichten der öffentlich-rechtlichen Entsorgungsträger

(1) ¹Die öffentlich-rechtlichen Entsorgungsträger haben die in ihrem Gebiet angefallenen und überlassenen Abfälle aus privaten Haushaltungen und Abfälle zur Beseitigung aus anderen Herkunftsbereichen nach Maßgabe der §§ 6 bis 16 zu verwerten oder nach Maßgabe der §§ 15 und 16 zu beseitigen. ²Werden Abfälle zur Beseitigung überlassen, weil die Pflicht zur Verwertung aus den in § 7 Absatz 4 genannten Gründen nicht erfüllt werden muss, sind die öffentlich-rechtlichen Entsorgungsträger zur Verwertung verpflichtet, soweit bei ihnen diese Gründe nicht vorliegen.

(2) ¹Die öffentlich-rechtlichen Entsorgungsträger können mit Zustimmung der zuständigen Behörde Abfälle von der Entsorgung ausschließen, soweit diese der Rücknahmepflicht auf Grund einer nach § 25 erlassenen Rechtsverordnung unterliegen und entsprechende Rücknahmeeinrichtungen tatsächlich zur Verfügung stehen. ²Satz 1 gilt auch für Abfälle zur Beseitigung aus anderen Herkunftsbereichen als privaten Haushaltungen, soweit diese nach Art, Menge oder Beschaffenheit nicht mit den in Haushaltungen anfallenden Abfällen entsorgt werden können oder die Sicherheit der umweltverträglichen Beseitigung im Einklang mit den Abfallwirtschaftsplänen der Länder durch einen anderen öffentlich-rechtlichen Entsorgungsträger oder Dritten gewährleistet ist. ³Die öffentlich-rechtlichen Entsorgungsträger können den Ausschluss von der Entsorgung nach den Sätzen 1 und 2 mit Zustimmung der zuständigen Behörde widerrufen, soweit die dort genannten Voraussetzungen für einen Ausschluss nicht mehr vorliegen.

(3) Die Pflichten nach Absatz 1 gelten auch für Kraftfahrzeuge oder Anhänger ohne gültige amtliche Kennzeichen, wenn diese

1. auf öffentlichen Flächen oder außerhalb im Zusammenhang bebauter Ortsteile abgestellt sind,
2. keine Anhaltspunkte für deren Entwendung oder bestimmungsgemäße Nutzung bestehen sowie
3. nicht innerhalb eines Monats nach einer am Fahrzeug angebrachten, deutlich sichtbaren Aufforderung entfernt worden sind.

§ 21 Abfallwirtschaftskonzepte und Abfallbilanzen

[1]Die öffentlich-rechtlichen Entsorgungsträger im Sinne des § 20 haben Abfallwirtschaftskonzepte und Abfallbilanzen über die Verwertung, insbesondere der Vorbereitung zur Wiederverwendung und des Recyclings und die Beseitigung der in ihrem Gebiet anfallenden und ihnen zu überlassenden Abfälle zu erstellen. [2]Die Anforderungen an die Abfallwirtschaftskonzepte und Abfallbilanzen richten sich nach Landesrecht.

§ 22 Beauftragung Dritter

[1]Die zur Verwertung und Beseitigung Verpflichteten können Dritte mit der Erfüllung ihrer Pflichten beauftragen. [2]Ihre Verantwortlichkeit für die Erfüllung der Pflichten bleibt hiervon unberührt und so lange bestehen, bis die Entsorgung endgültig und ordnungsgemäß abgeschlossen ist. [3]Die beauftragten Dritten müssen über die erforderliche Zuverlässigkeit verfügen.

Teil 3
Produktverantwortung

§ 23 Produktverantwortung

(1) [1]Wer Erzeugnisse entwickelt, herstellt, be- oder verarbeitet oder vertreibt, trägt zur Erfüllung der Ziele der Kreislaufwirtschaft die Produktverantwortung. [2]Erzeugnisse sind möglichst so zu gestalten, dass bei ihrer Herstellung und ihrem Gebrauch das Entstehen von Abfällen vermindert wird und sichergestellt ist, dass die nach ihrem Gebrauch entstandenen Abfälle umweltverträglich verwertet oder beseitigt werden.

(2) Die Produktverantwortung umfasst insbesondere

1. die Entwicklung, die Herstellung und das Inverkehrbringen von Erzeugnissen, die mehrfach verwendbar, technisch langlebig und nach Gebrauch zur ordnungsgemäßen, schadlosen und hochwertigen Verwertung sowie zur umweltverträglichen Beseitigung geeignet sind,
2. den vorrangigen Einsatz von verwertbaren Abfällen oder sekundären Rohstoffen bei der Herstellung von Erzeugnissen,
3. die Kennzeichnung von schadstoffhaltigen Erzeugnissen, um sicherzustellen, dass die nach Gebrauch verbleibenden Abfälle umweltverträglich verwertet oder beseitigt werden,
4. den Hinweis auf Rückgabe-, Wiederverwendungs- und Verwertungsmöglichkeiten oder -pflichten und Pfandregelungen durch Kennzeichnung der Erzeugnisse sowie
5. die Rücknahme der Erzeugnisse und der nach Gebrauch der Erzeugnisse verbleibenden Abfälle sowie deren nachfolgende umweltverträgliche Verwertung oder Beseitigung.

(3) Im Rahmen der Produktverantwortung nach den Absätzen 1 und 2 sind neben der Verhältnismäßigkeit der Anforderungen entsprechend § 7 Absatz 4 die sich aus anderen Rechtsvorschriften ergebenden Regelungen zur Produktverantwortung und zum Schutz von Mensch und Umwelt sowie die Festlegungen des Gemeinschaftsrechts über den freien Warenverkehr zu berücksichtigen.

(4) [1]Die Bundesregierung bestimmt durch Rechtsverordnungen auf Grund der §§ 24 und 25, welche Verpflichteten die Produktverantwortung nach den Absätzen 1 und 2 wahrzunehmen haben. [2]Sie legt zugleich fest, für welche Erzeugnisse und in welcher Art und Weise die Produktverantwortung wahrzunehmen ist.

§ 24 Anforderungen an Verbote, Beschränkungen und Kennzeichnungen

Zur Festlegung von Anforderungen nach § 23 wird die Bundesregierung ermächtigt, nach Anhörung der beteiligten Kreise (§ 68) durch Rechtsverordnung mit Zustimmung des Bundesrates zu bestimmen, dass

1. bestimmte Erzeugnisse, insbesondere Verpackungen und Behältnisse, nur in bestimmter Beschaffenheit oder für bestimmte Verwendungen, bei denen eine umweltverträgliche Verwertung oder Beseitigung der anfallenden Abfälle gewährleistet ist, in Verkehr gebracht werden dürfen,
2. bestimmte Erzeugnisse nicht in Verkehr gebracht werden dürfen, wenn bei ihrer Entsorgung die Freisetzung schädlicher Stoffe nicht oder nur mit unverhältnismäßig hohem Aufwand verhindert werden könnte und die umweltverträgliche Entsorgung nicht auf andere Weise sichergestellt werden kann,
3. bestimmte Erzeugnisse nur in bestimmter, die Abfallentsorgung spürbar entlastender Weise in Verkehr gebracht werden dürfen, insbesondere in einer Form, die die mehrfache Verwendung oder die Verwertung erleichtert,
4. bestimmte Erzeugnisse in bestimmter Weise zu kennzeichnen sind, um insbesondere die Erfüllung der Pflichten nach § 7 Absatz 2 und 3, § 8 Absatz 1 und § 9 im Anschluss an die Rücknahme zu sichern oder zu fördern,
5. bestimmte Erzeugnisse wegen des Schadstoffgehalts der nach dem bestimmungsgemäßen Gebrauch in der Regel verbleibenden Abfälle nur mit einer Kennzeichnung in Verkehr gebracht werden dürfen,

die insbesondere auf die Notwendigkeit einer Rückgabe an die Hersteller, Vertreiber oder bestimmte Dritte hinweist,

6. für bestimmte Erzeugnisse an der Stelle der Abgabe oder des Inverkehrbringens Hinweise auf die Wiederverwendbarkeit oder den Entsorgungsweg der Erzeugnisse zu geben oder die Erzeugnisse entsprechend zu kennzeichnen sind,

7. für bestimmte Erzeugnisse, für die eine Rücknahme- oder Rückgabepflicht nach § 25 verordnet wurde, an der Stelle der Abgabe oder des Inverkehrbringens auf die Rückgabemöglichkeit hinzuweisen ist oder die Erzeugnisse entsprechend zu kennzeichnen sind,

8. bestimmte Erzeugnisse, für die die Erhebung eines Pfandes nach § 25 verordnet wurde, entsprechend zu kennzeichnen sind, gegebenenfalls mit Angabe der Höhe des Pfandes.

§ 25 Anforderungen an Rücknahme- und Rückgabepflichten

(1) Zur Festlegung von Anforderungen nach § 23 wird die Bundesregierung ermächtigt, nach Anhörung der beteiligten Kreise (§ 68) durch Rechtsverordnung mit Zustimmung des Bundesrates zu bestimmen, dass Hersteller oder Vertreiber

1. bestimmte Erzeugnisse nur bei Eröffnung einer Rückgabemöglichkeit abgeben oder in Verkehr bringen dürfen,

2. bestimmte Erzeugnisse zurückzunehmen und die Rückgabe durch geeignete Maßnahmen sicherzustellen haben, insbesondere durch die Einrichtung von Rücknahmesystemen, die Beteiligung an Rücknahmesystemen oder durch die Erhebung eines Pfandes,

3. bestimmte Erzeugnisse an der Abgabe- oder Anfallstelle zurückzunehmen haben,

4. gegenüber dem Land, der zuständigen Behörde, dem öffentlich- rechtlichen Entsorgungsträger im Sinne des § 20, einer Industrie- und Handelskammer oder, mit dessen Zustimmung, gegenüber einem Zusammenschluss von Industrie- und Handelskammern Nachweis zu führen haben über die in Verkehr gebrachten Produkte und deren Eigenschaften, über die Rücknahme von Abfällen, über die Beteiligung an Rücknahmesystemen und über Art, Menge, Verwertung und Beseitigung der zurückgenommenen Abfälle sowie

5. Belege nach Nummer 4 beizubringen, einzubehalten, aufzubewahren, auf Verlangen vorzuzeigen sowie bei einer Behörde, einem öffentlich-rechtlichen Entsorgungsträger im Sinne des § 20, einer Industrie- und Handelskammer oder, mit dessen Zustimmung, bei einem Zusammenschluss von Industrie- und Handelskammern zu hinterlegen haben.

(2) Durch Rechtsverordnung nach Absatz 1 kann zur Festlegung von Anforderungen nach § 23 sowie zur ergänzenden Festlegung von Pflichten sowohl der Erzeuger und Besitzer von Abfällen als auch der öffentlich-rechtlichen Entsorgungsträger im Rahmen der Kreislaufwirtschaft weiter bestimmt werden,

1. wer die Kosten für die Rücknahme, Verwertung und Beseitigung der zurückzunehmenden Erzeugnisse zu tragen hat,

2. dass die Besitzer von Abfällen diese den nach Absatz 1 verpflichteten Herstellern, Vertreibern oder nach Absatz 1 Nummer 2 eingerichteten Rücknahmesystemen zu überlassen haben,

3. auf welche Art und Weise die Abfälle überlassen werden, einschließlich der Maßnahmen zum Bereitstellen, Sammeln und Befördern sowie der Bringpflichten der unter Nummer 2 genannten Besitzer von Abfällen; für die im ersten Halbsatz genannten Tätigkeiten kann auch eine einheitliche Wertstofftonne oder eine einheitliche Wertstofferfassung in vergleichbarer Qualität vorgesehen werden,

4. dass die öffentlich-rechtlichen Entsorgungsträger im Sinne des § 20 durch Erfassung der Abfälle als ihnen übertragene Aufgabe bei der Rücknahme mitzuwirken und die erfassten Abfälle den nach Absatz 1 Verpflichteten zu überlassen haben.

§ 26 Freiwillige Rücknahme

(1) Das Bundesministerium für Umwelt, Naturschutz, Bau und Reaktorsicherheit wird ermächtigt, nach Anhörung der beteiligten Kreise (§ 68) durch Rechtsverordnung ohne Zustimmung des Bundesrates Zielfestlegungen für die freiwillige Rücknahme von Abfällen zu treffen, die innerhalb einer angemessenen Frist zu erreichen sind.

(2) Hersteller und Vertreiber, die Erzeugnisse und die nach Gebrauch der Erzeugnisse verbleibenden Abfälle freiwillig zurücknehmen, haben dies der zuständigen Behörde vor Beginn der Rücknahme anzuzeigen, soweit die Rücknahme gefährliche Abfälle umfasst.

(3) [1]Die für die Anzeige nach Absatz 2 zuständige Behörde soll auf Antrag den Hersteller oder Vertreiber, der von ihm hergestellte oder vertriebene Erzeugnisse nach deren Gebrauch als gefährliche Abfälle in eigenen Anlagen oder Einrichtungen oder in Anlagen oder Einrichtungen von ihm beauftragter Dritter freiwillig zurücknimmt, von Pflichten zur Nachweisführung nach § 50 über die Entsorgung gefährlicher

Abfälle bis zum Abschluss der Rücknahme der Abfälle sowie von Verpflichtungen nach § 54 freistellen, wenn

1. die freiwillige Rücknahme erfolgt, um die Produktverantwortung im Sinne des § 23 wahrzunehmen,
2. durch die Rücknahme die Kreislaufwirtschaft gefördert wird und
3. die umweltverträgliche Verwertung oder Beseitigung der Abfälle gewährleistet bleibt.

[2]Die Rücknahme nach Satz 1 gilt spätestens mit der Annahme der Abfälle an einer Anlage zur weiteren Entsorgung, ausgenommen Anlagen zur Zwischenlagerung der Abfälle, als abgeschlossen, soweit in der Freistellung kein früherer Zeitpunkt bestimmt wird. [3]Der Antrag auf Freistellung kann mit der Anzeige nach Absatz 2 verbunden werden.

(4) [1]Die Freistellung nach Absatz 3 gilt für die Bundesrepublik Deutschland, soweit keine beschränkte Geltung beantragt oder angeordnet wird. [2]Die für die Freistellung zuständige Behörde übersendet je eine Kopie des Freistellungsbescheides an die zuständigen Behörden der Länder, in denen die Abfälle zurückgenommen werden.

(5) [1]Erzeuger, Besitzer, Beförderer oder Entsorger von gefährlichen Abfällen sind bis zum Abschluss der Rücknahme nach Absatz 3 von den Nachweispflichten nach § 50 befreit, soweit sie die Abfälle an einen Hersteller oder Vertreiber zurückgeben oder in dessen Auftrag entsorgen, der für solche Abfälle nach Absatz 3 von Nachweispflichten freigestellt ist. [2]Die zuständige Behörde kann die Rückgabe oder Entsorgung von Bedingungen abhängig machen, sie zeitlich befristen oder Auflagen für sie vorsehen, soweit dies erforderlich ist, um die umweltverträgliche Verwertung und Beseitigung sicherzustellen.

(6) [1]Die nach Absatz 2 zuständige Behörde stellt auf Antrag des Herstellers oder Vertreibers fest, dass eine angezeigte Rücknahme von Abfällen in Wahrnehmung der Produktverantwortung nach § 23 erfolgt, wenn die Voraussetzungen nach Absatz 3 Satz 1 erfüllt sind. [2]Absatz 4 gilt entsprechend.

§ 27 Besitzerpflichten nach Rücknahme
Hersteller und Vertreiber, die Abfälle auf Grund einer Rechtsverordnung nach § 25 oder freiwillig zurücknehmen, unterliegen den Pflichten eines Besitzers von Abfällen.

Teil 4
Planungsverantwortung

Abschnitt 1
Ordnung und Durchführung der Abfallbeseitigung

§ 28 Ordnung der Abfallbeseitigung
(1) [1]Abfälle dürfen zum Zweck der Beseitigung nur in den dafür zugelassenen Anlagen oder Einrichtungen (Abfallbeseitigungsanlagen) behandelt, gelagert oder abgelagert werden. [2]Abweichend von Satz 1 ist die Behandlung von Abfällen zur Beseitigung auch in solchen Anlagen zulässig, die überwiegend einem anderen Zweck als der Abfallbeseitigung dienen und die einer Genehmigung nach § 4 des Bundes-Immissionsschutzgesetzes bedürfen. [3]Die Lagerung oder Behandlung von Abfällen zur Beseitigung in den diesen Zwecken dienenden Abfallbeseitigungsanlagen ist auch zulässig, soweit diese nach dem Bundes-Immissionsschutzgesetz auf Grund ihres geringen Beeinträchtigungspotenzials keiner Genehmigung bedürfen und in einer Rechtsverordnung nach § 23 des Bundes-Immissionsschutzgesetzes oder in einer Rechtsverordnung nach § 16 nichts anderes bestimmt ist. [4]Flüssige Abfälle, die kein Abwasser sind, können unter den Voraussetzungen des § 55 Absatz 3 des Wasserhaushaltsgesetzes vom 31. Juli 2009 (BGBl. I S. 2585), das zuletzt durch Artikel 1 des Gesetzes vom 6. Oktober 2011 (BGBl. I S. 1986) geändert worden ist, in der jeweils geltenden Fassung mit Abwasser beseitigt werden.
(2) Die zuständige Behörde kann im Einzelfall unter dem Vorbehalt des Widerrufs Ausnahmen von Absatz 1 Satz 1 zulassen, wenn dadurch das Wohl der Allgemeinheit nicht beeinträchtigt wird.
(3) [1]Die Landesregierungen können durch Rechtsverordnung die Beseitigung bestimmter Abfälle oder bestimmter Mengen dieser Abfälle außerhalb von Anlagen im Sinne des Absatzes 1 Satz 1 zulassen, soweit hierfür ein Bedürfnis besteht und eine Beeinträchtigung des Wohls der Allgemeinheit nicht zu besorgen ist. [2]Sie können in diesem Fall auch die Voraussetzungen und die Art und Weise der Beseitigung durch Rechtsverordnung bestimmen. [3]Die Landesregierungen können die Ermächtigung durch Rechtsverordnung ganz oder teilweise auf andere Behörden übertragen.

§ 29 Durchführung der Abfallbeseitigung
(1) [1]Die zuständige Behörde kann den Betreiber einer Abfallbeseitigungsanlage verpflichten, einem Beseitigungspflichtigen nach § 15 sowie den öffentlich-rechtlichen Entsorgungsträgern im Sinne des § 20 die Mitbenutzung der Abfallbeseitigungsanlage gegen angemessenes Entgelt zu gestatten, soweit diese

auf eine andere Weise den Abfall nicht zweckmäßig oder nur mit erheblichen Mehrkosten beseitigen können und die Mitbenutzung für den Betreiber zumutbar ist. ²Kommt eine Einigung über das Entgelt nicht zustande, wird es auf Antrag durch die zuständige Behörde festgesetzt. ³Auf Antrag des nach Satz 1 Verpflichteten kann der durch die Gestattung Begünstigte statt zur Zahlung eines angemessenen Entgelts dazu verpflichtet werden, nach dem Wegfall der Gründe für die Zuweisung Abfälle gleicher Art und Menge zu übernehmen. ⁴Die Verpflichtung zur Gestattung darf nur erfolgen, wenn Rechtsvorschriften dieses Gesetzes nicht entgegenstehen; die Erfüllung der Grundpflichten gemäß § 15 muss sichergestellt sein. ⁵Die zuständige Behörde hat von demjenigen Beseitigungspflichtigen, der durch die Gestattung begünstigt werden soll, die Vorlage eines Abfallwirtschaftskonzepts zu verlangen und dieses ihrer Entscheidung zugrunde zu legen.

(2) ¹Die zuständige Behörde kann dem Betreiber einer Abfallbeseitigungsanlage, der Abfälle wirtschaftlicher als die öffentlich-rechtlichen Entsorgungsträger beseitigen kann, auf seinen Antrag die Beseitigung dieser Abfälle übertragen. ²Die Übertragung kann insbesondere mit der Auflage verbunden werden, dass der Antragsteller alle Abfälle, die in dem von den öffentlich-rechtlichen Entsorgungsträgern erfassten Gebiet angefallen sind, gegen Erstattung der Kosten beseitigt, wenn die öffentlich-rechtlichen Entsorgungsträger die verbleibenden Abfälle nicht oder nur mit unverhältnismäßigem Aufwand beseitigen können; dies gilt nicht, wenn der Antragsteller darlegt, dass es unzumutbar ist, die Beseitigung auch dieser verbleibenden Abfälle zu übernehmen.

(3) ¹Die zuständige Behörde kann den Abbauberechtigten oder den Unternehmer eines Mineralgewinnungsbetriebs sowie den Eigentümer, Besitzer oder in sonstiger Weise Verfügungsberechtigten eines zur Mineralgewinnung genutzten Grundstücks verpflichten, die Beseitigung von Abfällen in freigelegten Bauen in seiner Anlage oder innerhalb seines Grundstücks zu dulden, während der üblichen Betriebs- oder Geschäftszeiten den Zugang zu ermöglichen und dabei, soweit dies unumgänglich ist, vorhandene Betriebsanlagen oder Einrichtungen oder Teile derselben zur Verfügung zu stellen. ²Die dem Verpflichteten nach Satz 1 entstehenden Kosten hat der Beseitigungspflichtige zu erstatten. ³Kommt eine Einigung über die Erstattung der Kosten nicht zustande, werden sie auf Antrag durch die zuständige Behörde festgesetzt. ⁴Der Vorrang der Mineralgewinnung gegenüber der Abfallbeseitigung darf nicht beeinträchtigt werden. ⁵Für die aus der Abfallbeseitigung entstehenden Schäden haftet der Duldungspflichtige nicht.

(4) ¹Das Einbringen von Abfällen in die Hohe See sowie die Verbrennung von Abfällen auf Hoher See ist nach Maßgabe des Hohe-See-Einbringungsgesetzes vom 25. August 1998 (BGBl. I S. 2455), das zuletzt durch Artikel 72 der Verordnung vom 31. Oktober 2006 (BGBl. I S. 2407) geändert worden ist, verboten. ²Baggergut darf nach Maßgabe des in Satz 1 genannten Gesetzes unter Berücksichtigung der jeweiligen Inhaltsstoffe in die Hohe See eingebracht werden.

Abschnitt 2
Abfallwirtschaftspläne und Abfallvermeidungsprogramme

§ 30 Abfallwirtschaftspläne
(1) ¹Die Länder stellen für ihr Gebiet Abfallwirtschaftspläne nach überörtlichen Gesichtspunkten auf. ²Die Abfallwirtschaftspläne stellen Folgendes dar:
1. die Ziele der Abfallvermeidung, der Abfallverwertung, insbesondere der Vorbereitung zur Wiederverwendung und des Recyclings, sowie der Abfallbeseitigung,
2. die bestehende Situation der Abfallbewirtschaftung,
3. die erforderlichen Maßnahmen zur Verbesserung der Abfallverwertung und Abfallbeseitigung einschließlich einer Bewertung ihrer Eignung zur Zielerreichung sowie
4. die Abfallentsorgungsanlagen, die zur Sicherung der Beseitigung von Abfällen sowie der Verwertung von gemischten Abfällen aus privaten Haushaltungen einschließlich solcher, die dabei auch in anderen Herkunftsbereichen gesammelt werden, im Inland erforderlich sind.
³Die Abfallwirtschaftspläne weisen Folgendes aus:
1. die zugelassenen Abfallentsorgungsanlagen im Sinne des Satzes 2 Nummer 4 sowie
2. die Flächen, die für Deponien, für sonstige Abfallbeseitigungsanlagen sowie für Abfallentsorgungsanlagen im Sinne des Satzes 2 Nummer 4 geeignet sind.
⁴Die Abfallwirtschaftspläne können ferner bestimmen, welcher Entsorgungsträger vorgesehen ist und welcher Abfallentsorgungsanlage im Sinne des Satzes 2 Nummer 4 sich die Entsorgungspflichtigen zu bedienen haben.

(2) ¹Bei der Darstellung des Bedarfs sind zukünftige, innerhalb eines Zeitraums von mindestens zehn Jahren zu erwartende Entwicklungen zu berücksichtigen. ²Soweit dies zur Darstellung des Bedarfs erforderlich ist, sind Abfallwirtschaftskonzepte und Abfallbilanzen auszuwerten.

(3) ¹Eine Fläche kann als geeignet im Sinne des Absatzes 1 Satz 3 Nummer 2 angesehen werden, wenn ihre Lage, Größe und Beschaffenheit im Hinblick auf die vorgesehene Nutzung mit den abfallwirtschaftlichen Zielsetzungen im Plangebiet übereinstimmen und Belange des Wohls der Allgemeinheit der Eignung der Fläche nicht offensichtlich entgegenstehen. ²Die Flächenausweisung nach Absatz 1 Satz 3 Nummer 2 ist keine Voraussetzung für die Planfeststellung oder Genehmigung der in § 35 aufgeführten Abfallbeseitigungsanlagen.

(4) Die Ausweisungen im Sinne des Absatzes 1 Satz 3 Nummer 2 und Satz 4 können für die Entsorgungspflichtigen für verbindlich erklärt werden.

(5) ¹Bei der Abfallwirtschaftsplanung sind die Ziele der Raumordnung zu beachten und die Grundsätze und sonstigen Erfordernisse der Raumordnung zu berücksichtigen. ²§ 8 Absatz 6 des Raumordnungsgesetzes bleibt unberührt.

(6) Die Abfallwirtschaftspläne enthalten mindestens
1. Angaben über Art, Menge und Herkunft der im Gebiet erzeugten Abfälle und der Abfälle, die voraussichtlich aus dem oder in das deutsche Hoheitsgebiet verbracht werden, sowie eine Abschätzung der zukünftigen Entwicklung der Abfallströme,
2. Angaben über bestehende Abfallsammelsysteme und bedeutende Beseitigungs- und Verwertungsanlagen, einschließlich spezieller Vorkehrungen für Altöl, gefährliche Abfälle oder Abfallströme, für die besondere Bestimmungen nach diesem Gesetz oder auf Grund dieses Gesetzes erlassener Rechtsverordnungen gelten,
3. eine Beurteilung der Notwendigkeit neuer Sammelsysteme, der Stilllegung bestehender oder der Errichtung zusätzlicher Abfallentsorgungsanlagen nach Absatz 1 Satz 3 Nummer 1 und, soweit dies erforderlich ist, der diesbezüglichen Investitionen,
4. ausreichende Informationen über die Ansiedlungskriterien zur Standortbestimmung und über die Kapazität künftiger Beseitigungsanlagen oder bedeutender Verwertungsanlagen,
5. allgemeine Abfallbewirtschaftungsstrategien, einschließlich geplanter Abfallbewirtschaftungstechnologien und -verfahren, oder Strategien für Abfälle, die besondere Bewirtschaftungsprobleme aufwerfen.

(7) Abfallwirtschaftspläne können weiterhin enthalten
1. Angaben über organisatorische Aspekte der Abfallbewirtschaftung, einschließlich einer Beschreibung der Aufteilung der Verantwortlichkeiten zwischen öffentlichen und privaten Akteuren, die die Abfallbewirtschaftung durchführen,
2. eine Bewertung von Nutzen und Eignung des Einsatzes wirtschaftlicher und anderer Instrumente zur Bewältigung verschiedener Abfallprobleme unter Berücksichtigung der Notwendigkeit, ein reibungsloses Funktionieren des Binnenmarkts aufrechtzuerhalten,
3. den Einsatz von Sensibilisierungskampagnen sowie Informationen für die Öffentlichkeit oder eine bestimmte Verbrauchergruppe,
4. Angaben über geschlossene kontaminierte Abfallbeseitigungsstandorte und Maßnahmen für deren Sanierung.

§ 31 Aufstellung von Abfallwirtschaftsplänen

(1) ¹Die Länder sollen ihre Abfallwirtschaftsplanungen aufeinander und untereinander abstimmen. ²Ist eine die Grenze eines Landes überschreitende Planung erforderlich, sollen die betroffenen Länder bei der Aufstellung der Abfallwirtschaftspläne die Erfordernisse und Maßnahmen in gegenseitigem Benehmen miteinander festlegen.

(2) Bei der Aufstellung der Abfallwirtschaftspläne sind die Gemeinden und die Landkreise sowie ihre jeweiligen Zusammenschlüsse und die öffentlich-rechtlichen Entsorgungsträger zu beteiligen.

(3) Die öffentlich-rechtlichen Entsorgungsträger haben die von ihnen zu erstellenden und fortzuschreibenden Abfallwirtschaftskonzepte und Abfallbilanzen auf Verlangen der zuständigen Behörde zur Auswertung für die Abfallwirtschaftsplanung vorzulegen.

(4) ¹Die Länder regeln das Verfahren zur Aufstellung der Pläne und zu deren Verbindlicherklärung. ²Die Absätze 1 bis 3 und § 32 bleiben unberührt.

(5) Die Pläne sind mindestens alle sechs Jahre auszuwerten und bei Bedarf fortzuschreiben.

§ 32 Beteiligung der Öffentlichkeit bei der Aufstellung von Abfallwirtschaftsplänen, Unterrichtung der Öffentlichkeit

(1) ¹Bei der Aufstellung oder Änderung von Abfallwirtschaftplänen nach § 30, einschließlich besonderer Kapitel oder gesonderter Teilpläne, insbesondere über die Entsorgung von gefährlichen Abfällen, Altbatterien und Akkumulatoren oder Verpackungen und Verpackungsabfällen, ist die Öffentlichkeit durch die zuständige Behörde zu beteiligen. ²Die Aufstellung oder Änderung eines Abfallwirtschaftsplans sowie

Informationen über das Beteiligungsverfahren sind in einem amtlichen Veröffentlichungsblatt und auf andere geeignete Weise bekannt zu machen.

(2) ¹Der Entwurf des neuen oder geänderten Abfallwirtschaftsplans sowie die Gründe und Erwägungen, auf denen der Entwurf beruht, sind einen Monat zur Einsicht auszulegen. ²Bis zwei Wochen nach Ablauf der Auslegungsfrist kann gegenüber der zuständigen Behörde schriftlich Stellung genommen werden. ³Der Zeitpunkt des Fristablaufs ist bei der Bekanntmachung nach Absatz 1 Satz 2 mitzuteilen. ⁴Fristgemäß eingegangene Stellungnahmen werden von der zuständigen Behörde bei der Entscheidung über die Annahme des Plans angemessen berücksichtigt.

(3) ¹Die Annahme des Plans ist von der zuständigen Behörde in einem amtlichen Veröffentlichungsblatt und auf einer öffentlich zugänglichen Webseite öffentlich bekannt zu machen; dabei ist in zusammengefasster Form über den Ablauf des Beteiligungsverfahrens und über die Gründe und Erwägungen, auf denen die getroffene Entscheidung beruht, zu unterrichten. ²Der angenommene Plan ist zur Einsicht für die Öffentlichkeit auszulegen, hierauf ist in der öffentlichen Bekanntmachung nach Satz 1 hinzuweisen.

(4) Die Absätze 1 bis 3 finden keine Anwendung, wenn es sich bei dem Abfallwirtschaftsplan um einen Plan handelt, für den nach dem Gesetz über die Umweltverträglichkeitsprüfung eine Strategische Umweltprüfung durchzuführen ist.

(5) ¹Unbeschadet der Beteiligung der Öffentlichkeit nach den Absätzen 1 bis 4 unterrichten die Länder die Öffentlichkeit über den Stand der Abfallwirtschaftsplanung. ²Die Unterrichtung enthält unter Beachtung der bestehenden Geheimhaltungsvorschriften eine zusammenfassende Darstellung und Bewertung der Abfallwirtschaftspläne, einen Vergleich zum vorangegangenen sowie eine Prognose für den folgenden Unterrichtungszeitraum.

§ 33 Abfallvermeidungsprogramme

(1) ¹Der Bund erstellt ein Abfallvermeidungsprogramm. ²Die Länder können sich an der Erstellung des Abfallvermeidungsprogramms beteiligen. ³In diesem Fall leisten sie für ihren jeweiligen Zuständigkeitsbereich eigenverantwortliche Beiträge; diese Beiträge werden in das Abfallvermeidungsprogramm des Bundes aufgenommen.

(2) Soweit die Länder sich nicht an einem Abfallvermeidungsprogramm des Bundes beteiligen, erstellen sie eigene Abfallvermeidungsprogramme.

(3) Das Abfallvermeidungsprogramm
1. legt die Abfallvermeidungsziele fest; die Ziele sind darauf gerichtet, das Wirtschaftswachstum und die mit der Abfallerzeugung verbundenen Auswirkungen auf Mensch und Umwelt zu entkoppeln,
2. stellt die bestehenden Abfallvermeidungsmaßnahmen dar und bewertet die Zweckmäßigkeit der in Anlage 4 angegebenen oder anderer geeigneter Abfallvermeidungsmaßnahmen,
3. legt, soweit erforderlich, weitere Abfallvermeidungsmaßnahmen fest und
4. gibt zweckmäßige, spezifische, qualitative oder quantitative Maßstäbe für festgelegte Abfallvermeidungsmaßnahmen vor, anhand derer den Maßnahmen erzielte Fortschritte überwacht und bewertet werden; als Maßstab können Indikatoren oder andere geeignete spezifische qualitative oder quantitative Ziele herangezogen werden.

(4) ¹Beiträge der Länder nach Absatz 1 oder Abfallvermeidungsprogramme der Länder nach Absatz 2 können in die Abfallwirtschaftspläne nach § 30 aufgenommen oder als eigenständiges umweltpolitisches Programm oder Teil eines solchen erstellt werden. ²Wird ein Beitrag oder ein Abfallvermeidungsprogramm in den Abfallwirtschaftsplan oder in ein anderes Programm aufgenommen, sind die Abfallvermeidungsmaßnahmen deutlich auszuweisen.

(5) ¹Die Abfallvermeidungsprogramme sind erstmals zum 12. Dezember 2013 zu erstellen, alle sechs Jahre auszuwerten und bei Bedarf fortzuschreiben. ²Bei der Aufstellung oder Änderung von Abfallvermeidungsprogrammen ist die Öffentlichkeit von der zuständigen Behörde entsprechend § 32 Absatz 1 bis 4 zu beteiligen. ³Zuständig für die Erstellung des Abfallvermeidungsprogramms des Bundes ist das Bundesministerium für Umwelt, Naturschutz, Bau und Reaktorsicherheit oder eine von diesem zu bestimmende Behörde. ⁴Das Abfallvermeidungsprogramm des Bundes wird im Einvernehmen mit den fachlich betroffenen Bundesministerien erstellt.

Abschnitt 3
Zulassung von Anlagen, in denen Abfälle entsorgt werden

§ 34 Erkundung geeigneter Standorte

(1) ¹Eigentümer und Nutzungsberechtigte von Grundstücken haben zu dulden, dass Beauftragte der zuständigen Behörde und der öffentlich-rechtlichen Entsorgungsträger zur Erkundung geeigneter Standorte

für Deponien und öffentlich zugängliche Abfallbeseitigungsanlagen Grundstücke mit Ausnahme von Wohnungen betreten und Vermessungen, Boden- und Grundwasseruntersuchungen sowie ähnliche Maßnahmen durchführen. [2]Die Absicht, Grundstücke zu betreten und solche Maßnahmen durchzuführen, ist den Eigentümern und Nutzungsberechtigten der Grundstücke rechtzeitig vorher bekannt zu geben.

(2) [1]Die zuständige Behörde und die öffentlich-rechtlichen Entsorgungsträger haben nach Abschluss der Maßnahmen den vorherigen Zustand unverzüglich wiederherzustellen. [2]Sie können anordnen, dass bei der Erkundung geschaffene Einrichtungen aufrechtzuerhalten sind. [3]Die Einrichtungen sind zu beseitigen, wenn sie für die Erkundung nicht mehr benötigt werden oder wenn eine Entscheidung darüber nicht innerhalb von zwei Jahren nach Schaffung der Einrichtung getroffen worden ist und der Eigentümer oder Nutzungsberechtigte dem weiteren Verbleib der Einrichtung gegenüber der Behörde widersprochen hat.

(3) Eigentümer und Nutzungsberechtigte von Grundstücken können für durch Maßnahmen nach Absatz 1 oder Absatz 2 entstandene Vermögensnachteile von der zuständigen Behörde Entschädigung in Geld verlangen.

§ 35 Planfeststellung und Genehmigung

(1) Die Errichtung und der Betrieb von Anlagen, in denen eine Entsorgung von Abfällen durchgeführt wird, sowie die wesentliche Änderung einer solchen Anlage oder ihres Betriebes bedürfen der Genehmigung nach den Vorschriften des Bundes-Immissionsschutzgesetzes; einer weiteren Zulassung nach diesem Gesetz bedarf es nicht.

(2) [1]Die Errichtung und der Betrieb von Deponien sowie die wesentliche Änderung einer solchen Anlage oder ihres Betriebes bedürfen der Planfeststellung durch die zuständige Behörde. [2]In dem Planfeststellungsverfahren ist eine Umweltverträglichkeitsprüfung nach den Vorschriften des Gesetzes über die Umweltverträglichkeitsprüfung durchzuführen.

(3) [1]§ 74 Absatz 6 des Verwaltungsverfahrensgesetzes gilt mit der Maßgabe, dass die zuständige Behörde nur dann an Stelle eines Planfeststellungsbeschlusses auf Antrag oder von Amts wegen eine Plangenehmigung erteilen kann, wenn

1. die Errichtung und der Betrieb einer unbedeutenden Deponie beantragt werden, soweit die Errichtung und der Betrieb keine erheblichen nachteiligen Auswirkungen auf ein in § 2 Absatz 1 des Gesetzes über die Umweltverträglichkeitsprüfung genanntes Schutzgut haben können, oder

2. die wesentliche Änderung einer Deponie oder ihres Betriebes beantragt wird, soweit die Änderung keine erheblichen nachteiligen Auswirkungen auf ein in § 2 Absatz 1 des Gesetzes über die Umweltverträglichkeitsprüfung genanntes Schutzgut haben kann, oder

3. die Errichtung und der Betrieb einer Deponie beantragt werden, die ausschließlich oder überwiegend der Entwicklung und Erprobung neuer Verfahren dient, und die Genehmigung für einen Zeitraum von höchstens zwei Jahren nach Inbetriebnahme der Anlage erteilt werden soll; soweit diese Deponie der Ablagerung gefährlicher Abfälle dient, darf die Genehmigung für einen Zeitraum von höchstens einem Jahr nach Inbetriebnahme der Anlage erteilt werden.

[2]Die zuständige Behörde soll ein Genehmigungsverfahren durchführen, wenn die wesentliche Änderung keine erheblichen nachteiligen Auswirkungen auf ein in § 2 Absatz 1 des Gesetzes über die Umweltverträglichkeitsprüfung genanntes Schutzgut hat und den Zweck verfolgt, eine wesentliche Verbesserung für diese Schutzgüter herbeizuführen. [3]Eine Plangenehmigung nach Satz 1 Nummer 1 kann nicht erteilt werden

1. für Deponien zur Ablagerung von gefährlichen Abfällen,

2. für Deponien zur Ablagerung von nicht gefährlichen Abfällen mit einer Aufnahmekapazität von 10 Tonnen oder mehr pro Tag oder mit einer Gesamtkapazität von 25 000 Tonnen oder mehr; dies gilt nicht für Deponien für Inertabfälle.

(4) [1]§ 15 Absatz 1 Satz 1 bis 4 und Absatz 2 des Bundes-Immissionsschutzgesetzes gilt entsprechend. [2]Satz 1 findet auch auf die in § 39 genannten Deponien Anwendung.

(5) Für nach Absatz 4 anzeigebedürftige Änderungen kann der Träger des Vorhabens eine Planfeststellung oder eine Plangenehmigung beantragen.

§ 36 Erteilung, Sicherheitsleistung, Nebenbestimmungen

(1) Der Planfeststellungsbeschluss nach § 35 Absatz 2 darf nur erlassen oder die Plangenehmigung nach § 35 Absatz 3 darf nur erteilt werden, wenn

1. sichergestellt ist, dass das Wohl der Allgemeinheit nicht beeinträchtigt wird, insbesondere

a) keine Gefahren für die in § 15 Absatz 2 Satz 2 genannten Schutzgüter hervorgerufen werden können,

b) Vorsorge gegen die Beeinträchtigungen der in § 15 Absatz 2 Satz 2 genannten Schutzgüter in erster Linie durch bauliche, betriebliche oder organisatorische Maßnahmen entsprechend dem Stand der Technik getroffen wird und

c) Energie sparsam und effizient verwendet wird,

2. keine Tatsachen bekannt sind, aus denen sich Bedenken gegen die Zuverlässigkeit des Betreibers oder der für die Errichtung, Leitung oder Beaufsichtigung des Betriebes oder für die Nachsorge der Deponie verantwortlichen Personen ergeben,

3. die Personen im Sinne der Nummer 2 und das sonstige Personal über die für ihre Tätigkeit erforderliche Fach- und Sachkunde verfügen,

4. keine nachteiligen Wirkungen auf das Recht eines anderen zu erwarten sind und

5. die für verbindlich erklärten Feststellungen eines Abfallwirtschaftsplans dem Vorhaben nicht entgegenstehen.

(2) ¹Dem Erlass eines Planfeststellungsbeschlusses oder der Erteilung einer Plangenehmigung stehen die in Absatz 1 Nummer 4 genannten nachteiligen Wirkungen auf das Recht eines anderen nicht entgegen, wenn sie durch Auflagen oder Bedingungen verhütet oder ausgeglichen werden können oder der Betroffene den nachteiligen Wirkungen auf sein Recht nicht widerspricht. ²Absatz 1 Nummer 4 gilt nicht, wenn das Vorhaben dem Wohl der Allgemeinheit dient. ³Wird in diesem Fall der Planfeststellungsbeschluss erlassen, ist der Betroffene für den dadurch eingetretenen Vermögensnachteil in Geld zu entschädigen.

(3) Die zuständige Behörde soll verlangen, dass der Betreiber einer Deponie für die Rekultivierung sowie zur Verhinderung oder Beseitigung von Beeinträchtigungen des Wohls der Allgemeinheit nach Stilllegung der Anlage Sicherheit im Sinne von § 232 des Bürgerlichen Gesetzbuchs leistet oder ein gleichwertiges Sicherungsmittel erbringt.

(4) ¹Der Planfeststellungsbeschluss und die Plangenehmigung nach Absatz 1 können von Bedingungen abhängig gemacht, mit Auflagen verbunden und befristet werden, soweit dies zur Wahrung des Wohls der Allgemeinheit erforderlich ist. ²Die zuständige Behörde überprüft regelmäßig sowie aus besonderem Anlass, ob der Planfeststellungsbeschluss und die Plangenehmigung nach Absatz 1 dem neuesten Stand der in Absatz 1 Nummer 1 bis 3 und 5 genannten Anforderungen entsprechen. ³Die Aufnahme, Änderung oder Ergänzung von Auflagen über Anforderungen an die Deponie oder ihren Betrieb ist auch nach dem Ergehen des Planfeststellungsbeschlusses oder nach der Erteilung der Plangenehmigung zulässig. ⁴Die Bundesregierung wird ermächtigt, nach Anhörung der beteiligten Kreise (§ 68) durch Rechtsverordnung mit Zustimmung des Bundesrates zu bestimmen, wann die zuständige Behörde Überprüfungen vorzunehmen und die in Satz 3 genannten Auflagen zu erlassen hat.

§ 37 Zulassung des vorzeitigen Beginns

(1) ¹In einem Planfeststellungs- oder Plangenehmigungsverfahren kann die für die Feststellung des Plans oder Erteilung der Plangenehmigung zuständige Behörde unter dem Vorbehalt des Widerrufs für einen Zeitraum von sechs Monaten zulassen, dass bereits vor Feststellung des Plans oder der Erteilung der Plangenehmigung mit der Errichtung einschließlich der Maßnahmen, die zur Prüfung der Betriebstüchtigkeit der Deponie erforderlich sind, begonnen wird, wenn

1. mit einer Entscheidung zugunsten des Trägers des Vorhabens gerechnet werden kann,

2. an dem vorzeitigen Beginn ein öffentliches Interesse besteht und

3. der Träger des Vorhabens sich verpflichtet, alle bis zur Entscheidung durch die Ausführung verursachten Schäden zu ersetzen und, sofern kein Planfeststellungsbeschluss oder keine Plangenehmigung erfolgt, den früheren Zustand wiederherzustellen.

²Diese Frist kann auf Antrag um sechs Monate verlängert werden.

(2) Die zuständige Behörde hat die Leistung einer Sicherheit zu verlangen, soweit dies erforderlich ist, um die Erfüllung der Verpflichtungen des Trägers des Vorhabens nach Absatz 1 Satz 1 Nummer 3 zu sichern.

§ 38 Planfeststellungsverfahren und weitere Verwaltungsverfahren

(1) ¹Für das Planfeststellungsverfahren gelten die §§ 72 bis 78 des Verwaltungsverfahrensgesetzes. ²Die Bundesregierung wird ermächtigt, durch Rechtsverordnung mit Zustimmung des Bundesrates weitere Einzelheiten des Planfeststellungs- und Plangenehmigungsverfahrens zu regeln, insbesondere

1. Art und Umfang der Antragsunterlagen,

2. nähere Einzelheiten für das Anzeigeverfahren nach § 35 Absatz 4,

3. nähere Einzelheiten für das Verfahren zur Feststellung der endgültigen Stilllegung nach § 40 Absatz 3 sowie

4. nähere Einzelheiten für das Verfahren zur Feststellung des Abschlusses der Nachsorgephase nach § 40 Absatz 5.

(2) Einwendungen im Rahmen des Zulassungsverfahrens können innerhalb der gesetzlich festgelegten Frist nur schriftlich erhoben werden.

§ 39 Bestehende Abfallbeseitigungsanlagen

(1) [1]Die zuständige Behörde kann für Deponien, die vor dem 11. Juni 1972 betrieben wurden oder mit deren Errichtung begonnen war, für deren Betrieb Befristungen, Bedingungen und Auflagen anordnen. [2]Sie kann den Betrieb dieser Anlagen ganz oder teilweise untersagen, wenn eine erhebliche Beeinträchtigung des Wohls der Allgemeinheit durch Auflagen, Bedingungen oder Befristungen nicht verhindert werden kann.

(2) [1]In dem in Artikel 3 des Einigungsvertrages genannten Gebiet kann die zuständige Behörde für Deponien, die vor dem 1. Juli 1990 betrieben wurden oder mit deren Errichtung begonnen war, Befristungen, Bedingungen und Auflagen für deren Errichtung und Betrieb anordnen. [2]Absatz 1 Satz 2 gilt entsprechend.

§ 40 Stilllegung

(1) [1]Der Betreiber einer Deponie hat ihre beabsichtigte Stilllegung der zuständigen Behörde unverzüglich anzuzeigen. [2]Der Anzeige sind Unterlagen über Art, Umfang und Betriebsweise sowie die beabsichtigte Rekultivierung und sonstige Vorkehrungen zum Schutz des Wohls der Allgemeinheit beizufügen.

(2) [1]Soweit entsprechende Regelungen noch nicht in dem Planfeststellungsbeschluss nach § 35 Absatz 2, der Plangenehmigung nach § 35 Absatz 3, in Bedingungen und Auflagen nach § 39 oder den für die Deponie geltenden umweltrechtlichen Vorschriften enthalten sind, hat die zuständige Behörde den Betreiber der Deponie zu verpflichten,

1. auf seine Kosten das Gelände, das für eine Deponie nach Absatz 1 verwendet worden ist, zu rekultivieren,

2. auf seine Kosten alle sonstigen erforderlichen Vorkehrungen, einschließlich der Überwachungs- und Kontrollmaßnahmen während der Nachsorgephase, zu treffen, um die in § 36 Absatz 1 bis 3 genannten Anforderungen auch nach der Stilllegung zu erfüllen, und

3. der zuständigen Behörde alle Überwachungsergebnisse zu melden, aus denen sich Anhaltspunkte für erhebliche nachteilige Auswirkungen auf Mensch und Umwelt ergeben.

[2]Besteht der Verdacht, dass von einer endgültig stillgelegten Deponie nach Absatz 3 schädliche Bodenveränderungen oder sonstige Gefahren für den Einzelnen oder die Allgemeinheit ausgehen, so sind für die Erfassung, Untersuchung, Bewertung und Sanierung die Vorschriften des Bundes-Bodenschutzgesetzes anzuwenden.

(3) Die zuständige Behörde hat den Abschluss der Stilllegung (endgültige Stilllegung) festzustellen.

(4) Die Verpflichtung nach Absatz 1 besteht auch für Betreiber von Anlagen, in denen gefährliche Abfälle anfallen.

(5) Die zuständige Behörde hat auf Antrag den Abschluss der Nachsorgephase festzustellen.

§ 41 Emissionserklärung

(1) [1]Der Betreiber einer Deponie ist verpflichtet, der zuständigen Behörde zu dem in der Rechtsverordnung nach Absatz 2 festgesetzten Zeitpunkt Angaben zu machen über Art und Menge sowie räumliche und zeitliche Verteilung der Emissionen, die von der Anlage in einem bestimmten Zeitraum ausgegangen sind, sowie über die Austrittsbedingungen (Emissionserklärung); er hat die Emissionserklärung nach Maßgabe der Rechtsverordnung nach Absatz 2 entsprechend dem neuesten Stand zu ergänzen. [2]Dies gilt nicht für Betreiber von Deponien, von denen nur in geringem Umfang Emissionen ausgehen können. [3]Die zuständige Behörde kann abweichend von Satz 1 eine kürzere Frist setzen, sofern dies im Einzelfall auf Grund besonderer Umstände erforderlich ist.

(2) [1]Die Bundesregierung wird ermächtigt, durch Rechtsverordnung mit Zustimmung des Bundesrates zu bestimmen, für welche Deponien und für welche Emissionen die Verpflichtung zur Emissionserklärung gilt, sowie Inhalt, Umfang, Form und Zeitpunkt der Abgabe der Emissionserklärung und das bei der Ermittlung der Emissionen einzuhaltende Verfahren zu regeln. [2]In der Rechtsverordnung wird auch bestimmt, welche Betreiber nach Absatz 1 Satz 2 von der Pflicht zur Abgabe einer Emissionserklärung befreit sind.

(3) § 27 Absatz 1 Satz 2, Absatz 2 und 3 des Bundes-Immissionsschutzgesetzes gilt entsprechend.

(4) Die Verpflichtung nach Absatz 1, eine Emissionserklärung abzugeben, entsteht mit Inkrafttreten der Rechtsverordnung nach Absatz 2.

§ 42 Zugang zu Informationen

Planfeststellungsbeschlüsse nach § 35 Absatz 2, Plangenehmigungen nach § 35 Absatz 3, Anordnungen nach § 39 und alle Ablehnungen und Änderungen dieser Entscheidungen sowie die bei der zuständigen Behörde vorliegenden Ergebnisse der Überwachung der von einer Deponie ausgehenden Emissionen sind nach den Bestimmungen des Umweltinformationsgesetzes mit Ausnahme des § 12 des Umweltinformationsgesetzes der Öffentlichkeit zugänglich; für Landesbehörden gelten die landesrechtlichen Vorschriften.

§ 43 Anforderungen an Deponien

(1) [1]Die Bundesregierung wird ermächtigt, nach Anhörung der beteiligten Kreise (§ 68) durch Rechtsverordnung mit Zustimmung des Bundesrates vorzuschreiben, dass die Errichtung, die Beschaffenheit, der Betrieb, der Zustand nach Stilllegung und die betreibereigene Überwachung von Deponien zur Erfüllung des § 36 Absatz 1 und der §§ 39 und 40 sowie zur Umsetzung von Rechtsakten der Europäischen Union zu dem in § 1 genannten Zweck bestimmten Anforderungen genügen müssen, insbesondere dass

1. die Standorte bestimmten Anforderungen entsprechen müssen,

2. die Deponien bestimmten betrieblichen, organisatorischen und technischen Anforderungen entsprechen müssen,

3. die in Deponien zur Ablagerung gelangenden Abfälle bestimmten Anforderungen entsprechen müssen; dabei kann insbesondere bestimmt werden, dass Abfälle mit bestimmten Metallgehalten nicht abgelagert werden dürfen und welche Abfälle als Inertabfälle gelten,

4. die von Deponien ausgehenden Emissionen bestimmte Grenzwerte nicht überschreiten dürfen,

5. die Betreiber während des Betriebes und in der Nachsorgephase bestimmte Mess- und Überwachungsmaßnahmen vorzunehmen haben oder vornehmen lassen müssen,

6. die Betreiber durch einen Sachverständigen bestimmte Prüfungen vornehmen lassen müssen
 a) während der Errichtung oder sonst vor der Inbetriebnahme der Deponie,
 b) nach Inbetriebnahme der Deponie oder einer Änderung im Sinne des § 35 Absatz 2 oder Absatz 5,
 c) in regelmäßigen Abständen oder
 d) bei oder nach der Stilllegung,

7. es den Betreibern erst einer Abnahme durch die zuständige Behörde gestattet ist,
 a) die Deponie in Betrieb zu nehmen,
 b) eine wesentliche Änderung in Betrieb zu nehmen oder
 c) die Stilllegung abzuschließen,

8. bei bestimmten Ereignissen der Betreiber innerhalb bestimmter Fristen die zuständige Behörde unterrichten muss, die erforderlichen Maßnahmen zur Begrenzung und Vermeidung von Beeinträchtigungen des Wohls der Allgemeinheit ergreifen muss oder die zuständige Behörde den Betreiber zu solchen Maßnahmen verpflichten muss,

9. die Betreiber der zuständigen Behörde während des Betriebes und in der Nachsorgephase unverzüglich alle Überwachungsergebnisse, aus denen sich Anhaltspunkte für erhebliche nachteilige Umweltauswirkungen ergeben, sowie bestimmte Ereignisse, die solche Auswirkungen haben können, zu melden und der zuständigen Behörde regelmäßig einen Bericht über die Ergebnisse der in der Rechtsverordnung vorgeschriebenen Mess- und Überwachungsmaßnahmen vorzulegen haben.

[2]Bei der Festlegung der Anforderungen sind insbesondere mögliche Verlagerungen von nachteiligen Auswirkungen von einem Schutzgut auf ein anderes zu berücksichtigen; ein hohes Schutzniveau für die Umwelt insgesamt ist zu gewährleisten.

(2) [1]In der Rechtsverordnung nach Absatz 1 kann bestimmt werden, inwieweit die nach Absatz 1 zur Vorsorge gegen Beeinträchtigungen der in § 15 Absatz 2 Satz 2 genannten Schutzgüter festgelegten Anforderungen nach Ablauf bestimmter Übergangsfristen erfüllt werden müssen, soweit zum Zeitpunkt des Inkrafttretens der Rechtsverordnung in einem Planfeststellungsbeschluss, einer Plangenehmigung oder einer landesrechtlichen Vorschrift geringere Anforderungen gestellt worden sind. [2]Bei der Bestimmung der Dauer der Übergangsfristen und der einzuhaltenden Anforderungen sind insbesondere Art, Beschaffenheit und Menge der abgelagerten Abfälle, die Standortbedingungen, Art, Menge und Gefährlichkeit der von den Deponien ausgehenden Emissionen sowie die Nutzungsdauer und technische Besonderheiten der Deponien zu berücksichtigen. [3]Die Sätze 1 und 2 gelten für die in § 39 Absatz 1 und 2 genannten Deponien entsprechend.

(3) Die Bundesregierung wird ermächtigt, nach Anhörung der beteiligten Kreise (§ 68) durch Rechtsverordnung mit Zustimmung des Bundesrates vorzuschreiben, welche Anforderungen an die Zuverlässigkeit, die Sach- und Fachkunde der für die Errichtung, Leitung oder Beaufsichtigung des Betriebes der Deponie

verantwortlichen Personen und die Sach- und Fachkunde des sonstigen Personals, einschließlich der laufenden Fortbildung der verantwortlichen Personen und des sonstigen Personals zu stellen sind.

(4) Die Bundesregierung wird ermächtigt, durch Rechtsverordnung mit Zustimmung des Bundesrates

1. zu bestimmen, dass die Betreiber bestimmter Deponien eine Sicherheit im Sinne von § 232 des Bürgerlichen Gesetzbuchs leisten oder ein anderes gleichwertiges Sicherungsmittel erbringen müssen,

2. Vorschriften über Art, Umfang und Höhe der nach § 36 Absatz 3 zu leistenden Sicherheit im Sinne von § 232 des Bürgerlichen Gesetzbuchs oder eines anderen gleichwertigen Sicherungsmittels zu erlassen sowie

3. zu bestimmen, wie lange die Sicherheit nach Nummer 1 geleistet oder ein anderes gleichwertiges Sicherungsmittel erbracht werden muss.

(5) Durch Rechtsverordnung nach Absatz 1 können auch Verfahren zur Überprüfung der dort festgelegten Anforderungen bestimmt werden, insbesondere Verfahren entsprechend § 10 Absatz 2 Nummer 1 bis 9 und Absatz 3.

§ 44 Kosten der Ablagerung von Abfällen

(1) ¹Die vom Betreiber für die Ablagerung von Abfällen in Rechnung zu stellenden privatrechtlichen Entgelte müssen alle Kosten für die Errichtung und den Betrieb der Deponie, einschließlich der Kosten einer vom Betreiber zu leistenden Sicherheit im Sinne von § 232 des Bürgerlichen Gesetzbuchs oder eines zu erbringenden gleichwertigen Sicherungsmittels, sowie die geschätzten Kosten für die Stilllegung und die Nachsorge für mindestens 30 Jahre abdecken. ²Soweit dies nach Satz 1 durch Freistellungen nach Artikel 4 § 3 des Umweltrahmengesetzes vom 29. Juni 1990 (GBl. I Nr. 42 S. 649), das durch Artikel 12 des Gesetzes vom 22. März 1991 (BGBl. I S. 766, 1928) geändert worden ist, gewährleistet ist, entfällt eine entsprechende Veranlagung der Kosten für die Stilllegung und die Nachsorge sowie der Kosten der Sicherheitsleistung bei der Berechnung der Entgelte.

(2) Der Betreiber hat die in Absatz 1 genannten Kosten zu erfassen und der zuständigen Behörde innerhalb einer von ihr zu setzenden Frist Übersichten über die Kosten und die erhobenen Entgelte zur Verfügung zu stellen.

(3) Die Gebühren der öffentlich-rechtlichen Entsorgungsträger richten sich nach Landesrecht.

(4) Die Absätze 1 bis 3 gelten entsprechend für die Abdeckung der Kosten von genehmigungsbedürftigen Anlagen zum Lagern von Abfällen im Sinne des Bundes-Immissionsschutzgesetzes, soweit in diesen Anlagen Abfälle vor deren Beseitigung jeweils über einen Zeitraum von mehr als einem Jahr oder Abfälle vor deren Verwertung jeweils über einen Zeitraum von mehr als drei Jahren gelagert werden.

Teil 5
Absatzförderung und Abfallberatung

§ 45 Pflichten der öffentlichen Hand

(1) ¹Die Behörden des Bundes sowie die der Aufsicht des Bundes unterstehenden juristischen Personen des öffentlichen Rechts, Sondervermögen und sonstige Stellen sind verpflichtet, durch ihr Verhalten zur Erfüllung des Zweckes des § 1 beizutragen. ²Insbesondere haben sie unter Berücksichtigung der §§ 6 bis 8 bei der Gestaltung von Arbeitsabläufen, der Beschaffung oder Verwendung von Material und Gebrauchsgütern, bei Bauvorhaben und sonstigen Aufträgen zu prüfen, ob und in welchem Umfang

1. Erzeugnisse eingesetzt werden können,
 a) die sich durch Langlebigkeit, Reparaturfreundlichkeit und Wiederverwendbarkeit oder Verwertbarkeit auszeichnen,
 b) die im Vergleich zu anderen Erzeugnissen zu weniger oder zu schadstoffärmeren Abfällen führen oder
 c) die durch Vorbereitung zur Wiederverwendung oder durch Recycling aus Abfällen hergestellt worden sind, sowie

2. die nach dem Gebrauch der Erzeugnisse entstandenen Abfälle unter besonderer Beachtung des Vorrangs der Vorbereitung zur Wiederverwendung und des Recyclings verwertet werden können.

(2) Die in Absatz 1 Satz 1 genannten Stellen wirken im Rahmen ihrer Möglichkeiten darauf hin, dass die Gesellschaften des privaten Rechts, an denen sie beteiligt sind, die Verpflichtungen nach Absatz 1 beachten.

(3) Die öffentliche Hand hat im Rahmen ihrer Pflichten nach den Absätzen 1 und 2 Regelungen für die Verwendung von Erzeugnissen oder Materialien sowie zum Schutz von Mensch und Umwelt nach anderen Rechtsvorschriften zu berücksichtigen.

§ 46 Abfallberatungspflicht

(1) [1]Die öffentlich-rechtlichen Entsorgungsträger im Sinne des § 20 sind im Rahmen der ihnen übertragenen Aufgaben in Selbstverwaltung zur Information und Beratung über Möglichkeiten der Vermeidung, Verwertung und Beseitigung von Abfällen verpflichtet. [2]Zur Beratung verpflichtet sind auch die Industrie- und Handelskammern, Handwerkskammern und Landwirtschaftskammern.

(2) Die zuständige Behörde hat den nach diesem Gesetz zur Beseitigung Verpflichteten Auskunft über geeignete Abfallbeseitigungsanlagen zu erteilen.

Teil 6
Überwachung

§ 47 Allgemeine Überwachung

(1) [1]Die Vermeidung nach Maßgabe der auf Grund der §§ 24 und 25 erlassenen Rechtsverordnungen und die Abfallbewirtschaftung unterliegen der Überwachung durch die zuständige Behörde. [2]Für den Vollzug der nach den §§ 24 und 25 ergangenen Rechtsverordnungen sind § 25 Absatz 1 und 3, § 26 Absatz 2 und 3, § 27 Absatz 1, § 28 Absatz 1 und 2 und Absatz 4 Satz 1 und 2 des Produktsicherheitsgesetzes vom 8. November 2011 (BGBl. I S. 2178, 2179) entsprechend anzuwenden. [3]Die nach Satz 2 verpflichteten Personen sind verpflichtet, das Betreten von Geschäfts- und Betriebsgrundstücken und -räumen außerhalb der üblichen Geschäftszeiten sowie das Betreten von Wohnräumen zu gestatten, wenn dies zur Verhütung dringender Gefahren für die öffentliche Sicherheit oder Ordnung erforderlich ist. [4]Das Grundrecht auf Unverletzlichkeit der Wohnung (Artikel 13 Absatz 1 des Grundgesetzes) wird insoweit eingeschränkt.

(2) [1]Die zuständige Behörde überprüft in regelmäßigen Abständen und in angemessenem Umfang Erzeuger von gefährlichen Abfällen, Anlagen und Unternehmen, die Abfälle entsorgen, sowie Sammler, Beförderer, Händler und Makler von Abfällen. [2]Die Überprüfung der Tätigkeiten der Sammler und Beförderer von Abfällen erstreckt sich auch auf den Ursprung, die Art, die Menge und den Bestimmungsort der gesammelten und beförderten Abfälle.

(3) [1]Auskunft über Betrieb, Anlagen, Einrichtungen und sonstige der Überwachung unterliegende Gegenstände haben den Bediensteten und Beauftragten der zuständigen Behörde auf Verlangen zu erteilen

1. Erzeuger und Besitzer von Abfällen,
2. zur Abfallentsorgung Verpflichtete,
3. Betreiber sowie frühere Betreiber von Unternehmen oder Anlagen, die Abfälle entsorgen oder entsorgt haben, auch wenn diese Anlagen stillgelegt sind, sowie
4. Sammler, Beförderer, Händler und Makler von Abfällen.

[2]Die nach Satz 1 zur Auskunft verpflichteten Personen haben den Bediensteten und Beauftragten der zuständigen Behörde zur Prüfung der Einhaltung ihrer Verpflichtungen nach den §§ 7 und 15 das Betreten der Grundstücke sowie der Geschäfts- und Betriebsräume zu den üblichen Geschäftszeiten, die Einsicht in Unterlagen und die Vornahme von technischen Ermittlungen und Prüfungen zu gestatten. [3]Die nach Satz 1 zur Auskunft verpflichteten Personen sind ferner verpflichtet, zu diesen Zwecken das Betreten von Geschäfts- und Betriebsgrundstücken und -räumen außerhalb der üblichen Geschäftszeiten sowie das Betreten von Wohnräumen zu gestatten, wenn dies zur Verhütung dringender Gefahren für die öffentliche Sicherheit oder Ordnung erforderlich ist. [4]Das Grundrecht auf Unverletzlichkeit der Wohnung (Artikel 13 Absatz 1 des Grundgesetzes) wird insoweit eingeschränkt.

(4) Betreiber von Verwertungs- und Abfallbeseitigungsanlagen oder von Anlagen, in denen Abfälle mitverwertet oder mitbeseitigt werden, haben diese Anlagen den Bediensteten oder Beauftragten der zuständigen Behörde zugänglich zu machen, die zur Überwachung erforderlichen Arbeitskräfte, Werkzeuge und Unterlagen zur Verfügung zu stellen und nach Anordnung der zuständigen Behörde Zustand und Betrieb der Anlage auf eigene Kosten prüfen zu lassen.

(5) Für die nach dieser Vorschrift zur Auskunft verpflichteten Personen gilt § 55 der Strafprozessordnung entsprechend.

(6) Die behördlichen Überwachungsbefugnisse nach den Absätzen 1 bis 5 erstrecken sich auch auf die Prüfung, ob bestimmte Stoffe oder Gegenstände gemäß den Voraussetzungen der §§ 4 und 5 nicht oder nicht mehr als Abfall anzusehen sind.

(7) [1]Für alle zulassungspflichtigen Deponien stellen die zuständigen Behörden in ihrem Zuständigkeitsbereich Überwachungspläne und Überwachungsprogramme zur Durchführung der Absätze 1 bis 4 auf. [2]Satz 1 gilt nicht für Deponien für Inertabfälle und Deponien, die eine Aufnahmekapazität von 10 Tonnen oder weniger je Tag und eine Gesamtkapazität von 25 000 Tonnen oder weniger haben. [3]Zur Überwachung nach Satz 1 gehören insbesondere auch die Überwachung der Errichtung, Vor-Ort-Besichtigungen, die Überwachung der Emissionen und die Überprüfung interner Berichte, Folgedokumente sowie Messungen

und Kontrollen, die Überprüfung der Eigenkontrolle, die Prüfung der angewandten Techniken und der Eignung des Umweltmanagements der Deponie. [4]Die Bundesregierung wird ermächtigt, nach Anhörung der beteiligten Kreise (§ 68) durch Rechtsverordnung mit Zustimmung des Bundesrates die Einzelheiten zum Inhalt der Überwachungspläne und Überwachungsprogramme nach Satz 1 zu bestimmen.

(8) [1]Die Länder übermitteln dem Bundesministerium für Umwelt, Naturschutz, Bau und Reaktorsicherheit nach Anforderung Informationen über die Umsetzung der Richtlinie 2010/75/EU des Europäischen Parlaments und des Rates vom 24. November 2010 über Industrieemissionen (integrierte Vermeidung und Verminderung der Umweltverschmutzung) (Neufassung) (ABl. L 334 vom 17.12.2010, S. 17), insbesondere über repräsentative Daten über Emissionen und sonstige Arten von Umweltverschmutzung, über Emissionsgrenzwerte sowie über die Anwendung des Standes der Technik. [2]Die Länder stellen diese Informationen auf elektronischem Wege zur Verfügung. [3]Art und Form der von den Ländern zu übermittelnden Informationen sowie der Zeitpunkt ihrer Übermittlung richten sich nach den Anforderungen, die auf der Grundlage von Artikel 72 Absatz 2 der Richtlinie 2010/75/EU festgelegt werden. [4]§ 5 Absatz 1 Satz 2, Absatz 2 bis 6 des Gesetzes zur Ausführung des Protokolls über Schadstofffreisetzungs- und -verbringungsregister vom 21. Mai 2003 sowie zur Durchführung der Verordnung (EG) Nr. 166/2006 vom 6. Juni 2007 (BGBl. I S. 1002) gilt entsprechend.

(9) [1]Die zuständige Behörde kann anordnen, dass der Betreiber einer Deponie ihr Daten zu übermitteln hat, die in einem Durchführungsrechtsakt nach Artikel 72 Absatz 2 der Richtlinie 2010/75/EU aufgeführt sind und die zur Erfüllung der Berichtspflicht nach Absatz 8 erforderlich sind, soweit der zuständigen Behörde solche Daten nicht bereits auf Grund anderer Vorschriften vorliegen. [2]§ 3 Absatz 1 Satz 2 und § 5 Absatz 2 bis 6 des Gesetzes zur Ausführung des Protokolls über Schadstofffreisetzungs- und -verbringungsregister vom 21. Mai 2003 sowie zur Durchführung der Verordnung (EG) Nr. 166/2006 gelten entsprechend.

§ 48 Abfallbezeichnung, gefährliche Abfälle

[1]An die Entsorgung sowie die Überwachung gefährlicher Abfälle sind nach Maßgabe dieses Gesetzes besondere Anforderungen zu stellen. [2]Zur Umsetzung von Rechtsakten der Europäischen Union wird die Bundesregierung ermächtigt, nach Anhörung der beteiligten Kreise (§ 68) durch Rechtsverordnung mit Zustimmung des Bundesrates die Bezeichnung von Abfällen sowie gefährliche Abfälle zu bestimmen und die Bestimmung gefährlicher Abfälle durch die zuständige Behörde im Einzelfall zuzulassen.

§ 49 Registerpflichten

(1) Die Betreiber von Anlagen oder Unternehmen, die Abfälle in einem Verfahren nach Anlage 1 oder Anlage 2 entsorgen (Entsorger von Abfällen), haben ein Register zu führen, in dem hinsichtlich der Vorgänge nach Anlage 1 oder Anlage 2 folgende Angaben verzeichnet sind:
1. die Menge, die Art und der Ursprung sowie
2. die Bestimmung, die Häufigkeit der Sammlung, die Beförderungsart sowie die Art der Verwertung oder Beseitigung, einschließlich der Vorbereitung vor der Verwertung oder Beseitigung, soweit diese Angaben zur Gewährleistung einer ordnungsgemäßen Abfallbewirtschaftung von Bedeutung sind.

(2) [1]Entsorger, die Abfälle behandeln oder lagern, haben die nach Absatz 1 erforderlichen Angaben, insbesondere die Bestimmung der behandelten oder gelagerten Abfälle, auch für die weitere Entsorgung zu verzeichnen, soweit dies erforderlich ist, um auf Grund der Zweckbestimmung der Abfallentsorgungsanlage eine ordnungsgemäße Entsorgung zu gewährleisten. [2]Entsorger nach Satz 1 werden durch Rechtsverordnung nach § 52 Absatz 1 Satz 1 bestimmt.

(3) Die Pflicht nach Absatz 1, ein Register zu führen, gilt auch für die Erzeuger, Besitzer, Sammler, Beförderer, Händler und Makler von gefährlichen Abfällen.

(4) Auf Verlangen der zuständigen Behörde sind die Register vorzulegen oder Angaben aus diesen Registern mitzuteilen.

(5) In ein Register eingetragene Angaben oder eingestellte Belege über gefährliche Abfälle haben die Erzeuger, Besitzer, Händler, Makler und Entsorger von Abfällen mindestens drei Jahre, die Beförderer von Abfällen mindestens zwölf Monate jeweils ab dem Zeitpunkt der Eintragung oder Einstellung in das Register gerechnet aufzubewahren, soweit eine Rechtsverordnung nach § 52 keine längere Frist vorschreibt.

(6) Die Registerpflichten nach den Absätzen 1 bis 3 gelten nicht für private Haushaltungen.

§ 50 Nachweispflichten

(1) [1]Die Erzeuger, Besitzer, Sammler, Beförderer und Entsorger von gefährlichen Abfällen haben sowohl der zuständigen Behörde gegenüber als auch untereinander die ordnungsgemäße Entsorgung gefährlicher Abfälle nachzuweisen. [2]Der Nachweis wird geführt

1. vor Beginn der Entsorgung in Form einer Erklärung des Erzeugers, Besitzers, Sammlers oder Beförderers von Abfällen zur vorgesehenen Entsorgung, einer Annahmeerklärung des Abfallentsorgers sowie der Bestätigung der Zulässigkeit der vorgesehenen Entsorgung durch die zuständige Behörde und

2. über die durchgeführte Entsorgung oder Teilabschnitte der Entsorgung in Form von Erklärungen der nach Satz 1 Verpflichteten über den Verbleib der entsorgten Abfälle.

(2) ¹Die Nachweispflichten nach Absatz 1 gelten nicht für die Entsorgung gefährlicher Abfälle, welche die Erzeuger oder Besitzer von Abfällen in eigenen Abfallentsorgungsanlagen entsorgen, wenn diese Entsorgungsanlagen in einem engen räumlichen und betrieblichen Zusammenhang mit den Anlagen oder Stellen stehen, in denen die zu entsorgenden Abfälle angefallen sind. ²Die Registerpflichten nach § 49 bleiben unberührt.

(3) ¹Die Nachweispflichten nach Absatz 1 gelten nicht bis zum Abschluss der Rücknahme oder Rückgabe von Erzeugnissen oder der nach Gebrauch der Erzeugnisse verbleibenden gefährlichen Abfälle, die einer verordneten Rücknahme oder Rückgabe nach § 25 unterliegen. ²Eine Rücknahme oder Rückgabe von Erzeugnissen und der nach Gebrauch der Erzeugnisse verbleibenden Abfälle gilt spätestens mit der Annahme an einer Anlage zur weiteren Entsorgung, ausgenommen Anlagen zur Zwischenlagerung der Abfälle, als abgeschlossen, soweit die Rechtsverordnung, welche die Rückgabe oder Rücknahme anordnet, keinen früheren Zeitpunkt bestimmt.

(4) Die Nachweispflichten nach Absatz 1 gelten nicht für private Haushaltungen.

§ 51 Überwachung im Einzelfall

(1) ¹Die zuständige Behörde kann anordnen, dass die Erzeuger, Besitzer, Sammler, Beförderer, Händler, Makler oder Entsorger von Abfällen, jedoch ausgenommen private Haushaltungen,

1. Register oder Nachweise zu führen und vorzulegen oder Angaben aus den Registern mitzuteilen haben, soweit Pflichten nach den §§ 49 und 50 nicht bestehen, oder

2. bestimmten Anforderungen entsprechend § 10 Absatz 2 Nummer 2 und 3 sowie 5 bis 8 nachzukommen haben.

²Durch Anordnung nach Satz 1 kann auch bestimmt werden, dass Nachweise und Register elektronisch geführt und Dokumente in elektronischer Form nach § 3a Absatz 2 Satz 2 und 3 des Verwaltungsverfahrensgesetzes vorzulegen sind.

(2) ¹Ist der Erzeuger, Besitzer, Sammler, Beförderer, Händler, Makler oder Entsorger von Abfällen Entsorgungsfachbetrieb im Sinne des § 56 oder auditierter Unternehmensstandort im Sinne des § 61, so hat die zuständige Behörde dies bei Anordnungen nach Absatz 1, insbesondere auch im Hinblick auf mögliche Beschränkungen des Umfangs oder des Inhalts der Nachweispflicht, zu berücksichtigen. ²Dies umfasst vor allem die Berücksichtigung der vom Umweltgutachter geprüften und im Rahmen der Teilnahme an dem Gemeinschaftssystem für das Umweltmanagement und die Umweltbetriebsprüfung (EMAS) erstellten Unterlagen.

§ 52 Anforderungen an Nachweise und Register

(1) ¹Die Bundesregierung wird ermächtigt, nach Anhörung der beteiligten Kreise (§ 68) durch Rechtsverordnung mit Zustimmung des Bundesrates zur Erfüllung der sich aus den §§ 49 bis 51 ergebenden Pflichten die näheren Anforderungen an die Form, den Inhalt sowie das Verfahren zur Führung und Vorlage der Nachweise, Register und der Mitteilung bestimmter Angaben aus den Registern festzulegen sowie die nach § 49 Absatz 2 verpflichteten Anlagen oder Unternehmen zu bestimmen. ²Durch Rechtsverordnung nach Satz 1 kann auch bestimmt werden, dass

1. der Nachweis nach § 50 Absatz 1 Satz 2 Nummer 1 nach Ablauf einer bestimmten Frist als bestätigt gilt oder eine Bestätigung entfällt, soweit jeweils die ordnungsgemäße Entsorgung gewährleistet bleibt,

2. auf Verlangen der zuständigen Behörde oder eines früheren Besitzers Belege über die Durchführung der Entsorgung der Behörde oder dem früheren Besitzer vorzulegen sind,

3. für bestimmte Kleinmengen, die nach Art und Beschaffenheit der Abfälle auch unterschiedlich festgelegt werden können, oder für einzelne Abfallbewirtschaftungsmaßnahmen, Abfallarten oder Abfallgruppen bestimmte Anforderungen nicht oder abweichende Anforderungen gelten, soweit jeweils die ordnungsgemäße Entsorgung gewährleistet bleibt,

4. die zuständige Behörde unter dem Vorbehalt des Widerrufs auf Antrag oder von Amts wegen Verpflichtete ganz oder teilweise von der Führung von Nachweisen oder Registern freistellen kann, soweit die ordnungsgemäße Entsorgung gewährleistet bleibt,

5. die Register in Form einer sachlich und zeitlich geordneten Sammlung der vorgeschriebenen Nachweise oder der Belege, die in der Entsorgungspraxis gängig sind, geführt werden,

6. die Nachweise und Register bis zum Ablauf bestimmter Fristen aufzubewahren sind sowie
7. bei der Beförderung von Abfällen geeignete Angaben zum Zweck der Überwachung mitzuführen sind.

(2) Durch Rechtsverordnung nach Absatz 1 kann auch angeordnet werden, dass

1. Nachweise und Register elektronisch zu führen und Dokumente in elektronischer Form gemäß § 3a Absatz 2 Satz 2 und 3 des Verwaltungsverfahrensgesetzes vorzulegen sind,
2. die zur Erfüllung der in Nummer 1 genannten Pflichten erforderlichen Voraussetzungen geschaffen und vorgehalten werden sowie
3. den zuständigen Behörden oder den beteiligten Nachweispflichtigen bestimmte Angaben zu den technischen Voraussetzungen nach Nummer 2, insbesondere die erforderlichen Empfangszugänge sowie Störungen der für die Kommunikation erforderlichen Einrichtungen, mitgeteilt werden.

§ 53 Sammler, Beförderer, Händler und Makler von Abfällen

(1) [1]Sammler, Beförderer, Händler und Makler von Abfällen haben die Tätigkeit ihres Betriebes vor Aufnahme der Tätigkeit der zuständigen Behörde anzuzeigen, es sei denn, der Betrieb verfügt über eine Erlaubnis nach § 54 Absatz 1. [2]Die zuständige Behörde bestätigt dem Anzeigenden unverzüglich schriftlich den Eingang der Anzeige. [3]Zuständig ist die Behörde des Landes, in dem der Anzeigende seinen Hauptsitz hat.

(2) [1]Der Inhaber eines Betriebes im Sinne des Absatzes 1 sowie die für die Leitung und Beaufsichtigung des Betriebes verantwortlichen Personen müssen zuverlässig sein. [2]Der Inhaber, soweit er für die Leitung des Betriebes verantwortlich ist, die für die Leitung und Beaufsichtigung des Betriebes verantwortlichen Personen und das sonstige Personal müssen über die für ihre Tätigkeit notwendige Fach- und Sachkunde verfügen.

(3) [1]Die zuständige Behörde kann die angezeigte Tätigkeit von Bedingungen abhängig machen, sie zeitlich befristen oder Auflagen für sie vorsehen, soweit dies zur Wahrung des Wohls der Allgemeinheit erforderlich ist. [2]Sie kann Unterlagen über den Nachweis der Zuverlässigkeit und der Fach- und Sachkunde vom Anzeigenden verlangen. [3]Sie hat die angezeigte Tätigkeit zu untersagen, wenn Tatsachen bekannt sind, aus denen sich Bedenken gegen die Zuverlässigkeit des Inhabers oder der für die Leitung und Beaufsichtigung des Betriebes verantwortlichen Personen ergeben, oder wenn die erforderliche Fach- oder Sachkunde nach Absatz 2 Satz 2 nicht nachgewiesen wurde.

(4) [1]Nachweise aus einem anderen Mitgliedstaat der Europäischen Union oder einem anderen Vertragsstaat des Abkommens über den Europäischen Wirtschaftsraum über die Erfüllung der Anforderungen nach Absatz 2 stehen inländischen Nachweisen gleich, wenn aus ihnen hervorgeht, dass die betreffenden Anforderungen oder die auf Grund ihrer Zielsetzung im Wesentlichen vergleichbaren Anforderungen des Ausstellungsstaates erfüllt sind. [2]Gleichwertige Nachweise nach Satz 1 sind auf Verlangen der zuständigen Behörde im Original oder in Kopie vorzulegen. [3]Eine Beglaubigung der Kopie sowie eine beglaubigte deutsche Übersetzung können verlangt werden.

(5) Hinsichtlich der Überprüfung der erforderlichen Fach- und Sachkunde nach Absatz 2 Satz 2 eines Anzeigenden aus einem anderen Mitgliedstaat der Europäischen Union oder einem anderen Vertragsstaat des Abkommens über den Europäischen Wirtschaftsraum gilt § 36a Absatz 1 Satz 2, Absatz 2 und 4 Satz 4 der Gewerbeordnung entsprechend; bei vorübergehender und nur gelegentlicher Tätigkeit eines in einem anderen Mitgliedstaat der Europäischen Union oder einem anderen Vertragsstaat des Abkommens über den Europäischen Wirtschaftsraum niedergelassenen Dienstleistungserbringers gilt hinsichtlich der erforderlichen Fach- und Sachkunde § 13a Absatz 2 Satz 2 bis 5 und Absatz 3 der Gewerbeordnung entsprechend.

(6) Die Bundesregierung wird ermächtigt, nach Anhörung der beteiligten Kreise (§ 68) durch Rechtsverordnung mit Zustimmung des Bundesrates für die Anzeige und Tätigkeit der Sammler, Beförderer, Händler und Makler von Abfällen, für Sammler und Beförderer von Abfällen insbesondere unter Berücksichtigung der Besonderheiten der jeweiligen Verkehrsträger, Verkehrswege oder der jeweiligen Beförderungsart,

1. Vorschriften zu erlassen über die Form, den Inhalt und das Verfahren zur Erstattung der Anzeige, über Anforderungen an die Zuverlässigkeit, die Fach- und Sachkunde und deren Nachweis,
2. anzuordnen, dass das Verfahren zur Erstattung der Anzeige elektronisch zu führen ist und Dokumente in elektronischer Form gemäß § 3a Absatz 2 Satz 2 und 3 des Verwaltungsverfahrensgesetzes vorzulegen sind,
3. bestimmte Tätigkeiten von der Anzeigepflicht nach Absatz 1 auszunehmen, soweit eine Anzeige aus Gründen des Wohls der Allgemeinheit nicht erforderlich ist,

4. Anforderungen an die Anzeigepflichtigen und deren Tätigkeit zu bestimmen, die sich aus Rechtsvorschriften der Europäischen Union ergeben, sowie

5. anzuordnen, dass bei der Beförderung von Abfällen geeignete Unterlagen zum Zweck der Überwachung mitzuführen sind.

§ 54 Sammler, Beförderer, Händler und Makler von gefährlichen Abfällen

(1) [1]Sammler, Beförderer, Händler und Makler von gefährlichen Abfällen bedürfen der Erlaubnis. [2]Die zuständige Behörde hat die Erlaubnis zu erteilen, wenn

1. keine Tatsachen bekannt sind, aus denen sich Bedenken gegen die Zuverlässigkeit des Inhabers oder der für die Leitung und Beaufsichtigung des Betriebes verantwortlichen Personen ergeben, sowie

2. der Inhaber, soweit er für die Leitung des Betriebes verantwortlich ist, die für die Leitung und Beaufsichtigung des Betriebes verantwortlichen Personen und das sonstige Personal über die für ihre Tätigkeit notwendige Fach- und Sachkunde verfügen.

[3]Zuständig ist die Behörde des Landes, in dem der Antragsteller seinen Hauptsitz hat. [4]Die Erlaubnis nach Satz 1 gilt für die Bundesrepublik Deutschland.

(2) Die zuständige Behörde kann die Erlaubnis mit Nebenbestimmungen versehen, soweit dies zur Wahrung des Wohls der Allgemeinheit erforderlich ist.

(3) Von der Erlaubnispflicht nach Absatz 1 Satz 1 ausgenommen sind

1. öffentlich-rechtliche Entsorgungsträger sowie

2. Entsorgungsfachbetriebe im Sinne von § 56, soweit sie für die erlaubnispflichtige Tätigkeit zertifiziert sind.

(4) [1]Erlaubnisse aus einem anderen Mitgliedstaat der Europäischen Union oder einem anderen Vertragsstaat des Abkommens über den Europäischen Wirtschaftsraum stehen Erlaubnissen nach Absatz 1 Satz 1 gleich, soweit sie ihnen gleichwertig sind. [2]Bei der Prüfung des Antrags auf Erlaubnis nach Absatz 1 Satz 1 stehen Nachweise aus einem anderen Mitgliedstaat der Europäischen Union oder einem anderen Vertragsstaat des Abkommens über den Europäischen Wirtschaftsraum inländischen Nachweisen gleich, wenn aus ihnen hervorgeht, dass der Antragsteller die betreffenden Anforderungen des Absatzes 1 Satz 2 oder die auf Grund ihrer Zielsetzung im Wesentlichen vergleichbaren Anforderungen des Ausstellungsstaates erfüllt. [3]Unterlagen über die gleichwertige Erlaubnis nach Satz 1 und sonstige Nachweise nach Satz 2 sind der zuständigen Behörde vor Aufnahme der Tätigkeit im Original oder in Kopie vorzulegen. [4]Eine Beglaubigung der Kopie sowie eine beglaubigte deutsche Übersetzung können verlangt werden.

(5) Hinsichtlich der Überprüfung der erforderlichen Fach- und Sachkunde nach Absatz 1 Satz 2 Nummer 2 eines Antragstellers aus einem anderen Mitgliedstaat der Europäischen Union oder einem anderen Vertragsstaat des Abkommens über den Europäischen Wirtschaftsraum gilt § 36a Absatz 1 Satz 2, Absatz 2 und 4 Satz 4 der Gewerbeordnung entsprechend; bei vorübergehender und nur gelegentlicher Tätigkeit eines in einem anderen Mitgliedstaat der Europäischen Union oder in einem anderen Vertragsstaat des Abkommens über den Europäischen Wirtschaftsraum niedergelassenen Dienstleistungserbringers gilt hinsichtlich der erforderlichen Fach- und Sachkunde § 13a Absatz 2 Satz 2 bis 5 und Absatz 3 der Gewerbeordnung entsprechend.

(6) [1]Erlaubnisverfahren nach Absatz 1 und 4 können über eine einheitliche Stelle abgewickelt werden. [2]§ 42a des Verwaltungsverfahrensgesetzes findet für das Verfahren nach den Absätzen 1 und 4 Anwendung, sofern der Antragsteller Staatsangehöriger eines Mitgliedstaates der Europäischen Union oder eines anderen Vertragsstaates des Abkommens über den Europäischen Wirtschaftsraum ist oder als juristische Person in einem dieser Staaten seinen Sitz hat.

(7) Die Bundesregierung wird ermächtigt, nach Anhörung der beteiligten Kreise (§ 68) durch Rechtsverordnung mit Zustimmung des Bundesrates für die Erlaubnispflicht und Tätigkeit der Sammler, Beförderer, Händler und Makler von gefährlichen Abfällen, für Sammler und Beförderer von gefährlichen Abfällen, insbesondere unter Berücksichtigung der Besonderheiten der jeweiligen Verkehrsträger, Verkehrswege oder Beförderungsart,

1. Vorschriften zu erlassen über die Antragsunterlagen, die Form, den Inhalt und das Verfahren zur Erteilung der Erlaubnis, die Anforderungen an die Zuverlässigkeit, Fach- und Sachkunde sowie deren Nachweis, die Fristen, nach denen das Vorliegen der Voraussetzungen erneut zu überprüfen ist,

2. anzuordnen, dass das Erlaubnisverfahren elektronisch zu führen ist und Dokumente in elektronischer Form gemäß § 3a Absatz 2 Satz 2 und 3 des Verwaltungsverfahrensgesetzes vorzulegen sind,

3. bestimmte Tätigkeiten von der Erlaubnispflicht nach Absatz 1 auszunehmen, soweit eine Erlaubnis aus Gründen des Wohls der Allgemeinheit nicht erforderlich ist,

4. Anforderungen an die Erlaubnispflichtigen und deren Tätigkeit zu bestimmen, die sich aus Rechtsvorschriften der Europäischen Union ergeben sowie

5. anzuordnen, dass bei der Beförderung von Abfällen geeignete Unterlagen zum Zweck der Überwachung mitzuführen sind.

§ 55 Kennzeichnung der Fahrzeuge

(1) [1]Sammler und Beförderer haben Fahrzeuge, mit denen sie Abfälle in Ausübung ihrer Tätigkeit auf öffentlichen Straßen befördern, vor Antritt der Fahrt mit zwei rückstrahlenden weißen Warntafeln gemäß Satz 3 zu versehen (A-Schilder). [2]Satz 1 gilt nicht für Sammler und Beförderer, die im Rahmen wirtschaftlicher Unternehmen Abfälle sammeln oder befördern. [3]Hinsichtlich der Anforderungen an die Kennzeichnung der Fahrzeuge gilt § 10 des Abfallverbringungsgesetzes vom 19. Juli 2007 (BGBl. I S. 1462) in der jeweils geltenden Fassung entsprechend.

(2) Die Bundesregierung wird ermächtigt, in einer Rechtsverordnung nach § 53 Absatz 6 oder § 54 Absatz 7 Ausnahmen von der Kennzeichnungspflicht nach Absatz 1 Satz 1 vorzusehen.

(3) Rechtsvorschriften, die aus Gründen der Sicherheit im Zusammenhang mit der Beförderung gefährlicher Güter erlassen sind, bleiben unberührt.

Teil 7
Entsorgungsfachbetriebe

§ 56 Zertifizierung von Entsorgungsfachbetrieben

(1) Entsorgungsfachbetriebe wirken an der Förderung der Kreislaufwirtschaft und der Sicherstellung des Schutzes von Mensch und Umwelt bei der Erzeugung und Bewirtschaftung von Abfällen nach Maßgabe der hierfür geltenden Rechtsvorschriften mit.

(2) Entsorgungsfachbetrieb ist ein Betrieb, der

1. gewerbsmäßig, im Rahmen wirtschaftlicher Unternehmen oder öffentlicher Einrichtungen Abfälle sammelt, befördert, lagert, behandelt, verwertet, beseitigt, mit diesen handelt oder makelt und

2. in Bezug auf eine oder mehrere der in Nummer 1 genannten Tätigkeiten durch eine technische Überwachungsorganisation oder eine Entsorgergemeinschaft als Entsorgungsfachbetrieb zertifiziert ist.

(3) [1]Das Zertifikat darf nur erteilt werden, wenn der Betrieb die für die ordnungsgemäße Wahrnehmung seiner Aufgaben erforderlichen Anforderungen an seine Organisation, seine personelle, gerätetechnische und sonstige Ausstattung, seine Tätigkeit sowie die Zuverlässigkeit und Fach- und Sachkunde seines Personals erfüllt. [2]In dem Zertifikat sind die zertifizierten Tätigkeiten des Betriebes, insbesondere bezogen auf seine Standorte und Anlagen sowie die Abfallarten, genau zu bezeichnen. [3]Das Zertifikat ist zu befristen. [4]Die Gültigkeitsdauer darf einen Zeitraum von 18 Monaten nicht überschreiten. [5]Das Vorliegen der Voraussetzungen des Satzes 1 wird mindestens jährlich von der technischen Überwachungsorganisation oder der Entsorgergemeinschaft überprüft.

(4) [1]Mit Erteilung des Zertifikats ist dem Betrieb von der technischen Überwachungsorganisation oder Entsorgergemeinschaft die Berechtigung zum Führen eines Überwachungszeichens zu erteilen, das die Bezeichnung „Entsorgungsfachbetrieb" in Verbindung mit dem Hinweis auf die zertifizierte Tätigkeit und die das Überwachungszeichen erteilende technische Überwachungsorganisation oder Entsorgergemeinschaft aufweist. [2]Ein Betrieb darf das Überwachungszeichen nur führen, soweit und solange er als Entsorgungsfachbetrieb zertifiziert ist.

(5) [1]Eine technische Überwachungsorganisation ist ein rechtsfähiger Zusammenschluss mehrerer Sachverständiger, deren Sachverständigentätigkeit auf dauernde Zusammenarbeit angelegt ist. [2]Die Erteilung des Zertifikats und der Berechtigung zum Führen des Überwachungszeichens durch die technische Überwachungsorganisation erfolgt auf der Grundlage eines Überwachungsvertrages, der insbesondere die Anforderungen an den Betrieb und seine Überwachung sowie an die Erteilung und den Entzug des Zertifikats und der Berechtigung zum Führen des Überwachungszeichens festlegt. [3]Der Überwachungsvertrag bedarf der Zustimmung der zuständigen Behörde.

(6) [1]Eine Entsorgergemeinschaft ist ein rechtsfähiger Zusammenschluss von Entsorgungsfachbetrieben im Sinne des Absatzes 2. [2]Sie bedarf der Anerkennung der zuständigen Behörde. [3]Die Erteilung des Zertifikats und der Berechtigung zum Führen des Überwachungszeichens durch die Entsorgergemeinschaft erfolgt auf der Grundlage einer Satzung oder sonstigen Regelung, die insbesondere die Anforderungen an die zu zertifizierenden Betriebe und ihre Überwachung sowie an die Erteilung und den Entzug des Zertifikats und der Berechtigung zum Führen des Überwachungszeichens festlegt.

(7) Technische Überwachungsorganisation und Entsorgergemeinschaft haben sich für die Überprüfung der Betriebe Sachverständiger zu bedienen, die die für die Durchführung der Überwachung erforderliche Zuverlässigkeit, Unabhängigkeit sowie Fach- und Sachkunde besitzen.

(8) ¹Entfallen die Voraussetzungen für die Erteilung des Zertifikats, hat die technische Überwachungsorganisation oder die Entsorgergemeinschaft dem Betrieb das von ihr erteilte Zertifikat und die Berechtigung zum Führen des Überwachungszeichens zu entziehen sowie den Betrieb aufzufordern, das Zertifikat zurückzugeben und das Überwachungszeichen nicht weiter zu führen. ²Kommt der Betrieb dieser Aufforderung innerhalb einer von der technischen Überwachungsorganisation oder Entsorgergemeinschaft gesetzten Frist nicht nach, kann die zuständige Behörde dem Betrieb das erteilte Zertifikat und die Berechtigung zum Führen des Überwachungszeichens entziehen sowie die sonstige weitere Verwendung der Bezeichnung „Entsorgungsfachbetrieb" untersagen.

§ 57 Anforderungen an Entsorgungsfachbetriebe, technische Überwachungsorganisationen und Entsorgergemeinschaften

¹Die Bundesregierung wird ermächtigt, nach Anhörung der beteiligten Kreise (§ 68) durch Rechtsverordnung mit Zustimmung des Bundesrates Anforderungen an Entsorgungsfachbetriebe, technische Überwachungsorganisationen und Entsorgergemeinschaften zu bestimmen. ²In der Rechtsverordnung können insbesondere

1. Anforderungen an die Organisation, die personelle, gerätetechnische und sonstige Ausstattung und die Tätigkeit eines Entsorgungsfachbetriebes bestimmt sowie ein ausreichender Haftpflichtversicherungsschutz gefordert werden,

2. Anforderungen an den Inhaber und die im Entsorgungsfachbetrieb beschäftigten Personen, insbesondere Mindestanforderungen an die Fach- und Sachkunde und die Zuverlässigkeit sowie an deren Nachweis, bestimmt werden,

3. Anforderungen an die Tätigkeit der technischen Überwachungsorganisationen, insbesondere Mindestanforderungen an den Überwachungsvertrag sowie dessen Abschluss, Durchführung, Auflösung und Erlöschen, bestimmt werden,

4. Anforderungen an die Tätigkeit der Entsorgergemeinschaften, insbesondere an deren Bildung, Auflösung, Organisation und Arbeitsweise, einschließlich der Bestellung, Aufgaben und Befugnisse der Prüforgane sowie Mindestanforderungen an die Mitglieder dieser Prüforgane, bestimmt werden,

5. Mindestanforderungen an die für die technischen Überwachungsorganisationen oder für die Entsorgergemeinschaften tätigen Sachverständigen sowie deren Bestellung, Tätigkeit und Kontrolle bestimmt werden,

6. Anforderungen an das Überwachungszeichen und das zugrunde liegende Zertifikat, insbesondere an die Form und den Inhalt, sowie Anforderungen an ihre Erteilung, ihre Aufhebung, ihr Erlöschen und ihren Entzug bestimmt werden,

7. die besonderen Voraussetzungen, das Verfahren, die Erteilung und Aufhebung
 a) der Zustimmung zum Überwachungsvertrag durch die zuständige Behörde geregelt werden sowie
 b) der Anerkennung der Entsorgergemeinschaften durch die zuständige Behörde geregelt werden; dabei kann die Anerkennung der Entsorgergemeinschaften bei drohenden Beschränkungen des Wettbewerbes widerrufen werden,

8. die näheren Anforderungen an den Entzug des Zertifikats und der Berechtigung zum Führen des Überwachungszeichens sowie an die Untersagung der sonstigen weiteren Verwendung der Bezeichnung „Entsorgungsfachbetrieb" durch die zuständige Behörde nach § 56 Absatz 8 Satz 2 bestimmt werden sowie

9. für die erforderlichen Erklärungen, Nachweise, Benachrichtigungen oder sonstigen Daten die elektronische Führung und die Vorlage von Dokumenten in elektronischer Form gemäß § 3a Absatz 2 Satz 2 und 3 des Verwaltungsverfahrensgesetzes angeordnet werden.

Teil 8
Betriebsorganisation, Betriebsbeauftragter für Abfall und Erleichterungen für auditierte Unternehmensstandorte

§ 58 Mitteilungspflichten zur Betriebsorganisation

(1) ¹Besteht bei Kapitalgesellschaften das vertretungsberechtigte Organ aus mehreren Mitgliedern oder sind bei Personengesellschaften mehrere vertretungsberechtigte Gesellschafter vorhanden, so ist der zuständigen Behörde anzuzeigen, wer von ihnen nach den Bestimmungen über die Geschäftsführungsbe-

fugnis für die Gesellschaft die Pflichten des Betreibers einer genehmigungsbedürftigen Anlage im Sinne des § 4 des Bundes-Immissionsschutzgesetzes oder die Pflichten des Besitzers im Sinne des § 27 wahrnimmt, die ihm nach diesem Gesetz und nach den auf Grund dieses Gesetzes erlassenen Rechtsverordnungen obliegen. ²Die Gesamtverantwortung aller Organmitglieder oder Gesellschafter bleibt hiervon unberührt.

(2) Der Betreiber einer genehmigungsbedürftigen Anlage im Sinne des § 4 des Bundes-Immissionsschutzgesetzes, der Besitzer im Sinne des § 27 oder im Rahmen ihrer Geschäftsführungsbefugnis die nach Absatz 1 Satz 1 anzuzeigende Person hat der zuständigen Behörde mitzuteilen, auf welche Weise sichergestellt ist, dass die Vorschriften und Anordnungen, die der Vermeidung, Verwertung und umweltverträglichen Beseitigung von Abfällen dienen, beim Betrieb beachtet werden.

§ 59 Bestellung eines Betriebsbeauftragten für Abfall

(1) ¹Betreiber von genehmigungsbedürftigen Anlagen im Sinne des § 4 des Bundes-Immissionsschutzgesetzes, Betreiber von Anlagen, in denen regelmäßig gefährliche Abfälle anfallen, Betreiber ortsfester Sortier-, Verwertungs- oder Abfallbeseitigungsanlagen, Besitzer im Sinne des § 27 sowie Betreiber von Rücknahmesystemen und -stellen, die von den Besitzern im Sinne des § 27 eingerichtet worden sind oder an denen sie sich beteiligen, haben unverzüglich einen oder mehrere Betriebsbeauftragte für Abfall (Abfallbeauftragte) zu bestellen, sofern dies im Hinblick auf die Art oder die Größe der Anlagen oder die Bedeutung der abfallwirtschaftlichen Tätigkeit, insbesondere unter Berücksichtigung von Art oder Umfang der Rücknahme der Abfälle und der damit verbundenen Besitzerpflichten, erforderlich ist wegen der

1. anfallenden, zurückgenommenen, verwerteten oder beseitigten Abfälle,
2. technischen Probleme der Vermeidung, Verwertung oder Beseitigung oder
3. Eignung der Produkte oder Erzeugnisse, die bei oder nach bestimmungsgemäßer Verwendung Probleme hinsichtlich der ordnungsgemäßen und schadlosen Verwertung oder umweltverträglichen Beseitigung hervorrufen.

²Das Bundesministerium für Umwelt, Naturschutz, Bau und Reaktorsicherheit bestimmt nach Anhörung der beteiligten Kreise (§ 68) durch Rechtsverordnung mit Zustimmung des Bundesrates die Betreiber von Anlagen nach Satz 1, die Besitzer nach Satz 1 sowie die Betreiber von Rücknahmesystemen und -stellen nach Satz 1, die Abfallbeauftragte zu bestellen haben. ³Durch Rechtsverordnung nach Satz 2 kann auch bestimmt werden, welche Besitzer von Abfällen und welche Betreiber von Rücknahmesystemen und -stellen, für die Satz 1 entsprechend gilt, Abfallbeauftragte zu bestellen haben.

(2) Die zuständige Behörde kann anordnen, dass Betreiber von Anlagen nach Absatz 1 Satz 1, Besitzer nach Absatz 1 Satz 1 und Betreiber von Rücknahmesystemen und -stellen nach Absatz 1 Satz 1, für die die Bestellung eines Abfallbeauftragten nicht durch Rechtsverordnung nach Absatz 1 Satz 2 und 3 vorgeschrieben ist, einen oder mehrere Abfallbeauftragte zu bestellen haben, soweit sich im Einzelfall die Notwendigkeit der Bestellung aus den in Absatz 1 Satz 1 genannten Gesichtspunkten ergibt.

(3) Ist nach § 53 des Bundes-Immissionsschutzgesetzes ein Immissionsschutzbeauftragter oder nach § 64 des Wasserhaushaltsgesetzes ein Gewässerschutzbeauftragter zu bestellen, so können diese auch die Aufgaben und Pflichten eines Abfallbeauftragten nach diesem Gesetz wahrnehmen.

§ 60 Aufgaben des Betriebsbeauftragten für Abfall

(1) ¹Der Abfallbeauftragte berät den zur Bestellung Verpflichteten und die Betriebsangehörigen in Angelegenheiten, die für die Abfallvermeidung und Abfallbewirtschaftung bedeutsam sein können. ²Er ist berechtigt und verpflichtet,

1. den Weg der Abfälle von ihrer Entstehung oder Anlieferung bis zu ihrer Verwertung oder Beseitigung zu überwachen,
2. die Einhaltung der Vorschriften dieses Gesetzes und der auf Grund dieses Gesetzes erlassenen Rechtsverordnungen sowie die Erfüllung erteilter Bedingungen und Auflagen zu überwachen, insbesondere durch Kontrolle der Betriebsstätte und der Art und Beschaffenheit der bewirtschafteten Abfälle in regelmäßigen Abständen, Mitteilung festgestellter Mängel und Vorschläge zur Mängelbeseitigung,
3. die Betriebsangehörigen aufzuklären
 a) über Beeinträchtigungen des Wohls der Allgemeinheit, welche von den Abfällen oder der abfallwirtschaftlichen Tätigkeit ausgehen können,
 b) über Einrichtungen und Maßnahmen zur Verhinderung von Beeinträchtigungen des Wohls der Allgemeinheit unter Berücksichtigung der für die Vermeidung, Verwertung und Beseitigung von Abfällen geltenden Gesetze und Rechtsverordnungen,
4. hinzuwirken auf die Entwicklung und Einführung

a) umweltfreundlicher und abfallarmer Verfahren, einschließlich Verfahren zur Vermeidung, ordnungsgemäßen und schadlosen Verwertung oder umweltverträglichen Beseitigung von Abfällen,

b) umweltfreundlicher und abfallarmer Erzeugnisse, einschließlich Verfahren zur Wiederverwendung, Verwertung oder umweltverträglichen Beseitigung nach Wegfall der Nutzung, sowie

5. bei der Entwicklung und Einführung der in Nummer 4 Buchstabe a und b genannten Verfahren mitzuwirken, insbesondere durch Begutachtung der Verfahren und Erzeugnisse unter den Gesichtspunkten der Abfallbewirtschaftung,

6. bei Anlagen, in denen Abfälle anfallen, verwertet oder beseitigt werden, zudem auf Verbesserungen des Verfahrens hinzuwirken.

(2) Der Abfallbeauftragte erstattet dem zur Bestellung Verpflichteten jährlich einen schriftlichen Bericht über die nach Absatz 1 Satz 2 Nummer 1 bis 5 getroffenen und beabsichtigten Maßnahmen.

(3) [1]Auf das Verhältnis zwischen dem zur Bestellung Verpflichteten und dem Abfallbeauftragten finden § 55 Absatz 1, 1a, 2 Satz 1 und 2, Absatz 3 und 4 und die §§ 56 bis 58 des Bundes-Immissionsschutzgesetzes entsprechende Anwendung. [2]Das Bundesministerium für Umwelt, Naturschutz, Bau und Reaktorsicherheit wird ermächtigt, nach Anhörung der beteiligten Kreise (§ 68) durch Rechtsverordnung mit Zustimmung des Bundesrates vorzuschreiben, welche Anforderungen an die Fachkunde und Zuverlässigkeit des Abfallbeauftragten zu stellen sind.

§ 61 Anforderungen an Erleichterungen für auditierte Unternehmensstandorte

(1) Die Bundesregierung wird ermächtigt, zur Förderung der privaten Eigenverantwortung für Standorte des Gemeinschaftssystems für das Umweltmanagement und die Umweltbetriebsprüfung (EMAS) durch Rechtsverordnung mit Zustimmung des Bundesrates Erleichterungen zum Inhalt der Antragsunterlagen in abfallrechtlichen Verfahren sowie überwachungsrechtliche Erleichterungen vorzusehen, soweit die entsprechenden Anforderungen der Verordnung (EG) Nr. 1221/2009 des Europäischen Parlaments und des Rates vom 25. November 2009 über die freiwillige Teilnahme von Organisationen an einem Gemeinschaftssystem für Umweltmanagement und Umweltbetriebsprüfung und zur Aufhebung der Verordnung (EG) Nr. 761/2001 sowie der Beschlüsse der Kommission 2001/681/EG und 2006/193/EG (ABl. L 342 vom 22.12.2009, S. 1) gleichwertig mit den Anforderungen sind, die zur Überwachung und zu den Antragsunterlagen nach diesem Gesetz oder den auf Grund dieses Gesetzes erlassenen Rechtsverordnungen vorgesehen sind oder soweit die Gleichwertigkeit durch die Rechtsverordnung nach dieser Vorschrift sichergestellt wird.

(2) Durch Rechtsverordnung nach Absatz 1 können weitere Voraussetzungen für die Inanspruchnahme und die Rücknahme von Erleichterungen oder die vollständige oder teilweise Aussetzung von Erleichterungen für Fälle festgelegt werden, in denen die Voraussetzungen für deren Gewährung nicht mehr vorliegen.

(3) Durch Rechtsverordnung nach Absatz 1 können ordnungsrechtliche Erleichterungen, insbesondere zu

1. Kalibrierungen, Ermittlungen, Prüfungen und Messungen,

2. Messberichten sowie sonstigen Berichten und Mitteilungen von Ermittlungsergebnissen,

3. Aufgaben des Betriebsbeauftragten für Abfall,

4. Mitteilungspflichten zur Betriebsorganisation und

5. der Häufigkeit der behördlichen Überwachung

nur gewährt werden, wenn der Umweltgutachter oder die Umweltgutachterorganisation im Sinne des Umweltauditgesetzes die Einhaltung der Umweltvorschriften geprüft hat, keine Abweichungen festgestellt hat und dies in der Validierung bescheinigt.

(4) Durch Rechtsverordnung nach Absatz 1 können unter den dort genannten Voraussetzungen Erleichterungen im Genehmigungsverfahren sowie überwachungsrechtliche Erleichterungen für Entsorgungsfachbetriebe gewährt werden.

Teil 9
Schlussbestimmungen

§ 62 Anordnungen im Einzelfall
Die zuständige Behörde kann im Einzelfall die erforderlichen Anordnungen zur Durchführung dieses Gesetzes und der auf Grund dieses Gesetzes erlassenen Rechtsverordnungen treffen.

§ 63 Geheimhaltung und Datenschutz
Die Rechtsvorschriften über Geheimhaltung und Datenschutz bleiben unberührt.

§ 64 Elektronische Kommunikation

Soweit auf Grund dieses Gesetzes oder einer auf Grund dieses Gesetzes erlassenen Rechtsverordnung die Schriftform angeordnet wird, ist auch die elektronische Form nach Maßgabe des § 3a des Verwaltungsverfahrensgesetzes zugelassen.

§ 65 Umsetzung von Rechtsakten der Europäischen Union

(1) [1]Zur Umsetzung von Rechtsakten der Europäischen Union kann die Bundesregierung mit Zustimmung des Bundesrates zu dem in § 1 genannten Zweck Rechtsverordnungen zur Sicherstellung der umweltverträglichen Abfallvermeidung und Abfallbewirtschaftung, insbesondere zur ordnungsgemäßen und schadlosen Verwertung sowie zur umweltverträglichen Beseitigung von Abfällen erlassen. [2]In den Rechtsverordnungen kann auch geregelt werden, wie die Öffentlichkeit zu unterrichten ist.

(2) Zur Umsetzung von Rechtsakten der Europäischen Union kann die Bundesregierung durch Rechtsverordnung mit Zustimmung des Bundesrates das Verwaltungsverfahren zur Erteilung von Genehmigungen und Erlaubnissen oder Erstattung von Anzeigen nach diesem Gesetz oder nach einer auf Grund dieses Gesetzes erlassenen Rechtsverordnung regeln.

§ 66 Vollzug im Bereich der Bundeswehr

(1) Im Geschäftsbereich des Bundesministeriums der Verteidigung obliegt der Vollzug des Gesetzes und der auf Grund dieses Gesetzes erlassenen Rechtsverordnungen für die Verwertung und Beseitigung militäreigentümlicher Abfälle sowie von Abfällen, für die ein besonderes militärisches Sicherheitsinteresse besteht, dem Bundesministerium der Verteidigung und den von ihm bestimmten Stellen.

(2) Das Bundesministerium der Verteidigung wird ermächtigt, für die Verwertung oder die Beseitigung von Abfällen im Sinne des Absatzes 1 aus dem Bereich der Bundeswehr Ausnahmen von diesem Gesetz und den auf Grund dieses Gesetzes erlassenen Rechtsverordnungen zuzulassen, soweit zwingende Gründe der Verteidigung oder die Erfüllung zwischenstaatlicher Pflichten dies erfordern.

§ 67 Beteiligung des Bundestages beim Erlass von Rechtsverordnungen

[1]Rechtsverordnungen nach § 8 Absatz 2, § 10 Absatz 1 Nummer 1 und 4, den §§ 24, 25 und 65 sind dem Bundestag zuzuleiten. [2]Die Zuleitung erfolgt vor der Zuleitung an den Bundesrat. [3]Die Rechtsverordnungen können durch Beschluss des Bundestages geändert oder abgelehnt werden. [4]Der Beschluss des Bundestages wird der Bundesregierung zugeleitet. [5]Hat sich der Bundestag nach Ablauf von drei Sitzungswochen seit Eingang der Rechtsverordnung nicht mit ihr befasst, so wird die unveränderte Rechtsverordnung dem Bundesrat zugeleitet.

§ 68 Anhörung beteiligter Kreise

Soweit Ermächtigungen zum Erlass von Rechtsverordnungen und allgemeinen Verwaltungsvorschriften die Anhörung der beteiligten Kreise vorschreiben, ist ein jeweils auszuwählender Kreis von Vertretern der Wissenschaft, der Betroffenen, der beteiligten Wirtschaft, der für die Abfallwirtschaft zuständigen obersten Landesbehörden, der Gemeinden und Gemeindeverbände zu hören.

§ 69 Bußgeldvorschriften

(1) Ordnungswidrig handelt, wer vorsätzlich oder fahrlässig

1. entgegen § 12 Absatz 4 oder § 56 Absatz 4 Satz 2 ein dort genanntes Zeichen führt,
2. entgegen § 28 Absatz 1 Satz 1 Abfälle zur Beseitigung behandelt, lagert oder ablagert,
3. ohne Planfeststellungsbeschluss nach § 35 Absatz 2 Satz 1 oder ohne Plangenehmigung nach § 35 Absatz 3 Satz 1 eine Deponie errichtet oder wesentlich ändert,
4. einer vollziehbaren Auflage nach § 36 Absatz 4 Satz 1 oder Satz 3, § 39 Absatz 1 Satz 1 oder Absatz 2 Satz 1, § 53 Absatz 3 Satz 2 oder § 54 Absatz 2 zuwiderhandelt,
5. einer mit einer Zulassung nach § 37 Absatz 1 Satz 1 verbundenen vollziehbaren Auflage zuwiderhandelt,
6. einer vollziehbaren Untersagung nach § 53 Absatz 3 Satz 3 zuwiderhandelt,
7. ohne Erlaubnis nach § 54 Absatz 1 Satz 1 gefährliche Abfälle sammelt, befördert, mit ihnen Handel treibt oder diese makelt oder
8. einer Rechtsverordnung nach § 4 Absatz 2, § 5 Absatz 2, § 10 Absatz 1, § 11 Absatz 2 Satz 1 oder Satz 2 oder Absatz 3 Nummer 1, 2 oder Nummer 3, § 12 Absatz 7, § 16 Satz 1 Nummer 1 oder Nummer 2, § 24, § 25 Absatz 1 Nummer 1, 2 oder Nummer 3, Absatz 2 Nummer 2, 3 oder Nummer 4, § 28 Absatz 3 Satz 2, § 43 Absatz 1 Satz 1 Nummer 2 bis 5, 7 oder Nummer 8 oder § 57 Satz 2 Nummer 1 bis 7 oder Nummer 8 oder einer vollziehbaren Anordnung auf Grund einer solchen Rechtsverordnung zuwiderhandelt, soweit die Rechtsverordnung für einen bestimmten Tatbestand auf diese Bußgeldvorschrift verweist.

(2) Ordnungswidrig handelt, wer vorsätzlich oder fahrlässig

1. entgegen § 18 Absatz 1, § 26 Absatz 2, § 40 Absatz 1 Satz 1 oder § 53 Absatz 1 Satz 1 eine Anzeige nicht, nicht richtig, nicht vollständig oder nicht rechtzeitig erstattet,

2. entgegen § 34 Absatz 1 Satz 1 das Betreten eines Grundstücks oder eine dort genannte Maßnahme nicht duldet,

3. entgegen § 41 Absatz 1 Satz 1 in Verbindung mit einer Rechtsverordnung nach § 41 Absatz 2 Satz 1 eine Emissionserklärung nicht, nicht richtig, nicht vollständig oder nicht rechtzeitig abgibt oder nicht, nicht richtig, nicht vollständig oder nicht rechtzeitig ergänzt,

4. entgegen § 47 Absatz 3 Satz 1 eine Auskunft nicht richtig, nicht vollständig oder nicht rechtzeitig erteilt,

5. entgegen § 47 Absatz 3 Satz 2 oder Satz 3 das Betreten eines Grundstücks oder eines Wohn-, Geschäfts- oder Betriebsraumes, die Einsicht in eine Unterlage oder die Vornahme einer technischen Ermittlung oder Prüfung nicht gestattet,

6. entgegen § 47 Absatz 4 eine dort genannte Anlage nicht zugänglich macht oder eine Arbeitskraft, ein Werkzeug oder eine Unterlage nicht zur Verfügung stellt,

7. einer vollziehbaren Anordnung nach § 47 Absatz 4 oder Absatz 9 Satz 1, § 51 Absatz 1 Satz 1 oder § 59 Absatz 2 zuwiderhandelt,

8. entgegen § 49 Absatz 1, auch in Verbindung mit § 49 Absatz 3 oder einer Rechtsverordnung nach § 10 Absatz 2 Nummer 1 Buchstabe b oder § 52 Absatz 1 Satz 1 oder Satz 2 Nummer 3 oder Nummer 5, ein Register nicht, nicht richtig oder nicht vollständig führt,

9. entgegen § 49 Absatz 2 in Verbindung mit einer Rechtsverordnung nach § 52 Absatz 1 Satz 1 eine Angabe nicht, nicht richtig, nicht vollständig oder nicht rechtzeitig verzeichnet,

10. entgegen § 49 Absatz 4, auch in Verbindung mit einer Rechtsverordnung nach § 10 Absatz 2 Nummer 1 Buchstabe b oder § 52 Absatz 1 Satz 1 oder Satz 2 Nummer 3, ein Register nicht, nicht richtig, nicht vollständig oder nicht rechtzeitig vorlegt oder eine Mitteilung nicht, nicht richtig, nicht vollständig oder nicht rechtzeitig macht,

11. entgegen § 49 Absatz 5, auch in Verbindung mit einer Rechtsverordnung nach § 52 Absatz 1 Satz 2 Nummer 6, eine Angabe oder einen Beleg nicht oder nicht für die vorgeschriebene Dauer aufbewahrt,

12. entgegen § 50 Absatz 1 in Verbindung mit einer Rechtsverordnung nach § 52 Absatz 1 Satz 1, jeweils auch in Verbindung mit einer Rechtsverordnung nach § 10 Absatz 2 Nummer 1 Buchstabe b oder § 52 Absatz 1 Satz 2 Nummer 3, einen Nachweis nicht, nicht richtig, nicht vollständig oder nicht rechtzeitig führt,

13. entgegen § 55 Absatz 1 Satz 1 ein Fahrzeug nicht, nicht richtig, nicht vollständig oder nicht rechtzeitig mit Warntafeln versieht,

14. entgegen § 59 Absatz 1 Satz 1 in Verbindung mit einer Rechtsverordnung nach § 59 Absatz 1 Satz 2 und 3 einen Abfallbeauftragten nicht oder nicht rechtzeitig bestellt oder

15. einer Rechtsverordnung nach § 10 Absatz 2 Nummer 1 Buchstabe a, Nummer 2 bis 7 oder Nummer 8, jeweils auch in Verbindung mit § 11 Absatz 3 Nummer 4, § 16 Satz 1 Nummer 3 oder § 43 Absatz 5, nach § 25 Absatz 1 Nummer 4 oder Nummer 5, § 43 Absatz 1 Satz 1 Nummer 6 oder Nummer 9, § 52 Absatz 1 Satz 1 und Absatz 2 Nummer 2 oder Nummer 3, § 53 Absatz 6 Nummer 1, 2, 4 oder Nummer 5, § 54 Absatz 7 Nummer 1, 2, 4 oder Nummer 5 oder § 57 Satz 2 Nummer 2 oder einer vollziehbaren Anordnung auf Grund einer solchen Rechtsverordnung zuwiderhandelt, soweit die Rechtsverordnung für einen bestimmten Tatbestand auf diese Vorschrift verweist.

(3) Die Ordnungswidrigkeit nach Absatz 1 kann mit einer Geldbuße bis zu hunderttausend Euro, die Ordnungswidrigkeit nach Absatz 2 mit einer Geldbuße bis zu zehntausend Euro geahndet werden.

(4) Verwaltungsbehörde im Sinne des § 36 Absatz 1 Nummer 1 des Gesetzes über Ordnungswidrigkeiten ist das Bundesamt für Güterverkehr, soweit es sich um Ordnungswidrigkeiten nach Absatz 1 Nummer 6 bis 8 oder nach Absatz 2 Nummer 1, 7, 8, 10 bis 13 und 15 handelt und die Zuwiderhandlung im Zusammenhang mit der Beförderung von Abfällen durch Fahrzeuge zur Güterbeförderung auf der Straße in einem Unternehmen begangen wird, das im Inland weder seinen Sitz noch eine geschäftliche Niederlassung hat, und soweit die betroffene Person im Inland keinen Wohnsitz hat.

§ 70 Einziehung

[1]Ist eine Ordnungswidrigkeit nach § 69 Absatz 1 Nummer 2 bis 7 oder Nummer 8 begangen worden, so können Gegenstände eingezogen werden,

1. auf die sich die Ordnungswidrigkeit bezieht oder

2. die zu ihrer Begehung oder Vorbereitung gebraucht worden oder bestimmt gewesen sind.

[2]§ 23 des Gesetzes über Ordnungswidrigkeiten ist anzuwenden.

§ 71 Ausschluss abweichenden Landesrechts
Von den in diesem Gesetz oder auf Grund dieses Gesetzes getroffenen Regelungen des Verwaltungsverfahrens kann durch Landesrecht nicht abgewichen werden.

§ 72 Übergangsvorschrift
(1) [1]Pflichtenübertragungen nach § 16 Absatz 2, § 17 Absatz 3 oder § 18 Absatz 2 des Kreislaufwirtschafts- und Abfallgesetzes vom 27. September 1994 (BGBl. I S. 2705), das zuletzt durch Artikel 5 des Gesetzes vom 6. Oktober 2011 (BGBl. I S. 1986) geändert worden ist, gelten fort. [2]Die zuständige Behörde kann bestehende Pflichtenübertragungen nach Maßgabe des § 13 Absatz 2 und der §§ 16 bis 18 des Kreislaufwirtschafts- und Abfallgesetzes vom 27. September 1994 (BGBl. I S. 2705), das zuletzt durch Artikel 5 des Gesetzes vom 6. Oktober 2011 (BGBl. I S. 1986) geändert worden ist, verlängern.

(2) [1]Für gewerbliche und gemeinnützige Sammlungen, die zum Zeitpunkt des Inkrafttretens dieses Gesetzes bereits durchgeführt werden, ist die Anzeige nach § 18 Absatz 1 innerhalb von drei Monaten nach Inkrafttreten dieses Gesetzes zu erstatten. [2]Für die Anzeige nach Satz 1 gilt § 18 Absatz 2 und 3 entsprechend.

(3) Für Verfahren zur Aufstellung von Abfallwirtschaftsplänen, die bis zum 31. Dezember 2011 eingeleitet worden sind, ist § 29 des Kreislaufwirtschafts- und Abfallgesetzes vom 27. September 1994 (BGBl. I S. 2705) in der bis zum 1. Juni 2012 geltenden Fassung anzuwenden.

(4) § 53 Absatz 1 bis 5 und § 54 Absatz 1 bis 6 sind in Bezug auf Sammler und Beförderer, die Abfälle im Rahmen wirtschaftlicher Unternehmen sammeln oder befördern, erst zwei Jahre nach Inkrafttreten dieses Gesetzes am 1. Juni 2012 anzuwenden.

(5) Eine Transportgenehmigung nach § 49 Absatz 1 des Kreislaufwirtschafts- und Abfallgesetzes vom 27. September 1994 (BGBl. I S. 2705), das zuletzt durch Artikel 5 des Gesetzes vom 6. Oktober 2011 (BGBl. I S. 1986) geändert worden ist, auch in Verbindung mit § 1 der Transportgenehmigungsverordnung vom 10. September 1996 (BGBl. I S. 1411; 1997 I S. 2861), die zuletzt durch Artikel 5 des Gesetzes vom 19. Juli 2007 (BGBl. I S. 1462) geändert worden ist, gilt bis zum Ende ihrer Befristung als Erlaubnis nach § 54 Absatz 1 fort.

(6) Eine Genehmigung für Vermittlungsgeschäfte nach § 50 Absatz 1 des Kreislaufwirtschafts- und Abfallgesetzes vom 27. September 1994 (BGBl. I S. 2705), das zuletzt durch Artikel 5 des Gesetzes vom 6. Oktober 2011 (BGBl. I S. 1986) geändert worden ist, gilt bis zum Ende ihrer Befristung als Erlaubnis nach § 54 Absatz 1 fort.

Anlage 1

Beseitigungsverfahren

D 1	Ablagerungen in oder auf dem Boden (zum Beispiel Deponien)
D 2	Behandlung im Boden (zum Beispiel biologischer Abbau von flüssigen oder schlammigen Abfällen im Erdreich)
D 3	Verpressung (zum Beispiel Verpressung pumpfähiger Abfälle in Bohrlöcher, Salzdome oder natürliche Hohlräume)
D 4	Oberflächenaufbringung (zum Beispiel Ableitung flüssiger oder schlammiger Abfälle in Gruben, Teiche oder Lagunen)
D 5	Speziell angelegte Deponien (zum Beispiel Ablagerung in abgedichteten, getrennten Räumen, die gegeneinander und gegen die Umwelt verschlossen und isoliert werden)
D 6	Einleitung in ein Gewässer mit Ausnahme von Meeren und Ozeanen
D 7	Einleitung in Meere und Ozeane einschließlich Einbringung in den Meeresboden
D 8	Biologische Behandlung, die nicht an anderer Stelle in dieser Anlage beschrieben ist und durch die Endverbindungen oder Gemische entstehen, die mit einem der in D 1 bis D 12 aufgeführten Verfahren entsorgt werden
D 9	Chemisch-physikalische Behandlung, die nicht an anderer Stelle in dieser Anlage beschrieben ist und durch die Endverbindungen oder Gemische entstehen, die mit einem der in D 1 bis D 12 aufgeführten Verfahren entsorgt werden (zum Beispiel Verdampfen, Trocknen, Kalzinieren)
D 10	Verbrennung an Land
D 11	Verbrennung auf See[1]
D 12	Dauerlagerung (zum Beispiel Lagerung von Behältern in einem Bergwerk)
D 13	Vermengung oder Vermischung vor Anwendung eines der in D 1 bis D 12 aufgeführten Verfahren[2]
D 14	Neuverpacken vor Anwendung eines der in D 1 bis D 13 aufgeführten Verfahren
D 15	Lagerung bis zur Anwendung eines der in D 1 bis D 14 aufgeführten Verfahren (ausgenommen zeitweilige Lagerung bis zur Sammlung auf dem Gelände der Entstehung der Abfälle)[3]

1) **Amtl. Anm.:** Nach EU-Recht und internationalen Übereinkünften verbotenes Verfahren.

2) **Amtl. Anm.:** Falls sich kein anderer D-Code für die Einstufung eignet, kann das Verfahren D 13 auch vorbereitende Verfahren einschließen, die der Beseitigung einschließlich der Vorbehandlung vorangehen, zum Beispiel Sortieren, Zerkleinern, Verdichten, Pelletieren, Trocknen, Schreddern, Konditionierung oder Trennung vor Anwendung eines der in D 1 bis D 12 aufgeführten Verfahren.

3) **Amtl. Anm.:** Unter einer zeitweiligen Lagerung ist eine vorläufige Lagerung im Sinne des § 3 Absatz 15 zu verstehen.

Anlage 2

Verwertungsverfahren

R 1 Hauptverwendung als Brennstoff oder als anderes Mittel der Energieerzeugung[1]
R 2 Rückgewinnung und Regenerierung von Lösemitteln
R 3 Recycling und Rückgewinnung organischer Stoffe, die nicht als Lösemittel verwendet werden (einschließlich der Kompostierung und sonstiger biologischer Umwandlungsverfahren)[2]
R 4 Recycling und Rückgewinnung von Metallen und Metallverbindungen
R 5 Recycling und Rückgewinnung von anderen anorganischen Stoffen[3]
R 6 Regenerierung von Säuren und Basen
R 7 Wiedergewinnung von Bestandteilen, die der Bekämpfung von Verunreinigungen dienen
R 8 Wiedergewinnung von Katalysatorenbestandteilen
R 9 Erneute Ölraffination oder andere Wiederverwendungen von Öl
R 10 Aufbringung auf den Boden zum Nutzen der Landwirtschaft oder zur ökologischen Verbesserung
R 11 Verwendung von Abfällen, die bei einem der in R 1 bis R 10 aufgeführten Verfahren gewonnen werden
R 12 Austausch von Abfällen, um sie einem der in R 1 bis R 11 aufgeführten Verfahren zu unterziehen[4]

1) **Amtl. Anm.:**
 a) Hierunter fallen Verbrennungsanlagen, deren Zweck in der Behandlung fester Siedlungsabfälle besteht, nur dann, wenn deren Energieeffizienz mindestens folgende Werte hat:
 aa) 0,60 für in Betrieb befindliche Anlagen, die bis zum 31. Dezember 2008 genehmigt worden sind,
 bb) 0,65 für Anlagen, die nach dem 31. Dezember 2008 genehmigt worden sind oder genehmigt werden.
 b) Bei der Berechnung nach Buchstabe a wird folgende Formel verwendet:
 Energieeffizienz = (Ep − (Ef + Ei)) / (0,97 × (Ew + Ef)).
 c) Im Rahmen der in Buchstabe b enthaltenen Formel bedeutet
 aa) Ep die jährlich als Wärme oder Strom erzeugte Energie. Der Wert wird berechnet, indem Elektroenergie mit dem Faktor 2,6 und für gewerbliche Zwecke erzeugte Wärme mit dem Faktor 1,1 (Gigajoule pro Jahr) multipliziert wird;
 bb) Ef der jährliche Input von Energie in das System aus Brennstoffen, die zur Erzeugung von Dampf eingesetzt werden (Gigajoule pro Jahr);
 cc) Ew die jährliche Energiemenge, die im behandelten Abfall enthalten ist, berechnet anhand des unteren Heizwerts des Abfalls (Gigajoule pro Jahr);
 dd) Ei die jährlich importierte Energiemenge ohne Ew und Ef (Gigajoule pro Jahr);
 ee) 0,97 ein Faktor zur Berechnung der Energieverluste durch Rost- und Kesselasche sowie durch Strahlung.
 d) Der Wert der Energieeffizienzformel wird mit einem Klimakorrekturfaktor (Climate Correction Factor, CCF) wie folgt multipliziert:
 aa) CCF für vor dem 1. September 2015 in Betrieb befindliche und nach geltendem EU-Recht genehmigte Anlagen:
 CCF = 1, wenn HDD > = 3 350
 CCF = 1,25, wenn HDD < = 2 150
 CCF = − (0,25/1 200) × HDD + 1,698, wenn 2 150 < HDD < 3 350;
 bb) CCF für nach dem 31. August 2015 genehmigte Anlagen und für Anlagen gemäß Nummer 1 ab 31. Dezember 2029:
 CCF = 1, wenn HDD > = 3 350
 CCF = 1,12, wenn HDD < = 2 150
 CCF = − (0,12/1 200) × HDD + 1,335, wenn 2 150 < HDD < 3 350.
 (Der sich daraus ergebende CCF-Wert wird auf drei Dezimalstellen gerundet.)
 Der HDD-Wert (Heizgradtage) sollte dem Durchschnitt der jährlichen HDD-Werte für den Standort der Verbrennungsanlage entsprechen, berechnet für einen Zeitraum von 20 aufeinanderfolgenden Jahren vor dem Jahr, für das der CCF bestimmt wird. Der HDD-Wert sollte nach der folgenden Eurostat-Methode berechnet werden: HDD = (18° C − Tm) × d, wenn Tm weniger als oder gleich 15° C (Heizschwelle) beträgt, und HDD = null, wenn Tm über 15° C beträgt; dabei ist Tm der mittlere (Tmin + Tmax)/2 Außentemperatur über einen Zeitraum von d Tagen. Die Berechnungen sind täglich durchzuführen (d = 1) und auf ein Jahr hochzurechnen.
 e) Diese Formel ist entsprechend dem Referenzdokument zu den besten verfügbaren Techniken für die Abfallverbrennung zu verwenden.
2) **Amtl. Anm.:** Dies schließt Vergasung und Pyrolyse unter Verwendung der Bestandteile als Chemikalien ein.
3) **Amtl. Anm.:** Dies schließt die Bodenreinigung, die zu einer Verwertung des Bodens und zu einem Recycling anorganischer Baustoffe führt, ein.
4) **Amtl. Anm.:** Falls sich kein anderer R-Code für die Einstufung eignet, kann das Verfahren R 12 vorbereitende Verfahren einschließen, die der Verwertung einschließlich der Vorbehandlung vorangehen, zum Beispiel Demontage, Sortieren, Zerkleinern, Verdichten, Pelletieren, Trocknen, Schreddern, Konditionierung, Neuverpacken, Trennung, Vermengen oder Vermischen vor Anwendung eines der unter R 1 bis R 11 aufgeführten Verfahren.

R 13 Lagerung von Abfällen bis zur Anwendung eines der in R 1 bis R 12 aufgeführten Verfahren (ausgenommen zeitweilige Lagerung bis zur Sammlung auf dem Gelände der Entstehung der Abfälle)[1]

Anlage 3

Kriterien zur Bestimmung des Standes der Technik

Bei der Bestimmung des Standes der Technik sind unter Berücksichtigung der Verhältnismäßigkeit zwischen Aufwand und Nutzen möglicher Maßnahmen sowie des Grundsatzes der Vorsorge und der Vorbeugung, jeweils bezogen auf Anlagen einer bestimmten Art, insbesondere folgende Kriterien zu berücksichtigen:

1. Einsatz abfallarmer Technologie,
2. Einsatz weniger gefährlicher Stoffe,
3. Förderung der Rückgewinnung und Wiederverwertung der bei den einzelnen Verfahren erzeugten und verwendeten Stoffe und gegebenenfalls der Abfälle,
4. vergleichbare Verfahren, Vorrichtungen und Betriebsmethoden, die mit Erfolg im Betrieb erprobt wurden,
5. Fortschritte in der Technologie und in den wissenschaftlichen Erkenntnissen,
6. Art, Auswirkungen und Menge der jeweiligen Emissionen,
7. Zeitpunkte der Inbetriebnahme der neuen oder der bestehenden Anlagen,
8. für die Einführung einer besseren, verfügbaren Technik erforderliche Zeit,
9. Verbrauch an Rohstoffen und die Art der bei den einzelnen Verfahren verwendeten Rohstoffe (einschließlich Wasser) sowie Energieeffizienz,
10. Notwendigkeit, die Gesamtwirkung der Emissionen und die Gefahren für den Menschen und die Umwelt so weit wie möglich zu vermeiden oder zu verringern,
11. Notwendigkeit, Unfällen vorzubeugen und deren Folgen für den Menschen und die Umwelt zu verringern,
12. Informationen, die von Internationalen Organisationen veröffentlicht werden,
13. Informationen, die in BVT-Merkblättern enthalten sind.

1) **Amtl. Anm.:** Unter einer zeitweiligen Lagerung ist eine vorläufige Lagerung im Sinne des § 3 Absatz 15 zu verstehen.

Anlage 4

Beispiele für Abfallvermeidungsmaßnahmen nach § 33

1. Maßnahmen, die sich auf die Rahmenbedingungen im Zusammenhang mit der Abfallerzeugung auswirken können:
 a) Einsatz von Planungsmaßnahmen oder sonstigen wirtschaftlichen Instrumenten, die die Effizienz der Ressourcennutzung fördern,
 b) Förderung einschlägiger Forschung und Entwicklung mit dem Ziel, umweltfreundlichere und weniger abfallintensive Produkte und Technologien hervorzubringen, sowie Verbreitung und Einsatz dieser Ergebnisse aus Forschung und Entwicklung,
 c) Entwicklung wirksamer und aussagekräftiger Indikatoren für die Umweltbelastungen im Zusammenhang mit der Abfallerzeugung als Beitrag zur Vermeidung der Abfallerzeugung auf sämtlichen Ebenen, vom Produktvergleich auf Gemeinschaftsebene über Aktivitäten kommunaler Behörden bis hin zu nationalen Maßnahmen.
2. Maßnahmen, die sich auf die Konzeptions-, Produktions- und Vertriebsphase auswirken können:
 a) Förderung von Ökodesign (systematische Einbeziehung von Umweltaspekten in das Produktdesign mit dem Ziel, die Umweltbilanz des Produkts über den gesamten Lebenszyklus hinweg zu verbessern),
 b) Bereitstellung von Informationen über Techniken zur Abfallvermeidung im Hinblick auf einen erleichterten Einsatz der besten verfügbaren Techniken in der Industrie,
 c) Schulungsmaßnahmen für die zuständigen Behörden hinsichtlich der Einbeziehung der Abfallvermeidungsanforderungen bei der Erteilung von Genehmigungen auf Grund dieses Gesetzes sowie des Bundes-Immissionsschutzgesetzes und der auf Grundlage des Bundes-Immissionsschutzgesetzes erlassenen Rechtsverordnungen,
 d) Einbeziehung von Maßnahmen zur Vermeidung der Abfallerzeugung in Anlagen, die keiner Genehmigung nach § 4 des Bundes-Immissionsschutzgesetzes bedürfen. Hierzu könnten gegebenenfalls Maßnahmen zur Bewertung der Abfallvermeidung und zur Aufstellung von Plänen gehören,
 e) Sensibilisierungsmaßnahmen oder Unterstützung von Unternehmen bei der Finanzierung oder der Entscheidungsfindung. Besonders wirksam dürften derartige Maßnahmen sein, wenn sie sich gezielt an kleine und mittlere Unternehmen richten, auf diese zugeschnitten sind und auf bewährte Netzwerke des Wirtschaftslebens zurückgreifen,
 f) Rückgriff auf freiwillige Vereinbarungen, Verbraucher- und Herstellergremien oder branchenbezogene Verhandlungen, damit die jeweiligen Unternehmen oder Branchen eigene Abfallvermeidungspläne oder -ziele festlegen oder abfallintensive Produkte oder Verpackungen verbessern,
 g) Förderung anerkannter Umweltmanagementsysteme.
3. Maßnahmen, die sich auf die Verbrauchs- und Nutzungsphase auswirken können:
 a) Wirtschaftliche Instrumente wie zum Beispiel Anreize für umweltfreundlichen Einkauf oder die Einführung eines vom Verbraucher zu zahlenden Aufpreises für einen Verpackungsartikel oder Verpackungsteil, der sonst unentgeltlich bereitgestellt werden würde,
 b) Sensibilisierungsmaßnahmen und Informationen für die Öffentlichkeit oder eine bestimmte Verbrauchergruppe,
 c) Förderung von Ökozeichen,
 d) Vereinbarungen mit der Industrie, wie der Rückgriff auf Produktgremien etwa nach dem Vorbild der integrierten Produktpolitik, oder mit dem Einzelhandel über die Bereitstellung von Informationen über Abfallvermeidung und umweltfreundliche Produkte,
 e) Einbeziehung von Kriterien des Umweltschutzes und der Abfallvermeidung in Ausschreibungen des öffentlichen und privaten Beschaffungswesens im Sinne des Handbuchs für eine umweltgerechte öffentliche Beschaffung, das von der Kommission am 29. Oktober 2004 veröffentlicht wurde (Amt für amtliche Veröffentlichungen der Europäischen Gemeinschaften, 2005),
 f) Förderung der Wiederverwendung und Reparatur geeigneter entsorgter Produkte oder ihrer Bestandteile, vor allem durch den Einsatz pädagogischer, wirtschaftlicher, logistischer oder anderer Maßnahmen wie Unterstützung oder Einrichtung von akkreditierten Zentren und Netzen für Reparatur und Wiederverwendung, insbesondere in dicht besiedelten Regionen.

Gesetz über Naturschutz und Landschaftspflege (Bundesnaturschutzgesetz – BNatSchG)[1)2)3)4)]

Vom 29. Juli 2009 (BGBl. I S. 2542)
(FNA 791-9)
zuletzt geändert durch Art. 290 Elfte ZuständigkeitsanpassungsVO vom 19. Juni 2020 (BGBl. I S. 1328)

Inhaltsübersicht

1) Verkündet als Art. 1 G zur Neuregelung des Rechts des Naturschutzes und der Landschaftspflege v. 29.7.2009 (BGBl. I S. 2542); Inkrafttreten gem. Art. 27 dieses G am 1.3.2010.
2) Amtl. Anm. zum ArtikelG: Dieses Gesetz dient der Umsetzung der
 – Richtlinie 79/409/EWG des Rates vom 2. April 1979 über die Erhaltung der wildlebenden Vogelarten (ABl. L 103 vom 25.4.1979, S. 1), die zuletzt durch die Richtlinie 2008/102/EG (ABl. L 323 vom 3.12.2008, S. 31) geändert worden ist,
 – Richtlinie 83/129/EWG des Rates vom 28. März 1983 betreffend die Einfuhr in die Mitgliedstaaten von Fellen bestimmter Jungrobben und Waren daraus (ABl. L 91 vom 9. 4.1983, S. 30), die zuletzt durch die Richtlinie 89/370/ EWG (ABl. L 163 vom 14.6.1989, S. 37) geändert worden ist,
 – Richtlinie 92/43/EWG des Rates vom 21. Mai 1992 zur Erhaltung der natürlichen Lebensräume sowie der wildlebenden Tiere und Pflanzen (ABl. L 206 vom 22.7.1992, S. 7), die zuletzt durch die Richtlinie 2006/105/EG (ABl. L 363 vom 20.12.2006, S. 368) geändert worden ist,
 – Richtlinie 1999/22/EG des Rates vom 29. März 1999 über die Haltung von Wildtieren in Zoos (ABl. L 94 vom 9.4.1999, S. 24).
3) Die Änderungen durch G v. 18.7.2016 (BGBl. I S. 1666) treten erst **mWv 1.10.2021** in Kraft und sind im Text noch nicht berücksichtigt.
4) Zur Sicherstellung ordnungsgemäßer Planungs-und Genehmigungsverfahren während der COVID-19-Pandemie siehe das PlanungssicherstellungsG vom 20.5.2020 (BGBl. I S. 1041).

Kapitel 11
Übergangs- und Überleitungsvorschrift

Kapitel 1
Allgemeine Vorschriften

§ 1 Ziele des Naturschutzes und der Landschaftspflege

(1) Natur und Landschaft sind auf Grund ihres eigenen Wertes und als Grundlage für Leben und Gesundheit des Menschen auch in Verantwortung für die künftigen Generationen im besiedelten und unbesiedelten Bereich nach Maßgabe der nachfolgenden Absätze so zu schützen, dass

1. die biologische Vielfalt,
2. die Leistungs- und Funktionsfähigkeit des Naturhaushalts einschließlich der Regenerationsfähigkeit und nachhaltigen Nutzungsfähigkeit der Naturgüter sowie
3. die Vielfalt, Eigenart und Schönheit sowie der Erholungswert von Natur und Landschaft

auf Dauer gesichert sind; der Schutz umfasst auch die Pflege, die Entwicklung und, soweit erforderlich, die Wiederherstellung von Natur und Landschaft (allgemeiner Grundsatz).

(2) Zur dauerhaften Sicherung der biologischen Vielfalt sind entsprechend dem jeweiligen Gefährdungsgrad insbesondere

1. lebensfähige Populationen wild lebender Tiere und Pflanzen einschließlich ihrer Lebensstätten zu erhalten und der Austausch zwischen den Populationen sowie Wanderungen und Wiederbesiedelungen zu ermöglichen,
2. Gefährdungen von natürlich vorkommenden Ökosystemen, Biotopen und Arten entgegenzuwirken,
3. Lebensgemeinschaften und Biotope mit ihren strukturellen und geografischen Eigenheiten in einer repräsentativen Verteilung zu erhalten; bestimmte Landschaftsteile sollen der natürlichen Dynamik überlassen bleiben.

(3) Zur dauerhaften Sicherung der Leistungs- und Funktionsfähigkeit des Naturhaushalts sind insbesondere

1. die räumlich abgrenzbaren Teile seines Wirkungsgefüges im Hinblick auf die prägenden biologischen Funktionen, Stoff- und Energieflüsse sowie landschaftlichen Strukturen zu schützen; Naturgüter, die sich nicht erneuern, sind sparsam und schonend zu nutzen; sich erneuernde Naturgüter dürfen nur so genutzt werden, dass sie auf Dauer zur Verfügung stehen,
2. Böden so zu erhalten, dass sie ihre Funktion im Naturhaushalt erfüllen können; nicht mehr genutzte versiegelte Flächen sind zu renaturieren, oder, soweit eine Entsiegelung nicht möglich oder nicht zumutbar ist, der natürlichen Entwicklung zu überlassen,
3. Meeres- und Binnengewässer vor Beeinträchtigungen zu bewahren und ihre natürliche Selbstreinigungsfähigkeit und Dynamik zu erhalten; dies gilt insbesondere für natürliche und naturnahe Gewässer einschließlich ihrer Ufer, Auen und sonstigen Rückhalteflächen; Hochwasserschutz hat auch durch natürliche oder naturnahe Maßnahmen zu erfolgen; für den vorsorgenden Grundwasserschutz sowie für einen ausgeglichenen Niederschlags-Abflusshaushalt ist auch durch Maßnahmen des Naturschutzes und der Landschaftspflege Sorge zu tragen,
4. Luft und Klima auch durch Maßnahmen des Naturschutzes und der Landschaftspflege zu schützen; dies gilt insbesondere für Flächen mit günstiger lufthygienischer oder klimatischer Wirkung wie Frisch- und Kaltluftentstehungsgebiete oder Luftaustauschbahnen; dem Aufbau einer nachhaltigen Energieversorgung insbesondere durch zunehmende Nutzung erneuerbarer Energien kommt eine besondere Bedeutung zu,
5. wild lebende Tiere und Pflanzen, ihre Lebensgemeinschaften sowie ihre Biotope und Lebensstätten auch im Hinblick auf ihre jeweiligen Funktionen im Naturhaushalt zu erhalten,
6. der Entwicklung sich selbst regulierender Ökosysteme auf hierfür geeigneten Flächen Raum und Zeit zu geben.

(4) Zur dauerhaften Sicherung der Vielfalt, Eigenart und Schönheit sowie des Erholungswertes von Natur und Landschaft sind insbesondere

1. Naturlandschaften und historisch gewachsene Kulturlandschaften, auch mit ihren Kultur-, Bau- und Bodendenkmälern, vor Verunstaltung, Zersiedelung und sonstigen Beeinträchtigungen zu bewahren,
2. zum Zweck der Erholung in der freien Landschaft nach ihrer Beschaffenheit und Lage geeignete Flächen vor allem im besiedelten und siedlungsnahen Bereich zu schützen und zugänglich zu machen.

(5) ¹Großflächige, weitgehend unzerschnittene Landschaftsräume sind vor weiterer Zerschneidung zu bewahren. ²Die erneute Inanspruchnahme bereits bebauter Flächen sowie die Bebauung unbebauter Flächen im beplanten und unbeplanten Innenbereich, soweit sie nicht für Grünflächen vorgesehen sind, hat Vorrang vor der Inanspruchnahme von Freiflächen im Außenbereich. ³Verkehrswege, Energieleitungen und ähnliche Vorhaben sollen landschaftsgerecht geführt, gestaltet und so gebündelt werden, dass die Zerschneidung und die Inanspruchnahme der Landschaft sowie Beeinträchtigungen des Naturhaushalts vermieden oder so gering wie möglich gehalten werden. ⁴Beim Aufsuchen und bei der Gewinnung von Bodenschätzen, bei Abgrabungen und Aufschüttungen sind dauernde Schäden des Naturhaushalts und Zerstörungen wertvoller Landschaftsteile zu vermeiden; unvermeidbare Beeinträchtigungen von Natur und Landschaft sind insbesondere durch Förderung natürlicher Sukzession, Renaturierung, naturnahe Gestaltung, Wiedernutzbarmachung oder Rekultivierung auszugleichen oder zu mindern.

(6) Freiräume im besiedelten und siedlungsnahen Bereich einschließlich ihrer Bestandteile, wie Parkanlagen, großflächige Grünanlagen und Grünzüge, Wälder und Waldränder, Bäume und Gehölzstrukturen, Fluss- und Bachläufe mit ihren Uferzonen und Auenbereichen, stehende Gewässer, Naturerfahrungsräume sowie gartenbau- und landwirtschaftlich genutzte Flächen, sind zu erhalten und dort, wo sie nicht in ausreichendem Maße vorhanden sind, neu zu schaffen.

§ 2 Verwirklichung der Ziele

(1) Jeder soll nach seinen Möglichkeiten zur Verwirklichung der Ziele des Naturschutzes und der Landschaftspflege beitragen und sich so verhalten, dass Natur und Landschaft nicht mehr als nach den Umständen unvermeidbar beeinträchtigt werden.

(2) Die Behörden des Bundes und der Länder haben im Rahmen ihrer Zuständigkeit die Verwirklichung der Ziele des Naturschutzes und der Landschaftspflege zu unterstützen.

(3) Die Ziele des Naturschutzes und der Landschaftspflege sind zu verwirklichen, soweit es im Einzelfall möglich, erforderlich und unter Abwägung aller sich aus § 1 Absatz 1 ergebenden Anforderungen untereinander und gegen die sonstigen Anforderungen der Allgemeinheit an Natur und Landschaft angemessen ist.

(4) Bei der Bewirtschaftung von Grundflächen im Eigentum oder Besitz der öffentlichen Hand sollen die Ziele des Naturschutzes und der Landschaftspflege in besonderer Weise berücksichtigt werden.

(5) ¹Die europäischen Bemühungen auf dem Gebiet des Naturschutzes und der Landschaftspflege werden insbesondere durch Aufbau und Schutz des Netzes „Natura 2000" unterstützt. ²Die internationalen Bemühungen auf dem Gebiet des Naturschutzes und der Landschaftspflege werden insbesondere durch den Schutz des Kultur- und Naturerbes im Sinne des Übereinkommens vom 16. November 1972 zum Schutz des Kultur- und Naturerbes der Welt (BGBl. 1977 II S. 213, 215) unterstützt.

(6) ¹Das allgemeine Verständnis für die Ziele des Naturschutzes und der Landschaftspflege ist mit geeigneten Mitteln zu fördern. ²Erziehungs-, Bildungs- und Informationsträger klären auf allen Ebenen über die Bedeutung von Natur und Landschaft, über deren Bewirtschaftung und Nutzung sowie über die Aufgaben des Naturschutzes und der Landschaftspflege auf und wecken das Bewusstsein für einen verantwortungsvollen Umgang mit Natur und Landschaft.

§ 3 Zuständigkeiten, Aufgaben und Befugnisse, vertragliche Vereinbarungen, Zusammenarbeit der Behörden

(1) Die für Naturschutz und Landschaftspflege zuständigen Behörden im Sinne dieses Gesetzes sind
1. die nach Landesrecht für Naturschutz und Landschaftspflege zuständigen Behörden oder
2. das Bundesamt für Naturschutz, soweit ihm nach diesem Gesetz Zuständigkeiten zugewiesen werden.

(2) Die für Naturschutz und Landschaftspflege zuständigen Behörden überwachen die Einhaltung der Vorschriften dieses Gesetzes und der auf Grund dieses Gesetzes erlassenen Vorschriften und treffen nach pflichtgemäßem Ermessen die im Einzelfall erforderlichen Maßnahmen, um deren Einhaltung sicherzustellen, soweit nichts anderes bestimmt ist.

(3) Bei Maßnahmen des Naturschutzes und der Landschaftspflege soll vorrangig geprüft werden, ob der Zweck mit angemessenem Aufwand auch durch vertragliche Vereinbarungen erreicht werden kann.

(4) ¹Mit der Ausführung landschaftspflegerischer und -gestalterischer Maßnahmen sollen die zuständigen Behörden nach Möglichkeit land- und forstwirtschaftliche Betriebe, Vereinigungen, in denen Gemeinden oder Gemeindeverbände, Landwirte und Vereinigungen, die im Schwerpunkt die Ziele des Naturschutzes und der Landschaftspflege fördern, gleichberechtigt vertreten sind (Landschaftspflegeverbände), anerkannte Naturschutzvereinigungen oder Träger von Naturparken beauftragen. ²Hoheitliche Befugnisse können nicht übertragen werden.

(5) ¹Die Behörden des Bundes und der Länder haben die für Naturschutz und Landschaftspflege zuständigen Behörden bereits bei der Vorbereitung aller öffentlichen Planungen und Maßnahmen, die die Be-

lange des Naturschutzes und der Landschaftspflege berühren können, hierüber zu unterrichten und ihnen Gelegenheit zur Stellungnahme zu geben, soweit nicht eine weiter gehende Form der Beteiligung vorgesehen ist. [2]Die Beteiligungspflicht nach Satz 1 gilt für die für Naturschutz und Landschaftspflege zuständigen Behörden entsprechend, soweit Planungen und Maßnahmen des Naturschutzes und der Landschaftspflege den Aufgabenbereich anderer Behörden berühren können.

(6) Die für Naturschutz und Landschaftspflege zuständigen Behörden gewährleisten einen frühzeitigen Austausch mit Betroffenen und der interessierten Öffentlichkeit über ihre Planungen und Maßnahmen.

(7) Aufgaben nach diesem Gesetz obliegen einer Gemeinde oder einem Gemeindeverband nur, wenn der Gemeinde oder dem Gemeindeverband die Aufgaben durch Landesrecht übertragen worden sind.

§ 4 Funktionssicherung bei Flächen für öffentliche Zwecke

[1]Bei Maßnahmen des Naturschutzes und der Landschaftspflege ist auf Flächen, die ausschließlich oder überwiegend Zwecken

1. der Verteidigung, einschließlich der Erfüllung internationaler Verpflichtungen und des Schutzes der Zivilbevölkerung,
2. der Bundespolizei,
3. des öffentlichen Verkehrs als öffentliche Verkehrswege,
4. der See- oder Binnenschifffahrt,
5. der Versorgung, einschließlich der hierfür als schutzbedürftig erklärten Gebiete, und der Entsorgung,
6. des Schutzes vor Überflutung durch Hochwasser oder
7. der Telekommunikation

dienen oder in einem verbindlichen Plan für die genannten Zwecke ausgewiesen sind, die bestimmungsgemäße Nutzung zu gewährleisten. [2]Die Ziele des Naturschutzes und der Landschaftspflege sind zu berücksichtigen.

§ 5 Land-, Forst- und Fischereiwirtschaft

(1) Bei Maßnahmen des Naturschutzes und der Landschaftspflege ist die besondere Bedeutung einer natur- und landschaftsverträglichen Land-, Forst- und Fischereiwirtschaft für die Erhaltung der Kultur- und Erholungslandschaft zu berücksichtigen.

(2) Bei der landwirtschaftlichen Nutzung sind neben den Anforderungen, die sich aus den für die Landwirtschaft geltenden Vorschriften und aus § 17 Absatz 2 des Bundes-Bodenschutzgesetzes ergeben, insbesondere die folgenden Grundsätze der guten fachlichen Praxis zu beachten:

1. die Bewirtschaftung muss standortangepasst erfolgen und die nachhaltige Bodenfruchtbarkeit und langfristige Nutzbarkeit der Flächen muss gewährleistet werden;
2. die natürliche Ausstattung der Nutzfläche (Boden, Wasser, Flora, Fauna) darf nicht über das zur Erzielung eines nachhaltigen Ertrages erforderliche Maß hinaus beeinträchtigt werden;
3. die zur Vernetzung von Biotopen erforderlichen Landschaftselemente sind zu erhalten und nach Möglichkeit zu vermehren;
4. die Tierhaltung hat in einem ausgewogenen Verhältnis zum Pflanzenbau zu stehen und schädliche Umweltauswirkungen sind zu vermeiden;
5. auf erosionsgefährdeten Hängen, in Überschwemmungsgebieten, auf Standorten mit hohem Grundwasserstand sowie auf Moorstandorten ist ein Grünlandumbruch zu unterlassen;
6. die Anwendung von Düngemitteln und Pflanzenschutzmitteln hat nach Maßgabe des landwirtschaftlichen Fachrechtes zu erfolgen; es sind eine Dokumentation über die Anwendung von Düngemitteln nach Maßgabe des § 10 der Düngeverordnung vom 26. Mai 2017 (BGBl. I S. 1305) in der jeweils geltenden Fassung sowie eine Dokumentation über die Anwendung von Pflanzenschutzmitteln nach Maßgabe des Artikels 67 Absatz 1 Satz 2 der Verordnung (EG) Nr. 1107/2009 des Europäischen Parlaments und des Rates vom 21. Oktober 2009 über das Inverkehrbringen von Pflanzenschutzmitteln und zur Aufhebung der Richtlinien 79/117/EWG und 91/414/EWG des Rates (ABl. L 309 vom 24.11.2009, S. 1) zu führen.

(3) [1]Bei der forstlichen Nutzung des Waldes ist das Ziel zu verfolgen, naturnahe Wälder aufzubauen und diese ohne Kahlschläge nachhaltig zu bewirtschaften. [2]Ein hinreichender Anteil standortheimischer Forstpflanzen ist einzuhalten.

(4) [1]Bei der fischereiwirtschaftlichen Nutzung der oberirdischen Gewässer sind diese einschließlich ihrer Uferzonen als Lebensstätten und Lebensräume für heimische Tier- und Pflanzenarten zu erhalten und zu fördern. [2]Der Besatz dieser Gewässer mit nichtheimischen Tierarten ist grundsätzlich zu unterlassen. [3]Bei Fischzuchten und Teichwirtschaften der Binnenfischerei sind Beeinträchtigungen der heimischen Tier- und Pflanzenarten auf das zur Erzielung eines nachhaltigen Ertrages erforderliche Maß zu beschränken.

§ 6 Beobachtung von Natur und Landschaft

(1) Der Bund und die Länder beobachten im Rahmen ihrer Zuständigkeiten Natur und Landschaft (allgemeiner Grundsatz).

(2) Die Beobachtung dient der gezielten und fortlaufenden Ermittlung, Beschreibung und Bewertung des Zustands von Natur und Landschaft und ihrer Veränderungen einschließlich der Ursachen und Folgen dieser Veränderungen.

(3) Die Beobachtung umfasst insbesondere

1. den Zustand von Landschaften, Biotopen und Arten zur Erfüllung völkerrechtlicher Verpflichtungen,
2. den Erhaltungszustand der natürlichen Lebensraumtypen und Arten von gemeinschaftlichem Interesse einschließlich des unbeabsichtigten Fangs oder Tötens der Tierarten, die in Anhang IV Buchstabe a der Richtlinie 92/43/EWG des Rates vom 21. Mai 1992 zur Erhaltung der Lebensräume sowie der wildlebenden Tiere und Pflanzen (ABl. L 206 vom 22.7.1992, S. 7), die zuletzt durch die Richtlinie 2006/105/EG (ABl. L 363 vom 20.12.2006, S. 368) geändert worden ist, aufgeführt sind, sowie der europäischen Vogelarten und ihrer Lebensräume; dabei sind die prioritären natürlichen Lebensraumtypen und prioritären Arten besonders zu berücksichtigen,
3. den Zustand weiterer in Anhang III Tabelle 1 der Richtlinie 2008/56/EG des Europäischen Parlaments und des Rates vom 17. Juni 2008 zur Schaffung eines Ordnungsrahmens für Maßnahmen der Gemeinschaft im Bereich der Meeresumwelt (Meeresstrategie-Rahmenrichtlinie) (ABl. L 164 vom 25.6.2008, S. 19) aufgeführter Biotoptypen und sonstiger biologischer Merkmale,
4. das Vorkommen invasiver Arten gemäß § 7 Absatz 2 Nummer 9 Buchstabe a nach Maßgabe des Artikels 14 der Verordnung (EU) Nr. 1143/2014 des Europäischen Parlaments und des Rates vom 22. Oktober 2014 über die Prävention und das Management der Einbringung und Ausbreitung invasiver gebietsfremder Arten (ABl. L 317 vom 4.11.2014, S. 35).

(4) [1]Die zuständigen Behörden des Bundes und der Länder unterstützen sich bei der Beobachtung. [2]Sie sollen ihre Beobachtungsmaßnahmen aufeinander abstimmen.

(5) Das Bundesamt für Naturschutz nimmt die Aufgaben des Bundes auf dem Gebiet der Beobachtung von Natur und Landschaft wahr, soweit in Rechtsvorschriften nichts anderes bestimmt ist.

(6) Rechtsvorschriften über die Geheimhaltung, über den Schutz personenbezogener Daten sowie über den Schutz von Betriebs- und Geschäftsgeheimnissen bleiben unberührt.

§ 7 Begriffsbestimmungen

(1) Für dieses Gesetz gelten folgende Begriffsbestimmungen:

1. biologische Vielfalt
 die Vielfalt der Tier- und Pflanzenarten einschließlich der innerartlichen Vielfalt sowie die Vielfalt an Formen von Lebensgemeinschaften und Biotopen;
2. Naturhaushalt
 die Naturgüter Boden, Wasser, Luft, Klima, Tiere und Pflanzen sowie das Wirkungsgefüge zwischen ihnen;
3. Erholung
 natur- und landschaftsverträglich ausgestaltetes Natur- und Freizeiterleben einschließlich natur- und landschaftsverträglicher sportlicher Betätigung in der freien Landschaft, soweit dadurch die sonstigen Ziele des Naturschutzes und der Landschaftspflege nicht beeinträchtigt werden;
4. natürliche Lebensraumtypen von gemeinschaftlichem Interesse
 die in Anhang I der Richtlinie 92/43/EWG aufgeführten Lebensraumtypen;
5. prioritäre natürliche Lebensraumtypen
 die in Anhang I der Richtlinie 92/43/EWG mit dem Zeichen (*) gekennzeichneten Lebensraumtypen;
6. Gebiete von gemeinschaftlicher Bedeutung
 die in die Liste nach Artikel 4 Absatz 2 Unterabsatz 3 der Richtlinie 92/43/EWG aufgenommenen Gebiete, auch wenn ein Schutz im Sinne des § 32 Absatz 2 bis 4 noch nicht gewährleistet ist;
7. Europäische Vogelschutzgebiete
 Gebiete im Sinne des Artikels 4 Absatz 1 und 2 der Richtlinie 2009/147/EG des Europäischen Parlaments und des Rates vom 30. November 2009 über die Erhaltung der wildlebenden Vogelarten (ABl. L 20 vom 26.1.2010, S. 7), wenn ein Schutz im Sinne des § 32 Absatz 2 bis 4 bereits gewährleistet ist;
8. Natura 2000-Gebiete
 Gebiete von gemeinschaftlicher Bedeutung und Europäische Vogelschutzgebiete;

9. Erhaltungsziele
Ziele, die im Hinblick auf die Erhaltung oder Wiederherstellung eines günstigen Erhaltungszustands eines natürlichen Lebensraumtyps von gemeinschaftlichem Interesse, einer in Anhang II der Richtlinie 92/43/EWG oder in Artikel 4 Absatz 2 oder Anhang I der Richtlinie 2009/147/EG aufgeführten Art für ein Natura 2000-Gebiet festgelegt sind;

10. günstiger Erhaltungszustand
Zustand im Sinne von Artikel 1 Buchstabe e und i der Richtlinie 92/43/EWG und von Artikel 2 Nummer 4 der Richtlinie 2004/35/EG des Europäischen Parlaments und des Rates vom 21. April 2004 über Umwelthaftung zur Vermeidung und Sanierung von Umweltschäden (ABl. L 143 vom 30.4.2004, S. 56), die zuletzt durch die Richtlinie 2009/31/EG (ABl. L 140 vom 5.6.2009, S. 114) geändert worden ist.

(2) ¹Für dieses Gesetz gelten folgende weitere Begriffsbestimmungen:

1. Tiere
 a) wild lebende, gefangene oder gezüchtete und nicht herrenlos gewordene sowie tote Tiere wild lebender Arten,
 b) Eier, auch im leeren Zustand, sowie Larven, Puppen und sonstige Entwicklungsformen von Tieren wild lebender Arten,
 c) ohne Weiteres erkennbare Teile von Tieren wild lebender Arten und
 d) ohne Weiteres erkennbar aus Tieren wild lebender Arten gewonnene Erzeugnisse;

2. Pflanzen
 a) wild lebende, durch künstliche Vermehrung gewonnene sowie tote Pflanzen wild lebender Arten,
 b) Samen, Früchte oder sonstige Entwicklungsformen von Pflanzen wild lebender Arten,
 c) ohne Weiteres erkennbare Teile von Pflanzen wild lebender Arten und
 d) ohne Weiteres erkennbar aus Pflanzen wild lebender Arten gewonnene Erzeugnisse;
 als Pflanzen im Sinne dieses Gesetzes gelten auch Flechten und Pilze;

3. Art
 jede Art, Unterart oder Teilpopulation einer Art oder Unterart; für die Bestimmung einer Art ist ihre wissenschaftliche Bezeichnung maßgebend;

4. Biotop
 Lebensraum einer Lebensgemeinschaft wild lebender Tiere und Pflanzen;

5. Lebensstätte
 regelmäßiger Aufenthaltsort der wild lebenden Individuen einer Art;

6. Population
 eine biologisch oder geografisch abgegrenzte Zahl von Individuen einer Art;

7., 8. *[aufgehoben]*

9. invasive Art
 eine invasive gebietsfremde Art im Sinne des Artikels 3 Nummer 2 der Verordnung (EU) Nr. 1143/2014
 a) die in der Unionsliste nach Artikel 4 Absatz 1 der Verordnung (EU) Nr. 1143/2014 aufgeführt ist,
 b) für die Dringlichkeitsmaßnahmen nach Artikel 10 Absatz 4 oder für die Durchführungsrechtsakte nach Artikel 11 Absatz 2 Satz 2 der Verordnung (EU) Nr. 1143/2014 in Kraft sind, soweit die Verordnung (EU) Nr. 1143/2014 nach den genannten Rechtsvorschriften anwendbar ist oder
 c) die in einer Rechtsverordnung nach § 54 Absatz 4 Satz 1 Nummer 1 oder Nummer 3 aufgeführt ist;

10. Arten von gemeinschaftlichem Interesse
 die in Anhang II, IV oder V der Richtlinie 92/43/EWG aufgeführten Tier- und Pflanzenarten;

11. prioritäre Arten
 die in Anhang II der Richtlinie 92/43/EWG mit dem Zeichen (*) gekennzeichneten Tier- und Pflanzenarten;

12. europäische Vogelarten
 in Europa natürlich vorkommende Vogelarten im Sinne des Artikels 1 der Richtlinie 2009/147/EG;

13. besonders geschützte Arten
 a) Tier- und Pflanzenarten, die in Anhang A oder Anhang B der Verordnung (EG) Nr. 338/97 des Rates vom 9. Dezember 1996 über den Schutz von Exemplaren wildlebender Tier- und

Pflanzenarten durch Überwachung des Handels (ABl. L 61 vom 3.3.1997, S. 1, L 100 vom 17.4.1997, S. 72, L 298 vom 1.11.1997, S. 70, L 113 vom 27.4.2006, S. 26), die zuletzt durch die Verordnung (EG) Nr. 709/2010 (ABl. L 212 vom 12.8.2010, S. 1) geändert worden ist, aufgeführt sind,

 b) nicht unter Buchstabe a fallende

 aa) Tier- und Pflanzenarten, die in Anhang IV der Richtlinie 92/43/EWG aufgeführt sind,

 bb) europäische Vogelarten,

 c) Tier- und Pflanzenarten, die in einer Rechtsverordnung nach § 54 Absatz 1 aufgeführt sind;

14. streng geschützte Arten
besonders geschützte Arten, die

 a) in Anhang A der Verordnung (EG) Nr. 338/97,

 b) in Anhang IV der Richtlinie 92/43/EWG,

 c) in einer Rechtsverordnung nach § 54 Absatz 2
aufgeführt sind;

15. gezüchtete Tiere
Tiere, die in kontrollierter Umgebung geboren oder auf andere Weise erzeugt und deren Elterntiere rechtmäßig erworben worden sind;

16. künstlich vermehrte Pflanzen
Pflanzen, die aus Samen, Gewebekulturen, Stecklingen oder Teilungen unter kontrollierten Bedingungen herangezogen worden sind;

17. Anbieten
Erklärung der Bereitschaft zu verkaufen oder zu kaufen und ähnliche Handlungen, einschließlich der Werbung, der Veranlassung zur Werbung oder der Aufforderung zu Verkaufs- oder Kaufverhandlungen;

18. Inverkehrbringen
das Anbieten, Vorrätighalten zur Abgabe, Feilhalten und jedes Abgeben an andere;

19. rechtmäßig
in Übereinstimmung mit den jeweils geltenden Rechtsvorschriften zum Schutz der betreffenden Art im jeweiligen Staat sowie mit Rechtsakten der Europäischen Gemeinschaft auf dem Gebiet des Artenschutzes und dem Übereinkommen vom 3. März 1973 über den internationalen Handel mit gefährdeten Arten freilebender Tiere und Pflanzen (BGBl. 1975 II S. 773, 777) – Washingtoner Artenschutzübereinkommen – im Rahmen ihrer jeweiligen räumlichen und zeitlichen Geltung oder Anwendbarkeit;

20. Mitgliedstaat
ein Staat, der Mitglied der Europäischen Union ist;

21. Drittstaat
ein Staat, der nicht Mitglied der Europäischen Union ist.

(3) Soweit in diesem Gesetz auf Anhänge der

1. Verordnung (EG) Nr. 338/97,

2. Verordnung (EWG) Nr. 3254/91 des Rates vom 4. November 1991 zum Verbot von Tellereisen in der Gemeinschaft und der Einfuhr von Pelzen und Waren von bestimmten Wildtierarten aus Ländern, die Tellereisen oder den internationalen humanen Fangnormen nicht entsprechende Fangmethoden anwenden (ABl. L 308 vom 9.11.1991, S. 1),

3. Richtlinien 92/43/EWG und 2009/147/EG,

4. Richtlinie 83/129/EWG des Rates vom 28. März 1983 betreffend die Einfuhr in die Mitgliedstaaten von Fellen bestimmter Jungrobben und Waren daraus (ABl. L 91 vom 9.4.1983, S. 30), die zuletzt durch die Richtlinie 89/370/EWG (ABl. L 163 vom 14.6.1989, S. 37) geändert worden ist,

oder auf Vorschriften der genannten Rechtsakte verwiesen wird, in denen auf Anhänge Bezug genommen wird, sind die Anhänge jeweils in der sich aus den Veröffentlichungen im Amtsblatt Teil L der Europäischen Union ergebenden geltenden Fassung maßgeblich.

(4) Das Bundesministerium für Umwelt, Naturschutz und nukleare Sicherheit gibt die besonders geschützten und die streng geschützten Arten sowie den Zeitpunkt ihrer jeweiligen Unterschutzstellung bekannt.

(5) [1]Wenn besonders geschützte Arten bereits auf Grund der bis zum 8. Mai 1998 geltenden Vorschriften unter besonderem Schutz standen, gilt als Zeitpunkt der Unterschutzstellung derjenige, der sich aus diesen Vorschriften ergibt. [2]Entsprechendes gilt für die streng geschützten Arten, soweit sie nach den bis zum 8. Mai 1998 geltenden Vorschriften als vom Aussterben bedroht bezeichnet waren.

Kapitel 2
Landschaftsplanung

§ 8 Allgemeiner Grundsatz

Die Ziele des Naturschutzes und der Landschaftspflege werden als Grundlage vorsorgenden Handelns im Rahmen der Landschaftsplanung überörtlich und örtlich konkretisiert und die Erfordernisse und Maßnahmen zur Verwirklichung dieser Ziele dargestellt und begründet.

§ 9 Aufgaben und Inhalte der Landschaftsplanung; Ermächtigung zum Erlass von Rechtsverordnungen

(1) Die Landschaftsplanung hat die Aufgabe, die Ziele des Naturschutzes und der Landschaftspflege für den jeweiligen Planungsraum zu konkretisieren und die Erfordernisse und Maßnahmen zur Verwirklichung dieser Ziele auch für die Planungen und Verwaltungsverfahren aufzuzeigen, deren Entscheidungen sich auf Natur und Landschaft im Planungsraum auswirken können.

(2) ¹Inhalte der Landschaftsplanung sind die Darstellung und Begründung der konkretisierten Ziele des Naturschutzes und der Landschaftspflege und der ihrer Verwirklichung dienenden Erfordernisse und Maßnahmen. ²Darstellung und Begründung erfolgen nach Maßgabe der §§ 10 und 11 in Landschaftsprogrammen, Landschaftsrahmenplänen, Landschaftsplänen sowie Grünordnungsplänen.

(3) ¹Die Pläne sollen Angaben enthalten über

1. den vorhandenen und den zu erwartenden Zustand von Natur und Landschaft,
2. die konkretisierten Ziele des Naturschutzes und der Landschaftspflege,
3. die Beurteilung des vorhandenen und zu erwartenden Zustands von Natur und Landschaft nach Maßgabe dieser Ziele einschließlich der sich daraus ergebenden Konflikte,
4. die Erfordernisse und Maßnahmen zur Umsetzung der konkretisierten Ziele des Naturschutzes und der Landschaftspflege, insbesondere
 a) zur Vermeidung, Minderung oder Beseitigung von Beeinträchtigungen von Natur und Landschaft,
 b) zum Schutz bestimmter Teile von Natur und Landschaft im Sinne des Kapitels 4 sowie der Biotope, Lebensgemeinschaften und Lebensstätten der Tiere und Pflanzen wild lebender Arten,
 c) auf Flächen, die wegen ihres Zustands, ihrer Lage oder ihrer natürlichen Entwicklungsmöglichkeit für künftige Maßnahmen des Naturschutzes und der Landschaftspflege, insbesondere zur Kompensation von Eingriffen in Natur und Landschaft sowie zum Einsatz natur- und landschaftsbezogener Fördermittel besonders geeignet sind,
 d) zum Aufbau und Schutz eines Biotopverbunds, der Biotopvernetzung und des Netzes „Natura 2000",
 e) zum Schutz, zur Qualitätsverbesserung und zur Regeneration von Böden, Gewässern, Luft und Klima,
 f) zur Erhaltung und Entwicklung von Vielfalt, Eigenart und Schönheit sowie des Erholungswertes von Natur und Landschaft,
 g) zur Erhaltung und Entwicklung von Freiräumen im besiedelten und unbesiedelten Bereich.

²Auf die Verwertbarkeit der Darstellungen der Landschaftsplanung für die Raumordnungspläne und Bauleitpläne ist Rücksicht zu nehmen. ³Das Bundesministerium für Umwelt, Naturschutz und nukleare Sicherheit wird ermächtigt, durch Rechtsverordnung mit Zustimmung des Bundesrates die für die Darstellung der Inhalte zu verwendenden Planzeichen zu regeln.

(4) ¹Die Landschaftsplanung ist fortzuschreiben, sobald und soweit dies im Hinblick auf Erfordernisse und Maßnahmen im Sinne des Absatzes 3 Satz 1 Nummer 4 erforderlich ist, insbesondere weil wesentliche Veränderungen von Natur und Landschaft im Planungsraum eingetreten, vorgesehen oder zu erwarten sind. ²Die Fortschreibung kann als sachlicher oder räumlicher Teilplan erfolgen, sofern die Umstände, die die Fortschreibung begründen, sachlich oder räumlich begrenzt sind.

(5) ¹In Planungen und Verwaltungsverfahren sind die Inhalte der Landschaftsplanung zu berücksichtigen. ²Insbesondere sind die Inhalte der Landschaftsplanung für die Beurteilung der Umweltverträglichkeit und der Verträglichkeit im Sinne des § 34 Absatz 1 dieses Gesetzes sowie bei der Aufstellung der Maßnahmenprogramme im Sinne der §§ 45h und 82 des Wasserhaushaltsgesetzes heranzuziehen. ³Soweit den Inhalten der Landschaftsplanung in den Entscheidungen nicht Rechnung getragen werden kann, ist dies zu begründen.

§ 10 Landschaftsprogramme und Landschaftsrahmenpläne

(1) ¹Die überörtlichen konkretisierten Ziele, Erfordernisse und Maßnahmen des Naturschutzes und der Landschaftspflege werden für den Bereich eines Landes im Landschaftsprogramm oder für Teile des

Landes in Landschaftsrahmenplänen dargestellt. [2]Die Ziele der Raumordnung sind zu beachten; die Grundsätze und sonstigen Erfordernisse der Raumordnung sind zu berücksichtigen.

(2) [1]Landschaftsprogramme können aufgestellt werden. [2]Landschaftsrahmenpläne sind für alle Teile des Landes aufzustellen, soweit nicht ein Landschaftsprogramm seinen Inhalten und seinem Konkretisierungsgrad nach einem Landschaftsrahmenplan entspricht.

(3) Die konkretisierten Ziele, Erfordernisse und Maßnahmen des Naturschutzes und der Landschaftspflege sind, soweit sie raumbedeutsam sind, in der Abwägung nach § 7 Absatz 2 des Raumordnungsgesetzes zu berücksichtigen.

(4) Die Zuständigkeit, das Verfahren der Aufstellung und das Verhältnis von Landschaftsprogrammen und Landschaftsrahmenplänen zu Raumordnungsplänen richten sich nach Landesrecht.

§ 11 Landschaftspläne und Grünordnungspläne

(1) [1]Die für die örtliche Ebene konkretisierten Ziele, Erfordernisse und Maßnahmen des Naturschutzes und der Landschaftspflege werden auf der Grundlage der Landschaftsrahmenpläne für die Gebiete der Gemeinden in Landschaftsplänen, für Teile eines Gemeindegebiets in Grünordnungsplänen dargestellt. [2]Die Ziele der Raumordnung sind zu beachten; die Grundsätze und sonstigen Erfordernisse der Raumordnung sind zu berücksichtigen. [3]Die Pläne sollen die in § 9 Absatz 3 genannten Angaben enthalten, soweit dies für die Darstellung der für die örtliche Ebene konkretisierten Ziele, Erfordernisse und Maßnahmen erforderlich ist. [4]Abweichende Vorschriften der Länder zum Inhalt von Landschafts- und Grünordnungsplänen sowie Vorschriften zu deren Rechtsverbindlichkeit bleiben unberührt.

(2) [1]Landschaftspläne sind aufzustellen, sobald und soweit dies im Hinblick auf Erfordernisse und Maßnahmen im Sinne des § 9 Absatz 3 Satz 1 Nummer 4 erforderlich ist, insbesondere weil wesentliche Veränderungen von Natur und Landschaft im Planungsraum eingetreten, vorgesehen oder zu erwarten sind. [2]Grünordnungspläne können aufgestellt werden.

(3) Die in den Landschaftsplänen für die örtliche Ebene konkretisierten Ziele, Erfordernisse und Maßnahmen des Naturschutzes und der Landschaftspflege sind in der Abwägung nach § 1 Absatz 7 des Baugesetzbuches zu berücksichtigen und können als Darstellungen oder Festsetzungen nach den §§ 5 und 9 des Baugesetzbuches in die Bauleitpläne aufgenommen werden.

(4) Werden in den Ländern Berlin, Bremen und Hamburg die örtlichen Erfordernisse und Maßnahmen des Naturschutzes und der Landschaftspflege in Landschaftsrahmenplänen oder Landschaftsprogrammen dargestellt, so ersetzen diese die Landschaftspläne.

(5) Die Zuständigkeit und das Verfahren zur Aufstellung der Landschaftspläne und Grünordnungspläne sowie deren Durchführung richten sich nach Landesrecht.

§ 12 Zusammenwirken der Länder bei der Planung

[1]Bei der Aufstellung und Fortschreibung von Programmen und Plänen nach den §§ 10 und 11 für Gebiete, die an andere Länder angrenzen, sind deren entsprechende Programme und Pläne zu berücksichtigen. [2]Soweit dies erforderlich ist, stimmen sich die Länder untereinander ab.

Kapitel 3
Allgemeiner Schutz von Natur und Landschaft

§ 13 Allgemeiner Grundsatz

[1]Erhebliche Beeinträchtigungen von Natur und Landschaft sind vom Verursacher vorrangig zu vermeiden. [2]Nicht vermeidbare erhebliche Beeinträchtigungen sind durch Ausgleichs- oder Ersatzmaßnahmen oder, soweit dies nicht möglich ist, durch einen Ersatz in Geld zu kompensieren.

§ 14 Eingriffe in Natur und Landschaft

(1) Eingriffe in Natur und Landschaft im Sinne dieses Gesetzes sind Veränderungen der Gestalt oder Nutzung von Grundflächen oder Veränderungen des mit der belebten Bodenschicht in Verbindung stehenden Grundwasserspiegels, die die Leistungs- und Funktionsfähigkeit des Naturhaushalts oder das Landschaftsbild erheblich beeinträchtigen können.

(2) [1]Die land-, forst- und fischereiwirtschaftliche Bodennutzung ist nicht als Eingriff anzusehen, soweit dabei die Ziele des Naturschutzes und der Landschaftspflege berücksichtigt werden. [2]Entspricht die land-, forst- und fischereiwirtschaftliche Bodennutzung den in § 5 Absatz 2 bis 4 dieses Gesetzes genannten Anforderungen sowie den sich aus § 17 Absatz 2 des Bundes-Bodenschutzgesetzes und dem Recht der Land-, Forst- und Fischereiwirtschaft ergebenden Anforderungen an die gute fachliche Praxis, widerspricht sie in der Regel nicht den Zielen des Naturschutzes und der Landschaftspflege.

(3) Nicht als Eingriff gilt die Wiederaufnahme einer land-, forst- und fischereiwirtschaftlichen Bodennutzung, wenn sie zeitweise eingeschränkt oder unterbrochen war

1. auf Grund vertraglicher Vereinbarungen oder auf Grund der Teilnahme an öffentlichen Programmen zur Bewirtschaftungsbeschränkung und wenn die Wiederaufnahme innerhalb von zehn Jahren nach Auslaufen der Einschränkung oder Unterbrechung erfolgt,
2. auf Grund der Durchführung von vorgezogenen Kompensationsmaßnahmen, die vorgezogene Maßnahme aber nicht für eine Kompensation in Anspruch genommen wird.

§ 15 Verursacherpflichten, Unzulässigkeit von Eingriffen; Ermächtigung zum Erlass von Rechtsverordnungen

(1) ¹Der Verursacher eines Eingriffs ist verpflichtet, vermeidbare Beeinträchtigungen von Natur und Landschaft zu unterlassen. ²Beeinträchtigungen sind vermeidbar, wenn zumutbare Alternativen, den mit dem Eingriff verfolgten Zweck am gleichen Ort ohne oder mit geringeren Beeinträchtigungen von Natur und Landschaft zu erreichen, gegeben sind. ³Soweit Beeinträchtigungen nicht vermieden werden können, ist dies zu begründen.

(2) ¹Der Verursacher ist verpflichtet, unvermeidbare Beeinträchtigungen durch Maßnahmen des Naturschutzes und der Landschaftspflege auszugleichen (Ausgleichsmaßnahmen) oder zu ersetzen (Ersatzmaßnahmen). ²Ausgeglichen ist eine Beeinträchtigung, wenn und sobald die beeinträchtigten Funktionen des Naturhaushalts in gleichartiger Weise wiederhergestellt sind und das Landschaftsbild landschaftsgerecht wiederhergestellt oder neu gestaltet ist. ³Ersetzt ist eine Beeinträchtigung, wenn und sobald die beeinträchtigten Funktionen des Naturhaushalts in dem betroffenen Naturraum in gleichwertiger Weise hergestellt sind und das Landschaftsbild landschaftsgerecht neu gestaltet ist. ⁴Festlegungen von Entwicklungs- und Wiederherstellungsmaßnahmen für Gebiete im Sinne des § 20 Absatz 2 Nummer 1 bis 4 und in Bewirtschaftungsplänen nach § 32 Absatz 5, von Maßnahmen nach § 34 Absatz 5 und § 44 Absatz 5 Satz 3 dieses Gesetzes sowie von Maßnahmen in Maßnahmenprogrammen im Sinne des § 82 des Wasserhaushaltsgesetzes stehen der Anerkennung solcher Maßnahmen als Ausgleichs- und Ersatzmaßnahmen nicht entgegen. ⁵Bei der Festsetzung von Art und Umfang der Ausgleichs- und Ersatzmaßnahmen sind die Programme und Pläne nach den §§ 10 und 11 zu berücksichtigen.

(3) ¹Bei der Inanspruchnahme von land- oder forstwirtschaftlich genutzten Flächen für Ausgleichs- und Ersatzmaßnahmen ist auf agrarstrukturelle Belange Rücksicht zu nehmen, insbesondere sind für die landwirtschaftliche Nutzung besonders geeignete Böden nur im notwendigen Umfang in Anspruch zu nehmen. ²Es ist vorrangig zu prüfen, ob der Ausgleich oder Ersatz auch durch Maßnahmen zur Entsiegelung, durch Maßnahmen zur Wiedervernetzung von Lebensräumen oder durch Bewirtschaftungs- oder Pflegemaßnahmen, die der dauerhaften Aufwertung des Naturhaushalts oder des Landschaftsbildes dienen, erbracht werden kann, um möglichst zu vermeiden, dass Flächen aus der Nutzung genommen werden.

(4) ¹Ausgleichs- und Ersatzmaßnahmen sind in dem jeweils erforderlichen Zeitraum zu unterhalten und rechtlich zu sichern. ²Der Unterhaltungszeitraum ist durch die zuständige Behörde im Zulassungsbescheid festzusetzen. ³Verantwortlich für Ausführung, Unterhaltung und Sicherung der Ausgleichs- und Ersatzmaßnahmen sind der Verursacher oder dessen Rechtsnachfolger.

(5) Ein Eingriff darf nicht zugelassen oder durchgeführt werden, wenn die Beeinträchtigungen nicht zu vermeiden oder nicht in angemessener Frist auszugleichen oder zu ersetzen sind und die Belange des Naturschutzes und der Landschaftspflege bei der Abwägung aller Anforderungen an Natur und Landschaft anderen Belangen im Range vorgehen.

(6) ¹Wird ein Eingriff nach Absatz 5 zugelassen oder durchgeführt, obwohl die Beeinträchtigungen nicht zu vermeiden oder nicht in angemessener Frist auszugleichen oder zu ersetzen sind, hat der Verursacher Ersatz in Geld zu leisten. ²Die Ersatzzahlung bemisst sich nach den durchschnittlichen Kosten der nicht durchführbaren Ausgleichs- und Ersatzmaßnahmen einschließlich der erforderlichen durchschnittlichen Kosten für deren Planung und Unterhaltung sowie die Flächenbereitstellung unter Einbeziehung der Personal- und sonstigen Verwaltungskosten. ³Sind diese nicht feststellbar, bemisst sich die Ersatzzahlung nach Dauer und Schwere des Eingriffs unter Berücksichtigung der dem Verursacher daraus erwachsenden Vorteile. ⁴Die Ersatzzahlung ist von der zuständigen Behörde im Zulassungsbescheid oder, wenn der Eingriff von einer Behörde durchgeführt wird, vor der Durchführung des Eingriffs festzusetzen. ⁵Die Zahlung ist vor der Durchführung des Eingriffs zu leisten. ⁶Es kann ein anderer Zeitpunkt für die Zahlung festgelegt werden; in diesem Fall soll eine Sicherheitsleistung verlangt werden. ⁷Die Ersatzzahlung ist zweckgebunden für Maßnahmen des Naturschutzes und der Landschaftspflege möglichst in dem betroffenen Naturraum zu verwenden, für die nicht bereits nach anderen Vorschriften eine rechtliche Verpflichtung besteht.

(7) ¹Das Bundesministerium für Umwelt, Naturschutz und nukleare Sicherheit wird ermächtigt, im Einvernehmen mit dem Bundesministerium für Ernährung und Landwirtschaft, dem Bundesministerium für Verkehr und digitale Infrastruktur und dem Bundesministerium für Wirtschaft und Energie durch Rechtsverordnung mit Zustimmung des Bundesrates das Nähere zur Kompensation von Eingriffen zu regeln, insbesondere

1. zu Inhalt, Art und Umfang von Ausgleichs- und Ersatzmaßnahmen einschließlich Maßnahmen zur Entsiegelung, zur Wiedervernetzung von Lebensräumen und zur Bewirtschaftung und Pflege sowie zur Festlegung diesbezüglicher Standards, insbesondere für vergleichbare Eingriffsarten,

2. die Höhe der Ersatzzahlung und das Verfahren zu ihrer Erhebung.

²Solange und soweit das Bundesministerium für Umwelt, Naturschutz und nukleare Sicherheit von seiner Ermächtigung keinen Gebrauch macht, richtet sich das Nähere zur Kompensation von Eingriffen nach Landesrecht, soweit dieses den vorstehenden Absätzen nicht widerspricht.

(8) ¹Das Bundesministerium für Umwelt, Naturschutz und nukleare Sicherheit wird ermächtigt, im Einvernehmen mit dem Bundesministerium für Ernährung und Landwirtschaft, dem Bundesministerium für Verkehr und digitale Infrastruktur und dem Bundesministerium für Wirtschaft und Energie durch Rechtsverordnung ohne Zustimmung des Bundesrates das Nähere zur Vermeidung von Beeinträchtigungen im Sinne von Absatz 1 Satz 1 sowie zur Kompensation von Eingriffen im Sinne von Absatz 7 Satz 1 zu regeln, soweit die Verordnung und Vorschriften dieses Kapitels ausschließlich durch die Bundesverwaltung, insbesondere bundeseigene Verwaltung oder bundesunmittelbare Körperschaften oder Anstalten des öffentlichen Rechts, ausgeführt werden. ²Die Rechtsverordnung ist bis zum 1. März 2020 dem Bundestag zuzuleiten. ³Sie kann durch Beschluss des Bundestages geändert oder abgelehnt werden. ⁴Der Beschluss des Bundestages wird dem Bundesministerium für Umwelt, Naturschutz und nukleare Sicherheit zugeleitet. ⁵Das Bundesministerium für Umwelt, Naturschutz und nukleare Sicherheit ist bei der Verkündung der Rechtsverordnung an den Beschluss gebunden. ⁶Hat sich der Bundestag nach Ablauf von drei Sitzungswochen seit Eingang einer Rechtsverordnung nicht mit ihr befasst, so wird die unveränderte Rechtsverordnung dem Bundesministerium für Umwelt, Naturschutz und nukleare Sicherheit zur Verkündung zugeleitet. ⁷Absatz 7 Satz 2 ist entsprechend anzuwenden.

§ 16 Bevorratung von Kompensationsmaßnahmen

(1) ¹Maßnahmen des Naturschutzes und der Landschaftspflege, die im Hinblick auf zu erwartende Eingriffe durchgeführt worden sind, sind als Ausgleichs- oder Ersatzmaßnahmen anzuerkennen, soweit

1. die Voraussetzungen des § 15 Absatz 2 erfüllt sind,

2. sie ohne rechtliche Verpflichtung durchgeführt wurden,

3. dafür keine öffentlichen Fördermittel in Anspruch genommen wurden,

4. sie Programmen und Plänen nach den §§ 10 und 11 nicht widersprechen und

5. eine Dokumentation des Ausgangszustands der Flächen vorliegt; Vorschriften der Länder zu den Anforderungen an die Dokumentation bleiben unberührt.

²Absatz 1 Satz 1 Nummer 3 ist nicht auf durchgeführte oder zugelassene Maßnahmen des Naturschutzes und der Landschaftspflege anzuwenden, die der Kompensation von zu erwartenden Eingriffen durch Maßnahmen des Küsten- oder Hochwasserschutzes dienen und durch Träger von Küsten- oder Hochwasserschutzvorhaben durchgeführt werden oder durchgeführt worden sind.

(2) ¹Die Bevorratung von vorgezogenen Ausgleichs- und Ersatzmaßnahmen mittels Ökokonten, Flächenpools oder anderer Maßnahmen, insbesondere die Erfassung, Bewertung oder Buchung vorgezogener Ausgleichs- und Ersatzmaßnahmen in Ökokonten, deren Genehmigungsbedürftigkeit und Handelbarkeit sowie der Übergang der Verantwortung nach § 15 Absatz 4 auf Dritte, die vorgezogene Ausgleichs- und Ersatzmaßnahmen durchführen, richtet sich nach Landesrecht. ²Im Bereich der deutschen ausschließlichen Wirtschaftszone und des Festlandsockels richtet sich die Bevorratung nach § 56a.

§ 17 Verfahren; Ermächtigung zum Erlass von Rechtsverordnungen

(1) Bedarf ein Eingriff nach anderen Rechtsvorschriften einer behördlichen Zulassung oder einer Anzeige an eine Behörde oder wird er von einer Behörde durchgeführt, so hat diese Behörde zugleich die zur Durchführung des § 15 erforderlichen Entscheidungen und Maßnahmen im Benehmen mit der für Naturschutz und Landschaftspflege zuständigen Behörde zu treffen, soweit nicht nach Bundes- oder Landesrecht eine weiter gehende Form der Beteiligung vorgeschrieben ist oder die für Naturschutz und Landschaftspflege zuständige Behörde selbst entscheidet.

(2) Soll bei Eingriffen, die von Behörden des Bundes zugelassen oder durchgeführt werden, von der Stellungnahme der für Naturschutz und Landschaftspflege zuständigen Behörde abgewichen werden, entscheidet hierüber die fachlich zuständige Behörde des Bundes im Benehmen mit der obersten Lan-

desbehörde für Naturschutz und Landschaftspflege, soweit nicht eine weiter gehende Form der Beteiligung vorgesehen ist.

(3) [1]Für einen Eingriff, der nicht von einer Behörde durchgeführt wird und der keiner behördlichen Zulassung oder Anzeige nach anderen Rechtsvorschriften bedarf, ist eine Genehmigung der für Naturschutz und Landschaftspflege zuständigen Behörde erforderlich. [2]Die Genehmigung ist schriftlich zu beantragen. [3]Die Genehmigung ist zu erteilen, wenn die Anforderungen des § 15 erfüllt sind. [4]Die für Naturschutz und Landschaftspflege zuständige Behörde trifft die zur Durchführung des § 15 erforderlichen Entscheidungen und Maßnahmen.

(4) [1]Vom Verursacher eines Eingriffs sind zur Vorbereitung der Entscheidungen und Maßnahmen zur Durchführung des § 15 in einem nach Art und Umfang des Eingriffs angemessenen Umfang die für die Beurteilung des Eingriffs erforderlichen Angaben zu machen, insbesondere über

1. Ort, Art, Umfang und zeitlichen Ablauf des Eingriffs sowie
2. die vorgesehenen Maßnahmen zur Vermeidung, zum Ausgleich und zum Ersatz der Beeinträchtigungen von Natur und Landschaft einschließlich Angaben zur tatsächlichen und rechtlichen Verfügbarkeit der für Ausgleich und Ersatz benötigten Flächen.

[2]Die zuständige Behörde kann die Vorlage von Gutachten verlangen, soweit dies zur Beurteilung der Auswirkungen des Eingriffs und der Ausgleichs- und Ersatzmaßnahmen erforderlich ist. [3]Bei einem Eingriff, der auf Grund eines nach öffentlichem Recht vorgesehenen Fachplans vorgenommen werden soll, hat der Planungsträger die erforderlichen Angaben nach Satz 1 im Fachplan oder in einem landschaftspflegerischen Begleitplan in Text und Karte darzustellen. [4]Dieser soll auch Angaben zu den zur Sicherung des Zusammenhangs des Netzes „Natura 2000" notwendigen Maßnahmen nach § 34 Absatz 5 und zu vorgezogenen Ausgleichsmaßnahmen nach § 44 Absatz 5 enthalten, sofern diese Vorschriften für das Vorhaben von Belang sind. [5]Der Begleitplan ist Bestandteil des Fachplans.

(5) [1]Die zuständige Behörde kann die Leistung einer Sicherheit bis zur Höhe der voraussichtlichen Kosten für die Ausgleichs- oder Ersatzmaßnahmen verlangen, soweit dies erforderlich ist, um die Erfüllung der Verpflichtungen nach § 15 zu gewährleisten. [2]Auf Sicherheitsleistungen sind die §§ 232 bis 240 des Bürgerlichen Gesetzbuches anzuwenden.

(6) [1]Die Ausgleichs- und Ersatzmaßnahmen und die dafür in Anspruch genommenen Flächen werden in einem Kompensationsverzeichnis erfasst. [2]Hierzu übermitteln die nach den Absätzen 1 und 3 zuständigen Behörden der für die Führung des Kompensationsverzeichnisses zuständigen Stelle die erforderlichen Angaben.

(7) [1]Die nach Absatz 1 oder Absatz 3 zuständige Behörde prüft die frist- und sachgerechte Durchführung der Vermeidungs- sowie der festgesetzten Ausgleichs- und Ersatzmaßnahmen einschließlich der erforderlichen Unterhaltungsmaßnahmen. [2]Hierzu kann sie vom Verursacher des Eingriffs die Vorlage eines Berichts verlangen.

(8) [1]Wird ein Eingriff ohne die erforderliche Zulassung oder Anzeige vorgenommen, soll die zuständige Behörde die weitere Durchführung des Eingriffs untersagen. [2]Soweit nicht auf andere Weise ein rechtmäßiger Zustand hergestellt werden kann, soll sie entweder Maßnahmen nach § 15 oder die Wiederherstellung des früheren Zustands anordnen. [3]§ 19 Absatz 4 ist zu beachten.

(9) [1]Die Beendigung oder eine länger als ein Jahr dauernde Unterbrechung eines Eingriffs ist der zuständigen Behörde anzuzeigen. [2]Eine nur unwesentliche Weiterführung des Eingriffs steht einer Unterbrechung gleich. [3]Wird der Eingriff länger als ein Jahr unterbrochen, kann die Behörde den Verursacher verpflichten, vorläufige Maßnahmen zur Sicherung der Ausgleichs- und Ersatzmaßnahmen durchzuführen oder, wenn der Abschluss des Eingriffs in angemessener Frist nicht zu erwarten ist, den Eingriff in dem bis dahin vorgenommenen Umfang zu kompensieren.

(10) Handelt es sich bei einem Eingriff um ein Vorhaben, das nach dem Gesetz über die Umweltverträglichkeitsprüfung einer Umweltverträglichkeitsprüfung unterliegt, so muss das Verfahren, in dem Entscheidungen nach § 15 Absatz 1 bis 5 getroffen werden, den Anforderungen des genannten Gesetzes entsprechen.

(11) [1]Die Landesregierungen werden ermächtigt, durch Rechtsverordnung das Nähere zu dem in den Absätzen 1 bis 10 geregelten Verfahren einschließlich des Kompensationsverzeichnisses zu bestimmen. [2]Sie können die Ermächtigung nach Satz 1 durch Rechtsverordnung auf andere Landesbehörden übertragen.

§ 18 Verhältnis zum Baurecht

(1) Sind auf Grund der Aufstellung, Änderung, Ergänzung oder Aufhebung von Bauleitplänen oder von Satzungen nach § 34 Absatz 4 Satz 1 Nummer 3 des Baugesetzbuches Eingriffe in Natur und Landschaft

zu erwarten, ist über die Vermeidung, den Ausgleich und den Ersatz nach den Vorschriften des Baugesetzbuches zu entscheiden.

(2) [1]Auf Vorhaben in Gebieten mit Bebauungsplänen nach § 30 des Baugesetzbuches, während der Planaufstellung nach § 33 des Baugesetzbuches und im Innenbereich nach § 34 des Baugesetzbuches sind die §§ 14 bis 17 nicht anzuwenden. [2]Für Vorhaben im Außenbereich nach § 35 des Baugesetzbuches sowie für Bebauungspläne, soweit sie eine Planfeststellung ersetzen, bleibt die Geltung der §§ 14 bis 17 unberührt.

(3) [1]Entscheidungen über Vorhaben nach § 35 Absatz 1 und 4 des Baugesetzbuches und über die Errichtung von baulichen Anlagen nach § 34 des Baugesetzbuches ergehen im Benehmen mit den für Naturschutz und Landschaftspflege zuständigen Behörden. [2]Äußert sich in den Fällen des § 34 des Baugesetzbuches die für Naturschutz und Landschaftspflege zuständige Behörde nicht binnen eines Monats, kann die für die Entscheidung zuständige Behörde davon ausgehen, dass Belange des Naturschutzes und der Landschaftspflege von dem Vorhaben nicht berührt werden. [3]Das Benehmen ist nicht erforderlich bei Vorhaben in Gebieten mit Bebauungsplänen und während der Planaufstellung nach den §§ 30 und 33 des Baugesetzbuches sowie in Gebieten mit Satzungen nach § 34 Absatz 4 Satz 1 Nummer 3 des Baugesetzbuches.

(4) [1]Ergeben sich bei Vorhaben nach § 34 des Baugesetzbuches im Rahmen der Herstellung des Benehmens nach Absatz 3 Anhaltspunkte dafür, dass das Vorhaben eine Schädigung im Sinne des § 19 Absatz 1 Satz 1 verursachen kann, ist dies auch dem Vorhabenträger mitzuteilen. [2]Auf Antrag des Vorhabenträgers hat die für die Erteilung der Zulassung zuständige Behörde im Benehmen mit der für Naturschutz und Landschaftspflege zuständigen Behörde die Entscheidungen nach § 15 zu treffen, soweit sie der Vermeidung, dem Ausgleich oder dem Ersatz von Schädigungen nach § 19 Absatz 1 Satz 1 dienen; in diesen Fällen gilt § 19 Absatz 1 Satz 2. [3]Im Übrigen bleibt Absatz 2 Satz 1 unberührt.

§ 19 Schäden an bestimmten Arten und natürlichen Lebensräumen

(1) [1]Eine Schädigung von Arten und natürlichen Lebensräumen im Sinne des Umweltschadensgesetzes ist jeder Schaden, der erhebliche nachteilige Auswirkungen auf die Erreichung oder Beibehaltung des günstigen Erhaltungszustands dieser Lebensräume oder Arten hat. [2]Abweichend von Satz 1 liegt keine Schädigung vor bei zuvor ermittelten nachteiligen Auswirkungen von Tätigkeiten einer verantwortlichen Person, die von der zuständigen Behörde nach den §§ 34, 35, 45 Absatz 7 oder § 67 Absatz 2 oder, wenn eine solche Prüfung nicht erforderlich ist, nach § 15 oder auf Grund der Aufstellung eines Bebauungsplans nach § 30 oder § 33 des Baugesetzbuches genehmigt wurden oder zulässig sind.

(2) Arten im Sinne des Absatzes 1 sind die Arten, die in

1. Artikel 4 Absatz 2 oder Anhang I der Richtlinie 2009/147/EG oder
2. den Anhängen II und IV der Richtlinie 92/43/EWG

aufgeführt sind.

(3) Natürliche Lebensräume im Sinne des Absatzes 1 sind die

1. Lebensräume der Arten, die in Artikel 4 Absatz 2 oder Anhang I der Richtlinie 2009/147/EG oder in Anhang II der Richtlinie 92/43/EWG aufgeführt sind,
2. natürlichen Lebensraumtypen von gemeinschaftlichem Interesse sowie
3. Fortpflanzungs- und Ruhestätten der in Anhang IV der Richtlinie 92/43/EWG aufgeführten Arten.

(4) Hat eine verantwortliche Person nach dem Umweltschadensgesetz eine Schädigung geschützter Arten oder natürlicher Lebensräume verursacht, so trifft sie die erforderlichen Sanierungsmaßnahmen gemäß Anhang II Nummer 1 der Richtlinie 2004/35/EG.

(5) [1]Ob Auswirkungen nach Absatz 1 erheblich sind, ist mit Bezug auf den Ausgangszustand unter Berücksichtigung der Kriterien des Anhangs I der Richtlinie 2004/35/EG zu ermitteln. [2]Eine erhebliche Schädigung liegt dabei in der Regel nicht vor bei

1. nachteiligen Abweichungen, die geringer sind als die natürlichen Fluktuationen, die für den betreffenden Lebensraum oder die betreffende Art als normal gelten,
2. nachteiligen Abweichungen, die auf natürliche Ursachen zurückzuführen sind oder aber auf eine äußere Einwirkung im Zusammenhang mit der Bewirtschaftung der betreffenden Gebiete, die den Aufzeichnungen über den Lebensraum oder den Dokumenten über die Erhaltungsziele zufolge als normal anzusehen ist oder der früheren Bewirtschaftungsweise der jeweiligen Eigentümer oder Betreiber entspricht,
3. einer Schädigung von Arten oder Lebensräumen, die sich nachweislich ohne äußere Einwirkung in kurzer Zeit so weit regenerieren werden, dass entweder der Ausgangszustand erreicht wird oder aber allein auf Grund der Dynamik der betreffenden Art oder des Lebensraums ein Zustand erreicht wird, der im Vergleich zum Ausgangszustand als gleichwertig oder besser zu bewerten ist.

Kapitel 4
Schutz bestimmter Teile von Natur und Landschaft

Abschnitt 1
Biotopverbund und Biotopvernetzung; geschützte Teile von Natur und Landschaft

§ 20 Allgemeine Grundsätze

(1) Es wird ein Netz verbundener Biotope (Biotopverbund) geschaffen, das mindestens 10 Prozent der Fläche eines jeden Landes umfassen soll.

(2) Teile von Natur und Landschaft können geschützt werden

1. nach Maßgabe des § 23 als Naturschutzgebiet,
2. nach Maßgabe des § 24 als Nationalpark oder als Nationales Naturmonument,
3. als Biosphärenreservat,
4. nach Maßgabe des § 26 als Landschaftsschutzgebiet,
5. als Naturpark,
6. als Naturdenkmal oder
7. als geschützter Landschaftsbestandteil.

(3) Die in Absatz 2 genannten Teile von Natur und Landschaft sind, soweit sie geeignet sind, Bestandteile des Biotopverbunds.

§ 21 Biotopverbund, Biotopvernetzung

(1) [1]Der Biotopverbund dient der dauerhaften Sicherung der Populationen wild lebender Tiere und Pflanzen einschließlich ihrer Lebensstätten, Biotope und Lebensgemeinschaften sowie der Bewahrung, Wiederherstellung und Entwicklung funktionsfähiger ökologischer Wechselbeziehungen. [2]Er soll auch zur Verbesserung des Zusammenhangs des Netzes „Natura 2000" beitragen.

(2) [1]Der Biotopverbund soll länderübergreifend erfolgen. [2]Die Länder stimmen sich hierzu untereinander ab.

(3) [1]Der Biotopverbund besteht aus Kernflächen, Verbindungsflächen und Verbindungselementen. [2]Bestandteile des Biotopverbunds sind

1. Nationalparke und Nationale Naturmonumente,
2. Naturschutzgebiete, Natura 2000-Gebiete und Biosphärenreservate oder Teile dieser Gebiete,
3. gesetzlich geschützte Biotope im Sinne des § 30,
4. weitere Flächen und Elemente, einschließlich solcher des Nationalen Naturerbes, des Grünen Bandes sowie Teilen von Landschaftsschutzgebieten und Naturparken,

wenn sie zur Erreichung des in Absatz 1 genannten Zieles geeignet sind.

(4) Die erforderlichen Kernflächen, Verbindungsflächen und Verbindungselemente sind durch Erklärung zu geschützten Teilen von Natur und Landschaft im Sinne des § 20 Absatz 2, durch planungsrechtliche Festlegungen, durch langfristige vertragliche Vereinbarungen oder andere geeignete Maßnahmen rechtlich zu sichern, um den Biotopverbund dauerhaft zu gewährleisten.

(5) [1]Unbeschadet des § 30 sind die oberirdischen Gewässer einschließlich ihrer Randstreifen, Uferzonen und Auen als Lebensstätten und Biotope für natürlich vorkommende Tier- und Pflanzenarten zu erhalten. [2]Sie sind so weiterzuentwickeln, dass sie ihre großräumige Vernetzungsfunktion auf Dauer erfüllen können.

(6) Auf regionaler Ebene sind insbesondere in von der Landwirtschaft geprägten Landschaften zur Vernetzung von Biotopen erforderliche lineare und punktförmige Elemente, insbesondere Hecken und Feldraine sowie Trittsteinbiotope, zu erhalten und dort, wo sie nicht in ausreichendem Maße vorhanden sind, zu schaffen (Biotopvernetzung).

§ 22 Erklärung zum geschützten Teil von Natur und Landschaft

(1) [1]Die Unterschutzstellung von Teilen von Natur und Landschaft erfolgt durch Erklärung. [2]Die Erklärung bestimmt den Schutzgegenstand, den Schutzzweck, die zur Erreichung des Schutzzwecks notwendigen Gebote und Verbote, und, soweit erforderlich, die Pflege-, Entwicklungs- und Wiederherstellungsmaßnahmen oder enthält die erforderlichen Ermächtigungen hierzu. [3]Schutzgebiete können in Zonen mit einem entsprechend dem jeweiligen Schutzzweck abgestuften Schutz gegliedert werden; hierbei kann auch die für den Schutz notwendige Umgebung einbezogen werden.

(2) [1]Form und Verfahren der Unterschutzstellung, die Beachtlichkeit von Form- und Verfahrensfehlern und die Möglichkeit ihrer Behebung sowie die Fortgeltung bestehender Erklärungen zum geschützten Teil von Natur und Landschaft richten sich nach Landesrecht. [2]Die Unterschutzstellung kann auch länderübergreifend erfolgen.

(3) ¹Teile von Natur und Landschaft, deren Schutz beabsichtigt ist, können für einen Zeitraum von bis zu zwei Jahren einstweilig sichergestellt werden, wenn zu befürchten ist, dass durch Veränderungen oder Störungen der beabsichtigte Schutzzweck gefährdet wird. ²Die einstweilige Sicherstellung kann unter den Voraussetzungen des Satzes 1 einmalig bis zu weiteren zwei Jahren verlängert werden. ³In dem einstweilig sichergestellten Teil von Natur und Landschaft sind Handlungen und Maßnahmen nach Maßgabe der Sicherstellungserklärung verboten, die geeignet sind, den Schutzgegenstand nachteilig zu verändern. ⁴Die einstweilige Sicherstellung ist ganz oder teilweise aufzuheben, wenn ihre Voraussetzungen nicht mehr oder nicht mehr in vollem Umfang gegeben sind. ⁵Absatz 2 gilt entsprechend.

(4) ¹Geschützte Teile von Natur und Landschaft sind zu registrieren und zu kennzeichnen. ²Das Nähere richtet sich nach Landesrecht.

(5) Die Erklärung zum Nationalpark oder Nationalen Naturmonument einschließlich ihrer Änderung ergeht im Benehmen mit dem Bundesministerium für Umwelt, Naturschutz und nukleare Sicherheit und dem Bundesministerium für Verkehr und digitale Infrastruktur.

§ 23 Naturschutzgebiete

(1) Naturschutzgebiete sind rechtsverbindlich festgesetzte Gebiete, in denen ein besonderer Schutz von Natur und Landschaft in ihrer Ganzheit oder in einzelnen Teilen erforderlich ist

1. zur Erhaltung, Entwicklung oder Wiederherstellung von Lebensstätten, Biotopen oder Lebensgemeinschaften bestimmter wild lebender Tier- und Pflanzenarten,
2. aus wissenschaftlichen, naturgeschichtlichen oder landeskundlichen Gründen oder
3. wegen ihrer Seltenheit, besonderen Eigenart oder hervorragenden Schönheit.

(2) ¹Alle Handlungen, die zu einer Zerstörung, Beschädigung oder Veränderung des Naturschutzgebiets oder seiner Bestandteile oder zu einer nachhaltigen Störung führen können, sind nach Maßgabe näherer Bestimmungen verboten. ²Soweit es der Schutzzweck erlaubt, können Naturschutzgebiete der Allgemeinheit zugänglich gemacht werden.

(3) In Naturschutzgebieten ist die Errichtung von Anlagen zur Durchführung von Gewässerbenutzungen im Sinne des § 9 Absatz 2 Nummer 3 und 4 des Wasserhaushaltsgesetzes verboten.

§ 24 Nationalparke, Nationale Naturmonumente

(1) Nationalparke sind rechtsverbindlich festgesetzte einheitlich zu schützende Gebiete, die

1. großräumig, weitgehend unzerschnitten und von besonderer Eigenart sind,
2. in einem überwiegenden Teil ihres Gebiets die Voraussetzungen eines Naturschutzgebiets erfüllen und
3. sich in einem überwiegenden Teil ihres Gebiets in einem vom Menschen nicht oder wenig beeinflussten Zustand befinden oder geeignet sind, sich in einen Zustand zu entwickeln oder in einen Zustand entwickelt zu werden, der einen möglichst ungestörten Ablauf der Naturvorgänge in ihrer natürlichen Dynamik gewährleistet.

(2) ¹Nationalparke haben zum Ziel, in einem überwiegenden Teil ihres Gebiets den möglichst ungestörten Ablauf der Naturvorgänge in ihrer natürlichen Dynamik zu gewährleisten. ²Soweit es der Schutzzweck erlaubt, sollen Nationalparke auch der wissenschaftlichen Umweltbeobachtung, der naturkundlichen Bildung und dem Naturerlebnis der Bevölkerung dienen.

(3) ¹Nationalparke sind unter Berücksichtigung ihres besonderen Schutzzwecks sowie der durch die Großräumigkeit und Besiedlung gebotenen Ausnahmen wie Naturschutzgebiete zu schützen. ²In Nationalparken ist die Errichtung von Anlagen zur Durchführung von Gewässerbenutzungen im Sinne des § 9 Absatz 2 Nummer 3 und 4 des Wasserhaushaltsgesetzes verboten.

(4) ¹Nationale Naturmonumente sind rechtsverbindlich festgesetzte Gebiete, die

1. aus wissenschaftlichen, naturgeschichtlichen, kulturhistorischen oder landeskundlichen Gründen und
2. wegen ihrer Seltenheit, Eigenart oder Schönheit

von herausragender Bedeutung sind. ²Nationale Naturmonumente sind wie Naturschutzgebiete zu schützen.

§ 25 Biosphärenreservate

(1) Biosphärenreservate sind einheitlich zu schützende und zu entwickelnde Gebiete, die

1. großräumig und für bestimmte Landschaftstypen charakteristisch sind,
2. in wesentlichen Teilen ihres Gebiets die Voraussetzungen eines Naturschutzgebiets, im Übrigen überwiegend eines Landschaftsschutzgebiets erfüllen,
3. vornehmlich der Erhaltung, Entwicklung oder Wiederherstellung einer durch hergebrachte vielfältige Nutzung geprägten Landschaft und der darin historisch gewachsenen Arten- und Biotopvielfalt, ein-

schließlich Wild- und früherer Kulturformen wirtschaftlich genutzter oder nutzbarer Tier- und Pflanzenarten, dienen und

4. beispielhaft der Entwicklung und Erprobung von die Naturgüter besonders schonenden Wirtschaftsweisen dienen.

(2) Biosphärenreservate dienen, soweit es der Schutzzweck erlaubt, auch der Forschung und der Beobachtung von Natur und Landschaft sowie der Bildung für nachhaltige Entwicklung.

(3) Biosphärenreservate sind unter Berücksichtigung der durch die Großräumigkeit und Besiedlung gebotenen Ausnahmen über Kernzonen, Pflegezonen und Entwicklungszonen zu entwickeln und wie Naturschutzgebiete oder Landschaftsschutzgebiete zu schützen.

(4) Biosphärenreservate können auch als Biosphärengebiete oder Biosphärenregionen bezeichnet werden.

§ 26 Landschaftsschutzgebiete

(1) Landschaftsschutzgebiete sind rechtsverbindlich festgesetzte Gebiete, in denen ein besonderer Schutz von Natur und Landschaft erforderlich ist

1. zur Erhaltung, Entwicklung oder Wiederherstellung der Leistungs- und Funktionsfähigkeit des Naturhaushalts oder der Regenerationsfähigkeit und nachhaltigen Nutzungsfähigkeit der Naturgüter, einschließlich des Schutzes von Lebensstätten und Lebensräumen bestimmter wild lebender Tier- und Pflanzenarten,

2. wegen der Vielfalt, Eigenart und Schönheit oder der besonderen kulturhistorischen Bedeutung der Landschaft oder

3. wegen ihrer besonderen Bedeutung für die Erholung.

(2) In einem Landschaftsschutzgebiet sind unter besonderer Beachtung des § 5 Absatz 1 und nach Maßgabe näherer Bestimmungen alle Handlungen verboten, die den Charakter des Gebiets verändern oder dem besonderen Schutzzweck zuwiderlaufen.

§ 27 Naturparke

(1) Naturparke sind einheitlich zu entwickelnde und zu pflegende Gebiete, die

1. großräumig sind,

2. überwiegend Landschaftsschutzgebiete oder Naturschutzgebiete sind,

3. sich wegen ihrer landschaftlichen Voraussetzungen für die Erholung besonders eignen und in denen ein nachhaltiger Tourismus angestrebt wird,

4. nach den Erfordernissen der Raumordnung für Erholung vorgesehen sind,

5. der Erhaltung, Entwicklung oder Wiederherstellung einer durch vielfältige Nutzung geprägten Landschaft und ihrer Arten- und Biotopvielfalt dienen und in denen zu diesem Zweck eine dauerhaft umweltgerechte Landnutzung angestrebt wird und

6. besonders dazu geeignet sind, eine nachhaltige Regionalentwicklung zu fördern.

(2) Naturparke sollen auch der Bildung für nachhaltige Entwicklung dienen.

(3) Naturparke sollen entsprechend ihren in Absatz 1 beschriebenen Zwecken unter Beachtung der Ziele des Naturschutzes und der Landschaftspflege geplant, gegliedert, erschlossen und weiterentwickelt werden.

§ 28 Naturdenkmäler

(1) Naturdenkmäler sind rechtsverbindlich festgesetzte Einzelschöpfungen der Natur oder entsprechende Flächen bis zu fünf Hektar, deren besonderer Schutz erforderlich ist

1. aus wissenschaftlichen, naturgeschichtlichen oder landeskundlichen Gründen oder

2. wegen ihrer Seltenheit, Eigenart oder Schönheit.

(2) Die Beseitigung des Naturdenkmals sowie alle Handlungen, die zu einer Zerstörung, Beschädigung oder Veränderung des Naturdenkmals führen können, sind nach Maßgabe näherer Bestimmungen verboten.

§ 29 Geschützte Landschaftsbestandteile

(1) [1]Geschützte Landschaftsbestandteile sind rechtsverbindlich festgesetzte Teile von Natur und Landschaft, deren besonderer Schutz erforderlich ist

1. zur Erhaltung, Entwicklung oder Wiederherstellung der Leistungs- und Funktionsfähigkeit des Naturhaushalts,

2. zur Belebung, Gliederung oder Pflege des Orts- oder Landschaftsbildes,

3. zur Abwehr schädlicher Einwirkungen oder

4. wegen ihrer Bedeutung als Lebensstätten bestimmter wild lebender Tier- und Pflanzenarten.

[2]Der Schutz kann sich für den Bereich eines Landes oder für Teile des Landes auf den gesamten Bestand an Alleen, einseitigen Baumreihen, Bäumen, Hecken oder anderen Landschaftsbestandteilen erstrecken.

(2) ¹Die Beseitigung des geschützten Landschaftsbestandteils sowie alle Handlungen, die zu einer Zerstörung, Beschädigung oder Veränderung des geschützten Landschaftsbestandteils führen können, sind nach Maßgabe näherer Bestimmungen verboten. ²Für den Fall der Bestandsminderung kann die Verpflichtung zu einer angemessenen und zumutbaren Ersatzpflanzung oder zur Leistung von Ersatz in Geld vorgesehen werden.

(3) Vorschriften des Landesrechts über den gesetzlichen Schutz von Alleen bleiben unberührt.

§ 30 Gesetzlich geschützte Biotope

(1) Bestimmte Teile von Natur und Landschaft, die eine besondere Bedeutung als Biotope haben, werden gesetzlich geschützt (allgemeiner Grundsatz).

(2) ¹Handlungen, die zu einer Zerstörung oder einer sonstigen erheblichen Beeinträchtigung folgender Biotope führen können, sind verboten:

1. natürliche oder naturnahe Bereiche fließender und stehender Binnengewässer einschließlich ihrer Ufer und der dazugehörigen uferbegleitenden natürlichen oder naturnahen Vegetation sowie ihrer natürlichen oder naturnahen Verlandungsbereiche, Altarme und regelmäßig überschwemmten Bereiche,

2. Moore, Sümpfe, Röhrichte, Großseggenrieder, seggen- und binsenreiche Nasswiesen, Quellbereiche, Binnenlandsalzstellen,

3. offene Binnendünen, offene natürliche Block-, Schutt- und Geröllhalden, Lehm- und Lösswände, Zwergstrauch-, Ginster- und Wacholderheiden, Borstgrasrasen, Trockenrasen, Schwermetallrasen, Wälder und Gebüsche trockenwarmer Standorte,

4. Bruch-, Sumpf- und Auenwälder, Schlucht-, Blockhalden- und Hangschuttwälder, subalpine Lärchen- und Lärchen-Arvenwälder,

5. offene Felsbildungen, Höhlen sowie naturnahe Stollen, alpine Rasen sowie Schneetälchen und Krummholzgebüsche,

6. Fels- und Steilküsten, Küstendünen und Strandwälle, Strandseen, Boddengewässer mit Verlandungsbereichen, Salzwiesen und Wattflächen im Küstenbereich, Seegraswiesen und sonstige marine Makrophytenbestände, Riffe, sublitorale Sandbänke, Schlickgründe mit bohrender Bodenmegafauna sowie artenreiche Kies-, Grobsand- und Schillgründe im Meeres- und Küstenbereich.

²Die Verbote des Satzes 1 gelten auch für weitere von den Ländern gesetzlich geschützte Biotope. ³Satz 1 Nummer 5 gilt nicht für genutzte Höhlen- und Stollenbereiche sowie für Maßnahmen zur Verkehrssicherung von Höhlen und naturnahen Stollen.

(3) Von den Verboten des Absatzes 2 kann auf Antrag eine Ausnahme zugelassen werden, wenn die Beeinträchtigungen ausgeglichen werden können.

(4) ¹Sind auf Grund der Aufstellung, Änderung oder Ergänzung von Bebauungsplänen Handlungen im Sinne des Absatzes 2 zu erwarten, kann auf Antrag der Gemeinde über die erforderliche Ausnahme oder Befreiung von den Verboten des Absatzes 2 vor der Aufstellung des Bebauungsplans entschieden werden. ²Ist eine Ausnahme zugelassen oder eine Befreiung gewährt worden, bedarf es für die Durchführung eines im Übrigen zulässigen Vorhabens keiner weiteren Ausnahme oder Befreiung, wenn mit der Durchführung des Vorhabens innerhalb von sieben Jahren nach Inkrafttreten des Bebauungsplans begonnen wird.

(5) Bei gesetzlich geschützten Biotopen, die während der Laufzeit einer vertraglichen Vereinbarung oder der Teilnahme an öffentlichen Programmen zur Bewirtschaftungsbeschränkung entstanden sind, gilt Absatz 2 nicht für die Wiederaufnahme einer zulässigen land-, forst-, oder fischereiwirtschaftlichen Nutzung innerhalb von zehn Jahren nach Beendigung des betreffenden vertraglichen Vereinbarung oder der Teilnahme an den betreffenden öffentlichen Programmen.

(6) Bei gesetzlich geschützten Biotopen, die auf Flächen entstanden sind, bei denen eine zulässige Gewinnung von Bodenschätzen eingeschränkt oder unterbrochen wurde, gilt Absatz 2 nicht für die Wiederaufnahme der Gewinnung innerhalb von fünf Jahren nach der Einschränkung oder Unterbrechung.

(7) ¹Die gesetzlich geschützten Biotope werden registriert und die Registrierung wird in geeigneter Weise öffentlich zugänglich gemacht. ²Die Registrierung und deren Zugänglichkeit richten sich nach Landesrecht.

(8) Weiter gehende Schutzvorschriften einschließlich der Bestimmungen über Ausnahmen und Befreiungen bleiben unberührt.

Abschnitt 2
Netz „Natura 2000"

§ 31 Aufbau und Schutz des Netzes „Natura 2000"
Der Bund und die Länder erfüllen die sich aus den Richtlinien 92/43/EWG und 2009/147/EG ergebenden Verpflichtungen zum Aufbau und Schutz des zusammenhängenden europäischen ökologischen Netzes „Natura 2000" im Sinne des Artikels 3 der Richtlinie 92/43/EWG.

§ 32 Schutzgebiete
(1) ¹Die Länder wählen die Gebiete, die der Kommission nach Artikel 4 Absatz 1 der Richtlinie 92/43/ EWG und Artikel 4 Absatz 1 und 2 der Richtlinie 2009/147/EG zu benennen sind, nach den in diesen Vorschriften genannten Maßgaben aus. ²Sie stellen das Benehmen mit dem Bundesministerium für Umwelt, Naturschutz und nukleare Sicherheit her. ³Dieses beteiligt die anderen fachlich betroffenen Bundesministerien und benennt die ausgewählten Gebiete der Kommission. ⁴Es übermittelt der Kommission gleichzeitig Schätzungen über eine finanzielle Beteiligung der Gemeinschaft, die zur Erfüllung der Verpflichtungen nach Artikel 6 Absatz 1 der Richtlinie 92/43/EWG einschließlich der Zahlung eines finanziellen Ausgleichs insbesondere für die Land- und Forstwirtschaft erforderlich ist.
(2) Die in die Liste nach Artikel 4 Absatz 2 Unterabsatz 3 der Richtlinie 92/43/EWG aufgenommenen Gebiete sind nach Maßgabe des Artikels 4 Absatz 4 dieser Richtlinie und die nach Artikel 4 Absatz 1 und 2 der Richtlinie 2009/147/EG benannten Gebiete entsprechend den jeweiligen Erhaltungszielen zu geschützten Teilen von Natur und Landschaft im Sinne des § 20 Absatz 2 zu erklären.
(3) ¹Die Schutzerklärung bestimmt den Schutzzweck entsprechend den jeweiligen Erhaltungszielen und die erforderlichen Gebietsbegrenzungen. ²Es soll dargestellt werden, ob prioritäre natürliche Lebensraumtypen oder prioritäre Arten zu schützen sind. ³Durch geeignete Gebote und Verbote sowie Pflege- und Entwicklungsmaßnahmen ist sicherzustellen, dass den Anforderungen des Artikels 6 der Richtlinie 92/43/EWG entsprochen wird. ⁴Weiter gehende Schutzvorschriften bleiben unberührt.
(4) Die Unterschutzstellung nach den Absätzen 2 und 3 kann unterbleiben, soweit nach anderen Rechtsvorschriften einschließlich dieses Gesetzes und gebietsbezogener Bestimmungen des Landesrechts, nach Verwaltungsvorschriften, durch die Verfügungsbefugnis eines öffentlichen oder gemeinnützigen Trägers oder durch vertragliche Vereinbarungen ein gleichwertiger Schutz gewährleistet ist.
(5) Für Natura 2000-Gebiete können Bewirtschaftungspläne selbständig oder als Bestandteil anderer Pläne aufgestellt werden.
(6) Die Auswahl und die Erklärung von Gebieten im Sinne des Absatzes 1 Satz 1 und des Absatzes 2 im Bereich der deutschen ausschließlichen Wirtschaftszone und des Festlandsockels zu geschützten Teilen von Natur und Landschaft im Sinne des § 20 Absatz 2 richten sich nach § 57.

§ 33 Allgemeine Schutzvorschriften
(1) ¹Alle Veränderungen und Störungen, die zu einer erheblichen Beeinträchtigung eines Natura 2000-Gebiets in seinen für die Erhaltungsziele oder den Schutzzweck maßgeblichen Bestandteilen führen können, sind unzulässig. ²Die für Naturschutz und Landschaftspflege zuständige Behörde kann unter den Voraussetzungen des § 34 Absatz 3 bis 5 Ausnahmen von dem Verbot des Satzes 1 sowie von Verboten im Sinne des § 32 Absatz 3 zulassen.
(1a) ¹In Natura 2000-Gebieten ist die Errichtung von Anlagen zu folgenden Zwecken verboten:
1. zum Aufbrechen von Schiefer-, Ton- oder Mergelgestein oder von Kohleflözgestein unter hydraulischem Druck zur Aufsuchung oder Gewinnung von Erdgas,
2. zur untertägigen Ablagerung von Lagerstättenwasser, das bei Maßnahmen nach Nummer 1 anfällt. ²§ 34 findet insoweit keine Anwendung.
(2) ¹Bei einem Gebiet im Sinne des Artikels 5 Absatz 1 der Richtlinie 92/43/EWG gilt während der Konzertierungsphase bis zur Beschlussfassung des Rates Absatz 1 Satz 1 im Hinblick auf die in ihm vorkommenden prioritären natürlichen Lebensraumtypen und prioritären Arten entsprechend. ²Die §§ 34 und 36 finden keine Anwendung.

§ 34 Verträglichkeit und Unzulässigkeit von Projekten; Ausnahmen
(1) ¹Projekte sind vor ihrer Zulassung oder Durchführung auf ihre Verträglichkeit mit den Erhaltungszielen eines Natura 2000-Gebiets zu überprüfen, wenn sie einzeln oder im Zusammenwirken mit anderen Projekten oder Plänen geeignet sind, das Gebiet erheblich zu beeinträchtigen, und nicht unmittelbar der Verwaltung des Gebiets dienen. ²Soweit ein Natura 2000-Gebiet ein geschützter Teil von Natur und Landschaft im Sinne des § 20 Absatz 2 ist, ergeben sich die Maßstäbe für die Verträglichkeit aus dem Schutzzweck und den dazu erlassenen Vorschriften, wenn hierbei die jeweiligen Erhaltungsziele bereits

berücksichtigt wurden. [3]Der Projektträger hat die zur Prüfung der Verträglichkeit sowie der Voraussetzungen nach den Absätzen 3 bis 5 erforderlichen Unterlagen vorzulegen.

(2) Ergibt die Prüfung der Verträglichkeit, dass das Projekt zu erheblichen Beeinträchtigungen des Gebiets in seinen für die Erhaltungsziele oder den Schutzzweck maßgeblichen Bestandteilen führen kann, ist es unzulässig.

(3) Abweichend von Absatz 2 darf ein Projekt nur zugelassen oder durchgeführt werden, soweit es

1. aus zwingenden Gründen des überwiegenden öffentlichen Interesses, einschließlich solcher sozialer oder wirtschaftlicher Art, notwendig ist und

2. zumutbare Alternativen, den mit dem Projekt verfolgten Zweck an anderer Stelle ohne oder mit geringeren Beeinträchtigungen zu erreichen, nicht gegeben sind.

(4) [1]Können von dem Projekt im Gebiet vorkommende prioritäre natürliche Lebensraumtypen oder prioritäre Arten betroffen werden, können als zwingende Gründe des überwiegenden öffentlichen Interesses nur solche im Zusammenhang mit der Gesundheit des Menschen, der öffentlichen Sicherheit, einschließlich der Verteidigung und des Schutzes der Zivilbevölkerung, oder den maßgeblich günstigen Auswirkungen des Projekts auf die Umwelt geltend gemacht werden. [2]Sonstige Gründe im Sinne des Absatzes 3 Nummer 1 können nur berücksichtigt werden, wenn die zuständige Behörde zuvor über das Bundesministerium für Umwelt, Naturschutz und nukleare Sicherheit eine Stellungnahme der Kommission eingeholt hat.

(5) [1]Soll ein Projekt nach Absatz 3, auch in Verbindung mit Absatz 4, zugelassen oder durchgeführt werden, sind die zur Sicherung des Zusammenhangs des Netzes „Natura 2000" notwendigen Maßnahmen vorzusehen. [2]Die zuständige Behörde unterrichtet die Kommission über das Bundesministerium für Umwelt, Naturschutz und nukleare Sicherheit über die getroffenen Maßnahmen.

(6) [1]Bedarf ein Projekt im Sinne des Absatzes 1 Satz 1, das nicht von einer Behörde durchgeführt wird, nach anderen Rechtsvorschriften keiner behördlichen Entscheidung oder Anzeige an eine Behörde, so ist es der für Naturschutz und Landschaftspflege zuständigen Behörde anzuzeigen. [2]Diese kann die Durchführung des Projekts zeitlich befristen oder anderweitig einschränken, um die Einhaltung der Voraussetzungen der Absätze 1 bis 5 sicherzustellen. [3]Trifft die Behörde innerhalb eines Monats nach Eingang der Anzeige keine Entscheidung, kann mit der Durchführung des Projekts begonnen werden. [4]Wird mit der Durchführung eines Projekts ohne die erforderliche Anzeige begonnen, kann die Behörde die vorläufige Einstellung anordnen. [5]Liegen im Fall des Absatzes 2 die Voraussetzungen der Absätze 3 bis 5 nicht vor, hat die Behörde die Durchführung des Projekts zu untersagen. [6]Die Sätze 1 bis 5 sind nur insoweit anzuwenden, als Schutzvorschriften der Länder, einschließlich der Vorschriften über Ausnahmen und Befreiungen, keine strengeren Regelungen für die Zulässigkeit von Projekten enthalten.

(7) [1]Für geschützte Teile von Natur und Landschaft im Sinne des § 20 Absatz 2 und gesetzlich geschützte Biotope im Sinne des § 30 sind die Absätze 1 bis 6 nur insoweit anzuwenden, als die Schutzvorschriften, einschließlich der Vorschriften über Ausnahmen und Befreiungen, keine strengeren Regelungen für die Zulässigkeit von Projekten enthalten. [2]Die Verpflichtungen nach Absatz 4 Satz 2 zur Beteiligung der Kommission und nach Absatz 5 Satz 2 zur Unterrichtung der Kommission bleiben unberührt.

(8) Die Absätze 1 bis 7 gelten mit Ausnahme von Bebauungsplänen, die eine Planfeststellung ersetzen, nicht für Vorhaben im Sinne des § 29 des Baugesetzbuches in Gebieten mit Bebauungsplänen nach § 30 des Baugesetzbuches und während der Planaufstellung nach § 33 des Baugesetzbuches.

§ 35 Gentechnisch veränderte Organismen

Auf

1. Freisetzungen gentechnisch veränderter Organismen im Sinne des § 3 Nummer 5 des Gentechnikgesetzes und

2. die land-, forst- und fischereiwirtschaftliche Nutzung von rechtmäßig in Verkehr gebrachten Produkten, die gentechnisch veränderte Organismen enthalten oder aus solchen bestehen, sowie den sonstigen, insbesondere auch nicht erwerbswirtschaftlichen, Umgang mit solchen Produkten, der in seinen Auswirkungen den vorgenannten Handlungen vergleichbar ist, innerhalb eines Natura 2000-Gebiets

ist § 34 Absatz 1 und 2 entsprechend anzuwenden.

§ 36 Pläne

[1]Auf

1. Linienbestimmungen nach § 16 des Bundesfernstraßengesetzes und § 13 des Bundeswasserstraßengesetzes sowie

2. Pläne, die bei behördlichen Entscheidungen zu beachten oder zu berücksichtigen sind

ist § 34 Absatz 1 bis 5 entsprechend anzuwenden. ²Bei Raumordnungsplänen im Sinne des § 3 Absatz 1 Nummer 7 des Raumordnungsgesetzes und bei Bauleitplänen und Satzungen nach § 34 Absatz 4 Satz 1 Nummer 3 des Baugesetzbuches findet § 34 Absatz 1 Satz 1 keine Anwendung.

Kapitel 5
Schutz der wild lebenden Tier- und Pflanzenarten, ihrer Lebensstätten und Biotope

Abschnitt 1
Allgemeine Vorschriften

§ 37 Aufgaben des Artenschutzes
(1) ¹Die Vorschriften dieses Kapitels sowie § 6 Absatz 3 dienen dem Schutz der wild lebenden Tier- und Pflanzenarten. ²Der Artenschutz umfasst
1. den Schutz der Tiere und Pflanzen wild lebender Arten und ihrer Lebensgemeinschaften vor Beeinträchtigungen durch den Menschen und die Gewährleistung ihrer sonstigen Lebensbedingungen,
2. den Schutz der Lebensstätten und Biotope der wild lebenden Tier- und Pflanzenarten sowie
3. die Wiederansiedlung von Tieren und Pflanzen verdrängter wild lebender Arten in geeigneten Biotopen innerhalb ihres natürlichen Verbreitungsgebiets.
(2) ¹Die Vorschriften des Pflanzenschutzrechts, des Tierschutzrechts, des Seuchenrechts sowie des Forst-, Jagd- und Fischereirechts bleiben von den Vorschriften dieses Kapitels und den auf Grund dieses Kapitels erlassenen Rechtsvorschriften unberührt. ²Soweit in jagd- oder fischereirechtlichen Vorschriften keine besonderen Bestimmungen zum Schutz und zur Pflege der betreffenden Arten bestehen oder erlassen werden, sind vorbehaltlich der Rechte der Jagdausübungs- oder Fischereiberechtigten die Vorschriften dieses Kapitels und die auf Grund dieses Kapitels erlassenen Rechtsvorschriften anzuwenden.

§ 38 Allgemeine Vorschriften für den Arten-, Lebensstätten- und Biotopschutz
(1) Zur Vorbereitung und Durchführung der Aufgaben nach § 37 Absatz 1 erstellen die für Naturschutz und Landschaftspflege zuständigen Behörden des Bundes und der Länder auf der Grundlage der Beobachtung nach § 6 Schutz-, Pflege- und Entwicklungsziele und verwirklichen sie.
(2) ¹Soweit dies zur Umsetzung völker- und gemeinschaftsrechtlicher Vorgaben oder zum Schutz von Arten, die in einer Rechtsverordnung nach § 54 Absatz 1 Nummer 2 aufgeführt sind, einschließlich deren Lebensstätten, erforderlich ist, ergreifen die für Naturschutz und Landschaftspflege zuständigen Behörden des Bundes und der Länder wirksame und aufeinander abgestimmte vorbeugende Schutzmaßnahmen oder stellen Artenhilfsprogramme auf. ²Sie treffen die erforderlichen Maßnahmen, um sicherzustellen, dass der unbeabsichtigte Fang oder das unbeabsichtigte Töten keine erheblichen nachteiligen Auswirkungen auf die streng geschützten Arten haben.
(3) Die erforderliche Forschung und die notwendigen wissenschaftlichen Arbeiten im Sinne des Artikels 18 der Richtlinie 92/43/EWG und des Artikels 10 der Richtlinie 2009/147/EG werden gefördert.

Abschnitt 2
Allgemeiner Artenschutz

§ 39 Allgemeiner Schutz wild lebender Tiere und Pflanzen; Ermächtigung zum Erlass von Rechtsverordnungen
(1) Es ist verboten,
1. wild lebende Tiere mutwillig zu beunruhigen oder ohne vernünftigen Grund zu fangen, zu verletzen oder zu töten,
2. wild lebende Pflanzen ohne vernünftigen Grund von ihrem Standort zu entnehmen oder zu nutzen oder ihre Bestände niederzuschlagen oder auf sonstige Weise zu verwüsten,
3. Lebensstätten wild lebender Tiere und Pflanzen ohne vernünftigen Grund zu beeinträchtigen oder zu zerstören.
(2) ¹Vorbehaltlich jagd- oder fischereirechtlicher Bestimmungen ist es verboten, wild lebende Tiere und Pflanzen der in Anhang V der Richtlinie 92/43/EWG aufgeführten Arten aus der Natur zu entnehmen. ²Die Länder können Ausnahmen von Satz 1 unter den Voraussetzungen des § 45 Absatz 7 oder des Artikels 14 der Richtlinie 92/43/EWG zulassen.
(3) Jeder darf abweichend von Absatz 1 Nummer 2 wild lebende Blumen, Gräser, Farne, Moose, Flechten, Früchte, Pilze, Tee- und Heilkräuter sowie Zweige wild lebender Pflanzen aus der Natur an Stellen, die

keinem Betretungsverbot unterliegen, in geringen Mengen für den persönlichen Bedarf pfleglich entnehmen und sich aneignen.

(4) ¹Das gewerbsmäßige Entnehmen, Be- oder Verarbeiten wild lebender Pflanzen bedarf unbeschadet der Rechte der Eigentümer und sonstiger Nutzungsberechtigter der Genehmigung der für Naturschutz und Landschaftspflege zuständigen Behörde. ²Die Genehmigung ist zu erteilen, wenn der Bestand der betreffenden Art am Ort der Entnahme nicht gefährdet und der Naturhaushalt nicht erheblich beeinträchtigt werden. ³Die Entnahme hat pfleglich zu erfolgen. ⁴Bei der Entscheidung über Entnahmen zu Zwecken der Produktion regionalen Saatguts sind die günstigen Auswirkungen auf die Ziele des Naturschutzes und der Landschaftspflege zu berücksichtigen.

(5) ¹Es ist verboten,

1. die Bodendecke auf Wiesen, Feldrainen, Hochrainen und ungenutzten Grundflächen sowie an Hecken und Hängen abzubrennen oder nicht land-, forst- oder fischereiwirtschaftlich genutzte Flächen so zu behandeln, dass die Tier- oder Pflanzenwelt erheblich beeinträchtigt wird,

2. Bäume, die außerhalb des Waldes, von Kurzumtriebsplantagen oder gärtnerisch genutzten Grundflächen stehen, Hecken, lebende Zäune, Gebüsche und andere Gehölze in der Zeit vom 1. März bis zum 30. September abzuschneiden, auf den Stock zu setzen oder zu beseitigen; zulässig sind schonende Form- und Pflegeschnitte zur Beseitigung des Zuwachses der Pflanzen oder zur Gesunderhaltung von Bäumen,

3. Röhrichte in der Zeit vom 1. März bis zum 30. September zurückzuschneiden; außerhalb dieser Zeiten dürfen Röhrichte nur in Abschnitten zurückgeschnitten werden,

4. ständig wasserführende Gräben unter Einsatz von Grabenfräsen zu räumen, wenn dadurch der Naturhaushalt, insbesondere die Tierwelt erheblich beeinträchtigt wird.

²Die Verbote des Satzes 1 Nummer 1 bis 3 gelten nicht für

1. behördlich angeordnete Maßnahmen,

2. Maßnahmen, die im öffentlichen Interesse nicht auf andere Weise oder zu anderer Zeit durchgeführt werden können, wenn sie
 a) behördlich durchgeführt werden,
 b) behördlich zugelassen sind oder
 c) der Gewährleistung der Verkehrssicherheit dienen,

3. nach § 15 zulässige Eingriffe in Natur und Landschaft,

4. zulässige Bauvorhaben, wenn nur geringfügiger Gehölzbewuchs zur Verwirklichung der Baumaßnahmen beseitigt werden muss.

³Die Landesregierungen werden ermächtigt, durch Rechtsverordnung bei den Verboten des Satzes 1 Nummer 2 und 3 für den Bereich eines Landes oder für Teile des Landes erweiterte Verbotszeiträume vorzusehen und den Verbotszeitraum aus klimatischen Gründen um bis zu zwei Wochen zu verschieben. ⁴Sie können die Ermächtigung nach Satz 3 durch Rechtsverordnung auf andere Landesbehörden übertragen.

(6) Es ist verboten, Höhlen, Stollen, Erdkeller oder ähnliche Räume, die als Winterquartier von Fledermäusen dienen, in der Zeit vom 1. Oktober bis zum 31. März aufzusuchen; dies gilt nicht zur Durchführung unaufschiebbarer und nur geringfügig störender Handlungen sowie für touristisch erschlossene oder stark genutzte Bereiche.

(7) Weiter gehende Schutzvorschriften insbesondere des Kapitels 4 und des Abschnitts 3 des Kapitels 5 einschließlich der Bestimmungen über Ausnahmen und Befreiungen bleiben unberührt.

§ 40 Ausbringen von Pflanzen und Tieren

(1) ¹Das Ausbringen von Pflanzen in der freien Natur, deren Art in dem betreffenden Gebiet in freier Natur nicht oder seit mehr als 100 Jahren nicht mehr vorkommt, sowie von Tieren bedarf der Genehmigung der zuständigen Behörde. ²Dies gilt nicht für künstlich vermehrte Pflanzen, wenn sie ihren genetischen Ursprung in dem betreffenden Gebiet haben. ³Die Genehmigung ist zu versagen, wenn eine Gefährdung von Ökosystemen, Biotopen oder Arten der Mitgliedstaaten nicht auszuschließen ist. ⁴Von dem Erfordernis einer Genehmigung sind ausgenommen

1. der Anbau von Pflanzen in der Land- und Forstwirtschaft,

2. der Einsatz von Tieren zum Zweck des biologischen Pflanzenschutzes
 a) der Arten, die in dem betreffenden Gebiet in freier Natur in den letzten 100 Jahren vorkommen oder vorkamen,
 b) anderer Arten, sofern der Einsatz einer pflanzenschutzrechtlichen Genehmigung bedarf, bei der die Belange des Artenschutzes berücksichtigt sind,

3. das Ansiedeln von Tieren, die dem Jagd- oder Fischereirecht unterliegen, sofern die Art in dem betreffenden Gebiet in freier Natur in den letzten 100 Jahren vorkommt oder vorkam,

4. das Ausbringen von Gehölzen und Saatgut außerhalb ihrer Vorkommensgebiete bis einschließlich 1. März 2020; bis zu diesem Zeitpunkt sollen in der freien Natur Gehölze und Saatgut vorzugsweise nur innerhalb ihrer Vorkommensgebiete ausgebracht werden.

[5]Artikel 22 der Richtlinie 92/43/EWG sowie die Vorschriften der Verordnung (EU) Nr. 1143/2014 sind zu beachten.

(2) Genehmigungen nach Absatz 1 werden bei im Inland noch nicht vorkommenden Arten vom Bundesamt für Naturschutz erteilt.

(3) Die zuständige Behörde kann anordnen, dass ungenehmigt ausgebrachte Tiere und Pflanzen oder sich unbeabsichtigt in der freien Natur ausbreitende Pflanzen sowie dorthin entkommene Tiere beseitigt werden, soweit es zur Abwehr einer Gefährdung von Ökosystemen, Biotopen oder Arten erforderlich ist.

§ 40a Maßnahmen gegen invasive Arten

(1) [1]Die zuständigen Behörden treffen nach pflichtgemäßem Ermessen die im Einzelfall erforderlichen und verhältnismäßigen Maßnahmen, um

1. sicherzustellen, dass die Vorschriften der Verordnung (EU) Nr. 1143/2014, dieses Kapitels und der auf ihrer Grundlage erlassenen Rechtsvorschriften in Bezug auf invasive Arten eingehalten werden und um

2. die Einbringung oder Ausbreitung von invasiven Arten zu verhindern oder zu minimieren.

[2]Soweit Maßnahmen nach Satz 1 Nummer 2 in der freien Natur invasive und entweder dem Jagdrecht unterliegende oder andere Arten betreffen, bei denen die Maßnahmen im Rahmen des Jagdschutzes durchgeführt werden können, werden sie im Einvernehmen mit den nach Landesrecht für Jagd zuständigen Behörden unbeschadet des fortbestehenden Jagdrechts nach den §§ 1, 2 und 23 des Bundesjagdgesetzes festgelegt. [3]Maßnahmen mit jagdlichen Mitteln sind im Einvernehmen mit den Jagdausübungsberechtigten, Maßnahmen ohne Einsatz jagdlicher Mittel mit Rücksicht auf deren berechtigte Interessen durchzuführen. [4]Soweit Maßnahmen nach Satz 1 Nummer 2 in der freien Natur dem Fischereirecht unterliegende invasive Arten betreffen, werden sie im Einvernehmen mit den nach Landesrecht für Fischerei zuständigen Behörden festgelegt. [5]Maßnahmen mit fischereilichen Mitteln sind im Einvernehmen mit dem Fischereiausübungsberechtigten, Maßnahmen ohne Einsatz fischereilicher Mittel mit Rücksicht auf deren berechtigte Interessen durchzuführen. [6]Bei Gefahr im Verzug bedarf es des Einvernehmens nach den Sätzen 2 bis 5 nicht.

(2) Liegen Anhaltspunkte für das Vorhandensein einer invasiven Art vor, sind Eigentümer und Inhaber der tatsächlichen Gewalt verpflichtet, eine Untersuchung von Gegenständen, Substraten, Transportmitteln, Anlagen, Grundstücken, Gebäuden oder Räumen im Hinblick auf das Vorhandensein invasiver Arten zu dulden.

(3) [1]Die zuständige Behörde kann gegenüber demjenigen, der die Ausbringung, die Ausbreitung oder das Entkommen von invasiven Arten verursacht hat, deren Beseitigung und dafür bestimmte Verfahren anordnen, soweit dies zur Abwehr einer Gefährdung von Ökosystemen, Biotopen oder Arten erforderlich ist. [2]Eigentümer von Grundstücken und anderen in Absatz 2 genannten Sachen sowie der Inhaber der tatsächlichen Gewalt sind verpflichtet, Maßnahmen der zuständigen Behörde zur Beseitigung oder Verhinderung einer Ausbreitung invasiver Arten zu dulden.

(4) [1]Die zuständige Behörde kann Exemplare invasiver Arten beseitigen oder durch Beauftragte beseitigen lassen, wenn eine Beseitigung durch die in Absatz 3 Satz 1 genannten Personen nicht oder nicht rechtzeitig erreicht werden kann. [2]Die durch die Maßnahme entstehenden Kosten können den in Absatz 3 Satz 1 genannten Personen auferlegt werden.

(5) [1]Steht ein Grundstück im Eigentum der öffentlichen Hand, soll der Eigentümer die von der zuständigen Behörde festgelegten Beseitigungsmaßnahmen nach Artikel 17 oder Managementmaßnahmen nach Artikel 19 der Verordnung (EU) Nr. 1143/2014 bei der Bewirtschaftung des Grundstücks in besonderer Weise berücksichtigen. [2]Satz 1 gilt auch, wenn das Grundstück im Eigentum eines privatrechtlich organisierten Unternehmens steht, an dem mehrheitlich eine Gebietskörperschaft Anteile hält.

(6) Die im Einzelfall erforderlichen Maßnahmen zur Verhütung einer Verbreitung invasiver Arten durch Seeschiffe richten sich nach dem Gesetz über die Aufgaben des Bundes auf dem Gebiet der Schifffahrt sowie den auf dieser Grundlage erlassenen Rechtsvorschriften.

§ 40b Nachweispflicht und Einziehung bei invasiven Arten

[1]Wer Exemplare einer invasiven Art besitzt oder die tatsächliche Gewalt darüber ausübt, kann sich gegenüber den zuständigen Behörden auf eine Berechtigung hierzu nur berufen, wenn er diese Berechtigung auf Verlangen nachweist. [2]Beruft sich die Person auf die Übergangsbestimmungen nach Artikel 31 der

Verordnung (EU) Nr. 1143/2014 genügt es, wenn sie diese Berechtigung glaubhaft macht. ³§ 47 gilt entsprechend.

§ 40c Genehmigungen

(1) ¹Abweichend von den Verboten des Artikels 7 Absatz 1 Buchstabe a, b, c, d, f und g der Verordnung (EU) Nr. 1143/2014 bedürfen die Forschung an und Ex-situ-Erhaltung von invasiven Arten einer Genehmigung durch die zuständige Behörde. ²Die Genehmigung ist zu erteilen, wenn die Voraussetzungen des Artikels 8 Absatz 2 bis 4 der Verordnung (EU) Nr. 1143/2014 vorliegen. ³Eine Genehmigung ist für Bestände invasiver Tierarten nicht erforderlich, die vor dem 3. August 2016 gehalten wurden, sich unter Verschluss befinden und in denen keine Vermehrung stattfindet.

(2) Absatz 1 gilt entsprechend für die wissenschaftliche Herstellung und die anschließende medizinische Verwendung von Produkten, die aus invasiven Arten hervorgegangen sind, wenn die Verwendung der Produkte unvermeidbar ist, um Fortschritte für die menschliche Gesundheit zu erzielen.

(3) ¹Für andere Tätigkeiten kann in Ausnahmefällen auf Antrag eine Genehmigung nach Maßgabe von Artikel 9 der Verordnung (EU) Nr. 1143/2014 erteilt werden. ²Die zuständige Behörde reicht den Zulassungsantrag über das elektronische Zulassungssystem nach Artikel 9 Absatz 2 der Verordnung (EU) Nr. 1143/2014 bei der Kommission ein. ³Eine Zulassung durch die Kommission ist nicht erforderlich, wenn Beschränkungen einer Rechtsverordnung nach § 54 Absatz 4 Satz 1 betroffen sind.

(4) ¹Der Antrag ist schriftlich oder elektronisch unter Vorlage der zur Prüfung erforderlichen Unterlagen bei der zuständigen Behörde einzureichen. ²Im Falle des Absatzes 3 sind die in Satz 1 genannten Unterlagen der zuständigen Behörde auch als elektronisches Dokument zu übermitteln.

(5) ¹Die Genehmigung kann widerrufen werden, wenn unvorhergesehene Ereignisse mit einer nachteiligen Auswirkung auf die biologische Vielfalt oder damit verbundene Ökosystemdienstleistungen eintreten. ²Der Widerruf ist wissenschaftlich zu begründen; sind die wissenschaftlichen Angaben nicht ausreichend, erfolgt der Widerruf unter Anwendung des Vorsorgeprinzips.

§ 40d Aktionsplan zu Pfaden invasiver Arten

(1) ¹Das Bundesministerium für Umwelt, Naturschutz und nukleare Sicherheit beschließt nach Anhörung der Länder im Einvernehmen mit dem Bundesministerium für Verkehr und digitale Infrastruktur sowie dem Bundesministerium für Ernährung und Landwirtschaft einen Aktionsplan nach Artikel 13 der Verordnung (EU) Nr. 1143/2014 zu den Einbringungs- und Ausbreitungspfaden invasiver Arten nach § 7 Absatz 2 Nummer 9 Buchstabe a. ²Satz 1 gilt auch für invasive Arten nach § 7 Absatz 2 Nummer 9 Buchstabe b, soweit die Kommission insoweit in einem Durchführungsrechtsakt nach Artikel 11 Absatz 2 Satz 2 eine Anwendung des Artikels 13 vorsieht, sowie für invasive Arten, die in einer Rechtsverordnung nach § 54 Absatz 4 Satz 1 Nummer 3 aufgeführt sind.

(2) Der Aktionsplan ist mindestens alle sechs Jahre zu überarbeiten.

(3) ¹Anstatt eines Aktionsplans können auch mehrere Aktionspläne für verschiedene Einbringungs- und Ausbreitungspfade invasiver Arten beschlossen werden. ²Für diese Aktionspläne gelten die Absätze 1 und 2 entsprechend.

§ 40e Managementmaßnahmen

(1) ¹Die für Naturschutz und Landschaftspflege zuständigen Behörden legen nach Maßgabe des Artikels 19 der Verordnung (EU) Nr. 1143/2014 Managementmaßnahmen fest. ²Sie stimmen die Maßnahmen nach Satz 1 sowohl untereinander als auch, soweit erforderlich, mit den zuständigen Behörden anderer Mitgliedstaaten der Europäischen Union ab. ³Die Abstimmung mit Behörden anderer Mitgliedstaaten erfolgt im Benehmen mit dem Bundesministerium für Umwelt, Naturschutz und nukleare Sicherheit.

(2) Soweit die Managementmaßnahmen invasive und entweder dem Jagdrecht unterliegende oder andere Arten betreffen, bei denen die Maßnahmen im Rahmen des Jagdschutzes durchgeführt werden können, werden sie im Einvernehmen mit den nach Landesrecht für Jagd zuständigen Behörden unbeschadet des fortbestehenden Jagdrechts nach den §§ 1, 2 und 23 des Bundesjagdgesetzes festgelegt; soweit dem Fischereirecht unterliegende invasive Arten betroffen sind, im Einvernehmen mit den nach Landesrecht für Fischerei zuständigen Behörden.

§ 40f Beteiligung der Öffentlichkeit

(1) Bei der Aufstellung von Aktionsplänen gemäß § 40d und der Festlegung von Managementmaßnahmen gemäß § 40e ist eine Öffentlichkeitsbeteiligung entsprechend § 42 des Gesetzes über die Umweltverträglichkeitsprüfung durchzuführen.

(2) Das Ergebnis der Öffentlichkeitsbeteiligung ist bei der Aufstellung des Aktionsplans nach § 40d Absatz 1 und der Festlegung von Managementmaßnahmen nach § 40e angemessen zu berücksichtigen.

(3) ¹Das Bundesministerium für Umwelt, Naturschutz und nukleare Sicherheit macht den Aktionsplan nach § 40d Absatz 1 mit Begründung im Bundesanzeiger bekannt. ²In der Begründung sind das Verfahren zur Aufstellung des Aktionsplans und die Gründe und Erwägungen, auf denen der Aktionsplan beruht, angemessen darzustellen. ³Die Bekanntmachung von nach § 40e festgelegten Managementmaßnahmen richtet sich nach Landesrecht.

(4) Bei Überarbeitungen nach § 40d Absatz 2 und der Änderung von Managementmaßnahmen gelten die Absätze 1 bis 3 entsprechend.

(5) Soweit Aktionspläne nach dem Gesetz über die Umweltverträglichkeitsprüfung einer strategischen Umweltprüfung bedürfen, ist die Beteiligung der Öffentlichkeit nach den Absätzen 1 und 2 Teil der strategischen Umweltprüfung nach § 42 des Gesetzes über die Umweltverträglichkeitsprüfung.

§ 41 Vogelschutz an Energiefreileitungen

¹Zum Schutz von Vogelarten sind neu zu errichtende Masten und technische Bauteile von Mittelspannungsleitungen konstruktiv so auszuführen, dass Vögel gegen Stromschlag geschützt sind. ²An bestehenden Masten und technischen Bauteilen von Mittelspannungsleitungen mit hoher Gefährdung von Vögeln sind bis zum 31. Dezember 2012 die notwendigen Maßnahmen zur Sicherung gegen Stromschlag durchzuführen. ³Satz 2 gilt nicht für die Oberleitungsanlagen von Eisenbahnen.

§ 42 Zoos

(1) ¹Zoos sind dauerhafte Einrichtungen, in denen lebende Tiere wild lebender Arten zwecks Zurschaustellung während eines Zeitraumes von mindestens sieben Tagen im Jahr gehalten werden. ²Nicht als Zoo gelten

1. Zirkusse,
2. Tierhandlungen und
3. Gehege zur Haltung von nicht mehr als fünf Arten von Schalenwild, das im Bundesjagdgesetz aufgeführt ist, oder Einrichtungen, in denen nicht mehr als 20 Tiere anderer wild lebender Arten gehalten werden.

(2) ¹Die Errichtung, Erweiterung, wesentliche Änderung und der Betrieb eines Zoos bedürfen der Genehmigung. ²Die Genehmigung bezieht sich auf eine bestimmte Anlage, bestimmte Betreiber, auf eine bestimmte Anzahl an Individuen einer jeden Tierart sowie auf eine bestimmte Betriebsart.

(3) Zoos sind so zu errichten und zu betreiben, dass

1. bei der Haltung der Tiere den biologischen und den Erhaltungsbedürfnissen der jeweiligen Art Rechnung getragen wird, insbesondere die jeweiligen Gehege nach Lage, Größe und Gestaltung und innerer Einrichtung art- und tiergerecht ausgestaltet sind,
2. die Pflege der Tiere auf der Grundlage eines dem Stand der guten veterinärmedizinischen Praxis entsprechenden schriftlichen Programms zur tiermedizinischen Vorbeugung und Behandlung sowie zur Ernährung erfolgt,
3. dem Eindringen von Schadorganismen sowie dem Entweichen der Tiere vorgebeugt wird,
4. die Vorschriften des Tier- und Artenschutzes beachtet werden,
5. ein Register über den Tierbestand des Zoos in einer den verzeichneten Arten jeweils angemessenen Form geführt und stets auf dem neuesten Stand gehalten wird,
6. die Aufklärung und das Bewusstsein der Öffentlichkeit in Bezug auf den Erhalt der biologischen Vielfalt gefördert wird, insbesondere durch Informationen über die zur Schau gestellten Arten und ihre natürlichen Biotope,
7. sich der Zoo beteiligt an
 a) Forschungen, die zur Erhaltung der Arten beitragen, einschließlich des Austausches von Informationen über die Arterhaltung, oder
 b) der Aufzucht in Gefangenschaft, der Bestandserneuerung und der Wiederansiedlung von Arten in ihren Biotopen oder
 c) der Ausbildung in erhaltungsspezifischen Kenntnissen und Fähigkeiten.

(4) ¹Die Genehmigung nach Absatz 2 ist zu erteilen, wenn

1. sichergestellt ist, dass die Pflichten nach Absatz 3 erfüllt werden,
2. die nach diesem Kapitel erforderlichen Nachweise vorliegen,
3. keine Tatsachen vorliegen, aus denen sich Bedenken gegen die Zuverlässigkeit des Betreibers sowie der für die Leitung des Zoos verantwortlichen Personen ergeben sowie
4. andere öffentlich-rechtliche Vorschriften der Errichtung und dem Betrieb des Zoos nicht entgegenstehen.

²Die Genehmigung kann mit Nebenbestimmungen versehen werden; insbesondere kann eine Sicherheitsleistung für die ordnungsgemäße Auflösung des Zoos und die Wiederherstellung des früheren Zustands verlangt werden.

(5) Die Länder können vorsehen, dass die in Absatz 2 Satz 1 vorgesehene Genehmigung die Erlaubnis nach § 11 Absatz 1 Satz 1 Nummer 2a und 3 Buchstabe d des Tierschutzgesetzes einschließt.

(6) ¹Die zuständige Behörde hat die Einhaltung der sich aus den Absätzen 3 und 4 ergebenden Anforderungen unter anderem durch regelmäßige Prüfungen und Besichtigungen zu überwachen. ²§ 52 gilt entsprechend.

(7) ¹Wird ein Zoo ohne die erforderliche Genehmigung oder im Widerspruch zu den sich aus den Absätzen 3 und 4 ergebenden Anforderungen errichtet, erweitert, wesentlich geändert oder betrieben, so kann die zuständige Behörde die erforderlichen Anordnungen treffen, um die Einhaltung der Anforderungen innerhalb einer angemessenen Frist sicherzustellen. ²Sie kann dabei auch bestimmen, den Zoo ganz oder teilweise für die Öffentlichkeit zu schließen. ³Ändern sich die Anforderungen an die Haltung von Tieren in Zoos entsprechend dem Stand der Wissenschaft, soll die zuständige Behörde nachträgliche Anordnungen erlassen, wenn den geänderten Anforderungen nicht auf andere Weise nachgekommen wird.

(8) ¹Soweit der Betreiber Anordnungen nach Absatz 7 nicht nachkommt, ist der Zoo innerhalb eines Zeitraums von höchstens zwei Jahren nach deren Erlass ganz oder teilweise zu schließen und die Genehmigung ganz oder teilweise zu widerrufen. ²Durch Anordnung ist sicherzustellen, dass die von der Schließung betroffenen Tiere angemessen und im Einklang mit dem Zweck und den Bestimmungen der Richtlinie 1999/22/EG des Rates vom 29. März 1999 über die Haltung von Wildtieren in Zoos (ABl. L 94 vom 9.4.1999, S. 24) auf Kosten des Betreibers art- und tiergerecht behandelt und untergebracht werden. ³Eine Beseitigung der Tiere ist nur in Übereinstimmung mit den arten- und tierschutzrechtlichen Bestimmungen zulässig, wenn keine andere zumutbare Alternative für die Unterbringung der Tiere besteht.

§ 43 Tiergehege

(1) Tiergehege sind dauerhafte Einrichtungen, in denen Tiere wild lebender Arten außerhalb von Wohn- und Geschäftsgebäuden während eines Zeitraums von mindestens sieben Tagen im Jahr gehalten werden und die kein Zoo im Sinne des § 42 Absatz 1 sind.

(2) Tiergehege sind so zu errichten und zu betreiben, dass
1. die sich aus § 42 Absatz 3 Nummer 1 bis 4 ergebenden Anforderungen eingehalten werden,
2. weder der Naturhaushalt noch das Landschaftsbild beeinträchtigt werden und
3. das Betreten von Wald und Flur sowie der Zugang zu Gewässern nicht in unangemessener Weise eingeschränkt wird.

(3) ¹Die Errichtung, Erweiterung, wesentliche Änderung und der Betrieb eines Tiergeheges sind der zuständigen Behörde mindestens einen Monat im Voraus anzuzeigen. ²Diese kann die erforderlichen Anordnungen treffen, um die Einhaltung der sich aus Absatz 2 ergebenden Anforderungen sicherzustellen. ³Sie kann die Beseitigung eines Tiergeheges anordnen, wenn nicht auf andere Weise rechtmäßige Zustände hergestellt werden können. ⁴In diesem Fall gilt § 42 Absatz 8 Satz 2 und 3 entsprechend.

(4) Die Länder können bestimmen, dass die Anforderungen nach Absatz 3 nicht gelten für Gehege,
1. die unter staatlicher Aufsicht stehen,
2. die nur für kurze Zeit aufgestellt werden oder eine geringe Fläche beanspruchen oder
3. in denen nur eine geringe Anzahl an Tieren oder Tiere mit geringen Anforderungen an ihre Haltung gehalten werden.

(5) Weiter gehende Vorschriften der Länder bleiben unberührt.

Abschnitt 3
Besonderer Artenschutz

§ 44 Vorschriften für besonders geschützte und bestimmte andere Tier- und Pflanzenarten

(1) Es ist verboten,
1. wild lebenden Tieren der besonders geschützten Arten nachzustellen, sie zu fangen, zu verletzen oder zu töten oder ihre Entwicklungsformen aus der Natur zu entnehmen, zu beschädigen oder zu zerstören,
2. wild lebende Tiere der streng geschützten Arten und der europäischen Vogelarten während der Fortpflanzungs-, Aufzucht-, Mauser-, Überwinterungs- und Wanderungszeiten erheblich zu stören; eine erhebliche Störung liegt vor, wenn sich durch die Störung der Erhaltungszustand der lokalen Population einer Art verschlechtert,

3. Fortpflanzungs- oder Ruhestätten der wild lebenden Tiere der besonders geschützten Arten aus der Natur zu entnehmen, zu beschädigen oder zu zerstören,

4. wild lebende Pflanzen der besonders geschützten Arten oder ihre Entwicklungsformen aus der Natur zu entnehmen, sie oder ihre Standorte zu beschädigen oder zu zerstören

(Zugriffsverbote).

(2) ¹Es ist ferner verboten,

1. Tiere und Pflanzen der besonders geschützten Arten in Besitz oder Gewahrsam zu nehmen, in Besitz oder Gewahrsam zu haben oder zu be- oder verarbeiten

(Besitzverbote),

2. Tiere und Pflanzen der besonders geschützten Arten im Sinne des § 7 Absatz 2 Nummer 13 Buchstabe b und c

a) zu verkaufen, zu kaufen, zum Verkauf oder Kauf anzubieten, zum Verkauf vorrätig zu halten oder zu befördern, zu tauschen oder entgeltlich zum Gebrauch oder zur Nutzung zu überlassen,

b) zu kommerziellen Zwecken zu erwerben, zur Schau zu stellen oder auf andere Weise zu verwenden

(Vermarktungsverbote).

²Artikel 9 der Verordnung (EG) Nr. 338/97 bleibt unberührt.

(3) Die Besitz- und Vermarktungsverbote gelten auch für Waren im Sinne des Anhangs der Richtlinie 83/129/EWG, die entgegen den Artikeln 1 und 3 dieser Richtlinie nach dem 30. September 1983 in die Gemeinschaft gelangt sind.

(4) ¹Entspricht die land-, forst- und fischereiwirtschaftliche Bodennutzung und die Verwertung der dabei gewonnenen Erzeugnisse den in § 5 Absatz 2 bis 4 dieses Gesetzes genannten Anforderungen sowie den sich aus § 17 Absatz 2 des Bundes-Bodenschutzgesetzes und dem Recht der Land-, Forst- und Fischereiwirtschaft ergebenden Anforderungen an die gute fachliche Praxis, verstößt sie nicht gegen die Zugriffs-, Besitz- und Vermarktungsverbote. ²Sind in Anhang IV der Richtlinie 92/43/EWG aufgeführte Arten, europäische Vogelarten oder solche Arten, die in einer Rechtsverordnung nach § 54 Absatz 1 Nummer 2 aufgeführt sind, betroffen, gilt dies nur, soweit sich der Erhaltungszustand der lokalen Population einer Art durch die Bewirtschaftung nicht verschlechtert. ³Soweit dies nicht durch anderweitige Schutzmaßnahmen, insbesondere durch Maßnahmen des Gebietsschutzes, Artenschutzprogramme, vertragliche Vereinbarungen oder gezielte Aufklärung sichergestellt ist, ordnet die zuständige Behörde gegenüber den verursachenden Land-, Forst- oder Fischwirten die erforderlichen Bewirtschaftungsvorgaben an. ⁴Befugnisse nach Landesrecht zur Anordnung oder zum Erlass entsprechender Vorgaben durch Allgemeinverfügung oder Rechtsverordnung bleiben unberührt.

(5) ¹Für nach § 15 Absatz 1 unvermeidbare Beeinträchtigungen durch Eingriffe in Natur und Landschaft, die nach § 17 Absatz 1 oder Absatz 3 zugelassen oder von einer Behörde durchgeführt werden, sowie für Vorhaben im Sinne des § 18 Absatz 2 Satz 1 gelten die Zugriffs-, Besitz- und Vermarktungsverbote nach Maßgabe der Sätze 2 bis 5. ²Sind in Anhang IV Buchstabe a der Richtlinie 92/43/EWG aufgeführte Tierarten, europäische Vogelarten oder solche Arten betroffen, die in einer Rechtsverordnung nach § 54 Absatz 1 Nummer 2 aufgeführt sind, liegt ein Verstoß gegen

1. das Tötungs- und Verletzungsverbot nach Absatz 1 Nummer 1 nicht vor, wenn die Beeinträchtigung durch den Eingriff oder das Vorhaben das Tötungs- und Verletzungsrisiko für Exemplare der betroffenen Arten nicht signifikant erhöht und diese Beeinträchtigung bei Anwendung der gebotenen, fachlich anerkannten Schutzmaßnahmen nicht vermieden werden kann,

2. das Verbot des Nachstellens und Fangens wild lebender Tiere und der Entnahme, Beschädigung oder Zerstörung ihrer Entwicklungsformen nach Absatz 1 Nummer 1 nicht vor, wenn die Tiere oder ihre Entwicklungsformen im Rahmen einer erforderlichen Maßnahme, die auf den Schutz der Tiere vor Tötung oder Verletzung oder ihrer Entwicklungsformen vor Entnahme, Beschädigung oder Zerstörung und die Erhaltung der ökologischen Funktion der Fortpflanzungs- oder Ruhestätten im räumlichen Zusammenhang gerichtet ist, beeinträchtigt werden und diese Beeinträchtigungen unvermeidbar sind,

3. das Verbot nach Absatz 1 Nummer 3 nicht vor, wenn die ökologische Funktion der von dem Eingriff oder Vorhaben betroffenen Fortpflanzungs- und Ruhestätten im räumlichen Zusammenhang weiterhin erfüllt wird.

³Soweit erforderlich, können auch vorgezogene Ausgleichsmaßnahmen festgelegt werden. ⁴Für Standorte wild lebender Pflanzen der in Anhang IV Buchstabe b der Richtlinie 92/43/EWG aufgeführten Arten gelten die Sätze 2 und 3 entsprechend. ⁵Sind andere besonders geschützte Arten betroffen, liegt bei Handlungen zur Durchführung eines Eingriffs oder Vorhabens kein Verstoß gegen die Zugriffs-, Besitz- und Vermarktungsverbote vor.

(6) ¹Die Zugriffs- und Besitzverbote gelten nicht für Handlungen zur Vorbereitung gesetzlich vorgeschriebener Prüfungen, die von fachkundigen Personen unter größtmöglicher Schonung der untersuchten Exemplare und der übrigen Tier- und Pflanzenwelt im notwendigen Umfang vorgenommen werden. ²Die Anzahl der verletzten oder getöteten Exemplare von europäischen Vogelarten und Arten der in Anhang IV Buchstabe a der Richtlinie 92/43/EWG aufgeführten Tierarten ist von der fachkundigen Person der für Naturschutz und Landschaftspflege zuständigen Behörde jährlich mitzuteilen.

§ 45 Ausnahmen; Ermächtigung zum Erlass von Rechtsverordnungen

(1) ¹Von den Besitzverboten sind, soweit sich aus einer Rechtsverordnung nach § 54 Absatz 5 nichts anderes ergibt, ausgenommen
1. Tiere und Pflanzen der besonders geschützten Arten, die rechtmäßig
 a) in der Gemeinschaft gezüchtet und nicht herrenlos geworden sind, durch künstliche Vermehrung gewonnen oder aus der Natur entnommen worden sind,
 b) aus Drittstaaten in die Gemeinschaft gelangt sind,
2. Tiere und Pflanzen der Arten, die in einer Rechtsverordnung nach § 54 Absatz 4 aufgeführt und vor ihrer Aufnahme in die Rechtsverordnung rechtmäßig in der Gemeinschaft erworben worden sind.
²Satz 1 Nummer 1 Buchstabe b gilt nicht für Tiere und Pflanzen der Arten im Sinne des § 7 Absatz 2 Nummer 13 Buchstabe b, die nach dem 3. April 2002 ohne eine Ausnahme oder Befreiung nach § 43 Absatz 8 Satz 2 oder § 62 des Bundesnaturschutzgesetzes in der bis zum 1. März 2010 geltenden Fassung oder nach dem 1. März 2010 ohne eine Ausnahme nach Absatz 8 aus einem Drittstaat unmittelbar in das Inland gelangt sind. ³Abweichend von Satz 2 dürfen tote Vögel von europäischen Vogelarten im Sinne des § 7 Absatz 2 Nummer 13 Buchstabe b Doppelbuchstabe bb, soweit diese nach § 2 Absatz 1 des Bundesjagdgesetzes dem Jagdrecht unterliegen, zum persönlichen Gebrauch oder als Hausrat ohne eine Ausnahme oder Befreiung aus einem Drittstaat unmittelbar in das Inland verbracht werden.

(2) ¹Soweit nach Absatz 1 Tiere und Pflanzen der besonders geschützten Arten keinen Besitzverboten unterliegen, sind sie auch von den Vermarktungsverboten ausgenommen. ²Dies gilt vorbehaltlich einer Rechtsverordnung nach § 54 Absatz 5 nicht für aus der Natur entnommene
1. Tiere und Pflanzen der streng geschützten Arten und
2. Tiere europäischer Vogelarten.

(3) Von den Vermarktungsverboten sind auch ausgenommen
1. Tiere und Pflanzen der streng geschützten Arten, die vor ihrer Unterschutzstellung als vom Aussterben bedrohte oder streng geschützte Arten rechtmäßig erworben worden sind,
2. Tiere europäischer Vogelarten, die vor dem 6. April 1981 rechtmäßig erworben worden oder in Anhang III Teil A der Richtlinie 2009/147/EG aufgeführt sind,
3. Tiere und Pflanzen der Arten, die den Richtlinien 92/43/EWG und 2009/147/EG unterliegen und die in einem Mitgliedstaat in Übereinstimmung mit den Richtlinien zu den in § 44 Absatz 2 Satz 1 Nummer 2 genannten Handlungen freigegeben worden sind.

(4) Abweichend von den Besitz- und Vermarktungsverboten ist es vorbehaltlich jagd- und fischereirechtlicher Vorschriften zulässig, tot aufgefundene Tiere und Pflanzen aus der Natur zu entnehmen und an die von der für Naturschutz und Landschaftspflege zuständigen Behörde bestimmte Stelle abzugeben oder, soweit sie nicht zu den streng geschützten Arten gehören, für Zwecke der Forschung oder Lehre oder zur Präparation für diese Zwecke zu verwenden.

(5) ¹Abweichend von den Verboten des § 44 Absatz 1 Nummer 1 sowie den Besitzverboten ist es vorbehaltlich jagdrechtlicher Vorschriften ferner zulässig, verletzte, hilflose oder kranke Tiere aufzunehmen, um sie gesund zu pflegen. ²Die Tiere sind unverzüglich freizulassen, sobald sie sich selbständig erhalten können. ³Im Übrigen sind sie an die von der für Naturschutz und Landschaftspflege zuständigen Behörde bestimmte Stelle abzugeben. ⁴Handelt es sich um Tiere der streng geschützten Arten, so hat der Besitzer die Aufnahme des Tieres der für Naturschutz und Landschaftspflege zuständigen Behörde zu melden. ⁵Diese kann die Herausgabe des aufgenommenen Tieres verlangen.

(6) ¹Die nach Landesrecht zuständigen Behörden können Ausnahmen von den Besitz- und Vermarktungsverboten zulassen, soweit dies für die Verwertung beschlagnahmter oder eingezogener Tiere und Pflanzen erforderlich ist und Rechtsakte der Europäischen Gemeinschaft dem nicht entgegenstehen. ²Ist für die Beschlagnahme oder Einziehung eine Bundesbehörde zuständig, kann diese Behörde Ausnahmen von den Besitz- und Vermarktungsverboten im Sinne von Satz 1 zulassen.

(7) ¹Die für Naturschutz und Landschaftspflege zuständigen Behörden sowie im Fall des Verbringens aus dem Ausland das Bundesamt für Naturschutz können von den Verboten des § 44 im Einzelfall weitere Ausnahmen zulassen

1. zur Abwendung ernster land-, forst-, fischerei- oder wasserwirtschaftlicher oder sonstiger ernster wirtschaftlicher Schäden,
2. zum Schutz der natürlich vorkommenden Tier- und Pflanzenwelt,
3. für Zwecke der Forschung, Lehre, Bildung oder Wiederansiedlung oder diesen Zwecken dienende Maßnahmen der Aufzucht oder künstlichen Vermehrung,
4. im Interesse der Gesundheit des Menschen, der öffentlichen Sicherheit, einschließlich der Verteidigung und des Schutzes der Zivilbevölkerung, oder der maßgeblich günstigen Auswirkungen auf die Umwelt oder
5. aus anderen zwingenden Gründen des überwiegenden öffentlichen Interesses einschließlich solcher sozialer oder wirtschaftlicher Art.

[2]Eine Ausnahme darf nur zugelassen werden, wenn zumutbare Alternativen nicht gegeben sind und sich der Erhaltungszustand der Populationen einer Art nicht verschlechtert, soweit nicht Artikel 16 Absatz 1 der Richtlinie 92/43/EWG weiter gehende Anforderungen enthält. [3]Artikel 16 Absatz 3 der Richtlinie 92/43/EWG und Artikel 9 Absatz 2 der Richtlinie 2009/147/EG sind zu beachten. [4]Die Landesregierungen können Ausnahmen auch allgemein durch Rechtsverordnung zulassen. [5]Sie können die Ermächtigung nach Satz 4 durch Rechtsverordnung auf andere Landesbehörden übertragen.

(8) Das Bundesamt für Naturschutz kann im Fall des Verbringens aus dem Ausland von den Verboten des § 44 unter den Voraussetzungen des Absatzes 7 Satz 2 und 3 im Einzelfall weitere Ausnahmen zulassen, um unter kontrollierten Bedingungen und in beschränktem Ausmaß eine vernünftige Nutzung von Tieren und Pflanzen bestimmter Arten im Sinne des § 7 Absatz 2 Nummer 13 Buchstabe b sowie für gezüchtete und künstlich vermehrte Tiere oder Pflanzen dieser Arten zu ermöglichen.

§ 45a Umgang mit dem Wolf

(1) [1]Das Füttern und Anlocken mit Futter von wildlebenden Exemplaren der Art Wolf (Canis lupus) ist verboten. [2]Ausgenommen sind Maßnahmen der für Naturschutz und Landschaftspflege zuständigen Behörde. [3]§ 45 Absatz 5 findet keine Anwendung.

(2) [1]§ 45 Absatz 7 Satz 1 Nummer 1 gilt mit der Maßgabe, dass, wenn Schäden bei Nutztierrissen keinem bestimmten Wolf eines Rudels zugeordnet worden sind, der Abschuss von einzelnen Mitgliedern des Wolfsrudels in engem räumlichem und zeitlichem Zusammenhang mit bereits eingetretenen Rissereignissen auch ohne Zuordnung der Schäden zu einem bestimmten Einzeltier bis zum Ausbleiben von Schäden fortgeführt werden darf. [2]Ernste wirtschaftliche Schäden im Sinne von § 45 Absatz 7 Satz 1 Nummer 1 können auch drohen, wenn ein Wolf nicht landwirtschaftlich gehaltene Weidetiere reißt, soweit diese durch zumutbare Herdenschutzmaßnahmen geschützt waren. [3]Die in Satz 1 geregelte Möglichkeit des Abschusses weiterer Wölfe gilt auch für Entnahmen im Interesse der Gesundheit des Menschen nach § 45 Absatz 7 Satz 1 Nummer 4. [4]Die Anforderungen des § 45 Absatz 7 Satz 2 und 3 sind zu beachten.

(3) Vorkommen von Hybriden zwischen Wolf und Hund (Wolfshybriden) in der freien Natur sind durch die für Naturschutz und Landschaftspflege zuständige Behörde zu entnehmen; die Verbote des § 44 Absatz 1 Nummer 1 gelten insoweit nicht.

(4) [1]Bei der Bestimmung von geeigneten Personen, die eine Entnahme von Wölfen nach Erteilung einer Ausnahme gemäß § 45 Absatz 7, auch in Verbindung mit Absatz 2, sowie nach Absatz 3 durchführen, berücksichtigt die für Naturschutz und Landschaftspflege zuständige Behörde nach Möglichkeit die Jagdausübungsberechtigten, soweit diese ihr Einverständnis hierzu erteilen. [2]Erfolgt die Entnahme nicht durch die Jagdausübungsberechtigten, sind die Maßnahmen zur Durchführung der Entnahme durch die Jagdausübungsberechtigten zu dulden. [3]Die Jagdausübungsberechtigten sind in geeigneter Weise vor Beginn über Maßnahmen zur Entnahme zu benachrichtigen; ihnen ist nach Möglichkeit Gelegenheit zur Unterstützung bei der Durchführung der Entnahme zu geben. [4]Bei Gefahr im Verzug bedarf es der vorherigen Benachrichtigung nach Satz 3 nicht.

§ 46 Nachweispflicht

(1) Diejenige Person, die

1. lebende Tiere oder Pflanzen der besonders geschützten Arten, ihre lebenden oder toten Entwicklungsformen oder im Wesentlichen vollständig erhaltene tote Tiere oder Pflanzen der besonders geschützten Arten[1)]
2. ohne Weiteres erkennbare Teile von Tieren oder Pflanzen der streng geschützten Arten oder ohne Weiteres erkennbar aus ihnen gewonnene Erzeugnisse

besitzt oder die tatsächliche Gewalt darüber ausübt, kann sich gegenüber den für Naturschutz und Landschaftspflege zuständigen Behörden auf eine Berechtigung hierzu nur berufen, wenn sie auf Verlangen

1) Fehlende Interpunktion bzw. fehlender Wortlaut amtlich.

diese Berechtigung nachweist oder nachweist, dass sie oder ein Dritter die Tiere oder Pflanzen vor ihrer Unterschutzstellung als besonders geschützte Art in Besitz hatte.

(2) [1]Auf Erzeugnisse im Sinne des Absatzes 1 Nummer 2, die dem persönlichen Gebrauch oder als Hausrat dienen, ist Absatz 1 nicht anzuwenden. [2]Für Tiere oder Pflanzen, die vor ihrer Unterschutzstellung als besonders geschützte Art erworben wurden und die dem persönlichen Gebrauch oder als Hausrat dienen, genügt anstelle des Nachweises nach Absatz 1 die Glaubhaftmachung. [3]Die Glaubhaftmachung darf nur verlangt werden, wenn Tatsachen die Annahme rechtfertigen, dass keine Berechtigung vorliegt.

(3) Soweit nach Artikel 8 oder Artikel 9 der Verordnung (EG) Nr. 338/97 die Berechtigung zu den dort genannten Handlungen nachzuweisen ist oder für den Nachweis bestimmte Dokumente vorgeschrieben sind, ist der Nachweis in der in der genannten Verordnung vorgeschriebenen Weise zu führen.

§ 47 Einziehung und Beschlagnahme

[1]Kann für Tiere oder Pflanzen eine Berechtigung nach § 46 nicht nachgewiesen oder glaubhaft gemacht werden, können diese von den für Naturschutz und Landschaftspflege zuständigen Behörden beschlagnahmt oder eingezogen werden. [2]§ 51 gilt entsprechend; § 51 Absatz 1 Satz 2 gilt mit der Maßgabe, dass auch die Vorlage einer Bescheinigung einer sonstigen unabhängigen sachverständigen Stelle oder Person verlangt werden kann.

Abschnitt 4
Zuständige Behörden, Verbringen von Tieren und Pflanzen

§ 48 Zuständige Behörden für den Schutz von Exemplaren wild lebender Tier- und Pflanzenarten durch Überwachung des Handels

(1) Vollzugsbehörden im Sinne des Artikels 13 Absatz 1 der Verordnung (EG) Nr. 338/97 und des Artikels IX des Washingtoner Artenschutzübereinkommens sind

1. das Bundesministerium für Umwelt, Naturschutz und nukleare Sicherheit für den Verkehr mit anderen Vertragsparteien und mit dem Sekretariat (Artikel IX Absatz 2 des Washingtoner Artenschutzübereinkommens), mit Ausnahme der in Nummer 2 Buchstabe a und c sowie Nummer 4 genannten Aufgaben, und für die in Artikel 12 Absatz 1, 3 und 5, den Artikeln 13 und 15 Absatz 1 und 5 und Artikel 20 der Verordnung (EG) Nr. 338/97 genannten Aufgaben,

2. das Bundesamt für Naturschutz

 a) für die Erteilung von Ein- und Ausfuhrgenehmigungen und Wiederausfuhrbescheinigungen im Sinne des Artikels 4 Absatz 1 und 2 und des Artikels 5 Absatz 1 und 4 der Verordnung (EG) Nr. 338/97 sowie von sonstigen Dokumenten im Sinne des Artikels IX Absatz 1 Buchstabe a des Washingtoner Artenschutzübereinkommens sowie für den Verkehr mit dem Sekretariat, der Kommission der Europäischen Gemeinschaften und mit Behörden anderer Vertragsstaaten und Nichtvertragsstaaten im Zusammenhang mit der Bearbeitung von Genehmigungsanträgen oder bei der Verfolgung von Ein- und Ausfuhrverstößen sowie für die in Artikel 15 Absatz 4 Buchstabe a und c der Verordnung (EG) Nr. 338/97 genannten Aufgaben,

 b) für die Zulassung von Ausnahmen nach Artikel 8 Absatz 3 der Verordnung (EG) Nr. 338/97 im Fall der Einfuhr,

 c) für die Anerkennung von Betrieben, in denen im Sinne des Artikels VII Absatz 4 des Washingtoner Artenschutzübereinkommens Exemplare für Handelszwecke gezüchtet oder künstlich vermehrt werden sowie für die Meldung des in Artikel 7 Absatz 1 Nummer 4 der Verordnung (EG) Nr. 338/97 genannten Registrierungsverfahrens gegenüber dem Sekretariat (Artikel IX Absatz 2 des Washingtoner Artenschutzübereinkommens),

 d) die Erteilung von Bescheinigungen nach den Artikeln 30, 37 und 44a der Verordnung (EG) Nr. 865/2006 der Kommission vom 4. Mai 2006 mit Durchführungsbestimmungen zur Verordnung (EG) Nr. 338/97 des Rates über den Schutz von Exemplaren wild lebender Tier- und Pflanzenarten durch Überwachung des Handels (ABl. L 166 vom 19.6.2006, S. 1), die durch die Verordnung (EG) Nr. 100/2008 (ABl. L 31 vom 5.2.2008, S. 3) geändert worden ist, im Fall der Ein- und Ausfuhr,

 e) die Registrierung von Kaviarverpackungsbetrieben nach Artikel 66 der Verordnung (EG) Nr. 865/2006,

 f) für die Verwertung der von den Zollstellen nach § 51 eingezogenen lebenden Tieren und Pflanzen sowie für die Verwertung der von Zollbehörden nach § 51 eingezogenen toten Tiere und Pflanzen sowie Teilen davon und Erzeugnisse daraus, soweit diese von streng geschützten Arten stammen,

3. die Bundeszollverwaltung für den Informationsaustausch mit dem Sekretariat in Angelegenheiten der Bekämpfung der Artenschutzkriminalität,

4. die nach Landesrecht für Naturschutz und Landschaftspflege zuständigen Behörden für alle übrigen Aufgaben im Sinne der Verordnung (EG) Nr. 338/97.

(2) Wissenschaftliche Behörde im Sinne des Artikels 13 Absatz 2 der Verordnung (EG) Nr. 338/97 ist das Bundesamt für Naturschutz.

§ 48a Zuständige Behörden in Bezug auf invasive Arten
¹Zuständig für den Vollzug der Verordnung (EU) Nr. 1143/2014, der Vorschriften dieses Gesetzes und der auf ihrer Grundlage erlassenen Rechtsvorschriften in Bezug auf invasive Arten sind

1. das Bundesministerium für Umwelt, Naturschutz und nukleare Sicherheit für die Erfüllung von Verpflichtungen zur Notifizierung und Unterrichtung der Europäischen Kommission und anderer Mitgliedstaaten gemäß Artikel 10 Absatz 2, Artikel 12 Absatz 1 und 2, Artikel 16 Absatz 2, Artikel 17 Absatz 1 und 4, Artikel 18 Absatz 1, Artikel 19 Absatz 5, Artikel 23 und 24 Absatz 2 der Verordnung;

2. das Bundesamt für Naturschutz
 a) für den Vollzug im Bereich der deutschen ausschließlichen Wirtschaftszone und des Festlandsockels und
 b) für die Erteilung von Genehmigungen gemäß § 40c bei Verbringung aus dem Ausland;

3. die zuständigen Dienststellen der Bundeswehr
 a) im Hinblick auf militärisches Gerät der Bundeswehr,
 b) für die Durchführung der Überwachung nach Artikel 14, der Früherkennung nach Artikel 16 Absatz 1, von Maßnahmen zur sofortigen Beseitigung nach den Artikeln 17 und 18 der Verordnung sowie der nach § 40e festgelegten Managementmaßnahmen auf den durch die Bundeswehr militärisch genutzten Flächen;

4. die Bundesanstalt für Immobilienaufgaben für die Durchführung der in Nummer 3 Buchstabe b genannten Maßnahmen auf den durch die Gaststreitkräfte militärisch genutzten Flächen;

5. für alle übrigen Aufgaben die nach Landesrecht zuständigen Behörden.

²Die in Satz 1 Nummer 3 und 4 genannten Behörden führen die in Nummer 3 Buchstabe b und Nummer 4 genannten Maßnahmen im Benehmen mit den für Naturschutz und Landschaftspflege zuständigen Behörden und unter Berücksichtigung der durch diese festgelegten Zielvorgaben durch.

§ 49 Mitwirkung der Zollbehörden
(1) ¹Die Zollbehörden wirken mit bei der Überwachung des Verbringens von Tieren und Pflanzen, die einer Ein- oder Ausfuhrregelung nach Rechtsakten der Europäischen Gemeinschaft unterliegen, sowie bei der Überwachung von Besitz- und Vermarktungsverboten nach diesem Kapitel im Warenverkehr mit Drittstaaten. ²Die Zollbehörden dürfen im Rahmen der Überwachung vorgelegte Dokumente an die nach § 48 zuständigen Behörden weiterleiten, soweit zureichende tatsächliche Anhaltspunkte dafür bestehen, dass Tiere oder Pflanzen unter Verstoß gegen Regelungen oder Verbote im Sinne des Satzes 1 verbracht werden.

(2) ¹Die Zollstellen, bei denen Tiere und Pflanzen zur Ein-, Durch- und Ausfuhr nach diesem Kapitel anzumelden sind, werden vom Bundesministerium für Umwelt, Naturschutz und nukleare Sicherheit im Einvernehmen mit der Generalzolldirektion im Bundesanzeiger bekannt gegeben. ²Auf Zollstellen, bei denen lebende Tiere und Pflanzen anzumelden sind, ist besonders hinzuweisen.

§ 50 Anmeldepflicht bei der Ein-, Durch- und Ausfuhr oder dem Verbringen aus Drittstaaten
(1) ¹Wer Tiere oder Pflanzen, die einer von der Europäischen Gemeinschaft erlassenen Ein- oder Ausfuhrregelung unterliegen oder deren Verbringen aus einem Drittstaat einer Ausnahme des Bundesamtes für Naturschutz bedarf, unmittelbar aus einem Drittstaat in den oder durch den Geltungsbereich dieses Gesetzes verbringt (Ein- oder Durchfuhr) oder aus dem Geltungsbereich dieses Gesetzes in einen Drittstaat verbringt (Ausfuhr), hat diese Tiere oder Pflanzen zur Ein-, Durch- oder Ausfuhr unter Vorlage der für die Ein-, Durch- oder Ausfuhr vorgeschriebenen Genehmigungen oder sonstigen Dokumente bei einer nach § 49 Absatz 2 bekannt gegebenen Zollstelle anzumelden und auf Verlangen vorzuführen. ²Das Bundesamt für Naturschutz kann auf Antrag aus vernünftigem Grund eine andere als die in Satz 1 bezeichnete Zollstelle zur Abfertigung bestimmen, wenn dieser ihr Einverständnis erteilt hat und Rechtsvorschriften dem nicht entgegenstehen.

(2) Die ein-, durch- oder ausführende Person hat die voraussichtliche Ankunftszeit lebender Tiere der abfertigenden Zollstelle unter Angabe der Art und Zahl der Tiere mindestens 18 Stunden vor der Ankunft mitzuteilen.

§ 51 Inverwahrungnahme, Beschlagnahme und Einziehung durch die Zollbehörden

(1) [1]Ergeben sich im Rahmen der zollamtlichen Überwachung Zweifel, ob das Verbringen von Tieren oder Pflanzen Regelungen oder Verboten im Sinne des § 49 Absatz 1 unterliegt, kann die Zollbehörde die Tiere oder Pflanzen auf Kosten der verfügungsberechtigten Person bis zur Klärung der Zweifel in Verwahrung nehmen oder einen Dritten mit der Verwahrung beauftragen; sie kann die Tiere oder Pflanzen auch der verfügungsberechtigten Person unter Auferlegung eines Verfügungsverbotes überlassen. [2]Zur Klärung der Zweifel kann die Zollbehörde von der verfügungsberechtigten Person die Vorlage einer Bescheinigung einer vom Bundesministerium für Umwelt, Naturschutz und nukleare Sicherheit anerkannten unabhängigen sachverständigen Stelle oder Person darüber verlangen, dass es sich nicht um Tiere oder Pflanzen handelt, die zu den Arten oder Populationen gehören, die einer von der Europäischen Gemeinschaft erlassenen Ein- oder Ausfuhrregelung oder Besitz- und Vermarktungsverboten nach diesem Kapitel unterliegen. [3]Erweisen sich die Zweifel als unbegründet, hat der Bund der verfügungsberechtigten Person die Kosten für die Beschaffung der Bescheinigung und die zusätzlichen Kosten der Verwahrung zu erstatten.

(2) [1]Wird bei der zollamtlichen Überwachung festgestellt, dass Tiere oder Pflanzen ohne die vorgeschriebenen Genehmigungen oder sonstigen Dokumente ein-, durch- oder ausgeführt werden, werden sie durch die Zollbehörde beschlagnahmt. [2]Beschlagnahmte Tiere oder Pflanzen können der verfügungsberechtigten Person unter Auferlegung eines Verfügungsverbotes überlassen werden. [3]Werden die vorgeschriebenen Genehmigungen oder sonstigen Dokumente nicht innerhalb eines Monats nach der Beschlagnahme vorgelegt, so ordnet die Zollbehörde die Einziehung an; die Frist kann angemessen verlängert werden, längstens bis zu insgesamt sechs Monaten. [4]Wird festgestellt, dass es sich um Tiere oder Pflanzen handelt, für die eine Ein- oder Ausfuhrgenehmigung nicht erteilt werden darf, werden sie sofort eingezogen.

(2a) [1]Die Zollbehörden können bei Verdacht eines Verstoßes gegen Regelungen im Sinne des § 49 Absatz 1, der sich bei der Wahrnehmung ihrer Aufgaben ergibt, Adressdaten der ein-, durch- oder ausführenden Person den gemäß § 70 zuständigen Behörden mitteilen. [2]Der Betroffene ist hierüber in Kenntnis zu setzen. [3]Das Brief- und Postgeheimnis (Artikel 10 des Grundgesetzes) wird insoweit eingeschränkt.

(3) Die Absätze 2 und 2a gelten entsprechend, wenn bei der zollamtlichen Überwachung nach § 50 Absatz 1 festgestellt wird, dass dem Verbringen Besitz- und Vermarktungsverbote entgegenstehen.

(4) [1]Werden beschlagnahmte oder eingezogene Tiere oder Pflanzen veräußert, wird der Erlös an den Eigentümer ausgezahlt, wenn er nachweist, dass ihm die Umstände, die die Beschlagnahme oder Einziehung veranlasst haben, ohne sein Verschulden nicht bekannt waren. [2]Dritte, deren Rechte durch die Einziehung oder Veräußerung erlöschen, werden unter den Voraussetzungen des Satzes 1 aus dem Erlös entschädigt.

(5) Werden Tiere oder Pflanzen beschlagnahmt oder eingezogen, so werden die hierdurch entstandenen Kosten, insbesondere für Pflege, Unterbringung, Beförderung, Rücksendung oder Verwertung, der verbringenden Person auferlegt; kann sie nicht ermittelt werden, werden sie dem Absender, Beförderer oder Besteller auferlegt, wenn diesem die Umstände, die die Beschlagnahme oder Einziehung veranlasst haben, bekannt waren oder hätten bekannt sein müssen.

§ 51a Überwachung des Verbringens invasiver Arten in die Union

(1) [1]Zuständig für amtliche Kontrollen nach Artikel 15 Absatz 2 der Verordnung (EU) Nr. 1143/2014 zur Verhütung der vorsätzlichen Einbringung von invasiven Arten sind

1. in Bezug auf pflanzliche Warenkategorien, die in der Unionsliste nach Artikel 4 Absatz 5 der Verordnung (EU) Nr. 1143/2014 aufgeführt sind und die aufgrund der pflanzenbeschaurechtlichen Einfuhrvorschriften der Europäischen Union bei der Verbringung in die Union amtlichen Kontrollen unterliegen, die nach Landesrecht zuständigen Behörden,

2. in Bezug auf tierische Warenkategorien, die in der Unionsliste nach Artikel 4 Absatz 5 der Verordnung (EU) Nr. 1143/2014 aufgeführt sind und die aufgrund der tiergesundheitsrechtlichen Einfuhrvorschriften der Europäischen Union bei der Verbringung in die Union amtlichen Kontrollen unterliegen, die nach Landesrecht zuständigen Behörden.

[2]Satz 1 gilt entsprechend für in einer Rechtsverordnung nach § 54 Absatz 4 festgelegte Arten und diesen zugehörige Warenkategorien.

(2) [1]Die Zollbehörden wirken bei der Überwachung des Verbringens von invasiven Arten nach Artikel 15 der Verordnung (EU) Nr. 1143/2014 aus Drittstaaten mit. [2]Die Zollbehörden können

1. Sendungen einschließlich der Beförderungsmittel, Behälter, Lade- und Verpackungsmittel bei der Einfuhr zur Überwachung anhalten,

2. den Verdacht eines Verstoßes gegen Vorschriften der Verordnung (EU) Nr. 1143/2014, dieses Gesetzes oder der auf ihrer Grundlage erlassenen Rechtsvorschriften, der sich bei der Wahrnehmung

ihrer Aufgaben ergibt, den nach Landesrecht zuständigen Behörden und dem Bundesamt für Naturschutz mitteilen und die im Rahmen der Überwachung vorgelegten Dokumente an diese weiterleiten und

3. im Fall der Nummer 2 anordnen, dass Sendungen auf Kosten und Gefahr des Verfügungsberechtigten den nach Landesrecht zuständigen Behörden vorgeführt werden.

[3]Das Brief- und Postgeheimnis nach Artikel 10 des Grundgesetzes wird insoweit eingeschränkt. [4]Unterliegen Warenkategorien keiner amtlichen Kontrolle durch die in Absatz 1 genannten Behörden, findet § 51 Anwendung.

(3) [1]Wird im Rahmen der amtlichen Kontrollen für die in Absatz 1 Nummer 1 und 2 genannten Warenkategorien festgestellt, dass Tiere oder Pflanzen einer invasiven Art aus Drittstaaten verbracht werden sollen, ohne dass eine erforderliche Genehmigung nach § 40c vorgelegt oder eine Berechtigung nach Artikel 31 der Verordnung (EU) Nr. 1143/2014 glaubhaft gemacht wird, werden sie durch die nach Landesrecht zuständigen Behörden beschlagnahmt. [2]Beschlagnahmte Tiere oder Pflanzen können der verfügungsberechtigten Person unter Auferlegung eines Verfügungsverbots überlassen werden.

(4) [1]Wird die erforderliche Genehmigung nicht innerhalb eines Monats nach der Beschlagnahme vorgelegt, so können die nach Landesrecht zuständigen Behörden die Zurückweisung einer Sendung von der Einfuhr anordnen. [2]Ist die Erteilung einer Genehmigung offensichtlich ausgeschlossen, so kann eine sofortige Zurückweisung erfolgen. [3]Sofern eine Zurückweisung der Sendung nicht möglich ist, kann diese eingezogen werden; eingezogene Pflanzen können vernichtet werden. [4]§ 51 Absatz 5 gilt entsprechend. [5]Die Frist nach Satz 1 kann angemessen verlängert werden, längstens bis zu insgesamt sechs Monaten. [6]Die Sätze 1 bis 5 gelten entsprechend für die Glaubhaftmachung des Vorliegens der Voraussetzungen des Artikels 31 der Verordnung (EU) Nr. 1143/2014.

Abschnitt 5
Auskunfts- und Zutrittsrecht; Gebühren und Auslagen

§ 52 Auskunfts- und Zutrittsrecht

(1) Natürliche und juristische Personen sowie nicht rechtsfähige Personenvereinigungen haben den für Naturschutz und Landschaftspflege zuständigen oder den gemäß § 48a zuständigen Behörden oder nach § 49 oder § 51a mitwirkenden Behörden auf Verlangen die Auskünfte zu erteilen, die zur Durchführung der Rechtsakte der Europäischen Gemeinschaft, dieses Kapitels oder der zu ihrer Durchführung erlassenen Rechtsvorschriften erforderlich sind.

(2) [1]Personen, die von den in Absatz 1 genannten Behörden beauftragt sind, dürfen, soweit dies erforderlich ist, im Rahmen des Absatzes 1 betrieblich oder geschäftlich genutzte Grundstücke, Gebäude, Räume, Seeanlagen, Schiffe und Transportmittel der zur Auskunft verpflichteten Person während der Geschäfts- und Betriebszeiten betreten und die Behältnisse sowie die geschäftlichen Unterlagen einsehen. [2]Die zur Auskunft verpflichtete Person hat, soweit erforderlich, die beauftragten Personen dabei zu unterstützen sowie die geschäftlichen Unterlagen auf Verlangen vorzulegen.

(3) Für die zur Auskunft verpflichtete Person gilt § 55 der Strafprozessordnung entsprechend.

(4) [1]Die zuständigen Behörden und ihre Beauftragten dürfen, soweit dies für den Vollzug der Verordnung (EU) Nr. 1143/2014, dieses Gesetzes und der auf ihrer Grundlage erlassenen Rechtsvorschriften in Bezug auf invasive Arten erforderlich ist, privat, betrieblich oder geschäftlich genutzte Grundstücke, Gebäude, Räume, Seeanlagen und Transportmittel ohne Einwilligung des Inhabers betreten. [2]Gebäude und Räume dürfen nach dieser Vorschrift nur betreten werden, wenn sie nicht zu Wohnzwecken genutzt werden. [3]Im Fall betrieblicher Nutzung soll die Maßnahme während der Geschäfts- und Betriebszeiten durchgeführt werden. [4]Im Fall privater Nutzung sollen dem Eigentümer und dem unmittelbaren Besitzer die Möglichkeit gegeben werden, bei der Maßnahme anwesend zu sein. [5]Das Grundrecht der Unverletzlichkeit der Wohnung (Artikel 13 des Grundgesetzes) wird insoweit eingeschränkt.

§ 53 Gebühren und Auslagen; Ermächtigung zum Erlass von Rechtsverordnungen

(1) Das Bundesamt für Naturschutz erhebt für seine individuell zurechenbaren öffentlichen Leistungen nach den Vorschriften dieses Kapitels sowie nach den Vorschriften der Verordnung (EG) Nr. 338/97 in der jeweils geltenden Fassung sowie auf deren Grundlage erlassenen Verordnungen in der jeweils geltenden Fassung Gebühren und Auslagen.

(2) [1]Das Bundesministerium für Umwelt, Naturschutz und nukleare Sicherheit wird ermächtigt, im Einvernehmen mit dem Bundesministerium der Finanzen, dem Bundesministerium für Ernährung und Landwirtschaft und dem Bundesministerium für Wirtschaft und Energie durch Rechtsverordnung ohne Zustimmung des Bundesrates die gebührenpflichtigen Tatbestände, die Gebührensätze und die Auslagen-

erstattung zu bestimmen und dabei feste Sätze und Rahmensätze vorzusehen. ²Die zu erstattenden Auslagen können abweichend vom Bundesgebührengesetz geregelt werden.

Abschnitt 6
Ermächtigungen

§ 54 Ermächtigung zum Erlass von Rechtsverordnungen und Verwaltungsvorschriften
(1) Das Bundesministerium für Umwelt, Naturschutz und nukleare Sicherheit wird ermächtigt, durch Rechtsverordnung mit Zustimmung des Bundesrates bestimmte, nicht unter § 7 Absatz 2 Nummer 13 Buchstabe a oder Buchstabe b fallende Tier- und Pflanzenarten oder Populationen solcher Arten unter besonderen Schutz zu stellen, soweit es sich um natürlich vorkommende Arten handelt, die

1. im Inland durch den menschlichen Zugriff in ihrem Bestand gefährdet sind, oder soweit es sich um Arten handelt, die mit solchen gefährdeten Arten oder mit Arten im Sinne des § 7 Absatz 2 Nummer 13 Buchstabe b verwechselt werden können, oder
2. in ihrem Bestand gefährdet sind und für die die Bundesrepublik Deutschland in hohem Maße verantwortlich ist.

(2) Das Bundesministerium für Umwelt, Naturschutz und nukleare Sicherheit wird ermächtigt, durch Rechtsverordnung mit Zustimmung des Bundesrates
1. bestimmte, nach § 7 Absatz 2 Nummer 13 Buchstabe a oder Buchstabe b besonders geschützte
 a) Tier- und Pflanzenarten, die in Anhang B der Verordnung (EG) Nr. 338/97 aufgeführt sind,
 b) europäische Vogelarten,
2. bestimmte sonstige Tier- und Pflanzenarten im Sinne des Absatzes 1
unter strengen Schutz zu stellen, soweit es sich um natürlich vorkommende Arten handelt, die im Inland vom Aussterben bedroht sind oder für die die Bundesrepublik Deutschland in besonders hohem Maße verantwortlich ist.

(3) Das Bundesministerium für Umwelt, Naturschutz und nukleare Sicherheit wird ermächtigt, durch Rechtsverordnung mit Zustimmung des Bundesrates
1. näher zu bestimmen, welche Teile von Tieren oder Pflanzen besonders geschützter Arten oder aus solchen Tieren oder Pflanzen gewonnene Erzeugnisse als ohne Weiteres erkennbar im Sinne des § 7 Absatz 2 Nummer 1 Buchstabe c und d oder Nummer 2 Buchstabe c und d anzusehen sind,
2. bestimmte besonders geschützte Arten oder Herkünfte von Tieren oder Pflanzen besonders geschützter Arten sowie gezüchtete oder künstlich vermehrte Tiere oder Pflanzen besonders geschützter Arten von Verboten des § 44 ganz, teilweise oder unter bestimmten Voraussetzungen auszunehmen, soweit der Schutzzweck dadurch nicht gefährdet wird und die Artikel 12, 13 und 16 der Richtlinie 92/43/EWG, die Artikel 5 bis 7 und 9 der Richtlinie 2009/147/EG, sonstige Rechtsakte der Europäischen Gemeinschaft oder Verpflichtungen aus internationalen Artenschutzübereinkommen dem nicht entgegenstehen.

(4) ¹Das Bundesministerium für Umwelt, Naturschutz und nukleare Sicherheit wird ermächtigt, durch Rechtsverordnung mit Zustimmung des Bundesrates die Beschränkungen des Artikels 7 Absatz 1, die Überwachungspflicht gemäß Artikel 14, die amtlichen Kontrollen gemäß Artikel 15, die Pflicht zur sofortigen Beseitigung gemäß Artikel 17, die Managementpflicht gemäß Artikel 19 und die Wiederherstellungspflicht gemäß Artikel 20 der Verordnung (EU) Nr. 1143/2014 ganz oder teilweise zu erstrecken
1. auf solche Arten, für die die Voraussetzungen des Artikels 10 Absatz 1 der Verordnung (EU) Nr. 1143/2014 vorliegen,
2. auf Arten, für die Durchführungsrechtsakte nach Artikel 11 Absatz 2 Satz 2 der Verordnung (EU) Nr. 1143/2014 erlassen wurden, oder
3. auf weitere Arten, deren Vorkommen außerhalb ihres natürlichen Verbreitungsgebiets die biologische Vielfalt und die damit verbundenen Ökosystemdienstleistungen im Inland gefährden oder nachteilig beeinflussen.

²Für die betroffenen Arten gelten die Artikel 31 und 32 der Verordnung (EU) Nr. 1143/2014 entsprechend. ³Satz 1 Nummer 3 gilt nicht für in der Land- und Forstwirtschaft angebaute Pflanzen.

(4a) Das Bundesministerium für Umwelt, Naturschutz und nukleare Sicherheit wird ermächtigt, durch Rechtsverordnung mit Zustimmung des Bundesrates zur Erleichterung von Maßnahmen gegen invasive Arten bestimmte Verfahren, Mittel oder Geräte für Maßnahmen gegen invasive Arten, die durch Behörden oder Private durchgeführt werden, vorzuschreiben.

(4b) Das Bundesministerium für Umwelt, Naturschutz und nukleare Sicherheit wird ermächtigt, durch Rechtsverordnung mit Zustimmung des Bundesrates zur Erleichterung der Überwachung des Genehmigungserfordernisses nach § 40 Absatz 1

1. die Vorkommensgebiete von Gehölzen und Saatgut zu bestimmen,
2. einen Nachweis, dass Gehölze und Saatgut aus bestimmten Vorkommensgebieten stammen, vorzuschreiben und Anforderungen für einen solchen Nachweis festzulegen,
3. Regelungen zu Mindeststandards für die Erfassung und Anerkennung von Erntebeständen gebietseigener Herkünfte zu treffen.

(4c) Das Bundesministerium für Umwelt, Naturschutz und nukleare Sicherheit wird ermächtigt, durch Rechtsverordnung mit Zustimmung des Bundesrates die Durchführung der amtlichen Kontrollen gemäß Artikel 15 der Verordnung (EU) Nr. 1143/2014 zu regeln.

(5) Das Bundesministerium für Umwelt, Naturschutz und nukleare Sicherheit wird ermächtigt, soweit dies aus Gründen des Artenschutzes erforderlich ist und Rechtsakte der Europäischen Gemeinschaft dem nicht entgegenstehen, durch Rechtsverordnung mit Zustimmung des Bundesrates
1. die Haltung oder die Zucht von Tieren,
2. das Inverkehrbringen von Tieren und Pflanzen
bestimmter besonders geschützter Arten zu verbieten oder zu beschränken.

(6) [1]Das Bundesministerium für Umwelt, Naturschutz und nukleare Sicherheit wird ermächtigt, soweit dies aus Gründen des Artenschutzes, insbesondere zur Erfüllung der sich aus Artikel 15 der Richtlinie 92/43/EWG, Artikel 8 der Richtlinie 2009/147/EG oder aus internationalen Artenschutzübereinkommen ergebenden Verpflichtungen, erforderlich ist, durch Rechtsverordnung mit Zustimmung des Bundesrates
1. die Herstellung, den Besitz, das Inverkehrbringen oder die Verwendung bestimmter Geräte, Mittel oder Vorrichtungen, mit denen in Mengen oder wahllos wild lebende Tiere getötet, bekämpft oder gefangen oder Pflanzen bekämpft oder vernichtet werden können, oder durch die das örtliche Verschwinden oder sonstige erhebliche Beeinträchtigungen von Populationen der betreffenden Tier- oder Pflanzenarten hervorgerufen werden könnten,
2. Handlungen oder Verfahren, die zum örtlichen Verschwinden oder zu sonstigen erheblichen Beeinträchtigungen von Populationen wild lebender Tier- oder Pflanzenarten führen können,
zu beschränken oder zu verbieten. [2]Satz 1 Nummer 1 gilt nicht für Geräte, Mittel oder Vorrichtungen, die auf Grund anderer Rechtsvorschriften einer Zulassung bedürfen, sofern bei der Zulassung die Belange des Artenschutzes zu berücksichtigen sind.

(7) [1]Das Bundesministerium für Umwelt, Naturschutz und nukleare Sicherheit wird ermächtigt, durch Rechtsverordnung mit Zustimmung des Bundesrates Vorschriften zum Schutz von Horststandorten von Vogelarten zu erlassen, die in ihrem Bestand gefährdet und in besonderem Maße störungsempfindlich sind und insbesondere während bestimmter Zeiträume und innerhalb bestimmter Abstände Handlungen zu verbieten, die die Fortpflanzung oder Aufzucht beeinträchtigen können. [2]Weiter gehende Schutzvorschriften einschließlich der Bestimmungen über Ausnahmen und Befreiungen bleiben unberührt.

(8) Zur Erleichterung der Überwachung der Besitz- und Vermarktungsverbote wird das Bundesministerium für Umwelt, Naturschutz und nukleare Sicherheit ermächtigt, durch Rechtsverordnung mit Zustimmung des Bundesrates Vorschriften zu erlassen über
1. Aufzeichnungspflichten derjenigen, die gewerbsmäßig Tiere oder Pflanzen der besonders geschützten Arten be- oder verarbeiten, verkaufen, kaufen oder von anderen erwerben, insbesondere über den Kreis der Aufzeichnungspflichtigen, den Gegenstand und Umfang der Aufzeichnungspflicht, die Dauer der Aufbewahrungsfrist für die Aufzeichnungen und ihre Überprüfung durch die für Naturschutz und Landschaftspflege zuständigen Behörden,
2. die Kennzeichnung von Tieren und Pflanzen der besonders geschützten Arten für den Nachweis nach § 46 sowie von invasiven Arten für den Nachweis nach § 40b Satz 1,
3. die Erteilung von Bescheinigungen über den rechtmäßigen Erwerb von Tieren und Pflanzen für den Nachweis nach § 46,
4. Pflichten zur Anzeige des Besitzes von
 a) Tieren und Pflanzen der besonders geschützten Arten,
 b) Tieren und Pflanzen der durch Rechtsverordnung nach § 54 Absatz 4 bestimmten Arten.

(9) [1]Rechtsverordnungen nach Absatz 1 Nummer 2 bedürfen des Einvernehmens mit dem Bundesministerium für Ernährung und Landwirtschaft, mit dem Bundesministerium für Verkehr und digitale Infrastruktur sowie mit dem Bundesministerium für Wirtschaft und Energie. [2]Rechtsverordnungen nach den Absätzen 4 und 4b bedürfen des Einvernehmens mit dem Bundesministerium für Verkehr und digitale Infrastruktur. [3]Rechtsverordnungen nach Absatz 4c bedürfen des Einvernehmens mit dem Bundesministerium der Finanzen sowie dem Bundesministerium für Ernährung und Landwirtschaft. [4]Rechtsverordnungen nach Absatz 6 Satz 1 Nummer 1 und Absatz 8 Nummer 1, 2 und 4 bedürfen des Einvernehmens mit dem Bundesministerium für Wirtschaft und Energie. [5]Im Übrigen bedürfen die Rechtsverordnungen

nach den Absätzen 1 bis 8 des Einvernehmens mit dem Bundesministerium für Ernährung und Landwirtschaft, in den Fällen der Absätze 1 bis 3, 5, 6 und 8 jedoch nur, soweit sie sich beziehen auf

1. Tierarten, die dem Jagd- oder Fischereirecht unterliegen,
2. Tierarten, die zum Zweck des biologischen Pflanzenschutzes eingesetzt werden, oder
3. Pflanzen, die durch künstliche Vermehrung gewonnen oder forstlich nutzbar sind.

(10) ¹Die Landesregierungen werden ermächtigt, durch Rechtsverordnung allgemeine Anforderungen an Bewirtschaftungsvorgaben für die land-, forst- und fischereiwirtschaftliche Bodennutzung im Sinne des § 44 Absatz 4 festzulegen. ²Sie können die Ermächtigung nach Satz 1 durch Rechtsverordnung auf andere Landesbehörden übertragen.

(11) Die Bundesregierung erlässt mit Zustimmung des Bundesrates zur Durchführung dieses Gesetzes allgemeine Verwaltungsvorschriften, insbesondere über

1. die Voraussetzungen und Bedingungen, unter denen von einer Verträglichkeit von Plänen und Projekten im Sinne von § 34 Absatz 1 auszugehen ist,
2. die Voraussetzungen und Bedingungen für Abweichungsentscheidungen im Sinne von § 34 Absatz 3 und
3. die zur Sicherung des Zusammenhangs des Netzes „Natura 2000" notwendigen Maßnahmen im Sinne des § 34 Absatz 5.

§ 55 Durchführung gemeinschaftsrechtlicher oder internationaler Vorschriften; Ermächtigung zum Erlass von Rechtsverordnungen

(1) Rechtsverordnungen nach § 54 können auch zur Durchführung von Rechtsakten des Rates oder der Kommission der Europäischen Gemeinschaften auf dem Gebiet des Artenschutzes oder zur Erfüllung von internationalen Artenschutzübereinkommen erlassen werden.

(2) Das Bundesministerium für Umwelt, Naturschutz und nukleare Sicherheit wird ermächtigt, durch Rechtsverordnung mit Zustimmung des Bundesrates Verweisungen auf Vorschriften in Rechtsakten der Europäischen Gemeinschaft in diesem Gesetz oder in Rechtsverordnungen auf Grund des § 54 zu ändern, soweit Änderungen dieser Rechtsakte es erfordern.

Kapitel 6
Meeresnaturschutz

§ 56 Geltungs- und Anwendungsbereich

(1) Die Vorschriften dieses Gesetzes gelten auch im Bereich der Küstengewässer sowie mit Ausnahme des Kapitels 2 nach Maßgabe des Seerechtsübereinkommens der Vereinten Nationen vom 10. Dezember 1982 (BGBl. 1994 II S. 1798, 1799; 1995 II S. 602) und der nachfolgenden Bestimmungen ferner im Bereich der deutschen ausschließlichen Wirtschaftszone und des Festlandsockels.

(2) In den in Absatz 1 genannten Meeresbereichen kann die Erklärung von Gebieten zu geschützten Teilen von Natur und Landschaft im Sinne des § 20 Absatz 2 auch dazu dienen, zusammenhängende und repräsentative Netze geschützter Meeresgebiete im Sinne des Artikels 13 Absatz 4 der Richtlinie 2008/56/EG aufzubauen.

(3) Auf die Errichtung und den Betrieb von Windenergieanlagen in der deutschen ausschließlichen Wirtschaftszone, die vor dem 1. Januar 2017 genehmigt worden sind, oder die auf Grundlage eines Zuschlags nach § 34 des Windenergie-auf-See-Gesetzes zugelassen werden, ist § 15 nicht anzuwenden.

(4) ¹Die Ersatzzahlung für Eingriffe im Bereich der ausschließlichen Wirtschaftszone und des Festlandsockels ist als zweckgebundene Abgabe an den Bund zu leisten. ²Die Mittel werden vom Bundesministerium für Umwelt, Naturschutz und nukleare Sicherheit bewirtschaftet. ³Das Bundesministerium für Umwelt, Naturschutz und nukleare Sicherheit kann Einnahmen aus Ersatzzahlungen zur Verwendung nach seinen Vorgaben an eine der Aufsicht des Bundes unterstehende Einrichtung oder eine vom Bund beherrschte Gesellschaft oder Stiftung weiterleiten.

§ 56a Bevorratung von Kompensationsmaßnahmen

(1) ¹Die Bevorratung vorgezogener Ausgleichs- und Ersatzmaßnahmen im Sinne von § 16 bedarf im Bereich der deutschen ausschließlichen Wirtschaftszone und des Festlandsockels der schriftlichen Zustimmung durch das Bundesamt für Naturschutz. ²Die Zustimmung ist vor Durchführung der zu bevorratenden Ausgleichs- und Ersatzmaßnahme auf Antrag zu erteilen, soweit die Maßnahme

1. geeignet ist, die Anerkennungsvoraussetzungen des § 16 Absatz 1 Nummer 1 bis 3 und 5 zu erfüllen und

2. im jeweiligen Raum den Zielen des Naturschutzes und der Landschaftspflege sowie den Erfordernissen und Maßnahmen zur Umsetzung dieser Ziele nicht widerspricht.

[3]Die Verortung von vorgezogenen Ausgleichs- und Ersatzmaßnahmen erfolgt im Benehmen mit den Behörden, deren Aufgabenbereich berührt ist. [4]Das Bundesamt für Naturschutz kann die Vorlage von Gutachten verlangen, soweit dies zur Beurteilung der Maßnahme erforderlich ist.

(2) [1]Art, Ort, Umfang und Kompensationswert der Maßnahmen werden verbindlich in einem Ökokonto festgestellt, wenn die Maßnahmen gemäß der Zustimmung nach Absatz 1 durchgeführt worden sind. [2]Der Anspruch auf Anerkennung der bevorrateten Maßnahmen nach § 16 Absatz 1 ist auf Dritte übertragbar.

(3) [1]Die Verantwortung für die Ausführung, Unterhaltung und Sicherung der Ausgleichs- und Ersatzmaßnahmen nach § 15 Absatz 4 kann von Dritten mit befreiender Wirkung übernommen werden, soweit diese nach Satz 2 anerkannt sind. [2]Das Bundesamt für Naturschutz hat die Berechtigung juristischer Personen zur Übernahme von Kompensationspflichten im Bereich der deutschen ausschließlichen Wirtschaftszone und des Festlandsockels anzuerkennen, wenn

1. sie die Gewähr dafür bieten, dass die Verpflichtungen ordnungsgemäß erfüllt werden, insbesondere durch Einsatz von Beschäftigten mit geeigneter Ausbildung sowie durch wirtschaftliche Leistungsfähigkeit, und

2. keine Tatsachen vorliegen, die die Annahme der Unzuverlässigkeit der vertretungsberechtigten Personen rechtfertigen.

[3]Die Übernahme der Verantwortung erfolgt durch unbedingte schriftliche Vereinbarung, die nicht widerrufen werden kann. [4]Der Verursacher oder sein Rechtsnachfolger übermittelt die Vereinbarung der für die Zulassungsentscheidung zuständigen Behörde.

§ 57 Geschützte Meeresgebiete im Bereich der deutschen ausschließlichen Wirtschaftszone und des Festlandsockels; Ermächtigung zum Erlass von Rechtsverordnungen

(1) [1]Die Auswahl von geschützten Meeresgebieten im Bereich der deutschen ausschließlichen Wirtschaftszone und des Festlandsockels erfolgt durch das Bundesamt für Naturschutz unter Beteiligung der Behörden, deren Aufgabenbereich berührt ist, und unter Einbeziehung der Öffentlichkeit und mit Zustimmung des Bundesministeriums für Umwelt, Naturschutz und nukleare Sicherheit. [2]Das Bundesministerium für Umwelt, Naturschutz und nukleare Sicherheit beteiligt die fachlich betroffenen Bundesministerien und stellt das Benehmen mit den angrenzenden Ländern her.

(2) Die Erklärung der Meeresgebiete zu geschützten Teilen von Natur und Landschaft im Sinne des § 20 Absatz 2 erfolgt durch das Bundesministerium für Umwelt, Naturschutz und nukleare Sicherheit unter Beteiligung der fachlich betroffenen Bundesministerien durch Rechtsverordnung, die nicht der Zustimmung des Bundesrates bedarf.

(3) Für die Erklärung der Meeresgebiete zu geschützten Teilen von Natur und Landschaft im Sinne des § 20 Absatz 2, einschließlich ihrer Auswahl, sind die folgenden Maßgaben zu beachten:

1. Beschränkungen des Flugverkehrs, der Schifffahrt, der nach internationalem Recht erlaubten militärischen Nutzung sowie von Vorhaben der wissenschaftlichen Meeresforschung im Sinne des Artikels 246 Absatz 3 des Seerechtsübereinkommens der Vereinten Nationen sind nicht zulässig; Artikel 211 Absatz 6 des Seerechtsübereinkommens der Vereinten Nationen sowie die weiteren die Schifffahrt betreffenden völkerrechtlichen Regelungen bleiben unberührt.

2. Die Versagungsgründe für Vorhaben der wissenschaftlichen Meeresforschung im Sinne des Artikels 246 Absatz 5 des Seerechtsübereinkommens der Vereinten Nationen bleiben unter Beachtung des Gesetzes über die Durchführung wissenschaftlicher Meeresforschung vom 6. Juni 1995 (BGBl. I S. 778, 785), das zuletzt durch Artikel 321 der Verordnung vom 31. Oktober 2006 (BGBl. I S. 2407) geändert worden ist, unberührt.

3. Beschränkungen der Fischerei sind nur in Übereinstimmung mit dem Recht der Europäischen Gemeinschaft und nach Maßgabe des Seefischereigesetzes in der Fassung der Bekanntmachung vom 6. Juli 1998 (BGBl. I S. 1791), das zuletzt durch Artikel 217 der Verordnung vom 31. Oktober 2006 (BGBl. I S. 2407) geändert worden ist, zulässig.

4. Beschränkungen der Verlegung von unterseeischen Kabeln und Rohrleitungen sind nur in Übereinstimmung mit Artikel 56 Absatz 3 in Verbindung mit Artikel 79 des Seerechtsübereinkommens der Vereinten Nationen zulässig und

a) im Hinblick auf Erhaltungsziele nach § 7 Absatz 1 Nummer 9 nur nach § 34 sowie
b) im Hinblick auf weitere der Erfüllung bestehender völkerrechtlicher Verpflichtungen oder der Umsetzung der Richtlinie 2008/56/EG dienenden Schutzzwecke nur, wenn die Verlegung diese erheblich beeinträchtigen kann.

5. Beschränkungen der Energieerzeugung aus Wasser, Strömung und Wind sowie der Aufsuchung und Gewinnung von Bodenschätzen sind zulässig
a) im Hinblick auf Erhaltungsziele nach § 7 Absatz 1 Nummer 9 nur nach § 34 sowie
b) im Hinblick auf weitere der Erfüllung bestehender völkerrechtlicher Verpflichtungen oder der Umsetzung der Richtlinie 2008/56/EG dienenden Schutzzwecke nur, wenn das Vorhaben diese erheblich beeinträchtigen kann.

§ 58 Zuständige Behörden; Gebühren und Auslagen; Ermächtigung zum Erlass von Rechtsverordnungen

(1) [1]Die Durchführung der Vorschriften dieses Gesetzes, der auf Grund dieses Gesetzes erlassenen Vorschriften sowie der Vorschriften des Umweltschadensgesetzes im Hinblick auf die Schädigung von Arten und natürlichen Lebensräumen und die unmittelbare Gefahr solcher Schäden obliegt im Bereich der deutschen ausschließlichen Wirtschaftszone und des Festlandsockels dem Bundesamt für Naturschutz, soweit nichts anderes bestimmt ist. [2]Bedarf ein Eingriff in Natur und Landschaft, der im Bereich der deutschen ausschließlichen Wirtschaftszone oder im Bereich des Festlandsockels durchgeführt werden soll, einer behördlichen Zulassung oder einer Anzeige an eine Behörde oder wird er von einer Behörde durchgeführt, ergeht die Entscheidung der Behörde im Benehmen mit dem Bundesamt für Naturschutz.

(2) Das Bundesministerium für Umwelt, Naturschutz und nukleare Sicherheit kann durch Rechtsverordnung, die nicht der Zustimmung des Bundesrates bedarf, Aufgaben, die dem Bundesamt für Naturschutz nach Absatz 1 obliegen, im Einvernehmen mit dem Bundesministerium des Innern, für Bau und Heimat auf das Bundespolizeipräsidium und im Einvernehmen mit dem Bundesministerium für Ernährung und Landwirtschaft auf die Bundesanstalt für Landwirtschaft und Ernährung zur Ausübung übertragen.

(3) [1]Für seine individuell zurechenbaren öffentlichen Leistungen nach den in Absatz 1 Satz 1 genannten Vorschriften im Bereich der deutschen ausschließlichen Wirtschaftszone und des Festlandsockels erhebt das Bundesamt für Naturschutz Gebühren und Auslagen. [2]Das Bundesministerium für Umwelt, Naturschutz und nukleare Sicherheit wird ermächtigt, im Einvernehmen mit dem Bundesministerium der Finanzen durch Rechtsverordnung ohne Zustimmung des Bundesrates die gebührenpflichtigen Tatbestände, die Gebührensätze und die Auslagenerstattung zu bestimmen und dabei feste Sätze und Rahmensätze vorzusehen. [3]Die zu erstattenden Auslagen können abweichend vom Bundesgebührengesetz geregelt werden. [4]§ 53 bleibt unberührt.

Kapitel 7
Erholung in Natur und Landschaft

§ 59 Betreten der freien Landschaft

(1) Das Betreten der freien Landschaft auf Straßen und Wegen sowie auf ungenutzten Grundflächen zum Zweck der Erholung ist allen gestattet (allgemeiner Grundsatz).

(2) [1]Das Betreten des Waldes richtet sich nach dem Bundeswaldgesetz und den Waldgesetzen der Länder sowie im Übrigen nach dem sonstigen Landesrecht. [2]Es kann insbesondere andere Benutzungsarten ganz oder teilweise dem Betreten gleichstellen sowie das Betreten aus wichtigen Gründen, insbesondere aus solchen des Naturschutzes und der Landschaftspflege, des Feldschutzes und der land- und forstwirtschaftlichen Bewirtschaftung, zum Schutz der Erholungsuchenden, zur Vermeidung erheblicher Schäden oder zur Wahrung anderer schutzwürdiger Interessen des Grundstücksbesitzers einschränken.

§ 60 Haftung

[1]Das Betreten der freien Landschaft erfolgt auf eigene Gefahr. [2]Durch die Betretungsbefugnis werden keine zusätzlichen Sorgfalts- oder Verkehrssicherungspflichten begründet. [3]Es besteht insbesondere keine Haftung für typische, sich aus der Natur ergebende Gefahren.

§ 61 Freihaltung von Gewässern und Uferzonen

(1) [1]Im Außenbereich dürfen an Bundeswasserstraßen und Gewässern erster Ordnung sowie an stehenden Gewässern mit einer Größe von mehr als 1 Hektar im Abstand bis 50 Meter von der Uferlinie keine baulichen Anlagen errichtet oder wesentlich geändert werden. [2]An den Küstengewässern ist abweichend von Satz 1 ein Abstand von mindestens 150 Metern von der mittleren Hochwasserlinie an der Nordsee

und von der Mittelwasserlinie an der Ostsee einzuhalten. [3]Weiter gehende Vorschriften der Länder bleiben unberührt.

(2) [1]Absatz 1 gilt nicht für

1. bauliche Anlagen, die bei Inkrafttreten dieses Gesetzes rechtmäßig errichtet oder zugelassen waren,
2. bauliche Anlagen, die in Ausübung wasserrechtlicher Erlaubnisse oder Bewilligungen oder zum Zwecke der Überwachung, der Bewirtschaftung, der Unterhaltung oder des Ausbaus eines oberirdischen Gewässers errichtet oder geändert werden,
3. Anlagen des öffentlichen Verkehrs einschließlich Nebenanlagen und Zubehör, des Rettungswesens, des Küsten- und Hochwasserschutzes sowie der Verteidigung.

[2]Weiter gehende Vorschriften der Länder über Ausnahmen bleiben unberührt.

(3) Von dem Verbot des Absatzes 1 kann auf Antrag eine Ausnahme zugelassen werden, wenn

1. die durch die bauliche Anlage entstehenden Beeinträchtigungen des Naturhaushalts oder des Landschaftsbildes, insbesondere im Hinblick auf die Funktion der Gewässer und ihrer Uferzonen, geringfügig sind oder dies durch entsprechende Maßnahmen sichergestellt werden kann oder
2. dies aus Gründen des überwiegenden öffentlichen Interesses, einschließlich solcher sozialer oder wirtschaftlicher Art, notwendig ist; in diesem Fall gilt § 15 entsprechend.

§ 62 Bereitstellen von Grundstücken

Der Bund, die Länder und sonstige juristische Personen des öffentlichen Rechts stellen in ihrem Eigentum oder Besitz stehende Grundstücke, die sich nach ihrer natürlichen Beschaffenheit für die Erholung der Bevölkerung eignen oder den Zugang der Allgemeinheit zu solchen Grundstücken ermöglichen oder erleichtern, in angemessenem Umfang für die Erholung bereit, soweit dies mit einer nachhaltigen Nutzung und den sonstigen Zielen von Naturschutz und Landschaftspflege vereinbar ist und eine öffentliche Zweckbindung dem nicht entgegensteht.

Kapitel 8
Mitwirkung von anerkannten Naturschutzvereinigungen

§ 63 Mitwirkungsrechte

(1) Einer nach § 3 des Umwelt-Rechtsbehelfsgesetzes vom Bund anerkannten Vereinigung, die nach ihrem satzungsgemäßen Aufgabenbereich im Schwerpunkt die Ziele des Naturschutzes und der Landschaftspflege fördert (anerkannte Naturschutzvereinigung), ist Gelegenheit zur Stellungnahme und zur Einsicht in die einschlägigen Sachverständigengutachten zu geben

1. bei der Vorbereitung von Verordnungen und anderen im Rang unter dem Gesetz stehenden Rechtsvorschriften auf dem Gebiet des Naturschutzes und der Landschaftspflege durch die Bundesregierung oder das Bundesministerium für Umwelt, Naturschutz und nukleare Sicherheit,
2. vor der Erteilung von Befreiungen von Geboten und Verboten zum Schutz von geschützten Meeresgebieten im Sinne des § 57 Absatz 2 sowie vor dem Erlass von Abweichungsentscheidungen nach § 34 Absatz 3 bis 5 auch in Verbindung mit § 36 Satz 1 Nummer 2, auch wenn diese durch eine andere Entscheidung eingeschlossen oder ersetzt werden,
3. in Planfeststellungsverfahren, die von Behörden des Bundes oder im Bereich der deutschen ausschließlichen Wirtschaftszone und des Festlandsockels von Behörden der Länder durchgeführt werden, wenn es sich um Vorhaben handelt, die mit Eingriffen in Natur und Landschaft verbunden sind,
4. bei Plangenehmigungen, die von Behörden des Bundes erlassen werden und an die Stelle einer Planfeststellung im Sinne der Nummer 3 treten, wenn eine Öffentlichkeitsbeteiligung vorgesehen ist,

soweit sie durch das Vorhaben in ihrem satzungsgemäßen Aufgabenbereich berührt wird.

(2) Einer nach § 3 des Umwelt-Rechtsbehelfsgesetzes von einem Land anerkannten Naturschutzvereinigung, die nach ihrer Satzung landesweit tätig ist, ist Gelegenheit zur Stellungnahme und zur Einsicht in die einschlägigen Sachverständigengutachten zu geben

1. bei der Vorbereitung von Verordnungen und anderen im Rang unter dem Gesetz stehenden Rechtsvorschriften der für Naturschutz und Landschaftspflege zuständigen Behörden der Länder,
2. bei der Vorbereitung von Programmen und Plänen im Sinne der §§ 10 und 11,
3. bei der Vorbereitung von Plänen im Sinne des § 36 Satz 1 Nummer 2,
4. bei der Vorbereitung von Programmen staatlicher und sonstiger öffentlicher Stellen zur Wiederansiedlung von Tieren und Pflanzen verdrängter wild lebender Arten in der freien Natur,
4a. vor der Erteilung einer Genehmigung für die Errichtung, die Erweiterung, eine wesentliche Änderung oder den Betrieb eines Zoos nach § 42 Absatz 2 Satz 1,

4b. vor der Zulassung einer Ausnahme nach § 45 Absatz 7 Satz 1 durch Rechtsverordnung oder durch Allgemeinverfügung,

5. vor der Erteilung von Befreiungen von Geboten und Verboten zum Schutz von Gebieten im Sinne des § 32 Absatz 2, Natura 2000-Gebieten, Naturschutzgebieten, Nationalparken, Nationalen Naturmonumenten und Biosphärenreservaten sowie von Abweichungsentscheidungen nach § 34 Absatz 3 bis 5, auch in Verbindung mit § 36 Satz 1 Nummer 2, auch wenn diese durch eine andere Entscheidung eingeschlossen oder ersetzt werden,

6. in Planfeststellungsverfahren, wenn es sich um Vorhaben im Gebiet des anerkennenden Landes handelt, die mit Eingriffen in Natur und Landschaft verbunden sind,

7. bei Plangenehmigungen, die an die Stelle einer Planfeststellung im Sinne der Nummer 6 treten, wenn eine Öffentlichkeitsbeteiligung vorgesehen ist,

8. in weiteren Verfahren zur Ausführung von landesrechtlichen Vorschriften, wenn das Landesrecht dies vorsieht,

soweit sie durch das Vorhaben in ihrem satzungsgemäßen Aufgabenbereich berührt wird.

(3) ¹§ 28 Absatz 2 Nummer 1 und 2, Absatz 3 und § 29 Absatz 2 des Verwaltungsverfahrensgesetzes gelten entsprechend. ²Eine in anderen Rechtsvorschriften des Bundes oder der Länder vorgeschriebene inhaltsgleiche oder weiter gehende Form der Mitwirkung bleibt unberührt.

(4) Die Länder können bestimmen, dass in Fällen, in denen Auswirkungen auf Natur und Landschaft nicht oder nur im geringfügigen Umfang zu erwarten sind, von einer Mitwirkung abgesehen werden kann.

§ 64 Rechtsbehelfe

(1) Eine anerkannte Naturschutzvereinigung kann, soweit § 1 Absatz 3 des Umwelt-Rechtsbehelfsgesetzes nicht entgegensteht, ohne in eigenen Rechten verletzt zu sein, Rechtsbehelfe nach Maßgabe der Verwaltungsgerichtsordnung einlegen gegen Entscheidungen nach § 63 Absatz 1 Nummer 2 bis 4 und Absatz 2 Nummer 4a bis 7, wenn die Vereinigung

1. geltend macht, dass die Entscheidung Vorschriften dieses Gesetzes, Rechtsvorschriften, die auf Grund dieses Gesetzes erlassen worden sind oder fortgelten, Naturschutzrecht der Länder oder anderen Rechtsvorschriften, die bei der Entscheidung zu beachten und zumindest auch den Belangen des Naturschutzes und der Landschaftspflege zu dienen bestimmt sind, widerspricht,

2. in ihrem satzungsgemäßen Aufgaben- und Tätigkeitsbereich, soweit sich die Anerkennung darauf bezieht, berührt wird und

3. zur Mitwirkung nach § 63 Absatz 1 Nummer 2 oder Absatz 2 Nummer 4a bis 5 berechtigt war und sie sich hierbei in der Sache geäußert hat oder ihr keine Gelegenheit zur Äußerung gegeben worden ist; dies gilt auch für die Mitwirkung nach § 63 Absatz 1 Nummer 3 und Absatz 2 Nummer 6, sofern für ein solches Planfeststellungsverfahren eine Anwendung des Bundesnaturschutzgesetzes nicht nach § 1 Absatz 3 des Umwelt-Rechtsbehelfsgesetzes ausgeschlossen ist.

(2) § 1 Absatz 1 Satz 3 und 4, § 2 Absatz 3 Satz 1 und § 5 des Umwelt-Rechtsbehelfsgesetzes gelten entsprechend.

(3) Die Länder können Rechtsbehelfe von anerkannten Naturschutzvereinigungen auch in anderen Fällen zulassen, in denen nach § 63 Absatz 2 Nummer 8 eine Mitwirkung vorgesehen ist.

Kapitel 9
Eigentumsbindung, Befreiungen

§ 65 Duldungspflicht

(1) ¹Eigentümer und sonstige Nutzungsberechtigte von Grundstücken haben Maßnahmen des Naturschutzes und der Landschaftspflege auf Grund von Vorschriften dieses Gesetzes, Rechtsvorschriften, die auf Grund dieses Gesetzes erlassen worden sind oder fortgelten, oder Naturschutzrecht der Länder zu dulden, soweit dadurch die Nutzung des Grundstücks nicht unzumutbar beeinträchtigt wird. ²Weiter gehende Regelungen der Länder bleiben unberührt.

(2) Vor der Durchführung der Maßnahmen sind die Berechtigten in geeigneter Weise zu benachrichtigen.

(3) Die Befugnis der Bediensteten und Beauftragten der Naturschutzbehörden, zur Erfüllung ihrer Aufgaben Grundstücke zu betreten, richtet sich nach Landesrecht.

§ 66 Vorkaufsrecht

(1) ¹Den Ländern steht ein Vorkaufsrecht zu an Grundstücken,

1. die in Nationalparken, Nationalen Naturmonumenten, Naturschutzgebieten oder als solchen einstweilig sichergestellten Gebieten liegen,

2. auf denen sich Naturdenkmäler oder als solche einstweilig sichergestellte Gegenstände befinden,
3. auf denen sich oberirdische Gewässer befinden. ²Liegen die Merkmale des Satzes 1 Nummer 1 bis 3 nur bei einem Teil des Grundstücks vor, so erstreckt sich das Vorkaufsrecht nur auf diesen Teil. ³Der Eigentümer kann verlangen, dass sich der Vorkauf auf das gesamte Grundstück erstreckt, wenn ihm der weitere Verbleib in seinem Eigentum wirtschaftlich nicht zuzumuten ist.

(2) Das Vorkaufsrecht darf nur ausgeübt werden, wenn dies aus Gründen des Naturschutzes und der Landschaftspflege einschließlich der Erholungsvorsorge erforderlich ist.

(3) ¹Das Vorkaufsrecht bedarf nicht der Eintragung in das Grundbuch. ²Es geht rechtsgeschäftlich und landesrechtlich begründeten Vorkaufsrechten mit Ausnahme solcher auf den Gebieten des Grundstücksverkehrs und des Siedlungswesens im Rang vor. ³Bei einem Eigentumserwerb auf Grund der Ausübung des Vorkaufsrechts erlöschen durch Rechtsgeschäft begründete Vorkaufsrechte. ⁴Die §§ 463 bis 469, 471, 1098 Absatz 2 und die §§ 1099 bis 1102 des Bürgerlichen Gesetzbuches finden Anwendung. ⁵Das Vorkaufsrecht erstreckt sich nicht auf einen Verkauf, der an einen Ehegatten, eingetragenen Lebenspartner oder einen Verwandten ersten Grades erfolgt.

(4) Das Vorkaufsrecht kann von den Ländern auf Antrag auch zugunsten von Körperschaften und Stiftungen des öffentlichen Rechts und anerkannten Naturschutzvereinigungen ausgeübt werden.

(5) Abweichende Vorschriften der Länder bleiben unberührt.

§ 67 Befreiungen

(1) ¹Von den Geboten und Verboten dieses Gesetzes, in einer Rechtsverordnung auf Grund des § 57 sowie nach dem Naturschutzrecht der Länder kann auf Antrag Befreiung gewährt werden, wenn
1. dies aus Gründen des überwiegenden öffentlichen Interesses, einschließlich solcher sozialer und wirtschaftlicher Art, notwendig ist oder
2. die Durchführung der Vorschriften im Einzelfall zu einer unzumutbaren Belastung führen würde und die Abweichung mit den Belangen von Naturschutz und Landschaftspflege vereinbar ist.
²Im Rahmen des Kapitels 5 gilt Satz 1 nur für die §§ 39 und 40, 42 und 43.

(2) ¹Von den Verboten des § 33 Absatz 1 Satz 1 und des § 44 sowie von Geboten und Verboten im Sinne des § 32 Absatz 3 kann auf Antrag Befreiung gewährt werden, wenn die Durchführung der Vorschriften im Einzelfall zu einer unzumutbaren Belastung führen würde. ²Im Fall des Verbringens von Tieren oder Pflanzen aus dem Ausland wird die Befreiung vom Bundesamt für Naturschutz gewährt.

(3) ¹Die Befreiung kann mit Nebenbestimmungen versehen werden. ²§ 15 Absatz 1 bis 4 und Absatz 6 sowie § 17 Absatz 5 und 7 finden auch dann Anwendung, wenn kein Eingriff in Natur und Landschaft im Sinne des § 14 vorliegt.

§ 68 Beschränkungen des Eigentums; Entschädigung und Ausgleich

(1) Führen Beschränkungen des Eigentums, die sich auf Grund von Vorschriften dieses Gesetzes, Rechtsvorschriften, die auf Grund dieses Gesetzes erlassen worden sind oder fortgelten, oder Naturschutzrecht der Länder ergeben, im Einzelfall zu einer unzumutbaren Belastung, der nicht durch andere Maßnahmen, insbesondere durch die Gewährung einer Ausnahme oder Befreiung, abgeholfen werden kann, ist eine angemessene Entschädigung zu leisten.

(2) ¹Die Entschädigung ist in Geld zu leisten. ²Sie kann in wiederkehrenden Leistungen bestehen. ³Der Eigentümer kann die Übernahme eines Grundstücks verlangen, wenn ihm der weitere Verbleib in seinem Eigentum wirtschaftlich nicht zuzumuten ist. ⁴Das Nähere richtet sich nach Landesrecht.

(3) Die Enteignung von Grundstücken zum Wohl der Allgemeinheit aus Gründen des Naturschutzes und der Landschaftspflege richtet sich nach Landesrecht.

(4) Die Länder können vorsehen, dass Eigentümern und Nutzungsberechtigten, denen auf Grund von Vorschriften dieses Gesetzes, Rechtsvorschriften, die auf Grund dieses Gesetzes erlassen worden sind oder fortgelten, oder Naturschutzrecht der Länder insbesondere die land-, forst- und fischereiwirtschaftliche Nutzung von Grundstücken wesentlich erschwert wird, ohne dass eine Entschädigung nach den Absätzen 1 bis 3 zu leisten ist, auf Antrag ein angemessener Ausgleich nach Maßgabe des jeweiligen Haushaltsgesetzes gezahlt werden kann.

Kapitel 10
Bußgeld- und Strafvorschriften

§ 69 Bußgeldvorschriften
(1) Ordnungswidrig handelt, wer wissentlich entgegen § 39 Absatz 1 Nummer 1 ein wild lebendes Tier beunruhigt.

(2) Ordnungswidrig handelt, wer
1. entgegen § 44 Absatz 1 Nummer 1
 a) einem wild lebenden Tier nachstellt, es fängt oder verletzt oder seine Entwicklungsformen aus der Natur entnimmt oder beschädigt oder
 b) ein wild lebendes Tier tötet oder seine Entwicklungsformen zerstört,
2. entgegen § 44 Absatz 1 Nummer 2 ein wild lebendes Tier erheblich stört,
3. entgegen § 44 Absatz 1 Nummer 3 eine Fortpflanzungs- oder Ruhestätte aus der Natur entnimmt, beschädigt oder zerstört,
4. entgegen § 44 Absatz 1 Nummer 4
 a) eine wild lebende Pflanze oder ihre Entwicklungsformen aus der Natur entnimmt oder sie oder ihren Standort beschädigt oder
 b) eine wild lebende Pflanze oder ihre Entwicklungsformen zerstört,
5. entgegen § 44 Absatz 2 Satz 1 Nummer 1, auch in Verbindung mit § 44 Absatz 3,
 a) ein Tier oder eine Pflanze einer anderen als in § 71a Absatz 1 Nummer 2 genannten besonders geschützten Art oder
 b) eine Ware im Sinne des Anhangs der Richtlinie 83/129/EWG
 in Besitz oder Gewahrsam nimmt, in Besitz oder Gewahrsam hat oder be- oder verarbeitet und erkennt oder fahrlässig nicht erkennt, dass sich die Handlung auf ein Tier oder eine Pflanze einer in Buchstabe a genannten Art oder auf eine in Buchstabe b genannte Ware bezieht,
5a. entgegen § 45a Absatz 1 Satz 1 ein wildlebendes Exemplar der Art Wolf (Canis lupus) füttert oder mit Futter anlockt oder
6. einer Rechtsverordnung nach § 54 Absatz 4 Satz 1 oder Absatz 4a oder einer vollziehbaren Anordnung auf Grund einer solchen Rechtsverordnung zuwiderhandelt, soweit die Rechtsverordnung für einen bestimmten Tatbestand auf diese Bußgeldvorschrift verweist.

(3) Ordnungswidrig handelt, wer vorsätzlich oder fahrlässig
1. ohne Genehmigung nach § 17 Absatz 3 Satz 1 einen Eingriff in Natur und Landschaft vornimmt,
2. einer vollziehbaren Anordnung nach § 17 Absatz 8 Satz 1 oder Satz 2, § 34 Absatz 6 Satz 4 oder Satz 5, § 42 Absatz 7 oder Absatz 8 Satz 1 oder Satz 2, auch in Verbindung mit § 43 Absatz 3 Satz 4, oder § 43 Absatz 3 Satz 2 oder Satz 3 zuwiderhandelt,
3. entgegen § 22 Absatz 3 Satz 3 eine dort genannte Handlung oder Maßnahme vornimmt,
4. entgegen § 23 Absatz 2 Satz 1 in Verbindung mit einer Rechtsverordnung nach § 57 Absatz 2 eine dort genannte Handlung oder Maßnahme in einem Meeresgebiet vornimmt, das als Naturschutzgebiet geschützt wird,
4a. entgegen § 23 Absatz 3, § 24 Absatz 3 Satz 2 oder § 33 Absatz 1a Satz 1 eine dort genannte Anlage errichtet, ,
5. entgegen § 30 Absatz 2 Satz 1 ein dort genanntes Biotop zerstört oder sonst erheblich beeinträchtigt,
6. entgegen § 33 Absatz 1 Satz 1, auch in Verbindung mit Absatz 2 Satz 1, eine Veränderung oder Störung vornimmt,
7. entgegen § 39 Absatz 1 Nummer 1 ein wild lebendes Tier ohne vernünftigen Grund fängt, verletzt oder tötet,
8. entgegen § 39 Absatz 1 Nummer 2 eine wild lebende Pflanze ohne vernünftigen Grund entnimmt, nutzt oder ihre Bestände niederschlägt oder auf sonstige Weise verwüstet,
9. entgegen § 39 Absatz 1 Nummer 3 eine Lebensstätte wild lebender Tiere oder Pflanzen ohne vernünftigen Grund erheblich beeinträchtigt oder zerstört,
10. entgegen § 39 Absatz 2 Satz 1 ein wild lebendes Tier oder eine wild lebende Pflanze aus der Natur entnimmt,
11. ohne Genehmigung nach § 39 Absatz 4 Satz 1 eine wild lebende Pflanze gewerbsmäßig entnimmt oder be- oder verarbeitet,
12. entgegen § 39 Absatz 5 Satz 1 Nummer 1 die Bodendecke abbrennt oder eine dort genannte Fläche behandelt,

13. entgegen § 39 Absatz 5 Satz 1 Nummer 2 einen Baum, eine Hecke, einen lebenden Zaun, ein Gebüsch oder ein anderes Gehölz abschneidet, auf den Stock setzt oder beseitigt,

14. entgegen § 39 Absatz 5 Satz 1 Nummer 3 ein Röhricht zurückschneidet,

15. entgegen § 39 Absatz 5 Satz 1 Nummer 4 einen dort genannten Graben räumt,

16. entgegen § 39 Absatz 6 eine Höhle, einen Stollen, einen Erdkeller oder einen ähnlichen Raum aufsucht,

17. ohne Genehmigung nach § 40 Absatz 1 Satz 1 eine dort genannte Pflanze oder ein Tier ausbringt,

17a. einer mit einer Genehmigung nach § 40c Absatz 1 Satz 1, auch in Verbindung mit § 40c Absatz 2, oder nach § 40c Absatz 3 Satz 1 verbundenen vollziehbaren Auflage zuwiderhandelt,

18. ohne Genehmigung nach § 42 Absatz 2 Satz 1 einen Zoo errichtet, erweitert, wesentlich ändert oder betreibt,

19. entgegen § 43 Absatz 3 Satz 1 eine Anzeige nicht, nicht richtig, nicht vollständig oder nicht rechtzeitig erstattet,

20. *[aufgehoben]*

21. entgegen § 44 Absatz 2 Satz 1 Nummer 2, auch in Verbindung mit § 44 Absatz 3, ein Tier, eine Pflanze oder eine Ware verkauft, kauft, zum Verkauf oder Kauf anbietet, zum Verkauf vorrätig hält oder befördert, tauscht oder entgeltlich zum Gebrauch oder zur Nutzung überlässt, zu kommerziellen Zwecken erwirbt, zur Schau stellt oder auf andere Weise verwendet,

22. entgegen § 50 Absatz 1 Satz 1 ein Tier oder eine Pflanze nicht, nicht richtig oder nicht rechtzeitig zur Ein- oder Ausfuhr anmeldet oder nicht oder nicht rechtzeitig vorführt,

23. entgegen § 50 Absatz 2 eine Mitteilung nicht, nicht richtig, nicht vollständig oder nicht rechtzeitig macht,

24. entgegen § 52 Absatz 1 eine Auskunft nicht, nicht richtig, nicht vollständig oder nicht rechtzeitig erteilt,

25. entgegen § 52 Absatz 2 Satz 2 eine beauftragte Person nicht unterstützt oder eine geschäftliche Unterlage nicht, nicht richtig, nicht vollständig oder nicht rechtzeitig vorlegt,

26. entgegen § 61 Absatz 1 Satz 1 oder Satz 2 an einem Gewässer eine bauliche Anlage errichtet oder wesentlich ändert oder

27. einer Rechtsverordnung nach
 a) *[aufgehoben]*
 b) § 54 Absatz 5,
 c) § 54 Absatz 6 Satz 1, Absatz 7 oder Absatz 8
 oder einer vollziehbaren Anordnung auf Grund einer solchen Rechtsverordnung zuwiderhandelt, soweit die Rechtsverordnung für einen bestimmten Tatbestand auf diese Bußgeldvorschrift verweist.

(4) Ordnungswidrig handelt, wer gegen die Verordnung (EG) Nr. 338/97 des Rates vom 9. Dezember 1996 über den Schutz von Exemplaren wildlebender Tier- und Pflanzenarten durch Überwachung des Handels (ABl. L 61 vom 3.3.1997, S. 1, L 100 vom 17.4.1997, S. 72, L 298 vom 1.11.1997, S. 70, L 113 vom 27.4.2006, S. 26), die zuletzt durch die Verordnung (EG) Nr. 318/2008 (ABl. L 95 vom 8.4.2008, S. 3) geändert worden ist, verstößt, indem er vorsätzlich oder fahrlässig

1. entgegen Artikel 4 Absatz 1 Satz 1 oder Absatz 2 Satz 1 oder Artikel 5 Absatz 1 oder Absatz 4 Satz 1 eine Einfuhrgenehmigung, eine Ausfuhrgenehmigung oder eine Wiederausfuhrbescheinigung nicht, nicht richtig, nicht vollständig oder nicht rechtzeitig vorlegt,

2. entgegen Artikel 4 Absatz 3 Halbsatz 1 oder Absatz 4 eine Einfuhrmeldung nicht, nicht richtig, nicht vollständig oder nicht rechtzeitig vorlegt,

3. entgegen Artikel 8 Absatz 1, auch in Verbindung mit Absatz 5, ein Exemplar einer dort genannten Art kauft, zum Kauf anbietet, zu kommerziellen Zwecken erwirbt, zur Schau stellt oder verwendet oder ein Exemplar verkauft oder zu Verkaufszwecken vorrätig hält, anbietet oder befördert oder

4. einer vollziehbaren Auflage nach Artikel 11 Absatz 3 Satz 1 zuwiderhandelt.

(5) Ordnungswidrig handelt, wer gegen die Verordnung (EWG) Nr. 3254/91 des Rates vom 4. November 1991 zum Verbot von Tellereisen in der Gemeinschaft und der Einfuhr von Pelzen und Waren von bestimmten Wildtierarten aus Ländern, die Tellereisen oder den internationalen humanen Fangnormen nicht entsprechende Fangmethoden anwenden (ABl. L 308 vom 9.11.1991, S. 1), verstößt, indem er vorsätzlich oder fahrlässig

1. entgegen Artikel 2 ein Tellereisen verwendet oder

2. entgegen Artikel 3 Absatz 1 Satz 1 einen Pelz einer dort genannten Tierart oder dort genannte Ware in die Gemeinschaft verbringt.

(6) Ordnungswidrig handelt, wer ein Exemplar einer invasiven Art nach einem Durchführungsrechtsakt nach Artikel 4 Absatz 1 Satz 1 oder Artikel 10 Absatz 4 Satz 1 der Verordnung (EU) Nr. 1143/2014 des Europäischen Parlaments und des Rates vom 22. Oktober 2014 über die Prävention und das Management der Einbringung und Ausbreitung invasiver gebietsfremder Arten (ABl. L 317 vom 4.11.2014, S. 35) verbringt, hält, züchtet, befördert, in Verkehr bringt, verwendet, tauscht, zur Fortpflanzung, Aufzucht oder Veredelung bringt oder in die Umwelt freisetzt.

(7) Die Ordnungswidrigkeit kann in den Fällen der Absätze 1 und 2, des Absatzes 3 Nummer 1 bis 6, 17a, 18, 21, 26 und 27 Buchstabe b, des Absatzes 4 Nummer 1 und 3 und der Absätze 5 und 6 mit einer Geldbuße bis zu fünfzigtausend Euro, in den übrigen Fällen mit einer Geldbuße bis zu zehntausend Euro geahndet werden.

(8) Die Länder können gesetzlich bestimmen, dass weitere rechtswidrige und vorwerfbare Handlungen, die gegen Vorschriften dieses Gesetzes oder Rechtsvorschriften verstoßen, die auf Grund dieses Gesetzes erlassen worden sind oder fortgelten, als Ordnungswidrigkeiten geahndet werden können.

§ 70 Verwaltungsbehörde
Verwaltungsbehörde im Sinne des § 36 Absatz 1 Nummer 1 des Gesetzes über Ordnungswidrigkeiten ist
1. das Bundesamt für Naturschutz in den Fällen
 a) des § 69 Absatz 2 Nummer 5 und 6, Absatz 3 Nummer 21, Absatz 4 Nummer 3 und Absatz 6 bei Handlungen im Zusammenhang mit der Einfuhr in die oder der Ausfuhr aus der Gemeinschaft oder dem Verbringen in die oder aus der Bundesrepublik Deutschland,
 b) des § 69 Absatz 3 Nummer 24 bei Verletzungen der Auskunftspflicht gegenüber dem Bundesamt,
 c) des § 69 Absatz 3 Nummer 25 und Absatz 4 Nummer 4 bei Maßnahmen des Bundesamtes,
 d) des § 69 Absatz 4 Nummer 1 und Absatz 5 Nummer 2,
 e) von sonstigen Ordnungswidrigkeiten nach § 69 Absatz 1 bis 6, die im Bereich der deutschen ausschließlichen Wirtschaftszone oder des Festlandsockels begangen worden sind,
2. das zuständige Hauptzollamt in den Fällen des § 69 Absatz 3 Nummer 22 und 23 und Absatz 4 Nummer 2,
3. in allen übrigen Fällen die nach Landesrecht zuständige Behörde.

§ 71 Strafvorschriften
(1) Mit Freiheitsstrafe bis zu fünf Jahren oder mit Geldstrafe wird bestraft, wer eine in
1. § 69 Absatz 2 Nummer 1 Buchstabe a, Nummer 2, 3 oder Nummer 4 Buchstabe a,
2. § 69 Absatz 2 Nummer 1 Buchstabe b oder Nummer 4 Buchstabe b oder
3. § 69 Absatz 3 Nummer 21, Absatz 4 Nummer 1 oder Absatz 5
bezeichnete vorsätzliche Handlung begeht, die sich auf ein Tier oder eine Pflanze einer streng geschützten Art bezieht.

(2) Ebenso wird bestraft, wer entgegen Artikel 8 Absatz 1 der Verordnung (EG) Nr. 338/97 des Rates vom 9. Dezember 1996 über den Schutz von Exemplaren wildlebender Tier- und Pflanzenarten durch Überwachung des Handels (ABl. L 61 vom 3.3.1997, S. 1), die zuletzt durch die Verordnung (EG) Nr. 398/2009 (ABl. L 126 vom 21.5.2009, S. 5) geändert worden ist, ein Exemplar einer in Anhang A genannten Art
1. verkauft, kauft, zum Verkauf oder Kauf anbietet oder zu Verkaufszwecken vorrätig hält oder befördert oder
2. zu kommerziellen Zwecken erwirbt, zur Schau stellt oder verwendet.

(3) Wer in den Fällen der Absätze 1 oder 2 die Tat gewerbs- oder gewohnheitsmäßig begeht, wird mit Freiheitsstrafe von drei Monaten bis zu fünf Jahren bestraft.

(4) Erkennt der Täter in den Fällen der Absätze 1 oder 2 fahrlässig nicht, dass sich die Handlung auf ein Tier oder eine Pflanze einer dort genannten Art bezieht, so ist die Strafe Freiheitsstrafe bis zu drei Jahren oder Geldstrafe.

(5) Handelt der Täter in den Fällen des Absatzes 1 Nummer 2 leichtfertig, so ist die Strafe Freiheitsstrafe bis zu zwei Jahren oder Geldstrafe.

(6) Die Tat ist nicht nach Absatz 5 strafbar, wenn die Handlung eine unerhebliche Menge der Exemplare betrifft und unerhebliche Auswirkungen auf den Erhaltungszustand der Art hat.

§ 71a Strafvorschriften
(1) Mit Freiheitsstrafe bis zu drei Jahren oder mit Geldstrafe wird bestraft, wer
1. entgegen § 44 Absatz 1 Nummer 1 ein wildlebendes Tier einer besonders geschützten Art, die in Artikel 4 Absatz 2 oder Anhang I der Richtlinie 2009/147/EG des Europäischen Parlaments und

des Rates vom 30. November 2009 über die Erhaltung der wildlebenden Vogelarten (ABl. L 20 vom 26.1.2010, S. 7) aufgeführt ist, tötet oder seine Entwicklungsformen zerstört,

1a. entgegen § 44 Absatz 1 Nummer 1 Entwicklungsformen eines wild lebenden Tieres, das in Artikel 4 Absatz 2 oder Anhang I der Richtlinie 2009/147/EG aufgeführt ist, aus der Natur entnimmt,

2. entgegen § 44 Absatz 2 Satz 1 Nummer 1 ein Tier oder eine Pflanze in Besitz oder Gewahrsam nimmt, in Besitz oder Gewahrsam hat oder be- oder verarbeitet, das oder die

 a) einer streng geschützten Art angehört, die in Anhang IV der Richtlinie 92/43/EWG des Rates vom 21. Mai 1992 zur Erhaltung der natürlichen Lebensräume sowie der wildlebenden Tiere und Pflanzen (ABl. L 206 vom 22.7.1992, S. 7), die zuletzt durch die Richtlinie 2006/105/EG (ABl. L 363 vom 20.12.2006, S. 368) geändert worden ist, aufgeführt ist oder

 b) einer besonders geschützten Art angehört, die in Artikel 4 Absatz 2 oder Anhang I der Richtlinie 2009/147/EG aufgeführt ist, oder

3. eine in § 69 Absatz 2 Nummer 1 bis 4, Absatz 3 Nummer 21, Absatz 4 Nummer 1 oder Absatz 5 bezeichnete vorsätzliche Handlung gewerbs- oder gewohnheitsmäßig begeht.

(2) Ebenso wird bestraft, wer entgegen Artikel 8 Absatz 5 in Verbindung mit Absatz 1 der Verordnung (EG) Nr. 338/97 ein Exemplar einer in Anhang B genannten Art

1. verkauft, kauft, zum Verkauf oder Kauf anbietet oder zu Verkaufszwecken vorrätig hält oder befördert oder

2. zu kommerziellen Zwecken erwirbt, zur Schau stellt oder verwendet.

(3) Erkennt der Täter in den Fällen des Absatzes 1 Nummer 1, 1a oder Nummer 2 oder des Absatzes 2 leichtfertig nicht, dass sich die Handlung auf ein Tier oder eine Pflanze einer dort genannten Art bezieht, so ist die Strafe Freiheitsstrafe bis zu zwei Jahren oder Geldstrafe.

(4) Handelt der Täter in den Fällen des Absatzes 1 Nummer 1 leichtfertig, so ist die Strafe Freiheitsstrafe bis zu einem Jahr oder Geldstrafe.

(5) Die Tat ist nicht nach Absatz 1 Nummer 1, 1a oder Nummer 2, Absatz 2, 3 oder Absatz 4 strafbar, wenn die Handlung eine unerhebliche Menge der Exemplare betrifft und unerhebliche Auswirkungen auf den Erhaltungszustand der Art hat.

§ 72 Einziehung

¹Ist eine Ordnungswidrigkeit nach § 69 Absatz 1 bis 6 oder eine Straftat nach § 71 oder § 71a begangen worden, so können

1. Gegenstände, auf die sich die Straftat oder die Ordnungswidrigkeit bezieht, und

2. Gegenstände, die zu ihrer Begehung oder Vorbereitung gebraucht worden oder bestimmt gewesen sind,

eingezogen werden. ²§ 23 des Gesetzes über Ordnungswidrigkeiten und § 74a des Strafgesetzbuches sind anzuwenden.

§ 73 Befugnisse der Zollbehörden

¹Die zuständigen Verwaltungsbehörden und die Staatsanwaltschaft können im Rahmen ihrer Zuständigkeit zur Aufklärung von Straftaten oder Ordnungswidrigkeiten nach diesem Gesetz Ermittlungen auch durch die Hauptzollämter oder die Behörden des Zollfahndungsdienstes und deren Beamte vornehmen lassen. ²§ 21 Absatz 2 bis 4 des Außenwirtschaftsgesetzes gilt entsprechend.

Kapitel 11
Übergangs- und Überleitungsvorschrift

§ 74 Übergangs- und Überleitungsregelungen

(1) Vor dem 1. März 2010 begonnene Verfahren zur Anerkennung von Vereinen sind zu Ende zu führen

1. durch das Bundesministerium für Umwelt, Naturschutz und nukleare Sicherheit nach § 59 des Bundesnaturschutzgesetzes in der bis zum 28. Februar 2010 geltenden Fassung,

2. durch die zuständigen Behörden der Länder nach den im Rahmen von § 60 Absatz 1 und 3 des Bundesnaturschutzgesetzes in der bis zum 28. Februar 2010 geltenden Fassung erlassenen Vorschriften des Landesrechts.

(2) ¹Vor dem 3. April 2002 begonnene Verwaltungsverfahren sind nach § 29 des Bundesnaturschutzgesetzes in der bis zu diesem Tag geltenden Fassung zu Ende zu führen. ²Vor dem 1. März 2010 begonnene Verwaltungsverfahren sind nach § 58 des Bundesnaturschutzgesetzes in der bis zu diesem Tag geltenden Fassung zu Ende zu führen.

(3) Die §§ 63 und 64 gelten auch für Vereine, die nach § 29 des Bundesnaturschutzgesetzes in der bis zum 3. April 2002 geltenden Fassung oder nach § 59 oder im Rahmen von § 60 Absatz 1 und 3 des Bundesnaturschutzgesetzes in der bis zum 1. März 2010 geltenden Fassung vom Bund oder den Ländern anerkannt worden sind.

Gesetz zur Regelung der Gentechnik (Gentechnikgesetz – GenTG)[1)2)]

In der Fassung der Bekanntmachung vom 16. Dezember 1993[3)] (BGBl. I S. 2066)
(FNA 2121-60-1)
zuletzt geändert durch Art. 95 Elfte ZuständigkeitsanpassungsVO vom 19. Juni 2020 (BGBl. I S. 1328)

Inhaltsübersicht

1) Die Änderungen durch G v. 18.7.2016 (BGBl. I S. 1666) treten erst **mWv 1.10.2021** in Kraft und sind im Text noch nicht
 berücksichtigt.
2) Zur Sicherstellung ordnungsgemäßer Planungs-und Genehmigungsverfahren während der COVID-19-Pandemie siehe das
 PlanungssicherstellungsG vom 20.5.2020 (BGBl. I S. 1041).
3) Neubekanntmachung des GenTG v. 20.6.1990 (BGBl. I S. 1080) in der ab 22.12.1993 geltenden Fassung.

Erster Teil
Allgemeine Vorschriften

§ 1 Zweck des Gesetzes
Zweck dieses Gesetzes ist,
1. unter Berücksichtigung ethischer Werte, Leben und Gesundheit von Menschen, die Umwelt in ihrem Wirkungsgefüge, Tiere, Pflanzen und Sachgüter vor schädlichen Auswirkungen gentechnischer Verfahren und Produkte zu schützen und Vorsorge gegen das Entstehen solcher Gefahren zu treffen,
2. die Möglichkeit zu gewährleisten, dass Produkte, insbesondere Lebens- und Futtermittel, konventionell, ökologisch oder unter Einsatz gentechnisch veränderter Organismen erzeugt und in den Verkehr gebracht werden können,
3. den rechtlichen Rahmen für die Erforschung, Entwicklung, Nutzung und Förderung der wissenschaftlichen, technischen und wirtschaftlichen Möglichkeiten der Gentechnik zu schaffen.

§ 2 Anwendungsbereich
(1) Dieses Gesetz gilt für
1. gentechnische Anlagen,
2. gentechnische Arbeiten,
3. Freisetzungen von gentechnisch veränderten Organismen und
4. das Inverkehrbringen von Produkten, die gentechnisch veränderte Organismen enthalten oder aus solchen bestehen; Tiere gelten als Produkte im Sinne dieses Gesetzes.

(2) [1]Die Bundesregierung wird ermächtigt, zur Umsetzung der Entscheidungen oder der Beschlüsse der Europäischen Gemeinschaften oder der Europäischen Union nach Artikel 21 der Richtlinie 90/219/EWG des Rates vom 23. April 1990 über die Anwendung genetisch veränderter Mikroorganismen in geschlossenen Systemen (ABl. EG Nr. L 117 S. 1), zuletzt geändert durch die Entscheidung 2005/174/EG der Kommission vom 28. Februar 2005 (ABl. EU Nr. L 59 S. 20), zu Anhang II Teil C, nach Anhörung der Kommission durch Rechtsverordnung mit Zustimmung des Bundesrates gentechnische Arbeiten mit Typen von gentechnisch veränderten Mikroorganismen ganz oder teilweise von den Regelungen dieses Gesetzes auszunehmen. [2]Die §§ 32 bis 37 bleiben unberührt. [3]Die Rechtsverordnung soll eine Meldepflicht an die zuständige Behörde beinhalten, die darauf beschränkt ist, den verwendeten Typ des gentechnisch veränderten Mikroorganismus, den Ort, an dem mit ihm gearbeitet wird, und die verantwortliche Person zu bezeichnen. [4]Über diese Meldungen soll die zuständige Behörde ein Register führen und es in regelmäßigen Abständen auswerten.

(2a) [1]Die Bundesregierung wird ermächtigt, nach Anhörung der Kommission durch Rechtsverordnung mit Zustimmung des Bundesrates gentechnische Arbeiten mit Typen von gentechnisch veränderten Organismen, die keine Mikroorganismen sind und in entsprechender Anwendung der in Anhang II Teil B der Richtlinie 90/219/EWG genannten Kriterien für die menschliche Gesundheit und die Umwelt sicher sind, in Anlagen, in denen Einschließungsmaßnahmen angewandt werden, die geeignet sind, den Kontakt der verwendeten Organismen mit Menschen und der Umwelt zu begrenzen, ganz oder teilweise von den Regelungen des Zweiten und Vierten Teils dieses Gesetzes auszunehmen. [2]Absatz 2 Satz 3 und 4 gilt entsprechend.

(3) Dieses Gesetz gilt nicht für die Anwendung von gentechnisch veränderten Organismen am Menschen.
(4) Dieses Gesetz lässt weitergehende Anforderungen an das Inverkehrbringen von Produkten nach anderen Rechtsvorschriften unberührt.

§ 3 Begriffsbestimmungen
Im Sinne dieses Gesetzes sind
1. Organismus
jede biologische Einheit, die fähig ist, sich zu vermehren oder genetisches Material zu übertragen, einschließlich Mikroorganismen,
1a. Mikroorganismen
Viren, Viroide, Bakterien, Pilze, mikroskopisch-kleine ein- oder mehrzellige Algen, Flechten, andere eukaryotische Einzeller oder mikroskopisch-kleine tierische Mehrzeller sowie tierische und pflanzliche Zellkulturen,
2. gentechnische Arbeiten
a) die Erzeugung gentechnisch veränderter Organismen,
b) die Vermehrung, Lagerung, Zerstörung oder Entsorgung sowie der innerbetriebliche Transport gentechnisch veränderter Organismen sowie deren Verwendung in anderer Weise, soweit

noch keine Genehmigung für die Freisetzung oder das Inverkehrbringen zum Zweck des späteren Ausbringens in die Umwelt erteilt wurde,

3. gentechnisch veränderter Organismus
ein Organismus, mit Ausnahme des Menschen, dessen genetisches Material in einer Weise verändert worden ist, wie sie unter natürlichen Bedingungen durch Kreuzen oder natürliche Rekombination nicht vorkommt; ein gentechnisch veränderter Organismus ist auch ein Organismus, der durch Kreuzung oder natürliche Rekombination zwischen gentechnisch veränderten Organismen oder mit einem oder mehreren gentechnisch veränderten Organismen oder durch andere Arten der Vermehrung eines gentechnisch veränderten Organismus entstanden ist, sofern das genetische Material des Organismus Eigenschaften aufweist, die auf gentechnische Arbeiten zurückzuführen sind,

3a. Verfahren der Veränderung genetischen Materials in diesem Sinne sind insbesondere
a) Nukleinsäure-Rekombinationstechniken, bei denen durch die Einbringung von Nukleinsäuremolekülen, die außerhalb eines Organismus erzeugt wurden, in Viren, Viroide, bakterielle Plasmide oder andere Vektorsysteme neue Kombinationen von genetischem Material gebildet werden und diese in einen Wirtsorganismus eingebracht werden, in dem sie unter natürlichen Bedingungen nicht vorkommen,
b) Verfahren, bei denen in einen Organismus direkt Erbgut eingebracht wird, welches außerhalb des Organismus hergestellt wurde und natürlicherweise nicht darin vorkommt, einschließlich Mikroinjektion, Makroinjektion und Mikroverkapselung,
c) Zellfusionen oder Hybridisierungsverfahren, bei denen lebende Zellen mit neuen Kombinationen von genetischem Material, das unter natürlichen Bedingungen nicht darin vorkommt, durch die Verschmelzung zweier oder mehrerer Zellen mit Hilfe von Methoden gebildet werden, die unter natürlichen Bedingungen nicht vorkommen,

3b. nicht als Verfahren der Veränderung genetischen Materials gelten
a) In-vitro-Befruchtung,
b) natürliche Prozesse wie Konjugation, Transduktion, Transformation,
c) Polyploidie-Induktion,
es sei denn, es werden gentechnisch veränderte Organismen verwendet oder rekombinante Nukleinsäuremoleküle, die im Sinne von den Nummern 3 und 3a hergestellt wurden, eingesetzt.
Weiterhin gelten nicht als Verfahren der Veränderung genetischen Materials
a) Mutagenese und
b) Zellfusion (einschließlich Protoplastenfusion) von Pflanzenzellen von Organismen, die mittels herkömmlicher Züchtungstechniken genetisches Material austauschen können,
es sei denn, es werden gentechnisch veränderte Organismen als Spender oder Empfänger verwendet,

3c. sofern es sich nicht um ein Vorhaben der Freisetzung oder des Inverkehrbringens handelt und sofern keine gentechnisch veränderten Organismen als Spender oder Empfänger verwendet werden, gelten darüber hinaus nicht als Verfahren der Veränderung genetischen Materials
a) Zellfusion (einschließlich Protoplastenfusion) prokaryotischer Arten, die genetisches Material über bekannte physiologische Prozesse austauschen,
b) Zellfusion (einschließlich Protoplastenfusion) von Zellen eukaryotischer Arten, einschließlich der Erzeugung von Hybridomen und der Fusion von Pflanzenzellen,
c) Selbstklonierung nicht pathogener, natürlich vorkommender Organismen, bestehend aus
aa) der Entnahme von Nukleinsäuresequenzen aus Zellen eines Organismus,
bb) der Wiedereinführung der gesamten oder eines Teils der Nukleinsäuresequenz (oder eines synthetischen Äquivalents) in Zellen derselben Art oder in Zellen phylogenetisch eng verwandter Arten, die genetisches Material durch natürliche physiologische Prozesse austauschen können, und
cc) einer eventuell vorausgehenden enzymatischen oder mechanischen Behandlung.
Zur Selbstklonierung kann auch die Anwendung von rekombinanten Vektoren zählen, wenn sie über lange Zeit sicher in diesem Organismus angewandt wurden,

4. gentechnische Anlage
Einrichtung, in der gentechnische Arbeiten im Sinne der Nummer 2 im geschlossenen System durchgeführt werden und bei der spezifische Einschließungsmaßnahmen angewendet werden, um den Kontakt der verwendeten Organismen mit Menschen und der Umwelt zu begrenzen und ein dem Gefährdungspotenzial angemessenes Sicherheitsniveau zu gewährleisten.

5. Freisetzung

 das gezielte Ausbringen von gentechnisch veränderten Organismen in die Umwelt, soweit noch keine Genehmigung für das Inverkehrbringen zum Zweck des späteren Ausbringens in die Umwelt erteilt wurde,

6. Inverkehrbringen

 die Abgabe von Produkten an Dritte, einschließlich der Bereitstellung für Dritte, und das Verbringen in den Geltungsbereich des Gesetzes, soweit die Produkte nicht zu gentechnischen Arbeiten in gentechnischen Anlagen oder für genehmigte Freisetzungen bestimmt sind; jedoch gelten

 a) unter zollamtlicher Überwachung durchgeführter Transitverkehr,

 b) die Bereitstellung für Dritte, die Abgabe sowie das Verbringen in den Geltungsbereich des Gesetzes zum Zweck einer genehmigten klinischen Prüfung

 nicht als Inverkehrbringen,

6a. Umgang mit gentechnisch veränderten Organismen

 Anwendung, Vermehrung, Anbau, Lagerung, Beförderung und Beseitigung sowie Verbrauch und sonstige Verwendung und Handhabung von zum Inverkehrbringen zugelassenen Produkten, die gentechnisch veränderte Organismen enthalten oder daraus bestehen,

6b. Risikomanagement

 der von der Risikobewertung unterschiedene Prozess der Abwägung von Alternativen bei der Vermeidung oder Beherrschung von Risiken,

7. Betreiber

 eine juristische oder natürliche Person oder eine nichtrechtsfähige Personenvereinigung, die unter ihrem Namen eine gentechnische Anlage errichtet oder betreibt, gentechnische Arbeiten oder Freisetzungen durchführt oder Produkte, die gentechnisch veränderte Organismen enthalten oder aus solchen bestehen, erstmalig in Verkehr bringt; wenn eine Genehmigung nach § 16 Abs. 2 erteilt worden ist, die nach § 14 Abs. 1 Satz 2 das Inverkehrbringen auch der Nachkommen oder des Vermehrungsmaterials gestattet, ist insoweit nur der Genehmigungsinhaber Betreiber,

8. Projektleiter

 eine Person, die im Rahmen ihrer beruflichen Obliegenheiten die unmittelbare Planung, Leitung oder Beaufsichtigung einer gentechnischen Arbeit oder einer Freisetzung durchführt,

9. Beauftragter für die Biologische Sicherheit

 eine Person oder eine Mehrheit von Personen (Ausschuß für Biologische Sicherheit), die die Erfüllung der Aufgaben des Projektleiters überprüft und den Betreiber berät,

10. Sicherheitsstufen

 Gruppen gentechnischer Arbeiten nach ihrem Gefährdungspotential,

11. Laborsicherheitsmaßnahmen oder Produktionssicherheitsmaßnahmen

 festgelegte Arbeitstechniken und eine festgelegte Ausstattung von gentechnischen Anlagen,

12. biologische Sicherheitsmaßnahme

 die Verwendung von Empfängerorganismen und Vektoren mit bestimmten gefahrenmindernden Eigenschaften,

13. Vektor

 ein biologischer Träger, der Nukleinsäure-Segmente in eine neue Zelle einführt.[1]

13a. Bewirtschafter

 eine juristische oder natürliche Person oder eine nichtrechtsfähige Personenvereinigung, die die Verfügungsgewalt und tatsächliche Sachherrschaft über eine Fläche zum Anbau von gentechnisch veränderten Organismen besitzt.[1]

14. Den Beschäftigten gemäß § 2 Abs. 2 des Arbeitsschutzgesetzes stehen Schüler, Studenten und sonstige Personen, die gentechnische Arbeiten durchführen, gleich.

§ 4 Kommission für die Biologische Sicherheit

(1) [1]Unter der Bezeichnung „Zentrale Kommission für die Biologische Sicherheit" (Kommission) wird bei der zuständigen Bundesoberbehörde eine Sachverständigenkommission eingerichtet. [2]Die Kommission setzt sich zusammen aus:

1. zwölf Sachverständigen, die über besondere und möglichst auch internationale Erfahrungen in den Bereichen der Mikrobiologie, Zellbiologie, Virologie, Genetik, Pflanzenzucht, Hygiene, Ökologie, Toxikologie und Sicherheitstechnik verfügen; von diesen müssen mindestens sieben auf dem Gebiet der Neukombination von Nukleinsäuren arbeiten; jeder der genannten Bereiche muss durch min-

1) Zeichensetzung amtlich.

destens einen Sachverständigen, der Bereich der Ökologie durch mindestens zwei Sachverständige vertreten sein;

2. je einer sachkundigen Person aus den Bereichen der Gewerkschaften, des Arbeitsschutzes, der Wirtschaft, der Landwirtschaft, des Umweltschutzes, des Naturschutzes, des Verbraucherschutzes und der forschungsfördernden Organisationen.

[3]Für jedes Mitglied der Kommission ist aus demselben Bereich ein stellvertretendes Mitglied zu bestellen. [4]Soweit es zur sachgerechten Erledigung der Aufgaben erforderlich ist, können nach Anhörung der Kommission in einzelnen Bereichen bis zu zwei Sachverständige als zusätzliche stellvertretende Mitglieder berufen werden.

(2) [1]Die Mitglieder der Kommission werden vom Bundesministerium für Ernährung und Landwirtschaft im Einvernehmen mit den Bundesministerien für Bildung und Forschung, für Wirtschaft und Energie, für Arbeit und Soziales, für Gesundheit sowie für Umwelt, Naturschutz und nukleare Sicherheit für die Dauer von drei Jahren berufen. [2]Wiederberufung ist zulässig.

(3) [1]Die Mitglieder und die stellvertretenden Mitglieder sind in ihrer Tätigkeit unabhängig und nicht an Weisungen gebunden. [2]Sie sind zur Verschwiegenheit verpflichtet.

(4) Die Kommission berichtet jährlich der Öffentlichkeit in allgemeiner Weise über ihre Arbeit.

(5) [1]Die Bundesregierung wird ermächtigt, durch Rechtsverordnung[1]) mit Zustimmung des Bundesrates das Nähere über die Berufung und das Verfahren der Kommission, die Heranziehung externer Sachverständiger sowie die Zusammenarbeit der Kommission mit den für den Vollzug des Gesetzes zuständigen Behörden zu regeln. [2]Durch Rechtsverordnung mit Zustimmung des Bundesrates kann auch bestimmt werden, daß die Berufungsentscheidung gemäß Absatz 2 im Benehmen mit den Landesregierungen zu treffen ist.

§ 5 Aufgaben der Kommission

[1]Die Kommission prüft und bewertet sicherheitsrelevante Fragen nach den Vorschriften dieses Gesetzes, gibt hierzu Empfehlungen und berät die Bundesregierung und die Länder in sicherheitsrelevanten Fragen zur Gentechnik. [2]Bei ihren Empfehlungen soll die Kommission auch den Stand der internationalen Entwicklung auf dem Gebiet der gentechnischen Sicherheit angemessen berücksichtigen. [3]Die Kommission veröffentlicht allgemeine Stellungnahmen zu häufig durchgeführten gentechnischen Arbeiten mit den jeweils zugrunde liegenden Kriterien der Vergleichbarkeit im Bundesanzeiger. [4]Soweit die allgemeinen Stellungnahmen Fragen des Arbeitsschutzes zum Gegenstand haben, ist zuvor der Ausschuss für biologische Arbeitsstoffe nach § 19 der Biostoffverordnung anzuhören.

§ 5a *[aufgehoben]*

§ 6 Allgemeine Sorgfalts- und Aufzeichnungspflichten, Gefahrenvorsorge

(1) [1]Wer gentechnische Anlagen errichtet oder betreibt, gentechnische Arbeiten durchführt, gentechnisch veränderte Organismen freisetzt oder Produkte, die gentechnisch veränderte Organismen enthalten oder aus solchen bestehen, als Betreiber in Verkehr bringt, hat die damit verbundenen Risiken für die in § 1 Nr. 1 genannten Rechtsgüter vorher umfassend zu bewerten (Risikobewertung) und diese Risikobewertung und die Sicherheitsmaßnahmen in regelmäßigen Abständen zu prüfen und, wenn es nach dem Prüfungsergebnis erforderlich ist, zu überarbeiten, jedoch unverzüglich, wenn

1. die angewandten Sicherheitsmaßnahmen nicht mehr angemessen sind oder die der gentechnischen Arbeit zugewiesene Sicherheitsstufe nicht mehr zutreffend ist oder

2. die begründete Annahme besteht, dass die Risikobewertung nicht mehr dem neuesten wissenschaftlichen und technischen Kenntnisstand entspricht.

[2]Bei der Risikobewertung durch die zuständige Bundesoberbehörde ist eine Verwendung von Antibiotikaresistenzmarkern in gentechnisch veränderten Organismen, die Resistenz gegen in der ärztlichen oder tierärztlichen Behandlung verwendete Antibiotika vermitteln, im Hinblick auf die Identifizierung und die schrittweise Einstellung der Verwendung von Antibiotikaresistenzmarkern in gentechnisch veränderten Organismen, die schädliche Auswirkungen auf die menschliche Gesundheit oder die Umwelt haben können, für das Inverkehrbringen bis zum 31. Dezember 2004 und für die Freisetzung bis zum 31. Dezember 2008 besonders zu berücksichtigen.

(2) [1]Der Betreiber hat entsprechend dem Ergebnis der Risikobewertung die nach dem Stand von Wissenschaft und Technik notwendigen Vorkehrungen zu treffen und unverzüglich anzupassen, um die in § 1 Nr. 1 genannten Rechtsgüter vor möglichen Gefahren zu schützen und dem Entstehen solcher Gefahren vorzubeugen. [2]Der Betreiber hat sicherzustellen, daß auch nach einer Betriebseinstellung von der Anlage keine Gefahren für die in § 1 Nr. 1 genannten Rechtsgüter ausgehen können.

1) Siehe die VO über die Zentrale Kommission für die Biologische Sicherheit.

(3) [1]Über die Durchführung gentechnischer Arbeiten und von Freisetzungen hat der Betreiber Aufzeichnungen zu führen und der zuständigen Behörde auf ihr Ersuchen vorzulegen. [2]Die Bundesregierung regelt durch Rechtsverordnung[1)] mit Zustimmung des Bundesrates nach Anhörung der Kommission die Einzelheiten über Form und Inhalt der Aufzeichnungen und die Aufbewahrungs- und Vorlagepflichten.
(4) Wer gentechnische Arbeiten oder Freisetzungen durchführt, ist verpflichtet, Projektleiter sowie Beauftragte oder Ausschüsse für Biologische Sicherheit zu bestellen.

Zweiter Teil
Gentechnische Arbeiten in gentechnischen Anlagen

§ 7 Sicherheitsstufen, Sicherheitsmaßnahmen
(1) [1]Gentechnische Arbeiten werden in vier Sicherheitsstufen eingeteilt:
1. Der Sicherheitsstufe 1 sind gentechnische Arbeiten zuzuordnen, bei denen nach dem Stand der Wissenschaft nicht von einem Risiko für die menschliche Gesundheit und die Umwelt auszugehen ist.
2. Der Sicherheitsstufe 2 sind gentechnische Arbeiten zuzuordnen, bei denen nach dem Stand der Wissenschaft von einem geringen Risiko für die menschliche Gesundheit oder die Umwelt auszugehen ist.
3. Der Sicherheitsstufe 3 sind gentechnische Arbeiten zuzuordnen, bei denen nach dem Stand der Wissenschaft von einem mäßigen Risiko für die menschliche Gesundheit oder die Umwelt auszugehen ist.
4. Der Sicherheitsstufe 4 sind gentechnische Arbeiten zuzuordnen, bei denen nach dem Stand der Wissenschaft von einem hohen Risiko oder dem begründeten Verdacht eines solchen Risikos für die menschliche Gesundheit oder die Umwelt auszugehen ist.
[2]Die Bundesregierung wird ermächtigt, nach Anhörung der Kommission durch Rechtsverordnung[2)] mit Zustimmung des Bundesrates zur Erreichung der in § 1 Nr. 1 genannten Zwecke die Zuordnung bestimmter Arten gentechnischer Arbeiten zu den Sicherheitsstufen zu regeln. [3]Die Zuordnung erfolgt anhand des Risikopotentials der gentechnischen Arbeit, welches bestimmt wird durch die Eigenschaften der Empfänger- und Spenderorganismen, der Vektoren sowie des gentechnisch veränderten Organismus. [4]Dabei sind mögliche Auswirkungen auf die Beschäftigten, die Bevölkerung, Nutztiere, Kulturpflanzen und die sonstige Umwelt einschließlich der Verfügbarkeit geeigneter Gegenmaßnahmen zu berücksichtigen.
(1a) [1]Bestehen Zweifel darüber, welche Sicherheitsstufe für die vorgeschlagene gentechnische Arbeit angemessen ist, so ist die gentechnische Arbeit der höheren Sicherheitsstufe zuzuordnen. [2]Im Einzelfall kann die zuständige Behörde auf Antrag Sicherheitsmaßnahmen einer niedrigeren Sicherheitsstufe zulassen, wenn ein ausreichender Schutz für die menschliche Gesundheit und die Umwelt nachgewiesen wird.
(2) [1]Bei der Durchführung gentechnischer Arbeiten sind bestimmte Sicherheitsmaßnahmen zu beachten. [2]Die Bundesregierung regelt nach Anhörung der Kommission durch Rechtsverordnung[3)] mit Zustimmung des Bundesrates die für die unterschiedlichen Sicherheitsstufen nach dem Stand der Wissenschaft und Technik erforderlichen Sicherheitsmaßnahmen für den Labor- und Produktionsbereich, für Tierhaltungsräume und Gewächshäuser sowie die Anforderungen an die Auswahl und die Sicherheitsbewertung der bei gentechnischen Arbeiten verwendeten Empfängerorganismen und Vektoren.

§ 8 Genehmigung, Anzeige und Anmeldung von gentechnischen Anlagen und erstmaligen gentechnischen Arbeiten
(1) [1]Gentechnische Arbeiten dürfen nur in gentechnischen Anlagen durchgeführt werden. [2]Die Errichtung und der Betrieb gentechnischer Anlagen, in denen gentechnische Arbeiten der Sicherheitsstufe 3 oder 4 durchgeführt werden sollen, bedürfen der Genehmigung (Anlagengenehmigung). [3]Die Genehmigung berechtigt zur Durchführung der im Genehmigungsbescheid genannten gentechnischen Arbeiten.
(2) [1]Die Errichtung und der Betrieb gentechnischer Anlagen, in denen gentechnische Arbeiten der Sicherheitsstufe 1 oder 2 durchgeführt werden sollen, und die vorgesehenen erstmaligen gentechnischen Arbeiten sind von dem Betreiber der zuständigen Behörde vor dem beabsichtigten Beginn der Errichtung oder, falls die Anlage bereits errichtet ist, vor dem beabsichtigten Beginn des Betriebs im Falle der Sicherheitsstufe 1 anzuzeigen und im Falle der Sicherheitsstufe 2 anzumelden. [2]Abweichend hiervon kann der Betreiber einer Anlage, in der gentechnische Arbeiten der Sicherheitsstufe 2 durchgeführt werden sollen, eine Anlagengenehmigung entsprechend Absatz 1 Satz 2 beantragen.

1) Siehe die Gentechnik-AufzeichnungsVO.
2) Siehe die Gentechnik-SicherheitsVO.
3) Siehe die Lärm- und Vibrations-ArbeitsschutzVO.

(3) Die Genehmigung kann auf Antrag erteilt werden für
1. die Errichtung einer gentechnischen Anlage oder eines Teils einer solchen Anlage oder
2. die Errichtung und den Betrieb eines Teils einer gentechnischen Anlage (Teilgenehmigung).

(4) ¹Die wesentliche Änderung der Lage, der Beschaffenheit oder des Betriebs einer gentechnischen Anlage, in der gentechnische Arbeiten der Sicherheitsstufe 3 oder 4 durchgeführt werden sollen, bedarf einer Anlagengenehmigung. ²Für wesentliche Änderungen der Lage, der Beschaffenheit oder des Betriebs einer gentechnischen Anlage, in der gentechnische Arbeiten der Sicherheitsstufe 1 oder 2 durchgeführt werden sollen, gilt Absatz 2 entsprechend.

§ 9 Weitere gentechnische Arbeiten
(1) Weitere gentechnische Arbeiten der Sicherheitsstufe 1 können ohne Anzeige durchgeführt werden.
(2) ¹Weitere gentechnische Arbeiten der Sicherheitsstufe 2 sind von dem Betreiber bei der zuständigen Behörde vor dem beabsichtigten Beginn der Arbeiten anzuzeigen. ²Abweichend von Satz 1 kann der Betreiber eine Genehmigung beantragen.
(3) Weitere gentechnische Arbeiten der Sicherheitsstufe 3 oder 4 bedürfen einer Genehmigung.
(4) Weitere gentechnische Arbeiten, die einer höheren Sicherheitsstufe zuzuordnen sind als die von der Genehmigung nach § 8 Abs. 1 Satz 2 oder von der Anzeige oder Anmeldung nach § 8 Abs. 2 Satz 1 umfassten Arbeiten, dürfen entsprechend ihrer Sicherheitsstufe nur auf Grund einer neuen Genehmigung nach § 8 Abs. 1 Satz 2 oder einer neuen Anmeldung nach § 8 Abs. 2 Satz 1 durchgeführt werden.
(4a) Soll eine bereits angezeigte, angemeldete oder genehmigte gentechnische Arbeit der Sicherheitsstufe 2 und 3 in einer anderen angemeldeten oder genehmigten gentechnischen Anlage desselben Betreibers, in der entsprechende gentechnische Arbeiten durchgeführt werden dürfen, durchgeführt werden, ist dies der zuständigen Behörde vor Aufnahme der Arbeit von dem Betreiber mitzuteilen.
(5) Weitere gentechnische Arbeiten der Sicherheitsstufe 2, 3 oder 4, die von einer internationalen Hinterlegungsstelle zum Zwecke der Erfüllung der Erfordernisse nach dem Budapester Vertrag vom 28. April 1977 über die internationale Anerkennung der Hinterlegung von Mikroorganismen für die Zwecke von Patentverfahren (BGBl. 1980 II S. 1104, 1984 II S. 679) durchgeführt werden, sind der zuständigen Behörde von dem Betreiber unverzüglich nach Beginn der Arbeiten mitzuteilen.
(6) Weitere gentechnische Arbeiten auf Veranlassung der zuständigen Behörde zur Entwicklung der für die Probenuntersuchung erforderlichen Nachweismethoden oder zur Untersuchung einer Probe im Rahmen der Überwachung nach § 25 können abweichend von Absatz 2 durchgeführt werden.

§ 10 Genehmigungsverfahren
(1) Das Genehmigungsverfahren setzt einen schriftlichen Antrag voraus.
(2) ¹Einem Antrag auf Genehmigung einer gentechnischen Anlage sind die Unterlagen beizufügen, die zur Prüfung der Voraussetzungen der Genehmigung einschließlich der nach § 22 Abs. 1 mitumfaßten behördlichen Entscheidungen erforderlich sind. ²Die Unterlagen müssen insbesondere folgende Angaben enthalten:
1. die Lage der gentechnischen Anlage sowie den Namen und die Anschrift des Betreibers,
2. den Namen des Projektleiters und den Nachweis der erforderlichen Sachkunde,
3. den Namen des oder der Beauftragten für die Biologische Sicherheit und den Nachweis der erforderlichen Sachkunde,
4. eine Beschreibung der bestehenden oder der geplanten gentechnischen Anlage und ihres Betriebs, insbesondere der für die Sicherheit und den Arbeitsschutz bedeutsamen Einrichtungen und Vorkehrungen,
5. die Risikobewertung nach § 6 Abs. 1 und eine Beschreibung der vorgesehenen gentechnischen Arbeiten, aus der sich die Eigenschaften der verwendeten Spender- und Empfängerorganismen oder der Ausgangsorganismen oder gegebenenfalls verwendeten Wirtsvektorsysteme sowie der Vektoren und des gentechnisch veränderten Organismus im Hinblick auf die erforderliche Sicherheitsstufe sowie ihre möglichen sicherheitsrelevanten Auswirkungen auf die in § 1 Nr. 1 bezeichneten Rechtsgüter und die erforderlichen Einrichtungen und Vorkehrungen, insbesondere die Maßnahmen zum Schutz der Beschäftigten ergeben,
6. eine Beschreibung der verfügbaren Techniken zur Erfassung, Identifizierung und Überwachung des gentechnisch veränderten Organismus,
7. Angaben über Zahl und Ausbildung des Personals, Notfallpläne und Angaben über Maßnahmen zur Vermeidung von Unfällen und Betriebsstörungen,
8. Informationen über die Abfall- und Abwasserentsorgung.

(3) ¹Einem Antrag auf Erteilung der Genehmigung zur Durchführung weiterer gentechnischer Arbeiten sind die Unterlagen beizufügen, die zur Prüfung der Voraussetzungen der Genehmigung erforderlich sind. ²Die Unterlagen müssen insbesondere folgende Angaben enthalten:

1. eine Beschreibung der vorgesehenen gentechnischen Arbeiten nach Maßgabe des Absatzes 2 Satz 2 Nr. 5,

1a. eine Beschreibung der verfügbaren Techniken zur Erfassung, Identifizierung und Überwachung des gentechnisch veränderten Organismus,

2. eine Erklärung des Projektleiters, ob und gegebenenfalls wie sich die Angaben nach Absatz 2 Satz 2 Nr. 1 bis 3 geändert haben,

3. Datum und Aktenzeichen des Genehmigungsbescheides zur Errichtung und zum Betrieb der gentechnischen Anlage oder der Eingangsbestätigung der Anmeldung nach § 12 Abs. 3,

4. eine Beschreibung erforderlicher Änderungen der sicherheitsrelevanten Einrichtungen und Vorkehrungen, insbesondere die Maßnahmen zum Schutz der Beschäftigten,

5. Informationen über die Abfall- und Abwasserentsorgung.

(4) ¹Die zuständige Behörde hat dem Antragsteller den Eingang des Antrags und der beigefügten Unterlagen unverzüglich schriftlich zu bestätigen und zu prüfen, ob der Antrag und die Unterlagen für die Prüfung der Genehmigungsvoraussetzungen ausreichen. ²Sind der Antrag oder die Unterlagen nicht vollständig oder lassen sie eine Beurteilung nicht zu, so fordert die zuständige Behörde den Antragsteller unverzüglich auf, den Antrag oder die Unterlagen innerhalb einer angemessenen Frist zu ergänzen.

(5) ¹Über einen Antrag nach § 8 Abs. 1 Satz 2, Abs. 2 Satz 2, Abs. 3 oder 4 oder nach § 9 Abs. 4 ist innerhalb einer Frist von 90 Tagen schriftlich zu entscheiden. ²Die zuständige Behörde hat im Falle der Genehmigung einer gentechnischen Anlage, in der gentechnische Arbeiten der Sicherheitsstufe 2 durchgeführt werden sollen, über den Antrag unverzüglich, spätestens nach 45 Tagen zu entscheiden, wenn die gentechnische Arbeit einer bereits von der Kommission eingestuften gentechnischen Arbeit vergleichbar ist; Absatz 7 Satz 1 bis 4 findet keine Anwendung. ³Falls die Errichtung oder der Betrieb der gentechnischen Anlage, in der gentechnische Arbeiten der Sicherheitsstufe 2 durchgeführt werden sollen, weiterer behördlicher Entscheidungen nach § 22 Abs. 1 bedarf, verlängert sich die in Satz 2 genannte Frist auf 90 Tage. ⁴Die Fristen ruhen, solange ein Anhörungsverfahren nach § 18 Abs. 1 durchgeführt wird oder die Behörde die Ergänzung des Antrags oder der Unterlagen abwartet oder bis die erforderliche Stellungnahme der Kommission zur sicherheitstechnischen Einstufung der vorgesehenen gentechnischen Arbeiten und zu den erforderlichen sicherheitstechnischen Maßnahmen vorliegt.

(6) ¹Über einen Antrag nach § 9 Abs. 2 Satz 2 oder Abs. 3 ist innerhalb einer Frist von 45 Tagen schriftlich zu entscheiden. ²Die zuständige Behörde hat im Falle der Genehmigung weiterer gentechnischer Arbeiten der Sicherheitsstufe 2 über den Antrag unverzüglich, spätestens nach 45 Tagen zu entscheiden, wenn die gentechnische Arbeit einer bereits von der Kommission eingestuften gentechnischen Arbeit vergleichbar ist; Absatz 7 Satz 1 bis 4 findet keine Anwendung. ³Die Frist ruht, solange die Behörde die Ergänzung des Antrags oder der Unterlagen abwartet oder bis die erforderliche Stellungnahme der Kommission zur sicherheitstechnischen Einstufung der vorgesehenen gentechnischen Arbeiten und zu den erforderlichen sicherheitstechnischen Maßnahmen vorliegt.

(7) ¹Vor der Entscheidung über eine Genehmigung holt die zuständige Behörde über die zuständige Bundesoberbehörde eine Stellungnahme der Kommission zur sicherheitstechnischen Einstufung der vorgesehenen gentechnischen Arbeiten und zu den erforderlichen sicherheitstechnischen Maßnahmen ein. ²Die Kommission gibt ihre Stellungnahme unverzüglich ab. ³Die Stellungnahme ist bei der Entscheidung zu berücksichtigen. ⁴Weicht die zuständige Behörde bei ihrer Entscheidung von der Stellungnahme der Kommission ab, so hat sie die Gründe hierfür schriftlich darzulegen. ⁵Die zuständige Behörde holt außerdem Stellungnahmen der Behörden ein, deren Aufgabenbereich durch das Vorhaben berührt wird.

(8) Vor Erhebung einer verwaltungsgerichtlichen Klage findet bei einer Entscheidung über den Antrag auf Genehmigung der Errichtung und des Betriebs einer gentechnischen Anlage ein Vorverfahren nicht statt, sofern ein Anhörungsverfahren nach § 18 durchgeführt wurde.

§ 11 Genehmigungsvoraussetzungen

(1) Die Genehmigung zur Errichtung und zum Betrieb einer gentechnischen Anlage ist zu erteilen, wenn

1. keine Tatsachen vorliegen, aus denen sich Bedenken gegen die Zuverlässigkeit des Betreibers und der für die Errichtung sowie für die Leitung und die Beaufsichtigung des Betriebs der Anlage verantwortlichen Personen ergeben,

2. gewährleistet ist, daß der Projektleiter sowie der oder die Beauftragten für die Biologische Sicherheit die für ihre Aufgaben erforderliche Sachkunde besitzen und die ihnen obliegenden Verpflichtungen ständig erfüllen können,

3. sichergestellt ist, daß vom Antragsteller die sich aus § 6 Abs. 1 und 2 und den Rechtsverordnungen nach § 30 Abs. 2 Nr. 2, 4, 5, 6 und 9 ergebenden Pflichten für die Durchführung der vorgesehenen gentechnischen Arbeiten erfüllt werden,

4. gewährleistet ist, daß für die erforderliche Sicherheitsstufe die nach dem Stand der Wissenschaft und Technik notwendigen Einrichtungen vorhanden und Vorkehrungen getroffen sind und deshalb schädliche Einwirkungen auf die in § 1 Nr. 1 bezeichneten Rechtsgüter nicht zu erwarten sind,

5. keine Tatsachen vorliegen, denen die Verbote des Artikels 2 des Gesetzes vom 21. Februar 1983 zu dem Übereinkommen vom 10. April 1972 über das Verbot der Entwicklung, Herstellung und Lagerung bakteriologischer (biologischer) Waffen und von Toxinwaffen sowie über die Vernichtung solcher Waffen (BGBl. 1983 II S. 132) und die Bestimmungen zum Verbot von biologischen und chemischen Waffen im Ausführungsgesetz zu Artikel 26 Abs. 2 des Grundgesetzes (Gesetz über die Kontrolle von Kriegswaffen) in der Fassung der Bekanntmachung vom 22. November 1990 (BGBl. I S. 2506), zuletzt geändert durch Artikel 17 des Gesetzes vom 21. Dezember 1992 (BGBl. I S. 2150)) entgegenstehen, und

6. andere öffentlich-rechtliche Vorschriften und Belange des Arbeitsschutzes der Errichtung und dem Betrieb der gentechnischen Anlage nicht entgegenstehen.

(2) Die Teilgenehmigung nach § 8 Abs. 3 ist zu erteilen, wenn eine vorläufige Prüfung ergibt, daß die Voraussetzungen des Absatzes 1 im Hinblick auf die Errichtung und den Betrieb der gesamten gentechnischen Anlage vorliegen werden und ein berechtigtes Interesse an der Erteilung einer Teilgenehmigung besteht.

(3) Die Genehmigung nach § 9 Abs. 2 Satz 2 oder Abs. 3 ist zu erteilen, wenn die Voraussetzungen nach Absatz 1 Nr. 1 bis 5 für die Durchführung der vorgesehenen weiteren gentechnischen Arbeiten vorliegen.

§ 12 Anzeige- und Anmeldeverfahren

(1) Anzeige und Anmeldung bedürfen der Schriftform.

(2) [1]Bei Anzeige einer Anlage, in der gentechnische Arbeiten der Sicherheitsstufe 1 durchgeführt werden sollen, sind vorzulegen:

1. die Unterlagen nach § 10 Abs. 2 Satz 2 Nr. 1 bis 3 und 8,
2. eine allgemeine Beschreibung der gentechnischen Anlage,
3. eine Zusammenfassung der Risikobewertung nach § 6 Abs. 1,
4. eine Beschreibung der Art der vorgesehenen gentechnischen Arbeiten.

[2]Bei Anmeldung einer Anlage, in der gentechnische Arbeiten der Sicherheitsstufe 2 durchgeführt werden sollen, sind die Unterlagen nach § 10 Abs. 2 Satz 2 Nr. 1 bis 8 vorzulegen.

(2a) [1]Einer Anmeldung von weiteren gentechnischen Arbeiten der Sicherheitsstufe 2 gemäß § 9 Abs. 2 sind die Unterlagen beizufügen, die zur Beurteilung der gentechnischen Arbeit erforderlich sind. [2]Bei Anzeige von weiteren gentechnischen Arbeiten der Sicherheitsstufe 2 nach § 9 Abs. 2 sind vorzulegen:

1. eine Zusammenfassung der Risikobewertung nach § 6 Abs. 1 sowie eine Beschreibung der vorgesehenen gentechnischen Arbeiten nach Maßgabe des § 10 Abs. 2 Satz 2 Nr. 5,
2. eine Erklärung des Projektleiters, ob und wie sich die Angaben nach § 10 Abs. 2 Satz 2 Nr. 1 bis 3 und 6 geändert haben,
3. Aktenzeichen und Datum des Genehmigungsbescheides zur Errichtung und zum Betrieb der gentechnischen Anlage oder der Eingangsbestätigung der Anmeldung nach § 12 Abs. 3,
4. eine Beschreibung der erforderlichen Änderungen der sicherheitsrelevanten Einrichtungen und Vorkehrungen,
5. Informationen über Abfallentsorgung.

(3) [1]Die zuständige Behörde hat dem Anmelder den Eingang der Anmeldung und der beigefügten Unterlagen unverzüglich schriftlich zu bestätigen und zu prüfen, ob die Anmeldung und die Unterlagen für die Beurteilung der Anmeldung ausreichen. [2]Sind die Anmeldung oder die Unterlagen nicht vollständig oder lassen sie eine Beurteilung nicht zu, so fordert die zuständige Behörde den Anmelder unverzüglich auf, die Anmeldung oder die Unterlagen innerhalb einer angemessenen Frist zu ergänzen. [3]Die Sätze 1 und 2 gelten für die Anzeige entsprechend.

(4) [1]Im Falle der Sicherheitsstufe 2 holt die zuständige Behörde über die zuständige Bundesoberbehörde eine Stellungnahme der Kommission zur sicherheitstechnischen Einstufung der vorgesehenen gentechnischen Arbeiten und zu den erforderlichen sicherheitstechnischen Maßnahmen ein, wenn die gentechnische Arbeit nicht mit einer bereits von der Kommission eingestuften gentechnischen Arbeit vergleichbar ist. [2]Die Kommission gibt ihre Stellungnahme unverzüglich ab. [3]Die Stellungnahme ist bei der Entscheidung zu berücksichtigen. [4]Weicht die zuständige Behörde bei einer Entscheidung von der Stellungnahme ab, so hat sie die Gründe hierfür schriftlich darzulegen.

(5) ¹Der Betreiber kann im Falle der Sicherheitsstufe 2 mit der Errichtung und dem Betrieb der gentechnischen Anlage und mit der Durchführung der erstmaligen gentechnischen Arbeiten 45 Tage nach Eingang der Anmeldung bei der zuständigen Behörde oder mit deren Zustimmung auch früher beginnen. ²Der Ablauf der Frist gilt als Zustimmung zur Errichtung und zum Betrieb der gentechnischen Anlage und zur Durchführung der gentechnischen Arbeit. ³Die Frist ruht, solange die Behörde die Ergänzung der Unterlagen abwartet oder bis die erforderliche Stellungnahme der Kommission zur sicherheitstechnischen Einstufung der vorgesehenen gentechnischen Arbeit und zu den erforderlichen sicherheitstechnischen Maßnahmen vorliegt.

(5a) ¹Der Betreiber kann mit der Errichtung und dem Betrieb der gentechnischen Anlage und mit der Durchführung der erstmaligen gentechnischen Arbeiten im Falle der Sicherheitsstufe 1 sowie mit der Durchführung von weiteren gentechnischen Arbeiten im Falle der Sicherheitsstufe 2 sofort nach Eingang der Anzeige bei der zuständigen Behörde beginnen. ²Die zuständige Behörde kann die Durchführung oder Fortführung der gentechnischen Arbeiten vorläufig bis zum Ablauf von 21 Tagen nach Eingang der nach Absatz 3 angeforderten ergänzenden Unterlagen oder der nach Absatz 4 einzuholenden Stellungnahme der Kommission untersagen, soweit dies erforderlich ist, um die in § 1 Nr. 1 bezeichneten Zwecke sicherzustellen.

(6) Die zuständige Behörde kann die Durchführung der angezeigten oder angemeldeten gentechnischen Arbeiten von Bedingungen abhängig machen, zeitlich befristen oder dafür Auflagen vorsehen, soweit dies erforderlich ist, um die in § 1 Nr. 1 bezeichneten Zwecke sicherzustellen; § 19 Satz 3 gilt entsprechend.

(7) ¹Die zuständige Behörde kann die Durchführung der angezeigten oder angemeldeten gentechnischen Arbeiten untersagen, wenn die in § 11 Abs. 1 Nr. 1 bis 5 genannten Anforderungen nicht oder nicht mehr eingehalten werden oder Belange des Arbeitsschutzes entgegenstehen. ²Die Entscheidung bedarf der Schriftform.

§ 13 (weggefallen)

Dritter Teil
Freisetzung und Inverkehrbringen

§ 14 Freisetzung und Inverkehrbringen

(1) ¹Einer Genehmigung der zuständigen Bundesoberbehörde bedarf, wer
1. gentechnisch veränderte Organismen freisetzt,
2. Produkte in den Verkehr bringt, die gentechnisch veränderte Organismen enthalten oder aus solchen bestehen,
3. Produkte, die gentechnisch veränderte Organismen enthalten oder aus solchen bestehen, zu einem anderen Zweck als der bisherigen bestimmungsgemäßen Verwendung in den Verkehr bringt,
4. Produkte in den Verkehr bringt, die aus freigesetzten gentechnisch veränderten Organismen gewonnen oder hergestellt wurden, für die keine Genehmigung nach Nummer 2 vorliegt.

²Die Genehmigung für eine Freisetzung oder ein Inverkehrbringen kann auch die Nachkommen und das Vermehrungsmaterial des gentechnisch veränderten Organismus umfassen. ³Die Genehmigung für ein Inverkehrbringen kann auf bestimmte Verwendungen beschränkt werden. ⁴Die Änderung einer Freisetzung bedarf keiner Genehmigung, wenn die zuständige Bundesoberbehörde feststellt, dass die Änderung keine wesentlichen Auswirkungen auf die Beurteilung der Voraussetzungen nach § 16 Abs. 1 hat. ⁵§ 16 Satz 2 und 3 bleibt unberührt.

(1a) ¹Einer Genehmigung für ein Inverkehrbringen bedarf nicht, wer Produkte, die gentechnisch veränderte Organismen enthalten oder aus solchen bestehen, in den Verkehr bringt, die
1. mit in § 3 Nr. 3c genannten Verfahren hergestellt worden sind und
2. in eine Anlage abgegeben werden, in der Einschließungsmaßnahmen nach Maßgabe des Satzes 2 angewandt werden.

²Die Einschließungsmaßnahmen müssen geeignet sein, den Kontakt der Produkte mit Menschen und Umwelt zu begrenzen und ein dem Gefährdungspotenzial angemessenes Sicherheitsniveau zu gewährleisten. ³Die Einschließungsmaßnahmen sollen ferner den Sicherheitsmaßnahmen nach § 7 Abs. 2 in Verbindung mit der dort genannten Rechtsverordnung entsprechen. ⁴Soweit Produkte nach Satz 1 keiner Genehmigung für ein Inverkehrbringen bedürfen, sind auch die übrigen Vorschriften dieses Gesetzes und der auf Grund dieses Gesetzes erlassenen Rechtsverordnungen über das Inverkehrbringen nicht anzuwenden.

(2) Soweit das Inverkehrbringen durch Rechtsvorschriften geregelt ist, die den Regelungen dieses Gesetzes und der auf Grund dieses Gesetzes erlassenen Rechtsverordnungen über die Risikobewertung, das

Risikomanagement, die Kennzeichnung, Überwachung und Unterrichtung der Öffentlichkeit mindestens gleichwertig sind, gelten die Vorschriften des Dritten Teils, mit Ausnahme der §§ 16a und 16b sowie § 17b Abs. 1 und § 20 Abs. 2 nicht.

(3) Eine Genehmigung kann sich auf die Freisetzung eines gentechnisch veränderten Organismus oder einer Kombination gentechnisch veränderter Organismen am selben Standort oder an verschiedenen Standorten erstrecken, soweit die Freisetzung zum selben Zweck und innerhalb eines in der Genehmigung bestimmten Zeitraums erfolgt.

(4) Die Bundesregierung kann zur Umsetzung der Entscheidung 94/730/EG der Kommission vom 4. November 1994 zur Festlegung von vereinfachten Verfahren für die absichtliche Freisetzung genetisch veränderter Pflanzen nach Artikel 6 Absatz 5 der Richtlinie 90/220/EWG des Rates (ABl. EG Nr. L 292 S. 31) nach Anhörung der Kommission durch Rechtsverordnung mit Zustimmung des Bundesrates ein für die Freisetzung ein von dem Verfahren des Dritten Teils dieses Gesetzes abweichendes vereinfachtes Verfahren gilt, soweit mit der Freisetzung von Organismen im Hinblick auf die in § 1 Nr. 1 genannten Schutzzwecke genügend Erfahrungen gesammelt sind.

(4a) ¹Die Bundesregierung kann zur Umsetzung der Entscheidungen oder der Beschlüsse der Europäischen Gemeinschaften oder der Europäischen Union nach Artikel 7 Abs. 3 in Verbindung mit Artikel 30 Abs. 2 der Richtlinie 2001/18/EG nach Anhörung der Kommission durch Rechtsverordnung mit Zustimmung des Bundesrates bestimmen, dass

1. für die Genehmigung der Freisetzung ein von dem Verfahren des Dritten Teils dieses Gesetzes abweichendes vereinfachtes Verfahren gilt,

2. für Genehmigungen nach Nummer 1 der Absatz 3 entsprechend anzuwenden ist,

soweit mit der Freisetzung von Organismen im Hinblick auf die Voraussetzungen nach § 16 Abs. 1 ausreichende Erfahrungen gesammelt worden sind. ²In der Rechtsverordnung können insbesondere von § 18 Abs. 2 Satz 1 und Abs. 3, auch in Verbindung mit der dort genannten Rechtsverordnung, abweichende Regelungen über die Anhörung getroffen werden.

(5) ¹Der Genehmigung des Inverkehrbringens durch die zuständige Bundesoberbehörde stehen Genehmigungen gleich, die von Behörden anderer Mitgliedstaaten der Europäischen Union oder anderer Vertragsstaaten des Abkommens über den Europäischen Wirtschaftsraum nach deren Vorschriften zur Umsetzung der Richtlinie 2001/18/EG erteilt worden sind. ²Die Bundesregierung wird ermächtigt, durch Rechtsverordnung mit Zustimmung des Bundesrates Vorschriften über die Bekanntgabe von nach Satz 1 gleichgestellten Genehmigungen zu erlassen.

§ 15 Zulassungsantrag bei Freisetzung und Inverkehrbringen

(1) ¹Dem Antrag auf Genehmigung einer Freisetzung sind die zur Prüfung erforderlichen Unterlagen beizufügen. ²Die Unterlagen müssen außer den in § 10 Abs. 2 Satz 2 Nr. 2 und 3 beschriebenen insbesondere folgende Angaben enthalten:

1. den Namen und die Anschrift des Betreibers,

2. die Beschreibung des Freisetzungsvorhabens hinsichtlich seines Zweckes und Standortes, des Zeitpunktes und des Zeitraums,

3. die dem Stand der Wissenschaft entsprechende Beschreibung der sicherheitsrelevanten Eigenschaften des freizusetzenden Organismus und der Umstände, die für das Überleben, die Fortpflanzung und die Verbreitung des Organismus von Bedeutung sind; Unterlagen über vorangegangene Arbeiten in einer gentechnischen Anlage und über Freisetzungen sind beizufügen,

4. eine Risikobewertung nach § 6 Abs. 1 und eine Darlegung der vorgesehenen Sicherheitsvorkehrungen,

4a. einen Plan zur Ermittlung der Auswirkung des freizusetzenden Organismus auf die menschliche Gesundheit und die Umwelt,

5. eine Beschreibung der geplanten Überwachungsmaßnahmen sowie Angaben über entstehende Reststoffe und ihre Behandlung sowie über Notfallpläne,

6. eine Zusammenfassung der Antragsunterlagen gemäß der Entscheidung 2002/813/EG des Rates vom 3. Oktober 2002 zur Festlegung – gemäß Richtlinie 2001/18/EG des Europäischen Parlaments und des Rates – des Schemas für die Zusammenfassung der Information zur Anmeldung einer absichtlichen Freisetzung genetisch veränderter Organismen in die Umwelt zu einem anderen Zweck als zum Inverkehrbringen (ABl. EG Nr. L 280 S. 62).

(2) (weggefallen)

(3) ¹Wer einen Antrag auf Genehmigung des Inverkehrbringens stellt, muss in einem Mitgliedstaat der Europäischen Union ansässig sein oder einen dort ansässigen Vertreter benennen. ²Dem Antrag sind die

zur Prüfung der Genehmigungsvoraussetzungen erforderlichen Unterlagen beizufügen. [3]Die Unterlagen müssen insbesondere folgende Angaben enthalten:

1. den Namen und die Anschrift des Betreibers,
2. die Bezeichnung und eine dem Stand der Wissenschaft entsprechende Beschreibung des in Verkehr zu bringenden Produkts im Hinblick auf die gentechnisch veränderten spezifischen Eigenschaften; Unterlagen über vorangegangene Arbeiten in einer gentechnischen Anlage und über Freisetzungen sind beizufügen,
3. eine Beschreibung der zu erwartenden Verwendungsarten und der geplanten räumlichen Verbreitung,
3a. Angaben zur beantragten Geltungsdauer der Genehmigung,
4. eine Risikobewertung nach § 6 Abs. 1 einschließlich einer Darlegung der möglichen schädlichen Auswirkungen,
5. eine Beschreibung der geplanten Maßnahmen zur Kontrolle des weiteren Verhaltens oder der Qualität des in Verkehr zu bringenden Produkts, der entstehenden Reststoffe und ihrer Behandlung sowie der Notfallpläne,
5a. einen Beobachtungsplan unter Berücksichtigung der Beobachtungspflicht nach § 16c einschließlich der Angaben zu dessen Laufzeit,
6. eine Beschreibung von besonderen Bedingungen für den Umgang mit dem in Verkehr zu bringenden Produkt und einen Vorschlag für seine Kennzeichnung und Verpackung,
7. eine Zusammenfassung der Antragsunterlagen gemäß der Entscheidung 2002/812/EG des Rates vom 3. Oktober 2002 zur Festlegung – gemäß Richtlinie 2001/18/EG des Europäischen Parlaments und des Rates – des Schemas für die Zusammenfassung der Anmeldeinformationen zum Inverkehrbringen genetisch veränderter Organismen als Produkte oder in Produkten (ABl. EG Nr. L 280 S. 37).

(4) [1]Der Antrag auf Verlängerung der Inverkehrbringensgenehmigung ist spätestens neun Monate vor Ablauf der Genehmigung zu stellen (Ausschlussfrist). [2]Dem Antrag sind die zur Prüfung erforderlichen Unterlagen beizufügen. [3]Die Unterlagen müssen insbesondere folgende Angaben enthalten:

1. eine Abschrift der Inverkehrbringensgenehmigung,
2. einen Bericht über die Ergebnisse der Beobachtung,
3. über den Bericht nach Nummer 2 hinausgehende neue Informationen, die im Hinblick auf die vom Produkt ausgehenden Gefahren für die in § 1 Nr. 1 genannten Rechtsgüter dem Antragsteller bekannt geworden sind.

[4]Hält der Antragsteller auf Grund der ihm vorliegenden Erkenntnisse eine Änderung des bisherigen Genehmigungsinhalts, insbesondere hinsichtlich des Beobachtungsplans oder der Geltungsdauer der Genehmigung, für erforderlich, hat er in dem Antrag darauf hinzuweisen.

§ 16 Genehmigung bei Freisetzung und Inverkehrbringen

(1) Die Genehmigung für eine Freisetzung ist zu erteilen, wenn

1. die Voraussetzungen entsprechend § 11 Abs. 1 Nr. 1 und 2 vorliegen,
2. gewährleistet ist, daß alle nach dem Stand von Wissenschaft und Technik erforderlichen Sicherheitsvorkehrungen getroffen werden,
3. nach dem Stand der Wissenschaft im Verhältnis zum Zweck der Freisetzung unvertretbare schädliche Einwirkungen auf die in § 1 Nr. 1 bezeichneten Rechtsgüter nicht zu erwarten sind.

(2) [1]Die Genehmigung für ein Inverkehrbringen ist zu erteilen oder zu verlängern, wenn nach dem Stand der Wissenschaft im Verhältnis zum Zweck des Inverkehrbringens unvertretbare schädliche Einwirkungen auf die in § 1 Nr. 1 bezeichneten Rechtsgüter nicht zu erwarten sind. [2]Im Falle eines Antrags auf Verlängerung der Inverkehrbringensgenehmigung gilt das Inverkehrbringen bis zum Abschluss des Verwaltungsverfahrens nach deren Maßgabe als vorläufig genehmigt, sofern ein solcher Antrag rechtzeitig gestellt wurde.

(3) [1]Über einen Antrag auf Genehmigung einer Freisetzung ist innerhalb einer Frist von 90 Tagen nach Eingang des Antrags schriftlich zu entscheiden. [2]Vor der Entscheidung über einen Antrag auf Genehmigung des Inverkehrbringens ist eine innerhalb von 90 Tagen nach Eingang des Antrags durch die zuständige Bundesoberbehörde ein Bewertungsbericht zu erstellen und dem Antragsteller bekannt zu geben; über den Antrag ist nach Abschluss des Verfahrens nach den Artikeln 14, 15 und 18 der Richtlinie 2001/18/ EG (EU-Beteiligungsverfahren) unverzüglich, jedoch spätestens innerhalb von 30 Tagen schriftlich zu entscheiden. [3]Die in den Sätzen 1 und 2 genannten Fristen ruhen, solange die zuständige Bundesoberbehörde vom Antragsteller angeforderte weitere Angaben, Unterlagen oder Proben abwartet; wird eine Öffentlichkeitsbeteiligung nach § 18 Abs. 2 durchgeführt, verlängert sich die Frist um den Zeitraum, in dem

die Anhörung durchgeführt wird, jedoch höchstens um 30 Tage. [4]Vor der Entscheidung über einen Antrag auf Verlängerung der Inverkehrbringensgenehmigung ist durch die zuständige Bundesoberbehörde ein Bewertungsbericht zu erstellen und dem Antragsteller bekannt zu geben; über den Antrag ist unverzüglich nach Abschluss des Verfahrens nach Artikel 17 der Richtlinie 2001/18/EG, jedoch spätestens innerhalb von 30 Tagen schriftlich zu entscheiden.

(4) [1]Die Entscheidung über eine Freisetzung ergeht im Benehmen mit dem Bundesamt für Naturschutz und dem Robert Koch-Institut sowie dem Bundesinstitut für Risikobewertung; zuvor ist eine Stellungnahme des Julius Kühn-Instituts, Bundesforschungsinstitut für Kulturpflanzen, und, soweit gentechnisch veränderte Wirbeltiere oder gentechnisch veränderte Mikroorganismen, die an Wirbeltieren angewendet werden, betroffen sind, auch des Friedrich-Loeffler-Institutes einzuholen. [2]Vor der Erteilung einer Genehmigung für eine Freisetzung ist eine Stellungnahme der zuständigen Landesbehörde einzuholen. [3]Entscheidungen über die Erteilung oder Verlängerung der Genehmigung für ein Inverkehrbringen einschließlich der Abgabe von Bewertungsberichten und von Stellungnahmen zu Bewertungsberichten zuständiger Behörden anderer Mitgliedstaaten ergehen im Benehmen mit dem Bundesamt für Naturschutz, dem Robert Koch-Institut sowie dem Bundesinstitut für Risikobewertung; zuvor ist eine Stellungnahme des Julius Kühn-Instituts, Bundesforschungsinstitut für Kulturpflanzen, und, soweit gentechnisch veränderte Wirbeltiere oder gentechnisch veränderte Mikroorganismen, die an Wirbeltieren angewendet werden, betroffen sind, des Friedrich-Loeffler-Institutes und des Paul-Ehrlich-Institutes einzuholen.

(5) [1]Vor Erteilung der Genehmigung prüft und bewertet die Kommission den Antrag im Hinblick auf mögliche Gefahren für die in § 1 Nr. 1 genannten Rechtsgüter, in den Fällen des Absatzes 1 unter Berücksichtigung der geplanten Sicherheitsvorkehrungen, und gibt hierzu Empfehlungen. [2]§ 10 Abs. 7 Satz 3 und 4 gilt entsprechend.

(5a) Die Bestimmungen einer Genehmigung für das Inverkehrbringen sind auch von den übrigen am Inverkehrbringen des Produkts oder dem Umgang damit Beteiligten zu beachten, soweit diese sich auf den Verwendungszweck oder den Umgang mit dem Produkt, insbesondere seine Anwendung, Beförderung oder Lagerung, beziehen, sofern die Genehmigung öffentlich bekannt gemacht wurde.

(6) [1]Das Bundesministerium für Ernährung und Landwirtschaft wird ermächtigt, durch Rechtsverordnung[1)] mit Zustimmung des Bundesrates das Verfahren der Beteiligung der Europäischen Kommission und der Mitgliedstaaten der Europäischen Union und der anderen Vertragsstaaten des Abkommens über den Europäischen Wirtschaftsraum im Zusammenhang mit der Freisetzung gentechnisch veränderter Organismen und dem Inverkehrbringen von Produkten, die gentechnisch veränderte Organismen enthalten oder aus solchen bestehen, und die Verpflichtung der zuständigen Behörde, Bemerkungen der Mitgliedstaaten der Europäischen Union und der anderen Vertragsstaaten des Abkommens über den Europäischen Wirtschaftsraum zu berücksichtigen oder Entscheidungen oder Beschlüsse der Europäischen Kommission umzusetzen, zu regeln, soweit dies zur Durchführung der Richtlinie des Rates über die absichtliche Freisetzung genetisch veränderter Organismen in die Umwelt in ihrer jeweils geltenden Fassung erforderlich ist. [2]In der Rechtsverordnung nach Satz 1 kann vorgesehen werden, dass eine Genehmigung, auch abweichend von den Vorschriften dieses Gesetzes, zu erteilen oder zu versagen ist, soweit dies in einer Entscheidung oder in einem Beschluss der Europäischen Kommission vorgesehen ist; dies gilt entsprechend für das Ruhen einer Genehmigung nach § 20 Abs. 2 und eine Untersagung nach § 26 Abs. 5 Satz 3.

(7) Vor Erhebung einer verwaltungsgerichtlichen Klage findet bei einer Entscheidung über den Antrag auf Genehmigung einer Freisetzung ein Vorverfahren nicht statt, sofern ein Anhörungsverfahren nach § 18 durchgeführt wurde.

§ 16a Standortregister

(1) [1]Zum Zweck der Überwachung etwaiger Auswirkungen von gentechnisch veränderten Organismen auf die in § 1 Nr. 1 und 2 genannten Rechtsgüter und Belange sowie zum Zweck der Information der Öffentlichkeit werden die nach Absatz 2 mitzuteilenden Angaben über Freisetzungen gentechnisch veränderter Organismen und die nach Absatz 3 mitzuteilenden Angaben über den Anbau gentechnisch veränderter Organismen in einem Bundesregister erfasst. [2]Das Register wird von der zuständigen Bundesoberbehörde geführt und erfasst die nach Absatz 2 und Absatz 3 gemeldeten Angaben für das gesamte Bundesgebiet. [3]Das Register muss nach Maßgabe des Absatzes 4 allgemein zugänglich sein.

(2) [1]Der Betreiber hat die tatsächliche Durchführung der genehmigten Freisetzung von gentechnisch veränderten Organismen spätestens drei Werktage vor der Freisetzung der zuständigen Bundesoberbehörde mitzuteilen. [2]Die Mitteilung umfasst folgende Angaben:

1. die Bezeichnung des gentechnisch veränderten Organismus,
2. seine gentechnisch veränderten Eigenschaften,

1) Siehe die Gentechnik-BeteiligungsVO.

3. das Grundstück der Freisetzung sowie die Größe der Freisetzungsfläche,
4. den Freisetzungszeitraum.
³Änderungen in den Angaben sowie die Beendigung des Freisetzungsvorhabens sind unverzüglich mitzuteilen.

(3) ¹Der Anbau von gentechnisch veränderten Organismen ist von demjenigen, der die Fläche bewirtschaftet, spätestens drei Monate vor dem Anbau der zuständigen Bundesoberbehörde mitzuteilen. ²Die Mitteilung umfasst folgende Angaben:
1. die Bezeichnung und den spezifischen Erkennungsmarker des gentechnisch veränderten Organismus,
2. seine gentechnisch veränderten Eigenschaften,
3. den Namen und die Anschrift desjenigen, der die Fläche bewirtschaftet,
4. das Grundstück des Anbaus sowie die Größe der Anbaufläche.
³Änderungen in den Angaben sind unverzüglich mitzuteilen.

(4) ¹Der allgemein zugängliche Teil des Registers umfasst:
1. die Bezeichnung und den spezifischen Erkennungsmarker des gentechnisch veränderten Organismus,
2. seine gentechnisch veränderten Eigenschaften,
3. das Grundstück der Freisetzung oder des Anbaus sowie die Flächengröße.
²Auskünfte aus dem allgemein zugänglichen Teil des Registers werden im Wege des automatisierten Abrufs über das Internet erteilt.

(5) Die zuständige Bundesoberbehörde erteilt aus dem nicht allgemein zugänglichen Teil des Registers Auskunft auch über die personenbezogenen Daten, soweit die antragstellende Person ein berechtigtes Interesse glaubhaft macht und kein Grund zu der Annahme besteht, dass die betroffene Person ein überwiegendes schutzwürdiges Interesse an dem Ausschluss der Auskunft hat.

(5a) ¹Die für die Ausführung dieses Gesetzes zuständige Behörde eines Landes darf zum Zweck der Überwachung die im nicht allgemein zugänglichen Teil des Registers gespeicherten Daten im automatisierten Verfahren abrufen, soweit ein Grundstück betroffen ist, das in ihrem Zuständigkeitsbereich belegen ist. ²Die Verantwortung für die Zulässigkeit des einzelnen Abrufs trägt die Stelle, an die die Daten übermittelt werden. ³Die speichernde Stelle prüft die Zulässigkeit der Abrufe nur, wenn dazu Anlass besteht. ⁴Die speichernde Stelle hat zu gewährleisten, dass die Übermittlung personenbezogener Daten zumindest durch geeignete Stichprobenverfahren festgestellt und überprüft werden kann. ⁵Wird ein Gesamtbestand personenbezogener Daten abgerufen oder übermittelt, so bezieht sich die Gewährleistung der Feststellung und Überprüfung nur auf die Zulässigkeit des Abrufes oder der Übermittlung des Gesamtbestandes. ⁶§ 29 Absatz 1a Satz 2 und 4 gilt entsprechend.

(6) ¹Die zuständige Bundesoberbehörde hat dem jeweiligen Stand der Technik entsprechende Maßnahmen zur Gewährleistung von Datensicherheit und Datenschutz zu treffen, die insbesondere die Unversehrtheit der Daten und die Vertraulichkeit der im nicht allgemein zugänglichen Teil des Registers gespeicherten Daten gewährleisten; im Falle der Nutzung allgemein zugänglicher Datennetze für Auskünfte nach Absatz 5 sind Verschlüsselungsverfahren anzuwenden. ²Die Daten des Bundesregisters werden nach Ablauf von 15 Jahren nach ihrer erstmaligen Speicherung gelöscht.

(7) Artikel 12 Absatz 5 und Artikel 15 Absatz 1 Buchstabe a, c und g der Verordnung (EU) 2016/679 des Europäischen Parlaments und des Rates vom 27. April 2016 zum Schutz natürlicher Personen bei der Verarbeitung personenbezogener personenbezogener Daten, zum freien Datenverkehr und zur Aufhebung der Richtlinie 95/46/EG (Datenschutz- Grundverordnung) (ABl. L 119 vom 4.5.2016, S. 1; L 314 vom 22.11.2016, S. 72; L 127 vom 23.5.2018, S. 2) sowie § 34 des Bundesdatenschutzgesetzes in der jeweils geltenden Fassung gelten für juristische Personen entsprechend.

§ 16b Umgang mit in Verkehr gebrachten Produkten
(1) ¹Wer zum Inverkehrbringen zugelassene Produkte, die gentechnisch veränderte Organismen enthalten oder daraus bestehen, anbaut, weiterverarbeitet, soweit es sich um Tiere handelt, hält, oder diese erwerbswirtschaftlich, gewerbsmäßig oder in vergleichbarer Weise in den Verkehr bringt, hat Vorsorge dafür zu treffen, dass die in § 1 Nr. 1 und 2 genannten Rechtsgüter und Belange durch die Übertragung von Eigenschaften eines Organismus, die auf gentechnischen Arbeiten beruhen, durch die Beimischung oder durch sonstige Einträge von gentechnisch veränderten Organismen nicht wesentlich beeinträchtigt werden. ²Er muss diese Pflicht hinsichtlich der in § 1 Nr. 2 genannten Belange gegenüber einem anderen insoweit nicht beachten, als dieser durch schriftliche Vereinbarung mit ihm auf seinen Schutz verzichtet oder ihm auf Anfrage die für seinen Schutz erforderlichen Auskünfte nicht innerhalb eines Monats erteilt hat und die Pflicht im jeweiligen Einzelfall ausschließlich dem Schutz des anderen dient. ³In der schriftlichen Vereinbarung oder der Anfrage ist der andere über die Rechtsfolgen der Vereinbarung oder die Nichterteilung der Auskünfte aufzuklären und darauf hinzuweisen, dass er zu schützende Rechte Dritter

zu beachten hat. [4]Die zulässige Abweichung von den Vorgaben der guten fachlichen Praxis sind der zuständigen Behörde rechtzeitig vor der Aussaat oder Pflanzung anzuzeigen.

(1a) [1]Der Bewirtschafter hat ergänzend zu den Angaben nach § 16a Abs. 3 Satz 2

1. die Tatsache des Abschlusses einer Vereinbarung im Sinne des Absatzes 1 Satz 2 oder

2. die Tatsache, vom Nachbarn keine Auskunft auf eine Anfrage im Sinne des Absatzes 1 Satz 2 erhalten zu haben, soweit er die Absicht hat, von den Vorgaben der guten fachlichen Praxis auf Grund einer fehlenden Erteilung von Auskünften abzuweichen,

der zuständigen Bundesoberbehörde spätestens einen Monat vor dem Anbau unter Bezeichnung des betroffenen Grundstückes mitzuteilen. [2]Der allgemein zugängliche Teil des Registers nach § 16a Abs. 1 Satz 1 umfasst zusätzlich zu der Angabe nach § 16a Abs. 4 Satz 1 Nr. 3 die auf das betroffene Grundstück bezogene Angabe nach Satz 1. [3]Im Übrigen gilt § 16a entsprechend.

(2) Beim Anbau von Pflanzen, beim sonstigen Umgang mit Pflanzen und bei der Haltung von Tieren wird die Vorsorgepflicht nach Absatz 1 durch die Einhaltung der guten fachlichen Praxis erfüllt.

(3) Zur guten fachlichen Praxis gehören, soweit dies zur Erfüllung der Vorsorgepflicht nach Absatz 1 erforderlich ist, insbesondere

1. beim Umgang mit gentechnisch veränderten Organismen die Beachtung der Bestimmungen der Genehmigung für das Inverkehrbringen nach § 16 Abs. 5a,

2. beim Anbau von gentechnisch veränderten Pflanzen und bei der Herstellung und Ausbringung von Düngemitteln, die gentechnisch veränderte Organismen enthalten, Maßnahmen, um Einträge in andere Grundstücke zu verhindern sowie Auskreuzungen in andere Kulturen benachbarter Flächen und die Weiterverbreitung durch Wildpflanzen zu vermeiden,

3. bei der Haltung gentechnisch veränderter Tiere die Verhinderung des Entweichens aus dem zur Haltung vorgesehenen Bereich und des Eindringens anderer Tiere der gleichen Art in diesen Bereich,

4. bei Beförderung, Lagerung und Weiterverarbeitung gentechnisch veränderter Organismen die Verhinderung von Verlusten sowie von Vermischungen und Vermengungen mit anderen Erzeugnissen.

(4) Wer mit Produkten, die gentechnisch veränderte Organismen enthalten oder daraus bestehen, für erwerbswirtschaftliche, gewerbsmäßige oder vergleichbare Zwecke umgeht, muss die Zuverlässigkeit, Kenntnisse, Fertigkeiten und Ausstattung besitzen, um die Vorsorgepflicht nach Absatz 1 erfüllen zu können.

(5) Wer Produkte, die gentechnisch veränderte Organismen enthalten oder daraus bestehen, in Verkehr bringt, hat eine Produktinformation mitzuliefern, die die Bestimmungen der Genehmigung enthält, soweit diese sich auf den Umgang mit dem Produkt beziehen, und aus der hervorgeht, wie die Pflichten nach Absatz 1 bis 3 erfüllt werden sollen.

(6) Die Bundesregierung wird ermächtigt, durch Rechtsverordnung[1)] mit Zustimmung des Bundesrates die Grundsätze der guten fachlichen Praxis im Sinne des Absatzes 3, einschließlich des Informationsaustauschs mit Nachbarn und Behörden, die Eignung von Person und Ausstattung nach Absatz 4 und die inhaltliche Gestaltung der Produktinformation nach Absatz 5 näher zu bestimmen.

§ 16c Beobachtung

(1) Wer als Betreiber Produkte, die aus gentechnisch veränderten Organismen bestehen oder solche enthalten, in Verkehr bringt, hat diese auch danach nach Maßgabe der Genehmigung zu beobachten, um mögliche Auswirkungen auf die in § 1 Nr. 1 genannten Rechtsgüter zu ermitteln.

(2) Ziel der Beobachtung ist es,

1. zu bestätigen, dass eine Annahme über das Auftreten und die Wirkung einer etwaigen schädlichen Auswirkung eines gentechnisch veränderten Organismus oder dessen Verwendung in der Risikobewertung zutrifft (fallspezifische Beobachtung), und

2. das Auftreten schädlicher Auswirkungen des gentechnisch veränderten Organismus oder dessen Verwendung auf die menschliche Gesundheit oder die Umwelt zu ermitteln, die in der Risikobewertung nicht vorhergesehen wurden (allgemeine Beobachtung).

(3) Die Bundesregierung wird ermächtigt, mit Zustimmung des Bundesrates die allgemeinen Grundsätze der Beobachtung von gentechnisch veränderten Organismen durch den Betreiber in einer Rechtsverordnung zu regeln, insbesondere hinsichtlich der Festlegung der Mindeststandards der Beobachtung, der Einbeziehung Dritter sowie der Einbeziehung bundesbehördlicher Beobachtungstätigkeiten.

§ 16d Entscheidung der Behörde bei Inverkehrbringen

(1) Die zuständige Bundesoberbehörde entscheidet im Rahmen der Genehmigung des Inverkehrbringens eines Produkts, das gentechnisch veränderte Organismen enthält oder aus solchen besteht, über

1) Siehe die Gentechnik-PflanzenerzeugungsVO.

1. den Verwendungszweck,
2. die besonderen Bedingungen für den Umgang mit dem Produkt und seine Verpackung,
3. die Bedingungen für den Schutz besonderer Ökosysteme, Umweltgegebenheiten oder geographischer Gebiete,
4. die Kennzeichnung,
5. die Anforderungen an die Einzelheiten der Beobachtung auf der Grundlage der Risikobewertung, die Laufzeit des Beobachtungsplans,
6. die Vorlagepflicht für Kontrollproben.

(2) [1]Die Genehmigung für ein Inverkehrbringen wird für höchstens zehn Jahre erteilt. [2]Eine Verlängerung der Genehmigung erfolgt für zehn Jahre. [3]Die Verlängerung kann aus besonderen Gründen für einen kürzeren oder längeren Zeitraum ausgesprochen werden. [4]Im Falle eines gentechnisch veränderten Organismus, der ausschließlich als Saatgut oder Vermehrungsmaterial in Verkehr gebracht werden soll, beginnt der Lauf der in Satz 1 genannten Frist mit der Bekanntgabe der Eintragung der ersten diesen Organismus enthaltenden Pflanzensorte in einen amtlichen nationalen Pflanzensortenkatalog gemäß der Richtlinie 2002/53/EG des Rates vom 13. Juni 2002 über einen gemeinsamen Sortenkatalog für landwirtschaftliche Pflanzenarten (ABl. EG Nr. L 193 S. 1), zuletzt geändert durch die Verordnung (EG) Nr. 1829/2003 des Europäischen Parlaments und des Rates vom 22. September 2003 (ABl. EU Nr. L 268 S. 1), und der Richtlinie 2002/55/EG des Rates vom 13. Juni 2002 über den Verkehr mit Gemüsesaatgut (ABl. EG Nr. L 193 S. 33), zuletzt geändert durch die Verordnung (EG) Nr. 1829/2003 des Europäischen Parlaments und des Rates vom 22. September 2003 (ABl. EU Nr. L 268 S. 1). [5]Wird das Inverkehrbringen von forstlichem Vermehrungsgut genehmigt, so beginnt der Lauf der in Satz 1 genannten Frist mit der Bekanntgabe der Eintragung in ein amtliches nationales Ausgangsmaterialregister gemäß der Richtlinie 1999/105/EG des Rates vom 22. Dezember 1999 über den Verkehr mit forstlichem Vermehrungsgut (ABl. EG 2000 Nr. 11 S. 17). [6]Der Betreiber hat der zuständigen Bundesoberbehörde die Bekanntgabe der Eintragung nach Satz 3 und 4 unverzüglich mitzuteilen.

(3) [1]Die zuständige Bundesoberbehörde kann, soweit dies zur Abwehr nach dem Stand der Wissenschaft im Verhältnis zum Zweck des Inverkehrbringens unvertretbarer schädlicher Einwirkungen auf die in § 1 Nr. 1 bezeichneten Rechtsgüter erforderlich ist, die nach Absatz 1 Satz 1 Nr. 5 getroffene Entscheidung nachträglich ändern, soweit dies zur Anpassung der Beobachtungsmethoden, der Probenahme- oder Analyseverfahren an den Stand von Wissenschaft oder zur Berücksichtigung von erst im Verlauf der Beobachtung gewonnenen Erkenntnissen erforderlich ist. [2]Die §§ 48 und 49 des Verwaltungsverfahrensgesetzes bleiben unberührt.

§ 16e Ausnahmen für nicht kennzeichnungspflichtiges Saatgut
Die §§ 16a und 16b sind nicht auf Saatgut anzuwenden, sofern das Saatgut auf Grund eines in Rechtsakten der Europäischen Union und deren Umsetzung durch § 17b Abs. 1 Satz 2 festgelegten Schwellenwertes nicht mit einem Hinweis auf die gentechnische Veränderung gekennzeichnet werden muss oder, soweit es in den Verkehr gebracht werden würde, gekennzeichnet werden müsste.

Vierter Teil
Gemeinsame Vorschriften

§ 17 Verwendung von Unterlagen
(1) [1]Unterlagen nach § 10 Abs. 2 Satz 2 Nr. 5, Abs. 3 Satz 2 Nr. 4, auch in Verbindung mit § 12 Abs. 2, nach § 12 Abs. 2a Satz 2 Nr. 1 und 4, § 15 Abs. 1 Satz 2 Nr. 2 und 4, Abs. 3 Satz 2 Nr. 2, 4 und 5 sind nicht erforderlich, soweit der zuständigen Behörde ausreichende Kenntnisse vorliegen. [2]Der Betreiber kann insoweit auch auf Unterlagen Bezug nehmen, die er oder ein Dritter in einem vorangegangenen Verfahren vorgelegt hat, es sei denn, es handelt sich um vertrauliche Unterlagen des Dritten und dieser hat seine Zustimmung zur Verwendung nicht erteilt. [3]Stammen Erkenntnisse, die Tierversuche voraussetzen, aus Unterlagen eines Dritten, so teilt die zuständige Behörde diesem und dem Anmelder oder Antragsteller mit, welche Unterlagen des Dritten sie zugunsten des Anmelders oder Antragstellers zu verwenden beabsichtigt, sowie jeweils Namen und Anschrift des anderen. [4]Sind Tierversuche nicht Voraussetzung, so bedarf es zur Verwendung von vertraulichen Unterlagen eines Dritten dessen schriftlicher Zustimmung. [5]Die Sätze 3 und 4 gelten nicht, wenn die Anmeldung oder Genehmigung länger als zehn Jahre zurückliegt.

(2) [1]Der Dritte kann der Verwendung seiner Unterlagen im Falle des Absatzes 1 Satz 3 innerhalb einer Frist von 30 Tagen nach Zugang der Mitteilung nach Absatz 1 Satz 3 widersprechen. [2]Im Falle des Widerspruchs ist das Anmelde- oder Genehmigungsverfahren für einen Zeitraum von fünf Jahren nach Anmeldung oder Stellung des Genehmigungsantrags auszusetzen, längstens jedoch bis zum Ablauf von

zehn Jahren nach der Anmeldung oder der Genehmigung des Dritten. [3]Würde der Anmelder oder Antragsteller für die Beibringung eigener Unterlagen einen kürzeren Zeitraum benötigen, so ist das Anmelde- oder Genehmigungsverfahren nur für diesen Zeitraum auszusetzen. [4]Vor Aussetzung des Anmelde- oder Genehmigungsverfahrens sind der Anmelder oder Antragsteller und der Dritte zu hören.

(3) [1]Erfolgt eine Anmeldung oder wird eine Genehmigung im Falle des Absatzes 2 vor Ablauf von zehn Jahren nach der Anmeldung oder Erteilung der Genehmigung des Dritten unter Verwendung seiner Unterlagen erteilt, so hat er gegen den Anmelder oder Antragsteller Anspruch auf eine Vergütung in Höhe von 50 v.H. der vom Anmelder oder Antragsteller durch die Verwendung ersparten Aufwendungen. [2]Der Dritte kann dem Anmelder oder Antragsteller das Inverkehrbringen untersagen, solange dieser nicht die Vergütung gezahlt oder für sie in angemessener Höhe Sicherheit geleistet hat.

(4) [1]Sind von mehreren Anmeldern oder Antragstellern gleichzeitig inhaltlich gleiche Unterlagen bei einer zuständigen Behörde vorzulegen, die Tierversuche voraussetzen, so teilt die zuständige Behörde den Anmeldern oder Antragstellern, die ihr bekannt sind, mit, welche Unterlagen von ihnen gemeinsam vorzulegen sind, sowie jeweils Namen und Anschrift der anderen Beteiligten. [2]Die zuständige Behörde gibt den beteiligten Anmeldern oder Antragstellern Gelegenheit, sich innerhalb einer von ihr zu bestimmenden Frist zu einigen, wer die Unterlagen vorlegt. [3]Kommt eine Einigung nicht zustande, so entscheidet die zuständige Behörde und unterrichtet hiervon unverzüglich alle Beteiligten. [4]Diese sind, sofern sie ihre Anmeldung oder ihren Antrag nicht zurücknehmen oder sonst die Voraussetzungen ihrer Anmeldpflicht oder ihres Antrags entfallen, verpflichtet, demjenigen, der die Unterlagen vorgelegt hat, die anteiligen Aufwendungen für die Erstellung zu erstatten; sie haften als Gesamtschuldner.

§ 17a Vertraulichkeit von Angaben

(1) [1]Angaben, die ein Betriebs- oder Geschäftsgeheimnis darstellen, sind vom Betreiber als vertraulich zu kennzeichnen. [2]Er hat begründet darzulegen, daß eine Verbreitung der Betriebs- und Geschäftsgeheimnisse ihm betrieblich oder geschäftlich schaden könnte. [3]Hält die zuständige Behörde die Kennzeichnung für unberechtigt, so hat sie vor der Entscheidung, welche Informationen vertraulich zu behandeln sind, den Antragsteller zu hören und diesen über ihre Entscheidung zu unterrichten. [4]Personenbezogene Daten stehen Betriebs- und Geschäftsgeheimnissen gleich und müssen vertraulich behandelt werden.

(2) Nicht unter das Betriebs- und Geschäftsgeheimnis im Sinne des Absatzes 1 fallen
1. allgemeine Merkmale oder Beschreibung der gentechnisch veränderten Organismen,
2. Name und Anschrift des Betreibers,
3. Ort der gentechnischen Anlage oder Freisetzung und der Freisetzungszweck,
3a. beabsichtigte Verwendung,
4. Sicherheitsstufe und Sicherheitsmaßnahmen,
5. Methoden und Pläne zur Überwachung der gentechnisch veränderten Organismen und für Notfallmaßnahmen,
6. Risikobewertung.

(3) Sofern ein Anhörungsverfahren nach § 18 durchzuführen ist, ist der Inhalt der Unterlagen, soweit die Angaben Betriebs- oder Geschäftsgeheimnisse oder personenbezogene Daten enthalten und soweit es ohne Preisgabe dieser geschützten Daten geschehen kann, so ausführlich darzustellen, daß es Dritten möglich ist zu beurteilen, ob und in welchem Umfang sie von den Auswirkungen des Vorhabens betroffen sind.

(4) Zieht der Anmelder oder Antragsteller die Anmeldung oder den Antrag auf Genehmigung zurück, so haben die zuständigen Behörden die Vertraulichkeit zu wahren.

§ 17b Kennzeichnung

(1) [1]Produkte, die gentechnisch veränderte Organismen enthalten oder aus solchen bestehen und in Verkehr gebracht werden, sind auf einem Etikett oder in einem Begleitdokument entsprechend den auf Grund des § 30 Abs. 2 Nr. 14 erlassenen Vorschriften über die Kennzeichnung mit dem Hinweis „Dieses Produkt enthält genetisch veränderte Organismen" zu kennzeichnen. [2]Die Bundesregierung kann zur Umsetzung eines nach Artikel 21 Abs. 2 Satz 2 in Verbindung mit Artikel 30 Abs. 2 der Richtlinie 2001/18/EG festgelegten Schwellenwertes für die Kennzeichnung durch Rechtsverordnung mit Zustimmung des Bundesrates solche Produkte von der Kennzeichnungspflicht ausnehmen, bei denen zufällige oder technisch nicht zu vermeidende Anteile von gentechnisch veränderten Organismen nicht ausgeschlossen werden können.

(2) [1]Gentechnisch veränderte Organismen, die einem anderen für gentechnische Arbeiten in gentechnischen Anlagen, für Arbeiten in Anlagen im Sinne des § 14 Abs. 1a oder für eine Freisetzung zur Verfügung gestellt werden, sind mit dem Hinweis „Dieses Produkt enthält genetisch veränderte Organismen" zu

kennzeichnen. [2]Die auf Grund des § 30 Abs. 2 Nr. 14 erlassenen Vorschriften über die Kennzeichnung von gentechnisch veränderten Organismen gelten entsprechend, soweit diese auf Organismen nach Satz 1 der Natur der Sache nach anwendbar sind. [3]Die Bundesregierung kann zur Umsetzung der Durchführungsbestimmungen der Europäischen Gemeinschaft oder der Europäischen Union nach Artikel 26 Abs. 2 in Verbindung mit Artikel 30 Abs. 2 der Richtlinie 2001/18/EG nach Anhörung der Kommission nach § 4 durch Rechtsverordnung mit Zustimmung des Bundesrates bestimmen, wie die Kennzeichnung dieser Produkte durchgeführt wird.

(3) [1]Die Vorschriften für die Kennzeichnung und Verpackung von Produkten, die für das Inverkehrbringen genehmigte gentechnisch veränderte Organismen enthalten oder aus solchen bestehen, gelten nicht für Produkte, die für eine unmittelbare Verarbeitung vorgesehen sind und deren Anteil an genehmigten gentechnisch veränderten Organismen nicht höher als 0,9 Prozent liegt, sofern dieser Anteil zufällig oder technisch nicht zu vermeiden ist. [2]Die Bundesregierung kann einen nach Artikel 21 Abs. 3 in Verbindung mit Artikel 30 Abs. 2 der Richtlinie 2001/18/EG festgelegten niedrigeren Schwellenwert durch Rechtsverordnung mit Zustimmung des Bundesrates festsetzen.

§ 18 Anhörungsverfahren

(1) [1]Vor der Entscheidung über die Errichtung und den Betrieb einer gentechnischen Anlage, in der gentechnische Arbeiten der Sicherheitsstufen 3 oder 4 zu gewerblichen Zwecken durchgeführt werden sollen, hat die zuständige Behörde ein Anhörungsverfahren durchzuführen. [2]Für die Genehmigung gentechnischer Anlagen, in denen gentechnische Arbeiten der Sicherheitsstufe 2 zu gewerblichen Zwecken durchgeführt werden sollen, ist ein Anhörungsverfahren durchzuführen, wenn ein Genehmigungsverfahren nach § 10 des Bundes-Immissionsschutzgesetzes erforderlich wäre. [3]Im Falle des § 8 Abs. 4 entfällt ein Anhörungsverfahren, wenn nicht zu besorgen ist, daß durch die Änderung zusätzliche oder andere Gefahren für die in § 1 Nr. 1 bezeichneten Rechtsgüter zu erwarten sind.

(2) [1]Vor der Entscheidung über die Genehmigung einer Freisetzung ist ein Anhörungsverfahren durchzuführen. [2]§ 14 Abs. 4a Satz 2 bleibt unberührt.

(3) [1]Das Anhörungsverfahren regelt die Bundesregierung durch Rechtsverordnung[1)] mit Zustimmung des Bundesrates. [2]Das Verfahren muß den Anforderungen des § 10 Abs. 3 bis 8 des Bundes-Immissionsschutzgesetzes entsprechen. [3]Bei Verfahren nach Absatz 2 gilt § 10 Abs. 4 Nr. 3 und Abs. 6 des Bundes-Immissionsschutzgesetzes nicht; Einwendungen gegen das Vorhaben können schriftlich oder zur Niederschrift innerhalb eines Monats nach Ablauf der Auslegungsfrist bei der Genehmigungsbehörde oder bei der Stelle erhoben und begründet werden, bei der Antrag und Unterlagen zur Einsicht ausgelegt sind.

§ 19 Nebenbestimmungen, nachträgliche Auflagen

[1]Die zuständige Behörde kann ihre Entscheidung mit Nebenbestimmungen versehen, soweit dies erforderlich ist, um die Genehmigungsvoraussetzungen sicherzustellen. [2]Durch Auflagen können insbesondere bestimmte Verfahrensabläufe oder Sicherheitsvorkehrungen oder eine bestimmte Beschaffenheit oder Ausstattung der gentechnischen Anlage angeordnet werden. [3]Die nachträgliche Aufnahme von Nebenbestimmungen oder Auflagen ist unter den Voraussetzungen von Satz 1 zulässig.

§ 20 Einstweilige Einstellung

(1) Sind die Voraussetzungen für die Fortführung des Betriebs der gentechnischen Anlage, der gentechnischen Arbeit oder der Freisetzung nachträglich entfallen, so kann anstelle einer Rücknahme oder eines Widerrufs der Genehmigung nach den Vorschriften der Verwaltungsverfahrensgesetze die einstweilige Einstellung der Tätigkeit angeordnet werden, bis der Betreiber nachweist, daß die Voraussetzungen wieder vorliegen.

(2) Besteht nach Erteilung einer Genehmigung des Inverkehrbringens, auch einer nach § 14 Abs. 5 gleichgestellten, auf Grund neuer oder zusätzlicher Informationen, die die Auswirkungen auf die Risikobewertung haben, oder auf Grund einer Neubewertung der vorliegenden Informationen auf der Grundlage neuer oder zusätzlicher wissenschaftlicher Erkenntnisse ein berechtigter Grund zu der Annahme, dass der gentechnisch veränderte Organismus eine Gefahr für die menschliche Gesundheit oder die Umwelt darstellt, so kann die zuständige Bundesoberbehörde bis zur Entscheidung oder bis zu einem Beschluss der Europäischen Gemeinschaften oder der Europäischen Union nach Artikel 23 in Verbindung mit Artikel 30 Abs. 2 der Richtlinie 2001/18/EG das Ruhen der Genehmigung ganz oder teilweise anordnen.

§ 21 Mitteilungspflichten

(1) [1]Der Betreiber hat jede Änderung in der Beauftragung des Projektleiters, des Beauftragten für die Biologische Sicherheit oder eines Mitgliedes des Ausschusses für die Biologische Sicherheit der für eine Anmeldung, die Erteilung der Genehmigung und der für die Überwachung zuständigen Behörde vorher

1) Siehe die Gentechnik-AnhörungsVO.

mitzuteilen. ²Bei einer unvorhergesehenen Änderung hat die Mitteilung unverzüglich zu erfolgen. ³Mit der Mitteilung ist die erforderliche Sachkunde nachzuweisen.

(1a) *[aufgehoben]*

(1b) ¹Beabsichtigt der Betreiber, den Betrieb einer Anlage einzustellen, so hat er dies unter Angabe des Zeitpunkts der Einstellung der für die Überwachung zuständigen Behörde unverzüglich mitzuteilen. ²Der Mitteilung sind Unterlagen über die vom Betreiber vorgesehenen Maßnahmen zur Erfüllung der sich aus § 6 Abs. 2 Satz 2 ergebenden Pflichten beizufügen.

(2) Mitzuteilen ist ferner jede beabsichtigte Änderung der sicherheitsrelevanten Einrichtungen und Vorkehrungen einer gentechnischen Anlage, auch wenn die gentechnische Anlage durch die Änderung weiterhin die Anforderungen der für die Durchführung der angezeigten, angemeldeten oder genehmigten Arbeiten erforderlichen Sicherheitsstufe erfüllt.

(2a) Der zuständigen Bundesoberbehörde ist jede beabsichtigte oder bekannt gewordene unbeabsichtigt eingetretene Änderung einer Freisetzung, die Auswirkungen auf die Beurteilung der Voraussetzungen nach § 16 Abs. 1 haben kann, mitzuteilen.

(3) ¹Der Betreiber hat der für die Anzeige, die Anmeldung, die Genehmigungserteilung und der für die Überwachung zuständigen Behörde unverzüglich jedes Vorkommnis mitzuteilen, das nicht dem erwarteten Verlauf der gentechnischen Arbeit oder der Freisetzung oder des Inverkehrbringens entspricht und bei dem der Verdacht einer Gefährdung der in § 1 Nr. 1 bezeichneten Rechtsgüter besteht. ²Dabei sind alle für die Sicherheitsbewertung notwendigen Informationen sowie geplante oder getroffene Notfallmaßnahmen mitzuteilen.

(4) ¹Der Betreiber hat nach Abschluss einer Freisetzung der zuständigen Bundesoberbehörde die Ergebnisse der Freisetzung mitzuteilen, soweit diesen Erkenntnisse über eine Gefährdung der in § 1 Nr. 1 genannten Rechtsgüter entnommen werden können. ²Dies gilt auch für Gefährdungen, die sich aus einem Inverkehrbringen ergeben, wenn dieses beabsichtigt ist. ³Über die Dauer der Mitteilungspflicht ist in der Genehmigung zu entscheiden. ⁴Entscheidungen oder der[1] Beschlüsse der Europäischen Gemeinschaften oder der Europäischen Union nach Artikel 10 in Verbindung mit Artikel 30 Abs. 2 der Richtlinie 2001/18/EG, die die Form der Mitteilungen nach Absatz 4 festlegen und vom Bundesministerium für Ernährung und Landwirtschaft im Bundesanzeiger bekannt gemacht sind, sind bei der Erstellung der Mitteilungen zu beachten.

(4a) Der Betreiber hat der zuständigen Bundesoberbehörde über die Beobachtung des Inverkehrbringens nach Maßgabe der Genehmigung für das Inverkehrbringen zu berichten.

(5) Erhält der Betreiber neue Informationen über Risiken für die menschliche Gesundheit oder die Umwelt, hat er diese der zuständigen Behörde unverzüglich mitzuteilen.

(5a) ¹Erhält der Betreiber neue Informationen über Risiken für die in § 1 Nr. 1 und 2 genannten Rechtsgüter und Belange, hat er diese, soweit die Freisetzung und das Inverkehrbringen betroffen sind, der zuständigen Bundesoberbehörde unverzüglich mitzuteilen. ²Satz 1 gilt entsprechend für die übrigen am Inverkehrbringen des Produkts oder am Umgang damit Beteiligten.

(6) Eine Mitteilung nach den Absätzen 5 und 5a darf nicht zur strafrechtlichen Verfolgung des Mitteilenden oder für ein Verfahren nach dem Gesetz über Ordnungswidrigkeiten gegen den Mitteilenden verwendet werden.

§ 22 Andere behördliche Entscheidungen

(1) Die Anlagengenehmigung schließt andere die gentechnische Anlage betreffende behördliche Entscheidungen ein, insbesondere öffentlich-rechtliche Genehmigungen, Zulassungen, Verleihungen, Erlaubnisse und Bewilligungen, mit Ausnahme von behördlichen Entscheidungen auf Grund atomrechtlicher Vorschriften.

(2) Vorschriften, nach denen öffentlich-rechtliche Genehmigungen, Zulassungen, Verleihungen, Erlaubnisse und Bewilligungen erteilt werden, finden auf gentechnische Anlagen, für die ein Anmeldeverfahren nach diesem Gesetz durchzuführen ist, sowie auf gentechnische Arbeiten, Freisetzungen oder das Inverkehrbringen, die nach diesem Gesetz anmelde- oder genehmigungspflichtig sind, insoweit keine Anwendung, als es sich um den Schutz vor den spezifischen Gefahren der Gentechnik handelt; Vorschriften über das Inverkehrbringen nach § 14 Abs. 2 bleiben unberührt.

(3) § 35 des Bundesnaturschutzgesetzes bleibt unberührt.

§ 23 Ausschluß von privatrechtlichen Abwehransprüchen

¹Auf Grund privatrechtlicher, nicht auf besonderen Titeln beruhender Ansprüche zur Abwehr benachteiligender Einwirkungen von einem Grundstück auf ein benachbartes Grundstück kann nicht die Einstellung

1) Wortlaut amtlich.

des Betriebs der gentechnischen Anlage, der gentechnischen Arbeiten oder die Beendigung einer Freisetzung verlangt werden, deren Genehmigung unanfechtbar ist und für die ein Anhörungsverfahren nach § 18 durchgeführt wurde; es können nur Vorkehrungen verlangt werden, die die benachteiligenden Wirkungen ausschließen. [2]Soweit solche Vorkehrungen nach dem Stand der Technik nicht durchführbar oder wirtschaftlich nicht vertretbar sind, kann lediglich Schadensersatz verlangt werden.

§ 24 Gebühren, Auslagen und Aufwendungen

(1) [1]Für individuell zurechenbare öffentliche Leistungen nach diesem Gesetz und den zur Durchführung dieses Gesetzes erlassenen Rechtsvorschriften sind Gebühren und Auslagen zu erheben. [2]Von der Zahlung von Gebühren und Auslagen sind außer den in § 8 Absatz 1 und 2 des Bundesgebührengesetzes bezeichneten Rechtsträgern die als gemeinnützig anerkannten Forschungseinrichtungen befreit.

(2) Das Bundesministerium für Ernährung und Landwirtschaft wird ermächtigt, im Einvernehmen mit dem Bundesministerium für Gesundheit und dem Bundesministerium für Umwelt, Naturschutz und nukleare Sicherheit durch Rechtsverordnung[1]) ohne Zustimmung des Bundesrates die gebührenpflichtigen Tatbestände und die Gebühren durch feste Sätze, Rahmensätze oder nach dem Wert des Gegenstandes näher zu bestimmen.

(3) [1]Für die durch die Länder zu erhebenden Kosten gilt Landesrecht; Absatz 1 Satz 2 gilt entsprechend. [2]Die Länder haben die bei der Kommission im Rahmen des Anzeige-, Anmelde- und Genehmigungsverfahrens entstehenden Aufwendungen zu erstatten. [3]Die Aufwendungen werden im Einzelfall festgesetzt; dabei können nach dem durchschnittlichen Personal- und Sachaufwand ermittelte feste Sätze oder Rahmensätze zugrunde gelegt werden.

(4) Die bei der Erfüllung von Auskunfts- und Duldungspflichten im Rahmen von Anmelde- und Genehmigungsverfahren und Überwachung entstehenden eigenen Aufwendungen des Betreibers sind nicht zu erstatten.

§ 25 Überwachung, Auskunfts-, Duldungspflichten

(1) Die zuständigen Behörden haben die Durchführung dieses Gesetzes, der auf Grund dieses Gesetzes erlassenen Rechtsverordnungen, der unmittelbar geltenden Rechtsakte der Europäischen Gemeinschaften oder der Europäischen Union im Anwendungsbereich dieses Gesetzes und der darauf beruhenden behördlichen Anordnungen und Verfügungen zu überwachen.

(2) Der Betreiber, die verantwortlichen Personen im Sinne des § 3 Nr. 8 und 9 und jede Person, die mit Produkten, die gentechnisch veränderte Organismen enthalten oder aus solchen bestehen, erwerbswirtschaftlich, gewerbsmäßig oder in vergleichbarer Weise umgeht, haben der zuständigen Behörde auf Verlangen unverzüglich die zur Überwachung erforderlichen Auskünfte zu erteilen und die erforderlichen Hilfsmittel, einschließlich Kontrollproben, im Rahmen ihrer Verfügbarkeit zur Verfügung zu stellen.

(3) [1]Die mit der Überwachung beauftragten Personen sind befugt,
1. zu den Betriebs- und Geschäftszeiten Grundstücke, Geschäftsräume und Betriebsräume zu betreten und zu besichtigen,
2. alle zur Erfüllung ihrer Aufgaben erforderlichen Prüfungen einschließlich der Entnahme von Proben durchzuführen,
3. die zur Erfüllung ihrer Aufgaben erforderlichen Unterlagen einzusehen und hieraus Ablichtungen oder Abschriften anzufertigen.

[2]Zur Verhütung dringender Gefahren für die öffentliche Sicherheit und Ordnung können Maßnahmen nach Satz 1 auch in Wohnräumen und zu jeder Tages- und Nachtzeit getroffen werden. [3]Der Betreiber und jede Person, die mit Produkten, die gentechnisch veränderte Organismen enthalten oder aus solchen bestehen, erwerbswirtschaftlich, gewerbsmäßig oder in vergleichbarer Weise umgeht, sind verpflichtet, Maßnahmen nach Satz 1 Nr. 1 und 2 und Satz 2 zu dulden, die mit der Überwachung beauftragten Personen zu unterstützen, soweit dies zur Erfüllung ihrer Aufgaben erforderlich ist, sowie die erforderlichen geschäftlichen Unterlagen vorzulegen. [4]Das Grundrecht der Unverletzlichkeit der Wohnung (Artikel 13 des Grundgesetzes) wird insoweit eingeschränkt.

(4) Auskunftspflichtige Personen können die Auskunft auf solche Fragen verweigern, deren Beantwortung sie selbst oder einen ihrer in § 383 Abs. 1 Nr. 1 bis 3 der Zivilprozeßordnung bezeichneten Angehörigen der Gefahr der Verfolgung wegen einer Straftat oder Ordnungswidrigkeit aussetzen würde.

(5) Die in Erfüllung einer Auskunfts- oder Duldungspflicht nach diesem Gesetz oder einer auf Grund dieses Gesetzes erlassenen Rechtsverordnung erhobenen personenbezogenen Informationen dürfen nur verwendet werden, soweit dies zur Durchführung dieses Gesetzes oder zur Verfolgung einer Straftat oder zur Abwehr einer Gefahr für die öffentliche Sicherheit erforderlich ist.

1) Siehe die BundeskostenVO zum GentechnikG.

(6) Der zuständigen Behörde ist auf Verlangen die Risikobewertung nach § 6 Abs. 1 vorzulegen.

(7) [1]Abweichend von Absatz 1 haben Behörden, die gesetzlich vorgeschriebene Prüfungen mit zum Inverkehrbringen zugelassenen gentechnisch veränderten Pflanzen durchführen oder durchführen lassen, selbst für die Einhaltung der Vorschriften dieses Gesetzes, der auf Grund dieses Gesetzes erlassenen Rechtsverordnungen sowie der unmittelbar geltenden Rechtsakte der Europäischen Gemeinschaften oder der Europäischen Union im Anwendungsbereich dieses Gesetzes zu sorgen. [2]Für die Gemeinden und Gemeindeverbände gilt dies nur, soweit ihnen durch Landesrecht diese Aufgabe übertragen worden ist.

§ 26 Behördliche Anordnungen

(1) [1]Die zuständige Behörde kann im Einzelfall die Anordnungen treffen, die zur Beseitigung festgestellter oder zur Verhütung künftiger Verstöße gegen dieses Gesetz, gegen die auf Grund dieses Gesetzes erlassenen Rechtsverordnungen oder gegen unmittelbar geltende Rechtsakte der Europäischen Gemeinschaften oder der Europäischen Union im Anwendungsbereich dieses Gesetzes notwendig sind. [2]Sie kann insbesondere den Betrieb einer gentechnischen Anlage oder gentechnische Arbeiten ganz oder teilweise untersagen, wenn

1. die erforderliche Anzeige oder Anmeldung unterblieben ist, eine erforderliche Genehmigung oder eine Zustimmung nicht vorliegt,
2. ein Grund zur Rücknahme oder zum Widerruf einer Genehmigung nach den Verwaltungsverfahrensgesetzen gegeben ist,
3. gegen Nebenbestimmungen oder nachträgliche Auflagen nach § 19 verstoßen wird,
4. die vorhandenen sicherheitsrelevanten Einrichtungen und Vorkehrungen nicht oder nicht mehr ausreichen.

(2) Kommt der Betreiber einer gentechnischen Anlage einer Auflage, einer vollziehbaren nachträglichen Anordnung oder einer Pflicht auf Grund einer Rechtsverordnung nach § 30 nicht nach und betreffen die Auflage, die Anordnung oder die Pflicht die Beschaffenheit oder den Betrieb der gentechnischen Anlage, so kann die zuständige Behörde den Betrieb ganz oder teilweise bis zur Erfüllung der Auflage, der Anordnung oder der Pflicht aus einer Rechtsverordnung nach § 30 untersagen.

(3) [1]Die zuständige Behörde kann anordnen, daß eine gentechnische Anlage, die ohne die erforderliche Anmeldung oder Genehmigung errichtet, betrieben oder wesentlich geändert wird, ganz oder teilweise stillzulegen oder zu beseitigen ist. [2]Sie hat die vollständige oder teilweise Beseitigung anzuordnen, wenn die in § 1 Nr. 1 genannten Rechtsgüter auf andere Weise nicht ausreichend geschützt werden können.

(4) [1]Die zuständige Behörde hat eine Freisetzung zu untersagen, soweit die Voraussetzungen von Absatz 1 Satz 2 Nr. 1 und 2 vorliegen. [2]Sie kann eine Freisetzung untersagen, soweit die Voraussetzungen von Absatz 1 Satz 2 Nr. 3 und 4 vorliegen.

(5) [1]Die zuständige Behörde hat ein Inverkehrbringen zu untersagen, wenn die erforderliche Genehmigung nicht vorliegt. [2]Sie hat ein Inverkehrbringen bis zur Entscheidung oder bis zu einem Beschluss der Europäischen Gemeinschaften oder der Europäischen Union nach Artikel 23 in Verbindung mit Artikel 30 Abs. 2 der Richtlinie 2001/18/EG vorläufig zu untersagen, soweit das Ruhen der Genehmigung angeordnet worden ist. [3]Sie kann das Inverkehrbringen bis zu dieser Entscheidung oder bis zu diesem Beschluss vorläufig ganz oder teilweise untersagen, wenn der hinreichende Verdacht besteht, dass die Voraussetzungen für das Inverkehrbringen nicht vorliegen. [4]Die zuständige Behörde sieht von Anordnungen nach Satz 1 ab, wenn das Produkt, das nicht zum Inverkehrbringen zugelassene gentechnisch veränderte Organismen enthält, zur unmittelbaren Verarbeitung vorgesehen und sichergestellt ist, dass das Produkt weder in unverarbeitetem noch in verarbeitetem Zustand in Lebensmittel oder Futtermittel gelangt, die gentechnisch veränderten Organismen nach der Verarbeitung zerstört sind und keine schädlichen Auswirkungen auf die in § 1 Nr. 1 genannten Rechtsgüter eintreten.

§ 27 Erlöschen der Genehmigung, Unwirksamwerden der Anmeldung

(1) Die Genehmigung erlischt, wenn

1. innerhalb einer von der Genehmigungsbehörde gesetzten Frist, die höchstens drei Jahre betragen darf, nicht mit der Errichtung oder dem Betrieb der gentechnischen Anlage oder der Freisetzung begonnen oder
2. eine gentechnische Anlage während eines Zeitraums von mehr als drei Jahren nicht mehr betrieben worden

ist.

(2) Die Genehmigung, ausgenommen in den Fällen des § 8 Abs. 2 Satz 2, erlischt ferner, soweit das Genehmigungserfordernis aufgehoben wird.

(3) Die Genehmigungsbehörde kann auf Antrag die Fristen nach Absatz 1 aus wichtigem Grunde um höchstens ein Jahr verlängern, wenn hierdurch der Zweck des Gesetzes nicht gefährdet wird.

(4) Die Anmeldung einer Anlage, in der gentechnische Arbeiten der Sicherheitsstufe 1 oder 2 durchgeführt werden sollen, wird unwirksam, wenn

1. innerhalb von drei Jahren nicht mit der Errichtung oder dem Betrieb der gentechnischen Anlage begonnen oder

2. die gentechnische Anlage während eines Zeitraums von mehr als drei Jahren nicht mehr betrieben worden ist.

§ 28 Informationsweitergabe

(1) Die zuständigen Behörden unterrichten die zuständige Bundesoberbehörde unverzüglich über

1. die im Vollzug dieses Gesetzes getroffenen Entscheidungen, sofern sie für die Bundesoberbehörde relevant sind,

2. Erkenntnisse und Vorkommnisse, die Auswirkungen auf die in § 1 Nr. 1 und 2 genannten Rechtsgüter und Belange haben können,

3. Zuwiderhandlungen oder den Verdacht auf Zuwiderhandlungen gegen Vorschriften dieses Gesetzes und der auf Grund dieses Gesetzes erlassenen Rechtsverordnungen, gegen unmittelbar geltende Rechtsakte der Europäischen Gemeinschaften oder der Europäischen Union sowie gegen Genehmigungen und Auflagen im Anwendungsbereich dieses Gesetzes.

(2) Die zuständige Bundesoberbehörde gibt ihre Erkenntnisse, soweit sie für den Gesetzesvollzug von Bedeutung sein können, den zuständigen Behörden bekannt.

§ 28a Unterrichtung der Öffentlichkeit

(1) [1]Die zuständige Behörde soll die Öffentlichkeit über Anordnungen nach § 26 unterrichten, sofern diese unanfechtbar geworden sind oder deren sofortige Vollziehung angeordnet worden ist, einschließlich der angeordneten Vorsichtsmaßnahmen. [2]Personenbezogene Daten dürfen nur veröffentlicht werden, soweit dies zur Gefahrenabwehr erforderlich ist.

(2) [1]Die zuständige Behörde unterrichtet die Öffentlichkeit über

1. den hinreichenden Verdacht einer Gefahr für die in § 1 Nr. 1 genannten Rechtsgüter einschließlich der zu treffenden Vorsichtsmaßnahmen,

2. die Ergebnisse der Überwachung des Inverkehrbringens in allgemeiner Weise.

[2]Personenbezogene Daten dürfen in den Fällen des Satzes 1 nur veröffentlicht werden, soweit die betroffene Person eingewilligt hat oder das schutzwürdige Informationsinteresse der Öffentlichkeit das schutzwürdige Interesse der betroffenen Person an dem Ausschluss der Veröffentlichung überwiegt. [3]Vor der Entscheidung über die Veröffentlichung ist die betroffene Person anzuhören.

(3) [1]Informationen nach Absatz 2 dürfen nicht veröffentlicht werden,

1. soweit das Bekanntwerden der Informationen die Vertraulichkeit der Beratung von Behörden berührt oder eine erhebliche Gefahr für die öffentliche Sicherheit verursachen kann,

2. während der Dauer eines Gerichtsverfahrens, eines strafrechtlichen Ermittlungsverfahrens, eines Disziplinarverfahrens, eines ordnungswidrigkeitsrechtlichen Verfahrens hinsichtlich der Daten, die Gegenstand des Verfahrens sind,

3. soweit der Schutz geistigen Eigentums, insbesondere Urheberrechte, dem Informationsanspruch entgegenstehen oder

4. soweit durch die Informationen Betriebs- oder Geschäftsgeheimnisse oder wettbewerbsrelevante Informationen, die dem Wesen nach Betriebsgeheimnissen gleichkommen, offenbart würden, es sei denn, bestimmte Informationen müssen unter Berücksichtigung der Gesamtumstände veröffentlicht werden, um den Schutz der Sicherheit und Gesundheit der Bevölkerung zu gewährleisten; dabei ist eine Abwägung entsprechend Absatz 2 Satz 2 vorzunehmen.

[2]Vor der Entscheidung über die Veröffentlichung sind in den Fällen des Satzes 1 Nr. 3 oder 4 die betroffenen Personen anzuhören. [3]Soweit veröffentlichte Informationen als Betriebs- oder Geschäftsgeheimnis gekennzeichnet sind, hat die zuständige Behörde im Zweifel von der Betroffenheit des Kennzeichnenden auszugehen.

(4) Stellen sich die von der Behörde an die Öffentlichkeit gegebenen Informationen im Nachhinein als falsch oder die zu Grunde liegenden Umstände als unrichtig wiedergegeben heraus, so informiert die Behörde die Öffentlichkeit hierüber in der gleichen Art und Weise, in der sie die betreffenden Informationen zuvor bekannt gegeben hat.

§ 28b Methodensammlung

(1) Die zuständige Bundesoberbehörde veröffentlicht im Benehmen mit den nach lebens- und futtermittelrechtlichen Vorschriften zuständigen Behörden eine amtliche Sammlung von Verfahren zur Probenahme und Untersuchung von Proben, die im Rahmen der Überwachung von gentechnischen Arbeiten,

gentechnischen Anlagen, Freisetzungen von gentechnisch veränderten Organismen und dem Inverkehrbringen durchgeführt oder angewendet werden.

(2) ¹Die Verfahren werden unter Mitwirkung von Sachkundigen aus den Bereichen der Überwachung, der Wissenschaft und der beteiligten Wirtschaft festgelegt. ²Die Sammlung ist laufend auf dem neuesten Stand zu halten.

§ 29 Auswertung und Bereitstellung von Daten

(1) ¹Die zuständige Bundesoberbehörde hat Daten gemäß § 28, die im Zusammenhang mit der Errichtung und dem Betrieb gentechnischer Anlagen, der Durchführung gentechnischer Arbeiten, mit Freisetzungen oder mit einem Inverkehrbringen von ihr erhoben oder ihr übermittelt worden sind, zum Zweck der Beobachtung, Sammlung und Auswertung von Sachverhalten, die Auswirkungen auf die in § 1 Nr. 1 und 2 genannten Rechtsgüter und Belange haben können, zu verarbeiten. ²Sie kann Daten über Stellungnahmen der Kommission zur Sicherheitseinstufung und zu Sicherheitsmaßnahmen gentechnischer Arbeiten sowie über die von den zuständigen Behörden getroffenen Entscheidungen an die zuständigen Behörden zur Verwendung im Rahmen von Anmelde- und Genehmigungsverfahren übermitteln. ³Die Empfänger dürfen die übermittelten Daten nur zu dem Zweck verwenden, zu dem sie übermittelt worden sind.

(1a) ¹Die Einrichtung eines automatisierten Abrufverfahrens ist zulässig. ²Die zuständige Bundesoberbehörde und die zuständigen Behörden legen bei der Einrichtung des automatisierten Abrufverfahrens die Art der zu übermittelnden Daten und die erforderlichen technischen und organisatorischen Maßnahmen nach den Artikeln 24, 25 und 32 der Verordnung (EU) 2016/679 schriftlich fest. ³Die Einrichtung des automatisierten Abrufverfahrens bedarf der Genehmigung des Bundesministeriums für Ernährung und Landwirtschaft im Einvernehmen mit dem Bundesministerium für Wirtschaft und Energie. ⁴Über die Einrichtung des Abrufverfahrens ist der Bundesbeauftragte für den Datenschutz unter Mitteilung der Festlegungen nach Satz 2 zu unterrichten. ⁵Die Verantwortung für die Zulässigkeit des einzelnen Abrufs trägt der Empfänger. ⁶Die zuständige Bundesoberbehörde prüft die Zulässigkeit der Abrufe nur, wenn dazu Anlaß besteht. ⁷Sie hat zu gewährleisten, daß die Übermittlung der Daten festgestellt und überprüft werden kann.

(2) ¹Die Rechtsvorschriften über die Geheimhaltung bleiben unberührt. ²Die Übermittlung von sachbezogenen Erkenntnissen im Sinne des § 17a an Dienststellen der Europäischen Union und Behörden anderer Staaten darf nur erfolgen, wenn die anfordernde Stelle darlegt, daß sie Vorkehrungen zum Schutz von Betriebs- und Geschäftsgeheimnissen sowie zum Schutz von personenbezogenen Daten getroffen hat, die den entsprechenden Vorschriften im Geltungsbereich dieses Gesetzes gleichwertig sind.

(3) Personenbezogene Daten dürfen bei der zuständigen Bundesoberbehörde nur verarbeitet werden, soweit dies für die Beurteilung der Zuverlässigkeit des Betreibers, des Projektleiters sowie des oder der Beauftragten für die Biologische Sicherheit oder für die Beurteilung der Sachkunde des Projektleiters oder des oder der Beauftragten für die Biologische Sicherheit erforderlich ist.

(4) Art und Umfang der Daten regelt das Bundesministerium für Ernährung und Landwirtschaft im Einvernehmen mit dem Bundesministerium für Wirtschaft und Energie durch Rechtsverordnung mit Zustimmung des Bundesrates.

§ 30 Erlaß von Rechtsverordnungen und Verwaltungsvorschriften

(1) Die Bundesregierung bestimmt nach Anhörung der Kommission durch Rechtsverordnung[1]) mit Zustimmung des Bundesrates zur Erreichung der in § 1 Nr. 1 genannten Zwecke die Verantwortlichkeit sowie die erforderliche Sachkunde des Projektleiters, insbesondere im Hinblick auf die Notwendigkeit und den Umfang von nachzuweisenden Kenntnissen in klassischer und molekularer Genetik, von praktischen Erfahrungen im Umgang mit Mikroorganismen und die erforderlichen Kenntnisse einschließlich der arbeitsschutzrechtlichen Bestimmungen über das Arbeiten in einer gentechnischen Anlage.

(2) Die Bundesregierung wird ermächtigt, nach Anhörung der Kommission durch Rechtsverordnung[2]) mit Zustimmung des Bundesrates zur Erreichung der in § 1 Nr. 1 genannten Zwecke zu bestimmen,

1. wie die Arbeitsstätte, die Betriebsanlagen und die technischen Arbeitsmittel bei den einzelnen Sicherheitsstufen beschaffen, eingerichtet und betrieben werden müssen, damit sie den gesicherten sicherheitstechnischen, arbeitsmedizinischen, hygienischen und sonstigen arbeitswissenschaftlichen Erkenntnissen entsprechen, die zum Schutz der Beschäftigten zu beachten und zur menschengerechten Gestaltung der Arbeit erforderlich sind;

2. die erforderlichen betrieblichen Maßnahmen, insbesondere

1) Siehe die Gentechnik-AufzeichnungsVO.
2) Siehe die die Gentechnik-SicherheitsVO, Gentechnik-VerfahrensVO, die Gentechnik-NotfallVO und die Lärm- und Vibrations-ArbeitsschutzVO.

a) wie das Arbeitsverfahren gestaltet sein muß, damit die Beschäftigten durch gentechnische Arbeiten oder eine Freisetzung nicht gefährdet werden,

b) wie die Arbeitsbereiche überwacht werden müssen, um eine Kontamination durch gentechnisch veränderte Organismen festzustellen,

c) wie gentechnisch veränderte Organismen innerbetrieblich aufbewahrt werden müssen und auf welche Gefahren hingewiesen werden muß, damit die Beschäftigten durch eine ungeeignete Aufbewahrung nicht gefährdet und durch Gefahrenhinweise über die von diesen Organismen ausgehenden Gefahren unterrichtet werden,

d) welche Vorkehrungen getroffen werden müssen, damit gentechnisch veränderte Organismen nicht in die Hände Unbefugter gelangen oder sonst abhanden kommen,

e) welche persönlichen Schutzausrüstungen zur Verfügung gestellt und von den Beschäftigten bestimmungsgemäß benutzt werden müssen,

f) daß die Zahl der Beschäftigten, die mit gentechnisch veränderten Organismen umgehen, beschränkt und daß die Dauer einer solchen Beschäftigung begrenzt werden kann,

g) wie sich die Beschäftigten verhalten müssen, damit sie sich selbst und andere nicht gefährden, und welche Maßnahmen zu treffen sind,

h) unter welchen Umständen Zugangsbeschränkungen zum Schutz der Beschäftigten vorgesehen werden müssen;

3. daß und wie viele Beauftragte für die Biologische Sicherheit der Betreiber zu bestellen hat, die die Erfüllung der Aufgaben des Projektleiters überprüfen und die den Betreiber und die verantwortlichen Personen in allen Fragen der biologischen Sicherheit zu beraten haben, wie diese Aufgaben im einzelnen wahrzunehmen sind, welche Sachkunde für die biologische Sicherheit nachzuweisen ist und auf welche Weise der Beauftragte oder die Beauftragten für die Biologische Sicherheit unter Beteiligung des Betriebs- oder Personalrates zu bestellen sind;

4. welche Kenntnisse und Fähigkeiten die mit gentechnischen Arbeiten oder einer Freisetzung Beschäftigten haben müssen und welche Nachweise hierüber zu erbringen sind;

5. wie und in welchen Zeitabständen die Beschäftigten über die Gefahren und Maßnahmen zu ihrer Abwendung zu unterweisen sind und wie den Beschäftigten der Inhalt der im Betrieb anzuwendenden Vorschriften in einer tätigkeitsbezogenen Betriebsanweisung unter Berücksichtigung von Sicherheitsratschlägen zur Kenntnis zu bringen ist;

6. welche Vorkehrungen zur Verhinderung von Betriebsunfällen und Betriebsstörungen sowie zur Begrenzung ihrer Auswirkungen für die Beschäftigten und welche Maßnahmen zur Organisation der Ersten Hilfe zu treffen sind;

7. daß und welche verantwortlichen Aufsichtspersonen zur Aufsicht über gentechnische Arbeiten und Freisetzungen sowie über andere Arbeiten im Gefahrenbereich bestellt und welche Befugnisse ihnen übertragen werden müssen, damit die Arbeitsschutzaufgaben erfüllt werden können;

8. daß im Hinblick auf den Schutz der Beschäftigten vom Betreiber eine Gefahrenbeurteilung vorzunehmen und ein Plan zur Gefahrenabwehr aufzustellen sind, welche Unterlagen hierfür zu erstellen sind, und daß diese Unterlagen zur Überprüfung der Gefahrenbeurteilung sowie des Gefahrenabwehrplanes zur Einsichtnahme durch die zuständige Behörde bereitgehalten werden müssen;

9. daß die Beschäftigten arbeitsmedizinisch zu betreuen und hierüber Aufzeichnungen zu führen sind sowie zu diesem Zweck

a) der Betreiber verpflichtet werden kann, die mit gentechnischen Arbeiten oder einer Freisetzung Beschäftigten ärztlich untersuchen zu lassen,

b) der Arzt, der mit einer Vorsorgeuntersuchung beauftragt ist, im Zusammenhang mit dem Untersuchungsbefund bestimmte Pflichten zu erfüllen hat, insbesondere hinsichtlich des Inhalts einer von ihm auszustellenden Bescheinigung und der Unterrichtung und Beratung über das Ergebnis der Untersuchung,

c) die zuständige Behörde entscheidet, wenn Feststellungen des Arztes für unzutreffend gehalten werden,

d) die in die Aufzeichnung aufzunehmenden Daten den Trägern der gesetzlichen Unfallversicherung oder einer von ihnen beauftragten Stelle zum Zweck der Ermittlung arbeitsbedingter Gesundheitsgefahren oder Berufskrankheiten übermittelt werden;

9a. bei welchen Tätigkeiten Beschäftigten nachgehende Untersuchungen ermöglicht werden müssen;

10. daß der Arbeitgeber dem Betriebs- oder Personalrat Vorgänge mitzuteilen hat, die dieser erfahren muß, um seine Aufgaben erfüllen zu können;

11. daß die zuständigen Behörden ermächtigt werden, zur Durchführung von Rechtsverordnungen bestimmte Anordnungen im Einzelfall auch gegen Aufsichtspersonen und sonstige Beschäftigte insbesondere bei Gefahr im Verzug zu erlassen;

12. daß bei der Beendigung einer gentechnischen Arbeit oder einer Freisetzung bestimmte Vorkehrungen zu treffen sind;

13. daß die Beförderung von gentechnisch veränderten Organismen von der Einhaltung bestimmter Vorsichtsmaßregeln abhängig zu machen ist;

14. daß und wie zur Ordnung des Verkehrs und des Umgangs mit Produkten, die gentechnisch veränderte Organismen enthalten oder aus solchen bestehen, die Produkte zu verpacken und zu kennzeichnen sind, insbesondere welche Angaben über die gentechnischen Veränderungen und über die vertretbaren schädlichen Auswirkungen im Sinne des § 16 Abs. 2 zu machen sind, soweit dies zum Schutz des Anwenders erforderlich ist;

15. welchen Inhalt und welche Form die Anzeige-, Anmelde- und Antragsunterlagen nach § 10 Abs. 2 und 3, § 12 Abs. 2 und 2a und § 15 haben müssen, insbesondere an welchen Kriterien die Risikobewertung auszurichten ist und welche Kriterien bei der Erstellung des Beobachtungsplans zu beachten sind, sowie die Einzelheiten des Anzeige-, Anmelde- und Genehmigungsverfahrens;

16. daß für den Fall eines Unfalls in einer gentechnischen Anlage

 a) die zuständige Behörde auf der Grundlage vom Betreiber zu liefernden Unterlagen außerbetriebliche Notfallpläne zu erstellen, ihre Erstellung und Durchführung mit den zuständigen Behörden der Mitgliedstaaten der Europäischen Union oder den anderen Vertragsstaaten des Abkommens über den Europäischen Wirtschaftsraum, die von einem Unfall betroffen werden können, abzustimmen sowie die Öffentlichkeit über Sicherheitsmaßnahmen zu unterrichten,

 b) der Betreiber die Umstände des Unfalls sowie die von ihm getroffenen Maßnahmen der zuständigen Behörde zu melden,

 c) die zuständige Behörde diese Angaben der zuständigen Bundesoberbehörde zur Weiterleitung an die Europäische Kommission zu melden, die von den Mitgliedstaaten der Europäischen Union und den anderen Vertragsstaaten des Abkommens über den Europäischen Wirtschaftsraum benannten Behörden zu unterrichten, soweit diese Staaten von dem Unfall möglicherweise betroffen sind, und alle Notfallmaßnahmen und sonstigen erforderlichen Maßnahmen zu treffen

 hat.

(3) *[aufgehoben]*

(4) Wegen der Anforderungen nach den Absätzen 1 und 2 kann auf jedermann zugängliche Bekanntmachungen sachverständiger Stellen verwiesen werden; hierbei ist

1. in der Rechtsverordnung das Datum der Bekanntmachung anzugeben und die Bezugsquelle genau zu bezeichnen,

2. die Bekanntmachung bei der zuständigen Bundesoberbehörde archivmäßig gesichert niederzulegen und in der Rechtsverordnung darauf hinzuweisen.

(5) Die Bundesregierung kann nach Anhörung der Kommission mit Zustimmung des Bundesrates zur Durchführung dieses Gesetzes und der auf Grund dieses Gesetzes erlassenen Rechtsverordnungen allgemeine Verwaltungsvorschriften erlassen.

§ 31 Zuständige Behörde und zuständige Bundesoberbehörde

[1]Die zur Ausführung dieses Gesetzes zuständigen Behörden bestimmt die nach Landesrecht zuständige Stelle, mangels einer solchen Bestimmung die Landesregierung; diese kann die Ermächtigung weiter übertragen. [2]Zuständige Bundesoberbehörde ist das Bundesamt für Verbraucherschutz und Lebensmittelsicherheit.

Fünfter Teil

Haftungsvorschriften

§ 32 Haftung

(1) Wird infolge von Eigenschaften eines Organismus, die auf gentechnischen Arbeiten beruhen, jemand getötet, sein Körper oder seine Gesundheit verletzt oder eine Sache beschädigt, so ist der Betreiber verpflichtet, den daraus entstehenden Schaden zu ersetzen.

(2) [1]Sind für denselben Schaden mehrere Betreiber zum Schadensersatz verpflichtet, so haften sie als Gesamtschuldner. [2]Im Verhältnis der Ersatzpflichtigen zueinander hängt, soweit nichts anderes bestimmt

ist, die Verpflichtung zum Ersatz sowie der Umfang des zu leistenden Ersatzes davon ab, inwieweit der Schaden vorwiegend von dem einen oder anderen Teil verursacht worden ist; im übrigen gelten die §§ 421 bis 425 sowie § 426 Abs. 1 Satz 2 und Abs. 2 des Bürgerlichen Gesetzbuchs.

(3) [1]Hat bei der Entstehung des Schadens ein Verschulden des Geschädigten mitgewirkt, so gilt § 254 des Bürgerlichen Gesetzbuchs; im Falle der Sachbeschädigung steht das Verschulden desjenigen, der die tatsächliche Gewalt über die Sache ausübt, dem Verschulden des Geschädigten gleich. [2]Die Haftung des Betreibers wird nicht gemindert, wenn der Schaden zugleich durch die Handlung eines Dritten verursacht worden ist; Absatz 2 Satz 2 gilt entsprechend.

(4) [1]Im Falle der Tötung ist Ersatz der Kosten der versuchten Heilung sowie des Vermögensnachteils zu leisten, den der Getötete dadurch erlitten hat, daß während der Krankheit seine Erwerbsfähigkeit aufgehoben oder gemindert war oder seine Bedürfnisse vermehrt waren. [2]Der Ersatzpflichtige hat außerdem die Kosten der Beerdigung demjenigen zu ersetzen, der diese Kosten zu tragen hat. [3]Stand der Getötete zur Zeit der Verletzung zu einem Dritten in einem Verhältnis, aus dem er diesem gegenüber kraft Gesetzes unterhaltspflichtig war oder unterhaltspflichtig werden konnte und ist dem Dritten infolge der Tötung das Recht auf Unterhalt entzogen, so hat der Ersatzpflichtige dem Dritten insoweit Schadensersatz zu leisten, als der Getötete während der mutmaßlichen Dauer seines Lebens zur Gewährung des Unterhalts verpflichtet gewesen wäre. [4]Die Ersatzpflicht tritt auch ein, wenn der Dritte zur Zeit der Verletzung gezeugt, aber noch nicht geboren war. [5]Der Ersatzpflichtige hat zudem dem Hinterbliebenen, der zur Zeit der Verletzung zu dem Getöteten in einem besonderen persönlichen Näheverhältnis stand, für das dem Hinterbliebenen zugefügte seelische Leid eine angemessene Entschädigung in Geld zu leisten. [6]Ein besonderes persönliches Näheverhältnis wird vermutet, wenn der Hinterbliebene der Ehegatte, der Lebenspartner, ein Elternteil oder ein Kind des Getöteten war.

(5) [1]Im Falle der Verletzung des Körpers oder der Gesundheit ist Ersatz der Kosten der Heilung sowie des Vermögensnachteils zu leisten, den der Verletzte dadurch erleidet, daß infolge der Verletzung seine Erwerbsfähigkeit zeitweise oder dauernd aufgehoben oder gemindert oder eine Vermehrung seiner Bedürfnisse eingetreten ist. [2]Wegen des Schadens, der nicht Vermögensschaden ist, kann auch eine billige Entschädigung in Geld gefordert werden.

(6) [1]Der Schadensersatz wegen Aufhebung oder Minderung der Erwerbsfähigkeit und wegen vermehrter Bedürfnisse des Verletzten sowie der nach Absatz 4 Satz 3 und 4 einem Dritten zu gewährende Schadensersatz ist für die Zukunft durch eine Geldrente zu leisten. [2]§ 843 Abs. 2 bis 4 des Bürgerlichen Gesetzbuchs ist entsprechend anzuwenden.

(7) [1]Stellt die Beschädigung einer Sache auch eine Beeinträchtigung der Natur oder der Landschaft dar, so ist, soweit der Geschädigte den Zustand herstellt, der bestehen würde, wenn die Beeinträchtigung nicht eingetreten wäre, § 251 Abs. 2 des Bürgerlichen Gesetzbuchs mit der Maßgabe anzuwenden, daß Aufwendungen für die Wiederherstellung des vorherigen Zustandes nicht allein deshalb unverhältnismäßig sind, weil sie den Wert der Sache erheblich übersteigen. [2]Für die erforderlichen Aufwendungen hat der Schädiger auf Verlangen des Ersatzberechtigten Vorschuß zu leisten.

(8) Auf die Verjährung finden die für unerlaubte Handlungen geltenden Vorschriften des Bürgerlichen Gesetzbuchs entsprechende Anwendung.

§ 33 Haftungshöchstbetrag
[1]Sind infolge von Eigenschaften eines Organismus, die auf gentechnischen Arbeiten beruhen, Schäden verursacht worden, so haftet der Betreiber im Falle des § 32 den Geschädigten bis zu einem Höchstbetrag von 85 Millionen Euro. [2]Übersteigen die mehreren auf Grund desselben Schadensereignisses zu leistenden Entschädigungen den in Satz 1 bezeichneten Höchstbetrag, so verringern sich die einzelnen Entschädigungen in dem Verhältnis, in dem ihr Gesamtbetrag zu dem Höchstbetrag steht.

§ 34 Ursachenvermutung
(1) Ist der Schaden durch gentechnisch veränderte Organismen verursacht worden, so wird vermutet, daß er durch Eigenschaften dieser Organismen verursacht wurde, die auf gentechnischen Arbeiten beruhen.

(2) Die Vermutung ist entkräftet, wenn es wahrscheinlich ist, daß der Schaden auf anderen Eigenschaften dieser Organismen beruht.

§ 35 Auskunftsansprüche des Geschädigten
(1) [1]Liegen Tatsachen vor, die die Annahme begründen, daß ein Personen- oder Sachschaden auf gentechnischen Arbeiten eines Betreibers beruht, so ist dieser verpflichtet, auf Verlangen des Geschädigten über die Art und den Ablauf der in der gentechnischen Anlage durchgeführten oder einer Freisetzung zugrundeliegenden gentechnischen Arbeiten Auskunft zu erteilen, soweit dies zur Feststellung, ob ein Anspruch nach § 32 besteht, erforderlich ist. [2]Die §§ 259 bis 261 des Bürgerlichen Gesetzbuchs sind entsprechend anzuwenden.

(2) Ein Auskunftsanspruch besteht unter den Voraussetzungen des Absatzes 1 Satz 1 auch gegenüber den Behörden, die für die Anmeldung, die Erteilung einer Genehmigung oder die Überwachung zuständig sind.

(3) Die Ansprüche nach den Absätzen 1 und 2 bestehen insoweit nicht, als die Vorgänge auf Grund gesetzlicher Vorschriften geheimzuhalten sind oder die Geheimhaltung einem überwiegenden Interesse des Betreibers oder eines Dritten entspricht.

§ 36 Deckungsvorsorge

(1) [1]Die Bundesregierung bestimmt in einer Rechtsverordnung mit Zustimmung des Bundesrates, dass derjenige, der eine gentechnische Anlage betreibt, in der gentechnische Arbeiten der Sicherheitsstufen 2 bis 4 durchgeführt werden sollen, oder der Freisetzungen vornimmt, verpflichtet ist, zur Deckung der Schäden Vorsorge zu treffen, die durch Eigenschaften eines Organismus, die auf gentechnischen Arbeiten beruhen, verursacht werden (Deckungsvorsorge). [2]Der Umfang der Deckungsvorsorge für eine gentechnische Anlage hat Art und Umfang der in der Anlage durchgeführten Arbeiten zu berücksichtigen; dies gilt für Freisetzungen entsprechend. [3]Die Rechtsverordnung muss auch nähere Vorschriften über die Befugnisse bei der Überwachung der Deckungsvorsorge enthalten. [4]Nach Erlass der Rechtsverordnung gemäß Satz 1 kann das Bundesministerium der Justiz und für Verbraucherschutz durch Rechtsverordnung im Einvernehmen mit dem Bundesministerium für Wirtschaft und Energie, dem Bundesministerium für Ernährung und Landwirtschaft, dem Bundesministerium für Bildung und Forschung, dem Bundesministerium für Umwelt, Naturschutz und nukleare Sicherheit sowie dem Bundesministerium für Gesundheit die Höhe der Deckungsvorsorge unter Beachtung der auf dem Versicherungsmarkt angebotenen Höchstbeträge neu festsetzen.

(2) [1]Die Deckungsvorsorge kann insbesondere erbracht werden
1. durch eine Haftpflichtversicherung bei einem im Geltungsbereich dieses Gesetzes zum Geschäftsbetrieb befugten Versicherungsunternehmen oder
2. durch eine Freistellungs- oder Gewährleistungsverpflichtung des Bundes oder eines Landes. [2]In der Rechtsverordnung nach Absatz 1 können auch andere Arten der Deckungsvorsorge zugelassen werden, insbesondere Freistellungs- oder Gewährleistungsverpflichtungen von Kreditinstituten, sofern sie vergleichbare Sicherheiten wie eine Deckungsvorsorge nach Satz 1 bieten.

(3) Von der Pflicht zur Deckungsvorsorge sind befreit
1. die Bundesrepublik Deutschland,
2. die Länder und
3. juristische Personen des öffentlichen Rechts.

§ 36a Ansprüche bei Nutzungsbeeinträchtigungen

(1) Die Übertragung von Eigenschaften eines Organismus, die auf gentechnischen Arbeiten beruhen, oder sonstige Einträge von gentechnisch veränderten Organismen stellen eine wesentliche Beeinträchtigung im Sinne von § 906 des Bürgerlichen Gesetzbuchs dar, wenn entgegen der Absicht des Nutzungsberechtigten wegen der Übertragung oder des sonstigen Eintrags Erzeugnisse insbesondere
1. nicht in Verkehr gebracht werden dürfen oder
2. nach den Vorschriften dieses Gesetzes oder nach anderen Vorschriften nur unter Hinweis auf die gentechnische Veränderung gekennzeichnet in den Verkehr gebracht werden dürfen oder
3. nicht mit einer Kennzeichnung in den Verkehr gebracht werden dürfen, die nach den für die Produktionsweise jeweils geltenden Rechtsvorschriften möglich gewesen wäre.

(2) Die Einhaltung der guten fachlichen Praxis nach § 16b Abs. 2 und 3 gilt als wirtschaftlich zumutbar im Sinne von § 906 des Bürgerlichen Gesetzbuchs.

(3) Für die Beurteilung der Ortsüblichkeit im Sinne von § 906 des Bürgerlichen Gesetzbuchs kommt es nicht darauf an, ob die Gewinnung von Erzeugnissen mit oder ohne gentechnisch veränderte Organismen erfolgt.

(4) [1]Kommen nach den tatsächlichen Umständen des Einzelfalls mehrere Nachbarn als Verursacher in Betracht und lässt es sich nicht ermitteln, wer von ihnen die Beeinträchtigung durch seine Handlung verursacht hat, so ist jeder für die Beeinträchtigung verantwortlich. [2]Dies gilt nicht, wenn jeder nur einen Teil der Beeinträchtigung verursacht hat und eine Aufteilung des Ausgleichs auf die Verursacher gemäß § 287 der Zivilprozessordnung möglich ist.

§ 37 Haftung nach anderen Rechtsvorschriften

(1) Wird infolge der Anwendung eines zum Gebrauch bei Menschen bestimmten Arzneimittels, das im Geltungsbereich des Arzneimittelgesetzes an den Verbraucher abgegeben wurde und der Pflicht zur Zu-

lassung unterliegt oder durch Rechtsverordnung von der Zulassung befreit worden ist, jemand getötet oder an Körper oder Gesundheit verletzt, so sind die §§ 32 bis 36 nicht anzuwenden.

(2) ¹Das gleiche gilt, wenn Produkte, die gentechnisch veränderte Organismen enthalten oder aus solchen bestehen, auf Grund einer Genehmigung nach § 16 Abs. 2 oder einer Zulassung oder Genehmigung nach sonstigen Rechtsvorschriften im Sinne des § 14 Abs. 2 in den Verkehr gebracht werden. ²In diesem Fall findet für die Haftung desjenigen Herstellers, dem die Zulassung oder Genehmigung für das Inverkehrbringen erteilt worden ist, § 1 Abs. 2 Nr. 5 des Produkthaftungsgesetzes keine Anwendung, wenn der Produktfehler auf gentechnischen Arbeiten beruht.

(3) Eine Haftung auf Grund anderer Vorschriften bleibt unberührt.

Sechster Teil
Straf- und Bußgeldvorschriften

§ 38 Bußgeldvorschriften
(1) Ordnungswidrig handelt, wer vorsätzlich oder fahrlässig
1. entgegen § 6 Abs. 1 Satz 1 in Verbindung mit einer Rechtsverordnung nach § 30 Abs. 2 Nr. 15 eine Risikobewertung für eine weitere gentechnische Arbeit der Sicherheitsstufe 1 nicht, nicht richtig, nicht vollständig oder nicht rechtzeitig durchführt,
1a. entgegen § 6 Abs. 3 Satz 1 Aufzeichnungen nicht führt,
2. entgegen § 8 Abs. 1 Satz 1 gentechnische Arbeiten durchführt,
3. ohne Genehmigung nach § 8 Abs. 1 Satz 2 eine gentechnische Anlage errichtet,
4. entgegen § 8 Abs. 2 Satz 1, auch in Verbindung mit Abs. 4 Satz 2, die Errichtung oder den Betrieb oder eine wesentliche Änderung der Lage, der Beschaffenheit oder des Betriebs einer gentechnischen Anlage oder gentechnische Arbeiten nicht, nicht richtig oder nicht rechtzeitig anzeigt oder anmeldet,
5. ohne Genehmigung nach § 8 Abs. 4 Satz 1 die Lage, die Beschaffenheit oder den Betrieb einer gentechnischen Anlage wesentlich ändert,
6. entgegen § 9 Abs. 2 Satz 1 eine Anzeige nicht, nicht richtig oder nicht rechtzeitig erstattet,
6a. ohne Genehmigung nach § 9 Abs. 3 weitere gentechnische Arbeiten durchführt,
6b. entgegen § 9 Abs. 4 weitere gentechnische Arbeiten durchführt,
7. ohne Genehmigung nach § 14 Abs. 1 Satz 1 Nr. 2 oder 3 Produkte, die gentechnisch veränderte Organismen enthalten oder aus solchen bestehen, in den Verkehr bringt,
7a. wer entgegen § 16c Abs. 1 ein Produkt nicht oder nicht richtig beobachtet,
8. einer vollziehbaren Auflage nach § 16d Abs. 3 Satz 1 oder § 19 Satz 2 oder einer vollziehbaren Anordnung nach § 26 zuwiderhandelt,
9. entgegen § 9 Abs. 4a oder 5, § 16a Abs. 2 Satz 1 oder 3 oder Abs. 3 Satz 1 oder 3 oder § 21 Abs. 1 Satz 1 oder 2 in Verbindung mit Satz 1, Abs. 1b Satz 1, Abs. 2 in Verbindung mit Abs. 1 Satz 1, Abs. 3, 4 Satz 1 oder Abs. 5 oder 5a Satz 1 oder 2 eine Mitteilung nicht, nicht richtig oder nicht rechtzeitig macht,
10. entgegen § 25 Abs. 2 eine Auskunft nicht, nicht rechtzeitig, nicht vollständig oder nicht richtig erteilt oder ein Hilfsmittel nicht zur Verfügung stellt,
11. einer in § 16 Abs. 5a oder § 25 Abs. 3 Satz 3 genannten Verpflichtung zuwiderhandelt,
11a. entgegen § 25 Abs. 6 die Risikobewertung nicht oder nicht rechtzeitig vorlegt oder
12. einer Rechtsverordnung nach § 2 Abs. 2 Satz 3, auch in Verbindung mit Abs. 2a Satz 2, § 6 Abs. 3 Satz 2, § 7 Abs. 2 Satz 2 oder § 30 Abs. 2 Nr. 14 zuwiderhandelt, soweit sie für einen bestimmten Tatbestand auf diese Bußgeldvorschrift verweist.

(2) Die Ordnungswidrigkeit kann mit einer Geldbuße bis zu fünfzigtausend Euro geahndet werden.

(3) Soweit dieses Gesetz von Bundesbehörden ausgeführt wird, ist Verwaltungsbehörde im Sinne des § 36 Abs. 1 Nr. 1 des Gesetzes über Ordnungswidrigkeiten die nach Landesrecht zuständige Behörde.

§ 39 Strafvorschriften
(1) Mit Freiheitsstrafe bis zu einem Jahr oder mit Geldstrafe wird bestraft, wer einer Rechtsverordnung nach § 36 Abs. 1 Satz 1 zuwiderhandelt, soweit sie für einen bestimmten Tatbestand auf diese Strafvorschrift verweist.

(2) Mit Freiheitsstrafe bis zu drei Jahren oder mit Geldstrafe wird bestraft, wer
1. ohne Genehmigung nach § 14 Abs. 1 Satz 1 Nr. 1 gentechnisch veränderte Organismen freisetzt oder
2. ohne Genehmigung nach § 8 Abs. 1 Satz 2 eine gentechnische Anlage betreibt.

(3) Mit Freiheitsstrafe von drei Monaten bis zu fünf Jahren wird bestraft, wer durch eine in Absatz 2 oder eine in § 38 Abs. 1 Nr. 2, 8, 9 oder 12 bezeichnete Handlung Leib oder Leben eines anderen, fremde Sachen von bedeutendem Wert oder Bestandteile des Naturhaushalts von erheblicher ökologischer Bedeutung gefährdet.

(4) In den Fällen der Absätze 2 und 3 ist der Versuch strafbar.

(5) Wer in den Fällen des Absatzes 2 fahrlässig handelt, wird mit Freiheitsstrafe bis zu einem Jahr oder mit Geldstrafe bestraft.

(6) Wer in den Fällen des Absatzes 3 die Gefahr fahrlässig verursacht, wird mit Freiheitsstrafe bis zu fünf Jahren oder mit Geldstrafe bestraft.

(7) Wer in den Fällen des Absatzes 3 fahrlässig handelt und die Gefahr fahrlässig verursacht, wird mit Freiheitsstrafe bis zu drei Jahren oder mit Geldstrafe bestraft.

Siebter Teil
Übergangs- und Schlußvorschriften

§ 40 (weggefallen)

§ 41 Übergangsregelung

(1) Für gentechnische Arbeiten, die bei Inkrafttreten der Vorschriften dieses Gesetzes über Anmeldungen und Genehmigungspflichten in einem nach den „Richtlinien zum Schutz vor Gefahren durch in-vitro neukombinierte Nukleinsäuren" (Gen-Richtlinien) registrierten Genlabor durchgeführt werden durften und die nach den Vorschriften dieses Gesetzes nur in genehmigten oder angemeldeten gentechnischen Anlagen durchgeführt werden dürfen, angemeldet werden müssen oder einer Genehmigung bedürfen, gilt die Anmeldung als erfolgt oder die Genehmigung als erteilt; für gentechnische Arbeiten in solchen Anlagen ist § 9 anwendbar.

(2) [1]Eine Genehmigung, die vor dem Inkrafttreten der Vorschriften dieses Gesetzes über Anmeldungen sowie Genehmigungspflichten nach dem Bundes-Immissionsschutzgesetz erteilt worden ist, gilt im bisherigen Umfang als Anmeldung oder Genehmigung im Sinne dieses Gesetzes fort. [2]§ 19 findet entsprechende Anwendung.

(3) *[aufgehoben]*

(4) [1]Auf die bis zum Inkrafttreten dieses Gesetzes begonnenen Verfahren finden die Vorschriften des Zweiten Gesetzes zur Änderung des Gentechnikgesetzes vom 16. August 2002 (BGBl. I S. 3220) keine Anwendung, sofern vollständige Antragsunterlagen vorliegen. [2]Dies gilt nicht für die Genehmigung weiterer Arbeiten der Sicherheitsstufen 3 und 4 gemäß § 9 Abs. 3.

(5) *[aufgehoben]*

(6) Inverkehrbringensgenehmigungen, die vor dem 17. Oktober 2002 erteilt wurden, erlöschen am 17. Oktober 2006, wenn nicht bis zum 17. Januar 2006 eine Verlängerung beantragt worden ist.

(7) Bis zum Erlass einer Rechtsverordnung nach § 14 Abs. 4, längstens jedoch bis zum 31. Dezember 2008, treten an deren Stelle, auch soweit in diesem Gesetz auf diese Rechtsverordnung verwiesen wird, hinsichtlich des Verfahrens und des Genehmigungsumfangs die Bestimmungen der Entscheidung 94/730/EG der Kommission vom 4. November 1994 zur Festlegung von vereinfachten Verfahren für die absichtliche Freisetzung genetisch veränderter Pflanzen nach Artikel 6 Absatz 5 der Richtlinie 90/220/EWG des Rates (ABl. EG Nr. L 292 S. 31).

(8) Bis zur Bildung der Kommission nach § 4 werden deren jeweilige Aufgaben von einem besonderen Ausschuss wahrgenommen, der
1. nach Maßgabe der am 3. Februar 2005 geltenden Vorschriften für die Zentrale Kommission für die Biologische Sicherheit gebildet wird und
2. die Aufgaben nach Maßgabe der in Nummer 1 genannten Vorschriften wahrnimmt.

(9) Abweichend von den sonstigen Vorschriften dieses Gesetzes können
1. die Gentechnik-Verfahrensverordnung in der Fassung der Bekanntmachung vom 4. November 1996 (BGBl. I S. 1657), zuletzt geändert durch Artikel 2 des Gesetzes vom 16. August 2002 (BGBl. I S. 3220),
2. die Gentechnik-Beteiligungsverordnung vom 17. Mai 1995 (BGBl. I S. 734), geändert durch Artikel 1 § 2 des Gesetzes vom 22. März 2004 (BGBl. I S. 454),
bis zum 1. Oktober 2006 ohne Anhörung der Kommission nach § 4 oder eines Ausschusses nach den §§ 5 und 5a einmal geändert werden.

§ 41a (weggefallen)

§ 42 Anwendbarkeit der Vorschriften für die anderen Vertragsstaaten des Abkommens über den Europäischen Wirtschaftsraum

Bei Inkrafttreten des Abkommens über den Europäischen Wirtschaftsraum[1] gelten die Vorschriften, die eine Beteiligung der Mitgliedstaaten der Europäischen Union vorsehen, auch für die Beteiligung der anderen Vertragsstaaten des Abkommens über den Europäischen Wirtschaftsraum ab dem 1. Januar 1995.

1) Das Abkommen ist am 1.1.1994 in Kraft getreten (Bek. v. 16.12.1993, BGBl. I S. 2436).

Gesetz zum Schutz vor schädlichen Bodenveränderungen und zur Sanierung von Altlasten (Bundes-Bodenschutzgesetz – BBodSchG)[1)]

Vom 17. März 1998 (BGBl. I S. 502)
(FNA 2129-32)
zuletzt geändert durch Art. 3 Abs. 3 VO zur Neuordnung der Klärschlammverwertung
vom 27. September 2017 (BGBl. I S. 3465)

Inhaltsübersicht

Erster Teil
Allgemeine Vorschriften

§ 1 Zweck und Grundsätze des Gesetzes

[1]Zweck dieses Gesetzes ist es, nachhaltig die Funktionen des Bodens zu sichern oder wiederherzustellen. [2]Hierzu sind schädliche Bodenveränderungen abzuwehren, der Boden und Altlasten sowie hierdurch verursachte Gewässerverunreinigungen zu sanieren und Vorsorge gegen nachteilige Einwirkungen auf den Boden zu treffen. [3]Bei Einwirkungen auf den Boden sollen Beeinträchtigungen seiner natürlichen Funktionen sowie seiner Funktion als Archiv der Natur- und Kulturgeschichte so weit wie möglich vermieden werden.

§ 2 Begriffsbestimmungen

(1) Boden im Sinne dieses Gesetzes ist die obere Schicht der Erdkruste, soweit sie Träger der in Absatz 2 genannten Bodenfunktionen ist, einschließlich der flüssigen Bestandteile (Bodenlösung) und der gasförmigen Bestandteile (Bodenluft), ohne Grundwasser und Gewässerbetten.

(2) Der Boden erfüllt im Sinne dieses Gesetzes

1. natürliche Funktionen als
 a) Lebensgrundlage und Lebensraum für Menschen, Tiere, Pflanzen und Bodenorganismen,
 b) Bestandteil des Naturhaushalts, insbesondere mit seinen Wasser- und Nährstoffkreisläufen,

1) Verkündet als Art. 1 BodenschutzG v. 17.3.1998 (BGBl. I S. 502); Inkrafttreten gem. Art. 4 Satz 2 dieses G am 1.3.1999 mit Ausnahme von § 20, der gem. Art. 4 Satz 1 dieses G am 25.3.1998 in Kraft getreten ist.

c) Abbau-, Ausgleichs- und Aufbaumedium für stoffliche Einwirkungen auf Grund der Filter-, Puffer- und Stoffumwandlungseigenschaften, insbesondere auch zum Schutz des Grundwassers,

2. Funktionen als Archiv der Natur- und Kulturgeschichte sowie

3. Nutzungsfunktionen als
 a) Rohstofflagerstätte,
 b) Fläche für Siedlung und Erholung,
 c) Standort für die land- und forstwirtschaftliche Nutzung,
 d) Standort für sonstige wirtschaftliche und öffentliche Nutzungen, Verkehr, Ver- und Entsorgung.

(3) Schädliche Bodenveränderungen im Sinne dieses Gesetzes sind Beeinträchtigungen der Bodenfunktionen, die geeignet sind, Gefahren, erhebliche Nachteile oder erhebliche Belästigungen für den einzelnen oder die Allgemeinheit herbeizuführen.

(4) Verdachtsflächen im Sinne dieses Gesetzes sind Grundstücke, bei denen der Verdacht schädlicher Bodenveränderungen besteht.

(5) Altlasten im Sinne dieses Gesetzes sind

1. stillgelegte Abfallbeseitigungsanlagen sowie sonstige Grundstücke, auf denen Abfälle behandelt, gelagert oder abgelagert worden sind (Altablagerungen), und

2. Grundstücke stillgelegter Anlagen und sonstige Grundstücke, auf denen mit umweltgefährdenden Stoffen umgegangen worden ist, ausgenommen Anlagen, deren Stillegung einer Genehmigung nach dem Atomgesetz bedarf (Altstandorte),

durch die schädliche Bodenveränderungen oder sonstige Gefahren für den einzelnen oder die Allgemeinheit hervorgerufen werden.

(6) Altlastverdächtige Flächen im Sinne dieses Gesetzes sind Altablagerungen und Altstandorte, bei denen der Verdacht schädlicher Bodenveränderungen oder sonstiger Gefahren für den einzelnen oder die Allgemeinheit besteht.

(7) Sanierung im Sinne dieses Gesetzes sind Maßnahmen

1. zur Beseitigung oder Verminderung der Schadstoffe (Dekontaminationsmaßnahmen),

2. die die Ausbreitung der Schadstoffe langfristig verhindern oder vermindern, ohne die Schadstoffe zu beseitigen (Sicherungsmaßnahmen),

3. zur Beseitigung oder Verminderung schädlicher Veränderungen der physikalischen, chemischen oder biologischen Beschaffenheit des Bodens.

(8) Schutz- und Beschränkungsmaßnahmen im Sinne dieses Gesetzes sind sonstige Maßnahmen, die Gefahren, erhebliche Nachteile oder erhebliche Belästigungen für den einzelnen oder die Allgemeinheit verhindern oder vermindern, insbesondere Nutzungsbeschränkungen.

§ 3 Anwendungsbereich

(1) Dieses Gesetz findet auf schädliche Bodenveränderungen und Altlasten Anwendung, soweit

1. Vorschriften des Kreislaufwirtschaftsgesetzes über das Aufbringen von Abfällen zur Verwertung als Düngemittel im Sinne des § 2 des Düngegesetzes und der hierzu auf Grund des Kreislaufwirtschaftsgesetzes und des bis zum 1. Juni 2012 geltenden Kreislaufwirtschafts- und Abfallgesetzes erlassenen Rechtsverordnungen,

2. Vorschriften des Kreislaufwirtschaftsgesetzes über die Zulassung und den Betrieb von Abfallbeseitigungsanlagen zur Beseitigung von Abfällen sowie über die Stillegung von Deponien,

3. Vorschriften über die Beförderung gefährlicher Güter,

4. Vorschriften des Düngemittel- und Pflanzenschutzrechts,

5. Vorschriften des Gentechnikgesetzes,

6. Vorschriften des Zweiten Kapitels des Bundeswaldgesetzes und der Forst- und Waldgesetze der Länder,

7. Vorschriften des Flurbereinigungsgesetzes über das Flurbereinigungsgebiet, auch in Verbindung mit dem Landwirtschaftsanpassungsgesetz,

8. Vorschriften über Bau, Änderung, Unterhaltung und Betrieb von Verkehrswegen oder Vorschriften, die den Verkehr regeln,

9. Vorschriften des Bauplanungs- und Bauordnungsrechts,

10. Vorschriften des Bundesberggesetzes und der auf Grund dieses Gesetzes erlassenen Rechtsverordnungen über die Errichtung, Führung oder Einstellung eines Betriebes sowie

11. Vorschriften des Bundes-Immissionsschutzgesetzes und der auf Grund dieses Gesetzes erlassenen Rechtsverordnungen über die Errichtung und den Betrieb von Anlagen unter Berücksichtigung von Absatz 3

Einwirkungen auf den Boden nicht regeln.

(2) ¹Dieses Gesetz findet keine Anwendung auf Anlagen, Tätigkeiten, Geräte oder Vorrichtungen, Kernbrennstoffe und sonstige radioaktive Stoffe, Grundstücke, Teile von Grundstücken, Gewässer und Grubenbaue, soweit Rechtsvorschriften den Schutz vor den Gefahren der Kernenergie oder der Wirkung ionisierender Strahlen regeln. ²Dieses Gesetz gilt ferner nicht für das Aufsuchen, Bergen, Befördern, Lagern, Behandeln und Vernichten von Kampfmitteln.

(3) ¹Im Hinblick auf das Schutzgut Boden gelten schädliche Bodenveränderungen im Sinne des § 2 Abs. 3 dieses Gesetzes und der auf Grund dieses Gesetzes erlassenen Rechtsverordnungen, soweit sie durch Immissionen verursacht werden, als schädliche Umwelteinwirkungen nach § 3 Abs. 1 des Bundes-Immissionsschutzgesetzes, im übrigen als sonstige Gefahren, erhebliche Nachteile oder erhebliche Belästigungen nach § 5 Abs. 1 Nr. 1 des Bundes-Immissionsschutzgesetzes. ²Zur näheren Bestimmung der immissionsschutzrechtlichen Vorsorgepflichten sind die in einer Rechtsverordnung nach § 8 Abs. 2 festgelegten Werte heranzuziehen, sobald in einer Rechtsverordnung oder in einer Verwaltungsvorschrift des Bundes bestimmt worden ist, welche Zusatzbelastungen durch den Betrieb einer Anlage nicht als ursächlicher Beitrag zum Entstehen schädlicher Bodenveränderungen anzusehen sind. ³In der Rechtsverordnung oder der Verwaltungsvorschrift soll gleichzeitig geregelt werden, daß bei Unterschreitung bestimmter Emissionsmassenströme auch ohne Ermittlung der Zusatzbelastung davon auszugehen ist, daß die Anlage nicht zu schädlichen Bodenveränderungen beiträgt.

Zweiter Teil
Grundsätze und Pflichten

§ 4 Pflichten zur Gefahrenabwehr

(1) Jeder, der auf den Boden einwirkt, hat sich so zu verhalten, daß schädliche Bodenveränderungen nicht hervorgerufen werden.

(2) Der Grundstückseigentümer und der Inhaber der tatsächlichen Gewalt über ein Grundstück sind verpflichtet, Maßnahmen zur Abwehr der von ihrem Grundstück drohenden schädlichen Bodenveränderungen zu ergreifen.

(3) ¹Der Verursacher einer schädlichen Bodenveränderung oder Altlast sowie dessen Gesamtrechtsnachfolger, der Grundstückseigentümer und der Inhaber der tatsächlichen Gewalt über ein Grundstück sind verpflichtet, den Boden und Altlasten sowie durch schädliche Bodenveränderungen oder Altlasten verursachte Verunreinigungen von Gewässern so zu sanieren, daß dauerhaft keine Gefahren, erheblichen Nachteile oder erheblichen Belästigungen für den einzelnen oder die Allgemeinheit entstehen. ²Hierzu kommen bei Belastungen durch Schadstoffe neben Dekontaminations- auch Sicherungsmaßnahmen in Betracht, die eine Ausbreitung der Schadstoffe langfristig verhindern. ³Soweit dies nicht möglich oder unzumutbar ist, sind sonstige Schutz- und Beschränkungsmaßnahmen durchzuführen. ⁴Zur Sanierung ist auch verpflichtet, wer aus handelsrechtlichem oder gesellschaftsrechtlichem Rechtsgrund für eine juristische Person einzustehen hat, der ein Grundstück, das mit einer schädlichen Bodenveränderung oder einer Altlast belastet ist, gehört, und wer das Eigentum an einem solchen Grundstück aufgibt.

(4) ¹Bei der Erfüllung der boden- und altlastenbezogenen Pflichten nach den Absätzen 1 bis 3 ist die planungsrechtlich zulässige Nutzung des Grundstücks und das sich daraus ergebende Schutzbedürfnis zu beachten, soweit dies mit dem Schutz der in § 2 Abs. 2 Nr. 1 und 2 genannten Bodenfunktionen zu vereinbaren ist. ²Fehlen planungsrechtliche Festsetzungen, bestimmt die Prägung des Gebiets unter Berücksichtigung der absehbaren Entwicklung das Schutzbedürfnis. ³Die bei der Sanierung von Gewässern zu erfüllenden Anforderungen bestimmen sich nach dem Wasserrecht.

(5) ¹Sind schädliche Bodenveränderungen oder Altlasten nach dem 1. März 1999 eingetreten, sind Schadstoffe zu beseitigen, soweit dies im Hinblick auf die Vorbelastung des Bodens verhältnismäßig ist. ²Dies gilt für denjenigen nicht, der zum Zeitpunkt der Verursachung auf Grund der Erfüllung der für ihn geltenden gesetzlichen Anforderungen darauf vertraut hat, daß solche Beeinträchtigungen nicht entstehen werden, und sein Vertrauen unter Berücksichtigung der Umstände des Einzelfalles schutzwürdig ist.

(6) ¹Der frühere Eigentümer eines Grundstücks ist zur Sanierung verpflichtet, wenn er sein Eigentum nach dem 1. März 1999 übertragen hat und die schädliche Bodenveränderung oder Altlast hierbei kannte oder kennen mußte. ²Dies gilt für denjenigen nicht, der beim Erwerb des Grundstücks darauf vertraut hat, daß schädliche Bodenveränderungen oder Altlasten nicht vorhanden sind, und sein Vertrauen unter Berücksichtigung der Umstände des Einzelfalles schutzwürdig ist.

§ 5 Entsiegelung

¹Soweit die Vorschriften des Baurechts die Befugnisse der Behörden nicht regeln, wird die Bundesregierung ermächtigt, nach Anhörung der beteiligten Kreise (§ 20) durch Rechtsverordnung mit Zustimmung des Bundesrates Grundstückseigentümer zu verpflichten, bei dauerhaft nicht mehr genutzten Flä-

chen, deren Versiegelung im Widerspruch zu planungsrechtlichen Festsetzungen steht, den Boden in seiner Leistungsfähigkeit im Sinne des § 1 so weit wie möglich und zumutbar zu erhalten oder wiederherzustellen. [2]Bis zum Inkrafttreten einer Rechtsverordnung nach Satz 1 können durch die nach Landesrecht zuständigen Behörden im Einzelfall gegenüber den nach Satz 1 Verpflichteten Anordnungen zur Entsiegelung getroffen werden, wenn die in Satz 1 im übrigen genannten Voraussetzungen vorliegen.

§ 6 Auf- und Einbringen von Materialien auf oder in den Boden

Die Bundesregierung wird ermächtigt, nach Anhörung der beteiligten Kreise (§ 20) durch Rechtsverordnung mit Zustimmung des Bundesrates zur Erfüllung der sich aus diesem Gesetz ergebenden Anforderungen an das Auf- und Einbringen von Materialien hinsichtlich der Schadstoffgehalte und sonstiger Eigenschaften, insbesondere

1. Verbote oder Beschränkungen nach Maßgabe von Merkmalen wie Art und Beschaffenheit der Materialien und des Bodens, Aufbringungsort und -zeit und natürliche Standortverhältnisse sowie
2. Untersuchungen der Materialien oder des Bodens, Maßnahmen zur Vorbehandlung dieser Materialien oder geeignete andere Maßnahmen

zu bestimmen.

§ 7 Vorsorgepflicht

[1]Der Grundstückseigentümer, der Inhaber der tatsächlichen Gewalt über ein Grundstück und derjenige, der Verrichtungen auf einem Grundstück durchführt oder durchführen läßt, die zu Veränderungen der Bodenbeschaffenheit führen können, sind verpflichtet, Vorsorge gegen das Entstehen schädlicher Bodenveränderungen zu treffen, die durch ihre Nutzung auf dem Grundstück oder in dessen Einwirkungsbereich hervorgerufen werden können. [2]Vorsorgemaßnahmen sind geboten, wenn wegen der räumlichen, langfristigen oder komplexen Auswirkungen einer Nutzung auf die Bodenfunktionen die Besorgnis einer schädlichen Bodenveränderung besteht. [3]Zur Erfüllung der Vorsorgepflicht sind Bodeneinwirkungen zu vermeiden oder zu vermindern, soweit dies auch im Hinblick auf den Zweck der Nutzung des Grundstücks verhältnismäßig ist. [4]Anordnungen zur Vorsorge gegen schädliche Bodenveränderungen dürfen nur getroffen werden, soweit Anforderungen in einer Rechtsverordnung nach § 8 Abs. 2 festgelegt sind. [5]Die Erfüllung der Vorsorgepflicht bei der landwirtschaftlichen Bodennutzung richtet sich nach § 17 Abs. 1 und 2, für die forstwirtschaftliche Bodennutzung richtet sie sich nach dem Zweiten Kapitel des Bundeswaldgesetzes und den Forst- und Waldgesetzen der Länder. [6]Die Vorsorge für das Grundwasser richtet sich nach wasserrechtlichen Vorschriften. [7]Bei bestehenden Bodenbelastungen bestimmen sich die zu erfüllenden Pflichten nach § 4.

§ 8 Werte und Anforderungen

(1) [1]Die Bundesregierung wird ermächtigt, nach Anhörung der beteiligten Kreise (§ 20) durch Rechtsverordnung mit Zustimmung des Bundesrates Vorschriften über die Erfüllung der sich aus § 4 ergebenden boden- und altlastenbezogenen Pflichten sowie die Untersuchung und Bewertung von Verdachtsflächen, schädlichen Bodenveränderungen, altlastverdächtigen Flächen und Altlasten zu erlassen. [2]Hierbei können insbesondere

1. Werte, bei deren Überschreiten unter Berücksichtigung der Bodennutzung eine einzelfallbezogene Prüfung durchzuführen und festzustellen ist, ob eine schädliche Bodenveränderung oder Altlast vorliegt (Prüfwerte),
2. Werte für Einwirkungen oder Belastungen, bei deren Überschreiten unter Berücksichtigung der jeweiligen Bodennutzung in der Regel von einer schädlichen Bodenveränderung oder Altlast auszugehen ist und Maßnahmen erforderlich sind (Maßnahmenwerte),
3. Anforderungen an
 a) die Abwehr schädlicher Bodenveränderungen; hierzu gehören auch Anforderungen an den Umgang mit ausgehobenem, abgeschobenem und behandeltem Bodenmaterial,
 b) die Sanierung des Bodens und von Altlasten, insbesondere an
 – die Bestimmung des zu erreichenden Sanierungsziels,
 – den Umfang von Dekontaminations- und Sicherungsmaßnahmen, die langfristig eine Ausbreitung von Schadstoffen verhindern, sowie
 – Schutz- und Beschränkungsmaßnahmen

festgelegt werden.

(2) Die Bundesregierung wird ermächtigt, nach Anhörung der beteiligten Kreise (§ 20) durch Rechtsverordnung mit Zustimmung des Bundesrates zur Erfüllung der sich aus § 7 ergebenden Pflichten sowie zur Festlegung von Anforderungen an die damit verbundene Untersuchung und Bewertung von Flächen mit der Besorgnis einer schädlichen Bodenveränderung Vorschriften zu erlassen, insbesondere über

1. Bodenwerte, bei deren Überschreiten unter Berücksichtigung von geogenen oder großflächig sied-lungsbedingten Schadstoffgehalten in der Regel davon auszugehen ist, daß die Besorgnis einer schädlichen Bodenveränderung besteht (Vorsorgewerte),
2. zulässige Zusatzbelastungen und Anforderungen zur Vermeidung oder Verminderung von Stoffein-trägen.

(3) [1]Mit den in den Absätzen 1 und 2 genannten Werten sind Verfahren zur Ermittlung von umweltge-fährdenden Stoffen in Böden, biologischen und anderen Materialien festzulegen. [2]Diese Verfahren um-fassen auch Anforderungen an eine repräsentative Probenahme, Probenbehandlung und Qualitätssiche-rung einschließlich der Ermittlung der Werte für unterschiedliche Belastungen.

§ 9 Gefährdungsabschätzung und Untersuchungsanordnungen

(1) [1]Liegen der zuständigen Behörde Anhaltspunkte dafür vor, daß eine schädliche Bodenveränderung oder Altlast vorliegt, so soll sie zur Ermittlung des Sachverhalts die geeigneten Maßnahmen ergreifen. [2]Werden die in einer Rechtsverordnung nach § 8 Abs. 1 Satz 2 Nr. 1 festgesetzten Prüfwerte überschritten, soll die zuständige Behörde die notwendigen Maßnahmen treffen, um festzustellen, ob eine schädliche Bodenveränderung oder Altlast vorliegt. [3]Im Rahmen der Untersuchung und Bewertung sind insbesondere Art und Konzentration der Schadstoffe, die Möglichkeit ihrer Ausbreitung in die Umwelt und ihrer Auf-nahme durch Menschen, Tiere und Pflanzen sowie die Nutzung des Grundstücks nach § 4 Abs. 4 zu berücksichtigen. [4]Der Grundstückseigentümer und, wenn dieser bekannt ist, auch der Inhaber der tat-sächlichen Gewalt sind über die getroffenen Feststellungen und über die Ergebnisse der Bewertung auf Antrag schriftlich zu unterrichten.

(2) [1]Besteht auf Grund konkreter Anhaltspunkte der hinreichende Verdacht einer schädlichen Bodenver-änderung oder einer Altlast, kann die zuständige Behörde anordnen, daß die in § 4 Abs. 3, 5 und 6 ge-nannten Personen die notwendigen Untersuchungen zur Gefährdungsabschätzung durchzuführen haben. [2]Die zuständige Behörde kann verlangen, daß Untersuchungen von Sachverständigen oder Untersu-chungsstellen nach § 18 durchgeführt werden. [3]Sonstige Pflichten zur Mitwirkung der in § 4 Abs. 3, 5 und 6 genannten Personen sowie Duldungspflichten der nach § 12 Betroffenen bestimmen sich nach Landes-recht.

§ 10 Sonstige Anordnungen

(1) [1]Zur Erfüllung der sich aus §§ 4 und 7 und den auf Grund von § 5 Satz 1, §§ 6 und 8 erlassenen Rechtsverordnungen ergebenden Pflichten kann die zuständige Behörde die notwendigen Maßnahmen treffen. [2]Werden zur Erfüllung der Verpflichtung aus § 4 Abs. 3 und 6 Sicherungsmaßnahmen angeordnet, kann die zuständige Behörde verlangen, daß der Verpflichtete für die Aufrechterhaltung der Sicherungs- und Überwachungsmaßnahmen in der Zukunft Sicherheit leistet. [3]Anordnungen zur Erfüllung der Pflich-ten nach § 7 dürfen getroffen werden, soweit Anforderungen in einer Rechtsverordnung festgelegt sind. [4]Die zuständige Behörde darf eine Anordnung nicht treffen, wenn sie auch im Hinblick auf die berech-tigten Nutzungsinteressen einzelner unverhältnismäßig wäre.

(2) Trifft die zuständige Behörde gegenüber dem Grundstückseigentümer oder dem Inhaber der tatsäch-lichen Gewalt zur Erfüllung der Pflichten nach § 4 Anordnungen zur Beschränkung der land- und forst-wirtschaftlichen Bodennutzung sowie zur Bewirtschaftung von Böden, so hat sie, wenn diese nicht Ver-ursacher der schädlichen Bodenveränderungen sind, für die nach zumutbaren innerbetrieblichen Anpas-sungsmaßnahmen verbliebenen wirtschaftlichen Nachteile nach Maßgabe des Landesrechts einen ange-messenen Ausgleich zu gewähren, wenn die Nutzungsbeschränkung andernfalls zu einer über die damit verbundene allgemeine Belastung erheblich hinausgehenden besonderen Härte führen würde.

Dritter Teil
Ergänzende Vorschriften für Altlasten

§ 11 Erfassung
Die Länder können die Erfassung der Altlasten und altlastverdächtigen Flächen regeln.

§ 12 Information der Betroffenen
[1]Die nach § 9 Abs. 2 Satz 1 zur Untersuchung der Altlast und die nach § 4 Abs. 3, 5 und 6 zur Sanierung der Altlast Verpflichteten haben die Eigentümer der betroffenen Grundstücke, die sonstigen betroffenen Nutzungsberechtigten und die betroffene Nachbarschaft (Betroffene) von der bevorstehenden Durch-führung der geplanten Maßnahmen zu informieren. [2]Die zur Beurteilung der Maßnahmen wesentlichen vorhandenen Unterlagen sind zur Einsichtnahme zur Verfügung zu stellen. [3]Enthalten Unterlagen Ge-schäfts- oder Betriebsgeheimnisse, muß ihr Inhalt, soweit es ohne Preisgabe des Geheimnisses geschehen

kann, so ausführlich dargestellt sein, daß es den Betroffenen möglich ist, die Auswirkungen der Maßnahmen auf ihre Belange zu beurteilen.

§ 13 Sanierungsuntersuchungen und Sanierungsplanung

(1) [1]Bei Altlasten, bei denen wegen der Verschiedenartigkeit der nach § 4 erforderlichen Maßnahmen ein abgestimmtes Vorgehen notwendig ist oder von denen auf Grund von Art, Ausbreitung oder Menge der Schadstoffe in besonderem Maße schädliche Bodenveränderungen oder sonstige Gefahren für den einzelnen oder die Allgemeinheit ausgehen, soll die zuständige Behörde von einem nach § 4 Abs. 3, 5 oder 6 zur Sanierung Verpflichteten die notwendigen Untersuchungen zur Entscheidung über Art und Umfang der erforderlichen Maßnahmen (Sanierungsuntersuchungen) sowie die Vorlage eines Sanierungsplans verlangen, der insbesondere

1. eine Zusammenfassung der Gefährdungsabschätzung und der Sanierungsuntersuchungen,
2. Angaben über die bisherige und künftige Nutzung der zu sanierenden Grundstücke,
3. die Darstellung des Sanierungsziels und die hierzu erforderlichen Dekontaminations-, Sicherungs-, Schutz-, Beschränkungs- und Eigenkontrollmaßnahmen sowie die zeitliche Durchführung dieser Maßnahmen

enthält. [2]Die Bundesregierung wird ermächtigt, nach Anhörung der beteiligten Kreise (§ 20) durch Rechtsverordnung mit Zustimmung des Bundesrates Vorschriften über die Anforderungen an Sanierungsuntersuchungen sowie den Inhalt von Sanierungsplänen zu erlassen.

(2) Die zuständige Behörde kann verlangen, daß die Sanierungsuntersuchungen sowie der Sanierungsplan von einem Sachverständigen nach § 18 erstellt werden.

(3) [1]Wer nach Absatz 1 einen Sanierungsplan vorzulegen hat, hat die nach § 12 Betroffenen frühzeitig, in geeigneter Weise und unaufgefordert über die geplanten Maßnahmen zu informieren. [2]§ 12 Satz 2 und 3 gilt entsprechend.

(4) Mit dem Sanierungsplan kann der Entwurf eines Sanierungsvertrages über die Ausführung des Plans vorgelegt werden, der die Einbeziehung Dritter vorsehen kann.

(5) Soweit entnommenes Bodenmaterial im Bereich der von der Altlastensanierung betroffenen Fläche wieder eingebracht werden soll, gilt § 28 Absatz 1 Satz 1 des Kreislaufwirtschaftsgesetzes nicht, wenn durch einen für verbindlich erklärten Sanierungsplan oder eine Anordnung zur Durchsetzung der Pflichten nach § 4 sichergestellt wird, daß das Wohl der Allgemeinheit nicht beeinträchtigt wird.

(6) [1]Die zuständige Behörde kann den Plan, auch unter Abänderungen oder mit Nebenbestimmungen, für verbindlich erklären. [2]Ein für verbindlich erklärter Plan schließt andere die Sanierung betreffende behördliche Entscheidungen mit Ausnahme von Zulassungsentscheidungen für Vorhaben, die nach § 1 in Verbindung mit der Anlage 5 des Gesetzes über die Umweltverträglichkeitsprüfung oder kraft Landesrechts einer Umweltverträglichkeitsprüfung unterliegen, mit ein, soweit sie im Einvernehmen mit der jeweils zuständigen Behörde erlassen und in dem für verbindlich erklärten Plan die miteingeschlossenen Entscheidungen aufgeführt werden.

§ 14 Behördliche Sanierungsplanung

[1]Die zuständige Behörde kann den Sanierungsplan nach § 13 Abs. 1 selbst erstellen oder ergänzen oder durch einen Sachverständigen nach § 18 erstellen oder ergänzen lassen, wenn

1. der Plan nicht, nicht innerhalb der von der Behörde gesetzten Frist oder fachlich unzureichend erstellt worden ist,
2. ein nach § 4 Abs. 3, 5 oder 6 Verpflichteter nicht oder nicht rechtzeitig herangezogen werden kann oder
3. auf Grund der großflächigen Ausdehnung der Altlast, der auf der Altlast beruhenden weiträumigen Verunreinigung eines Gewässers oder auf Grund der Anzahl der nach § 4 Abs. 3, 5 oder 6 Verpflichteten ein koordiniertes Vorgehen erforderlich ist.

[2]§ 13 Abs. 3 bis 6 gilt entsprechend.

§ 15 Behördliche Überwachung, Eigenkontrolle

(1) [1]Altlasten und altlastverdächtige Flächen unterliegen, soweit erforderlich, der Überwachung durch die zuständige Behörde. [2]Bei Altstandorten und Altablagerungen bleibt die Wirksamkeit von behördlichen Zulassungsentscheidungen sowie von nachträglichen Anordnungen durch die Anwendung dieses Gesetzes unberührt.

(2) [1]Liegt eine Altlast vor, so kann die zuständige Behörde von den nach § 4 Abs. 3, 5 oder 6 Verpflichteten, soweit erforderlich, die Durchführung von Eigenkontrollmaßnahmen, insbesondere Boden- und Wasseruntersuchungen, sowie die Einrichtung und den Betrieb von Meßstellen verlangen. [2]Die Ergebnisse der Eigenkontrollmaßnahmen sind aufzuzeichnen und fünf Jahre lang aufzubewahren. [3]Die zustän-

dige Behörde kann eine längerfristige Aufbewahrung anordnen, soweit dies im Einzelfall erforderlich ist. [4]Die zuständige Behörde kann Eigenkontrollmaßnahmen auch nach Durchführung von Dekontaminations-, Sicherungs- und Beschränkungsmaßnahmen anordnen. [5]Sie kann verlangen, daß die Eigenkontrollmaßnahmen von einem Sachverständigen nach § 18 durchgeführt werden.

(3) [1]Die Ergebnisse der Eigenkontrollmaßnahmen sind von den nach § 4 Abs. 3, 5 oder 6 Verpflichteten der zuständigen Behörde auf Verlangen mitzuteilen. [2]Sie hat diese Aufzeichnungen und die Ergebnisse ihrer Überwachungsmaßnahmen fünf Jahre lang aufzubewahren.

§ 16 Ergänzende Anordnungen zur Altlastensanierung

(1) Neben den im Zweiten Teil dieses Gesetzes vorgesehenen Anordnungen kann die zuständige Behörde zur Erfüllung der Pflichten, die sich aus dem Dritten Teil dieses Gesetzes ergeben, die erforderlichen Anordnungen treffen.

(2) Soweit ein für verbindlich erklärter Sanierungsplan im Sinne des § 13 Abs. 6 nicht vorliegt, schließen Anordnungen zur Durchsetzung der Pflichten nach § 4 andere die Sanierung betreffende behördliche Entscheidungen mit Ausnahme von Zulassungsentscheidungen für Vorhaben, die § 1 Absatz 1 Nummer 1 in Verbindung mit der Anlage 1 des Gesetzes über die Umweltverträglichkeitsprüfung oder kraft Landesrechts einer Umweltverträglichkeitsprüfung unterliegen, mit ein, soweit sie im Einvernehmen mit der jeweils zuständigen Behörde erlassen und in der Anordnung die miteingeschlossenen Entscheidungen aufgeführt werden.

Vierter Teil
Landwirtschaftliche Bodennutzung

§ 17 Gute fachliche Praxis in der Landwirtschaft

(1) [1]Bei der landwirtschaftlichen Bodennutzung wird die Vorsorgepflicht nach § 7 durch die gute fachliche Praxis erfüllt. [2]Die nach Landesrecht zuständigen landwirtschaftlichen Beratungsstellen sollen bei ihrer Beratungstätigkeit die Grundsätze der guten fachlichen Praxis nach Absatz 2 vermitteln.

(2) [1]Grundsätze der guten fachlichen Praxis für die landwirtschaftliche Bodennutzung sind die nachhaltige Sicherung der Bodenfruchtbarkeit und Leistungsfähigkeit des Bodens als natürlicher Ressource. [2]Zu den Grundsätzen der guten fachlichen Praxis gehört insbesondere, daß

1. die Bodenbearbeitung unter Berücksichtigung der Witterung grundsätzlich standortangepaßt zu erfolgen hat,
2. die Bodenstruktur erhalten oder verbessert wird,
3. Bodenverdichtungen, insbesondere durch Berücksichtigung der Bodenart, Bodenfeuchtigkeit und des von den zur landwirtschaftlichen Bodennutzung eingesetzten Geräten verursachten Bodendrucks, so weit wie möglich vermieden werden,
4. Bodenabträge durch eine standortangepaßte Nutzung, insbesondere durch Berücksichtigung der Hangneigung, der Wasser- und Windverhältnisse sowie der Bodenbedeckung, möglichst vermieden werden,
5. die naturbetonten Strukturelemente der Feldflur, insbesondere Hecken, Feldgehölze, Feldraine und Ackerterrassen, die zum Schutz des Bodens notwendig sind, erhalten werden,
6. die biologische Aktivität des Bodens durch entsprechende Fruchtfolgegestaltung erhalten oder gefördert wird und
7. der standorttypische Humusgehalt des Bodens, insbesondere durch eine ausreichende Zufuhr an organischer Substanz oder durch Reduzierung der Bearbeitungsintensität erhalten wird.

(3) Die Pflichten nach § 4 werden durch die Einhaltung der in § 3 Abs. 1 genannten Vorschriften erfüllt; enthalten diese keine Anforderungen an die Gefahrenabwehr und ergeben sich solche auch nicht aus den Grundsätzen der guten fachlichen Praxis nach Absatz 2, so gelten die übrigen Bestimmungen dieses Gesetzes.

Fünfter Teil
Schlußvorschriften

§ 18 Sachverständige und Untersuchungsstellen

[1]Sachverständige und Untersuchungsstellen, die Aufgaben nach diesem Gesetz wahrnehmen, müssen die für diese Aufgaben erforderliche Sachkunde und Zuverlässigkeit besitzen sowie über die erforderliche gerätetechnische Ausstattung verfügen. [2]Die Länder können Einzelheiten der an Sachverständige und Untersuchungsstellen nach Satz 1 zu stellenden Anforderungen, Art und Umfang der von ihnen wahrzu-

nehmenden Aufgaben, die Vorlage der Ergebnisse ihrer Tätigkeit und die Bekanntgabe von Sachverständigen, welche die Anforderungen nach Satz 1 erfüllen, regeln.

§ 19 Datenübermittlung

(1) [1]Soweit eine Datenübermittlung zwischen Bund und Ländern zur Erfüllung der jeweiligen Aufgaben dieses Gesetzes notwendig ist, werden Umfang, Inhalt und Kosten des gegenseitigen Datenaustausches in einer Verwaltungsvereinbarung zwischen Bund und Ländern geregelt. [2]Die Übermittlung personenbezogener Daten ist unzulässig.

(2) Der Bund kann unter Verwendung der von Ländern übermittelten Daten ein länderübergreifendes Bodeninformationssystem für Bundesaufgaben einrichten.

§ 20 Anhörung beteiligter Kreise

[1]Soweit Ermächtigungen zum Erlaß von Rechtsverordnungen die Anhörung der beteiligten Kreise vorschreiben, ist ein jeweils auszuwählender Kreis von Vertretern der Wissenschaft, der Betroffenen, der Wirtschaft, Landwirtschaft, Forstwirtschaft, der Natur- und Umweltschutzverbände, des archäologischen Denkmalschutzes, der kommunalen Spitzenverbände und der für den Bodenschutz, die Altlasten, die geowissenschaftlichen Belange und die Wasserwirtschaft zuständigen obersten Landesbehörden zu hören. [2]Sollen die in Satz 1 genannten Rechtsvorschriften Regelungen zur land- und forstwirtschaftlichen Bodennutzung enthalten, sind auch die für die Land- und Forstwirtschaft zuständigen obersten Landesbehörden zu hören.

§ 21 Landesrechtliche Regelungen

(1) Zur Ausführung des Zweiten und Dritten Teils dieses Gesetzes können die Länder ergänzende Verfahrensregelungen erlassen.

(2) Die Länder können bestimmen, daß über die im Dritten Teil geregelten altlastverdächtigen Flächen und Altlasten hinaus bestimmte Verdachtsflächen
1. von der zuständigen Behörde zu erfassen und
2. von den Verpflichteten der zuständigen Behörde mitzuteilen sind sowie
daß bei schädlichen Bodenveränderungen, von denen auf Grund von Art, Ausbreitung oder Menge der Schadstoffe in besonderem Maße Gefahren, erhebliche Nachteile oder erhebliche Belästigungen für den einzelnen oder die Allgemeinheit ausgehen,
1. Sanierungsuntersuchungen sowie die Erstellung von Sanierungsplänen und
2. die Durchführung von Eigenkontrollmaßnahmen
verlangt werden können.

(3) Die Länder können darüber hinaus Gebiete, in denen flächenhaft schädliche Bodenveränderungen auftreten oder zu erwarten sind, und die dort zu ergreifenden Maßnahmen bestimmen sowie weitere Regelungen über gebietsbezogene Maßnahmen des Bodenschutzes treffen.

(4) [1]Die Länder können bestimmen, daß für das Gebiet ihres Landes oder für bestimmte Teile des Gebiets Bodeninformationssysteme eingerichtet und geführt werden. [2]Hierbei können insbesondere Daten von Dauerbeobachtungsflächen und Bodenzustandsuntersuchungen über die physikalische, chemische und biologische Beschaffenheit des Bodens und über die Bodennutzung erfaßt werden. [3]Die Länder können regeln, daß Grundstückseigentümer und Inhaber der tatsächlichen Gewalt über ein Grundstück zur Duldung von Bodenuntersuchungen verpflichtet werden, die für Bodeninformationssysteme erforderlich sind. [4]Hierbei ist auf die berechtigten Belange dieser Personen Rücksicht zu nehmen und Ersatz für Schäden vorzusehen, die bei Untersuchungen verursacht werden.

§ 22 Erfüllung von bindenden Beschlüssen der Europäischen Gemeinschaften

(1) Zur Erfüllung von bindenden Beschlüssen der Europäischen Gemeinschaften kann die Bundesregierung zu dem in § 1 genannten Zweck mit Zustimmung des Bundesrates Rechtsverordnungen über die Festsetzung der in § 8 Abs. 1 und 2 genannten Werte einschließlich der notwendigen Maßnahmen zur Ermittlung und Überwachung dieser Werte erlassen.

(2) Die in Rechtsverordnungen nach Absatz 1 festgelegten Maßnahmen sind durch Anordnungen oder sonstige Entscheidungen der zuständigen Träger öffentlicher Verwaltungen nach diesem Gesetz oder nach anderen Rechtsvorschriften des Bundes und der Länder durchzusetzen; soweit planungsrechtliche Festlegungen vorgesehen sind, haben die zuständigen Planungsträger zu befinden, ob und inwieweit Planungen in Betracht zu ziehen sind.

§ 23 Landesverteidigung

(1) [1]Das Bundesministerium der Verteidigung kann Ausnahmen von diesem Gesetz und von den auf dieses Gesetz gestützten Rechtsverordnungen zulassen, soweit dies zwingende Gründe der Verteidigung oder

die Erfüllung zwischenstaatlicher Verpflichtungen erfordern. [2]Dabei ist der Schutz vor schädlichen Bodenveränderungen zu berücksichtigen.

(2) Die Bundesregierung wird ermächtigt, durch Rechtsverordnung mit Zustimmung des Bundesrates zu bestimmen, daß der Vollzug dieses Gesetzes und der auf dieses Gesetz gestützten Rechtsverordnungen im Geschäftsbereich des Bundesministeriums der Verteidigung und für die auf Grund völkerrechtlicher Verträge in der Bundesrepublik Deutschland stationierten Streitkräfte dem Bundesministerium der Verteidigung oder den von ihm bestimmten Stellen obliegt.

§ 24 Kosten

(1) [1]Die Kosten der nach § 9 Abs. 2, § 10 Abs. 1, §§ 12, 13, 14 Satz 1 Nr. 1, § 15 Abs. 2 und § 16 Abs. 1 angeordneten Maßnahmen tragen die zur Durchführung Verpflichteten. [2]Bestätigen im Fall des § 9 Abs. 2 Satz 1 die Untersuchungen den Verdacht nicht oder liegen die Voraussetzungen des § 10 Abs. 2 vor, sind den zur Untersuchung Herangezogenen die Kosten zu erstatten, wenn sie die den Verdacht begründenden Umstände nicht zu vertreten haben. [3]In den Fällen des § 14 Satz 1 Nr. 2 und 3 trägt derjenige die Kosten, von dem die Erstellung eines Sanierungsplans hätte verlangt werden können.

(2) [1]Mehrere Verpflichtete haben unabhängig von ihrer Heranziehung untereinander einen Ausgleichsanspruch. [2]Soweit nichts anderes vereinbart wird, hängt die Verpflichtung zum Ausgleich sowie der Umfang des zu leistenden Ausgleichs davon ab, inwieweit die Gefahr oder der Schaden vorwiegend von dem einen oder dem anderen Teil verursacht worden ist; § 426 Abs. 1 Satz 2 des Bürgerlichen Gesetzbuches findet entsprechende Anwendung. [3]Der Ausgleichsanspruch verjährt in drei Jahren; die §§ 438, 548 und 606 des Bürgerlichen Gesetzbuchs sind nicht anzuwenden. [4]Die Verjährung beginnt nach der Beitreibung der Kosten, wenn eine Behörde Maßnahmen selbst ausführt, im übrigen nach der Beendigung der Maßnahmen durch den Verpflichteten zu dem Zeitpunkt, zu dem der Verpflichtete von der Person des Ersatzpflichtigen Kenntnis erlangt. [5]Der Ausgleichsanspruch verjährt ohne Rücksicht auf diese Kenntnis dreißig Jahre nach der Beendigung der Maßnahmen. [6]Für Streitigkeiten steht der Rechtsweg vor den ordentlichen Gerichten offen.

§ 25 Wertausgleich

(1) [1]Soweit durch den Einsatz öffentlicher Mittel bei Maßnahmen zur Erfüllung der Pflichten nach § 4 der Verkehrswert eines Grundstücks nicht nur unwesentlich erhöht wird und der Eigentümer die Kosten hierfür nicht oder nicht vollständig getragen hat, hat er einen von der zuständigen Behörde festzusetzenden Wertausgleich in Höhe der maßnahmenbedingten Wertsteigerung an den öffentlichen Kostenträger zu leisten. [2]Die Höhe des Ausgleichsbetrages wird durch die Höhe der eingesetzten öffentlichen Mittel begrenzt. [3]Die Pflicht zum Wertausgleich entsteht nicht, soweit hinsichtlich der auf einem Grundstück vorhandenen schädlichen Bodenveränderungen oder Altlasten eine Freistellung von der Verantwortung oder der Kostentragungspflicht nach Artikel 1 § 4 Abs. 3 Satz 1 des Umweltrahmengesetzes vom 29. Juni 1990 (GBl. I Nr. 42 S. 649), zuletzt geändert durch Artikel 12 des Gesetzes vom 22. März 1991 (BGBl. I S. 766), in der jeweils geltenden Fassung erfolgt ist. [4]Soweit Maßnahmen im Sinne des Satzes 1 in förmlich festgelegten Sanierungsgebieten oder Entwicklungsbereichen als Ordnungsmaßnahmen von der Gemeinde durchgeführt werden, wird die dadurch bedingte Erhöhung des Verkehrswertes im Rahmen des Ausgleichsbetrags nach § 154 des Baugesetzbuchs abgegolten.

(2) Die durch Sanierungsmaßnahmen bedingte Erhöhung des Verkehrswerts eines Grundstücks besteht aus dem Unterschied zwischen dem Wert, der sich für das Grundstück ergeben würde, wenn die Maßnahmen nicht durchgeführt worden wären (Anfangswert), und dem Verkehrswert, der sich für das Grundstück nach Durchführung der Erkundungs- und Sanierungsmaßnahmen ergibt (Endwert).

(3) [1]Der Ausgleichsbetrag wird fällig, wenn die Sicherung oder Sanierung abgeschlossen und der Betrag von der zuständigen Behörde festgesetzt worden ist. [2]Die Pflicht zum Wertausgleich erlischt, wenn der Betrag nicht bis zum Ende des vierten Jahres nach Abschluß der Sicherung oder Sanierung festgesetzt worden ist.

(4) [1]Die zuständige Behörde hat von dem Wertausgleich nach Absatz 1 die Aufwendungen abzuziehen, die der Eigentümer für eigene Maßnahmen der Sicherung oder Sanierung oder die er für den Erwerb des Grundstücks im berechtigten Vertrauen darauf verwendet hat, daß keine schädlichen Bodenveränderungen oder Altlasten vorhanden sind. [2]Kann der Eigentümer von Dritten Ersatz erlangen, so ist dies bei der Entscheidung nach Satz 1 zu berücksichtigen.

(5) [1]Im Einzelfall kann von der Festsetzung eines Ausgleichsbetrages ganz oder teilweise abgesehen werden, wenn dies im öffentlichen Interesse oder zur Vermeidung unbilliger Härten geboten ist. [2]Werden dem öffentlichen Kostenträger Kosten der Sicherung oder Sanierung erstattet, so muß insoweit von der Festsetzung des Ausgleichsbetrages abgesehen, ein festgesetzter Ausgleichsbetrag erlassen oder ein bereits geleisteter Ausgleichsbetrag erstattet werden.

(6) ¹Der Ausgleichsbetrag ruht als öffentliche Last auf dem Grundstück. ²Das Bundesministerium der Justiz und für Verbraucherschutz wird ermächtigt, durch Rechtsverordnung mit Zustimmung des Bundesrates die Art und Weise, wie im Grundbuch auf das Vorhandensein der öffentlichen Last hinzuweisen ist, zu regeln.

§ 26 Bußgeldvorschriften

(1) Ordnungswidrig handelt, wer vorsätzlich oder fahrlässig

1. einer Rechtsverordnung nach § 5 Satz 1, §§ 6, 8 Abs. 1 oder § 22 Abs. 1 oder einer vollziehbaren Anordnung auf Grund einer solchen Rechtsverordnung zuwiderhandelt, soweit die Rechtsverordnung für einen bestimmten Tatbestand auf diese Bußgeldvorschrift verweist,
2. einer vollziehbaren Anordnung nach § 10 Abs. 1 Satz 1 zuwiderhandelt, soweit sie sich auf eine Pflicht nach § 4 Abs. 3, 5 oder 6 bezieht,
3. einer vollziehbaren Anordnung nach § 13 Abs. 1 oder § 15 Abs. 2 Satz 1, 3 oder 4 zuwiderhandelt oder
4. entgegen § 15 Abs. 3 Satz 1 eine Mitteilung nicht, nicht richtig, nicht vollständig oder nicht rechtzeitig macht.

(2) Die Ordnungswidrigkeit kann in den Fällen des Absatzes 1 Nr. 2 mit einer Geldbuße bis zu fünfzigtausend Euro, in den übrigen Fällen mit einer Geldbuße bis zu zehntausend Euro geahndet werden.

Tierschutzgesetz[1]

In der Fassung der Bekanntmachung vom 18. Mai 2006[2] (BGBl. I S. 1206, ber. S. 1313)
(FNA 7833-3)
zuletzt geändert durch Art. 280 Elfte ZuständigkeitsanpassungsVO vom 19. Juni 2020 (BGBl. I S. 1328)

Nichtamtliche Inhaltsübersicht

1) Die Änderung durch Art. 4 Abs. 87 G v. 18. 7. 2016 (BGBl. I S. 1666) tritt erst **mWv 1. 10. 2021** in Kraft und ist im Text
 noch nicht berücksichtigt.
2) Neubekanntmachung des TierschutzG idF der Bek. v. 25. 5. 1998 (BGBl. I S. 1105, ber. S. 1818) in der ab 25. 4. 2006
 geltenden Fassung.

Erster Abschnitt
Grundsatz

§ 1 [Zweck und Grundsatz des Gesetzes]
[1]Zweck dieses Gesetzes ist es, aus der Verantwortung des Menschen für das Tier als Mitgeschöpf dessen Leben und Wohlbefinden zu schützen. [2]Niemand darf einem Tier ohne vernünftigen Grund Schmerzen, Leiden oder Schäden zufügen.

Zweiter Abschnitt
Tierhaltung

§ 2 [Allgemeine Bestimmungen]
Wer ein Tier hält, betreut oder zu betreuen hat,
1. muss das Tier seiner Art und seinen Bedürfnissen entsprechend angemessen ernähren, pflegen und verhaltensgerecht unterbringen,
2. darf die Möglichkeit des Tieres zu artgemäßer Bewegung nicht so einschränken, dass ihm Schmerzen oder vermeidbare Leiden oder Schäden zugefügt werden,
3. muss über die für eine angemessene Ernährung, Pflege und verhaltensgerechte Unterbringung des Tieres erforderlichen Kenntnisse und Fähigkeiten verfügen.

§ 2a [Ermächtigungen]
(1) Das Bundesministerium für Ernährung und Landwirtschaft (Bundesministerium) wird ermächtigt, durch Rechtsverordnung mit Zustimmung des Bundesrates, soweit es zum Schutz der Tiere erforderlich ist, die Anforderungen an die Haltung von Tieren nach § 2 näher zu bestimmen und dabei insbesondere Vorschriften zu erlassen über Anforderungen
1. hinsichtlich der Bewegungsmöglichkeit oder der Gemeinschaftsbedürfnisse der Tiere,
2. an Räume, Käfige, andere Behältnisse und sonstige Einrichtungen zur Unterbringung von Tieren sowie an die Beschaffenheit von Anbinde-, Fütterungs- und Tränkvorrichtungen,
3. hinsichtlich der Lichtverhältnisse und des Raumklimas bei der Unterbringung der Tiere,
4. an die Pflege einschließlich der Überwachung der Tiere; hierbei kann das Bundesministerium auch vorschreiben, dass Aufzeichnungen über die Ergebnisse der Überwachung zu machen, aufzubewahren und der zuständigen Behörde auf Verlangen vorzulegen sind,
5. an Kenntnisse und Fähigkeiten von Personen, die Tiere halten, betreuen oder zu betreuen haben und an den Nachweis dieser Kenntnisse und Fähigkeiten,
6. an Sicherheitsvorkehrungen im Falle technischer Störungen oder im Brandfall.
(1a) Das Bundesministerium wird ermächtigt, durch Rechtsverordnung mit Zustimmung des Bundesrates, soweit es zum Schutz der Tiere erforderlich ist, Anforderungen an Ziele, Mittel und Methoden bei der Ausbildung, bei der Erziehung oder beim Training von Tieren festzulegen.
(1b) Das Bundesministerium wird ermächtigt, durch Rechtsverordnung mit Zustimmung des Bundesrates, soweit es zum Schutz der Tiere erforderlich ist und sich eine Pflicht zur Kennzeichnung nicht aus § 11a Absatz 3 ergibt, Vorschriften zur Kennzeichnung von Tieren, insbesondere von Hunden und Katzen, sowie zur Art und Durchführung der Kennzeichnung zu erlassen.
(2) [1]Das Bundesministerium wird ermächtigt, im Einvernehmen mit dem Bundesministerium für Verkehr und digitale Infrastruktur durch Rechtsverordnung mit Zustimmung des Bundesrates, soweit es zum Schutz der Tiere erforderlich ist, ihre Beförderung zu regeln. [2]Es kann hierbei insbesondere
1. Anforderungen
 a) hinsichtlich der Transportfähigkeit von Tieren,
 b) an Transportmittel für Tiere
 festlegen,
1a. bestimmte Transportmittel und Versendungsarten für die Beförderung bestimmter Tiere, insbesondere die Versendung als Nachnahme, verbieten oder beschränken,
2. bestimmte Transportmittel und Versendungsarten für die Beförderung bestimmter Tiere vorschreiben,
3. vorschreiben, dass bestimmte Tiere bei der Beförderung von einem Betreuer begleitet werden müssen,
3a. vorschreiben, dass Personen, die Tiertransporte durchführen oder hierbei mitwirken, bestimmte Kenntnisse und Fähigkeiten haben und diese nachweisen müssen,
4. Vorschriften über das Verladen, Entladen, Unterbringen, Ernähren und Pflegen der Tiere erlassen,

5. als Voraussetzung für die Durchführung von Tiertransporten bestimmte Bescheinigungen, Erklärungen oder Meldungen vorschreiben sowie deren Ausstellung und Aufbewahrung regeln,

6. vorschreiben, dass, wer gewerbsmäßig Tiertransporte durchführt, einer Erlaubnis der zuständigen Behörde bedarf oder bei der zuständigen Behörde registriert sein muss, sowie die Voraussetzungen und das Verfahren bei der Erteilung der Erlaubnis und bei der Registrierung regeln,

7. vorschreiben, dass, wer Tiere während des Transports in einer Einrichtung oder einem Betrieb ernähren, pflegen oder unterbringen will, einer Erlaubnis der zuständigen Behörde bedarf, und die Voraussetzungen und das Verfahren der Erteilung der Erlaubnis regeln, soweit dies zur Durchführung von Rechtsakten der Europäischen Gemeinschaft oder der Europäischen Union erforderlich ist.

(3) Des Einvernehmens des Bundesministeriums für Bildung und Forschung bedürfen Rechtsverordnungen

1. nach Absatz 1, soweit sie Anforderungen an die Haltung von Tieren festlegen, die zur Verwendung in Tierversuchen bestimmt sind oder deren Gewebe oder Organe dazu bestimmt sind, zu wissenschaftlichen Zwecken verwendet zu werden,

2. nach Absatz 2 Satz 1, soweit sie die Beförderung von Tieren regeln, die zur Verwendung in Tierversuchen bestimmt sind oder deren Gewebe oder Organe dazu bestimmt sind, zu wissenschaftlichen Zwecken verwendet zu werden.

§ 3 [Besondere Bestimmungen]

¹Es ist verboten,

1. einem Tier außer in Notfällen Leistungen abzuverlangen, denen es wegen seines Zustandes offensichtlich nicht gewachsen ist oder die offensichtlich seine Kräfte übersteigen,

1a. einem Tier, an dem Eingriffe und Behandlungen vorgenommen worden sind, die eine leistungsmindernden körperlichen Zustand verdecken, Leistungen abzuverlangen, denen es wegen seines körperlichen Zustandes nicht gewachsen ist,

1b. an einem Tier im Training oder bei sportlichen Wettkämpfen oder ähnlichen Veranstaltungen Maßnahmen, die mit erheblichen Schmerzen, Leiden oder Schäden verbunden sind und die die Leistungsfähigkeit von Tieren beeinflussen können, sowie an einem Tier bei sportlichen Wettkämpfen oder ähnlichen Veranstaltungen Dopingmittel anzuwenden,

2. ein gebrechliches, krankes, abgetriebenes oder altes, im Haus, Betrieb oder sonst in Obhut des Menschen gehaltenes Tier, für das ein Weiterleben mit nicht behebbaren Schmerzen oder Leiden verbunden ist, zu einem anderen Zweck als zur unverzüglichen schmerzlosen Tötung zu veräußern oder zu erwerben; dies gilt nicht für die unmittelbare Abgabe eines kranken Tieres an eine Person oder Einrichtung, der eine Genehmigung nach § 8 Absatz 1 Satz 1 und, wenn es sich um ein Wirbeltier handelt, erforderlichenfalls eine Genehmigung nach Vorschriften, die auf Grund des § 9 Absatz 3 Nummer 1 und 2 erlassen worden sind, für Versuche an solchen Tieren erteilt worden ist,

3. ein im Haus, Betrieb oder sonst in Obhut des Menschen gehaltenes Tier auszusetzen oder es zurückzulassen, um sich seiner zu entledigen oder sich der Halter- oder Betreuerpflicht zu entziehen,

4. ein gezüchtetes oder aufgezogenes Tier einer wildlebenden Art in der freien Natur auszusetzen oder anzusiedeln, das nicht auf die zum Überleben in dem vorgesehenen Lebensraum erforderliche artgemäße Nahrungsaufnahme vorbereitet und an das Klima angepasst ist; die Vorschriften des Jagdrechts und des Naturschutzrechts bleiben unberührt,

5. ein Tier auszubilden oder zu trainieren, sofern damit erhebliche Schmerzen, Leiden oder Schäden für das Tier verbunden sind,

6. ein Tier zu einer Filmaufnahme, Schaustellung, Werbung oder ähnlichen Veranstaltung heranzuziehen, sofern damit Schmerzen, Leiden oder Schäden für das Tier verbunden sind,

7. ein Tier an einem anderen lebenden Tier auf Schärfe abzurichten oder zu prüfen,

8. ein Tier auf ein anderes Tier zu hetzen, soweit dies nicht die Grundsätze weidgerechter Jagdausübung erfordern,

8a. ein Tier zu einem derartig aggressiven Verhalten auszubilden oder abzurichten, dass dieses Verhalten
 a) bei ihm selbst zu Schmerzen, Leiden oder Schäden führt oder
 b) im Rahmen jeglichen artgemäßen Kontaktes mit Artgenossen bei ihm selbst oder einem Artgenossen zu Schmerzen oder vermeidbaren Leiden oder Schäden führt oder
 c) seine Haltung nur unter Bedingungen zulässt, die bei ihm zu Schmerzen oder vermeidbaren Leiden oder Schäden führen,

9. einem Tier durch Anwendung von Zwang Futter einzuverleiben, sofern dies nicht aus gesundheitlichen Gründen erforderlich ist,

10. einem Tier Futter darzureichen, das dem Tier erhebliche Schmerzen, Leiden oder Schäden bereitet,

11. ein Gerät zu verwenden, das durch direkte Stromeinwirkung das artgemäße Verhalten eines Tieres, insbesondere seine Bewegung, erheblich einschränkt oder es zur Bewegung zwingt und dem Tier dadurch nicht unerhebliche Schmerzen, Leiden oder Schäden zufügt, soweit dies nicht nach bundes- oder landesrechtlichen Vorschriften zulässig ist,

12. ein Tier als Preis oder Belohnung bei einem Wettbewerb, einer Verlosung, einem Preisausschreiben oder einer ähnlichen Veranstaltung auszuloben,

13. ein Tier für eigene sexuelle Handlungen zu nutzen oder für sexuelle Handlungen Dritter abzurichten oder zur Verfügung zu stellen und dadurch zu artwidrigem Verhalten zu zwingen. ²Satz 1 Nummer 12 gilt nicht, wenn das Tier auf einer in Satz 1 Nummer 12 bezeichneten Veranstaltung ausgelobt wird, bei der erwartet werden kann, dass die Teilnehmer der Veranstaltung im Falle des Gewinns als künftige Tierhalter die Einhaltung der Anforderungen des § 2 sicherstellen können.

Dritter Abschnitt
Töten von Tieren

§ 4 [Tötung]
(1) ¹Ein Wirbeltier darf nur unter wirksamer Schmerzausschaltung (Betäubung) in einem Zustand der Wahrnehmungs- und Empfindungslosigkeit oder sonst, soweit nach den gegebenen Umständen zumutbar, nur unter Vermeidung von Schmerzen getötet werden. ²Ist die Tötung eines Wirbeltieres ohne Betäubung im Rahmen weidgerechter Ausübung der Jagd oder auf Grund anderer Rechtsvorschriften zulässig oder erfolgt sie im Rahmen zulässiger Schädlingsbekämpfungsmaßnahmen, so darf die Tötung nur vorgenommen werden, wenn hierbei nicht mehr als unvermeidbare Schmerzen entstehen. ³Ein Wirbeltier töten darf nur, wer die dazu notwendigen Kenntnisse und Fähigkeiten hat.
(1a) ¹Personen, die berufs- oder gewerbsmäßig regelmäßig Wirbeltiere zum Zweck des Tötens betäuben oder töten, haben gegenüber der zuständigen Behörde einen Sachkundenachweis zu erbringen. ²Wird im Rahmen einer Tätigkeit nach Satz 1 Geflügel in Anwesenheit einer Aufsichtsperson zum Zweck des Tötens betäubt oder getötet, so hat außer der Person, die die Tiere zum Zweck des Tötens betäubt oder tötet, auch die Aufsichtsperson den Sachkundenachweis zu erbringen. ³Werden im Rahmen einer Tätigkeit nach Satz 1 Fische in Anwesenheit einer Aufsichtsperson zum Zweck des Tötens betäubt oder getötet, so genügt es, wenn diese den Sachkundenachweis erbringt. ⁴Die Sätze 1 bis 3 gelten nicht für das Betäuben zum Zweck des Tötens und das Töten von Wirbeltieren, die zur Verwendung in Tierversuchen bestimmt sind oder deren Organe oder Gewebe dazu bestimmt sind, zu wissenschaftlichen Zwecken verwendet zu werden.
(2) Für das Schlachten eines warmblütigen Tieres gilt § 4a.
(3) ¹Für das Töten von Wirbeltieren, ausschließlich um ihre Organe oder Gewebe zu wissenschaftlichen Zwecken zu verwenden, gilt § 7a Absatz 2 Nummer 1 entsprechend. ²Hunde, Katzen und Primaten dürfen zu wissenschaftlichen Zwecken nur getötet werden, soweit sie entweder für einen solchen Zweck oder für eine Verwendung in Tierversuchen gezüchtet worden sind. ³Abweichend von Satz 2 kann die zuständige Behörde, soweit es mit dem Schutz der Tiere vereinbar ist, das Töten von Tieren, die nicht nach Satz 2 gezüchtet worden sind, genehmigen, soweit

1. nach Satz 2 gezüchtete Tiere mit den Eigenschaften, die für den jeweiligen Zweck erforderlich sind, nicht zur Verfügung stehen oder

2. die jeweiligen wissenschaftlichen Zwecke die Verwendung von Tieren erforderlich machen, die nicht nach Satz 2 gezüchtet worden sind.

§ 4a [Schlachten]
(1) Ein warmblütiges Tier darf nur geschlachtet werden, wenn es vor Beginn des Blutentzugs zum Zweck des Schlachtens betäubt worden ist.
(2) Abweichend von Absatz 1 bedarf es keiner Betäubung, wenn

1. sie bei Notschlachtungen nach den gegebenen Umständen nicht möglich ist,

2. die zuständige Behörde eine Ausnahmegenehmigung für ein Schlachten ohne Betäubung (Schächten) erteilt hat; sie darf die Ausnahmegenehmigung nur insoweit erteilen, als es erforderlich ist, den Bedürfnissen von Angehörigen bestimmter Religionsgemeinschaften im Geltungsbereich dieses Gesetzes zu entsprechen, denen zwingende Vorschriften ihrer Religionsgemeinschaft das Schächten vorschreiben oder den Genuss von Fleisch nicht geschächteter Tiere untersagen oder

3. dies als Ausnahme durch Rechtsverordnung nach § 4b Nr. 3 bestimmt ist.

§ 4b [Ermächtigungen]

[1]Das Bundesministerium wird ermächtigt, für die Zwecke der §§ 4 und 4a durch Rechtsverordnung mit Zustimmung des Bundesrates

1. a) das Schlachten von Fischen und anderen kaltblütigen Tieren zu regeln,
 b) bestimmte Tötungsarten und Betäubungsverfahren näher zu regeln, vorzuschreiben, zuzulassen oder zu verbieten,
 c) die Voraussetzungen näher zu regeln, unter denen Schlachtungen im Sinne des § 4a Abs. 2 Nr. 2 vorgenommen werden dürfen,
 d) nähere Vorschriften über Art und Umfang der zum Betäuben oder Töten von Wirbeltieren erforderlichen Kenntnisse und Fähigkeiten sowie über das Verfahren zu deren Nachweis zu erlassen,
 e) nicht gewerbliche Tätigkeiten zu bestimmen, die den Erwerb des Sachkundenachweises zum Töten von Wirbeltieren erfordern,
 um sicherzustellen, dass den Tieren nicht mehr als unvermeidbare Schmerzen zugefügt werden,
2. das Schlachten von Tieren im Rahmen der Bestimmungen des Europäischen Übereinkommens vom 10. Mai 1979 über den Schutz von Schlachttieren (BGBl. 1983 II S. 770) näher zu regeln,
3. für das Schlachten von Geflügel Ausnahmen von der Betäubungspflicht zu bestimmen.

[2]Rechtsverordnungen nach Satz 1 Nummer 1 Buchstabe b und d bedürfen,

1. soweit sie das Betäuben oder Töten mittels gefährlicher Stoffe oder Gemische im Sinne des Chemikaliengesetzes oder darauf bezogene Voraussetzungen für den Erwerb eines Sachkundenachweises betreffen, des Einvernehmens der Bundesministerien für Wirtschaft und Energie sowie für Umwelt, Naturschutz und nukleare Sicherheit,
2. soweit sie das Betäuben oder Töten von Tieren, die zur Verwendung in Tierversuchen bestimmt sind oder deren Gewebe oder Organe dazu bestimmt sind, zu wissenschaftlichen Zwecken verwendet zu werden, oder darauf bezogene Voraussetzungen für den Erwerb eines Sachkundenachweises betreffen, des Einvernehmens des Bundesministeriums für Bildung und Forschung.

Vierter Abschnitt
Eingriffe an Tieren

§ 5 [Betäubung]

(1) [1]An einem Wirbeltier darf ohne Betäubung ein mit Schmerzen verbundener Eingriff nicht vorgenommen werden. [2]Die Betäubung warmblütiger Wirbeltiere sowie von Amphibien und Reptilien ist von einem Tierarzt vorzunehmen. [3]Dies gilt nicht, soweit die Betäubung ausschließlich durch äußerliche Anwendung eines Tierarzneimittels erfolgt, das nach arzneimittelrechtlichen Vorschriften zugelassen ist, um eine örtliche Schmerzausschaltung zu erreichen, und nach dem Stand von Wissenschaft und Technik zum Zweck der Durchführung des jeweiligen Eingriffs geeignet ist. [4]Dies gilt ferner nicht für einen Eingriff im Sinne des § 6 Absatz 1 Satz 2 Nummer 2a, soweit die Betäubung ohne Beeinträchtigung des Zustandes der Wahrnehmungs- und Empfindungsfähigkeit, ausgenommen die Schmerzempfindung, durch ein Tierarzneimittel erfolgt, das nach arzneimittelrechtlichen Vorschriften für die Schmerzausschaltung bei diesem Eingriff zugelassen ist. [5]Für die Betäubung mit Betäubungspatronen kann die zuständige Behörde Ausnahmen von Satz 2 zulassen, sofern ein berechtigter Grund nachgewiesen wird. [6]Ist nach den Absätzen 2, 3 und 4 Nr. 1 eine Betäubung nicht erforderlich, sind alle Möglichkeiten auszuschöpfen, um die Schmerzen oder Leiden der Tiere zu vermindern.

(2) Eine Betäubung ist nicht erforderlich,

1. wenn bei vergleichbaren Eingriffen am Menschen eine Betäubung in der Regel unterbleibt oder der mit dem Eingriff verbundene Schmerz geringfügiger ist als die mit einer Betäubung verbundene Beeinträchtigung des Befindens des Tieres,
2. wenn die Betäubung im Einzelfall nach tierärztlichem Urteil nicht durchführbar erscheint.

(3) Eine Betäubung ist ferner nicht erforderlich

1. für das Kastrieren von unter vier Wochen alten männlichen Rindern, Schafen und Ziegen, sofern kein von der normalen anatomischen Beschaffenheit abweichender Befund vorliegt,
2. für das Enthornen oder das Verhindern des Hornwachstums bei unter sechs Wochen alten Rindern,
3. für das Kürzen des Schwanzes von unter vier Tage alten Ferkeln sowie von unter acht Tage alten Lämmern,
4. für das Kürzen des Schwanzes von unter acht Tage alten Lämmern mittels elastischer Ringe,
5. für das Abschleifen der Eckzähne von unter acht Tage alten Ferkeln, sofern dies zum Schutz des Muttertieres oder der Wurfgeschwister unerlässlich ist,

6. für das Absetzen des krallentragenden letzten Zehengliedes bei Masthahnenküken, die als Zucht-
hähne Verwendung finden sollen, während des ersten Lebenstages,

7. für die Kennzeichnung
 a) durch implantierten elektronischen Transponder,
 b) von Säugetieren außer Schweinen, Schafen, Ziegen und Kaninchen durch Ohr- oder Schenkel-
 tätowierung innerhalb der ersten zwei Lebenswochen,
 c) von Schweinen, Schafen, Ziegen und Kaninchen durch Ohrtätowierung,
 d) von Schweinen durch Schlagstempel und
 e) von landwirtschaftlichen Nutztieren durch Ohrmarke oder Flügelmarke.

(4) Das Bundesministerium wird ermächtigt, durch Rechtsverordnung mit Zustimmung des Bundesrates

1. über Absatz 3 hinaus weitere Maßnahmen von der Betäubungspflicht auszunehmen, soweit dies mit
 § 1 vereinbar ist,

2. Verfahren und Methoden zur Durchführung von Maßnahmen nach Absatz 3 sowie auf Grund einer
 Rechtsverordnung nach Nummer 1 bestimmter Maßnahmen vorzuschreiben, zuzulassen oder zu
 verbieten, soweit dies zum Schutz der Tiere erforderlich ist.

§ 6 [Amputation]

(1) [1]Verboten ist das vollständige oder teilweise Amputieren von Körperteilen oder das vollständige oder
teilweise Entnehmen oder Zerstören von Organen oder Geweben eines Wirbeltieres. [2]Das Verbot gilt
nicht, wenn

1. der Eingriff im Einzelfall
 a) nach tierärztlicher Indikation geboten ist oder
 b) bei jagdlich zu führenden Hunden für die vorgesehene Nutzung des Tieres unerlässlich ist und
 tierärztliche Bedenken nicht entgegenstehen,

1a. eine nach artenschutzrechtlichen Vorschriften vorgeschriebene Kennzeichnung vorgenommen wird,

1b. eine Kennzeichnung von Pferden durch Schenkelbrand vorgenommen wird,

2. ein Fall des § 5 Abs. 3 Nr. 1 oder 7 vorliegt,

2a. unter acht Tage alte männliche Schweine kastriert werden,

3. ein Fall des § 5 Abs. 3 Nr. 2 bis 6 vorliegt und der Eingriff im Einzelfall für die vorgesehene Nutzung
 des Tieres zu dessen Schutz oder zum Schutz anderer Tiere unerlässlich ist,

4. das vollständige oder teilweise Entnehmen von Organen oder Geweben erforderlich ist, um zu an-
 deren als zu wissenschaftlichen Zwecken die Organe oder Gewebe zu transplantieren, Kulturen an-
 zulegen oder isolierte Organe, Gewebe oder Zellen zu untersuchen,

5. zur Verhinderung der unkontrollierten Fortpflanzung oder – soweit tierärztliche Bedenken nicht ent-
 gegenstehen – zur weiteren Nutzung oder Haltung des Tieres eine Unfruchtbarmachung vorgenom-
 men wird.

[3]Eingriffe nach Satz 2 Nummer 1 und 5 sind durch einen Tierarzt vorzunehmen; im Falle eines Eingriffs
nach Satz 2 Nummer 2a gilt dies auch, sofern ein von der normalen anatomischen Beschaffenheit abwei-
chender Befund vorliegt. [4]Eingriffe nach

1. Satz 2 Nummer 1a, 1b, 2 und 3,

2. Nummer 2a, die nicht durch einen Tierarzt vorzunehmen sind, sowie

3. Absatz 3

dürfen auch durch eine andere Person vorgenommen werden, die die dazu notwendigen Kenntnisse und
Fähigkeiten hat. [5]Im Anschluss an die Kastration eines über sieben Tage alten Schweines sind schmerz-
stillende Arzneimittel einschließlich Betäubungsmittel bei dem Tier anzuwenden.

(1a) [1]Für die Eingriffe nach Absatz 1 Satz 2 Nummer 4 gelten

1. § 7 Absatz 1 Satz 2 Nummer 1 und Satz 3, § 7a Absatz 2 Nummer 1, 4 und 5 und § 9 Absatz 5 Satz
 1, jeweils auch in Verbindung mit § 9 Absatz 6 Satz 1, sowie

2. Vorschriften in Rechtsverordnungen, die auf Grund des
 a) § 7 Absatz 3 oder
 b) § 9 Absatz 1, 2 und 3 Nummer 2, Absatz 4 Satz 1 Nummer 3 und Satz 2 und Absatz 5 Satz 2,
 jeweils auch in Verbindung mit Absatz 6 Satz 2,

erlassen worden sind, soweit dies in einer Rechtsverordnung, die das Bundesministerium mit Zu-
stimmung des Bundesrates erlassen hat, vorgesehen ist,

entsprechend. [2]Derjenige, der einen Eingriff nach Absatz 1 Satz 2 Nummer 4 durchführen will, hat den
Eingriff spätestens zwei Wochen vor Beginn der zuständigen Behörde anzuzeigen. [3]Die Frist braucht
nicht eingehalten zu werden, wenn in Notfällen eine sofortige Durchführung des Eingriffes erforderlich

ist; die Anzeige ist unverzüglich nachzuholen. [4]Die in Satz 2 genannte Frist kann von der zuständigen Behörde bei Bedarf auf bis zu vier Wochen verlängert werden. [5]In der Anzeige sind anzugeben:
1. der Zweck des Eingriffs,
2. die Art und die Zahl der für den Eingriff vorgesehenen Tiere,
3. die Art und die Durchführung des Eingriffs einschließlich der Betäubung,
4. Ort, Beginn und voraussichtliche Dauer des Vorhabens,
5. Name, Anschrift und Fachkenntnisse des verantwortlichen Leiters des Vorhabens und seines Stellvertreters sowie der durchführenden Person und die für die Nachbehandlung in Frage kommenden Personen,
6. die Begründung für den Eingriff.

(2) Verboten ist, beim Amputieren oder Kastrieren elastische Ringe zu verwenden; dies gilt nicht im Falle des Absatzes 3 Nr. 3 oder des § 5 Abs. 3 Nr. 4.

(3) [1]Abweichend von Absatz 1 kann die zuständige Behörde
1. das Kürzen der Schnabelspitzen von Legehennen bei unter zehn Tage alten Küken,
2. das Kürzen der Schnabelspitzen bei Nutzgeflügel, das nicht unter Nummer 1 fällt,
3. das Kürzen des bindegewebigen Endstückes des Schwanzes von unter drei Monate alten männlichen Kälbern mittels elastischer Ringe
erlauben. [2]Die Erlaubnis darf nur erteilt werden, wenn glaubhaft dargelegt wird, dass der Eingriff im Hinblick auf die vorgesehene Nutzung zum Schutz der Tiere unerlässlich ist. [3]Die Erlaubnis ist zu befristen und hat im Falle der Nummer 1 Bestimmungen über Art, Umfang und Zeitpunkt des Eingriffs und die durchführende Person zu enthalten.

(4) Das Bundesministerium wird ermächtigt, durch Rechtsverordnung mit Zustimmung des Bundesrates die dauerhafte Kennzeichnung von Tieren, an denen nicht offensichtlich erkennbare Eingriffe vorgenommen worden sind, vorzuschreiben, wenn dies zum Schutz der Tiere erforderlich ist.

(5) Der zuständigen Behörde ist im Falle des Absatzes 1 Satz 2 Nr. 3 auf Verlangen glaubhaft darzulegen, dass der Eingriff für die vorgesehene Nutzung unerlässlich ist.

(6) [1]Das Bundesministerium wird ermächtigt, durch Rechtsverordnung mit Zustimmung des Bundesrates für Eingriffe im Sinne des Absatzes 1 Satz 2 Nummer 2a abweichend von § 5 Absatz 1 Satz 2 zuzulassen, dass die Betäubung von bestimmten anderen Personen vorgenommen werden darf, soweit es mit dem Schutz der Tiere vereinbar ist. [2]In der Rechtsverordnung nach Satz 1 sind die Anforderungen zu regeln, unter denen diese Personen die Betäubung vornehmen dürfen; dabei können insbesondere
1. Verfahren und Methoden einschließlich der Arzneimittel und der Geräte zur Durchführung der Betäubung sowie des Eingriffes nach Satz 1 vorgeschrieben oder verboten werden,
2. vorgesehen werden, dass die Person, die die Betäubung durchführt, die für diese Tätigkeit erforderliche Zuverlässigkeit und die erforderlichen Kenntnisse und Fähigkeiten zu besitzen und diese nachzuweisen hat, und
3. nähere Vorschriften über die Art und den Umfang der nach Nummer 2 erforderlichen Kenntnisse und Fähigkeiten erlassen sowie Anforderungen an den Nachweis und die Aufrechterhaltung der erforderlichen Kenntnisse und Fähigkeiten festgelegt und das Verfahren des Nachweises geregelt werden.

§ 6a [Geltungsbereich]
Die Vorschriften dieses Abschnittes gelten nicht für Tierversuche, nach § 7 Absatz 2 Satz 1, auch in Verbindung mit Satz 2.

Fünfter Abschnitt
Tierversuche

§ 7 [Schutz von Versuchstieren; Begriffsbestimmung Tierversuch]
(1) [1]Die Vorschriften dieses Abschnitts dienen dem Schutz von Tieren, die zur Verwendung in Tierversuchen bestimmt sind oder deren Gewebe oder Organe dazu bestimmt sind, zu wissenschaftlichen Zwecken verwendet zu werden. [2]Dazu sind
1. Tierversuche im Hinblick auf
 a) die den Tieren zuzufügenden Schmerzen, Leiden und Schäden,
 b) die Zahl der verwendeten Tiere,
 c) die artspezifische Fähigkeit der verwendeten Tiere, unter den Versuchseinwirkungen zu leiden,
 auf das unerlässliche Maß zu beschränken und

2. die Tiere, die zur Verwendung in Tierversuchen bestimmt sind oder deren Gewebe oder Organe dazu bestimmt sind, zu wissenschaftlichen Zwecken verwendet zu werden, so zu halten, zu züchten und zu pflegen, dass sie nur in dem Umfang belastet werden, der für die Verwendung zu wissenschaftlichen Zwecken unerlässlich ist. [3]Tierversuche dürfen nur von Personen geplant und durchgeführt werden, die die dafür erforderlichen Kenntnisse und Fähigkeiten haben. [4]§ 1 bleibt unberührt.

(2) [1]Tierversuche im Sinne dieses Gesetzes sind Eingriffe oder Behandlungen zu Versuchszwecken

1. an Tieren, wenn sie mit Schmerzen, Leiden oder Schäden für diese Tiere verbunden sein können,

2. an Tieren, die dazu führen können, dass Tiere geboren werden oder schlüpfen, die Schmerzen, Leiden oder Schäden erleiden, oder

3. am Erbgut von Tieren, wenn sie mit Schmerzen, Leiden oder Schäden für die erbgutveränderten Tiere oder deren Trägertiere verbunden sein können.

[2]Als Tierversuche gelten auch Eingriffe oder Behandlungen, die nicht Versuchszwecken dienen, und

1. die zur Herstellung, Gewinnung, Aufbewahrung oder Vermehrung von Stoffen, Produkten oder Organismen vorgenommen werden,

2. durch die Organe oder Gewebe ganz oder teilweise entnommen werden, um zu wissenschaftlichen Zwecken

 a) die Organe oder Gewebe zu transplantieren,

 b) Kulturen anzulegen oder

 c) isolierte Organe, Gewebe oder Zellen zu untersuchen,

 oder

3. die zu Aus-, Fort- oder Weiterbildungszwecken vorgenommen werden,

soweit eine der in Satz 1 Nummer 1 bis 3 genannten Voraussetzungen vorliegt. [3]Nicht als Tierversuch gilt das Töten eines Tieres, soweit dies ausschließlich erfolgt, um dessen Organe oder Gewebe zu wissenschaftlichen Zwecken zu verwenden.

(3) Das Bundesministerium wird ermächtigt, im Einvernehmen mit dem Bundesministerium für Bildung und Forschung durch Rechtsverordnung mit Zustimmung des Bundesrates die näheren Einzelheiten zu den Anforderungen nach Absatz 1 Satz 2 Nummer 2 zu regeln.

§ 7a [Voraussetzungen]

(1) [1]Tierversuche dürfen nur durchgeführt werden, soweit sie zu einem der folgenden Zwecke unerlässlich sind:

1. Grundlagenforschung,

2. sonstige Forschung mit einem der folgenden Ziele:

 a) Vorbeugung, Erkennung oder Behandlung von Krankheiten, Leiden, Körperschäden oder körperlichen Beschwerden bei Menschen oder Tieren,

 b) Erkennung oder Beeinflussung physiologischer Zustände oder Funktionen bei Menschen oder Tieren,

 c) Förderung des Wohlergehens von Tieren oder Verbesserung der Haltungsbedingungen von landwirtschaftlichen Nutztieren,

3. Schutz der Umwelt im Interesse der Gesundheit oder des Wohlbefindens von Menschen oder Tieren,

4. Entwicklung und Herstellung sowie Prüfung der Qualität, Wirksamkeit oder Unbedenklichkeit von Arzneimitteln, Lebensmitteln, Futtermitteln oder anderen Stoffen oder Produkten mit einem der in Nummer 2 Buchstabe a bis c oder Nummer 3 genannten Ziele,

5. Prüfung von Stoffen oder Produkten auf ihre Wirksamkeit gegen tierische Schädlinge,

6. Forschung im Hinblick auf die Erhaltung der Arten,

7. Aus-, Fort- oder Weiterbildung,

8. gerichtsmedizinische Untersuchungen.

[2]Tierversuche zur Aus-, Fort- oder Weiterbildung nach Satz 1 Nummer 7 dürfen nur durchgeführt werden

1. an einer Hochschule, einer anderen wissenschaftlichen Einrichtung oder einem Krankenhaus oder

2. im Rahmen einer Aus-, Fort- oder Weiterbildung für Heil- oder Heilhilfsberufe oder naturwissenschaftliche Hilfsberufe.

(2) Bei der Entscheidung, ob ein Tierversuch unerlässlich ist, sowie bei der Durchführung von Tierversuchen sind folgende Grundsätze zu beachten:

1. Der jeweilige Stand der wissenschaftlichen Erkenntnisse ist zugrunde zu legen.

2. Es ist zu prüfen, ob der verfolgte Zweck nicht durch andere Methoden oder Verfahren erreicht werden kann.

3. Versuche an Wirbeltieren oder Kopffüßern dürfen nur durchgeführt werden, wenn die zu erwartenden Schmerzen, Leiden oder Schäden der Tiere im Hinblick auf den Versuchszweck ethisch vertretbar sind.

4. Schmerzen, Leiden oder Schäden dürfen den Tieren nur in dem Maße zugefügt werden, als es für den verfolgten Zweck unerlässlich ist; insbesondere dürfen sie nicht aus Gründen der Arbeits-, Zeit- oder Kostenersparnis zugefügt werden.

5. Versuche an Tieren, deren artspezifische Fähigkeit, unter den Versuchseinwirkungen zu leiden, stärker entwickelt ist, dürfen nur durchgeführt werden, soweit Tiere, deren derartige Fähigkeit weniger stark entwickelt ist, für den verfolgten Zweck nicht ausreichen.

(3) Tierversuche zur Entwicklung oder Erprobung von Waffen, Munition und dazugehörigem Gerät sind verboten.

(4) ¹Tierversuche zur Entwicklung von Tabakerzeugnissen, Waschmitteln und Kosmetika sind grundsätzlich verboten. ²Das Bundesministerium wird ermächtigt, durch Rechtsverordnung mit Zustimmung des Bundesrates Ausnahmen zu bestimmen, soweit es erforderlich ist, um

1. konkrete Gesundheitsgefährdungen abzuwehren, und die notwendigen neuen Erkenntnisse nicht auf andere Weise erlangt werden können, oder

2. Rechtsakte der Europäischen Gemeinschaft oder der Europäischen Union durchzuführen.

(5) Ein Tierversuch gilt als abgeschlossen, wenn

1. keine weiteren Beobachtungen mehr für den Tierversuch anzustellen sind oder,

2. soweit genetisch veränderte, neue Tierlinien verwendet werden,
 a) an der Nachkommenschaft keine weiteren Beobachtungen mehr anzustellen sind und
 b) nicht mehr erwartet wird, dass die Nachkommenschaft auf Grund der biotechnischen oder gentechnischen Veränderungen Schmerzen oder Leiden empfindet oder dauerhaft Schäden erleidet.

(6) Das Bundesministerium wird ermächtigt, im Einvernehmen mit dem Bundesministerium für Bildung und Forschung durch Rechtsverordnung mit Zustimmung des Bundesrates

1. Vorschriften dieses Gesetzes oder

2. auf Grund dieses Gesetzes erlassene Rechtsverordnungen zur Durchführung, Genehmigung und Anzeige von Tierversuchen

auf Versuche an Tieren in einem Entwicklungsstadium vor der Geburt oder dem Schlupf zu erstrecken, soweit dies zum Schutz dieser Tiere auf Grund ihrer Fähigkeit, Schmerzen oder Leiden zu empfinden oder Schäden zu erleiden, und zur Durchführung von Rechtsakten der Europäischen Union erforderlich ist.

§ 8 [Genehmigung]

(1) ¹Wer Versuche an Wirbeltieren oder Kopffüßern durchführen will, bedarf der Genehmigung des Versuchsvorhabens durch die zuständige Behörde. ²Die Genehmigung eines Versuchsvorhabens ist zu erteilen, wenn

1. wissenschaftlich begründet dargelegt ist, dass
 a) die Voraussetzungen des § 7a Absatz 1 und 2 Nummer 1 bis 3 vorliegen,
 b) das angestrebte Ergebnis trotz Ausschöpfens der zugänglichen Informationsmöglichkeiten nicht hinreichend bekannt ist oder die Überprüfung eines hinreichend bekannten Ergebnisses durch einen Doppel- oder Wiederholungsversuch unerlässlich ist,

2. der verantwortliche Leiter des Versuchsvorhabens und sein Stellvertreter die erforderliche fachliche Eignung insbesondere hinsichtlich der Überwachung der Tierversuche haben und keine Tatsachen vorliegen, aus denen sich Bedenken gegen ihre Zuverlässigkeit ergeben,

3. die erforderlichen Räumlichkeiten, Anlagen und anderen sachlichen Mittel den Anforderungen entsprechen, die in einer auf Grund des § 9 Absatz 4 Satz 1 Nummer 1 erlassenen Rechtsverordnung festgelegt sind,

4. die personellen und organisatorischen Voraussetzungen für die Durchführung der Tierversuche einschließlich der Tätigkeit des Tierschutzbeauftragten gegeben sind,

5. die Haltung der Tiere den Anforderungen des § 2 und den in einer auf Grund des § 2a Absatz 1 Nummer 1 bis 4, auch in Verbindung mit § 11 Absatz 3, oder des § 2a Absatz 2 Satz 1 erlassenen Rechtsverordnung festgelegten Anforderungen entspricht und ihre medizinische Versorgung sichergestellt ist,

6. die Einhaltung der Vorschriften des § 7 Absatz 1 Satz 2 Nummer 1 und des § 7a Absatz 2 Nummer 4 und 5 erwartet werden kann,

7. die Einhaltung von
 a) Sachkundeanforderungen,
 b) Vorschriften zur Schmerzlinderung und Betäubung von Tieren,
 c) Vorschriften zur erneuten Verwendung von Tieren,
 d) Verwendungsverboten und -beschränkungen,
 e) Vorschriften zur Vermeidung von Schmerzen, Leiden und Schäden nach Erreichen des Zwecks des Tierversuches,
 f) Vorschriften zur Verhinderung des Todes eines Tieres unter der Versuchseinwirkung oder zur Vermeidung von Schmerzen und Leiden beim Tod eines Tieres und
 g) Vorschriften zu der Vorgehensweise nach Abschluss des Tierversuchs,
 die in einer auf Grund des § 2a Absatz 1 Nummer 5 oder des § 4b Satz 1 Nummer 1 Buchstabe b, jeweils auch in Verbindung mit § 11 Absatz 3, oder des § 9 Absatz 1 bis 3 und 4 Satz 1 Nummer 2 oder 3 oder Satz 2 erlassenen Rechtsverordnung festgelegt sind, erwartet werden kann und
8. das Führen von Aufzeichnungen nach § 9 Absatz 5 Satz 1 in Verbindung mit den in einer auf Grund des § 9 Absatz 5 Satz 2 erlassenen Rechtsverordnung festgelegten Anforderungen erwartet werden kann.

(2) Wird die Genehmigung einer Hochschule oder anderen Einrichtung erteilt, so müssen die Personen, die die Tierversuche durchführen, bei der Einrichtung beschäftigt oder mit Zustimmung des verantwortlichen Leiters zur Benutzung der Einrichtung befugt sein.

(3) Das Bundesministerium wird ermächtigt, im Einvernehmen mit dem Bundesministerium für Bildung und Forschung durch Rechtsverordnung mit Zustimmung des Bundesrates Vorschriften zu erlassen über
1. die Form und den Inhalt des Antrags auf Erteilung einer Genehmigung nach Absatz 1 Satz 1 sowie die antragsberechtigten Personen,
2. das Genehmigungsverfahren einschließlich dessen Dauer,
3. den Inhalt des Genehmigungsbescheids,
4. das Verfahren im Falle nachträglicher Änderungen der der Genehmigung zugrunde liegenden wesentlichen Sachverhalte, einschließlich der Pflicht zur Anzeige oder Genehmigung solcher Änderungen,
5. die Befristung von Genehmigungen oder die Verlängerung der Geltungsdauer von Genehmigungen und
6. den Vorbehalt des Widerrufs von Genehmigungen.

(4) Das Bundesministerium wird ermächtigt, im Einvernehmen mit dem Bundesministerium für Bildung und Forschung durch Rechtsverordnung mit Zustimmung des Bundesrates vorzusehen, dass Tierversuche einer Einstufung hinsichtlich ihres Schweregrads nach Artikel 15 Absatz 1 der Richtlinie 2010/63/EU des Europäischen Parlaments und des Rates vom 22. September 2010 zum Schutz der für wissenschaftliche Zwecke verwendeten Tiere (ABl. L 276 vom 20. 10. 2010, S. 33) unterzogen werden, und dabei das Verfahren und den Inhalt der Einstufung sowie die diesbezüglichen Mitwirkungspflichten des Antragstellers zu regeln, soweit dies zur Durchführung von Rechtsakten der Europäischen Union erforderlich ist.

(5) Das Bundesministerium wird ermächtigt, im Einvernehmen mit dem Bundesministerium für Bildung und Forschung durch Rechtsverordnung mit Zustimmung des Bundesrates vorzusehen, dass Versuchsvorhaben einer rückblickenden Bewertung durch die zuständige Behörde unterzogen werden, und dabei das Verfahren und den Inhalt der Bewertung sowie die diesbezüglichen Mitwirkungspflichten des Antragstellers zu regeln, soweit dies zur Verbesserung des Schutzes der Tiere in Tierversuchen und zur Durchführung von Rechtsakten der Europäischen Union erforderlich ist.

(6) [1]Das Bundesministerium wird ermächtigt, im Einvernehmen mit dem Bundesministerium für Bildung und Forschung durch Rechtsverordnung mit Zustimmung des Bundesrates vorzusehen, dass die zuständigen Behörden Zusammenfassungen zu genehmigten Versuchsvorhaben zum Zwecke der Veröffentlichung übermitteln, die Angaben über
1. die Ziele des Versuchsvorhabens einschließlich des zu erwartenden Nutzens,
2. die Anzahl, die Art und die zu erwartenden Schmerzen, Leiden und Schäden der zu verwendenden Tiere und
3. die Erfüllung der Anforderungen des § 7 Absatz 1 Satz 2 Nummer 1 und des § 7a Absatz 2 Nummer 2, 4 und 5
enthalten, und die Form der Zusammenfassungen sowie das Verfahren ihrer Veröffentlichung zu regeln, soweit dies zur Verbesserung des Schutzes der Tiere in Tierversuchen und zur Durchführung von Rechtsakten der Europäischen Union erforderlich ist. [2]Es kann dabei vorsehen, dass die Veröffentlichung der Zusammenfassungen durch das Bundesinstitut für Risikobewertung erfolgt.

§ 8a [Anzeige]

(1) Wer ein Versuchsvorhaben, in dem Wirbeltiere oder Kopffüßer verwendet werden, durchführen will,

1. das ausschließlich Tierversuche zum Gegenstand hat, deren Durchführung ausdrücklich
 a) durch Gesetz oder Rechtsverordnung, durch das Arzneibuch oder durch unmittelbar geltenden Rechtsakt der Europäischen Gemeinschaft oder der Europäischen Union vorgeschrieben ist,
 b) in einer von der Bundesregierung oder einem Bundesministerium erlassenen allgemeinen Verwaltungsvorschrift vorgesehen ist oder
 c) auf Grund eines Gesetzes oder einer Rechtsverordnung oder eines unmittelbar anwendbaren Rechtsaktes der Europäischen Gemeinschaft oder der Europäischen Union behördlich oder gerichtlich angeordnet oder im Einzelfall als Voraussetzung für eine behördliche Entscheidung gefordert wird,

2. das ausschließlich Tierversuche zum Gegenstand hat, die als Impfungen, Blutentnahmen oder sonstige diagnostische Maßnahmen nach bereits erprobten Verfahren an Tieren vorgenommen werden und
 a) der Erkennung von Krankheiten, Leiden, Körperschäden oder körperlichen Beschwerden bei Menschen oder Tieren oder
 b) der Prüfung von Seren, Blutzubereitungen, Impfstoffen, Antigenen oder Testallergenen im Rahmen von Zulassungsverfahren oder Chargenprüfungen
 dienen,

3. das ausschließlich Tierversuche nach § 7 Absatz 2 Satz 2 Nummer 1 oder 2 zum Gegenstand hat, die nach bereits erprobten Verfahren
 a) zur Herstellung, Gewinnung, Aufbewahrung oder Vermehrung von Stoffen, Produkten oder Organismen oder
 b) zu diagnostischen Zwecken
 vorgenommen werden, oder

4. das ausschließlich Tierversuche zum Gegenstand hat, die zur Aus-, Fort- oder Weiterbildung nach bereits erprobten Verfahren durchgeführt werden,

hat das Versuchsvorhaben der zuständigen Behörde anzuzeigen.

(2) Absatz 1 gilt nicht für Versuchsvorhaben,

1. in denen Primaten verwendet werden oder

2. die Tierversuche zum Gegenstand haben, die nach Maßgabe des Artikels 15 Absatz 1 in Verbindung mit Anhang VIII der Richtlinie 2010/63/EU als „schwer" einzustufen sind.

(3) Wer ein Versuchsvorhaben, in dem Zehnfußkrebse verwendet werden, durchführen will, hat das Versuchsvorhaben der zuständigen Behörde anzuzeigen.

(4) Das Bundesministerium wird ermächtigt, im Einvernehmen mit dem Bundesministerium für Bildung und Forschung durch Rechtsverordnung mit Zustimmung des Bundesrates vorzusehen, dass Versuche an anderen wirbellosen Tieren als Kopffüßern und Zehnfußkrebsen der zuständigen Behörde anzuzeigen sind, soweit diese Tiere über eine den Wirbeltieren entsprechende artspezifische Fähigkeit verfügen, unter den Versuchseinwirkungen zu leiden, und es zu ihrem Schutz erforderlich ist.

(5) Das Bundesministerium wird ermächtigt, im Einvernehmen mit dem Bundesministerium für Bildung und Forschung durch Rechtsverordnung mit Zustimmung des Bundesrates Vorschriften zu erlassen über

1. die Form und den Inhalt der Anzeige nach Absatz 1 oder 3,

2. das Verfahren der Anzeige nach Absatz 1 oder 3 einschließlich der für die Anzeige geltenden Fristen,

3. den Zeitpunkt, ab dem oder bis zu dem die Durchführung angezeigter Versuchsvorhaben nach Absatz 1 oder 3 zulässig ist, und

4. das Verfahren im Falle nachträglicher Änderungen der im Rahmen der Anzeige nach Absatz 1 oder 3 mitgeteilten Sachverhalte.

§ 8b (aufgehoben)

§ 9 [Durchführung]

(1) Das Bundesministerium wird ermächtigt, im Einvernehmen mit dem Bundesministerium für Bildung und Forschung durch Rechtsverordnung mit Zustimmung des Bundesrates nähere Vorschriften über die Art und den Umfang der nach § 7 Absatz 1 Satz 3 erforderlichen Kenntnisse und Fähigkeiten der Personen, die Tierversuche planen oder durchführen, insbesondere der biologischen, tiermedizinischen, rechtlichen und ethischen Kenntnisse und der Fähigkeiten im Hinblick auf die Durchführung von Tierversuchen, zu erlassen sowie Anforderungen an den Nachweis und die Aufrechterhaltung der erforderlichen Kenntnisse und Fähigkeiten festzulegen; in der Rechtsverordnung kann auch vorgeschrieben werden, dass Aufzeichnungen über die Maßnahmen, die zum Zwecke der Aufrechterhaltung der Kenntnisse und Fähigkeiten

ergriffen werden, zu machen, aufzubewahren und der zuständigen Behörde auf Verlangen vorzulegen sind.

(2) Das Bundesministerium wird ermächtigt, im Einvernehmen mit dem Bundesministerium für Bildung und Forschung durch Rechtsverordnung mit Zustimmung des Bundesrates

1. das Betäuben von Tieren, die in Tierversuchen verwendet werden, einschließlich der hierfür erforderlichen Kenntnisse und Fähigkeiten, oder die Anwendung schmerzlindernder Mittel oder Verfahren bei diesen Tieren vorzuschreiben und

2. die Gabe von Mitteln, die das Äußern von Schmerzen verhindern oder beeinträchtigen, zu verbieten oder zu beschränken.

(3) Das Bundesministerium wird ermächtigt, im Einvernehmen mit dem Bundesministerium für Bildung und Forschung und, soweit artenschutzrechtliche Belange berührt sind, dem Bundesministerium für Umwelt, Naturschutz und nukleare Sicherheit durch Rechtsverordnung mit Zustimmung des Bundesrates zur Durchführung von Rechtsakten der Europäischen Union Versuche

1. an Primaten,

2. an Tieren bestimmter Herkunft,

3. die besonders belastend sind,

zu verbieten oder zu beschränken, insbesondere von einer Genehmigung oder der Erfüllung weiterer, über § 8 Absatz 1 Satz 2 Nummer 2 bis 8 hinausgehender Anforderungen abhängig zu machen.

(4) [1]Das Bundesministerium wird ermächtigt, im Einvernehmen mit dem Bundesministerium für Bildung und Forschung und, soweit artenschutzrechtliche Belange berührt sind, dem Bundesministerium für Umwelt, Naturschutz und nukleare Sicherheit durch Rechtsverordnung mit Zustimmung des Bundesrates Anforderungen an

1. für die Durchführung von Tierversuchen bestimmte Räumlichkeiten, Anlagen und Gegenstände,

2. den Fang wildlebender Tiere zum Zwecke ihrer Verwendung in Tierversuchen einschließlich der anschließenden Behandlung der Tiere und der hierfür erforderlichen Kenntnisse und Fähigkeiten und

3. die erneute Verwendung von Tieren in Tierversuchen

festzulegen. [2]Das Bundesministerium wird ferner ermächtigt, im Einvernehmen mit dem Bundesministerium für Bildung und Forschung und, soweit artenschutzrechtliche Belange berührt sind, dem Bundesministerium für Umwelt, Naturschutz und nukleare Sicherheit durch Rechtsverordnung mit Zustimmung des Bundesrates die Behandlung eines in einem Tierversuch verwendeten Tieres nach Abschluss des Tierversuchs zu regeln und dabei

1. vorzusehen, dass das Tier einem Tierarzt vorzustellen ist,

2. vorzusehen, dass das Tier unter bestimmten Voraussetzungen zu töten ist, und

3. Anforderungen an die weitere Haltung und medizinische Versorgung des Tieres festzulegen.

(5) [1]Über die Tierversuche sind Aufzeichnungen zu machen. [2]Das Bundesministerium wird ermächtigt, im Einvernehmen mit dem Bundesministerium für Bildung und Forschung durch Rechtsverordnung mit Zustimmung des Bundesrates das Nähere über die Art und den Umfang der Aufzeichnungen nach Satz 1 zu regeln; es kann dabei vorschreiben, dass die Aufzeichnungen aufzubewahren und der zuständigen Behörde auf Verlangen vorzulegen sind.

(6) [1]Der Leiter des Versuchsvorhabens oder im Falle seiner Verhinderung sein Stellvertreter haben die Einhaltung

1. der Vorschriften

a) des § 7 Absatz 1 Satz 2 Nummer 1, des § 7a Absatz 2 Nummer 1, 4 und 5 und des § 9 Absatz 5 Satz 1 sowie

b) des § 7 Absatz 1 Satz 3 und

2. der Vorschriften der auf Grund der Absätze 1 bis 5 erlassenen Rechtsverordnungen

sicherzustellen. [2]Das Bundesministerium wird ermächtigt, im Einvernehmen mit dem Bundesministerium für Bildung und Forschung durch Rechtsverordnung mit Zustimmung des Bundesrates das Nähere zu der Verpflichtung nach Satz 1 zu regeln.

§ 9a (aufgehoben)

Sechster Abschnitt
Tierschutzbeauftragte

§ 10 [Tierschutzbeauftragte]
(1) [1]Einrichtungen und Betriebe, in denen Wirbeltiere oder Kopffüßer,
1. die dazu bestimmt sind, in Tierversuchen verwendet zu werden, oder
2. deren Organe oder Gewebe dazu bestimmt sind, zu wissenschaftlichen Zwecken verwendet zu werden,

gehalten oder verwendet werden, müssen über Tierschutzbeauftragte sowie, soweit dies in einer Rechtsverordnung, die das Bundesministerium im Einvernehmen mit dem Bundesministerium für Bildung und Forschung mit Zustimmung des Bundesrates erlassen hat, bestimmt ist, weitere Personen verfügen, die verpflichtet sind, in besonderem Maße auf den Schutz der Tiere zu achten. [2]Satz 1 gilt auch für Einrichtungen und Betriebe, in denen die dort genannten Tiere gezüchtet oder zum Zwecke der Abgabe an Dritte gehalten werden. [3]Einrichtungen und Betriebe,
1. in denen Wirbeltiere nach § 4 Absatz 3 zu wissenschaftlichen Zwecken getötet werden oder
2. in denen Eingriffe nach § 6 Absatz 1 Satz 2 Nummer 4 vorgenommen werden,

müssen ebenfalls über Tierschutzbeauftragte nach Satz 1 verfügen.

(2) [1]Die Tierschutzbeauftragten und die weiteren Personen nehmen ihre Aufgaben insbesondere durch Beratung der Einrichtung oder des Betriebes, für die oder für den sie tätig sind, und der dort beschäftigten Personen sowie durch die Abgabe von Stellungnahmen wahr. [2]Das Bundesministerium wird ermächtigt, im Einvernehmen mit dem Bundesministerium für Bildung und Forschung durch Rechtsverordnung mit Zustimmung des Bundesrates das Nähere über die Tierschutzbeauftragten und weiteren Personen zu regeln und dabei Vorschriften über
1. das Verfahren ihrer Bestellung,
2. ihre Sachkunde,
3. ihre Aufgaben und Verpflichtungen, insbesondere im Hinblick auf die Sicherstellung einer sachkundigen und tiergerechten Haltung, Tötung und Verwendung der Tiere, und
4. innerbetriebliche Maßnahmen und Vorkehrungen zur Sicherstellung einer wirksamen Wahrnehmung der in Nummer 3 genannten Aufgaben und Verpflichtungen
zu erlassen. [3]Dabei kann das Bundesministerium
1. bestimmen, dass die Tierschutzbeauftragten und weiteren Personen im Rahmen von Beiräten zusammenwirken,
2. das Nähere über die Aufgaben und die Zusammensetzung, einschließlich der Leitung, der Beiräte nach Nummer 1 regeln und
3. vorschreiben, dass über die Tätigkeit der Beiräte nach Nummer 1 Aufzeichnungen zu machen, aufzubewahren und der zuständigen Behörde auf Verlangen vorzulegen sind.

Siebenter Abschnitt
Zucht, Halten von Tieren, Handel mit Tieren

§ 11 [Erlaubnis]
(1) [1]Wer
1. Wirbeltiere oder Kopffüßer,
 a) die dazu bestimmt sind, in Tierversuchen verwendet zu werden, oder
 b) deren Organe oder Gewebe dazu bestimmt sind, zu wissenschaftlichen Zwecken verwendet zu werden,
 züchten oder, auch zum Zwecke der Abgabe dieser Tiere an Dritte, halten,
2. Wirbeltiere zu den in § 6 Absatz 1 Satz 2 Nummer 4 genannten Zwecken züchten oder halten,
3. Tiere in einem Tierheim oder in einer ähnlichen Einrichtung halten,
4. Tiere in einem Zoologischen Garten oder einer anderen Einrichtung, in der Tiere gehalten und zur Schau gestellt werden, halten,
5. Wirbeltiere, die nicht Nutztiere sind, zum Zwecke der Abgabe gegen Entgelt oder eine sonstige Gegenleistung in das Inland verbringen oder einführen oder die Abgabe solcher Tiere, die in das Inland verbracht oder eingeführt werden sollen oder worden sind, gegen Entgelt oder eine sonstige Gegenleistung vermitteln,
6. für Dritte Hunde zu Schutzzwecken ausbilden oder hierfür Einrichtungen unterhalten,
7. Tierbörsen zum Zwecke des Tausches oder Verkaufes von Tieren durch Dritte durchführen oder
8. gewerbsmäßig, außer in den Fällen der Nummer 1,

a) Wirbeltiere, außer landwirtschaftliche Nutztiere und Gehegewild, züchten oder halten,
b) mit Wirbeltieren handeln,
c) einen Reit- oder Fahrbetrieb unterhalten,
d) Tiere zur Schau stellen oder für solche Zwecke zur Verfügung stellen,
e) Wirbeltiere als Schädlinge bekämpfen oder
f) für Dritte Hunde ausbilden oder die Ausbildung der Hunde durch den Tierhalter anleiten

will, bedarf der Erlaubnis der zuständigen Behörde. ²Für das Zurschaustellen von Tieren an wechselnden Orten darf die Erlaubnis nach Satz 1 Nummer 4 oder nach Satz 1 Nummer 8 Buchstabe d nur insoweit erteilt werden, als die Tiere nicht einer Art angehören, deren Zurschaustellen an wechselnden Orten auf Grund einer Rechtsverordnung nach Absatz 4 verboten ist.

(2) ¹Das Bundesministerium wird ermächtigt, durch Rechtsverordnung mit Zustimmung des Bundesrates in den Fällen des Absatzes 1 Satz 1

1. das Nähere zu der Form und dem Inhalt des Antrags auf Erteilung einer Erlaubnis nach Absatz 1 Satz 1,
2. die Voraussetzungen und das Verfahren für die Erteilung der Erlaubnis,
3. den Inhalt der Erlaubnis, im Falle des Absatzes 1 Satz 1 Nummer 1 nur, soweit dies zur Durchführung von Rechtsakten der Europäischen Union erforderlich ist, sowie
4. das Verfahren im Falle nachträglicher Änderungen der für die Erlaubniserteilung wesentlichen Sachverhalte, einschließlich der Pflicht zur Anzeige solcher Änderungen,

zu regeln. ²Rechtsverordnung nach Satz 1 bedürfen, soweit sie das Züchten oder Halten von Tieren nach Absatz 1 Satz 1 Nummer 1 oder 2 betreffen, des Einvernehmens des Bundesministeriums für Bildung und Forschung.

(3) In Rechtsverordnungen nach § 2a Absatz 1 oder § 4b können, soweit dies zur Durchführung von Rechtsakten der Europäischen Union erforderlich ist, über die dort genannten Anforderungen hinaus Anforderungen an die Haltung von Tieren nach Absatz 1 Satz 1 Nummer 1 oder an das Töten von Tieren nach Absatz 1 Satz 1 Nummer 1 vorgeschrieben werden, insbesondere

1. Anforderungen an innerbetriebliche Abläufe zum Zwecke der Vermeidung, Feststellung und Beseitigung von Mängeln,
2. Maßnahmen zum Zwecke der Gewöhnung und des Trainings solcher Tiere im Hinblick auf ihre Haltung und Verwendung und
3. Anforderungen an den Erwerb und die Aufrechterhaltung der für die Betreuung und Pflege und das Töten erforderlichen Kenntnisse und Fähigkeiten; hierbei kann auch vorgeschrieben werden, dass Aufzeichnungen über die Maßnahmen, die zum Zwecke des Erwerbs und der Aufrechterhaltung der Kenntnisse und Fähigkeiten ergriffen werden, zu machen, aufzubewahren und der zuständigen Behörde auf Verlangen vorzulegen sind.

(4) ¹Das Bundesministerium wird ermächtigt, durch Rechtsverordnung mit Zustimmung des Bundesrates das Zurschaustellen von Tieren wildlebender Arten an wechselnden Orten zu beschränken oder zu verbieten, soweit die Tiere der jeweiligen Art an wechselnden Orten nur unter erheblichen Schmerzen, Leiden oder Schäden gehalten oder zu den wechselnden Orten nur unter erheblichen Schmerzen, Leiden oder Schäden befördert werden können. ²Eine Rechtsverordnung nach Satz 1

1. darf nur erlassen werden, soweit den in Satz 1 bezeichneten erheblichen Schmerzen, Leiden oder Schäden durch andere Regelungen, insbesondere solche mit Anforderungen an die Haltung oder Beförderung der Tiere, nicht wirksam begegnet werden kann,
2. muss vorsehen, dass Tiere, die zum Zeitpunkt des Erlasses der Verordnung gehalten werden, von dem Verbot nur dann erfasst werden, wenn keine Möglichkeiten bestehen, die erheblichen Schmerzen, Leiden oder Schäden bei diesen Tieren auf ein vertretbares Maß zu vermindern.

(5) ¹Mit der Ausübung der Tätigkeit nach Absatz 1 Satz 1 darf erst nach Erteilung der Erlaubnis begonnen werden. ²Die zuständige Behörde entscheidet schriftlich oder elektronisch über den Antrag auf Erteilung einer Erlaubnis innerhalb einer Frist von vier Monaten ab Eingang des Antrags. ³Die in Satz 2 genannte Frist kann von der zuständigen Behörde um bis zu zwei Monate verlängert werden, soweit der Umfang und die Schwierigkeit der Prüfung des Vorliegens der Voraussetzungen der Erlaubnis dies rechtfertigen. ⁴Der Antragsteller ist über die Fristverlängerung vor Ablauf der in Satz 2 genannten Frist unter Angabe von Gründen zu unterrichten. ⁵Bei der Berechnung der Frist bleiben die Zeiten unberücksichtigt, während derer der Antragsteller trotz schriftlicher oder elektronischer Aufforderung der Behörde den Anforderungen in einer auf Grund des Absatzes 2 Satz 1 Nummer 1 erlassenen Rechtsverordnung nicht nachgekommen ist. ⁶Die zuständige Behörde soll demjenigen die Ausübung der Tätigkeit untersagen, der die Erlaubnis nicht hat.

(6) [1]Wer gewerbsmäßig Gehegewild halten will, hat dies vier Wochen vor Aufnahme der Tätigkeit der zuständigen Behörde anzuzeigen. [2]Das Bundesministerium wird ermächtigt, durch Rechtsverordnung mit Zustimmung des Bundesrates

1. die Form und den Inhalt der Anzeige,
2. die Voraussetzungen, unter denen die Tätigkeit nach Satz 1 untersagt werden kann, und
3. das Verfahren im Falle nachträglicher Änderungen der angezeigten Sachverhalte

zu regeln.

(7) Die Ausübung der nach Absatz 5 Satz 6 oder auf Grund einer Rechtsverordnung nach Absatz 6 Satz 2 Nummer 2 untersagten Tätigkeit kann von der zuständigen Behörde auch durch Schließung der Betriebs- oder Geschäftsräume verhindert werden.

(8) [1]Wer Nutztiere zu Erwerbszwecken hält, hat durch betriebliche Eigenkontrollen sicherzustellen, dass die Anforderungen des § 2 eingehalten werden. [2]Insbesondere hat er zum Zwecke seiner Beurteilung, dass die Anforderungen des § 2 erfüllt sind, geeignete tierbezogene Merkmale (Tierschutzindikatoren) zu erheben und zu bewerten.

§ 11a [Aufzeichnungen; Kennzeichnung]

(1) [1]Wer

1. eine nach § 11 Absatz 1 Satz 1 Nummer 1 erlaubnispflichtige Tätigkeit ausübt oder
2. Wirbeltiere zu den in § 6 Absatz 1 Satz 2 Nummer 4 genannten Zwecken züchtet oder hält oder mit solchen Wirbeltieren handelt,

hat über die Herkunft und den Verbleib sowie im Falle von Hunden, Katzen und Primaten über die Haltung und Verwendung der Tiere Aufzeichnungen zu machen. [2]Dies gilt nicht, soweit entsprechende Aufzeichnungspflichten auf Grund jagdrechtlicher oder naturschutzrechtlicher Vorschriften bestehen.

(2) [1]Das Bundesministerium wird ermächtigt, im Einvernehmen mit dem Bundesministerium für Bildung und Forschung durch Rechtsverordnung mit Zustimmung des Bundesrates Vorschriften über die Art, die Form und den Umfang der Aufzeichnungen nach Absatz 1 zu erlassen. [2]Es kann dabei bestimmen, dass

1. die Aufzeichnungen zu einem bestimmten Zeitpunkt vorzunehmen sind,
2. die Aufzeichnungen aufzubewahren und der zuständigen Behörde auf Verlangen vorzulegen sind,
3. die Aufzeichnungen oder deren Inhalt an Dritte weiterzugeben sind und
4. Aufzeichnungen auf Grund anderer Rechtsvorschriften als Aufzeichnungen nach Satz 1 gelten.

(3) [1]Wer Hunde, Katzen oder Primaten,

1. die zur Verwendung in Tierversuchen bestimmt sind oder deren Gewebe oder Organe dazu bestimmt sind, zu wissenschaftlichen Zwecken verwendet zu werden, oder
2. die zur Verwendung zu einem der in § 6 Absatz 1 Satz 2 Nummer 4 genannten Zwecke bestimmt sind,

züchtet, hat diese zum Zwecke der Feststellung der Identität des jeweiligen Tieres zu kennzeichnen. [2]Sonstige Kennzeichnungspflichten bleiben unberührt. [3]Das Bundesministerium wird ermächtigt, im Einvernehmen mit dem Bundesministerium für Bildung und Forschung durch Rechtsverordnung mit Zustimmung des Bundesrates

1. Vorschriften über die Art und Weise und den Zeitpunkt der Kennzeichnung nach Satz 1 zu erlassen und dabei vorzusehen, dass diese unter behördlicher Aufsicht vorzunehmen ist, und
2. vorzuschreiben, dass im Falle des Erwerbs von Hunden, Katzen oder Primaten zu den in Satz 1 Nummer 1 oder 2 genannten Zwecken der Erwerber zur Kennzeichnung nach Satz 1 verpflichtet ist und den Nachweis zu erbringen hat, dass es sich um für die genannten Zwecke gezüchtete Tiere handelt.

(4) [1]Andere Wirbeltiere als Pferde, Rinder, Schweine, Schafe, Ziegen, Hühner, Tauben, Puten, Enten, Gänse und Fische, ausgenommen Zebrabärblinge, dürfen

1. zur Verwendung in Tierversuchen,
2. zu dem in § 4 Absatz 3 genannten Zweck oder
3. zu den in § 6 Absatz 1 Satz 2 Nummer 4 genannten Zwecken

aus Drittländern nur mit Genehmigung der zuständigen Behörde eingeführt werden. [2]Die Genehmigung ist zu erteilen, soweit nachgewiesen wird, dass es sich um Tiere handelt, die zu einem der in Satz 1 Nummer 1 bis 3 genannten Zwecke gezüchtet worden sind. [3]Andernfalls kann die Genehmigung nur erteilt werden, soweit

1. nach Satz 2 gezüchtete Tiere mit den Eigenschaften, die für den jeweiligen Zweck erforderlich sind, nicht zur Verfügung stehen oder
2. der jeweilige Zweck die Verwendung von Tieren erforderlich macht, die nicht nach Satz 2 gezüchtet worden sind.

[4]Sonstige Einfuhrvorschriften bleiben unberührt.

(5) Das Bundesministerium wird ermächtigt, im Einvernehmen mit dem Bundesministerium für Bildung und Forschung und, soweit artenschutzrechtliche Belange berührt sind, dem Bundesministerium für Umwelt, Naturschutz und nukleare Sicherheit durch Rechtsverordnung mit Zustimmung des Bundesrates bei Tieren, die zur Verwendung in Tierversuchen bestimmt waren oder deren Organe oder Gewebe dazu bestimmt waren, zu wissenschaftlichen Zwecken verwendet zu werden, bei denen diese Bestimmung jedoch entfallen ist, die dauerhafte Unterbringung außerhalb eines Betriebes oder einer Einrichtung nach § 10 Absatz 1 Satz 1 oder 2 oder die Freilassung solcher Tiere zu verbieten oder zu beschränken.

§ 11b [Qualzüchtung]
(1) Es ist verboten, Wirbeltiere zu züchten oder durch biotechnische Maßnahmen zu verändern, soweit im Falle der Züchtung züchterische Erkenntnisse oder im Falle der Veränderung Erkenntnisse, die Veränderungen durch biotechnische Maßnahmen betreffen, erwarten lassen, dass als Folge der Zucht oder Veränderung
1. bei der Nachzucht, den biotechnisch veränderten Tieren selbst oder deren Nachkommen erblich bedingt Körperteile oder Organe für den artgemäßen Gebrauch fehlen oder untauglich oder umgestaltet sind und hierdurch Schmerzen, Leiden oder Schäden auftreten oder
2. bei den Nachkommen
 a) mit Leiden verbundene erblich bedingte Verhaltensstörungen auftreten,
 b) jeder artgemäße Kontakt mit Artgenossen bei ihnen selbst oder einem Artgenossen zu Schmerzen oder vermeidbaren Leiden oder Schäden führt oder
 c) die Haltung nur unter Schmerzen oder vermeidbaren Leiden möglich ist oder zu Schäden führt.
(2) Die zuständige Behörde kann das Unfruchtbarmachen von Wirbeltieren anordnen, soweit züchterische Erkenntnisse oder Erkenntnisse, die Veränderungen durch biotechnische Maßnahmen betreffen, erwarten lassen, dass deren Nachkommen Störungen oder Veränderungen im Sinne des Absatzes 1 zeigen werden.
(3) Die Absätze 1 und 2 gelten nicht für durch Züchtung oder biotechnische Maßnahmen veränderte Wirbeltiere, die für wissenschaftliche Zwecke notwendig sind.
(4) Das Bundesministerium wird ermächtigt, durch Rechtsverordnung mit Zustimmung des Bundesrates
1. die erblich bedingten Veränderungen und Verhaltensstörungen nach Absatz 1 näher zu bestimmen,
2. das Züchten mit Wirbeltieren bestimmter Arten, Rassen und Linien zu verbieten oder zu beschränken, wenn dieses Züchten zu Verstößen gegen Absatz 1 führen kann.

§ 11c [Abgabe an Kinder und Jugendliche]
Ohne Einwilligung der Erziehungsberechtigten dürfen Wirbeltiere an Kinder oder Jugendliche bis zum vollendeten 16. Lebensjahr nicht abgegeben werden.

Achter Abschnitt
Verbringungs-, Verkehrs- und Haltungsverbot

§ 12 [Verbringungs-, Verkehrs- und Haltungsverbot]
(1) Wirbeltiere, an denen Schäden feststellbar sind, von denen anzunehmen ist, dass sie durch tierschutzwidrige Handlungen verursacht worden sind, dürfen nicht gehalten oder ausgestellt werden, soweit dies durch Rechtsverordnungen nach Absatz 2 Nr. 4 oder 5 bestimmt ist.
(2) ¹Das Bundesministerium wird ermächtigt, durch Rechtsverordnung mit Zustimmung des Bundesrates, soweit es zum Schutz der Tiere erforderlich ist,
1. das Verbringen von Tieren oder Erzeugnissen tierischer Herkunft aus einem Staat, der nicht der Europäischen Union angehört, in das Inland (Einfuhr) von der Einhaltung von Mindestanforderungen hinsichtlich der Tierhaltung oder des Tötens von Tieren und von einer entsprechenden Bescheinigung abhängig zu machen sowie deren Inhalt, Form, Ausstellung und Aufbewahrung zu regeln,
2. die Einfuhr bestimmter Tiere von einer Genehmigung abhängig zu machen,
3. das Verbringen bestimmter Tiere aus dem Inland in einen anderen Staat zu verbieten,
4. das Verbringen von Wirbeltieren in das Inland oder das Halten, insbesondere das Ausstellen von Wirbeltieren im Inland zu verbieten, wenn an den Tieren tierschutzwidrige Amputationen vorgenommen worden sind oder die Tiere erblich bedingte körperliche Defekte, Verhaltensstörungen oder Aggressionssteigerungen im Sinne des § 11b Absatz 1 Nummer 1 oder 2 Buchstabe a aufweisen oder soweit ein Tatbestand nach § 11b Absatz 1 Nummer 2 Buchstabe b oder c erfüllt ist,
5. das Halten von Wirbeltieren, an denen Schäden feststellbar sind, von denen anzunehmen ist, dass sie den Tieren durch tierschutzwidrige Handlungen zugefügt worden sind, zu verbieten, wenn das Weiterleben der Tiere nur unter Leiden möglich ist,

6. vorzuschreiben, dass Tiere oder Erzeugnisse tierischer Herkunft nur über bestimmte Zollstellen mit zugeordneten Überwachungsstellen eingeführt oder ausgeführt werden dürfen, die das Bundesamt für Verbraucherschutz und Lebensmittelsicherheit im Einvernehmen mit dem Bundesministerium der Finanzen im Bundesanzeiger bekannt gemacht hat; das Bundesministerium der Finanzen kann die Erteilung des Einvernehmens auf die Generalzolldirektion übertragen. [2]Eine Rechtsverordnung nach Satz 1 Nr. 1 bis 5 kann nicht erlassen werden, soweit Unionsrecht oder völkerrechtliche Verpflichtungen entgegenstehen.

Neunter Abschnitt
Sonstige Bestimmungen zum Schutz der Tiere

§ 13 [Sonstige Bestimmungen zum Schutz der Tiere]
(1) [1]Es ist verboten, zum Fangen, Fernhalten oder Verscheuchen von Wirbeltieren Vorrichtungen oder Stoffe anzuwenden, wenn damit die Gefahr vermeidbarer Schmerzen, Leiden oder Schäden für Wirbeltiere verbunden ist; dies gilt nicht für die Anwendung von Vorrichtungen oder Stoffen, die auf Grund anderer Rechtsvorschriften zugelassen sind. [2]Vorschriften des Jagdrechts, des Naturschutzrechts, des Pflanzenschutzrechts und des Seuchenrechts bleiben unberührt.
(2) Das Bundesministerium wird ermächtigt, durch Rechtsverordnung mit Zustimmung des Bundesrates zum Schutz des Wildes Maßnahmen anzuordnen, die das Wild vor vermeidbaren Schmerzen oder Schäden durch land- oder forstwirtschaftliche Arbeiten schützen.
(3) [1]Das Bundesministerium wird ermächtigt, im Einvernehmen mit dem Bundesministerium für Wirtschaft und Energie und dem Bundesministerium für Umwelt, Naturschutz und nukleare Sicherheit durch Rechtsverordnung mit Zustimmung des Bundesrates, soweit es zum Schutz der Tiere erforderlich ist, das Halten von Tieren wildlebender Arten, den Handel mit solchen Tieren sowie ihre Einfuhr oder ihre Ausfuhr aus dem Inland in einen Staat, der der Europäischen Union nicht angehört (Ausfuhr), zu verbieten, zu beschränken oder von einer Genehmigung abhängig zu machen. [2]Als Genehmigungsvoraussetzung kann insbesondere gefordert werden, dass der Antragsteller die für die jeweilige Tätigkeit erforderliche Zuverlässigkeit und die erforderlichen fachlichen Kenntnisse und Fähigkeiten besitzt und nachweist sowie dass eine den Anforderungen des § 2 entsprechende Ernährung, Pflege und Unterbringung der Tiere sichergestellt ist. [3]In der Rechtsverordnung können ferner Anforderungen an den Nachweis der erforderlichen Zuverlässigkeit und der erforderlichen fachlichen Kenntnisse und Fähigkeiten nach Satz 2 festgelegt sowie das Verfahren des Nachweises geregelt werden.

§ 13a [Ermächtigung Bundesministerium]
(1) [1]Das Bundesministerium wird ermächtigt, zur Verbesserung des Tierschutzes durch Rechtsverordnung mit Zustimmung des Bundesrates Anforderungen an freiwillige Prüfverfahren zu bestimmen, mit denen nachgewiesen wird, dass serienmäßig hergestellte Aufstallungssysteme und Stalleinrichtungen zum Halten von Nutztieren und beim Schlachten verwendete Betäubungsgeräte und -anlagen über die Anforderungen dieses Gesetzes und die Mindestanforderungen der auf Grund dieses Gesetzes erlassenen Rechtsverordnungen hinausgehen. [2]Es hat hierbei insbesondere Kriterien, Verfahren und Umfang der freiwilligen Prüfverfahren sowie Anforderungen an die Sachkunde der im Rahmen derartiger Prüfverfahren tätigen Gutachter festzulegen.
(2) [1]Das Bundesministerium wird ermächtigt, durch Rechtsverordnung mit Zustimmung des Bundesrates zur Förderung der tierschutzgerechten Haltung das Inverkehrbringen und das Verwenden serienmäßig hergestellter Stalleinrichtungen zum Halten von Nutztieren von einer Zulassung oder Bauartzulassung abhängig zu machen. [2]In der Rechtsverordnung nach Satz 1 können
1. die näheren Voraussetzungen für die Zulassung oder Bauartzulassung und deren Rücknahme, Widerruf oder Ruhen, ihre Bekanntmachung sowie das Zulassungsverfahren, insbesondere Art, Inhalt und Umfang der vorzulegenden Unterlagen oder beizubringenden Nachweise,
2. die Befristung der Zulassung oder Bauartzulassung,
3. die Folgen einer Aufhebung oder Befristung einer Zulassung oder einer Bauartzulassung im Hinblick auf das weitere Inverkehrbringen oder die weitere Verwendung in Verkehr gebrachter Stalleinrichtungen,
4. die Kennzeichnung der Stalleinrichtungen und das Beifügen von Gebrauchsanleitungen und deren Mindestinhalt zum Zwecke der bestimmungsgemäßen und sachgerechten Verwendung der Stalleinrichtungen,
5. Anforderungen an die bestimmungsgemäße und sachgerechte Verwendung der Stalleinrichtungen,
6. die Anerkennung und die Mitwirkung öffentlich-rechtlicher oder privatrechtlicher Einrichtungen bei der Erteilung der Zulassung oder der Bauartzulassung einschließlich des Verfahrens geregelt werden,

7. die Anerkennung serienmäßig hergestellter Stalleinrichtungen, die ein der Zulassung oder der Bauartzulassung entsprechendes Verfahren in einem anderen Mitgliedstaat, der Türkei oder einem EFTA-Staat, der das EWR-Übereinkommen unterzeichnet hat, durchlaufen haben,

geregelt werden. [3]Im Fall einer Regelung nach Satz 2 Nr. 7 kann die Anerkennung insbesondere davon abhängig gemacht werden, dass die Eigenschaften der serienmäßig hergestellten Stalleinrichtung den Anforderungen einer Rechtsverordnung nach Satz 2 Nr. 1 bis 4 gleichwertig sind.

(3) [1]Zuständig für die Erteilung der Zulassungen oder Bauartzulassungen ist die Bundesanstalt für Landwirtschaft und Ernährung. [2]In der Rechtsverordnung nach Absatz 2 Satz 1 ist das Verfahren der Zusammenarbeit der nach Satz 1 zuständigen Behörde mit den für die Überwachung zuständigen Behörden der Länder zu regeln.

(4) [1]Das Bundesministerium wird ermächtigt, durch Rechtsverordnung, die nicht der Zustimmung des Bundesrates bedarf, Aufgaben und Befugnisse der nach Absatz 3 zuständigen Behörde auf eine juristische Person des privaten Rechts ganz oder teilweise zu übertragen. [2]Die Aufgabenübertragung ist nur zulässig, soweit die juristische Person die notwendige Gewähr für die Erfüllung der Aufgaben nach diesem Gesetz bietet. [3]Eine juristische Person bietet die notwendige Gewähr, wenn

1. die Personen, die nach Gesetz, Satzung oder Gesellschaftsvertrag die Geschäftsführung und Vertretung der juristischen Person ausüben, zuverlässig und fachlich geeignet sind,
2. sie die zur Erfüllung ihrer Aufgaben notwendige Ausstattung und Organisation hat.

[4]Die fachliche Eignung im Sinne des Satzes 3 Nummer 1 ist insbesondere gegeben, wenn die Personen über eine erfolgreich abgeschlossene Berufsausbildung im Bereich der Agrarwissenschaft – Fachrichtung Tierproduktion, der Veterinärmedizin oder der Biologie – Fachrichtung Zoologie – verfügen. [5]Durch Rechtsverordnung nach Satz 1 kann sich das Bundesministerium die Genehmigung der Satzung oder des Gesellschaftsvertrages und deren Änderungen vorbehalten.

(5) [1]Das Bundesministerium wird ermächtigt, durch Rechtsverordnung mit Zustimmung des Bundesrates, soweit es zum Schutz der Tiere erforderlich ist, das Inverkehrbringen und das Verwenden serienmäßig hergestellter beim Schlachten verwendeter Betäubungsgeräte oder Betäubungsanlagen davon abhängig zu machen, dass die Geräte oder Anlagen zugelassen sind oder einer Bauartzulassung entsprechen, sowie die näheren Voraussetzungen für die Erteilung der Zulassung oder Bauartzulassung und das Zulassungsverfahren zu regeln. [2]In der Rechtsverordnung nach Satz 1 können insbesondere Art, Inhalt und Umfang der vorzulegenden Unterlagen oder beizubringenden Nachweise näher bestimmt werden.

(6) Die Absätze 1 und 5 gelten nicht für das Inverkehrbringen zum Zwecke des Verbringens in einen anderen Mitgliedstaat oder der Ausfuhr in ein Drittland.

§ 13b [Ermächtigung Landesregierungen]

[1]Die Landesregierungen werden ermächtigt, durch Rechtsverordnung zum Schutz freilebender Katzen bestimmte Gebiete festzulegen, in denen

1. an diesen Katzen festgestellte erhebliche Schmerzen, Leiden oder Schäden auf die hohe Anzahl dieser Tiere in dem jeweiligen Gebiet zurückzuführen sind und
2. durch eine Verminderung der Anzahl dieser Katzen innerhalb des jeweiligen Gebietes deren Schmerzen, Leiden oder Schäden verringert werden können.

[2]In der Rechtsverordnung sind die Gebiete abzugrenzen und die für die Verminderung der Anzahl der freilebenden Katzen erforderlichen Maßnahmen zu treffen. [3]Insbesondere können in der Rechtsverordnung

1. der unkontrollierte freie Auslauf fortpflanzungsfähiger Katzen in dem jeweiligen Gebiet verboten oder beschränkt sowie
2. eine Kennzeichnung und Registrierung der dort gehaltenen Katzen, die unkontrollierten freien Auslauf haben können, vorgeschrieben

werden. [4]Eine Regelung nach Satz 3 Nummer 1 ist nur zulässig, soweit andere Maßnahmen, insbesondere solche mit unmittelbarem Bezug auf die freilebenden Katzen, nicht ausreichen. [5]Die Landesregierungen können ihre Ermächtigung durch Rechtsverordnung auf andere Behörden übertragen.

Zehnter Abschnitt
Durchführung des Gesetzes

§ 14 [Überwachung der Einfuhr und Ausfuhr]

(1) [1]Das Bundesministerium der Finanzen und die von ihm bestimmten Zollstellen wirken bei der Überwachung der Einfuhr und Ausfuhr von Tieren mit. [2]Die genannten Behörden können

1. Tiere sowie deren Beförderungsmittel, Behälter, Lade- und Verpackungsmittel bei der Einfuhr zur Überwachung anhalten,
2. den Verdacht von Verstößen gegen Verbote und Beschränkungen dieses Gesetzes oder der nach diesem Gesetz erlassenen Rechtsverordnungen, der sich bei der Abfertigung ergibt, den zuständigen Behörden mitteilen,
3. in den Fällen der Nummer 2 anordnen, dass die Tiere auf Kosten und Gefahr des Verfügungsberechtigten der zuständigen Behörde vorgeführt werden.

(2) [1]Das Bundesministerium der Finanzen regelt im Einvernehmen mit dem Bundesministerium durch Rechtsverordnung ohne Zustimmung des Bundesrates die Einzelheiten des Verfahrens nach Absatz 1. [2]Es kann dabei insbesondere Pflichten zu Anzeigen, Anmeldungen, Auskünften und zur Leistung von Hilfsdiensten sowie zur Duldung der Einsichtnahme in Geschäftspapiere und sonstige Unterlagen und zur Duldung von Besichtigungen vorsehen.

§ 15 [Zuständige Behörden; Kommissionen]

(1) [1]Die Durchführung dieses Gesetzes und der auf Grund dieses Gesetzes erlassenen Rechtsverordnungen obliegt, vorbehaltlich des § 13a Abs. 3, auch in Verbindung mit einer Rechtsverordnung nach dessen Absatz 4, den nach Landesrecht zuständigen Behörden. [2]Die nach Landesrecht zuständigen Behörden berufen jeweils eine oder mehrere Kommissionen zur Unterstützung der zuständigen Behörden bei
1. der Entscheidung über die Genehmigung von Versuchsvorhaben und
2. der Bewertung angezeigter Änderungen genehmigter Versuchsvorhaben, soweit dies in einer Rechtsverordnung nach Absatz 4 vorgesehen ist.

(2) Die zuständigen Behörden sollen im Rahmen der Durchführung dieses Gesetzes oder der auf Grund dieses Gesetzes erlassenen Rechtsverordnungen den beamteten Tierarzt als Sachverständigen beteiligen.

(3) [1]Im Bereich der Bundeswehr obliegt die Durchführung dieses Gesetzes und der auf Grund dieses Gesetzes erlassenen Rechtsvorschriften den zuständigen Dienststellen der Bundeswehr. [2]Das Bundesministerium der Verteidigung beruft eine Kommission zur Unterstützung der zuständigen Dienststellen bei
1. der Entscheidung über die Genehmigung von Versuchsvorhaben und
2. der Bewertung angezeigter Änderungen genehmigter Versuchsvorhaben, soweit dies in einer Rechtsverordnung nach Absatz 4 vorgesehen ist.

(4) [1]Das Bundesministerium wird ermächtigt, im Einvernehmen mit dem Bundesministerium für Bildung und Forschung durch Rechtsverordnung mit Zustimmung des Bundesrates das Nähere zu den Kommissionen nach Absatz 1 Satz 2 und Absatz 3 Satz 2 im Hinblick auf
1. deren Zusammensetzung, einschließlich der Sachkunde der Mitglieder,
2. das Verfahren der Berufung der Mitglieder und
3. die Abgabe von Stellungnahmen durch die Kommissionen zu Anträgen auf Genehmigung von Versuchsvorhaben und angezeigten Änderungen genehmigter Versuchsvorhaben sowie das diesbezügliche Verfahren
zu regeln. [2]Rechtsverordnungen, die das Nähere zu der Kommission nach Absatz 3 Satz 2 regeln, bedürfen ferner des Einvernehmens des Bundesministeriums der Verteidigung.

(5) [1]Das Bundesministerium wird ermächtigt, im Einvernehmen mit dem Bundesministerium für Bildung und Forschung durch Rechtsverordnung mit Zustimmung des Bundesrates vorzusehen, dass die zuständigen Behörden dem Bundesministerium, dem Bundesamt für Verbraucherschutz und Lebensmittelsicherheit oder dem Bundesinstitut für Risikobewertung
1. in Fällen von grundsätzlicher Bedeutung oder
2. in Fällen, in denen dies zur Durchführung des Artikels 43 oder 55 der Richtlinie 2010/63/EU erforderlich ist,
Angaben zu Entscheidungen der zuständigen Behörden über die Genehmigung von Versuchsvorhaben oder zu von den zuständigen Behörden genehmigten Versuchsvorhaben übermitteln, und dabei das Nähere über die Form und den Inhalt sowie das Verfahren der Übermittlung zu regeln. [2]Personenbezogene Daten dürfen nicht übermittelt werden. [3]Die Vorschriften zum Schutz des geistigen Eigentums und zum Schutz von Betriebs- und Geschäftsgeheimnissen bleiben unberührt.

§ 15a [Aufgaben nach Artikel 49 der Richtlinie 2010/63/EU]

[1]Das Bundesinstitut für Risikobewertung nimmt die Aufgaben nach Artikel 49 der Richtlinie 2010/63/EU wahr. [2]Das Bundesministerium wird ermächtigt, im Einvernehmen mit dem Bundesministerium für Bildung und Forschung durch Rechtsverordnung mit Zustimmung des Bundesrates das Nähere über die Aufgaben nach Artikel 49 der Richtlinie 2010/63/EU, einschließlich der Befugnisse des Bundesinstitutes für Risikobewertung zum Verkehr mit den zuständigen Behörden anderer Mitgliedstaaten und der Euro-

päischen Kommission, soweit dies zur Durchführung von Rechtsakten der Europäischen Union erforderlich ist, zu regeln.

§ 16 [Überwachung]

(1) [1]Der Aufsicht durch die zuständige Behörde unterliegen

1. Nutztierhaltungen einschließlich Pferdehaltungen,
2. Einrichtungen, in denen Tiere geschlachtet werden,
3. Einrichtungen, in denen
 a) Tierversuche durchgeführt werden,
 b) Wirbeltiere zu den in § 6 Abs. 1 Satz 2 Nr. 4 genannten Zwecken verwendet werden oder
 c) Wirbeltiere zu wissenschaftlichen Zwecken getötet werden,
4. Einrichtungen und Betriebe nach § 11 Abs. 1 Satz 1,
5. Einrichtungen und Betriebe,
 a) die gewerbsmäßig Tiere transportieren,
 b) in denen Tiere während des Transports ernährt, gepflegt oder untergebracht werden,
6. Zirkusbetriebe, die nicht gewerbsmäßig betrieben werden,
7. Tierhaltungen, die auf Grund einer nach § 13 Abs. 3 erlassenen Rechtsverordnung einer Genehmigung bedürfen,
8. Hersteller, Einführer und Inverkehrbringer von Stalleinrichtungen oder beim Schlachten verwendeter Betäubungsgeräte oder Betäubungsanlagen, soweit diese Personen eine Zulassung oder Bauartzulassung beantragt haben.

[2]Einrichtungen und Betriebe nach Satz 1 Nummer 3 und § 11 Absatz 1 Satz 1 Nummer 1 und 2 werden regelmäßig und in angemessenem Umfang unter besonderer Berücksichtigung möglicher Risiken besichtigt. [3]In Einrichtungen und Betrieben nach Satz 1 Nummer 3 soll die Besichtigung mindestens alle drei Jahre erfolgen. [4]In Einrichtungen und Betrieben nach Satz 1 Nummer 3 und § 11 Absatz 1 Satz 1 Nummer 1 und 2, in denen Primaten gezüchtet, gehalten oder verwendet werden, soll die Besichtigung jährlich erfolgen. [5]Die Aufzeichnungen über die Besichtigungen und deren Ergebnisse sind ab dem Zeitpunkt der jeweiligen Aufzeichnung mindestens fünf Jahre aufzubewahren.

(1a) [1]Wer nach § 11 Absatz 1 Satz 1 Nummer 4 und 8 Buchstabe d und nach Absatz 1 Nummer 6 Tiere an wechselnden Orten zur Schau stellt, hat jeden Ortswechsel spätestens beim Verlassen des bisherigen Aufenthaltsortes der zuständigen Behörde des beabsichtigten Aufenthaltsortes nach Maßgabe des Satzes 2 anzuzeigen. [2]In der Anzeige sind anzugeben:

1. die Art der betroffenen Tiere,
2. der Name der für die Tätigkeit verantwortlichen Person,
3. die Räume und Einrichtungen, die für die Tätigkeit bestimmt sind.

(2) Natürliche und juristische Personen und nicht rechtsfähige Personenvereinigungen haben der zuständigen Behörde auf Verlangen die Auskünfte zu erteilen, die zur Durchführung der der Behörde durch dieses Gesetz übertragenen Aufgaben erforderlich sind.

(3) [1]Personen, die von der zuständigen Behörde beauftragt sind, sowie in ihrer Begleitung befindliche Sachverständige der Europäischen Kommission und anderer Mitgliedstaaten der Europäischen Union (Mitgliedstaaten) dürfen zum Zwecke der Aufsicht über die in Absatz 1 bezeichneten Personen und Einrichtungen und im Rahmen des Absatzes 2

1. Grundstücke, Geschäftsräume, Wirtschaftsgebäude und Transportmittel des Auskunftspflichtigen während der Geschäfts- oder Betriebszeit betreten, besichtigen und dort zur Dokumentation Bildaufzeichnungen, mit Ausnahme von Bildaufzeichnungen von Personen, anfertigen,
2. zur Verhütung dringender Gefahren für die öffentliche Sicherheit und Ordnung
 a) die in Nummer 1 bezeichneten Grundstücke, Räume, Gebäude und Transportmittel außerhalb der dort genannten Zeiten,
 b) Wohnräume des Auskunftspflichtigen betreten, besichtigen sowie zur Dokumentation Bildaufzeichnungen, mit Ausnahme von Bildaufzeichnungen von Personen, anfertigen; das Grundrecht der Unverletzlichkeit der Wohnung (Artikel 13 des Grundgesetzes) wird insoweit eingeschränkt,
3. geschäftliche Unterlagen einsehen,
4. Tiere untersuchen und Proben, insbesondere Blut-, Harn-, Kot- und Futterproben, entnehmen,
5. Verhaltensbeobachtungen an Tieren auch mittels Bild- oder Tonaufzeichnungen durchführen.

[2]Der Auskunftspflichtige hat die mit der Überwachung beauftragten Personen zu unterstützen, ihnen auf Verlangen insbesondere die Grundstücke, Räume, Einrichtungen und Transportmittel zu bezeichnen, Räume, Behältnisse und Transportmittel zu öffnen, bei der Besichtigung und Untersuchung der einzelnen Tiere Hilfestellung zu leisten, die Tiere aus den Transportmitteln zu entladen und die geschäftlichen

Unterlagen vorzulegen. ³Die mit der Überwachung beauftragten Personen sind befugt, Abschriften oder Ablichtungen von Unterlagen nach Satz 1 Nummer 3 oder Ausdrucke oder Kopien von Datenträgern, auf denen Unterlagen nach Satz 1 Nummer 3 gespeichert sind, anzufertigen oder zu verlangen. ⁴Der Auskunftspflichtige hat auf Verlangen der zuständigen Behörde in Wohnräumen gehaltene Tiere vorzuführen, wenn der dringende Verdacht besteht, dass die Tiere nicht artgemäß oder verhaltensgerecht gehalten werden und ihnen dadurch erhebliche Schmerzen, Leiden oder Schäden zugefügt werden und eine Besichtigung der Tierhaltung in Wohnräumen nicht gestattet wird.

(4) Der zur Auskunft Verpflichtete kann die Auskunft auf solche Fragen verweigern, deren Beantwortung ihn selbst oder einen der in § 383 Abs. 1 Nr. 1 bis 3 der Zivilprozessordnung bezeichneten Angehörigen der Gefahr strafgerichtlicher Verfolgung oder eines Verfahrens nach dem Gesetz über Ordnungswidrigkeiten aussetzen würde.

(4a) ¹Wer

1. als Betreiber einer Schlachteinrichtung oder als Gewerbetreibender im Durchschnitt wöchentlich mindestens 50 Großvieheinheiten schlachtet oder

2. Arbeitskräfte bereitstellt, die Schlachttiere zuführen, betäuben oder entbluten,

hat der zuständigen Behörde einen weisungsbefugten Verantwortlichen für die Einhaltung der Anforderungen dieses Gesetzes und der auf Grund dieses Gesetzes erlassenen Rechtsverordnungen zu benennen. ²Wer eine Tierhaltung, eine Einrichtung oder einen Betrieb nach Absatz 1 Nr. 1, 3, 5 oder 6 betreibt oder führt, kann durch die zuständige Behörde im Einzelfall verpflichtet werden, einen weisungsbefugten sachkundigen Verantwortlichen für die Einhaltung der Anforderungen dieses Gesetzes und der darauf beruhenden Verordnungen zu benennen. ³Dies gilt nicht für Betriebe, die der Erlaubnispflicht nach § 11 Abs. 1 unterliegen.

(5) ¹Das Bundesministerium wird ermächtigt, durch Rechtsverordnung mit Zustimmung des Bundesrates, soweit es zum Schutz der Tiere erforderlich ist, die Überwachung näher zu regeln. ²Es kann dabei insbesondere

1. die Durchführung von Untersuchungen einschließlich der Probenahme,

2. die Maßnahmen, die zu ergreifen sind, wenn Tiertransporte diesem Gesetz oder den auf Grund dieses Gesetzes erlassenen Rechtsverordnungen nicht entsprechen,

3. Einzelheiten der Duldungs-, Unterstützungs- und Vorlagepflichten und

4. Pflichten zur Aufzeichnung und zur Aufbewahrung von Unterlagen

regeln. ³Rechtsverordnungen nach Satz 2 Nummer 4 bedürfen, soweit sich die Regelungen auf Tiere beziehen, die zur Verwendung in Tierversuchen bestimmt sind oder deren Gewebe oder Organe dazu bestimmt sind, zu wissenschaftlichen Zwecken verwendet zu werden, des Einvernehmens des Bundesministeriums für Bildung und Forschung.

(6) ¹Personenbezogene Daten dürfen nur erhoben oder verwendet werden, soweit die Erhebung oder Verwendung zur Erfüllung von Aufgaben erforderlich ist, die der verantwortlichen Stelle nach diesem Gesetz oder nach einer auf Grund dieses Gesetzes erlassenen Rechtsverordnung obliegen. ²Das Bundesministerium wird ermächtigt, durch Rechtsverordnung mit Zustimmung des Bundesrates die Einzelheiten der Datenerhebung und -verwendung zu regeln. ³Das Bundesministerium wird ferner ermächtigt, durch Rechtsverordnung mit Zustimmung des Bundesrates die Einrichtung und Führung von Registern zu regeln, aus denen die zuständigen Behörden die für die Überwachung von Betrieben nach § 11 Absatz 1 Satz 1 Nummer 8 Buchstabe d mit wechselnden Standorten erforderlichen personenbezogenen Daten automatisiert abrufen können. ⁴In den Registern dürfen nur folgende personenbezogene Daten gespeichert werden:

1. Daten zur Identifizierung und Erreichbarkeit des Inhabers der Erlaubnis nach § 11 Absatz 1 Satz 1 Nummer 8 Buchstabe d und der für die Tätigkeit verantwortlichen Person nach Absatz 1a Satz 2 Nummer 2,

2. Daten zur Identifizierung und Erreichbarkeit des Betriebes nach Absatz 1 Satz 1 Nummer 4 in Verbindung mit § 11 Absatz 1 Satz 1 Nummer 8 Buchstabe d und des Inhabers des Betriebes,

3. der Inhalt der Erlaubnis nach § 11 Absatz 1 Satz 1 Nummer 8 Buchstabe d und etwaiger Nebenbestimmungen sowie die Anschrift der erteilenden Behörde,

4. Ergebnisse durchgeführter Kontrollen und Namen der kontrollierenden Personen,

5. auf Grund der Kontrolle erlassene vollziehbare Anordnungen und Maßnahmen des Verwaltungszwangs sowie die Angabe, inwieweit diesen nachgekommen worden ist und

6. die unanfechtbare Ablehnung eines Antrags auf Erteilung, die Rücknahme und der Widerruf einer Erlaubnis nach § 11 Absatz 1 Satz 1 Nummer 8 Buchstabe d.

⁵Im Übrigen bleiben das Bundesdatenschutzgesetz und die Datenschutzgesetze der Länder unberührt.

(6a) [1]Die nach Landesrecht für die Lebensmittelüberwachung, die Tierarzneimittelüberwachung und die für die Erhebung der Daten nach tierseuchenrechtlichen Vorschriften über den Verkehr mit Vieh für die Anzeige und die Registrierung Vieh haltender Betriebe zuständigen Behörden übermitteln der für die Überwachung nach § 15 Absatz 1 Satz 1 zuständigen Behörde auf Ersuchen die zu deren Aufgabenerfüllung erforderlichen Daten. [2]Die Daten dürfen für die Dauer von drei Jahren aufbewahrt werden. [3]Die Frist beginnt mit Ablauf desjenigen Jahres, in dem die Daten übermittelt worden sind. [4]Nach Ablauf der Frist sind die Daten zu löschen. [5]Im Übrigen bleiben die Verordnung (EU) 2016/679 des Europäischen Parlaments und des Rates vom 27. April 2016 zum Schutz natürlicher Personen bei der Verarbeitung personenbezogener Daten, zum freien Datenverkehr und zur Aufhebung der Richtlinie 95/46/EG (Datenschutz-Grundverordnung) (ABl. L 119 vom 4.5.2016, S. 1; L 314 vom 22.11.2016, S. 72; L 127 vom 23.5.2018, S. 2), das Bundesdatenschutzgesetz und die Datenschutzgesetze der Länder in der jeweils geltenden Fassung unberührt.

(7) [1]Bestehen bei der zuständigen Behörde erhebliche Zweifel, ob bei bestimmungsgemäßem Gebrauch serienmäßig hergestellte Aufstallungssysteme und Stalleinrichtungen zum Halten landwirtschaftlicher Nutztiere und beim Schlachten verwendete Betäubungsgeräte und -anlagen den Anforderungen dieses Gesetzes sowie der auf Grund dieses Gesetzes erlassenen Rechtsverordnungen entsprechen, kann dem Hersteller oder Anbieter aufgegeben werden, auf seine Kosten eine gutachterliche Stellungnahme einer einvernehmlich zu benennenden unabhängigen Sachverständigenstelle oder Person beizubringen, soweit er nicht auf den erfolgreichen Abschluss einer freiwilligen Prüfung nach Maßgabe einer nach § 13a Abs. 1 erlassenen Rechtsverordnung verweisen kann. [2]Satz 1 gilt nicht, soweit Stalleinrichtungen auf Grund einer Rechtsverordnung nach § 13a Abs. 2 oder Betäubungsgeräte oder Betäubungsanlagen auf Grund einer Rechtsverordnung nach § 13a Abs. 5 zugelassen oder bauartzugelassen sind.

§ 16a [Behördliche Anordnungen]

(1) [1]Die zuständige Behörde trifft die zur Beseitigung festgestellter Verstöße und die zur Verhütung künftiger Verstöße notwendigen Anordnungen. [2]Sie kann insbesondere

1. im Einzelfall die zur Erfüllung der Anforderungen des § 2 erforderlichen Maßnahmen anordnen,

2. ein Tier, das nach dem Gutachten des beamteten Tierarztes mangels Erfüllung der Anforderungen des § 2 erheblich vernachlässigt ist oder schwerwiegende Verhaltensstörungen aufzeigt, dem Halter fortnehmen und so lange auf dessen Kosten anderweitig pfleglich unterbringen, bis eine den Anforderungen des § 2 entsprechende Haltung des Tieres durch den Halter sichergestellt ist; ist eine anderweitige Unterbringung des Tieres nicht möglich oder ist nach Fristsetzung durch die zuständige Behörde eine den Anforderungen des § 2 entsprechende Haltung durch den Halter nicht sicherzustellen, kann die Behörde das Tier veräußern; die Behörde kann das Tier auf Kosten des Halters unter Vermeidung von Schmerzen töten lassen, wenn die Veräußerung des Tieres aus rechtlichen oder tatsächlichen Gründen nicht möglich ist oder das Tier nach dem Urteil des beamteten Tierarztes nur unter nicht behebbaren erheblichen Schmerzen, Leiden oder Schäden weiterleben kann,

3. demjenigen, der den Vorschriften des § 2, einer Anordnung nach Nummer 1 oder einer Rechtsverordnung nach § 2a wiederholt oder grob zuwidergehandelt und dadurch den von ihm gehaltenen oder betreuten Tieren erhebliche oder länger anhaltende Schmerzen oder Leiden oder erhebliche Schäden zugefügt hat, das Halten oder Betreuen von Tieren einer bestimmten oder jeder Art untersagen oder es von der Erlangung eines entsprechenden Sachkundenachweises abhängig machen, wenn Tatsachen die Annahme rechtfertigen, dass er weiterhin derartige Zuwiderhandlungen begehen wird; auf Antrag ist ihm das Halten oder Betreuen von Tieren wieder zu gestatten, wenn der Grund für die Annahme weiterer Zuwiderhandlungen entfallen ist,

4. die Einstellung von Tierversuchen anordnen, die ohne die erforderliche Genehmigung oder entgegen einem tierschutzrechtlichen Verbot durchgeführt werden.

(2) Die zuständige Behörde untersagt die Durchführung eines nach § 8a Absatz 1 oder 3 oder eines auf Grund einer Rechtsverordnung nach § 8a Absatz 4 anzuzeigenden Versuchsvorhabens oder die Vornahme einer auf Grund einer Rechtsverordnung nach § 8 Absatz 3 Nummer 4 oder § 8a Absatz 5 Nummer 4 anzuzeigenden Änderung eines Versuchsvorhabens, soweit die Einhaltung der für die Durchführung von Tierversuchen geltenden Vorschriften dieses Gesetzes und der auf Grund dieses Gesetzes erlassenen Rechtsverordnungen nicht sichergestellt ist und diesem Mangel nicht innerhalb einer von der zuständigen Behörde gesetzten Frist abgeholfen worden ist.

(3) Die zuständige Behörde trifft die erforderlichen Anordnungen um sicherzustellen, dass

1. die Anordnung der Einstellung von Tierversuchen, die Untersagung der Durchführung von Versuchsvorhaben oder der Widerruf oder die Rücknahme der Genehmigung eines Versuchsvorhabens

keine nachteiligen Auswirkungen auf das Wohlergehen der Tiere hat, die in den Tierversuchen oder Versuchsvorhaben verwendet werden oder verwendet werden sollen, und

2. die Untersagung der Ausübung einer Tätigkeit nach § 11 Absatz 1 Satz 1 Nummer 1 oder die Rücknahme oder der Widerruf einer Erlaubnis nach § 11 Absatz 1 Satz 1 Nummer 1 keine negativen Auswirkungen auf das Wohlergehen der Tiere hat, die in den der jeweiligen Tätigkeit dienenden Betrieben oder Einrichtungen gehalten werden.

§ 16b [Tierschutzkommission]

(1) ¹Das Bundeministerium beruft eine Tierschutzkommission zu seiner Unterstützung in Fragen des Tierschutzes. ²Vor dem Erlass von Rechtsverordnungen und allgemeinen Verwaltungsvorschriften nach diesem Gesetz hat das Bundesministerium die Tierschutzkommission anzuhören.

(2) Das Bundesministerium wird ermächtigt, durch Rechtsverordnung ohne Zustimmung des Bundesrates das Nähere über Zusammensetzung, Berufung der Mitglieder, Aufgaben und Geschäftsführung der Tierschutzkommission zu regeln.

§ 16c [Meldepflicht von Tierversuchen]

Das Bundesministerium wird ermächtigt, durch Rechtsverordnung mit Zustimmung des Bundesrates Personen, Einrichtungen und Betriebe, die Tierversuche an Wirbeltieren oder Kopffüßern durchführen oder die Wirbeltiere nach § 4 Absatz 3 verwenden, sowie Einrichtungen und Betriebe, in denen Wirbeltiere oder Kopffüßer für die genannten Zwecke gezüchtet oder zum Zwecke der Abgabe an Dritte gehalten werden,

1. zu verpflichten, in bestimmten, regelmäßigen Zeitabständen der zuständigen Behörde Angaben über
 a) Art, Herkunft und Zahl der verwendeten Tiere und
 b) den Zweck und die Art der Versuche oder sonstigen Verwendungen einschließlich des Schweregrads nach Artikel 15 Absatz 1 der Richtlinie 2010/63/EU
 zu melden und
2. das Melde- und Übermittlungsverfahren zu regeln.

§ 16d [Verwaltungsvorschriften]

Das Bundesministerium erlässt mit Zustimmung des Bundesrates die allgemeinen Verwaltungsvorschriften, die zur Durchführung dieses Gesetzes und der auf Grund dieses Gesetzes erlassenen Rechtsverordnungen erforderlich sind.

§ 16e [Bericht der Bundesregierung]

Die Bundesregierung erstattet dem Deutschen Bundestag alle vier Jahre einen Bericht über den Stand der Entwicklung des Tierschutzes.

§ 16f [Informationsaustausch innerhalb der EU]

(1) Die zuständigen Behörden

1. erteilen der zuständigen Behörde eines anderen Mitgliedstaates auf begründetes Ersuchen Auskünfte und übermitteln die erforderlichen Schriftstücke, um ihr die Überwachung der Einhaltung tierschutzrechtlicher Vorschriften zu ermöglichen,

2. überprüfen die von der ersuchenden Behörde mitgeteilten Sachverhalte und teilen ihr das Ergebnis der Prüfung mit.

(2) Die zuständigen Behörden erteilen der zuständigen Behörde eines anderen Mitgliedstaates unter Beifügung der erforderlichen Schriftstücke Auskünfte, die für die Überwachung in diesem Mitgliedstaat erforderlich sind, insbesondere bei Verstößen oder Verdacht auf Verstöße gegen tierschutzrechtliche Vorschriften.

(3) Die zuständigen Behörden können, soweit dies zum Schutz der Tiere erforderlich oder durch Rechtsakte der Europäischen Gemeinschaft oder der Europäischen Union vorgeschrieben ist, Daten, die sie im Rahmen der Überwachung gewonnen haben, den zuständigen Behörden anderer Länder und anderer Mitgliedstaaten, dem Bundesministerium, dem Bundesamt für Verbraucherschutz und Lebensmittelsicherheit und der Kommission der Europäischen Gemeinschaft mitteilen.

§ 16g [Übertragung von Zuständigkeiten]

(1) ¹Der Verkehr mit den zuständigen Behörden anderer Mitgliedstaaten und der Europäischen Kommission obliegt dem Bundesministerium. ²Es kann diese Befugnis durch Rechtsverordnung ohne Zustimmung des Bundesrates auf das Bundesamt für Verbraucherschutz und Lebensmittelsicherheit und durch Rechtsverordnung mit Zustimmung des Bundesrates auf die zuständigen obersten Landesbehörden übertragen. ³Ferner kann es im Einzelfall im Benehmen mit der zuständigen obersten Landesbehörde dieser die Be-

fugnis übertragen. [4]Die obersten Landesbehörden können die Befugnis nach den Sätzen 2 und 3 auf andere Behörden übertragen.

(2) Abweichend von Absatz 1 Satz 1 obliegt im Falle des Artikels 47 Absatz 5 der Richtlinie 2010/63/EU der Verkehr mit den zuständigen Behörden anderer Mitgliedstaaten und der Europäischen Kommission dem Bundesinstitut für Risikobewertung, soweit sich das Bundesministerium im Einzelfall nicht etwas anderes vorbehält.

§ 16h [Geltung für EWR-Staaten]
Die §§ 16f und 16g gelten entsprechend für Staaten, die – ohne Mitgliedstaaten zu sein – Vertragsstaaten des Abkommens über den Europäischen Wirtschaftsraum sind.

§ 16i [Schiedsverfahren]
(1) [1]Ist eine von der zuständigen Behörde getroffene Maßnahme, die sich auf die Durchführung von Tiertransporten aus anderen Mitgliedstaaten bezieht, zwischen ihr und dem Verfügungsberechtigten streitig, so können beide Parteien einvernehmlich den Streit durch den Schiedsspruch eines Sachverständigen schlichten lassen. [2]Die Streitigkeit ist binnen eines Monats nach Bekanntgabe der Maßnahme einem Sachverständigen zu unterbreiten, der in einem von der Europäischen Kommission aufgestellten Verzeichnis aufgeführt ist. [3]Der Sachverständige hat das Gutachten binnen 72 Stunden zu erstatten.
(2) [1]Auf den Schiedsvertrag und das schiedsgerichtliche Verfahren finden die Vorschriften der §§ 1025 bis 1065 der Zivilprozessordnung entsprechende Anwendung. [2]Gericht im Sinne des § 1062 der Zivilprozessordnung ist das zuständige Verwaltungsgericht, Gericht im Sinne des § 1065 der Zivilprozessordnung das zuständige Oberverwaltungsgericht. [3]Abweichend von § 1059 Abs. 3 Satz 1 der Zivilprozessordnung muss der Aufhebungsantrag innerhalb eines Monats bei Gericht eingereicht werden.

§ 16j [Einheitliche Abwicklungsstelle]
Verwaltungsverfahren nach diesem Gesetz können in den Ländern über eine einheitliche Stelle abgewickelt werden.

Elfter Abschnitt
Straf- und Bußgeldvorschriften

§ 17 [Straftaten]
Mit Freiheitsstrafe bis zu drei Jahren oder mit Geldstrafe wird bestraft, wer
1. ein Wirbeltier ohne vernünftigen Grund tötet oder
2. einem Wirbeltier
 a) aus Roheit erhebliche Schmerzen oder Leiden oder
 b) länger anhaltende oder sich wiederholende erhebliche Schmerzen oder Leiden
 zufügt.

§ 18 [Ordnungswidrigkeiten]
(1) Ordnungswidrig handelt, wer vorsätzlich oder fahrlässig
1. einem Wirbeltier, das er hält, betreut oder zu betreuen hat, ohne vernünftigen Grund erhebliche Schmerzen, Leiden oder Schäden zufügt,
2. (aufgehoben)
3. einer
 a) nach § 2a oder § 9 Absatz 2, 3, 4 oder 6 Satz 2, jeweils auch in Verbindung mit § 6 Absatz 1a Satz 1 Nummer 2, oder
 b) nach den §§ 4b, 5 Abs. 4, § 6 Abs. 4, § 8a Absatz 4 oder 5 Nummer 1, 2, 3 oder Nummer 4, § 9 Absatz 1 und 5 Satz 2, auch in Verbindung mit § 6 Absatz 1a Satz 1 Nummer 2 oder § 9 Absatz 6 Satz 2, § 10 Absatz 2 Satz 2, § 11 Absatz 3, § 11a Absatz 2, 3 Satz 3 oder Absatz 5, § 11b Absatz 4 Nummer 2, § 12 Abs. 2, § 13 Abs. 2 oder 3, §§ 13a, 14 Abs. 2, § 16 Abs. 5 Satz 1 oder § 16c
 erlassenen Rechtsverordnung zuwiderhandelt, soweit sie für einen bestimmten Tatbestand auf diese Bußgeldvorschrift verweist,
4. einem Verbot nach § 3 Satz 1 zuwiderhandelt,
5. entgegen § 4 Abs. 1 ein Wirbeltier tötet,
5a. entgegen § 4 Absatz 3 Satz 2 einen Hund, eine Katze oder einen Primaten tötet,
6. entgegen § 4a Abs. 1 ein warmblütiges Tier schlachtet,
7. entgegen § 5 Abs. 1 Satz 1 einen Eingriff ohne Betäubung vornimmt oder, ohne Tierarzt zu sein, entgegen § 5 Abs. 1 Satz 2 eine Betäubung vornimmt,

8. einem Verbot nach § 6 Abs. 1 Satz 1 zuwiderhandelt oder entgegen § 6 Abs. 1 Satz 3 einen Eingriff vornimmt,
9. (aufgehoben)
9a. entgegen § 6 Absatz 1a Satz 2 oder Satz 3 zweiter Halbsatz eine Anzeige nicht, nicht richtig, nicht vollständig oder nicht rechtzeitig erstattet,
10. entgegen § 6 Abs. 2 elastische Ringe verwendet,
11. entgegen § 7a Absatz 3 oder 4 Satz 1 Tierversuche durchführt,
12. Versuche an Wirbeltieren ohne die nach § 8 Absatz 1 Satz 1 erforderliche Genehmigung durchführt,
13.–16. (aufgehoben)
17. entgegen § 9 Absatz 6 Satz 1 Nummer 1 Buchstabe b, auch in Verbindung mit § 6 Absatz 1a Satz 1 Nummer 1, nicht sicherstellt, dass die Vorschrift des § 7 Absatz 1 Satz 3 eingehalten wird,
18., 19. (aufgehoben)
20. eine Tätigkeit ohne die nach § 11 Abs. 1 Satz 1 erforderliche Erlaubnis ausübt oder einer mit einer solchen Erlaubnis verbundenen vollziehbaren Auflage zuwiderhandelt,
20a. einer vollziehbaren Anordnung nach § 11 Absatz 5 Satz 6 oder § 16a Absatz 1 Satz 2 Nummer 1, 3 oder Nummer 4 oder Absatz 2 oder 3 zuwiderhandelt,
20b. entgegen § 11 Absatz 6 Satz 1 in Verbindung mit einer Rechtsverordnung nach § 11 Absatz 6 Satz 2 Nummer 1 eine Anzeige nicht, nicht richtig, nicht vollständig oder nicht rechtzeitig erstattet,
21. (aufgehoben)
21a. entgegen § 11a Absatz 4 Satz 1 ein Wirbeltier einführt,
22. Wirbeltiere entgegen § 11b Abs. 1 züchtet oder durch biotechnische Maßnahmen verändert,
23. entgegen § 11c ein Wirbeltier an Kinder oder Jugendliche bis zum vollendeten 16. Lebensjahr abgibt,
24. (weggefallen),
25. entgegen § 13 Abs. 1 Satz 1 eine Vorrichtung oder einen Stoff anwendet,
25a. entgegen § 16 Abs. 1a Satz 1 eine Anzeige nicht, nicht richtig, nicht vollständig oder nicht rechtzeitig erstattet,
26. entgegen § 16 Abs. 2 eine Auskunft nicht, nicht richtig oder nicht vollständig erteilt oder einer Duldungs- oder Mitwirkungspflicht nach § 16 Abs. 3 Satz 2, auch in Verbindung mit einer Rechtsverordnung nach § 16 Abs. 5 Satz 2 Nr. 3, zuwiderhandelt oder
27. (weggefallen).
(2) Ordnungswidrig handelt auch, wer, abgesehen von den Fällen des Absatzes 1 Nr. 1, einem Tier ohne vernünftigen Grund erhebliche Schmerzen, Leiden oder Schäden zufügt.
(3) Ordnungswidrig handelt auch, wer vorsätzlich oder fahrlässig
1. einer unmittelbar geltenden Vorschrift in Rechtsakten der Europäischen Gemeinschaft oder der Europäischen Union zuwiderhandelt, die inhaltlich einem in
 a) Absatz 1 Nummer 4 bis 8, 11, 12, 17, 22 und 25 bezeichneten Gebot oder Verbot entspricht, soweit eine Rechtsverordnung nach § 18a Nr. 1 für einen bestimmten Tatbestand auf diese Bußgeldvorschrift verweist,
 b) Absatz 1 Nummer 9a, 10, 21a, 23 und 25a bezeichneten Gebot oder Verbot entspricht, soweit eine Rechtsverordnung nach § 18a Nr. 2 für einen bestimmten Tatbestand auf diese Bußgeldvorschrift verweist, oder
2. einer unmittelbar geltenden Vorschrift in Rechtsakten der Europäischen Gemeinschaft oder der Europäischen Union zuwiderhandelt, die inhaltlich einer Regelung entspricht, zu der die in Absatz 1
 a) Nr. 3 Buchstabe a genannte Vorschrift ermächtigt, soweit eine Rechtsverordnung nach § 18a Nr. 1 für einen bestimmten Tatbestand auf diese Bußgeldvorschrift verweist,
 b) Nr. 3 Buchstabe b genannten Vorschriften ermächtigen, soweit eine Rechtsverordnung nach § 18a Nr. 2 für einen bestimmten Tatbestand auf diese Bußgeldvorschrift verweist.
(4) Die Ordnungswidrigkeit kann in den Fällen des Absatzes 1 Nummer 1 und 3 Buchstabe a, Nummer 4 bis 8, 11, 12, 17, 20, 20a, 22 und 25, des Absatzes 2 sowie des Absatzes 3 Nummer 1 Buchstabe a und Nummer 2 Buchstabe a mit einer Geldbuße bis zu fünfundzwanzigtausend Euro, in den übrigen Fällen mit einer Geldbuße bis zu fünftausend Euro geahndet werden.

§ 18a [Ermächtigung]

Das Bundesministerium wird ermächtigt, soweit dies zur Durchsetzung der Rechtsakte der Europäischen Gemeinschaft oder der Europäischen Union erforderlich ist, durch Rechtsverordnung ohne Zustimmung des Bundesrates die Tatbestände zu bezeichnen, die als Ordnungswidrigkeit nach

1. § 18 Abs. 3 Nr. 1 Buchstabe a oder Nr. 2 Buchstabe a oder
2. § 18 Abs. 3 Nr. 1 Buchstabe b oder Nr. 2 Buchstabe b

geahndet werden können.

§ 19 [Einziehung]

(1) Tiere, auf die sich

1. eine Straftat nach den §§ 17, 20 Absatz 3 oder § 20a Absatz 3 oder
2. eine Ordnungswidrigkeit nach § 18 Absatz 1 Nummer 1 oder 3, soweit die Ordnungswidrigkeit eine Rechtsverordnung nach den §§ 2a, 5 Absatz 4, § 9 Absatz 1 bis 3, 4 Satz 2 oder Absatz 6 Satz 2, § 11b Absatz 4 Nummer 2 oder § 12 Absatz 2 Nummer 4 oder 5 betrifft, Nummer 4, 8, 12, 17, 20a, 21a, 22 oder Nummer 23

bezieht, können eingezogen werden.

(2) Ferner können Tiere eingezogen werden, auf die sich eine Ordnungswidrigkeit

1. nach § 18 Abs. 3 Nr. 1 bezieht, soweit die Ordnungswidrigkeit eine unmittelbar geltende Vorschrift in Rechtsakten der Europäischen Gemeinschaft oder der Europäischen Union betrifft, die inhaltlich einem in § 18 Absatz 1 Nummer 4, 8, 12, 17, 21a, 22 oder Nummer 23 bezeichneten Gebot oder Verbot entspricht,
2. nach § 18 Abs. 3 Nr. 2 bezieht, soweit die Ordnungswidrigkeit eine unmittelbar geltende Vorschrift in Rechtsakten der Europäischen Gemeinschaft oder der Europäischen Union betrifft, die inhaltlich einer Rechtsverordnung nach den §§ 2a, 5 Abs. 4, § 9 Absatz 1 bis 4 oder Absatz 6 Satz 2, § 11b Absatz 4 Nummer 2 oder § 12 Abs. 2 Nr. 4 oder 5 entspricht.

§ 20 [Verbot der Tierhaltung]

(1) Wird jemand wegen einer nach § 17 rechtswidrigen Tat verurteilt oder nur deshalb nicht verurteilt, weil seine Schuldunfähigkeit erwiesen oder nicht auszuschließen ist, so kann ihm das Gericht das Halten oder Betreuen von sowie den Handel oder den sonstigen berufsmäßigen Umgang mit Tieren jeder oder einer bestimmten Art für die Dauer von einem Jahr bis zu fünf Jahren oder für immer verbieten, wenn die Gefahr besteht, dass er weiterhin eine nach § 17 rechtswidrige Tat begehen wird.

(2) ¹Das Verbot wird mit Rechtskraft des Urteils oder des Strafbefehls wirksam. ²In die Verbotsfrist wird die Zeit, in welcher der Täter in einer Anstalt verwahrt wird, nicht eingerechnet. ³Ergibt sich nach der Anordnung des Verbots Grund zu der Annahme, dass die Gefahr, der Täter werde nach § 17 rechtswidrige Taten begehen, nicht mehr besteht, so kann das Gericht das Verbot aufheben, wenn es mindestens sechs Monate gedauert hat.

(3) Wer einem Verbot nach Absatz 1 zuwiderhandelt, wird mit Freiheitsstrafe bis zu einem Jahr oder mit Geldstrafe bestraft.

§ 20a [Vorläufiges Verbot der Tierhaltung]

(1) Sind dringende Gründe für die Annahme vorhanden, dass ein Verbot nach § 20 angeordnet werden wird, so kann der Richter dem Beschuldigten durch Beschluss das Halten oder Betreuen von sowie den Handel oder den sonstigen berufsmäßigen Umgang mit Tieren jeder oder einer bestimmten Art vorläufig verbieten.

(2) Das vorläufige Verbot nach Absatz 1 ist aufzuheben, wenn sein Grund weggefallen ist oder wenn das Gericht im Urteil oder im Strafbefehl ein Verbot nach § 20 nicht anordnet.

(3) Wer einem Verbot nach Absatz 1 zuwiderhandelt, wird mit Freiheitsstrafe bis zu einem Jahr oder mit Geldstrafe bestraft.

Zwölfter Abschnitt
Übergangs- und Schlussvorschriften

§ 21 [Übergangsvorschriften]

(1) ¹Längstens bis zum Ablauf des 31. Dezember 2020 ist abweichend von § 5 Absatz 1 Satz 1 eine Betäubung nicht erforderlich für das Kastrieren von unter acht Tage alten männlichen Schweinen, sofern kein von der normalen anatomischen Beschaffenheit abweichender Befund vorliegt. ²Ist eine Betäubung nach Satz 1 nicht erforderlich, gilt § 5 Absatz 1 Satz 6 mit der Maßgabe entsprechend, dass insbesondere schmerzstillende Tierarzneimittel anzuwenden sind.

(1a) ¹Bis zum 31. Mai 2019 wird dem Deutschen Bundestag eine Rechtsverordnung des Bundesministeriums nach § 6 Absatz 6 zugeleitet. ²Die Zuleitung an den Deutschen Bundestag erfolgt vor der Zuleitung an den Bundesrat. ³Die Rechtsverordnung kann durch Beschluss des Deutschen Bundestages geändert oder abgelehnt werden. ⁴Der Beschluss des Deutschen Bundestages wird dem Bundesministerium zuge-

leitet. [5]Hat sich der Deutsche Bundestag nach Ablauf von drei Sitzungswochen seit Eingang der Rechtsverordnung nicht mit ihr befasst, so wird die unveränderte Rechtsverordnung dem Bundesrat zugeleitet. [6]Soweit die Rechtsverordnung auf Grund des Beschlusses des Bundesrates geändert wird, bedarf es keiner erneuten Zuleitung an den Bundestag.

(1b) [1]Das Bundesministerium berichtet bis zum 30. Juni 2019 und dann mindestens alle sechs Monate dem zuständigen Fachausschuss des Deutschen Bundestages über die Umsetzungsfortschritte bei der Einführung alternativer Verfahren und Methoden zur betäubungslosen Ferkelkastration. [2]Dabei soll das Bundesministerium unter anderem den Stand der arzneimittelrechtlichen Zulassung von Tierarzneimitteln für die Durchführung einer Betäubung bei der Ferkelkastration, den Stand der Technik bei Narkosegeräten, das entwickelte Schulungsmaterial und den Schulungserfolg darstellen.

(2) Bis zum Ablauf des 31. Dezember 2018 ist abweichend von § 5 Absatz 1 Satz 1 eine Betäubung nicht erforderlich für die Kennzeichnung von Pferden durch Schenkelbrand.

(3) Im Falle von Tierversuchen nach § 7 Absatz 2 Satz 1, auch in Verbindung mit Satz 2,

1. deren Genehmigung vor dem 13. Juli 2013 nach den Vorschriften dieses Gesetzes in der bis zum 13. Juli 2013 geltenden Fassung unter Einhaltung der Anforderungen nach dessen § 8 Absatz 2 beantragt oder .

2. deren Durchführung vor dem 13. Juli 2013 nach den Vorschriften dieses Gesetzes in der bis zum 13. Juli 2013 geltenden Fassung angezeigt und von der zuständigen Behörde nicht beanstandet

worden ist, sind abweichend von den §§ 6 bis 10 bis zum 1. Januar 2018 die Vorschriften dieses Gesetzes in der bis zum 13. Juli 2013 geltenden Fassung weiter anzuwenden.

(4) [1]Die Erlaubnis nach § 11 Absatz 1 Satz 1 Nummer 1 und 2 gilt demjenigen,

1. der am 12. Juli 2013 eine im Sinne der vorgenannten Vorschriften erlaubnispflichtige Tätigkeit ausübt und

2. dem, soweit es sich dabei um eine nach diesem Gesetz in der bis zum 13. Juli 2013 geltenden Fassung erlaubnispflichtige Tätigkeit handelt, vor dem 13. Juli 2013 eine entsprechende Erlaubnis erteilt worden ist,

als vorläufig erteilt. [2]Die vorläufige Erlaubnis erlischt,

1. wenn nicht bis zum 1. Januar 2014 die Erteilung einer endgültigen Erlaubnis beantragt wird oder

2. im Falle rechtzeitiger Antragstellung mit Eintritt der Unanfechtbarkeit der Entscheidung über den Antrag.

(4a) § 11 Absatz 1 Satz 1 Nummer 5 ist ab dem 1. August 2014 anzuwenden.

(4b) § 11 Absatz 1 Nummer 8 Buchstabe f ist ab dem 1. August 2014 anzuwenden.

(5) [1]Bis zum Erlass einer Rechtsverordnung nach § 11 Absatz 2 oder 6 Satz 2 ist § 11 Absatz 1 Satz 2 und 3, Absatz 2, 2a, 5 und 6 in der bis zum 13. Juli 2013 geltenden Fassung weiter anzuwenden mit der Maßgabe, dass

1. auch derjenige, der Tierbörsen durchführt, ab dem 1. August 2014 die Anforderungen des § 11 Absatz 2 Nummer 1 in der vorstehend bezeichneten Fassung erfüllen muss und

2. derjenige, der gewerbsmäßig mit Wirbeltieren, außer landwirtschaftlichen Nutztieren, handelt, ab dem 1. August 2014 sicherzustellen hat, dass bei der erstmaligen Abgabe eines Wirbeltieres einer bestimmten Art an den jeweiligen künftigen Tierhalter mit dem Tier schriftliche Informationen über die wesentlichen Bedürfnisse des Tieres, insbesondere im Hinblick auf seine angemessene Ernährung und Pflege sowie verhaltensgerechte Unterbringung und artgemäße Bewegung, übergeben werden; dies gilt nicht bei der Abgabe an den Inhaber einer Erlaubnis nach § 11 Absatz 1 Satz 1 Nummer 3 Buchstabe b in der vorstehend bezeichneten Fassung.

[2]Bis zum Erlass einer Rechtsverordnung nach § 11 Absatz 2 Satz 1 Nummer 1 ist im Rahmen des § 11 Absatz 5 Satz 5 darauf abzustellen, ob der Antragsteller den Anforderungen des § 11 Absatz 1 Satz 2 und 3 in der bis zum 13. Juli 2013 geltenden Fassung nachgekommen ist.

(6) § 11 Absatz 8 ist ab dem 1. Februar 2014 anzuwenden.

§ 21a [Rechtsverordnungen zur Durchführung von Rechtsakten der EG]

Rechtsverordnungen nach diesem Gesetz können auch zur Durchführung von Rechtsakten der Europäischen Gemeinschaft oder der Europäischen Union auf dem Gebiet des Tierschutzes erlassen werden.

§ 21b [Rechtsverordnungen mit Zustimmung des Bundesrates]

Das Bundesministerium wird ermächtigt, durch Rechtsverordnung mit Zustimmung des Bundesrates Verweisungen auf Vorschriften in Rechtsakten der Europäischen Gemeinschaft oder der Europäischen Union in diesem Gesetz oder in auf Grund dieses Gesetzes erlassenen Rechtsverordnungen zu ändern, soweit es zur Anpassung an Änderungen dieser Vorschriften erforderlich ist.

§ 21c [Gebühren und Auslagen]
(1) Die nach § 13a Abs. 3, auch in Verbindung mit einer Rechtsverordnung nach Abs. 4, zuständige Behörde erhebt für individuell zurechenbare öffentliche Leistungen nach diesem Gesetz oder auf Grund dieses Gesetzes erlassener Rechtsverordnungen Gebühren und Auslagen.

(2) ¹Das Bundesministerium wird ermächtigt, durch Rechtsverordnung, die nicht der Zustimmung des Bundesrates bedarf, die gebührenpflichtigen Tatbestände zu bestimmen und dabei feste Sätze oder Rahmensätze vorzusehen. ²Die Gebührensätze sind so zu bemessen, dass der mit den individuell zurechenbaren öffentlichen Leistungen verbundene Personal- und Sachaufwand gedeckt wird. ³Bei der Bemessung der Höhe der Gebühr ist auch der mit den Mitwirkungshandlungen beteiligter Prüfeinrichtungen verbundene Aufwand zu berücksichtigen. ⁴Die zu erstattenden Auslagen können abweichend vom Bundesgebührengesetz geregelt werden.

§ 21d [Verkündung im Bundesanzeiger]
Rechtsverordnungen nach diesem Gesetz können abweichend von § 2 Absatz 1 des Verkündungs- und Bekanntmachungsgesetzes im Bundesanzeiger verkündet werden.

§ 22 (Inkrafttreten)

Gesetz zur Ordnung des Wasserhaushalts (Wasserhaushaltsgesetz – WHG)[1)2)3)4)5)]

Vom 31. Juli 2009 (BGBl. I S. 2585)

(FNA 753-13)

zuletzt geändert durch Art. 1 Erstes ÄndG vom 19. Juni 2020 (BGBl. I S. 1408)

Inhaltsübersicht

1) **Amtl. Anm.:** Dieses Gesetz dient der Umsetzung der
 – Richtlinie 80/68/EWG des Rates vom 17. Dezember 1979 über den Schutz des Grundwassers gegen Verschmutzung durch bestimmte gefährliche Stoffe (ABl. L 20 vom 26.1.1980, S. 43), die durch die Richtlinie 2000/60/EG (ABl. L 327 vom 22.12.2000, S. 1) geändert worden ist,
 – Richtlinie 91/271/EWG des Rates vom 21. Mai 1991 über die Behandlung von kommunalem Abwasser (ABl. L 135 vom 30.5.1991, S. 40), die zuletzt durch die Verordnung (EG) Nr. 1137/2008 (ABl. L 311 vom 21.11.2008, S. 1) geändert worden ist,
 – Richtlinie 2000/60/EG des Europäischen Parlaments und des Rates vom 23. Oktober 2000 zur Schaffung eines Ordnungsrahmens für Maßnahmen der Gemeinschaft im Bereich der Wasserpolitik (ABl. L 327 vom 22.12.2000, S. 1), die zuletzt durch die Richtlinie 2008/105/EG (ABl. L 348 vom 24.12.2008, S. 84) geändert worden ist,
 – Richtlinie 2004/35/EG des Europäischen Parlaments und des Rates vom 21. April 2004 über Umwelthaftung zur Vermeidung und Sanierung von Umweltschäden (ABl. L 143 vom 30.4.2004, S. 56), die durch die Richtlinie 2006/21/ EG (ABl. L 102 vom 11.4.2006, S. 15) geändert worden ist,
 – Richtlinie 2006/11/EG des Europäischen Parlaments und des Rates vom 15. Februar 2006 betreffend die Verschmutzung infolge der Ableitung bestimmter gefährlicher Stoffe in die Gewässer der Gemeinschaft (ABl. L 64 vom 4.3.2006, S. 52),
 – Richtlinie 2006/118/EG des Europäischen Parlaments und des Rates vom 12. Dezember 2006 zum Schutz des Grundwassers vor Verschmutzung und Verschlechterung (ABl. L 372 vom 27.12.2006, S. 19, L 53 vom 22.2.2007, S. 30, L 139 vom 31.5.2007, S. 39),
 – Richtlinie 2007/60/EG des Europäischen Parlaments und des Rates vom 23. Oktober 2007 über die Bewertung und das Management von Hochwasserrisiken (ABl. L 288 vom 6.11.2007, S. 27).
2) **Amtl. Anm.:** Die Verpflichtungen aus der Richtlinie 98/34/EG des Europäischen Parlaments und des Rates vom 22. Juni 1998 über ein Informationsverfahren auf dem Gebiet der Normen und technischen Vorschriften und der Vorschriften für die Dienste der Informationsgesellschaft (ABl. L 204 vom 21.7.1998, S. 37), die zuletzt durch die Richtlinie 2006/96/EG (ABl. L 363 vom 20.12.2006, S. 81) geändert worden ist, sind beachtet worden.
3) Verkündet als Art. 1 des G zur Neuregelung des Wasserrechts v. 31.7.2009 (BGBl. I S. 2585); Inkrafttreten gem. Art. 24 Abs. 2 Satz 1 dieses G am 1.3.2010 mit Ausnahme der §§ 23, 48 Abs. 1 Satz 2 und Abs. 2 Satz 3, § 57 Abs. 2, § 58 Abs. 1 Satz 2, § 61 Abs. 3, § 62 Abs. 4 und 7 Satz 2 und § 63 Abs. 2 Satz 2, die gem. Art. 24 Abs. 1 bereits am 7.8.2009 in Kraft getreten sind.
4) Die Änderung durch G v. 18.7.2016 (BGBl. I S. 1666) tritt erst **mWv 1.10.2021** in Kraft und ist im Text noch nicht berücksichtigt.
5) Zur Sicherstellung ordnungsgemäßer Planungs-und Genehmigungsverfahren während der COVID-19-Pandemie siehe das PlanungssicherstellungsG vom 20.5.2020 (BGBl. I S. 1041).

Kapitel 1
Allgemeine Bestimmungen

§ 1 Zweck
Zweck dieses Gesetzes ist es, durch eine nachhaltige Gewässerbewirtschaftung die Gewässer als Bestandteil des Naturhaushalts, als Lebensgrundlage des Menschen, als Lebensraum für Tiere und Pflanzen sowie als nutzbares Gut zu schützen.

§ 2 Anwendungsbereich
(1) [1]Dieses Gesetz gilt für folgende Gewässer:
1. oberirdische Gewässer,
2. Küstengewässer,
3. Grundwasser.
[2]Es gilt auch für Teile dieser Gewässer.
(1a) [1]Für Meeresgewässer gelten die Vorschriften des § 23, des Kapitels 2 Abschnitt 3a und des § 90. [2]Die für die Bewirtschaftung der Küstengewässer geltenden Vorschriften bleiben unberührt.
(2) [1]Die Länder können kleine Gewässer von wasserwirtschaftlich untergeordneter Bedeutung, insbesondere Straßenseitengräben als Bestandteil von Straßen, Be- und Entwässerungsgräben, sowie Heilquellen von den Bestimmungen dieses Gesetzes ausnehmen. [2]Dies gilt nicht für die Haftung für Gewässerveränderungen nach den §§ 89 und 90.

§ 3 Begriffsbestimmungen
Für dieses Gesetz gelten folgende Begriffsbestimmungen:
1. Oberirdische Gewässer
 das ständig oder zeitweilig in Betten fließende oder stehende oder aus Quellen wild abfließende Wasser;
2. Küstengewässer
 das Meer zwischen der Küstenlinie bei mittlerem Hochwasser oder zwischen der seewärtigen Begrenzung der oberirdischen Gewässer und der seewärtigen Begrenzung des Küstenmeeres; die seewärtige Begrenzung von oberirdischen Gewässern, die nicht Binnenwasserstraßen des Bundes sind, richtet sich nach den landesrechtlichen Vorschriften;
2a. Meeresgewässer
 die Küstengewässer sowie die Gewässer im Bereich der deutschen ausschließlichen Wirtschaftszone und des Festlandsockels, jeweils einschließlich des Meeresgrundes und des Meeresuntergrundes;
3. Grundwasser
 das unterirdische Wasser in der Sättigungszone, das in unmittelbarer Berührung mit dem Boden oder dem Untergrund steht;
4. Künstliche Gewässer
 von Menschen geschaffene oberirdische Gewässer oder Küstengewässer;
5. Erheblich veränderte Gewässer
 durch den Menschen in ihrem Wesen physikalisch erheblich veränderte oberirdische Gewässer oder Küstengewässer;
6. Wasserkörper
 einheitliche und bedeutende Abschnitte eines oberirdischen Gewässers oder Küstengewässers (Oberflächenwasserkörper) sowie abgegrenzte Grundwasservolumen innerhalb eines oder mehrerer Grundwasserleiter (Grundwasserkörper);
7. Gewässereigenschaften
 die auf die Wasserbeschaffenheit, die Wassermenge, die Gewässerökologie und die Hydromorphologie bezogenen Eigenschaften von Gewässern und Gewässerteilen;
8. Gewässerzustand
 die auf Wasserkörper bezogenen Gewässereigenschaften als ökologischer, chemischer oder mengenmäßiger Zustand eines Gewässers; bei als künstlich oder erheblich verändert eingestuften Gewässern tritt an die Stelle des ökologischen Zustands das ökologische Potenzial;
9. Wasserbeschaffenheit
 die physikalische, chemische oder biologische Beschaffenheit des Wassers eines oberirdischen Gewässers oder Küstengewässers sowie des Grundwassers;
10. Schädliche Gewässerveränderungen
 Veränderungen von Gewässereigenschaften, die das Wohl der Allgemeinheit, insbesondere die öffentliche Wasserversorgung, beeinträchtigen oder die nicht den Anforderungen entsprechen, die sich

aus diesem Gesetz, aus auf Grund dieses Gesetzes erlassenen oder aus sonstigen wasserrechtlichen Vorschriften ergeben;

11. Stand der Technik
der Entwicklungsstand fortschrittlicher Verfahren, Einrichtungen oder Betriebsweisen, der die praktische Eignung einer Maßnahme zur Begrenzung von Emissionen in Luft, Wasser und Boden, zur Gewährleistung der Anlagensicherheit, zur Gewährleistung einer umweltverträglichen Abfallentsorgung oder sonst zur Vermeidung oder Verminderung von Auswirkungen auf die Umwelt zur Erreichung eines allgemein hohen Schutzniveaus für die Umwelt insgesamt gesichert erscheinen lässt; bei der Bestimmung des Standes der Technik sind insbesondere die in der Anlage 1 aufgeführten Kriterien zu berücksichtigen;

12. EMAS-Standort
diejenige Einheit einer Organisation, die nach § 32 Absatz 1 Satz 1 des Umweltauditgesetzes in der Fassung der Bekanntmachung vom 4. September 2002 (BGBl. I S. 3490), das zuletzt durch Artikel 1 des Gesetzes vom 6. Dezember 2011 (BGBl. I S. 2509) geändert worden ist, in der jeweils geltenden Fassung in das EMAS-Register eingetragen ist;

13. Einzugsgebiet
ein Gebiet, aus dem über oberirdische Gewässer der gesamte Oberflächenabfluss an einer einzigen Flussmündung, einem Ästuar oder einem Delta ins Meer gelangt;

14. Teileinzugsgebiet
ein Gebiet, aus dem über oberirdische Gewässer der gesamte Oberflächenabfluss an einem bestimmten Punkt in ein oberirdisches Gewässer gelangt;

15. Flussgebietseinheit
ein als Haupteinheit für die Bewirtschaftung von Einzugsgebieten festgelegtes Land- oder Meeresgebiet, das aus einem oder mehreren benachbarten Einzugsgebieten, dem ihnen zugeordneten Grundwasser und den ihnen zugeordneten Küstengewässern im Sinne des § 7 Absatz 5 Satz 2 besteht;

16. Wasserdienstleistungen sind folgende Dienstleistungen für Haushalte, öffentliche Einrichtungen oder wirtschaftliche Tätigkeiten jeder Art:
a) Entnahme, Aufstauung, Speicherung, Behandlung und Verteilung von Wasser aus einem Gewässer;
b) Sammlung und Behandlung von Abwasser in Abwasseranlagen, die anschließend in oberirdische Gewässer einleiten;

17. Wassernutzungen sind alle Wasserdienstleistungen sowie andere Handlungen mit Auswirkungen auf den Zustand eines Gewässers, die im Hinblick auf die Bewirtschaftungsziele nach den §§ 27 bis 31, 44 und 47 signifikant sind.

§ 4 Gewässereigentum, Schranken des Grundeigentums

(1) ¹Das Eigentum an den Bundeswasserstraßen steht dem Bund nach Maßgabe der wasserstraßenrechtlichen Vorschriften zu. ²Soweit sich aus diesem Gesetz, auf Grund dieses Gesetzes erlassener oder sonstiger wasserrechtlicher Vorschriften Verpflichtungen aus dem Gewässereigentum ergeben, treffen diese auch den Bund als Eigentümer der Bundeswasserstraßen.

(2) Wasser eines fließenden oberirdischen Gewässers und Grundwasser sind nicht eigentumsfähig.

(3) Das Grundeigentum berechtigt nicht
1. zu einer Gewässerbenutzung, die einer behördlichen Zulassung bedarf,
2. zum Ausbau eines Gewässers.

(4) ¹Eigentümer und Nutzungsberechtigte von Gewässern haben die Benutzung durch Dritte zu dulden, soweit für die Benutzung eine behördliche Zulassung erteilt worden oder eine behördliche Zulassung nicht erforderlich ist. ²Dies gilt nicht im Fall des § 9 Absatz 1 Nummer 3.

(5) Im Übrigen gelten für das Eigentum an Gewässern die landesrechtlichen Vorschriften.

§ 5 Allgemeine Sorgfaltspflichten

(1) Jede Person ist verpflichtet, bei Maßnahmen, mit denen Einwirkungen auf ein Gewässer verbunden sein können, die nach den Umständen erforderliche Sorgfalt anzuwenden, um
1. eine nachteilige Veränderung der Gewässereigenschaften zu vermeiden,
2. eine mit Rücksicht auf den Wasserhaushalt gebotene sparsame Verwendung des Wassers sicherzustellen,
3. die Leistungsfähigkeit des Wasserhaushalts zu erhalten und
4. eine Vergrößerung und Beschleunigung des Wasserabflusses zu vermeiden.

(2) Jede Person, die durch Hochwasser betroffen sein kann, ist im Rahmen des ihr Möglichen und Zumutbaren verpflichtet, geeignete Vorsorgemaßnahmen zum Schutz vor nachteiligen Hochwasserfolgen

und zur Schadensminderung zu treffen, insbesondere die Nutzung von Grundstücken den möglichen nachteiligen Folgen für Mensch, Umwelt oder Sachwerte durch Hochwasser anzupassen.

Kapitel 2
Bewirtschaftung von Gewässern

Abschnitt 1
Gemeinsame Bestimmungen

§ 6 Allgemeine Grundsätze der Gewässerbewirtschaftung

(1) [1]Die Gewässer sind nachhaltig zu bewirtschaften, insbesondere mit dem Ziel,

1. ihre Funktions- und Leistungsfähigkeit als Bestandteil des Naturhaushalts und als Lebensraum für Tiere und Pflanzen zu erhalten und zu verbessern, insbesondere durch Schutz vor nachteiligen Veränderungen von Gewässereigenschaften,

2. Beeinträchtigungen auch im Hinblick auf den Wasserhaushalt der direkt von den Gewässern abhängenden Landökosysteme und Feuchtgebiete zu vermeiden und unvermeidbare, nicht nur geringfügige Beeinträchtigungen so weit wie möglich auszugleichen,

3. sie zum Wohl der Allgemeinheit und im Einklang mit ihm auch im Interesse Einzelner zu nutzen,

4. bestehende oder künftige Nutzungsmöglichkeiten insbesondere für die öffentliche Wasserversorgung zu erhalten oder zu schaffen,

5. mögliche Folgen des Klimawandels vorzubeugen,

6. an oberirdischen Gewässern so weit wie möglich natürliche und schadlose Abflussverhältnisse zu gewährleisten und insbesondere durch Rückhaltung des Wassers in der Fläche der Entstehung von nachteiligen Hochwasserfolgen vorzubeugen,

7. zum Schutz der Meeresumwelt beizutragen.

[2]Die nachhaltige Gewässerbewirtschaftung hat ein hohes Schutzniveau für die Umwelt insgesamt zu gewährleisten; dabei sind mögliche Verlagerungen nachteiliger Auswirkungen von einem Schutzgut auf ein anderes sowie die Erfordernisse des Klimaschutzes zu berücksichtigen.

(2) Gewässer, die sich in einem natürlichen oder naturnahen Zustand befinden, sollen in diesem Zustand erhalten bleiben und nicht naturnah ausgebaute natürliche Gewässer sollen so weit wie möglich wieder in einen naturnahen Zustand zurückgeführt werden, wenn überwiegende Gründe des Wohls der Allgemeinheit dem nicht entgegenstehen.

§ 6a Grundsätze für die Kosten von Wasserdienstleistungen und Wassernutzungen

(1) [1]Bei Wasserdienstleistungen ist zur Erreichung der Bewirtschaftungsziele nach den §§ 27 bis 31, 44 und 47 der Grundsatz der Kostendeckung zu berücksichtigen. [2]Hierbei sind auch die Umwelt- und Ressourcenkosten zu berücksichtigen. [3]Es sind angemessene Anreize zu schaffen, Wasser effizient zu nutzen, um so zur Erreichung der Bewirtschaftungsziele beizutragen.

(2) Wenn bestimmte Wassernutzungen die Erreichung der in Absatz 1 genannten Bewirtschaftungsziele gefährden, haben Wassernutzungen, insbesondere in den Bereichen Industrie, Haushalte und Landwirtschaft, zur Deckung der Kosten der Wasserdienstleistungen angemessen beizutragen.

(3) Im Rahmen der Absätze 1 und 2 sind das Verursacherprinzip sowie die wirtschaftliche Analyse der Wassernutzungen nach der Oberflächengewässerverordnung und der Grundwasserverordnung zugrunde zu legen.

(4) Von den Grundsätzen nach den Absätzen 1 und 2 kann im Hinblick auf soziale, ökologische und wirtschaftliche Auswirkungen der Kostendeckung sowie im Hinblick auf regionale geografische oder klimatische Besonderheiten abgewichen werden.

(5) Weitergehende Regelungen des Bundes und der Länder zur Erhebung von Kosten und Entgelten im Bereich der Bewirtschaftung von Gewässern bleiben unberührt.

§ 7 Bewirtschaftung nach Flussgebietseinheiten

(1) [1]Die Gewässer sind nach Flussgebietseinheiten zu bewirtschaften. [2]Die Flussgebietseinheiten sind:

1. Donau,
2. Rhein,
3. Maas,
4. Ems,
5. Weser,
6. Elbe,

7. Eider,
8. Oder,
9. Schlei/Trave,
10. Warnow/Peene.
[3]Die Flussgebietseinheiten sind in der Anlage 2 in Kartenform dargestellt.

(2) Die zuständigen Behörden der Länder koordinieren untereinander ihre wasserwirtschaftlichen Planungen und Maßnahmen, soweit die Belange der flussgebietsbezogenen Gewässerbewirtschaftung dies erfordern.

(3) Zur Erreichung der in diesem Gesetz festgelegten Bewirtschaftungsziele
1. koordinieren die zuständigen Behörden der Länder die Maßnahmenprogramme und Bewirtschaftungspläne mit den zuständigen Behörden anderer Mitgliedstaaten der Europäischen Union, in deren Hoheitsgebiet die Flussgebietseinheiten ebenfalls liegen,
2. bemühen sich die zuständigen Behörden der Länder um eine der Nummer 1 entsprechende Koordinierung mit den zuständigen Behörden von Staaten, die nicht der Europäischen Union angehören.

(4) [1]Soweit die Verwaltung der Bundeswasserstraßen berührt ist, ist bei der Koordinierung nach den Absätzen 2 und 3 das Einvernehmen der Generaldirektion Wasserstraßen und Schifffahrt einzuholen. [2]Soweit gesamtstaatliche Belange bei der Pflege der Beziehungen zur Europäischen Union, zu auswärtigen Staaten oder zu internationalen Organisationen berührt sind, ist bei der Koordinierung nach Absatz 3 das Einvernehmen des Bundesministeriums für Umwelt, Naturschutz und nukleare Sicherheit einzuholen.

(5) [1]Die zuständigen Behörden der Länder ordnen innerhalb der Landesgrenzen die Einzugsgebiete oberirdischer Gewässer sowie Küstengewässer und das Grundwasser einer Flussgebietseinheit zu. [2]Bei Küstengewässern gilt dies für die Flächen auf der landwärtigen Seite einer Linie, auf der sich jeder Punkt eine Seemeile seewärts vom nächsten Punkt der Basislinie befindet, von der aus die Breite der Hoheitsgewässer gemessen wird, mindestens bis zur äußeren Grenze der Gewässer, die im Wesentlichen von Süßwasserströmungen beeinflusst sind. [3]Die Länder können die Zuordnung auch durch Gesetz regeln.

§ 8 Erlaubnis, Bewilligung

(1) Die Benutzung eines Gewässers bedarf der Erlaubnis oder der Bewilligung, soweit nicht durch dieses Gesetz oder auf Grund dieses Gesetzes erlassener Vorschriften etwas anderes bestimmt ist.

(2) [1]Keiner Erlaubnis oder Bewilligung bedürfen Gewässerbenutzungen, die der Abwehr einer gegenwärtigen Gefahr für die öffentliche Sicherheit dienen, sofern der drohende Schaden schwerer wiegt als die mit der Benutzung verbundenen nachteiligen Veränderungen von Gewässereigenschaften. [2]Die zuständige Behörde ist unverzüglich über die Benutzung zu unterrichten.

(3) [1]Keiner Erlaubnis oder Bewilligung bedürfen ferner bei Übungen und Erprobungen für Zwecke der Verteidigung oder der Abwehr von Gefahren für die öffentliche Sicherheit
1. das vorübergehende Entnehmen von Wasser aus einem Gewässer,
2. das Wiedereinleiten des Wassers in ein Gewässer mittels beweglicher Anlagen und
3. das vorübergehende Einbringen von Stoffen in ein Gewässer,
wenn durch diese Benutzungen andere nicht oder nur geringfügig beeinträchtigt werden und keine nachteilige Veränderung der Gewässereigenschaften zu erwarten ist. [2]Die Gewässerbenutzung ist der zuständigen Behörde rechtzeitig vor Beginn der Übung oder der Erprobung anzuzeigen.

(4) Ist bei der Erteilung der Erlaubnis oder der Bewilligung nichts anderes bestimmt worden, geht die Erlaubnis oder die Bewilligung mit der Wasserbenutzungsanlage oder, wenn sie für ein Grundstück erteilt worden ist, mit diesem auf den Rechtsnachfolger über.

§ 9 Benutzungen

(1) Benutzungen im Sinne dieses Gesetzes sind
1. das Entnehmen und Ableiten von Wasser aus oberirdischen Gewässern,
2. das Aufstauen und Absenken von oberirdischen Gewässern,
3. das Entnehmen fester Stoffe aus oberirdischen Gewässern, soweit sich dies auf die Gewässereigenschaften auswirkt,
4. das Einbringen und Einleiten von Stoffen in Gewässer,
5. das Entnehmen, Zutagefördern, Zutageleiten und Ableiten von Grundwasser.

(2) Soweit nicht bereits eine Benutzung nach Absatz 1 vorliegt, gelten als Benutzungen auch
1. das Aufstauen, Absenken und Umleiten von Grundwasser durch Anlagen, die hierfür bestimmt oder geeignet sind,
2. Maßnahmen, die geeignet sind, dauernd oder in einem nicht nur unerheblichen Ausmaß nachteilige Veränderungen der Wasserbeschaffenheit herbeizuführen,

3. das Aufbrechen von Gesteinen unter hydraulischem Druck zur Aufsuchung oder Gewinnung von Erdgas, Erdöl oder Erdwärme, einschließlich der zugehörigen Tiefbohrungen,

4. die untertägige Ablagerung von Lagerstättenwasser, das bei Maßnahmen nach Nummer 3 oder anderen Maßnahmen zur Aufsuchung oder Gewinnung von Erdgas oder Erdöl anfällt.

(3) ¹Keine Benutzungen sind Maßnahmen, die dem Ausbau eines Gewässers im Sinne des § 67 Absatz 2 dienen. ²Das Gleiche gilt für Maßnahmen der Unterhaltung eines Gewässers, soweit hierbei keine chemischen Mittel verwendet werden.

§ 10 Inhalt der Erlaubnis und der Bewilligung

(1) Die Erlaubnis gewährt die Befugnis, die Bewilligung das Recht, ein Gewässer zu einem bestimmten Zweck in einer nach Art und Maß bestimmten Weise zu benutzen.

(2) Erlaubnis und Bewilligung geben keinen Anspruch auf Zufluss von Wasser in einer bestimmten Menge und Beschaffenheit.

§ 11 Erlaubnis-, Bewilligungsverfahren

(1) Erlaubnis und Bewilligung können für ein Vorhaben, das nach dem Gesetz über die Umweltverträglichkeitsprüfung einer Umweltverträglichkeitsprüfung unterliegt, nur in einem Verfahren erteilt werden, das den Anforderungen des genannten Gesetzes entspricht.

(2) Die Bewilligung kann nur in einem Verfahren erteilt werden, in dem die Betroffenen und die beteiligten Behörden Einwendungen geltend machen können.

§ 12 Voraussetzungen für die Erteilung der Erlaubnis und der Bewilligung, Bewirtschaftungsermessen

(1) Die Erlaubnis und die Bewilligung sind zu versagen, wenn

1. schädliche, auch durch Nebenbestimmungen nicht vermeidbare oder nicht ausgleichbare Gewässerveränderungen zu erwarten sind oder

2. andere Anforderungen nach öffentlich-rechtlichen Vorschriften nicht erfüllt werden.

(2) Im Übrigen steht die Erteilung der Erlaubnis und der Bewilligung im pflichtgemäßen Ermessen (Bewirtschaftungsermessen) der zuständigen Behörde.

§ 13 Inhalts- und Nebenbestimmungen der Erlaubnis und der Bewilligung

(1) Inhalts- und Nebenbestimmungen sind auch nachträglich sowie auch zu dem Zweck zulässig, nachteilige Wirkungen für andere zu vermeiden oder auszugleichen.

(2) Die zuständige Behörde kann durch Inhalts- und Nebenbestimmungen insbesondere

1. Anforderungen an die Beschaffenheit einzubringender oder einzuleitender Stoffe stellen,

2. Maßnahmen anordnen, die

 a) in einem Maßnahmenprogramm nach § 82 enthalten oder zu seiner Durchführung erforderlich sind,

 b) geboten sind, damit das Wasser mit Rücksicht auf den Wasserhaushalt sparsam verwendet wird,

 c) der Feststellung der Gewässereigenschaften vor der Benutzung oder der Beobachtung der Gewässerbenutzung und ihrer Auswirkungen dienen,

 d) zum Ausgleich einer auf die Benutzung zurückzuführenden nachteiligen Veränderung der Gewässereigenschaften erforderlich sind,

3. die Bestellung verantwortlicher Betriebsbeauftragter vorschreiben, soweit nicht die Bestellung eines Gewässerschutzbeauftragten nach § 64 vorgeschrieben ist oder angeordnet werden kann,

4. dem Benutzer angemessene Beiträge zu den Kosten von Maßnahmen auferlegen, die eine Körperschaft des öffentlichen Rechts getroffen hat oder treffen wird, um eine mit der Benutzung verbundene Beeinträchtigung des Wohls der Allgemeinheit zu vermeiden oder auszugleichen.

(3) Für die Bewilligung gilt Absatz 1 mit der Maßgabe, dass nachträglich nur Inhalts- und Nebenbestimmungen im Sinne von Absatz 2 Nummer 1 bis 4 zulässig sind.

§ 13a Versagung und Voraussetzungen für die Erteilung der Erlaubnis für bestimmte Gewässerbenutzungen; unabhängige Expertenkommission

(1) ¹Eine Erlaubnis für eine Gewässerbenutzung nach § 9 Absatz 2 Nummer 3 und 4 ist zu versagen, wenn

1. Schiefer-, Ton- oder Mergelgestein oder Kohleflözgestein zur Aufsuchung oder Gewinnung von Erdgas oder Erdöl aufgebrochen werden soll oder

2. die Gewässerbenutzung erfolgen soll in oder unter

 a) einem festgesetzten Wasserschutzgebiet,

 b) einem festgesetzten Heilquellenschutzgebiet,

 c) einem Gebiet, aus dem über oberirdische Gewässer Oberflächenabfluss

aa) in einen natürlichen See gelangt, aus dem unmittelbar Wasser für die öffentliche Wasser-
versorgung entnommen wird oder

bb) in eine Talsperre gelangt, die der öffentlichen Wasserversorgung dient,

d) einem Einzugsgebiet einer Wasserentnahmestelle für die öffentliche Wasserversorgung,

e) einem Einzugsgebiet eines Brunnens nach dem Wassersicherstellungsgesetz oder

f) einem Einzugsgebiet

aa) eines Mineralwasservorkommens,

bb) einer Heilquelle oder

cc) einer Stelle zur Entnahme von Wasser zur Herstellung von Lebensmitteln.

[2]Satz 1 Nummer 2 Buchstabe b und f Doppelbuchstabe bb gilt nicht, wenn Gesteine aufgebrochen werden
sollen, um eine Heilquelle zu erschließen oder zu erhalten. [3]Auf Antrag des Inhabers der Erlaubnis für
die Wasserentnahme, der die erforderlichen Unterlagen enthält, weist die zuständige Behörde Gebiete
nach Satz 1 Nummer 2 Buchstabe c bis f nach Maßgabe der allgemein anerkannten Regeln der Technik
in Karten aus und veröffentlicht die Karten für die Gebiete nach Satz 1 Nummer 2 Buchstabe c, d und f
im Internet. [4]Satz 1 Nummer 2 Buchstabe a und b und Satz 3 gelten entsprechend für Gebiete, die zur
Festsetzung als Wasserschutzgebiete oder als Heilquellenschutzgebiete vorgesehen sind, für einen Zeit-
raum von 36 Monaten nach ihrer Ausweisung als vorgesehene Schutzgebiete entsprechend Satz 3. [5]Die
zuständige Behörde kann die Frist nach Satz 4 um bis zu zwölf Monate verlängern, wenn besondere
Umstände dies erfordern.

(2) [1]Abweichend von Absatz 1 Satz 1 Nummer 1 können Erlaubnisse für vier Erprobungsmaßnahmen mit
dem Zweck erteilt werden, die Auswirkungen auf die Umwelt, insbesondere den Untergrund und den
Wasserhaushalt, wissenschaftlich zu erforschen. [2]Die Erlaubnisse nach Satz 1 bedürfen der Zustimmung
der jeweiligen Landesregierung. [3]Bei der Entscheidung nach Satz 2 sind die geologischen Besonderheiten
der betroffenen Gebiete und sonstige öffentliche Interessen abzuwägen.

(3) [1]Durch Landesrecht kann bestimmt werden, dass Erlaubnisse für Benutzungen nach § 9 Absatz 2
Nummer 3 und 4 auch in oder unter Gebieten, in denen untertägiger Bergbau betrieben wird oder betrieben
worden ist, nur unter bestimmten Auflagen erteilt werden dürfen oder zu versagen sind. [2]Die zuständige
Behörde weist Gebiete nach Satz 1 in Karten aus.

(4) Sofern die Erteilung einer Erlaubnis für eine Benutzung nach § 9 Absatz 2 Nummer 3 nicht nach
Absatz 1 oder Absatz 3 ausgeschlossen ist, darf die Erlaubnis nur erteilt werden, wenn

1. die verwendeten Gemische

a) in den Fällen des Absatzes 2 als nicht wassergefährdend eingestuft sind

b) in den übrigen Fällen als nicht oder als schwach wassergefährdend eingestuft sind und

2. sichergestellt ist, dass der Stand der Technik eingehalten wird.

(5) Sofern die Erteilung einer Erlaubnis für eine Benutzung nach § 9 Absatz 2 Nummer 4 nicht nach
Absatz 1 oder Absatz 3 ausgeschlossen ist, darf die Erlaubnis nur erteilt werden, wenn sichergestellt ist,
dass der Stand der Technik eingehalten wird und insbesondere die Anforderungen nach § 22c der Allge-
meinen Bundesbergverordnung vom 23. Oktober 1995 (BGBl. I S. 1466), die zuletzt durch Artikel 2 der
Verordnung vom 4. August 2016 (BGBl. I S. 1957) geändert worden ist, erfüllt werden.

(6) [1]Die Bundesregierung setzt eine unabhängige Expertenkommission ein, welche die nach Absatz 2
durchgeführten Erprobungsmaßnahmen wissenschaftlich begleitet und auswertet sowie hierzu und zum
Stand der Technik Erfahrungsberichte zum 30. Juni eines Jahres, beginnend mit dem 30. Juni 2018, erstellt.
[2]Die Expertenkommission übermittelt die Erfahrungsberichte zu den in Satz 1 genannten Zeitpunkten
dem Deutschen Bundestag und veröffentlicht sie im Internet. [3]Die Expertenkommission unterrichtet die
Öffentlichkeit in regelmäßigen Abständen über Verlauf und Ergebnisse der Erprobungsmaßnahmen nach
Absatz 2; hierbei sowie zu den Entwürfen der Erfahrungsberichte nach Satz 1 ist der Öffentlichkeit Ge-
legenheit zur Stellungnahme zu geben. [4]Die unabhängige Expertenkommission nach Satz 1 setzt sich
zusammen aus

1. einem Vertreter der Bundesanstalt für Geowissenschaften und Rohstoffe,

2. einem Vertreter des Umweltbundesamtes,

3. einem vom Bundesrat benannten Vertreter eines Landesamtes für Geologie, das nicht für die Zulas-
sung der Erprobungsmaßnahmen zuständig ist,

4. einem Vertreter des Helmholtz-Zentrums Potsdam Deutsches GeoForschungsZentrum,

5. einem Vertreter des Helmholtz-Zentrums für Umweltforschung Leipzig sowie

6. einem vom Bundesrat benannten Vertreter einer für Wasserwirtschaft zuständigen Landesbehörde,
die nicht für die Zulassung der Erprobungsmaßnahmen zuständig ist.

[5]Die Mitglieder der Expertenkommission sind an Weisungen nicht gebunden. [6]Die Expertenkommission
gibt sich eine Geschäftsordnung und wählt aus ihrer Mitte einen Vorsitzenden.

(7) Im Jahr 2021 überprüft der Deutsche Bundestag auf der Grundlage des bis dahin vorliegenden Standes von Wissenschaft und Technik die Angemessenheit des Verbots nach Absatz 1 Satz 1 Nummer 1.

§ 13b Antragsunterlagen und Überwachung bei bestimmten Gewässerbenutzungen; Stoffregister
(1) [1]Der Antrag auf Erteilung einer Erlaubnis für eine Gewässerbenutzung nach § 9 Absatz 2 Nummer 3 oder Nummer 4 muss insbesondere die Angaben nach § 2 Absatz 1 Nummer 3 der Verordnung über die Umweltverträglichkeitsprüfung bergbaulicher Vorhaben vom 13. Juli 1990 (BGBl. I S.1420), die zuletzt durch Artikel 1 der Verordnung vom 4. August 2016 (BGBl. I S. 1957) geändert worden ist, enthalten. [2]Die zuständige Behörde hat die Angaben nach § 2 Absatz 1 Nummer 3 Buchstabe a dieser Verordnung innerhalb von zwei Wochen nach Antragstellung im Internet zu veröffentlichen.
(2) In der Erlaubnis für Gewässerbenutzungen nach § 9 Absatz 2 Nummer 3 und 4 ist insbesondere zu regeln, wie
1. die Beschaffenheit des Grundwassers und oberirdischer Gewässer im Einwirkungsbereich der Maßnahmen regelmäßig während und nach deren Durchführung zu überwachen und
2. über die Ergebnisse der Überwachung der zuständigen Behörde schriftlich oder elektronisch zu berichten ist.
(3) In der Erlaubnis für Gewässerbenutzungen nach § 9 Absatz 2 Nummer 3 ist darüber hinaus insbesondere die regelmäßige Überwachung nach § 22b Satz 1 Nummer 2 und 3 der Allgemeinen Bundesbergverordnung sowie die Pflicht, der zuständigen Behörde über die Ergebnisse der Überwachung schriftlich oder elektronisch zu berichten, näher zu regeln.
(4) [1]Der Inhaber der Erlaubnis hat die zuständige Behörde unverzüglich zu unterrichten über nachteilige Veränderungen der Beschaffenheit des Grundwassers, eines oberirdischen Gewässers oder des Bodens infolge von
1. Benutzungen nach § 9 Absatz 2 Nummer 3 oder Nummer 4 oder
2. Benutzungen nach § 9 Absatz 1 Nummer 4 oder Nummer 5, die im Zusammenhang mit Benutzungen nach § 9 Absatz 2 Nummer 3 oder Nummer 4 stehen.
[2]Die zuständige Behörde hat Informationen nach Satz 1 innerhalb von zwei Wochen nach der Unterrichtung im Internet zu veröffentlichen.
(5) Durch Rechtsverordnung nach § 23 Absatz 1 Nummer 11 kann die Errichtung und Führung eines für jedermann frei und unentgeltlich zugänglichen internetgestützten Registers für Stoffe geregelt werden, die bei Gewässerbenutzungen nach § 9 Absatz 2 Nummer 3 und 4 verwendet oder abgelagert werden.

§ 14 Besondere Vorschriften für die Erteilung der Bewilligung
(1) Die Bewilligung darf nur erteilt werden, wenn die Gewässerbenutzung
1. dem Benutzer ohne eine gesicherte Rechtsstellung nicht zugemutet werden kann,
2. einem bestimmten Zweck dient, der nach einem bestimmten Plan verfolgt wird, und
3. keine Benutzung im Sinne des § 9 Absatz 1 Nummer 4 und Absatz 2 Nummer 2 bis 4 ist, ausgenommen das Wiedereinleiten von nicht nachteilig verändertem Triebwasser bei Ausleitungskraftwerken.
(2) Die Bewilligung wird für eine bestimmte angemessene Frist erteilt, die in besonderen Fällen 30 Jahre überschreiten darf.
(3) [1]Ist zu erwarten, dass die Gewässerbenutzung auf das Recht eines Dritten nachteilig einwirkt und erhebt dieser Einwendungen, so darf die Bewilligung nur erteilt werden, wenn die nachteiligen Wirkungen durch Inhalts- oder Nebenbestimmungen vermieden oder ausgeglichen werden. [2]Ist dies nicht möglich, so darf die Bewilligung gleichwohl erteilt werden, wenn Gründe des Wohls der Allgemeinheit dies erfordern. [3]In den Fällen des Satzes 2 ist der Betroffene zu entschädigen.
(4) [1]Absatz 3 Satz 1 und 2 gilt entsprechend, wenn ein Dritter ohne Beeinträchtigung eines Rechts nachteilige Wirkungen dadurch zu erwarten hat, dass
1. der Wasserabfluss, der Wasserstand oder die Wasserbeschaffenheit verändert,
2. die bisherige Nutzung seines Grundstücks beeinträchtigt,
3. seiner Wassergewinnungsanlage Wasser entzogen oder
4. die ihm obliegende Gewässerunterhaltung erschwert
wird. [2]Geringfügige und solche nachteiligen Wirkungen, die vermieden worden wären, wenn der Betroffene die ihm obliegende Gewässerunterhaltung ordnungsgemäß durchgeführt hätte, bleiben außer Betracht. [3]Die Bewilligung darf auch dann erteilt werden, wenn der aus der beabsichtigten Gewässerbenutzung zu erwartende Nutzen den für den Betroffenen zu erwartenden Nachteil erheblich übersteigt.
(5) Hat der Betroffene nach Absatz 3 oder Absatz 4 gegen die Erteilung der Bewilligung Einwendungen erhoben und lässt sich zur Zeit der Entscheidung nicht feststellen, ob und in welchem Maße nachteilige

Wirkungen eintreten werden, so ist die Entscheidung über die deswegen festzusetzenden Inhalts- oder Nebenbestimmungen und Entschädigungen einem späteren Verfahren vorzubehalten.

(6) ¹Konnte der Betroffene nach Absatz 3 oder Absatz 4 nachteilige Wirkungen bis zum Ablauf der Frist zur Geltendmachung von Einwendungen nicht voraussehen, so kann er verlangen, dass dem Gewässerbenutzer nachträglich Inhalts- oder Nebenbestimmungen auferlegt werden. ²Können die nachteiligen Wirkungen durch nachträgliche Inhalts- oder Nebenbestimmungen nicht vermieden oder ausgeglichen werden, so ist der Betroffene im Sinne des Absatzes 3 zu entschädigen. ³Der Antrag ist nur innerhalb einer Frist von drei Jahren nach dem Zeitpunkt zulässig, zu dem der Betroffene von den nachteiligen Wirkungen der Bewilligung Kenntnis erhalten hat; er ist ausgeschlossen, wenn nach der Herstellung des der Bewilligung entsprechenden Zustands 30 Jahre vergangen sind.

§ 15 Gehobene Erlaubnis

(1) ¹Die Erlaubnis kann als gehobene Erlaubnis erteilt werden, wenn hierfür ein öffentliches Interesse oder ein berechtigtes Interesse des Gewässerbenutzers besteht. ²Eine gehobene Erlaubnis darf für Gewässerbenutzungen nach § 9 Absatz 2 Nummer 3 und 4 nicht erteilt werden.

(2) Für die gehobene Erlaubnis gelten § 11 Absatz 2 und § 14 Absatz 3 bis 5 entsprechend.

§ 16 Ausschluss privatrechtlicher Abwehransprüche

(1) ¹Ist eine Gewässerbenutzung durch eine unanfechtbare gehobene Erlaubnis zugelassen, kann auf Grund privatrechtlicher Ansprüche zur Abwehr nachteiliger Wirkungen der Gewässerbenutzung nicht die Einstellung der Benutzung verlangt werden. ²Es können nur Vorkehrungen verlangt werden, die die nachteiligen Wirkungen ausschließen. ³Soweit solche Vorkehrungen nach dem Stand der Technik nicht durchführbar oder wirtschaftlich nicht vertretbar sind, kann lediglich Entschädigung verlangt werden.

(2) ¹Ist eine Gewässerbenutzung durch eine unanfechtbare Bewilligung zugelassen, können wegen nachteiliger Wirkungen der Gewässerbenutzung keine Ansprüche geltend gemacht werden, die auf die Beseitigung der Störung, auf die Unterlassung der Benutzung, auf die Herstellung von Vorkehrungen oder auf Schadenersatz gerichtet sind. ²Satz 1 schließt Ansprüche auf Schadenersatz wegen nachteiliger Wirkungen nicht aus, die darauf beruhen, dass der Gewässerbenutzer angeordnete Inhalts- oder Nebenbestimmungen nicht erfüllt hat.

(3) Absatz 1 sowie Absatz 2 Satz 1 gelten nicht für privatrechtliche Ansprüche gegen den Gewässerbenutzer aus Verträgen oder letztwilligen Verfügungen und für Ansprüche aus dinglichen Rechten am Grundstück, auf dem die Gewässerbenutzung stattfindet.

§ 17 Zulassung vorzeitigen Beginns

(1) In einem Erlaubnis- oder Bewilligungsverfahren kann die zuständige Behörde auf Antrag zulassen, dass bereits vor Erteilung der Erlaubnis oder der Bewilligung mit der Gewässerbenutzung begonnen wird, wenn

1. mit einer Entscheidung zugunsten des Benutzers gerechnet werden kann,
2. an dem vorzeitigen Beginn ein öffentliches Interesse oder ein berechtigtes Interesse des Benutzers besteht und
3. der Benutzer sich verpflichtet, alle bis zur Entscheidung durch die Benutzung verursachten Schäden zu ersetzen und, falls die Benutzung nicht erlaubt oder bewilligt wird, den früheren Zustand wiederherzustellen.

(2) ¹Die Zulassung des vorzeitigen Beginns kann jederzeit widerrufen werden. ²§ 13 gilt entsprechend.

§ 18 Widerruf der Erlaubnis und der Bewilligung

(1) Die Erlaubnis ist widerruflich.

(2) ¹Die Bewilligung darf aus den in § 49 Absatz 2 Satz 1 Nummer 2 bis 5 des Verwaltungsverfahrensgesetzes genannten Gründen widerrufen werden. ²Die Bewilligung kann ferner ohne Entschädigung ganz oder teilweise widerrufen werden, wenn der Inhaber der Bewilligung

1. die Benutzung drei Jahre ununterbrochen nicht ausgeübt oder ihrem Umfang nach erheblich unterschritten hat,
2. den Zweck der Benutzung so geändert hat, dass er mit dem Plan (§ 14 Absatz 1 Nummer 2) nicht mehr übereinstimmt.

§ 19 Planfeststellungen und bergrechtliche Betriebspläne

(1) Wird für ein Vorhaben, mit dem die Benutzung eines Gewässers verbunden ist, ein Planfeststellungsverfahren durchgeführt, so entscheidet die Planfeststellungsbehörde über die Erteilung der Erlaubnis oder der Bewilligung.

(2) Sieht ein bergrechtlicher Betriebsplan die Benutzung von Gewässern vor, so entscheidet die Bergbehörde über die Erteilung der Erlaubnis.

(3) In den Fällen der Absätze 1 und 2 ist die Entscheidung im Einvernehmen, bei Planfeststellungen durch Bundesbehörden im Benehmen mit der zuständigen Wasserbehörde zu treffen.

(4) [1]Über den Widerruf einer nach Absatz 1 erteilten Erlaubnis oder Bewilligung oder einer nach Absatz 2 erteilten Erlaubnis sowie über den nachträglichen Erlass von Inhalts- und Nebenbestimmungen entscheidet auf Antrag der zuständigen Wasserbehörde in den Fällen des Absatzes 1 die Planfeststellungsbehörde, in den Fällen des Absatzes 2 die Bergbehörde. [2]Absatz 3 ist entsprechend anzuwenden.

§ 20 Alte Rechte und alte Befugnisse

(1) [1]Soweit die Länder nichts anderes bestimmen, ist keine Erlaubnis oder Bewilligung erforderlich für Gewässerbenutzungen auf Grund

1. von Rechten, die nach den Landeswassergesetzen erteilt oder durch sie aufrechterhalten worden sind,
2. von Bewilligungen nach § 1 Absatz 1 Satz 1 der Verordnung über Vereinfachungen im Wasser- und Wasserverbandsrecht vom 10. Februar 1945 (RGBl. I S. 29),
3. einer nach der Gewerbeordnung erteilten Anlagegenehmigung,
4. von Zulassungen, die in einem förmlichen Verfahren nach den Landeswassergesetzen erteilt und die den in den Nummern 1 bis 3 genannten Zulassungen gleichgestellt worden sind sowie
5. gesetzlich geregelter Planfeststellungsverfahren oder hoheitlicher Widmungsakte für Anlagen des öffentlichen Verkehrs.

[2]Satz 1 gilt nur, wenn zur Ausübung der Benutzung am 12. August 1957, in dem in Artikel 3 des Einigungsvertrages genannten Gebiet am 1. Juli 1990 oder zu einem anderen von den Ländern bestimmten Zeitpunkt rechtmäßige Anlagen vorhanden waren.

(2) [1]Die in Absatz 1 aufgeführten Rechte und Befugnisse (alte Rechte und alte Befugnisse) können gegen Entschädigung widerrufen werden, soweit von der Fortsetzung der Gewässerbenutzung eine erhebliche Beeinträchtigung des Wohls der Allgemeinheit zu erwarten ist. [2]Sie können ohne Entschädigung widerrufen werden, soweit dies nicht schon nach dem vor dem 1. März 2010 geltenden Recht zulässig war, wenn

1. die Benutzung drei Jahre ununterbrochen nicht ausgeübt worden ist;
2. die Benutzung im bisher zulässigen Umfang für den Benutzer nicht mehr erforderlich ist; dies gilt insbesondere, wenn der zulässige Umfang drei Jahre lang erheblich unterschritten wurde;
3. der Zweck der Benutzung so geändert worden ist, dass er mit der festgelegten Zweckbestimmung nicht mehr übereinstimmt;
4. der Benutzer trotz einer mit der Androhung des Widerrufs verbundenen Warnung die Benutzung über den Rahmen des alten Rechts oder der alten Befugnis hinaus erheblich ausgedehnt oder Bedingungen oder Auflagen nicht erfüllt hat.

[3]Für die Zulässigkeit nachträglicher Anforderungen und Maßnahmen ohne Entschädigung gilt § 13 Absatz 2 entsprechend.

§ 21 Anmeldung alter Rechte und alter Befugnisse

(1) [1]Alte Rechte und alte Befugnisse, die bis zum 28. Februar 2010 noch nicht im Wasserbuch eingetragen oder zur Eintragung in das Wasserbuch angemeldet worden sind, können bis zum 1. März 2013 bei der zuständigen Behörde zur Eintragung in das Wasserbuch angemeldet werden. [2]§ 32 des Verwaltungsverfahrensgesetzes gilt entsprechend. [3]Alte Rechte und alte Befugnisse, die nicht nach den Sätzen 1 und 2 angemeldet worden sind, erlöschen am 1. März 2020, soweit das alte Recht oder die alte Befugnis nicht bereits zuvor aus anderen Gründen erloschen ist.

(2) [1]Absatz 1 gilt nicht für alte Rechte und alte Befugnisse, die nach einer öffentlichen Aufforderung nach § 16 Absatz 2 Satz 1 des Wasserhaushaltsgesetzes in der am 28. Februar 2010 geltenden Fassung innerhalb der dort genannten Frist nicht zur Eintragung in das Wasserbuch angemeldet worden sind. [2]Für diese alten Rechte und alten Befugnisse gilt § 16 Absatz 2 Satz 2 und 3 des Wasserhaushaltsgesetzes in der am 28. Februar 2010 geltenden Fassung.

§ 22 Ausgleich zwischen konkurrierenden Gewässerbenutzungen

[1]Art, Maß und Zeiten der Gewässerbenutzung im Rahmen von Erlaubnissen, Bewilligungen, alten Rechten und alten Befugnissen können auf Antrag eines Beteiligten oder von Amts wegen in einem Ausgleichsverfahren geregelt oder beschränkt werden, wenn das Wasser nach Menge oder Beschaffenheit nicht für alle Benutzungen ausreicht oder zumindest eine Benutzung beeinträchtigt ist und wenn das Wohl der Allgemeinheit es erfordert. [2]Der Ausgleich ist unter Abwägung der Interessen der Beteiligten und des Wohls der Allgemeinheit sowie unter Berücksichtigung des Gemeingebrauchs nach pflichtgemäßem Ermessen festzulegen.

§ 23 Rechtsverordnungen zur Gewässerbewirtschaftung

(1) Die Bundesregierung wird ermächtigt, nach Anhörung der beteiligten Kreise durch Rechtsverordnung mit Zustimmung des Bundesrates, auch zur Umsetzung bindender Rechtsakte der Europäischen Gemeinschaften oder der Europäischen Union und zwischenstaatlicher Vereinbarungen, Vorschriften zum Schutz und zur Bewirtschaftung der Gewässer nach den Grundsätzen des § 6 und den Bewirtschaftungszielen nach Maßgabe der §§ 27 bis 31, 44, 45a und 47 sowie zur näheren Bestimmung der sich aus diesem Gesetz ergebenden Pflichten zu erlassen, insbesondere nähere Regelungen über

1. Anforderungen an die Gewässereigenschaften,
2. die Ermittlung, Beschreibung, Festlegung und Einstufung sowie Darstellung des Zustands von Gewässern,
3. Anforderungen an die Benutzung von Gewässern, insbesondere an das Einbringen und Einleiten von Stoffen,
4. Anforderungen an die Erfüllung der Abwasserbeseitigungspflicht,
5. Anforderungen an die Errichtung, den Betrieb und die Benutzung von Abwasseranlagen und sonstigen in diesem Gesetz geregelten Anlagen sowie Anforderungen an die Fachkunde bei der Durchführung dieser Tätigkeiten,
6. den Schutz der Gewässer gegen nachteilige Veränderungen ihrer Eigenschaften durch den Umgang mit wassergefährdenden Stoffen,
7. die Festsetzung von Schutzgebieten sowie Anforderungen, Gebote und Verbote, die in den festgesetzten Gebieten zu beachten sind,
8. die Überwachung der Gewässereigenschaften und die Überwachung der Einhaltung der Anforderungen, die durch dieses Gesetz oder auf Grund dieses Gesetzes erlassener Rechtsvorschriften festgelegt worden sind,
9. Messmethoden und Messverfahren einschließlich Verfahren zur Gewährleistung der Vergleichbarkeit von Bewertungen der Gewässereigenschaften im Rahmen der flussgebietsbezogenen Gewässerbewirtschaftung und der Bewirtschaftung der Meeresgewässer (Interkalibrierung) sowie die Qualitätssicherung analytischer Daten,
10. die durchzuführenden behördlichen Verfahren,
11. die Beschaffung, Bereitstellung und Übermittlung von Informationen sowie Berichtspflichten,
12. die wirtschaftliche Analyse von Wassernutzungen, die Auswirkungen auf Gewässer haben,
13. Maßnahmenprogramme und Bewirtschaftungspläne auf Grund bindender Rechtsakte der Europäischen Union.

(2) Beteiligte Kreise sind ein jeweils auszuwählender Kreis von Vertreterinnen und Vertretern der Wissenschaft, der beteiligten Wirtschaft, der kommunalen Spitzenverbände, der Umweltvereinigungen, der sonstigen Betroffenen und der für die Wasserwirtschaft zuständigen obersten Landesbehörden.

(3) ¹Solange und soweit die Bundesregierung von der Ermächtigung zum Erlass von Rechtsverordnungen nach Absatz 1, auch in Verbindung mit § 46 Absatz 2, § 48 Absatz 1 Satz 2, § 57 Absatz 2, § 58 Absatz 1 Satz 2, § 61 Absatz 3, § 62 Absatz 4 und § 63 Absatz 2 Satz 2, keinen Gebrauch gemacht hat, sind die Landesregierungen ermächtigt, durch Rechtsverordnung entsprechende Vorschriften zu erlassen. ²Die Landesregierungen können die Ermächtigung auf eine oder mehrere oberste Landesbehörden übertragen.

§ 24 Erleichterungen für EMAS-Standorte

(1) Die Bundesregierung wird ermächtigt, zur Förderung der privaten Eigenverantwortung für EMAS-Standorte durch Rechtsverordnung mit Zustimmung des Bundesrates Erleichterungen zum Inhalt der Antragsunterlagen in wasserrechtlichen Verfahren sowie überwachungsrechtliche Erleichterungen vorzusehen, soweit die entsprechenden Anforderungen der Verordnung (EG) Nr. 1221/2009 des Europäischen Parlaments und des Rates vom 25. November 2009 über die freiwillige Teilnahme von Organisationen an einem Gemeinschaftssystem für Umweltmanagement und Umweltbetriebsprüfung und zur Aufhebung der Verordnung (EG) Nr. 761/2001, sowie der Beschlüsse der Kommission 2001/681/EG und 2006/193/EG (ABl. L 342 vom 22.12.2009, S. 1) gleichwertig mit den Anforderungen sind, die zur Überwachung und zu den Antragsunterlagen nach den wasserrechtlichen Vorschriften vorgesehen sind, oder soweit die Gleichwertigkeit durch die Rechtsverordnung nach dieser Vorschrift sichergestellt wird; dabei können insbesondere Erleichterungen zu

1. Kalibrierungen, Ermittlungen, Prüfungen und Messungen,
2. Messberichten sowie sonstigen Berichten und Mitteilungen von Ermittlungsergebnissen,
3. Aufgaben von Gewässerschutzbeauftragten und
4. zur Häufigkeit der behördlichen Überwachung vorgesehen werden.

(2) Ordnungsrechtliche Erleichterungen können gewährt werden, wenn ein Umweltgutachter die Einhaltung der Umweltvorschriften geprüft und keine Abweichungen festgestellt hat und dies in der Erklärung nach Anhang VII der Verordnung (EG) Nr. 1221/2009 bescheinigt.

(3) [1]Solange und soweit die Bundesregierung von der Ermächtigung zum Erlass von Rechtsverordnungen nach Absatz 1 keinen Gebrauch gemacht hat, sind die Landesregierungen ermächtigt, durch Rechtsverordnung entsprechende Vorschriften zu erlassen. [2]Die Landesregierungen können die Ermächtigung auf eine oder mehrere oberste Landesbehörden übertragen.

Abschnitt 2
Bewirtschaftung oberirdischer Gewässer

§ 25 Gemeingebrauch
[1]Jede Person darf oberirdische Gewässer in einer Weise und in einem Umfang benutzen, wie dies nach Landesrecht als Gemeingebrauch zulässig ist, soweit nicht Rechte anderer dem entgegenstehen und soweit Befugnisse oder der Eigentümer- oder Anliegergebrauch anderer nicht beeinträchtigt werden. [2]Der Gemeingebrauch umfasst nicht das Einbringen und Einleiten von Stoffen in oberirdische Gewässer. [3]Die Länder können den Gemeingebrauch erstrecken auf
1. das schadlose Einleiten von Niederschlagswasser,
2. das Einbringen von Stoffen in oberirdische Gewässer für Zwecke der Fischerei, wenn dadurch keine signifikanten nachteiligen Auswirkungen auf den Gewässerzustand zu erwarten sind.

§ 26 Eigentümer- und Anliegergebrauch
(1) [1]Eine Erlaubnis oder eine Bewilligung ist, soweit durch Landesrecht nicht etwas anderes bestimmt ist, nicht erforderlich für die Benutzung eines oberirdischen Gewässers durch den Eigentümer oder die durch ihn berechtigte Person für den eigenen Bedarf, wenn dadurch andere nicht beeinträchtigt werden und keine nachteilige Veränderung der Wasserbeschaffenheit, keine wesentliche Verminderung der Wasserführung sowie keine andere Beeinträchtigung des Wasserhaushalts zu erwarten sind. [2]Der Eigentümergebrauch umfasst nicht das Einbringen und Einleiten von Stoffen in oberirdische Gewässer. [3]§ 25 Satz 3 gilt entsprechend.

(2) Die Eigentümer der an oberirdische Gewässer grenzenden Grundstücke und die zur Nutzung dieser Grundstücke Berechtigten (Anlieger) dürfen oberirdische Gewässer ohne Erlaubnis oder Bewilligung nach Maßgabe des Absatzes 1 benutzen.

(3) An Bundeswasserstraßen und an sonstigen Gewässern, die der Schifffahrt dienen oder künstlich errichtet sind, findet ein Gebrauch nach Absatz 2 nicht statt.

§ 27 Bewirtschaftungsziele für oberirdische Gewässer
(1) Oberirdische Gewässer sind, soweit sie nicht nach § 28 als künstlich oder erheblich verändert eingestuft werden, so zu bewirtschaften, dass
1. eine Verschlechterung ihres ökologischen und ihres chemischen Zustands vermieden wird und
2. ein guter ökologischer und ein guter chemischer Zustand erhalten oder erreicht werden.

(2) Oberirdische Gewässer, die nach § 28 als künstlich oder erheblich verändert eingestuft werden, sind so zu bewirtschaften, dass
1. eine Verschlechterung ihres ökologischen Potenzials und ihres chemischen Zustands vermieden wird und
2. ein gutes ökologisches Potenzial und ein guter chemischer Zustand erhalten oder erreicht werden.

§ 28 Einstufung künstlicher und erheblich veränderter Gewässer
Oberirdische Gewässer können als künstliche oder erheblich veränderte Gewässer im Sinne des § 3 Nummer 4 und 5 eingestuft werden, wenn
1. die Änderungen der hydromorphologischen Merkmale, die für einen guten ökologischen Gewässerzustand erforderlich wären, signifikante nachteilige Auswirkungen hätten auf
 a) die Umwelt insgesamt,
 b) die Schifffahrt, einschließlich Hafenanlagen,
 c) die Freizeitnutzung,
 d) Zwecke der Wasserspeicherung, insbesondere zur Trinkwasserversorgung, der Stromerzeugung oder der Bewässerung,
 e) die Wasserregulierung, den Hochwasserschutz oder die Landentwässerung oder
 f) andere, ebenso wichtige nachhaltige Entwicklungstätigkeiten des Menschen,
2. die Ziele, die mit der Schaffung oder der Veränderung des Gewässers verfolgt werden, nicht mit anderen geeigneten Maßnahmen erreicht werden können, die wesentlich geringere nachteilige Aus-

wirkungen auf die Umwelt haben, technisch durchführbar und nicht mit unverhältnismäßig hohem Aufwand verbunden sind und

3. die Verwirklichung der in den §§ 27, 44 und 47 Absatz 1 festgelegten Bewirtschaftungsziele in anderen Gewässern derselben Flussgebietseinheit nicht dauerhaft ausgeschlossen oder gefährdet ist.

§ 29 Fristen zur Erreichung der Bewirtschaftungsziele

(1) [1]Ein guter ökologischer und ein guter chemischer Zustand der oberirdischen Gewässer sowie ein gutes ökologisches Potenzial und ein guter chemischer Zustand der künstlichen und erheblich veränderten Gewässer sind bis zum 22. Dezember 2015 zu erreichen. [2]Durch Rechtsverordnung nach § 23 Absatz 1 Nummer 1 können zur Umsetzung bindender Rechtsakte der Europäischen Union abweichende Fristen bestimmt werden.

(2) [1]Die zuständige Behörde kann die Frist nach Absatz 1 verlängern, wenn sich der Gewässerzustand nicht weiter verschlechtert und

1. die notwendigen Verbesserungen des Gewässerzustands auf Grund der natürlichen Gegebenheiten nicht fristgerecht erreicht werden können,
2. die vorgesehenen Maßnahmen nur schrittweise in einem längeren Zeitraum technisch durchführbar sind oder
3. die Einhaltung der Frist mit unverhältnismäßig hohem Aufwand verbunden wäre.

[2]Fristverlängerungen nach Satz 1 dürfen die Verwirklichung der in den §§ 27, 44 und 47 Absatz 1 festgelegten Bewirtschaftungsziele in anderen Gewässern derselben Flussgebietseinheit nicht dauerhaft ausschließen oder gefährden.

(3) [1]Fristverlängerungen nach Absatz 2 Satz 1 sind höchstens zweimal für einen Zeitraum von jeweils sechs Jahren zulässig. [2]Lassen sich die Bewirtschaftungsziele auf Grund der natürlichen Gegebenheiten nicht innerhalb der Fristverlängerungen nach Satz 1 erreichen, sind weitere Verlängerungen möglich.

(4) Die Fristen nach den Absätzen 1 bis 3 gelten auch für Gewässer in Schutzgebieten im Sinne des Artikels 6 in Verbindung mit Anhang IV der Richtlinie 2000/60/EG des Europäischen Parlaments und des Rates vom 23. Oktober 2000 zur Schaffung eines Ordnungsrahmens für Maßnahmen der Gemeinschaft im Bereich der Wasserpolitik (ABl. L 327 vom 22.12.2000, S. 1), die zuletzt durch die Richtlinie 2008/105/ EG (ABl. L 348 vom 24.12.2008, S. 84) geändert worden ist, in ihrer jeweils geltenden Fassung, sofern die Rechtsvorschriften der Europäischen Gemeinschaften oder der Europäischen Union, nach denen die Schutzgebiete ausgewiesen worden sind, keine anderweitigen Bestimmungen enthalten.

§ 30 Abweichende Bewirtschaftungsziele

[1]Abweichend von § 27 können die zuständigen Behörden für bestimmte oberirdische Gewässer weniger strenge Bewirtschaftungsziele festlegen, wenn

1. die Gewässer durch menschliche Tätigkeiten so beeinträchtigt oder ihre natürlichen Gegebenheiten so beschaffen sind, dass die Erreichung der Ziele unmöglich ist oder mit unverhältnismäßig hohem Aufwand verbunden wäre,
2. die ökologischen und sozioökonomischen Erfordernisse, denen diese menschlichen Tätigkeiten dienen, nicht durch andere Maßnahmen erreicht werden können, die wesentlich geringere nachteilige Auswirkungen auf die Umwelt hätten und nicht mit unverhältnismäßig hohem Aufwand verbunden wären,
3. weitere Verschlechterungen des Gewässerzustands vermieden werden und
4. unter Berücksichtigung der Auswirkungen auf die Gewässereigenschaften, die infolge der Art der menschlichen Tätigkeiten nicht zu vermeiden waren, der bestmögliche ökologische Zustand oder das bestmögliche ökologische Potenzial und der bestmögliche chemische Zustand erreicht werden.

[2]§ 29 Absatz 2 Satz 2 gilt entsprechend.

§ 31 Ausnahmen von den Bewirtschaftungszielen

(1) Vorübergehende Verschlechterungen des Zustands eines oberirdischen Gewässers verstoßen nicht gegen die Bewirtschaftungsziele nach den §§ 27 und 30, wenn

1. sie auf Umständen beruhen, die
 a) in natürlichen Ursachen begründet oder durch höhere Gewalt bedingt sind und die außergewöhnlich sind und nicht vorhersehbar waren oder
 b) durch Unfälle entstanden sind,
2. alle praktisch geeigneten Maßnahmen ergriffen werden, um eine weitere Verschlechterung des Gewässerzustands und eine Gefährdung der zu erreichenden Bewirtschaftungsziele in anderen, von diesen Umständen nicht betroffenen Gewässern zu verhindern,

3. nur solche Maßnahmen ergriffen werden, die eine Wiederherstellung des vorherigen Gewässerzustands nach Wegfall der Umstände nicht gefährden dürfen und die im Maßnahmenprogramm nach § 82 aufgeführt werden und

4. die Auswirkungen der Umstände jährlich überprüft und praktisch geeignete Maßnahmen ergriffen werden, um den vorherigen Gewässerzustand vorbehaltlich der in § 29 Absatz 2 Satz 1 Nummer 1 bis 3 genannten Gründe so bald wie möglich wiederherzustellen.

(2) ¹Wird bei einem oberirdischen Gewässer der gute ökologische Zustand nicht erreicht oder verschlechtert sich sein Zustand, verstößt dies nicht gegen die Bewirtschaftungsziele nach den §§ 27 und 30, wenn

1. dies auf einer neuen Veränderung der physischen Gewässereigenschaften oder des Grundwasserstands beruht,

2. die Gründe für die Veränderung von übergeordnetem öffentlichen Interesse sind oder wenn der Nutzen der neuen Veränderung für die Gesundheit oder Sicherheit des Menschen oder für die nachhaltige Entwicklung größer ist als der Nutzen, den die Erreichung der Bewirtschaftungsziele für die Umwelt und die Allgemeinheit hat,

3. die Ziele, die mit der Veränderung des Gewässers verfolgt werden, nicht mit anderen geeigneten Maßnahmen erreicht werden können, die wesentlich geringere nachteilige Auswirkungen auf die Umwelt haben, technisch durchführbar und nicht mit unverhältnismäßig hohem Aufwand verbunden sind und

4. alle praktisch geeigneten Maßnahmen ergriffen werden, um die nachteiligen Auswirkungen auf den Gewässerzustand zu verringern.

²Bei neuen nachhaltigen Entwicklungstätigkeiten des Menschen im Sinne des § 28 Nummer 1 ist unter den in Satz 1 Nummer 2 bis 4 genannten Voraussetzungen auch eine Verschlechterung von einem sehr guten in einen guten Gewässerzustand zulässig. (3) Für Ausnahmen nach den Absätzen 1 und 2 gilt § 29 Absatz 2 Satz 2 entsprechend.

§ 32 Reinhaltung oberirdischer Gewässer

(1) ¹Feste Stoffe dürfen in ein oberirdisches Gewässer nicht eingebracht werden, um sich ihrer zu entledigen. ²Satz 1 gilt nicht, wenn Sediment, das einem Gewässer entnommen wurde, in ein oberirdisches Gewässer eingebracht wird.

(2) ¹Stoffe dürfen an einem oberirdischen Gewässer nur so gelagert oder abgelagert werden, dass eine nachteilige Veränderung der Wasserbeschaffenheit oder des Wasserabflusses nicht zu besorgen ist. ²Das Gleiche gilt für das Befördern von Flüssigkeiten und Gasen durch Rohrleitungen.

§ 33 Mindestwasserführung

Das Aufstauen eines oberirdischen Gewässers oder das Entnehmen oder Ableiten von Wasser aus einem oberirdischen Gewässer ist nur zulässig, wenn die Abflussmenge erhalten bleibt, die für das Gewässer und andere hiermit verbundene Gewässer erforderlich ist, um den Zielen des § 6 Absatz 1 und der §§ 27 bis 31 zu entsprechen (Mindestwasserführung).

§ 34 Durchgängigkeit oberirdischer Gewässer

(1) Die Errichtung, die wesentliche Änderung und der Betrieb von Stauanlagen dürfen nur zugelassen werden, wenn durch geeignete Einrichtungen und Betriebsweisen die Durchgängigkeit des Gewässers erhalten oder wiederhergestellt wird, soweit dies erforderlich ist, um die Bewirtschaftungsziele nach Maßgabe der §§ 27 bis 31 zu erreichen.

(2) Entsprechen vorhandene Stauanlagen nicht den Anforderungen nach Absatz 1, so hat die zuständige Behörde die Anordnungen zur Wiederherstellung der Durchgängigkeit zu treffen, die erforderlich sind, um die Bewirtschaftungsziele nach Maßgabe der §§ 27 bis 31 zu erreichen.

(3) Die Wasserstraßen- und Schifffahrtsverwaltung des Bundes führt bei Stauanlagen an Bundeswasserstraßen, die von ihr errichtet oder betrieben werden, die nach den Absätzen 1 und 2 erforderlichen Maßnahmen im Rahmen ihrer Aufgaben nach dem Bundeswasserstraßengesetz hoheitlich durch.

§ 35 Wasserkraftnutzung

(1) Die Nutzung von Wasserkraft darf nur zugelassen werden, wenn auch geeignete Maßnahmen zum Schutz der Fischpopulation ergriffen werden.

(2) Entsprechen vorhandene Wasserkraftnutzungen nicht den Anforderungen nach Absatz 1, so sind die erforderlichen Maßnahmen innerhalb angemessener Fristen durchzuführen.

(3) ¹Die zuständige Behörde prüft, ob an Staustufen und sonstigen Querverbauungen, die am 1. März 2010 bestehen und deren Rückbau zur Erreichung der Bewirtschaftungsziele nach Maßgabe der §§ 27 bis 31 auch langfristig nicht vorgesehen ist, eine Wasserkraftnutzung nach den Standortgegebenheiten möglich ist. ²Das Ergebnis der Prüfung wird der Öffentlichkeit in geeigneter Weise zugänglich gemacht.

§ 36 Anlagen in, an, über und unter oberirdischen Gewässern

(1) [1]Anlagen in, an, über und unter oberirdischen Gewässern sind so zu errichten, zu betreiben, zu unterhalten und stillzulegen, dass keine schädlichen Gewässerveränderungen zu erwarten sind und die Gewässerunterhaltung nicht mehr erschwert wird, als es den Umständen nach unvermeidbar ist. [2]Anlagen im Sinne von Satz 1 sind insbesondere

1. bauliche Anlagen wie Gebäude, Brücken, Stege, Unterführungen, Hafenanlagen und Anlegestellen,
2. Leitungsanlagen,
3. Fähren.

[3]Im Übrigen gelten die landesrechtlichen Vorschriften.

(2) [1]Stauanlagen und Stauhaltungsdämme sind nach den allgemein anerkannten Regeln der Technik zu errichten, zu betreiben und zu unterhalten; die Anforderungen an den Hochwasserschutz müssen gewahrt sein. [2]Wer Stauanlagen und Stauhaltungsdämme betreibt, hat ihren ordnungsgemäßen Zustand und Betrieb auf eigene Kosten zu überwachen (Eigenüberwachung). [3]Entsprechen vorhandene Stauanlagen oder Stauhaltungsdämme nicht den vorstehenden Anforderungen, so kann die zuständige Behörde die Durchführung der erforderlichen Maßnahmen innerhalb angemessener Fristen anordnen.

§ 37 Wasserabfluss

(1) [1]Der natürliche Ablauf wild abfließenden Wassers auf ein tiefer liegendes Grundstück darf nicht zum Nachteil eines höher liegenden Grundstücks behindert werden. [2]Der natürliche Ablauf wild abfließenden Wassers darf nicht zum Nachteil eines tiefer liegenden Grundstücks verstärkt oder auf andere Weise verändert werden.

(2) [1]Eigentümer oder Nutzungsberechtigte von Grundstücken, auf denen der natürliche Ablauf wild abfließenden Wassers zum Nachteil eines höher liegenden Grundstücks behindert oder zum Nachteil eines tiefer liegenden Grundstücks verstärkt oder auf andere Weise verändert wird, haben die Beseitigung des Hindernisses oder der eingetretenen Veränderung durch die Eigentümer oder Nutzungsberechtigten der benachteiligten Grundstücke zu dulden. [2]Satz 1 gilt nur, soweit die zur Duldung Verpflichteten die Behinderung, Verstärkung oder sonstige Veränderung des Wasserabflusses nicht zu vertreten haben und die Beseitigung vorher angekündigt wurde. [3]Der Eigentümer des Grundstücks, auf dem das Hindernis oder die Veränderung entstanden ist, kann das Hindernis oder die eingetretene Veränderung auf seine Kosten auch selbst beseitigen.

(3) [1]Aus Gründen des Wohls der Allgemeinheit, insbesondere der Wasserwirtschaft, der Landeskultur und des öffentlichen Verkehrs, kann die zuständige Behörde Abweichungen von den Absätzen 1 und 2 zulassen. [2]Soweit dadurch das Eigentum unzumutbar beschränkt wird, ist eine Entschädigung zu leisten.

(4) Die Absätze 1 bis 3 gelten auch für wild abfließendes Wasser, das nicht aus Quellen stammt.

§ 38 Gewässerrandstreifen

(1) Gewässerrandstreifen dienen der Erhaltung und Verbesserung der ökologischen Funktionen oberirdischer Gewässer, der Wasserspeicherung, der Sicherung des Wasserabflusses sowie der Verminderung von Stoffeinträgen aus diffusen Quellen.

(2) [1]Der Gewässerrandstreifen umfasst das Ufer und den Bereich, der an das Gewässer landseits der Linie des Mittelwasserstandes angrenzt. [2]Der Gewässerrandstreifen bemisst sich ab der Linie des Mittelwasserstandes, bei Gewässern mit ausgeprägter Böschungsoberkante ab der Böschungsoberkante.

(3) [1]Der Gewässerrandstreifen ist im Außenbereich fünf Meter breit. [2]Die zuständige Behörde kann für Gewässer oder Gewässerabschnitte

1. Gewässerrandstreifen im Außenbereich aufheben,
2. im Außenbereich die Breite des Gewässerrandstreifens abweichend von Satz 1 festsetzen,
3. innerhalb der im Zusammenhang bebauten Ortsteile Gewässerrandstreifen mit einer angemessenen Breite festsetzen.

[3]Die Länder können von den Sätzen 1 und 2 abweichende Regelungen erlassen.

(4) [1]Eigentümer und Nutzungsberechtigte sollen Gewässerrandstreifen im Hinblick auf ihre Funktionen nach Absatz 1 erhalten. [2]Im Gewässerrandstreifen ist verboten:

1. die Umwandlung von Grünland in Ackerland,
2. das Entfernen von standortgerechten Bäumen und Sträuchern, ausgenommen die Entnahme im Rahmen einer ordnungsgemäßen Forstwirtschaft, sowie das Neuanpflanzen von nicht standortgerechten Bäumen und Sträuchern,
3. der Umgang mit wassergefährdenden Stoffen, ausgenommen die Anwendung von Pflanzenschutzmitteln und Düngemitteln, soweit durch Landesrecht nichts anderes bestimmt ist, und der Umgang mit wassergefährdenden Stoffen in und im Zusammenhang mit zugelassenen Anlagen,

4. die nicht nur zeitweise Ablagerung von Gegenständen, die den Wasserabfluss behindern können oder die fortgeschwemmt werden können.
[3]Zulässig sind Maßnahmen, die zur Gefahrenabwehr notwendig sind. [4]Satz 2 Nummer 1 und 2 gilt nicht für Maßnahmen des Gewässerausbaus sowie der Gewässer- und Deichunterhaltung.

(5) [1]Die zuständige Behörde kann von einem Verbot nach Absatz 4 Satz 2 eine widerrufliche Befreiung erteilen, wenn überwiegende Gründe des Wohls der Allgemeinheit die Maßnahme erfordern oder das Verbot im Einzelfall zu einer unbilligen Härte führt. [2]Die Befreiung kann aus Gründen des Wohls der Allgemeinheit auch nachträglich mit Nebenbestimmungen versehen werden, insbesondere um zu gewährleisten, dass der Gewässerrandstreifen die in Absatz 1 genannten Funktionen erfüllt.

§ 38a Landwirtschaftlich genutzte Flächen mit Hangneigung an Gewässern
(1) [1]Eigentümer und Nutzungsberechtigte haben auf landwirtschaftlich genutzten Flächen, die an Gewässer angrenzen und innerhalb eines Abstandes von 20 Metern zur Böschungsoberkante eine Hangneigung zum Gewässer von durchschnittlich mindestens 5 Prozent aufweisen, innerhalb eines Abstandes von 5 Metern landseits zur Böschungsoberkante des Gewässers eine geschlossene, ganzjährig begrünte Pflanzendecke zu erhalten oder herzustellen. [2]Bei Gewässern ohne ausgeprägte Böschungsoberkante ist die Linie des Mittelwasserstandes maßgeblich. [3]Eine Bodenbearbeitung zur Erneuerung des Pflanzenbewuchses darf einmal innerhalb von Fünfjahreszeiträumen durchgeführt werden. [4]Der erste Fünfjahreszeitraum beginnt mit Ablauf des 30. Juni 2020.
(2) [1]Weitergehende Rechtsvorschriften der Länder bleiben unberührt. [2]Abweichend von Absatz 1 Satz 1 und 2 gilt die Linie des Mittelwasserstandes, sofern das Landesrecht diesen Bezugspunkt vorsieht und schädliche Gewässerveränderungen vermieden werden.

§ 39 Gewässerunterhaltung
(1) [1]Die Unterhaltung eines oberirdischen Gewässers umfasst seine Pflege und Entwicklung als öffentlich-rechtliche Verpflichtung (Unterhaltungslast). [2]Zur Gewässerunterhaltung gehören insbesondere:
1. die Erhaltung des Gewässerbettes, auch zur Sicherung eines ordnungsgemäßen Wasserabflusses,
2. die Erhaltung der Ufer, insbesondere durch Erhaltung und Neuanpflanzung einer standortgerechten Ufervegetation, sowie die Freihaltung der Ufer für den Wasserabfluss,
3. die Erhaltung der Schiffbarkeit von schiffbaren Gewässern mit Ausnahme der besonderen Zufahrten zu Häfen und Schiffsanlegestellen,
4. die Erhaltung und Förderung der ökologischen Funktionsfähigkeit des Gewässers insbesondere als Lebensraum von wild lebenden Tieren und Pflanzen,
5. die Erhaltung des Gewässers in einem Zustand, der hinsichtlich der Abführung oder Rückhaltung von Wasser, Geschiebe, Schwebstoffen und Eis den wasserwirtschaftlichen Bedürfnissen entspricht.
(2) [1]Die Gewässerunterhaltung muss sich an den Bewirtschaftungszielen nach Maßgabe der §§ 27 bis 31 ausrichten und darf die Erreichung dieser Ziele nicht gefährden. [2]Sie muss den Anforderungen entsprechen, die im Maßnahmenprogramm nach § 82 an die Gewässerunterhaltung gestellt sind. [3]Bei der Unterhaltung ist der Erhaltung der Leistungs- und Funktionsfähigkeit des Naturhaushalts Rechnung zu tragen; Bild und Erholungswert der Gewässerlandschaft sind zu berücksichtigen.
(3) Die Absätze 1 und 2 gelten auch für die Unterhaltung ausgebauter Gewässer, soweit nicht in einem Planfeststellungsbeschluss oder einer Plangenehmigung nach § 68 etwas anderes bestimmt ist.

§ 40 Träger der Unterhaltungslast
(1) [1]Die Unterhaltung oberirdischer Gewässer obliegt den Eigentümern der Gewässer, soweit sie nicht nach landesrechtlichen Vorschriften Aufgabe von Gebietskörperschaften, Wasser- und Bodenverbänden, gemeindlichen Zweckverbänden oder sonstigen Körperschaften des öffentlichen Rechts ist. [2]Ist der Gewässereigentümer Träger der Unterhaltungslast, sind die Anlieger sowie diejenigen Eigentümer von Grundstücken und Anlagen, die aus der Unterhaltung Vorteile haben oder die Unterhaltung erschweren, verpflichtet, sich an den Kosten der Unterhaltung zu beteiligen. [3]Ist eine Körperschaft nach Satz 1 unterhaltungspflichtig, können die Länder bestimmen, inwieweit die Gewässereigentümer, die in Satz 2 genannten Personen, andere Personen, die aus der Unterhaltung Vorteile haben, oder sonstige Eigentümer von Grundstücken im Einzugsgebiet verpflichtet sind, sich an den Kosten der Unterhaltung zu beteiligen.
(2) Die Unterhaltungslast kann mit Zustimmung der zuständigen Behörde auf einen Dritten übertragen werden.
(3) [1]Ist ein Hindernis für den Wasserabfluss oder für die Schifffahrt oder eine andere Beeinträchtigung, die Unterhaltungsmaßnahmen nach § 39 erforderlich macht, von einer anderen als der unterhaltungspflichtigen Person verursacht worden, so soll die zuständige Behörde die andere Person zur Beseitigung verpflichten. [2]Hat die unterhaltungspflichtige Person das Hindernis oder die andere Beeinträchtigung

beseitigt, so hat ihr die andere Person die Kosten zu erstatten, soweit die Arbeiten erforderlich waren und die Kosten angemessen sind. (4) [1]Erfüllt der Träger der Unterhaltungslast seine Verpflichtungen nicht, so sind die erforderlichen Unterhaltungsarbeiten auf seine Kosten durch das Land oder, sofern das Landesrecht dies bestimmt, durch eine andere öffentlich-rechtliche Körperschaft im Sinne des Absatzes 1 Satz 1 durchzuführen. [2]Satz 1 gilt nicht, soweit die öffentlich-rechtliche Körperschaft Träger der Unterhaltungslast ist.

§ 41 Besondere Pflichten bei der Gewässerunterhaltung

(1) [1]Soweit es zur ordnungsgemäßen Unterhaltung eines oberirdischen Gewässers erforderlich ist, haben
1. die Gewässereigentümer Unterhaltungsmaßnahmen am Gewässer zu dulden;
2. die Anlieger und Hinterlieger zu dulden, dass die zur Unterhaltung verpflichtete Person oder ihre Beauftragten die Grundstücke betreten, vorübergehend benutzen und aus ihnen Bestandteile für die Unterhaltung entnehmen, wenn diese anderweitig nur mit unverhältnismäßig hohen Kosten beschafft werden können; Hinterlieger sind die Eigentümer der an Anliegergrundstücke angrenzenden Grundstücke und die zur Nutzung dieser Grundstücke Berechtigten;
3. die Anlieger zu dulden, dass die zur Unterhaltung verpflichtete Person die Ufer bepflanzt;
4. die Inhaber von Rechten und Befugnissen an Gewässern zu dulden, dass die Benutzung vorübergehend behindert oder unterbrochen wird.
[2]Die zur Unterhaltung verpflichtete Person hat der duldungspflichtigen Person die beabsichtigten Maßnahmen rechtzeitig vorher anzukündigen. [3]Weitergehende Rechtsvorschriften der Länder bleiben unberührt.

(2) Die nach Absatz 1 Verpflichteten haben Handlungen zu unterlassen, die die Unterhaltung unmöglich machen oder wesentlich erschweren würden.

(3) Die Anlieger können verpflichtet werden, die Ufergrundstücke in erforderlicher Breite so zu bewirtschaften, dass die Unterhaltung nicht beeinträchtigt wird.

(4) Entstehen durch Handlungen nach Absatz 1 Satz 1 Nummer 1 bis 3 Schäden, so hat der Geschädigte gegen die zur Unterhaltung verpflichtete Person Anspruch auf Schadenersatz.

§ 42 Behördliche Entscheidungen zur Gewässerunterhaltung

(1) Die zuständige Behörde kann
1. die nach § 39 erforderlichen Unterhaltungsmaßnahmen sowie die Pflichten nach § 41 Absatz 1 bis 3 näher festlegen,
2. anordnen, dass Unterhaltungsmaßnahmen nicht durchzuführen sind, soweit dies notwendig ist, um die Bewirtschaftungsziele zu erreichen.

(2) Die zuständige Behörde hat in den Fällen des § 40 Absatz 1 Satz 2 und 3 und Absatz 3 Satz 2 den Umfang der Kostenbeteiligung oder -erstattung festzusetzen, wenn die Beteiligten sich hierüber nicht einigen können.

Abschnitt 3
Bewirtschaftung von Küstengewässern

§ 43 Erlaubnisfreie Benutzungen von Küstengewässern

Die Länder können bestimmen, dass eine Erlaubnis nicht erforderlich ist
1. für das Einleiten von Grund-, Quell- und Niederschlagswasser in ein Küstengewässer,
2. für das Einbringen und Einleiten von anderen Stoffen in ein Küstengewässer, wenn dadurch keine signifikanten nachteiligen Veränderungen seiner Eigenschaften zu erwarten sind.

§ 44 Bewirtschaftungsziele für Küstengewässer

[1]Für Küstengewässer nach § 7 Absatz 5 Satz 2 gelten die §§ 27 bis 31 entsprechend. [2]Seewärts der in § 7 Absatz 5 Satz 2 genannten Linie gelten die §§ 27 bis 31 in den Küstengewässern entsprechend, soweit ein guter chemischer Zustand zu erreichen ist.

§ 45 Reinhaltung von Küstengewässern

(1) [1]Feste Stoffe dürfen in ein Küstengewässer nicht eingebracht werden, um sich ihrer zu entledigen. [2]Satz 1 gilt nicht, wenn Sediment, das einem Gewässer entnommen wurde, in ein Küstengewässer eingebracht wird.

(2) In Verfahren zur Erteilung von Erlaubnissen zum Einbringen oder Einleiten von Stoffen in Küstengewässer im Rahmen des marinen Geo-Engineerings gelten die Regelungen des § 3 Absatz 5, des § 5 Absatz 3 und 4 Satz 2, des § 5a und der Anlage zu § 4 Satz 2 Nummer 3 des Hohe-See-Einbringungsgesetzes vom 25. August 1998 (BGBl. I S. 2455), das zuletzt durch Artikel 1 des Gesetzes vom 4. Dezember

2018 (BGBl. I S. 2254) geändert worden ist, sowie die Regelungen der auf Grund des § 9 Satz 1 Nummer 1 und Satz 2 des Hohe-See-Einbringungsgesetzes erlassenen Rechtsverordnung entsprechend.

(3) [1]Stoffe dürfen an einem Küstengewässer nur so gelagert oder abgelagert werden, dass eine nachteilige Veränderung der Wasserbeschaffenheit nicht zu besorgen ist. [2]Das Gleiche gilt für das Befördern von Flüssigkeiten und Gasen durch Rohrleitungen.

Abschnitt 3a
Bewirtschaftung von Meeresgewässern

§ 45a Bewirtschaftungsziele für Meeresgewässer
(1) Meeresgewässer sind so zu bewirtschaften, dass
1. eine Verschlechterung ihres Zustands vermieden wird und
2. ein guter Zustand erhalten oder spätestens bis zum 31. Dezember 2020 erreicht wird.
(2) Damit die Bewirtschaftungsziele nach Absatz 1 erreicht werden, sind insbesondere
1. Meeresökosysteme zu schützen und zu erhalten und in Gebieten, in denen sie geschädigt wurden, wiederherzustellen,
2. vom Menschen verursachte Einträge von Stoffen und Energie, einschließlich Lärm, in die Meeresgewässer schrittweise zu vermeiden und zu vermindern mit dem Ziel, signifikante nachteilige Auswirkungen auf die Meeresökosysteme, die biologische Vielfalt, die menschliche Gesundheit und die zulässige Nutzung des Meeres auszuschließen und
3. bestehende und künftige Möglichkeiten der nachhaltigen Meeresnutzung zu erhalten oder zu schaffen.
(3) Nordsee und Ostsee sind nach den Bestimmungen dieses Abschnitts jeweils gesondert zu bewirtschaften.

§ 45b Zustand der Meeresgewässer
(1) Zustand der Meeresgewässer ist der Zustand der Umwelt in Meeresgewässern unter Berücksichtigung
1. von Struktur, Funktion und Prozessen der einzelnen Meeresökosysteme,
2. der natürlichen physiografischen, geografischen, biologischen, geologischen und klimatischen Faktoren sowie
3. der physikalischen, akustischen und chemischen Bedingungen, einschließlich der Bedingungen, die als Folge menschlichen Handelns in dem betreffenden Gebiet und außerhalb davon entstehen.
(2) Guter Zustand der Meeresgewässer ist der Zustand der Umwelt in Meeresgewässern, die unter Berücksichtigung ihrer jeweiligen Besonderheiten ökologisch vielfältig, dynamisch, nicht verschmutzt, gesund und produktiv sind und die nachhaltig genutzt werden, wobei
1. die einzelnen Meeresökosysteme ohne Einschränkungen funktionieren und widerstandsfähig gegen vom Menschen verursachte Umweltveränderungen sind und sich die unterschiedlichen biologischen Komponenten der Meeresökosysteme im Gleichgewicht befinden,
2. die im Meer lebenden Arten und ihre Lebensräume geschützt sind und ein vom Menschen verursachter Rückgang der biologischen Vielfalt verhindert wird und
3. vom Menschen verursachte Einträge von Stoffen und Energie, einschließlich Lärm, in die Meeresumwelt keine nachteiligen Auswirkungen auf die Meeresökosysteme, die biologische Vielfalt, die menschliche Gesundheit und die zulässige Nutzung des Meeres haben.

§ 45c Anfangsbewertung
(1) [1]Die zuständigen Behörden bewerten die Meeresgewässer bis zum 15. Juli 2012 nach Maßgabe des Anhangs III der Richtlinie 2008/56/EG des Europäischen Parlaments und des Rates vom 17. Juni 2008 zur Schaffung eines Ordnungsrahmens für Maßnahmen der Gemeinschaft im Bereich der Meeresumwelt (Meeresstrategie-Rahmenrichtlinie) (ABl. L 164 vom 25.6.2008, S. 19) in der jeweils geltenden Fassung. [2]Die Bewertung umfasst
1. die wesentlichen Eigenschaften und Merkmale der Meeresgewässer und ihren derzeitigen Zustand,
2. die wichtigsten Belastungen und ihre Auswirkungen, einschließlich menschlichen Handelns, auf den Zustand der Meeresgewässer unter Berücksichtigung der qualitativen und quantitativen Aspekte der verschiedenen Belastungen, feststellbarer Trends sowie der wichtigsten kumulativen und synergetischen Wirkungen und
3. eine wirtschaftliche und soziale Analyse der Nutzung der Meeresgewässer sowie der Kosten einer Verschlechterung ihres Zustands.
(2) [1]Die zuständigen Behörden berücksichtigen bei der Bewertung nach Absatz 1 andere einschlägige Bewertungen insbesondere im Rahmen internationaler Meeresübereinkommen und auf der Grundlage des

§ 6 in Verbindung mit § 56 des Bundesnaturschutzgesetzes. [2]Bei der Bewertung nach Absatz 1 sind außerdem folgende Maßnahmen, die im Zusammenhang mit der Bewirtschaftung von Küstengewässern und Übergangsgewässern nach Maßgabe des § 44 oder der §§ 27 bis 31 vorgenommen worden sind, weitestgehend zu berücksichtigen:

1. Einstufungen des ökologischen und des chemischen Zustands von Küstengewässern und Übergangsgewässern sowie
2. Auflistungen der Belastungen von Küstengewässern und Übergangsgewässern und Beurteilungen ihrer Auswirkungen.

§ 45d Beschreibung des guten Zustands der Meeresgewässer
[1]Auf der Grundlage der Anfangsbewertung nach § 45c beschreiben die zuständigen Behörden bis zum 15. Juli 2012 die Merkmale für den guten Zustand der Meeresgewässer nach Maßgabe des Anhangs I der Richtlinie 2008/56/EG in der jeweils geltenden Fassung. [2]Hierbei sind Festlegungen von typspezifischen Referenzbedingungen für Küstengewässer, die dem sehr guten ökologischen Zustand oder dem höchsten ökologischen Potenzial entsprechen und die im Zusammenhang mit der Bewirtschaftung von Küstengewässern nach Maßgabe des § 44 getroffen worden sind, weitestgehend zu berücksichtigen. [3]Festlegungen von Kriterien für einen günstigen Erhaltungszustand der natürlichen Lebensraumtypen, die in Anhang I der Richtlinie 92/43/EWG des Rates vom 21. Mai 1992 zur Erhaltung der natürlichen Lebensräume sowie der wildlebenden Tiere und Pflanzen (ABl. L 206 vom 22.7.1992, S. 7), die zuletzt durch die Richtlinie 2006/105/EG (ABl. L 363 vom 20.12.2006, S. 368) geändert worden ist, aufgeführt sind und der in Anhang II dieser Richtlinie aufgeführten Tier- und Pflanzenarten, die in den Meeresgewässern vorkommen, sind ebenfalls weitestgehend zu berücksichtigen.

§ 45e Festlegung von Zielen
[1]Auf der Grundlage der Anfangsbewertung nach § 45c legen die zuständigen Behörden nach Maßgabe des Anhangs IV der Richtlinie 2008/56/EG in der jeweils geltenden Fassung bis zum 15. Juli 2012 die Zwischenziele mit Fristen und die Einzelziele, die erforderlich sind, um einen guten Zustand der Meeresgewässer zu erreichen, sowie zugehörige Indikatoren fest. [2]Dabei sind andere einschlägige Ziele zu berücksichtigen, die für die Gewässer auf nationaler, gemeinschaftlicher oder internationaler Ebene festgelegt worden sind, einschließlich der Bewirtschaftungsziele nach Maßgabe des § 44 und der Erhaltungsziele im Sinne des § 7 Absatz 1 Nummer 9 des Bundesnaturschutzgesetzes. [3]Die zuständigen Behörden stellen sicher, dass die Ziele miteinander vereinbar sind.

§ 45f Überwachungsprogramme
(1) Bis zum 15. Juli 2014 stellen die zuständigen Behörden auf der Grundlage der Anfangsbewertung nach § 45c und unter Beachtung der Anforderungen nach Anhang V der Richtlinie 2008/56/EG in der jeweils geltenden Fassung Überwachungsprogramme zur fortlaufenden Ermittlung, Beschreibung und Bewertung des Zustands der Meeresgewässer sowie zur regelmäßigen Bewertung und Aktualisierung der nach § 45e Satz 1 festgelegten Ziele auf und führen sie durch.

(2) [1]Die Überwachungsprogramme müssen mit anderen Überwachungsanforderungen zum Schutz des Meeres, die insbesondere nach wasser- oder naturschutzrechtlichen Vorschriften sowie internationalen Meeresübereinkommen bestehen, vereinbar sein. [2]Programme zur Überwachung des ökologischen und des chemischen Zustands von Küstengewässern, die im Zusammenhang mit der Bewirtschaftung von Küstengewässern nach Maßgabe des § 44 aufgestellt worden sind, sind weitestgehend bei der Aufstellung und Durchführung der Überwachungsprogramme zu berücksichtigen.

§ 45g Fristverlängerungen; Ausnahmen von den Bewirtschaftungszielen
(1) [1]Die zuständige Behörde kann die Frist nach § 45a Absatz 1 Nummer 2 sowie Fristen für nach § 45e Satz 1 festgelegte Ziele verlängern, soweit es für bestimmte Teile der Meeresgewässer wegen natürlicher Gegebenheiten unmöglich ist, die Ziele fristgerecht zu erreichen. [2]Sie berücksichtigt bei ihrer Entscheidung die Auswirkungen auf Meeresgewässer anderer Staaten sowie die Hohe See.

(2) [1]Die zuständige Behörde kann für bestimmte Teile der Meeresgewässer Ausnahmen hinsichtlich der Erreichung des guten Zustands nach § 45a Absatz 1 Nummer 2 oder hinsichtlich der nach § 45e Satz 1 festgelegten Ziele zulassen. [2]Ausnahmen sind nur zulässig, wenn die Ziele nach Satz 1 nicht erreicht werden können auf Grund von

1. Handlungen oder Unterlassungen außerhalb des Geltungsbereichs dieses Gesetzes,
2. natürlichen Ursachen,
3. höherer Gewalt oder

4. Änderungen der physikalischen Eigenschaften des Meeresgewässers durch Maßnahmen aus Gründen des Gemeinwohls, sofern der Nutzen der Maßnahmen die nachteiligen Umweltauswirkungen überwiegt.
³Absatz 1 Satz 2 gilt entsprechend. ⁴In den Fällen des Satzes 2 Nummer 4 ist sicherzustellen, dass die Erreichung des guten Zustands der Meeresgewässer, einschließlich der Meeresgewässer anderer Mitgliedstaaten der Europäischen Union, nicht dauerhaft verhindert oder erschwert wird.
(3) Verlängert die zuständige Behörde nach Absatz 1 Satz 1 eine Frist oder lässt sie Ausnahmen nach Absatz 2 zu, hat sie Maßnahmen zu ergreifen, die darauf abzielen,
1. die nach § 45e Satz 1 festgelegten Ziele weiterzuverfolgen,
2. in den Fällen des Absatzes 2 Satz 1 Nummer 2 bis 4 eine weitere Verschlechterung des Zustands des Meeresgewässers zu vermeiden und
3. nachteilige Wirkungen auf den Zustand der Meeresgewässer, einschließlich der Meeresgewässer anderer Staaten sowie der Hohen See, abzuschwächen.

§ 45h Maßnahmenprogramme
(1) ¹Auf der Grundlage der Anfangsbewertung nach § 45c Absatz 1 und der nach § 45e Satz 1 festgelegten Ziele sind bis zum 31. Dezember 2015 Maßnahmenprogramme aufzustellen, die dem Prinzip einer nachhaltigen Entwicklung Rechnung tragen. ²Die Maßnahmenprogramme umfassen die kostenwirksamen Maßnahmen, die erforderlich sind, um den guten Zustand der Meeresgewässer zu erreichen oder zu erhalten. ³Dabei sind die in Anhang VI der Richtlinie 2008/56/EG in der jeweils geltenden Fassung aufgeführten Arten von Maßnahmen zu berücksichtigen. ⁴Die Maßnahmenprogramme enthalten auch
1. räumliche Schutzmaßnahmen im Sinne des § 56 Absatz 2 des Bundesnaturschutzgesetzes,
2. eine Erläuterung, inwiefern die festgelegten Maßnahmen zur Erreichung der nach § 45e Satz 1 festgelegten Ziele beitragen,
3. gegebenenfalls Fristverlängerungen nach § 45g Absatz 1 und Ausnahmen nach § 45g Absatz 2, jeweils einschließlich einer Begründung, und
4. gegebenenfalls Maßnahmen nach § 45g Absatz 3.
⁵Bis zum 31. Dezember 2013 sind Informationen zu den Gebieten zu veröffentlichen, die in Satz 4 Nummer 1 sowie in Artikel 13 Absatz 5 der Richtlinie 2008/56/EG genannt sind.
(2) Vor der Aufstellung und Aktualisierung der Maßnahmenprogramme sind zu den vorgesehenen neuen Maßnahmen Folgeabschätzungen einschließlich Kosten-Nutzen-Analysen durchzuführen.
(3) ¹Bei der Aufstellung der Maßnahmenprogramme sind Maßnahmen zum Schutz des Meeres nach anderen wasser- und naturschutzrechtlichen Vorschriften, einschließlich internationaler Meeresübereinkommen, zu berücksichtigen. ²Bei der Aufstellung und Durchführung der Maßnahmenprogramme nach Absatz 1 sind weitestgehend Maßnahmen zu berücksichtigen, die in ein Maßnahmenprogramm nach § 82
1. für ein Küstengewässer aufgenommen worden sind oder
2. für ein oberirdisches Gewässer aufgenommen worden sind, soweit die Maßnahmen dem Schutz eines Küstengewässers dienen.
³Die Maßnahmen sollen dazu beitragen, dass die Meeresgewässer anderer Mitgliedstaaten der Europäischen Union einen guten Zustand erreichen; nachteilige Auswirkungen auf diese Gewässer sollen vermieden werden.
(4) ¹Die in den Maßnahmenprogrammen aufgeführten Maßnahmen dürfen keine Beschränkung für Tätigkeiten enthalten, die allein der Verteidigung dienen. ²Diese Tätigkeiten sind jedoch so durchzuführen, dass sie weitestgehend mit den nach § 45e Satz 1 festgelegten Zielen vereinbar sind.
(5) Die zuständige Behörde führt die im Maßnahmenprogramm aufgeführten Maßnahmen bis zum 31. Dezember 2016 durch.
(6) ¹Die zuständige Behörde legt abweichend von Absatz 1 Satz 1 und Absatz 5 einen früheren Zeitpunkt für die Aufstellung und Durchführung der Maßnahmenprogramme fest, wenn der Zustand des Meeresgewässers umgehend grenzüberschreitende Maßnahmen erfordert. ²In diesem Fall können auch über die bereits in einem aufgestellten Maßnahmenprogramm enthaltenen Maßnahmen hinaus zusätzliche oder weitergehende Maßnahmen bestimmt werden. ³Absatz 3 gilt entsprechend.

§ 45i Beteiligung der Öffentlichkeit
(1) ¹Die zuständige Behörde veröffentlicht
1. Zusammenfassungen der Entwürfe
 a) der Anfangsbewertung nach § 45c Absatz 1, der Beschreibung des guten Zustands nach § 45d Satz 1 und der Ziele nach § 45e Satz 1 bis zum 15. Oktober 2011,
 b) der Überwachungsprogramme nach § 45f Absatz 1 bis zum 15. Oktober 2013

und
2. Entwürfe der Maßnahmenprogramme nach § 45h Absatz 1 bis zum 31. März 2015. ²Innerhalb von sechs Monaten nach der Veröffentlichung kann die Öffentlichkeit zu den in Satz 1 genannten Unterlagen bei der zuständigen Behörde schriftlich oder elektronisch Stellung nehmen; hierauf ist in der Veröffentlichung hinzuweisen. ³ Für Maßnahmenprogramme nach § 45h ist die Beteiligung der Öffentlichkeit nach den Sätzen 1 und 2 Teil der strategischen Umweltprüfung nach § 42 des Gesetzes über die Umweltverträglichkeitsprüfung.

(2) Bei Aktualisierungen nach § 45j und der vorzeitigen Aufstellung eines Maßnahmenprogramms nach § 45h Absatz 6 gilt Absatz 1 entsprechend.

(3) Unterlagen nach Absatz 1 Satz 1, die sich auf den Bereich der deutschen ausschließlichen Wirtschaftszone und des Festlandsockels beziehen, sind, auch in den Fällen des Absatzes 2, im Bundesanzeiger zu veröffentlichen.

(4) § 85 gilt entsprechend für die in Absatz 1 Satz 1 bezeichneten Maßnahmen.

§ 45j Überprüfung und Aktualisierung
Die Anfangsbewertung nach § 45c Absatz 1, die Beschreibung des guten Zustands der Meeresgewässer nach § 45d Satz 1, die nach § 45e Satz 1 festgelegten Ziele, die Überwachungsprogramme nach § 45f Absatz 1 sowie die Maßnahmenprogramme nach § 45h Absatz 1 sind alle sechs Jahre zu überprüfen und, soweit erforderlich, zu aktualisieren.

§ 45k Koordinierung
(1) ¹Um die Bewirtschaftungsziele nach § 45a zu erreichen, koordinieren die zuständigen Behörden, einschließlich der zuständigen Behörden der betroffenen Binnenländer, die Maßnahmen nach den §§ 45c bis 45h sowohl untereinander als auch mit den zuständigen Behörden im Bereich der deutschen ausschließlichen Wirtschaftszone und des Festlandsockels sowie mit den zuständigen Behörden anderer Mitgliedstaaten der Europäischen Union. ²Die zuständigen Behörden bemühen sich um eine dem Satz 1 entsprechende Koordinierung mit den zuständigen Behörden von Staaten, die nicht der Europäischen Union angehören. ³Die zuständigen Behörden sollen die Organisationseinheiten internationaler Meeresübereinkommen und internationaler Flussgebietsübereinkommen nutzen. ⁴Für die Koordinierung nach den Sätzen 1 bis 3 gilt § 7 Absatz 4 Satz 2 entsprechend.

(2) ¹Ergreifen andere Mitgliedstaaten der Europäischen Union Maßnahmen nach der Richtlinie 2008/56/EG, wirken die zuständigen Behörden hieran auch insoweit mit, als diese Maßnahmen im Zusammenhang damit stehen, dass der Oberflächenabfluss einer Flussgebietseinheit in das Meeresgewässer gelangt, für das die Maßnahmen ergriffen werden. ²Absatz 1 Satz 2 bis 4 gilt entsprechend.

§ 45l Zuständigkeit im Bereich der deutschen ausschließlichen Wirtschaftszone und des Festlandsockels
Das Bundesministerium für Umwelt, Naturschutz und nukleare Sicherheit wird ermächtigt, im Einvernehmen mit dem Bundesministerium für Ernährung und Landwirtschaft, dem Bundesministerium für Verkehr und digitale Infrastruktur und dem Bundesministerium der Finanzen durch Rechtsverordnung ohne Zustimmung des Bundesrates die Zuständigkeit von Bundesbehörden im Geschäftsbereich der genannten Bundesministerien für die Durchführung der Vorschriften dieses Abschnitts und der auf Grund des § 23 für Meeresgewässer erlassenen Vorschriften im Bereich der deutschen ausschließlichen Wirtschaftszone und des Festlandsockels sowie das Zusammenwirken von Bundesbehörden bei der Durchführung dieser Vorschriften in diesem Bereich zu regeln.

Abschnitt 4
Bewirtschaftung des Grundwassers

§ 46 Erlaubnisfreie Benutzungen des Grundwassers
(1) ¹Keiner Erlaubnis oder Bewilligung bedarf das Entnehmen, Zutagefördern, Zutageleiten oder Ableiten von Grundwasser
1. für den Haushalt, für den landwirtschaftlichen Hofbetrieb, für das Tränken von Vieh außerhalb des Hofbetriebs oder in geringen Mengen zu einem vorübergehenden Zweck,
2. für Zwecke der gewöhnlichen Bodenentwässerung landwirtschaftlich, forstwirtschaftlich oder gärtnerisch genutzter Grundstücke,
soweit keine signifikanten nachteiligen Auswirkungen auf den Wasserhaushalt zu besorgen sind. ²Wird in den Fällen und unter den Voraussetzungen des Satzes 1 Nummer 2 das Wasser aus der Bodenentwässerung in ein oberirdisches Gewässer eingeleitet, findet § 25 Satz 2 keine Anwendung.

(2) Keiner Erlaubnis bedarf ferner das Einleiten von Niederschlagswasser in das Grundwasser durch schadlose Versickerung, soweit dies in einer Rechtsverordnung nach § 23 Absatz 1 bestimmt ist.

(3) Durch Landesrecht kann bestimmt werden, dass weitere Fälle von der Erlaubnis- oder Bewilligungspflicht ausgenommen sind oder eine Erlaubnis oder eine Bewilligung in den Fällen der Absätze 1 und 2 erforderlich ist.

§ 47 Bewirtschaftungsziele für das Grundwasser

(1) Das Grundwasser ist so zu bewirtschaften, dass
1. eine Verschlechterung seines mengenmäßigen und seines chemischen Zustands vermieden wird;
2. alle signifikanten und anhaltenden Trends ansteigender Schadstoffkonzentrationen auf Grund der Auswirkungen menschlicher Tätigkeiten umgekehrt werden;
3. ein guter mengenmäßiger und ein guter chemischer Zustand erhalten oder erreicht werden; zu einem guten mengenmäßigen Zustand gehört insbesondere ein Gleichgewicht zwischen Grundwasserentnahme und Grundwasserneubildung.

(2) ¹Die Bewirtschaftungsziele nach Absatz 1 Nummer 3 sind bis zum 22. Dezember 2015 zu erreichen. ²Fristverlängerungen sind in entsprechender Anwendung des § 29 Absatz 2 bis 4 zulässig.

(3) ¹Für Ausnahmen von den Bewirtschaftungszielen nach Absatz 1 gilt § 31 Absatz 1, 2 Satz 1 und Absatz 3 entsprechend. ²Für die Bewirtschaftungsziele nach Absatz 1 Nummer 3 gilt darüber hinaus § 30 entsprechend mit der Maßgabe, dass nach Satz 1 Nummer 4 der bestmögliche mengenmäßige und chemische Zustand des Grundwassers zu erreichen ist.

§ 48 Reinhaltung des Grundwassers

(1) ¹Eine Erlaubnis für das Einbringen und Einleiten von Stoffen in das Grundwasser darf nur erteilt werden, wenn eine nachteilige Veränderung der Wasserbeschaffenheit nicht zu besorgen ist. ²Durch Rechtsverordnung nach § 23 Absatz 1 Nummer 3 kann auch festgelegt werden, unter welchen Voraussetzungen die Anforderung nach Satz 1, insbesondere im Hinblick auf die Begrenzung des Eintrags von Schadstoffen, als erfüllt gilt. ³Die Verordnung bedarf der Zustimmung des Bundestages. ⁴Die Zustimmung gilt als erteilt, wenn der Bundestag nicht innerhalb von drei Sitzungswochen nach Eingang der Vorlage der Bundesregierung die Zustimmung verweigert hat.

(2) ¹Stoffe dürfen nur so gelagert oder abgelagert werden, dass eine nachteilige Veränderung der Grundwasserbeschaffenheit nicht zu besorgen ist. ²Das Gleiche gilt für das Befördern von Flüssigkeiten und Gasen durch Rohrleitungen. ³Absatz 1 Satz 2 bis 4 gilt entsprechend.

§ 49 Erdaufschlüsse

(1) ¹Arbeiten, die so tief in den Boden eindringen, dass sie sich unmittelbar oder mittelbar auf die Bewegung, die Höhe oder die Beschaffenheit des Grundwassers auswirken können, sind der zuständigen Behörde einen Monat vor Beginn der Arbeiten anzuzeigen. ²Werden bei diesen Arbeiten Stoffe in das Grundwasser eingebracht, ist abweichend von § 8 Absatz 1 in Verbindung mit § 9 Absatz 1 Nummer 4 anstelle der Anzeige eine Erlaubnis nur erforderlich, wenn sich das Einbringen nachteilig auf die Grundwasserbeschaffenheit auswirken kann. ³Die zuständige Behörde kann für bestimmte Gebiete die Tiefe nach Satz 1 näher bestimmen.

(2) Wird unbeabsichtigt Grundwasser erschlossen, ist dies der zuständigen Behörde unverzüglich anzuzeigen.

(3) ¹In den Fällen der Absätze 1 und 2 hat die zuständige Behörde die Einstellung oder die Beseitigung der Erschließung anzuordnen, wenn eine nachteilige Veränderung der Grundwasserbeschaffenheit zu besorgen oder eingetreten ist und der Schaden nicht anderweitig vermieden oder ausgeglichen werden kann; die zuständige Behörde hat die insoweit erforderlichen Maßnahmen anzuordnen. ²Satz 1 gilt entsprechend, wenn unbefugt Grundwasser erschlossen wird.

(4) Durch Landesrecht können abweichende Regelungen getroffen werden.

Kapitel 3
Besondere wasserwirtschaftliche Bestimmungen

Abschnitt 1
Öffentliche Wasserversorgung, Wasserschutzgebiete, Heilquellenschutz

§ 50 Öffentliche Wasserversorgung

(1) Die der Allgemeinheit dienende Wasserversorgung (öffentliche Wasserversorgung) ist eine Aufgabe der Daseinsvorsorge.

(2) [1]Der Wasserbedarf der öffentlichen Wasserversorgung ist vorrangig aus ortsnahen Wasservorkommen zu decken, soweit überwiegende Gründe des Wohls der Allgemeinheit dem nicht entgegenstehen. [2]Der Bedarf darf insbesondere dann mit Wasser aus ortsfernen Wasservorkommen gedeckt werden, wenn eine Versorgung aus ortsnahen Wasservorkommen nicht in ausreichender Menge oder Güte oder nicht mit vertretbarem Aufwand sichergestellt werden kann.

(3) [1]Die Träger der öffentlichen Wasserversorgung wirken auf einen sorgsamen Umgang mit Wasser hin. [2]Sie halten insbesondere die Wasserverluste in ihren Einrichtungen gering und informieren die Endverbraucher über Maßnahmen zur Einsparung von Wasser unter Beachtung der hygienischen Anforderungen.

(4) Wassergewinnungsanlagen dürfen nur nach den allgemein anerkannten Regeln der Technik errichtet, unterhalten und betrieben werden.

(5) [1]Durch Rechtsverordnung der Landesregierung oder durch Entscheidung der zuständigen Behörde können Träger der öffentlichen Wasserversorgung verpflichtet werden, auf ihre Kosten die Beschaffenheit des für Zwecke der öffentlichen Wasserversorgung gewonnenen oder gewinnbaren Wassers zu untersuchen oder durch eine von ihr bestimmte Stelle untersuchen zu lassen. [2]Insbesondere können Art, Umfang und Häufigkeit der Untersuchungen sowie die Übermittlung der Untersuchungsergebnisse näher geregelt werden. [3]Die Landesregierung kann die Ermächtigung nach Satz 1 durch Rechtsverordnung auf andere Landesbehörden übertragen.

§ 51 Festsetzung von Wasserschutzgebieten

(1) [1]Soweit es das Wohl der Allgemeinheit erfordert,

1. Gewässer im Interesse der derzeit bestehenden oder künftigen öffentlichen Wasserversorgung vor nachteiligen Einwirkungen zu schützen,
2. das Grundwasser anzureichern oder
3. das schädliche Abfließen von Niederschlagswasser sowie das Abschwemmen und den Eintrag von Bodenbestandteilen, Dünge- oder Pflanzenschutzmitteln in Gewässer zu vermeiden,

kann die Landesregierung durch Rechtsverordnung Wasserschutzgebiete festsetzen. [2]In der Rechtsverordnung ist die begünstigte Person zu benennen. [3]Die Landesregierung kann die Ermächtigung nach Satz 1 durch Rechtsverordnung auf andere Landesbehörden übertragen.

(2) Trinkwasserschutzgebiete sollen nach Maßgabe der allgemein anerkannten Regeln der Technik in Zonen mit unterschiedlichen Schutzbestimmungen unterteilt werden.

§ 52 Besondere Anforderungen in Wasserschutzgebieten

(1) [1]In der Rechtsverordnung nach § 51 Absatz 1 oder durch behördliche Entscheidung können in Wasserschutzgebieten, soweit der Schutzzweck dies erfordert,

1. bestimmte Handlungen verboten oder für nur eingeschränkt zulässig erklärt werden,
2. die Eigentümer und Nutzungsberechtigten von Grundstücken verpflichtet werden,
 a) bestimmte auf das Grundstück bezogene Handlungen vorzunehmen, insbesondere die Grundstücke nur in bestimmter Weise zu nutzen,
 b) Aufzeichnungen über die Bewirtschaftung der Grundstücke anzufertigen, aufzubewahren und der zuständigen Behörde auf Verlangen vorzulegen,
 c) bestimmte Maßnahmen zu dulden, insbesondere die Beobachtung des Gewässers und des Bodens, die Überwachung von Schutzbestimmungen, die Errichtung von Zäunen sowie Kennzeichnungen, Bepflanzungen und Aufforstungen,
3. Begünstigte verpflichtet werden, die nach Nummer 2 Buchstabe c zu duldenden Maßnahmen vorzunehmen.

[2]Die zuständige Behörde kann von Verboten, Beschränkungen sowie Duldungs- und Handlungspflichten nach Satz 1 eine Befreiung erteilen, wenn der Schutzzweck nicht gefährdet wird oder überwiegende Gründe des Wohls der Allgemeinheit dies erfordern. [3]Sie hat eine Befreiung zu erteilen, soweit dies zur Vermeidung unzumutbarer Beschränkungen des Eigentums erforderlich ist und hierdurch der Schutzzweck nicht gefährdet wird.

(2) [1]In einem als Wasserschutzgebiet vorgesehenen Gebiet können vorläufige Anordnungen nach Absatz 1 getroffen werden, wenn andernfalls der mit der Festsetzung des Wasserschutzgebiets verfolgte Zweck gefährdet wäre. [2]Die vorläufige Anordnung tritt mit dem Inkrafttreten der Rechtsverordnung nach § 51 Absatz 1 außer Kraft, spätestens nach Ablauf von drei Jahren. [3]Wenn besondere Umstände es erfordern, kann die Frist um höchstens ein weiteres Jahr verlängert werden. [4]Die vorläufige Anordnung ist vor Ablauf der Frist nach Satz 2 oder Satz 3 außer Kraft zu setzen, sobald und soweit die Voraussetzungen für ihren Erlass weggefallen sind.

(3) Behördliche Entscheidungen nach Absatz 1 können auch außerhalb eines Wasserschutzgebiets getroffen werden, wenn andernfalls der mit der Festsetzung des Wasserschutzgebiets verfolgte Zweck gefährdet wäre.

(4) Soweit eine Anordnung nach Absatz 1 Satz 1 Nummer 1 oder Nummer 2, auch in Verbindung mit Absatz 2 oder Absatz 3, das Eigentum unzumutbar beschränkt und diese Beschränkung nicht durch eine Befreiung nach Absatz 1 Satz 3 oder andere Maßnahmen vermieden oder ausgeglichen werden kann, ist eine Entschädigung zu leisten.

(5) Setzt eine Anordnung nach Absatz 1 Satz 1 Nummer 1 oder Nummer 2, auch in Verbindung mit Absatz 2 oder Absatz 3, erhöhte Anforderungen fest, die die ordnungsgemäße land- oder forstwirtschaftliche Nutzung eines Grundstücks einschränken, so ist für die dadurch verursachten wirtschaftlichen Nachteile ein angemessener Ausgleich zu leisten, soweit nicht eine Entschädigungspflicht nach Absatz 4 besteht.

§ 53 Heilquellenschutz

(1) Heilquellen sind natürlich zu Tage tretende oder künstlich erschlossene Wasser- oder Gasvorkommen, die auf Grund ihrer chemischen Zusammensetzung, ihrer physikalischen Eigenschaften oder der Erfahrung nach geeignet sind, Heilzwecken zu dienen.

(2) ^1Heilquellen, deren Erhaltung aus Gründen des Wohls der Allgemeinheit erforderlich ist, können auf Antrag staatlich anerkannt werden (staatlich anerkannte Heilquellen). ^2Die Anerkennung ist zu widerrufen, wenn die Voraussetzungen nach Satz 1 nicht mehr vorliegen.

(3) ^1Die zuständige Behörde kann besondere Betriebs- und Überwachungspflichten vorschreiben, soweit dies zur Erhaltung der staatlich anerkannten Heilquelle erforderlich ist. ^2Die Überwachung von Betrieben und Anlagen ist zu dulden; § 101 gilt insoweit entsprechend.

(4) ^1Zum Schutz staatlich anerkannter Heilquellen kann die Landesregierung durch Rechtsverordnung Heilquellenschutzgebiete festsetzen. ^2In der Rechtsverordnung ist die begünstigte Person zu benennen. ^3Die Landesregierung kann die Ermächtigung nach Satz 1 durch Rechtsverordnung auf andere Landesbehörden übertragen.

(5) § 51 Absatz 2 und § 52 gelten entsprechend.

Abschnitt 2
Abwasserbeseitigung

§ 54 Begriffsbestimmungen für die Abwasserbeseitigung

(1) ^1Abwasser ist
1. das durch häuslichen, gewerblichen, landwirtschaftlichen oder sonstigen Gebrauch in seinen Eigenschaften veränderte Wasser und das bei Trockenwetter damit zusammen abfließende Wasser (Schmutzwasser) sowie
2. das von Niederschlägen aus dem Bereich von bebauten oder befestigten Flächen gesammelt abfließende Wasser (Niederschlagswasser).

^2Als Schmutzwasser gelten auch die aus Anlagen zum Behandeln, Lagern und Ablagern von Abfällen austretenden und gesammelten Flüssigkeiten.

(2) ^1Abwasserbeseitigung umfasst das Sammeln, Fortleiten, Behandeln, Einleiten, Versickern, Verregnen und Verrieseln von Abwasser sowie das Entwässern von Klärschlamm in Zusammenhang mit der Abwasserbeseitigung. ^2Zur Abwasserbeseitigung gehört auch die Beseitigung des in Kleinkläranlagen anfallenden Schlamms.

(3) BVT-Merkblatt ist ein Dokument, das auf Grund des Informationsaustausches nach Artikel 13 der Richtlinie 2010/75/EU des Europäischen Parlaments und des Rates vom 24. November 2010 über Industrieemissionen (integrierte Vermeidung und Verminderung der Umweltverschmutzung) (Neufassung) (ABl. L 334 vom 17.12.2010, S. 17) für bestimmte Tätigkeiten erstellt wird und insbesondere die angewandten Techniken, die derzeitigen Emissions- und Verbrauchswerte sowie die Techniken beschreibt, die für die Festlegung der besten verfügbaren Techniken sowie der BVT-Schlussfolgerungen berücksichtigt wurden.

(4) BVT-Schlussfolgerungen sind ein nach Artikel 13 Absatz 5 der Richtlinie 2010/75/EU von der Europäischen Kommission erlassenes Dokument, das Teile eines BVT-Merkblatts mit den Schlussfolgerungen in Bezug auf Folgendes enthält:
1. die besten verfügbaren Techniken, ihre Beschreibung und Informationen zur Bewertung ihrer Anwendbarkeit,
2. die mit den besten verfügbaren Techniken assoziierten Emissionswerte,
3. die zu den Nummern 1 und 2 gehörigen Überwachungsmaßnahmen,

4. die zu den Nummern 1 und 2 gehörigen Verbrauchswerte sowie

5. die gegebenenfalls einschlägigen Standortsanierungsmaßnahmen.

(5) Emissionsbandbreiten sind die mit den besten verfügbaren Techniken assoziierten Emissionswerte.

(6) Die mit den besten verfügbaren Techniken assoziierten Emissionswerte sind der Bereich von Emissionswerten, die unter normalen Betriebsbedingungen unter Verwendung einer besten verfügbaren Technik oder einer Kombination von besten verfügbaren Techniken entsprechend der Beschreibung in den BVT-Schlussfolgerungen erzielt werden, ausgedrückt als Mittelwert für einen vorgegebenen Zeitraum unter spezifischen Referenzbedingungen.

§ 55 Grundsätze der Abwasserbeseitigung

(1) [1]Abwasser ist so zu beseitigen, dass das Wohl der Allgemeinheit nicht beeinträchtigt wird. [2]Dem Wohl der Allgemeinheit kann auch die Beseitigung von häuslichem Abwasser durch dezentrale Anlagen entsprechen.

(2) Niederschlagswasser soll ortsnah versickert, verrieselt oder direkt oder über eine Kanalisation ohne Vermischung mit Schmutzwasser in ein Gewässer eingeleitet werden, soweit dem weder wasserrechtliche noch sonstige öffentlich-rechtliche Vorschriften noch wasserwirtschaftliche Belange entgegenstehen.

(3) Flüssige Stoffe, die kein Abwasser sind, können mit Abwasser beseitigt werden, wenn eine solche Entsorgung der Stoffe umweltverträglicher ist als eine Entsorgung als Abfall und wasserwirtschaftliche Belange nicht entgegenstehen.

§ 56 Pflicht zur Abwasserbeseitigung

[1]Abwasser ist von den juristischen Personen des öffentlichen Rechts zu beseitigen, die nach Landesrecht hierzu verpflichtet sind (Abwasserbeseitigungspflichtige). [2]Die Länder können bestimmen, unter welchen Voraussetzungen die Abwasserbeseitigung anderen als in Satz 1 genannten Abwasserbeseitigungspflichtigen obliegt. [3]Die zur Abwasserbeseitigung Verpflichteten können sich zur Erfüllung ihrer Pflichten Dritter bedienen.

§ 57 Einleiten von Abwasser in Gewässer

(1) Eine Erlaubnis für das Einleiten von Abwasser in Gewässer (Direkteinleitung) darf nur erteilt werden, wenn

1. die Menge und Schädlichkeit des Abwassers so gering gehalten wird, wie dies bei Einhaltung der jeweils in Betracht kommenden Verfahren nach dem Stand der Technik möglich ist,

2. die Einleitung mit den Anforderungen an die Gewässereigenschaften und sonstigen rechtlichen Anforderungen vereinbar ist und

3. Abwasseranlagen oder sonstige Einrichtungen errichtet und betrieben werden, die erforderlich sind, um die Einhaltung der Anforderungen nach den Nummern 1 und 2 sicherzustellen.

(2) [1]Durch Rechtsverordnung nach § 23 Absatz 1 Nummer 3 können an das Einleiten von Abwasser in Gewässer Anforderungen festgelegt werden, die nach Absatz 1 Nummer 1 dem Stand der Technik entsprechen. [2]Die Anforderungen können auch für den Ort des Anfalls des Abwassers oder vor seiner Vermischung festgelegt werden.

(3) [1]Nach Veröffentlichung einer BVT-Schlussfolgerung ist bei der Festlegung von Anforderungen nach Absatz 2 Satz 1 unverzüglich zu gewährleisten, dass für Anlagen nach § 3 der Verordnung über genehmigungsbedürftige Anlagen und nach § 60 Absatz 3 Satz 1 Nummer 2 die Einleitungen unter normalen Betriebsbedingungen die in den BVT-Schlussfolgerungen genannten Emissionsbandbreiten nicht überschreiten. [2]Wenn in besonderen Fällen wegen technischer Merkmale der betroffenen Anlagenart die Einhaltung der in Satz 1 genannten Emissionsbandbreiten unverhältnismäßig wäre, können in der Rechtsverordnung für die Anlagenart geeignete Emissionswerte festgelegt werden, die im Übrigen dem Stand der Technik entsprechen müssen. [3]Bei der Festlegung der abweichenden Anforderungen nach Satz 2 ist zu gewährleisten, dass die in den Anhängen V bis VIII der Richtlinie 2010/75/EU festgelegten Emissionsgrenzwerte nicht überschritten werden, keine erheblichen nachteiligen Auswirkungen auf den Gewässerzustand hervorgerufen werden und zu einem hohen Schutzniveau für die Umwelt insgesamt beigetragen wird. [4]Die Notwendigkeit abweichender Anforderungen ist zu begründen.

(4) [1]Für vorhandene Abwassereinleitungen aus Anlagen nach § 3 der Verordnung über genehmigungsbedürftige Anlagen oder bei Anlagen nach § 60 Absatz 3 Satz 1 Nummer 2 ist

1. innerhalb eines Jahres nach Veröffentlichung von BVT-Schlussfolgerungen zur Haupttätigkeit eine Überprüfung und gegebenenfalls Anpassung der Rechtsverordnung vorzunehmen und

2. innerhalb von vier Jahren nach Veröffentlichung von BVT-Schlussfolgerungen zur Haupttätigkeit sicherzustellen, dass die betreffenden Einleitungen oder Anlagen die Emissionsgrenzwerte der

Rechtsverordnung einhalten; dabei gelten die Emissionsgrenzwerte als im Einleitungsbescheid festgesetzt, soweit der Bescheid nicht weitergehende Anforderungen im Einzelfall festlegt. [2]Sollte die Anpassung der Abwassereinleitung an die nach Satz 1 Nummer 1 geänderten Anforderungen innerhalb der in Satz 1 bestimmten Frist wegen technischer Merkmale der betroffenen Anlage unverhältnismäßig sein, soll die zuständige Behörde einen längeren Zeitraum festlegen.

(5) [1]Entsprechen vorhandene Einleitungen, die nicht unter die Absätze 3 bis 4 fallen, nicht den Anforderungen nach Absatz 2, auch in Verbindung mit Satz 2, oder entsprechenden Anforderungen der Abwasserverordnung in ihrer am 28. Februar 2010 geltenden Fassung, so hat der Betreiber die erforderlichen Anpassungsmaßnahmen innerhalb angemessener Fristen durchzuführen; Absatz 4 Satz 1 Nummer 2 zweiter Halbsatz gilt entsprechend. [2]Für Einleitungen nach Satz 1 sind in der Rechtsverordnung nach Absatz 2 Satz 1 abweichende Anforderungen festzulegen, soweit die erforderlichen Anpassungsmaßnahmen unverhältnismäßig wären.

§ 58 Einleiten von Abwasser in öffentliche Abwasseranlagen

(1) [1]Das Einleiten von Abwasser in öffentliche Abwasseranlagen (Indirekteinleitung) bedarf der Genehmigung durch die zuständige Behörde, soweit an das Abwasser in der Abwasserverordnung in ihrer jeweils geltenden Fassung Anforderungen für den Ort des Anfalls des Abwassers oder vor seiner Vermischung festgelegt sind. [2]Durch Rechtsverordnung nach § 23 Absatz 1 Nummer 5, 8 und 10 kann bestimmt werden,
1. unter welchen Voraussetzungen die Indirekteinleitung anstelle einer Genehmigung nach Satz 1 nur einer Anzeige bedarf,
2. dass die Einhaltung der Anforderungen nach Absatz 2 auch durch Sachverständige überwacht wird.
[3]Weitergehende Rechtsvorschriften der Länder, die den Maßgaben des Satzes 2 entsprechen oder die über Satz 1 oder Satz 2 hinausgehende Genehmigungserfordernisse vorsehen, bleiben unberührt. [4]Ebenfalls unberührt bleiben Rechtsvorschriften der Länder, nach denen die Genehmigung der zuständigen Behörde durch eine Genehmigung des Betreibers einer öffentlichen Abwasseranlage ersetzt wird.

(2) Eine Genehmigung für eine Indirekteinleitung darf nur erteilt werden, wenn
1. die nach der Abwasserverordnung in ihrer jeweils geltenden Fassung für die Einleitung maßgebenden Anforderungen einschließlich der allgemeinen Anforderungen eingehalten werden,
2. die Erfüllung der Anforderungen an die Direkteinleitung nicht gefährdet wird und
3. Abwasseranlagen oder sonstige Einrichtungen errichtet und betrieben werden, die erforderlich sind, um die Einhaltung der Anforderungen nach den Nummern 1 und 2 sicherzustellen.

(3) Entsprechen vorhandene Indirekteinleitungen nicht den Anforderungen nach Absatz 2, so sind die erforderlichen Maßnahmen innerhalb angemessener Fristen durchzuführen.

(4) [1]§ 13 Absatz 1 und § 17 gelten entsprechend. [2]Eine Genehmigung kann auch unter dem Vorbehalt des Widerrufs erteilt werden.

§ 59 Einleiten von Abwasser in private Abwasseranlagen

(1) Dem Einleiten von Abwasser in öffentliche Abwasseranlagen stehen Abwassereinleitungen Dritter in private Abwasseranlagen, die der Beseitigung von gewerblichem Abwasser dienen, gleich.

(2) Die zuständige Behörde kann Abwassereinleitungen nach Absatz 1 von der Genehmigungsbedürftigkeit nach Absatz 1 in Verbindung mit § 58 Absatz 1 freistellen, wenn durch vertragliche Regelungen zwischen dem Betreiber der privaten Abwasseranlage und dem Einleiter die Einhaltung der Anforderungen nach § 58 Absatz 2 sichergestellt ist.

§ 60 Abwasseranlagen

(1) [1]Abwasseranlagen sind so zu errichten, zu betreiben und zu unterhalten, dass die Anforderungen an die Abwasserbeseitigung eingehalten werden. [2]Im Übrigen müssen Abwasserbehandlungsanlagen im Sinne von Absatz 3 Satz 1 Nummer 2 und 3 nach dem Stand der Technik, andere Abwasseranlagen nach den allgemein anerkannten Regeln der Technik errichtet, betrieben und unterhalten werden.

(2) Entsprechen vorhandene Abwasseranlagen nicht den Anforderungen nach Absatz 1, so sind die erforderlichen Maßnahmen innerhalb angemessener Fristen durchzuführen.

(3) [1]Die Errichtung, der Betrieb und die wesentliche Änderung einer Abwasserbehandlungsanlage bedürfen einer Genehmigung, wenn
1. für die Anlage nach dem Gesetz über die Umweltverträglichkeitsprüfung eine Verpflichtung zur Durchführung einer Umweltverträglichkeitsprüfung besteht oder
2. in der Anlage Abwasser behandelt wird, das
 a) aus Anlagen nach § 3 der Verordnung über genehmigungsbedürftige Anlagen stammt, deren Genehmigungserfordernis sich nicht nach § 1 Absatz 2 der Verordnung über genehmigungsbedürftige Anlagen auf die Abwasserbehandlungsanlage erstreckt, und

b) nicht unter die Richtlinie 91/271/EWG des Rates vom 21. Mai 1991 über die Behandlung von kommunalem Abwasser (ABl. L 135 vom 30.5.1991, S. 40), die zuletzt durch die Verordnung (EG) Nr. 1137/2008 (ABl. L 311 vom 21.11.2008, S. 1) geändert worden ist, fällt oder

3. in der Anlage Abwasser behandelt wird, das

a) aus einer Deponie im Sinne von § 3 Absatz 27 des Kreislaufwirtschaftsgesetzes mit einer Aufnahmekapazität von mindestens 10 Tonnen pro Tag oder mit einer Gesamtkapazität von mindestens 25 000 Tonnen, ausgenommen Deponien für Inertabfälle, stammt, sofern sich die Zulassung der Deponie nicht auf die Anlage erstreckt, und

b) nicht unter die Richtlinie 91/271/EWG fällt.

[2]Die Genehmigung ist zu versagen oder mit den notwendigen Nebenbestimmungen zu versehen, wenn die Anlage den Anforderungen des Absatzes 1 nicht entspricht oder sonstige öffentlich-rechtliche Vorschriften dies erfordern. [3]§ 13 Absatz 1, § 16 Absatz 1 und 3 und § 17 gelten entsprechend. [4]Für die Anlagen, die die Voraussetzungen nach Satz 1 Nummer 2 oder Nummer 3 erfüllen, gelten auch die Anforderungen nach § 5 des Bundes-Immissionsschutzgesetzes entsprechend.

(4) [1]Sofern eine Genehmigung nicht beantragt wird, hat der Betreiber die Änderung der Lage, der Beschaffenheit oder des Betriebs einer Anlage, die die Voraussetzungen nach Absatz 3 Satz 1 Nummer 2 oder Nummer 3 erfüllt, der zuständigen Behörde mindestens einen Monat bevor mit der Änderung begonnen werden soll, schriftlich oder elektronisch anzuzeigen, wenn die Änderung Auswirkungen auf die Umwelt haben kann. [2]Der Anzeige sind die zur Beurteilung der Auswirkungen notwendigen Unterlagen nach § 3 Absatz 1 und 2 der Industriekläranlagen-Zulassungs- und Überwachungsverordnung beizufügen, soweit diese für die Prüfung erforderlich sein können, ob das Vorhaben genehmigungsbedürftig ist. [3]Die zuständige Behörde hat dem Betreiber unverzüglich mitzuteilen, ob ihr die für die Prüfung nach Satz 2 erforderlichen Unterlagen vorliegen. [4]Der Betreiber der Anlage darf die Änderung vornehmen, sobald die zuständige Behörde ihm mitgeteilt hat, dass die Änderung keiner Genehmigung bedarf oder wenn die zuständige Behörde sich innerhalb eines Monats nach Zugang der Mitteilung nach Satz 3, dass die erforderlichen Unterlagen vorliegen, nicht geäußert hat.

(5) Kommt der Betreiber einer Anlage, die die Voraussetzungen nach Absatz 3 Satz 1 Nummer 2 oder Nummer 3 erfüllt, einer Nebenbestimmung oder einer abschließend bestimmten Pflicht aus einer Rechtsverordnung nach § 23 Absatz 1 Nummer 3 in Verbindung mit § 57 Absatz 2, 3, 4 Satz 1 Nummer 1 oder Absatz 5 Satz 2, nach § 23 Absatz 1 Nummer 5 oder der Abwasserverordnung in ihrer am 28. Februar 2010 geltenden Fassung nicht nach und wird hierdurch eine unmittelbare Gefahr für die menschliche Gesundheit oder die Umwelt herbeigeführt, so hat die zuständige Behörde den Betrieb der Anlage oder den Betrieb des betreffenden Teils der Anlage bis zur Erfüllung der Nebenbestimmung oder der abschließend bestimmten Pflicht zu untersagen.

(6) Wird eine Anlage, die die Voraussetzungen nach Absatz 3 Satz 1 Nummer 2 oder Nummer 3 erfüllt, ohne die erforderliche Genehmigung betrieben oder wesentlich geändert, so ordnet die zuständige Behörde die Stilllegung der Anlage an.

(7) [1]Die Länder können regeln, dass die Errichtung, der Betrieb und die wesentliche Änderung von Abwasseranlagen, die nicht unter Absatz 3 fallen, einer Anzeige oder Genehmigung bedürfen. [2]Genehmigungserfordernisse nach anderen öffentlich-rechtlichen Vorschriften bleiben unberührt.

§ 61 Selbstüberwachung bei Abwassereinleitungen und Abwasseranlagen

(1) Wer Abwasser in ein Gewässer oder in eine Abwasseranlage einleitet, ist verpflichtet, das Abwasser nach Maßgabe einer Rechtsverordnung nach Absatz 3 oder der die Abwassereinleitung zulassenden behördlichen Entscheidung durch fachkundiges Personal zu untersuchen oder durch eine geeignete Stelle untersuchen zu lassen (Selbstüberwachung).

(2) [1]Wer eine Abwasseranlage betreibt, ist verpflichtet, ihren Zustand, ihre Funktionsfähigkeit, ihre Unterhaltung und ihren Betrieb sowie Art und Menge des Abwassers und der Abwasserinhaltsstoffe selbst zu überwachen. [2]Er hat nach Maßgabe einer Rechtsverordnung nach Absatz 3 hierüber Aufzeichnungen anzufertigen, aufzubewahren und auf Verlangen der zuständigen Behörde vorzulegen.

(3) Durch Rechtsverordnung nach § 23 Absatz 1 Nummer 8, 9 und 11 können insbesondere Regelungen über die Ermittlung der Abwassermenge, die Häufigkeit und die Durchführung von Probenahmen, Messungen und Analysen einschließlich der Qualitätssicherung, Aufzeichnungs- und Aufbewahrungspflichten sowie die Voraussetzungen getroffen werden, nach denen keine Pflicht zur Selbstüberwachung besteht.

Abschnitt 3
Umgang mit wassergefährdenden Stoffen

§ 62 Anforderungen an den Umgang mit wassergefährdenden Stoffen

(1) [1]Anlagen zum Lagern, Abfüllen, Herstellen und Behandeln wassergefährdender Stoffe sowie Anlagen zum Verwenden wassergefährdender Stoffe im Bereich der gewerblichen Wirtschaft und im Bereich öffentlicher Einrichtungen müssen so beschaffen sein und so errichtet, unterhalten, betrieben und stillgelegt werden, dass eine nachteilige Veränderung der Eigenschaften von Gewässern nicht zu besorgen ist. [2]Das Gleiche gilt für Rohrleitungsanlagen, die

1. den Bereich eines Werksgeländes nicht überschreiten,
2. Zubehör einer Anlage zum Umgang mit wassergefährdenden Stoffen sind oder
3. Anlagen verbinden, die in engem räumlichen und betrieblichen Zusammenhang miteinander stehen.

[3]Für Anlagen zum Umschlagen wassergefährdender Stoffe sowie zum Lagern und Abfüllen von Jauche, Gülle und Silagesickersäften sowie von vergleichbaren in der Landwirtschaft anfallenden Stoffen gilt Satz 1 entsprechend mit der Maßgabe, dass der bestmögliche Schutz der Gewässer vor nachteiligen Veränderungen ihrer Eigenschaften erreicht wird.

(2) Anlagen im Sinne des Absatzes 1 dürfen nur entsprechend den allgemein anerkannten Regeln der Technik beschaffen sein sowie errichtet, unterhalten, betrieben und stillgelegt werden.

(3) Wassergefährdende Stoffe im Sinne dieses Abschnitts sind feste, flüssige und gasförmige Stoffe, die geeignet sind, dauernd oder in einem nicht nur unerheblichen Ausmaß nachteilige Veränderungen der Wasserbeschaffenheit herbeizuführen.

(4) Durch Rechtsverordnung nach § 23 Absatz 1 Nummer 5 bis 11 können nähere Regelungen erlassen werden über

1. die Bestimmung der wassergefährdenden Stoffe und ihre Einstufung entsprechend ihrer Gefährlichkeit, über eine hierbei erforderliche Mitwirkung des Umweltbundesamtes und anderer Stellen sowie über Mitwirkungspflichten von Anlagenbetreibern im Zusammenhang mit der Einstufung von Stoffen,
2. die Einsetzung einer Kommission zur Beratung des Bundesministeriums für Umwelt, Naturschutz und nukleare Sicherheit in Fragen der Stoffeinstufung einschließlich hiermit zusammenhängender organisatorischer Fragen,
3. Anforderungen an die Beschaffenheit und Lage von Anlagen nach Absatz 1,
4. technische Regeln, die den allgemein anerkannten Regeln der Technik entsprechen,
5. Pflichten bei der Planung, der Errichtung, dem Betrieb, dem Befüllen, dem Entleeren, der Instandhaltung, der Instandsetzung, der Überwachung, der Überprüfung, der Reinigung, der Stilllegung und der Änderung von Anlagen nach Absatz 1 sowie Pflichten beim Austreten wassergefährdender Stoffe aus derartigen Anlagen; in der Rechtsverordnung kann die Durchführung bestimmter Tätigkeiten Sachverständigen oder Fachbetrieben vorbehalten werden,
6. Befugnisse der zuständigen Behörde, im Einzelfall Anforderungen an Anlagen nach Absatz 1 festzulegen und den Betreibern solcher Anlagen bestimmte Maßnahmen aufzuerlegen,
7. Anforderungen an Sachverständige und Sachverständigenorganisationen sowie an Fachbetriebe und Güte- und Überwachungsgemeinschaften.

(5) Weitergehende landesrechtliche Vorschriften für besonders schutzbedürftige Gebiete bleiben unberührt.

(6) Die §§ 62 und 63 gelten nicht für Anlagen im Sinne des Absatzes 1 zum Umgang mit

1. Abwasser,
2. Stoffen, die hinsichtlich der Radioaktivität die Freigrenzen des Strahlenschutzrechts überschreiten.

(7) [1]Das Umweltbundesamt erhebt für in einer Rechtsverordnung nach Absatz 4 Nummer 1 aufgeführte individuell zurechenbare öffentliche Leistungen Gebühren und Auslagen. [2]Die Bundesregierung wird ermächtigt, durch Rechtsverordnung ohne Zustimmung des Bundesrates die gebührenpflichtigen Tatbestände, die Gebührensätze und die Auslagenerstattung für individuell zurechenbare öffentliche Leistungen nach Satz 1 zu bestimmen. [3]Die zu erstattenden Auslagen können abweichend vom Bundesgebührengesetz geregelt werden.

§ 62a Nationales Aktionsprogramm zum Schutz von Gewässern vor Nitrateinträgen aus Anlagen
[1]Das Bundesministerium für Umwelt, Naturschutz und nukleare Sicherheit erarbeitet im Einvernehmen mit dem Bundesministerium für Ernährung und Landwirtschaft ein nationales Aktionsprogramm im Sinne des Artikels 5 Absatz 1 in Verbindung mit Absatz 4 Buchstabe b, Artikel 4 Absatz 1 Buchstabe a und Anhang II Buchstabe A Nummer 5 der Richtlinie 91/676/EWG des Rates vom 12. Dezember 1991 zum

Schutz der Gewässer vor Verunreinigung durch Nitrat aus landwirtschaftlichen Quellen (ABl. L 375 vom 31.12.1991, S. 1), die zuletzt durch die Verordnung (EG) Nr. 1137/2008 (ABl. L 311 vom 21.11.2008, S. 1) geändert worden ist. [2]Dieses enthält insbesondere Angaben zur Beschaffenheit, zur Lage, zur Errichtung und zum Betrieb von Anlagen zum Lagern und Abfüllen von Jauche, Gülle und Silagesickersäften sowie von vergleichbaren in der Landwirtschaft anfallenden Stoffen. [3]Zu dem Entwurf des Aktionsprogramms sowie zu Entwürfen zur Änderung des Aktionsprogramms wird eine Strategische Umweltprüfung nach dem Gesetz über die Umweltverträglichkeitsprüfung durchgeführt. [4]Das Aktionsprogramm und seine Änderungen sind bei Erlass der Rechtsverordnung auf Grund des § 23 Absatz 1 Nummer 5 bis 11 in Verbindung mit § 62 Absatz 4 zu berücksichtigen.

§ 63 Eignungsfeststellung

(1) [1]Anlagen zum Lagern, Abfüllen oder Umschlagen wassergefährdender Stoffe dürfen nur errichtet, betrieben und wesentlich geändert werden, wenn ihre Eignung von der zuständigen Behörde festgestellt worden ist. [2]§ 13 Absatz 1 und § 17 gelten entsprechend.

(2) [1]Absatz 1 gilt nicht

1. für Anlagen zum Lagern und Abfüllen von Jauche, Gülle und Silagesickersäften sowie von vergleichbaren in der Landwirtschaft anfallenden Stoffen,
2. wenn wassergefährdende Stoffe
 a) kurzzeitig in Verbindung mit dem Transport bereitgestellt oder aufbewahrt werden und die Behälter oder Verpackungen den Vorschriften und Anforderungen für den Transport im öffentlichen Verkehr genügen,
 b) in Laboratorien in der für den Handgebrauch erforderlichen Menge bereitgehalten werden.

[2]Durch Rechtsverordnung nach § 23 Absatz 1 Nummer 5, 6 und 10 kann geregelt werden,

1. unter welchen Voraussetzungen über die Regelungen nach Satz 1 hinaus keine Eignungsfeststellung erforderlich ist,
2. dass über die Regelungen nach Absatz 4 hinaus bestimmte Anlagenteile als geeignet gelten, einschließlich hierfür zu erfüllender Voraussetzungen.

(3) Die Eignungsfeststellung entfällt, wenn

1. für die Anlage eine Baugenehmigung erteilt worden ist und
2. die Baugenehmigung die Einhaltung der wasserrechtlichen Anforderungen voraussetzt.

(4) [1]Folgende Anlagenteile gelten als geeignet:

1. Bauprodukte im Sinne von Artikel 2 Nummer 1 und 2 der Verordnung (EU) Nr. 305/2011 des Europäischen Parlaments und des Rates vom 9. März 2011 zur Festlegung harmonisierter Bedingungen für die Vermarktung von Bauprodukten und zur Aufhebung der Richtlinie 89/106/EWG des Rates (ABl. L 88 vom 4.4.2011, S. 5), wenn
 a) die Bauprodukte von einer harmonisierten Norm im Sinne von Artikel 2 Nummer 11 der Verordnung (EU) Nr. 305/2011 erfasst sind oder einer Europäischen Technischen Bewertung im Sinne von Artikel 2 Nummer 13 der Verordnung (EU) Nr. 305/2011 entsprechen und die CE-Kennzeichnung angebracht wurde und
 b) die erklärten Leistungen alle wesentlichen Merkmale der harmonisierten Norm oder der Europäischen Technischen Bewertung umfassen, die dem Gewässerschutz dienen,
2. serienmäßig hergestellte Bauprodukte, die nicht unter Nummer 1 fallen und für die nach bauordnungsrechtlichen Vorschriften ein Verwendbarkeitsnachweis erteilt wurde, der die Einhaltung der wasserrechtlichen Anforderungen gewährleistet,
3. Anlagenteile, die aus Bauprodukten zusammengefügt werden, sofern hierfür nach bauordnungsrechtlichen Vorschriften eine Bauartgenehmigung oder eine allgemeine bauaufsichtliche Zulassung erteilt wurde, die jeweils die Einhaltung der wasserrechtlichen Anforderungen gewährleistet,
4. Druckgeräte im Sinne von § 2 Satz 1 Nummer 3 der Druckgeräteverordnung vom 13. Mai 2015 (BGBl. I S. 692), die durch Artikel 2 der Verordnung vom 6. April 2016 (BGBl. I S. 597) geändert worden ist, und Baugruppen im Sinne von § 2 Satz 1 Nummer 1 dieser Verordnung, sofern die CE-Kennzeichnung angebracht wurde und die Druckgeräte und Baugruppen in Übereinstimmung mit der Betriebsanleitung und den Sicherheitsinformationen nach § 6 Absatz 3 dieser Verordnung in Betrieb genommen werden, und
5. Maschinen im Sinne von § 2 Nummer 1 bis 4 der Maschinenverordnung vom 12. Mai 1993 (BGBl. I S. 704), die zuletzt durch Artikel 19 des Gesetzes vom 8. November 2011 (BGBl. I S. 2178) geändert worden ist, sofern die CE-Kennzeichnung angebracht wurde und die Maschinen in Übereinstimmung mit der Betriebsanleitung und den Sicherheitsanforderungen nach § 3 Absatz 2 Nummer 1 dieser Verordnung in Betrieb genommen werden.

²Entsprechen bei Bauprodukten nach Satz 1 Nummer 1 die erklärten Leistungen nicht den wasserrechtlichen Anforderungen an die jeweilige Verwendung, muss die Anlage insgesamt so beschaffen sein, dass die wasserrechtlichen Anforderungen erfüllt werden. ³Bei Anlagenteilen nach Satz 1 Nummer 4 und 5 bleiben die wasserrechtlichen Anforderungen an die Rückhaltung wassergefährdender Stoffe unberührt. ⁴Druckgeräte und Baugruppen nach Satz 1 Nummer 4, für die eine Betreiberprüfstelle eine EU-Konformitätserklärung nach § 2 Satz 1 Nummer 10 der Druckgeräteverordnung erteilt hat, bedürfen keiner CE-Kennzeichnung.

(5) ¹Bei serienmäßig hergestellten Bauprodukten, die nicht unter Absatz 4 Satz 1 Nummer 1 fallen, sowie bei Anlagenteilen, die aus Bauprodukten zusammengefügt werden, stehen den Verwendbarkeitsnachweisen nach Absatz 4 Satz 1 Nummer 2 sowie den Bauartgenehmigungen oder allgemeinen bauaufsichtlichen Zulassungen nach Absatz 4 Satz 1 Nummer 3 Zulassungen aus einem anderen Mitgliedstaat der Europäischen Union, einem anderen Vertragsstaat des Abkommens über den Europäischen Wirtschaftsraum oder der Türkei gleich, wenn mit den Zulassungen dauerhaft das gleiche Schutzniveau erreicht wird. ²Das Ergebnis von Prüfungen von Anlagenteilen nach Satz 1, die bereits in einem anderen Mitgliedstaat der Europäischen Union, einem anderen Vertragsstaat des Abkommens über den Europäischen Wirtschaftsraum oder der Türkei vorgenommen worden sind, ist bei der Eignungsfeststellung zu berücksichtigen.

Abschnitt 4
Gewässerschutzbeauftragte

§ 64 Bestellung von Gewässerschutzbeauftragten
(1) Gewässerbenutzer, die an einem Tag mehr als 750 Kubikmeter Abwasser einleiten dürfen, haben unverzüglich einen oder mehrere Betriebsbeauftragte für Gewässerschutz (Gewässerschutzbeauftragte) zu bestellen.

(2) Die zuständige Behörde kann anordnen, dass
1. die Einleiter von Abwasser in Gewässer, für die eine Pflicht zur Bestellung von Gewässerschutzbeauftragten nach Absatz 1 nicht besteht,
2. die Einleiter von Abwasser in Abwasseranlagen,
3. die Betreiber von Anlagen nach § 62 Absatz 1,
4. die Betreiber von Rohrleitungsanlagen nach Nummer 19.3 der Anlage 1 des Gesetzes über die Umweltverträglichkeitsprüfung
einen oder mehrere Gewässerschutzbeauftragte zu bestellen haben.

(3) Ist nach § 53 des Bundes-Immissionsschutzgesetzes ein Immissionsschutzbeauftragter oder nach § 59 des Kreislaufwirtschaftsgesetzes ein Abfallbeauftragter zu bestellen, so kann dieser auch die Aufgaben und Pflichten eines Gewässerschutzbeauftragten nach diesem Gesetz wahrnehmen.

§ 65 Aufgaben von Gewässerschutzbeauftragten
(1) ¹Gewässerschutzbeauftragte beraten den Gewässerbenutzer und die Betriebsangehörigen in Angelegenheiten, die für den Gewässerschutz bedeutsam sein können. ²Sie sind berechtigt und verpflichtet,
1. die Einhaltung von Vorschriften, Nebenbestimmungen und Anordnungen im Interesse des Gewässerschutzes zu überwachen, insbesondere durch regelmäßige Kontrolle der Abwasseranlagen im Hinblick auf die Funktionsfähigkeit, den ordnungsgemäßen Betrieb sowie die Wartung, durch Messungen des Abwassers nach Menge und Eigenschaften, durch Aufzeichnungen der Kontroll- und Messergebnisse; sie haben dem Gewässerbenutzer festgestellte Mängel mitzuteilen und Maßnahmen zu ihrer Beseitigung vorzuschlagen;
2. auf die Anwendung geeigneter Abwasserbehandlungsverfahren einschließlich der Verfahren zur ordnungsgemäßen Verwertung oder Beseitigung der bei der Abwasserbehandlung entstehenden Reststoffe hinzuwirken;
3. auf die Entwicklung und Einführung von
 a) innerbetrieblichen Verfahren zur Vermeidung oder Verminderung des Abwasseranfalls nach Art und Menge,
 b) umweltfreundlichen Produktionen
 hinzuwirken;
4. die Betriebsangehörigen über die in dem Betrieb verursachten Gewässerbelastungen sowie über die Einrichtungen und Maßnahmen zu ihrer Verhinderung unter Berücksichtigung der wasserrechtlichen Vorschriften aufzuklären.

(2) ¹Gewässerschutzbeauftragte erstatten dem Gewässerbenutzer jährlich einen schriftlichen oder elektronischen Bericht über die nach Absatz 1 Satz 2 Nummer 1 bis 4 getroffenen und beabsichtigten Maßnahmen. ²Bei EMAS-Standorten ist ein jährlicher Bericht nicht erforderlich, soweit sich gleichwertige Angaben aus dem Bericht über die Umweltbetriebsprüfung ergeben und die Gewässerschutzbeauftragten den Bericht mitgezeichnet haben und mit dem Verzicht auf die Erstellung eines gesonderten jährlichen Berichts einverstanden sind.

(3) Die zuständige Behörde kann im Einzelfall die in den Absätzen 1 und 2 aufgeführten Aufgaben der Gewässerschutzbeauftragten

1. näher regeln,
2. erweitern, soweit es die Belange des Gewässerschutzes erfordern,
3. einschränken, wenn dadurch die ordnungsgemäße Selbstüberwachung nicht beeinträchtigt wird.

§ 66 Weitere anwendbare Vorschriften

Auf das Verhältnis zwischen dem Gewässerbenutzer und den Gewässerschutzbeauftragten finden die §§ 55 bis 58 des Bundes-Immissionsschutzgesetzes entsprechende Anwendung.

Abschnitt 5
Gewässerausbau, Deich-, Damm- und Küstenschutzbauten

§ 67 Grundsatz, Begriffsbestimmung

(1) Gewässer sind so auszubauen, dass natürliche Rückhalteflächen erhalten bleiben, das natürliche Abflussverhalten nicht wesentlich verändert wird, naturraumtypische Lebensgemeinschaften bewahrt und sonstige nachteilige Veränderungen des Zustands des Gewässers vermieden oder, soweit dies nicht möglich ist, ausgeglichen werden.

(2) ¹Gewässerausbau ist die Herstellung, die Beseitigung und die wesentliche Umgestaltung eines Gewässers oder seiner Ufer. ²Ein Gewässerausbau liegt nicht vor, wenn ein Gewässer nur für einen begrenzten Zeitraum entsteht und der Wasserhaushalt dadurch nicht erheblich beeinträchtigt wird. ³Deich- und Dammbauten, die den Hochwasserabfluss beeinflussen, sowie Bauten des Küstenschutzes stehen dem Gewässerausbau gleich.

§ 68 Planfeststellung, Plangenehmigung

(1) Der Gewässerausbau bedarf der Planfeststellung durch die zuständige Behörde.

(2) ¹Für einen Gewässerausbau, für den nach dem Gesetz über die Umweltverträglichkeitsprüfung keine Verpflichtung zur Durchführung einer Umweltverträglichkeitsprüfung besteht, kann anstelle eines Planfeststellungsbeschlusses eine Plangenehmigung erteilt werden. ²Die Länder können bestimmen, dass Bauten des Küstenschutzes, für die nach dem Gesetz über die Umweltverträglichkeitsprüfung keine Verpflichtung zur Durchführung einer Umweltverträglichkeitsprüfung besteht, anstelle einer Zulassung nach Satz 1 einer anderen oder keiner Zulassung oder einer Anzeige bedürfen.

(3) Der Plan darf nur festgestellt oder genehmigt werden, wenn

1. eine Beeinträchtigung des Wohls der Allgemeinheit, insbesondere eine erhebliche und dauerhafte, nicht ausgleichbare Erhöhung der Hochwasserrisiken oder eine Zerstörung natürlicher Rückhalteflächen, vor allem in Auwäldern, nicht zu erwarten ist und
2. andere Anforderungen nach diesem Gesetz oder sonstigen öffentlich-rechtlichen Vorschriften erfüllt werden.

§ 69 Abschnittsweise Zulassung, vorzeitiger Beginn

(1) Gewässerausbauten einschließlich notwendiger Folgemaßnahmen, die wegen ihres räumlichen oder zeitlichen Umfangs in selbständigen Abschnitten oder Stufen durchgeführt werden, können in entsprechenden Teilen zugelassen werden, wenn dadurch die erforderliche Einbeziehung der erheblichen Auswirkungen des gesamten Vorhabens auf die Umwelt nicht ganz oder teilweise unmöglich wird.

(2) § 17 gilt entsprechend für die Zulassung des vorzeitigen Beginns in einem Planfeststellungsverfahren und einem Plangenehmigungsverfahren nach § 68.

§ 70 Anwendbare Vorschriften, Verfahren

(1) Für die Planfeststellung und die Plangenehmigung gelten § 13 Absatz 1 und § 14 Absatz 3 bis 6 entsprechend; im Übrigen gelten die §§ 72 bis 78 des Verwaltungsverfahrensgesetzes.

(2) Das Planfeststellungsverfahren für einen Gewässerausbau, für den nach dem Gesetz über die Umweltverträglichkeitsprüfung eine Verpflichtung zur Durchführung einer Umweltverträglichkeitsprüfung besteht, muss den Anforderungen des Gesetzes über die Umweltverträglichkeitsprüfung entsprechen.

(3) Erstreckt sich ein beabsichtigter Ausbau auf ein Gewässer, das der Verwaltung mehrerer Länder untersteht, und ist ein Einvernehmen über den Ausbauplan nicht zu erreichen, so soll die Bundesregierung auf Antrag eines beteiligten Landes zwischen den Ländern vermitteln.

§ 71 Enteignungsrechtliche Regelungen

(1) [1]Dient der Gewässerausbau dem Wohl der Allgemeinheit, so kann bei der Feststellung des Plans bestimmt werden, dass für seine Durchführung die Enteignung zulässig ist. [2]Satz 1 gilt für die Plangenehmigung entsprechend, wenn Rechte anderer nur unwesentlich beeinträchtigt werden. [3]In den Fällen der Sätze 1 und 2 ist die Feststellung der Zulässigkeit der Enteignung nicht selbständig anfechtbar.

(2) [1]Die Enteignung ist zum Wohl der Allgemeinheit zulässig, soweit sie zur Durchführung eines festgestellten oder genehmigten Plans notwendig ist, der dem Küsten- oder Hochwasserschutz dient. [2]Abweichend von Absatz 1 Satz 1, auch in Verbindung mit Satz 2, bedarf es keiner Bestimmung bei der Feststellung oder Genehmigung des Plans. [3]Weitergehende Rechtsvorschriften der Länder bleiben unberührt.

(3) Der festgestellte oder genehmigte Plan ist dem Enteignungsverfahren zugrunde zu legen und für die Enteignungsbehörde bindend.

(4) Im Übrigen gelten die Enteignungsgesetze der Länder.

§ 71a Vorzeitige Besitzeinweisung

(1) Die zuständige Behörde hat den Träger eines Vorhabens zum Küsten- oder Hochwasserschutz auf Antrag nach der Feststellung des Plans oder nach der Erteilung der Plangenehmigung in den Besitz einzuweisen, wenn

1. der Eigentümer oder Besitzer eines Grundstücks, das für das Vorhaben benötigt wird, sich weigert, den Besitz durch Vereinbarung unter Vorbehalt aller Entschädigungsansprüche dem Träger des Vorhabens zu überlassen,

2. der sofortige Beginn von Bauarbeiten aus Gründen eines wirksamen Küsten- oder Hochwasserschutzes geboten ist und

3. der Planfeststellungsbeschluss oder die Plangenehmigung vollziehbar ist.

(2) § 20 Absatz 2 bis 7 des Bundeswasserstraßengesetzes gilt entsprechend.

(3) Weitergehende Rechtsvorschriften der Länder bleiben unberührt.

Abschnitt 6
Hochwasserschutz

§ 72 Hochwasser

[1]Hochwasser ist eine zeitlich beschränkte Überschwemmung von normalerweise nicht mit Wasser bedecktem Land, insbesondere durch oberirdische Gewässer oder durch in Küstengebiete eindringendes Meerwasser. [2]Davon ausgenommen sind Überschwemmungen aus Abwasseranlagen.

§ 73 Bewertung von Hochwasserrisiken, Risikogebiete

(1) [1]Die zuständigen Behörden bewerten das Hochwasserrisiko und bestimmen danach die Gebiete mit signifikantem Hochwasserrisiko (Risikogebiete). [2]Hochwasserrisiko ist die Kombination der Wahrscheinlichkeit des Eintritts eines Hochwasserereignisses mit den möglichen nachteiligen Hochwasserfolgen für die menschliche Gesundheit, die Umwelt, das Kulturerbe, wirtschaftliche Tätigkeiten und erhebliche Sachwerte.

(2) Die Risikobewertung muss den Anforderungen nach Artikel 4 Absatz 2 der Richtlinie 2007/60/EG des Europäischen Parlaments und des Rates vom 23. Oktober 2007 über die Bewertung und das Management von Hochwasserrisiken (ABl. L 288 vom 6.11.2007, S. 27) entsprechen.

(3) [1]Die Bewertung der Hochwasserrisiken und die Bestimmung der Risikogebiete erfolgen für jede Flussgebietseinheit. [2]Die Länder können bestimmte Küstengebiete, einzelne Einzugsgebiete oder Teileinzugsgebiete zur Bewertung der Risiken und zur Bestimmung der Risikogebiete statt der Flussgebietseinheit einer anderen Bewirtschaftungseinheit zuordnen.

(4) [1]Die zuständigen Behörden tauschen für die Risikobewertung bedeutsame Informationen mit den zuständigen Behörden anderer Länder und Mitgliedstaaten der Europäischen Union aus, in deren Hoheitsgebiet die nach Absatz 3 maßgebenden Bewirtschaftungseinheiten auch liegen. [2]Für die Bestimmung der Risikogebiete gilt § 7 Absatz 2 und 3 entsprechend.

(5) [1]Die Hochwasserrisiken sind bis zum 22. Dezember 2011 zu bewerten. [2]Die Bewertung ist nicht erforderlich, wenn die zuständigen Behörden vor dem 22. Dezember 2010

1. nach Durchführung einer Bewertung des Hochwasserrisikos festgestellt haben, dass ein mögliches signifikantes Risiko für ein Gebiet besteht oder als wahrscheinlich gelten kann und eine entsprechende Zuordnung des Gebietes erfolgt ist oder
2. Gefahrenkarten und Risikokarten gemäß § 74 sowie Risikomanagementpläne gemäß § 75 erstellt oder ihre Erstellung beschlossen haben.

(6) ¹Die Risikobewertung und die Bestimmung der Risikogebiete nach Absatz 1 sowie die Entscheidungen und Maßnahmen nach Absatz 5 Satz 2 sind bis zum 22. Dezember 2018 und danach alle sechs Jahre zu überprüfen und erforderlichenfalls zu aktualisieren. ²Dabei ist den voraussichtlichen Auswirkungen des Klimawandels auf das Hochwasserrisiko Rechnung zu tragen.

§ 74 Gefahrenkarten und Risikokarten

(1) Die zuständigen Behörden erstellen für die Risikogebiete in den nach § 73 Absatz 3 maßgebenden Bewirtschaftungseinheiten Gefahrenkarten und Risikokarten in dem Maßstab, der hierfür am besten geeignet ist.

(2) ¹Gefahrenkarten erfassen die Gebiete, die bei folgenden Hochwasserereignissen überflutet werden:
1. Hochwasser mit niedriger Wahrscheinlichkeit (voraussichtliches Wiederkehrintervall mindestens 200 Jahre) oder bei Extremereignissen,
2. Hochwasser mit mittlerer Wahrscheinlichkeit (voraussichtliches Wiederkehrintervall mindestens 100 Jahre),
3. soweit erforderlich, Hochwasser mit hoher Wahrscheinlichkeit.
²Die Erstellung von Gefahrenkarten für ausreichend geschützte Küstengebiete und für Gebiete, in denen Überschwemmungen aus Grundwasser stammen, kann auf Gebiete nach Satz 1 Nummer 1 beschränkt werden.

(3) Gefahrenkarten müssen jeweils für die Gebiete nach Absatz 2 Satz 1 Angaben enthalten
1. zum Ausmaß der Überflutung,
2. zur Wassertiefe oder, soweit erforderlich, zum Wasserstand,
3. soweit erforderlich, zur Fließgeschwindigkeit oder zum für die Risikobewertung bedeutsamen Wasserabfluss.

(4) ¹Risikokarten erfassen mögliche nachteilige Folgen der in Absatz 2 Satz 1 genannten Hochwasserereignisse. ²Sie müssen die nach Artikel 6 Absatz 5 der Richtlinie 2007/60/EG erforderlichen Angaben enthalten.

(5) ¹Die zuständigen Behörden haben vor der Erstellung von Gefahrenkarten und Risikokarten für Risikogebiete, die auch auf dem Gebiet anderer Länder oder anderer Mitgliedstaaten der Europäischen Union liegen, mit deren zuständigen Behörden Informationen auszutauschen. ²Für den Informationsaustausch mit anderen Staaten gilt § 7 Absatz 3 Nummer 2 entsprechend.

(6) ¹Die Gefahrenkarten und Risikokarten sind bis zum 22. Dezember 2013 zu erstellen. ²Satz 1 gilt nicht, wenn bis zum 22. Dezember 2010 vergleichbare Karten vorliegen, deren Informationsgehalt den Anforderungen der Absätze 2 bis 4 entspricht. ³Alle Karten sind bis zum 22. Dezember 2019 und danach alle sechs Jahre zu überprüfen und erforderlichenfalls zu aktualisieren. ⁴Dabei umfasst die Überprüfung der Karten nach Satz 2 zum 22. Dezember 2019 auch ihre Übereinstimmung mit den Anforderungen der Absätze 2 und 4.

§ 75 Risikomanagementpläne

(1) ¹Die zuständigen Behörden stellen für die Risikogebiete auf der Grundlage der Gefahrenkarten und Risikokarten Risikomanagementpläne nach den Vorschriften der Absätze 2 bis 6 auf. ²§ 7 Absatz 4 Satz 1 gilt entsprechend.

(2) ¹Risikomanagementpläne dienen dazu, die nachteiligen Folgen, die an oberirdischen Gewässern mindestens von einem Hochwasser mit mittlerer Wahrscheinlichkeit und beim Schutz von Küstengebieten mindestens von einem Extremereignis ausgehen, zu verringern, soweit dies möglich und verhältnismäßig ist. ²Die Pläne legen für die Risikogebiete angemessene Ziele für das Risikomanagement fest, insbesondere zur Verringerung möglicher nachteiliger Hochwasserfolgen für die in § 73 Absatz 1 Satz 2 genannten Schutzgüter und, soweit erforderlich, für nichtbauliche Maßnahmen der Hochwasservorsorge und für die Verminderung der Hochwasserwahrscheinlichkeit.

(3) ¹In die Risikomanagementpläne sind zur Erreichung der nach Absatz 2 festgelegten Ziele Maßnahmen aufzunehmen. ²Risikomanagementpläne müssen mindestens die im Anhang der Richtlinie 2007/60/EG genannten Angaben enthalten und die Anforderungen nach Artikel 7 Absatz 3 Satz 2 bis 4 dieser Richtlinie erfüllen.

(4) ¹Risikomanagementpläne dürfen keine Maßnahmen enthalten, die das Hochwasserrisiko für andere Länder und Staaten im selben Einzugsgebiet oder Teileinzugsgebiet erheblich erhöhen. ²Satz 1 gilt nicht,

wenn die Maßnahmen mit dem betroffenen Land oder Staat koordiniert worden sind und im Rahmen des § 80 eine einvernehmliche Lösung gefunden worden ist.

(5) [1]Liegen die nach § 73 Absatz 3 maßgebenden Bewirtschaftungseinheiten vollständig auf deutschem Hoheitsgebiet, ist ein einziger Risikomanagementplan oder sind mehrere auf der Ebene der Flussgebietseinheit koordinierte Risikomanagementpläne zu erstellen. [2]Für die Koordinierung der Risikomanagementpläne mit anderen Staaten gilt § 7 Absatz 3 entsprechend mit dem Ziel, einen einzigen Risikomanagementplan oder mehrere auf der Ebene der Flussgebietseinheit koordinierte Pläne zu erstellen. [3]Gelingt dies nicht, so ist auf eine möglichst weitgehende Koordinierung nach Satz 2 hinzuwirken.

(6) [1]Die Risikomanagementpläne sind bis zum 22. Dezember 2015 zu erstellen. [2]Satz 1 gilt nicht, wenn bis zum 22. Dezember 2010 vergleichbare Pläne vorliegen, deren Informationsgehalt den Anforderungen der Absätze 2 bis 4 entspricht. [3]Alle Pläne sind bis zum 22. Dezember 2021 und danach alle sechs Jahre unter Berücksichtigung der voraussichtlichen Auswirkungen des Klimawandels auf das Hochwasserrisiko zu überprüfen und erforderlichenfalls zu aktualisieren. [4]Dabei umfasst die Überprüfung der vergleichbaren Pläne im Sinne von Satz 2 zum 22. Dezember 2021 auch ihre Übereinstimmung mit den Anforderungen der Absätze 2 bis 4.

§ 76 Überschwemmungsgebiete an oberirdischen Gewässern

(1) [1]Überschwemmungsgebiete sind Gebiete zwischen oberirdischen Gewässern und Deichen oder Hochufern und sonstige Gebiete, die bei Hochwasser eines oberirdischen Gewässers überschwemmt oder durchflossen oder die für Hochwasserentlastung oder Rückhaltung beansprucht werden. [2]Dies gilt nicht für Gebiete, die überwiegend von den Gezeiten beeinflusst sind, soweit durch Landesrecht nichts anderes bestimmt ist.

(2) [1]Die Landesregierung setzt durch Rechtsverordnung

1. innerhalb der Risikogebiete oder der nach § 73 Absatz 5 Satz 2 Nummer 1 zugeordneten Gebiete mindestens die Gebiete, in denen ein Hochwasserereignis statistisch einmal in 100 Jahren zu erwarten ist, und

2. die zur Hochwasserentlastung und Rückhaltung beanspruchten Gebiete

als Überschwemmungsgebiete fest. [2]Gebiete nach Satz 1 Nummer 1 sind bis zum 22. Dezember 2013 festzusetzen. [3]Die Festsetzungen sind an neue Erkenntnisse anzupassen. [4]Die Landesregierung kann die Ermächtigung nach Satz 1 durch Rechtsverordnung auf andere Landesbehörden übertragen.

(3) Noch nicht nach Absatz 2 festgesetzte Überschwemmungsgebiete sind zu ermitteln, in Kartenform darzustellen und vorläufig zu sichern.

(4) [1]Die Öffentlichkeit ist über die vorgesehene Festsetzung von Überschwemmungsgebieten zu informieren; ihr ist Gelegenheit zur Stellungnahme zu geben. [2]Sie ist über die festgesetzten und vorläufig gesicherten Gebiete einschließlich der in ihnen geltenden Schutzbestimmungen sowie über die Maßnahmen zur Vermeidung von nachteiligen Hochwasserfolgen zu informieren.

§ 77 Rückhalteflächen, Bevorratung

(1) [1]Überschwemmungsgebiete im Sinne des § 76 sind in ihrer Funktion als Rückhalteflächen zu erhalten. [2]Soweit überwiegende Gründe des Wohls der Allgemeinheit dem entgegenstehen, sind rechtzeitig die notwendigen Ausgleichsmaßnahmen zu treffen. [3]Ausgleichsmaßnahmen nach Satz 2 können auch Maßnahmen mit dem Ziel des Küstenschutzes oder des Schutzes vor Hochwasser sein, die

1. zum Zweck des Ausgleichs künftiger Verluste an Rückhalteflächen getroffen werden oder

2. zugleich als Ausgleichs- oder Ersatzmaßnahme nach § 15 Absatz 2 des Bundesnaturschutzgesetzes dienen oder nach § 16 Absatz 1 des Bundesnaturschutzgesetzes anzuerkennen sind.

(2) Frühere Überschwemmungsgebiete, die als Rückhalteflächen geeignet sind, sollen so weit wie möglich wiederhergestellt werden, wenn überwiegende Gründe des Wohls der Allgemeinheit dem nicht entgegenstehen.

§ 78 Bauliche Schutzvorschriften für festgesetzte Überschwemmungsgebiete

(1) [1]In festgesetzten Überschwemmungsgebieten ist die Ausweisung neuer Baugebiete im Außenbereich in Bauleitplänen oder in sonstigen Satzungen nach dem Baugesetzbuch untersagt. [2]Satz 1 gilt nicht, wenn die Ausweisung ausschließlich der Verbesserung des Hochwasserschutzes dient, sowie für Bauleitpläne für Häfen und Werften.

(2) [1]Die zuständige Behörde kann abweichend von Absatz 1 Satz 1 die Ausweisung neuer Baugebiete ausnahmsweise zulassen, wenn

1. keine anderen Möglichkeiten der Siedlungsentwicklung bestehen oder geschaffen werden können,

2. das neu auszuweisende Gebiet unmittelbar an ein bestehendes Baugebiet angrenzt,

3. eine Gefährdung von Leben oder Gesundheit oder erhebliche Sachschäden nicht zu erwarten sind,

4. der Hochwasserabfluss und die Höhe des Wasserstandes nicht nachteilig beeinflusst werden,
5. die Hochwasserrückhaltung nicht beeinträchtigt und der Verlust von verloren gehendem Rückhalteraum umfang-, funktions- und zeitgleich ausgeglichen wird,
6. der bestehende Hochwasserschutz nicht beeinträchtigt wird,
7. keine nachteiligen Auswirkungen auf Oberlieger und Unterlieger zu erwarten sind,
8. die Belange der Hochwasservorsorge beachtet sind und
9. die Bauvorhaben so errichtet werden, dass bei dem Bemessungshochwasser nach § 76 Absatz 2 Satz 1, das der Festsetzung des Überschwemmungsgebietes zugrunde liegt, keine baulichen Schäden zu erwarten sind.

[2]Bei der Prüfung der Voraussetzungen des Satzes 1 Nummer 3 bis 8 sind auch die Auswirkungen auf die Nachbarschaft zu berücksichtigen.

(3) [1]In festgesetzten Überschwemmungsgebieten hat die Gemeinde bei der Aufstellung, Änderung oder Ergänzung von Bauleitplänen für die Gebiete, die nach § 30 Absatz 1 und 2 oder § 34 des Baugesetzbuches zu beurteilen sind, in der Abwägung nach § 1 Absatz 7 des Baugesetzbuches insbesondere zu berücksichtigen:
1. die Vermeidung nachteiliger Auswirkungen auf Oberlieger und Unterlieger,
2. die Vermeidung einer Beeinträchtigung des bestehenden Hochwasserschutzes und
3. die hochwasserangepasste Errichtung von Bauvorhaben.

[2]Dies gilt für Satzungen nach § 34 Absatz 4 und § 35 Absatz 6 des Baugesetzbuches entsprechend. [3]Die zuständige Behörde hat der Gemeinde die hierfür erforderlichen Informationen nach § 4 Absatz 2 Satz 4 des Baugesetzbuches zur Verfügung zu stellen.

(4) [1]In festgesetzten Überschwemmungsgebieten ist die Errichtung oder Erweiterung baulicher Anlagen nach den §§ 30, 33, 34 und 35 des Baugesetzbuches untersagt. [2]Satz 1 gilt nicht für Maßnahmen des Gewässerausbaus, des Baus von Deichen und Dämmen, der Gewässer- und Deichunterhaltung und des Hochwasserschutzes sowie des Messwesens.

(5) [1]Die zuständige Behörde kann abweichend von Absatz 4 Satz 1 die Errichtung oder Erweiterung einer baulichen Anlage im Einzelfall genehmigen, wenn
1. das Vorhaben
 a) die Hochwasserrückhaltung nicht oder nur unwesentlich beeinträchtigt und der Verlust von verloren gehendem Rückhalteraum umfang-, funktions- und zeitgleich ausgeglichen wird,
 b) den Wasserstand und den Abfluss bei Hochwasser nicht nachteilig verändert,
 c) den bestehenden Hochwasserschutz nicht beeinträchtigt und
 d) hochwasserangepasst ausgeführt wird oder
2. die nachteiligen Auswirkungen durch Nebenbestimmungen ausgeglichen werden können.

[2]Bei der Prüfung der Voraussetzungen des Satzes 1 sind auch die Auswirkungen auf die Nachbarschaft zu berücksichtigen.

(6) [1]Bei der Festsetzung nach § 76 Absatz 2 kann die Errichtung oder Erweiterung baulicher Anlagen auch allgemein zugelassen werden, wenn sie
1. in gemäß Absatz 2 neu ausgewiesenen Gebieten nach § 30 des Baugesetzbuches den Vorgaben des Bebauungsplans entsprechen oder
2. ihrer Bauart nach so beschaffen sind, dass die Einhaltung der Voraussetzungen des Absatzes 5 Satz 1 Nummer 1 gewährleistet ist.

[2]In den Fällen des Satzes 1 bedarf das Vorhaben einer Anzeige.

(7) Bauliche Anlagen der Verkehrsinfrastruktur, die nicht unter Absatz 4 fallen, dürfen nur hochwasserangepasst errichtet oder erweitert werden.

(8) Für nach § 76 Absatz 3 ermittelte, in Kartenform dargestellte und vorläufig gesicherte Gebiete gelten die Absätze 1 bis 7 entsprechend.

§ 78a Sonstige Schutzvorschriften für festgesetzte Überschwemmungsgebiete

(1) [1]In festgesetzten Überschwemmungsgebieten ist Folgendes untersagt:
1. die Errichtung von Mauern, Wällen oder ähnlichen Anlagen, die den Wasserabfluss behindern können,
2. das Aufbringen und Ablagern von wassergefährdenden Stoffen auf dem Boden, es sei denn, die Stoffe dürfen im Rahmen einer ordnungsgemäßen Land- und Forstwirtschaft eingesetzt werden,
3. die Lagerung von wassergefährdenden Stoffen außerhalb von Anlagen,
4. das Ablagern und das nicht nur kurzfristige Lagern von Gegenständen, die den Wasserabfluss behindern können oder die fortgeschwemmt werden können,
5. das Erhöhen oder Vertiefen der Erdoberfläche,

6. das Anlegen von Baum- und Strauchpflanzungen, soweit diese den Zielen des vorsorgenden Hochwasserschutzes gemäß § 6 Absatz 1 Satz 1 Nummer 6 und § 75 Absatz 2 entgegenstehen,

7. die Umwandlung von Grünland in Ackerland,

8. die Umwandlung von Auwald in eine andere Nutzungsart.

²Satz 1 gilt nicht für Maßnahmen des Gewässerausbaus, des Baus von Deichen und Dämmen, der Gewässer- und Deichunterhaltung, des Hochwasserschutzes, einschließlich Maßnahmen zur Verbesserung oder Wiederherstellung des Wasserzuflusses oder des Wasserabflusses auf Rückhalteflächen, für Maßnahmen des Messwesens sowie für Handlungen, die für den Betrieb von zugelassenen Anlagen oder im Rahmen zugelassener Gewässerbenutzungen erforderlich sind.

(2) ¹Die zuständige Behörde kann im Einzelfall Maßnahmen nach Absatz 1 Satz 1 zulassen, wenn

1. Belange des Wohls der Allgemeinheit dem nicht entgegenstehen,

2. der Hochwasserabfluss und die Hochwasserrückhaltung nicht wesentlich beeinträchtigt werden und

3. eine Gefährdung von Leben oder Gesundheit oder erhebliche Sachschäden nicht zu befürchten sind oder wenn die nachteiligen Auswirkungen durch Nebenbestimmungen ausgeglichen werden können. ²Die Zulassung kann, auch nachträglich, mit Nebenbestimmungen versehen oder widerrufen werden. ³Bei der Prüfung der Voraussetzungen des Satzes 1 Nummer 2 und 3 sind auch die Auswirkungen auf die Nachbarschaft zu berücksichtigen.

(3) Im Falle einer unmittelbar bevorstehenden Hochwassergefahr sind Gegenstände nach Absatz 1 Nummer 4 durch ihren Besitzer unverzüglich aus dem Gefahrenbereich zu entfernen.

(4) In der Rechtsverordnung nach § 76 Absatz 2 können Maßnahmen nach Absatz 1 Satz 1 Nummer 1 bis 8 auch allgemein zugelassen werden.

(5) ¹In der Rechtsverordnung nach § 76 Absatz 2 sind weitere Maßnahmen zu bestimmen oder Vorschriften zu erlassen, soweit dies erforderlich ist

1. zum Erhalt oder zur Verbesserung der ökologischen Strukturen der Gewässer und ihrer Überflutungsflächen,

2. zur Vermeidung oder Verringerung von Erosion oder von erheblich nachteiligen Auswirkungen auf Gewässer, die insbesondere von landwirtschaftlich genutzten Flächen ausgehen,

3. zum Erhalt oder zur Gewinnung, insbesondere Rückgewinnung, von Rückhalteflächen,

4. zur Regelung des Hochwasserabflusses,

5. zum hochwasserangepassten Umgang mit wassergefährdenden Stoffen,

6. zur Vermeidung von Störungen der Wasserversorgung und der Abwasserbeseitigung.

²Festlegungen nach Satz 1 können in Fällen der Eilbedürftigkeit auch durch behördliche Entscheidungen getroffen werden. ³Satz 2 gilt nicht für Anlagen der Verkehrsinfrastruktur. ⁴Werden bei der Rückgewinnung von Rückhalteflächen Anordnungen getroffen, die erhöhte Anforderungen an die ordnungsgemäße land- oder forstwirtschaftliche Nutzung eines Grundstücks festsetzen, so gilt § 52 Absatz 5 entsprechend.

(6) Für nach § 76 Absatz 3 ermittelte, in Kartenform dargestellte und vorläufig gesicherte Gebiete gelten die Absätze 1 bis 5 entsprechend.

(7) Weitergehende Rechtsvorschriften der Länder bleiben unberührt.

§ 78b Risikogebiete außerhalb von Überschwemmungsbieten

(1) ¹Risikogebiete außerhalb von Überschwemmungsbieten sind Gebiete, für die nach § 74 Absatz 2 Gefahrenkarten zu erstellen sind und die nicht nach § 76 Absatz 2 oder Absatz 3 als Überschwemmungsgebiete festgesetzt sind oder vorläufig gesichert sind; dies gilt nicht für Gebiete, die überwiegend von den Gezeiten beeinflusst sind, soweit durch Landesrecht nichts anderes bestimmt ist. ²Für Risikogebiete außerhalb von Überschwemmungsbieten gilt Folgendes:

1. bei der Ausweisung neuer Baugebiete im Außenbereich sowie bei der Aufstellung, Änderung oder Ergänzung von Bauleitplänen für nach § 30 Absatz 1 und 2 oder nach § 34 des Baugesetzbuches zu beurteilende Gebiete sind insbesondere der Schutz von Leben und Gesundheit und die Vermeidung erheblicher Sachschäden in der Abwägung nach § 1 Absatz 7 des Baugesetzbuches zu berücksichtigen; dies gilt für Satzungen nach § 34 Absatz 4 und § 35 Absatz 6 des Baugesetzbuches entsprechend;

2. außerhalb der von Nummer 1 erfassten Gebiete sollen bauliche Anlagen nur in einer dem jeweiligen Hochwasserrisiko angepassten Bauweise nach den allgemein anerkannten Regeln der Technik errichtet oder wesentlich erweitert werden, soweit eine solche Bauweise nach Art und Funktion der Anlage technisch möglich ist; bei den Anforderungen an die Bauweise sollen auch die Lage des betroffenen Grundstücks und die Höhe des möglichen Schadens angemessen berücksichtigt werden.

(2) Weitergehende Rechtsvorschriften der Länder bleiben unberührt.

§ 78c Heizölverbraucheranlagen in Überschwemmungsgebieten und in weiteren Risikogebieten

(1) ¹Die Errichtung neuer Heizölverbraucheranlagen in festgesetzten und vorläufig gesicherten Überschwemmungsgebieten ist verboten. ²Die zuständige Behörde kann auf Antrag Ausnahmen von dem Verbot nach Satz 1 zulassen, wenn keine anderen weniger wassergefährdenden Energieträger zu wirtschaftlich vertretbaren Kosten zur Verfügung stehen und die Heizölverbraucheranlage hochwassersicher errichtet wird.

(2) ¹Die Errichtung neuer Heizölverbraucheranlagen in Gebieten nach § 78b Absatz 1 Satz 1 ist verboten, wenn andere weniger wassergefährdende Energieträger zu wirtschaftlich vertretbaren Kosten zur Verfügung stehen oder die Anlage nicht hochwassersicher errichtet werden kann. ²Eine Heizölverbraucheranlage nach Satz 1 kann wie geplant errichtet werden, wenn das Vorhaben der zuständigen Behörde spätestens sechs Wochen vor der Errichtung mit den vollständigen Unterlagen angezeigt wird und die Behörde innerhalb einer Frist von vier Wochen nach Eingang der Anzeige weder die Errichtung untersagt noch Anforderungen an die hochwassersichere Errichtung festgesetzt hat.

(3) ¹Heizölverbraucheranlagen, die am 5. Januar 2018 in festgesetzten oder in vorläufig gesicherten Überschwemmungsgebieten vorhanden sind, sind vom Betreiber bis zum 5. Januar 2023 nach den allgemein anerkannten Regeln der Technik hochwassersicher nachzurüsten. ²Heizölverbraucheranlagen, die am 5. Januar 2018 in Gebieten nach § 78b Absatz 1 Satz 1 vorhanden sind, sind bis zum 5. Januar 2033 nach den allgemein anerkannten Regeln der Technik hochwassersicher nachzurüsten, soweit dies wirtschaftlich vertretbar ist. ³Sofern Heizölverbraucheranlagen wesentlich geändert werden, sind diese abweichend von den Sätzen 1 und 2 zum Änderungszeitpunkt hochwassersicher nachzurüsten.

§ 78d Hochwasserentstehungsgebiete

(1) Hochwasserentstehungsgebiete sind Gebiete, in denen bei Starkniederschlägen oder bei Schneeschmelze in kurzer Zeit starke oberirdische Abflüsse entstehen können, die zu einer Hochwassergefahr an oberirdischen Gewässern und damit zu einer erheblichen Gefahr für die öffentliche Sicherheit und Ordnung führen können.

(2) ¹Die Länder können Kriterien für das Vorliegen eines Hochwasserentstehungsgebietes festlegen. ²Hierbei sind im Rahmen der hydrologischen und topographischen Gegebenheiten insbesondere das Verhältnis Niederschlag zu Abfluss, die Bodeneigenschaften, die Hangneigung, die Siedlungsstruktur und die Landnutzung zu berücksichtigen. ³Auf Grund dieser Kriterien kann die Landesregierung Hochwasserentstehungsgebiete durch Rechtsverordnung festsetzen.

(3) ¹In festgesetzten Hochwasserentstehungsgebieten ist zur Vermeidung oder Verringerung von Gefahren durch Hochwasser, das natürliche Wasserversickerungs- und Wasserrückhaltevermögen des Bodens zu erhalten oder zu verbessern, insbesondere durch die Entsiegelung von Böden oder durch die nachhaltige Aufforstung geeigneter Gebiete. ²Satz 1 gilt nicht für Anlagen der öffentlichen Verkehrsinfrastruktur.

(4) ¹In festgesetzten Hochwasserentstehungsgebieten bedürfen folgende Vorhaben der Genehmigung durch die zuständige Behörde:
1. die Errichtung oder wesentliche Änderung baulicher Anlagen im Außenbereich, einschließlich Nebenanlagen und sonstiger Flächen ab einer zu versiegelnden Gesamtfläche von 1 500 Quadratmetern,
2. der Bau neuer Straßen,
3. die Beseitigung von Wald oder die Umwandlung von Wald in eine andere Nutzungsart oder
4. die Umwandlung von Grünland in Ackerland.

²Die Genehmigung nach Satz 1 gilt als erteilt, wenn die zuständige Behörde den Antrag nicht innerhalb von sechs Monaten nach Eingang der vollständigen Antragsunterlagen ablehnt. ³Die zuständige Behörde kann die Frist aus wichtigem Grund um bis zu zwei Monate verlängern. ⁴Ist für das Vorhaben nach anderen Vorschriften ein Zulassungsverfahren vorgeschrieben, so hat die hierfür zuständige Behörde abweichend von Satz 1 im Rahmen dieses Zulassungsverfahrens über die Genehmigungsvoraussetzungen nach Absatz 5 im Benehmen mit der zuständigen Wasserbehörde zu entscheiden.

(5) ¹Die Genehmigung oder sonstige Zulassung nach Absatz 4 Satz 1 oder Satz 4 darf nur erteilt werden, wenn
1. das Wasserversickerungs- oder Wasserrückhaltevermögen des Bodens durch das Vorhaben nicht beeinträchtigt wird oder
2. die Beeinträchtigung durch Maßnahmen wie das Anlegen von Wald oder die Schaffung von Rückhalteräumen im Hochwasserentstehungsgebiet angemessen ausgeglichen wird.

²Für den Ausgleich nach Satz 1 Nummer 2 gilt § 77 Absatz 1 Satz 3 Nummer 2 entsprechend. ³Die Voraussetzungen nach Satz 1 gelten für die Zulassung von öffentlichen Verkehrsinfrastrukturvorhaben, für die ein Verfahren nach § 17 Absatz 1 des Bundesnaturschutzgesetzes durchgeführt wird, als erfüllt.

(6) In festgesetzten Hochwasserentstehungsgebieten sind bei der Ausweisung neuer Baugebiete im Außenbereich in der Abwägung nach § 1 Absatz 7 des Baugesetzbuches insbesondere zu berücksichtigen:

1. die Vermeidung einer Beeinträchtigung des Wasserversickerungs- oder Wasserrückhaltevermögens des Bodens und

2. der Ausgleich einer Beeinträchtigung durch Maßnahmen wie das Anlegen von Wald oder die Schaffung von Rückhalteräumen im Hochwasserentstehungsgebiet.

(7) Weitergehende Rechtsvorschriften der Länder bleiben unberührt.

§ 79 Information und aktive Beteiligung

(1) [1]Die zuständigen Behörden veröffentlichen die Bewertung nach § 73 Absatz 1, die Gefahrenkarten und Risikokarten nach § 74 Absatz 1 und die Risikomanagementpläne nach § 75 Absatz 1. [2]Sie fördern eine aktive Beteiligung der interessierten Stellen bei der Aufstellung, Überprüfung und Aktualisierung der Risikomanagementpläne nach § 75 und koordinieren diese mit den Maßnahmen nach § 83 Absatz 4 und § 85.

(2) Wie die zuständigen staatlichen Stellen und die Öffentlichkeit in den betroffenen Gebieten im Übrigen über Hochwassergefahren, geeignete Vorsorgemaßnahmen und Verhaltensregeln informiert und vor zu erwartendem Hochwasser rechtzeitig gewarnt werden, richtet sich nach den landesrechtlichen Vorschriften.

§ 80 Koordinierung

(1) [1]Gefahrenkarten und Risikokarten sind so zu erstellen, dass die darin dargestellten Informationen vereinbar sind mit den nach der Richtlinie 2000/60/EG vorgelegten relevanten Angaben, insbesondere nach Artikel 5 Absatz 1 in Verbindung mit Anhang II dieser Richtlinie. [2]Die Informationen sollen mit den in Artikel 5 Absatz 2 der Richtlinie 2000/60/EG vorgesehenen Überprüfungen abgestimmt werden; sie können in diese einbezogen werden.

(2) [1]Die zuständigen Behörden koordinieren die Erstellung und die nach § 75 Absatz 6 Satz 3 erforderliche Aktualisierung der Risikomanagementpläne mit den Bewirtschaftungsplänen nach § 83. [2]Die Risikomanagementpläne können in die Bewirtschaftungspläne einbezogen werden.

§ 81 Vermittlung durch die Bundesregierung

Können sich die Länder bei der Zusammenarbeit im Rahmen dieses Abschnitts über eine Maßnahme des Hochwasserschutzes nicht einigen, vermittelt die Bundesregierung auf Antrag eines Landes zwischen den beteiligten Ländern.

Abschnitt 7
Wasserwirtschaftliche Planung und Dokumentation

§ 82 Maßnahmenprogramm

(1) [1]Für jede Flussgebietseinheit ist nach Maßgabe der Absätze 2 bis 6 ein Maßnahmenprogramm aufzustellen, um die Bewirtschaftungsziele nach Maßgabe der §§ 27 bis 31, 44 und 47 zu erreichen. [2]Die Ziele der Raumordnung sind zu beachten; die Grundsätze und sonstigen Erfordernisse der Raumordnung sind zu berücksichtigen.

(2) In das Maßnahmenprogramm sind grundlegende und, soweit erforderlich, ergänzende Maßnahmen aufzunehmen; dabei ist eine in Bezug auf die Wassernutzung kosteneffiziente Kombination der Maßnahmen vorzusehen.

(3) Grundlegende Maßnahmen sind alle in Artikel 11 Absatz 3 der Richtlinie 2000/60/EG bezeichneten Maßnahmen, die der Erreichung der Bewirtschaftungsziele nach Maßgabe der §§ 27 bis 31, 44 und 47 dienen oder zur Erreichung dieser Ziele beitragen.

(4) [1]Ergänzende Maßnahmen, insbesondere im Sinne von Artikel 11 Absatz 4 in Verbindung mit Anhang VI Teil B der Richtlinie 2000/60/EG, werden zusätzlich zu den grundlegenden Maßnahmen in das Maßnahmenprogramm aufgenommen, soweit dies erforderlich ist, um die Bewirtschaftungsziele nach Maßgabe der §§ 27 bis 31, 44 und 47 zu erreichen. [2]Ergänzende Maßnahmen können auch getroffen werden, um einen weitergehenden Schutz der Gewässer zu erreichen.

(5) Ergibt sich aus der Überwachung oder aus sonstigen Erkenntnissen, dass die Bewirtschaftungsziele nach Maßgabe der §§ 27 bis 31, 44 und 47 nicht erreicht werden können, so sind die Ursachen hierfür zu untersuchen, die Zulassungen für Gewässerbenutzungen und die Überwachungsprogramme zu überprüfen und gegebenenfalls anzupassen sowie nachträglich erforderliche Zusatzmaßnahmen in das Maßnahmenprogramm aufzunehmen.

(6) [1]Grundlegende Maßnahmen nach Absatz 3 dürfen nicht zu einer zusätzlichen Verschmutzung der oberirdischen Gewässer, der Küstengewässer oder des Meeres führen, es sei denn, ihre Durchführung

würde sich insgesamt günstiger auf die Umwelt auswirken. ²Die zuständige Behörde kann im Rahmen der §§ 47 und 48 auch die in Artikel 11 Absatz 3 Buchstabe j der Richtlinie 2000/60/EG genannten Einleitungen in das Grundwasser zulassen.

§ 83 Bewirtschaftungsplan

(1) Für jede Flussgebietseinheit ist nach Maßgabe der Absätze 2 bis 4 ein Bewirtschaftungsplan aufzustellen.

(2) ¹Der Bewirtschaftungsplan muss die in Artikel 13 Absatz 4 in Verbindung mit Anhang VII der Richtlinie 2000/60/EG genannten Informationen enthalten. ²Darüber hinaus sind in den Bewirtschaftungsplan aufzunehmen:

1. die Einstufung oberirdischer Gewässer als künstlich oder erheblich verändert nach § 28 und die Gründe hierfür,

2. die nach § 29 Absatz 2 bis 4, den §§ 44 und 47 Absatz 2 Satz 2 gewährten Fristverlängerungen und die Gründe hierfür, eine Zusammenfassung der Maßnahmen, die zur Erreichung der Bewirtschaftungsziele innerhalb der verlängerten Frist erforderlich sind und der Zeitplan hierfür sowie die Gründe für jede erhebliche Verzögerung bei der Umsetzung der Maßnahmen,

3. abweichende Bewirtschaftungsziele und Ausnahmen nach den §§ 30, 31 Absatz 2, den §§ 44 und 47 Absatz 3 und die Gründe hierfür,

4. die Bedingungen und Kriterien für die Geltendmachung von Umständen für vorübergehende Verschlechterungen nach § 31 Absatz 1, den §§ 44 und 47 Absatz 3 Satz 1, die Auswirkungen der Umstände, auf denen die Verschlechterungen beruhen, sowie die Maßnahmen zur Wiederherstellung des vorherigen Zustands,

5. eine Darstellung

 a) der geplanten Schritte zur Durchführung von § 6a, die zur Erreichung der Bewirtschaftungsziele nach den §§ 27 bis 31, 44 und 47 beitragen sollen,

 b) der Beiträge der verschiedenen Wassernutzungen zur Deckung der Kosten der Wasserdienstleistungen sowie

 c) der Gründe dafür, dass bestimmte Wassernutzungen nach § 6a Absatz 2 nicht zur Deckung der Kosten der Wasserdienstleistungen beizutragen haben, sowie die Gründe für Ausnahmen nach § 6a Absatz 4.

(3) ¹Der Bewirtschaftungsplan kann durch detailliertere Programme und Bewirtschaftungspläne für Teileinzugsgebiete, für bestimmte Sektoren und Aspekte der Gewässerbewirtschaftung sowie für bestimmte Gewässertypen ergänzt werden. ²Ein Verzeichnis sowie eine Zusammenfassung dieser Programme und Pläne sind in den Bewirtschaftungsplan aufzunehmen.

(4) ¹Die zuständige Behörde veröffentlicht

1. spätestens drei Jahre vor Beginn des Zeitraums, auf den sich der Bewirtschaftungsplan bezieht, einen Zeitplan und ein Arbeitsprogramm für seine Aufstellung sowie Angaben zu den vorgesehenen Maßnahmen zur Information und Anhörung der Öffentlichkeit,

2. spätestens zwei Jahre vor Beginn des Zeitraums, auf den sich der Bewirtschaftungsplan bezieht, einen Überblick über die für das Einzugsgebiet festgestellten wichtigen Fragen der Gewässerbewirtschaftung,

3. spätestens ein Jahr vor Beginn des Zeitraums, auf den sich der Bewirtschaftungsplan bezieht, einen Entwurf des Bewirtschaftungsplans.

²Innerhalb von sechs Monaten nach der Veröffentlichung kann jede Person bei der zuständigen Behörde zu den in Satz 1 bezeichneten Unterlagen schriftlich oder elektronisch Stellung nehmen; hierauf ist in der Veröffentlichung hinzuweisen. ³Auf Antrag ist Zugang zu den bei der Aufstellung des Bewirtschaftungsplans herangezogenen Hintergrunddokumenten und -informationen zu gewähren. ⁴Die Sätze 1 bis 3 gelten auch für aktualisierende Bewirtschaftungspläne.

§ 84 Fristen für Maßnahmenprogramme und Bewirtschaftungspläne

(1) Maßnahmenprogramme und Bewirtschaftungspläne, die nach Maßgabe des Landesrechts vor dem 1. März 2010 aufzustellen waren, sind erstmals bis zum 22. Dezember 2015 sowie anschließend alle sechs Jahre zu überprüfen und, soweit erforderlich, zu aktualisieren.

(2) ¹Die im Maßnahmenprogramm aufgeführten Maßnahmen sind bis zum 22. Dezember 2012 durchzuführen. ²Neue oder im Rahmen eines aktualisierten Programms geänderte Maßnahmen sind innerhalb von drei Jahren durchzuführen, nachdem sie in das Programm aufgenommen worden sind.

§ 85 Aktive Beteiligung interessierter Stellen

Die zuständigen Behörden fördern die aktive Beteiligung aller interessierten Stellen an der Aufstellung, Überprüfung und Aktualisierung der Maßnahmenprogramme und Bewirtschaftungspläne.

§ 86 Veränderungssperre zur Sicherung von Planungen

(1) [1]Zur Sicherung von Planungen für

1. dem Wohl der Allgemeinheit dienende Vorhaben der Wassergewinnung oder Wasserspeicherung, der Abwasserbeseitigung, der Wasseranreicherung, der Wasserkraftnutzung, der Bewässerung, des Hochwasserschutzes oder des Gewässerausbaus,

2. Vorhaben nach dem Maßnahmenprogramm nach § 82

kann die Landesregierung durch Rechtsverordnung Planungsgebiete festlegen, auf deren Flächen wesentlich wertsteigernde oder die Durchführung des geplanten Vorhabens erheblich erschwerende Veränderungen nicht vorgenommen werden dürfen (Veränderungssperre). [2]Sie kann die Ermächtigung nach Satz 1 durch Rechtsverordnung auf andere Landesbehörden übertragen.

(2) Veränderungen, die in rechtlich zulässiger Weise vorher begonnen worden sind, Unterhaltungsarbeiten und die Fortführung einer bisher ausgeübten Nutzung werden von der Veränderungssperre nicht berührt.

(3) [1]Die Veränderungssperre tritt drei Jahre nach ihrem Inkrafttreten außer Kraft, sofern die Rechtsverordnung nach Absatz 1 Satz 1 keinen früheren Zeitpunkt bestimmt. [2]Die Frist von drei Jahren kann, wenn besondere Umstände es erfordern, durch Rechtsverordnung um höchstens ein Jahr verlängert werden. [3]Die Veränderungssperre ist vor Ablauf der Frist nach Satz 1 oder Satz 2 außer Kraft zu setzen, sobald und soweit die Voraussetzungen für ihren Erlass weggefallen sind.

(4) Von der Veränderungssperre können Ausnahmen zugelassen werden, wenn dem keine überwiegenden öffentlichen Belange entgegenstehen.

§ 87 Wasserbuch

(1) Über die Gewässer sind Wasserbücher zu führen.

(2) [1]In das Wasserbuch sind insbesondere einzutragen:

1. nach diesem Gesetz erteilte Erlaubnisse, die nicht nur vorübergehenden Zwecken dienen, und Bewilligungen sowie alte Rechte und alte Befugnisse, Planfeststellungsbeschlüsse und Plangenehmigungen nach § 68,

2. Wasserschutzgebiete,

3. Risikogebiete und festgesetzte Überschwemmungsgebiete.

[2]Von der Eintragung von Zulassungen nach Satz 1 Nummer 1 kann in Fällen von untergeordneter wasserwirtschaftlicher Bedeutung abgesehen werden.

(3) [1]Unrichtige Eintragungen sind zu berichtigen. [2]Unzulässige Eintragungen und Eintragungen zu nicht mehr bestehenden Rechtsverhältnissen sind zu löschen.

(4) Eintragungen im Wasserbuch haben keine rechtsbegründende oder rechtsändernde Wirkung.

§ 88 Informationsbeschaffung und -übermittlung

(1) [1]Die zuständige Behörde darf im Rahmen der ihr durch Gesetz oder Rechtsverordnung übertragenen Aufgaben Informationen einschließlich personenbezogener Daten erheben und verwenden, soweit dies zur Durchführung von Rechtsakten der Europäischen Gemeinschaften oder der Europäischen Union, zwischenstaatlichen Vereinbarungen oder innerstaatlichen Rechtsvorschriften auf dem Gebiet des Wasserhaushalts oder im Rahmen grenzüberschreitender Zusammenarbeit, insbesondere zur Koordinierung nach § 7 Absatz 2 bis 4, erforderlich ist. [2]Zu den Aufgaben nach Satz 1 gehören insbesondere

1. die Durchführung von Verwaltungsverfahren,

2. die Gewässeraufsicht einschließlich gewässerkundlicher Messungen und Beobachtungen,

3. die Gefahrenabwehr,

4. die Festsetzung und Bestimmung von Schutzgebieten, insbesondere Wasserschutz-, Heilquellenschutz-, Risiko- und Überschwemmungsgebieten sowie Gewässerrandstreifen,

5. die Ermittlung der Art und des Ausmaßes von Gewässerbelastungen auf Grund menschlicher Tätigkeiten einschließlich der Belastungen aus diffusen Quellen,

6. die wirtschaftliche Analyse der Wassernutzung,

7. die Aufstellung von Maßnahmenprogrammen, Bewirtschaftungsplänen und Risikomanagementplänen.

(2) Wer wasserwirtschaftliche Maßnahmen durchführt, hat der zuständigen Behörde auf deren Anordnung bei ihm vorhandene Informationen zu übermitteln und Auskünfte zu erteilen.

(3) [1]Die zuständige Behörde darf nach Absatz 1 Satz 1 und Absatz 2 erhobene Informationen und erteilte Auskünfte an zur Abwasserbeseitigung, zur Wasserversorgung oder zur Gewässerunterhaltung Ver-

pflichtete sowie an Träger von Gewässerausbau- und von Hochwasserschutzmaßnahmen weitergeben, soweit dies zur Erfüllung der Verpflichtungen oder zur Durchführung der Maßnahmen erforderlich ist. ²Die Weitergabe von Informationen und Auskünften an Dienststellen anderer Länder, des Bundes und der Europäischen Union sowie an zwischenstaatliche Stellen ist unter den in Absatz 1 Satz 1 genannten Voraussetzungen zulässig. ³Dienststellen des Bundes und der Länder geben Informationen und Auskünfte unter den Voraussetzungen des Absatzes 1 Satz 1 auf Ersuchen an andere Dienststellen des Bundes und der Länder weiter.

(4) Für die Weitergabe von Informationen und Auskünften nach Absatz 3 Satz 2 und 3 werden keine Gebühren erhoben und keine Auslagen erstattet.

(5) Die Bestimmungen zum Schutz personenbezogener Daten bleiben im Übrigen unberührt.

Abschnitt 8
Haftung für Gewässerveränderungen

§ 89 Haftung für Änderungen der Wasserbeschaffenheit

(1) ¹Wer in ein Gewässer Stoffe einbringt oder einleitet oder wer in anderer Weise auf ein Gewässer einwirkt und dadurch die Wasserbeschaffenheit nachteilig verändert, ist zum Ersatz des daraus einem anderen entstehenden Schadens verpflichtet. ²Haben mehrere auf das Gewässer eingewirkt, so haften sie als Gesamtschuldner.

(2) ¹Gelangen aus einer Anlage, die bestimmt ist, Stoffe herzustellen, zu verarbeiten, zu lagern, abzulagern, zu befördern oder wegzuleiten, derartige Stoffe in ein Gewässer, ohne in dieses eingebracht oder eingeleitet zu sein, und wird dadurch die Wasserbeschaffenheit nachteilig verändert, so ist der Betreiber der Anlage zum Ersatz des daraus einem anderen entstehenden Schadens verpflichtet. ²Absatz 1 Satz 2 gilt entsprechend. ³Die Ersatzpflicht tritt nicht ein, wenn der Schaden durch höhere Gewalt verursacht wird.

§ 90 Sanierung von Gewässerschäden

(1) Eine Schädigung eines Gewässers im Sinne des Umweltschadensgesetzes ist jeder Schaden mit erheblichen nachteiligen Auswirkungen auf

1. den ökologischen oder chemischen Zustand eines oberirdischen Gewässers oder Küstengewässers,
2. das ökologische Potenzial oder den chemischen Zustand eines künstlichen oder erheblich veränderten oberirdischen Gewässers oder Küstengewässers,
3. den chemischen oder mengenmäßigen Zustand des Grundwassers oder
4. den Zustand eines Meeresgewässers;

ausgenommen sind nachteilige Auswirkungen, für die § 31 Absatz 2, auch in Verbindung mit § 44 oder § 47 Absatz 3 Satz 1, gilt.

(2) Hat eine verantwortliche Person nach dem Umweltschadensgesetz eine Schädigung eines Gewässers verursacht, so trifft sie die erforderlichen Sanierungsmaßnahmen gemäß Anhang II Nummer 1 der Richtlinie 2004/35/EG des Europäischen Parlaments und des Rates vom 21. April 2004 über Umwelthaftung zur Vermeidung und Sanierung von Umweltschäden (ABl. L 143 vom 30.4.2004, S. 56), die durch die Richtlinie 2006/21/EG (ABl. L 102 vom 11.4.2006, S. 15) geändert worden ist.

(3) Zuständige Behörde für den Vollzug dieser Vorschrift und der Vorschriften des Umweltschadensgesetzes ist, sofern nichts anderes bestimmt ist, im Hinblick auf die Schädigung der Meeresgewässer außerhalb der Küstengewässer und die unmittelbare Gefahr solcher Schäden im Bereich der deutschen ausschließlichen Wirtschaftszone und des Festlandsockels,

1. soweit ein Zusammenhang mit Tätigkeiten nach dem Bundesberggesetz besteht, die nach § 136 des Bundesberggesetzes in Verbindung mit § 142 des Bundesberggesetzes bestimmte Behörde, sowie
2. im Übrigen das Bundesamt für Naturschutz; es bedient sich, soweit sachdienlich, der Hilfe des Bundesamtes für Seeschifffahrt und Hydrographie sowie des Umweltbundesamtes; es kann sich der Hilfe weiterer Stellen bedienen, soweit diese zustimmen.

(4) Weitergehende Vorschriften über Schädigungen oder sonstige Beeinträchtigungen von Gewässern und deren Sanierung bleiben unberührt.

Abschnitt 9
Duldungs- und Gestattungsverpflichtungen

§ 91 Gewässerkundliche Maßnahmen

¹Die zuständige Behörde kann Eigentümer und Nutzungsberechtigte von Grundstücken verpflichten, die Errichtung und den Betrieb von Messanlagen sowie die Durchführung von Probebohrungen und Pump-

versuchen zu dulden, soweit dies der Ermittlung gewässerkundlicher Grundlagen dient, die für die Gewässerbewirtschaftung erforderlich sind. [2]Entsteht durch eine Maßnahme nach Satz 1 ein Schaden am Grundstück, hat der Eigentümer gegen den Träger der gewässerkundlichen Maßnahme Anspruch auf Schadenersatz. [3]Satz 2 gilt entsprechend für den Nutzungsberechtigten, wenn wegen des Schadens am Grundstück die Grundstücksnutzung beeinträchtigt wird.

§ 92 Veränderung oberirdischer Gewässer

[1]Die zuständige Behörde kann Eigentümer und Nutzungsberechtigte oberirdischer Gewässer sowie der Grundstücke, deren Inanspruchnahme für die Durchführung des Vorhabens erforderlich ist, verpflichten, Gewässerveränderungen, insbesondere Vertiefungen und Verbreiterungen, zu dulden, die der Verbesserung des Wasserabflusses dienen und zur Entwässerung von Grundstücken, zur Abwasserbeseitigung oder zur besseren Ausnutzung einer Triebwerksanlage erforderlich sind. [2]Satz 1 gilt nur, wenn das Vorhaben anders nicht ebenso zweckmäßig oder nur mit erheblichem Mehraufwand durchgeführt werden kann und der von dem Vorhaben zu erwartende Nutzen erheblich größer als der Nachteil des Betroffenen ist.

§ 93 Durchleitung von Wasser und Abwasser

[1]Die zuständige Behörde kann Eigentümer und Nutzungsberechtigte von Grundstücken und oberirdischen Gewässern verpflichten, das Durchleiten von Wasser und Abwasser sowie die Errichtung und Unterhaltung der dazu dienenden Anlagen zu dulden, soweit dies zur Entwässerung oder Bewässerung von Grundstücken, zur Wasserversorgung, zur Abwasserbeseitigung, zum Betrieb einer Stauanlage oder zum Schutz vor oder zum Ausgleich von Beeinträchtigungen des Natur- oder Wasserhaushalts durch Wassermangel erforderlich ist. [2]§ 92 Satz 2 gilt entsprechend.

§ 94 Mitbenutzung von Anlagen

(1) [1]Die zuständige Behörde kann Betreiber einer Grundstücksentwässerungs-, Wasserversorgungs- oder Abwasseranlage verpflichten, deren Mitbenutzung einer anderen Person zu gestatten, wenn
1. diese Person Maßnahmen der Entwässerung, Wasserversorgung oder Abwasserbeseitigung anders nicht zweckmäßig oder nur mit erheblichem Mehraufwand ausführen kann,
2. die Maßnahmen zur Gewässerbewirtschaftung oder zur Erfüllung gesetzlicher Pflichten erforderlich sind,
3. der Betrieb der Anlage nicht wesentlich beeinträchtigt wird und
4. die zur Mitbenutzung berechtigte Person einen angemessenen Teil der Kosten für die Errichtung, den Betrieb und die Unterhaltung der Anlage übernimmt.

[2]Kommt eine Einigung über die Kostenteilung nach Satz 1 Nummer 4 nicht zustande, setzt die zuständige Behörde ein angemessenes Entgelt fest.

(2) [1]Ist eine Mitbenutzung nur bei einer Änderung der Anlage zweckmäßig, kann der Betreiber verpflichtet werden, die entsprechende Änderung nach eigener Wahl entweder selbst vorzunehmen oder zu dulden. [2]Die Kosten der Änderung trägt die zur Mitbenutzung berechtigte Person.

(3) Die Absätze 1 und 2 gelten auch für die Mitbenutzung von Grundstücksbewässerungsanlagen durch Eigentümer von Grundstücken, die nach § 93 zur Errichtung oder zum Betrieb der Anlage in Anspruch genommen werden.

§ 95 Entschädigung für Duldungs- und Gestattungsverpflichtungen

Soweit Duldungs- oder Gestattungsverpflichtungen nach den §§ 92 bis 94 das Eigentum unzumutbar beschränken, ist eine Entschädigung zu leisten.

Kapitel 4
Entschädigung, Ausgleich, Vorkaufsrecht

§ 96 Art und Umfang von Entschädigungspflichten

(1) [1]Eine nach diesem Gesetz zu leistende Entschädigung hat den eintretenden Vermögensschaden angemessen auszugleichen. [2]Soweit zum Zeitpunkt der behördlichen Anordnung, die die Entschädigungspflicht auslöst, Nutzungen gezogen werden, ist von dem Maß ihrer Beeinträchtigung auszugehen. [3]Hat die anspruchsberechtigte Person Maßnahmen getroffen, um die Nutzungen zu steigern, und ist nachgewiesen, dass die Maßnahmen die Nutzungen nachhaltig gesteigert hätten, so ist dies zu berücksichtigen. [4]Außerdem ist eine infolge der behördlichen Anordnung eingetretene Minderung des Verkehrswerts von Grundstücken zu berücksichtigen, soweit sie nicht nach Satz 2 oder Satz 3 bereits berücksichtigt ist.

(2) Soweit als Entschädigung durch Gesetz nicht wasserwirtschaftliche oder andere Maßnahmen zugelassen werden, ist die Entschädigung in Geld festzusetzen.

(3) ¹Kann auf Grund einer entschädigungspflichtigen Maßnahme die Wasserkraft eines Triebwerks nicht mehr im bisherigen Umfang verwertet werden, so kann die zuständige Behörde bestimmen, dass die Entschädigung ganz oder teilweise durch Lieferung elektrischen Stroms zu leisten ist, wenn die entschädigungspflichtige Person ein Energieversorgungsunternehmen ist und soweit ihr dies wirtschaftlich zumutbar ist. ²Die für die Lieferung des elektrischen Stroms erforderlichen technischen Vorkehrungen hat die entschädigungspflichtige Person auf ihre Kosten zu schaffen.

(4) ¹Wird die Nutzung eines Grundstücks infolge der die Entschädigungspflicht auslösenden behördlichen Anordnung unmöglich oder erheblich erschwert, so kann der Grundstückseigentümer verlangen, dass die entschädigungspflichtige Person das Grundstück zum Verkehrswert erwirbt. ²Lässt sich der nicht betroffene Teil eines Grundstücks nach seiner bisherigen Bestimmung nicht mehr zweckmäßig nutzen, so kann der Grundstückseigentümer den Erwerb auch dieses Teils verlangen. ³Ist der Grundstückseigentümer zur Sicherung seiner Existenz auf Ersatzland angewiesen und kann Ersatzland zu angemessenen Bedingungen beschafft werden, so ist ihm auf Antrag anstelle einer Entschädigung in Geld das Eigentum an einem Ersatzgrundstück zu verschaffen.

(5) Ist nach § 97 die begünstigte Person entschädigungspflichtig, kann die anspruchsberechtigte Person Sicherheitsleistung verlangen.

§ 97 Entschädigungspflichtige Person

¹Soweit sich aus diesem Gesetz nichts anderes ergibt, hat die Entschädigung zu leisten, wer unmittelbar durch den Vorgang begünstigt wird, der die Entschädigungspflicht auslöst. ²Sind mehrere unmittelbar begünstigt, so haften sie als Gesamtschuldner. ³Ist niemand unmittelbar begünstigt, so hat das Land die Entschädigung zu leisten. ⁴Lässt sich zu einem späteren Zeitpunkt eine begünstigte Person bestimmen, hat sie die aufgewandten Entschädigungsbeträge dem Land zu erstatten.

§ 98 Entschädigungsverfahren

(1) ¹Über Ansprüche auf Entschädigung ist gleichzeitig mit der dem Anspruch zugrunde liegenden Anordnung zu entscheiden. ²Die Entscheidung kann auf die Pflicht zur Entschädigung dem Grunde nach beschränkt werden.

(2) ¹Vor der Festsetzung des Umfangs einer Entschädigung nach Absatz 1 hat die zuständige Behörde auf eine gütliche Einigung der Beteiligten hinzuwirken, wenn einer der Beteiligten dies beantragt. ²Kommt eine Einigung nicht zustande, so setzt die Behörde die Entschädigung fest.

§ 99 Ausgleich

¹Ein Ausgleich nach § 52 Absatz 5 und § 78a Absatz 5 Satz 4 ist in Geld zu leisten. ²Im Übrigen gelten für einen Ausgleich nach Satz 1 § 96 Absatz 1 und 5 und § 97 entsprechend.

§ 99a Vorkaufsrecht

(1) ¹Den Ländern steht ein Vorkaufsrecht an Grundstücken zu, die für Maßnahmen des Hochwasser- oder Küstenschutzes benötigt werden. ²Liegen die Merkmale des Satzes 1 nur bei einem Teil des Grundstücks vor, so erstreckt sich das Vorkaufsrecht nur auf diesen Grundstücksteil. ³Der Eigentümer kann verlangen, dass sich der Vorkauf auf das gesamte Grundstück erstreckt, wenn ihm der weitere Verbleib des anderen Grundstücksteils in seinem Eigentum wirtschaftlich nicht zuzumuten ist.

(2) Das Vorkaufsrecht steht den Ländern nicht zu beim Kauf von Rechten nach dem Wohnungseigentumsgesetz.

(3) Das Vorkaufsrecht darf nur ausgeübt werden, wenn dies aus Gründen des Hochwasserschutzes oder des Küstenschutzes erforderlich ist.

(4) ¹Das Vorkaufsrecht bedarf nicht der Eintragung in das Grundbuch. ²Es geht rechtsgeschäftlich und landesrechtlich begründeten Vorkaufsrechten mit Ausnahme solcher auf dem Gebiet des land- und forstwirtschaftlichen Grundstücksverkehrs und des Siedlungswesens im Rang vor. ³Bei einem Eigentumserwerb auf Grund der Ausübung des Vorkaufsrechts erlöschen durch Rechtsgeschäft begründete Vorkaufsrechte. ⁴Das Vorkaufsrecht erstreckt sich nicht auf einen Verkauf an einen Ehegatten, einen eingetragenen Lebenspartner oder einen Verwandten ersten Grades. ⁵Die §§ 463 bis 469, 471, 1098 Absatz 2 und die §§ 1099 bis 1102 des Bürgerlichen Gesetzbuchs sind anzuwenden.

(5) Die Länder können das Vorkaufsrecht auf Antrag auch zugunsten von Körperschaften und Stiftungen des öffentlichen Rechts ausüben.

(6) Abweichende Rechtsvorschriften der Länder bleiben unberührt.

Kapitel 5
Gewässeraufsicht

§ 100 Aufgaben der Gewässeraufsicht

(1) [1]Aufgabe der Gewässeraufsicht ist es, die Gewässer sowie die Erfüllung der öffentlich-rechtlichen Verpflichtungen zu überwachen, die nach oder auf Grund von Vorschriften dieses Gesetzes, nach auf dieses Gesetz gestützten Rechtsverordnungen oder nach landesrechtlichen Vorschriften bestehen. [2]Die zuständige Behörde ordnet nach pflichtgemäßem Ermessen die Maßnahmen an, die im Einzelfall notwendig sind, um Beeinträchtigungen des Wasserhaushalts zu vermeiden oder zu beseitigen oder die Erfüllung von Verpflichtungen nach Satz 1 sicherzustellen.

(2) Auf Grund dieses Gesetzes und nach landesrechtlichen Vorschriften erteilte Zulassungen sind regelmäßig sowie aus besonderem Anlass zu überprüfen und, soweit erforderlich, anzupassen.

§ 101 Befugnisse der Gewässeraufsicht

(1) [1]Bedienstete und Beauftragte der zuständigen Behörde sind im Rahmen der Gewässeraufsicht befugt,
1. Gewässer zu befahren,
2. technische Ermittlungen und Prüfungen vorzunehmen,
3. zu verlangen, dass Auskünfte erteilt, Unterlagen vorgelegt und Arbeitskräfte, Werkzeuge und sonstige technische Hilfsmittel zur Verfügung gestellt werden,
4. Betriebsgrundstücke und -räume während der Betriebszeit zu betreten,
5. Wohnräume sowie Betriebsgrundstücke und -räume außerhalb der Betriebszeit zu betreten, sofern die Prüfung zur Verhütung dringender Gefahren für die öffentliche Sicherheit und Ordnung erforderlich ist, und
6. jederzeit Grundstücke und Anlagen zu betreten, die nicht zum unmittelbar angrenzenden befriedeten Besitztum von Räumen nach den Nummern 4 und 5 gehören.

[2]Das Grundrecht der Unverletzlichkeit der Wohnung (Artikel 13 des Grundgesetzes) wird durch Satz 1 Nummer 5 eingeschränkt. [3]Sind Gewässerschutzbeauftragte bestellt, sind sie auf Verlangen der Bediensteten und Beauftragten der zuständigen Behörde zu Maßnahmen der Gewässeraufsicht nach Satz 1 hinzuziehen.

(2) Werden Anlagen nach § 62 Absatz 1 errichtet, unterhalten, betrieben oder stillgelegt, haben auch die Eigentümer und Besitzer der Grundstücke, auf denen diese Tätigkeiten ausgeübt werden, das Betreten der Grundstücke zu gestatten, auf Verlangen Auskünfte zu erteilen und technische Ermittlungen und Prüfungen zu ermöglichen.

(3) Für die zur Auskunft verpflichtete Person gilt § 55 der Strafprozessordnung entsprechend.

(4) [1]Für die zur Überwachung nach den Absätzen 1 und 2 zuständigen Behörden und ihre Bediensteten gelten die §§ 93, 97, 105 Absatz 1, § 111 Absatz 5 in Verbindung mit § 105 Absatz 1 sowie § 116 Absatz 1 der Abgabenordnung nicht. [2]Dies gilt nicht, soweit die Finanzbehörden die Kenntnisse für die Durchführung eines Verfahrens wegen einer Steuerstraftat sowie eines damit zusammenhängenden Besteuerungsverfahrens benötigen, an deren Verfolgung ein zwingendes öffentliches Interesse besteht, oder soweit es sich um vorsätzlich falsche Angaben der zur Auskunft verpflichteten Person oder der für sie tätigen Personen handelt.

§ 102 Gewässeraufsicht bei Anlagen und Einrichtungen der Verteidigung

Die Bundesregierung wird ermächtigt, durch Rechtsverordnung mit Zustimmung des Bundesrates zu bestimmen, dass die Gewässeraufsicht im Sinne dieses Kapitels bei Anlagen und Einrichtungen, die der Verteidigung dienen, zum Geschäftsbereich des Bundesministeriums der Verteidigung gehörenden Stellen übertragen wird.

Kapitel 6
Bußgeld- und Überleitungsbestimmungen

§ 103 Bußgeldvorschriften

(1) Ordnungswidrig handelt, wer vorsätzlich oder fahrlässig
1. ohne Erlaubnis und ohne Bewilligung nach § 8 Absatz 1 ein Gewässer benutzt,
2. einer vollziehbaren Auflage nach § 13 Absatz 1, auch in Verbindung mit
 a) § 58 Absatz 4 Satz 1, auch in Verbindung mit § 59 Absatz 1, oder
 b) § 63 Absatz 1 Satz 2,
 zuwiderhandelt,

3. einer Rechtsverordnung nach
 - a) § 23 Absatz 1 Nummer 1, 3 bis 8 oder Nummer 9 oder
 - b) § 23 Absatz 1 Nummer 10 oder Nummer 11

 oder einer vollziehbaren Anordnung auf Grund einer solchen Rechtsverordnung zuwiderhandelt, soweit die Rechtsverordnung für einen bestimmten Tatbestand auf diese Bußgeldvorschrift verweist,

4. entgegen § 32 Absatz 1 Satz 1 oder Absatz 2, § 45 Absatz 1 Satz 1 oder Absatz 3 oder § 48 Absatz 2 Satz 1 oder Satz 2 Stoffe lagert, ablagert oder befördert oder in ein oberirdisches Gewässer oder in ein Küstengewässer einbringt,

5. entgegen § 37 Absatz 1 den natürlichen Ablauf wild abfließenden Wassers behindert, verstärkt oder sonst verändert,

6. einer Vorschrift des § 38 Absatz 4 Satz 2 über eine dort genannte verbotene Handlung im Gewässerrandstreifen zuwiderhandelt,

7. entgegen § 50 Absatz 4, § 60 Absatz 1 Satz 2 oder § 62 Absatz 2 eine dort genannte Anlage errichtet, betreibt, unterhält oder stilllegt,

7a. einer Rechtsverordnung nach § 51 Absatz 1 Satz 1 in Verbindung mit
 - a) § 52 Absatz 1 Satz 1 Nummer 1, 2 Buchstabe a oder Buchstabe c oder Nummer 3 oder
 - b) § 52 Absatz 1 Satz 1 Nummer 2 Buchstabe b

 zuwiderhandelt, soweit sie für einen bestimmten Tatbestand auf diese Bußgeldvorschrift verweist,

8. einer vollziehbaren Anordnung nach
 - a) § 52 Absatz 1 Satz 1 Nummer 1, 2 Buchstabe a oder Buchstabe c oder Nummer 3,
 - b) § 52 Absatz 1 Satz 1 Nummer 2 Buchstabe b,

 jeweils auch in Verbindung mit § 52 Absatz 2 Satz 1 oder Absatz 3 oder § 53 Absatz 5, zuwiderhandelt,

8a. einer Rechtsverordnung nach § 53 Absatz 4 Satz 1 in Verbindung mit § 53 Absatz 5 in Verbindung mit
 - a) § 52 Absatz 1 Satz 1 Nummer 1, 2 Buchstabe a oder Buchstabe c oder Nummer 3 oder
 - b) § 52 Absatz 1 Satz 1 Nummer 2 Buchstabe b

 zuwiderhandelt, soweit sie für einen bestimmten Tatbestand auf diese Bußgeldvorschrift verweist,

9. ohne Genehmigung nach § 58 Absatz 1 Satz 1, auch in Verbindung mit § 59 Absatz 1, Abwasser in eine Abwasseranlage einleitet,

10. ohne Genehmigung nach § 60 Absatz 3 Satz 1 eine Abwasserbehandlungsanlage errichtet, betreibt oder wesentlich ändert,

11. entgegen § 61 Absatz 2 Satz 2 in Verbindung mit einer Rechtsverordnung nach Absatz 3 eine Aufzeichnung nicht, nicht richtig oder nicht vollständig anfertigt, nicht oder nicht mindestens fünf Jahre aufbewahrt oder nicht oder nicht rechtzeitig vorlegt,

12. entgegen § 63 Absatz 1 Satz 1 eine dort genannte Anlage errichtet, betreibt oder wesentlich ändert,

13. entgegen § 64 Absatz 1 nicht mindestens einen Gewässerschutzbeauftragten bestellt,

14. einer vollziehbaren Anordnung nach § 64 Absatz 2 zuwiderhandelt,

15. ohne festgestellten und ohne genehmigten Plan nach § 68 Absatz 1 oder Absatz 2 ein Gewässer ausbaut,

16. entgegen § 78 Absatz 4 Satz 1, auch in Verbindung mit Absatz 8, eine dort genannte Anlage errichtet oder erweitert,

16a. einer Vorschrift des § 78a Absatz 1 Satz 1, auch in Verbindung mit Absatz 6, über eine untersagte Handlung in einem dort genannten Gebiet zuwiderhandelt,

17. entgegen § 78a Absatz 3 einen Gegenstand nicht oder nicht rechtzeitig entfernt,

18. entgegen § 78c Absatz 1 Satz 1 oder Absatz 2 Satz 1 eine Heizölverbraucheranlage errichtet,

19. entgegen § 78c Absatz 3 eine Heizölverbraucheranlage nicht, nicht richtig, nicht in der vorgeschriebenen Weise oder nicht rechtzeitig nachrüstet,

20. einer vollziehbaren Anordnung nach § 101 Absatz 1 Satz 1 Nummer 3 zuwiderhandelt oder

21. entgegen § 101 Absatz 2 das Betreten eines Grundstücks nicht gestattet oder eine Auskunft nicht, nicht richtig, nicht vollständig oder nicht rechtzeitig erteilt.

(2) Die Ordnungswidrigkeit kann in den Fällen des Absatzes 1 Nummer 1 bis 3 Buchstabe a, Nummer 4 bis 7, 7a Buchstabe a, Nummer 8 Buchstabe a, Nummer 8a Buchstabe a, Nummer 9, 10 und 12 bis 19 mit einer Geldbuße bis zu fünfzigtausend Euro und in den übrigen Fällen mit einer Geldbuße bis zu zehntausend Euro geahndet werden.

§ 104 Überleitung bestehender Erlaubnisse und Bewilligungen

(1) [1]Erlaubnisse, die vor dem 1. März 2010 nach § 7 des Wasserhaushaltsgesetzes erteilt worden sind, gelten als Erlaubnisse nach diesem Gesetz fort. [2]Soweit landesrechtliche Vorschriften für bestimmte Erlaubnisse nach Satz 1 die Rechtsstellung ihrer Inhaber gegenüber Dritten regeln, gelten die Erlaubnisse nach den Vorschriften dieses Gesetzes über gehobene Erlaubnisse fort.

(2) Bewilligungen, die vor dem 1. März 2010 nach § 8 des Wasserhaushaltsgesetzes erteilt worden sind, gelten als Bewilligungen nach diesem Gesetz fort.

§ 104a Ausnahmen von der Erlaubnispflicht bei bestehenden Anlagen zur untertägigen Ablagerung von Lagerstättenwasser

(1) [1]Die Nutzung einer Anlage zur untertägigen Ablagerung von Lagerstättenwasser, das bei Maßnahmen nach § 9 Absatz 2 Nummer 3 oder bei anderen Maßnahmen zur Aufsuchung oder Gewinnung von Erdgas oder Erdöl anfällt, bedarf unbeschadet des Absatzes 2 keiner Erlaubnis nach § 8 Absatz 1, wenn die Anlage vor dem 11. Februar 2017 in Übereinstimmung mit einem bestandskräftig zugelassenen Betriebsplan nach § 52 des Bundesberggesetzes errichtet worden ist oder zu diesem Zeitpunkt ein bestandskräftig zugelassener Betriebsplan für die Anlage vorliegt. [2]In diesen Fällen sind die sich aus § 13b Absatz 2 und 3 ergebenden Verpflichtungen in den jeweiligen Zulassungen von künftig gemäß § 52 Absatz 1 Satz 1 des Bundesberggesetzes aufzustellenden Hauptbetriebsplänen spätestens bis zum 11. Februar 2019 zu regeln. [3]§ 13b Absatz 4 gilt für den Unternehmer im Sinne von § 4 Absatz 5 des Bundesberggesetzes in diesen Fällen entsprechend.

(2) [1]Die Nutzung einer Anlage nach Absatz 1 Satz 1, die nach § 22c Absatz 1 Satz 3 der Allgemeinen Bundesbergverordnung nicht mehr zulässig ist, bedarf keiner Erlaubnis nach § 8 Absatz 1, wenn der Anlagenbetreiber spätestens bis zum 11. Februar 2019 grundsätzlich zulassungsfähige Anträge für Zulassungen für eine anderweitige Entsorgung des Lagerstättenwassers (Entsorgungskonzept) vorlegt und hierfür eine behördliche Bestätigung nach Satz 4 vorliegt. [2]Aus dem Entsorgungskonzept muss sich ergeben, wie das Lagerstättenwasser künftig entsorgt werden soll, sodass insbesondere folgende Anforderungen erfüllt sind:

1. die Anforderungen nach § 22c Absatz 1 Satz 3 der Allgemeinen Bundesbergverordnung und
2. die Anforderungen nach § 13a Absatz 1 Satz 1 Nummer 2 Buchstabe a und b.

[3]Die Sätze 1 und 2 gelten entsprechend, wenn die Anlage nach Absatz 1 Satz 1 in einem Gebiet nach § 13a Absatz 1 Satz 1 Nummer 2 Buchstabe a oder Buchstabe b liegt. [4]Sofern die zuständige Behörde die grundsätzliche Zulassungsfähigkeit der Anträge bestätigt, ist die Nutzung der Anlage in den Fällen der Sätze 1 und 3 spätestens am 11. Februar 2022 einzustellen. [5]Andernfalls ist die Nutzung der Anlage in den Fällen der Sätze 1 und 3 spätestens am 11. Februar 2020 einzustellen. [6]Die Sätze 3 bis 5 gelten nicht, soweit die Ablagerung des Lagerstättenwassers für die Schutzzone III eines festgesetzten Wasserschutzgebietes oder eines festgesetzten Heilquellenschutzgebietes ausnahmsweise zugelassen wird

1. in einer Rechtsverordnung nach § 51 Absatz 1, auch in Verbindung mit § 53 Absatz 5 oder
2. durch behördliche Entscheidung; § 52 Absatz 1 Satz 2 und 3, auch in Verbindung mit § 53 Absatz 5, gilt entsprechend.

§ 105 Überleitung bestehender sonstiger Zulassungen

(1) [1]Eine Zulassung für das Einleiten von Abwasser in öffentliche Abwasseranlagen, die vor dem 1. März 2010 erteilt worden ist, gilt als Genehmigung nach § 58 fort. [2]Eine Zulassung für das Einleiten von Abwasser in private Abwasseranlagen, die vor dem 1. März 2010 erteilt worden ist, gilt als Genehmigung nach § 59 fort. [3]Eine Genehmigung nach § 58 oder § 59 ist nicht erforderlich für Einleitungen von Abwasser in öffentliche oder private Abwasseranlagen, die vor dem 1. März 2010 begonnen haben, wenn die Einleitung nach dem am 28. Februar 2010 geltenden Landesrecht ohne Genehmigung zulässig war.

(2) Eine Zulassung, die vor dem 1. März 2010 nach § 18c des Wasserhaushaltsgesetzes in der am 28. Februar 2010 geltenden Fassung in Verbindung mit den landesrechtlichen Vorschriften erteilt worden ist, gilt als Genehmigung nach § 60 Absatz 3 fort.

(3) [1]Eine Eignungsfeststellung, die vor dem 1. März 2010 nach § 19h Absatz 1 des Wasserhaushaltsgesetzes in der am 28. Februar 2010 geltenden Fassung erteilt worden ist, gilt als Eignungsfeststellung nach § 63 Absatz 1 fort. [2]Ist eine Bauartzulassung vor dem 1. März 2010 nach § 19h Absatz 2 des Wasserhaushaltsgesetzes in der am 28. Februar 2010 geltenden Fassung erteilt worden, ist eine Eignungsfeststellung nach § 63 Absatz 1 nicht erforderlich.

(4) Ein Plan, der vor dem 1. März 2010 nach § 31 Absatz 2 oder Absatz 3 des Wasserhaushaltsgesetzes in der am 28. Februar 2010 geltenden Fassung oder nach landesrechtlichen Vorschriften festgestellt oder genehmigt worden ist, gilt jeweils als Planfeststellungsbeschluss oder als Plangenehmigung nach § 68 fort.

§ 106 Überleitung bestehender Schutzgebietsfestsetzungen

(1) Vor dem 1. März 2010 festgesetzte Wasserschutzgebiete gelten als festgesetzte Wasserschutzgebiete im Sinne von § 51 Absatz 1.

(2) Vor dem 1. März 2010 festgesetzte Heilquellenschutzgebiete gelten als festgesetzte Heilquellenschutzgebiete im Sinne von § 53 Absatz 4.

(3) Vor dem 1. März 2010 festgesetzte, als festgesetzt geltende oder vorläufig gesicherte Überschwemmungsgebiete gelten als festgesetzte oder vorläufig gesicherte Überschwemmungsgebiete im Sinne von § 76 Absatz 2 oder Absatz 3.

§ 107 Übergangsbestimmung für industrielle Abwasserbehandlungsanlagen und Abwassereinleitungen aus Industrieanlagen

(1) [1]Eine Zulassung, die vor dem 2. Mai 2013 nach landesrechtlichen Vorschriften für Abwasserbehandlungsanlagen im Sinne des § 60 Absatz 3 Satz 1 Nummer 2 erteilt worden ist, gilt als Genehmigung nach § 60 Absatz 3 Satz 1 fort. [2]Bis zum 7. Juli 2015 müssen alle in Satz 1 genannten Anlagen den Anforderungen nach § 60 Absatz 1 bis 3 entsprechen.

(1a) [1]Ist eine Anlage im Sinne von § 60 Absatz 3 Satz 1 Nummer 3 vor dem 28. Januar 2018 nach landesrechtlichen Vorschriften nicht im Rahmen einer Deponiezulassung, sondern anderweitig zugelassen worden, gilt diese Zulassung als Genehmigung nach § 60 Absatz 3 Satz 1 fort. [2]Bis zum 28. Januar 2020 müssen alle in Satz 1 genannten Anlagen den Anforderungen nach § 60 Absatz 1 bis 3 entsprechen.

(2) [1]Soweit durch Artikel 2 des Gesetzes zur Umsetzung der Richtlinie über Industrieemissionen vom 8. April 2013 (BGBl. I S. 734) neue Anforderungen festgelegt worden sind, sind diese Anforderungen von Einleitungen aus Anlagen nach § 3 der Verordnung über genehmigungsbedürftige Anlagen, die sich zum Zeitpunkt des Inkrafttretens des genannten Gesetzes in Betrieb befanden, ab dem 7. Januar 2014 zu erfüllen, wenn vor diesem Zeitpunkt

1. eine Genehmigung nach § 4 des Bundes-Immissionsschutzgesetzes für die Anlage erteilt wurde oder

2. von ihrem Betreiber ein vollständiger Genehmigungsantrag gestellt wurde.

[2]Einleitungen aus bestehenden Anlagen nach Satz 1, die nicht von Anhang I der Richtlinie 2008/1/EG des Europäischen Parlaments und des Rates vom 15. Januar 2008 über die integrierte Vermeidung und Verminderung der Umweltverschmutzung (ABl. L 24 vom 29.1.2008, S. 8), die durch die Richtlinie 2009/31/EG (ABl. L 140 vom 5.6.2009, S. 114) geändert worden ist, erfasst wurden, haben abweichend von Satz 1 die dort genannten Anforderungen ab dem 7. Juli 2015 zu erfüllen.

Anlage 1
(zu § 3 Nummer 11)

Kriterien zur Bestimmung des Standes der Technik

Bei der Bestimmung des Standes der Technik sind unter Berücksichtigung der Verhältnismäßigkeit zwischen Aufwand und Nutzen möglicher Maßnahmen sowie des Grundsatzes der Vorsorge und der Vorbeugung, jeweils bezogen auf Anlagen einer bestimmten Art, insbesondere folgende Kriterien zu berücksichtigen:

1. Einsatz abfallarmer Technologie,
2. Einsatz weniger gefährlicher Stoffe,
3. Förderung der Rückgewinnung und Wiederverwertung der bei den einzelnen Verfahren erzeugten und verwendeten Stoffe und gegebenenfalls der Abfälle,
4. vergleichbare Verfahren, Vorrichtungen und Betriebsmethoden, die mit Erfolg im Betrieb erprobt wurden,
5. Fortschritte in der Technologie und in den wissenschaftlichen Erkenntnissen,
6. Art, Auswirkungen und Menge der jeweiligen Emissionen,
7. Zeitpunkte der Inbetriebnahme der neuen oder der bestehenden Anlagen,
8. die für die Einführung einer besseren verfügbaren Technik erforderliche Zeit,
9. Verbrauch an Rohstoffen und Art der bei den einzelnen Verfahren verwendeten Rohstoffe (einschließlich Wasser) sowie Energieeffizienz,
10. Notwendigkeit, die Gesamtwirkung der Emissionen und die Gefahren für den Menschen und die Umwelt so weit wie möglich zu vermeiden oder zu verringern,
11. Notwendigkeit, Unfällen vorzubeugen und deren Folgen für den Menschen und die Umwelt zu verringern,
12. Informationen, die von internationalen Organisationen veröffentlicht werden,
13. Informationen, die in BVT-Merkblättern enthalten sind.

Anlage 2
(zu § 7 Absatz 1 Satz 3)

Flussgebietseinheiten in der Bundesrepublik Deutschland
(RL 2000/60/EG – Wasserrahmenrichtlinie)

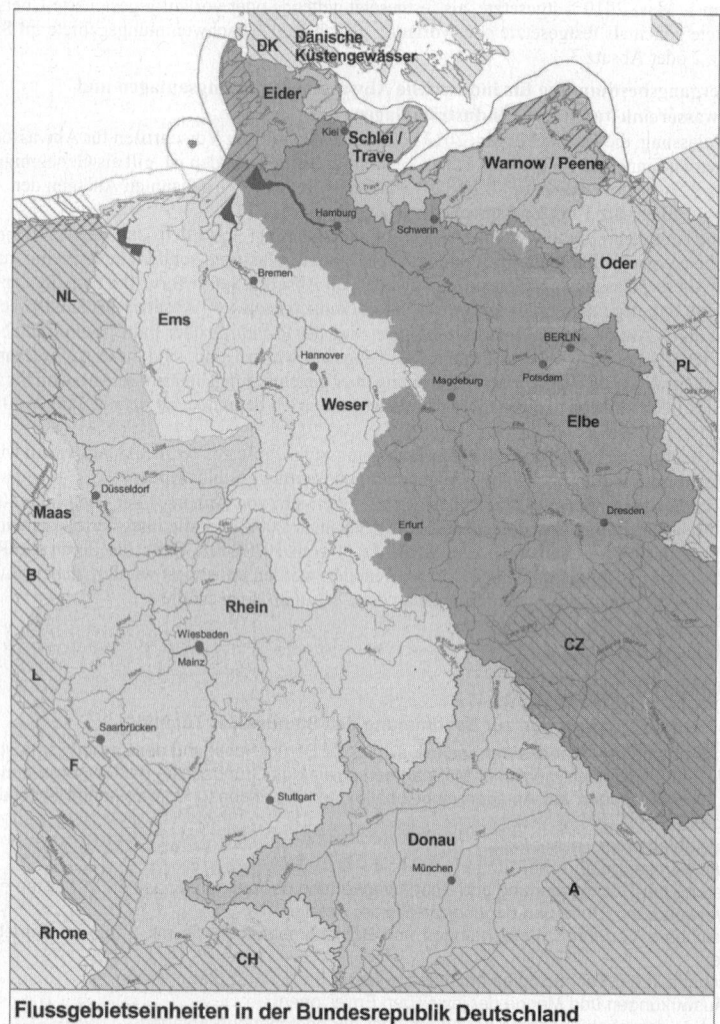

Flussgebietseinheiten in der Bundesrepublik Deutschland
(Richtlinie 2000/60/EG - Wasserrahmenrichtlinie)

Die Markierung und Kennzeichnung der außerhalb der Grenzen der Bundesrepublik Deutschland liegenden Teile internationaler Flussgebietseinheiten dienen lediglich der Veranschaulichung und lassen Festlegungen anderer Staaten sowie internationale Abstimmungen unberührt.

Quelle: Umweltbundesamt, Juni 2004

Kartengrundlage:
Länderarbeitsgemeinschaft Wasser (LAWA),
Bundesamt für Kartographie und Geodäsie (BKG)

Gesetz über die friedliche Verwendung der Kernenergie und den Schutz gegen ihre Gefahren (Atomgesetz)[1)2)3)]

In der Fassung der Bekanntmachung vom 15. Juli 1985[4)] (BGBl. I S. 1565)

(FNA 751-1)

zuletzt geändert durch Art. 239 Elfte ZuständigkeitsanpassungsVO vom 19. Juni 2020 (BGBl. I S. 1328)

Nichtamtliche Inhaltsübersicht

1) Die Änderungen durch Art. 1 G v. 29.8.2008 (BGBl. I S. 1793) treten gem. Art. 5 Abs. 1 dieses G an dem Tag in Kraft, an dem das Protokoll vom 12. Februar 2004 zur Änderung des Übereinkommens vom 29. Juli 1960 über die Haftung gegenüber Dritten auf dem Gebiet der Kernenergie in der Fassung des Zusatzprotokolls vom 28. Januar 1964 und des Protokolls vom 16. November 1982 nach seinem Artikel 20 in Kraft tritt. Der Tag des Inkrafttretens wurde im Bundesgesetzblatt noch bekannt gegeben. Die Änderungen sind daher im Text noch nicht berücksichtigt.

2) Die Änderung durch G v. 28.4.2020 (BGBl. I S. 960, geänd. durch G v. 19.5.2020, BGBl. I S. 1018) tritt erst **mWv 26.5.2021** in Kraft und ist im Text gekennzeichnet.

3) Zur Sicherstellung ordnungsgemäßer Planungs-und Genehmigungsverfahren während der COVID-19-Pandemie siehe das PlanungssicherstellungsG vom 20.5.2020 (BGBl. I S. 1041).

4) Neubekanntmachung des AtG idF der Bek. v. 31.10.1976 (BGBl. I S. 3053) in der ab 1.8.1985 geltenden Fassung.

Erster Abschnitt
Allgemeine Vorschriften

§ 1 Zweckbestimmung des Gesetzes
Zweck dieses Gesetzes ist,
1. die Nutzung der Kernenergie zur gewerblichen Erzeugung von Elektrizität geordnet zu beenden und
 bis zum Zeitpunkt der Beendigung den geordneten Betrieb sicherzustellen,
2. Leben, Gesundheit und Sachgüter vor den Gefahren der Kernenergie und der schädlichen Wirkung
 ionisierender Strahlen zu schützen und durch Kernenergie oder ionisierende Strahlen verursachte
 Schäden auszugleichen,
3. zu verhindern, daß durch Anwendung oder Freiwerden der Kernenergie oder ionisierender Strahlen
 die innere oder äußere Sicherheit der Bundesrepublik Deutschland gefährdet wird,
4. die Erfüllung internationaler Verpflichtungen der Bundesrepublik Deutschland auf dem Gebiet der
 Kernenergie und des Strahlenschutzes zu gewährleisten.

§ 2 Begriffsbestimmungen
(1) [1]Radioaktive Stoffe (Kernbrennstoffe und sonstige radioaktive Stoffe) im Sinne dieses Gesetzes sind
alle Stoffe, die ein Radionuklid oder mehrere Radionuklide enthalten und deren Aktivität oder spezifische
Aktivität im Zusammenhang mit der Kernenergie oder dem Strahlenschutz nach den Regelungen dieses
Gesetzes oder einer auf Grund dieses Gesetzes erlassenen Rechtsverordnung nicht außer Acht gelassen
werden kann. [2]Kernbrennstoffe sind besondere spaltbare Stoffe in Form von

1) Paragrafenzählung amtlich.

1. Plutonium 239 und Plutonium 241,
2. mit den Isotopen 235 oder 233 angereichertem Uran,
3. jedem Stoff, der einen oder mehrere der in den Nummern 1 und 2 genannten Stoffe enthält,
4. Stoffen, mit deren Hilfe in einer geeigneten Anlage eine sich selbst tragende Kettenreaktion aufrechterhalten werden kann und die in einer Rechtsverordnung bestimmt werden;

der Ausdruck „mit den Isotopen 235 und 233 angereichertem Uran" bedeutet Uran, das die Isotope 235 oder 233 oder diese beiden Isotope in einer solchen Menge enthält, dass die Summe der Mengen dieser beiden Isotope größer ist als die Menge des Isotops 238 multipliziert mit dem in der Natur auftretenden Verhältnis des Isotops 235 zum Isotop 238.

(2) ¹Die Aktivität oder spezifische Aktivität eines Stoffes kann im Sinne des Absatzes 1 Satz 1 außer Acht gelassen werden, wenn dieser nach einer auf Grund dieses Gesetzes erlassenen Rechtsverordnung
1. festgelegte Freigrenzen unterschreitet,
2. soweit es sich um einen im Rahmen einer genehmigungspflichtigen Tätigkeit nach diesem Gesetz oder einer auf Grund dieses Gesetzes erlassenen Rechtsverordnung anfallenden Stoff handelt, festgelegte Freigabewerte unterschreitet und der Stoff freigegeben worden ist,
3. soweit es sich um einen Stoff natürlichen Ursprungs handelt, der nicht auf Grund seiner Radioaktivität, als Kernbrennstoff oder zur Erzeugung von Kernbrennstoff genutzt wird, nicht der Überwachung nach diesem Gesetz oder einer auf Grund dieses Gesetzes erlassenen Rechtsverordnung unterliegt.

²Abweichend von Satz 1 kann eine auf Grund dieses Gesetzes erlassene Rechtsverordnung für die Verwendung von Stoffen am Menschen oder für den zweckgerichteten Zusatz von Stoffen bei der Herstellung von Arzneimitteln, Medizinprodukten, Pflanzenschutzmitteln, Schädlingsbekämpfungsmitteln, Stoffen nach § 2 Nummer 1 bis 8 des Düngegesetzes oder Konsumgütern oder deren Aktivierung festlegen, in welchen Fällen die Aktivität oder spezifische Aktivität eines Stoffes nicht außer Acht gelassen werden kann.

(3) ¹Für die Anwendung von Genehmigungsvorschriften nach diesem Gesetz oder der auf Grund dieses Gesetzes erlassenen Rechtsverordnungen gelten Stoffe, in denen der Anteil der Isotope Uran 233, Uran 235, Plutonium 239 und Plutonium 241 insgesamt 15 Gramm oder die Konzentration der genannten Isotope 15 Gramm pro 100 Kilogramm nicht überschreitet, als sonstige radioaktive Stoffe. ²Satz 1 gilt nicht für verfestigte hochradioaktive Spaltproduktlösungen aus der Aufarbeitung von Kernbrennstoffen.

(3a) Des Weiteren ist im Sinne dieses Gesetzes:
1. kerntechnische Anlage:
 a) ortsfeste Anlagen zur Erzeugung oder zur Bearbeitung oder Verarbeitung oder zur Spaltung von Kernbrennstoffen oder zur Aufarbeitung bestrahlter Kernbrennstoffe nach § 7 Absatz 1,
 b) Aufbewahrungen von bestrahlten Kernbrennstoffen nach § 6 Absatz 1 oder Absatz 3,
 c) Zwischenlagerungen für radioaktive Abfälle, wenn die Zwischenlagerungen direkt mit der jeweiligen kerntechnischen Anlage im Sinne des Buchstaben a oder b in Zusammenhang stehen und sich auf dem Gelände der Anlagen befinden;
2. nukleare Sicherheit:
 das Erreichen und Aufrechterhalten ordnungsgemäßer Betriebsbedingungen, die Verhütung von Unfällen und die Abmilderung von Unfallfolgen, so dass Leben, Gesundheit und Sachgüter vor den Gefahren der Kernenergie und der schädlichen Wirkung ionisierender Strahlen geschützt werden;
3. Umgang:
 a) Gewinnung, Erzeugung, Lagerung, Bearbeitung, Verarbeitung, sonstige Verwendung und Beseitigung von
 aa) künstlich erzeugten radioaktiven Stoffen und
 bb) natürlich vorkommenden radioaktiven Stoffen auf Grund ihrer Radioaktivität, zur Nutzung als Kernbrennstoff oder zur Erzeugung von Kernbrennstoffen,
 b) der Betrieb von Bestrahlungsvorrichtungen und
 c) das Aufsuchen, die Gewinnung und die Aufbereitung von Bodenschätzen im Sinne des Bundesberggesetzes.

(4) Für die Anwendung der Vorschriften über die Haftung und Deckung entsprechen die Begriffe nukleares Ereignis, Kernanlage, Inhaber einer Kernanlage, Kernmaterialien und Sonderziehungsrechte den Begriffsbestimmungen in Anlage 1 zu diesem Gesetz.

(5) Pariser Übereinkommen bedeutet das Übereinkommen vom 29. Juli 1960 über die Haftung gegenüber Dritten auf dem Gebiet der Kernenergie in der Fassung der Bekanntmachung vom 5. Februar 1976 (BGBl. II S. 310, 311) und des Protokolls vom 16. November 1982 (BGBl. 1985 II S. 690).

(6) Brüsseler Zusatzübereinkommen bedeutet das Zusatzübereinkommen vom 31. Januar 1963 zum Pariser Übereinkommen in der Fassung der Bekanntmachung vom 5. Februar 1976 (BGBl. II S. 310, 318) und des Protokolls vom 16. November 1982 (BGBl. 1985 II S. 690).

(7) Gemeinsames Protokoll bedeutet das Gemeinsame Protokoll vom 21. September 1988 über die Anwendung des Wiener Übereinkommens und des Pariser Übereinkommens (BGBl. 2001 II S. 202, 203).

(8) Wiener Übereinkommen bedeutet das Wiener Übereinkommen vom 21. Mai 1963 über die zivilrechtliche Haftung für nukleare Schäden (BGBl. 2001 II S. 202, 207) in der für die Vertragsparteien dieses Übereinkommens jeweils geltenden Fassung.

§ 2a Umweltverträglichkeitsprüfung

(1) [1]Besteht nach dem Gesetz über die Umweltverträglichkeitsprüfung eine Verpflichtung zur Durchführung einer Umweltverträglichkeitsprüfung für Vorhaben, die einer Genehmigung oder Planfeststellung nach diesem Gesetz oder einer auf Grund dieses Gesetzes erlassenen Rechtsverordnung bedürfen (UVP-pflichtige Vorhaben), ist die Umweltverträglichkeitsprüfung unselbständiger Teil der Verfahren zur Erteilung der nach diesem Gesetz oder der nach einer auf Grund dieses Gesetzes erlassenen Rechtsverordnung erforderlichen Genehmigung oder Planfeststellung. [2]Die Umweltverträglichkeitsprüfung ist nach den Vorschriften des § 7 Abs. 4 Satz 1 und 2 und der Rechtsverordnung nach § 7 Abs. 4 Satz 3 über den Gegenstand der Umweltverträglichkeitsprüfung, die Antragsunterlagen, die Bekanntmachung des Vorhabens und des Erörterungstermins, die Auslegung und Zugänglichmachung, auch über das einschlägige zentrale Internetportal nach dem Gesetz über die Umweltverträglichkeitsprüfung von Antragsunterlagen, die Erhebung von Einwendungen, die Beteiligung von Behörden, die Durchführung des Erörterungstermins, den Inhalt des Genehmigungsbescheids und der Zustellung, öffentliche Bekanntmachung und Zugänglichmachung, auch über das einschlägige zentrale Internetportal nach dem Gesetz über die Umweltverträglichkeitsprüfung der Entscheidung durchzuführen. [3]§ 31 des Gesetzes über die Umweltverträglichkeitsprüfung sowie § 9b Abs. 2 und 5 Nr. 1 bleiben unberührt.

(1a) Besteht nach dem Gesetz über die Umweltverträglichkeitsprüfung eine Verpflichtung zur Durchführung einer Vorprüfung für Vorhaben, die einer Genehmigung oder Planfeststellung nach diesem Gesetz oder einer auf Grund dieses Gesetzes erlassenen Rechtsverordnung bedürfen, wird die Vorprüfung nach den Bestimmungen des Gesetzes über die Umweltverträglichkeitsprüfung durchgeführt.

(2) Vor Erhebung einer verwaltungsgerichtlichen Klage, die einen nach Durchführung einer Umweltverträglichkeitsprüfung erlassenen Verwaltungsakt zum Gegenstand hat, bedarf es keiner Nachprüfung in einem Vorverfahren.

§ 2b Elektronische Kommunikation

(1) Die Vorschriften des Verwaltungsverfahrensgesetzes über die elektronische Kommunikation finden Anwendung, soweit nicht durch Rechtsvorschriften dieses Gesetzes oder einer auf Grund dieses Gesetzes erlassenen Rechtsverordnung[1)] etwas anderes bestimmt ist.

(2) Elektronische Verwaltungsakte nach diesem Gesetz oder nach einer auf Grund dieses Gesetzes erlassenen Rechtsverordnung sind mit einer dauerhaft überprüfbaren qualifizierten elektronischen Signatur nach § 37 Abs. 4 des Verwaltungsverfahrensgesetzes zu versehen.

(3) Erfolgt die Antragstellung in elektronischer Form, kann die zuständige Behörde Mehrfertigungen sowie die Übermittlung der dem Antrag beizufügenden Unterlagen auch in schriftlicher Form verlangen.

§ 2c Nationales Entsorgungsprogramm

(1) Die Bundesregierung legt in einem Nationalen Entsorgungsprogramm dar, wie die nationale Strategie für eine verantwortungsvolle und sichere Entsorgung abgebrannter Brennelemente und radioaktiver Abfälle umgesetzt werden soll.

(2) [1]Das Nationale Entsorgungsprogramm umfasst eine Darlegung folgender Bestandteile:

1. die Gesamtziele der nationalen Strategie in Bezug auf die Entsorgung abgebrannter Brennelemente und radioaktiver Abfälle,

2. die maßgeblichen Zwischenetappen und klaren Zeitpläne für die Erreichung dieser Zwischenetappen unter Beachtung der übergreifenden Ziele des Nationalen Entsorgungsprogramms,

3. eine nationale Bestandsaufnahme sämtlicher abgebrannter Brennelemente und radioaktiver Abfälle sowie Schätzungen der künftigen Mengen, auch aus der Stilllegung von Anlagen und Einrichtungen, wobei aus der Bestandsaufnahme der Standort und die Menge radioaktiver Abfälle und abgebrannter Brennelemente gemäß einer geeigneten Klassifizierung der radioaktiven Abfälle eindeutig hervorgehen müssen,

1) Siehe die Atomrechtliche Sicherheitsbeauftragten- und MeldeVO.

4.	die Konzepte oder Pläne und die technischen Lösungen für die Entsorgung abgebrannter Brennelemente und radioaktiver Abfälle vom Anfall bis zur Endlagerung,

5.	die Konzepte oder Pläne für den Zeitraum nach Beendigung der Stilllegung von Anlagen zur Endlagerung radioaktiver Abfälle nach § 9a Absatz 3, einschließlich vorgesehener Angaben über Kontrollzeiträume und vorgesehener Maßnahmen, um das Wissen über die Anlagen längerfristig zu bewahren,

6.	die Forschungs-, Entwicklungs- und Erprobungstätigkeiten, die erforderlich sind, um Lösungen für die Entsorgung abgebrannter Brennelemente und radioaktiver Abfälle umzusetzen,

7.	die Zuständigkeit für die Umsetzung des Nationalen Entsorgungsprogramms und die Leistungskennzahlen für die Überwachung der Fortschritte bei der Umsetzung,

8.	eine Abschätzung der Kosten des Nationalen Entsorgungsprogramms sowie die Grundlagen und Annahmen, auf denen diese Abschätzung beruht, einschließlich einer Darstellung des zeitlichen Profils der voraussichtlichen Kostenentwicklung,

9.	die geltenden Finanzierungsregelungen,

10.	die geltenden Transparenzregelungen sowie

11.	gegebenenfalls mit einem Mitgliedstaat der Europäischen Union oder einem Drittland geschlossene Abkommen über Entsorgungsmaßnahmen in Bezug auf abgebrannte Brennelemente und radioaktive Abfälle; § 1 Absatz 1 des Standortauswahlgesetzes bleibt unberührt. ²Das Nationale Entsorgungsprogramm kann in einem oder in mehreren Dokumenten niedergelegt werden.

(3) Die Bundesregierung überprüft das Nationale Entsorgungsprogramm regelmäßig, mindestens aber alle zehn Jahre ab der erstmaligen Erstellung, spätestens ab dem 23. August 2015, und aktualisiert es danach bei Bedarf, wobei sie gegebenenfalls den wissenschaftlichen und technischen Fortschritt sowie Empfehlungen, Erfahrungen und bewährte Praktiken, die sich aus den Prüfungen durch Experten ergeben, berücksichtigt.

(4) ¹Zur Vorbereitung der Darlegung der Bestandteile des Nationalen Entsorgungsprogramms sind die nach § 9a Absatz 1 Satz 1 Entsorgungspflichtigen und die Besitzer abgebrannter Brennelemente oder radioaktiver Abfälle, sofern beide ihre radioaktiven Abfälle nicht nach einer aufgrund dieses Gesetzes erlassenen Rechtsverordnung an eine Landessammelstelle abzuliefern haben, verpflichtet, auf Verlangen des für die kerntechnische Sicherheit und den Strahlenschutz zuständigen Bundesministeriums die erforderlichen Auskünfte zu erteilen über

1.	die bestehenden Entsorgungskonzepte, einschließlich realistischer Angaben über die technischen, organisatorischen und zeitlichen Planungen für die einzelnen Entsorgungsschritte vom Anfall abgebrannter Brennelemente und radioaktiver Abfälle bis zur Ablieferung an eine Anlage zur Endlagerung,

2.	die Mengen, Arten, Eigenschaften und Standorte der bei ihnen bisher angefallenen oder gelagerten abgebrannten Brennelemente und radioaktiven Abfälle sowie

3.	eine Schätzung der zukünftig bei ihnen anfallenden oder zu lagernden Mengen abgebrannter Brennelemente und radioaktiver Abfälle, klassifiziert nach Arten und Eigenschaften sowie unter Berücksichtigung von Stilllegungsmaßnahmen.

²Die Übermittlung des Auskunftsverlangens nach diesem Absatz an die Auskunftsverpflichteten und der erteilten Auskünfte an das für die kerntechnische Sicherheit und den Strahlenschutz zuständige Bundesministerium erfolgt über die zuständigen Behörden der Länder.

§ 2d Grundsätze der nuklearen Entsorgung

Das Nationale Entsorgungsprogramm nach § 2c berücksichtigt folgende Grundsätze:

1.	der Anfall radioaktiver Abfälle wird durch eine geeignete Auslegung sowie Betriebs- und Stilllegungsverfahren, einschließlich der Weiter- und Wiederverwendung von Material, auf das Maß beschränkt, das hinsichtlich Aktivität und Volumen der radioaktiven Abfälle vernünftigerweise realisierbar ist,

2.	die wechselseitigen Abhängigkeiten der einzelnen Schritte beim Anfall und bei der Entsorgung abgebrannter Brennelemente und radioaktiver Abfälle werden berücksichtigt,

3.	abgebrannte Brennelemente und radioaktive Abfälle werden sicher entsorgt, wobei im Hinblick auf die langfristige Sicherheit auch die Aspekte der passiven Sicherheit zu berücksichtigen sind,

4.	die Durchführung von Maßnahmen erfolgt nach einem abgestuften Konzept,

5.	die Kosten der Entsorgung abgebrannter Brennelemente und radioaktiver Abfälle werden nach Maßgabe der hierzu erlassenen Rechtsvorschriften einschließlich des Entsorgungsfondsgesetzes von den Abfallerzeugern getragen und

6. in Bezug auf alle Stufen der Entsorgung abgebrannter Brennelemente und radioaktiver Abfälle wird ein faktengestützter und dokumentierter Entscheidungsprozess angewendet.

Zweiter Abschnitt
Überwachungsvorschriften

§ 3 Einfuhr und Ausfuhr

(1) Wer Kernbrennstoffe einführt oder ausführt, bedarf der Genehmigung.

(2) Die Genehmigung zur Einfuhr ist zu erteilen, wenn

1. keine Tatsachen vorliegen, aus denen sich Bedenken gegen die Zuverlässigkeit des Einführers ergeben, und

2. gewährleistet ist, daß die einzuführenden Kernbrennstoffe unter Beachtung der Vorschriften dieses Gesetzes, der auf Grund dieses Gesetzes erlassenen Rechtsverordnungen und der internationalen Verpflichtungen der Bundesrepublik Deutschland auf dem Gebiet der Kernenergie verwendet werden.

(3) Die Genehmigung zur Ausfuhr ist zu erteilen, wenn

1. keine Tatsachen vorliegen, aus denen sich Bedenken gegen die Zuverlässigkeit des Ausführers ergeben, und

2. gewährleistet ist, daß die auszuführenden Kernbrennstoffe nicht in einer die internationalen Verpflichtungen der Bundesrepublik Deutschland auf dem Gebiet der Kernenergie oder die innere oder äußere Sicherheit der Bundesrepublik Deutschland gefährdenden Weise verwendet werden.

(4) Andere Rechtsvorschriften über die Einfuhr und Ausfuhr bleiben unberührt.

(5) Der Einfuhr oder Ausfuhr im Sinne dieses Gesetzes steht jede sonstige Verbringung in den Geltungsbereich oder aus dem Geltungsbereich dieses Gesetzes gleich.

(6) [1]Die Erteilung einer Genehmigung zur Ausfuhr von aus dem Betrieb von Anlagen zur Spaltung von Kernbrennstoffen zu Forschungszwecken stammenden bestrahlten Brennelementen darf nur aus schwerwiegenden Gründen der Nichtverbreitung von Kernbrennstoffen oder aus Gründen einer ausreichenden Versorgung deutscher Forschungsreaktoren mit Brennelementen für medizinische und sonstige Zwecke der Spitzenforschung erfolgen. [2]Davon ausgenommen ist die Verbringung der Brennelemente nach Satz 1 mit dem Ziel der Herstellung in Deutschland endlagerfähiger und endzulagernder Abfallgebinde. [3]Abweichend von Satz 1 darf eine Genehmigung zur Ausfuhr bestrahlter Brennelemente nach Satz 1 nicht erteilt werden, wenn diese Brennelemente auf der Grundlage einer Genehmigung nach § 6 im Inland zwischengelagert sind.

§ 4 Beförderung von Kernbrennstoffen

(1) [1]Die Beförderung von Kernbrennstoffen außerhalb eines abgeschlossenen Geländes, auf dem Kernbrennstoffe staatlich verwahrt werden oder eine nach den §§ 6, 7 und 9 genehmigte Tätigkeit ausgeübt wird, bedarf der Genehmigung. [2]Diese wird dem Absender oder demjenigen erteilt, der es übernimmt, die Versendung oder Beförderung der Kernbrennstoffe zu besorgen.

(2) Die Genehmigung ist zu erteilen, wenn

1. keine Tatsachen vorliegen, aus denen sich Bedenken gegen die Zuverlässigkeit des Antragstellers, des Beförderers und der den Transport ausführenden Personen ergeben, und, falls ein Strahlenschutzbeauftragter nicht notwendig ist, eine der für die Beförderung der Kernbrennstoffe verantwortlichen natürlichen Personen die hierfür erforderliche Fachkunde besitzt,

2. gewährleistet ist, daß die Beförderung durch Personen ausgeführt wird, die die notwendigen Kenntnisse über die mögliche Strahlengefährdung und die anzuwendenden Schutzmaßnahmen für die beabsichtigte Beförderung von Kernbrennstoffen besitzen,

3. gewährleistet ist, daß die Kernbrennstoffe unter Beachtung der für den jeweiligen Verkehrsträger geltenden Rechtsvorschriften über die Beförderung gefährlicher Güter befördert werden oder, soweit solche Vorschriften fehlen, auf andere Weise die nach dem Stand von Wissenschaft und Technik erforderliche Vorsorge gegen Schäden durch die Beförderung der Kernbrennstoffe getroffen ist,

4. die erforderliche Vorsorge für die Erfüllung gesetzlicher Schadensersatzverpflichtungen getroffen ist,

5. der erforderliche Schutz gegen Störmaßnahmen oder sonstige Einwirkungen Dritter gewährleistet ist,

6. überwiegende öffentliche Interessen der Wahl der Art, der Zeit und des Weges der Beförderung nicht entgegenstehen,

7. für die Beförderung bestrahlter Brennelemente von Anlagen zur Spaltung von Kernbrennstoffen zur gewerblichen Erzeugung von Elektrizität zu zentralen Zwischenlagern nach § 6 Abs. 1 nachgewiesen ist, dass eine Lagermöglichkeit in einem nach § 9a Abs. 2 Satz 3 zu errichtenden standortnahen Zwischenlager nicht verfügbar ist.

(3) Der nach Absatz 2 Nr. 4 erforderlichen Vorsorge für die Erfüllung gesetzlicher Schadensersatzverpflichtungen bedarf es nicht für die Beförderung der in Anlage 2 zu diesem Gesetz bezeichneten Kernbrennstoffe.

(4) Die Genehmigung ist für den einzelnen Beförderungsvorgang zu erteilen; sie kann jedoch einem Antragsteller allgemein auf längstens drei Jahre erteilt werden, soweit die in § 1 Nr. 2 bis 4 bezeichneten Zwecke nicht entgegenstehen.

(5) ¹Eine Ausfertigung oder eine öffentlich beglaubigte Abschrift des Genehmigungsbescheids ist bei der Beförderung mitzuführen. ²Der Beförderer hat ferner eine Bescheinigung mit sich zu führen, die den Anforderungen des Artikels 4 Abs. c des Pariser Übereinkommens entspricht, sofern es sich nicht um eine Beförderung handelt, die nach Absatz 3 einer Vorsorge für die Erfüllung gesetzlicher Schadensersatzverpflichtungen nicht bedarf. ³Der Bescheid und die Bescheinigung sind der für die Kontrolle zuständigen Behörde und den von ihr Beauftragten auf Verlangen vorzuzeigen.

(6) ¹Absatz 5 Satz 1 gilt nicht für die Beförderung mit der Eisenbahn durch einen Eisenbahnunternehmer. ²Im übrigen bleiben die für die jeweiligen Verkehrsträger geltenden Rechtsvorschriften über die Beförderung gefährlicher Güter unberührt.

§ 4a Deckungsvorsorge bei grenzüberschreitender Beförderung

(1) Die nach § 4 Abs. 2 Nr. 4 erforderliche Vorsorge für die Erfüllung gesetzlicher Schadensersatzverpflichtungen ist vorbehaltlich der Absätze 3 und 4 bei der grenzüberschreitenden Beförderung von Kernbrennstoffen getroffen, wenn sich die nach Artikel 4 Abs. c des Pariser Übereinkommens erforderliche Bescheinigung über die Deckungsvorsorge auf den Inhaber einer in einem Vertragsstaat des Pariser Übereinkommens gelegenen Kernanlage bezieht.

(2) ¹Versicherer im Sinne des Artikels 4 Abs. c des Pariser Übereinkommens ist
1. ein im Inland zum Betrieb der Haftpflichtversicherung befugtes Versicherungsunternehmen oder
2. ein Versicherungsunternehmen eines Drittstaates im Sinne des § 7 Nummer 34 des Versicherungsaufsichtsgesetzes, das in seinem Sitzland zum Betrieb der Haftpflichtversicherung befugt ist, wenn neben ihm ein nach Nummer 1 befugtes Versicherungsunternehmen oder ein Verband solcher Versicherungsunternehmen die Pflichten eines Haftpflichtversicherers übernimmt.

²Eine sonstige finanzielle Sicherheit kann anstelle der Versicherung zugelassen werden, wenn gewährleistet ist, daß der zur Deckungsvorsorge Verpflichtete, solange mit seiner Inanspruchnahme gerechnet werden muß, in der Lage sein wird, seine gesetzlichen Schadensersatzverpflichtungen im Rahmen der Festsetzung der Deckungsvorsorge zu erfüllen.

(3) ¹Ist für einen Vertragsstaat des Pariser Übereinkommens das Brüsseler Zusatzübereinkommen nicht in Kraft getreten, so kann im Falle der Durchfuhr von Kernbrennstoffen die Genehmigung nach § 4 davon abhängig gemacht werden, daß der nach dem Recht dieses Vertragsstaates vorgesehene Haftungshöchstbetrag des Inhabers der Kernanlage für nukleare Ereignisse, die im Verlaufe der Beförderung im Inland eintreten, soweit erhöht wird, wie dies nach Menge und Beschaffenheit der Kernbrennstoffe sowie den getroffenen Sicherheitsmaßnahmen erforderlich ist. ²Der Inhaber der Kernanlage hat durch Vorlage einer von der zuständigen Behörde des Vertragsstaates ausgestellten Bescheinigung den Nachweis der Deckungsvorsorge für den erhöhten Haftungshöchstbetrag zu erbringen.

(4) Im Falle der Einfuhr von oder Ausfuhr von Kernbrennstoffen aus einem oder in einen anderen Vertragsstaat des Pariser Übereinkommens, für den das Brüsseler Zusatzübereinkommen nicht in Kraft getreten ist, kann die Genehmigung nach § 4 davon abhängig gemacht werden, daß der Inhaber der im Inland gelegenen Kernanlage, zu oder von der die Kernbrennstoffe befördert werden sollen, die Haftung für nukleare Ereignisse, die im Verlaufe der Beförderung im Inland eintreten, nach den Vorschriften dieses Gesetzes übernimmt, wenn der in dem anderen Vertragsstaat des Pariser Übereinkommens vorgesehene Haftungshöchstbetrag im Hinblick auf die Menge und Beschaffenheit der Kernbrennstoffe sowie die getroffenen Sicherheitsmaßnahmen nicht angemessen ist.

§ 4b Beförderung von Kernmaterialien in besonderen Fällen

(1) ¹Wer Kernmaterialien befördert, ohne einer Genehmigung nach § 4 zu bedürfen, hat vor Beginn der Beförderung der zuständigen Behörde die erforderliche Vorsorge für die Erfüllung gesetzlicher Schadensersatzverpflichtungen nachzuweisen. ²Reicht die angebotene Vorsorge nicht aus, so hat die Verwaltungsbehörde die erforderliche Deckungsvorsorge nach den Grundsätzen des § 13 Abs. 2 Nr. 1 festzusetzen. ³§ 4 Abs. 5 Satz 2 und 3 und § 4a sind anzuwenden.

(2) Absatz 1 ist nicht anzuwenden, soweit es sich um die Beförderung von Kernmaterialien handelt, die in Anlage 2 zu diesem Gesetz bezeichnet sind.

§ 5 Berechtigung zum Besitz von Kernbrennstoffen; staatliche Verwahrung

(1) [1]Zum Besitz von Kernbrennstoffen ist berechtigt, wer auf Grund einer nach diesem Gesetz oder einer auf Grund dieses Gesetzes erlassenen Rechtsverordnung erteilten Genehmigung mit Kernbrennstoffen umgeht oder Kernbrennstoffe befördert, insbesondere Kernbrennstoffe

1. nach § 4 berechtigt befördert,
2. auf Grund einer Genehmigung nach § 6 aufbewahrt,
3. in einer nach § 7 genehmigten Anlage oder auf Grund einer Genehmigung nach § 9 bearbeitet, verarbeitet oder sonst verwendet,
4. auf Grund der §§ 9a bis 9c in einer Landessammelstelle zwischenlagert oder in einer Anlage zur Sicherstellung oder zur Endlagerung radioaktiver Abfälle aufbewahrt oder beseitigt.

[2]Zum Besitz von Kernbrennstoffen berechtigt auch eine Anordnung nach § 19 Abs. 3 Satz 2 Nr. 2 zur Aufbewahrung von Kernbrennstoffen.

(2) [1]Wer Kernbrennstoffe in unmittelbarem Besitz hat, ohne nach Absatz 1 Satz 1 dazu berechtigt zu sein, hat zum Schutz der Allgemeinheit für den Verbleib der Kernbrennstoffe bei einem nach Absatz 1 Satz 1 zum Besitz der Kernbrennstoffe Berechtigten zu sorgen. [2]Satz 1 gilt nicht für denjenigen, der Kernbrennstoffe findet und an sich nimmt, ohne seinen Willen die tatsächliche Gewalt über Kernbrennstoffe erlangt oder die tatsächliche Gewalt über Kernbrennstoffe erlangt, ohne zu wissen, dass diese Kernbrennstoffe sind.

(3) [1]Kann im Falle des Absatzes 2 Satz 1 eine Aufbewahrung beim unmittelbaren Besitzer auf Grund einer Genehmigung nach § 6 oder ein anderweitiger berechtigter Besitz nach Absatz 1 Satz 1 nicht herbeigeführt werden, sind bis zur Herstellung eines berechtigten Besitzes die Kernbrennstoffe unverzüglich staatlich zu verwahren und hierfür der Verwahrungsbehörde abzuliefern, soweit nicht eine Anordnung nach § 19 Abs. 3 Satz 2 Nr. 2 Abweichendes bestimmt oder zulässt. [2]Wer nach Satz 1 Kernbrennstoffe abgeliefert hat, hat zum Schutz der Allgemeinheit für einen berechtigten Besitz nach Absatz 1 Satz 1 in Verbindung mit Absatz 2 Satz 1 zu sorgen. [3]Satz 2 gilt entsprechend für den Inhaber des Nutzungs- und Verbrauchsrechts an Kernbrennstoffen, die staatlich verwahrt werden, und für denjenigen, der Kernbrennstoffe von einem Dritten zu übernehmen oder zurückzunehmen hat, ohne nach Absatz 1 Satz 1 zum Besitz der Kernbrennstoffe berechtigt zu sein.

(4) Kernbrennstoffe, bei denen ein nach Absatz 1 zum Besitz Berechtigter nicht feststellbar oder nicht heranziehbar ist, sind staatlich zu verwahren.

(5) Bei der staatlichen Verwahrung ist die nach dem Stand von Wissenschaft und Technik erforderliche Vorsorge gegen Schäden durch die Aufbewahrung von Kernbrennstoffen zu treffen und der erforderliche Schutz gegen Störmaßnahmen oder sonstige Einwirkungen Dritter zu gewährleisten.

(6) Die Herausgabe von Kernbrennstoffen aus der staatlichen Verwahrung oder die Abgabe von Kernbrennstoffen ist nur an einen nach Absatz 1 Satz 1 berechtigten Besitzer zulässig.

(7) [1]Zur Durchsetzung der Pflichten nach Absatz 2 Satz 1 und Absatz 3 Satz 2 und 3 kann die Verwahrungsbehörde Anordnungen gegenüber den dort genannten Personen zum Verbleib der Kernbrennstoffe beim Verpflichteten oder zur Abgabe an einen zum Besitz Berechtigten treffen. [2]Abweichend von § 11 Abs. 3 des Verwaltungsvollstreckungsgesetzes beträgt die Höhe des Zwangsgeldes bis zu 500 000 Euro. [3]Die Befugnisse der Aufsichtsbehörden nach § 19 Abs. 3 bleiben unberührt.

(8) Die Absätze 1 bis 7 gelten nicht für Kernbrennstoffe, die in radioaktiven Abfällen enthalten sind.

§ 6 Genehmigung zur Aufbewahrung von Kernbrennstoffen

(1) [1]Wer Kernbrennstoffe außerhalb der staatlichen Verwahrung aufbewahrt, bedarf der Genehmigung. [2]Einer Genehmigung bedarf ferner, wer eine genehmigte Aufbewahrung wesentlich verändert.

(2) Die Genehmigung ist zu erteilen, wenn ein Bedürfnis für eine solche Aufbewahrung besteht und wenn

1. keine Tatsachen vorliegen, aus denen sich Bedenken gegen die Zuverlässigkeit des Antragstellers und der für die Leitung und Beaufsichtigung der Aufbewahrung verantwortlichen Personen ergeben, und die für die Leitung und Beaufsichtigung der Aufbewahrung verantwortlichen Personen die hierfür erforderliche Fachkunde besitzen,
2. die nach dem Stand von Wissenschaft und Technik erforderliche Vorsorge gegen Schäden durch die Aufbewahrung der Kernbrennstoffe getroffen ist,
3. die erforderliche Vorsorge für die Erfüllung gesetzlicher Schadensersatzverpflichtungen getroffen ist,
4. der erforderliche Schutz gegen Störmaßnahmen oder sonstige Einwirkungen Dritter gewährleistet ist.

(3) [1]Wer zur Erfüllung der Verpflichtung nach § 9a Abs. 2 Satz 3 innerhalb des abgeschlossenen Geländes einer Anlage zur Spaltung von Kernbrennstoffen zur gewerblichen Erzeugung von Elektrizität in einem gesonderten Lagergebäude in Transport- und Lagerbehältern bestrahlte Kernbrennstoffe bis zu deren Ablieferung an eine Anlage zur Endlagerung radioaktiver Abfälle aufbewahrt, bedarf einer Genehmigung nach Absatz 1. [2]Die Genehmigungsvoraussetzungen der Nummern 1 bis 4 des Absatzes 2 gelten entsprechend.

(4) Die Anfechtungsklage gegen eine Veränderungsgenehmigung nach Absatz 1 Satz 2, die zur Erfüllung der Verpflichtung nach § 9a Absatz 2a erteilt wurde, hat keine aufschiebende Wirkung.

(5) [1]Die Aufbewahrung von Kernbrennstoffen in kerntechnischen Anlagen nach Absatz 3 in Verbindung mit Absatz 1 soll 40 Jahre ab Beginn der ersten Einlagerung eines Behälters nicht überschreiten. [2]Eine Verlängerung von Genehmigungen nach Satz 1 darf nur aus unabweisbaren Gründen und nach der vorherigen Befassung des Deutschen Bundestages erfolgen.

§ 7 Genehmigung von Anlagen

(1) [1]Wer eine ortsfeste Anlage zur Erzeugung oder zur Bearbeitung oder Verarbeitung oder zur Spaltung von Kernbrennstoffen oder zur Aufarbeitung bestrahlter Kernbrennstoffe errichtet, betreibt oder sonst innehat oder die Anlage oder ihren Betrieb wesentlich verändert, bedarf der Genehmigung. [2]Für die Errichtung und den Betrieb von Anlagen zur Spaltung von Kernbrennstoffen zur gewerblichen Erzeugung von Elektrizität und von Anlagen zur Aufarbeitung bestrahlter Kernbrennstoffe werden keine Genehmigungen erteilt. [3]Dies gilt nicht für wesentliche Veränderungen von Anlagen oder ihres Betriebs.

(1a) [1]Die Berechtigung zum Leistungsbetrieb einer Anlage zur Spaltung von Kernbrennstoffen zur gewerblichen Erzeugung von Elektrizität erlischt, wenn die in Anlage 3 Spalte 2 für die Anlage aufgeführte Elektrizitätsmenge oder die sich auf Grund von Übertragungen nach Absatz 1b ergebende Elektrizitätsmenge erzeugt ist, jedoch spätestens

1. mit Ablauf des 6. August 2011 für die Kernkraftwerke Biblis A, Neckarwestheim 1, Biblis B, Brunsbüttel, Isar 1, Unterweser, Philippsburg 1 und Krümmel,
2. mit Ablauf des 31. Dezember 2015 für das Kernkraftwerk Grafenrheinfeld,
3. mit Ablauf des 31. Dezember 2017 für das Kernkraftwerk Gundremmingen B,
4. mit Ablauf des 31. Dezember 2019 für das Kernkraftwerk Philippsburg 2,
5. mit Ablauf des 31. Dezember 2021 für die Kernkraftwerke Grohnde, Gundremmingen C und Brokdorf,
6. mit Ablauf des 31. Dezember 2022 für die Kernkraftwerke Isar 2, Emsland und Neckarwestheim 2.[1)]

[2]Die Erzeugung der in Anlage 3 Spalte 2 aufgeführten Elektrizitätsmengen ist durch ein Messgerät zu messen. [3]Das Messgerät nach Satz 2 muss den Vorschriften des Mess- und Eichgesetzes und den auf Grund des Mess- und Eichgesetzes erlassenen Rechtsverordnungen entsprechen. [4]Ein Messgerät nach Satz 2 darf erst in Betrieb genommen werden, nachdem eine Behörde nach § 54 Absatz 1 des Mess- und Eichgesetzes dessen Eignung und ordnungsgemäße Verwenden festgestellt hat. [5]Wer ein Messgerät nach Satz 2 verwendet, muss das Messgerät unverzüglich so aufstellen und anschließen sowie so handhaben und warten, dass die Richtigkeit der Messung und die zuverlässige Ablesung der Anzeige gewährleistet sind. [6]Die Vorschriften des Mess- und Eichgesetzes und der auf Grund dieses Gesetzes erlassenen Rechtsverordnung finden Anwendung. [7]Der Genehmigungsinhaber hat den bestimmungsgemäßen Zustand des Messgerätes in jedem Kalenderjahr durch eine Sachverständigenorganisation und die in jedem Kalenderjahr erzeugte Elektrizitätsmenge binnen eines Monats durch einen Wirtschaftsprüfer oder eine Wirtschaftsprüfungsgesellschaft überprüfen und bescheinigen zu lassen.

(1b) [1]Elektrizitätsmengen nach Anlage 3 Spalte 2 können ganz oder teilweise von einer Anlage auf eine andere Anlage übertragen werden, wenn die empfangende Anlage den kommerziellen Leistungsbetrieb später als die abgebende Anlage begonnen hat. [2]Elektrizitätsmengen können abweichend von Satz 1 auch von einer Anlage übertragen werden, die den kommerziellen Leistungsbetrieb später begonnen hat, wenn das Bundesministerium für Umwelt, Naturschutz und nukleare Sicherheit im Einvernehmen mit dem Bundeskanzleramt und dem Bundesministerium für Wirtschaft und Energie der Übertragung zugestimmt hat. [3]Die Zustimmung nach Satz 2 ist nicht erforderlich, wenn die abgebende Anlage den Leistungsbetrieb dauerhaft einstellt und ein Antrag nach Absatz 3 Satz 1 zur Stilllegung der Anlage gestellt worden ist.

1) § 7 Abs. 1a Satz 1 ist gem. Urt. des BVerfG v. 6.12.2016 (BGBl. I S. 3451) mit Art. 14 Abs. 1 des Grundgesetzes unvereinbar, soweit das Gesetz nicht eine im Wesentlichen vollständige Verstromung der den Kernkraftwerken in Anl. 3 Spalte 2 zum Atomgesetz zugewiesenen Elektrizitätsmengen sicherstellt und keinen angemessenen Ausgleich hierfür gewährt. Der Gesetzgeber ist verpflichtet, eine Neuregelung spätestens bis zum 30. Juni 2018 zu treffen. § 7 Abs. 1a Satz 1 ist bis zu einer Neuregelung weiter anwendbar.

[4]Elektrizitätsmengen nach Anlage 3 Spalte 2 können von Anlagen nach Absatz 1a Satz 1 Nummer 1 bis 6 auch nach Erlöschen der Berechtigung zum Leistungsbetrieb nach den Sätzen 1 bis 3 übertragen werden.
(1c) [1]Der Genehmigungsinhaber hat der zuständigen Behörde

1. monatlich die im Sinne des Absatzes 1a in Verbindung mit der Anlage 3 Spalte 2 im Vormonat erzeugten Elektrizitätsmengen mitzuteilen,
2. die Ergebnisse der Überprüfungen und die Bescheinigungen nach Absatz 1a Satz 3 binnen eines Monats nach deren Vorliegen vorzulegen,
3. die zwischen Anlagen vorgenommenen Übertragungen nach Absatz 1b binnen einer Woche nach Festlegung der Übertragung mitzuteilen.

[2]Der Genehmigungsinhaber hat in der ersten monatlichen Mitteilung über die erzeugte Elektrizitätsmenge nach Satz 1 eine Mitteilung über die seit dem 1. Januar 2000 bis zum letzten Tag des April 2002 erzeugte Elektrizitätsmenge zu übermitteln, die von einem Wirtschaftsprüfer oder einer Wirtschaftsprüfungsgesellschaft überprüft und bescheinigt worden ist. [3]Der Zeitraum der ersten monatlichen Mitteilung beginnt ab dem 1. Mai 2002. [4]Die übermittelten Informationen nach Satz 1 Nummer 1 bis 3 sowie die Angabe der jeweils noch verbleibenden Elektrizitätsmenge werden durch die zuständige Behörde im Bundesanzeiger bekannt gemacht[1]; hierbei werden die erzeugten Elektrizitätsmengen im Sinne des Satzes 1 Nummer 1 jährlich zusammengerechnet für ein Kalenderjahr im Bundesanzeiger bekannt gemacht, jedoch bei einer voraussichtlichen Restlaufzeit von weniger als sechs Monaten monatlich.
(1d) Für das Kernkraftwerk Mülheim-Kärlich gelten Absatz 1a Satz 1, Absatz 1b Satz 1 bis 3 und Absatz 1c Satz 1 Nr. 3 mit der Maßgabe, dass die in Anlage 3 Spalte 2 aufgeführte Elektrizitätsmenge nur nach Übertragung auf die dort aufgeführten Kernkraftwerke in diesen produziert werden darf.
(2) Die Genehmigung darf nur erteilt werden, wenn

1. keine Tatsachen vorliegen, aus denen sich Bedenken gegen die Zuverlässigkeit des Antragstellers und der für die Errichtung, Leitung und Beaufsichtigung des Betriebs der Anlage verantwortlichen Personen ergeben, und die für die Errichtung, Leitung und Beaufsichtigung des Betriebs der Anlage verantwortlichen Personen die hierfür erforderliche Fachkunde besitzen,
2. gewährleistet ist, daß die bei dem Betrieb der Anlage sonst tätigen Personen die notwendigen Kenntnisse über einen sicheren Betrieb der Anlage, die möglichen Gefahren und die anzuwendenden Schutzmaßnahmen besitzen,
3. die nach dem Stand von Wissenschaft und Technik erforderliche Vorsorge gegen Schäden durch die Errichtung und den Betrieb der Anlage getroffen ist,[2]
4. die erforderliche Vorsorge für die Erfüllung gesetzlicher Schadensersatzverpflichtungen getroffen ist,
5. der erforderliche Schutz gegen Störmaßnahmen oder sonstige Einwirkungen Dritter gewährleistet ist,
6. überwiegende öffentliche Interessen, insbesondere im Hinblick auf die Umweltauswirkungen, der Wahl des Standorts der Anlage nicht entgegenstehen.

(3) [1]Die Stillegung einer Anlage nach Absatz 1 Satz 1 sowie der sichere Einschluß der endgültig stillgelegten Anlage oder der Abbau der Anlage oder von Anlagenteilen bedürfen der Genehmigung. [2]Absatz 2 gilt sinngemäß. [3]Eine Genehmigung nach Satz 1 ist nicht erforderlich, soweit die geplanten Maßnahmen bereits Gegenstand einer Genehmigung nach Absatz 1 Satz 1 oder Anordnung nach § 19 Abs. 3 gewesen sind. [4]Anlagen nach Absatz 1 Satz 1, deren Berechtigung zum Leistungsbetrieb nach Absatz 1a erloschen ist oder deren Leistungsbetrieb endgültig beendet ist und deren Betreiber Einzahlende nach § 2 Absatz 1 Satz 1 des Entsorgungsfondsgesetzes sind, sind unverzüglich stillzulegen und abzubauen. [5]Die zuständige Behörde kann im Einzelfall für Anlagenteile vorübergehende Ausnahmen von Satz 4 zulassen, soweit und solange dies aus Gründen des Strahlenschutzes erforderlich ist.
(4) [1]Im Genehmigungsverfahren sind alle Behörden des Bundes, der Länder, der Gemeinden und der sonstigen Gebietskörperschaften zu beteiligen, deren Zuständigkeitsbereich berührt wird. [2]Bestehen zwischen der Genehmigungsbehörde und einer beteiligten Bundesbehörde Meinungsverschiedenheiten, so hat die Genehmigungsbehörde die Weisung des für die kerntechnische Sicherheit und den Strahlenschutz zuständigen Bundesministeriums einzuholen. [3]Im übrigen wird das Genehmigungsverfahren nach den Grundsätzen der §§ 8, 10 Abs. 1 bis 4, 6 bis 8, 10 Satz 2 und des § 18 des Bundes-Immissionsschutzgesetzes durch Rechtsverordnung[3] geregelt; dabei kann vorgesehen werden, dass bei der Prüfung der Umweltverträglichkeit der insgesamt zur Stillegung, zum sicheren Einschluss oder zum Abbau von Anlagen

1) Siehe hierzu die Elektrizitätsmengen-Monatsmeldung Juli 2017 AtomG.
2) Siehe hierzu ua die Sicherheitsanforderungen an Kernkraftwerke.
3) Siehe die Atomrechtliche VerfahrensVO.

zur Spaltung von Kernbrennstoffen oder von Anlagenteilen geplanten Maßnahmen von einem Erörterungstermin abgesehen werden kann.

(5) [1]Für ortsveränderliche Anlagen gelten die Absätze 1, 2 und 4 entsprechend. [2]Jedoch kann die in Absatz 4 Satz 3 genannte Rechtsverordnung vorsehen, daß von einer Bekanntmachung des Vorhabens und einer Auslegung der Unterlagen abgesehen werden kann und daß insoweit eine Erörterung von Einwendungen unterbleibt.

(6) § 14 des Bundes-Immissionsschutzgesetzes gilt sinngemäß für Einwirkungen, die von einer genehmigten Anlage auf ein anderes Grundstück ausgehen.

§ 7a Vorbescheid

(1) [1]Auf Antrag kann zu einzelnen Fragen, von denen die Erteilung der Genehmigung einer Anlage nach § 7 abhängt, insbesondere zur Wahl des Standorts einer Anlage, ein Vorbescheid erlassen werden. [2]Der Vorbescheid wird unwirksam, wenn der Antragsteller nicht innerhalb von zwei Jahren nach Eintritt der Unanfechtbarkeit die Genehmigung beantragt; die Frist kann auf Antrag bis zu zwei Jahren verlängert werden.

(2) § 7 Abs. 4 und 5 sowie die §§ 17 und 18 gelten entsprechend.

§ 7b Einwendungen Dritter bei Teilgenehmigung und Vorbescheid

Soweit in einer Teilgenehmigung oder in einem Vorbescheid über einen Antrag nach § 7 oder § 7a entschieden worden und diese Entscheidung unanfechtbar geworden ist, können in einem weiteren Verfahren zur Genehmigung der Anlage Einwendungen Dritter nicht mehr auf Grund von Tatsachen erhoben werden, die schon vorgebracht waren oder von dem Dritten nach den ausgelegten Unterlagen oder dem ausgelegten Bescheid hätten vorgebracht werden können.

§ 7c Pflichten des Genehmigungsinhabers

(1) [1]Die Verantwortung für die nukleare Sicherheit obliegt dem Inhaber der Genehmigung für die kerntechnische Anlage. [2]Diese Verantwortung kann nicht delegiert werden und erstreckt sich auch auf die Tätigkeiten der Auftragnehmer und Unterauftragnehmer, deren Tätigkeiten die nukleare Sicherheit einer kerntechnischen Anlage beeinträchtigen könnten.

(2) Der Genehmigungsinhaber nach Absatz 1 ist verpflichtet,

1. ein Managementsystem einzurichten und anzuwenden, das der nuklearen Sicherheit gebührenden Vorrang einräumt,

2. dauerhaft angemessene finanzielle und personelle Mittel zur Erfüllung seiner Pflichten in Bezug auf die nukleare Sicherheit der jeweiligen kerntechnischen Anlage vorzusehen und bereitzuhalten und sicherzustellen, dass seine Auftragnehmer und Unterauftragnehmer, deren Tätigkeiten die nukleare Sicherheit einer kerntechnischen Anlage beeinträchtigen könnten, personelle Mittel mit angemessenen Kenntnissen und Fähigkeiten zur Erfüllung ihrer Pflichten in Bezug auf die nukleare Sicherheit der jeweiligen kerntechnischen Anlage vorsehen und einsetzen,

3. für die Aus- und Fortbildung seines Personals zu sorgen, das mit Aufgaben im Bereich der nuklearen Sicherheit kerntechnischer Anlagen betraut ist, um dessen Kenntnisse und Fähigkeiten auf dem Gebiet der nuklearen Sicherheit aufrechtzuerhalten und auszubauen,

4. im Rahmen seiner Kommunikationspolitik und unter Wahrung seiner Rechte und Pflichten die Öffentlichkeit über den bestimmungsgemäßen Betrieb der kerntechnischen Anlage, über meldepflichtige Ereignisse und Unfälle zu informieren und dabei die lokale Bevölkerung und die Interessenträger in der Umgebung der kerntechnischen Anlage besonders zu berücksichtigen.

(3) [1]Der Genehmigungsinhaber ist verpflichtet, angemessene Verfahren und Vorkehrungen für den anlageninternen Notfallschutz vorzusehen. [2]Dabei hat der Genehmigungsinhaber präventive und mitigative Maßnahmen des anlageninternen Notfallschutzes vorzusehen,

1. die weder den bestimmungsgemäßen Betrieb noch den auslegungsgemäßen Einsatz von Sicherheits- und Notstandseinrichtungen beeinträchtigen und deren Verträglichkeit mit dem Sicherheitskonzept gewährleistet ist,

2. die bei Unfällen anwendbar sind, die gleichzeitig mehrere Blöcke betreffen oder beeinträchtigen,

3. deren Funktionsfähigkeit durch Wartung und wiederkehrende Prüfungen der vorgesehenen Einrichtungen sicherzustellen ist,

4. die regelmäßig in Übungen angewandt und geprüft werden und

5. die unter Berücksichtigung der aus Übungen und aus Unfällen gewonnenen Erkenntnisse regelmäßig überprüft und aktualisiert werden.

[3]Die organisatorischen Vorkehrungen des anlageninternen Notfallschutzes müssen die eindeutige Zuweisung von Zuständigkeiten, die Koordinierung mit den zuständigen Behörden sowie Vorkehrungen zur

Annahme externer Unterstützung beinhalten. [4]Bei den Verfahren und Vorkehrungen für den anlageninternen Notfallschutz hat der Genehmigungsinhaber Planungen und Maßnahmen des anlagenexternen Notfallschutzes zu berücksichtigen.

§ 7d[1)] Weitere Vorsorge gegen Risiken

Der Inhaber einer Genehmigung zum Betrieb einer Anlage zur Spaltung von Kernbrennstoffen zur gewerblichen Erzeugung von Elektrizität hat entsprechend dem fortschreitenden Stand von Wissenschaft und Technik dafür zu sorgen, dass die Sicherheitsvorkehrungen verwirklicht werden, die jeweils entwickelt, geeignet und angemessen sind, um zusätzlich zu den Anforderungen des § 7 Absatz 2 Nummer 3 einen nicht nur geringfügigen Beitrag zur weiteren Vorsorge gegen Risiken für die Allgemeinheit zu leisten.

§ 7e Ausgleich für Investitionen

(1) Wer als Eigentümer einer Anlage zur Spaltung von Kernbrennstoffen zur gewerblichen Erzeugung von Elektrizität oder als Inhaber einer Genehmigung zum Betrieb einer solchen Anlage nachweist, in der Zeit vom 28. Oktober 2010 bis zum 16. März 2011 im Vertrauen auf die durch das Elfte Gesetz zur Änderung des Atomgesetzes vom 8. Dezember 2010 (BGBl. I S. 1814) geschaffene Rechtslage zum Zweck der Erzeugung der für das Kernkraftwerk in Anlage 3 Spalte 4 zusätzlich zugewiesenen Elektrizitätsmengen im erforderlichen Umfang Investitionen in das Kernkraftwerk getätigt zu haben, hat Anspruch auf einen angemessenen Ausgleich in Geld, soweit die Investitionen allein auf Grund des Entzugs der zusätzlichen Elektrizitätsmengen durch das Dreizehnte Gesetz zur Änderung des Atomgesetzes vom 31. Juli 2011 (BGBl. I S. 1704) wertlos geworden sind.

(2) [1]Vermögensvorteile, die dem Ausgleichsberechtigten infolge des Entzugs der zusätzlichen Elektrizitätsmengen mit überwiegender Wahrscheinlichkeit erwachsen sind, sind auf einen Ausgleich anzurechnen. [2]Solchen Vermögensvorteilen stehen Vermögensvorteile gleich, die der Ausgleichsberechtigte bei gehöriger Sorgfalt in zumutbarer Weise hätte ziehen können. [3]§ 254 des Bürgerlichen Gesetzbuchs gilt sinngemäß.

(3) Auf den Ausgleich wird ein anderweitiger Ausgleich für wertlos gewordene Investitionen im Sinne von Absatz 1 angerechnet, der

1. an den Ausgleichsberechtigten oder an ein Unternehmen, dem unmittelbar oder mittelbar mindestens die Hälfte der Anteile an dem rechtlich selbständigen Unternehmen zusteht, das Ausgleichsberechtigter ist, geleistet worden ist,

2. an ein Unternehmen, dem zu einem früheren Zeitpunkt unmittelbar oder mittelbar mindestens die Hälfte der Anteile an dem rechtlich selbständigen Unternehmen zustand, das Ausgleichsberechtigter ist, oder an dessen Rechtsnachfolger geleistet worden ist,

3. an ein Unternehmen, dem zu einem früheren Zeitpunkt unmittelbar oder mittelbar mindestens die Hälfte der Anteile an dem rechtlich selbständigen Unternehmen zustand, das Eigentümer oder Inhaber der Genehmigung zum Betrieb des Kernkraftwerks war, oder an dessen Rechtsnachfolger geleistet worden ist,

4. an ein rechtlich selbständiges Unternehmen, das Eigentümer des Kernkraftwerks oder Inhaber der Genehmigung zum Betrieb des Kernkraftwerks war, oder an dessen Rechtsnachfolger geleistet worden ist.

§ 7f Ausgleich für Elektrizitätsmengen

(1) [1]Die Genehmigungsinhaber der Kernkraftwerke Brunsbüttel, Krümmel und Mülheim-Kärlich haben einen Anspruch auf angemessenen Ausgleich in Geld, soweit die diesen Kernkraftwerken nach Anlage 3 Spalte 2 ursprünglich zugewiesenen Elektrizitätsmengen bis zum Ablauf des 31. Dezember 2022 nicht erzeugt und nicht auf ein anderes Kernkraftwerk übertragen werden. [2]Der Ausgleich ist begrenzt für das Kernkraftwerk Brunsbüttel auf zwei Drittel und für das Kernkraftwerk Krümmel auf die Hälfte der Elektrizitätsmengen nach Satz 1. [3]Der Ausgleich setzt voraus, dass der Ausgleichsberechtigte nachweist, dass er sich unverzüglich nach dem 4. Juli 2018 bis zum Ablauf des 31. Dezember 2022 ernsthaft um eine Übertragung der ausgleichsfähigen Elektrizitätsmengen auf Grund von § 7 Absatz 1b zu angemessenen Bedingungen bemüht hat.

(2) [1]Die Ausgleichshöhe bestimmt sich nach dem durchschnittlichen marktüblichen Strompreis zwischen dem 6. August 2011 und dem 31. Dezember 2022, von dem die in diesem Zeitraum erwartbaren Kosten für die Stromerzeugung auch unter Berücksichtigung von Gemeinkosten abzuziehen sind. [2]Entfallene Betriebsrisiken, Investitionsrisiken und Vermarktungsrisiken sind bei der Bestimmung der Ausgleichs-

1) Siehe hierzu ua die Sicherheitsanforderungen an Kernkraftwerke.

höhe angemessen zu berücksichtigen. [3]Hinsichtlich der erwartbaren Kosten dürfen einschlägige öffentlich verfügbare Kostenschätzungen als Bewertungsgrundlage verwendet werden.

(3) Auf den Ausgleich wird ein anderweitiger Ausgleich für Elektrizitätsmengen nach Anlage 3 Spalte 2 angerechnet, der

1. an den Ausgleichsberechtigten oder an ein Unternehmen, dem unmittelbar oder mittelbar mindestens die Hälfte der Anteile an dem rechtlich selbständigen Unternehmen zusteht, das Ausgleichsberechtigter ist, geleistet worden ist,

2. an ein Unternehmen, dem zu einem früheren Zeitpunkt unmittelbar oder mittelbar mindestens die Hälfte der Anteile an dem rechtlichen selbständigen Unternehmen zustand, das Ausgleichsberechtigter ist, oder an dessen Rechtsnachfolger geleistet worden ist,

3. an ein Unternehmen, dem zu einem früheren Zeitpunkt unmittelbar oder mittelbar mindestens die Hälfte der Anteile an dem rechtlich selbständigen Unternehmen zustand, das Genehmigungsinhaber des Kernkraftwerks Brunsbüttel, Krümmel oder Mülheim-Kärlich war, oder an dessen Rechtsnachfolger geleistet worden ist,

4. an ein rechtlich selbständiges Unternehmen, das Genehmigungsinhaber des Kernkraftwerks Brunsbüttel, Krümmel oder Mülheim-Kärlich war, oder an dessen Rechtsnachfolger geleistet worden ist.

§ 7g Verwaltungsverfahren

(1) [1]Ein Ausgleich nach § 7e ist innerhalb eines Jahres ab dem 4. Juli 2018 schriftlich bei dem für die kerntechnische Sicherheit und den Strahlenschutz zuständigen Bundesministerium zu beantragen. [2]Wird der Ausgleich nicht innerhalb dieser Frist beantragt, verfällt der Anspruch. [3]Der Ausgleichsberechtigte hat insbesondere Nachweise zu erbringen zu Vertragsschlüssen, Bestellungen, Kündigungen, Stornierungen, Zahlungen und Rückerstattungen von Zahlungen sowie Erklärungen zu gezogenen Steuervorteilen vorzulegen. [4]Ein Ausgleich wird durch schriftlichen Bescheid des für die kerntechnische Sicherheit und den Strahlenschutz zuständigen Bundesministeriums im Einvernehmen mit dem Bundesministerium für Wirtschaft und Energie festgesetzt.

(2) [1]Ein Ausgleich nach § 7f ist mit Ablauf des 31. Dezember 2022 innerhalb eines Jahres schriftlich bei dem für die kerntechnische Sicherheit und den Strahlenschutz zuständigen Bundesministerium zu beantragen. [2]Wird der Ausgleich nicht innerhalb dieser Frist beantragt, verfällt der Anspruch. [3]In dem Antrag muss der Umfang der Elektrizitätsmengen, für den ein Ausgleich beantragt wird, in Kilowattstunden angegeben sein. [4]Ein Ausgleich für Elektrizitätsmengen wird durch schriftlichen Bescheid des für die kerntechnische Sicherheit und den Strahlenschutz zuständigen Bundesministeriums im Einvernehmen mit dem Bundesministerium für Wirtschaft und Energie festgesetzt.

(3) [1]Das für die kerntechnische Sicherheit und den Strahlenschutz zuständige Bundesministerium kann einem Ausgleichsberechtigten unter Fristsetzung aufgeben, zu Umständen, die für die Ermittlung und Prüfung des angemessenen Ausgleichs nach § 7e oder 7f wesentlich sind,

1. Tatsachen anzugeben oder Beweismittel zu bezeichnen sowie

2. Urkunden oder andere bewegliche Sachen vorzulegen sowie elektronische Dokumente zu übermitteln.

[2]§ 26 des Verwaltungsverfahrensgesetzes bleibt im Übrigen unberührt.

§ 8 Verhältnis zum Bundes-Immissionsschutzgesetz und zum Produktsicherheitsgesetz

(1) Die Vorschriften des Bundes-Immissionsschutzgesetzes über genehmigungsbedürftige Anlagen sowie über die Untersagung der ferneren Benutzung solcher Anlagen finden auf genehmigungspflichtige Anlagen im Sinne des § 7 keine Anwendung, soweit es sich um den Schutz vor den Gefahren der Kernenergie oder der schädlichen Wirkung ionisierender Strahlen handelt.

(2) [1]Bedarf eine nach § 4 des Bundes-Immissionsschutzgesetzes genehmigungsbedürftige Anlage einer Genehmigung nach § 7, so schließt diese Genehmigung die Genehmigung nach § 4 des Bundes-Immissionsschutzgesetzes ein. [2]Die atomrechtliche Genehmigungsbehörde hat die Entscheidung im Einvernehmen mit der für den Immissionsschutz zuständigen Landesbehörde nach Maßgabe der Vorschriften des Bundes-Immissionsschutzgesetzes und der dazu erlassenen Rechtsverordnungen zu treffen.

(3) Für überwachungsbedürftige Anlagen nach § 2 Nummer 30 des Produktsicherheitsgesetzes, die in genehmigungspflichtigen Anlagen im Sinne des § 7 Verwendung finden, kann die Genehmigungsbehörde im Einzelfall Ausnahmen von den geltenden Rechtsvorschriften über die Errichtung und den Betrieb überwachungsbedürftiger Anlagen zulassen, soweit dies durch die besondere technische Eigenart der Anlagen nach § 7 bedingt ist.

§ 9 Bearbeitung, Verarbeitung und sonstige Verwendung von Kernbrennstoffen außerhalb genehmigungspflichtiger Anlagen

(1) ¹Wer Kernbrennstoffe außerhalb von Anlagen der in § 7 bezeichneten Art bearbeitet, verarbeitet oder sonst verwendet, bedarf der Genehmigung. ²Einer Genehmigung bedarf ferner, wer von dem in der Genehmigungsurkunde festgelegten Verfahren für die Bearbeitung, Verarbeitung oder sonstige Verwendung wesentlich abweicht oder die in der Genehmigungsurkunde bezeichnete Betriebsstätte oder deren Lage wesentlich verändert.

(2) Die Genehmigung darf nur erteilt werden, wenn

1. keine Tatsachen vorliegen, aus denen sich Bedenken gegen die Zuverlässigkeit des Antragstellers und der für die Leitung und Beaufsichtigung der Verwendung der Kernbrennstoffe verantwortlichen Personen ergeben, und die für die Leitung und Beaufsichtigung der Verwendung der Kernbrennstoffe verantwortlichen Personen die hierfür erforderliche Fachkunde besitzen,

2. gewährleistet ist, daß die bei der beabsichtigten Verwendung von Kernbrennstoffen sonst tätigen Personen die notwendigen Kenntnisse über die möglichen Gefahren und die anzuwendenden Schutzmaßnahmen besitzen,

3. die nach dem Stand von Wissenschaft und Technik erforderliche Vorsorge gegen Schäden durch die Verwendung der Kernbrennstoffe getroffen ist,

4. die erforderliche Vorsorge für die Erfüllung gesetzlicher Schadensersatzverpflichtungen getroffen ist,

5. der erforderliche Schutz gegen Störmaßnahmen oder sonstige Einwirkungen Dritter gewährleistet ist,

6. überwiegende öffentliche Interessen, insbesondere im Hinblick auf die Reinhaltung des Wassers, der Luft und des Bodens, der Wahl des Ortes der Verwendung von Kernbrennstoffen nicht entgegenstehen.

§ 9a Verwertung radioaktiver Reststoffe und Beseitigung radioaktiver Abfälle

(1) ¹Wer Anlagen, in denen mit Kernbrennstoffen umgegangen wird, errichtet, betreibt, sonst innehat, wesentlich verändert, stillegt oder beseitigt, außerhalb solcher Anlagen mit radioaktiven Stoffen umgeht oder Anlagen zur Erzeugung ionisierender Strahlung im Sinne des § 5 Absatz 2 des Strahlenschutzgesetzes betreibt, hat dafür zu sorgen, daß anfallende radioaktive Reststoffe sowie ausgebaute oder abgebaute radioaktive Anlagenteile den in § 1 Nr. 2 bis 4 bezeichneten Zwecken entsprechend schadlos verwertet oder als radioaktive Abfälle geordnet beseitigt werden (direkte Endlagerung); die Pflicht nach Satz 1 erster Halbsatz kann an einen vom Bund mit der Wahrnehmung der Zwischenlagerung beauftragten Dritten nach § 2 Absatz 1 Satz 1 des Entsorgungsübergangsgesetzes übergehen. ²Die Abgabe von aus dem Betrieb von Anlagen zur Spaltung von Kernbrennstoffen zur gewerblichen Erzeugung von Elektrizität stammenden bestrahlten Kernbrennstoffen zur schadlosen Verwertung an eine Anlage zur Aufarbeitung bestrahlter Kernbrennstoffe ist vom 1. Juli 2005 an unzulässig.

(1a) ¹Die Betreiber von Anlagen zur Spaltung von Kernbrennstoffen zur gewerblichen Erzeugung von Elektrizität haben nachzuweisen, dass sie zur Erfüllung ihrer Pflichten nach Absatz 1 für angefallene und in dem unter Berücksichtigung des § 7 Abs. 1a und 1b vorgesehenen Betriebszeitraum noch anfallende bestrahlte Kernbrennstoffe einschließlich der im Falle der Aufarbeitung bestrahlter Kernbrennstoffe zurückzunehmenden radioaktiven Abfälle ausreichende Vorsorge getroffen haben (Entsorgungsvorsorgenachweis). ²Satz 1 gilt nicht, soweit die dort genannten bestrahlten Kernbrennstoffe und radioaktiven Abfälle an den vom Bund mit der Wahrnehmung der Zwischenlagerung beauftragten Dritten nach § 2 Absatz 1 Satz 1 des Entsorgungsübergangsgesetzes abgegeben worden sind. ³Der Nachweis ist jährlich zum 31. Dezember fortzuschreiben und bis spätestens 31. März des darauf folgenden Jahres vorzulegen. ⁴Eine erhebliche Veränderung der der Entsorgungsvorsorge zugrunde liegenden Voraussetzungen ist der zuständigen Behörde unverzüglich mitzuteilen.

(1b) ¹Für die geordnete Beseitigung ist nachzuweisen, dass der sichere Verbleib für bestrahlte Kernbrennstoffe sowie für aus der Aufarbeitung bestrahlter Kernbrennstoffe zurückzunehmende radioaktive Abfälle in Zwischenlagern bis zu deren Ablieferung an eine Anlage zur Endlagerung radioaktiver Abfälle gewährleistet ist. ²Der Nachweis für die Beseitigung bestrahlter Kernbrennstoffe wird durch realistische Planungen über ausreichende, bedarfsgerecht zur Verfügung stehende Zwischenlagermöglichkeiten erbracht. ³Für den nach der realistischen Planung jeweils in den nächsten zwei Jahren bestehenden Zwischenlagerbedarf für bestrahlte Kernbrennstoffe ist nachzuweisen, dass hierfür rechtlich und technisch verfügbare Zwischenlager des Entsorgungspflichtigen oder Dritter bereitstehen. ⁴Der Nachweis für die Beseitigung der aus der Aufarbeitung bestrahlter Kernbrennstoffe zurückzunehmenden radioaktiven Abfälle wird durch realistische Planungen erbracht, aus denen sich ergibt, dass zum Zeitpunkt der verbindlich

vereinbarten Rücknahme dieser radioaktiven Abfälle ausreichende Zwischenlagermöglichkeiten zur Verfügung stehen werden. [5]Abweichend von Absatz 1a Satz 1 kann die Nachweisführung für die geordnete Beseitigung der aus der Aufarbeitung zurückzunehmenden radioaktiven Abfälle von einem Dritten erbracht werden, wenn die Zwischenlagerung der zurückzunehmenden radioaktiven Abfälle für den Entsorgungspflichtigen durch den Dritten erfolgt. [6]Neben einer realistischen Planung nach Satz 4 hat der Dritte nachzuweisen, dass der Zwischenlagerbedarf des Entsorgungspflichtigen bedarfsgerecht vertraglich gesichert sein wird. [7]Für den Fall, dass mehrere Entsorgungspflichtige die Nachweisführung auf denselben Dritten übertragen haben, kann dieser für die Entsorgungspflichtigen einen gemeinsamen Nachweis führen (Sammelnachweis). [8]Der Sammelnachweis besteht aus einer realistischen Planung nach Satz 4 für den Gesamtzwischenlagerbedarf der Entsorgungspflichtigen sowie der Darlegung, dass dieser bedarfsgerecht vertraglich gesichert sein wird.

(1c) [1]Soweit die nach Absatz 1 Satz 2 zulässige schadlose Verwertung bestrahlter Kernbrennstoffe vorgesehen ist, ist nachzuweisen, dass der Wiedereinsatz des aus der Aufarbeitung gewonnenen und des noch zu gewinnenden Plutoniums in Anlagen zur Spaltung von Kernbrennstoffen zur gewerblichen Erzeugung von Elektrizität gewährleistet ist; dies gilt nicht für Plutonium, das bis zum 31. August 2000 bereits wieder eingesetzt worden ist oder für bereits gewonnenes Plutonium, für das bis zu diesem Zeitpunkt die Nutzungs- und Verbrauchsrechte an Dritte übertragen worden sind. [2]Dieser Nachweis ist für den Wiedereinsatz in innerhalb des Geltungsbereichs dieses Gesetzes betriebenen Anlagen zur Spaltung von Kernbrennstoffen zur gewerblichen Erzeugung von Elektrizität erbracht, wenn realistische Planungen für die Aufarbeitung bestrahlter Kernbrennstoffe, für die Fertigung von Brennelementen mit dem aus der Aufarbeitung angefallenen und noch anfallenden Plutonium sowie für den Einsatz dieser Brennelemente vorgelegt werden und wenn die zur Verwirklichung dieser Planung jeweils innerhalb der nächsten zwei Jahre vorgesehenen Maßnahmen durch Vorlage von Verträgen oder Vertragsauszügen oder von entsprechenden Bestätigungen Dritter, die über hierfür geeignete Anlagen verfügen, oder im Falle des Einsatzes der Brennelemente in geeigneten Anlagen des Entsorgungspflichtigen durch die Vorlage der Planung ihres Einsatzes nachgewiesen sind. [3]Der Nachweis für den Wiedereinsatz in anderen, innerhalb der Europäischen Union oder der Schweiz betriebenen Anlagen zur Spaltung von Kernbrennstoffen zur gewerblichen Erzeugung von Elektrizität ist erbracht, wenn verbindliche Bestätigungen über die Übertragung von Nutzungs- und Verbrauchsrechten zum Zwecke des Wiedereinsatzes an aus der Aufarbeitung angefallenem Plutonium vorgelegt werden.

(1d) [1]Für das aus der Aufarbeitung von bestrahlten Kernbrennstoffen gewonnene Uran haben die Entsorgungspflichtigen den sicheren Verbleib durch realistische Planungen über ausreichende, bedarfsgerecht zur Verfügung stehende Zwischenlagermöglichkeiten nachzuweisen. [2]Absatz 1b Satz 3 gilt entsprechend. [3]Sobald das zwischengelagerte Uran aus der Zwischenlagerung verbracht werden soll, ist dies, einschließlich des geplanten Entsorgungsweges zur Erfüllung der Pflichten nach Absatz 1, der zuständigen Behörde mitzuteilen.

(1e) Absatz 1a gilt entsprechend für Betreiber von Anlagen zur Spaltung von Kernbrennstoffen zu Forschungszwecken.

(2) [1]Wer radioaktive Abfälle besitzt, hat diese an eine Anlage nach Absatz 3 abzuliefern. [2]Dies gilt nicht, soweit Abweichendes nach Satz 3 oder durch eine auf Grund dieses Gesetzes erlassene Rechtsverordnung bestimmt oder auf Grund dieses Gesetzes oder einer solchen Rechtsverordnung angeordnet oder genehmigt oder in einem öffentlich-rechtlichen Vertrag vereinbart worden ist. [3]Der Betreiber einer Anlage zur Spaltung von Kernbrennstoffen zur gewerblichen Erzeugung von Elektrizität hat dafür zu sorgen, dass ein Zwischenlager nach § 6 Abs. 1 und 3 innerhalb des abgeschlossenen Geländes der Anlage oder nach § 6 Abs. 1 in der Nähe der Anlage errichtet wird (standortnahes Zwischenlager) und die anfallenden bestrahlten Kernbrennstoffe bis zu deren Ablieferung an eine Anlage zur Endlagerung radioaktiver Abfälle dort aufbewahrt werden. [4]§ 2 des Entsorgungsübergangsgesetzes bleibt unberührt.

(2a) [1]Der Betreiber von Anlagen zur Spaltung von Kernbrennstoffen zur gewerblichen Erzeugung von Elektrizität hat auch dafür zu sorgen, dass die aus der Aufarbeitung bestrahlter Kernbrennstoffe im Ausland stammenden verfestigten Spaltproduktlösungen zurückgenommen und in standortnahen Zwischenlagern nach Absatz 2 Satz 3 bis zu deren Ablieferung an eine Anlage zur Endlagerung radioaktiver Abfälle aufbewahrt werden. [2]Die Möglichkeit der Abgabe der radioaktiven Abfälle an den vom Bund mit der Wahrnehmung der Zwischenlagerung beauftragten Dritten nach § 2 Absatz 1 Satz 1 des Entsorgungsübergangsgesetzes bleibt unberührt.

(3) [1]Die Länder haben Landessammelstellen für die Zwischenlagerung der in ihrem Gebiet angefallenen radioaktiven Abfälle, der Bund hat Anlagen zur Sicherstellung und zur Endlagerung radioaktiver Abfälle einzurichten; § 24 der Bundeshaushaltsordnung findet für Anlagen zur Endlagerung radioaktiver Abfälle keine Anwendung. [2]Die Länder können sich zur Erfüllung ihrer Pflichten Dritter bedienen; der Bund hat

die Wahrnehmung seiner Aufgaben einem Dritten zu übertragen, der in privater Rechtsform zu organisieren und dessen alleiniger Gesellschafter der Bund ist. [3]Der Bund überträgt diesem Dritten die hierfür erforderlichen hoheitlichen Befugnisse im Weg der Belcihung; insoweit untersteht der Dritte der Aufsicht des Bundes. [4]Der mit der Wahrnehmung der Aufgaben betraute Dritte nimmt die sich daraus ergebenden Pflichten grundsätzlich selbst wahr. [5]Das Bundesministerium für Umwelt, Naturschutz und nukleare Sicherheit ist zuständig für die Aufgaben nach Satz 2 zweiter Halbsatz sowie nach Satz 3. [6]Der Dritte nach Satz 3 kann für die Benutzung von Anlagen zur Sicherstellung und Endlagerung anstelle von Kosten ein Entgelt erheben. [7]Soweit die Aufgabenwahrnehmung nach Satz 3 übertragen wird, gelten die nach § 21b erhobenen Beiträge, die nach der auf Grund des § 21b Abs. 3 erlassenen Rechtsverordnung erhobenen Vorausleistungen sowie die von den Landessammelstellen nach § 21a Abs. 2 Satz 9 abgeführten Beträge als Leistungen, die dem Dritten gegenüber erbracht worden sind. [8]Eine Verantwortlichkeit des Bundes für Amtspflichtverletzungen anstelle des Dritten nach Satz 3 besteht nicht; zur Deckung von Schäden aus Amtspflichtverletzungen hat der Dritte eine ausreichende Haftpflichtversicherung abzuschließen. [9]§ 25 bleibt unberührt. [10]Soweit die Aufgabenwahrnehmung vom Bund auf den Dritten nach Satz 2 übertragen wird, stellt der Bund diesen von Schadensersatzverpflichtungen nach § 25 bis zur Höhe von 2,5 Milliarden Euro frei. [11]Über Widersprüche gegen Verwaltungsakte, die von dem Dritten nach Satz 3 erlassen worden sind, entscheidet die Aufsichtsbehörde.

§ 9b Zulassungsverfahren
(1) [1]Die Errichtung, der Betrieb und die Stilllegung der in § 9a Abs. 3 genannten Anlagen des Bundes sowie die wesentliche Veränderung solcher Anlagen·oder ihres Betriebes bedürfen der Planfeststellung. [2]Auf Antrag kann das Vorhaben in Stufen durchgeführt und dementsprechend können Teilplanfeststellungsbeschlüsse erteilt werden, wenn eine vorläufige Prüfung ergibt, dass die Voraussetzungen nach Absatz 4 im Hinblick auf die Errichtung, den Betrieb der gesamten Anlage und die Stilllegung vorliegen werden. [3]§ 74 Abs. 6 des Verwaltungsverfahrensgesetzes gilt mit der Maßgabe, daß die zuständige Behörde nur dann auf Antrag oder von Amts wegen an Stelle eines Planfeststellungsbeschlusses eine Plangenehmigung erteilen kann, wenn die wesentliche Veränderung der in Satz 1 genannten Anlagen oder ihres Betriebes beantragt wird und die Veränderung keine erheblichen nachteiligen Auswirkungen auf ein in § 2 Absatz 1 des Gesetzes über die Umweltverträglichkeitsprüfung genanntes Schutzgut haben kann. [4]§ 76 des Verwaltungsverfahrensgesetzes findet keine Anwendung.
(1a) [1]In den Fällen, in denen der Standort durch Bundesgesetz festgelegt wurde, tritt an die Stelle der Planfeststellung eine Genehmigung. [2]Die Genehmigung darf nur erteilt werden, wenn die in § 7 Absatz 2 Nummer 1 bis 3 und 5 genannten Voraussetzungen erfüllt sind; für die Stilllegung gelten diese Voraussetzungen sinngemäß. [3]Die Genehmigung ist zu versagen, wenn
1. von der Errichtung, dem Betrieb oder der Stilllegung der geplanten Anlage Beeinträchtigungen des Wohls der Allgemeinheit zu erwarten sind, die durch inhaltliche Beschränkungen und Auflagen nicht verhindert werden können, oder
2. sonstige öffentlich-rechtliche Vorschriften, insbesondere im Hinblick auf die Umweltverträglichkeit, der Errichtung, dem Betrieb oder der Stilllegung der Anlage entgegenstehen.
[4]Durch die Genehmigung wird die Zulässigkeit des Vorhabens im Hinblick auf alle von ihm berührten öffentlichen Belange festgestellt; neben der Genehmigung sind andere behördliche Entscheidungen, insbesondere öffentlich-rechtliche Genehmigungen, Verleihungen, Erlaubnisse, Bewilligungen, Zustimmungen und Planfeststellungen nicht erforderlich, mit Ausnahme von wasserrechtlichen Erlaubnissen und Bewilligungen sowie der Entscheidungen über die Zulässigkeit des Vorhabens nach den Vorschriften des Berg- und Tiefspeicherrechts. [5]Bei der Genehmigungsentscheidung sind sämtliche Behörden des Bundes, der Länder, der Gemeinden und der sonstigen Gebietskörperschaften zu beteiligen, deren Zuständigkeitsbereich berührt wird. [6]Die Entscheidung ist im Benehmen mit den jeweils zuständigen Behörden zu treffen. [7]§ 7b und die Atomrechtliche Verfahrensverordnung finden entsprechende Anwendung.
(2) [1]Bei der Planfeststellung ist die Umweltverträglichkeit der Anlage zu prüfen. [2]Die Umweltverträglichkeitsprüfung ist Teil der Prüfung nach Absatz 4. [3]In den Fällen des Absatzes 1a ist die Umweltverträglichkeit der Anlage zu prüfen; diese kann auf Grund der in dem Standortauswahlverfahren nach den Bestimmungen des Standortauswahlgesetzes bereits durchgeführten Umweltverträglichkeitsprüfung auf zusätzliche oder andere erhebliche Umweltauswirkungen der zuzulassenden Anlage beschränkt werden.
(3) [1]Der Planfeststellungsbeschluß kann zur Erreichung der in § 1 bezeichneten Zwecke inhaltlich beschränkt und mit Auflagen verbunden werden. [2]Soweit es zur Erreichung der in § 1 Nr. 2 bis 4 bezeichneten Zwecke erforderlich ist, sind nachträgliche Auflagen zulässig.

(4) [1]Der Planfeststellungsbeschluss darf nur erteilt werden, wenn die in § 7 Absatz 2 Nummer 1 bis 3 und 5 genannten Voraussetzungen erfüllt sind; für die Stilllegung gelten diese Voraussetzungen sinngemäß. [2]Der Planfeststellungsbeschluss ist zu versagen, wenn

1. von der Errichtung, dem Betrieb oder der Stilllegung der geplanten Anlage Beeinträchtigungen des Wohls der Allgemeinheit zu erwarten sind, die durch inhaltliche Beschränkungen und Auflagen nicht verhindert werden können oder
2. sonstige öffentlich-rechtliche Vorschriften, insbesondere im Hinblick auf die Umweltverträglichkeit, der Errichtung, dem Betrieb oder der Stilllegung der Anlage entgegenstehen.

(5) Für das Planfeststellungsverfahren gelten die §§ 72 bis 75, 77 und 78 des Verwaltungsverfahrensgesetzes mit folgender Maßgabe:

1. Die Bekanntmachung des Vorhabens und des Erörterungstermins, die Auslegung des Plans, die Erhebung von Einwendungen, die Durchführung des Erörterungstermins und die Zustellung der Entscheidungen sind nach der Rechtsverordnung nach § 7 Abs. 4 Satz 3 vorzunehmen. Für Form und Inhalt sowie Art und Umfang des einzureichenden Plans gelten im Hinblick auf die kerntechnische Sicherheit und den Strahlenschutz die in dieser Rechtsverordnung enthaltenen Vorschriften entsprechend.
2. Vor einer vorbehaltenen Entscheidung kann von einer Bekanntmachung und Auslegung der nachgereichten Unterlagen abgesehen werden, wenn ihre Bekanntmachung und Auslegung keine weiteren Umstände offenbaren würde, die für die Belange Dritter erheblich sein können.
3. Die Planfeststellung erstreckt sich nicht auf die Zulässigkeit des Vorhabens nach den Vorschriften des Berg- und Tiefspeicherrechts. Hierüber entscheidet die nach § 23d Absatz 1 Nummer 2 zuständige Behörde.
4. § 7b dieses Gesetzes sowie § 18 der Atomrechtlichen Verfahrensverordnung gelten entsprechend für Teilplanfeststellungsbeschlüsse für Anlagen des Bundes nach § 9a Absatz 3.

§ 9c Landessammelstellen

Für das Lagern oder Bearbeiten radioaktiver Abfälle in Landessammelstellen nach § 9a Abs. 3 Satz 1 erster Halbsatz sind die für den Umgang mit diesen radioaktiven Stoffen geltenden Genehmigungsvorschriften dieses Gesetzes, des Strahlenschutzgesetzes und der auf Grund dieser Gesetze erlassenen Rechtsverordnungen anwendbar.

§ 9d Enteignung

(1) Für Zwecke der Errichtung und des Betriebs von Anlagen zur Endlagerung radioaktiver Abfälle sowie für Zwecke der Vornahme wesentlicher Veränderungen solcher Anlagen oder ihres Betriebs ist die Enteignung zulässig, soweit sie zur Ausführung eines nach § 9b festgestellten oder genehmigten Plans notwendig ist.

(2) [1]Die Enteignung ist ferner zulässig für Zwecke der vorbereitenden Standorterkundung für Anlagen zur Endlagerung radioaktiver Abfälle, soweit sie zur Durchführung von Erkundungsmaßnahmen auf der Grundlage der Vorschriften des Bundesberggesetzes sowie zu deren Offenhaltung ab der Entscheidung über eine übertägige Erkundung nach § 15 Absatz 3 des Standortauswahlgesetzes notwendig ist. [2]Die Enteignung ist insbesondere dann zur Durchführung von Erkundungsmaßnahmen notwendig, wenn die Eignung bestimmter geologischer Formationen als Endlagerstätte für radioaktive Abfälle ohne die Enteignung nicht oder nicht in dem erforderlichen Umfang untersucht werden könnte oder wenn die Untersuchung der Eignung ohne die Enteignung erheblich behindert, verzögert oder sonst erschwert würde. [3]Die besonderen Vorschriften des Bundesberggesetzes über die Zulegung und die Grundabtretung sowie über sonstige Eingriffe in Rechte Dritter für bergbauliche Zwecke bleiben unberührt.

§ 9e Gegenstand und Zulässigkeit der Enteignung; Entschädigung

(1) [1]Durch die Enteignung nach § 9d können

1. das Eigentum oder andere Rechte an Grundstücken und grundstücksgleichen Rechten entzogen oder belastet werden,
2. Rechte und Befugnisse entzogen werden, die zum Erwerb, zum Besitz oder zur Nutzung von Grundstücken oder grundstücksgleichen Rechten berechtigen oder die den Verpflichteten in der Nutzung von Grundstücken oder grundstücksgleichen Rechten beschränken,
3. Bergbauberechtigungen sowie nach dem Bundesberggesetz aufrecht erhaltene alte Rechte entzogen oder belastet werden,
4. Rechtsverhältnisse begründet werden, die Rechte der in Nummer 2 bezeichneten Art gewähren.

[2]Grundstücksteile stehen Grundstücken nach Satz 1 gleich.

(2) [1]Die Enteignung ist nur zulässig, wenn das Wohl der Allgemeinheit, insbesondere die Sicherstellung der Endlagerung radioaktiver Abfälle nach § 9a, sie erfordert und wenn der Enteignungszweck unter

Beachtung der Standortgebundenheit des Vorhabens auf andere zumutbare Weise nicht erreicht werden kann. [2]Im Fall des § 9d Absatz 1 ist der festgestellte oder genehmigte Plan dem Enteignungsverfahren zugrunde zu legen und für die Enteignungsbehörde bindend. [3]Die Enteignung setzt voraus, dass sich der Antragsteller ernsthaft um den freihändigen Erwerb der Rechte oder Befugnisse nach Absatz 1 oder um die Vereinbarung eines Nutzungsverhältnisses zu angemessenen Bedingungen vergeblich bemüht hat. [4]Rechte und Befugnisse dürfen nur in dem Umfang enteignet werden, in dem dies zur Verwirklichung des Enteignungszwecks erforderlich ist. [5]Soll ein Grundstück oder ein räumlich oder wirtschaftlich zusammenhängender Grundbesitz nur zu einem Teil enteignet werden, kann der Eigentümer die Ausdehnung der Enteignung auf das Restgrundstück oder den Restbesitz insoweit verlangen, als das Restgrundstück oder der Restbesitz nicht mehr in angemessenem Umfang baulich oder wirtschaftlich genutzt werden kann.

(3) [1]Für die Enteignung ist eine Entschädigung durch den Antragsteller zu leisten. [2]§ 21b bleibt unberührt. [3]Die Entschädigung wird gewährt für den durch die Enteignung eintretenden Rechtsverlust sowie für andere durch die Enteignung eintretende Vermögensnachteile. [4]Die Entschädigung für den Rechtsverlust bestimmt sich nach dem Verkehrswert der zu enteignenden Rechte oder Befugnisse nach Absatz 1. [5]Hat sich ein Beteiligter mit der Übertragung, Belastung oder sonstigen Beschränkung von Rechten oder Befugnissen nach Absatz 1 schriftlich einverstanden erklärt, kann das Entschädigungsverfahren unmittelbar durchgeführt werden.

(4) [1]Für die Enteignung und die Entschädigung gelten im Übrigen die §§ 93 bis 103 und 106 bis 122 des Baugesetzbuches entsprechend. [2]Bei der Enteignung von Bergbauberechtigungen und Rechten im Sinne des § 9e Absatz 1 Satz 1 Nummer 3 gilt § 116 des Baugesetzbuches mit der Maßgabe, dass die Ausübung der vorgenannten Rechte dem Berechtigten vorläufig entzogen und, soweit dies für die in § 9d Absatz 1 und 2 genannten Zwecke erforderlich ist, auf den Antragsteller vorläufig übertragen werden kann.

(5) [1]Für Rechtsbehelfe gegen Entscheidungen der Enteignungsbehörde gelten die §§ 217 bis 231 des Baugesetzbuches. [2]Rechtsbehelfe gegen Beschlüsse nach § 116 des Baugesetzbuches haben keine aufschiebende Wirkung. [3]Der Antrag auf Anordnung der aufschiebenden Wirkung nach § 80 Absatz 5 Satz 1 der Verwaltungsgerichtsordnung kann nur innerhalb eines Monats nach der Zustellung des Beschlusses gestellt und begründet werden. [4]Darauf ist in der Rechtsbehelfsbelehrung hinzuweisen.

§ 9f Vorarbeiten an Grundstücken

(1) [1]Eigentümer und sonstige Nutzungsberechtigte haben zu dulden, dass zur Vorbereitung der Planfeststellung nach § 9b sowie zur obertägigen Standorterkundung für Anlagen zur Endlagerung radioaktiver Abfälle Grundstücke betreten und befahren sowie Vermessungen, Boden- und Grundwasseruntersuchungen und ähnliche vorübergehende Vorarbeiten auf Grundstücken durch die dafür zuständigen Personen ausgeführt werden. [2]Die Absicht, Grundstücke zu betreten und solche Arbeiten auszuführen, ist dem Eigentümer und den sonstigen Nutzungsberechtigten rechtzeitig vorher bekannt zu geben.

(2) [1]Nach Abschluss der Vorarbeiten ist der frühere Zustand der Grundstücke wieder herzustellen. [2]Die zuständige Behörde kann anordnen, dass im Rahmen der Vorarbeiten geschaffene Einrichtungen verbleiben können.

(3) [1]Entstehen durch eine Maßnahme nach Absatz 1 oder durch eine Anordnung nach Absatz 2 Satz 2 dem Eigentümer oder sonstigen Nutzungsberechtigten unmittelbare Vermögensnachteile, so ist eine angemessene Entschädigung in Geld zu leisten. [2]§ 21b bleibt unberührt.

§ 9g Veränderungssperre

(1) [1]Zur Sicherung von Planungen für Vorhaben nach § 9b oder zur Sicherung oder Fortsetzung einer Standorterkundung für Anlagen zur Endlagerung radioaktiver Abfälle können durch Rechtsverordnung für die Dauer von höchstens zehn Jahren Planungsgebiete festgelegt werden, auf deren Fläche oder in deren Untergrund wesentlich wertsteigernde oder das Vorhaben nach § 9b oder die Standorterkundung erheblich erschwerende Veränderungen nicht vorgenommen werden dürfen. [2]Eine zweimalige Verlängerung der Festlegung um jeweils höchstens zehn Jahre durch Rechtsverordnung ist zulässig, wenn die Voraussetzungen nach Satz 1 fortbestehen. [3]Vor einer Festlegung nach den Sätzen 1 und 2 sind die Gemeinden und Kreise, deren Gebiet von der Festlegung betroffen wird, zu hören. [4]Die Festlegung nach den Sätzen 1 und 2 ist vor Ablauf der bezeichneten Fristen aufzuheben, wenn die Voraussetzungen für eine Festlegung weggefallen sind. [5]Die Festlegung nach den Sätzen 1 und 2 tritt mit dem Beginn der Auslegung des Plans im Planfeststellungsverfahren nach § 9b oder nach § 57a des Bundesberggesetzes außer Kraft.

(2) [1]Vom Beginn der Auslegung des Plans im Planfeststellungsverfahren nach § 9b an dürfen auf den vom Plan betroffenen Flächen und im Bereich des vom Plan erfaßten Untergrunds wesentlich wertsteigernde oder das Vorhaben erheblich erschwerende Veränderungen bis zur planmäßigen Inanspruchnahme nicht

vorgenommen werden. [2]Veränderungen, die in rechtlich zulässiger Weise vorher begonnen worden sind, Unterhaltungsarbeiten und die Fortführung einer bisher rechtmäßig ausgeübten Nutzung werden hiervon nicht berührt.

(3) Absatz 2 gilt entsprechend bei Vorhaben zur untertägigen vorbereitenden Standorterkundung für Anlagen zur Endlagerung radioaktiver Abfälle auf der Grundlage der Vorschriften des Bundesberggesetzes; an die Stelle der Auslegung des Plans im Planfeststellungsverfahren nach § 9b tritt die Auslegung des Plans im Planfeststellungsverfahren nach § 57a des Bundesberggesetzes.

(4) Das Bundesamt für die Sicherheit der nuklearen Entsorgung hat auf Antrag Ausnahmen von der Veränderungssperre nach den Absätzen 1 bis 3 zuzulassen, wenn überwiegende öffentliche Belange nicht entgegenstehen und wenn die Einhaltung der Veränderungssperre im Einzelfall zu einer offenbar nicht beabsichtigten Härte führen würde.

(5) [1]Dauert die Veränderungssperre nach den Absätzen 1 bis 3 länger als fünf Jahre, so können der Eigentümer und die sonstigen Nutzungsberechtigten für die dadurch entstandenen Vermögensnachteile eine angemessene Entschädigung in Geld verlangen. [2]Die Entschädigung ist vom Vorhabenträger zu leisten. [3]§ 21b bleibt unberührt.

§ 9h Pflichten des Zulassungsinhabers
Die §§ 7c und 19a Absatz 3 und 4 gelten entsprechend für:
1. den Inhaber eines Planfeststellungsbeschlusses oder einer Genehmigung nach § 9b sowie
2. den Inhaber einer Genehmigung zum Umgang mit radioaktiven Stoffen zum Zweck der Lagerung, Bearbeitung oder Verarbeitung als radioaktive Abfälle, mit dem Ziel, diese radioaktiven Abfälle geordnet zu beseitigen, soweit es sich nicht um die Genehmigung für eine kerntechnische Anlage im Sinne des § 2 Absatz 3a Nummer 1 handelt.

§ 9i Bestandsaufnahme und Schätzung
(1) Das für die kerntechnische Sicherheit und den Strahlenschutz zuständige Bundesministerium erstellt erstmals bis spätestens 23. August 2015 und danach alle drei Jahre
1. eine nationale Bestandsaufnahme der Mengen, Arten, Eigenschaften und Standorte aller angefallenen oder gelagerten abgebrannten Brennelemente und radioaktiven Abfälle sowie
2. eine Schätzung der zukünftig anfallenden oder zu lagernden Mengen abgebrannter Brennelemente und radioaktiver Abfälle, klassifiziert nach Arten und Eigenschaften sowie unter Berücksichtigung von Stilllegungsmaßnahmen.

(2) [1]Zur Vorbereitung der Erstellung der Bestandsaufnahme nach Absatz 1 sind die nach § 9a Absatz 1 Satz 1 Entsorgungspflichtigen und die Besitzer abgebrannter Brennelemente oder radioaktiver Abfälle, sofern beide ihre radioaktiven Abfälle nicht nach einer aufgrund dieses Gesetzes erlassenen Rechtsverordnung an eine Landessammelstelle abzuliefern haben, verpflichtet, die erforderlichen und nicht bereits nach § 2c Absatz 4 vorzulegenden Auskünfte auf Verlangen des zuständigen Bundesministeriums zu erteilen. [2]Die Übermittlung des Auskunftsverlangens nach diesem Absatz an die Auskunftsverpflichteten und der erteilten Auskünfte an das für die kerntechnische Sicherheit und den Strahlenschutz zuständige Bundesministerium erfolgt über die zuständigen Behörden der Länder.

§ 10 [Ermächtigung zur Zulassung von Ausnahmen]
[1]Durch Rechtsverordnung können Ausnahmen von den Vorschriften der §§ 3 bis 7 und 9 zugelassen werden, soweit wegen der Menge oder Beschaffenheit der Kernbrennstoffe oder wegen bestimmter Schutzmaßnahmen oder Schutzeinrichtungen nicht mit Schäden infolge einer sich selbst tragenden Kettenreaktion oder infolge der Wirkung ionisierender Strahlen zu rechnen ist und soweit die in § 1 Nr. 3 und 4 bezeichneten Zwecke nicht entgegenstehen. [2]Für radioaktive Abfälle können durch Rechtsverordnung nach § 11 Abs. 1 Nr. 6 Ausnahmen von den Vorschriften des § 3 getroffen werden.

§ 10a Erstreckung auf strahlenschutzrechtliche Genehmigungen; Ausnahmen vom Erfordernis der Genehmigung
(1) Eine Genehmigung nach § 3 Absatz 1 kann sich auch auf eine genehmigungsbedürftige Verbringung nach der auf Grund des § 30 des Strahlenschutzgesetzes erlassenen Rechtsverordnung beziehen.

(2) Eine Genehmigung nach den §§ 6, 7, 9 oder 9b oder ein Planfeststellungsbeschluss nach § 9b kann sich auch auf einen genehmigungsbedürftigen Umgang nach § 12 Absatz 1 Nummer 3 des Strahlenschutzgesetzes beziehen.

(3) Eine Genehmigung nach § 4 Absatz 1 kann sich auf eine genehmigungsbedürftige Beförderung nach § 27 des Strahlenschutzgesetzes beziehen, soweit es sich um denselben Beförderungsvorgang handelt.

(4) Wer als Arbeitnehmer oder Arbeitnehmerin oder anderweitig unter der Aufsicht stehend im Rahmen einer nach diesem Gesetz genehmigungsbedürftigen Tätigkeit beschäftigt wird, bedarf keiner Genehmigung nach diesem Gesetz.

§ 11 Ermächtigungsvorschriften (Genehmigung, Anzeige, allgemeine Zulassung)

(1) Soweit nicht durch dieses Gesetz für Kernbrennstoffe und für Anlagen im Sinne des § 7 eine besondere Regelung getroffen ist, kann durch Rechtsverordnung[1] zur Erreichung der in § 1 bezeichneten Zwecke bestimmt werden,

1. daß die Aufsuchung von radioaktiven Stoffen, der Umgang mit radioaktiven Stoffen, der Verkehr mit radioaktiven Stoffen (Erwerb und Abgabe an andere), die Beförderung und die Ein- und Ausfuhr dieser Stoffe einer Genehmigung oder Anzeige bedürfen sowie unter welchen Voraussetzungen und mit welchen Nebenbestimmungen sowie in welchem Verfahren eine Freigabe radioaktiver Stoffe zum Zweck der Entlassung aus der Überwachung nach diesem Gesetz oder einer auf Grund dieses Gesetzes erlassenen Rechtsverordnung oder eine Entlassung radioaktiver Stoffe natürlichen Ursprungs aus der Überwachung nach diesen Vorschriften erfolgt, wer die Freigabe beantragen kann und welche Pflichten im Zusammenhang mit der Freigabe zu beachten sind, insbesondere, dass und auf welche Weise über diese Stoffe Buch zu führen und der zuständigen Behörde Mitteilung zu erstatten ist und welches Verfahren anzuwenden ist sowie welche Mitteilungspflichten bestehen, wenn die Voraussetzungen für die Freigabe nicht mehr bestehen,

2. daß sicherheitstechnisch bedeutsame Anlagenteile, mit deren Fertigung bereits vor Antragstellung oder vor Erteilung einer Genehmigung begonnen werden soll, in Anlagen nach § 7 Abs. 1 Satz 1 nur dann eingebaut werden dürfen, wenn für die Vorfertigung ein berechtigtes Interesse besteht und in einem Prüfverfahren nachgewiesen wird, daß Werkstoffe, Auslegung, Konstruktion und Fertigung die Voraussetzungen nach § 7 Abs. 2 Nr. 3 erfüllen, welche Behörde für das Verfahren zuständig ist, welche Unterlagen beizubringen sind und welche Rechtswirkungen der Zulassung der Vorfertigung zukommen sollen,

3. daß radioaktive Stoffe in bestimmter Art und Weise oder für bestimmte Zwecke nicht verwendet oder nur in bestimmter Art und Weise beseitigt oder nicht in Verkehr gebracht oder grenzüberschreitend verbracht werden dürfen, soweit das Verbot zum Schutz von Leben und Gesundheit der Bevölkerung vor den Gefahren radioaktiver Stoffe oder zur Durchsetzung von Beschlüssen internationaler Organisationen, deren Mitglied die Bundesrepublik Deutschland ist, erforderlich ist,

4. daß zur Umsetzung von Rechtsakten der Europäischen Gemeinschaften die Ein-, Aus- und Durchfuhr (grenzüberschreitende Verbringung) radioaktiver Stoffe einer Genehmigung oder Zustimmung bedarf, Anzeigen und Meldungen zu erstatten und Unterlagen mitzuführen sind. Es kann weiterhin bestimmt werden, daß Zustimmungen mit Nebenbestimmungen versehen werden können,

(2) Die Rechtsverordnung kann Genehmigungen, Zustimmungen nach Absatz 1 Nr. 6 und allgemeine Zulassungen im Rahmen der Zweckbestimmung dieses Gesetzes von persönlichen und sachlichen Voraussetzungen abhängig machen sowie das Verfahren bei Genehmigungen, Zustimmungen nach Absatz 1 Nr. 6 und allgemeinen Zulassungen regeln.

(3) Sofern eine Freigabe radioaktiver Stoffe oder eine Entlassung radioaktiver Stoffe natürlichen Ursprungs nach einer auf Grund von Absatz 1 Nr. 1 erlassenen Rechtsverordnung die Beseitigung nach den Vorschriften des Kreislaufwirtschaftsgesetzes oder den auf dessen Grundlage oder auf der Grundlage des bis zum 1. Juni 2012 geltenden Kreislaufwirtschafts- und Abfallgesetzes erlassenen Rechtsverordnungen vorsieht, dürfen diese Stoffe nach den genannten Vorschriften nicht wieder verwendet oder verwertet werden.

§ 12 Ermächtigungsvorschriften (Schutzmaßnahmen)

[1]Durch Rechtsverordnung[2] kann zur Erreichung der in § 1 bezeichneten Zwecke bestimmt werden,

1. welche Vorsorge- und Überwachungsmaßnahmen zum Schutz Einzelner und der Allgemeinheit beim Umgang und Verkehr mit radioaktiven Stoffen sowie bei der Errichtung, beim Betrieb und beim Besitz von Anlagen der in § 7 bezeichneten Art zu treffen sind,

2. welche Vorsorge dafür zu treffen ist, daß bestimmte Strahlendosen und bestimmte Konzentrationen radioaktiver Stoffe in Luft und Wasser nicht überschritten werden,

1) Siehe die Atomrechtliche Sicherheitsbeauftragten- und MeldeVO und die Atomrechtliche AbfallverbringungsVO; siehe auch die Fußnote zu § 10.

2) Siehe die Atomrechtliche Sicherheitsbeauftragten- und MeldeVO – AtSMV, und die Atomrechtliche ZuverlässigkeitsüberprüfungsVO.

3. daß und auf welche Weise über die Erzeugung, die Gewinnung, den Erwerb, den Besitz, die Abgabe und den sonstigen Verbleib von radioaktiven Stoffen und über Messungen von Dosis und Dosisleistungen ionisierender Strahlen Buch zu führen ist und Meldungen zu erstatten sind,

4. daß und in welcher Weise und in welchem Umfang der Inhaber einer Anlage, in der mit radioaktiven Stoffen umgegangen wird oder umgegangen werden soll, verpflichtet ist, der Aufsichtsbehörde mitzuteilen, ob und welche Abweichungen von den Angaben zum Genehmigungsantrag einschließlich der beigefügten Unterlagen oder von der Genehmigung eingetreten sind,

5. daß sicherheitstechnisch bedeutsame Abweichungen vom bestimmungsgemäßen Betrieb, insbesondere Unfälle und sonstige Schadensfälle beim Umgang mit radioaktiven Stoffen, bei Errichtung und beim Betrieb von Anlagen, in denen mit radioaktiven Stoffen umgegangen wird, der Aufsichtsbehörde zu melden sind und unter welchen Voraussetzungen und in welcher Weise die gewonnenen Erkenntnisse, ausgenommen Einzelangaben über persönliche und sachliche Verhältnisse, zum Zwecke der Verbesserung der Sicherheitsvorkehrungen durch in der Rechtsverordnung zu bezeichnende Stellen veröffentlicht werden dürfen,

6. welche radioaktiven Abfälle an die Landessammelstellen und an die Anlagen des Bundes nach § 9a Abs. 3 abzuliefern sind und daß im Hinblick auf das Ausmaß der damit verbundenen Gefahr unter bestimmten Voraussetzungen eine anderweitige Zwischenlagerung oder sonstige Ausnahmen von der Ablieferungspflicht zulässig sind oder angeordnet oder genehmigt werden können,

7. welchen Anforderungen die schadlose Verwertung und die geordnete Beseitigung radioaktiver Reststoffe sowie ausgebauter oder abgebauter radioaktiver Anlagenteile zu genügen hat, dass und mit welchem Inhalt Angaben zur Erfüllung der Pflichten nach § 9a Abs. 1 bis 1e vorzulegen und fortzuschreiben sind, dass und in welcher Weise radioaktive Abfälle vor der Ablieferung an die Landessammelstellen und an die Anlagen des Bundes zu behandeln, zwischenzulagern und hierbei sowie bei der Beförderung nach Menge und Beschaffenheit nachzuweisen sind, wie die Ablieferung durchzuführen ist, wie sie in den Landessammelstellen und in den Anlagen des Bundes sicherzustellen und zu lagern sind, unter welchen Voraussetzungen und wie sie von den Landessammelstellen an Anlagen des Bundes abzuführen sind und wie Anlagen nach § 9a Abs. 3 zu überwachen sind,

8. auf welche Weise der Schutz von radioaktiven Stoffen, von Anlagen im Sinne des § 7 sowie von Anlagen des Bundes nach § 9a Abs. 3 gegen Störmaßnahmen und sonstige Einwirkungen Dritter zu gewährleisten ist,

9. welche Anforderungen an die Ausbildung, die beruflichen Kenntnisse und Fähigkeiten, insbesondere hinsichtlich Berufserfahrung, Eignung, Einweisung in die Sachverständigentätigkeit, Umfang an Prüftätigkeit und sonstiger Voraussetzungen und Pflichten sowie an die Zuverlässigkeit und Unparteilichkeit der in § 20 genannten Sachverständigen zu stellen sind und welche Voraussetzungen im Hinblick auf die technische Ausstattung und die Zusammenarbeit von Angehörigen verschiedener Fachrichtungen Organisationen erfüllen müssen, die als Sachverständige im Sinne des § 20 hinzugezogen werden sollen,

10. welche Anforderungen an die erforderliche Fachkunde oder an die notwendigen Kenntnisse der Personen zu stellen sind, die beim Umgang mit oder bei der Beförderung von radioaktiven Stoffen sowie bei der Errichtung und dem Betrieb von Anlagen nach den §§ 7 und 9a Absatz 3 Satz 1 zweiter Halbsatz oder bei der Stilllegung oder dem Abbau von Anlagen oder von Anlagenteilen nach § 7 Abs. 3 tätig sind oder den sicheren Einschluss oder damit zusammenhängende Tätigkeiten ausüben, welche Nachweise hierüber zu erbringen sind und auf welche Weise die nach den §§ 23, 23d und 24 zuständigen Genehmigungs- und Aufsichtsbehörden das Vorliegen der erforderlichen Fachkunde oder der notwendigen Kenntnisse prüfen, welche Anforderungen an die Anerkennung von Lehrgängen bei der Erbringung des Fachkundenachweises zu stellen sind und inwieweit die Personen in bestimmten Abständen an einem anerkannten Lehrgang teilzunehmen haben,

11. daß die Aufsichtsbehörde Verfügungen zur Durchführung der auf Grund der Nummern 1 bis 10 ergangenen Rechtsvorschriften erlassen kann.

[2]Satz 1 Nr. 1 und 7 gilt entsprechend für die Beförderung radioaktiver Stoffe, soweit es sich um die Erreichung der in § 1 Nr. 1, 3 und 4 genannten Zwecke und um Regelungen über die Deckungsvorsorge handelt.

§ 12a Ermächtigungsvorschrift (Entscheidung des Direktionsausschusses)

Die Bundesregierung wird ermächtigt, mit Zustimmung des Bundesrates Entscheidungen des Direktionsausschusses der Europäischen Kernenergieagentur oder seines Funktionsnachfolgers nach Artikel 1 Abs. a Unterabs. ii und iii und nach Artikel 1 Abs. b des Pariser Übereinkommens durch Rechtsverord-

nung in Kraft zu setzen und insoweit die Anlage 1 Abs. 1 Nr. 2 und 3 und die Anlage 2 zu diesem Gesetz zu ändern oder aufzuheben, sofern dies zur Erfüllung der in § 1 bezeichneten Zwecke erforderlich ist.

§ 12b Überprüfung der Zuverlässigkeit von Personen zum Schutz gegen Entwendung oder Freisetzung radioaktiver Stoffe

(1) [1]Zum Schutz gegen unbefugte Handlungen, die zu einer Entwendung oder Freisetzung radioaktiver Stoffe führen können, führen die nach den §§ 23d und 24 sowie die nach den §§ 184, 185, 186, 189, 190 und 191 des Strahlenschutzgesetzes zuständigen Genehmigungs- und Aufsichtsbehörden eine Überprüfung der Zuverlässigkeit folgender Personen durch:

1. Antragsteller oder Genehmigungsinhaber und sonstige als Verantwortliche benannte Personen in Genehmigungs-, Planfeststellungs- und Aufsichtsverfahren, die sich auf Anlagen oder Tätigkeiten nach den §§ 4, 6, 7, 9, 9a Abs. 3 oder auf Anlagen zur Erzeugung ionisierender Strahlung nach § 5 Absatz 2 des Strahlenschutzgesetzes beziehen,
2. Personen, die bei der Errichtung oder dem Betrieb von Anlagen im Sinne des § 7, von Anlagen des Bundes nach § 9a Absatz 3 oder von Anlagen zur Erzeugung ionisierender Strahlung nach § 5 Absatz 2 des Strahlenschutzgesetzes tätig sind,
3. Personen, die beim Umgang mit radioaktiven Stoffen oder bei der Beförderung von radioaktiven Stoffen tätig sind, sowie
4. Sachverständige (§ 20).

[2]Bedienstete der nach Satz 1 zuständigen Genehmigungs- und Aufsichtsbehörden und Bedienstete anderer Behörden mit gesetzlichem Zutrittsrecht zu den jeweiligen Anlagen oder Einrichtungen sind von der Überprüfung der Zuverlässigkeit ausgenommen.

(2) Die Überprüfung der Zuverlässigkeit erfolgt mit vorheriger schriftlicher Zustimmung der zu überprüfenden Person (Betroffener).

(3) [1]Zur Überprüfung darf die zuständige Behörde

1. die Identität des Betroffenen prüfen,
2. bei den Polizeivollzugs- und Verfassungsschutzbehörden des Bundes und der Länder sowie, soweit im Einzelfall erforderlich, dem Militärischen Abschirmdienst, dem Bundesnachrichtendienst und dem Zollkriminalamt nach vorhandenen, für die Beurteilung der Zuverlässigkeit bedeutsamen Erkenntnissen anfragen,
3. bei dem Bundesbeauftragten für die Unterlagen des Staatssicherheitsdienstes der ehemaligen Deutschen Demokratischen Republik zur Feststellung einer hauptamtlichen oder inoffiziellen Tätigkeit des Betroffenen für den Staatssicherheitsdienst der ehemaligen Deutschen Demokratischen Republik anfragen, wenn der Betroffene vor dem 1. Januar 1970 geboren wurde und Anhaltspunkte für eine solche Tätigkeit vorliegen,
4. eine unbeschränkte Auskunft aus dem Bundeszentralregister oder ein Führungszeugnis für Behörden nach § 30 Abs. 5 des Bundeszentralregistergesetzes einholen,
5. soweit im Einzelfall bei einem ausländischen Betroffenen erforderlich, um eine Übermittlung von Daten aus dem Ausländerzentralregister ersuchen und ein Ersuchen an die zuständige Ausländerbehörde nach vorhandenen, für die Beurteilung der Zuverlässigkeit bedeutsamen Erkenntnissen stellen.

[2]Maßnahmen nach Satz 1 sind unter Berücksichtigung der Art der Anlage oder Einrichtung, insbesondere der Art und Menge der darin vorhandenen radioaktiven Stoffe, der Art der Tätigkeit, des Umfangs der Zutrittsberechtigung und der Verantwortung des Betroffenen sowie bei der Beförderung radioaktiver Stoffe zusätzlich unter Berücksichtigung von Verpackung und Transportmittel verhältnismäßig abzustufen.

(4) Bei tatsächlichen Anhaltspunkten für Zweifel an der Zuverlässigkeit des Betroffenen ist die zuständige Behörde befugt, zusätzlich

1. die Strafverfolgungsbehörden und Strafgerichte einschließlich der für Steuerstrafverfahren zuständigen Finanzbehörden um die Erteilung von Auskunft und, sofern die Zweifel fortbestehen, um Akteneinsicht zu ersuchen,
2. bei den Behörden anzufragen, die für die Ausführung des Gesetzes über die Kontrolle von Kriegswaffen, des Gefahrgutbeförderungsgesetzes, des Waffengesetzes, des Beschussgesetzes, des Sprengstoffgesetzes oder einer auf Grund dieser Gesetze erlassenen Rechtsverordnung zuständig sind und, sofern die Zweifel fortbestehen, in die über den Betroffenen bei der zuständigen Behörde geführten Akten einzusehen,
3. in Verfahren zur Genehmigung der Beförderung von radioaktiven Stoffen eine Auskunft aus dem Fahreignungsregister einzuholen.

(5) Die zuständige Behörde gibt dem Betroffenen Gelegenheit, sich zu äußern, wenn auf Grund der eingeholten Auskünfte Zweifel an seiner Zuverlässigkeit bestehen.

(6) Die zuständige Behörde darf die zur Überprüfung erhobenen personenbezogenen Daten nur verarbeiten und nutzen, soweit dies für die Zwecke der Überprüfung erforderlich ist.

(7) [1]Die Verfassungsschutzbehörden des Bundes und der Länder, der Militärische Abschirmdienst, der Bundesnachrichtendienst, das Bundeskriminalamt, das Zollkriminalamt und die zuständige Ausländerbehörde teilen der zuständigen Behörde unverzüglich Informationen mit, die ihnen nach Beantwortung einer Anfrage nach Absatz 3 Satz 1 Nr. 2 oder Nr. 5 bekannt geworden sind und die für die Beurteilung der Zuverlässigkeit bedeutsam sind (Nachbericht). [2]Zu diesem Zweck dürfen sie über die Beantwortung der Anfrage hinaus die Personalien des Betroffenen (Geschlecht; Familienname, Geburtsname, sämtliche Vornamen und alle früher geführten Namen; Tag und Ort der Geburt; Geburtsstaat; Wohnort; Staatsangehörigkeit, auch frühere und doppelte Staatsangehörigkeiten) sowie die Aktenfundstelle speichern. [3]Die Verfassungsschutzbehörden des Bundes und der Länder dürfen die in Satz 2 genannten Daten und ihre Aktenfundstelle zusätzlich auch in den gemeinsamen Dateien nach § 6 des Bundesverfassungsschutzgesetzes speichern.

(8) [1]Die zuständige Behörde löscht die zum Zweck der Überprüfung der Zuverlässigkeit gespeicherten personenbezogenen Daten spätestens fünf Jahre und sechs Monate nach Erlass der Entscheidung. [2]Eine ablehnende Entscheidung sowie den Widerruf oder die Rücknahme einer Entscheidung teilt die zuständige Behörde den zum Nachbericht verpflichteten Behörden mit; diese löschen die Anfrage nach Absatz 3 Satz 1 Nr. 2 oder Nr. 5, die Beantwortung der Anfrage und die sonstigen nach Absatz 7 Satz 2 gespeicherten personenbezogenen Daten unverzüglich nach Kenntniserlangung. [3]In den übrigen Fällen löschen die zum Nachbericht verpflichteten Behörden die in Satz 2 genannten personenbezogenen Daten spätestens fünf Jahre und sechs Monate nach Beantwortung der Anfrage.

(9) Die Einzelheiten der Überprüfung, die Zulässigkeit von Maßnahmen und die Festlegung von Überprüfungskategorien nach Maßgabe des Absatzes 3, die maßgeblichen Kriterien zur Beurteilung der Zuverlässigkeit, die Bestimmung der Frist, in der Überprüfungen zu wiederholen sind, und weitere Ausnahmen von der Überprüfung werden in einer Rechtsverordnung[1] geregelt.

§ 13 Vorsorge für die Erfüllung gesetzlicher Schadensersatzverpflichtungen

(1) [1]Die Verwaltungsbehörde hat im Genehmigungsverfahren Art, Umfang und Höhe der Vorsorge für die Erfüllung gesetzlicher Schadensersatzverpflichtungen (Deckungsvorsorge) festzusetzen, die der Antragsteller zu treffen hat. [2]Die Festsetzung ist im Abstand von jeweils zwei Jahren sowie bei erheblicher Änderung der Verhältnisse erneut vorzunehmen; hierbei hat die Verwaltungsbehörde dem zur Deckungsvorsorge Verpflichteten eine angemessene Frist zu bestimmen, binnen deren die Deckungsvorsorge nachgewiesen sein muß.

(2) Die Vorsorge nach Absatz 1 muß

1. bei Anlagen und Tätigkeiten, bei denen eine Haftung nach dem Pariser Übereinkommen in Verbindung mit § 25 Abs. 1 bis 4, nach § 25a oder nach einem der in § 25a Abs. 2 genannten internationalen Verträge in Betracht kommt, in einem angemessenen Verhältnis zur Gefährlichkeit der Anlage oder der Tätigkeit stehen,

2. in den übrigen Fällen einer Tätigkeit, die auf Grund dieses Gesetzes oder auf Grund einer nach diesem Gesetz erlassenen Rechtsverordnung der Genehmigung bedarf, die Erfüllung gesetzlicher Schadensersatzverpflichtungen in dem nach den Umständen gebotenen Ausmaß sicherstellen.

(3) [1]In dem durch Absatz 2 gezogenen Rahmen und zur Erreichung der in § 1 bezeichneten Zwecke können durch Rechtsverordnung[2] nähere Vorschriften darüber erlassen werden, welche Maßnahmen zur Vorsorge für die Erfüllung gesetzlicher Schadensersatzverpflichtungen erforderlich sind. [2]Dabei ist die Höhe der Deckungsvorsorge im Rahmen einer Höchstgrenze von 2,5 Milliarden Euro zu regeln; Höchstgrenze und Deckungssummen sind im Abstand von jeweils fünf Jahren mit dem Ziel der Erhaltung des realen Wertes der Deckungsvorsorge zu überprüfen.

(4) [1]Der Bund und die Länder sind nicht zur Deckungsvorsorge verpflichtet; dies gilt entsprechend für den Dritten nach § 9a Absatz 3 Satz 2 zweiter Halbsatz. [2]Soweit für ein Land eine Haftung nach dem Pariser Übereinkommen in Verbindung mit § 25 Abs. 1 bis 4, nach § 25a oder nach einem der in § 25a Abs. 2 genannten internationalen Verträge in Betracht kommt, setzt die Genehmigungsbehörde in entsprechender Anwendung der Absätze 1, 2 und der zu Absatz 3 ergehenden Rechtsverordnung fest, in welchem Umfang und in welcher Höhe das Land für die Erfüllung gesetzlicher Schadensersatzverpflichtungen ohne Deckung durch die Freistellungsverpflichtung nach § 34 einzustehen hat. [3]Diese Einstands-

1) Siehe die Atomrechtliche ZuverlässigkeitsüberprüfungsVO.
2) Siehe die Atomrechtliche DeckungsvorsorgeVO.

pflicht steht bei Anwendung dieses Gesetzes der Deckungsvorsorge gleich. [4]Für den Bund gelten die Sätze 2 und 3 nicht.

(5) [1]Gesetzliche Schadensersatzverpflichtungen im Sinne dieses Gesetzes sind die auf gesetzlichen Haftpflichtbestimmungen privatrechtlichen Inhalts beruhenden Schadensersatzverpflichtungen. [2]Zu den gesetzlichen Schadensersatzverpflichtungen im Sinne dieses Gesetzes gehören Verpflichtungen aus den §§ 110, 111 des Siebten Buches Sozialgesetzbuch nicht, Verpflichtungen zur Schadloshaltung, die sich aus § 7 Abs. 6 dieses Gesetzes in Verbindung mit § 14 des Bundes-Immissionsschutzgesetzes ergeben, sowie ähnliche Entschädigungs- oder Ausgleichsverpflichtungen nur insoweit, als der Schaden oder die Beeinträchtigung durch Unfall entstanden ist.

§ 14 Haftpflichtversicherung und sonstige Deckungsvorsorge

(1) [1]Wird die Deckungsvorsorge bei Anlagen und Tätigkeiten, bei denen eine Haftung nach dem Pariser Übereinkommen in Verbindung mit § 25 Abs. 1 bis 4, nach § 25a, nach einem der in § 25a Abs. 2 genannten internationalen Verträge oder nach § 26 Abs. 1 in Verbindung mit Abs. 1a in Betracht kommt, durch eine Haftpflichtversicherung erbracht, gelten für diese, ohne dass ein Direktanspruch im Sinn von § 115 des Versicherungsvertragsgesetzes begründet wird, die §§ 117 und 119 bis 122 des Versicherungsvertragsgesetzes entsprechend mit der Maßgabe, dass die Frist des § 117 Abs. 2 des Versicherungsvertragsgesetzes zwei Monate beträgt und ihr Ablauf bei der Haftung für die Beförderung von Kernmaterialien und radioaktiven Stoffen, die ihnen nach § 26 Abs. 1a gleichgestellt sind, für die Dauer der Beförderung gehemmt ist; bei Anwendung des § 117 Abs. 3 Satz 2 des Versicherungsvertragsgesetzes bleibt die Freistellungsverpflichtung nach § 34 außer Betracht. [2]§ 109 des Versicherungsvertragsgesetzes ist nicht anzuwenden.

(2) Wird die Deckungsvorsorge anstatt durch eine Haftpflichtversicherung durch eine sonstige finanzielle Sicherheit erbracht, gilt Absatz 1 entsprechend.

§ 15 Rangfolge der Befriedigung aus der Deckungsvorsorge

(1) [1]Sind der zur Deckungsvorsorge verpflichtete Inhaber einer Kernanlage und ein Geschädigter im Zeitpunkt des Eintritts des nuklearen Ereignisses Konzernunternehmen eines Konzerns im Sinne des § 18 des Aktiengesetzes, so darf die Deckungsvorsorge zur Erfüllung gesetzlicher Schadensersatzansprüche dieses Geschädigten nur herangezogen werden, wenn dadurch nicht die Deckung der Ersatzansprüche sonstiger Geschädigter beeinträchtigt wird. [2]Kernanlagen im Sinne des Satzes 1 sind auch Reaktoren, die Teil eines Beförderungsmittels sind.

(2) Ist ein Schaden an einer industriellen Anlage in der Nähe der Kernanlage eingetreten, so findet Absatz 1 Satz 1 entsprechende Anwendung, wenn der Standort dazu dient, aus der Kernanlage stammende Energie für Produktionsprozesse zu nutzen.

(3) Die Deckungsvorsorge darf zur Erfüllung von Ansprüchen nach § 28 Absatz 3 nur herangezogen werden, wenn dadurch nicht die Deckung der Ersatzansprüche sonstiger Geschädigter beeinträchtigt wird.

(4) [1]Die nach Absatz 3 nachrangig zu erfüllenden Ersatzansprüche gehen den nachrangig zu erfüllenden Ersatzansprüchen nach den Absätzen 1 und 2 vor. [2]Die nach den Absätzen 1 und 2 nachrangig zu erfüllenden Ersatzansprüche sind untereinander gleichrangig.

§ 16 (weggefallen)

§ 17 Inhaltliche Beschränkungen, Auflagen, Widerruf, Bezeichnung als Inhaber einer Kernanlage

(1) [1]Genehmigungen und allgemeine Zulassungen nach diesem Gesetz oder nach einer auf Grund dieses Gesetzes erlassenen Rechtsverordnung sind schriftlich, aber nicht in elektronischer Form zu erteilen; abweichend hiervon kann in den auf Grund dieses Gesetzes erlassenen Rechtsverordnungen vorgesehen werden, dass die Genehmigung oder allgemeine Zulassung auch in elektronischer Form mit einer dauerhaft überprüfbaren Signatur nach § 37 Abs. 4 des Verwaltungsverfahrensgesetzes erteilt werden kann. [2]Sie können zur Erreichung der in § 1 bezeichneten Zwecke inhaltlich beschränkt und mit Auflagen verbunden werden. [3]Soweit es zur Erreichung der in § 1 Nr. 2 und 3 bezeichneten Zwecke erforderlich ist, sind nachträgliche Auflagen zulässig. [4]Genehmigungen, mit Ausnahme derjenigen nach § 7, sowie allgemeine Zulassungen können befristet werden.

(2) Genehmigungen und allgemeine Zulassungen können zurückgenommen werden, wenn eine ihrer Voraussetzungen bei der Erteilung nicht vorgelegen hat.

(3) Genehmigungen und allgemeine Zulassungen können widerrufen werden, wenn

1. von ihnen innerhalb von zwei Jahren kein Gebrauch gemacht worden ist, soweit nicht die Genehmigung oder allgemeine Zulassung etwas anderes bestimmt,

2. eine ihrer Voraussetzungen später weggefallen ist und nicht in angemessener Zeit Abhilfe geschaffen wird oder

3. gegen die Vorschriften dieses Gesetzes oder der auf Grund dieses Gesetzes erlassenen Rechtsverordnungen, gegen die hierauf beruhenden Anordnungen und Verfügungen der Aufsichtsbehörden oder gegen die Bestimmungen des Bescheids über die Genehmigung oder allgemeine Zulassung erheblich oder wiederholt verstoßen oder wenn eine nachträgliche Auflage nicht eingehalten worden ist und nicht in angemessener Zeit Abhilfe geschaffen wird,

4. auch nach Setzung einer angemessenen Nachfrist ein ordnungsgemäßer Nachweis nach § 9a Abs. 1a bis 1e nicht vorgelegt wird oder auch nach Setzung einer angemessenen Nachfrist keine Ergebnisse der nach § 19a Abs. 1 durchzuführenden Sicherheitsüberprüfung vorgelegt werden.

(4) Genehmigungen sind zu widerrufen, wenn die Deckungsvorsorge nicht der Festsetzung nach § 13 Abs. 1 entspricht und der zur Deckungsvorsorge Verpflichtete eine der Festsetzung entsprechende Deckungsvorsorge nicht binnen einer von der Verwaltungsbehörde festzusetzenden angemessenen Frist nachweist.

(5) Genehmigungen oder allgemeine Zulassungen sind außerdem zu widerrufen, wenn dies wegen einer erheblichen Gefährdung der Beschäftigten, Dritter oder der Allgemeinheit erforderlich ist und nicht durch nachträgliche Auflagen in angemessener Zeit Abhilfe geschaffen werden kann.

(6) Bei der Genehmigung von Tätigkeiten, die zum Betrieb einer Kernanlage berechtigen, ist der Genehmigungsinhaber in dem Genehmigungsbescheid ausdrücklich als Inhaber einer Kernanlage zu bezeichnen.

§ 18 Entschädigung

(1) [1]Im Falle der Rücknahme oder des Widerrufs einer nach diesem Gesetz oder nach einer auf Grund dieses Gesetzes erlassenen Rechtsverordnung erteilten Genehmigung oder allgemeinen Zulassung muß dem Berechtigten eine angemessene Entschädigung in Geld geleistet werden. [2]Wird die Rücknahme oder der Widerruf von einer Behörde des Bundes ausgesprochen, so ist der Bund, wird die Rücknahme oder der Widerruf von einer Landesbehörde ausgesprochen, so ist das Land, dessen Behörde die Rücknahme oder den Widerruf ausgesprochen hat, zur Leistung der Entschädigung verpflichtet. [3]Die Entschädigung ist unter gerechter Abwägung der Interessen der Allgemeinheit und des Betroffenen sowie der Gründe, die zur Rücknahme oder zum Widerruf führten, zu bestimmen. [4]Die Entschädigung ist begrenzt durch die Höhe der vom Betroffenen gemachten Aufwendungen, bei Anlagen durch die Höhe ihres Zeitwerts. [5]Wegen der Höhe der Entschädigung steht der Rechtsweg vor den ordentlichen Gerichten offen.

(2) Eine Entschädigungspflicht ist nicht gegeben, wenn

1. der Inhaber der Genehmigung oder allgemeinen Zulassung auf Grund von Angaben erhalten hat, die in wesentlichen Punkten unrichtig oder unvollständig waren,

2. der Inhaber der Genehmigung oder allgemeinen Zulassung oder die für ihn im Zusammenhang mit der Ausübung der Genehmigung oder allgemeinen Zulassung tätigen Personen durch ihr Verhalten Anlaß zum Widerruf der Genehmigung oder allgemeinen Zulassung gegeben haben, insbesondere durch erhebliche oder wiederholte Verstöße gegen die Vorschriften dieses Gesetzes oder der auf Grund dieses Gesetzes ergangenen Rechtsverordnungen oder gegen die hierauf beruhenden Anordnungen und Verfügungen der Aufsichtsbehörden oder gegen die Bestimmungen des Bescheids über die Genehmigung oder allgemeine Zulassung oder durch Nichteinhaltung nachträglicher Auflagen,

3. der Widerruf wegen einer nachträglich eingetretenen, in der genehmigten Anlage oder Tätigkeit begründeten erheblichen Gefährdung der Beschäftigten, Dritter oder der Allgemeinheit ausgesprochen werden mußte.

(3) Die Absätze 1 und 2 gelten entsprechend für nachträgliche Auflagen nach § 17 Abs. 1 Satz 3.

(4) [1]Wenn das Land eine Entschädigung zu leisten hat, sind der Bund oder ein anderes Land entsprechend ihrem sich aus der Gesamtlage ergebenden Interesse an der Rücknahme oder am Widerruf verpflichtet, diesem Land Ausgleich zu leisten. [2]Entsprechendes gilt, wenn der Bund eine Entschädigung zu leisten hat.

§ 19 Staatliche Aufsicht

(1) [1]Der Umgang und Verkehr mit radioaktiven Stoffen, die Errichtung, der Betrieb und der Besitz von Anlagen der in § 7 bezeichneten Art und die Beförderung dieser Stoffe und Anlagen unterliegen der staatlichen Aufsicht. [2]Die Aufsichtsbehörden haben insbesondere darüber zu wachen, daß nicht gegen die Vorschriften dieses Gesetzes und der auf Grund dieses Gesetzes erlassenen Rechtsverordnungen, die hierauf beruhenden Anordnungen und Verfügungen der Aufsichtsbehörden und die Bestimmungen des Bescheides über die Genehmigung oder allgemeine Zulassung verstoßen wird und daß nachträgliche Auflagen eingehalten werden. [3]Auf die Befugnisse und Obliegenheiten der Aufsichtsbehörden finden die Vorschriften des § 139b der Gewerbeordnung entsprechende Anwendung. [4]Das für die kerntechnische Sicherheit und den Strahlenschutz zuständige Bundesministerium kann die ihm von den nach den §§ 22 bis 24 zuständigen Behörden übermittelten Informationen, die auf Verstöße gegen Ein- und Ausfuhrvor-

schriften dieses Gesetzes oder der auf Grund dieses Gesetzes erlassenen Rechtsverordnungen, gegen die hierauf beruhenden Anordnungen und Verfügungen der Aufsichtsbehörden oder gegen die Bestimmungen des Bescheids über die Genehmigung hinweisen, an das Bundesministerium des Innern, für Bau und Heimat übermitteln, soweit dies für die Wahrnehmung der Aufgaben des Bundeskriminalamtes bei der Verfolgung von Straftaten im Außenwirtschaftsverkehr erforderlich ist; die übermittelten Informationen dürfen, soweit gesetzlich nichts anderes bestimmt ist, nur für den Zweck verwendet werden, zu dem sie übermittelt worden sind.

(2) ¹Die Beauftragten der Aufsichtsbehörde und die von ihr nach § 20 zugezogenen Sachverständigen oder die Beauftragten anderer zugezogener Behörden sind befugt, Orte, an denen sich radioaktive Stoffe oder Anlagen der in § 7 bezeichneten Art oder Anlagen, Geräte und Vorrichtungen der in § 11 Abs. 1 Nr. 3 bezeichneten Art befinden oder an denen hiervon herrührende Strahlen wirken, oder Orte, für die diese Voraussetzungen den Umständen nach anzunehmen sind, jederzeit zu betreten und dort alle Prüfungen anzustellen, die zur Erfüllung ihrer Aufgaben notwendig sind. ²Sie können hierbei von den verantwortlichen oder dort beschäftigten Personen die erforderlichen Auskünfte verlangen. ³Im übrigen gilt § 36 des Produktsicherheitsgesetzes entsprechend. ⁴Das Grundrecht des Artikels 13 des Grundgesetzes über die Unverletzlichkeit der Wohnung wird eingeschränkt, soweit es diesen Befugnissen entgegensteht.

(3) ¹Die Aufsichtsbehörde kann anordnen, daß ein Zustand beseitigt wird, der den Vorschriften dieses Gesetzes oder der auf Grund dieses Gesetzes erlassenen Rechtsverordnungen, den Bestimmungen des Bescheids über die Genehmigung oder allgemeine Zulassung oder einer nachträglich angeordneten Auflage widerspricht oder aus dem sich durch die Wirkung ionisierender Strahlen Gefahren für Leben, Gesundheit oder Sachgüter ergeben können. ²Sie kann insbesondere anordnen,

1. daß und welche Schutzmaßnahmen zu treffen sind,
2. daß radioaktive Stoffe bei einer von ihr bestimmten Stelle aufbewahrt oder verwahrt werden,
3. dass der Umgang mit radioaktiven Stoffen, die Errichtung und der Betrieb von Anlagen der in § 7 bezeichneten Art einstweilen oder, wenn eine erforderliche Genehmigung nicht erteilt oder rechtskräftig widerrufen ist, endgültig eingestellt wird.

(4) Die Aufsichtsbefugnisse nach anderen Rechtsvorschriften und die sich aus den landesrechtlichen Vorschriften ergebenden allgemeinen Befugnisse bleiben unberührt.

(5) Die Absätze 1 bis 4 gelten entsprechend für Anlagen des Bundes nach § 9a Absatz 3 Satz 1 und für die Schachtanlage Asse II.

§ 19a Überprüfung, Bewertung und kontinuierliche Verbesserung kerntechnischer Anlagen

(1) ¹Wer eine Anlage zur Spaltung von Kernbrennstoffen zur gewerblichen Erzeugung von Elektrizität betreibt, hat eine Sicherheitsüberprüfung und Bewertung der Anlage durchzuführen und auf deren Grundlage die nukleare Sicherheit der Anlage kontinuierlich zu verbessern. ²Die Ergebnisse der Sicherheitsüberprüfung und Bewertung sind bis zu dem in Anlage 4 zu diesem Gesetz genannten Datum, soweit dieses nach dem 27. April 2002 liegt, der Aufsichtsbehörde vorzulegen. ³Jeweils alle zehn Jahre nach dem in Anlage 4 genannten Datum sind die Ergebnisse einer erneuten Sicherheitsüberprüfung und Bewertung vorzulegen.

(2) ¹Die Pflicht zur Vorlage der Ergebnisse einer Sicherheitsüberprüfung und Bewertung entfällt, wenn der Genehmigungsinhaber gegenüber der Aufsichtsbehörde und der Genehmigungsbehörde verbindlich erklärt, dass er den Leistungsbetrieb der Anlage spätestens drei Jahre nach den in Anlage 4 genannten Terminen endgültig einstellen wird. ²Die Berechtigung zum Leistungsbetrieb der Anlage erlischt zu dem Zeitpunkt, den er in seiner Erklärung nach Satz 1 benannt hat. ³Die Sätze 1 und 2 gelten im Falle des Absatzes 1 Satz 3 entsprechend.

(3) ¹Wer eine sonstige kerntechnische Anlage nach § 2 Absatz 3a Nummer 1 betreibt, hat alle zehn Jahre eine Überprüfung und Bewertung der nuklearen Sicherheit der jeweiligen Anlage durchzuführen und die nukleare Sicherheit der Anlage kontinuierlich zu verbessern. ²Die Ergebnisse der Überprüfung und Bewertung sind der Aufsichtsbehörde vorzulegen.

(4) ¹Die Bewertungen nach Absatz 1 oder Absatz 3 umfassen auch die Überprüfung, dass Maßnahmen zur Verhütung von Unfällen und zur Abmilderung von Unfallfolgen getroffen sind, einschließlich der Überprüfung der physischen Barrieren sowie der administrativen Schutzvorkehrungen des Genehmigungsinhabers, die versagen müssen, bevor Leben, Gesundheit und Sachgüter durch die Wirkung ionisierender Strahlen geschädigt würden. ²Die zuständige Aufsichtsbehörde kann nähere Anordnungen zu dem Umfang der Überprüfung und Bewertung durch den Genehmigungsinhaber treffen.

§ 20 Sachverständige

[1]Im Genehmigungs- und Aufsichtsverfahren nach diesem Gesetz und den auf Grund dieses Gesetzes ergangenen Rechtsverordnungen können von den zuständigen Behörden Sachverständige zugezogen werden. [2]§ 36 des Produktsicherheitsgesetzes findet entsprechende Anwendung.

§ 21 Kosten

(1) Kosten (Gebühren und Auslagen) werden erhoben
1. für Entscheidungen über Anträge nach den §§ 4, 6, 7, 7a, 9, 9a und 9b;
2. für Festsetzungen nach § 4b Abs. 1 Satz 2 und § 13 Abs. 1 Satz 2, für Entscheidungen nach § 9b Abs. 3 Satz 2, für Entscheidungen nach § 17 Abs. 1 Satz 3, Abs. 2, 3, 4 und 5, soweit nach § 18 Abs. 2 eine Entschädigungspflicht nicht gegeben ist, und für Entscheidungen nach § 19 Abs. 3;
3. für die staatliche Verwahrung von Kernbrennstoffen nach § 5 Abs. 1;
4. für sonstige Amtshandlungen einschließlich Prüfungen und Untersuchungen des Bundesamtes für Strahlenschutz, soweit es nach § 23 zuständig ist, des Luftfahrt-Bundesamtes, soweit es nach § 23b zuständig ist, und des Bundesamtes für die Sicherheit der nuklearen Entsorgung, soweit es nach § 23d zuständig ist;
4a. für Entscheidungen nach §§ 9d bis 9g;
5. für die in der Rechtsverordnung nach Absatz 3 näher zu bestimmenden sonstigen Aufsichtsmaßnahmen nach § 19;
6. für die Prüfung der Ergebnisse der Sicherheitsüberprüfung und Bewertung nach § 19a Absatz 1 sowie für die Prüfung der Ergebnisse der Überprüfung und Bewertung nach § 19a Absatz 3.

(1a) [1]In den Fällen
1. des Widerrufs oder der Rücknahme einer in Absatz 1 bezeichneten Amtshandlung, sofern der Betroffene dies zu vertreten hat und nicht bereits nach Absatz 1 Kosten erhoben werden,
2. der Ablehnung eines Antrages auf Vornahme einer in Absatz 1 bezeichneten Amtshandlung aus anderen Gründen als wegen Unzuständigkeit der Behörde,
3. der Zurücknahme eines Antrages auf Vornahme einer in Absatz 1 bezeichneten Amtshandlung nach Beginn der sachlichen Bearbeitung, jedoch vor deren Beendigung,
4. der vollständigen oder teilweisen Zurückweisung oder der Zurücknahme eines Widerspruchs gegen
 a) eine in Absatz 1 bezeichnete Amtshandlung oder
 b) eine nach Absatz 1 in Verbindung mit der nach Absatz 3 erlassenen Rechtsverordnung festgesetzte Kostenentscheidung

werden Kosten erhoben. [2]Die Gebühr darf in den Fällen des Satzes 1 Nr. 1, 2 und 4 Buchstabe a bis zur Höhe der für eine Amtshandlung festzusetzenden Gebühr, in den Fällen des Satzes 1 Nr. 3 bis zur Höhe von drei Vierteln der für die Amtshandlung festzusetzenden Gebühr und in den Fällen des Satzes 1 Nr. 4 Buchstabe b bis zur Höhe von 10 vom Hundert des streitigen Beitrages festgesetzt werden. [3]Für Entscheidungen über Anträge nach § 6, die auf Grund der Verpflichtung nach § 9a Absatz 2a gestellt werden, werden keine Gebühren erhoben.

(2) Vergütungen für Sachverständige sind als Auslagen zu erstatten, soweit sie sich auf Beträge beschränken, die unter Berücksichtigung der erforderlichen fachlichen Kenntnisse und besonderer Schwierigkeiten der Begutachtung, Prüfung und Untersuchung als Gegenleistung für die Tätigkeit des Sachverständigen angemessen sind.

(3) [1]Das Nähere wird durch Rechtsverordnung[1]) nach den Grundsätzen des Verwaltungskostengesetzes in der bis zum 14. August 2013 geltenden Fassung geregelt. [2]Dabei sind die gebührenpflichtigen Tatbestände näher zu bestimmen und die Gebühren durch feste Sätze, Rahmensätze oder nach dem Wert des Gegenstandes zu bestimmen. [3]Die Gebührensätze sind so zu bemessen, daß der mit den Amtshandlungen, Prüfungen oder Untersuchungen verbundene Personal- und Sachaufwand gedeckt wird; bei begünstigenden Amtshandlungen kann daneben die Bedeutung, der wirtschaftliche Wert oder der sonstige Nutzen für den Gebührenschuldige angemessen berücksichtigt werden. [4]In der Verordnung können die Kostenbefreiung des Bundesamtes für Strahlenschutz und die Verpflichtung zur Zahlung von Gebühren für die Amtshandlungen bestimmter Behörden abweichend von § 8 des Verwaltungskostengesetzes in der bis zum 14. August 2013 geltenden Fassung geregelt werden. [5]Die Verjährungsfrist der Kostenschuld kann abweichend von § 20 des Verwaltungskostengesetzes in der bis zum 14. August 2013 geltenden Fassung verlängert werden. [6]Es kann bestimmt werden, daß die Verordnung auch auf die bei ihrem Inkrafttreten anhängigen Verwaltungsverfahren anzuwenden ist, soweit in diesem Zeitpunkt die Kosten noch nicht festgesetzt sind.

1) Siehe die KostenVO zum Atomgesetz.

(4) Die Aufwendungen für Schutzmaßnahmen und für ärztliche Untersuchungen, die auf Grund dieses Gesetzes oder einer nach diesem Gesetz erlassenen Rechtsverordnung durchgeführt werden, trägt, wer nach diesem Gesetz oder einer nach diesem Gesetz zu erlassenden Rechtsverordnung einer Genehmigung bedarf oder verpflichtet ist, die Tätigkeit anzuzeigen, zu der die Schutzmaßnahme oder die ärztliche Untersuchung erforderlich wird.

(5) Im übrigen gelten bei der Ausführung dieses Gesetzes und von Rechtsverordnungen, die auf Grund des § 7 Abs. 4 Satz 3 und Abs. 5, des § 7a Abs. 2 und der §§ 10 bis 12 erlassen sind, durch Landesbehörden vorbehaltlich des Absatzes 2 die landesrechtlichen Kostenvorschriften.

§ 21a Kosten (Gebühren und Auslagen) oder Entgelte für die Benutzung von Anlagen nach § 9a Abs. 3

(1) ^1Für die Benutzung von Anlagen nach § 9a Abs. 3 werden von den Ablieferungspflichtigen Kosten (Gebühren und Auslagen) erhoben. ^2Als Auslagen können auch Vergütungen nach § 21 Abs. 2 und Aufwendungen nach § 21 Abs. 4 erhoben werden. ^3Die allgemeinen gebührenrechtlichen Grundsätze über Entstehung der Gebühr, Gebührengläubiger, Gebührenschuldner, Gebührenentscheidung, Vorschußzahlung, Sicherheitsleistung, Fälligkeit, Säumniszuschlag, Stundung, Erlaß, Verjährung, Erstattung und Rechtsbehelfe finden nach Maßgabe der §§ 11, 12, 13 Abs. 2, §§ 14 und 16 bis 22 des Verwaltungskostengesetzes in der bis zum 14. August 2013 geltenden Fassung Anwendung, soweit nicht in der Rechtsverordnung nach Absatz 2 Abweichendes bestimmt wird. ^4Im Übrigen gelten bei der Erhebung von Kosten in Ausführung dieses Gesetzes durch Landesbehörden die landesrechtlichen Kostenvorschriften.

(2) ^1Durch Rechtsverordnung können die kostenpflichtigen Tatbestände nach Absatz 1 näher bestimmt und dabei feste Sätze oder Rahmensätze vorgesehen werden. ^2Die Gebührensätze sind so zu bemessen, daß sie die nach betriebswirtschaftlichen Grundsätzen ansatzfähigen Kosten der laufenden Verwaltung und Unterhaltung der Anlagen nach § 9a Abs. 3 decken. ^3Dazu gehören auch die Verzinsung und die Abschreibung des aufgewandten Kapitals. ^4Die Abschreibung ist nach der mutmaßlichen Nutzungsdauer und der Art der Nutzung gleichmäßig zu bemessen. ^5Der aus Beiträgen nach § 21b sowie aus Leistungen und Zuschüssen Dritter aufgebrachte Kapitalanteil bleibt bei der Verzinsung unberücksichtigt. ^6Bei der Gebührenbemessung sind ferner Umfang und Art der jeweiligen Benutzung zu berücksichtigen. ^7Zur Deckung des Investitionsaufwandes für Landessammelstellen kann bei der Benutzung eine Grundgebühr erhoben werden. ^8Bei der Bemessung der Kosten oder Entgelte, die bei der Ablieferung an eine Landessammelstelle erhoben werden, können die Aufwendungen, die bei der anschließenden Abführung an Anlagen des Bundes anfallen, sowie Vorausleistungen nach § 21b Abs. 2 einbezogen werden. ^9Sie sind an den Bund abzuführen.

(3) ^1Die Landessammelstellen können für die Benutzung an Stelle von Kosten ein Entgelt nach Maßgabe einer Benutzungsordnung erheben. ^2Bei der Berechnung des Entgeltes sind die in Absatz 2 enthaltenen Bemessungsgrundsätze zu berücksichtigen.

§ 21b Beiträge

(1) ^1Zur Deckung des notwendigen Aufwandes für die Planung, den Erwerb von Grundstücken und Rechten, die anlagenbezogene Forschung und Entwicklung, die Erkundung, die Unterhaltung von Grundstücken und Einrichtungen sowie die Errichtung, die Erweiterung und die Erneuerung von Anlagen des Bundes nach § 9a Abs. 3 werden von demjenigen, dem sich ein Vorteil durch die Möglichkeit der Inanspruchnahme dieser Anlagen zur geordneten Beseitigung radioaktiver Abfälle nach § 9a Abs. 1 Satz 1 bietet, Beiträge erhoben. ^2Der notwendige Aufwand umfaßt auch den Wert der aus dem Vermögen des Trägers der Anlage bereitgestellten Sachen und Rechte im Zeitpunkt der Bereitstellung.

(2) Von demjenigen, der einen Antrag auf Erteilung einer Genehmigung nach den §§ 6, 7 oder 9 oder nach § 12 Absatz 1 Nummer 1 oder 3 des Strahlenschutzgesetzes zum Umgang mit radioaktiven Stoffen oder zur Erzeugung ionisierender Strahlung gestellt hat oder dem eine entsprechende Genehmigung erteilt worden ist, können Vorausleistungen auf den Betrag verlangt werden, wenn mit der Durchführung einer Maßnahme nach Absatz 1 Satz 1 begonnen worden ist.

(3) ^1Das Nähere über Erhebung, Befreiung, Stundung, Erlaß und Erstattung von Beiträgen und von Vorausleistungen kann durch Rechtsverordnung$^{1)}$ geregelt werden. ^2Dabei können die Beitragsberechtigten, die Beitragspflichtigen und der Zeitpunkt der Entstehung der Beitragspflicht bestimmt werden. ^3Die Beiträge sind so zu bemessen, daß sie den nach betriebswirtschaftlichen Grundsätzen ansatzfähigen Aufwand nach Absatz 1 decken. ^4Die Beiträge müssen in einem angemessenen Verhältnis zu den Vorteilen stehen,

1) Siehe die EndlagervorausleistungsVO.

die der Beitragspflichtige durch die Anlage erlangt. ⁵Vorausleistungen auf Beiträge sind mit angemessener Verzinsung zu erstatten, soweit sie die nach dem tatsächlichen Aufwand ermittelten Beiträge übersteigen.

(4) Bereits erhobene Beiträge oder Vorausleistungen, soweit sie zur Deckung entstandener Aufwendungen erhoben worden sind, werden nicht erstattet, wenn eine Anlage des Bundes nach § 9a Abs. 3 endgültig nicht errichtet oder betrieben wird oder wenn der Beitrags- oder Vorausleistungspflichtige den Vorteil nach Absatz 1 Satz 1 nicht wahrnimmt.

§ 21c Öffentlich-rechtlicher Vertrag
Zur Ablösung der nach den §§ 21a und 21b zu erhebenden Kosten, Entgelte und Beiträge können im Einzelfall unter Berücksichtigung der in § 21a Absatz 2 Satz 2 bis 6 und § 21b Absatz 3 Satz 3 bis 5 geregelten Grundsätze öffentlich-rechtliche Verträge geschlossen werden.

Dritter Abschnitt
Verwaltungsbehörden

§ 22 Zuständigkeit für grenzüberschreitende Verbringungen und deren Überwachung
(1) ¹Über Anträge auf Erteilung einer Genehmigung nach § 3 sowie über die Rücknahme oder den Widerruf einer erteilten Genehmigung entscheidet das Bundesamt für Wirtschaft und Ausfuhrkontrolle (BAFA). ²Das Gleiche gilt, soweit die auf Grund des § 11 ergehenden Rechtsverordnungen das Erfordernis von Genehmigungen und Zustimmungen sowie die Prüfung von Anzeigen für grenzüberschreitende Verbringungen vorsehen.

(2) ¹Die Überwachung von grenzüberschreitenden Verbringungen obliegt dem Bundesministerium der Finanzen oder den von ihm bestimmten Zolldienststellen. ²Die Zolldienststellen können
1. grenzüberschreitend verbrachte Sendungen mit radioaktiven Stoffen sowie deren Beförderungsmittel, Behälter, Lademittel und Verpackungsmittel zur Überwachung anhalten,
2. einen auf Grund tatsächlicher Anhaltspunkte bestehenden Verdacht von Verstößen gegen Verbote und Beschränkungen nach diesem Gesetz oder einer auf Grund des § 11 ergehenden Rechtsverordnung, der sich bei der Wahrnehmung ihrer Aufgaben ergibt, den zuständigen Behörden mitteilen und
3. in den Fällen der Nummer 2 anordnen, dass Sendungen nach Nummer 1 auf Kosten und Gefahr des Verfügungsberechtigten den zuständigen Behörden vorgeführt werden.
³Das Brief- und Postgeheimnis nach Artikel 10 des Grundgesetzes wird nach Maßgabe der Sätze 1 und 2 eingeschränkt.

(3) Soweit das Bundesamt für Wirtschaft und Ausfuhrkontrolle (BAFA) auf Grund des Absatzes 1 entscheidet, ist es unbeschadet seiner Unterstellung unter das Bundesministerium für Wirtschaft und Energie und dessen auf anderen Rechtsvorschriften beruhender Weisungsbefugnisse an die fachlichen Weisungen des für die kerntechnische Sicherheit und den Strahlenschutz zuständigen Bundesministeriums gebunden.

§ 23 *[aufgehoben]*

§ 23a Zuständigkeit des Bundesverwaltungsamtes
Das Bundesverwaltungsamt ist für Entscheidungen nach den §§ 9d bis 9g zuständig.

§ 23b *[aufgehoben]*

§ 23c *[aufgehoben]*

§ 23d¹⁾ Zuständigkeit des Bundesamtes für die Sicherheit der nuklearen Entsorgung
¹Das Bundesamt für die Sicherheit der nuklearen Entsorgung ist zuständig für
1. die Planfeststellung und Genehmigung nach § 9b und deren Aufhebung,
2. die Aufsicht über Anlagen des Bundes nach § 9a Absatz 3 Satz 1 und die Schachtanlage Asse II nach § 19 Absatz 5,
3. die Erteilung der bergrechtlichen Zulassungen und sonstiger erforderlicher bergrechtlicher Erlaubnisse und Genehmigungen bei Zulassungsverfahren nach § 9b für die Errichtung, den Betrieb und die Stilllegung von Anlagen des Bundes zur Sicherstellung und Endlagerung nach § 9a Absatz 3 im Benehmen mit der zuständigen Bergbehörde des jeweiligen Landes,
4. die Bergaufsicht nach den §§ 69 bis 74 des Bundesberggesetzes über Anlagen des Bundes zur Sicherstellung und Endlagerung nach § 9a Absatz 3,

1) Das Bundesamt für die Sicherheit der nuklearen Entsorgung hat zum 1.9.2014 seine Tätigkeit aufgenommen; siehe das BfnE-ErrichtungsG und den Organisationserlass zur Errichtung des Bundesamtes für kerntechnische Entsorgung.

5. die Erteilung von wasserrechtlichen Erlaubnissen oder Bewilligungen bei Zulassungsverfahren nach § 9b für Anlagen des Bundes zur Sicherstellung und Endlagerung nach § 9a Absatz 3 im Benehmen mit der zuständigen Wasserbehörde,
6. die Genehmigung der Beförderung von Kernbrennstoffen sowie deren Rücknahme oder Widerruf,
7. die Genehmigung der Aufbewahrung von Kernbrennstoffen außerhalb der staatlichen Verwahrung, soweit diese nicht Vorbereitung oder Teil einer nach § 7 oder § 9 genehmigungsbedürftigen Tätigkeit ist, sowie deren Rücknahme oder Widerruf,
8. die staatliche Verwahrung von Kernbrennstoffen einschließlich des Erlasses von Entscheidungen nach § 5 Absatz 7 Satz 1 und
9. die Entgegennahme und Bekanntmachung von Informationen nach § 7 Absatz 1c.

[2]In den Fällen, in denen der Standort nach dem Standortauswahlgesetz durch Bundesgesetz festgelegt wird, gelten die Zuständigkeitsregelungen des Satzes 1 erst nach dieser abschließenden Entscheidung über den Standort.

§ 24 Zuständigkeit der Landesbehörden

(1) [1]Die übrigen Verwaltungsaufgaben nach dem Zweiten Abschnitt und den hierzu ergehenden Rechtsverordnungen werden im Auftrage des Bundes durch die Länder ausgeführt. [2]Die Beaufsichtigung der Beförderung radioaktiver Stoffe im Schienen- und Schiffsverkehr der Eisenbahnen sowie im Magnetschwebebahnverkehr obliegt dem Eisenbahn-Bundesamt; dies gilt nicht für die Beförderung radioaktiver Stoffe durch nicht bundeseigene Eisenbahnen, wenn die Verkehre ausschließlich über Schienenwege dieser Eisenbahnen führen. [3]Satz 2 gilt auch für die Genehmigung solcher Beförderungen, soweit eine Zuständigkeit nach § 23d nicht gegeben ist.

(2) [1]Für Genehmigungen nach den §§ 7, 7a und 9 sowie deren Rücknahme und Widerruf sind die durch die Landesregierungen bestimmten obersten Landesbehörden zuständig. [2]Diese Behörden üben die Aufsicht über Anlagen nach § 7 und die Verwendung von Kernbrennstoffen außerhalb dieser Anlagen aus. [3]Sie können im Einzelfall nachgeordnete Behörden damit beauftragen. [4]Über Beschwerden gegen deren Verfügungen entscheidet die oberste Landesbehörde. [5]Soweit Vorschriften außerhalb dieses Gesetzes anderen Behörden Aufsichtsbefugnisse verleihen, bleiben diese Zuständigkeiten unberührt.

(3) [1]Für den Geschäftsbereich des Bundesministeriums der Verteidigung werden die in den Absätzen 1 und 2 bezeichneten Zuständigkeiten durch dieses Bundesministerium oder die von ihm bezeichneten Dienststellen im Benehmen mit dem für die kerntechnische Sicherheit und den Strahlenschutz zuständigen Bundesministerium wahrgenommen. [2]Dies gilt auch für zivile Arbeitskräfte bei sich auf Grund völkerrechtlicher Verträge in der Bundesrepublik Deutschland aufhaltenden Truppen und zivilen Gefolgen.

§ 24a Information der Öffentlichkeit; Informationsübermittlung

(1) [1]Die zuständigen Behörden unterrichten die Öffentlichkeit für den Bereich der nuklearen Sicherheit mindestens über Folgendes:
1. Informationen über den bestimmungsgemäßen Betrieb der kerntechnischen Anlagen sowie
2. Informationen bei meldepflichtigen Ereignissen und bei Unfällen.

[2]Das Umweltinformationsgesetz und die Bestimmungen der Länder über die Verbreitung von Umweltinformationen bleiben unberührt.

(2) [1]Das für die kerntechnische Sicherheit und den Strahlenschutz zuständige Bundesministerium kann Informationen, die in atomrechtlichen Genehmigungen der nach den §§ 22 bis 24 zuständigen Behörden enthalten sind (Inhaber, Rechtsgrundlagen, wesentlicher Inhalt), an die für den Außenwirtschaftsverkehr zuständigen obersten Bundesbehörden zur Erfüllung ihrer Aufgaben bei Genehmigungen oder der Überwachung des Außenwirtschaftsverkehrs übermitteln. [2]Reichen diese Informationen im Einzelfall nicht aus, können weitere Informationen aus der atomrechtlichen Genehmigung übermittelt werden. [3]Die Empfänger dürfen die übermittelten Informationen, soweit gesetzlich nichts anderes bestimmt ist, nur zu dem Zweck verwenden, zu dem sie übermittelt worden sind.

§ 24b Selbstbewertung und internationale Prüfung

(1) [1]Mit dem Ziel der kontinuierlichen Verbesserung der nuklearen Sicherheit und der Sicherheit der Entsorgung abgebrannter Brennelemente und radioaktiver Abfälle
1. führt das für die kerntechnische Sicherheit und den Strahlenschutz zuständige Bundesministerium eine Selbstbewertung des Gesetzes-, Vollzugs- und Organisationsrahmens für die nukleare Sicherheit kerntechnischer Anlagen und für die sichere Entsorgung abgebrannter Brennelemente und radioaktiver Abfälle sowie des diesbezüglichen Behördenhandelns durch;
2. lädt das für die kerntechnische Sicherheit und den Strahlenschutz zuständige Bundesministerium internationale Experten zu einer Prüfung passender Segmente des Gesetzes-, Vollzugs- und Organisationsrahmens für die nukleare Sicherheit kerntechnischer Anlagen und für die sichere Entsorgung

abgebrannter Brennelemente und radioaktiver Abfälle sowie der jeweils teilnehmenden zuständigen Behörden ein; über die Ergebnisse der Prüfung berichtet das für die kerntechnische Sicherheit und den Strahlenschutz zuständige Bundesministerium den Mitgliedstaaten der Europäischen Union und der Europäischen Kommission, sobald diese Ergebnisse verfügbar sind. ^2Die Maßnahmen nach Satz 1 erfolgen mindestens alle zehn Jahre. ^3Die Maßnahmen nach Satz 1 können getrennt für die nukleare Sicherheit kerntechnischer Anlagen und für die sichere Entsorgung abgebrannter Brennelemente und radioaktiver Abfälle durchgeführt werden. ^4Die Selbstbewertung nach Satz 1 Nummer 1 umfasst für die Entsorgung abgebrannter Brennelemente und radioaktiver Abfälle auch das Nationale Entsorgungsprogramm nach § 2c sowie dessen Umsetzung.

(2) ^1Das für die kerntechnische Sicherheit und den Strahlenschutz zuständige Bundesministerium

1. veranlasst im Hinblick auf ein ausgewähltes technisches Thema im Zusammenhang mit der nuklearen Sicherheit eine Selbstbewertung der in Betracht kommenden und sich im Geltungsbereich dieses Gesetzes befindlichen kerntechnischen Anlagen,

2. lädt zu der gegenseitigen Überprüfung der Bewertung nach Nummer 1 alle Mitgliedstaaten der Europäischen Union sowie, als Beobachter, die Europäische Kommission ein,

3. veranlasst angemessene Folgemaßnahmen zu den Erkenntnissen, die aus dieser gegenseitigen Überprüfung gewonnen wurden und

4. veröffentlicht einen Bericht über das Bewertungsverfahren und dessen wichtigste Ergebnisse, sobald diese vorliegen.

^2Die erste Selbstbewertung nach Absatz 2 Satz 1 Nummer 1 leitet das für die kerntechnische Sicherheit und den Strahlenschutz zuständige Bundesministerium im Jahr 2017 ein, danach mindestens alle sechs Jahre.

(3) Im Falle eines Unfalls in einer kerntechnischen Anlage, der Maßnahmen des anlagenexternen Notfallschutzes erfordert, lädt das für die kerntechnische Sicherheit und den Strahlenschutz zuständige Bundesministerium unverzüglich zu einer internationalen Überprüfung ein.

Vierter Abschnitt
Haftungsvorschriften

§ 25 Haftung für Kernanlagen

(1) ^1Beruht ein Schaden auf einem von einer Kernanlage ausgehenden nuklearen Ereignis, so gelten für die Haftung des Inhabers der Kernanlage ergänzend zu den Bestimmungen des Pariser Übereinkommens und des Gemeinsamen Protokolls die Vorschriften dieses Gesetzes. ^2Das Pariser Übereinkommen ist unabhängig von seiner völkerrechtlichen Verbindlichkeit für die Bundesrepublik Deutschland innerstaatlich anzuwenden, soweit nicht seine Regeln eine durch das Inkrafttreten des Übereinkommens bewirkte Gegenseitigkeit voraussetzen.

(2) ^1Hat im Falle der Beförderung von Kernmaterialien einschließlich der damit zusammenhängenden Lagerung der Beförderer durch Vertrag die Haftung anstelle des Inhabers einer im Geltungsbereich dieses Gesetzes gelegenen Kernanlage übernommen, gilt er als Inhaber einer Kernanlage vom Zeitpunkt der Haftungsübernahme an. ^2Der Vertrag bedarf der Schriftform. ^3Die Haftungsübernahme ist nur wirksam, wenn sie vor Beginn der Beförderung oder der damit zusammenhängenden Lagerung von Kernmaterialien durch die für die Genehmigung der Beförderung zuständige Behörde auf Antrag des Beförderers genehmigt worden ist. ^4Die Genehmigung darf nur erteilt werden, wenn der Beförderer im Geltungsbereich dieses Gesetzes als Frachtführer zugelassen ist oder als Spediteur im Geltungsbereich dieses Gesetzes seine geschäftliche Hauptniederlassung hat und der Inhaber der Kernanlage gegenüber der Behörde seine Zustimmung erklärt hat.

(3) ^1Die Bestimmungen des Artikels 9 des Pariser Übereinkommens über den Haftungsausschluß bei Schäden, die auf nuklearen Ereignissen beruhen, die unmittelbar auf Handlungen eines bewaffneten Konfliktes, von Feindseligkeiten, eines Bürgerkrieges, eines Aufstandes oder auf eine schwere Naturkatastrophe außergewöhnlicher Art zurückzuführen sind, sind nicht anzuwenden. ^2Tritt der Schaden in einem anderen Staat ein, so gilt Satz 1 nur, soweit der andere Staat zum Zeitpunkt des nuklearen Ereignisses im Verhältnis zur Bundesrepublik Deutschland eine nach Art, Ausmaß und Höhe gleichwertige Regelung sichergestellt hat.

(4) ^1Der Inhaber einer Kernanlage haftet unabhängig vom Ort des Schadenseintritts. ^2Artikel 2 des Pariser Übereinkommens findet keine Anwendung.

(5) Der Inhaber einer Kernanlage haftet nicht nach dem Pariser Übereinkommen, sofern der Schaden durch ein nukleares Ereignis verursacht wurde, das auf Kernmaterialien zurückzuführen ist, die in Anlage 2 zu diesem Gesetz bezeichnet sind.

§ 25a Haftung für Reaktorschiffe

(1) Auf die Haftung des Inhabers eines Reaktorschiffes finden die Vorschriften dieses Abschnitts mit folgender Maßgabe entsprechende Anwendung:

1. An die Stelle der Bestimmungen des Pariser Übereinkommens treten die entsprechenden Bestimmungen des Brüsseler Reaktorschiff-Übereinkommens (BGBl. 1975 II S. 977). Dieses ist unabhängig von seiner völkerrechtlichen Verbindlichkeit für die Bundesrepublik Deutschland innerstaatlich anzuwenden, soweit nicht seine Regeln eine durch das Inkrafttreten des Übereinkommens bewirkte Gegenseitigkeit voraussetzen.

2. Tritt der Schaden in einem anderen Staat ein, so gilt § 31 Abs. 1 hinsichtlich des den Höchstbetrag des Brüsseler Reaktorschiff-Übereinkommens überschreitenden Betrags nur, soweit das Recht dieses Staates zum Zeitpunkt des nuklearen Ereignisses eine auch im Verhältnis zur Bundesrepublik Deutschland anwendbare, nach Art, Ausmaß und Höhe gleichwertige Regelung der Haftung der Inhaber von Reaktorschiffen vorsieht. § 31 Abs. 2, §§ 36, 38 Abs. 1 und § 40 sind nicht anzuwenden.

3. § 34 gilt nur für Reaktorschiffe, die berechtigt sind, die Bundesflagge zu führen. Wird ein Reaktorschiff im Geltungsbereich dieses Gesetzes für einen anderen Staat oder Personen eines anderen Staates gebaut oder mit einem Reaktor ausgerüstet, so gilt § 34 bis zu dem Zeitpunkt, in dem das Reaktorschiff in dem anderen Staat registriert wird oder das Recht erwirbt, die Flagge eines anderen Staates zu führen. Die sich aus § 34 ergebende Freistellungsverpflichtung ist zu 75 vom Hundert vom Bund und im übrigen von dem für die Genehmigung des Reaktorschiffs nach § 7 zuständigen Land zu tragen.

4. Bei Reaktorschiffen, die nicht berechtigt sind, die Bundesflagge zu führen, gilt dieser Abschnitt nur, wenn durch das Reaktorschiff verursachte nukleare Schäden im Geltungsbereich dieses Gesetzes eingetreten sind.

5. Für Schadensersatzansprüche sind die Gerichte des Staates zuständig, dessen Flagge das Reaktorschiff zu führen berechtigt ist; in den Fällen der Nummer 4 ist auch das Gericht des Ortes im Geltungsbereich dieses Gesetzes zuständig, an dem der nukleare Schaden eingetreten ist.

(2) Soweit internationale Verträge über die Haftung für Reaktorschiffe zwingend abweichende Bestimmungen enthalten, haben diese Vorrang vor den Bestimmungen dieses Gesetzes.

§ 26 Haftung in anderen Fällen

(1) [1]Wird in anderen als den in dem Pariser Übereinkommen in Verbindung mit den in § 25 Abs. 1 bis 4 bezeichneten Fällen durch die Wirkung eines Kernspaltungsvorgangs oder der Strahlen eines radioaktiven Stoffes oder durch die von einer Anlage zur Erzeugung ionisierender Strahlen ausgehende Wirkung ionisierender Strahlen ein Mensch getötet oder der Körper oder die Gesundheit eines anderen verletzt oder eine Sache beschädigt, so ist der Besitzer des von der Kernspaltung betroffenen Stoffes, des radioaktiven Stoffes oder der Anlage zur Erzeugung ionisierender Strahlen verpflichtet, den daraus entstehenden Schaden nach den §§ 27 bis 30, 31 Abs. 3, § 32 Abs. 1, 4 und 5 und § 33 zu ersetzen. [2]Die Ersatzpflicht tritt nicht ein, wenn der Schaden durch ein Ereignis verursacht wird, das der Besitzer und die für ihn im Zusammenhang mit dem Besitz tätigen Personen auch bei Anwendung jeder nach den Umständen gebotenen Sorgfalt nicht vermeiden konnten und das weder auf einem Fehler in der Beschaffenheit der Schutzeinrichtung noch auf einem Versagen ihrer Verrichtungen beruht.

(1a) Absatz 1 Satz 2 findet keine Anwendung auf Schäden, die durch radioaktive Stoffe entstehen, die bei Anwendung des Pariser Übereinkommens, des Brüsseler Reaktorschiff-Übereinkommens oder des Wiener Übereinkommens in Verbindung mit dem Gemeinsamen Protokoll unter die Begriffsbestimmungen Kernbrennstoffe sowie radioaktive Erzeugnisse und Abfälle dieser Übereinkommen fallen würden.

(2) Absatz 1 gilt entsprechend in Fällen, in denen ein Schaden der in Absatz 1 bezeichneten Art durch die Wirkung eines Kernvereinigungsvorgangs verursacht wird.

(3) In gleicher Weise wie der Besitzer haftet derjenige, der den Besitz des Stoffes verloren hat, ohne ihn auf eine Person zu übertragen, die nach diesem Gesetz oder nach einer auf Grund dieses Gesetzes erlassenen Rechtsverordnung zum Besitz berechtigt ist.

(4) Die Vorschriften der Absätze 1 bis 3 gelten nicht,

1. wenn die radioaktiven Stoffe oder die Anlagen zur Erzeugung ionisierender Strahlen gegenüber dem Verletzten von einem Arzt oder Zahnarzt oder unter der Aufsicht eines Arztes oder Zahnarztes bei der Ausübung der Heilkunde angewendet worden sind und die verwendeten Stoffe oder Anlagen zur Erzeugung ionisierender Strahlen sowie die notwendigen Messgeräte nach den Regelungen einer Rechtsverordnung den jeweils geltenden Anforderungen *[bis 25.5.2021:* des Medizinproduktegesetzes] *[ab 26.5.2021:* der Verordnung (EU) 2017/745 des Europäischen Parlaments und des Rates vom 5. April 2017 über Medizinprodukte, zur Änderung der Richtlinie 2001/83/EG, der Verordnung

(EG) Nr. 178/2002 und der Verordnung (EG) Nr. 1223/2009 und zur Aufhebung der Richtlinien 90/385/EWG und 93/42/EWG des Rates (ABl. L 117 vom 5.5.2017, S. 1; L 117 vom 3.5.2019, S. 9; L 334 vom 27.12.2019, S. 165)] oder, soweit solche fehlen, dem jeweiligen Stand von Wissenschaft und Technik entsprochen haben und der Schaden nicht darauf zurückzuführen ist, dass die Stoffe, Anlagen zur Erzeugung ionisierender Strahlen oder Messgeräte nicht oder nicht ausreichend gewartet worden sind,

2. wenn zwischen dem Besitzer und dem Verletzten ein Rechtsverhältnis besteht, auf Grund dessen dieser die von dem Stoff oder von der Anlage zur Erzeugung ionisierender Strahlen ausgehende Gefahr in Kauf genommen hat.

(5) [1]Absatz 1 Satz 2 und Absatz 4 Nr. 2 gelten nicht für die Anwendung von radioaktiven Stoffen oder ionisierenden Strahlen am Menschen in der medizinischen Forschung. [2]Bestreitet der Besitzer des radioaktiven Stoffes oder der Anlage zur Erzeugung ionisierender Strahlen den ursächlichen Zusammenhang zwischen der Anwendung der radioaktiven Stoffe oder der ionisierenden Strahlen und einem aufgetretenen Schaden, so hat er zu beweisen, dass nach dem Stand der medizinischen Wissenschaft keine hinreichende Wahrscheinlichkeit eines ursächlichen Zusammenhangs besteht.

(6) [1]Nach den Vorschriften der Absätze 1 bis 3 ist nicht ersatzpflichtig, wer die Stoffe für einen anderen befördert. [2]Die Ersatzpflicht nach diesen Vorschriften trifft, solange nicht der Empfänger die Stoffe übernommen hat, den Absender, ohne Rücksicht darauf, ob er Besitzer der Stoffe ist.

(7) Unberührt bleiben im Anwendungsbereich des Absatzes 1 Satz 1 gesetzliche Vorschriften, nach denen der dort genannte Besitzer und die ihm nach Absatz 3 gleichgestellten Personen in weiterem Umfang haften als nach den Vorschriften dieses Gesetzes oder nach denen ein anderer für den Schaden verantwortlich ist.

§ 27 Mitwirkendes Verschulden des Verletzten

Hat bei Entstehung des Schadens ein Verschulden des Verletzten mitgewirkt, so gilt § 254 des Bürgerlichen Gesetzbuchs; bei Beschädigung einer Sache steht das Verschulden desjenigen, der die tatsächliche Gewalt über sie ausübt, dem Verschulden des Verletzten gleich.

§ 28 Umfang des Schadensersatzes bei Tötung

(1) [1]Im Falle der Tötung ist der Schadensersatz durch Ersatz der Kosten einer versuchten Heilung sowie des Vermögensnachteils zu leisten, den der Getötete dadurch erlitten hat, daß während der Krankheit seine Erwerbsfähigkeit aufgehoben oder gemindert, eine Vermehrung seiner Bedürfnisse eingetreten oder sein Fortkommen erschwert war. [2]Der Ersatzpflichtige hat außerdem die Kosten der Beerdigung demjenigen zu ersetzen, dem die Verpflichtung obliegt, diese Kosten zu tragen.

(2) [1]Stand der Getötete zur Zeit der Verletzung zu einem Dritten in einem Verhältnis, vermöge dessen er diesem gegenüber kraft Gesetzes unterhaltspflichtig war oder unterhaltspflichtig werden konnte, und ist dem Dritten infolge der Tötung das Recht auf Unterhalt entzogen, so hat der Ersatzpflichtige dem Dritten insoweit Schadensersatz zu leisten, als der Getötete während der mutmaßlichen Dauer seines Lebens zur Gewährung des Unterhalts verpflichtet gewesen wäre. [2]Die Ersatzpflicht tritt auch dann ein, wenn der Dritte zur Zeit der Verletzung erzeugt, aber noch nicht geboren war.

(3) [1]Der Ersatzpflichtige hat dem Hinterbliebenen, der zur Zeit der Verletzung zu dem Getöteten in einem besonderen persönlichen Näheverhältnis stand, für das dem Hinterbliebenen zugefügte seelische Leid eine angemessene Entschädigung in Geld zu leisten. [2]Ein besonderes persönliches Näheverhältnis wird vermutet, wenn der Hinterbliebene der Ehegatte, der Lebenspartner, ein Elternteil oder ein Kind des Getöteten war.

§ 29 Umfang des Schadensersatzes bei Körperverletzung

(1) Im Falle der Verletzung des Körpers oder der Gesundheit ist der Schadensersatz durch Ersatz der Kosten der Heilung sowie des Vermögensnachteils zu leisten, den der Verletzte dadurch erleidet, daß infolge der Verletzung zeitweise oder dauernd seine Erwerbsfähigkeit aufgehoben oder gemindert, eine Vermehrung seiner Bedürfnisse eingetreten oder sein Fortkommen erschwert ist.

(2) Wegen des Schadens, der nicht Vermögensschaden ist, kann auch eine billige Entschädigung in Geld gefordert werden.

§ 30 Geldrente

(1) Der Schadensersatz wegen Aufhebung oder Minderung der Erwerbsfähigkeit, wegen Vermehrung der Bedürfnisse oder wegen Erschwerung des Fortkommens des Verletzten sowie der nach § 28 Abs. 2 einem Dritten zu gewährende Schadensersatz ist für die Zukunft durch Entrichtung einer Geldrente zu leisten.

(2) Die Vorschriften des § 843 Abs. 2 bis 4 des Bürgerlichen Gesetzbuchs finden entsprechende Anwendung.

(3) Ist bei der Verurteilung des Verpflichteten zur Entrichtung einer Geldrente nicht auf Sicherheitsleistung erkannt worden, so kann der Berechtigte gleichwohl Sicherheitsleistung verlangen, wenn die Vermögensverhältnisse des Verpflichteten sich erheblich verschlechtert haben; unter der gleichen Voraussetzung kann er eine Erhöhung der in dem Urteil bestimmten Sicherheit verlangen.

§ 31 Haftungshöchstgrenzen

(1) [1]Die Haftung des Inhabers einer Kernanlage nach dem Pariser Übereinkommen in Verbindung mit § 25 Abs. 1, 2 und 4 sowie nach dem Pariser Übereinkommen und dem Gemeinsamen Protokoll in Verbindung mit § 25 Abs. 1, 2 und 4 ist summenmäßig unbegrenzt. [2]In den Fällen des § 25 Abs. 3 wird die Haftung des Inhabers auf den Höchstbetrag der staatlichen Freistellungsverpflichtung begrenzt.

(2) [1]Tritt der Schaden in einem anderen Staat ein, so findet Absatz 1 nur dann und insoweit Anwendung, als der andere Staat zum Zeitpunkt des nuklearen Ereignisses im Verhältnis zur Bundesrepublik Deutschland eine dem Absatz 1 nach Art, Ausmaß und Höhe gleichwertige Regelung sichergestellt hat. [2]Im Übrigen ist bei Schäden in einem anderen Staat die Haftung des Inhabers einer Kernanlage auf den Betrag begrenzt, den der andere Staat im Zeitpunkt des nuklearen Ereignisses unter Einbeziehung einer zusätzlichen Entschädigung auf Grund internationaler Übereinkommen für den Ersatz von Schäden infolge nuklearer Ereignisse im Verhältnis zur Bundesrepublik Deutschland vorsieht. [3]Im Verhältnis zu Staaten, auf deren Hoheitsgebiet sich keine Kernanlagen befinden, ist die Haftung des Inhabers einer Kernanlage auf den Höchstbetrag nach dem Brüsseler Zusatzübereinkommen beschränkt.

(2a) Absatz 2 gilt auch für die Haftung des Besitzers eines radioaktiven Stoffes in den Fällen des § 26 Abs. 1a.

(3) [1]Der nach dem Pariser Übereinkommen in Verbindung mit § 25 Abs. 1, 2 und 4 sowie nach dem Pariser Übereinkommen und dem Gemeinsamen Protokoll in Verbindung mit § 25 Abs. 1, 2 und 4 oder der nach § 26 Ersatzpflichtige haftet im Falle der Sachbeschädigung nur bis zur Höhe des gemeinen Wertes der beschädigten Sache zuzüglich der Kosten für die Sicherung gegen die von ihr ausgehende Strahlengefahr. [2]Bei einer Haftung nach dem Pariser Übereinkommen in Verbindung mit § 25 Abs. 1, 2 und 4 ist Ersatz für Schäden am Beförderungsmittel, auf dem sich die Kernmaterialien zur Zeit des nuklearen Ereignisses befunden haben, nur dann zu leisten, wenn die Befriedigung anderer Schadensersatzansprüche in den Fällen des Absatzes 1 aus dem Höchstbetrag der staatlichen Freistellungsverpflichtung, in den Fällen des Absatzes 2 aus der Haftungshöchstsumme sichergestellt ist.

§ 32 Verjährung

(1) Die nach diesem Abschnitt begründeten Ansprüche auf Schadensersatz verjähren in drei Jahren von dem Zeitpunkt an, in welchem der Ersatzberechtigte von dem Schaden und von der Person des Ersatzpflichtigen Kenntnis erlangt hat oder hätte erlangen müssen, ohne Rücksicht darauf in dreißig Jahren von dem schädigenden Ereignis an.

(2) In den Fällen des Artikels 8 Abs. b des Pariser Übereinkommens tritt an die Stelle der dreißigjährigen Verjährungsfrist des Absatzes 1 eine Verjährungsfrist von zwanzig Jahren ab Diebstahl, Verlust, Überbordwerfen oder Besitzaufgabe.

(3) Ansprüche auf Grund des Pariser Übereinkommens, die innerhalb von zehn Jahren nach dem nuklearen Ereignis gegen den Inhaber der Kernanlage wegen der Tötung oder Verletzung eines Menschen gerichtlich geltend gemacht werden, haben Vorrang vor Ansprüchen, die nach Ablauf dieser Frist erhoben werden.

(4) Schweben zwischen dem Ersatzpflichtigen und dem Ersatzberechtigten Verhandlungen über den zu leistenden Schadensersatz, so ist die Verjährung gehemmt, bis der eine oder der andere Teil die Fortsetzung der Verhandlungen verweigert.

(5) Im übrigen finden die Vorschriften des Bürgerlichen Gesetzbuchs über die Verjährung Anwendung.

§ 33 Mehrere Verursacher

(1) Sind für einen Schaden, der durch ein nukleares Ereignis oder in sonstiger Weise durch die Wirkung eines Kernspaltungsvorgangs oder der Strahlen eines radioaktiven Stoffes oder durch die von einem Beschleuniger ausgehende Wirkung ionisierender Strahlen verursacht ist, mehrere einem Dritten kraft Gesetzes zum Schadensersatz verpflichtet, so haften sie, sofern sich nicht aus Artikel 5 Abs. d des Pariser Übereinkommens etwas anderes ergibt, dem Dritten gegenüber als Gesamtschuldner.

(2) [1]In den Fällen des Absatzes 1 hängt im Verhältnis der Ersatzpflichtigen untereinander die Verpflichtung zum Ersatz von den Umständen, insbesondere davon ab, inwieweit der Schaden vorwiegend von dem einen oder anderen Teil verursacht worden ist, sofern sich aus Artikel 5 Abs. d des Pariser Übereinkommens nicht etwas anderes ergibt. [2]Der Inhaber einer Kernanlage ist jedoch nicht verpflichtet, über die Haftungshöchstbeträge des § 31 Abs. 1 und 2 hinaus Ersatz zu leisten.

§ 34 Freistellungsverpflichtung

(1) [1]Haben sich infolge von Wirkungen eines nuklearen Ereignisses gesetzliche Schadensersatzverpflichtungen des Inhabers einer im Geltungsbereich dieses Gesetzes gelegenen Kernanlage nach den Bestimmungen des Pariser Übereinkommens in Verbindung mit § 25 Abs. 1 bis 4 sowie des Pariser Übereinkommens und des Gemeinsamen Protokolls in Verbindung mit § 25 Abs. 1 bis 4 oder auf Grund des auf den Schadensfall anwendbaren Rechts eines fremden Staates oder in den Fällen des § 26 Abs. 1a ergeben, so hat der Bund den Inhaber der Kernanlage oder den Besitzer radioaktiver Stoffe von Schadensersatzverpflichtungen freizustellen, soweit diese von der Deckungsvorsorge nicht gedeckt sind oder aus ihr nicht erfüllt werden können. [2]Der Höchstbetrag der Freistellungsverpflichtung beträgt 2,5 Milliarden Euro. [3]Die Freistellungsverpflichtung beschränkt sich auf diesen Höchstbetrag abzüglich des Betrages, in dessen Höhe die entstandenen Schadensersatzverpflichtungen von der Deckungsvorsorge gedeckt sind und aus ihr erfüllt werden können.

(2) Ist nach dem Eintritt eines schädigenden Ereignisses mit einer Inanspruchnahme der Freistellungsverpflichtung zu rechnen, so ist der Inhaber der Kernanlage oder der Besitzer eines radioaktiven Stoffes verpflichtet,

1. dem von der Bundesregierung bestimmten Bundesministerium dieses unverzüglich anzuzeigen,
2. dem zuständigen Bundesministerium unverzüglich von erhobenen Schadensersatzansprüchen oder eingeleiteten Ermittlungsverfahren Mitteilung zu machen und auf Verlangen jede Auskunft zu erteilen, die zur Prüfung des Sachverhalts und seiner rechtlichen Würdigung erforderlich ist,
3. bei außergerichtlichen oder gerichtlichen Verhandlungen über die erhobenen Schadensersatzansprüche die Weisungen des für die kerntechnische Sicherheit und den Strahlenschutz zuständigen Bundesministeriums zu beachten,
4. nicht ohne Zustimmung des für die kerntechnische Sicherheit und den Strahlenschutz zuständigen Bundesministeriums einen Schadensersatzanspruch anzuerkennen oder zu befriedigen, es sei denn, daß er die Anerkennung oder Befriedigung ohne offenbare Unbilligkeit nicht verweigern kann.

(3) Im Übrigen finden auf die Freistellungsverpflichtung die §§ 83 und 87 und die Vorschriften des Teils 2 Kapitel 1 des Versicherungsvertragsgesetzes mit Ausnahme der §§ 103 und 118 entsprechende Anwendung, ohne dass gegen den zur Freistellung Verpflichteten ein Direktanspruch im Sinn des § 115 des Versicherungsvertragsgesetzes begründet wird.

§ 35 Verteilungsverfahren

(1) Ist damit zu rechnen, daß die gesetzlichen Schadensersatzverpflichtungen aus einem Schadensereignis die zur Erfüllung der Schadensersatzverpflichtungen zur Verfügung stehenden Mittel übersteigen, so wird ihre Verteilung sowie das dabei zu beobachtende Verfahren durch Gesetz, bis zum Erlaß eines solchen Gesetzes durch Rechtsverordnung geregelt.

(2) [1]Die in Absatz 1 bezeichnete Rechtsverordnung kann über die Verteilung der zur Erfüllung gesetzlicher Schadensersatzverpflichtungen zur Verfügung stehenden Mittel nur solche Regelungen treffen, die zur Abwendung von Notständen erforderlich sind. [2]Sie muß sicherstellen, daß die Befriedigung der Gesamtheit aller Geschädigten nicht durch die Befriedigung einzelner Geschädigter unangemessen beeinträchtigt wird.

§ 36 [aufgehoben]

§ 37 Rückgriff bei der Freistellung

(1) Ist der Inhaber einer Kernanlage oder der Besitzer eines radioaktiven Stoffes nach § 34 von Schadensersatzverpflichtungen freigestellt worden, so kann gegen den Inhaber der Kernanlage oder gegen den Besitzer eines radioaktiven Stoffes in Höhe der erbrachten Leistungen Rückgriff genommen werden, soweit

1. dieser seine sich aus § 34 Abs. 2 oder 3 ergebenden Verpflichtungen verletzt; der Rückgriff ist jedoch insoweit ausgeschlossen, als die Verletzung weder Einfluß auf die Feststellung des Schadens noch auf die Feststellung oder den Umfang der erbrachten Leistungen gehabt hat;
2. dieser oder, falls es sich um eine juristische Person handelt, sein gesetzlicher Vertreter in Ausführung der ihm zustehenden Verrichtungen den Schaden vorsätzlich oder grob fahrlässig herbeigeführt hat;
3. die Leistungen erbracht worden sind, weil die vorhandene Deckungsvorsorge in Umfang und Höhe nicht der behördlichen Festsetzung entsprochen hat.

(2) Gegen den Inhaber der Kernanlage oder den Besitzer eines radioaktiven Stoffes kann ohne Vorliegen der in Absatz 1 genannten Voraussetzungen Rückgriff genommen werden, soweit er kein Deutscher ist und seinen Sitz, Wohnsitz oder ständigen Aufenthalt in einem Staat hat, der weder Vertragsstaat der Verträge über die Europäischen Gemeinschaften noch des Pariser Übereinkommens noch des Wiener

Übereinkommens in Verbindung mit dem Gemeinsamen Protokoll noch eines sonstigen, zum Zeitpunkt des schädigenden Ereignisses in Kraft befindlichen Übereinkommens mit der Bundesrepublik Deutschland über die Haftung für nukleare Schäden ist.

§ 38 Ausgleich durch den Bund

(1) Hat ein durch ein nukleares Ereignis Geschädigter seinen Schaden im Geltungsbereich dieses Gesetzes erlitten und kann er nach dem auf den Schadensfall anwendbaren Recht eines anderen Vertragsstaates des Pariser Übereinkommens oder des Wiener Übereinkommens in Verbindung mit dem Gemeinsamen Protokoll keinen Ersatz verlangen, weil

1. das nukleare Ereignis im Hoheitsgebiet eines Nichtvertragsstaates des Pariser Übereinkommens oder des Wiener Übereinkommens in Verbindung mit dem Gemeinsamen Protokoll eingetreten ist,
2. der Schaden durch ein nukleares Ereignis verursacht worden ist, das unmittelbar auf Handlungen eines bewaffneten Konfliktes, von Feindseligkeiten, eines Bürgerkrieges, eines Aufstandes oder auf eine schwere Naturkatastrophe außergewöhnlicher Art zurückzuführen ist,
3. das anzuwendende Recht eine Haftung für Schäden an dem Beförderungsmittel, auf dem sich die Kernmaterialien zur Zeit des Eintritts des nuklearen Ereignisses befunden haben, nicht vorsieht,
4. das anzuwendende Recht eine Haftung des Inhabers nicht vorsieht, wenn der Schaden durch die ionisierende Strahlung einer sonstigen in der Kernanlage befindlichen Strahlenquelle verursacht worden ist,
5. das anzuwendende Recht eine kürzere Verjährung oder Ausschlußfrist als dieses Gesetz vorsieht oder
6. die zum Schadensersatz zur Verfügung stehenden Mittel hinter dem Höchstbetrag der staatlichen Freistellungsverpflichtung zurückbleiben,

so gewährt der Bund bis zum Höchstbetrag der staatlichen Freistellungsverpflichtung einen Ausgleich.
(2) Der Bund gewährt ferner bis zum Höchstbetrag der staatlichen Freistellungsverpflichtung einen Ausgleich, wenn das auf einen im Geltungsbereich dieses Gesetzes erlittenen Schaden anwendbare ausländische Recht oder die Bestimmungen eines völkerrechtlichen Vertrages dem Verletzten Ansprüche gewähren, die nach Art, Ausmaß und Umfang des Ersatzes wesentlich hinter dem Schadensersatz zurückbleiben, der dem Geschädigten bei Anwendung dieses Gesetzes zugesprochen worden wäre, oder wenn die Rechtsverfolgung in dem Staat, von dessen Hoheitsgebiet das schädigende Ereignis ausgegangen ist, aussichtslos ist.
(3) Die Absätze 1 und 2 sind auf Geschädigte, die nicht Deutsche im Sinne des Artikels 116 Abs. 1 des Grundgesetzes sind und die ihren gewöhnlichen Aufenthalt nicht im Geltungsbereich dieses Gesetzes haben, nicht anzuwenden, soweit der Heimatstaat im Zeitpunkt des nuklearen Ereignisses im Verhältnis zur Bundesrepublik Deutschland eine nach Art, Ausmaß und Höhe gleichwertige Regelung nicht sichergestellt hat.
(4) [1]Ansprüche nach den Absätzen 1 und 2 sind bei dem Bundesverwaltungsamt geltend zu machen. [2]Sie erlöschen in drei Jahren von dem Zeitpunkt an, in dem die auf Grund ausländischen oder internationalen Rechts ergangene Entscheidung über den Schadensersatz unanfechtbar geworden ist oder erkennbar wird, dass die Rechtsverfolgung im Sinne des Absatzes 2 aussichtslos ist.

§ 39 Ausnahmen von den Leistungen des Bundes

(1) Bei der Freistellungsverpflichtung nach § 34 und dem Ausgleich nach § 38 sind die nach § 15 Abs. 1 bis 3 nachrangig zu befriedigenden Ersatzansprüche nicht zu berücksichtigen.
(2) Entschädigungen nach § 29 Abs. 2 sind in die Freistellungsverpflichtung nach § 34 und den Ausgleich nach § 38 nur miteinzubeziehen, wenn die Leistung einer Entschädigung wegen der besonderen Schwere der Verletzung zur Vermeidung einer groben Unbilligkeit erforderlich ist.

§ 40 Klagen gegen den Inhaber einer Kernanlage, die in einem anderen Vertragsstaat gelegen ist

(1) Ist nach den Bestimmungen des Pariser Übereinkommens ein Gericht im Geltungsbereich dieses Gesetzes für die Entscheidung über die Schadensersatzklage gegen den Inhaber einer in einem anderen Vertragsstaat des Pariser Übereinkommens gelegenen Kernanlage zuständig, so bestimmt sich die Haftung des Inhabers nach den Vorschriften dieses Gesetzes.
(2) Abweichend von Absatz 1 bestimmt sich nach dem Recht des Vertragsstaates, in dem die Kernanlage gelegen ist,

1. wer als Inhaber anzusehen ist,
2. ob sich die Ersatzpflicht des Inhabers auch auf nukleare Schäden in einem Staat erstreckt, der nicht Vertragsstaat des Pariser Übereinkommens ist,

3. ob sich die Haftung des Inhabers auf nukleare Schäden erstreckt, die durch die Strahlen einer sonstigen in einer Kernanlage befindlichen Strahlungsquelle verursacht sind,
4. ob und inwieweit sich die Haftung des Inhabers auf Schäden an dem Beförderungsmittel erstreckt, auf dem sich die Kernmaterialien zur Zeit des nuklearen Ereignisses befunden haben,
5. bis zu welchem Höchstbetrag der Inhaber haftet,
6. nach welcher Frist der Anspruch gegen den Inhaber verjährt oder ausgeschlossen ist,
7. ob und inwieweit ein nuklearer Schaden in den Fällen des Artikels 9 des Pariser Übereinkommens ersetzt wird.

§ 44b Meldewesen für die Sicherheit in der Informationstechnik[1]

[1]Genehmigungsinhaber nach den §§ 6, 7 und 9 haben Beeinträchtigungen ihrer informationstechnischen Systeme, Komponenten oder Prozesse, die zu einer Gefährdung oder Störung der nuklearen Sicherheit der betroffenen kerntechnischen Anlage oder Tätigkeit führen können oder bereits geführt haben, unverzüglich an das Bundesamt für Sicherheit in der Informationstechnik als zentrale Meldestelle zu melden. [2]§ 8b Absatz 1, 2 Nummer 1 bis 3, Nummer 4 Buchstabe a bis c und Absatz 7 des BSI-Gesetzes sind entsprechend anzuwenden. [3]Die Meldung muss Angaben zu der Störung sowie zu den technischen Rahmenbedingungen, insbesondere der vermuteten oder tatsächlichen Ursache, und der betroffenen Informationstechnik enthalten. [4]Das Bundesamt für Sicherheit in der Informationstechnik leitet diese Meldungen unverzüglich an die für die nukleare Sicherheit und Sicherung zuständigen Genehmigungs- und Aufsichtsbehörden des Bundes und der Länder und an die von diesen bestimmten Sachverständigen nach § 20 weiter.

Fünfter Abschnitt
Bußgeldvorschriften

§§ 41 bis 45 (weggefallen)

§ 46 Ordnungswidrigkeiten

(1) Ordnungswidrig handelt, wer vorsätzlich oder fahrlässig

1. entgegen § 2c Absatz 4 oder § 9i Satz 2 eine Auskunft nicht, nicht richtig, nicht vollständig oder nicht rechtzeitig erteilt,
1a. Kernmaterialien befördert, ohne die nach § 4b Abs. 1 Satz 1 oder 2 erforderliche Deckungsvorsorge nachgewiesen zu haben,
2. Anlagen zur Erzeugung oder zur Bearbeitung oder Verarbeitung oder zur Spaltung von Kernbrennstoffen oder zur Aufarbeitung bestrahlter Kernbrennstoffe ohne die nach § 7 Abs. 1 Satz 1, auch in Verbindung mit Abs. 5 Satz 1 erforderliche Genehmigung errichtet,
2a. entgegen § 7 Abs. 1a Satz 4 ein Messgerät verwendet,
2b. entgegen § 7 Abs. 1a Satz 5 ein Messgerät nicht, nicht richtig oder nicht rechtzeitig aufstellt, nicht, nicht richtig oder nicht rechtzeitig anschließt, nicht oder nicht richtig handhabt oder nicht oder nicht richtig wartet,
2c. entgegen § 7 Abs. 1a Satz 7 den Zustand des Messgerätes oder die erzeugte Elektrizitätsmenge nicht oder nicht rechtzeitig überprüfen oder nicht oder nicht rechtzeitig testieren lässt,
2d. entgegen § 7 Abs. 1c Satz 1 Nr. 1 oder 2 oder Satz 2 eine Mitteilung nicht, nicht richtig, nicht vollständig oder nicht rechtzeitig macht oder nicht, nicht richtig, nicht vollständig oder nicht rechtzeitig übermittelt oder ein Ergebnis oder ein Testat nicht oder nicht rechtzeitig vorlegt,
2e. entgegen § 7 Abs. 1c Satz 1 Nr. 3 eine Mitteilung nicht, nicht richtig, nicht vollständig oder nicht rechtzeitig macht,
3. einer Festsetzung nach § 13 Abs. 1, einer vollziehbaren Auflage nach § 17 Abs. 1 Satz 2 oder 3 oder einer vollziehbaren Anordnung nach § 19 Abs. 3 zuwiderhandelt,
4. einer Rechtsverordnung nach § 11 Abs. 1, § 12 Abs. 1 Satz 1 Nr. 1 bis 7a, 9 bis 11 oder 12 oder einer auf Grund einer Rechtsverordnung nach § 12 Abs. 1 Satz 1 Nr. 13 ergangenen vollziehbaren Verfügung zuwiderhandelt, soweit die Rechtsverordnung für einen bestimmten Tatbestand auf diese Bußgeldvorschrift verweist,
5. entgegen § 4 Abs. 5 Satz 1 den Genehmigungsbescheid oder entgegen § 4 Abs. 5 Satz 2 die dort bezeichnete Bescheinigung nicht mitführt oder entgegen § 4 Abs. 5 Satz 3 den Bescheid oder die Bescheinigung auf Verlangen nicht vorzeigt,
6. entgegen § 19 Absatz 2 Satz 1 das Betreten der dort beschriebenen Orte nicht duldet oder dort beschriebene Prüfungen nicht duldet oder entgegen § 19 Absatz 2 Satz 2 Auskünfte nicht, nicht

1) Paragrafenzählung amtlich.

richtig, nicht rechtzeitig oder nicht vollständig erteilt oder entgegen § 19 Absatz 2 Satz 3 in Verbindung mit § 36 des Produktsicherheitsgesetzes Anlagen nicht zugänglich macht oder Prüfungen nicht gestattet oder die hierfür benötigten Arbeitskräfte und Hilfsmittel nicht bereitstellt oder Angaben nicht macht und Unterlagen nicht vorlegt, die zur Erfüllung der Aufgaben der Aufsichtsbehörde erforderlich sind.

(2) Die Ordnungswidrigkeit kann in den Fällen des Absatzes 1 Nummer 1, 1a, 2, 2a, 2b, 2c, 2e, 3, 4 und 6 mit einer Geldbuße bis zu fünfzigtausend Euro, in den übrigen Fällen mit einer Geldbuße bis zu eintausend Euro geahndet werden.

(3) Verwaltungsbehörde im Sinne des § 36 Abs. 1 Nr. 1 des Gesetzes über Ordnungswidrigkeiten ist

1. das Bundesausfuhramt in den Fällen des Absatzes 1 Nr. 4, soweit es sich um Zuwiderhandlungen gegen eine nach § 11 Abs. 1 Nr. 1 oder 6 bestimmte Genehmigungs-, Anzeige- oder sonstige Handlungspflicht bei der grenzüberschreitenden Verbringung radioaktiver Stoffe oder gegen eine damit verbundene Auflage handelt,

2. das Bundesamt für die Sicherheit der nuklearen Entsorgung in den Fällen des Absatzes 1 Nr. 2a bis 2e.

§§ 47 und 48 (weggefallen)

§ 49 Einziehung

Ist eine vorsätzliche Ordnungswidrigkeit nach § 46 Absatz 1 Nummer 1a, 2, 3 oder 4 begangen worden, so können Gegenstände,

1. auf die sich die Ordnungswidrigkeit bezieht oder

2. die zur Begehung oder Vorbereitung gebraucht wurden oder bestimmt gewesen sind,

eingezogen werden.

§§ 50 bis 52 (weggefallen)

Sechster Abschnitt
Schlußvorschriften

§ 53 Erfassung von Schäden aus ungeklärter Ursache

Schäden, die nach dem Stand der wissenschaftlichen Erkenntnis aus der Einwirkung von Strahlen radioaktiver Stoffe herrühren und deren Verursacher nicht festgestellt werden kann, sind bei dem für die kerntechnische Sicherheit und den Strahlenschutz zuständigen Bundesministerium zu registrieren und zu untersuchen.

§ 54 Erlaß von Rechtsverordnungen

(1) [1]Rechtsverordnungen auf Grund der §§ 2, 9g, 11, 12, 12b, 13, 21 Abs. 3, § 21a Abs. 2 und § 21b Abs. 3 erläßt die Bundesregierung. [2]Das gleiche gilt für Rechtsverordnungen auf Grund des § 10, soweit Ausnahmen von dem Erfordernis einer Genehmigung nach § 7 zugelassen werden. [3]Die übrigen in diesem Gesetz vorgesehenen Rechtsverordnungen erläßt das für die kerntechnische Sicherheit und den Strahlenschutz zuständige Bundesministerium.

(2) [1]Die Rechtsverordnungen bedürfen der Zustimmung des Bundesrates. [2]Dies gilt nicht für Rechtsverordnungen, die sich darauf beschränken, die in Rechtsverordnungen nach den §§ 11 und 12 festgelegten physikalischen, technischen und strahlenbiologischen Werte durch andere Werte zu ersetzen.

(3) Die Bundesregierung kann durch Rechtsverordnung die in den §§ 11 und 12 bezeichneten Ermächtigungen ganz oder teilweise auf das für die kerntechnische Sicherheit und den Strahlenschutz zuständige Bundesministerium übertragen.

§ 55 (Aufhebung von Rechtsvorschriften)

§ 56 Genehmigungen auf Grund Landesrechts

(1) [1]Die auf Grund Landesrechts erteilten Genehmigungen, Befreiungen und Zustimmungen für die Errichtung und den Betrieb von Anlagen im Sinne des § 7 bleiben wirksam. [2]Sie stehen einer nach § 7 erteilten Genehmigung, die mit ihnen verbundenen Auflagen den gemäß § 17 Abs. 1 angeordneten Auflagen gleich. [3]Soweit mit der landesrechtlichen Genehmigung Bestimmungen über die vom Inhaber der Anlage zu treffende Vorsorge für die Erfüllung gesetzlicher Schadensersatzverpflichtungen verbunden sind, gelten diese vorbehaltlich des Absatzes 2 als Festsetzung im Sinne des § 13 Abs. 1.

(2) [1]Die vom Inhaber der Anlage zu treffende Deckungsvorsorge wird von der Verwaltungsbehörde (§ 24 Abs. 2) innerhalb von drei Monaten nach Inkrafttreten des Gesetzes festgesetzt; § 13 Abs. 1 Satz 2

letzter Halbsatz gilt entsprechend. ²Wird gemäß § 13 Abs. 4 eine Einstandspflicht festgesetzt, so wirkt diese auf den Zeitpunkt des Inkrafttretens dieses Gesetzes zurück.

§ 57 Abgrenzungen

Auf den Umgang mit Kernbrennstoffen finden das Sprengstoffgesetz und die auf Grund dieses Gesetzes erlassenen Rechtsvorschriften sowie landesrechtliche Vorschriften auf dem Gebiet des Sprengstoffwesens keine Anwendung.

§ 57a Überleitungsregelung aus Anlaß der Herstellung der Einheit Deutschlands

Für bis zum 30. Juni 1990 in dem in Artikel 3 des Einigungsvertrages genannten Gebiet erteilte Genehmigungen, Erlaubnisse und Zulassungen gilt folgendes:

1.–3. *[aufgehoben]*

4. Die in Genehmigungen, Erlaubnissen und Zulassungen zur Annahme von weiteren radioaktiven Abfällen oder zu deren Einlagerung zum Zwecke der Endlagerung oder zur Annahme von weiteren Kernbrennstoffen oder sonstigen radioaktiven Stoffen zum Zwecke der Aufbewahrung oder Lagerung enthaltenen Gestattungen

 a) zur Annahme von weiteren radioaktiven Abfällen oder zu deren Einlagerung zum Zwecke der Endlagerung oder

 b) zur Annahme von weiteren Kernbrennstoffen oder sonstigen radioaktiven Stoffen zum Zwecke der Aufbewahrung oder Lagerung

 werden mit dem 27. April 2002 unwirksam; im Übrigen bestehen diese Genehmigungen, Erlaubnisse oder Zulassungen als Genehmigungen nach den Vorschriften dieses Gesetzes fort. Die nach Satz 1 fortbestehenden Genehmigungen können nach den Vorschriften dieses Gesetzes geändert oder mit Anordnungen versehen werden.

§ 57b Betrieb und Stilllegung der Schachtanlage Asse II

(1) Für den Betrieb und die Stilllegung der Schachtanlage Asse II gelten die für die Anlagen des Bundes nach § 9a Absatz 3 geltenden Vorschriften nach Maßgabe der Absätze 2 bis 7.

(2) ¹Die Schachtanlage ist unverzüglich stillzulegen. ²Für den Weiterbetrieb, einschließlich einer Rückholung radioaktiver Abfälle und hiermit im Zusammenhang stehender Maßnahmen, bis zur Stilllegung bedarf es keiner Planfeststellung nach § 9b. ³Die Stilllegung soll nach Rückholung der radioaktiven Abfälle erfolgen. ⁴Die Rückholung ist abzubrechen, wenn deren Durchführung für die Bevölkerung und die Beschäftigten aus radiologischen oder sonstigen sicherheitsrelevanten Gründen nicht vertretbar ist. ⁵Dies ist insbesondere der Fall, wenn die Dosisbegrenzung nach § 5 der Strahlenschutzverordnung vom 20. Juli 2001 (BGBl. I S. 1714; 2002 I S. 1459), die zuletzt durch Artikel 5 Absatz 7 des Gesetzes vom 24. Februar 2012 (BGBl. I S. 212) geändert worden ist, nicht eingehalten oder durch die bergtechnische Sicherheit nicht mehr gewährleistet werden kann. ⁶Sind die Rückholung sowie alle Optionen zur Stilllegung nur unter Abweichung von gesetzlichen Anforderungen möglich, ist die Schachtanlage Asse II mit der nach einer Abwägung der Vor- und Nachteile bestmöglichen Option stillzulegen. ⁷Vor einer Entscheidung nach Satz 4 oder Satz 6 ist der Deutsche Bundestag von dem für die kerntechnische Sicherheit und den Strahlenschutz zuständigen Bundesministerium zu unterrichten sowie von dem Bundesamt für die Sicherheit der nuklearen Entsorgung der Öffentlichkeit Gelegenheit zur Stellungnahme zu geben, sofern kein sofortiges Handeln erforderlich ist. ⁸Die Dosisgrenzwerte der Strahlenschutzverordnung vom 20. Juli 2001 (BGBl. I S. 1714; 2002 I S. 1459), die zuletzt durch Artikel 5 Absatz 7 des Gesetzes vom 24. Februar 2012 (BGBl. I S. 212) geändert worden ist, für die Bevölkerung und für die beruflich strahlenexponierten Personen dürfen unbeschadet der Regelung in Satz 6 nicht überschritten werden.

(3) ¹Bis zur Bestandskraft eines Planfeststellungsbeschlusses zur Stilllegung bedarf der Umgang mit radioaktiven Stoffen einer Genehmigung nach den Vorschriften dieses Gesetzes oder des Strahlenschutzgesetzes; § 19 Absatz 1 bis 4 in Verbindung mit § 24 findet insoweit keine Anwendung. ²Die Genehmigungsbehörde kann in einem Genehmigungsverfahren für die Rückholung radioaktiver Abfälle und für damit zusammenhängende Maßnahmen auf Antrag zulassen, dass mit zulassungsbedürftigen Vorbereitungsmaßnahmen bereits vor Erteilung der Genehmigung begonnen wird, wenn mit einer Entscheidung zugunsten des Antragstellers gerechnet werden kann und ein berechtigtes Interesse des Antragstellers an dem vorzeitigen Beginn besteht; die vorläufige Zulassung kann jederzeit widerrufen, beschränkt oder mit Auflagen versehen werden. ³Bedürfen die Errichtung und der Betrieb einer Anlage oder Einrichtung der Genehmigung nach diesem Gesetz, können auf Antrag Teilgenehmigungen erteilt werden, wenn eine vorläufige Prüfung ergibt, dass die Genehmigungsvoraussetzungen im Hinblick auf die gesamte jeweils beantragte Maßnahme vorliegen werden und ein berechtigtes Interesse an der Erteilung einer Teilgenehmigung besteht. ⁴§ 7b dieses Gesetzes und § 18 der Rechtsverordnung nach § 7 Absatz 4 Satz 3 finden auf die Teilgenehmigungen entsprechende Anwendung. ⁵Ist neben der Genehmigung nach diesem Gesetz,

des Strahlenschutzgesetzes[1] oder den auf Grund dieser Gesetze erlassenen Rechtsverordnungen eine Zulassung nach anderen Rechtsvorschriften erforderlich, schließt dic Genehmigung nach diesem Gesetz, des Strahlenschutzgcsctzes[1] oder den auf Grund dieser Gesetze erlassenen Rechtsverordnungen die Zulassung ein, soweit dies beantragt wird; die Entscheidung über die Genehmigung ist im Benehmen mit der nach den anderen Rechtsvorschriften zuständigen Behörde zu treffen. [6]Über einen Antrag auf Genehmigung nach Satz 1 oder Satz 3 soll nach Eingang des Antrags und der vollständigen Antragsunterlagen unverzüglich, spätestens innerhalb einer Frist von sechs Monaten, entschieden werden.

(4) Soweit für mehrere Genehmigungen nach Absatz 3 Satz 1 für die Rückholung und hiermit im Zusammenhang stehende Maßnahmen der Entsorgung eine Umweltverträglichkeitsprüfung nach dem Gesetz über die Umweltverträglichkeitsprüfung erforderlich ist, können Verfahrensschritte der Umweltverträglichkeitsprüfungen zusammengefasst werden, sofern dies sachdienlich ist.

(5) [1]§ 114 der Strahlenschutzverordnung vom 20. Juli 2001 (BGBl. I S. 1714; 2002 I S. 1459), die zuletzt durch Artikel 5 Absatz 7 des Gesetzes vom 24. Februar 2012 (BGBl. I S. 212) geändert worden ist, findet Anwendung. [2]Wer radioaktive Stoffe, die nicht als radioaktive Abfälle in die Schachtanlage Asse II eingebracht wurden, untertage in der Schachtanlage Asse II bearbeitet, verarbeitet, lagert oder sonst verwendet, bedarf hierfür keiner Genehmigung nach § 9 dieses Gesetzes oder nach § 12 Absatz 1 Nummer 3 des Strahlenschutzgesetzes, wenn

1. die Aktivität der Stoffe das Zehnfache der Freigrenzen der Anlage III Tabelle 1 Spalte 3 der Strahlenschutzverordnung nicht überschreitet und

2. er den Beginn der Bearbeitung, Verarbeitung, Lagerung oder sonstigen Verwendung der zuständigen Genehmigungsbehörde vorher anzeigt.

[3]Der Störfallplanungswert für die Planung von Rückholungs- und Stilllegungsmaßnahmen bei der Schachtanlage Asse II ist abweichend von § 117 Absatz 16 der Strahlenschutzverordnung bis zum Inkrafttreten allgemeiner Verwaltungsvorschriften zur Störfallvorsorge nach § 50 Absatz 4 der Strahlenschutzverordnung von der Genehmigungsbehörde im Einzelfall festzulegen.

(6) Die Kosten für den Weiterbetrieb und die Stilllegung trägt der Bund.

(7) Die Erteilung von Genehmigungen zur Annahme von radioaktiven Abfällen und deren Einlagerung ist unzulässig.

(8) [1]Zur umfassenden Unterrichtung der Öffentlichkeit werden auf einer Internetplattform die die Schachtanlage Asse II betreffenden wesentlichen Unterlagen nach § 10 des Umweltinformationsgesetzes vom 22. Dezember 2004 (BGBl. I S. 3704) verbreitet. [2]Die wesentlichen Unterlagen umfassen insbesondere auch Weisungen, Empfehlungen und Verwaltungsvorschriften.

(9) § 24 Absatz 2 in der bis zum Inkrafttreten dieses Gesetzes geltenden Fassung gilt für die Schachtanlage Asse II fort; § 23d Satz 1 findet mit Ausnahme von Nummer 2 keine Anwendung.

§ 58 Übergangsvorschriften

(1) § 21 Abs. 1a ist auch auf die am 11. Mai 2000 anhängigen Verwaltungsverfahren anzuwenden, soweit zu diesem Zeitpunkt die Kosten nicht bereits festgesetzt sind.

(2) § 23d Satz 1 gilt mit Ausnahme von Nummer 2 nicht für das Endlager Schacht Konrad bis zur Erteilung der Zustimmung zur Inbetriebnahme durch die atomrechtliche Aufsicht; § 24 Absatz 2 in der bis zum Inkrafttreten dieses Gesetzes geltenden Fassung gilt bis zur Erteilung der Zustimmung zur Inbetriebnahme durch die atomrechtliche Aufsicht.

(3) § 24 Absatz 2 in der bis zum 26. Juli 2013 geltenden Fassung ist auf das zu diesem Zeitpunkt anhängige Verwaltungsverfahren zur Stilllegung des Endlagers für radioaktive Abfälle Morsleben bis zur Vollziehbarkeit des Planfeststellungsbeschlusses und auf das zu diesem Zeitpunkt erforderliche Verwaltungsverfahren zur Änderung der Dauerbetriebsgenehmigung vom 22. April 1986 weiter anzuwenden; § 23d Satz 1 findet mit Ausnahme von Nummer 2 keine Anwendung.

(4) Bei Übertragung der Aufgabenwahrnehmung durch den Bund auf einen Dritten nach § 9a Absatz 3 Satz 2 zweiter Halbsatz gelten die in Bezug auf den bisherigen Betreiber erteilten Genehmigungen, Erlaubnisse und Zulassungen in Bezug auf die bestehenden Anlagen nach § 9a Absatz 3 Satz 1 auch für und gegen den Dritten; die zuständige Behörde hat in angemessener Zeit zu prüfen, ob der Dritte durch organisatorische Maßnahmen und durch die Bereitstellung von sachlichen und personellen Mitteln die Fortführung der Errichtung, des Betriebs und der Stilllegung der Anlage gewährleistet.

(5) [1]§ 9a Absatz 3 Satz 4 wird für das Endlager für radioaktive Abfälle Morsleben, das Endlager Schacht Konrad und die Schachtanlage Asse II erst ab dem 1. Januar 2018 angewendet. [2]Gleiches gilt für das nach § 36 Absatz 2 des Standortauswahlgesetzes offenzuhaltende Bergwerk.

1) Richtig wohl: „dem Strahlenschutzgesetz".

§ 58a *[aufgehoben]*

§ 59 (Inkrafttreten)[1]

Anlage 1

Begriffsbestimmungen nach § 2 Abs. 4

(1) Es bedeuten die Begriffe:

1. „nukleares Ereignis": jedes einen Schaden verursachende Geschehnis oder jede Reihe solcher aufeinander folgender Geschehnisse desselben Ursprungs, sofern das Geschehnis oder die Reihe von Geschehnissen oder der Schaden von den radioaktiven Eigenschaften oder einer Verbindung der radioaktiven Eigenschaften mit giftigen, explosiven oder sonstigen gefährlichen Eigenschaften von Kernbrennstoffen oder radioaktiven Erzeugnissen oder Abfällen oder von den von einer anderen Strahlenquelle innerhalb der Kernanlage ausgehenden ionisierenden Strahlungen herrührt oder sich daraus ergibt;

2. „Kernanlage": Reaktoren, ausgenommen solche, die Teil eines Beförderungsmittels sind; Fabriken für die Erzeugung oder Bearbeitung von Kernmaterialien, Fabriken zur Trennung der Isotope von Kernbrennstoffen, Fabriken für die Aufarbeitung bestrahlter Kernbrennstoffe; Anlagen zur endgültigen Beseitigung von Kernmaterialien; Einrichtungen für die Lagerung von Kernmaterialien, ausgenommen die Lagerung solcher Materialien während der Beförderung; eine Kernanlage kann auch bestehen aus zwei oder mehr Kernanlagen eines einzigen Inhabers, die sich auf demselben Gelände befinden, zusammen mit anderen Anlagen auf diesem Gelände, in denen sich radioaktive Materialien befinden;

3. „Kernbrennstoffe": spaltbare Materialien in Form von Uran als Metall, Legierung oder chemischer Verbindung (einschließlich natürlichen Urans), Plutonium als Metall, Legierung oder chemischer Verbindung;

4. „radioaktive Erzeugnisse oder Abfälle": radioaktive Materialien, die dadurch hergestellt oder radioaktiv gemacht werden, daß sie einer mit dem Vorgang der Herstellung oder Verwendung von Kernbrennstoffen verbundenen Bestrahlung ausgesetzt werden, ausgenommen
 a) Kernbrennstoffe,
 b) Radioisotope außerhalb einer Kernanlage, die das Endstadium der Herstellung erreicht haben, so daß sie für industrielle, kommerzielle, landwirtschaftliche, medizinische, wissenschaftliche Zwecke oder zum Zweck der Ausbildung verwendet werden können;

5. „Kernmaterialien": Kernbrennstoffe (ausgenommen natürliches und abgereichertes Uran) sowie radioaktive Erzeugnisse und Abfälle;

6. „Inhaber einer Kernanlage": derjenige, der von der zuständigen Behörde als Inhaber einer solchen bezeichnet oder angesehen wird.

(2) Sonderziehungsrechte im Sinne dieses Gesetzes sind Sonderziehungsrechte des Internationalen Währungsfonds (BGBl. 1978 II S. 13), wie er sie für seine eigenen Operationen und Transaktionen verwendet.

Anlage 2

Haftungs- und Deckungsfreigrenzen

§ 4 Abs. 3, § 4b Abs. 2 und § 25 Abs. 5 erfassen Kernbrennstoffe oder Kernmaterialien, deren Aktivität oder Menge
1. in dem einzelnen Beförderungs- oder Versandstück oder
2. in dem einzelnen Betrieb oder selbständigen Zweigbetrieb, bei Nichtgewerbetreibenden an dem Ort der Ausübung der Tätigkeit des Antragstellers

das 10^5fache der Freigrenze nicht überschreitet und die bei angereichertem Uran nicht mehr als 350 Gramm Uran 235 enthalten. Freigrenze ist die Aktivität oder Menge, bis zu der es für den Umgang einer Genehmigung oder Anzeige nach diesem Gesetz, dem Strahlenschutzgesetz oder einer auf Grund dieser Gesetze erlassenen Rechtsverordnung nicht bedarf.

1) Das Gesetz in seiner ursprünglichen Fassung ist am 1.12.1960 in Kraft getreten.

Anlage 3
(zu § 7 Absatz 1a)

Elektrizitätsmengen nach § 7 Absatz 1a

Anlage	Elektrizitätsmengen ab 1.1.2000 (TWh netto)	Beginn des kommerziellen Leistungsbetriebs
Obrigheim	8,70	1. 4. 1969
Stade	23,18	19. 5. 1972
Biblis A	62,00	26. 2. 1975
Neckarwestheim 1	57,35	1.12.1976
Biblis B	81,46	31. 1. 1977
Brunsbüttel	47,67	9. 2. 1977
Isar 1	78,35	21. 3. 1979
Unterweser	117,98	6. 9. 1979
Philippsburg 1	87,14	26. 3. 1980
Grafenrheinfeld	150,03	17. 6. 1982
Krümmel	158,22	28. 3. 1984
Gundremmingen B	160,92	19. 7. 1984
Philippsburg 2	198,61	18. 4. 1985
Grohnde	200,90	1. 2. 1985
Gundremmingen C	168,35	18. 1. 1985
Brokdorf	217,88	22.12.1986
Isar 2	231,21	9. 4. 1988
Emsland	230,07	20. 6. 1988
Neckarwestheim 2	236,04	15. 4. 1989
Summe	2 516,06	
Mühlheim-Kärlich[1]	107,25	
Gesamtsumme	2 623,31	

1) **Amtl. Anm.:** Die für das Kernkraftwerk Mülheim-Kärlich aufgeführte Elektrizitätsmenge von 107,25 TWh kann auf die Kernkraftwerke Emsland, Neckarwestheim 2, Isar 2, Brokdorf sowie Gundremmingen B und C übertragen werden.

Anlage 4

Sicherheitsüberprüfung nach § 19a Abs. 1

Anlage	Termin
Obrigheim	31.12.1998
Stade	31.12.2000
Biblis A	31.12.2001
Biblis B	31.12.2000
Neckarwestheim 1	31.12.2007
Brunsbüttel	30. 6. 2001
Isar 1	31.12.2004
Unterweser	31.12.2001
Philippsburg 1	31. 8. 2005
Grafenrheinfeld	31.10.2008
Krümmel	30. 6. 2008
Gundremmingen B/C	31.12.2007
Grohnde	31.12.2000
Philippsburg 2	31.10.2008
Brokdorf	31.10.2006
Isar 2	31.12.2009
Emsland	31.12.2009
Neckarwestheim 2	31.12.2009

Gesetz für den Ausbau erneuerbarer Energien (Erneuerbare-Energien-Gesetz– EEG 2017)[1]

Vom 21. Juli 2014 (BGBl. I S. 1066)
(FNA 754-27)
zuletzt geändert durch Art. 6 KohleausstiegsG vom 8. August 2020 (BGBl. I S. 1818)

Inhaltsübersicht

1) Verkündet als Art. 1 G v. 21.7.2014 (BGBl. I S. 1066); Inkrafttreten gem. Art. 23 Satz 1 dieses G am 1.8.2014.

Teil 1
Allgemeine Bestimmungen

§ 1 Zweck und Ziel des Gesetzes
(1) Zweck dieses Gesetzes ist es, insbesondere im Interesse des Klima- und Umweltschutzes eine nachhaltige Entwicklung der Energieversorgung zu ermöglichen, die volkswirtschaftlichen Kosten der Energieversorgung auch durch die Einbeziehung langfristiger externer Effekte zu verringern, fossile Energieressourcen zu schonen und die Weiterentwicklung von Technologien zur Erzeugung von Strom aus erneuerbaren Energien zu fördern.
(2) ¹Ziel dieses Gesetzes ist es, den Anteil des aus erneuerbaren Energien erzeugten Stroms am Bruttostromverbrauch zu steigern auf
1. 65 Prozent bis zum Jahr 2030 und
2. mindestens 80 Prozent bis zum Jahr 2050.
²Dieser Ausbau soll stetig, kosteneffizient und netzverträglich erfolgen.
(3) Das Ziel nach Absatz 2 Satz 1 dient auch dazu, den Anteil erneuerbarer Energien am gesamten Bruttoendenergieverbrauch bis zum Jahr 2020 auf mindestens 18 Prozent zu erhöhen.

§ 2 Grundsätze des Gesetzes
(1) Strom aus erneuerbaren Energien und aus Grubengas soll in das Elektrizitätsversorgungssystem integriert werden.
(2) Strom aus erneuerbaren Energien und aus Grubengas soll zum Zweck der Marktintegration direkt vermarktet werden.
(3) ¹Die Höhe der Zahlungen für Strom aus erneuerbaren Energien soll durch Ausschreibungen ermittelt werden. ²Dabei soll die Akteursvielfalt bei der Stromerzeugung aus erneuerbaren Energien erhalten bleiben.
(4) Die Kosten für Strom aus erneuerbaren Energien und aus Grubengas sollen gering gehalten und unter Einbeziehung des Verursacherprinzips sowie gesamtwirtschaftlicher und energiewirtschaftlicher Aspekte angemessen verteilt werden.

§ 3 Begriffsbestimmungen
Im Sinne dieses Gesetzes ist oder sind
1. „Anlage" jede Einrichtung zur Erzeugung von Strom aus erneuerbaren Energien oder aus Grubengas, wobei im Fall von Solaranlagen jedes Modul eine eigenständige Anlage ist; als Anlage gelten auch Einrichtungen, die zwischengespeicherte Energie, die ausschließlich aus erneuerbaren Energien oder Grubengas stammt, aufnehmen und in elektrische Energie umwandeln,
2. „Anlagenbetreiber", wer unabhängig vom Eigentum die Anlage für die Erzeugung von Strom aus erneuerbaren Energien oder aus Grubengas nutzt,
3. „anzulegender Wert" der Wert, den die Bundesnetzagentur für Elektrizität, Gas, Telekommunikation, Post und Eisenbahnen (Bundesnetzagentur) im Rahmen einer Ausschreibung nach § 22 in Verbindung mit den §§ 28 bis 39j ermittelt oder der durch die §§ 40 bis 49 gesetzlich bestimmt ist und der die Grundlage für die Berechnung der Marktprämie, der Einspeisevergütung oder des Mieterstromzuschlags ist,
4. „Ausschreibung" ein transparentes, diskriminierungsfreies und wettbewerbliches Verfahren zur Bestimmung des Anspruchsberechtigten und des anzulegenden Werts,
5. „Ausschreibungsvolumen" die Summe der zu installierenden Leistung, für die der Anspruch auf Zahlung einer Marktprämie zu einem Gebotstermin ausgeschrieben wird,
6. „Bemessungsleistung" der Quotient aus der Summe der in dem jeweiligen Kalenderjahr erzeugten Kilowattstunden und der Summe der vollen Zeitstunden des jeweiligen Kalenderjahres abzüglich der vollen Stunden vor der erstmaligen Erzeugung von Strom aus erneuerbaren Energien oder aus Grubengas durch eine Anlage und nach endgültiger Stilllegung dieser Anlage,

7. „benachteiligtes Gebiet" ein Gebiet im Sinn der Richtlinie 86/465/EWG des Rates vom 14. Juli 1986 betreffend das Gemeinschaftsverzeichnis der benachteiligten landwirtschaftlichen Gebiete im Sinne der Richtlinie 75/268/EWG (Deutschland) (ABl. L 273 vom 24.9.1986, S. 1), in der Fassung der Entscheidung 97/172/EG (ABl. L 72 vom 13.3.1997, S. 1),

8. „bezuschlagtes Gebot" ein Gebot, für das ein Zuschlag erteilt und im Fall eines Zuschlags für eine Solaranlage eine Zweitsicherheit geleistet worden ist,

9. „Bilanzkreis" ein Bilanzkreis nach § 3 Nummer 10a des Energiewirtschaftsgesetzes,

10. „Bilanzkreisvertrag" ein Vertrag nach § 26 Absatz 1 der Stromnetzzugangsverordnung,

11. „Biogas" jedes Gas, das durch anaerobe Vergärung von Biomasse gewonnen wird,

12. „Biomasseanlage" jede Anlage zur Erzeugung von Strom aus Biomasse,

13. „Biomethan" jedes Biogas oder sonstige gasförmige Biomasse, das oder die aufbereitet und in das Erdgasnetz eingespeist worden ist,

14. „Brutto-Zubau" die Summe der installierten Leistung aller Anlagen eines Energieträgers, die in einem bestimmten Zeitraum an das Register als in Betrieb genommen gemeldet worden sind,

15. „Bürgerenergiegesellschaft" jede Gesellschaft,
 a) die aus mindestens zehn natürlichen Personen als stimmberechtigten Mitgliedern oder stimmberechtigten Anteilseignern besteht,
 b) bei der mindestens 51 Prozent der Stimmrechte bei natürlichen Personen liegen, die seit mindestens einem Jahr vor der Gebotsabgabe in der kreisfreien Stadt oder dem Landkreis, in der oder dem die geplante Windenergieanlage an Land errichtet werden soll, nach § 21 oder § 22 des Bundesmeldegesetzes mit ihrem Hauptwohnsitz gemeldet sind, und
 c) bei der kein Mitglied oder Anteilseigner der Gesellschaft mehr als 10 Prozent der Stimmrechte an der Gesellschaft hält,
 wobei es beim Zusammenschluss von mehreren juristischen Personen oder Personengesellschaften zu einer Gesellschaft ausreicht, wenn jedes der Mitglieder der Gesellschaft die Voraussetzungen nach den Buchstaben a bis c erfüllt,

16. „Direktvermarktung" die Veräußerung von Strom aus erneuerbaren Energien oder aus Grubengas an Dritte, es sei denn, der Strom wird in unmittelbarer räumlicher Nähe zur Anlage verbraucht und nicht durch ein Netz durchgeleitet,

17. „Direktvermarktungsunternehmer", wer von dem Anlagenbetreiber mit der Direktvermarktung von Strom aus erneuerbaren Energien oder aus Grubengas beauftragt ist oder Strom aus erneuerbaren Energien oder aus Grubengas kaufmännisch abnimmt, ohne insoweit Letztverbraucher dieses Stroms oder Netzbetreiber zu sein,

18. „Energie- oder Umweltmanagementsystem" ein System, das den Anforderungen der DIN EN ISO 50 001, Ausgabe Dezember 2011[1] entspricht, oder ein System im Sinne der Verordnung (EG) Nr. 1221/2009 des Europäischen Parlaments und des Rates vom 25. November 2009 über die freiwillige Teilnahme von Organisationen an einem Gemeinschaftssystem für Umweltmanagement und Umweltbetriebsprüfung und zur Aufhebung der Verordnung (EG) Nr. 761/2001, sowie der Beschlüsse der Kommission 2001/681/EG und 2006/193/EG (ABl. L 342 vom 22.12.2009, S. 1) in der jeweils geltenden Fassung,

19. „Eigenversorgung" der Verbrauch von Strom, den eine natürliche oder juristische Person im unmittelbaren räumlichen Zusammenhang mit der Stromerzeugungsanlage selbst verbraucht, wenn der Strom nicht durch ein Netz durchgeleitet wird und diese Person die Stromerzeugungsanlage selbst betreibt,

20. „Elektrizitätsversorgungsunternehmen" jede natürliche oder juristische Person, die Elektrizität an Letztverbraucher liefert,

21. „erneuerbare Energien"
 a) Wasserkraft einschließlich der Wellen-, Gezeiten-, Salzgradienten- und Strömungsenergie,
 b) Windenergie,
 c) solare Strahlungsenergie,
 d) Geothermie,
 e) Energie aus Biomasse einschließlich Biogas, Biomethan, Deponiegas und Klärgas sowie aus dem biologisch abbaubaren Anteil von Abfällen aus Haushalten und Industrie,

22. „Freiflächenanlage" jede Solaranlage, die nicht auf, an oder in einem Gebäude oder einer sonstigen baulichen Anlage angebracht ist, die vorrangig zu anderen Zwecken als der Erzeugung von Strom aus solarer Strahlungsenergie errichtet worden ist,

1) **Amtlicher Hinweis:** Zu beziehen bei der Beuth Verlag GmbH, 10772 Berlin, und in der Deutschen Nationalbibliothek archivmäßig gesichert niedergelegt.

23. „Gebäude" jede selbständig benutzbare, überdeckte bauliche Anlage, die von Menschen betreten werden kann und vorrangig dazu bestimmt ist, dem Schutz von Menschen, Tieren oder Sachen zu dienen,

24. „Gebotsmenge" die zu installierende Leistung in Kilowatt, für die der Bieter ein Gebot abgegeben hat,

25. „Gebotstermin" der Kalendertag, an dem die Frist für die Abgabe von Geboten für eine Ausschreibung abläuft,

26. „Gebotswert" der anzulegende Wert, den der Bieter in seinem Gebot angegeben hat,

27. „Generator" jede technische Einrichtung, die mechanische, chemische, thermische oder elektromagnetische Energie direkt in elektrische Energie umwandelt,

28. „Gülle" jeder Stoff, der Gülle ist im Sinn der Verordnung (EG) Nr. 1069/2009 des Europäischen Parlaments und des Rates vom 21. Oktober 2009 mit Hygienevorschriften für nicht für den menschlichen Verzehr bestimmte tierische Nebenprodukte und zur Aufhebung der Verordnung (EG) Nr. 1774/2002 (Verordnung über tierische Nebenprodukte) (ABl. L 300 vom 14.11.2009, S. 1), die durch die Verordnung (EU) Nr. 1385/2013 (ABl. L 354 vom 28.12.2013, S. 86) geändert worden ist,

29. „Herkunftsnachweis" ein elektronisches Dokument, das ausschließlich dazu dient, gegenüber einem Letztverbraucher im Rahmen der Stromkennzeichnung nach § 42 Absatz 1 Nummer 1 des Energiewirtschaftsgesetzes nachzuweisen, dass ein bestimmter Anteil oder eine bestimmte Menge des Stroms aus erneuerbaren Energien erzeugt wurde,

30. „Inbetriebnahme" die erstmalige Inbetriebsetzung der Anlage ausschließlich mit erneuerbaren Energien oder Grubengas nach Herstellung der technischen Betriebsbereitschaft der Anlage; die technische Betriebsbereitschaft setzt voraus, dass die Anlage fest an dem für den dauerhaften Betrieb vorgesehenen Ort und dauerhaft mit dem für die Erzeugung von Wechselstrom erforderlichen Zubehör installiert wurde; der Austausch des Generators oder sonstiger technischer oder baulicher Teile nach der erstmaligen Inbetriebnahme führt nicht zu einer Änderung des Zeitpunkts der Inbetriebnahme,

31. „installierte Leistung" die elektrische Wirkleistung, die eine Anlage bei bestimmungsgemäßem Betrieb ohne zeitliche Einschränkungen unbeschadet kurzfristiger geringfügiger Abweichungen technisch erbringen kann,

32. „KWK-Anlage" jede KWK-Anlage im Sinn von § 2 Nummer 14 des Kraft-Wärme-Kopplungsgesetzes,

33. „Letztverbraucher" jede natürliche oder juristische Person, die Strom verbraucht,

34. „Monatsmarktwert" der nach Anlage 1 rückwirkend berechnete tatsächliche Monatsmittelwert des energieträgerspezifischen Marktwerts von Strom aus erneuerbaren Energien oder aus Grubengas am Spotmarkt der Strombörse für die Preiszone für Deutschland in Cent pro Kilowattstunde,

35. „Netz" die Gesamtheit der miteinander verbundenen technischen Einrichtungen zur Abnahme, Übertragung und Verteilung von Elektrizität für die allgemeine Versorgung,

36. „Netzbetreiber" jeder Betreiber eines Netzes für die allgemeine Versorgung mit Elektrizität, unabhängig von der Spannungsebene,

37. „Pilotwindenergieanlagen an Land"
 a) die jeweils ersten zwei als Pilotwindenergieanlagen an Land an das Register gemeldeten Windenergieanlagen eines Typs an Land, die nachweislich
 aa) jeweils eine installierte Leistung von 6 Megawatt nicht überschreiten,
 bb) wesentliche technische Weiterentwicklungen oder Neuerungen insbesondere bei der Generatorleistung, dem Rotordurchmesser, der Nabenhöhe, dem Turmtypen oder der Gründungsstruktur aufweisen und
 cc) einer Typenprüfung oder einer Einheitenzertifizierung bedürfen, die zum Zeitpunkt der Inbetriebnahme noch nicht erteilt ist und erst nach der Inbetriebnahme einer Anlage erteilt werden kann, oder
 b) die als Pilotwindenergieanlagen an Land an das Register gemeldeten Windenergieanlagen an Land,
 aa) die vorwiegend zu Zwecken der Forschung und Entwicklung errichtet werden und
 bb) mit denen eine wesentliche, weit über den Stand der Technik hinausgehende Innovation erprobt wird; die Innovation kann insbesondere die Generatorleistung, den Rotordurchmesser, die Nabenhöhe, den Turmtypen, die Gründungsstruktur oder die Betriebsführung der Anlage betreffen,

38. „Regionalnachweis" ein elektronisches Dokument, das ausschließlich dazu dient, im Rahmen der Stromkennzeichnung nach § 42 des Energiewirtschaftsgesetzes gegenüber einem Letztverbraucher die regionale Herkunft eines bestimmten Anteils oder einer bestimmten Menge des verbrauchten Stroms aus erneuerbaren Energien nachzuweisen,

39. „Register" das Anlagenregister nach § 6 Absatz 2 Satz 1 dieses Gesetzes oder ab dem Kalendertag nach § 6 Absatz 2 Satz 3 dieses Gesetzes das Marktstammdatenregister nach § 111e des Energiewirtschaftsgesetzes,

40. „Schienenbahn" jedes Unternehmen, das zum Zweck des Personen- oder Güterverkehrs Fahrzeuge wie Eisenbahnen, Magnetschwebebahnen, Straßenbahnen oder nach ihrer Bau- und Betriebsweise ähnliche Bahnen auf Schienen oder die für den Betrieb dieser Fahrzeuge erforderlichen Infrastrukturanlagen betreibt, .

41. „Solaranlage" jede Anlage zur Erzeugung von Strom aus solarer Strahlungsenergie,

42. „Speichergas" jedes Gas, das keine erneuerbare Energie ist, aber zum Zweck der Zwischenspeicherung von Strom aus erneuerbaren Energien ausschließlich unter Einsatz von Strom aus erneuerbaren Energien erzeugt wird,

43. „Strom aus Kraft-Wärme-Kopplung" KWK-Strom im Sinn von § 2 Nummer 16 des Kraft-Wärme-Kopplungsgesetzes,

43a. „Strombörse" in einem Kalenderjahr die Strombörse, die im ersten Quartal des vorangegangenen Kalenderjahres das höchste Handelsvolumen für Stundenkontrakte für die Preiszone Deutschland am Spotmarkt aufgewiesen hat,

43b. „Stromerzeugungsanlage" jede technische Einrichtung, die unabhängig vom eingesetzten Energieträger direkt Strom erzeugt, wobei im Fall von Solaranlagen jedes Modul eine eigenständige Stromerzeugungsanlage ist,

44. „Übertragungsnetzbetreiber" der regelverantwortliche Netzbetreiber von Hoch- und Höchstspannungsnetzen, die der überregionalen Übertragung von Elektrizität zu anderen Netzen dienen,

44a. „umlagepflichtige Strommengen" Strommengen, für die nach § 60 oder § 61 die volle oder anteilige EEG-Umlage gezahlt werden muss; nicht umlagepflichtig sind Strommengen, wenn und solange die Pflicht zur Zahlung der EEG-Umlage entfällt oder sich auf null Prozent verringert,

45. „Umwandlung" jede Umwandlung von Unternehmen nach dem Umwandlungsgesetz oder jede Übertragung von Wirtschaftsgütern eines Unternehmens oder selbständigen Unternehmensteils im Weg der Singularsukzession, bei der jeweils die wirtschaftliche und organisatorische Einheit des Unternehmens oder selbständigen Unternehmensteils nach der Übertragung nahezu vollständig erhalten bleibt,

46. „Umweltgutachter" jede Person oder Organisation, die nach dem Umweltauditgesetz in der jeweils geltenden Fassung als Umweltgutachter oder Umweltgutachterorganisation tätig werden darf,

47. „Unternehmen" jeder Rechtsträger, der einen nach Art und Umfang in kaufmännischer Weise eingerichteten Geschäftsbetrieb unter Beteiligung am allgemeinen wirtschaftlichen Verkehr nachhaltig mit eigener Gewinnerzielungsabsicht betreibt,

47a. „Vollbenutzungsstunden zur Eigenversorgung" der Quotient aus der kalenderjährlichen Stromerzeugung in Kilowattstunden zur Eigenversorgung und der installierten Leistung der KWK-Anlage in Kilowatt in entsprechender Anwendung von Nummer 31,

48. „Windenergieanlage an Land" jede Anlage zur Erzeugung von Strom aus Windenergie, die keine Windenergieanlage auf See ist,

49. „Windenergieanlage auf See" jede Anlage im Sinn von § 3 Nummer 7 des Windenergie-auf-See-Gesetzes,

50. „Wohngebäude" jedes Gebäude, das nach seiner Zweckbestimmung überwiegend dem Wohnen dient, einschließlich Wohn-, Alten- und Pflegeheimen sowie ähnlichen Einrichtungen,

51. „Zuschlagswert" der anzulegende Wert, zu dem ein Zuschlag in einer Ausschreibung erteilt wird; er entspricht dem Gebotswert, soweit sich aus den nachfolgenden Bestimmungen nichts anderes ergibt.

§ 4 Ausbaupfad

Die Ziele nach § 1 Absatz 2 Satz 1 sollen erreicht werden durch

1. einen jährlichen Brutto-Zubau von Windenergieanlagen an Land mit einer installierten Leistung von
 a) 2 800 Megawatt in den Jahren 2017 bis 2019 und
 b) 2 900 Megawatt ab dem Jahr 2020,

2. eine Steigerung der installierten Leistung von Windenergieanlagen auf See auf
 a) 6 500 Megawatt im Jahr 2020 und
 b) 15 000 Megawatt im Jahr 2030,

3. einen jährlichen Brutto-Zubau von Solaranlagen mit einer installierten Leistung von 2 500 Megawatt und

4. einen jährlichen Brutto-Zubau von Biomasseanlagen mit einer installierten Leistung von
 a) 150 Megawatt in den Jahren 2017 bis 2019 und
 b) 200 Megawatt in den Jahren 2020 bis 2022.

§ 5 Ausbau im In- und Ausland

(1) Soweit sich dieses Gesetz auf Anlagen bezieht, ist es anzuwenden, wenn und soweit die Erzeugung des Stroms im Staatsgebiet der Bundesrepublik Deutschland einschließlich der deutschen ausschließlichen Wirtschaftszone (Bundesgebiet) erfolgt.

(2) [1]Soweit die Zahlungen für Strom aus erneuerbaren Energien durch Ausschreibungen ermittelt werden, sollen auch Gebote für Anlagen im Staatsgebiet eines oder mehrerer anderer Mitgliedstaaten der Europäischen Union im Umfang von 5 Prozent der jährlich zu installierenden Leistung bezuschlagt werden können. [2]Zu diesem Zweck können die Ausschreibungen nach Maßgabe einer Rechtsverordnung nach § 88a

1. gemeinsam mit einem oder mehreren anderen Mitgliedstaaten der Europäischen Union durchgeführt werden oder

2. für Anlagen im Staatsgebiet eines oder mehrerer anderer Mitgliedstaaten der Europäischen Union geöffnet werden.

(3) Ausschreibungen nach Absatz 2 Satz 2 sind nur zulässig, wenn

1. sie mit den beteiligten Mitgliedstaaten der Europäischen Union völkerrechtlich vereinbart worden sind und diese völkerrechtliche Vereinbarung Instrumente der Kooperationsmaßnahmen im Sinn der Artikel 5 bis 8 oder des Artikels 11 der Richtlinie 2009/28/EG des Europäischen Parlaments und des Rates vom 23. April 2009 zur Förderung der Nutzung von Energie aus erneuerbaren Quellen und zur Änderung und anschließenden Aufhebung der Richtlinien 2001/77/EG und 2003/30/EG (ABl. L 140 vom 5.6.2009, S. 16), die zuletzt durch die Richtlinie (EU) 2015/1513 (ABl. L 239 vom 15.9.2015, S. 1) geändert worden ist, nutzt,

2. sie nach dem Prinzip der Gegenseitigkeit
 a) als gemeinsame Ausschreibungen durchgeführt werden oder
 b) für einen oder mehrere andere Mitgliedstaaten der Europäischen Union geöffnet werden und die anderen Mitgliedstaaten in einem vergleichbaren Umfang ihre Ausschreibungen für Anlagen im Bundesgebiet öffnen und

3. der Strom physikalisch importiert wird oder einen vergleichbaren Effekt auf den deutschen Strommarkt hat.

(4) [1]Durch die völkerrechtliche Vereinbarung nach Absatz 3 Nummer 1 kann dieses Gesetz aufgrund einer Rechtsverordnung nach § 88a abweichend von Absatz 1

1. ganz oder teilweise als anwendbar erklärt werden für Anlagen, die außerhalb des Bundesgebiets errichtet werden, oder

2. als nicht anwendbar erklärt werden für Anlagen, die innerhalb des Bundesgebiets errichtet werden. [2]Ohne eine entsprechende völkerrechtliche Vereinbarung dürfen weder Anlagen außerhalb des Bundesgebiets Zahlungen nach diesem Gesetz erhalten noch Anlagen im Bundesgebiet Zahlungen nach dem Fördersystem eines anderen Mitgliedstaats der Europäischen Union erhalten.

(5) [1]Auf die Ziele nach § 1 Absatz 2 Satz 1 und den Ausbaupfad nach § 4 werden alle Anlagen nach Absatz 1 und der in ihnen erzeugte Strom angerechnet. [2]Auf das nationale Gesamtziel nach Artikel 3 Absatz 2 der Richtlinie 2009/28/EG wird der in Anlagen nach den Absätzen 1 und 3 erzeugte Strom angerechnet; dies gilt für die Anlagen nach Absatz 3 nur nach Maßgabe der völkerrechtlichen Vereinbarung.

(6) Anlagen im Bundesgebiet dürfen nur in einem Umfang von bis zu 5 Prozent der jährlich in Deutschland zu installierenden Leistung und unter Einhaltung der Anforderungen nach Absatz 3 auf die Ziele eines anderen Mitgliedstaats der Europäischen Union angerechnet werden.

§ 6 Erfassung des Ausbaus

(1) [1]Die Bundesnetzagentur erfasst in dem Register Daten über Anlagen zur Erzeugung von Strom aus erneuerbaren Energien und aus Grubengas. [2]Es sind die Daten zu erfassen, die erforderlich sind, um

1. die Integration des Stroms in das Elektrizitätsversorgungssystem zu fördern,

2. den Ausbaupfad nach § 4 zu überprüfen,

3. die Bestimmungen zu den im Teil 3 vorgesehenen Zahlungen anzuwenden und

4. die Erfüllung nationaler, europäischer und internationaler Berichtspflichten zum Ausbau der erneuerbaren Energien zu erleichtern.

(2) ¹Bis das Marktstammdatenregister nach § 111e des Energiewirtschaftsgesetzes errichtet ist, werden die Daten im Anlagenregister nach Maßgabe der Anlagenregisterverordnung erfasst. ²Die Bundesnetzagentur kann den Betrieb des Anlagenregisters so lange fortführen, bis die technischen und organisatorischen Voraussetzungen für die Erfüllung der Aufgaben nach Satz 1 im Rahmen des Marktstammdatenregisters bestehen. ³Die Bundesnetzagentur macht das Datum¹⁾, ab dem die Daten nach Satz 1 im Marktstammdatenregister erfasst werden, im Bundesanzeiger bekannt.

(3) Anlagenbetreiber müssen der Bundesnetzagentur mindestens die in § 111f Nummer 6 Buchstabe a bis d des Energiewirtschaftsgesetzes genannten Daten übermitteln und angeben, ob sie für den in der Anlage erzeugten Strom eine Zahlung in Anspruch nehmen wollen.

(4) ¹Zur besseren Nachvollziehbarkeit des Ausbaus der erneuerbaren Energien werden die Daten der registrierten Anlagen nach Maßgabe der Anlagenregisterverordnung oder der Rechtsverordnung nach § 111f des Energiewirtschaftsgesetzes auf der Internetseite der Bundesnetzagentur veröffentlicht und mindestens monatlich aktualisiert. ²Dabei werden auch die für die Anwendung der Bestimmungen zu den im Teil 3 vorgesehenen Zahlungen erforderlichen registrierten Daten und berechneten Werte veröffentlicht.

(5) Das Nähere zum Anlagenregister einschließlich der Übermittlung weiterer Daten, der Weitergabe der Daten an Netzbetreiber und Dritte sowie der Überführung in das Marktstammdatenregister nach Absatz 2 Satz 2 und 3 wird durch die Anlagenregisterverordnung geregelt.

§ 7 Gesetzliches Schuldverhältnis

(1) Netzbetreiber dürfen die Erfüllung ihrer Pflichten nach diesem Gesetz nicht vom Abschluss eines Vertrages abhängig machen.

(2) Von den Bestimmungen dieses Gesetzes abweichende vertragliche Regelungen
1. müssen klar und verständlich sein,
2. dürfen keinen Vertragspartner unangemessen benachteiligen,
3. dürfen nicht zu höheren als im Teil 3 vorgesehenen Zahlungen führen und
4. müssen mit dem wesentlichen Grundgedanken der gesetzlichen Regelung, von der abgewichen wird, vereinbar sein.

Teil 2
Anschluss, Abnahme, Übertragung und Verteilung

Abschnitt 1
Allgemeine Bestimmungen

§ 8 Anschluss

(1) ¹Netzbetreiber müssen Anlagen zur Erzeugung von Strom aus erneuerbaren Energien und aus Grubengas unverzüglich vorrangig an der Stelle an ihr Netz anschließen, die im Hinblick auf die Spannungsebene geeignet ist und die in der Luftlinie kürzeste Entfernung zum Standort der Anlage aufweist, wenn nicht dieses oder ein anderes Netz einen technisch und wirtschaftlich günstigeren Verknüpfungspunkt aufweist; bei der Prüfung des wirtschaftlich günstigeren Verknüpfungspunkts sind die unmittelbar durch den Netzanschluss entstehenden Kosten zu berücksichtigen. ²Bei einer oder mehreren Anlagen mit einer installierten Leistung von insgesamt höchstens 30 Kilowatt, die sich auf einem Grundstück mit bereits bestehendem Netzanschluss befinden, gilt der Verknüpfungspunkt des Grundstücks mit dem Netz als günstigster Verknüpfungspunkt.

(2) Anlagenbetreiber dürfen einen anderen Verknüpfungspunkt dieses oder eines anderen im Hinblick auf die Spannungsebene geeigneten Netzes wählen, es sei denn, die daraus resultierenden Mehrkosten des Netzbetreibers sind nicht unerheblich.

(3) Der Netzbetreiber darf abweichend von den Absätzen 1 und 2 der Anlage einen anderen Verknüpfungspunkt zuweisen, es sei denn, die Abnahme des Stroms aus der betroffenen Anlage nach § 11 Absatz 1 wäre an diesem Verknüpfungspunkt nicht sichergestellt.

(4) Die Pflicht zum Netzanschluss besteht auch dann, wenn die Abnahme des Stroms erst durch die Optimierung, die Verstärkung oder den Ausbau des Netzes nach § 12 möglich wird.

(5) ¹Netzbetreiber müssen Einspeisewilligen nach Eingang eines Netzanschlussbegehrens unverzüglich einen genauen Zeitplan für die Bearbeitung des Netzanschlussbegehrens übermitteln. ²In diesem Zeitplan ist anzugeben,

1) Die Daten sind ab dem 1.9.2017 im Marktstammdatenregister erfasst, vgl. Bek. v. 17.8.2017 (BAnz AT 28.08.2017 B5).

1. in welchen Arbeitsschritten das Netzanschlussbegehren bearbeitet wird und
2. welche Informationen die Einspeisewilligen aus ihrem Verantwortungsbereich den Netzbetreibern übermitteln müssen, damit die Netzbetreiber den Verknüpfungspunkt ermitteln oder ihre Planungen nach § 12 durchführen können.

(6) [1]Netzbetreiber müssen Einspeisewilligen nach Eingang der erforderlichen Informationen unverzüglich, spätestens aber innerhalb von acht Wochen, Folgendes übermitteln:

1. einen Zeitplan für die unverzügliche Herstellung des Netzanschlusses mit allen erforderlichen Arbeitsschritten,
2. alle Informationen, die Einspeisewillige für die Prüfung des Verknüpfungspunktes benötigen, sowie auf Antrag die für eine Netzverträglichkeitsprüfung erforderlichen Netzdaten,
3. einen nachvollziehbaren und detaillierten Voranschlag der Kosten, die den Anlagenbetreibern durch den Netzanschluss entstehen; dieser Kostenvoranschlag umfasst nur die Kosten, die durch die technische Herstellung des Netzanschlusses entstehen, und insbesondere nicht die Kosten für die Gestattung der Nutzung fremder Grundstücke für die Verlegung der Netzanschlussleitung,
4. die zur Erfüllung der Pflichten nach § 9 Absatz 1 und 2 erforderlichen Informationen.

[2]Das Recht der Anlagenbetreiber nach § 10 Absatz 1 bleibt auch dann unberührt, wenn der Netzbetreiber den Kostenvoranschlag nach Satz 1 Nummer 3 übermittelt hat.

§ 9 Technische Vorgaben

(1) [1]Anlagenbetreiber und Betreiber von KWK-Anlagen müssen ihre Anlagen mit einer installierten Leistung von mehr als 100 Kilowatt mit technischen Einrichtungen ausstatten, mit denen der Netzbetreiber jederzeit

1. die Einspeiseleistung bei Netzüberlastung ferngesteuert reduzieren kann und
2. die Ist-Einspeisung abrufen kann.

[2]Die Pflicht nach Satz 1 gilt auch als erfüllt, wenn mehrere Anlagen, die gleichartige erneuerbare Energien einsetzen und über denselben Verknüpfungspunkt mit dem Netz verbunden sind, mit einer gemeinsamen technischen Einrichtung ausgestattet sind, mit der der Netzbetreiber jederzeit

1. die gesamte Einspeiseleistung bei Netzüberlastung ferngesteuert reduzieren kann und
2. die gesamte Ist-Einspeisung der Anlagen abrufen kann.

(2) Betreiber von Solaranlagen

1. mit einer installierten Leistung von mehr als 30 Kilowatt und höchstens 100 Kilowatt müssen die Pflicht nach Absatz 1 Satz 1 Nummer 1 oder Absatz 1 Satz 2 Nummer 1 erfüllen,
2. mit einer installierten Leistung von höchstens 30 Kilowatt müssen
 a) die Pflicht nach Absatz 1 Satz 1 Nummer 1 oder Absatz 1 Satz 2 Nummer 1 erfüllen oder
 b) am Verknüpfungspunkt ihrer Anlage mit dem Netz die maximale Wirkleistungseinspeisung auf 70 Prozent der installierten Leistung begrenzen.

(3) [1]Mehrere Solaranlagen gelten unabhängig von den Eigentumsverhältnissen und ausschließlich zum Zweck der Ermittlung der installierten Leistung im Sinne der Absätze 1 und 2 als eine Anlage, wenn

1. sie sich auf demselben Grundstück oder Gebäude befinden und
2. sie innerhalb von zwölf aufeinanderfolgenden Kalendermonaten in Betrieb genommen worden sind.

[2]Entsteht eine Pflicht nach Absatz 1 oder 2 für einen Anlagenbetreiber erst durch den Zubau von Anlagen eines anderen Anlagenbetreibers, kann er von diesem den Ersatz der daraus entstehenden Kosten verlangen.

(4) Solange ein Netzbetreiber die Informationen nach § 8 Absatz 6 Satz 1 Nummer 4 nicht übermittelt, greifen die in § 52 Absatz 2 Nummer 1 bei Verstößen gegen Absatz 1 oder 2 genannten Rechtsfolgen nicht, wenn

1. die Anlagenbetreiber oder die Betreiber von KWK-Anlagen den Netzbetreiber schriftlich oder elektronisch zur Übermittlung der erforderlichen Informationen nach § 8 Absatz 6 Satz 1 Nummer 4 aufgefordert haben und
2. die Anlagen mit technischen Vorrichtungen ausgestattet sind, die geeignet sind, die Anlagen ein- und auszuschalten und ein Kommunikationssignal einer Empfangsvorrichtung zu verarbeiten.

(5) [1]Betreiber von Anlagen zur Erzeugung von Strom aus Biogas müssen sicherstellen, dass bei der Erzeugung des Biogases

1. bei Anlagen, die nach dem 31. Dezember 2016 in Betrieb genommen worden sind, und Gärrestlagern, die nach dem 31. Dezember 2011 errichtet worden sind, die hydraulische Verweilzeit in dem ge-

samten gasdichten und an eine Gasverwertung angeschlossenen System der Biogasanlage mindestens 150 Tage beträgt und

2. zusätzliche Gasverbrauchseinrichtungen zur Vermeidung einer Freisetzung von Biogas verwendet werden.

[2]Satz 1 Nummer 1 ist nicht anzuwenden, wenn zur Erzeugung des Biogases

1. ausschließlich Gülle eingesetzt wird oder

2. mindestens 90 Masseprozent getrennt erfasster Bioabfälle im Sinn des Anhangs 1 Nummer 1 Buchstabe a Abfallschlüssel Nummer 20 02 01, 20 03 01 und 20 03 02 der Bioabfallverordnung eingesetzt werden.

[3]Satz 1 Nummer 1 ist ferner nicht anzuwenden, wenn für den in der Anlage erzeugten Strom der Anspruch nach § 19 in Verbindung mit § 43 geltend gemacht wird.

(6) Betreiber von Windenergieanlagen an Land, die vor dem 1. Juli 2017 in Betrieb genommen worden sind, müssen sicherstellen, dass am Verknüpfungspunkt ihrer Anlage mit dem Netz die Anforderungen der Systemdienstleistungsverordnung erfüllt werden.

(7) [1]Die Pflichten und Anforderungen nach den Vorschriften des Messstellenbetriebsgesetzes zur Messung bleiben unberührt. [2]Die Abrufung der Ist-Einspeisung und die ferngesteuerte Abregelung nach den Absätzen 1 und 2 müssen nicht über ein intelligentes Messsystem erfolgen.

(8) [1]Betreiber von Windenergieanlagen an Land, die nach den Vorgaben des Luftverkehrsrechts zur Nachtkennzeichnung verpflichtet sind, müssen ihre Anlagen mit einer Einrichtung zur bedarfsgesteuerten Nachtkennzeichnung von Luftfahrthindernissen ausstatten. [2]Auf Betreiber von Windenergieanlagen auf See ist Satz 1 anzuwenden, wenn sich die Windenergieanlage befindet

1. im Küstenmeer,

2. in der Zone 1 der ausschließlichen Wirtschaftszone der Nordsee wie sie in dem nach den §§ 17b und 17c des Energiewirtschaftsgesetzes durch die Bundesnetzagentur bestätigten Offshore- Netzentwicklungsplan 2017-2030 ausgewiesen wird,

3. in der ausschließlichen Wirtschaftszone der Ostsee.

[3]Die Pflicht nach Satz 1 gilt ab dem 1. Juli 2020. [4]Die Pflicht nach Satz 1 kann auch durch eine Einrichtung zur Nutzung von Signalen von Transpondern von Luftfahrzeugen erfüllt werden. [5]Von der Pflicht nach Satz 1 kann die Bundesnetzagentur auf Antrag im Einzelfall insbesondere für kleine Windparks Ausnahmen zulassen, sofern die Erfüllung der Pflicht wirtschaftlich unzumutbar ist.

§ 10 Ausführung und Nutzung des Anschlusses

(1) Anlagenbetreiber dürfen den Anschluss der Anlagen von dem Netzbetreiber oder einer fachkundigen dritten Person vornehmen lassen.

(2) Die Ausführung des Anschlusses und die übrigen für die Sicherheit des Netzes notwendigen Einrichtungen müssen den im Einzelfall notwendigen technischen Anforderungen des Netzbetreibers und § 49 des Energiewirtschaftsgesetzes entsprechen.

(3) Bei der Einspeisung von Strom aus erneuerbaren Energien oder Grubengas ist zugunsten des Anlagenbetreibers § 18 Absatz 2 der Niederspannungsanschlussverordnung entsprechend anzuwenden.

§ 10a Messstellenbetrieb

[1]Für den Messstellenbetrieb sind die Vorschriften des Messstellenbetriebsgesetzes anzuwenden. [2]Abweichend von Satz 1 kann anstelle der Beauftragung eines Dritten nach § 5 Absatz 1 des Messstellenbetriebsgesetzes der Anlagenbetreiber den Messstellenbetrieb auch selbst übernehmen. [3]Für den Anlagenbetreiber gelten dann alle gesetzlichen Anforderungen, die das Messstellenbetriebsgesetz an einen Dritten als Messstellenbetreiber stellt.

§ 11 Abnahme, Übertragung und Verteilung

(1) [1]Netzbetreiber müssen vorbehaltlich des § 14 den gesamten Strom aus erneuerbaren Energien oder aus Grubengas, der in einer Veräußerungsform nach § 21b Absatz 1 veräußert wird, unverzüglich vorrangig physikalisch abnehmen, übertragen und verteilen. [2]Macht der Anlagenbetreiber den Anspruch nach § 19 in Verbindung mit § 21 geltend, umfasst die Pflicht aus Satz 1 auch die kaufmännische Abnahme. [3]Die Pflichten nach den Sätzen 1 und 2 sowie die Pflichten nach § 3 Absatz 1 des Kraft-Wärme-Kopplungsgesetzes sind gleichrangig.

(2) Soweit Strom aus einer Anlage, die an das Netz des Anlagenbetreibers oder einer dritten Person, die nicht Netzbetreiber ist, angeschlossen ist, mittels kaufmännisch-bilanzieller Weitergabe in ein Netz angeboten wird, ist Absatz 1 entsprechend anzuwenden, und der Strom ist für die Zwecke dieses Gesetzes so zu behandeln, als wäre er in das Netz eingespeist worden.

(3) [1]Die Pflichten nach Absatz 1 bestehen nicht, soweit Anlagenbetreiber oder Direktvermarktungsunternehmer und Netzbetreiber unbeschadet des § 15 zur besseren Integration der Anlage in das Netz ausnahmsweise vertraglich vereinbaren, vom Abnahmevorrang abzuweichen. [2]Bei Anwendung vertraglicher Vereinbarungen nach Satz 1 ist sicherzustellen, dass der Vorrang für Strom aus erneuerbaren Energien angemessen berücksichtigt und insgesamt die größtmögliche Strommenge aus erneuerbaren Energien abgenommen wird.

(4) Die Pflichten nach Absatz 1 bestehen ferner nicht, soweit dies durch die Erneuerbare-Energien-Verordnung zugelassen ist.

(5) Die Pflichten zur vorrangigen Abnahme, Übertragung und Verteilung treffen im Verhältnis zum aufnehmenden Netzbetreiber, der nicht Übertragungsnetzbetreiber ist,

1. den vorgelagerten Übertragungsnetzbetreiber,
2. den nächstgelegenen inländischen Übertragungsnetzbetreiber, wenn im Netzbereich des abgabeberechtigten Netzbetreibers kein inländisches Übertragungsnetz betrieben wird, oder
3. insbesondere im Fall der Weitergabe nach Absatz 2 jeden sonstigen Netzbetreiber.

Abschnitt 2
Kapazitätserweiterung und Einspeisemanagement

§ 12 Erweiterung der Netzkapazität

(1) [1]Netzbetreiber müssen auf Verlangen der Einspeisewilligen unverzüglich ihre Netze entsprechend dem Stand der Technik optimieren, verstärken und ausbauen, um die Abnahme, Übertragung und Verteilung des Stroms aus erneuerbaren Energien oder Grubengas sicherzustellen. [2]Dieser Anspruch besteht auch gegenüber den Betreibern von vorgelagerten Netzen mit einer Spannung bis 110 Kilovolt, an die die Anlage nicht unmittelbar angeschlossen ist, wenn dies erforderlich ist, um die Abnahme, Übertragung und Verteilung des Stroms sicherzustellen.

(2) Die Pflicht erstreckt sich auf sämtliche für den Betrieb des Netzes notwendigen technischen Einrichtungen sowie die im Eigentum des Netzbetreibers stehenden oder in sein Eigentum übergehenden Anschlussanlagen.

(3) [1]Der Netzbetreiber muss sein Netz nicht optimieren, verstärken und ausbauen, soweit dies wirtschaftlich unzumutbar ist. [2]§ 11 Absatz 2 des Energiewirtschaftsgesetzes ist entsprechend anzuwenden.

(4) Die Pflichten nach § 3 Absatz 1 des Kraft-Wärme-Kopplungsgesetzes sowie nach § 12 Absatz 3 des Energiewirtschaftsgesetzes bleiben unberührt.

§ 13 Schadensersatz

(1) [1]Verletzt der Netzbetreiber seine Pflicht aus § 12 Absatz 1, können Einspeisewillige Ersatz des hierdurch entstandenen Schadens verlangen. [2]Die Ersatzpflicht tritt nicht ein, wenn der Netzbetreiber die Pflichtverletzung nicht zu vertreten hat.

(2) Liegen Tatsachen vor, die die Annahme begründen, dass der Netzbetreiber seine Pflicht aus § 12 Absatz 1 nicht erfüllt hat, können Anlagenbetreiber Auskunft von dem Netzbetreiber darüber verlangen, ob und inwieweit der Netzbetreiber das Netz optimiert, verstärkt und ausgebaut hat.

§ 14 Einspeisemanagement

(1) [1]Netzbetreiber dürfen unbeschadet ihrer Pflicht nach § 12 ausnahmsweise an ihr Netz unmittelbar oder mittelbar angeschlossene Anlagen und KWK-Anlagen, die mit einer Einrichtung zur ferngesteuerten Reduzierung der Einspeiseleistung bei Netzüberlastung im Sinne von § 9 Absatz 1 Satz 1 Nummer 1, Satz 2 Nummer 1 oder Absatz 2 Nummer 1 oder 2 Buchstabe a ausgestattet sind, regeln, soweit

1. andernfalls im jeweiligen Netzbereich einschließlich des vorgelagerten Netzes ein Netzengpass entstünde,
2. der Vorrang für Strom aus erneuerbaren Energien, Grubengas und Kraft-Wärme-Kopplung gewahrt wird, soweit nicht sonstige Stromerzeuger am Netz bleiben müssen, um die Sicherheit und Zuverlässigkeit des Elektrizitätsversorgungssystems zu gewährleisten, und
3. sie die verfügbaren Daten über die Ist-Einspeisung in der jeweiligen Netzregion abgerufen haben.

[2]Bei der Regelung der Anlagen nach Satz 1 sind Anlagen im Sinne des § 9 Absatz 2 erst nachrangig gegenüber den übrigen Anlagen zu regeln. [3]Im Übrigen müssen die Netzbetreiber sicherstellen, dass insgesamt die größtmögliche Strommenge aus erneuerbaren Energien und Kraft-Wärme-Kopplung abgenommen wird.

(2) Netzbetreiber müssen Betreiber von Anlagen nach § 9 Absatz 1 spätestens am Vortag, ansonsten unverzüglich über den zu erwartenden Zeitpunkt, den Umfang und die Dauer der Regelung unterrichten, sofern die Durchführung der Maßnahme vorhersehbar ist.

(3) [1]Netzbetreiber müssen die von Maßnahmen nach Absatz 1 Betroffenen unverzüglich über die tatsächlichen Zeitpunkte, den jeweiligen Umfang, die Dauer und die Gründe der Regelung unterrichten und auf Verlangen innerhalb von vier Wochen Nachweise über die Erforderlichkeit der Maßnahme vorlegen. [2]Die Nachweise müssen eine sachkundige dritte Person in die Lage versetzen, ohne weitere Informationen die Erforderlichkeit der Maßnahme vollständig nachvollziehen zu können; zu diesem Zweck sind im Fall eines Verlangens nach Satz 1 letzter Halbsatz insbesondere die nach Absatz 1 Satz 1 Nummer 3 erhobenen Daten vorzulegen. [3]Die Netzbetreiber können abweichend von Satz 1 Betreiber von Anlagen nach § 9 Absatz 2 in Verbindung mit Absatz 3 nur einmal jährlich über die Maßnahmen nach Absatz 1 unterrichten, solange die Gesamtdauer dieser Maßnahmen 15 Stunden pro Anlage im Kalenderjahr nicht überschritten hat; diese Unterrichtung muss bis zum 31. Januar des Folgejahres erfolgen. [4]§ 13j Absatz 2 Nummer 1 des Energiewirtschaftsgesetzes bleibt unberührt.

§ 15 Härtefallregelung

(1) [1]Wird die Einspeisung von Strom aus einer Anlage zur Erzeugung von Strom aus erneuerbaren Energien, Grubengas oder Kraft-Wärme-Kopplung wegen eines Netzengpasses im Sinne von § 14 Absatz 1 reduziert, muss der Netzbetreiber, an dessen Netz die Anlage angeschlossen ist, die von der Maßnahme betroffenen Betreiber abweichend von § 13 Absatz 5 des Energiewirtschaftsgesetzes für 95 Prozent der entgangenen Einnahmen zuzüglich der zusätzlichen Aufwendungen und abzüglich der ersparten Aufwendungen entschädigen. [2]Übersteigen die entgangenen Einnahmen nach Satz 1 in einem Jahr 1 Prozent der Einnahmen dieses Jahres, sind die von der Regelung betroffenen Betreiber ab diesem Zeitpunkt zu 100 Prozent zu entschädigen. [3]Der Netzbetreiber, in dessen Netz die Ursache für die Regelung nach § 14 liegt, muss dem Netzbetreiber, an dessen Netz die Anlage angeschlossen ist, die Kosten für die Entschädigung ersetzen.

(2) [1]Der Netzbetreiber kann die Kosten nach Absatz 1 bei der Ermittlung der Netzentgelte in Ansatz bringen, soweit die Maßnahme erforderlich war und er sie nicht zu vertreten hat. [2]Der Netzbetreiber hat sie insbesondere zu vertreten, soweit er nicht alle Möglichkeiten zur Optimierung, zur Verstärkung und zum Ausbau des Netzes ausgeschöpft hat.

(3) Schadensersatzansprüche von Anlagenbetreibern gegen den Netzbetreiber bleiben unberührt.

Abschnitt 3
Kosten

§ 16 Netzanschluss

(1) Die notwendigen Kosten des Anschlusses von Anlagen zur Erzeugung von Strom aus erneuerbaren Energien oder aus Grubengas an den Verknüpfungspunkt nach § 8 Absatz 1 oder 2 sowie der notwendigen Messeinrichtungen zur Erfassung des gelieferten und des bezogenen Stroms trägt der Anlagenbetreiber.

(2) Weist der Netzbetreiber den Anlagen nach § 8 Absatz 3 einen anderen Verknüpfungspunkt zu, muss er die daraus resultierenden Mehrkosten tragen.

§ 17 Kapazitätserweiterung

Die Kosten der Optimierung, der Verstärkung und des Ausbaus des Netzes trägt der Netzbetreiber.

§ 18 Vertragliche Vereinbarung

(1) Netzbetreiber können infolge der Vereinbarung nach § 11 Absatz 3 entstandene Kosten im nachgewiesenen Umfang bei der Ermittlung des Netzentgelts in Ansatz bringen, soweit diese Kosten im Hinblick auf § 1 oder § 2 Absatz 1 wirtschaftlich angemessen sind.

(2) Die Kosten unterliegen der Prüfung auf Effizienz durch die Regulierungsbehörde nach Maßgabe der Bestimmungen des Energiewirtschaftsgesetzes.

Teil 3
Zahlung von Marktprämie und Einspeisevergütung

Abschnitt 1
Arten des Zahlungsanspruchs

§ 19 Zahlungsanspruch

(1) Betreiber von Anlagen, in denen ausschließlich erneuerbare Energien oder Grubengas eingesetzt werden, haben für den in diesen Anlagen erzeugten Strom gegen den Netzbetreiber einen Anspruch auf

1. die Marktprämie nach § 20,
2. eine Einspeisevergütung nach § 21 Absatz 1 und 2 oder
3. einen Mieterstromzuschlag nach § 21 Absatz 3.

(2) Der Anspruch nach Absatz 1 besteht nur, soweit der Anlagenbetreiber für den Strom kein vermiedenes Netzentgelt nach § 18 Absatz 1 Satz 1 der Stromnetzentgeltverordnung in Anspruch nimmt.

(3) [1]Der Anspruch nach Absatz 1 besteht auch, wenn der Strom vor der Einspeisung in ein Netz zwischengespeichert worden ist. [2]In diesem Fall bezieht sich der Anspruch auf die Strommenge, die aus dem Stromspeicher in das Netz eingespeist wird. [3]Die Höhe des Anspruchs pro eingespeister Kilowattstunde bestimmt sich nach der Höhe des Anspruchs, die bei einer Einspeisung ohne Zwischenspeicherung bestanden hätte. [4]Der Anspruch nach Absatz 1 besteht auch bei einem gemischten Einsatz mit Speichergasen. [5]Die Sätze 1 bis 4 sind für den Anspruch nach Absatz 1 Nummer 3 entsprechend anzuwenden.

§ 20 Marktprämie

(1) [1]Der Anspruch auf die Zahlung der Marktprämie nach § 19 Absatz 1 Nummer 1 besteht nur für Kalendermonate, in denen

1. der Anlagenbetreiber oder ein Dritter den Strom direkt vermarktet,
2. der Anlagenbetreiber dem Netzbetreiber das Recht überlässt, diesen Strom als „Strom aus erneuerbaren Energien oder aus Grubengas, finanziert aus der EEG-Umlage" zu kennzeichnen,
3. der Strom in einer Anlage erzeugt wird, die fernsteuerbar ist, und
4. der Strom in einem Bilanz- oder Unterbilanzkreis bilanziert wird, in dem ausschließlich folgender Strom bilanziert wird:
 a) Strom aus erneuerbaren Energien oder aus Grubengas, der in der Veräußerungsform der Marktprämie direkt vermarktet wird, oder
 b) Strom, der nicht unter Buchstabe a fällt und dessen Einstellung in den Bilanz- oder Unterbilanzkreis nicht von dem Anlagenbetreiber oder dem Direktvermarktungsunternehmer zu vertreten ist.

[2]Die Voraussetzung nach Satz 1 Nummer 3 muss nicht vor dem Beginn des zweiten auf die Inbetriebnahme der Anlage folgenden Kalendermonats erfüllt sein.

(2) [1]Anlagen sind fernsteuerbar, wenn die Anlagenbetreiber

1. die technischen Einrichtungen vorhalten, die erforderlich sind, damit ein Direktvermarktungsunternehmer oder eine andere Person, an die der Strom veräußert wird, jederzeit
 a) die jeweilige Ist-Einspeisung abrufen kann und
 b) die Einspeiseleistung ferngesteuert regeln kann, und
2. dem Direktvermarktungsunternehmer oder der anderen Person, an die der Strom veräußert wird, die Befugnis einräumen, jederzeit
 a) die jeweilige Ist-Einspeisung abzurufen und
 b) die Einspeiseleistung ferngesteuert in einem Umfang zu regeln, der für eine bedarfsgerechte Einspeisung des Stroms erforderlich und nicht nach den genehmigungsrechtlichen Vorgaben nachweislich ausgeschlossen ist.

[2]Die Anforderungen nach Satz 1 Nummer 1 sind auch erfüllt, wenn für mehrere Anlagen, die über denselben Verknüpfungspunkt mit dem Netz verbunden sind, gemeinsame technische Einrichtungen vorgehalten werden, mit denen der Direktvermarktungsunternehmer oder die andere Person jederzeit die gesamte Ist-Einspeisung der Anlagen abrufen und die gesamte Einspeiseleistung der Anlagen ferngesteuert regeln kann. [3]Wird der Strom vom Anlagenbetreiber unmittelbar an einen Letztverbraucher oder unmittelbar an einer Strombörse veräußert, sind die Sätze 1 und 2 entsprechend anzuwenden mit der Maßgabe, dass der Anlagenbetreiber die Befugnisse des Direktvermarktungsunternehmers oder der anderen Person wahrnimmt.

(3) [1]Die Abrufung der Ist-Einspeisung und die ferngesteuerte Regelung der Einspeiseleistung nach Absatz 2 müssen bei folgenden Anlagen über ein intelligentes Messsystem erfolgen, wenn mit dem intelligenten Messsystem kompatible und sichere Fernsteuerungstechnik, die über die zur Direktvermarktung notwendigen Funktionalitäten verfügt, gegen angemessenes Entgelt am Markt vorhanden ist:

1. bei Anlagen, bei denen spätestens bei Beginn des zweiten auf die Inbetriebnahme der Anlage folgenden Kalendermonats ein intelligentes Messsystem eingebaut ist,
2. bei Anlagen, bei denen nach Beginn des zweiten auf die Inbetriebnahme der Anlage folgenden Kalendermonats ein intelligentes Messsystem eingebaut worden ist, spätestens fünf Jahre nach diesem Einbau, und

3. bei Anlagen, bei denen ein Messsystem nach § 19 Absatz 5 des Messstellenbetriebsgesetzes eingebaut ist, mit dem Einbau eines intelligenten Messsystems, wenn der Einbau nach Ablauf der Frist nach Nummer 2 erfolgt.

[2]Bei anderen Anlagen sind unter Berücksichtigung der einschlägigen Standards und Empfehlungen des Bundesamtes für Sicherheit in der Informationstechnik Übertragungstechniken und Übertragungswege zulässig, die dem Stand der Technik bei Inbetriebnahme der Anlage entsprechen.

(4) Die Nutzung der technischen Einrichtungen zur Abrufung der Ist-Einspeisung und zur ferngesteuerten Regelung der Einspeiseleistung sowie die Befugnis, diese zu nutzen, dürfen das Recht des Netzbetreibers zum Einspeisemanagement nach § 14 nicht beschränken.

§ 21 Einspeisevergütung und Mieterstromzuschlag

(1) Der Anspruch auf die Zahlung der Einspeisevergütung nach § 19 Absatz 1 Nummer 2 besteht nur für Kalendermonate, in denen der Anlagenbetreiber den Strom in ein Netz einspeist und dem Netzbetreiber nach § 11 Absatz 1 zur Verfügung stellt, und zwar für

1. Strom aus Anlagen mit einer installierten Leistung von bis zu 100 Kilowatt, deren anzulegender Wert gesetzlich bestimmt worden ist; in diesem Fall verringert sich der Anspruch nach Maßgabe des § 53 Satz 1, oder

2. Strom aus Anlagen mit einer installierten Leistung von mehr als 100 Kilowatt für eine Dauer von bis zu drei aufeinanderfolgenden Kalendermonaten und insgesamt bis zu sechs Kalendermonaten pro Kalenderjahr (Ausfallvergütung); in diesem Fall verringert sich der Anspruch nach Maßgabe des § 53 Satz 2 und bei Überschreitung einer der Höchstdauern nach dem ersten Halbsatz nach Maßgabe des § 52 Absatz 2 Satz 1 Nummer 3.

(2) Anlagenbetreiber, die die Einspeisevergütung in Anspruch nehmen,

1. müssen dem Netzbetreiber den gesamten in dieser Anlage erzeugten Strom zur Verfügung stellen, der

 a) nicht in unmittelbarer räumlicher Nähe zur Anlage verbraucht wird und

 b) durch ein Netz durchgeleitet wird, und

2. dürfen mit dieser Anlage nicht am Regelenergiemarkt teilnehmen.

(3) [1]Der Anspruch auf die Zahlung des Mieterstromzuschlags nach § 19 Absatz 1 Nummer 3 besteht für Strom aus Solaranlagen mit einer installierten Leistung von insgesamt bis zu 100 Kilowatt, die auf, an oder in einem Wohngebäude installiert sind, soweit er an einen Letztverbraucher geliefert und verbraucht worden ist

1. innerhalb dieses Gebäudes oder in Wohngebäuden oder Nebenanlagen im unmittelbaren räumlichen Zusammenhang mit diesem Gebäude und

2. ohne Durchleitung durch ein Netz.

[2]§ 3 Nummer 50 ist mit der Maßgabe anzuwenden, dass mindestens 40 Prozent der Fläche des Gebäudes dem Wohnen dient. [3]Im Fall der Nutzung eines Speichers besteht der Anspruch nach § 19 Absatz 1 Nummer 3 nicht für Strom, der in den Speicher eingespeist wird. [4]Die Strommenge nach Satz 1 muss so genau ermittelt werden, wie es die Messtechnik zulässt, die nach dem Messstellenbetriebsgesetz zu verwenden ist.

§ 21a Sonstige Direktvermarktung

Das Recht der Anlagenbetreiber, den in ihren Anlagen erzeugten Strom ohne Inanspruchnahme der Zahlung nach § 19 Absatz 1 direkt zu vermarkten (sonstige Direktvermarktung), bleibt unberührt.

§ 21b Zuordnung zu einer Veräußerungsform, Wechsel

(1) [1]Anlagenbetreiber müssen jede Anlage einer der folgenden Veräußerungsformen zuordnen:

1. der Marktprämie nach § 20,

2. der Einspeisevergütung nach § 21 Absatz 1 und 2, auch in der Form der Ausfallvergütung,

3. dem Mieterstromzuschlag nach § 21 Absatz 3 oder

4. der sonstigen Direktvermarktung nach § 21a.

[2]Sie dürfen mit jeder Anlage nur zum ersten Kalendertag eines Monats zwischen den Veräußerungsformen wechseln. [3]Ordnet der Anlagenbetreiber die Anlage dem Mieterstromzuschlag nach § 21 Absatz 3 zu, ist zugleich die Veräußerungsform für den Strom zu wählen, der aus dieser Anlage in das Netz eingespeist wird.

(2) [1]Anlagenbetreiber dürfen den in ihren Anlagen erzeugten Strom prozentual auf verschiedene Veräußerungsformen nach Absatz 1 aufteilen; in diesem Fall müssen sie die Prozentsätze nachweislich jederzeit einhalten. [2]Satz 1 ist nicht für die Ausfallvergütung und nicht für den Mieterstromzuschlag nach § 21 Absatz 3 anzuwenden.

(3) Die Zuordnung einer Anlage oder eines prozentualen Anteils des erzeugten Stroms einer Anlage zur Veräußerungsform einer Direktvermarktung ist nur dann zulässig, wenn die gesamte Ist-Einspeisung der Anlage in viertelstündlicher Auflösung gemessen und bilanziert wird.

(4) Unbeschadet von Absatz 1 können Anlagenbetreiber
1. jederzeit ihren Direktvermarktungsunternehmer wechseln oder
2. Strom vorbehaltlich des § 27a vollständig oder anteilig an Dritte weitergeben, sofern diese
 a) den Strom in unmittelbarer räumlicher Nähe zur Anlage verbrauchen,
 b) der Strom nicht durch ein Netz durchgeleitet wird und
 c) kein Fall des Absatzes 1 Satz 1 Nummer 3 vorliegt.

§ 21c Verfahren für den Wechsel

(1) [1]Anlagenbetreiber müssen dem Netzbetreiber vor Beginn des jeweils vorangehenden Kalendermonats mitteilen, wenn sie erstmals Strom in einer Veräußerungsform nach § 21b Absatz 1 Satz 1 veräußern oder wenn sie zwischen den Veräußerungsformen wechseln. [2]Im Fall der Ausfallvergütung reicht es aus, wenn der Wechsel in die Einspeisevergütung oder aus dieser heraus dem Netzbetreiber abweichend von Satz 1 bis zum fünftletzten Werktag des Vormonats mitgeteilt wird.

(2) Bei den Mitteilungen nach Absatz 1 müssen die Anlagenbetreiber auch angeben:
1. die Veräußerungsform nach § 21b Absatz 1 Satz 1, in die gewechselt wird,
2. bei einem Wechsel in eine Direktvermarktung den Bilanzkreis, dem der direkt vermarktete Strom zugeordnet werden soll, und
3. bei einer prozentualen Aufteilung des Stroms auf verschiedene Veräußerungsformen nach § 21b Absatz 2 Satz 1 die Prozentsätze, zu denen der Strom den Veräußerungsformen zugeordnet wird.

(3) Soweit die Bundesnetzagentur eine Festlegung nach § 85 Absatz 2 Nummer 3 getroffen hat, müssen Netzbetreiber, Direktvermarkter und Anlagenbetreiber für die Abwicklung der Zuordnung und des Wechsels der Veräußerungsform das festgelegte Verfahren und Format nutzen.

Abschnitt 2
Allgemeine Bestimmungen zur Zahlung

§ 22 Wettbewerbliche Ermittlung der Marktprämie

(1) Die Bundesnetzagentur ermittelt durch Ausschreibungen nach den §§ 28 bis 39j, auch in Verbindung mit den Rechtsverordnungen nach den §§ 88 bis 88d, und dem Windenergie-auf-See-Gesetz die Anspruchsberechtigten und den anzulegenden Wert für Strom aus Windenergieanlagen an Land, Solaranlagen, Biomasseanlagen und Windenergieanlagen auf See.

(2) [1]Bei Windenergieanlagen an Land besteht der Anspruch nach § 19 Absatz 1 für den in der Anlage erzeugten Strom nur, solange und soweit ein von der Bundesnetzagentur erteilter Zuschlag für die Anlage wirksam ist. [2]Von diesem Erfordernis sind folgende Windenergieanlagen an Land ausgenommen:
1. Anlagen mit einer installierten Leistung bis einschließlich 750 Kilowatt,
2. Anlagen, die vor dem 1. Januar 2019 in Betrieb genommen worden sind, wenn
 a) sie vor dem 1. Januar 2017 nach dem Bundes-Immissionsschutzgesetz genehmigt worden sind,
 b) die Genehmigung nach Buchstabe a vor dem 1. Februar 2017 mit allen erforderlichen Angaben an das Register gemeldet worden ist und
 c) der Genehmigungsinhaber nicht vor dem 1. März 2017 durch schriftliche Erklärung gegenüber der Bundesnetzagentur unter Bezugnahme auf die Meldung nach Buchstabe b auf den gesetzlich bestimmten Anspruch auf Zahlung verzichtet hat, und
3. Pilotwindenergieanlagen an Land mit einer installierten Leistung von insgesamt bis zu 125 Megawatt pro Jahr.

(3) [1]Bei Solaranlagen besteht der Anspruch nach § 19 Absatz 1 für den in der Anlage erzeugten Strom nur, solange und soweit eine von der Bundesnetzagentur ausgestellte Zahlungsberechtigung für die Anlage wirksam ist. [2]Von diesem Erfordernis sind Solaranlagen mit einer installierten Leistung bis einschließlich 750 Kilowatt ausgenommen.

(4) [1]Bei Biomasseanlagen besteht der Anspruch nach § 19 Absatz 1 nur für den in der Anlage erzeugten Strom aus Biomasse im Sinn der Biomasseverordnung in der zum Zeitpunkt der Bekanntmachung der Ausschreibung geltenden Fassung und nur, solange und soweit ein von der Bundesnetzagentur erteilter Zuschlag für die Anlage wirksam ist. [2]Von diesem Erfordernis sind folgende Biomasseanlagen ausgenommen:
1. Anlagen mit einer installierten Leistung bis einschließlich 150 Kilowatt, es sei denn, es handelt sich um eine bestehende Biomasseanlage nach § 39f,

2. Anlagen, die vor dem 1. Januar 2019 in Betrieb genommen worden sind, wenn sie
 a) nach dem Bundes-Immissionsschutzgesetz genehmigungsbedürftig sind oder für ihren Betrieb einer Zulassung nach einer anderen Bestimmung des Bundesrechts bedürfen oder nach dem Baurecht genehmigungsbedürftig sind und
 b) vor dem 1. Januar 2017 genehmigt oder zugelassen worden sind.

[3]Der Anspruch nach § 50 in Verbindung mit § 50a bleibt unberührt.

(5) [1]Bei Windenergieanlagen auf See besteht der Anspruch nach § 19 Absatz 1 für den in der Anlage erzeugten Strom nur, solange und soweit ein von der Bundesnetzagentur erteilter Zuschlag für die Anlage wirksam ist. [2]Von diesem Erfordernis sind folgende Windenergieanlagen auf See ausgenommen:
1. Anlagen, die
 a) vor dem 1. Januar 2017 eine unbedingte Netzanbindungszusage nach § 118 Absatz 12 des Energiewirtschaftsgesetzes oder Anschlusskapazitäten nach § 17d Absatz 3 des Energiewirtschaftsgesetzes in der am 31. Dezember 2016 geltenden Fassung erhalten haben und
 b) vor dem 1. Januar 2021 in Betrieb genommen worden sind, und
2. Pilotwindenergieanlagen auf See nach Maßgabe des Windenergie-auf-See-Gesetzes.

(6) [1]Für Windenergieanlagen an Land, Solaranlagen und Biomasseanlagen, deren Anspruch auf Zahlung nach § 19 Absatz 1 nicht nach den Absätzen 2 bis 5 von der erfolgreichen Teilnahme an einer Ausschreibung abhängig ist, werden Gebote im Zuschlagsverfahren nicht berücksichtigt. [2]Für Anlagen nach Satz 1 und für Anlagen zur Erzeugung von Strom aus Wasserkraft, Deponiegas, Klärgas, Grubengas oder Geothermie wird die Höhe des anzulegenden Werts durch die §§ 40 bis 49 gesetzlich bestimmt.

§ 22a Pilotwindenergieanlagen an Land

(1) [1]Wenn in einem Kalenderjahr Pilotwindenergieanlagen an Land mit einer installierten Leistung von insgesamt mehr als 125 Megawatt in Betrieb genommen sind und dies dem Register gemeldet worden ist, kann der Anspruch auf die Zahlung nach § 19 Absatz 1 für alle Pilotwindenergieanlagen an Land, deren Inbetriebnahme später dem Register gemeldet wird, in diesem Kalenderjahr nicht geltend gemacht werden. [2]Die Bundesnetzagentur informiert hierüber die Anlagenbetreiber und die Netzbetreiber, an deren Netz die Anlagen angeschlossen sind. [3]Die Betreiber der Anlagen, für deren Strom der Anspruch nach Satz 1 entfällt, können ihren Anspruch vorrangig und in der zeitlichen Reihenfolge ihrer Meldung im Register ab dem folgenden Kalenderjahr geltend machen, solange die Grenze der installierten Leistung von 125 Megawatt nicht überschritten wird. [4]Der Anspruch nach § 19 Absatz 1 beginnt in diesem Fall abweichend von § 25 Satz 3 erst, wenn der Anlagenbetreiber den Anspruch nach § 19 Absatz 1 geltend machen darf.

(2) Der Nachweis, dass eine Pilotwindenergieanlage an Land die Anforderungen nach § 3 Nummer 37 Buchstabe a Doppelbuchstabe bb und cc einhält, ist durch die Bestätigung eines nach DIN EN ISO/IEC 17065:2013[1]) akkreditierten Zertifizierers zu führen; im Übrigen wird das Vorliegen einer Pilotwindenergieanlage an Land nach § 3 Nummer 37 Buchstabe a durch die Eintragung im Register nachgewiesen.

(3) [1]Der Nachweis, dass eine Anlage eine Pilotwindenergieanlage nach § 3 Nummer 37 Buchstabe b ist, ist vom Anlagenbetreiber durch eine Bescheinigung des Bundesministeriums für Wirtschaft und Energie zu führen. [2]Das Bundesministerium für Wirtschaft und Energie kann die Bescheinigung auf Antrag des Anlagenbetreibers ausstellen, wenn der Antragsteller geeignete Unterlagen einreicht, die nachweisen, dass die Anforderungen nach § 3 Nummer 37 Buchstabe b erfüllt sind.

§ 23 Allgemeine Bestimmungen zur Höhe der Zahlung

(1) Die Höhe des Anspruchs nach § 19 Absatz 1 bestimmt sich nach den hierfür als Berechnungsgrundlage anzulegenden Werten für Strom aus erneuerbaren Energien oder aus Grubengas.

(2) In den anzulegenden Werten ist die Umsatzsteuer nicht enthalten.

(3) Die Höhe des Anspruchs nach § 19 Absatz 1 verringert sich nach Berücksichtigung der §§ 23a bis 26 in folgender Reihenfolge, wobei der Anspruch keinen negativen Wert annehmen kann:
1. nach Maßgabe des § 39h Absatz 2 Satz 1 oder § 44b Absatz 1 Satz 2 für den dort genannten Anteil der in einem Kalenderjahr erzeugten Strommenge aus Biogas,
2. nach Maßgabe des § 51 bei negativen Preisen,
3. nach Maßgabe der §§ 52 und 44c Absatz 3 sowie der Anlage 3 Nummer I.5 bei einem Verstoß gegen eine Bestimmung dieses Gesetzes,
4. nach Maßgabe des § 53 bei der Inanspruchnahme einer Einspeisevergütung oder eines Mieterstromzuschlags,

1) **Amtlicher Hinweis:** Zu beziehen bei der Beuth Verlag GmbH, 10772 Berlin, und in der Deutschen Nationalbibliothek archivmäßig gesichert niedergelegt.

5. nach Maßgabe des § 53a bei einem Verzicht auf den gesetzlich bestimmten Anspruch nach § 19 Absatz 1,
6. nach Maßgabe des § 53b bei der Inanspruchnahme von Regionalnachweisen,
7. nach Maßgabe des § 53c bei einer Stromsteuerbefreiung und
8. für Solaranlagen, deren anzulegender Wert durch Ausschreibungen ermittelt wird,
 a) nach Maßgabe des § 54 Absatz 1 im Fall der verspäteten Inbetriebnahme einer Solaranlage und
 b) nach Maßgabe des § 54 Absatz 2 im Fall der Übertragung der Zahlungsberechtigung für eine Solaranlage auf einen anderen Standort.

§ 23a Besondere Bestimmung zur Höhe der Marktprämie
[1]Die Höhe des Anspruchs auf die Marktprämie nach § 19 Absatz 1 Nummer 1 wird kalendermonatlich berechnet. [2]Die Berechnung erfolgt rückwirkend anhand der für den jeweiligen Kalendermonat berechneten Werte nach Anlage 1.

§ 23b Besondere Bestimmung zum Mieterstromzuschlag
(1) [1]Die Höhe des Anspruchs auf den Mieterstromzuschlag wird aus den anzulegenden Werten nach § 48 Absatz 2 und § 49 berechnet, wobei von diesen anzulegenden Werten 8,5 Cent pro Kilowattstunde abzuziehen sind. [2]Abweichend von Satz 1 sind nach dem 31. Dezember 2018 vom anzulegenden Wert oberhalb einer installierten Leistung von 40 Kilowatt bis einschließlich einer installierten Leistung von 750 Kilowatt 8 Cent pro Kilowattstunde abzuziehen.
(2) Der Anspruch auf den Mieterstromzuschlag für Strom aus der Solaranlage besteht frühestens
1. ab dem Datum, an dem sowohl die Solaranlage nach § 21b Absatz 1 in Verbindung mit § 21c erstmals der Veräußerungsform des Mieterstromzuschlags zugeordnet worden ist als auch die Voraussetzungen von § 21 Absatz 3 erstmals erfüllt worden sind,
2. sobald das Datum nach Nummer 1 im Register eingetragen ist und
3. sofern nach Absatz 3 dem nicht entgegensteht.
(3) [1]Überschreitet in einem Kalenderjahr die Summe der installierten Leistung der Solaranlagen, für die die Angabe nach Absatz 2 Nummer 1 neu im Register eingetragen ist, erstmals das jährliche Volumen von 500 Megawatt, entsteht kein Anspruch auf den Mieterstromzuschlag für die Betreiber von Solaranlagen, bei denen der Tag nach Absatz 2 Nummer 1 nach dem letzten Kalendertag des ersten auf die Überschreitung folgenden Kalendermonats in dem Kalenderjahr liegt. [2]Die Bundesnetzagentur veröffentlicht das Datum, ab dem der Anspruch nicht mehr besteht, auf ihrer Internetseite. [3]Sofern in einem Kalenderjahr das jährliche Volumen von 500 Megawatt überschritten wird, reduziert sich das jährliche Volumen nach Satz 1 im jeweils folgenden Kalenderjahr um die über 500 Megawatt hinausgehende Summe der installierten Leistung von Solaranlagen, für die in dem Kalenderjahr der Überschreitung erstmals ein Anspruch auf Mieterstromzuschlag entstanden ist.
(4) [1]Der Anspruch auf den Mieterstromzuschlag entsteht für Betreiber von Solaranlagen, für deren Strom der Anspruch auf Mieterstromzuschlag in dem vorangegangenen Kalenderjahr nach Absatz 3 nicht bestand, in der zeitlichen Reihenfolge des Datums nach Absatz 2 Nummer 1 im Register ab dem jeweils folgenden Kalenderjahr, soweit in dem entsprechenden Kalenderjahr das jährliche Volumen nach Absatz 3 nicht überschritten wird. [2]§ 25 bleibt unberührt.

§ 23c Anteilige Zahlung
Besteht für Strom der Anspruch nach § 19 Absatz 1 in Abhängigkeit von der Bemessungsleistung oder der installierten Leistung, bestimmt sich dieser
1. für Solaranlagen oder Windenergieanlagen jeweils anteilig nach der installierten Leistung der Anlage im Verhältnis zu dem jeweils anzuwendenden Schwellenwert und
2. in allen anderen Fällen jeweils anteilig nach der Bemessungsleistung der Anlage.

§ 24 Zahlungsansprüche für Strom aus mehreren Anlagen
(1) [1]Mehrere Anlagen sind unabhängig von den Eigentumsverhältnissen zum Zweck der Ermittlung des Anspruchs nach § 19 Absatz 1 und zur Bestimmung der Größe der Anlage nach § 21 Absatz 1 oder § 22 für den jeweils zuletzt in Betrieb gesetzten Generator als eine Anlage anzusehen, wenn
1. sie sich auf demselben Grundstück, demselben Gebäude, demselben Betriebsgelände oder sonst in unmittelbarer räumlicher Nähe befinden,
2. sie Strom aus gleichartigen erneuerbaren Energien erzeugen,
3. für den in ihnen erzeugten Strom der Anspruch nach § 19 Absatz 1 in Abhängigkeit von der Bemessungsleistung oder der installierten Leistung besteht und
4. sie innerhalb von zwölf aufeinanderfolgenden Kalendermonaten in Betrieb genommen worden sind.

[2]Abweichend von Satz 1 sind mehrere Anlagen unabhängig von den Eigentumsverhältnissen und ausschließlich zum Zweck der Ermittlung des Anspruchs nach § 19 Absatz 1 und zur Bestimmung der Größe der Anlage nach § 21 Absatz 1 oder § 22 für den jeweils zuletzt in Betrieb gesetzten Generator als eine Anlage anzusehen, wenn sie Strom aus Biogas mit Ausnahme von Biomethan erzeugen und das Biogas aus derselben Biogaserzeugungsanlage stammt. [3]Abweichend von Satz 1 werden Freiflächenanlagen nicht mit Solaranlagen auf, in oder an Gebäuden und Lärmschutzwänden zusammengefasst.

(2) Unbeschadet von Absatz 1 Satz 1 stehen mehrere Freiflächenanlagen unabhängig von den Eigentumsverhältnissen und ausschließlich zum Zweck der Ermittlung der Anlagengröße nach § 38a Absatz 1 Nummer 5 und nach § 22 Absatz 3 Satz 2 für den jeweils zuletzt in Betrieb gesetzten Generator einer Anlage gleich, wenn sie

1. innerhalb derselben Gemeinde, die für den Erlass eines Bebauungsplans zuständig ist oder gewesen wäre, errichtet worden sind und
2. innerhalb von 24 aufeinanderfolgenden Kalendermonaten in einem Abstand von bis zu 2 Kilometern Luftlinie, gemessen vom äußeren Rand der jeweiligen Anlage, in Betrieb genommen worden sind.

(3) [1]Anlagenbetreiber können Strom aus mehreren Anlagen, die gleichartige erneuerbare Energien oder Grubengas einsetzen, über eine gemeinsame Messeinrichtung abrechnen. [2]In diesem Fall sind für die Berechnung der Einspeisevergütung oder Marktprämie bei mehreren Windenergieanlagen an Land die Zuordnung der Strommengen zu den Windenergieanlagen im Verhältnis des jeweiligen Referenzertrags nach Anlage 2 Nummer 2 des Erneuerbare-Energien-Gesetzes in der am 31. Dezember 2016 geltenden Fassung für Windenergieanlagen an Land, deren anzulegender Wert durch § 46 bestimmt wird, und des jeweilig zuletzt berechneten Standortertrags nach Anlage 2 Nummer 7 für Windenergieanlagen an Land, deren anzulegender Wert durch § 36h bestimmt wird, maßgeblich; bei allen anderen Anlagen erfolgt die Zuordnung der Strommengen im Verhältnis zu der installierten Leistung der Anlagen.

§ 25 Beginn, Dauer und Beendigung des Anspruchs

[1]Marktprämien, Einspeisevergütungen oder Mieterstromzuschläge sind jeweils für die Dauer von 20 Jahren zu zahlen. [2]Bei Anlagen, deren anzulegender Wert gesetzlich bestimmt wird, verlängert sich dieser Zeitraum bis zum 31. Dezember des zwanzigsten Jahres der Zahlung. [3]Beginn der Frist nach Satz 1 ist, soweit sich aus den Bestimmungen dieses Gesetzes nichts anderes ergibt, der Zeitpunkt der Inbetriebnahme der Anlage.

§ 26 Abschläge und Fälligkeit

(1) Auf die zu erwartenden Zahlungen nach § 19 Absatz 1 sind monatlich jeweils zum 15. Kalendertag für den Vormonat Abschläge in angemessenem Umfang zu leisten.

(2) [1]Der Anspruch nach § 19 Absatz 1 wird fällig, sobald und soweit der Anlagenbetreiber seine Pflichten zur Übermittlung von Daten nach § 71 erfüllt hat. [2]Satz 1 ist für den Anspruch auf monatliche Abschläge nach Absatz 1 erst ab März des auf die Inbetriebnahme der Anlage folgenden Jahres anzuwenden.

§ 27 Aufrechnung

(1) Die Aufrechnung von Ansprüchen des Anlagenbetreibers nach § 19 Absatz 1 mit einer Forderung des Netzbetreibers ist nur zulässig, soweit die Forderung unbestritten oder rechtskräftig festgestellt ist.

(2) Das Aufrechnungsverbot des § 23 Absatz 3 der Niederspannungsanschlussverordnung ist nicht anzuwenden, wenn mit Ansprüchen aus diesem Gesetz aufgerechnet wird.

§ 27a Zahlungsanspruch und Eigenversorgung

[1]Die Betreiber von Anlagen, deren anzulegender Wert durch Ausschreibungen ermittelt worden ist, dürfen in dem gesamten Zeitraum, in dem sie Zahlungen nach diesem Gesetz in Anspruch nehmen, den in ihrer Anlage erzeugten Strom nicht zur Eigenversorgung nutzen. [2]Ausgenommen ist der Strom, der verbraucht wird

1. durch die Anlage oder andere Anlagen, die über denselben Verknüpfungspunkt mit dem Netz verbunden sind,
2. in den Neben- und Hilfsanlagen der Anlage oder anderer Anlagen, die über denselben Verknüpfungspunkt mit dem Netz verbunden sind,
3. zum Ausgleich physikalisch bedingter Netzverluste,
4. in den Stunden, in denen der Wert der Stundenkontrakte für die Preiszone für Deutschland am Spotmarkt der Strombörse in der vortägigen Auktion negativ ist, oder
5. in den Stunden, in denen die Einspeiseleistung bei Netzüberlastung nach § 14 Absatz 1 reduziert wird.

Abschnitt 3
Ausschreibungen

Unterabschnitt 1
Allgemeine Ausschreibungsbestimmungen

§ 28 Ausschreibungsvolumen

(1) [1]Bei Windenergieanlagen an Land ist das Ausschreibungsvolumen

1. im Jahr 2017
 a) zu dem Gebotstermin am 1. Mai 800 Megawatt zu installierender Leistung und
 b) zu den Gebotsterminen am 1. August und 1. November jeweils 1 000 Megawatt zu installierender Leistung,
2. im Jahr 2018 zu den Gebotsterminen am 1. Februar, 1. Mai, 1. August und 1. Oktober jeweils 700 Megawatt zu installierender Leistung,
3. im Jahr 2019
 a) zu dem Gebotstermin am 1. Februar 700 Megawatt zu installierender Leistung,
 b) zu den Gebotsterminen am 1. Mai und 1. August jeweils 650 Megawatt zu installierender Leistung und
 c) zu dem Gebotstermin am 1. Oktober 675 Megawatt zu installierender Leistung,
4. im Jahr 2020 zu den Gebotsterminen am 1. Februar, 1. Juni und 1. Oktober jeweils 900 Megawatt zu installierender Leistung,
5. im Jahr 2021
 a) zu den Gebotsterminen am 1. Februar und 1. Juni jeweils 900 Megawatt zu installierender Leistung und
 b) zu dem Gebotstermin am 1. Oktober 850 Megawatt zu installierender Leistung,
6. ab dem Jahr 2022
 a) zu dem jährlichen Gebotstermin am 1. Februar jeweils 1 000 Megawatt zu installierender Leistung,
 b) zu den jährlichen Gebotsterminen am 1. Juni und 1. Oktober jeweils 950 Megawatt zu installierender Leistung.

[2]In den Jahren 2019 bis 2021 führt die Bundesnetzagentur zusätzlich Sonderausschreibungen für Windenergieanlagen an Land durch. [3]Das Ausschreibungsvolumen der Sonderausschreibungen beträgt

1. im Jahr 2019 zu den Gebotsterminen am 1. September und 1. Dezember jeweils 500 Megawatt zu installierender Leistung,
2. im Jahr 2020 zu den Gebotsterminen am 1. März und 1. Juli jeweils 300 Megawatt zu installierender Leistung und zu den Gebotsterminen am 1. September und 1. Dezember jeweils 400 Megawatt zu installierender Leistung,
3. im Jahr 2021 zu den Gebotsterminen am 1. März, 1. Juli, 1. September und 1. Dezember jeweils 400 Megawatt zu installierender Leistung.

(1a) [1]Das Ausschreibungsvolumen nach Absatz 1 verringert sich ab dem Jahr 2020 jeweils

1. um die Summe der installierten Leistung der Windenergieanlagen an Land, die bei einer Ausschreibung eines anderen Mitgliedstaates der Europäischen Union in dem jeweils vorangegangenen Kalenderjahr im Bundesgebiet bezuschlagt worden sind,
2. um die Summe der installierten Leistung der Pilotwindenergieanlagen an Land nach § 22a, die in dem jeweils vorangegangenen Kalenderjahr ihren Anspruch nach § 19 Absatz 1 erstmals geltend machen durften, und
3. um die Hälfte der Summe der installierten Leistung, die bei einer Ausschreibung aufgrund einer Rechtsverordnung nach § 88c im jeweils vorangegangenen Kalenderjahr bezuschlagt worden ist.

[2]In den Kalenderjahren 2019 bis 2021 wird das Ausschreibungsvolumen, für das in einem Kalenderjahr keine Zuschläge erteilt werden konnten, mit Wirkung zum jeweils dritten darauffolgenden Kalenderjahr auf das Ausschreibungsvolumen übertragen. [3]Die Bundesnetzagentur stellt jährlich bis spätestens zum 2. März die Differenz der installierten Leistung nach den Sätzen 1 und 2 für jedes Kalenderjahr fest und verteilt diese Menge, um die sich das Ausschreibungsvolumen erhöht oder verringert, gleichmäßig auf die folgenden Ausschreibungen im Kalenderjahr.

(2) [1]Bei Solaranlagen ist das Ausschreibungsvolumen

1. in den Jahren 2017 und 2018 zu den jährlichen Gebotsterminen am 1. Februar, 1. Juni und 1. Oktober jeweils 200 Megawatt zu installierender Leistung,
2. im Jahr 2019

 a) zu dem Gebotstermin am 1. Februar 175 Megawatt zu installierender Leistung und

 b) zu den Gebotsterminen am 1. Juni und 1. Oktober jeweils 150 Megawatt zu installierender Leistung,

3. im Jahr 2020

 a) zu dem Gebotstermin am 1. Februar 100 Megawatt zu installierender Leistung und

 b) zu den Gebotsterminen am 1. Juni und 1. Oktober jeweils 150 Megawatt zu installierender Leistung,

4. im Jahr 2021

 a) zu dem Gebotstermin am 1. Februar 150 Megawatt zu installierender Leistung und

 b) zu den Gebotsterminen am 1. Juni und 1. Oktober jeweils 100 Megawatt zu installierender Leistung,

5. ab dem Jahr 2022 zu den jährlichen Gebotsterminen am 1. Februar, 1. Juni und 1. Oktober jeweils 200 Megawatt zu installierender Leistung. [2]In den Jahren 2019 bis 2021 führt die Bundesnetzagentur Sonderausschreibungen für Solaranlagen durch. [3]Das Ausschreibungsvolumen der Sonderausschreibungen beträgt

1. im Jahr 2019 zu den Gebotsterminen am 1. März und am 1. Dezember jeweils 500 Megawatt zu installierender Leistung,

2. im Jahr 2020 zu den Gebotsterminen am 1. März und 1. Juli jeweils 300 Megawatt zu installierender Leistung und zu den Gebotsterminen am 1. September und 1. Dezember jeweils 400 Megawatt zu installierender Leistung,

3. im Jahr 2021 zu den Gebotsterminen am 1. März, 1. Juli, 1. September und 1. Dezember jeweils 400 Megawatt zu installierender Leistung.

(2a) [1]Das Ausschreibungsvolumen nach Absatz 2 verringert sich ab dem Jahr 2020 jeweils

1. um die Summe der installierten Leistung der Solaranlagen, die bei einer Ausschreibung eines anderen Mitgliedstaates der Europäischen Union in dem jeweils vorangegangenen Kalenderjahr im Bundesgebiet bezuschlagt worden sind,

2. um die Summe der installierten Leistung der Freiflächenanlagen, deren anzulegender Wert gesetzlich bestimmt worden ist, und die im jeweils vorangegangenen Kalenderjahr an das Register als in Betrieb genommen gemeldet worden sind, und

3. um die Hälfte der Summe der installierten Leistung, die bei einer Ausschreibung aufgrund einer Rechtsverordnung nach § 88c im jeweils vorangegangenen Kalenderjahr bezuschlagt worden ist. [2]In den Kalenderjahren 2019 bis 2021 wird das Ausschreibungsvolumen, für das in einem Kalenderjahr keine Zuschläge erteilt werden konnten oder für die keine Zweitsicherheiten hinterlegt worden sind, mit Wirkung zum jeweils dritten darauffolgenden Kalenderjahr auf das Ausschreibungsvolumen übertragen. [3]Die Bundesnetzagentur stellt jährlich bis spätestens zum 2. März die Differenz der installierten Leistung nach den Sätzen 1 und 2 für das jeweils vorangegangene Kalenderjahr fest und verteilt diese Menge, um die sich das Ausschreibungsvolumen erhöht oder verringert, gleichmäßig auf die folgenden Ausschreibungen im Kalenderjahr.

(3) [1]Bei Biomasseanlagen ist das Ausschreibungsvolumen zu den jährlichen Gebotsterminen am 1. April und 1. November

1. im Jahr 2019 jeweils 75 Megawatt zu installierender Leistung und

2. in den Jahren 2020 bis 2022 jeweils 100 Megawatt zu installierender Leistung. [2]Die Bundesregierung legt rechtzeitig einen Vorschlag für das jährliche Ausschreibungsvolumen für die Jahre ab 2023 vor.

(3a) [1]Das Ausschreibungsvolumen nach Absatz 3 verringert sich ab dem Jahr 2017 jeweils um die Summe der in dem jeweils vorangegangenen Kalenderjahr installierten Leistung von Biomasseanlagen, deren anzulegender Wert gesetzlich bestimmt worden ist und die in dem jeweils vorangegangenen Kalenderjahr an das Register als in Betrieb genommen gemeldet worden sind. [2]Das Ausschreibungsvolumen nach Absatz 3 erhöht sich ab dem Jahr 2018 jeweils um das gesamte Ausschreibungsvolumen für Biomasseanlagen, für das in dem jeweils vorangegangenen Kalenderjahr keine Zuschläge erteilt werden konnten.

(4) Bei Windenergieanlagen auf See bestimmt die Bundesnetzagentur das Ausschreibungsvolumen nach den Vorgaben des Windenergie-auf-See-Gesetzes.

(5) Bei den gemeinsamen Ausschreibungen für Windenergieanlagen an Land und Solaranlagen nach § 39i ist das Ausschreibungsvolumen

1. in den Jahren 2019 bis 2021 zu den Gebotsterminen am 1. April und 1. November jeweils 200 Megawatt zu installierender Leistung und

2. im Jahr 2022 zu dem Gebotstermin am 1. April das Ausschreibungsvolumen aus dem Jahr 2021, für das in der Innovationsausschreibung nach § 39j keine Zuschläge erteilt werden konnten.

(6) ¹Bei den Innovationsausschreibungen nach § 39j beträgt das Ausschreibungsvolumen in dem jährlichen Gebotstermin am 1. September

1. im Jahr 2019 250 Megawatt zu installierender Leistung,
2. im Jahr 2020 400 Megawatt zu installierender Leistung und
3. im Jahr 2021 500 Megawatt zu installierender Leistung.

²Das Ausschreibungsvolumen nach Satz 1 erhöht sich jeweils um das Ausschreibungsvolumen der Innovationsausschreibungen, für das in dem jeweils vorangegangenen Kalenderjahr keine Zuschläge erteilt werden konnten. ³Abweichend von Satz 1 wird das Ausschreibungsvolumen, für das in der Innovationsausschreibung aus dem Jahr 2021 keine Zuschläge erteilt werden konnten, auf das Ausschreibungsvolumen der gemeinsamen Ausschreibung im Jahr 2022 übertragen.

§ 29 Bekanntmachung

(1) ¹Die Bundesnetzagentur macht die Ausschreibungen frühestens acht Wochen und spätestens fünf Wochen vor dem jeweiligen Gebotstermin für den jeweiligen Energieträger auf ihrer Internetseite bekannt. ²Die Bekanntmachungen müssen mindestens folgende Angaben enthalten:

1. den Gebotstermin,
2. das Ausschreibungsvolumen,
3. den Höchstwert,
4. die Angabe, ob Landesregierungen Rechtsverordnungen aufgrund von § 37c Absatz 2 erlassen haben und auf welchen Flächen nach diesen Rechtsverordnungen Gebote für Solaranlagen bezuschlagt werden können,
5. die Formatvorgaben, die nach § 30a Absatz 1 von der Bundesnetzagentur für die Gebotsabgabe vorgegeben sind, und
6. die Festlegungen der Bundesnetzagentur nach § 85 Absatz 2 und § 85a, soweit sie die Gebotsabgabe oder das Zuschlagsverfahren betreffen.

(2) Die Bekanntmachungen nach Absatz 1 erfolgen ausschließlich im öffentlichen Interesse.

§ 30 Anforderungen an Gebote

(1) Die Gebote müssen jeweils die folgenden Angaben enthalten:

1. Name, Anschrift, Telefonnummer und E-Mail-Adresse des Bieters; sofern der Bieter eine rechtsfähige Personengesellschaft oder juristische Person ist, sind auch anzugeben:
 a) ihr Sitz,
 b) der Name einer natürlichen Person, die zur Kommunikation mit der Bundesnetzagentur und zur Vertretung des Bieters für alle Handlungen nach diesem Gesetz bevollmächtigt ist (Bevollmächtigter), und
 c) wenn mindestens 25 Prozent der Stimmrechte oder des Kapitals bei anderen rechtsfähigen Personengesellschaften oder juristischen Personen liegen, deren Name und Sitz,
2. den Energieträger, für den das Gebot abgegeben wird,
3. den Gebotstermin der Ausschreibung, für die das Gebot abgegeben wird,
4. die Gebotsmenge in Kilowatt ohne Nachkommastellen,
5. den Gebotswert in Cent pro Kilowattstunde mit zwei Nachkommastellen, wobei sich das Gebot bei Windenergieanlagen an Land auf den Referenzstandort nach Anlage 2 Nummer 4 beziehen muss,
6. die Standorte der Anlagen, auf die sich das Gebot bezieht, mit Bundesland, Landkreis, Gemeinde, Gemarkung und Flurstücken; im Fall von Solaranlagen auf, an oder in Gebäuden muss, sofern vorhanden, auch die postalische Adresse des Gebäudes angegeben werden, und
7. den Übertragungsnetzbetreiber.

(2) ¹Ein Gebot muss eine Gebotsmenge von mehr als 750 Kilowatt umfassen. ²Abweichend von Satz 1 muss ein Gebot bei Biomasseanlagen eine Gebotsmenge von mehr als 150 Kilowatt umfassen; bei Geboten für bestehende Biomasseanlagen nach § 39f besteht keine Mindestgröße für die Gebotsmenge.

(3) ¹Bieter dürfen in einer Ausschreibung mehrere Gebote für unterschiedliche Anlagen abgeben. ²In diesem Fall müssen sie ihre Gebote nummerieren und eindeutig kennzeichnen, welche Nachweise zu welchem Gebot gehören.

§ 30a Ausschreibungsverfahren

(1) Die Bundesnetzagentur darf für die Ausschreibungsverfahren Formatvorgaben machen.

(2) Die Gebote müssen der Bundesnetzagentur spätestens am jeweiligen Gebotstermin zugegangen sein.

(3) [1]Die Rücknahme von Geboten ist bis zum jeweiligen Gebotstermin zulässig; maßgeblich ist der Zugang einer Rücknahmeerklärung bei der Bundesnetzagentur. [2]Die Rücknahme muss durch eine unbedingte, unbefristete und der Schriftform genügende Erklärung des Bieters erfolgen, die sich dem entsprechenden Gebot eindeutig zuordnen lässt.

(4) Bieter sind an ihre Gebote, die bis zum Gebotstermin abgegeben und nicht zurückgenommen worden sind, gebunden, bis ihnen von der Bundesnetzagentur mitgeteilt worden ist, dass ihr Gebot keinen Zuschlag erhalten hat.

(5) [1]Die Ausschreibungen können von der Bundesnetzagentur ganz oder teilweise auf ein elektronisches Verfahren umgestellt werden; dabei kann auch von dem Schriftformerfordernis nach Absatz 3 Satz 2 abgewichen werden. [2]In diesem Fall kann die Bundesnetzagentur insbesondere Vorgaben über die Authentifizierung für die gesicherte Datenübertragung machen. [3]Bei einer Umstellung auf ein elektronisches Verfahren muss die Bundesnetzagentur bei der Bekanntmachung nach § 29 auf das elektronische Verfahren hinweisen.

§ 31 Sicherheiten

(1) [1]Bieter müssen bei der Bundesnetzagentur für ihre Gebote bis zum jeweiligen Gebotstermin eine Sicherheit leisten. [2]Durch die Sicherheit werden die jeweiligen Forderungen der Übertragungsnetzbetreiber auf Pönalen nach § 55 gesichert.

(2) Bieter müssen bei der Leistung der Sicherheit das Gebot, auf das sich die Sicherheit bezieht, eindeutig bezeichnen.

(3) Wer eine Sicherheit leisten muss, kann dies bewirken durch
1. die unwiderrufliche, unbedingte und unbefristete Bürgschaft auf erstes Anfordern, die durch ein Kreditinstitut oder einen Kreditversicherer zugunsten des Übertragungsnetzbetreibers ausgestellt wurde und für die eine Bürgschaftserklärung an die Bundesnetzagentur übergeben wurde oder
2. die Zahlung eines Geldbetrags auf ein nach Absatz 5 eingerichtetes Verwahrkonto der Bundesnetzagentur.

(4) [1]Die Bürgschaftserklärung ist schriftlich in deutscher Sprache unter Verzicht auf die Einrede der Vorausklage nach § 771 des Bürgerlichen Gesetzbuchs und unter Verzicht auf die Einreden der Aufrechenbarkeit und Anfechtbarkeit nach § 770 des Bürgerlichen Gesetzbuchs einzureichen. [2]Der Bürge muss in der Europäischen Union oder in einem Staat der Vertragsparteien des Abkommens über den Europäischen Wirtschaftsraum als Kreditinstitut oder als Kreditversicherer zugelassen sein. [3]Die Bundesnetzagentur kann im Einzelfall bei begründeten Bedenken gegen die Tauglichkeit des Bürgen vom Bieter verlangen, die Tauglichkeit des Bürgen nachzuweisen. [4]Für den Nachweis der Tauglichkeit im Einzelfall ist der Maßstab des § 239 Absatz 1 des Bürgerlichen Gesetzbuchs heranzuziehen.

(5) [1]Die Bundesnetzagentur verwahrt die Sicherheiten nach Absatz 3 Nummer 2 treuhänderisch zugunsten der Bieter und der Übertragungsnetzbetreiber. [2]Hierzu richtet sie ein Verwahrkonto ein. [3]Die Bundesnetzagentur ist berechtigt, die Sicherheiten einzubehalten, bis die Voraussetzungen zur Rückgabe oder zur Befriedigung der Übertragungsnetzbetreiber vorliegen. [4]Die Sicherheitsleistungen werden nicht verzinst.

§ 32 Zuschlagsverfahren

(1) [1]Die Bundesnetzagentur führt bei jeder Ausschreibung für jeden Energieträger das folgende Zuschlagsverfahren durch. [2]Sie öffnet die fristgerecht eingegangenen Gebote nach dem Gebotstermin. [3]Sie sortiert die Gebote
1. bei unterschiedlichen Gebotswerten nach dem jeweiligen Gebotswert in aufsteigender Reihenfolge, beginnend mit dem Gebot mit dem niedrigsten Gebotswert,
2. bei demselben Gebotswert nach der jeweiligen Gebotsmenge in aufsteigender Reihenfolge, beginnend mit der niedrigsten Gebotsmenge; wenn die Gebotswerte und die Gebotsmenge der Gebote gleich sind, entscheidet das Los über die Reihenfolge, es sei denn, die Reihenfolge ist für die Zuschlagserteilung nicht maßgeblich.
[4]Die Bundesnetzagentur prüft die Zulässigkeit der Gebote nach den §§ 33 und 34 und erteilt bei jeder Ausschreibung für den jeweiligen Energieträger in der Reihenfolge nach Satz 3 allen zulässigen Geboten einen Zuschlag im Umfang ihres Gebots, bis das Ausschreibungsvolumen erstmals durch den Zuschlag zu einem Gebot erreicht oder überschritten ist (Zuschlagsgrenze). [5]Geboten oberhalb der Zuschlagsgrenze wird kein Zuschlag erteilt.

(2) Die Bundesnetzagentur erfasst für jedes Gebot, für das ein Zuschlag erteilt worden ist, die vom Bieter übermittelten Angaben und Nachweise sowie den Zuschlagswert.

§ 33 Ausschluss von Geboten

(1) [1]Die Bundesnetzagentur schließt Gebote von dem Zuschlagsverfahren aus, wenn

1. die Anforderungen und Formatvorgaben für Gebote nach den §§ 30 und 30a nicht vollständig eingehalten wurden,

2. die für den jeweiligen Energieträger nach den §§ 36 und 36d, den §§ 37 und 37c oder den §§ 39 bis 39h oder die in den Rechtsverordnungen nach den §§ 88 bis 88d gestellten Anforderungen nicht erfüllt sind,

3. bis zum Gebotstermin bei der Bundesnetzagentur die Gebühr nach Nummer 1 oder 3 der Anlage zur Ausschreibungsgebührenverordnung oder die Sicherheit nicht vollständig geleistet worden sind,

4. der Gebotswert des Gebots den für die jeweilige Ausschreibung oder die Anlage festgelegten Höchstwert überschreitet,

5. das Gebot Bedingungen, Befristungen oder sonstige Nebenabreden enthält oder

6. das Gebot nicht den bekanntgemachten Festlegungen der Bundesnetzagentur entspricht, soweit diese die Gebotsabgabe betreffen.

[2]Die Bundesnetzagentur kann Gebote vom Zuschlagsverfahren ausschließen, wenn bis zum Gebotstermin dem Gebot die Sicherheit oder die Gebühr nicht eindeutig zugeordnet werden können.

(2) [1]Die Bundesnetzagentur kann ein Gebot ausschließen, wenn der begründete Verdacht besteht, dass der Bieter keine Anlage auf dem in dem Gebot angegebenen Standort plant, und

1. auf den in dem Gebot angegebenen Flurstücken bereits eine Anlage in Betrieb genommen worden ist oder

2. die in dem Gebot angegebenen Flurstücke ganz oder teilweise übereinstimmen

 a) mit den in einem anderen Gebot in derselben Ausschreibung angegebenen Flurstücken oder

 b) mit den in einem anderen bezuschlagten Gebot in einer vorangegangenen Ausschreibung angegebenen Flurstücken, sofern der Zuschlag nicht entwertet worden ist.

[2]Ein Ausschluss von Geboten nach Satz 1 Nummer 1 oder Nummer 2 Buchstabe b ist nicht zulässig, wenn zu einer Anlage weitere Anlagen zugebaut werden sollen oder eine bestehende Anlage ersetzt werden soll und hierfür Gebote abgegeben werden.

§ 34 Ausschluss von Bietern

Die Bundesnetzagentur kann Bieter und deren Gebote von dem Zuschlagsverfahren ausschließen, wenn

1. der Bieter

 a) vorsätzlich oder grob fahrlässig Gebote unter falschen Angaben oder unter Vorlage falscher Nachweise in dieser oder einer vorangegangenen Ausschreibung abgegeben hat oder

 b) mit anderen Bietern Absprachen über die Gebotswerte der in dieser oder einer vorangegangenen Ausschreibung abgegebenen Gebote getroffen hat,

2. die Gebotsmengen mehrerer Zuschläge eines Bieters aus mindestens zwei vorangegangenen Ausschreibungen vollständig entwertet worden sind oder

3. der Bieter bei mindestens zwei Geboten nach der Erteilung des Zuschlags für eine Solaranlage die Zweitsicherheit nach § 37a Satz 2 Nummer 2 nicht innerhalb der Frist bei der Bundesnetzagentur geleistet hat.

§ 35 Bekanntgabe der Zuschläge und anzulegender Wert

(1) Die Bundesnetzagentur gibt die Zuschläge mit den folgenden Angaben auf ihrer Internetseite bekannt:

1. dem Gebotstermin der Ausschreibung, dem Energieträger, für den die Zuschläge erteilt werden, und den bezuschlagten Mengen,

2. den Namen der Bieter, die einen Zuschlag erhalten haben, mit

 a) dem jeweils in dem Gebot angegebenen Standort der Anlage,

 b) der Nummer des Gebots, sofern ein Bieter mehrere Gebote abgegeben hat, und

 c) einer eindeutigen Zuschlagsnummer,

3. dem niedrigsten und höchsten Gebotswert, die einen Zuschlag erhalten haben, und

4. dem mengengewichteten durchschnittlichen Zuschlagswert.

(2) Der Zuschlag ist eine Woche nach der öffentlichen Bekanntgabe nach Absatz 1 als bekanntgegeben anzusehen.

(3) Die Bundesnetzagentur unterrichtet die Bieter, die einen Zuschlag erhalten haben, unverzüglich über die Zuschlagserteilung und den Zuschlagswert.

§ 35a Entwertung von Zuschlägen
(1) Die Bundesnetzagentur entwertet einen Zuschlag,
1. soweit der Zuschlag nach Ablauf der Frist zur Realisierung der Anlage erlischt,
2. wenn der Bieter seinen Zuschlag zurückgeben darf und soweit er von diesem Recht Gebrauch gemacht hat,
3. soweit die Bundesnetzagentur den Zuschlag nach dem Verwaltungsverfahrensgesetz zurücknimmt oder widerruft oder
4. wenn der Zuschlag durch Zeitablauf oder auf sonstige Weise seine Wirksamkeit verliert.
(2) Wird eine Zahlungsberechtigung nachträglich aufgehoben, wird auch der zugrundeliegende Zuschlag entwertet.

Unterabschnitt 2
Ausschreibungen für Windenergieanlagen an Land

§ 36 Gebote für Windenergieanlagen an Land
(1) In Ergänzung zu den Anforderungen an Gebote nach § 30 müssen Windenergieanlagen an Land, auf die sich ein Gebot bezieht, folgende Anforderungen erfüllen:
1. die Genehmigungen nach dem Bundes-Immissionsschutzgesetz müssen für alle Anlagen drei Wochen vor dem Gebotstermin und von demselben Genehmigungsbehörde erteilt worden sein, und
2. die Anlagen müssen mit den erforderlichen Daten drei Wochen vor dem Gebotstermin als genehmigt an das Register gemeldet worden sein; die Meldefristen des Registers bleiben hiervon unberührt.
(2) Bieter müssen ihren Geboten in Ergänzung zu den Anforderungen nach § 30 folgende Angaben beifügen:
1. die Nummern, unter denen die von der Genehmigung nach dem Bundes-Immissionsschutzgesetz umfassten Anlagen an das Register gemeldet worden sind, oder eine Kopie der Meldung an das Register und
2. das Aktenzeichen der Genehmigung nach dem Bundes-Immissionsschutzgesetz, unter dem die Genehmigung der Anlagen erteilt worden ist, sowie die Genehmigungsbehörde und deren Anschrift; bezieht sich das Gebot nur auf einen Teil der Anlagen, die von der Genehmigung umfasst sind, müssen die Anlagen, für die ein Gebot abgegeben wird, benannt werden.
(3) Bieter müssen ihren Geboten in Ergänzung zu den Anforderungen nach § 30 folgende Nachweise beifügen:
1. eine Eigenerklärung, dass die Genehmigung nach dem Bundes-Immissionsschutzgesetz auf sie ausgestellt worden ist, oder die Erklärung des Inhabers der entsprechenden Genehmigung, dass der Bieter das Gebot mit Zustimmung des Genehmigungsinhabers abgibt, und
2. eine Eigenerklärung des Inhabers der Genehmigung nach dem Bundes-Immissionsschutzgesetz, dass kein wirksamer Zuschlag aus früheren Ausschreibungen für Anlagen besteht, für die das Gebot abgegeben worden ist.

§ 36a Sicherheiten für Windenergieanlagen an Land
Die Höhe der Sicherheit nach § 31 für Windenergieanlagen an Land bestimmt sich aus der Gebotsmenge multipliziert mit 30 Euro pro Kilowatt zu installierender Leistung.

§ 36b Höchstwert für Windenergieanlagen an Land
(1) Der Höchstwert für Strom aus Windenergieanlagen an Land beträgt im Jahr 2017 7,00 Cent pro Kilowattstunde für den Referenzstandort nach Anlage 2 Nummer 4.
(2) [1]Ab dem 1. Januar 2018 ergibt sich der Höchstwert aus dem um 8 Prozent erhöhten Durchschnitt aus den Gebotswerten des jeweils höchsten noch bezuschlagten Gebots der letzten drei Gebotstermine, deren Ergebnisse bei der Bekanntgabe der jeweiligen Gebotstermins nach § 29 bereits nach § 35 Absatz 1 bekanntgegeben waren. [2]Der sich ergebende Wert wird auf zwei Stellen nach dem Komma gerundet.

§ 36c Besondere Zuschlagsvoraussetzung für das Netzausbaugebiet
(1) Der weitere Zubau von Windenergieanlagen an Land wird in dem Gebiet, in dem die Übertragungsnetze besonders stark überlastet sind (Netzausbaugebiet), gesteuert.
(2) [1]Das Netzausbaugebiet wird in einer Rechtsverordnung nach § 88b festgelegt. [2]Die Rechtsverordnung wird erstmals spätestens bis zum 1. März 2017 erlassen. [3]Grundlage für die Festlegung des Gebiets sind die Daten der letzten abgeschlossenen Systemanalyse nach § 3 Absatz 2 der Netzreserveverordnung und die nach § 13 Absatz 10 des Energiewirtschaftsgesetzes übermittelten Daten und Analysen für den Zeitraum in drei bis fünf Jahren.

(3) Bei der Festlegung des Netzausbaugebiets werden folgende Kriterien berücksichtigt:
1. das Netzausbaugebiet soll räumlich zusammenhängende Flächen, höchstens aber 20 Prozent der Bundesfläche erfassen,
2. das Netzausbaugebiet muss netzgebietsscharf oder landkreisscharf festgelegt werden,
3. ein weiterer Zubau von Windenergieanlagen an Land in diesem Gebiet muss zu einer besonders starken Belastung des Übertragungsnetzes führen oder die bestehende besonders starke Belastung weiter verschärfen; dabei kann berücksichtigt werden,
 a) wie stark die Belastung der betroffenen Teile des Übertragungsnetzes voraussichtlich sein wird und
 b) wieviel Strom aus Windenergieanlagen an Land in dem Netzausbaugebiet voraussichtlich abgeregelt werden muss und wie hoch die Potenziale für den Zubau von Windenergieanlagen an Land in diesem Gebiet sind.

(4) [1]In einer Rechtsverordnung nach § 88b wird ferner eine zu installierende Leistung festgelegt, für die in dem Netzausbaugebiet höchstens Zuschläge erteilt werden dürfen (Obergrenze). [2]Diese Obergrenze beträgt pro Jahr 58 Prozent der installierten Leistung, die im Jahresdurchschnitt in den Jahren 2013 bis 2015 in diesem Gebiet in Betrieb genommen worden ist. [3]Die sich für ein Kalenderjahr ergebende Gebotsmenge für das Netzausbaugebiet soll gleichmäßig auf alle Ausschreibungen verteilt werden, die in dem Kalenderjahr bekannt gemacht werden; in diesem Fall weist die Bundesnetzagentur hierauf bei der Bekanntmachung nach § 29 hin.

(5) [1]Die Bundesnetzagentur begrenzt die Zuschläge, die in jeder Ausschreibung für Windenergieanlagen an Land in dem Netzausbaugebiet erteilt werden, indem sie Gebote für Anlagen, die in diesem Gebiet errichtet werden sollen, im Umfang ihres Gebots nur berücksichtigt, bis die für das Netzausbaugebiet festgelegte installierte Leistung erstmals durch den Zuschlag zu einem Gebot erreicht oder überschritten wird. [2]Weitere Gebote für Windenergieanlagen an Land, die in dem Netzausbaugebiet errichtet werden sollen, berücksichtigt sie nicht.

(6) [1]Die Obergrenze nach Absatz 4 verringert sich ab dem Jahr 2018 jeweils um die Summe der installierten Leistung der Windenergieanlagen an Land, die in dem jeweils vorangegangenen Kalenderjahr im Netzausbaugebiet bezuschlagt worden sind
1. bei einer Ausschreibung nach § 5 Absatz 2 Satz 2 oder
2. bei einer grenzüberschreitenden Ausschreibung eines anderen Mitgliedstaates der Europäischen Union.
[2]In den völkerrechtlichen Vereinbarungen nach § 5 Absatz 3 muss festgelegt werden, dass die Gebotsmenge für Windenergieanlagen an Land im Netzausbaugebiet, die in Ausschreibungen nach § 5 Absatz 2 Satz 2 oder in grenzüberschreitenden Ausschreibungen eines anderen Mitgliedstaates der Europäischen Union bezuschlagt werden darf, begrenzt wird auf insgesamt höchstens 20 Prozent der nach § 5 Absatz 2 Satz 1 oder 20 Prozent der nach § 5 Absatz 6 für die jeweiligen grenzüberschreitenden Ausschreibungen pro Kalenderjahr zur Verfügung stehenden Ausschreibungsvolumina.

(7) [1]Die Bundesnetzagentur evaluiert bis zum 31. Juli 2019 und danach alle zwei Jahre die Festlegung des Netzausbaugebiets und der Obergrenze. [2]Änderungen an der Verordnung können erstmals zum 1. Januar 2020 und danach alle zwei Jahre zum 1. Januar in Kraft treten.

§ 36d Ausschluss von Geboten für Windenergieanlagen an Land
Die Bundesnetzagentur schließt Gebote für Windenergieanlagen an Land nach § 33 von dem Zuschlagsverfahren aus, wenn sie für eine in dem Gebot angegebene Windenergieanlage an Land bereits einen Zuschlag erteilt hat, der zum Gebotstermin nicht entwertet worden ist.

§ 36e Erlöschen von Zuschlägen für Windenergieanlagen an Land
(1) [1]Der Zuschlag erlischt bei Geboten für Windenergieanlagen an Land 30 Monate nach der öffentlichen Bekanntgabe des Zuschlags, soweit die Anlagen nicht bis zu diesem Zeitpunkt in Betrieb genommen worden sind. [2]Für Windenergieanlagen an Land, die zu den Gebotsterminen am 1. Februar 2019, 1. Mai 2019 oder 1. August 2019 den Zuschlag erhalten haben, erlischt der Zuschlag bereits 24 Monate nach der öffentlichen Bekanntgabe des Zuschlags, soweit die Anlagen nicht bis zu diesem Zeitpunkt in Betrieb genommen worden sind.

(2) [1]Auf Antrag, den der Bieter vor Ablauf der Frist nach Absatz 1 gestellt hat, verlängert die Bundesnetzagentur einmalig die Frist, nach der der Zuschlag erlischt, wenn
1. gegen die im bezuschlagten Gebot angegebene Genehmigung nach dem Bundes-Immissionsschutzgesetz nach der Abgabe des Gebots ein Rechtsbehelf Dritter eingelegt worden ist und
2. die sofortige Vollziehbarkeit der Genehmigung durch die zuständige Behörde oder gerichtlich angeordnet worden ist.

[^2]Die Verlängerung soll höchstens für die Dauer der Gültigkeit der Genehmigung ausgesprochen werden.

§ 36f Änderungen nach Erteilung des Zuschlags für Windenergieanlagen an Land

(1) [^1]Zuschläge sind den Windenergieanlagen an Land, auf die sich die in dem Gebot angegebene Genehmigung bezieht, verbindlich und dauerhaft zugeordnet. [^2]Sie dürfen nicht auf andere Anlagen oder andere Genehmigungen übertragen werden.

(2) [^1]Wird die Genehmigung nach der Erteilung des Zuschlags geändert, bleibt der Zuschlag auf die geänderte Genehmigung bezogen. [^2]Der Umfang des Zuschlags verändert sich dadurch nicht.

§ 36g Besondere Ausschreibungsbestimmungen für Bürgerenergiegesellschaften

(1) Bürgerenergiegesellschaften können Gebote für bis zu sechs Windenergieanlagen an Land mit einer zu installierenden Leistung von insgesamt nicht mehr als 18 Megawatt abgeben, wenn in dem Gebot durch Eigenerklärung nachgewiesen ist, dass

1. die Gesellschaft zum Zeitpunkt der Gebotsabgabe eine Bürgerenergiegesellschaft ist und die Gesellschaft und deren Mitglieder oder Anteilseigner vor der Gebotsabgabe keine Verträge zur Übertragung ihrer Anteile oder Stimmrechte nach der Gebotsabgabe geschlossen oder sonstige Absprachen zur Umgehung der Voraussetzungen nach § 3 Nummer 15 getroffen haben,

2. die Gemeinde, in der die geplanten Windenergieanlagen an Land errichtet werden sollen, eine finanzielle Beteiligung von 10 Prozent an der Bürgerenergiegesellschaft hält oder ihr eine solche angeboten worden ist oder bei Bürgerenergiegesellschaften in der Rechtsform der eingetragenen Genossenschaft diese Gemeinde Mitglied der Genossenschaft ist oder ihr die Mitgliedschaft angeboten worden ist, dabei steht einer Gemeinde im Sinn dieser Nummer auch eine Gesellschaft, an der die Gemeinde zu 100 Prozent beteiligt ist, gleich, und

3. weder die Bürgerenergiegesellschaft noch eines ihrer stimmberechtigten Mitglieder selbst oder als stimmberechtigtes Mitglied einer anderen Gesellschaft

 a) in den zwölf Monaten, die der Gebotsabgabe vorausgegangen sind, einen Zuschlag für eine Windenergieanlage an Land erhalten hat und

 b) zu dem Gebotstermin andere Gebote abgegeben hat, die gemeinsam mit dem Gebot eine installierte Leistung von 18 Megawatt übersteigen.

(2) Die Bürgerenergiegesellschaft muss der Bundesnetzagentur auf Verlangen geeignete Nachweise zur Überprüfung der Eigenerklärungen nach Absatz 1 vorlegen.

(3) [^1]Der Zuschlagswert ist für alle bezuschlagten Gebote von Bürgerenergiegesellschaften abweichend von § 3 Nummer 51 der Gebotswert des höchsten noch bezuschlagten Gebots desselben Gebotstermins. [^2]Sofern Gebote nach § 36c Absatz 5 Satz 2 für Windenergieanlagen an Land, die im Netzausbaugebiet errichtet werden sollen, nicht berücksichtigt worden sind, ist der Zuschlagswert abweichend von Satz 1 für alle bezuschlagten Gebote von Bürgerenergiegesellschaften für Windenergieanlagen an Land im Netzausbaugebiet der Gebotswert des höchsten noch im Netzausbaugebiet bezuschlagten Gebots. [^3]Sofern eine Bürgerenergiegesellschaft die Anforderungen nach § 3 Nummer 15 nicht ununterbrochen bis Ende des zweiten auf die Inbetriebnahme der Anlage folgenden Jahres erfüllt, ist ab dem Zeitpunkt, ab dem die Anforderungen erstmals nicht mehr erfüllt sind, abweichend von den Sätzen 1 und 2 der Zuschlagswert der Gebotswert. [^4]Bürgerenergiegesellschaften müssen gegenüber dem Netzbetreiber spätestens zwei Monate nach Ablauf der Frist nach Satz 3 durch Eigenerklärung nachweisen, dass die Gesellschaft von der Gebotsabgabe bis zum Ende des zweiten auf die Inbetriebnahme der Anlage folgenden Jahres ununterbrochen eine Bürgerenergiegesellschaft war oder wenn ein Fall des Satz 3 vorliegt, bis wann die Anforderungen erfüllt waren; Absatz 2 ist entsprechend anzuwenden. [^5]Abweichend von den Sätzen 1 bis 3 ist der Zuschlagswert der Gebotswert, wenn die Bürgerenergiegesellschaft nicht fristgemäß den Nachweis nach Satz 4 vorlegt.

(4) [^1]Verträge oder sonstige Absprachen von Mitgliedern oder Anteilseignern der Bürgerenergiegesellschaften bedürfen der Zustimmung der Bürgerenergiegesellschaft, wenn sie

1. vor der Inbetriebnahme eingegangen worden sind, und

2. die Mitglieder oder Anteilseigner zur Übertragung der Anteile oder der Stimmrechte nach der Inbetriebnahme oder zu einer Gewinnabführung nach der Inbetriebnahme verpflichtet.

[^2]Die Zustimmung darf nicht erteilt werden, soweit die vereinbarte Übertragung der Anteile oder Stimmrechte dazu führen würde, dass nach der Inbetriebnahme die Voraussetzungen nach § 3 Nummer 15 nicht mehr erfüllt wären oder umgangen würden.

(5) Die Länder können weitergehende Regelungen zur Bürgerbeteiligung und zur Steigerung der Akzeptanz für den Bau von neuen Anlagen erlassen, sofern § 80a nicht beeinträchtigt ist.

§ 36h Anzulegender Wert für Windenergieanlagen an Land

(1) [1]Der Netzbetreiber berechnet den anzulegenden Wert aufgrund des Zuschlagswerts für den Referenzstandort nach Anlage 2 Nummer 4 für Strom aus Windenergieanlagen an Land mit dem Korrekturfaktor des Gütefaktors, der nach Anlage 2 Nummer 2 und 7 ermittelt worden ist. [2]Es sind folgende Stützwerte anzuwenden:

Gütefaktor	70 Prozent	80 Prozent	90 Prozent	100 Prozent	110 Prozent	120 Prozent	130 Prozent	140 Prozent	150 Prozent
Korrekturfaktor	1,29	1,16	1,07	1,00	0,94	0,89	0,85	0,81	0,79

[3]Für die Ermittlung der Korrekturfaktoren zwischen den jeweils benachbarten Stützwerten findet eine lineare Interpolation statt. [4]Der Korrekturfaktor beträgt unterhalb des Gütefaktors von 70 Prozent 1,29 und oberhalb des Gütefaktors von 150 Prozent 0,79. [5]Gütefaktor ist das Verhältnis des Standortertrags einer Anlage nach Anlage 2 Nummer 7 zum Referenzertrag nach Anlage 2 Nummer 2 in Prozent.

(2) [1]Die anzulegenden Werte werden jeweils mit Wirkung ab Beginn des sechsten, elften und sechzehnten auf die Inbetriebnahme der Anlage folgenden Jahres anhand des Standortertrags der Anlagen nach Anlage 2 Nummer 7 in den fünf vorangegangenen Jahren angepasst. [2]In dem überprüften Zeitraum zu viel oder zu wenig geleistete Zahlungen nach § 19 Absatz 1 müssen erstattet werden, wenn der Gütefaktor auf Basis des Standortertrags der jeweils zuletzt betrachteten fünf Jahre mehr als 2 Prozentpunkte von dem zuletzt berechneten Gütefaktor abweicht. [3]Dabei werden Ansprüche des Netzbetreibers auf Rückzahlung mit 1 Prozentpunkt über dem am ersten Tag des Überprüfungszeitraums geltenden Euro Interbank Offered Rate-Satz für die Beschaffung von Zwölfmonatsgeld von ersten Adressen in den Teilnehmerstaaten der Europäischen Währungsunion verzinst. [4]Eine Aufrechnung mit Ansprüchen nach § 19 Absatz 1 ist zulässig.

(3) Der Anspruch nach § 19 Absatz 1 in Verbindung mit Absatz 1 besteht

1. erst, sobald der Anlagenbetreiber gegenüber dem Netzbetreiber den Gütefaktor nachgewiesen hat und

2. ab dem 65., 125. und 185. auf die Inbetriebnahme der Anlagen folgenden Monats erst, sobald der Anlagenbetreiber gegenüber dem Netzbetreiber den nach Absatz 2 angepassten Gütefaktor nachgewiesen hat.

(4) [1]Der Nachweis nach Absatz 3 ist zu führen durch Gutachten, die den allgemein anerkannten Regeln der Technik entsprechen und die die jeweiligen Zeiträume nach Absatz 2 Satz 1 erfassen. [2]Es wird vermutet, dass die allgemeinen Regeln der Technik eingehalten worden sind, wenn die Technischen Richtlinien für Windenergieanlagen der „FGW e.V. – Fördergesellschaft Windenergie und andere Dezentrale Energien"[1] eingehalten und das Gutachten von einer nach DIN EN ISO IEC 17025[2] für die Anwendung dieser Richtlinie akkreditierten Institution erstellt worden ist.

(5) Die anzulegenden Werte nach den Absätzen 1 und 2 werden auf zwei Stellen nach dem Komma gerundet.

§ 36i Dauer des Zahlungsanspruchs für Windenergieanlagen an Land

Abweichend von § 25 Satz 3 beginnt der Zeitraum nach § 25 Satz 1 spätestens 30 Monate nach der Bekanntgabe des Zuschlags an den Bieter auch dann, wenn die Inbetriebnahme der Windenergieanlage an Land aufgrund einer Fristverlängerung nach § 36e Absatz 2 erst zu einem späteren Zeitpunkt erfolgt.

Unterabschnitt 3
Ausschreibungen für Solaranlagen

§ 37 Gebote für Solaranlagen

(1) Gebote für Solaranlagen müssen in Ergänzung zu § 30 die Angabe enthalten, ob die Anlagen errichtet werden sollen

1. auf, an oder in einem Gebäude oder einer Lärmschutzwand,

2. auf einer sonstigen baulichen Anlage, die zu einem anderen Zweck als der Erzeugung von Strom aus solarer Strahlungsenergie errichtet worden ist, oder

3. auf einer Fläche,

1) **Amtlicher Hinweis:** Zu beziehen bei der FGW e.V. – Fördergesellschaft Windenergie und andere Erneuerbare Energien, Oranienburger Straße 45, 10117 Berlin.

2) **Amtlicher Hinweis:** Zu beziehen bei der Beuth Verlag GmbH, 10772 Berlin, und in der Deutschen Nationalbibliothek archivmäßig gesichert niedergelegt.

a) die zum Zeitpunkt des Beschlusses über die Aufstellung oder Änderung des Bebauungsplans bereits versiegelt war,

b) die zum Zeitpunkt des Beschlusses über die Aufstellung oder Änderung des Bebauungsplans eine Konversionsfläche aus wirtschaftlicher, verkehrlicher, wohnungsbaulicher oder militärischer Nutzung war,

c) die zum Zeitpunkt des Beschlusses über die Aufstellung oder Änderung des Bebauungsplans längs von Autobahnen oder Schienenwegen lag, wenn die Freiflächenanlage in einer Entfernung bis zu 110 Meter, gemessen vom äußeren Rand der befestigten Fahrbahn, errichtet werden soll,

d) die sich im Bereich eines beschlossenen Bebauungsplans nach § 30 des Baugesetzbuchs befindet, der vor dem 1. September 2003 aufgestellt und später nicht mit dem Zweck geändert worden ist, eine Solaranlage zu errichten,

e) die in einem beschlossenen Bebauungsplan vor dem 1. Januar 2010 als Gewerbe- oder Industriegebiet im Sinn des § 8 oder § 9 der Baunutzungsverordnung ausgewiesen worden ist, auch wenn die Festsetzung nach dem 1. Januar 2010 zumindest auch mit dem Zweck geändert worden ist, eine Solaranlage zu errichten,

f) für die ein Verfahren nach § 38 Satz 1 des Baugesetzbuchs durchgeführt worden ist,

g) die im Eigentum des Bundes oder der Bundesanstalt für Immobilienaufgaben stand oder steht und nach dem 31. Dezember 2013 von der Bundesanstalt für Immobilienaufgaben verwaltet und für die Entwicklung von Solaranlagen auf ihrer Internetseite veröffentlicht worden ist,

h) deren Flurstücke zum Zeitpunkt des Beschlusses über die Aufstellung oder Änderung des Bebauungsplans als Ackerland genutzt worden sind und in einem benachteiligten Gebiet lagen und die nicht unter eine der in Buchstabe a bis g genannten Flächen fällt oder

i) deren Flurstücke zum Zeitpunkt des Beschlusses über die Aufstellung oder Änderung des Bebauungsplans als Grünland genutzt worden sind und in einem benachteiligten Gebiet lagen und die nicht unter eine der in Buchstabe a bis g genannten Flächen fällt.

(2) ¹Den Geboten für Freiflächenanlagen muss in Ergänzung zu § 30 eine Erklärung des Bieters beigefügt werden, dass er Eigentümer der Fläche ist, auf der die Solaranlagen errichtet werden sollen, oder das Gebot mit Zustimmung des Eigentümers dieser Fläche abgibt. ²Den Geboten für Freiflächenanlagen müssen und den Geboten für die Solaranlagen nach Absatz 1 Nummer 2 können zusätzlich die folgenden Nachweise beigefügt werden:

1. Kopien von folgenden Dokumenten:

a) dem Beschluss über die Aufstellung oder Änderung eines Bebauungsplans nach § 2 des Baugesetzbuchs, der in den Fällen des Absatzes 1 Nummer 3 Buchstabe a bis c und f bis i zumindest auch mit dem Zweck der Errichtung von Solaranlagen beschlossen worden ist,

b) dem Offenlegungsbeschluss nach § 3 Absatz 2 des Baugesetzbuchs, der in den Fällen des Absatzes 1 Nummer 3 Buchstabe a bis c und f bis i zumindest auch mit dem Zweck der Errichtung von Solaranlagen ergangen ist,

c) dem beschlossenen Bebauungsplan im Sinn des § 30 des Baugesetzbuchs, der in den Fällen des Absatzes 1 Nummer 3 Buchstabe a bis c und f bis i zumindest auch mit dem Zweck der Errichtung von Solaranlagen aufgestellt oder geändert worden ist, oder

d) in dem Fall, dass die Solaranlagen auf einer Fläche errichtet werden sollen, für die ein Verfahren nach § 38 Satz 1 des Baugesetzbuchs durchgeführt worden ist, sofern kein Nachweis nach den Buchstaben a bis c erbracht worden ist, einen Planfeststellungsbeschluss, eine Plangenehmigung oder einen Beschluss über eine Planänderung, die zumindest auch mit dem Zweck der Errichtung von Solaranlagen beschlossen worden ist, und

2. eine Erklärung des Bieters, dass sich der eingereichte Nachweis nach Nummer 1 auf den in dem Gebot angegebenen Standort der Solaranlagen bezieht.

(3) In Ergänzung zu den Anforderungen nach § 30 darf die Gebotsmenge bei Geboten für Freiflächenanlagen pro Gebot eine zu installierende Leistung von 10 Megawatt nicht überschreiten.

§ 37a Sicherheiten für Solaranlagen
¹Die Höhe der Sicherheit nach § 31 für Solaranlagen bestimmt sich aus der Gebotsmenge multipliziert mit 50 Euro pro Kilowatt zu installierender Leistung. ²Diese Sicherheit unterteilt sich in

1. eine Erstsicherheit in Höhe von 5 Euro pro Kilowatt zu installierender Leistung, die bei Gebotsabgabe zu entrichten ist, und

2. eine Zweitsicherheit in Höhe von 45 Euro pro Kilowatt zu installierender Leistung, die im Fall eines Zuschlags spätestens am zehnten Werktag nach der öffentlichen Bekanntgabe des Zuschlags (materielle Ausschlussfrist) zusätzlich zur Erstsicherheit zu entrichten ist; diese Zweitsicherheit verringert

sich auf 20 Euro pro Kilowatt zu installierender Leistung, wenn das Gebot einen Nachweis nach § 37 Absatz 2 Satz 2 Nummer 1 Buchstabe c oder Buchstabe d enthält.

§ 37b Höchstwert für Solaranlagen
Der Höchstwert für Strom aus Solaranlagen beträgt 7,50 Cent pro Kilowattstunde.

§ 37c Besondere Zuschlagsvoraussetzung für benachteiligte Gebiete; Verordnungsermächtigung für die Länder
(1) Die Bundesnetzagentur darf Gebote für Freiflächenanlagen auf Flächen nach § 37 Absatz 1 Nummer 3 Buchstabe h und i bei dem Zuschlagsverfahren für Solaranlagen nur berücksichtigen, wenn und soweit die Landesregierung für Gebote auf den entsprechenden Flächen eine Rechtsverordnung nach Absatz 2 erlassen hat und die Bundesnetzagentur den Erlass der Rechtsverordnung vor dem Gebotstermin nach § 29 bekannt gemacht hat.
(2) Die Landesregierungen werden ermächtigt, durch Rechtsverordnung zu regeln, dass Gebote für Freiflächenanlagen auf Flächen nach § 37 Absatz 1 Nummer 3 Buchstabe h oder i in ihrem Landesgebiet bezuschlagt werden können.
(3) Gebote, die nur aufgrund einer Rechtsverordnung nach Absatz 2 einen Zuschlag erhalten haben, muss die Bundesnetzagentur entsprechend kennzeichnen.

§ 37d Rückgabe und Erlöschen von Zuschlägen für Solaranlagen
(1) Bieter dürfen Zuschläge für Solaranlagen ganz oder teilweise durch eine unbedingte und bis zur Einführung eines elektronischen Verfahrens nach § 30a Absatz 5 der Schriftform genügende Rückgabeerklärung gegenüber der Bundesnetzagentur zurückgeben.
(2) Der Zuschlag erlischt bei Geboten für Solaranlagen,
1. wenn der Bieter die Zweitsicherheit nicht innerhalb der Frist nach § 37a Satz 2 Nummer 2 vollständig geleistet hat oder
2. soweit die Zahlungsberechtigung nach § 38 nicht spätestens 24 Monate nach der öffentlichen Bekanntgabe des Zuschlags (materielle Ausschlussfrist) beantragt oder der Antrag abgelehnt worden ist.

§ 38 Zahlungsberechtigung für Solaranlagen
(1) Die Bundesnetzagentur stellt auf Antrag eines Bieters, dem mindestens ein Zuschlag erteilt worden ist, eine Zahlungsberechtigung für Solaranlagen aus.
(2) Der Antrag nach Absatz 1 muss die folgenden Angaben enthalten:
1. die Nummer, unter der die Solaranlagen an das Register gemeldet worden sind, oder eine Kopie der Meldung an das Register,
2. die Art der Fläche, insbesondere ob die Anforderungen nach § 38a Absatz 1 Nummer 3 erfüllt sind,
3. die Angabe, in welchem Umfang die Anlagen nicht auf einer baulichen Anlage errichtet worden sind,
4. den Umfang der Gebotsmenge pro bezuschlagtem Gebot, der den Solaranlagen zugeteilt werden soll, einschließlich der jeweils für die Gebote registrierten Zuschlagsnummern und
5. die Angabe des Bieters, dass er Betreiber der Solaranlagen ist.

§ 38a Ausstellung von Zahlungsberechtigungen für Solaranlagen
(1) Die Zahlungsberechtigung für Solaranlagen darf nur ausgestellt werden,
1. wenn die Solaranlagen vor der Antragstellung, aber nach der Erteilung des Zuschlags in Betrieb genommen worden sind und der Bieter zum Zeitpunkt der Antragstellung der Anlagenbetreiber ist,
2. wenn für die Solaranlagen alle erforderlichen Angaben an das Register gemeldet worden sind oder diese Angaben im Rahmen des Antrags nach § 38 Absatz 1 gemeldet werden,
3. soweit für den Bieter eine entsprechende Gebotsmenge bezuschlagter Gebote besteht, die nicht bereits einer anderen Zahlungsberechtigung zugeordnet worden ist; hierbei dürfen nur die folgenden Gebotsmengen zugeteilt werden:
 a) die Gebotsmenge eines bezuschlagten Gebots, bei dem als Standort für die Solaranlagen eine Fläche nach § 37 Absatz 1 Nummer 1, 2 oder Nummer 3 Buchstabe a bis g angegeben worden ist, kann nur Solaranlagen zugeteilt werden, die sich auf einem dieser Standorte befinden und
 b) die Gebotsmengen von Geboten, die nur aufgrund einer Rechtsverordnung nach § 37c Absatz 2 bezuschlagt wurden, dürfen nur für Freiflächenanlagen verwendet werden, die auf einer der im bezuschlagten Gebot benannten Flächenkategorien im Gebiet des Bundeslands, das die Rechtsverordnung erlassen hat, errichtet worden sind,
4. soweit die für die Solaranlagen zuzuteilende Gebotsmenge die installierte Leistung der Solaranlagen nicht überschreitet,

5. soweit bei Freiflächenanlagen
 a) die installierte Leistung von 10 Megawatt nicht überschritten wird und
 b) sich die Anlagen nicht auf einer Fläche befinden, die zum Zeitpunkt des Beschlusses über die Aufstellung oder Änderung des Bebauungsplans rechtsverbindlich als Naturschutzgebiet im Sinn des § 23 des Bundesnaturschutzgesetzes oder als Nationalpark im Sinn des § 24 des Bundesnaturschutzgesetzes festgesetzt worden ist,

6. wenn die Zweitsicherheit bei der Bundesnetzagentur innerhalb der Frist nach § 37a Satz 2 Nummer 2 geleistet worden ist und

7. wenn bis zu dem Gebotstermin bei der Bundesnetzagentur die Gebühr nach der Anlage Nummer 2 zur Ausschreibungsgebührenverordnung geleistet worden ist.

(2) [1]Die Bundesnetzagentur teilt dem Netzbetreiber, in dessen Netz der in den Solaranlagen erzeugte Strom eingespeist werden soll, die Ausstellung der Zahlungsberechtigung einschließlich der Nummern, unter denen die Anlage in dem Register eingetragen ist, unverzüglich nach der Ausstellung der Zahlungsberechtigung mit. [2]Der Anspruch nach § 19 Absatz 1 besteht rückwirkend bis zum Tag der Inbetriebnahme, wenn die Zahlungsberechtigung aufgrund eines Antrags ausgestellt wird, der spätestens drei Wochen nach der Inbetriebnahme der Anlage gestellt wurde.

(3) [1]Der Netzbetreiber muss die Erfüllung der Anforderungen nach Absatz 1 Nummer 1 bis 3 und 5 sowie § 38 Absatz 2 Nummer 3 prüfen. [2]Er kann hierfür die Vorlage entsprechender Nachweise verlangen. [3]Soweit die Bundesnetzagentur eine Festlegung nach § 85 getroffen hat, muss der Netzbetreiber entsprechende Nachweise verlangen und diese der Bundesnetzagentur auf Anforderung vorlegen. [4]Der Netzbetreiber muss der Bundesnetzagentur das Ergebnis der Prüfung und die installierte Leistung der Solaranlagen innerhalb eines Monats nach der Mitteilung nach Absatz 2 mitteilen.

(4) [1]Ausgestellte Zahlungsberechtigungen sind den Solaranlagen verbindlich und dauerhaft zugeordnet. [2]Sie dürfen nicht auf andere Anlagen übertragen werden.

§ 38b Anzulegender Wert für Solaranlagen

(1) Die Höhe des anzulegenden Werts entspricht dem Zuschlagswert des bezuschlagten Gebots, dessen Gebotsmenge der Solaranlage zugeteilt worden ist.

(2) [1]Solaranlagen, die aufgrund eines technischen Defekts, einer Beschädigung oder eines Diebstahls Solaranlagen an demselben Standort ersetzen, sind abweichend von § 3 Nummer 30 bis zur Höhe der vor der Ersetzung an demselben Standort installierten Leistung von Solaranlagen als zu dem Zeitpunkt in Betrieb genommen anzusehen, zu dem die ersetzten Anlagen in Betrieb genommen worden sind. [2]Die Zahlungsberechtigung verliert im Zeitpunkt der Ersetzung ihre Wirksamkeit für die ersetzte Anlage und erfasst stattdessen die ersetzende Anlage.

Unterabschnitt 4
Ausschreibungen für Biomasseanlagen

§ 39 Gebote für Biomasseanlagen

(1) In Ergänzung zu den Anforderungen nach § 30 müssen Biomasseanlagen, für die Gebote abgegeben werden, folgende Anforderungen erfüllen:

1. die Anlage darf im Zeitpunkt der Zuschlagserteilung noch nicht in Betrieb genommen worden sein,

2. die Genehmigung nach dem Bundes-Immissionsschutzgesetz oder nach einer anderen Bestimmung des Bundesrechts oder der Baugenehmigung muss für die Anlage, für die ein Gebot abgegeben wird, drei Wochen vor dem Gebotstermin erteilt worden sein, und

3. die Anlage muss mit den erforderlichen Daten drei Wochen vor dem Gebotstermin als genehmigt an das Register gemeldet worden sein; die Meldefristen des Registers bleiben hiervon unberührt.

(2) Bieter müssen ihren Geboten in Ergänzung zu den Anforderungen nach § 30 folgende Angaben beifügen:

1. die Nummer, unter der die von der Genehmigung nach Absatz 1 Nummer 2 umfasste Anlage an das Register gemeldet worden ist, oder eine Kopie der Meldung an das Register und

2. das Aktenzeichen der Genehmigung nach Absatz 1 Nummer 2, unter dem die Genehmigung der Anlage erteilt worden ist, sowie die Genehmigungsbehörde und deren Anschrift.

(3) Bieter müssen ihren Geboten in Ergänzung zu den Anforderungen nach § 30 folgende Nachweise beifügen:

1. die Eigenerklärung, dass die Genehmigung nach Absatz 1 Nummer 2 auf ihn ausgestellt worden ist, oder die Erklärung des Inhabers der entsprechenden Genehmigung, dass der Bieter das Gebot mit Zustimmung des Genehmigungsinhabers abgibt, und

2. eine Eigenerklärung des Inhabers der Genehmigung nach Absatz 1 Nummer 2, dass kein wirksamer Zuschlag aus einer früheren Ausschreibung für die Anlage besteht, für die das Gebot abgegeben worden ist.

(4) ¹In Ergänzung zu den Anforderungen nach § 30 dürfen Anlagen, für die ein Gebot abgegeben wird, eine zu installierende Leistung von 20 Megawatt nicht überschreiten. ²§ 24 Absatz 1 ist entsprechend anzuwenden.

§ 39a Sicherheiten für Biomasseanlagen

Die Höhe der Sicherheit nach § 31 für Biomasseanlagen bestimmt sich aus der Gebotsmenge multipliziert mit 60 Euro pro Kilowatt zu installierender Leistung.

§ 39b Höchstwert für Biomasseanlagen

(1) Der Höchstwert für Strom aus Biomasseanlagen beträgt im Jahr 2017 14,88 Cent pro Kilowattstunde.

(2) ¹Der Höchstwert verringert sich ab dem 1. Januar 2018 um 1 Prozent pro Jahr gegenüber dem im jeweils vorangegangenen Kalenderjahr geltenden Höchstwert und wird auf zwei Stellen nach dem Komma gerundet. ²Für die Berechnung der Höhe des Höchstwerts aufgrund einer erneuten Anpassung nach Satz 1 ist der nicht gerundete Wert zugrunde zu legen.

§ 39c Ausschluss von Geboten für Biomasseanlagen

Die Bundesnetzagentur schließt Gebote für Biomasseanlagen von dem Zuschlagsverfahren aus, wenn sie für eine in dem Gebot angegebene Biomasseanlage bereits einen Zuschlag erteilt hat, der zum Gebotstermin nicht entwertet worden ist.

§ 39d Erlöschen von Zuschlägen für Biomasseanlagen

(1) Der Zuschlag erlischt bei Geboten für Biomasseanlagen 24 Monate nach der öffentlichen Bekanntgabe des Zuschlags, soweit die Anlage nicht bis zu diesem Zeitpunkt in Betrieb genommen worden ist.

(2) ¹Auf Antrag, den der Bieter vor Ablauf der Frist nach Absatz 1 gestellt hat, verlängert die Bundesnetzagentur die Frist, nach der der Zuschlag erlischt, wenn

1. gegen die im bezuschlagten Gebot angegebene Genehmigung nach § 39 Absatz 1 Nummer 2 nach der Abgabe des Gebots ein Rechtsbehelf Dritter eingelegt worden ist und

2. die sofortige Vollziehbarkeit der Genehmigung nach Nummer 1 in diesem Zusammenhang durch die zuständige Behörde oder gerichtlich angeordnet worden ist.

²Die Verlängerung soll höchstens für die Dauer der Gültigkeit der Genehmigung ausgesprochen werden.

§ 39e Änderungen nach Erteilung des Zuschlags für Biomasseanlagen

(1) ¹Zuschläge sind den Biomasseanlagen, auf die sich die in dem Gebot angegebene Genehmigung bezieht, verbindlich und dauerhaft zugeordnet. ²Sie dürfen nicht auf andere Anlagen oder andere Genehmigungen übertragen werden.

(2) ¹Wird die Genehmigung nach Erteilung des Zuschlags geändert, bleibt der Zuschlag auf die geänderte Genehmigung bezogen. ²Der Umfang des Zuschlags verändert sich dadurch nicht.

§ 39f Einbeziehung bestehender Biomasseanlagen

(1) ¹Abweichend von § 22 Absatz 4 Satz 2 Nummer 2 und von § 39 Absatz 1 Nummer 1 können für Strom aus Biomasseanlagen, die erstmals vor dem 1. Januar 2017 ausschließlich mit Biomasse in Betrieb genommen worden sind (bestehende Biomasseanlagen), Gebote abgegeben werden, wenn der bisherige Zahlungsanspruch für Strom aus dieser Anlage nach dem Erneuerbare-Energien-Gesetz in der für die Anlage maßgeblichen Fassung zum Zeitpunkt der Ausschreibung nur noch für höchstens acht Jahre besteht. ²Abweichend von § 22 Absatz 4 Satz 2 Nummer 1 können auch bestehende Biomasseanlagen mit einer installierten Leistung von 150 Kilowatt oder weniger Gebote abgeben. ³Der Zuschlagswert ist für alle bezuschlagten Gebote von Anlagen nach Satz 2 abweichend von § 3 Nummer 51 der Gebotswert des höchsten noch bezuschlagten Gebots desselben Gebotstermins.

(2) ¹Erteilt die Bundesnetzagentur nach Absatz 1 einer bestehenden Biomasseanlage einen Zuschlag, tritt der Anspruch nach § 19 Absatz 1 ab dem ersten Tag eines durch den Anlagenbetreiber zu bestimmenden Kalendermonats für die Zukunft an die Stelle aller bisherigen Ansprüche nach dem Erneuerbare-Energien-Gesetz in der für die Anlage maßgeblichen Fassung. ²Der Anlagenbetreiber muss dem Netzbetreiber den Kalendermonat mitteilen, der nicht vor dem dreizehnten und nicht nach dem sechsunddreißigsten Kalendermonat liegt, der auf die öffentliche Bekanntgabe des Zuschlags folgt. ³Die Mitteilung hat vor Beginn des Kalendermonats zu erfolgen, der dem nach Satz 2 mitzuteilenden Kalendermonat vorangeht. ⁴Wenn der Anlagenbetreiber keine Mitteilung nach Satz 2 macht, tritt der neue Anspruch am ersten Tag des siebenunddreißigsten Kalendermonats, der auf die öffentliche Bekanntgabe des Zuschlags folgt, an die Stelle der bisherigen Ansprüche.

(3) ¹Die Anlage gilt als an dem Tag nach Absatz 2 neu in Betrieb genommen ²Ab diesem Tag sind für diese Anlagen alle Rechte und Pflichten verbindlich, die für Anlagen gelten, die nach dem 31. Dezember 2016 in Betrieb genommen worden sind.

(4) ¹Der neue Anspruch nach § 19 Absatz 1 in Verbindung mit Absatz 2 besteht nur, wenn ein Umweltgutachter mit einer Zulassung für den Bereich Elektrizitätserzeugung aus erneuerbaren Energien bescheinigt hat, dass die Anlage für einen bedarfsorientierten Betrieb technisch geeignet ist und der Anlagenbetreiber diese Bescheinigung dem Netzbetreiber vorgelegt hat. ²Maßgeblich für einen bedarfsorientierten Betrieb sind

1. für Anlagen, die Biogas einsetzen, die Anforderungen nach § 39h Absatz 2 Satz 2 Nummer 1 und
2. für Anlagen, die feste Biomasse einsetzen, die Anforderungen nach § 39h Absatz 2 Satz 2 Nummer 2.

(5) Die §§ 39 bis 39e sind mit den Maßgaben anzuwenden, dass

1. die Genehmigung nach § 39 Absatz 1 Nummer 2 für einen Zeitraum bis mindestens zum letzten Tag des elften Kalenderjahres, das auf den Gebotstermin folgt, erteilt worden sein muss,
2. der Bieter in Ergänzung zu § 39 Absatz 3 Eigenerklärungen beifügen muss, nach denen
 a) er Betreiber der Biomasseanlage ist und
 b) die Genehmigung nach § 39 Absatz 1 Nummer 2 die Anforderung nach Nummer 1 erfüllt, und
3. der Höchstwert nach § 39b Absatz 1 im Jahr 2017 16,9 Cent pro Kilowattstunde beträgt; dieser Höchstwert verringert sich ab dem 1. Januar 2018 um 1 Prozent pro Jahr, wobei § 39b Absatz 2 entsprechend anzuwenden ist, und
4. der Zuschlag in Ergänzung zu § 39d Absatz 1 sechs Monate nach dem Tag nach Absatz 2 erlischt, wenn der Anlagenbetreiber nicht bis zu diesem Zeitpunkt dem Netzbetreiber die Bescheinigung des Umweltgutachters nach Absatz 4 vorgelegt hat.

(6) ¹Wenn eine bestehende Biomasseanlage einen Zuschlag erhält, ist ihr anzulegender Wert unabhängig von ihrem Zuschlagswert der Höhe nach begrenzt auf die durchschnittliche Höhe des anzulegenden Werts für den in der jeweiligen Anlage erzeugten Strom in Cent pro Kilowattstunde nach dem Erneuerbare-Energien-Gesetz in der für die Anlage bisher maßgeblichen Fassung, wobei der Durchschnitt der drei dem Gebotstermin vorangegangenen Kalenderjahre maßgeblich ist. ²Für die Ermittlung des Durchschnitts sind für jedes der drei Jahre der Quotient aus allen für die Anlage geleisteten Zahlungen und der im jeweiligen Jahr insgesamt vergüteten Strommenge zugrunde zu legen, sodann ist die Summe der nach dem vorstehenden Halbsatz ermittelten anzulegenden Werte durch drei zu teilen.

§ 39g Dauer des Zahlungsanspruchs für Biomasseanlagen

(1) Abweichend von § 25 Satz 3 beginnt der Zeitraum nach § 25 Satz 1 für bestehende Biomasseanlagen nach § 39f Absatz 1 mit dem Tag nach § 39f Absatz 2 und für sonstige Biomasseanlagen spätestens 24 Monate nach der öffentlichen Bekanntgabe des Zuschlags.

(2) Absatz 1 ist auch anzuwenden, wenn

1. die Inbetriebnahme der Biomasseanlage aufgrund einer Fristverlängerung nach § 39d Absatz 2 erst zu einem späteren Zeitpunkt erfolgt,
2. für bestehende Biomasseanlagen die Bescheinigung nach § 39f Absatz 4 erst nach dem Tag nach § 39f Absatz 2 vorgelegt wird.

(3) ¹Abweichend von § 25 Satz 1 beträgt der Zahlungszeitraum für bestehende Biomasseanlagen zehn Jahre. ²Dieser Zeitraum kann nicht erneut nach § 39f verlängert werden.

§ 39h Besondere Zahlungsbestimmungen für Biomasseanlagen

(1) ¹Ein durch einen Zuschlag erworbener Anspruch nach § 19 Absatz 1 für Strom aus Biogas besteht nur, wenn der zur Erzeugung des Biogases eingesetzte Anteil von Getreidekorn oder Mais

1. bei Anlagen, die im Jahr 2017 oder 2018 einen Zuschlag erhalten haben, in jedem Kalenderjahr insgesamt höchstens 50 Masseprozent beträgt,
2. bei Anlagen, die im Jahr 2019 oder 2020 einen Zuschlag erhalten haben, in jedem Kalenderjahr insgesamt höchstens 47 Masseprozent beträgt, und
3. bei Anlagen, die im Jahr 2021 oder 2022 einen Zuschlag erhalten haben, in jedem Kalenderjahr insgesamt höchstens 44 Masseprozent beträgt.

²Als Mais im Sinn von Satz 1 sind Ganzpflanzen, Maiskorn-Spindel-Gemisch, Körnermais und Lieschkolbenschrot anzusehen.

(2) ¹Für Strom aus Biomasseanlagen verringert sich der Anspruch nach § 19 Absatz 1 für jede Kilowattstunde, um die in einem Kalenderjahr die Höchstbemessungsleistung der Anlage überschritten wird, in der Veräußerungsform der Marktprämie auf null und in den Veräußerungsformen einer Einspeisevergütung auf den Monatsmarktwert. ²Höchstbemessungsleistung im Sinn von Satz 1 ist

1. für Anlagen, die Biogas einsetzen, der um 50 Prozent verringerte Wert der bezuschlagten Gebotsmenge und
2. für Anlagen, die feste Biomasse einsetzen, der um 20 Prozent verringerte Wert der bezuschlagten Gebotsmenge.

[3]Wird der Zuschlag nach § 35a teilweise entwertet, ist bei der Bestimmung der Höchstbemessungsleistung nach Satz 2 die bezuschlagte Gebotsmenge entsprechend zu verringern.

(3) Soweit in Biomasseanlagen Biogas eingesetzt wird, das in dem jeweiligen Kalenderjahr überwiegend durch anaerobe Vergärung von Biomasse im Sinn der Biomasseverordnung mit einem Anteil von getrennt erfassten Bioabfällen im Sinn der Abfallschlüssel Nummer 20 02 01, 20 03 01 und 20 03 02 der Nummer 1 des Anhangs 1 der Bioabfallverordnung gewonnen worden ist, ist ihr anzulegender Wert unabhängig von ihrem Zuschlagswert der Höhe nach begrenzt

1. bis einschließlich einer Bemessungsleistung von 500 Kilowatt auf 14,88 Cent pro Kilowattstunde und
2. bis einschließlich einer Bemessungsleistung von 20 Megawatt auf 13,05 Cent pro Kilowattstunde.

(4) Im Übrigen sind die §§ 44b und 44c entsprechend anzuwenden, wobei die Erfüllung der Anforderungen nach den Absätzen 1 und 3 Absatz 1[1]) in entsprechender Anwendung des § 44c Absatz 1 Nummer 1 und Absatz 2 jährlich durch Vorlage einer Kopie eines Einsatzstoff-Tagebuchs nachzuweisen ist.

Unterabschnitt 5
Technologieneutrale Ausschreibungen

§ 39i Gemeinsame Ausschreibungen für Windenergieanlagen an Land und Solaranlagen
(1) Die Bundesnetzagentur führt in den Jahren 2018 bis 2022 gemeinsame Ausschreibungen für Windenergieanlagen an Land und Solaranlagen durch.
(2) [1]Die Einzelheiten der gemeinsamen Ausschreibungen werden in einer Rechtsverordnung nach § 88c näher bestimmt. [2]Dabei soll sichergestellt werden, dass
1. ein hinreichend diversifizierter Zubau erfolgt,
2. die Ausbauziele nach § 1 Absatz 2 nicht gefährdet werden,
3. die Kosteneffizienz gewährleistet wird und
4. Anreize für eine optimale Netz- und Systemintegration gesetzt werden.
[3]Die Rechtsverordnung wird erstmals spätestens bis zum 1. Mai 2018 erlassen.
(3) Auf Grundlage der Erfahrungen mit den gemeinsamen Ausschreibungen legt die Bundesregierung rechtzeitig einen Vorschlag vor, ob und inwieweit gemeinsame Ausschreibungen auch für die Jahre ab 2021 durchgeführt werden.

§ 39j Innovationsausschreibungen
(1) [1]Die Bundesnetzagentur führt in den Jahren 2019 bis 2021 Innovationsausschreibungen für erneuerbare Energien durch. [2]Die Teilnahme an diesen Ausschreibungen ist nicht auf einzelne erneuerbare Energien beschränkt. [3]Auch können Gebote für Kombinationen oder Zusammenschlüsse verschiedener erneuerbarer Energien abgegeben werden.
(2) Die Betreiber von Windenergieanlagen an Land und Solaranlagen, die aufgrund eines Zuschlags im Rahmen der Innovationsausschreibung im Jahr 2019 einen Anspruch auf eine Marktprämie haben, erhalten bei der Abregelung aufgrund von Netzengpässen abweichend von § 15 Absatz 1 Satz 1 keinen finanziellen Ausgleich für die entgangene Marktprämie.
(3) [1]Die Einzelheiten der Innovationsausschreibungen werden in einer Rechtsverordnung nach § 88d näher bestimmt. [2]Dabei soll sichergestellt werden, dass besonders netz- oder systemdienliche technische Lösungen gefördert werden, die sich im technologieneutralen wettbewerblichen Verfahren als effizient erweisen. [3]Die Rechtsverordnung wird erstmals spätestens bis zum 1. Mai 2018 erlassen.
(4) Auf Grundlage der Erfahrungen mit den Innovationsausschreibungen legt die Bundesregierung rechtzeitig einen Vorschlag vor, ob und inwieweit Innovationsausschreibungen auch für die Jahre ab 2022 durchgeführt werden.

1) Wortlaut amtlich.

Abschnitt 4
Gesetzliche Bestimmung der Zahlung

Unterabschnitt 1
Anzulegende Werte

§ 40 Wasserkraft
(1) Für Strom aus Wasserkraft beträgt der anzulegende Wert
1. bis einschließlich einer Bemessungsleistung von 500 Kilowatt 12,40 Cent pro Kilowattstunde,
2. bis einschließlich einer Bemessungsleistung von 2 Megawatt 8,17 Cent pro Kilowattstunde,
3. bis einschließlich einer Bemessungsleistung von 5 Megawatt 6,25 Cent pro Kilowattstunde,
4. bis einschließlich einer Bemessungsleistung von 10 Megawatt 5,48 Cent pro Kilowattstunde,
5. bis einschließlich einer Bemessungsleistung von 20 Megawatt 5,29 Cent pro Kilowattstunde,
6. bis einschließlich einer Bemessungsleistung von 50 Megawatt 4,24 Cent pro Kilowattstunde und
7. ab einer Bemessungsleistung von mehr als 50 Megawatt 3,47 Cent pro Kilowattstunde.
(2) [1]Der Anspruch nach § 19 Absatz 1 besteht auch für Strom aus Anlagen, die vor dem 1. Januar 2009 in Betrieb genommen worden sind, wenn nach dem 31. Dezember 2016 durch eine wasserrechtlich zugelassene Ertüchtigungsmaßnahme das Leistungsvermögen der Anlage erhöht wurde. [2]Satz 1 ist auf nicht zulassungspflichtige Ertüchtigungsmaßnahmen anzuwenden, wenn das Leistungsvermögen um mindestens 10 Prozent erhöht wurde. [3]Anlagen nach den Sätzen 1 oder 2 gelten mit dem Abschluss der Ertüchtigungsmaßnahme als neu in Betrieb genommen.
(3) [1]Für Strom aus Wasserkraft, der in Anlagen nach Absatz 2 mit einer installierten Leistung von mehr als 5 Megawatt erzeugt wird, besteht ein Anspruch nach § 19 Absatz 1 nur für den Strom, der der Leistungserhöhung nach Absatz 2 Satz 1 oder Satz 2 zuzurechnen ist. [2]Wenn die Anlage vor dem 1. Januar 2017 eine installierte Leistung bis einschließlich 5 Megawatt aufwies, besteht für den Strom, der diesem Leistungsanteil entspricht, der Anspruch nach der bislang für die Anlage maßgeblichen Bestimmung.
(4) Der Anspruch nach § 19 Absatz 1 in Verbindung mit Absatz 1 besteht nur, wenn die Anlage errichtet worden ist
1. im räumlichen Zusammenhang mit einer ganz oder teilweise bereits bestehenden oder einer vorrangig zu anderen Zwecken als der Erzeugung von Strom aus Wasserkraft neu zu errichtenden Stauanlage oder
2. ohne durchgehende Querverbauung.
(5) [1]Die anzulegenden Werte nach Absatz 1 verringern sich ab dem 1. Januar 2018 jährlich jeweils für die nach diesem Zeitpunkt in Betrieb genommenen oder ertüchtigten Anlagen um 0,5 Prozent gegenüber den im jeweils vorangegangenen Kalenderjahr geltenden anzulegenden Werten und werden auf zwei Stellen nach dem Komma gerundet. [2]Für die Berechnung der Höhe der anzulegenden Werte aufgrund einer erneuten Anpassung nach Satz 1 sind die ungerundeten Werte zugrunde zu legen.

§ 41 Deponie-, Klär- und Grubengas
(1) Für Strom aus Deponiegas beträgt der anzulegende Wert
1. bis einschließlich einer Bemessungsleistung von 500 Kilowatt 8,17 Cent pro Kilowattstunde und
2. bis einschließlich einer Bemessungsleistung von 5 Megawatt 5,66 Cent pro Kilowattstunde.
(2) Für Strom aus Klärgas beträgt der anzulegende Wert
1. bis einschließlich einer Bemessungsleistung von 500 Kilowatt 6,49 Cent pro Kilowattstunde und
2. bis einschließlich einer Bemessungsleistung von 5 Megawatt 5,66 Cent pro Kilowattstunde.
(3) [1]Für Strom aus Grubengas beträgt der anzulegende Wert
1. bis einschließlich einer Bemessungsleistung von 1 Megawatt 6,54 Cent pro Kilowattstunde,
2. bis einschließlich einer Bemessungsleistung von 5 Megawatt 4,17 Cent pro Kilowattstunde und
3. ab einer Bemessungsleistung von mehr als 5 Megawatt 3,69 Cent pro Kilowattstunde.
[2]Der Anspruch nach § 19 Absatz 1 in Verbindung mit Satz 1 besteht nur, wenn das Grubengas aus Bergwerken des aktiven oder stillgelegten Bergbaus stammt.
(4) [1]Die anzulegenden Werte nach den Absätzen 1 bis 3 verringern sich ab dem 1. Januar 2018 jährlich jeweils für die nach diesem Zeitpunkt in Betrieb genommenen Anlagen um 1,5 Prozent gegenüber den im jeweils vorangegangenen Kalenderjahr geltenden anzulegenden Werten und werden auf zwei Stellen nach dem Komma gerundet. [2]Für die Berechnung der Höhe der anzulegenden Werte aufgrund einer erneuten Anpassung nach Satz 1 sind die ungerundeten Werte zugrunde zu legen.

§ 42 Biomasse

Für Strom aus Biomasse im Sinn der Biomasseverordnung, für den der anzulegende Wert gesetzlich bestimmt wird, beträgt dieser

1. bis einschließlich einer Bemessungsleistung von 150 Kilowatt 13,32 Cent pro Kilowattstunde,
2. bis einschließlich einer Bemessungsleistung von 500 Kilowatt 11,49 Cent pro Kilowattstunde,
3. bis einschließlich einer Bemessungsleistung von 5 Megawatt 10,29 Cent pro Kilowattstunde und
4. bis einschließlich einer Bemessungsleistung von 20 Megawatt 5,71 Cent pro Kilowattstunde.

§ 43 Vergärung von Bioabfällen

(1) Für Strom aus Anlagen, in denen Biogas eingesetzt wird, das durch anaerobe Vergärung von Biomasse im Sinn der Biomasseverordnung mit einem Anteil von getrennt erfassten Bioabfällen im Sinn der Abfallschlüssel Nummer 20 02 01, 20 03 01 und 20 03 02 der Nummer 1 des Anhangs 1 der Bioabfallverordnung in dem jeweiligen Kalenderjahr von durchschnittlich mindestens 90 Masseprozent gewonnen worden ist, beträgt der anzulegende Wert, wenn er gesetzlich bestimmt wird,

1. bis einschließlich einer Bemessungsleistung von 500 Kilowatt 14,88 Cent pro Kilowattstunde und
2. bis einschließlich einer Bemessungsleistung von 20 Megawatt 13,05 Cent pro Kilowattstunde.

(2) Der Anspruch nach § 19 Absatz 1 in Verbindung mit Absatz 1 besteht nur, wenn die Einrichtungen zur anaeroben Vergärung der Bioabfälle unmittelbar mit einer Einrichtung zur Nachrotte der festen Gärrückstände verbunden sind und die nachgerotteten Gärrückstände stofflich verwertet werden.

§ 44 Vergärung von Gülle

[1]Für Strom aus Anlagen, in denen Biogas eingesetzt wird, das durch anaerobe Vergärung von Biomasse im Sinn der Biomasseverordnung gewonnen worden ist, beträgt bis einschließlich einer Bemessungsleistung von 75 Kilowatt der anzulegende Wert 23,14 Cent pro Kilowattstunde, wenn

1. der Strom am Standort der Biogaserzeugungsanlage erzeugt wird,
2. die installierte Leistung am Standort der Biogaserzeugungsanlage insgesamt bis zu 150 Kilowatt beträgt und
3. zur Erzeugung des Biogases in dem jeweiligen Kalenderjahr durchschnittlich ein Anteil von Gülle mit Ausnahme von Geflügelmist und Geflügeltrockenkot von mindestens 80 Masseprozent eingesetzt wird.

[2]Wurde ein Anlagenbetreiber aufgrund einer Sperre im Sinne von § 6 Absatz 1 Nummer 18 des Tiergesundheitsgesetzes vom 22. Mai 2013 (BGBl. I S. 1324), das zuletzt durch Artikel 1 des Gesetzes vom 14. November 2018 (BGBl. I S. 1850) geändert worden ist, im Einsatz von Gülle beeinträchtigt und konnte deshalb den in Satz 1 Nummer 3 vorgesehenen jährlichen Güllemindestanteil nicht einhalten, ist der Zeitraum der Sperre zuzüglich 30 Kalendertagen bei der Berechnung des durchschnittlichen Gülleanteils nach Satz 1 Nummer 3 nicht zu berücksichtigen. [3]In diesem Fall entfällt der Anspruch nach Satz 1 für den nicht berücksichtigten Zeitraum. [4]Ein Anspruch nach den §§ 41 bis 43 bleibt unberührt.

§ 44a Absenkung der anzulegenden Werte für Strom aus Biomasse

[1]Die anzulegenden Werte nach den §§ 42 bis 44 verringern sich beginnend mit dem 1. April 2017 jeweils zum 1. April und 1. Oktober eines Jahres für die nach diesem Zeitpunkt in Betrieb genommenen Anlagen um 0,5 Prozent gegenüber den in dem jeweils vorangegangenen Kalendermonat geltenden anzulegenden Werten und werden auf zwei Stellen nach dem Komma gerundet. [2]Für die Berechnung der Höhe der anzulegenden Werte aufgrund einer erneuten Anpassung nach Satz 1 sind die ungerundeten Werte zugrunde zu legen.

§ 44b Gemeinsame Bestimmungen für Strom aus Gasen

(1) [1]Der Anspruch nach § 19 Absatz 1 für Strom aus Biogas besteht für Strom, der in Anlagen mit einer installierten Leistung von mehr als 100 Kilowatt erzeugt wird, nur für den Anteil der in einem Kalenderjahr erzeugten Strommenge, der einer Bemessungsleistung der Anlage von 50 Prozent des Wertes der installierten Leistung entspricht. [2]Für den darüber hinausgehenden Anteil der in dem Kalenderjahr erzeugten Strommenge verringert sich der Anspruch nach § 19 Absatz 1 in der Veräußerungsform der Marktprämie auf null und in den Veräußerungsformen einer Einspeisevergütung auf den Monatsmarktwert.

(2) [1]Der Anspruch nach § 19 Absatz 1 für Strom aus Biomasse nach § 42 oder § 43 besteht ferner nur, soweit bei Anlagen, in denen Biomethan eingesetzt wird, der Strom aus Kraft-Wärme-Kopplung erzeugt wird. [2]Für diesen Anspruch ist ab dem ersten Kalendertag, das auf seine erstmalige Inanspruchnahme folgt, jährlich bis zum 28. Februar eines Jahres jeweils für das vorangegangene Kalenderjahr die Erfüllung der Voraussetzung nach Satz 1 nach den allgemein anerkannten Regeln der Technik nachzuweisen. [3]Bei der erstmaligen Geltendmachung des Anspruchs ist ferner die Eignung der Anlage zur Erfüllung der Voraussetzungen im Sinne von Satz 2 durch ein Gutachten eines Umweltgutachters mit einer Zulassung

für den Bereich Elektrizitätserzeugung aus erneuerbaren Energien oder für den Bereich Wärmeversorgung nachzuweisen.

(3) [1]Die Einhaltung der anerkannten Regeln der Technik nach Absatz 2 Satz 2 wird vermutet, wenn die Anforderungen des Arbeitsblatts FW 308 „Zertifizierung von KWK-Anlagen – Ermittlung des KWK-Stromes –" des AGFW Energieeffizienzverbandes für Wärme, Kälte und KWK e.V. (Bundesanzeiger vom 19. Oktober 2015, nichtamtlicher Teil, Institutionelle Veröffentlichungen) nachgewiesen werden. [2]Der Nachweis muss durch Vorlage eines Gutachtens eines Umweltgutachters mit einer Zulassung für den Bereich Elektrizitätserzeugung aus erneuerbaren Energien oder für den Bereich Wärmeversorgung erfolgen. [3]Anstelle des Nachweises nach Satz 1 können für serienmäßig hergestellte KWK-Anlagen mit einer installierten Leistung von bis zu 2 Megawatt geeignete Unterlagen des Herstellers vorgelegt werden, aus denen die thermische und elektrische Leistung sowie die Stromkennzahl hervorgehen.

(4) Der Anspruch nach § 19 Absatz 1 für Strom aus Biomasse nach § 43 oder § 44 kann nicht mit dem Anspruch nach § 19 Absatz 1 in Verbindung mit § 39 oder § 42 kombiniert werden.

(5) Aus einem Erdgasnetz entnommenes Gas ist jeweils als Deponiegas, Klärgas, Grubengas, Biomethan oder Speichergas anzusehen,

1. soweit die Menge des entnommenen Gases im Wärmeäquivalent am Ende eines Kalenderjahres der Menge von Deponiegas, Klärgas, Grubengas, Biomethan oder Speichergas entspricht, die an anderer Stelle im Bundesgebiet in das Erdgasnetz eingespeist worden ist, und

2. wenn für den gesamten Transport und Vertrieb des Gases von seiner Herstellung oder Gewinnung, seiner Einspeisung in das Erdgasnetz und seinem Transport im Erdgasnetz bis zu seiner Entnahme aus dem Erdgasnetz Massenbilanzsysteme verwendet worden sind.

(6) [1]Der Anspruch nach § 19 Absatz 1 für Strom aus Biomethan nach § 42 oder § 43 besteht auch, wenn das Biomethan vor seiner Entnahme aus dem Erdgasnetz anhand der Energieerträge der zur Biomethanerzeugung eingesetzten Einsatzstoffe bilanziell in einsatzstoffbezogene Teilmengen geteilt wird. [2]Die bilanzielle Teilung in einsatzstoffbezogene Teilmengen einschließlich der Zuordnung der eingesetzten Einsatzstoffe zu der jeweiligen Teilmenge ist im Rahmen der Massenbilanzierung nach Absatz 5 Nummer 2 zu dokumentieren.

§ 44c Sonstige gemeinsame Bestimmungen für Strom aus Biomasse

(1) Der Anspruch nach § 19 Absatz 1 für Strom aus Biomasse besteht unbeschadet des § 44b nur,

1. wenn der Anlagenbetreiber durch eine Kopie eines Einsatzstoff-Tagebuchs mit Angaben und Belegen über Art, Menge und Einheit sowie Herkunft der eingesetzten Stoffe nachweist, welche Biomasse und in welchem Umfang Speichergas oder Grubengas eingesetzt werden,

2. wenn in Anlagen flüssige Biomasse eingesetzt wird, für den Stromanteil aus flüssiger Biomasse, die zur Anfahr-, Zünd- und Stützfeuerung notwendig ist; flüssige Biomasse ist Biomasse, die zum Zeitpunkt des Eintritts in den Brenn- oder Feuerraum flüssig ist; Pflanzenölmethylester ist in dem Umfang als Biomasse anzusehen, der zur Anfahr-, Zünd- und Stützfeuerung notwendig ist.

(2) Für den Anspruch nach § 19 Absatz 1 für Strom aus Biomasse nach § 42, § 43 oder § 44 ist ab dem ersten Kalenderjahr, das auf seine erstmalige Inanspruchnahme folgt, der Stromanteil aus flüssiger Biomasse nach Absatz 1 Nummer 2 durch Vorlage einer Kopie eines Einsatzstoff-Tagebuchs jährlich bis zum 28. Februar eines Jahres jeweils für das vorangegangene Kalenderjahr nachzuweisen.

(3) Der Anspruch nach § 19 Absatz 1 für Strom aus Biomasse verringert sich in dem jeweiligen Kalenderjahr insgesamt auf den Wert „MW$_{EPEX}$" der Anlage 1 Nummer 2.1, wenn die Nachweisführung nicht in der nach Absatz 2 oder § 44b Absatz 2 Satz 2 oder 3 vorgeschriebenen Weise erfolgt ist.

(4) Soweit nach den Absätzen 1 oder 2 der Nachweis durch eine Kopie eines Einsatzstoff-Tagebuchs zu führen ist, sind die für den Nachweis nicht erforderlichen personenbezogenen Angaben im Einsatzstoff-Tagebuch von dem Anlagenbetreiber zu schwärzen.

§ 45 Geothermie

(1) Für Strom aus Geothermie beträgt der anzulegende Wert 25,20 Cent pro Kilowattstunde.

(2) [1]Die anzulegenden Werte nach Absatz 1 verringern sich ab dem 1. Januar 2021 jährlich jeweils für die nach diesem Zeitpunkt in Betrieb genommenen Anlagen um 5 Prozent gegenüber den im jeweils vorangegangenen Kalenderjahr geltenden anzulegenden Werten und werden auf zwei Stellen nach dem Komma gerundet. [2]Für die Berechnung der Höhe der anzulegenden Werte aufgrund einer erneuten Anpassung nach Satz 1 sind die ungerundeten Werte zugrunde zu legen.

§ 46 Windenergie an Land bis 2018

(1) Für Strom aus Windenergieanlagen an Land, die vor dem 1. Januar 2019 in Betrieb genommen worden sind und deren anzulegender Wert gesetzlich bestimmt wird, beträgt der anzulegende Wert 4,66 Cent pro Kilowattstunde.

(2) [1]Abweichend von Absatz 1 beträgt der anzulegende Wert in den ersten fünf Jahren ab der Inbetriebnahme der Anlage 8,38 Cent pro Kilowattstunde. [2]Diese Frist verlängert sich um einen Monat pro 0,36 Prozent des Referenzertrags, um den der Ertrag der Anlage 130 Prozent des Referenzertrags unterschreitet. [3]Zusätzlich verlängert sich die Frist um einen Monat pro 0,48 Prozent des Referenzertrags, um den der Ertrag der Anlage 100 Prozent des Referenzertrags unterschreitet. [4]Referenzertrag ist der errechnete Ertrag der Referenzanlage nach Maßgabe der Anlage 2 des Erneuerbare-Energien-Gesetzes in der am 31. Dezember 2016 geltenden Fassung.

(3) [1]Zehn Jahre nach Inbetriebnahme einer Anlage nach Absatz 1, spätestens aber ein Jahr vor dem Ende der nach Absatz 2 Satz 2 verlängerten Frist wird der Standortertrag überprüft und die Frist nach Absatz 2 Satz 2 entsprechend angepasst. [2]§ 36h Absatz 2 Satz 2 bis 4 ist entsprechend anzuwenden.

(4) Für Anlagen mit einer installierten Leistung bis einschließlich 50 Kilowatt wird für die Berechnung des anzulegenden Werts angenommen, dass ihr Ertrag 70 Prozent des Referenzertrags beträgt.

§ 46a Absenkung der anzulegenden Werte für Strom aus Windenergie an Land bis 2018

(1) [1]Die anzulegenden Werte nach § 46 Absatz 1 und 2 verringern sich zum 1. März, 1. April, 1. Mai, 1. Juni, 1. Juli und 1. August 2017 für die nach diesem Zeitpunkt in Betrieb genommenen Anlagen um 1,05 Prozent gegenüber den in dem jeweils vorangegangenen Kalendermonat geltenden anzulegenden Werten. [2]Danach verringern sie sich zum 1. Oktober 2017, 1. Januar 2018, 1. April 2018, 1. Juli 2018 und 1. Oktober 2018 für die nach diesem Zeitpunkt in Betrieb genommenen Anlagen um 0,4 Prozent gegenüber den in dem jeweils vorangegangenen Kalendermonat geltenden anzulegenden Werten.

(2) Die Absenkung der anzulegenden Werte nach Absatz 1 Satz 2 erhöht sich jeweils, wenn der Brutto-Zubau im Bezugszeitraum den Wert von 2 500 Megawatt

1. um bis zu 200 Megawatt überschreitet, auf 0,5 Prozent,
2. um mehr als 200 Megawatt überschreitet, auf 0,6 Prozent,
3. um mehr als 400 Megawatt überschreitet, auf 0,8 Prozent,
4. um mehr als 600 Megawatt überschreitet, auf 1,0 Prozent,
5. um mehr als 800 Megawatt überschreitet, auf 1,2 Prozent oder
6. um mehr als 1 000 Megawatt überschreitet, auf 2,4 Prozent.

(3) Die Absenkung der anzulegenden Werte nach Absatz 1 Satz 2 verringert sich jeweils, wenn der Brutto-Zubau im Bezugszeitraum den Wert von 2 400 Megawatt

1. um bis zu 200 Megawatt unterschreitet, auf 0,3 Prozent,
2. um mehr als 200 Megawatt unterschreitet, auf 0,2 Prozent oder
3. um mehr als 400 Megawatt unterschreitet, auf null.

(4) Die nach Absatz 1 Satz 2 erfolgende Absenkung der anzulegenden Werte verringert sich auf null und es erhöhen sich die anzulegenden Werte nach § 46 gegenüber den im jeweils vorangegangenen Quartal geltenden anzulegenden Werten, wenn der Brutto-Zubau im Bezugszeitraum den Wert von 2 400 Megawatt

1. um mehr als 600 Megawatt unterschreitet, um 0,2 Prozent oder
2. um mehr als 800 Megawatt unterschreitet, um 0,4 Prozent.

(5) Bezugszeitraum ist der Zeitraum nach dem letzten Kalendertag des 18. Monats und vor dem ersten Kalendertag des fünften Monats, der einem Zeitpunkt nach Absatz 2 vorangeht.

(6) [1]Die anzulegenden Werte nach den Absätzen 1 bis 4 werden auf zwei Stellen nach dem Komma gerundet. [2]Für die Berechnung der Höhe der anzulegenden Werte aufgrund einer erneuten Anpassung nach den Absätzen 1 bis 4 sind die ungerundeten Werte zugrunde zu legen.

§ 46b Windenergie an Land ab 2019

(1) [1]Für Strom aus Windenergieanlagen an Land, die nach dem 31. Dezember 2018 in Betrieb genommen worden sind und deren anzulegender Wert gesetzlich bestimmt wird, berechnet der Netzbetreiber den anzulegenden Wert nach § 36h Absatz 1, wobei der Zuschlagswert durch den Durchschnitt aus den Gebotswerten des jeweils höchsten noch bezuschlagten Gebots der Gebotstermine für Windenergieanlagen an Land im Vorvorjahr zu ersetzen ist. [2]§ 36h Absatz 2 bis 4 ist entsprechend anzuwenden.

(2) Die Bundesnetzagentur veröffentlicht den Durchschnitt aus den Gebotswerten für das jeweils höchste noch bezuschlagte Gebot aller Ausschreibungsrunden eines Jahres jeweils bis zum 31. Januar des darauf folgenden Kalenderjahres.

(3) § 46 Absatz 4 ist entsprechend anzuwenden.

§ 47 Windenergie auf See bis 2020

(1) [1]Für Strom aus Windenergieanlagen auf See beträgt der anzulegende Wert 3,90 Cent pro Kilowattstunde. [2]Der Anspruch nach § 19 Absatz 1 in Verbindung mit Satz 1 besteht nur für Windenergieanlagen auf See, die

1. vor dem 1. Januar 2017 eine unbedingte Netzanbindungszusage nach § 118 Absatz 12 des Energiewirtschaftsgesetzes oder Anschlusskapazitäten nach § 17d Absatz 3 des Energiewirtschaftsgesetzes in der am 31. Dezember 2016 geltenden Fassung erhalten haben und

2. vor dem 1. Januar 2021 in Betrieb genommen worden sind.

(2) [1]Abweichend von Absatz 1 Satz 1 beträgt der anzulegende Wert in den ersten zwölf Jahren ab der Inbetriebnahme der Windenergieanlage auf See 15,40 Cent pro Kilowattstunde (Anfangswert). [2]Der Zeitraum nach Satz 1 verlängert sich für jede über zwölf Seemeilen hinausgehende volle Seemeile, um die die Anlage von der Küstenlinie entfernt ist, um 0,5 Monate und für jeden über eine Wassertiefe von 20 Metern hinausgehenden vollen Meter Wassertiefe um 1,7 Monate. [3]Als Küstenlinie gilt die in der Karte Nummer 2920 „Deutsche Nordseeküste und angrenzende Gewässer", Ausgabe 1994, XII., sowie in der Karte Nummer 2921 „Deutsche Ostseeküste und angrenzende Gewässer", Ausgabe 1994, XII., des Bundesamtes für Seeschifffahrt und Hydrographie im Maßstab 1:375 000[1]) dargestellte Küstenlinie. [4]Die Wassertiefe ist ausgehend von dem Seekartennull zu bestimmen.

(3) [1]Abweichend von Absatz 1 Satz 1 beträgt der anzulegende Wert für Strom aus Windenergieanlagen auf See, die vor dem 1. Januar 2020 in Betrieb genommen worden sind, in den ersten acht Jahren ab der Inbetriebnahme der Anlage 19,40 Cent pro Kilowattstunde, wenn dies der Anlagenbetreiber vor der Inbetriebnahme der Anlage von dem Netzbetreiber verlangt. [2]In diesem Fall entfällt der Anspruch nach Absatz 2 Satz 1, während der Anspruch auf die Zahlung nach Absatz 2 Satz 2 mit der Maßgabe entsprechend anzuwenden ist, dass der Anfangswert im Zeitraum der Verlängerung 15,40 Cent pro Kilowattstunde beträgt.

(4) [1]Ist die Einspeisung aus einer Windenergieanlage auf See länger als sieben aufeinanderfolgende Tage nicht möglich, weil die Leitung nach § 17d Absatz 1 Satz 1 des Energiewirtschaftsgesetzes nicht rechtzeitig fertiggestellt oder gestört ist und der Netzbetreiber dies nicht zu vertreten hat, verlängert sich der Zeitraum, für den der Anspruch auf Zahlung einer Marktprämie oder Einspeisevergütung nach den Absätzen 2 und 3 besteht, beginnend mit dem achten Tag der Störung um den Zeitraum der Störung. [2]Satz 1 ist nicht anzuwenden, soweit der Betreiber der Windenergieanlage auf See die Entschädigung nach § 17e Absatz 1 oder Absatz 2 des Energiewirtschaftsgesetzes in Anspruch nimmt; in diesem Fall verkürzt sich der Anspruch auf Zahlung einer Marktprämie oder Einspeisevergütung nach den Absätzen 2 und 3 um den Zeitraum der Verzögerung.

(5) Die anzulegenden Werte nach Absatz 2 und Absatz 3 Satz 2 verringern sich gegenüber den jeweils vorher geltenden anzulegenden Werten

1. um 0,5 Cent pro Kilowattstunde für Anlagen, die in den Jahren 2018 und 2019 in Betrieb genommen werden, und

2. um 1,0 Cent pro Kilowattstunde für Anlagen, die im Jahr 2020 in Betrieb genommen werden.

(6) Der anzulegende Wert nach Absatz 3 Satz 1 verringert sich für Anlagen, die in den Jahren 2018 und 2019 in Betrieb genommen werden, um 1,0 Cent pro Kilowattstunde.

(7) Für die Anwendung der Absätze 1, 3, 5 und 6 ist statt des Zeitpunkts der Inbetriebnahme der Zeitpunkt der Betriebsbereitschaft der Windenergieanlage auf See nach § 17e Absatz 2 Satz 1 und 4 des Energiewirtschaftsgesetzes maßgeblich, wenn die Netzanbindung nicht zu dem verbindlichen Fertigstellungstermin nach § 17d Absatz 2 Satz 9 des Energiewirtschaftsgesetzes fertiggestellt ist.

§ 48 Solare Strahlungsenergie

(1) [1]Für Strom aus Solaranlagen, deren anzulegender Wert gesetzlich bestimmt wird, beträgt dieser vorbehaltlich der Absätze 2 und 3 8,91 Cent pro Kilowattstunde, wenn die Anlage

1. auf, an oder in einem Gebäude oder einer sonstigen baulichen Anlage angebracht ist und das Gebäude oder die sonstige bauliche Anlage vorrangig zu anderen Zwecken als der Erzeugung von Strom aus solarer Strahlungsenergie errichtet worden ist,

2. auf einer Fläche errichtet worden ist, für die ein Verfahren nach § 38 Satz 1 des Baugesetzbuchs durchgeführt worden ist, oder

3. im Bereich eines beschlossenen Bebauungsplans im Sinn des § 30 des Baugesetzbuchs errichtet worden ist und

1) **Amtlicher Hinweis:** Zu beziehen beim Bundesamt für Seeschifffahrt und Hydrographie, Bernhard-Nocht-Straße 78, 20359 Hamburg und in der Deutschen Nationalbibliothek archivmäßig gesichert niedergelegt.

a) der Bebauungsplan vor dem 1. September 2003 aufgestellt und später nicht mit dem Zweck geändert worden ist, eine Solaranlage zu errichten,

b) der Bebauungsplan vor dem 1. Januar 2010 für die Fläche, auf der die Anlage errichtet worden ist, ein Gewerbe- oder Industriegebiet im Sinn der §§ 8 und 9 der Baunutzungsverordnung ausgewiesen hat, auch wenn die Festsetzung nach dem 1. Januar 2010 zumindest auch mit dem Zweck geändert worden ist, eine Solaranlage zu errichten, oder

c) der Bebauungsplan nach dem 1. September 2003 zumindest auch mit dem Zweck der Errichtung einer Solaranlage aufgestellt oder geändert worden ist und sich die Anlage

 aa) auf Flächen befindet, die längs von Autobahnen oder Schienenwegen liegen, und die Anlage in einer Entfernung bis zu 110 Metern, gemessen vom äußeren Rand der befestigten Fahrbahn, errichtet worden ist,

 bb) auf Flächen befindet, die zum Zeitpunkt des Beschlusses über die Aufstellung oder Änderung des Bebauungsplans bereits versiegelt waren, oder

 cc) auf Konversionsflächen aus wirtschaftlicher, verkehrlicher, wohnungsbaulicher oder militärischer Nutzung befindet und diese Flächen zum Zeitpunkt des Beschlusses über die Aufstellung oder Änderung des Bebauungsplans nicht rechtsverbindlich als Naturschutzgebiet im Sinn des § 23 des Bundesnaturschutzgesetzes oder als Nationalpark im Sinn des § 24 des Bundesnaturschutzgesetzes festgesetzt worden sind.

[2]Sofern Solaranlagen vor dem Beschluss eines Bebauungsplans unter Einhaltung der übrigen Voraussetzungen des Satzes 1 Nummer 3 und der Voraussetzungen des § 33 des Baugesetzbuchs errichtet worden sind, besteht ein Anspruch nach § 19 bei Einhaltung der sonstigen Voraussetzungen abweichend von § 25 Satz 3 erst, nachdem der Bebauungsplan beschlossen worden ist. [3]In den Fällen des Satzes 2 reduziert sich die Dauer des Anspruchs auf Zahlung einer Marktprämie oder Einspeisevergütung nach § 25 Satz 1 und 2 um die Tage, die zwischen der Inbetriebnahme der Anlage und dem Beschluss des Bebauungsplans liegen.

(2) Für Strom aus Solaranlagen, die ausschließlich auf, an oder in einem Gebäude oder einer Lärmschutzwand angebracht sind, beträgt der anzulegende Wert

1. bis einschließlich einer installierten Leistung von 10 Kilowatt 12,70 Cent pro Kilowattstunde,

2. bis einschließlich einer installierten Leistung von 40 Kilowatt 12,36 Cent pro Kilowattstunde und

3. bis einschließlich einer installierten Leistung von 750 Kilowatt

 a) ab dem 1. Februar 2019 9,87 Cent pro Kilowattstunde,

 b) ab dem 1. März 2019 9,39 Cent pro Kilowattstunde und

 c) ab dem 1. April 2019 8,90 Cent pro Kilowattstunde.

(3) [1]Für Solaranlagen, die ausschließlich auf, an oder in einem Gebäude angebracht sind, das kein Wohngebäude ist und das im Außenbereich nach § 35 des Baugesetzbuchs errichtet worden ist, ist Absatz 2 nur anzuwenden, wenn

1. nachweislich vor dem 1. April 2012

 a) für das Gebäude der Bauantrag oder der Antrag auf Zustimmung gestellt oder die Bauanzeige erstattet worden ist,

 b) im Fall einer nicht genehmigungsbedürftigen Errichtung, die nach Maßgabe des Bauordnungsrechts der zuständigen Behörde zur Kenntnis zu bringen ist, für das Gebäude die erforderliche Kenntnisgabe an die Behörde erfolgt ist oder

 c) im Fall einer sonstigen nicht genehmigungsbedürftigen, insbesondere genehmigungs-, anzeige- und verfahrensfreien Errichtung mit der Bauausführung des Gebäudes begonnen worden ist,

2. das Gebäude im räumlich-funktionalen Zusammenhang mit einer nach dem 31. März 2012 errichteten Hofstelle eines land- oder forstwirtschaftlichen Betriebes steht oder

3. das Gebäude der dauerhaften Stallhaltung von Tieren dient und von der zuständigen Baubehörde genehmigt worden ist.

[2]Im Übrigen ist Absatz 1 Nummer 1 anzuwenden.

(4) [1]§ 38b Absatz 2 Satz 1 ist entsprechend anzuwenden. [2]Der Anspruch nach § 19 Absatz 1 entfällt für die ersetzten Anlagen endgültig.

§ 49 Absenkung der anzulegenden Werte für Strom aus solarer Strahlungsenergie

(1) [1]Die anzulegenden Werte nach § 48 Absatz 1 und 2 Nummer 1 und 2 verringern sich ab dem 1. Februar 2017 und der anzulegende Wert nach § 48 Absatz 2 Nummer 3 Buchstabe c verringert sich ab dem 1. Mai 2019 monatlich zum ersten Kalendertag eines Monats um 0,5 Prozent gegenüber den in dem jeweils vorangegangenen Kalendermonat geltenden anzulegenden Werten. [2]Die monatliche Absenkung nach Satz 1 wird jeweils zum 1. Februar, 1. Mai, 1. August und 1. November eines Jahres nach Maßgabe der Absätze

2 und 3 aufgrund des Brutto-Zubaus von Solaranlagen, deren anzulegender Wert gesetzlich bestimmt worden ist, angepasst. ³Zum Zweck der Anpassung ist der im sechsmonatigen Bezugszeitraum nach Absatz 4 registrierte Brutto-Zubau auf ein Jahr hochzurechnen (annualisierter Brutto-Zubau).

(2) Die monatliche Absenkung der anzulegenden Werte nach Absatz 1 Satz 2 erhöht sich, wenn der annualisierte Brutto-Zubau von Solaranlagen , deren anzulegender Wert gesetzlich bestimmt worden ist, den Wert von 1 900 Megawatt

1. um bis zu 1 000 Megawatt überschreitet, auf 1,00 Prozent,
2. um mehr als 1 000 Megawatt überschreitet, auf 1,40 Prozent,
3. um mehr als 2 000 Megawatt überschreitet, auf 1,80 Prozent,
4. um mehr als 3 000 Megawatt überschreitet, auf 2,20 Prozent,
5. um mehr als 4 000 Megawatt überschreitet, auf 2,50 Prozent oder
6. um mehr als 5 000 Megawatt überschreitet, auf 2,80 Prozent.

(3) Die monatliche Absenkung der anzulegenden Werte nach Absatz 1 Satz 2 verringert sich, wenn der annualisierte Brutto-Zubau von Solaranlagen , deren anzulegender Wert gesetzlich bestimmt worden ist, den Wert von 1 900 Megawatt

1. um mehr als 200 Megawatt unterschreitet, auf 0,25 Prozent,
2. um mehr als 400 Megawatt unterschreitet, auf null,
3. um mehr als 800 Megawatt unterschreitet, auf null; die anzulegenden Werte nach § 48 erhöhen sich zum ersten Kalendertag des jeweiligen Quartals einmalig um 1,50 Prozent, oder
4. um mehr als 1 200 Megawatt unterschreitet, auf null; die anzulegenden Werte nach § 48 erhöhen sich zum ersten Kalendertag des jeweiligen Quartals einmalig um 3,00 Prozent.

(4) Bezugszeitraum ist der Zeitraum nach dem letzten Kalendertag des achten Monats und vor dem ersten Kalendertag des letzten Monats, der einem Zeitpunkt nach Absatz 1 vorangeht.

(5) ¹Die anzulegenden Werte nach den Absätzen 1 bis 4 werden auf zwei Stellen nach dem Komma gerundet. ²Für die Berechnung der Höhe der anzulegenden Werte aufgrund einer erneuten Anpassung nach den Absätzen 1 bis 4 sind die ungerundeten Werte zugrunde zu legen.

Unterabschnitt 2
Zahlungen für Flexibilität

§ 50 Zahlungsanspruch für Flexibilität
(1) Anlagenbetreiber haben gegen den Netzbetreiber einen Zahlungsanspruch nach Maßgabe des § 50a oder § 50b für die Bereitstellung installierter Leistung, wenn für den in der Anlage erzeugten Strom dem Grunde nach auch ein Anspruch auf Zahlung nach der für die Anlage maßgeblichen Fassung des Erneuerbare-Energien-Gesetzes besteht; dieser Anspruch bleibt unberührt.

(2) § 24 Absatz 1, § 26 und § 27 sind entsprechend anzuwenden.

§ 50a Flexibilitätszuschlag für neue Anlagen
(1) Der Anspruch nach § 50 beträgt für die Bereitstellung flexibler installierter Leistung 40 Euro pro Kilowatt installierter Leistung und Jahr (Flexibilitätszuschlag) in

1. Anlagen zur Erzeugung von Strom aus Biogas mit einer installierten Leistung von mehr als 100 Kilowatt, deren anzulegender Wert gesetzlich bestimmt wird, und
2. Anlagen zur Erzeugung von Strom aus Biogas, deren anzulegender Wert durch Ausschreibungen ermittelt worden ist.

(2) Der Anspruch auf den Flexibilitätszuschlag besteht nur, wenn der Anlagenbetreiber für den in § 44b Absatz 1 bestimmten Anteil der in einem Kalenderjahr erzeugten Strommenge einen Anspruch nach § 19 Absatz 1 in Verbindung mit § 39, § 42 oder § 43 in Anspruch nimmt und dieser Anspruch nicht nach § 52 verringert ist.

(3) Der Flexibilitätszuschlag kann für die gesamte Dauer des Anspruchs nach § 19 Absatz 1 verlangt werden.

§ 50b Flexibilitätsprämie für bestehende Anlagen
¹Betreiber von Anlagen zur Erzeugung von Strom aus Biogas, die nach dem am 31. Juli 2014 geltenden Inbetriebnahmebegriff vor dem 1. August 2014 in Betrieb genommen worden sind, können ergänzend zu einer Veräußerung des Stroms in den Veräußerungsformen einer Direktvermarktung von dem Netzbetreiber eine Prämie für die Bereitstellung zusätzlich installierter Leistung für eine bedarfsorientierte Stromerzeugung (Flexibilitätsprämie) verlangen. ²Der Anspruch nach Satz 1 beträgt 130 Euro pro Kilowatt flexibel bereitgestellter zusätzlich installierter Leistung und Jahr, wenn die Voraussetzungen nach Anlage 3 Nummer I erfüllt sind. ³Die Höhe der Flexibilitätsprämie bestimmt sich nach Anlage 3 Nummer

II. [4]Für Strom aus Anlagen nach § 100 Absatz 4 sind die Sätze 1 bis 3 rückwirkend zum 1. August 2014 entsprechend anzuwenden. [5]Wenn aufgrund von Satz 4 Korrekturen von Abrechnungen für die Jahre 2014 oder 2015 erforderlich werden, ist ergänzend zu § 62 ausreichend, wenn der Anlagenbetreiber eine Kopie der Genehmigung oder Zulassung nach § 100 Absatz 4 sowie einen Nachweis über die Inbetriebnahme der Anlage vorlegt.

Abschnitt 5
Rechtsfolgen und Strafen

§ 51 Verringerung des Zahlungsanspruchs bei negativen Preisen
(1) Wenn der Wert der Stundenkontrakte für die Preiszone für Deutschland am Spotmarkt der Strombörse in der vortägigen Auktion in mindestens sechs aufeinanderfolgenden Stunden negativ ist, verringert sich der anzulegende Wert für den gesamten Zeitraum, in dem die Stundenkontrakte ohne Unterbrechung negativ sind, auf null.
(2) Wenn der Strom in einem Kalendermonat, in dem die Voraussetzungen nach Absatz 1 mindestens einmal erfüllt sind, in der Ausfallvergütung veräußert wird, muss der Anlagenbetreiber dem Netzbetreiber bei der Datenübermittlung nach § 71 Nummer 1 die Strommenge mitteilen, die er in dem Zeitraum eingespeist hat, in dem die Stundenkontrakte ohne Unterbrechung negativ gewesen sind; andernfalls verringert sich der Anspruch in diesem Kalendermonat um 5 Prozent pro Kalendertag, in dem dieser Zeitraum ganz oder teilweise liegt.
(3) Die Absätze 1 und 2 sind nicht anzuwenden auf
1. Windenergieanlagen mit einer installierten Leistung von weniger als 3 Megawatt, wobei § 24 Absatz 1 entsprechend anzuwenden ist,
2. sonstige Anlagen mit einer installierten Leistung von weniger als 500 Kilowatt, wobei § 24 Absatz 1 entsprechend anzuwenden ist,
3. Pilotwindenergieanlagen an Land nach § 3 Nummer 37 Buchstabe b und
4. Pilotwindenergieanlagen auf See nach § 3 Nummer 6 des Windenergie-auf-See-Gesetzes.

§ 52 Verringerung des Zahlungsanspruchs bei Pflichtverstößen
(1) [1]Der anzulegende Wert verringert sich auf null,
1. solange Anlagenbetreiber die zur Registrierung der Anlage erforderlichen Angaben nicht an das Register übermittelt haben und die Meldung nach § 71 Nummer 1 noch nicht erfolgt ist,
2. solange und soweit Betreiber von im Register registrierten Anlagen die zur Meldung einer Erhöhung der installierten Leistung der Anlage erforderlichen Angaben nicht an das Register übermittelt haben und die Meldung nach § 71 Nummer 1 noch nicht erfolgt ist,
3. wenn Anlagenbetreiber gegen § 21b Absatz 2 Satz 1 zweiter Halbsatz oder Absatz 3 verstoßen,
4. wenn Betreiber von Anlagen, deren anzulegender Wert durch Ausschreibungen ermittelt wird, gegen § 27a verstoßen oder
5. solange bei Anlagen nach § 100 Absatz 3 Satz 2 der Nachweis nach § 100 Absatz 3 Satz 3 nicht erbracht ist.
[2]Satz 1 Nummer 3 ist bis zum Ablauf des dritten Kalendermonats anzuwenden, der auf die Beendigung des Verstoßes gegen § 21b Absatz 2 oder Absatz 3 folgt. [3]Satz 1 Nummer 4 ist für das gesamte Kalenderjahr des Verstoßes anzuwenden.
(2) [1]Der anzulegende Wert verringert sich auf den Monatsmarktwert,
1. solange Anlagenbetreiber gegen § 9 Absatz 1, 2, 5 oder 6 verstoßen,
1a. solange Anlagenbetreiber gegen § 9 Absatz 8 verstoßen,
2. wenn Anlagenbetreiber dem Netzbetreiber die Zuordnung zu oder den Wechsel zwischen den verschiedenen Veräußerungsformen nach § 21b Absatz 1 nicht nach Maßgabe des § 21c übermittelt haben,
3. solange Anlagenbetreiber, die die Ausfallvergütung in Anspruch nehmen, eine der Höchstdauern nach § 21 Absatz 1 Nummer 2 erster Halbsatz überschreiten,
4. solange Anlagenbetreiber, die eine Einspeisevergütung in Anspruch nehmen, gegen § 21 Absatz 2 verstoßen, mindestens jedoch für die Dauer des gesamten Kalendermonats, in dem ein solcher Verstoß erfolgt ist, oder
5. wenn Anlagenbetreiber gegen eine Pflicht nach § 80 verstoßen.
[2]Die Verringerung ist im Fall des Satzes 1 Nummer 2 bis zum Ablauf des Kalendermonats, der auf die Beendigung des Verstoßes folgt, im Fall des Satzes 1 Nummer 3 für die Dauer des gesamten Kalender-

monats, in dem ein solcher Verstoß erfolgt ist, und im Fall des Satzes 1 Nummer 5 für die Dauer des Verstoßes zuzüglich der darauf folgenden sechs Kalendermonate anzuwenden.

(3) Der anzulegende Wert verringert sich um jeweils 20 Prozent, wobei das Ergebnis auf zwei Stellen nach dem Komma gerundet wird,

1. solange Anlagenbetreiber die zur Registrierung der Anlage erforderlichen Angaben nicht an das Register übermittelt haben, aber die Meldung nach § 71 Nummer 1 erfolgt ist, oder

2. solange und soweit Anlagenbetreiber einer im Register registrierten Anlage eine Erhöhung der installierten Leistung der Anlage nicht nach Maßgabe der Rechtsverordnung nach § 93 dieses Gesetzes oder nach § 111f des Energiewirtschaftsgesetzes übermittelt haben, aber die Meldung nach § 71 Nummer 1 erfolgt ist.

(4) Anlagenbetreiber, die keinen Anspruch nach § 19 Absatz 1 geltend machen, verlieren, solange sie gegen § 9 Absatz 1, 2, 5 oder 6 oder gegen § 21b Absatz 3 verstoßen, den Anspruch auf ein Entgelt für dezentrale Einspeisung nach § 18 der Stromnetzentgeltverordnung und den Anspruch auf vorrangige Abnahme, Übertragung und Verteilung nach § 11; Betreiber von KWK-Anlagen verlieren in diesem Fall den Anspruch auf ein Entgelt für dezentrale Einspeisung nach § 18 der Stromnetzentgeltverordnung und ihren Anspruch auf Zuschlagzahlung nach den §§ 6 bis 13 des Kraft-Wärme-Kopplungsgesetzes, soweit ein solcher besteht, oder andernfalls ihren Anspruch auf vorrangigen Netzzugang.

§ 53 Verringerung der Einspeisevergütung und des Mieterstromzuschlags

[1]Die Höhe des Anspruchs auf die Einspeisevergütung und auf den Mieterstromzuschlag berechnet sich aus den anzulegenden Werten, wobei von den anzulegenden Werten

1. 0,2 Cent pro Kilowattstunde für Strom aus Anlagen zur Erzeugung von Strom aus Wasserkraft, Biomasse, Geothermie, Deponie-, Klär- oder Grubengas abzuziehen sind oder

2. 0,4 Cent pro Kilowattstunde für Strom aus Solaranlagen oder aus Windenergieanlagen an Land oder auf See abzuziehen sind.

[2]Abweichend von Satz 1 verringert sich der anzulegende Wert um 20 Prozent, wobei das Ergebnis auf zwei Stellen nach dem Komma gerundet wird, solange die Ausfallvergütung in Anspruch genommen wird.

§ 53a Verringerung des Zahlungsanspruchs bei Windenergieanlagen an Land

(1) [1]Der gesetzlich bestimmte anzulegende Wert verringert sich bei Windenergieanlagen an Land auf null, wenn der Einspeisewillige nach § 22 Absatz 2 Satz 2 Nummer 2 Buchstabe c auf den gesetzlich bestimmten Anspruch nach § 19 Absatz 1 verzichtet hat. [2]Der Anspruch auf eine durch Ausschreibungen ermittelte Zahlung nach § 19 Absatz 1 bleibt unberührt.

(2) Die Bundesnetzagentur unterrichtet den Netzbetreiber, an dessen Netz die Anlage angeschlossen werden soll, über den Verzicht nach § 22 Absatz 2 Satz 2 Nummer 2 Buchstabe c.

§ 53b Verringerung des Zahlungsanspruchs bei Regionalnachweisen

Der anzulegende Wert für Strom, für den dem Anlagenbetreiber ein Regionalnachweis ausgestellt worden ist, verringert sich bei Anlagen, deren anzulegender Wert gesetzlich bestimmt ist, um 0,1 Cent pro Kilowattstunde.

§ 53c Verringerung des Zahlungsanspruchs bei einer Stromsteuerbefreiung

Der anzulegende Wert verringert sich für Strom, der durch ein Netz durchgeleitet wird und der von der Stromsteuer nach dem Stromsteuergesetz befreit ist, um die Höhe der pro Kilowattstunde gewährten Stromsteuerbefreiung.

§ 54 Verringerung des Zahlungsanspruchs bei Ausschreibungen für Solaranlagen

(1) [1]Der durch Ausschreibungen ermittelte anzulegende Wert verringert sich bei Solaranlagen um 0,3 Cent pro Kilowattstunde, soweit die Ausstellung der Zahlungsberechtigung für die Gebotsmenge, die der Solaranlage zugeteilt worden ist, erst nach Ablauf des 18. Kalendermonats beantragt worden ist, der auf die öffentliche Bekanntgabe des Zuschlags folgt. [2]Werden einer Solaranlage Gebotsmengen von mehreren bezuschlagten Geboten zugeordnet, ist Satz 1 nur für den Zuschlagswert der bezuschlagten Gebote anzuwenden, deren Zuteilung zur Solaranlage erst nach Ablauf des 18. Kalendermonats beantragt worden ist.

(2) [1]Wenn der Standort der Solaranlage nicht zumindest teilweise mit den im Gebot angegebenen Flurstücken übereinstimmt, verringert sich der anzulegende Wert nach § 38b ebenfalls um 0,3 Cent pro Kilowattstunde. [2]Werden einer Solaranlage Gebotsmengen von mehreren bezuschlagten Geboten zugeordnet, verringert sich jeweils der Zuschlagswert der bezuschlagten Gebote, bei denen keine Übereinstimmung nach Satz 1 besteht, um 0,3 Cent pro Kilowattstunde.

§ 55 Pönalen

(1) [1]Bei Geboten für Windenergieanlagen an Land nach § 36 müssen Bieter an den regelverantwortlichen Übertragungsnetzbetreiber eine Pönale leisten,

1. soweit mehr als 5 Prozent der Gebotsmenge eines bezuschlagten Gebots für eine Windenergieanlage an Land nach § 35a entwertet werden oder

2. wenn die Windenergieanlage an Land mehr als 24 Monate nach der öffentlichen Bekanntgabe des Zuschlags in Betrieb genommen worden ist.

[2]Die Höhe der Pönale nach Satz 1 Nummer 1 und 2 berechnet sich aus der Gebotsmenge des bezuschlagten Gebots

1. abzüglich der vor Ablauf des 24. auf die öffentliche Bekanntgabe des Zuschlags folgenden Monats in Betrieb genommenen Anlagenleistung multipliziert mit 10 Euro pro Kilowatt,

2. abzüglich der vor Ablauf des 26. auf die öffentliche Bekanntgabe des Zuschlags folgenden Monats in Betrieb genommenen Anlagenleistung multipliziert mit 20 Euro pro Kilowatt oder

3. abzüglich der vor Ablauf des 28. auf die öffentliche Bekanntgabe des Zuschlags folgenden Monats in Betrieb genommenen Anlagenleistung multipliziert mit 30 Euro pro Kilowatt.

[3]Abweichend von Satz 2 berechnet sich die Höhe der Pönale für Windenergieanlagen an Land, die zu den Gebotsterminen am 1. Februar 2019, 1. Mai 2019 oder 1. August 2019 den Zuschlag erhalten haben, aus der Gebotsmenge des bezuschlagten Gebots abzüglich der vor Ablauf des 24. auf die öffentliche Bekanntgabe des Zuschlags folgenden Monats in Betrieb genommenen Anlagenleistung multipliziert mit 30 Euro pro Kilowatt.

(2) *[aufgehoben]*

(3) [1]Bei Geboten für Solaranlagen müssen Bieter an den regelverantwortlichen Übertragungsnetzbetreiber eine Pönale leisten,

1. wenn ein Zuschlag für eine Solaranlage nach § 37d Absatz 2 Nummer 1 erlischt, weil die Zweitsicherheit nicht rechtzeitig und vollständig geleistet worden ist, oder

2. soweit mehr als 5 Prozent der Gebotsmenge eines bezuschlagten Gebots für eine Solaranlage nach § 35a entwertet werden.

[2]Die Höhe der Pönale nach Satz 1 Nummer 1 entspricht der nach § 37a Satz 2 Nummer 1 für das Gebot zu leistenden Erstsicherheit. [3]Die Höhe der Pönale nach Satz 1 Nummer 2 berechnet sich aus der entwerteten Gebotsmenge multipliziert mit 50 Euro pro Kilowatt. [4]Die Pönale verringert sich für Bieter, deren Zweitsicherheit nach § 37a Satz 2 Nummer 2 zweiter Halbsatz verringert ist, auf 25 Euro pro Kilowatt.

(4) [1]Bei Geboten für Biomasseanlagen, die keine bestehenden Biomasseanlagen nach § 39f sind, müssen Bieter an den verantwortlichen Übertragungsnetzbetreiber eine Pönale leisten,

1. soweit mehr als 5 Prozent der Gebotsmenge eines bezuschlagten Gebots für eine Biomasseanlage nach § 35a entwertet werden oder

2. wenn eine Biomasseanlage mehr als 18 Monate nach der öffentlichen Bekanntgabe des Zuschlags in Betrieb genommen worden ist.

[2]Die Höhe der Pönale berechnet sich aus der Gebotsmenge des bezuschlagten Gebots

1. abzüglich der vor Ablauf des 18. auf die öffentliche Bekanntgabe des Zuschlags folgenden Monats in Betrieb genommenen Anlagenleistung multipliziert mit 20 Euro pro Kilowatt,

2. abzüglich der vor Ablauf des 20. auf die öffentliche Bekanntgabe des Zuschlags folgenden Monats in Betrieb genommenen Anlagenleistung multipliziert mit 40 Euro pro Kilowatt oder

3. abzüglich der vor Ablauf des 22. auf die öffentliche Bekanntgabe des Zuschlags folgenden Monats in Betrieb genommenen Anlagenleistung multipliziert mit 60 Euro pro Kilowatt.

(5) [1]Bei Geboten für bestehende Biomasseanlagen nach § 39f müssen Bieter an den verantwortlichen Übertragungsnetzbetreiber eine Pönale leisten,

1. soweit mehr als 5 Prozent der Gebotsmenge eines bezuschlagten Gebots für eine Biomasseanlage nach § 35a entwertet werden oder

2. wenn der Anlagenbetreiber dem Netzbetreiber die Bescheinigung des Umweltgutachters nach § 39f Absatz 4 nicht bis zum Tag nach § 39f Absatz 2 vorgelegt hat.

[2]Die Höhe der Pönale berechnet sich aus der Gebotsmenge des bezuschlagten Gebots

1. multipliziert mit 20 Euro pro Kilowatt, wenn der Anlagenbetreiber dem Netzbetreiber die Bescheinigung des Umweltgutachters nach § 39f Absatz 4 nicht bis zum Tag nach § 39f Absatz 2 vorgelegt hat,

2. multipliziert mit 40 Euro pro Kilowatt, wenn der Anlagenbetreiber dem Netzbetreiber die Bescheinigung des Umweltgutachters nach § 39f Absatz 4 nicht spätestens zwei Monate nach dem Tag nach § 39f Absatz 2 vorgelegt hat, und

3. multipliziert mit 60 Euro pro Kilowatt, wenn der Anlagenbetreiber dem Netzbetreiber die Bescheinigung des Umweltgutachters nach § 39f Absatz 4 mehr als vier Monate nach dem Tag nach § 39f Absatz 2 vorgelegt hat.

(6) [1]Die Forderung nach den Absätzen 1 bis 5 muss durch Überweisung eines entsprechenden Geldbetrags auf ein Geldkonto des Übertragungsnetzbetreibers erfüllt werden. [2]Dabei ist die Zuschlagsnummer des Gebots zu übermitteln, für das die Pönale geleistet wird.

(7) Der regelverantwortliche Übertragungsnetzbetreiber darf sich hinsichtlich der Forderungen nach den Absätzen 1 bis 5 aus der jeweils für das Gebot hinterlegten Sicherheit befriedigen, wenn der Bieter die Forderung nicht vor Ablauf des zweiten Kalendermonats erfüllt hat, der auf die Entwertung der Gebotsmenge folgt.

(8) Die Bundesnetzagentur teilt dem Übertragungsnetzbetreiber unverzüglich folgende für die Inanspruchnahme der Pönalen erforderliche Angaben mit:

1. die nach § 32 Absatz 2 registrierten Angaben des Gebots,
2. den Zeitpunkt der Bekanntgabe der Zuschläge und Zuschlagswerte für das Gebot,
3. die Höhe der vom Bieter für das Gebot geleisteten Sicherheit,
4. die Rückgabe von Zuschlägen für das Gebot,
5. das Erlöschen des Zuschlags,
6. die Rücknahme und den Widerruf des Zuschlags und
7. die Rücknahme und den Widerruf einer Zahlungsberechtigung, sofern der Solaranlage Gebotsmengen zugeteilt worden sind und der im Gebot angegebene Standort der Solaranlage in der jeweiligen Regelzone des Übertragungsnetzbetreibers liegt.

§ 55a Erstattung von Sicherheiten

(1) Die Bundesnetzagentur gibt unverzüglich die hinterlegten Sicherheiten für ein bestimmtes Gebot zurück, wenn der Bieter

1. dieses Gebot nach § 30a Absatz 3 zurückgenommen hat,
2. für dieses Gebot keinen Zuschlag nach § 32 erhalten hat oder
3. für dieses Gebot eine Pönale nach § 55 geleistet hat.

(2) [1]Die Bundesnetzagentur erstattet die hinterlegten Sicherheiten für ein bestimmtes Gebot auch, soweit der Netzbetreiber

1. für eine Solaranlage eine Bestätigung nach § 38a Absatz 3 an die Bundesnetzagentur übermittelt hat oder
2. für eine Windenergieanlage an Land oder eine Biomasseanlage eine Bestätigung nach § 7 Absatz 3 der Anlagenregisterverordnung oder eine entsprechende Bestätigung nach Maßgabe der Rechtsverordnung nach § 111f des Energiewirtschaftsgesetzes übermittelt hat.

[2]Sind nicht mehr als 5 Prozent der Gebotsmenge des bezuschlagten Gebots entwertet worden, erstattet die Bundesnetzagentur die Sicherheit in voller Höhe.

Teil 4
Ausgleichsmechanismus

Abschnitt 1
Bundesweiter Ausgleich

§ 56 Weitergabe an den Übertragungsnetzbetreiber

Netzbetreiber müssen unverzüglich an den vorgelagerten Übertragungsnetzbetreiber weitergeben:

1. den nach § 19 Absatz 1 Nummer 2 vergüteten Strom und
2. für den gesamten Strom, für den sie Zahlungen an die Anlagenbetreiber leisten, das Recht, diesen Strom als „Strom aus erneuerbaren Energien, finanziert aus der EEG-Umlage" zu kennzeichnen.

§ 57 Ausgleich zwischen Netzbetreibern und Übertragungsnetzbetreibern

(1) Vorgelagerte Übertragungsnetzbetreiber müssen den Netzbetreibern die nach § 19 oder § 50 geleisteten Zahlungen abzüglich der Rückzahlungen nach § 36h Absatz 2, § 46 Absatz 3 und § 46b Absatz 1 nach Maßgabe des Teils 3 erstatten.

(2) [1]Übertragungsnetzbetreiber müssen Netzbetreibern 50 Prozent der notwendigen Kosten erstatten, die ihnen durch eine effiziente Nachrüstung von Solaranlagen entstehen, wenn die Netzbetreiber auf Grund

der Systemstabilitätsverordnung zu der Nachrüstung verpflichtet sind. [2]§ 11 Absatz 5 ist entsprechend anzuwenden.

(3) [1]Netzbetreiber müssen vermiedene Netzentgelte nach § 18 der Stromnetzentgeltverordnung, soweit sie nach § 18 Absatz 1 Satz 3 Nummer 1 der Stromnetzentgeltverordnung nicht an Anlagenbetreiber gewährt werden und nach § 120 des Energiewirtschaftsgesetzes in Verbindung mit § 18 Absatz 2 und 3 der Stromnetzentgeltverordnung ermittelt worden sind, an die vorgelagerten Übertragungsnetzbetreiber auszahlen. [2]§ 11 Absatz 5 Nummer 2 ist entsprechend anzuwenden.

(4) [1]Die Zahlungen nach den Absätzen 1 bis 3 sind zu saldieren. [2]Auf die Zahlungen sind monatliche Abschläge in angemessenem Umfang zu entrichten.

(5) [1]Zahlt ein Übertragungsnetzbetreiber dem Netzbetreiber mehr als im Teil 3 vorgeschrieben, muss er den Mehrbetrag zurückfordern. [2]Ist die Zahlung in Übereinstimmung mit dem Ergebnis eines Verfahrens der Clearingstelle nach § 81 Absatz 4 oder 5 erfolgt und beruht die Rückforderung auf der Anwendung einer nach der Zahlung in anderer Sache ergangenen höchstrichterlichen Entscheidung, ist der Netzbetreiber berechtigt, insoweit die Einrede der Übereinstimmung der Berechnung der Zahlung mit einer Entscheidung der Clearingstelle für Zahlungen zu erheben, die bis zum Tag der höchstrichterlichen Entscheidung geleistet worden sind. [3]Der Rückforderungsanspruch verjährt mit Ablauf des zweiten auf die Einspeisung folgenden Kalenderjahres; die Pflicht nach Satz 1 erlischt insoweit. [4]Die Sätze 1 bis 3 sind im Verhältnis von aufnehmendem Netzbetreiber und Anlagenbetreiber entsprechend anzuwenden. [5]§ 27 Absatz 1 ist auf Ansprüche nach Satz 4 nicht anzuwenden.

§ 58 Ausgleich zwischen den Übertragungsnetzbetreibern

(1) [1]Die Übertragungsnetzbetreiber müssen

1. die Informationen über den unterschiedlichen Umfang und den zeitlichen Verlauf der Strommengen, für die sie Zahlungen nach § 19 Absatz 1 leisten oder Rückzahlungen nach § 36h Absatz 2, § 46 Absatz 3 und § 46b Absatz 1 erhalten, speichern,
2. die Informationen über die Zahlungen nach § 19 oder § 50 speichern,
3. die Strommengen nach Nummer 1 unverzüglich untereinander vorläufig ausgleichen,
4. monatliche Abschläge in angemessenem Umfang auf die Zahlungen nach Nummer 2 entrichten und
5. die Strommengen nach Nummer 1 und die Zahlungen nach Nummer 2 nach Maßgabe von Absatz 2 abrechnen.

[2]Bei der Speicherung und Abrechnung der Zahlungen nach Satz 1 Nummer 2, 4 und 5 sind die Saldierungen auf Grund des § 57 Absatz 4 zugrunde zu legen.

(2) Die Übertragungsnetzbetreiber ermitteln jährlich bis zum 31. Juli die Strommenge, die sie im vorangegangenen Kalenderjahr nach § 11 oder § 56 abgenommen und für die sie nach § 19 Absatz 1 oder § 57 gezahlt sowie nach Absatz 1 vorläufig ausgeglichen haben, einschließlich der Strommenge, für die sie das Recht erhalten haben, den Strom als „Strom aus erneuerbaren Energien oder Grubengas" zu kennzeichnen, und den Anteil dieser Menge an der gesamten Strommenge, die Elektrizitätsversorgungsunternehmen im Bereich des jeweiligen Übertragungsnetzbetreibers im vorangegangenen Kalenderjahr an Letztverbraucher geliefert haben.

(3) [1]Übertragungsnetzbetreiber, die größere Mengen abzunehmen hatten, als es diesem durchschnittlichen Anteil entspricht, haben gegen die anderen Übertragungsnetzbetreiber einen Anspruch auf Abnahme und Vergütung nach den §§ 19 und 50, bis auch diese Netzbetreiber eine Strommenge abnehmen, die dem Durchschnittswert entspricht. [2]Übertragungsnetzbetreiber, bezogen auf die gesamte von Elektrizitätsversorgungsunternehmen im Bereich des jeweiligen Übertragungsnetzbetreibers im vorangegangenen Kalenderjahr gelieferte Strommenge, einen höheren Anteil der Zahlung nach § 57 Absatz 1 zu vergüten oder einen höheren Anteil der Kosten nach § 57 Absatz 2 zu ersetzen haben, als es dem durchschnittlichen Anteil aller Übertragungsnetzbetreiber entspricht, haben gegen die anderen Übertragungsnetzbetreiber einen Anspruch auf Erstattung der Zahlung oder Kosten, bis die Kostenbelastung aller Übertragungsnetzbetreiber dem Durchschnittswert entspricht.

§ 59 Vermarktung durch die Übertragungsnetzbetreiber

Die Übertragungsnetzbetreiber müssen selbst oder gemeinsam den nach § 19 Absatz 1 Nummer 2 vergüteten Strom diskriminierungsfrei, transparent und unter Beachtung der Vorgaben der Erneuerbare-Energien-Verordnung vermarkten.

§ 60 EEG-Umlage für Elektrizitätsversorgungsunternehmen

(1) [1]Die Übertragungsnetzbetreiber sind berechtigt und verpflichtet, von Elektrizitätsversorgungsunternehmen, die Strom an Letztverbraucher liefern, anteilig zu dem jeweils von den Elektrizitätsversorgungsunternehmen an ihre Letztverbraucher gelieferten Strom die Kosten für die erforderlichen Ausgaben nach Abzug der erzielten Einnahmen und nach Maßgabe der Erneuerbare-Energien-Verordnung zu verlangen

(EEG-Umlage). [2]Die §§ 611 und 63 dieses Gesetzes sowie § 8d des Kraft-Wärme-Kopplungsgesetzes bleiben unberührt. [3]Der Anteil ist so zu bestimmen, dass jedes Elektrizitätsversorgungsunternehmen für jede von ihm an einen Letztverbraucher gelieferte Kilowattstunde Strom dieselben Kosten trägt. [4]Auf die Zahlung der EEG-Umlage sind monatliche Abschläge in angemessenem Umfang zu entrichten. [5]Es wird widerleglich vermutet, dass Strommengen, die aus einem beim Übertragungsnetzbetreiber geführten Bilanzkreis an physikalische Entnahmestellen abgegeben werden, von einem Elektrizitätsversorgungsunternehmen an Letztverbraucher geliefert werden. [6]Der Inhaber des zugeordneten Abrechnungsbilanz-kreises haftet für die EEG-Umlage, die ab dem 1. Januar 2018 zu zahlen ist, mit dem Elektrizitätsversorgungsunternehmen gesamtschuldnerisch.

(2) [1]Einwände gegen Forderungen der Übertragungsnetzbetreiber auf Zahlungen der EEG-Umlage berechtigen zum Zahlungsaufschub oder zur Zahlungsverweigerung nur, soweit die ernsthafte Möglichkeit eines offensichtlichen Fehlers besteht. [2]Eine Aufrechnung gegen Forderungen der EEG-Umlage ist nicht zulässig. [3]Im Fall von Zahlungsrückständen von mehr als einer Abschlagsforderung dürfen die Übertragungsnetzbetreiber den Bilanzkreisvertrag kündigen, wenn die Zahlung der Rückstände trotz Mahnung und Androhung der Kündigung gegenüber dem Bilanzkreisverantwortlichen, in dessen Bilanzkreis die betroffenen Strommengen geführt werden, drei Wochen nach Androhung der Kündigung nicht vollständig erfolgt ist. [4]Die Androhung der Kündigung kann mit der Mahnung verbunden werden. [5]Die Sätze 1, 3 und 4 sind für die Meldung der Energiemengen nach § 74 Absatz 2 mit der Maßgabe entsprechend anzuwenden, dass die Frist für die Meldung der Daten nach Androhung der Kündigung sechs Wochen beträgt.

(3) [1]Elektrizitätsversorgungsunternehmen, die ihrer Pflicht zur Zahlung der EEG-Umlage nach Absatz 1 nicht rechtzeitig nachgekommen sind, müssen diese Geldschuld nach § 352 Absatz 2 des Handelsgesetzbuchs ab Eintritt der Fälligkeit verzinsen. [2]Satz 1 ist entsprechend anzuwenden, wenn die Fälligkeit nicht eintreten konnte, weil das Elektrizitätsversorgungsunternehmen die von ihm gelieferten Strommengen entgegen § 74 Absatz 2 nicht oder nicht rechtzeitig dem Übertragungsnetzbetreiber gemeldet hat; ausschließlich zum Zweck der Verzinsung ist in diesem Fall die Geldschuld für die Zahlung der EEG-Umlage auf die nach § 74 Absatz 2 mitzuteilende Strommenge eines Jahres spätestens am 1. Januar des Folgejahres als fällig zu betrachten.

§ 60a EEG-Umlage für stromkostenintensive Unternehmen

[1]Die Übertragungsnetzbetreiber sind berechtigt und verpflichtet, für Strom, der von einem Elektrizitätsversorgungsunternehmen an einen Letztverbraucher geliefert wird, die EEG-Umlage abweichend von § 60 Absatz 1 Satz 1 von dem Letztverbraucher zu verlangen, wenn und soweit der Letztverbraucher ein stromkostenintensives Unternehmen ist und den Strom an einer Abnahmestelle verbraucht, an der die EEG-Umlage nach § 63 oder § 103 begrenzt ist; die EEG-Umlage kann nur nach Maßgabe der Begrenzungsentscheidung verlangt werden. [2]Im Übrigen sind die Bestimmungen dieses Gesetzes zur EEG-Umlage für Elektrizitätsversorgungsunternehmen auf Letztverbraucher, die nach Satz 1 zur Zahlung verpflichtet sind, entsprechend anzuwenden. [3]Der zuständige Übertragungsnetzbetreiber teilt einem Elektrizitätsversorgungsunternehmen, das Strom an einen Letztverbraucher liefert, der nach Satz 1 zur Zahlung verpflichtet ist, jährlich bis zum 31. Juli das Verhältnis der für dessen Abnahmestelle im jeweils vorangegangenen Kalenderjahr insgesamt gezahlten EEG-Umlage zu der an dessen Abnahmestelle im jeweils vorangegangenen Kalenderjahr umlagepflichtigen und selbst verbrauchten Strommenge elektronisch mit. [4]Letztverbraucher, die nach Satz 1 zur Zahlung verpflichtet sind, teilen dem zuständigen Übertragungsnetzbetreiber bis zum 31. Mai alle Elektrizitätsversorgungsunternehmen elektronisch mit, von denen sie im vorangegangenen Kalenderjahr beliefert worden sind.

§ 61 EEG-Umlage für Letztverbraucher und Eigenversorger

(1) Die Netzbetreiber sind berechtigt und verpflichtet, die EEG-Umlage von Letztverbrauchern zu verlangen für

1. die Eigenversorgung und
2. sonstigen Verbrauch von Strom, der nicht von einem Elektrizitätsversorgungsunternehmen geliefert wird.

(2) [1]Der Anspruch nach Absatz 1 entfällt oder verringert sich nach den §§ 61a bis 61g und § 61l. [2]Die §§ 61i und 63 sowie § 8d des Kraft-Wärme-Kopplungsgesetzes bleiben unberührt.

(3) Die Bestimmungen dieses Gesetzes für Elektrizitätsversorgungsunternehmen sind auf Letztverbraucher, die nach dieser Bestimmung zur Zahlung der vollen oder anteiligen EEG-Umlage verpflichtet sind, entsprechend anzuwenden.

§ 61a Entfallen der EEG-Umlage

Der Anspruch nach § 61 Absatz 1 entfällt bei Eigenversorgungen,

1. soweit der Strom in der Stromerzeugungsanlage oder in deren Neben- und Hilfsanlagen zur Erzeugung von Strom im technischen Sinn verbraucht wird (Kraftwerkseigenverbrauch),
2. wenn die Stromerzeugungsanlage des Eigenversorgers weder unmittelbar noch mittelbar an ein Netz angeschlossen ist,
3. wenn sich der Eigenversorger selbst vollständig mit Strom aus erneuerbaren Energien versorgt und für den Strom aus seiner Anlage, den er nicht selbst verbraucht, keine Zahlung nach Teil 3 in Anspruch nimmt oder
4. wenn Strom aus Stromerzeugungsanlagen mit einer installierten Leistung von höchstens 10 Kilowatt erzeugt wird, für höchstens 10 Megawattstunden selbst verbrauchten Stroms pro Kalenderjahr; dies gilt ab der Inbetriebnahme der Stromerzeugungsanlage für die Dauer von 20 Kalenderjahren zuzüglich des Inbetriebnahmejahres; § 24 Absatz 1 Satz 1 ist entsprechend anzuwenden.

§ 61b Verringerung der EEG-Umlage bei Anlagen

Der Anspruch nach § 61 Absatz 1 verringert sich in einem Kalenderjahr auf 40 Prozent der EEG-Umlage für Strom, der zur Eigenversorgung genutzt wird, wenn in dem Kalenderjahr in der Anlage ausschließlich erneuerbare Energien oder Grubengas eingesetzt worden sind.

§ 61c Verringerung der EEG-Umlage bei hocheffizienten KWK-Anlagen

(1) [1]Der Anspruch nach § 61 Absatz 1 verringert sich bei einer Eigenversorgung auf 40 Prozent der EEG-Umlage, wenn der Strom in einer KWK-Anlage mit einer installierten Leistung in entsprechender Anwendung von § 3 Nummer 31 bis einschließlich 1 Megawatt oder mehr als 10 Megawatt erzeugt worden ist, die

1. ausschließlich Strom auf Basis von gasförmigen Brennstoffen erzeugt,
2. hocheffizient im Sinne des § 53a Absatz 6 Satz 5 des Energiesteuergesetzes ist und
3. folgende Nutzungsgrade erreicht hat:
 a) in dem Kalenderjahr, für das die Verringerung der EEG-Umlage in Anspruch genommen werden soll, einen Jahresnutzungsgrad von mindestens 70 Prozent nach § 53a Absatz 6 Satz 4 Nummer 1 des Energiesteuergesetzes oder
 b) in dem Kalendermonat, für den die Verringerung der EEG-Umlage in Anspruch genommen werden soll, einen Monatsnutzungsgrad von mindestens 70 Prozent nach § 53a Absatz 6 Satz 4 Nummer 1 des Energiesteuergesetzes.

[2]Satz 1 Nummer 1 ist nicht anzuwenden auf KWK-Anlagen, die von dem Letztverbraucher erstmals nach dem 31. Juli 2014, aber vor dem 1. Januar 2018 zur Eigenversorgung genutzt wurden. [3]§ 2 Nummer 14 zweiter Halbsatz des Kraft-Wärme-Kopplungsgesetzes ist entsprechend anzuwenden. [4]Satz 1 Nummer 1 ist ebenfalls nicht anzuwenden auf KWK-Anlagen, die von dem Letztverbraucher erstmals nach dem 31. Juli 2014, aber vor dem 1. Januar 2023 zur Eigenversorgung genutzt wurden und ausschließlich Strom auf Basis von flüssigen Brennstoffen erzeugen.

(2) [1]Für Strom aus KWK-Anlagen mit einer installierten Leistung in entsprechender Anwendung von § 3 Nummer 31 von mehr als 1 Megawatt und bis einschließlich 10 Megawatt gilt Absatz 1 entsprechend. [2]§ 2 Nummer 14 zweiter Halbsatz des Kraft-Wärme-Kopplungsgesetzes ist entsprechend anzuwenden.

(3) [1]Für Strom aus KWK-Anlagen, mit einer installierten Leistung in entsprechender Anwendung von § 3 Nummer 31 von mehr als 1 Megawatt und bis einschließlich 10 Megawatt gilt Absatz 1 entsprechend, wenn Betreiber der KWK-Anlage ein Unternehmen einer Branche nach Anlage 4 Liste 1 ist. [2]Die Branchenzugehörigkeit wird vom Bundesamt für Wirtschaft und Ausfuhrkontrolle auf Antrag des KWK-Anlagenbetreibers festgestellt.

§ 61d Verringerung der EEG-Umlage bei hocheffizienten neueren KWK-Anlagen

Der Anspruch nach § 61 Absatz 1 verringert sich bei einer Eigenversorgung in einer KWK-Anlage, die die Anforderungen nach § 61c Absatz 1 Satz 1 Nummer 2 und 3 erfüllt, für die ersten 3 500 Vollbenutzungsstunden zur Eigenversorgung auf 40 Prozent der EEG-Umlage für Strom, der nach dem 31. Dezember 2017 und vor dem 1. Januar 2019 verbraucht wird, wenn die KWK-Anlage von dem Letztverbraucher erstmals nach dem 31. Juli 2014, aber vor dem 1. Januar 2018 zur Eigenversorgung genutzt wurde.

§ 61e Verringerung der EEG-Umlage bei Bestandsanlagen

(1) Der Anspruch nach § 61 Absatz 1 verringert sich auf null Prozent der EEG-Umlage für Strom aus Bestandsanlagen,

1. wenn der Letztverbraucher die Stromerzeugungsanlage als Eigenerzeuger betreibt,
2. soweit der Letztverbraucher den Strom selbst verbraucht und
3. soweit der Strom nicht durch ein Netz durchgeleitet wird, es sei denn, der Strom wird im räumlichen Zusammenhang zu der Stromerzeugungsanlage verbraucht.

(2) Bestandsanlagen im Sinn dieses Abschnitts sind Stromerzeugungsanlagen,

1. die
 a) der Letztverbraucher vor dem 1. August 2014 als Eigenerzeuger unter Einhaltung der Voraussetzungen des Absatzes 1 betrieben hat,
 b) vor dem 23. Januar 2014 nach dem Bundes-Immissionsschutzgesetz genehmigt oder nach einer anderen Bestimmung des Bundesrechts zugelassen worden sind, nach dem 1. August 2014 erstmals Strom erzeugt haben und vor dem 1. Januar 2015 unter Einhaltung der Anforderungen des Absatzes 1 genutzt worden sind oder
 c) vor dem 1. Januar 2018 eine Stromerzeugungsanlage nach Buchstabe a oder Buchstabe b an demselben Standort erneuert, erweitert oder ersetzt haben, es sei denn, die installierte Leistung ist durch die Erneuerung, Erweiterung oder Ersetzung um mehr als 30 Prozent erhöht worden, und
2. die nicht nach dem 31. Dezember 2017 erneuert, erweitert oder ersetzt worden sind.

§ 61f Verringerung der EEG-Umlage bei älteren Bestandsanlagen

(1) Der Anspruch nach § 61 Absatz 1 verringert sich bei älteren Bestandsanlagen unbeschadet des § 61e auch dann auf null Prozent der EEG-Umlage,

1. wenn der Letztverbraucher die Stromerzeugungsanlage als Eigenerzeuger betreibt und
2. soweit der Letztverbraucher den Strom selbst verbraucht.

(2) Ältere Bestandsanlagen im Sinn dieses Abschnitts sind Stromerzeugungsanlagen, die

1. der Letztverbraucher vor dem 1. September 2011 als Eigenerzeuger unter Einhaltung der Anforderungen des Absatzes 1 betrieben hat und
2. nicht nach dem 31. Juli 2014 erneuert, erweitert oder ersetzt worden sind.

(3) Ältere Bestandsanlagen im Sinn dieses Abschnitts sind ferner Stromerzeugungsanlagen, die nach dem 31. Juli 2014, aber vor dem 1. Januar 2018 eine Stromerzeugungsanlage, die der Letztverbraucher vor dem 1. September 2011 als Eigenerzeuger unter Einhaltung der Anforderungen des Absatzes 1 betrieben hat, an demselben Standort erneuert, erweitert oder ersetzt haben, es sei denn, die installierte Leistung ist durch die Erneuerung, Erweiterung oder Ersetzung um mehr als 30 Prozent erhöht worden.

(4) Bei älteren Bestandsanlagen nach Absatz 3 ist Absatz 1 nur anzuwenden,

1. soweit der Strom nicht durch ein Netz durchgeleitet wird,
2. soweit der Strom im räumlichen Zusammenhang zu der Stromerzeugungsanlage verbraucht wird oder
3. wenn die gesamte Stromerzeugungsanlage schon vor dem 1. Januar 2011 im Eigentum des Letztverbrauchers stand, der die Verringerung nach Absatz 1 in Anspruch nimmt, und auf dem Betriebsgrundstück des Letztverbrauchers errichtet wurde.

§ 61g Verringerung der EEG-Umlage bei Ersetzung von Bestandsanlagen

(1) Der Anspruch nach § 61 Absatz 1 verringert sich auf 20 Prozent der EEG-Umlage, wenn eine Bestandsanlage oder eine nach diesem Absatz erneuerte oder ersetzte Bestandsanlage an demselben Standort ohne Erweiterung der installierten Leistung nach dem 31. Dezember 2017 erneuert oder ersetzt wird und soweit derselbe Letztverbraucher die Stromerzeugungsanlage entsprechend den Voraussetzungen nach § 61e Absatz 1 nutzt.

(2) [1]Der Anspruch nach § 61 Absatz 1 verringert sich ferner auf 20 Prozent der EEG-Umlage, wenn eine ältere Bestandsanlage oder eine nach diesem Absatz erneuerte oder ersetzte ältere Bestandsanlage an demselben Standort ohne Erweiterung der installierten Leistung nach dem 31. Dezember 2017 erneuert oder ersetzt wird und soweit derselbe Letztverbraucher die Stromerzeugungsanlage entsprechend den Voraussetzungen nach § 61f Absatz 1 nutzt. [2]§ 61f Absatz 4 ist bei älteren Bestandsanlagen nach § 61f Absatz 2 oder 3 entsprechend anzuwenden. [3]Satz 2 gilt nicht, wenn die gesamte Stromerzeugungsanlage schon vor dem 1. Januar 2011 von dem Letztverbraucher, der die Verringerung nach Satz 1 in Anspruch nimmt, unabhängig vom Eigentum und unter der Tragung des vollen wirtschaftlichen Risikos für die Erzeugung von Strom genutzt und auf dem Betriebsgrundstück des Letztverbrauchers errichtet wurde.

(3) Abweichend von den Absätzen 1 und 2 verringert sich der Anspruch nach § 61 Absatz 1 bei Erneuerungen oder Ersetzungen nach Absatz 1 oder Absatz 2 auf 0 Prozent der EEG-Umlage, solange

1. die Bestandsanlage oder die ältere Bestandsanlage, die erneuert oder ersetzt worden ist, noch unterlegen hätte
 a) der handelsrechtlichen Abschreibung oder
 b) der Förderung nach diesem Gesetz oder
2. die Stromerzeugungsanlage, die die Bestandsanlage oder die ältere Bestandsanlage erneuert oder ersetzt, nicht vollständig handelsrechtlich abgeschrieben worden ist, wenn durch die Erneuerung oder Ersetzung die Erzeugung von Strom auf Basis von Stein- oder Braunkohle zugunsten einer Erzeugung von Strom auf Basis von Gas oder erneuerbaren Energien an demselben Standort abgelöst wird.

§ 61h Rechtsnachfolge bei Bestandsanlagen

(1) [1]Soweit der Letztverbraucher, der die Stromerzeugungsanlage betreibt, nicht personenidentisch mit dem Letztverbraucher nach § 61e Absatz 2 Nummer 1 Buchstabe a, nach § 61f Absatz 2 Nummer 1, Absatz 3 oder Absatz 4 Nummer 3 (ursprünglicher Letztverbraucher) ist, sind die §§ 61e bis 61g entsprechend anzuwenden mit der Maßgabe, dass

1. der Letztverbraucher, der die Stromerzeugungsanlage betreibt,
 a) Erbe des ursprünglichen Letztverbrauchers ist,
 b) bereits vor dem 1. Januar 2017 den ursprünglichen Letztverbraucher im Wege einer Rechtsnachfolge als Betreiber der Stromerzeugungsanlage und der damit selbst versorgten Stromverbrauchseinrichtungen abgelöst hat und die Angaben nach § 74a Absatz 1 bis zum 31. Dezember 2017 übermittelt, oder
 c) bereits vor dem 1. August 2014 den ursprünglichen Letztverbraucher im Wege einer Rechtsnachfolge als Inhaber eines anteiligen vertraglichen Nutzungsrechts an einer bestimmten Erzeugungskapazität der Stromerzeugungsanlage und als Betreiber dieser Stromerzeugungskapazität im Sinn des § 104 Absatz 4 Satz 2 und der mit dieser Erzeugungskapazität versorgten Stromverbrauchseinrichtungen abgelöst hat und die Angaben nach § 74 Absatz 1 Satz 1 und § 74a Absatz 1 bis zum 31. Dezember 2017 übermittelt,
2. die Stromerzeugungsanlage und die Stromverbrauchseinrichtungen an demselben Standort betrieben werden, an dem sie von dem ursprünglichen Letztverbraucher betrieben wurden, und
3. das Eigenerzeugungskonzept, in dem die Stromerzeugungsanlage von dem ursprünglichen Letztverbraucher betrieben wurde, unverändert fortbesteht.

[2]Der Ablösung des ursprünglichen Letztverbrauchers im Wege einer ins Handelsregister einzutragenden Rechtsnachfolge bereits vor dem 1. Januar 2017 steht es gleich, wenn die Eintragung erst nach dem 31. Dezember 2016 vorgenommen worden ist, die Anmeldung zur Eintragung aber bereits vor dem 1. Januar 2017 erfolgte.

(2) Die §§ 61f und 61g sind entsprechend anzuwenden mit der Maßgabe, dass der Letztverbraucher

1. die Stromerzeugungsanlage seit dem 31. Juli 2014 als Eigenerzeuger betreibt,
2. vor dem 1. September 2011 über ein anteiliges vertragliches Nutzungsrecht an einer bestimmten Erzeugungskapazität der Stromerzeugungsanlage im Sinn des § 104 Absatz 4 Satz 2 verfügte und diese wie eine Stromerzeugungsanlage im Sinn des § 104 Absatz 4 Satz 2 betrieben hat, und
3. die Angaben zu Nummer 1 nach § 74a Absatz 1 und die Angaben zu Nummer 2 sowie den Namen des damaligen Betreibers der Stromerzeugungsanlage entsprechend § 74 Absatz 1 und § 74a Absatz 1 bis zum 31. Dezember 2017 übermittelt.

(3) Für Strom, den ein Letztverbraucher nach dem 31. August 2011, aber vor dem 1. Januar 2017 aus einer von ihm selbst betriebenen Stromerzeugungsanlage selbst verbraucht hat, kann der Letztverbraucher die Erfüllung des Anspruchs auf Zahlung der EEG-Umlage verweigern, sofern nach Absatz 1 oder 2 der Anspruch auf Zahlung der EEG-Umlage für den Zeitraum nach dem 31. Dezember 2016 entfiele.

§ 61i Entfallen und Verringerung der EEG-Umlage bei Verstoß gegen Mitteilungspflichten

(1) Der nach den §§ 61b bis 61g verringerte Anspruch nach § 61 Absatz 1 erhöht sich auf 100 Prozent, soweit der Letztverbraucher oder Eigenversorger für das jeweilige Kalenderjahr seine Mitteilungspflichten nach § 74a Absatz 2 Satz 2 bis 4 nicht erfüllt hat.

(2) [1]Der nach § 61a entfallene oder nach den §§ 61b bis 61g verringerte Anspruch nach § 61 Absatz 1 erhöht sich für das jeweilige Kalenderjahr um 20 Prozentpunkte, wenn der Letztverbraucher oder der Eigenversorger seine Mitteilungspflichten nach § 74a Absatz 1 nicht spätestens bis zum 28. Februar des Jahres erfüllt, das auf das Kalenderjahr folgt, in dem diese Mitteilungspflichten unverzüglich zu erfüllen gewesen wären. [2]Der Fristablauf nach Satz 1 verschiebt sich auf den 31. Mai des Jahres, wenn die Mitteilung nach § 74a Absatz 1 gegenüber einem Übertragungsnetzbetreiber zu erfolgen hat.

§ 61j Erhebung der EEG-Umlage bei Eigenversorgung und sonstigem Letztverbrauch

(1) [1]Die Übertragungsnetzbetreiber sind zur Erhebung der vollen oder anteiligen EEG-Umlage nach § 61 berechtigt und verpflichtet

1. bei Stromerzeugungsanlagen, die an das Übertragungsnetz angeschlossen sind,
2. bei Stromerzeugungsanlagen an Abnahmestellen, an denen die EEG-Umlage nach den §§ 63 bis 69 oder nach § 103 begrenzt ist,
3. bei Stromerzeugungsanlagen, deren Strom zum Teil unmittelbar an Letztverbraucher geliefert wird, die nicht mit dem Betreiber der Stromerzeugungsanlage personenidentisch sind, oder
4. in Fällen des § 61 Absatz 1 Nummer 2.

[2]Berechtigt und verpflichtet ist der Übertragungsnetzbetreiber, in dessen Regelzone der Strom verbraucht wird. [3]Die Übertragungsnetzbetreiber können untereinander eine von Satz 2 abweichende vertragliche Vereinbarung treffen. [4]Satz 1 Nummer 3 ist auch nach Beendigung der Lieferbeziehung weiter anzuwenden; in diesem Fall muss der Betreiber der Stromerzeugungsanlage dem Netzbetreiber, an dessen Netz die Stromerzeugungsanlage angeschlossen ist, die Beendigung des Lieferverhältnisses mitteilen.

(2) [1]Im Übrigen ist zur Erhebung der vollen oder anteiligen EEG-Umlage nach § 61 berechtigt und verpflichtet

1. der Netzbetreiber, an dessen Netz die Stromerzeugungsanlage angeschlossen ist, oder
2. der nächstgelegene Netzbetreiber, soweit die Stromerzeugungsanlage nicht an ein Netz angeschlossen ist.

[2]Der Netzbetreiber nach Satz 1 und der Übertragungsnetzbetreiber nach Absatz 1 können untereinander eine abweichende vertragliche Vereinbarung treffen, wenn dies volkswirtschaftlich angemessen ist.

(3) [1]Auf die Zahlung der EEG-Umlage kann der berechtigte Netzbetreiber monatlich zum 15. Kalendertag für den jeweils vorangegangenen Kalendermonat Abschläge in angemessenem Umfang verlangen. [2]Die Erhebung von Abschlägen nach Satz 1 ist insbesondere nicht angemessen

1. bei Solaranlagen mit einer installierten Leistung von höchstens 30 Kilowatt und
2. bei anderen Stromerzeugungsanlagen mit einer installierten Leistung von höchstens 10 Kilowatt.

[3]Bei der Ermittlung der installierten Leistung von Stromerzeugungsanlagen nach Satz 2 ist § 24 Absatz 1 Satz 1 entsprechend anzuwenden.

(4) § 60 Absatz 2 Satz 1 und Absatz 3 ist entsprechend anzuwenden.

(5) Abweichend von § 27 Absatz 1 können Netzbetreiber Ansprüche auf Zahlung der EEG-Umlage nach § 61 Absatz 1 gegen Letztverbraucher, die zugleich Anlagenbetreiber sind, mit Ansprüchen dieses Anlagenbetreibers auf Zahlung nach Teil 3 aufrechnen.

§ 61k Pflichten der Netzbetreiber bei der Erhebung der EEG-Umlage

(1) Die Netzbetreiber müssen bei der Erhebung der EEG-Umlage die Sorgfalt eines ordentlichen und gewissenhaften Kaufmanns anwenden.

(2) [1]Netzbetreiber, die nicht Übertragungsnetzbetreiber sind, müssen jeweils die Summe der nach § 61j Absatz 2 und 3 erhaltenen Zahlungen an die Übertragungsnetzbetreiber weiterleiten. [2]Auf die weiterzuleitenden Zahlungen nach Satz 1 sind monatliche Abschläge in angemessenem Umfang zu entrichten.

(3) [1]Als erhaltene Zahlungen im Sinn von Absatz 2 gelten auch Forderungen, die durch Aufrechnung nach § 61j Absatz 5 erloschen sind. [2]Als vom Netzbetreiber geleistete Zahlung im Sinn des § 57 Absatz 1 gelten auch Forderungen eines Anlagenbetreibers auf Zahlung, die durch Aufrechnung nach § 61j Absatz 5 erloschen sind.

§ 61l Ausnahmen von der Pflicht zur Zahlung der EEG-Umlage

(1) [1]Für Strom, der in einer Saldierungsperiode zum Zweck der Zwischenspeicherung in einem elektrischen, chemischen, mechanischen oder physikalischen Stromspeicher verbraucht wird, verringert sich der Anspruch auf Zahlung der EEG-Umlage in dieser Saldierungsperiode in der Höhe und in dem Umfang, in der die EEG-Umlage für Strom, der mit dem Stromspeicher erzeugt wird, gezahlt wird, höchstens aber auf null. [2]Für die Ermittlung der Verringerung nach Satz 1 wird vermutet, dass für Strom, der mit dem Stromspeicher erzeugt wird, die volle EEG-Umlage gezahlt worden ist, soweit der Strom in ein Netz eingespeist und in einen Bilanzkreis eingestellt wurde. [3]Für Strom, der zum Zweck der Zwischenspeicherung in einem elektrischen, chemischen, mechanischen oder physikalischen Stromspeicher verbraucht wird, entfällt die Pflicht zur Zahlung der EEG-Umlage, soweit die in dem Stromspeicher gespeicherte Energie nicht wieder entnommen wird (Speicherverlust). [4]Werden in dem Stromspeicher Strommengen, für die unterschiedlich hohe Ansprüche auf Zahlung der EEG-Umlage bestehen, verbraucht, entfällt die Pflicht zur Zahlung der EEG-Umlage für den Speicherverlust nach Satz 3 in dem Verhältnis des Verbrauchs der unterschiedlichen Strommengen zueinander.

(1a) ¹Saldierungsperiode im Sinn des Absatzes 1 ist das Kalenderjahr. ²Abweichend von Satz 1 ist Saldierungsperiode der Kalendermonat, wenn der mit dem Stromspeicher in einem Kalenderjahr erzeugte Strom nicht ausschließlich in ein Netz eingespeist wird oder ausschließlich vom Betreiber selbst verbraucht wird. ³In den Fällen des Satzes 2 ist die Verringerung der EEG-Umlage auf höchstens 500 im Stromspeicher verbrauchte Kilowattstunden je Kilowattstunde installierter Speicherkapazität pro Kalenderjahr begrenzt.

(1b) ¹Der Anspruch auf Zahlung der EEG-Umlage verringert sich nach Absatz 1 nur, wenn derjenige, der die EEG-Umlage für den in dem Stromspeicher verbrauchten Strom zahlen muss,

1. sicherstellt, dass die Voraussetzungen des Absatzes 1 jederzeit durch geeichte Messeinrichtungen und eine nachvollziehbare, die Saldierungsperioden des Absatzes 1a berücksichtigende Abrechnung eingehalten werden; hierzu ist insbesondere erforderlich, dass

 a) sämtliche Strommengen durch geeichte Messeinrichtungen und erforderlichenfalls intelligente Messsysteme im Sinn des § 2 Nummer 7 des Messstellenbetriebsgesetzes gesondert erfasst mitgeteilt werden; insbesondere sind Strommengen, für die unterschiedlich hohe Ansprüche auf Zahlung der EEG-Umlage bestehen, gesondert zu erfassen,

 b) sämtliche sonstige Energieentnahmen durch geeichte Messeinrichtungen gesondert erfasst und mitgeteilt werden,

 c) im Rahmen der Abrechnung jeweils innerhalb der einzelnen Saldierungsperioden die Energiemenge, die sich im Stromspeicher befindet, erfasst wird und

2. seine Mitteilungspflichten nach § 74 Absatz 2 und § 74a Absatz 2 Satz 2 bis 5 erfüllt hat.

²Der Nachweis der Voraussetzungen des Absatzes 1 Satz 1, insbesondere der Zahlung der EEG-Umlage und der Voraussetzungen nach Absatz 1 Satz 2 und Satz 3, ist für Strom, der mit dem Stromspeicher erzeugt worden ist, gegenüber dem Netzbetreiber kalenderjährlich durch denjenigen zu erbringen, der zur Zahlung der EEG-Umlage für den mit dem Stromspeicher verbrauchten Strom verpflichtet ist. ³Sind mehrere Personen nach Satz 3 verpflichtet, kann der Nachweis nur gemeinsam erbracht werden.

(1c) Für Stromspeicher, deren Strom nicht ausschließlich in ein Netz eingespeist und nicht ausschließlich vom Betreiber selbst verbraucht wird, evaluiert die Bundesnetzagentur die Absätze 1 bis 1b bis zum 31. Dezember 2020 und berichtet der Bundesregierung über die Erfahrungen mit diesen Bestimmungen.

(2) Der Anspruch auf Zahlung der EEG-Umlage verringert sich auch für Strom, der zur Erzeugung von Speichergas eingesetzt wird, das in das Erdgasnetz eingespeist wird, in der Höhe und in dem Umfang, in der das Speichergas unter Berücksichtigung der Anforderungen nach § 44b Absatz 5 Nummer 1 und 2 zur Stromerzeugung eingesetzt wird und auf den Strom die EEG-Umlage gezahlt wird.

(3) Der Anspruch auf Zahlung der EEG-Umlage entfällt ferner für Strom, der an Netzbetreiber zum Ausgleich physikalisch bedingter Netzverluste als Verlustenergie nach § 10 der Stromnetzentgeltverordnung geliefert wird.

(4) ¹Der nach den Absätzen 1, 2 oder 3 verringerte oder entfallene Anspruch nach § 60 Absatz 1 erhöht sich für das jeweilige Kalenderjahr um 20 Prozentpunkte, wenn das Elektrizitätsversorgungsunternehmen seine Mitteilungspflichten nach § 74 Absatz 1 nicht spätestens bis zum 31. Mai des Jahres erfüllt, das auf das Kalenderjahr folgt, in dem diese Mitteilungspflichten zu erfüllen gewesen wären. ²Satz 1 ist entsprechend für den nach den Absätzen 1, 2 oder 3 verringerten oder entfallenen Anspruch nach § 61 Absatz 1 anzuwenden, wenn der Letztverbraucher oder Eigenversorger seine Mitteilungspflichten nach § 74a Absatz 1 nicht spätestens bis zum 28. Februar des Jahres erfüllt, das auf das Kalenderjahr folgt, in dem diese Mitteilungspflichten zu erfüllen gewesen wären. ³Der Fristablauf nach Satz 2 verschiebt sich auf den 31. Mai des Jahres, wenn die Mitteilung nach § 74a Absatz 1 gegenüber einem Übertragungsnetzbetreiber zu erfolgen hat. ⁴Die Sätze 1 und 2 sind auf den nach Absatz 3 verringerten Anspruch für die Kalenderjahre 2017 und 2018 nicht anzuwenden.

§ 62 Nachträgliche Korrekturen

(1) Bei der jeweils nächsten Abrechnung sind Änderungen der abzurechnenden Strommenge oder der Zahlungsansprüche zu berücksichtigen, die sich aus folgenden Gründen ergeben:

1. aus Rückforderungen auf Grund von § 57 Absatz 5,
2. aus einer rechtskräftigen Gerichtsentscheidung im Hauptsacheverfahren,
3. aus der Übermittlung und dem Abgleich von Daten nach § 73 Absatz 5,
4. aus einem zwischen den Verfahrensparteien durchgeführten Verfahren bei der Clearingstelle nach § 81 Absatz 4 Satz 1 Nummer 1,
5. aus einer Entscheidung der Bundesnetzagentur nach § 85,
6. aus einem vollstreckbaren Titel, der erst nach der Abrechnung nach § 58 Absatz 1 ergangen ist oder
7. aus einer nach § 26 Absatz 2 zu einem späteren Zeitpunkt fällig gewordenen Zahlung.

(2) ^1Ergeben sich durch die Verbrauchsabrechnung der Elektrizitätsversorgungsunternehmen gegenüber Letztverbrauchern Abweichungen gegenüber den Strommengen, die einer Endabrechnung nach § 74 zugrunde liegen, sind diese Änderungen bei der jeweils nächsten Abrechnung zu berücksichtigen. 2§ 75 ist entsprechend anzuwenden.

§ 62a Geringfügige Stromverbräuche Dritter
Stromverbräuche einer anderen Person sind den Stromverbräuchen des Letztverbrauchers zuzurechnen, wenn sie
1. geringfügig sind,
2. üblicherweise und im konkreten Fall nicht gesondert abgerechnet werden und
3. verbraucht werden
 a) in den Räumlichkeiten, auf dem Grundstück oder dem Betriebsgelände des Letztverbrauchers und
 b) im Fall einer gewerblichen Nutzung zur Erbringung einer Leistung der anderen Person gegenüber dem Letztverbraucher oder des Letztverbrauchers gegenüber der anderen Person.

§ 62b Messung und Schätzung
(1) ^1Strommengen, für die die volle oder anteilige EEG-Umlage zu zahlen ist, sind durch mess- und eichrechtskonforme Messeinrichtungen zu erfassen. ^2Sofern für Strommengen nur eine anteilige oder keine EEG-Umlage zu zahlen ist oder die Zahlung verweigert werden kann, sind diese Strommengen von Strommengen, die einer Pflicht zur Zahlung der EEG-Umlage in anderer Höhe unterliegen, durch mess- und eichrechtskonforme Messeinrichtungen abzugrenzen.
(2) Einer Abgrenzung von Strommengen durch mess- und eichrechtskonforme Messeinrichtungen bedarf es abweichend von Absatz 1 Satz 2 nicht, wenn
1. für die gesamte Strommenge der innerhalb dieser Strommenge geltende höchste EEG-Umlagesatz geltend gemacht wird oder
2. die Abgrenzung technisch unmöglich oder mit unvertretbarem Aufwand verbunden ist und auch eine Abrechnung nach Nummer 1 aufgrund der Menge des privilegierten Stroms, für den in Ermangelung der Abgrenzung der innerhalb dieser Strommenge geltende höchste EEG-Umlagesatz anzuwenden wäre, nicht wirtschaftlich zumutbar ist.
(3) ^1In den Fällen von Absatz 2 Nummer 2 sind die jeweiligen Strommengen durch eine Schätzung abzugrenzen. ^2Diese Schätzung hat in sachgerechter und in einer für einen nicht sachverständigen Dritten jederzeit nachvollziehbaren und nachprüfbaren Weise zu erfolgen. ^3Bei der Schätzung muss sichergestellt werden, dass auf die gesamte Strommenge nicht weniger EEG-Umlage gezahlt wird als im Fall einer Abgrenzung durch mess- und eichrechtskonforme Messeinrichtungen. ^4Die Anforderung nach Satz 3 ist insbesondere erfüllt, wenn bei den jeweils voneinander abzugrenzenden Strommengen mit unterschiedlicher EEG-Umlagehöhe zur Bestimmung der Strommenge, für die im Vergleich der höchste EEG-Umlagesatz anzuwenden ist, die maximale Leistungsaufnahme der betreffenden Stromverbrauchseinrichtung mit der Summe der vollen Zeitstunden des jeweiligen Kalenderjahres multipliziert wird.
(4) ^1Erfolgt eine Schätzung nach Absatz 3, muss die Endabrechnung nach § 74 Absatz 2 oder § 74a Absatz 2 um die folgenden Angaben ergänzt werden:
1. die Angabe, ob und welche Strommengen im Wege einer Schätzung abgegrenzt wurden,
2. die Höhe des EEG-Umlagesatzes, der für diese Strommengen jeweils zu zahlen ist,
3. die Art, maximale Leistungsaufnahme und Anzahl der Stromverbrauchseinrichtungen, in denen die nach Nummer 1 geschätzten Strommengen verbraucht wurden,
4. jeweils den Betreiber der nach Nummer 3 anzugebenden Stromverbrauchseinrichtungen,
5. in den Fällen des Absatzes 2 Nummer 2 eine nachvollziehbare Begründung, weshalb die messtechnische Abgrenzung technisch unmöglich oder mit unvertretbarem Aufwand verbunden ist, und
6. eine Darlegung der Methode der Schätzung, die umfassende Angaben enthält, wie im Sinn des Absatzes 3 Satz 3 sichergestellt wird, dass aufgrund der Schätzung auf die gesamte Strommenge nicht weniger EEG-Umlage gezahlt wird als im Fall einer Abgrenzung durch mess- und eichrechtskonforme Messeinrichtungen.
^2Sind die nach Satz 1 Nummer 3 und 4 zu tätigenden Angaben nach den Umständen des Einzelfalls mit unvertretbarem Aufwand verbunden oder unmöglich, genügt insoweit die nachvollziehbare Begründung dieser Umstände, verbunden mit hinreichenden Angaben zur Plausibilisierung der nach Satz 1 Nummer 1 angegebenen Strommengen. ^3Die Netzbetreiber können auf eine Übermittlung der Angaben nach Satz 1 Nummer 3 und 4 im Rahmen der Mitteilung nach § 74 Absatz 2 oder § 74a Absatz 2 verzichten; eine Nacherhebung bleibt unbenommen.

(5) [1]Im Rahmen der §§ 61 bis 611 sowie im Rahmen des § 64 Absatz 5a darf bei der Berechnung der selbst erzeugten und selbst verbrauchten Strommengen unabhängig davon, ob hierfür nach den Bestimmungen dieses Teils die volle, eine anteilige oder keine EEG-Umlage zu zahlen ist, Strom höchstens bis zu der Höhe des aggregierten Eigenverbrauchs, bezogen auf jedes 15-Minuten-Intervall (Zeitgleichheit), berücksichtigt werden. [2]Eine mess- und eichrechtskonforme Messung der Ist-Erzeugung und des Ist-Verbrauchs, bezogen auf jedes 15-Minuten-Intervall, ist zur Erfüllung der Anforderung nach Satz 1 nur erforderlich, wenn nicht schon anderweitig sichergestellt ist, dass Strom höchstens bis zur Höhe des aggregierten Eigenverbrauchs, bezogen auf jedes 15-Minuten-Intervall, als selbst erzeugt und selbst verbraucht in Ansatz gebracht wird. [3]Sofern in den Fällen von Absatz 2 Nummer 2 auch mittels einer Schätzung sichergestellt werden kann, dass nur Strom bis zur Höhe des aggregierten Eigenverbrauchs, bezogen auf jedes 15-Minuten-Intervall, als selbst erzeugt und selbst verbraucht in Ansatz gebracht wird, sind die Absätze 3 und 4 entsprechend anzuwenden.

(6) [1]Ausschließlich für die Zwecke des Antragsverfahrens nach den §§ 63 bis 69a sind die Absätze 1 bis 5 sowie § 62a und § 104 Absatz 10 für den zu erbringenden Nachweis der selbst verbrauchten Strommengen mit der Maßgabe entsprechend anzuwenden, dass

1. nach Absatz 1 Satz 2 auch durch den Antragsteller selbstverbrauchte Strommengen von an Dritte weitergeleiteten Strommengen abzugrenzen sind,
2. es nach Absatz 2 Nummer 1 keiner Abgrenzung bedarf, wenn die gesamte Strommenge vom Antragsteller nicht als Selbstverbrauch geltend gemacht wird,
3. die Angaben nach Absatz 4 gegenüber dem Bundesamt für Wirtschaft und Ausfuhrkontrolle zu tätigen sind und
4. eine Schätzung nach § 104 Absatz 10 nicht unter der Bedingung der Einhaltung von § 62b ab dem 1. Januar 2020 steht und für Strommengen erfolgen kann, die nach dem 31. Dezember 2016 oder im Fall von vom Kalenderjahr abweichenden Geschäftsjahren in dem letzten abgeschlossenen Geschäftsjahr vor der Antragstellung verbraucht wurden.

[2]Wurde eine nach Absatz 3 erfolgte Schätzung aufgrund von § 75 Satz 2 geprüft, muss im Antragsverfahren nach den §§ 63 bis 69a für die Bescheinigung nach § 64 Absatz 3 Nummer 1 Buchstabe c Doppelbuchstabe bb keine erneute Prüfung dieser Schätzung durch einen Wirtschaftsprüfer, eine Wirtschaftsprüfungsgesellschaft, einen genossenschaftlichen Prüfungsverband, einen vereidigten Buchprüfer oder eine Buchprüfungsgesellschaft vorgenommen werden. [3]Ausschließlich für die Zwecke des Antragsverfahrens nach den §§ 63 bis 69a für die Begrenzungsjahre 2019 und 2020 wird unwiderlegbar vermutet, dass die Angabe zu selbstverbrauchten Strommengen des jeweiligen Nachweisjahres richtig ist, soweit diese bereits in den Antragsverfahren zu den Begrenzungsjahren 2016 bis 2018 vom Bundesamt für Wirtschaft und Ausfuhrkontrolle geprüft und akzeptiert worden ist.

Abschnitt 2
Besondere Ausgleichsregelung

§ 63 Grundsatz

Auf Antrag begrenzt das Bundesamt für Wirtschaft und Ausfuhrkontrolle abnahmestellenbezogen

1. nach Maßgabe des § 64 die EEG-Umlage für Strom, der von stromkostenintensiven Unternehmen selbst verbraucht wird, um den Beitrag dieser Unternehmen zur EEG-Umlage in einem Maße zu halten, das mit ihrer internationalen Wettbewerbssituation vereinbar ist, und ihre Abwanderung in das Ausland zu verhindern, und
2. nach Maßgabe des § 65 die EEG-Umlage für Strom, der von Schienenbahnen selbst verbraucht wird, um die intermodale Wettbewerbsfähigkeit der Schienenbahnen zu erhalten,

soweit hierdurch jeweils die Ziele des Gesetzes nicht gefährdet werden und die Begrenzung mit dem Interesse der Gesamtheit der Stromverbraucher vereinbar ist.

§ 64 Stromkostenintensive Unternehmen

(1) Bei einem Unternehmen, das einer Branche nach Anlage 4 zuzuordnen ist, erfolgt die Begrenzung nur, soweit es nachweist, dass und inwieweit

1. im letzten abgeschlossenen Geschäftsjahr die nach § 60 Absatz 1 oder § 61 voll oder anteilig umlagepflichtige und selbst verbrauchte Strommenge an einer Abnahmestelle, an der das Unternehmen einer Branche nach Anlage 4 zuzuordnen ist, mehr als 1 Gigawattstunde betragen hat,
2. die Stromkostenintensität
 a) bei einem Unternehmen, das einer Branche nach Liste 1 der Anlage 4 zuzuordnen ist, mindestens 14 Prozent betragen hat, und

b) bei einem Unternehmen, das einer Branche nach Liste 2 der Anlage 4 zuzuordnen ist, mindestens 20 Prozent betragen hat und

3. das Unternehmen ein zertifiziertes Energic- oder Umweltmanagementsystem oder, sofern das Unternehmen im letzten abgeschlossenen Geschäftsjahr weniger als 5 Gigawattstunden Strom verbraucht hat, ein alternatives System zur Verbesserung der Energieeffizienz nach § 3 der Spitzenausgleich-Effizienzsystemverordnung in der jeweils zum Zeitpunkt des Endes des letzten abgeschlossenen Geschäftsjahrs geltenden Fassung betreibt.

(2) Die EEG-Umlage wird an den Abnahmestellen, an denen das Unternehmen einer Branche nach Anlage 4 zuzuordnen ist, für den Strom, den das Unternehmen dort im Begrenzungszeitraum selbst verbraucht, wie folgt begrenzt:

1. Die EEG-Umlage wird für den Stromanteil bis einschließlich 1 Gigawattstunde nicht begrenzt (Selbstbehalt). Dieser Selbstbehalt muss im Begrenzungsjahr zuerst gezahlt werden.

2. Die EEG-Umlage wird für den Stromanteil über 1 Gigawattstunde begrenzt auf
 a) 15 Prozent der nach § 60 Absatz 1 ermittelten EEG-Umlage bei Unternehmen, die
 aa) einer Branche nach Liste 1 der Anlage 4 zuzuordnen sind, sofern die Stromkostenintensität mindestens 17 Prozent betragen hat, oder
 bb) einer Branche nach Liste 2 der Anlage 4 zuzuordnen sind, sofern die Stromkostenintensität mindestens 20 Prozent betragen hat, oder
 b) 20 Prozent der nach § 60 Absatz 1 ermittelten EEG-Umlage bei Unternehmen, die einer Branche nach Liste 1 der Anlage 4 zuzuordnen sind, sofern die Stromkostenintensität mindestens 14 Prozent und weniger als 17 Prozent betragen hat.

3. Die Höhe der nach Nummer 2 Buchstabe a zu zahlenden EEG-Umlage wird in Summe aller begrenzten Abnahmestellen des Unternehmens auf höchstens den folgenden Anteil der Bruttowertschöpfung begrenzt, die das Unternehmen im arithmetischen Mittel der letzten drei abgeschlossenen Geschäftsjahre erzielt hat:
 a) 0,5 Prozent der Bruttowertschöpfung, sofern die Stromkostenintensität des Unternehmens mindestens 20 Prozent betragen hat, oder
 b) 4,0 Prozent der Bruttowertschöpfung, sofern die Stromkostenintensität des Unternehmens weniger als 20 Prozent betragen hat.

4. Die Begrenzung nach den Nummern 2 und 3 erfolgt nur soweit, dass die von dem Unternehmen zu zahlende EEG-Umlage für den Stromanteil über 1 Gigawattstunde den folgenden Wert nicht unterschreitet:
 a) 0,05 Cent pro Kilowattstunde an Abnahmestellen, an denen das Unternehmen einer Branche mit der laufenden Nummer 130, 131 oder 132 nach Anlage 4 zuzuordnen ist, oder
 b) 0,1 Cent pro Kilowattstunde an sonstigen Abnahmestellen;
 der Selbstbehalt nach Nummer 1 bleibt unberührt.

(3) Die Erfüllung der Voraussetzungen nach Absatz 1 und die Bruttowertschöpfung, die nach Absatz 2 Nummer 3 für die Begrenzungsentscheidung zugrunde gelegt werden muss (Begrenzungsgrundlage), sind wie folgt nachzuweisen:

1. für die Voraussetzungen nach Absatz 1 Nummer 1 und 2 und die Begrenzungsgrundlage nach Absatz 2 durch
 a) die Stromlieferungsverträge und die Stromrechnungen für das letzte abgeschlossene Geschäftsjahr,
 b) die Angabe der jeweils in den letzten drei abgeschlossenen Geschäftsjahren von einem Elektrizitätsversorgungsunternehmen gelieferten oder selbst erzeugten und selbst verbrauchten sowie weitergeleiteten Strommengen und
 c) die Bescheinigung eines Wirtschaftsprüfers, einer Wirtschaftsprüfungsgesellschaft, eines genossenschaftlichen Prüfungsverbandes, eines vereidigten Buchprüfers oder einer Buchprüfungsgesellschaft auf Grundlage der geprüften Jahresabschlüsse nach den Vorgaben des Handelsgesetzbuchs für die letzten drei abgeschlossenen Geschäftsjahre; die Bescheinigung muss die folgenden Angaben enthalten:
 aa) Angaben zum Betriebszweck und zu der Betriebstätigkeit des Unternehmens,
 bb) Angaben zu den Strommengen des Unternehmens, die von Elektrizitätsversorgungsunternehmen geliefert oder selbst erzeugt und selbst verbraucht wurden, einschließlich der Angabe, in welcher Höhe ohne Begrenzung für diese Strommengen die EEG-Umlage zu zahlen gewesen wäre, und
 cc) sämtliche Bestandteile der Bruttowertschöpfung;

auf die Bescheinigung sind § 319 Absatz 2 bis 4, § 319b Absatz 1, § 320 Absatz 2 und § 323 des Handelsgesetzbuchs entsprechend anzuwenden; in der Bescheinigung ist darzulegen, dass die in ihr enthaltenen Daten mit hinreichender Sicherheit frei von wesentlichen Falschangaben und Abweichungen sind; bei der Prüfung der Bruttowertschöpfung ist eine Wesentlichkeitsschwelle von 5 Prozent ausreichend,

d) einen Nachweis über die Klassifizierung des Unternehmens durch die statistischen Ämter der Länder in Anwendung der Klassifikation der Wirtschaftszweige des Statistischen Bundesamtes, Ausgabe 2008[1]), und die Einwilligung des Unternehmens, dass sich das Bundesamt für Wirtschaft und Ausfuhrkontrolle von den statistischen Ämtern der Länder die Klassifizierung des bei ihnen registrierten Unternehmens und seiner Betriebsstätten übermitteln lassen kann,

2. für die Voraussetzungen nach Absatz 1 Nummer 3 durch ein gültiges DIN EN ISO 50001-Zertifikat, einen gültigen Eintragungs- oder Verlängerungsbescheid der EMAS-Registrierungsstelle über die Eintragung in das EMAS-Register oder einen gültigen Nachweis des Betriebs eines alternativen Systems zur Verbesserung der Energieeffizienz; § 4 Absatz 1 bis 3 der Spitzenausgleich-Effizienzsystemverordnung in der jeweils zum Zeitpunkt des Endes des letzten abgeschlossenen Geschäftsjahrs geltenden Fassung ist entsprechend anzuwenden.

(4) [1]Unternehmen, die nach dem 30. Juni des Vorjahres neu gegründet wurden, können abweichend von Absatz 3 Nummer 1 im ersten Jahr nach der Neugründung Daten über ein Rumpfgeschäftsjahr übermitteln, im zweiten Jahr nach der Neugründung Daten für das erste abgeschlossene Geschäftsjahr und im dritten Jahr nach der Neugründung Daten für das erste und zweite abgeschlossene Geschäftsjahr. [2]Für das erste Jahr nach der Neugründung ergeht die Begrenzungsentscheidung unter Vorbehalt des Widerrufs. [3]Nach Vollendung des ersten abgeschlossenen Geschäftsjahres erfolgt eine nachträgliche Überprüfung der Antragsvoraussetzungen und des Begrenzungsumfangs durch das Bundesamt für Wirtschaft und Ausfuhrkontrolle anhand der Daten des abgeschlossenen Geschäftsjahres. [4]Absatz 3 ist im Übrigen entsprechend anzuwenden.

(4a) Absatz 4 ist auf Unternehmen, die nach dem 30. Juni des Vorjahres erstmals nach § 61g Absatz 1 oder Absatz 2 umlagepflichtige Strommengen selbst verbrauchen, entsprechend anzuwenden.

(5) [1]Die Absätze 1 bis 4a sind für selbständige Teile eines Unternehmens, das einer Branche nach Liste 1 der Anlage 4 zuzuordnen ist, entsprechend anzuwenden. [2]Ein selbständiger Unternehmensteil liegt nur vor, wenn es sich um einen Teilbetrieb mit eigenem Standort oder einen vom übrigen Unternehmen am Standort abgegrenzten Betrieb mit den wesentlichen Funktionen eines Unternehmens handelt, der Unternehmensteil jederzeit als rechtlich selbständiges Unternehmen seine Geschäfte führen könnte, seine Erlöse wesentlich mit externen Dritten erzielt und über eine eigene Abnahmestelle verfügt. [3]Für den selbständigen Unternehmensteil sind eine eigene Bilanz und eine eigene Gewinn- und Verlustrechnung in entsprechender Anwendung der für alle Kaufleute geltenden Vorschriften des Handelsgesetzbuchs aufzustellen. [4]Die Bilanz und die Gewinn- und Verlustrechnung nach Satz 3 sind in entsprechender Anwendung der §§ 317 bis 323 Handelsgesetzbuchs zu prüfen.

(5a) [1]Bei einem Unternehmen, das

1. einer Branche nach Anlage 4 zuzuordnen ist,

2. im letzten abgeschlossenen Geschäftsjahr an einer Abnahmestelle, an der das Unternehmen einer Branche nach Anlage 4 zuzuordnen ist, mehr als 1 Gigawattstunde selbst verbraucht hat, und

3. eine Begrenzung der EEG-Umlage nicht erlangen kann, weil seine Stromkostenintensität wegen seiner nicht umlagepflichtigen Strommengen nicht den Wert nach Absatz 1 Nummer 2 erreicht,

begrenzt das Bundesamt für Wirtschaft und Ausfuhrkontrolle auf Antrag die EEG-Umlage nach Absatz 2 auch abweichend von Absatz 1 Nummer 1, soweit im Übrigen die Voraussetzungen nach Absatz 1 erfüllt sind. [2]In diesem Fall muss die begrenzte EEG-Umlage für die gesamte selbst verbrauchte Strommenge gezahlt werden, unabhängig davon, ob sie nach den §§ 60 und 61 voll, anteilig oder nicht umlagepflichtig ist. [3]Abweichend von Absatz 6 Nummer 3 ist die Stromkostenintensität in diesen Fällen das Verhältnis der maßgeblichen Stromkosten einschließlich der Stromkosten für selbst erzeugte und selbst verbrauchte Strommengen zum arithmetischen Mittel der Bruttowertschöpfung in den letzten drei abgeschlossenen Geschäftsjahren; hierbei werden die maßgeblichen Stromkosten berechnet durch die Multiplikation des arithmetischen Mittels des Stromverbrauchs des Unternehmens in den letzten drei abgeschlossenen Geschäftsjahren mit dem durchschnittlichen Strompreis für Unternehmen mit ähnlichen Stromverbräuchen, der nach Maßgabe der Verordnung nach § 94 Nummer 2 zugrunde zu legen ist.

1) **Amtlicher Hinweis:** Zu beziehen beim Statistischen Bundesamt, Gustav-Stresemann-Ring 11, 65189 Wiesbaden; auch zu beziehen über www.destatis.de.

(6) Im Sinne dieses Paragrafen ist oder sind

1. „Abnahmestelle" die Summe aller räumlich und physikalisch zusammenhängenden elektrischen Einrichtungen einschließlich der Eigenversorgungsanlagen eines Unternehmens, die sich auf einem in sich abgeschlossen Betriebsgelände befinden und über einen oder mehrere Entnahmepunkte mit dem Netz verbunden sind; sie muss über eigene Stromzähler an allen Entnahmepunkten und Eigenversorgungsanlagen verfügen,

2. „Bruttowertschöpfung" die Bruttowertschöpfung des Unternehmens zu Faktorkosten nach der Definition des Statistischen Bundesamtes, Fachserie 4, Reihe 4.3, Wiesbaden 2007[1], ohne Abzug der Personalkosten für Leiharbeitsverhältnisse; die durch vorangegangene Begrenzungsentscheidungen hervorgerufenen Wirkungen bleiben bei der Berechnung der Bruttowertschöpfung außer Betracht,

2a. „neu gegründete Unternehmen" Unternehmen, die mit nahezu vollständig neuen Betriebsmitteln ihre Tätigkeit erstmals aufnehmen; sie dürfen nicht durch Umwandlung entstanden sein; neue Betriebsmittel liegen vor, wenn ein Unternehmen ohne Sachanlagevermögen neues Sachanlagevermögen erwirbt oder schafft; es wird unwiderleglich vermutet, dass der Zeitpunkt der Neugründung der Zeitpunkt ist, an dem erstmals Strom zu Produktionszwecken verbraucht wird, und

3. „Stromkostenintensität" das Verhältnis der maßgeblichen Stromkosten einschließlich der Stromkosten für nach § 61 voll oder anteilig umlagepflichtige selbst verbrauchte Strommengen zum arithmetischen Mittel der Bruttowertschöpfung in den letzten drei abgeschlossenen Geschäftsjahren des Unternehmens; hierbei werden die maßgeblichen Stromkosten berechnet durch die Multiplikation des arithmetischen Mittels des Stromverbrauchs des Unternehmens in den letzten drei abgeschlossenen Geschäftsjahren oder dem standardisierten Stromverbrauch, der nach Maßgabe einer Rechtsverordnung nach § 94 Nummer 1 ermittelt wird, mit dem durchschnittlichen Strompreis für Unternehmen mit ähnlichen Stromverbräuchen, der nach Maßgabe einer Rechtsverordnung nach § 94 Nummer 2 zugrunde zu legen ist; die durch vorangegangene Begrenzungsentscheidungen hervorgerufenen Wirkungen bleiben bei der Berechnung der Stromkostenintensität außer Betracht.

(7) Für die Zuordnung eines Unternehmens zu den Branchen nach Anlage 4 ist der Zeitpunkt des Endes des letzten abgeschlossenen Geschäftsjahrs maßgeblich.

§ 65 Schienenbahnen

(1) Bei einer Schienenbahn erfolgt die Begrenzung der EEG-Umlage nur, sofern sie nachweist, dass und inwieweit im letzten abgeschlossenen Geschäftsjahr die an der betreffenden Abnahmestelle selbst verbrauchte Strommenge unmittelbar für den Fahrbetrieb im Schienenbahnverkehr verbraucht wurde und unter Ausschluss der rückgespeisten Energie mindestens 2 Gigawattstunden betrug.

(2) Für eine Schienenbahn wird die EEG-Umlage für die gesamte Strommenge, die das Unternehmen unmittelbar für den Fahrbetrieb im Schienenbahnverkehr selbst verbraucht, unter Ausschluss der rückgespeisten Energie an der betreffenden Abnahmestelle auf 20 Prozent der nach § 60 Absatz 1 ermittelten EEG-Umlage begrenzt.

(3) [1]Abweichend von Absatz 1 können Schienenbahnen, wenn und soweit sie an einem Vergabeverfahren für Schienenverkehrsleistungen im Schienenpersonennahverkehr teilgenommen haben oder teilnehmen werden, im Kalenderjahr vor der Aufnahme des Fahrbetriebs die prognostizierten Stromverbrauchsmengen für das Kalenderjahr, in dem der Fahrbetrieb aufgenommen werden wird, auf Grund der Vorgaben des Vergabeverfahrens nachweisen; die Begrenzung nach Absatz 2 erfolgt nur für die Schienenbahn, die in dem Vergabeverfahren den Zuschlag erhalten hat. [2]Die Schienenbahn, die den Zuschlag erhalten hat, kann nachweisen

1. im Kalenderjahr der Aufnahme des Fahrbetriebs die prognostizierten Stromverbrauchsmengen für das folgende Kalenderjahr auf Grund der Vorgaben des Vergabeverfahrens und

2. im ersten Kalenderjahr nach der Aufnahme des Fahrbetriebs die Summe der tatsächlichen Stromverbrauchsmengen für das bisherige laufende Kalenderjahr und der prognostizierten Stromverbrauchsmengen für das übrige laufende Kalenderjahr; die Prognose muss auf Grund der Vorgaben des Vergabeverfahrens und des bisherigen tatsächlichen Stromverbrauchs erfolgen.

(4) [1]Abweichend von Absatz 1 können Schienenbahnen, die erstmals eine Schienenverkehrsleistung im Schienenpersonenfernverkehr oder im Schienengüterverkehr erbringen werden, nachweisen

1. im Kalenderjahr vor der Aufnahme des Fahrbetriebs die prognostizierten Stromverbrauchsmengen für das Kalenderjahr, in dem der Fahrbetrieb aufgenommen werden wird,

2. im Kalenderjahr der Aufnahme des Fahrbetriebs die prognostizierten Stromverbrauchsmengen für das folgende Kalenderjahr und

1) **Amtlicher Hinweis:** Zu beziehen beim Statistischen Bundesamt, Gustav-Stresemann-Ring 11, 65189 Wiesbaden; auch zu beziehen über www.destatis.de.

3. im ersten Kalenderjahr nach der Aufnahme des Fahrbetriebs die Summe der tatsächlichen Stromverbrauchsmengen für das bisherige laufende Kalenderjahr und der prognostizierten Stromverbrauchsmengen für das übrige laufende Kalenderjahr.

[2]Die Begrenzungsentscheidung ergeht unter Vorbehalt der Nachprüfung. [3]Sie kann auf Grundlage einer Nachprüfung aufgehoben oder geändert werden. [4]Die nachträgliche Überprüfung der Antragsvoraussetzungen und des Begrenzungsumfangs erfolgt nach Vollendung des Kalenderjahrs, für das die Begrenzungsentscheidung wirkt, durch das Bundesamt für Wirtschaft und Ausfuhrkontrolle anhand der Daten des abgeschlossenen Kalenderjahres.

(5) [1]Unbeschadet der Absätze 3 und 4 ist § 64 Absatz 4 entsprechend anzuwenden. [2]Es wird unwiderleglich vermutet, dass der Zeitpunkt der Aufnahme des Fahrbetriebs der Zeitpunkt der Neugründung ist.

(6) § 64 Absatz 3 Nummer 1 Buchstabe a bis c ist entsprechend anzuwenden.

(7) Im Sinne dieses Paragrafen ist

1. „Abnahmestelle" die Summe der Verbrauchsstellen für den Fahrbetrieb im Schienenbahnverkehr des Unternehmens und

2. „Aufnahme des Fahrbetriebs" der erstmalige Verbrauch von Strom zu Fahrbetriebszwecken.

§ 66 Antragstellung und Entscheidungswirkung

(1) [1]Der Antrag nach § 63 in Verbindung mit § 64 einschließlich der Bescheinigungen nach § 64 Absatz 3 Nummer 1 Buchstabe c und Nummer 2 ist jeweils zum 30. Juni eines Jahres (materielle Ausschlussfrist) für das folgende Kalenderjahr zu stellen. [2]Satz 1 ist entsprechend anzuwenden auf Anträge nach § 63 in Verbindung mit § 65 einschließlich der Bescheinigungen nach § 64 Absatz 3 Nummer 1 Buchstabe c. [3]Einem Antrag nach den Sätzen 1 und 2 müssen die übrigen in den §§ 64 oder 65 genannten Unterlagen beigefügt werden.

(2) [1]Ab dem Antragsjahr 2015 muss der Antrag elektronisch über das vom Bundesamt für Wirtschaft und Ausfuhrkontrolle eingerichtete Portal gestellt werden. [2]Das Bundesamt für Wirtschaft und Ausfuhrkontrolle wird ermächtigt, Ausnahmen von der Pflicht zur elektronischen Antragsstellung nach Satz 1 durch Allgemeinverfügung, die im Bundesanzeiger bekannt zu machen ist, verbindlich festzulegen.

(3) Abweichend von Absatz 1 Satz 1 können Anträge von neu gegründeten Unternehmen nach § 64 Absatz 4, Anträge nach § 64 Absatz 4a für Strommengen, die nach § 61g Absatz 1 oder 2 umlagepflichtig sind, und Anträge von Schienenbahnen nach § 65 Absatz 3 bis 5 bis zum 30. September eines Jahres für das folgende Kalenderjahr gestellt werden.

(4) [1]Die Entscheidung ergeht mit Wirkung gegenüber der antragstellenden Person, dem Elektrizitätsversorgungsunternehmen, dem zuständigen Netzbetreiber und dem regelverantwortlichen Übertragungsnetzbetreiber. [2]Sie wirkt jeweils für das dem Antragsjahr folgende Kalenderjahr.

(5) [1]Der Anspruch des an der betreffenden Abnahmestelle regelverantwortlichen Übertragungsnetzbetreibers auf Zahlung der EEG-Umlage gegenüber dem betreffenden Elektrizitätsversorgungsunternehmen wird nach Maßgabe der Entscheidung des Bundesamtes für Wirtschaft und Ausfuhrkontrolle begrenzt. [2]Die Übertragungsnetzbetreiber haben diese Begrenzung beim Ausgleich nach § 58 zu berücksichtigen. [3]Erfolgt während des Geltungszeitraums der Entscheidung ein Wechsel des an der betreffenden Abnahmestelle regelverantwortlichen Übertragungsnetzbetreibers oder des betreffenden Elektrizitätsversorgungsunternehmens, muss die begünstigte Person dies dem Übertragungsnetzbetreiber oder dem Elektrizitätsversorgungsunternehmen und dem Bundesamt für Wirtschaft und Ausfuhrkontrolle unverzüglich mitteilen.

§ 67 Umwandlung von Unternehmen

(1) [1]Wurde das antragstellende Unternehmen in seinen letzten drei abgeschlossenen Geschäftsjahren vor der Antragstellung oder in dem danach liegenden Zeitraum bis zum Ende der materiellen Ausschlussfrist umgewandelt, so kann das antragstellende Unternehmen für den Nachweis der Anspruchsvoraussetzungen auf die Daten des Unternehmens vor seiner Umwandlung nur zurückgreifen, wenn die wirtschaftliche und organisatorische Einheit dieses Unternehmens nach der Umwandlung nahezu vollständig in dem antragstellenden Unternehmen erhalten geblieben ist. [2]Andernfalls ist § 64 Absatz 4 Satz 1 bis 4 entsprechend anzuwenden.

(2) Wird das antragstellende oder begünstigte Unternehmen umgewandelt, so hat es dies dem Bundesamt für Wirtschaft und Ausfuhrkontrolle unverzüglich schriftlich oder elektronisch anzuzeigen.

(3) [1]Geht durch die Umwandlung eines begünstigten Unternehmens dessen wirtschaftliche und organisatorische Einheit nahezu vollständig auf ein anderes Unternehmen über, so überträgt auf Antrag des anderen Unternehmens das Bundesamt für Wirtschaft und Ausfuhrkontrolle den Begrenzungsbescheid auf dieses. [2]Die Pflicht des antragstellenden Unternehmens zur Zahlung der nach § 60 Absatz 1 ermittelten EEG-Umlage besteht nur dann, wenn das Bundesamt für Wirtschaft und Ausfuhrkontrolle den Antrag auf

Übertragung des Begrenzungsbescheides ablehnt. ³In diesem Fall beginnt die Zahlungspflicht der nach § 60 Absatz 1 ermittelten EEG-Umlage mit dem Wirksamwerden der Umwandlung.

(4) Die Absätze 1 und 3 sind auf selbständige Unternehmensteile und auf Schienenbahnen entsprechend anzuwenden.

§ 68 Rücknahme der Entscheidung, Auskunft, Betretungsrecht

(1) Die Entscheidung nach § 63 ist mit Wirkung auch für die Vergangenheit zurückzunehmen, wenn bekannt wird, dass bei ihrer Erteilung die Voraussetzungen nach den §§ 64 oder 65 nicht vorlagen.

(2) ¹Zum Zweck der Prüfung der gesetzlichen Voraussetzungen sind die Bediensteten des Bundesamtes für Wirtschaft und Ausfuhrkontrolle und dessen Beauftragte befugt, von den für die Begünstigten handelnden natürlichen Personen für die Prüfung erforderliche Auskünfte zu verlangen, innerhalb der üblichen Geschäftszeiten die geschäftlichen Unterlagen einzusehen und zu prüfen sowie Betriebs- und Geschäftsräume sowie die dazugehörigen Grundstücke der begünstigten Personen während der üblichen Geschäftszeiten zu betreten. ²Die für die Begünstigten handelnden natürlichen Personen müssen die verlangten Auskünfte erteilen und die Unterlagen zur Einsichtnahme vorlegen. ³Zur Auskunft Verpflichtete können die Auskunft auf solche Fragen verweigern, deren Beantwortung sie selbst oder in § 383 Absatz 1 Nummer 1 bis 3 der Zivilprozessordnung bezeichnete Angehörige der Gefahr strafrechtlicher Verfolgung oder eines Verfahrens nach dem Gesetz über Ordnungswidrigkeiten aussetzen würde.

§ 69 Mitwirkungs- und Auskunftspflicht

(1) ¹Unternehmen und Schienenbahnen, die eine Entscheidung nach § 63 beantragen oder erhalten haben, müssen bei der Evaluierung und Fortschreibung der §§ 63 bis 68 durch das Bundesministerium für Wirtschaft und Energie, das Bundesamt für Wirtschaft und Ausfuhrkontrolle oder deren Beauftragte mitwirken. ²Sie müssen auf Verlangen erteilen:

1. Auskunft über sämtliche von ihnen selbst verbrauchten Strommengen, auch solche, die nicht von der Begrenzungsentscheidung erfasst sind, um eine Grundlage für die Entwicklung von Effizienzanforderungen zu schaffen,

2. Auskunft über mögliche und umgesetzte effizienzsteigernde Maßnahmen, insbesondere Maßnahmen, die durch den Betrieb des Energie- oder Umweltmanagementsystems oder eines alternativen Systems zur Verbesserung der Energieeffizienz aufgezeigt wurden,

3. Auskunft über sämtliche Bestandteile der Stromkosten des Unternehmens, soweit dies für die Ermittlung durchschnittlicher Strompreise für Unternehmen mit ähnlichen Stromverbräuchen erforderlich ist, und

4. weitere Auskünfte, die zur Evaluierung und Fortschreibung der §§ 63 bis 68 erforderlich sind.

³Das Bundesamt für Wirtschaft und Ausfuhrkontrolle kann die Art der Auskunftserteilung nach Satz 2 näher ausgestalten.

(2) ¹Das Bundesamt für Wirtschaft und Ausfuhrkontrolle ist berechtigt, die für die Antragsbearbeitung erhobenen Daten und die nach Absatz 1 Satz 2 erhobenen Daten dem Bundesministerium für Wirtschaft und Energie zu Zwecken der Rechts- und Fachaufsicht sowie zu Zwecken der Evaluierung und Fortschreibung der §§ 63 bis 68 zu übermitteln. ²Das Bundesministerium für Wirtschaft und Energie darf die nach Satz 1 erlangten Daten an beauftragte Dritte zu Zwecken der Evaluierung nach § 97 übermitteln. ³Daten, die Betriebs- und Geschäftsgeheimnisse darstellen, dürfen an beauftragte Dritte nur übermittelt werden, wenn ein Bezug zu dem Unternehmen nicht mehr hergestellt werden kann. ⁴Das Bundesamt für Wirtschaft und Ausfuhrkontrolle ist berechtigt, den Namen, die Branchenzuordnung, die Postleitzahl und den Ort des begünstigten Unternehmens und der begünstigten Abnahmestelle zu veröffentlichen.

§ 69a Mitteilungspflicht der Behörden der Zollverwaltung

Die Behörden der Zollverwaltung sind verpflichtet, dem Bundesamt für Wirtschaft und Ausfuhrkontrolle auf Ersuchen die für die Berechnung der Bruttowertschöpfung erforderlichen Informationen einschließlich personenbezogener Daten mitzuteilen.

Teil 5
Transparenz

Abschnitt 1
Mitteilungs- und Veröffentlichungspflichten

§ 70 Grundsatz

¹Anlagenbetreiber, Betreiber von Stromerzeugungsanlagen, Netzbetreiber, Letztverbraucher und Elektrizitätsversorgungsunternehmen müssen einander die für den bundesweiten Ausgleich nach den §§ 56

bis 62 jeweils erforderlichen Daten, insbesondere die in den §§ 71 bis 74a genannten Daten, unverzüglich zur Verfügung stellen. [2]§ 62 ist entsprechend anzuwenden.

§ 71 Anlagenbetreiber
Anlagenbetreiber müssen dem Netzbetreiber
1. bis zum 28. Februar eines Jahres alle für die Endabrechnung des jeweils vorangegangenen Kalenderjahres erforderlichen Daten anlagenscharf zur Verfügung stellen,
2. mitteilen, wenn und in welchem Umfang im vorangegangenen Kalenderjahr für den in der Anlage erzeugten und durch ein Netz durchgeleiteten Strom
 a) eine Stromsteuerbefreiung vorgelegen hat, und den Netzbetreiber über entsprechende Änderungen informieren,
 b) Regionalnachweise ausgestellt worden sind, wenn der anzulegende Wert der Anlage gesetzlich bestimmt ist, und
3. bei Biomasseanlagen die Art und Menge der Einsatzstoffe sowie Angaben zu Wärmenutzungen und eingesetzten Technologien nach § 39h, § 43 Absatz 2 oder § 44b Absatz 2 Satz 1 oder zu dem Anteil eingesetzter Gülle nach § 44 Satz 1 Nummer 3 in der für die Nachweisführung nach § 39h Absatz 4, § 44b und § 44c vorgeschriebenen Weise übermitteln.

§ 72 Netzbetreiber
(1) Netzbetreiber, die nicht Übertragungsnetzbetreiber sind, müssen ihrem vorgelagerten Übertragungsnetzbetreiber
1. die folgenden Angaben unverzüglich, nachdem sie verfügbar sind, zusammengefasst übermitteln:
 a) die tatsächlich geleisteten Zahlungen für Strom aus erneuerbaren Energien und Grubengas nach § 19 Absatz 1 und die Bereitstellung von installierter Leistung nach § 50 in der für die jeweilige Anlage geltenden Fassung des Erneuerbare-Energien-Gesetzes,
 b) die von den Anlagenbetreibern erhaltenen Meldungen nach § 21c Absatz 1, jeweils gesondert für die verschiedenen Veräußerungsformen nach § 21b Absatz 1,
 c) bei Wechseln in die Ausfallvergütung zusätzlich zu den Angaben nach Buchstabe b den Energieträger, aus dem der Strom in der jeweiligen Anlage erzeugt wird, die installierte Leistung der Anlage sowie die Dauer, seit der die betreffende Anlage diese Veräußerungsform nutzt,
 d) die Kosten für die Nachrüstung nach § 57 Absatz 2 in Verbindung mit der Systemstabilitätsverordnung, die Anzahl der nachgerüsteten Anlagen und die von ihnen erhaltenen Angaben nach § 71,
 e) die Strommengen, für die der Netzbetreiber nach § 61j Absatz 2 zur Erhebung der EEG-Umlage berechtigt ist,
 f) die Höhe der nach § 61j Absatz 2 und 3 erhaltenen Zahlungen und die Höhe der durch Aufrechnung nach § 61k Absatz 3 Satz 1 erloschenen Forderungen sowie
 g) die sonstigen für den bundesweiten Ausgleich erforderlichen Angaben,
2. bis zum 31. Mai eines Jahres
 a) mittels Formularvorlagen, die der Übertragungsnetzbetreiber auf seiner Internetseite zur Verfügung stellt, in elektronischer Form die Endabrechnung für das jeweils vorangegangene Kalenderjahr für jede einzelne Stromerzeugungsanlage sowie zusammengefasst vorlegen; § 24 Absatz 3 ist entsprechend anzuwenden; ab dem Jahr 2018 müssen die Endabrechnungen für einzelne Stromerzeugungsanlagen auch unter Angabe der eindeutigen Nummer des Registers erfolgen;
 b) einen Nachweis über die nach § 57 Absatz 2 Satz 1 zu ersetzenden Kosten vorlegen; spätere Änderungen der Ansätze sind dem Übertragungsnetzbetreiber unverzüglich mitzuteilen und bei der nächsten Abrechnung zu berücksichtigen.

(2) Für die Ermittlung der auszugleichenden Energiemengen und Zahlungen nach Absatz 1 sind insbesondere erforderlich
1. die Angabe der Spannungsebene, an die die Anlage angeschlossen ist,
2. die Höhe der vermiedenen Netzentgelte nach § 57 Absatz 3,
3. die Angabe, inwieweit der Netzbetreiber die Energiemengen von einem nachgelagerten Netz abgenommen hat, und
4. die Angabe, inwieweit der Netzbetreiber die Energiemengen nach Nummer 3 an Letztverbraucher, Netzbetreiber oder Elektrizitätsversorgungsunternehmen abgegeben oder sie selbst verbraucht hat.

(3) Ist ein Netzbetreiber, der nicht Übertragungsnetzbetreiber ist, nach § 61j Absatz 2 zur Erhebung der EEG-Umlage berechtigt, ist § 73 Absatz 5 entsprechend anzuwenden.

§ 73 Übertragungsnetzbetreiber

(1) Für Übertragungsnetzbetreiber ist § 72 entsprechend anzuwenden mit der Maßgabe, dass die Angaben und die Endabrechnung nach § 72 Absatz 1 für Anlagen, die unmittelbar oder mittelbar nach § 11 Absatz 2 an ihr Netz angeschlossen sind, unbeschadet des § 77 Absatz 4 auf ihrer Internetseite veröffentlicht werden müssen.

(2) [1]Übertragungsnetzbetreiber müssen ferner den Elektrizitätsversorgungsunternehmen, für die sie regelverantwortlich sind, bis zum 31. Juli eines Jahres die Endabrechnung für die EEG-Umlage des jeweiligen Vorjahres vorlegen. [2]§ 72 Absatz 2 ist entsprechend anzuwenden.

(3) Die Übertragungsnetzbetreiber müssen weiterhin die Daten für die Berechnung der Marktprämie nach Maßgabe der Anlage 1 Nummer 3 zu diesem Gesetz in nicht personenbezogener Form und den tatsächlichen Jahresmittelwert des Marktwerts für Strom aus solarer Strahlungsenergie („$MW_{\text{Solar(a)}}$") veröffentlichen.

(4) Übertragungsnetzbetreiber, die von ihrem Recht nach § 60 Absatz 2 Satz 3 Gebrauch machen, müssen alle Netzbetreiber, in deren Netz der Bilanzkreis physische Entnahmestellen hat, über die Kündigung des Bilanzkreisvertrages informieren.

(5) [1]Für die Überprüfung einer möglichen Zahlungsverpflichtung nach § 61 können sich die Übertragungsnetzbetreiber die folgenden Daten zu Eigenerzeugern, Eigenversorgern und sonstigen selbsterzeugenden Letztverbrauchern übermitteln lassen, soweit dies erforderlich ist:

1. von den Hauptzollämtern die Daten, deren Übermittlung im Stromsteuergesetz oder in einer auf Grund des Stromsteuergesetzes erlassenen Rechtsverordnung zugelassen ist,
2. vom Bundesamt für Wirtschaft und Ausfuhrkontrolle die Daten nach § 15 Absatz 1 bis 3 des Kraft-Wärme-Kopplungsgesetzes und
3. von den Betreibern von nachgelagerten Netzen die Kontaktdaten der Eigenerzeuger, Eigenversorger und der sonstigen selbsterzeugenden Letztverbraucher sowie weitere Daten zur Eigenerzeugung, zur Eigenversorgung und zum sonstigen selbsterzeugenden Letztverbrauch einschließlich des Stromverbrauchs von an ihr Netz angeschlossenen Eigenerzeugern, Eigenversorgern und sonstigen selbsterzeugenden Letztverbrauchern.

[2]Die Übertragungsnetzbetreiber können die Daten nach Satz 1 Nummer 2 und 3 automatisiert mit den Daten nach § 74 Absatz 2 abgleichen.

(6) Die Übertragungsnetzbetreiber müssen für die vollständig automatisierte elektronische Übermittlung von Strommengen bundesweit einheitliche Verfahren zur Verfügung stellen.

§ 74 Elektrizitätsversorgungsunternehmen

(1) [1]Elektrizitätsversorgungsunternehmen, die Strom an Letztverbraucher liefern, müssen ihrem regelverantwortlichen Übertragungsnetzbetreiber unverzüglich folgende Angaben mitteilen:

1. die Angabe, ob und ab wann ein Fall im Sinne des § 60 Absatz 1 vorliegt,
2. die Angabe, ob und auf welcher Grundlage die EEG-Umlage sich verringert oder entfällt und
3. Änderungen, die für die Beurteilung, ob die Voraussetzungen eines Entfallens oder einer Verringerung der EEG-Umlage weiterhin vorliegen, relevant sind oder sein können, sowie der Zeitpunkt, zu dem die Änderungen eingetreten sind.

[2]Satz 1 Nummer 1 und 2 ist nicht anzuwenden, wenn die Angaben bereits übermittelt worden sind oder die Tatsachen, die mit den Angaben übermittelt werden sollen, dem Übertragungsnetzbetreiber bereits offenkundig bekannt sind.

(2) [1]Elektrizitätsversorgungsunternehmen müssen ihrem regelverantwortlichen Übertragungsnetzbetreiber unverzüglich die an Letztverbraucher gelieferte Energiemenge elektronisch mitteilen und bis zum 31. Mai die Endabrechnung für das Vorjahr vorlegen. [2]Soweit die Belieferung über Bilanzkreise erfolgt, müssen die Energiemengen bilanzkreisscharf mitgeteilt werden. [3]Im Fall der Belieferung eines Stromspeichers im Sinne des § 61l sind zusätzlich sämtliche Strommengen im Sinne des § 61l Absatz 1b Nummer 1 anzugeben.

(3) Sofern die Übertragungsnetzbetreiber Formularvorlagen zu Form und Inhalt der Übermittlung der Angaben nach den Absätzen 1 und 2 bereitstellen, müssen die Angaben unter Verwendung dieser Formularvorlagen übermittelt werden.

§ 74a Letztverbraucher und Eigenversorger

(1) [1]Letztverbraucher und Eigenversorger, die Strom verbrauchen, der ihnen nicht von einem Elektrizitätsversorgungsunternehmen geliefert worden ist, müssen dem Netzbetreiber, der nach § 61j zur Erhebung der EEG-Umlage berechtigt ist, unverzüglich folgende Angaben übermitteln:

1. die Angabe, ob und ab wann ein Fall im Sinne des § 61 Absatz 1 Nummer 1 oder Nummer 2 vorliegt,
2. die installierte Leistung der selbst betriebenen Stromerzeugungsanlagen,

3. die Angabe, ob und auf welcher Grundlage die EEG-Umlage sich verringert oder entfällt, und

4. Änderungen, die für die Beurteilung, ob die Voraussetzungen eines Entfallens oder einer Verringerung der EEG-Umlage weiterhin vorliegen, relevant sind oder sein können, sowie den Zeitpunkt, zu dem die Änderungen eingetreten sind.

²Satz 1 Nummer 1 bis 3 ist nicht anzuwenden, wenn die Angaben bereits übermittelt worden oder die Tatsachen, die mit den Angaben übermittelt werden sollen, dem Netzbetreiber bereits offenkundig bekannt sind. ³Satz 1 Nummer 1 bis 3 ist ferner nicht anzuwenden für die Eigenversorgung mit Strom aus Stromerzeugungsanlagen mit einer installierten Leistung von höchstens 1 Kilowatt und aus Solaranlagen mit einer installierten Leistung von höchstens 7 Kilowatt; § 24 Absatz 1 Satz 1 ist entsprechend anzuwenden.

(2) ¹Letztverbraucher und Eigenversorger, die Strom verbrauchen, der ihnen nicht von einem Elektrizitätsversorgungsunternehmen geliefert worden ist, und die der Pflicht zur Zahlung der vollen oder anteiligen EEG-Umlage nach § 61 oder § 64 Absatz 5a unterliegen, müssen dem Netzbetreiber, der zur Erhebung der EEG-Umlage nach § 61j berechtigt ist, alle Angaben zur Verfügung stellen, die für die Endabrechnung der EEG-Umlage für das vorangegangene Kalenderjahr erforderlich sind. ²Dies umfasst insbesondere die Angabe der umlagepflichtigen Strommengen, wobei, soweit eine Bilanzierung der Strommengen erfolgt, die Strommengen bilanzkreisscharf mitgeteilt werden müssen. ³Die Meldung muss bis zum 28. Februar eines Jahres erfolgen. ⁴Die Frist nach Satz 3 verschiebt sich auf den 31. Mai, wenn der Netzbetreiber Übertragungsnetzbetreiber ist. ⁵Ist die selbst betriebene Stromerzeugungsanlage ein Stromspeicher im Sinn des § 61l, sind zusätzlich sämtliche Strommengen im Sinn des § 61l Absatz 1b Nummer 1 anzugeben.

(3) ¹Letztverbraucher und Eigenversorger, die Strom verbrauchen, der ihnen nicht von einem Elektrizitätsversorgungsunternehmen geliefert worden ist, und bei denen die vollständige oder teilweise Umlagenbefreiung nach den §§ 61 bis 61g bezogen auf das letzte Kalenderjahr 500 000 Euro oder mehr beträgt, müssen der Bundesnetzagentur bis zum 31. Juli des jeweiligen Folgejahres mitteilen:

1. ihren Namen,

2. sofern zutreffend, das Handelsregister, Vereinsregister oder Genossenschaftsregister, in das sie eingetragen sind, und die entsprechende Registernummer,

3. den Umfang der Umlagenbefreiung, wobei dieser Umfang in Spannen wie folgt angegeben werden kann: 0,5 bis 1, 1 bis 2, 2 bis 5, 5 bis 10, 10 bis 30, 30 Millionen Euro oder mehr,

4. die Angabe, ob der Letztverbraucher oder Eigenversorger ein Unternehmen im Sinn der Empfehlung 2003/361/EG der Kommission vom 6. Mai 2003 betreffend die Definition der Kleinstunternehmen sowie der kleinen und mittleren Unternehmen (ABl. L 124 vom 20.5.2003, S. 36) in der jeweils geltenden Fassung oder ein sonstiges Unternehmen ist,

5. die Gebietseinheit der NUTS-Ebene 2, in der der Letztverbraucher oder Eigenversorger seinen Sitz hat, nach der Verordnung (EG) Nr. 1059/2003 des Europäischen Parlaments und des Rates vom 26. Mai 2003 über die Schaffung einer gemeinsamen Klassifikation der Gebietseinheiten für die Statistik (NUTS) (ABl. L 154 vom 21.6.2003, S. 1), zuletzt geändert durch die Verordnung (EU) Nr. 868/2014 der Kommission vom 8. August 2014 (ABl. L 241 vom 13.8.2014, S. 1), in der jeweils geltenden Fassung und

6. den Hauptwirtschaftszweig, in dem der Letztverbraucher oder Eigenversorger tätig ist, auf Ebene der NACE-Gruppe nach der Verordnung (EG) Nr. 1893/2006 des Europäischen Parlaments und des Rates vom 20. Dezember 2006 zur Aufstellung der statistischen Systematik der Wirtschaftszweige NACE Revision 2 und zur Änderung der Verordnung (EWG) Nr. 3037/90 des Rates sowie einiger Verordnungen der EG über bestimmte Bereiche der Statistik (ABl. L 393 vom 30.12.2006, S. 1) in der jeweils geltenden Fassung.

²Im Fall des Absatzes 2 Satz 4 verschiebt sich die Frist nach Satz 1 auf den 31. Oktober.

(4) Sofern der Netzbetreiber, der zur Erhebung der EEG-Umlage nach § 61j berechtigt ist, Formularvorlagen zu Form und Inhalt der Übermittlung der Angaben nach den Absätzen 1 und 2 bereitstellt, müssen die Angaben unter Verwendung dieser Formularvorlagen übermittelt werden.

§ 75 Testierung

¹Die zusammengefassten Endabrechnungen der Netzbetreiber nach § 72 Absatz 1 Nummer 2 müssen durch einen Wirtschaftsprüfer, eine Wirtschaftsprüfungsgesellschaft, einen genossenschaftlichen Prüfungsverband, einen vereidigten Buchprüfer oder eine Buchprüfungsgesellschaft geprüft werden. ²Im Übrigen können die Netzbetreiber und Elektrizitätsversorgungsunternehmen verlangen, dass die Endabrechnungen nach den §§ 73 bis 74a bei Vorlage durch einen Wirtschaftsprüfer, eine Wirtschaftsprüfungsgesellschaft, einen genossenschaftlichen Prüfungsverband, einen vereidigten Buchprüfer oder eine Buchprüfungsgesellschaft geprüft werden. ³Bei der Prüfung sind zu berücksichtigen:

1. die höchstrichterliche Rechtsprechung,
2. die Entscheidungen der Bundesnetzagentur nach § 85 und
3. die Entscheidungen der Clearingstelle nach § 81 Absatz 4 Satz 1 Nummer 1 oder Absatz 5.

[4]Für die Prüfungen nach den Sätzen 1 und 2 sind § 319 Absatz 2 bis 4, § 319b Absatz 1, § 320 Absatz 2 und § 323 des Handelsgesetzbuchs entsprechend anzuwenden.

§ 76 Information der Bundesnetzagentur

(1) [1]Netzbetreiber müssen die Angaben, die sie nach den §§ 71, 74 Absatz 1 und § 74a Absatz 1 erhalten, die Angaben nach § 72 Absatz 2 Nummer 1 und die Endabrechnungen nach § 72 Absatz 1 Nummer 2 sowie § 73 Absatz 2 einschließlich der zu ihrer Überprüfung erforderlichen Daten bis zum 31. Mai eines Jahres der Bundesnetzagentur in elektronischer Form vorlegen. [2]Die Frist nach Satz 1 endet am 31. Juli eines Jahres, wenn der Netzbetreiber Übertragungsnetzbetreiber ist. [3]Auf Verlangen müssen Anlagenbetreiber die Angaben nach § 71, Elektrizitätsversorgungsunternehmen die Angaben nach § 74 sowie Eigenversorger und sonstige Letztverbraucher die Angaben nach § 74a Absatz 1 und 2 der Bundesnetzagentur in elektronischer Form vorlegen.

(2) [1]Soweit die Bundesnetzagentur Formularvorlagen zu Form und Inhalt bereitstellt, müssen die Daten unter Verwendung dieser übermittelt werden. [2]Die Daten nach Absatz 1 mit Ausnahme der Strombezugskosten werden dem Bundesministerium für Wirtschaft und Energie von der Bundesnetzagentur für statistische Zwecke sowie die Evaluation des Gesetzes und die Berichterstattungen nach den §§ 97 und 98 zur Verfügung gestellt.

§ 77 Information der Öffentlichkeit

(1) [1]Übertragungsnetzbetreiber müssen auf ihren Internetseiten veröffentlichen:
1. die Angaben nach den §§ 70 bis 74a einschließlich der Angaben zu den unmittelbar an das Netz des Übertragungsnetzbetreibers angeschlossenen Anlagen unverzüglich nach ihrer Übermittlung und
2. einen Bericht über die Ermittlung der von ihnen nach den §§ 70 bis 74a mitgeteilten Daten unverzüglich nach dem 30. September eines Jahres.

[2]Der Standort von Anlagen mit einer installierten Leistung von höchstens 30 Kilowatt ist nur mit der Postleitzahl und dem Gemeindeschlüssel anzugeben. [3]Sie müssen die Angaben und den Bericht zum Ablauf des Folgejahres vorhalten. [4]§ 73 Absatz 1 bleibt unberührt.

(2) Die Übertragungsnetzbetreiber müssen die Zahlungen nach § 57 Absatz 1 und die vermarkteten Strommengen nach § 59 sowie die Angaben nach § 72 Absatz 1 Nummer 1 Buchstabe c nach Maßgabe der Erneuerbare-Energien-Verordnung auf einer gemeinsamen Internetseite in nicht personenbezogener Form veröffentlichen.

(3) Die Angaben und der Bericht müssen eine sachkundige dritte Person in die Lage versetzen, ohne weitere Informationen die Zahlungen und die kaufmännisch abgenommenen Energiemengen vollständig nachvollziehen zu können.

(4) [1]Angaben, die in dem Register im Internet veröffentlicht werden, müssen von den Netzbetreibern nicht veröffentlicht werden, wenn die Veröffentlichung nach Absatz 1 unter Angabe der eindeutigen Nummer des Registers erfolgt. [2]Spätestens ab 2018 müssen die verbleibenden anlagenbezogenen Angaben in Verbindung mit der Nummer des Registers veröffentlicht werden.

(5) Die nach den Absätzen 1 und 2 veröffentlichten Angaben dürfen zu kommerziellen und nichtkommerziellen Zwecken verwendet werden.

Abschnitt 2
Stromkennzeichnung und Doppelvermarktungsverbot

§ 78 Stromkennzeichnung entsprechend der EEG-Umlage

(1) [1]Elektrizitätsversorgungsunternehmen erhalten im Gegenzug zur Zahlung der EEG-Umlage nach § 60 Absatz 1 das Recht, Strom als „Erneuerbare Energien, finanziert aus der EEG-Umlage" zu kennzeichnen. [2]Satz 1 ist im Fall des § 60a entsprechend anzuwenden. [3]Die Eigenschaft des Stroms ist gegenüber Letztverbrauchern im Rahmen der Stromkennzeichnung nach Maßgabe der Absätze 2 bis 4 und des § 42 des Energiewirtschaftsgesetzes auszuweisen.

(2) [1]Der nach Absatz 1 gegenüber ihren Letztverbrauchern ausgewiesene Anteil berechnet sich in Prozent, indem die EEG-Umlage, die das Elektrizitätsversorgungsunternehmen tatsächlich für die an ihre Letztverbraucher gelieferte Strommenge in einem Jahr gezahlt hat,

1. mit dem EEG-Quotienten nach Absatz 3 multipliziert wird,
2. danach durch die gesamte in diesem Jahr an ihre Letztverbraucher gelieferte Strommenge dividiert wird und
3. anschließend mit Hundert multipliziert wird.

[2]Der nach Absatz 1 ausgewiesene Anteil ist unmittelbarer Bestandteil der gelieferten Strommenge und kann nicht getrennt ausgewiesen oder weiter vermarktet werden.

(3) [1]Der EEG-Quotient ist das Verhältnis der Summe der Strommenge, für die in dem vergangenen Kalenderjahr eine Zahlung nach § 19 Absatz 1 Nummer 1 oder Nummer 2 erfolgte, zu den gesamten durch die Übertragungsnetzbetreiber erhaltenen Einnahmen aus der EEG-Umlage für die von den Elektrizitätsversorgungsunternehmen im vergangenen Kalenderjahr gelieferten Strommengen an Letztverbraucher. [2]Die Übertragungsnetzbetreiber veröffentlichen auf einer gemeinsamen Internetplattform in einheitlichem Format jährlich bis zum 31. Juli den EEG-Quotienten in nicht personenbezogener Form für das jeweils vorangegangene Kalenderjahr.

(4) Die Anteile der nach § 42 Absatz 1 Nummer 1 und Absatz 3 des Energiewirtschaftsgesetzes anzugebenden Energieträger sind mit Ausnahme des Anteils für „Strom aus erneuerbaren Energien, finanziert aus der EEG-Umlage" entsprechend anteilig für den jeweiligen Letztverbraucher um den nach Absatz 1 auszuweisenden Prozentsatz zu reduzieren.

(5) [1]Elektrizitätsversorgungsunternehmen weisen gegenüber Letztverbrauchern, deren Pflicht zur Zahlung der EEG-Umlage nach den §§ 63 bis 68 begrenzt ist, zusätzlich zu dem Gesamtenergieträgermix einen gesonderten, nach den Sätzen 3 und 4 zu berechnenden „Energieträgermix für nach dem Erneuerbare-Energien-Gesetz privilegierte Unternehmen" aus. [2]In diesem Energieträgermix sind die Anteile nach § 42 Absatz 1 Nummer 1 des Energiewirtschaftsgesetzes auszuweisen. [3]Der Anteil in Prozent für „Erneuerbare Energien, finanziert aus der EEG-Umlage" berechnet sich abweichend von Absatz 2, indem die EEG-Umlage, die der jeweilige Letztverbraucher tatsächlich für die in einem Jahr an ihn gelieferte Strommenge gezahlt hat,
1. mit dem EEG-Quotienten nach Absatz 3 multipliziert wird,
2. danach durch die gesamte an den jeweiligen Letztverbraucher gelieferte Strommenge dividiert wird und
3. anschließend mit Hundert multipliziert wird.
[4]Die Anteile der anderen nach § 42 Absatz 1 Nummer 1 des Energiewirtschaftsgesetzes anzugebenden Energieträger sind entsprechend anteilig für den jeweiligen Letztverbraucher um den nach Satz 3 berechneten Prozentsatz zu reduzieren.

(6) Für Eigenversorger, die nach § 61 die volle oder anteilige EEG-Umlage zahlen müssen, sind die Absätze 1 bis 5 mit der Maßgabe entsprechend anzuwenden, dass ihr eigener Strom anteilig als „Strom aus erneuerbaren Energien, finanziert aus der EEG-Umlage" anzusehen ist.

(7) [1]Im Fall der Belieferung von Letztverbrauchern mit Mieterstrom nach § 21 Absatz 3 sind die Absätze 1 bis 5 nur für den Teil des gelieferten Stroms anzuwenden, der nicht Mieterstrom nach § 21 Absatz 3 ist. [2]Der in einem Kalenderjahr verbrauchte Mieterstrom nach § 21 Absatz 3 ist zu Zwecken der Stromkennzeichnung auf die jeweilige Mieterstromkunden nach dem Verhältnis ihrer Jahresverbräuche zu verteilen und den Mieterstromkunden entsprechend auszuweisen. [3]Mieterstrom nach § 21 Absatz 3 ist als „Mieterstrom, finanziert aus der EEG-Umlage" zu kennzeichnen.

§ 79 Herkunftsnachweise
(1) Das Umweltbundesamt
1. stellt Anlagenbetreibern auf Antrag Herkunftsnachweise für Strom aus erneuerbaren Energien aus, für den keine Zahlung nach § 19 oder § 50 in Anspruch genommen wird,
2. überträgt auf Antrag Herkunftsnachweise und
3. entwertet Herkunftsnachweise.

(2) [1]Ausstellung, Übertragung und Entwertung erfolgen elektronisch und nach Maßgabe der Erneuerbare-Energien-Verordnung. [2]Das Umweltbundesamt ergreift geeignete Maßnahmen, um die Herkunftsnachweise vor Missbrauch zu schützen.

(3) [1]Für Strom aus erneuerbaren Energien, der außerhalb des Bundesgebiets erzeugt worden ist, erkennt das Umweltbundesamt auf Antrag nach Maßgabe der Erneuerbare-Energien-Verordnung ausländische Herkunftsnachweise an. [2]Ausländische Herkunftsnachweise können nur anerkannt werden, wenn sie mindestens die Vorgaben des Artikels 15 Absatz 6 und 9 der Richtlinie 2009/28/EG erfüllen. [3]In diesem Umfang obliegt dem Umweltbundesamt auch der Verkehr mit den zuständigen Ministerien und Behörden anderer Mitgliedstaaten der Europäischen Union und von Drittstaaten sowie mit Organen der Europäi-

schen Union. [4]Strom, für den ein Herkunftsnachweis nach Satz 1 anerkannt worden ist, gilt als Strom, der nach § 21a auf sonstige Weise direkt vermarktet wird.

(4) Das Umweltbundesamt betreibt eine elektronische Datenbank, in der die Ausstellung, Anerkennung, Übertragung und Entwertung von Herkunftsnachweisen registriert werden (Herkunftsnachweisregister)[1].

(5) [1]Herkunftsnachweise werden jeweils für eine erzeugte und an Letztverbraucher gelieferte Strommenge von einer Megawattstunde ausgestellt. [2]Für jede erzeugte und an Letztverbraucher gelieferte Megawattstunde Strom wird nicht mehr als ein Herkunftsnachweis ausgestellt.

(6) Das Umweltbundesamt kann von Personen, die das Herkunftsnachweisregister nutzen, die Übermittlung insbesondere folgender Angaben an das Herkunftsnachweisregister verlangen:

1. Angaben zur Person und Kontaktdaten,
2. die Umsatzsteuer-Identifikationsnummer, sofern vorhanden,
3. den Standort, den Typ, die installierte Leistung, den Zeitpunkt der Inbetriebnahme und, sofern vorhanden, den EEG-Anlagenschlüssel der Anlage,
4. den Energieträger, aus dem der Strom erzeugt wird,
5. die Angabe, ob, in welcher Art und in welchem Umfang
 a) für die Anlage, in der der Strom erzeugt wurde, Investitionsbeihilfen geleistet wurden,
 b) der Anlagenbetreiber für die Strommenge eine Zahlung nach § 19 oder § 50 beansprucht hat, und
6. die Nummer der Messeinrichtung oder der Messstelle am Netzverknüpfungspunkt sowie die Bezeichnung und den Ort des Zählpunkts, über die der in der Anlage erzeugte Strom bei der Einspeisung in das Netz zähltechnisch erfasst wird.

(7) Herkunftsnachweise sind keine Finanzinstrumente im Sinn des § 1 Absatz 11 des Kreditwesengesetzes oder des § 2 Absatz 4 des Wertpapierhandelsgesetzes.

(8) In Bezug auf Verwaltungsakte des Umweltbundesamtes, die nach Maßgabe einer auf der Grundlage des § 92 erlassenen Rechtsverordnung ergehen, findet ein Vorverfahren nach § 68 der Verwaltungsgerichtsordnung nicht statt.

§ 79a Regionalnachweise

(1) Das Umweltbundesamt

1. stellt Anlagenbetreibern auf Antrag Regionalnachweise für nach § 20 direkt vermarkteten Strom aus erneuerbaren Energien aus,
2. überträgt auf Antrag Regionalnachweise und
3. entwertet Regionalnachweise.

(2) [1]Ausstellung, Übertragung und Entwertung erfolgen elektronisch und nach Maßgabe der Erneuerbare-Energien-Verordnung. [2]Das Umweltbundesamt ergreift geeignete Maßnahmen, um die Regionalnachweise vor Missbrauch zu schützen.

(3) Für Strom aus Anlagen außerhalb des Bundesgebiets, die einen Zuschlag in einer Ausschreibung nach § 5 Absatz 2 Satz 2 erhalten haben, kann das Umweltbundesamt Regionalnachweise nach Absatz 1 Nummer 1 ausstellen, sofern der Strom an einen Letztverbraucher im Bundesgebiet geliefert wird.

(4) [1]Das Umweltbundesamt richtet eine elektronische Datenbank ein, in der die Ausstellung, Übertragung und Entwertung von Regionalnachweisen registriert werden (Regionalnachweisregister). [2]Das Umweltbundesamt darf das Regionalnachweisregister gemeinsam mit dem Herkunftsnachweisregister in einer elektronischen Datenbank betreiben.[2]

(5) [1]Regionalnachweise werden jeweils für eine erzeugte und an Letztverbraucher gelieferte Strommenge von einer Kilowattstunde ausgestellt. [2]Für jede erzeugte und an Letztverbraucher gelieferte Kilowattstunde Strom wird nicht mehr als ein Regionalnachweis ausgestellt. [3]Regionalnachweise dürfen nur entlang der vertraglichen Lieferkette des Stroms, für den sie ausgestellt worden sind, übertragen werden.

(6) [1]Das Umweltbundesamt entwertet auf Antrag einen Regionalnachweis, wenn er für Strom aus einer Anlage ausgestellt worden ist, die sich in der Region des belieferten Letztverbrauchers befindet. [2]Die Region des belieferten Letztverbrauchers umfasst alle Postleitzahlengebiete, die sich ganz oder teilweise im Umkreis von 50 Kilometern um das Postleitzahlengebiet befinden, in dem der Letztverbraucher den Strom verbraucht. [3]Das Umweltbundesamt bestimmt und veröffentlicht für jedes Postleitzahlengebiet, in dem Strom verbraucht wird, welche weiteren Postleitzahlengebiete zu der Region gehören. [4]Dabei soll

1) Das Herkunftsnachweisregister (HKNR) beim Umweltbundesamt hat am 1.1.2013 seinen Betrieb aufgenommen. Anschrift: Wörlitzer Platz 1, 06844 Dessau-Roßlau, www.hknr.de.
2) Das Umweltbundesamt nimmt das Regionalnachweisregister am 1.1.2019 in Betrieb; vgl. Bek. v. 13.12.2018 (BAnz AT 27.12.2018 B1).

das Umweltbundesamt abweichend von Satz 2 auch auf die gesamte Gemeinde, in der der Letztverbraucher den Strom verbraucht, abstellen, wenn die Gemeinde mehrere Postleitzahlengebiete umfasst.

(7) Ein Elektrizitätsversorgungsunternehmen meldet für jede Region, für die es Regionalnachweise nutzen will, an das Umweltbundesamt:

1. die Strommenge, die das Elektrizitätsversorgungsunternehmen an seine Letztverbraucher in dieser Region geliefert hat und nach § 78 in der Stromkennzeichung als „Erneuerbare Energien, finanziert aus der EEG-Umlage" ausweisen muss, und
2. die Regionalnachweise, die es für diese Region entwerten lassen will.

(8) ¹In dem Umfang, in dem ein Elektrizitätsversorgungsunternehmen Regionalnachweise nach Absatz 7 Nummer 2 entwerten lässt, darf es in der Stromkennzeichnung gegenüber Letztverbrauchern ausweisen, zu welchen Anteilen der Strom, den das Unternehmen nach § 78 Absatz 1 als „Erneuerbare Energien, finanziert aus der EEG-Umlage" kennzeichnen muss, in regionalem Zusammenhang zum Stromverbrauch erzeugt worden ist. ²Wenn ein Elektrizitätsversorgungsunternehmen mehr Regionalnachweise entwerten lässt, als es der Strommenge aus „Erneuerbaren Energien, finanziert aus der EEG-Umlage" entspricht, die es an Letztverbraucher in der betreffenden Region geliefert hat, kann es die darüber hinausgehenden Regionalnachweise nicht zur Stromkennzeichnung nutzen.

(9) ¹§ 79 Absatz 6 ist entsprechend anzuwenden. ²In Ergänzung zu Satz 1 kann

1. das Umweltbundesamt von Personen, die das Regionalnachweisregister nutzen, Auskunft verlangen über die vertragliche Lieferkette für Strom, für den Regionalnachweise ausgestellt werden sollen, insbesondere über die an der Lieferkette beteiligten Personen und die betreffende Strommenge,
2. der Netzbetreiber vom Umweltbundesamt Auskunft verlangen, ob und in welchem Umfang einem Anlagenbetreiber Regionalnachweise ausgestellt worden sind.

(10) § 79 Absatz 7 ist entsprechend anzuwenden.

(11) In Bezug auf Verwaltungsakte des Umweltbundesamtes, die nach Maßgabe einer auf der Grundlage des § 92 erlassenen Rechtsverordnung ergehen, findet ein Vorverfahren nach § 68 der Verwaltungsgerichtsordnung nicht statt.

§ 80 Doppelvermarktungsverbot

(1) ¹Strom aus erneuerbaren Energien und aus Grubengas sowie in ein Gasnetz eingespeistes Deponie- oder Klärgas und Gas aus Biomasse dürfen nicht mehrfach verkauft, anderweitig überlassen oder entgegen § 56 an eine dritte Person veräußert werden. ²Strom aus erneuerbaren Energien oder aus Grubengas darf insbesondere nicht in mehreren Veräußerungsformen nach § 21b Absatz 1 oder mehrfach in derselben Form nach § 21b Absatz 1 veräußert werden. ³Solange Anlagenbetreiber Strom aus ihrer Anlage in einer Veräußerungsform nach § 21b Absatz 1 veräußern, bestehen keine Ansprüche aus einer anderen Veräußerungsform nach § 21b Absatz 1. ⁴Die Vermarktung als Regelenergie ist im Rahmen der Direktvermarktung nicht als mehrfacher Verkauf oder anderweitige Überlassung von Strom anzusehen.

(2) ¹Anlagenbetreiber, die eine Zahlung nach § 19 oder § 50 für Strom aus erneuerbaren Energien oder aus Grubengas erhalten, dürfen Herkunftsnachweise oder sonstige Nachweise, die die Herkunft des Stroms belegen, für diesen Strom nicht weitergeben. ²Gibt ein Anlagenbetreiber einen Herkunftsnachweis oder sonstigen Nachweis, der die Herkunft des Stroms belegt, für Strom aus erneuerbaren Energien oder aus Grubengas weiter, darf für diesen Strom keine Zahlung nach § 19 oder § 50 in Anspruch genommen werden. ³Die Sätze 1 und 2 sind nicht auf Regionalnachweise nach § 79a anzuwenden.

(3) Solange im Rahmen einer gemeinsamen Projektumsetzung nach dem Projekt-Mechanismen-Gesetz für die Emissionsminderungen der Anlage Emissionsreduktionseinheiten erzeugt werden können, darf für den Strom aus der betreffenden Anlage der Anspruch nach § 19 nicht geltend gemacht werden.

§ 80a Kumulierung

¹Investitionszuschüsse durch den Bund, das Land oder ein Kreditinstitut, an dem der Bund oder das Land beteiligt sind, dürfen neben einer Zahlung nach diesem Gesetz nur gewährt werden, soweit die kumulierten Zahlungen zuzüglich der Erlöse aus der Veräußerung der in der Anlage erzeugten Energie die Erzeugungskosten dieser Energie nicht überschreiten. ²Satz 1 ist im Rahmen des § 61c Absatz 1 und 2 entsprechend mit der Maßgabe anzuwenden, dass neben den direkten Zahlungen auch die vermiedenen Kosten zu berücksichtigen sind.

Teil 6
Rechtsschutz und behördliches Verfahren

§ 81 Clearingstelle

(1) [1]Zu diesem Gesetz wird eine Clearingstelle eingerichtet.[1] [2]Der Betrieb erfolgt im Auftrag des Bundesministeriums für Wirtschaft und Energie durch eine juristische Person des Privatrechts.

(2) Die Clearingstelle ist zuständig für Fragen und Streitigkeiten

1. zur Anwendung der §§ 3, 7 bis 55a, 70, 71, 80, 100 und 101 sowie der hierzu auf Grund dieses Gesetzes erlassenen Rechtsverordnungen,
2. zur Anwendung der Bestimmungen, die den in Nummer 1 genannten Bestimmungen in einer vor dem 1. August 2014 geltenden Fassung dieses Gesetzes entsprochen haben,
3. zur Anwendung der §§ 61 bis 61l, soweit Anlagen betroffen sind, und
4. zur Messung des für den Betrieb einer Anlage gelieferten oder verbrauchten oder von einer Anlage erzeugten Stroms, auch für Fragen und Streitigkeiten nach dem Messstellenbetriebsgesetz, soweit nicht die Zuständigkeit des Bundesamts für Sicherheit in der Informationstechnik oder der Bundesnetzagentur gegeben ist.

(3) [1]Die Aufgaben der Clearingstelle sind:

1. die Vermeidung von Streitigkeiten und
2. die Beilegung von Streitigkeiten.

[2]Bei der Wahrnehmung dieser Aufgaben müssen die Regelungen zum Schutz personenbezogener Daten und zum Schutz von Betriebs- oder Geschäftsgeheimnissen sowie Entscheidungen der Bundesnetzagentur nach § 85 beachtet werden. [3]Ferner sollen die Grundsätze der Richtlinie 2013/11/EU des Europäischen Parlaments und des Rates vom 21. Mai 2013 über die alternative Beilegung verbraucherrechtlicher Streitigkeiten und zur Änderung der Verordnung (EG) Nr. 2006/2004 und der Richtlinie 2009/22/EG (ABl. L 165 vom 18.6.2013, S. 63) in entsprechender Anwendung berücksichtigt werden.

(4) [1]Die Clearingstelle kann zur Vermeidung oder Beilegung von Streitigkeiten zwischen Verfahrensparteien

1. Verfahren zwischen den Verfahrensparteien auf ihren gemeinsamen Antrag durchführen; § 204 Absatz 1 Nummer 11 des Bürgerlichen Gesetzbuchs ist entsprechend anzuwenden; die Verfahren können auch als schiedsgerichtliches Verfahren im Sinne des Zehnten Buches der Zivilprozessordnung durchgeführt werden, wenn die Parteien eine Schiedsvereinbarung getroffen haben, oder
2. Stellungnahmen für ordentliche Gerichte, bei denen diese Streitigkeiten rechtshängig sind, auf deren Ersuchen abgeben.

[2]Soweit eine Streitigkeit auch andere als die in Absatz 2 genannten Regelungen betrifft, kann die Clearingstelle auf Antrag der Verfahrensparteien die Streitigkeit umfassend vermeiden oder beilegen, wenn vorrangig eine Streitigkeit nach Absatz 2 zu vermeiden oder beizulegen ist; insbesondere kann die Clearingstelle Streitigkeiten über Zahlungsansprüche zwischen den Verfahrensparteien umfassend beilegen. [3]Verfahrensparteien können Anlagenbetreiber, Direktvermarktungsunternehmer, Netzbetreiber und Messstellenbetreiber sein. [4]Ihr Recht, die ordentlichen Gerichte anzurufen, bleibt vorbehaltlich der Regelungen des Zehnten Buches der Zivilprozessordnung unberührt.

(5) [1]Die Clearingstelle kann zur Vermeidung von Streitigkeiten ferner Verfahren zur Klärung von Fragen über den Einzelfall hinaus durchführen, sofern dies mindestens ein Anlagenbetreiber, ein Direktvermarktungsunternehmer, ein Netzbetreiber, ein Messstellenbetreiber oder ein Verband beantragt und ein öffentliches Interesse an der Klärung dieser Fragen besteht. [2]Verbände, deren satzungsgemäßer Aufgabenbereich von der Frage betroffen ist, sind zu beteiligen.

(6) [1]Die Wahrnehmung der Aufgaben nach den Absätzen 3 bis 5 erfolgt nach Maßgabe der Verfahrensordnung, die sich die Clearingstelle selbst gibt. [2]Die Verfahrensordnung muss auch Regelungen dazu enthalten, wie ein schiedsgerichtliches Verfahren durch die Clearingstelle durchgeführt wird. [3]Erlass und Änderungen der Verfahrensordnung bedürfen der vorherigen Zustimmung des Bundesministeriums für Wirtschaft und Energie. [4]Die Wahrnehmung der Aufgaben nach den Absätzen 3 bis 5 steht jeweils unter dem Vorbehalt der vorherigen Zustimmung der Verfahrensparteien zu der Verfahrensordnung.

(7) [1]Die Clearingstelle muss die Aufgaben nach den Absätzen 3 bis 5 vorrangig und beschleunigt durchführen. [2]Sie kann den Verfahrensparteien Fristen setzen und Verfahren bei nicht ausreichender Mitwirkung der Verfahrensparteien einstellen.

1) Die Clearingstelle EEG hat am 15.10.2007 ihre Arbeit aufgenommen. Anschrift: Charlottenstraße 65, 10117 Berlin, www.clearingstelle-eeg.de.

(8) [1]Die Wahrnehmung der Aufgaben nach den Absätzen 3 bis 5 ist keine Rechtsdienstleistung im Sinne des § 2 Absatz 1 des Rechtsdienstleistungsgesetzes. [2]Eine Haftung der Betreiberin der Clearingstelle für Vermögensschäden, die aus der Wahrnehmung der Aufgaben entstehen, wird ausgeschlossen; dies gilt nicht für Vorsatz.

(9) Die Clearingstelle muss jährlich einen Tätigkeitsbericht über die Wahrnehmung der Aufgaben nach den Absätzen 3 bis 5 auf ihrer Internetseite in nicht personenbezogener Form veröffentlichen.

(10) [1]Die Clearingstelle kann nach Maßgabe ihrer Verfahrensordnung Entgelte zur Deckung des Aufwands für Handlungen nach Absatz 4 von den Verfahrensparteien erheben. [2]Verfahren nach Absatz 5 sind unentgeltlich durchzuführen. [3]Für sonstige Handlungen, die im Zusammenhang mit den Aufgaben nach den Absätzen 3 bis 5 stehen, kann die Clearingstelle zur Deckung des Aufwands Entgelte erheben.

§ 82 Verbraucherschutz

Die §§ 8 bis 14 des Gesetzes gegen den unlauteren Wettbewerb gelten für Verstöße gegen die §§ 19 bis 55a entsprechend.

§ 83 Einstweiliger Rechtsschutz

(1) Auf Antrag des Anlagenbetreibers kann das für die Hauptsache zuständige Gericht bereits vor Errichtung der Anlage unter Berücksichtigung der Umstände des Einzelfalles durch einstweilige Verfügung regeln, dass der Schuldner der in den §§ 8, 11, 12, 19 und 50 bezeichneten Ansprüche Auskunft erteilen, die Anlage vorläufig anschließen, sein Netz unverzüglich optimieren, verstärken oder ausbauen, den Strom abnehmen und einen als billig und gerecht zu erachtenden Betrag als Abschlagszahlung auf den Anspruch nach § 19 Absatz 1 oder § 50 leisten muss.

(2) Die einstweilige Verfügung kann erlassen werden, auch wenn die in den §§ 935 und 940 der Zivilprozessordnung bezeichneten Voraussetzungen nicht vorliegen.

§ 83a Rechtsschutz bei Ausschreibungen

(1) [1]Gerichtliche Rechtsbehelfe, die sich unmittelbar gegen eine Ausschreibung oder unmittelbar gegen einen erteilten Zuschlag richten, sind nur mit dem Ziel zulässig, die Bundesnetzagentur zur Erteilung eines Zuschlags zu verpflichten. [2]Rechtsbehelfe nach Satz 1 sind begründet, soweit der Beschwerdeführer im Zuschlagsverfahren nach § 32 ohne den Rechtsverstoß einen Zuschlag erhalten hatte. [3]Die Bundesnetzagentur erteilt bei einem Rechtsbehelf nach Satz 1 über das nach diesem Gesetz bestimmte Ausschreibungsvolumen hinaus einen entsprechenden Zuschlag, soweit das Begehren des Rechtsbehelfsführers Erfolg hat und sobald die gerichtliche Entscheidung formell rechtskräftig ist. [4]Im Übrigen bleibt der gerichtliche Rechtsschutz unberührt.

(2) [1]Die Erteilung eines Zuschlags oder die Ausstellung einer Zahlungsberechtigung haben unabhängig von einem Rechtsschutzverfahren Dritter nach Absatz 1 Bestand. [2]Die Anfechtung eines Zuschlags oder einer Zahlungsberechtigung durch Dritte ist nicht zulässig.

§ 84 Nutzung von Seewasserstraßen

Solange Anlagenbetreiber eine Zahlung nach § 19 erhalten, können sie die deutsche ausschließliche Wirtschaftszone oder das Küstenmeer unentgeltlich für den Betrieb der Anlagen nutzen.

§ 85 Aufgaben der Bundesnetzagentur

(1) Die Bundesnetzagentur hat vorbehaltlich weiterer Aufgaben, die ihr durch Rechtsverordnung aufgrund dieses Gesetzes übertragen werden, die Aufgaben,

1. die Ausschreibungen nach den §§ 28 bis 39h durchzuführen,
2. sicherzustellen, dass die Transparenzpflichten mit Blick auf Zahlungen an Anlagen erfüllt werden,
3. zu überwachen, dass
 a) die Netzbetreiber nur Anlagen nach § 14 regeln, zur deren Regelung sie berechtigt sind,
 b) die Übertragungsnetzbetreiber den nach § 19 Absatz 1 und § 57 vergüteten Strom nach § 59 vermarkten, die Vorgaben der Erneuerbare-Energien-Verordnung einhalten, die EEG-Umlage ordnungsgemäß ermitteln, festlegen, veröffentlichen, erheben und vereinnahmen, die Netzbetreiber die EEG-Umlage ordnungsgemäß erheben und weiterleiten und dass nur die Zahlungen nach den §§ 19 bis 55a geleistet werden und hierbei die Saldierung nach § 57 Absatz 4 berücksichtigt worden ist,
 c) die Daten nach den §§ 70 bis 76 übermittelt und nach § 77 veröffentlicht werden,
 d) die Kennzeichnung des Stroms nach Maßgabe des § 78 erfolgt.

(2) Die Bundesnetzagentur kann unter Berücksichtigung des Zwecks und Ziels nach § 1 Festlegungen nach § 29 Absatz 1 des Energiewirtschaftsgesetzes treffen.

1. zu den technischen Einrichtungen nach § 9 Absatz 1 und 2, insbesondere zu den Datenformaten,

1a. zu § 9 Absatz 8, insbesondere zur Verlängerung der Umsetzungsfrist in § 9 Absatz 8, wenn nicht innerhalb der Frist nach § 9 Absatz 8 Satz 3 technische Einrichtungen nach § 9 Absatz 8 in einem ausreichenden Umfang am Markt angeboten werden,

2. im Anwendungsbereich des § 14 dazu,

 a) in welcher Reihenfolge die verschiedenen von einer Maßnahme nach § 14 betroffenen Anlagen und KWK-Anlagen geregelt werden,

 b) nach welchen Kriterien der Netzbetreiber über diese Reihenfolge entscheiden muss,

 c) welche Stromerzeugungsanlagen nach § 14 Absatz 1 Satz 1 Nummer 2 auch bei Anwendung des Einspeisemanagements am Netz bleiben müssen, um die Sicherheit und Zuverlässigkeit des Elektrizitätsversorgungssystems zu gewährleisten,

 d) in welchen Verfahren, Fristen und welcher Form die Unterrichtungen der Betroffenen durch die Netzbetreiber nach § 14 Absatz 2 und 3 vorzunehmen sind,

3. zur Abwicklung von Zuordnungen und Wechseln nach den §§ 21b und 21c, insbesondere zu Verfahren, Fristen und Datenformaten,

4. abweichend von § 30 zu Anforderungen an die Gebote und die Bieter, um die Ernsthaftigkeit und Verbindlichkeit der Gebote zu gewährleisten, sowie abweichend von § 37 Absatz 2 Satz 2 Nummer 1 dazu, dass als Nachweis nur ein beschlossener Bebauungsplan anerkannt wird,

5. zu den Voraussetzungen der Befreiung von Stromspeichern von einer Doppelbelastung mit der EEG-Umlage nach § 61l Absatz 1 und 1a und zu den insoweit nach § 61l Absatz 1b zu erfüllenden Anforderungen, insbesondere

 a) zu den technischen Anforderungen an Stromspeicher, die unter die Privilegierung des § 61l Absatz 1 fallen,

 b) zu dem Nachweis der Zahlung der EEG-Umlage nach § 61l Absatz 1 Satz 1,

 c) zu dem Nachweis der Netzeinspeisung nach § 61l Absatz 1 Satz 2,

 d) zu von § 61l Absatz 1a Satz 2 abweichenden Saldierungsperioden,

 e) auch abweichend von § 61l Absatz 1a Satz 3 zu Höchstgrenzen für privilegierte Strommengen,

 f) zu den Anforderungen an eine nachvollziehbare Abrechnung nach § 61l Absatz 1b Satz 1 Nummer 1 und

 g) weitere Anforderungen im Fall, dass der Speicher Strom von mehreren Personen bezieht oder an mehrere Personen liefert einschließlich der Nachweisführung,

6. zu Nachweisen, die der Bieter erbringen muss, um zu belegen, dass die Fläche, auf der die Freiflächenanlage nach § 37 Absatz 1 Nummer 3 Buchstabe h geplant und nach § 38a Absatz 1 Nummer 3 errichtet worden ist, tatsächlich zum Zeitpunkt des Beschlusses über die Aufstellung oder Änderung des Bebauungsplans als Ackerland genutzt worden ist,

7. zusätzlich zu den Ausschlussgründen nach § 33 Absatz 2 einen Ausschlussgrund für Gebote auf Standorten vorzusehen, soweit ein Gebot für diesen Standort in einer vorangegangenen Ausschreibung einen Zuschlag erhalten hat und der Zuschlag erloschen ist,

8. zu Angaben, die zusätzlich mit dem Antrag des Bieters auf Ausstellung der Zahlungsberechtigung der Bundesnetzagentur übermittelt werden müssen,

9. zu Anforderungen an Nachweise, die der Netzbetreiber nach § 30, § 36, § 37, § 38, § 38a oder § 39 vom Anlagenbetreiber zum Nachweis des Vorliegens der Anspruchsvoraussetzungen verlangen muss,

10. abweichend von § 3 Nummer 51 zur Ermittlung des Zuschlagswerts, insbesondere zu einer Umstellung auf ein Einheitspreisverfahren,

11. abweichend von § 37a und § 55 Absatz 3 die Zweitsicherheit und Pönale auf bis 100 Euro pro Kilowatt der Gebotsmenge zu erhöhen,

12. abweichend von § 37d Absatz 2 Nummer 2 die Frist zur Beantragung der Zahlungsberechtigung auf bis zu 12 Monate zu verkürzen, sofern als Nachweis von der Festlegungskompetenz nach Nummer 4 Gebrauch gemacht wurde,

13. zum Nachweis der Fernsteuerbarkeit nach § 20 Absatz 2, insbesondere zu Verfahren, Fristen und Datenformaten, und

14. zur Berücksichtigung von Strom aus solarer Strahlungsenergie, der selbst verbraucht wird, bei den Veröffentlichungspflichten nach § 73 und bei der Berechnung des Monatsmarktwerts von Strom aus solarer Strahlungsenergie nach Anlage 1 Nummer 2.2.4 zu diesem Gesetz, jeweils insbesondere zu Berechnung oder Abschätzung der Strommengen.

(3) ¹Für die Wahrnehmung der Aufgaben der Bundesnetzagentur nach diesem Gesetz und den auf Grund dieses Gesetzes ergangenen Rechtsverordnungen sind die Bestimmungen des Teils 8 des Energiewirt-

schaftsgesetzes mit Ausnahme des § 69 Absatz 1 Satz 2 und Absatz 10, der §§ 91 und 95 bis 101 sowie des Abschnitts 6 entsprechend anzuwenden. ²Die Befugnisse nach Satz 1 gelten gegenüber Personen, die keine Unternehmen sind, entsprechend.

(4) ¹Die Entscheidungen der Bundesnetzagentur nach Absatz 3 werden von den Beschlusskammern getroffen. ²Satz 1 gilt nicht für Entscheidungen im Zusammenhang mit der Ermittlung des Anspruchsberechtigten und des anzulegenden Werts durch Ausschreibungen nach § 22 und zu Festlegungen zu den Höchstwerten nach § 85a und den Rechtsverordnungen auf Grund der §§ 88 bis 88d. ³§ 59 Absatz 1 Satz 2 und 3, Absatz 2 und 3 sowie § 60 des Energiewirtschaftsgesetzes sind entsprechend anzuwenden.

(5) Ändert sich die Strombörse nach § 3 Nummer 43a zum 1. Januar eines Kalenderjahres, macht die Bundesnetzagentur diese Änderung bis zum 31. Oktober des vorangegangenen Kalenderjahres auf ihrer Internetseite bekannt.

§ 85a Festlegung zu den Höchstwerten bei Ausschreibungen

(1) ¹Die Bundesnetzagentur kann zum 1. Dezember eines Jahres durch Festlegung nach § 29 des Energiewirtschaftsgesetzes den Höchstwert nach § 36b, § 37b oder § 39b für die Ausschreibungen mit einem Gebotstermin in dem jeweils darauffolgenden Kalenderjahr neu bestimmen, wenn sich bei den letzten drei vor Einleitung des Festlegungsverfahrens durchgeführten Ausschreibungen gemeinsam oder jeweils für sich betrachtet Anhaltspunkte dafür ergeben haben, dass der Höchstwert unter Berücksichtigung der §§ 1 und 2 Absatz 4 zu hoch oder zu niedrig ist. ²Dabei darf der neue Höchstwert um nicht mehr als 10 Prozent von dem zum Zeitpunkt der Neufestsetzung geltenden Höchstwert abweichen.

(2) ¹Ein Höchstwert nach Absatz 1 gesenkt werden, wenn die durchschnittlichen Erzeugungskosten deutlich unter dem Höchstwert liegen. ²Ein Höchstwert soll nach Absatz 1 erhöht werden, wenn in den letzten drei Ausschreibungen mit den zulässigen Geboten das Ausschreibungsvolumen nicht gedeckt werden konnte und die durchschnittlichen Erzeugungskosten über dem Höchstwert liegen. ³Sofern das Ausschreibungsvolumen für Solaranlagen in einem Ausschreibungstermin nicht gedeckt werden konnte, soll der Höchstwert für den nachfolgenden Ausschreibungstermin erhöht werden.

(3) ¹Die Bundesnetzagentur soll vor ihrer Entscheidung nach Absatz 1 von einer Einholung von Stellungnahmen nach § 67 Absatz 2 des Energiewirtschaftsgesetzes absehen; eine mündliche Verhandlung findet nicht statt. ²Die Bundesnetzagentur macht Entscheidungen nach Absatz 1 unter Angabe der tragenden Gründe im ihrem Amtsblatt und auf ihrer Internetseite öffentlich bekannt.

§ 85b Auskunftsrecht und Datenübermittlung

(1) Die Bundesnetzagentur ist bei Vorliegen von Anhaltspunkten für Falschangaben eines Bieters in einem Ausschreibungsverfahren und zum Zweck von Stichprobenkontrollen der Richtigkeit der Angaben von Bietern in einem Ausschreibungsverfahren berechtigt, von den für das immissionsschutzrechtliche Genehmigungsverfahren zuständigen Behörden unter den im Gebot angegebenen Aktenzeichen Auskünfte darüber zu verlangen,

1. ob und zu welchem Zeitpunkt unter dem Aktenzeichen eine Genehmigung erteilt worden ist und wer Genehmigungsinhaber ist,
2. auf welchen Standort, welche Anlagenzahl und welche installierte Leistung sich die Genehmigung bezieht,
3. welche Fristen nach § 18 Absatz 1 Nummer 1 des Bundes-Immissionsschutzgesetzes für den Beginn von Errichtung oder Betrieb der Anlagen gesetzt und ob diese nachträglich verlängert worden sind,
4. ob die Genehmigung ganz oder teilweise bestandskräftig geworden ist oder ob gegen diese oder Teile dieser Genehmigung Rechtsbehelfe Dritter anhängig sind,
5. ob und inwieweit hinsichtlich der jeweiligen Genehmigung durch die zuständige Behörde oder die zuständigen Gerichte die sofortige Vollziehung angeordnet worden ist und ob und inwieweit die zuständigen Gerichte eine Anordnung der sofortigen Vollziehung bestätigt oder aufgehoben haben und
6. wann die Genehmigung ausläuft und die Anlage zurückgebaut werden muss.

(2) ¹Die für das immissionsschutzrechtliche Genehmigungsverfahren zuständigen Behörden sind zur Erteilung der Auskünfte im Sinn des Absatzes 1 verpflichtet. ²Die nach § 28 des Umweltauditgesetzes mit den Aufgaben der Zulassungsstelle für Umweltgutachter beliehene Stelle darf dem Netzbetreiber, dem Anlagenbetreiber und der Bundesnetzagentur Informationen über Zulassungs- oder Aufsichtsmaßnahmen, die sie gegenüber einem Umweltgutachter ergriffen hat und die sich auf die Eignung erstatteter Gutachten, Bestätigungen oder Bescheinigungen nach diesem Gesetz auswirken können, übermitteln.

§ 86 Bußgeldvorschriften

(1) Ordnungswidrig handelt, wer vorsätzlich oder fahrlässig

1. entgegen § 80 Absatz 1 Satz 1 Strom oder Gas verkauft, überlässt oder veräußert,
1a. die Stromsteuerbefreiung entgegen § 71 Nummer 2 Buchstabe a nicht bis zum Ende eines Kalenderjahres für das vorangegangene Kalenderjahr mitteilt oder eine falsche Mitteilung abgibt.
2. einer vollziehbaren Anordnung nach § 69 Satz 2 zuwiderhandelt,
3. einer vollziehbaren Anordnung nach § 85 Absatz 3 in Verbindung mit § 65 Absatz 1 oder Absatz 2 oder § 69 Absatz 7 Satz 1 oder Absatz 8 Satz 1 des Energiewirtschaftsgesetzes zuwiderhandelt oder
4. einer Rechtsverordnung
 a) nach § 90 Nummer 3,
 b) nach § 92 Nummer 1,
 c) nach § 92 Nummer 3 oder Nummer 4,
 d) nach § 93 Nummer 1, 4 oder Nummer 9
 oder einer vollziehbaren Anordnung auf Grund einer solchen Rechtsverordnung zuwiderhandelt, soweit die Rechtsverordnung für einen bestimmten Tatbestand auf diese Bußgeldvorschrift verweist.

(2) Die Ordnungswidrigkeit kann in den Fällen des Absatzes 1 Nummer 4 Buchstabe a, c und d mit einer Geldbuße bis zu fünfzigtausend Euro und in den übrigen Fällen mit einer Geldbuße bis zu zweihunderttausend Euro geahndet werden.

(3) Verwaltungsbehörde im Sinne des § 36 Absatz 1 Nummer 1 des Gesetzes über Ordnungswidrigkeiten ist

1. die Bundesnetzagentur in den Fällen des Absatzes 1 Nummer 1, 1a, 3 oder Nummer 4 Buchstabe d,
2. das Bundesamt für Wirtschaft und Ausfuhrkontrolle in den Fällen des Absatzes 1 Nummer 2,
3. die Bundesanstalt für Landwirtschaft und Ernährung in den Fällen des Absatzes 1 Nummer 4 Buchstabe a und
4. das Umweltbundesamt in den Fällen des Absatzes 1 Nummer 4 Buchstabe b oder Buchstabe c.

§ 87 Gebühren und Auslagen

(1) [1]Für Amtshandlungen nach diesem Gesetz und den auf diesem Gesetz beruhenden Rechtsverordnungen sowie für die Nutzung des Herkunftsnachweisregisters, des Regionalnachweisregisters und des Anlagenregisters werden Gebühren und Auslagen erhoben; hierbei kann auch der Verwaltungsaufwand berücksichtigt werden, der jeweils bei der Fachaufsichtsbehörde entsteht. [2]Hinsichtlich der Gebührenerhebung für Amtshandlungen nach Satz 1 ist das Verwaltungskostengesetz vom 23. Juni 1970 (BGBl. I S. 821) in der am 14. August 2013 geltenden Fassung anzuwenden. [3]Für die Nutzung des Herkunftsnachweisregisters, des Regionalnachweisregisters und des Anlagenregisters sind die Bestimmungen der Abschnitte 2 und 3 des Verwaltungskostengesetzes in der am 14. August 2013 geltenden Fassung entsprechend anzuwenden.

(2) [1]Die gebührenpflichtigen Tatbestände und die Gebührensätze sind durch Rechtsverordnung[1] ohne Zustimmung des Bundesrates zu bestimmen. [2]Dabei können feste Sätze, auch in Form von Zeitgebühren, oder Rahmensätze vorgesehen und die Erstattung von Auslagen auch abweichend vom Verwaltungskostengesetz geregelt werden. [3]Zum Erlass der Rechtsverordnungen ist das Bundesministerium für Wirtschaft und Energie ermächtigt. [4]Es kann diese Ermächtigung durch Rechtsverordnung ohne Zustimmung des Bundesrates auf eine Bundesoberbehörde übertragen, soweit diese Aufgaben auf Grund dieses Gesetzes oder einer Rechtsverordnung nach den §§ 88, 90, 92 oder § 93 wahrnimmt. [5]Abweichend von Satz 3 ist das Bundesministerium für Ernährung und Landwirtschaft im Einvernehmen mit dem Bundesministerium der Finanzen, dem Bundesministerium für Wirtschaft und Energie und dem Bundesministerium für Umwelt, Naturschutz und nukleare Sicherheit zum Erlass der Rechtsverordnung für Amtshandlungen der Bundesanstalt für Landwirtschaft und Ernährung im Zusammenhang mit der Anerkennung von Systemen oder mit der Anerkennung und Überwachung einer unabhängigen Kontrollstelle nach der Biomassestrom-Nachhaltigkeitsverordnung ermächtigt.

1) Siehe die Biomassestrom- sowie Biokraftstoff-NachhaltigkeitsgebührenVO, die Herkunfts- und Regionalnachweis-GebührenVO, die Besondere-Ausgleichsregelung-GebührenVO, die AusschreibungsgebührenVO, und die InnovationsausschreibungsVO.

Teil 7
Verordnungsermächtigungen, Berichte, Übergangsbestimmungen

Abschnitt 1
Verordnungsermächtigungen

§ 88 Verordnungsermächtigung zu Ausschreibungen für Biomasse

Die Bundesregierung wird ermächtigt, durch Rechtsverordnung[1] ohne Zustimmung des Bundesrates abweichend von den §§ 3, 22, 24, 25, 27a bis 30, 39 bis 39h, 44b, 44c, 50, 50a, 52 und 55 für Biomasseanlagen Regelungen vorzusehen

1. zu Verfahren und Inhalt der Ausschreibungen, insbesondere
 a) zu der Aufteilung des Ausschreibungsvolumens in Teilmengen und dem Ausschluss einzelner Teilsegmente von der Ausschreibung, wobei insbesondere unterschieden werden kann
 aa) nach dem Inbetriebnahmedatum der Anlagen oder
 bb) zwischen fester und gasförmiger Biomasse,
 b) zu der Bestimmung von Mindest- und Höchstgrößen von Teillosen,
 c) zu der Festlegung von Höchstwerten für den Anspruch nach § 19 Absatz 1 oder § 50,
 d) zu der Preisbildung und dem Ablauf der Ausschreibungen,
2. zu weiteren Voraussetzungen, insbesondere
 a) die Bemessungsleistung oder die installierte Leistung der Anlage zu begrenzen und eine Verringerung oder einen Wegfall der finanziellen Förderung vorzusehen, wenn die Grenze überschritten wird,
 b) die Zusammenfassung von Anlagen abweichend von § 24 Absatz 1 zu regeln,
 c) Anforderungen und Zahlungsansprüche festzulegen oder auszuschließen, die auch abweichend von den §§ 39h, 44b und 50a der Flexibilisierung der Anlagen dienen,
 d) abweichend von § 27a zu regeln, ob und in welchem Umfang der erzeugte Strom vom Anlagenbetreiber selbst verbraucht werden darf und ob und in welchem Umfang selbst erzeugter Strom und verbrauchter Strom bei der Ermittlung der Bemessungsleistung angerechnet werden kann,
 e) abweichende Regelungen zu treffen zu
 aa) dem Anlagenbegriff nach § 3 Nummer 1,
 bb) dem Inbetriebnahmebegriff nach § 3 Nummer 30,
 cc) Beginn und Dauer des Anspruchs nach § 19 Absatz 1 und
 dd) der Höchstbemessungsleistung nach § 101 Absatz 1,
 f) den Übergangszeitraum nach der Zuschlagserteilung nach § 39f Absatz 2 zu bestimmen,
3. zu den Anforderungen für die Teilnahme an den Ausschreibungen, insbesondere
 a) Mindestanforderungen an die Eignung der Teilnehmer zu stellen,
 b) Anforderungen an den Planungs- und Genehmigungsstand der Projekte zu stellen,
 c) Anforderungen zu der Art, der Form und dem Inhalt von Sicherheiten zu stellen, die von allen Teilnehmern an Ausschreibungen oder nur im Fall der Zuschlagserteilung zu leisten sind, um eine Inbetriebnahme und den Betrieb der Anlage sicherzustellen, und die entsprechenden Regelungen zur teilweisen oder vollständigen Zurückzahlung dieser Sicherheiten,
 d) festzulegen, wie Teilnehmer an den Ausschreibungen die Einhaltung der Anforderungen nach den Buchstaben a bis c nachweisen müssen,
4. zu der Art, der Form und dem Inhalt der Zuschlagserteilung im Rahmen einer Ausschreibung und zu den Kriterien für die Zuschlagserteilung,
5. zu Anforderungen, die den Betrieb der Anlagen sicherstellen sollen, insbesondere wenn eine Anlage nicht oder verspätet in Betrieb genommen worden ist oder nicht in einem ausreichenden Umfang betrieben wird,
 a) eine Untergrenze für die Bemessungsleistung festzulegen,
 b) eine Verringerung oder einen Wegfall der finanziellen Förderung vorzusehen, wenn die Untergrenze nach Buchstabe a unterschritten wird,
 c) eine Pflicht zu einer Geldzahlung vorzusehen und deren Höhe und die Voraussetzungen für die Zahlungspflicht zu regeln,
 d) Kriterien für einen Ausschluss von Bietern bei künftigen Ausschreibungen zu regeln und
 e) die Möglichkeit vorzusehen, die im Rahmen der Ausschreibungen vergebenen Zuschläge nach Ablauf einer bestimmten Frist zu entziehen oder zu ändern und danach erneut zu vergeben, oder

1) Siehe die Grenzüberschreitende-Erneuerbare-Energien-VO.

die Dauer oder Höhe des Anspruchs nach § 19 Absatz 1 nach Ablauf einer bestimmten Frist zu ändern,

6. zu der Art, der Form und dem Inhalt der Veröffentlichungen der Bekanntmachung von Ausschreibungen, der Ausschreibungsergebnisse und der erforderlichen Mitteilungen an die Netzbetreiber,

7. zu Auskunftsrechten der Bundesnetzagentur gegenüber anderen Behörden, soweit dies für die Ausschreibungen erforderlich ist,

8. zu den nach den Nummern 1 bis 7 zu übermittelnden Informationen,

9. die Bundesnetzagentur zu ermächtigen, unter Berücksichtigung des Zwecks und Ziels nach § 1 Festlegungen nach § 29 Absatz 1 des Energiewirtschaftsgesetzes zu den Ausschreibungen zu regeln, einschließlich der Ausgestaltung der Regelungen nach den Nummern 1 bis 8.

§ 88a Verordnungsermächtigung zu grenzüberschreitenden Ausschreibungen
(1) Die Bundesregierung wird ermächtigt, unter den in § 5 genannten Voraussetzungen durch Rechtsverordnung[1] ohne Zustimmung des Bundesrates Regelungen zu Ausschreibungen zu treffen, die Anlagen im Bundesgebiet und in einem oder mehreren anderen Mitgliedstaaten der Europäischen Union offenstehen, insbesondere

1. zu regeln, dass ein Anspruch auf Zahlung nach diesem Gesetz auch für Anlagen besteht, die in einem anderen Mitgliedstaat der Europäischen Union errichtet worden sind, wenn
 a) der Anlagenbetreiber über einen Zuschlag oder eine Zahlungsberechtigung verfügt, die im Rahmen einer Ausschreibung durch Zuschlag erteilt worden ist, und
 b) die weiteren Voraussetzungen für den Zahlungsanspruch nach diesem Gesetz erfüllt sind, soweit auf der Grundlage der folgenden Nummern keine abweichenden Regelungen in der Rechtsverordnung getroffen worden sind,

2. abweichend von den §§ 23 bis 55a Regelungen zu Verfahren und Inhalt der Ausschreibungen zu treffen, insbesondere
 a) zur kalenderjährlich insgesamt auszuschreibenden installierten Leistung in Megawatt, wobei das jährliche Ausschreibungsvolumen der Ausschreibungen 5 Prozent der jährlich zu installierenden Leistung nicht überschreiten soll,
 b) zur Anzahl der Ausschreibungen pro Jahr und zur Aufteilung des jährlichen Ausschreibungsvolumens auf die Ausschreibungen eines Jahres,
 c) zur Festlegung von Höchstwerten,
 d) den Anspruch nach § 19 Absatz 1 auf Anlagen auf bestimmten Flächen zu begrenzen,
 e) die Anlagengröße zu begrenzen und abweichend von § 24 Absatz 1 und 2 die Zusammenfassung von Anlagen zu regeln,
 f) Anforderungen an Stellen, die der Netz- oder Systemintegration der Anlagen dienen,

3. abweichend von den §§ 30, 31, 33, 34, 36d, 36g, 37, 37c und 39 bis 39h Anforderungen für die Teilnahme an den Ausschreibungen zu regeln, insbesondere
 a) Mindestanforderungen an die Eignung der Teilnehmer zu stellen,
 b) Mindest- oder Höchstgrenzen für Gebote oder Teillose zu bestimmen,
 c) Anforderungen an den Planungs- oder Genehmigungsstand der Anlagen zu stellen,
 d) finanzielle Anforderungen an die Teilnahme an der Ausschreibung zu stellen,
 e) Anforderungen zur Art, der Form und dem Inhalt von Sicherheiten zu stellen, die von allen Teilnehmern oder nur im Fall der Zuschlagserteilung zu leisten sind, um eine Inbetriebnahme und den Betrieb der Anlage sicherzustellen, und die entsprechenden Regelungen zur teilweisen oder vollständigen Zurückzahlung dieser Sicherheiten,
 f) festzulegen, wie Teilnehmer die Einhaltung der Anforderungen nach den Buchstaben a bis e nachweisen müssen,

4. die Art, die Form, das Verfahren, den Inhalt der Zuschlagserteilung, die Kriterien für die Zuschlagserteilung und die Bestimmung des Zuschlagswerts zu regeln,

5. die Art, die Form und den Inhalt der durch einen Zuschlag vergebenen Zahlungsansprüche zu regeln, insbesondere zu regeln,
 a) dass die Zahlungen für elektrische Arbeit pro Kilowattstunde auch abweichend von den Bestimmungen in den §§ 19 bis 55a und Anlage 1 und 3 zu leisten sind,
 b) unter welchen Voraussetzungen die Zahlungen erfolgen; hierbei können insbesondere getroffen werden

1) Siehe die MarktstammdatenregisterVO, und die Grenzüberschreitende-Erneuerbare-Energien-VO.

aa) abweichende Bestimmungen von § 27a,

bb) Bestimmungen zur Verhinderung von Doppelzahlungen durch zwei Staaten und

cc) abweichende Bestimmungen von § 80 Absatz 2 zur Ausstellung von Herkunftsnachweisen,

c) wie sich die Höhe und die Dauer der Zahlungen berechnen und

d) wie die Standortbedingungen die Höhe der Zahlungen beeinflussen,

6. Regelungen zu treffen, um die Errichtung, die Inbetriebnahme und den Betrieb der Anlagen sicherzustellen, insbesondere wenn eine Anlage nicht oder verspätet in Betrieb genommen worden ist oder nicht in einem ausreichenden Umfang betrieben wird,

a) eine Pflicht zu einer Geldzahlung vorzusehen und deren Höhe und die Voraussetzungen für die Zahlungspflicht zu regeln,

b) Kriterien für einen Ausschluss von Bietern bei künftigen Ausschreibungen zu regeln und

c) die Möglichkeit vorzusehen, die im Rahmen der Ausschreibungen vergebenen Zuschläge oder Zahlungsberechtigungen nach Ablauf einer bestimmten Frist zu entziehen oder zu ändern und danach erneut zu vergeben oder die Dauer oder Höhe des Förderanspruchs nach Ablauf einer bestimmten Frist zu ändern,

7. zu der Art, der Form und dem Inhalt der Veröffentlichungen der Ausschreibungen, der Ausschreibungsergebnisse und der erforderlichen Mitteilungen an die Netzbetreiber,

8. zur Übertragbarkeit von Zuschlägen oder Zahlungsberechtigungen vor der Inbetriebnahme der Anlage und ihrer verbindlichen Zuordnung zu einer Anlage, insbesondere

a) zu den zu beachtenden Frist- und Formerfordernissen und Mitteilungspflichten,

b) zu dem Kreis der berechtigten Personen und den an diese zu stellenden Anforderungen,

9. zu regeln, dass abweichend von § 5 der Strom nicht im Bundesgebiet erzeugt oder im Bundesgebiet in ein Netz eingespeist werden muss,

10. zum Anspruchsgegner, der zur Zahlung verpflichtet ist, zur Erstattung der entsprechenden Kosten und zu den Voraussetzungen des Anspruchs auf Zahlung in Abweichung von den §§ 19 bis 27, 51 bis 54,

11. zum Umfang der Zahlungen und zur anteiligen Zahlung des erzeugten Stroms aufgrund dieses Gesetzes und durch einen anderen Mitgliedstaat der Europäischen Union,

12. zu den nach den Nummern 1 bis 11 zu übermittelnden Informationen und dem Schutz der in diesem Zusammenhang übermittelten personenbezogenen Daten,

13. abweichend von § 6 Absatz 2, § 35, den §§ 70 bis 72 und 75 bis 77, von der Rechtsverordnung nach § 93 sowie von der Rechtsverordnung nach § 111f des Energiewirtschaftsgesetzes Mitteilungs- und Veröffentlichungspflichten zu regeln,

14. abweichend von den §§ 8 bis 18 Regelungen zur Netz- und Systemintegration zu treffen,

15. abweichend von den §§ 56 bis 61l und der Rechtsverordnung nach § 91 Regelungen zu den Kostentragungspflichten und dem bundesweiten Ausgleich der Kosten der finanziellen Förderung der Anlagen zu treffen,

16. abweichend von § 81 Regelungen zur Vermeidung oder Beilegung von Streitigkeiten durch die Clearingstelle und von § 85 abweichende Regelungen zur Kompetenz der Bundesnetzagentur zu treffen,

17. zu regeln, ob die deutschen Gerichte oder die Gerichte des Kooperationsstaates in verwaltungsrechtlichen Streitigkeiten über die Zahlungen oder über die Ausschreibungen zuständig sein sollen und ob sie hierbei deutsches Recht oder das Recht des Kooperationsstaates anwenden sollen.

(2) Die Bundesregierung wird ermächtigt, durch Rechtsverordnung ohne Zustimmung des Bundesrates für Anlagenbetreiber von Anlagen zur Erzeugung von Strom aus erneuerbaren Energien, die im Bundesgebiet errichtet worden sind und einen Anspruch auf Zahlung in einem Fördersystem eines anderen Mitgliedstaates der Europäischen Union haben,

1. abweichend von den §§ 19 bis 87 die Höhe der Zahlungen oder den Wegfall des Anspruchs nach den §§ 19 und 50 zu regeln, soweit ein Zahlungsanspruch aus einem anderen Mitgliedstaat besteht,

2. die Erstreckung des Doppelvermarktungsverbots nach § 80 auch auf diese Anlagen zu regeln und

3. abweichend von § 15 die Entschädigung zu regeln.

(3) Die Bundesregierung wird ermächtigt, durch Rechtsverordnung ohne Zustimmung des Bundesrates

1. die Bundesnetzagentur zu ermächtigen, unter Berücksichtigung des Zwecks und Ziels nach § 1 Festlegungen nach § 29 Absatz 1 des Energiewirtschaftsgesetzes zu den Ausschreibungen zu treffen, einschließlich der Ausgestaltung der Regelungen nach den Absätzen 1 und 2 und

2. das Bundesministerium für Wirtschaft und Energie zu ermächtigen, im Rahmen von völkerrechtlichen Vereinbarungen mit den anderen Mitgliedstaaten der Europäischen Union unter Berücksichtigung des Zwecks und Ziels nach § 1 und der Vorgaben nach § 5
 a) Regelungen mit anderen Mitgliedstaaten der Europäischen Union zu den Ausschreibungen festzulegen, einschließlich der Ausgestaltung der Regelungen nach den Absätzen 1 und 2,
 b) die Voraussetzungen für die Zulässigkeit der Zahlungen an Betreiber von Anlagen im Bundesgebiet nach dem Fördersystem des anderen Mitgliedstaates der Europäischen Union zu regeln und
 c) einer staatlichen oder privaten Stelle in der Bundesrepublik Deutschland oder in einem anderen Mitgliedstaat der Europäischen Union die Aufgaben der ausschreibenden Stelle nach Absatz 1 oder 2 zu übertragen und festzulegen, wer die Zahlungen an die Anlagenbetreiber leisten muss.

(4) Die Bundesregierung wird ermächtigt, in der Rechtsverordnung nach den Absätzen 1 und 2 unterschiedliche Varianten zu regeln und im Rahmen von völkerrechtlichen Vereinbarungen mit anderen Mitgliedstaaten der Europäischen Union

1. zu entscheiden, welche in der Rechtsverordnung nach den Absätzen 1 und 2 getroffenen Regelungen im Rahmen der Ausschreibung mit dem jeweiligen Mitgliedstaat der Europäischen Union Anwendung finden sollen und

2. zu regeln, welche staatliche oder private Stelle in der Bundesrepublik Deutschland oder in einem anderen Mitgliedstaat der Europäischen Union die ausschreibende Stelle nach Absatz 1 oder 2 ist und wer die Zahlungen an die Anlagenbetreiber leisten muss.

§ 88b Verordnungsermächtigung zu Netzausbaugebieten

Das Bundesministerium für Wirtschaft und Energie wird ermächtigt, durch Rechtsverordnung[1)] ohne Zustimmung des Bundesrates zur Einrichtung und Ausgestaltung eines Netzausbaugebiets unter Beachtung von § 36c zu regeln,

1. welches geografische Gebiet das Netzausbaugebiet erfasst,

2. ab welchem Zeitpunkt und für welchen Zeitraum das Netzausbaugebiet festgelegt wird und

3. wie hoch der Anteil der installierten Leistung von Windenergieanlagen an Land in dem Netzausbaugebiet bei den Zuschlägen in einem Kalenderjahr oder einer Ausschreibungsrunde höchstens sein darf und wie sich diese installierte Leistung auf die Ausschreibungen in dem Kalenderjahr verteilt.

§ 88c Verordnungsermächtigung zu gemeinsamen Ausschreibungen für Windenergieanlagen an Land und Solaranlagen

Das Bundesministerium für Wirtschaft und Energie wird ermächtigt, durch Rechtsverordnung[2)] ohne Zustimmung des Bundesrates zur Erprobung von gemeinsamen Ausschreibungen nach § 39i

1. zu regeln, dass gemeinsame Ausschreibungen durchgeführt werden, an denen Windenergieanlagen an Land und Solaranlagen teilnehmen können, einschließlich der Anzahl der Ausschreibungen pro Jahr sowie der Gebotstermine und der Verteilung der Ausschreibungsmengen auf die Gebotstermine,

2. zu regeln, welche Solaranlagen und Windenergieanlagen an Land auch abweichend von § 22 an dieser Ausschreibung teilnehmen können,

3. auch abweichend von § 22 und den §§ 28 bis 38b zu regeln, wobei die Anforderungen für Windenergieanlagen an Land und Solaranlagen jeweils unterschiedlich festgelegt werden können,
 a) dass Windenergieanlagen an Land abweichend von § 22 erst nach Erteilung einer Zahlungsberechtigung einen Anspruch auf eine Zahlung nach § 19 haben und Solaranlagen abweichend von § 22 schon aufgrund des Zuschlags einen Anspruch auf eine Zahlung nach § 19 haben,
 b) die Höchstwerte, wobei zur Vermeidung von Überförderung und zur Berücksichtigung von Netz- und Systemintegrationskosten auch differenzierte Höchstwerte eingeführt werden dürfen,
 c) Ober- und Untergrenzen für die Größe von Anlagen, die an der Ausschreibung teilnehmen können,
 d) Ober- und Untergrenzen für die Gebotsgröße,
 e) Mindestanforderungen an die Eignung der Teilnehmer,
 f) Mindestanforderungen an den Planungs- oder Genehmigungsstand der Anlagen,
 g) finanzielle Anforderungen für die Teilnahme an der Ausschreibung,
 h) die Art und Form von finanziellen Sicherheiten für die Realisierung der Anlagen,
 i) die Art, die Form und das Verfahren sowie den Inhalt der Zuschlagserteilung,
 j) die Voraussetzungen für die Ausstellung von Förderberechtigungen,

1) Siehe die Erneuerbare-Energien-AusführungsVO.
2) Siehe die VO zu den gemeinsamen Ausschreibungen, und die InnovationsausschreibungsVO.

k) die Übertragbarkeit von Zuschlägen vor Inbetriebnahme der Anlage und die Übertragbarkeit von Förderberechtigungen vor der verbindlichen Zuordnung zu einer Anlage einschließlich
 aa) der zu beachtenden Form- und Fristerfordernisse sowie Mitteilungspflichten und
 bb) dem Kreis der berechtigten Personen und Anlagen und den an diese zu stellenden Anforderungen,
l) welche Nachweise für die Buchstaben a bis k vorzulegen sind,
m) die Anforderungen an Gebote in den gemeinsamen Ausschreibungen,
4. auch abweichend von den §§ 5 bis 55a
 a) zu regeln, dass bestimmte Flächentypen oder Regionen als Standorte für Anlagen ausgeschlossen sind oder Mengen einer Technologie oder aller Technologien, die in bestimmten Regionen oder Flächenkategorien zugeschlagen werden, zu begrenzen,
 b) Anforderungen zu stellen, die der Netz- und Systemintegration der Anlagen dienen,
 c) Zu- oder Abschläge gegenüber dem Zuschlagspreis vorzusehen, die die Kosten der Integration der Anlage in das Stromsystem abbilden; dabei kann die Höhe der Zu- und Abschläge insbesondere berücksichtigen,
 aa) in welcher Region die Anlage angeschlossen wird,
 bb) welchen Einfluss sie auf die Netzbelastung hat,
 cc) welches Einspeiseprofil die Anlage hat,
 dd) auf welcher Netzebene die Anlage angeschlossen wird,
 ee) wie viele Anlagen mit einem vergleichbaren Einspeiseprofil in der betroffenen Region bereits installiert sind und
 ff) welche weiteren Kosten die Systemintegration der Anlage verursacht,
 d) die Kriterien für die Zuschlagserteilung insbesondere dahingehend zu regeln, dass für die Reihung der Gebote auch die Kriterien nach Buchstabe c herangezogen werden können,
 e) das Verfahren für die Ermittlung des Zuschlagswerts zu regeln,
 f) die Berechnung von Dauer und Höhe der Zahlung nach § 19 zu regeln,
 g) Einmalzahlungen der Anlagen an den Netzbetreiber für den Anschluss der Anlage an das Netz vorzusehen, die
 aa) mögliche Netzausbaukosten im Einzelfall oder nach typisierten Fallgruppen abbilden und
 bb) die an den Übertragungsnetzbetreiber weitergeleitet werden und dessen EEG-Konto entlasten,
 h) erforderliche Nachweise,
5. auch abweichend von den §§ 36, 36a, 37, 37a, 55 und 55a Regelungen zu treffen, um die Errichtung, die Inbetriebnahme und den Betrieb der Anlagen sicherzustellen und insbesondere
 a) eine Pflicht für eine Geldzahlung sowie deren Höhe festzulegen, die bei einem Verstoß gegen die Pflicht zur rechtzeitigen Errichtung oder bei einem unzureichenden Betrieb der Anlage anfällt,
 b) Kriterien für den Ausschluss von Bietern oder Anlagestandorten von zukünftigen Ausschreibungen,
 c) zu der Möglichkeit, Zuschläge und Förderberechtigungen nach Ablauf der Realisierungsfristen zu entziehen und
 d) die Beschränkung der Dauer oder Höhe des Vergütungsanspruchs für Anlagen, die gegen die Pflichten für die rechtzeitige Errichtung oder den ordnungsgemäßen Betrieb verstoßen haben.

§ 88d Verordnungsermächtigung zu Innovationsausschreibungen

Die Bundesregierung wird ermächtigt, durch Rechtsverordnung[1] ohne Zustimmung des Bundesrates Innovationsausschreibungen nach § 39j einzuführen; hierfür kann sie Regelungen treffen
1. zu Verfahren und Inhalt der Ausschreibungen, insbesondere
 a) zu der Aufteilung des Ausschreibungsvolumens der Innovationsausschreibung in Teilmengen, zu den Geboterminen, die auch abweichend von § 28 Absatz 6 festgelegt werden dürfen, und dem Ausschluss von Anlagen, wobei insbesondere unterschieden werden kann
 aa) nach Regionen und Netzebenen,
 bb) nach Vorgaben aus Netz- und Systemsicht,
 b) zu der Bestimmung von Mindest- und Höchstgrößen von Teillosen,
 c) zu der Festlegung von Höchstwerten,
 d) zu der Preisbildung und dem Ablauf der Ausschreibungen und

1) Siehe die InnovationsausschreibungsVO.

e) zu den Zuschlagsverfahren, insbesondere Regelungen, die das Ausschreibungsvolumen bei Unterzeichnung in Abhängigkeit von der Gebotsmenge reduzieren,

2. abweichend von den §§ 19 bis 35a und 51 bis 53a zu Art, Form und Inhalt der durch einen Zuschlag zu vergebenden Zahlungsansprüche

 a) für elektrische Arbeit pro Kilowattstunde, insbesondere auch durch die Zahlung von technologieneutralen fixen Marktprämien und den Ausschluss einer Zahlung bei negativen Preisen,

 b) für die Bereitstellung installierter oder bereitgestellter systemdienlicher Leistung in Euro pro Kilowatt,

 c) für die Bereitstellung von Systemdienstleistungen als Zahlung für geleistete Arbeit oder die bereitgestellte Leistung,

3. zu besonderen Zuschlags- und Zahlungsanforderungen, mit denen der Innovationscharakter festgestellt wird, insbesondere

 a) zum Bau und Betrieb von netz- und systemdienlich ausgelegten Anlagen,

 b) zur Steigerung der Flexibilität der Anlagen,

 c) zur besseren Nutzung der Netzanschlusskapazität, insbesondere können von den Anlagenbetreibern auch Zahlungen für Netzkapazitäten verlangt werden,

 d) zu einem verstärkten Einsatz von Anlagen für Systemdienstleistungen,

 e) zu Ansätzen zur Minderung der Abregelung von Anlagen und

 f) zur Nachweisführung über das Vorliegen der Zuschlags- und Zahlungsvoraussetzungen,

4. zu den Anforderungen für die Teilnahme an den Ausschreibungen, insbesondere

 a) Mindestanforderungen an die Eignung der Teilnehmer stellen,

 b) Mindestanforderungen an die Anlagen stellen, insbesondere auch die Kombination von unterschiedlichen Anlagen zur Erzeugung von Strom aus erneuerbaren Energien untereinander oder mit Speichern vorzuschreiben,

 c) Anforderungen an den Planungs- und Genehmigungsstand der Projekte stellen,

 d) Anforderungen zu der Art, der Form und dem Inhalt von Sicherheiten stellen, die von allen Teilnehmern an Ausschreibungen oder nur im Fall der Zuschlagserteilung zu leisten sind, um eine Inbetriebnahme und den Betrieb der Anlage sicherzustellen, und die entsprechenden Regelungen zur teilweisen oder vollständigen Zurückzahlung dieser Sicherheiten treffen,

 e) festlegen, wie Teilnehmer an den Ausschreibungen die Einhaltung von Anforderungen nach den Buchstaben a bis d nachweisen müssen,

5. zu der Art, der Form und dem Inhalt der Zuschlagserteilung im Rahmen einer Ausschreibung und zu den Kriterien für die Zuschlagserteilung, insbesondere falls der Zuschlag nicht allein nach dem kostengünstigsten Gebot erteilt werden soll,

 a) Wertungskriterien für die Beurteilung des Innovationscharakters sowie deren Einfluss auf die Zuschlagswahrscheinlichkeit,

 b) Wertungskriterien für die Beurteilung des Beitrags zur Netz- und Systemdienlichkeit sowie deren Einfluss auf die Zuschlagswahrscheinlichkeit,

6. zu Anforderungen, die den Betrieb der Anlagen sicherstellen sollen, insbesondere wenn eine Anlage nicht oder verspätet in Betrieb genommen worden ist oder nicht in einem ausreichenden Umfang betrieben wird,

 a) eine Untergrenze für die zu erbringende ausgeschriebene und bezuschlagte Leistung in Form von Arbeit oder Leistung festlegen,

 b) eine Verringerung oder einen Wegfall der Zahlungen vorsehen, wenn die Untergrenze nach Buchstabe a unterschritten ist,

 c) eine Pflicht zu einer Geldzahlung vorsehen und deren Höhe und die Voraussetzungen für die Zahlungspflicht regeln,

 d) Kriterien für einen Ausschluss von Bietern bei künftigen Ausschreibungen regeln und

 e) die Möglichkeit vorsehen, die im Rahmen der Ausschreibungen vergebenen Zuschläge nach Ablauf einer bestimmten Frist zu entziehen oder zu ändern und danach erneut zu vergeben oder die Dauer oder Höhe des Zahlungsanspruchs nach Ablauf einer bestimmten Frist zu ändern,

7. zu der Art, der Form und dem Inhalt der Veröffentlichungen und Bekanntmachung von Ausschreibungen, der Ausschreibungsergebnisse und der erforderlichen Mitteilungen an die Netzbetreiber,

8. zu Auskunftsrechten der Bundesnetzagentur gegenüber den Netzbetreibern und anderen Behörden, soweit dies für die Ausschreibungen erforderlich ist,

9. zu den nach den Nummern 1 bis 7 zu übermittelnden Informationen,

10. die Bundesnetzagentur zu ermächtigen, unter Berücksichtigung des Zwecks und Ziels nach § 1 Festlegungen zu den Ausschreibungen zu regeln, einschließlich der Ausgestaltung der Regelungen nach den Nummern 1 bis 8.

§ 89 Verordnungsermächtigung zur Stromerzeugung aus Biomasse
(1) Die Bundesregierung wird ermächtigt, durch Rechtsverordnung[1] ohne Zustimmung des Bundesrates im Anwendungsbereich der §§ 42 bis 44 zu regeln,
1. welche Stoffe als Biomasse gelten und
2. welche technischen Verfahren zur Stromerzeugung angewandt werden dürfen.
(2) Die Bundesregierung wird ferner ermächtigt, durch Rechtsverordnung ohne Zustimmung des Bundesrates im Anwendungsbereich des § 44b Absatz 5 Nummer 2 Anforderungen an ein Massenbilanzsystem zur Rückverfolgung von aus einem Erdgasnetz entnommenem Gas zu regeln.

§ 90 Verordnungsermächtigung zu Nachhaltigkeitsanforderungen für Biomasse
Das Bundesministerium für Umwelt, Naturschutz und nukleare Sicherheit wird ermächtigt, im Einvernehmen mit dem Bundesministerium für Wirtschaft und Energie und dem Bundesministerium für Ernährung und Landwirtschaft durch Rechtsverordnung[2] ohne Zustimmung des Bundesrates
1. zu regeln, dass der Anspruch auf Zahlung nach § 19 Absatz 1 und § 50 für Strom aus fester, flüssiger oder gasförmiger Biomasse nur besteht, wenn die zur Stromerzeugung eingesetzte Biomasse folgende Anforderungen erfüllt:
 a) bestimmte ökologische und sonstige Anforderungen an einen nachhaltigen Anbau und an die durch den Anbau in Anspruch genommenen Flächen, insbesondere zum Schutz natürlicher Lebensräume, von Grünland mit großer biologischer Vielfalt im Sinne der Richtlinie 2009/28/EG und von Flächen mit hohem Kohlenstoffbestand,
 b) bestimmte ökologische und soziale Anforderungen an eine nachhaltige Herstellung,
 c) ein bestimmtes Treibhausgas-Minderungspotenzial, das bei der Stromerzeugung mindestens erreicht werden muss,
2. die Anforderungen nach Nummer 1 einschließlich der Vorgaben zur Ermittlung des Treibhausgas-Minderungspotenzials nach Nummer 1 Buchstabe c zu regeln,
3. festzulegen, wie Anlagenbetreiber die Einhaltung der Anforderungen nach den Nummern 1 und 2 nachweisen müssen; dies schließt Regelungen ein
 a) zum Inhalt, zu der Form und der Gültigkeitsdauer dieser Nachweise einschließlich Regelungen zur Anerkennung von Nachweisen, die nach dem Recht der Europäischen Union oder eines anderen Staates als Nachweis über die Erfüllung von Anforderungen nach Nummer 1 anerkannt wurden,
 b) zur Einbeziehung von Systemen und unabhängigen Kontrollstellen in die Nachweisführung und
 c) zu den Anforderungen an die Anerkennung von Systemen und unabhängigen Kontrollstellen sowie zu den Maßnahmen zu ihrer Überwachung einschließlich erforderlicher Auskunfts-, Einsichts-, Probenentnahme- und Weisungsrechte sowie des Rechts der zuständigen Behörde oder unabhängiger Kontrollstellen, während der Geschäfts- oder Betriebszeit Grundstücke, Geschäfts-, Betriebs- und Lagerräume sowie Transportmittel zu betreten, soweit dies für die Überwachung oder Kontrolle erforderlich ist,
4. die Bundesanstalt für Landwirtschaft und Ernährung mit Aufgaben zu betrauen, die die Einhaltung der in der Rechtsverordnung nach den Nummern 1 bis 3 geregelten Anforderungen sicherstellen, insbesondere mit der näheren Bestimmung der in der Rechtsverordnung auf Grund der Nummern 1 und 2 geregelten Anforderungen sowie mit der Wahrnehmung von Aufgaben nach Nummer 3.

§ 91 Verordnungsermächtigung zum Ausgleichsmechanismus
Die Bundesregierung wird ermächtigt, zur Weiterentwicklung des bundesweiten Ausgleichsmechanismus durch Rechtsverordnung[3] ohne Zustimmung des Bundesrates zu regeln,
1. dass Vorgaben zur Vermarktung des nach diesem Gesetz kaufmännisch abgenommenen Stroms gemacht werden können, einschließlich
 a) der Möglichkeit, die Vergütungszahlungen und Transaktionskosten durch finanzielle Anreize abzugelten oder Übertragungsnetzbetreiber an den Gewinnen und Verlusten bei der Vermarktung zu beteiligen,
 b) der Überwachung der Vermarktung,

1) Siehe die BiomasseVO.
2) Siehe die Biomassestrom-NachhaltigkeitsVO.
3) Siehe die Erneuerbare-Energien-VO und die Erneuerbare-Energien-Ausführungsverordnung.

c) Anforderungen an die Vermarktung, Kontoführung und Ermittlung der EEG-Umlage einschließlich von Veröffentlichungs- und Transparenzpflichten, Fristen und Übergangsregelungen für den finanziellen Ausgleich,

2. dass und unter welchen Voraussetzungen die Übertragungsnetzbetreiber berechtigt werden können,

a) mit Anlagenbetreibern vertragliche Vereinbarungen zu treffen, die unter angemessener Berücksichtigung des Einspeisevorrangs der Optimierung der Vermarktung des Stroms dienen; dies schließt die Berücksichtigung der durch solche Vereinbarungen entstehenden Kosten im Rahmen des Ausgleichsmechanismus ein, sofern sie volkswirtschaftlich angemessen sind,

b) Anlagen, die nach dem 31. Dezember 2015 in Betrieb genommen werden, bei andauernden negativen Preisen abzuregeln,

3. dass die Übertragungsnetzbetreiber verpflichtet werden können, insbesondere für die Verrechnung der Verkaufserlöse, der notwendigen Transaktionskosten und der Vergütungszahlungen ein gemeinsames transparentes EEG-Konto zu führen,

4. dass die Übertragungsnetzbetreiber verpflichtet werden können, gemeinsam auf Grundlage der prognostizierten Strommengen aus erneuerbaren Energien und Grubengas die voraussichtlichen Kosten und Erlöse einschließlich einer Liquiditätsreserve für das folgende Kalenderjahr und unter Verrechnung des Saldos des EEG-Kontos für das folgende Kalenderjahr eine bundesweit einheitliche EEG-Umlage zu ermitteln und in nicht personenbezogener Form zu veröffentlichen,

5. dass die Aufgaben der Übertragungsnetzbetreiber ganz oder teilweise auf Dritte übertragen werden können, die im Rahmen eines wettbewerblichen, objektiven, transparenten und diskriminierungsfreien Verfahrens ermittelt worden sind; dies schließt Regelungen für das hierfür durchzuführende Verfahren einschließlich des wettbewerblichen Verfahrens der von den Übertragungsnetzbetreibern im Rahmen des bundesweiten Ausgleichs erbrachten Dienstleistungen oder der EEG-Strommengen sowie die Möglichkeit ein, die Aufgabenwahrnehmung durch Dritte abweichend von jener durch die Übertragungsnetzbetreiber zu regeln,

6. die erforderlichen Anpassungen an die Regelungen der Direktvermarktung sowie die erforderlichen Anpassungen der besonderen Ausgleichsregelung für stromintensive Unternehmen und Schienenbahnen, der Regelung zur nachträglichen Korrekturmöglichkeit, der Befugnisse der Bundesnetzagentur, der Übermittlungs- und Veröffentlichungspflichten sowie der EEG-Umlage an den weiterentwickelten Ausgleichsmechanismus.

§ 92 Verordnungsermächtigung zu Herkunftsnachweisen und Regionalnachweisen

Das Bundesministerium für Wirtschaft und Energie wird ermächtigt, im Einvernehmen mit dem Bundesministerium der Justiz und für Verbraucherschutz durch Rechtsverordnung[1] ohne Zustimmung des Bundesrates

1. die Anforderungen zu regeln an

a) die Ausstellung, Übertragung, Entwertung und Verwendung von Herkunftsnachweisen nach § 79 Absatz 1 und von Regionalnachweisen nach § 79a Absatz 1 und

b) die Anerkennung von Herkunftsnachweisen nach § 79 Absatz 3,

2. den Inhalt, die Form und die Gültigkeitsdauer der Herkunftsnachweise und der Regionalnachweise festzulegen,

3. das Verfahren für die Ausstellung, Anerkennung, Übertragung, Entwertung und Verwendung von Herkunftsnachweisen und für die Ausstellung, Übertragung, Entwertung und Verwendung von Regionalnachweisen zu regeln sowie festzulegen, wie Antragsteller dabei die Einhaltung der Anforderungen nach Nummer 1 nachweisen müssen,

4. die Ausgestaltung des Herkunftsnachweisregisters nach § 79 Absatz 4 und des Regionalnachweisregisters nach § 79a Absatz 4 zu regeln sowie festzulegen, welche Angaben an diese Register übermittelt werden müssen, wer zur Übermittlung verpflichtet ist und in welchem Umfang Netzbetreiber Auskunft über die Ausstellung, Übertragung und Entwertung von Regionalnachweisen verlangen können; dies schließt Regelungen zum Schutz personenbezogener Daten ein, in denen Art, Umfang und Zweck der Speicherung sowie Löschungsfristen festgelegt werden müssen,

5. abweichend von § 79 Absatz 7 und von § 79a Absatz 10 zu regeln, dass Herkunftsnachweise oder Regionalnachweise Finanzinstrumente im Sinn des § 1 Absatz 11 des Kreditwesengesetzes oder des § 2 Absatz 4 des Wertpapierhandelsgesetzes sind,

6. abweichend von § 78 im Rahmen der Stromkennzeichnung die Ausweisung von Strom zu regeln, für den eine Zahlung nach § 19 in Anspruch genommen wird; hierbei kann insbesondere abweichend

1) Siehe die Herkunfts- und Regionalnachweis-DurchführungsVO.

von § 79 Absatz 1 auch die Ausstellung von Herkunftsnachweisen für diesen Strom an die Über-
tragungsnetzbetreiber geregelt werden,

7. im Anwendungsbereich von § 79a Absatz 6 zu regeln und zu veröffentlichen, welche Postleitzah-
lengebiete jeweils eine Region für die regionale Grünstromkennzeichnung um ein oder mehrere
Postleitzahlengebiete, in denen Strom verbraucht wird, bilden,

8. für Strom aus Anlagen außerhalb des Bundesgebiets, die einen Zuschlag in einer Ausschreibung
nach § 5 Absatz 2 Satz 2 erhalten haben:

 a) zu bestimmen, welche Gebiete in den betreffenden Staaten von der jeweiligen Region für die
 regionale Grünstromkennzeichnung nach § 79a Absatz 6 umfasst sind, und die Veröffentli-
 chung dieser Gebiete zu regeln,

 b) Anforderungen zu regeln an die Ausstellung, Übertragung und Entwertung von Regionalnach-
 weisen aus Anlagen in Gebieten nach Buchstabe a,

9. den Betrag, um den sich der anzulegende Wert für Anlagen mit gesetzlich bestimmtem anzulegen-
dem Wert reduziert, abweichend von § 53b festzulegen,

10. im Anwendungsbereich von § 79a Absatz 5 Satz 3 Bestimmungen zum Nachweis zu treffen, dass
die Übertragung von Regionalnachweisen nur entlang der vertraglichen Lieferkette erfolgt ist,

11. die konkrete Gestaltung der Ausweisung der regionalen Herkunft nach § 79a in der Stromkenn-
zeichnung zu regeln, insbesondere die textliche und grafische Darstellung.

§ 93 Verordnungsermächtigung zum Anlagenregister

Das Bundesministerium für Wirtschaft und Energie wird ermächtigt, zur Ausgestaltung des Anlagenre-
gisters nach § 6 Absatz 2 durch Rechtsverordnung[1]) ohne Zustimmung des Bundesrates zu regeln:

1. die Daten nach § 6 Absatz 2 und weitere Daten, die an das Anlagenregister übermittelt werden
müssen, einschließlich der Anforderungen an die Art, die Formate, den Umfang und die Aufberei-
tung; zu den weiteren Daten zählen insbesondere Daten über:

 a) die Eigenversorgung durch die Anlage,

 b) das Datum der Inbetriebnahme der Anlage,

 c) technische Eigenschaften der Anlage,

 d) das Netz, an das die Anlage angeschlossen ist,

2. wer die weiteren Daten nach Nummer 1 übermitteln muss, insbesondere ob Anlagenbetreiber,
Netzbetreiber, öffentliche Stellen oder sonstige Personen zur Übermittlung verpflichtet sind,

3. das Verfahren zur Registrierung der Anlagen einschließlich der Fristen sowie der Regelung, dass
die Registrierung durch Anlagenbetreiber abweichend von § 6 Absatz 2 bei einem Dritten erfolgen
muss, der zur Übermittlung an das Anlagenregister verpflichtet ist,

4. die Überprüfung der im Anlagenregister gespeicherten Daten einschließlich hierzu erforderlicher
Mitwirkungspflichten von Anlagenbetreibern und Netzbetreibern,

5. dass Wechsel der Veräußerungsformen abweichend von § 21c Absatz 1 dem Anlagenregister mit-
zuteilen sind, einschließlich der Fristen für die Datenübermittlung sowie Bestimmungen zu Format
und Verfahren,

6. dass die Daten mit den Daten des Herkunftsnachweisregisters nach § 79 Absatz 3 oder mit anderen
Registern und Datensätzen abgeglichen werden, die eingerichtet oder erstellt werden

 a) auf Grund dieses Gesetzes oder einer hierauf erlassenen Rechtsverordnung,

 b) auf Grund des Energiewirtschaftsgesetzes oder einer hierauf erlassenen Rechtsverordnung oder
 Festlegung oder

 c) auf Grund des Gesetzes gegen Wettbewerbsbeschränkungen oder einer hierauf erlassenen
 Rechtsverordnung oder Festlegung,

 soweit die für diese Register und Datensätze jeweils maßgeblichen Bestimmungen einem Abgleich
 nicht entgegenstehen,

7. dass Daten der Anlagenbetreiber über genehmigungsbedürftige Anlagen mit Daten der zuständigen
Genehmigungsbehörde abgeglichen werden,

8. welche registrierten Daten im Internet veröffentlicht werden; hierbei ist unter angemessener Be-
rücksichtigung des Datenschutzes ein hohes Maß an Transparenz anzustreben; dies schließt ferner
Bestimmungen über die erforderlichen Veröffentlichungen zur Überprüfung des Zubaus von An-
lagen zur Erzeugung von Strom aus Biomasse, Windenergieanlagen an Land und Solaranlagen
sowie der nach den §§ 44a, 46a und 49 jeweils geltenden anzulegenden Werte ein,

9. die Pflicht der Netzbetreiber, die jeweilige Ist-Einspeisung von Anlagen, die im Anlagenregister
registriert sind und die mit technischen Einrichtungen im Sinne von § 9 Absatz 1 Nummer 2 aus-

1) Siehe die MarktstammdatenregisterVO.

gestattet sind, abzurufen und diese Daten an das Anlagenregister zu übermitteln, einschließlich der Fristen sowie der Anforderungen an die Art, die Formate, den Umfang und die Aufbereitung der zu übermittelnden Daten,

10. das Verhältnis zu den Übermittlungs- und Veröffentlichungspflichten nach den §§ 70 bis 73; hierbei kann insbesondere geregelt werden, in welchem Umfang Daten, die in dem Anlagenregister erfasst und veröffentlicht werden, ab dem Zeitpunkt ihrer Veröffentlichung nicht mehr nach den §§ 70 bis 73 übermittelt und veröffentlicht werden müssen,

11. Art und Umfang der Weitergabe der Daten an
 a) Netzbetreiber zur Erfüllung ihrer Aufgaben nach diesem Gesetz und dem Energiewirtschaftsgesetz,
 b) öffentliche Stellen zur Erfüllung ihrer Aufgaben im Zusammenhang mit dem Ausbau der erneuerbaren Energien,
 c) Dritte, soweit dies zur Erfüllung der Aufgaben nach Buchstabe b erforderlich ist oder soweit ein berechtigtes Interesse an den Daten besteht, für das die Veröffentlichung nach Nummer 8 nicht ausreicht; Kontaktdaten von Anlagenbetreibern dürfen nicht an Dritte weitergegeben werden,

12. die Ermächtigung der Bundesnetzagentur, durch Festlegung nach § 29 des Energiewirtschaftsgesetzes zu regeln:
 a) weitere Daten, die von Anlagenbetreibern oder Netzbetreibern zu übermitteln sind, soweit dies nach § 6 Absatz 1 Satz 2 erforderlich ist,
 b) dass abweichend von einer Rechtsverordnung nach Nummer 1 bestimmte Daten nicht mehr übermittelt werden müssen, soweit diese nicht länger nach § 6 Absatz 1 Satz 2 erforderlich sind; hiervon ausgenommen sind die Kontaktdaten der Anlagenbetreiber,
 c) Art und Umfang eines erweiterten Zugangs zu Daten im Anlagenregister für bestimmte Personenkreise zur Verbesserung der Markt- und Netzintegration,

13. Regelungen zum Schutz personenbezogener Daten im Zusammenhang mit den nach den Nummern 1 bis 11 zu übermittelnden Daten, insbesondere Aufklärungs-, Auskunfts- und Löschungspflichten,

14. die Überführung des Anlagenregisters in das Marktstammdatenregister nach § 6 Absatz 1 Satz 3 und 4 einschließlich der Übergangsfristen und Regelungen zur Übertragung der bereits registrierten Daten.

§ 94 Verordnungsermächtigungen zur Besonderen Ausgleichsregelung

Das Bundesministerium für Wirtschaft und Energie wird ermächtigt, durch Rechtsverordnung[1] ohne Zustimmung des Bundesrates

1. Vorgaben zu regeln zur Festlegung von Effizienzanforderungen, die bei der Berechnung des standardisierten Stromverbrauchs im Rahmen der Berechnung der Stromkostenintensität nach § 64 Absatz 6 Nummer 3 anzuwenden sind, insbesondere zur Festlegung von Stromeffizienzreferenzwerten, die dem Stand fortschrittlicher stromeffizienter Produktionstechnologien entsprechen, oder von sonstigen Effizienzanforderungen, sodass nicht der tatsächliche Stromverbrauch, sondern der standardisierte Stromverbrauch bei der Berechnung der Stromkosten angesetzt werden kann; hierbei können
 a) Vorleistungen berücksichtigt werden, die von Unternehmen durch Investitionen in fortschrittliche Produktionstechnologien getätigt wurden, oder
 b) Erkenntnisse aus den Auskünften über den Betrieb von Energie- oder Umweltmanagementsystemen oder alternativen Systemen zur Verbesserung der Energieeffizienz durch die Unternehmen nach § 69 Satz 2 Nummer 1 und 2 herangezogen werden,

2. festzulegen, welche durchschnittlichen Strompreise nach § 64 Absatz 6 Nummer 3 für die Berechnung der Stromkostenintensität eines Unternehmens zugrunde gelegt werden müssen und wie diese Strompreise berechnet werden; hierbei können insbesondere
 a) Strompreise für verschiedene Gruppen von Unternehmen mit ähnlichem Stromverbrauch oder Stromverbrauchsmuster gebildet werden, die die Strommarktrealitäten abbilden, und
 b) verfügbare statistische Erfassungen von Strompreisen in der Industrie berücksichtigt werden,

3. Branchen in die Anlage 4 aufzunehmen oder aus dieser herauszunehmen, sobald und soweit dies für eine Angleichung an Beschlüsse der Europäischen Kommission erforderlich ist.

1) Siehe die Besondere-Ausgleichsregelung-Durchschnittsstrompreis VO.

§ 95 Weitere Verordnungsermächtigungen

Die Bundesregierung wird ferner ermächtigt, durch Rechtsverordnung[1] ohne Zustimmung des Bundesrates

1. das Berechnungsverfahren für die Entschädigung nach § 15 Absatz 1 zu regeln, insbesondere ein pauschaliertes Verfahren zur Ermittlung der jeweils entgangenen Einnahmen und ersparten Aufwendungen, sowie ein Nachweisverfahren für die Abrechnung im Einzelfall,

2. *[aufgehoben]*

3. für die Berechnung der Marktprämie nach Nummer 1.2 der Anlage 1 zu diesem Gesetz für Strom aus Anlagen, die nach dem am 31. Juli 2014 geltenden Inbetriebnahmebegriff vor dem 1. August 2014 in Betrieb genommen worden sind, die Höhe der Erhöhung des jeweils anzulegenden Wertes „AW" abweichend von § 100 Absatz 2 Satz 1 Nummer 8 zu regeln für Strom, der nach dem Inkrafttreten dieses Gesetzes direkt vermarktet wird, auch aus Anlagen, die bereits vor dem Inkrafttreten dieses Gesetzes erstmals die Marktprämie in Anspruch genommen haben; hierbei können verschiedene Werte für verschiedene Energieträger oder für Vermarktungen auf verschiedenen Märkten oder auch negative Werte festgesetzt werden,

4. ergänzend zu Anlage 2 Bestimmungen zur Ermittlung und Anwendung des Referenzertrags zu regeln,

5. Anforderungen an Windenergieanlagen zur Verbesserung der Netzintegration (Systemdienstleistungen) zu regeln, insbesondere

 a) für Windenergieanlagen an Land Anforderungen
 aa) an das Verhalten der Anlagen im Fehlerfall,
 bb) an die Spannungshaltung und Blindleistungsbereitstellung,
 cc) an die Frequenzhaltung,
 dd) an das Nachweisverfahren,
 ee) an den Versorgungswiederaufbau und
 ff) bei der Erweiterung bestehender Windparks und

 b) für Windenergieanlagen an Land, die bereits vor dem 1. Januar 2012 in Betrieb genommen wurden, Anforderungen
 aa) an das Verhalten der Anlagen im Fehlerfall,
 bb) an die Frequenzhaltung,
 cc) an das Nachweisverfahren,
 dd) an den Versorgungswiederaufbau und
 ee) bei der Nachrüstung von Altanlagen in bestehenden Windparks,

6. in den in § 119 Absatz 1 des Energiewirtschaftsgesetzes genannten Fällen und unter den in § 119 Absatz 3 bis 5 des Energiewirtschaftsgesetzes genannten Voraussetzungen zu regeln, dass

 a) die Pflicht zur Zahlung der vollen oder anteiligen EEG-Umlage nach § 60 oder § 61 auf bis zu 40 Prozent abgesenkt wird oder von einer nach § 60 oder § 61 gezahlten vollen oder anteiligen EEG-Umlage bis zu 60 Prozent erstattet werden,

 b) bei Netzengpässen im Rahmen von Maßnahmen nach § 14 die Einspeiseleistung nicht durch die Reduzierung der Erzeugungsleistung der Anlage, sondern durch die Nutzung von Strom in einer zuschaltbaren Last reduziert werden kann, sofern die eingesetzte Last den Strombezug nicht nur zeitlich verschiebt und die entsprechende entlastende physikalische Wirkung für das Stromnetz gewahrt ist, oder

 c) von der Berechnung der Entschädigung nach § 15 bei der Anwendung des Einspeisemanagements abgewichen werden kann.

§ 96 Gemeinsame Bestimmungen

(1) Die Rechtsverordnungen auf Grund der §§ 88, 88c, 88d, 89, 91, 92 und 95 Nummer 2 bedürfen der Zustimmung des Bundestages.

(2) [1]Wenn Rechtsverordnungen nach Absatz 1 der Zustimmung des Bundestages bedürfen, kann diese Zustimmung davon abhängig gemacht werden, dass dessen Änderungswünsche übernommen werden. [2]Übernimmt der Verordnungsgeber die Änderungen, ist eine erneute Beschlussfassung durch den Bundestag nicht erforderlich. [3]Hat sich der Bundestag nach Ablauf von sechs Sitzungswochen seit Eingang der Rechtsverordnung nicht mit ihr befasst, gilt seine Zustimmung zu der unveränderten Rechtsverordnung als erteilt.

(3) [1]Die Ermächtigungen zum Erlass von Rechtsverordnungen aufgrund der §§ 88b, 91 bis 93 können durch Rechtsverordnung ohne Zustimmung des Bundesrates und im Fall der §§ 91 und 92 mit Zustimmung

1) Siehe die SystemdienstleistungsVO und die VO zur Schaffung eines rechtlichen Rahmens zur Sammlung von Erfahrungen im Förderprogramm „Schaufenster intelligente Energie – Digitale Agenda für die Energiewende" (SINTEG-V).

des Bundestages auf eine Bundesoberbehörde übertragen werden. [2]Die Rechtsverordnungen, die auf dieser Grundlage von der Bundesoberbehörde erlassen werden, bedürfen nicht der Zustimmung des Bundesrates oder des Bundestages.

<center>Abschnitt 2
Berichte</center>

§ 97 Erfahrungsbericht

(1) [1]Die Bundesregierung evaluiert dieses Gesetz und das Windenergie-auf-See-Gesetz und legt dem Bundestag bis zum 30. Juni 2018 und dann alle vier Jahre einen Erfahrungsbericht vor. [2]In dem Bericht berichtet sie insbesondere über

1. den Stand des Ausbaus der erneuerbaren Energien, die Erreichung der Ziele nach § 1 Absatz 2 und die hierdurch eingesparte Menge Mineralöl und Erdgas sowie die dadurch reduzierten Emissionen von Treibhausgasen,
2. die Erfahrungen mit Ausschreibungen nach § 2 Absatz 3, auch vor dem Hintergrund des Ziels, die Akteursvielfalt zu erhalten; dies umfasst auch die Erfahrungen mit den grenzüberschreitenden und technologieneutralen Ausschreibungen, sowie
3. die Entwicklung und angemessene Verteilung der Kosten nach § 2 Absatz 4, auch vor dem Hintergrund der Entwicklung der Besonderen Ausgleichsregelung und der Eigenversorgung.

(2) Die Bundesregierung legt in dem Erfahrungsbericht erforderliche Handlungsempfehlungen für die Weiterentwicklung dieses Gesetzes und des Windenergie-auf-See-Gesetzes vor, insbesondere mit Blick auf die §§ 1 und 2 dieses Gesetzes und § 1 Windenergie-auf-See-Gesetzes.

(3) [1]Die Bundesnetzagentur, das Bundesamt für Wirtschaft und Ausfuhrkontrolle und das Umweltbundesamt unterstützen das Bundesministerium für Wirtschaft und Energie bei der Erstellung des Erfahrungsberichts. [2]Insbesondere berichtet ihm die Bundesnetzagentur bis zum 31. Oktober 2017 und dann jährlich über die Flächeninanspruchnahme für Freiflächenanlagen, insbesondere über die Inanspruchnahme von Ackerland. [3]Zur Unterstützung bei der Erstellung des Erfahrungsberichts soll das Bundesministerium für Wirtschaft und Energie außerdem wissenschaftliche Gutachten beauftragen.

§ 98 Monitoringbericht

Die Bundesregierung berichtet dem Bundestag jährlich in ihrem Monitoringbericht nach § 63 Absatz 1 des Energiewirtschaftsgesetzes über den Stand des Ausbaus der erneuerbaren Energien.

§ 99 Mieterstrombericht

(1) [1]Die Bundesregierung legt dem Bundestag bis zum 30. September 2019 und danach jeweils im Erfahrungsbericht nach § 97 einen Bericht zum Mieterstromzuschlag nach § 19 Absatz 1 Nummer 3 in Verbindung mit § 21 Absatz 3 (Mieterstrombericht) vor. [2]Im Mieterstrombericht ist insbesondere auf den Zubau von Solaranlagen, deren Betreiber einen Mieterstromzuschlag erhalten, das räumliche Verhältnis von Erzeugungs- und Verbrauchsgebäuden und die mit dem Mieterstromzuschlag verbundenen Kosten einzugehen.

(2) [1]Die Bundesnetzagentur unterstützt das Bundesministerium für Wirtschaft und Energie bei der Erstellung des Mieterstromberichts. [2]§ 97 Absatz 3 Satz 3 ist entsprechend anzuwenden.

<center>Abschnitt 3
Übergangsbestimmungen</center>

§ 100 Allgemeine Übergangsvorschriften

(1) [1]Die Bestimmungen des Erneuerbare-Energien-Gesetzes in der am 31. Dezember 2016 geltenden Fassung und der Freiflächenausschreibungsverordnung in der am 31. Dezember 2016 geltenden Fassung sind

1. für Strom aus Anlagen, die vor dem 1. Januar 2017 in Betrieb genommen worden sind, statt der §§ 7, 21, 22, 22a, 23 Absatz 3 Nummer 1, 3, 5 und 7, §§ 24, 27a bis 39e, 39g und 39h, 40 bis 49, 50a, 52 Absatz 2 Satz 1 Nummer 3, §§ 53 und 53a, §§ 54 bis 55a sowie der Anlage 2 anzuwenden,
2. für Strom aus Freiflächenanlagen, deren Zuschlag vor dem 1. Januar 2017 nach der Freiflächenausschreibungsverordnung erteilt worden ist,
 a) statt der §§ 22, 22a, 27a bis 39h und §§ 54 bis 55a anzuwenden;
 b) statt des § 24 anzuwenden, wenn die Freiflächenanlage vor dem 1. Januar 2017 in Betrieb genommen worden ist; für Freiflächenanlagen, die nach dem 31. Dezember 2016 in Betrieb ge-

nommen worden sind, ist § 24 anstelle von § 2 Nummer 5 zweiter Halbsatz der Freiflächenausschreibungsverordnung anzuwenden. [2]§ 3 Nummer 1 ist auf Anlagen, die vor dem 1. Januar 2017 in Betrieb genommen worden sind, erstmalig in der Jahresabrechnung für 2016 anzuwenden. [3]§ 46 Absatz 3 ist auch auf Anlagen anzuwenden, die nach dem 1. Januar 2012 in Betrieb genommen worden sind. [4]Für Strom aus Anlagen, die vor dem 1. Januar 2016 in Betrieb genommen worden sind, ist § 51 nicht anzuwenden. [5]§ 52 Absatz 1 Nummer 1 und 2 und Absatz 3 ist bis zum 31. Januar 2021 nicht für Strom aus Einrichtungen nach § 3 Nummer 1 zweiter Halbsatz anzuwenden, soweit der Anlagenbetreiber die Angaben für die Anlage, die für die Bestimmung der Höhe des Zahlungsanspruchs nach § 19 Absatz 3 Satz 3 maßgeblich ist, an das Register übermittelt hat. [6]§ 52 Absatz 3 ist nur für Zahlungen für Strom anzuwenden, der nach dem 31. Juli 2014 eingespeist wird; bis zu diesem Zeitpunkt ist die entsprechende Bestimmung des Erneuerbare-Energien-Gesetzes in der am 31. Juli 2014 geltenden Fassung anzuwenden. [7]Ausgenommen von der Bestimmung in Satz 6 sind Fälle, in denen vor dem 1. Januar 2017 ein Rechtsstreit zwischen Anlagenbetreiber und Netzbetreiber rechtskräftig entschieden wurde. [8]Für Anlagenbetreiber, deren Anlagen vor dem 1. Januar 2016 in Betrieb genommen wurden, wird der Zahlungsanspruch nach Satz 6 erst am 1. Januar 2017 fällig. [9]§ 80a ist auf Anlagen, die vor dem 1. Januar 2012 in Betrieb genommen worden sind, nicht anzuwenden.

(2) [1]Für Strom aus Anlagen und KWK-Anlagen, die nach dem am 31. Juli 2014 geltenden Inbetriebnahmebegriff vor dem 1. August 2014 in Betrieb genommen worden sind, sind die Bestimmungen des Erneuerbare-Energien-Gesetzes in der am 31. Dezember 2016 geltenden Fassung anzuwenden mit der Maßgabe, dass

1.　statt § 5 Nummer 21 des Erneuerbare-Energien-Gesetzes in der am 31. Dezember 2016 geltenden Fassung § 3 Nummer 5 des Erneuerbare-Energien-Gesetzes in der am 31. Juli 2014 geltenden Fassung anzuwenden ist,

2.　statt § 9 Absatz 3 und 7 des Erneuerbare-Energien-Gesetzes in der am 31. Dezember 2016 geltenden Fassung § 6 Absatz 3 und 6 des Erneuerbare-Energien-Gesetzes in der am 31. Juli 2014 geltenden Fassung anzuwenden ist,

3.　§ 25 des Erneuerbare-Energien-Gesetzes in der am 31. Dezember 2016 geltenden Fassung mit folgenden Maßgaben anzuwenden ist:

　　a)　an die Stelle des anzulegenden Wertes nach § 23 Absatz 1 Satz 2 des Erneuerbare-Energien-Gesetzes in der am 31. Dezember 2016 geltenden Fassung tritt der Vergütungsanspruch des Erneuerbare-Energien-Gesetzes in der für die jeweilige Anlage maßgeblichen Fassung und

　　b)　für Betreiber von Anlagen zur Erzeugung von Strom aus solarer Strahlungsenergie, die nach dem 31. Dezember 2011 in Betrieb genommen worden sind, ist vorbehaltlich der Sätze 2 und 3 § 25 Absatz 1 Satz 1 des Erneuerbare-Energien-Gesetzes in der am 31. Dezember 2016 geltenden Fassung anzuwenden, solange der Anlagenbetreiber die Anlage nicht nach § 17 Absatz 2 Nummer 1 Buchstabe a des Erneuerbare-Energien-Gesetzes in der am 31. Juli 2014 geltenden Fassung als geförderte Anlage im Sinne des § 20a Absatz 5 des Erneuerbare-Energien-Gesetzes in der am 31. Juli 2014 geltenden Fassung registriert und den Standort und die installierte Leistung der Anlage nicht an die Bundesnetzagentur mittels der von ihr bereitgestellten Formularvorgaben übermittelt hat,

4.　statt der §§ 24, 26 bis 31, 40 Absatz 1, der §§ 41 bis 51, 53 und 55, 71 Nummer 2 des Erneuerbare-Energien-Gesetzes in der am 31. Dezember 2016 geltenden Fassung die §§ 19, 20 bis 20b, 23 bis 33, 46 Nummer 2 sowie die Anlagen 1 und 2 des Erneuerbare-Energien-Gesetzes in der am 31. Juli 2014 geltenden Fassung anzuwenden sind, wobei § 33c Absatz 3 des Erneuerbare-Energien-Gesetzes in der am 31. Juli 2014 geltenden Fassung entsprechend anzuwenden ist; abweichend hiervon ist § 47 Absatz 7 des Erneuerbare-Energien-Gesetzes in der am 31. Dezember 2016 geltenden Fassung ausschließlich für Anlagen entsprechend anzuwenden, die nach dem am 31. Juli 2014 geltenden Inbetriebnahmebegriff nach dem 31. Dezember 2011 in Betrieb genommen worden sind,

5.　§ 35 Satz 1 Nummer 2 des Erneuerbare-Energien-Gesetzes in der am 31. Dezember 2016 geltenden Fassung ab dem 1. April 2015 anzuwenden ist,

6.　§ 37 des Erneuerbare-Energien-Gesetzes in der am 31. Dezember 2016 geltenden Fassung entsprechend anzuwenden ist mit Ausnahme von § 37 Absatz 2 und 3 zweiter Halbsatz des Erneuerbare-Energien-Gesetzes in der am 31. Dezember 2016 geltenden Fassung,

7.　für Strom aus Anlagen zur Erzeugung von Strom aus Wasserkraft, die vor dem 1. Januar 2009 in Betrieb genommen worden sind, anstelle des § 40 Absatz 2 des Erneuerbare-Energien-Gesetzes in der am 31. Dezember 2016 geltenden Fassung § 23 des Erneuerbare-Energien-Gesetzes in der am 31. Juli 2014 geltenden Fassung anzuwenden ist, wenn die Maßnahme nach § 23 Absatz 2 Satz 1

des Erneuerbare-Energien-Gesetzes in der am 31. Juli 2014 geltenden Fassung vor dem 1. August 2014 abgeschlossen worden ist,

8. Anlage 1 Nummer 1.2 des Erneuerbare-Energien-Gesetzes in der am 31. Dezember 2016 geltenden Fassung mit der Maßgabe anzuwenden ist, dass der jeweils anzulegende Wert „AW" für nach dem 31. Dezember 2014

 a) aus Windenergie und solarer Strahlungsenergie erzeugten Strom um 0,40 Cent pro Kilowattstunde erhöht wird; abweichend vom ersten Halbsatz wird der anzulegende Wert für Strom, der nach dem 31. Dezember 2014 und vor dem 1. April 2015 erzeugt worden ist, nur um 0,30 Cent pro Kilowattstunde erhöht, wenn die Anlage nicht fernsteuerbar im Sinn des § 36 des Erneuerbare-Energien-Gesetzes in der am 31. Dezember 2016 geltenden Fassung ist, oder

 b) aus Wasserkraft, Deponiegas, Klärgas, Grubengas, Biomasse und Geothermie erzeugten Strom um 0,20 Cent pro Kilowattstunde erhöht wird,

8a. Anlage 2 des Erneuerbare-Energien-Gesetzes in der am 1. August 2014 geltenden Fassung auch auf Windenergieanlagen an Land anzuwenden ist, die nach dem 31. Dezember 2011 in Betrieb genommen worden sind,

9. § 66 Absatz 2 Nummer 1, Absatz 4, 5, 6, 11, 18, 18a, 19 und 20 des Erneuerbare-Energien-Gesetzes in der am 31. Juli 2014 geltenden Fassung anzuwenden ist,

10. für Strom aus Anlagen, die nach dem am 31. Dezember 2011 geltenden Inbetriebnahmebegriff vor dem 1. Januar 2012 in Betrieb genommen worden sind, abweichend hiervon und unbeschadet der Nummern 3, 5, 6, 7 und 8 § 66 Absatz 1 Nummer 1 bis 13, Absatz 2, 3, 4, 14, 17 und 21 des Erneuerbare-Energien-Gesetzes in der am 31. Juli 2014 geltenden Fassung anzuwenden ist, wobei die in § 66 Absatz 1 erster Halbsatz angeordnete allgemeine Anwendung der Bestimmungen des Erneuerbare-Energien-Gesetzes in der am 31. Dezember 2011 geltenden Fassung nicht anzuwenden ist, sowie die folgenden Maßgaben gelten:

 a) statt § 5 Nummer 4 des Erneuerbare-Energien-Gesetzes in der am 31. Dezember 2016 geltenden Fassung ist § 18 Absatz 2 des Erneuerbare-Energien-Gesetzes in der am 31. Dezember 2011 geltenden Fassung entsprechend anzuwenden und statt § 5 Nummer 21 des Erneuerbare-Energien-Gesetzes in der am 31. Dezember 2016 geltenden Fassung ist § 3 Nummer 5 des Erneuerbare-Energien-Gesetzes in der am 31. Dezember 2011 geltenden Fassung anzuwenden; abweichend hiervon ist für Anlagen, die vor dem 1. Januar 2009 nach § 3 Absatz 4 zweiter Halbsatz des Erneuerbare-Energien-Gesetzes in der am 31. Dezember 2008 geltenden Fassung erneuert worden sind, ausschließlich für diese Erneuerung § 3 Absatz 4 des Erneuerbare-Energien-Gesetzes in der am 31. Dezember 2008 geltenden Fassung anzuwenden,

 b) statt § 9 des Erneuerbare-Energien-Gesetzes in der am 31. Dezember 2016 geltenden Fassung ist § 6 des Erneuerbare-Energien-Gesetzes in der am 31. Dezember 2011 geltenden Fassung unbeschadet des § 66 Absatz 1 Nummer 1 bis 3 des Erneuerbare-Energien-Gesetzes in der am 31. Juli 2014 geltenden Fassung mit folgenden Maßgaben anzuwenden:

 aa) § 9 Absatz 1 Satz 2 und Absatz 4 des Erneuerbare-Energien-Gesetzes in der am 31. Dezember 2016 geltenden Fassung ist entsprechend anzuwenden und

 bb) bei Verstößen ist § 16 Absatz 6 des Erneuerbare-Energien-Gesetzes in der am 31. Dezember 2011 geltenden Fassung entsprechend anzuwenden,

 c) statt der §§ 26 bis 29, 32, 40 Absatz 1, den §§ 41 bis 51, 53 und 55, 71 Nummer 2 des Erneuerbare-Energien-Gesetzes in der am 31. Dezember 2016 geltenden Fassung sind die §§ 19, 20, 23 bis 33 und 66 sowie die Anlagen 1 bis 4 des Erneuerbare-Energien-Gesetzes in der am 31. Dezember 2011 geltenden Fassung anzuwenden,

 d) statt § 66 Absatz 1 Nummer 10 Satz 1 und 2 des Erneuerbare-Energien-Gesetzes in der am 31. Juli 2014 geltenden Fassung sind die §§ 20, 21, 34 bis 36 und Anlage 1 des Erneuerbare-Energien-Gesetzes in der am 31. Dezember 2016 geltenden Fassung mit der Maßgabe anzuwenden, dass abweichend von § 20 Absatz 1 Nummer 3 und 4 des Erneuerbare-Energien-Gesetzes in der am 31. Dezember 2016 geltenden Fassung die Einspeisevergütung nach den Bestimmungen des Erneuerbare-Energien-Gesetzes in der für die jeweilige Anlage maßgeblichen Fassung maßgeblich ist und dass bei der Berechnung der Marktprämie nach § 34 des Erneuerbare-Energien-Gesetzes in der am 31. Dezember 2016 geltenden Fassung der anzulegende Wert die Höhe der Vergütung in Cent pro Kilowattstunde ist, die für den direkt vermarkteten Strom bei der konkreten Anlage im Fall einer Vergütung nach den Vergütungsbestimmungen des Erneuerbare-Energien-Gesetzes in der für die jeweilige Anlage maßgeblichen Fassung tatsächlich in Anspruch genommen werden könnte,

e) statt § 66 Absatz 1 Nummer 11 des Erneuerbare-Energien-Gesetzes in der am 31. Juli 2014 geltenden Fassung sind die §§ 52 und 54 sowie Anlage 3 des Erneuerbare-Energien-Gesetzes in der am 31. Dezember 2016 geltenden Fassung anzuwenden,

11. für Anlagen, die vor dem 1. Januar 2012 in Betrieb genommen worden sind, die Dauer des Anspruchs auf Zahlung gilt, die in der Fassung des Erneuerbare-Energien-Gesetzes festgelegt ist, das bei Inbetriebnahme der Anlage anzuwenden war,

12. für Windenergieanlagen an Land, die vor dem 1. Januar 2012 in Betrieb genommen worden sind, § 29 Absatz 3 des Erneuerbare-Energien-Gesetzes in der am 31. Juli 2014 geltenden Fassung anzuwenden ist,

13. § 9 Absatz 7 und 8 und § 52 Absatz 2 Nummer 1a in der am 21. Dezember 2018 geltenden Fassung anzuwenden ist.

[2]Absatz 1 Satz 2 bis 9 ist auch auf Anlagen nach Satz 1 anzuwenden. [3]Davon erfasst sind im Fall des Satzes 1 Nummer 3 Buchstabe b alle Anlagen unabhängig davon, ob sie nach § 17 Absatz 2 Nummer 1 Buchstabe a des Erneuerbare-Energien-Gesetzes in der am 31. Juli 2014 geltenden Fassung oder nach § 6 des Erneuerbare-Energien-Gesetzes in der am 31. Dezember 2016 geltenden Fassung in Verbindung mit § 6 Absatz 1 der Anlagenregisterverordnung gemeldet werden mussten. [4]Satz 1 Nummer 10 Buchstabe c ist mit der Maßgabe anzuwenden, dass der Anspruch nach § 27 Absatz 5 in der am 31. Dezember 2011 geltenden Fassung auch dann besteht, wenn die immissionsschutzgesetzliche Genehmigungsbedürftigkeit erst nach der ersten Inbetriebnahme der Anlage und nicht allein aufgrund einer Änderung der Rechtslage entsteht; in diesem Fall kann der Anspruch ab dem Bestehen der immissionsschutzrechtlichen Genehmigungsbedürftigkeit geltend gemacht werden. [5]Ausgenommen von der Bestimmung in Satz 4 sind Fälle, in denen vor dem 1. Januar 2019 ein Rechtsstreit zwischen Anlagenbetreiber und Netzbetreiber rechtskräftig entschieden wurde.

(3) [1]Für Strom aus Anlagen, die

1. nach dem am 31. Juli 2014 geltenden Inbetriebnahmebegriff vor dem 1. August 2014 in Betrieb genommen worden sind und

2. vor dem 1. August 2014 zu keinem Zeitpunkt Strom ausschließlich aus erneuerbaren Energien oder Grubengas erzeugt haben,

ist § 5 Nummer 21 erster Halbsatz des Erneuerbare-Energien-Gesetzes in der am 31. Dezember 2016 geltenden Fassung anzuwenden. [2]Abweichend von Satz 1 gilt für Anlagen nach Satz 1, die ausschließlich Biomethan einsetzen, der am 31. Juli 2014 geltende Inbetriebnahmebegriff, wenn das ab dem 1. August 2014 zur Stromerzeugung eingesetzte Biomethan ausschließlich aus Gasaufbereitungsanlagen stammt, die vor dem 23. Januar 2014 zum ersten Mal Biomethan in das Erdgasnetz eingespeist haben. [3]Für den Anspruch auf finanzielle Förderung für Strom aus einer Anlage nach Satz 2 ist nachzuweisen, dass vor ihrem erstmaligen Betrieb ausschließlich mit Biomethan eine andere Anlage mit allen erforderlichen Angaben in dem Register als endgültig stillgelegt registriert worden ist, die

1. schon vor dem 1. August 2014 ausschließlich mit Biomethan betrieben wurde und

2. mindestens dieselbe installierte Leistung hat wie die Anlage nach Satz 2.

[4]Stilllegungsnachweise nach Satz 3 können auch gemeinsam für eine Anlage nach Satz 2 verwendet oder auf mehrere Anlagen nach Satz 2 aufgeteilt werden. [5]Die Bundesnetzagentur veröffentlicht hierzu gesondert die Daten der an das Register gemeldeten Anlagen, die vor ihrer endgültigen Stilllegung Strom ausschließlich aus Biomethan erzeugt haben, soweit der Anlagenbetreiber der Verwendung der Kapazität nicht widersprochen hat und solange die stillgelegte Leistung nicht von anderen Anlagen verwendet wird. [6]Satz 2 ist auf Anlagen entsprechend anzuwenden, die ausschließlich Biomethan einsetzen, das aus einer Gasaufbereitungsanlage stammt, die nach dem Bundes-Immissionsschutzgesetz genehmigungsbedürftig ist und vor dem 23. Januar 2014 genehmigt worden ist und die vor dem 1. Januar 2015 zum ersten Mal Biomethan in das Erdgasnetz eingespeist hat, wenn die Anlage vor dem 1. Januar 2015 nicht mit Biomethan aus einer anderen Gasaufbereitungsanlage betrieben wurde; wird die Anlage erstmalig nach dem 31. Dezember 2014 ausschließlich mit Biomethan betrieben, sind die Sätze 3 bis 5 entsprechend anzuwenden.

(4) [1]Für Strom aus Anlagen, die nach dem 31. Juli 2014 und vor dem 1. Januar 2015 in Betrieb genommen worden sind, ist Absatz 2 anzuwenden, wenn die Anlagen nach dem Bundes-Immissionsschutzgesetz genehmigungsbedürftig sind oder für ihren Betrieb einer Zulassung nach einer anderen Bestimmung des Bundesrechts bedürfen und vor dem 23. Januar 2014 genehmigt oder zugelassen worden sind. [2]Satz 1 ist entsprechend auf Biomasseanlagen anzuwenden mit der Maßgabe, dass auf das Vorliegen einer Baugenehmigung abzustellen ist. [3]Satz 2 ist rückwirkend zum 1. August 2014 anzuwenden. [4]Wenn aufgrund von Satz 2 Korrekturen von Abrechnungen für die Jahre 2014 oder 2015 erforderlich werden, ist es ergänzend zu § 62 ausreichend, wenn der Anlagenbetreiber eine Kopie der Baugenehmigung sowie einen Nachweis über die Inbetriebnahme der Anlage vorlegt.

(5) Für Strom aus Anlagen, die nach dem am 31. Dezember 2011 geltenden Inbetriebnahmebegriff vor dem 1. Januar 2012 in Betrieb genommen worden sind, verringert sich für jeden Kalendermonat, in dem Anlagenbetreiber ganz oder teilweise Verpflichtungen im Rahmen einer Nachrüstung zur Sicherung der Systemstabilität aufgrund einer Rechtsverordnung nach § 12 Absatz 3a und § 49 Absatz 4 des Energiewirtschaftsgesetzes nach Ablauf der in der Rechtsverordnung oder der von den Netzbetreibern nach Maßgabe der Rechtsverordnung gesetzten Frist nicht nachgekommen sind,

1. der Anspruch auf die Marktprämie oder die Einspeisevergütung für Anlagen, die mit einer technischen Einrichtung nach § 9 Absatz 1 Satz 1 Nummer 2 oder Satz 2 Nummer 2 des Erneuerbare-Energien-Gesetzes in der am 31. Dezember 2016 geltenden Fassung ausgestattet sind, auf null oder

2. der in einem Kalenderjahr entstandene Anspruch auf eine Einspeisevergütung für Anlagen, die nicht mit einer technischen Einrichtung nach § 9 Absatz 1 Satz 1 Nummer 2 oder Satz 2 Nummer 2 des Erneuerbare-Energien-Gesetzes in der am 31. Dezember 2016 geltenden Fassung ausgestattet sind, um ein Zwölftel.

(6) Anlage 1 Nummer 3.1 Satz 2 des Erneuerbare-Energien-Gesetzes in der am 31. Dezember 2016 geltenden Fassung ist nicht vor dem 1. Januar 2015 anzuwenden.

(7) Für Strom aus Anlagen, die vor dem 25. Juli 2017 in Betrieb genommen worden sind, besteht kein Anspruch auf den Mieterstromzuschlag nach § 19 Absatz 1 Nummer 3.

(8) [1] § 48 Absatz 1 Satz 2 ist auf alle Anlagen, die vor dem 25. Juli 2017 in Betrieb genommen worden sind, erstmalig ab dem 25. Juli 2017 anzuwenden. [2] Anstelle der flächenbezogenen Vorgaben von § 48 Absatz 1 Satz 1 Nummer 3 sind die Vorgaben einzuhalten, die für die jeweilige Anlage nach Maßgabe der Übergangsregelungen dieses Gesetzes anzuwenden sind.

(9) Für Freiflächenanlagen, die vor dem 1. Juli 2018 in Betrieb genommen worden sind, ist § 24 Absatz 2 zum Zweck der Ermittlung der Anlagengröße nach § 22 Absatz 3 Satz 2 nicht anzuwenden.

(10) Für Strom aus Windenergieanlagen an Land und Solaranlagen, für die der Zuschlag vor dem 21. Dezember 2018 erteilt worden ist, sind die Bestimmungen des Erneuerbare-Energien-Gesetzes in der am 20. Dezember 2018 geltenden Fassung anzuwenden mit der Maßgabe, dass § 9 Absatz 8 und § 85 Absatz 2 Nummer 1a anzuwenden sind.

(11) Für Solaranlagen, die vor dem 1. Februar 2019 in Betrieb genommen wurden, sind die Bestimmungen des Erneuerbare-Energien-Gesetzes in der am 20. Dezember 2018 geltenden Fassung anzuwenden.

(12) Die §§ 36g, 36i und 55 in der am 28. Mai 2020 geltenden Fassung sind für Zuschläge anzuwenden, die in den im Jahr 2017 durchgeführten Ausschreibungsverfahren erteilt wurden.

§ 101 Übergangsbestimmungen für Strom aus Biogas

(1) [1] Für Strom aus Anlagen zur Erzeugung von Strom aus Biogas, die nach dem am 31. Juli 2014 geltenden Inbetriebnahmebegriff vor dem 1. August 2014 in Betrieb genommen worden sind, verringert sich ab dem 1. August 2014 der Vergütungsanspruch nach den Bestimmungen des Erneuerbare-Energien-Gesetzes in der für die Anlage jeweils anzuwendenden Fassung für jede Kilowattstunde Strom, um die in einem Kalenderjahr die vor dem 1. August 2014 erreichte Höchstbemessungsleistung der Anlage überschritten wird, auf den Monatsmarktwert; für Anlagen zur Erzeugung von Strom aus Biogas, die vor dem 1. Januar 2009 in Betrieb genommen worden sind, verringert sich entsprechend der Vergütungsanspruch nach § 8 Absatz 1 des Erneuerbare-Energien-Gesetzes vom 21. Juli 2004 (BGBl. I S. 1918) in der am 31. Dezember 2008 geltenden Fassung nach Maßgabe des ersten Halbsatzes. [2] Höchstbemessungsleistung im Sinne von Satz 1 ist die höchste Bemessungsleistung der Anlage in einem Kalenderjahr seit dem Zeitpunkt ihrer Inbetriebnahme und vor dem 1. Januar 2014. [3] Abweichend von Satz 2 gilt der um 5 Prozent verringerte Wert der am 31. Juli 2014 installierten Leistung der Anlage als Höchstbemessungsleistung, wenn der so ermittelte Wert höher als die tatsächliche Höchstbemessungsleistung nach Satz 2 ist. [4] Für Strom aus Anlagen nach § 100 Absatz 4 sind die Sätze 1 bis 3 mit folgenden Maßgaben ab 1. Januar 2017 entsprechend anzuwenden:

1. der Vergütungsanspruch verringert sich ab dem 1. Januar 2017, soweit die vor dem 1. Januar 2017 erreichte Höchstbemessungsleistung überschritten wird,

2. Höchstbemessungsleistung ist die Bemessungsleistung der Anlage im Jahr 2016,

3. abweichend von Nummer 2 gilt der um 5 Prozent verringerte Wert der am 31. Dezember 2016 installierten Leistung der Anlage als Höchstbemessungsleistung, wenn der so ermittelte Wert höher als die tatsächliche Höchstbemessungsleistung nach Nummer 2 ist.

(2) Für Strom aus Anlagen, die nach dem am 31. Dezember 2011 geltenden Inbetriebnahmebegriff vor dem 1. Januar 2012 in Betrieb genommen worden sind,

1. entfällt der Anspruch auf Erhöhung des Bonus für Strom aus nachwachsenden Rohstoffen nach § 27 Absatz 4 Nummer 2 in Verbindung mit Anlage 2 Nummer VI.2.b und VII.2 zu dem Erneuerbare-

Energien-Gesetz in der am 31. Dezember 2011 geltenden Fassung nicht endgültig, wenn ein Anlagenbetreiber aufgrund einer Sperre im Sinne von § 6 Absatz 1 Nummer 18 des Tiergesundheitsgesetzes im Einsatz von Gülle beeinträchtigt wurde. Im Zeitraum der Sperre zuzüglich 30 Kalendertagen entfällt der Anspruch nur für die Kalendertage, in denen der Mindestanteil an Gülle nicht eingehalten wurde,

2. besteht der Anspruch auf Erhöhung des Bonus für Strom aus nachwachsenden Rohstoffen nach § 27 Absatz 4 Nummer 2 in Verbindung mit Anlage 2 Nummer VI.2.c zu dem Erneuerbare-Energien-Gesetz in der am 31. Dezember 2011 geltenden Fassung ab dem 1. August 2014 nur, wenn zur Stromerzeugung überwiegend Landschaftspflegematerial einschließlich Landschaftspflegegras im Sinne von Anlage 3 Nummer 5 zur Biomasseverordnung in der am 31. Juli 2014 geltenden Fassung eingesetzt werden,

3. ist § 44b Absatz 5 Nummer 2 anzuwenden für Strom, der nach dem 31. Juli 2014 erzeugt worden ist.

(3) ¹Für Anlagen, die nach dem 31. Dezember 2011 und vor dem 1. August 2014 in Betrieb genommen worden sind,

1. ist auch nach dem 31. Juli 2014 die Biomasseverordnung in ihrer am 31. Juli 2014 geltenden Fassung anzuwenden,

2. ist bei der Berechnung des durchschnittlichen Gülleanteils nach § 27 Absatz 4 Nummer 2 des Erneuerbare-Energien-Gesetzes in der am 31. Juli 2014 geltenden Fassung im Falle der Beeinträchtigung des Gülleeinsatzes aufgrund einer Sperre im Sinne von § 6 Absatz 1 Nummer 18 des Tiergesundheitsgesetzes der Zeitraum der Sperre zuzüglich 30 Kalendertagen nicht zu berücksichtigen, wenn der vorgesehene jährliche Güllemindestanteil nicht eingehalten werden konnte,

3. ist bei der Berechnung des durchschnittlichen Gülleanteils nach § 27b Absatz 1 Nummer 3 des Erneuerbare-Energien-Gesetzes in der am 31. Juli 2014 geltenden Fassung im Falle einer Beeinträchtigung des Gülleeinsatzes aufgrund einer Sperre im Sinne von § 6 Absatz 1 Nummer 18 des Tiergesundheitsgesetzes der Zeitraum der Sperre zuzüglich 30 Kalendertagen nicht zu berücksichtigen, wenn der vorgesehene jährliche Güllemindestanteil nicht eingehalten werden konnte.

²Im Falle des Satzes 1 Nummer 3 entfällt der Anspruch nach § 27b Absatz 1 des Erneuerbare-Energien-Gesetzes in der am 31. Juli 2014 geltenden Fassung für den nicht berücksichtigten Zeitraum. ³Ein Anspruch nach den §§ 24 bis 27a des Erneuerbare-Energien-Gesetzes in der am 31. Juli 2014 geltenden Fassung bleibt im Falle des Satzes 1 Nummer 3 unberührt.

(4) ¹Für Anlagen, die nach dem 31. Juli 2014 und vor dem 1. Januar 2017 in Betrieb genommen worden sind, ist bei der Berechnung des durchschnittlichen Gülleanteils nach § 46 Nummer 3 des Erneuerbare-Energien-Gesetzes in der am 31. Dezember 2016 geltenden Fassung im Falle einer Beeinträchtigung des Gülleeinsatzes aufgrund einer Sperre im Sinne von § 6 Absatz 1 Nummer 18 des Tiergesundheitsgesetzes der Zeitraum der Sperre zuzüglich 30 Kalendertagen nicht zu berücksichtigen, wenn der vorgesehene jährliche Güllemindestanteil nicht eingehalten werden konnte. ²In diesem Fall entfällt der Anspruch nach § 46 des Erneuerbare-Energien-Gesetzes in der am 31. Dezember 2016 geltenden Fassung für den nicht berücksichtigten Zeitraum. ³Ein Anspruch nach den §§ 41 bis 45 des Erneuerbare-Energien-Gesetzes in der am 31. Dezember 2016 geltenden Fassung bleibt unberührt.

§ 102 *[aufgehoben]*

§ 103 Übergangs- und Härtefallbestimmungen zur Besonderen Ausgleichsregelung

(1) Für Anträge für das Begrenzungsjahr 2015 sind die §§ 63 bis 69 mit den folgenden Maßgaben anzuwenden:

1. § 64 Absatz 1 Nummer 3 ist für Unternehmen mit einem Stromverbrauch von unter 10 Gigawattstunden im letzten abgeschlossenen Geschäftsjahr nicht anzuwenden, wenn das Unternehmen dem Bundesamt für Wirtschaft und Ausfuhrkontrolle nachweist, dass es innerhalb der Antragsfrist nicht in der Lage war, eine gültige Bescheinigung nach § 64 Absatz 3 Nummer 2 zu erlangen.

2. § 64 Absatz 2 und 3 Nummer 1 ist mit der Maßgabe anzuwenden, dass anstelle des arithmetischen Mittels der Bruttowertschöpfung der letzten drei abgeschlossenen Geschäftsjahre auch nur die Bruttowertschöpfung nach § 64 Absatz 6 Nummer 2 des letzten abgeschlossenen Geschäftsjahrs des Unternehmens zugrunde gelegt werden kann.

3. § 64 Absatz 6 Nummer 1 letzter Halbsatz ist nicht anzuwenden.

4. § 64 Absatz 6 Nummer 3 ist mit der Maßgabe anzuwenden, dass die Stromkostenintensität das Verhältnis der von dem Unternehmen in dem letzten abgeschlossenen Geschäftsjahr zu tragenden tatsächlichen Stromkosten einschließlich der Stromkosten für nach § 61 umlagepflichtige selbst verbrauchte Strommengen zu der Bruttowertschöpfung zu Faktorkosten des Unternehmens nach Nummer 2 ist; Stromkosten für nach § 61 nicht umlagepflichtige selbst verbrauchte Strommengen können

berücksichtigt werden, soweit diese im letzten abgeschlossenen Geschäftsjahr dauerhaft von nach § 60 Absatz 1 oder nach § 61 umlagepflichtigen Strommengen abgelöst wurden; die Bescheinigung nach § 64 Absatz 3 Nummer 1 Buchstabe c muss sämtliche Bestandteile der vom Unternehmen getragenen Stromkosten enthalten.

5. Abweichend von § 66 Absatz 1 Satz 1 und 2 kann ein Antrag einmalig bis zum 30. September 2014 (materielle Ausschlussfrist) gestellt werden.

6. Im Übrigen sind die §§ 63 bis 69 anzuwenden, es sei denn, dass Anträge für das Begrenzungsjahr 2015 bis zum Ablauf des 31. Juli 2014 bestandskräftig entschieden worden sind.

(2) Für Anträge für das Begrenzungsjahr 2016 sind die §§ 63 bis 69 mit den folgenden Maßgaben anzuwenden:

1. § 64 Absatz 2 und 3 Nummer 1 ist mit der Maßgabe anzuwenden, dass anstelle des arithmetischen Mittels der Bruttowertschöpfung der letzten drei abgeschlossenen Geschäftsjahre auch das arithmetische Mittel der Bruttowertschöpfung nach § 64 Absatz 6 Nummer 2 der letzten beiden abgeschlossenen Geschäftsjahre des Unternehmens zugrunde gelegt werden kann.

2. § 64 Absatz 6 Nummer 3 ist mit der Maßgabe anzuwenden, dass die Stromkostenintensität das Verhältnis der von dem Unternehmen in dem letzten abgeschlossenen Geschäftsjahr zu tragenden tatsächlichen Stromkosten einschließlich der Stromkosten für nach § 61 umlagepflichtige selbst verbrauchte Strommengen zu der Bruttowertschöpfung zu Faktorkosten des Unternehmens nach Nummer 1 ist; Stromkosten für nach § 61 nicht umlagepflichtige selbst verbrauchte Strommengen können berücksichtigt werden, soweit diese im letzten abgeschlossenen Geschäftsjahr dauerhaft von nach § 60 Absatz 1 oder nach § 61 umlagepflichtigen Strommengen abgelöst wurden; die Bescheinigung nach § 64 Absatz 3 Nummer 1 Buchstabe c muss sämtliche Bestandteile der vom Unternehmen getragenen Stromkosten enthalten.

3. Im Übrigen sind die §§ 63 bis 69 anzuwenden.

(3) ¹Für Unternehmen oder selbständige Unternehmensteile, die als Unternehmen des produzierenden Gewerbes nach § 3 Nummer 14 des Erneuerbare-Energien-Gesetzes in der am 31. Juli 2014 geltenden Fassung für das Begrenzungsjahr 2014 über eine bestandskräftige Begrenzungsentscheidung nach den §§ 40 bis 44 des Erneuerbare-Energien-Gesetzes in der am 31. Juli 2014 geltenden Fassung für eine Abnahmestelle verfügen, begrenzt das Bundesamt für Wirtschaft und Ausfuhrkontrolle die EEG-Umlage für die Jahre 2015 bis 2018 nach den §§ 63 bis 69 so, dass die EEG-Umlage für diese Abnahmestelle in einem Begrenzungsjahr jeweils nicht mehr als das Doppelte des Betrags in Cent pro Kilowattstunde beträgt, der für den selbst verbrauchten Strom an der begrenzten Abnahmestelle des Unternehmens im jeweils dem Antragsjahr vorangegangenen Geschäftsjahr nach Maßgabe des für dieses Jahr geltenden Begrenzungsbescheides zu zahlen war. ²Satz 1 gilt entsprechend für Unternehmen oder selbständige Unternehmensteile, die für das Begrenzungsjahr 2014 über eine bestandskräftige Begrenzungsentscheidung für eine Abnahmestelle verfügen und die Voraussetzungen nach § 64 nicht erfüllen, weil sie einer Branche nach Liste 1 der Anlage 4 zuzuordnen sind, aber ihre Stromkostenintensität weniger als 16 Prozent für das Begrenzungsjahr 2015 oder weniger als 17 Prozent ab dem Begrenzungsjahr 2016 beträgt, wenn und insoweit das Unternehmen oder der selbständige Unternehmensteil nachweist, dass seine Stromkostenintensität im Sinne des § 64 Absatz 6 Nummer 3 in Verbindung mit Absatz 1 und 2 dieses Paragrafen mindestens 14 Prozent betragen hat; im Übrigen sind die §§ 64, 66, 68 und 69 entsprechend anzuwenden.

(4) ¹Für Unternehmen oder selbständige Unternehmensteile, die

1. als Unternehmen des produzierenden Gewerbes nach § 3 Nummer 14 des Erneuerbare-Energien-Gesetzes in der am 31. Juli 2014 geltenden Fassung für das Begrenzungsjahr 2014 über eine bestandskräftige Begrenzungsentscheidung nach den §§ 40 bis 44 des Erneuerbare-Energien-Gesetzes in der am 31. Juli 2014 geltenden Fassung verfügen und

2. die Voraussetzungen nach § 64 dieses Gesetzes nicht erfüllen, weil sie

 a) keiner Branche nach Anlage 4 zuzuordnen sind oder

 b) einer Branche nach Liste 2 der Anlage 4 zuzuordnen sind, aber ihre Stromkostenintensität weniger als 20 Prozent beträgt,

begrenzt das Bundesamt für Wirtschaft und Ausfuhrkontrolle auf Antrag die EEG-Umlage für den Stromanteil über 1 Gigawattstunde pro begrenzter Abnahmestelle auf 20 Prozent der nach § 60 Absatz 1 ermittelten EEG-Umlage, wenn und insoweit das Unternehmen oder der selbständige Unternehmensteil nachweist, dass seine Stromkostenintensität im Sinne des § 64 Absatz 6 Nummer 3 in Verbindung mit Absatz 1 und 2 dieses Paragrafen mindestens 14 Prozent betragen hat. ²Satz 1 ist auch anzuwenden für selbständige Unternehmensteile, die abweichend von Satz 1 Nummer 2 Buchstabe a oder b die Voraussetzungen nach § 64 dieses Gesetzes deshalb nicht erfüllen, weil das Unternehmen einer Branche nach

Liste 2 der Anlage 4 zuzuordnen ist. ³Im Übrigen sind Absatz 3 und die §§ 64, 66, 68 und 69 entsprechend anzuwenden.

(5) Unternehmen, die keine rechtsfähige Personenvereinigung und keine juristische Person sind und für deren Strom die EEG-Umlage deshalb nicht mit der Wirkung des § 64 Absatz 2 begrenzt werden konnte, weil sie nicht unter den Unternehmensbegriff nach § 5 Nummer 34 des Erneuerbare-Energien-Gesetzes in der am 31. Dezember 2016 geltenden Fassung fielen, können einen Antrag auf Begrenzung der EEG-Umlage für die Begrenzungsjahre 2015, 2016 und 2017 abweichend von § 66 Absatz 1 Satz 1 bis zum 31. Januar 2017 (materielle Ausschlussfrist) stellen.

(6) Für Anträge nach § 63 in Verbindung mit § 64 Absatz 5a für das Begrenzungsjahr 2018 ist § 64 Absatz 1 Nummer 3 nicht anzuwenden, wenn das Unternehmen dem Bundesamt für Wirtschaft und Ausfuhrkontrolle nachweist, dass es innerhalb der Antragsfrist nicht in der Lage war, eine gültige Bescheinigung nach § 64 Absatz 3 Nummer 2 zu erlangen.

(7) ¹Begrenzungsentscheidungen nach den §§ 63 bis 69 für Unternehmen, die einer Branche mit der laufenden Nummer 145 oder 146 nach Anlage 4 zuzuordnen sind, stehen unter dem Vorbehalt, dass die Europäische Kommission das Zweite Gesetz zur Änderung des Erneuerbare-Energien-Gesetzes vom 29. Juni 2015 (BGBl. I S. 1010) beihilferechtlich genehmigt. ²Das Bundesministerium für Wirtschaft und Energie macht den Tag der Bekanntgabe[1] der beihilferechtlichen Genehmigung im Bundesanzeiger bekannt. ³Für die Begrenzung bei diesen Unternehmen sind die §§ 63 bis 69 unbeschadet der Absätze 1 bis 3 mit den folgenden Maßgaben anzuwenden:

1. Anträge für die Begrenzungsjahre 2015 und 2016 können abweichend von § 66 Absatz 1 Satz 1 bis zum 2. August 2015 (materielle Ausschlussfrist) gestellt werden;
2. Zahlungen, die in einem Begrenzungsjahr vor dem Eintritt der Wirksamkeit der Begrenzungsentscheidung geleistet wurden, werden für Zahlungen des Selbstbehalts nach § 64 Absatz 2 Nummer 1 und für das Erreichen der Obergrenzenbeträge nach § 64 Absatz 2 Nummer 3 berücksichtigt. Soweit die geleisteten Zahlungen über die Obergrenzenbeträge nach § 64 Absatz 2 Nummer 3 hinausgehen, bleiben sie von der Begrenzungsentscheidung unberührt.

(8) ¹Für Anträge für das Begrenzungsjahr 2021 sind die §§ 63 bis 69a mit der Maßgabe anzuwenden, dass abweichend von § 66 Absatz 1 die Bescheinigungen nach § 64 Absatz 3 Nummer 1 Buchstabe c und Nummer 2 sowie die weiteren in den §§ 64 und 65 genannten Unterlagen auch nach der Ausschlussfrist eingereicht werden können. ²Die Bescheinigungen nach § 64 Absatz 3 Nummer 1 Buchstabe c und Nummer 2 müssen für Anträge nach § 63 in Verbindung mit § 64 jedoch spätestens zum 30. November 2020 vorgelegt werden.

§ 104 Weitere Übergangsbestimmungen

(1) ¹Für Anlagen und KWK-Anlagen, die vor dem 1. August 2014 in Betrieb genommen worden sind und mit einer technischen Einrichtung nach § 6 Absatz 1 oder Absatz 2 Nummer 1 und 2 Buchstabe a des am 31. Juli 2014 geltenden Erneuerbare-Energien-Gesetzes ausgestattet werden mussten, ist § 9 Absatz 1 Satz 2 des Erneuerbare-Energien-Gesetzes in der am 31. Dezember 2016 geltenden Fassung ab dem 1. Januar 2009 rückwirkend anzuwenden. ²Ausgenommen hiervon sind Fälle, in denen vor dem 9. April 2014 ein Rechtsstreit zwischen Anlagenbetreiber und Netzbetreiber anhängig oder rechtskräftig entschieden worden ist.

(2) ¹Für Eigenversorgungsanlagen, die vor dem 1. August 2014 ausschließlich Strom mit Gichtgas, Konvertergas oder Kokereigas (Kuppelgase) erzeugt haben, das bei der Stahlerzeugung entstanden ist, ist § 62b Absatz 5 nicht anzuwenden und die Strommengen dürfen, soweit sie unter die Ausnahmen nach §§ 61a, 61e und 61f fallen, rückwirkend zum 1. Januar 2014 jährlich bilanziert werden. ²Erdgas ist in dem Umfang als Kuppelgas anzusehen, in dem es zur Anfahr-, Zünd- und Stützfeuerung erforderlich ist.

(3) ¹Für Anlagen, die vor dem 1. Januar 2017 in Betrieb genommen worden sind und Ablaugen der Zellstoffherstellung einsetzen, ist auch nach dem 1. Januar 2017 die Biomasseverordnung anzuwenden, die für die jeweilige Anlage am 31. Dezember 2016 anzuwenden war. ²Anlagen nach Satz 1 dürfen nicht an Ausschreibungen teilnehmen. ³Für Anlagen nach Satz 1 verlängert sich der Zeitraum nach § 100 Absatz 2 Satz 1 Nummer 11 einmalig um zehn Jahre. ⁴Erstmalig am ersten Tag des zweiten Jahres des Anschlusszeitraums nach Satz 3 und danach jährlich zum 1. Januar verringert sich der anzulegende Wert um acht Prozentpunkte gegenüber dem anzulegenden Wert für den in der jeweiligen Anlage erzeugten Strom nach dem Erneuerbare-Energien-Gesetz in der für die Anlage bisher maßgeblichen Fassung. ⁵Der sich ergebende Wert wird auf zwei Stellen nach dem Komma gerundet. ⁶Für die Berechnung des Anspruchs nach § 19 Absatz 1 aufgrund einer erneuten Anpassung nach Satz 4 sind die ungerundeten Werte zugrunde zu legen.

1) Tag der Bekanntgabe ist der 28.5.2015; vgl. Bek..

(4) ¹Ein Elektrizitätsversorgungsunternehmen kann für Strom, den es in einer Stromerzeugungsanlage erzeugt und vor dem 1. August 2014 an einen Letztverbraucher geliefert hat, die Erfüllung des Anspruchs eines Übertragungsnetzbetreibers auf Abnahme und Vergütung von Strom oder die Erfüllung des Anspruchs auf Zahlung der EEG-Umlage nach den vor dem 1. August 2014 geltenden Fassungen des Erneuerbare-Energien-Gesetzes verweigern, soweit

1. der Anspruch aufgrund der Fiktion nach Satz 2 nicht entstanden wäre und
2. die Angaben nach § 74 Absatz 1 Satz 1 und § 74a Absatz 1 bis zum 31. Dezember 2017 mitgeteilt worden sind.

²Ausschließlich zur Bestimmung des Betreibers und der von ihm erzeugten Strommengen im Rahmen von Satz 1 Nummer 1 gilt ein anteiliges vertragliches Nutzungsrecht des Letztverbrauchers an einer bestimmten Erzeugungskapazität der Stromerzeugungsanlage als eigenständige Stromerzeugungsanlage, wenn und soweit der Letztverbraucher diese wie eine Stromerzeugungsanlage betrieben hat. ³§ 62b Absatz 5 Satz 1 ist entsprechend anzuwenden. ⁴Die Sätze 1 und 2 sind auch für Strom anzuwenden, den das Elektrizitätsversorgungsunternehmen ab dem 1. August 2014 in derselben Stromerzeugungsanlage erzeugt und an einen Letztverbraucher geliefert hat, soweit und solange

1. die Voraussetzungen nach den Sätzen 1 und 2 weiterhin erfüllt sind,
2. sich die Pflicht des Letztverbrauchers zur Zahlung der EEG-Umlage nach § 61e oder § 61f auf 0 Prozent verringern würde, wenn der Letztverbraucher Betreiber der Stromerzeugungsanlage wäre,
3. die Stromerzeugungsanlage nicht erneuert, ersetzt oder erweitert worden ist und
4. das Nutzungsrecht und das Eigenerzeugungskonzept unverändert fortbestehen.

⁵§ 74 Absatz 1 und § 74a Absatz 1 sind entsprechend anzuwenden.

(5) Die §§ 53c und 86 Absatz 1 Nummer 1a sind rückwirkend zum 1. Januar 2016 anzuwenden.

(6) ¹Der Anspruch nach § 61 Absatz 1 entfällt auch für Anfahrts- und Stillstandsstrom von Kraftwerken, soweit und solange der Letztverbraucher den Strom selbst verbraucht und

1. die Stromerzeugungsanlage, in der der Strom erzeugt wird, von dem Letztverbraucher als ältere Bestandsanlage nach § 61f betrieben wird,
2. das Kraftwerk, das versorgt wird,
 a) bereits vor dem 1. August 2014 von dem Letztverbraucher betrieben worden ist und
 b) bereits vor dem 1. September 2011 seinen Anfahrts- und Stillstandsstrom aus Eigenerzeugung gedeckt hat,
3. der Letztverbraucher vor dem 1. August 2014 den ursprünglichen Letztverbraucher, der das Kraftwerk nach Nummer 2 Buchstabe b betrieben hatte, im Wege einer Rechtsnachfolge als Betreiber abgelöst hat,
4. nach dem 31. Juli 2014 das Konzept für die Bereitstellung des Anfahrts- und Stillstandsstroms unverändert fortbesteht,
5. die Stromerzeugungsanlage und das Kraftwerk, das versorgt wird, an demselben Standort betrieben werden, an dem sie vor dem 1. September 2011 betrieben wurden, und
6. die Angaben nach § 74a Absatz 1 bis zum 31. Mai 2017 mitgeteilt worden sind.

²Anfahrts- und Stillstandsstrom nach Satz 1 ist der Strom, der in der Stromerzeugungsanlage eines nicht stillgelegten Kraftwerks sowie ihren Neben- und Hilfseinrichtungen verbraucht wird, soweit die Stromerzeugungsanlage zwischenzeitlich selbst keine oder eine zu geringe Stromerzeugung hat, um diesen Bedarf selbst zu decken. ³Die §§ 61i und 62b Absatz 1 und 5 sind entsprechend anzuwenden.

(7) § 61c Absatz 1 Satz 2 ist entsprechend anzuwenden für KWK-Anlagen, die vor dem 1. August 2014 erstmals Strom zur Eigenerzeugung erzeugt haben, deren erstmalige Nutzung zur Eigenversorgung durch den Letztverbraucher aber nach dem 31. Dezember 2017 erfolgt ist.

(8) ¹Für nicht erloschene Zuschläge, die in den Ausschreibungen vor dem 1. März 2020 erteilt wurden, verlängern sich die Fristen nach § 36e Absatz 1, § 37d Absatz 2 Nummer 2, § 39d Absatz 1, § 39f Absatz 2, § 54 Absatz 1 sowie § 55 Absatz 1 bis 5 um einen Zeitraum von jeweils sechs Kalendermonaten. ²Um denselben Zeitraum verschieben sich die Zeitpunkte des jeweiligen Beginns des Zahlungsanspruchs nach § 36i oder § 39g Absatz 1.

(9) *[aufgehoben]*

(10) ¹Für Strommengen, die nach dem 31. Dezember 2017 und vor dem 1. Januar 2021 verbraucht werden, kann im Fall fehlender mess- und eichrechtskonformer Messeinrichtungen abweichend von § 62b Absatz 1 und unbeschadet von § 62b Absatz 2 bis 6 die Erfassung und Abgrenzung von Strommengen durch eine Schätzung in entsprechender Anwendung von § 62b Absatz 3 bis 5 erfolgen. ²Für Strommengen, die im Rahmen der Endabrechnung für das Kalenderjahr 2020 abgegrenzt werden, gilt dies nur, wenn eine Erklärung vorgelegt wird, mit der dargelegt wird, wie seit dem 1. Januar 2021 sichergestellt ist, dass § 62b eingehalten wird. ³Der Netzbetreiber, der zur Erhebung der EEG-Umlage berechtigt ist, kann verlangen,

dass die nach Satz 2 erforderliche Darlegung bei Vorlage durch einen Wirtschaftsprüfer, eine Wirtschaftsprüfungsgesellschaft, einen genossenschaftlichen Prüfungsverband, einen vereidigten Buchprüfer oder eine Buchprüfungsgesellschaft geprüft wird. [4]§ 75 Satz 3 und 4 ist entsprechend anzuwenden.

(11) [1]Die Erfüllung des Anspruchs auf Zahlung der EEG-Umlage kann verweigert werden, wenn und soweit

1. der Anspruch deshalb geltend gemacht wird, weil Strommengen, die einer Pflicht zur Zahlung der EEG-Umlage in unterschiedlicher Höhe unterliegen, nicht durch mess- und eichrechtskonforme Messeinrichtungen erfasst oder abgegrenzt wurden und aus diesem Grund der innerhalb dieser Strommenge geltende höchste EEG-Umlagesatz auf die Gesamtmenge geltend gemacht wird,
2. die Strommengen vor dem 1. Januar 2018 verbraucht wurden,
3. die Abgrenzung der Strommengen in entsprechender Anwendung von § 62b Absatz 3 bis 5 erfolgt ist,
4. die EEG-Umlage für diese Strommengen entsprechend der Abgrenzung der Strommengen nach Nummer 3 geleistet worden ist und
5. für Strommengen, die ab dem 1. Januar 2021 verbraucht werden, § 62b eingehalten wird; Absatz 10 Satz 2 bis 4 ist entsprechend anzuwenden.

[2]Satz 1 Nummer 5 ist nicht in den Fällen des § 62b Absatz 2 Nummer 2 anzuwenden.

Anlage 1
(zu § 23a)

Höhe der Marktprämie

1.
Berechnung der Marktprämie

1.1

Im Sinne dieser Anlage ist:
- „MP" die Höhe der Marktprämie nach § 23a in Cent pro Kilowattstunde,
- „AW" der anzulegende Wert unter Berücksichtigung der §§ 19 bis 54 in Cent pro Kilowattstunde,
- „MW" der jeweilige Monatsmarktwert in Cent pro Kilowattstunde.

1.2

Die Höhe der Marktprämie nach § 23a („MP") in Cent pro Kilowattstunde direkt vermarkteten und tatsächlich eingespeisten Stroms wird nach der folgenden Formel berechnet:

$$MP = AW - MW$$

Ergibt sich bei der Berechnung ein Wert kleiner null, wird abweichend von Satz 1 der Wert „MP" mit dem Wert null festgesetzt.

2.
Berechnung des Monatsmarktwerts „ MW"

2.1
Monatsmarktwert bei Strom aus Wasserkraft, Deponiegas, Klärgas, Grubengas, Biomasse und Geothermie

Als Wert „MW" in Cent pro Kilowattstunde ist bei direkt vermarktetem Strom aus Wasserkraft, Deponiegas, Klärgas, Grubengas, Biomasse und Geothermie der Wert „MW$_{EPEX}$" anzulegen. Dabei ist „MW$_{EPEX}$" der tatsächliche Monatsmittelwert der Stundenkontrakte für die Preiszone für Deutschland am Spotmarkt der Strombörse in Cent pro Kilowattstunde.

2.2
Monatsmarktwert bei Strom aus Windenergie und solarer Strahlungsenergie

2.2.1
Energieträgerspezifischer Monatsmarktwert

Als Wert „MW" in Cent pro Kilowattstunde ist anzulegen bei direkt vermarktetem Strom aus

- Windenergieanlagen an Land der Wert „$MW_{\text{Wind an Land}}$",
- Windenergieanlagen auf See der Wert „$MW_{\text{Wind auf See}}$" und
- Solaranlagen der Wert „MW_{Solar}".

2.2.2
Windenergie an Land

„$MW_{\text{Wind an Land}}$" ist der tatsächliche Monatsmittelwert des Marktwerts von Strom aus Windenergieanlagen an Land am Spotmarkt der Strombörse für die Preiszone für Deutschland in Cent pro Kilowattstunde. Dieser Wert wird wie folgt berechnet:

2.2.2.1

Für jede Stunde eines Kalendermonats wird der durchschnittliche Wert der Stundenkontrakte am Spotmarkt der Strombörse für die Preiszone für Deutschland mit der Menge des in dieser Stunde nach der Online-Hochrechnung nach Nummer 3.1 erzeugten Stroms aus Windenergieanlagen an Land multipliziert.

2.2.2.2

Die Ergebnisse für alle Stunden dieses Kalendermonats werden summiert.

2.2.2.3

Diese Summe wird dividiert durch die Menge des in dem gesamten Kalendermonat nach der Online-Hochrechnung nach Nummer 3.1 erzeugten Stroms aus Windenergieanlagen an Land.

2.2.3
Windenergie auf See

„$MW_{\text{Wind auf See}}$" ist der tatsächliche Monatsmittelwert des Marktwerts von Strom aus Windenergieanlagen auf See am Spotmarkt der Strombörse für die Preiszone für Deutschland in Cent pro Kilowattstunde. Für die Berechnung von „$MW_{\text{Wind auf See}}$" sind die Nummern 2.2.2.1 bis 2.2.2.3 mit der Maßgabe anzuwenden, dass statt des nach der Online-Hochrechnung nach Nummer 3.1 erzeugten Stroms aus Windenergieanlagen an Land der nach der Online-Hochrechnung nach Nummer 3.1 erzeugte Strom aus Windenergieanlagen auf See zugrunde zu legen ist.

2.2.4
Solare Strahlungsenergie

„MW_{Solar}" ist der tatsächliche Monatsmittelwert des Marktwerts von Strom aus Solaranlagen am Spotmarkt der Strombörse für die Preiszone Deutschland/Österreich in Cent pro Kilowattstunde. Für die Berechnung von „MW_{Solar}" sind die Nummern 2.2.2.1 bis 2.2.2.3 mit der Maßgabe anzuwenden, dass statt des nach der Online-Hochrechnung nach Nummer 3.1 erzeugten Stroms aus Windenergieanlagen an Land der nach der Online-Hochrechnung nach Nummer 3.1 erzeugte Strom aus Solaranlagen zugrunde zu legen ist.

3.
Veröffentlichung der Berechnung

3.1

Die Übertragungsnetzbetreiber müssen jederzeit unverzüglich auf einer gemeinsamen Internetseite in einheitlichem Format die auf der Grundlage einer repräsentativen Anzahl von gemessenen Referenzanlagen erstellte Online-Hochrechnung der Menge des tatsächlich erzeugten Stroms aus Windenergieanlagen an Land, Windenergieanlagen auf See und Solaranlagen in ihren Regelzonen in mindestens stündlicher Auflösung veröffentlichen. Für die Erstellung der Online-Hochrechnung sind Reduzierungen der Einspeiseleistung der Anlage durch den Netzbetreiber oder im Rahmen der Direktvermarktung nicht zu berücksichtigen.

3.2

Die Übertragungsnetzbetreiber müssen ferner für jeden Kalendermonat bis zum Ablauf des zehnten Werktags des Folgemonats auf einer gemeinsamen Internetseite in einheitlichem Format und auf drei Stellen nach dem Komma gerundet folgende Daten in nicht personenbezogener Form veröffentlichen:

a) den Wert der Stundenkontrakte am Spotmarkt der Strombörse für die Preiszone für Deutschland für jeden Kalendertag in stündlicher Auflösung,

b) den Wert „MW_{EPEX}" nach Maßgabe der Nummer 2.1,

c) den Wert „$MW_{Wind\,an\,Land}$" nach Maßgabe der Nummer 2.2.2,

d) den Wert „$MW_{Wind\,auf\,See}$" nach Maßgabe der Nummer 2.2.3 und

e) den Wert „MW_{Solar}" nach Maßgabe der Nummer 2.2.4.

3.3

Soweit die Daten nach Nummer 3.2 nicht bis zum Ablauf des zehnten Werktags des Folgemonats verfügbar sind, sind sie unverzüglich in nicht personenbezogener Form zu veröffentlichen, sobald sie verfügbar sind.

Anlage 2
(zu § 36h)

Referenzertrag

1.

Eine Referenzanlage ist eine Windenergieanlage eines bestimmten Typs, für die sich entsprechend ihrer von einer dazu berechtigten Institution vermessenen Leistungskennlinie an dem Referenzstandort ein Ertrag in Höhe des Referenzertrags errechnet.

2.

Der Referenzertrag ist die für jeden Typ einer Windenergieanlage einschließlich der jeweiligen Nabenhöhe bestimmte Strommenge, die dieser Typ bei Errichtung an dem Referenzstandort rechnerisch auf Basis einer vermessenen Leistungskennlinie in fünf Betriebsjahren erbringen würde. Der Referenzertrag ist nach den allgemein anerkannten Regeln der Technik zu ermitteln; die Einhaltung der allgemein anerkannten Regeln der Technik wird vermutet, wenn die Verfahren, Grundlagen und Rechenmethoden verwendet worden sind, die enthalten sind in den Technischen Richtlinien für Windenergieanlagen, Teil 5, in der zum Zeitpunkt der Ermittlung des Referenzertrags geltenden Fassung der FGW e.V. – Fördergesellschaft Windenergie und andere Erneuerbare Energien (FGW)[1].

3.

Der Typ einer Windenergieanlage ist bestimmt durch die Typenbezeichnung, die Rotorkreisfläche, die Nennleistung und die Nabenhöhe gemäß den Angaben des Herstellers.

4.

Der Referenzstandort ist ein Standort, der bestimmt wird durch eine Rayleigh-Verteilung mit einer mittleren Jahreswindgeschwindigkeit von 6,45 Metern pro Sekunde in einer Höhe von 100 Metern über dem Grund und einem Höhenprofil, das nach dem Potenzgesetz mit einem Hellmann-Exponenten α mit einem Wert von 0,25 zu ermitteln ist, und einer Rauhigkeitslänge von 0,1 Metern.

5.

Die Leistungskennlinie ist der für jeden Typ einer Windenergieanlage ermittelte Zusammenhang zwischen Windgeschwindigkeit und Leistungsabgabe, unabhängig von der Nabenhöhe. Die Leistungskennlinie ist nach den allgemein anerkannten Regeln der Technik zu ermitteln; die Einhaltung der allgemein anerkannten Regeln der Technik wird vermutet, wenn die Verfahren, Grundlagen und Rechenmethoden verwendet worden sind, die enthalten sind in den Technischen Richtlinien für Windenergieanlagen, Teil 2, der FGW[1] in der zum Zeitpunkt der Ermittlung des Referenzertrags geltenden Fassung. Soweit die Leistungskennlinie nach einem vergleichbaren Verfahren vor dem 1. Januar 2000 ermittelt wurde, kann diese

1) **Amtlicher Hinweis:** Zu beziehen bei der FGW e.V. – Fördergesellschaft Windenergie und andere Erneuerbare Energien, Oranienburger Straße 45, 10117 Berlin.

anstelle der nach Satz 2 ermittelten Leistungskennlinie herangezogen werden, soweit im Geltungsbereich dieses Gesetzes nach dem 31. Dezember 2001 nicht mehr mit der Errichtung von Anlagen des Typs begonnen wird, für den sie gilt.

6.

Zur Vermessung der Leistungskennlinien nach Nummer 5 und zur Berechnung der Referenzerträge von Anlagentypen am Referenzstandort nach Nummer 2 sind für die Zwecke dieses Gesetzes Institutionen berechtigt, die für die Anwendung der in diesen Nummern genannten Richtlinien nach DIN EN ISO IEC 17025[1] akkreditiert sind.

7.

Bei der Anwendung des Referenzertrags zur Bestimmung und Überprüfung der Höhe des anzulegenden Wertes nach § 36h Absatz 2 ab Beginn des sechsten, elften und sechzehnten auf die Inbetriebnahme der Anlage folgenden Jahres wird der Standortertrag mit dem Referenzertrag ins Verhältnis gesetzt. Der Standortertrag ist die Strommenge, die der Anlagenbetreiber an einem konkreten Standort über einen definierten Zeitraum tatsächlich hätte einspeisen können.

7.1

Der Standortertrag vor Inbetriebnahme wird aus dem Bruttostromertrag abzüglich der Verlustfaktoren ermittelt. Der Bruttostromertrag ist der mittlere zu erwartende Stromertrag einer Windenergieanlage an Land, der sich auf Grundlage des in Nabenhöhe ermittelten Windpotenzials mit einer spezifischen Leistungskurve ohne Abschläge ergibt. Verlustfaktoren sind Strommindererträge aufgrund von
a) Abschattungseffekten,
b) fehlender technischer Verfügbarkeit der Anlage in Höhe von höchstens 2 Prozent des Bruttostromertrags,
c) elektrischen Effizienzverlusten im Betrieb der Windenergieanlage zwischen den Spannungsanschlüssen der jeweiligen Windenergieanlage und dem Netzverknüpfungspunkt des Windparks,
d) genehmigungsrechtlichen Auflagen, zum Beispiel zu Geräuschemissionen, Schattenwurf, Naturschutz oder zum Schutz des Flugbetriebs einschließlich Radar.

7.2

Für die Ermittlung des Standortertrags der ersten fünf, zehn und 15 auf die Inbetriebnahme der Anlage folgenden Jahre ist die eingespeiste Strommenge im Betrachtungszeitraum die Grundlage, zu der die fiktive Strommenge zu addieren ist, die der Anlagenbetreiber in dem Betrachtungszeitraum hätte einspeisen können. Die fiktive Strommenge ist die Summe der folgenden Strommengen:
a) Strommengen, die auf eine technische Nichtverfügbarkeit von mehr als 2 Prozent des Bruttostromertrags zurückgehen,
b) Strommengen, die wegen Abregelungen durch den Netzbetreiber nach § 14 nicht erzeugt wurden, und
c) Strommengen, die wegen sonstigen Abschaltungen oder Drosselungen, zum Beispiel der optimierten Vermarktung des Stroms, der Eigenversorgung oder der Stromlieferungen unmittelbar an Dritte, nicht eingespeist wurden.

7.3

Die Berechnung des Standortertrags richtet sich nach dem Stand der Technik. Es wird vermutet, dass die Berechnungen dem Stand der Technik entsprechen, wenn die Technischen Richtlinien der „FGW e.V. – Fördergesellschaft Windenergie und andere Erneuerbare Energien", insbesondere die Technischen Richtlinien für Windenergieanlagen, Teil 6 eingehalten worden sind. Die Berechnung der fiktiven Strommengen erfolgt auf der Grundlage der konkreten Anlagendaten für die entsprechenden Betriebsjahre. Zu diesem Zweck ist der Betreiber der Anlage verpflichtet, eine Datenhaltung zu organisieren, aus der die hierfür notwendigen Betriebszustände der Anlage durch berechtigte Dritte ausgelesen werden können und die nicht nachträglich verändert werden können.

1) Text der Amtl. Anm. fehlt. In Anl. 2 Nr. 6 EEG 2014 lautet die Amtl. Anm. an dieser Stelle: „Amtlicher Hinweis: Zu beziehen bei der Beuth Verlag GmbH, 10772 Berlin."

Anlage 3
(zu § 50b)

Voraussetzungen und Höhe der Flexibilitätsprämie

I.
Voraussetzungen der Flexibilitätsprämie

1.

Anlagenbetreiber können die Flexibilitätsprämie verlangen,
a) wenn für den gesamten in der Anlage erzeugten Strom keine Einspeisevergütung in Anspruch genommen wird und für diesen Strom unbeschadet des § 27 Absatz 3 und 4, des § 27a Absatz 2 und des § 27c Absatz 3 des Erneuerbare-Energien-Gesetzes in der am 31. Juli 2014 geltenden Fassung dem Grunde nach ein Vergütungsanspruch nach § 19 in Verbindung mit § 100 Absatz 2 besteht, der nicht nach § 52 in Verbindung mit § 100 Absatz 2 verringert ist,
b) wenn die Bemessungsleistung der Anlage im Sinne der Nummer II.1 erster Spiegelstrich mindestens das 0,2fache der installierten Leistung der Anlage beträgt,
c) wenn der Anlagenbetreiber die zur Registrierung der Inanspruchnahme der Flexibilitätsprämie erforderlichen Angaben an das Register übermittelt hat und
d) sobald ein Umweltgutachter mit einer Zulassung für den Bereich Elektrizitätserzeugung aus erneuerbaren Energien bescheinigt hat, dass die Anlage für den zum Anspruch auf die Flexibilitätsprämie erforderlichen bedarfsorientierten Betrieb nach den allgemein anerkannten Regeln der Technik technisch geeignet ist.

2.

Die Höhe der Flexibilitätsprämie wird kalenderjährlich berechnet. Die Berechnung erfolgt für die jeweils zusätzlich bereitgestellte installierte Leistung nach Maßgabe der Nummer II. Auf die zu erwartenden Zahlungen sind monatliche Abschläge in angemessenem Umfang zu leisten.

3.

Anlagenbetreiber müssen dem Netzbetreiber die erstmalige Inanspruchnahme der Flexibilitätsprämie vorab mitteilen.

4.

Die Flexibilitätsprämie ist für die Dauer von zehn Jahren zu zahlen. Beginn der Frist ist der erste Tag des zweiten auf die Meldung nach Nummer I.3 folgenden Kalendermonats.

5.

Der Anspruch auf die Flexibilitätsprämie entfällt für zusätzlich installierte Leistung, die als Erhöhung der installierten Leistung der Anlage nach dem 31. Juli 2014 an das Register übermittelt wird, ab dem ersten Tag des 24. Kalendermonats, der auf den Kalendermonat folgt, in dem der von der Bundesnetzagentur nach Maßgabe der Rechtsverordnung nach § 93 veröffentlichte aggregierte Zubau der zusätzlich installierten Leistung durch Erhöhungen der installierten Leistung nach dem 31. Juli 2014 erstmals den Wert von 1 000 Megawatt übersteigt.

II.
Höhe der Flexibilitätsprämie

1.
Begriffsbestimmungen

Im Sinne dieser Anlage ist
– „P_{Bem}" die Bemessungsleistung in Kilowatt; im ersten und im zehnten Kalenderjahr der Inanspruchnahme der Flexibilitätsprämie ist die Bemessungsleistung mit der Maßgabe zu berechnen, dass nur die in den Kalendermonaten der Inanspruchnahme der Flexibilitätsprämie erzeugten Kilowattstunden und nur die vollen Zeitstunden dieser Kalendermonate zu berücksichtigen sind; dies gilt nur für die Zwecke der Berechnung der Höhe der Flexibilitätsprämie,

- „P_{inst}" die installierte Leistung in Kilowatt,
- „P_{Zusatz}" die zusätzlich bereitgestellte installierte Leistung für die bedarfsorientierte Erzeugung von Strom in Kilowatt und in dem jeweiligen Kalenderjahr,
- „f_{Kor}" der Korrekturfaktor für die Auslastung der Anlage,
- „KK" die Kapazitätskomponente für die Bereitstellung der zusätzlich installierten Leistung in Euro und Kilowatt,
- „FP" die Flexibilitätsprämie nach § 50b in Cent pro Kilowattstunde.

2.
Berechnung

2.1

Die Höhe der Flexibilitätsprämie nach § 50b („FP") in Cent pro Kilowattstunde direkt vermarkteten und tatsächlich eingespeisten Stroms wird nach der folgenden Formel berechnet:

$$FP = \frac{P_{Zusatz} \times KK \times 100 \ \frac{Cent}{Euro}}{P_{Bem} \times 8760 \, h}$$

2.2

„P_{Zusatz}" wird nach der folgenden Formel berechnet:

$$P_{Zusatz} = P_{inst} - (f_{Kor} \times P_{Bem})$$

Dabei beträgt „f_{Kor}"
- bei Biomethan: 1,6 und
- bei Biogas, das kein Biomethan ist: 1,1.

Abweichend von Satz 1 wird der Wert „P_{Zusatz}" festgesetzt
- mit dem Wert null, wenn die Bemessungsleistung die 0,2fache installierte Leistung unterschreitet,
- mit dem 0,5fachen Wert der installierten Leistung „P_{inst}", wenn die Berechnung ergibt, dass er größer als der 0,5fache Wert der installierten Leistung ist.

2.3

„KK" beträgt 130 Euro pro Kilowatt.

2.4

Ergibt sich bei der Berechnung der Flexibilitätsprämie ein Wert kleiner null, wird abweichend von Nummer 2.1 der Wert „FP" mit dem Wert null festgesetzt.

Anlage 4
(zu den §§ 64, 103)

Stromkosten- oder handelsintensive Branchen

Laufende Nummer	WZ 2008[1] Code	WZ 2008 – Bezeichnung (a.n.g. = anderweitig nicht genannt)	Liste 1	Liste 2
1.	510	Steinkohlenbergbau	X	
2.	610	Gewinnung von Erdöl		X
3.	620	Gewinnung von Erdgas		X
4.	710	Eisenerzbergbau		X
5.	729	Sonstiger NE-Metallerzbergbau	X	
6.	811	Gewinnung von Naturwerksteinen und Natursteinen, Kalk- und Gipsstein, Kreide und Schiefer	X	

1) **Amtlicher Hinweis:** Klassifikation der Wirtschaftszweige des Statistischen Bundesamtes, Ausgabe 2008. Zu beziehen beim Statistischen Bundesamt, Gustav-Stresemann-Ring 11, 65189 Wiesbaden; auch zu beziehen über www.destatis.de.

Laufende Nummer	WZ 2008[1] Code	WZ 2008 – Bezeichnung (a.n.g. = anderweitig nicht genannt)	Liste 1	Liste 2
7.	812	Gewinnung von Kies, Sand, Ton und Kaolin		X
8.	891	Bergbau auf chemische und Düngemittelminerale	X	
9.	893	Gewinnung von Salz	X	
10.	899	Gewinnung von Steinen und Erden a .n. g.	X	
11.	1011	Schlachten (ohne Schlachten von Geflügel)		X
12.	1012	Schlachten von Geflügel		X
13.	1013	Fleischverarbeitung		X
14.	1020	Fischverarbeitung		X
15.	1031	Kartoffelverarbeitung		X
16.	1032	Herstellung von Frucht- und Gemüsesäften	X	
17.	1039	Sonstige Verarbeitung von Obst und Gemüse	X	
18.	1041	Herstellung von Ölen und Fetten (ohne Margarine u.ä. Nahrungsfette)	X	
19.	1042	Herstellung von Margarine u.ä. Nahrungsfetten		X
20.	1051	Milchverarbeitung (ohne Herstellung von Speiseeis)		X
21.	1061	Mahl- und Schälmühlen		X
22.	1062	Herstellung von Stärke und Stärkeerzeugnissen	X	
23.	1072	Herstellung von Dauerbackwaren		X
24.	1073	Herstellung von Teigwaren		X
25.	1081	Herstellung von Zucker		X
26.	1082	Herstellung von Süßwaren (ohne Dauerbackwaren)		X
27.	1083	Verarbeitung von Kaffee und Tee, Herstellung von Kaffee-Ersatz		X
28.	1084	Herstellung von Würzmitteln und Soßen		X
29.	1085	Herstellung von Fertiggerichten		X
30.	1086	Herstellung von homogenisierten und diätetischen Nahrungsmitteln		X
31.	1089	Herstellung von sonstigen Nahrungsmitteln a.n.g.		X
32.	1091	Herstellung von Futtermitteln für Nutztiere		X
33.	1092	Herstellung von Futtermitteln für sonstige Tiere		X
34.	1101	Herstellung von Spirituosen		X
35.	1102	Herstellung von Traubenwein		X
36.	1103	Herstellung von Apfelwein und anderen Fruchtweinen		X
37.	1104	Herstellung von Wermutwein und sonstigen aromatisierten Weinen	X	
38.	1105	Herstellung von Bier		X
39.	1106	Herstellung von Malz	X	
40.	1107	Herstellung von Erfrischungsgetränken; Gewinnung natürlicher Mineralwässer		X
41.	1200	Tabakverarbeitung		X
42.	1310	Spinnstoffaufbereitung und Spinnerei	X	
43.	1320	Weberei	X	
44.	1391	Herstellung von gewirktem und gestricktem Stoff		X
45.	1392	Herstellung von konfektionierten Textilwaren (ohne Bekleidung)		X

1) **Amtlicher Hinweis:** Klassifikation der Wirtschaftszweige des Statistischen Bundesamtes, Ausgabe 2008. Zu beziehen beim Statistischen Bundesamt, Gustav-Stresemann-Ring 11, 65189 Wiesbaden; auch zu beziehen über www.destatis.de.

Laufende Nummer	WZ 2008[1] Code	WZ 2008 – Bezeichnung (a.n.g. = anderweitig nicht genannt)	Liste 1	Liste 2
46.	1393	Herstellung von Teppichen		X
47.	1394	Herstellung von Seilerwaren	X	
48.	1395	Herstellung von Vliesstoff und Erzeugnissen daraus (ohne Bekleidung)	X	
49.	1396	Herstellung von technischen Textilien		X
50.	1399	Herstellung von sonstigen Textilwaren a.n.g.		X
51.	1411	Herstellung von Lederbekleidung	X	
52.	1412	Herstellung von Arbeits- und Berufsbekleidung		X
53.	1413	Herstellung von sonstiger Oberbekleidung		X
54.	1414	Herstellung von Wäsche		X
55.	1419	Herstellung von sonstiger Bekleidung und Bekleidungszubehör a.n.g.		X
56.	1420	Herstellung von Pelzwaren		X
57.	1431	Herstellung von Strumpfwaren		X
58.	1439	Herstellung von sonstiger Bekleidung aus gewirktem und gestricktem Stoff		X
59.	1511	Herstellung von Leder und Lederfaserstoff; Zurichtung und Färben von Fellen		X
60.	1512	Lederverarbeitung (ohne Herstellung von Lederbekleidung)		X
61.	1520	Herstellung von Schuhen		X
62.	1610	Säge-, Hobel- und Holzimprägnierwerke	X	
63.	1621	Herstellung von Furnier-, Sperrholz-, Holzfaser- und Holzspanplatten	X	
64.	1622	Herstellung von Parketttafeln		X
65.	1623	Herstellung von sonstigen Konstruktionsteilen, Fertigbauteilen, Ausbauelementen und Fertigteilbauten aus Holz		X
66.	1624	Herstellung von Verpackungsmitteln, Lagerbehältern und Ladungsträgern aus Holz		X
67.	1629	Herstellung von Holzwaren a.n.g., Kork-, Flecht- und Korbwaren (ohne Möbel)		X
68.	1711	Herstellung von Holz- und Zellstoff	X	
69.	1712	Herstellung von Papier, Karton und Pappe	X	
70.	1721	Herstellung von Wellpapier und -pappe sowie von Verpackungsmitteln aus Papier, Karton und Pappe		X
71.	1722	Herstellung von Haushalts-, Hygiene- und Toilettenartikeln aus Zellstoff, Papier und Pappe	X	
72.	1723	Herstellung von Schreibwaren und Bürobedarf aus Papier, Karton und Pappe		X
73.	1724	Herstellung von Tapeten		X
74.	1729	Herstellung von sonstigen Waren aus Papier, Karton und Pappe		X
75.	1813	Druck- und Medienvorstufe		X
76.	1910	Kokerei		X
77.	1920	Mineralölverarbeitung	X	
78.	2011	Herstellung von Industriegasen	X	
79.	2012	Herstellung von Farbstoffen und Pigmenten	X	

1) **Amtlicher Hinweis:** Klassifikation der Wirtschaftszweige des Statistischen Bundesamtes, Ausgabe 2008. Zu beziehen beim Statistischen Bundesamt, Gustav-Stresemann-Ring 11, 65189 Wiesbaden; auch zu beziehen über www.destatis.de.

Laufende Nummer	WZ 2008[1] Code	WZ 2008 – Bezeichnung (a.n.g. = anderweitig nicht genannt)	Liste 1	Liste 2
80.	2013	Herstellung von sonstigen anorganischen Grundstoffen und Chemikalien	X	
81.	2014	Herstellung von sonstigen organischen Grundstoffen und Chemikalien	X	
82.	2015	Herstellung von Düngemitteln und Stickstoffverbindungen	X	
83.	2016	Herstellung von Kunststoffen in Primärformen	X	
84.	2017	Herstellung von synthetischem Kautschuk in Primärformen	X	
85.	2020	Herstellung von Schädlingsbekämpfungs-, Pflanzenschutz- und Desinfektionsmitteln		X
86.	2030	Herstellung von Anstrichmitteln, Druckfarben und Kitten		X
87.	2041	Herstellung von Seifen, Wasch-, Reinigungs- und Poliermitteln		X
88.	2042	Herstellung von Körperpflegemitteln und Duftstoffen		X
89.	2051	Herstellung von pyrotechnischen Erzeugnissen		X
90.	2052	Herstellung von Klebstoffen		X
91.	2053	Herstellung von etherischen Ölen		X
92.	2059	Herstellung von sonstigen chemischen Erzeugnissen a.n.g.		X
93.	2060	Herstellung von Chemiefasern	X	
94.	2110	Herstellung von pharmazeutischen Grundstoffen	X	
95.	2120	Herstellung von pharmazeutischen Spezialitäten und sonstigen pharmazeutischen Erzeugnissen		X
96.	2211	Herstellung und Runderneuerung von Bereifungen		X
97.	2219	Herstellung von sonstigen Gummiwaren		X
98.	2221	Herstellung von Platten, Folien, Schläuchen und Profilen aus Kunststoffen	X	
99.	2222	Herstellung von Verpackungsmitteln aus Kunststoffen	X	
100.	2223	Herstellung von Baubedarfsartikeln aus Kunststoffen		X
101.	2229	Herstellung von sonstigen Kunststoffwaren		X
102.	2311	Herstellung von Flachglas	X	
103.	2312	Veredlung und Bearbeitung von Flachglas	X	
104.	2313	Herstellung von Hohlglas	X	
105.	2314	Herstellung von Glasfasern und Waren daraus	X	
106.	2319	Herstellung, Veredlung und Bearbeitung von sonstigem Glas einschließlich technischen Glaswaren	X	
107.	2320	Herstellung von feuerfesten keramischen Werkstoffen und Waren	X	
108.	2331	Herstellung von keramischen Wand- und Bodenfliesen und -platten	X	
109.	2332	Herstellung von Ziegeln und sonstiger Baukeramik	X	
110.	2341	Herstellung von keramischen Haushaltswaren und Ziergegenständen		X
111.	2342	Herstellung von Sanitärkeramik	X	
112.	2343	Herstellung von Isolatoren und Isolierteilen aus Keramik	X	
113.	2344	Herstellung von keramischen Erzeugnissen für sonstige technische Zwecke		X
114.	2349	Herstellung von sonstigen keramischen Erzeugnissen	X	

1) **Amtlicher Hinweis:** Klassifikation der Wirtschaftszweige des Statistischen Bundesamtes, Ausgabe 2008. Zu beziehen beim Statistischen Bundesamt, Gustav-Stresemann-Ring 11, 65189 Wiesbaden; auch zu beziehen über www.destatis.de.

Laufende Nummer	WZ 2008[1] Code	WZ 2008 – Bezeichnung (a.n.g. = anderweitig nicht genannt)	Liste 1	Liste 2
115.	2351	Herstellung von Zement	X	
116.	2352	Herstellung von Kalk und gebranntem Gips	X	
117.	2362	Herstellung von Gipserzeugnissen für den Bau		X
118.	2365	Herstellung von Faserzementwaren		X
119.	2369	Herstellung von sonstigen Erzeugnissen aus Beton, Zement und Gips a.n.g.		X
120.	2370	Be- und Verarbeitung von Naturwerksteinen und Natursteinen a.n.g.		X
121.	2391	Herstellung von Schleifkörpern und Schleifmitteln auf Unterlage		X
122.	2399	Herstellung von sonstigen Erzeugnissen aus nichtmetallischen Mineralien a.n.g.	X	
123.	2410	Erzeugung von Roheisen, Stahl und Ferrolegierungen	X	
124.	2420	Herstellung von Stahlrohren, Rohrform-, Rohrverschluss- und Rohrverbindungsstücken aus Stahl	X	
125.	2431	Herstellung von Blankstahl	X	
126.	2432	Herstellung von Kaltband mit einer Breite von weniger als 600 mm	X	
127.	2433	Herstellung von Kaltprofilen		X
128.	2434	Herstellung von kaltgezogenem Draht	X	
129.	2441	Erzeugung und erste Bearbeitung von Edelmetallen	X	
130.	2442	Erzeugung und erste Bearbeitung von Aluminium	X	
131.	2443	Erzeugung und erste Bearbeitung von Blei, Zink und Zinn	X	
132.	2444	Erzeugung und erste Bearbeitung von Kupfer	X	
133.	2445	Erzeugung und erste Bearbeitung von sonstigen NE-Metallen	X	
134.	2446	Aufbereitung von Kernbrennstoffen	X	
135.	2451	Eisengießereien	X	
136.	2452	Stahlgießereien	X	
137.	2453	Leichtmetallgießereien	X	
138.	2454	Buntmetallgießereien	X	
139.	2511	Herstellung von Metallkonstruktionen		X
140.	2512	Herstellung von Ausbauelementen aus Metall		X
141.	2521	Herstellung von Heizkörpern und -kesseln für Zentralheizungen		X
142.	2529	Herstellung von Sammelbehältern, Tanks u.ä. Behältern aus Metall		X
143.	2530	Herstellung von Dampfkesseln (ohne Zentralheizungskessel)		X
144.	2540	Herstellung von Waffen und Munition		X
145.	2550	Herstellung von Schmiede-, Press-, Zieh- und Stanzteilen, gewalzten Ringen und pulvermetallurgischen Erzeugnissen		X
146.	2561	Oberflächenveredlung und Wärmebehandlung		X
147.	2571	Herstellung von Schneidwaren und Bestecken aus unedlen Metallen		X
148.	2572	Herstellung von Schlössern und Beschlägen aus unedlen Metallen		X

1) **Amtlicher Hinweis:** Klassifikation der Wirtschaftszweige des Statistischen Bundesamtes, Ausgabe 2008. Zu beziehen beim Statistischen Bundesamt, Gustav-Stresemann-Ring 11, 65189 Wiesbaden; auch zu beziehen über www.destatis.de.

Laufende Nummer	WZ 2008[1] Code	WZ 2008 – Bezeichnung (a.n.g. = anderweitig nicht genannt)	Liste 1	Liste 2
149.	2573	Herstellung von Werkzeugen		X
150.	2591	Herstellung von Fässern, Trommeln, Dosen, Eimern u.ä. Behältern aus Metall		X
151.	2592	Herstellung von Verpackungen und Verschlüssen aus Eisen, Stahl und NE-Metall		X
152.	2593	Herstellung von Drahtwaren, Ketten und Federn		X
153.	2594	Herstellung von Schrauben und Nieten		X
154.	2599	Herstellung von sonstigen Metallwaren a.n.g.		X
155.	2611	Herstellung von elektronischen Bauelementen	X	
156.	2612	Herstellung von bestückten Leiterplatten		X
157.	2620	Herstellung von Datenverarbeitungsgeräten und peripheren Geräten		X
158.	2630	Herstellung von Geräten und Einrichtungen der Telekommunikationstechnik		X
159.	2640	Herstellung von Geräten der Unterhaltungselektronik		X
160.	2651	Herstellung von Mess-, Kontroll-, Navigations- u.ä. Instrumenten und Vorrichtungen		X
161.	2652	Herstellung von Uhren		X
162.	2660	Herstellung von Bestrahlungs- und Elektrotherapiegeräten und elektromedizinischen Geräten		X
163.	2670	Herstellung von optischen und fotografischen Instrumenten und Geräten		X
164.	2680	Herstellung von magnetischen und optischen Datenträgern	X	
165.	2711	Herstellung von Elektromotoren, Generatoren und Transformatoren		X
166.	2712	Herstellung von Elektrizitätsverteilungs- und -schalteinrichtungen		X
167.	2720	Herstellung von Batterien und Akkumulatoren	X	
168.	2731	Herstellung von Glasfaserkabeln		X
169.	2732	Herstellung von sonstigen elektronischen und elektrischen Drähten und Kabeln		X
170.	2733	Herstellung von elektrischem Installationsmaterial		X
171.	2740	Herstellung von elektrischen Lampen und Leuchten		X
172.	2751	Herstellung von elektrischen Haushaltsgeräten		X
173.	2752	Herstellung von nicht elektrischen Haushaltsgeräten		X
174.	2790	Herstellung von sonstigen elektrischen Ausrüstungen und Geräten a.n.g.		X
175.	2811	Herstellung von Verbrennungsmotoren und Turbinen (ohne Motoren für Luft- und Straßenfahrzeuge)		X
176.	2812	Herstellung von hydraulischen und pneumatischen Komponenten und Systemen		X
177.	2813	Herstellung von Pumpen und Kompressoren a.n.g.		X
178.	2814	Herstellung von Armaturen a.n.g.		X
179.	2815	Herstellung von Lagern, Getrieben, Zahnrädern und Antriebselementen		X
180.	2821	Herstellung von Öfen und Brennern		X
181.	2822	Herstellung von Hebezeugen und Fördermitteln		X

1) **Amtlicher Hinweis:** Klassifikation der Wirtschaftszweige des Statistischen Bundesamtes, Ausgabe 2008. Zu beziehen beim Statistischen Bundesamt, Gustav-Stresemann-Ring 11, 65189 Wiesbaden; auch zu beziehen über www.destatis.de.

Laufende Nummer	WZ 2008[1] Code	WZ 2008 – Bezeichnung (a.n.g. = anderweitig nicht genannt)	Liste 1	Liste 2
182.	2823	Herstellung von Büromaschinen (ohne Datenverarbeitungsgeräte und periphere Geräte)		X
183.	2824	Herstellung von handgeführten Werkzeugen mit Motorantrieb		X
184.	2825	Herstellung von kälte- und lufttechnischen Erzeugnissen, nicht für den Haushalt		X
185.	2829	Herstellung von sonstigen nicht wirtschaftszweigspezifischen Maschinen a.n.g.		X
186.	2830	Herstellung von land- und forstwirtschaftlichen Maschinen		X
187.	2841	Herstellung von Werkzeugmaschinen für die Metallbearbeitung		X
188.	2849	Herstellung von sonstigen Werkzeugmaschinen		X
189.	2891	Herstellung von Maschinen für die Metallerzeugung, von Walzwerkseinrichtungen und Gießmaschinen		X
190.	2892	Herstellung von Bergwerks-, Bau- und Baustoffmaschinen		X
191.	2893	Herstellung von Maschinen für die Nahrungs- und Genussmittelerzeugung und die Tabakverarbeitung		X
192.	2894	Herstellung von Maschinen für die Textil- und Bekleidungsherstellung und die Lederverarbeitung		X
193.	2895	Herstellung von Maschinen für die Papiererzeugung und -verarbeitung		X
194.	2896	Herstellung von Maschinen für die Verarbeitung von Kunststoffen und Kautschuk		X
195.	2899	Herstellung von Maschinen für sonstige bestimmte Wirtschaftszweige a.n.g.		X
196.	2910	Herstellung von Kraftwagen und Kraftwagenmotoren		X
197.	2920	Herstellung von Karosserien, Aufbauten und Anhängern		X
198.	2931	Herstellung elektrischer und elektronischer Ausrüstungsgegenstände für Kraftwagen		X
199.	2932	Herstellung von sonstigen Teilen und sonstigem Zubehör für Kraftwagen		X
200.	3011	Schiffbau (ohne Boots- und Yachtbau)		X
201.	3012	Boots- und Yachtbau		X
202.	3020	Schienenfahrzeugbau		X
203.	3030	Luft- und Raumfahrzeugbau		X
204.	3040	Herstellung von militärischen Kampffahrzeugen		X
205.	3091	Herstellung von Krafträdern		X
206.	3092	Herstellung von Fahrrädern sowie von Behindertenfahrzeugen		X
207.	3099	Herstellung von sonstigen Fahrzeugen a.n.g.		X
208.	3101	Herstellung von Büro- und Ladenmöbeln		X
209.	3102	Herstellung von Küchenmöbeln		X
210.	3103	Herstellung von Matratzen		X
211.	3109	Herstellung von sonstigen Möbeln		X
212.	3211	Herstellung von Münzen		X
213.	3212	Herstellung von Schmuck, Gold- und Silberschmiedewaren (ohne Fantasieschmuck)		X

1) **Amtlicher Hinweis:** Klassifikation der Wirtschaftszweige des Statistischen Bundesamtes, Ausgabe 2008. Zu beziehen beim Statistischen Bundesamt, Gustav-Stresemann-Ring 11, 65189 Wiesbaden; auch zu beziehen über www.destatis.de.

Laufende Nummer	WZ 2008[1] Code	WZ 2008 – Bezeichnung (a.n.g. = anderweitig nicht genannt)	Liste 1	Liste 2
214.	3213	Herstellung von Fantasieschmuck		X
215.	3220	Herstellung von Musikinstrumenten		X
216.	3230	Herstellung von Sportgeräten		X
217.	3240	Herstellung von Spielwaren		X
218.	3250	Herstellung von medizinischen und zahnmedizinischen Apparaten und Materialien		X
219.	3291	Herstellung von Besen und Bürsten		X
220.	3299	Herstellung von sonstigen Erzeugnissen a.n.g.	X	
221.	3832	Rückgewinnung sortierter Werkstoffe	X	

1) **Amtlicher Hinweis:** Klassifikation der Wirtschaftszweige des Statistischen Bundesamtes, Ausgabe 2008. Zu beziehen beim Statistischen Bundesamt, Gustav-Stresemann-Ring 11, 65189 Wiesbaden; auch zu beziehen über www.destatis.de.

Baugesetzbuch (BauGB)[1)2)]

In der Fassung der Bekanntmachung vom 3. November 2017[3)] (BGBl. I S. 3634) (FNA 213-1)

zuletzt geändert durch Art. 2 G zur Vereinheitlichung des Energieeinsparrechts für Gebäude und zur Änd. weiterer Gesetze vom 8. August 2020 (BGBl. I S. 1728)

Inhaltsübersicht

1) **Amtl. Anm.:** Dieses Gesetz dient der Umsetzung folgender Richtlinien:
 1. Richtlinie 92/43/EWG des Rates vom 21. Mai 1992 zur Erhaltung der natürlichen Lebensräume sowie der wild lebenden Tiere und Pflanzen (ABl. L 206 vom 22.7.1992, S. 7), die zuletzt durch die Richtlinie 2013/17/EU (ABl. L 158 vom 10.6.2013, S. 193) geändert worden ist,
 2. Richtlinie 2001/42/EG des Europäischen Parlaments und des Rates vom 27. Juni 2001 über die Prüfung der Umweltauswirkungen bestimmter Pläne und Programme (ABl. L 197 vom 21.7.2001, S. 30),
 3. Richtlinie 2009/147/EG des Europäischen Parlaments und des Rates vom 30. November 2009 über die Erhaltung der wildlebenden Vogelarten (ABl. L 20 vom 26.1.2010, S. 7), die zuletzt durch die Richtlinie 2013/17/EU (ABl. L 158 vom 10.6.2013, S. 193) geändert worden ist,
 4. Richtlinie 2011/92/EU des Europäischen Parlaments und des Rates vom 13. Dezember 2011 über die Umweltverträglichkeitsprüfung bei bestimmten öffentlichen und privaten Projekten (ABl. L 26 vom 28.1.2012, S. 1), die zuletzt durch die Richtlinie 2014/52/EU (ABl. L 124 vom 25.4.2014, S. 1) geändert worden ist.
2) Zur Sicherstellung ordnungsgemäßer Planungs- und Genehmigungsverfahren während der COVID-19-Pandemie siehe das PlanungssicherstellungsG vom 20.5.2020 (BGBl. I S. 1041).
3) Neubekanntmachung des BauGB idF der Bek. v. 23.9.2004 (BGBl. I S. 2414) in der ab 1.10.2017 geltenden Fassung.

Erstes Kapitel
Allgemeines Städtebaurecht

Erster Teil
Bauleitplanung

Erster Abschnitt
Allgemeine Vorschriften

§ 1 Aufgabe, Begriff und Grundsätze der Bauleitplanung

(1) Aufgabe der Bauleitplanung ist es, die bauliche und sonstige Nutzung der Grundstücke in der Gemeinde nach Maßgabe dieses Gesetzbuchs vorzubereiten und zu leiten.

(2) Bauleitpläne sind der Flächennutzungsplan (vorbereitender Bauleitplan) und der Bebauungsplan (verbindlicher Bauleitplan).

(3) [1]Die Gemeinden haben die Bauleitpläne aufzustellen, sobald und soweit es für die städtebauliche Entwicklung und Ordnung erforderlich ist. [2]Auf die Aufstellung von Bauleitplänen und städtebaulichen Satzungen besteht kein Anspruch; ein Anspruch kann auch nicht durch Vertrag begründet werden.

(4) Die Bauleitpläne sind den Zielen der Raumordnung anzupassen.

(5) [1]Die Bauleitpläne sollen eine nachhaltige städtebauliche Entwicklung, die die sozialen, wirtschaftlichen und umweltschützenden Anforderungen auch in Verantwortung gegenüber künftigen Generationen miteinander in Einklang bringt, und eine dem Wohl der Allgemeinheit dienende sozialgerechte Bodennutzung unter Berücksichtigung der Wohnbedürfnisse der Bevölkerung gewährleisten. [2]Sie sollen dazu beitragen, eine menschenwürdige Umwelt zu sichern, die natürlichen Lebensgrundlagen zu schützen und zu entwickeln sowie den Klimaschutz und die Klimaanpassung, insbesondere auch in der Stadtentwicklung, zu fördern, sowie die städtebauliche Gestalt und das Orts- und Landschaftsbild baukulturell zu erhalten und zu entwickeln. [3]Hierzu soll die städtebauliche Entwicklung vorrangig durch Maßnahmen der Innenentwicklung erfolgen.

(6) Bei der Aufstellung der Bauleitpläne sind insbesondere zu berücksichtigen:

1. die allgemeinen Anforderungen an gesunde Wohn- und Arbeitsverhältnisse und die Sicherheit der Wohn- und Arbeitsbevölkerung,

2. die Wohnbedürfnisse der Bevölkerung, insbesondere auch von Familien mit mehreren Kindern, die Schaffung und Erhaltung sozial stabiler Bewohnerstrukturen, die Eigentumsbildung weiter Kreise der Bevölkerung und die Anforderungen kostensparenden Bauens sowie die Bevölkerungsentwicklung,

3. die sozialen und kulturellen Bedürfnisse der Bevölkerung, insbesondere die Bedürfnisse der Familien, der jungen, alten und behinderten Menschen, unterschiedliche Auswirkungen auf Frauen und Männer sowie die Belange des Bildungswesens und von Sport, Freizeit und Erholung,

4. die Erhaltung, Erneuerung, Fortentwicklung, Anpassung und der Umbau vorhandener Ortsteile sowie die Erhaltung und Entwicklung zentraler Versorgungsbereiche,

5. die Belange der Baukultur, des Denkmalschutzes und der Denkmalpflege, die erhaltenswerten Ortsteile, Straßen und Plätze von geschichtlicher, künstlerischer oder städtebaulicher Bedeutung und die Gestaltung des Orts- und Landschaftsbildes,

6. die von den Kirchen und Religionsgesellschaften des öffentlichen Rechts festgestellten Erfordernisse für Gottesdienst und Seelsorge,

7. die Belange des Umweltschutzes, einschließlich des Naturschutzes und der Landschaftspflege, insbesondere

 a) die Auswirkungen auf Tiere, Pflanzen, Fläche, Boden, Wasser, Luft, Klima und das Wirkungsgefüge zwischen ihnen sowie die Landschaft und die biologische Vielfalt,

 b) die Erhaltungsziele und der Schutzzweck der Natura 2000-Gebiete im Sinne des Bundesnaturschutzgesetzes,

 c) umweltbezogene Auswirkungen auf den Menschen und seine Gesundheit sowie die Bevölkerung insgesamt,

d) umweltbezogene Auswirkungen auf Kulturgüter und sonstige Sachgüter,

e) die Vermeidung von Emissionen sowie der sachgerechte Umgang mit Abfällen und Abwässern,

f) die Nutzung erneuerbarer Energien sowie die sparsame und effiziente Nutzung von Energie,

g) die Darstellungen von Landschaftsplänen sowie von sonstigen Plänen, insbesondere des Wasser-, Abfall- und Immissionsschutzrechts,

h) die Erhaltung der bestmöglichen Luftqualität in Gebieten, in denen die durch Rechtsverordnung zur Erfüllung von Rechtsakten der Europäischen Union festgelegten Immissionsgrenzwerte nicht überschritten werden,

i) die Wechselwirkungen zwischen den einzelnen Belangen des Umweltschutzes nach den Buchstaben a bis d,

j) unbeschadet des § 50 Satz 1 des Bundes-Immissionsschutzgesetzes, die Auswirkungen, die aufgrund der Anfälligkeit der nach dem Bebauungsplan zulässigen Vorhaben für schwere Unfälle oder Katastrophen zu erwarten sind, auf die Belange nach den Buchstaben a bis d und i,

8. die Belange

a) der Wirtschaft, auch ihrer mittelständischen Struktur im Interesse einer verbrauchernahen Versorgung der Bevölkerung,

b) der Land- und Forstwirtschaft,

c) der Erhaltung, Sicherung und Schaffung von Arbeitsplätzen,

d) des Post- und Telekommunikationswesens,

e) der Versorgung, insbesondere mit Energie und Wasser, einschließlich der Versorgungssicherheit,

f) der Sicherung von Rohstoffvorkommen,

9. die Belange des Personen- und Güterverkehrs und der Mobilität der Bevölkerung, einschließlich des öffentlichen Personennahverkehrs und des nicht motorisierten Verkehrs, unter besonderer Berücksichtigung einer auf Vermeidung und Verringerung von Verkehr ausgerichteten städtebaulichen Entwicklung,

10. die Belange der Verteidigung und des Zivilschutzes sowie der zivilen Anschlussnutzung von Militärliegenschaften,

11. die Ergebnisse eines von der Gemeinde beschlossenen städtebaulichen Entwicklungskonzeptes oder einer von ihr beschlossenen sonstigen städtebaulichen Planung,

12. die Belange des Küsten- oder Hochwasserschutzes und der Hochwasservorsorge, insbesondere die Vermeidung und Verringerung von Hochwasserschäden,

13. die Belange von Flüchtlingen oder Asylbegehrenden und ihrer Unterbringung.

(7) Bei der Aufstellung der Bauleitpläne sind die öffentlichen und privaten Belange gegeneinander und untereinander gerecht abzuwägen.

(8) Die Vorschriften dieses Gesetzbuchs über die Aufstellung von Bauleitplänen gelten auch für ihre Änderung, Ergänzung und Aufhebung.

§ 1a Ergänzende Vorschriften zum Umweltschutz

(1) Bei der Aufstellung der Bauleitpläne sind die nachfolgenden Vorschriften zum Umweltschutz anzuwenden.

(2) ¹Mit Grund und Boden soll sparsam und schonend umgegangen werden; dabei sind zur Verringerung der zusätzlichen Inanspruchnahme von Flächen für bauliche Nutzungen die Möglichkeiten der Entwicklung der Gemeinde insbesondere durch Wiedernutzbarmachung von Flächen, Nachverdichtung und andere Maßnahmen zur Innenentwicklung zu nutzen sowie Bodenversiegelungen auf das notwendige Maß zu begrenzen. ²Landwirtschaftlich, als Wald oder für Wohnzwecke genutzte Flächen sollen nur im notwendigen Umfang umgenutzt werden. ³Die Grundsätze nach den Sätzen 1 und 2 sind in der Abwägung nach § 1 Absatz 7 zu berücksichtigen. ⁴Die Notwendigkeit der Umwandlung landwirtschaftlich oder als Wald genutzter Flächen soll begründet werden; dabei sollen Ermittlungen zu den Möglichkeiten der Innenentwicklung zugrunde gelegt werden, zu denen insbesondere Brachflächen, Gebäudeleerstand, Baulücken und andere Nachverdichtungsmöglichkeiten zählen können.

(3) ¹Die Vermeidung und der Ausgleich voraussichtlich erheblicher Beeinträchtigungen des Landschaftsbildes sowie der Leistungs- und Funktionsfähigkeit des Naturhaushalts in seinen in § 1 Absatz 6 Nummer 7 Buchstabe a bezeichneten Bestandteilen (Eingriffsregelung nach dem Bundesnaturschutzgesetz) sind in der Abwägung nach § 1 Absatz 7 zu berücksichtigen. ²Der Ausgleich erfolgt durch geeignete Darstellungen und Festsetzungen nach den §§ 5 und 9 als Flächen oder Maßnahmen zum Ausgleich. ³Soweit dies mit einer nachhaltigen städtebaulichen Entwicklung und den Zielen der Raumordnung sowie des Naturschutzes und der Landschaftspflege vereinbar ist, können die Darstellungen und Festsetzungen auch an

anderer Stelle als am Ort des Eingriffs erfolgen. [4]Anstelle von Darstellungen und Festsetzungen können auch vertragliche Vereinbarungen nach § 11 oder sonstige geeignete Maßnahmen zum Ausgleich auf von der Gemeinde bereitgestellten Flächen getroffen werden. [5]§ 15 Absatz 3 des Bundesnaturschutzgesetzes gilt entsprechend. [6]Ein Ausgleich ist nicht erforderlich, soweit die Eingriffe bereits vor der planerischen Entscheidung erfolgt sind oder zulässig waren.

(4) Soweit ein Gebiet im Sinne des § 1 Absatz 6 Nummer 7 Buchstabe b in seinen für die Erhaltungsziele oder den Schutzzweck maßgeblichen Bestandteilen erheblich beeinträchtigt werden kann, sind die Vorschriften des Bundesnaturschutzgesetzes über die Zulässigkeit und Durchführung von derartigen Eingriffen einschließlich der Einholung der Stellungnahme der Europäischen Kommission anzuwenden.

(5) [1]Den Erfordernissen des Klimaschutzes soll sowohl durch Maßnahmen, die dem Klimawandel entgegenwirken, als auch durch solche, die der Anpassung an den Klimawandel dienen, Rechnung getragen werden. [2]Der Grundsatz nach Satz 1 ist in der Abwägung nach § 1 Absatz 7 zu berücksichtigen.

§ 2 Aufstellung der Bauleitpläne

(1) [1]Die Bauleitpläne sind von der Gemeinde in eigener Verantwortung aufzustellen. [2]Der Beschluss, einen Bauleitplan aufzustellen, ist ortsüblich bekannt zu machen.

(2) [1]Die Bauleitpläne benachbarter Gemeinden sind aufeinander abzustimmen. [2]Dabei können sich Gemeinden auch auf die ihnen durch Ziele der Raumordnung zugewiesenen Funktionen sowie auf Auswirkungen auf ihre zentralen Versorgungsbereiche berufen.

(3) Bei der Aufstellung der Bauleitpläne sind die Belange, die für die Abwägung von Bedeutung sind (Abwägungsmaterial), zu ermitteln und zu bewerten.

(4) [1]Für die Belange des Umweltschutzes nach § 1 Absatz 6 Nummer 7 und § 1a wird eine Umweltprüfung durchgeführt, in der die voraussichtlichen erheblichen Umweltauswirkungen ermittelt werden und in einem Umweltbericht beschrieben und bewertet werden; die Anlage 1 zu diesem Gesetzbuch ist anzuwenden. [2]Die Gemeinde legt dazu für jeden Bauleitplan fest, in welchem Umfang und Detaillierungsgrad die Ermittlung der Belange für die Abwägung erforderlich ist. [3]Die Umweltprüfung bezieht sich auf das, was nach gegenwärtigem Wissensstand und allgemein anerkannten Prüfmethoden sowie nach Inhalt und Detaillierungsgrad des Bauleitplans angemessenerweise verlangt werden kann. [4]Das Ergebnis der Umweltprüfung ist in der Abwägung zu berücksichtigen. [5]Wird eine Umweltprüfung für das Plangebiet oder für Teile davon in einem Raumordnungs-, Flächennutzungs- oder Bebauungsplanverfahren durchgeführt, soll die Umweltprüfung in einem zeitlich nachfolgend oder gleichzeitig durchgeführten Bauleitplanverfahren auf zusätzliche oder andere erhebliche Umweltauswirkungen beschränkt werden. [6]Liegen Landschaftspläne oder sonstige Pläne nach § 1 Absatz 6 Nummer 7 Buchstabe g vor, sind deren Bestandsaufnahmen und Bewertungen in der Umweltprüfung heranzuziehen.

§ 2a Begründung zum Bauleitplanentwurf, Umweltbericht

[1]Die Gemeinde hat im Aufstellungsverfahren dem Entwurf des Bauleitplans eine Begründung beizufügen. [2]In ihr sind entsprechend dem Stand des Verfahrens

1. die Ziele, Zwecke und wesentlichen Auswirkungen des Bauleitplans und
2. in dem Umweltbericht nach der Anlage 1 zu diesem Gesetzbuch die auf Grund der Umweltprüfung nach § 2 Absatz 4 ermittelten und bewerteten Belange des Umweltschutzes

darzulegen. [3]Der Umweltbericht bildet einen gesonderten Teil der Begründung.

§ 3 Beteiligung der Öffentlichkeit

(1) [1]Die Öffentlichkeit ist möglichst frühzeitig über die allgemeinen Ziele und Zwecke der Planung, sich wesentlich unterscheidende Lösungen, die für die Neugestaltung oder Entwicklung eines Gebiets in Betracht kommen, und die voraussichtlichen Auswirkungen der Planung öffentlich zu unterrichten; ihr ist Gelegenheit zur Äußerung und Erörterung zu geben. [2]Auch Kinder und Jugendliche sind Teil der Öffentlichkeit im Sinne des Satzes 1. [3]Von der Unterrichtung und Erörterung kann abgesehen werden, wenn

1. ein Bebauungsplan aufgestellt oder aufgehoben wird und sich dies auf das Plangebiet und die Nachbargebiete nicht oder nur unwesentlich auswirkt oder
2. die Unterrichtung und Erörterung bereits zuvor auf anderer Grundlage erfolgt sind.

[4]An die Unterrichtung und Erörterung schließt sich das Verfahren nach Absatz 2 auch an, wenn die Erörterung zu einer Änderung der Planung führt.

(2) [1]Die Entwürfe der Bauleitpläne sind mit der Begründung und den nach Einschätzung der Gemeinde wesentlichen, bereits vorliegenden umweltbezogenen Stellungnahmen für die Dauer eines Monats, mindestens jedoch für die Dauer von 30 Tagen, oder bei Vorliegen eines wichtigen Grundes für die Dauer einer angemessenen längeren Frist öffentlich auszulegen. [2]Ort und Dauer der Auslegung sowie Angaben dazu, welche Arten umweltbezogener Informationen verfügbar sind, sind mindestens eine Woche vorher

ortsüblich bekannt zu machen; dabei ist darauf hinzuweisen, dass Stellungnahmen während der Auslegungsfrist abgegeben werden können und dass nicht fristgerecht abgegebene Stellungnahmen bei der Beschlussfassung über den Bauleitplan unberücksichtigt bleiben können. ³Die nach § 4 Absatz 2 Beteiligten sollen von der Auslegung benachrichtigt werden. ⁴Die fristgemäß abgegebenen Stellungnahmen sind zu prüfen; das Ergebnis ist mitzuteilen. ⁵Haben mehr als 50 Personen Stellungnahmen mit im Wesentlichen gleichem Inhalt abgegeben, kann die Mitteilung dadurch ersetzt werden, dass diesen Personen die Einsicht in das Ergebnis ermöglicht wird; die Stelle, bei der das Ergebnis der Prüfung während der Dienststunden eingesehen werden kann, ist ortsüblich bekannt zu machen. ⁶Bei der Vorlage der Bauleitpläne nach § 6 oder § 10 Absatz 2 sind die nicht berücksichtigten Stellungnahmen mit einer Stellungnahme der Gemeinde beizufügen.

(3) Bei Flächennutzungsplänen ist ergänzend zu dem Hinweis nach Absatz 2 Satz 2 Halbsatz 2 darauf hinzuweisen, dass eine Vereinigung im Sinne des § 4 Absatz 3 Satz 1 Nummer 2 des Umwelt-Rechtsbehelfsgesetzes in einem Rechtsbehelfsverfahren nach § 7 Absatz 2 des Umwelt-Rechtsbehelfsgesetzes gemäß § 7 Absatz 3 Satz 1 des Umwelt-Rechtsbehelfsgesetzes mit allen Einwendungen ausgeschlossen ist, die sie im Rahmen der Auslegungsfrist nicht oder nicht rechtzeitig geltend gemacht hat, aber hätte geltend machen können.

§ 4 Beteiligung der Behörden

(1) ¹Die Behörden und sonstigen Träger öffentlicher Belange, deren Aufgabenbereich durch die Planung berührt werden kann, sind entsprechend § 3 Absatz 1 Satz 1 Halbsatz 1 zu unterrichten und zur Äußerung auch im Hinblick auf den erforderlichen Umfang und Detaillierungsgrad der Umweltprüfung nach § 2 Absatz 4 aufzufordern. ²Hieran schließt sich das Verfahren nach Absatz 2 auch an, wenn die Äußerung zu einer Änderung der Planung führt.

(2) ¹Die Gemeinde holt die Stellungnahmen der Behörden und sonstigen Träger öffentlicher Belange, deren Aufgabenbereich durch die Planung berührt werden kann, zum Planentwurf und der Begründung ein. ²Sie haben ihre Stellungnahmen innerhalb eines Monats abzugeben, wobei jedoch die Frist zur Abgabe von Stellungnahmen 30 Tage nicht unterschreiten darf; die Gemeinde soll diese Frist bei Vorliegen eines wichtigen Grundes angemessen verlängern. ³In den Stellungnahmen sollen sich die Behörden und sonstigen Träger öffentlicher Belange auf ihren Aufgabenbereich beschränken; sie haben auch Aufschluss über von ihnen beabsichtigte oder bereits eingeleitete Planungen und sonstige Maßnahmen sowie deren zeitliche Abwicklung zu geben, die für die städtebauliche Entwicklung und Ordnung des Gebiets bedeutsam sein können. ⁴Verfügen sie über Informationen, die für die Ermittlung und Bewertung des Abwägungsmaterials zweckdienlich sind, haben sie diese Informationen der Gemeinde zur Verfügung zu stellen.

(3) Nach Abschluss des Verfahrens zur Aufstellung des Bauleitplans unterrichten die Behörden die Gemeinde, sofern nach den ihnen vorliegenden Erkenntnissen die Durchführung des Bauleitplans erhebliche, insbesondere unvorhergesehene nachteilige Auswirkungen auf die Umwelt hat.

§ 4a Gemeinsame Vorschriften zur Beteiligung

(1) Die Vorschriften über die Öffentlichkeits- und Behördenbeteiligung dienen insbesondere der vollständigen Ermittlung und zutreffenden Bewertung der von der Planung berührten Belange und der Information der Öffentlichkeit.

(2) Die Unterrichtung nach § 3 Absatz 1 kann gleichzeitig mit der Unterrichtung nach § 4 Absatz 1, die Auslegung nach § 3 Absatz 2 kann gleichzeitig mit der Einholung der Stellungnahmen nach § 4 Absatz 2 durchgeführt werden.

(3) ¹Wird der Entwurf des Bauleitplans nach dem Verfahren nach § 3 Absatz 2 oder § 4 Absatz 2 geändert oder ergänzt, ist er erneut auszulegen und sind die Stellungnahmen erneut einzuholen. ²Dabei kann bestimmt werden, dass Stellungnahmen nur zu den geänderten oder ergänzten Teilen abgegeben werden können; hierauf ist in der erneuten Bekanntmachung nach § 3 Absatz 2 Satz 2 hinzuweisen. ³Die Dauer der Auslegung und die Frist zur Stellungnahme kann angemessen verkürzt werden. ⁴Werden durch die Änderung oder Ergänzung des Entwurfs des Bauleitplans die Grundzüge der Planung nicht berührt, kann die Einholung der Stellungnahmen auf die von der Änderung oder Ergänzung betroffene Öffentlichkeit sowie die berührten Behörden und sonstigen Träger öffentlicher Belange beschränkt werden.

(4) ¹Der Inhalt der ortsüblichen Bekanntmachung nach § 3 Absatz 2 Satz 2 und die nach § 3 Absatz 2 Satz 1 auszulegenden Unterlagen sind zusätzlich in das Internet einzustellen und über ein zentrales Internetportal des Landes zugänglich zu machen. ²Die Stellungnahmen der Behörden und sonstiger Träger öffentlicher Belange können durch Mitteilung von Ort und Dauer der öffentlichen Auslegung nach § 3 Absatz 2 und der Internetadresse, unter der der Inhalt der Bekanntmachung und die Unterlagen nach Satz 1 im Internet eingesehen werden können, eingeholt werden; die Mitteilung kann elektronisch übermittelt

werden. [3]In den Fällen des Satzes 2 hat die Gemeinde der Behörde oder einem sonstigen Träger öffentlicher Belange auf Verlangen den Entwurf des Bauleitplans und der Begründung in Papierform zu übermitteln; § 4 Absatz 2 Satz 2 bleibt unberührt.

(5) [1]Bei Bauleitplänen, die erhebliche Auswirkungen auf Nachbarstaaten haben können, sind die Gemeinden und Behörden des Nachbarstaates nach den Grundsätzen der Gegenseitigkeit und Gleichwertigkeit zu unterrichten. [2]Abweichend von Satz 1 ist bei Bauleitplänen, die erhebliche Umweltauswirkungen auf einen anderen Staat haben können, dieser nach den Vorschriften des Gesetzes über die Umweltverträglichkeitsprüfung zu beteiligen; für die Stellungnahmen der Öffentlichkeit und Behörden des anderen Staates, einschließlich der Rechtsfolgen nicht rechtzeitig abgegebener Stellungnahmen, sind abweichend von den Vorschriften des Gesetzes über die Umweltverträglichkeitsprüfung die Vorschriften dieses Gesetzbuchs entsprechend anzuwenden. [3]Ist bei Bauleitplänen eine grenzüberschreitende Beteiligung nach Satz 2 erforderlich, ist hierauf bei der Bekanntmachung nach § 3 Absatz 2 Satz 2 hinzuweisen.

(6) [1]Stellungnahmen, die im Verfahren der Öffentlichkeits- und Behördenbeteiligung nicht rechtzeitig abgegeben worden sind, können bei der Beschlussfassung über den Bauleitplan unberücksichtigt bleiben, sofern die Gemeinde deren Inhalt nicht kannte und nicht hätte kennen müssen und deren Inhalt für die Rechtmäßigkeit des Bauleitplans nicht von Bedeutung ist. [2]Satz 1 gilt für in der Öffentlichkeitsbeteiligung abgegebene Stellungnahmen nur, wenn darauf in der Bekanntmachung nach § 3 Absatz 2 Satz 2 zur Öffentlichkeitsbeteiligung hingewiesen worden ist.

§ 4b Einschaltung eines Dritten

[1]Die Gemeinde kann insbesondere zur Beschleunigung des Bauleitplanverfahrens die Vorbereitung und Durchführung von Verfahrensschritten nach den §§ 2a bis 4a einem Dritten übertragen. [2]Sie kann einem Dritten auch die Durchführung einer Mediation oder eines anderen Verfahrens der außergerichtlichen Konfliktbeilegung übertragen.

§ 4c Überwachung

[1]Die Gemeinden überwachen die erheblichen Umweltauswirkungen, die auf Grund der Durchführung der Bauleitpläne eintreten, um insbesondere unvorhergesehene nachteilige Auswirkungen frühzeitig zu ermitteln und in der Lage zu sein, geeignete Maßnahmen zur Abhilfe zu ergreifen; Gegenstand der Überwachung ist auch die Durchführung von Darstellungen oder Festsetzungen nach § 1a Absatz 3 Satz 2 und von Maßnahmen nach § 1a Absatz 3 Satz 4. [2]Sie nutzen dabei die im Umweltbericht nach Nummer 3 Buchstabe b der Anlage 1 zu diesem Gesetzbuch angegebenen Überwachungsmaßnahmen und die Informationen der Behörden nach § 4 Absatz 3.

Zweiter Abschnitt
Vorbereitender Bauleitplan (Flächennutzungsplan)

§ 5 Inhalt des Flächennutzungsplans

(1) [1]Im Flächennutzungsplan ist für das ganze Gemeindegebiet die sich aus der beabsichtigten städtebaulichen Entwicklung ergebende Art der Bodennutzung nach den voraussehbaren Bedürfnissen der Gemeinde in den Grundzügen darzustellen. [2]Aus dem Flächennutzungsplan können Flächen und sonstige Darstellungen ausgenommen werden, wenn dadurch die nach Satz 1 darzustellenden Grundzüge nicht berührt werden und die Gemeinde beabsichtigt, die Darstellung zu einem späteren Zeitpunkt vorzunehmen; in der Begründung sind die Gründe hierfür darzulegen.

(2) Im Flächennutzungsplan können insbesondere dargestellt werden:
1. die für die Bebauung vorgesehenen Flächen nach der allgemeinen Art ihrer baulichen Nutzung (Bauflächen), nach der besonderen Art ihrer baulichen Nutzung (Baugebiete) sowie nach dem allgemeinen Maß der baulichen Nutzung; Bauflächen, für die eine zentrale Abwasserbeseitigung nicht vorgesehen ist, sind zu kennzeichnen;
2. die Ausstattung des Gemeindegebiets
 a) mit Anlagen und Einrichtungen zur Versorgung mit Gütern und Dienstleistungen des öffentlichen und privaten Bereichs, insbesondere mit der Allgemeinheit dienenden baulichen Anlagen und Einrichtungen des Gemeinbedarfs, wie mit Schulen und Kirchen sowie mit sonstigen kirchlichen, sozialen, gesundheitlichen und kulturellen Zwecken dienenden Gebäuden und Einrichtungen, sowie mit Flächen für Sport- und Spielanlagen,
 b) mit Anlagen, Einrichtungen und sonstigen Maßnahmen, die dem Klimawandel entgegenwirken, insbesondere zur dezentralen und zentralen Erzeugung, Verteilung, Nutzung oder Speicherung von Strom, Wärme oder Kälte aus erneuerbaren Energien oder Kraft-Wärme-Kopplung,

c) mit Anlagen, Einrichtungen und sonstigen Maßnahmen, die der Anpassung an den Klimawandel dienen,

d) mit zentralen Versorgungsbereichen;

3. die Flächen für den überörtlichen Verkehr und für die örtlichen Hauptverkehrszüge;

4. die Flächen für Versorgungsanlagen, für die Abfallentsorgung und Abwasserbeseitigung, für Ablagerungen sowie für Hauptversorgungs- und Hauptabwasserleitungen;

5. die Grünflächen, wie Parkanlagen, Dauerkleingärten, Sport-, Spiel-, Zelt- und Badeplätze, Friedhöfe;

6. die Flächen für Nutzungsbeschränkungen oder für Vorkehrungen zum Schutz gegen schädliche Umwelteinwirkungen im Sinne des Bundes-Immissionsschutzgesetzes;

7. die Wasserflächen, Häfen und die für die Wasserwirtschaft vorgesehenen Flächen sowie die Flächen, die im Interesse des Hochwasserschutzes und der Regelung des Wasserabflusses freizuhalten sind;

8. die Flächen für Aufschüttungen, Abgrabungen oder für die Gewinnung von Steinen, Erden und anderen Bodenschätzen;

9. a) die Flächen für die Landwirtschaft und

b) Wald;

10. die Flächen für Maßnahmen zum Schutz, zur Pflege und zur Entwicklung von Boden, Natur und Landschaft.

(2a) Flächen zum Ausgleich im Sinne des § 1a Absatz 3 im Geltungsbereich des Flächennutzungsplans können den Flächen, auf denen Eingriffe in Natur und Landschaft zu erwarten sind, ganz oder teilweise zugeordnet werden.

(2b) Für die Zwecke des § 35 Absatz 3 Satz 3 können sachliche Teilflächennutzungspläne aufgestellt werden; sie können auch für Teile des Gemeindegebiets aufgestellt werden.

(3) Im Flächennutzungsplan sollen gekennzeichnet werden:

1. Flächen, bei deren Bebauung besondere bauliche Vorkehrungen gegen äußere Einwirkungen oder bei denen besondere bauliche Sicherungsmaßnahmen gegen Naturgewalten erforderlich sind;

2. Flächen, unter denen der Bergbau umgeht oder die für den Abbau von Mineralien bestimmt sind;

3. für bauliche Nutzungen vorgesehene Flächen, deren Böden erheblich mit umweltgefährdenden Stoffen belastet sind.

(4) ¹Planungen und sonstige Nutzungsregelungen, die nach anderen gesetzlichen Vorschriften festgesetzt sind, sowie nach Landesrecht denkmalgeschützte Mehrheiten von baulichen Anlagen sollen nachrichtlich übernommen werden. ²Sind derartige Festsetzungen in Aussicht genommen, sollen sie im Flächennutzungsplan vermerkt werden.

(4a) ¹Festgesetzte Überschwemmungsgebiete im Sinne des § 76 Absatz 2 des Wasserhaushaltsgesetzes, Risikogebiete außerhalb von Überschwemmungsgebieten im Sinne des § 78b Absatz 1 des Wasserhaushaltsgesetzes sowie Hochwasserentstehungsgebiete im Sinne des § 78d Absatz 1 des Wasserhaushaltsgesetzes sollen nachrichtlich übernommen werden. ²Noch nicht festgesetzte Überschwemmungsgebiete im Sinne des § 76 Absatz 3 des Wasserhaushaltsgesetzes sowie als Risikogebiete im Sinne des § 73 Absatz 1 Satz 1 des Wasserhaushaltsgesetzes bestimmte Gebiete sollen im Flächennutzungsplan vermerkt werden.

(5) Dem Flächennutzungsplan ist eine Begründung mit den Angaben nach § 2a beizufügen.

§ 6 Genehmigung des Flächennutzungsplans

(1) Der Flächennutzungsplan bedarf der Genehmigung der höheren Verwaltungsbehörde.

(2) Die Genehmigung darf nur versagt werden, wenn der Flächennutzungsplan nicht ordnungsgemäß zustande gekommen ist oder diesem Gesetzbuch, den auf Grund dieses Gesetzbuchs erlassenen oder sonstigen Rechtsvorschriften widerspricht.

(3) Können Versagungsgründe nicht ausgeräumt werden, kann die höhere Verwaltungsbehörde räumliche oder sachliche Teile des Flächennutzungsplans von der Genehmigung ausnehmen.

(4) ¹Über die Genehmigung ist binnen drei Monaten zu entscheiden; die höhere Verwaltungsbehörde kann räumliche und sachliche Teile des Flächennutzungsplans vorweg genehmigen. ²Aus wichtigen Gründen kann die Frist auf Antrag der Genehmigungsbehörde von der zuständigen übergeordneten Behörde verlängert werden, in der Regel jedoch nur bis zu drei Monaten. ³Die Gemeinde ist von der Fristverlängerung in Kenntnis zu setzen. ⁴Die Genehmigung gilt als erteilt, wenn sie nicht innerhalb der Frist unter Angabe von Gründen abgelehnt wird.

(5) ¹Die Erteilung der Genehmigung ist ortsüblich bekannt zu machen. ²Mit der Bekanntmachung wird der Flächennutzungsplan wirksam. ³Jedermann kann den Flächennutzungsplan, die Begründung und die zusammenfassende Erklärung nach § 6a Absatz 1 einsehen und über deren Inhalt Auskunft verlangen.

(6) Mit dem Beschluss über eine Änderung oder Ergänzung des Flächennutzungsplans kann die Gemeinde auch bestimmen, dass der Flächennutzungsplan in der Fassung, die er durch die Änderung oder Ergänzung erfahren hat, neu bekannt zu machen ist.

§ 6a Zusammenfassende Erklärung zum Flächennutzungsplan; Einstellen in das Internet

(1) Dem wirksamen Flächennutzungsplan ist eine zusammenfassende Erklärung beizufügen über die Art und Weise, wie die Umweltbelange und die Ergebnisse der Öffentlichkeits- und Behördenbeteiligung in dem Flächennutzungsplan berücksichtigt wurden, und über die Gründe, aus denen der Plan nach Abwägung mit den geprüften, in Betracht kommenden anderweitigen Planungsmöglichkeiten gewählt wurde.

(2) Der wirksame Flächennutzungsplan mit der Begründung und der zusammenfassenden Erklärung soll ergänzend auch in das Internet eingestellt und über ein zentrales Internetportal des Landes zugänglich gemacht werden.

§ 7 Anpassung an den Flächennutzungsplan

[1]Öffentliche Planungsträger, die nach § 4 oder § 13 beteiligt worden sind, haben ihre Planungen dem Flächennutzungsplan insoweit anzupassen, als sie diesem Plan nicht widersprochen haben. [2]Der Widerspruch ist bis zum Beschluss der Gemeinde einzulegen. [3]Macht eine Veränderung der Sachlage eine abweichende Planung erforderlich, haben sie sich unverzüglich mit der Gemeinde ins Benehmen zu setzen. [4]Kann ein Einvernehmen zwischen der Gemeinde und dem öffentlichen Planungsträger nicht erreicht werden, kann der öffentliche Planungsträger nachträglich widersprechen. [5]Der Widerspruch ist nur zulässig, wenn die für die abweichende Planung geltend gemachten Belange die sich aus dem Flächennutzungsplan ergebenden städtebaulichen Belange nicht nur unwesentlich überwiegen. [6]Im Falle einer abweichenden Planung ist § 37 Absatz 3 auf die durch die Änderung oder Ergänzung des Flächennutzungsplans oder eines Bebauungsplans, der aus dem Flächennutzungsplan entwickelt worden ist und geändert, ergänzt oder aufgehoben werden musste, entstehenden Aufwendungen und Kosten entsprechend anzuwenden; § 38 Satz 3 bleibt unberührt.

Dritter Abschnitt
Verbindlicher Bauleitplan (Bebauungsplan)

§ 8 Zweck des Bebauungsplans

(1) [1]Der Bebauungsplan enthält die rechtsverbindlichen Festsetzungen für die städtebauliche Ordnung. [2]Er bildet die Grundlage für weitere, zum Vollzug dieses Gesetzbuchs erforderliche Maßnahmen.

(2) [1]Bebauungspläne sind aus dem Flächennutzungsplan zu entwickeln. [2]Ein Flächennutzungsplan ist nicht erforderlich, wenn der Bebauungsplan ausreicht, um die städtebauliche Entwicklung zu ordnen.

(3) [1]Mit der Aufstellung, Änderung, Ergänzung oder Aufhebung eines Bebauungsplans kann gleichzeitig auch der Flächennutzungsplan aufgestellt, geändert oder ergänzt werden (Parallelverfahren). [2]Der Bebauungsplan kann vor dem Flächennutzungsplan bekannt gemacht werden, wenn nach dem Stand der Planungsarbeiten anzunehmen ist, dass der Bebauungsplan aus den künftigen Darstellungen des Flächennutzungsplans entwickelt sein wird.

(4) [1]Ein Bebauungsplan kann aufgestellt, geändert, ergänzt oder aufgehoben werden, bevor der Flächennutzungsplan aufgestellt ist, wenn dringende Gründe es erfordern und wenn der Bebauungsplan der beabsichtigten städtebaulichen Entwicklung des Gemeindegebiets nicht entgegenstehen wird (vorzeitiger Bebauungsplan). [2]Gilt bei Gebiets- oder Bestandsänderungen von Gemeinden oder anderen Veränderungen der Zuständigkeit für die Aufstellung von Flächennutzungsplänen ein Flächennutzungsplan fort, kann ein vorzeitiger Bebauungsplan auch aufgestellt werden, bevor der Flächennutzungsplan ergänzt oder geändert ist.

§ 9 Inhalt des Bebauungsplans

(1) Im Bebauungsplan können aus städtebaulichen Gründen festgesetzt werden:
1. die Art und das Maß der baulichen Nutzung;
2. die Bauweise, die überbaubaren und die nicht überbaubaren Grundstücksflächen sowie die Stellung der baulichen Anlagen;
2a. vom Bauordnungsrecht abweichende Maße der Tiefe der Abstandsflächen;
3. für die Größe, Breite und Tiefe der Baugrundstücke Mindestmaße und aus Gründen des sparsamen und schonenden Umgangs mit Grund und Boden für Wohnbaugrundstücke auch Höchstmaße;
4. die Flächen für Nebenanlagen, die auf Grund anderer Vorschriften für die Nutzung von Grundstücken erforderlich sind, wie Spiel-, Freizeit- und Erholungsflächen sowie die Flächen für Stellplätze und Garagen mit ihren Einfahrten;
5. die Flächen für den Gemeinbedarf sowie für Sport- und Spielanlagen;

6. die höchstzulässige Zahl der Wohnungen in Wohngebäuden;
7. die Flächen, auf denen ganz oder teilweise nur Wohngebäude, die mit Mitteln der sozialen Wohnraumförderung gefördert werden könnten, errichtet werden dürfen;
8. einzelne Flächen, auf denen ganz oder teilweise nur Wohngebäude errichtet werden dürfen, die für Personengruppen mit besonderem Wohnbedarf bestimmt sind;
9. der besondere Nutzungszweck von Flächen;
10. die Flächen, die von der Bebauung freizuhalten sind, und ihre Nutzung;
11. die Verkehrsflächen sowie Verkehrsflächen besonderer Zweckbestimmung, wie Fußgängerbereiche, Flächen für das Parken von Fahrzeugen, Flächen für das Abstellen von Fahrrädern sowie den Anschluss anderer Flächen an die Verkehrsflächen; die Flächen können auch als öffentliche oder private Flächen festgesetzt werden;
12. die Versorgungsflächen, einschließlich der Flächen für Anlagen und Einrichtungen zur dezentralen und zentralen Erzeugung, Verteilung, Nutzung oder Speicherung von Strom, Wärme oder Kälte aus erneuerbaren Energien oder Kraft-Wärme-Kopplung;
13. die Führung von oberirdischen oder unterirdischen Versorgungsanlagen und -leitungen;
14. die Flächen für die Abfall- und Abwasserbeseitigung, einschließlich der Rückhaltung und Versickerung von Niederschlagswasser, sowie für Ablagerungen;
15. die öffentlichen und privaten Grünflächen, wie Parkanlagen, Dauerkleingärten, Sport-, Spiel-, Zelt- und Badeplätze, Friedhöfe;
16. a) die Wasserflächen und die Flächen für die Wasserwirtschaft,
 b) die Flächen für Hochwasserschutzanlagen und für die Regelung des Wasserabflusses,
 c) Gebiete, in denen bei der Errichtung baulicher Anlagen bestimmte bauliche oder technische Maßnahmen getroffen werden müssen, die der Vermeidung oder Verringerung von Hochwasserschäden einschließlich Schäden durch Starkregen dienen, sowie die Art dieser Maßnahmen,
 d) die Flächen, die auf einem Baugrundstück für die natürliche Versickerung von Wasser aus Niederschlägen freigehalten werden müssen, um insbesondere Hochwasserschäden, einschließlich Schäden durch Starkregen, vorzubeugen;
17. die Flächen für Aufschüttungen, Abgrabungen oder für die Gewinnung von Steinen, Erden und anderen Bodenschätzen;
18. a) die Flächen für die Landwirtschaft und
 b) Wald;
19. die Flächen für die Errichtung von Anlagen für die Kleintierhaltung wie Ausstellungs- und Zuchtanlagen, Zwinger, Koppeln und dergleichen;
20. die Flächen oder Maßnahmen zum Schutz, zur Pflege und zur Entwicklung von Boden, Natur und Landschaft;
21. die mit Geh-, Fahr- und Leitungsrechten zugunsten der Allgemeinheit, eines Erschließungsträgers oder eines beschränkten Personenkreises zu belastenden Flächen;
22. die Flächen für Gemeinschaftsanlagen für bestimmte räumliche Bereiche wie Kinderspielplätze, Freizeiteinrichtungen, Stellplätze und Garagen;
23. Gebiete, in denen
 a) zum Schutz vor schädlichen Umwelteinwirkungen im Sinne des Bundes-Immissionsschutzgesetzes bestimmte luftverunreinigende Stoffe nicht oder nur beschränkt verwendet werden dürfen,
 b) bei der Errichtung von Gebäuden oder bestimmten sonstigen baulichen Anlagen bestimmte bauliche und sonstige technische Maßnahmen für die Erzeugung, Nutzung oder Speicherung von Strom, Wärme oder Kälte aus erneuerbaren Energien oder Kraft-Wärme-Kopplung getroffen werden müssen,
 c) bei der Errichtung, Änderung oder Nutzungsänderung von nach Art, Maß oder Nutzungsintensität zu bestimmenden Gebäuden oder sonstigen baulichen Anlagen in der Nachbarschaft von Betriebsbereichen nach § 3 Absatz 5a des Bundes-Immissionsschutzgesetzes bestimmte bauliche und sonstige technische Maßnahmen, die der Vermeidung oder Minderung der Folgen von Störfällen dienen, getroffen werden müssen;
24. die von der Bebauung freizuhaltenden Schutzflächen und ihre Nutzung, die Flächen für besondere Anlagen und Vorkehrungen zum Schutz vor schädlichen Umwelteinwirkungen und sonstigen Gefahren im Sinne des Bundes-Immissionsschutzgesetzes sowie die zum Schutz vor solchen Einwirkungen oder zur Vermeidung oder Minderung solcher Einwirkungen zu treffenden baulichen und sonstigen technischen Vorkehrungen, einschließlich von Maßnahmen zum Schutz vor schädlichen Umwelteinwirkungen durch Geräusche, wobei die Vorgaben des Immissionsschutzrechts unberührt bleiben;

25. für einzelne Flächen oder für ein Bebauungsplangebiet oder Teile davon sowie für Teile baulicher Anlagen mit Ausnahme der für landwirtschaftliche Nutzungen oder Wald festgesetzten Flächen
 a) das Anpflanzen von Bäumen, Sträuchern und sonstigen Bepflanzungen,
 b) Bindungen für Bepflanzungen und für die Erhaltung von Bäumen, Sträuchern und sonstigen Bepflanzungen sowie von Gewässern;
26. die Flächen für Aufschüttungen, Abgrabungen und Stützmauern, soweit sie zur Herstellung des Straßenkörpers erforderlich sind.

(1a) [1]Flächen oder Maßnahmen zum Ausgleich im Sinne des § 1a Absatz 3 können auf den Grundstücken, auf denen Eingriffe in Natur und Landschaft zu erwarten sind, oder an anderer Stelle sowohl im sonstigen Geltungsbereich des Bebauungsplans als auch in einem anderen Bebauungsplan festgesetzt werden. [2]Die Flächen oder Maßnahmen zum Ausgleich an anderer Stelle können den Grundstücken, auf denen Eingriffe zu erwarten sind, ganz oder teilweise zugeordnet werden; dies gilt auch für Maßnahmen auf von der Gemeinde bereitgestellten Flächen.

(2) [1]Im Bebauungsplan kann in besonderen Fällen festgesetzt werden, dass bestimmte der in ihm festgesetzten baulichen und sonstigen Nutzungen und Anlagen nur
1. für einen bestimmten Zeitraum zulässig oder
2. bis zum Eintritt bestimmter Umstände zulässig oder unzulässig
sind. [2]Die Folgenutzung soll festgesetzt werden.

(2a) [1]Für im Zusammenhang bebaute Ortsteile (§ 34) kann zur Erhaltung oder Entwicklung zentraler Versorgungsbereiche, auch im Interesse einer verbrauchernahen Versorgung der Bevölkerung und der Innenentwicklung der Gemeinden, in einem Bebauungsplan festgesetzt werden, dass nur bestimmte Arten der nach § 34 Absatz 1 und 2 zulässigen baulichen Nutzungen zulässig oder nicht zulässig sind oder nur ausnahmsweise zugelassen werden können; die Festsetzungen können für Teile des räumlichen Geltungsbereichs des Bebauungsplans unterschiedlich getroffen werden. [2]Dabei ist insbesondere ein hierauf bezogenes städtebauliches Entwicklungskonzept im Sinne des § 1 Absatz 6 Nummer 11 zu berücksichtigen, das Aussagen über die zu erhaltenden oder zu entwickelnden zentralen Versorgungsbereiche der Gemeinde oder eines Gemeindeteils enthält. [3]In den zu erhaltenden oder zu entwickelnden zentralen Versorgungsbereichen sollen die planungsrechtlichen Voraussetzungen für Vorhaben, die diesen Versorgungsbereichen dienen, nach § 30 oder § 34 vorhanden oder durch einen Bebauungsplan, dessen Aufstellung förmlich eingeleitet ist, vorgesehen sein.

(2b) Für im Zusammenhang bebaute Ortsteile (§ 34) kann in einem Bebauungsplan, auch für Teile des räumlichen Geltungsbereichs des Bebauungsplans, festgesetzt werden, dass Vergnügungsstätten oder bestimmte Arten von Vergnügungsstätten zulässig oder nicht zulässig sind oder nur ausnahmsweise zugelassen werden können, um
1. eine Beeinträchtigung von Wohnnutzungen oder anderen schutzbedürftigen Anlagen wie Kirchen, Schulen und Kindertagesstätten oder
2. eine Beeinträchtigung der sich aus der vorhandenen Nutzung ergebenden städtebaulichen Funktion des Gebiets, insbesondere durch eine städtebaulich nachteilige Häufung von Vergnügungsstätten, zu verhindern.

(2c) Für im Zusammenhang bebaute Ortsteile nach § 34 und für Gebiete nach § 30 in der Nachbarschaft von Betriebsbereichen nach § 3 Absatz 5a des Bundes-Immissionsschutzgesetzes kann zur Vermeidung oder Verringerung der Folgen von Störfällen für bestimmte Nutzungen, Arten von Nutzungen oder für nach Art, Maß oder Nutzungsintensität zu bestimmende Gebäude oder sonstige bauliche Anlagen in einem Bebauungsplan festgesetzt werden, dass diese zulässig, nicht zulässig oder nur ausnahmsweise zulässig sind; die Festsetzungen können für Teile des räumlichen Geltungsbereichs des Bebauungsplans unterschiedlich getroffen werden.

(3) [1]Bei Festsetzungen nach Absatz 1 kann auch die Höhenlage festgesetzt werden. [2]Festsetzungen nach Absatz 1 für übereinander liegende Geschosse und Ebenen und sonstige Teile baulicher Anlagen können gesondert getroffen werden; dies gilt auch, soweit Geschosse, Ebenen und sonstige Teile baulicher Anlagen unterhalb der Geländeoberfläche vorgesehen sind.

(4) Die Länder können durch Rechtsvorschriften bestimmen, dass auf Landesrecht beruhende Regelungen in den Bebauungsplan als Festsetzungen aufgenommen werden können und inwieweit auf diese Festsetzungen die Vorschriften dieses Gesetzbuchs Anwendung finden.

(5) Im Bebauungsplan sollen gekennzeichnet werden:
1. Flächen, bei deren Bebauung besondere bauliche Vorkehrungen gegen äußere Einwirkungen oder bei denen besondere bauliche Sicherungsmaßnahmen gegen Naturgewalten erforderlich sind;

2. Flächen, unter denen der Bergbau umgeht oder die für den Abbau von Mineralien bestimmt sind;
3. Flächen, deren Böden erheblich mit umweltgefährdenden Stoffen belastet sind.

(6) Nach anderen gesetzlichen Vorschriften getroffene Festsetzungen, gemeindliche Regelungen zum Anschluss- und Benutzungszwang sowie Denkmäler nach Landesrecht sollen in den Bebauungsplan nachrichtlich übernommen werden, soweit sie zu seinem Verständnis oder für die städtebauliche Beurteilung von Baugesuchen notwendig oder zweckmäßig sind.

(6a) [1]Festgesetzte Überschwemmungsgebiete im Sinne des § 76 Absatz 2 des Wasserhaushaltsgesetzes, Risikogebiete außerhalb von Überschwemmungsgebieten im Sinne des § 78b Absatz 1 des Wasserhaushaltsgesetzes sowie Hochwasserentstehungsgebiete im Sinne des § 78d Absatz 1 des Wasserhaushaltsgesetzes sollen nachrichtlich übernommen werden. [2]Noch nicht festgesetzte Überschwemmungsgebiete im Sinne des § 76 Absatz 3 des Wasserhaushaltsgesetzes sowie als Risikogebiete im Sinne des § 73 Absatz 1 Satz 1 des Wasserhaushaltsgesetzes bestimmte Gebiete sollen im Bebauungsplan vermerkt werden.

(7) Der Bebauungsplan setzt die Grenzen seines räumlichen Geltungsbereichs fest.

(8) Dem Bebauungsplan ist eine Begründung mit den Angaben nach § 2a beizufügen.

§ 9a Verordnungsermächtigung

Das Bundesministerium für Umwelt, Naturschutz, Bau und Reaktorsicherheit wird ermächtigt, mit Zustimmung des Bundesrates durch Rechtsverordnung Vorschriften zu erlassen über

1. Darstellungen und Festsetzungen in den Bauleitplänen über
 a) die Art der baulichen Nutzung,
 b) das Maß der baulichen Nutzung und seine Berechnung,
 c) die Bauweise sowie die überbaubaren und die nicht überbaubaren Grundstücksflächen;
2. die in den Baugebieten zulässigen baulichen und sonstigen Anlagen;
3. die Zulässigkeit der Festsetzung nach Maßgabe des § 9 Absatz 3 über verschiedenartige Baugebiete oder verschiedenartige in den Baugebieten zulässige bauliche und sonstige Anlagen;
4. die Ausarbeitung der Bauleitpläne einschließlich der dazugehörigen Unterlagen sowie über die Darstellung des Planinhalts, insbesondere über die dabei zu verwendenden Planzeichen und ihre Bedeutung.

§ 10 Beschluss, Genehmigung und Inkrafttreten des Bebauungsplans

(1) Die Gemeinde beschließt den Bebauungsplan als Satzung.

(2) [1]Bebauungspläne nach § 8 Absatz 2 Satz 2, Absatz 3 Satz 2 und Absatz 4 bedürfen der Genehmigung der höheren Verwaltungsbehörde. [2]§ 6 Absatz 2 und 4 ist entsprechend anzuwenden.

(3) [1]Die Erteilung der Genehmigung oder, soweit eine Genehmigung nicht erforderlich ist, der Beschluss des Bebauungsplans durch die Gemeinde ist ortsüblich bekannt zu machen. [2]Der Bebauungsplan ist mit der Begründung und der zusammenfassenden Erklärung nach § 10a Absatz 1 zu jedermanns Einsicht bereitzuhalten; über den Inhalt ist auf Verlangen Auskunft zu geben. [3]In der Bekanntmachung ist darauf hinzuweisen, wo der Bebauungsplan eingesehen werden kann. [4]Mit der Bekanntmachung tritt der Bebauungsplan in Kraft. [5]Die Bekanntmachung tritt an die Stelle der sonst für Satzungen vorgeschriebenen Veröffentlichung.

§ 10a Zusammenfassende Erklärung zum Bebauungsplan; Einstellen in das Internet

(1) Dem in Kraft getretenen Bebauungsplan ist eine zusammenfassende Erklärung beizufügen über die Art und Weise, wie die Umweltbelange und die Ergebnisse der Öffentlichkeits- und Behördenbeteiligung in dem Bebauungsplan berücksichtigt wurden, und über die Gründe, aus denen der Plan nach Abwägung mit den geprüften, in Betracht kommenden anderweitigen Planungsmöglichkeiten gewählt wurde.

(2) Der in Kraft getretene Bebauungsplan mit der Begründung und der zusammenfassenden Erklärung soll ergänzend auch in das Internet eingestellt und über ein zentrales Internetportal des Landes zugänglich gemacht werden.

Vierter Abschnitt
Zusammenarbeit mit Privaten; vereinfachtes Verfahren

§ 11 Städtebaulicher Vertrag

(1) [1]Die Gemeinde kann städtebauliche Verträge schließen. [2]Gegenstände eines städtebaulichen Vertrags können insbesondere sein:

1. die Vorbereitung oder Durchführung städtebaulicher Maßnahmen durch den Vertragspartner auf eigene Kosten; dazu gehören auch die Neuordnung der Grundstücksverhältnisse, die Bodensanierung und sonstige vorbereitende Maßnahmen, die Erschließung durch nach Bundes- oder nach Landes-

recht beitragsfähige sowie nicht beitragsfähige Erschließungsanlagen, die Ausarbeitung der städtebaulichen Planungen sowie erforderlichenfalls des Umweltberichts; die Verantwortung der Gemeinde für das gesetzlich vorgesehene Planaufstellungsverfahren bleibt unberührt;

2. die Förderung und Sicherung der mit der Bauleitplanung verfolgten Ziele, insbesondere die Grundstücksnutzung, auch hinsichtlich einer Befristung oder einer Bedingung, die Durchführung des Ausgleichs im Sinne des § 1a Absatz 3, die Berücksichtigung baukultureller Belange, die Deckung des Wohnbedarfs von Bevölkerungsgruppen mit besonderen Wohnraumversorgungsproblemen sowie der Erwerb angemessenen Wohnraums durch einkommensschwächere und weniger begüterte Personen der örtlichen Bevölkerung;

3. die Übernahme von Kosten oder sonstigen Aufwendungen, die der Gemeinde für städtebauliche Maßnahmen entstehen oder entstanden sind und die Voraussetzung oder Folge des geplanten Vorhabens sind; dazu gehört auch die Bereitstellung von Grundstücken;

4. entsprechend den mit den städtebaulichen Planungen und Maßnahmen verfolgten Zielen und Zwecken die Errichtung und Nutzung von Anlagen und Einrichtungen zur dezentralen und zentralen Erzeugung, Verteilung, Nutzung oder Speicherung von Strom, Wärme oder Kälte aus erneuerbaren Energien oder Kraft-Wärme-Kopplung;

5. entsprechend den mit den städtebaulichen Planungen und Maßnahmen verfolgten Zielen und Zwecken die Anforderungen an die energetische Qualität von Gebäuden.

[3]Die Gemeinde kann städtebauliche Verträge auch mit einer juristischen Person abschließen, an der sie beteiligt ist.

(2) [1]Die vereinbarten Leistungen müssen den gesamten Umständen nach angemessen sein. [2]Die Vereinbarung einer vom Vertragspartner zu erbringenden Leistung ist unzulässig, wenn er auch ohne sie einen Anspruch auf die Gegenleistung hätte. [3]Trägt oder übernimmt der Vertragspartner Kosten oder sonstige Aufwendungen, ist unbeschadet des Satzes 1 eine Eigenbeteiligung der Gemeinde nicht erforderlich.

(3) Ein städtebaulicher Vertrag bedarf der Schriftform, soweit nicht durch Rechtsvorschriften eine andere Form vorgeschrieben ist.

(4) Die Zulässigkeit anderer städtebaulicher Verträge bleibt unberührt.

§ 12 Vorhaben- und Erschließungsplan

(1) [1]Die Gemeinde kann durch einen vorhabenbezogenen Bebauungsplan die Zulässigkeit von Vorhaben bestimmen, wenn der Vorhabenträger auf der Grundlage eines mit der Gemeinde abgestimmten Plans zur Durchführung der Vorhaben und der Erschließungsmaßnahmen (Vorhaben- und Erschließungsplan) bereit und in der Lage ist und sich zur Durchführung innerhalb einer bestimmten Frist und zur Tragung der Planungs- und Erschließungskosten ganz oder teilweise vor dem Beschluss nach § 10 Absatz 1 verpflichtet (Durchführungsvertrag). [2]Die Begründung des Planentwurfs hat die nach § 2a erforderlichen Angaben zu enthalten. [3]Für die grenzüberschreitende Beteiligung ist eine Übersetzung der Angaben vorzulegen, soweit dies nach den Vorschriften des Gesetzes über die Umweltverträglichkeitsprüfung notwendig ist. [4]Für den vorhabenbezogenen Bebauungsplan nach Satz 1 gelten ergänzend die Absätze 2 bis 6.

(2) [1]Die Gemeinde hat auf Antrag des Vorhabenträgers über die Einleitung des Bebauungsplanverfahrens nach pflichtgemäßem Ermessen zu entscheiden. [2]Auf Antrag des Vorhabenträgers oder sofern die Gemeinde es nach Einleitung des Bebauungsplanverfahrens für erforderlich hält, informiert die Gemeinde diesen über den voraussichtlich erforderlichen Untersuchungsrahmen der Umweltprüfung nach § 2 Absatz 4 unter Beteiligung der Behörden nach § 4 Absatz 1.

(3) [1]Der Vorhaben- und Erschließungsplan wird Bestandteil des vorhabenbezogenen Bebauungsplans. [2]Im Bereich des Vorhaben- und Erschließungsplans ist die Gemeinde bei der Bestimmung der Zulässigkeit der Vorhaben nicht an die Festsetzungen nach § 9 und nach der auf Grund von § 9a erlassenen Verordnung gebunden; die §§ 14 bis 18, 22 bis 28, 39 bis 79, 127 bis 135c sind nicht anzuwenden. [3]Soweit der vorhabenbezogene Bebauungsplan auch im Bereich des Vorhaben- und Erschließungsplans Festsetzungen nach § 9 für öffentliche Zwecke trifft, kann gemäß § 85 Absatz 1 Nummer 1 enteignet werden.

(3a) [1]Wird in einem vorhabenbezogenen Bebauungsplan für den Bereich des Vorhaben- und Erschließungsplans durch Festsetzung eines Baugebiets auf Grund der Baunutzungsverordnung oder auf sonstige Weise eine bauliche oder sonstige Nutzung allgemein festgesetzt, ist unter entsprechender Anwendung des § 9 Absatz 2 festzusetzen, dass im Rahmen der festgesetzten Nutzungen nur solche Vorhaben zulässig sind, zu deren Durchführung sich der Vorhabenträger im Durchführungsvertrag verpflichtet. [2]Änderungen des Durchführungsvertrags oder der Abschluss eines neuen Durchführungsvertrags sind zulässig.

(4) Einzelne Flächen außerhalb des Bereichs des Vorhaben- und Erschließungsplans können in den vorhabenbezogenen Bebauungsplan einbezogen werden.

(5) ¹Ein Wechsel des Vorhabenträgers bedarf der Zustimmung der Gemeinde. ²Die Zustimmung darf nur dann verweigert werden, wenn Tatsachen die Annahme rechtfertigen, dass die Durchführung des Vorhaben- und Erschließungsplans innerhalb der Frist nach Absatz 1 gefährdet ist.

(6) ¹Wird der Vorhaben- und Erschließungsplan nicht innerhalb der Frist nach Absatz 1 durchgeführt, soll die Gemeinde den Bebauungsplan aufheben. ²Aus der Aufhebung können Ansprüche des Vorhabenträgers gegen die Gemeinde nicht geltend gemacht werden. ³Bei der Aufhebung kann das vereinfachte Verfahren nach § 13 angewendet werden.

(7) Soll in bisherigen Erholungssondergebieten nach § 10 der Baunutzungsverordnung auch Wohnnutzung zugelassen werden, kann die Gemeinde nach Maßgabe der Absätze 1 bis 6 einen vorhabenbezogenen Bebauungsplan aufstellen, der insbesondere die Zulässigkeit von baulichen Anlagen zu Wohnzwecken in diesen Gebieten regelt.

§ 13 Vereinfachtes Verfahren

(1) Werden durch die Änderung oder Ergänzung eines Bauleitplans die Grundzüge der Planung nicht berührt oder wird durch die Aufstellung eines Bebauungsplans in einem Gebiet nach § 34 der sich aus der vorhandenen Eigenart der näheren Umgebung ergebende Zulässigkeitsmaßstab nicht wesentlich verändert oder enthält er lediglich Festsetzungen nach § 9 Absatz 2a oder Absatz 2b, kann die Gemeinde das vereinfachte Verfahren anwenden, wenn

1. die Zulässigkeit von Vorhaben, die einer Pflicht zur Durchführung einer Umweltverträglichkeitsprüfung nach Anlage 1 zum Gesetz über die Umweltverträglichkeitsprüfung oder nach Landesrecht unterliegen, nicht vorbereitet oder begründet wird,

2. keine Anhaltspunkte für eine Beeinträchtigung der in § 1 Absatz 6 Nummer 7 Buchstabe b genannten Schutzgüter bestehen und

3. keine Anhaltspunkte dafür bestehen, dass bei der Planung Pflichten zur Vermeidung oder Begrenzung der Auswirkungen von schweren Unfällen nach § 50 Satz 1 des Bundes-Immissionsschutzgesetzes zu beachten sind.

(2) ¹Im vereinfachten Verfahren kann

1. von der frühzeitigen Unterrichtung und Erörterung nach § 3 Absatz 1 und § 4 Absatz 1 abgesehen werden,

2. der betroffenen Öffentlichkeit Gelegenheit zur Stellungnahme innerhalb angemessener Frist gegeben oder wahlweise die Auslegung nach § 3 Absatz 2 durchgeführt werden,

3. den berührten Behörden und sonstigen Trägern öffentlicher Belange Gelegenheit zur Stellungnahme innerhalb angemessener Frist gegeben oder wahlweise die Beteiligung nach § 4 Absatz 2 durchgeführt werden.

²Wird nach Satz 1 Nummer 2 die betroffene Öffentlichkeit beteiligt, gilt die Hinweispflicht des § 3 Absatz 2 Satz 2 Halbsatz 2 entsprechend.

(3) ¹Im vereinfachten Verfahren wird von der Umweltprüfung nach § 2 Absatz 4, von dem Umweltbericht nach § 2a, von der Angabe nach § 3 Absatz 2 Satz 2, welche Arten umweltbezogener Informationen verfügbar sind, sowie von der zusammenfassenden Erklärung nach § 6a Absatz 1 und § 10a Absatz 1 abgesehen; § 4c ist nicht anzuwenden. ²Bei der Beteiligung nach Absatz 2 Nummer 2 ist darauf hinzuweisen, dass von einer Umweltprüfung abgesehen wird.

§ 13a Bebauungspläne der Innenentwicklung

(1) ¹Ein Bebauungsplan für die Wiedernutzbarmachung von Flächen, die Nachverdichtung oder andere Maßnahmen der Innenentwicklung (Bebauungsplan der Innenentwicklung) kann im beschleunigten Verfahren aufgestellt werden. ²Der Bebauungsplan darf im beschleunigten Verfahren nur aufgestellt werden, wenn in ihm eine zulässige Grundfläche im Sinne des § 19 Absatz 2 der Baunutzungsverordnung oder eine Größe der Grundfläche festgesetzt wird von insgesamt

1. weniger als 20 000 Quadratmetern, wobei die Grundflächen mehrerer Bebauungspläne, die in einem engen sachlichen, räumlichen und zeitlichen Zusammenhang aufgestellt werden, mitzurechnen sind, oder

2. 20 000 Quadratmetern bis weniger als 70 000 Quadratmetern, wenn auf Grund einer überschlägigen Prüfung unter Berücksichtigung der in Anlage 2 dieses Gesetzes genannten Kriterien die Einschätzung erlangt wird, dass der Bebauungsplan voraussichtlich keine erheblichen Umweltauswirkungen hat, die nach § 2 Absatz 4 Satz 4 in der Abwägung zu berücksichtigen wären (Vorprüfung des Einzelfalls); die Behörden und sonstigen Träger öffentlicher Belange, deren Aufgabenbereiche durch die Planung berührt werden können, sind an der Vorprüfung des Einzelfalls zu beteiligen.

³Wird in einem Bebauungsplan weder eine zulässige Grundfläche noch eine Größe der Grundfläche festgesetzt, ist bei Anwendung des Satzes 2 die Fläche maßgeblich, die bei Durchführung des Bebauungsplans

voraussichtlich versiegelt wird. ⁴Das beschleunigte Verfahren ist ausgeschlossen, wenn durch den Bebauungsplan die Zulässigkeit von Vorhaben begründet wird, die einer Pflicht zur Durchführung einer Umweltverträglichkeitsprüfung nach dem Gesetz über die Umweltverträglichkeitsprüfung oder nach Landesrecht unterliegen. ⁵Das beschleunigte Verfahren ist auch ausgeschlossen, wenn Anhaltspunkte für eine Beeinträchtigung der in § 1 Absatz 6 Nummer 7 Buchstabe b genannten Schutzgüter oder dafür bestehen, dass bei der Planung Pflichten zur Vermeidung oder Begrenzung der Auswirkungen von schweren Unfällen nach § 50 Satz 1 des Bundes-Immissionsschutzgesetzes zu beachten sind.

(2) Im beschleunigten Verfahren

1. gelten die Vorschriften des vereinfachten Verfahrens nach § 13 Absatz 2 und 3 Satz 1 entsprechend;
2. kann ein Bebauungsplan, der von Darstellungen des Flächennutzungsplans abweicht, auch aufgestellt werden, bevor der Flächennutzungsplan geändert oder ergänzt ist; die geordnete städtebauliche Entwicklung des Gemeindegebiets darf nicht beeinträchtigt werden; der Flächennutzungsplan ist im Wege der Berichtigung anzupassen;
3. soll einem Bedarf an Investitionen zur Erhaltung, Sicherung und Schaffung von Arbeitsplätzen, zur Versorgung der Bevölkerung mit Wohnraum oder zur Verwirklichung von Infrastrukturvorhaben in der Abwägung in angemessener Weise Rechnung getragen werden;
4. gelten in den Fällen des Absatzes 1 Satz 2 Nummer 1 Eingriffe, die auf Grund der Aufstellung des Bebauungsplans zu erwarten sind, als im Sinne des § 1a Absatz 3 Satz 6 vor der planerischen Entscheidung erfolgt oder zulässig.

(3) ¹Bei Aufstellung eines Bebauungsplans im beschleunigten Verfahren ist ortsüblich bekannt zu machen,

1. dass der Bebauungsplan im beschleunigten Verfahren ohne Durchführung einer Umweltprüfung nach § 2 Absatz 4 aufgestellt werden soll, in den Fällen des Absatzes 1 Satz 2 Nummer 2 einschließlich der hierfür wesentlichen Gründe, und
2. wo sich die Öffentlichkeit über die allgemeinen Ziele und Zwecke sowie die wesentlichen Auswirkungen der Planung unterrichten kann und dass sich die Öffentlichkeit innerhalb einer bestimmten Frist zur Planung äußern kann, sofern keine frühzeitige Unterrichtung und Erörterung im Sinne des § 3 Absatz 1 stattfindet.

²Die Bekanntmachung nach Satz 1 kann mit der ortsüblichen Bekanntmachung nach § 2 Absatz 1 Satz 2 verbunden werden. ³In den Fällen des Absatzes 1 Satz 2 Nummer 2 erfolgt die Bekanntmachung nach Satz 1 nach Abschluss der Vorprüfung des Einzelfalls.

(4) Die Absätze 1 bis 3 gelten entsprechend für die Änderung und Ergänzung eines Bebauungsplans.

§ 13b Einbeziehung von Außenbereichsflächen in das beschleunigte Verfahren

¹Bis zum 31. Dezember 2019 gilt § 13a entsprechend für Bebauungspläne mit einer Grundfläche im Sinne des § 13a Absatz 1 Satz 2 von weniger als 10 000 Quadratmetern, durch die die Zulässigkeit von Wohnnutzungen auf Flächen begründet wird, die sich an im Zusammenhang bebaute Ortsteile anschließen. ²Das Verfahren zur Aufstellung eines Bebauungsplans nach Satz 1 kann nur bis zum 31. Dezember 2019 förmlich eingeleitet werden; der Satzungsbeschluss nach § 10 Absatz 1 ist bis zum 31. Dezember 2021 zu fassen.

Zweiter Teil
Sicherung der Bauleitplanung

Erster Abschnitt
Veränderungssperre und Zurückstellung von Baugesuchen

§ 14 Veränderungssperre

(1) Ist ein Beschluss über die Aufstellung eines Bebauungsplans gefasst, kann die Gemeinde zur Sicherung der Planung für den künftigen Planbereich eine Veränderungssperre mit dem Inhalt beschließen, dass

1. Vorhaben im Sinne des § 29 nicht durchgeführt oder bauliche Anlagen nicht beseitigt werden dürfen;
2. erhebliche oder wesentlich wertsteigernde Veränderungen von Grundstücken und baulichen Anlagen, deren Veränderungen nicht genehmigungs-, zustimmungs- oder anzeigepflichtig sind, nicht vorgenommen werden dürfen.

(2) ¹Wenn überwiegende öffentliche Belange nicht entgegenstehen, kann von der Veränderungssperre eine Ausnahme zugelassen werden. ²Die Entscheidung über Ausnahmen trifft die Baugenehmigungsbehörde im Einvernehmen mit der Gemeinde.

(3) Vorhaben, die vor dem Inkrafttreten der Veränderungssperre baurechtlich genehmigt worden sind, Vorhaben, von denen die Gemeinde nach Maßgabe des Bauordnungsrechts Kenntnis erlangt hat und mit deren Ausführung vor dem Inkrafttreten der Veränderungssperre hätte begonnen werden dürfen, sowie

Unterhaltungsarbeiten und die Fortführung einer bisher ausgeübten Nutzung werden von der Veränderungssperre nicht berührt.

(4) Soweit für Vorhaben im förmlich festgelegten Sanierungsgebiet oder im städtebaulichen Entwicklungsbereich eine Genehmigungspflicht nach § 144 Absatz 1 besteht, sind die Vorschriften über die Veränderungssperre nicht anzuwenden.

§ 15 Zurückstellung von Baugesuchen

(1) [1]Wird eine Veränderungssperre nach § 14 nicht beschlossen, obwohl die Voraussetzungen gegeben sind, oder ist eine beschlossene Veränderungssperre noch nicht in Kraft getreten, hat die Baugenehmigungsbehörde auf Antrag der Gemeinde die Entscheidung über die Zulässigkeit von Vorhaben im Einzelfall für einen Zeitraum bis zu zwölf Monaten auszusetzen, wenn zu befürchten ist, dass die Durchführung der Planung unmöglich gemacht oder wesentlich erschwert werden würde. [2]Wird kein Baugenehmigungsverfahren durchgeführt, wird auf Antrag der Gemeinde anstelle der Aussetzung der Entscheidung über die Zulässigkeit eine vorläufige Untersagung innerhalb einer durch Landesrecht festgesetzten Frist ausgesprochen. [3]Die vorläufige Untersagung steht der Zurückstellung nach Satz 1 gleich.

(2) Soweit für Vorhaben im förmlich festgelegten Sanierungsgebiet oder im städtebaulichen Entwicklungsbereich eine Genehmigungspflicht nach § 144 Absatz 1 besteht, sind die Vorschriften über die Zurückstellung von Baugesuchen nicht anzuwenden; mit der förmlichen Festlegung des Sanierungsgebiets oder des städtebaulichen Entwicklungsbereichs wird ein Bescheid über die Zurückstellung des Baugesuchs nach Absatz 1 unwirksam.

(3) [1]Auf Antrag der Gemeinde hat die Baugenehmigungsbehörde die Entscheidung über die Zulässigkeit von Vorhaben nach § 35 Absatz 1 Nummer 2 bis 6 für einen Zeitraum bis zu längstens einem Jahr nach Zustellung der Zurückstellung des Baugesuchs auszusetzen, wenn die Gemeinde beschlossen hat, einen Flächennutzungsplan aufzustellen, zu ändern oder zu ergänzen, mit dem die Rechtswirkungen des § 35 Absatz 3 Satz 3 erreicht werden sollen, und zu befürchten ist, dass die Durchführung der Planung durch das Vorhaben unmöglich oder wesentlich erschwert werden würde. [2]Auf diesen Zeitraum ist die Zeit zwischen dem Eingang des Baugesuchs bei der zuständigen Behörde bis zur Zustellung der Zurückstellung des Baugesuchs nicht anzurechnen, soweit der Zeitraum für die Bearbeitung des Baugesuchs erforderlich ist. [3]Der Antrag der Gemeinde nach Satz 1 ist nur innerhalb von sechs Monaten, nachdem die Gemeinde in einem Verwaltungsverfahren von dem Bauvorhaben förmlich Kenntnis erhalten hat, zulässig. [4]Wenn besondere Umstände es erfordern, kann die Baugenehmigungsbehörde auf Antrag der Gemeinde die Entscheidung nach Satz 1 um höchstens ein weiteres Jahr aussetzen.

§ 16 Beschluss über die Veränderungssperre

(1) Die Veränderungssperre wird von der Gemeinde als Satzung beschlossen.

(2) [1]Die Gemeinde hat die Veränderungssperre ortsüblich bekannt zu machen. [2]Sie kann auch ortsüblich bekannt machen, dass eine Veränderungssperre beschlossen worden ist; § 10 Absatz 3 Satz 2 bis 5 ist entsprechend anzuwenden.

§ 17 Geltungsdauer der Veränderungssperre

(1) [1]Die Veränderungssperre tritt nach Ablauf von zwei Jahren außer Kraft. [2]Auf die Zweijahresfrist ist der seit der Zustellung der ersten Zurückstellung eines Baugesuchs nach § 15 Absatz 1 abgelaufene Zeitraum anzurechnen. [3]Die Gemeinde kann die Frist um ein Jahr verlängern.

(2) Wenn besondere Umstände es erfordern, kann die Gemeinde die Frist bis zu einem weiteren Jahr nochmals verlängern.

(3) Die Gemeinde kann eine außer Kraft getretene Veränderungssperre ganz oder teilweise erneut beschließen, wenn die Voraussetzungen für ihren Erlass fortbestehen.

(4) Die Veränderungssperre ist vor Fristablauf ganz oder teilweise außer Kraft zu setzen, sobald die Voraussetzungen für ihren Erlass weggefallen sind.

(5) Die Veränderungssperre tritt in jedem Fall außer Kraft, sobald und soweit die Bauleitplanung rechtsverbindlich abgeschlossen ist.

(6) [1]Mit der förmlichen Festlegung des Sanierungsgebiets oder des städtebaulichen Entwicklungsbereichs tritt eine bestehende Veränderungssperre nach § 14 außer Kraft. [2]Dies gilt nicht, wenn in der Sanierungssatzung die Genehmigungspflicht nach § 144 Absatz 1 ausgeschlossen ist.

§ 18 Entschädigung bei Veränderungssperre

(1) [1]Dauert die Veränderungssperre länger als vier Jahre über den Zeitpunkt ihres Beginns oder der ersten Zurückstellung eines Baugesuchs nach § 15 Absatz 1 hinaus, ist den Betroffenen für dadurch entstandene Vermögensnachteile eine angemessene Entschädigung in Geld zu leisten. [2]Die Vorschriften über die

Entschädigung im Zweiten Abschnitt des Fünften Teils sowie § 121 gelten entsprechend; dabei ist der Grundstückswert zugrunde zu legen, der nach den Vorschriften des Zweiten Abschnitts des Dritten Teils zu entschädigen wäre.

(2) [1]Zur Entschädigung ist die Gemeinde verpflichtet. [2]Der Entschädigungsberechtigte kann Entschädigung verlangen, wenn die in Absatz 1 Satz 1 bezeichneten Vermögensnachteile eingetreten sind. [3]Er kann die Fälligkeit des Anspruchs dadurch herbeiführen, dass er die Leistung der Entschädigung schriftlich bei dem Entschädigungspflichtigen beantragt. [4]Kommt eine Einigung über die Entschädigung nicht zustande, entscheidet die höhere Verwaltungsbehörde. [5]Für den Bescheid über die Festsetzung der Entschädigung gilt § 122 entsprechend.

(3) [1]Auf das Erlöschen des Entschädigungsanspruchs findet § 44 Absatz 4 mit der Maßgabe Anwendung, dass bei einer Veränderungssperre, die die Sicherung einer Festsetzung nach § 40 Absatz 1 oder § 41 Absatz 1 zum Gegenstand hat, die Erlöschensfrist frühestens ab Rechtsverbindlichkeit des Bebauungsplans beginnt. [2]In der Bekanntmachung nach § 16 Absatz 2 ist auf die Vorschriften des Absatzes 2 Satz 2 und 3 hinzuweisen.

Zweiter Abschnitt
Teilung von Grundstücken; Gebiete mit Fremdenverkehrsfunktionen

§ 19 Teilung von Grundstücken

(1) Die Teilung eines Grundstücks ist die dem Grundbuchamt gegenüber abgegebene oder sonst wie erkennbar gemachte Erklärung des Eigentümers, dass ein Grundstücksteil grundbuchmäßig abgeschrieben und als selbständiges Grundstück oder als ein Grundstück zusammen mit anderen Grundstücken oder mit Teilen anderer Grundstücke eingetragen werden soll.

(2) Durch die Teilung eines Grundstücks im Geltungsbereich eines Bebauungsplans dürfen keine Verhältnisse entstehen, die den Festsetzungen des Bebauungsplans widersprechen.

§§ 20 und 21 (weggefallen)

§ 22 Sicherung von Gebieten mit Fremdenverkehrsfunktionen

(1) [1]Die Gemeinden, die oder deren Teile überwiegend durch den Fremdenverkehr geprägt sind, können in einem Bebauungsplan oder durch eine sonstige Satzung bestimmen, dass zur Sicherung der Zweckbestimmung von Gebieten mit Fremdenverkehrsfunktionen Folgendes der Genehmigung unterliegt:

1. die Begründung oder Teilung von Wohnungseigentum oder Teileigentum nach § 1 des Wohnungseigentumsgesetzes,
2. die Begründung der in den §§ 30 und 31 des Wohnungseigentumsgesetzes bezeichneten Rechte,
3. die Begründung von Bruchteilseigentum nach § 1008 des Bürgerlichen Gesetzbuchs an Grundstücken mit Wohngebäuden oder Beherbergungsbetrieben, wenn zugleich nach § 1010 Absatz 1 des Bürgerlichen Gesetzbuchs im Grundbuch als Belastung eingetragen werden soll, dass Räume einem oder mehreren Miteigentümern zur ausschließlichen Benutzung zugewiesen sind und die Aufhebung der Gemeinschaft ausgeschlossen ist,
4. bei bestehendem Bruchteilseigentum nach § 1008 des Bürgerlichen Gesetzbuchs an Grundstücken mit Wohngebäuden oder Beherbergungsbetrieben eine im Grundbuch als Belastung einzutragende Regelung nach § 1010 Absatz 1 des Bürgerlichen Gesetzbuchs, wonach Räume einem oder mehreren Miteigentümern zur ausschließlichen Benutzung zugewiesen sind und die Aufhebung der Gemeinschaft ausgeschlossen ist,
5. die Nutzung von Räumen in Wohngebäuden oder Beherbergungsbetrieben als Nebenwohnung, wenn die Räume insgesamt an mehr als der Hälfte der Tage eines Jahres unbewohnt sind.

[2]Voraussetzung für die Bestimmung ist, dass durch die Begründung oder Teilung der Rechte, durch die Regelung nach § 1010 des Bürgerlichen Gesetzbuchs oder durch die Nutzung als Nebenwohnung die vorhandene oder vorgesehene Zweckbestimmung des Gebiets für den Fremdenverkehr und dadurch die geordnete städtebauliche Entwicklung beeinträchtigt werden kann. [3]Die Zweckbestimmung eines Gebiets für den Fremdenverkehr ist insbesondere anzunehmen bei Kurgebieten, Gebieten für die Fremdenbeherbergung, Wochenend- und Ferienhausgebieten, die im Bebauungsplan festgesetzt sind, und bei im Zusammenhang bebauten Ortsteilen, deren Eigenart solchen Gebieten entspricht, sowie bei sonstigen Gebieten mit Fremdenverkehrsfunktionen, die durch Beherbergungsbetriebe und Wohngebäude mit Fremdenbeherbergung geprägt sind.

(2) [1]Die Gemeinde hat die Satzung ortsüblich bekannt zu machen. [2]Sie kann die Bekanntmachung auch in entsprechender Anwendung des § 10 Absatz 3 Satz 2 bis 5 vornehmen. [3]Für Bestimmungen nach Absatz 1 Satz 1 Nummer 1 bis 4 teilt die Gemeinde dem Grundbuchamt den Beschluss über die Satzung, das

Datum ihres Inkrafttretens sowie die genaue Bezeichnung der betroffenen Grundstücke vor ihrer Bekanntmachung rechtzeitig mit. [4]Von der genauen Bezeichnung der betroffenen Grundstücke kann in den Fällen des Absatzes 1 Satz 1 Nummer 1 und 2 abgesehen werden, wenn die gesamte Gemarkung betroffen ist und die Gemeinde dies dem Grundbuchamt mitteilt.

(3) (weggefallen)

(4) [1]Die Genehmigung darf nur versagt werden, wenn durch die Begründung oder Teilung der Rechte, durch die Regelung nach § 1010 des Bürgerlichen Gesetzbuchs oder durch die Nutzung als Nebenwohnung die Zweckbestimmung des Gebiets für den Fremdenverkehr und dadurch die städtebauliche Entwicklung und Ordnung beeinträchtigt wird. [2]Die Genehmigung nach Absatz 1 Satz 1 Nummer 1 bis 4 ist zu erteilen, wenn sie erforderlich ist, damit Ansprüche Dritter erfüllt werden können, zu deren Sicherung vor dem Wirksamwerden des Genehmigungsvorbehalts eine Vormerkung im Grundbuch eingetragen oder der Antrag auf Eintragung einer Vormerkung beim Grundbuchamt eingegangen ist; die Genehmigung kann auch von dem Dritten beantragt werden. [3]Die Genehmigung kann erteilt werden, um wirtschaftliche Nachteile zu vermeiden, die für den Eigentümer eine besondere Härte bedeuten.

(5) [1]Über die Genehmigung entscheidet die Baugenehmigungsbehörde im Einvernehmen mit der Gemeinde. [2]Über die Genehmigung ist innerhalb eines Monats nach Eingang des Antrags bei der Baugenehmigungsbehörde zu entscheiden. [3]Kann die Prüfung des Antrags in dieser Zeit nicht abgeschlossen werden, ist die Frist vor ihrem Ablauf in einem dem Antragsteller mitzuteilenden Zwischenbescheid um den Zeitraum zu verlängern, der notwendig ist, um die Prüfung abschließen zu können; höchstens jedoch um drei Monate. [4]Die Genehmigung gilt als erteilt, wenn sie nicht innerhalb der Frist versagt wird. [5]Darüber hat die Baugenehmigungsbehörde auf Antrag eines Beteiligten ein Zeugnis auszustellen. [6]Das Einvernehmen gilt als erteilt, wenn es nicht binnen zwei Monaten nach Eingang des Ersuchens der Genehmigungsbehörde verweigert wird; dem Ersuchen gegenüber der Gemeinde steht die Einreichung des Antrags bei der Gemeinde gleich, wenn sie nach Landesrecht vorgeschrieben ist.

(6) [1]Bei einem Grundstück, das im Geltungsbereich einer Satzung nach Absatz 1 liegt, darf das Grundbuchamt die von Absatz 1 Satz 1 Nummer 1 bis 4 erfassten Eintragungen in das Grundbuch nur vornehmen, wenn der Genehmigungsbescheid oder ein Zeugnis gemäß Absatz 5 Satz 5 vorgelegt wird oder wenn die Freistellungserklärung der Gemeinde gemäß Absatz 8 beim Grundbuchamt eingegangen ist. [2]Ist dennoch eine Eintragung in das Grundbuch vorgenommen worden, kann die Baugenehmigungsbehörde, falls die Genehmigung erforderlich war, das Grundbuchamt um die Eintragung eines Widerspruchs ersuchen; § 53 Absatz 1 der Grundbuchordnung bleibt unberührt. [3]Der Widerspruch ist zu löschen, wenn die Baugenehmigungsbehörde darum ersucht oder die Genehmigung erteilt ist.

(7) [1]Wird die Genehmigung versagt, kann der Eigentümer von der Gemeinde unter den Voraussetzungen des § 40 Absatz 2 die Übernahme des Grundstücks verlangen. [2]§ 43 Absatz 1, 4 und 5 sowie § 44 Absatz 3 und 4 sind entsprechend anzuwenden.

(8) [1]Die Gemeinde hat den Genehmigungsvorbehalt aufzuheben oder im Einzelfall einzelne Grundstücke durch Erklärung gegenüber dem Eigentümer vom Genehmigungsvorbehalt freizustellen, wenn die Voraussetzungen für den Genehmigungsvorbehalt entfallen sind. [2]Die Gemeinde teilt dem Grundbuchamt die Aufhebung des Genehmigungsvorbehalts sowie die genaue Bezeichnung der hiervon betroffenen Grundstücke unverzüglich mit. [3]Von der genauen Bezeichnung kann abgesehen werden, wenn die gesamte Gemarkung betroffen ist und die Gemeinde dies dem Grundbuchamt mitteilt. [4]Sobald die Mitteilung über die Aufhebung des Genehmigungsvorbehalts beim Grundbuchamt eingegangen ist, ist Absatz 6 Satz 1 nicht mehr anzuwenden.

(9) [1]In der sonstigen Satzung nach Absatz 1 kann neben der Bestimmung des Genehmigungsvorbehalts die höchstzulässige Zahl der Wohnungen in Wohngebäuden nach Maßgabe des § 9 Absatz 1 Nummer 6 festgesetzt werden. [2]Vor der Festsetzung nach Satz 1 ist der betroffenen Öffentlichkeit und den berührten Behörden und sonstigen Trägern öffentlicher Belange Gelegenheit zur Stellungnahme innerhalb angemessener Frist zu geben.

(10) [1]Der sonstigen Satzung nach Absatz 1 ist eine Begründung beizufügen. [2]In der Begründung zum Bebauungsplan (§ 9 Absatz 8) oder zur sonstigen Satzung ist darzulegen, dass die in Absatz 1 Satz 3 bezeichneten Voraussetzungen für die Festlegung des Gebiets vorliegen.

§ 23 (weggefallen)

Dritter Abschnitt
Gesetzliche Vorkaufsrechte der Gemeinde

§ 24 Allgemeines Vorkaufsrecht

(1) [1]Der Gemeinde steht ein Vorkaufsrecht zu beim Kauf von Grundstücken

1. im Geltungsbereich eines Bebauungsplans, soweit es sich um Flächen handelt, für die nach dem Bebauungsplan eine Nutzung für öffentliche Zwecke oder für Flächen oder Maßnahmen zum Ausgleich im Sinne des § 1a Absatz 3 festgesetzt ist,
2. in einem Umlegungsgebiet,
3. in einem förmlich festgelegten Sanierungsgebiet und städtebaulichen Entwicklungsbereich,
4. im Geltungsbereich einer Satzung zur Sicherung von Durchführungsmaßnahmen des Stadtumbaus und einer Erhaltungssatzung,
5. im Geltungsbereich eines Flächennutzungsplans, soweit es sich um unbebaute Flächen im Außenbereich handelt, für die nach dem Flächennutzungsplan eine Nutzung als Wohnbaufläche oder Wohngebiet dargestellt ist,
6. in Gebieten, die nach §[1] 30, 33 oder 34 Absatz 2 vorwiegend mit Wohngebäuden bebaut werden können, soweit die Grundstücke unbebaut sind, sowie
7. in Gebieten, die zum Zweck des vorbeugenden Hochwasserschutzes von Bebauung freizuhalten sind, insbesondere in Überschwemmungsgebieten.

[2]Im Falle der Nummer 1 kann das Vorkaufsrecht bereits nach Beginn der öffentlichen Auslegung ausgeübt werden, wenn die Gemeinde einen Beschluss gefasst hat, einen Bebauungsplan aufzustellen, zu ändern oder zu ergänzen. [3]Im Falle der Nummer 5 kann das Vorkaufsrecht bereits ausgeübt werden, wenn die Gemeinde einen Beschluss gefasst und ortsüblich bekannt gemacht hat, einen Flächennutzungsplan aufzustellen, zu ändern oder zu ergänzen und wenn nach dem Stand der Planungsarbeiten anzunehmen ist, dass der künftige Flächennutzungsplan eine solche Nutzung darstellen wird.

(2) Das Vorkaufsrecht steht der Gemeinde nicht zu beim Kauf von Rechten nach dem Wohnungseigentumsgesetz und von Erbbaurechten.

(3) [1]Das Vorkaufsrecht darf nur ausgeübt werden, wenn das Wohl der Allgemeinheit dies rechtfertigt. [2]Bei der Ausübung des Vorkaufsrechts hat die Gemeinde den Verwendungszweck des Grundstücks anzugeben.

§ 25 Besonderes Vorkaufsrecht

(1) [1]Die Gemeinde kann

1. im Geltungsbereich eines Bebauungsplans durch Satzung ihr Vorkaufsrecht an unbebauten Grundstücken begründen;
2. in Gebieten, in denen sie städtebauliche Maßnahmen in Betracht zieht, zur Sicherung einer geordneten städtebaulichen Entwicklung durch Satzung Flächen bezeichnen, an denen ihr ein Vorkaufsrecht an den Grundstücken zusteht.

[2]Auf die Satzung ist § 16 Absatz 2 entsprechend anzuwenden.

(2) [1]§ 24 Absatz 2 und 3 Satz 1 ist anzuwenden. [2]Der Verwendungszweck des Grundstücks ist anzugeben, soweit das bereits zum Zeitpunkt der Ausübung des Vorkaufsrechts möglich ist.

§ 26 Ausschluss des Vorkaufsrechts

Die Ausübung des Vorkaufsrechts ist ausgeschlossen, wenn

1. der Eigentümer das Grundstück an seinen Ehegatten oder an eine Person verkauft, die mit ihm in gerader Linie verwandt oder verschwägert oder in der Seitenlinie bis zum dritten Grad verwandt ist,
2. das Grundstück
 a) von einem öffentlichen Bedarfsträger für Zwecke der Landesverteidigung, der Bundespolizei, der Zollverwaltung, der Polizei oder des Zivilschutzes oder
 b) von Kirchen und Religionsgesellschaften des öffentlichen Rechts für Zwecke des Gottesdienstes oder der Seelsorge
 gekauft wird,
3. auf dem Grundstück Vorhaben errichtet werden sollen, für die ein in § 38 genanntes Verfahren eingeleitet oder durchgeführt worden ist, oder
4. das Grundstück entsprechend den Festsetzungen des Bebauungsplans oder den Zielen und Zwecken der städtebaulichen Maßnahme bebaut ist und genutzt wird und eine auf ihm errichtete bauliche Anlage keine Missstände oder Mängel im Sinne des § 177 Absatz 2 und 3 Satz 1 aufweist.

1) Richtig wohl: „§§".

§ 27 Abwendung des Vorkaufsrechts

(1) [1]Der Käufer kann die Ausübung des Vorkaufsrechts abwenden, wenn die Verwendung des Grundstücks nach den baurechtlichen Vorschriften oder den Zielen und Zwecken der städtebaulichen Maßnahme bestimmt oder mit ausreichender Sicherheit bestimmbar ist, der Käufer in der Lage ist, das Grundstück binnen angemessener Frist dementsprechend zu nutzen, und er sich vor Ablauf der Frist nach § 28 Absatz 2 Satz 1 hierzu verpflichtet. [2]Weist eine auf dem Grundstück befindliche bauliche Anlage Missstände oder Mängel im Sinne des § 177 Absatz 2 und 3 Satz 1 auf, kann der Käufer die Ausübung des Vorkaufsrechts abwenden, wenn er diese Missstände oder Mängel binnen angemessener Frist beseitigen kann und er sich vor Ablauf der Frist nach § 28 Absatz 2 Satz 1 zur Beseitigung verpflichtet. [3]Die Gemeinde hat die Frist nach § 28 Absatz 2 Satz 1 auf Antrag des Käufers um zwei Monate zu verlängern, wenn der Käufer vor Ablauf dieser Frist glaubhaft macht, dass er in der Lage ist, die in Satz 1 oder 2 genannten Voraussetzungen zu erfüllen.

(2) Ein Abwendungsrecht besteht nicht

1. in den Fällen des § 24 Absatz 1 Satz 1 Nummer 1 und

2. in einem Umlegungsgebiet, wenn das Grundstück für Zwecke der Umlegung (§ 45) benötigt wird.

§ 27a Ausübung des Vorkaufsrechts zugunsten Dritter

(1) [1]Die Gemeinde kann

1. ihr Vorkaufsrecht zugunsten eines Dritten ausüben, wenn der Dritte zu der mit der Ausübung des Vorkaufsrechts bezweckten Verwendung des Grundstücks innerhalb angemessener Frist in der Lage ist und sich hierzu verpflichtet, oder

2. das ihr nach § 24 Absatz 1 Satz 1 Nummer 1 zustehende Vorkaufsrecht zugunsten eines öffentlichen Bedarfs- oder Erschließungsträgers sowie das ihr nach § 24 Absatz 1 Satz 1 Nummer 3 zustehende Vorkaufsrecht zugunsten eines Sanierungs- oder Entwicklungsträgers ausüben, wenn der Träger einverstanden ist.

[2]In den Fällen der Nummer 1 hat die Gemeinde bei der Ausübung des Vorkaufsrechts zugunsten eines Dritten die Frist, in der das Grundstück für den vorgesehenen Zweck zu verwenden ist, zu bezeichnen.

(2) [1]Mit der Ausübung des Vorkaufsrechts kommt der Kaufvertrag zwischen dem Begünstigten und dem Verkäufer zustande. [2]Die Gemeinde haftet für die Verpflichtung aus dem Kaufvertrag neben dem Begünstigten als Gesamtschuldnerin.

(3) [1]Für den von dem Begünstigten zu zahlenden Betrag und das Verfahren gilt § 28 Absatz 2 bis 4 entsprechend. [2]Kommt der Begünstigte seiner Verpflichtung nach Absatz 1 Satz 1 Nummer 1 nicht nach, soll die Gemeinde in entsprechender Anwendung des § 102 die Übertragung des Grundstücks zu ihren Gunsten oder zugunsten eines Übernahmewilligen verlangen, der zur Verwirklichung des Verwendungszwecks innerhalb angemessener Frist in der Lage ist und sich hierzu verpflichtet. [3]Für die Entschädigung und das Verfahren gelten die Vorschriften des Fünften Teils über die Rückenteignung entsprechend. [4]Die Haftung der Gemeinde nach § 28 Absatz 3 Satz 7 bleibt unberührt.

§ 28 Verfahren und Entschädigung

(1) [1]Der Verkäufer hat der Gemeinde den Inhalt des Kaufvertrags unverzüglich mitzuteilen; die Mitteilung des Verkäufers wird durch die Mitteilung des Käufers ersetzt. [2]Das Grundbuchamt darf bei Kaufverträgen den Käufer als Eigentümer in das Grundbuch nur eintragen, wenn ihm die Nichtausübung oder das Nichtbestehen des Vorkaufsrechts nachgewiesen ist. [3]Besteht ein Vorkaufsrecht nicht oder wird es nicht ausgeübt, hat die Gemeinde auf Antrag eines Beteiligten darüber unverzüglich ein Zeugnis auszustellen. [4]Das Zeugnis gilt als Verzicht auf die Ausübung des Vorkaufsrechts.

(2) [1]Das Vorkaufsrecht kann nur binnen zwei Monaten nach Mitteilung des Kaufvertrags durch Verwaltungsakt gegenüber dem Verkäufer ausgeübt werden. [2]Die §§ 463, 464 Absatz 2, §§ 465 bis 468 und 471 des Bürgerlichen Gesetzbuchs sind anzuwenden. [3]Nach Mitteilung des Kaufvertrags ist auf Ersuchen der Gemeinde zur Sicherung ihres Anspruchs auf Übereignung des Grundstücks eine Vormerkung in das Grundbuch einzutragen; die Gemeinde trägt die Kosten der Eintragung der Vormerkung und ihrer Löschung. [4]Das Vorkaufsrecht ist nicht übertragbar. [5]Bei einem Eigentumserwerb auf Grund der Ausübung des Vorkaufsrechts erlöschen rechtsgeschäftliche Vorkaufsrechte. [6]Wird die Gemeinde nach Ausübung des Vorkaufsrechts im Grundbuch als Eigentümerin eingetragen, kann sie das Grundbuchamt ersuchen, eine zur Sicherung des Übereignungsanspruchs des Käufers im Grundbuch eingetragene Vormerkung zu löschen; sie darf das Ersuchen nur stellen, wenn die Ausübung des Vorkaufsrechts für den Käufer unanfechtbar ist.

(3) [1]Abweichend von Absatz 2 Satz 2 kann die Gemeinde den zu zahlenden Betrag nach dem Verkehrswert des Grundstücks (§ 194) im Zeitpunkt des Kaufes bestimmen, wenn der vereinbarte Kaufpreis den Verkehrswert in einer dem Rechtsverkehr erkennbaren Weise deutlich überschreitet. [2]In diesem Falle ist der

Verkäufer berechtigt, bis zum Ablauf eines Monats nach Unanfechtbarkeit des Verwaltungsakts über die Ausübung des Vorkaufsrechts vom Vertrag zurückzutreten. [3]Auf das Rücktrittsrecht sind die §§ 346 bis 349 und 351 des Bürgerlichen Gesetzbuchs entsprechend anzuwenden. [4]Tritt der Verkäufer vom Vertrag zurück, trägt die Gemeinde die Kosten des Vertrags auf der Grundlage des Verkehrswerts. [5]Tritt der Verkäufer vom Vertrag nicht zurück, erlischt nach Ablauf der Rücktrittsfrist nach Satz 2 die Pflicht des Verkäufers aus dem Kaufvertrag, der Gemeinde das Eigentum an dem Grundstück zu übertragen. [6]In diesem Falle geht das Eigentum an dem Grundstück auf die Gemeinde über, wenn auf Ersuchen der Gemeinde der Übergang des Eigentums in das Grundbuch eingetragen ist. [7]Führt die Gemeinde das Grundstück nicht innerhalb einer angemessenen Frist dem mit der Ausübung des Vorkaufsrechts verfolgten Zweck zu, hat sie dem Verkäufer einen Betrag in Höhe des Unterschieds zwischen dem vereinbarten Kaufpreis und dem Verkehrswert zu zahlen. [8]§ 44 Absatz 3 Satz 2 und 3, § 43 Absatz 2 Satz 1 sowie die §§ 121 und 122 sind entsprechend anzuwenden.

(4) [1]In den Fällen des § 24 Absatz 1 Satz 1 Nummer 1 bestimmt die Gemeinde den zu zahlenden Betrag nach den Vorschriften des Zweiten Abschnitts des Fünften Teils, wenn der Erwerb des Grundstücks für die Durchführung des Bebauungsplans erforderlich ist und es nach dem festgesetzten Verwendungszweck enteignet werden könnte. [2]Mit der Unanfechtbarkeit des Bescheids über die Ausübung des Vorkaufsrechts erlischt die Pflicht des Verkäufers aus dem Kaufvertrag, der Gemeinde das Eigentum an dem Grundstück zu übertragen. [3]In diesem Falle geht das Eigentum an dem Grundstück auf die Gemeinde über, wenn auf Ersuchen der Gemeinde der Übergang des Eigentums in das Grundbuch eingetragen ist.

(5) [1]Die Gemeinde kann für das Gemeindegebiet oder für sämtliche Grundstücke einer Gemarkung auf die Ausübung der ihr nach diesem Abschnitt zustehenden Rechte verzichten. [2]Sie kann den Verzicht jederzeit für zukünftig abzuschließende Kaufverträge widerrufen. [3]Der Verzicht und sein Widerruf sind ortsüblich bekannt zu machen. [4]Die Gemeinde teilt dem Grundbuchamt den Wortlaut ihrer Erklärung mit. [5]Hat die Gemeinde auf die Ausübung ihrer Rechte verzichtet, bedarf es eines Zeugnisses nach Absatz 1 Satz 3 nicht, soweit nicht ein Widerruf erklärt ist.

(6) [1]Hat die Gemeinde das Vorkaufsrecht ausgeübt und sind einem Dritten dadurch Vermögensnachteile entstanden, hat sie dafür Entschädigung zu leisten, soweit dem Dritten ein vertragliches Recht zum Erwerb des Grundstücks zustand, bevor ein gesetzliches Vorkaufsrecht der Gemeinde auf Grund dieses Gesetzbuchs oder solcher landesrechtlicher Vorschriften, die durch § 186 des Bundesbaugesetzes aufgehoben worden sind, begründet worden ist. [2]Die Vorschriften über die Entschädigung im Zweiten Abschnitt des Fünften Teils sind entsprechend anzuwenden. [3]Kommt eine Einigung über die Entschädigung nicht zustande, entscheidet die höhere Verwaltungsbehörde.

Dritter Teil
Regelung der baulichen und sonstigen Nutzung; Entschädigung

Erster Abschnitt
Zulässigkeit von Vorhaben

§ 29 Begriff des Vorhabens; Geltung von Rechtsvorschriften

(1) Für Vorhaben, die die Errichtung, Änderung oder Nutzungsänderung von baulichen Anlagen zum Inhalt haben, und für Aufschüttungen und Abgrabungen größeren Umfangs sowie für Ausschachtungen, Ablagerungen einschließlich Lagerstätten gelten die §§ 30 bis 37.

(2) Die Vorschriften des Bauordnungsrechts und andere öffentlich-rechtliche Vorschriften bleiben unberührt.

§ 30 Zulässigkeit von Vorhaben im Geltungsbereich eines Bebauungsplans

(1) Im Geltungsbereich eines Bebauungsplans, der allein oder gemeinsam mit sonstigen baurechtlichen Vorschriften mindestens Festsetzungen über die Art und das Maß der baulichen Nutzung, die überbaubaren Grundstücksflächen und die örtlichen Verkehrsflächen enthält, ist ein Vorhaben zulässig, wenn es diesen Festsetzungen nicht widerspricht und die Erschließung gesichert ist.

(2) Im Geltungsbereich eines vorhabenbezogenen Bebauungsplans nach § 12 ist ein Vorhaben zulässig, wenn es dem Bebauungsplan nicht widerspricht und die Erschließung gesichert ist.

(3) Im Geltungsbereich eines Bebauungsplans, der die Voraussetzungen des Absatzes 1 nicht erfüllt (einfacher Bebauungsplan), richtet sich die Zulässigkeit von Vorhaben im Übrigen nach § 34 oder § 35.

§ 31 Ausnahmen und Befreiungen

(1) Von den Festsetzungen des Bebauungsplans können solche Ausnahmen zugelassen werden, die in dem Bebauungsplan nach Art und Umfang ausdrücklich vorgesehen sind.

(2) Von den Festsetzungen des Bebauungsplans kann befreit werden, wenn die Grundzüge der Planung nicht berührt werden und

1. Gründe des Wohls der Allgemeinheit, einschließlich des Bedarfs zur Unterbringung von Flüchtlingen oder Asylbegehrenden, die Befreiung erfordern oder
2. die Abweichung städtebaulich vertretbar ist oder
3. die Durchführung des Bebauungsplans zu einer offenbar nicht beabsichtigten Härte führen würde und wenn die Abweichung auch unter Würdigung nachbarlicher Interessen mit den öffentlichen Belangen vereinbar ist.

§ 32 Nutzungsbeschränkungen auf künftigen Gemeinbedarfs-, Verkehrs-, Versorgungs- und Grünflächen

¹Sind überbaute Flächen in dem Bebauungsplan als Baugrundstücke für den Gemeinbedarf oder als Verkehrs-, Versorgungs- oder Grünflächen festgesetzt, dürfen auf ihnen Vorhaben, die eine wertsteigernde Änderung baulicher Anlagen zur Folge haben, nur zugelassen und für sie Befreiungen von den Festsetzungen des Bebauungsplans nur erteilt werden, wenn der Bedarfs- oder Erschließungsträger zustimmt oder der Eigentümer für sich und seine Rechtsnachfolger auf Ersatz der Werterhöhung für den Fall schriftlich verzichtet, dass der Bebauungsplan durchgeführt wird. ²Dies gilt auch für die dem Bebauungsplan nicht widersprechenden Teile einer baulichen Anlage, wenn sie für sich allein nicht wirtschaftlich verwertbar sind oder wenn bei der Enteignung die Übernahme der restlichen überbauten Flächen verlangt werden kann.

§ 33 Zulässigkeit von Vorhaben während der Planaufstellung

(1) In Gebieten, für die ein Beschluss über die Aufstellung eines Bebauungsplans gefasst ist, ist ein Vorhaben zulässig, wenn

1. die Öffentlichkeits- und Behördenbeteiligung nach § 3 Absatz 2, § 4 Absatz 2 und § 4a Absatz 2 bis 5 durchgeführt worden ist,
2. anzunehmen ist, dass das Vorhaben den künftigen Festsetzungen des Bebauungsplans nicht entgegensteht,
3. der Antragsteller diese Festsetzungen für sich und seine Rechtsnachfolger schriftlich anerkennt und
4. die Erschließung gesichert ist.

(2) In Fällen des § 4a Absatz 3 Satz 1 kann vor der erneuten Öffentlichkeits- und Behördenbeteiligung ein Vorhaben zugelassen werden, wenn sich die vorgenommene Änderung oder Ergänzung des Bebauungsplanentwurfs nicht auf das Vorhaben auswirkt und die in Absatz 1 Nummer 2 bis 4 bezeichneten Voraussetzungen erfüllt sind.

(3) ¹Wird ein Verfahren nach § 13 oder § 13a durchgeführt, kann ein Vorhaben vor Durchführung der Öffentlichkeits- und Behördenbeteiligung zugelassen werden, wenn die in Absatz 1 Nummer 2 bis 4 bezeichneten Voraussetzungen erfüllt sind. ²Der betroffenen Öffentlichkeit und den berührten Behörden und sonstigen Trägern öffentlicher Belange ist vor Erteilung der Genehmigung Gelegenheit zur Stellungnahme innerhalb angemessener Frist zu geben, soweit sie dazu nicht bereits zuvor Gelegenheit hatten.

§ 34 Zulässigkeit von Vorhaben innerhalb der im Zusammenhang bebauten Ortsteile

(1) ¹Innerhalb der im Zusammenhang bebauten Ortsteile ist ein Vorhaben zulässig, wenn es sich nach Art und Maß der baulichen Nutzung, der Bauweise und der Grundstücksfläche, die überbaut werden soll, in die Eigenart der näheren Umgebung einfügt und die Erschließung gesichert ist. ²Die Anforderungen an gesunde Wohn- und Arbeitsverhältnisse müssen gewahrt bleiben; das Ortsbild darf nicht beeinträchtigt werden.

(2) Entspricht die Eigenart der näheren Umgebung einem der Baugebiete, die in der auf Grund des § 9a erlassenen Verordnung bezeichnet sind, beurteilt sich die Zulässigkeit des Vorhabens nach seiner Art allein danach, ob es nach der Verordnung in dem Baugebiet allgemein zulässig wäre; auf die nach der Verordnung ausnahmsweise zulässigen Vorhaben ist § 31 Absatz 1, im Übrigen ist § 31 Absatz 2 entsprechend anzuwenden.

(3) Von Vorhaben nach Absatz 1 oder 2 dürfen keine schädlichen Auswirkungen auf zentrale Versorgungsbereiche in der Gemeinde oder in anderen Gemeinden zu erwarten sein.

(3a) ¹Vom Erfordernis des Einfügens in die Eigenart der näheren Umgebung nach Absatz 1 Satz 1 kann im Einzelfall abgewichen werden, wenn die Abweichung

1. einem der nachfolgend genannten Vorhaben dient:
 a) der Erweiterung, Änderung, Nutzungsänderung oder Erneuerung eines zulässigerweise errichteten Gewerbe- oder Handwerksbetriebs,

b) der Erweiterung, Änderung oder Erneuerung eines zulässigerweise errichteten, Wohnzwecken dienenden Gebäudes oder

c) der Nutzungsänderung einer zulässigerweise errichteten baulichen Anlage zu Wohnzwecken, einschließlich einer erforderlichen Änderung oder Erneuerung,

2. städtebaulich vertretbar ist und

3. auch unter Würdigung nachbarlicher Interessen mit den öffentlichen Belangen vereinbar ist.

[2]Satz 1 findet keine Anwendung auf Einzelhandelsbetriebe, die die verbrauchernahe Versorgung der Bevölkerung beeinträchtigen oder schädliche Auswirkungen auf zentrale Versorgungsbereiche in der Gemeinde oder in anderen Gemeinden haben können.

(4) [1]Die Gemeinde kann durch Satzung

1. die Grenzen für im Zusammenhang bebaute Ortsteile festlegen,

2. bebaute Bereiche im Außenbereich als im Zusammenhang bebaute Ortsteile festlegen, wenn die Flächen im Flächennutzungsplan als Baufläche dargestellt sind,

3. einzelne Außenbereichsflächen in die im Zusammenhang bebauten Ortsteile einbeziehen, wenn die einbezogenen Flächen durch die bauliche Nutzung des angrenzenden Bereichs entsprechend geprägt sind.

[2]Die Satzungen können miteinander verbunden werden.

(5) [1]Voraussetzung für die Aufstellung von Satzungen nach Absatz 4 Satz 1 Nummer 2 und 3 ist, dass

1. sie mit einer geordneten städtebaulichen Entwicklung vereinbar sind,

2. die Zulässigkeit von Vorhaben, die einer Pflicht zur Durchführung einer Umweltverträglichkeitsprüfung nach Anlage 1 zum Gesetz über die Umweltverträglichkeitsprüfung oder nach Landesrecht unterliegen, nicht begründet wird und

3. keine Anhaltspunkte für eine Beeinträchtigung der in § 1 Absatz 6 Nummer 7 Buchstabe b genannten Schutzgüter oder dafür bestehen, dass bei der Planung Pflichten zur Vermeidung oder Begrenzung der Auswirkungen von schweren Unfällen nach § 50 Satz 1 des Bundes-Immissionsschutzgesetzes zu beachten sind.

[2]In den Satzungen nach Absatz 4 Satz 1 Nummer 2 und 3 können einzelne Festsetzungen nach § 9 Absatz 1 und 3 Satz 1 sowie Absatz 4 getroffen werden. [3]§ 9 Absatz 6 und § 31 sind entsprechend anzuwenden. [4]Auf die Satzung nach Absatz 4 Satz 1 Nummer 3 sind ergänzend § 1a Absatz 2 und 3 und § 9 Absatz 1a entsprechend anzuwenden; ihr ist eine Begründung mit den Angaben entsprechend § 2a Satz 2 Nummer 1 beizufügen.

(6) [1]Bei der Aufstellung der Satzungen nach Absatz 4 Satz 1 Nummer 2 und 3 sind die Vorschriften über die Öffentlichkeits- und Behördenbeteiligung nach § 13 Absatz 2 Satz 1 Nummer 2 und 3 sowie Satz 2 entsprechend anzuwenden. [2]Auf die Satzungen nach Absatz 4 Satz 1 Nummer 1 bis 3 ist § 10 Absatz 3 entsprechend anzuwenden.

§ 35 Bauen im Außenbereich

(1) Im Außenbereich ist ein Vorhaben nur zulässig, wenn öffentliche Belange nicht entgegenstehen, die ausreichende Erschließung gesichert ist und wenn es

1. einem land- oder forstwirtschaftlichen Betrieb dient und nur einen untergeordneten Teil der Betriebsfläche einnimmt,

2. einem Betrieb der gartenbaulichen Erzeugung dient,

3. der öffentlichen Versorgung mit Elektrizität, Gas, Telekommunikationsdienstleistungen, Wärme und Wasser, der Abwasserwirtschaft oder einem ortsgebundenen gewerblichen Betrieb dient,

4. wegen seiner besonderen Anforderungen an die Umgebung, wegen seiner nachteiligen Wirkung auf die Umgebung oder wegen seiner besonderen Zweckbestimmung nur im Außenbereich ausgeführt werden soll, es sei denn, es handelt sich um die Errichtung, Änderung oder Erweiterung einer baulichen Anlage zur Tierhaltung, die dem Anwendungsbereich der Nummer 1 nicht unterfällt und die einer Pflicht zur Durchführung einer standortbezogenen oder allgemeinen Vorprüfung oder einer Umweltverträglichkeitsprüfung nach dem Gesetz über die Umweltverträglichkeitsprüfung unterliegt, wobei bei kumulierenden Vorhaben für die Annahme eines engen Zusammenhangs diejenigen Tierhaltungsanlagen zu berücksichtigen sind, die auf demselben Betriebs- oder Baugelände liegen und mit gemeinsamen betrieblichen oder baulichen Einrichtungen verbunden sind,

5. der Erforschung, Entwicklung oder Nutzung der Wind- oder Wasserenergie dient,

6. der energetischen Nutzung von Biomasse im Rahmen eines Betriebs nach Nummer 1 oder 2 oder eines Betriebs nach Nummer 4, der Tierhaltung betreibt, sowie dem Anschluss solcher Anlagen an das öffentliche Versorgungsnetz dient, unter folgenden Voraussetzungen:

 a) das Vorhaben steht in einem räumlich-funktionalen Zusammenhang mit dem Betrieb,

 b) die Biomasse stammt überwiegend aus dem Betrieb oder überwiegend aus diesem und aus nahe gelegenen Betrieben nach den Nummern 1, 2 oder 4, soweit letzterer Tierhaltung betreibt,

 c) es wird je Hofstelle oder Betriebsstandort nur eine Anlage betrieben und

 d) die Kapazität einer Anlage zur Erzeugung von Biogas überschreitet nicht 2,3 Millionen Normkubikmeter Biogas pro Jahr, die Feuerungswärmeleistung anderer Anlagen überschreitet nicht 2,0 Megawatt,

7. der Erforschung, Entwicklung oder Nutzung der Kernenergie zu friedlichen Zwecken oder der Entsorgung radioaktiver Abfälle dient, mit Ausnahme der Neuerrichtung von Anlagen zur Spaltung von Kernbrennstoffen zur gewerblichen Erzeugung von Elektrizität, oder

8. der Nutzung solarer Strahlungsenergie in, an und auf Dach- und Außenwandflächen von zulässigerweise genutzten Gebäuden dient, wenn die Anlage dem Gebäude baulich untergeordnet ist.

(2) Sonstige Vorhaben können im Einzelfall zugelassen werden, wenn ihre Ausführung oder Benutzung öffentliche Belange nicht beeinträchtigt und die Erschließung gesichert ist.

(3) [1]Eine Beeinträchtigung öffentlicher Belange liegt insbesondere vor, wenn das Vorhaben

1. den Darstellungen des Flächennutzungsplans widerspricht,

2. den Darstellungen eines Landschaftsplans oder sonstigen Plans, insbesondere des Wasser-, Abfalloder Immissionsschutzrechts, widerspricht,

3. schädliche Umwelteinwirkungen hervorrufen kann oder ihnen ausgesetzt wird,

4. unwirtschaftliche Aufwendungen für Straßen oder andere Verkehrseinrichtungen, für Anlagen der Versorgung oder Entsorgung, für die Sicherheit oder Gesundheit oder für sonstige Aufgaben erfordert,

5. Belange des Naturschutzes und der Landschaftpflege, des Bodenschutzes, des Denkmalschutzes oder die natürliche Eigenart der Landschaft und ihren Erholungswert beeinträchtigt oder das Orts- und Landschaftsbild verunstaltet,

6. Maßnahmen zur Verbesserung der Agrarstruktur beeinträchtigt, die Wasserwirtschaft oder den Hochwasserschutz gefährdet,

7. die Entstehung, Verfestigung oder Erweiterung einer Splittersiedlung befürchten lässt oder

8. die Funktionsfähigkeit von Funkstellen und Radaranlagen stört.

[2]Raumbedeutsame Vorhaben dürfen den Zielen der Raumordnung nicht widersprechen; öffentliche Belange stehen raumbedeutsamen Vorhaben nach Absatz 1 nicht entgegen, soweit die Belange bei der Darstellung dieser Vorhaben als Ziele der Raumordnung abgewogen worden sind. [3]Öffentliche Belange stehen einem Vorhaben nach Absatz 1 Nummer 2 bis 6 in der Regel auch dann entgegen, soweit hierfür durch Darstellungen im Flächennutzungsplan oder als Ziele der Raumordnung eine Ausweisung an anderer Stelle erfolgt ist.

(4) [1]Den nachfolgend bezeichneten sonstigen Vorhaben im Sinne des Absatzes 2 kann nicht entgegengehalten werden, dass sie Darstellungen des Flächennutzungsplans oder eines Landschaftsplans widersprechen, die natürliche Eigenart der Landschaft beeinträchtigen oder die Entstehung, Verfestigung oder Erweiterung einer Splittersiedlung befürchten lassen, soweit sie im Übrigen außenbereichsverträglich im Sinne des Absatzes 3 sind:

1. die Änderung der bisherigen Nutzung eines Gebäudes im Sinne des Absatzes 1 Nummer 1 unter folgenden Voraussetzungen:

 a) das Vorhaben dient einer zweckmäßigen Verwendung erhaltenswerter Bausubstanz,

 b) die äußere Gestalt des Gebäudes bleibt im Wesentlichen gewahrt,

 c) die Aufgabe der bisherigen Nutzung liegt nicht länger als sieben Jahre zurück,

 d) das Gebäude ist vor mehr als sieben Jahren zulässigerweise errichtet worden,

 e) das Gebäude steht im räumlich-funktionalen Zusammenhang mit der Hofstelle des land- oder forstwirtschaftlichen Betriebs,

 f) im Falle der Änderung zu Wohnzwecken entstehen neben den bisher nach Absatz 1 Nummer 1 zulässigen Wohnungen höchstens drei Wohnungen je Hofstelle und

 g) es wird eine Verpflichtung übernommen, keine Neubebauung als Ersatz für die aufgegebene Nutzung vorzunehmen, es sei denn, die Neubebauung wird im Interesse der Entwicklung des Betriebs im Sinne des Absatzes 1 Nummer 1 erforderlich,

2. die Neuerrichtung eines gleichartigen Wohngebäudes an gleicher Stelle unter folgenden Voraussetzungen:

 a) das vorhandene Gebäude ist zulässigerweise errichtet worden,

 b) das vorhandene Gebäude weist Missstände oder Mängel auf,

 c) das vorhandene Gebäude wird seit längerer Zeit vom Eigentümer selbst genutzt und

d) Tatsachen rechtfertigen die Annahme, dass das neu errichtete Gebäude für den Eigenbedarf des bisherigen Eigentümers oder seiner Familie genutzt wird; hat der Eigentümer das vorhandene Gebäude im Wege der Erbfolge von einem Voreigentümer erworben, der es seit längerer Zeit selbst genutzt hat, reicht es aus, wenn Tatsachen die Annahme rechtfertigen, dass das neu errichtete Gebäude für den Eigenbedarf des Eigentümers oder seiner Familie genutzt wird,

3. die alsbaldige Neuerrichtung eines zulässigerweise errichteten, durch Brand, Naturereignisse oder andere außergewöhnliche Ereignisse zerstörten, gleichartigen Gebäudes an gleicher Stelle,

4. die Änderung oder Nutzungsänderung von erhaltenswerten, das Bild der Kulturlandschaft prägenden Gebäuden, auch wenn sie aufgegeben sind, wenn das Vorhaben einer zweckmäßigen Verwendung der Gebäude und der Erhaltung des Gestaltwerts dient,

5. die Erweiterung eines Wohngebäudes auf bis zu höchstens zwei Wohnungen unter folgenden Voraussetzungen:

 a) das Gebäude ist zulässigerweise errichtet worden,

 b) die Erweiterung ist im Verhältnis zum vorhandenen Gebäude und unter Berücksichtigung der Wohnbedürfnisse angemessen und

 c) bei der Errichtung einer weiteren Wohnung rechtfertigen Tatsachen die Annahme, dass das Gebäude vom bisherigen Eigentümer oder seiner Familie selbst genutzt wird,

6. die bauliche Erweiterung eines zulässigerweise errichteten gewerblichen Betriebs, wenn die Erweiterung im Verhältnis zum vorhandenen Gebäude und Betrieb angemessen ist.

[2]In begründeten Einzelfällen gilt die Rechtsfolge des Satzes 1 auch für die Neuerrichtung eines Gebäudes im Sinne des Absatzes 1 Nummer 1, dem eine andere Nutzung zugewiesen werden soll, wenn das ursprüngliche Gebäude vom äußeren Erscheinungsbild auch zur Wahrung der Kulturlandschaft erhaltenswert ist, keine stärkere Belastung des Außenbereichs zu erwarten ist als in Fällen des Satzes 1 und die Neuerrichtung auch mit nachbarlichen Interessen vereinbar ist; Satz 1 Nummer 1 Buchstabe b bis g gilt entsprechend. [3]In den Fällen des Satzes 1 Nummer 2 und 3 sowie des Satzes 2 sind geringfügige Erweiterungen des neuen Gebäudes gegenüber dem beseitigten oder zerstörten Gebäude sowie geringfügige Abweichungen vom bisherigen Standort des Gebäudes zulässig.

(5) [1]Die nach den Absätzen 1 bis 4 zulässigen Vorhaben sind in einer flächensparenden, die Bodenversiegelung auf das notwendige Maß begrenzenden und den Außenbereich schonenden Weise auszuführen. [2]Für Vorhaben nach Absatz 1 Nummer 2 bis 6 ist als weitere Zulässigkeitsvoraussetzung eine Verpflichtungserklärung abzugeben, das Vorhaben nach dauerhafter Aufgabe der zulässigen Nutzung zurückzubauen und Bodenversiegelungen zu beseitigen; bei einer nach Absatz 1 Nummer 2 bis 6 zulässigen Nutzungsänderung ist die Rückbauverpflichtung zu übernehmen, bei einer nach Absatz 1 Nummer 1 oder Absatz 2 zulässigen Nutzungsänderung entfällt sie. [3]Die Baugenehmigungsbehörde soll durch nach Landesrecht vorgesehene Baulast oder in anderer Weise die Einhaltung der Verpflichtung nach Satz 2 sowie nach Absatz 4 Satz 1 Nummer 1 Buchstabe g sicherstellen. [4]Im Übrigen soll sie in den Fällen des Absatzes 4 Satz 1 sicherstellen, dass die bauliche oder sonstige Anlage nach Durchführung des Vorhabens nur in der vorgesehenen Art genutzt wird.

(6) [1]Die Gemeinde kann für bebaute Bereiche im Außenbereich, die nicht überwiegend landwirtschaftlich geprägt sind und in denen eine Wohnbebauung von einigem Gewicht vorhanden ist, durch Satzung bestimmen, dass Wohnzwecken dienende Vorhaben im Sinne des Absatzes 2 nicht entgegengehalten werden kann, dass sie einer Darstellung im Flächennutzungsplan über Flächen für die Landwirtschaft oder Wald widersprechen oder die Entstehung oder Verfestigung einer Splittersiedlung befürchten lassen. [2]Die Satzung kann auch auf Vorhaben erstreckt werden, die kleineren Handwerks- und Gewerbebetrieben dienen. [3]In der Satzung können nähere Bestimmungen über die Zulässigkeit getroffen werden. [4]Voraussetzung für die Aufstellung der Satzung ist, dass

1. sie mit einer geordneten städtebaulichen Entwicklung vereinbar ist,

2. die Zulässigkeit von Vorhaben, die einer Pflicht zur Durchführung einer Umweltverträglichkeitsprüfung nach Anlage 1 zum Gesetz über die Umweltverträglichkeitsprüfung oder nach Landesrecht unterliegen, nicht begründet wird und

3. keine Anhaltspunkte für eine Beeinträchtigung der in § 1 Absatz 6 Nummer 7 Buchstabe b genannten Schutzgüter oder dafür bestehen, dass bei der Planung Pflichten zur Vermeidung oder Begrenzung der Auswirkungen von schweren Unfällen nach § 50 Satz 1 des Bundes-Immissionsschutzgesetzes zu beachten sind.

[5]Bei Aufstellung der Satzung sind die Vorschriften über die Öffentlichkeits- und Behördenbeteiligung nach § 13 Absatz 2 Satz 1 Nummer 2 und 3 sowie Satz 2 entsprechend anzuwenden. [6]§ 10 Absatz 3 ist entsprechend anzuwenden. [7]Von der Satzung bleibt die Anwendung des Absatzes 4 unberührt.

§ 36 Beteiligung der Gemeinde und der höheren Verwaltungsbehörde

(1) [1]Über die Zulässigkeit von Vorhaben nach den §§ 31, 33 bis 35 wird im bauaufsichtlichen Verfahren von der Baugenehmigungsbehörde im Einvernehmen mit der Gemeinde entschieden. [2]Das Einvernehmen der Gemeinde ist auch erforderlich, wenn in einem anderen Verfahren über die Zulässigkeit nach den in Satz 1 bezeichneten Vorschriften entschieden wird; dies gilt nicht für Vorhaben der in § 29 Absatz 1 bezeichneten Art, die der Bergaufsicht unterliegen. [3]Richtet sich die Zulässigkeit von Vorhaben nach § 30 Absatz 1, stellen die Länder sicher, dass die Gemeinde rechtzeitig vor Ausführung des Vorhabens über Maßnahmen zur Sicherung der Bauleitplanung nach den §§ 14 und 15 entscheiden kann. [4]In den Fällen des § 35 Absatz 2 und 4 kann die Landesregierung durch Rechtsverordnung allgemein oder für bestimmte Fälle festlegen, dass die Zustimmung der höheren Verwaltungsbehörde erforderlich ist.

(2) [1]Das Einvernehmen der Gemeinde und die Zustimmung der höheren Verwaltungsbehörde dürfen nur aus den sich aus den §§ 31, 33, 34 und 35 ergebenden Gründen versagt werden. [2]Das Einvernehmen der Gemeinde und die Zustimmung der höheren Verwaltungsbehörde gelten als erteilt, wenn sie nicht binnen zwei Monaten nach Eingang des Ersuchens der Genehmigungsbehörde verweigert werden; dem Ersuchen gegenüber der Gemeinde steht die Einreichung des Antrags bei der Gemeinde gleich, wenn sie nach Landesrecht vorgeschrieben ist. [3]Die nach Landesrecht zuständige Behörde kann ein rechtswidrig versagtes Einvernehmen der Gemeinde ersetzen.

§ 37 Bauliche Maßnahmen des Bundes und der Länder

(1) Macht die besondere öffentliche Zweckbestimmung für bauliche Anlagen des Bundes oder eines Landes erforderlich, von den Vorschriften dieses Gesetzbuchs oder den auf Grund dieses Gesetzbuchs erlassenen Vorschriften abzuweichen oder ist das Einvernehmen mit der Gemeinde nach § 14 oder § 36 nicht erreicht worden, entscheidet die höhere Verwaltungsbehörde.

(2) [1]Handelt es sich dabei um Vorhaben, die der Landesverteidigung, dienstlichen Zwecken der Bundespolizei oder dem zivilen Bevölkerungsschutz dienen, ist nur die Zustimmung der höheren Verwaltungsbehörde erforderlich. [2]Vor Erteilung der Zustimmung hat diese die Gemeinde zu hören. [3]Versagt die höhere Verwaltungsbehörde ihre Zustimmung oder widerspricht die Gemeinde dem beabsichtigten Bauvorhaben, entscheidet das zuständige Bundesministerium im Einvernehmen mit den beteiligten Bundesministerien und im Benehmen mit der zuständigen Obersten Landesbehörde.

(3) [1]Entstehen der Gemeinde infolge der Durchführung von Maßnahmen nach den Absätzen 1 und 2 Aufwendungen für Entschädigungen nach diesem Gesetzbuch, sind sie ihr vom Träger der Maßnahmen zu ersetzen. [2]Muss infolge dieser Maßnahmen ein Bebauungsplan aufgestellt, geändert, ergänzt oder aufgehoben werden, sind ihr auch die dadurch entstandenen Kosten zu ersetzen.

(4) [1]Sollen bauliche Anlagen auf Grundstücken errichtet werden, die nach dem Landbeschaffungsgesetz beschafft werden, sind in dem Verfahren nach § 1 Absatz 2 des Landbeschaffungsgesetzes alle von der Gemeinde oder der höheren Verwaltungsbehörde nach den Absätzen 1 und 2 zulässigen Einwendungen abschließend zu erörtern. [2]Eines Verfahrens nach Absatz 2 bedarf es in diesem Falle nicht.

**§ 38 Bauliche Maßnahmen von überörtlicher Bedeutung auf Grund von
 Planfeststellungsverfahren; öffentlich zugängliche Abfallbeseitigungsanlagen**

[1]Auf Planfeststellungsverfahren und sonstige Verfahren mit den Rechtswirkungen der Planfeststellung für Vorhaben von überörtlicher Bedeutung sowie auf die auf Grund des Bundes-Immissionsschutzgesetzes für die Errichtung und den Betrieb öffentlich zugänglicher Abfallbeseitigungsanlagen geltenden Verfahren sind die §§ 29 bis 37 nicht anzuwenden, wenn die Gemeinde beteiligt wird; städtebauliche Belange sind zu berücksichtigen. [2]Eine Bindung nach § 7 bleibt unberührt. [3]§ 37 Absatz 3 ist anzuwenden.

Zweiter Abschnitt
Entschädigung

§ 39 Vertrauensschaden

[1]Haben Eigentümer oder in Ausübung ihrer Nutzungsrechte sonstige Nutzungsberechtigte im berechtigten Vertrauen auf den Bestand eines rechtsverbindlichen Bebauungsplans Vorbereitungen für die Verwirklichung von Nutzungsmöglichkeiten getroffen, die sich aus dem Bebauungsplan ergeben, können sie angemessene Entschädigung in Geld verlangen, soweit die Aufwendungen durch die Änderung, Ergänzung oder Aufhebung des Bebauungsplans an Wert verlieren. [2]Dies gilt auch für Abgaben nach bundes- oder landesrechtlichen Vorschriften, die für die Erschließung des Grundstücks erhoben wurden.

§ 40 Entschädigung in Geld oder durch Übernahme

(1) [1]Sind im Bebauungsplan

1. Flächen für den Gemeinbedarf sowie für Sport- und Spielanlagen,
2. Flächen für Personengruppen mit besonderem Wohnbedarf,
3. Flächen mit besonderem Nutzungszweck,
4. von der Bebauung freizuhaltende Schutzflächen und Flächen für besondere Anlagen und Vorkehrungen zum Schutz vor Einwirkungen,
5. Verkehrsflächen,
6. Versorgungsflächen,
7. Flächen für die Abfall- und Abwasserbeseitigung, einschließlich der Rückhaltung und Versickerung von Niederschlagswasser, sowie für Ablagerungen,
8. Grünflächen,
9. Flächen für Aufschüttungen, Abgrabungen oder für die Gewinnung von Steinen, Erden und anderen Bodenschätzen,
10. Flächen für Gemeinschaftsstellplätze und Gemeinschaftsgaragen,
11. Flächen für Gemeinschaftsanlagen,
12. von der Bebauung freizuhaltende Flächen,
13. Wasserflächen, Flächen für die Wasserwirtschaft, Flächen für Hochwasserschutzanlagen und Flächen für die Regelung des Wasserabflusses,
14. Flächen zum Schutz, zur Pflege und zur Entwicklung von Boden, Natur und Landschaft

festgesetzt, ist der Eigentümer nach Maßgabe der folgenden Absätze zu entschädigen, soweit ihm Vermögensnachteile entstehen. [2]Dies gilt in den Fällen des Satzes 1 Nummer 1 in Bezug auf Flächen für Sport- und Spielanlagen sowie des Satzes 1 Nummer 4 und 10 bis 14 nicht, soweit die Festsetzungen oder ihre Durchführung den Interessen des Eigentümers oder der Erfüllung einer ihm obliegenden Rechtspflicht dienen.

(2) [1]Der Eigentümer kann die Übernahme der Flächen verlangen,

1. wenn und soweit es ihm mit Rücksicht auf die Festsetzung oder Durchführung des Bebauungsplans wirtschaftlich nicht mehr zuzumuten ist, das Grundstück zu behalten oder es in der bisherigen oder einer anderen zulässigen Art zu nutzen, oder
2. wenn Vorhaben nach § 32 nicht ausgeführt werden dürfen und dadurch die bisherige Nutzung einer baulichen Anlage aufgehoben oder wesentlich herabgesetzt wird.

[2]Der Eigentümer kann anstelle der Übernahme die Begründung von Miteigentum oder eines geeigneten Rechts verlangen, wenn die Verwirklichung des Bebauungsplans nicht die Entziehung des Eigentums erfordert.

(3) [1]Dem Eigentümer ist eine angemessene Entschädigung in Geld zu leisten, wenn und soweit Vorhaben nach § 32 nicht ausgeführt werden dürfen und dadurch die bisherige Nutzung seines Grundstücks wirtschaftlich erschwert wird. [2]Sind die Voraussetzungen des Übernahmeanspruchs nach Absatz 2 gegeben, kann nur dieser Anspruch geltend gemacht werden. [3]Der zur Entschädigung Verpflichtete kann den Entschädigungsberechtigten auf den Übernahmeanspruch verweisen, wenn das Grundstück für den im Bebauungsplan festgesetzten Zweck alsbald benötigt wird.

§ 41 Entschädigung bei Begründung von Geh-, Fahr- und Leitungsrechten und bei Bindungen für Bepflanzungen

(1) [1]Sind im Bebauungsplan Flächen festgesetzt, die mit Geh-, Fahr- und Leitungsrechten zu belasten sind, kann der Eigentümer unter den Voraussetzungen des § 40 Absatz 2 verlangen, dass an diesen Flächen einschließlich der für die Leitungsführungen erforderlichen Schutzstreifen das Recht zugunsten des in § 44 Absatz 1 und 2 Bezeichneten begründet wird. [2]Dies gilt nicht für die Verpflichtung zur Duldung solcher örtlichen Leitungen, die der Erschließung und Versorgung des Grundstücks dienen. [3]Weitergehende Rechtsvorschriften, nach denen der Eigentümer zur Duldung von Versorgungsleitungen verpflichtet ist, bleiben unberührt.

(2) Ist im Bebauungsplan Bindungen für Bepflanzungen und für die Erhaltung von Bäumen, Sträuchern, sonstigen Bepflanzungen und Gewässern sowie das Anpflanzen von Bäumen, Sträuchern und sonstigen Bepflanzungen festgesetzt, ist dem Eigentümer eine angemessene Entschädigung in Geld zu leisten, wenn und soweit infolge dieser Festsetzungen

1. besondere Aufwendungen notwendig sind, die über das bei ordnungsgemäßer Bewirtschaftung erforderliche Maß hinausgehen, oder
2. eine wesentliche Wertminderung des Grundstücks eintritt.

§ 42 Entschädigung bei Änderung oder Aufhebung einer zulässigen Nutzung

(1) Wird die zulässige Nutzung eines Grundstücks aufgehoben oder geändert und tritt dadurch eine nicht nur unwesentliche Wertminderung des Grundstücks ein, kann der Eigentümer nach Maßgabe der folgenden Absätze eine angemessene Entschädigung in Geld verlangen.

(2) Wird die zulässige Nutzung eines Grundstücks innerhalb einer Frist von sieben Jahren ab Zulässigkeit aufgehoben oder geändert, bemisst sich die Entschädigung nach dem Unterschied zwischen dem Wert des Grundstücks auf Grund der zulässigen Nutzung und seinem Wert, der sich infolge der Aufhebung oder Änderung ergibt.

(3) ¹Wird die zulässige Nutzung eines Grundstücks nach Ablauf der in Absatz 2 bezeichneten Frist aufgehoben oder geändert, kann der Eigentümer nur eine Entschädigung für Eingriffe in die ausgeübte Nutzung verlangen, insbesondere wenn infolge der Aufhebung oder Änderung der zulässigen Nutzung die Ausübung der verwirklichten Nutzung oder die sonstigen Möglichkeiten der wirtschaftlichen Verwertung des Grundstücks, die sich aus der verwirklichten Nutzung ergeben, unmöglich gemacht oder wesentlich erschwert werden. ²Die Höhe der Entschädigung hinsichtlich der Beeinträchtigung des Grundstückswerts bemisst sich nach dem Unterschied zwischen dem Wert des Grundstücks auf Grund der ausgeübten Nutzung und seinem Wert, der sich infolge der in Satz 1 bezeichneten Beschränkungen ergibt.

(4) Entschädigungen für Eingriffe in ausgeübte Nutzungen bleiben unberührt.

(5) Abweichend von Absatz 3 bemisst sich die Entschädigung nach Absatz 2, wenn der Eigentümer an der Verwirklichung eines der zulässigen Nutzung entsprechenden Vorhabens vor Ablauf der in Absatz 2 bezeichneten Frist durch eine Veränderungssperre oder eine befristete Zurückstellung seines Vorhabens gehindert worden ist und er das Vorhaben infolge der Aufhebung oder Änderung der zulässigen Nutzung des Grundstücks nicht mehr verwirklichen kann.

(6) Ist vor Ablauf der in Absatz 2 bezeichneten Frist eine Baugenehmigung oder über die bodenrechtliche Zulässigkeit eines Vorhabens ein Vorbescheid nach Bauaufsichtsrecht erteilt worden und kann der Eigentümer das Vorhaben infolge der Aufhebung oder Änderung der zulässigen Nutzung des Grundstücks nach Ablauf der Frist nicht mehr verwirklichen oder ist die Verwirklichung dadurch für ihn wirtschaftlich unzumutbar geworden, kann der Eigentümer in Höhe des Unterschieds zwischen dem Wert des Grundstücks unter Zugrundelegung der nach der Genehmigung vorgesehenen Nutzung und dem Wert des Grundstücks, der sich infolge der Aufhebung oder Änderung der zulässigen Nutzung ergibt, Entschädigung verlangen.

(7) ¹Ist vor Ablauf der in Absatz 2 bezeichneten Frist ein Antrag auf Erteilung einer Baugenehmigung oder eines Vorbescheids nach Bauaufsichtsrecht, der die bodenrechtliche Zulässigkeit eines Vorhabens zum Gegenstand hat, rechtswidrig abgelehnt worden und kann nach dem Ergebnis eines Rechtsmittelverfahrens die Genehmigung oder der Vorbescheid mit dem beantragten Inhalt nicht erteilt werden, weil die im Zeitpunkt der Antragstellung zulässige Nutzung aufgehoben oder geändert worden ist, bemisst sich die Entschädigung nach Absatz 6. ²Entsprechend findet Absatz 6 auch Anwendung, wenn über einen den gesetzlichen Vorschriften entsprechenden und zu genehmigenden Bauantrag oder einen Vorbescheid nach Bauaufsichtsrecht, der die bodenrechtliche Zulässigkeit eines Vorhabens zum Gegenstand hat, innerhalb der in Absatz 2 bezeichneten Frist nicht entschieden wurde, obwohl der Antrag so rechtzeitig gestellt wurde, dass eine Genehmigung innerhalb der Frist hätte erteilt werden können.

(8) ¹In den Fällen der Absätze 5 bis 7 besteht der Anspruch auf Entschädigung nicht, wenn der Eigentümer nicht bereit oder nicht in der Lage war, das beabsichtigte Vorhaben zu verwirklichen. ²Der Eigentümer hat die Tatsachen darzulegen, die seine Bereitschaft und Möglichkeiten, das Vorhaben zu verwirklichen, aufzeigen.

(9) Wird die zulässige Nutzung eines Grundstücks aufgehoben, besteht auch der Übernahmeanspruch nach § 40 Absatz 2 Satz 1 Nummer 1.

(10) Die Gemeinde hat dem Eigentümer auf Verlangen Auskunft zu erteilen, ob ein sich aus Absatz 2 ergebender vermögensrechtlicher Schutz der zulässigen Nutzung für sein Grundstück besteht und wann dieser durch Ablauf der in Absatz 2 bezeichneten Frist endet.

§ 43 Entschädigung und Verfahren

(1) ¹Ist die Entschädigung durch Übernahme des Grundstücks oder durch Begründung eines Rechts zu leisten und kommt eine Einigung nicht zustande, kann der Eigentümer die Entziehung des Eigentums oder die Begründung des Rechts verlangen. ²Der Eigentümer kann den Antrag auf Entziehung des Eigentums oder auf Begründung des Rechts bei der Enteignungsbehörde stellen. ³Auf die Entziehung des Eigentums oder die Begründung des Rechts finden die Vorschriften des Fünften Teils entsprechende Anwendung.

(2) ¹Ist die Entschädigung in Geld zu leisten und kommt eine Einigung über die Geldentschädigung nicht zustande, entscheidet die höhere Verwaltungsbehörde. ²Die Vorschriften über die Entschädigung im

Zweiten Abschnitt des Fünften Teils sowie § 121 gelten entsprechend. [3]Für Bescheide über die Festsetzung der zu zahlenden Geldentschädigung gilt § 122 entsprechend.

(3) [1]Liegen die Voraussetzungen der §§ 40 und 41 Absatz 1 vor, ist eine Entschädigung nur nach diesen Vorschriften zu gewähren. [2]In den Fällen der §§ 40 und 41 sind solche Wertminderungen nicht zu berücksichtigen, die bei Anwendung des § 42 nicht zu entschädigen wären.

(4) Bodenwerte sind nicht zu entschädigen, soweit sie darauf beruhen, dass

1. die zulässige Nutzung auf dem Grundstück den allgemeinen Anforderungen an gesunde Wohn- und Arbeitsverhältnisse oder an die Sicherheit der auf dem Grundstück oder im umliegenden Gebiet wohnenden oder arbeitenden Menschen nicht entspricht oder

2. in einem Gebiet städtebauliche Missstände im Sinne des § 136 Absatz 2 und 3 bestehen und die Nutzung des Grundstücks zu diesen Missständen wesentlich beiträgt.

(5) [1]Nach Vorliegen der Entschädigungsvoraussetzungen bleiben Werterhöhungen unberücksichtigt, die eingetreten sind, nachdem der Entschädigungsberechtigte in der Lage war, den Antrag auf Festsetzung der Entschädigung in Geld zu stellen, oder ein Angebot des Entschädigungspflichtigen, die Entschädigung in Geld in angemessener Höhe zu leisten, abgelehnt hat. [2]Hat der Entschädigungsberechtigte den Antrag auf Übernahme des Grundstücks oder Begründung eines geeigneten Rechts gestellt und hat der Entschädigungspflichtige daraufhin ein Angebot auf Übernahme des Grundstücks oder Begründung des Rechts zu angemessenen Bedingungen gemacht, gilt § 95 Absatz 2 Nummer 3 entsprechend.

§ 44 Entschädigungspflichtige, Fälligkeit und Erlöschen der Entschädigungsansprüche

(1) [1]Zur Entschädigung ist der Begünstigte verpflichtet, wenn er mit der Festsetzung zu seinen Gunsten einverstanden ist. [2]Ist ein Begünstigter nicht bestimmt oder liegt sein Einverständnis nicht vor, ist die Gemeinde zur Entschädigung verpflichtet. [3]Erfüllt der Begünstigte seine Verpflichtung nicht, ist dem Eigentümer gegenüber auch die Gemeinde verpflichtet; der Begünstigte hat der Gemeinde Ersatz zu leisten.

(2) [1]Dient die Festsetzung der Beseitigung oder Minderung von Auswirkungen, die von der Nutzung eines Grundstücks ausgehen, ist der Eigentümer zur Entschädigung verpflichtet, wenn er mit der Festsetzung einverstanden war. [2]Ist der Eigentümer auf Grund anderer gesetzlicher Vorschriften verpflichtet, Auswirkungen, die von der Nutzung seines Grundstücks ausgehen, zu beseitigen oder zu mindern, ist er auch ohne Einverständnis zur Entschädigung verpflichtet, soweit er durch die Festsetzung Aufwendungen erspart. [3]Erfüllt der Eigentümer seine Verpflichtungen nicht, gilt Absatz 1 Satz 3 entsprechend. [4]Die Gemeinde soll den Eigentümer anhören, bevor sie Festsetzungen trifft, die zu einer Entschädigung nach Satz 1 oder 2 führen können.

(3) [1]Der Entschädigungsberechtigte kann Entschädigung verlangen, wenn die in den §§ 39 bis 42 bezeichneten Vermögensnachteile eingetreten sind. [2]Er kann die Fälligkeit des Anspruchs dadurch herbeiführen, dass er die Leistung der Entschädigung schriftlich bei dem Entschädigungspflichtigen beantragt. [3]Entschädigungsleistungen in Geld sind ab Fälligkeit mit 2 vom Hundert über dem Basiszinssatz nach § 247 des Bürgerlichen Gesetzbuchs jährlich zu verzinsen. [4]Ist Entschädigung durch Übernahme des Grundstücks zu leisten, findet auf die Verzinsung § 99 Absatz 3 Anwendung.

(4) Ein Entschädigungsanspruch erlischt, wenn nicht innerhalb von drei Jahren nach Ablauf des Kalenderjahres, in dem die in Absatz 3 Satz 1 bezeichneten Vermögensnachteile eingetreten sind, die Fälligkeit des Anspruchs herbeigeführt wird.

(5) In der Bekanntmachung nach § 10 Absatz 3 ist auf die Vorschriften des Absatzes 3 Satz 1 und 2 sowie des Absatzes 4 hinzuweisen.

Vierter Teil
Bodenordnung

Erster Abschnitt
Umlegung

§ 45 Zweck und Anwendungsbereich

[1]Zur Erschließung oder Neugestaltung von Gebieten können bebaute und unbebaute Grundstücke durch Umlegung in der Weise neu geordnet werden, dass nach Lage, Form und Größe für die bauliche oder sonstige Nutzung zweckmäßig gestaltete Grundstücke entstehen. [2]Die Umlegung kann

1. im Geltungsbereich eines Bebauungsplans im Sinne des § 30 oder

2. innerhalb eines im Zusammenhang bebauten Ortsteils im Sinne des § 34, wenn sich aus der Eigenart der näheren Umgebung oder einem einfachen Bebauungsplan im Sinne des § 30 Absatz 3 hinreichende Kriterien für die Neuordnung der Grundstücke ergeben,

durchgeführt werden.

§ 46 Zuständigkeit und Voraussetzungen

(1) Die Umlegung ist von der Gemeinde (Umlegungsstelle) in eigener Verantwortung anzuordnen und durchzuführen, wenn und sobald sie zur Verwirklichung eines Bebauungsplans oder aus Gründen einer geordneten städtebaulichen Entwicklung zur Verwirklichung der innerhalb eines im Zusammenhang bebauten Ortsteils zulässigen Nutzung erforderlich ist.

(2) Die Landesregierungen können durch Rechtsverordnung bestimmen,

1. dass von der Gemeinde Umlegungsausschüsse mit selbständigen Entscheidungsbefugnissen für die Durchführung der Umlegung gebildet werden,
2. in welcher Weise die Umlegungsausschüsse zusammenzusetzen und mit welchen Befugnissen sie auszustatten sind,
3. dass der Umlegungsausschuss die Entscheidung über Vorgänge nach § 51 von geringer Bedeutung einer Stelle übertragen kann, die seine Entscheidungen vorbereitet,
4. dass zur Entscheidung über einen Rechtsbehelf im Umlegungsverfahren Obere Umlegungsausschüsse gebildet werden und wie diese Ausschüsse zusammenzusetzen sind,
5. dass die Flurbereinigungsbehörde oder eine andere geeignete Behörde verpflichtet ist, auf Antrag der Gemeinde (Umlegungsstelle) die im Umlegungsverfahren zu treffenden Entscheidungen vorzubereiten.

(3) Auf die Anordnung und Durchführung einer Umlegung besteht kein Anspruch.

(4) [1]Die Gemeinde kann ihre Befugnis zur Durchführung der Umlegung auf die Flurbereinigungsbehörde oder eine andere geeignete Behörde für das Gemeindegebiet oder Teile des Gemeindegebiets übertragen. [2]Die Einzelheiten der Übertragung einschließlich der Mitwirkungsrechte der Gemeinde können in einer Vereinbarung zwischen ihr und der die Umlegung durchführenden Behörde geregelt werden. [3]Die Gemeinde kann die Vorbereitung der im Umlegungsverfahren zu treffenden Entscheidungen sowie die zur Durchführung der Umlegung erforderlichen vermessungs- und katastertechnischen Aufgaben öffentlich bestellten Vermessungsingenieuren übertragen.

(5) [1]Die Gemeinde kann dem Umlegungsausschuss für einzelne Fälle oder bestimmte Gebiete die Befugnis zur Ausübung eines ihr nach § 24 Absatz 1 Satz 1 Nummer 2 zustehenden Vorkaufsrechts übertragen; die Gemeinde kann die Übertragung jederzeit widerrufen. [2]Das Recht der Gemeinde, nach der Übertragung ein Vorkaufsrecht zu anderen als Umlegungszwecken auszuüben, bleibt unberührt. [3]Ansprüche Dritter werden durch die Sätze 1 und 2 nicht begründet.

§ 47 Umlegungsbeschluss

(1) [1]Die Umlegung wird nach Anhörung der Eigentümer durch einen Beschluss der Umlegungsstelle eingeleitet. [2]Im Umlegungsbeschluss ist das Umlegungsgebiet (§ 52) zu bezeichnen. [3]Die im Umlegungsgebiet gelegenen Grundstücke sind einzeln aufzuführen.

(2) [1]Soll die Umlegung für den Geltungsbereich eines Bebauungsplans eingeleitet werden, kann das Umlegungsverfahren auch eingeleitet werden, wenn der Bebauungsplan noch nicht aufgestellt ist. [2]In diesem Falle muss der Bebauungsplan vor dem Beschluss über die Aufstellung des Umlegungsplans (§ 66 Absatz 1) in Kraft getreten sein.

§ 48 Beteiligte

(1) Im Umlegungsverfahren sind Beteiligte

1. die Eigentümer der im Umlegungsgebiet gelegenen Grundstücke,
2. die Inhaber eines im Grundbuch eingetragenen oder durch Eintragung gesicherten Rechts an einem im Umlegungsgebiet gelegenen Grundstück oder an einem das Grundstück belastenden Recht,
3. die Inhaber eines nicht im Grundbuch eingetragenen Rechts an einem Grundstück oder an einem das Grundstück belastenden Recht, eines Anspruchs mit dem Recht auf Befriedigung aus dem Grundstück oder eines persönlichen Rechts, das zum Erwerb, zum Besitz oder zur Nutzung des Grundstücks berechtigt oder den Verpflichteten in der Benutzung des Grundstücks beschränkt,
4. die Gemeinde,
5. unter den Voraussetzungen des § 55 Absatz 5 die Bedarfsträger und
6. die Erschließungsträger.

(2) [1]Die in Absatz 1 Nummer 3 bezeichneten Personen werden zu dem Zeitpunkt Beteiligte, in dem die Anmeldung ihres Rechts der Umlegungsstelle zugeht. [2]Die Anmeldung kann bis zur Beschlussfassung über den Umlegungsplan (§ 66 Absatz 1) erfolgen.

(3) ¹Bestehen Zweifel an einem angemeldeten Recht, so hat die Umlegungsstelle dem Anmeldenden unverzüglich eine Frist zur Glaubhaftmachung seines Rechts zu setzen. ²Nach fruchtlosem Ablauf der Frist ist er bis zur Glaubhaftmachung seines Rechts nicht mehr zu beteiligen.

(4) ¹Der im Grundbuch eingetragene Gläubiger einer Hypothek, Grundschuld oder Rentenschuld, für die ein Brief erteilt ist, sowie jeder seiner Rechtsnachfolger hat auf Verlangen der Umlegungsstelle eine Erklärung darüber abzugeben, ob ein anderer die Hypothek, Grundschuld oder Rentenschuld oder ein Recht daran erworben hat; die Person des Erwerbers hat er dabei zu bezeichnen. ²§ 208 Satz 2 bis 4 gilt entsprechend.

§ 49 Rechtsnachfolge
Wechselt die Person eines Beteiligten während eines Umlegungsverfahrens, so tritt sein Rechtsnachfolger in dieses Verfahren in dem Zustand ein, in dem es sich im Zeitpunkt des Übergangs des Rechts befindet.

§ 50 Bekanntmachung des Umlegungsbeschlusses
(1) Der Umlegungsbeschluss ist in der Gemeinde ortsüblich bekannt zu machen.

(2) Die Bekanntmachung des Umlegungsbeschlusses hat die Aufforderung zu enthalten, innerhalb eines Monats Rechte, die aus dem Grundbuch nicht ersichtlich sind, aber zur Beteiligung am Umlegungsverfahren berechtigen, bei der Umlegungsstelle anzumelden.

(3) Werden Rechte erst nach Ablauf der in Absatz 2 bezeichneten Frist angemeldet oder nach Ablauf der in § 48 Absatz 3 gesetzten Frist glaubhaft gemacht, so muss ein Berechtigter die bisherigen Verhandlungen und Festsetzungen gegen sich gelten lassen, wenn die Umlegungsstelle dies bestimmt.

(4) Der Inhaber eines in Absatz 2 bezeichneten Rechts muss die Wirkung eines vor der Anmeldung eingetretenen Fristablaufs ebenso gegen sich gelten lassen wie der Beteiligte, dem gegenüber die Frist durch Bekanntmachung des Verwaltungsakts zuerst in Lauf gesetzt worden ist.

(5) Auf die rechtlichen Wirkungen nach den Absätzen 3 und 4 sowie nach § 51 ist in der Bekanntmachung hinzuweisen.

§ 51 Verfügungs- und Veränderungssperre
(1) ¹Von der Bekanntmachung des Umlegungsbeschlusses bis zur Bekanntmachung nach § 71 dürfen im Umlegungsgebiet nur mit schriftlicher Genehmigung der Umlegungsstelle

1. ein Grundstück geteilt oder Verfügungen über ein Grundstück und über Rechte an einem Grundstück getroffen oder Vereinbarungen abgeschlossen werden, durch die einem anderen ein Recht zum Erwerb, zur Nutzung oder Bebauung eines Grundstücks oder Grundstücksteils eingeräumt wird, oder Baulasten neu begründet, geändert oder aufgehoben werden;

2. erhebliche Veränderungen der Erdoberfläche oder wesentlich wertsteigernde sonstige Veränderungen der Grundstücke vorgenommen werden;

3. nicht genehmigungs-, zustimmungs- oder anzeigepflichtige, aber wertsteigernde bauliche Anlagen errichtet oder wertsteigernde Änderungen solcher Anlagen vorgenommen werden;

4. genehmigungs-, zustimmungs- oder anzeigepflichtige bauliche Anlagen errichtet oder geändert werden.

²Einer Genehmigung nach Satz 1 bedarf es im förmlich festgelegten Sanierungsgebiet nur, wenn und soweit eine Genehmigungspflicht nach § 144 nicht besteht.

(2) Vorhaben, die vor dem Inkrafttreten der Veränderungssperre baurechtlich genehmigt worden sind, Vorhaben, von denen die Gemeinde nach Maßgabe des Bauordnungsrechts Kenntnis erlangt hat und mit deren Ausführung vor dem Inkrafttreten der Veränderungssperre hätte begonnen werden dürfen, sowie Unterhaltungsarbeiten und die Fortführung einer bisher ausgeübten Nutzung werden von der Veränderungssperre nicht berührt.

(3) ¹Die Genehmigung darf nur versagt werden, wenn Grund zu der Annahme besteht, dass das Vorhaben die Durchführung der Umlegung unmöglich machen oder wesentlich erschweren würde. ²§ 22 Absatz 5 Satz 2 bis 5 ist entsprechend anzuwenden.

(4) ¹Die Genehmigung kann unter Auflagen und außer bei Verfügungen über Grundstücke und über Rechte an Grundstücken auch unter Bedingungen oder Befristungen erteilt werden. ²Wird die Genehmigung unter Auflagen, Bedingungen oder Befristungen erteilt, ist die hierdurch betroffene Vertragspartei berechtigt, bis zum Ablauf eines Monats nach Unanfechtbarkeit der Entscheidung vom Vertrag zurückzutreten. ³Auf das Rücktrittsrecht sind die §§ 346 bis 349 und 351 des Bürgerlichen Gesetzbuchs entsprechend anzuwenden.

(5) ¹Überträgt der Umlegungsausschuss auf Grund einer Verordnung nach § 46 Absatz 2 Nummer 3 der dort bezeichneten Stelle Entscheidungen über Vorgänge nach Absatz 1, unterliegt diese Stelle seinen

Weisungen; bei Einlegung von Rechtsbehelfen tritt der Umlegungsausschuss an ihre Stelle. ²Der Umlegungsausschuss kann die Übertragung jederzeit widerrufen.

§ 52 Umlegungsgebiet
(1) ¹Das Umlegungsgebiet ist so zu begrenzen, dass die Umlegung sich zweckmäßig durchführen lässt. ²Es kann aus räumlich getrennten Flächen bestehen.

(2) Einzelne Grundstücke, die die Durchführung der Umlegung erschweren, können von der Umlegung ganz oder teilweise ausgenommen werden.

(3) ¹Unwesentliche Änderungen des Umlegungsgebiets können bis zum Beschluss über die Aufstellung des Umlegungsplans (§ 66 Absatz 1) von der Umlegungsstelle nach vorheriger Anhörung der Eigentümer der betroffenen Grundstücke auch ohne ortsübliche Bekanntmachung vorgenommen werden. ²Die Änderung wird mit ihrer Bekanntgabe an die Eigentümer der betroffenen Grundstücke wirksam.

§ 53 Bestandskarte und Bestandsverzeichnis
(1) ¹Die Umlegungsstelle fertigt eine Karte und ein Verzeichnis der Grundstücke des Umlegungsgebiets an (Bestandskarte und Bestandsverzeichnis). ²Die Bestandskarte weist mindestens die bisherige Lage und Form der Grundstücke des Umlegungsgebiets und die auf ihnen befindlichen Gebäude aus und bezeichnet die Eigentümer. ³In dem Bestandsverzeichnis sind für jedes Grundstück mindestens aufzuführen
1. die im Grundbuch eingetragenen Eigentümer,
2. die grundbuch- und katastermäßige Bezeichnung, die Größe und die im Liegenschaftskataster angegebene Nutzungsart der Grundstücke unter Angabe von Straße und Hausnummer sowie
3. die im Grundbuch in Abteilung II eingetragenen Lasten und Beschränkungen.

(2) ¹Die Bestandskarte und die in Absatz 1 Satz 3 Nummer 1 und 2 bezeichneten Teile des Bestandsverzeichnisses sind auf die Dauer eines Monats in der Gemeinde öffentlich auszulegen. ²Ort und Dauer der Auslegung sind mindestens eine Woche vor der Auslegung ortsüblich bekannt zu machen.

(3) Betrifft die Umlegung nur wenige Grundstücke, so genügt anstelle der ortsüblichen Bekanntmachung die Mitteilung an die Eigentümer und die Inhaber sonstiger Rechte, soweit sie aus dem Grundbuch ersichtlich sind oder ihr Recht bei der Umlegungsstelle angemeldet haben.

(4) In den in Absatz 1 Satz 3 Nummer 3 bezeichneten Teil des Bestandsverzeichnisses ist die Einsicht jedem gestattet, der ein berechtigtes Interesse darlegt.

§ 54 Benachrichtigungen und Umlegungsvermerk
(1) ¹Die Umlegungsstelle teilt dem Grundbuchamt und der für die Führung des Liegenschaftskatasters zuständigen Stelle die Einleitung (§ 47) des Umlegungsverfahrens und die nachträglichen Änderungen des Umlegungsgebiets (§ 52) mit. ²Das Grundbuchamt hat in die Grundbücher der umzulegenden Grundstücke einzutragen, dass das Umlegungsverfahren eingeleitet ist (Umlegungsvermerk).

(2) ¹Das Grundbuchamt und die für die Führung des Liegenschaftskatasters zuständige Stelle haben die Umlegungsstelle von allen Eintragungen zu benachrichtigen, die nach dem Zeitpunkt der Einleitung des Umlegungsverfahrens im Grundbuch der betroffenen Grundstücke und im Liegenschaftskataster vorgenommen sind oder vorgenommen werden. ²§ 22 Absatz 6 ist entsprechend anzuwenden.

(3) Ist im Grundbuch die Anordnung der Zwangsversteigerung oder Zwangsverwaltung eingetragen, so gibt die Umlegungsstelle dem Vollstreckungsgericht von dem Umlegungsbeschluss Kenntnis, soweit dieser das Grundstück betrifft, das Gegenstand des Vollstreckungsverfahrens ist.

§ 55 Umlegungsmasse und Verteilungsmasse
(1) Die im Umlegungsgebiet gelegenen Grundstücke werden nach ihrer Fläche rechnerisch zu einer Masse vereinigt (Umlegungsmasse).

(2) ¹Aus der Umlegungsmasse sind vorweg die Flächen auszuscheiden und der Gemeinde oder dem sonstigen Erschließungsträger zuzuteilen, die nach dem Bebauungsplan festgesetzt sind oder aus Gründen der geordneten städtebaulichen Entwicklung zur Verwirklichung der nach § 34 zulässigen Nutzung erforderlich sind als
1. örtliche Verkehrsflächen für Straßen, Wege einschließlich Fuß- und Wohnwege und für Plätze sowie für Sammelstraßen,
2. Flächen für Parkplätze, Grünanlagen einschließlich Kinderspielplätze und Anlagen zum Schutz gegen schädliche Umwelteinwirkungen im Sinne des Bundes-Immissionsschutzgesetzes, soweit sie nicht schon Bestandteil der in Nummer 1 genannten Verkehrsanlagen sind, sowie für Regenklär- und Regenüberlaufbecken, wenn die Flächen überwiegend den Bedürfnissen der Bewohner des Umlegungsgebiets dienen sollen.

²Zu den vorweg auszuscheidenden Flächen gehören auch die Flächen zum Ausgleich im Sinne des § 1a Absatz 3 für die in Satz 1 genannten Anlagen. ³Grünflächen nach Satz 1 Nummer 2 können auch bauflächenbedingte Flächen zum Ausgleich im Sinne des § 1a Absatz 3 umfassen.

(3) Mit der Zuteilung ist die Gemeinde oder der sonstige Erschließungsträger für von ihnen in die Umlegungsmasse eingeworfene Flächen nach Absatz 2 abgefunden.

(4) Die verbleibende Masse ist die Verteilungsmasse.

(5) ¹Sonstige Flächen, für die nach dem Bebauungsplan eine Nutzung für öffentliche Zwecke festgesetzt ist, können einschließlich der Flächen zum Ausgleich im Sinne des § 1a Absatz 3 ausgeschieden und dem Bedarfs- oder Erschließungsträger zugeteilt werden, wenn dieser geeignetes Ersatzland, das auch außerhalb des Umlegungsgebiets liegen kann, in die Verteilungsmasse einbringt. ²Die Umlegungsstelle soll von dieser Befugnis Gebrauch machen, wenn dies zur alsbaldigen Durchführung des Bebauungsplans zweckmäßig ist.

§ 56 Verteilungsmaßstab

(1) ¹Für die Errechnung der den beteiligten Grundeigentümern an der Verteilungsmasse zustehenden Anteile (Sollanspruch) ist entweder von dem Verhältnis der Flächen oder dem Verhältnis der Werte auszugehen, in dem die früheren Grundstücke vor der Umlegung zueinander gestanden haben. ²Der Maßstab ist von der Umlegungsstelle nach pflichtmäßigem Ermessen unter gerechter Abwägung der Interessen der Beteiligten je nach Zweckmäßigkeit einheitlich zu bestimmen.

(2) Sind alle Beteiligten einverstanden, so kann die Verteilungsmasse auch nach einem anderen Maßstab aufgeteilt werden.

§ 57 Verteilung nach Werten

¹Geht die Umlegungsstelle von dem Verhältnis der Werte aus, so wird die Verteilungsmasse in dem Verhältnis verteilt, in dem die zu berücksichtigenden Eigentümer an der Umlegung beteiligt sind. ²Jedem Eigentümer soll ein Grundstück mindestens mit dem Verkehrswert zugeteilt werden, den sein früheres Grundstück auch unter Berücksichtigung der Pflicht zur Bereitstellung von Flächen zum Ausgleich im Sinne des § 1a Absatz 3 im Zeitpunkt des Umlegungsbeschlusses hatte. ³Für die zuzuteilenden Grundstücke ist der Verkehrswert, bezogen auf den Zeitpunkt des Umlegungsbeschlusses, zu ermitteln. ⁴Dabei sind Wertänderungen, die durch die Umlegung bewirkt werden, zu berücksichtigen; sollen Grundstücke in Bezug auf Flächen nach § 55 Absatz 2 erschließungsbeitragspflichtig zugeteilt werden, bleiben Wertänderungen insoweit unberücksichtigt. ⁵Unterschiede zwischen den so ermittelten Verkehrswerten sind in Geld auszugleichen.

§ 58 Verteilung nach Flächen

(1) ¹Geht die Umlegungsstelle von dem Verhältnis der Flächen aus, hat sie von den eingeworfenen Grundstücken unter Anrechnung des Flächenabzugs nach § 55 Absatz 2 einen Flächenbeitrag in einem solchen Umfang abzuziehen, dass die Vorteile ausgeglichen werden, die durch die Umlegung erwachsen; dabei bleiben in den Fällen des § 57 Satz 4 Halbsatz 2 die Vorteile insoweit unberücksichtigt. ²Der Flächenbeitrag darf in Gebieten, die erstmalig erschlossen werden, nur bis zu 30 vom Hundert, in anderen Gebieten nur bis zu 10 vom Hundert der eingeworfenen Fläche betragen. ³Die Umlegungsstelle kann statt eines Flächenbeitrags ganz oder teilweise einen entsprechenden Geldbeitrag erheben. ⁴Soweit der Umlegungsvorteil den Flächenbeitrag nach Satz 1 übersteigt, ist der Vorteil in Geld auszugleichen.

(2) Kann das neue Grundstück nicht in gleicher oder gleichwertiger Lage zugeteilt werden, so sind dadurch begründete Wertunterschiede in Fläche oder Geld auszugleichen.

(3) Für die Bemessung von Geldbeiträgen und Ausgleichsleistungen sind die Wertverhältnisse im Zeitpunkt des Umlegungsbeschlusses maßgebend.

§ 59 Zuteilung und Abfindung

(1) Aus der Verteilungsmasse sind den Eigentümern dem Umlegungszweck entsprechend nach Möglichkeit Grundstücke einschließlich Flächen zum Ausgleich im Sinne des § 1a Absatz 3 in gleicher oder gleichwertiger Lage wie die eingeworfenen Grundstücke und entsprechend den nach §§ 57 und 58 errechneten Anteilen zuzuteilen.

(2) ¹Soweit es unter Berücksichtigung der öffentlich-rechtlichen Vorschriften nicht möglich ist, die nach den §§ 57 und 58 errechneten Anteile tatsächlich zuzuteilen, findet ein Ausgleich in Geld statt. ²Auf den Geldausgleich sind die Vorschriften über die Entschädigung im Zweiten Abschnitt des Fünften Teils entsprechend anzuwenden, soweit die Zuteilung den Einwurfwert oder mehr als nur unwesentlich den Sollanspruch unterschreitet. ³Der Geldausgleich bemisst sich nach dem Verkehrswert, bezogen auf den Zeitpunkt der Aufstellung des Umlegungsplans, soweit die Zuteilung den Sollanspruch mehr als nur unwesentlich überschreitet und dadurch die bauplanungsrechtlich zulässige Nutzung ermöglicht.

(3) Beantragt ein Eigentümer, der im Umlegungsgebiet eigen genutzten Wohn- oder Geschäftsraum aufgeben muss und im Umlegungsverfahren kein Grundstück erhält, dass für ihn als Abfindung im Umlegungsverfahren eines der in Absatz 4 Nummer 2 und 3 bezeichneten Rechte vorgesehen wird, so soll dem entsprochen werden, sofern dies in der Umlegung möglich ist.

(4) Mit Einverständnis der betroffenen Eigentümer können als Abfindung
1. Geld oder
2. Grundeigentum außerhalb des Umlegungsgebiets oder
3. die Begründung von Miteigentum an einem Grundstück, die Gewährung von grundstücksgleichen Rechten, Rechten nach dem Wohnungseigentumsgesetz oder sonstigen dinglichen Rechten innerhalb und außerhalb des Umlegungsgebiets
vorgesehen werden.

(5) [1]Sofern die Umlegung im Geltungsbereich eines Bebauungsplans durchgeführt wird, können Eigentümer in Geld oder mit außerhalb des Umlegungsgebiets gelegenen Grundstücken abgefunden werden, wenn sie im Gebiet keine bebauungsfähigen Grundstücke erhalten können oder wenn dies sonst zur Erreichung der Ziele und Zwecke des Bebauungsplans erforderlich ist; wer die Abfindung mit Grundstücken außerhalb des Gebiets ablehnt, kann mit Geld abgefunden werden. [2]Die Vorschriften über die Entschädigung im Zweiten Abschnitt des Fünften Teils sind entsprechend anzuwenden.

(6) [1]Lehnt der Eigentümer eine Abfindung mit den in Absatz 4 Nummer 2 und 3 bezeichneten Rechten ab, obgleich durch eine solche Abfindung für eine größere Anzahl von Beteiligten eine Abfindung in Geld vermieden werden kann und die Abfindung in diesen Rechtsformen mit dem Bebauungsplan vereinbar ist, ist der Eigentümer in Geld abzufinden. [2]Die Vorschriften über die Entschädigung im Zweiten Abschnitt des Fünften Teils sind entsprechend anzuwenden.

(7) Die Umlegungsstelle – der Umlegungsausschuss auf Antrag der Gemeinde – kann bei der Zuteilung von Grundstücken unter den Voraussetzungen des § 176 ein Baugebot, unter den Voraussetzungen des § 177 ein Modernisierungs- oder Instandsetzungsgebot und unter den Voraussetzungen des § 178 ein Pflanzgebot anordnen.

(8) [1]Sofern die Umlegung im Geltungsbereich eines Bebauungsplans durchgeführt wird, sind im Umlegungsplan die Gebäude oder sonstigen baulichen Anlagen zu bezeichnen, die dem Bebauungsplan widersprechen und der Verwirklichung der im Umlegungsplan in Aussicht genommenen Neugestaltung (§ 66 Absatz 2) entgegenstehen. [2]Die Eigentümer und die sonstigen Nutzungsberechtigten haben die Beseitigung der im Umlegungsplan bezeichneten Gebäude und sonstigen baulichen Anlagen zu dulden, wenn die Gemeinde die Beseitigung zum Vollzug des Umlegungsplans durchführt.

(9) Die Befugnis der Gemeinde, ein Baugebot, ein Modernisierungs- oder Instandsetzungsgebot, ein Pflanzgebot oder ein Rückbau- oder Entsiegelungsgebot nach den §§ 176 bis 179 anzuordnen, bleibt unberührt.

§ 60 Abfindung und Ausgleich für bauliche Anlagen, Anpflanzungen und sonstige Einrichtungen

[1]Für bauliche Anlagen, Anpflanzungen und für sonstige Einrichtungen ist nur eine Geldabfindung zu gewähren und im Falle der Zuteilung ein Ausgleich in Geld festzusetzen, soweit das Grundstück wegen dieser Einrichtungen einen über den Bodenwert hinausgehenden Verkehrswert hat. [2]Die Vorschriften über die Entschädigung im Zweiten Abschnitt des Fünften Teils sind entsprechend anzuwenden.

§ 61 Aufhebung, Änderung und Begründung von Rechten

(1) [1]Grundstücksgleiche Rechte sowie andere Rechte an einem im Umlegungsgebiet gelegenen Grundstück oder an einem das Grundstück belastenden Recht, ferner Ansprüche mit dem Recht auf Befriedigung aus dem Grundstück oder persönliche Rechte, die zum Erwerb, zum Besitz oder zur Nutzung eines im Umlegungsgebiet gelegenen Grundstücks berechtigen oder den Verpflichteten in der Benutzung des Grundstücks beschränken, können durch den Umlegungsplan aufgehoben, geändert oder neu begründet werden. [2]In Übereinstimmung mit den Zielen des Bebauungsplans oder zur Verwirklichung einer nach § 34 zulässigen Nutzung können zur zweckmäßigen und wirtschaftlichen Ausnutzung der Grundstücke Flächen für Zuwege, gemeinschaftliche Hofräume, Kinderspielplätze, Freizeiteinrichtungen, Stellplätze, Garagen, Flächen zum Ausgleich im Sinne des § 1a Absatz 3 oder andere Gemeinschaftsanlagen festgelegt und ihre Rechtsverhältnisse geregelt werden. [3]Im Landesrecht vorgesehene öffentlich-rechtliche Verpflichtungen zu einem das Grundstück betreffenden Tun, Dulden oder Unterlassen (Baulast) können im Einvernehmen mit der Baugenehmigungsbehörde aufgehoben, geändert oder neu begründet werden.

(2) [1]Soweit durch die Aufhebung, Änderung oder Begründung von Rechten oder Baulasten Vermögensnachteile oder Vermögensvorteile entstehen, findet eine Ausgleich in Geld statt. [2]Für den Fall, dass Vermögensnachteile entstehen, sind die Vorschriften über die Entschädigung im Zweiten Abschnitt des Fünften Teils und über den Härteausgleich nach § 181 entsprechend anzuwenden.

(3) Die Absätze 1 und 2 gelten auch für die nach § 55 Absatz 5 in die Verteilungsmasse eingebrachten Grundstücke.

§ 62 Gemeinschaftliches Eigentum; besondere rechtliche Verhältnisse

(1) Wenn es dem Zweck der Umlegung dient und die Eigentümer zustimmen, kann gemeinschaftliches Eigentum an Grundstücken geteilt werden.

(2) [1]Wenn einem Eigentümer für mehrere verschiedenen Rechtsverhältnissen unterliegende alte Grundstücke oder Berechtigungen ein neues Grundstück zugeteilt wird, so werden entsprechend den verschiedenen Rechtsverhältnissen Bruchteile der Gesamtabfindung bestimmt, die an die Stelle der einzelnen Grundstücke oder Berechtigungen treten. [2]In diesen Fällen kann für jedes eingeworfene Grundstück oder jede Berechtigung anstelle des Bruchteils ein besonderes Grundstück zugeteilt werden.

(3) Wenn gemeinschaftliches Eigentum geteilt wird (Absatz 1) oder einem Eigentümer für sein Grundstück mehrere neue Grundstücke zugeteilt werden, so kann die Umlegungsstelle Grundpfandrechte und Reallasten, mit denen eingeworfene Grundstücke belastet sind, entsprechend den im Umlegungsverfahren ermittelten Werten auf die zuzuteilenden Grundstücke verteilen.

§ 63 Übergang von Rechtsverhältnissen auf die Abfindung

(1) [1]Die zugeteilten Grundstücke treten hinsichtlich der Rechte an den alten Grundstücken und der diese Grundstücke betreffenden Rechtsverhältnisse, die nicht aufgehoben werden, an die Stelle der alten Grundstücke. [2]Die örtlich gebundenen öffentlichen Lasten, die auf den alten Grundstücken ruhen, gehen auf die in deren örtlicher Lage ausgewiesenen neuen Grundstücke über.

(2) Erhält der Eigentümer, dem ein neues Grundstück zugeteilt wird, für das alte Grundstück zum Ausgleich von Wertunterschieden einen Geldausgleich oder nach § 59, § 60 oder § 61 eine Geldabfindung, so sind dinglich Berechtigte, deren Rechte durch die Umlegung beeinträchtigt werden, insoweit auf den Geldanspruch des Eigentümers angewiesen.

§ 64 Geldleistungen

(1) Die Gemeinde ist Gläubigerin und Schuldnerin der im Umlegungsplan festgesetzten Geldleistungen.

(2) [1]Geldleistungen werden mit der Bekanntmachung nach § 71 fällig. [2]Die Fälligkeit der Ausgleichsleistungen für Mehrwerte (§§ 57 bis 61) kann bis zu längstens zehn Jahren hinausgeschoben werden; dabei kann vorgesehen werden, dass die Bezahlung dieser Ausgleichsleistungen ganz oder teilweise in wiederkehrenden Leistungen erfolgt. [3]In den Fällen des Satzes 2 soll die Ausgleichsleistung ab Fälligkeit und bei Anfechtung des Umlegungsplans lediglich wegen der Höhe einer Geldleistung soll diese in Höhe des angefochtenen Betrags ab Inkrafttreten des Umlegungsplans dem Grund nach mit 2 vom Hundert über dem Basiszinssatz nach § 247 des Bürgerlichen Gesetzbuchs jährlich verzinst werden.

(3) Die Verpflichtungen des Eigentümers oder des Erbbauberechtigten zu Geldleistungen nach den §§ 57 bis 61 gelten als Beitrag und ruhen als öffentliche Last auf dem Grundstück oder dem Erbbaurecht.

(4) [1]Wird zur Sicherung eines Kredits, der
1. der Errichtung von Neubauten, dem Wiederaufbau zerstörter Gebäude oder dem Ausbau oder der Erweiterung bestehender Gebäude oder
2. der Durchführung notwendiger außerordentlicher Instandsetzungen an Gebäuden
auf dem belasteten Grundstück dient, ein Grundpfandrecht bestellt, so kann für dieses auf Antrag ein Befriedigungsvorrecht vor der öffentlichen Last nach Absatz 3 oder einem Teil derselben für den Fall der Zwangsvollstreckung in das Grundstück bewilligt werden, wenn dadurch die Sicherheit der öffentlichen Last nicht gefährdet wird und die Zins- und Tilgungssätze für das Grundpfandrecht den üblichen Jahresleistungen für erstrangige Tilgungshypotheken entsprechen. [2]Die Bewilligung kann von der Erfüllung von Bedingungen abhängig gemacht werden.

(5) Soweit die Kosten und Geldleistungen der Umlegung von einem Bedarfs- oder Erschließungsträger verursacht sind, sind sie von ihm der Gemeinde zu erstatten.

(6) Die öffentlichen Lasten (Absatz 3) sind im Grundbuch zu vermerken.

§ 65 Hinterlegung und Verteilungsverfahren

Für die Hinterlegung von Geldleistungen und für das Verteilungsverfahren gelten die Vorschriften der §§ 118 und 119 entsprechend.

§ 66 Aufstellung und Inhalt des Umlegungsplans

(1) [1]Der Umlegungsplan ist von der Umlegungsstelle nach Erörterung mit den Eigentümern durch Beschluss aufzustellen. [2]Er kann auch für Teile des Umlegungsgebiets aufgestellt werden (Teilumlegungsplan).

(2) ^1Aus dem Umlegungsplan muss der in Aussicht genommene Neuzustand mit allen tatsächlichen und rechtlichen Änderungen hervorgehen, die die im Umlegungsgebiet gelegenen Grundstücke erfahren. ^2Der Umlegungsplan muss nach Form und Inhalt zur Übernahme in das Liegenschaftskataster geeignet sein. (3) Der Umlegungsplan besteht aus der Umlegungskarte und dem Umlegungsverzeichnis.

§ 67 Umlegungskarte

^1Die Umlegungskarte stellt den künftigen Zustand des Umlegungsgebiets dar. ^2In die Karte sind insbesondere die neuen Grundstücksgrenzen und -bezeichnungen sowie die Flächen im Sinne des § 55 Absatz 2 einzutragen.

§ 68 Umlegungsverzeichnis

(1) Das Umlegungsverzeichnis führt auf
1. die Grundstücke, einschließlich der außerhalb des Umlegungsgebiets zugeteilten, nach Lage, Größe und Nutzungsart unter Gegenüberstellung des alten und neuen Bestands mit Angabe ihrer Eigentümer;
2. die Rechte an einem Grundstück oder einem das Grundstück belastenden Recht, ferner Ansprüche mit dem Recht auf Befriedigung aus dem Grundstück oder persönliche Rechte, die zum Erwerb, zum Besitz oder zur Nutzung eines Grundstücks berechtigen oder den Verpflichteten in der Benutzung des Grundstücks beschränken, soweit sie aufgehoben, geändert oder neu begründet werden;
3. die Grundstückslasten nach Rang und Betrag;
4. die Geldleistungen, deren Fälligkeit und Zahlungsart sowie der Wert der Flächen nach § 55 Absatz 2 bei einer insoweit erschließungsbeitragspflichtigen Zuteilung;
5. diejenigen, zu deren Gunsten oder Lasten Geldleistungen festgesetzt sind;
6. die einzuziehenden und die zu verlegenden Flächen im Sinne des § 55 Absatz 2 und die Wasserläufe;
7. die Gebote nach § 59 Absatz 7 sowie
8. die Baulasten nach § 61 Absatz 1 Satz 3.
(2) Das Umlegungsverzeichnis kann für jedes Grundstück gesondert aufgestellt werden.

§ 69 Bekanntmachung des Umlegungsplans, Einsichtnahme

(1) ^1Die Umlegungsstelle hat den Beschluss über die Aufstellung des Umlegungsplans (§ 66 Absatz 1) in der Gemeinde ortsüblich bekannt zu machen. ^2In der Bekanntmachung ist darauf hinzuweisen, dass der Umlegungsplan an einer zu benennenden Stelle nach Absatz 2 eingesehen werden kann und auszugsweise nach § 70 Absatz 1 Satz 1 zugestellt wird.
(2) Den Umlegungsplan kann jeder einsehen, der ein berechtigtes Interesse darlegt.

§ 70 Zustellung des Umlegungsplans

(1) ^1Den Beteiligten ist ein ihre Rechte betreffender Auszug aus dem Umlegungsplan zuzustellen. ^2Dabei ist darauf hinzuweisen, dass der Umlegungsplan an einer zu benennenden Stelle nach § 69 Absatz 2 eingesehen werden kann.
(2) Hält die Umlegungsstelle Änderungen des Umlegungsplans für erforderlich, so können die Bekanntmachung und die Zustellung des geänderten Umlegungsplans auf die von der Änderung Betroffenen beschränkt werden.
(3) Ist im Grundbuch die Anordnung der Zwangsversteigerung oder Zwangsverwaltung eingetragen, so gibt die Umlegungsstelle dem Vollstreckungsgericht von dem Umlegungsverzeichnis Kenntnis, soweit dieses das Grundstück, das Gegenstand des Vollstreckungsverfahrens ist, und die daran bestehenden Rechte betrifft.

§ 71 Inkrafttreten des Umlegungsplans

(1) ^1Die Umlegungsstelle hat ortsüblich bekannt zu machen, in welchem Zeitpunkt der Umlegungsplan unanfechtbar geworden ist. ^2Dem Eintritt der Unanfechtbarkeit des Umlegungsplans steht es gleich, wenn der Umlegungsplan lediglich wegen der Höhe einer Geldabfindung anfechtbar ist.
(2) ^1Vor Unanfechtbarkeit des Umlegungsplans kann die Umlegungsstelle räumliche und sachliche Teile des Umlegungsplans durch Bekanntmachung in Kraft setzen, wenn sich die Entscheidung über eingelegte Rechtsbehelfe auf diese Teile des Umlegungsplans nicht auswirken kann. ^2Personen, die Rechtsbehelfe eingelegt haben, sind von der Inkraftsetzung zu unterrichten.

§ 72 Wirkungen der Bekanntmachung

(1) ^1Mit der Bekanntmachung nach § 71 wird der bisherige Rechtszustand durch den in dem Umlegungsplan vorgesehenen neuen Rechtszustand ersetzt. ^2Die Bekanntmachung schließt die Einweisung der neuen Eigentümer in den Besitz der zugeteilten Grundstücke ein.

(2) ¹Die Gemeinde hat den Umlegungsplan zu vollziehen, sobald seine Unanfechtbarkeit nach § 71 bekannt gemacht worden ist. ²Sie hat den Beteiligten die neuen Besitz- und Nutzungsrechte, erforderlichenfalls mit den Mitteln des Verwaltungszwangs, zu verschaffen.

§ 73 Änderung des Umlegungsplans
Die Umlegungsstelle kann den Umlegungsplan auch nach Eintritt der Unanfechtbarkeit ändern, wenn
1. der Bebauungsplan geändert wird,
2. eine rechtskräftige Entscheidung eines Gerichts die Änderung notwendig macht oder
3. die Beteiligten mit der Änderung einverstanden sind.

§ 74 Berichtigung der öffentlichen Bücher
(1) ¹Die Umlegungsstelle übersendet dem Grundbuchamt und der für die Führung des Liegenschaftskatasters zuständigen Stelle eine beglaubigte Abschrift der Bekanntmachung nach § 71 sowie eine beglaubigte Ausfertigung des Umlegungsplans und ersucht diese, die Rechtsänderungen in das Grundbuch und in das Liegenschaftskataster einzutragen sowie den Umlegungsvermerk im Grundbuch zu löschen. ²Dies gilt auch für außerhalb des Umlegungsgebiets zugeteilte Grundstücke.
(2) ¹Bis zur Berichtigung des Liegenschaftskatasters dienen die Umlegungskarte und das Umlegungsverzeichnis als amtliches Verzeichnis der Grundstücke im Sinne des § 2 Absatz 2 der Grundbuchordnung, wenn die für die Führung des Liegenschaftskatasters zuständige Stelle auf diesen Urkunden bescheinigt hat, dass sie nach Form und Inhalt zur Übernahme in das Liegenschaftskataster geeignet sind. ²Diese Bescheinigung ist nicht erforderlich, wenn die Flurbereinigungsbehörde die Umlegungskarte und das Umlegungsverzeichnis gefertigt hat (§ 46 Absatz 2 Nummer 5 und Absatz 4).

§ 75 Einsichtnahme in den Umlegungsplan
Bis zur Berichtigung des Grundbuchs ist die Einsicht in den Umlegungsplan jedem gestattet, der ein berechtigtes Interesse darlegt.

§ 76 Vorwegnahme der Entscheidung
¹Mit Einverständnis der betroffenen Rechtsinhaber können die Eigentums- und Besitzverhältnisse für einzelne Grundstücke sowie andere Rechte nach den §§ 55 bis 62 geregelt werden, bevor der Umlegungsplan aufgestellt ist. ²Die §§ 70 bis 75 gelten entsprechend.

§ 77 Vorzeitige Besitzeinweisung
(1) Sofern die Umlegung im Geltungsbereich eines Bebauungsplans durchgeführt wird, kann die Umlegungsstelle nach dem Inkrafttreten des Bebauungsplans, wenn das Wohl der Allgemeinheit es erfordert,
1. vor Aufstellung des Umlegungsplans die Gemeinde oder den sonstigen Bedarfs- oder Erschließungsträger in den Besitz der Grundstücke, die in dem Bebauungsplan als Flächen im Sinne des § 9 Absatz 1 Nummer 21 oder des § 55 Absatz 2 und 5 festgesetzt sind, einweisen;
2. nach Aufstellung des Umlegungsplans und Übertragung der Grenzen der neuen Grundstücke in die Örtlichkeit auch sonstige am Umlegungsverfahren Beteiligte in den Besitz der nach dem Umlegungsplan für sie vorgesehenen Grundstücke oder Nutzungsrechte einweisen.
(2) Das Wohl der Allgemeinheit kann die vorzeitige Einweisung in den Besitz insbesondere erfordern
1. in den Fällen des Absatzes 1 Nummer 1 zugunsten der Gemeinde oder eines sonstigen Bedarfs- oder Erschließungsträgers, wenn Maßnahmen zur Verwirklichung des Bebauungsplans bevorstehen und die Flächen für die vorgesehenen Anlagen und Einrichtungen der Erschließung oder Versorgung des Gebiets benötigt werden,
2. in den Fällen des Absatzes 1 Nummer 2 zugunsten sonstiger Umlegungsbeteiligter, wenn dringende städtebauliche Gründe für die Verschaffung des Besitzes bestehen und wenn diese Gründe die Interessen der Betroffenen an der weiteren Ausübung des Besitzes wesentlich überwiegen.
(3) Die §§ 116 und 122 gelten entsprechend.

§ 78 Verfahrens- und Sachkosten
Die Gemeinde trägt die Verfahrenskosten und die nicht durch Beiträge nach § 64 Absatz 3 gedeckten Sachkosten.

§ 79 Abgaben- und Auslagenbefreiung
(1) ¹Geschäfte und Verhandlungen, die der Durchführung oder Vermeidung der Umlegung dienen, einschließlich der Berichtigung der öffentlichen Bücher, sind frei von Gebühren und ähnlichen nichtsteuerlichen Abgaben sowie von Auslagen; dies gilt nicht für die Kosten eines Rechtsstreits. ²Unberührt bleiben Regelungen nach landesrechtlichen Vorschriften.

(2) Die Abgabenfreiheit ist von der zuständigen Behörde ohne Nachprüfung anzuerkennen, wenn die Umlegungsstelle versichert, dass ein Geschäft oder eine Verhandlung der Durchführung oder Vermeidung der Umlegung dient.

Zweiter Abschnitt
Vereinfachte Umlegung

§ 80 Zweck, Anwendungsbereich, Zuständigkeiten

(1) [1]Die Gemeinde kann eine Umlegung im Sinne des § 45 als vereinfachte Umlegung durchführen, wenn die in § 46 Absatz 1 bezeichneten Voraussetzungen vorliegen und wenn mit der Umlegung lediglich

1. unmittelbar aneinander grenzende oder in enger Nachbarschaft liegende Grundstücke oder Teile von Grundstücken untereinander getauscht oder

2. Grundstücke, insbesondere Splittergrundstücke oder Teile von Grundstücken, einseitig zugeteilt werden. [2]Die auszutauschenden oder einseitig zuzuteilenden Grundstücke oder Grundstücksteile dürfen nicht selbständig bebaubar sein. [3]Eine einseitige Zuteilung muss im öffentlichen Interesse geboten sein.

(2) [1]Auf die vereinfachte Umlegung sind die Vorschriften des Ersten Abschnitts nur anzuwenden, soweit die Vorschriften dieses Abschnitts dies bestimmen. [2]Einer Anordnung der vereinfachten Umlegung durch die Gemeinde bedarf es nicht.

(3) [1]Die vereinfachte Umlegung ist so durchzuführen, dass jedem Eigentümer nach dem Verhältnis des Werts seines früheren Grundstücks zum Wert der übrigen Grundstücke möglichst ein Grundstück in gleicher oder gleichwertiger Lage zugeteilt wird. [2]Eine durch die vereinfachte Umlegung für den Grundstückseigentümer bewirkte Wertminderung darf nur unerheblich sein. [3]Mit Zustimmung der Eigentümer können von den Sätzen 1 und 2 abweichende Regelungen getroffen werden.

(4) [1]Im Rahmen des Verfahrens der vereinfachten Umlegung betroffene Dienstbarkeiten und Baulasten nach Maßgabe des § 61 Absatz 1 Satz 3 können neugeordnet und zu diesem Zweck auch neu begründet und aufgehoben werden. [2]Betroffene Grundpfandrechte können neugeordnet werden, wenn die Beteiligten dem vorgesehenen neuen Rechtszustand zustimmen.

(5) [1]Die Landesregierungen können durch Rechtsverordnungen bestimmen, dass die nach Maßgabe des § 46 Absatz 2 Nummer 1 und 2 gebildeten Umlegungsausschüsse auch vereinfachte Umlegungsverfahren selbständig durchführen. [2]Die Vorschriften des § 46 Absatz 4 zur Übertragung der Umlegung auf die Flurbereinigungsbehörde oder eine andere geeignete Behörde sind für vereinfachte Umlegungsverfahren entsprechend anzuwenden.

§ 81 Geldleistungen

(1) [1]Vorteile, die durch die vereinfachte Umlegung bewirkt werden, sind von den Eigentümern in Geld auszugleichen. [2]Die Vorschriften über die Entschädigung im Zweiten Abschnitt des Fünften Teils sind entsprechend anzuwenden.

(2) [1]Gläubigerin und Schuldnerin der Geldleistungen ist die Gemeinde. [2]Die Beteiligten können mit Zustimmung der Gemeinde andere Vereinbarungen treffen. [3]Die Geldleistungen werden mit der Bekanntmachung nach § 83 Absatz 1 fällig. [4]§ 64 Absatz 3, 4 und 6 über Beitrag und öffentliche Last ist entsprechend anzuwenden, wenn die Gemeinde Gläubigerin der Geldleistungen ist.

(3) [1]Dinglich Berechtigte, deren Rechte durch die vereinfachte Umlegung beeinträchtigt werden, sind insoweit auf den Geldanspruch des Eigentümers angewiesen. [2]Für die Hinterlegung von Geldleistungen und für das Verteilungsverfahren gelten die Vorschriften der §§ 118 und 119 entsprechend.

§ 82 Beschluss über die vereinfachte Umlegung

(1) [1]Die Gemeinde setzt nach Erörterung mit den Eigentümern durch Beschluss die neuen Grenzen sowie die Geldleistung fest und regelt in ihm, soweit es erforderlich ist, die Neuordnung und zu diesem Zweck auch die Neubegründung und Aufhebung von Dienstbarkeiten, Grundpfandrechten und Baulasten. [2]Beteiligten, deren Rechte ohne Zustimmung durch den Beschluss betroffen werden, ist vorher Gelegenheit zur Stellungnahme zu geben. [3]Der Beschluss muss nach Form und Inhalt zur Übernahme in das Liegenschaftskataster geeignet sein.

(2) [1]Allen Beteiligten ist ein ihre Rechte betreffender Auszug aus dem Beschluss zuzustellen. [2]Dabei ist darauf hinzuweisen, dass der Beschluss bei einer zu benennenden Stelle eingesehen werden kann.

§ 83 Bekanntmachung und Rechtswirkungen der vereinfachten Umlegung

(1) [1]Die Gemeinde hat ortsüblich bekannt zu machen, in welchem Zeitpunkt der Beschluss über die vereinfachte Umlegung unanfechtbar geworden ist. [2]§ 71 Absatz 2 über die vorzeitige Inkraftsetzung ist entsprechend anzuwenden.

(2) ¹Mit der Bekanntmachung wird der bisherige Rechtszustand durch den in dem Beschluss über die vereinfachte Umlegung vorgesehenen neuen Rechtszustand ersetzt. ²Die Bekanntmachung schließt die Einweisung der neuen Eigentümer in den Besitz der zugeteilten Grundstücke oder Grundstücksteile ein. ³§ 72 Absatz 2 über die Vollziehung ist entsprechend anzuwenden.

(3) ¹Das Eigentum an ausgetauschten oder einseitig zugeteilten Grundstücksteilen und Grundstücken geht lastenfrei auf die neuen Eigentümer über; Unschädlichkeitszeugnisse sind nicht erforderlich. ²Sofern Grundstücksteile oder Grundstücke einem Grundstück zugeteilt werden, werden sie Bestandteil dieses Grundstücks. ³Die dinglichen Rechte an diesem Grundstück erstrecken sich auf die zugeteilten Grundstücksteile und Grundstücke. ⁴Satz 1 Halbsatz 1 und Satz 3 gelten nur, soweit sich nicht aus einer Regelung nach § 80 Absatz 4 etwas anderes ergibt.

§ 84 Berichtigung der öffentlichen Bücher

(1) ¹Die Gemeinde übersendet dem Grundbuchamt und der für die Führung des Liegenschaftskatasters zuständigen Stelle eine beglaubigte Abschrift des Beschlusses über die vereinfachte Umlegung, teilt den Zeitpunkt der Bekanntmachung nach § 83 Absatz 1 mit und ersucht diese, die Rechtsänderungen in das Grundbuch und in das Liegenschaftskataster einzutragen. ²§ 74 Absatz 2 gilt entsprechend.

(2) Für die Kosten der vereinfachten Umlegung gelten die §§ 78 und 79 entsprechend.

Fünfter Teil
Enteignung

Erster Abschnitt
Zulässigkeit der Enteignung

§ 85 Enteignungszweck

(1) Nach diesem Gesetzbuch kann nur enteignet werden, um
1. entsprechend den Festsetzungen des Bebauungsplans ein Grundstück zu nutzen oder eine solche Nutzung vorzubereiten,
2. unbebaute oder geringfügig bebaute Grundstücke, die nicht im Bereich eines Bebauungsplans, aber innerhalb im Zusammenhang bebauter Ortsteile liegen, insbesondere zur Schließung von Baulücken, entsprechend den baurechtlichen Vorschriften zu nutzen oder einer baulichen Nutzung zuzuführen,
3. Grundstücke für die Entschädigung in Land zu beschaffen,
4. durch Enteignung entzogene Rechte durch neue Rechte zu ersetzen,
5. Grundstücke einer baulichen Nutzung zuzuführen, wenn ein Eigentümer die Verpflichtung nach § 176 Absatz 1 oder 2 nicht erfüllt,
6. im Geltungsbereich einer Erhaltungssatzung eine bauliche Anlage aus den in § 172 Absatz 3 bis 5 bezeichneten Gründen zu erhalten oder
7. im Geltungsbereich einer Satzung zur Sicherung von Durchführungsmaßnahmen des Stadtumbaus eine bauliche Anlage aus den in § 171d Absatz 3 bezeichneten Gründen zu erhalten oder zu beseitigen.

(2) Unberührt bleiben
1. die Vorschriften über die Enteignung zu anderen als den in Absatz 1 genannten Zwecken,
2. landesrechtliche Vorschriften über die Enteignung zu den in Absatz 1 Nummer 6 genannten Zwecken.

§ 86 Gegenstand der Enteignung

(1) Durch Enteignung können
1. das Eigentum an Grundstücken entzogen oder belastet werden;
2. andere Rechte an Grundstücken entzogen oder belastet werden;
3. Rechte entzogen werden, die zum Erwerb, zum Besitz oder zur Nutzung von Grundstücken berechtigen oder den Verpflichteten in der Benutzung von Grundstücken beschränken; hierzu zählen auch Rückübertragensansprüche nach dem Vermögensgesetz;
4. soweit es in den Vorschriften dieses Teils vorgesehen ist, Rechtsverhältnisse begründet werden, die Rechte der in Nummer 3 bezeichneten Art gewähren.

(2) Auf das Zubehör eines Grundstücks sowie auf Sachen, die nur zu einem vorübergehenden Zweck mit dem Grundstück verbunden oder in ein Gebäude eingefügt sind, darf die Enteignung nur nach Maßgabe des § 92 Absatz 4 ausgedehnt werden.

(3) Die für die Entziehung oder Belastung des Eigentums an Grundstücken geltenden Vorschriften sind auf die Entziehung, Belastung oder Begründung der in Absatz 1 Nummer 2 bis 4 bezeichneten Rechte entsprechend anzuwenden.

§ 87 Voraussetzungen für die Zulässigkeit der Enteignung

(1) Die Enteignung ist im einzelnen Fall nur zulässig, wenn das Wohl der Allgemeinheit sie erfordert und der Enteignungszweck auf andere zumutbare Weise nicht erreicht werden kann.

(2) ¹Die Enteignung setzt voraus, dass der Antragsteller sich ernsthaft um den freihändigen Erwerb des zu enteignenden Grundstücks zu angemessenen Bedingungen, unter den Voraussetzungen des § 100 Absatz 1 und 3 unter Angebot geeigneten anderen Landes, vergeblich bemüht hat. ²Der Antragsteller hat glaubhaft zu machen, dass das Grundstück innerhalb angemessener Frist zu dem vorgesehenen Zweck verwendet wird.

(3) ¹Die Enteignung eines Grundstücks zu dem Zweck, es für die bauliche Nutzung vorzubereiten (§ 85 Absatz 1 Nummer 1) oder es der baulichen Nutzung zuzuführen (§ 85 Absatz 1 Nummer 2), darf nur zugunsten der Gemeinde oder eines öffentlichen Bedarfs- oder Erschließungsträgers erfolgen. ²In den Fällen des § 85 Absatz 1 Nummer 5 kann die Enteignung eines Grundstücks zugunsten eines Bauwilligen verlangt werden, der in der Lage ist, die Baumaßnahmen innerhalb angemessener Frist durchzuführen, und sich hierzu verpflichtet. ³Soweit im förmlich festgelegten Sanierungsgebiet die Enteignung zugunsten der Gemeinde zulässig ist, kann sie auch zugunsten eines Sanierungsträgers erfolgen.

(4) Die Zulässigkeit der Enteignung wird durch die Vorschriften des Sechsten Teils des Zweiten Kapitels nicht berührt.

§ 88 Enteignung aus zwingenden städtebaulichen Gründen

¹Wird die Enteignung eines Grundstücks von der Gemeinde zu den in § 85 Absatz 1 Nummer 1 und 2 bezeichneten Zwecken aus zwingenden städtebaulichen Gründen beantragt, so genügt anstelle des § 87 Absatz 2 der Nachweis, dass die Gemeinde sich ernsthaft um den freihändigen Erwerb dieses Grundstücks zu angemessenen Bedingungen vergeblich bemüht hat. ²Satz 1 ist entsprechend anzuwenden, wenn die Enteignung eines im förmlich festgelegten Sanierungsgebiet gelegenen Grundstücks zugunsten der Gemeinde oder eines Sanierungsträgers beantragt wird.

§ 89 Veräußerungspflicht

(1) ¹Die Gemeinde hat Grundstücke zu veräußern,

1. die sie durch Ausübung des Vorkaufsrechts erlangt hat oder

2. die zu ihren Gunsten enteignet worden sind, um sie für eine bauliche Nutzung vorzubereiten oder der baulichen Nutzung zuzuführen.

²Dies gilt nicht für Grundstücke, die als Austauschland für beabsichtigte städtebauliche Maßnahmen, zur Entschädigung in Land oder für sonstige öffentliche Zwecke benötigt werden. ³Die Veräußerungspflicht entfällt, wenn für das Grundstück entsprechendes Ersatzland hergegeben oder Miteigentum an einem Grundstück übertragen wurde oder wenn grundstücksgleiche Rechte, Rechte nach dem Wohnungseigentumsgesetz oder sonstige dingliche Rechte an einem Grundstück begründet oder gewährt wurden.

(2) Die Gemeinde soll ein Grundstück veräußern, sobald der mit dem Erwerb verfolgte Zweck verwirklicht werden kann oder entfallen ist.

(3) ¹Die Gemeinde hat die Grundstücke unter Berücksichtigung weiter Kreise der Bevölkerung an Personen zu veräußern, die sich verpflichten, das Grundstück innerhalb angemessener Frist entsprechend den baurechtlichen Vorschriften oder den Zielen und Zwecken der städtebaulichen Maßnahme zu nutzen. ²Dabei sind in den Fällen des Absatzes 1 Satz 1 Nummer 1 die früheren Käufer, in den Fällen des Absatzes 1 Satz 1 Nummer 2 die früheren Eigentümer vorrangig zu berücksichtigen.

(4) ¹Die Gemeinde kann ihrer Veräußerungspflicht nachkommen, indem sie

1. das Eigentum an dem Grundstück überträgt,

2. grundstücksgleiche Rechte oder Rechte nach dem Wohnungseigentumsgesetz oder

3. sonstige dingliche Rechte

begründet oder gewährt. ²Die Verschaffung eines Anspruchs auf den Erwerb solcher Rechte steht ihrer Begründung oder Gewährung oder der Eigentumsübertragung gleich.

§ 90 Enteignung von Grundstücken zur Entschädigung in Land

(1) Die Enteignung von Grundstücken zur Entschädigung in Land (Ersatzland) ist zulässig, wenn

1. die Entschädigung eines Eigentümers nach § 100 in Land festzusetzen ist,

2. die Bereitstellung von Grundstücken, die im Rahmen der beabsichtigten städtebaulichen Entwicklung als Ersatzland geeignet sind, weder aus dem Grundbesitz des Enteignungsbegünstigten noch aus dem Grundbesitz des Bundes, des Landes, einer Gemeinde (Gemeindeverband) oder einer juristischen Person des Privatrechts, an der der Bund, das Land oder eine Gemeinde (Gemeindeverband) allein oder gemeinsam überwiegend beteiligt sind, möglich und zumutbar ist sowie

3. von dem Enteignungsbegünstigten geeignete Grundstücke freihändig zu angemessenen Bedingungen, insbesondere, soweit ihm dies möglich und zumutbar ist, unter Angebot geeigneten anderen Landes aus dem eigenen Vermögen oder aus dem Besitzstand von juristischen Personen des Privatrechts, an deren Kapital er überwiegend beteiligt ist, nicht erworben werden können.

(2) Grundstücke unterliegen nicht der Enteignung zur Entschädigung in Land, wenn und soweit

1. der Eigentümer oder bei land- oder forstwirtschaftlich genutzten Grundstücken auch der sonstige Nutzungsberechtigte auf das zu enteignende Grundstück mit seiner Berufs- oder Erwerbstätigkeit angewiesen und ihm im Interesse der Erhaltung der Wirtschaftlichkeit seines Betriebs die Abgabe nicht zuzumuten ist oder

2. die Grundstücke oder ihre Erträge unmittelbar öffentlichen Zwecken oder der Wohlfahrtspflege, dem Unterricht, der Forschung, der Kranken- und Gesundheitspflege, der Erziehung, der Körperertüchtigung oder den Aufgaben der Kirchen und anderer Religionsgesellschaften des öffentlichen Rechts sowie deren Einrichtungen dienen oder zu dienen bestimmt sind.

(3) Außerhalb des räumlichen Geltungsbereichs eines Bebauungsplans und außerhalb der im Zusammenhang bebauten Ortsteile können Grundstücke zur Entschädigung in Land nur enteignet werden, wenn sie land- oder forstwirtschaftlich genutzt werden sollen.

(4) Die Enteignung zum Zweck der Entschädigung eines Eigentümers, dessen Grundstück zur Beschaffung von Ersatzland enteignet wird, ist unzulässig.

§ 91 Ersatz für entzogene Rechte

[1]Die Enteignung zu dem Zweck, durch Enteignung entzogene Rechte durch neue Rechte zu ersetzen, ist nur zulässig, soweit der Ersatz in den Vorschriften des Zweiten Abschnitts vorgesehen ist. [2]Für den Ersatz entzogener Rechte durch neue Rechte im Wege der Enteignung nach § 97 Absatz 2 Satz 3 gelten die in § 90 Absatz 1 und 2 für die Enteignung zur Entschädigung in Land getroffenen Vorschriften entsprechend.

§ 92 Umfang, Beschränkung und Ausdehnung der Enteignung

(1) [1]Ein Grundstück darf nur in dem Umfang enteignet werden, in dem dies zur Verwirklichung des Enteignungszwecks erforderlich ist. [2]Reicht eine Belastung des Grundstücks mit einem Recht zur Verwirklichung des Enteignungszwecks aus, so ist die Enteignung hierauf zu beschränken.

(2) [1]Soll ein Grundstück mit einem Erbbaurecht belastet werden, kann der Eigentümer anstelle der Belastung die Entziehung des Eigentums verlangen. [2]Soll ein Grundstück mit einem anderen Recht belastet werden, kann der Eigentümer die Entziehung des Eigentums verlangen, wenn die Belastung mit dem dinglichen Recht für ihn unbillig ist.

(3) Soll ein Grundstück oder ein räumlich oder wirtschaftlich zusammenhängender Grundbesitz nur zu einem Teil enteignet werden, kann der Eigentümer die Ausdehnung der Enteignung auf das Restgrundstück oder den Restbesitz insoweit verlangen, als das Restgrundstück oder der Restbesitz nicht mehr in angemessenem Umfang baulich oder wirtschaftlich genutzt werden kann.

(4) Der Eigentümer kann verlangen, dass die Enteignung auf die in § 86 Absatz 2 bezeichneten Gegenstände ausgedehnt wird, wenn und soweit er sie infolge der Enteignung nicht mehr wirtschaftlich nutzen oder in anderer Weise angemessen verwerten kann.

(5) Ein Verlangen nach den Absätzen 2 bis 4 ist schriftlich oder zur Niederschrift bei der Enteignungsbehörde bis zum Schluss der mündlichen Verhandlung geltend zu machen.

Zweiter Abschnitt
Entschädigung

§ 93 Entschädigungsgrundsätze

(1) Für die Enteignung ist Entschädigung zu leisten.

(2) Die Entschädigung wird gewährt

1. für den durch die Enteignung eintretenden Rechtsverlust,

2. für andere durch die Enteignung eintretende Vermögensnachteile.

(3) [1]Vermögensvorteile, die dem Entschädigungsberechtigten (§ 94) infolge der Enteignung entstehen, sind bei der Festsetzung der Entschädigung zu berücksichtigen. [2]Hat bei der Entstehung eines Vermögensnachteils ein Verschulden des Entschädigungsberechtigten mitgewirkt, so gilt § 254 des Bürgerlichen Gesetzbuchs entsprechend.

(4) [1]Für die Bemessung der Entschädigung ist der Zustand des Grundstücks in dem Zeitpunkt maßgebend, in dem die Enteignungsbehörde über den Enteignungsantrag entscheidet. [2]In den Fällen der vorzeitigen Besitzeinweisung ist der Zustand in dem Zeitpunkt maßgebend, in dem diese wirksam wird.

§ 94 Entschädigungsberechtigter und Entschädigungsverpflichteter

(1) Entschädigung kann verlangen, wer in seinem Recht durch die Enteignung beeinträchtigt wird und dadurch einen Vermögensnachteil erleidet.

(2) ¹Zur Leistung der Entschädigung ist der Enteignungsbegünstigte verpflichtet. ²Wird Ersatzland enteignet, so ist zur Entschädigung derjenige verpflichtet, der dieses Ersatzland für das zu enteignende Grundstück beschaffen muss.

§ 95 Entschädigung für den Rechtsverlust

(1) ¹Die Entschädigung für den durch die Enteignung eintretenden Rechtsverlust bemisst sich nach dem Verkehrswert (§ 194) des zu enteignenden Grundstücks oder sonstigen Gegenstands der Enteignung. ²Maßgebend ist der Verkehrswert in dem Zeitpunkt, in dem die Enteignungsbehörde über den Enteignungsantrag entscheidet.

(2) Bei der Festsetzung der Entschädigung bleiben unberücksichtigt

1. Wertsteigerungen eines Grundstücks, die in der Aussicht auf eine Änderung der zulässigen Nutzung eingetreten sind, wenn die Änderung nicht in absehbarer Zeit zu erwarten ist;

2. Wertänderungen, die infolge der bevorstehenden Enteignung eingetreten sind;

3. Werterhöhungen, die nach dem Zeitpunkt eingetreten sind, in dem der Eigentümer zur Vermeidung der Enteignung ein Kauf- oder Tauschangebot des Antragstellers mit angemessenen Bedingungen (§ 87 Absatz 2 Satz 1 und § 88) hätte annehmen können, es sei denn, dass der Eigentümer Kapital oder Arbeit für sie aufgewendet hat;

4. wertsteigernde Veränderungen, die während einer Veränderungssperre ohne Genehmigung der Baugenehmigungsbehörde vorgenommen worden sind;

5. wertsteigernde Veränderungen, die nach Einleitung des Enteignungsverfahrens ohne behördliche Anordnung oder Zustimmung der Enteignungsbehörde vorgenommen worden sind;

6. Vereinbarungen, soweit sie von üblichen Vereinbarungen auffällig abweichen und Tatsachen die Annahme rechtfertigen, dass sie getroffen worden sind, um eine höhere Entschädigungsleistung zu erlangen;

7. Bodenwerte, die nicht zu berücksichtigen wären, wenn der Eigentümer eine Entschädigung in den Fällen der §§ 40 bis 42 geltend machen würde.

(3) ¹Für bauliche Anlagen, deren Rückbau jederzeit auf Grund öffentlich-rechtlicher Vorschriften entschädigungslos gefordert werden kann, ist eine Entschädigung nur zu gewähren, wenn es aus Gründen der Billigkeit geboten ist. ²Kann der Rückbau entschädigungslos erst nach Ablauf einer Frist gefordert werden, so ist die Entschädigung nach dem Verhältnis der restlichen zu der gesamten Frist zu bemessen.

(4) Wird der Wert des Eigentums an dem Grundstück durch Rechte Dritter gemindert, die an dem Grundstück aufrechterhalten, an einem anderen Grundstück neu begründet oder gesondert entschädigt werden, so ist dies bei der Festsetzung der Entschädigung für den Rechtsverlust zu berücksichtigen.

§ 96 Entschädigung für andere Vermögensnachteile

(1) ¹Wegen anderer durch die Enteignung eintretender Vermögensnachteile ist eine Entschädigung nur zu gewähren, wenn und soweit diese Vermögensnachteile nicht bei der Bemessung der Entschädigung für den Rechtsverlust berücksichtigt sind. ²Die Entschädigung ist unter gerechter Abwägung der Interessen der Allgemeinheit und der Beteiligten festzusetzen, insbesondere für

1. den vorübergehenden oder dauernden Verlust, den der bisherige Eigentümer in seiner Berufstätigkeit, seiner Erwerbstätigkeit oder in Erfüllung der ihm wesensgemäß obliegenden Aufgaben erleidet, jedoch nur bis zu dem Betrag des Aufwands, der erforderlich ist, um ein anderes Grundstück in der gleichen Weise wie das zu enteignende Grundstück zu nutzen;

2. die Wertminderung, die durch die Enteignung eines Grundstücksteils oder eines Teils eines räumlich oder wirtschaftlich zusammenhängenden Grundbesitzes bei dem anderen Teil oder durch Enteignung des Rechts an einem Grundstück bei einem anderen Grundstück entsteht, soweit die Wertminderung nicht schon bei der Festsetzung der Entschädigung nach Nummer 1 berücksichtigt ist;

3. die notwendigen Aufwendungen für einen durch die Enteignung erforderlich werdenden Umzug.

(2) Im Falle des Absatzes 1 Nummer 2 ist § 95 Absatz 2 Nummer 3 anzuwenden.

§ 97 Behandlung der Rechte der Nebenberechtigten

(1) Rechte an dem zu enteignenden Grundstück sowie persönliche Rechte, die zum Besitz oder zur Nutzung des Grundstücks berechtigen oder den Verpflichteten in der Benutzung des Grundstücks beschränken, können aufrechterhalten werden, soweit dies mit dem Enteignungszweck vereinbar ist.

(2) ¹Als Ersatz für ein Recht an einem Grundstück, das nicht aufrechterhalten wird, kann mit Zustimmung des Rechtsinhabers das Ersatzland oder ein anderes Grundstück des Enteignungsbegünstigten mit einem

gleichen Recht belastet werden. [2]Als Ersatz für ein persönliches Recht, das nicht aufrechterhalten wird, kann mit Zustimmung des Rechtsinhabers ein Rechtsverhältnis begründet werden, das ein Recht gleicher Art in Bezug auf das Ersatzland oder auf ein anderes Grundstück des Enteignungsbegünstigten gewährt. [3]Als Ersatz für dingliche oder persönliche Rechte eines öffentlichen Verkehrsunternehmens oder eines Trägers der öffentlichen Versorgung mit Elektrizität, Gas, Wärme oder Wasser, der auf diese zur Erfüllung seiner wesensgemäßen Aufgaben angewiesen ist, sind auf seinen Antrag Rechte gleicher Art zu begründen; soweit dazu Grundstücke des Enteignungsbegünstigten nicht geeignet sind, können zu diesem Zweck auch andere Grundstücke in Anspruch genommen werden. [4]Anträge nach Satz 3 müssen vor Beginn der mündlichen Verhandlung schriftlich oder zur Niederschrift der Enteignungsbehörde gestellt werden.

(3) Soweit Rechte nicht aufrechterhalten oder nicht durch neue Rechte ersetzt werden, sind bei der Enteignung eines Grundstücks gesondert zu entschädigen

1. Erbbauberechtigte, Altenteilsberechtigte sowie Inhaber von Dienstbarkeiten und Erwerbsrechten an dem Grundstück,
2. Inhaber von persönlichen Rechten, die zum Besitz oder zur Nutzung des Grundstücks berechtigen, wenn der Berechtigte im Besitz des Grundstücks ist,
3. Inhaber von persönlichen Rechten, die zum Erwerb des Grundstücks berechtigen oder den Verpflichteten in der Nutzung des Grundstücks beschränken.

(4) [1]Berechtigte, deren Rechte nicht aufrechterhalten, nicht durch neue Rechte ersetzt und nicht gesondert entschädigt werden, haben bei der Enteignung eines Grundstücks Anspruch auf Ersatz des Werts ihres Rechts aus der Geldentschädigung für das Eigentum an dem Grundstück, soweit sich ihr Recht auf dieses erstreckt. [2]Das gilt entsprechend für die Geldentschädigungen, die für den durch die Enteignung eintretenden Rechtsverlust in anderen Fällen oder nach § 96 Absatz 1 Satz 2 Nummer 2 festgesetzt werden.

§ 98 Schuldübergang

(1) [1]Haftet bei einer Hypothek, die aufrechterhalten oder durch ein neues Recht an einem anderen Grundstück ersetzt wird, der von der Enteignung Betroffene zugleich persönlich, so übernimmt der Enteignungsbegünstigte die Schuld in Höhe der Hypothek. [2]Die §§ 415 und 416 des Bürgerlichen Gesetzbuchs gelten entsprechend; als Veräußerer im Sinne des § 416 ist der von der Enteignung Betroffene anzusehen.

(2) Das Gleiche gilt, wenn bei einer Grundschuld oder Rentenschuld, die aufrechterhalten oder durch ein neues Recht an einem anderen Grundstück ersetzt wird, der von der Enteignung Betroffene zugleich persönlich haftet, sofern er spätestens in dem nach § 108 anzuberaumenden Termin die gegen ihn bestehende Forderung unter Angabe ihres Betrags und Grunds angemeldet und auf Verlangen der Enteignungsbehörde oder eines Beteiligten glaubhaft gemacht hat.

§ 99 Entschädigung in Geld

(1) [1]Die Entschädigung ist in einem einmaligen Betrag zu leisten, soweit dieses Gesetzbuch nichts anderes bestimmt. [2]Auf Antrag des Eigentümers kann die Entschädigung in wiederkehrenden Leistungen festgesetzt werden, wenn dies den übrigen Beteiligten zuzumuten ist.

(2) Für die Belastung eines Grundstücks mit einem Erbbaurecht ist die Entschädigung in einem Erbbauzins zu leisten.

(3) [1]Einmalige Entschädigungsbeträge sind mit 2 vom Hundert über dem Basiszinssatz nach § 247 des Bürgerlichen Gesetzbuchs jährlich von dem Zeitpunkt an zu verzinsen, in dem die Enteignungsbehörde über den Enteignungsantrag entscheidet. [2]Im Falle der vorzeitigen Besitzeinweisung ist der Zeitpunkt maßgebend, in dem diese wirksam wird.

§ 100 Entschädigung in Land

(1) Die Entschädigung ist auf Antrag des Eigentümers in geeignetem Ersatzland festzusetzen, wenn er zur Sicherung seiner Berufstätigkeit, seiner Erwerbstätigkeit oder zur Erfüllung der ihm wesensgemäß obliegenden Aufgaben auf Ersatzland angewiesen ist und

1. der Enteignungsbegünstigte über als Ersatzland geeignete Grundstücke verfügt, auf die er nicht mit seiner Berufstätigkeit, seiner Erwerbstätigkeit oder zur Erfüllung der ihm wesensgemäß obliegenden Aufgaben angewiesen ist, oder
2. der Enteignungsbegünstigte geeignetes Ersatzland nach pflichtmäßigem Ermessen der Enteignungsbehörde freihändig zu angemessenen Bedingungen beschaffen kann oder
3. geeignetes Ersatzland durch Enteignung nach § 90 beschafft werden kann.

(2) [1]Wird die Entschädigung in Ersatzland festgesetzt, sind auch der Verwendungszweck des Ersatzlands und die Frist, in der das Grundstück zu dem vorgesehenen Zweck zu verwenden ist, zu bezeichnen. [2]Die §§ 102 und 103 gelten entsprechend.

(3) ¹Unter den Voraussetzungen der Nummern 1 bis 3 des Absatzes 1 ist die Entschädigung auf Antrag des Eigentümers auch dann in geeignetem Ersatzland festzusetzen, wenn ein Grundstück enteignet werden soll, das mit einem Eigenheim oder einer Kleinsiedlung bebaut ist. ²Dies gilt nicht, wenn nach öffentlich-rechtlichen Vorschriften der Rückbau des Gebäudes jederzeit entschädigungslos gefordert werden kann.

(4) Die Entschädigung kann auf Antrag des Enteigneten oder Enteignungsbegünstigten ganz oder teilweise in Ersatzland festgesetzt werden, wenn diese Art der Entschädigung nach pflichtmäßigem Ermessen der Enteignungsbehörde unter gerechter Abwägung der Interessen der Allgemeinheit und der Beteiligten billig ist und bei dem Enteignungsbegünstigten die in Absatz 1 Nummer 1 oder 2 genannten Voraussetzungen vorliegen.

(5) ¹Auf die Ermittlung des Werts des Ersatzlands ist § 95 entsprechend anzuwenden. ²Hierbei kann eine Werterhöhung berücksichtigt werden, die das übrige Grundvermögen des von der Enteignung Betroffenen durch den Erwerb des Ersatzlands über dessen Wert nach Satz 1 hinaus erfährt. ³Hat das Ersatzland einen geringeren Wert als das zu enteignende Grundstück, so ist eine dem Wertunterschied entsprechende zusätzliche Geldentschädigung festzusetzen. ⁴Hat das Ersatzland einen höheren Wert als das zu enteignende Grundstück, so ist festzusetzen, dass der Entschädigungsberechtigte an den durch die Enteignung Begünstigten eine dem Wertunterschied entsprechende Ausgleichszahlung zu leisten hat. ⁵Die Ausgleichszahlung wird mit dem nach § 117 Absatz 5 Satz 1 in der Ausführungsanordnung festgesetzten Tag fällig.

(6) ¹Wird die Entschädigung in Land festgesetzt, sollen dingliche oder persönliche Rechte, soweit sie nicht an dem zu enteignenden Grundstück aufrechterhalten werden, auf Antrag des Rechtsinhabers ganz oder teilweise nach Maßgabe des § 97 Absatz 2 ersetzt werden. ²Soweit dies nicht möglich ist oder nicht ausreicht, sind die Inhaber der Rechte gesondert in Geld zu entschädigen; dies gilt für die in § 97 Absatz 4 bezeichneten Berechtigungen nur, soweit ihre Rechte nicht durch eine dem Eigentümer nach Absatz 5 zu gewährende zusätzliche Geldentschädigung gedeckt werden.

(7) Anträge nach den Absätzen 1, 3, 4 und 6 sind schriftlich oder zur Niederschrift der Enteignungsbehörde zu stellen, und zwar in den Fällen der Absätze 1, 3 und 4 vor Beginn und im Falle des Absatzes 6 bis zum Schluss der mündlichen Verhandlung (§ 108).

(8) ¹Sind Miteigentum, grundstücksgleiche Rechte oder Rechte nach dem Wohnungseigentumsgesetz ebenso zur Sicherung der Berufs- oder Erwerbstätigkeit des Berechtigten oder zur Erfüllung der ihm wesensmäß obliegenden Aufgaben geeignet, können dem Eigentümer diese Rechte anstelle des Ersatzlands angeboten werden. ²Der Eigentümer ist in Geld abzufinden, wenn er die ihm nach Satz 1 angebotene Entschädigung ablehnt. ³§ 101 bleibt unberührt.

(9) ¹Hat der Eigentümer nach Absatz 1 oder 3 einen Anspruch auf Ersatzland und beschafft er sich mit Zustimmung des Enteignungsbegünstigten außerhalb des Enteignungsverfahrens Ersatzland oder die in Absatz 8 bezeichneten Rechte selbst, so hat er gegen den Enteignungsbegünstigten einen Anspruch auf Erstattung der erforderlichen Aufwendungen. ²Der Enteignungsbegünstigte ist nur insoweit zur Erstattung verpflichtet, als er selbst Aufwendungen erspart. ³Kommt eine Einigung über die Erstattung nicht zustande, entscheidet die Enteignungsbehörde; für den Bescheid gilt § 122 entsprechend.

§ 101 Entschädigung durch Gewährung anderer Rechte

(1) ¹Der Eigentümer eines zu enteignenden Grundstücks kann auf seinen Antrag, wenn dies unter Abwägung der Belange der Beteiligten billig ist, ganz oder teilweise entschädigt werden

1. durch Bestellung oder Übertragung von Miteigentum an einem Grundstück, grundstücksgleichen Rechten, Rechten nach dem Wohnungseigentumsgesetz, sonstigen dinglichen Rechten an dem zu enteignenden Grundstück oder an einem anderen Grundstück des Enteignungsbegünstigten oder
2. durch Übertragung von Eigentum an einem bebauten Grundstück des Enteignungsbegünstigten oder
3. durch Übertragung von Eigentum an einem Grundstück des Enteignungsbegünstigten, das mit einem Eigenheim oder einer Kleinsiedlung bebaut werden soll.

²Bei Wertunterschieden zwischen den Rechten nach Satz 1 und dem zu enteignenden Grundstück gilt § 100 Absatz 5 entsprechend.

(2) Der Antrag nach Absatz 1 muss bis zum Schluss der mündlichen Verhandlung schriftlich oder zur Niederschrift der Enteignungsbehörde gestellt werden.

§ 102 Rückenteignung

(1) Der enteignete frühere Eigentümer kann verlangen, dass das enteignete Grundstück zu seinen Gunsten wieder enteignet wird (Rückenteignung), wenn und soweit

1. der durch die Enteignung Begünstigte oder sein Rechtsnachfolger das Grundstück nicht innerhalb der festgesetzten Fristen (§ 113 Absatz 2 Nummer 3 und § 114) zu dem Enteignungszweck verwendet oder den Enteignungszweck vor Ablauf der Frist aufgegeben hat oder
2. die Gemeinde ihre Verpflichtung zur Übereignung nach § 89 nicht erfüllt hat.

(2) Die Rückenteignung kann nicht verlangt werden, wenn

1. der Enteignete selbst das Grundstück im Wege der Enteignung nach den Vorschriften dieses Gesetzbuchs oder des Baulandbeschaffungsgesetzes erworben hatte oder

2. ein Verfahren zur Enteignung des Grundstücks nach diesem Gesetzbuch zugunsten eines anderen Bauwilligen eingeleitet worden ist und der enteignete frühere Eigentümer nicht glaubhaft macht, dass er das Grundstück binnen angemessener Frist zu dem vorgesehenen Zweck verwenden wird.

(3) ¹Der Antrag auf Rückenteignung ist binnen zwei Jahren seit Entstehung des Anspruchs bei der zuständigen Enteignungsbehörde einzureichen. ²§ 206 des Bürgerlichen Gesetzbuchs gilt entsprechend. ³Der Antrag ist nicht mehr zulässig, wenn in den Fällen des Absatzes 1 mit der zweckgerechten Verwendung begonnen oder die Veräußerung oder Ausgabe des Grundstücks in Erbbaurecht vor Eingang des Antrags bei der Enteignungsbehörde eingeleitet worden ist.

(4) Die Enteignungsbehörde kann die Rückenteignung ablehnen, wenn das Grundstück erheblich verändert oder ganz oder überwiegend Entschädigung in Land gewährt worden ist.

(5) ¹Der frühere Inhaber eines Rechts, das durch Enteignung nach den Vorschriften dieses Gesetzbuchs aufgehoben ist, kann unter den in Absatz 1 bezeichneten Voraussetzungen verlangen, dass ein gleiches Recht an dem früher belasteten Grundstück zu seinen Gunsten durch Enteignung wieder begründet wird. ²Die Vorschriften über die Rückenteignung gelten entsprechend.

(6) Für das Verfahren gelten die §§ 104 bis 122 entsprechend.

§ 103 Entschädigung für die Rückenteignung

¹Wird dem Antrag auf Rückenteignung stattgegeben, so hat der Antragsteller dem von der Rückenteignung Betroffenen Entschädigung für den Rechtsverlust zu leisten. ²§ 93 Absatz 2 Nummer 2 ist nicht anzuwenden. ³Ist dem Antragsteller bei der ersten Enteignung eine Entschädigung für andere Vermögensnachteile gewährt worden, so hat er diese Entschädigung insoweit zurückzugewähren, als die Nachteile auf Grund der Rückenteignung entfallen. ⁴Die dem Eigentümer zu gewährende Entschädigung darf den bei der ersten Enteignung zugrunde gelegten Verkehrswert des Grundstücks nicht übersteigen, jedoch sind Aufwendungen zu berücksichtigen, die zu einer Werterhöhung des Grundstücks geführt haben. ⁵Im Übrigen gelten die Vorschriften über die Entschädigung im Zweiten Abschnitt entsprechend.

Dritter Abschnitt
Enteignungsverfahren

§ 104 Enteignungsbehörde

(1) Die Enteignung wird von der höheren Verwaltungsbehörde durchgeführt (Enteignungsbehörde).

(2) Die Landesregierungen können durch Rechtsverordnung bestimmen, dass an den Entscheidungen der Enteignungsbehörde ehrenamtliche Beisitzer mitzuwirken haben.

§ 105 Enteignungsantrag

¹Der Enteignungsantrag ist bei der Gemeinde, in deren Gemarkung das zu enteignende Grundstück liegt, einzureichen. ²Die Gemeinde legt ihn mit ihrer Stellungnahme binnen eines Monats der Enteignungsbehörde vor.

§ 106 Beteiligte

(1) In dem Enteignungsverfahren sind Beteiligte

1. der Antragsteller,

2. der Eigentümer und diejenigen, für die ein Recht an dem Grundstück oder an einem das Grundstück belastenden Recht im Grundbuch eingetragen oder durch Eintragung gesichert ist,

3. Inhaber eines nicht im Grundbuch eingetragenen Rechts an dem Grundstück oder an einem das Grundstück belastenden Recht, eines Anspruchs mit dem Recht auf Befriedigung aus dem Grundstück oder eines persönlichen Rechts, das zum Erwerb, zum Besitz oder zur Nutzung des Grundstücks berechtigt oder die Benutzung des Grundstücks beschränkt,

4. wenn Ersatzland bereitgestellt wird, der Eigentümer und die Inhaber der in den Nummern 2 und 3 genannten Rechte hinsichtlich des Ersatzlands,

5. die Eigentümer der Grundstücke, die durch eine Enteignung nach § 91 betroffen werden, und

6. die Gemeinde.

(2) ¹Die in Absatz 1 Nummer 3 bezeichneten Personen werden in dem Zeitpunkt Beteiligte, in dem die Anmeldung ihres Rechts der Enteignungsbehörde zugeht. ²Die Anmeldung kann spätestens bis zum Schluss der mündlichen Verhandlung mit den Beteiligten erfolgen.

(3) ¹Bestehen Zweifel an einem angemeldeten Recht, so hat die Enteignungsbehörde dem Anmeldenden unverzüglich eine Frist zur Glaubhaftmachung seines Rechts zu setzen. ²Nach fruchtlosem Ablauf der Frist ist er bis zur Glaubhaftmachung seines Rechts nicht mehr zu beteiligen.

(4) ¹Der im Grundbuch eingetragene Gläubiger einer Hypothek, Grundschuld oder Rentenschuld, für die ein Brief erteilt ist, sowie jeder seiner Rechtsnachfolger hat auf Verlangen der Enteignungsbehörde eine Erklärung darüber abzugeben, ob ein anderer die Hypothek, Grundschuld oder Rentenschuld oder ein Recht daran erworben hat; die Person eines Erwerbers hat er dabei zu bezeichnen. ²§ 208 Satz 2 bis 4 gilt entsprechend.

§ 107 Vorbereitung der mündlichen Verhandlung

(1) ¹Das Enteignungsverfahren soll beschleunigt durchgeführt werden. ²Die Enteignungsbehörde soll schon vor der mündlichen Verhandlung alle Anordnungen treffen, die erforderlich sind, um das Verfahren tunlichst in einem Verhandlungstermin zu erledigen. ³Sie hat dem Eigentümer, dem Antragsteller sowie den Behörden, für deren Geschäftsbereich die Enteignung von Bedeutung ist, Gelegenheit zur Äußerung zu geben. ⁴Bei der Ermittlung des Sachverhalts hat die Enteignungsbehörde ein Gutachten des Gutachterausschusses (§ 192) einzuholen, wenn Eigentum entzogen oder ein Erbbaurecht bestellt werden soll.

(2) Die Enteignungsbehörde hat die Landwirtschaftsbehörde zu hören, wenn landwirtschaftlich genutzte Grundstücke, die außerhalb des räumlichen Geltungsbereichs eines Bebauungsplans liegen, zur Entschädigung in Land enteignet werden sollen.

(3) ¹Enteignungsverfahren können miteinander verbunden werden. ²Sie sind zu verbinden, wenn die Gemeinde es beantragt. ³Verbundene Enteignungsverfahren können wieder getrennt werden.

§ 108 Einleitung des Enteignungsverfahrens und Anberaumung des Termins zur mündlichen Verhandlung; Enteignungsvermerk

(1) ¹Das Enteignungsverfahren wird durch Anberaumung eines Termins zu einer mündlichen Verhandlung mit den Beteiligten eingeleitet. ²Zu der mündlichen Verhandlung sind der Antragsteller, der Eigentümer des betroffenen Grundstücks, die sonstigen aus dem Grundbuch ersichtlichen Beteiligten und die Gemeinde zu laden. ³Die Ladung ist zuzustellen. ⁴Die Ladungsfrist beträgt einen Monat.

(2) ¹Das Enteignungsverfahren zugunsten der Gemeinde kann bereits eingeleitet werden, wenn

1. der Entwurf des Bebauungsplans nach § 3 Absatz 2 ausgelegen hat und
2. mit den Beteiligten die Verhandlungen nach § 87 Absatz 2 geführt und die von ihnen gegen den Entwurf des Bebauungsplans fristgemäß vorgebrachten Anregungen erörtert worden sind. Die Gemeinde kann in demselben Termin die Verhandlungen nach § 87 Absatz 2 führen und die Anregungen erörtern.

²Das Verfahren ist so zu fördern, dass der Enteignungsbeschluss ergehen kann, sobald der Bebauungsplan rechtsverbindlich geworden ist. ³Eine Einigung nach § 110 oder § 111 kann auch vor Rechtsverbindlichkeit des Bebauungsplans erfolgen.

(3) Die Ladung muss enthalten

1. die Bezeichnung des Antragstellers und des betroffenen Grundstücks,
2. den wesentlichen Inhalt des Enteignungsantrags mit dem Hinweis, dass der Antrag mit den ihm beigefügten Unterlagen bei der Enteignungsbehörde eingesehen werden kann,
3. die Aufforderung, etwaige Einwendungen gegen den Enteignungsantrag möglichst vor der mündlichen Verhandlung bei der Enteignungsbehörde schriftlich einzureichen oder zur Niederschrift zu erklären, und
4. den Hinweis, dass auch bei Nichterscheinen über den Enteignungsantrag und andere im Verfahren zu erledigende Anträge entschieden werden kann.

(4) Die Ladung von Personen, deren Beteiligung auf einem Antrag auf Entschädigung in Land beruht, muss außer dem in Absatz 3 vorgeschriebenen Inhalt auch die Bezeichnung des Eigentümers, dessen Entschädigung in Land beantragt ist, und des Grundstücks, für das die Entschädigung in Land gewährt werden soll, enthalten.

(5) ¹Die Einleitung des Enteignungsverfahrens ist unter Bezeichnung des betroffenen Grundstücks und des im Grundbuch als Eigentümer Eingetragenen sowie des ersten Termins der mündlichen Verhandlung mit den Beteiligten ortsüblich bekannt zu machen. ²In der Bekanntmachung sind alle Beteiligten aufzufordern, ihre Rechte spätestens in der mündlichen Verhandlung wahrzunehmen mit dem Hinweis, dass auch bei Nichterscheinen über den Enteignungsantrag und andere im Verfahren zu erledigende Anträge entschieden werden kann.

(6) ¹Die Enteignungsbehörde teilt dem Grundbuchamt die Einleitung des Enteignungsverfahrens mit. ²Sie ersucht das Grundbuchamt, in das Grundbuch des betroffenen Grundstücks einzutragen, dass das Enteignungsverfahren eingeleitet ist (Enteignungsvermerk); ist das Enteignungsverfahren beendigt, ersucht

die Enteignungsbehörde das Grundbuchamt, den Enteignungsvermerk zu löschen. ³Das Grundbuchamt hat die Enteignungsbehörde von allen Eintragungen zu benachrichtigen, die nach dem Zeitpunkt der Einleitung des Enteignungsverfahrens im Grundbuch des betroffenen Grundstücks vorgenommen sind und vorgenommen werden.

(7) Ist im Grundbuch die Anordnung der Zwangsversteigerung oder Zwangsverwaltung eingetragen, gibt die Enteignungsbehörde dem Vollstreckungsgericht von der Einleitung des Enteignungsverfahrens Kenntnis, soweit dieses das Grundstück betrifft, das Gegenstand des Vollstreckungsverfahrens ist.

§ 109 Genehmigungspflicht

(1) Von der Bekanntmachung über die Einleitung des Enteignungsverfahrens an bedürfen die in § 51 bezeichneten Rechtsvorgänge, Vorhaben und Teilungen der schriftlichen Genehmigung der Enteignungsbehörde.

(2) Die Enteignungsbehörde darf die Genehmigung nur versagen, wenn Grund zu der Annahme besteht, dass der Rechtsvorgang, das Vorhaben oder die Teilung die Verwirklichung des Enteignungszwecks unmöglich machen oder wesentlich erschweren würde.

(3) ¹Sind Rechtsvorgänge oder Vorhaben nach Absatz 1 vor der Bekanntmachung zu erwarten, kann die Enteignungsbehörde anordnen, dass die Genehmigungspflicht nach Absatz 1 bereits zu einem früheren Zeitpunkt eintritt. ²Die Anordnung ist ortsüblich bekannt zu machen und dem Grundbuchamt mitzuteilen.

(4) § 22 Absatz 5 Satz 2 bis 5, § 51 Absatz 2 und § 116 Absatz 6 sind entsprechend anzuwenden.

§ 110 Einigung

(1) Die Enteignungsbehörde hat auf eine Einigung zwischen den Beteiligten hinzuwirken.

(2) ¹Einigen sich die Beteiligten, so hat die Enteignungsbehörde eine Niederschrift über die Einigung aufzunehmen. ²Die Niederschrift muss den Erfordernissen des § 113 Absatz 2 entsprechen. ³Sie ist von den Beteiligten zu unterschreiben. ⁴Ein Bevollmächtigter des Eigentümers bedarf einer öffentlich beglaubigten Vollmacht.

(3) ¹Die beurkundete Einigung steht einem nicht mehr anfechtbaren Enteignungsbeschluss gleich. ²§ 113 Absatz 5 ist entsprechend anzuwenden.

§ 111 Teileinigung

¹Einigen sich die Beteiligten nur über den Übergang oder die Belastung des Eigentums an dem zu enteignenden Grundstück, jedoch nicht über die Höhe der Entschädigung, so ist § 110 Absatz 2 und 3 entsprechend anzuwenden. ²Die Enteignungsbehörde hat anzuordnen, dass dem Berechtigten eine Vorauszahlung in Höhe der zu erwartenden Entschädigung zu leisten ist, soweit sich aus der Einigung nichts anderes ergibt. ³Im Übrigen nimmt das Enteignungsverfahren seinen Fortgang.

§ 112 Entscheidung der Enteignungsbehörde

(1) Soweit eine Einigung nicht zustande kommt, entscheidet die Enteignungsbehörde auf Grund der mündlichen Verhandlung durch Beschluss über den Enteignungsantrag, die übrigen gestellten Anträge sowie über die erhobenen Einwendungen.

(2) ¹Auf Antrag eines Beteiligten hat die Enteignungsbehörde vorab über den Übergang oder die Belastung des Eigentums an dem zu enteignenden Grundstück oder über sonstige durch die Enteignung zu bewirkende Rechtsänderungen zu entscheiden. ²In diesem Falle hat die Enteignungsbehörde anzuordnen, dass dem Berechtigten eine Vorauszahlung in Höhe der zu erwartenden Entschädigung zu leisten ist.

(3) Gibt die Enteignungsbehörde dem Enteignungsantrag statt, so entscheidet sie zugleich
1. darüber, welche Rechte der in § 97 bezeichneten Berechtigten an dem Gegenstand der Enteignung aufrechterhalten bleiben,
2. darüber, mit welchen Rechten der Gegenstand der Enteignung, das Ersatzland oder ein anderes Grundstück belastet werden,
3. darüber, welche Rechtsverhältnisse begründet werden, die Rechte der in § 86 Absatz 1 Nummer 3 und 4 bezeichneten Art gewähren,
4. im Falle der Entschädigung in Ersatzland über den Eigentumsübergang oder die Enteignung des Ersatzlands.

§ 113 Enteignungsbeschluss

(1) ¹Der Beschluss der Enteignungsbehörde ist den Beteiligten zuzustellen. ²Der Beschluss ist mit einer Belehrung über Zulässigkeit, Form und Frist des Antrags auf gerichtliche Entscheidung (§ 217) zu versehen.

(2) Gibt die Enteignungsbehörde dem Enteignungsantrag statt, so muss der Beschluss (Enteignungsbeschluss) bezeichnen

1. die von der Enteignung Betroffenen und den Enteignungsbegünstigten;
2. die sonstigen Beteiligten;
3. den Enteignungszweck und die Frist, innerhalb der das Grundstück zu dem vorgesehenen Zweck zu verwenden ist;
4. den Gegenstand der Enteignung, und zwar
a) wenn das Eigentum an einem Grundstück Gegenstand der Enteignung ist, das Grundstück nach Größe, grundbuchmäßiger, katastermäßiger und sonst üblicher Bezeichnung; im Falle der Enteignung eines Grundstücksteils ist zu seiner Bezeichnung auf Vermessungsschriften (Vermessungsrisse und -karten) Bezug zu nehmen, die von einer zu Fortführungsvermessungen befugten Stelle oder von einem öffentlich bestellten Vermessungsingenieur gefertigt sind,
b) wenn ein anderes Recht an einem Grundstück Gegenstand einer selbständigen Enteignung ist, dieses Recht nach Inhalt und grundbuchmäßiger Bezeichnung,
c) wenn ein persönliches Recht, das zum Erwerb, zum Besitz oder zur Nutzung von Grundstücken berechtigt oder den Verpflichteten in der Nutzung von Grundstücken beschränkt, Gegenstand einer selbständigen Enteignung ist, dieses Recht nach seinem Inhalt und dem Grund seines Bestehens,
d) die in § 86 Absatz 2 bezeichneten Gegenstände, wenn die Enteignung auf diese ausgedehnt wird;
5. bei der Belastung eines Grundstücks mit einem Recht die Art, den Inhalt, soweit er durch Vertrag bestimmt werden kann, sowie den Rang des Rechts, den Berechtigten und das Grundstück;
6. bei der Begründung eines Rechts der in Nummer 4 Buchstabe c bezeichneten Art den Inhalt des Rechtsverhältnisses und die daran Beteiligten;
7. die Eigentums- und sonstigen Rechtsverhältnisse vor und nach der Enteignung;
8. die Art und Höhe der Entschädigungen und die Höhe der Ausgleichszahlungen nach § 100 Absatz 5 Satz 4 und § 101 Absatz 1 Satz 2 mit der Angabe, von wem und an wen sie zu leisten sind; Geldentschädigungen, aus denen andere von der Enteignung Betroffene nach § 97 Absatz 4 zu entschädigen sind, müssen von den sonstigen Geldentschädigungen getrennt ausgewiesen werden;
9. bei der Entschädigung in Land das Grundstück in der in Nummer 4 Buchstabe a bezeichneten Weise.

(3) In den Fällen der §§ 111 und 112 Absatz 2 ist der Enteignungsbeschluss entsprechend zu beschränken.

(4) ¹Kann ein Grundstücksteil noch nicht entsprechend Absatz 2 Nummer 4 Buchstabe a bezeichnet werden, so kann der Enteignungsbeschluss ihn auf Grund fester Merkmale in der Natur oder durch Bezugnahme auf die Eintragung in einen Lageplan bezeichnen. ²Wenn das Ergebnis der Vermessung vorliegt, ist der Enteignungsbeschluss durch einen Nachtragsbeschluss anzupassen.

(5) Ist im Grundbuch die Anordnung der Zwangsversteigerung oder der Zwangsverwaltung eingetragen, gibt die Enteignungsbehörde dem Vollstreckungsgericht von dem Enteignungsbeschluss Kenntnis, wenn dem Enteignungsantrag stattgegeben worden ist.

§ 114 Lauf der Verwendungsfrist

(1) Die Frist, innerhalb der der Enteignungszweck nach § 113 Absatz 2 Nummer 3 zu verwirklichen ist, beginnt mit dem Eintritt der Rechtsänderung.

(2) ¹Die Enteignungsbehörde kann diese Frist vor ihrem Ablauf auf Antrag verlängern, wenn

1. der Enteignungsbegünstigte nachweist, dass er den Enteignungszweck ohne Verschulden innerhalb der festgesetzten Frist nicht erfüllen kann, oder
2. vor Ablauf der Frist eine Gesamtrechtsnachfolge eintritt und der Rechtsnachfolger nachweist, dass er den Enteignungszweck innerhalb der festgesetzten Frist nicht erfüllen kann.

²Der enteignete frühere Eigentümer ist vor der Entscheidung über die Verlängerung zu hören.

§ 115 Verfahren bei der Entschädigung durch Gewährung anderer Rechte

(1) Soll die Entschädigung des Eigentümers eines zu enteignenden Grundstücks nach § 101 festgesetzt werden und ist die Bestellung, Übertragung oder die Ermittlung des Werts eines der dort bezeichneten Rechte im Zeitpunkt des Erlasses des Enteignungsbeschlusses noch nicht möglich, kann die Enteignungsbehörde, wenn es der Eigentümer unter Bezeichnung eines Rechts beantragt, im Enteignungsbeschluss neben der Festsetzung der Entschädigung in Geld dem Enteignungsbegünstigten aufgeben, binnen einer bestimmten Frist dem von der Enteignung Betroffenen ein Recht der bezeichneten Art zu angemessenen Bedingungen anzubieten.

(2) ¹Bietet der Enteignungsbegünstigte binnen der bestimmten Frist ein Recht der bezeichneten Art nicht an oder einigt er sich mit dem von der Enteignung Betroffenen nicht, so wird ihm ein solches Recht auf Antrag zugunsten des von der Enteignung Betroffenen durch Enteignung entzogen. ²Die Enteignungs-

behörde setzt den Inhalt des Rechts fest, soweit dessen Inhalt durch Vereinbarung bestimmt werden kann. [3]Die Vorschriften dieses Teils über das Verfahren und die Entschädigung sind entsprechend anzuwenden. (3) Der Antrag nach Absatz 2 kann nur innerhalb von sechs Monaten nach Ablauf der bestimmten Frist gestellt werden.

§ 116 Vorzeitige Besitzeinweisung

(1) [1]Ist die sofortige Ausführung der beabsichtigten Maßnahme aus Gründen des Wohls der Allgemeinheit dringend geboten, so kann die Enteignungsbehörde den Antragsteller auf Antrag durch Beschluss in den Besitz des von dem Enteignungsverfahren betroffenen Grundstücks einweisen. [2]Die Besitzeinweisung ist nur zulässig, wenn über sie in einer mündlichen Verhandlung verhandelt worden ist. [3]Der Beschluss über die Besitzeinweisung ist dem Antragsteller, dem Eigentümer und dem unmittelbaren Besitzer zuzustellen. [4]Die Besitzeinweisung wird in dem von der Enteignungsbehörde bezeichneten Zeitpunkt wirksam. [5]Auf Antrag des unmittelbaren Besitzers ist dieser Zeitpunkt auf mindestens zwei Wochen nach Zustellung der Anordnung über die vorzeitige Besitzeinweisung an ihn festzusetzen.

(2) [1]Die Enteignungsbehörde kann die vorzeitige Besitzeinweisung von der Leistung einer Sicherheit in Höhe der voraussichtlichen Entschädigung und von der vorherigen Erfüllung anderer Bedingungen abhängig machen. [2]Auf Antrag des Inhabers eines Rechts, das zum Besitz oder zur Nutzung des Grundstücks berechtigt, ist die Einweisung von der Leistung einer Sicherheit in Höhe der ihm voraussichtlich zu gewährenden Entschädigung abhängig zu machen. [3]Die Anordnung ist dem Antragsteller, dem Besitzer und dem Eigentümer zuzustellen.

(3) [1]Durch die Besitzeinweisung wird dem Besitzer der Besitz entzogen und der Eingewiesene Besitzer. [2]Der Eingewiesene darf auf dem Grundstück das von ihm im Enteignungsantrag bezeichnete Bauvorhaben ausführen und die dafür erforderlichen Maßnahmen treffen.

(4) [1]Der Eingewiesene hat für die durch die vorzeitige Besitzeinweisung entstehenden Vermögensnachteile Entschädigung zu leisten, soweit die Nachteile nicht durch die Verzinsung der Geldentschädigung (§ 99 Absatz 3) ausgeglichen werden. [2]Art und Höhe der Entschädigung werden durch die Enteignungsbehörde spätestens in dem in § 113 bezeichneten Beschluss festgesetzt. [3]Wird der Beschluss über Art und Höhe der Entschädigung vorher erlassen, so ist er den in Absatz 2 Satz 3 bezeichneten Personen zuzustellen. [4]Die Entschädigung für die Besitzeinweisung ist ohne Rücksicht darauf, ob ein Antrag auf gerichtliche Entscheidung gestellt wird, zu dem in Absatz 1 Satz 4 bezeichneten Zeitpunkt fällig.

(5) [1]Auf Antrag einer der in Absatz 2 Satz 3 bezeichneten Personen hat die Enteignungsbehörde den Zustand des Grundstücks vor der Besitzeinweisung in einer Niederschrift feststellen zu lassen, soweit er für die Besitzeinweisungs- oder die Enteignungsentschädigung von Bedeutung ist. [2]Den Beteiligten ist eine Abschrift der Niederschrift zu übersenden.

(6) [1]Wird der Enteignungsantrag abgewiesen, so ist die vorzeitige Besitzeinweisung aufzuheben und der vorherige unmittelbare Besitzer wieder in den Besitz einzuweisen. [2]Der Eingewiesene hat für alle durch die vorzeitige Besitzeinweisung entstandenen besonderen Nachteile Entschädigung zu leisten. [3]Absatz 4 Satz 2 gilt entsprechend.

§ 117 Ausführung des Enteignungsbeschlusses

(1) [1]Ist der Enteignungsbeschluss oder sind die Entscheidungen nach § 112 Absatz 2 nicht mehr anfechtbar, so ordnet auf Antrag eines Beteiligten die Enteignungsbehörde die Ausführung des Enteignungsbeschlusses oder der Vorabentscheidung an (Ausführungsanordnung), wenn der durch die Enteignung Begünstigte die Geldentschädigung, im Falle der Vorabentscheidung die nach § 112 Absatz 2 Satz 2 festgesetzte Vorauszahlung gezahlt oder in zulässiger Weise unter Verzicht auf das Recht der Rücknahme hinterlegt hat. [2]Auf Antrag des Entschädigungsberechtigten kann im Falle des § 112 Absatz 2 die Enteignungsbehörde die Ausführungsanordnung davon abhängig machen, dass der durch die Enteignung Begünstigte im Übrigen für einen angemessenen Betrag Sicherheit leistet.

(2) [1]In den Fällen des § 111 ist auf Antrag eines Beteiligten die Ausführungsanordnung zu erlassen, wenn der durch die Enteignung Begünstigte den zwischen den Beteiligten unstreitigen Entschädigungsbetrag gezahlt oder in zulässiger Weise unter Verzicht auf das Recht der Rücknahme hinterlegt hat. [2]Absatz 1 Satz 2 gilt entsprechend, soweit sich nicht aus der Einigung etwas anderes ergibt.

(3) [1]Im Falle des § 113 Absatz 4 ist auf Antrag eines Beteiligten die Ausführungsanordnung zu erlassen, wenn der durch die Enteignung Begünstigte die im Enteignungsbeschluss in Verbindung mit dem Nachtragsbeschluss festgesetzte Geldentschädigung gezahlt oder zulässigerweise unter Verzicht auf das Recht der Rücknahme hinterlegt hat. [2]Der Nachtragsbeschluss braucht nicht unanfechtbar zu sein.

(4) [1]Die Ausführungsanordnung ist allen Beteiligten zuzustellen, deren Rechtsstellung durch den Enteignungsbeschluss betroffen wird. [2]Die Ausführungsanordnung ist der Gemeinde abschriftlich mitzutei-

len, in deren Bezirk das von der Enteignung betroffene Grundstück liegt. [3]§ 113 Absatz 5 gilt entsprechend.

(5) [1]Mit dem in der Ausführungsanordnung festzusetzenden Tag wird der bisherige Rechtszustand durch den im Enteignungsbeschluss geregelten neuen Rechtszustand ersetzt. [2]Gleichzeitig entstehen die nach § 113 Absatz 2 Nummer 6 begründeten Rechtsverhältnisse; sie gelten von diesem Zeitpunkt an als zwischen den an dem Rechtsverhältnis Beteiligten vereinbart.

(6) Die Ausführungsanordnung schließt die Einweisung in den Besitz des enteigneten Grundstücks und des Ersatzlands zu dem festgesetzten Tag ein.

(7) Die Enteignungsbehörde übersendet dem Grundbuchamt eine beglaubigte Abschrift des Enteignungsbeschlusses und der Ausführungsanordnung und ersucht es, die Rechtsänderungen in das Grundbuch einzutragen.

§ 118 Hinterlegung

(1) [1]Geldentschädigungen, aus denen andere Berechtigte nach § 97 Absatz 4 zu befriedigen sind, sind unter Verzicht auf das Recht der Rücknahme zu hinterlegen, soweit mehrere Personen auf sie Anspruch haben und eine Einigung über die Auszahlung nicht nachgewiesen ist. [2]Die Hinterlegung erfolgt bei dem Amtsgericht, in dessen Bezirk das von der Enteignung betroffene Grundstück liegt; § 2 des Zwangsversteigerungsgesetzes gilt entsprechend.

(2) Andere Vorschriften, nach denen die Hinterlegung geboten oder statthaft ist, werden hierdurch nicht berührt.

§ 119 Verteilungsverfahren

(1) Nach Eintritt des neuen Rechtszustands kann jeder Beteiligte sein Recht an der hinterlegten Summe gegen einen Mitbeteiligten, der dieses Recht bestreitet, vor den ordentlichen Gerichten geltend machen oder die Einleitung eines gerichtlichen Verteilungsverfahrens beantragen.

(2) Für das Verteilungsverfahren ist das Amtsgericht zuständig, in dessen Bezirk das von der Enteignung betroffene Grundstück liegt; in Zweifelsfällen gilt § 2 des Zwangsversteigerungsgesetzes entsprechend.

(3) Auf das Verteilungsverfahren sind die Vorschriften über die Verteilung des Erlöses im Falle der Zwangsversteigerung mit folgenden Abweichungen entsprechend anzuwenden:

1. Das Verteilungsverfahren ist durch Beschluss zu eröffnen;
2. die Zustellung des Eröffnungsbeschlusses an den Antragsteller gilt als Beschlagnahme im Sinne des § 13 des Zwangsversteigerungsgesetzes; ist das Grundstück schon in einem Zwangsversteigerungs- oder Zwangsverwaltungsverfahren beschlagnahmt, so hat es hierbei sein Bewenden;
3. das Verteilungsgericht hat bei Eröffnung des Verfahrens von Amts wegen das Grundbuchamt um die in § 19 Absatz 2 des Zwangsversteigerungsgesetzes bezeichneten Mitteilungen zu ersuchen; in die beglaubigte Abschrift des Grundbuchblatts sind die zur Zeit der Zustellung des Enteignungsbeschlusses an den Enteigneten vorhandenen Eintragungen sowie die später eingetragenen Veränderungen und Löschungen aufzunehmen;
4. bei dem Verfahren sind die in § 97 Absatz 4 bezeichneten Entschädigungsberechtigten nach Maßgabe des § 10 des Zwangsversteigerungsgesetzes zu berücksichtigen, wegen der Ansprüche auf wiederkehrende Nebenleistungen jedoch nur für die Zeit bis zur Hinterlegung.

(4) [1]Soweit auf Grund landesrechtlicher Vorschriften die Verteilung des Erlöses im Falle einer Zwangsversteigerung nicht von dem Vollstreckungsgericht, sondern von einer anderen Stelle wahrzunehmen ist, kann durch Landesrecht bestimmt werden, dass diese andere Stelle auch für das Verteilungsverfahren nach den Absätzen 1 bis 3 zuständig ist. [2]Wird die Änderung einer Entscheidung dieser anderen Stelle verlangt, so ist die Entscheidung des Vollstreckungsgerichts nachzusuchen. [3]Die Beschwerde findet gegen die Entscheidung des Vollstreckungsgerichts statt.

§ 120 Aufhebung des Enteignungsbeschlusses

(1) [1]Ist die Ausführungsanordnung noch nicht ergangen, so hat die Enteignungsbehörde den Enteignungsbeschluss auf Antrag aufzuheben, wenn der durch die Enteignung Begünstigte die ihm durch den Enteignungsbeschluss auferlegten Zahlungen nicht innerhalb eines Monats nach dem Zeitpunkt geleistet hat, in dem der Beschluss unanfechtbar geworden ist. [2]Antragsberechtigt ist jeder Beteiligte, dem eine nicht gezahlte Entschädigung zusteht oder der nach § 97 Absatz 4 aus ihr zu befriedigen ist.

(2) [1]Vor der Aufhebung ist der durch die Enteignung Begünstigte zu hören. [2]Der Aufhebungsbeschluss ist allen Beteiligten zuzustellen und der Gemeinde und dem Grundbuchamt abschriftlich mitzuteilen.

§ 121 Kosten

(1) [1]Der Antragsteller hat die Kosten zu tragen, wenn der Antrag auf Enteignung abgelehnt oder zurückgenommen wird. [2]Wird dem Antrag auf Enteignung stattgegeben, so hat der Entschädigungsverpflichtete

die Kosten zu tragen. [3]Wird einem Antrag auf Rückenteignung stattgegeben, so hat der von der Rückenteignung Betroffene die Kosten zu tragen. [4]Wird ein Antrag eines sonstigen Beteiligten abgelehnt oder zurückgenommen, sind diesem die durch die Behandlung seines Antrags verursachten Kosten aufzuerlegen, wenn sein Antrag offensichtlich unbegründet war.

(2) [1]Kosten sind die Kosten des Verfahrens und die zur zweckentsprechenden Rechtsverfolgung oder Rechtsverteidigung notwendigen Aufwendungen der Beteiligten. [2]Die Gebühren und Auslagen eines Rechtsanwalts oder eines sonstigen Bevollmächtigten sind erstattungsfähig, wenn die Zuziehung eines Bevollmächtigten notwendig war. [3]Aufwendungen für einen Bevollmächtigten, für den Gebühren und Auslagen gesetzlich nicht vorgesehen sind, können nur bis zur Höhe der gesetzlichen Gebühren und Auslagen von Rechtsbeiständen erstattet werden.

(3) Aufwendungen, die durch das Verschulden eines Erstattungsberechtigten entstanden sind, hat dieser selbst zu tragen; das Verschulden eines Vertreters ist dem Vertretenen zuzurechnen.

(4) [1]Die Kosten des Verfahrens richten sich nach den landesrechtlichen Vorschriften. [2]Die Enteignungsbehörde setzt die Kosten im Enteignungsbeschluss oder durch besonderen Beschluss fest. [3]Der Beschluss bestimmt auch, ob die Zuziehung eines Rechtsanwalts oder eines sonstigen Bevollmächtigten notwendig war.

§ 122 Vollstreckbarer Titel

(1) [1]Die Zwangsvollstreckung nach den Vorschriften der Zivilprozessordnung über die Vollstreckung von Urteilen in bürgerlichen Rechtsstreitigkeiten findet statt
1. aus der Niederschrift über eine Einigung wegen der in ihr bezeichneten Leistungen;
2. aus nicht mehr anfechtbarem Enteignungsbeschluss wegen der zu zahlenden Geldentschädigung oder einer Ausgleichszahlung;
3. aus einem Beschluss über die vorzeitige Besitzeinweisung oder deren Aufhebung wegen der darin festgesetzten Leistungen.

[2]Die Zwangsvollstreckung wegen einer Ausgleichszahlung ist erst zulässig, wenn die Ausführungsanordnung wirksam und unanfechtbar geworden ist.

(2) [1]Die vollstreckbare Ausfertigung wird von dem Urkundsbeamten der Geschäftsstelle des Amtsgerichts erteilt, in dessen Bezirk die Enteignungsbehörde ihren Sitz hat und, wenn das Verfahren bei einem Gericht anhängig ist, von dem Urkundsbeamten der Geschäftsstelle dieses Gerichts. [2]In den Fällen der §§ 731, 767 bis 770, 785 und 786 der Zivilprozessordnung tritt das Amtsgericht, in dessen Bezirk die Enteignungsbehörde ihren Sitz hat, an die Stelle des Prozessgerichts.

Sechster Teil
Erschließung

Erster Abschnitt
Allgemeine Vorschriften

§ 123 Erschließungslast

(1) Die Erschließung ist Aufgabe der Gemeinde, soweit sie nicht nach anderen gesetzlichen Vorschriften oder öffentlich-rechtlichen Verpflichtungen einem anderen obliegt.

(2) Die Erschließungsanlagen sollen entsprechend den Erfordernissen der Bebauung und des Verkehrs kostengünstig hergestellt werden und spätestens bis zur Fertigstellung der anzuschließenden baulichen Anlagen benutzbar sein.

(3) Ein Rechtsanspruch auf Erschließung besteht nicht.

(4) Die Unterhaltung der Erschließungsanlagen richtet sich nach landesrechtlichen Vorschriften.

§ 124 Erschließungspflicht nach abgelehntem Vertragsangebot

Hat die Gemeinde einen Bebauungsplan im Sinne des § 30 Absatz 1 erlassen und lehnt sie das zumutbare Angebot zum Abschluss eines städtebaulichen Vertrags über die Erschließung ab, ist sie verpflichtet, die Erschließung selbst durchzuführen.

§ 125 Bindung an den Bebauungsplan

(1) Die Herstellung der Erschließungsanlagen im Sinne des § 127 Absatz 2 setzt einen Bebauungsplan voraus.

(2) Liegt ein Bebauungsplan nicht vor, so dürfen diese Anlagen nur hergestellt werden, wenn sie den in § 1 Absatz 4 bis 7 bezeichneten Anforderungen entsprechen.

(3) Die Rechtmäßigkeit der Herstellung von Erschließungsanlagen wird durch Abweichungen von den Festsetzungen des Bebauungsplans nicht berührt, wenn die Abweichungen mit den Grundzügen der Planung vereinbar sind und

1. die Erschließungsanlagen hinter den Festsetzungen zurückbleiben oder
2. die Erschließungsbeitragspflichtigen nicht mehr als bei einer plangemäßen Herstellung belastet werden und die Abweichungen die Nutzung der betroffenen Grundstücke nicht wesentlich beeinträchtigen.

§ 126 Pflichten des Eigentümers

(1) ¹Der Eigentümer hat das Anbringen von

1. Haltevorrichtungen und Leitungen für Beleuchtungskörper der Straßenbeleuchtung einschließlich der Beleuchtungskörper und des Zubehörs sowie
2. Kennzeichen und Hinweisschildern für Erschließungsanlagen

auf seinem Grundstück zu dulden. ²Er ist vorher zu benachrichtigen.

(2) ¹Der Erschließungsträger hat Schäden, die dem Eigentümer durch das Anbringen oder das Entfernen der in Absatz 1 bezeichneten Gegenstände entstehen, zu beseitigen; er kann stattdessen eine angemessene Entschädigung in Geld leisten. ²Kommt eine Einigung über die Entschädigung nicht zustande, so entscheidet die höhere Verwaltungsbehörde; vor der Entscheidung sind die Beteiligten zu hören.

(3) ¹Der Eigentümer hat sein Grundstück mit der von der Gemeinde festgesetzten Nummer zu versehen. ²Im Übrigen gelten die landesrechtlichen Vorschriften.

Zweiter Abschnitt
Erschließungsbeitrag

§ 127 Erhebung des Erschließungsbeitrags

(1) Die Gemeinden erheben zur Deckung ihres anderweitig nicht gedeckten Aufwands für Erschließungsanlagen einen Erschließungsbeitrag nach Maßgabe der folgenden Vorschriften.

(2) Erschließungsanlagen im Sinne dieses Abschnitts sind

1. die öffentlichen zum Anbau bestimmten Straßen, Wege und Plätze;
2. die öffentlichen aus rechtlichen oder tatsächlichen Gründen mit Kraftfahrzeugen nicht befahrbaren Verkehrsanlagen innerhalb der Baugebiete (z.B. Fußwege, Wohnwege);
3. Sammelstraßen innerhalb der Baugebiete; Sammelstraßen sind öffentliche Straßen, Wege und Plätze, die selbst nicht zum Anbau bestimmt, aber zur Erschließung der Baugebiete notwendig sind;
4. Parkflächen und Grünanlagen mit Ausnahme von Kinderspielplätzen, soweit sie Bestandteil der in den Nummern 1 bis 3 genannten Verkehrsanlagen oder nach städtebaulichen Grundsätzen innerhalb der Baugebiete zu deren Erschließung notwendig sind;
5. Anlagen zum Schutz von Baugebieten gegen schädliche Umwelteinwirkungen im Sinne des Bundes-Immissionsschutzgesetzes, auch wenn sie nicht Bestandteil der Erschließungsanlagen sind.

(3) Der Erschließungsbeitrag kann für den Grunderwerb, die Freilegung und für Teile der Erschließungsanlagen selbständig erhoben werden (Kostenspaltung).

(4) ¹Das Recht, Abgaben für Anlagen zu erheben, die nicht Erschließungsanlagen im Sinne dieses Abschnitts sind, bleibt unberührt. ²Dies gilt insbesondere für Anlagen zur Ableitung von Abwasser sowie zur Versorgung mit Elektrizität, Gas, Wärme und Wasser.

§ 128 Umfang des Erschließungsaufwands

(1) ¹Der Erschließungsaufwand nach § 127 umfasst die Kosten für

1. den Erwerb und die Freilegung der Flächen für die Erschließungsanlagen;
2. ihre erstmalige Herstellung einschließlich der Einrichtungen für ihre Entwässerung und ihre Beleuchtung;
3. die Übernahme von Anlagen als gemeindliche Erschließungsanlagen.

²Der Erschließungsaufwand umfasst auch den Wert der von der Gemeinde aus ihrem Vermögen bereitgestellten Flächen im Zeitpunkt der Bereitstellung. ³Zu den Kosten für den Erwerb der Flächen für Erschließungsanlagen gehört im Falle einer erschließungsbeitragspflichtigen Zuteilung im Sinne des § 57 Satz 4 und des § 58 Absatz 1 Satz 1 auch der Wert nach § 68 Absatz 1 Nummer 4.

(2) ¹Soweit die Gemeinden nach Landesrecht berechtigt sind, Beiträge zu den Kosten für Erweiterungen oder Verbesserungen von Erschließungsanlagen zu erheben, bleibt dieses Recht unberührt. ²Die Länder können bestimmen, dass die Kosten für die Beleuchtung der Erschließungsanlagen in den Erschließungsaufwand nicht einzubeziehen sind.

(3) Der Erschließungsaufwand umfasst nicht die Kosten für
1. Brücken, Tunnels und Unterführungen mit den dazugehörigen Rampen;
2. die Fahrbahnen der Ortsdurchfahrten von Bundesstraßen sowie von Landstraßen I. und II. Ordnung, soweit die Fahrbahnen dieser Straßen keine größere Breite als ihre anschließenden freien Strecken erfordern.

§ 129 Beitragsfähiger Erschließungsaufwand

(1) [1]Zur Deckung des anderweitig nicht gedeckten Erschließungsaufwands können Beiträge nur insoweit erhoben werden, als die Erschließungsanlagen erforderlich sind, um die Bauflächen und die gewerblich zu nutzenden Flächen entsprechend den baurechtlichen Vorschriften zu nutzen (beitragsfähiger Erschließungsaufwand). [2]Soweit Anlagen nach § 127 Absatz 2 von dem Eigentümer hergestellt sind oder von ihm auf Grund baurechtlicher Vorschriften verlangt werden, dürfen Beiträge nicht erhoben werden. [3]Die Gemeinden tragen mindestens 10 vom Hundert des beitragsfähigen Erschließungsaufwands.
(2) Kosten, die ein Eigentümer oder sein Rechtsvorgänger bereits für Erschließungsmaßnahmen aufgewandt hat, dürfen bei der Übernahme als gemeindliche Erschließungsanlagen nicht erneut erhoben werden.

§ 130 Art der Ermittlung des beitragsfähigen Erschließungsaufwands

(1) [1]Der beitragsfähige Erschließungsaufwand kann nach den tatsächlich entstandenen Kosten oder nach Einheitssätzen ermittelt werden. [2]Die Einheitssätze sind nach den in der Gemeinde üblicherweise durchschnittlich aufzuwendenden Kosten vergleichbarer Erschließungsanlagen festzusetzen.
(2) [1]Der beitragsfähige Erschließungsaufwand kann für die einzelne Erschließungsanlage oder für bestimmte Abschnitte einer Erschließungsanlage ermittelt werden. [2]Abschnitte einer Erschließungsanlage können nach örtlich erkennbaren Merkmalen oder nach rechtlichen Gesichtspunkten (z.B. Grenzen von Bebauungsplangebieten, Umlegungsgebieten, förmlich festgelegten Sanierungsgebieten) gebildet werden. [3]Für mehrere Anlagen, die für die Erschließung der Grundstücke eine Einheit bilden, kann der Erschließungsaufwand insgesamt ermittelt werden.

§ 131 Maßstäbe für die Verteilung des Erschließungsaufwands

(1) [1]Der ermittelte beitragsfähige Erschließungsaufwand für eine Erschließungsanlage ist auf die durch die Anlage erschlossenen Grundstücke zu verteilen. [2]Mehrfach erschlossene Grundstücke sind bei gemeinsamer Aufwandsermittlung in einer Erschließungseinheit (§ 130 Absatz 2 Satz 3) bei der Verteilung des Erschließungsaufwands nur einmal zu berücksichtigen.
(2) [1]Verteilungsmaßstäbe sind
1. die Art und das Maß der baulichen oder sonstigen Nutzung;
2. die Grundstücksflächen;
3. die Grundstücksbreite an der Erschließungsanlage.
[2]Die Verteilungsmaßstäbe können miteinander verbunden werden.
(3) In Gebieten, die nach dem Inkrafttreten des Bundesbaugesetzes erschlossen werden, sind, wenn eine unterschiedliche bauliche oder sonstige Nutzung zulässig ist, die Maßstäbe nach Absatz 2 in der Weise anzuwenden, dass der Verschiedenheit dieser Nutzung nach Art und Maß entsprochen wird.

§ 132 Regelung durch Satzung

Die Gemeinden regeln durch Satzung
1. die Art und den Umfang der Erschließungsanlagen im Sinne des § 129,
2. die Art der Ermittlung und der Verteilung des Aufwands sowie die Höhe des Einheitssatzes,
3. die Kostenspaltung (§ 127 Absatz 3) und
4. die Merkmale der endgültigen Herstellung einer Erschließungsanlage.

§ 133 Gegenstand und Entstehung der Beitragspflicht

(1) [1]Der Beitragspflicht unterliegen Grundstücke, für die eine bauliche oder gewerbliche Nutzung festgesetzt ist, sobald sie bebaut oder gewerblich genutzt werden dürfen. [2]Erschlossene Grundstücke, für die eine bauliche oder gewerbliche Nutzung nicht festgesetzt ist, unterliegen der Beitragspflicht, wenn sie nach der Verkehrsauffassung Bauland sind und nach der geordneten baulichen Entwicklung der Gemeinde zur Bebauung anstehen. [3]Die Gemeinde gibt bekannt, welche Grundstücke nach Satz 2 der Beitragspflicht unterliegen; die Bekanntmachung hat keine rechtsbegründende Wirkung.
(2) [1]Die Beitragspflicht entsteht mit der endgültigen Herstellung der Erschließungsanlagen, für Teilbeträge, sobald die Maßnahmen, deren Aufwand durch die Teilbeträge gedeckt werden soll, abgeschlossen sind. [2]Im Falle des § 128 Absatz 1 Satz 1 Nummer 3 entsteht die Beitragspflicht mit der Übernahme durch die Gemeinde.

(3) ¹Für ein Grundstück, für das eine Beitragspflicht noch nicht oder nicht in vollem Umfang entstanden ist, können Vorausleistungen auf den Erschließungsbeitrag bis zur Höhe des voraussichtlichen endgültigen Erschließungsbeitrags verlangt werden, wenn ein Bauvorhaben auf dem Grundstück genehmigt wird oder wenn mit der Herstellung der Erschließungsanlagen begonnen worden ist und die endgültige Herstellung der Erschließungsanlagen innerhalb von vier Jahren zu erwarten ist. ²Die Vorausleistung ist mit der endgültigen Beitragsschuld zu verrechnen, auch wenn der Vorausleistende nicht beitragspflichtig ist. ³Ist die Beitragspflicht sechs Jahre nach Erlass der Vorausleistungsbescheids noch nicht entstanden, kann die Vorausleistung zurückverlangt werden, wenn die Erschließungsanlage bis zu diesem Zeitpunkt noch nicht benutzbar ist. ⁴Der Rückzahlungsanspruch ist ab Erhebung der Vorausleistung mit 2 vom Hundert über dem Basiszinssatz nach § 247 des Bürgerlichen Gesetzbuchs jährlich zu verzinsen. ⁵Die Gemeinde kann Bestimmungen über die Ablösung des Erschließungsbeitrags im Ganzen vor Entstehung der Beitragspflicht treffen.

§ 134 Beitragspflichtiger

(1) ¹Beitragspflichtig ist derjenige, der im Zeitpunkt der Bekanntgabe des Beitragsbescheids Eigentümer des Grundstücks ist. ²Ist das Grundstück mit einem Erbbaurecht belastet, so ist der Erbbauberechtigte anstelle des Eigentümers beitragspflichtig. ³Ist das Grundstück mit einem dinglichen Nutzungsrecht nach Artikel 233 § 4 des Einführungsgesetzes zum Bürgerlichen Gesetzbuche belastet, so ist der Inhaber dieses Rechts anstelle des Eigentümers beitragspflichtig. ⁴Mehrere Beitragspflichtige haften als Gesamtschuldner; bei Wohnungs- und Teileigentum sind die einzelnen Wohnungs- und Teileigentümer nur entsprechend ihrem Miteigentumsanteil beitragspflichtig.

(2) Der Beitrag ruht als öffentliche Last auf dem Grundstück, im Falle des Absatzes 1 Satz 2 auf dem Erbbaurecht, im Falle des Absatzes 1 Satz 3 auf dem dinglichen Nutzungsrecht, im Falle des Absatzes 1 Satz 4 auf dem Wohnungs- oder dem Teileigentum.

§ 135 Fälligkeit und Zahlung des Beitrags

(1) Der Beitrag wird einen Monat nach der Bekanntgabe des Beitragsbescheids fällig.

(2) ¹Die Gemeinde kann zur Vermeidung unbilliger Härten im Einzelfall, insbesondere soweit dies zur Durchführung eines genehmigten Bauvorhabens erforderlich ist, zulassen, dass der Erschließungsbeitrag in Raten oder in Form einer Rente gezahlt wird. ²Ist die Finanzierung eines Bauvorhabens gesichert, so soll die Zahlungsweise der Auszahlung der Finanzierungsmittel angepasst, jedoch nicht über zwei Jahre hinaus erstreckt werden.

(3) ¹Lässt die Gemeinde nach Absatz 2 eine Verrentung zu, so ist der Erschließungsbeitrag durch Bescheid in eine Schuld umzuwandeln, die in höchstens zehn Jahresleistungen zu entrichten ist. ²In dem Bescheid sind Höhe und Zeitpunkt der Fälligkeit der Jahresleistungen zu bestimmen. ³Der jeweilige Restbetrag ist mit höchstens 2 vom Hundert über dem Basiszinssatz nach § 247 des Bürgerlichen Gesetzbuchs jährlich zu verzinsen. ⁴Die Jahresleistungen stehen wiederkehrenden Leistungen im Sinne des § 10 Absatz 1 Nummer 3 des Zwangsversteigerungsgesetzes gleich.

(4) ¹Werden Grundstücke landwirtschaftlich oder als Wald genutzt, ist der Beitrag so lange zinslos zu stunden, wie das Grundstück zur Erhaltung der Wirtschaftlichkeit des landwirtschaftlichen Betriebs genutzt werden muss. ²Satz 1 gilt auch für die Fälle der Nutzungsüberlassung und Betriebsübergabe an Familienangehörige im Sinne des § 15 der Abgabenordnung. ³Der Beitrag ist auch zinslos zu stunden, solange Grundstücke als Kleingärten im Sinne des Bundeskleingartengesetzes genutzt werden.

(5) ¹Im Einzelfall kann die Gemeinde auch von der Erhebung des Erschließungsbeitrags ganz oder teilweise absehen, wenn dies im öffentlichen Interesse oder zur Vermeidung unbilliger Härten geboten ist. ²Die Freistellung kann auch für den Fall vorgesehen werden, dass die Beitragspflicht noch nicht entstanden ist.

(6) Weitergehende landesrechtliche Billigkeitsregelungen bleiben unberührt.

Siebter Teil
Maßnahmen für den Naturschutz

§ 135a Pflichten des Vorhabenträgers; Durchführung durch die Gemeinde; Kostenerstattung

(1) Festgesetzte Maßnahmen zum Ausgleich im Sinne des § 1a Absatz 3 sind vom Vorhabenträger durchzuführen.

(2) ¹Soweit Maßnahmen zum Ausgleich an anderer Stelle den Grundstücken nach § 9 Absatz 1a zugeordnet sind, soll die Gemeinde diese anstelle und auf Kosten der Vorhabenträger oder der Eigentümer der Grundstücke durchführen und auch die hierfür erforderlichen Flächen bereitstellen, sofern dies nicht auf

andere Weise gesichert ist. [2]Die Maßnahmen zum Ausgleich können bereits vor den Baumaßnahmen und der Zuordnung durchgeführt werden.

(3) [1]Die Kosten können geltend gemacht werden, sobald die Grundstücke, auf denen Eingriffe zu erwarten sind, baulich oder gewerblich genutzt werden dürfen. [2]Die Gemeinde erhebt zur Deckung ihres Aufwands für Maßnahmen zum Ausgleich einschließlich der Bereitstellung hierfür erforderlicher Flächen einen Kostenerstattungsbetrag. [3]Die Erstattungspflicht entsteht mit der Herstellung der Maßnahmen zum Ausgleich durch die Gemeinde. [4]Der Betrag ruht als öffentliche Last auf dem Grundstück.

(4) Die landesrechtlichen Vorschriften über kommunale Beiträge einschließlich der Billigkeitsregelungen sind entsprechend anzuwenden.

§ 135b Verteilungsmaßstäbe für die Abrechnung
[1]Soweit die Gemeinde Maßnahmen zum Ausgleich nach § 135a Absatz 2 durchführt, sind die Kosten auf die zugeordneten Grundstücke zu verteilen. [2]Verteilungsmaßstäbe sind
1. die überbaubare Grundstücksfläche,
2. die zulässige Grundfläche,
3. die zu erwartende Versiegelung oder
4. die Schwere der zu erwartenden Eingriffe.
[3]Die Verteilungsmaßstäbe können miteinander verbunden werden.

§ 135c Satzungsrecht
Die Gemeinde kann durch Satzung regeln
1. Grundsätze für die Ausgestaltung von Maßnahmen zum Ausgleich entsprechend den Festsetzungen eines Bebauungsplans,
2. den Umfang der Kostenerstattung nach § 135a; dabei ist § 128 Absatz 1 Satz 1 Nummer 1 und 2 und Satz 2 entsprechend anzuwenden,
3. die Art der Kostenermittlung und die Höhe des Einheitssatzes entsprechend § 130,
4. die Verteilung der Kosten nach § 135b einschließlich einer Pauschalierung der Schwere der zu erwartenden Eingriffe nach Biotop- und Nutzungstypen,
5. die Voraussetzungen für die Anforderung von Vorauszahlungen,
6. die Fälligkeit des Kostenerstattungsbetrags.

Zweites Kapitel
Besonderes Städtebaurecht

Erster Teil
Städtebauliche Sanierungsmaßnahmen

Erster Abschnitt
Allgemeine Vorschriften

§ 136 Städtebauliche Sanierungsmaßnahmen
(1) Städtebauliche Sanierungsmaßnahmen in Stadt und Land, deren einheitliche Vorbereitung und zügige Durchführung im öffentlichen Interesse liegen, werden nach den Vorschriften dieses Teils vorbereitet und durchgeführt.

(2) [1]Städtebauliche Sanierungsmaßnahmen sind Maßnahmen, durch die ein Gebiet zur Behebung städtebaulicher Missstände wesentlich verbessert oder umgestaltet wird. [2]Städtebauliche Missstände liegen vor, wenn
1. das Gebiet nach seiner vorhandenen Bebauung oder nach seiner sonstigen Beschaffenheit den allgemeinen Anforderungen an gesunde Wohn- und Arbeitsverhältnisse oder an die Sicherheit der in ihm wohnenden oder arbeitenden Menschen auch unter Berücksichtigung der Belange des Klimaschutzes und der Klimaanpassung nicht entspricht oder
2. das Gebiet in der Erfüllung der Aufgaben erheblich beeinträchtigt ist, die ihm nach seiner Lage und Funktion obliegen.

(3) Bei der Beurteilung, ob in einem städtischen oder ländlichen Gebiet städtebauliche Missstände vorliegen, sind insbesondere zu berücksichtigen
1. die Wohn- und Arbeitsverhältnisse oder die Sicherheit der in dem Gebiet wohnenden und arbeitenden Menschen in Bezug auf
 a) die Belichtung, Besonnung und Belüftung der Wohnungen und Arbeitsstätten,
 b) die bauliche Beschaffenheit von Gebäuden, Wohnungen und Arbeitsstätten,

c) die Zugänglichkeit der Grundstücke,

d) die Auswirkungen einer vorhandenen Mischung von Wohn- und Arbeitsstätten,

e) die Nutzung von bebauten und unbebauten Flächen nach Art, Maß und Zustand,

f) die Einwirkungen, die von Grundstücken, Betrieben, Einrichtungen oder Verkehrsanlagen ausgehen, insbesondere durch Lärm, Verunreinigungen und Erschütterungen,

g) die vorhandene Erschließung,

h) die energetische Beschaffenheit, die Gesamtenergieeffizienz der vorhandenen Bebauung und der Versorgungseinrichtungen des Gebiets unter Berücksichtigung der allgemeinen Anforderungen an den Klimaschutz und die Klimaanpassung;

2. die Funktionsfähigkeit des Gebiets in Bezug auf

a) den fließenden und ruhenden Verkehr,

b) die wirtschaftliche Situation und Entwicklungsfähigkeit des Gebiets unter Berücksichtigung seiner Versorgungsfunktion im Verflechtungsbereich,

c) die infrastrukturelle Erschließung des Gebiets, seine Ausstattung mit Grünflächen, Spiel- und Sportplätzen und mit Anlagen des Gemeinbedarfs, insbesondere unter Berücksichtigung der sozialen und kulturellen Aufgaben dieses Gebiets im Verflechtungsbereich.

(4) [1]Städtebauliche Sanierungsmaßnahmen dienen dem Wohl der Allgemeinheit. [2]Sie sollen dazu beitragen, dass

1. die bauliche Struktur in allen Teilen des Bundesgebiets nach den allgemeinen Anforderungen an den Klimaschutz und die Klimaanpassung sowie nach den sozialen, hygienischen, wirtschaftlichen und kulturellen Erfordernissen entwickelt wird,

2. die Verbesserung der Wirtschafts- und Agrarstruktur unterstützt wird,

3. die Siedlungsstruktur den Erfordernissen des Umweltschutzes, den Anforderungen an gesunde Lebens- und Arbeitsbedingungen der Bevölkerung und der Bevölkerungsentwicklung entspricht oder

4. die vorhandenen Ortsteile erhalten, erneuert und fortentwickelt werden, die Gestaltung des Orts- und Landschaftsbilds verbessert und den Erfordernissen des Denkmalschutzes Rechnung getragen wird.

[3]Die öffentlichen und privaten Belange sind gegeneinander und untereinander gerecht abzuwägen.

§ 137 Beteiligung und Mitwirkung der Betroffenen

[1]Die Sanierung soll mit den Eigentümern, Mietern, Pächtern und sonstigen Betroffenen möglichst frühzeitig erörtert werden. [2]Die Betroffenen sollen zur Mitwirkung bei der Sanierung und zur Durchführung der erforderlichen baulichen Maßnahmen angeregt und hierbei im Rahmen des Möglichen beraten werden.

§ 138 Auskunftspflicht

(1) [1]Eigentümer, Mieter, Pächter und sonstige zum Besitz oder zur Nutzung eines Grundstücks, Gebäudes oder Gebäudeteils Berechtigte sowie ihre Beauftragten sind verpflichtet, der Gemeinde oder ihren Beauftragten Auskunft über die Tatsachen zu erteilen, deren Kenntnis zur Beurteilung der Sanierungsbedürftigkeit eines Gebiets oder zur Vorbereitung oder Durchführung der Sanierung erforderlich ist. [2]An personenbezogenen Daten können insbesondere Angaben der Betroffenen über ihre persönlichen Lebensumstände im wirtschaftlichen und sozialen Bereich, namentlich über die Berufs-, Erwerbs- und Familienverhältnisse, das Lebensalter, die Wohnbedürfnisse, die sozialen Veflechtungen sowie über die örtlichen Bindungen, erhoben werden.

(2) [1]Die nach Absatz 1 erhobenen personenbezogenen Daten dürfen nur zu Zwecken der Sanierung verwendet werden. [2]Wurden die Daten von einem Beauftragten der Gemeinde erhoben, dürfen sie nur an die Gemeinde weitergegeben werden; die Gemeinde darf die Daten an andere Beauftragte im Sinne des § 157 sowie an die höhere Verwaltungsbehörde weitergeben, soweit dies zu Zwecken der Sanierung erforderlich ist. [3]Nach Aufhebung der förmlichen Festlegung des Sanierungsgebiets sind die Daten zu löschen. [4]Soweit die erhobenen Daten für die Besteuerung erforderlich sind, dürfen sie an die Finanzbehörden weitergegeben werden.

(3) [1]Die mit der Erhebung der Daten Beauftragten sind bei Aufnahme ihrer Tätigkeit nach Maßgabe des Absatzes 2 zu verpflichten. [2]Ihre Pflichten bestehen nach Beendigung ihrer Tätigkeit fort.

(4) [1]Verweigert ein nach Absatz 1 Auskunftspflichtiger die Auskunft, ist § 208 Satz 2 bis 4 über die Androhung und Festsetzung eines Zwangsgelds entsprechend anzuwenden. [2]Der Auskunftspflichtige kann die Auskunft auf solche Fragen verweigern, deren Beantwortung ihn selbst oder einen der in § 383 Absatz 1 Nummer 1 bis 3 der Zivilprozessordnung bezeichneten Angehörigen der Gefahr strafrechtlicher Verfolgung oder eines Verfahrens nach dem Gesetz über Ordnungswidrigkeiten aussetzen würde.

§ 139 Beteiligung und Mitwirkung öffentlicher Aufgabenträger

(1) Der Bund, einschließlich seiner Sondervermögen, die Länder, die Gemeindeverbände und die sonstigen Körperschaften, Anstalten und Stiftungen des öffentlichen Rechts sollen im Rahmen der ihnen ob-

liegenden Aufgaben die Vorbereitung und Durchführung von städtebaulichen Sanierungsmaßnahmen unterstützen.

(2) [1]§ 4 Absatz 2 und § 4a Absatz 1 bis 4 und 6 sind bei der Vorbereitung und Durchführung der Sanierung auf Behörden und sonstige Träger öffentlicher Belange sinngemäß anzuwenden. [2]Die Träger öffentlicher Belange haben die Gemeinde auch über Änderungen ihrer Absichten zu unterrichten.

(3) Ist eine Änderung von Zielen und Zwecken der Sanierung oder von Maßnahmen und Planungen der Träger öffentlicher Belange, die aufeinander abgestimmt wurden, beabsichtigt, haben sich die Beteiligten unverzüglich miteinander ins Benehmen zu setzen.

Zweiter Abschnitt
Vorbereitung und Durchführung

§ 140 Vorbereitung

Die Vorbereitung der Sanierung ist Aufgabe der Gemeinde; sie umfasst

1. die vorbereitenden Untersuchungen,
2. die förmliche Festlegung des Sanierungsgebiets,
3. die Bestimmung der Ziele und Zwecke der Sanierung,
4. die städtebauliche Planung; hierzu gehört auch die Bauleitplanung oder eine Rahmenplanung, soweit sie für die Sanierung erforderlich ist,
5. die Erörterung der beabsichtigten Sanierung,
6. die Erarbeitung und Fortschreibung des Sozialplans,
7. einzelne Ordnungs- und Baumaßnahmen, die vor einer förmlichen Festlegung des Sanierungsgebiets durchgeführt werden.

§ 141 Vorbereitende Untersuchungen

(1) [1]Die Gemeinde hat vor der förmlichen Festlegung des Sanierungsgebiets die vorbereitenden Untersuchungen durchzuführen oder zu veranlassen, die erforderlich sind, um Beurteilungsunterlagen zu gewinnen über die Notwendigkeit der Sanierung, die sozialen, strukturellen und städtebaulichen Verhältnisse und Zusammenhänge sowie die anzustrebenden allgemeinen Ziele und die Durchführbarkeit der Sanierung im Allgemeinen. [2]Die vorbereitenden Untersuchungen sollen sich auch auf nachteilige Auswirkungen erstrecken, die sich für die von der beabsichtigten Sanierung unmittelbar Betroffenen in ihren persönlichen Lebensumständen im wirtschaftlichen oder sozialen Bereich voraussichtlich ergeben werden.

(2) Von vorbereitenden Untersuchungen kann abgesehen werden, wenn hinreichende Beurteilungsunterlagen bereits vorliegen.

(3) [1]Die Gemeinde leitet die Vorbereitung der Sanierung durch den Beschluss über den Beginn der vorbereitenden Untersuchungen ein. [2]Der Beschluss ist ortsüblich bekannt zu machen. [3]Dabei ist auf die Auskunftspflicht nach § 138 hinzuweisen.

(4) [1]Mit der ortsüblichen Bekanntmachung des Beschlusses über den Beginn der vorbereitenden Untersuchungen finden die §§ 137, 138 und 139 über die Beteiligung und Mitwirkung der Betroffenen, die Auskunftspflicht und die Beteiligung und Mitwirkung öffentlicher Aufgabenträger Anwendung; ab diesem Zeitpunkt ist § 15 auf die Durchführung eines Vorhabens im Sinne des § 29 Absatz 1 und auf die Beseitigung einer baulichen Anlage entsprechend anzuwenden. [2]Mit der förmlichen Festlegung des Sanierungsgebiets wird ein Bescheid über die Zurückstellung des Baugesuchs sowie ein Bescheid über die Zurückstellung der Beseitigung einer baulichen Anlage nach Satz 1 zweiter Halbsatz unwirksam.

§ 142 Sanierungssatzung

(1) [1]Die Gemeinde kann ein Gebiet, in dem eine städtebauliche Sanierungsmaßnahme durchgeführt werden soll, durch Beschluss förmlich als Sanierungsgebiet festlegen (förmlich festgelegtes Sanierungsgebiet). [2]Das Sanierungsgebiet ist so zu begrenzen, dass sich die Sanierung zweckmäßig durchführen lässt. [3]Einzelne Grundstücke, die von der Sanierung nicht betroffen werden, können aus dem Gebiet ganz oder teilweise ausgenommen werden.

(2) [1]Ergibt sich aus den Zielen und Zwecken der Sanierung, dass Flächen außerhalb des förmlich festgelegten Sanierungsgebiets

1. für Ersatzbauten oder Ersatzanlagen zur räumlich zusammenhängenden Unterbringung von Bewohnern oder Betrieben aus dem förmlich festgelegten Sanierungsgebiet oder
2. für die durch die Sanierung bedingten Gemeinbedarfs- oder Folgeeinrichtungen

in Anspruch genommen werden müssen (Ersatz- und Ergänzungsgebiete), kann die Gemeinde geeignete Gebiete für diesen Zweck förmlich festlegen. [2]Für die förmliche Festlegung und die sich aus ihr erge-

benden Wirkungen sind die für förmlich festgelegte Sanierungsgebiete geltenden Vorschriften anzuwenden.

(3) [1]Die Gemeinde beschließt die förmliche Festlegung des Sanierungsgebiets als Satzung (Sanierungssatzung). [2]In der Sanierungssatzung ist das Sanierungsgebiet zu bezeichnen. [3]Bei dem Beschluss über die Sanierungssatzung ist zugleich durch Beschluss die Frist festzulegen, in der die Sanierung durchgeführt werden soll; die Frist soll 15 Jahre nicht überschreiten. [4]Kann die Sanierung nicht innerhalb der Frist durchgeführt werden, kann die Frist durch Beschluss verlängert werden.

(4) In der Sanierungssatzung ist die Anwendung der Vorschriften des Dritten Abschnitts auszuschließen, wenn sie für die Durchführung der Sanierung nicht erforderlich ist und die Durchführung hierdurch voraussichtlich nicht erschwert wird (vereinfachtes Sanierungsverfahren); in diesem Falle kann in der Sanierungssatzung auch die Genehmigungspflicht nach § 144 insgesamt, nach § 144 Absatz 1 oder § 144 Absatz 2 ausgeschlossen werden.

§ 143 Bekanntmachung der Sanierungssatzung, Sanierungsvermerk

(1) [1]Die Gemeinde hat die Sanierungssatzung ortsüblich bekannt zu machen. [2]Sie kann auch ortsüblich bekannt machen, dass eine Sanierungssatzung beschlossen worden ist; § 10 Absatz 3 Satz 2 bis 5 ist entsprechend anzuwenden. [3]In der Bekanntmachung nach den Sätzen 1 und 2 ist – außer im vereinfachten Sanierungsverfahren – auf die Vorschriften des Dritten Abschnitts hinzuweisen. [4]Mit der Bekanntmachung wird die Sanierungssatzung rechtsverbindlich.

(2) [1]Die Gemeinde teilt dem Grundbuchamt die rechtsverbindliche Sanierungssatzung mit und hat hierbei die von der Sanierungssatzung betroffenen Grundstücke einzeln aufzuführen. [2]Das Grundbuchamt hat in die Grundbücher dieser Grundstücke einzutragen, dass eine Sanierung durchgeführt wird (Sanierungsvermerk). [3]§ 54 Absatz 2 und 3 ist entsprechend anzuwenden. [4]Die Sätze 1 bis 3 sind nicht anzuwenden, wenn in der Sanierungssatzung die Genehmigungspflicht nach § 144 Absatz 2 ausgeschlossen ist.

§ 144 Genehmigungspflichtige Vorhaben und Rechtsvorgänge

(1) Im förmlich festgelegten Sanierungsgebiet bedürfen der schriftlichen Genehmigung der Gemeinde
1. die in § 14 Absatz 1 bezeichneten Vorhaben und sonstigen Maßnahmen;
2. Vereinbarungen, durch die ein schuldrechtliches Vertragsverhältnis über den Gebrauch oder die Nutzung eines Grundstücks, Gebäudes oder Gebäudeteils auf bestimmte Zeit von mehr als einem Jahr eingegangen oder verlängert wird.

(2) Im förmlich festgelegten Sanierungsgebiet bedürfen der schriftlichen Genehmigung der Gemeinde
1. die rechtsgeschäftliche Veräußerung eines Grundstücks und die Bestellung und Veräußerung eines Erbbaurechts;
2. die Bestellung eines das Grundstück belastenden Rechts; dies gilt nicht für die Bestellung eines Rechts, das mit der Durchführung von Baumaßnahmen im Sinne des § 148 Absatz 2 im Zusammenhang steht;
3. ein schuldrechtlicher Vertrag, durch den eine Verpflichtung zu einem der in Nummer 1 oder 2 genannten Rechtsgeschäfte begründet wird; ist der schuldrechtliche Vertrag genehmigt worden, gilt auch das in Ausführung dieses Vertrags vorgenommene dingliche Rechtsgeschäft als genehmigt;
4. die Begründung, Änderung oder Aufhebung einer Baulast;
5. die Teilung eines Grundstücks.

(3) Die Gemeinde kann für bestimmte Fälle die Genehmigung für das förmlich festgelegte Sanierungsgebiet oder Teile desselben allgemein erteilen; sie hat dies ortsüblich bekannt zu machen.

(4) Keiner Genehmigung bedürfen
1. Vorhaben und Rechtsvorgänge, wenn die Gemeinde oder der Sanierungsträger für das Treuhandvermögen als Vertragsteil oder Eigentümer beteiligt ist;
2. Rechtsvorgänge nach Absatz 2 Nummer 1 bis 3 zum Zwecke der Vorwegnahme der gesetzlichen Erbfolge;
3. Vorhaben nach Absatz 1 Nummer 1, die vor der förmlichen Festlegung des Sanierungsgebiets baurechtlich genehmigt worden sind, Vorhaben nach Absatz 1 Nummer 1, von denen die Gemeinde nach Maßgabe des Bauordnungsrechts Kenntnis erlangt hat und mit deren Ausführung vor dem Inkrafttreten der Veränderungssperre hätte begonnen werden dürfen, sowie Unterhaltungsarbeiten und die Fortführung einer bisher ausgeübten Nutzung;
4. Rechtsvorgänge nach Absatz 1 Nummer 2 und Absatz 2, die Zwecken der Landesverteidigung dienen;
5. der rechtsgeschäftliche Erwerb eines in ein Verfahren im Sinne des § 38 einbezogenen Grundstücks durch den Bedarfsträger.

§ 145 Genehmigung

(1) [1]Die Genehmigung wird durch die Gemeinde erteilt; § 22 Absatz 5 Satz 2 bis 5 ist entsprechend anzuwenden. [2]Ist eine baurechtliche Genehmigung oder an ihrer Stelle eine baurechtliche Zustimmung erforderlich, wird die Genehmigung durch die Baugenehmigungsbehörde im Einvernehmen mit der Gemeinde erteilt. [3]Im Falle des Satzes 2 ist über die Genehmigung innerhalb von zwei Monaten nach Eingang des Antrags bei der Baugenehmigungsbehörde zu entscheiden; § 22 Absatz 5 Satz 3 bis 6 ist mit der Maßgabe entsprechend anzuwenden, dass die Genehmigungsfrist höchstens um zwei Monate verlängert werden darf.

(2) Die Genehmigung darf nur versagt werden, wenn Grund zur Annahme besteht, dass das Vorhaben, der Rechtsvorgang einschließlich der Teilung eines Grundstücks oder die damit erkennbar bezweckte Nutzung die Durchführung der Sanierung unmöglich machen oder wesentlich erschweren oder den Zielen und Zwecken der Sanierung zuwiderlaufen würde.

(3) Die Genehmigung ist zu erteilen, wenn die wesentliche Erschwerung dadurch beseitigt wird, dass die Beteiligten für den Fall der Durchführung der Sanierung für sich und ihre Rechtsnachfolger
1. in den Fällen des § 144 Absatz 1 Nummer 1 auf Entschädigung für die durch das Vorhaben herbeigeführten Werterhöhungen sowie für werterhöhende Änderungen, die auf Grund der mit dem Vorhaben bezweckten Nutzung vorgenommen werden, verzichten;
2. in den Fällen des § 144 Absatz 1 Nummer 2 oder Absatz 2 Nummer 2 oder 3 auf Entschädigung für die Aufhebung des Rechts sowie für werterhöhende Änderungen verzichten, die auf Grund dieser Rechte vorgenommen werden.

(4) [1]Die Genehmigung kann unter Auflagen, in den Fällen des § 144 Absatz 1 auch befristet oder bedingt erteilt werden. [2]§ 51 Absatz 4 Satz 2 und 3 ist entsprechend anzuwenden. [3]Die Genehmigung kann auch vom Abschluss eines städtebaulichen Vertrags abhängig gemacht werden, wenn dadurch Versagungsgründe im Sinne des Absatzes 2 ausgeräumt werden.

(5) [1]Wird die Genehmigung versagt, kann der Eigentümer von der Gemeinde die Übernahme des Grundstücks verlangen, wenn und soweit es ihm mit Rücksicht auf die Durchführung der Sanierung wirtschaftlich nicht mehr zuzumuten ist, das Grundstück zu behalten oder es in der bisherigen oder einer anderen zulässigen Art zu nutzen. [2]Liegen die Flächen eines land- oder forstwirtschaftlichen Betriebs sowohl innerhalb als auch außerhalb des förmlich festgelegten Sanierungsgebiets, kann der Eigentümer von der Gemeinde die Übernahme sämtlicher Grundstücke des Betriebs verlangen, wenn die Erfüllung des Übernahmeverlangens für die Gemeinde keine unzumutbare Belastung bedeutet; die Gemeinde kann sich auf eine unzumutbare Belastung nicht berufen, soweit die außerhalb des förmlich festgelegten Sanierungsgebiets gelegenen Grundstücke nicht mehr in angemessenem Umfang baulich oder wirtschaftlich genutzt werden können. [3]Kommt eine Einigung über die Übernahme nicht zustande, kann der Eigentümer die Entziehung des Eigentums an dem Grundstück verlangen. [4]Für die Entziehung des Eigentums sind die Vorschriften des Fünften Teils des Ersten Kapitels entsprechend anzuwenden. [5]§ 43 Absatz 1, 4 und 5 sowie § 44 Absatz 3 und 4 sind entsprechend anzuwenden.

(6) [1]§ 22 Absatz 6 ist entsprechend anzuwenden. [2]Ist eine Genehmigung allgemein erteilt oder nicht erforderlich, hat die Gemeinde darüber auf Antrag eines Beteiligten ein Zeugnis auszustellen.

§ 146 Durchführung

(1) Die Durchführung umfasst die Ordnungsmaßnahmen und die Baumaßnahmen innerhalb des förmlich festgelegten Sanierungsgebiets, die nach den Zielen und Zwecken der Sanierung erforderlich sind.

(2) [1]Auf Grundstücken, die den in § 26 Nummer 2 bezeichneten Zwecken dienen, und auf den in § 26 Nummer 3 bezeichneten Grundstücken dürfen im Rahmen städtebaulicher Sanierungsmaßnahmen einzelne Ordnungs- und Baumaßnahmen nur mit Zustimmung des Bedarfsträgers durchgeführt werden. [2]Der Bedarfsträger soll seine Zustimmung erteilen, wenn auch unter Berücksichtigung seiner Aufgaben ein überwiegendes öffentliches Interesse an der Durchführung der Sanierungsmaßnahmen besteht.

(3) [1]Die Gemeinde kann die Durchführung der Ordnungsmaßnahmen und die Errichtung oder Änderung von Gemeinbedarfs- und Folgeeinrichtungen im Sinne des § 148 Absatz 2 Satz 1 Nummer 3 auf Grund eines Vertrags ganz oder teilweise dem Eigentümer überlassen. [2]Ist die zügige und zweckmäßige Durchführung der vertraglich übernommenen Maßnahmen nach Satz 1 durch einzelne Eigentümer nicht gewährleistet, hat die Gemeinde insoweit für die Durchführung der Maßnahmen zu sorgen oder sie selbst zu übernehmen.

§ 147 Ordnungsmaßnahmen

[1]Die Durchführung der Ordnungsmaßnahmen ist Aufgabe der Gemeinde; hierzu gehören
1. die Bodenordnung einschließlich des Erwerbs von Grundstücken,
2. der Umzug von Bewohnern und Betrieben,

3. die Freilegung von Grundstücken,
4. die Herstellung und Änderung von Erschließungsanlagen sowie
5. sonstige Maßnahmen, die notwendig sind, damit die Baumaßnahmen durchgeführt werden können. [2]Als Ordnungsmaßnahme gilt auch die Bereitstellung von Flächen und die Durchführung von Maßnahmen zum Ausgleich im Sinne des § 1a Absatz 3, sowcit sie gemäß § 9 Absatz 1a an anderer Stelle den Grundstücken, auf denen Eingriffe in Natur und Landschaft zu erwarten sind, ganz oder teilweise zugcordnet sind. [3]Durch die Sanierung bedingte Erschließungsanlagen einschließlich Ersatzanlagen können außerhalb des förmlich festgelegten Sanierungsgebiets liegen.

§ 148 Baumaßnahmen

(1) [1]Die Durchführung von Baumaßnahmen bleibt den Eigentümern überlassen, soweit die zügige und zweckmäßige Durchführung durch sie gewährleistet ist; der Gemeinde obliegt jedoch
1. für die Errichtung und Änderung der Gemeinbedarfs- und Folgeeinrichtungen zu sorgen und
2. die Durchführung sonstiger Baumaßnahmen, soweit sie selbst Eigentümerin ist oder nicht gewährleistet ist, dass diese vom einzelnen Eigentümer zügig und zweckmäßig durchgeführt werden. [2]Ersatzbauten, Ersatzanlagen und durch die Sanierung bedingte Gemeinbedarfs- und Folgeeinrichtungen können außerhalb des förmlich festgelegten Sanierungsgebiets liegen.

(2) [1]Zu den Baumaßnahmen gehören
1. die Modernisierung und Instandsetzung,
2. die Neubebauung und die Ersatzbauten,
3. die Errichtung und Änderung von Gemeinbedarfs- und Folgeeinrichtungen,
4. die Verlagerung oder Änderung von Betrieben sowie
5. die Errichtung oder Erweiterung von Anlagen und Einrichtungen zur dezentralen und zentralen Erzeugung, Verteilung, Nutzung oder Speicherung von Strom, Wärme oder Kälte aus erneuerbaren Energien oder Kraft-Wärme-Kopplung. [2]Als Baumaßnahmen gelten auch Maßnahmen zum Ausgleich im Sinne des § 1a Absatz 3, soweit sie auf den Grundstücken durchgeführt werden, auf denen Eingriffe in Natur und Landschaft zu erwarten sind.

§ 149 Kosten- und Finanzierungsübersicht

(1) [1]Die Gemeinde hat nach dem Stand der Planung eine Kosten- und Finanzierungsübersicht aufzustellen. [2]Die Übersicht ist mit den Kosten- und Finanzierungsvorstellungen anderer Träger öffentlicher Belange, deren Aufgabenbereich durch die Sanierung berührt wird, abzustimmen und der höheren Verwaltungsbehörde vorzulegen.

(2) [1]In der Kostenübersicht hat die Gemeinde die Kosten der Gesamtmaßnahme darzustellen, die ihr voraussichtlich entstehen. [2]Die Kosten anderer Träger öffentlicher Belange für Maßnahmen im Zusammenhang mit der Sanierung sollen nachrichtlich angegeben werden.

(3) [1]In der Finanzierungsübersicht hat die Gemeinde ihre Vorstellungen über die Deckung der Kosten der Gesamtmaßnahme darzulegen. [2]Finanzierungs- und Förderungsmittel auf anderer gesetzlicher Grundlage sowie die Finanzierungsvorstellungen anderer Träger öffentlicher Belange sollen nachrichtlich angegeben werden.

(4) [1]Die Kosten- und Finanzierungsübersicht kann mit Zustimmung der nach Landesrecht zuständigen Behörde auf den Zeitraum der mehrjährigen Finanzplanung der Gemeinde beschränkt werden. [2]Das Erfordernis, die städtebauliche Sanierungsmaßnahme innerhalb eines absehbaren Zeitraums durchzuführen, bleibt unberührt.

(5) Die Gemeinde und die höhere Verwaltungsbehörde können von anderen Trägern öffentlicher Belange Auskunft über deren eigene Absichten im förmlich festgelegten Sanierungsgebiet und ihre Kosten- und Finanzierungsvorstellungen verlangen.

(6) [1]Die höhere Verwaltungsbehörde kann von der Gemeinde Ergänzungen oder Änderungen der Kosten- und Finanzierungsübersicht verlangen. [2]Sie hat für ein wirtschaftlich sinnvolles Zusammenwirken der Gemeinde und der anderen Träger öffentlicher Belange bei der Durchführung ihrer Maßnahmen zu sorgen und die Gemeinde bei der Beschaffung von Förderungsmitteln aus öffentlichen Haushalten zu unterstützen.

§ 150 Ersatz für Änderungen von Einrichtungen, die der öffentlichen Versorgung dienen

(1) [1]Stehen in einem förmlich festgelegten Sanierungsgebiet Anlagen der öffentlichen Versorgung mit Elektrizität, Gas, Wasser, Wärme, Telekommunikationsdienstleistungen oder Anlagen der Abwasserwirtschaft infolge der Durchführung der Sanierung nicht mehr zur Verfügung und sind besondere Aufwendungen erforderlich, die über das bei ordnungsgemäßer Wirtschaft erforderliche Maß hinausgehen, zum Beispiel der Ersatz oder die Verlegung dieser Anlagen, hat die Gemeinde dem Träger der Aufgabe

die ihm dadurch entstehenden Kosten zu erstatten. [2]Vorteile und Nachteile, die dem Träger der Aufgabe im Zusammenhang damit entstehen, sind auszugleichen.

(2) Kommt eine Einigung über den Erstattungsbetrag nicht zustande, entscheidet die höhere Verwaltungsbehörde.

§ 151 Abgaben- und Auslagenbefreiung

(1) Frei von Gebühren und ähnlichen nichtsteuerlichen Abgaben sowie von Auslagen sind Geschäfte und Verhandlungen

1. zur Vorbereitung oder Durchführung von städtebaulichen Sanierungsmaßnahmen,
2. zur Durchführung von Erwerbsvorgängen,
3. zur Gründung oder Auflösung eines Unternehmens, dessen Geschäftszweck ausschließlich darauf gerichtet ist, als Sanierungsträger tätig zu werden.

(2) [1]Die Abgabenbefreiung gilt nicht für die Kosten eines Rechtsstreits. [2]Unberührt bleiben Regelungen nach landesrechtlichen Vorschriften.

(3) Erwerbsvorgänge im Sinne des Absatzes 1 Nummer 2 sind

1. der Erwerb eines Grundstücks durch eine Gemeinde oder durch einen Rechtsträger im Sinne der §§ 157 und 205 zur Vorbereitung oder Durchführung von städtebaulichen Sanierungsmaßnahmen. Hierzu gehört auch der Erwerb eines Grundstücks zur Verwendung als Austausch- oder Ersatzland im Rahmen von städtebaulichen Sanierungsmaßnahmen;
2. der Erwerb eines Grundstücks durch eine Person, die zur Vorbereitung oder Durchführung von städtebaulichen Sanierungsmaßnahmen oder zur Verwendung als Austausch- oder Ersatzland ein Grundstück übereignet oder verloren hat. Die Abgabenbefreiung wird nur gewährt
 a) beim Erwerb eines Grundstücks im Sanierungsgebiet, in dem das übereignete oder verlorene Grundstück liegt, bis zum Abschluss der städtebaulichen Sanierungsmaßnahme,
 b) in anderen Fällen bis zum Ablauf von zehn Jahren, gerechnet von dem Zeitpunkt ab, in dem das Grundstück übereignet oder verloren wurde;
3. der Erwerb eines im förmlich festgelegten Sanierungsgebiet gelegenen Grundstücks, soweit die Gegenleistung in der Hingabe eines in demselben Sanierungsgebiet gelegenen Grundstücks besteht;
4. der Erwerb eines Grundstücks, der durch die Begründung, das Bestehen oder die Auflösung eines Treuhandverhältnisses im Sinne des § 160 oder des § 161 bedingt ist.

Dritter Abschnitt
Besondere sanierungsrechtliche Vorschriften

§ 152 Anwendungsbereich

Die Vorschriften dieses Abschnitts sind im förmlich festgelegten Sanierungsgebiet anzuwenden, sofern die Sanierung nicht im vereinfachten Sanierungsverfahren durchgeführt wird.

§ 153 Bemessung von Ausgleichs- und Entschädigungsleistungen, Kaufpreise, Umlegung

(1) [1]Sind auf Grund von Maßnahmen, die der Vorbereitung oder Durchführung der Sanierung im förmlich festgelegten Sanierungsgebiet dienen, nach den Vorschriften dieses Gesetzbuchs Ausgleichs- oder Entschädigungsleistungen zu gewähren, werden bei deren Bemessung Werterhöhungen, die lediglich durch die Aussicht auf die Sanierung, durch ihre Vorbereitung oder ihre Durchführung eingetreten sind, nur insoweit berücksichtigt, als der Betroffene diese Werterhöhungen durch eigene Aufwendungen zulässigerweise bewirkt hat. [2]Änderungen in den allgemeinen Wertverhältnissen auf dem Grundstücksmarkt sind zu berücksichtigen.

(2) [1]Liegt bei der rechtsgeschäftlichen Veräußerung eines Grundstücks sowie bei der Bestellung oder Veräußerung eines Erbbaurechts der vereinbarte Gegenwert für das Grundstück oder das Recht über dem Wert, der sich in Anwendung des Absatzes 1 ergibt, liegt auch hierin eine wesentliche Erschwerung der Sanierung im Sinne des § 145 Absatz 2. [2]Dies gilt nicht, wenn in den Fällen des § 154 Absatz 3 Satz 2 oder 3 die Verpflichtung zur Entrichtung des Ausgleichsbetrags erloschen ist.

(3) [1]Die Gemeinde oder der Sanierungsträger darf beim Erwerb eines Grundstücks keinen höheren Kaufpreis vereinbaren, als er sich in entsprechender Anwendung des Absatzes 1 ergibt. [2]In den Fällen des § 144 Absatz 4 Nummer 4 und 5 darf der Bedarfsträger keinen höheren Kaufpreis vereinbaren, als er sich in entsprechender Anwendung des Absatzes 1 ergibt.

(4) [1]Bei der Veräußerung nach den §§ 89 und 159 Absatz 3 ist das Grundstück zu dem Verkehrswert zu veräußern, der sich durch die rechtliche und tatsächliche Neuordnung des förmlich festgelegten Sanierungsgebiets ergibt. [2]§ 154 Absatz 5 ist dabei auf den Teil des Kaufpreises entsprechend anzuwenden, der durch die sanierungsbedingte Werterhöhung des Grundstücks entspricht.

(5) Im förmlich festgelegten Sanierungsgebiet sind

1. Absatz 1 auf die Ermittlung von Werten nach § 57 Satz 2 und im Falle der Geldabfindung nach § 59 Absatz 2 und 4 bis 6 sowie den §§ 60 und 61 Absatz 2 entsprechend anzuwenden;

2. Wertänderungen, die durch die rechtliche und tatsächliche Neuordnung des förmlich festgelegten Sanierungsgebiets eintreten, bei der Ermittlung von Werten nach § 57 Satz 3 und 4 und im Falle des Geldausgleichs nach § 59 Absatz 2 sowie den §§ 60 und 61 Absatz 2 zu berücksichtigen;

3. § 58 nicht anzuwenden.

§ 154 Ausgleichsbetrag des Eigentümers

(1) [1]Der Eigentümer eines im förmlich festgelegten Sanierungsgebiet gelegenen Grundstücks hat zur Finanzierung der Sanierung an die Gemeinde einen Ausgleichsbetrag in Geld zu entrichten, der der durch die Sanierung bedingten Erhöhung des Bodenwerts seines Grundstücks entspricht. [2]Miteigentümer haften als Gesamtschuldner; bei Wohnungs- und Teileigentum sind die einzelnen Wohnungs- und Teileigentümer nur entsprechend ihrem Miteigentumsanteil heranzuziehen. [3]Werden im förmlich festgelegten Sanierungsgebiet Erschließungsanlagen im Sinne des § 127 Absatz 2 hergestellt, erweitert oder verbessert, sind Vorschriften über die Erhebung von Beiträgen für diese Maßnahmen auf Grundstücke im förmlich festgelegten Sanierungsgebiet nicht anzuwenden. [4]Satz 3 gilt entsprechend für die Anwendung der Vorschrift über die Erhebung von Kostenerstattungsbeträgen im Sinne des § 135a Absatz 3.

(2) Die durch die Sanierung bedingte Erhöhung des Bodenwerts des Grundstücks besteht aus dem Unterschied zwischen dem Bodenwert, der sich für das Grundstück ergeben würde, wenn eine Sanierung weder beabsichtigt noch durchgeführt worden wäre (Anfangswert), und dem Bodenwert, der sich für das Grundstück durch die rechtliche und tatsächliche Neuordnung des förmlich festgelegten Sanierungsgebiets ergibt (Endwert).

(2a) [1]Die Gemeinde kann durch Satzung bestimmen, dass der Ausgleichsbetrag abweichend von Absatz 1 Satz 1 ausgehend von dem Aufwand (ohne die Kosten seiner Finanzierung) für die Erweiterung oder Verbesserung von Erschließungsanlagen im Sinne des § 127 Absatz 2 Nummer 1 bis 3 (Verkehrsanlagen) in dem Sanierungsgebiet zu berechnen ist; Voraussetzung für den Erlass der Satzung sind Anhaltspunkte dafür, dass die sanierungsbedingte Erhöhung der Bodenwerte der Grundstücke in dem Sanierungsgebiet nicht wesentlich über der Hälfte dieses Aufwands liegt. [2]In der Satzung ist zu bestimmen, bis zu welcher Höhe der Aufwand der Berechnung zu Grunde zu legen ist; sie darf 50 vom Hundert nicht übersteigen. [3]Im Geltungsbereich der Satzung berechnet sich der Ausgleichsbetrag für das jeweilige Grundstück nach dem Verhältnis seiner Fläche zur Gesamtfläche; als Gesamtfläche ist die Fläche des Sanierungsgebiets ohne die Flächen für die Verkehrsanlagen zu Grunde zu legen. [4]§ 128 Absatz 1 und 3 ist entsprechend anzuwenden.

(3) [1]Der Ausgleichsbetrag ist nach Abschluss der Sanierung (§§ 162 und 163) zu entrichten. [2]Die Gemeinde kann die Ablösung im Ganzen vor Abschluss der Sanierung zulassen; dabei kann zu Deckung von Kosten der Sanierungsmaßnahme auch ein höherer Betrag als der Ausgleichsbetrag vereinbart werden. [3]Die Gemeinde soll auf Antrag des Ausgleichsbetragspflichtigen den Ausgleichsbetrag vorzeitig festsetzen, wenn der Ausgleichsbetragspflichtige an der Festsetzung vor Abschluss der Sanierung ein berechtigtes Interesse hat und der Ausgleichsbetrag mit hinreichender Sicherheit ermittelt werden kann.

(4) [1]Die Gemeinde fordert den Ausgleichsbetrag durch Bescheid an; der Betrag wird einen Monat nach der Bekanntgabe des Bescheids fällig. [2]Vor der Festsetzung des Ausgleichsbetrags ist dem Ausgleichsbetragspflichtigen Gelegenheit zur Stellungnahme und Erörterung der für die Wertermittlung seines Grundstücks maßgeblichen Verhältnisse sowie der nach § 155 Absatz 1 anrechenbaren Beträge innerhalb angemessener Frist zu geben. [3]Der Ausgleichsbetrag ruht nicht als öffentliche Last auf dem Grundstück.

(5) [1]Die Gemeinde hat den Ausgleichsbetrag auf Antrag des Eigentümers in ein Tilgungsdarlehen umzuwandeln, sofern diesem nicht zugemutet werden kann, die Verpflichtung bei Fälligkeit mit eigenen oder fremden Mitteln zu erfüllen. [2]Die Darlehensschuld ist mit höchstens 6 vom Hundert jährlich zu verzinsen und mit 5 vom Hundert zuzüglich der ersparten Zinsen jährlich zu tilgen. [3]Der Tilgungssatz kann im Einzelfall bis auf 1 vom Hundert herabgesetzt werden und das Darlehen niedrig verzinslich oder zinsfrei gestellt werden, wenn dies im öffentlichen Interesse oder zur Vermeidung unbilliger Härten oder zur Vermeidung einer von dem Ausgleichsbetragspflichtigen nicht zu vertretenden Unwirtschaftlichkeit der Grundstücksnutzung geboten ist. [4]Die Gemeinde soll den zur Finanzierung der Neubebauung, Modernisierung oder Instandsetzung erforderlichen Grundpfandrechten den Vorrang vor einem zur Sicherung ihres Tilgungsdarlehens bestellten Grundpfandrecht einräumen.

(6) Die Gemeinde kann von den Eigentümern auf den nach den Absätzen 1 bis 4 zu entrichtenden Ausgleichsbetrag Vorauszahlungen verlangen, sobald auf dem Grundstück eine den Zielen und Zwecken der

Sanierung entsprechende Bebauung oder sonstige Nutzung zulässig ist; die Absätze 1 bis 5 sind sinngemäß anzuwenden.

§ 155 Anrechnung auf den Ausgleichsbetrag, Absehen

(1) Auf den Ausgleichsbetrag sind anzurechnen

1. die durch die Sanierung entstandenen Vorteile oder Bodenwerterhöhungen des Grundstücks, die bereits in einem anderen Verfahren, insbesondere in einem Enteignungsverfahren berücksichtigt worden sind; für Umlegungsverfahren bleibt Absatz 2 unberührt,

2. die Bodenwerterhöhungen des Grundstücks, die der Eigentümer zulässigerweise durch eigene Aufwendungen bewirkt hat; soweit der Eigentümer gemäß § 146 Absatz 3 Ordnungsmaßnahmen durchgeführt oder Gemeinbedarfs- und Folgeeinrichtungen im Sinne des § 148 Absatz 2 Satz 1 Nummer 3 errichtet oder geändert hat, sind jedoch die ihm entstandenen Kosten anzurechnen,

3. die Bodenwerterhöhungen des Grundstücks, die der Eigentümer beim Erwerb des Grundstücks als Teil des Kaufpreises in einem den Vorschriften der Nummern 1 und 2 sowie des § 154 entsprechenden Betrag zulässigerweise bereits entrichtet hat.

(2) Ein Ausgleichsbetrag entfällt, wenn eine Umlegung nach Maßgabe des § 153 Absatz 5 durchgeführt worden ist.

(3) ¹Die Gemeinde kann für das förmlich festgelegte Sanierungsgebiet oder für zu bezeichnende Teile des Sanierungsgebiets von der Festsetzung des Ausgleichsbetrags absehen, wenn

1. eine geringfügige Bodenwerterhöhung gutachtlich ermittelt worden ist und

2. der Verwaltungsaufwand für die Erhebung des Ausgleichsbetrags in keinem Verhältnis zu den möglichen Einnahmen steht.

²Die Entscheidung nach Satz 1 kann auch getroffen werden, bevor die Sanierung abgeschlossen ist.

(4) ¹Die Gemeinde kann im Einzelfall von der Erhebung des Ausgleichsbetrags ganz oder teilweise absehen, wenn dies im öffentlichen Interesse oder zur Vermeidung unbilliger Härten geboten ist. ²Die Freistellung kann auch vor Abschluss der Sanierung erfolgen.

(5) Im Übrigen sind die landesrechtlichen Vorschriften über kommunale Beiträge einschließlich der Bestimmungen über die Stundung und den Erlass entsprechend anzuwenden.

(6) Sind dem Eigentümer Kosten der Ordnungsmaßnahmen oder Kosten für die Errichtung oder Änderung von Gemeinbedarfs- und Folgeeinrichtungen im Sinne des § 148 Absatz 2 Satz 1 Nummer 3 entstanden, hat die Gemeinde sie ihm zu erstatten, soweit sie über den nach § 154 und Absatz 1 ermittelten Ausgleichsbetrag hinausgehen und die Erstattung nicht vertraglich ausgeschlossen wurde.

§ 156 Überleitungsvorschriften zur förmlichen Festlegung

(1) ¹Beitragspflichten für Erschließungsanlagen im Sinne des § 127 Absatz 2, die vor der förmlichen Festlegung entstanden sind, bleiben unberührt. ²Entsprechendes gilt für Kostenerstattungsbeträge im Sinne des § 135a Absatz 3.

(2) Hat die Umlegungsstelle vor der förmlichen Festlegung des Sanierungsgebiets in einem Umlegungsverfahren, das sich auf Grundstücke im Gebiet bezieht, den Umlegungsplan nach § 66 Absatz 1 aufgestellt oder ist eine Vorwegentscheidung nach § 76 getroffen worden, bleibt es dabei.

(3) Hat die Enteignungsbehörde vor der förmlichen Festlegung des Sanierungsgebiets den Enteignungsbeschluss nach § 113 für ein in dem Gebiet gelegenes Grundstück erlassen oder ist eine Einigung nach § 110 beurkundet worden, sind die Vorschriften des Ersten Kapitels weiter anzuwenden.

§ 156a Kosten und Finanzierung der Sanierungsmaßnahme

(1) ¹Ergibt sich nach der Durchführung der städtebaulichen Sanierungsmaßnahme und der Übertragung eines Treuhandvermögens des Sanierungsträgers auf die Gemeinde bei ihr ein Überschuss der bei der Vorbereitung und Durchführung der städtebaulichen Sanierungsmaßnahme erzielten Einnahmen über die hierfür getätigten Ausgaben, so ist dieser Überschuss auf die Eigentümer der im Sanierungsgebiet gelegenen Grundstücke zu verteilen. ²Maßgebend sind die Eigentumsverhältnisse bei der Bekanntmachung des Beschlusses über die förmliche Festlegung des Sanierungsgebiets. ³Ist nach diesem Zeitpunkt das Eigentum gegen Entgelt übertragen worden, so steht der auf das Grundstück entfallende Anteil dem früheren Eigentümer und dem Eigentümer, der zu einem Ausgleichsbetrag nach § 154 herangezogen worden ist, je zur Hälfte zu.

(2) Die auf die einzelnen Grundstücke entfallenden Anteile des Überschusses sind nach dem Verhältnis der Anfangswerte der Grundstücke im Sinne des § 154 Absatz 2 zu bestimmen.

(3) ¹Die Gemeinde hat bei der Errechnung des Überschusses Zuschüsse abzuziehen, die ihr oder Eigentümern aus Mitteln eines anderen öffentlichen Haushalts zur Deckung von Kosten der Vorbereitung oder

Durchführung der Sanierungsmaßnahme gewährt worden sind. [2]Im Übrigen bestimmt sich das Verfahren zur Verteilung des Überschusses nach landesrechtlichen Regelungen.

Vierter Abschnitt
Sanierungsträger und andere Beauftragte

§ 157 Erfüllung von Aufgaben für die Gemeinde

(1) [1]Die Gemeinde kann sich zur Erfüllung von Aufgaben, die ihr bei der Vorbereitung oder Durchführung der Sanierung obliegen, eines geeigneten Beauftragten bedienen. [2]Sie darf jedoch die Aufgabe,

1. städtebauliche Sanierungsmaßnahmen durchzuführen, die der Gemeinde nach den §§ 146 bis 148 obliegen,

2. Grundstücke oder Rechte an ihnen zur Vorbereitung oder Durchführung der Sanierung im Auftrag der Gemeinde zu erwerben,

3. der Sanierung dienende Mittel zu bewirtschaften,

nur einem Unternehmen (Sanierungsträger) übertragen, das die Voraussetzungen für die Übernahme der Aufgaben als Sanierungsträger nach § 158 erfüllt.

(2) Die Gemeinde soll die Ausarbeitung der Bauleitpläne und die Aufgaben eines für eigene Rechnung tätigen Sanierungsträgers nicht demselben Unternehmen oder einem rechtlich oder wirtschaftlich von ihm abhängigen Unternehmen übertragen.

§ 158 Voraussetzungen für die Beauftragung als Sanierungsträger

Dem Unternehmen können die Aufgaben als Sanierungsträger nur übertragen werden, wenn

1. das Unternehmen nicht selbst als Bauunternehmen tätig oder von einem Bauunternehmen abhängig ist,

2. das Unternehmen nach seiner Geschäftstätigkeit und seinen wirtschaftlichen Verhältnissen geeignet und in der Lage ist, die Aufgaben eines Sanierungsträgers ordnungsgemäß zu erfüllen,

3. das Unternehmen, sofern es nicht bereits kraft Gesetzes einer jährlichen Prüfung seiner Geschäftstätigkeit und seiner wirtschaftlichen Verhältnisse unterliegt, sich einer derartigen Prüfung unterworfen hat oder unterwirft,

4. die zur Vertretung berufenen Personen sowie die leitenden Angestellten die erforderliche geschäftliche Zuverlässigkeit besitzen.

§ 159 Erfüllung der Aufgaben als Sanierungsträger

(1) [1]Der Sanierungsträger erfüllt die ihm von der Gemeinde übertragenen Aufgaben nach § 157 Absatz 1 Satz 2 Nummer 1 oder 2 im eigenen Namen für Rechnung der Gemeinde als deren Treuhänder oder im eigenen Namen für eigene Rechnung. [2]Die ihm von der Gemeinde übertragene Aufgabe nach § 157 Absatz 1 Satz 2 Nummer 3 erfüllt er im eigenen Namen für Rechnung der Gemeinde als deren Treuhänder. [3]Der Sanierungsträger hat der Gemeinde auf Verlangen Auskunft zu erteilen.

(2) [1]Die Gemeinde und der Sanierungsträger legen mindestens die Aufgaben, die Rechtsstellung, in der sie der Sanierungsträger zu erfüllen hat, eine von der Gemeinde hierfür zu entrichtende angemessene Vergütung und die Befugnis der Gemeinde zur Erteilung von Weisungen durch schriftlichen Vertrag fest. [2]Der Vertrag bedarf nicht der Form des § 311b Absatz 1 des Bürgerlichen Gesetzbuchs. [3]Er kann von jeder Seite nur aus wichtigem Grund gekündigt werden.

(3) [1]Der Sanierungsträger ist verpflichtet, die Grundstücke, die er nach Übertragung der Aufgabe zur Vorbereitung oder Durchführung der Sanierung erworben hat, nach Maßgabe des § 89 Absatz 3 und 4 und unter Beachtung der Weisungen der Gemeinde zu veräußern. [2]Er hat die Grundstücke, die er nicht veräußert hat, der Gemeinde anzugeben und auf ihr Verlangen an Dritte oder an sie zu veräußern.

(4) [1]Ist in dem von dem Erwerber an den Sanierungsträger entrichteten Kaufpreis ein Betrag enthalten, der nach den §§ 154 und 155 vom Eigentümer zu tragen wäre, hat der Sanierungsträger diesen Betrag an die Gemeinde abzuführen oder mit ihr zu verrechnen. [2]In den Fällen des § 153 Absatz 4 Satz 2 hat der Sanierungsträger Ansprüche aus dem Darlehen auf Verlangen entweder an die Gemeinde abzutreten und empfangene Zinsen und Tilgungen an sie abzuführen oder sie mit ihr zu verrechnen.

(5) Der Sanierungsträger hat für die Grundstücke, deren Eigentümer er bleibt, an die Gemeinde Ausgleichsbeträge nach Maßgabe der §§ 154 und 155 zu entrichten.

(6) [1]Kündigt die Gemeinde im Falle der Eröffnung des Insolvenzverfahrens über das Vermögen des für eigene Rechnung tätigen Sanierungsträgers den mit diesem geschlossenen Vertrag, kann sie vom Insolvenzverwalter verlangen, ihr die im förmlich festgelegten Sanierungsgebiet gelegenen Grundstücke, die der Sanierungsträger nach Übertragung der Aufgaben zur Vorbereitung oder Durchführung der Sanierung erworben hat, gegen Erstattung der vom Sanierungsträger erbrachten Aufwendungen zu übereignen. [2]Der

Insolvenzverwalter ist verpflichtet, der Gemeinde ein Verzeichnis dieser Grundstücke zu übergeben. [3]Die Gemeinde kann ihren Anspruch nur binnen sechs Monaten nach Übergabe des Grundstücksverzeichnisses geltend machen. [4]Im Übrigen haftet die Gemeinde den Gläubigern von Verbindlichkeiten aus der Durchführung der Ordnungsmaßnahmen wie ein Bürge, soweit sie aus dem Vermögen des Sanierungsträgers im Insolvenzverfahren keine vollständige Befriedigung erlangt haben.

§ 160 Treuhandvermögen

(1) [1]Ist dem Sanierungsträger eine Aufgabe als Treuhänder der Gemeinde übertragen, erfüllt er sie mit einem Treuhandvermögen in eigenem Namen für Rechnung der Gemeinde. [2]Der Sanierungsträger erhält von der Gemeinde für den Rechtsverkehr eine Bescheinigung über die Übertragung der Aufgabe als Treuhänder. [3]Er soll bei Erfüllung der Aufgabe seinem Namen einen das Treuhandverhältnis kennzeichnenden Zusatz hinzufügen.

(2) Der als Treuhänder tätige Sanierungsträger hat das in Erfüllung der Aufgabe gebildete Treuhandvermögen getrennt von anderem Vermögen zu verwalten.

(3) [1]Zum Treuhandvermögen gehören die Mittel, die die Gemeinde dem Sanierungsträger zur Erfüllung der Aufgabe zur Verfügung stellt. [2]Zum Treuhandvermögen gehört auch, was der Sanierungsträger mit Mitteln des Treuhandvermögens oder durch ein Rechtsgeschäft, das sich auf das Treuhandvermögen bezieht, oder auf Grund eines zum Treuhandvermögen gehörenden Rechts oder als Ersatz für die Zerstörung, Beschädigung oder Entziehung eines zum Treuhandvermögen gehörenden Gegenstands erwirbt.

(4) [1]Die Gemeinde gewährleistet die Erfüllung der Verbindlichkeiten, für die der Sanierungsträger mit dem Treuhandvermögen haftet. [2]Mittel, die der Sanierungsträger darlehensweise von einem Dritten erhält, gehören nur dann zum Treuhandvermögen, wenn die Gemeinde der Darlehensaufnahme schriftlich zugestimmt hat. [3]Das Gleiche gilt für eigene Mittel, die der Sanierungsträger einbringt.

(5) [1]Grundstücke im förmlich festgelegten Sanierungsgebiet, die der Sanierungsträger vor oder nach Übertragung der Aufgabe mit Mitteln, die nicht zum Treuhandvermögen gehören, oder unter Hergabe von eigenem Austauschland erworben hat, hat er auf Verlangen der Gemeinde gegen Ersatz seiner Aufwendungen in das Treuhandvermögen zu überführen. [2]Dabei sind als Grundstückswerte die Werte zu berücksichtigen, die sich in Anwendung des § 153 Absatz 1 ergeben.

(6) [1]Der als Treuhänder tätige Sanierungsträger hat der Gemeinde nach Beendigung seiner Tätigkeit Rechenschaft abzulegen. [2]Er hat nach Beendigung seiner Tätigkeit das Treuhandvermögen einschließlich der Grundstücke, die er nicht veräußert hat, auf die Gemeinde zu übertragen. [3]Von der Übertragung an haftet die Gemeinde anstelle des Sanierungsträgers für die noch bestehenden Verbindlichkeiten, für die dieser mit dem Treuhandvermögen gehaftet hat.

(7) [1]Der Sanierungsträger darf vor der Übertragung nach Absatz 6 die Grundstücke des Treuhandvermögens, die er unter Hergabe von entsprechendem nicht zum Treuhandvermögen gehörendem eigenem Austauschland oder mindestens zwei Jahre, bevor ihm die Gemeinde einen mit der Sanierung zusammenhängenden Auftrag erteilt hat, erworben und in das Treuhandvermögen überführt hat, in sein eigenes Vermögen zurücküberführen. [2]Sind die von ihm in das Treuhandvermögen überführten Grundstücke veräußert oder im Rahmen der Ordnungsmaßnahmen zur Bildung neuer Grundstücke verwendet oder sind ihre Grenzen verändert worden, kann der Sanierungsträger andere Grundstücke, die wertmäßig seinen in das Treuhandvermögen überführten Grundstücken entsprechen, in sein eigenes Vermögen zurücküberführen; er bedarf hierzu der Genehmigung der Gemeinde. [3]Er hat dem Treuhandvermögen den Verkehrswert der Grundstücke zu erstatten, der sich durch die rechtliche und tatsächliche Neuordnung des förmlich festgelegten Sanierungsgebiets ergibt.

§ 161 Sicherung des Treuhandvermögens

(1) Der Sanierungsträger haftet Dritten mit dem Treuhandvermögen nicht für Verbindlichkeiten, die sich nicht auf das Treuhandvermögen beziehen.

(2) Wird in das Treuhandvermögen wegen einer Verbindlichkeit, für die der Sanierungsträger nicht mit dem Treuhandvermögen haftet, die Zwangsvollstreckung betrieben, kann die Gemeinde auf Grund des Treuhandverhältnisses gegen die Zwangsvollstreckung nach Maßgabe des § 771 der Zivilprozessordnung Widerspruch, der Sanierungsträger unter entsprechender Anwendung des § 767 Absatz 1 der Zivilprozessordnung Einwendungen geltend machen.

(3) [1]Im Falle der Eröffnung des Insolvenzverfahrens über das Vermögen des Sanierungsträgers gehört das Treuhandvermögen nicht zur Insolvenzmasse. [2]Kündigt die Gemeinde das Treuhandverhältnis, so hat der Insolvenzverwalter das Treuhandvermögen auf die Gemeinde zu übertragen und bis zur Übertragung zu verwalten. [3]Von der Übertragung an haftet die Gemeinde anstelle des Sanierungsträgers für die Verbindlichkeiten, für die dieser mit dem Treuhandvermögen gehaftet hat. [4]Die mit der Eröffnung des In-

solvenzverfahrens verbundenen Rechtsfolgen treten hinsichtlich der Verbindlichkeiten nicht ein. [5]§ 418 des Bürgerlichen Gesetzbuchs ist nicht anzuwenden.

Fünfter Abschnitt
Abschluss der Sanierung

§ 162 Aufhebung der Sanierungssatzung

(1) [1]Die Sanierungssatzung ist aufzuheben, wenn
1. die Sanierung durchgeführt ist oder
2. die Sanierung sich als undurchführbar erweist oder
3. die Sanierungsabsicht aus anderen Gründen aufgegeben wird oder
4. die nach § 142 Absatz 3 Satz 3 oder 4 für die Durchführung der Sanierung festgelegte Frist abgelaufen ist.

[2]Sind diese Voraussetzungen nur für einen Teil des förmlich festgelegten Sanierungsgebiets gegeben, ist die Satzung für diesen Teil aufzuheben.

(2) [1]Der Beschluss der Gemeinde, durch den die förmliche Festlegung des Sanierungsgebiets ganz oder teilweise aufgehoben wird, ergeht als Satzung. [2]Die Satzung ist ortsüblich bekannt zu machen. [3]Die Gemeinde kann auch ortsüblich bekannt machen, dass eine Satzung zur Aufhebung der förmlichen Festlegung des Sanierungsgebiets beschlossen worden ist; § 10 Absatz 3 Satz 2 bis 5 ist entsprechend anzuwenden. [4]Mit der Bekanntmachung wird die Satzung rechtsverbindlich.

(3) Die Gemeinde ersucht das Grundbuchamt, die Sanierungsvermerke zu löschen.

§ 163 Fortfall von Rechtswirkungen für einzelne Grundstücke

(1) [1]Die Gemeinde kann die Sanierung für ein Grundstück als abgeschlossen erklären, wenn entsprechend den Zielen und Zwecken der Sanierung
1. das Grundstück bebaut ist oder in sonstiger Weise genutzt wird oder
2. das Gebäude modernisiert oder instand gesetzt ist.

[2]Auf Antrag des Eigentümers hat die Gemeinde die Sanierung für das Grundstück als abgeschlossen zu erklären.

(2) [1]Die Gemeinde kann bereits vor dem in Absatz 1 bezeichneten Zeitpunkt die Durchführung der Sanierung für einzelne Grundstücke durch Bescheid an die Eigentümer für abgeschlossen erklären, wenn die den Zielen und Zwecken der Sanierung entsprechende Bebauung oder sonstige Nutzung oder die Modernisierung oder Instandsetzung auch ohne Gefährdung der Ziele und Zwecke der Sanierung zu einem späteren Zeitpunkt möglich ist. [2]Ein Rechtsanspruch auf Abgabe der Erklärung besteht in diesem Falle nicht.

(3) [1]Mit der Erklärung entfällt die Anwendung der §§ 144, 145 und 153 für dieses Grundstück. [2]Die Gemeinde ersucht das Grundbuchamt, den Sanierungsvermerk zu löschen.

§ 164 Anspruch auf Rückübertragung

(1) Wird die Sanierungssatzung aus den in § 162 Absatz 1 Satz 1 Nummer 2 oder 3 bezeichneten Gründen aufgehoben oder ist im Falle der Aufhebung nach § 162 Absatz 1 Satz 1 Nummer 4 die Sanierung nicht durchgeführt worden, hat der frühere Eigentümer eines Grundstücks einen Anspruch gegenüber dem jeweiligen Eigentümer auf Rückübertragung dieses Grundstücks, wenn es die Gemeinde oder der Sanierungsträger von ihm nach der förmlichen Festlegung des Sanierungsgebiets zur Durchführung der Sanierung freihändig oder nach den Vorschriften dieses Gesetzbuchs ohne Hergabe von entsprechendem Austauschland, Ersatzland oder Begründung von Rechten der in § 101 Absatz 1 Satz 1 Nummer 1 bezeichneten Art erworben hatte.

(2) Der Anspruch besteht nicht, wenn
1. das Grundstück als Baugrundstück für den Gemeinbedarf oder als Verkehrs-, Versorgungs- oder Grünfläche in einem Bebauungsplan festgesetzt ist oder für sonstige öffentliche Zwecke benötigt wird oder
2. der frühere Eigentümer selbst das Grundstück im Wege der Enteignung erworben hatte oder
3. der Eigentümer mit der zweckgerechten Verwendung des Grundstücks begonnen hat oder
4. das Grundstück auf Grund des § 89 oder des § 159 Absatz 3 an einen Dritten veräußert wurde oder
5. die Grundstücksgrenzen erheblich verändert worden sind.

(3) Die Rückübertragung kann nur binnen zwei Jahren seit der Aufhebung der Sanierungssatzung verlangt werden.

(4) Der frühere Eigentümer hat als Kaufpreis den Verkehrswert zu zahlen, den das Grundstück im Zeitpunkt der Rückübertragung hat.

(5) ¹Ein Anspruch auf Rückenteignung nach § 102 bleibt unberührt. ²Die dem Eigentümer zu gewährende Entschädigung nach § 103 bemisst sich nach dem Verkehrswert des Grundstücks, der sich auf Grund des rechtlichen und tatsächlichen Zustands im Zeitpunkt der Aufhebung der förmlichen Festlegung ergibt.

Sechster Abschnitt
Städtebauförderung

§ 164a Einsatz von Städtebauförderungsmitteln
(1) ¹Zur Deckung der Kosten der einheitlichen Vorbereitung und zügigen Durchführung der städtebaulichen Sanierungsmaßnahme als Einheit (Gesamtmaßnahme) werden Finanzierungs- und Förderungsmittel (Städtebauförderungsmittel) eingesetzt. ²Für Maßnahmen im Zusammenhang mit der Sanierung, deren Finanzierung oder Förderung auf anderer gesetzlicher Grundlage beruht, sollen die in den jeweiligen Haushaltsgesetzen zur Verfügung gestellten Finanzierungs- oder Förderungsmittel so eingesetzt werden, dass die Maßnahmen im Rahmen der Sanierung durchgeführt werden können.
(2) Städtebauförderungsmittel können eingesetzt werden für
1. die Vorbereitung von Sanierungsmaßnahmen (§ 140),
2. die Durchführung von Ordnungsmaßnahmen nach § 147 einschließlich Entschädigungen, soweit durch sie kein bleibender Gegenwert erlangt wird; zu den Kosten der Ordnungsmaßnahmen gehören nicht die persönlichen oder sachlichen Kosten der Gemeindeverwaltung,
3. die Durchführung von Baumaßnahmen nach § 148,
4. die Gewährung einer angemessenen Vergütung von nach Maßgabe dieses Gesetzes beauftragten Dritten,
5. die Verwirklichung des Sozialplans nach § 180 sowie die Gewährung eines Härteausgleichs nach § 181.
(3) ¹Städtebauförderungsmittel können für Modernisierungs- und Instandsetzungsmaßnahmen im Sinne des § 177 eingesetzt werden. ²Soweit nichts anderes vereinbart ist, gilt dies auch für entsprechende Maßnahmen, zu deren Durchführung sich der Eigentümer gegenüber der Gemeinde vertraglich verpflichtet hat, sowie für darüber hinausgehende Maßnahmen, die der Erhaltung, Erneuerung und funktionsgerechten Verwendung eines Gebäudes dienen, das wegen seiner geschichtlichen, künstlerischen oder städtebaulichen Bedeutung erhalten bleiben soll.

§ 164b Verwaltungsvereinbarung
(1) ¹Der Bund kann zur Förderung städtebaulicher Sanierungsmaßnahmen nach Artikel 104b des Grundgesetzes den Ländern nach Maßgabe des jeweiligen Haushaltsgesetzes Finanzhilfen für Investitionen der Gemeinden und Gemeindeverbände nach einem in gleicher Weise geltenden, allgemeinen und sachgerechten Maßstab gewähren. ²Der Maßstab und das Nähere für den Einsatz der Finanzhilfen werden durch Verwaltungsvereinbarung zwischen Bund und Ländern festgelegt.
(2) Schwerpunkt für den Einsatz solcher Finanzhilfen sind
1. die Stärkung von Innenstädten und Ortsteilzentren in ihrer städtebaulichen Funktion unter besonderer Berücksichtigung des Wohnungsbaus sowie der Belange des Denkmalschutzes und der Denkmalpflege,
2. die Wiedernutzung von Flächen, insbesondere der in Innenstädten brachliegenden Industrie-, Konversions- oder Eisenbahnflächen, zur Errichtung von Wohn- und Arbeitsstätten, Gemeinbedarfs- und Folgeeinrichtungen unter Berücksichtigung ihrer funktional sinnvollen Zuordnung (Nutzungsmischung) sowie von umweltschonenden, kosten- und flächensparenden Bauweisen,
3. städtebauliche Maßnahmen zur Behebung sozialer Missstände.

Zweiter Teil
Städtebauliche Entwicklungsmaßnahmen

§ 165 Städtebauliche Entwicklungsmaßnahmen
(1) Städtebauliche Entwicklungsmaßnahmen in Stadt und Land, deren einheitliche Vorbereitung und zügige Durchführung im öffentlichen Interesse liegen, werden nach den Vorschriften dieses Teils vorbereitet und durchgeführt.
(2) Mit städtebaulichen Entwicklungsmaßnahmen nach Absatz 1 sollen Ortsteile und andere Teile des Gemeindegebiets entsprechend ihrer besonderen Bedeutung für die städtebauliche Entwicklung und Ordnung der Gemeinde oder entsprechend der angestrebten Entwicklung des Landesgebiets oder der Region erstmalig entwickelt oder im Rahmen einer städtebaulichen Neuordnung einer neuen Entwicklung zugeführt werden.

(3) ¹Die Gemeinde kann einen Bereich, in dem eine städtebauliche Entwicklungsmaßnahme durchgeführt werden soll, durch Beschluss förmlich als städtebaulichen Entwicklungsbereich festlegen, wenn

1. die Maßnahme den Zielen und Zwecken nach Absatz 2 entspricht,
2. das Wohl der Allgemeinheit die Durchführung der städtebaulichen Entwicklungsmaßnahme erfordert, insbesondere zur Deckung eines erhöhten Bedarfs an Wohn- und Arbeitsstätten, zur Errichtung von Gemeinbedarfs- und Folgeeinrichtungen oder zur Wiedernutzung brachliegender Flächen,
3. die mit der städtebaulichen Entwicklungsmaßnahme angestrebten Ziele und Zwecke durch städtebauliche Verträge nicht erreicht werden können oder Eigentümer der von der Maßnahme betroffenen Grundstücke unter entsprechender Berücksichtigung des § 166 Absatz 3 nicht bereit sind, ihre Grundstücke an die Gemeinde oder den von ihr beauftragten Entwicklungsträger zu dem Wert zu veräußern, der sich in Anwendung des § 169 Absatz 1 Nummer 6 und Absatz 4 ergibt,
4. die zügige Durchführung der Maßnahme innerhalb eines absehbaren Zeitraums gewährleistet ist.

²Die öffentlichen und privaten Belange sind gegeneinander und untereinander gerecht abzuwägen.

(4) ¹Die Gemeinde hat vor der förmlichen Festlegung des städtebaulichen Entwicklungsbereichs die vorbereitenden Untersuchungen durchzuführen oder zu veranlassen, die erforderlich sind, um Beurteilungsunterlagen über die Festlegungsvoraussetzungen nach Absatz 3 zu gewinnen. ²Die §§ 137 bis 141 sind entsprechend anzuwenden.

(5) ¹Der städtebauliche Entwicklungsbereich ist so zu begrenzen, dass sich die Entwicklung zweckmäßig durchführen lässt. ²Einzelne Grundstücke, die von der Entwicklung nicht betroffen werden, können aus dem Bereich ganz oder teilweise ausgenommen werden. ³Grundstücke, die den in § 26 Nummer 2 und § 35 Absatz 1 Nummer 7 bezeichneten Zwecken dienen, die in § 26 Nummer 3 bezeichneten Grundstücke sowie Grundstücke, für die nach § 1 Absatz 2 des Landbeschaffungsgesetzes ein Anhörungsverfahren eingeleitet worden ist, und bundeseigene Grundstücke, bei denen die Absicht, sie für Zwecke der Landesverteidigung zu verwenden, der Gemeinde bekannt ist, dürfen nur mit Zustimmung des Bedarfsträgers in den städtebaulichen Entwicklungsbereich einbezogen werden. ⁴Der Bedarfsträger soll seine Zustimmung erteilen, wenn auch bei Berücksichtigung seiner Aufgaben ein überwiegendes öffentliches Interesse an der Durchführung der städtebaulichen Entwicklungsmaßnahme besteht.

(6) ¹Die Gemeinde beschließt die förmliche Festlegung des städtebaulichen Entwicklungsbereichs als Satzung (Entwicklungssatzung). ²In der Entwicklungssatzung ist der städtebauliche Entwicklungsbereich zu bezeichnen.

(7) ¹Der Entwicklungssatzung ist eine Begründung beizufügen. ²In der Begründung sind die Gründe darzulegen, die die förmliche Festlegung des entwicklungsbedürftigen Bereichs rechtfertigen.

(8) ¹Der Beschluss der Entwicklungssatzung ist ortsüblich bekannt zu machen. ²§ 10 Absatz 3 Satz 2 bis 5 ist entsprechend anzuwenden. ³In der Bekanntmachung nach Satz 1 ist auf die Genehmigungspflicht nach den §§ 144, 145 und 153 Absatz 2 hinzuweisen. ⁴Mit der Bekanntmachung wird die Entwicklungssatzung rechtsverbindlich.

(9) ¹Die Gemeinde teilt dem Grundbuchamt die rechtsverbindliche Entwicklungssatzung mit. ²Sie hat hierbei die von der Entwicklungssatzung betroffenen Grundstücke einzeln aufzuführen. ³Das Grundbuchamt hat in die Grundbücher dieser Grundstücke einzutragen, dass eine städtebauliche Entwicklungsmaßnahme durchgeführt wird (Entwicklungsvermerk). ⁴§ 54 Absatz 2 Satz 1 und Absatz 3 ist entsprechend anzuwenden.

§ 166 Zuständigkeit und Aufgaben

(1) ¹Die Entwicklungsmaßnahme wird von der Gemeinde vorbereitet und durchgeführt, sofern nicht nach Absatz 4 eine abweichende Regelung getroffen wird. ²Die Gemeinde hat für den städtebaulichen Entwicklungsbereich ohne Verzug Bebauungspläne aufzustellen und, soweit eine Aufgabe nicht nach sonstigen gesetzlichen Vorschriften einem anderen obliegt, alle erforderlichen Maßnahmen zu ergreifen, um die vorgesehene Entwicklung im städtebaulichen Entwicklungsbereich so zu verwirklichen.

(2) Die Gemeinde hat die Voraussetzungen dafür zu schaffen, dass ein funktionsfähiger Bereich entsprechend der beabsichtigten städtebaulichen Entwicklung und Ordnung entsteht, der nach seinem wirtschaftlichen Gefüge und der Zusammensetzung seiner Bevölkerung den Zielen und Zwecken der städtebaulichen Entwicklungsmaßnahme entspricht und in dem eine ordnungsgemäße und zweckentsprechende Versorgung der Bevölkerung mit Gütern und Dienstleistungen sichergestellt ist.

(3) ¹Die Gemeinde soll die Grundstücke im städtebaulichen Entwicklungsbereich erwerben. ²Dabei soll sie feststellen, ob und in welcher Rechtsform die bisherigen Eigentümer einen späteren Erwerb von Grundstücken oder Rechten im Rahmen des § 169 Absatz 6 anstreben. ³Die Gemeinde soll von dem Erwerb eines Grundstücks absehen, wenn

1. bei einem baulich genutzten Grundstück die Art und das Maß der baulichen Nutzung bei der Durchführung der Entwicklungsmaßnahme nicht geändert werden sollen oder

2. der Eigentümer eines Grundstücks, dessen Verwendung nach den Zielen und Zwecken der städtebaulichen Entwicklungsmaßnahme bestimmt oder mit ausreichender Sicherheit bestimmbar ist, in der Lage ist, das Grundstück binnen angemessener Frist dementsprechend zu nutzen, und er sich hierzu verpflichtet.

⁴Erwirbt die Gemeinde ein Grundstück nicht, ist der Eigentümer verpflichtet, einen Ausgleichsbetrag an die Gemeinde zu entrichten, der der durch die Entwicklungsmaßnahme bedingten Erhöhung des Bodenwerts seines Grundstücks entspricht.

(4) Die Vorbereitung und Durchführung der Entwicklungsmaßnahme kann einem Planungsverband nach § 205 Absatz 4 übertragen werden.

§ 167 Erfüllung von Aufgaben für die Gemeinde; Entwicklungsträger

(1) ¹Die Gemeinde kann sich zur Erfüllung von Aufgaben, die ihr bei der Vorbereitung oder Durchführung der städtebaulichen Entwicklungsmaßnahme obliegen, eines geeigneten Beauftragten, insbesondere eines Entwicklungsträgers, bedienen. ²§ 157 Absatz 1 Satz 2 und § 158 sind entsprechend anzuwenden.

(2) ¹Der Entwicklungsträger erfüllt die ihm von der Gemeinde übertragenen Aufgaben in eigenem Namen für Rechnung der Gemeinde als deren Treuhänder. ²§ 159 Absatz 1 Satz 3 und Absatz 2 sowie die §§ 160 und 161 sind entsprechend anzuwenden.

(3) Der Entwicklungsträger ist verpflichtet, die Grundstücke des Treuhandvermögens nach Maßgabe des § 169 Absatz 5 bis 8 zu veräußern; er ist dabei an Weisungen der Gemeinde gebunden.

§ 168 Übernahmeverlangen

¹Der Eigentümer eines im städtebaulichen Entwicklungsbereich gelegenen Grundstücks kann von der Gemeinde die Übernahme des Grundstücks verlangen, wenn es ihm mit Rücksicht auf die Erklärung zum städtebaulichen Entwicklungsbereich oder den Stand der Entwicklungsmaßnahme wirtschaftlich nicht mehr zuzumuten ist, das Grundstück zu behalten oder in der bisherigen oder einer anderen zulässigen Art zu nutzen. ²Die Vorschrift des § 145 Absatz 5 Satz 2 bis 5 ist entsprechend anzuwenden.

§ 169 Besondere Vorschriften für den städtebaulichen Entwicklungsbereich

(1) Im städtebaulichen Entwicklungsbereich sind entsprechend anzuwenden

1. die §§ 137, 138 und 139 (Beteiligung und Mitwirkung der Betroffenen; Auskunftspflicht; Beteiligung und Mitwirkung öffentlicher Aufgabenträger),

2. § 142 Absatz 2 (Ersatz- und Ergänzungsgebiete),

3. die §§ 144 und 145 (Genehmigungspflichtige Vorhaben und Rechtsvorgänge; Genehmigung),

4. die §§ 146 bis 148 (Durchführung; Ordnungsmaßnahmen; Baumaßnahmen),

5. die §§ 150 und 151 (Ersatz für Änderungen von Einrichtungen, die der öffentlichen Versorgung dienen; Abgaben- und Auslagenbefreiung),

6. § 153 Absatz 1 bis 3 (Bemessung von Ausgleichs- und Entschädigungsleistungen; Kaufpreise),

7. die §§ 154 bis 156, ohne § 154 Absatz 2a (Ausgleichsbetrag des Eigentümers; Anrechnung auf den Ausgleichsbetrag, Absehen; Überleitungsvorschriften zur förmlichen Festlegung),

8. §§ 162 bis 164 (Abschluss der Maßnahme),

9. die §§ 164a und 164b (Einsatz von Städtebauförderungsmitteln; Verwaltungsvereinbarung),

10. § 191 (Vorschriften über den Verkehr mit land- und forstwirtschaftlichen Grundstücken).

(2) Die Vorschriften des Vierten Teils des Ersten Kapitels über die Bodenordnung sind im städtebaulichen Entwicklungsbereich nicht anzuwenden.

(3) ¹Die Enteignung ist im städtebaulichen Entwicklungsbereich ohne Bebauungsplan zugunsten der Gemeinde oder des Entwicklungsträgers zur Erfüllung ihrer Aufgaben zulässig. ²Sie setzt voraus, dass der Antragsteller sich ernsthaft um den freihändigen Erwerb des Grundstücks zu angemessenen Bedingungen bemüht hat. ³Die §§ 85, 87, 88 und 89 Absatz 1 bis 3 sind im städtebaulichen Entwicklungsbereich nicht anzuwenden.

(4) Auf land- oder forstwirtschaftlich genutzte Grundstücke ist § 153 Absatz 1 mit der Maßgabe entsprechend anzuwenden, dass in den Gebieten, in denen sich kein von dem innerlandwirtschaftlichen Verkehrswert abweichender Verkehrswert gebildet hat, der Wert maßgebend ist, der in vergleichbaren Fällen im gewöhnlichen Geschäftsverkehr auf dem allgemeinen Grundstücksmarkt dort zu erzielen wäre, wo keine Entwicklungsmaßnahme vorgesehen ist.

(5) ¹Die Gemeinde ist verpflichtet, Grundstücke, die sie zur Durchführung der Entwicklungsmaßnahme freihändig oder nach den Vorschriften dieses Gesetzbuchs erworben hat, nach Maßgabe der Absätze 6 bis 8 zu veräußern mit Ausnahme der Flächen, die als Baugrundstücke für den Gemeinbedarf oder als

Verkehrs-, Versorgungs- oder Grünflächen in einem Bebauungsplan festgesetzt sind oder für sonstige öffentliche Zwecke oder als Austauschland oder zur Entschädigung in Land benötigt werden.

(6) [1]Die Grundstücke sind nach ihrer Neuordnung und Erschließung unter Berücksichtigung weiter Kreise der Bevölkerung und unter Beachtung der Ziele und Zwecke der Entwicklungsmaßnahme an Bauwillige zu veräußern, die sich verpflichten, dass sie die Grundstücke innerhalb angemessener Frist entsprechend den Festsetzungen des Bebauungsplans und den Erfordernissen der Entwicklungsmaßnahme bebauen werden. [2]Dabei sind zunächst die früheren Eigentümer zu berücksichtigen. [3]Auf die Veräußerungspflicht ist § 89 Absatz 4 anzuwenden. [4]Zur land- oder forstwirtschaftlichen Nutzung festgesetzte Grundstücke sind Land- oder Forstwirten anzubieten, die zur Durchführung der Entwicklungsmaßnahme Grundstücke übereignet haben oder abgeben mussten.

(7) [1]Die Gemeinde hat bei der Veräußerung dafür zu sorgen, dass die Bauwilligen die Bebauung in wirtschaftlich sinnvoller Aufeinanderfolge derart durchführen, dass die Ziele und Zwecke der städtebaulichen Entwicklung erreicht werden und die Vorhaben sich in den Rahmen der Gesamtmaßnahme einordnen. [2]Sie hat weiter sicherzustellen, dass die neu geschaffenen baulichen Anlagen entsprechend den Zielen und Zwecken der städtebaulichen Entwicklungsmaßnahme dauerhaft genutzt werden.

(8) [1]Zur Finanzierung der Entwicklung ist das Grundstück oder das Recht zu dem Verkehrswert zu veräußern, der sich durch die rechtliche und tatsächliche Neuordnung des städtebaulichen Entwicklungsbereichs ergibt. [2]§ 154 Absatz 5 ist auf den Teil des Kaufpreises entsprechend anzuwenden, der der durch die Entwicklung bedingten Werterhöhung des Grundstücks entspricht.

§ 170 Sonderregelung für Anpassungsgebiete

[1]Ergeben sich aus den Zielen und Zwecken der städtebaulichen Entwicklungsmaßnahme in einem im Zusammenhang bebauten Gebiet Maßnahmen zur Anpassung an die vorgesehene Entwicklung, kann die Gemeinde dieses Gebiet in der Entwicklungssatzung förmlich festlegen (Anpassungsgebiet). [2]Das Anpassungsgebiet ist in der Entwicklungssatzung zu bezeichnen. [3]Die förmliche Festlegung darf erst erfolgen, wenn entsprechend § 141 vorbereitende Untersuchungen durchgeführt worden sind. [4]In dem Anpassungsgebiet sind neben den für städtebauliche Entwicklungsmaßnahmen geltenden Vorschriften mit Ausnahme des § 166 Absatz 3 und des § 169 Absatz 2 bis 8 die Vorschriften über städtebauliche Sanierungsmaßnahmen entsprechend anzuwenden, mit Ausnahme der §§ 136, 142 und 143.

§ 171 Kosten und Finanzierung der Entwicklungsmaßnahme

(1) [1]Einnahmen, die bei der Vorbereitung und Durchführung der Entwicklungsmaßnahme entstehen, sind zur Finanzierung der Entwicklungsmaßnahme zu verwenden. [2]Ergibt sich nach der Durchführung der städtebaulichen Entwicklungsmaßnahme und der Übertragung eines Treuhandvermögens des Entwicklungsträgers auf die Gemeinde bei ihr ein Überschuss der bei der Vorbereitung und Durchführung der städtebaulichen Entwicklungsmaßnahme erzielten Einnahmen über die hierfür getätigten Ausgaben, so ist dieser Überschuss in entsprechender Anwendung des § 156a zu verteilen.

(2) [1]Die Gemeinde hat entsprechend § 149 nach dem Stand der Planung eine Kosten- und Finanzierungsübersicht aufzustellen. [2]Zu berücksichtigen sind die Kosten, die nach den Zielen und Zwecken der Entwicklung erforderlich sind.

Dritter Teil
Stadtumbau

§ 171a Stadtumbaumaßnahmen

(1) Stadtumbaumaßnahmen in Stadt- und Ortsteilen, deren einheitliche und zügige Durchführung im öffentlichen Interesse liegen, können auch anstelle von oder ergänzend zu sonstigen Maßnahmen nach diesem Gesetzbuch nach den Vorschriften dieses Teils durchgeführt werden.

(2) [1]Stadtumbaumaßnahmen sind Maßnahmen, durch die in von erheblichen städtebaulichen Funktionsverlusten betroffenen Gebieten Anpassungen zur Herstellung nachhaltiger städtebaulicher Strukturen vorgenommen werden. [2]Erhebliche städtebauliche Funktionsverluste liegen insbesondere vor, wenn ein dauerhaftes Überangebot an baulichen Anlagen für bestimmte Nutzungen, namentlich für Wohnzwecke, besteht oder zu erwarten ist, oder wenn die allgemeinen Anforderungen an den Klimaschutz und die Klimaanpassung nicht erfüllt werden.

(3) [1]Stadtumbaumaßnahmen dienen dem Wohl der Allgemeinheit. [2]Sie sollen insbesondere dazu beitragen, dass

1. die Siedlungsstruktur den Erfordernissen der Entwicklung von Bevölkerung und Wirtschaft sowie den allgemeinen Anforderungen an den Klimaschutz und die Klimaanpassung angepasst wird,
2. die Wohn- und Arbeitsverhältnisse sowie die Umwelt verbessert werden,

3. innerstädtische Bereiche gestärkt werden,
4. nicht mehr bedarfsgerechte bauliche Anlagen einer neuen Nutzung zugeführt werden,
5. einer anderen Nutzung nicht zuführbare bauliche Anlagen zurückgebaut werden,
6. brachliegende oder freigelegte Flächen einer nachhaltigen, insbesondere dem Klimaschutz und der Klimaanpassung dienenden städtebaulichen Entwicklung oder einer mit dieser verträglichen Zwischennutzung zugeführt werden,
7. innerstädtische Altbaubestände nachhaltig erhalten werden.

§ 171b Stadtumbaugebiet, städtebauliches Entwicklungskonzept

(1) ¹Die Gemeinde legt das Gebiet, in dem Stadtumbaumaßnahmen durchgeführt werden sollen, durch Beschluss als Stadtumbaugebiet fest. ²Es ist in seinem räumlichen Umfang so festzulegen, dass sich die Maßnahmen zweckmäßig durchführen lassen.

(2) ¹Grundlage für den Beschluss nach Absatz 1 ist ein von der Gemeinde aufzustellendes städtebauliches Entwicklungskonzept, in dem die Ziele und Maßnahmen (§ 171a Absatz 3) im Stadtumbaugebiet schriftlich darzustellen sind. ²Die öffentlichen und privaten Belange sind gegeneinander und untereinander gerecht abzuwägen.

(3) Die §§ 137 und 139 sind bei der Vorbereitung und Durchführung der Stadtumbaumaßnahmen entsprechend anzuwenden.

(4) Die §§ 164a und 164b sind im Stadtumbaugebiet entsprechend anzuwenden.

§ 171c Stadtumbauvertrag

¹Die Gemeinde soll soweit erforderlich zur Umsetzung ihres städtebaulichen Entwicklungskonzeptes die Möglichkeit nutzen, Stadtumbaumaßnahmen auf der Grundlage von städtebaulichen Verträgen im Sinne des § 11 insbesondere mit den beteiligten Eigentümern durchzuführen. ²Gegenstände der Verträge können insbesondere auch sein

1. die Durchführung des Rückbaus oder der Anpassung baulicher Anlagen innerhalb einer bestimmten Frist und die Kostentragung dafür;
2. der Verzicht auf die Ausübung von Ansprüchen nach den §§ 39 bis 44;
3. der Ausgleich von Lasten zwischen den beteiligten Eigentümern.

§ 171d Sicherung von Durchführungsmaßnahmen

(1) ¹Die Gemeinde kann durch Satzung ein Gebiet bezeichnen, das ein festgelegtes Stadtumbaugebiet (§ 171b Absatz 1) oder Teile davon umfasst und in dem zur Sicherung und sozialverträglichen Durchführung von Stadtumbaumaßnahmen die in § 14 Absatz 1 bezeichneten Vorhaben und sonstigen Maßnahmen der Genehmigung bedürfen. ²Auf die Satzung ist § 16 Absatz 2 entsprechend anzuwenden.

(2) Ist der Beschluss über die Aufstellung einer Satzung nach Absatz 1 gefasst und ortsüblich bekannt gemacht, ist § 15 Absatz 1 auf die Durchführung der Vorhaben und Maßnahmen im Sinne von Absatz 1 entsprechend anzuwenden.

(3) ¹In den Fällen des Absatzes 1 darf die Genehmigung nur versagt werden, um einen den städtebaulichen und sozialen Belangen Rechnung tragenden Ablauf der Stadtumbaumaßnahmen auf der Grundlage des von der Gemeinde aufgestellten städtebaulichen Entwicklungskonzeptes (§ 171b Absatz 2) oder eines Sozialplans (§ 180) zu sichern. ²Die Genehmigung ist zu erteilen, wenn auch unter Berücksichtigung des Allgemeinwohls ein Absehen von dem Vorhaben oder der Maßnahme wirtschaftlich nicht zumutbar ist.

(4) Die §§ 138, 173 und 174 sind im Gebiet der Satzung nach Absatz 1 entsprechend anzuwenden.

Vierter Teil
Soziale Stadt

§ 171e Maßnahmen der Sozialen Stadt

(1) Städtebauliche Maßnahmen der Sozialen Stadt in Stadt- und Ortsteilen, deren einheitliche und zügige Durchführung im öffentlichen Interesse liegen, können auch anstelle von oder ergänzend zu sonstigen Maßnahmen nach diesem Gesetzbuch nach den Vorschriften dieses Teils durchgeführt werden.

(2) ¹Städtebauliche Maßnahmen der Sozialen Stadt sind Maßnahmen zur Stabilisierung und Aufwertung von durch soziale Missstände benachteiligten Ortsteilen oder anderen Teilen des Gemeindegebiets, in denen ein besonderer Entwicklungsbedarf besteht. ²Soziale Missstände liegen insbesondere vor, wenn ein Gebiet auf Grund der Zusammensetzung und wirtschaftlichen Situation der darin lebenden und arbeitenden Menschen erheblich benachteiligt ist. ³Ein besonderer Entwicklungsbedarf liegt insbesondere vor, wenn es sich um benachteiligte innerstädtische oder innenstadtnah gelegene Gebiete oder verdichtete Wohn- und Mischgebiete handelt, in denen es einer aufeinander abgestimmten Bündelung von investiven und sonstigen Maßnahmen bedarf.

(3) [1]Die Gemeinde legt das Gebiet, in dem die Maßnahmen durchgeführt werden sollen, durch Beschluss fest. [2]Es ist in seinem räumlichen Umfang so festzulegen, dass sich die Maßnahmen zweckmäßig durchführen lassen.

(4) [1]Grundlage für den Beschluss nach Absatz 3 ist ein von der Gemeinde unter Beteiligung der Betroffenen (§ 137) und der öffentlichen Aufgabenträger (§ 139) aufzustellendes Entwicklungskonzept, in dem die Ziele und Maßnahmen schriftlich darzustellen sind. [2]Das Entwicklungskonzept soll insbesondere Maßnahmen enthalten, die der Verbesserung der Wohn- und Arbeitsverhältnisse sowie der Schaffung und Erhaltung sozial stabiler Bewohnerstrukturen dienen.

(5) [1]Bei der Erstellung des Entwicklungskonzeptes und bei seiner Umsetzung sollen die Beteiligten in geeigneter Form einbezogen und zur Mitwirkung angeregt werden. [2]Die Gemeinde soll die Beteiligten im Rahmen des Möglichen fortlaufend beraten und unterstützen. [3]Dazu kann im Zusammenwirken von Gemeinde und Beteiligten eine Koordinierungsstelle eingerichtet werden. [4]Soweit erforderlich, soll die Gemeinde zur Verwirklichung und zur Förderung der mit dem Entwicklungskonzept verfolgten Ziele sowie zur Übernahme von Kosten mit den Eigentümern und sonstigen Maßnahmenträgern städtebauliche Verträge schließen.

(6) [1]Die §§ 164a und 164b sind im Gebiet nach Absatz 3 entsprechend anzuwenden. [2]Dabei ist § 164a Absatz 1 Satz 2 über den Einsatz von Finanzierungs- und Fördermitteln auf Grund anderer gesetzlicher Grundlage insbesondere auch auf sonstige Maßnahmen im Sinne des Absatzes 2 Satz 3 anzuwenden.

Fünfter Teil
Private Initiativen

§ 171f Private Initiativen zur Stadtentwicklung, Landesrecht

[1]Nach Maßgabe des Landesrechts können unbeschadet sonstiger Maßnahmen nach diesem Gesetzbuch Gebiete festgelegt werden, in denen in privater Verantwortung standortbezogene Maßnahmen durchgeführt werden, die auf der Grundlage eines mit den städtebaulichen Zielen der Gemeinde abgestimmten Konzepts der Stärkung oder Entwicklung von Bereichen der Innenstädte, Stadtteilzentren, Wohnquartiere und Gewerbezentren sowie von sonstigen für die städtebauliche Entwicklung bedeutsamen Bereichen dienen. [2]Zur Finanzierung der Maßnahmen und gerechten Verteilung des damit verbundenen Aufwands können durch Landesrecht Regelungen getroffen werden.

Sechster Teil
Erhaltungssatzung und städtebauliche Gebote

Erster Abschnitt
Erhaltungssatzung

§ 172 Erhaltung baulicher Anlagen und der Eigenart von Gebieten (Erhaltungssatzung)

(1) [1]Die Gemeinde kann in einem Bebauungsplan oder durch eine sonstige Satzung Gebiete bezeichnen, in denen
1. zur Erhaltung der städtebaulichen Eigenart des Gebiets auf Grund seiner städtebaulichen Gestalt (Absatz 3),
2. zur Erhaltung der Zusammensetzung der Wohnbevölkerung (Absatz 4) oder
3. bei städtebaulichen Umstrukturierungen (Absatz 5)
der Rückbau, die Änderung oder die Nutzungsänderung baulicher Anlagen der Genehmigung bedürfen. [2]In den Fällen des Satzes 1 Nummer 1 bedarf auch die Errichtung baulicher Anlagen der Genehmigung. [3]Auf die Satzung ist § 16 Absatz 2 entsprechend anzuwenden. [4]Die Landesregierungen werden ermächtigt, für die Grundstücke in Gebieten einer Satzung nach Satz 1 Nummer 2 durch Rechtsverordnung mit einer Geltungsdauer von höchstens fünf Jahren zu bestimmen, dass die Begründung von Wohnungseigentum oder Teileigentum (§ 1 des Wohnungseigentumsgesetzes) an Gebäuden, die ganz oder teilweise Wohnzwecken zu dienen bestimmt sind, nicht ohne Genehmigung erfolgen darf. [5]Ein solches Verbot gilt als Verbot im Sinne des § 135 des Bürgerlichen Gesetzbuchs. [6]In den Fällen des Satzes 4 ist § 22 Absatz 2 Satz 3 und 4, Absatz 6 und 8 entsprechend anzuwenden.

(2) Ist der Beschluss über die Aufstellung einer Erhaltungssatzung gefasst und ortsüblich bekannt gemacht, ist § 15 Absatz 1 auf die Durchführung eines Vorhabens im Sinne des Absatzes 1 entsprechend anzuwenden.

(3) [1]In den Fällen des Absatzes 1 Satz 1 Nummer 1 darf die Genehmigung nur versagt werden, wenn die bauliche Anlage allein oder im Zusammenhang mit anderen baulichen Anlagen das Ortsbild, die Stadt-

gestalt oder das Landschaftsbild prägt oder sonst von städtebaulicher, insbesondere geschichtlicher oder künstlerischer Bedeutung ist. [2]Die Genehmigung zur Errichtung der baulichen Anlage darf nur versagt werden, wenn die städtebauliche Gestalt des Gebiets durch die beabsichtigte bauliche Anlage beeinträchtigt wird.

(4) [1]In den Fällen des Absatzes 1 Satz 1 Nummer 2 und Satz 4 darf die Genehmigung nur versagt werden, wenn die Zusammensetzung der Wohnbevölkerung aus besonderen städtebaulichen Gründen erhalten werden soll. [2]Sie ist zu erteilen, wenn auch unter Berücksichtigung des Allgemeinwohls die Erhaltung der baulichen Anlage oder ein Absehen von der Begründung von Wohnungseigentum oder Teileigentum wirtschaftlich nicht mehr zumutbar ist. [3]Die Genehmigung ist ferner zu erteilen, wenn

1. die Änderung einer baulichen Anlage der Herstellung des zeitgemäßen Ausstattungszustands einer durchschnittlichen Wohnung unter Berücksichtigung der bauordnungsrechtlichen Mindestanforderungen dient,

1a. die Änderung einer baulichen Anlage der Anpassung an die baulichen oder anlagentechnischen Mindestanforderungen des Gebäudeenergiegesetzes oder der Energieeinsparverordnung vom 24. Juli 2007 (BGBl. I S. 1519), die zuletzt durch Artikel 257 der Verordnung vom 19. Juni 2020 (BGBl. I S. 1328) geändert worden ist, wenn diese nach § 111 Absatz 1 des Gebäudeenergiegesetzes weiter anzuwenden ist, dient,

2. das Grundstück zu einem Nachlass gehört und Wohnungseigentum oder Teileigentum zugunsten von Miterben oder Vermächtnisnehmern begründet werden soll,

3. das Wohnungseigentum oder Teileigentum zur eigenen Nutzung an Familienangehörige des Eigentümers veräußert werden soll,

4. ohne die Genehmigung Ansprüche Dritter auf Übertragung von Wohnungseigentum oder Teileigentum nicht erfüllt werden können, zu deren Sicherung vor dem Wirksamwerden des Genehmigungsvorbehalts eine Vormerkung im Grundbuch eingetragen ist,

5. das Gebäude im Zeitpunkt der Antragstellung zur Begründung von Wohnungseigentum oder Teileigentum nicht zu Wohnzwecken genutzt wird oder

6. sich der Eigentümer verpflichtet, innerhalb von sieben Jahren ab der Begründung von Wohnungseigentum Wohnungen nur an die Mieter zu veräußern; eine Frist nach § 577a Absatz 2 Satz 1 des Bürgerlichen Gesetzbuchs verkürzt sich um fünf Jahre; die Frist nach § 577a Absatz 1 des Bürgerlichen Gesetzbuchs entfällt.

[4]In den Fällen des Satzes 3 Nummer 6 kann in der Genehmigung bestimmt werden, dass auch die Veräußerung von Wohnungseigentum an dem Gebäude während der Dauer der Verpflichtung der Genehmigung der Gemeinde bedarf. [5]Diese Genehmigungspflicht kann auf Ersuchen der Gemeinde in das Wohnungsgrundbuch eingetragen werden; sie erlischt nach Ablauf der Verpflichtung.

(5) [1]In den Fällen des Absatzes 1 Satz 1 Nummer 3 darf die Genehmigung nur versagt werden, um einen den sozialen Belangen Rechnung tragenden Ablauf auf der Grundlage eines Sozialplans (§ 180) zu sichern. [2]Ist ein Sozialplan nicht aufgestellt worden, hat ihn die Gemeinde in entsprechender Anwendung des § 180 aufzustellen. [3]Absatz 4 Satz 2 ist entsprechend anzuwenden.

§ 173 Genehmigung, Übernahmeanspruch

(1) [1]Die Genehmigung wird durch die Gemeinde erteilt; § 22 Absatz 5 Satz 2 bis 5 ist entsprechend anzuwenden. [2]Ist eine baurechtliche Genehmigung oder an ihrer Stelle eine baurechtliche Zustimmung erforderlich, wird die Genehmigung durch die Baugenehmigungsbehörde im Einvernehmen mit der Gemeinde erteilt; im Baugenehmigungs- oder Zustimmungsverfahren wird über die in § 172 Absatz 3 bis 5 bezeichneten Belange entschieden.

(2) [1]Wird in den Fällen des § 172 Absatz 3 die Genehmigung versagt, kann der Eigentümer von der Gemeinde unter den Voraussetzungen des § 40 Absatz 2 die Übernahme des Grundstücks verlangen. [2]§ 43 Absatz 1, 4 und 5 sowie § 44 Absatz 3 und 4 sind entsprechend anzuwenden.

(3) [1]Vor der Entscheidung über den Genehmigungsantrag hat die Gemeinde mit dem Eigentümer oder sonstigen zur Unterhaltung Verpflichteten die für die Entscheidung erheblichen Tatsachen zu erörtern. [2]In den Fällen des § 172 Absatz 4 und 5 hat sie auch Mieter, Pächter und sonstige Nutzungsberechtigte zu hören. [3]In den Fällen des § 172 Absatz 4 Satz 3 Nummer 6 hat sie die nach Satz 2 anzuhörenden Personen über die Erteilung einer Genehmigung zu informieren.

(4) Die landesrechtlichen Vorschriften, insbesondere über den Schutz und die Erhaltung von Denkmälern, bleiben unberührt.

§ 174 Ausnahmen

(1) § 172 ist nicht auf Grundstücke anzuwenden, die den in § 26 Nummer 2 bezeichneten Zwecken dienen, und auf die in § 26 Nummer 3 bezeichneten Grundstücke.

(2) ¹Befindet sich ein Grundstück der in Absatz 1 bezeichneten Art im Geltungsbereich einer Erhaltungssatzung, hat die Gemeinde den Bedarfsträger hiervon zu unterrichten. ²Beabsichtigt der Bedarfsträger ein Vorhaben im Sinne des § 172 Absatz 1, hat er dies der Gemeinde anzuzeigen. ³Der Bedarfsträger soll auf Verlangen der Gemeinde von dem Vorhaben absehen, wenn die Voraussetzungen vorliegen, die die Gemeinde berechtigen würden, die Genehmigung nach § 172 zu versagen, und wenn die Erhaltung oder das Absehen von der Errichtung der baulichen Anlage dem Bedarfsträger auch unter Berücksichtigung seiner Aufgaben zuzumuten ist.

Zweiter Abschnitt
Städtebauliche Gebote

§ 175 Allgemeines

(1) ¹Beabsichtigt die Gemeinde, ein Baugebot (§ 176), ein Modernisierungs- oder Instandsetzungsgebot (§ 177), ein Pflanzgebot (§ 178) oder ein Rückbau- oder Entsiegelungsgebot (§ 179) zu erlassen, soll sie die Maßnahme vorher mit den Betroffenen erörtern. ²Die Gemeinde soll die Eigentümer, Mieter, Pächter und sonstigen Nutzungsberechtigten im Rahmen ihrer Möglichkeiten beraten, wie die Maßnahme durchgeführt werden kann und welche Finanzierungsmöglichkeiten aus öffentlichen Kassen bestehen.

(2) Die Anordnung von Maßnahmen nach den §§ 176 bis 179 setzt voraus, dass die alsbaldige Durchführung der Maßnahmen aus städtebaulichen Gründen erforderlich ist; bei Anordnung eines Baugebots nach § 176 kann dabei auch ein dringender Wohnbedarf der Bevölkerung berücksichtigt werden.

(3) Mieter, Pächter und sonstige Nutzungsberechtigte haben die Durchführung der Maßnahmen nach den §§ 176 bis 179 zu dulden.

(4) ¹Die §§ 176 bis 179 sind nicht auf Grundstücke anzuwenden, die den in § 26 Nummer 2 bezeichneten Zwecken dienen, und auf die in § 26 Nummer 3 bezeichneten Grundstücke. ²Liegen für diese Grundstücke die Voraussetzungen für die Anordnung eines Gebots nach den §§ 176 bis 179 vor, soll auf Verlangen der Gemeinde der Bedarfsträger die entsprechenden Maßnahmen durchführen oder ihre Durchführung dulden, soweit dadurch nicht die Erfüllung seiner Aufgaben beeinträchtigt wird.

(5) Die landesrechtlichen Vorschriften, insbesondere über den Schutz und die Erhaltung von Denkmälern, bleiben unberührt.

§ 176 Baugebot

(1) Im Geltungsbereich eines Bebauungsplans kann die Gemeinde den Eigentümer durch Bescheid verpflichten, innerhalb einer zu bestimmenden angemessenen Frist
1. sein Grundstück entsprechend den Festsetzungen des Bebauungsplans zu bebauen oder
2. ein vorhandenes Gebäude oder eine vorhandene sonstige bauliche Anlage den Festsetzungen des Bebauungsplans anzupassen.

(2) Das Baugebot kann außerhalb der in Absatz 1 bezeichneten Gebiete, aber innerhalb im Zusammenhang bebauter Ortsteile angeordnet werden, um unbebaute oder geringfügig bebaute Grundstücke entsprechend den baurechtlichen Vorschriften zu nutzen oder einer baulichen Nutzung zuzuführen, insbesondere zur Schließung von Baulücken.

(3) Ist die Durchführung des Vorhabens aus wirtschaftlichen Gründen einem Eigentümer nicht zuzumuten, hat die Gemeinde von dem Baugebot abzusehen.

(4) ¹Der Eigentümer kann von der Gemeinde die Übernahme des Grundstücks verlangen, wenn er glaubhaft macht, dass ihm die Durchführung des Vorhabens aus wirtschaftlichen Gründen nicht zuzumuten ist. ²§ 43 Absatz 1, 4 und 5 sowie § 44 Absatz 3 und 4 sind entsprechend anzuwenden.

(5) ¹Ist die Durchführung eines Baugebots nur möglich, wenn zuvor eine bauliche Anlage oder Teile davon beseitigt werden, ist der Eigentümer mit dem Baugebot auch zur Beseitigung verpflichtet. ²§ 179 Absatz 2 und 3 Satz 1, § 43 Absatz 2 und 5 sowie § 44 Absatz 3 und 4 sind entsprechend anzuwenden.

(6) Ist für ein Grundstück eine andere als bauliche Nutzung festgesetzt, sind die Absätze 1 und 3 bis 5 entsprechend anzuwenden.

(7) Mit dem Baugebot kann die Verpflichtung verbunden werden, innerhalb einer zu bestimmenden angemessenen Frist den für eine bauliche Nutzung des Grundstücks erforderlichen Antrag auf Erteilung einer bauaufsichtlichen Genehmigung zu stellen.

(8) Kommt der Eigentümer der Verpflichtung nach Absatz 7 auch nach Vollstreckungsmaßnahmen auf Grund landesrechtlicher Vorschriften nicht nach, kann das Enteignungsverfahren nach § 85 Absatz 1 Nummer 5 auch vor Ablauf der Frist nach Absatz 1 eingeleitet werden.

(9) ¹In dem Enteignungsverfahren ist davon auszugehen, dass die Voraussetzungen des Baugebots vorliegen; die Vorschriften über die Zulässigkeit der Enteignung bleiben unberührt. ²Bei der Bemessung der

Entschädigung bleiben Werterhöhungen unberücksichtigt, die nach Unanfechtbarkeit des Baugebots eingetreten sind, es sei denn, dass der Eigentümer die Werterhöhungen durch eigene Aufwendungen zulässigerweise bewirkt hat.

§ 177 Modernisierungs- und Instandsetzungsgebot

(1) [1]Weist eine bauliche Anlage nach ihrer inneren oder äußeren Beschaffenheit Missstände oder Mängel auf, deren Beseitigung oder Behebung durch Modernisierung oder Instandsetzung möglich ist, kann die Gemeinde die Beseitigung der Missstände durch ein Modernisierungsgebot und die Behebung der Mängel durch ein Instandsetzungsgebot anordnen. [2]Zur Beseitigung der Missstände und zur Behebung der Mängel ist der Eigentümer der baulichen Anlage verpflichtet. [3]In dem Bescheid, durch den die Modernisierung oder Instandsetzung angeordnet wird, sind die zu beseitigenden Missstände oder zu behebenden Mängel zu bezeichnen und eine angemessene Frist für die Durchführung der erforderlichen Maßnahmen zu bestimmen.

(2) Missstände liegen insbesondere vor, wenn die bauliche Anlage nicht den allgemeinen Anforderungen an gesunde Wohn- und Arbeitsverhältnisse entspricht.

(3) [1]Mängel liegen insbesondere vor, wenn durch Abnutzung, Alterung, Witterungseinflüsse oder Einwirkungen Dritter

1. die bestimmungsgemäße Nutzung der baulichen Anlage nicht nur unerheblich beeinträchtigt wird,
2. die bauliche Anlage nach ihrer äußeren Beschaffenheit das Straßen- oder Ortsbild nicht nur unerheblich beeinträchtigt oder
3. die bauliche Anlage erneuerungsbedürftig ist und wegen ihrer städtebaulichen, insbesondere geschichtlichen oder künstlerischen Bedeutung erhalten bleiben soll.

[2]Kann die Behebung der Mängel einer baulichen Anlage nach landesrechtlichen Vorschriften auch aus Gründen des Schutzes und der Erhaltung von Baudenkmälern verlangt werden, darf das Instandsetzungsgebot nur mit Zustimmung der zuständigen Landesbehörde erlassen werden. [3]In dem Bescheid über den Erlass des Instandsetzungsgebots sind die auch aus Gründen des Denkmalschutzes gebotenen Instandsetzungsmaßnahmen besonders zu bezeichnen.

(4) [1]Der Eigentümer hat die Kosten der von der Gemeinde angeordneten Maßnahmen insoweit zu tragen, als er sie durch eigene oder fremde Mittel decken und die sich daraus ergebenden Kapitalkosten sowie die zusätzlich entstehenden Bewirtschaftungskosten aus Erträgen der baulichen Anlage aufbringen kann. [2]Sind dem Eigentümer Kosten entstanden, die er nicht zu tragen hat, hat die Gemeinde sie ihm zu erstatten, soweit nicht eine andere Stelle einen Zuschuss zu ihrer Deckung gewährt. [3]Dies gilt nicht, wenn der Eigentümer auf Grund anderer Rechtsvorschriften verpflichtet ist, die Kosten selbst zu tragen, oder wenn er Instandsetzungen unterlassen hat und nicht nachweisen kann, dass ihre Vornahme wirtschaftlich unvertretbar oder ihm nicht zuzumuten war. [4]Die Gemeinde kann mit dem Eigentümer den Kostenerstattungsbetrag unter Verzicht auf eine Berechnung im Einzelfall als Pauschale in Höhe eines bestimmten Vomhundertsatzes der Modernisierungs- oder Instandsetzungskosten vereinbaren.

(5) Der vom Eigentümer zu tragende Kostenanteil wird nach der Durchführung der Modernisierungs- oder Instandsetzungsmaßnahmen unter Berücksichtigung der Erträge ermittelt, die für die modernisierte oder instand gesetzte bauliche Anlage bei ordentlicher Bewirtschaftung nachhaltig erzielt werden können; dabei sind die mit einem Bebauungsplan, einem Sozialplan, einer städtebaulichen Sanierungsmaßnahme oder einer sonstigen städtebaulichen Maßnahme verfolgten Ziele und Zwecke zu berücksichtigen.

§ 178 Pflanzgebot

Die Gemeinde kann den Eigentümer durch Bescheid verpflichten, sein Grundstück innerhalb einer zu bestimmenden angemessenen Frist entsprechend den nach § 9 Absatz 1 Nummer 25 getroffenen Festsetzungen des Bebauungsplans zu bepflanzen.

§ 179 Rückbau- und Entsiegelungsgebot

(1) [1]Die Gemeinde kann den Eigentümer verpflichten zu dulden, dass eine bauliche Anlage ganz oder teilweise beseitigt wird, wenn sie

1. den Festsetzungen eines Bebauungsplans nicht entspricht und ihnen nicht angepasst werden kann oder
2. Missstände oder Mängel im Sinne des § 177 Absatz 2 und 3 Satz 1 aufweist, die auch durch eine Modernisierung oder Instandsetzung nicht behoben werden können.

[2]Satz 1 Nummer 1 gilt entsprechend für die sonstige Wiedernutzbarmachung von dauerhaft nicht mehr genutzten Flächen, bei denen der durch Bebauung oder Versiegelung beeinträchtigte Boden in seiner Leistungsfähigkeit erhalten oder wiederhergestellt werden soll; die sonstige Wiedernutzbarmachung steht der Beseitigung nach Satz 1 gleich. [3]Diejenigen, für die ein Recht an dem Grundstück oder an einem das

Grundstück belastenden Recht im Grundbuch eingetragen oder durch Eintragung gesichert ist, das nicht zur Nutzung berechtigt, sollen von dem Bescheid benachrichtigt werden, wenn sie von der Beseitigung betroffen werden. [4]Unberührt bleibt das Recht des Eigentümers, die Beseitigung selbst vorzunehmen.

(2) [1]Der Bescheid darf bei Wohnraum nur vollzogen werden, wenn im Zeitpunkt der Beseitigung angemessener Ersatzwohnraum für die Bewohner unter zumutbaren Bedingungen zur Verfügung steht. [2]Strebt der Inhaber von Raum, der überwiegend gewerblichen oder beruflichen Zwecken dient (Geschäftsraum), eine anderweitige Unterbringung an, soll der Bescheid nur vollzogen werden, wenn im Zeitpunkt der Beseitigung anderer geeigneter Geschäftsraum unter zumutbaren Bedingungen zur Verfügung steht.

(3) [1]Entstehen dem Eigentümer, Mieter, Pächter oder sonstigen Nutzungsberechtigten durch die Beseitigung Vermögensnachteile, hat die Gemeinde angemessene Entschädigung in Geld zu leisten. [2]Der Eigentümer kann anstelle der Entschädigung nach Satz 1 von der Gemeinde die Übernahme des Grundstücks verlangen, wenn es ihm mit Rücksicht auf das Rückbau- oder Entsiegelungsgebot wirtschaftlich nicht mehr zuzumuten ist, das Grundstück zu behalten. [3]§ 43 Absatz 1, 2, 4 und 5 sowie § 44 Absatz 3 und 4 sind entsprechend anzuwenden.

(4) [1]Im Falle des Absatzes 1 Satz 1 Nummer 2 sind die Beseitigungskosten vom Eigentümer bis zur Höhe der ihm durch die Beseitigung entstehenden Vermögensvorteile zu tragen. [2]Der Kostenerstattungsbetrag kann durch Bescheid geltend gemacht werden, sobald die bauliche Anlage ganz oder teilweise beseitigt ist. [3]Der Betrag ruht als öffentliche Last auf dem Grundstück.

Siebter Teil
Sozialplan und Härteausgleich

§ 180 Sozialplan

(1) [1]Wirken sich Bebauungspläne, städtebauliche Sanierungsmaßnahmen, städtebauliche Entwicklungsmaßnahmen oder Stadtumbaumaßnahmen voraussichtlich nachteilig auf die persönlichen Lebensumstände der in dem Gebiet wohnenden oder arbeitenden Menschen aus, soll die Gemeinde Vorstellungen entwickeln und mit den Betroffenen erörtern, wie nachteilige Auswirkungen möglichst vermieden oder gemildert werden können. [2]Die Gemeinde hat den Betroffenen bei ihren eigenen Bemühungen, nachteilige Auswirkungen zu vermeiden oder zu mildern, zu helfen, insbesondere beim Wohnungs- und Arbeitsplatzwechsel sowie beim Umzug von Betrieben; soweit öffentliche Leistungen in Betracht kommen können, soll die Gemeinde hierauf hinweisen. [3]Sind Betroffene nach ihren persönlichen Lebensumständen nicht in der Lage, Empfehlungen und anderen Hinweisen der Gemeinde zur Vermeidung von Nachteilen zu folgen oder Hilfen zu nutzen oder sind aus anderen Gründen weitere Maßnahmen der Gemeinde erforderlich, hat die Gemeinde geeignete Maßnahmen zu prüfen.

(2) Das Ergebnis der Erörterungen und Prüfungen nach Absatz 1 sowie die voraussichtlich in Betracht zu ziehenden Maßnahmen der Gemeinde und die Möglichkeiten ihrer Verwirklichung sind schriftlich darzustellen (Sozialplan).

(3) [1]Steht die Verwirklichung einer Durchführungsmaßnahme durch einen anderen als die Gemeinde bevor, kann die Gemeinde verlangen, dass der andere im Einvernehmen mit ihr die sich aus Absatz 1 ergebenden Aufgaben übernimmt. [2]Die Gemeinde kann diese Aufgaben ganz oder teilweise auch selbst übernehmen und dem anderen die Kosten auferlegen.

§ 181 Härteausgleich

(1) [1]Soweit es die Billigkeit erfordert, soll die Gemeinde bei der Durchführung dieses Gesetzbuchs zur Vermeidung oder zum Ausgleich wirtschaftlicher Nachteile – auch im sozialen Bereich – auf Antrag einen Härteausgleich in Geld gewähren

1. einem Mieter oder Pächter, wenn das Miet- oder Pachtverhältnis mit Rücksicht auf die Durchführung städtebaulicher Maßnahmen aufgehoben oder enteignet worden ist;

2. einer gekündigten Vertragspartei, wenn die Kündigung zur Durchführung städtebaulicher Maßnahmen erforderlich ist; dies gilt entsprechend, wenn ein Miet- oder Pachtverhältnis vorzeitig durch Vereinbarung der Beteiligten beendigt wird; die Gemeinde hat zu bestätigen, dass die Beendigung des Rechtsverhältnisses im Hinblick auf die alsbaldige Durchführung der städtebaulichen Maßnahmen geboten ist;

3. einer Vertragspartei, wenn ohne Beendigung des Rechtsverhältnisses die vermieteten oder verpachteten Räume ganz oder teilweise vorübergehend unbenutzbar sind und die Gemeinde bestätigt hat, dass dies durch die alsbaldige Durchführung städtebaulicher Maßnahmen bedingt ist;

4. einem Mieter oder Pächter für die Umzugskosten, die dadurch entstehen, dass er nach der Räumung seiner Wohnung vorübergehend anderweitig untergebracht worden ist und später ein neues Miet- oder Pachtverhältnis in dem Gebiet begründet wird, sofern dies im Sozialplan vorgesehen ist.

[2]Voraussetzung ist, dass der Nachteil für den Betroffenen in seinen persönlichen Lebensumständen eine besondere Härte bedeutet, eine Ausgleichs- oder Entschädigungsleistung nicht zu gewähren ist und auch ein Ausgleich durch sonstige Maßnahmen nicht erfolgt.

(2) Absatz 1 ist entsprechend anzuwenden auf andere Vertragsverhältnisse, die zum Gebrauch oder zur Nutzung eines Grundstücks, Gebäudes oder Gebäudeteils oder einer sonstigen baulichen Einrichtung berechtigen.

(3) Ein Härteausgleich wird nicht gewährt, soweit der Antragsteller es unterlassen hat und unterlässt, den wirtschaftlichen Nachteil durch zumutbare Maßnahmen, insbesondere unter Einsatz eigener oder fremder Mittel abzuwenden.

Achter Teil
Miet- und Pachtverhältnisse

§ 182 Aufhebung von Miet- oder Pachtverhältnissen

(1) Erfordert die Verwirklichung der Ziele und Zwecke der Sanierung im förmlich festgelegten Sanierungsgebiet, der Entwicklung im städtebaulichen Entwicklungsbereich oder eine Maßnahme nach den §§ 176 bis 179 die Aufhebung eines Miet- oder Pachtverhältnisses, kann die Gemeinde das Rechtsverhältnis auf Antrag des Eigentümers oder im Hinblick auf ein städtebauliches Gebot mit einer Frist von mindestens sechs Monaten, bei einem land- oder forstwirtschaftlich genutzten Grundstück nur zum Schluss eines Pachtjahres aufheben.

(2) [1]Die Gemeinde darf ein Mietverhältnis über Wohnraum nur aufheben, wenn im Zeitpunkt der Beendigung des Mietverhältnisses angemessener Ersatzwohnraum für den Mieter und die zu seinem Hausstand gehörenden Personen zu zumutbaren Bedingungen zur Verfügung steht. [2]Strebt der Mieter oder Pächter von Geschäftsraum eine anderweitige Unterbringung an, soll die Gemeinde das Miet- oder Pachtverhältnis nur aufheben, wenn im Zeitpunkt der Beendigung des Rechtsverhältnisses anderer geeigneter Geschäftsraum zu zumutbaren Bedingungen zur Verfügung steht.

(3) Wird die Erwerbsgrundlage eines Mieters oder Pächters von Geschäftsraum im förmlich festgelegten Sanierungsgebiet oder in einem städtebaulichen Entwicklungsbereich infolge der Durchführung städtebaulicher Sanierungsmaßnahmen oder städtebaulicher Entwicklungsmaßnahmen wesentlich beeinträchtigt und ist ihm deshalb die Fortsetzung des Miet- oder Pachtverhältnisses nicht mehr zuzumuten, kann die Gemeinde auf Antrag des Mieters oder Pächters das Rechtsverhältnis mit einer Frist von mindestens sechs Monaten aufheben.

§ 183 Aufhebung von Miet- oder Pachtverhältnissen über unbebaute Grundstücke

(1) Ist nach den Festsetzungen des Bebauungsplans für ein unbebautes Grundstück eine andere Nutzung vorgesehen und ist die alsbaldige Änderung der Nutzung beabsichtigt, kann die Gemeinde auf Antrag des Eigentümers Miet- oder Pachtverhältnisse aufheben, die sich auf das Grundstück beziehen und der neuen Nutzung entgegenstehen.

(2) Auf die Aufhebung ist § 182 Absatz 1 entsprechend anzuwenden.

§ 184 Aufhebung anderer Vertragsverhältnisse

Die §§ 182 und 183 sind entsprechend auf andere schuldrechtliche Vertragsverhältnisse anzuwenden, die zum Gebrauch oder zur Nutzung eines Grundstücks, Gebäudes oder Gebäudeteils oder einer sonstigen baulichen Anlage berechtigen.

§ 185 Entschädigung bei Aufhebung von Miet- oder Pachtverhältnissen

(1) [1]Ist ein Rechtsverhältnis auf Grund des § 182, des § 183 oder des § 184 aufgehoben worden, ist den Betroffenen insoweit eine angemessene Entschädigung in Geld zu leisten, als ihnen durch die vorzeitige Beendigung des Rechtsverhältnisses Vermögensnachteile entstehen. [2]Die Vorschriften des Zweiten Abschnitts des Fünften Teils des Ersten Kapitels sind entsprechend anzuwenden.

(2) [1]Zur Entschädigung ist die Gemeinde verpflichtet. [2]Kommt eine Einigung über die Entschädigung nicht zustande, entscheidet die höhere Verwaltungsbehörde.

(3) [1]Wird ein Pachtvertrag über kleingärtnerisch genutztes Land nach § 182, § 183 oder § 184 aufgehoben, ist die Gemeinde außer zur Entschädigung nach Absatz 1 auch zur Bereitstellung oder Beschaffung von Ersatzland verpflichtet. [2]Bei der Entschädigung in Geld ist die Bereitstellung oder Beschaffung des Ersatzlands angemessen zu berücksichtigen. [3]Die höhere Verwaltungsbehörde kann die Gemeinde von der Verpflichtung zur Bereitstellung oder Beschaffung von Ersatzland befreien, wenn die Gemeinde nachweist, dass sie zur Erfüllung außerstande ist.

§ 186 Verlängerung von Miet- oder Pachtverhältnissen

Die Gemeinde kann auf Antrag des Mieters oder Pächters ein Miet- oder Pachtverhältnis über Wohn- oder Geschäftsraum im förmlich festgelegten Sanierungsgebiet, im städtebaulichen Entwicklungsbereich oder im Hinblick auf Maßnahmen nach den §§ 176 bis 179 verlängern, soweit dies zur Verwirklichung des Sozialplans erforderlich ist.

Neunter Teil
Städtebauliche Maßnahmen im Zusammenhang mit Maßnahmen zur Verbesserung der Agrarstruktur

§ 187 Abstimmung von Maßnahmen; Bauleitplanung und Maßnahmen zur Verbesserung der Agrarstruktur

(1) [1]Bei der Vorbereitung und Durchführung städtebaulicher Maßnahmen sind Maßnahmen zur Verbesserung der Agrarstruktur, insbesondere auch die Ergebnisse der Vorplanung nach § 1 Absatz 2 des Gesetzes über die Gemeinschaftsaufgabe „Verbesserung der Agrarstruktur und des Küstenschutzes", zu berücksichtigen. [2]Ist zu erwarten, dass Maßnahmen zur Verbesserung der Agrarstruktur zu Auswirkungen auf die bauliche Entwicklung des Gemeindegebiets führen, hat die Gemeinde darüber zu befinden, ob Bauleitpläne aufzustellen sind und ob sonstige städtebauliche Maßnahmen durchgeführt werden sollen.

(2) Bei der Aufstellung von Bauleitplänen hat die obere Flurbereinigungsbehörde zu prüfen, ob im Zusammenhang damit eine Flurbereinigung oder andere Maßnahmen zur Verbesserung der Agrarstruktur einzuleiten sind.

(3) Die Gemeinde hat die Flurbereinigungsbehörde und, sofern die Maßnahmen zur Verbesserung der Agrarstruktur von anderen Stellen durchgeführt werden, diese bei den Vorarbeiten zur Aufstellung der Bauleitpläne möglichst frühzeitig zu beteiligen.

§ 188 Bauleitplanung und Flurbereinigung

(1) Ist eine Flurbereinigung auf Grund des Flurbereinigungsgesetzes in einer Gemeinde nach Mitteilung der Flurbereinigungsbehörde beabsichtigt oder ist sie bereits angeordnet, ist die Gemeinde verpflichtet, rechtzeitig Bauleitpläne aufzustellen, es sei denn, dass sich die Flurbereinigung auf die bauliche Entwicklung des Gemeindegebiets voraussichtlich nicht auswirkt.

(2) [1]Die Flurbereinigungsbehörde und die Gemeinde sind verpflichtet, ihre das Gemeindegebiet betreffenden Absichten möglichst frühzeitig aufeinander abzustimmen. [2]Die Planungen sollen bis zum Abschluss der Flurbereinigung nur geändert werden, wenn zwischen der Flurbereinigungsbehörde und der Gemeinde Übereinstimmung besteht oder wenn zwingende Gründe die Änderung erfordern.

§ 189 Ersatzlandbeschaffung

(1) [1]Wird bei einer städtebaulichen Maßnahme ein land- oder forstwirtschaftlicher Betrieb ganz oder teilweise in Anspruch genommen, soll die Gemeinde mit dem Eigentümer des Betriebs auch klären, ob er einen anderen land- oder forstwirtschaftlichen Betrieb oder land- oder forstwirtschaftliches Ersatzland anstrebt. [2]Handelt es sich bei dem in Anspruch genommenen Betrieb um eine Siedlerstelle im Sinne des Reichssiedlungsgesetzes, ist die zuständige Siedlungsbehörde des Landes zu beteiligen.

(2) Die Gemeinde soll sich um die Beschaffung oder Bereitstellung geeigneten Ersatzlands bemühen und ihr gehörende Grundstücke als Ersatzland zur Verfügung stellen, soweit sie diese nicht für die ihr obliegenden Aufgaben benötigt.

§ 190 Flurbereinigung aus Anlass einer städtebaulichen Maßnahme

(1) [1]Werden für städtebauliche Maßnahmen land- oder forstwirtschaftliche Grundstücke in Anspruch genommen, kann auf Antrag der Gemeinde mit Zustimmung der höheren Verwaltungsbehörde nach § 87 Absatz 1 des Flurbereinigungsgesetzes ein Flurbereinigungsverfahren eingeleitet werden, wenn der den Betroffenen entstehende Landverlust auf einen größeren Kreis von Eigentümern verteilt oder Nachteile für die allgemeine Landeskultur, die durch die städtebaulichen Maßnahmen entstehen, vermieden werden sollen. [2]Das Flurbereinigungsverfahren kann bereits angeordnet werden, wenn ein Bebauungsplan noch nicht rechtsverbindlich ist. [3]In diesem Falle muss der Bebauungsplan vor Bekanntgabe des Flurbereinigungsplans (§ 59 Absatz 1 des Flurbereinigungsgesetzes) in Kraft getreten sein. [4]Die Gemeinde ist Träger des Unternehmens im Sinne des § 88 des Flurbereinigungsgesetzes.

(2) Die vorzeitige Ausführung des Flurbereinigungsplans nach § 63 des Flurbereinigungsgesetzes kann bereits angeordnet werden, wenn der Flurbereinigungsplan bekannt gegeben ist.

(3) Die Zulässigkeit einer Enteignung nach den Vorschriften dieses Gesetzbuchs bleibt auch nach Einleitung des Flurbereinigungsverfahrens unberührt.

§ 191 Vorschriften über den Verkehr mit land- und forstwirtschaftlichen Grundstücken

Im räumlichen Geltungsbereich eines Bebauungsplans oder einer Sanierungssatzung sind die Vorschriften über den Verkehr mit land- und forstwirtschaftlichen Grundstücken nicht anzuwenden, es sei denn, dass es sich um die Veräußerung der Wirtschaftsstelle eines land- oder forstwirtschaftlichen Betriebs oder solcher Grundstücke handelt, die im Bebauungsplan als Flächen für die Landwirtschaft oder als Wald ausgewiesen sind.

Drittes Kapitel
Sonstige Vorschriften

Erster Teil
Wertermittlung

§ 192 Gutachterausschuss

(1) Zur Ermittlung von Grundstückswerten und für sonstige Wertermittlungen werden selbständige, unabhängige Gutachterausschüsse gebildet.

(2) Die Gutachterausschüsse bestehen aus einem Vorsitzenden und ehrenamtlichen weiteren Gutachtern.

(3) [1]Der Vorsitzende und die weiteren Gutachter sollen in der Ermittlung von Grundstückswerten oder sonstigen Wertermittlungen sachkundig und erfahren sein und dürfen nicht hauptamtlich mit der Verwaltung der Grundstücke der Gebietskörperschaft, für deren Bereich der Gutachterausschuss gebildet ist, befasst sein. [2]Zur Ermittlung der Bodenrichtwerte sowie der in § 193 Absatz 5 Satz 2 genannten sonstigen für die Wertermittlung erforderlichen Daten ist ein Bediensteter der zuständigen Finanzbehörde mit Erfahrung in der steuerlichen Bewertung von Grundstücken als Gutachter hinzuzuziehen.

(4) Die Gutachterausschüsse bedienen sich einer Geschäftsstelle.

§ 193 Aufgaben des Gutachterausschusses

(1) [1]Der Gutachterausschuss erstattet Gutachten über den Verkehrswert von bebauten und unbebauten Grundstücken sowie Rechten an Grundstücken, wenn

1. die für den Vollzug dieses Gesetzbuchs zuständigen Behörden bei der Erfüllung der Aufgaben nach diesem Gesetzbuch,

2. die für die Feststellung des Werts eines Grundstücks oder der Entschädigung für ein Grundstück oder ein Recht an einem Grundstück auf Grund anderer gesetzlicher Vorschriften zuständigen Behörden,

3. die Eigentümer, ihnen gleichstehende Berechtigte, Inhaber anderer Rechte am Grundstück und Pflichtteilsberechtigte, für deren Pflichtteil der Wert des Grundstücks von Bedeutung ist, oder

4. Gerichte und Justizbehörden

es beantragen. [2]Unberührt bleiben Antragsberechtigungen nach anderen Rechtsvorschriften.

(2) Der Gutachterausschuss kann außer über die Höhe der Entschädigung für den Rechtsverlust auch Gutachten über die Höhe der Entschädigung für andere Vermögensnachteile erstatten.

(3) Die Gutachten haben keine bindende Wirkung, soweit nichts anderes bestimmt oder vereinbart ist.

(4) Eine Abschrift des Gutachtens ist dem Eigentümer zu übersenden.

(5) [1]Der Gutachterausschuss führt eine Kaufpreissammlung, wertet sie aus und ermittelt Bodenrichtwerte und sonstige zur Wertermittlung erforderliche Daten. [2]Zu den sonstigen für die Wertermittlung erforderlichen Daten gehören insbesondere

1. Kapitalisierungssätze, mit denen die Verkehrswerte von Grundstücken im Durchschnitt marktüblich verzinst werden (Liegenschaftszinssätze), für die verschiedenen Grundstücksarten, insbesondere Mietwohngrundstücke, Geschäftsgrundstücke und gemischt genutzte Grundstücke,

2. Faktoren zur Anpassung der Sachwerte an die jeweilige Lage auf dem Grundstücksmarkt (Sachwertfaktoren), insbesondere für die Grundstücksarten Ein- und Zweifamilienhäuser,

3. Umrechnungskoeffizienten für das Wertverhältnis von sonst gleichartigen Grundstücken, z.B. bei unterschiedlichem Maß der baulichen Nutzung und

4. Vergleichsfaktoren für bebaute Grundstücke, insbesondere bezogen auf eine Raum- oder Flächeneinheit der baulichen Anlage (Gebäudefaktor) oder auf den nachhaltig erzielbaren jährlichen Ertrag (Ertragsfaktor).

[3]Die erforderlichen Daten im Sinne der Sätze 1 und 2 sind den zuständigen Finanzämtern für Zwecke der steuerlichen Bewertung mitzuteilen.

§ 194 Verkehrswert

Der Verkehrswert (Marktwert) wird durch den Preis bestimmt, der in dem Zeitpunkt, auf den sich die Ermittlung bezieht, im gewöhnlichen Geschäftsverkehr nach den rechtlichen Gegebenheiten und tatsächlichen Eigenschaften, der sonstigen Beschaffenheit und der Lage des Grundstücks oder des sonstigen Gegenstands der Wertermittlung ohne Rücksicht auf ungewöhnliche oder persönliche Verhältnisse zu erzielen wäre.

§ 195 Kaufpreissammlung

(1) [1]Zur Führung der Kaufpreissammlung ist jeder Vertrag, durch den sich jemand verpflichtet, Eigentum an einem Grundstück gegen Entgelt, auch im Wege des Tausches, zu übertragen oder ein Erbbaurecht erstmals oder erneut zu bestellen, von der beurkundenden Stelle in Abschrift dem Gutachterausschuss zu übersenden. [2]Dies gilt auch für das Angebot und die Annahme eines Vertrags, wenn diese getrennt beurkundet werden, sowie entsprechend für die Einigung vor einer Enteignungsbehörde, den Enteignungsbeschluss, den Beschluss über die Vorwegnahme einer Entscheidung im Umlegungsverfahren, den Beschluss über die Aufstellung eines Umlegungsplans, den Beschluss über eine vereinfachte Umlegung und für den Zuschlag in einem Zwangsversteigerungsverfahren.

(2) [1]Die Kaufpreissammlung darf nur dem zuständigen Finanzamt für Zwecke der Besteuerung übermittelt werden. [2]Vorschriften, nach denen Urkunden oder Akten den Gerichten oder Staatsanwaltschaften vorzulegen sind, bleiben unberührt.

(3) Auskünfte aus der Kaufpreissammlung sind bei berechtigtem Interesse nach Maßgabe landesrechtlicher Vorschriften zu erteilen (§ 199 Absatz 2 Nummer 4).

§ 196 Bodenrichtwerte

(1) [1]Auf Grund der Kaufpreissammlung sind flächendeckend durchschnittliche Lagewerte für den Boden unter Berücksichtigung des unterschiedlichen Entwicklungszustands zu ermitteln (Bodenrichtwerte). [2]In bebauten Gebieten sind Bodenrichtwerte mit dem Wert zu ermitteln, der sich ergeben würde, wenn der Boden unbebaut wäre. [3]Es sind Richtwertzonen zu bilden, die jeweils Gebiete umfassen, die nach Art und Maß der Nutzung weitgehend übereinstimmen. [4]Die wertbeeinflussenden Merkmale des Bodenrichtwertgrundstücks sind darzustellen. [5]Die Bodenrichtwerte sind jeweils zum Ende jedes zweiten Kalenderjahres zu ermitteln, wenn nicht eine häufigere Ermittlung bestimmt ist. [6]Für Zwecke der steuerlichen Bewertung des Grundbesitzes sind Bodenrichtwerte nach ergänzenden Vorgaben der Finanzverwaltung zum jeweiligen Hauptfeststellungszeitpunkt oder sonstigen Feststellungszeitpunkt zu ermitteln. [7]Auf Antrag der für den Vollzug dieses Gesetzbuchs zuständigen Behörden sind Bodenrichtwerte für einzelne Gebiete bezogen auf einen abweichenden Zeitpunkt zu ermitteln.

(2) [1]Hat sich in einem Gebiet die Qualität des Bodens durch einen Bebauungsplan oder andere Maßnahmen geändert, sind bei der nächsten Fortschreibung der Bodenrichtwerte auf der Grundlage der geänderten Qualität auch Bodenrichtwerte bezogen auf die Wertverhältnisse zum Zeitpunkt der letzten Hauptfeststellung oder dem letzten sonstigen Feststellungszeitpunkt für steuerliche Zwecke zu ermitteln. [2]Die Ermittlung kann unterbleiben, wenn das zuständige Finanzamt darauf verzichtet.

(3) [1]Die Bodenrichtwerte sind zu veröffentlichen und dem zuständigen Finanzamt mitzuteilen. [2]Jedermann kann von der Geschäftsstelle Auskunft über die Bodenrichtwerte verlangen.

§ 197 Befugnisse des Gutachterausschusses

(1) [1]Der Gutachterausschuss kann mündliche oder schriftliche Auskünfte von Sachverständigen und von Personen einholen, die Angaben über das Grundstück und, wenn das zur Ermittlung von Geldleistungen im Umlegungsverfahren, von Ausgleichsbeträgen und von Enteignungsentschädigungen erforderlich ist, über ein Grundstück, das zum Vergleich herangezogen werden soll, machen können. [2]Er kann verlangen, dass Eigentümer und sonstige Inhaber von Rechten an einem Grundstück die zur Führung der Kaufpreissammlung und zur Begutachtung notwendigen Unterlagen vorlegen. [3]Der Eigentümer und der Besitzer des Grundstücks haben zu dulden, dass Grundstücke zur Auswertung von Kaufpreisen und zur Vorbereitung von Gutachten betreten werden. [4]Wohnungen dürfen nur mit Zustimmung der Wohnungsinhaber betreten werden.

(2) [1]Alle Gerichte und Behörden haben dem Gutachterausschuss Rechts- und Amtshilfe zu leisten. [2]Die Finanzbehörden erteilen dem Gutachterausschuss auf Ersuchen Auskünfte über Grundstücke, soweit ihnen die Verhältnisse der Grundstücke bekannt sind und dies zur Ermittlung von Ausgleichsbeträgen und Enteignungsentschädigungen sowie zur Ermittlung von Verkehrswerten und der für die Wertermittlung erforderlichen Daten einschließlich der Bodenrichtwerte erforderlich ist. [3]Die Auskunftpflicht besteht nicht, soweit deren Erfüllung mit einem unverhältnismäßigen Aufwand verbunden wäre.

§ 198 Oberer Gutachterausschuss

(1) ¹Für den Bereich einer oder mehrerer höherer Verwaltungsbehörden sind Obere Gutachterausschüsse oder Zentrale Geschäftsstellen zu bilden, wenn in dem Bereich der höheren Verwaltungsbehörde mehr als zwei Gutachterausschüsse gebildet sind. ²Auf die Oberen Gutachterausschüsse sind die Vorschriften über die Gutachterausschüsse entsprechend anzuwenden.

(2) ¹Der Obere Gutachterausschuss oder die Zentrale Geschäftsstelle haben insbesondere die Aufgabe, überregionale Auswertungen und Analysen des Grundstücksmarktgeschehens zu erstellen, auch um zu einer bundesweiten Grundstücksmarkttransparenz beizutragen. ²Ist nach Absatz 1 kein Oberer Gutachterausschuss oder keine Zentrale Geschäftsstelle zu bilden, gilt Satz 1 für die Gutachterausschüsse entsprechend.

(3) Der Obere Gutachterausschuss hat auf Antrag eines Gerichts ein Obergutachten zu erstatten, wenn schon das Gutachten eines Gutachterausschusses vorliegt.

§ 199 Ermächtigungen

(1) Die Bundesregierung wird ermächtigt, mit Zustimmung des Bundesrates durch Rechtsverordnung Vorschriften über die Anwendung gleicher Grundsätze bei der Ermittlung der Verkehrswerte und bei der Ableitung der für die Wertermittlung erforderlichen Daten einschließlich der Bodenrichtwerte zu erlassen.

(2) Die Landesregierungen werden ermächtigt, durch Rechtsverordnung

1. die Bildung und das Tätigwerden der Gutachterausschüsse und der Oberen Gutachterausschüsse sowie der Zentralen Geschäftsstellen, soweit in diesem Gesetzbuch nicht bereits geschehen, die Mitwirkung der Gutachter und deren Ausschluss im Einzelfall,

2. die Aufgaben des Vorsitzenden,

3. die Einrichtung und die Aufgaben der Geschäftsstelle,

4. die Führung und Auswertung der Kaufpreissammlung, die Häufigkeit der Bodenrichtwertermittlung sowie die Veröffentlichung der Bodenrichtwerte und sonstiger Daten der Wertermittlung und die Erteilung von Auskünften aus der Kaufpreissammlung,

5. die Übermittlung von Daten der Flurbereinigungsbehörden zur Führung und Auswertung der Kaufpreissammlung,

6. die Übertragung weiterer Aufgaben auf den Gutachterausschuss und den Oberen Gutachterausschuss und

7. die Entschädigung der Mitglieder des Gutachterausschusses und des Oberen Gutachterausschusses

zu regeln.

Zweiter Teil
Allgemeine Vorschriften; Zuständigkeiten; Verwaltungsverfahren; Planerhaltung

Erster Abschnitt
Allgemeine Vorschriften

§ 200 Grundstücke; Rechte an Grundstücken; Baulandkataster

(1) Die für Grundstücke geltenden Vorschriften dieses Gesetzbuchs sind entsprechend auch auf Grundstücksteile anzuwenden.

(2) Die für das Eigentum an Grundstücken bestehenden Vorschriften sind, soweit dieses Gesetzbuch nichts anderes vorschreibt, entsprechend auch auf grundstücksgleiche Rechte anzuwenden.

(3) ¹Die Gemeinde kann sofort oder in absehbarer Zeit bebaubare Flächen in Karten oder Listen auf der Grundlage eines Lageplans erfassen, der Flur- und Flurstücksnummern, Straßennamen und Angaben zur Grundstücksgröße enthält (Baulandkataster). ²Sie kann die Flächen in Karten oder Listen veröffentlichen, soweit der Grundstückseigentümer nicht widersprochen hat. ³Die Gemeinde hat ihre Absicht zur Veröffentlichung einen Monat vorher öffentlich bekannt zu geben und dabei auf das Widerspruchsrecht der Grundstückseigentümer hinzuweisen.

§ 200a Ersatzmaßnahmen

¹Darstellungen für Flächen zum Ausgleich und Festsetzungen für Flächen oder Maßnahmen zum Ausgleich im Sinne des § 1a Absatz 3 umfassen auch Ersatzmaßnahmen. ²Ein unmittelbarer räumlicher Zusammenhang zwischen Eingriff und Ausgleich ist nicht erforderlich, soweit dies mit einer geordneten städtebaulichen Entwicklung und den Zielen der Raumordnung sowie des Naturschutzes und der Landschaftspflege vereinbar ist.

§ 201 Begriff der Landwirtschaft
Landwirtschaft im Sinne dieses Gesetzbuchs ist insbesondere der Ackerbau, die Wiesen- und Weide-
wirtschaft einschließlich Tierhaltung, soweit das Futter überwiegend auf den zum landwirtschaftlichen
Betrieb gehörenden, landwirtschaftlich genutzten Flächen erzeugt werden kann, die gartenbauliche Er-
zeugung, der Erwerbsobstbau, der Weinbau, die berufsmäßige Imkerei und die berufsmäßige Binnenfi-
scherei.

§ 202 Schutz des Mutterbodens
Mutterboden, der bei der Errichtung und Änderung baulicher Anlagen sowie bei wesentlichen anderen
Veränderungen der Erdoberfläche ausgehoben wird, ist in nutzbarem Zustand zu erhalten und vor Ver-
nichtung oder Vergeudung zu schützen.

Zweiter Abschnitt
Zuständigkeiten

§ 203 Abweichende Zuständigkeitsregelung
(1) Die Landesregierung oder die von ihr bestimmte Behörde kann im Einvernehmen mit der Gemeinde
durch Rechtsverordnung bestimmen, dass die nach diesem Gesetzbuch der Gemeinde obliegenden Auf-
gaben auf eine andere Gebietskörperschaft übertragen werden oder auf einen Verband, an dessen Wil-
lensbildung die Gemeinde mitwirkt.
(2) ¹Durch Landesgesetz können Aufgaben der Gemeinden nach diesem Gesetzbuch auf Verbandsge-
meinden, Verwaltungsgemeinschaften oder vergleichbare gesetzliche Zusammenschlüsse von Gemein-
den, denen nach Landesrecht örtliche Selbstverwaltungsaufgaben der Gemeinde obliegen, übertragen
werden. ²In dem Landesgesetz ist zu regeln, wie die Gemeinden an der Aufgabenerfüllung mitwirken.
(3) Die Landesregierung kann durch Rechtsverordnung die nach diesem Gesetzbuch der höheren Ver-
waltungsbehörde zugewiesenen Aufgaben auf andere staatliche Behörden, Landkreise oder kreisfreie
Gemeinden übertragen.
(4) ¹Unterliegen die Planungsbereiche gemeinsamer Flächennutzungspläne (§ 204) oder von Flächen-
nutzungsplänen und Satzungen eines Planungsverbands (§ 205) der Zuständigkeit verschiedener höherer
Verwaltungsbehörden, ist die Oberste Landesbehörde für die Entscheidung im Genehmigungs- und Zu-
stimmungsverfahren zuständig. ²Liegen die Geltungsbereiche in verschiedenen Ländern, entscheiden die
Obersten Landesbehörden im gegenseitigen Einvernehmen.

§ 204 Gemeinsamer Flächennutzungsplan, Bauleitplanung bei Bildung von Planungsverbänden
und bei Gebiets- oder Bestandsänderung
(1) ¹Benachbarte Gemeinden sollen einen gemeinsamen Flächennutzungsplan aufstellen, wenn ihre städ-
tebauliche Entwicklung wesentlich durch gemeinsame Voraussetzungen und Bedürfnisse bestimmt wird
oder ein gemeinsamer Flächennutzungsplan einen gerechten Ausgleich der verschiedenen Belange er-
möglicht. ²Ein gemeinsamer Flächennutzungsplan soll insbesondere aufgestellt werden, wenn die Ziele
der Raumordnung oder wenn Einrichtungen und Anlagen des öffentlichen Verkehrs, sonstige Er-
schließungsanlagen sowie Gemeinbedarfs- oder sonstige Folgeeinrichtungen eine gemeinsame Planung
erfordern. ³Der gemeinsame Flächennutzungsplan kann von den beteiligten Gemeinden nur gemeinsam
aufgehoben, geändert oder ergänzt werden; die Gemeinden können vereinbaren, dass sich die Bindung
nur auf bestimmte räumliche oder sachliche Teilbereiche erstreckt. ⁴Ist eine gemeinsame Planung nur für
räumliche oder sachliche Teilbereiche erforderlich, genügt anstelle eines gemeinsamen Flächennutzungs-
plans eine Vereinbarung der beteiligten Gemeinden über bestimmte Darstellungen in ihren Flächennut-
zungsplänen. ⁵Sind die Voraussetzungen für eine gemeinsame Planung nach Satz 1 und 4 entfallen oder
ist ihr Zweck erreicht, können die beteiligten Gemeinden den Flächennutzungsplan für ihr Gemeindege-
biet ändern oder ergänzen; vor Einleitung des Bauleitplanverfahrens ist die Zustimmung der höheren
Verwaltungsbehörde erforderlich.
(2) ¹Werden Gemeinden in ihrem Gebiet oder Bestand geändert oder geht die Zuständigkeit zur Aufstel-
lung von Flächennutzungsplänen auf Verbände oder sonstige kommunale Körperschaften über, gelten
unbeschadet abweichender landesrechtlicher Regelungen bestehende Flächennutzungspläne fort. ²Dies
gilt auch für räumliche und sachliche Teile der Flächennutzungspläne. ³Die Befugnis und die Pflicht der
Gemeinde, eines Verbands oder einer sonstigen Körperschaft, fortgeltende Flächennutzungspläne auf-
zuheben oder für das neue Gemeindegebiet zu ergänzen oder durch einen neuen Flächennutzungsplan zu
ersetzen, bleiben unberührt.
(3) ¹Verfahren zur Aufstellung, Änderung, Ergänzung oder Aufhebung von Bebauungsplänen können
nach einer Gebiets- oder Bestandsänderung in ihrem jeweiligen Stand fortgeführt werden. ²Satz 1 gilt

entsprechend bei Bildung von Planungsverbänden und für Zusammenschlüsse nach § 205 Absatz 6. ³Die höhere Verwaltungsbehörde kann verlangen, dass bestimmte Verfahrensabschnitte wiederholt werden.

§ 205 Planungsverbände

(1) ¹Gemeinden und sonstige öffentliche Planungsträger können sich zu einem Planungsverband zusammenschließen, um durch gemeinsame zusammengefasste Bauleitplanung den Ausgleich der verschiedenen Belange zu erreichen. ²Der Planungsverband tritt nach Maßgabe seiner Satzung für die Bauleitplanung und ihre Durchführung an die Stelle der Gemeinden.

(2) ¹Kommt ein Zusammenschluss nach Absatz 1 nicht zustande, können die Beteiligten auf Antrag eines Planungsträgers zu einem Planungsverband zusammengeschlossen werden, wenn dies zum Wohl der Allgemeinheit dringend geboten ist. ²Ist der Zusammenschluss aus Gründen der Raumordnung geboten, kann den Antrag auch die für die Landesplanung nach Landesrecht zuständige Stelle stellen. ³Über den Antrag entscheidet die Landesregierung. ⁴Sind Planungsträger verschiedener Länder beteiligt, erfolgt der Zusammenschluss nach Vereinbarung zwischen den beteiligten Landesregierungen. ⁵Sollen der Bund oder eine bundesunmittelbare Körperschaft oder Anstalt an dem Planungsverband beteiligt werden, erfolgt der Zusammenschluss nach Vereinbarung zwischen der Bundesregierung und der Landesregierung, sofern die beteiligte Behörde des Bundes oder der bundesunmittelbaren Körperschaft oder Anstalt dem Zusammenschluss durch die Landesregierung widerspricht.

(3) ¹Kommt eine Einigung über die Satzung oder über den Plan unter den Mitgliedern nicht zustande, stellt die zuständige Landesbehörde eine Satzung oder einen Plan auf und legt sie dem Planungsverband zur Beschlussfassung vor. ²Einigen sich die Mitglieder über diese Satzung oder diesen Plan nicht, setzt die Landesregierung die Satzung oder den Plan fest. ³Absatz 2 Satz 4 ist entsprechend anzuwenden. ⁴Ist der Bund oder eine bundesunmittelbare Körperschaft oder Anstalt an dem Planungsverband beteiligt, wird die Satzung oder der Plan nach Vereinbarung zwischen der Bundesregierung und der Landesregierung festgesetzt, sofern die beteiligte Behörde des Bundes oder der bundesunmittelbaren Körperschaft oder Anstalt der Festsetzung durch die Landesregierung widerspricht.

(4) Dem Planungsverband können nach Maßgabe der Satzung die Aufgaben der Gemeinde, die ihr nach diesem Gesetzbuch obliegen, übertragen werden.

(5) ¹Der Planungsverband ist aufzulösen, wenn die Voraussetzungen für den Zusammenschluss entfallen sind oder der Zweck der gemeinsamen Planung erreicht ist. ²Kommt ein übereinstimmender Beschluss über die Auflösung nicht zustande, ist unter den in Satz 1 bezeichneten Voraussetzungen die Auflösung auf Antrag eines Mitglieds anzuordnen; im Übrigen ist Absatz 2 entsprechend anzuwenden. ³Nach Auflösung des Planungsverbands gelten die von ihm aufgestellten Pläne als Bauleitpläne der einzelnen Gemeinden.

(6) Ein Zusammenschluss nach dem Zweckverbandsrecht oder durch besondere Landesgesetze wird durch diese Vorschriften nicht ausgeschlossen.

(7) ¹Wird die Befugnis zur Aufstellung von Bauleitplänen nach den Absätzen 1 bis 3 oder 6 übertragen, sind die Entwürfe der Bauleitpläne mit Begründung vor der Beschlussfassung hierüber oder der Festsetzung nach Absatz 3 Satz 2 oder 4 den Gemeinden, für deren Gebiet der Bauleitplan aufgestellt werden soll, zur Stellungnahme innerhalb angemessener Frist zuzuleiten. ²Auf die Behandlung der von den Gemeinden fristgemäß vorgebrachten Anregungen ist § 3 Absatz 2 Satz 4 und 6 entsprechend anzuwenden.

§ 206 Örtliche und sachliche Zuständigkeit

(1) ¹Örtlich zuständig ist die Behörde, in deren Bereich das betroffene Grundstück liegt. ²Werden Grundstücke betroffen, die örtlich oder wirtschaftlich zusammenhängen und demselben Eigentümer gehören, und liegen diese Grundstücke im Bereich mehrerer nach diesem Gesetzbuch sachlich zuständiger Behörden, so wird die örtlich zuständige Behörde durch die nächsthöhere gemeinsame Behörde bestimmt.

(2) Ist eine höhere Verwaltungsbehörde nicht vorhanden, so ist die Oberste Landesbehörde zugleich höhere Verwaltungsbehörde.

Dritter Abschnitt
Verwaltungsverfahren

§ 207 Von Amts wegen bestellter Vertreter

¹Ist ein Vertreter nicht vorhanden, so hat das Betreuungsgericht, für einen minderjährigen Beteiligten das Familiengericht auf Ersuchen der zuständigen Behörde einen rechts- und sachkundigen Vertreter zu bestellen

1. für einen Beteiligten, dessen Person unbekannt, oder für eine Person, deren Beteiligung ungewiss ist,
2. für einen abwesenden Beteiligten, dessen Aufenthalt unbekannt oder dessen Aufenthalt zwar be-
 kannt, der aber an der Besorgung seiner Vermögensangelegenheiten verhindert ist,
3. für einen Beteiligten, dessen Aufenthalt sich nicht innerhalb des Geltungsbereichs dieses Gesetz-
 buchs befindet, wenn er der Aufforderung der zuständigen Behörde, einen Vertreter zu bestellen,
 innerhalb der ihm gesetzten Frist nicht nachgekommen ist,
4. für Gesamthandseigentümer oder Eigentümer nach Bruchteilen sowie für mehrere Inhaber eines
 sonstigen Rechts an einem Grundstück oder an einem das Grundstück belastenden Recht, wenn sie
 der Aufforderung der zuständigen Behörden, einen gemeinsamen Vertreter zu bestellen, innerhalb
 der ihnen gesetzten Fristen nicht nachgekommen sind,
5. bei herrenlosen Grundstücken zur Wahrung der aus dem Eigentum sich ergebenden Rechte und
 Pflichten.
²Für die Bestellung und für das Amt des Vertreters gelten die Vorschriften des Bürgerlichen Gesetzbuchs
für die Pflegschaft entsprechend.

§ 208 Anordnungen zur Erforschung des Sachverhalts
¹Die Behörden können zur Erforschung des Sachverhalts auch anordnen, dass
1. Beteiligte persönlich erscheinen,
2. Urkunden und sonstige Unterlagen vorgelegt werden, auf die sich ein Beteiligter bezogen hat,
3. Hypotheken-, Grundschuld- und Rentenschuldgläubiger die in ihrem Besitz befindlichen Hypothe-
 ken-, Grundschuld- und Rentenschuldbriefe vorlegen.
²Für den Fall, dass ein Beteiligter der Anordnung nicht nachkommt, kann ein Zwangsgeld bis zu fünf-
hundert Euro angedroht und festgesetzt werden. ³Ist Beteiligter eine juristische Person oder eine nicht-
rechtsfähige Personenvereinigung, so ist das Zwangsgeld dem nach Gesetz oder Satzung Vertretungsbe-
rechtigten anzudrohen und gegen ihn festzusetzen. ⁴Androhung und Festsetzung können wiederholt wer-
den.

§ 209 Vorarbeiten auf Grundstücken
(1) ¹Eigentümer und Besitzer haben zu dulden, dass Beauftragte der zuständigen Behörden zur Vorbe-
reitung der von ihnen nach diesem Gesetzbuch zu treffenden Maßnahmen Grundstücke betreten und
Vermessungen, Boden- und Grundwasseruntersuchungen oder ähnliche Arbeiten ausführen. ²Die Ab-
sicht, solche Arbeiten auszuführen, ist den Eigentümern oder Besitzern vorher bekannt zu geben. ³Woh-
nungen dürfen nur mit Zustimmung der Wohnungsinhaber betreten werden.
(2) ¹Entstehen durch eine nach Absatz 1 zulässige Maßnahme dem Eigentümer oder Besitzer unmittelbare
Vermögensnachteile, so ist dafür von der Stelle, die den Auftrag erteilt hat, eine angemessene Entschä-
digung in Geld zu leisten; kommt eine Einigung über die Geldentschädigung nicht zustande, so entscheidet
die höhere Verwaltungsbehörde; vor der Entscheidung sind die Beteiligten zu hören. ²Hat eine Enteig-
nungsbehörde den Auftrag erteilt, so hat der Antragsteller, in dessen Interesse die Enteignungsbehörde
tätig geworden ist, dem Betroffenen die Entschädigung zu leisten; kommt eine Einigung über die Geldent-
schädigung nicht zustande, so setzt die Enteignungsbehörde die Entschädigung fest; vor der Entscheidung
sind die Beteiligten zu hören.

§ 210 Wiedereinsetzung
(1) Wenn ein Beteiligter ohne Verschulden verhindert war, eine gesetzliche oder auf Grund dieses Ge-
setzbuchs bestimmte Frist für eine Verfahrenshandlung einzuhalten, so ist ihm auf Antrag Wiedereinset-
zung in den vorigen Stand zu gewähren.
(2) Die nach § 32 Absatz 4 des Verwaltungsverfahrensgesetzes zuständige Behörde kann nach Wieder-
einsetzung in den vorigen Stand anstelle einer Entscheidung, die den durch das bisherige Verfahren her-
beigeführten neuen Rechtszustand ändern würde, eine Entschädigung festsetzen.

§ 211 Belehrung über Rechtsbehelfe
Den nach diesem Gesetzbuch ergehenden Verwaltungsakten ist eine Erklärung beizufügen, durch die der
Beteiligte über den Rechtsbehelf, der gegen den Verwaltungsakt gegeben ist, über die Stelle, bei der der
Rechtsbehelf einzulegen ist, und über die Frist belehrt wird.

§ 212 Vorverfahren
(1) Die Landesregierungen können durch Rechtsverordnung bestimmen, dass ein nach dem Vierten oder
Fünften Teil des Ersten Kapitels erlassener Verwaltungsakt durch Antrag auf gerichtliche Entscheidung
nach § 217 erst angefochten werden kann, nachdem seine Rechtmäßigkeit und Zweckmäßigkeit in einem
Vorverfahren nachgeprüft worden ist; das Vorverfahren ist in Anlehnung an die Vorschriften der Ver-
waltungsgerichtsordnung zu regeln.

(2) ¹Ist ein Vorverfahren vorgesehen, hat der Widerspruch gegen
1. den Umlegungsbeschluss nach § 47 Absatz 1,
2. die Bekanntmachung der Unanfechtbarkeit des Umlegungsplans nach § 71 Absatz 1 sowie
3. die vorzeitige Besitzeinweisung nach § 77 oder § 116
keine aufschiebende Wirkung. ²§ 80 Absatz 4 und 5 der Verwaltungsgerichtsordnung ist entsprechend anzuwenden.

§ 212a Entfall der aufschiebenden Wirkung
(1) Widerspruch und Anfechtungsklage eines Dritten gegen die bauaufsichtliche Zulassung eines Vorhabens haben keine aufschiebende Wirkung.
(2) Widerspruch und Anfechtungsklage gegen die Geltendmachung des Kostenerstattungsbetrags nach § 135a Absatz 3 sowie des Ausgleichsbetrags nach § 154 durch die Gemeinde haben keine aufschiebende Wirkung.

§ 213 Ordnungswidrigkeiten
(1) Ordnungswidrig handelt, wer
1. wider besseres Wissen unrichtige Angaben macht oder unrichtige Pläne oder Unterlagen vorlegt, um einen begünstigenden Verwaltungsakt zu erwirken oder einen belastenden Verwaltungsakt zu verhindern;
2. Pfähle, Pflöcke oder sonstige Markierungen, die Vorarbeiten dienen, wegnimmt, verändert, unkenntlich macht oder unrichtig setzt;
3. einer in einem Bebauungsplan nach § 9 Absatz 1 Nummer 25 Buchstabe b festgesetzten Bindung für Bepflanzungen und für die Erhaltung von Bäumen, Sträuchern und sonstigen Bepflanzungen sowie von Gewässern dadurch zuwiderhandelt, dass diese beseitigt, wesentlich beeinträchtigt oder zerstört werden;
4. eine bauliche Anlage im Geltungsbereich einer Erhaltungssatzung (§ 172 Absatz 1 Satz 1) oder einer Satzung über die Durchführung von Stadtumbaumaßnahmen (§ 171d Absatz 1) ohne Genehmigung rückbaut oder ändert.
(2) Ordnungswidrig handelt, wer vorsätzlich oder fahrlässig ohne Genehmigung nach § 22 Absatz 1 Satz 1 Nummer 5 einen dort genannten Raum als Nebenwohnung nutzt.
(3) Die Ordnungswidrigkeit kann in den Fällen des Absatzes 2 mit einer Geldbuße bis zu fünfzigtausend Euro, in den Fällen des Absatzes 1 Nummer 4 mit einer Geldbuße bis zu dreißigtausend Euro, in den Fällen des Absatzes 1 Nummer 3 mit einer Geldbuße bis zu zehntausend Euro und in den übrigen Fällen mit einer Geldbuße bis zu tausend Euro geahndet werden.

Vierter Abschnitt
Planerhaltung

§ 214 Beachtlichkeit der Verletzung von Vorschriften über die Aufstellung des Flächennutzungsplans und der Satzungen; ergänzendes Verfahren
(1) ¹Eine Verletzung von Verfahrens- und Formvorschriften dieses Gesetzbuchs ist für die Rechtswirksamkeit des Flächennutzungsplans und der Satzungen nach diesem Gesetzbuch nur beachtlich, wenn
1. entgegen § 2 Absatz 3 die von der Planung berührten Belange, die der Gemeinde bekannt waren oder hätten bekannt sein müssen, in wesentlichen Punkten nicht zutreffend ermittelt oder bewertet worden sind und wenn der Mangel offensichtlich und auf das Ergebnis des Verfahrens von Einfluss gewesen ist;
2. die Vorschriften über die Öffentlichkeits- und Behördenbeteiligung nach § 3 Absatz 2, § 4 Absatz 2, § 4a Absatz 3, Absatz 4 Satz 1 und Absatz 5 Satz 2, nach § 13 Absatz 2 Satz 1 Nummer 2 und 3, auch in Verbindung mit § 13a Absatz 2 Nummer 1 und § 13b, nach § 22 Absatz 9 Satz 2, § 34 Absatz 6 Satz 1 sowie § 35 Absatz 6 Satz 5 verletzt worden sind; dabei ist unbeachtlich, wenn
 a) bei Anwendung der Vorschriften einzelne Personen, Behörden oder sonstige Träger öffentlicher Belange nicht beteiligt worden sind, die entsprechenden Belange jedoch unerheblich waren oder in der Entscheidung berücksichtigt worden sind,
 b) einzelne Angaben dazu, welche Arten umweltbezogener Informationen verfügbar sind, gefehlt haben,
 c) (weggefallen)
 d) bei Vorliegen eines wichtigen Grundes nach § 3 Absatz 2 Satz 1 nicht für die Dauer einer angemessenen längeren Frist ausgelegt worden ist und die Begründung für die Annahme des Nichtvorliegens eines wichtigen Grundes nachvollziehbar ist,

e) bei Anwendung des § 4a Absatz 4 Satz 1 der Inhalt der Bekanntmachung und die auszulegenden Unterlagen zwar in das Internet eingestellt, aber nicht über das zentrale Internetportal des Landes zugänglich sind,

f) bei Anwendung des § 13 Absatz 3 Satz 2 die Angabe darüber, dass von einer Umweltprüfung abgesehen wird, unterlassen wurde oder

g) bei Anwendung des § 4a Absatz 3 Satz 4 oder des § 13, auch in Verbindung mit § 13a Absatz 2 Nummer 1 und § 13b, die Voraussetzungen für die Durchführung der Beteiligung nach diesen Vorschriften verkannt worden sind;

3. die Vorschriften über die Begründung des Flächennutzungsplans und der Satzungen sowie ihrer Entwürfe nach §§ 2a, 3 Absatz 2, § 5 Absatz 1 Satz 2 Halbsatz 2 und Absatz 5, § 9 Absatz 8 und § 22 Absatz 10 verletzt worden sind; dabei ist unbeachtlich, wenn die Begründung des Flächennutzungsplans oder der Satzung oder ihr Entwurf unvollständig ist; abweichend von Halbsatz 2 ist eine Verletzung von Vorschriften in Bezug auf den Umweltbericht unbeachtlich, wenn die Begründung hierzu nur in unwesentlichen Punkten unvollständig ist;

4. ein Beschluss der Gemeinde über den Flächennutzungsplan oder die Satzung nicht gefasst, eine Genehmigung nicht erteilt oder der mit der Bekanntmachung des Flächennutzungsplans oder der Satzung verfolgte Hinweiszweck nicht erreicht worden ist.

[2]Soweit in den Fällen des Satzes 1 Nummer 3 die Begründung in wesentlichen Punkten unvollständig ist, hat die Gemeinde auf Verlangen Auskunft zu erteilen, wenn ein berechtigtes Interesse dargelegt wird.

(2) Für die Rechtswirksamkeit der Bauleitpläne ist auch unbeachtlich, wenn

1. die Anforderungen an die Aufstellung eines selbständigen Bebauungsplans (§ 8 Absatz 2 Satz 2) oder an die in § 8 Absatz 4 bezeichneten dringenden Gründe für die Aufstellung eines vorzeitigen Bebauungsplans nicht richtig beurteilt worden sind;

2. § 8 Absatz 2 Satz 1 hinsichtlich des Entwickelns des Bebauungsplans aus dem Flächennutzungsplan verletzt worden ist, ohne dass hierbei die sich aus dem Flächennutzungsplan ergebende geordnete städtebauliche Entwicklung beeinträchtigt worden ist;

3. der Bebauungsplan aus einem Flächennutzungsplan entwickelt worden ist, dessen Unwirksamkeit sich wegen Verletzung von Verfahrens- oder Formvorschriften einschließlich des § 6 nach Bekanntmachung des Bebauungsplans herausstellt;

4. im Parallelverfahren gegen § 8 Absatz 3 verstoßen worden ist, ohne dass die geordnete städtebauliche Entwicklung beeinträchtigt worden ist.

(2a) Für Bebauungspläne, die im beschleunigten Verfahren nach § 13a, auch in Verbindung mit § 13b, aufgestellt worden sind, gilt ergänzend zu den Absätzen 1 und 2 Folgendes:

1. (weggefallen)

2. Das Unterbleiben der Hinweise nach § 13a Absatz 3 ist für die Rechtswirksamkeit des Bebauungsplans unbeachtlich.

3. Beruht die Feststellung, dass eine Umweltprüfung unterbleiben soll, auf einer Vorprüfung des Einzelfalls nach § 13a Absatz 1 Satz 2 Nummer 2, gilt die Vorprüfung als ordnungsgemäß durchgeführt, wenn sie entsprechend den Vorgaben von § 13a Absatz 1 Satz 2 Nummer 2 durchgeführt worden ist und ihr Ergebnis nachvollziehbar ist; dabei ist unbeachtlich, wenn einzelne Behörden oder sonstige Träger öffentlicher Belange nicht beteiligt worden sind; andernfalls besteht ein für die Rechtswirksamkeit des Bebauungsplans beachtlicher Mangel.

4. Die Beurteilung, dass der Ausschlussgrund nach § 13a Absatz 1 Satz 4 nicht vorliegt, gilt als zutreffend, wenn das Ergebnis nachvollziehbar ist und durch den Bebauungsplan nicht die Zulässigkeit von Vorhaben nach Spalte 1 der Anlage 1 zum Gesetz über die Umweltverträglichkeitsprüfung begründet wird; andernfalls besteht ein für die Rechtswirksamkeit des Bebauungsplans beachtlicher Mangel.

(3) [1]Für die Abwägung ist die Sach- und Rechtslage im Zeitpunkt der Beschlussfassung über den Flächennutzungsplan oder die Satzung maßgebend. [2]Mängel, die Gegenstand der Regelung in Absatz 1 Satz 1 Nummer 1 sind, können nicht als Mängel der Abwägung geltend gemacht werden; im Übrigen sind Mängel im Abwägungsvorgang nur erheblich, wenn sie offensichtlich und auf das Abwägungsergebnis von Einfluss gewesen sind.

(4) Der Flächennutzungsplan oder die Satzung können durch ein ergänzendes Verfahren zur Behebung von Fehlern auch rückwirkend in Kraft gesetzt werden.

§ 215 Frist für die Geltendmachung der Verletzung von Vorschriften

(1) [1]Unbeachtlich werden

1. eine nach § 214 Absatz 1 Satz 1 Nummer 1 bis 3 beachtliche Verletzung der dort bezeichneten Verfahrens- und Formvorschriften,

2. eine unter Berücksichtigung des § 214 Absatz 2 beachtliche Verletzung der Vorschriften über das Verhältnis des Bebauungsplans und des Flächennutzungsplans und

3. nach § 214 Absatz 3 Satz 2 beachtliche Mängel des Abwägungsvorgangs,

wenn sie nicht innerhalb eines Jahres seit Bekanntmachung des Flächennutzungsplans oder der Satzung schriftlich gegenüber der Gemeinde unter Darlegung des die Verletzung begründenden Sachverhalts geltend gemacht worden sind. [2]Satz 1 gilt entsprechend, wenn Fehler nach § 214 Absatz 2a beachtlich sind.

(2) Bei Inkraftsetzung des Flächennutzungsplans oder der Satzung ist auf die Voraussetzungen für die Geltendmachung der Verletzung von Vorschriften sowie auf die Rechtsfolgen hinzuweisen.

§ 216 Aufgaben im Genehmigungsverfahren

Die Verpflichtung der für das Genehmigungsverfahren zuständigen Behörde, die Einhaltung der Vorschriften zu prüfen, deren Verletzung sich nach den §§ 214 und 215 auf die Rechtswirksamkeit eines Flächennutzungsplans oder einer Satzung nicht auswirkt, bleibt unberührt.

Dritter Teil
Verfahren vor den Kammern (Senaten) für Baulandsachen

§ 217 Antrag auf gerichtliche Entscheidung

(1) [1]Verwaltungsakte nach dem Vierten und Fünften Teil des Ersten Kapitels sowie nach den §§ 18, 28 Absatz 3, 4 und 6, den §§ 39 bis 44, 126 Absatz 2, § 150 Absatz 2, § 179 Absatz 4, den §§ 181, 209 Absatz 2 oder § 210 Absatz 2 können nur durch Antrag auf gerichtliche Entscheidung angefochten werden. [2]Satz 1 ist auch anzuwenden auf andere Verwaltungsakte auf Grund dieses Gesetzbuchs, für die die Anwendung des Zweiten Abschnitts des Fünften Teils des Ersten Kapitels vorgeschrieben ist oder die in einem Verfahren nach dem Vierten oder Fünften Teil des Ersten Kapitels erlassen werden, sowie auf Streitigkeiten über die Höhe der Geldentschädigung nach § 190 in Verbindung mit § 88 Nummer 7 und § 89 Absatz 2 des Flurbereinigungsgesetzes. [3]Mit dem Antrag auf gerichtliche Entscheidung kann auch die Verurteilung zum Erlass eines Verwaltungsakts oder zu einer sonstigen Leistung sowie eine Feststellung begehrt werden. [4]Über den Antrag entscheidet das Landgericht, Kammer für Baulandsachen.

(2) [1]Der Antrag ist binnen eines Monats seit der Zustellung des Verwaltungsakts bei der Stelle einzureichen, die den Verwaltungsakt erlassen hat. [2]Ist die ortsübliche Bekanntmachung des Verwaltungsakts vorgeschrieben, so ist der Antrag binnen sechs Wochen seit der Bekanntmachung einzureichen. [3]Hat ein Vorverfahren (§ 212) stattgefunden, so beginnt die in Satz 1 bestimmte Frist mit der Zustellung des Bescheids, der das Vorverfahren beendet hat.

(3) [1]Der Antrag muss den Verwaltungsakt bezeichnen, gegen den er sich richtet. [2]Er soll die Erklärung, inwieweit der Verwaltungsakt angefochten wird, und einen bestimmten Antrag enthalten. [3]Er soll die Gründe sowie die Tatsachen und Beweismittel angeben, die zur Rechtfertigung des Antrags dienen.

(4) [1]Die Stelle, die den Verwaltungsakt erlassen hat, hat den Antrag mit ihren Akten unverzüglich dem zuständigen Landgericht vorzulegen. [2]Ist das Verfahren vor der Stelle noch nicht abgeschlossen, so sind statt der Akten Abschriften der beglaubigten Aktenstücke vorzulegen.

§ 218 Wiedereinsetzung in den vorigen Stand

(1) [1]War ein Beteiligter ohne Verschulden verhindert, die Frist nach § 217 Absatz 2 einzuhalten, so ist ihm auf Antrag vom Landgericht, Kammer für Baulandsachen, Wiedereinsetzung in den vorigen Stand zu gewähren, wenn er den Antrag auf gerichtliche Entscheidung binnen zwei Wochen nach Beseitigung des Hindernisses einreicht und die Tatsachen, die die Wiedereinsetzung begründen, glaubhaft macht. [2]Gegen die Entscheidung über den Antrag findet die sofortige Beschwerde an das Oberlandesgericht, Senat für Baulandsachen, statt. [3]Nach Ablauf eines Jahres, vom Ende der versäumten Frist an gerechnet, kann die Wiedereinsetzung nicht mehr beantragt werden.

(2) Ist der angefochtene Verwaltungsakt ein Enteignungsbeschluss und ist der bisherige Rechtszustand bereits durch den neuen Rechtszustand ersetzt (§ 117 Absatz 5), so kann das Gericht im Falle der Wiedereinsetzung den Enteignungsbeschluss nicht aufheben und hinsichtlich des Gegenstands der Enteignung oder der Art der Entschädigung nicht ändern.

§ 219 Örtliche Zuständigkeit der Landgerichte

(1) Örtlich zuständig ist das Landgericht, in dessen Bezirk die Stelle, die den Verwaltungsakt erlassen hat, ihren Sitz hat.

(2) [1]Die Landesregierungen können durch Rechtsverordnung die Verhandlung und Entscheidung über Anträge auf gerichtliche Entscheidung einem Landgericht für die Bezirke mehrerer Landgerichte zuweisen, wenn die Zusammenfassung für eine Förderung oder schnellere Erledigung der Verfahren sachdienlich ist. [2]Die Landesregierungen können diese Ermächtigung auf die Landesjustizverwaltungen übertragen.

§ 220 Zusammensetzung der Kammern für Baulandsachen

(1) [1]Bei den Landgerichten werden eine oder mehrere Kammern für Baulandsachen gebildet. [2]Die Kammer für Baulandsachen entscheidet in der Besetzung mit zwei Richtern des Landgerichts einschließlich des Vorsitzenden sowie einem hauptamtlichen Richter eines Verwaltungsgerichts. [3]Die Vorschriften über den Einzelrichter sind nicht anzuwenden.

(2) Die Richter der Verwaltungsgerichte und die für den Fall ihrer Verhinderung erforderlichen Vertreter werden von der für die Verwaltungsgerichtsbarkeit zuständigen Obersten Landesbehörde auf die Dauer von drei Jahren bestellt.

§ 221 Allgemeine Verfahrensvorschriften

(1) [1]In den Sachen, die auf Grund eines Antrags auf gerichtliche Entscheidung bei den Gerichten anhängig werden, sind die bei Klagen in bürgerlichen Rechtsstreitigkeiten geltenden Vorschriften entsprechend anzuwenden, soweit sich aus den §§ 217 bis 231 nichts anderes ergibt. [2]§ 227 Absatz 3 Satz 1 der Zivilprozessordnung ist nicht anzuwenden.

(2) Das Gericht kann auch von Amts wegen die Aufnahme von Beweisen anordnen und nach Anhörung der Beteiligten auch solche Tatsachen berücksichtigen, die von ihnen nicht vorgebracht worden sind.

(3) Sind gegen denselben Verwaltungsakt mehrere Anträge auf gerichtliche Entscheidung gestellt, so wird über sie gleichzeitig verhandelt und entschieden.

(4) Die Vorschriften über die Vorauszahlung der Gebühr für das Verfahren im Allgemeinen nach § 12 Absatz 1 Satz 1 und 2 des Gerichtskostengesetzes sind nicht anzuwenden.

§ 222 Beteiligte

(1) [1]Wer an dem Verfahren, in dem der Verwaltungsakt erlassen worden ist, Beteiligter war, ist auch in dem gerichtlichen Verfahren Beteiligter, wenn seine Rechte oder Pflichten durch die Entscheidung des Gerichts betroffen werden können. [2]In dem gerichtlichen Verfahren ist auch die Stelle Beteiligte, die den Verwaltungsakt erlassen hat.

(2) Der Antrag auf gerichtliche Entscheidung ist den übrigen in Absatz 1 Satz 1 bezeichneten Beteiligten, soweit sie bekannt sind, zuzustellen.

(3) [1]Auf die Beteiligten sind die für die Parteien geltenden Vorschriften der Zivilprozessordnung entsprechend anzuwenden. [2]§ 78 der Zivilprozessordnung gilt in dem Verfahren vor dem Landgericht und dem Oberlandesgericht nur für Beteiligte, die Anträge in der Hauptsache stellen.

§ 223 Anfechtung von Ermessensentscheidungen

[1]Soweit die Stelle, die den Verwaltungsakt erlassen hat, ermächtigt ist, nach ihrem Ermessen zu handeln, kann der Antrag nur darauf gestützt werden, dass die Entscheidung rechtswidrig ist, weil die gesetzlichen Grenzen des Ermessens überschritten sind oder von dem Ermessen in einer dem Zweck der Ermächtigung nicht entsprechenden Weise Gebrauch gemacht worden ist. [2]Dies gilt nicht, soweit in dem Verwaltungsakt über einen Anspruch auf eine Geldleistung entschieden worden ist.

§ 224 Entfall der aufschiebenden Wirkung bei Antrag auf gerichtliche Entscheidung

[1]Der Antrag auf gerichtliche Entscheidung gegen
1. den Umlegungsbeschluss nach § 47 Absatz 1,
2. die Bekanntmachung der Unanfechtbarkeit des Umlegungsplans nach § 71 Absatz 1,
3. die vorzeitige Besitzeinweisung nach § 77 oder § 116 sowie
4. die Geltendmachung des Kostenerstattungsbetrags nach § 179 Absatz 4
hat keine aufschiebende Wirkung. [2]§ 80 Absatz 5 der Verwaltungsgerichtsordnung ist entsprechend anzuwenden.

§ 225 Vorzeitige Ausführungsanordnung

[1]Ist nur noch die Höhe einer Geldentschädigung streitig, so kann das Gericht auf Antrag des Enteignungsbegünstigten beschließen, dass die Enteignungsbehörde die Ausführung des Enteignungsbeschlusses anzuordnen hat. [2]In dem Beschluss kann bestimmt werden, dass der Enteignungsbegünstigte für den im Streit befindlichen Betrag Sicherheit zu leisten hat. [3]Die Ausführungsanordnung darf erst ergehen, wenn der Enteignungsbegünstigte die festgesetzte Geldentschädigung gezahlt oder zulässigerweise unter Verzicht auf das Recht der Rücknahme hinterlegt hat.

§ 226 Urteil

(1) Über den Antrag auf gerichtliche Entscheidung wird durch Urteil entschieden.

(2) [1]Wird ein Antrag auf gerichtliche Entscheidung, der einen Anspruch auf eine Geldleistung betrifft, für begründet erachtet, so hat das Gericht den Verwaltungsakt zu ändern. [2]Wird in anderen Fällen ein Antrag auf gerichtliche Entscheidung für begründet erachtet, so hat das Gericht den Verwaltungsakt aufzuheben und erforderlichenfalls auszusprechen, dass die Stelle, die den Verwaltungsakt erlassen hat, verpflichtet ist, in der Sache unter Beachtung der Rechtsauffassung des Gerichts anderweit zu entscheiden.

(3) [1]Einen Enteignungsbeschluss kann das Gericht auch ändern, wenn der Antrag auf gerichtliche Entscheidung nicht einen Anspruch auf Geldleistung betrifft. [2]Es darf in diesem Falle über den Antrag des Beteiligten hinaus, der den Antrag auf gerichtliche Entscheidung gestellt hat, den Enteignungsbeschluss auch ändern, soweit ein anderer Beteiligter es beantragt hat; dabei ist eine Änderung des Enteignungsbeschlusses zum Nachteil dessen, der den Antrag auf gerichtliche Entscheidung gestellt hat, nicht statthaft. [3]Wird ein Enteignungsbeschluss geändert, so ist § 113 Absatz 2 entsprechend anzuwenden. [4]Wird ein Enteignungsbeschluss aufgehoben oder hinsichtlich des Gegenstands der Enteignung geändert, so gibt das Gericht im Falle des § 113 Absatz 5 dem Vollstreckungsgericht von seinem Urteil Kenntnis.

(4) Ist von mehreren Anträgen nur der eine oder ist nur ein Teil eines Antrags zur Endentscheidung reif, so soll das Gericht hierüber ein Teilurteil nur erlassen, wenn es zur Beschleunigung des Verfahrens notwendig erscheint.

§ 227 Säumnis eines Beteiligten

(1) [1]Erscheint der Beteiligte, der den Antrag auf gerichtliche Entscheidung gestellt hat, in einem Termin zur mündlichen Verhandlung, so kann auch dann mündlich verhandelt werden, wenn einer der anderen Beteiligten nicht erscheint. [2]Über einen Antrag, den ein nichterschienener Beteiligter in einer früheren mündlichen Verhandlung gestellt hat, kann nach Lage der Akten entschieden werden.

(2) Erscheint der Beteiligte, der den Antrag auf gerichtliche Entscheidung gestellt hat, in einem Termin zur mündlichen Verhandlung nicht, so kann jeder andere Beteiligte eine Entscheidung nach Lage der Akten beantragen.

(3) [1]Die §§ 332 bis 335, 336 Absatz 2 und § 337 der Zivilprozessordnung gelten entsprechend. [2]Im Übrigen sind die Vorschriften über die Versäumnisurteile nicht anzuwenden.

§ 228 Kosten des Verfahrens

(1) Soweit der Beteiligte obsiegt, der den Antrag auf gerichtliche Entscheidung gestellt hat, gilt, wenn keiner der Beteiligten dazu im Widerspruch stehende Anträge in der Hauptsache gestellt hat, bei Anwendung der Kostenbestimmungen der Zivilprozessordnung die Stelle, die den Verwaltungsakt erlassen hat, als unterliegende Partei.

(2) Über die Erstattung der Kosten eines Beteiligten, der zur Hauptsache keinen Antrag gestellt hat, entscheidet das Gericht auf Antrag des Beteiligten nach billigem Ermessen.

§ 229 Berufung, Beschwerde

(1) [1]Über die Berufung und die Beschwerde entscheidet das Oberlandesgericht, Senat für Baulandsachen, in der Besetzung mit zwei Richtern des Oberlandesgerichts einschließlich des Vorsitzenden und einem hauptamtlichen Richter eines Oberverwaltungsgerichts. [2]§ 220 Absatz 1 Satz 3 und Absatz 2 gilt entsprechend.

(2) [1]Die Landesregierungen können durch Rechtsverordnung die Verhandlung und Entscheidung über die Berufungen und Beschwerden gegen die Entscheidungen der Kammern für Baulandsachen einem Oberlandesgericht oder dem obersten Landesgericht für die Bezirke mehrerer Oberlandesgerichte zuweisen, wenn die Zusammenfassung für eine Förderung oder schnellere Erledigung der Verfahren sachdienlich ist. [2]Die Landesregierungen können diese Ermächtigung durch Rechtsverordnung auf die Landesjustizverwaltungen übertragen.

§ 230 Revision

Über die Revision entscheidet der Bundesgerichtshof.

§ 231 Einigung

[1]Einigen sich die Beteiligten während eines gerichtlichen Verfahrens, das eine Enteignung betrifft, so gelten die §§ 110 und 111 entsprechend. [2]Das Gericht tritt an die Stelle der Enteignungsbehörde.

§ 232 Weitere Zuständigkeit der Kammern (Senate) für Baulandsachen

Die Länder können durch Gesetz den Kammern und Senaten für Baulandsachen die Verhandlung und Entscheidung über Maßnahmen der Enteignung und enteignungsgleiche Eingriffe, die die in § 86 genannten Gegenstände betreffen und auf Landesrecht beruhen oder nach Landesrecht vorgenommen wer-

den, und über Entschädigungsansprüche übertragen sowie die Vorschriften dieses Teils für anwendbar erklären.

Viertes Kapitel
Überleitungs- und Schlussvorschriften

Erster Teil
Überleitungsvorschriften

§ 233 Allgemeine Überleitungsvorschriften

(1) [1]Verfahren nach diesem Gesetz, die vor dem Inkrafttreten einer Gesetzesänderung förmlich eingeleitet worden sind, werden nach den bisher geltenden Rechtsvorschriften abgeschlossen, soweit nachfolgend nichts anderes bestimmt ist. [2]Ist mit gesetzlich vorgeschriebenen einzelnen Schritten des Verfahrens noch nicht begonnen worden, können diese auch nach den Vorschriften dieses Gesetzes durchgeführt werden.

(2) [1]Die Vorschriften des Dritten Kapitels Zweiter Teil Vierter Abschnitt zur Planerhaltung sind auch auf Flächennutzungspläne und Satzungen entsprechend anzuwenden, die auf der Grundlage bisheriger Fassungen dieses Gesetzes in Kraft getreten sind. [2]Unbeschadet des Satzes 1 sind auf der Grundlage bisheriger Fassungen dieses Gesetzes unbeachtliche oder durch Fristablauf unbeachtliche Fehler bei der Aufstellung von Flächennutzungsplänen und Satzungen auch weiterhin für die Rechtswirksamkeit dieser Flächennutzungspläne und Satzungen unbeachtlich. [3]Abweichend von Satz 1 sind für vor dem Inkrafttreten einer Gesetzesänderung in Kraft getretene Flächennutzungspläne und Satzungen die vor dem Inkrafttreten der Gesetzesänderung geltenden Vorschriften über die Geltendmachung der Verletzung von Verfahrens- und Formvorschriften, von Mängeln der Abwägung und von sonstigen Vorschriften einschließlich ihrer Fristen weiterhin anzuwenden.

(3) Auf der Grundlage bisheriger Fassungen dieses Gesetzes wirksame oder übergeleitete Pläne, Satzungen und Entscheidungen gelten fort.

§ 234 Überleitungsvorschriften für das Vorkaufsrecht

(1) Für das Vorkaufsrecht sind die jeweils zur Zeit des Verkaufsfalls geltenden städtebaurechtlichen Vorschriften anzuwenden.

(2) Satzungen, die auf Grund von § 25 des Bundesbaugesetzes erlassen worden sind, gelten als Satzungen nach § 25 Absatz 1 Satz 1 Nummer 2 weiter.

§ 235 Überleitungsvorschriften für städtebauliche Sanierungs- und Entwicklungsmaßnahmen

(1) [1]Auf städtebauliche Sanierungs- und Entwicklungsmaßnahmen, für die vor dem Inkrafttreten einer Gesetzesänderung nach den bisher geltenden Rechtsvorschriften der Beginn der vorbereitenden Untersuchungen oder der Voruntersuchungen beschlossen worden ist, sind abweichend von § 233 Absatz1 die Vorschriften dieses Gesetzes anzuwenden; abgeschlossene Verfahrensschritte bleiben unberührt. [2]Ist eine städtebauliche Entwicklungsmaßnahme jedoch vor dem 1. Juli 1987 förmlich festgelegt worden, sind die §§ 165 bis 171 in der bis zum 30. April 1993 geltenden Fassung weiter anzuwenden; wird zur zweckmäßigen Durchführung entsprechend den Zielen und Zwecken einer solchen Entwicklungsmaßnahme eine Änderung des Geltungsbereichs der Entwicklungsmaßnahmeverordnung erforderlich, ist § 53 in Verbindung mit § 1 des Städtebauförderungsgesetzes weiter anzuwenden.

(2) [1]Ist eine städtebauliche Sanierungsmaßnahme vor dem 1. Januar 1998 förmlich festgelegt worden und ist nach der Sanierungssatzung nur die Genehmigungspflicht nach § 144 Absatz 2 in der bis zum 31. Dezember 1997 geltenden Fassung ausgeschlossen, bedarf eine Teilung auch weiterhin der schriftlichen Genehmigung der Gemeinde. [2]Die Gemeinde hat dem Grundbuchamt Sanierungssatzungen im Sinne des Satzes 1 in entsprechender Anwendung des ab dem 1. Januar 1998 geltenden § 143 Absatz 2 Satz 1 bis 3 unverzüglich nachträglich mitzuteilen.

(3) In dem Gebiet, in dem das Grundgesetz schon vor dem 3. Oktober 1990 galt, ist § 141 Absatz 4 auf Beschlüsse über den Beginn der vorbereitenden Untersuchungen, die vor dem 1. Mai 1993 bekannt gemacht worden sind, nicht anzuwenden.

(4) Sanierungssatzungen, die vor dem 1. Januar 2007 bekannt gemacht worden sind, sind spätestens bis zum 31. Dezember 2021 mit den Rechtswirkungen des § 162 Absatz 1 Satz 1 Nummer 4 aufzuheben, es sei denn, es ist entsprechend § 142 Absatz 3 Satz 3 oder 4 eine andere Frist für die Durchführung der Sanierung festgelegt worden.

§ 236 Überleitungsvorschriften für das Baugebot und die Erhaltung baulicher Anlagen

(1) § 176 Absatz 9 ist auf Enteignungsverfahren nach § 85 Absatz 1 Nummer 5 anzuwenden, wenn der Eigentümer die Verpflichtung aus einem Baugebot nicht erfüllt, das nach dem 31. Mai 1990 angeordnet worden ist.

(2) ¹§ 172 Absatz 1 Satz 4 bis 6 gilt nicht für die Bildung von Teil- und Wohnungseigentum, dessen Eintragung vor dem 26. Juni 1997 beantragt worden ist. ²Dies gilt auch, wenn ein Anspruch auf Bildung oder Übertragung von Teil- und Wohnungseigentum vor dem 26. Juni 1997 durch eine Vormerkung gesichert wurde. ³§ 172 in der ab dem 1. Januar 1998 geltenden Fassung ist auch auf Satzungen, die vor dem 1. Januar 1998 ortsüblich bekannt gemacht worden sind, anzuwenden.

§ 237 (weggefallen)

§ 238 Überleitungsvorschrift für Entschädigungen

¹Wurde durch die Änderung des § 34 des Bundesbaugesetzes durch das Gesetz zur Änderung des Bundesbaugesetzes vom 18. August 1976 die bis dahin zulässige Nutzung eines Grundstücks aufgehoben oder wesentlich geändert, ist eine Entschädigung in entsprechender Anwendung der §§ 42, 43 Absatz 1, 2, 4 und 5 und des § 44 Absatz 1 Satz 2, Absatz 3 und 4 zu gewähren; dies gilt nicht, soweit in dem Zeitpunkt, in dem nach § 44 Absatz 3 bis 5 Entschädigung verlangt werden kann, eine entsprechende Aufhebung oder Änderung der zulässigen Nutzung auch nach § 34 des Bundesbaugesetzes in der bis zum 31. Dezember 1976 geltenden Fassung hätte eintreten können, ohne dass die Aufhebung oder Änderung nach § 44 des Bundesbaugesetzes in der bis zum 31. Dezember 1976 geltenden Fassung zu entschädigen gewesen wäre. ²Wird durch die Änderung des § 34 durch das Europarechtsanpassungsgesetz Bau vom 24. Juni 2004 die bis dahin zulässige Nutzung eines Grundstücks aufgehoben oder wesentlich geändert, ist Satz 1 entsprechend anzuwenden.

§ 239 Überleitungsvorschrift für die Grenzregelung

Hat die Gemeinde den Beschluss über die Grenzregelung (§ 82 in der vor dem 20. Juli 2004 geltenden Fassung) vor dem 20. Juli 2004 gefasst, sind die Vorschriften des Zweiten Abschnitts des Vierten Teils des Ersten Kapitels in der vor dem 20. Juli 2004 geltenden Fassung weiterhin anzuwenden.

§§ 240 und 241 (weggefallen)

§ 242 Überleitungsvorschriften für die Erschließung

(1) Für vorhandene Erschließungsanlagen, für die eine Beitragspflicht auf Grund der bis zum 29. Juni 1961 geltenden Vorschriften nicht entstehen konnte, kann auch nach diesem Gesetzbuch kein Beitrag erhoben werden.

(2) Soweit am 29. Juni 1961 zur Erfüllung von Anliegerbeitragspflichten langfristige Verträge oder sonstige Vereinbarungen, insbesondere über das Ansammeln von Mitteln für den Straßenbau in Straßenbaukassen oder auf Sonderkonten bestanden, können die Länder ihre Abwicklung durch Gesetz regeln.

(3) § 125 Absatz 3 ist auch auf Bebauungspläne anzuwenden, die vor dem 1. Juli 1987 in Kraft getreten sind.

(4) ¹§ 127 Absatz 2 Nummer 2 ist auch auf Verkehrsanlagen anzuwenden, die vor dem 1. Juli 1987 endgültig hergestellt worden sind. ²Ist vor dem 1. Juli 1987 eine Beitragspflicht nach Landesrecht entstanden, so verbleibt es dabei.

(5) ¹Ist für einen Kinderspielplatz eine Beitragspflicht bereits auf Grund der vor dem 1. Juli 1987 geltenden Vorschriften (§ 127 Absatz 2 Nummer 3 und 4 des Bundesbaugesetzes) entstanden, so verbleibt es dabei. ²Die Gemeinde soll von der Erhebung des Erschließungsbeitrags ganz oder teilweise absehen, wenn dies auf Grund der örtlichen Verhältnisse, insbesondere unter Berücksichtigung des Nutzens des Kinderspielplatzes für die Allgemeinheit, geboten ist. ³Satz 2 ist auch auf vor dem 1. Juli 1987 entstandene Beiträge anzuwenden, wenn

1. der Beitrag noch nicht entrichtet ist oder
2. er entrichtet worden, aber der Beitragsbescheid noch nicht unanfechtbar geworden ist.

(6) § 128 Absatz 1 ist auch anzuwenden, wenn der Umlegungsplan (§ 66 des Bundesbaugesetzes) oder die Vorwegregelung (§ 76 des Bundesbaugesetzes) vor dem 1. Juli 1987 ortsüblich bekannt gemacht worden ist (§ 71 des Bundesbaugesetzes).

(7) Ist vor dem 1. Juli 1987 über die Stundung des Beitrags für landwirtschaftlich genutzte Grundstücke (§ 135 Absatz 4 des Bundesbaugesetzes) entschieden und ist die Entscheidung noch nicht unanfechtbar geworden, ist § 135 Absatz 4 dieses Gesetzbuchs anzuwenden.

(8) [1]§ 124 Absatz 2 Satz 2 in der bis zum 21. Juni 2013 geltenden Fassung ist auch auf Kostenvereinbarungen in Erschließungsverträgen anzuwenden, die vor dem 1. Mai 1993 geschlossen worden sind. [2]Auf diese Verträge ist § 129 Absatz 1 Satz 3 weiterhin anzuwenden.

(9) [1]Für Erschließungsanlagen oder Teile von Erschließungsanlagen in dem in Artikel 3 des Einigungsvertrags genannten Gebiet, die vor dem Wirksamwerden des Beitritts bereits hergestellt worden sind, kann nach diesem Gesetz ein Erschließungsbeitrag nicht erhoben werden. [2]Bereits hergestellte Erschließungsanlagen oder Teile von Erschließungsanlagen sind die einem technischen Ausbauprogramm oder den örtlichen Ausbaugepflogenheiten entsprechend fertiggestellten Erschließungsanlagen oder Teile von Erschließungsanlagen. [3]Leistungen, die Beitragspflichtige für die Herstellung von Erschließungsanlagen oder Teilen von Erschließungsanlagen erbracht haben, sind auf den Erschließungsbeitrag anzurechnen. [4]Die Landesregierungen werden ermächtigt, bei Bedarf Überleitungsregelungen durch Rechtsverordnung zu treffen.

§ 243 Überleitungsvorschriften für das Maßnahmengesetz zum Baugesetzbuch und das Bundesnaturschutzgesetz

(1) § 233 ist auf Verfahren, Pläne, Satzungen und Entscheidungen, die auf der Grundlage des Maßnahmengesetzes zum Baugesetzbuch eingeleitet, in Kraft getreten oder wirksam geworden sind, entsprechend anzuwenden.

(2) Bei Bauleitplanverfahren, die vor dem 1. Januar 1998 förmlich eingeleitet worden sind, kann die Eingriffsregelung nach dem Bundesnaturschutzgesetz in der bis zum 31. Dezember 1997 geltenden Fassung weiter angewendet werden.

§ 244 Überleitungsvorschriften für das Europarechtsanpassungsgesetz Bau

(1) Abweichend von § 233 Absatz 1 werden Verfahren für Bauleitpläne und Satzungen nach § 34 Absatz 4 Satz 1 und § 35 Absatz 6, die nach dem 20. Juli 2004 förmlich eingeleitet worden sind oder die nach dem 20. Juli 2006 abgeschlossen werden, nach den Vorschriften dieses Gesetzes zu Ende geführt.

(2) [1]Abweichend von Absatz 1 finden auf Bebauungsplanverfahren, die in der Zeit vom 14. März 1999 bis zum 20. Juli 2004 förmlich eingeleitet worden sind und die vor dem 20. Juli 2006 abgeschlossen werden, die Vorschriften des Baugesetzbuchs in der vor dem 20. Juli 2004 geltenden Fassung weiterhin Anwendung. [2]Ist mit gesetzlich vorgeschriebenen einzelnen Verfahrensschritten noch nicht begonnen worden, können diese auch nach den Vorschriften dieses Gesetzes durchgeführt werden.

(3) § 4 Absatz 3 und § 4c gelten nur für Bauleitpläne, die nach Absatz 1 oder 2 nach den Vorschriften dieses Gesetzes zu Ende geführt werden.

(4) (weggefallen)

(5) [1]Die Gemeinden können Satzungen, die auf der Grundlage des § 19 in der vor dem 20. Juli 2004 geltenden Fassung erlassen worden sind, durch Satzung aufheben. [2]Die Gemeinde hat diese Satzung ortsüblich bekannt zu machen; sie kann die Bekanntmachung auch in entsprechender Anwendung des § 10 Absatz 3 Satz 2 bis 5 vornehmen. [3]Unbeschadet der Sätze 1 und 2 sind Satzungen auf der Grundlage des § 19 in der vor dem 20. Juli 2004 geltenden Fassung nicht mehr anzuwenden. [4]Die Gemeinde hat auf die Nichtanwendbarkeit dieser Satzungen bis zum 31. Dezember 2004 durch ortsübliche Bekanntmachung hinzuweisen. [5]Die Gemeinde hat das Grundbuchamt um Löschung eines von ihr nach § 20 Absatz 3 in der vor dem 20. Juli 2004 geltenden Fassung veranlassten Widerspruchs zu ersuchen.

(6) [1]Für eine auf der Grundlage des § 22 in der vor dem 20. Juli 2004 geltenden Fassung wirksam erlassene Satzung bleibt § 22 in der vor dem 20. Juli 2004 geltenden Fassung bis zum 30. Juni 2005 weiterhin anwendbar. [2]Auf die Satzung ist § 22 in der geltenden Fassung anzuwenden, wenn beim Grundbuchamt vor Ablauf des 30. Juni 2005 eine den Anforderungen des § 22 Absatz 2 Satz 3 und 4 entsprechende Mitteilung der Gemeinde eingegangen ist. [3]Ist die Mitteilung hinsichtlich der Satzung nicht fristgerecht erfolgt, ist die Satzung auf die von ihr erfassten Vorgänge nicht mehr anzuwenden. [4]Eine Aussetzung der Zeugniserteilung nach § 22 Absatz 6 Satz 3 in der vor dem 20. Juli 2004 geltenden Fassung ist längstens bis zum 30. Juni 2005 wirksam. [5]Die Baugenehmigungsbehörde hat das Grundbuchamt um Löschung eines von ihr nach § 20 Absatz 3 in der vor dem 20. Juli 2004 geltenden Fassung oder auf Grundlage von Satz 1 oder 4 in Verbindung mit § 20 Absatz 3 in der vor dem 20. Juli 2004 geltenden Fassung veranlassten Widerspruchs im Grundbuch zu ersuchen, wenn die Satzung nicht mehr anwendbar ist oder die Aussetzung der Zeugniserteilung unwirksam wird.

(7) § 35 Absatz 5 Satz 2 gilt nicht für die Zulässigkeit eines Vorhabens, das die Nutzungsänderung einer baulichen Anlage zum Inhalt hat, deren bisherige Nutzung vor dem 20. Juli 2004 zulässigerweise aufgenommen worden ist.

§ 245 Überleitungsvorschriften für den Stadtumbau, die Soziale Stadt und die Förderung städtebaulicher Maßnahmen

(1) Ein von einer Gemeinde bis zum 20. Juli 2004 im Hinblick auf die Verwaltungsvereinbarungen über die Gewährung von Finanzhilfen des Bundes an die Länder nach Artikel 104a Absatz 4 des Grundgesetzes in seiner bis zum 20. Juli 2004 geltenden Fassung zur Förderung städtebaulicher Maßnahmen beschlossenes Gebiet für Stadtumbaumaßnahmen sowie ein hierfür aufgestelltes städtebauliches Entwicklungskonzept der Gemeinde gilt als Stadtumbaugebiet und städtebauliches Entwicklungskonzept im Sinne des § 171b.

(2) Ein von der Gemeinde bis zum 20. Juli 2004 im Hinblick auf die Verwaltungsvereinbarungen über die Gewährung von Finanzhilfen des Bundes an die Länder nach Artikel 104a Absatz 4 des Grundgesetzes in seiner bis zum 20. Juli 2004 geltenden Fassung zur Förderung städtebaulicher Maßnahmen beschlossenes Gebiet für Maßnahmen der Sozialen Stadt sowie ein hierfür aufgestelltes Konzept der Gemeinde gilt als Gebiet und Entwicklungskonzept im Sinne des § 171e.

(3) Für die zur Förderung städtebaulicher Maßnahmen bis zum 1. September 2006 geschlossenen Verwaltungsvereinbarungen über die Gewährung von Finanzhilfen des Bundes an die Länder nach Artikel 104a Absatz 4 des Grundgesetzes in seiner bis zum 1. September 2006 geltenden Fassung ist § 164b in seiner bis zum 12. September 2006 geltenden Fassung bis zum 31. Dezember 2019 anzuwenden.

§ 245a Überleitungsvorschriften aus Anlass des Gesetzes zur Stärkung der Innenentwicklung in den Städten und Gemeinden und weiteren Fortentwicklung des Städtebaurechts

(1) [1]Die Regelungen zur Zulässigkeit von Anlagen zur Kinderbetreuung sowie von Anlagen zur Nutzung solarer Strahlungsenergie und Kraft-Wärme-Kopplungsanlagen in § 3 Absatz 2 Nummer 2 und § 14 Absatz 3 der Baunutzungsverordnung in der ab dem 20. September 2013 geltenden Fassung gelten vorbehaltlich des Satzes 2 und des Absatzes 2 auch für Bebauungspläne, die auf der Grundlage der Baunutzungsverordnung in einer Fassung vor dem 20. September 2013 in Kraft getreten sind. [2]Satz 1 gilt nicht in Bezug auf Anlagen zur Kinderbetreuung, wenn vor dem 20. September 2013 die ausnahmsweise Zulässigkeit dieser Anlagen nach § 3 Absatz 3 Nummer 2 der Baunutzungsverordnung in der vom 27. Januar 1990 bis zum 20. September 2013 geltenden Fassung durch Festsetzungen nach § 1 Absatz 6 Nummer 1, Absatz 8 und 9 der Baunutzungsverordnung ausgeschlossen worden ist.

(2) [1]Die sich aus § 3 Absatz 2 Nummer 2 und § 14 Absatz 3 der Baunutzungsverordnung in der ab dem 20. September 2013 geltenden Fassung in Verbindung mit Absatz 1 Satz 1 ergebende Zulässigkeit von Anlagen zur Kinderbetreuung sowie von Anlagen zur Nutzung solarer Strahlungsenergie und von Kraft-Wärme-Kopplungsanlagen kann durch Änderung der Bebauungspläne nach Maßgabe der Vorschriften der Baunutzungsverordnung eingeschränkt oder ausgeschlossen werden; hierauf sind die Vorschriften dieses Gesetzbuchs über die Aufstellung der Bauleitpläne, einschließlich der §§ 14 bis 18, anzuwenden. [2]Das Verfahren für die Änderung von Bebauungsplänen nach Satz 1 kann vor dem 20. September 2013 eingeleitet werden.

(3) [1]Darstellungen in Flächennutzungsplänen, die vor dem 20. September 2013 in Bezug auf bauliche Anlagen zur Tierhaltung im Sinne des § 35 Absatz 1 Nummer 4 die Rechtswirkungen des § 35 Absatz 3 Satz 3 erzielt haben, haben diese Rechtswirkungen auch in Bezug auf bauliche Anlagen zur Tierhaltung im Sinne der ab dem 20. September 2013 geltenden Fassung des § 35 Absatz 1 Nummer 4. [2]Wenn ein Fortgelten der Rechtswirkungen nach Satz 1 der ursprünglichen planerischen Zielsetzung widerspricht, stellt die Gemeinde dies in einem Beschluss fest, der ortsüblich bekannt zu machen ist. [3]Mit der ortsüblichen Bekanntmachung des Beschlusses gelten die entsprechenden Darstellungen als aufgehoben; der Flächennutzungsplan ist im Wege der Berichtigung anzupassen.

(4) Soweit für Zulassungsentscheidungen über Anlagen zur Tierhaltung, die dem § 35 Absatz 1 Nummer 4 unterfallen, vor Ablauf des 4. Juli 2012 bei der zuständigen Behörde ein Antrag eingegangen ist, ist § 35 Absatz 1 Nummer 4 in seiner bis zum 20. September 2013 geltenden Fassung anzuwenden.

§ 245b Überleitungsvorschriften für Vorhaben im Außenbereich

(1) (weggefallen)

(2) Die Länder können bestimmen, dass die Frist nach § 35 Absatz 4 Satz 1 Nummer 1 Buchstabe c nicht anzuwenden ist.

§ 245c Überleitungsvorschrift aus Anlass des Gesetzes zur Umsetzung der Richtlinie 2014/52/EU im Städtebaurecht und zur Stärkung des neuen Zusammenlebens in der Stadt

(1) [1]Abweichend von § 233 Absatz 1 Satz 1 können Verfahren nach diesem Gesetz, die förmlich vor dem 13. Mai 2017 eingeleitet worden sind, nur dann nach den vor dem 13. Mai 2017 geltenden Rechtsvorschriften abgeschlossen werden, wenn die Beteiligung der Behörden und der sonstigen Träger öffentlicher

Belange nach § 4 Absatz 1 Satz 1 oder nach sonstigen Vorschriften dieses Gesetzes vor dem 16. Mai 2017 eingeleitet worden ist. [2]§ 233 Absatz 1 Satz 2 bleibt unberührt.

(2) [1]Bebauungspläne oder Satzungen mit Regelungen nach § 22 Absatz 1 Satz 1 Nummer 3 und 4 finden keine Anwendung, wenn die Regelung nach § 1010 Absatz 1 des Bürgerlichen Gesetzbuchs vor dem 13. Mai 2017 getroffen worden ist. [2]Bebauungspläne oder Satzungen mit Regelungen nach § 22 Absatz 1 Satz 1 Nummer 5 finden keine Anwendung, wenn die Nutzung als Nebenwohnung vor dem 13. Mai 2017 aufgenommen worden ist.

(3) § 34 Absatz 2 findet auf Baugebiete nach § 6a der Baunutzungsverordnung keine Anwendung.

Zweiter Teil

Schlussvorschriften

§ 246 Sonderregelungen für einzelne Länder; Sonderregelungen für Flüchtlingsunterkünfte

(1) In den Ländern Berlin und Hamburg entfallen die in § 6 Absatz 1, § 10 Absatz 2 und § 190 Absatz 1 vorgesehenen Genehmigungen oder Zustimmungen; das Land Bremen kann bestimmen, dass diese Genehmigungen oder Zustimmungen entfallen.

(1a) [1]Die Länder können bestimmen, dass Bebauungspläne, die nicht der Genehmigung bedürfen, und Satzungen nach § 34 Absatz 4 Satz 1, § 35 Absatz 6 und § 165 Absatz 6 vor ihrem Inkrafttreten der höheren Verwaltungsbehörde anzuzeigen sind; dies gilt nicht für Bebauungspläne nach § 13. [2]Die höhere Verwaltungsbehörde hat die Verletzung von Rechtsvorschriften, die eine Versagung der Genehmigung nach § 6 Absatz 2 rechtfertigen würde, innerhalb eines Monats nach Eingang der Anzeige geltend zu machen. [3]Der Bebauungsplan und die Satzungen dürfen nur in Kraft gesetzt werden, wenn die höhere Verwaltungsbehörde die Verletzung von Rechtsvorschriften nicht innerhalb der in Satz 2 bezeichneten Frist geltend gemacht hat.

(2) [1]Die Länder Berlin und Hamburg bestimmen, welche Form der Rechtsetzung an die Stelle der in diesem Gesetzbuch vorgesehenen Satzungen tritt. [2]Das Land Bremen kann eine solche Bestimmung treffen. [3]Die Länder Berlin, Bremen und Hamburg können eine von § 10 Absatz 3, § 16 Absatz 2, § 22 Absatz 2, § 143 Absatz 1, § 162 Absatz 2 Satz 2 bis 4 und § 165 Absatz 8 abweichende Regelung treffen.

(3) § 171f ist auch auf Rechtsvorschriften der Länder anzuwenden, die vor dem 1. Januar 2007 in Kraft getreten sind.

(4) Die Senate der Länder Berlin, Bremen und Hamburg werden ermächtigt, die Vorschriften dieses Gesetzbuchs über die Zuständigkeit von Behörden dem besonderen Verwaltungsaufbau ihrer Länder anzupassen.

(5) Das Land Hamburg gilt für die Anwendung dieses Gesetzbuchs auch als Gemeinde.

(6) (weggefallen)

(7) [1]Die Länder können bestimmen, dass § 34 Absatz 1 Satz 1 bis zum 31. Dezember 2004 nicht für Einkaufszentren, großflächige Einzelhandelsbetriebe und sonstige großflächige Handelsbetriebe im Sinne des § 11 Absatz 3 der Baunutzungsverordnung anzuwenden ist. [2]Wird durch eine Regelung nach Satz 1 die bis dahin zulässige Nutzung eines Grundstücks aufgehoben oder wesentlich geändert, ist § 238 entsprechend anzuwenden.

(8) Bis zum 31. Dezember 2019 gilt § 34 Absatz 3a Satz 1 entsprechend für die Nutzungsänderung zulässigerweise errichteter baulicher Anlagen in bauliche Anlagen, die der Unterbringung von Flüchtlingen oder Asylbegehrenden dienen, und für deren Erweiterung, Änderung oder Erneuerung.

(9) Bis zum 31. Dezember 2019 gilt die Rechtsfolge des § 35 Absatz 4 Satz 1 für Vorhaben entsprechend, die der Unterbringung von Flüchtlingen oder Asylbegehrenden dienen, wenn das Vorhaben im unmittelbaren räumlichen Zusammenhang mit nach § 30 Absatz 1 oder § 34 zu beurteilenden bebauten Flächen innerhalb des Siedlungsbereichs erfolgen soll.

(10) [1]Bis zum 31. Dezember 2019 kann in Gewerbegebieten (§ 8 der Baunutzungsverordnung, auch in Verbindung mit § 34 Absatz 2) für Aufnahmeeinrichtungen, Gemeinschaftsunterkünfte oder sonstige Unterkünfte für Flüchtlinge oder Asylbegehrende von den Festsetzungen des Bebauungsplans befreit werden, wenn an dem Standort Anlagen für soziale Zwecke als Ausnahme zugelassen werden können oder allgemein zulässig sind und die Abweichung auch unter Würdigung nachbarlicher Interessen mit öffentlichen Belangen vereinbar ist. [2]§ 36 gilt entsprechend.

(11) [1]Soweit in den Baugebieten nach den § 2 bis 7 der Baunutzungsverordnung (auch in Verbindung mit § 34 Absatz 2) Anlagen für soziale Zwecke als Ausnahme zugelassen werden können, gilt § 31 Absatz 1 mit der Maßgabe, dass dort bis zum 31. Dezember 2019 Aufnahmeeinrichtungen, Gemeinschaftsunterkünfte oder sonstige Unterkünfte für Flüchtlinge oder Asylbegehrende in der Regel zugelassen werden

sollen. [2]Satz 1 gilt entsprechend für in übergeleiteten Plänen festgesetzte Baugebiete, die den in Satz 1 genannten Baugebieten vergleichbar sind.

(12) [1]Bis zum 31. Dezember 2019 kann für die auf längstens drei Jahre zu befristende

1. Errichtung mobiler Unterkünfte für Flüchtlinge oder Asylbegehrende,

2. Nutzungsänderung zulässigerweise errichteter baulicher Anlagen in Gewerbe- und Industriegebieten sowie in Sondergebieten nach den §§ 8 bis 11 der Baunutzungsverordnung (auch in Verbindung mit § 34 Absatz 2) in Aufnahmeeinrichtungen, Gemeinschaftsunterkünfte oder sonstige Unterkünfte für Flüchtlinge oder Asylbegehrende

von den Festsetzungen des Bebauungsplans befreit werden, wenn die Befreiung auch unter Würdigung nachbarlicher Interessen mit den öffentlichen Belangen vereinbar ist. [2]§ 36 gilt entsprechend.

(13) [1]Im Außenbereich (§ 35) gilt unbeschadet des Absatzes 9 bis zum 31. Dezember 2019 die Rechtsfolge des § 35 Absatz 4 Satz 1 entsprechend für

1. die auf längstens drei Jahre zu befristende Errichtung mobiler Unterkünfte für Flüchtlinge oder Asylbegehrende,

2. die Nutzungsänderung zulässigerweise errichteter baulicher Anlagen, auch wenn deren bisherige Nutzung aufgegeben wurde, in Aufnahmeeinrichtungen, Gemeinschaftsunterkünfte oder sonstige Unterkünfte für Flüchtlinge oder Asylbegehrende, einschließlich einer erforderlichen Erneuerung oder Erweiterung.

[2]Für Vorhaben nach Satz 1 gilt § 35 Absatz 5 Satz 2 Halbsatz 1 und Satz 3 entsprechend. [3]Wird zum Zeitpunkt einer Nutzungsänderung nach Satz 1 Nummer 2 eine Nutzung zulässigerweise ausgeübt, kann diese im Anschluss wieder aufgenommen werden; im Übrigen gelten für eine nachfolgende Nutzungsänderung die allgemeinen Regeln. [4]Die Rückbauverpflichtung nach Satz 2 entfällt, wenn eine nach Satz 3 zulässige Nutzung aufgenommen wird oder wenn sich die Zulässigkeit der nachfolgenden Nutzung aus § 30 Absatz 1, 2 oder § 33 ergibt. [5]Die Sicherstellung der Rückbauverpflichtung nach Satz 2 in entsprechender Anwendung des § 35 Absatz 5 Satz 3 ist nicht erforderlich, wenn Vorhabenträger ein Land oder eine Gemeinde ist.

(14) [1]Soweit auch bei Anwendung der Absätze 8 bis 13 dringend benötigte Unterkunftsmöglichkeiten im Gebiet der Gemeinde, in der sie entstehen sollen, nicht oder nicht rechtzeitig bereitgestellt werden können, kann bei Aufnahmeeinrichtungen, Gemeinschaftsunterkünften oder sonstigen Unterkünften für Flüchtlinge oder Asylbegehrende bis zum 31. Dezember 2019 von den Vorschriften dieses Gesetzbuchs oder den aufgrund dieses Gesetzbuchs erlassenen Vorschriften in erforderlichem Umfang abgewichen werden. [2]Zuständig ist die höhere Verwaltungsbehörde. [3]Die Gemeinde ist anzuhören; diese Anhörung tritt auch an die Stelle des in § 14 Absatz 2 Satz 2 vorgesehenen Einvernehmens. [4]Satz 3 findet keine Anwendung, wenn Vorhabenträger die Gemeinde oder in deren Auftrag ein Dritter ist. [5]Für Vorhaben nach Satz 1 gilt § 35 Absatz 5 Satz 2 Halbsatz 1 und Satz 3 entsprechend. [6]Absatz 13 Satz 3 gilt entsprechend. [7]Die Rückbauverpflichtung nach Satz 5 entfällt, wenn eine nach Satz 6 zulässige Nutzung aufgenommen wird oder wenn sich die Zulässigkeit der nachfolgenden Nutzung aus § 30 Absatz 1, 2 oder § 33 ergibt. [8]Die Sicherstellung der Rückbauverpflichtung nach Satz 5 in entsprechender Anwendung des § 35 Absatz 5 Satz 3 ist nicht erforderlich, wenn Vorhabenträger ein Land oder eine Gemeinde ist. [9]Wenn Vorhabenträger ein Land oder in dessen Auftrag ein Dritter ist, gilt § 37 Absatz 3 entsprechend; im Übrigen findet § 37 bis zum 31. Dezember 2019 auf Vorhaben nach Satz 1 keine Anwendung.

(15) In Verfahren zur Genehmigung von baulichen Anlagen, die der Unterbringung von Flüchtlingen oder Asylbegehrenden dienen, gilt bis zum 31. Dezember 2019 das Einvernehmen abweichend von § 36 Absatz 2 Satz 2 (auch in Verbindung mit Absatz 10 Satz 2 und Absatz 12 Satz 2) als erteilt, wenn es nicht innerhalb eines Monats verweigert wird.

(16) Bei Vorhaben nach den Absätzen 9 und 13 gilt § 18 Absatz 3 Satz 2 des Bundesnaturschutzgesetzes bis zum 31. Dezember 2019 entsprechend.

(17) Die Befristung bis zum 31. Dezember 2019 in den Absätzen 8 bis 16 bezieht sich nicht auf die Geltungsdauer einer Genehmigung, sondern auf den Zeitraum, bis zu dessen Ende im bauaufsichtlichen Zulassungsverfahren von den Vorschriften Gebrauch gemacht werden kann.

§ 246a Überschwemmungsgebiete, überschwemmungsgefährdete Gebiete

Anlässlich der Neubekanntmachung eines Flächennutzungsplans nach § 6 Absatz 6 sollen die in § 5 Absatz 4a bezeichneten Gebiete nach Maßgabe dieser Bestimmung nachrichtlich übernommen und vermerkt werden.

§ 246b Sonderregelungen für Anlagen für gesundheitliche Zwecke im Zuge der COVID-19–Pandemie

(1) [1] Soweit Anlagen für gesundheitliche Zwecke zur Versorgung von Personen, die sich mit dem Coronavirus SARS-CoV-2 infiziert haben oder möglicherweise infiziert haben, im Gebiet der Gemeinde, in der sie im Wege der Errichtung, Änderung oder Nutzungsänderung von baulichen Anlagen entstehen sollen, nicht oder nicht rechtzeitig bereitgestellt werden können, kann bei der Zulassung dieser Vorhaben bis zum Ablauf des 31. Dezember 2020 von den Vorschriften dieses Gesetzbuchs oder den aufgrund dieses Gesetzbuchs erlassenen Vorschriften in erforderlichem Umfang, erforderlichenfalls auch befristet, unter der Voraussetzung abgewichen werden, dass Vorhabenträger der Bund, ein Land, ein Landkreis oder eine Gemeinde oder ein im Auftrag eines der Vorgenannten tätiger Dritter ist. [2] Zuständig ist die höhere Verwaltungsbehörde. [3] Die Gemeinde ist anzuhören; diese Anhörung tritt auch an die Stelle des in § 14 Absatz 2 Satz 2 vorgesehenen Einvernehmens. [4] Satz 3 findet keine Anwendung, wenn Vorhabenträger die Gemeinde oder in deren Auftrag ein Dritter ist. [5] Für Vorhaben nach Satz 1 gilt § 35 Absatz 5 Satz 2 erster Halbsatz und Satz 3 entsprechend. [6] § 246 Absatz 13 Satz 3 gilt entsprechend auch bei zwischenzeitlichen Nutzungsänderungen zu Anlagen für gesundheitliche Zwecke nach Satz 1. [7] Die Rückbauverpflichtung nach Satz 5 entfällt, wenn eine nach Satz 6 zulässige Nutzung aufgenommen wird oder wenn sich die Zulässigkeit der nachfolgenden Nutzung aus § 30 Absatz 1, 2 oder § 33 ergibt. [8] Die Sicherstellung der Rückbauverpflichtung nach Satz 5 in entsprechender Anwendung des § 35 Absatz 5 Satz 3 ist nicht erforderlich, wenn Vorhabenträger der Bund, ein Land, ein Landkreis oder eine Gemeinde ist. [9] Wenn Vorhabenträger der Bund, ein Land, ein Landkreis oder ein im Auftrag eines der Vorgenannten tätiger Dritter ist, gilt § 37 Absatz 3 entsprechend; im Übrigen findet § 37 bis zum Ablauf des 31. Dezember 2020 auf Vorhaben nach Satz 1 keine Anwendung.

(2) In Verfahren zur Genehmigung von baulichen Anlagen im Sinne des Absatzes 1 Satz 1 gilt bis zum Ablauf des 31. Dezember 2020 das Einvernehmen abweichend von § 36 Absatz 2 Satz 2 als erteilt, wenn es nicht innerhalb eines Monats verweigert wird.

(3) Bei Vorhaben nach Absatz 1 im Außenbereich gilt § 18 Absatz 3 Satz 2 des Bundesnaturschutzgesetzes bis zum Ablauf des 31. Dezember 2020 entsprechend.

(4) Die Befristung in Absatz 1 Satz 1 bezieht sich nicht auf die Geltungsdauer einer Genehmigung, sondern auf den Zeitraum, bis zu dessen Ende im bauaufsichtlichen Zulassungsverfahren von der Vorschrift Gebrauch gemacht werden kann.

§ 247 Sonderregelungen für Berlin als Hauptstadt der Bundesrepublik Deutschland

(1) Bei der Aufstellung von Bauleitplänen und sonstigen Satzungen nach diesem Gesetzbuch soll in der Abwägung den Belangen, die sich aus der Entwicklung Berlins als Hauptstadt Deutschlands ergeben, und den Erfordernissen der Verfassungsorgane des Bundes für die Wahrnehmung ihrer Aufgabe besonders Rechnung getragen werden.

(2) Die Belange und Erfordernisse nach Absatz 1 werden zwischen Bund und Berlin in einem Gemeinsamen Ausschuss erörtert.

(3) [1] Kommt es in dem Ausschuss zu keiner Übereinstimmung, können die Verfassungsorgane des Bundes ihre Erfordernisse eigenständig feststellen; sie haben dabei eine geordnete städtebauliche Entwicklung Berlins zu berücksichtigen. [2] Die Bauleitpläne und sonstigen Satzungen nach diesem Gesetzbuch sind so anzupassen, dass den festgestellten Erfordernissen in geeigneter Weise Rechnung getragen wird.

(4) Haben die Verfassungsorgane des Bundes Erfordernisse nach Absatz 3 Satz 1 festgestellt und ist zu deren Verwirklichung die Aufstellung eines Bauleitplans oder einer sonstigen Satzung nach diesem Gesetzbuch geboten, soll der Bauleitplan oder die Satzung aufgestellt werden.

(5) und (6) (weggefallen)

(7) Die Entwicklung der Parlaments- und Regierungsbereiche in Berlin entspricht den Zielen und Zwecken einer städtebaulichen Entwicklungsmaßnahme nach § 165 Absatz 2.

(8) [1] Ist im Rahmen von Genehmigungs-, Zustimmungs- oder sonstigen Verfahren für Vorhaben der Verfassungsorgane des Bundes Ermessen auszuüben oder sind Abwägungen oder Beurteilungen vorzunehmen, sind die von den Verfassungsorganen des Bundes entsprechend Absatz 3 festgestellten Erfordernisse mit dem ihnen nach dem Grundgesetz zukommenden Gewicht zu berücksichtigen. [2] Absatz 2 ist entsprechend anzuwenden.

§ 248 Sonderregelung zur sparsamen und effizienten Nutzung von Energie

[1] In Gebieten mit Bebauungsplänen oder Satzungen nach § 34 Absatz 4 Satz 1 Nummer 2 oder 3 sind bei Maßnahmen an bestehenden Gebäuden zum Zwecke der Energieeinsparung geringfügige Abweichungen von dem festgesetzten Maß der baulichen Nutzung, der Bauweise und der überbaubaren Grundstücksfläche zulässig, soweit dies mit nachbarlichen Interessen und baukulturellen Belangen vereinbar ist. [2] Satz

1 gilt entsprechend für Anlagen zur Nutzung solarer Strahlungsenergie in, an und auf Dach- und Außenwandflächen. [3]In den im Zusammenhang bebauten Ortsteilen gelten die Sätze 1 und 2 entsprechend für Abweichungen vom Erfordernis des Einfügens in die Eigenart der näheren Umgebung (§ 34 Absatz 1 Satz 1).

§ 249　Sonderregelungen zur Windenergie

(1) [1]Werden in einem Flächennutzungsplan zusätzliche Flächen für die Nutzung von Windenergie dargestellt, folgt daraus nicht, dass die vorhandenen Darstellungen des Flächennutzungsplans zur Erzielung der Rechtswirkungen des § 35 Absatz 3 Satz 3 nicht ausreichend sind. [2]Satz 1 gilt entsprechend bei der Änderung oder Aufhebung von Darstellungen zum Maß der baulichen Nutzung. [3]Die Sätze 1 und 2 gelten für Bebauungspläne, die aus den Darstellungen des Flächennutzungsplans entwickelt werden, entsprechend.

(2) [1]Nach § 9 Absatz 2 Satz 1 Nummer 2 kann auch festgesetzt werden, dass die im Bebauungsplan festgesetzten Windenergieanlagen nur zulässig sind, wenn sichergestellt ist, dass nach der Errichtung der im Bebauungsplan festgesetzten Windenergieanlagen andere im Bebauungsplan bezeichnete Windenergieanlagen innerhalb einer im Bebauungsplan zu bestimmenden angemessenen Frist zurückgebaut werden. [2]Die Standorte der zurückzubauenden Windenergieanlagen können auch außerhalb des Bebauungsplangebiets oder außerhalb des Gemeindegebiets liegen. [3]Darstellungen im Flächennutzungsplan, die die Rechtswirkungen des § 35 Absatz 3 Satz 3 haben, können mit Bestimmungen entsprechend den Sätzen 1 und 2 mit Wirkung für die Zulässigkeit der Windenergieanlagen nach § 35 Absatz 1 Nummer 5 verbunden sein.

(3) [1]Die Länder können durch Landesgesetze bestimmen, dass § 35 Absatz 1 Nummer 5 auf Vorhaben, die der Erforschung, Entwicklung oder Nutzung der Windenergie dienen, nur Anwendung findet, wenn sie bestimmte Mindestabstände zu den im Landesgesetz bezeichneten zulässigen baulichen Nutzungen zu Wohnzwecken einhalten. [2]Ein Mindestabstand nach Satz 1 darf höchstens 1 000 Meter von der Mitte des Mastfußes der Windenergieanlage bis zur nächstgelegenen im Landesgesetz bezeichneten baulichen Nutzung zu Wohnzwecken betragen. [3]Die weiteren Einzelheiten, insbesondere zur Abstandsfestlegung und zu den Auswirkungen der festgelegten Abstände auf Ausweisungen in geltenden Flächennutzungsplänen und Raumordnungsplänen, sind in den Landesgesetzen nach Satz 1 zu regeln. [4]Auf der Grundlage von § 249 Absatz 3 in der bis zum 14. August 2020 geltenden Fassung erlassene Landesgesetze gelten fort; sie können geändert werden, sofern die wesentlichen Elemente der in dem fortgeltenden Landesgesetz enthaltenen Regelung beibehalten werden.

Anlage 1
(zu § 2 Absatz 4 und den §§ 2a und 4c)

Umweltbericht

Der Umweltbericht nach § 2 Absatz 4 und § 2a Satz 2 Nummer 2 hat folgende Bestandteile:

1. Eine Einleitung mit folgenden Angaben:
 a) Kurzdarstellung des Inhalts und der wichtigsten Ziele des Bauleitplans, einschließlich einer Beschreibung der Festsetzungen des Plans mit Angaben über Standorte, Art und Umfang sowie Bedarf an Grund und Boden der geplanten Vorhaben;
 b) Darstellung der in einschlägigen Fachgesetzen und Fachplänen festgelegten Ziele des Umweltschutzes, die für den Bauleitplan von Bedeutung sind, und der Art, wie diese Ziele und die Umweltbelange bei der Aufstellung des Bauleitplans berücksichtigt wurden;
2. eine Beschreibung und Bewertung der erheblichen Umweltauswirkungen, die in der Umweltprüfung nach § 2 Absatz 4 Satz 1 ermittelt wurden; hierzu gehören folgende Angaben:
 a) eine Bestandsaufnahme der einschlägigen Aspekte des derzeitigen Umweltzustands (Basisszenario), einschließlich der Umweltmerkmale der Gebiete, die voraussichtlich erheblich beeinflusst werden, und eine Übersicht über die voraussichtliche Entwicklung des Umweltzustands bei Nichtdurchführung der Planung, soweit diese Entwicklung gegenüber dem Basisszenario mit zumutbarem Aufwand auf der Grundlage der verfügbaren Umweltinformationen und wissenschaftlichen Erkenntnisse abgeschätzt werden kann;
 b) eine Prognose über die Entwicklung des Umweltzustands bei Durchführung der Planung; hierzu sind, soweit möglich, insbesondere die möglichen erheblichen Auswirkungen während der Bau- und Betriebsphase der geplanten Vorhaben auf die Belange nach § 1 Absatz 6 Nummer 7 Buchstabe a bis i zu beschreiben, unter anderem infolge

aa) des Baus und des Vorhandenseins der geplanten Vorhaben, soweit relevant einschließlich Abrissarbeiten,

bb) der Nutzung natürlicher Ressourcen, insbesondere Fläche, Boden, Wasser, Tiere, Pflanzen und biologische Vielfalt, wobei soweit möglich die nachhaltige Verfügbarkeit dieser Ressourcen zu berücksichtigen ist,

cc) der Art und Menge an Emissionen von Schadstoffen, Lärm, Erschütterungen, Licht, Wärme und Strahlung sowie der Verursachung von Belästigungen,

dd) der Art und Menge der erzeugten Abfälle und ihrer Beseitigung und Verwertung,

ee) der Risiken für die menschliche Gesundheit, das kulturelle Erbe oder die Umwelt (zum Beispiel durch Unfälle oder Katastrophen),

ff) der Kumulierung mit den Auswirkungen von Vorhaben benachbarter Plangebiete unter Berücksichtigung etwaiger bestehender Umweltprobleme in Bezug auf möglicherweise betroffene Gebiete mit spezieller Umweltrelevanz oder auf die Nutzung von natürlichen Ressourcen,

gg) der Auswirkungen der geplanten Vorhaben auf das Klima (zum Beispiel Art und Ausmaß der Treibhausgasemissionen) und der Anfälligkeit der geplanten Vorhaben gegenüber den Folgen des Klimawandels,

hh) der eingesetzten Techniken und Stoffe;

die Beschreibung nach Halbsatz 2 soll sich auf die direkten und die etwaigen indirekten, sekundären, kumulativen, grenzüberschreitenden, kurzfristigen, mittelfristigen und langfristigen, ständigen und vorübergehenden sowie positiven und negativen Auswirkungen der geplanten Vorhaben erstrecken; die Beschreibung nach Halbsatz 2 soll zudem den auf Ebene der Europäischen Union oder auf Bundes-, Landes- oder kommunaler Ebene festgelegten Umweltschutzzielen Rechnung tragen;

c) eine Beschreibung der geplanten Maßnahmen, mit denen festgestellte erhebliche nachteilige Umweltauswirkungen vermieden, verhindert, verringert oder soweit möglich ausgeglichen werden sollen, sowie gegebenenfalls geplante Überwachungsmaßnahmen. In dieser Beschreibung ist zu erläutern, inwieweit erhebliche nachteilige Auswirkungen auf die Umwelt vermieden, verhindert, verringert oder ausgeglichen werden, wobei sowohl die Bauphase als auch die Betriebsphase abzudecken ist;

d) in Betracht kommende anderweitige Planungsmöglichkeiten, wobei die Ziele und der räumliche Geltungsbereich des Bauleitplans zu berücksichtigen sind, und die Angabe der wesentlichen Gründe für die getroffene Wahl;

e) eine Beschreibung der erheblichen nachteiligen Auswirkungen nach § 1 Absatz 6 Nummer 7 Buchstabe j; zur Vermeidung von Mehrfachprüfungen können die vorhandenen Ergebnisse anderer rechtlich vorgeschriebener Prüfungen genutzt werden; soweit angemessen, sollte diese Beschreibung Maßnahmen zur Verhinderung oder Verminderung der erheblichen nachteiligen Auswirkungen solcher Ereignisse auf die Umwelt sowie Einzelheiten in Bezug auf die Bereitschafts- und vorgesehenen Bekämpfungsmaßnahmen für derartige Krisenfälle erfassen;

3. zusätzliche Angaben:

a) eine Beschreibung der wichtigsten Merkmale der verwendeten technischen Verfahren bei der Umweltprüfung sowie Hinweise auf Schwierigkeiten, die bei der Zusammenstellung der Angaben aufgetreten sind, zum Beispiel technische Lücken oder fehlende Kenntnisse,

b) eine Beschreibung der geplanten Maßnahmen zur Überwachung der erheblichen Auswirkungen der Durchführung des Bauleitplans auf die Umwelt,

c) eine allgemein verständliche Zusammenfassung der erforderlichen Angaben nach dieser Anlage,

d) eine Referenzliste der Quellen, die für die im Bericht enthaltenen Beschreibungen und Bewertungen herangezogen wurden.

Anlage 2
(zu § 13a Absatz 1 Satz 2 Nummer 2)

Kriterien

Nachstehende Kriterien sind anzuwenden, soweit auf Anlage 2 Bezug genommen wird.

1.
Merkmale des Bebauungsplans, insbesondere in Bezug auf

1.1
das Ausmaß, in dem der Bebauungsplan einen Rahmen im Sinne des § 35 Absatz 3 des Gesetzes über die Umweltverträglichkeitsprüfung setzt;

1.2
das Ausmaß, in dem der Bebauungsplan andere Pläne und Programme beeinflusst;

1.3
die Bedeutung des Bebauungsplans für die Einbeziehung umweltbezogener, einschließlich gesundheitsbezogener Erwägungen, insbesondere im Hinblick auf die Förderung der nachhaltigen Entwicklung;

1.4
die für den Bebauungsplan relevanten umweltbezogenen, einschließlich gesundheitsbezogener Probleme;

1.5
die Bedeutung des Bebauungsplans für die Durchführung nationaler und europäischer Umweltvorschriften.

2.
Merkmale der möglichen Auswirkungen und der voraussichtlich betroffenen Gebiete, insbesondere in Bezug auf

2.1
die Wahrscheinlichkeit, Dauer, Häufigkeit und Umkehrbarkeit der Auswirkungen;

2.2
den kumulativen und grenzüberschreitenden Charakter der Auswirkungen;

2.3
die Risiken für die Umwelt, einschließlich der menschlichen Gesundheit (zum Beispiel bei Unfällen);

2.4
den Umfang und die räumliche Ausdehnung der Auswirkungen;

2.5
die Bedeutung und die Sensibilität des voraussichtlich betroffenen Gebiets auf Grund der besonderen natürlichen Merkmale, des kulturellen Erbes, der Intensität der Bodennutzung des Gebiets jeweils unter Berücksichtigung der Überschreitung von Umweltqualitätsnormen und Grenzwerten;

2.6
folgende Gebiete:

2.6.1
Natura 2000-Gebiete nach § 7 Absatz 1 Nummer 8 des Bundesnaturschutzgesetzes,

2.6.2
Naturschutzgebiete gemäß § 23 des Bundesnaturschutzgesetzes, soweit nicht bereits von Nummer 2.6.1 erfasst,

2.6.3
Nationalparke gemäß § 24 des Bundesnaturschutzgesetzes, soweit nicht bereits von Nummer 2.6.1 erfasst,

2.6.4
Biosphärenreservate und Landschaftsschutzgebiete gemäß den §§ 25 und 26 des Bundesnaturschutzgesetzes,

2.6.5

gesetzlich geschützte Biotope gemäß § 30 des Bundesnaturschutzgesetzes,

2.6.6

Wasserschutzgebiete gemäß § 51 des Wasserhaushaltsgesetzes, Heilquellenschutzgebiete gemäß § 53 Absatz 4 des Wasserhaushaltsgesetzes sowie Überschwemmungsgebiete gemäß § 76 des Wasserhaushaltsgesetzes,

2.6.7

Gebiete, in denen die in Rechtsakten der Europäischen Union festgelegten Umweltqualitätsnormen bereits überschritten sind,

2.6.8

Gebiete mit hoher Bevölkerungsdichte, insbesondere Zentrale Orte im Sinne des § 2 Absatz 2 Nummer 2 des Raumordnungsgesetzes,

2.6.9

in amtlichen Listen oder Karten verzeichnete Denkmäler, Denkmalensembles, Bodendenkmäler oder Gebiete, die von der durch die Länder bestimmten Denkmalschutzbehörde als archäologisch bedeutende Landschaften eingestuft worden sind.

Verordnung über die bauliche Nutzung der Grundstücke (Baunutzungsverordnung – BauNVO)

In der Fassung der Bekanntmachung vom 21. November 2017[1]) (BGBl. I S. 3786)
(FNA 213-1-2)

Inhaltsübersicht

Erster Abschnitt
Art der baulichen Nutzung

§ 1 Allgemeine Vorschriften für Bauflächen und Baugebiete

(1) Im Flächennutzungsplan können die für die Bebauung vorgesehenen Flächen nach der allgemeinen Art ihrer baulichen Nutzung (Bauflächen) dargestellt werden als

1. Wohnbauflächen (W)
2. gemischte Bauflächen (M)
3. gewerbliche Bauflächen (G)
4. Sonderbauflächen (S).

(2) Die für die Bebauung vorgesehenen Flächen können nach der besonderen Art ihrer baulichen Nutzung (Baugebiete) dargestellt werden als

1. Kleinsiedlungsgebiete (WS)
2. reine Wohngebiete (WR)

1) Neubekanntmachung der BauNVO idF der Bek. v. 27.1.1990 (BGBl. I S. 132) in der ab 1.10.2017 geltenden Fassung.

3.	allgemeine Wohngebiete	(WA)
4.	besondere Wohngebiete	(WB)
5.	Dorfgebiete	(MD)
6.	Mischgebiete	(MI)
7.	urbane Gebiete	(MU)
8.	Kerngebiete	(MK)
9.	Gewerbegebiete	(GE)
10.	Industriegebiete	(GI)
11.	Sondergebiete	(SO).

(3) [1]Im Bebauungsplan können die in Absatz 2 bezeichneten Baugebiete festgesetzt werden. [2]Durch die Festsetzung werden die Vorschriften der §§ 2 bis 14 Bestandteil des Bebauungsplans, soweit nicht auf Grund der Absätze 4 bis 10 etwas anderes bestimmt wird. [3]Bei Festsetzung von Sondergebieten finden die Vorschriften über besondere Festsetzungen nach den Absätzen 4 bis 10 keine Anwendung; besondere Festsetzungen über die Art der Nutzung können nach den §§ 10 und 11 getroffen werden.

(4) [1]Für die in den §§ 4 bis 9 bezeichneten Baugebiete können im Bebauungsplan für das jeweilige Baugebiet Festsetzungen getroffen werden, die das Baugebiet

1. nach der Art der zulässigen Nutzung,
2. nach der Art der Betriebe und Anlagen und deren besonderen Bedürfnissen und Eigenschaften

gliedern. [2]Die Festsetzungen nach Satz 1 können auch für mehrere Gewerbegebiete einer Gemeinde im Verhältnis zueinander getroffen werden; dies gilt auch für Industriegebiete. [3]Absatz 5 bleibt unberührt.

(5) Im Bebauungsplan kann festgesetzt werden, dass bestimmte Arten von Nutzungen, die nach den §§ 2 bis 9 sowie 13 und 13a allgemein zulässig sind, nicht zulässig sind oder nur ausnahmsweise zugelassen werden können, sofern die allgemeine Zweckbestimmung des Baugebiets gewahrt bleibt.

(6) Im Bebauungsplan kann festgesetzt werden, dass alle oder einzelne Ausnahmen, die in den Baugebieten nach den §§ 2 bis 9 vorgesehen sind,

1. nicht Bestandteil des Bebauungsplans werden oder
2. in dem Baugebiet allgemein zulässig sind, sofern die allgemeine Zweckbestimmung des Baugebiets gewahrt bleibt.

(7) In Bebauungsplänen für Baugebiete nach den §§ 4 bis 9 kann, wenn besondere städtebauliche Gründe dies rechtfertigen (§ 9 Absatz 3 des Baugesetzbuchs), festgesetzt werden, dass in bestimmten Geschossen, Ebenen oder sonstigen Teilen baulicher Anlagen

1. nur einzelne oder mehrere der in dem Baugebiet allgemein zulässigen Nutzungen zulässig sind,
2. einzelne oder mehrere der in dem Baugebiet allgemein zulässigen Nutzungen unzulässig sind oder als Ausnahme zugelassen werden können oder
3. alle oder einzelne Ausnahmen, die in den Baugebieten nach den §§ 4 bis 9 vorgesehen sind, nicht zulässig oder, sofern die allgemeine Zweckbestimmung des Baugebiets gewahrt bleibt, allgemein zulässig sind.

(8) Die Festsetzungen nach den Absätzen 4 bis 7 können sich auch auf Teile des Baugebiets beschränken.

(9) Wenn besondere städtebauliche Gründe dies rechtfertigen, kann im Bebauungsplan bei Anwendung der Absätze 5 bis 8 festgesetzt werden, dass nur bestimmte Arten der in den Baugebieten allgemein oder ausnahmsweise zulässigen baulichen oder sonstigen Anlagen zulässig oder nicht zulässig sind oder nur ausnahmsweise zugelassen werden können.

(10) [1]Wären bei Festsetzung eines Baugebiets nach den §§ 2 bis 9 in überwiegend bebauten Gebieten bestimmte vorhandene bauliche und sonstige Anlagen unzulässig, kann im Bebauungsplan festgesetzt werden, dass Erweiterungen, Änderungen, Nutzungsänderungen und Erneuerungen dieser Anlagen allgemein zulässig sind oder ausnahmsweise zugelassen werden können. [2]Im Bebauungsplan können nähere Bestimmungen über die Zulässigkeit getroffen werden. [3]Die allgemeine Zweckbestimmung des Baugebiets muss in seinen übrigen Teilen gewahrt bleiben. [4]Die Sätze 1 bis 3 gelten auch für die Änderung und Ergänzung von Bebauungsplänen.

§ 2 Kleinsiedlungsgebiete

(1) Kleinsiedlungsgebiete dienen vorwiegend der Unterbringung von Kleinsiedlungen einschließlich Wohngebäuden mit entprechenden Nutzgärten und landwirtschaftlichen Nebenerwerbsstellen.

(2) Zulässig sind

1. Kleinsiedlungen einschließlich Wohngebäude mit entsprechenden Nutzgärten, landwirtschaftliche Nebenerwerbsstellen und Gartenbaubetriebe,
2. die der Versorgung des Gebiets dienenden Läden, Schank- und Speisewirtschaften sowie nicht störenden Handwerksbetriebe.

(3) Ausnahmsweise können zugelassen werden
1. sonstige Wohngebäude mit nicht mehr als zwei Wohnungen,
2. Anlagen für kirchliche, kulturelle, soziale, gesundheitliche und sportliche Zwecke,
3. Tankstellen,
4. nicht störende Gewerbebetriebe.

§ 3 Reine Wohngebiete
(1) Reine Wohngebiete dienen dem Wohnen.
(2) Zulässig sind
1. Wohngebäude,
2. Anlagen zur Kinderbetreuung, die den Bedürfnissen der Bewohner des Gebiets dienen.
(3) Ausnahmsweise können zugelassen werden
1. Läden und nicht störende Handwerksbetriebe, die zur Deckung des täglichen Bedarfs für die Bewohner des Gebiets dienen, sowie kleine Betriebe des Beherbergungsgewerbes,
2. sonstige Anlagen für soziale Zwecke sowie den Bedürfnissen der Bewohner des Gebiets dienende Anlagen für kirchliche, kulturelle, gesundheitliche und sportliche Zwecke.
(4) Zu den nach Absatz 2 sowie den §§ 2, 4 bis 7 zulässigen Wohngebäuden gehören auch solche, die ganz oder teilweise der Betreuung und Pflege ihrer Bewohner dienen.

§ 4 Allgemeine Wohngebiete
(1) Allgemeine Wohngebiete dienen vorwiegend dem Wohnen.
(2) Zulässig sind
1. Wohngebäude,
2. die der Versorgung des Gebiets dienenden Läden, Schank- und Speisewirtschaften sowie nicht störenden Handwerksbetriebe,
3. Anlagen für kirchliche, kulturelle, soziale, gesundheitliche und sportliche Zwecke.
(3) Ausnahmsweise können zugelassen werden
1. Betriebe des Beherbergungsgewerbes,
2. sonstige nicht störende Gewerbebetriebe,
3. Anlagen für Verwaltungen,
4. Gartenbaubetriebe,
5. Tankstellen.

§ 4a Gebiete zur Erhaltung und Entwicklung der Wohnnutzung (besondere Wohngebiete)
(1) [1]Besondere Wohngebiete sind überwiegend bebaute Gebiete, die aufgrund ausgeübter Wohnnutzung und vorhandener sonstiger in Absatz 2 genannter Anlagen eine besondere Eigenart aufweisen und in denen unter Berücksichtigung dieser Eigenart die Wohnnutzung erhalten und fortentwickelt werden soll. [2]Besondere Wohngebiete dienen vorwiegend dem Wohnen; sie dienen auch der Unterbringung von Gewerbebetrieben und sonstigen Anlagen im Sinne der Absätze 2 und 3, soweit diese Betriebe und Anlagen nach der besonderen Eigenart des Gebiets mit der Wohnnutzung vereinbar sind.
(2) Zulässig sind
1. Wohngebäude,
2. Läden, Betriebe des Beherbergungsgewerbes, Schank- und Speisewirtschaften,
3. sonstige Gewerbebetriebe,
4. Geschäfts- und Bürogebäude,
5. Anlagen für kirchliche, kulturelle, soziale, gesundheitliche und sportliche Zwecke.
(3) Ausnahmsweise können zugelassen werden
1. Anlagen für zentrale Einrichtungen der Verwaltung,
2. Vergnügungsstätten, soweit sie nicht wegen ihrer Zweckbestimmung oder ihres Umfangs nur in Kerngebieten allgemein zulässig sind,
3. Tankstellen.
(4) Für besondere Wohngebiete oder Teile solcher Gebiete kann, wenn besondere städtebauliche Gründe dies rechtfertigen (§ 9 Absatz 3 des Baugesetzbuchs), festgesetzt werden, daß
1. oberhalb eines im Bebauungsplan bestimmten Geschosses nur Wohnungen zulässig sind oder
2. in Gebäuden ein im Bebauungsplan bestimmter Anteil der zulässigen Geschoßfläche oder eine bestimmte Größe der Geschoßfläche für Wohnungen zu verwenden ist.

§ 5 Dorfgebiete
(1) [1]Dorfgebiete dienen der Unterbringung der Wirtschaftsstellen land- und forstwirtschaftlicher Betriebe, dem Wohnen und der Unterbringung von nicht wesentlich störenden Gewerbebetrieben sowie der Ver-

sorgung der Bewohner des Gebiets dienenden Handwerksbetrieben. [2]Auf die Belange der land- und forstwirtschaftlichen Betriebe einschließlich ihrer Entwicklungsmöglichkeiten ist vorrangig Rücksicht zu nehmen.

(2) Zulässig sind

1. Wirtschaftsstellen land- und forstwirtschaftlicher Betriebe und die dazugehörigen Wohnungen und Wohngebäude,
2. Kleinsiedlungen einschließlich Wohngebäude mit entsprechenden Nutzgärten und landwirtschaftliche Nebenerwerbsstellen,
3. sonstige Wohngebäude,
4. Betriebe zur Be- und Verarbeitung und Sammlung land- und forstwirtschaftlicher Erzeugnisse,
5. Einzelhandelsbetriebe, Schank- und Speisewirtschaften sowie Betriebe des Beherbergungsgewerbes,
6. sonstige Gewerbebetriebe,
7. Anlagen für örtliche Verwaltungen sowie für kirchliche, kulturelle, soziale, gesundheitliche und sportliche Zwecke,
8. Gartenbaubetriebe,
9. Tankstellen.

(3) Ausnahmsweise können Vergnügungsstätten im Sinne des § 4a Absatz 3 Nummer 2 zugelassen werden.

§ 6 Mischgebiete

(1) Mischgebiete dienen dem Wohnen und der Unterbringung von Gewerbebetrieben, die das Wohnen nicht wesentlich stören.

(2) Zulässig sind

1. Wohngebäude,
2. Geschäfts- und Bürogebäude,
3. Einzelhandelsbetriebe, Schank- und Speisewirtschaften sowie Betriebe des Beherbergungsgewerbes,
4. sonstige Gewerbebetriebe,
5. Anlagen für Verwaltungen sowie für kirchliche, kulturelle, soziale, gesundheitliche und sportliche Zwecke,
6. Gartenbaubetriebe,
7. Tankstellen,
8. Vergnügungsstätten im Sinne des § 4a Absatz 3 Nummer 2 in den Teilen des Gebiets, die überwiegend durch gewerbliche Nutzungen geprägt sind.

(3) Ausnahmsweise können Vergnügungsstätten im Sinne des § 4a Absatz 3 Nummer 2 außerhalb der in Absatz 2 Nummer 8 bezeichneten Teile des Gebiets zugelassen werden.

§ 6a Urbane Gebiete

(1) [1]Urbane Gebiete dienen dem Wohnen sowie der Unterbringung von Gewerbebetrieben und sozialen, kulturellen und anderen Einrichtungen, die die Wohnnutzung nicht wesentlich stören. [2]Die Nutzungsmischung muss nicht gleichgewichtig sein.

(2) Zulässig sind

1. Wohngebäude,
2. Geschäfts- und Bürogebäude,
3. Einzelhandelsbetriebe, Schank- und Speisewirtschaften sowie Betriebe des Beherbergungsgewerbes,
4. sonstige Gewerbebetriebe,
5. Anlagen für Verwaltungen sowie für kirchliche, kulturelle, soziale, gesundheitliche und sportliche Zwecke.

(3) Ausnahmsweise können zugelassen werden

1. Vergnügungsstätten, soweit sie nicht wegen ihrer Zweckbestimmung oder ihres Umfangs nur in Kerngebieten allgemein zulässig sind,
2. Tankstellen.

(4) Für urbane Gebiete oder Teile solcher Gebiete kann festgesetzt werden, dass in Gebäuden

1. im Erdgeschoss an der Straßenseite eine Wohnnutzung nicht oder nur ausnahmsweise zulässig ist,
2. oberhalb eines im Bebauungsplan bestimmten Geschosses nur Wohnungen zulässig sind,
3. ein im Bebauungsplan bestimmter Anteil der zulässigen Geschossfläche oder eine im Bebauungsplan bestimmte Größe der Geschossfläche für Wohnungen zu verwenden ist, oder
4. ein im Bebauungsplan bestimmter Anteil der zulässigen Geschossfläche oder eine im Bebauungsplan bestimmte Größe der Geschossfläche für gewerbliche Nutzungen zu verwenden ist.

§ 7 Kerngebiete
(1) Kerngebiete dienen vorwiegend der Unterbringung von Handelsbetrieben sowie der zentralen Einrichtungen der Wirtschaft, der Verwaltung und der Kultur.
(2) Zulässig sind
1. Geschäfts-, Büro- und Verwaltungsgebäude,
2. Einzelhandelsbetriebe, Schank- und Speisewirtschaften, Betriebe des Beherbergungsgewerbes und Vergnügungsstätten,
3. sonstige nicht wesentlich störende Gewerbebetriebe,
4. Anlagen für kirchliche, kulturelle, soziale, gesundheitliche und sportliche Zwecke,
5. Tankstellen im Zusammenhang mit Parkhäusern und Großgaragen,
6. Wohnungen für Aufsichts- und Bereitschaftspersonen sowie für Betriebsinhaber und Betriebsleiter,
7. sonstige Wohnungen nach Maßgabe von Festsetzungen des Bebauungsplans.
(3) Ausnahmsweise können zugelassen werden
1. Tankstellen, die nicht unter Absatz 2 Nr. 5 fallen,
2. Wohnungen, die nicht unter Absatz 2 Nr. 6 und 7 fallen.
(4) [1]Für Teile eines Kerngebiets kann, wenn besondere städtebauliche Gründe dies rechtfertigen (§ 9 Abs. 3 des Baugesetzbuchs), festgesetzt werden, daß
1. oberhalb eines im Bebauungsplan bestimmten Geschosses nur Wohnungen zulässig sind oder
2. in Gebäuden ein im Bebauungsplan bestimmter Anteil der zulässigen Geschoßfläche oder eine bestimmte Größe der Geschoßfläche für Wohnungen zu verwenden ist. [2]Dies gilt auch, wenn durch solche Festsetzungen dieser Teil des Kerngebiets nicht vorwiegend der Unterbringung von Handelsbetrieben sowie der zentralen Einrichtungen der Wirtschaft, der Verwaltung und der Kultur dient.

§ 8 Gewerbegebiete
(1) Gewerbegebiete dienen vorwiegend der Unterbringung von nicht erheblich belästigenden Gewerbebetrieben.
(2) Zulässig sind
1. Gewerbebetriebe aller Art, Lagerhäuser, Lagerplätze und öffentliche Betriebe,
2. Geschäfts-, Büro- und Verwaltungsgebäude,
3. Tankstellen,
4. Anlagen für sportliche Zwecke.
(3) Ausnahmsweise können zugelassen werden
1. Wohnungen für Aufsichts- und Bereitschaftspersonen sowie für Betriebsinhaber und Betriebsleiter, die dem Gewerbebetrieb zugeordnet und ihm gegenüber in Grundfläche und Baumasse untergeordnet sind,
2. Anlagen für kirchliche, kulturelle, soziale und gesundheitliche Zwecke,
3. Vergnügungsstätten.

§ 9 Industriegebiete
(1) Industriegebiete dienen ausschließlich der Unterbringung von Gewerbebetrieben, und zwar vorwiegend solcher Betriebe, die in anderen Baugebieten unzulässig sind.
(2) Zulässig sind
1. Gewerbebetriebe aller Art, Lagerhäuser, Lagerplätze und öffentliche Betriebe,
2. Tankstellen.
(3) Ausnahmsweise können zugelassen werden
1. Wohnungen für Aufsichts- und Bereitschaftspersonen sowie für Betriebsinhaber und Betriebsleiter, die dem Gewerbebetrieb zugeordnet und ihm gegenüber in Grundfläche und Baumasse untergeordnet sind,
2. Anlagen für kirchliche, kulturelle, soziale, gesundheitliche und sportliche Zwecke.

§ 10 Sondergebiete, die der Erholung dienen
(1) Als Sondergebiete, die der Erholung dienen, kommen insbesondere in Betracht
 Wochenendhausgebiete,
 Ferienhausgebiete,
 Campingplatzgebiete.
(2) [1]Für Sondergebiete, die der Erholung dienen, sind die Zweckbestimmung und die Art der Nutzung darzustellen und festzusetzen. [2]Im Bebauungsplan kann festgesetzt werden, daß bestimmte, der Eigenart

des Gebiets entsprechende Anlagen und Einrichtungen zur Versorgung des Gebiets und für sportliche Zwecke allgemein zulässig sind oder ausnahmsweise zugelassen werden können.

(3) [1]In Wochenendhausgebieten sind Wochenendhäuser als Einzelhäuser zulässig. [2]Im Bebauungsplan kann festgesetzt werden, daß Wochenendhäuser nur als Hausgruppen zulässig sind oder ausnahmsweise als Hausgruppen zugelassen werden können. [3]Die zulässige Grundfläche der Wochenendhäuser ist im Bebauungsplan, begrenzt nach der besonderen Eigenart des Gebiets, unter Berücksichtigung der landschaftlichen Gegebenheiten festzusetzen.

(4) [1]In Ferienhausgebieten sind Ferienhäuser zulässig, die aufgrund ihrer Lage, Größe, Ausstattung, Erschließung und Versorgung für den Erholungsaufenthalt geeignet und dazu bestimmt sind, überwiegend und auf Dauer einem wechselnden Personenkreis zur Erholung zu dienen. [2]Im Bebauungsplan kann die Grundfläche der Ferienhäuser, begrenzt nach der besonderen Eigenart des Gebiets, unter Berücksichtigung der landschaftlichen Gegebenheiten festgesetzt werden.

(5) In Campingplatzgebieten sind Campingplätze und Zeltplätze zulässig.

§ 11 Sonstige Sondergebiete

(1) Als sonstige Sondergebiete sind solche Gebiete darzustellen und festzusetzen, die sich von den Baugebieten nach den §§ 2 bis 10 wesentlich unterscheiden.

(2) [1]Für sonstige Sondergebiete sind die Zweckbestimmung und die Art der Nutzung darzustellen und festzusetzen. [2]Als sonstige Sondergebiete kommen insbesondere in Betracht

Gebiete für den Fremdenverkehr, wie Kurgebiete und Gebiete für die Fremdenbeherbergung, auch mit einer Mischung von Fremdenbeherbergung oder Ferienwohnen einerseits sowie Dauerwohnen andererseits,

Ladengebiete,

Gebiete für Einkaufszentren und großflächige Handelsbetriebe,

Gebiete für Messen, Ausstellungen und Kongresse,

Hochschulgebiete,

Klinikgebiete,

Hafengebiete,

Gebiete für Anlagen, die der Erforschung, Entwicklung oder Nutzung erneuerbarer Energien, wie Wind- und Sonnenenergie, dienen.

(3) [1]

1. Einkaufszentren,
2. großflächige Einzelhandelsbetriebe, die sich nach Art, Lage oder Umfang auf die Verwirklichung der Ziele der Raumordnung und Landesplanung oder auf die städtebauliche Entwicklung und Ordnung nicht nur unwesentlich auswirken können,
3. sonstige großflächige Handelsbetriebe, die im Hinblick auf den Verkauf an letzte Verbraucher und auf die Auswirkungen den in Nummer 2 bezeichneten Einzelhandelsbetrieben vergleichbar sind,

sind außer in Kerngebieten nur in für sie festgesetzten Sondergebieten zulässig. [2]Auswirkungen im Sinne des Satzes 1 Nr. 2 und 3 sind insbesondere schädliche Umwelteinwirkungen im Sinne des § 3 des Bundes-Immissionsschutzgesetzes sowie Auswirkungen auf die infrastrukturelle Ausstattung, auf den Verkehr, auf die Versorgung der Bevölkerung im Einzugsbereich der in Satz 1 bezeichneten Betriebe, auf die Entwicklung zentraler Versorgungsbereiche in der Gemeinde oder in anderen Gemeinden, auf das Orts- und Landschaftsbild und auf den Naturhaushalt. [3]Auswirkungen im Sinne des Satzes 2 sind bei Betrieben nach Satz 1 Nr. 2 und 3 in der Regel anzunehmen, wenn die Geschoßfläche 1 200 m^2 überschreitet. [4]Die Regel des Satzes 3 gilt nicht, wenn Anhaltspunkte dafür bestehen, daß Auswirkungen bereits bei weniger als 1 200 m^2 Geschoßfläche vorliegen oder bei mehr als 1 200 m^2 Geschoßfläche nicht vorliegen; dabei sind in Bezug auf die in Satz 2 bezeichneten Auswirkungen insbesondere die Gliederung und Größe der Gemeinde und ihrer Ortsteile, die Sicherung der verbrauchernahen Versorgung der Bevölkerung und das Warenangebot des Betriebs zu berücksichtigen.

§ 12 Stellplätze und Garagen

(1) Stellplätze und Garagen sind in allen Baugebieten zulässig, soweit sich aus den Absätzen 2 bis 6 nichts anderes ergibt.

(2) In Kleinsiedlungsgebieten, reinen Wohngebieten und allgemeinen Wohngebieten sowie Sondergebieten, die der Erholung dienen, sind Stellplätze und Garagen nur für den durch die zugelassene Nutzung verursachten Bedarf zulässig.

(3) Unzulässig sind

1. Stellplätze und Garagen für Lastkraftwagen und Kraftomnibusse sowie für Anhänger dieser Kraftfahrzeuge in reinen Wohngebieten,

2. Stellplätze und Garagen für Kraftfahrzeuge mit einem Eigengewicht über 3,5 Tonnen sowie für Anhänger dieser Kraftfahrzeuge in Kleinsiedlungsgebieten und allgemeinen Wohngebieten.

(4) [1]Im Bebauungsplan kann, wenn besondere städtebauliche Gründe dies rechtfertigen (§ 9 Abs. 3 des Baugesetzbuchs), festgesetzt werden, daß in bestimmten Geschossen nur Stellplätze oder Garagen und zugehörige Nebeneinrichtungen (Garagengeschosse) zulässig sind. [2]Eine Festsetzung nach Satz 1 kann auch für Geschosse unterhalb der Geländeoberfläche getroffen werden. [3]Bei Festsetzungen nach den Sätzen 1 und 2 sind Stellplätze und Garagen auf dem Grundstück nur in den festgesetzten Geschossen zulässig, soweit der Bebauungsplan nichts anderes bestimmt.

(5) [1]Im Bebauungsplan kann, wenn besondere städtebauliche Gründe dies rechtfertigen (§ 9 Abs. 3 des Baugesetzbuchs), festgesetzt werden, daß in Teilen von Geschossen nur Stellplätze und Garagen zulässig sind. [2]Absatz 4 Satz 2 und 3 gilt entsprechend.

(6) Im Bebauungsplan kann festgesetzt werden, daß in Baugebieten oder bestimmten Teilen von Baugebieten Stellplätze und Garagen unzulässig oder nur in beschränktem Umfang zulässig sind, soweit landesrechtliche Vorschriften nicht entgegenstehen.

(7) Die landesrechtlichen Vorschriften über die Ablösung der Verpflichtung zur Herstellung von Stellplätzen und Garagen sowie die Verpflichtung zur Herstellung von Stellplätzen und Garagen außerhalb der im Bebauungsplan festgesetzten Bereiche bleiben bei Festsetzungen nach den Absätzen 4 bis 6 unberührt.

§ 13 Gebäude und Räume für freie Berufe

Für die Berufsausübung freiberuflich Tätiger und solcher Gewerbetreibender, die ihren Beruf in ähnlicher Art ausüben, sind in den Baugebieten nach den §§ 2 bis 4 Räume, in den Baugebieten nach den §§ 4a bis 9 auch Gebäude zulässig.

§ 13a Ferienwohnungen

[1]Räume oder Gebäude, die einem ständig wechselnden Kreis von Gästen gegen Entgelt vorübergehend zur Unterkunft zur Verfügung gestellt werden und die zur Begründung einer eigenen Häuslichkeit geeignet und bestimmt sind (Ferienwohnungen), gehören unbeschadet des § 10 in der Regel zu den nicht störenden Gewerbebetrieben nach § 2 Absatz 3 Nummer 4 und § 4 Absatz 3 Nummer 2 oder zu den Gewerbebetrieben nach § 4a Absatz 2 Nummer 3, § 5 Absatz 2 Nummer 6, § 6 Absatz 2 Nummer 4, § 6a Absatz 2 Nummer 4 und § 7 Absatz 2 Nummer 3. [2]Abweichend von Satz 1 können Räume nach Satz 1 in den übrigen Fällen insbesondere bei einer baulich untergeordneten Bedeutung gegenüber der in dem Gebäude vorherrschenden Hauptnutzung zu den Betrieben des Beherbergungsgewerbes nach § 4 Absatz 3 Nummer 1, § 4a Absatz 2 Nummer 2, § 5 Absatz 2 Nummer 5, § 6 Absatz 2 Nummer 3, § 6a Absatz 2 Nummer 3 und § 7 Absatz 2 Nummer 2 oder zu den kleinen Betrieben des Beherbergungsgewerbes nach § 3 Absatz 3 Nummer 1 gehören.

§ 14 Nebenanlagen; Anlagen zur Nutzung solarer Strahlungsenergie und Kraft-Wärme-Kopplungsanlagen

(1) [1]Außer den in den §§ 2 bis 13 genannten Anlagen sind auch untergeordnete Nebenanlagen und Einrichtungen zulässig, die dem Nutzungszweck der in dem Baugebiet gelegenen Grundstücke oder des Baugebiets selbst dienen und die seiner Eigenart nicht widersprechen. [2]Soweit nicht bereits in den Baugebieten nach dieser Verordnung Einrichtungen und Anlagen für die Tierhaltung, einschließlich der Kleintiererhaltungszucht, zulässig sind, gehören zu den untergeordneten Nebenanlagen und Einrichtungen im Sinne des Satzes 1 auch solche für die Kleintierhaltung. [3]Im Bebauungsplan kann die Zulässigkeit der Nebenanlagen und Einrichtungen eingeschränkt oder ausgeschlossen werden.

(2) [1]Die der Versorgung der Baugebiete mit Elektrizität, Gas, Wärme und Wasser sowie zur Ableitung von Abwasser dienenden Nebenanlagen können in den Baugebieten als Ausnahme zugelassen werden, auch soweit für sie im Bebauungsplan keine besonderen Flächen festgesetzt sind. [2]Dies gilt auch für fernmeldetechnische Nebenanlagen sowie für Anlagen für erneuerbare Energien, soweit nicht Absatz 1 Satz 1 Anwendung findet.

(3) Soweit baulich untergeordnete Anlagen zur Nutzung solarer Strahlungsenergie in, an oder auf Dach- und Außenwandflächen oder Kraft-Wärme-Kopplungsanlagen innerhalb von Gebäuden nicht bereits nach den §§ 2 bis 13 zulässig sind, gelten sie auch dann als Anlagen im Sinne des Absatzes 1 Satz 1, wenn die erzeugte Energie vollständig oder überwiegend in das öffentliche Netz eingespeist wird.

§ 15 Allgemeine Voraussetzungen für die Zulässigkeit baulicher und sonstiger Anlagen

(1) [1]Die in den §§ 2 bis 14 aufgeführten baulichen und sonstigen Anlagen sind im Einzelfall unzulässig, wenn sie nach Anzahl, Lage, Umfang oder Zweckbestimmung der Eigenart des Baugebiets widersprechen. [2]Sie sind auch unzulässig, wenn von ihnen Belästigungen oder Störungen ausgehen können, die

nach der Eigenart des Baugebiets im Baugebiet selbst oder in dessen Umgebung unzumutbar sind, oder wenn sie solchen Belästigungen oder Störungen ausgesetzt werden.

(2) Die Anwendung des Absatzes 1 hat nach den städtebaulichen Zielen und Grundsätzen des § 1 Abs. 5 des Baugesetzbuchs zu erfolgen.

(3) Die Zulässigkeit der Anlagen in den Baugebieten ist nicht allein nach den verfahrensrechtlichen Einordnungen des Bundes-Immissionsschutzgesetzes und der auf seiner Grundlage erlassenen Verordnungen zu beurteilen.

Zweiter Abschnitt
Maß der baulichen Nutzung

§ 16 Bestimmung des Maßes der baulichen Nutzung
(1) Wird im Flächennutzungsplan das allgemeine Maß der baulichen Nutzung dargestellt, genügt die Angabe der Geschoßflächenzahl, der Baumassenzahl oder der Höhe baulicher Anlagen.
(2) Im Bebauungsplan kann das Maß der baulichen Nutzung bestimmt werden durch Festsetzung
1. der Grundflächenzahl oder der Größe der Grundflächen der baulichen Anlagen,
2. der Geschoßflächenzahl oder der Größe der Geschoßfläche, der Baumassenzahl oder der Baumasse,
3. der Zahl der Vollgeschosse,
4. der Höhe baulicher Anlagen.
(3) Bei Festsetzung des Maßes der baulichen Nutzung im Bebauungsplan ist festzusetzen
1. stets die Grundflächenzahl oder die Größe der Grundflächen der baulichen Anlagen,
2. die Zahl der Vollgeschosse oder die Höhe baulicher Anlagen, wenn ohne ihre Festsetzung öffentliche Belange, insbesondere das Orts- und Landschaftsbild, beeinträchtigt werden können.
(4) [1]Bei Festsetzung des Höchstmaßes für die Geschoßflächenzahl oder die Größe der Geschoßfläche, für die Zahl der Vollgeschosse oder die Höhe baulicher Anlagen im Bebauungsplan kann zugleich ein Mindestmaß festgesetzt werden. [2]Die Zahl der Vollgeschosse und die Höhe baulicher Anlagen können auch als zwingend festgesetzt werden.
(5) Im Bebauungsplan kann das Maß der baulichen Nutzung für Teile des Baugebiets, für einzelne Grundstücke oder Grundstücksteile und für Teile baulicher Anlagen unterschiedlich festgesetzt werden; die Festsetzungen können oberhalb und unterhalb der Geländeoberfläche getroffen werden.
(6) Im Bebauungsplan können nach Art und Umfang bestimmte Ausnahmen von dem festgesetzten Maß der baulichen Nutzung vorgesehen werden.

§ 17 Obergrenzen für die Bestimmung des Maßes der baulichen Nutzung
(1) Bei der Bestimmung des Maßes der baulichen Nutzung nach § 16 dürfen, auch wenn eine Geschossflächenzahl oder eine Baumassenzahl nicht dargestellt oder festgesetzt wird, folgende Obergrenzen nicht überschritten werden:

1		2	3	4
Baugebiet		Grund-flächenzahl (GRZ)	Geschoss-flächenzahl (GFZ)	Bau-massenzahl (BMZ)
in	Kleinsiedlungsgebieten (WS)	0,2	0,4	–
in	reinen Wohngebieten (WR) allgem. Wohngebieten (WA) Ferienhausgebieten	0,4	1,2	–
in	besonderen Wohngebieten (WB)	0,6	1,6	–
in	Dorfgebieten (MD) Mischgebieten (MI)	0,6	1,2	–
in	urbanen Gebieten (MU)	0,8	3,0	–
in	Kerngebieten (MK)	1,0	3,0	–
in	Gewerbegebieten (GE) Industriegebieten (GI) sonstigen Sondergebieten	0,8	2,4	10,0
in	Wochenendhausgebieten	0,2	0,2	–

(2) [1]Die Obergrenzen des Absatzes 1 können aus städtebaulichen Gründen überschritten werden, wenn die Überschreitung durch Umstände ausgeglichen ist oder durch Maßnahmen ausgeglichen wird, durch die sichergestellt ist, dass die allgemeinen Anforderungen an gesunde Wohn- und Arbeitsverhältnisse nicht beeinträchtigt werden und nachteilige Auswirkungen auf die Umwelt vermieden werden. [2]Dies gilt nicht für Wochenendhausgebiete und Ferienhausgebiete.

§ 18 Höhe baulicher Anlagen

(1) Bei Festsetzung der Höhe baulicher Anlagen sind die erforderlichen Bezugspunkte zu bestimmen.

(2) Ist die Höhe baulicher Anlagen als zwingend festgesetzt (§ 16 Abs. 4 Satz 2), können geringfügige Abweichungen zugelassen werden.

§ 19 Grundflächenzahl, zulässige Grundfläche

(1) Die Grundflächenzahl gibt an, wieviel Quadratmeter Grundfläche je Quadratmeter Grundstücksfläche im Sinne des Absatzes 3 zulässig sind.

(2) Zulässige Grundfläche ist der nach Absatz 1 errechnete Anteil des Baugrundstücks, der von baulichen Anlagen überdeckt werden darf.

(3) [1]Für die Ermittlung der zulässigen Grundfläche ist die Fläche des Baugrundstücks maßgebend, die im Bauland und hinter der im Bebauungsplan festgesetzten Straßenbegrenzungslinie liegt. [2]Ist eine Straßenbegrenzungslinie nicht festgesetzt, so ist die Fläche des Baugrundstücks maßgebend, die hinter der tatsächlichen Straßengrenze liegt oder die im Bebauungsplan als maßgebend für die Ermittlung der zulässigen Grundfläche festgesetzt ist.

(4) [1]Bei der Ermittlung der Grundfläche sind die Grundflächen von

1. Garagen und Stellplätzen mit ihren Zufahrten,
2. Nebenanlagen im Sinne des § 14,
3. baulichen Anlagen unterhalb der Geländeoberfläche, durch die das Baugrundstück lediglich unterbaut wird,

mitzurechnen. [2]Die zulässige Grundfläche darf durch die Grundflächen der in Satz 1 bezeichneten Anlagen bis zu 50 vom Hundert überschritten werden, höchstens jedoch bis zu einer Grundflächenzahl von 0,8; weitere Überschreitungen in geringfügigem Ausmaß können zugelassen werden. [3]Im Bebauungsplan können von Satz 2 abweichende Bestimmungen getroffen werden. [4]Soweit der Bebauungsplan nichts anderes festsetzt, kann im Einzelfall von der Einhaltung der sich aus Satz 2 ergebenden Grenzen abgesehen werden

1. bei Überschreitungen mit geringfügigen Auswirkungen auf die natürlichen Funktionen des Bodens oder
2. wenn die Einhaltung der Grenzen zu einer wesentlichen Erschwerung der zweckentsprechenden Grundstücksnutzung führen würde.

§ 20 Vollgeschosse, Geschoßflächenzahl, Geschoßfläche

(1) Als Vollgeschosse gelten Geschosse, die nach landesrechtlichen Vorschriften Vollgeschosse sind oder auf ihre Zahl angerechnet werden.

(2) Die Geschoßflächenzahl gibt an, wieviel Quadratmeter Geschoßfläche je Quadratmeter Grundstücksfläche im Sinne des § 19 Abs. 3 zulässig sind.

(3) [1]Die Geschoßfläche ist nach den Außenmaßen der Gebäude in allen Vollgeschossen zu ermitteln. [2]Im Bebauungsplan kann festgesetzt werden, daß die Flächen von Aufenthaltsräumen in anderen Geschossen einschließlich der zu ihnen gehörenden Treppenräume und einschließlich ihrer Umfassungswände ganz oder teilweise mitzurechnen oder ausnahmsweise nicht mitzurechnen sind.

(4) Bei der Ermittlung der Geschoßfläche bleiben Nebenanlagen im Sinne des § 14, Balkone, Loggien, Terrassen sowie bauliche Anlagen, soweit sie nach Landesrecht in den Abstandsflächen (seitlicher Grenzabstand und sonstige Abstandsflächen) zulässig sind oder zugelassen werden können, unberücksichtigt.

§ 21 Baumassenzahl, Baumasse

(1) Die Baumassenzahl gibt an, wieviel Kubikmeter Baumasse je Quadratmeter Grundstücksfläche im Sinne des § 19 Abs. 3 zulässig sind.

(2) [1]Die Baumasse ist nach den Außenmaßen der Gebäude vom Fußboden des untersten Vollgeschosses bis zur Decke des obersten Vollgeschosses zu ermitteln. [2]Die Baumassen von Aufenthaltsräumen in anderen Geschossen einschließlich der zu ihnen gehörenden Treppenräume und einschließlich ihrer Umfassungswände und Decken sind mitzurechnen. [3]Bei baulichen Anlagen, bei denen eine Berechnung der Baumasse nach Satz 1 nicht möglich ist, ist die tatsächliche Baumasse zu ermitteln.

(3) Bauliche Anlagen und Gebäudeteile im Sinne des § 20 Abs. 4 bleiben bei der Ermittlung der Baumasse unberücksichtigt.

(4) Ist im Bebauungsplan die Höhe baulicher Anlagen oder die Baumassenzahl nicht festgesetzt, darf bei Gebäuden, die Geschosse von mehr als 3,50 m Höhe haben, eine Baumassenzahl, die das Dreieinhalbfache der zulässigen Geschoßflächenzahl beträgt, nicht überschritten werden.

§ 21a Stellplätze, Garagen und Gemeinschaftsanlagen

(1) Garagengeschosse oder ihre Baumasse sind in sonst anders genutzten Gebäuden auf die Zahl der zulässigen Vollgeschosse oder auf die zulässige Baumasse nicht anzurechnen, wenn der Bebauungsplan dies festsetzt oder als Ausnahme vorsieht.

(2) Der Grundstücksfläche im Sinne des § 19 Abs. 3 sind Flächenanteile an außerhalb des Baugrundstücks festgesetzten Gemeinschaftsanlagen im Sinne des § 9 Abs. 1 Nr. 22 des Baugesetzbuchs hinzuzurechnen, wenn der Bebauungsplan dies festsetzt oder als Ausnahme vorsieht.

(3) Soweit § 19 Abs. 4 nicht entgegensteht, ist eine Überschreitung der zulässigen Grundfläche durch überdachte Stellplätze und Garagen bis zu 0,1 der Fläche des Baugrundstücks zulässig; eine weitergehende Überschreitung kann ausnahmsweise zugelassen werden

1. in Kerngebieten, Gewerbegebieten und Industriegebieten,
2. in anderen Baugebieten, soweit solche Anlagen nach § 9 Abs. 1 Nr. 4 des Baugesetzbuchs im Bebauungsplan festgesetzt sind.

(4) Bei der Ermittlung der Geschoßfläche oder der Baumasse bleiben unberücksichtigt die Flächen oder Baumassen von

1. Garagengeschossen, die nach Absatz 1 nicht angerechnet werden,
2. Stellplätzen und Garagen, deren Grundflächen die zulässige Grundfläche unter den Voraussetzungen des Absatzes 3 überschreiten,
3. Stellplätzen und Garagen in Vollgeschossen, wenn der Bebauungsplan dies festsetzt oder als Ausnahme vorsieht.

(5) Die zulässige Geschoßfläche oder die zulässige Baumasse ist um die Flächen oder Baumassen notwendiger Garagen, die unter der Geländeoberfläche hergestellt werden, insoweit zu erhöhen, als der Bebauungsplan dies festsetzt oder als Ausnahme vorsieht.

Dritter Abschnitt
Bauweise, überbaubare Grundstücksfläche

§ 22 Bauweise

(1) Im Bebauungsplan kann die Bauweise als offene oder geschlossene Bauweise festgesetzt werden.

(2) [1]In der offenen Bauweise werden die Gebäude mit seitlichem Grenzabstand als Einzelhäuser, Doppelhäuser oder Hausgruppen errichtet. [2]Die Länge der in Satz 1 bezeichneten Hausformen darf höchstens 50 m betragen. [3]Im Bebauungsplan können Flächen festgesetzt werden, auf denen nur Einzelhäuser, nur Doppelhäuser, nur Hausgruppen oder nur zwei dieser Hausformen zulässig sind.

(3) In der geschlossenen Bauweise werden die Gebäude ohne seitlichen Grenzabstand errichtet, es sei denn, daß die vorhandene Bebauung eine Abweichung erfordert.

(4) [1]Im Bebauungsplan kann eine von Absatz 1 abweichende Bauweise festgesetzt werden. [2]Dabei kann auch festgesetzt werden, inwieweit an die vorderen, rückwärtigen und seitlichen Grundstücksgrenzen herangebaut werden darf oder muß.

§ 23 Überbaubare Grundstücksfläche

(1) [1]Die überbaubaren Grundstücksflächen können durch die Festsetzung von Baulinien, Baugrenzen oder Bebauungstiefen bestimmt werden. [2]§ 16 Abs. 5 ist entsprechend anzuwenden.

(2) [1]Ist eine Baulinie festgesetzt, so muß auf dieser Linie gebaut werden. [2]Ein Vor- oder Zurücktreten von Gebäudeteilen in geringfügigem Ausmaß kann zugelassen werden. [3]Im Bebauungsplan können weitere nach Art und Umfang bestimmte Ausnahmen vorgesehen werden.

(3) [1]Ist eine Baugrenze festgesetzt, so dürfen Gebäude und Gebäudeteile diese nicht überschreiten. [2]Ein Vortreten von Gebäudeteilen in geringfügigem Ausmaß kann zugelassen werden. [3]Absatz 2 Satz 3 gilt entsprechend.

(4) [1]Ist eine Bebauungstiefe festgesetzt, so gilt Absatz 3 entsprechend. [2]Die Bebauungstiefe ist von der tatsächlichen Straßengrenze ab zu ermitteln, sofern im Bebauungsplan nichts anderes festgesetzt ist.

(5) [1]Wenn im Bebauungsplan nichts anderes festgesetzt ist, können auf den nicht überbaubaren Grundstücksflächen Nebenanlagen im Sinne des § 14 zugelassen werden. [2]Das gleiche gilt für bauliche Anlagen, soweit sie nach Landesrecht in den Abstandsflächen zulässig sind oder zugelassen werden können.

Vierter Abschnitt

§ 24 (weggefallen)

Fünfter Abschnitt
Überleitungs- und Schlussvorschriften

§ 25 Fortführung eingeleiteter Verfahren[1)]
Für Bauleitpläne, deren Aufstellung oder Änderung bereits eingeleitet ist, sind die dieser Verordnung entsprechenden bisherigen Vorschriften weiterhin anzuwenden, wenn die Pläne bei dem Inkrafttreten dieser Verordnung bereits ausgelegt sind.

§ 25a Überleitungsvorschriften aus Anlass der zweiten Änderungsverordnung
(1) Für Bauleitpläne, deren Aufstellung oder Änderung bereits eingeleitet ist, gilt diese Verordnung in ihrer bis zum Inkrafttreten der Zweiten Verordnung zur Änderung dieser Verordnung vom 15. September 1977 (BGBl. I S. 1757) gültigen Fassung, wenn die Pläne bei Inkrafttreten der zweiten Änderungsverordnung nach § 2a Abs. 6 des Bundesbaugesetzes oder § 2 Abs. 6 des Bundesbaugesetzes in der bis zum 1. Januar 1977 geltenden Fassung ausgelegt sind.
(2) [1]Von der Geltung der Vorschriften der zweiten Änderungsverordnung über gesonderte Festsetzungen für übereinanderliegende Geschosse und Ebenen sowie sonstige Teile baulicher Anlagen sind solche Bebauungspläne ausgenommen, auf die § 9 Abs. 3 des Bundesbaugesetzes in der ab 1. Januar 1977 geltenden Fassung nach Maßgabe des Artikels 3 § 1 Abs. 3 des Gesetzes zur Änderung des Bundesbaugesetzes vom 18. August 1976 (BGBl. I S. 2221) keine Anwendung findet. [2]Auf diese Bebauungspläne finden die Vorschriften dieser Verordnung über gesonderte Festsetzungen für übereinanderliegende Geschosse und Ebenen und sonstige Teile baulicher Anlagen in der bis zum Inkrafttreten der zweiten Änderungsverordnung gültigen Fassung weiterhin Anwendung.

§ 25b Überleitungsvorschrift aus Anlass der dritten Änderungsverordnung
(1) [1]Ist der Entwurf eines Bebauungsplans vor dem Inkrafttreten der dritten Änderungsverordnung nach § 2a Abs. 6 des Bundesbaugesetzes öffentlich ausgelegt worden, ist auf ihn § 11 Abs. 3 Satz 3 in der bis zum Inkrafttreten der dritten Änderungsverordnung geltenden Fassung anzuwenden. [2]Das Recht der Gemeinde, das Verfahren zur Aufstellung des Bebauungsplans erneut einzuleiten, bleibt unberührt.
(2) Auf Bebauungspläne, auf die § 11 Abs. 3 in der Fassung der Bekanntmachung vom 15. September 1977 Anwendung findet, ist § 11 Abs. 3 Satz 4 entsprechend anzuwenden.

§ 25c Überleitungsvorschrift aus Anlass der vierten Änderungsverordnung
[1]Ist der Entwurf eines Bauleitplans vor dem 27. Januar 1990 nach § 3 Abs. 2 des Baugesetzbuchs öffentlich ausgelegt worden, ist auf ihn diese Verordnung in der bis zum 26. Januar 1990 geltenden Fassung anzuwenden. [2]Das Recht der Gemeinde, das Verfahren zur Aufstellung des Bauleitplans erneut einzuleiten, bleibt unberührt.

§ 25d Überleitungsvorschrift aus Anlass des Gesetzes zur Stärkung der Innenentwicklung in den Städten und Gemeinden und weiterer Fortentwicklung des Städtebaurechts
[1]Ist der Entwurf eines Bauleitplans vor dem 20. September 2013 nach § 3 Absatz 2 des Baugesetzbuchs öffentlich ausgelegt worden, ist auf ihn diese Verordnung in der bis zum 20. September 2013 geltenden Fassung anzuwenden. [2]Das Recht der Gemeinde, das Verfahren zur Aufstellung des Bauleitplans erneut einzuleiten, bleibt unberührt.

§ 26 (Berlin-Klausel)
(gegenstandslos)

§ 26a Überleitungsregelungen aus Anlass der Herstellung der Einheit Deutschlands
[1]Soweit in dieser Verordnung auf Vorschriften verwiesen wird, die in dem in Artikel 3 des Einigungsvertrages genannten Gebiet keine Anwendung finden, sind die entsprechenden Vorschriften der Deutschen Demokratischen Republik anzuwenden. [2]Bestehen solche Vorschriften nicht oder würde ihre An-

1) **Amtl. Anm.:** Diese Vorschrift betrifft die Fortführung eingeleiteter Verfahren bei Inkrafttreten der Baunutzungsverordnung (1. August 1962) in der ursprünglichen Fassung vom 26. Juni 1962 (BGBl. I S. 429). Für die Fortführung eingeleiteter Verfahren bei Inkrafttreten der Änderungsverordnung (1. Januar 1969) bestimmt Artikel 2 der Verordnung zur Änderung der Baunutzungsverordnung vom 26. November 1968 (BGBl. I S. 1233):
„Für Bauleitpläne, deren Aufstellung oder Änderung bereits eingeleitet ist, gilt die Verordnung in der bisherigen Fassung, wenn die Pläne bei Inkrafttreten dieser Verordnung bereits nach § 2 Abs. 6 des Bundesbaugesetzes ausgelegt sind."

wendung dem Sinn der Verweisung widersprechen, gelten die Vorschriften, auf die verwiesen wird, entsprechend.

§ 27 (Inkrafttreten)

Raumordnungsgesetz (ROG)[1)2)3)4)]

Vom 22. Dezember 2008 (BGBl. I S. 2986)
(FNA 2301-2)
zuletzt geändert durch Art. 159 Elfte ZuständigkeitsanpassungsVO vom 19. Juni 2020 (BGBl. I S. 1328)

Inhaltsübersicht

1) **Amtl. Anm.:** Das Gesetz dient der Umsetzung folgender Rechtsakte des Gemeinschaftsrechts:

Richtlinie 79/409/EWG des Rates vom 2. April 1979 über die Erhaltung der wild lebenden Vogelarten (ABl. EG Nr. L 103 S. 1), zuletzt geändert durch Art. 1 der Änderungsrichtlinie 2006/105/EG vom 20. November 2006 (ABl. EU Nr. L 363 S. 368),

Richtlinie 92/43/EWG des Rates vom 21. Mai 1992 zur Erhaltung der natürlichen Lebensräume sowie der wild lebenden Tiere und Pflanzen (ABl. Nr. L 206 S. 7), zuletzt geändert durch Art. 1 der Änderungsrichtlinie 2006/105/EG vom 20. November 2006 (ABl. EU Nr. L 363 S. 368),

Richtlinie 2001/42/EG des europäischen Parlaments und des Rates vom 27. Juni 2001 über die Prüfung der Umweltauswirkungen bestimmter Pläne und Programme (ABl. EG Nr. L 197 S. 30).

2) Verkündet als Art. 1 G v. 22.12.2008 (BGBl. I S. 2986); Inkrafttreten von Abschnitt 3 (§§ 17–25) und § 29 gem. Art. 9 Nr. 1 Satz 1 dieses G am 31.12.2008; die übrigen Abschnitte und Paragraphen treten gem. Art. 9 Nr. 1 Satz 2 dieses G am 30.6.2009 in Kraft.

3) Zur Sicherstellung ordnungsgemäßer Planungs-und Genehmigungsverfahren während der COVID-19-Pandemie siehe das PlanungssicherstellungsG vom 20.5.2020 (BGBl. I S. 1041).

4) Die Änderungen durch G v. 23.5.2017 (BGBl. I S. 1245) treten teilweise erst **mWv 1.10.2021** in Kraft und sind insoweit im Text noch nicht berücksichtigt.

Abschnitt 1
Allgemeine Vorschriften

§ 1 Aufgabe und Leitvorstellung der Raumordnung

(1) [1]Der Gesamtraum der Bundesrepublik Deutschland und seine Teilräume sind durch Raumordnungspläne, durch raumordnerische Zusammenarbeit und durch Abstimmung raumbedeutsamer Planungen und Maßnahmen zu entwickeln, zu ordnen und zu sichern. [2]Dabei sind

1. unterschiedliche Anforderungen an den Raum aufeinander abzustimmen und die auf der jeweiligen Planungsebene auftretenden Konflikte auszugleichen,
2. Vorsorge für einzelne Nutzungen und Funktionen des Raums zu treffen.

(2) Leitvorstellung bei der Erfüllung der Aufgabe nach Absatz 1 ist eine nachhaltige Raumentwicklung, die die sozialen und wirtschaftlichen Ansprüche an den Raum mit seinen ökologischen Funktionen in Einklang bringt und zu einer dauerhaften, großräumig ausgewogenen Ordnung mit gleichwertigen Lebensverhältnissen in den Teilräumen führt.

(3) Die Entwicklung, Ordnung und Sicherung der Teilräume soll sich in die Gegebenheiten und Erfordernisse des Gesamtraums einfügen; die Entwicklung, Ordnung und Sicherung des Gesamtraums soll die Gegebenheiten und Erfordernisse seiner Teilräume berücksichtigen (Gegenstromprinzip).

(4) Raumordnung findet im Rahmen der Vorgaben des Seerechtsübereinkommens der Vereinten Nationen vom 10. Dezember 1982 (BGBl. 1994 II S. 1798) auch in der deutschen ausschließlichen Wirtschaftszone statt.

§ 2 Grundsätze der Raumordnung

(1) Die Grundsätze der Raumordnung sind im Sinne der Leitvorstellung einer nachhaltigen Raumentwicklung nach § 1 Abs. 2 anzuwenden und durch Festlegungen in Raumordnungsplänen zu konkretisieren, soweit dies erforderlich ist.

(2) Grundsätze der Raumordnung sind insbesondere:

1. [1]Im Gesamtraum der Bundesrepublik Deutschland und in seinen Teilräumen sind ausgeglichene soziale, infrastrukturelle, wirtschaftliche, ökologische und kulturelle Verhältnisse anzustreben. [2]Dabei ist die nachhaltige Daseinsvorsorge zu sichern, nachhaltiges Wirtschaftswachstum und Innovation sind zu unterstützen, Entwicklungspotenziale sind zu sichern und Ressourcen nachhaltig zu schützen. [3]Diese Aufgaben sind gleichermaßen in Ballungsräumen wie in ländlichen Räumen, in strukturschwachen wie in strukturstarken Regionen zu erfüllen. [4]Demographischen, wirtschaftlichen, sozialen sowie anderen strukturverändernden Herausforderungen ist Rechnung zu tragen, auch im Hinblick auf den Rückgang und den Zuwachs von Bevölkerung und Arbeitsplätzen; regionale Entwicklungskonzepte und Bedarfsprognosen der Landes- und Regionalplanung sind einzubeziehen. [5]Auf einen Ausgleich räumlicher und struktureller Ungleichgewichte zwischen den Regionen ist hinzuwirken. [6]Die Gestaltungsmöglichkeiten der Raumnutzung sind langfristig offen zu halten.
2. [1]Die prägende Vielfalt des Gesamtraums und seiner Teilräume ist zu sichern. [2]Es ist dafür Sorge zu tragen, dass Städte und ländliche Räume auch künftig ihre vielfältigen Aufgaben für die Gesellschaft erfüllen können. [3]Mit dem Ziel der Stärkung und Entwicklung des Gesamtraums und seiner Teilräume ist auf Kooperationen innerhalb von Regionen und von Regionen miteinander, die in vielfältigen Formen, auch als Stadt-Land-Partnerschaften, möglich sind, hinzuwirken. [4]Die Siedlungstätigkeit ist räumlich zu konzentrieren, sie ist vorrangig auf vorhandene Siedlungen mit ausreichender Infrastruktur und auf Zentrale Orte auszurichten. [5]Der Freiraum ist durch übergreifende Freiraum-, Siedlungs- und weitere Fachplanungen zu schützen; es ist ein großräumig übergreifendes, ökologisch wirksames Freiraumverbundsystem zu schaffen. [6]Die weitere Zerschneidung der freien Landschaft und von Waldflächen ist dabei so weit wie möglich zu vermeiden; die Flächeninanspruchnahme im Freiraum ist zu begrenzen.
3. [1]Die Versorgung mit Dienstleistungen und Infrastrukturen der Daseinsvorsorge, insbesondere die Erreichbarkeit von Einrichtungen und Angeboten der Grundversorgung für alle Bevölkerungsgruppen, ist zur Sicherung von Chancengerechtigkeit in den Teilräumen in angemessener Weise zu gewährleisten; dies gilt auch in dünn besiedelten Regionen. [2]Die soziale Infrastruktur ist vorrangig in Zentralen Orten zu bündeln; die Erreichbarkeits- und Tragfähigkeitskriterien des Zentrale-Orte-Konzepts sind flexibel an regionalen Erfordernissen auszurichten. [3]Es sind die räumlichen Voraussetzungen für die Erhaltung der Innenstädte und örtlichen Zentren als zentrale Versorgungsbereiche zu schaffen. [4]Dem Schutz kritischer Infrastrukturen ist Rechnung zu tragen. [5]Es sind die räumlichen Voraussetzungen für nachhaltige Mobilität und ein integriertes Verkehrssystem zu schaffen. [6]Auf eine gute Erreichbarkeit der Teilräume untereinander durch schnellen und reibungslosen Personen-

und Güterverkehr ist hinzuwirken. [7]Vor allem in verkehrlich hoch belasteten Räumen und Korridoren sind die Voraussetzungen zur Verlagerung von Verkehr auf umweltverträglichere Verkehrsträger wie Schiene und Wasserstraße zu verbessern. [8]Raumstrukturen sind so zu gestalten, dass die Verkehrsbelastung verringert und zusätzlicher Verkehr vermieden wird.

4. [1]Der Raum ist im Hinblick auf eine langfristig wettbewerbsfähige und·räumlich ausgewogene Wirtschaftsstruktur und wirtschaftsnahe Infrastruktur sowie auf ein ausreichendes und vielfältiges Angebot an Arbeits- und Ausbildungsplätzen zu entwickeln. [2]Regionale Wachstums- und Innovationspotenziale sind in den Teilräumen zu stärken. [3]Insbesondere in Räumen, in denen die Lebensverhältnisse in ihrer Gesamtheit im Verhältnis zum Bundesdurchschnitt wesentlich zurückgeblieben sind oder ein solches Zurückbleiben zu befürchten ist (strukturschwache Räume), sind die Entwicklungsvoraussetzungen zu verbessern. [4]Es sind die räumlichen Voraussetzungen für die vorsorgende Sicherung sowie für die geordnete Aufsuchung und Gewinnung von standortgebundenen Rohstoffen zu schaffen. [5]Den räumlichen Erfordernissen für eine kostengünstige, sichere und umweltverträgliche Energieversorgung einschließlich des Ausbaus von Energienetzen ist Rechnung zu tragen. [6]Ländliche Räume sind unter Berücksichtigung ihrer unterschiedlichen wirtschaftlichen und natürlichen Entwicklungspotenziale als Lebens- und Wirtschaftsräume mit eigenständiger Bedeutung zu erhalten und zu entwickeln; dazu gehört auch die Umwelt- und Erholungsfunktion ländlicher Räume. [7]Es sind die räumlichen Voraussetzungen für die Land- und Forstwirtschaft in ihrer Bedeutung für die Nahrungs- und Rohstoffproduktion zu erhalten oder zu schaffen.

5. [1]Kulturlandschaften sind zu erhalten und zu entwickeln. [2]Historisch geprägte und gewachsene Kulturlandschaften sind in ihren prägenden Merkmalen und mit ihren Kultur- und Naturdenkmälern sowie dem UNESCO-Kultur- und Naturerbe der Welt zu erhalten. [3]Die unterschiedlichen Landschaftstypen und Nutzungen der Teilräume sind mit den Zielen eines harmonischen Nebeneinanders, der Überwindung von Strukturproblemen und zur Schaffung neuer wirtschaftlicher und kultureller Konzeptionen zu gestalten und weiterzuentwickeln. [4]Es sind die räumlichen Voraussetzungen dafür zu schaffen, dass die Land- und Forstwirtschaft ihren Beitrag dazu leisten kann, die natürlichen Lebensgrundlagen in ländlichen Räumen zu schützen sowie Natur und Landschaft zu pflegen und zu gestalten.

6. [1]Der Raum ist in seiner Bedeutung für die Funktionsfähigkeit der Böden, des Wasserhaushalts, der Tier- und Pflanzenwelt sowie des Klimas einschließlich der jeweiligen Wechselwirkungen zu entwickeln, zu sichern oder, soweit erforderlich, möglich und angemessen, wiederherzustellen. [2]Bei der Gestaltung räumlicher Nutzungen sind Naturgüter sparsam und schonend in Anspruch zu nehmen; Grundwasservorkommen und die biologische Vielfalt sind zu schützen. [3]Die erstmalige Inanspruchnahme von Freiflächen für Siedlungs- und Verkehrszwecke ist zu verringern, insbesondere durch quantifizierte Vorgaben zur Verringerung der Flächeninanspruchnahme sowie durch die vorrangige Ausschöpfung der Potenziale für die Wiedernutzbarmachung von Flächen, für die Nachverdichtung und für andere Maßnahmen zur Innenentwicklung der Städte und Gemeinden sowie zur Entwicklung vorhandener Verkehrsflächen. [4]Beeinträchtigungen des Naturhaushalts sind auszugleichen, den Erfordernissen des Biotopverbundes ist Rechnung zu tragen. [5]Für den vorbeugenden Hochwasserschutz an der Küste und im Binnenland ist zu sorgen, im Binnenland vor allem durch Sicherung oder Rückgewinnung von Auen, Rückhalteflächen und Entlastungsflächen. [6]Der Schutz der Allgemeinheit vor Lärm und die Reinhaltung der Luft sind sicherzustellen. [7]Den räumlichen Erfordernissen des Klimaschutzes ist Rechnung zu tragen, sowohl durch Maßnahmen, die dem Klimawandel entgegenwirken, als auch durch solche, die der Anpassung an den Klimawandel dienen. [8]Dabei sind die räumlichen Voraussetzungen für den Ausbau der erneuerbaren Energien, für eine sparsame Energienutzung sowie für den Erhalt und die Entwicklung natürlicher Senken für klimaschädliche Stoffe und für die Einlagerung dieser Stoffe zu schaffen. [9]Die nachhaltige Entwicklung im Meeresbereich ist unter Anwendung eines Ökosystemansatzes gemäß der Richtlinie 2014/89/EU des Europäischen Parlaments und des Rates vom 23. Juli 2014 zur Schaffung eines Rahmens für die maritime Raumplanung (ABl. L 257 vom 28.8.2014, S. 135) zu unterstützen.

7. Den räumlichen Erfordernissen der Verteidigung und des Zivilschutzes ist Rechnung zu tragen.

8. [1]Die räumlichen Voraussetzungen für den Zusammenhalt der Europäischen Union und im größeren europäischen Raum sowie für den Ausbau und die Gestaltung der transeuropäischen Netze sind zu gewährleisten. [2]Raumbedeutsamen Planungen und Maßnahmen der Europäischen Union und der europäischen Staaten ist Rechnung zu tragen. [3]Die Zusammenarbeit der Staaten und die grenzüberschreitende Zusammenarbeit der Städte und Regionen sind zu unterstützen.

§ 3 Begriffsbestimmungen

(1) Im Sinne dieses Gesetzes sind

1. Erfordernisse der Raumordnung:
 Ziele der Raumordnung, Grundsätze der Raumordnung und sonstige Erfordernisse der Raumordnung;
2. Ziele der Raumordnung:
 verbindliche Vorgaben in Form von räumlich und sachlich bestimmten oder bestimmbaren, vom Träger der Raumordnung abschließend abgewogenen textlichen oder zeichnerischen Festlegungen in Raumordnungsplänen zur Entwicklung, Ordnung und Sicherung des Raums;
3. Grundsätze der Raumordnung:
 Aussagen zur Entwicklung, Ordnung und Sicherung des Raums als Vorgaben für nachfolgende Abwägungs- oder Ermessensentscheidungen; Grundsätze der Raumordnung können durch Gesetz oder als Festlegungen in einem Raumordnungsplan aufgestellt werden;
4. sonstige Erfordernisse der Raumordnung:
 in Aufstellung befindliche Ziele der Raumordnung, Ergebnisse förmlicher landesplanerischer Verfahren wie des Raumordnungsverfahrens und landesplanerische Stellungnahmen;
5. öffentliche Stellen:
 Behörden des Bundes und der Länder, kommunale Gebietskörperschaften, bundesunmittelbare und die der Aufsicht eines Landes unterstehenden Körperschaften, Anstalten und Stiftungen des öffentlichen Rechts;
6. raumbedeutsame Planungen und Maßnahmen:
 Planungen einschließlich der Raumordnungspläne, Vorhaben und sonstige Maßnahmen, durch die Raum in Anspruch genommen oder die räumliche Entwicklung oder Funktion eines Gebietes beeinflusst wird, einschließlich des Einsatzes der hierfür vorgesehenen öffentlichen Finanzmittel;
7. Raumordnungspläne:
 zusammenfassende, überörtliche und fachübergreifende Pläne nach §§ 13 und 17.

(2) Werden die Begriffe nach Absatz 1 Nr. 1 bis 4 in anderen Bundesgesetzen verwandt, sind sie, soweit sich aus diesen Bundesgesetzen nicht etwas anderes ergibt, im Sinne von Absatz 1 auszulegen.

§ 4 Bindungswirkung der Erfordernisse der Raumordnung

(1) [1]Bei

1. raumbedeutsamen Planungen und Maßnahmen öffentlicher Stellen,
2. Entscheidungen öffentlicher Stellen über die Zulässigkeit raumbedeutsamer Planungen und Maßnahmen anderer öffentlicher Stellen,
3. Entscheidungen öffentlicher Stellen über die Zulässigkeit raumbedeutsamer Planungen und Maßnahmen von Personen des Privatrechts, die der Planfeststellung oder der Genehmigung mit der Rechtswirkung der Planfeststellung bedürfen,

sind Ziele der Raumordnung zu beachten sowie Grundsätze und sonstige Erfordernisse der Raumordnung in Abwägungs- oder Ermessensentscheidungen zu berücksichtigen. [2]Satz 1 Nr. 1 und 2 gilt entsprechend bei raumbedeutsamen Planungen und Maßnahmen, die Personen des Privatrechts in Wahrnehmung öffentlicher Aufgaben durchführen, wenn öffentliche Stellen an den Personen mehrheitlich beteiligt sind oder die Planungen und Maßnahmen überwiegend mit öffentlichen Mitteln finanziert werden. [3]Weitergehende Bindungswirkungen von Erfordernissen der Raumordnung nach Maßgabe der für diese Entscheidungen geltenden Vorschriften bleiben unberührt.

(2) Bei sonstigen Entscheidungen öffentlicher Stellen über die Zulässigkeit raumbedeutsamer Planungen und Maßnahmen von Personen des Privatrechts sind die Erfordernisse der Raumordnung nach den für diese Entscheidungen geltenden Vorschriften zu berücksichtigen.

(3) Bei Genehmigungen über die Errichtung und den Betrieb von öffentlich zugänglichen Abfallbeseitigungsanlagen von Personen des Privatrechts nach den Vorschriften des Bundes-Immissionsschutzgesetzes sind die Ziele der Raumordnung zu beachten sowie die Grundsätze der Raumordnung und die sonstigen Erfordernisse der Raumordnung zu berücksichtigen.

§ 5 Beschränkung der Bindungswirkung nach § 4

(1) Bei raumbedeutsamen Planungen und Maßnahmen von öffentlichen Stellen des Bundes, von anderen öffentlichen Stellen, die im Auftrag des Bundes tätig sind, sowie von Personen des Privatrechts nach § 4 Abs. 1 Satz 2, die für den Bund öffentliche Aufgaben durchführen, gilt die Bindungswirkung der Ziele der Raumordnung in Raumordnungsplänen nach § 13 Absatz 1 nur, wenn die zuständige Stelle oder Person bei der Aufstellung des Raumordnungsplans nach § 9 beteiligt worden ist und sie innerhalb einer Frist von zwei Monaten nach Mitteilung des rechtsverbindlichen Ziels nicht widersprochen hat.

(2) Der Widerspruch nach Absatz 1 lässt die Bindungswirkung des Ziels der Raumordnung gegenüber der widersprechenden Stelle oder Person nicht entstehen, wenn

1. das ihre Belange berührende Ziel der Raumordnung auf einer fehlerhaften Abwägung beruht oder
2. sie ihre raumbedeutsamen Planungen und Maßnahmen nicht auf anderen geeigneten Flächen durchführen kann als auf denen, für die ein entgegenstehendes Ziel im Raumordnungsplan festgelegt wurde.

(3) [1]Macht eine Veränderung der Sachlage ein Abweichen von den Zielen der Raumordnung erforderlich, kann die Stelle oder Person nach Absatz 1 mit Zustimmung der nächsthöheren Behörde innerhalb angemessener Frist, spätestens sechs Monate ab Kenntnis der veränderten Sachlage, unter den Voraussetzungen von Absatz 2 nachträglich widersprechen. [2]Muss infolge des nachträglichen Widerspruchs der Raumordnungsplan geändert, ergänzt oder aufgehoben werden, hat die widersprechende Stelle oder Person die dadurch entstehenden Kosten zu ersetzen.

(4) Die Absätze 1 bis 3 gelten entsprechend für raumbedeutsame Planungen und Maßnahmen öffentlicher Stellen der Länder und der Träger der Regionalplanung hinsichtlich der Bindungswirkung der Ziele der Raumordnung in Raumordnungsplänen des Bundes nach § 17 Absatz 2.

§ 6 Ausnahmen und Zielabweichung

(1) Von Zielen der Raumordnung können im Raumordnungsplan Ausnahmen festgelegt werden.

(2) [1]Von Zielen der Raumordnung kann abgewichen werden, wenn die Abweichung unter raumordnerischen Gesichtspunkten vertretbar ist und die Grundzüge der Planung nicht berührt werden. [2]Antragsberechtigt sind die öffentlichen Stellen und die Personen des Privatrechts, die das Ziel, von dem eine Abweichung zugelassen werden soll, nach § 4 zu beachten haben.

§ 7 Allgemeine Vorschriften über Raumordnungspläne

(1) [1]In Raumordnungsplänen sind für einen bestimmten Planungsraum und einen regelmäßig mittelfristigen Zeitraum Festlegungen als Ziele und Grundsätze der Raumordnung zur Entwicklung, Ordnung und Sicherung des Raums, insbesondere zu den Nutzungen und Funktionen des Raums, zu treffen. [2]Es kann festgelegt werden, dass bestimmte Nutzungen und Funktionen des Raums nur für einen bestimmten Zeitraum oder ab oder bis zum Eintritt bestimmter Umstände vorgesehen sind; eine Folge- oder Zwischennutzung kann festgelegt werden. [3]Die Festlegungen nach Satz 1 und 2 können auch in räumlichen und sachlichen Teilplänen getroffen werden. [4]Ziele und Grundsätze der Raumordnung sind als solche zu kennzeichnen.

(2) [1]Bei der Aufstellung der Raumordnungspläne sind die öffentlichen und privaten Belange, soweit sie auf der jeweiligen Planungsebene erkennbar und von Bedeutung sind, gegeneinander und untereinander abzuwägen. [2]Das Ergebnis der Umweltprüfung nach § 8 sowie die Stellungnahmen im Beteiligungsverfahren nach § 9 sind in der Abwägung nach Satz 1 zu berücksichtigen. [3]Raumordnungspläne benachbarter Planungsräume sind aufeinander abzustimmen.

(3) [1]Die Festlegungen nach Absatz 1 können auch Gebiete bezeichnen. [2]Insbesondere können dies Gebiete sein,

1. die für bestimmte raumbedeutsame Funktionen oder Nutzungen vorgesehen sind und andere raumbedeutsame Funktionen oder Nutzungen in diesem Gebiet ausschließen, soweit diese mit den vorrangigen Funktionen oder Nutzungen nicht vereinbar sind (Vorranggebiete),
2. die bestimmten raumbedeutsamen Funktionen oder Nutzungen vorbehalten bleiben sollen, denen bei der Abwägung mit konkurrierenden raumbedeutsamen Funktionen oder Nutzungen besonderes Gewicht beizumessen ist (Vorbehaltsgebiete),
3. in denen bestimmten raumbedeutsamen Maßnahmen oder Nutzungen, die städtebaulich nach § 35 des Baugesetzbuchs zu beurteilen sind, andere raumbedeutsame Belange nicht entgegenstehen, wobei diese Maßnahmen oder Nutzungen an anderer Stelle im Planungsraum ausgeschlossen sind (Eignungsgebiete),
4. die im Meeresbereich liegen, und in denen bestimmten raumbedeutsamen Funktionen oder Nutzungen andere raumbedeutsame Belange nicht entgegenstehen, wobei diese Funktionen oder Nutzungen an anderer Stelle im Planungsraum ausgeschlossen sind (Eignungsgebiete für den Meeresbereich).

[3]Bei Vorranggebieten kann festgelegt werden, dass sie zugleich die Wirkung von Eignungsgebieten nach Satz 2 Nummer 3 oder 4 haben.

(4) Die Raumordnungspläne sollen auch diejenigen Festlegungen zu raumbedeutsamen Planungen und Maßnahmen von öffentlichen Stellen und Personen des Privatrechts nach § 4 Absatz 1 Satz 2 enthalten, die zur Aufnahme in Raumordnungspläne geeignet und zur Koordinierung von Raumansprüchen erforderlich sind und die durch Ziele oder Grundsätze der Raumordnung gesichert werden können.

(5) Den Raumordnungsplänen ist eine Begründung beizufügen.

(6) Soweit ein Gebiet von gemeinschaftlicher Bedeutung oder ein europäisches Vogelschutzgebiet in seinen für die Erhaltungsziele oder den Schutzzweck maßgeblichen Bestandteilen erheblich beeinträchtigt werden kann, sind bei der Aufstellung von Raumordnungsplänen nach den § 13 und § 17 Absatz 1 und 2 die Vorschriften des Bundesnaturschutzgesetzes über die Zulässigkeit und Durchführung von derartigen Eingriffen einschließlich der Einholung der Stellungnahme der Europäischen Kommission anzuwenden.

(7) Die Vorschriften dieses Gesetzes über die Aufstellung von Raumordnungsplänen gelten auch für ihre Änderung, Ergänzung und Aufhebung.

(8) Raumordnungspläne nach § 13 Absatz 6 und § 17 sind mindestens alle zehn Jahre zu überprüfen.

§ 8 Umweltprüfung bei der Aufstellung von Raumordnungsplänen

(1) [1]Bei der Aufstellung von Raumordnungsplänen ist von der für den Raumordnungsplan zuständigen Stelle eine Umweltprüfung durchzuführen, in der die voraussichtlichen erheblichen Auswirkungen des Raumordnungsplans auf

1. Menschen, einschließlich der menschlichen Gesundheit, Tiere, Pflanzen und die biologische Vielfalt,
2. Fläche, Boden, Wasser, Luft, Klima und Landschaft,
3. Kulturgüter und sonstige Sachgüter sowie
4. die Wechselwirkung zwischen den vorgenannten Schutzgütern

zu ermitteln und in einem Umweltbericht frühzeitig zu beschreiben und zu bewerten sind; der Umweltbericht enthält die Angaben nach der Anlage 1. [2]Der Untersuchungsrahmen der Umweltprüfung einschließlich des erforderlichen Umfangs und Detaillierungsgrads des Umweltberichts ist festzulegen; die öffentlichen Stellen, deren umwelt- und gesundheitsbezogener Aufgabenbereich von den Umweltauswirkungen des Raumordnungsplans berührt werden kann, sind hierbei zu beteiligen. [3]Die Umweltprüfung bezieht sich auf das, was nach gegenwärtigem Wissensstand und allgemein anerkannten Prüfmethoden sowie nach Inhalt und Detaillierungsgrad des Raumordnungsplans angemessenerweise verlangt werden kann.

(2) [1]Bei geringfügigen Änderungen von Raumordnungsplänen kann von einer Umweltprüfung abgesehen werden, wenn durch eine überschlägige Prüfung unter Berücksichtigung der in Anlage 2 genannten Kriterien festgestellt wurde, dass sie voraussichtlich keine erheblichen Umweltauswirkungen haben werden. [2]Diese Prüfung ist unter Beteiligung der öffentlichen Stellen, deren umwelt- und gesundheitsbezogener Aufgabenbereich von den Umweltauswirkungen des Raumordnungsplans berührt werden kann, durchzuführen. [3]Sofern festgestellt wurde, dass keine erheblichen Umweltauswirkungen zu erwarten sind, sind die zu diesem Ergebnis führenden Erwägungen in die Begründung des Plans aufzunehmen.

(3) [1]Die Umweltprüfung soll bei der Aufstellung eines Raumordnungsplans auf zusätzliche oder andere erhebliche Umweltauswirkungen beschränkt werden, wenn in anderen das Plangebiet ganz oder teilweise umfassenden Plänen oder Programmen bereits eine Umweltprüfung nach Absatz 1 durchgeführt wurde. [2]Die Umweltprüfung kann mit anderen Prüfungen zur Ermittlung oder Bewertung von Umweltauswirkungen verbunden werden.

(4) [1]Die erheblichen Auswirkungen der Durchführung der Raumordnungspläne auf die Umwelt sind auf Grundlage der in der zusammenfassenden Erklärung nach § 10 Abs. 3 genannten Überwachungsmaßnahmen von der in den Landesplanungsgesetzen genannten Stelle, oder, sofern Landesplanungsgesetze keine Regelung treffen, von der für den Raumordnungsplan zuständigen oder der im Raumordnungsplan bezeichneten öffentlichen Stelle zu überwachen, um insbesondere unvorhergesehene nachteilige Auswirkungen frühzeitig zu ermitteln und um in der Lage zu sein, geeignete Maßnahmen zur Abhilfe zu ergreifen. [2]Die in ihren Belangen berührten öffentlichen Stellen unterrichten die öffentliche Stelle nach Satz 1, sofern nach den ihnen vorliegenden Erkenntnissen die Durchführung des Raumordnungsplans erhebliche, insbesondere unvorhergesehene nachteilige Auswirkungen auf die Umwelt hat.·

§ 9 Beteiligung bei der Aufstellung von Raumordnungsplänen

(1) [1]Die Öffentlichkeit sowie die in ihren Belangen berührten öffentlichen Stellen sind von der Aufstellung des Raumordnungsplans zu unterrichten. [2]Die öffentlichen Stellen sind aufzufordern, Aufschluss über diejenigen von ihnen beabsichtigten oder bereits eingeleiteten Planungen und Maßnahmen sowie über deren zeitliche Abwicklung zu geben, die für die Planaufstellung bedeutsam sein können. [3]Gleiches gilt für weitere ihnen vorliegende Informationen, die für die Ermittlung und Bewertung des Abwägungsmaterials zweckdienlich sind.

(2) [1]Der Öffentlichkeit sowie den in ihren Belangen berührten öffentlichen Stellen ist frühzeitig Gelegenheit zur Stellungnahme zum Entwurf des Raumordnungsplans, zu seiner Begründung und im Falle einer durchgeführten Umweltprüfung zum Umweltbericht zu geben. [2]Dazu sind die in Satz 1 genannten sowie weitere nach Einschätzung der für den Raumordnungsplan zuständigen Stelle zweckdienliche Un-

terlagen für die Dauer von mindestens einem Monat öffentlich auszulegen.[1] [3]Ort und Dauer der Auslegung sind mindestens eine Woche vor Beginn der Auslegung öffentlich bekannt zu machen; dabei ist unter Angabe einer angemessenen Frist, die zumindest der Auslegungsfrist entspricht, darauf hinzuweisen, dass Stellungnahmen abgegeben werden können. [4]Mit Ablauf der Frist nach Satz 3 sind alle Stellungnahmen ausgeschlossen, die nicht auf besonderen privatrechtlichen Titeln beruhen; hierauf ist in der Bekanntmachung nach Satz 3 hinzuweisen. [5]Bei der Beteiligung nach den Sätzen 1 bis 3 sollen elektronische Informationstechnologien ergänzend genutzt werden. [6]Die zuständige Stelle gewährleistet durch organisatorische und technische Maßnahmen, dass die verwendete elektronische Informationstechnologie vor fremden Zugriffen gesichert wird.

(3) [1]Wird der Planentwurf nach Durchführung der Verfahrensschritte nach Absatz 2 dergestalt geändert, dass dies zu einer erstmaligen oder stärkeren Berührung von Belangen führt, so ist der geänderte Teil erneut auszulegen; in Bezug auf die Änderung ist erneut Gelegenheit zur Stellungnahme zu geben. [2]Die Dauer der Auslegung und die Frist zur Stellungnahme können angemessen verkürzt werden. [3]Die Beteiligung nach den Sätzen 1 und 2 kann auf die von der Änderung berührte Öffentlichkeit sowie auf die in ihren Belangen berührten öffentlichen Stellen beschränkt werden, wenn durch die Änderung des Planentwurfs die Grundzüge der Planung nicht berührt werden.

(4) [1]Wird die Durchführung eines Raumordnungsplans voraussichtlich erhebliche Auswirkungen auf das Gebiet eines Nachbarstaates haben, so ist die von diesem Staat als zuständig benannte oder, sofern der Staat keine Behörde benannt hat, die oberste für Raumordnung zuständige Behörde zu unterrichten; ihr ist ein Exemplar des Planentwurfs zu übermitteln. [2]Der Behörde nach Satz 1 ist eine angemessene Frist zu setzen, innerhalb derer sie Gelegenheit zur Stellungnahme hat. [3]Absatz 2 Satz 5 und 6 sowie Absatz 3 gelten entsprechend. [4]Soweit die Durchführung des Plans erhebliche Umweltauswirkungen auf einen Nachbarstaat haben kann, ist dieser nach den §§ 60 und 61 des Gesetzes über die Umweltverträglichkeitsprüfung zu beteiligen.

§ 10 Bekanntmachung von Raumordnungsplänen; Bereithaltung von Raumordnungsplänen und von Unterlagen

(1) Soweit der Raumordnungsplan nicht als Gesetz oder Rechtsverordnung verkündet wird, ist er oder seine Genehmigung oder der Beschluss über ihn öffentlich bekannt zu machen; mit der Bekanntmachung wird der Raumordnungsplan wirksam.

(2) [1]Der Raumordnungsplan ist mit der Begründung und, soweit über die Annahme des Raumordnungsplans nicht durch Gesetz entschieden wird, einer Rechtsbehelfsbelehrung sowie im Falle einer durchgeführten Umweltprüfung mit der zusammenfassenden Erklärung nach Absatz 3 und der Aufstellung der Überwachungsmaßnahmen nach § 8 Absatz 4 Satz 1 zu jedermanns Einsicht bereitzuhalten. [2]Bei der Bekanntmachung nach Absatz 1 oder der Verkündung ist darauf hinzuweisen, wo die Einsichtnahme erfolgen kann. [3]Bei der Bekanntmachung oder Verkündung von Raumordnungsplänen sowie bei der Bereithaltung von Raumordnungsplänen und von Unterlagen sollen elektronische Informationstechnologien ergänzend genutzt werden. [4]§ 9 Absatz 2 Satz 6 gilt entsprechend.

(3) Dem Raumordnungsplan ist eine zusammenfassende Erklärung beizufügen über die Art und Weise, wie die Umweltbelange und die Ergebnisse der Öffentlichkeits- und Behördenbeteiligung in dem Aufstellungsverfahren berücksichtigt wurden, und aus welchen Gründen der Plan nach Abwägung mit den geprüften in Betracht kommenden anderweitigen Planungsmöglichkeiten gewählt wurde, sowie über die im Rahmen der Überwachung der Auswirkungen auf die Umwelt nach § 8 Abs. 4 Satz 1 durchzuführenden Maßnahmen.

(4) Im Falle der Beteiligung von Nachbarstaaten nach § 9 Absatz 4 werden die in den Absätzen 2 und 3 genannten Informationen der dort zuständigen Behörde übermittelt.

§ 11 Planerhaltung

(1) Eine Verletzung von Verfahrens- und Formvorschriften dieses Gesetzes ist für die Rechtswirksamkeit eines Raumordnungsplans nur beachtlich, wenn

1. die Vorschriften des § 9 über die Beteiligung verletzt worden sind; dabei ist unbeachtlich, wenn einzelne Personen oder öffentliche Stellen nicht beteiligt worden sind oder eine grenzüberschreitende Beteiligung fehlerhaft erfolgte, die entsprechenden Belange jedoch unerheblich waren oder in der Entscheidung berücksichtigt worden sind;

1) Siehe ergänzend PlanSiG.

2. die Vorschriften des § 7 Absatz 5 und des § 9 Absatz 2 über die Begründung des Raumordnungsplans sowie seiner Entwürfe verletzt worden sind; dabei ist unbeachtlich, wenn die Begründung unvollständig ist;

3. der mit der Bekanntmachung (§ 10) verfolgte Hinweiszweck nicht erreicht wurde.

(2) Für die Rechtswirksamkeit eines Regionalplans ist auch unbeachtlich, wenn

1. § 13 Absatz 2 Satz 1 hinsichtlich des Entwickelns des Regionalplans aus dem Raumordnungsplan für das Landesgebiet verletzt worden ist, ohne dass hierbei die sich aus dem Raumordnungsplan für das Landesgebiet ergebende geordnete räumliche Entwicklung beeinträchtigt worden ist, oder

2. der Regionalplan aus einem Raumordnungsplan für das Landesgebiet entwickelt worden ist, dessen Unwirksamkeit wegen Verletzung von Verfahrens- oder Formvorschriften sich nach Bekanntmachung oder Verkündung des Regionalplans herausstellt.

(3) ¹Für die Abwägung nach § 7 Abs. 2 ist die Sach- und Rechtslage im Zeitpunkt der Beschlussfassung über den Raumordnungsplan maßgebend. ²Mängel im Abwägungsvorgang sind nur erheblich, wenn sie offensichtlich und auf das Abwägungsergebnis von Einfluss gewesen sind.

(4) Bei Anwendung des § 8 gilt ergänzend zu den Absätzen 1 bis 3:

1. Ein für die Rechtmäßigkeit des Raumordnungsplans beachtlicher Mangel des nach § 9 Absatz 2 bei der Beteiligung beizufügenden Umweltberichts (§ 8 Abs. 1) besteht, wenn dieser in wesentlichen Punkten unvollständig ist und diese Punkte nicht Bestandteil der zusammenfassenden Erklärung nach § 10 Abs. 3 sind.

2. Unterbleibt nach § 8 Abs. 2 eine Umweltprüfung, gilt die Vorprüfung des Einzelfalls als ordnungsgemäß durchgeführt, wenn sie entsprechend den Vorgaben von § 8 Abs. 2 durchgeführt worden ist und ihr Ergebnis nachvollziehbar ist; dabei ist unbeachtlich, wenn einzelne öffentliche Stellen nicht beteiligt worden sind; andernfalls besteht ein für die Rechtswirksamkeit des Raumordnungsplans beachtlicher Mangel.

(5) ¹Unbeachtlich werden

1. eine nach Absatz 1 Nr. 1 und 2 beachtliche Verletzung der dort bezeichneten Verfahrens- und Formvorschriften,

2. nach Absatz 3 beachtliche Mängel des Abwägungsvorgangs,

3. eine nach Absatz 4 beachtliche Verletzung der Vorschriften über die Umweltprüfung,

wenn sie nicht innerhalb eines Jahres seit Bekanntmachung des Raumordnungsplans gegenüber der zuständigen Stelle unter Darlegung des die Verletzung begründenden Sachverhalts geltend gemacht worden sind. ²Bei Inkraftsetzung des Raumordnungsplans ist auf die Voraussetzungen für die Geltendmachung der Verletzung von Vorschriften sowie auf die Rechtsfolgen hinzuweisen.

(6) Der Raumordnungsplan kann durch ein ergänzendes Verfahren zur Behebung von Fehlern auch rückwirkend in Kraft gesetzt werden.

§ 12 Untersagung raumbedeutsamer Planungen und Maßnahmen

(1) Die Raumordnungsbehörde kann raumbedeutsame Planungen und Maßnahmen sowie die Entscheidung über deren Zulässigkeit gegenüber den in § 4 genannten öffentlichen Stellen unbefristet untersagen, wenn Ziele der Raumordnung entgegenstehen.

(2) ¹Die Raumordnungsbehörde kann raumbedeutsame Planungen und Maßnahmen sowie die Entscheidung über deren Zulässigkeit gegenüber den in § 4 genannten öffentlichen Stellen befristet untersagen, wenn sich ein Raumordnungsplan in Aufstellung befindet und wenn zu befürchten ist, dass die Planung oder Maßnahme die Verwirklichung der vorgesehenen Ziele der Raumordnung unmöglich machen oder wesentlich erschweren würde. ²Die Dauer der Untersagung beträgt bis zu zwei Jahre. ³Die Untersagung kann um ein weiteres Jahr verlängert werden.

(3) Rechtsbehelfe gegen eine Untersagung haben keine aufschiebende Wirkung.

Abschnitt 2
Raumordnung in den Ländern

§ 13 Landesweite Raumordnungspläne, Regionalpläne und regionale Flächennutzungspläne

(1) ¹In den Ländern sind aufzustellen:

1. ein Raumordnungsplan für das Landesgebiet (landesweiter Raumordnungsplan) und

2. Raumordnungspläne für die Teilräume der Länder (Regionalpläne).

²In den Ländern Berlin, Bremen und Hamburg kann ein Flächennutzungsplan nach § 5 des Baugesetzbuchs die Funktion eines Plans nach Satz 1 Nummer 1 übernehmen; hierfür gelten die Absätze 5 und 6,

§ 7 Absatz 3, 4 und 8 sowie die §§ 9 und 10 entsprechend. [3]Satz 1 Nummer 2 gilt nicht in den Ländern Berlin, Bremen, Hamburg und Saarland.

(2) [1]Die Regionalpläne sind aus dem Raumordnungsplan für das Landesgebiet zu entwickeln. [2]Die Flächennutzungspläne und die Ergebnisse der von Gemeinden beschlossenen sonstigen städtebaulichen Planungen sind entsprechend § 1 Absatz 3 in der Abwägung nach § 7 Absatz 2 zu berücksichtigen.

(3) Ist eine Planung angesichts bestehender Verflechtungen, insbesondere in einem verdichteten Raum, über die Grenzen eines Landes hinaus erforderlich, soll eine gemeinsame Regionalplanung erwogen werden.

(4) [1]Erfolgt die Regionalplanung durch Zusammenschlüsse von Gemeinden und Gemeindeverbänden zu regionalen Planungsgemeinschaften, kann ein Regionalplan zugleich die Funktion eines gemeinsamen Flächennutzungsplans nach § 204 des Baugesetzbuchs übernehmen, wenn er den §§ 7 bis 13 dieses Gesetzes und den Vorschriften des Baugesetzbuchs entspricht (regionaler Flächennutzungsplan). [2]Im Plan nach Satz 1 sind sowohl die Festlegungen im Sinne des Absatzes 5 und des § 7 Absatz 3 und 4 als auch die Darstellungen im Sinne des § 5 des Baugesetzbuchs zu kennzeichnen; Ziele und Grundsätze der Raumordnung sind als solche zu kennzeichnen.

(5) [1]Die Raumordnungspläne sollen Festlegungen zur Raumstruktur enthalten, insbesondere zu

1. der anzustrebenden Siedlungsstruktur; hierzu können gehören
 a) Raumkategorien,
 b) Zentrale Orte,
 c) besondere Gemeindefunktionen wie Entwicklungsschwerpunkte und Entlastungsorte,
 d) Siedlungsentwicklungen,
 e) Achsen;
2. der anzustrebenden Freiraumstruktur; hierzu können gehören
 a) großräumig übergreifende Freiräume und Freiraumschutz,
 b) Nutzungen im Freiraum wie Standorte für die vorsorgende Sicherung sowie die geordnete Aufsuchung und Gewinnung von standortgebundenen Rohstoffen,
 c) Sanierung und Entwicklung von Raumfunktionen,
 d) Freiräume zur Gewährleistung des vorbeugenden Hochwasserschutzes;
3. den zu sichernden Standorten und Trassen für Infrastruktur; hierzu können gehören
 a) Verkehrsinfrastruktur und Umschlaganlagen von Gütern,
 b) Ver- und Entsorgungsinfrastruktur einschließlich Energieleitungen und -anlagen.

[2]Bei Festlegungen nach Satz 1 Nummer 2 kann zugleich bestimmt werden, dass in diesem Gebiet unvermeidbare Beeinträchtigungen der Leistungsfähigkeit des Naturhaushalts oder des Landschaftsbildes an anderer Stelle ausgeglichen, ersetzt oder gemindert werden.

(6) [1]Soweit ein Plan nach Absatz 1 Regelungen für ein Gebiet der deutschen Küstengewässer nach § 3 Nummer 2 des Wasserhaushaltsgesetzes trifft, soll er unter Berücksichtigung etwaiger Wechselwirkungen zwischen Land und Meer sowie unter Berücksichtigung von Sicherheitsaspekten Festlegungen treffen insbesondere

1. zur Gewährleistung der Sicherheit und Leichtigkeit des Schiffsverkehrs,
2. zu weiteren wirtschaftlichen Nutzungen,
3. zu wissenschaftlichen Nutzungen sowie
4. zum Schutz und zur Verbesserung der Meeresumwelt.

[2]Die Absätze 2 bis 5 finden insoweit keine Anwendung.

§ 14 Raumordnerische Zusammenarbeit

(1) [1]Zur Vorbereitung oder Verwirklichung von Raumordnungsplänen oder von sonstigen raumbedeutsamen Planungen und Maßnahmen sollen die Träger der Landes- und Regionalplanung mit den hierfür maßgeblichen öffentlichen Stellen und Personen des Privatrechts einschließlich Nichtregierungsorganisationen und der Wirtschaft zusammenarbeiten oder auf die Zusammenarbeit dieser Stellen und Personen hinwirken. [2]Die Zusammenarbeit nach Satz 1 kann sowohl zur Entwicklung einer Region als auch im Hinblick auf regionen- oder grenzübergreifende Belange erfolgen; die Zusammenarbeit von Gemeinden zur Stärkung teilräumlicher Entwicklungen (interkommunale Zusammenarbeit) ist zu unterstützen.

(2) [1]Formelle und informelle Arten der Zusammenarbeit nach Absatz 1 können insbesondere sein:

1. Vertragliche Vereinbarungen, insbesondere zur Koordinierung oder Verwirklichung von raumordnerischen Entwicklungskonzepten und zur Vorbereitung oder Verwirklichung von Raumordnungsplänen,

2. Maßnahmen wie regionale Entwicklungskonzepte, überregionale, regionale und interkommunale Netzwerke und Kooperationsstrukturen, regionale Foren und Aktionsprogramme zu aktuellen Handlungsanforderungen,

3. Durchführung einer Raumbeobachtung und Bereitstellung der Ergebnisse für regionale und kommunale Träger sowie für Träger der Fachplanung im Hinblick auf raumbedeutsame Planungen und Maßnahmen, sowie Beratung dieser Träger. ²Im Falle des Satzes 1 Nr. 1 kann Gegenstand der vertraglichen Vereinbarung auch die Übernahme von Kosten sein, die dem Träger der Landes- oder Regionalplanung bei der im Interesse des Vertragspartners liegenden Vorbereitung oder Verwirklichung von Raumordnungsplänen entstehen.

§ 15 Raumordnungsverfahren

(1) ¹Die für Raumordnung zuständige Landesbehörde prüft in einem besonderen Verfahren die Raumverträglichkeit raumbedeutsamer Planungen und Maßnahmen im Sinne von § 1 der Raumordnungsverordnung (Raumordnungsverfahren). ²Hierbei sind die raumbedeutsamen Auswirkungen der Planung oder Maßnahme unter überörtlichen Gesichtspunkten zu prüfen; insbesondere werden die Übereinstimmung mit den Erfordernissen der Raumordnung und die Abstimmung mit anderen raumbedeutsamen Planungen und Maßnahmen geprüft. ³Gegenstand der Prüfung nach Satz 2 sollen auch ernsthaft in Betracht kommende Standort- oder Trassenalternativen sein.

(2) ¹Der Träger der raumbedeutsamen Planung oder Maßnahme legt der für Raumordnung zuständigen Landesbehörde die Verfahrensunterlagen vor, die notwendig sind, um eine Bewertung der raumbedeutsamen Auswirkungen des Vorhabens zu ermöglichen. ²Bei raumbedeutsamen Planungen und Maßnahmen der Verteidigung entscheidet das Bundesministerium der Verteidigung oder die von ihm bestimmte Stelle, bei raumbedeutsamen Planungen und Maßnahmen des Zivilschutzes die zuständige Stelle über Art und Umfang der Angaben für die Planung oder Maßnahme.

(3) ¹Die in ihren Belangen berührten öffentlichen Stellen und die Öffentlichkeit sind zu beteiligen. ²Die Verfahrensunterlagen sind für die Dauer von mindestens einem Monat öffentlich auszulegen. ³Ort und Dauer der Auslegung sind mindestens eine Woche vor Beginn der Auslegung öffentlich bekannt zu machen; dabei ist unter Angabe einer angemessenen Frist, die zumindest der Auslegungsfrist entspricht, darauf hinzuweisen, dass Stellungnahmen abgegeben werden können. ⁴Elektronische Informationstechnologien sollen ergänzend genutzt werden, soweit der Träger der raumbedeutsamen Planung oder Maßnahme die Unterlagen nach Absatz 2 Satz 1 elektronisch vorgelegt hat. ⁵§ 9 Absatz 2 Satz 6 gilt entsprechend. ⁶Bei raumbedeutsamen Planungen und Maßnahmen, die erhebliche Auswirkungen auf Nachbarstaaten haben können, erfolgt die Beteiligung der betroffenen Nachbarstaaten im Raumordnungsverfahren nach den Grundsätzen der Gegenseitigkeit und Gleichwertigkeit. ⁷Bei raumbedeutsamen Planungen und Maßnahmen nach Absatz 2 Satz 2 erfolgt die Entscheidung darüber, ob und in welchem Umfang die Öffentlichkeit einbezogen wird, im Einvernehmen mit den dort genannten Stellen.

(4) ¹Über das Erfordernis, ein Raumordnungsverfahren durchzuführen, ist innerhalb einer Frist von vier Wochen nach Einreichung der hierfür erforderlichen Unterlagen zu entscheiden. ²Das Raumordnungsverfahren ist nach Vorliegen der vollständigen Unterlagen innerhalb einer Frist von sechs Monaten abzuschließen.

(5) Bei raumbedeutsamen Planungen und Maßnahmen von öffentlichen Stellen des Bundes, von anderen öffentlichen Stellen, die im Auftrag des Bundes tätig sind, sowie von Personen des Privatrechts nach § 5 Abs. 1 ist im Benehmen mit der zuständigen Stelle oder Person über die Einleitung eines Raumordnungsverfahrens zu entscheiden.

(6) ¹Für die Länder Berlin, Bremen und Hamburg gilt die Verpflichtung, Raumordnungsverfahren durchzuführen, nicht. ²Schaffen diese Länder allein oder gemeinsam mit anderen Ländern Rechtsgrundlagen für Raumordnungsverfahren, finden die Absätze 1 bis 5 Anwendung.

§ 16 Beschleunigtes Raumordnungsverfahren; Absehen von Raumordnungsverfahren

(1) ¹Bei der Prüfung der Raumverträglichkeit raumbedeutsamer Planungen und Maßnahmen kann, soweit keine anderen Rechtsvorschriften entgegenstehen, auf die Beteiligung einzelner öffentlicher Stellen nach § 15 Abs. 3 Satz 1 und 6 verzichtet werden, wenn die raumbedeutsamen Auswirkungen dieser Planungen und Maßnahmen gering sind oder wenn die Prüfung der Raumverträglichkeit erforderliche Stellungnahmen schon in einem anderen Verfahren abgegeben wurden (beschleunigtes Raumordnungsverfahren). ²Die Frist nach § 15 Abs. 4 Satz 2 beträgt beim beschleunigten Raumordnungsverfahren grundsätzlich drei Monate.

(2) ¹Von der Durchführung eines Raumordnungsverfahrens kann bei solchen Planungen und Maßnahmen abgesehen werden, für die sichergestellt ist, dass ihre Raumverträglichkeit anderweitig geprüft wird. ²Die

Landesregierungen können durch Rechtsverordnung regeln, welche Fälle die Durchführung eines Raumordnungsverfahrens erübrigen.

Abschnitt 3
[1]) **Raumordnung im Bund**

§ 17　Raumordnungspläne für die deutsche ausschließliche Wirtschaftszone und für den Gesamtraum

(1) [1]Das Bundesministerium des Innern, für Bau und Heimat stellt im Einvernehmen mit den fachlich betroffenen Bundesministerien für die deutsche ausschließliche Wirtschaftszone einen Raumordnungsplan als Rechtsverordnung auf. [2]Der Raumordnungsplan soll unter Berücksichtigung etwaiger Wechselwirkungen zwischen Land und Meer sowie unter Berücksichtigung von Sicherheitsaspekten Festlegungen treffen

1.　zur Gewährleistung der Sicherheit und Leichtigkeit des Schiffsverkehrs,
2.　zu weiteren wirtschaftlichen Nutzungen,
3.　zu wissenschaftlichen Nutzungen sowie
4.　zum Schutz und zur Verbesserung der Meeresumwelt.

[3]Das Bundesamt für Seeschifffahrt und Hydrographie führt mit Zustimmung des Bundesministeriums des Innern, für Bau und Heimat die vorbereitenden Verfahrensschritte zur Aufstellung des Raumordnungsplans durch. [4]Das Bundesministerium des Innern, für Bau und Heimat arbeitet mit den angrenzenden Staaten und Ländern zusammen, um die Abstimmung und Kohärenz des Raumordnungsplans mit den Raumplanungen der angrenzenden Staaten und Länder sicherzustellen.

(2) [1]Das Bundesministerium des Innern, für Bau und Heimat kann im Einvernehmen mit den fachlich betroffenen Bundesministerien länderübergreifende Raumordnungspläne für den Hochwasserschutz sowie zu Standortkonzepten für Häfen und Flughäfen als Grundlage für ihre verkehrliche Anbindung im Rahmen der Bundesverkehrswegeplanung als Rechtsverordnung aufstellen. [2]Voraussetzung ist, dass dies für die räumliche Entwicklung und Ordnung des Bundesgebietes unter nationalen oder europäischen Gesichtspunkten erforderlich ist. [3]Die Beratungs- und Unterrichtungspflicht nach § 24 Absatz 1 und 4 ist zu beachten. [4]Das Bundesamt für Bauwesen und Raumordnung führt mit Zustimmung des Bundesministeriums des Innern, für Bau und Heimat die vorbereitenden Verfahrensschritte zur Aufstellung der Raumordnungspläne durch. [5]Das Bundesministerium des Innern, für Bau und Heimat beteiligt bei der Planaufstellung die Bundesministerien und stellt das Benehmen mit den Ländern und den angrenzenden Staaten her.

(3) [1]Das Bundesministerium des Innern, für Bau und Heimat kann im Einvernehmen mit den fachlich betroffenen Bundesministerien für die räumliche Entwicklung des Bundesgebietes einzelne Grundsätze der Raumordnung nach § 2 Absatz 2 durch Grundsätze in einem Raumordnungsplan konkretisieren. [2]Die Beratungs- und Unterrichtungspflicht nach § 24 Absatz 1 und 4 ist zu beachten. [3]Das Bundesamt für Bauwesen und Raumordnung führt mit Zustimmung des Bundesministeriums des Innern, für Bau und Heimat die vorbereitenden Verfahrensschritte zur Aufstellung des Raumordnungsplans durch. [4]Das Bundesministerium des Innern, für Bau und Heimat beteiligt bei der Planaufstellung die Bundesministerien und stellt das Benehmen mit den Ländern und den angrenzenden Staaten her.

(4) Zur Vorbereitung oder Verwirklichung von Raumordnungsplänen nach den Absätzen 1 und 2 kann der Träger der Bundesraumordnung entsprechend § 14 Absatz 1 und Absatz 2 Satz 1 Nummer 1 vertragliche Vereinbarungen treffen; Gegenstand dieser Vereinbarungen kann auch die Übernahme von Kosten sein, die dem Träger der Bundesraumordnung im Interesse des Vertragspartners liegenden Vorbereitung oder Verwirklichung von Raumordnungsplänen entstehen.

(5) [1]Auf den Raumordnungsplan nach Absatz 3 finden die §§ 8 und 10 keine Anwendung. [2]Der Raumordnungsplan nach Absatz 3 ist im Bundesanzeiger bekannt zu machen; mit der Bekanntmachung tritt er in Kraft. [3]Die Bekanntmachung kann auch dadurch bewirkt werden, dass der Raumordnungsplan bei der Bundesverwaltung zu jedermanns Einsicht ausgelegt und im Bundesanzeiger darauf hingewiesen wird, wo der Raumordnungsplan eingesehen werden kann. [4]Elektronische Informationstechnologien sollen ergänzend genutzt werden; § 9 Absatz 2 Satz 6 gilt entsprechend.

1)　Abschnitt 3 (§§ 17–25) tritt gem. Art. 9 Nr. 1 Satz 1 G v. 22.12.2008 (BGBl. I S. 2986) am 31.12.2008 in Kraft.

§ 18 Beteiligung bei der Aufstellung von Raumordnungsplänen des Bundes

Hinsichtlich der Beteiligung bei der Aufstellung von Raumordnungsplänen des Bundes gilt § 9 mit den folgenden Maßgaben:

1. Ort und Dauer der Auslegung nach § 9 Absatz 2 sind mindestens eine Woche vor Beginn der Auslegung im Verkündungsblatt der auslegenden Behörde und in zwei überregionalen Tageszeitungen amtlich bekannt zu machen.

2. Die Regelungen des § 9 Absatz 2 und 3 gelten für die in ihren Belangen berührten öffentlichen Stellen mit der Maßgabe, dass ihnen der Planentwurf und die Begründung und im Falle einer Umweltprüfung auch der Umweltbericht sowie weitere, nach Einschätzung der für den Raumordnungsplan zuständigen Stelle zweckdienliche Unterlagen zur Verfügung zu stellen sind.

§ 19 Zielabweichung bei Raumordnungsplänen des Bundes

[1]Hinsichtlich der Zielabweichung bei Raumordnungsplänen des Bundes gilt § 6 Abs. 2 mit der Maßgabe, dass über den Antrag auf Zielabweichung bei Raumordnungsplänen nach § 17 Absatz 1 das Bundesamt für Seeschifffahrt und Hydrographie und bei Raumordnungsplänen nach § 17 Absatz 2 das Bundesministerium des Innern, für Bau und Heimat entscheidet. [2]Wird über den Antrag auf Zielabweichung im Zulassungsverfahren über eine raumbedeutsame Planung oder Maßnahme oder in einem anderen Verfahren entschieden, ist das Benehmen mit dem Bundesministerium des Innern, für Bau und Heimat erforderlich.

§ 20 Untersagung raumbedeutsamer Planungen und Maßnahmen bei Raumordnungsplänen des Bundes

Für die Untersagung raumbedeutsamer Planungen und Maßnahmen bei Raumordnungsplänen des Bundes gilt § 12 Abs. 2 und 3 mit der Maßgabe, dass für die Untersagung das Bundesministerium des Innern, für Bau und Heimat zuständig ist.

§ 21 Ermächtigung zum Erlass von Rechtsverordnungen

(1) Die Bundesregierung wird ermächtigt, durch Rechtsverordnung mit Zustimmung des Bundesrates Planungen und Maßnahmen zu bestimmen, für die ein Raumordnungsverfahren durchgeführt werden soll, wenn sie im Einzelfall raumbedeutsam sind und überörtliche Bedeutung haben.

(2) [1]Das Bundesministerium des Innern, für Bau und Heimat wird ermächtigt, durch Rechtsverordnung die Bedeutung und Form der Planzeichen zu bestimmen, die für die Festlegungen in Raumordnungsplänen notwendig sind. [2]Die Rechtsverordnung nach Satz 1 bedarf der Zustimmung des Bundesrates, wenn sie die Bedeutung und Form der Planzeichen bestimmt, die für Festlegungen in Raumordnungsplänen der Länder notwendig sind.

§ 22 Zuständigkeiten des Bundesamtes für Bauwesen und Raumordnung

(1) [1]Das Bundesamt für Bauwesen und Raumordnung führt ein Informationssystem zur räumlichen Entwicklung im Bundesgebiet und in den angrenzenden Gebieten. [2]Das Bundesministerium des Innern, für Bau und Heimat stellt den Ländern die Ergebnisse des Informationssystems zur Verfügung.

(2) [1]Das Bundesamt für Bauwesen und Raumordnung erstattet dem Bundesministerium des Innern, für Bau und Heimat zur Vorlage an den Deutschen Bundestag in regelmäßigen Abständen Berichte, insbesondere über

1. die bei der räumlichen Entwicklung des Bundesgebietes zugrunde zu legenden Tatsachen (Bestandsaufnahme, Entwicklungstendenzen),

2. die im Rahmen der angestrebten räumlichen Entwicklung durchgeführten und beabsichtigten raumbedeutsamen Planungen und Maßnahmen,

3. die räumliche Verteilung der raumbedeutsamen Planungen und Maßnahmen des Bundes und der Europäischen Union im Bundesgebiet und deren Wirkung,

4. die Auswirkungen der europäischen Integration auf die räumliche Entwicklung des Bundesgebietes.

[2]Die Berichte können sich auf fachliche und teilräumliche Aspekte beschränken.

§ 23 Beirat für Raumentwicklung

(1) Der Beirat für Raumentwicklung hat die Aufgabe, das Bundesministerium des Innern, für Bau und Heimat in Grundsatzfragen der räumlichen Entwicklung zu beraten.

(2) Das Bundesministerium des Innern, für Bau und Heimat beruft im Benehmen mit den zuständigen Spitzenverbänden in den Beirat Vertreter aus der Wissenschaft und der Praxis aus Bereichen mit relevanten Bezügen zur räumlichen Entwicklung des Bundesgebietes.

Abschnitt 4
Ergänzende Vorschriften und Schlussvorschriften

§ 24 Zusammenarbeit von Bund und Ländern
(1) Grundsätzliche Angelegenheiten der Raumordnung sollen vom Bundesministerium des Innern, für Bau und Heimat und den für Raumordnung zuständigen obersten Landesbehörden in der Ministerkonferenz für Raumordnung gemeinsam beraten werden.
(2) Bund und Länder können im Rahmen der Ministerkonferenz für Raumordnung Leitbilder für die räumlichen Entwicklung des Bundesgebietes oder von über die Länder hinausgreifenden Zusammenhängen entwickeln.
(3) [1]Der Bund beteiligt sich in Zusammenarbeit mit den Ländern an einer Politik des räumlichen Zusammenhalts in der Europäischen Union und im größeren europäischen Raum. [2]Bund und Länder wirken bei der grenzüberschreitenden Zusammenarbeit mit den Nachbarstaaten im Bereich der Raumordnung eng zusammen.
(4) Bund und Länder sind verpflichtet, sich gegenseitig alle Auskünfte zu erteilen, die zur Durchführung der Aufgaben der Raumordnung notwendig sind.

§ 25 Beteiligung bei der Aufstellung von Raumordnungsplänen der Nachbarstaaten
(1) Wird die Durchführung eines in einem Nachbarstaat vorgesehenen Raumordnungsplans voraussichtlich erhebliche Auswirkungen auf das angrenzende Plangebiet in der Bundesrepublik Deutschland haben, so ersucht diejenige deutsche Stelle, an deren Plangebiet der ausländische Raumordnungsplan angrenzt und die für einen gleichartigen Raumordnungsplan in Deutschland zuständig wäre, die zuständige Behörde des Nachbarstaates um Unterlagen über den Raumordnungsplan, insbesondere um eine Beschreibung des Planinhalts und um Angaben über grenzüberschreitende Auswirkungen des Plans.
(2) [1]Hält die deutsche Stelle nach Absatz 1 eine Beteiligung für erforderlich, so teilt sie dies der zuständigen Behörde des Nachbarstaates mit und ersucht, soweit erforderlich, um weitere Angaben zum Raumordnungsplan. [2]Sodann unterrichtet sie die in ihren Belangen berührten öffentlichen Stellen und die Öffentlichkeit, gibt ihnen Gelegenheit zur Einsichtnahme in die Unterlagen und weist, sofern sie nicht die Abgabe einer einheitlichen Stellungnahme für angezeigt hält, darauf hin, welcher Behörde des Nachbarstaates innerhalb welcher Frist eine Stellungnahme zugeleitet werden kann. [3]Die deutsche Stelle nach Absatz 1 gibt der zuständigen Behörde des Nachbarstaates zudem alle ihr vorliegenden Informationen, die für die Aufstellung des Raumordnungsplans bedeutsam sein können.
(3) Grenzt das Plangebiet eines ausländischen Raumordnungsplans an die deutsche ausschließliche Wirtschaftszone an, so ist im Hinblick auf die dortigen Auswirkungen die für das Beteiligungsverfahren zuständige Stelle das Bundesministerium des Innern, für Bau und Heimat.

§ 26 Gebühren und Auslagen
[1]Für individuell zurechenbare öffentliche Leistungen nach § 19, die das Bundesamt für Seeschifffahrt und Hydrographie durchführt, werden Gebühren erhoben. [2]Das Bundesministerium des Innern, für Bau und Heimat wird ermächtigt, im Einvernehmen mit dem Bundesministerium der Finanzen durch Rechtsverordnung die Gebühren für die einzelnen individuell zurechenbaren öffentlichen Leistungen im Sinne des Satzes 1 zu bestimmen und dabei feste Sätze oder Rahmensätze vorzusehen. [3]Die Gebührensätze sind so zu bemessen, dass der mit den individuell zurechenbaren öffentlichen Leistungen verbundene Personal- und Sachaufwand gedeckt wird; bei begünstigenden individuell zurechenbaren öffentlichen Leistungen kann daneben die Bedeutung, der wirtschaftliche Wert oder der sonstige Nutzen für die Gebührenschuldner angemessen berücksichtigt werden.

§ 27 Anwendungsvorschrift für die Raumordnung in den Ländern
(1) [1]Verfahren zur Aufstellung von Raumordnungsplänen nach § 13 sowie Raumordnungsverfahren nach § 15, die vor dem 29. November 2017 förmlich eingeleitet wurden, werden nach den bis zum 28. November 2017 geltenden Raumordnungsgesetzen von Bund und Ländern abgeschlossen. [2]Ist mit gesetzlich vorgeschriebenen einzelnen Schritten des Verfahrens noch nicht begonnen worden, können diese auch nach den Vorschriften dieses Gesetzes durchgeführt werden.
(2) [1]§ 11 ist auch auf Raumordnungspläne der Länder anzuwenden, die vor dem 29. November 2017 in Kraft getreten sind. [2]Weiter gehende landesrechtliche Regelungen zur Unbeachtlichkeit von Fehlern bei der Planaufstellung bleiben unberührt.
(3) Am 29. November 2017 geltendes Landesrecht, das § 2 Absatz 2, die §§ 6 bis 12 oder die Vorschriften des Abschnitts 2 dieses Gesetzes ergänzt, sowie landesrechtliche Gebührenregelungen und weiter gehendes Landesrecht zur Beschleunigung des Verfahrens bei Änderung eines ausgelegten Raumordnungsplanentwurfs bleiben unberührt.

Anlage 1
(zu § 8 Abs. 1)

Der Umweltbericht nach § 8 Abs. 1 besteht aus
1. einer Einleitung mit folgenden Angaben:
 a) Kurzdarstellung des Inhalts und der wichtigsten Ziele des Raumordnungsplans,
 b) Darstellung der in den einschlägigen Gesetzen und Plänen festgelegten Ziele des Umweltschutzes, die für den Raumordnungsplan von Bedeutung sind, und der Art, wie diese Ziele und die Umweltbelange bei der Aufstellung berücksichtigt wurden;
2. einer Beschreibung und Bewertung der Umweltauswirkungen, die in der Umweltprüfung nach § 8 Abs. 1 ermittelt wurden, mit Angaben der
 a) Bestandsaufnahme der einschlägigen Aspekte des derzeitigen Umweltzustands, einschließlich der Umweltmerkmale der Gebiete, die voraussichtlich erheblich beeinflusst werden, einschließlich der Gebiete von gemeinschaftlicher Bedeutung und der Europäischen Vogelschutzgebiete im Sinne des Bundesnaturschutzgesetzes,
 b) Prognose über die Entwicklung des Umweltzustands bei Durchführung der Planung und bei Nichtdurchführung der Planung,
 c) geplanten Maßnahmen zur Vermeidung, Verringerung und zum Ausgleich der nachteiligen Auswirkungen und
 d) in Betracht kommenden anderweitigen Planungsmöglichkeiten, wobei die Ziele und der räumliche Geltungsbereich des Raumordnungsplans zu berücksichtigen sind;
3. folgenden zusätzlichen Angaben:
 a) Beschreibung der wichtigsten Merkmale der verwendeten technischen Verfahren bei der Umweltprüfung sowie Hinweise auf Schwierigkeiten, die bei der Zusammenstellung der Angaben aufgetreten sind, zum Beispiel technische Lücken oder fehlende Kenntnisse,
 b) Beschreibung der geplanten Maßnahmen zur Überwachung der erheblichen Auswirkungen der Durchführung des Raumordnungsplans auf die Umwelt und
 c) allgemein verständliche Zusammenfassung der erforderlichen Angaben nach dieser Anlage.

Anlage 2
(zu § 8 Abs. 2)

Nachstehende Kriterien sind anzuwenden, soweit auf Anlage 2 Bezug genommen wird:

1.

Merkmale des Raumordnungsplans, insbesondere in Bezug auf

1.1

das Ausmaß, in dem der Raumordnungsplan einen Rahmen im Sinne des § 35 Absatz 3 des Gesetzes über die Umweltverträglichkeitsprüfung setzt;

1.2

das Ausmaß, in dem der Raumordnungsplan andere Pläne und Programme beeinflusst;

1.3

die Bedeutung des Raumordnungsplans für die Einbeziehung umweltbezogener, einschließlich gesundheitsbezogener Erwägungen, insbesondere im Hinblick auf die Förderung der nachhaltigen Entwicklung;

1.4

die für den Raumordnungsplan relevanten umweltbezogenen, einschließlich gesundheitsbezogener Probleme;

1.5

die Bedeutung des Raumordnungsplans für die Durchführung nationaler und europäischer Umweltvorschriften.

2.

Merkmale der möglichen Auswirkungen und der voraussichtlich betroffenen Gebiete, insbesondere in Bezug auf

2.1

die Wahrscheinlichkeit, Dauer, Häufigkeit und Umkehrbarkeit der Auswirkungen;

2.2

den kumulativen und grenzüberschreitenden Charakter der Auswirkungen;

2.3

die Risiken für die Umwelt, einschließlich der menschlichen Gesundheit (zum Beispiel bei Unfällen);

2.4

den Umfang und die räumliche Ausdehnung der Auswirkungen;

2.5

die Bedeutung und die Sensibilität des voraussichtlich betroffenen Gebiets auf Grund der besonderen natürlichen Merkmale, des kulturellen Erbes, der Intensität der Bodennutzung des Gebiets jeweils unter Berücksichtigung der Überschreitung von Umweltqualitätsnormen und Grenzwerten;

2.6

folgende Gebiete:

2.6.1

Natura 2000-Gebiete nach § 7 Absatz 1 Nummer 8 des Bundesnaturschutzgesetzes,

2.6.2

Naturschutzgebiete gemäß § 23 des Bundesnaturschutzgesetzes, soweit nicht bereits von Nummer 2.6.1 erfasst,

2.6.3

Nationalparke gemäß § 24 des Bundesnaturschutzgesetzes, soweit nicht bereits von Nummer 2.6.1 erfasst,

2.6.4

Biosphärenreservate und Landschaftsschutzgebiete gemäß den §§ 25 und 26 des Bundesnaturschutzgesetzes,

2.6.5

gesetzlich geschützte Biotope gemäß § 30 des Bundesnaturschutzgesetzes,

2.6.6

Wasserschutzgebiete gemäß § 51 des Wasserhaushaltsgesetzes, Heilquellenschutzgebiete gemäß § 53 Absatz 4 des Wasserhaushaltsgesetzes sowie Überschwemmungsgebiete gemäß § 76 des Wasserhaushaltsgesetzes,

2.6.7

Gebiete, in denen die in den Gemeinschaftsvorschriften festgelegten Umweltqualitätsnormen bereits überschritten sind,

2.6.8

Gebiete mit hoher Bevölkerungsdichte, insbesondere Zentrale Orte im Sinne des § 2 Abs. 2 Nr. 2 dieses Gesetzes,

2.6.9

in amtlichen Listen oder Karten verzeichnete Denkmäler, Denkmalensembles, Bodendenkmäler oder Gebiete, die von der durch die Länder bestimmten Denkmalschutzbehörde als archäologisch bedeutende Landschaften eingestuft worden sind.

Netzausbaubeschleunigungsgesetz Übertragungsnetz (NABEG)[1)2)]

Vom 28. Juli 2011 (BGBl. I S. 1690)
(FNA 752-8)
zuletzt geändert durch Art. 2 G zur Beschleunigung des Energieleitungsausbaus vom 13. Mai 2019 (BGBl. I S. 706)

Inhaltsübersicht

Abschnitt 1
Allgemeine Vorschriften

§ 1 Grundsatz

[1]Die Beschleunigung des Ausbaus der länderübergreifenden und grenzüberschreitenden Höchstspannungsleitungen im Sinne des § 12e Absatz 2 Satz 1 des Energiewirtschaftsgesetzes vom 7. Juli 2005 (BGBl. I S. 1970), der durch Artikel 1 des Gesetzes vom 26. Juli 2011 (BGBl. I S. 1554) eingefügt worden ist, erfolgt nach Maßgabe dieses Gesetzes. [2]Dieses Gesetz schafft die Grundlage für einen rechtssicheren, transparenten, effizienten und umweltverträglichen Ausbau des Übertragungsnetzes sowie dessen Ertüchtigung. [3]Die Realisierung der Stromleitungen, die in den Geltungsbereich dieses Gesetzes fallen, ist aus Gründen eines überragenden öffentlichen Interesses und im Interesse der öffentlichen Sicherheit erforderlich.

1) Verkündet als Art. 1 G v. 28.7.2011 (BGBl. I S. 1690); Inkrafttreten gem. Art. 7 dieses G am 5.8.2011.
2) Zur Sicherstellung ordnungsgemäßer Planungs-und Genehmigungsverfahren während der COVID-19-Pandemie siehe das PlanungssicherstellungsG vom 20.5.2020 (BGBl. I S. 1041).

§ 2 Anwendungsbereich, Verordnungsermächtigung

(1) Dieses Gesetz gilt nur für die Errichtung oder Änderung von länderübergreifenden oder grenzüberschreitenden Höchstspannungsleitungen und Anbindungsleitungen von den Offshore-Windpark-Umspannwerken zu den Netzverknüpfungspunkten an Land, die in einem Gesetz über den Bundesbedarfsplan nach § 12e Absatz 4 Satz 1 des Energiewirtschaftsgesetzes als solche gekennzeichnet sind.

(2) Die Bundesregierung wird ermächtigt, in einer Rechtsverordnung mit Zustimmung des Bundesrates für Leitungen nach Absatz 1 festzulegen, dass die Planfeststellungsverfahren nach Abschnitt 3 von der Bundesnetzagentur durchgeführt werden.

(3) [1]Die Vorschriften dieses Gesetzes gelten außerdem für den Neubau von Hochspannungsleitungen mit einer Nennspannung von mindestens 110 Kilovolt sowie für Bahnstromfernleitungen, sofern diese Leitungen zusammen mit einer Höchstspannungsleitung nach Absatz 1 auf einem Mehrfachgestänge geführt werden können und die Planungen so rechtzeitig beantragt werden, dass die Einbeziehung ohne wesentliche Verfahrensverzögerung für die Bundesfachplanung oder Planfeststellung möglich ist. [2]Satz 1 entsprechend für Erdkabel und Leerrohre anzuwenden, sofern diese nach § 26 im räumlichen und zeitlichen Zusammenhang mit der Baumaßnahme eines Vorhabens im Sinne von § 2 Absatz 5 und 6 des Bundesbedarfsplangesetzes mitverlegt werden können.

(4) Dieses Gesetz gilt nicht für Vorhaben, die im Energieleitungsausbaugesetz aufgeführt sind.

(5) Das Gesetz ist nicht auf die Leitungsabschnitte, die in den Anwendungsbereich des § 44 Absatz 1 des Windenergie-auf-See-Gesetzes fallen, anzuwenden.

§ 3 Begriffsbestimmungen

Im Sinne dieses Gesetzes ist oder sind:

1. „Änderung oder Erweiterung einer Leitung" die Änderung oder der Ausbau einer Leitung einschließlich Änderungen des Betriebskonzepts in einer Bestandstrasse, wobei die bestehende Leitung grundsätzlich fortbestehen soll; hierzu zählen auch
 a) die Mitführung von zusätzlichen Seilsystemen auf einer bestehenden Maststruktur einschließlich einer gegebenenfalls hierfür erforderlichen Erhöhung einzelner Masten um bis zu 20 Prozent ohne wesentliche Änderungen des Fundaments (Zubeseilung),
 b) die Ersetzung eines bereits bestehenden Seilsystems durch ein neues leistungsstärkeres Seilsystem einschließlich einer gegebenenfalls hierfür erforderlichen Erhöhung einzelner Masten um bis zu 20 Prozent ohne wesentliche Änderungen des Fundaments (Umbeseilung) und
 c) Maßnahmen, die unter Beibehaltung der Masten lediglich die Auslastung der Leitung anpassen und keine oder allenfalls geringfügige und punktuelle bauliche Änderungen erfordern (Änderung des Betriebskonzepts),
2. „Bestandstrasse" die Trasse einer bestehenden oder bereits zugelassenen Hoch- oder Höchstspannungsleitung,
3. „Errichtung" der Neubau einer Leitung einschließlich des Ersatz- und Parallelneubaus,
4. „Ersatzneubau" die Errichtung einer neuen Leitung in oder unmittelbar neben einer Bestandstrasse, wobei die bestehende Leitung innerhalb von drei Jahren ersetzt wird; die Errichtung erfolgt in der Bestandstrasse, wenn sich bei Freileitungen die Mastfundamente und bei Erdkabeln die Kabel in der Bestandstrasse befinden; die Errichtung erfolgt unmittelbar neben der Bestandstrasse, wenn ein Abstand von 200 Metern zwischen den Trassenachsen nicht überschritten wird,
5. „Parallelneubau" die Errichtung einer neuen Leitung unmittelbar neben einer Bestandstrasse, wobei die bestehende Leitung fortbestehen soll; die Errichtung erfolgt unmittelbar neben der Bestandstrasse, wenn ein Abstand von 200 Metern zwischen den Trassenachsen nicht überschritten wird,
6. „Trasse" die von einem Leitungsvorhaben in Anspruch genommene oder in ihrer sonstigen Nutzbarkeit beschränkte Fläche,
7. „Trassenkorridore" die als Entscheidung der Bundesfachplanung auszuweisenden Gebietsstreifen, innerhalb derer die Trasse einer Stromleitung verläuft und für die die Raumverträglichkeit festgestellt werden soll oder festgestellt ist,
8. „Vereinigungen" nach § 3 des Umwelt-Rechtsbehelfsgesetzes anerkannte Umweltvereinigungen, die in ihrem satzungsgemäßen Aufgabenbereich berührt sind,
9. „Vorhabenträger" der für die Durchführung einer Maßnahme im nach § 12c Absatz 4 Satz 1 des Energiewirtschaftsgesetzes bestätigten Netzentwicklungsplan aufgeführte oder nach § 12c Absatz 8 des Energiewirtschaftsgesetzes bestimmte verantwortliche Betreiber von Übertragungsnetzen.

§ 3a Zusammenarbeit von Bund und Ländern

(1) Bund und Länder wirken zur Realisierung dieser Stromleitungen konstruktiv zusammen.

(2) Zeichnet sich bei der Aufstellung, Änderung oder Ergänzung eines Raumordnungsplans ab, dass Ziele der Raumordnung die Bundesfachplanung oder die Planfeststellung berühren können, sollen im Raumordnungsplan Festlegungen getroffen werden, die sicherstellen, dass die Bundesfachplanung und die Planfeststellung nicht erschwert werden.

Abschnitt 2
Bundesfachplanung

§ 4 Zweck der Bundesfachplanung

[1]Für die in einem Gesetz über den Bundesbedarfsplan nach § 12e Absatz 4 Satz 1 des Energiewirtschaftsgesetzes als länderübergreifend oder grenzüberschreitend oder als Anbindungsleitungen von den Offshore-Windpark-Umspannwerken zu den Netzverknüpfungspunkten an Land gekennzeichneten Höchstspannungsleitungen werden durch die Bundesfachplanung Trassenkorridore bestimmt. [2]Diese sind die Grundlage für die nachfolgenden Planfeststellungsverfahren.

§ 5 Inhalt der Bundesfachplanung

(1) [1]Die Bundesnetzagentur bestimmt in der Bundesfachplanung zur Erfüllung der in § 1 Absatz 1 des Energiewirtschaftsgesetzes genannten Zwecke Trassenkorridore von im Bundesbedarfsplan aufgeführten Höchstspannungsleitungen. [2]Die Bundesnetzagentur prüft, ob der Verwirklichung des Vorhabens in einem Trassenkorridor überwiegende öffentliche oder private Belange entgegenstehen.

(2) [1]Die Bundesnetzagentur prüft insbesondere die Übereinstimmung mit den Erfordernissen der Raumordnung im Sinne von § 3 Absatz 1 Nummer 1 des Raumordnungsgesetzes und die Abstimmung mit anderen raumbedeutsamen Planungen und Maßnahmen im Sinne von § 3 Absatz 1 Nummer 6 des Raumordnungsgesetzes. [2]Die Bindungswirkung der Ziele der Raumordnung gilt nur, wenn die Bundesnetzagentur bei der Aufstellung, Änderung oder Ergänzung des Raumordnungsplans nach § 9 des Raumordnungsgesetzes beteiligt worden ist und sie innerhalb einer Frist von zwei Monaten nach Mitteilung des rechtsverbindlichen Ziels nicht widersprochen hat. [3]Der Widerspruch nach Satz 2 lässt die Bindungswirkung des Ziels der Raumordnung gegenüber der Bundesnetzagentur nicht entstehen, wenn das Ziel der Bundesfachplanung entgegensteht. [4]Macht die Bundesfachplanung nachträglich ein Abweichen von den Zielen der Raumordnung erforderlich, kann die Bundesnetzagentur mit Zustimmung des Bundesministeriums für Wirtschaft und Energie innerhalb angemessener Frist, spätestens aber bis zum Abschluss der Bundesfachplanung, unter der Voraussetzung von Satz 3 nachträglich widersprechen. [5]Muss infolge des nachträglichen Widerspruchs der Raumordnungsplan geändert, ergänzt oder aufgehoben werden, hat die Bundesnetzagentur die dadurch entstehenden Kosten zu ersetzen. [6]§ 6 des Raumordnungsgesetzes bleibt unberührt.

(3) [1]Städtebauliche Belange sind zu berücksichtigen. [2]Abweichend von § 7 des Baugesetzbuches sind nur § 7 Satz 6 und § 37 Absatz 3 des Baugesetzbuches entsprechend anzuwenden.

(4) [1]Gegenstand der Prüfung sind auch etwaige ernsthaft in Betracht kommende Alternativen von Trassenkorridoren. [2]Bei der Durchführung der Bundesfachplanung für Vorhaben im Sinne von § 2 Absatz 6 des Bundesbedarfsplangesetzes zählen zu solchen Alternativen auch die Verläufe von Trassenkorridoren, die sich aus der Berücksichtigung von möglichen Teilverkabelungsabschnitten ergeben und insbesondere zu einer Verkürzung des Trassenkorridors insgesamt führen können.

(5) Bei der Durchführung der Bundesfachplanung für ein Vorhaben im Sinne von § 2 Absatz 5 des Bundesbedarfsplangesetzes prüft die Bundesnetzagentur insbesondere, inwieweit zwischen dem Anfangs- und dem Endpunkt des Vorhabens ein möglichst geradliniger Verlauf eines Trassenkorridors zur späteren Errichtung und zum Betrieb eines Erdkabels erreicht werden kann.

(6) Bei der Durchführung der Bundesfachplanung für Anbindungsleitungen von den Offshore-Windpark-Umspannwerken zu den Netzverknüpfungspunkten an Land ist der Bundesfachplan Offshore gemäß § 17a des Energiewirtschaftsgesetzes in der jeweils geltenden Fassung und ab dem 1. Januar 2019 der Flächenentwicklungsplan gemäß § 5 des Windenergie-auf-See-Gesetzes in der jeweils geltenden Fassung von der Bundesnetzagentur zu berücksichtigen.

(7) Für die Bundesfachplanung ist nach den Bestimmungen des Gesetzes über die Umweltverträglichkeitsprüfung eine Strategische Umweltprüfung durchzuführen.

(8) [1]Die Bundesnetzagentur darf die Bundesfachplanung in einzelnen Abschnitten der Trassenkorridore durchführen. [2]Dies gilt auch, wenn der Vorhabenträger keinen entsprechenden Antrag gestellt hat.

§ 5a Verzicht auf Bundesfachplanung

(1) [1]Auf die Durchführung der Bundesfachplanung soll in folgenden Fällen verzichtet werden:

1. bei der Änderung oder Erweiterung einer Leitung,

2. bei einem Ersatzneubau oder

3. bei einem Neubau oder der Verlegung von Leerrohren innerhalb eines Trassenkorridors, der in einem Raumordnungsplan im Sinne von § 3 Absatz 1 Nummer 7 des Raumordnungsgesetzes festgelegt oder im Bundesnetzplan ausgewiesen ist.

[2]Der Verzicht auf die Durchführung der Bundesfachplanung kann auf einzelne Trassenabschnitte beschränkt werden.

(2) [1]Auf die Durchführung der Bundesfachplanung kann bei einem Ersatz- oder Parallelneubau, der weit überwiegend in oder unmittelbar neben einer Bestandstrasse erfolgt, verzichtet werden. [2]Der Verzicht auf die Durchführung der Bundesfachplanung kann auf einzelne Trassenabschnitte beschränkt werden.

(3) [1]Über das Erfordernis der Durchführung der Bundesfachplanung ist innerhalb einer Frist von acht Wochen nach Einreichung der entsprechenden Unterlagen zu entscheiden. [2]Der Vorhabenträger muss darin den Verlauf der Bestandstrasse oder des ausgewiesenen Trassenkorridors angeben und nachweisen, dass die Änderung, die Erweiterung oder der Neubau nach Absatz 1 oder 2 auf Grund der örtlichen Gegebenheiten ohne Durchführung der Bundesfachplanung möglich ist. [3]§ 15 Absatz 3 Satz 2 ist entsprechend anzuwenden.

(4) [1]Wenn ein Vorhaben oder eine Einzelmaßnahme im Bundesbedarfsplangesetz auf Grund seiner besonderen Eilbedürftigkeit entsprechend gekennzeichnet ist, ist auf die Durchführung der Bundesfachplanung zu verzichten. [2]Eine Entscheidung nach Absatz 3 ist in diesem Fall entbehrlich.

(5) Bei einem Verzicht auf die Bundesfachplanung erfolgt die Prüfung der öffentlichen und privaten Belange im Sinne des § 5 im Planfeststellungsverfahren.

§ 5b Zusammentreffen mehrerer Vorhaben in der Bundesfachplanung

(1) [1]In Bundesfachplanungsverfahren kann eine einheitliche Entscheidung über den Trassenkorridor für ein Vorhaben nach § 2 Absatz 1 und für die Errichtung, den Betrieb sowie die Änderung von Hochspannungsfreileitungen mit einer Nennspannung von 110 Kilovolt oder mehr sowie von Bahnstromfernleitungen beantragt werden, sofern diese Leitungen auf einem Mehrfachgestänge geführt werden sollen. [2]Satz 1 ist entsprechend anzuwenden für Erdkabel, sofern diese im räumlichen und zeitlichen Zusammenhang mit der Baumaßnahme eines Erdkabelvorhabens nach § 2 Absatz 1 mitverlegt werden sollen.

(2) Die Bundesnetzagentur informiert die jeweils für die Raumordnung des Vorhabens zuständigen Behörden der Länder über einen Antrag nach Absatz 1 und weist sie darauf hin, dass sie der Durchführung des gemeinsamen Verfahrens widersprechen können.

(3) Sofern die für die Raumordnung des Vorhabens zuständigen Behörden der betroffenen Länder nicht innerhalb von drei Monaten nach der Information nach Absatz 2 der Durchführung des gemeinsamen Verfahrens widersprochen haben, kann eine einheitliche Entscheidung durch die Bundesnetzagentur ergehen.

§ 6 Antrag auf Bundesfachplanung

[1]Die Bundesfachplanung beginnt mit dem Antrag des Vorhabenträgers. [2]Der Antrag ist spätestens 18 Monate nach Aufnahme des Vorhabens in den Bundesbedarfsplan durch den Vorhabenträger zu stellen, wenn das Bundesbedarfsplangesetz keine hiervon abweichende Kennzeichnung enthält. [3]Die Bundesnetzagentur kann auf begründeten Antrag des Vorhabenträgers die Frist höchstens zweimal um jeweils bis zu sechs Monate verlängern. [4]Die für die Raumordnung zuständigen Behörden der Länder, auf deren Gebiet ein Trassenkorridor verlaufen könnte, sind über die Fristverlängerung zu benachrichtigen. [5]Der Antrag kann zunächst auf einzelne angemessene Abschnitte von Trassenkorridoren beschränkt werden. [6]Der Antrag soll Angaben enthalten, die die Festlegung des Untersuchungsrahmens nach § 7 ermöglichen, und hat daher in allgemein verständlicher Form das geplante Vorhaben darzustellen. [7]Der Antrag muss enthalten

1. einen Vorschlag für den beabsichtigten Verlauf des für die Ausbaumaßnahme erforderlichen Trassenkorridors sowie eine Darlegung der in Frage kommenden Alternativen,

2. bei Vorhaben im Sinne von § 2 Absatz 5 des Bundesbedarfsplangesetzes eine Kennzeichnung von Erdkabel- und Freileitungsabschnitten im Vorschlag und in den infrage kommenden Alternativen sowie die Gründe, aus denen in Teilabschnitten ausnahmsweise eine Freileitung in Betracht kommt,

3. Erläuterungen zur Auswahl zwischen den in Frage kommenden Alternativen unter Berücksichtigung der erkennbaren Umweltauswirkungen und der zu bewältigenden raumordnerischen Konflikte und,

4. soweit ein vereinfachtes Verfahren der Bundesfachplanung nach § 11 für die gesamte Ausbaumaß-
 nahme oder für einzelne Streckenabschnitte durchgeführt werden soll, die Darlegung der dafür er-
 forderlichen Voraussetzungen.

§ 7 Festlegung des Untersuchungsrahmens

(1) [1]Die Bundesnetzagentur führt unverzüglich nach Einreichung des Antrags eine Antragskonferenz
durch. [2]In der Antragskonferenz sollen Gegenstand und Umfang der für die Trassenkorridore vorzuneh-
menden Bundesfachplanung erörtert werden. [3]Insbesondere soll erörtert werden, inwieweit Übereinstim-
mung der beantragten Trassenkorridore mit den Erfordernissen der Raumordnung der betroffenen Länder
besteht oder hergestellt werden kann und in welchem Umfang und Detaillierungsgrad Angaben in dem
Umweltbericht nach § 40 des Gesetzes über die Umweltverträglichkeitsprüfung aufzunehmen sind. [4]Die
Antragskonferenz ist zugleich die Besprechung im Sinne des § 39 Absatz 4 Satz 2 des Gesetzes über die
Umweltverträglichkeitsprüfung.

(2) [1]Der Vorhabenträger und die betroffenen Träger öffentlicher Belange, deren Aufgabenbereich berührt
ist, insbesondere die für die Landesplanung zuständigen Landesbehörden, sowie die Vereinigungen wer-
den von der Bundesnetzagentur zur Antragskonferenz geladen, die Vereinigungen und die Träger öffent-
licher Belange mittels Zusendung des Antrags nach § 6. [2]Ladung und Übersendung des Antrags können
elektronisch erfolgen. [3]Die Antragskonferenz ist öffentlich; die Unterrichtung der Öffentlichkeit erfolgt
auf der Internetseite der Bundesnetzagentur und über örtliche Tageszeitungen, die in dem Gebiet verbreitet
sind, auf das sich der beantragte Trassenkorridor voraussichtlich auswirken wird.

(3) [1]Länder, auf deren Gebiet ein Trassenkorridor voraussichtlich verlaufen wird, können in Abstimmung
mit anderen betroffenen Ländern Vorschläge im Sinne von § 6 Satz 7 Nummer 1 machen. [2]Die Vorschläge
nach Satz 1 können in einer Antragskonferenz oder schriftlich erörtert werden. [3]Für die schriftliche Er-
örterung ist § 3 Absatz 3 des Bundesbedarfsplangesetzes entsprechend anzuwenden. [4]Die Bundesnetz-
agentur ist an den Antrag des Vorhabenträgers und die Vorschläge der Länder nicht gebunden.

(4) Die Bundesnetzagentur legt auf Grund der Ergebnisse der Antragskonferenz einen Untersuchungs-
rahmen für die Bundesfachplanung nach pflichtgemäßem Ermessen fest und bestimmt den erforderlichen
Inhalt der nach § 8 einzureichenden Unterlagen.

(5) Die Festlegungen sollen innerhalb einer Frist von zwei Monaten nach Antragstellung abgeschlossen
sein.

(6) Die Rechtsvorschriften über Geheimhaltung und Datenschutz bleiben unberührt.

(7) Eine Antragskonferenz kann unterbleiben, wenn die Voraussetzungen für ein vereinfachtes Verfahren
nach § 11 vorliegen.

§ 8 Unterlagen

[1]Der Vorhabenträger legt der Bundesnetzagentur auf Grundlage der Ergebnisse der Antragskonferenz in
einer von der Bundesnetzagentur festzusetzenden angemessenen Frist die für die raumordnerische Beur-
teilung und die Strategische Umweltprüfung der Trassenkorridore erforderlichen Unterlagen vor. [2]§ 44
des Energiewirtschaftsgesetzes ist mit der Maßgabe entsprechend anzuwenden, dass die Bundesnetz-
agentur die zuständige Behörde ist. [3]§ 40 Absatz 3 und 4 des Gesetzes über die Umweltverträglichkeits-
prüfung ist entsprechend anzuwenden. [4]Soweit Unterlagen Betriebs- oder Geschäftsgeheimnisse enthal-
ten, sind sie zu kennzeichnen. [5]Die Regelungen zum Schutz personenbezogener Daten sind zu beachten.
[6]Den Unterlagen ist eine Erläuterung beizufügen, die unter Wahrung der in Satz 5 genannten Aspekte so
ausführlich sein muss, dass Dritte abschätzen können, ob und in welchem Umfang sie von den raumbe-
deutsamen Auswirkungen des Vorhabens betroffen sein können. [7]Die Bundesnetzagentur prüft die Voll-
ständigkeit der Unterlagen. [8]§ 21 Absatz 5 ist entsprechend anzuwenden.

§ 9 Behörden- und Öffentlichkeitsbeteiligung

(1) Spätestens zwei Wochen nach Vorlage der vollständigen Unterlagen beteiligt die Bundesnetzagentur
die anderen Behörden nach § 41 des Gesetzes über die Umweltverträglichkeitsprüfung nach Maßgabe der
folgenden Absätze.

(2) [1]Die Bundesnetzagentur fordert die Träger öffentlicher Belange innerhalb einer von ihr zu setzenden
Frist, die drei Monate nicht überschreiten darf, zur Stellungnahme auf. [2]Die Abgabe der Stellungnahmen
kann schriftlich oder elektronisch erfolgen. [3]Nach Ablauf der Frist nach Satz 1 eingehende Stellungnah-
men sind nicht mehr berücksichtigt, es sei denn, die vorgebrachten Belange sind für die Rechtmäßigkeit
der Bundesfachplanung von Bedeutung.

(3) [1]Spätestens zwei Wochen nach Versand der Bestätigung der Vollständigkeit der Unterlagen führt die
Bundesnetzagentur eine Beteiligung der Öffentlichkeit nach § 42 des Gesetzes über die Umweltverträg-
lichkeitsprüfung durch. [2]Die Öffentlichkeitsbeteiligung erfolgt mit der Maßgabe, dass die nach § 42 Ab-

satz 2 des Gesetzes über die Umweltverträglichkeitsprüfung auszulegenden Unterlagen für die Dauer von einem Monat am Sitz der Bundesnetzagentur und an mindestens einem weiteren geeigneten Auslegungsort in für die vom Trassenkorridor Betroffenen zumutbarer Nähe ausgelegt werden. [3]Die Auslegung der Unterlagen nach Satz 1 kann an der Auslegungsstelle auch elektronisch erfolgen; diese elektronische Auslegung kann auf Teile der Unterlagen begrenzt werden. [4]Die Auslegung ist auf der Internetseite der Bundesnetzagentur und in örtlichen Tageszeitungen, die in dem Gebiet verbreitet sind, auf das sich das Vorhaben voraussichtlich auswirken wird, bekannt zu machen. [5]Die Bekanntmachung soll spätestens eine Woche vor Beginn der Auslegung erfolgen und muss folgende Angaben enthalten:

1. dem Planungsstand entsprechende Angaben über den Verlauf der Trassenkorridore und den Vorhabenträger,

2. Angaben darüber, wo und wann die Unterlagen zur Einsicht ausgelegt sind, und

3. Hinweise auf die Einwendungsfrist unter Angabe des jeweils ersten und letzten Tages.

[6]Sofern von der Möglichkeit der elektronischen Auslegung Gebrauch gemacht wird, ist in der Bekanntmachung darauf hinzuweisen.

(4) [1]Die Unterlagen sind spätestens mit der Auslegung für die Dauer von einem Monat im Internet zu veröffentlichen. [2]Die Veröffentlichung im Internet ist entsprechend dem Absatz 3 Satz 3 und 4 bekannt zu machen.

(5) Die Rechtsvorschriften über Geheimhaltung und Datenschutz bleiben unberührt.

(6) [1]Jede Person, einschließlich Vereinigungen, kann sich innerhalb von einem Monat nach Ablauf der Veröffentlichungsfrist schriftlich, elektronisch oder zur Niederschrift bei einer Auslegungsstelle nach Absatz 3 Satz 1 und 2 zu den beabsichtigten Trassenkorridoren äußern. [2]Absatz 2 Satz 3 gilt entsprechend. [3]Rechtsansprüche werden durch die Einbeziehung der Öffentlichkeit nicht begründet; die Verfolgung von Rechten im nachfolgenden Zulassungsverfahren bleibt unberührt. [4]Die Einwendungen und Stellungnahmen sind dem Vorhabenträger und den von ihm Beauftragten zur Verfügung zu stellen, um eine Erwiderung zu ermöglichen. [5]Datenschutzrechtliche Bestimmungen sind zu beachten. [6]Auf Verlangen des Einwenders sollen dessen Name und Anschrift unkenntlich gemacht werden, wenn diese zur ordnungsgemäßen Durchführung des Verfahrens nicht erforderlich sind; auf diese Möglichkeit ist in der öffentlichen Bekanntmachung hinzuweisen.

(7) Ein Verfahren nach den Absätzen 1 bis 6 kann unterbleiben, wenn die Voraussetzungen für ein vereinfachtes Verfahren nach § 11 vorliegen.

§ 10 Erörterungstermin

(1) Die Bundesnetzagentur erörtert die rechtzeitig erhobenen Einwendungen und Stellungnahmen mit dem Vorhabenträger, den Trägern öffentlicher Belange und denjenigen, die Einwendungen erhoben oder Stellungnahmen abgegeben haben.

(2) [1]Der Vorhabenträger, die Träger öffentlicher Belange und diejenigen, die Einwendungen erhoben oder Stellungnahmen abgegeben haben, sind von dem Erörterungstermin zu benachrichtigen. [2]Sind außer der Benachrichtigung der Träger öffentlicher Belange und des Vorhabenträgers mehr als 50 Benachrichtigungen vorzunehmen, können diese Benachrichtigungen durch öffentliche Bekanntmachung ersetzt werden. [3]Die öffentliche Bekanntmachung wird dadurch bewirkt, dass der Erörterungstermin auf der Internetseite der Bundesnetzagentur und in örtlichen Tageszeitungen bekannt gemacht wird, die in dem Bereich verbreitet sind, in dem sich das Vorhaben voraussichtlich auswirken wird. [4]Im Übrigen sind für die Erörterung die Vorschriften über die mündliche Verhandlung im förmlichen Verwaltungsverfahren nach § 67 Absatz 1 Satz 3, Absatz 2 Nummer 1 und 4 und Absatz 3 und § 68 des Verwaltungsverfahrensgesetzes und die Vorschriften für Massenverfahren nach den §§ 17 bis 19 des Verwaltungsverfahrensgesetzes entsprechend anzuwenden.

(3) Ein Erörterungstermin findet nicht statt, wenn

1. Einwendungen und Stellungnahmen gegen das Vorhaben nicht oder nicht rechtzeitig erhoben worden sind,

2. die rechtzeitig erhobenen Einwendungen und Stellungnahmen zurückgenommen worden sind,

3. ausschließlich Einwendungen erhoben worden sind, die auf privatrechtlichen Titeln beruhen, oder

4. alle Einwender und Stellungnehmer auf einen Erörterungstermin verzichten.

§ 11 Vereinfachtes Verfahren

(1) [1]Die Bundesfachplanung kann in einem vereinfachten Verfahren durchgeführt werden, soweit nach § 37 Satz 1 des Gesetzes über die Umweltverträglichkeitsprüfung eine Strategische Umweltprüfung nicht erforderlich ist und die Ausbaumaßnahme

1. verwirklicht werden kann, wenn der hierfür durch die Bundesfachplanung bestimmte Trassenkorridor nur geringfügig geändert wird, oder

2. kleinräumig außerhalb eines Trassenkorridors verlaufen soll, der in einem Raumordnungsplan im Sinne von § 3 Absatz 1 Nummer 7 des Raumordnungsgesetzes ausgewiesen ist. ²Das vereinfachte Verfahren kann auf einzelne Trassenabschnitte beschränkt werden.

(2) In dem vereinfachten Verfahren stellt die Bundesnetzagentur im Benehmen mit den zuständigen Landesbehörden fest, ob die Ausbaumaßnahme raumverträglich ist.

(3) ¹Das vereinfachte Verfahren ist binnen drei Monaten nach Vorliegen der vollständigen Unterlagen bei der Bundesnetzagentur abzuschließen. ²Hat eine Behörden- und Öffentlichkeitsbeteiligung nach § 9 stattgefunden, beträgt die Frist nach Satz 1 sechs Monate.

§ 12 Abschluss der Bundesfachplanung

(1) Die Bundesfachplanung ist binnen sechs Monaten nach Vorliegen der vollständigen Unterlagen bei der Bundesnetzagentur abzuschließen.

(2) ¹Die Entscheidung der Bundesnetzagentur über die Bundesfachplanung enthält

1. den Verlauf eines raumverträglichen Trassenkorridors, der Teil des Bundesnetzplans wird, sowie die an Landesgrenzen gelegenen Länderübergangspunkte; der Trassenkorridor und die Länderübergangspunkte sind in geeigneter Weise kartografisch auszuweisen;

2. eine Bewertung sowie eine zusammenfassende Erklärung der Umweltauswirkungen gemäß den §§ 43 und 44 des Gesetzes über die Umweltverträglichkeitsprüfung des in den Bundesnetzplan aufzunehmenden Trassenkorridors;

3. bei Vorhaben im Sinne von § 2 Absatz 5 des Bundesbedarfsplangesetzes eine Kennzeichnung, inwieweit sich der Trassenkorridor für die Errichtung und den Betrieb eines Erdkabels eignet, und

4. das Ergebnis der Prüfung von alternativen Trassenkorridoren.

²Der Entscheidung ist eine Begründung beizufügen, in der die Raumverträglichkeit im Einzelnen darzustellen ist. ³Bei Vorhaben im Sinne von § 2 Absatz 5 des Bundesbedarfsplangesetzes sind auch die Gründe anzugeben, aus denen in Teilabschnitten ausnahmsweise eine Freileitung in Betracht kommt. ⁴Die Bundesnetzagentur hat, nach Abschluss der Bundesfachplanung die nach den §§ 11 und 12 des Energiewirtschaftsgesetzes verpflichteten Vorhabenträger durch Bescheid aufzufordern, innerhalb einer zu bestimmenden angemessenen Frist den erforderlichen Antrag auf Planfeststellung zu stellen. ⁵Die zuständigen obersten Landesbehörden der Länder, auf deren Gebiet ein Trassenkorridor verläuft, sind von der Frist zu benachrichtigen.

(3) Abweichend von Absatz 2 Satz 1 Nummer 1 bis 3 enthält die Entscheidung im Fall des vereinfachten Verfahrens nach § 11 Absatz 1 Satz 1 Nummer 1 den Verlauf der geringfügigen Änderung und im Fall des vereinfachten Verfahrens nach § 11 Absatz 1 Satz 1 Nummer 2 eine Darstellung der kleinräumig außerhalb des Trassenkorridors verlaufenden Abschnitte der Ausbaumaßnahme.

§ 13 Bekanntgabe und Veröffentlichung der Entscheidung

(1) Die Entscheidung nach § 12 Absatz 2 und 3 ist den Beteiligten nach § 9 Absatz 1 schriftlich oder elektronisch zu übermitteln.

(2) ¹Die Entscheidung ist an den Auslegungsorten gemäß § 9 Absatz 3 sechs Wochen zur Einsicht auszulegen und auf der Internetseite der Bundesnetzagentur zu veröffentlichen. ²Für die Veröffentlichung gilt § 9 Absatz 4 entsprechend. ³Die Bundesnetzagentur macht die Auslegung und Veröffentlichung nach Satz 1 mindestens eine Woche vorher in örtlichen Tageszeitungen, die in dem Gebiet verbreitet sind, auf das sich die Ausbaumaßnahme voraussichtlich auswirken wird, und auf der Internetseite der Bundesnetzagentur bekannt.

(3) Die Rechtsvorschriften über Geheimhaltung und Datenschutz bleiben unberührt.

§ 14 Einwendungen der Länder

¹Jedes Land, das von der Entscheidung nach § 12 Absatz 2 und 3 betroffen ist, ist berechtigt, innerhalb einer Frist von einem Monat nach Übermittlung der Entscheidung Einwendungen zu erheben. ²Die Einwendungen sind zu begründen. ³Die Bundesnetzagentur hat innerhalb einer Frist von einem Monat nach Eingang der Einwendungen dazu Stellung zu nehmen.

§ 15 Bindungswirkung der Bundesfachplanung

(1) ¹Die Entscheidung nach § 12 ist für die Planfeststellungsverfahren nach §§ 18 ff. verbindlich. ²Bundesfachplanungen haben grundsätzlich Vorrang vor nachfolgenden Landesplanungen und Bauleitplanungen.

(2) ¹Die Geltungsdauer der Entscheidung nach § 12 Absatz 2 ist auf zehn Jahre befristet. ²Die Frist kann durch die Bundesnetzagentur um weitere fünf Jahre verlängert werden. ³Die Fristverlängerung soll erfolgen, wenn sich die für die Beurteilung maßgeblichen rechtlichen und tatsächlichen Verhältnisse nicht verändert haben.

(3) [1]Die Entscheidung nach § 12 hat keine unmittelbare Außenwirkung und ersetzt nicht die Entscheidung über die Zulässigkeit der Ausbaumaßnahme. [2]Sie kann nur im Rahmen des Rechtsbehelfsverfahrens gegen die Zulassungsentscheidung für die jeweilige Ausbaumaßnahme überprüft werden. [3]§ 75 Absatz 1a des Verwaltungsverfahrensgesetzes ist entsprechend anzuwenden.

§ 16 Veränderungssperren

(1) [1]Die Bundesnetzagentur kann mit dem Abschluss der Bundesfachplanung oder nachträglich für einzelne Abschnitte der Trassenkorridore Veränderungssperren erlassen, soweit für diese Leitungen ein vordringlicher Bedarf im Sinne des Bundesbedarfs festgestellt wird und wenn anderenfalls die Möglichkeit besteht, dass die Trassierung der darin zu verwirklichenden Leitung erheblich erschwert wird. [2]Die Veränderungssperre bewirkt,

1. dass keine Vorhaben oder baulichen Anlagen verwirklicht werden dürfen, die einer Verwirklichung der jeweiligen Stromleitung entgegenstehen, und
2. dass keine sonstigen erheblichen oder wesentlich wertsteigernden Veränderungen am Grundstück oder an baulichen Anlagen auf dem Grundstück durchgeführt werden dürfen.

[3]Die Veränderungssperre ist auf einen Zeitraum von fünf Jahren zu befristen. [4]Die Bundesnetzagentur kann die Frist um weitere fünf Jahre verlängern, wenn besondere Umstände dies erfordern.

(2) [1]Die Veränderungssperre ist aufzuheben, wenn die auf dem Trassenkorridor vorgesehene Ausbaumaßnahme anderweitig verwirklicht oder endgültig nicht mehr verwirklicht wird. [2]Die Veränderungssperre ist auf Antrag aufzuheben, wenn überwiegende Belange von Betroffenen entgegenstehen.

(3) Die Veränderungssperre ergeht als Allgemeinverfügung.

(4) Die Bundesnetzagentur macht die Veränderungssperre in örtlichen Tageszeitungen, die in dem Gebiet verbreitet sind, auf das sich die Veränderungssperre voraussichtlich auswirken wird, und auf der Internetseite der Bundesnetzagentur bekannt.

(5) Vor Erhebung einer verwaltungsgerichtlichen Klage bedarf es keiner Nachprüfung in einem Vorverfahren. Die Anfechtungsklage gegen eine Veränderungssperre hat keine aufschiebende Wirkung.

(6) § 44a Absatz 2 des Energiewirtschaftsgesetzes ist entsprechend anzuwenden.

§ 17 Bundesnetzplan

[1]Die durch die Bundesfachplanung bestimmten Trassenkorridore und die für Anbindungsleitungen und grenzüberschreitende Stromleitungen im jeweils aktuellen Bundesfachplan Offshore nach § 17a des Energiewirtschaftsgesetzes und ab dem 1. Januar 2019 im jeweils aktuellen Flächenentwicklungsplan gemäß § 5 des Windenergie-auf-See-Gesetzes ausgewiesenen Trassen oder Trassenkorridore werden nachrichtlich in den Bundesnetzplan aufgenommen. [2]Der Bundesnetzplan wird bei der Bundesnetzagentur geführt. [3]Der Bundesnetzplan ist von der Bundesnetzagentur einmal pro Kalenderjahr im Bundesanzeiger zu veröffentlichen.

Abschnitt 3
Planfeststellung

§ 18 Erfordernis einer Planfeststellung

(1) Die Errichtung und der Betrieb sowie die Änderung von Leitungen im Sinne von § 2 Absatz 1 bedürfen der Planfeststellung durch die zuständige Behörde.

(2) [1]Auf Antrag des Vorhabenträgers können die für den Betrieb notwendigen Anlagen, insbesondere Konverterstationen, Phasenschieber, Verdichterstationen, Umspannanlagen und Netzverknüpfungspunkte, in das Planfeststellungsverfahren integriert und durch Planfeststellung zugelassen werden. [2]Dabei ist eine nachträgliche Integration in die Entscheidung zur Planfeststellung durch Planergänzungsverfahren möglich, solange die Entscheidung zur Planfeststellung gilt.

(3) [1]Bei Vorhaben im Sinne von § 2 Absatz 3, 5 und 6 des Bundesbedarfsplangesetzes ist Absatz 2 auch für Leerrohre anzuwenden, wenn

1. die Leerrohre im räumlichen und zeitlichen Zusammenhang mit der Baumaßnahme eines Erdkabels verlegt werden und
2. die zuständige Behörde anhand der Umstände des Einzelfalls davon ausgehen kann, dass die Leerrohre innerhalb von 15 Jahren nach der Planfeststellung zur Durchführung einer Stromleitung genutzt werden.

[2]Bei Vorhaben, die im Bundesbedarfsplangesetz entsprechend gekennzeichnet sind, stehen die energiewirtschaftliche Notwendigkeit und der vordringliche Bedarf für Leerrohre, die im räumlichen und zeitlichen Zusammenhang mit der Baumaßnahme des gekennzeichneten Vorhabens verlegt werden, fest. [3]Im Fall des Satzes 2 darf sich die Trassenbreite im Vergleich zu den Annahmen im Bundesfachplanungs-

verfahren nicht wesentlich vergrößern. [4]Dies ist im Planfeststellungsverfahren für die gekennzeichneten Vorhaben zu prüfen. [5]Gegenstand des Planfeststellungsverfahrens und des Planfeststellungsbeschlusses im Fall der Sätze 1 und 2 sind die Verlegung der Leerrohre, die spätere Durchführung der Stromleitung und deren anschließender Betrieb. [6]Für die Nutzung der Leerrohre zur Durchführung einer Stromleitung und zu deren anschließendem Betrieb bedarf es keines weiteren Genehmigungsverfahrens, wenn mit der Durchführung der Stromleitung innerhalb der Frist des § 43c Nummer 1 des Energiewirtschaftsgesetzes begonnen wird und sich die im Planfeststellungsverfahren zugrunde gelegten Merkmale des Vorhabens nicht geändert haben. [7]Die Einbeziehung von Leerrohren nach Satz 1 kann auf einzelne Abschnitte des betroffenen Vorhabens beschränkt werden.

(4) [1]Bei der Planfeststellung sind die von dem Vorhaben berührten öffentlichen und privaten Belange im Rahmen der Abwägung zu berücksichtigen. [2]Die Bindungswirkung der Ziele der Raumordnung gilt nur, wenn die Bundesnetzagentur bei der Aufstellung, Änderung oder Ergänzung des Raumordnungsplans nach § 9 des Raumordnungsgesetzes beteiligt worden ist und eine Frist von zwei Monaten nach Mitteilung des rechtsverbindlichen Ziels nicht widersprochen hat. [3]Der Widerspruch nach Satz 2 lässt die Bindungswirkung des Ziels der Raumordnung gegenüber der Bundesnetzagentur nicht entstehen, wenn das Ziel der Planfeststellung entgegensteht. [4]Macht die Planfeststellung nachträglich ein Abweichen von den Zielen der Raumordnung erforderlich, kann die Bundesnetzagentur mit Zustimmung des Bundesministeriums für Wirtschaft und Energie innerhalb angemessener Frist, spätestens aber bis zum Abschluss der Planfeststellung, unter der Voraussetzung von Satz 3 nachträglich widersprechen. [5]Muss infolge des nachträglichen Widerspruchs der Raumordnungsplan geändert, ergänzt oder aufgehoben werden, hat die Bundesnetzagentur die dadurch entstehenden Kosten zu ersetzen. [6]§ 6 des Raumordnungsgesetzes bleibt unberührt. [7]Städtebauliche Belange sind zu berücksichtigen. [8]§ 38 Satz 1 und 3 und § 7 Satz 6 des Baugesetzbuches sind entsprechend anzuwenden.

(5) Sofern dieses Gesetz keine abweichenden Regelungen enthält, sind für das Planfeststellungsverfahren und daran anknüpfende Verfahren die Bestimmungen in Teil 5 des Energiewirtschaftsgesetzes entsprechend anzuwenden.

§ 19 Antrag auf Planfeststellungsbeschluss

[1]Die Planfeststellung beginnt mit dem Antrag des Vorhabenträgers. [2]Der Antrag kann zunächst auf einzelne angemessene Abschnitte der Trasse beschränkt werden. [3]Der Antrag soll auch Angaben enthalten, die die Festlegung des Untersuchungsrahmens nach § 20 ermöglichen, und hat daher in allgemein verständlicher Form das geplante Vorhaben darzustellen. [4]Der Antrag muss enthalten

1. einen Vorschlag für den beabsichtigten Verlauf der Trasse sowie eine Darlegung zu in Frage kommenden Alternativen,

2. Erläuterungen zur Auswahl zwischen den in Frage kommenden Alternativen unter Berücksichtigung der erkennbaren Umweltauswirkungen,

3. soweit es sich bei der gesamten Ausbaumaßnahme oder für einzelne Streckenabschnitte nur um unwesentliche Änderungen nach § 25 handelt, die Darlegung der dafür erforderlichen Voraussetzungen,

4. sofern bei einem Vorhaben nach dem Antrag auf Bundesfachplanung und vor dem Antrag auf Planfeststellung ein Netzentwicklungsplan nach § 12c des Energiewirtschaftsgesetzes von der Bundesnetzagentur bestätigt wird, die Darlegung, ob zusätzliche energiewirtschaftlich notwendige Maßnahmen zumindest auf Teilabschnitten innerhalb des Trassenkorridors des Vorhabens mitrealisiert werden können; wenn dies möglich ist, sind dem Antrag auf Planfeststellung die nach § 5a Absatz 3 erforderlichen Unterlagen beizufügen,

5. soweit Leerrohre beantragt werden, die Darlegung der dafür erforderlichen Voraussetzungen; im Fall des § 18 Absatz 3 Satz 2 müssen die für Leerrohre erforderlichen Voraussetzungen einschließlich der Voraussetzung des § 18 Absatz 3 Satz 3 dargelegt werden.

§ 20 Antragskonferenz, Festlegung des Untersuchungsrahmens

(1) [1]Die Planfeststellungsbehörde führt unverzüglich nach Einreichung des Antrags eine Antragskonferenz mit dem Vorhabenträger sowie den betroffenen Trägern öffentlicher Belange und Vereinigungen durch. [2]Die Antragskonferenz soll sich auf Gegenstand, Umfang und Methoden der Unterlagen nach § 16 des Gesetzes über die Umweltverträglichkeitsprüfung sowie sonstige für die Planfeststellung erhebliche Fragen erstrecken.

(2) [1]Der Vorhabenträger, Vereinigungen sowie die Träger öffentlicher Belange werden zur Antragskonferenz geladen, die Vereinigungen und Träger öffentlicher Belange mittels Zusendung des Antrags. [2]Ladung und Übersendung des Antrags können elektronisch erfolgen. [3]Die Antragskonferenz ist öffentlich; die Unterrichtung der Öffentlichkeit erfolgt über die Internetseite der Planfeststellungsbehörde und

in örtlichen Tageszeitungen, die in dem Gebiet verbreitet sind, auf das sich das Vorhaben voraussichtlich auswirken wird.

(3) ¹Die Planfeststellungsbehörde legt auf Grund der Ergebnisse der Antragskonferenz einen Untersuchungsrahmen für die Planfeststellung fest und bestimmt den erforderlichen Inhalt der nach § 21 einzureichenden Unterlagen. ²Die Festlegungen sollen innerhalb einer Frist von zwei Monaten nach Antragstellung abgeschlossen sein.

(4) Die Rechtsvorschriften über Geheimhaltung und Datenschutz bleiben unberührt.

(5) Eine Antragskonferenz kann unterbleiben, wenn die Voraussetzungen des § 25 oder des § 24 Absatz 5 vorliegen.

§ 21 Einreichung des Plans und der Unterlagen

(1) Der Vorhabenträger reicht den auf Grundlage der Ergebnisse der Antragskonferenz nach § 20 Absatz 3 bearbeiteten Plan bei der Planfeststellungsbehörde zur Durchführung des Anhörungsverfahrens ein.

(2) Der Plan besteht aus den Zeichnungen und Erläuterungen, die das Vorhaben, seinen Anlass und die von dem Vorhaben betroffenen Grundstücke und Anlagen erkennen lassen.

(3) ¹Die Planfeststellungsbehörde kann vom Vorhabenträger die Vorlage von Gutachten verlangen oder Gutachten einholen. ²Soweit Unterlagen Betriebs- oder Geschäftsgeheimnisse enthalten, sind sie zu kennzeichnen; die Regelungen des Datenschutzes sind zu beachten.

(4) Für den UVP-Bericht nach § 16 des Gesetzes über die Umweltverträglichkeitsprüfung soll nach Maßgabe der §§ 15 und 39 Absatz 3 des Gesetzes über die Umweltverträglichkeitsprüfung auf die in der Bundesfachplanung eingereichten Unterlagen Bezug genommen werden.

(5) ¹Die Planfeststellungsbehörde hat die eingereichten Unterlagen innerhalb eines Monats nach Eingang auf ihre Vollständigkeit hin zu überprüfen. ²Die Vollständigkeitsprüfung beinhaltet die Prüfung der formellen Vollständigkeit sowie eine Plausibilitätskontrolle der Unterlagen. ³Sind die Unterlagen nicht vollständig, hat die Planfeststellungsbehörde den Vorhabenträger unverzüglich aufzufordern, die Unterlagen innerhalb einer angemessenen Frist zu ergänzen. ⁴Nach Abschluss der Vollständigkeitsprüfung hat die Planfeststellungsbehörde dem Vorhabenträger die Vollständigkeit der Unterlagen schriftlich zu bestätigen.

§ 22 Anhörungsverfahren

(1) Innerhalb von zwei Wochen nach Vorlage der vollständigen Unterlagen nach § 21 übermittelt die Planfeststellungsbehörde die Unterlagen schriftlich oder elektronisch an
1. die Träger öffentlicher Belange, die von dem beantragten Vorhaben berührt sind, und
2. die Vereinigungen.

(2) ¹Die Planfeststellungsbehörde fordert die Träger öffentlicher Belange, einschließlich der Raumordnungsbehörden der Länder, die von dem Vorhaben berührt sind, zur Stellungnahme innerhalb einer von ihr zu setzenden Frist auf, die drei Monate nicht überschreiten darf. ²Die Möglichkeit, Stellungnahmen nach Satz 1 abzugeben, erstreckt sich nicht auf die Gegenstände, welche die Bundesfachplanung betreffen und zu denen bereits in der Bundesfachplanung Stellung genommen werden konnte. ³Die Stellungnahmen können schriftlich oder elektronisch abgegeben werden. ⁴Nach Ablauf der Frist nach Satz 1 eingehende Stellungnahmen werden nicht mehr berücksichtigt, es sei denn, die vorgebrachten Belange sind für die Rechtmäßigkeit der Entscheidung von Bedeutung.

(3) ¹Innerhalb von zwei Wochen nach Versand der Bestätigung der Vollständigkeit der Unterlagen nach § 21 veranlasst die Planfeststellungsbehörde für die Dauer von einem Monat zum Zweck der Öffentlichkeitsbeteiligung die Auslegung der Unterlagen nach § 73 Absatz 2 des Verwaltungsverfahrensgesetzes. ²Die Auslegung der Unterlagen nach Satz 1 kann an der Auslegungsstelle auch elektronisch erfolgen; diese elektronische Auslegung kann auf Teile der Unterlagen begrenzt werden. ³Die Auslegung ist auf der Internetseite der Planfeststellungsbehörde und in örtlichen Tageszeitungen, die in dem Gebiet verbreitet sind, auf das sich das Vorhaben voraussichtlich auswirken wird, bekannt zu machen. ⁴Die Bekanntmachung soll spätestens eine Woche vor Beginn der Auslegung erfolgen und muss folgende Angaben enthalten:
1. dem Planungsstand entsprechende Angaben über den Verlauf der Trassen und den Vorhabenträger,
2. Angaben darüber, wo und wann die Unterlagen zur Einsicht ausgelegt werden, und
3. Hinweise auf die Einwendungsfrist unter Angabe des jeweils ersten und letzten Tages.
⁵Sofern von der Möglichkeit der elektronischen Auslegung Gebrauch gemacht wird, ist in der Bekanntmachung darauf hinzuweisen.

(4) ¹Der Plan ist spätestens mit der Auslegung für die Dauer von einem Monat im Internet zu veröffentlichen. ²Die Veröffentlichung ist entsprechend Absatz 3 Satz 2 und 3 bekannt zu machen.

(5) Die Rechtsvorschriften über Geheimhaltung und Datenschutz bleiben unberührt.

(6) [1]Jede Person, deren Belange durch das Vorhaben berührt werden, kann innerhalb von einem Monat nach Ablauf der Auslegungsfrist nach Absatz 3 Satz 1 schriftlich oder elektronisch bei der Planfeststellungsbehörde oder zur Niederschrift bei einer Auslegungsstelle Einwendungen gegen den Plan erheben. [2]Satz 1 gilt entsprechend für Vereinigungen. [3]Die Einwendungen und Stellungnahmen sind dem Vorhabenträger und den von ihm Beauftragten zur Verfügung zu stellen, um eine Erwiderung zu ermöglichen. [4]Datenschutzrechtliche Bestimmungen sind zu beachten. [5]Auf Verlangen des Einwenders sollen dessen Name und Anschrift unkenntlich gemacht werden, wenn diese zur ordnungsgemäßen Durchführung des Verfahrens nicht erforderlich sind; auf diese Möglichkeit ist in der öffentlichen Bekanntmachung hinzuweisen.

(7) [1]Die Planfeststellungsbehörde führt einen Erörterungstermin durch. [2]Insoweit gelten die Bestimmungen des § 10 entsprechend.

(8) Anhörungsverfahren und Erörterungstermin können unterbleiben, wenn die Voraussetzungen des § 25 oder des § 24 Absatz 5 vorliegen.

§ 23 Umweltverträglichkeitsprüfung

Die Prüfung der Umweltverträglichkeit nach den Bestimmungen des Gesetzes über die Umweltverträglichkeitsprüfung kann auf Grund der in der Bundesfachplanung bereits durchgeführten Strategischen Umweltprüfung auf zusätzliche oder andere erhebliche Umweltauswirkungen der beantragten Stromleitung beschränkt werden.

§ 24 Planfeststellungsbeschluss

(1) Die Planfeststellungsbehörde stellt den Plan fest (Planfeststellungsbeschluss).

(2) [1]Der Planfeststellungsbeschluss wird dem Vorhabenträger, den bekannten Betroffenen sowie denjenigen, über deren Einwendungen entschieden worden ist, zugestellt. [2]Es findet § 74 Absatz 5 des Verwaltungsverfahrensgesetzes Anwendung.

(3) [1]Eine Ausfertigung des Beschlusses ist mit einer Rechtsbehelfsbelehrung am Sitz der Planfeststellungsbehörde sowie an den Auslegungsorten zwei Wochen zur Einsicht auszulegen. [2]Der Ort und die Zeit der Auslegung sind in örtlichen Tageszeitungen, die in dem Gebiet verbreitet sind, auf das sich das Vorhaben voraussichtlich auswirken wird, und auf der Internetseite der Planfeststellungsbehörde bekannt zu machen. [3]Der Planfeststellungsbeschluss ist zeitgleich mit der Auslegung im Internet zu veröffentlichen. [4]Für die Veröffentlichung gilt § 22 Absatz 3 entsprechend.

(4) Die Rechtsvorschriften über Geheimhaltung und Datenschutz bleiben unberührt.

(5) Die Möglichkeit einer Plangenehmigung nach Maßgabe des § 74 Absatz 6 des Verwaltungsverfahrensgesetzes bleibt unberührt.

§ 25 Änderungen im Anzeigeverfahren

(1) [1]Unwesentliche Änderungen oder Erweiterungen können anstelle des Planfeststellungsverfahrens durch ein Anzeigeverfahren zugelassen werden. [2]Eine Änderung oder Erweiterung ist nur dann unwesentlich, wenn

1. nach dem Gesetz über die Umweltverträglichkeitsprüfung oder nach Absatz 2 hierfür keine Umweltverträglichkeitsprüfung durchzuführen ist,
2. andere öffentliche Belange nicht berührt sind oder die erforderlichen behördlichen Entscheidungen vorliegen und sie dem Plan nicht entgegenstehen und
3. Rechte anderer nicht beeinträchtigt werden oder mit den vom Plan Betroffenen entsprechende Vereinbarungen getroffen werden.

(2) [1]Abweichend von den Vorschriften des Gesetzes über die Umweltverträglichkeitsprüfung ist eine Umweltverträglichkeitsprüfung für die Änderung oder Erweiterung nicht durchzuführen bei

1. Änderungen des Betriebskonzepts,
2. Umbeseilungen oder
3. Zubeseilungen.

[2]Satz 1 ist nur anzuwenden, wenn die Planfeststellungsbehörde feststellt, dass die Vorgaben der §§ 3, 3a und 4 der Verordnung über elektromagnetische Felder eingehalten sind. [3]Satz 1 Nummer 2 und 3 ist ferner jeweils nur anzuwenden, sofern einzeln oder im Zusammenwirken mit anderen Vorhaben eine erhebliche Beeinträchtigung eines Natura 2000-Gebiets oder eines bedeutenden Brut- oder Rastgebiets geschützter Vogelarten nicht zu erwarten ist. [4]Satz 1 Nummer 3 ist bei Höchstspannungsfreileitungen mit einer Nennspannung von 220 Kilovolt oder mehr ferner nur anzuwenden, wenn die Zubeseilung eine Länge von höchstens 15 Kilometern hat.

(3) Abweichend von Absatz 1 Satz 2 Nummer 2 kann eine Änderung oder Erweiterung auch dann im Anzeigeverfahren zugelassen werden, wenn die Planfeststellungsbehörde im Einvernehmen mit der nach

Landesrecht zuständigen Immissionsschutzbehörde feststellt, dass die Vorgaben nach den §§ 3, 3a und 4 der Verordnung über elektromagnetische Felder eingehalten sind, und wenn weitere öffentliche Belange nicht berührt sind oder die hierfür erforderlichen behördlichen Entscheidungen vorliegen und sie dem Plan nicht entgegenstehen.

(4) ¹Der Vorhabenträger zeigt gegenüber der Planfeststellungsbehörde die von ihm geplante Maßnahme an. ²Der Anzeige sind in ausreichender Weise Erläuterungen beizufügen, aus denen sich ergibt, dass die geplante Änderung oder Erweiterung den Voraussetzungen der Absätze 1 bis 3 genügt. ³Insbesondere bedarf es einer Darstellung zu den zu erwartenden Umweltauswirkungen. ⁴Die Planfeststellungsbehörde entscheidet innerhalb eines Monats, ob anstelle des Anzeigeverfahrens ein Plangenehmigungs- oder Planfeststellungsverfahren durchzuführen ist oder die Maßnahme von einem förmlichen Verfahren freigestellt ist. ⁵Prüfgegenstand ist nur die jeweils angezeigte Änderung oder Erweiterung; im Fall des Absatzes 2 Satz 1 Nummer 1 bedarf es keiner Prüfung der dinglichen Rechte anderer. ⁶Die Entscheidung ist dem Vorhabenträger bekannt zu machen.

§ 26 Zusammentreffen mehrerer Vorhaben

¹In Planfeststellungsverfahren kann eine einheitliche Entscheidung für ein Vorhaben nach § 2 Absatz 1 und für die Errichtung, den Betrieb sowie die Änderung von Hochspannungsleitungen mit einer Nennspannung von 110 Kilovolt oder mehr sowie von Bahnstromfernleitungen beantragt werden, sofern diese Leitungen auf einem Mehrfachgestänge geführt werden. ²Satz 1 ist entsprechend anzuwenden für Erdkabel, sofern diese im räumlichen und zeitlichen Zusammenhang mit der Baumaßnahme eines Erdkabelvorhabens nach § 2 Absatz 1 mitverlegt werden. ³§ 78 des Verwaltungsverfahrensgesetzes bleibt unberührt. ⁴Die Planfeststellungsverfahren richten sich nach den Vorgaben dieses Gesetzes. ⁵Ist danach eine andere Behörde als die Bundesnetzagentur zuständig, wendet diese die Vorgaben des dritten Abschnitts an.

§ 27 Vorzeitige Besitzeinweisung und Enteignungsverfahren

(1) ¹Der Vorhabenträger kann verlangen, dass nach Abschluss des Anhörungsverfahrens gemäß § 22 eine vorzeitige Besitzeinweisung durchgeführt wird. ²§ 44b des Energiewirtschaftsgesetzes findet mit der Maßgabe Anwendung, dass der nach dem Verfahrensstand zu erwartende Planfeststellungsbeschluss dem vorzeitigen Besitzeinweisungsverfahren zugrunde zu legen ist. ³Der Besitzeinweisungsbeschluss ist mit der aufschiebenden Bedingung zu erlassen, dass sein Ergebnis durch den Planfeststellungsbeschluss bestätigt wird. ⁴Anderenfalls ist das vorzeitige Besitzeinweisungsverfahren auf der Grundlage des ergangenen Planfeststellungsbeschlusses zu ergänzen.

(2) ¹Der Vorhabenträger kann verlangen, dass nach Abschluss des Anhörungsverfahrens gemäß § 22 ein vorzeitiges Enteignungsverfahren durchgeführt wird. ²§ 45 des Energiewirtschaftsgesetzes findet mit der Maßgabe Anwendung, dass der nach dem Verfahrensstand zu erwartende Planfeststellungsbeschluss dem Enteignungsverfahren zugrunde zu legen ist. ³Der Enteignungsbeschluss ist mit der aufschiebenden Bedingung zu erlassen, dass sein Ergebnis durch den Planfeststellungsbeschluss bestätigt wird. ⁴Anderenfalls ist das Enteignungsverfahren auf der Grundlage des ergangenen Planfeststellungsbeschlusses zu ergänzen.

§ 28 Durchführung eines Raumordnungsverfahrens

¹Abweichend von § 15 Absatz 1 des Raumordnungsgesetzes in Verbindung mit § 1 Satz 2 Nummer 14 der Raumordnungsverordnung findet ein Raumordnungsverfahren für die Errichtung oder die Änderung von Höchstspannungsleitungen, für die im Bundesnetzplan Trassenkorridore oder Trassen ausgewiesen sind, nicht statt. ²Dies ist auch anzuwenden, wenn nach § 5a auf ein Bundesfachplanungsverfahren verzichtet wurde. ³Satz 1 ist nicht anzuwenden nach Ablauf der Geltungsdauer nach § 15 Absatz 2.

Abschnitt 4
Gemeinsame Vorschriften

§ 29 Projektmanager

¹Die zuständige Behörde kann einen Dritten, der als Verwaltungshelfer beschäftigt werden kann, mit der Vorbereitung und Durchführung von Verfahrensschritten wie

1. der Erstellung von Verfahrensleitplänen unter Bestimmung von Verfahrensabschnitten und Zwischenterminen,
2. der Fristenkontrolle,
3. der Koordinierung von erforderlichen Sachverständigengutachten,
4. dem Qualitätsmanagement der Anträge und Unterlagen der Vorhabenträger,
5. der Koordinierung der Enteignungs- und Entschädigungsverfahren nach den §§ 45 und 45a des Energiewirtschaftsgesetzes,

6. dem Entwurf eines Anhörungsberichtes,
7. der ersten Auswertung der eingereichten Stellungnahmen,
8. der organisatorischen Vorbereitung eines Erörterungstermins und
9. der Leitung des Erörterungstermins

auf Vorschlag oder mit Zustimmung des Vorhabenträgers und auf dessen Kosten beauftragen. [2]Die Entscheidung der Bundesfachplanung nach § 12 Absatz 2 und über den Planfeststellungsantrag nach § 24 Absatz 1 liegt allein bei der zuständigen Behörde.

§ 30 Kostenpflichtige Amtshandlungen

(1) [1]Die Bundesnetzagentur erhebt für folgende Amtshandlungen nach diesem Gesetz kostendeckende Gebühren und Auslagen:

1. Feststellung der Raumverträglichkeit im vereinfachten Verfahren nach § 11 Absatz 2,
2. Entscheidungen nach § 12 Absatz 2 Satz 1,
3. Planfeststellungen nach § 24 Absatz 1,
4. Entscheidungen nach § 25 Satz 6,
5. Entscheidungen nach § 5a Absatz 3 Satz 1 und
6. Plangenehmigungen nach § 24 Absatz 5.

[2]Wird ein Antrag auf eine der in Absatz 1 genannten Amtshandlungen nach Beginn der sachlichen Bearbeitung zurückgenommen, ist derjenige Teil der für die gesamte Amtshandlung vorgesehenen Gebühr zu erheben, der dem Fortschritt der Bearbeitung entspricht. [3]Für einen Antrag, der aus anderen Gründen als der Unzuständigkeit der Behörde abgelehnt wird, ist die volle Gebühr zu erheben. [4]Die Gebühr kann ermäßigt werden oder es kann von der Erhebung abgesehen werden, wenn dies der Billigkeit entspricht.

(2) [1]Die Höhe der Gebühr richtet sich nach der Länge der zu planenden Trasse. [2]Bei der Durchführung der Bundesfachplanung ist die geographische Entfernung der durch eine Trasse zu verbindenden Orte (Luftlinie) maßgeblich. [3]Die Gebühr für Amtshandlungen nach Absatz 1 Nummer 2 beträgt 30 000 Euro je angefangenem Kilometer. [4]Für die Durchführung der Planfeststellung richtet sich die Gebühr nach der mittleren Länge des im Rahmen der Bundesfachplanung festgelegten Korridors. [5]Für Amtshandlungen nach Absatz 1 Nummer 3 beträgt die Gebühr 50 000 Euro je angefangenem Kilometer. [6]Bei Entscheidungen nach Absatz 1 Satz 1 Nummer 1, 4 und 6 beträgt die Gebühr jeweils 10 000 Euro je angefangenem Kilometer. [7]Bei Entscheidungen nach Absatz 1 Satz 1 Nummer 5 beträgt die Gebühr 5 000 Euro je angefangenem Kilometer.

(3) [1]Die Gebühren für Amtshandlungen nach Absatz 1 Nummer 2 und 3 werden in mehreren Teilbeträgen erhoben. [2]Von der Gebühr für die Amtshandlung nach Absatz 1 Nummer 2 sind ein Drittel innerhalb eines Monats ab Antragstellung zu entrichten, ein zweites Drittel innerhalb eines Jahres ab Antragstellung und das letzte Drittel mit Abschluss des Verfahrens. [3]Von der Gebühr für die Amtshandlung nach Absatz 1 Nummer 3 sind ein Fünftel innerhalb eines Monats ab Antragstellung, das zweite, dritte und vierte Fünftel jeweils ein halbes Jahr später, spätestens jedoch zugleich mit dem fünften Fünftel bei Abschluss des Verfahrens zu entrichten.

(4) Die Gebühren für Amtshandlungen zuständiger Landesbehörden richten sich nach den Verwaltungskostengesetzen der Länder.

Abschnitt 5
Behörden und Gremien

§ 31 Zuständige Behörde

(1) Die Aufgaben nach diesem Gesetz nehmen die Bundesnetzagentur für Elektrizität, Gas, Telekommunikation, Post und Eisenbahnen (Bundesnetzagentur) und nach Maßgabe des Absatzes 2 die zuständigen Landesbehörden wahr.

(2) Den nach Landesrecht zuständigen Behörden obliegt die Durchführung des Planfeststellungsverfahrens oder des Plangenehmigungsverfahrens nach den Regelungen des Abschnitts 3 für alle Vorhaben im Anwendungsbereich dieses Gesetzes, die nicht durch die Rechtsverordnung nach § 2 Absatz 2 auf die Bundesnetzagentur übertragen worden sind, und die Aufgaben nach § 27.

(3) Die Bundesnetzagentur ist verpflichtet, dem Bundesministerium für Wirtschaft und Energie sowie dem Bundesministerium für Umwelt, Naturschutz und nukleare Sicherheit regelmäßig in nicht personenbezogener Form über den Verfahrensstand zur Bundesfachplanung und zur Planfeststellung zu berichten.

(4) [1]Soweit für die Bundesfachplanung und die Planfeststellung Geodaten, die bei einer Behörde oder einem Dritten zur Erfüllung öffentlicher Aufgaben vorhanden sind, benötigt werden, sind diese Daten auf

Verlangen dem Vorhabenträger, den von ihm Beauftragten, der Bundesnetzagentur und den zuständigen Planfeststellungsbehörden der Länder für die Zwecke der Bundesfachplanung und der Planfeststellung zur Verfügung zu stellen. [2]Der Betreiber von Einheiten Kritischer Infrastrukturen im Sinne von § 2 Absatz 5 der Verordnung zur Bestimmung Kritischer Infrastrukturen nach dem BSI-Gesetz kann die Herausgabe von Geodaten verweigern, wenn diese Daten besonders schutzbedürftig sind. [3]Der Betreiber kann in diesem Fall die Geodaten über ein geeignetes Verfahren zur Verfügung stellen, wenn ihm die Datenhoheit über seine Geodaten garantiert wird. [4]Die §§ 8 und 9 des Umweltinformationsgesetzes und entsprechende Regelungen des Landesrechts bleiben unberührt.

§ 32 Bundesfachplanungsbeirat

(1) [1]Bei der Bundesnetzagentur wird ein ständiger Bundesfachplanungsbeirat gebildet. [2]Der Beirat besteht aus Vertretern der Bundesnetzagentur, Vertretern der Länder und Vertretern der Bundesregierung.

(2) [1]Der Bundesfachplanungsbeirat hat die Aufgabe, die Bundesnetzagentur in Grundsatzfragen zur Bundesfachplanung und zur Aufstellung des Bundesnetzplans sowie zu den Grundsätzen der Planfeststellung zu beraten. [2]Er ist gegenüber der Bundesnetzagentur berechtigt, allgemeine Auskünfte und Stellungnahmen einzuholen. [3]Die Bundesnetzagentur und die zuständigen Landesbehörden sind insoweit in nicht personenbezogener Form gegenseitig auskunftspflichtig.

(3) [1]Der Beirat soll regelmäßig zusammentreten. [2]Sitzungen sind anzuberaumen, wenn die Bundesnetzagentur oder mindestens zwei Länder die Einberufung schriftlich oder elektronisch verlangen. [3]Die ordentlichen Sitzungen sind nicht öffentlich.

(4) Der Beirat gibt sich eine Geschäftsordnung.

Abschnitt 6
Sanktions- und Schlussvorschriften

§ 33 Bußgeldvorschriften

(1) Ordnungswidrig handelt, wer vorsätzlich oder leichtfertig
1. entgegen § 8 Satz 1 eine Unterlage nicht richtig oder nicht vollständig vorlegt,
2. ohne festgestellten Plan nach § 18 Absatz 1 oder ohne Plangenehmigung nach § 24 Absatz 5 eine Leitung errichtet, betreibt oder ändert,
3. entgegen § 21 Absatz 1 einen dort genannten Plan nicht richtig einreicht oder
4. ohne Zulassung nach § 25 Satz 6 eine unwesentliche Änderung oder Erweiterung vornimmt.

(2) Die Ordnungswidrigkeit kann mit einer Geldbuße bis zu einhunderttausend Euro geahndet werden.

(3) Verwaltungsbehörden im Sinne des § 36 Absatz 1 Nummer 1 des Gesetzes über Ordnungswidrigkeiten sind die Bundesnetzagentur und die zuständigen Planfeststellungsbehörden der Länder.

§ 34 Zwangsgeld

[1]Die Bundesnetzagentur kann ihre Anordnungen, insbesondere Fristsetzungen zur Antragstellung nach § 6 Satz 2 und § 12 Absatz 2 Satz 4, und gesetzliche Fristen nach diesem Gesetz nach den für die Vollstreckung von Verwaltungsmaßnahmen geltenden Vorschriften durchsetzen. [2]Die Höhe des Zwangsgeldes beträgt mindestens 1 000 Euro und höchstens 10 Millionen Euro.

§ 35 Übergangsvorschriften

[1]Bestehende Entscheidungen über die Bundesfachplanung, Genehmigungen und Planfeststellungsbeschlüsse bleiben unberührt. [2]Der Vorhabenträger kann bei Bundesfachplanungsverfahren, die vor dem 17. Mai 2019 beantragt wurden, bis zum 31. August 2019 einen Antrag auf den Verzicht auf die Bundesfachplanung nach § 5a Absatz 3 stellen. [3]Wird ein solcher Antrag nicht gestellt, wird im Bundesfachplanungsverfahren durchgeführt, auch wenn ein Fall des § 5a Absatz 1 oder Absatz 2 vorliegt. [4]Wenn in einem Vorhaben bereits die Bundesfachplanung für einen Abschnitt abgeschlossen wurde, ist das Bundesfachplanungsverfahren auch in den anderen Abschnitten zu Ende zu führen. [5]Die Frist nach § 6 Satz 2 beginnt am 17. Mai 2019.

§ 36 Evaluierung

[1]Das Bundesministerium für Wirtschaft und Energie überprüft und evaluiert im Einvernehmen mit dem Bundesministerium für Umwelt, Naturschutz und nukleare Sicherheit und dem Bundesministerium für Verkehr und digitale Infrastruktur im Jahr 2022 die Anwendung dieses Gesetzes. [2]Die Bundesnetzagentur unterstützt das Bundesministerium für Wirtschaft und Energie bei der Überprüfung und Evaluierung. [3]Zur Unterstützung soll das Bundesministerium für Wirtschaft und Energie außerdem wissenschaftliche Gutachten in Auftrag geben.

Staatsangehörigkeitsgesetz (StAG)[1)]

Vom 22. Juli 1913 (RGBl. I S. 583)

(FNA 102-1)

zuletzt geändert durch Art. 4 Elfte ZuständigkeitsanpassungsVO vom 19. Juni 2020 (BGBl. I S. 1328)

Nichtamtliche Inhaltsübersicht

§ 1 [„Deutscher"]

Deutscher im Sinne dieses Gesetzes ist, wer die deutsche Staatsangehörigkeit besitzt.

§ 2 *[aufgehoben]*

§ 3 [Erwerb der Staatsangehörigkeit]

(1) Die Staatsangehörigkeit wird erworben

1. durch Geburt (§ 4),
2. durch Erklärung nach § 5,
3. durch Annahme als Kind (§ 6),

1) Beachte hierzu die Übergangsregelung zur Einbürgerung britischer und deutscher Staatsangehöriger in Art. 3 des Brexit-Übergangsgesetzes:

(1) Bei britischen Staatsangehörigen, die vor dem Tag, an dem der Austritt des Vereinigten Königreichs Großbritannien und Nordirland aus der Europäischen Union wirksam wird, sofern bis zu diesem Zeitpunkt kein Austrittsabkommen im Sinne von Artikel 50 Absatz 2 Satz 2 des Vertrages über die Europäische Union in Kraft getreten ist (Tag des Austritts), einen Antrag auf Einbürgerung in Deutschland gestellt haben, wird von einem sonst nach dem Staatsangehörigkeitsgesetz erforderlichen Ausscheiden aus der britischen Staatsangehörigkeit abgesehen, sofern alle weiteren Einbürgerungsvoraussetzungen vor dem Tag des Austritts erfüllt waren und bei Einbürgerung weiterhin erfüllt sind.

(2) Deutsche, die vor dem Tag des Austritts einen Antrag auf Einbürgerung im Vereinigten Königreich Großbritannien und Nordirland gestellt haben, verlieren ihre deutsche Staatsangehörigkeit nicht nach § 25 Absatz 1 Satz 1 des Staatsangehörigkeitsgesetzes, auch wenn der Erwerb der britischen Staatsangehörigkeit erst nach Ablauf des Tages vor dem Tag des Austritts erfolgt.

4. durch Ausstellung der Bescheinigung gemäß § 15 Abs. 1 oder 2 des Bundesvertriebenengesetzes (§ 7),

4a. durch Überleitung als Deutscher ohne deutsche Staatsangehörigkeit im Sinne des Artikels 116 Abs. 1 des Grundgesetzes (§ 40a),

5. [1] für einen Ausländer durch Einbürgerung (§§ 8 bis 16, 40b und 40c).

(2) [1]Die Staatsangehörigkeit erwirbt auch, wer seit zwölf Jahren von deutschen Stellen als deutscher Staatsangehöriger behandelt worden ist und dies nicht zu vertreten hat. [2]Als deutscher Staatsangehöriger wird insbesondere behandelt, wem ein Staatsangehörigkeitsausweis, Reisepass oder Personalausweis ausgestellt wurde. [3]Der Erwerb der Staatsangehörigkeit wirkt auf den Zeitpunkt zurück, zu dem die Behandlung als Staatsangehöriger der Erwerb der Staatsangehörigkeit angenommen wurde. [4]Er erstreckt sich auf Abkömmlinge, die seither ihre Staatsangehörigkeit von dem nach Satz 1 Begünstigten ableiten.

§ 4 [Geburt]

(1) [1]Durch die Geburt erwirbt ein Kind die deutsche Staatsangehörigkeit, wenn ein Elternteil die deutsche Staatsangehörigkeit besitzt. [2]Ist bei der Geburt des Kindes nur der Vater deutscher Staatsangehöriger und ist zur Begründung der Abstammung nach den deutschen Gesetzen die Anerkennung oder Feststellung der Vaterschaft erforderlich, so bedarf es zur Geltendmachung des Erwerbs einer nach den deutschen Gesetzen wirksamen Anerkennung oder Feststellung der Vaterschaft; die Anerkennungserklärung muß abgegeben oder das Feststellungsverfahren muß eingeleitet sein, bevor das Kind das 23. Lebensjahr vollendet hat.

(2) [1]Ein Kind, das im Inland aufgefunden wird (Findelkind), gilt bis zum Beweis des Gegenteils als Kind eines Deutschen. [2]Satz 1 ist auf ein vertraulich geborenes Kind nach § 25 Absatz 1 des Schwangerschaftskonfliktgesetzes entsprechend anzuwenden.

(3) [1]Durch die Geburt im Inland erwirbt ein Kind ausländischer Eltern die deutsche Staatsangehörigkeit, wenn ein Elternteil

1. seit acht Jahren rechtmäßig seinen gewöhnlichen Aufenthalt im Inland hat und

2. ein unbefristetes Aufenthaltsrecht oder als Staatsangehöriger der Schweiz oder dessen Familienangehöriger eine Aufenthaltserlaubnis auf Grund des Abkommens vom 21. Juni 1999 zwischen der Europäischen Gemeinschaft und ihren Mitgliedstaaten einerseits und der Schweizerischen Eidgenossenschaft andererseits über die Freizügigkeit (BGBl. 2001 II S. 810) besitzt.

[2]Der Erwerb der deutschen Staatsangehörigkeit wird in dem Geburtenregister, in dem die Geburt des Kindes beurkundet ist, eingetragen. [3]Das Bundesministerium des Innern, für Bau und Heimat wird ermächtigt, mit Zustimmung des Bundesrates durch Rechtsverordnung Vorschriften über das Verfahren zur Eintragung des Erwerbs der Staatsangehörigkeit nach Satz 2 zu erlassen.

(4) [1]Die deutsche Staatsangehörigkeit wird nicht nach Absatz 1 erworben bei Geburt im Ausland, wenn der deutsche Elternteil nach dem 31. Dezember 1999 im Ausland geboren wurde und dort seinen gewöhnlichen Aufenthalt hat, es sei denn, das Kind würde sonst staatenlos. [2]Die Rechtsfolge nach Satz 1 tritt nicht ein, wenn innerhalb eines Jahres nach der Geburt des Kindes ein Antrag nach § 36 des Personenstandsgesetzes auf Beurkundung der Geburt im Geburtenregister gestellt wird; zur Fristwahrung genügt es auch, wenn der Antrag in dieser Frist bei der zuständigen Auslandsvertretung eingeht. [3]Sind beide Elternteile deutsche Staatsangehörige, so tritt die Rechtsfolge des Satzes 1 nur ein, wenn beide die dort genannten Voraussetzungen erfüllen.

§ 5 [Erklärungsrecht des Kindes]

Durch die Erklärung, deutscher Staatsangehöriger werden zu wollen, erwirbt das vor dem 1. Juli 1993 geborene Kind eines deutschen Vaters und einer ausländischen Mutter die deutsche Staatsangehörigkeit, wenn

1. eine nach den deutschen Gesetzen wirksame Anerkennung oder Feststellung der Vaterschaft erfolgt ist,

2. das Kind seit drei Jahren rechtmäßig seinen gewöhnlichen Aufenthalt im Bundesgebiet hat und

3. die Erklärung vor der Vollendung des 23. Lebensjahres abgegeben wird.

§ 6 [Annahme als Kind]

[1]Mit der nach den deutschen Gesetzen wirksamen Annahme als Kind durch einen Deutschen erwirbt das Kind, das im Zeitpunkt des Annahmeantrags das achtzehnte Lebensjahr noch nicht vollendet hat, die Staatsangehörigkeit. [2]Der Erwerb der Staatsangehörigkeit erstreckt sich auf die Abkömmlinge des Kindes.

1) Siehe auch Art. 16 und 116 GG.

§ 7 [Erwerb durch Flüchtlinge und Vertriebene]

Spätaussiedler und die in den Aufnahmebescheid einbezogenen Familienangehörigen erwerben mit der Ausstellung der Bescheinigung nach § 15 Abs. 1 oder Abs. 2 des Bundesvertriebenengesetzes die deutsche Staatsangehörigkeit.

§ 8 [Einbürgerung eines Ausländers]

(1) Ein Ausländer, der rechtmäßig seinen gewöhnlichen Aufenthalt im Inland hat, kann auf seinen Antrag eingebürgert werden, wenn seine Identität und Staatsangehörigkeit geklärt sind und er

1. handlungsfähig nach § 37 Absatz 1 Satz 1 oder gesetzlich vertreten ist,'
2. weder wegen einer rechtswidrigen Tat zu einer Strafe verurteilt noch gegen ihn auf Grund seiner Schuldunfähigkeit eine Maßregel der Besserung und Sicherung angeordnet worden ist,
3. eine eigene Wohnung oder ein Unterkommen gefunden hat,
4. sich und seine Angehörigen zu ernähren imstande ist und

seine Einordnung in die deutschen Lebensverhältnisse gewährleistet ist.[1]

(2) Von den Voraussetzungen des Absatzes 1 Satz 1 Nr. 2 und 4 kann aus Gründen des öffentlichen Interesses oder zur Vermeidung einer besonderen Härte abgesehen werden.

§ 9 [Einbürgerung von Ehegatten oder Lebenspartnern Deutscher]

(1) Ehegatten oder Lebenspartner Deutscher sollen unter den Voraussetzungen des § 8 eingebürgert werden, wenn sie ihre bisherige Staatsangehörigkeit verlieren oder aufgeben oder ein Grund für die Hinnahme von Mehrstaatigkeit nach Maßgabe von § 12 vorliegt, es sei denn, daß sie nicht über ausreichende Kenntnisse der deutschen Sprache verfügen (§ 10 Abs. 1 Satz 1 Nr. 6 und Abs. 4) und keinen Ausnahmegrund nach § 10 Abs. 6 erfüllen.

(2) Die Regelung des Absatzes 1 gilt auch, wenn die Einbürgerung bis zum Ablauf eines Jahres nach dem Tode des deutschen Ehegatten oder nach Rechtskraft des die Ehe auflösenden Urteils beantragt wird und dem Antragsteller die Sorge für die Person eines Kindes aus der Ehe zusteht, das bereits die deutsche Staatsangehörigkeit besitzt.

§ 10 [Einbürgerung]

(1) [1]Ein Ausländer, der seit acht Jahren rechtmäßig seinen gewöhnlichen Aufenthalt im Inland hat und handlungsfähig nach § 37 Absatz 1 Satz 1 oder gesetzlich vertreten ist, ist auf Antrag einzubürgern, wenn seine Identität und Staatsangehörigkeit geklärt sind und er

1. sich zur freiheitlichen demokratischen Grundordnung des Grundgesetzes für die Bundesrepublik Deutschland bekennt und erklärt, dass er keine Bestrebungen verfolgt oder unterstützt oder verfolgt oder unterstützt hat, die
 a) gegen die freiheitliche demokratische Grundordnung, den Bestand oder die Sicherheit des Bundes oder eines Landes gerichtet sind oder
 b) eine ungesetzliche Beeinträchtigung der Amtsführung der Verfassungsorgane des Bundes oder eines Landes oder ihrer Mitglieder zum Ziele haben oder
 c) durch Anwendung von Gewalt oder darauf gerichtete Vorbereitungshandlungen auswärtige Belange der Bundesrepublik Deutschland gefährden,
 oder glaubhaft macht, dass er sich von der früheren Verfolgung oder Unterstützung derartiger Bestrebungen abgewandt hat,
2. ein unbefristetes Aufenthaltsrecht oder als Staatsangehöriger der Schweiz oder dessen Familienangehöriger eine Aufenthaltserlaubnis auf Grund des Abkommens vom 21. Juni 1999 zwischen der Europäischen Gemeinschaft und ihren Mitgliedstaaten einerseits und der Schweizerischen Eidgenossenschaft andererseits über die Freizügigkeit, eine Blaue Karte EU oder eine Aufenthaltserlaubnis für andere als die in den §§ 16a, 16b, 16d, 16e, 16f, 17, 18d, 18f, 19, 19b, 19e, 22, 23 Absatz 1, den §§ 23a, 24, 25 Absatz 3 bis 5 des Aufenthaltsgesetzes aufgeführten Aufenthaltszwecke besitzt,
3. den Lebensunterhalt für sich und seine unterhaltsberechtigten Familienangehörigen ohne Inanspruchnahme von Leistungen nach dem Zweiten oder Zwölften Buch Sozialgesetzbuch bestreiten kann oder deren Inanspruchnahme nicht zu vertreten hat,
4. seine bisherige Staatsangehörigkeit aufgibt oder verliert,
5. weder wegen einer rechtswidrigen Tat zu einer Strafe verurteilt noch gegen ihn auf Grund seiner Schuldunfähigkeit eine Maßregel der Besserung und Sicherung angeordnet worden ist,
6. über ausreichende Kenntnisse der deutschen Sprache verfügt,
7. über Kenntnisse der Rechts- und Gesellschaftsordnung und der Lebensverhältnisse in Deutschland verfügt und

1) Wortlaut amtlich.

seine Einordnung in die deutschen Lebensverhältnisse gewährleistet, insbesondere er nicht gleichzeitig mit mehreren Ehegatten verheiratet ist.[1] [2]Die Voraussetzungen nach Satz 1 Nr. 1 und 7 müssen Ausländer nicht erfüllen, die nicht handlungsfähig nach § 37 Absatz 1 Satz 1 sind.

(2) Der Ehegatte und die minderjährigen Kinder des Auslanders können nach Maßgabe des Absatzes 1 mit eingebürgert werden, auch wenn sie sich noch nicht seit acht Jahren rechtmäßig im Inland aufhalten.

(3) [1]Weist ein Ausländer durch die Bescheinigung des Bundesamtes für Migration und Flüchtlinge die erfolgreiche Teilnahme an einem Integrationskurs nach, wird die Frist nach Absatz 1 auf sieben Jahre verkürzt. [2]Bei Vorliegen besonderer Integrationsleistungen, insbesondere beim Nachweis von Sprachkenntnissen, die die Voraussetzungen des Absatzes 1 Satz 1 Nr. 6 übersteigen, kann sie auf sechs Jahre verkürzt werden.

(4) [1]Die Voraussetzungen des Absatzes 1 Satz 1 Nr. 6 liegen vor, wenn der Ausländer die Anforderungen der Sprachprüfung zum Zertifikat Deutsch (B1 des Gemeinsamen Europäischen Referenzrahmens für Sprachen) in mündlicher und schriftlicher Form erfüllt. [2]Bei einem minderjährigen Kind, das im Zeitpunkt der Einbürgerung das 16. Lebensjahr noch nicht vollendet hat, sind die Voraussetzungen des Absatzes 1 Satz 1 Nr. 6 bei einer altersgemäßen Sprachentwicklung erfüllt.

(5) [1]Die Voraussetzungen des Absatzes 1 Satz 1 Nr. 7 sind in der Regel durch einen erfolgreichen Einbürgerungstest nachgewiesen. [2]Zur Vorbereitung darauf werden Einbürgerungskurse angeboten; die Teilnahme daran ist nicht verpflichtend.

(6) Von den Voraussetzungen des Absatzes 1 Satz 1 Nr. 6 und 7 wird abgesehen, wenn der Ausländer sie wegen einer körperlichen, geistigen oder seelischen Krankheit oder Behinderung oder altersbedingt nicht erfüllen kann.

(7) Das Bundesministerium des Innern, für Bau und Heimat wird ermächtigt, die Prüfungs- und Nachweismodalitäten des Einbürgerungstests sowie die Grundstruktur und die Lerninhalte des Einbürgerungskurses nach Absatz 5 auf der Basis der Themen des Orientierungskurses nach § 43 Abs. 3 Satz 1 des Aufenthaltsgesetzes durch Rechtsverordnung, die nicht der Zustimmung des Bundesrates bedarf, zu regeln.

§ 11 [Ausschluss der Einbürgerung]

[1]Die Einbürgerung ist ausgeschlossen, wenn

1. tatsächliche Anhaltspunkte die Annahme rechtfertigen, dass der Ausländer Bestrebungen verfolgt oder unterstützt oder verfolgt oder unterstützt hat, die gegen die freiheitliche demokratische Grundordnung, den Bestand oder die Sicherheit des Bundes oder eines Landes gerichtet sind oder eine ungesetzliche Beeinträchtigung der Amtsführung der Verfassungsorgane des Bundes oder eines Landes oder ihrer Mitglieder zum Ziele haben oder die durch die Anwendung von Gewalt oder darauf gerichtete Vorbereitungshandlungen auswärtige Belange der Bundesrepublik Deutschland gefährden, es sei denn, der Ausländer macht glaubhaft, dass er sich von der früheren Verfolgung oder Unterstützung derartiger Bestrebungen abgewandt hat, oder
2. nach § 54 Absatz 1 Nummer 2 oder 4 des Aufenthaltsgesetzes ein besonders schwerwiegendes Ausweisungsinteresse vorliegt.

[2]Satz 1 Nr. 2 gilt entsprechend für Ausländer im Sinne des § 1 Abs. 2 des Aufenthaltsgesetzes und auch für Staatsangehörige der Schweiz und deren Familienangehörige, die eine Aufenthaltserlaubnis auf Grund des Abkommens vom 21. Juni 1999 zwischen der Europäischen Gemeinschaft und ihren Mitgliedstaaten einerseits und der Schweizerischen Eidgenossenschaft andererseits über die Freizügigkeit besitzen.

§ 12 [Ausnahmen von § 10 Abs. 1 Satz 1 Nr. 4]

(1) [1]Von der Voraussetzung des § 10 Abs. 1 Satz 1 Nr. 4 wird abgesehen, wenn der Ausländer seine bisherige Staatsangehörigkeit nicht oder nur unter besonders schwierigen Bedingungen aufgeben kann. [2]Das ist anzunehmen, wenn

1. das Recht des ausländischen Staates das Ausscheiden aus dessen Staatsangehörigkeit nicht vorsieht,
2. der ausländische Staat die Entlassung regelmäßig verweigert,
3. der ausländische Staat die Entlassung aus der Staatsangehörigkeit aus Gründen versagt hat, die der Ausländer nicht zu vertreten hat, oder von unzumutbaren Bedingungen abhängig macht oder über den vollständigen und formgerechten Entlassungsantrag nicht in angemessener Zeit entschieden hat,
4. der Einbürgerung älterer Personen ausschließlich das Hindernis eintretender Mehrstaatigkeit entgegensteht, die Entlassung auf unverhältnismäßige Schwierigkeiten stößt und die Versagung der Einbürgerung eine besondere Härte darstellen würde,

1) Wortlaut amtlich.

5. dem Ausländer bei Aufgabe der ausländischen Staatsangehörigkeit erhebliche Nachteile insbesondere wirtschaftlicher oder vermögensrechtlicher Art entstehen würden, die über den Verlust der staatsbürgerlichen Rechte hinausgehen, oder

6. der Ausländer einen Reiseausweis nach Artikel 28 des Abkommens vom 28. Juli 1951 über die Rechtsstellung der Flüchtlinge (BGBl. 1953 II S. 559) besitzt.

(2) Von der Voraussetzung des § 10 Abs. 1 Satz 1 Nr. 4 wird ferner abgesehen, wenn der Ausländer die Staatsangehörigkeit eines anderen Mitgliedstaates der Europäischen Union oder der Schweiz besitzt.

(3) Weitere Ausnahmen von der Voraussetzung des § 10 Abs. 1 Satz 1 Nr. 4 können nach Maßgabe völkerrechtlicher Verträge vorgesehen werden.

§ 12a [Verurteilungen]

(1) ¹Bei der Einbürgerung bleiben außer Betracht:

1. die Verhängung von Erziehungsmaßregeln oder Zuchtmitteln nach dem Jugendgerichtsgesetz,

2. Verurteilungen zu Geldstrafe bis zu 90 Tagessätzen und

3. Verurteilungen zu Freiheitsstrafe bis zu drei Monaten, die zur Bewährung ausgesetzt und nach Ablauf der Bewährungszeit erlassen worden ist.

²Bei mehreren Verurteilungen zu Geld- oder Freiheitsstrafen im Sinne des Satzes 1 Nr. 2 und 3 sind diese zusammenzuzählen, es sei denn, es wird eine niedrigere Gesamtstrafe gebildet; treffen Geld- und Freiheitsstrafe zusammen, entspricht ein Tagessatz einem Tag Freiheitsstrafe. ³Übersteigt die Strafe oder die Summe der Strafen geringfügig den Rahmen nach den Sätzen 1 und 2, so wird im Einzelfall entschieden, ob diese außer Betracht bleiben kann. ⁴Ist eine Maßregel der Besserung und Sicherung nach § 61 Nr. 5 oder 6 des Strafgesetzbuches angeordnet worden, so wird im Einzelfall entschieden, ob die Maßregel der Besserung und Sicherung außer Betracht bleiben kann.

(2) ¹Ausländische Verurteilungen zu Strafen sind zu berücksichtigen, wenn die Tat im Inland als strafbar anzusehen ist, die Verurteilung in einem rechtsstaatlichen Verfahren ausgesprochen worden ist und das Strafmaß verhältnismäßig ist. ²Eine solche Verurteilung kann nicht mehr berücksichtigt werden, wenn sie nach dem Bundeszentralregistergesetz zu tilgen wäre. ³Absatz 1 gilt entsprechend.

(3) ¹Wird gegen einen Ausländer, der die Einbürgerung beantragt hat, wegen des Verdachts einer Straftat ermittelt, ist die Entscheidung über die Einbürgerung bis zum Abschluss des Verfahrens, im Falle der Verurteilung bis zum Eintritt der Rechtskraft des Urteils auszusetzen. ²Das Gleiche gilt, wenn die Verhängung der Jugendstrafe nach § 27 des Jugendgerichtsgesetzes ausgesetzt ist.

(4) Im Ausland erfolgte Verurteilungen und im Ausland anhängige Ermittlungs- und Strafverfahren sind im Einbürgerungsantrag aufzuführen.

§ 12b [Auslandsaufenthalte]

(1) ¹Der gewöhnliche Aufenthalt im Inland wird durch Aufenthalte bis zu sechs Monaten im Ausland nicht unterbrochen. ²Bei längeren Auslandsaufenthalten besteht er fort, wenn der Ausländer innerhalb der von der Ausländerbehörde bestimmten Frist wieder eingereist ist. ³Gleiches gilt, wenn die Frist lediglich wegen Erfüllung der gesetzlichen Wehrpflicht im Herkunftsstaat überschritten wird und der Ausländer innerhalb von drei Monaten nach der Entlassung aus dem Wehr- oder Ersatzdienst wieder einreist.

(2) Hat der Ausländer sich aus einem seiner Natur nach nicht vorübergehenden Grund länger als sechs Monate im Ausland aufgehalten, kann die frühere Aufenthaltszeit im Inland bis zu fünf Jahren auf die für die Einbürgerung erforderliche Aufenthaltsdauer angerechnet werden.

(3) Unterbrechungen der Rechtmäßigkeit des Aufenthalts bleiben außer Betracht, wenn sie darauf beruhen, dass der Ausländer nicht rechtzeitig die erstmals erforderliche Erteilung oder die Verlängerung des Aufenthaltstitels beantragt hat.

§ 13 [Einbürgerung eines ehemaligen Deutschen]

Ein ehemaliger Deutscher und seine minderjährigen Kinder, die ihren gewöhnlichen Aufenthalt im Ausland haben, können auf Antrag eingebürgert werden, wenn ihre Identität und Staatsangehörigkeit geklärt sind und sie die Voraussetzungen des § 8 Absatz 1 Nummer 1 und 2 erfüllen.

§ 14 [Einbürgerung eines nicht im Inland niedergelassenen Ausländers]

Ein Ausländer, der seinen gewöhnlichen Aufenthalt im Ausland hat, kann unter den sonstigen Voraussetzungen der §§ 8 und 9 eingebürgert werden, wenn Bindungen an Deutschland bestehen, die eine Einbürgerung rechtfertigen.

§ 15 *[aufgehoben]*

§ 16 [Einbürgerungsurkunde]

[1]Die Einbürgerung wird wirksam mit der Aushändigung der von der zuständigen Verwaltungsbehörde ausgefertigten Einbürgerungsurkunde. [2]Vor der Aushändigung ist folgendes feierliches Bekenntnis abzugeben: „Ich erkläre feierlich, dass ich das Grundgesetz und die Gesetze der Bundesrepublik Deutschland achten und alles unterlassen werde, was ihr schaden könnte."; § 10 Abs. 1 Satz 2 gilt entsprechend.

§ 17 [Verlust der Staatsangehörigkeit]

(1) Die Staatsangehörigkeit geht verloren
1. durch Entlassung (§§ 18 bis 24),
2. durch den Erwerb einer ausländischen Staatsangehörigkeit (§ 25),
3. durch Verzicht,
4. durch Annahme als Kind durch einen Ausländer (§ 27),
5. durch Eintritt in die Streitkräfte oder einen vergleichbaren bewaffneten Verband eines ausländischen Staates oder durch konkrete Beteiligung an Kampfhandlungen einer terroristischen Vereinigung im Ausland (§ 28),
6. durch Erklärung (§ 29) oder
7. durch Rücknahme eines rechtswidrigen Verwaltungsaktes (§ 35).

(2) Der Verlust nach Absatz 1 Nr. 7 berührt nicht die kraft Gesetzes erworbene deutsche Staatsangehörigkeit Dritter, sofern diese das fünfte Lebensjahr vollendet haben.

(3) [1]Absatz 2 gilt entsprechend bei Entscheidungen nach anderen Gesetzen, die den rückwirkenden Verlust der deutschen Staatsangehörigkeit Dritter zur Folge hätten, insbesondere bei der Rücknahme der Niederlassungserlaubnis nach § 51 Abs. 1 Nr. 3 des Aufenthaltsgesetzes, bei der Rücknahme einer Bescheinigung nach § 15 des Bundesvertriebenengesetzes und bei der Feststellung des Nichtbestehens der Vaterschaft nach § 1599 des Bürgerlichen Gesetzbuches. [2]Satz 1 findet keine Anwendung bei Anfechtung der Vaterschaft nach § 1600 Abs. 1 Nr. 5 und Abs. 3 des Bürgerlichen Gesetzbuches.

§ 18 [Entlassung aus der Staatsangehörigkeit]

Ein Deutscher wird auf seinen Antrag aus der Staatsangehörigkeit entlassen, wenn er den Erwerb einer ausländischen Staatsangehörigkeit beantragt und ihm die zuständige Stelle die Verleihung zugesichert hat.

§ 19 [Entlassung eines unter elterlicher Gewalt oder Vormundschaft Stehenden]

(1) Die Entlassung einer Person, die unter elterlicher Sorge oder unter Vormundschaft steht, kann nur von dem gesetzlichen Vertreter und nur mit Genehmigung des deutschen Familiengerichts beantragt werden.

(2) Die Genehmigung des Familiengerichts ist nicht erforderlich, wenn der Vater oder die Mutter die Entlassung für sich und zugleich kraft elterlicher Sorge für ein Kind beantragt und dem Antragsteller die Sorge für die Person dieses Kindes zusteht.

§§ 20, 21 [aufgehoben]

§ 22 [Versagung der Entlassung]

Die Entlassung darf nicht erteilt werden
1. Beamten, Richtern, Soldaten der Bundeswehr und sonstigen Personen, die in einem öffentlich-rechtlichen Dienst- oder Amtsverhältnis stehen, solange ihr Dienst- oder Amtsverhältnis nicht beendet ist, mit Ausnahme der ehrenamtlich tätigen Personen,
2. Wehrpflichtigen, solange nicht das Bundesministerium der Verteidigung oder die von ihm bezeichnete Stelle erklärt hat, daß gegen die Entlassung Bedenken nicht bestehen.

§ 23 [Entlassungsurkunde]

Die Entlassung wird wirksam mit der Aushändigung der von der zuständigen Verwaltungsbehörde ausgefertigten Entlassungsurkunde.

§ 24 [Bestehenbleiben der deutschen Staatsangehörigkeit]

Die Entlassung gilt als nicht erfolgt, wenn der Entlassene die ihm zugesicherte ausländische Staatsangehörigkeit nicht innerhalb eines Jahres nach der Aushändigung der Entlassungsurkunde erworben hat.

§ 25 [Erwerb ausländischer Staatsangehörigkeit]

(1) [1]Ein Deutscher verliert seine Staatsangehörigkeit mit dem Erwerb einer ausländischen Staatsangehörigkeit, wenn dieser Erwerb auf seinen Antrag oder auf den Antrag des gesetzlichen Vertreters erfolgt, der Vertretene jedoch nur, wenn die Voraussetzungen vorliegen, unter denen nach § 19 die Entlassung beantragt werden könnte. [2]Der Verlust nach Satz 1 tritt nicht ein, wenn ein Deutscher die Staatsangehörigkeit eines anderen Mitgliedstaates der Europäischen Union, der Schweiz oder eines Staates erwirbt,

mit dem die Bundesrepublik Deutschland einen völkerrechtlichen Vertrag nach § 12 Abs. 3 abgeschlossen hat.

(2) [1]Die Staatsangehörigkeit verliert nicht, wer vor dem Erwerbe der ausländischen Staatsangehörigkeit auf seinen Antrag die schriftliche Genehmigung der zuständigen Behörde zur Beibehaltung seiner Staatsangehörigkeit erhalten hat. [2]Hat ein Antragsteller seinen gewöhnlichen Aufenthalt im Ausland, ist die deutsche Auslandsvertretung zu hören. [3]Bei der Entscheidung über einen Antrag nach Satz 1 sind die öffentlichen und privaten Belange abzuwägen. [4]Bei einem Antragsteller, der seinen gewöhnlichen Aufenthalt im Ausland hat, ist insbesondere zu berücksichtigen, ob er fortbestehende Bindungen an Deutschland glaubhaft machen kann.

§ 26 [Verzicht auf Staatsangehörigkeit]
(1) [1]Ein Deutscher kann auf seine Staatsangehörigkeit verzichten, wenn er mehrere Staatsangehörigkeiten besitzt. [2]Der Verzicht ist schriftlich zu erklären.

(2) [1]Die Verzichtserklärung bedarf der Genehmigung der nach § 23 für die Ausfertigung der Entlassungsurkunde zuständigen Behörde. [2]Die Genehmigung ist zu versagen, wenn eine Entlassung nach § 22 nicht erteilt werden dürfte; dies gilt jedoch nicht, wenn der Verzichtende

1. seit mindestens zehn Jahren seinen dauernden Aufenthalt im Ausland hat oder
2. als Wehrpflichtiger im Sinne des § 22 Nr. 2 in einem der Staaten, deren Staatsangehörigkeit er besitzt, Wehrdienst geleistet hat.

(3) Der Verlust der Staatsangehörigkeit tritt ein mit der Aushändigung der von der Genehmigungsbehörde ausgefertigten Verzichtsurkunde.

(4) Für Minderjährige gilt § 19 entsprechend.

§ 27 [Annahme als Kind durch einen Ausländer]
[1]Ein minderjähriger Deutscher verliert mit der nach den deutschen Gesetzen wirksamen Annahme als Kind durch einen Ausländer die Staatsangehörigkeit, wenn er dadurch die Staatsangehörigkeit des Annehmenden erwirbt. [2]Der Verlust erstreckt sich auf seine Abkömmlinge, wenn auch der Erwerb der Staatsangehörigkeit durch den Angenommenen nach Satz 1 sich auf seine Abkömmlinge erstreckt. [3]Der Verlust nach Satz 1 oder Satz 2 tritt nicht ein, wenn der Angenommene oder seine Abkömmlinge mit einem deutschen Elternteil verwandt bleiben.

§ 28 [Verlust der Staatsangehörigkeit bei Wehrdienst in fremden Streitkräften]
(1) Ein Deutscher, der

1. auf Grund freiwilliger Verpflichtung ohne eine Zustimmung des Bundesministeriums der Verteidigung oder der von ihm bezeichneten Stelle in die Streitkräfte oder einen vergleichbaren bewaffneten Verband eines ausländischen Staates, dessen Staatsangehörigkeit er besitzt, eintritt oder
2. sich an Kampfhandlungen einer terroristischen Vereinigung im Ausland konkret beteiligt,

verliert die deutsche Staatsangehörigkeit, es sei denn, er würde sonst staatenlos.

(2) Der Verlust nach Absatz 1 tritt nicht ein,

1. wenn der Deutsche noch minderjährig ist oder,
2. im Falle des Absatzes 1 Nummer 1, wenn der Deutsche auf Grund eines zwischenstaatlichen Vertrages zum Eintritt in die Streitkräfte oder in den bewaffneten Verband berechtigt ist.

(3) [1]Der Verlust ist im Falle des Absatzes 1 Nummer 2 nach § 30 Absatz 1 Satz 3 von Amts wegen festzustellen. [2]Die Feststellung trifft bei gewöhnlichem Aufenthalt des Betroffenen im Inland die oberste Landesbehörde oder die von ihr nach Landesrecht bestimmte Behörde. [3]Befindet sich der Betroffene noch im Ausland, findet gegen die Verlustfeststellung kein Widerspruch statt; die Klage hat keine aufschiebende Wirkung.

§ 29 [Wahl zwischen deutscher und ausländischer Staatsangehörigkeit bei Volljährigkeit]
(1) [1]Optionspflichtig ist, wer

1. die deutsche Staatsangehörigkeit nach § 4 Absatz 3 oder § 40b erworben hat,
2. nicht nach Absatz 1a im Inland aufgewachsen ist,
3. eine andere ausländische Staatsangehörigkeit als die eines anderen Mitgliedstaates der Europäischen Union oder der Schweiz besitzt und
4. innerhalb eines Jahres nach Vollendung seines 21. Lebensjahres einen Hinweis nach Absatz 5 Satz 5 über seine Erklärungspflicht erhalten hat.

[2]Der Optionspflichtige hat nach Vollendung des 21. Lebensjahres zu erklären, ob er die deutsche oder die ausländische Staatsangehörigkeit behalten will. [3]Die Erklärung bedarf der Schriftform.

(1a) ¹Ein Deutscher nach Absatz 1 ist im Inland aufgewachsen, wenn er bis zur Vollendung seines 21. Lebensjahres
1. sich acht Jahre gewöhnlich im Inland aufgehalten hat,
2. sechs Jahre im Inland eine Schule besucht hat oder
3. über einen im Inland erworbenen Schulabschluss oder eine im Inland abgeschlossene Berufsausbildung verfügt.
²Als im Inland aufgewachsen nach Satz 1 gilt auch, wer im Einzelfall einen vergleichbar engen Bezug zu Deutschland hat und für den die Optionspflicht nach den Umständen des Falles eine besondere Härte bedeuten würde.

(2) Erklärt der Deutsche nach Absatz 1, dass er die ausländische Staatsangehörigkeit behalten will, so geht die deutsche Staatsangehörigkeit mit dem Zugang der Erklärung bei der zuständigen Behörde verloren.

(3) ¹Will der Deutsche nach Absatz 1 die deutsche Staatsangehörigkeit behalten, so ist er verpflichtet, die Aufgabe oder den Verlust der ausländischen Staatsangehörigkeit nachzuweisen. ²Tritt dieser Verlust nicht bis zwei Jahre nach Zustellung des Hinweises auf die Erklärungspflicht nach Absatz 5 ein, so geht die deutsche Staatsangehörigkeit verloren, es sei denn, dass dem Deutschen nach Absatz 1 vorher die schriftliche Genehmigung der zuständigen Behörde zur Beibehaltung der deutschen Staatsangehörigkeit (Beibehaltungsgenehmigung) erteilt wurde. ³Ein Antrag auf Erteilung der Beibehaltungsgenehmigung kann, auch vorsorglich, nur bis ein Jahr nach Zustellung des Hinweises auf die Erklärungspflicht nach Absatz 5 gestellt werden (Ausschlussfrist). ⁴Der Verlust der deutschen Staatsangehörigkeit tritt erst ein, wenn der Antrag bestandskräftig abgelehnt wird. ⁵Einstweiliger Rechtsschutz nach § 123 der Verwaltungsgerichtsordnung bleibt unberührt.

(4) Die Beibehaltungsgenehmigung nach Absatz 3 ist zu erteilen, wenn die Aufgabe oder der Verlust der ausländischen Staatsangehörigkeit nicht möglich oder nicht zumutbar ist oder bei einer Einbürgerung nach Maßgabe von § 12 Mehrstaatigkeit hinzunehmen wäre.

(5) ¹Auf Antrag eines Deutschen, der die Staatsangehörigkeit nach § 4 Absatz 3 oder § 40b erworben hat, stellt die zuständige Behörde bei Vorliegen der Voraussetzungen den Fortbestand der deutschen Staatsangehörigkeit nach Absatz 6 fest. ²Ist eine solche Feststellung nicht bis zur Vollendung seines 21. Lebensjahres erfolgt, prüft die zuständige Behörde anhand der Meldedaten, ob die Voraussetzungen nach Absatz 1a Satz 1 Nummer 1 vorliegen. ³Ist dies danach nicht feststellbar, weist sie den Betroffenen auf die Möglichkeit hin, die Erfüllung der Voraussetzungen des Absatzes 1a nachzuweisen. ⁴Wird ein solcher Nachweis erbracht, stellt die zuständige Behörde den Fortbestand der deutschen Staatsangehörigkeit nach Absatz 6 fest. ⁵Liegt kein Nachweis vor, hat sie den Betroffenen auf seine Verpflichtungen und die nach den Absätzen 2 bis 4 möglichen Rechtsfolgen hinzuweisen. ⁶Der Hinweis ist zuzustellen. ⁷Die Vorschriften des Verwaltungszustellungsgesetzes finden Anwendung.

(6) ¹Der Fortbestand oder Verlust der deutschen Staatsangehörigkeit nach dieser Vorschrift wird von Amts wegen festgestellt. ²Das Bundesministerium des Innern, für Bau und Heimat kann durch Rechtsverordnung mit Zustimmung des Bundesrates Vorschriften über das Verfahren zur Feststellung des Fortbestands oder Verlusts der deutschen Staatsangehörigkeit erlassen.

§ 30 [Bestehen der deutschen Staatsangehörigkeit]

(1) ¹Das Bestehen oder Nichtbestehen der deutschen Staatsangehörigkeit wird auf Antrag von der Staatsangehörigkeitsbehörde festgestellt. ²Die Feststellung ist in allen Angelegenheiten verbindlich, für die das Bestehen oder Nichtbestehen der deutschen Staatsangehörigkeit rechtserheblich ist. ³Bei Vorliegen eines öffentlichen Interesses kann die Feststellung auch von Amts wegen erfolgen.

(2) ¹Für die Feststellung des Bestehens der deutschen Staatsangehörigkeit ist es erforderlich, aber auch ausreichend, wenn durch Urkunden, Auszüge aus den Melderegistern oder andere schriftliche Beweismittel mit hinreichender Wahrscheinlichkeit nachgewiesen ist, dass die deutsche Staatsangehörigkeit erworben worden und danach nicht wieder verloren gegangen ist. ²§ 3 Abs. 2 bleibt unberührt.

(3) ¹Wird das Bestehen der deutschen Staatsangehörigkeit auf Antrag festgestellt, stellt die Staatsangehörigkeitsbehörde einen Staatsangehörigkeitsausweis aus. ²Auf Antrag stellt die Staatsangehörigkeitsbehörde eine Bescheinigung über das Nichtbestehen der deutschen Staatsangehörigkeit aus.

§ 31 [Datenerhebung]

¹Staatsangehörigkeitsbehörden und Auslandsvertretungen dürfen personenbezogene Daten verarbeiten, soweit dies zur Erfüllung ihrer Aufgaben nach diesem Gesetz oder nach staatsangehörigkeitsrechtlichen Bestimmungen in anderen Gesetzen erforderlich ist. ²Personenbezogene Daten, deren Verarbeitung nach Artikel 9 Absatz 1 der Verordnung (EU) 2016/679 des Europäischen Parlaments und des Rates vom 27. April 2016 zum Schutz natürlicher Personen bei der Verarbeitung personenbezogener Daten, zum freien

Datenverkehr und zur Aufhebung der Richtlinie 95/46/EG (Datenschutz-Grundverordnung) (ABl. L 119 vom 4.5.2016, S. 1; L 314 vom 22.11.2016, S. 72; L 127 vom 23.5.2018, S. 2) in der jeweils geltenden Fassung untersagt ist, dürfen verarbeitet werden, soweit die personenbezogenen Daten gemäß § 37 Absatz 2 Satz 2 zur Ermittlung von Ausschlussgründen nach § 11 von den Verfassungsschutzbehörden an die Einbürgerungsbehörden übermittelt worden sind oder die Verarbeitung sonst im Einzelfall zur Aufgabenerfüllung erforderlich ist. [3]Dies gilt im Rahmen der Entscheidung über die Staatsangehörigkeit nach Artikel 116 Absatz 2 des Grundgesetzes auch in Bezug auf Daten, die sich auf die politischen, rassischen oder religiösen Gründe beziehen, wegen derer zwischen dem 30. Januar 1933 und dem 8. Mai 1945 die deutsche Staatsangehörigkeit entzogen worden ist.

§ 32 [Mitwirkungspflicht]

(1) [1]Öffentliche Stellen haben den in § 31 genannten Stellen auf Ersuchen personenbezogene Daten zu übermitteln, soweit die Kenntnis dieser Daten zur Erfüllung der in § 31 genannten Aufgaben erforderlich ist. [2]Öffentliche Stellen haben der zuständigen Staatsangehörigkeitsbehörde diese Daten auch ohne Ersuchen zu übermitteln, soweit die Übermittlung aus Sicht der öffentlichen Stelle für die Entscheidung der Staatsangehörigkeitsbehörde über ein anhängiges Einbürgerungsverfahren oder den Verlust oder Nichterwerb der deutschen Staatsangehörigkeit erforderlich ist. [3]Dies gilt bei Einbürgerungsverfahren insbesondere für die den Ausländerbehörden nach § 87 Absatz 4 des Aufenthaltsgesetzes bekannt gewordenen Daten über die Einleitung von Straf- und Auslieferungsverfahren sowie die Erledigung von Straf-, Bußgeld- und Auslieferungsverfahren. [4]Die Daten nach Satz 3 sind unverzüglich an die zuständige Staatsangehörigkeitsbehörde zu übermitteln.

(2) Die Übermittlung personenbezogener Daten nach Absatz 1 unterbleibt, soweit besondere gesetzliche Verarbeitungsregelungen entgegenstehen.

§ 33 [Register]

(1) [1]Das Bundesverwaltungsamt (Registerbehörde) führt ein Register der Entscheidungen in Staatsangehörigkeitsangelegenheiten. [2]In das Register werden eingetragen:
1. Entscheidungen zu Staatsangehörigkeitsurkunden,
2. Entscheidungen zum Bestand und gesetzlichen Verlust der deutschen Staatsangehörigkeit,
3. Entscheidungen zu Erwerb, Bestand und Verlust der deutschen Staatsangehörigkeit, die nach dem 31. Dezember 1960 und vor dem 28. August 2007 getroffen worden sind.

(2) Im Einzelnen dürfen in dem Register gespeichert werden:
1. die Grundpersonalien der betroffenen Person (Familienname, Geburtsname, frühere Namen, Vornamen, Tag und Ort der Geburt, Geschlecht sowie die Anschrift im Zeitpunkt der Entscheidung) und Auskunftssperren nach § 51 des Bundesmeldegesetzes,
2. Rechtsgrund und Datum der Urkunde oder der Entscheidung sowie Rechtsgrund und der Tag des Erwerbs oder Verlusts der Staatsangehörigkeit, im Fall des § 3 Absatz 2 auch der Zeitpunkt, auf den der Erwerb zurückwirkt,
3. Bezeichnung, Anschrift und Aktenzeichen der Behörde, die die Entscheidung getroffen hat.

(3) Die Staatsangehörigkeitsbehörden sind verpflichtet, die in Absatz 2 genannten personenbezogenen Daten zu den Entscheidungen nach Absatz 1 Satz 2 Nr. 1 und 2, die sie nach dem 28. August 2007 treffen, unverzüglich an die Registerbehörde zu übermitteln.

(4) [1]Die Registerbehörde übermittelt den Staatsangehörigkeitsbehörden und Auslandsvertretungen auf Ersuchen die in Absatz 2 genannten Daten, soweit die Kenntnis der Daten für die Erfüllung der staatsangehörigkeitsrechtlichen Aufgaben dieser Stellen erforderlich ist. [2]Für die Übermittlung an andere öffentliche Stellen und für Forschungszwecke gelten die Bestimmungen des Bundesdatenschutzgesetzes. [3]Die Übermittlung von Angaben nach Absatz 1 zu Forschungszwecken ist nur in anonymisierter Form oder dann zulässig, wenn das wissenschaftliche Interesse an der Durchführung des Forschungsvorhabens das Interesse der betroffenen Person an dem Ausschluss der Verarbeitung erheblich überwiegt.

(5) Die Staatsangehörigkeitsbehörde teilt nach ihrer Entscheidung, dass eine Person eingebürgert worden ist oder die deutsche Staatsangehörigkeit weiterhin besitzt, verloren, aufgegeben oder nicht erworben hat, der zuständigen Meldebehörde oder Auslandsvertretung die in Absatz 2 genannten Daten unverzüglich mit.

§ 34 [Optionsverfahren]

(1) Für die Durchführung des Optionsverfahrens hat die Meldebehörde in Fällen des Erwerbs der deutschen Staatsangehörigkeit nach § 4 Absatz 3 oder § 40b, in denen nach § 29 ein Verlust der deutschen Staatsangehörigkeit eintreten kann, bis zum zehnten Tag jedes Kalendermonats der zuständigen Staatsangehörigkeitsbehörde für Personen, die im darauf folgenden Monat das 21. Lebensjahr vollenden werden, folgende personenbezogenen Daten zu übermitteln:

1. Familienname,
2. frühere Namen,
3. Vornamen,
4. derzeitige und frühere Anschriften und bei Zuzug aus dem Ausland auch die letzte frühere Anschrift im Inland,
5. Einzugsdatum, Auszugsdatum, Datum des letzten Wegzugs aus einer Wohnung im Inland sowie Datum des letzten Zuzugs aus dem Ausland,
6. Geburtsdatum und Geburtsort,
7. Geschlecht,
8. derzeitige Staatsangehörigkeiten,
9. die Tatsache, dass nach § 29 ein Verlust der deutschen Staatsangehörigkeit eintreten kann,
10. Auskunftssperren nach § 51 des Bundesmeldegesetzes.

(2) [1]Ist eine Person nach Absatz 1 ins Ausland verzogen, hat die zuständige Meldebehörde dem Bundesverwaltungsamt innerhalb der in Absatz 1 genannten Frist die dort genannten Daten, das Datum des Wegzugs ins Ausland und, soweit bekannt, die neue Anschrift im Ausland zu übermitteln. [2]Für den Fall des Zuzugs aus dem Ausland gilt Satz 1 entsprechend.

§ 35 [Rücknahme einer rechtswidrigen Einbürgerung]

(1) Eine rechtswidrige Einbürgerung oder eine rechtswidrige Genehmigung zur Beibehaltung der deutschen Staatsangehörigkeit kann nur zurückgenommen werden, wenn der Verwaltungsakt durch arglistige Täuschung, Drohung oder Bestechung oder durch vorsätzlich unrichtige oder unvollständige Angaben, die wesentlich für seinen Erlass gewesen sind, erwirkt worden ist.

(2) Dieser Rücknahme steht in der Regel nicht entgegen, dass der Betroffene dadurch staatenlos wird.

(3) Die Rücknahme darf nur bis zum Ablauf von zehn Jahren nach der Bekanntgabe der Einbürgerung oder Beibehaltungsgenehmigung erfolgen.

(4) Die Rücknahme erfolgt mit Wirkung für die Vergangenheit.

(5) [1]Hat die Rücknahme Auswirkungen auf die Rechtmäßigkeit von Verwaltungsakten nach diesem Gesetz gegenüber Dritten, so ist für jede betroffene Person eine selbständige Ermessensentscheidung zu treffen. [2]Dabei ist insbesondere eine Beteiligung des Dritten an der arglistigen Täuschung, Drohung oder Bestechung oder an den vorsätzlich unrichtigen oder unvollständigen Angaben gegen seine schutzwürdigen Belange, insbesondere auch unter Beachtung des Kindeswohls, abzuwägen.

§ 36 [Einbürgerungsstatistik]

(1) Über die Einbürgerungen werden jährliche Erhebungen, jeweils für das vorausgegangene Kalenderjahr, beginnend 2000, als Bundesstatistik durchgeführt.

(2) Die Erhebungen erfassen für jede eingebürgerte Person folgende Erhebungsmerkmale:
1. Geburtsjahr,
2. Geschlecht,
3. Familienstand,
4. Wohnort zum Zeitpunkt der Einbürgerung,
5. Aufenthaltsdauer im Bundesgebiet nach Jahren,
6. Rechtsgrundlage der Einbürgerung,
7. bisherige Staatsangehörigkeiten und
8. Fortbestand der bisherigen Staatsangehörigkeiten.

(3) Hilfsmerkmale der Erhebungen sind:
1. Bezeichnung und Anschrift der nach Absatz 4 Auskunftspflichtigen,
2. Name und Telekommunikationsnummern der für Rückfragen zur Verfügung stehenden Person und
3. Registriernummer der eingebürgerten Person bei der Einbürgerungsbehörde.

(4) [1]Für die Erhebungen besteht Auskunftspflicht. [2]Auskunftspflichtig sind die Einbürgerungsbehörden. [3]Die Einbürgerungsbehörden haben die Auskünfte den zuständigen statistischen Ämtern der Länder jeweils zum 1. März zu erteilen. [4]Die Angaben zu Absatz 3 Nr. 2 sind freiwillig.

(5) An die fachlich zuständigen obersten Bundes- und Landesbehörden dürfen für die Verwendung gegenüber den gesetzgebenden Körperschaften und für Zwecke der Planung, nicht jedoch für die Regelung von Einzelfällen, vom Statistischen Bundesamt und den statistischen Ämtern der Länder Tabellen mit statistischen Ergebnissen übermittelt werden, auch soweit Tabellenfelder nur einen einzigen Fall ausweisen.

§ 37 [Ermittlung der Einbürgerungsvoraussetzungen]

(1) [1]Fähig zur Vornahme von Verfahrenshandlungen nach diesem Gesetz ist, wer das 16. Lebensjahr vollendet hat, sofern er nicht nach Maßgabe des Bürgerlichen Gesetzbuchs geschäftsunfähig oder im Falle seiner Volljährigkeit in dieser Angelegenheit zu betreuen und einem Einwilligungsvorbehalt zu unterstellen wäre. [2]§ 80 Absatz 3 und § 82 des Aufenthaltsgesetzes gelten entsprechend.

(2) [1]Die Einbürgerungsbehörden übermitteln den Verfassungsschutzbehörden zur Ermittlung von Ausschlussgründen nach § 11 die bei ihnen gespeicherten personenbezogenen Daten der Antragsteller, die das 16. Lebensjahr vollendet haben. [2]Die Verfassungsschutzbehörden unterrichten die anfragende Stelle unverzüglich nach Maßgabe der insoweit bestehenden besonderen gesetzlichen Verarbeitungsregelungen.

§ 38 [Gebührenvorschriften]

(1) Für Amtshandlungen in Staatsangehörigkeitsangelegenheiten werden, soweit gesetzlich nichts anderes bestimmt ist, Kosten (Gebühren und Auslagen) erhoben.

(2) [1]Die Gebühr für die Einbürgerung nach diesem Gesetz beträgt 255 Euro. [2]Sie ermäßigt sich für ein minderjähriges Kind, das miteingebürgert wird und keine eigenen Einkünfte im Sinne des Einkommensteuergesetzes hat, auf 51 Euro. [3]Der Erwerb der deutschen Staatsangehörigkeit nach § 5 und die Einbürgerung von ehemaligen Deutschen, die durch Eheschließung mit einem Ausländer die deutsche Staatsangehörigkeit verloren haben, ist gebührenfrei. [4]Die Feststellung des Bestehens oder Nichtbestehens der deutschen Staatsangehörigkeit nach § 29 Abs. 6 und nach § 30 Abs. 1 Satz 3 sowie die Erteilung der Beibehaltungsgenehmigung nach § 29 Abs. 4 sind gebührenfrei. [5]Von der Gebühr nach Satz 1 kann aus Gründen der Billigkeit oder des öffentlichen Interesses Gebührenermäßigung oder -befreiung gewährt werden.

(3) [1]Das Bundesministerium des Innern, für Bau und Heimat wird ermächtigt, durch Rechtsverordnung mit Zustimmung des Bundesrates die weiteren gebührenpflichtigen Tatbestände zu bestimmen und die Gebührensätze sowie die Auslagenerstattung zu regeln. [2]Die Gebühr darf für die Entlassung 51 Euro, für die Beibehaltungsgenehmigung 255 Euro, für die Staatsangehörigkeitsurkunde und für sonstige Bescheinigungen 51 Euro nicht übersteigen.

§ 38a [Ausstellung von Urkunden]

Eine Ausstellung von Urkunden in Staatsangehörigkeitssachen in elektronischer Form ist ausgeschlossen.

§§ 39, 40 [aufgehoben]

§ 40a [Erwerb der deutschen Staatsangehörigkeit]

[1]Wer am 1. August 1999 Deutscher im Sinne des Artikels 116 Abs. 1 des Grundgesetzes ist, ohne die deutsche Staatsangehörigkeit zu besitzen, erwirbt an diesem Tag die deutsche Staatsangehörigkeit. [2]Für einen Spätaussiedler, seinen nichtdeutschen Ehegatten und seine Abkömmlinge im Sinne von § 4 des Bundesvertriebenengesetzes gilt dies nur dann, wenn ihnen vor diesem Zeitpunkt eine Bescheinigung gemäß § 15 Abs. 1 oder 2 des Bundesvertriebenengesetzes erteilt worden ist.

§ 40b [Einbürgerung ausländischer Kinder]

[1]Ein Ausländer, der am 1. Januar 2000 rechtmäßig seinen gewöhnlichen Aufenthalt im Inland und das zehnte Lebensjahr noch nicht vollendet hat, ist auf Antrag einzubürgern, wenn bei seiner Geburt die Voraussetzungen des § 4 Abs. 3 Satz 1 vorgelegen haben und weiter vorliegen. [2]Der Antrag kann bis zum 31. Dezember 2000 gestellt werden.

§ 40c [Übergangsvorschriften]

Auf Einbürgerungsanträge, die bis zum 30. März 2007 gestellt worden sind, sind die §§ 8 bis 14 und 40c weiter in ihrer vor dem 28. August 2007 (BGBl. I S. 1970) geltenden Fassung anzuwenden, soweit sie günstigere Bestimmungen enthalten.

§ 41 [Verwaltungsverfahren]

Von den in diesem Gesetz in den §§ 32, 33 und 37 Absatz 2 getroffenen Regelungen des Verwaltungsverfahrens der Länder kann nicht durch Landesrecht abgewichen werden.

§ 42 [Strafvorschrift]

Mit Freiheitsstrafe bis zu fünf Jahren oder mit Geldstrafe wird bestraft, wer unrichtige oder unvollständige Angaben zu wesentlichen Voraussetzungen der Einbürgerung macht oder benutzt, um für sich oder einen anderen eine Einbürgerung zu erschleichen.

Gesetz über den Aufenthalt, die Erwerbstätigkeit und die Integration von Ausländern im Bundesgebiet (Aufenthaltsgesetz – AufenthG)[1)2)3)4)5)]

In der Fassung der Bekanntmachung vom 25. Februar 2008[6)] (BGBl. I S. 162)
(FNA 26-12)

zuletzt geändert durch Art. 169 Elfte ZuständigkeitsanpassungsVO vom 19. Juni 2020 (BGBl. I S. 1328)

Inhaltsübersicht

1) **Amtl. Anm.:** Dieses Gesetz dient der Umsetzung folgender Richtlinien:

1. Richtlinie 2001/40/EG des Rates vom 28. Mai 2001 über die gegenseitige Anerkennung von Entscheidungen über die Rückführung von Drittstaatsangehörigen (ABl. EG Nr. L 149 S. 34),
2. Richtlinie 2001/51/EG des Rates vom 28. Juni 2001 zur Ergänzung der Regelungen nach Artikel 26 des Übereinkommens zur Durchführung des Übereinkommens von Schengen vom 14. Juni 1985 (ABl. EG Nr. L 187 S. 45),
3. Richtlinie 2001/55/EG des Rates vom 20. Juli 2001 über Mindestnormen für die Gewährung vorübergehenden Schutzes im Falle eines Massenzustroms von Vertriebenen und Maßnahmen zur Förderung einer ausgewogenen Verteilung der Belastungen, die mit der Aufnahme dieser Personen und den Folgen dieser Aufnahme verbunden sind, auf die Mitgliedstaaten (ABl. EG Nr. L 212 S. 12),
4. Richtlinie 2002/90/EG des Rates vom 28. November 2002 zur Definition der Beihilfe zur unerlaubten Ein- und Durchreise und zum unerlaubten Aufenthalt (ABl. EG Nr. L 328 S. 17),
5. Richtlinie 2003/86/EG des Rates vom 22. September 2003 betreffend das Recht auf Familienzusammenführung (ABl. EU Nr. L 251 S. 12),
6. Richtlinie 2003/110/EG des Rates vom 25. November 2003 über die Unterstützung bei der Durchbeförderung im Rahmen von Rückführungsmaßnahmen auf dem Luftweg (ABl. EU Nr. L 321 S. 26),
7. Richtlinie 2003/109/EG des Rates vom 25. November 2003 betreffend die Rechtsstellung der langfristig aufenthaltsberechtigten Drittstaatsangehörigen (ABl. EU 2004 Nr. L 16 S. 44),
8. Richtlinie 2004/81/EG vom 29. April 2004 über die Erteilung von Aufenthaltstiteln für Drittstaatsangehörige, die Opfer des Menschenhandels sind oder denen Beihilfe zur illegalen Einwanderung geleistet wurde und die mit den zuständigen Behörden kooperieren (ABl. EU Nr. L 261 S. 19),
9. Richtlinie 2004/83/EG des Rates vom 29. April 2004 über Mindestnormen für die Anerkennung und den Status von Drittstaatsangehörigen oder Staatenlosen als Flüchtlinge oder als Personen, die anderweitig internationalen Schutz benötigen, und über den Inhalt des zu gewährenden Schutzes (ABl. EU Nr. L 304 S. 12),
10. Richtlinie 2004/114/EG des Rates vom 13. Dezember 2004 über die Bedingungen für die Zulassung von Drittstaatsangehörigen zwecks Absolvierung eines Studiums oder Teilnahme an einem Schüleraustausch, einer unbezahlten Ausbildungsmaßnahme oder einem Freiwilligendienst (ABl. EU Nr. L 375 S. 12),
11. Richtlinie 2005/71/EG des Rates vom 12. Oktober 2005 über ein besonderes Zulassungsverfahren für Drittstaatsangehörige zum Zwecke der wissenschaftlichen Forschung (ABl. EU Nr. L 289 S. 15).

2) Die Änderungen durch G v. 8.7.2019 (BGBl. I S. 1021) treten teilweise erst **mWv 1.1.2024** in Kraft und sind insoweit im Text noch nicht berücksichtigt.
3) Die Änderungen durch G v. 4.8.2019 (BGBl. I S. 1131) treten teilweise erst **mWv 1.4.2021** in Kraft und sind im Text gekennzeichnet.
4) Die Änderungen durch G v. 15.8.2019 (BGBl. I S. 1294) treten teilweise erst **mWv 1.7.2022** in Kraft und sind insoweit im Text noch nicht berücksichtigt.
5) Die Änderungen durch G v. 15.8.2019 (BGBl. I S. 1307) treten teilweise erst **mWv 2.3.2025** in Kraft und sind insoweit im Text noch nicht berücksichtigt.
6) Neubekanntmachung des AufenthaltsG v. 30.7.2004 (BGBl. I S. 1950) in der ab 28.8.2007 geltenden Fassung.

Kapitel 1
Allgemeine Bestimmungen

§ 1 Zweck des Gesetzes; Anwendungsbereich

(1) ¹Das Gesetz dient der Steuerung und Begrenzung des Zuzugs von Ausländern in die Bundesrepublik Deutschland. ²Es ermöglicht und gestaltet Zuwanderung unter Berücksichtigung der Aufnahme- und Integrationsfähigkeit sowie der wirtschaftlichen und arbeitsmarktpolitischen Interessen der Bundesrepublik Deutschland. ³Das Gesetz dient zugleich der Erfüllung der humanitären Verpflichtungen der Bundesrepublik Deutschland. ⁴Es regelt hierzu die Einreise, den Aufenthalt, die Erwerbstätigkeit und die Integration von Ausländern. ⁵Die Regelungen in anderen Gesetzen bleiben unberührt.

(2) Dieses Gesetz findet keine Anwendung auf Ausländer,

1. deren Rechtsstellung von dem Gesetz über die allgemeine Freizügigkeit von Unionsbürgern geregelt ist, soweit nicht durch Gesetz etwas anderes bestimmt ist,

2. die nach Maßgabe der §§ 18 bis 20 des Gerichtsverfassungsgesetzes nicht der deutschen Gerichtsbarkeit unterliegen,

3. soweit sie nach Maßgabe völkerrechtlicher Verträge für den diplomatischen und konsularischen Verkehr und für die Tätigkeit internationaler Organisationen und Einrichtungen von Einwanderungsbeschränkungen, von der Verpflichtung, ihren Aufenthalt der Ausländerbehörde anzuzeigen und dem Erfordernis eines Aufenthaltstitels befreit sind und wenn Gegenseitigkeit besteht, sofern die Befreiungen davon abhängig gemacht werden können.

§ 2 Begriffsbestimmungen

(1) Ausländer ist jeder, der nicht Deutscher im Sinne des Artikels 116 Abs. 1 des Grundgesetzes ist.

(2) Erwerbstätigkeit ist die selbständige Tätigkeit, die Beschäftigung im Sinne von § 7 des Vierten Buches Sozialgesetzbuch und die Tätigkeit als Beamter.

(3) [1]Der Lebensunterhalt eines Ausländers ist gesichert, wenn er ihn einschließlich ausreichenden Krankenversicherungsschutzes ohne Inanspruchnahme öffentlicher Mittel bestreiten kann. [2]Nicht als Inanspruchnahme öffentlicher Mittel gilt der Bezug von:

1. Kindergeld,
2. Kinderzuschlag,
3. Erziehungsgeld,
4. Elterngeld,
5. Leistungen der Ausbildungsförderung nach dem Dritten Buch Sozialgesetzbuch, dem Bundesausbildungsförderungsgesetz und dem Aufstiegsfortbildungsförderungsgesetz,
6. öffentlichen Mitteln, die auf Beitragsleistungen beruhen oder die gewährt werden, um den Aufenthalt im Bundesgebiet zu ermöglichen und
7. Leistungen nach dem Unterhaltsvorschussgesetz.

[3]Ist der Ausländer in einer gesetzlichen Krankenversicherung krankenversichert, hat er ausreichenden Krankenversicherungsschutz. [4]Bei der Erteilung oder Verlängerung einer Aufenthaltserlaubnis zum Familiennachzug werden Beiträge der Familienangehörigen zum Haushaltseinkommen berücksichtigt. [5]Der Lebensunterhalt gilt für die Erteilung einer Aufenthaltserlaubnis nach den §§ 16a bis 16c, 16e sowie 16f mit Ausnahme der Teilnehmer an Sprachkursen, die nicht der Studienvorbereitung dienen, als gesichert, wenn der Ausländer über monatliche Mittel in Höhe des monatlichen Bedarfs, der nach den §§ 13 und 13a Abs. 1 des Bundesausbildungsförderungsgesetzes bestimmt wird, verfügt. [6]Der Lebensunterhalt gilt für die Erteilung einer Aufenthaltserlaubnis nach den §§ 16d, 16f Absatz 1 für Teilnehmer an Sprachkursen, die nicht der Studienvorbereitung dienen, sowie § 17 als gesichert, wenn Mittel entsprechend Satz 5 zuzüglich eines Aufschlages um 10 Prozent zur Verfügung stehen. [7]Das Bundesministerium des Innern, für Bau und Heimat gibt die Mindestbeträge nach Satz 5 für jedes Kalenderjahr jeweils bis zum 31. August des Vorjahres im Bundesanzeiger bekannt.[1)]

(4) [1]Als ausreichender Wohnraum wird nicht mehr gefordert, als für die Unterbringung eines Wohnungssuchenden in einer öffentlich geförderten Sozialmietwohnung genügt. [2]Der Wohnraum ist nicht ausreichend, wenn er den auch für Deutsche geltenden Rechtsvorschriften hinsichtlich Beschaffenheit und Belegung nicht genügt. [3]Kinder bis zur Vollendung des zweiten Lebensjahres werden bei der Berechnung des für die Familienunterbringung ausreichenden Wohnraumes nicht mitgezählt.

(5) Schengen-Staaten sind die Staaten, in denen folgende Rechtsakte in vollem Umfang Anwendung finden:

1. Übereinkommen zur Durchführung des Übereinkommens von Schengen vom 14. Juni 1985 zwischen den Regierungen der Staaten der Benelux-Wirtschaftsunion, der Bundesrepublik Deutschland und der Französischen Republik betreffend den schrittweisen Abbau der Kontrollen an den gemeinsamen Grenzen (ABl. L 239 vom 22.9.2000, S. 19),
2. die Verordnung (EU) 2016/399 des Europäischen Parlaments und des Rates vom 9. März 2016 über einen Gemeinschaftskodex für das Überschreiten der Grenzen durch Personen (Schengener Grenzkodex) (ABl. L 77 vom 23.3.2016, S. 1) und
3. die Verordnung (EG) Nr. 810/2009 des Europäischen Parlaments und des Rates vom 13. Juli 2009 über einen Visakodex der Gemeinschaft (ABl. L 243 vom 15.9.2009, S. 1).

(6) Vorübergehender Schutz im Sinne dieses Gesetzes ist die Aufenthaltsgewährung in Anwendung der Richtlinie 2001/55/EG des Rates vom 20. Juli 2001 über Mindestnormen für die Gewährung vorübergehenden Schutzes im Falle eines Massenzustroms von Vertriebenen und Maßnahmen zur Förderung einer ausgewogenen Verteilung der Belastungen, die mit der Aufnahme dieser Personen und den Folgen dieser Aufnahme verbunden sind, auf die Mitgliedstaaten (ABl. EG Nr. L 212 S. 12).

(7) Langfristig Aufenthaltsberechtigter ist ein Ausländer, dem in einem Mitgliedstaat der Europäischen Union die Rechtsstellung nach Artikel 2 Buchstabe b der Richtlinie 2003/109/EG des Rates vom

1) Das Bundesministerium des Innern, für Bau und Heimat hat gemäß § 2 Abs. 3 Satz 6 AufenthG folgende Mindestbeträge zur Sicherung des Lebensunterhalts nach § 2 Abs. 3 Satz 5 AufenthG für das Jahr 2020 bekannt gegeben (Bek. v. 17.7.2019, BAnz AT 17.07.2019 B3):
 „Der Lebensunterhalt eines Ausländers gilt nach § 2 Absatz 3 Satz 5 AufenthG für die Erteilung einer Aufenthaltserlaubnis nach § 16 AufenthG als gesichert, wenn der Ausländer über monatliche Mittel in Höhe des monatlichen Bedarfs, der nach § 13 und 13a Absatz 1 des Bundesausbildungsförderungsgesetzes (BAföG) bestimmt wird, verfügt.
 Daraus ergibt sich ein Betrag für den monatlichen Bedarf in Höhe von 853 Euro. Bei Nachweis einer Unterkunft, deren Miet- und Nebenkosten geringer sind als 325 Euro (Betrag nach § 13 Absatz 2 Nummer 2 BAföG), mindert sich der nachzuweisende Betrag entsprechend."

25. November 2003 betreffend die Rechtsstellung der langfristig aufenthaltsberechtigten Drittstaatsangehörigen (ABl. EU 2004 Nr. L 16 S. 44), die zuletzt durch die Richtlinie 2011/51/EU (ABl. L 132 vom 19.5.2011, S. 1) geändert worden ist, verliehen und nicht entzogen wurde.

(8) Langfristige Aufenthaltsberechtigung˘ – EU ist der einem langfristig Aufenthaltsberechtigten durch einen anderen Mitgliedstaat der Europäischen Union ausgestellte Aufenthaltstitel nach Artikel 8 der Richtlinie 2003/109/EG.

(9) Einfache deutsche Sprachkenntnisse entsprechen dem Niveau A 1 des Gemeinsamen Europäischen Referenzrahmens für Sprachen (Empfehlungen des Ministerkomitees des Europarates an die Mitgliedstaaten Nr. R (98) 6 vom 17. März 1998 zum Gemeinsamen Europäischen Referenzrahmen für Sprachen – GER).

(10) Hinreichende deutsche Sprachkenntnisse entsprechen dem Niveau A 2 des Gemeinsamen Europäischen Referenzrahmens für Sprachen.

(11) Ausreichende deutsche Sprachkenntnisse entsprechen dem Niveau B 1 des Gemeinsamen Europäischen Referenzrahmens für Sprachen.

(11a) Gute deutsche Sprachkenntnisse entsprechen dem Niveau B2 des Gemeinsamen Europäischen Referenzrahmens für Sprachen.

(12) Die deutsche Sprache beherrscht ein Ausländer, wenn seine Sprachkenntnisse dem Niveau C 1 des Gemeinsamen Europäischen Referenzrahmens für Sprachen entsprechen.

(12a) Eine qualifizierte Berufsausbildung im Sinne dieses Gesetzes liegt vor, wenn es sich um eine Berufsausbildung in einem staatlich anerkannten oder vergleichbar geregelten Ausbildungsberuf handelt, für den nach bundes- oder landesrechtlichen Vorschriften eine Ausbildungsdauer von mindestens zwei Jahren festgelegt ist.

(12b) Eine qualifizierte Beschäftigung im Sinne dieses Gesetzes liegt vor, wenn zu ihrer Ausübung Fertigkeiten, Kenntnisse und Fähigkeiten erforderlich sind, die in einem Studium oder einer qualifizierten Berufsausbildung erworben werden.

(12c) Bildungseinrichtungen im Sinne dieses Gesetzes sind
1. Ausbildungsbetriebe bei einer betrieblichen Berufsaus- oder Weiterbildung,
2. Schulen, Hochschulen sowie Einrichtungen der Berufsbildung oder der sonstigen Aus- und Weiterbildung.

(13) International Schutzberechtigter ist ein Ausländer, der internationalen Schutz genießt im Sinne der
1. Richtlinie 2004/83/EG des Rates vom 29. April 2004 über Mindestnormen für die Anerkennung und den Status von Drittstaatsangehörigen oder Staatenlosen als Flüchtlinge oder als Personen, die anderweitig internationalen Schutz benötigen, und über den Inhalt des zu gewährenden Schutzes (ABl. L 304 vom 30.9.2004, S. 12) oder
2. Richtlinie 2011/95/EU des Europäischen Parlaments und des Rates vom 13. Dezember 2011 über Normen für die Anerkennung von Drittstaatsangehörigen oder Staatenlosen als Personen mit Anspruch auf internationalen Schutz, für einen einheitlichen Status für Flüchtlinge oder für Personen mit Anrecht auf subsidiären Schutz und für den Inhalt des zu gewährenden Schutzes (ABl. L 337 vom 20.12.2011, S. 9).

(14) ¹Soweit Artikel 28 der Verordnung (EU) Nr. 604/2013 des Europäischen Parlaments und des Rates vom 26. Juni 2013 zur Festlegung der Kriterien und Verfahren zur Bestimmung des Mitgliedstaats, der für die Prüfung eines von einem Drittstaatsangehörigen oder Staatenlosen in einem Mitgliedstaat gestellten Antrags auf internationalen Schutz zuständig ist (ABl. L 180 vom 29.6.2013, S. 31), der die Inhaftnahme zum Zwecke der Überstellung betrifft, maßgeblich ist, gelten § 62 Absatz 3a für die widerlegliche Vermutung einer Fluchtgefahr im Sinne von Artikel 2 Buchstabe n der Verordnung (EU) Nr. 604/2013 und § 62 Absatz 3b Nummer 1 bis 5 als objektive Anhaltspunkte für die Annahme einer Fluchtgefahr im Sinne von Artikel 2 Buchstabe n der Verordnung (EU) Nr. 604/2013 entsprechend; im Anwendungsbereich der Verordnung (EU) Nr. 604/2013 bleibt Artikel 28 Absatz 2 im Übrigen maßgeblich. ²Ferner kann ein Anhaltspunkt für Fluchtgefahr vorliegen, wenn
1. der Ausländer einen Mitgliedstaat vor Abschluss eines dort laufenden Verfahrens zur Zuständigkeitsbestimmung oder zur Prüfung eines Antrags auf internationalen Schutz verlassen hat und die Umstände der Feststellung im Bundesgebiet konkret darauf hindeuten, dass er den zuständigen Mitgliedstaat in absehbarer Zeit nicht aufsuchen will,
2. der Ausländer zuvor mehrfach einen Asylantrag in anderen Mitgliedstaaten als der Bundesrepublik Deutschland im Geltungsbereich der Verordnung (EU) Nr. 604/2013 gestellt und den jeweiligen anderen Mitgliedstaat der Asylantragstellung wieder verlassen hat, ohne den Ausgang des dort lau-

fenden Verfahrens zur Zuständigkeitsbestimmung oder zur Prüfung eines Antrags auf internationalen Schutz abzuwarten. ³Die für den Antrag auf Inhaftnahme zum Zwecke der Überstellung zuständige Behörde kann einen Ausländer ohne vorherige richterliche Anordnung festhalten und vorläufig in Gewahrsam nehmen, wenn

a) der dringende Verdacht für das Vorliegen der Voraussetzungen nach Satz 1 oder 2 besteht,

b) die richterliche Entscheidung über die Anordnung der Überstellungshaft nicht vorher eingeholt werden kann und

c) der begründete Verdacht vorliegt, dass sich der Ausländer der Anordnung der Überstellungshaft entziehen will.

⁴Der Ausländer ist unverzüglich dem Richter zur Entscheidung über die Anordnung der Überstellungshaft vorzuführen. ⁵Auf das Verfahren auf Anordnung von Haft zur Überstellung nach der Verordnung (EU) Nr. 604/2013 finden die Vorschriften des Gesetzes über das Verfahren in Familiensachen und in den Angelegenheiten der freiwilligen Gerichtsbarkeit entsprechend Anwendung, soweit das Verfahren in der Verordnung (EU) Nr. 604/2013 nicht abweichend geregelt ist.

Kapitel 2
Einreise und Aufenthalt im Bundesgebiet

Abschnitt 1
Allgemeines

§ 3 Passpflicht

(1) ¹Ausländer dürfen nur in das Bundesgebiet einreisen oder sich darin aufhalten, wenn sie einen anerkannten und gültigen Pass oder Passersatz besitzen, sofern sie von der Passpflicht nicht durch Rechtsverordnung befreit sind. ²Für den Aufenthalt im Bundesgebiet erfüllen sie die Passpflicht auch durch den Besitz eines Ausweisersatzes (§ 48 Abs. 2).

(2) Das Bundesministerium des Innern, für Bau und Heimat oder die von ihm bestimmte Stelle kann in begründeten Einzelfällen vor der Einreise des Ausländers für den Grenzübertritt und einen anschließenden Aufenthalt von bis zu sechs Monaten Ausnahmen von der Passpflicht zulassen.

§ 4 Erfordernis eines Aufenthaltstitels

(1) ¹Ausländer bedürfen für die Einreise und den Aufenthalt im Bundesgebiet eines Aufenthaltstitels, sofern nicht durch Recht der Europäischen Union oder durch Rechtsverordnung etwas anderes bestimmt ist oder auf Grund des Abkommens vom 12. September 1963 zur Gründung einer Assoziation zwischen der Europäischen Wirtschaftsgemeinschaft und der Türkei (BGBl. 1964 II S. 509) (Assoziationsabkommen EWG/Türkei) ein Aufenthaltsrecht besteht. ²Die Aufenthaltstitel werden erteilt als

1. Visum im Sinne des § 6 Absatz 1 Nummer 1 und Absatz 3,
2. Aufenthaltserlaubnis (§ 7),
2a. Blaue Karte EU (§ 18b Absatz 2),
2b. ICT-Karte (§ 19),
2c. Mobiler-ICT-Karte (§ 19b),
3. Niederlassungserlaubnis (§ 9) oder
4. Erlaubnis zum Daueraufenthalt – EU (§ 9a).

³Die für die Aufenthaltserlaubnis geltenden Rechtsvorschriften werden auch auf die Blaue Karte EU, die ICT-Karte und die Mobiler-ICT-Karte angewandt, sofern durch Gesetz oder Rechtsverordnung nichts anderes bestimmt ist.

(2) ¹Ein Ausländer, dem nach dem Assoziationsabkommen EWG/Türkei ein Aufenthaltsrecht zusteht, ist verpflichtet, das Bestehen des Aufenthaltsrechts durch den Besitz einer Aufenthaltserlaubnis nachzuweisen, sofern er weder eine Niederlassungserlaubnis noch eine Erlaubnis zum Daueraufenthalt – EU besitzt. ²Die Aufenthaltserlaubnis wird auf Antrag ausgestellt.

§ 4a Zugang zur Erwerbstätigkeit

(1) ¹Ausländer, die einen Aufenthaltstitel besitzen, dürfen eine Erwerbstätigkeit ausüben, es sei denn, ein Gesetz bestimmt ein Verbot. ²Die Erwerbstätigkeit kann durch Gesetz beschränkt sein. ³Die Ausübung einer über das Verbot oder die Beschränkung hinausgehenden Erwerbstätigkeit bedarf der Erlaubnis.

(2) ¹Sofern die Ausübung einer Beschäftigung gesetzlich verboten oder beschränkt ist, bedarf die Ausübung einer Beschäftigung oder einer über die Beschränkung hinausgehenden Beschäftigung der Erlaubnis; diese kann dem Vorbehalt der Zustimmung durch die Bundesagentur für Arbeit nach § 39 unterliegen.

²Die Zustimmung der Bundesagentur für Arbeit kann beschränkt erteilt werden. ³Bedarf die Erlaubnis nicht der Zustimmung der Bundesagentur für Arbeit, gilt § 40 Absatz 2 oder Absatz 3 für die Versagung der Erlaubnis entsprechend.

(3) ¹Jeder Aufenthaltstitel muss erkennen lassen, ob die Ausübung einer Erwerbstätigkeit erlaubt ist und ob sie Beschränkungen unterliegt. ²Zudem müssen Beschränkungen seitens der Bundesagentur für Arbeit für die Ausübung der Beschäftigung in den Aufenthaltstitel übernommen werden. ³Für die Änderung einer Beschränkung im Aufenthaltstitel ist eine Erlaubnis erforderlich. ⁴Wurde ein Aufenthaltstitel zum Zweck der Ausübung einer bestimmten Beschäftigung erteilt, ist die Ausübung einer anderen Erwerbstätigkeit verboten, solange und soweit die zuständige Behörde die Ausübung der anderen Erwerbstätigkeit nicht erlaubt hat. ⁵Die Sätze 2 und 3 gelten nicht, wenn sich der Arbeitgeber auf Grund eines Betriebsübergangs nach § 613a des Bürgerlichen Gesetzbuchs ändert oder auf Grund eines Formwechsels eine andere Rechtsform erhält.

(4) Ein Ausländer, der keinen Aufenthaltstitel besitzt, darf eine Saisonbeschäftigung nur ausüben, wenn er eine Arbeitserlaubnis zum Zweck der Saisonbeschäftigung besitzt, sowie eine andere Erwerbstätigkeit nur ausüben, wenn er auf Grund einer zwischenstaatlichen Vereinbarung, eines Gesetzes oder einer Rechtsverordnung ohne Aufenthaltstitel hierzu berechtigt ist oder deren Ausübung ihm durch die zuständige Behörde erlaubt wurde.

(5) ¹Ein Ausländer darf nur beschäftigt oder mit anderen entgeltlichen Dienst- oder Werkleistungen beauftragt werden, wenn er einen Aufenthaltstitel besitzt und kein diesbezügliches Verbot oder keine diesbezügliche Beschränkung besteht. ²Ein Ausländer, der keinen Aufenthaltstitel besitzt, darf nur unter den Voraussetzungen des Absatzes 4 beschäftigt werden. ³Wer im Bundesgebiet einen Ausländer beschäftigt, muss

1. prüfen, ob die Voraussetzungen nach Satz 1 oder Satz 2 vorliegen,
2. für die Dauer der Beschäftigung eine Kopie des Aufenthaltstitels, der Arbeitserlaubnis zum Zweck der Saisonbeschäftigung oder der Bescheinigung über die Aufenthaltsgestattung oder über die Aussetzung der Abschiebung des Ausländers in elektronischer Form oder in Papierform aufbewahren und
3. der zuständigen Ausländerbehörde innerhalb von vier Wochen ab Kenntnis mitteilen, dass die Beschäftigung, für die ein Aufenthaltstitel nach Kapitel 2 Abschnitt 4 erteilt wurde, vorzeitig beendet wurde.

⁴Satz 3 Nummer 1 gilt auch für denjenigen, der einen Ausländer mit nachhaltigen entgeltlichen Dienst- oder Werkleistungen beauftragt, die der Ausländer auf Gewinnerzielung gerichtet ausübt.

§ 5 Allgemeine Erteilungsvoraussetzungen

(1) Die Erteilung eines Aufenthaltstitels setzt in der Regel voraus, dass

1. der Lebensunterhalt gesichert ist,
1a. die Identität und, falls er nicht zur Rückkehr in einen anderen Staat berechtigt ist, die Staatsangehörigkeit des Ausländers geklärt ist,
2. kein Ausweisungsinteresse besteht,
3. soweit kein Anspruch auf Erteilung eines Aufenthaltstitels besteht, der Aufenthalt des Ausländers nicht aus einem sonstigen Grund Interessen der Bundesrepublik Deutschland beeinträchtigt oder gefährdet und
4. die Passpflicht nach § 3 erfüllt wird.

(2) ¹Des Weiteren setzt die Erteilung einer Aufenthaltserlaubnis, einer Blauen Karte EU, einer ICT-Karte, einer Niederlassungserlaubnis oder einer Erlaubnis zum Daueraufenthalt – EU voraus, dass der Ausländer

1. mit dem erforderlichen Visum eingereist ist und
2. die für die Erteilung maßgeblichen Angaben bereits im Visumantrag gemacht hat.

²Hiervon kann abgesehen werden, wenn die Voraussetzungen eines Anspruchs auf Erteilung erfüllt sind oder es auf Grund besonderer Umstände des Einzelfalls nicht zumutbar ist, das Visumverfahren nachzuholen. ³Satz 2 gilt nicht für die Erteilung einer ICT-Karte.

(3) ¹In den Fällen der Erteilung eines Aufenthaltstitels nach § 24 oder § 25 Absatz 1 bis 3 ist von der Anwendung der Absätze 1 und 2, in den Fällen des § 25 Absatz 4a und 4b von der Anwendung des Absatzes 1 Nr. 1 bis 2 und 4 sowie des Absatzes 2 abzusehen. ²In den übrigen Fällen der Erteilung eines Aufenthaltstitels nach Kapitel 2 Abschnitt 5 kann von der Anwendung der Absätze 1 und 2 abgesehen werden. ³Wird von der Anwendung des Absatzes 1 Nr. 2 abgesehen, kann die Ausländerbehörde darauf hinweisen, dass eine Ausweisung wegen einzeln zu bezeichnender Ausweisungsinteressen, die Gegenstand eines noch nicht abgeschlossenen Straf- oder anderen Verfahrens sind, möglich ist. ⁴In den Fällen der Erteilung eines Aufenthaltstitels nach § 26 Absatz 3 ist von der Anwendung des Absatzes 2 abzusehen.

(4) Die Erteilung eines Aufenthaltstitels ist zu versagen, wenn ein Ausweisungsinteresse im Sinne von § 54 Absatz 1 Nummer 2 oder 4 besteht oder eine Abschiebungsanordnung nach § 58a erlassen wurde.

§ 6 Visum

(1) Einem Ausländer können nach Maßgabe der Verordnung (EG) Nr. 810/2009 folgende Visa erteilt werden:

1. ein Visum für die Durchreise durch das Hoheitsgebiet der Schengen-Staaten oder für geplante Aufenthalte in diesem Gebiet von bis zu 90 Tagen je Zeitraum von 180 Tagen (Schengen-Visum),
2. ein Flughafentransitvisum für die Durchreise durch die internationalen Transitzonen der Flughäfen.

(2) [1]Schengen-Visa können nach Maßgabe der Verordnung (EG) Nr. 810/2009 bis zu einer Gesamtaufenthaltsdauer von 90 Tagen je Zeitraum von 180 Tagen verlängert werden. [2]Für weitere 90 Tage innerhalb des betreffenden Zeitraums von 180 Tagen kann ein Schengen-Visum aus den in Artikel 33 der Verordnung (EG) Nr. 810/2009/EG genannten Gründen, zur Wahrung politischer Interessen der Bundesrepublik Deutschland oder aus völkerrechtlichen Gründen als nationales Visum verlängert werden.

(2a) Schengen-Visa berechtigen nicht zur Ausübung einer Erwerbstätigkeit, es sei denn, sie wurden zum Zweck der Erwerbstätigkeit erteilt.

(3) [1]Für längerfristige Aufenthalte ist ein Visum für das Bundesgebiet (nationales Visum) erforderlich, das vor der Einreise erteilt wird. [2]Die Erteilung richtet sich nach den für die Aufenthaltserlaubnis, die Blaue Karte EU, die ICT-Karte, die Niederlassungserlaubnis und die Erlaubnis zum Daueraufenthalt – EU geltenden Vorschriften. [3]Die Dauer des rechtmäßigen Aufenthalts mit einem nationalen Visum wird auf die Zeiten des Besitzes einer Aufenthaltserlaubnis, Blauen Karte EU, Niederlassungserlaubnis oder Erlaubnis zum Daueraufenthalt – EU angerechnet.

(4) Ein Ausnahme-Visum im Sinne des § 14 Absatz 2 wird als Visum im Sinne des Absatzes 1 Nummer 1 oder des Absatzes 3 erteilt.

§ 7 Aufenthaltserlaubnis

(1) [1]Die Aufenthaltserlaubnis ist ein befristeter Aufenthaltstitel. [2]Sie wird zu den in den nachfolgenden Abschnitten genannten Aufenthaltszwecken erteilt. [3]In begründeten Fällen kann eine Aufenthaltserlaubnis auch für einen von diesem Gesetz nicht vorgesehenen Aufenthaltszweck erteilt werden. [4]Die Aufenthaltserlaubnis nach Satz 3 berechtigt nicht zur Erwerbstätigkeit; sie kann nach § 4a Absatz 1 erlaubt werden.

(2) [1]Die Aufenthaltserlaubnis ist unter Berücksichtigung des beabsichtigten Aufenthaltszwecks zu befristen. [2]Ist eine für die Erteilung, die Verlängerung oder die Bestimmung der Geltungsdauer wesentliche Voraussetzung entfallen, so kann die Frist auch nachträglich verkürzt werden.

§ 8 Verlängerung der Aufenthaltserlaubnis

(1) Auf die Verlängerung der Aufenthaltserlaubnis finden dieselben Vorschriften Anwendung wie auf die Erteilung.

(2) Die Aufenthaltserlaubnis kann in der Regel nicht verlängert werden, wenn die zuständige Behörde dies bei einem seiner Zweckbestimmung nach nur vorübergehenden Aufenthalt bei der Erteilung oder der zuletzt erfolgten Verlängerung der Aufenthaltserlaubnis ausgeschlossen hat.

(3) [1]Vor der Verlängerung der Aufenthaltserlaubnis ist festzustellen, ob der Ausländer einer etwaigen Pflicht zur ordnungsgemäßen Teilnahme am Integrationskurs nachgekommen ist. [2]Verletzt ein Ausländer seine Verpflichtung nach § 44a Abs. 1 Satz 1 zur ordnungsgemäßen Teilnahme an einem Integrationskurs, ist dies bei der Entscheidung über die Verlängerung der Aufenthaltserlaubnis zu berücksichtigen. [3]Besteht kein Anspruch auf Erteilung der Aufenthaltserlaubnis, soll bei wiederholter und gröblicher Verletzung der Pflichten nach Satz 1 die Verlängerung der Aufenthaltserlaubnis abgelehnt werden. [4]Besteht ein Anspruch auf Verlängerung der Aufenthaltserlaubnis nur nach diesem Gesetz, kann die Verlängerung abgelehnt werden, es sei denn, der Ausländer erbringt den Nachweis, dass seine Integration in das gesellschaftliche und soziale Leben anderweitig erfolgt ist. [5]Bei der Entscheidung sind die Dauer des rechtmäßigen Aufenthalts, schutzwürdige Bindung des Ausländers an das Bundesgebiet und die Folgen einer Aufenthaltsbeendigung für seine rechtmäßig im Bundesgebiet lebenden Familienangehörigen zu berücksichtigen. [6]War oder ist ein Ausländer zur Teilnahme an einem Integrationskurs nach § 44a Absatz 1 Satz 1 verpflichtet, soll die Verlängerung der Aufenthaltserlaubnis jeweils auf höchstens ein Jahr befristet werden, solange er den Integrationskurs noch nicht erfolgreich abgeschlossen oder noch nicht den Nachweis erbracht hat, dass seine Integration in das gesellschaftliche und soziale Leben anderweitig erfolgt ist.

(4) Absatz 3 ist nicht anzuwenden auf die Verlängerung einer nach § 25 Absatz 1, 2 oder Absatz 3 erteilten Aufenthaltserlaubnis.

§ 9 Niederlassungserlaubnis

(1) [1]Die Niederlassungserlaubnis ist ein unbefristeter Aufenthaltstitel. [2]Sie kann nur in den durch dieses Gesetz ausdrücklich zugelassenen Fällen mit einer Nebenbestimmung versehen werden. [3]§ 47 bleibt unberührt.

(2) [1]Einem Ausländer ist die Niederlassungserlaubnis zu erteilen, wenn

1. er seit fünf Jahren die Aufenthaltserlaubnis besitzt,

2. sein Lebensunterhalt gesichert ist,

3. er mindestens 60 Monate Pflichtbeiträge oder freiwillige Beiträge zur gesetzlichen Rentenversicherung geleistet hat oder Aufwendungen für einen Anspruch auf vergleichbare Leistungen einer Versicherungs- oder Versorgungseinrichtung oder eines Versicherungsunternehmens nachweist; berufliche Ausfallzeiten auf Grund von Kinderbetreuung oder häuslicher Pflege werden entsprechend angerechnet,

4. Gründe der öffentlichen Sicherheit oder Ordnung unter Berücksichtigung der Schwere oder der Art des Verstoßes gegen die öffentliche Sicherheit oder Ordnung oder der vom Ausländer ausgehenden Gefahr unter Berücksichtigung der Dauer des bisherigen Aufenthalts und dem Bestehen von Bindungen im Bundesgebiet nicht entgegenstehen,

5. ihm die Beschäftigung erlaubt ist, sofern er Arbeitnehmer ist,

6. er im Besitz der sonstigen für eine dauernde Ausübung seiner Erwerbstätigkeit erforderlichen Erlaubnisse ist,

7. er über ausreichende Kenntnisse der deutschen Sprache verfügt,

8. er über Grundkenntnisse der Rechts- und Gesellschaftsordnung und der Lebensverhältnisse im Bundesgebiet verfügt und

9. er über ausreichenden Wohnraum für sich und seine mit ihm in häuslicher Gemeinschaft lebenden Familienangehörigen verfügt.

[2]Die Voraussetzungen des Satzes 1 Nr. 7 und 8 sind nachgewiesen, wenn ein Integrationskurs erfolgreich abgeschlossen wurde. [3]Von diesen Voraussetzungen wird abgesehen, wenn der Ausländer sie wegen einer körperlichen, geistigen oder seelischen Krankheit oder Behinderung nicht erfüllen kann. [4]Im Übrigen kann zur Vermeidung einer Härte von den Voraussetzungen des Satzes 1 Nr. 7 und 8 abgesehen werden. [5]Ferner wird davon abgesehen, wenn der Ausländer sich auf einfache Art in deutscher Sprache mündlich verständigen kann oder er nach § 44 Abs. 3 Nr. 2 keinen Anspruch auf Teilnahme am Integrationskurs hatte oder er nach § 44a Abs. 2 Nr. 3 nicht zur Teilnahme am Integrationskurs verpflichtet war. [6]Darüber hinaus wird von den Voraussetzungen des Satzes 1 Nr. 2 und 3 abgesehen, wenn der Ausländer diese aus den in Satz 3 genannten Gründen nicht erfüllen kann.

(3) [1]Bei Ehegatten, die in ehelicher Lebensgemeinschaft leben, genügt es, wenn die Voraussetzungen nach Absatz 2 Satz 1 Nr. 3, 5 und 6 durch einen Ehegatten erfüllt werden. [2]Von der Voraussetzung nach Absatz 2 Satz 1 Nr. 3 wird abgesehen, wenn sich der Ausländer in einer Ausbildung befindet, die zu einem anerkannten schulischen oder beruflichen Bildungsabschluss oder einem Hochschulabschluss führt. [3]Satz 1 gilt in den Fällen des § 26 Abs. 4 entsprechend.

(4) Auf die für die Erteilung einer Niederlassungserlaubnis erforderlichen Zeiten des Besitzes einer Aufenthaltserlaubnis werden folgende Zeiten angerechnet:

1. die Zeit des früheren Besitzes einer Aufenthaltserlaubnis oder Niederlassungserlaubnis, wenn der Ausländer zum Zeitpunkt seiner Ausreise im Besitz einer Niederlassungserlaubnis war, abzüglich der Zeit der dazwischen liegenden Aufenthalte außerhalb des Bundesgebiets, die zum Erlöschen der Niederlassungserlaubnis führten; angerechnet werden höchstens vier Jahre,

2. höchstens sechs Monate für jeden Aufenthalt außerhalb des Bundesgebiets, der nicht zum Erlöschen der Aufenthaltserlaubnis führte,

3. die Zeit eines rechtmäßigen Aufenthalts zum Zweck des Studiums oder der Berufsausbildung im Bundesgebiet zur Hälfte.

§ 9a Erlaubnis zum Daueraufenthalt – EU

(1) [1]Die Erlaubnis zum Daueraufenthalt – EU ist ein unbefristeter Aufenthaltstitel. [2]§ 9 Abs. 1 Satz 2 und 3 gilt entsprechend. [3]Soweit dieses Gesetz nichts anderes regelt, ist die Erlaubnis zum Daueraufenthalt – EU der Niederlassungserlaubnis gleichgestellt.

(2) [1]Einem Ausländer ist eine Erlaubnis zum Daueraufenthalt – EU nach Artikel 2 Buchstabe b der Richtlinie 2003/109/EG zu erteilen, wenn

1. er sich fünf Jahren mit Aufenthaltstitel im Bundesgebiet aufhält,

2. sein Lebensunterhalt und derjenige seiner Angehörigen, denen er Unterhalt zu leisten hat, durch feste und regelmäßige Einkünfte gesichert ist,

3. er über ausreichende Kenntnisse der deutschen Sprache verfügt,
4. er über Grundkenntnisse der Rechts- und Gesellschaftsordnung und der Lebensverhältnisse im Bundesgebiet verfügt,
5. Gründe der öffentlichen Sicherheit oder Ordnung unter Berücksichtigung der Schwere oder der Art des Verstoßes gegen die öffentliche Sicherheit oder Ordnung oder der vom Ausländer ausgehenden Gefahr unter Berücksichtigung der Dauer des bisherigen Aufenthalts und dem Bestehen von Bindungen im Bundesgebiet nicht entgegenstehen und
6. er über ausreichenden Wohnraum für sich und seine mit ihm in familiärer Gemeinschaft lebenden Familienangehörigen verfügt.
²Für Satz 1 Nr. 3 und 4 gilt § 9 Abs. 2 Satz 2 bis 5 entsprechend.

(3) Absatz 2 ist nicht anzuwenden, wenn der Ausländer
1. einen Aufenthaltstitel nach Abschnitt 5 besitzt, der nicht auf Grund des § 23 Abs. 2 erteilt wurde, oder eine vergleichbare Rechtsstellung in einem anderen Mitgliedstaat der Europäischen Union innehat und weder in der Bundesrepublik Deutschland noch in einem anderen Mitgliedstaat der Europäischen Union als international Schutzberechtigter anerkannt ist; Gleiches gilt, wenn er einen solchen Titel oder eine solche Rechtsstellung beantragt hat und über den Antrag noch nicht abschließend entschieden worden ist,
2. in einem Mitgliedstaat der Europäischen Union einen Antrag auf Anerkennung als international Schutzberechtigter gestellt oder vorübergehenden Schutz im Sinne des § 24 beantragt hat und über seinen Antrag noch nicht abschließend entschieden worden ist,
3. in einem anderen Mitgliedstaat der Europäischen Union eine Rechtsstellung besitzt, die der in § 1 Abs. 2 Nr. 2 beschriebenen entspricht,
4. sich mit einer Aufenthaltserlaubnis nach § 16a oder § 16b oder
5. sich zu einem sonstigen seiner Natur nach vorübergehenden Zweck im Bundesgebiet aufhält, insbesondere
 a) auf Grund einer Aufenthaltserlaubnis nach § 19c, wenn die Befristung der Zustimmung der Bundesagentur für Arbeit auf einer Verordnung nach § 42 Abs. 1 bestimmten Höchstbeschäftigungsdauer beruht,
 b) wenn die Verlängerung seiner Aufenthaltserlaubnis nach § 8 Abs. 2 ausgeschlossen wurde oder
 c) wenn seine Aufenthaltserlaubnis der Herstellung oder Wahrung der familiären Lebensgemeinschaft mit einem Ausländer dient, der sich selbst nur zu einem seiner Natur nach vorübergehenden Zweck im Bundesgebiet aufhält, und bei einer Aufhebung der Lebensgemeinschaft kein eigenständiges Aufenthaltsrecht entstehen würde.

§ 9b Anrechnung von Aufenthaltszeiten

(1) ¹Auf die erforderlichen Zeiten nach § 9a Abs. 2 Satz 1 Nr. 1 werden folgende Zeiten angerechnet:
1. Zeiten eines Aufenthalts außerhalb des Bundesgebiets, in denen der Ausländer einen Aufenthaltstitel besaß und
 a) sich wegen einer Entsendung aus beruflichen Gründen im Ausland aufgehalten hat, soweit deren Dauer jeweils sechs Monate oder eine von der Ausländerbehörde nach § 51 Abs. 1 Nr. 7 bestimmte längere Frist nicht überschritten hat, oder
 b) die Zeiten sechs aufeinanderfolgende Monate und innerhalb des in § 9a Abs. 2 Satz 1 Nr. 1 genannten Zeitraums insgesamt zehn Monate nicht überschreiten,
2. Zeiten eines früheren Aufenthalts im Bundesgebiet mit Aufenthaltserlaubnis, Niederlassungserlaubnis oder Erlaubnis zum Daueraufenthalt – EU, wenn der Ausländer zum Zeitpunkt seiner Ausreise im Besitz einer Niederlassungserlaubnis oder einer Erlaubnis zum Daueraufenthalt – EU war und die Niederlassungserlaubnis oder die Erlaubnis zum Daueraufenthalt – EU allein wegen eines Aufenthalts außerhalb von Mitgliedstaaten der Europäischen Union oder wegen des Erwerbs der Rechtsstellung eines langfristig Aufenthaltsberechtigten in einem anderen Mitgliedstaat der Europäischen Union erloschen ist, bis zu höchstens vier Jahre,
3. Zeiten, in denen der Ausländer freizügigkeitsberechtigt war,
4. Zeiten eines rechtmäßigen Aufenthalts zum Zweck des Studiums oder der Berufsausbildung im Bundesgebiet zur Hälfte,
5. bei international Schutzberechtigten der Zeitraum zwischen dem Tag der Beantragung internationalen Schutzes und dem Tag der Erteilung eines aufgrund der Zuerkennung internationalen Schutzes gewährten Aufenthaltstitels.
²Nicht angerechnet werden Zeiten eines Aufenthalts nach § 9a Abs. 3 Nr. 5 und Zeiten des Aufenthalts, in denen der Ausländer auch die Voraussetzungen des § 9a Abs. 3 Nr. 3 erfüllte. ³Zeiten eines Aufenthalts

außerhalb des Bundesgebiets unterbrechen den Aufenthalt nach § 9a Abs. 2 Satz 1 Nr. 1 nicht, wenn der Aufenthalt außerhalb des Bundesgebiets nicht zum Erlöschen des Aufenthaltstitels geführt hat; diese Zeiten werden bei der Bestimmung der Gesamtdauer des Aufenthalts nach § 9a Abs. 2 Satz 1 Nr. 1 nicht angerechnet. [4]In allen übrigen Fällen unterbricht die Ausreise aus dem Bundesgebiet den Aufenthalt nach § 9a Abs. 2 Satz 1 Nr. 1.

(2) [1]Auf die erforderlichen Zeiten nach § 9a Absatz 2 Satz 1 Nummer 1 werden die Zeiten angerechnet, in denen der Ausländer eine Blaue Karte EU besitzt, die von einem anderen Mitgliedstaat der Europäischen Union erteilt wurde, wenn sich der Ausländer

1.　in diesem anderen Mitgliedstaat der Europäischen Union mit einer Blauen Karte EU mindestens 18 Monate aufgehalten hat und

2.　bei Antragstellung seit mindestens zwei Jahren als Inhaber der Blauen Karte EU im Bundesgebiet aufhält.

[2]Nicht angerechnet werden Zeiten, in denen sich der Ausländer nicht in der Europäischen Union aufgehalten hat. [3]Diese Zeiten unterbrechen jedoch den Aufenthalt nach § 9a Absatz 2 Satz 1 Nummer 1 nicht, wenn sie zwölf aufeinanderfolgende Monate nicht überschreiten und innerhalb des Zeitraums nach § 9a Absatz 2 Satz 1 Nummer 1 insgesamt 18 Monate nicht überschreiten. [4]Die Sätze 1 bis 3 sind entsprechend auf Familienangehörige des Ausländers anzuwenden, denen eine Aufenthaltserlaubnis nach den §§ 30 oder 32 erteilt wurde.

§ 9c Lebensunterhalt

[1]Feste und regelmäßige Einkünfte im Sinne des § 9a Absatz 2 Satz 1 Nummer 2 liegen in der Regel vor, wenn

1.　der Ausländer seine steuerlichen Verpflichtungen erfüllt hat,

2.　der Ausländer oder sein mit ihm in familiärer Gemeinschaft lebender Ehegatte im In- oder Ausland Beiträge oder Aufwendungen für eine angemessene Altersversorgung geleistet hat, soweit er hieran nicht durch eine körperliche, geistige oder seelische Krankheit oder Behinderung gehindert war,

3.　der Ausländer und seine mit ihm in familiärer Gemeinschaft lebenden Angehörigen gegen das Risiko der Krankheit und der Pflegebedürftigkeit durch die gesetzliche Krankenversicherung oder einen im Wesentlichen gleichwertigen, unbefristeten oder sich automatisch verlängernden Versicherungsschutz abgesichert sind und

4.　der Ausländer, der seine regelmäßigen Einkünfte aus einer Erwerbstätigkeit bezieht, zu der Erwerbstätigkeit berechtigt ist und auch über die anderen dafür erforderlichen Erlaubnisse verfügt.

[2]Bei Ehegatten, die in ehelicher Lebensgemeinschaft leben, genügt es, wenn die Voraussetzung nach Satz 1 Nr. 4 durch einen Ehegatten erfüllt wird. [3]Als Beiträge oder Aufwendungen, die nach Satz 1 Nr. 2 erforderlich sind, werden keine höheren Beiträge oder Aufwendungen verlangt, als es in § 9 Abs. 2 Satz 1 Nr. 3 vorgesehen ist.

§ 10 Aufenthaltstitel bei Asylantrag

(1) Einem Ausländer, der einen Asylantrag gestellt hat, kann vor dem bestandskräftigen Abschluss des Asylverfahrens ein Aufenthaltstitel außer in den Fällen eines gesetzlichen Anspruchs nur mit Zustimmung der obersten Landesbehörde und nur dann erteilt werden, wenn wichtige Interessen der Bundesrepublik Deutschland es erfordern.

(2) Ein nach der Einreise des Ausländers von der Ausländerbehörde erteilter oder verlängerter Aufenthaltstitel kann nach den Vorschriften dieses Gesetzes ungeachtet des Umstandes verlängert werden, dass der Ausländer einen Asylantrag gestellt hat.

(3) [1]Einem Ausländer, dessen Asylantrag unanfechtbar abgelehnt worden ist oder der seinen Asylantrag zurückgenommen hat, darf vor der Ausreise ein Aufenthaltstitel nur nach Maßgabe des Abschnitts 5 erteilt werden. [2]Sofern der Asylantrag nach § 30 Abs. 3 Nummer 1 bis 6 des Asylgesetzes abgelehnt wurde, darf vor der Ausreise kein Aufenthaltstitel erteilt werden. [3]Die Sätze 1 und 2 finden im Falle eines Anspruchs auf Erteilung eines Aufenthaltstitels keine Anwendung; Satz 2 ist ferner nicht anzuwenden, wenn der Ausländer die Voraussetzungen für die Erteilung einer Aufenthaltserlaubnis nach § 25 Abs. 3 erfüllt.

§ 11 Einreise- und Aufenthaltsverbot

(1) [1]Gegen einen Ausländer, der ausgewiesen, zurückgeschoben oder abgeschoben worden ist, ist ein Einreise- und Aufenthaltsverbot zu erlassen. [2]Infolge des Einreise- und Aufenthaltsverbots darf der Ausländer weder erneut in das Bundesgebiet einreisen noch sich darin aufhalten noch darf ihm, selbst im Falle eines Anspruchs nach diesem Gesetz, ein Aufenthaltstitel erteilt werden.

(2) [1]Im Falle der Ausweisung ist das Einreise- und Aufenthaltsverbot gemeinsam mit der Ausweisungsverfügung zu erlassen. [2]Ansonsten soll das Einreise- und Aufenthaltsverbot mit der Abschiebungsandro-

hung oder Abschiebungsanordnung nach § 58a unter der aufschiebenden Bedingung der Ab- oder Zurückschiebung und spätestens mit der Ab- oder Zurückschiebung erlassen werden. [3]Das Einreise- und Aufenthaltsverbot ist bei seinem Erlass von Amts wegen zu befristen. [4]Die Frist beginnt mit der Ausreise. [5]Die Befristung kann zur Abwehr einer Gefahr für die öffentliche Sicherheit und Ordnung mit einer Bedingung versehen werden, insbesondere einer nachweislichen Straf- oder Drogenfreiheit. [6]Tritt die Bedingung bis zum Ablauf der Frist nicht ein, gilt eine von Amts wegen zusammen mit der Befristung nach Satz 5 angeordnete längere Befristung.

(3) [1]Über die Länge der Frist des Einreise- und Aufenthaltsverbots wird nach Ermessen entschieden. [2]Sie darf außer in den Fällen der Absätze 5 bis 5b fünf Jahre nicht überschreiten.

(4) [1]Das Einreise- und Aufenthaltsverbot kann zur Wahrung schutzwürdiger Belange des Ausländers oder, soweit es der Zweck des Einreise- und Aufenthaltsverbots nicht mehr erfordert, aufgehoben oder die Frist des Einreise- und Aufenthaltsverbots verkürzt werden. [2]Das Einreise- und Aufenthaltsverbot soll aufgehoben werden, wenn die Voraussetzungen für die Erteilung eines Aufenthaltstitels nach Kapitel 2 Abschnitt 5 vorliegen. [3]Bei der Entscheidung über die Verkürzung der Frist oder die Aufhebung des Einreise- und Aufenthaltsverbots, das zusammen mit einer Ausweisung erlassen wurde, ist zu berücksichtigen, ob der Ausländer seiner Ausreisepflicht innerhalb der ihm gesetzten Ausreisefrist nachgekommen ist, es sei denn, der Ausländer war unverschuldet an der Ausreise gehindert oder die Überschreitung der Ausreisefrist war nicht erheblich. [4]Die Frist des Einreise- und Aufenthaltsverbots kann aus Gründen der öffentlichen Sicherheit und Ordnung verlängert werden. [5]Absatz 3 gilt entsprechend.

(5) [1]Die Frist des Einreise- und Aufenthaltsverbots soll zehn Jahre nicht überschreiten, wenn der Ausländer auf Grund einer strafrechtlichen Verurteilung ausgewiesen worden ist oder wenn von ihm eine schwerwiegende Gefahr für die öffentliche Sicherheit und Ordnung ausgeht. [2]Absatz 4 gilt in diesen Fällen entsprechend.

(5a) [1]Die Frist des Einreise- und Aufenthaltsverbots soll 20 Jahre betragen, wenn der Ausländer wegen eines Verbrechens gegen den Frieden, eines Kriegsverbrechens oder eines Verbrechens gegen die Menschlichkeit oder zur Abwehr einer Gefahr für die Sicherheit der Bundesrepublik Deutschland oder einer terroristischen Gefahr ausgewiesen wurde. [2]Absatz 4 Satz 4 und 5 gilt in diesen Fällen entsprechend. [3]Eine Verkürzung der Frist oder Aufhebung des Einreise- und Aufenthaltsverbots ist grundsätzlich ausgeschlossen. [4]Die oberste Landesbehörde kann im Einzelfall Ausnahmen hiervon zulassen.

(5b) [1]Wird der Ausländer auf Grund einer Abschiebungsanordnung nach § 58a aus dem Bundesgebiet abgeschoben, soll ein unbefristetes Einreise- und Aufenthaltsverbot erlassen werden. [2]In den Fällen des Absatzes 5a oder wenn der Ausländer wegen eines in § 54 Absatz 1 Nummer 1 genannten Ausweisungsinteresses ausgewiesen worden ist, kann im Einzelfall ein unbefristetes Einreise- und Aufenthaltsverbot erlassen werden. [3]Absatz 5a Satz 3 und 4 gilt entsprechend.

(5c) Die Behörde, die die Ausweisung, die Abschiebungsandrohung oder die Abschiebungsanordnung nach § 58a erlässt, ist auch für den Erlass und die erstmalige Befristung des damit zusammenhängenden Einreise- und Aufenthaltsverbots zuständig.

(6) [1]Gegen einen Ausländer, der seiner Ausreisepflicht nicht innerhalb einer ihm gesetzten Ausreisefrist nachgekommen ist, kann ein Einreise- und Aufenthaltsverbot angeordnet werden, es sei denn, der Ausländer ist unverschuldet an der Ausreise gehindert oder die Überschreitung der Ausreisefrist ist nicht erheblich. [2]Absatz 1 Satz 2, Absatz 2 Satz 3 bis 6, Absatz 3 Satz 1 und Absatz 4 Satz 1, 2 und 4 gelten entsprechend. [3]Das Einreise- und Aufenthaltsverbot ist mit seiner Anordnung nach Satz 1 zu befristen. [4]Bei der ersten Anordnung des Einreise- und Aufenthaltsverbots nach Satz 1 soll die Frist ein Jahr nicht überschreiten. [5]Im Übrigen soll die Frist drei Jahre nicht überschreiten. [6]Ein Einreise- und Aufenthaltsverbot wird nicht angeordnet, wenn Gründe für eine vorübergehende Aussetzung der Abschiebung nach § 60a vorliegen, die der Ausländer nicht verschuldet hat.

(7) [1]Gegen einen Ausländer,

1. dessen Asylantrag nach § 29a Absatz 1 des Asylgesetzes als offensichtlich unbegründet abgelehnt wurde, dem kein subsidiärer Schutz zuerkannt wurde, das Vorliegen der Voraussetzungen für ein Abschiebungsverbot nach § 60 Absatz 5 oder 7 nicht festgestellt wurde und der keinen Aufenthaltstitel besitzt oder

2. dessen Antrag nach § 71 oder § 71a des Asylgesetzes wiederholt nicht zur Durchführung eines weiteren Asylverfahrens geführt hat,

kann das Bundesamt für Migration und Flüchtlinge ein Einreise- und Aufenthaltsverbot anordnen. [2]Das Einreise- und Aufenthaltsverbot wird mit Bestandskraft der Entscheidung über den Asylantrag wirksam. [3]Absatz 1 Satz 2, Absatz 2 Satz 3 bis 6, Absatz 3 Satz 1 und Absatz 4 Satz 1, 2 und 4 gelten entsprechend. [4]Das Einreise- und Aufenthaltsverbot ist mit seiner Anordnung nach Satz 1 zu befristen. [5]Bei der ersten Anordnung des Einreise- und Aufenthaltsverbots nach Satz 1 soll die Frist ein Jahr nicht überschreiten.

⁶Im Übrigen soll die Frist drei Jahre nicht überschreiten. ⁷Über die Aufhebung, Verlängerung oder Verkürzung entscheidet die zuständige Ausländerbehörde.

(8) ¹Vor Ablauf des Einreise- und Aufenthaltsverbots kann dem Ausländer ausnahmsweise erlaubt werden, das Bundesgebiet kurzfristig zu betreten, wenn zwingende Gründe seine Anwesenheit erfordern oder die Versagung der Erlaubnis eine unbillige Härte bedeuten würde. ²Im Falle der Absätze 5a und 5b ist für die Entscheidung die oberste Landesbehörde zuständig.

(9) ¹Reist ein Ausländer entgegen einem Einreise- und Aufenthaltsverbot in das Bundesgebiet ein, wird der Ablauf einer festgesetzten Frist für die Dauer des Aufenthalts im Bundesgebiet gehemmt. ²Die Frist kann in diesem Fall verlängert werden, längstens jedoch um die Dauer der ursprünglichen Befristung. ³Der Ausländer ist auf diese Möglichkeit bei der erstmaligen Befristung hinzuweisen. ⁴Für eine nach Satz 2 verlängerte Frist gelten die Absätze 3 und 4 Satz 1 entsprechend.

§ 12 Geltungsbereich; Nebenbestimmungen

(1) ¹Der Aufenthaltstitel wird für das Bundesgebiet erteilt. ²Seine Gültigkeit nach den Vorschriften des Schengener Durchführungsübereinkommens für den Aufenthalt im Hoheitsgebiet der Vertragsparteien bleibt unberührt.

(2) ¹Das Visum und die Aufenthaltserlaubnis können mit Bedingungen erteilt und verlängert werden. ²Sie können, auch nachträglich, mit Auflagen, insbesondere einer räumlichen Beschränkung, verbunden werden. ³Insbesondere kann die Aufenthaltserlaubnis mit einer räumlichen Beschränkung versehen werden, wenn ein Ausweisungsinteresse nach § 54 Absatz 1 Nummer 1 oder 1a besteht und dies erforderlich ist, um den Ausländer aus einem Umfeld zu lösen, welches die wiederholte Begehung erheblicher Straftaten begünstigt.

(3) Ein Ausländer hat den Teil des Bundesgebiets, in dem er sich ohne Erlaubnis der Ausländerbehörde einer räumlichen Beschränkung zuwider aufhält, unverzüglich zu verlassen.

(4) Der Aufenthalt eines Ausländers, der keines Aufenthaltstitels bedarf, kann zeitlich und räumlich beschränkt sowie von Bedingungen und Auflagen abhängig gemacht werden.

(5) ¹Die Ausländerbehörde kann dem Ausländer das Verlassen des auf der Grundlage dieses Gesetzes beschränkten Aufenthaltsbereichs erlauben. ²Die Erlaubnis ist zu erteilen, wenn hieran ein dringendes öffentliches Interesse besteht, zwingende Gründe es erfordern oder die Versagung der Erlaubnis eine unbillige Härte bedeuten würde. ³Der Ausländer kann Termine bei Behörden und Gerichten, bei denen sein persönliches Erscheinen erforderlich ist, ohne Erlaubnis wahrnehmen.

§ 12a Wohnsitzregelung

(1) ¹Zur Förderung seiner nachhaltigen Integration in die Lebensverhältnisse der Bundesrepublik Deutschland ist ein Ausländer, der als Asylberechtigter, Flüchtling im Sinne von § 3 Absatz 1 des Asylgesetzes oder subsidiär Schutzberechtigter im Sinne von § 4 Absatz 1 des Asylgesetzes anerkannt worden ist oder dem nach § 22, § 23 oder § 25 Absatz 3 erstmalig eine Aufenthaltserlaubnis erteilt worden ist, verpflichtet, für den Zeitraum von drei Jahren ab Anerkennung oder Erteilung der Aufenthaltserlaubnis in dem Land seinen gewöhnlichen Aufenthalt (Wohnsitz) zu nehmen, in das er zur Durchführung seines Asylverfahrens oder im Rahmen seines Aufnahmeverfahrens zugewiesen worden ist. ²Satz 1 findet keine Anwendung, wenn der Ausländer, sein Ehegatte, eingetragener Lebenspartner oder ein minderjähriges lediges Kind, mit dem er verwandt ist und in familiärer Lebensgemeinschaft lebt, eine sozialversicherungspflichtige Beschäftigung mit einem Umfang von mindestens 15 Stunden wöchentlich aufnimmt oder aufgenommen hat, durch die diese Person mindestens über ein Einkommen in Höhe des monatlichen durchschnittlichen Bedarfs nach den §§ 20 und 22 des Zweiten Buches Sozialgesetzbuch für eine Einzelperson verfügt, oder eine Berufsausbildung aufnimmt oder aufgenommen hat oder in einem Studien- oder Ausbildungsverhältnis steht. ³Die Frist nach Satz 1 kann um den Zeitraum verlängert werden, für den der Ausländer seiner nach Satz 1 bestehenden Verpflichtung nicht nachkommt. ⁴Fallen die Gründe nach Satz 2 innerhalb von drei Monaten weg, wirkt die Verpflichtung zur Wohnsitznahme nach Satz 1 in dem Land fort, in das der Ausländer seinen Wohnsitz verlegt hat.

(1a) ¹Wird ein Ausländer, dessen gewöhnlicher Aufenthalt durch eine Verteilungs- oder Zuweisungsentscheidung nach dem Achten Buch Sozialgesetzbuch bestimmt wird, volljährig, findet ab Eintritt der Volljährigkeit Absatz 1 Anwendung; die Wohnsitzverpflichtung erwächst in dem Land, in das er zuletzt durch Verteilungs- oder Zuweisungsentscheidung zugewiesen wurde. ²Die bis zur Volljährigkeit verbrachte Aufenthaltszeit ab Anerkennung als Asylberechtigter, Flüchtling im Sinne von § 3 Absatz 1 des Asylgesetzes oder subsidiär Schutzberechtigter im Sinne von § 4 Absatz 1 des Asylgesetzes oder nach erstmaliger Erteilung eines Aufenthaltstitels nach den §§ 22, 23 oder 25 Absatz 3 wird auf die Frist nach Absatz 1 Satz 1 angerechnet.

(2) ¹Ein Ausländer, der der Verpflichtung nach Absatz 1 unterliegt und der in einer Aufnahmeeinrichtung oder anderen vorübergehenden Unterkunft wohnt, kann innerhalb von sechs Monaten nach Anerkennung oder Aufnahme längstens bis zum Ablauf der nach Absatz 1 geltenden Frist zu seiner Versorgung mit angemessenem Wohnraum verpflichtet werden, seinen Wohnsitz an einem bestimmten Ort zu nehmen, wenn dies der Förderung seiner nachhaltigen Integration in die Lebensverhältnisse der Bundesrepublik Deutschland nicht entgegensteht. ²Soweit im Einzelfall eine Zuweisung angemessenen Wohnraums innerhalb von sechs Monaten nicht möglich war, kann eine Zuweisung nach Satz 1 innerhalb von einmalig weiteren sechs Monaten erfolgen.

(3) ¹Zur Förderung seiner nachhaltigen Integration in die Lebensverhältnisse der Bundesrepublik Deutschland kann ein Ausländer, der der Verpflichtung nach Absatz 1 unterliegt, innerhalb von sechs Monaten nach Anerkennung oder erstmaliger Erteilung der Aufenthaltserlaubnis verpflichtet werden, längstens bis zum Ablauf der nach Absatz 1 geltenden Frist seinen Wohnsitz an einem bestimmten Ort zu nehmen, wenn dadurch

1. seine Versorgung mit angemessenem Wohnraum,
2. sein Erwerb hinreichender mündlicher Deutschkenntnisse im Sinne des Niveaus A2 des Gemeinsamen Europäischen Referenzrahmens für Sprachen und
3. unter Berücksichtigung der örtlichen Lage am Ausbildungs- und Arbeitsmarkt die Aufnahme einer Erwerbstätigkeit

erleichtert werden kann. ²Bei der Entscheidung nach Satz 1 können zudem besondere örtliche, die Integration fördernde Umstände berücksichtigt werden, insbesondere die Verfügbarkeit von Bildungs- und Betreuungsangeboten für minderjährige Kinder und Jugendliche.

(4) ¹Ein Ausländer, der der Verpflichtung nach Absatz 1 unterliegt, kann zur Vermeidung von sozialer und gesellschaftlicher Ausgrenzung auch bis zum Ablauf der nach Absatz 1 geltenden Frist auch verpflichtet werden, seinen Wohnsitz nicht an einem bestimmten Ort zu nehmen, insbesondere wenn zu erwarten ist, dass der Ausländer Deutsch dort nicht als wesentliche Verkehrssprache nutzen wird. ²Die Situation des dortigen Ausbildungs- und Arbeitsmarktes ist bei der Entscheidung zu berücksichtigen.

(5) ¹Eine Verpflichtung oder Zuweisung nach den Absätzen 1 bis 4 ist auf Antrag des Ausländers aufzuheben,

1. wenn der Ausländer nachweist, dass in den Fällen einer Verpflichtung oder Zuweisung nach den Absätzen 1 bis 3 an einem anderen Ort, oder im Falle einer Verpflichtung nach Absatz 4 an dem Ort, an dem er seinen Wohnsitz nicht nehmen darf,
 a) ihm oder seinem Ehegatten, eingetragenen Lebenspartner oder einem minderjährigen ledigen Kind, mit dem er verwandt ist und in familiärer Lebensgemeinschaft lebt, eine sozialversicherungspflichtige Beschäftigung im Sinne von Absatz 1 Satz 2, ein den Lebensunterhalt sicherndes Einkommen oder ein Ausbildungs- oder Studienplatz zur Verfügung steht oder
 b) der Ehegatte, eingetragene Lebenspartner oder ein minderjähriges lediges Kind, mit dem er verwandt ist und mit dem er zuvor in familiärer Lebensgemeinschaft gelebt hat, an einem anderen Wohnort leben,
2. zur Vermeidung einer Härte; eine Härte liegt insbesondere vor, wenn
 a) nach Einschätzung des zuständigen Jugendamtes Leistungen und Maßnahmen der Kinder- und Jugendhilfe nach dem Achten Buch Sozialgesetzbuch mit Ortsbezug beeinträchtigt würden,
 b) aus anderen dringenden persönlichen Gründen die Übernahme durch ein anderes Land zugesagt wurde oder
 c) für den Betroffenen aus sonstigen Gründen vergleichbare unzumutbare Einschränkungen entstehen.

²Fallen die Aufhebungsgründe nach Satz 1 Nummer 1 Buchstabe a innerhalb von drei Monaten ab Bekanntgabe der Aufhebung weg, wirkt die Verpflichtung zur Wohnsitznahme nach Absatz 1 Satz 1 in dem Land fort, in das der Ausländer seinen Wohnsitz verlegt hat. ³Im Fall einer Aufhebung nach Satz 1 Nummer 2 ist dem Ausländer, längstens bis zum Ablauf der nach Absatz 1 geltenden Frist, eine Verpflichtung nach Absatz 3 oder 4 aufzuerlegen, die seinem Interesse Rechnung trägt.

(6) ¹Bei einem Familiennachzug zu einem Ausländer, der einer Verpflichtung oder Zuweisung nach den Absätzen 1 bis 4 unterliegt, gilt die Verpflichtung oder Zuweisung längstens bis zum Ablauf der nach Absatz 1 für den Ausländer geltenden Frist auch für die nachziehenden Familienangehörigen, soweit die zuständige Behörde nichts anderes angeordnet hat. ²Absatz 5 gilt für die nachziehenden Familienangehörigen entsprechend.

(7) Die Absätze 1 bis 6 gelten nicht für Ausländer, deren Anerkennung oder erstmalige Erteilung der Aufenthaltserlaubnis im Sinne des Absatzes 1 vor dem 1. Januar 2016 erfolgte.

(8) Widerspruch und Klage gegen Verpflichtungen nach den Absätzen 2 bis 4 haben keine aufschiebende Wirkung.

(9) Die Länder können im Hinblick auf Ausländer, die der Verpflichtung nach Absatz 1 unterliegen, hinsichtlich Organisation, Verfahren und angemessenen Wohnraums durch Rechtsverordnung der Landesregierung oder andere landesrechtliche Regelungen Näheres bestimmen zu

1. der Verteilung innerhalb des Landes nach Absatz 2,
2. dem Verfahren für Zuweisungen und Verpflichtungen nach den Absätzen 2 bis 4,
3. den Anforderungen an den angemessenen Wohnraum im Sinne der Absätze 2, 3 Nummer 1 und von Absatz 5 Satz 1 Nummer 1 sowie der Form seines Nachweises,
4. der Art und Weise des Belegs einer sozialversicherungspflichtigen Beschäftigung nach Absatz 1 Satz 2, eines den Lebensunterhalt sichernden Einkommens sowie eines Ausbildungs- oder Studienplatzes im Sinne der Absätze 1 und 5 Satz 1 Nummer 1 Buchstabe a,
5. der Verpflichtung zur Aufnahme durch die zum Wohnort bestimmte Gemeinde und zu dem Aufnahmeverfahren.

(10) § 12 Absatz 2 Satz 2 bleibt für wohnsitzbeschränkende Auflagen in besonders begründeten Einzelfällen unberührt.

Abschnitt 2
Einreise

§ 13 Grenzübertritt

(1) [1]Die Einreise in das Bundesgebiet und die Ausreise aus dem Bundesgebiet sind nur an den zugelassenen Grenzübergangsstellen und innerhalb der festgesetzten Verkehrsstunden zulässig, soweit nicht auf Grund anderer Rechtsvorschriften oder zwischenstaatlicher Vereinbarungen Ausnahmen zugelassen sind. [2]Ausländer sind verpflichtet, bei der Einreise und der Ausreise einen anerkannten und gültigen Pass oder Passersatz gemäß § 3 Abs. 1 mitzuführen und sich der polizeilichen Kontrolle des grenzüberschreitenden Verkehrs zu unterziehen.

(2) [1]An einer zugelassenen Grenzübergangsstelle ist ein Ausländer erst eingereist, wenn er die Grenze überschritten und die Grenzübergangsstelle passiert hat. [2]Lassen die mit der polizeilichen Kontrolle des grenzüberschreitenden Verkehrs beauftragten Behörden einen Ausländer vor der Entscheidung über die Zurückweisung (§ 15 dieses Gesetzes, §§ 18, 18a des Asylgesetzes) oder während der Vorbereitung, Sicherung oder Durchführung dieser Maßnahme die Grenzübergangsstelle zu einem bestimmten vorübergehenden Zweck passieren, so liegt keine Einreise im Sinne des Satzes 1 vor, solange ihnen eine Kontrolle des Aufenthalts des Ausländers möglich bleibt. [3]Im Übrigen ist ein Ausländer eingereist, wenn er die Grenze überschritten hat.

§ 14 Unerlaubte Einreise; Ausnahme-Visum

(1) Die Einreise eines Ausländers in das Bundesgebiet ist unerlaubt, wenn er

1. einen erforderlichen Pass oder Passersatz gemäß § 3 Abs. 1 nicht besitzt,
2. den nach § 4 erforderlichen Aufenthaltstitel nicht besitzt,
2a. zwar nach § 4 erforderliches Visum bei Einreise besitzt, dieses aber durch Drohung, Bestechung oder Kollusion erwirkt oder durch unrichtige oder unvollständige Angaben erschlichen wurde und deshalb mit Wirkung für die Vergangenheit zurückgenommen oder annulliert wird, oder
3. nach § 11 Absatz 1, 6 oder 7 nicht einreisen darf, es sei denn, er besitzt eine Betretenserlaubnis nach § 11 Absatz 8.

(2) Die mit der polizeilichen Kontrolle des grenzüberschreitenden Verkehrs beauftragten Behörden können Ausnahme-Visa und Passersatzpapiere ausstellen.

§ 15 Zurückweisung

(1) Ein Ausländer, der unerlaubt einreisen will, wird an der Grenze zurückgewiesen.

(2) Ein Ausländer kann an der Grenze zurückgewiesen werden, wenn

1. ein Ausweisungsinteresse besteht,
2. der begründete Verdacht besteht, dass der Aufenthalt nicht dem angegebenen Zweck dient,
2a. er nur über ein Schengen-Visum verfügt oder für einen kurzfristigen Aufenthalt von der Visumpflicht befreit ist und beabsichtigt, entgegen § 4a Absatz 1 und 2 eine Erwerbstätigkeit auszuüben oder
3. er die Voraussetzungen für die Einreise in das Hoheitsgebiet der Vertragsparteien nach Artikel 6 des Schengener Grenzkodex nicht erfüllt.

(3) Ein Ausländer, der für einen vorübergehenden Aufenthalt im Bundesgebiet vom Erfordernis eines Aufenthaltstitels befreit ist, kann zurückgewiesen werden, wenn er nicht die Voraussetzungen des § 3 Abs. 1 und des § 5 Abs. 1 erfüllt.

(4) [1]§ 60 Abs. 1 bis 3, 5 und 7 bis 9 ist entsprechend anzuwenden. [2]Ein Ausländer, der einen Asylantrag gestellt hat, darf nicht zurückgewiesen werden, solange ihm der Aufenthalt im Bundesgebiet nach den Vorschriften des Asylgesetzes gestattet ist.

(5) [1]Ein Ausländer soll zur Sicherung der Zurückweisung auf richterliche Anordnung in Haft (Zurückweisungshaft) genommen werden, wenn eine Zurückweisungsentscheidung ergangen ist und diese nicht unmittelbar vollzogen werden kann. [2]Im Übrigen ist § 62 Absatz 4 entsprechend anzuwenden. [3]In den Fällen, in denen der Richter die Anordnung oder die Verlängerung der Haft ablehnt, findet Absatz 1 keine Anwendung.

(6) [1]Ist der Ausländer auf dem Luftweg in das Bundesgebiet gelangt und nicht nach § 13 Abs. 2 eingereist, sondern zurückgewiesen worden, ist er in den Transitbereich eines Flughafens oder in eine Unterkunft zu verbringen, von wo aus seine Abreise aus dem Bundesgebiet möglich ist, wenn Zurückweisungshaft nicht beantragt wird. [2]Der Aufenthalt des Ausländers im Transitbereich eines Flughafens oder in einer Unterkunft nach Satz 1 bedarf spätestens 30 Tage nach Ankunft am Flughafen oder, sollte deren Zeitpunkt nicht feststellbar sein, nach Kenntnis der zuständigen Behörden von der Ankunft, der richterlichen Anordnung. [3]Die Anordnung ergeht zur Sicherung der Abreise. [4]Sie ist nur zulässig, wenn die Abreise innerhalb der Anordnungsdauer zu erwarten ist. [5]Absatz 5 ist entsprechend anzuwenden.

§ 15a Verteilung unerlaubt eingereister Ausländer

(1) [1]Unerlaubt eingereiste Ausländer, die weder um Asyl nachsuchen noch unmittelbar nach der Feststellung der unerlaubten Einreise in Abschiebungshaft genommen und aus der Haft abgeschoben oder zurückgeschoben werden können, werden vor der Entscheidung über die Aussetzung der Abschiebung oder die Erteilung eines Aufenthaltstitels auf die Länder verteilt. [2]Sie haben keinen Anspruch darauf, in ein bestimmtes Land oder an einen bestimmten Ort verteilt zu werden. [3]Die Verteilung auf die Länder erfolgt durch eine vom Bundesministerium des Innern, für Bau und Heimat bestimmte zentrale Verteilungsstelle. [4]Solange die Länder für die Verteilung keinen abweichenden Schlüssel vereinbart haben, gilt der für die Verteilung von Asylbewerbern festgelegte Schlüssel. [5]Jedes Land bestimmt bis zu sieben Behörden, die die Verteilung durch die nach Satz 3 bestimmte Stelle veranlassen und verteilte Ausländer aufnehmen. [6]Weist der Ausländer vor Veranlassung der Verteilung nach, dass eine Haushaltsgemeinschaft zwischen Ehegatten oder Eltern und ihren minderjährigen Kindern oder sonstige zwingende Gründe bestehen, die der Verteilung an einen bestimmten Ort entgegenstehen, ist dem bei der Verteilung Rechnung zu tragen.

(2) [1]Die Ausländerbehörden können die Ausländer verpflichten, sich zu der Behörde zu begeben, die die Verteilung veranlasst. [2]Dies gilt nicht, wenn dem Vorbringen nach Absatz 1 Satz 6 Rechnung zu tragen ist. [3]Gegen eine nach Satz 1 getroffene Verpflichtung findet kein Widerspruch statt. [4]Die Klage hat keine aufschiebende Wirkung.

(3) [1]Die zentrale Verteilungsstelle benennt der Behörde, die die Verteilung veranlasst hat, die nach den Sätzen 2 und 3 zur Aufnahme verpflichtete Aufnahmeeinrichtung. [2]Hat das Land, dessen Behörde die Verteilung veranlasst hat, seine Aufnahmequote nicht erfüllt, ist die dieser Behörde nächstgelegene aufnahmefähige Aufnahmeeinrichtung des Landes aufnahmepflichtig. [3]Andernfalls ist die von der zentralen Verteilungsstelle auf Grund der Aufnahmequote nach § 45 des Asylgesetzes und der vorhandenen freien Unterbringungsmöglichkeiten bestimmte Aufnahmeeinrichtung zur Aufnahme verpflichtet. [4]§ 46 Abs. 4 und 5 des Asylgesetzes sind entsprechend anzuwenden.

(4) [1]Die Behörde, die die Verteilung nach Absatz 3 veranlasst hat, ordnet in den Fällen des Absatzes 3 Satz 3 an, dass der Ausländer sich zu der durch die Verteilung festgelegten Aufnahmeeinrichtung zu begeben hat; in den Fällen des Absatzes 3 Satz 2 darf sie dies anordnen. [2]Die Ausländerbehörde übermittelt das Ergebnis der Anhörung an die die Verteilung veranlassende Stelle, die die Zahl der Ausländer unter Angabe der Herkunftsländer und das Ergebnis der Anhörung der zentralen Verteilungsstelle mitteilt. [3]Ehegatten sowie Eltern und ihre minderjährigen ledigen Kinder sind als Gruppe zu melden und zu verteilen. [4]Der Ausländer hat in dieser Aufnahmeeinrichtung zu wohnen, bis er innerhalb des Landes weiterverteilt wird, längstens jedoch bis zur Aussetzung der Abschiebung oder bis zur Erteilung eines Aufenthaltstitels; die §§ 12 und 61 Abs. 1 bleiben unberührt. [5]Die Landesregierungen werden ermächtigt, durch Rechtsverordnung die Verteilung innerhalb des Landes zu regeln, soweit dies nicht auf der Grundlage dieses Gesetzes durch Landesgesetz geregelt wird; § 50 Abs. 4 des Asylgesetzes findet entsprechende Anwendung. [6]Die Landesregierungen können die Ermächtigung auf andere Stellen des Landes übertragen. [7]Gegen eine nach Satz 1 getroffene Anordnung findet kein Widerspruch statt. [8]Die Klage hat keine auf-

schiebende Wirkung. [9]Die Sätze 7 und 8 gelten entsprechend, wenn eine Verteilungsanordnung auf Grund eines Landesgesetzes oder einer Rechtsverordnung nach Satz 5 ergeht.

(5) [1]Die zuständigen Behörden können dem Ausländer nach der Verteilung erlauben, seine Wohnung in einem anderen Land zu nehmen. [2]Nach erlaubtem Wohnungswechsel wird der Ausländer von der Quote des abgebenden Landes abgezogen und der des aufnehmenden Landes angerechnet.

(6) Die Regelungen der Absätze 1 bis 5 gelten nicht für Personen, die nachweislich vor dem 1. Januar 2005 eingereist sind.

Abschnitt 3
Aufenthalt zum Zweck der Ausbildung

§ 16 Grundsatz des Aufenthalts zum Zweck der Ausbildung

[1]Der Zugang von Ausländern zur Ausbildung dient der allgemeinen Bildung und der internationalen Verständigung ebenso wie der Sicherung des Bedarfs des deutschen Arbeitsmarktes an Fachkräften. [2]Neben der Stärkung der wissenschaftlichen Beziehungen Deutschlands in der Welt trägt er auch zu internationaler Entwicklung bei. [3]Die Ausgestaltung erfolgt so, dass die Interessen der öffentlichen Sicherheit beachtet werden.

§ 16a Berufsausbildung; berufliche Weiterbildung

(1) [1]Eine Aufenthaltserlaubnis zum Zweck der betrieblichen Aus- und Weiterbildung kann erteilt werden, wenn die Bundesagentur für Arbeit nach § 39 zugestimmt hat oder durch die Beschäftigungsverordnung oder zwischenstaatliche Vereinbarung bestimmt ist, dass die Aus- und Weiterbildung ohne Zustimmung der Bundesagentur für Arbeit zulässig ist. [2]Während des Aufenthalts nach Satz 1 darf eine Aufenthaltserlaubnis zu einem anderen Aufenthaltszweck nur zum Zweck einer qualifizierten Berufsausbildung, der Ausübung einer Beschäftigung als Fachkraft, der Ausübung einer Beschäftigung mit ausgeprägten berufspraktischen Kenntnissen nach § 19c Absatz 2 oder in Fällen eines gesetzlichen Anspruchs erteilt werden. [3]Der Aufenthaltszweck der betrieblichen qualifizierten Berufsausbildung nach Satz 1 umfasst auch den Besuch eines Deutschsprachkurses zur Vorbereitung auf die Berufsausbildung, insbesondere den Besuch eines berufsbezogenen Deutschsprachkurses nach der Deutschsprachförderverordnung.

(2) [1]Eine Aufenthaltserlaubnis zum Zweck der schulischen Berufsausbildung kann erteilt werden, wenn sie nach bundes- oder landesrechtlichen Regelungen zu einem staatlich anerkannten Berufsabschluss führt und sich der Bildungsgang nicht überwiegend an Staatsangehörige eines Staates richtet. [2]Bilaterale oder multilaterale Vereinbarungen der Länder mit öffentlichen Stellen in einem anderen Staat über den Besuch inländischer Schulen durch ausländische Schüler bleiben unberührt. [3]Aufenthaltserlaubnisse zur Teilnahme am Schulbesuch können auf Grund solcher Vereinbarungen nur erteilt werden, wenn die für das Aufenthaltsrecht zuständige oberste Landesbehörde der Vereinbarung zugestimmt hat.

(3) [1]Handelt es sich um eine qualifizierte Berufsausbildung, berechtigt die Aufenthaltserlaubnis nur zur Ausübung einer von der Berufsausbildung unabhängigen Beschäftigung bis zu zehn Stunden je Woche; handelt es sich nicht um eine qualifizierte Berufsausbildung, ist eine Erwerbstätigkeit neben der Berufsausbildung oder beruflichen Weiterbildung nicht erlaubt. [2]Bei einer qualifizierten Berufsausbildung wird ein Nachweis über ausreichende deutsche Sprachkenntnisse verlangt, wenn die für die konkrete qualifizierte Berufsausbildung erforderlichen Sprachkenntnisse weder durch die Bildungseinrichtung geprüft worden sind noch durch einen vorbereitenden Deutschsprachkurs erworben werden sollen.

(4) Bevor die Aufenthaltserlaubnis zum Zweck einer qualifizierten Berufsausbildung aus Gründen, die der Ausländer nicht zu vertreten hat, zurückgenommen, widerrufen oder gemäß § 7 Absatz 2 Satz 2 nachträglich verkürzt wird, ist dem Ausländer für die Dauer von bis zu sechs Monaten die Möglichkeit zu geben, einen anderen Ausbildungsplatz zu suchen.

§ 16b Studium

(1) [1]Einem Ausländer wird zum Zweck des Vollzeitstudiums an einer staatlichen Hochschule, an einer staatlich anerkannten Hochschule oder an einer vergleichbaren Bildungseinrichtung eine Aufenthaltserlaubnis erteilt, wenn er von der Bildungseinrichtung zugelassen worden ist. [2]Der Aufenthaltszweck des Studiums umfasst auch studienvorbereitende Maßnahmen und das Absolvieren eines Pflichtpraktikums. [3]Studienvorbereitende Maßnahmen sind

1. der Besuch eines studienvorbereitenden Sprachkurses, wenn der Ausländer zu einem Vollzeitstudium zugelassen worden ist und die Zulassung an den Besuch eines studienvorbereitenden Sprachkurses gebunden ist, und

2. der Besuch eines Studienkollegs oder einer vergleichbaren Einrichtung, wenn die Annahme zu einem Studienkolleg oder einer vergleichbaren Einrichtung nachgewiesen ist.

[4]Ein Nachweis über die für den konkreten Studiengang erforderlichen Kenntnisse der Ausbildungssprache wird nur verlangt, wenn diese Sprachkenntnisse weder bei der Zulassungsentscheidung geprüft worden sind noch durch die studienvorbereitende Maßnahme erworben werden sollen.

(2) [1]Die Geltungsdauer der Aufenthaltserlaubnis beträgt bei der Ersterteilung und bei der Verlängerung mindestens ein Jahr und soll zwei Jahre nicht überschreiten. [2]Sie beträgt mindestens zwei Jahre, wenn der Ausländer an einem Unions- oder multilateralen Programm mit Mobilitätsmaßnahmen teilnimmt oder wenn für ihn eine Vereinbarung zwischen zwei oder mehr Hochschuleinrichtungen gilt. [3]Dauert das Studium weniger als zwei Jahre, so wird die Aufenthaltserlaubnis nur für die Dauer des Studiums erteilt. [4]Die Aufenthaltserlaubnis wird verlängert, wenn der Aufenthaltszweck noch nicht erreicht ist und in einem angemessenen Zeitraum noch erreicht werden kann. [5]Zur Beurteilung der Frage, ob der Aufenthaltszweck noch erreicht werden kann, kann die aufnehmende Bildungseinrichtung beteiligt werden.

(3) [1]Die Aufenthaltserlaubnis berechtigt nur zur Ausübung einer Beschäftigung, die insgesamt 120 Tage oder 240 halbe Tage im Jahr nicht überschreiten darf, sowie zur Ausübung studentischer Nebentätigkeiten. [2]Während des Aufenthalts zu studienvorbereitenden Maßnahmen im ersten Jahr des Aufenthalts berechtigt die Aufenthaltserlaubnis nur zur Beschäftigung in der Ferienzeit.

(4) [1]Während eines Aufenthalts nach Absatz 1 darf eine Aufenthaltserlaubnis für einen anderen Aufenthaltszweck nur zum Zweck einer qualifizierten Berufsausbildung, der Ausübung einer Beschäftigung als Fachkraft, der Ausübung einer Beschäftigung mit ausgeprägten berufspraktischen Kenntnissen nach § 19c Absatz 2 oder in Fällen eines gesetzlichen Anspruchs erteilt werden. [2]§ 9 findet keine Anwendung.

(5) [1]Einem Ausländer kann eine Aufenthaltserlaubnis erteilt werden, wenn
1. er von einer staatlichen Hochschule, einer staatlich anerkannten Hochschule oder einer vergleichbaren Bildungseinrichtung
 a) zum Zweck des Vollzeitstudiums zugelassen worden ist und die Zulassung mit einer Bedingung verbunden ist, die nicht auf den Besuch einer studienvorbereitenden Maßnahme gerichtet ist,
 b) zum Zweck des Vollzeitstudiums zugelassen worden ist und die Zulassung mit der Bedingung des Besuchs eines Studienkollegs oder einer vergleichbaren Einrichtung verbunden ist, der Ausländer aber den Nachweis über die Annahme zu einem Studienkolleg oder einer vergleichbaren Einrichtung nach Absatz 1 Satz 3 Nummer 2 nicht erbringen kann oder
 c) zum Zweck des Teilzeitstudiums zugelassen worden ist,
2. er zur Teilnahme an einem studienvorbereitenden Sprachkurs angenommen worden ist, ohne dass eine Zulassung zum Zweck eines Studiums an einer staatlichen Hochschule, einer staatlich anerkannten Hochschule oder einer vergleichbaren Bildungseinrichtung vorliegt, oder
3. ihm die Zusage eines Betriebs für das Absolvieren eines studienvorbereitenden Praktikums vorliegt.
[2]In den Fällen des Satzes 1 Nummer 1 sind Absatz 1 Satz 2 bis 4 und die Absätze 2 bis 4 entsprechend anzuwenden. [3]In den Fällen des Satzes 1 Nummer 2 und 3 sind die Absätze 2 und 4 entsprechend anzuwenden; die Aufenthaltserlaubnis berechtigt zur Beschäftigung nur in der Ferienzeit sowie zur Ausübung des Praktikums.

(6) Bevor die Aufenthaltserlaubnis nach Absatz 1 oder Absatz 5 aus Gründen, die der Ausländer nicht zu vertreten hat, zurückgenommen, widerrufen oder gemäß § 7 Absatz 2 Satz 2 nachträglich verkürzt wird, ist dem Ausländer für bis zu neun Monate die Möglichkeit zu geben, die Zulassung bei einer anderen Bildungseinrichtung zu beantragen.

(7) [1]Einem Ausländer, der in einem anderen Mitgliedstaat der Europäischen Union international Schutzberechtigter ist, kann eine Aufenthaltserlaubnis zum Zweck des Studiums erteilt werden, wenn der Ausländer in einem anderen Mitgliedstaat der Europäischen Union seit mindestens zwei Jahren ein Studium betrieben hat und die Voraussetzungen des § 16c Absatz 1 Satz 1 Nummer 2 und 3 vorliegen. [2]Die Aufenthaltserlaubnis wird für die Dauer des Studienteils, der in Deutschland durchgeführt wird, erteilt. [3]Absatz 3 gilt entsprechend. [4]§ 9 findet keine Anwendung.

(8) Die Absätze 1 bis 4 und 6 dienen der Umsetzung der Richtlinie (EU) 2016/801 des Europäischen Parlaments und des Rates vom 11. Mai 2016 über die Bedingungen für die Einreise und den Aufenthalt von Drittstaatsangehörigen zu Forschungs- oder Studienzwecken, zur Absolvierung eines Praktikums, zur Teilnahme an einem Freiwilligendienst, Schüleraustauschprogrammen oder Bildungsvorhaben und zur Ausübung einer Au-pair-Tätigkeit (ABl. L 132 vom 21.5.2016, S. 21).

§ 16c Mobilität im Rahmen des Studiums

(1) [1]Für einen Aufenthalt zum Zweck des Studiums, der 360 Tage nicht überschreitet, bedarf ein Ausländer abweichend von § 4 Absatz 1 keines Aufenthaltstitels, wenn die aufnehmende Bildungseinrichtung im Bundesgebiet dem Bundesamt für Migration und Flüchtlinge und der zuständigen Behörde des anderen

Mitgliedstaates mitgeteilt hat, dass der Ausländer beabsichtigt, einen Teil seines Studiums im Bundesgebiet durchzuführen, und dem Bundesamt für Migration und Flüchtlinge mit der Mitteilung vorlegt:

1. den Nachweis, dass der Ausländer einen von einem anderen Mitgliedstaat der Europäischen Union für die Dauer des geplanten Aufenthalts gültigen Aufenthaltstitel zum Zweck des Studiums besitzt, der in den Anwendungsbereich der Richtlinie (EU) 2016/801 fällt,
2. den Nachweis, dass der Ausländer einen Teil seines Studiums an einer Bildungseinrichtung im Bundesgebiet durchführen möchte, weil er an einem Unions- oder multilateralen Programm mit Mobilitätsmaßnahmen teilnimmt oder für ihn eine Vereinbarung zwischen zwei oder mehr Hochschulen gilt,
3. den Nachweis, dass der Ausländer von der aufnehmenden Bildungseinrichtung zugelassen wurde,
4. die Kopie eines anerkannten und gültigen Passes oder Passersatzes des Ausländers und
5. den Nachweis, dass der Lebensunterhalt des Ausländers gesichert ist.

²Die aufnehmende Bildungseinrichtung hat die Mitteilung zu dem Zeitpunkt zu machen, zu dem der Ausländer in einem anderen Mitgliedstaat der Europäischen Union den Antrag auf Erteilung eines Aufenthaltstitels im Anwendungsbereich der Richtlinie (EU) 2016/801 stellt. ³Ist der aufnehmenden Bildungseinrichtung zu diesem Zeitpunkt die Absicht des Ausländers, einen Teil des Studiums im Bundesgebiet durchzuführen, noch nicht bekannt, so hat sie die Mitteilung zu dem Zeitpunkt zu machen, zu dem ihr die Absicht bekannt wird. ⁴Bei der Erteilung des Aufenthaltstitels nach Satz 1 Nummer 1 durch einen Staat, der nicht Schengen-Staat ist, und bei der Einreise über einen Staat, der nicht Schengen-Staat ist, hat der Ausländer eine Kopie der Mitteilung mitzuführen und den zuständigen Behörden auf deren Verlangen vorzulegen.

(2) ¹Erfolgt die Mitteilung zu dem in Absatz 1 Satz 2 genannten Zeitpunkt und wurden die Einreise und der Aufenthalt nicht nach § 19f Absatz 5 abgelehnt, so darf der Ausländer jederzeit innerhalb der Gültigkeitsdauer des in Absatz 1 Satz 1 Nummer 1 genannten Aufenthaltstitels des anderen Mitgliedstaates in das Bundesgebiet einreisen und sich dort zum Zweck des Studiums aufhalten. ²Erfolgt die Mitteilung zu dem in Absatz 1 Satz 3 genannten Zeitpunkt und wurden die Einreise und der Aufenthalt nicht nach § 19f Absatz 5 abgelehnt, so darf der Ausländer in das Bundesgebiet einreisen und sich dort zum Zweck des Studiums aufhalten. ³Der Ausländer ist nur zur Ausübung einer Beschäftigung, die insgesamt ein Drittel der Aufenthaltsdauer nicht überschreiten darf, sowie zur Ausübung studentischer Nebentätigkeiten berechtigt.

(3) ¹Werden die Einreise und der Aufenthalt nach § 19f Absatz 5 abgelehnt, so hat der Ausländer das Studium unverzüglich einzustellen. ²Die bis dahin nach Absatz 1 Satz 1 bestehende Befreiung vom Erfordernis eines Aufenthaltstitels entfällt.

(4) Sofern innerhalb von 30 Tagen nach Zugang der in Absatz 1 Satz 1 genannten Mitteilung keine Ablehnung der Einreise und des Aufenthalts des Ausländers nach § 19f Absatz 5 erfolgt, ist dem Ausländer durch das Bundesamt für Migration und Flüchtlinge eine Bescheinigung über die Berechtigung zur Einreise und zum Aufenthalt zum Zweck des Studiums im Rahmen der kurzfristigen Mobilität auszustellen.

(5) ¹Nach der Ablehnung gemäß § 19f Absatz 5 oder der Ausstellung der Bescheinigung im Sinne von Absatz 4 durch das Bundesamt für Migration und Flüchtlinge ist die Ausländerbehörde gemäß § 71 Absatz 1 für weitere aufenthaltsrechtliche Maßnahmen und Entscheidungen zuständig. ²Der Ausländer und die aufnehmende Bildungseinrichtung sind verpflichtet, der Ausländerbehörde Änderungen in Bezug auf die in Absatz 1 genannten Voraussetzungen anzuzeigen.

§ 16d Maßnahmen zur Anerkennung ausländischer Berufsqualifikationen

(1) ¹Einem Ausländer soll zum Zweck der Anerkennung seiner im Ausland erworbenen Berufsqualifikation eine Aufenthaltserlaubnis für die Durchführung einer Qualifizierungsmaßnahme einschließlich sich daran anschließender Prüfungen erteilt werden, wenn von einer nach den Regelungen des Bundes oder der Länder für die berufliche Anerkennung zuständigen Stelle festgestellt wurde, dass Anpassungs- oder Ausgleichsmaßnahmen oder weitere Qualifikationen

1. für die Feststellung der Gleichwertigkeit der Berufsqualifikation mit einer inländischen Berufsqualifikation oder
2. in einem im Inland reglementierten Beruf für die Erteilung der Berufsausübungserlaubnis

erforderlich sind. ²Die Erteilung der Aufenthaltserlaubnis setzt voraus, dass

1. der Ausländer über der Qualifizierungsmaßnahme entsprechende deutsche Sprachkenntnisse, in der Regel mindestens über hinreichende deutsche Sprachkenntnisse, verfügt,
2. die Qualifizierungsmaßnahme geeignet ist, dem Ausländer die Anerkennung der Berufsqualifikation oder den Berufszugang zu ermöglichen, und

3. bei einer überwiegend betrieblichen Qualifizierungsmaßnahme die Bundesagentur für Arbeit nach § 39 zugestimmt hat oder durch die Beschäftigungsverordnung oder zwischenstaatliche Vereinbarung bestimmt ist, dass die Teilnahme an der Qualifizierungsmaßnahme ohne Zustimmung der Bundesagentur für Arbeit zulässig ist.

[3]Die Aufenthaltserlaubnis wird für bis zu 18 Monate erteilt und um längstens sechs Monate bis zu einer Höchstaufenthaltsdauer von zwei Jahren verlängert. [4]Sie berechtigt nur zur Ausübung einer von der Qualifizierungsmaßnahme unabhängigen Beschäftigung bis zu zehn Stunden je Woche.

(2) [1]Die Aufenthaltserlaubnis nach Absatz 1 berechtigt zusätzlich zur Ausübung einer zeitlich nicht eingeschränkten Beschäftigung, deren Anforderungen in einem Zusammenhang mit den in der späteren Beschäftigung verlangten berufsfachlichen Kenntnissen stehen, wenn ein konkretes Arbeitsplatzangebot für eine spätere Beschäftigung in dem anzuerkennenden oder von der beantragten Berufsausübungserlaubnis erfassten Beruf vorliegt und die Bundesagentur für Arbeit nach § 39 zugestimmt hat oder durch die Beschäftigungsverordnung bestimmt ist, dass die Beschäftigung ohne Zustimmung der Bundesagentur für Arbeit zulässig ist. [2]§ 18 Absatz 2 Nummer 3 gilt entsprechend.

(3) [1]Einem Ausländer soll zum Zweck der Anerkennung seiner im Ausland erworbenen Berufsqualifikation eine Aufenthaltserlaubnis für zwei Jahre erteilt und die Ausübung einer qualifizierten Beschäftigung in einem im Inland nicht reglementierten Beruf, zu dem seine Qualifikation befähigt, erlaubt werden, wenn

1. der Ausländer über der Tätigkeit entsprechende deutsche Sprachkenntnisse, in der Regel mindestens über hinreichende deutsche Sprachkenntnisse, verfügt,

2. von einer nach den Regelungen des Bundes oder der Länder für die berufliche Anerkennung zuständigen Stelle festgestellt wurde, dass schwerpunktmäßig Fertigkeiten, Kenntnisse und Fähigkeiten in der betrieblichen Praxis fehlen,

3. ein konkretes Arbeitsplatzangebot vorliegt,

4. sich der Arbeitgeber verpflichtet hat, den Ausgleich der von der zuständigen Stelle festgestellten Unterschiede innerhalb dieser Zeit zu ermöglichen und

5. die Bundesagentur für Arbeit nach § 39 zugestimmt hat oder durch die Beschäftigungsverordnung oder zwischenstaatliche Vereinbarung bestimmt ist, dass die Beschäftigung ohne Zustimmung der Bundesagentur für Arbeit zulässig ist.

[2]Der Aufenthaltstitel berechtigt nicht zu einer darüber hinausgehenden Erwerbstätigkeit.

(4) [1]Einem Ausländer kann zum Zweck der Anerkennung seiner im Ausland erworbenen Berufsqualifikation eine Aufenthaltserlaubnis für ein Jahr erteilt und um jeweils ein Jahr bis zu einer Höchstaufenthaltsdauer von drei Jahren verlängert werden, wenn der Ausländer auf Grund einer Absprache der Bundesagentur für Arbeit mit der Arbeitsverwaltung des Herkunftslandes

1. über das Verfahren, die Auswahl, die Vermittlung und die Durchführung des Verfahrens zur Feststellung der Gleichwertigkeit der ausländischen Berufsqualifikation und zur Erteilung der Berufsausübungserlaubnis bei durch Bundes- oder Landesgesetz reglementierten Berufen im Gesundheits- und Pflegebereich oder

2. über das Verfahren, die Auswahl, die Vermittlung und die Durchführung des Verfahrens zur Feststellung der Gleichwertigkeit der ausländischen Berufsqualifikation und, soweit erforderlich, zur Erteilung der Berufsausübungserlaubnis für sonstige ausgewählte Berufsqualifikationen unter Berücksichtigung der Angemessenheit der Ausbildungsstrukturen des Herkunftslandes

in eine Beschäftigung vermittelt worden ist und die Bundesagentur für Arbeit nach § 39 zugestimmt hat oder durch die Beschäftigungsverordnung oder zwischenstaatliche Vereinbarung bestimmt ist, dass die Erteilung der Aufenthaltserlaubnis ohne Zustimmung der Bundesagentur für Arbeit zulässig ist. [2]Voraussetzung ist zudem, dass der Ausländer über die in der Absprache festgelegten deutschen Sprachkenntnisse, in der Regel mindestens hinreichende deutsche Sprachkenntnisse, verfügt. [3]Die Aufenthaltserlaubnis berechtigt nur zur Ausübung einer von der anzuerkennenden Berufsqualifikation unabhängigen Beschäftigung bis zu zehn Stunden je Woche.

(5) [1]Einem Ausländer kann zum Ablegen von Prüfungen zur Anerkennung seiner ausländischen Berufsqualifikation eine Aufenthaltserlaubnis erteilt werden, wenn er über deutsche Sprachkenntnisse, die der abzulegenden Prüfung entsprechen, in der Regel jedoch mindestens über hinreichende deutsche Sprachkenntnisse, verfügt, sofern diese nicht durch die Prüfung nachgewiesen werden sollen. [2]Absatz 1 Satz 4 findet keine Anwendung.

(6) [1]Nach zeitlichem Ablauf des Höchstzeitraumes der Aufenthaltserlaubnis nach den Absätzen 1, 3 und 4 darf eine Aufenthaltserlaubnis für einen anderen Aufenthaltszweck nur nach den §§ 16a, 16b, 18a, 18b oder 19c oder in Fällen eines gesetzlichen Anspruchs erteilt werden. [2]§ 20 Absatz 3 Nummer 4 bleibt unberührt.

§ 16e Studienbezogenes Praktikum EU

(1) Einem Ausländer wird eine Aufenthaltserlaubnis zum Zweck eines Praktikums nach der Richtlinie (EU) 2016/801 erteilt, wenn die Bundesagentur für Arbeit nach § 39 zugestimmt hat oder durch die Beschäftigungsverordnung oder durch zwischenstaatliche Vereinbarung bestimmt ist, dass das Praktikum ohne Zustimmung der Bundesagentur für Arbeit zulässig ist, und

1. das Praktikum dazu dient, dass sich der Ausländer Wissen, praktische Kenntnisse und Erfahrungen in einem beruflichen Umfeld aneignet,

2. der Ausländer eine Vereinbarung mit einer aufnehmenden Einrichtung über die Teilnahme an einem Praktikum vorlegt, die theoretische und praktische Schulungsmaßnahmen vorsieht, und Folgendes enthält:

 a) eine Beschreibung des Programms für das Praktikum einschließlich des Bildungsziels oder der Lernkomponenten,

 b) die Angabe der Dauer des Praktikums,

 c) die Bedingungen der Tätigkeit und der Betreuung des Ausländers,

 d) die Arbeitszeiten des Ausländers und

 e) das Rechtsverhältnis zwischen dem Ausländer und der aufnehmenden Einrichtung,

3. der Ausländer nachweist, dass er in den letzten zwei Jahren vor der Antragstellung einen Hochschulabschluss erlangt hat, oder nachweist, dass er ein Studium absolviert, das zu einem Hochschulabschluss führt,

4. das Praktikum fachlich und im Niveau dem in Nummer 3 genannten Hochschulabschluss oder Studium entspricht und

5. die aufnehmende Einrichtung sich schriftlich zur Übernahme der Kosten verpflichtet hat, die öffentlichen Stellen bis zu sechs Monate nach der Beendigung der Praktikumsvereinbarung entstehen für

 a) den Lebensunterhalt des Ausländers während eines unerlaubten Aufenthalts im Bundesgebiet und

 b) eine Abschiebung des Ausländers.

(2) Die Aufenthaltserlaubnis wird für die vereinbarte Dauer des Praktikums, höchstens jedoch für sechs Monate erteilt.

§ 16f Sprachkurse und Schulbesuch

(1) ¹Einem Ausländer kann eine Aufenthaltserlaubnis zur Teilnahme an Sprachkursen, die nicht der Studienvorbereitung dienen, oder zur Teilnahme an einem Schüleraustausch erteilt werden. ²Eine Aufenthaltserlaubnis zur Teilnahme an einem Schüleraustausch kann auch erteilt werden, wenn kein unmittelbarer Austausch erfolgt.

(2) Einem Ausländer kann eine Aufenthaltserlaubnis zum Zweck des Schulbesuchs in der Regel ab der neunten Klassenstufe erteilt werden, wenn in der Schulklasse eine Zusammensetzung aus Schülern verschiedener Staatsangehörigkeiten gewährleistet ist und es sich handelt

1. um eine öffentliche oder staatlich anerkannte Schule mit internationaler Ausrichtung oder

2. um eine Schule, die nicht oder nicht überwiegend aus öffentlichen Mitteln finanziert wird und die Schüler auf internationale Abschlüsse, Abschlüsse anderer Staaten oder staatlich anerkannte Abschlüsse vorbereitet.

(3) ¹Während eines Aufenthalts zur Teilnahme an einem Sprachkurs nach Absatz 1 oder zum Schulbesuch nach Absatz 2 soll in der Regel eine Aufenthaltserlaubnis zu einem anderen Aufenthaltszweck nur in Fällen eines gesetzlichen Anspruchs erteilt werden. ²Im Anschluss an einen Aufenthalt zur Teilnahme an einem Schüleraustausch darf eine Aufenthaltserlaubnis für einen anderen Zweck nur in den Fällen eines gesetzlichen Anspruchs erteilt werden. ³§ 9 findet keine Anwendung. ⁴Die Aufenthaltserlaubnis nach den Absätzen 1 und 2 berechtigt nicht zur Ausübung einer Erwerbstätigkeit.

(4) ¹Bilaterale oder multilaterale Vereinbarungen der Länder mit öffentlichen Stellen in einem anderen Staat über den Besuch inländischer Schulen durch ausländische Schüler bleiben unberührt. ²Aufenthaltserlaubnisse zur Teilnahme am Schulbesuch können auf Grund solcher Vereinbarungen nur erteilt werden, wenn die für das Aufenthaltsrecht zuständige oberste Landesbehörde der Vereinbarung zugestimmt hat.

§ 17 Suche eines Ausbildungs- oder Studienplatzes

(1) ¹Einem Ausländer kann zum Zweck der Suche nach einem Ausbildungsplatz zur Durchführung einer qualifizierten Berufsausbildung eine Aufenthaltserlaubnis erteilt werden, wenn

1. er das 25. Lebensjahr noch nicht vollendet hat,

2. der Lebensunterhalt gesichert ist,

3. er über einen Abschluss einer deutschen Auslandsschule oder über einen Schulabschluss verfügt, der zum Hochschulzugang im Bundesgebiet oder in dem Staat berechtigt, in dem der Schulabschluss erworben wurde, und

4. er über gute deutsche Sprachkenntnisse verfügt. ²Die Aufenthaltserlaubnis wird für bis zu sechs Monate erteilt. ³Sie kann erneut nur erteilt werden, wenn sich der Ausländer nach seiner Ausreise mindestens so lange im Ausland aufgehalten hat, wie er sich zuvor auf der Grundlage einer Aufenthaltserlaubnis nach Satz 1 im Bundesgebiet aufgehalten hat.

(2) ¹Einem Ausländer kann zum Zweck der Studienbewerbung eine Aufenthaltserlaubnis erteilt werden, wenn

1. er über die schulischen und sprachlichen Voraussetzungen zur Aufnahme eines Studiums verfügt oder diese innerhalb der Aufenthaltsdauer nach Satz 2 erworben werden sollen und

2. der Lebensunterhalt gesichert ist. ²Die Aufenthaltserlaubnis wird für bis zu neun Monate erteilt.

(3) ¹Die Aufenthaltserlaubnis nach den Absätzen 1 und 2 berechtigt nicht zur Erwerbstätigkeit und nicht zur Ausübung studentischer Nebentätigkeiten. ²Während des Aufenthalts nach Absatz 1 soll in der Regel eine Aufenthaltserlaubnis zu einem anderen Aufenthaltszweck nur nach den §§ 18a oder 18b oder in Fällen eines gesetzlichen Anspruchs erteilt werden. ³Während des Aufenthalts nach Absatz 2 soll in der Regel eine Aufenthaltserlaubnis zu einem anderen Aufenthaltszweck nur nach den §§ 16a, 16b, 18a oder 18b oder in Fällen eines gesetzlichen Anspruchs erteilt werden.

Abschnitt 4
Aufenthalt zum Zweck der Erwerbstätigkeit

§ 18 Grundsatz der Fachkräfteeinwanderung; allgemeine Bestimmungen

(1) ¹Die Zulassung ausländischer Beschäftigter orientiert sich an den Erfordernissen des Wirtschafts- und Wissenschaftsstandortes Deutschland unter Berücksichtigung der Verhältnisse auf dem Arbeitsmarkt. ²Die besonderen Möglichkeiten für ausländische Fachkräfte dienen der Sicherung der Fachkräftebasis und der Stärkung der sozialen Sicherungssysteme. ³Sie sind ausgerichtet auf die nachhaltige Integration von Fachkräften in den Arbeitsmarkt und die Gesellschaft unter Beachtung der Interessen der öffentlichen Sicherheit.

(2) Die Erteilung eines Aufenthaltstitels zur Ausübung einer Beschäftigung nach diesem Abschnitt setzt voraus, dass

1. ein konkretes Arbeitsplatzangebot vorliegt,

2. die Bundesagentur für Arbeit nach § 39 zugestimmt hat; dies gilt nicht, wenn durch Gesetz, zwischenstaatliche Vereinbarung oder durch die Beschäftigungsverordnung bestimmt ist, dass die Ausübung der Beschäftigung ohne Zustimmung der Bundesagentur für Arbeit zulässig ist; in diesem Fall kann die Erteilung des Aufenthaltstitels auch versagt werden, wenn einer der Tatbestände des § 40 Absatz 2 oder 3 vorliegt,

3. eine Berufsausübungserlaubnis erteilt wurde oder zugesagt ist, soweit diese erforderlich ist,

4. die Gleichwertigkeit der Qualifikation festgestellt wurde oder ein anerkannter ausländischer oder ein einem deutschen Hochschulabschluss vergleichbarer ausländischer Hochschulabschluss vorliegt, soweit dies eine Voraussetzung für die Erteilung des Aufenthaltstitels ist, und

5. in den Fällen der erstmaligen Erteilung eines Aufenthaltstitels nach § 18a oder § 18b Absatz 1 nach Vollendung des 45. Lebensjahres des Ausländers die Höhe des Gehalts mindestens 55 Prozent der jährlichen Beitragsbemessungsgrenze in der allgemeinen Rentenversicherung entspricht, es sei denn, der Ausländer kann den Nachweis über eine angemessene Altersversorgung erbringen. Von den Voraussetzungen nach Satz 1 kann nur in begründeten Ausnahmefällen, in denen ein öffentliches, insbesondere ein regionales, wirtschaftliches oder arbeitsmarktpolitisches Interesse an der Beschäftigung des Ausländers besteht, abgesehen werden. Das Bundesministerium des Innern, für Bau und

Heimat gibt das Mindestgehalt für jedes Kalenderjahr jeweils bis zum 31. Dezember des Vorjahres im Bundesanzeiger bekannt.[1]

(3) Fachkraft im Sinne dieses Gesetzes ist ein Ausländer, der

1. eine inländische qualifizierte Berufsausbildung oder eine mit einer inländischen qualifizierten Berufsausbildung gleichwertige ausländische Berufsqualifikation besitzt (Fachkraft mit Berufsausbildung) oder

2. einen deutschen, einen anerkannten ausländischen oder einen einem deutschen Hochschulabschluss vergleichbaren ausländischen Hochschulabschluss besitzt (Fachkraft mit akademischer Ausbildung).

(4) [1]Aufenthaltstitel für Fachkräfte gemäß den §§ 18a und 18b werden für die Dauer von vier Jahren oder, wenn das Arbeitsverhältnis oder die Zustimmung der Bundesagentur für Arbeit auf einen kürzeren Zeitraum befristet sind, für diesen kürzeren Zeitraum erteilt. [2]Die Blaue Karte EU wird für die Dauer des Arbeitsvertrages zuzüglich dreier Monate ausgestellt oder verlängert, wenn die Dauer des Arbeitsvertrages weniger als vier Jahre beträgt.

§ 18a Fachkräfte mit Berufsausbildung

Einer Fachkraft mit Berufsausbildung kann eine Aufenthaltserlaubnis zur Ausübung einer qualifizierten Beschäftigung erteilt werden, zu der ihre erworbene Qualifikation sie befähigt.

§ 18b Fachkräfte mit akademischer Ausbildung

(1) Einer Fachkraft mit akademischer Ausbildung kann eine Aufenthaltserlaubnis zur Ausübung einer qualifizierten Beschäftigung erteilt werden, zu der ihre Qualifikation sie befähigt.

(2) [1]Einer Fachkraft mit akademischer Ausbildung wird ohne Zustimmung der Bundesagentur für Arbeit eine Blaue Karte EU zum Zweck einer ihrer Qualifikation angemessenen Beschäftigung erteilt, wenn sie ein Gehalt in Höhe von mindestens zwei Dritteln der jährlichen Bemessungsgrenze in der allgemeinen Rentenversicherung erhält und keiner der in § 19f Absatz 1 und 2 geregelten Ablehnungsgründe vorliegt. [2]Fachkräften mit akademischer Ausbildung, die einen Beruf ausüben, der zu den Gruppen 21, 221 oder 25 nach der Empfehlung der Kommission vom 29. Oktober 2009 über die Verwendung der Internationalen Standardklassifikation der Berufe (ISCO-08) (ABl. L 292 vom 10.11.2009, S. 31) gehört, wird die Blaue Karte EU abweichend von Satz 1 mit Zustimmung der Bundesagentur für Arbeit erteilt, wenn die Höhe des Gehalts mindestens 52 Prozent der jährlichen Beitragsbemessungsgrenze in der allgemeinen Rentenversicherung beträgt. [3]Das Bundesministerium des Innern gibt die Mindestgehälter für jedes Kalenderjahr jeweils bis zum 31. Dezember des Vorjahres im Bundesanzeiger bekannt. [4]Abweichend von § 4a Absatz 3 Satz 3 ist bei einem Arbeitsplatzwechsel eines Inhabers einer Blauen Karte EU nur in den ersten zwei Jahren der Beschäftigung die Erlaubnis durch die Ausländerbehörde erforderlich; sie wird erteilt, wenn die Voraussetzungen der Erteilung einer Blauen Karte EU vorliegen.[2]

§ 18c Niederlassungserlaubnis für Fachkräfte

(1) [1]Einer Fachkraft ist ohne Zustimmung der Bundesagentur für Arbeit eine Niederlassungserlaubnis zu erteilen, wenn

1. sie seit vier Jahren im Besitz eines Aufenthaltstitels nach den §§ 18a, 18b oder 18d ist,

2. sie einen Arbeitsplatz innehat, der nach den Voraussetzungen der §§ 18a, 18b oder § 18d von ihr besetzt werden darf,

1) Das Bundesministerium des Innern, für Bau und Heimat hat gemäß § 18 Abs. 2 Nr. 5 AufenthG und § 1 Abs. 2 Satz 3 BeschV das Mindestgehalt für die Aufenthaltserlaubnis nach den §§ 18a und 18b Abs. 1 AufenthG sowie für die Aufenthaltserlaubnis nach § 19c Abs. 1 in Verbindung mit den §§ 24a und 26 Abs. 2 BeschV für das Jahr 2020 bekannt gegeben (Bek. v. 1.4.2020, BAnz AT 02.04.2020 B4).
„Das Mindestgehalt für eine Aufenthaltserlaubnis nach den §§ 18a und 18b Absatz 1 sowie § 19c Absatz 1 AufenthG in Verbindung mit den §§ 24a und 26 Absatz 2 BeschV beträgt nach § 18 Absatz 2 Nummer 5 AufenthG und nach § 1 Absatz 2 BeschV 55 Prozent der jährlichen Beitragsbemessungsgrenze in der allgemeinen Rentenversicherung. Daraus ergibt sich ein Mindestgehalt für das Jahr 2020 in Höhe von jährlich 45 540 Euro.“

2) Das Bundesministerium des Innern, für Bau und Heimat hat gemäß § 18b Abs. 2 Satz 3 AufenthG Mindestgehälter für die Blaue Karte EU nach § 18b Abs. 2 Satz 1 und 2 AufenthG für das Jahr 2020 bekannt gegeben (Bek. v. 17.3.2020 BAnz AT 02.04.2020 B2).
„Das Mindestgehalt für die Blaue Karte EU beträgt nach § 18b Absatz 2 Satz 1 AufenthG zwei Drittel der jährlichen Beitragsbemessungsgrenze in der allgemeinen Rentenversicherung. Daraus ergibt sich ein Mindestgehalt für das Jahr 2020 in Höhe von jährlich 55 200 Euro.
Das Mindestgehalt für die Blaue Karte EU für Mangelberufe beträgt nach § 18b Absatz 2 Satz 2 AufenthG 52 Prozent der jährlichen Beitragsbemessungsgrenze in der allgemeinen Rentenversicherung. Daraus ergibt sich ein Mindestgehalt für das Jahr 2020 in Höhe von jährlich 43 056 Euro.“

3. sie mindestens 48 Monate Pflichtbeiträge oder freiwillige Beiträge zur gesetzlichen Rentenversicherung geleistet hat oder Aufwendungen für einen Anspruch auf vergleichbare Leistungen einer Versicherungs- oder Versorgungseinrichtung oder eines Versicherungsunternehmens nachweist,

4. sie über ausreichende Kenntnisse der deutschen Sprache verfügt und

5. die Voraussetzungen des § 9 Absatz 2 Satz 1 Nummer 2 und 4 bis 6, 8 und 9 vorliegen; § 9 Absatz 2 Satz 2 bis 4 und 6 gilt entsprechend.

[2]Die Frist nach Satz 1 Nummer 1 verkürzt sich auf zwei Jahre und die Frist nach Satz 1 Nummer 3 verkürzt sich auf 24 Monate, wenn die Fachkraft eine inländische Berufsausbildung oder ein inländisches Studium erfolgreich abgeschlossen hat.

(2) [1]Abweichend von Absatz 1 ist dem Inhaber einer Blauen Karte EU eine Niederlassungserlaubnis zu erteilen, wenn er mindestens 33 Monate eine Beschäftigung nach § 18b Absatz 2 ausgeübt hat und für diesen Zeitraum Pflichtbeiträge oder freiwillige Beiträge zur gesetzlichen Rentenversicherung geleistet hat oder Aufwendungen für einen Anspruch auf vergleichbare Leistungen einer Versicherungs- oder Versorgungseinrichtung oder eines Versicherungsunternehmens nachweist und die Voraussetzungen des § 9 Absatz 2 Satz 1 Nummer 2 und 4 bis 6, 8 und 9 vorliegen und er über einfache Kenntnisse der deutschen Sprache verfügt. [2]§ 9 Absatz 2 Satz 2 bis 4 und 6 gilt entsprechend. [3]Die Frist nach Satz 1 verkürzt sich auf 21 Monate, wenn der Ausländer über ausreichende Kenntnisse der deutschen Sprache verfügt.

(3) [1]Einer hoch qualifizierten Fachkraft mit akademischer Ausbildung kann ohne Zustimmung der Bundesagentur für Arbeit in besonderen Fällen eine Niederlassungserlaubnis erteilt werden, wenn die Annahme gerechtfertigt ist, dass die Integration in die Lebensverhältnisse der Bundesrepublik Deutschland und die Sicherung des Lebensunterhalts ohne staatliche Hilfe gewährleistet sind sowie die Voraussetzung des § 9 Absatz 2 Satz 1 Nummer 4 vorliegt. [2]Die Landesregierung kann bestimmen, dass die Erteilung der Niederlassungserlaubnis nach Satz 1 der Zustimmung der obersten Landesbehörde oder einer von ihr bestimmten Stelle bedarf. [3]Hoch qualifiziert nach Satz 1 sind bei mehrjähriger Berufserfahrung insbesondere

1. Wissenschaftler mit besonderen fachlichen Kenntnissen oder

2. Lehrpersonen in herausgehobener Funktion oder wissenschaftliche Mitarbeiter in herausgehobener Funktion.

§ 18d Forschung

(1) [1]Einem Ausländer wird ohne Zustimmung der Bundesagentur für Arbeit eine Aufenthaltserlaubnis nach der Richtlinie (EU) 2016/801 zum Zweck der Forschung erteilt, wenn

1. er

 a) eine wirksame Aufnahmevereinbarung oder einen entsprechenden Vertrag zur Durchführung eines Forschungsvorhabens mit einer Forschungseinrichtung abgeschlossen hat, die für die Durchführung des besonderen Zulassungsverfahrens für Forscher im Bundesgebiet anerkannt ist, oder

 b) eine wirksame Aufnahmevereinbarung oder einen entsprechenden Vertrag mit einer Forschungseinrichtung abgeschlossen hat, die Forschung betreibt, und

2. die Forschungseinrichtung sich schriftlich zur Übernahme der Kosten verpflichtet hat, die öffentlichen Stellen bis zu sechs Monate nach der Beendigung der Aufnahmevereinbarung entstehen für

 a) den Lebensunterhalt des Ausländers während eines unerlaubten Aufenthalts in einem Mitgliedstaat der Europäischen Union und

 b) eine Abschiebung des Ausländers.

[2]In den Fällen des Satzes 1 Nummer 1 Buchstabe a ist die Aufenthaltserlaubnis innerhalb von 60 Tagen nach Antragstellung zu erteilen.

(2) [1]Von dem Erfordernis des Absatzes 1 Satz 1 Nummer 2 soll abgesehen werden, wenn die Tätigkeit der Forschungseinrichtung überwiegend aus öffentlichen Mitteln finanziert wird. [2]Es kann davon abgesehen werden, wenn an dem Forschungsvorhaben ein besonderes öffentliches Interesse besteht. [3]Auf die nach Absatz 1 Satz 1 Nummer 2 abgegebenen Erklärungen sind § 66 Absatz 5, § 67 Absatz 3 sowie § 68 Absatz 2 Satz 2 und 3 und Absatz 4 entsprechend anzuwenden.

(3) Die Forschungseinrichtung kann die Erklärung nach Absatz 1 Satz 1 Nummer 2 auch gegenüber der für ihre Anerkennung zuständigen Stelle allgemein für sämtliche Ausländer abgeben, denen auf Grund einer mit ihr geschlossenen Aufnahmevereinbarung eine Aufenthaltserlaubnis erteilt wird.

(4) [1]Die Aufenthaltserlaubnis wird für mindestens ein Jahr erteilt. [2]Nimmt der Ausländer an einem Unionsoder multilateralen Programm mit Mobilitätsmaßnahmen teil, so wird die Aufenthaltserlaubnis für mindestens zwei Jahre erteilt. [3]Wenn das Forschungsvorhaben in einem kürzeren Zeitraum durchgeführt wird,

wird die Aufenthaltserlaubnis abweichend von den Sätzen 1 und 2 auf die Dauer des Forschungsvorhabens befristet; die Frist beträgt in den Fällen des Satzes 2 mindestens ein Jahr.

(5) ¹Eine Aufenthaltserlaubnis nach Absatz 1 berechtigt zur Aufnahme der Forschungstätigkeit bei der in der Aufnahmevereinbarung bezeichneten Forschungseinrichtung und zur Aufnahme von Tätigkeiten in der Lehre. ²Änderungen des Forschungsvorhabens während des Aufenthalts führen nicht zum Wegfall dieser Berechtigung.

(6) ¹Einem Ausländer, der in einem Mitgliedstaat der Europäischen Union international Schutzberechtigter ist, kann eine Aufenthaltserlaubnis zum Zweck der Forschung erteilt werden, wenn die Voraussetzungen des Absatzes 1 erfüllt sind und er sich mindestens zwei Jahre nach Erteilung der Schutzberechtigung in diesem Mitgliedstaat aufgehalten hat. ²Absatz 5 gilt entsprechend.

§ 18e Kurzfristige Mobilität für Forscher

(1) ¹Für einen Aufenthalt zum Zweck der Forschung, der eine Dauer von 180 Tagen innerhalb eines Zeitraums von 360 Tagen nicht überschreitet, bedarf ein Ausländer abweichend von § 4 Absatz 1 keines Aufenthaltstitels, wenn die aufnehmende Forschungseinrichtung im Bundesgebiet dem Bundesamt für Migration und Flüchtlinge und der zuständigen Behörde des anderen Mitgliedstaates mitgeteilt hat, dass der Ausländer beabsichtigt, einen Teil seiner Forschungstätigkeit im Bundesgebiet durchzuführen, und dem Bundesamt für Migration und Flüchtlinge mit der Mitteilung vorlegt

1. den Nachweis, dass der Ausländer einen gültigen nach der Richtlinie (EU) 2016/801 erteilten Aufenthaltstitel eines anderen Mitgliedstaates zum Zweck der Forschung besitzt,
2. die Aufnahmevereinbarung oder den entsprechenden Vertrag, die oder der mit der aufnehmenden Forschungseinrichtung im Bundesgebiet geschlossen wurde,
3. die Kopie eines anerkannten und gültigen Passes oder Passersatzes des Ausländers und
4. den Nachweis, dass der Lebensunterhalt des Ausländers gesichert ist.

²Die aufnehmende Forschungseinrichtung hat die Mitteilung zu dem Zeitpunkt zu machen, zu dem der Ausländer in einem anderen Mitgliedstaat der Europäischen Union den Antrag auf Erteilung eines Aufenthaltstitels im Anwendungsbereich der Richtlinie (EU) 2016/801 stellt. ³Ist der aufnehmenden Forschungseinrichtung zu diesem Zeitpunkt die Absicht des Ausländers, einen Teil der Forschungstätigkeit im Bundesgebiet durchzuführen, noch nicht bekannt, so hat sie die Mitteilung zu dem Zeitpunkt zu machen, zu dem ihr die Absicht bekannt wird. ⁴Bei der Erteilung des Aufenthaltstitels nach Satz 1 Nummer 1 durch einen Staat, der nicht Schengen-Staat ist, und bei der Einreise über einen Staat, der nicht Schengen-Staat ist, hat der Ausländer eine Kopie der Mitteilung mitzuführen und den zuständigen Behörden auf deren Verlangen vorzulegen.

(2) ¹Erfolgt die Mitteilung zu dem in Absatz 1 Satz 2 genannten Zeitpunkt und wurden die Einreise und der Aufenthalt nicht nach § 19f Absatz 5 abgelehnt, so darf der Ausländer jederzeit innerhalb der Gültigkeitsdauer des Aufenthaltstitels in das Bundesgebiet einreisen und sich dort zum Zweck der Forschung aufhalten. ²Erfolgt die Mitteilung zu dem in Absatz 1 Satz 3 genannten Zeitpunkt, so darf der Ausländer nach Zugang der Mitteilung innerhalb der Gültigkeitsdauer des in Absatz 1 Satz 1 Nummer 1 genannten Aufenthaltstitels des anderen Mitgliedstaates in das Bundesgebiet einreisen und sich dort zum Zweck der Forschung aufhalten.

(3) Ein Ausländer, der die Voraussetzungen nach Absatz 1 erfüllt, ist berechtigt, in der aufnehmenden Forschungseinrichtung die Forschungstätigkeit aufzunehmen und Tätigkeiten in der Lehre aufzunehmen.

(4) ¹Werden die Einreise und der Aufenthalt nach § 19f Absatz 5 abgelehnt, so hat der Ausländer die Forschungstätigkeit unverzüglich einzustellen. ²Die bis dahin nach Absatz 1 Satz 1 bestehende Befreiung vom Erfordernis eines Aufenthaltstitels entfällt.

(5) Sofern keine Ablehnung der Einreise und des Aufenthalts nach § 19f Absatz 5 erfolgt, wird dem Ausländer durch das Bundesamt für Migration und Flüchtlinge eine Bescheinigung über die Berechtigung zur Einreise und zum Aufenthalt zum Zweck der Forschung im Rahmen der kurzfristigen Mobilität ausgestellt.

(6) ¹Nach der Ablehnung gemäß § 19f Absatz 5 oder der Ausstellung der Bescheinigung im Sinne von Absatz 5 durch das Bundesamt für Migration und Flüchtlinge ist die Ausländerbehörde gemäß § 71 Absatz 1 für weitere aufenthaltsrechtliche Maßnahmen und Entscheidungen zuständig. ²Der Ausländer und die aufnehmende Forschungseinrichtung sind verpflichtet, der Ausländerbehörde Änderungen in Bezug auf die in Absatz 1 genannten Voraussetzungen anzuzeigen.

§ 18f Aufenthaltserlaubnis für mobile Forscher

(1) Für einen Aufenthalt zum Zweck der Forschung, der mehr als 180 Tage und höchstens ein Jahr dauert, wird einem Ausländer ohne Zustimmung der Bundesagentur für Arbeit eine Aufenthaltserlaubnis erteilt, wenn

1. er einen für die Dauer des Verfahrens gültigen nach der Richtlinie (EU) 2016/801 erteilten Aufenthaltstitel eines anderen Mitgliedstaates besitzt,
2. die Kopie eines anerkannten und gültigen Passes oder Passersatzes vorgelegt wird und
3. die Aufnahmevereinbarung oder der entsprechende Vertrag, die oder der mit der aufnehmenden Forschungseinrichtung im Bundesgebiet geschlossen wurde, vorgelegt wird.

(2) Wird der Antrag auf Erteilung der Aufenthaltserlaubnis mindestens 30 Tage vor Beginn des Aufenthalts im Bundesgebiet gestellt und ist der Aufenthaltstitel des anderen Mitgliedstaates weiterhin gültig, so gelten, bevor über den Antrag entschieden wird, der Aufenthalt und die Erwerbstätigkeit des Ausländers für bis zu 180 Tage innerhalb eines Zeitraums von 360 Tagen als erlaubt.

(3) Für die Berechtigung zur Ausübung der Forschungstätigkeit und einer Tätigkeit in der Lehre gilt § 18d Absatz 5 entsprechend.

(4) Der Ausländer und die aufnehmende Forschungseinrichtung sind verpflichtet, der Ausländerbehörde Änderungen in Bezug auf die in Absatz 1 genannten Voraussetzungen anzuzeigen.

(5) [1]Der Antrag wird abgelehnt, wenn er parallel zu einer Mitteilung nach § 18e Absatz 1 Satz 1 gestellt wurde. [2]Abgelehnt wird ein Antrag auch, wenn er zwar während eines Aufenthalts nach § 18e Absatz 1, aber nicht mindestens 30 Tage vor Ablauf dieses Aufenthalts vollständig gestellt wurde.

§ 19 ICT-Karte für unternehmensintern transferierte Arbeitnehmer

(1) [1]Eine ICT-Karte ist ein Aufenthaltstitel zum Zweck eines unternehmensinternen Transfers eines Ausländers. [2]Ein unternehmensinterner Transfer ist die vorübergehende Abordnung eines Ausländers
1. in eine inländische Niederlassung des Unternehmens, dem der Ausländer angehört, wenn das Unternehmen seinen Sitz außerhalb der Europäischen Union hat, oder
2. in eine inländische Niederlassung eines anderen Unternehmens der Unternehmensgruppe, zu der auch dasjenige Unternehmen mit Sitz außerhalb der Europäischen Union gehört, dem der Ausländer angehört.

(2) [1]Einem Ausländer wird die ICT-Karte erteilt, wenn
1. er in der aufnehmenden Niederlassung als Führungskraft oder Spezialist tätig wird,
2. er dem Unternehmen oder der Unternehmensgruppe unmittelbar vor Beginn des unternehmensinternen Transfers seit mindestens sechs Monaten und für die Zeit des Transfers ununterbrochen angehört,
3. der unternehmensinterne Transfer mehr als 90 Tage dauert,
4. der Ausländer einen für die Dauer des unternehmensinternen Transfers gültigen Arbeitsvertrag und erforderlichenfalls ein Abordnungsschreiben vorweist, worin enthalten sind:
 a) Einzelheiten zu Ort, Art, Entgelt und zu sonstigen Arbeitsbedingungen für die Dauer des unternehmensinternen Transfers sowie
 b) der Nachweis, dass der Ausländer nach Beendigung des unternehmensinternen Transfers in eine außerhalb der Europäischen Union ansässige Niederlassung des gleichen Unternehmens oder der gleichen Unternehmensgruppe zurückkehren kann, und
5. er seine berufliche Qualifikation nachweist.
[2]Führungskraft im Sinne dieses Gesetzes ist eine in einer Schlüsselposition beschäftigte Person, die in erster Linie die aufnehmende Niederlassung leitet und die hauptsächlich unter der allgemeinen Aufsicht des Leitungsorgans oder der Anteilseigner oder gleichwertiger Personen steht oder von ihnen allgemeine Weisungen erhält. [3]Diese Position schließt die Leitung der aufnehmenden Niederlassung oder einer Abteilung oder Unterabteilung der aufnehmenden Niederlassung, die Überwachung und Kontrolle der Arbeit des sonstigen Aufsicht führenden Personals und der Fach- und Führungskräfte sowie die Befugnis zur Empfehlung einer Anstellung, Entlassung oder sonstigen personellen Maßnahme ein. [4]Spezialist im Sinne dieses Gesetzes ist, wer über unerlässliche Spezialkenntnisse über die Tätigkeitsbereiche, die Verfahren oder die Verwaltung der aufnehmenden Niederlassung, ein hohes Qualifikationsniveau sowie angemessene Berufserfahrung verfügt.

(3) [1]Die ICT-Karte wird einem Ausländer auch erteilt, wenn
1. er als Trainee im Rahmen eines unternehmensinternen Transfers tätig wird und
2. die in Absatz 2 Satz 1 Nummer 2 bis 4 genannten Voraussetzungen vorliegen.
[2]Trainee im Sinne dieses Gesetzes ist, wer über einen Hochschulabschluss verfügt, ein Traineeprogramm absolviert, das der beruflichen Entwicklung oder der Fortbildung in Bezug auf Geschäftstechniken und -methoden dient, und entlohnt wird.

(4) ¹Die ICT-Karte wird erteilt
1. bei Führungskräften und bei Spezialisten für die Dauer des Transfers, höchstens jedoch für drei Jahre und
2. bei Trainees für die Dauer des Transfers, höchstens jedoch für ein Jahr.
²Durch eine Verlängerung der ICT-Karte dürfen die in Satz 1 genannten Höchstfristen nicht überschritten werden.

(5) Die ICT-Karte wird nicht erteilt, wenn der Ausländer
1. auf Grund von Übereinkommen zwischen der Europäischen Union und ihren Mitgliedstaaten einerseits und Drittstaaten andererseits ein Recht auf freien Personenverkehr genießt, das dem der Unionsbürger gleichwertig ist,
2. in einem Unternehmen mit Sitz in einem dieser Drittstaaten beschäftigt ist oder
3. im Rahmen seines Studiums ein Praktikum absolviert.

(6) Die ICT-Karte wird darüber hinaus nicht erteilt, wenn
1. die aufnehmende Niederlassung hauptsächlich zu dem Zweck gegründet wurde, die Einreise von unternehmensintern transferierten Arbeitnehmern zu erleichtern,
2. sich der Ausländer im Rahmen der Möglichkeiten der Einreise und des Aufenthalts in mehreren Mitgliedstaaten der Europäischen Union zu Zwecken des unternehmensinternen Transfers im Rahmen des Transfers länger in einem anderen Mitgliedstaat aufhalten wird als im Bundesgebiet oder
3. der Antrag vor Ablauf von sechs Monaten seit dem Ende des letzten Aufenthalts des Ausländers zum Zweck des unternehmensinternen Transfers im Bundesgebiet gestellt wird.

(7) Diese Vorschrift dient der Umsetzung der Richtlinie 2014/66/EU des Europäischen Parlaments und des Rates vom 15. Mai 2014 über die Bedingungen für die Einreise und den Aufenthalt von Drittstaatsangehörigen im Rahmen eines unternehmensinternen Transfers (ABl. L 157 vom 27.5.2014, S. 1).

§ 19a Kurzfristige Mobilität für unternehmensintern transferierte Arbeitnehmer

(1) ¹Für einen Aufenthalt zum Zweck eines unternehmensinternen Transfers, der eine Dauer von bis zu 90 Tagen innerhalb eines Zeitraums von 180 Tagen nicht überschreitet, bedarf ein Ausländer abweichend von § 4 Absatz 1 keines Aufenthaltstitels, wenn die ihn aufnehmende Niederlassung in dem anderen Mitgliedstaat dem Bundesamt für Migration und Flüchtlinge oder der zuständigen Behörde des anderen Mitgliedstaates mitgeteilt hat, dass der Ausländer die Ausübung einer Beschäftigung im Bundesgebiet beabsichtigt, und dem Bundesamt für Migration und Flüchtlinge mit der Mitteilung vorlegt
1. den Nachweis, dass der Ausländer einen gültigen nach der Richtlinie (EU) 2014/66 erteilten Aufenthaltstitel eines anderen Mitgliedstaates der Europäischen Union besitzt,
2. den Nachweis, dass die inländische aufnehmende Niederlassung demselben Unternehmen oder derselben Unternehmensgruppe angehört wie dasjenige Unternehmen mit Sitz außerhalb der Europäischen Union, dem der Ausländer angehört,
3. einen Arbeitsvertrag und erforderlichenfalls ein Abordnungsschreiben gemäß den Vorgaben in § 19 Absatz 2 Satz 1 Nummer 4, der oder das bereits den zuständigen Behörden des anderen Mitgliedstaates vorgelegt wurde,
4. die Kopie eines anerkannten und gültigen Passes oder Passersatzes des Ausländers,
5. den Nachweis, dass eine Berufsausübungserlaubnis erteilt wurde oder ihre Erteilung zugesagt ist, soweit diese erforderlich ist.

²Die aufnehmende Niederlassung in dem anderen Mitgliedstaat hat die Mitteilung zu dem Zeitpunkt zu machen, zu dem der Ausländer in dem anderen Mitgliedstaat der Europäischen Union den Antrag auf Erteilung eines Aufenthaltstitels im Anwendungsbereich der Richtlinie (EU) 2014/66 stellt. ³Ist der aufnehmenden Niederlassung in dem anderen Mitgliedstaat zu diesem Zeitpunkt die Absicht des Transfers in eine Niederlassung im Bundesgebiet noch nicht bekannt, so hat sie die Mitteilung zu dem Zeitpunkt zu machen, zu dem ihr die Absicht bekannt wird. ⁴Bei der Erteilung des Aufenthaltstitels nach Satz 1 Nummer 1 durch einen Staat, der nicht Schengen-Staat ist, und bei der Einreise über einen Staat, der nicht Schengen-Staat ist, hat der Ausländer eine Kopie der Mitteilung mitzuführen und den zuständigen Behörden auf deren Verlangen vorzulegen.

(2) ¹Erfolgt die Mitteilung zu dem in Absatz 1 Satz 2 genannten Zeitpunkt und wurden die Einreise und der Aufenthalt nicht nach Absatz 4 abgelehnt, so darf der Ausländer jederzeit innerhalb der Gültigkeitsdauer des in Absatz 1 Satz 1 Nummer 1 genannten Aufenthaltstitels des anderen Mitgliedstaates in das Bundesgebiet einreisen und sich dort zum Zweck des unternehmensinternen Transfers aufhalten. ²Erfolgt die Mitteilung zu dem in Absatz 1 Satz 3 genannten Zeitpunkt, so darf der Ausländer nach Zugang der Mitteilung innerhalb der Gültigkeitsdauer des in Absatz 1 Satz 1 Nummer 1 genannten Aufenthaltstitels

des anderen Mitgliedstaates in das Bundesgebiet einreisen und sich dort zum Zweck des unternehmens-
internen Transfers aufhalten.

(3) [1]Die Einreise und der Aufenthalt werden durch das Bundesamt für Migration und Flüchtlinge abge-
lehnt, wenn

1. das Arbeitsentgelt, das dem Ausländer während des unternehmensinternen Transfers im Bundesge-
 biet gewährt wird, ungünstiger ist als das Arbeitsentgelt vergleichbarer deutscher Arbeitnehmer,
2. die Voraussetzungen des Absatzes 1 Satz 1 Nummer 1, 2, 4 und 5 nicht vorliegen,
3. die nach Absatz 1 vorgelegten Unterlagen in betrügerischer Weise erworben oder gefälscht oder
 manipuliert wurden,
4. der Ausländer sich schon länger als drei Jahre in der Europäischen Union aufhält oder, falls es sich
 um einen Trainee handelt, länger als ein Jahr in der Europäischen Union aufhält oder
5. ein Ausweisungsinteresse besteht.

[2]Eine Ablehnung hat in den Fällen des Satzes 1 Nummer 1 bis 4 spätestens 20 Tage nach Zugang der
vollständigen Mitteilung nach Absatz 1 Satz 1 beim Bundesamt für Migration und Flüchtlinge zu erfolgen.
[3]Im Fall des Satzes 1 Nummer 5 ist eine Ablehnung durch die Ausländerbehörde jederzeit während des
Aufenthalts des Ausländers möglich; § 73 Absatz 3c ist entsprechend anwendbar. [4]Die Ablehnung ist
neben dem Ausländer auch der zuständigen Behörde des anderen Mitgliedstaates sowie der aufnehmenden
Niederlassung in dem anderen Mitgliedstaat bekannt zu geben. [5]Bei fristgerechter Ablehnung hat der
Ausländer die Erwerbstätigkeit unverzüglich einzustellen; die bis dahin nach Absatz 1 Satz 1 bestehende
Befreiung vom Erfordernis eines Aufenthaltstitels entfällt.

(4) Sofern innerhalb von 20 Tagen nach Zugang der in Absatz 1 Satz 1 genannten Mitteilung keine
Ablehnung der Einreise und des Aufenthalts des Ausländers nach Absatz 3 erfolgt, ist dem Ausländer
durch das Bundesamt für Migration und Flüchtlinge eine Bescheinigung über die Berechtigung zur Ein-
reise und zum Aufenthalt zum Zweck des unternehmensinternen Transfers im Rahmen der kurzfristigen
Mobilität auszustellen.

(5) [1]Nach der Ablehnung gemäß Absatz 3 oder der Ausstellung der Bescheinigung im Sinne von Absatz
4 durch das Bundesamt für Migration und Flüchtlinge ist die Ausländerbehörde gemäß § 71 Absatz 1 für
weitere aufenthaltsrechtliche Maßnahmen und Entscheidungen zuständig. [2]Der Ausländer hat der Aus-
länderbehörde unverzüglich mitzuteilen, wenn der Aufenthaltstitel nach Absatz 1 Satz 1 Nummer 1 durch
den anderen Mitgliedstaat verlängert wurde.

§ 19b Mobiler-ICT-Karte

(1) Eine Mobiler-ICT-Karte ist ein Aufenthaltstitel nach der Richtlinie (EU) 2014/66 zum Zweck eines
unternehmensinternen Transfers im Sinne des § 19 Absatz 1 Satz 2, wenn der Ausländer einen für die
Dauer des Antragsverfahrens gültigen nach der Richtlinie (EU) 2014/66 erteilten Aufenthaltstitel eines
anderen Mitgliedstaates besitzt.

(2) Einem Ausländer wird die Mobiler-ICT-Karte erteilt, wenn

1. er als Führungskraft, Spezialist oder Trainee tätig wird,
2. der unternehmensinterne Transfer mehr als 90 Tage dauert und
3. er einen für die Dauer des Transfers gültigen Arbeitsvertrag und erforderlichenfalls ein Abordnungs-
 schreiben vorweist, worin enthalten sind:
 a) Einzelheiten zu Ort, Art, Entgelt und zu sonstigen Arbeitsbedingungen für die Dauer des Trans-
 fers sowie
 b) der Nachweis, dass der Ausländer nach Beendigung des Transfers in eine außerhalb der Euro-
 päischen Union ansässige Niederlassung des gleichen Unternehmens oder der gleichen Unter-
 nehmensgruppe zurückkehren kann.

(3) Wird der Antrag auf Erteilung der Mobiler-ICT-Karte mindestens 20 Tage vor Beginn des Aufenthalts
im Bundesgebiet gestellt und ist der Aufenthaltstitel des anderen Mitgliedstaates weiterhin gültig, so
gelten bis zur Entscheidung der Ausländerbehörde der Aufenthalt und die Beschäftigung des Ausländers
für bis zu 90 Tage innerhalb eines Zeitraums von 180 Tagen als erlaubt.

(4) [1]Der Antrag wird abgelehnt, wenn er parallel zu einer Mitteilung nach § 19a Absatz 1 Satz 1 gestellt
wurde. [2]Abgelehnt wird ein Antrag auch, wenn er zwar während des Aufenthalts nach § 19a, aber nicht
mindestens 20 Tage vor Ablauf dieses Aufenthalts vollständig gestellt wurde.

(5) Die Mobiler-ICT-Karte wird nicht erteilt, wenn sich der Ausländer im Rahmen des unternehmensin-
ternen Transfers im Bundesgebiet länger aufhalten wird als in anderen Mitgliedstaaten.

(6) Der Antrag kann abgelehnt werden, wenn

1. die Höchstdauer des unternehmensinternen Transfers nach § 19 Absatz 4 erreicht wurde oder
2. der in § 19 Absatz 6 Nummer 3 genannte Ablehnungsgrund vorliegt.

(7) Die inländische aufnehmende Niederlassung ist verpflichtet, der zuständigen Ausländerbehörde Änderungen in Bezug auf die in Absatz 2 genannten Voraussetzungen unverzüglich, in der Regel innerhalb einer Woche, anzuzeigen.

§ 19c Sonstige Beschäftigungszwecke; Beamte

(1) Einem Ausländer kann unabhängig von einer Qualifikation als Fachkraft eine Aufenthaltserlaubnis zur Ausübung einer Beschäftigung erteilt werden, wenn die Beschäftigungsverordnung oder eine zwischenstaatliche Vereinbarung bestimmt, dass der Ausländer zur Ausübung dieser Beschäftigung zugelassen werden kann.

(2) Einem Ausländer mit ausgeprägten berufspraktischen Kenntnissen kann eine Aufenthaltserlaubnis zur Ausübung einer qualifizierten Beschäftigung erteilt werden, wenn die Beschäftigungsverordnung bestimmt, dass der Ausländer zur Ausübung dieser Beschäftigung zugelassen werden kann.

(3) Einem Ausländer kann im begründeten Einzelfall eine Aufenthaltserlaubnis erteilt werden, wenn an seiner Beschäftigung ein öffentliches, insbesondere ein regionales, wirtschaftliches oder arbeitsmarktpolitisches Interesse besteht.

(4) ¹Einem Ausländer, der in einem Beamtenverhältnis zu einem deutschen Dienstherrn steht, wird ohne Zustimmung der Bundesagentur für Arbeit eine Aufenthaltserlaubnis zur Erfüllung seiner Dienstpflichten im Bundesgebiet erteilt. ²Die Aufenthaltserlaubnis wird für die Dauer von drei Jahren erteilt, wenn das Dienstverhältnis nicht auf einen kürzeren Zeitraum befristet ist. ³Nach drei Jahren wird eine Niederlassungserlaubnis abweichend von § 9 Absatz 2 Satz 1 Nummer 1 und 3 erteilt.

§ 19d Aufenthaltserlaubnis für qualifizierte Geduldete zum Zweck der Beschäftigung

(1) Einem geduldeten Ausländer kann eine Aufenthaltserlaubnis zur Ausübung einer der beruflichen Qualifikation entsprechenden Beschäftigung erteilt werden, wenn der Ausländer

1. im Bundesgebiet
 a) eine qualifizierte Berufsausbildung in einem staatlich anerkannten oder vergleichbar geregelten Ausbildungsberuf oder ein Hochschulstudium abgeschlossen hat, oder
 b) mit einem anerkannten oder einem deutschen Hochschulabschluss vergleichbaren ausländischen Hochschulabschluss seit zwei Jahren ununterbrochen eine dem Abschluss angemessene Beschäftigung ausgeübt hat, oder
 c) seit drei Jahren ununterbrochen eine qualifizierte Beschäftigung ausgeübt hat und innerhalb des letzten Jahres vor Beantragung der Aufenthaltserlaubnis für seinen Lebensunterhalt und den seiner Familienangehörigen oder anderen Haushaltsangehörigen nicht auf öffentliche Mittel mit Ausnahme von Leistungen zur Deckung der notwendigen Kosten für Unterkunft und Heizung angewiesen war, und
2. über ausreichenden Wohnraum verfügt,
3. über ausreichende Kenntnisse der deutschen Sprache verfügt,
4. die Ausländerbehörde nicht vorsätzlich über aufenthaltsrechtlich relevante Umstände getäuscht hat,
5. behördliche Maßnahmen zur Aufenthaltsbeendigung nicht vorsätzlich hinausgezögert oder behindert hat,
6. keine Bezüge zu extremistischen oder terroristischen Organisationen hat und diese auch nicht unterstützt und
7. nicht wegen einer im Bundesgebiet begangenen vorsätzlichen Straftat verurteilt wurde, wobei Geldstrafen von insgesamt bis zu 50 Tagessätzen oder bis zu 90 Tagessätzen wegen Straftaten, die nach dem Aufenthaltsgesetz oder dem Asylgesetz nur von Ausländern begangen werden können, grundsätzlich außer Betracht bleiben.

(1a) Wurde die Duldung nach § 60a Absatz 2 Satz 3 in Verbindung mit § 60c erteilt, ist nach erfolgreichem Abschluss dieser Berufsausbildung für eine der erworbenen beruflichen Qualifikation entsprechenden Beschäftigung eine Aufenthaltserlaubnis für die Dauer von zwei Jahren zu erteilen, wenn die Voraussetzungen des Absatzes 1 Nummer 2 bis 3 und 6 bis 7 vorliegen.

(1b) Eine Aufenthaltserlaubnis nach Absatz 1a wird widerrufen, wenn das der Erteilung dieser Aufenthaltserlaubnis zugrunde liegende Arbeitsverhältnis aus Gründen, die in der Person des Ausländers liegen, aufgelöst wird oder der Ausländer wegen einer im Bundesgebiet begangenen vorsätzlichen Straftat verurteilt wurde, wobei Geldstrafen von insgesamt bis zu 50 Tagessätzen oder bis zu 90 Tagessätzen wegen Straftaten, die nach dem Aufenthaltsgesetz oder dem Asylgesetz nur von Ausländern begangen werden können, grundsätzlich außer Betracht bleiben.

(2) Die Aufenthaltserlaubnis berechtigt nach Ausübung einer zweijährigen der beruflichen Qualifikation entsprechenden Beschäftigung zu jeder Beschäftigung.

(3) Die Aufenthaltserlaubnis kann abweichend von § 5 Absatz 2 und § 10 Absatz 3 Satz 1 erteilt werden.

§ 19e Teilnahme am europäischen Freiwilligendienst

(1) Einem Ausländer wird eine Aufenthaltserlaubnis zum Zweck der Teilnahme an einem europäischen Freiwilligendienst nach der Richtlinie (EU) 2016/801 erteilt, wenn die Bundesagentur für Arbeit nach § 39 zugestimmt hat oder durch die Beschäftigungsverordnung oder durch zwischenstaatliche Vereinbarung bestimmt ist, dass die Teilnahme an einem europäischen Freiwilligendienst ohne Zustimmung der Bundesagentur für Arbeit zulässig ist und der Ausländer eine Vereinbarung mit der aufnehmenden Einrichtung vorlegt, die Folgendes enthält:

1. eine Beschreibung des Freiwilligendienstes,
2. Angaben über die Dauer des Freiwilligendienstes und über die Dienstzeiten des Ausländers,
3. Angaben über die Bedingungen der Tätigkeit und der Betreuung des Ausländers,
4. Angaben über die dem Ausländer zur Verfügung stehenden Mittel für Lebensunterhalt und Unterkunft sowie Angaben über Taschengeld, das ihm für die Dauer des Aufenthalts mindestens zur Verfügung steht, und
5. Angaben über die Ausbildung, die der Ausländer gegebenenfalls erhält, damit er die Aufgaben des Freiwilligendienstes ordnungsgemäß durchführen kann.

(2) Der Aufenthaltstitel für den Ausländer wird für die vereinbarte Dauer der Teilnahme am europäischen Freiwilligendienst, höchstens jedoch für ein Jahr erteilt.

§ 19f Ablehnungsgründe bei Aufenthaltstiteln nach den §§ 16b, 16c, 16e, 16f, 17, 18b Absatz 2, den §§ 18d, 18e, 18f und 19e

(1) Ein Aufenthaltstitel nach § 16b Absatz 1 und 5, den §§ 16e, 17 Absatz 2, § 18b Absatz 2, den §§ 18d und 19e wird nicht erteilt an Ausländer,

1. die sich in einem Mitgliedstaat der Europäischen Union aufhalten, weil sie einen Antrag auf Zuerkennung der Flüchtlingseigenschaft oder auf Gewährung subsidiären Schutzes im Sinne der Richtlinie (EG) 2004/83 oder auf Zuerkennung internationalen Schutzes im Sinne der Richtlinie (EU) 2011/95 gestellt haben, oder die in einem Mitgliedstaat internationalen Schutz im Sinne der Richtlinie (EU) 2011/95 genießen,
2. die sich im Rahmen einer Regelung zum vorübergehenden Schutz in einem Mitgliedstaat der Europäischen Union aufhalten oder die in einem Mitgliedstaat einen Antrag auf Zuerkennung vorübergehenden Schutzes gestellt haben,
3. deren Abschiebung in einem Mitgliedstaat der Europäischen Union aus tatsächlichen oder rechtlichen Gründen ausgesetzt wurde,
4. die eine Erlaubnis zum Daueraufenthalt – EU oder einen Aufenthaltstitel, der durch einen anderen Mitgliedstaat der Europäischen Union auf der Grundlage der Richtlinie (EG) 2003/109 erteilt wurde, besitzen,
5. die auf Grund von Übereinkommen zwischen der Europäischen Union und ihren Mitgliedstaaten einerseits und Drittstaaten andererseits ein Recht auf freien Personenverkehr genießen, das dem der Unionsbürger gleichwertig ist.

(2) Eine Blaue Karte EU nach § 18b Absatz 2 wird über die in Absatz 1 genannten Ausschlussgründe hinaus nicht erteilt an Ausländer,

1. die einen Aufenthaltstitel nach Abschnitt 5 besitzen, der nicht auf Grund des § 23 Absatz 2 oder 4 erteilt wurde, oder eine vergleichbare Rechtsstellung in einem anderen Mitgliedstaat der Europäischen Union innehaben; Gleiches gilt, wenn sie einen solchen Titel oder eine solche Rechtsstellung beantragt haben und über den Antrag noch nicht abschließend entschieden worden ist,
2. deren Einreise in einen Mitgliedstaat der Europäischen Union Verpflichtungen unterliegt, die sich aus internationalen Abkommen zur Erleichterung der Einreise und des vorübergehenden Aufenthalts bestimmter Kategorien von natürlichen Personen, die handels- und investitionsbezogene Tätigkeiten ausüben, herleiten,
3. die in einem Mitgliedstaat der Europäischen Union als Saisonarbeitnehmer zugelassen wurden, oder
4. die unter die Richtlinie 96/71/EG des Europäischen Parlaments und des Rates vom 16. Dezember 1996 über die Entsendung von Arbeitnehmern im Rahmen der Erbringung von Dienstleistungen (ABl. L 18 vom 21.1.1997, S. 1) in der Fassung der Richtlinie (EU) 2018/957 des Europäischen Parlaments und des Rates vom 28. Juni 2018 zur Änderung der Richtlinie 96/71/EG über die Entsendung von Arbeitnehmern im Rahmen der Erbringung von Dienstleistungen (ABl. L 173 vom 9.7.2018, S. 16) fallen, für die Dauer ihrer Entsendung nach Deutschland.

(3) [1]Eine Aufenthaltserlaubnis nach den §§ 16b, 16e, 17 Absatz 2, den §§ 18d und 19e wird über die in Absatz 1 genannten Ausschlussgründe hinaus nicht erteilt an Ausländer, die eine Blaue Karte EU nach § 18b Absatz 2 oder einen Aufenthaltstitel, der durch einen anderen Mitgliedstaat der Europäischen Union

auf Grundlage der Richtlinie 2009/50/EG des Rates vom 25. Mai 2009 über die Bedingungen für die Einreise und den Aufenthalt von Drittstaatsangehörigen zur Ausübung einer hochqualifizierten Beschäftigung (ABl. L 155 vom 18.6.2009, S. 17) erteilt wurde, besitzen. ²Eine Aufenthaltserlaubnis nach § 18d wird darüber hinaus nicht erteilt, wenn die Forschungstätigkeit Bestandteil eines Promotionsstudiums als Vollzeitstudienprogramm ist.

(4) Der Antrag auf Erteilung einer Aufenthaltserlaubnis nach den §§ 16b, 16e, 16f, 17, 18d, 18f und 19e kann abgelehnt werden, wenn

1. die aufnehmende Einrichtung hauptsächlich zu dem Zweck gegründet wurde, die Einreise und den Aufenthalt von Ausländern zu dem in der jeweiligen Vorschrift genannten Zweck zu erleichtern,

2. über das Vermögen der aufnehmenden Einrichtung ein Insolvenzverfahren eröffnet wurde, das auf Auflösung der Einrichtung und Abwicklung des Geschäftsbetriebs gerichtet ist,

3. die aufnehmende Einrichtung im Rahmen der Durchführung eines Insolvenzverfahrens aufgelöst wurde und der Geschäftsbetrieb abgewickelt wurde,

4. die Eröffnung eines Insolvenzverfahrens über das Vermögen der aufnehmenden Einrichtung mangels Masse abgelehnt wurde und der Geschäftsbetrieb eingestellt wurde,

5. die aufnehmende Einrichtung keine Geschäftstätigkeit ausübt oder

6. Beweise oder konkrete Anhaltspunkte dafür bestehen, dass der Ausländer den Aufenthalt zu anderen Zwecken nutzen wird als zu jenen, für die er die Erteilung der Aufenthaltserlaubnis beantragt.

(5) ¹Die Einreise und der Aufenthalt nach § 16c oder § 18e werden durch das Bundesamt für Migration und Flüchtlinge abgelehnt, wenn

1. die jeweiligen Voraussetzungen von § 16c Absatz 1 oder § 18e Absatz 1 nicht vorliegen,

2. die nach § 16c Absatz 1 oder § 18e Absatz 1 vorgelegten Unterlagen in betrügerischer Weise erworben, gefälscht oder manipuliert wurden,

3. einer der Ablehnungsgründe des Absatzes 4 vorliegt oder

4. ein Ausweisungsinteresse besteht.

²Eine Ablehnung nach Satz 1 Nummer 1 und 2 hat innerhalb von 30 Tagen nach Zugang der vollständigen Mitteilung nach § 16c Absatz 1 Satz 1 oder § 18e Absatz 1 Satz 1 beim Bundesamt für Migration und Flüchtlinge zu erfolgen. ³Im Fall des Satzes 1 Nummer 4 ist eine Ablehnung durch die Ausländerbehörde jederzeit während des Aufenthalts des Ausländers möglich; § 73 Absatz 3c ist entsprechend anwendbar. ⁴Die Ablehnung ist neben dem Ausländer auch der zuständigen Behörde des anderen Mitgliedstaates und der mitteilenden Einrichtung schriftlich bekannt zu geben.

§ 20 Arbeitsplatzsuche für Fachkräfte

(1) ¹Einer Fachkraft mit Berufsausbildung kann eine Aufenthaltserlaubnis für bis zu sechs Monate zur Suche nach einem Arbeitsplatz, zu dessen Ausübung ihre Qualifikation befähigt, erteilt werden, wenn die Fachkraft über die angestrebte Tätigkeit entsprechende deutsche Sprachkenntnisse verfügt. ²Auf Ausländer, die sich bereits im Bundesgebiet aufhalten, findet Satz 1 nur Anwendung, wenn diese unmittelbar vor der Erteilung der Aufenthaltserlaubnis nach Satz 1 im Besitz eines Aufenthaltstitels zum Zweck der Erwerbstätigkeit oder nach § 16e waren. ³Das Bundesministerium für Arbeit und Soziales kann durch Rechtsverordnung mit Zustimmung des Bundesrates Berufsgruppen bestimmen, in denen Fachkräften keine Aufenthaltserlaubnis nach Satz 1 erteilt werden darf. ⁴Die Aufenthaltserlaubnis berechtigt nur zur Ausübung von Probebeschäftigungen bis zu zehn Stunden je Woche, zu deren Ausübung die erworbene Qualifikation die Fachkraft befähigt.

(2) ¹Einer Fachkraft mit akademischer Ausbildung kann eine Aufenthaltserlaubnis für bis zu sechs Monate zur Suche nach einem Arbeitsplatz, zu dessen Ausübung ihre Qualifikation befähigt, erteilt werden. ²Absatz 1 Satz 2 und 4 gilt entsprechend.

(3) Zur Suche nach einem Arbeitsplatz, zu dessen Ausübung seine Qualifikation befähigt,

1. wird einem Ausländer nach erfolgreichem Abschluss eines Studiums im Bundesgebiet im Rahmen eines Aufenthalts nach § 16b oder § 16c eine Aufenthaltserlaubnis für bis zu 18 Monate erteilt,

2. wird einem Ausländer nach Abschluss der Forschungstätigkeit im Rahmen eines Aufenthalts nach § 18d oder § 18f eine Aufenthaltserlaubnis für bis zu neun Monate erteilt,

3. kann einem Ausländer nach erfolgreichem Abschluss einer qualifizierten Berufsausbildung im Bundesgebiet im Rahmen eines Aufenthalts nach § 16a eine Aufenthaltserlaubnis für bis zu zwölf Monate erteilt werden, oder

4. kann einem Ausländer nach der Feststellung der Gleichwertigkeit der Berufsqualifikation oder der Erteilung der Berufsausübungserlaubnis im Bundesgebiet im Rahmen eines Aufenthalts nach § 16d eine Aufenthaltserlaubnis für bis zu zwölf Monate erteilt werden,

sofern der Arbeitsplatz nach den Bestimmungen der §§ 18a, 18b, 18d, 19c und 21 von Ausländern besetzt werden darf.

(4) [1]Die Erteilung der Aufenthaltserlaubnis nach den Absätzen 1 bis 3 setzt die Lebensunterhaltssicherung voraus. [2]Die Verlängerung der Aufenthaltserlaubnis über die in den Absätzen 1 bis 3 genannten Höchstzeiträume hinaus ist ausgeschlossen. [3]Eine Aufenthaltserlaubnis nach den Absätzen 1 und 2 kann erneut nur erteilt werden, wenn sich der Ausländer nach seiner Ausreise mindestens so lange im Ausland aufgehalten hat, wie er sich zuvor auf der Grundlage einer Aufenthaltserlaubnis nach Absatz 1 oder 2 im Bundesgebiet aufgehalten hat. [4]§ 9 findet keine Anwendung.

§§ 20a bis 20c *[aufgehoben]*

§ 21 Selbständige Tätigkeit

(1) [1]Einem Ausländer kann eine Aufenthaltserlaubnis zur Ausübung einer selbständigen Tätigkeit erteilt werden, wenn

1. ein wirtschaftliches Interesse oder ein regionales Bedürfnis besteht,
2. die Tätigkeit positive Auswirkungen auf die Wirtschaft erwarten lässt und
3. die Finanzierung der Umsetzung durch Eigenkapital oder durch eine Kreditzusage gesichert ist.

[2]Die Beurteilung der Voraussetzungen nach Satz 1 richtet sich insbesondere nach der Tragfähigkeit der zu Grunde liegenden Geschäftsidee, den unternehmerischen Erfahrungen des Ausländers, der Höhe des Kapitaleinsatzes, den Auswirkungen auf die Beschäftigungs- und Ausbildungssituation und dem Beitrag für Innovation und Forschung. [3]Bei der Prüfung sind die für den Ort der geplanten Tätigkeit fachkundigen Körperschaften, die zuständigen Gewerbebehörden, die öffentlich-rechtlichen Berufsvertretungen und die für die Berufszulassung zuständigen Behörden zu beteiligen.

(2) Eine Aufenthaltserlaubnis zur Ausübung einer selbständigen Tätigkeit kann auch erteilt werden, wenn völkerrechtliche Vergünstigungen auf der Grundlage der Gegenseitigkeit bestehen.

(2a) [1]Einem Ausländer, der sein Studium an einer staatlichen oder staatlich anerkannten Hochschule oder vergleichbaren Ausbildungseinrichtung im Bundesgebiet erfolgreich abgeschlossen hat oder der als Forscher oder Wissenschaftler eine Aufenthaltserlaubnis nach den §§ 18b, 18d oder § 19c Absatz 1 besitzt, kann eine Aufenthaltserlaubnis zur Ausübung einer selbständigen Tätigkeit abweichend von Absatz 1 erteilt werden. [2]Die beabsichtigte selbständige Tätigkeit muss einen Zusammenhang mit den in der Hochschulausbildung erworbenen Kenntnissen oder der Tätigkeit als Forscher oder Wissenschaftler erkennen lassen.

(3) Ausländern, die älter sind als 45 Jahre, soll die Aufenthaltserlaubnis nur erteilt werden, wenn sie über eine angemessene Altersversorgung verfügen.

(4) [1]Die Aufenthaltserlaubnis wird auf längstens drei Jahre befristet. [2]Nach drei Jahren kann abweichend von § 9 Abs. 2 eine Niederlassungserlaubnis erteilt werden, wenn der Ausländer die geplante Tätigkeit erfolgreich verwirklicht hat und der Lebensunterhalt des Ausländers und seiner mit ihm in familiärer Gemeinschaft lebenden Angehörigen, denen er Unterhalt zu leisten hat, durch ausreichende Einkünfte gesichert ist und die Voraussetzung des § 9 Absatz 2 Satz 1 Nummer 4 vorliegt.

(5) [1]Einem Ausländer kann eine Aufenthaltserlaubnis zur Ausübung einer freiberuflichen Tätigkeit abweichend von Absatz 1 erteilt werden. [2]Eine erforderliche Erlaubnis zur Ausübung des freien Berufes muss erteilt worden oder ihre Erteilung zugesagt sein. [3]Absatz 1 Satz 3 ist entsprechend anzuwenden. [4]Absatz 4 ist nicht anzuwenden.

(6) Einem Ausländer, dem eine Aufenthaltserlaubnis zu einem anderen Zweck erteilt wird oder erteilt worden ist, kann unter Beibehaltung dieses Aufenthaltszwecks die Ausübung einer selbständigen Tätigkeit erlaubt werden, wenn die nach sonstigen Vorschriften erforderlichen Erlaubnisse erteilt wurden oder ihre Erteilung zugesagt ist.

Abschnitt 5
Aufenthalt aus völkerrechtlichen, humanitären oder politischen Gründen

§ 22 Aufnahme aus dem Ausland

[1]Einem Ausländer kann für die Aufnahme aus dem Ausland aus völkerrechtlichen oder dringenden humanitären Gründen eine Aufenthaltserlaubnis erteilt werden. [2]Eine Aufenthaltserlaubnis ist zu erteilen, wenn das Bundesministerium des Innern, für Bau und Heimat oder die von ihm bestimmte Stelle zur Wahrung politischer Interessen der Bundesrepublik Deutschland die Aufnahme erklärt hat.

§ 23 Aufenthaltsgewährung durch die obersten Landesbehörden; Aufnahme bei besonders gelagerten politischen Interessen; Neuansiedlung von Schutzsuchenden

(1) [1]Die oberste Landesbehörde kann aus völkerrechtlichen oder humanitären Gründen oder zur Wahrung politischer Interessen der Bundesrepublik Deutschland anordnen, dass Ausländern aus bestimmten Staaten oder in sonstiger Weise bestimmten Ausländergruppen eine Aufenthaltserlaubnis erteilt wird. [2]Die Anordnung kann unter der Maßgabe erfolgen, dass eine Verpflichtungserklärung nach § 68 abgegeben wird. [3]Zur Wahrung der Bundeseinheitlichkeit bedarf die Anordnung des Einvernehmens mit dem Bundesministerium des Innern, für Bau und Heimat. [4]Die Aufenthaltserlaubnis berechtigt nicht zur Erwerbstätigkeit; die Anordnung kann vorsehen, dass die zu erteilende Aufenthaltserlaubnis die Erwerbstätigkeit erlaubt oder diese nach § 4a Absatz 1 erlaubt werden kann.

(2) [1]Das Bundesministerium des Innern, für Bau und Heimat kann zur Wahrung besonders gelagerter politischer Interessen der Bundesrepublik Deutschland im Benehmen mit den obersten Landesbehörden anordnen, dass das Bundesamt für Migration und Flüchtlinge Ausländern aus bestimmten Staaten oder in sonstiger Weise bestimmten Ausländergruppen eine Aufnahmezusage erteilt. [2]Ein Vorverfahren nach § 68 der Verwaltungsgerichtsordnung findet nicht statt. [3]Den betroffenen Ausländern ist entsprechend der Aufnahmezusage eine Aufenthaltserlaubnis oder Niederlassungserlaubnis zu erteilen. [4]Die Niederlassungserlaubnis kann mit einer wohnsitzbeschränkenden Auflage versehen werden.

(3) Die Anordnung kann vorsehen, dass § 24 ganz oder teilweise entsprechende Anwendung findet.

(4) [1]Das Bundesministerium des Innern, für Bau und Heimat kann im Rahmen der Neuansiedlung von Schutzsuchenden im Benehmen mit den obersten Landesbehörden anordnen, dass das Bundesamt für Migration und Flüchtlinge bestimmten, für eine Neuansiedlung ausgewählten Schutzsuchenden (Resettlement-Flüchtlinge) eine Aufnahmezusage erteilt. [2]Absatz 2 Satz 2 bis 4 und § 24 Absatz 3 bis 5 gelten entsprechend.

§ 23a Aufenthaltsgewährung in Härtefällen

(1) [1]Die oberste Landesbehörde darf anordnen, dass einem Ausländer, der vollziehbar ausreisepflichtig ist, abweichend von den in diesem Gesetz festgelegten Erteilungs- und Verlängerungsvoraussetzungen für einen Aufenthaltstitel sowie von den §§ 10 und 11 eine Aufenthaltserlaubnis erteilt wird, wenn eine von der Landesregierung durch Rechtsverordnung eingerichtete Härtefallkommission darum ersucht (Härtefallersuchen). [2]Die Anordnung kann im Einzelfall unter Berücksichtigung des Umstandes erfolgen, ob der Lebensunterhalt des Ausländers gesichert ist oder eine Verpflichtungserklärung nach § 68 abgegeben wird. [3]Die Annahme eines Härtefalls ist in der Regel ausgeschlossen, wenn der Ausländer Straftaten von erheblichem Gewicht begangen hat oder wenn ein Rückführungstermin bereits konkret feststeht. [4]Die Befugnis zur Aufenthaltsgewährung steht ausschließlich im öffentlichen Interesse und begründet keine eigenen Rechte des Ausländers.

(2) [1]Die Landesregierungen werden ermächtigt, durch Rechtsverordnung eine Härtefallkommission nach Absatz 1 einzurichten, das Verfahren, Ausschlussgründe und qualifizierte Anforderungen an eine Verpflichtungserklärung nach Absatz 1 Satz 2 einschließlich vom Verpflichtungsgeber zu erfüllender Voraussetzungen zu bestimmen sowie die Anordnungsbefugnis nach Absatz 1 Satz 1 auf andere Stellen zu übertragen. [2]Die Härtefallkommissionen werden ausschließlich im Wege der Selbstbefassung tätig. [3]Dritte können nicht verlangen, dass eine Härtefallkommission sich mit einem bestimmten Einzelfall befasst oder eine bestimmte Entscheidung trifft. [4]Die Entscheidung für ein Härtefallersuchen setzt voraus, dass nach den Feststellungen der Härtefallkommission dringende humanitäre oder persönliche Gründe die weitere Anwesenheit des Ausländers im Bundesgebiet rechtfertigen.

(3) [1]Verzieht ein sozialhilfebedürftiger Ausländer, dem eine Aufenthaltserlaubnis nach Absatz 1 erteilt wurde, in den Zuständigkeitsbereich eines anderen Leistungsträgers, ist der Träger der Sozialhilfe, in dessen Zuständigkeitsbereich eine Ausländerbehörde die Aufenthaltserlaubnis erteilt hat, längstens für die Dauer von drei Jahren ab Erteilung der Aufenthaltserlaubnis dem nunmehr zuständigen örtlichen Träger der Sozialhilfe zur Kostenerstattung verpflichtet. [2]Dies gilt entsprechend für die in § 6 Abs. 1 Satz 1 Nr. 2 des Zweiten Buches Sozialgesetzbuch genannten Leistungen zur Sicherung des Lebensunterhalts.

§ 24 Aufenthaltsgewährung zum vorübergehenden Schutz

(1) Einem Ausländer, dem auf Grund eines Beschlusses des Rates der Europäischen Union gemäß der Richtlinie 2001/55/EG vorübergehender Schutz gewährt wird und der seine Bereitschaft erklärt hat, im Bundesgebiet aufgenommen zu werden, wird für die nach den Artikeln 4 und 6 der Richtlinie bemessene Dauer des vorübergehenden Schutzes eine Aufenthaltserlaubnis erteilt.

(2) Die Gewährung von vorübergehendem Schutz ist ausgeschlossen, wenn die Voraussetzungen des § 3 Abs. 2 des Asylgesetzes oder des § 60 Abs. 8 Satz 1 vorliegen; die Aufenthaltserlaubnis ist zu versagen.

(3) ¹Die Ausländer im Sinne des Absatzes 1 werden auf die Länder verteilt. ²Die Länder können Kontingente für die Aufnahme zum vorübergehenden Schutz und die Verteilung vereinbaren. ³Die Verteilung auf die Länder erfolgt durch das Bundesamt für Migration und Flüchtlinge. ⁴Solange die Länder für die Verteilung keinen abweichenden Schlüssel vereinbart haben, gilt der für die Verteilung von Asylbewerbern festgelegte Schlüssel.

(4) ¹Die oberste Landesbehörde oder die von ihr bestimmte Stelle erlässt eine Zuweisungsentscheidung. ²Die Landesregierungen werden ermächtigt, die Verteilung innerhalb der Länder durch Rechtsverordnung zu regeln, sie können die Ermächtigung durch Rechtsverordnung auf andere Stellen übertragen; § 50 Abs. 4 des Asylgesetzes findet entsprechende Anwendung. ³Ein Widerspruch gegen die Zuweisungsentscheidung findet nicht statt. ⁴Die Klage hat keine aufschiebende Wirkung.

(5) ¹Der Ausländer hat keinen Anspruch darauf, sich in einem bestimmten Land oder an einem bestimmten Ort aufzuhalten. ²Er hat seine Wohnung und seinen gewöhnlichen Aufenthalt an dem Ort zu nehmen, dem er nach den Absätzen 3 und 4 zugewiesen wurde.

(6) ¹Die Ausübung einer selbständigen Tätigkeit darf nicht ausgeschlossen werden. ²Die Aufenthaltserlaubnis berechtigt nicht zur Ausübung einer Beschäftigung; sie kann nach § 4a Absatz 2 erlaubt werden.

(7) Der Ausländer wird über die mit dem vorübergehenden Schutz verbundenen Rechte und Pflichten schriftlich in einer ihm verständlichen Sprache unterrichtet.

§ 25 Aufenthalt aus humanitären Gründen

(1) ¹Einem Ausländer ist eine Aufenthaltserlaubnis zu erteilen, wenn er als Asylberechtigter anerkannt ist. ²Dies gilt nicht, wenn der Ausländer auf Grund eines besonders schwerwiegenden Ausweisungsinteresses nach § 54 Absatz 1 ausgewiesen worden ist. ³Bis zur Erteilung der Aufenthaltserlaubnis gilt der Aufenthalt als erlaubt.

(2) ¹Einem Ausländer ist eine Aufenthaltserlaubnis zu erteilen, wenn das Bundesamt für Migration und Flüchtlinge die Flüchtlingseigenschaft im Sinne des § 3 Absatz 1 des Asylgesetzes oder subsidiären Schutz im Sinne des § 4 Absatz 1 des Asylgesetzes zuerkannt hat. ²Absatz 1 Satz 2 bis 3 gilt entsprechend.

(3) ¹Einem Ausländer soll eine Aufenthaltserlaubnis erteilt werden, wenn ein Abschiebungsverbot nach § 60 Absatz 5 oder 7 vorliegt. ²Die Aufenthaltserlaubnis wird nicht erteilt, wenn die Ausreise in einen anderen Staat möglich und zumutbar ist oder der Ausländer wiederholt oder gröblich gegen entsprechende Mitwirkungspflichten verstößt. ³Sie wird ferner nicht erteilt, wenn schwerwiegende Gründe die Annahme rechtfertigen, dass der Ausländer

1. ein Verbrechen gegen den Frieden, ein Kriegsverbrechen oder ein Verbrechen gegen die Menschlichkeit im Sinne der internationalen Vertragswerke begangen hat, die ausgearbeitet worden sind, um Bestimmungen bezüglich dieser Verbrechen festzulegen,
2. eine Straftat von erheblicher Bedeutung begangen hat,
3. sich Handlungen zuschulden kommen ließ, die den Zielen und Grundsätzen der Vereinten Nationen, wie sie in der Präambel und den Artikeln 1 und 2 der Charta der Vereinten Nationen verankert sind, zuwiderlaufen, oder
4. eine Gefahr für die Allgemeinheit oder eine Gefahr für die Sicherheit der Bundesrepublik Deutschland darstellt.

(4) ¹Einem nicht vollziehbar ausreisepflichtigen Ausländer kann für einen vorübergehenden Aufenthalt eine Aufenthaltserlaubnis erteilt werden, solange dringende humanitäre oder persönliche Gründe oder erhebliche öffentliche Interessen seine vorübergehende weitere Anwesenheit im Bundesgebiet erfordern. ²Eine Aufenthaltserlaubnis kann abweichend von § 8 Abs. 1 und 2 verlängert werden, wenn auf Grund besonderer Umstände des Einzelfalls das Verlassen des Bundesgebiets für den Ausländer eine außergewöhnliche Härte bedeuten würde. ³Die Aufenthaltserlaubnis berechtigt nicht zur Ausübung einer Erwerbstätigkeit; sie kann nach § 4a Absatz 1 erlaubt werden.

(4a) ¹Einem Ausländer, der Opfer einer Straftat nach den §§ 232 bis 233a des Strafgesetzbuches wurde, soll, auch wenn er vollziehbar ausreisepflichtig ist, für einen Aufenthalt eine Aufenthaltserlaubnis erteilt werden. ²Die Aufenthaltserlaubnis darf nur erteilt werden, wenn

1. seine Anwesenheit im Bundesgebiet für ein Strafverfahren wegen dieser Straftat von der Staatsanwaltschaft oder dem Strafgericht für sachgerecht erachtet wird, weil ohne seine Angaben die Erforschung des Sachverhalts erschwert wäre,

2. er jede Verbindung zu den Personen, die beschuldigt werden, die Straftat begangen zu haben, abgebrochen hat und

3. er seine Bereitschaft erklärt hat, in dem Strafverfahren wegen der Straftat als Zeuge auszusagen.

³Nach Beendigung des Strafverfahrens soll die Aufenthaltserlaubnis verlängert werden, wenn humanitäre oder persönliche Gründe oder öffentliche Interessen die weitere Anwesenheit des Ausländers im Bundesgebiet erfordern. ⁴Die Aufenthaltserlaubnis berechtigt nicht zur Ausübung einer Erwerbstätigkeit; sie kann nach § 4a Absatz 1 erlaubt werden.

(4b) ¹Einem Ausländer, der Opfer einer Straftat nach § 10 Absatz 1 oder § 11 Absatz 1 Nummer 3 des Schwarzarbeitsbekämpfungsgesetzes oder nach § 15a des Arbeitnehmerüberlassungsgesetzes wurde, kann, auch wenn er vollziehbar ausreisepflichtig ist, für einen vorübergehenden Aufenthalt eine Aufenthaltserlaubnis erteilt werden. ²Die Aufenthaltserlaubnis darf nur erteilt werden, wenn

1. die vorübergehende Anwesenheit des Ausländers im Bundesgebiet für ein Strafverfahren wegen dieser Straftat von der Staatsanwaltschaft oder dem Strafgericht für sachgerecht erachtet wird, weil ohne seine Angaben die Erforschung des Sachverhalts erschwert wäre, und

2. der Ausländer seine Bereitschaft erklärt hat, in dem Strafverfahren wegen der Straftat als Zeuge auszusagen.

³Die Aufenthaltserlaubnis kann verlängert werden, wenn dem Ausländer von Seiten des Arbeitgebers die zustehende Vergütung noch nicht vollständig geleistet wurde und es für den Ausländer eine besondere Härte darstellen würde, seinen Vergütungsanspruch aus dem Ausland zu verfolgen. ⁴Die Aufenthaltserlaubnis berechtigt nicht zur Ausübung einer Erwerbstätigkeit; sie kann nach § 4a Absatz 1 erlaubt werden.

(5) ¹Einem Ausländer, der vollziehbar ausreisepflichtig ist, kann eine Aufenthaltserlaubnis erteilt werden, wenn seine Ausreise aus rechtlichen oder tatsächlichen Gründen unmöglich ist und mit dem Wegfall der Ausreisehindernisse in absehbarer Zeit nicht zu rechnen ist. ²Die Aufenthaltserlaubnis soll erteilt werden, wenn die Abschiebung seit 18 Monaten ausgesetzt ist. ³Eine Aufenthaltserlaubnis darf nur erteilt werden, wenn der Ausländer unverschuldet an der Ausreise gehindert ist. ⁴Ein Verschulden des Ausländers liegt insbesondere vor, wenn er falsche Angaben macht oder über seine Identität oder Staatsangehörigkeit täuscht oder zumutbare Anforderungen zur Beseitigung der Ausreisehindernisse nicht erfüllt.

§ 25a Aufenthaltsgewährung bei gut integrierten Jugendlichen und Heranwachsenden
(1) ¹Einem jugendlichen oder heranwachsenden geduldeten Ausländer soll eine Aufenthaltserlaubnis erteilt werden, wenn

1. er sich seit vier Jahren ununterbrochen erlaubt, geduldet oder mit einer Aufenthaltsgestattung im Bundesgebiet aufhält,

2. er im Bundesgebiet in der Regel seit vier Jahren erfolgreich eine Schule besucht oder einen anerkannten Schul- oder Berufsabschluss erworben hat,

3. der Antrag auf Erteilung der Aufenthaltserlaubnis vor Vollendung des 21. Lebensjahres gestellt wird,

4. es gewährleistet erscheint, dass er sich auf Grund seiner bisherigen Ausbildung und Lebensverhältnisse in die Lebensverhältnisse der Bundesrepublik Deutschland einfügen kann und

5. keine konkreten Anhaltspunkte dafür bestehen, dass der Ausländer sich nicht zur freiheitlichen demokratischen Grundordnung der Bundesrepublik Deutschland bekennt.

²Solange sich der Jugendliche oder der Heranwachsende in einer schulischen oder beruflichen Ausbildung oder einem Hochschulstudium befindet, schließt die Inanspruchnahme öffentlicher Leistungen zur Sicherstellung des eigenen Lebensunterhalts die Erteilung der Aufenthaltserlaubnis nicht aus. ³Die Erteilung einer Aufenthaltserlaubnis ist zu versagen, wenn die Abschiebung aufgrund eigener falscher Angaben des Ausländers oder aufgrund seiner Täuschung über die Identität oder Staatsangehörigkeit ausgesetzt ist.

(2) ¹Den Eltern oder einem personensorgeberechtigten Elternteil eines minderjährigen Ausländers, der eine Aufenthaltserlaubnis nach Absatz 1 besitzt, kann eine Aufenthaltserlaubnis erteilt werden, wenn

1. die Abschiebung nicht aufgrund falscher Angaben oder aufgrund von Täuschungen über die Identität oder Staatsangehörigkeit oder mangels Erfüllung zumutbarer Anforderungen an die Beseitigung von Ausreisehindernissen verhindert oder verzögert wird und

2. der Lebensunterhalt eigenständig durch Erwerbstätigkeit gesichert ist.

²Minderjährigen Kindern eines Ausländers, der eine Aufenthaltserlaubnis nach Satz 1 besitzt, kann eine Aufenthaltserlaubnis erteilt werden, wenn sie mit ihm in familiärer Lebensgemeinschaft leben. ³Dem Ehegatten oder Lebenspartner, der mit einem Begünstigten nach Absatz 1 in familiärer Lebensgemeinschaft lebt, soll unter den Voraussetzungen nach Satz 1 eine Aufenthaltserlaubnis erteilt werden. ⁴§ 31 gilt entsprechend. ⁵Dem minderjährigen ledigen Kind, das mit einem Begünstigten nach Absatz 1 in familiärer Lebensgemeinschaft lebt, soll eine Aufenthaltserlaubnis erteilt werden.

(3) Die Erteilung einer Aufenthaltserlaubnis nach Absatz 2 ist ausgeschlossen, wenn der Ausländer wegen einer im Bundesgebiet begangenen vorsätzlichen Straftat verurteilt wurde, wobei Geldstrafen von insgesamt bis zu 50 Tagessätzen oder bis zu 90 Tagessätzen wegen Straftaten, die nach diesem Gesetz oder dem Asylgesetz nur von Ausländern begangen werden können, grundsätzlich außer Betracht bleiben.

(4) Die Aufenthaltserlaubnis kann abweichend von § 10 Absatz 3 Satz 2 erteilt werden.

§ 25b Aufenthaltsgewährung bei nachhaltiger Integration

(1) [1]Einem geduldeten Ausländer soll abweichend von § 5 Absatz 1 Nummer 1 und Absatz 2 eine Aufenthaltserlaubnis erteilt werden, wenn er sich nachhaltig in die Lebensverhältnisse der Bundesrepublik Deutschland integriert hat. [2]Dies setzt regelmäßig voraus, dass der Ausländer

1. sich seit mindestens acht Jahren oder, falls er zusammen mit einem minderjährigen ledigen Kind in häuslicher Gemeinschaft lebt, seit mindestens sechs Jahren ununterbrochen geduldet, gestattet oder mit einer Aufenthaltserlaubnis im Bundesgebiet aufgehalten hat,

2. sich zur freiheitlichen demokratischen Grundordnung der Bundesrepublik Deutschland bekennt und über Grundkenntnisse der Rechts- und Gesellschaftsordnung und der Lebensverhältnisse im Bundesgebiet verfügt,

3. seinen Lebensunterhalt überwiegend durch Erwerbstätigkeit sichert oder bei der Betrachtung der bisherigen Schul-, Ausbildungs-, Einkommens- sowie der familiären Lebenssituation zu erwarten ist, dass er seinen Lebensunterhalt im Sinne von § 2 Absatz 3 sichern wird, wobei der Bezug von Wohngeld unschädlich ist,

4. über hinreichende mündliche Deutschkenntnisse im Sinne des Niveaus A2 des Gemeinsamen Europäischen Referenzrahmens für Sprachen verfügt und

5. bei Kindern im schulpflichtigen Alter deren tatsächlichen Schulbesuch nachweist.

[3]Ein vorübergehender Bezug von Sozialleistungen ist für die Lebensunterhaltssicherung in der Regel unschädlich bei

1. Studierenden an einer staatlichen oder staatlich anerkannten Hochschule sowie Auszubildenden in anerkannten Lehrberufen oder in staatlich geförderten Berufsvorbereitungsmaßnahmen,

2. Familien mit minderjährigen Kindern, die vorübergehend auf ergänzende Sozialleistungen angewiesen sind,

3. Alleinerziehenden mit minderjährigen Kindern, denen eine Arbeitsaufnahme nach § 10 Absatz 1 Nummer 3 des Zweiten Buches Sozialgesetzbuch nicht zumutbar ist oder

4. Ausländern, die pflegebedürftige nahe Angehörige pflegen.

(2) Die Erteilung einer Aufenthaltserlaubnis nach Absatz 1 ist zu versagen, wenn

1. der Ausländer die Aufenthaltsbeendigung durch vorsätzlich falsche Angaben, durch Täuschung über die Identität oder Staatsangehörigkeit oder Nichterfüllung zumutbarer Anforderungen an die Mitwirkung bei der Beseitigung von Ausreisehindernissen verhindert oder verzögert oder

2. ein Ausweisungsinteresse im Sinne von § 54 Absatz 1 oder Absatz 2 Nummer 1 und 2 besteht.

(3) Von den Voraussetzungen des Absatzes 1 Satz 2 Nummer 3 und 4 wird abgesehen, wenn der Ausländer sie wegen einer körperlichen, geistigen oder seelischen Krankheit oder Behinderung oder aus Altersgründen nicht erfüllen kann.

(4) [1]Dem Ehegatten, dem Lebenspartner und minderjährigen ledigen Kindern, die mit einem Begünstigten nach Absatz 1 in familiärer Lebensgemeinschaft leben, soll unter den Voraussetzungen des Absatzes 1 Satz 2 Nummer 2 bis 5 eine Aufenthaltserlaubnis erteilt werden. [2]Die Absätze 2, 3 und 5 finden Anwendung. [3]§ 31 gilt entsprechend.

(5) [1]Die Aufenthaltserlaubnis wird abweichend von § 26 Absatz 1 Satz 1 längstens für zwei Jahre erteilt und verlängert. [2]Sie kann abweichend von § 10 Absatz 3 Satz 2 erteilt werden. [3]§ 25a bleibt unberührt.

(6) Einem Ausländer, seinem Ehegatten oder seinem Lebenspartner und in familiärer Lebensgemeinschaft lebenden minderjährigen ledigen Kindern, die seit 30 Monaten im Besitz einer Duldung nach § 60d sind, soll eine Aufenthaltserlaubnis nach Absatz 1 abweichend von der in Absatz 1 Satz 2 Nummer 1 genannten Frist erteilt werden, wenn die Voraussetzungen nach § 60d erfüllt sind und der Ausländer über hinreichende mündliche deutsche Sprachkenntnisse verfügt; bestand die Möglichkeit des Besuchs eines Integrationskurses, setzt die Erteilung der Aufenthaltserlaubnis zudem voraus, dass der Ausländer, sein Ehegatte oder sein Lebenspartner über hinreichende schriftliche Kenntnisse der deutschen Sprache verfügt.

§ 26 Dauer des Aufenthalts

(1) [1]Die Aufenthaltserlaubnis nach diesem Abschnitt kann für jeweils längstens drei Jahre erteilt und verlängert werden, in den Fällen des § 25 Abs. 4 Satz 1 und Abs. 5 jedoch für längstens sechs Monate, solange sich der Ausländer noch nicht mindestens 18 Monate rechtmäßig im Bundesgebiet aufgehalten hat. [2]Asylberechtigten und Ausländern, denen die Flüchtlingseigenschaft im Sinne des § 3 Absatz 1 des

Asylgesetzes zuerkannt worden ist, wird die Aufenthaltserlaubnis für drei Jahre erteilt. [3]Subsidiär Schutz-berechtigten im Sinne des § 4 Absatz 1 des Asylgesetzes wird die Aufenthaltserlaubnis für ein Jahr erteilt, bei Verlängerung für zwei weitere Jahre. [4]Ausländern, die die Voraussetzungen des § 25 Absatz 3 erfüllen, wird die Aufenthaltserlaubnis für mindestens ein Jahr erteilt. [5]Die Aufenthaltserlaubnisse nach § 25 Absatz 4a Satz 1 und Absatz 4b werden jeweils für ein Jahr, Aufenthaltserlaubnisse nach § 25 Absatz 4a Satz 3 jeweils für zwei Jahre erteilt und verlängert; in begründeten Einzelfällen ist eine längere Geltungsdauer zulässig.

(2) Die Aufenthaltserlaubnis darf nicht verlängert werden, wenn das Ausreisehindernis oder die sonstigen einer Aufenthaltsbeendigung entgegenstehenden Gründe entfallen sind.

(3) [1]Einem Ausländer, der eine Aufenthaltserlaubnis nach § 25 Absatz 1 oder 2 Satz 1 erste Alternative besitzt, ist eine Niederlassungserlaubnis zu erteilen, wenn

1. er die Aufenthaltserlaubnis seit fünf Jahren besitzt, wobei die Aufenthaltszeit des der Erteilung der Aufenthaltserlaubnis vorangegangenen Asylverfahrens abweichend von § 55 Absatz 3 des Asylgesetzes auf die für die Erteilung der Niederlassungserlaubnis erforderliche Zeit des Besitzes einer Aufenthaltserlaubnis angerechnet wird,
2. das Bundesamt für Migration und Flüchtlinge nicht nach § 73 Absatz 2a des Asylgesetzes mitgeteilt hat, dass die Voraussetzungen für den Widerruf oder die Rücknahme vorliegen; ist der Erteilung der Aufenthaltserlaubnis eine Entscheidung des Bundesamtes vorausgegangen, die im Jahr 2015, 2016 oder 2017 unanfechtbar geworden ist, muss das Bundesamt mitgeteilt haben, dass die Vorausset-zungen für den Widerruf oder die Rücknahme nicht vorliegen,
3. sein Lebensunterhalt überwiegend gesichert ist,
4. er über hinreichende Kenntnisse der deutschen Sprache verfügt und
5. die Voraussetzungen des § 9 Absatz 2 Satz 1 Nummer 4 bis 6, 8 und 9 vorliegen.

[2]§ 9 Absatz 2 Satz 2 bis 6, § 9 Absatz 3 Satz 1 und § 9 Absatz 4 finden entsprechend Anwendung; von der Voraussetzung in Satz 1 Nummer 3 wird auch abgesehen, wenn der Ausländer die Regelaltersgrenze nach § 35 Satz 2 oder § 235 Absatz 2 des Sechsten Buches Sozialgesetzbuch erreicht hat. [3]Abweichend von Satz 1 und 2 ist einem Ausländer, der eine Aufenthaltserlaubnis nach § 25 Absatz 1 oder 2 Satz 1 erste Alternative besitzt, eine Niederlassungserlaubnis zu erteilen, wenn

1. er die Aufenthaltserlaubnis seit drei Jahren besitzt, wobei die Aufenthaltszeit des der Erteilung der Aufenthaltserlaubnis vorangegangenen Asylverfahrens abweichend von § 55 Absatz 3 des Asylge-setzes auf die für die Erteilung der Niederlassungserlaubnis erforderliche Zeit des Besitzes einer Aufenthaltserlaubnis angerechnet wird,
2. das Bundesamt für Migration und Flüchtlinge nicht nach § 73 Absatz 2a des Asylgesetzes mitgeteilt hat, dass die Voraussetzungen für den Widerruf oder die Rücknahme vorliegen; ist der Erteilung der Aufenthaltserlaubnis eine Entscheidung des Bundesamtes vorausgegangen, die im Jahr 2015, 2016 oder 2017 unanfechtbar geworden ist, muss das Bundesamt mitgeteilt haben, dass die Vorausset-zungen für den Widerruf oder die Rücknahme nicht vorliegen,
3. er die deutsche Sprache beherrscht,
4. sein Lebensunterhalt weit überwiegend gesichert ist und
5. die Voraussetzungen des § 9 Absatz 2 Satz 1 Nummer 4 bis 6, 8 und 9 vorliegen.

[4]In den Fällen des Satzes 3 finden § 9 Absatz 3 Satz 1 und § 9 Absatz 4 entsprechend Anwendung. [5]Für Kinder, die vor Vollendung des 18. Lebensjahres nach Deutschland eingereist sind, kann § 35 entspre-chend angewandt werden. [6]Die Sätze 1 bis 5 gelten auch für einen Ausländer, der eine Aufenthaltser-laubnis nach § 23 Absatz 4 besitzt, es sei denn, es liegen die Voraussetzungen für eine Rücknahme vor.

(4) [1]Im Übrigen kann einem Ausländer, der eine Aufenthaltserlaubnis nach diesem Abschnitt besitzt, eine Niederlassungserlaubnis erteilt werden, wenn die in § 9 Abs. 2 Satz 1 bezeichneten Voraussetzungen vorliegen. [2]§ 9 Abs. 2 Satz 2 bis 6 gilt entsprechend. [3]Die Aufenthaltszeit des der Erteilung der Aufent-haltserlaubnis vorangegangenen Asylverfahrens wird abweichend von § 55 Abs. 3 des Asylgesetzes auf die Frist angerechnet. [4]Für Kinder, die vor Vollendung des 18. Lebensjahres nach Deutschland eingereist sind, kann § 35 entsprechend angewandt werden.

Abschnitt 6
Aufenthalt aus familiären Gründen

§ 27 Grundsatz des Familiennachzugs

(1) Die Aufenthaltserlaubnis zur Herstellung und Wahrung der familiären Lebensgemeinschaft im Bun-desgebiet für ausländische Familienangehörige (Familiennachzug) wird zum Schutz von Ehe und Familie gemäß Artikel 6 des Grundgesetzes erteilt und verlängert.

(1a) Ein Familiennachzug wird nicht zugelassen, wenn

1. feststeht, dass die Ehe oder das Verwandtschaftsverhältnis ausschließlich zu dem Zweck geschlossen oder begründet wurde, dem Nachziehenden die Einreise in das und den Aufenthalt im Bundesgebiet zu ermöglichen, oder

2. tatsächliche Anhaltspunkte die Annahme begründen, dass einer der Ehegatten zur Eingehung der Ehe genötigt wurde.

(2) Für die Herstellung und Wahrung einer lebenspartnerschaftlichen Gemeinschaft im Bundesgebiet finden die Absätze 1a und 3, § 9 Abs. 3, § 9c Satz 2, die die[1] §§ 28 bis 31, 36a, 51 Absatz 2 und 10 Satz 2 entsprechende Anwendung.

(3) [1]Die Erteilung der Aufenthaltserlaubnis zum Zweck des Familiennachzugs kann versagt werden, wenn derjenige, zu dem der Familiennachzug stattfindet, für den Unterhalt von anderen Familienangehörigen oder anderen Haushaltsangehörigen auf Leistungen nach dem Zweiten oder Zwölften Buch Sozialgesetzbuch angewiesen ist. [2]Von § 5 Abs. 1 Nr. 2 kann abgesehen werden.

(3a) Die Erteilung der Aufenthaltserlaubnis zum Zweck des Familiennachzugs ist zu versagen, wenn derjenige, zu dem der Familiennachzug stattfinden soll,

1. die freiheitliche demokratische Grundordnung oder die Sicherheit der Bundesrepublik Deutschland gefährdet; hiervon ist auszugehen, wenn Tatsachen die Schlussfolgerung rechtfertigen, dass er einer Vereinigung angehört oder angehört hat, die den Terrorismus unterstützt oder er eine derartige Vereinigung unterstützt oder unterstützt hat oder eine in § 89a Absatz 1 des Strafgesetzbuches bezeichnete schwere staatsgefährdende Gewalttat nach § 89a Absatz 2 des Strafgesetzbuches vorbereitet oder vorbereitet hat,

2. zu den Leitern eines Vereins gehörte, der unanfechtbar verboten wurde, weil seine Zwecke oder seine Tätigkeit den Strafgesetzen zuwiderlaufen oder er sich gegen die verfassungsmäßige Ordnung oder den Gedanken der Völkerverständigung richtet,

3. sich zur Verfolgung politischer oder religiöser Ziele an Gewalttätigkeiten beteiligt oder öffentlich zur Gewaltanwendung aufruft oder mit Gewaltanwendung droht oder

4. zu Hass gegen Teile der Bevölkerung aufruft; hiervon ist auszugehen, wenn er auf eine andere Person gezielt und andauernd einwirkt, um Hass auf Angehörige bestimmter ethnischer Gruppen oder Religionen zu erzeugen oder zu verstärken oder öffentlich, in einer Versammlung oder durch Verbreiten von Schriften in einer Weise, die geeignet ist, die öffentliche Sicherheit und Ordnung zu stören,

 a) gegen Teile der Bevölkerung zu Willkürmaßnahmen aufstachelt,

 b) Teile der Bevölkerung böswillig verächtlich macht und dadurch die Menschenwürde anderer angreift oder

 c) Verbrechen gegen den Frieden, gegen die Menschlichkeit, ein Kriegsverbrechen oder terroristische Taten von vergleichbarem Gewicht billigt oder dafür wirbt.

(4) [1]Eine Aufenthaltserlaubnis zum Zweck des Familiennachzugs darf längstens für den Gültigkeitszeitraum der Aufenthaltserlaubnis des Ausländers erteilt werden, zu dem der Familiennachzug stattfindet. [2]Sie ist für diesen Zeitraum zu erteilen, wenn der Ausländer, zu dem der Familiennachzug stattfindet, eine Aufenthaltserlaubnis nach den §§ 18d, 18f oder § 38a besitzt, eine Blaue Karte EU, eine ICT-Karte oder eine Mobiler-ICT-Karte besitzt oder sich gemäß § 18e berechtigt im Bundesgebiet aufhält. [3]Im Übrigen ist die Aufenthaltserlaubnis erstmals für mindestens ein Jahr zu erteilen.

§ 28 Familiennachzug zu Deutschen

(1) [1]Die Aufenthaltserlaubnis ist dem ausländischen

1. Ehegatten eines Deutschen,

2. minderjährigen ledigen Kind eines Deutschen,

3. Elternteil eines minderjährigen ledigen Deutschen zur Ausübung der Personensorge

zu erteilen, wenn der Deutsche seinen gewöhnlichen Aufenthalt im Bundesgebiet hat. [2]Sie ist abweichend von § 5 Abs. 1 Nr. 1 in den Fällen des Satzes 1 Nr. 2 und 3 zu erteilen. [3]Sie soll in der Regel abweichend von § 5 Abs. 1 Nr. 1 in den Fällen des Satzes 1 Nr. 1 erteilt werden. [4]Sie kann abweichend von § 5 Abs. 1 Nr. 1 dem nicht personensorgeberechtigten Elternteil eines minderjährigen ledigen Deutschen erteilt werden, wenn die familiäre Gemeinschaft schon im Bundesgebiet gelebt wird. [5]§ 30 Abs. 1 Satz 1 Nr. 1 und 2, Satz 3 und Abs. 2 Satz 1 ist in den Fällen des Satzes 1 Nr. 1 entsprechend anzuwenden.

(2) [1]Dem Ausländer ist in der Regel eine Niederlassungserlaubnis zu erteilen, wenn er drei Jahre im Besitz einer Aufenthaltserlaubnis ist, die familiäre Lebensgemeinschaft mit dem Deutschen im Bundesgebiet fortbesteht, kein Ausweisungsinteresse besteht und er über ausreichende Kenntnisse der deutschen Spra-

1) Doppelter Artikel amtlich.

che verfügt. [2]§ 9 Absatz 2 Satz 2 bis 5 gilt entsprechend. [3]Im Übrigen wird die Aufenthaltserlaubnis verlängert, solange die familiäre Lebensgemeinschaft fortbesteht.

(3) [1]Die §§ 31 und 34 finden mit der Maßgabe Anwendung, dass an die Stelle des Aufenthaltstitels des Ausländers der gewöhnliche Aufenthalt des Deutschen im Bundesgebiet tritt. [2]Die einem Elternteil eines minderjährigen ledigen Deutschen zur Ausübung der Personensorge erteilte Aufenthaltserlaubnis ist auch nach Eintritt der Volljährigkeit des Kindes zu verlängern, solange das Kind mit ihm in familiärer Lebensgemeinschaft lebt und das Kind sich in einer Ausbildung befindet, die zu einem anerkannten schulischen oder beruflichen Bildungsabschluss oder Hochschulabschluss führt.

(4) Auf sonstige Familienangehörige findet § 36 entsprechende Anwendung.

§ 29 Familiennachzug zu Ausländern

(1) Für den Familiennachzug zu einem Ausländer muss
1. der Ausländer eine Niederlassungserlaubnis, Erlaubnis zum Daueraufenthalt – EU, Aufenthaltserlaubnis, eine Blaue Karte EU, eine ICT-Karte oder eine Mobiler-ICT-Karte besitzen oder sich gemäß § 18e berechtigt im Bundesgebiet aufhalten und
2. ausreichender Wohnraum zur Verfügung stehen.

(2) [1]Bei dem Ehegatten und dem minderjährigen ledigen Kind eines Ausländers, der eine Aufenthaltserlaubnis nach § 23 Absatz 4, § 25 Absatz 1 oder 2, eine Niederlassungserlaubnis nach § 26 Absatz 3 oder nach Erteilung einer Aufenthaltserlaubnis nach § 25 Absatz 2 Satz 1 zweite Alternative eine Niederlassungserlaubnis nach § 26 Absatz 4 besitzt, kann von den Voraussetzungen des § 5 Absatz 1 Nummer 1 und des Absatzes 1 Nummer 2 abgesehen werden. [2]In den Fällen des Satzes 1 ist von diesen Voraussetzungen abzusehen, wenn
1. der im Zuge des Familiennachzugs erforderliche Antrag auf Erteilung eines Aufenthaltstitels innerhalb von drei Monaten nach unanfechtbarer Anerkennung als Asylberechtigter oder unanfechtbarer Zuerkennung der Flüchtlingseigenschaft oder subsidiären Schutzes oder nach Erteilung einer Aufenthaltserlaubnis nach § 23 Absatz 4 gestellt wird und
2. die Herstellung der familiären Lebensgemeinschaft in einem Staat, der nicht Mitgliedstaat der Europäischen Union ist und zu dem der Ausländer oder seine Familienangehörigen eine besondere Bindung haben, nicht möglich ist.
[3]Die in Satz 2 Nr. 1 genannte Frist wird auch durch die rechtzeitige Antragstellung des Ausländers gewahrt.

(3) [1]Die Aufenthaltserlaubnis darf dem Ehegatten und dem minderjährigen Kind eines Ausländers, der eine Aufenthaltserlaubnis nach den §§ 22, 23 Absatz 1 oder Absatz 2 oder § 25 Absatz 3 oder Absatz 4a Satz 1, § 25a Absatz 1 oder § 25b Absatz 1 besitzt, nur aus völkerrechtlichen oder humanitären Gründen oder zur Wahrung politischer Interessen der Bundesrepublik Deutschland erteilt werden. [2]§ 26 Abs. 4 gilt entsprechend. [3]Ein Familiennachzug wird in den Fällen des § 25 Absatz 4, 4b und 5, § 25a Absatz 2, § 25b Absatz 4, § 104a Abs. 1 Satz 1 und § 104b nicht gewährt.

(4) [1]Die Aufenthaltserlaubnis wird dem Ehegatten und dem minderjährigen ledigen Kind eines Ausländers oder dem minderjährigen ledigen Kind seines Ehegatten abweichend von § 5 Abs. 1 und § 27 Abs. 3 erteilt, wenn dem Ausländer vorübergehender Schutz nach § 24 Abs. 1 gewährt wurde und
1. die familiäre Lebensgemeinschaft im Herkunftsland durch die Fluchtsituation aufgehoben wurde und
2. der Familienangehörige aus einem anderen Mitgliedstaat der Europäischen Union übernommen wird oder sich außerhalb der Europäischen Union befindet und schutzbedürftig ist.
[2]Die Erteilung einer Aufenthaltserlaubnis an sonstige Familienangehörige eines Ausländers, dem vorübergehender Schutz nach § 24 Abs. 1 gewährt wurde, richtet sich nach § 36. [3]Auf die nach diesem Absatz aufgenommenen Familienangehörigen findet § 24 Anwendung.

§ 30 Ehegattennachzug

(1) [1]Dem Ehegatten eines Ausländers ist eine Aufenthaltserlaubnis zu erteilen, wenn
1. beide Ehegatten das 18. Lebensjahr vollendet haben,
2. der Ehegatte sich zumindest auf einfache Art in deutscher Sprache verständigen kann und
3. der Ausländer
 a) eine Niederlassungserlaubnis besitzt,
 b) eine Erlaubnis zum Daueraufenthalt – EU besitzt,
 c) eine Aufenthaltserlaubnis nach den §§ 18d, 18f oder § 25 Absatz 1 oder Absatz 2 Satz 1 erste Alternative besitzt,
 d) seit zwei Jahren eine Aufenthaltserlaubnis besitzt und die Aufenthaltserlaubnis nicht mit einer Nebenbestimmung nach § 8 Abs. 2 versehen oder die spätere Erteilung einer Niederlassungs-

erlaubnis nicht auf Grund einer Rechtsnorm ausgeschlossen ist; dies gilt nicht für eine Aufenthaltserlaubnis nach § 25 Absatz 2 Satz 1 zweite Alternative,

e) eine Aufenthaltserlaubnis nach § 7 Absatz 1 Satz 3 oder nach den Abschnitten 3, 4, 5 oder 6 oder § 37 oder § 38 besitzt, die Ehe bei deren Erteilung bereits bestand und die Dauer seines Aufenthalts im Bundesgebiet voraussichtlich über ein Jahr betragen wird; dies gilt nicht für eine Aufenthaltserlaubnis nach § 25 Absatz 2 Satz 1 zweite Alternative,

f) eine Aufenthaltserlaubnis nach § 38a besitzt und die eheliche Lebensgemeinschaft bereits in dem Mitgliedstaat der Europäischen Union bestand, in dem der Ausländer die Rechtsstellung eines langfristig Aufenthaltsberechtigten innehat, oder

g) eine Blaue Karte EU, eine ICT-Karte oder eine Mobiler-ICT-Karte besitzt.

²Satz 1 Nummer 1 und 2 ist für die Erteilung der Aufenthaltserlaubnis unbeachtlich, wenn die Voraussetzungen des Satzes 1 Nummer 3 Buchstabe f vorliegen. ³Satz 1 Nummer 2 ist für die Erteilung der Aufenthaltserlaubnis unbeachtlich, wenn

1. der Ausländer, der einen Aufenthaltstitel nach § 23 Absatz 4, § 25 Absatz 1 oder 2, § 26 Absatz 3 oder nach Erteilung einer Aufenthaltserlaubnis nach § 25 Absatz 2 Satz 1 zweite Alternative eine Niederlassungserlaubnis nach § 26 Absatz 4 besitzt und die Ehe bereits bestand, als der Ausländer seinen Lebensmittelpunkt in das Bundesgebiet verlegt hat,

2. der Ehegatte wegen einer körperlichen, geistigen oder seelischen Krankheit oder Behinderung nicht in der Lage ist, einfache Kenntnisse der deutschen Sprache nachzuweisen,

3. bei dem Ehegatten ein erkennbar geringer Integrationsbedarf im Sinne einer nach § 43 Absatz 4 erlassenen Rechtsverordnung besteht oder dieser aus anderen Gründen nach der Einreise keinen Anspruch nach § 44 auf Teilnahme am Integrationskurs hätte,

4. der Ausländer wegen seiner Staatsangehörigkeit auch für einen Aufenthalt, der kein Kurzaufenthalt ist, visumfrei in das Bundesgebiet einreisen und sich darin aufhalten darf,

5. der Ausländer im Besitz einer Blauen Karte EU, einer ICT-Karte, einer Mobiler-ICT-Karte oder einer Aufenthaltserlaubnis nach § 18d oder § 18f ist,

6. es dem Ehegatten auf Grund besonderer Umstände des Einzelfalles nicht möglich oder nicht zumutbar ist, vor der Einreise Bemühungen zum Erwerb einfacher Kenntnisse der deutschen Sprache zu unternehmen,

7. der Ausländer einen Aufenthaltstitel nach den §§ 18c Absatz 3 und § 21 besitzt und die Ehe bereits bestand, als er seinen Lebensmittelpunkt in das Bundesgebiet verlegt hat, oder

8. der Ausländer unmittelbar vor der Erteilung einer Niederlassungserlaubnis oder einer Erlaubnis zum Daueraufenthalt – EU Inhaber einer Aufenthaltserlaubnis nach § 18d war.

(2) ¹Die Aufenthaltserlaubnis kann zur Vermeidung einer besonderen Härte abweichend von Absatz 1 Satz 1 Nr. 1 erteilt werden. ²Besitzt der Ausländer eine Aufenthaltserlaubnis, kann von den anderen Voraussetzungen des Absatzes 1 Satz 1 Nr. 3 Buchstabe e abgesehen werden; Gleiches gilt, wenn der Ausländer ein nationales Visum besitzt.

(3) Die Aufenthaltserlaubnis kann abweichend von § 5 Abs. 1 Nr. 1 und § 29 Abs. 1 Nr. 2 verlängert werden, solange die eheliche Lebensgemeinschaft fortbesteht.

(4) Ist ein Ausländer gleichzeitig mit mehreren Ehegatten verheiratet und lebt er gemeinsam mit einem Ehegatten im Bundesgebiet, wird keinem weiteren Ehegatten eine Aufenthaltserlaubnis nach Absatz 1 oder Absatz 3 erteilt.

(5) ¹Hält sich der Ausländer gemäß § 18e berechtigt im Bundesgebiet auf, so bedarf der Ehegatte keines Aufenthaltstitels, wenn nachgewiesen wird, dass sich der Ehegatte in dem anderen Mitgliedstaat der Europäischen Union rechtmäßig als Angehöriger des Ausländers aufgehalten hat. ²Die Voraussetzungen nach § 18e Absatz 1 Satz 1 Nummer 1, 3 und 4 und Absatz 6 Satz 1 und die Ablehnungsgründe nach § 19f gelten für den Ehegatten entsprechend.

§ 31 Eigenständiges Aufenthaltsrecht der Ehegatten

(1) ¹Die Aufenthaltserlaubnis des Ehegatten wird im Falle der Aufhebung der ehelichen Lebensgemeinschaft als eigenständiges, vom Zweck des Familiennachzugs unabhängiges Aufenthaltsrecht für ein Jahr verlängert, wenn

1. die eheliche Lebensgemeinschaft seit mindestens drei Jahren rechtmäßig im Bundesgebiet bestanden hat oder

2. der Ausländer gestorben ist, während die eheliche Lebensgemeinschaft im Bundesgebiet bestand und der Ausländer bis dahin im Besitz einer Aufenthaltserlaubnis, Niederlassungserlaubnis oder Erlaubnis zum Daueraufenthalt – EU war, es sei denn, er konnte die Verlängerung aus von ihm nicht zu vertretenden Gründen nicht rechtzeitig beantragen. ²Satz 1 ist nicht anzuwenden, wenn die Aufenthaltserlaubnis des

Ausländers nicht verlängert oder dem Ausländer keine Niederlassungserlaubnis oder Erlaubnis zum Daueraufenthalt – EU erteilt werden darf, weil dies durch eine Rechtsnorm wegen des Zwecks des Aufenthalts oder durch eine Nebenbestimmung zur Aufenthaltserlaubnis nach § 8 Abs. 2 ausgeschlossen ist.

(2) ¹Von der Voraussetzung des dreijährigen rechtmäßigen Bestandes der ehelichen Lebensgemeinschaft im Bundesgebiet nach Absatz 1 Satz 1 Nr. 1 ist abzusehen, soweit es zur Vermeidung einer besonderen Härte erforderlich ist, dem weiteren Aufenthalt zu ermöglichen, es sei denn, für den Ausländer ist die Verlängerung der Aufenthaltserlaubnis ausgeschlossen. ²Eine besondere Härte liegt insbesondere vor, wenn die Ehe nach deutschem Recht wegen Minderjährigkeit des Ehegatten im Zeitpunkt der Eheschließung unwirksam ist oder aufgehoben worden ist, wenn dem Ehegatten wegen der aus der Auflösung der ehelichen Lebensgemeinschaft erwachsenden Rückkehrverpflichtung eine erhebliche Beeinträchtigung seiner schutzwürdigen Belange droht oder wenn dem Ehegatten wegen der Beeinträchtigung seiner schutzwürdigen Belange das weitere Festhalten an der ehelichen Lebensgemeinschaft unzumutbar ist; dies ist insbesondere anzunehmen, wenn der Ehegatte Opfer häuslicher Gewalt ist. ³Zu den schutzwürdigen Belangen zählt auch das Wohl eines mit dem Ehegatten in familiärer Lebensgemeinschaft lebenden Kindes. ⁴Zur Vermeidung von Missbrauch kann die Verlängerung der Aufenthaltserlaubnis versagt werden, wenn der Ehegatte aus einem von ihm zu vertretenden Grund auf Leistungen nach dem Zweiten oder Zwölften Buch Sozialgesetzbuch angewiesen ist.

(3) Wenn der Lebensunterhalt des Ehegatten nach Aufhebung der ehelichen Lebensgemeinschaft durch Unterhaltsleistungen aus eigenen Mitteln des Ausländers gesichert ist und dieser eine Niederlassungserlaubnis oder eine Erlaubnis zum Daueraufenthalt – EU besitzt, ist dem Ehegatten abweichend von § 9 Abs. 2 Satz 1 Nr. 3, 5 und 6 ebenfalls eine Niederlassungserlaubnis zu erteilen.

(4) ¹Die Inanspruchnahme von Leistungen nach dem Zweiten oder Zwölften Buch Sozialgesetzbuch steht der Verlängerung der Aufenthaltserlaubnis unbeschadet des Absatzes 2 Satz 4 nicht entgegen. ²Danach kann die Aufenthaltserlaubnis verlängert werden, solange die Voraussetzungen für die Erteilung der Niederlassungserlaubnis oder Erlaubnis zum Daueraufenthalt – EU nicht vorliegen.

§ 32 Kindernachzug

(1) Dem minderjährigen ledigen Kind eines Ausländers ist eine Aufenthaltserlaubnis zu erteilen, wenn beide Eltern oder der allein personensorgeberechtigte Elternteil einen der folgenden Aufenthaltstitel besitzt:

1. Aufenthaltserlaubnis nach § 7 Absatz 1 Satz 3 oder nach Abschnitt 3 oder 4,
2. Aufenthaltserlaubnis nach § 25 Absatz 1 oder Absatz 2 Satz 1 erste Alternative,
3. Aufenthaltserlaubnis nach § 28, § 30, § 31, § 36 oder § 36a,
4. Aufenthaltserlaubnis nach den übrigen Vorschriften mit Ausnahme einer Aufenthaltserlaubnis nach § 25 Absatz 2 Satz 1 zweite Alternative,
5. Blaue Karte EU, ICT-Karte, Mobiler-ICT-Karte,
6. Niederlassungserlaubnis oder
7. Erlaubnis zum Daueraufenthalt – EU.

(2) ¹Hat das minderjährige ledige Kind bereits das 16. Lebensjahr vollendet und verlegt es seinen Lebensmittelpunkt nicht zusammen mit seinen Eltern oder dem allein personensorgeberechtigten Elternteil in das Bundesgebiet, gilt Absatz 1 nur, wenn es die deutsche Sprache beherrscht oder gewährleistet erscheint, dass es sich auf Grund seiner bisherigen Ausbildung und Lebensverhältnisse in die Lebensverhältnisse in der Bundesrepublik Deutschland einfügen kann. ²Satz 1 gilt nicht, wenn

1. der Ausländer eine Aufenthaltserlaubnis nach § 23 Absatz 4, § 25 Absatz 1 oder 2, eine Niederlassungserlaubnis nach § 26 Absatz 3 oder nach Erteilung einer Aufenthaltserlaubnis nach § 25 Absatz 2 Satz 1 zweite Alternative eine Niederlassungserlaubnis nach § 26 Absatz 4 besitzt oder
2. der Ausländer oder sein mit ihm in familiärer Lebensgemeinschaft lebender Ehegatte eine Niederlassungserlaubnis nach § 18c Absatz 3, eine Blaue Karte EU, eine ICT-Karte oder eine Mobiler-ICT-Karte oder eine Aufenthaltserlaubnis nach § 18d oder § 18f besitzt.

(3) Bei gemeinsamem Sorgerecht soll eine Aufenthaltserlaubnis nach den Absätzen 1 und 2 auch zum Nachzug zu nur einem sorgeberechtigten Elternteil erteilt werden, wenn der andere Elternteil sein Einverständnis mit dem Aufenthalt des Kindes im Bundesgebiet erklärt hat oder eine entsprechende rechtsverbindliche Entscheidung einer zuständigen Stelle vorliegt.

(4) ¹Im Übrigen kann dem minderjährigen ledigen Kind eines Ausländers eine Aufenthaltserlaubnis erteilt werden, wenn es auf Grund der Umstände des Einzelfalls zur Vermeidung einer besonderen Härte erforderlich ist. ²Hierbei sind das Kindeswohl und die familiäre Situation zu berücksichtigen. ³Für minderjährige ledige Kinder von Ausländern, die eine Aufenthaltserlaubnis nach § 25 Absatz 2 Satz 1 zweite Alternative besitzen, gilt § 36a.

(5) ¹Hält sich der Ausländer gemäß § 18e berechtigt im Bundesgebiet auf, so bedarf das minderjährige ledige Kind keines Aufenthaltstitels, wenn nachgewiesen wird, dass sich das Kind in dem anderen Mitgliedstaat der Europäischen Union rechtmäßig als Angehöriger des Ausländers aufgehalten hat. ²Die Voraussetzungen nach § 18e Absatz 1 Satz 1 Nummer 1, 3 und 4 und Absatz 6 Satz 1 und die Ablehnungsgründe nach § 19f gelten für das minderjährige Kind entsprechend.

§ 33 Geburt eines Kindes im Bundesgebiet

¹Einem Kind, das im Bundesgebiet geboren wird, kann abweichend von den §§ 5 und 29 Abs. 1 Nr. 2 von Amts wegen eine Aufenthaltserlaubnis erteilt werden, wenn ein Elternteil eine Aufenthaltserlaubnis, eine Niederlassungserlaubnis oder eine Erlaubnis zum Daueraufenthalt – EU besitzt. ²Wenn zum Zeitpunkt der Geburt beide Elternteile oder der allein personensorgeberechtigte Elternteil eine Aufenthaltserlaubnis, eine Niederlassungserlaubnis oder eine Erlaubnis zum Daueraufenthalt – EU besitzen, wird dem im Bundesgebiet geborenen Kind die Aufenthaltserlaubnis von Amts wegen erteilt. ³Der Aufenthalt eines im Bundesgebiet geborenen Kindes, dessen Mutter oder Vater zum Zeitpunkt der Geburt im Besitz eines Visums ist oder sich visumfrei aufhalten darf, gilt bis zum Ablauf des Visums oder des rechtmäßigen visumfreien Aufenthalts als erlaubt.

§ 34 Aufenthaltsrecht der Kinder

(1) Die einem Kind erteilte Aufenthaltserlaubnis ist abweichend von § 5 Abs. 1 Nr. 1 und § 29 Abs. 1 Nr. 2 zu verlängern, solange ein personensorgeberechtigter Elternteil eine Aufenthaltserlaubnis, Niederlassungserlaubnis oder eine Erlaubnis zum Daueraufenthalt – EU besitzt und das Kind mit ihm in familiärer Lebensgemeinschaft lebt oder das Kind im Falle seiner Ausreise ein Wiederkehrrecht gemäß § 37 hätte.

(2) ¹Mit Eintritt der Volljährigkeit wird die einem Kind erteilte Aufenthaltserlaubnis zu einem eigenständigen, vom Familiennachzug unabhängigen Aufenthaltsrecht. ²Das Gleiche gilt bei Erteilung einer Niederlassungserlaubnis und der Erlaubnis zum Daueraufenthalt – EU oder wenn die Aufenthaltserlaubnis in entsprechender Anwendung des § 37 verlängert wird.

(3) Die Aufenthaltserlaubnis kann verlängert werden, solange die Voraussetzungen für die Erteilung der Niederlassungserlaubnis und der Erlaubnis zum Daueraufenthalt – EU noch nicht vorliegen.

§ 35 Eigenständiges, unbefristetes Aufenthaltsrecht der Kinder

(1) ¹Einem minderjährigen Ausländer, der eine Aufenthaltserlaubnis nach diesem Abschnitt besitzt, ist abweichend von § 9 Abs. 2 eine Niederlassungserlaubnis zu erteilen, wenn er im Zeitpunkt der Vollendung seines 16. Lebensjahres seit fünf Jahren im Besitz der Aufenthaltserlaubnis ist. ²Das Gleiche gilt, wenn

1. der Ausländer volljährig und seit fünf Jahren im Besitz der Aufenthaltserlaubnis ist,
2. er über ausreichende Kenntnisse der deutschen Sprache verfügt und
3. sein Lebensunterhalt gesichert ist oder er sich in einer Ausbildung befindet, die zu einem anerkannten schulischen oder beruflichen Bildungsabschluss oder einem Hochschulabschluss führt.

(2) Auf die nach Absatz 1 erforderliche Dauer des Besitzes der Aufenthaltserlaubnis werden in der Regel nicht die Zeiten angerechnet, in denen der Ausländer außerhalb des Bundesgebiets die Schule besucht hat.

(3) ¹Ein Anspruch auf Erteilung einer Niederlassungserlaubnis nach Absatz 1 besteht nicht, wenn

1. ein auf dem persönlichen Verhalten des Ausländers beruhendes Ausweisungsinteresse besteht,
2. der Ausländer in den letzten drei Jahren wegen einer vorsätzlichen Straftat zu einer Jugendstrafe von mindestens sechs oder einer Freiheitsstrafe von mindestens drei Monaten oder einer Geldstrafe von mindestens 90 Tagessätzen verurteilt worden ist oder wenn die Verhängung einer Jugendstrafe ausgesetzt ist oder
3. der Lebensunterhalt nicht ohne Inanspruchnahme von Leistungen nach dem Zweiten oder Zwölften Buch Sozialgesetzbuch oder Jugendhilfe nach dem Achten Buch Sozialgesetzbuch gesichert ist, es sei denn, der Ausländer befindet sich in einer Ausbildung, die zu einem anerkannten schulischen oder beruflichen Bildungsabschluss führt.

²In den Fällen des Satzes 1 kann die Niederlassungserlaubnis erteilt oder die Aufenthaltserlaubnis verlängert werden. ³Ist im Falle des Satzes 1 Nr. 2 die Jugend- oder Freiheitsstrafe zur Bewährung oder die Verhängung einer Jugendstrafe ausgesetzt, wird die Aufenthaltserlaubnis in der Regel bis zum Ablauf der Bewährungszeit verlängert.

(4) Von den in Absatz 1 Satz 2 Nr. 2 und 3 und Absatz 3 Satz 1 Nr. 3 bezeichneten Voraussetzungen ist abzusehen, wenn sie von dem Ausländer wegen einer körperlichen, geistigen oder seelischen Krankheit oder Behinderung nicht erfüllt werden können.

§ 36 Nachzug der Eltern und sonstiger Familienangehöriger

(1) Den Eltern eines minderjährigen Ausländers, der eine Aufenthaltserlaubnis nach § 23 Absatz 4, § 25 Absatz 1 oder Absatz 2 Satz 1 erste Alternative, eine Niederlassungserlaubnis nach § 26 Absatz 3 oder nach Erteilung einer Aufenthaltserlaubnis nach § 25 Absatz 2 Satz 1 zweite Alternative eine Niederlassungserlaubnis nach § 26 Absatz 4 besitzt, ist abweichend von § 5 Absatz 1 Nummer 1 und § 29 Absatz 1 Nummer 2 eine Aufenthaltserlaubnis zu erteilen, wenn sich kein personensorgeberechtigter Elternteil im Bundesgebiet aufhält.

(2) ¹Sonstigen Familienangehörigen eines Ausländers kann zum Familiennachzug eine Aufenthaltserlaubnis erteilt werden, wenn es zur Vermeidung einer außergewöhnlichen Härte erforderlich ist. ²Auf volljährige Familienangehörige sind § 30 Abs. 3 und § 31, auf minderjährige Familienangehörige ist § 34 entsprechend anzuwenden.

§ 36a Familiennachzug zu subsidiär Schutzberechtigten

(1) ¹Dem Ehegatten oder dem minderjährigen ledigen Kind eines Ausländers, der eine Aufenthaltserlaubnis nach § 25 Absatz 2 Satz 1 zweite Alternative besitzt, kann aus humanitären Gründen eine Aufenthaltserlaubnis erteilt werden. ²Gleiches gilt für die Eltern eines minderjährigen Ausländers, der eine Aufenthaltserlaubnis nach § 25 Absatz 2 Satz 1 zweite Alternative besitzt, wenn sich kein personensorgeberechtigter Elternteil im Bundesgebiet aufhält; § 5 Absatz 1 Nummer 1 und § 29 Absatz 1 Nummer 2 finden keine Anwendung. ³Ein Anspruch auf Familiennachzug besteht für den genannten Personenkreis nicht. ⁴Die §§ 22, 23 bleiben unberührt.

(2) ¹Humanitäre Gründe im Sinne dieser Vorschrift liegen insbesondere vor, wenn

1. die Herstellung der familiären Lebensgemeinschaft seit langer Zeit nicht möglich ist,

2. ein minderjähriges lediges Kind betroffen ist,

3. Leib, Leben oder Freiheit des Ehegatten, des minderjährigen ledigen Kindes oder der Eltern eines minderjährigen Ausländers im Aufenthaltsstaat ernsthaft gefährdet sind oder

4. der Ausländer, der Ehegatte oder das minderjährige ledige Kind oder ein Elternteil eines minderjährigen Ausländers schwerwiegend erkrankt oder pflegebedürftig im Sinne schwerer Beeinträchtigungen der Selbstständigkeit oder der Fähigkeiten ist oder eine schwere Behinderung hat. Die Erkrankung, die Pflegebedürftigkeit oder die Behinderung sind durch eine qualifizierte Bescheinigung glaubhaft zu machen, es sei denn, beim Familienangehörigen im Ausland liegen anderweitige Anhaltspunkte für das Vorliegen der Erkrankung, der Pflegebedürftigkeit oder der Behinderung vor.

²Monatlich können 1 000 nationale Visa für eine Aufenthaltserlaubnis nach Absatz 1 Satz 1 und 2 erteilt werden. Das Kindeswohl ist besonders zu berücksichtigen. ³Bei Vorliegen von humanitären Gründen sind Integrationsaspekte besonders zu berücksichtigen.

(3) Die Erteilung einer Aufenthaltserlaubnis nach Absatz 1 Satz 1 oder Satz 2 ist in der Regel ausgeschlossen, wenn

1. im Fall einer Aufenthaltserlaubnis nach Absatz 1 Satz 1 erste Alternative die Ehe nicht bereits vor der Flucht geschlossen wurde,

2. der Ausländer, zu dem der Familiennachzug stattfinden soll,

 a) wegen einer oder mehrerer vorsätzlicher Straftaten rechtskräftig zu einer Freiheitsstrafe von mindestens einem Jahr verurteilt worden ist,

 b) wegen einer oder mehrerer vorsätzlicher Straftaten gegen das Leben, die körperliche Unversehrtheit, die sexuelle Selbstbestimmung, das Eigentum oder wegen Widerstands gegen Vollstreckungsbeamte rechtskräftig zu einer Freiheits- oder Jugendstrafe verurteilt worden ist, sofern die Straftat mit Gewalt, unter Anwendung von Drohung mit Gefahr für Leib oder Leben oder mit List begangen worden ist oder eine Straftat nach § 177 des Strafgesetzbuches ist; bei serienmäßiger Begehung von Straftaten gegen das Eigentum gilt dies auch, wenn der Täter keine Gewalt, Drohung oder List angewendet hat,

 c) wegen einer oder mehrerer vorsätzlicher Straftaten rechtskräftig zu einer Jugendstrafe von mindestens einem Jahr verurteilt und die Vollstreckung der Strafe nicht zur Bewährung ausgesetzt worden ist, oder

 d) wegen einer oder mehrerer vorsätzlicher Straftaten nach § 29 Absatz 1 Satz 1 Nummer 1 des Betäubungsmittelgesetzes rechtskräftig verurteilt worden ist,

3. hinsichtlich des Ausländers, zu dem der Familiennachzug stattfinden soll, die Verlängerung der Aufenthaltserlaubnis und die Erteilung eines anderen Aufenthaltstitels nicht zu erwarten ist, oder

4. der Ausländer, zu dem der Familiennachzug stattfinden soll, eine Grenzübertrittsbescheinigung beantragt hat.

(4) § 30 Absatz 1 Satz 1 Nummer 1, Absatz 2 Satz 1 und Absatz 4 sowie § 32 Absatz 3 gelten entsprechend.

(5) § 27 Absatz 3 Satz 2 und § 29 Absatz 2 Satz 2 Nummer 1 finden keine Anwendung.

Abschnitt 7
Besondere Aufenthaltsrechte

§ 37 Recht auf Wiederkehr

(1) Einem Ausländer, der als Minderjähriger rechtmäßig seinen gewöhnlichen Aufenthalt im Bundesgebiet hatte, ist eine Aufenthaltserlaubnis zu erteilen, wenn

1. der Ausländer sich vor seiner Ausreise acht Jahre rechtmäßig im Bundesgebiet aufgehalten und sechs Jahre im Bundesgebiet eine Schule besucht hat,

2. sein Lebensunterhalt aus eigener Erwerbstätigkeit oder durch eine Unterhaltsverpflichtung gesichert ist, die ein Dritter für die Dauer von fünf Jahren übernommen hat, und

3. der Antrag auf Erteilung der Aufenthaltserlaubnis nach Vollendung des 15. und vor Vollendung des 21. Lebensjahres sowie vor Ablauf von fünf Jahren seit der Ausreise gestellt wird.

(2) ¹Zur Vermeidung einer besonderen Härte kann von den in Absatz 1 Satz 1 Nr. 1 und 3 bezeichneten Voraussetzungen abgewichen werden. ²Von den in Absatz 1 Satz 1 Nr. 1 bezeichneten Voraussetzungen kann abgesehen werden, wenn der Ausländer im Bundesgebiet einen anerkannten Schulabschluss erworben hat.

(2a) ¹Von den in Absatz 1 Satz 1 Nummer 1 bis 3 bezeichneten Voraussetzungen kann abgewichen werden, wenn der Ausländer rechtswidrig mit Gewalt oder Drohung mit einem empfindlichen Übel zur Eingehung der Ehe genötigt und von der Rückkehr nach Deutschland abgehalten wurde, er den Antrag auf Erteilung einer Aufenthaltserlaubnis innerhalb von drei Monaten nach Wegfall der Zwangslage, spätestens jedoch vor Ablauf von fünf Jahren seit der Ausreise, stellt, und gewährleistet erscheint, dass er sich aufgrund seiner bisherigen Ausbildung und Lebensverhältnisse in die Lebensverhältnisse der Bundesrepublik Deutschland einfügen kann. ²Erfüllt der Ausländer die Voraussetzungen des Absatzes 1 Satz 1 Nummer 1, soll ihm eine Aufenthaltserlaubnis erteilt werden, wenn er rechtswidrig mit Gewalt oder Drohung mit einem empfindlichen Übel zur Eingehung der Ehe genötigt und von der Rückkehr nach Deutschland abgehalten wurde und er den Antrag auf Erteilung einer Aufenthaltserlaubnis innerhalb von drei Monaten nach Wegfall der Zwangslage, spätestens jedoch vor Ablauf von zehn Jahren seit der Ausreise, stellt. ³Absatz 2 bleibt unberührt.

(3) Die Erteilung der Aufenthaltserlaubnis kann versagt werden,

1. wenn der Ausländer ausgewiesen worden war oder ausgewiesen werden konnte, als er das Bundesgebiet verließ,

2. wenn ein Ausweisungsinteresse besteht oder

3. solange der Ausländer minderjährig und seine persönliche Betreuung im Bundesgebiet nicht gewährleistet ist.

(4) Der Verlängerung der Aufenthaltserlaubnis steht nicht entgegen, dass der Lebensunterhalt nicht mehr aus eigener Erwerbstätigkeit gesichert oder die Unterhaltsverpflichtung wegen Ablaufs der fünf Jahre entfallen ist.

(5) Einem Ausländer, der von einem Träger im Bundesgebiet Rente bezieht, wird in der Regel eine Aufenthaltserlaubnis erteilt, wenn er sich vor seiner Ausreise mindestens acht Jahre rechtmäßig im Bundesgebiet aufgehalten hat.

§ 38 Aufenthaltstitel für ehemalige Deutsche

(1) ¹Einem ehemaligen Deutschen ist

1. eine Niederlassungserlaubnis zu erteilen, wenn er bei Verlust der deutschen Staatsangehörigkeit seit fünf Jahren als Deutscher seinen gewöhnlichen Aufenthalt im Bundesgebiet hatte,

2. eine Aufenthaltserlaubnis zu erteilen, wenn er bei Verlust der deutschen Staatsangehörigkeit seit mindestens einem Jahr seinen gewöhnlichen Aufenthalt im Bundesgebiet hatte.

²Der Antrag auf Erteilung eines Aufenthaltstitels nach Satz 1 ist innerhalb von sechs Monaten nach Kenntnis vom Verlust der deutschen Staatsangehörigkeit zu stellen. ³§ 81 Abs. 3 gilt entsprechend.

(2) Einem ehemaligen Deutschen, der seinen gewöhnlichen Aufenthalt im Ausland hat, kann eine Aufenthaltserlaubnis erteilt werden, wenn er über ausreichende Kenntnisse der deutschen Sprache verfügt.

(3) In besonderen Fällen kann der Aufenthaltstitel nach Absatz 1 oder 2 abweichend von § 5 erteilt werden.

(4) Die Ausübung einer Erwerbstätigkeit ist innerhalb der Antragsfrist des Absatzes 1 Satz 2 und im Falle der Antragstellung bis zur Entscheidung der Ausländerbehörde über den Antrag erlaubt.

(5) Die Absätze 1 bis 4 finden entsprechende Anwendung auf einen Ausländer, der aus einem nicht von ihm zu vertretenden Grund bisher von deutschen Stellen als Deutscher behandelt wurde.

§ 38a Aufenthaltserlaubnis für in anderen Mitgliedstaaten der Europäischen Union langfristig Aufenthaltsberechtigte

(1) [1]Einem Ausländer, der in einem anderen Mitgliedstaat der Europäischen Union die Rechtsstellung eines langfristig Aufenthaltsberechtigten innehat, wird eine Aufenthaltserlaubnis erteilt, wenn er sich länger als 90 Tage im Bundesgebiet aufhalten will. [2]§ 8 Abs. 2 ist nicht anzuwenden.

(2) Absatz 1 ist nicht anzuwenden auf Ausländer, die

1. von einem Dienstleistungserbringer im Rahmen einer grenzüberschreitenden Dienstleistungserbringung entsandt werden,

2. sonst grenzüberschreitende Dienstleistungen erbringen wollen oder

3. sich zur Ausübung einer Beschäftigung als Saisonarbeitnehmer im Bundesgebiet aufhalten oder im Bundesgebiet eine Tätigkeit als Grenzarbeitnehmer aufnehmen wollen.

(3) [1]Die Aufenthaltserlaubnis berechtigt zur Ausübung einer Beschäftigung, wenn die Bundesagentur für Arbeit der Ausübung der Beschäftigung nach § 39 Absatz 3 zugestimmt hat; die Zustimmung wird mit Vorrangprüfung erteilt. [2]Die Aufenthaltserlaubnis berechtigt zur Ausübung einer selbständigen Tätigkeit, wenn die in § 21 genannten Voraussetzungen erfüllt sind. [3]Wird der Aufenthaltstitel nach Absatz 1 für ein Studium oder für sonstige Ausbildungszwecke erteilt, sind die §§ 16a und 16b entsprechend anzuwenden. [4]In den Fällen des § 16a wird der Aufenthaltstitel ohne Zustimmung der Bundesagentur für Arbeit erteilt.

(4) [1]Eine nach Absatz 1 erteilte Aufenthaltserlaubnis darf nur für höchstens zwölf Monate mit einer Nebenbestimmung nach § 34 der Beschäftigungsverordnung versehen werden. [2]Der in Satz 1 genannte Zeitraum beginnt mit der erstmaligen Erlaubnis einer Beschäftigung bei der Erteilung der Aufenthaltserlaubnis nach Absatz 1. [3]Nach Ablauf dieses Zeitraums berechtigt die Aufenthaltserlaubnis zur Ausübung einer Erwerbstätigkeit.

Abschnitt 8
Beteiligung der Bundesagentur für Arbeit

§ 39 Zustimmung zur Beschäftigung

(1) [1]Die Erteilung eines Aufenthaltstitels zur Ausübung einer Beschäftigung setzt die Zustimmung der Bundesagentur für Arbeit voraus, es sei denn, die Zustimmung ist kraft Gesetzes, auf Grund der Beschäftigungsverordnung oder Bestimmung in einer zwischenstaatlichen Vereinbarung nicht erforderlich. [2]Die Zustimmung kann erteilt werden, wenn dies durch ein Gesetz, die Beschäftigungsverordnung oder zwischenstaatliche Vereinbarung bestimmt ist.

(2) [1]Die Bundesagentur für Arbeit kann der Ausübung einer Beschäftigung durch eine Fachkraft gemäß den §§ 18a oder 18b zustimmen, wenn

1. sie nicht zu ungünstigeren Arbeitsbedingungen als vergleichbare inländische Arbeitnehmer beschäftigt wird,

2. sie

 a) gemäß § 18a oder § 18b Absatz 1 eine Beschäftigung als Fachkraft ausüben wird, zu der ihre Qualifikation sie befähigt, oder

 b) gemäß § 18b Absatz 2 Satz 2 eine ihrer Qualifikation angemessene Beschäftigung ausüben wird,

3. ein inländisches Beschäftigungsverhältnis vorliegt und,

4. sofern die Beschäftigungsverordnung nähere Voraussetzungen in Bezug auf die Ausübung der Beschäftigung vorsieht, diese vorliegen.

[2]Die Zustimmung wird ohne Vorrangprüfung im Sinne des Absatzes 3 Nummer 3 erteilt, es sei denn, in der Beschäftigungsverordnung ist etwas anderes bestimmt.

(3) Die Bundesagentur für Arbeit kann der Ausübung einer Beschäftigung durch einen Ausländer unabhängig von einer Qualifikation als Fachkraft zustimmen, wenn

1. der Ausländer nicht zu ungünstigeren Arbeitsbedingungen als vergleichbare inländische Arbeitnehmer beschäftigt wird,

2. die in den §§ 19, 19b, 19c Absatz 3 oder § 19d Absatz 1 Nummer 1 oder durch die Beschäftigungsverordnung geregelten Voraussetzungen für die Zustimmung in Bezug auf die Ausübung der Beschäftigung vorliegen und

3. für die Beschäftigung deutsche Arbeitnehmer sowie Ausländer, die diesen hinsichtlich der Arbeitsaufnahme rechtlich gleichgestellt sind, oder andere Ausländer, die nach dem Recht der Europäischen

Union einen Anspruch auf vorrangigen Zugang zum Arbeitsmarkt haben, nicht zur Verfügung stehen (Vorrangprüfung), soweit diese Prüfung durch die Beschäftigungsverordnung oder Gesetz vorgesehen ist.

(4) [1]Für die Erteilung der Zustimmung hat der Arbeitgeber der Bundesagentur für Arbeit Auskunft über Arbeitsentgelt, Arbeitszeiten und sonstige Arbeitsbedingungen zu erteilen. [2]Auf Aufforderung durch die Bundesagentur für Arbeit hat ein Arbeitgeber, der einen Ausländer beschäftigt oder beschäftigt hat, eine Auskunft nach Satz 1 innerhalb eines Monats zu erteilen.

(5) Die Absätze 1, 3 und 4 gelten auch, wenn bei Aufenthalten zu anderen Zwecken nach den Abschnitten 3, 5 oder 7 eine Zustimmung der Bundesagentur für Arbeit zur Ausübung einer Beschäftigung erforderlich ist.

(6) [1]Absatz 3 gilt für die Erteilung einer Arbeitserlaubnis zum Zweck der Saisonbeschäftigung entsprechend. [2]Im Übrigen sind die für die Zustimmung der Bundesagentur für Arbeit geltenden Rechtsvorschriften auf die Arbeitserlaubnis anzuwenden, soweit durch Gesetz oder Rechtsverordnung nichts anderes bestimmt ist. [3]Die Bundesagentur für Arbeit kann für die Zustimmung zur Erteilung eines Aufenthaltstitels zum Zweck der Saisonbeschäftigung und für die Erteilung einer Arbeitserlaubnis zum Zweck der Saisonbeschäftigung am Bedarf orientierte Zulassungszahlen festlegen.

§ 40 Versagungsgründe

(1) Die Zustimmung nach § 39 ist zu versagen, wenn
1. das Arbeitsverhältnis auf Grund einer unerlaubten Arbeitsvermittlung oder Anwerbung zustande gekommen ist oder
2. der Ausländer als Leiharbeitnehmer (§ 1 Abs. 1 des Arbeitnehmerüberlassungsgesetzes) tätig werden will.

(2) Die Zustimmung kann versagt werden, wenn
1. der Ausländer gegen § 404 Abs. 1 oder 2 Nr. 2 bis 13 des Dritten Buches Sozialgesetzbuch, §§ 10, 10a oder § 11 des Schwarzarbeitsbekämpfungsgesetzes oder gegen die §§ 15, 15a oder § 16 Abs. 1 Nr. 2 des Arbeitnehmerüberlassungsgesetzes schuldhaft verstoßen hat,
2. wichtige Gründe in der Person des Ausländers vorliegen oder
3. die Beschäftigung bei einem Arbeitgeber erfolgen soll, der oder dessen nach Satzung oder Gesetz Vertretungsberechtigter innerhalb der letzten fünf Jahre wegen eines Verstoßes gegen § 404 Absatz 1 oder Absatz 2 Nummer 3 des Dritten Buches Sozialgesetzbuch rechtskräftig mit einer Geldbuße belegt oder wegen eines Verstoßes gegen die §§ 10, 10a oder 11 des Schwarzarbeitsbekämpfungsgesetzes oder gegen die §§ 15, 15a oder 16 Absatz 1 Nummer 2 des Arbeitnehmerüberlassungsgesetzes rechtskräftig zu einer Geld- oder Freiheitsstrafe verurteilt worden ist; dies gilt bei einem unternehmensinternen Transfer gemäß § 19 oder § 19b entsprechend für die aufnehmende Niederlassung.

(3) Die Zustimmung kann darüber hinaus versagt werden, wenn
1. der Arbeitgeber oder die aufnehmende Niederlassung seinen oder ihren sozialversicherungsrechtlichen, steuerrechtlichen oder arbeitsrechtlichen Pflichten nicht nachgekommen ist,
2. über das Vermögen des Arbeitgebers oder über das Vermögen der aufnehmenden Niederlassung ein Insolvenzverfahren eröffnet wurde, das auf Auflösung des Arbeitgebers oder der Niederlassung und Abwicklung des Geschäftsbetriebs gerichtet ist,
3. der Arbeitgeber oder die aufnehmende Niederlassung im Rahmen der Durchführung eines Insolvenzverfahrens aufgelöst wurde und der Geschäftsbetrieb abgewickelt wurde,
4. die Eröffnung eines Insolvenzverfahrens über das Vermögen des Arbeitgebers oder über das Vermögen der aufnehmenden Niederlassung mangels Masse abgelehnt wurde und der Geschäftsbetrieb eingestellt wurde,
5. der Arbeitgeber oder die aufnehmende Niederlassung keine Geschäftstätigkeit ausübt,
6. durch die Präsenz des Ausländers eine Einflussnahme auf arbeitsrechtliche oder betriebliche Auseinandersetzungen oder Verhandlungen bezweckt oder bewirkt wird oder
7. der Arbeitgeber oder die aufnehmende Niederlassung hauptsächlich zu dem Zweck gegründet wurde, die Einreise und den Aufenthalt von Ausländern zum Zweck der Beschäftigung zu erleichtern; das Gleiche gilt, wenn das Arbeitsverhältnis hauptsächlich zu diesem Zweck begründet wurde.

§ 41 Widerruf der Zustimmung und Entzug der Arbeitserlaubnis

Die Zustimmung kann widerrufen und die Arbeitserlaubnis zum Zweck der Saisonbeschäftigung kann entzogen werden, wenn der Ausländer zu ungünstigeren Arbeitsbedingungen als vergleichbare inländische Arbeitnehmer beschäftigt wird oder der Tatbestand des § 40 erfüllt ist.

§ 42 Verordnungsermächtigung und Weisungsrecht

(1) Das Bundesministerium für Arbeit und Soziales kann durch Rechtsverordnung (Beschäftigungsverordnung) mit Zustimmung des Bundesrates Folgendes bestimmen:

1. Beschäftigungen, für die Ausländer nach § 4a Absatz 2 Satz 1, § 16a Absatz 1 Satz 1, den §§ 16d, 16e Absatz 1 Satz 1, den §§ 19, 19b, 19c Absatz 1 und 2 sowie § 19e mit oder ohne Zustimmung der Bundesagentur für Arbeit zugelassen werden können, und ihre Voraussetzungen,
2. Beschäftigungen und Bedingungen, zu denen eine Zustimmung der Bundesagentur für Arbeit für eine qualifizierte Beschäftigung nach § 19c Absatz 2 unabhängig von der Qualifikation als Fachkraft erteilt werden kann und
3. nähere Voraussetzungen in Bezug auf die Ausübung einer Beschäftigung als Fachkraft nach den §§ 18a und 18b,
4. Ausnahmen für Angehörige bestimmter Staaten,
5. Tätigkeiten, die für die Durchführung dieses Gesetzes stets oder unter bestimmten Voraussetzungen nicht als Beschäftigung anzusehen sind.

(2) Das Bundesministerium für Arbeit und Soziales kann durch die Beschäftigungsverordnung ohne Zustimmung des Bundesrates Folgendes bestimmen:

1. die Voraussetzungen und das Verfahren zur Erteilung der Zustimmung der Bundesagentur für Arbeit; dabei kann auch ein alternatives Verfahren zur Vorrangprüfung geregelt werden,
2. Einzelheiten über die zeitliche, betriebliche, berufliche und regionale Beschränkung der Zustimmung,
3. Fälle nach § 39 Absatz 2 und 3, in denen für eine Zustimmung eine Vorrangprüfung durchgeführt wird, beispielsweise für die Beschäftigung von Fachkräften in zu bestimmenden Bezirken der Bundesagentur für Arbeit sowie in bestimmten Berufen,
4. Fälle, in denen Ausländern, die im Besitz einer Duldung sind, oder anderen Ausländern, die keinen Aufenthaltstitel besitzen, nach § 4a Absatz 4 eine Beschäftigung erlaubt werden kann,
5. die Voraussetzungen und das Verfahren zur Erteilung einer Arbeitserlaubnis zum Zweck der Saisonbeschäftigung an Staatsangehörige der in Anhang II zu der Verordnung (EG) Nr. 539/2001 des Rates vom 15. März 2001 zur Aufstellung der Liste der Drittländer, deren Staatsangehörige beim Überschreiten der Außengrenzen im Besitz eines Visums sein müssen, sowie der Liste der Drittländer, deren Staatsangehörige von dieser Visumpflicht befreit sind (ABl. L 81 vom 21.3.2001, S. 1), genannten Staaten,
6. Berufe, in denen für Angehörige bestimmter Staaten die Erteilung einer Blauen Karte EU zu versagen ist, weil im Herkunftsland ein Mangel an qualifizierten Arbeitnehmern in diesen Berufsgruppen besteht.

(3) Das Bundesministerium für Arbeit und Soziales kann der Bundesagentur für Arbeit zur Durchführung der Bestimmungen dieses Gesetzes und der hierzu erlassenen Rechtsverordnungen sowie der von der Europäischen Union erlassenen Bestimmungen über den Zugang zum Arbeitsmarkt und der zwischenstaatlichen Vereinbarungen über die Beschäftigung von Arbeitnehmern Weisungen erteilen.

Kapitel 3
Integration

§ 43 Integrationskurs

(1) Die Integration von rechtmäßig auf Dauer im Bundesgebiet lebenden Ausländern in das wirtschaftliche, kulturelle und gesellschaftliche Leben in der Bundesrepublik Deutschland wird gefördert und gefordert.

(2) [1]Eingliederungsbemühungen von Ausländern werden durch ein Grundangebot zur Integration (Integrationskurs) unterstützt. [2]Ziel des Integrationskurses ist, den Ausländern die Sprache, die Rechtsordnung, die Kultur und die Geschichte in Deutschland erfolgreich zu vermitteln. [3]Ausländer sollen dadurch mit den Lebensverhältnissen im Bundesgebiet so weit vertraut werden, dass sie ohne die Hilfe oder Vermittlung Dritter in allen Angelegenheiten des täglichen Lebens selbständig handeln können.

(3) [1]Der Integrationskurs umfasst einen Basis- und einen Aufbausprachkurs von jeweils gleicher Dauer zur Erlangung ausreichender Sprachkenntnisse sowie einen Orientierungskurs zur Vermittlung von Kenntnissen der Rechtsordnung, der Kultur und der Geschichte in Deutschland. [2]Der Integrationskurs wird vom Bundesamt für Migration und Flüchtlinge koordiniert und durchgeführt, das sich hierzu privater oder öffentlicher Träger bedienen kann. [3]Für die Teilnahme am Integrationskurs sollen Kosten in ange-

messenem Umfang unter Berücksichtigung der Leistungsfähigkeit erhoben werden. [4]Zur Zahlung ist auch derjenige verpflichtet, der dem Ausländer zur Gewährung des Lebensunterhalts verpflichtet ist.

(4) [1]Die Bundesregierung wird ermächtigt, nähere Einzelheiten des Integrationskurses, insbesondere die Grundstruktur, die Dauer, die Lerninhalte und die Durchführung der Kurse, die Vorgaben bezüglich der Auswahl und Zulassung der Kursträger sowie die Voraussetzungen und die Rahmenbedingungen für die ordnungsgemäße und erfolgreiche Teilnahme und ihre Bescheinigung einschließlich der Kostentragung, sowie die Datenverarbeitung nach § 88a Absatz 1 und 1a durch eine Rechtsverordnung ohne Zustimmung des Bundesrates zu regeln. [2]Hiervon ausgenommen sind die Prüfungs- und Nachweismodalitäten der Abschlusstests zu den Integrationskursen, die das Bundesministerium des Innern, für Bau und Heimat durch Rechtsverordnung ohne Zustimmung des Bundesrates regelt.

§ 44 Berechtigung zur Teilnahme an einem Integrationskurs

(1) [1]Einen Anspruch auf die einmalige Teilnahme an einem Integrationskurs hat ein Ausländer, der sich dauerhaft im Bundesgebiet aufhält, wenn ihm

1. erstmals eine Aufenthaltserlaubnis
 a) zu Erwerbszwecken (§§ 18a bis 18d, 19c und 21),
 b) zum Zweck des Familiennachzugs (§§ 28, 29, 30, 32, 36, 36a),
 c) aus humanitären Gründen nach § 25 Absatz 1, 2, 4a Satz 3 oder § 25b,
 d) als langfristig Aufenthaltsberechtigter nach § 38a oder
2. ein Aufenthaltstitel nach § 23 Abs. 2 oder Absatz 4

erteilt wird. [2]Von einem dauerhaften Aufenthalt ist in der Regel auszugehen, wenn der Ausländer eine Aufenthaltserlaubnis von mindestens einem Jahr erhält oder seit über 18 Monaten eine Aufenthaltserlaubnis besitzt, es sei denn, der Aufenthalt ist vorübergehender Natur.

(2) [1]Der Teilnahmeanspruch nach Absatz 1 erlischt ein Jahr nach Erteilung des den Anspruch begründenden Aufenthaltstitels oder bei dessen Wegfall. [2]Dies gilt nicht, wenn sich der Ausländer bis zu diesem Zeitpunkt aus von ihm nicht zu vertretenden Gründen nicht zu einem Integrationskurs anmelden konnte.

(3) [1]Der Anspruch auf Teilnahme am Integrationskurs besteht nicht

1. bei Kindern, Jugendlichen und jungen Erwachsenen, die eine schulische Ausbildung aufnehmen oder ihre bisherige Schullaufbahn in der Bundesrepublik Deutschland fortsetzen,
2. bei erkennbar geringem Integrationsbedarf oder
3. wenn der Ausländer bereits über ausreichende Kenntnisse der deutschen Sprache verfügt.

[2]Die Berechtigung zur Teilnahme am Orientierungskurs bleibt im Falle des Satzes 1 Nr. 3 hiervon unberührt.

(4) [1]Ein Ausländer, der einen Teilnahmeanspruch nicht oder nicht mehr besitzt, kann im Rahmen verfügbarer Kursplätze zur Teilnahme zugelassen werden. [2]Diese Regelung findet entsprechend auf deutsche Staatsangehörige Anwendung, wenn sie nicht über ausreichende Kenntnisse der deutschen Sprache verfügen und in besonderer Weise integrationsbedürftig sind, sowie auf Ausländer, die

1. eine Aufenthaltsgestattung besitzen und
 a) bei denen ein rechtmäßiger und dauerhafter Aufenthalt zu erwarten ist oder
 b) die vor dem 1. August 2019 in das Bundesgebiet eingereist sind, sich seit mindestens drei Monaten gestattet im Bundesgebiet aufhalten, nicht aus einem sicheren Herkunftsstaat nach § 29a des Asylgesetzes stammen und bei der Agentur für Arbeit ausbildungsuchend, arbeitsuchend oder arbeitslos gemeldet sind oder beschäftigt sind oder in einer Berufsausbildung im Sinne von § 57 Absatz 1 des Dritten Buches Sozialgesetzbuch stehen oder in Maßnahmen nach dem Zweiten Unterabschnitt des Dritten Abschnitts des Dritten Kapitels oder § 74 Absatz 1 Satz 2 des Dritten Buches Sozialgesetzbuch gefördert werden oder bei denen die Voraussetzungen des § 11 Absatz 4 Satz 2 und 3 des Zwölften Buches Sozialgesetzbuch vorliegen oder
2. eine Duldung nach § 60a Absatz 2 Satz 3 besitzen oder
3. eine Aufenthaltserlaubnis nach § 25 Absatz 5 besitzen.

[3]Bei einem Asylbewerber, der aus einem sicheren Herkunftsstaat nach § 29a des Asylgesetzes stammt, wird vermutet, dass ein rechtmäßiger und dauerhafter Aufenthalt nicht zu erwarten ist.

§ 44a Verpflichtung zur Teilnahme an einem Integrationskurs

(1) [1]Ein Ausländer ist zur Teilnahme an einem Integrationskurs verpflichtet, wenn

1. er nach § 44 einen Anspruch auf Teilnahme hat und
 a) sich nicht zumindest auf einfache Art in deutscher Sprache verständigen kann oder
 b) zum Zeitpunkt der Erteilung eines Aufenthaltstitels nach § 23 Abs. 2, § 28 Abs. 1 Satz 1 Nr. 1, § 30 oder § 36a Absatz 1 Satz 1 erste Alternative nicht über ausreichende Kenntnisse der deutschen Sprache verfügt oder

2. er Leistungen nach dem Zweiten Buch Sozialgesetzbuch bezieht und die Teilnahme am Integrationskurs in einer Eingliederungsvereinbarung nach dem Zweiten Buch Sozialgesetzbuch vorgesehen ist,

3. er in besonderer Weise integrationsbedürftig ist und die Ausländerbehörde ihn zur Teilnahme am Integrationskurs auffordert oder

4. er zu dem in § 44 Absatz 4 Satz 2 Nummer 1 bis 3 genannten Personenkreis gehört, Leistungen nach dem Asylbewerberleistungsgesetz bezieht und die zuständige Leistungsbehörde ihn zur Teilnahme an einem Integrationskurs auffordert. [2]In den Fällen des Satzes 1 Nr. 1 stellt die Ausländerbehörde bei der Erteilung des Aufenthaltstitels fest, dass der Ausländer zur Teilnahme verpflichtet ist. [3]In den Fällen des Satzes 1 Nr. 2 ist der Ausländer auch zur Teilnahme verpflichtet, wenn der Träger der Grundsicherung für Arbeitsuchende ihn zur Teilnahme auffordert. [4]Der Träger der Grundsicherung für Arbeitsuchende soll in den Fällen des Satzes 1 Nr. 1 und 3 beim Bezug von Leistungen nach dem Zweiten Buch Sozialgesetzbuch für die Maßnahmen nach § 15 des Zweiten Buches Sozialgesetzbuch der Verpflichtung durch die Ausländerbehörde im Regelfall folgen. [5]Sofern der Träger der Grundsicherung für Arbeitsuchende im Einzelfall eine abweichende Entscheidung trifft, hat er dies der Ausländerbehörde mitzuteilen, die die Verpflichtung widerruft. [6]Die Verpflichtung ist zu widerrufen, wenn einem Ausländer neben seiner Erwerbstätigkeit eine Teilnahme auch an einem Teilzeitkurs nicht zuzumuten ist. [7]Darüber hinaus können die Ausländerbehörden einen Ausländer bei der Erteilung eines Aufenthaltstitels nach § 25 Absatz 1 oder 2 zur Teilnahme an einem Integrationskurs verpflichten, wenn er sich lediglich auf einfache Art in deutscher Sprache verständigen kann.

(1a) Die Teilnahmeverpflichtung nach Absatz 1 Satz 1 Nummer 1 erlischt außer durch Rücknahme oder Widerruf nur, wenn der Ausländer ordnungsgemäß am Integrationskurs teilgenommen hat.

(2) Von der Teilnahmeverpflichtung ausgenommen sind Ausländer,

1. die sich im Bundesgebiet in einer beruflichen oder sonstigen Ausbildung befinden,

2. die die Teilnahme an vergleichbaren Bildungsangeboten im Bundesgebiet nachweisen oder

3. deren Teilnahme auf Dauer unmöglich oder unzumutbar ist.

(2a) Von der Verpflichtung zur Teilnahme am Orientierungskurs sind Ausländer ausgenommen, die eine Aufenthaltserlaubnis nach § 38a besitzen, wenn sie nachweisen, dass sie bereits in einem anderen Mitgliedstaat der Europäischen Union zur Erlangung ihrer Rechtsstellung als langfristig Aufenthaltsberechtigte an Integrationsmaßnahmen teilgenommen haben.

(3) [1]Kommt ein Ausländer seiner Teilnahmepflicht aus von ihm zu vertretenden Gründen nicht nach oder legt er den Abschlusstest nicht erfolgreich ab, weist ihn die zuständige Ausländerbehörde vor der Verlängerung seiner Aufenthaltserlaubnis auf die möglichen Auswirkungen seines Handelns (§ 8 Abs. 3, § 9 Abs. 2 Satz 1 Nr. 7 und 8, § 9a Absatz 2 Satz 1 Nummer 3 und 4 dieses Gesetzes, § 10 Abs. 3 des Staatsangehörigkeitsgesetzes) hin. [2]Die Ausländerbehörde kann den Ausländer mit Mitteln des Verwaltungszwangs zur Erfüllung seiner Teilnahmepflicht anhalten. [3]Bei Verletzung der Teilnahmepflicht kann der voraussichtliche Kostenbeitrag auch vorab in einer Summe durch Gebührenbescheid erhoben werden.

§ 45 Integrationsprogramm
[1]Der Integrationskurs soll durch weitere Integrationsangebote des Bundes und der Länder, insbesondere sozialpädagogische und migrationsspezifische Beratungsangebote, ergänzt werden. [2]Das Bundesministerium des Innern, für Bau und Heimat oder die von ihm bestimmte Stelle entwickelt ein bundesweites Integrationsprogramm, in dem insbesondere die bestehenden Integrationsangebote von Bund, Ländern, Kommunen und privaten Trägern für Ausländer und Spätaussiedler festgestellt und Empfehlungen zur Weiterentwicklung der Integrationsangebote vorgelegt werden. [3]Bei der Entwicklung des bundesweiten Integrationsprogramms sowie der Erstellung von Informationsmaterialien über bestehende Integrationsangebote werden die Länder, die Kommunen und die Ausländerbeauftragten von Bund, Ländern und Kommunen sowie der Beauftragte der Bundesregierung für Aussiedlerfragen beteiligt. [4]Darüber hinaus sollen Religionsgemeinschaften, Gewerkschaften, Arbeitgeberverbände, die Träger der freien Wohlfahrtspflege sowie sonstige gesellschaftliche Interessenverbände beteiligt werden.

§ 45a Berufsbezogene Deutschsprachförderung; Verordnungsermächtigung
(1) [1]Die Integration in den Arbeitsmarkt kann durch Maßnahmen der berufsbezogenen Deutschsprachförderung unterstützt werden. [2]Diese Maßnahmen bauen in der Regel auf der allgemeinen Sprachförderung der Integrationskurse auf. [3]Die berufsbezogene Deutschsprachförderung wird vom Bundesamt für Migration und Flüchtlinge koordiniert und durchgeführt. [4]Das Bundesamt für Migration und Flüchtlinge bedient sich zur Durchführung der Maßnahmen privater oder öffentlicher Träger.

(2) [1]Ein Ausländer ist zur Teilnahme an einer Maßnahme der berufsbezogenen Deutschsprachförderung verpflichtet, wenn er Leistungen nach dem Zweiten Buch Sozialgesetzbuch bezieht und die Teilnahme

an der Maßnahme in einer Eingliederungsvereinbarung nach dem Zweiten Buch Sozialgesetzbuch vorgesehen ist. [2]Leistungen zur Eingliederung in Arbeit nach dem Zweiten Buch Sozialgesetzbuch und Leistungen der aktiven Arbeitsförderung nach dem Dritten Buch Sozialgesetzbuch bleiben unberührt. [3]Die Teilnahme an der berufsbezogenen Deutschsprachförderung setzt für Ausländer mit einer Aufenthaltsgestattung nach dem Asylgesetz voraus, dass

1. bei dem Ausländer ein rechtmäßiger und dauerhafter Aufenthalt zu erwarten ist oder
2. der Ausländer vor dem 1. August 2019 in das Bundesgebiet eingereist ist, er sich seit mindestens drei Monaten gestattet im Bundesgebiet aufhält, nicht aus einem sicheren Herkunftsstaat nach § 29a des Asylgesetzes stammt und bei der Agentur für Arbeit ausbildungsuchend, arbeitsuchend oder arbeitslos gemeldet ist oder beschäftigt ist oder in einer Berufsausbildung im Sinne von § 57 Absatz 1 des Dritten Buches Sozialgesetzbuch steht oder in Maßnahmen nach dem Zweiten Unterabschnitt des Dritten Abschnitts des Dritten Kapitels oder § 74 Absatz 1 Satz 2 des Dritten Buches Sozialgesetzbuch gefördert wird oder bei dem die Voraussetzungen des § 11 Absatz 4 Satz 2 und 3 des Zwölften Buches Sozialgesetzbuch vorliegen.

[4]Bei einem Asylbewerber, der aus einem sicheren Herkunftsstaat nach § 29a des Asylgesetzes stammt, wird vermutet, dass ein rechtmäßiger und dauerhafter Aufenthalt nicht zu erwarten ist.

(3) Das Bundesministerium für Arbeit und Soziales wird ermächtigt, durch Rechtsverordnung ohne Zustimmung des Bundesrates im Einvernehmen mit dem Bundesministerium des Innern, für Bau und Heimat nähere Einzelheiten der berufsbezogenen Deutschsprachförderung, insbesondere die Grundstruktur, die Zielgruppen, die Dauer, die Lerninhalte und die Durchführung der Kurse, die Vorgaben bezüglich der Auswahl und Zulassung der Kursträger sowie die Voraussetzungen und die Rahmenbedingungen für den Zugang und die ordnungsgemäße und erfolgreiche Teilnahme einschließlich ihrer Abschlusszertifikate und der Kostentragung, sowie die Datenverarbeitung nach § 88a Absatz 3 zu regeln.

Kapitel 4
Ordnungsrechtliche Vorschriften

§ 46 Ordnungsverfügungen

(1) Die Ausländerbehörde kann gegenüber einem vollziehbar ausreisepflichtigen Ausländer Maßnahmen zur Förderung der Ausreise treffen, insbesondere kann sie den Ausländer verpflichten, den Wohnsitz an einem von ihr bestimmten Ort zu nehmen.

(2) [1]Einem Ausländer kann die Ausreise in entsprechender Anwendung des § 10 Abs. 1 und 2 des Passgesetzes untersagt werden. [2]Im Übrigen kann einem Ausländer die Ausreise aus dem Bundesgebiet nur untersagt werden, wenn er in einen anderen Staat einreisen will, ohne im Besitz der dafür erforderlichen Dokumente und Erlaubnisse zu sein. [3]Das Ausreiseverbot ist aufzuheben, sobald der Grund seines Erlasses entfällt.

§ 47 Verbot und Beschränkung der politischen Betätigung

(1) [1]Ausländer dürfen sich im Rahmen der allgemeinen Rechtsvorschriften politisch betätigen. [2]Die politische Betätigung eines Ausländers kann beschränkt oder untersagt werden, soweit sie

1. die politische Willensbildung in der Bundesrepublik Deutschland oder das friedliche Zusammenleben von Deutschen und Ausländern oder von verschiedenen Ausländergruppen im Bundesgebiet, die öffentliche Sicherheit und Ordnung oder sonstige erhebliche Interessen der Bundesrepublik Deutschland beeinträchtigt oder gefährdet,
2. den außenpolitischen Interessen oder den völkerrechtlichen Verpflichtungen der Bundesrepublik Deutschland zuwiderlaufen kann,
3. gegen die Rechtsordnung der Bundesrepublik Deutschland, insbesondere unter Anwendung von Gewalt, verstößt oder
4. bestimmt ist, Parteien, andere Vereinigungen, Einrichtungen oder Bestrebungen außerhalb des Bundesgebiets zu fördern, deren Ziele oder Mittel mit den Grundwerten einer die Würde des Menschen achtenden staatlichen Ordnung unvereinbar sind.

(2) Die politische Betätigung eines Ausländers wird untersagt, soweit sie

1. die freiheitliche demokratische Grundordnung oder die Sicherheit der Bundesrepublik Deutschland gefährdet oder den kodifizierten Normen des Völkerrechts widerspricht,
2. Gewaltanwendung als Mittel zur Durchsetzung politischer, religiöser oder sonstiger Belange öffentlich unterstützt, befürwortet oder hervorzurufen bezweckt oder geeignet ist oder
3. Vereinigungen, politische Bewegungen oder Gruppen innerhalb oder außerhalb des Bundesgebiets unterstützt, die im Bundesgebiet Anschläge gegen Personen oder Sachen oder außerhalb des Bun-

desgebiets Anschläge gegen Deutsche oder deutsche Einrichtungen veranlasst, befürwortet oder angedroht haben.

§ 47a Mitwirkungspflichten; Lichtbildabgleich

[1]Ein Ausländer ist verpflichtet, seinen Pass, seinen Passersatz oder seinen Ausweisersatz auf Verlangen einer zur Identitätsfeststellung befugten Behörde vorzulegen und es ihr zu ermöglichen, sein Gesicht mit dem Lichtbild im Dokument abzugleichen. [2]Dies gilt auch für die Bescheinigung über die Aufenthaltsgestattung nach § 63 Absatz 1 Satz 1 des Asylgesetzes. [3]Ein Ausländer, der im Besitz eines Ankunftsnachweises im Sinne des § 63a Absatz 1 Satz 1 des Asylgesetzes oder eines der in § 48 Absatz 1 Nummer 2 genannten Dokumente ist, ist verpflichtet, den Ankunftsnachweis oder das Dokument auf Verlangen einer zur Überprüfung der darin enthaltenen Angaben befugten Behörde vorzulegen und es ihr zu ermöglichen, sein Gesicht mit dem Lichtbild im Dokument abzugleichen.

§ 48 Ausweisrechtliche Pflichten

(1) [1]Ein Ausländer ist verpflichtet,

1. seinen Pass, seinen Passersatz oder seinen Ausweisersatz und

2. seinen Aufenthaltstitel oder eine Bescheinigung über die Aussetzung der Abschiebung

auf Verlangen den mit dem Vollzug des Ausländerrechts betrauten Behörden vorzulegen, auszuhändigen und vorübergehend zu überlassen, soweit dies zur Durchführung oder Sicherung von Maßnahmen nach diesem Gesetz erforderlich ist. [2]Ein deutscher Staatsangehöriger, der zugleich eine ausländische Staatsangehörigkeit besitzt, ist verpflichtet, seinen ausländischen Pass oder Passersatz auf Verlangen den mit dem Vollzug des Ausländerrechts betrauten Behörden vorzulegen, auszuhändigen und vorübergehend zu überlassen, wenn

1. ihm nach § 7 Absatz 1 des Passgesetzes der deutsche Pass versagt, nach § 8 des Passgesetzes der deutsche Pass entzogen worden ist oder gegen ihn eine Anordnung nach § 6 Absatz 7 des Personalausweisgesetzes ergangen ist, wenn Anhaltspunkte die Annahme rechtfertigen, dass der Ausländer beabsichtigt, das Bundesgebiet zu verlassen oder

2. die Voraussetzungen für eine Untersagung der Ausreise nach § 10 Absatz 1 des Passgesetzes vorliegen und die Vorlage, Aushändigung und vorübergehende Überlassung des ausländischen Passes oder Passersatzes zur Durchführung oder Sicherung des Ausreiseverbots erforderlich sind.

(2) Ein Ausländer, der einen Pass oder Passersatz weder besitzt noch in zumutbarer Weise erlangen kann, genügt der Ausweispflicht mit der Bescheinigung über einen Aufenthaltstitel oder die Aussetzung der Abschiebung, wenn sie mit den Angaben zur Person und einem Lichtbild versehen und als Ausweisersatz bezeichnet ist.

(3) [1]Besitzt der Ausländer keinen gültigen Pass oder Passersatz, ist er verpflichtet, an der Beschaffung des Identitätspapiers mitzuwirken sowie alle Urkunden, sonstigen Unterlagen und Datenträger, die für die Feststellung seiner Identität und Staatsangehörigkeit und für die Feststellung und Geltendmachung einer Rückführungsmöglichkeit in einen anderen Staat von Bedeutung sein können und in deren Besitz er ist, den mit der Ausführung dieses Gesetzes betrauten Behörden auf Verlangen vorzulegen, auszuhändigen und zu überlassen. [2]Kommt der Ausländer seiner Verpflichtung nicht nach und bestehen tatsächliche Anhaltspunkte, dass er im Besitz solcher Unterlagen oder Datenträger ist, können er und die von ihm mitgeführten Sachen durchsucht werden. [3]Der Ausländer hat die Maßnahme zu dulden.

(3a) [1]Die Auswertung von Datenträgern ist nur zulässig, soweit dies für die Feststellung der Identität und Staatsangehörigkeit des Ausländers und für die Feststellung und Geltendmachung einer Rückführungsmöglichkeit in einen anderen Staat nach Maßgabe von Absatz 3 erforderlich ist und der Zweck der Maßnahme nicht durch mildere Mittel erreicht werden kann. [2]Liegen tatsächliche Anhaltspunkte für die Annahme vor, dass durch die Auswertung von Datenträgern allein Erkenntnisse aus dem Kernbereich privater Lebensgestaltung erlangt würden, ist die Maßnahme unzulässig. [3]Der Ausländer hat die notwendigen Zugangsdaten für eine zulässige Auswertung von Datenträgern zur Verfügung zu stellen. [4]Die Datenträger dürfen nur von einem Bediensteten ausgewertet werden, der die Befähigung zum Richteramt hat. [5]Erkenntnisse aus dem Kernbereich privater Lebensgestaltung, die durch die Auswertung von Datenträgern erlangt werden, dürfen nicht verwertet werden. [6]Aufzeichnungen hierüber sind unverzüglich zu löschen. [7]Die Tatsache ihrer Erlangung und Löschung ist aktenkundig zu machen.

(4) [1]Wird nach § 5 Abs. 3 oder § 33 von der Erfüllung der Passpflicht (§ 3 Abs. 1) abgesehen, wird ein Ausweisersatz ausgestellt. [2]Absatz 3 bleibt hiervon unberührt.

§ 48a Erhebung von Zugangsdaten

(1) Soweit der Ausländer die notwendigen Zugangsdaten für die Auswertung von Endgeräten, die er für telekommunikative Zwecke eingesetzt hat, nicht zur Verfügung stellt, darf von demjenigen, der geschäftsmäßig Telekommunikationsdienste erbringt oder daran mitwirkt, Auskunft über die Daten, mittels

derer der Zugriff auf Endgeräte oder auf Speichereinrichtungen, die in diesen Endgeräten oder hiervon räumlich getrennt eingesetzt werden, geschützt wird (§ 113 Absatz 1 Satz 2 des Telekommunikationsgesetzes), verlangt werden, wenn die gesetzlichen Voraussetzungen für die Verarbeitung der Daten vorliegen.

(2) Der Ausländer ist von dem Auskunftsverlangen vorher in Kenntnis zu setzen.

(3) ¹Auf Grund eines Auskunftsverlangens nach Absatz 1 hat derjenige, der geschäftsmäßig Telekommunikationsdienste erbringt oder daran mitwirkt, die zur Auskunftserteilung erforderlichen Daten unverzüglich zu übermitteln. ²Für die Entschädigung der Diensteanbieter ist § 23 Absatz 1 des Justizvergütungs- und -entschädigungsgesetzes entsprechend anzuwenden.

§ 49 Überprüfung, Feststellung und Sicherung der Identität

(1) ¹Die mit dem Vollzug dieses Gesetzes betrauten Behörden dürfen unter den Voraussetzungen des § 48 Abs. 1 die auf dem elektronischen Speicher- und Verarbeitungsmedium eines Dokuments nach § 48 Abs. 1 Nr. 1 und 2 gespeicherten biometrischen und sonstigen Daten auslesen, die benötigten biometrischen Daten beim Inhaber des Dokuments erheben und die biometrischen Daten miteinander vergleichen. ²Darüber hinaus sind auch alle anderen Behörden, an die Daten aus dem Ausländerzentralregister nach den §§ 15 bis 20 des AZR-Gesetzes übermittelt werden, und die Meldebehörden befugt, Maßnahmen nach Satz 1 zu treffen, soweit sie die Echtheit des Dokuments oder die Identität des Inhabers überprüfen dürfen. ³Biometrische Daten nach Satz 1 sind nur die Fingerabdrücke und das Lichtbild.

(2) Jeder Ausländer ist verpflichtet, gegenüber den mit dem Vollzug des Ausländerrechts betrauten Behörden auf Verlangen die erforderlichen Angaben zu seinem Alter, seiner Identität und Staatsangehörigkeit zu machen und die von der Vertretung des Staates, dessen Staatsangehörigkeit er besitzt oder vermutlich besitzt, geforderten und mit dem deutschen Recht in Einklang stehenden Erklärungen im Rahmen der Beschaffung von Heimreisedokumenten abzugeben.

(3) Bestehen Zweifel über die Person, das Lebensalter oder die Staatsangehörigkeit des Ausländers, so sind die zur Feststellung seiner Identität, seines Lebensalters oder seiner Staatsangehörigkeit erforderlichen Maßnahmen zu treffen, wenn

1. dem Ausländer die Einreise erlaubt, ein Aufenthaltstitel erteilt oder die Abschiebung ausgesetzt werden soll oder
2. es zur Durchführung anderer Maßnahmen nach diesem Gesetz erforderlich ist.

(4) Die Identität eines Ausländers ist durch erkennungsdienstliche Maßnahmen zu sichern, wenn eine Verteilung gemäß § 15a stattfindet.

(5) Zur Feststellung und Sicherung der Identität sollen die erforderlichen Maßnahmen durchgeführt werden,

1. wenn der Ausländer mit einem gefälschten oder verfälschten Pass oder Passersatz einreisen will oder eingereist ist;
2. wenn sonstige Anhaltspunkte den Verdacht begründen, dass der Ausländer nach einer Zurückweisung oder Beendigung des Aufenthalts erneut unerlaubt ins Bundesgebiet einreisen will;
3. bei Ausländern, die vollziehbar ausreisepflichtig sind, sofern die Zurückschiebung oder Abschiebung in Betracht kommt;
4. wenn der Ausländer in einen in § 26a Abs. 2 des Asylgesetzes genannten Drittstaat zurückgewiesen oder zurückgeschoben wird;
5. bei der Beantragung eines nationalen Visums;
6. bei Ausländern, die für ein Aufnahmeverfahren nach § 23, für die Gewährung von vorübergehendem Schutz nach § 24 oder für ein Umverteilungsverfahren auf Grund von Maßnahmen nach Artikel 78 Absatz 3 des Vertrags über die Arbeitsweise der Europäischen Union vorgeschlagen und vom Bundesamt für Migration und Flüchtlinge in die Prüfung über die Erteilung einer Aufnahmezusage einbezogen wurden, sowie in den Fällen des § 29 Absatz 3;
7. wenn ein Versagungsgrund nach § 5 Abs. 4 festgestellt worden ist.

(6) ¹Maßnahmen im Sinne der Absätze 3 bis 5 mit Ausnahme des Absatzes 5 Nr. 5 sind das Aufnehmen von Lichtbildern, das Abnehmen von Fingerabdrücken sowie Messungen und ähnliche Maßnahmen, einschließlich körperlicher Eingriffe, die von einem Arzt nach den Regeln der ärztlichen Kunst zum Zweck der Feststellung des Alters vorgenommen werden, wenn kein Nachteil für die Gesundheit des Ausländers zu befürchten ist. *[Satz 2 bis 31.3.2021:]* ²Die Maßnahmen sind zulässig bei Ausländern, die das 14. Lebensjahr vollendet haben; Zweifel an der Vollendung des 14. Lebensjahres gehen dabei zu Lasten des Ausländers. *[Satz 2 ab 1.4.2021:]* ²Die Maßnahmen sind zulässig bei Ausländern, die das sechste Lebensjahr vollendet haben. ³Zur Feststellung der Identität sind diese Maßnahmen nur zulässig, wenn die

Identität in anderer Weise, insbesondere durch Anfragen bei anderen Behörden nicht oder nicht rechtzeitig oder nur unter erheblichen Schwierigkeiten festgestellt werden kann.

(6a) Maßnahmen im Sinne des Absatzes 5 Nr. 5 sind das Aufnehmen von Lichtbildern und das Abnehmen von Fingerabdrücken.

(7) ¹Zur Bestimmung des Herkunftsstaates oder der Herkunftsregion des Ausländers kann das gesprochene Wort des Ausländers auf Ton- oder Datenträger aufgezeichnet werden. ²Diese Erhebung darf nur erfolgen, wenn der Ausländer vorher darüber in Kenntnis gesetzt wurde.

(8) ¹Die Identität eines Ausländers, der in Verbindung mit der unerlaubten Einreise aufgegriffen und nicht zurückgewiesen wird, ist durch erkennungsdienstliche Maßnahmen zu sichern. ²Nach Satz 1 dürfen nur Lichtbilder und Abdrucke aller zehn Finger aufgenommen werden. ³Die Identität eines Ausländers, der das *[bis 31.3.2021:* 14.] *[ab 1.4.2021:* sechste] Lebensjahr noch nicht vollendet hat, ist unter den Voraussetzungen des Satzes 1 nur durch das Aufnehmen eines Lichtbildes zu sichern.

(9) ¹Die Identität eines Ausländers, der sich ohne erforderlichen Aufenthaltstitel im Bundesgebiet aufhält, ist durch erkennungsdienstliche Maßnahmen zu sichern. ²Nach Satz 1 dürfen nur Lichtbilder und Abdrucke aller zehn Finger aufgenommen werden. ³Die Identität eines Ausländers, der das *[bis 31.3.2021:* 14.] *[ab 1.4.2021:* sechste] Lebensjahr noch nicht vollendet hat, ist unter den Voraussetzungen des Satzes 1 nur durch das Aufnehmen eines Lichtbildes zu sichern.

(10) Der Ausländer hat die Maßnahmen nach den Absätzen 1 und 3 bis 9 zu dulden.

§§ 49a, 49b *[aufgehoben]*

Kapitel 5
Beendigung des Aufenthalts

Abschnitt 1
Begründung der Ausreisepflicht

§ 50 Ausreisepflicht

(1) Ein Ausländer ist zur Ausreise verpflichtet, wenn er einen erforderlichen Aufenthaltstitel nicht oder nicht mehr besitzt und ein Aufenthaltsrecht nach dem Assoziationsabkommen EWG/Türkei nicht oder nicht mehr besteht.

(2) Der Ausländer hat das Bundesgebiet unverzüglich oder, wenn ihm eine Ausreisefrist gesetzt ist, bis zum Ablauf der Frist zu verlassen.

(3) ¹Durch die Einreise in einen anderen Mitgliedstaat der Europäischen Union oder in einen anderen Schengen-Staat genügt der Ausländer seiner Ausreisepflicht nur, wenn ihm Einreise und Aufenthalt dort erlaubt sind. ²Liegen diese Voraussetzungen vor, ist der ausreisepflichtige Ausländer aufzufordern, sich unverzüglich in das Hoheitsgebiet dieses Staates zu begeben.

(4) Ein ausreisepflichtiger Ausländer, der seine Wohnung wechseln oder den Bezirk der Ausländerbehörde für mehr als drei Tage verlassen will, hat dies der Ausländerbehörde vorher anzuzeigen.

(5) Der Pass oder Passersatz eines ausreisepflichtigen Ausländers soll bis zu dessen Ausreise in Verwahrung genommen werden.

(6) ¹Ein Ausländer kann zum Zweck der Aufenthaltsbeendigung in den Fahndungshilfsmitteln der Polizei zur Aufenthaltsermittlung und Festnahme ausgeschrieben werden, wenn sein Aufenthalt unbekannt ist. ²Ein Ausländer, gegen den ein Einreise- und Aufenthaltsverbot nach § 11 besteht, kann zum Zweck der Einreiseverweigerung zur Zurückweisung und für den Fall des Antreffens im Bundesgebiet zur Festnahme ausgeschrieben werden. ³Für Ausländer, die gemäß § 15a verteilt worden sind, gilt § 66 des Asylgesetzes entsprechend.

§ 51 Beendigung der Rechtmäßigkeit des Aufenthalts; Fortgeltung von Beschränkungen

(1) Der Aufenthaltstitel erlischt in folgenden Fällen:

1. Ablauf seiner Geltungsdauer,
2. Eintritt einer auflösenden Bedingung,
3. Rücknahme des Aufenthaltstitels,
4. Widerruf des Aufenthaltstitels,
5. Ausweisung des Ausländers,
5a. Bekanntgabe einer Abschiebungsanordnung nach § 58a,
6. wenn der Ausländer aus einem seiner Natur nach nicht vorübergehenden Grunde ausreist,

7. wenn der Ausländer ausgereist und nicht innerhalb von sechs Monaten oder einer von der Ausländerbehörde bestimmten längeren Frist wieder eingereist ist,
8. wenn ein Ausländer nach Erteilung eines Aufenthaltstitels gemäß der §§ 22, 23 oder § 25 Abs. 3 bis 5 einen Asylantrag stellt;
ein für mehrere Einreisen oder mit einer Geltungsdauer von mehr als 90 Tagen erteiltes Visum erlischt nicht nach den Nummern 6 und 7.

(1a) [1]Die Gültigkeit einer nach § 19 erteilten ICT-Karte erlischt nicht nach Absatz 1 Nummer 6 und 7, wenn der Ausländer von der in der Richtlinie 2014/66/EU vorgesehenen Möglichkeit Gebrauch macht, einen Teil des unternehmensinternen Transfers in einem anderen Mitgliedstaat der Europäischen Union durchzuführen. [2]Die Gültigkeit einer nach § 16b oder § 18d erteilten Aufenthaltserlaubnis erlischt nicht nach Absatz 1 Nummer 6 und 7, wenn der Ausländer von der in der Richtlinie (EU) 2016/801 vorgesehenen Möglichkeit Gebrauch macht, einen Teil des Studiums oder des Forschungsvorhabens in einem anderen Mitgliedstaat der Europäischen Union durchzuführen.

(2) [1]Die Niederlassungserlaubnis eines Ausländers, der sich mindestens 15 Jahre rechtmäßig im Bundesgebiet aufgehalten hat sowie die Niederlassungserlaubnis seines mit ihm in ehelicher Lebensgemeinschaft lebenden Ehegatten erlöschen nicht nach Absatz 1 Nr. 6 und 7, wenn deren Lebensunterhalt gesichert ist und kein Ausweisungsinteresse nach § 54 Absatz 1 Nummer 2 bis 5 oder Absatz 2 Nummer 5 bis 7 besteht. [2]Die Niederlassungserlaubnis eines mit einem Deutschen in ehelicher Lebensgemeinschaft lebenden Ausländers erlischt nicht nach Absatz 1 Nr. 6 und 7, wenn kein Ausweisungsinteresse nach § 54 Absatz 1 Nummer 2 bis 5 oder Absatz 2 Nummer 5 bis 7 besteht. [3]Zum Nachweis des Fortbestandes der Niederlassungserlaubnis stellt die Ausländerbehörde am Ort des letzten gewöhnlichen Aufenthalts auf Antrag eine Bescheinigung aus.

(3) Der Aufenthaltstitel erlischt nicht nach Absatz 1 Nr. 7, wenn die Frist lediglich wegen Erfüllung der gesetzlichen Wehrpflicht im Heimatstaat überschritten wird und der Ausländer innerhalb von drei Monaten nach der Entlassung aus dem Wehrdienst wieder einreist.

(4) [1]Nach Absatz 1 Nr. 7 wird in der Regel eine längere Frist bestimmt, wenn der Ausländer aus einem seiner Natur nach vorübergehenden Grunde ausreisen will und eine Niederlassungserlaubnis besitzt oder wenn der Aufenthalt außerhalb des Bundesgebiets Interessen der Bundesrepublik Deutschland dient. [2]Abweichend von Absatz 1 Nummer 6 und 7 erlischt der Aufenthaltstitel eines Ausländers nicht, wenn er die Voraussetzungen des § 37 Absatz 1 Satz 1 Nummer 1 erfüllt, rechtswidrig mit Gewalt oder Drohung mit einem empfindlichen Übel zur Eingehung der Ehe genötigt und von der Rückkehr nach Deutschland abgehalten wurde und innerhalb von drei Monaten nach Wegfall der Zwangslage, spätestens jedoch innerhalb von zehn Jahren seit der Ausreise, wieder einreist.

(5) Die Befreiung vom Erfordernis des Aufenthaltstitels entfällt, wenn der Ausländer ausgewiesen, zurückgeschoben oder abgeschoben wird; § 11 Absatz 2 bis 5 findet entsprechende Anwendung.

(6) Räumliche und sonstige Beschränkungen und Auflagen nach diesem und nach anderen Gesetzen bleiben auch nach Wegfall des Aufenthaltstitels oder der Aussetzung der Abschiebung in Kraft, bis sie aufgehoben werden oder der Ausländer seiner Ausreisepflicht nachgekommen ist.

(7) [1]Im Falle der Ausreise eines Asylberechtigten oder eines Ausländers, dem das Bundesamt für Migration und Flüchtlinge unanfechtbar die Flüchtlingseigenschaft zuerkannt hat, erlischt der Aufenthaltstitel nicht, solange er im Besitz eines gültigen, von einer deutschen Behörde ausgestellten Reiseausweises für Flüchtlinge ist. [2]Der Ausländer hat auf Grund seiner Anerkennung als Asylberechtigter oder der unanfechtbaren Zuerkennung der Flüchtlingseigenschaft durch das Bundesamt für Migration und Flüchtlinge keinen Anspruch auf erneute Erteilung eines Aufenthaltstitels, wenn er das Bundesgebiet verlassen hat und die Zuständigkeit für die Ausstellung eines Reiseausweises für Flüchtlinge auf einen anderen Staat übergegangen ist.

(8) [1]Vor der Aufhebung einer Aufenthaltserlaubnis nach § 38a Abs. 1, vor einer Ausweisung eines Ausländers, der eine solche Aufenthaltserlaubnis besitzt und vor dem Erlass einer gegen ihn gerichteten Abschiebungsanordnung nach § 58a gibt die zuständige Behörde in dem Verfahren nach § 91c Absatz 2 über das Bundesamt für Migration und Flüchtlinge dem Mitgliedstaat der Europäischen Union, in dem der Ausländer die Rechtsstellung eines langfristig Aufenthaltsberechtigten besitzt, Gelegenheit zur Stellungnahme, wenn die Abschiebung in ein Gebiet erwogen wird, in dem diese Rechtsstellung nicht erworben werden kann. [2]Geht die Stellungnahme des anderen Mitgliedstaates rechtzeitig ein, wird sie von der zuständigen Behörde berücksichtigt.

(8a) [1]Soweit die Behörden anderer Schengen-Staaten über Entscheidungen nach Artikel 34 der Verordnung (EG) Nr. 810/2009, die durch die Ausländerbehörden getroffen wurden, zu unterrichten sind, erfolgt dies über das Bundesamt für Migration und Flüchtlinge. [2]Die mit der polizeilichen Kontrolle des grenz-

überschreitenden Verkehrs beauftragten Behörden unterrichten die Behörden anderer Schengen-Staaten unmittelbar über ihre Entscheidungen nach Artikel 34 der Verordnung (EG) Nr. 810/2009.

(9) ¹Die Erlaubnis zum Daueraufenthalt – EU erlischt nur, wenn'

1. ihre Erteilung wegen Täuschung, Drohung oder Bestechung zurückgenommen wird,
2. der Ausländer ausgewiesen oder ihm eine Abschiebungsanordnung nach § 58a bekannt gegeben wird,
3. sich der Ausländer für einen Zeitraum von zwölf aufeinander folgenden Monaten außerhalb des Gebiets aufhält, in dem die Rechtsstellung eines langfristig Aufenthaltsberechtigten erworben werden kann; der Zeitraum beträgt 24 aufeinanderfolgende Monate bei einem Ausländer, der zuvor im Besitz einer Blauen Karte EU war, und bei seinen Familienangehörigen, die zuvor im Besitz einer Aufenthaltserlaubnis nach den §§ 30, 32, 33 oder 36 waren,
4. sich der Ausländer für einen Zeitraum von sechs Jahren außerhalb des Bundesgebiets aufhält oder
5. der Ausländer die Rechtsstellung eines langfristig Aufenthaltsberechtigten in einem anderen Mitgliedstaat der Europäischen Union erwirbt.

²Auf die in Satz 1 Nr. 3 und 4 genannten Fälle sind die Absätze 2 bis 4 entsprechend anzuwenden.

(10) ¹Abweichend von Absatz 1 Nummer 7 beträgt die Frist für die Blaue Karte EU und die Aufenthaltserlaubnisse nach den §§ 30, 32, 33 oder 36, die den Familienangehörigen eines Inhabers einer Blauen Karte EU erteilt worden sind, zwölf Monate. ²Gleiches gilt für die Niederlassungserlaubnis eines Ausländers, der sich mindestens 15 Jahre rechtmäßig im Bundesgebiet aufgehalten hat sowie die Niederlassungserlaubnis eines mit ihm in ehelicher Lebensgemeinschaft lebenden Ehegatten, wenn sie das 60. Lebensjahr vollendet haben.

§ 52 Widerruf

(1) ¹Der Aufenthaltstitel des Ausländers nach § 4 Absatz 1 Satz 2 Nummer 1 zweite Alternative, Nummer 2, 2a, 2b, 2c, 3 und 4 kann außer in den Fällen der Absätze 2 bis 6 nur widerrufen werden, wenn

1. er keinen gültigen Pass oder Passersatz mehr besitzt,
2. er seine Staatsangehörigkeit wechselt oder verliert,
3. er noch nicht eingereist ist,
4. seine Anerkennung als Asylberechtigter oder seine Rechtsstellung als Flüchtling oder als subsidiär Schutzberechtigter erlischt oder unwirksam wird oder
5. die Ausländerbehörde nach Erteilung einer Aufenthaltserlaubnis nach § 25 Abs. 3 Satz 1 feststellt, dass
 a) die Voraussetzungen des § 60 Absatz 5 oder 7 nicht oder nicht mehr vorliegen,
 b) der Ausländer einen der Ausschlussgründe nach § 25 Abs. 3 Satz 2 Nummer 1 bis 4 erfüllt oder
 c) in den Fällen des § 42 Satz 1 des Asylgesetzes die Feststellung aufgehoben oder unwirksam wird.

²In den Fällen des Satzes 1 Nr. 4 und 5 kann auch der Aufenthaltstitel der mit dem Ausländer in familiärer Gemeinschaft lebenden Familienangehörigen widerrufen werden, wenn diesen kein eigenständiger Anspruch auf den Aufenthaltstitel zusteht.

(2) ¹Ein nationales Visum, eine Aufenthaltserlaubnis und eine Blaue Karte EU, die zum Zweck der Beschäftigung erteilt wurden, sind zu widerrufen, wenn die Bundesagentur für Arbeit nach § 41 die Zustimmung zur Ausübung der Beschäftigung widerrufen hat. ²Ein nationales Visum und eine Aufenthaltserlaubnis, die nicht zum Zweck der Beschäftigung erteilt wurden, sind im Falle des Satzes 1 in dem Umfang zu widerrufen, in dem sie die Beschäftigung gestatten.

(2a) ¹Eine nach § 19 erteilte ICT-Karte, eine nach § 19b erteilte Mobiler-ICT-Karte oder ein Aufenthaltstitel zum Zweck des Familiennachzugs zu einem Inhaber einer ICT-Karte oder Mobiler-ICT-Karte kann widerrufen werden, wenn der Ausländer

1. nicht mehr die Voraussetzungen der Erteilung erfüllt oder
2. gegen Vorschriften eines anderen Mitgliedstaates der Europäischen Union über die Mobilität von unternehmensintern transferierten Arbeitnehmern im Anwendungsbereich der Richtlinie 2014/66/EU verstoßen hat.

²Wird die ICT-Karte oder die Mobiler-ICT-Karte widerrufen, so ist zugleich der dem Familienangehörigen erteilte Aufenthaltstitel zu widerrufen, es sei denn, dem Familienangehörigen steht ein eigenständiger Anspruch auf einen Aufenthaltstitel zu.

(3) ¹Eine nach § 16b Absatz 1, 5 oder 7 zum Zweck des Studiums erteilte Aufenthaltserlaubnis kann widerrufen werden, wenn

1. der Ausländer ohne die erforderliche Erlaubnis eine Erwerbstätigkeit ausübt,
2. der Ausländer unter Berücksichtigung der durchschnittlichen Studiendauer an der betreffenden Hochschule im jeweiligen Studiengang und seiner individuellen Situation keine ausreichenden Studienfortschritte macht oder
3. der Ausländer nicht mehr die Voraussetzungen erfüllt, unter denen ihm eine Aufenthaltserlaubnis nach § 16b Absatz 1, 5 oder 7 erteilt werden könnte.

[2]Zur Prüfung der Voraussetzungen von Satz 1 Nummer 2 kann die Ausbildungseinrichtung beteiligt werden.

(4) Eine nach § 18d oder § 18f erteilte Aufenthaltserlaubnis kann widerrufen werden, wenn

1. die Forschungseinrichtung, mit welcher der Ausländer eine Aufnahmevereinbarung abgeschlossen hat, ihre Anerkennung verliert, sofern er an einer Handlung beteiligt war, die zum Verlust der Anerkennung geführt hat,
2. der Ausländer bei der Forschungseinrichtung keine Forschung mehr betreibt oder betreiben darf oder
3. der Ausländer nicht mehr die Voraussetzungen erfüllt, unter denen ihm eine Aufenthaltserlaubnis nach § 18d oder § 18f erteilt werden könnte oder eine Aufnahmevereinbarung mit ihm abgeschlossen werden dürfte.

(4a) Eine nach § 16e oder § 19e erteilte Aufenthaltserlaubnis kann widerrufen werden, wenn der Ausländer nicht mehr die Voraussetzungen erfüllt, unter denen ihm die Aufenthaltserlaubnis erteilt werden könnte.

(5) [1]Eine Aufenthaltserlaubnis nach § 25 Absatz 4a Satz 1 oder Absatz 4b Satz 1 soll widerrufen werden, wenn

1. der Ausländer nicht bereit war oder nicht mehr bereit ist, im Strafverfahren auszusagen,
2. die Angaben des Ausländers, auf die in § 25 Absatz 4a Satz 2 Nummer 1 oder Absatz 4b Satz 2 Nummer 1 Bezug genommen wird, nach Mitteilung der Staatsanwaltschaft oder des Strafgerichts mit hinreichender Wahrscheinlichkeit als falsch anzusehen sind oder
3. der Ausländer auf Grund sonstiger Umstände nicht mehr die Voraussetzungen für die Erteilung eines Aufenthaltstitels nach § 25 Absatz 4a oder Absatz 4b erfüllt.

[2]Eine Aufenthaltserlaubnis nach § 25 Absatz 4a Satz 1 soll auch dann widerrufen werden, wenn der Ausländer freiwillig wieder Verbindung zu den Personen nach § 25 Absatz 4a Satz 2 Nummer 2 aufgenommen hat.

(6) Eine Aufenthaltserlaubnis nach § 38a soll widerrufen werden, wenn der Ausländer seine Rechtsstellung als langfristig Aufenthaltsberechtigter in einem anderen Mitgliedstaat der Europäischen Union verliert.

§ 53 Ausweisung

(1) Ein Ausländer, dessen Aufenthalt die öffentliche Sicherheit und Ordnung, die freiheitliche demokratische Grundordnung oder sonstige erhebliche Interessen der Bundesrepublik Deutschland gefährdet, wird ausgewiesen, wenn die unter Berücksichtigung aller Umstände des Einzelfalles vorzunehmende Abwägung der Interessen an der Ausreise mit den Interessen an einem weiteren Verbleib des Ausländers im Bundesgebiet ergibt, dass das öffentliche Interesse an der Ausreise überwiegt.

(2) Bei der Abwägung nach Absatz 1 sind nach den Umständen des Einzelfalles insbesondere die Dauer seines Aufenthalts, seine persönlichen, wirtschaftlichen und sonstigen Bindungen im Bundesgebiet und im Herkunftsstaat oder in einem anderen zur Aufnahme bereiten Staat, die Folgen der Ausweisung für Familienangehörige und Lebenspartner sowie die Tatsache, ob sich der Ausländer rechtstreu verhalten hat, zu berücksichtigen.

(3) Ein Ausländer, dem nach dem Assoziationsabkommen EWG/Türkei ein Aufenthaltsrecht zusteht oder der eine Erlaubnis zum Daueraufenthalt – EU besitzt, darf nur ausgewiesen werden, wenn das persönliche Verhalten des Betroffenen gegenwärtig eine schwerwiegende Gefahr für die öffentliche Sicherheit und Ordnung darstellt, die ein Grundinteresse der Gesellschaft berührt und die Ausweisung für die Wahrung dieses Interesses unerlässlich ist.

(3a) Ein Ausländer, der als Asylberechtigter anerkannt ist, der im Bundesgebiet die Rechtsstellung eines ausländischen Flüchtlings genießt oder der einen von einer Behörde der Bundesrepublik Deutschland ausgestellten Reiseausweis nach dem Abkommen vom 28. Juli 1951 über die Rechtsstellung der Flüchtlinge (BGBl. 1953 II S. 559) besitzt, darf nur ausgewiesen werden, wenn er aus schwerwiegenden Gründen als eine Gefahr für die Sicherheit der Bundesrepublik Deutschland oder eine terroristische Gefahr anzusehen ist oder er eine Gefahr für die Allgemeinheit darstellt, weil er wegen einer schweren Straftat rechtskräftig verurteilt wurde.

(3b) Ein Ausländer, der die Rechtsstellung eines subsidiär Schutzberechtigten im Sinne des § 4 Absatz 1 des Asylgesetzes genießt, darf nur ausgewiesen werden, wenn er eine schwere Straftat begangen hat oder er eine Gefahr für die Allgemeinheit oder die Sicherheit der Bundesrepublik Deutschland darstellt.

(4) [1]Ein Ausländer, der einen Asylantrag gestellt hat, kann nur unter der Bedingung ausgewiesen werden, dass das Asylverfahren unanfechtbar ohne Anerkennung als Asylberechtigter oder ohne die Zuerkennung internationalen Schutzes (§ 1 Absatz 1 Nummer 2 des Asylgesetzes) abgeschlossen wird. [2]Von der Bedingung wird abgesehen, wenn

1. ein Sachverhalt vorliegt, der nach Absatz 3 eine Ausweisung rechtfertigt oder
2. eine nach den Vorschriften des Asylgesetzes erlassene Abschiebungsandrohung vollziehbar geworden ist.

§ 54 Ausweisungsinteresse

(1) Das Ausweisungsinteresse im Sinne von § 53 Absatz 1 wiegt besonders schwer, wenn der Ausländer

1. wegen einer oder mehrerer vorsätzlicher Straftaten rechtskräftig zu einer Freiheits- oder Jugendstrafe von mindestens zwei Jahren verurteilt worden ist oder bei der letzten rechtskräftigen Verurteilung Sicherungsverwahrung angeordnet worden ist,
1a. rechtskräftig zu einer Freiheits- oder Jugendstrafe von mindestens einem Jahr verurteilt worden ist wegen einer oder mehrerer vorsätzlicher Straftaten
 a) gegen das Leben,
 b) gegen die körperliche Unversehrtheit,
 c) gegen die sexuelle Selbstbestimmung nach den §§ 174, 176 bis 178, 181a, 184b, 184d und 184e jeweils in Verbindung mit § 184b des Strafgesetzbuches,
 d) gegen das Eigentum, sofern das Gesetz für die Straftat eine im Mindestmaß erhöhte Freiheitsstrafe vorsieht oder die Straftaten serienmäßig begangen wurden oder
 e) wegen Widerstands gegen Vollstreckungsbeamte oder tätlichen Angriffs gegen Vollstreckungsbeamte,
1b. wegen einer oder mehrerer Straftaten nach § 263 des Strafgesetzbuchs zu Lasten eines Leistungsträgers oder Sozialversicherungsträgers nach dem Sozialgesetzbuch oder nach dem Gesetz über den Verkehr mit Betäubungsmitteln rechtskräftig zu einer Freiheits- oder Jugendstrafe von mindestens einem Jahr verurteilt worden ist,
2. die freiheitliche demokratische Grundordnung oder die Sicherheit der Bundesrepublik Deutschland gefährdet; hiervon ist auszugehen, wenn Tatsachen die Schlussfolgerung rechtfertigen, dass er einer Vereinigung angehört oder angehört hat, die den Terrorismus unterstützt oder er eine derartige Vereinigung unterstützt oder unterstützt hat oder er eine in § 89a Absatz 1 des Strafgesetzbuchs bezeichnete schwere staatsgefährdende Gewalttat nach § 89a Absatz 2 des Strafgesetzbuchs vorbereitet oder vorbereitet hat, es sei denn, der Ausländer nimmt erkennbar und glaubhaft von seinem sicherheitsgefährdenden Handeln Abstand,
3. zu den Leitern eines Vereins gehörte, der unanfechtbar verboten wurde, weil seine Zwecke oder seine Tätigkeit den Strafgesetzen zuwiderlaufen oder er sich gegen die verfassungsmäßige Ordnung oder den Gedanken der Völkerverständigung richtet,
4. sich zur Verfolgung politischer oder religiöser Ziele an Gewalttätigkeiten beteiligt oder öffentlich zur Gewaltanwendung aufruft oder mit Gewaltanwendung droht oder
5. zu Hass gegen Teile der Bevölkerung aufruft; hiervon ist auszugehen, wenn er auf eine andere Person gezielt und andauernd einwirkt, um Hass auf Angehörige bestimmter ethnischer Gruppen oder Religionen zu erzeugen oder zu verstärken oder öffentlich, in einer Versammlung oder durch Verbreiten von Schriften in einer Weise, die geeignet ist, die öffentliche Sicherheit und Ordnung zu stören,
 a) gegen Teile der Bevölkerung zu Willkürmaßnahmen aufstachelt,
 b) Teile der Bevölkerung böswillig verächtlich macht und dadurch die Menschenwürde anderer angreift oder
 c) Verbrechen gegen den Frieden, gegen die Menschlichkeit, ein Kriegsverbrechen oder terroristische Taten von vergleichbarem Gewicht billigt oder dafür wirbt,
 es sei denn, der Ausländer nimmt erkennbar und glaubhaft von seinem Handeln Abstand.

(2) Das Ausweisungsinteresse im Sinne von § 53 Absatz 1 wiegt schwer, wenn der Ausländer

1. wegen einer oder mehrerer vorsätzlicher Straftaten rechtskräftig zu einer Freiheitsstrafe von mindestens sechs Monaten verurteilt worden ist,

2. wegen einer oder mehrerer vorsätzlicher Straftaten rechtskräftig zu einer Jugendstrafe von mindestens einem Jahr verurteilt und die Vollstreckung der Strafe nicht zur Bewährung ausgesetzt worden ist,

3. als Täter oder Teilnehmer den Tatbestand des § 29 Absatz 1 Satz 1 Nummer 1 des Betäubungsmittelgesetzes verwirklicht oder dies versucht,

4. Heroin, Kokain oder ein vergleichbar gefährliches Betäubungsmittel verbraucht und nicht zu einer erforderlichen seiner Rehabilitation dienenden Behandlung bereit ist oder sich ihr entzieht,

5. eine andere Person in verwerflicher Weise, insbesondere unter Anwendung oder Androhung von Gewalt, davon abhält, am wirtschaftlichen, kulturellen oder gesellschaftlichen Leben in der Bundesrepublik Deutschland teilzunehmen,

6. eine andere Person zur Eingehung der Ehe nötigt oder dies versucht oder wiederholt eine Handlung entgegen § 11 Absatz 2 Satz 1 und 2 des Personenstandsgesetzes vornimmt, die einen schwerwiegenden Verstoß gegen diese Vorschrift darstellt; ein schwerwiegender Verstoß liegt vor, wenn eine Person, die das 16. Lebensjahr noch nicht vollendet hat, beteiligt ist,

7. in einer Befragung, die der Klärung von Bedenken gegen die Einreise oder den weiteren Aufenthalt dient, der deutschen Auslandsvertretung oder der Ausländerbehörde gegenüber frühere Aufenthalte in Deutschland oder anderen Staaten verheimlicht oder in wesentlichen Punkten vorsätzlich keine, falsche oder unvollständige Angaben über Verbindungen zu Personen oder Organisationen macht, die der Unterstützung des Terrorismus oder der Gefährdung der freiheitlichen demokratischen Grundordnung oder der Sicherheit der Bundesrepublik Deutschland verdächtig sind; die Ausweisung auf dieser Grundlage ist nur zulässig, wenn der Ausländer vor der Befragung ausdrücklich auf den sicherheitsrechtlichen Zweck der Befragung und die Rechtsfolgen verweigerter, falscher oder unvollständiger Angaben hingewiesen wurde,

8. in einem Verwaltungsverfahren, das von Behörden eines Schengen-Staates durchgeführt wurde, im In- oder Ausland

 a) falsche oder unvollständige Angaben zur Erlangung eines deutschen Aufenthaltstitels, eines Schengen-Visums, eines Flughafentransitvisums, eines Passersatzes, der Zulassung einer Ausnahme von der Passpflicht oder der Aussetzung der Abschiebung gemacht hat oder

 b) trotz bestehender Rechtspflicht nicht an Maßnahmen der für die Durchführung dieses Gesetzes oder des Schengener Durchführungsübereinkommens zuständigen Behörden mitgewirkt hat, soweit der Ausländer zuvor auf die Rechtsfolgen solcher Handlungen hingewiesen wurde oder

9. einen nicht nur vereinzelten oder geringfügigen Verstoß gegen Rechtsvorschriften oder gerichtliche oder behördliche Entscheidungen oder Verfügungen begangen oder außerhalb des Bundesgebiets eine Handlung begangen hat, die im Bundesgebiet als vorsätzliche schwere Straftat anzusehen ist.

§ 54a *[aufgehoben]*

§ 55 Bleibeinteresse

(1) Das Bleibeinteresse im Sinne von § 53 Absatz 1 wiegt besonders schwer, wenn der Ausländer

1. eine Niederlassungserlaubnis besitzt und sich seit mindestens fünf Jahren rechtmäßig im Bundesgebiet aufgehalten hat,

2. eine Aufenthaltserlaubnis besitzt und im Bundesgebiet geboren oder als Minderjähriger in das Bundesgebiet eingereist ist und sich seit mindestens fünf Jahren rechtmäßig im Bundesgebiet aufgehalten hat,

3. eine Aufenthaltserlaubnis besitzt, sich seit mindestens fünf Jahren rechtmäßig im Bundesgebiet aufgehalten hat und mit einem der in den Nummern 1 und 2 bezeichneten Ausländer in ehelicher oder lebenspartnerschaftlicher Lebensgemeinschaft lebt,

4. mit einem deutschen Familienangehörigen oder Lebenspartner in familiärer oder lebenspartnerschaftlicher Lebensgemeinschaft lebt, sein Personensorgerecht für einen minderjährigen ledigen Deutschen oder mit diesem sein Umgangsrecht ausübt oder

5. eine Aufenthaltserlaubnis nach § 23 Absatz 4, den §§ 24, 25 Absatz 4a Satz 3 oder nach § 29 Absatz 2 oder 4 besitzt.

(2) Das Bleibeinteresse im Sinne von § 53 Absatz 1 wiegt insbesondere schwer, wenn

1. der Ausländer minderjährig ist und eine Aufenthaltserlaubnis besitzt,

2. der Ausländer eine Aufenthaltserlaubnis besitzt und sich seit mindestens fünf Jahren im Bundesgebiet aufhält,

3. der Ausländer sein Personensorgerecht für einen im Bundesgebiet rechtmäßig sich aufhaltenden ledigen Minderjährigen oder mit diesem sein Umgangsrecht ausübt,

4. der Ausländer minderjährig ist und sich die Eltern oder ein personensorgeberechtigter Elternteil rechtmäßig im Bundesgebiet aufhalten beziehungsweise aufhält,

5. die Belange oder das Wohl eines Kindes zu berücksichtigen sind beziehungsweise ist oder

6. der Ausländer eine Aufenthaltserlaubnis nach § 25 Absatz 4a Satz 1 besitzt.

(3) Aufenthalte auf der Grundlage von § 81 Absatz 3 Satz 1 und Absatz 4 Satz 1 werden als rechtmäßiger Aufenthalt im Sinne der Absätze 1 und 2 nur berücksichtigt, wenn dem Antrag auf Erteilung oder Verlängerung des Aufenthaltstitels entsprochen wurde.

§ 56 Überwachung ausreisepflichtiger Ausländer aus Gründen der inneren Sicherheit

(1) [1]Ein Ausländer, gegen den eine Ausweisungsverfügung auf Grund eines Ausweisungsinteresses nach § 54 Absatz 1 Nummer 2 bis 5 oder eine Abschiebungsanordnung nach § 58a besteht, unterliegt der Verpflichtung, sich mindestens einmal wöchentlich bei der für seinen Aufenthaltsort zuständigen polizeilichen Dienststelle zu melden, soweit die Ausländerbehörde nichts anderes bestimmt. [2]Eine dem Satz 1 entsprechende Meldepflicht kann angeordnet werden, wenn der Ausländer

1. vollziehbar ausreisepflichtig ist und ein in Satz 1 genanntes Ausweisungsinteresse besteht oder

2. auf Grund anderer als der in Satz 1 genannten Ausweisungsinteressen vollziehbar ausreisepflichtig ist und die Anordnung der Meldepflicht zur Abwehr einer Gefahr für die öffentliche Sicherheit und Ordnung erforderlich ist.

(2) Sein Aufenthalt ist auf den Bezirk der Ausländerbehörde beschränkt, soweit die Ausländerbehörde keine abweichenden Festlegungen trifft.

(3) Er kann verpflichtet werden, in einem anderen Wohnort oder in bestimmten Unterkünften auch außerhalb des Bezirks der Ausländerbehörde zu wohnen, wenn dies geboten erscheint, um

1. die Fortführung von Bestrebungen, die zur Ausweisung geführt haben, zu erschweren oder zu unterbinden und die Einhaltung ausländerrechtlicher oder sonstiger gesetzlicher Auflagen und Verpflichtungen besser überwachen zu können oder

2. die wiederholte Begehung erheblicher Straftaten, die zu einer Ausweisung nach § 54 Absatz 1 Nummer 1 geführt haben, zu unterbinden.

(4) [1]Um die Fortführung von Bestrebungen, die zur Ausweisung nach § 54 Absatz 1 Nummer 2 bis 5, zu einer Anordnung nach Absatz 1 Satz 2 Nummer 1 oder zu einer Abschiebungsanordnung nach § 58a geführt haben, zu erschweren oder zu unterbinden, kann der Ausländer auch verpflichtet werden, zu bestimmten Personen oder Personen einer bestimmten Gruppe keinen Kontakt aufzunehmen, mit ihnen nicht zu verkehren, sie nicht zu beschäftigen, auszubilden oder zu beherbergen und bestimmte Kommunikationsmittel oder Dienste nicht zu nutzen, soweit ihm Kommunikationsmittel verbleiben und die Beschränkungen notwendig sind, um eine erhebliche Gefahr für die innere Sicherheit oder für Leib und Leben Dritter abzuwehren. [2]Um die wiederholte Begehung erheblicher Straftaten, die zu einer Ausweisung nach § 54 Absatz 1 Nummer 1 geführt haben, zu unterbinden, können Beschränkungen nach Satz 1 angeordnet werden, soweit diese notwendig sind, um eine erhebliche Gefahr für die innere Sicherheit oder für Leib und Leben Dritter abzuwehren.

(5) [1]Die Verpflichtungen nach den Absätzen 1 bis 4 ruhen, wenn sich der Ausländer in Haft befindet. [2]Eine Anordnung nach den Absätzen 3 und 4 ist sofort vollziehbar.

§ 56a Elektronische Aufenthaltsüberwachung; Verordnungsermächtigung

(1) Um eine erhebliche Gefahr für die innere Sicherheit oder für Leib und Leben Dritter abzuwehren, kann ein Ausländer, der einer räumlichen Beschränkung des Aufenthaltes nach § 56 Absatz 2 und 3 oder einem Kontaktverbot nach § 56 Absatz 4 unterliegt, auf richterliche Anordnung verpflichtet werden,

1. die für eine elektronische Überwachung seines Aufenthaltsortes erforderlichen technischen Mittel ständig in betriebsbereitem Zustand am Körper bei sich zu führen und

2. deren Funktionsfähigkeit nicht zu beeinträchtigen.

(2) [1]Die Anordnung ergeht für längstens drei Monate. [2]Sie kann um jeweils höchstens drei Monate verlängert werden, wenn die Voraussetzungen weiterhin vorliegen. [3]Liegen die Voraussetzungen der Anordnung nicht mehr vor, ist die Maßnahme unverzüglich zu beenden.

(3) [1]Die Ausländerbehörde erhebt und speichert mit Hilfe der vom Ausländer mitgeführten technischen Mittel automatisiert Daten über

1. dessen Aufenthaltsort sowie

2. über etwaige Beeinträchtigungen der Datenerhebung.

[2]Soweit es technisch möglich ist, ist sicherzustellen, dass innerhalb der Wohnung des Ausländers keine über den Umstand seiner Anwesenheit hinausgehenden Aufenthaltsdaten erhoben werden. [3]Die Landesregierungen können durch Rechtsverordnung bestimmen, dass eine andere Stelle als die Ausländerbehörde die in Satz 1 genannten Daten erhebt und speichert. [4]Die Ermächtigung nach Satz 3 kann durch

Rechtsverordnung von den Landesregierungen auf die für den Vollzug dieses Gesetzes zuständigen obersten Landesbehörden übertragen werden.

(4) Die Daten dürfen ohne Einwilligung der betroffenen Person nur verarbeitet werden, soweit dies erforderlich ist

1. zur Feststellung von Verstößen gegen eine räumliche Beschränkung des Aufenthaltes nach § 56 Absatz 2 und 3 oder ein Kontaktverbot nach § 56 Absatz 4,
2. zur Verfolgung einer Ordnungswidrigkeit nach § 98 Absatz 3 Nummer 5a oder einer Straftat nach § 95 Absatz 1 Nummer 6a,
3. zur Feststellung eines Verstoßes gegen eine vollstreckbare gerichtliche Anordnung nach Absatz 1 und zur Verfolgung einer Straftat nach § 95 Absatz 2 Nummer 1a,
4. zur Abwehr einer erheblichen gegenwärtigen Gefahr für Leib, Leben oder Freiheit einer dritten Person,
5. zur Verfolgung von erheblichen Straftaten gegen Leib und Leben einer dritten Person oder von Straftaten nach § 89a oder § 129a des Strafgesetzbuches oder
6. zur Aufrechterhaltung der Funktionsfähigkeit der technischen Mittel.

(5) [1]Zur Einhaltung der Zweckbindung nach Absatz 4 hat die Verarbeitung der Daten automatisiert zu erfolgen und sind die Daten gegen unbefugte Kenntnisnahme besonders zu sichern unbeschadet der Artikel 24, 25 und 32 der Verordnung (EU) 2016/679 des Europäischen Parlaments und des Rates vom 27. April 2016 zum Schutz natürlicher Personen bei der Verarbeitung personenbezogener Daten, zum freien Datenverkehr und zur Aufhebung der Richtlinie 95/46/EG (Datenschutz-Grundverordnung) (ABl. L 119 vom 4.5.2016, S. 1; L 314 vom 22.11.2016, S. 72; L 127 vom 23.5.2018, S. 2) in der jeweils geltenden Fassung. [2]Die in Absatz 3 Satz 1 genannten Daten sind spätestens zwei Monate nach ihrer Erhebung zu löschen, soweit sie nicht für die in Absatz 4 genannten Zwecke verarbeitet werden. [3]Jeder Abruf der Daten ist zu protokollieren. [4]Die Protokolldaten sind nach zwölf Monaten zu löschen. [5]Werden innerhalb der Wohnung der betroffenen Person über den Umstand ihrer Anwesenheit hinausgehende Aufenthaltsdaten erhoben, dürfen diese nicht verarbeitet werden und sind unverzüglich nach Kenntnisnahme zu löschen. [6]Die Tatsache ihrer Kenntnisnahme und Löschung ist zu dokumentieren. [7]Die Dokumentation darf ausschließlich für Zwecke der Datenschutzkontrolle verwendet werden. [8]Sie ist nach Abschluss der Datenschutzkontrolle zu löschen.

(6) Zur Durchführung der Maßnahme nach Absatz 1 hat die zuständige Stelle im Sinne des Absatzes 3:

1. eingehende Systemmeldungen über Verstöße nach Absatz 4 Nummer 1 entgegenzunehmen und zu bewerten,
2. Daten des Aufenthaltsortes der betroffenen Person an die zuständigen Behörden übermitteln[1]), sofern dies zur Durchsetzung von Maßnahmen nach Absatz 4 Nummer 1 erforderlich ist,
3. Daten des Aufenthaltsortes der betroffenen Person an die zuständige Bußgeldbehörde zur Verfolgung einer Ordnungswidrigkeit nach § 98 Absatz 3 Nummer 5a oder an die zuständige Strafverfolgungsbehörde zur Verfolgung einer Straftat nach § 95 Absatz 1 Nummer 6a oder Absatz 2 Nummer 1a übermitteln[1]),
4. Daten des Aufenthaltsortes der betroffenen Person an zuständige Polizeibehörden übermitteln[1]), sofern dies zur Abwehr einer erheblichen gegenwärtigen Gefahr im Sinne von Absatz 4 Nummer 4 erforderlich ist,
5. Daten des Aufenthaltsortes der betroffenen Person an die zuständigen Polizei- und Strafverfolgungsbehörden übermitteln[1]), wenn dies zur Verhütung oder zur Verfolgung einer in Absatz 4 Nummer 5 genannten Straftat erforderlich ist,
6. die Ursache einer Meldung zu ermitteln; hierzu kann die zuständige Stelle Kontakt mit der betroffenen Person aufnehmen, sie befragen, sie auf den Verstoß hinweisen und ihr mitteilen, wie sie dessen Beendigung bewirken kann,
7. eine Überprüfung der bei der betroffenen Person vorhandenen technischen Geräte auf ihre Funktionsfähigkeit oder Manipulation und die zu der Behebung einer Funktionsbeeinträchtigung erforderlichen Maßnahmen, insbesondere des Austausches der technischen Mittel oder von Teilen davon, einzuleiten,
8. Anfragen der betroffenen Person zum Umgang mit den technischen Mitteln zu beantworten.

(7) Im Antrag auf Anordnung einer Maßnahme nach Absatz 1 sind anzugeben

1. die Person, gegen die sich die Maßnahme richtet, mit Name und Anschrift,
2. Art, Umfang und Dauer der Maßnahme,

1) Richtig wohl: „zu übermitteln".

3. die Angabe, ob gegenüber der Person, gegen die sich die Maßnahme richtet, eine räumliche Beschränkung nach § 56 Absatz 2 und 3 oder ein Kontaktverbot nach § 56 Absatz 4 besteht,
4. der Sachverhalt sowie
5. eine Begründung.

(8) [1]Die Anordnung ergeht schriftlich. [2]In ihr sind anzugeben
1. die Person, gegen die sich die Maßnahme richtet, mit Name und Anschrift,
2. Art, Umfang und Dauer der Maßnahme sowie
3. die wesentlichen Gründe.

(9) [1]Für richterliche Anordnungen nach Absatz 1 ist das Amtsgericht zuständig, in dessen Bezirk die zuständige Stelle im Sinne des Absatzes 3 ihren Sitz hat. [2]Für das Verfahren gelten die Vorschriften des Gesetzes über das Verfahren in Familiensachen und in den Angelegenheiten der freiwilligen Gerichtsbarkeit entsprechend.

(10) § 56 Absatz 5 Satz 1 findet entsprechend Anwendung.

Abschnitt 2
Durchsetzung der Ausreisepflicht

§ 57 Zurückschiebung
(1) Ein Ausländer, der in Verbindung mit der unerlaubten Einreise über eine Grenze im Sinne des Artikels 2 Nummer 2 der Verordnung (EU) 2016/399 (Außengrenze) aufgegriffen wird, soll zurückgeschoben werden.

(2) Ein vollziehbar ausreisepflichtiger Ausländer, der durch einen anderen Mitgliedstaat der Europäischen Union, Norwegen oder die Schweiz auf Grund einer am 13. Januar 2009 geltenden zwischenstaatlichen Übernahmevereinbarung wieder aufgenommen wird, soll in diesen Staat zurückgeschoben werden; Gleiches gilt, wenn der Ausländer von der Grenzbehörde im grenznahen Raum in unmittelbarem zeitlichen Zusammenhang mit einer unerlaubten Einreise angetroffen wird und Anhaltspunkte dafür vorliegen, dass ein anderer Staat auf Grund von Rechtsvorschriften der Europäischen Union oder eines völkerrechtlichen Vertrages für die Durchführung des Asylverfahrens zuständig ist und ein Auf- oder Wiederaufnahmeverfahren eingeleitet wird.

(3) § 58 Absatz 1b, § 59 Absatz 8, § 60 Absatz 1 bis 5 und 7 bis 9, die §§ 62 und 62a sind entsprechend anzuwenden.

§ 58 Abschiebung
(1) [1]Der Ausländer ist abzuschieben, wenn die Ausreisepflicht vollziehbar ist, eine Ausreisefrist nicht gewährt wurde oder diese abgelaufen ist, und die freiwillige Erfüllung der Ausreisepflicht nicht gesichert ist oder aus Gründen der öffentlichen Sicherheit und Ordnung eine Überwachung der Ausreise erforderlich erscheint. [2]Bei Eintritt einer der in § 59 Absatz 1 Satz 2 genannten Voraussetzungen innerhalb der Ausreisefrist soll der Ausländer vor deren Ablauf abgeschoben werden.

(1a) Vor der Abschiebung eines unbegleiteten minderjährigen Ausländers hat sich die Behörde zu vergewissern, dass dieser im Rückkehrstaat einem Mitglied seiner Familie, einer zur Personensorge berechtigten Person oder einer geeigneten Aufnahmeeinrichtung übergeben wird.

(1b) [1]Ein Ausländer, der eine Erlaubnis zum Daueraufenthalt – EU besitzt oder eine entsprechende Rechtsstellung in einem anderen Mitgliedstaat der Europäischen Union innehat und in einem anderen Mitgliedstaat der Europäischen Union international Schutzberechtigter ist, darf außer in den Fällen des § 60 Absatz 1 nur in den schutzgewährenden Mitgliedstaat abgeschoben werden. [2]§ 60 Absatz 2, 3, 5 und 7 bleibt unberührt.

(2) [1]Die Ausreisepflicht ist vollziehbar, wenn der Ausländer
1. unerlaubt eingereist ist,
2. noch nicht die erstmalige Erteilung des erforderlichen Aufenthaltstitels oder noch nicht die Verlängerung beantragt hat oder trotz erfolgter Antragstellung der Aufenthalt nicht nach § 81 Abs. 3 als erlaubt oder der Aufenthaltstitel nach § 81 Abs. 4 nicht als fortbestehend gilt oder
3. auf Grund einer Rückführungsentscheidung eines anderen Mitgliedstaates der Europäischen Union gemäß Artikel 3 der Richtlinie 2001/40/EG des Rates vom 28. Mai 2001 über die gegenseitige Anerkennung von Entscheidungen über die Rückführung von Drittstaatsangehörigen (ABl. EG Nr. L 149 S. 34) ausreisepflichtig wird, sofern diese von der zuständigen Behörde anerkannt wird.
[2]Im Übrigen ist die Ausreisepflicht erst vollziehbar, wenn die Versagung des Aufenthaltstitels oder der sonstige Verwaltungsakt, durch den der Ausländer nach § 50 Abs. 1 ausreisepflichtig wird, vollziehbar ist.

(3) Die Überwachung der Ausreise ist insbesondere erforderlich, wenn der Ausländer
1. sich auf richterliche Anordnung in Haft oder in sonstigem öffentlichen Gewahrsam befindet,
2. innerhalb der ihm gesetzten Ausreisefrist nicht ausgereist ist,
3. auf Grund eines besonders schwerwiegenden Ausweisungsinteresses nach § 54 Absatz 1 in Verbindung mit § 53 ausgewiesen worden ist,
4. mittellos ist,
5. keinen Pass oder Passersatz besitzt,
6. gegenüber der Ausländerbehörde zum Zweck der Täuschung unrichtige Angaben gemacht oder die Angaben verweigert hat oder
7. zu erkennen gegeben hat, dass er seiner Ausreisepflicht nicht nachkommen wird.

(4) [1]Die die Abschiebung durchführende Behörde ist befugt, zum Zweck der Abschiebung den Ausländer zum Flughafen oder Grenzübergang zu verbringen und ihn zu diesem Zweck kurzzeitig festzuhalten. [2]Das Festhalten ist auf das zur Durchführung der Abschiebung unvermeidliche Maß zu beschränken.

(5) [1]Soweit der Zweck der Durchführung der Abschiebung es erfordert, kann die die Abschiebung durchführende Behörde die Wohnung des abzuschiebenden Ausländers zu dem Zweck seiner Ergreifung betreten, wenn Tatsachen vorliegen, aus denen zu schließen ist, dass sich der Ausländer dort befindet. [2]Die Wohnung umfasst die Wohn- und Nebenräume, Arbeits-, Betriebs- und Geschäftsräume sowie anderes befriedetes Besitztum.

(6) [1]Soweit der Zweck der Durchführung der Abschiebung es erfordert, kann die die Abschiebung durchführende Behörde eine Durchsuchung der Wohnung des abzuschiebenden Ausländers zu dem Zweck seiner Ergreifung vornehmen. [2]Bei anderen Personen sind Durchsuchungen nur zur Ergreifung des abzuschiebenden Ausländers zulässig, wenn Tatsachen vorliegen, aus denen zu schließen ist, dass der Ausländer sich in den zu durchsuchenden Räumen befindet. [3]Absatz 5 Satz 2 gilt entsprechend.

(7) [1]Zur Nachtzeit darf die Wohnung nur betreten oder durchsucht werden, wenn Tatsachen vorliegen, aus denen zu schließen ist, dass die Ergreifung des Ausländers zum Zweck seiner Abschiebung andernfalls vereitelt wird. [2]Die Organisation der Abschiebung ist keine Tatsache im Sinne von Satz 1.

(8) [1]Durchsuchungen nach Absatz 6 dürfen nur durch den Richter, bei Gefahr im Verzug auch durch die die Abschiebung durchführende Behörde angeordnet werden. [2]Die Annahme von Gefahr im Verzug kann nach Betreten der Wohnung nach Absatz 5 nicht darauf gestützt werden, dass der Ausländer nicht angetroffen wurde.

(9) [1]Der Inhaber der zu durchsuchenden Räume darf der Durchsuchung beiwohnen. [2]Ist er abwesend, so ist, wenn möglich, sein Vertreter oder ein erwachsener Angehöriger, Hausgenosse oder Nachbar hinzuzuziehen. [3]Dem Inhaber oder der in dessen Abwesenheit hinzugezogenen Person ist in den Fällen des Absatzes 6 Satz 2 der Zweck der Durchsuchung vor deren Beginn bekannt zu machen. [4]Über die Durchsuchung ist eine Niederschrift zu fertigen. [5]Sie muss die verantwortliche Dienststelle, Grund, Zeit und Ort der Durchsuchung und, falls keine gerichtliche Anordnung ergangen ist, auch Tatsachen, welche die Annahme einer Gefahr im Verzug begründet haben, enthalten. [6]Dem Wohnungsinhaber oder seinem Vertreter ist auf Verlangen eine Abschrift der Niederschrift auszuhändigen. [7]Ist die Anfertigung der Niederschrift oder die Aushändigung einer Abschrift nach den besonderen Umständen des Falles nicht möglich oder würde sie den Zweck der Durchsuchung gefährden, so sind dem Wohnungsinhaber oder der hinzugezogenen Person lediglich die Durchsuchung unter Angabe der verantwortlichen Dienststelle sowie Zeit und Ort der Durchsuchung schriftlich zu bestätigen.

(10) Weitergehende Regelungen der Länder, die den Regelungsgehalt der Absätze 5 bis 9 betreffen, bleiben unberührt.

§ 58a Abschiebungsanordnung

(1) [1]Die oberste Landesbehörde kann gegen einen Ausländer auf Grund einer auf Tatsachen gestützten Prognose zur Abwehr einer besonderen Gefahr für die Sicherheit der Bundesrepublik Deutschland oder einer terroristischen Gefahr ohne vorhergehende Ausweisung eine Abschiebungsanordnung erlassen. [2]Die Abschiebungsanordnung ist sofort vollziehbar; einer Abschiebungsandrohung bedarf es nicht.

(2) [1]Das Bundesministerium des Innern, für Bau und Heimat kann die Übernahme der Zuständigkeit erklären, wenn ein besonderes Interesse des Bundes besteht. [2]Die oberste Landesbehörde ist hierüber zu unterrichten. [3]Abschiebungsanordnungen des Bundes werden von der Bundespolizei vollzogen.

(3) [1]Eine Abschiebungsanordnung darf nicht vollzogen werden, wenn die Voraussetzungen für ein Abschiebungsverbot nach § 60 Abs. 1 bis 8 gegeben sind. [2]§ 59 Abs. 2 und 3 ist entsprechend anzuwenden. [3]Die Prüfung obliegt der über die Abschiebungsanordnung entscheidenden Behörde, die nicht an hierzu getroffene Feststellungen aus anderen Verfahren gebunden ist.

(4) ¹Dem Ausländer ist nach Bekanntgabe der Abschiebungsanordnung unverzüglich Gelegenheit zu geben, mit einem Rechtsbeistand seiner Wahl Verbindung aufzunehmen, es sei denn, er hat sich zuvor anwaltlichen Beistands versichert; er ist hierauf, auf die Rechtsfolgen der Abschiebungsanordnung und die gegebenen Rechtsbehelfe hinzuweisen. ²Ein Antrag auf Gewährung vorläufigen Rechtsschutzes nach der Verwaltungsgerichtsordnung ist innerhalb von sieben Tagen nach Bekanntgabe der Abschiebungsanordnung zu stellen. ³Die Abschiebung darf bis zum Ablauf der Frist nach Satz 2 und im Falle der rechtzeitigen Antragstellung bis zur Entscheidung des Gerichts über den Antrag auf vorläufigen Rechtsschutz nicht vollzogen werden.

§ 59 Androhung der Abschiebung

(1) ¹Die Abschiebung ist unter Bestimmung einer angemessenen Frist zwischen sieben und 30 Tagen für die freiwillige Ausreise anzudrohen. ²Ausnahmsweise kann eine kürzere Frist gesetzt oder von einer Fristsetzung abgesehen werden, wenn dies im Einzelfall zur Wahrung überwiegender öffentlicher Belange zwingend erforderlich ist, insbesondere wenn
1. der begründete Verdacht besteht, dass der Ausländer sich der Abschiebung entziehen will, oder
2. von dem Ausländer eine erhebliche Gefahr für die öffentliche Sicherheit oder Ordnung ausgeht.
³Unter den in Satz 2 genannten Voraussetzungen kann darüber hinaus auch von einer Abschiebungsandrohung abgesehen werden, wenn
1. der Aufenthaltstitel nach § 51 Absatz 1 Nummer 3 bis 5 erloschen ist oder
2. der Ausländer bereits unter Wahrung der Erfordernisse des § 77 auf das Bestehen seiner Ausreisepflicht hingewiesen worden ist.
⁴Die Ausreisefrist kann unter Berücksichtigung der besonderen Umstände des Einzelfalls angemessen verlängert oder für einen längeren Zeitraum festgesetzt werden. ⁵§ 60a Absatz 2 bleibt unberührt. ⁶Wenn die Vollziehbarkeit der Ausreisepflicht oder der Abschiebungsandrohung entfällt, wird die Ausreisefrist unterbrochen und beginnt nach Wiedereintritt der Vollziehbarkeit erneut zu laufen. ⁷Einer erneuten Fristsetzung bedarf es nicht. ⁸Nach Ablauf der Frist zur freiwilligen Ausreise darf der Termin der Abschiebung dem Ausländer nicht angekündigt werden.

(2) ¹In der Androhung soll der Staat bezeichnet werden, in den der Ausländer abgeschoben werden soll, und der Ausländer darauf hingewiesen werden, dass er auch in einen anderen Staat abgeschoben werden kann, in den er einreisen darf oder der zu seiner Übernahme verpflichtet ist. ²Gebietskörperschaften im Sinne der Anhänge I und II der Verordnung (EU) 2018/1806 des Europäischen Parlaments und des Rates vom 14. November 2018 zur Aufstellung der Liste der Drittländer, deren Staatsangehörige beim Überschreiten der Außengrenzen im Besitz eines Visums sein müssen, sowie der Liste der Drittländer, deren Staatsangehörige von dieser Visumpflicht befreit sind (ABl. L 303 vom 28.11.2018, S. 39), sind Staaten gleichgestellt.

(3) ¹Dem Erlass der Androhung steht das Vorliegen von Abschiebungsverboten und Gründen für die vorübergehende Aussetzung der Abschiebung nicht entgegen. ²In der Androhung ist der Staat zu bezeichnen, in den der Ausländer nicht abgeschoben werden darf. ³Stellt das Verwaltungsgericht das Vorliegen eines Abschiebungsverbots fest, so bleibt die Rechtmäßigkeit der Androhung im Übrigen unberührt.

(4) ¹Nach dem Eintritt der Unanfechtbarkeit der Abschiebungsandrohung bleiben für weitere Entscheidungen der Ausländerbehörde über die Abschiebung oder die Aussetzung der Abschiebung Umstände unberücksichtigt, die einer Abschiebung in den in der Abschiebungsandrohung bezeichneten Staat entgegenstehen und die vor dem Eintritt der Unanfechtbarkeit der Abschiebungsandrohung eingetreten sind; sonstige von dem Ausländer geltend gemachte Umstände, die der Abschiebung oder der Abschiebung in diesen Staat entgegenstehen, können unberücksichtigt bleiben. ²Die Vorschriften, nach denen der Ausländer die im Satz 1 bezeichneten Umstände gerichtlich im Wege der Klage oder im Verfahren des vorläufigen Rechtsschutzes nach der Verwaltungsgerichtsordnung geltend machen kann, bleiben unberührt.

(5) ¹In den Fällen des § 58 Abs. 3 Nr. 1 bedarf es keiner Fristsetzung; der Ausländer wird aus der Haft oder dem öffentlichen Gewahrsam abgeschoben. ²Die Abschiebung soll mindestens eine Woche vorher angekündigt werden.

(6) Über die Fristgewährung nach Absatz 1 wird dem Ausländer eine Bescheinigung ausgestellt.

(7) ¹Liegen der Ausländerbehörde konkrete Anhaltspunkte dafür vor, dass der Ausländer Opfer einer in § 25 Absatz 4a Satz 1 oder in § 25 Absatz 4b Satz 1 genannten Straftat wurde, setzt sie abweichend von Absatz 1 Satz 1 eine Ausreisefrist, die so zu bemessen ist, dass er eine Entscheidung über seine Aussagebereitschaft nach § 25 Absatz 4a Satz 2 Nummer 3 oder nach § 25 Absatz 4b Satz 2 Nummer 2 treffen kann. ²Die Ausreisefrist beträgt mindestens drei Monate. ³Die Ausländerbehörde kann von der Festsetzung einer Ausreisefrist nach Satz 1 absehen, diese aufheben oder verkürzen, wenn

1. der Aufenthalt des Ausländers die öffentliche Sicherheit und Ordnung oder sonstige erhebliche Interessen der Bundesrepublik Deutschland beeinträchtigt oder

2. der Ausländer freiwillig nach der Unterrichtung nach Satz 4 wieder Verbindung zu den Personen nach § 25 Absatz 4a Satz 2 Nummer 2 aufgenommen hat.

[4]Die Ausländerbehörde oder eine durch sie beauftragte Stelle unterrichtet den Ausländer über die geltenden Regelungen, Programme und Maßnahmen für Opfer von in § 25 Absatz 4a Satz 1 genannten Straftaten.

(8) Ausländer, die ohne die nach § 4a Absatz 5 erforderliche Berechtigung zur Erwerbstätigkeit beschäftigt waren, sind vor der Abschiebung über die Rechte nach Artikel 6 Absatz 2 und Artikel 13 der Richtlinie 2009/52/EG des Europäischen Parlaments und des Rates vom 18. Juni 2009 über Mindeststandards für Sanktionen und Maßnahmen gegen Arbeitgeber, die Drittstaatsangehörige ohne rechtmäßigen Aufenthalt beschäftigen (ABl. L 168 vom 30.6.2009, S. 24), zu unterrichten.

§ 60 Verbot der Abschiebung

(1) [1]In Anwendung des Abkommens vom 28. Juli 1951 über die Rechtsstellung der Flüchtlinge (BGBl. 1953 II S. 559) darf ein Ausländer nicht in einen Staat abgeschoben werden, in dem sein Leben oder seine Freiheit wegen seiner Rasse, Religion, Nationalität, seiner Zugehörigkeit zu einer bestimmten sozialen Gruppe oder wegen seiner politischen Überzeugung bedroht ist. [2]Dies gilt auch für Asylberechtigte und Ausländer, denen die Flüchtlingseigenschaft unanfechtbar zuerkannt wurde oder die aus einem anderen Grund im Bundesgebiet die Rechtsstellung ausländischer Flüchtlinge genießen oder die außerhalb des Bundesgebiets als ausländische Flüchtlinge nach dem Abkommen über die Rechtsstellung der Flüchtlinge anerkannt sind. [3]Wenn der Ausländer sich auf das Abschiebungsverbot nach diesem Absatz beruft, stellt das Bundesamt für Migration und Flüchtlinge außer in den Fällen des Satzes 2 in einem Asylverfahren fest, ob die Voraussetzungen des Satzes 1 vorliegen und dem Ausländer die Flüchtlingseigenschaft zuzuerkennen ist. [4]Die Entscheidung des Bundesamtes kann nur nach den Vorschriften des Asylgesetzes angefochten werden.

(2) [1]Ein Ausländer darf nicht in einen Staat abgeschoben werden, in dem ihm der in § 4 Absatz 1 des Asylgesetzes bezeichnete ernsthafte Schaden droht. [2]Absatz 1 Satz 3 und 4 gilt entsprechend.

(3) Darf ein Ausländer nicht in einen Staat abgeschoben werden, weil dieser Staat den Ausländer wegen einer Straftat sucht und die Gefahr der Verhängung oder der Vollstreckung der Todesstrafe besteht, finden die Vorschriften über die Auslieferung entsprechende Anwendung.

(4) Liegt ein förmliches Auslieferungsersuchen oder ein mit der Ankündigung eines Auslieferungsersuchens verbundenes Festnahmeersuchen eines anderen Staates vor, darf der Ausländer bis zur Entscheidung über die Auslieferung nur mit Zustimmung der Behörde, die nach § 74 des Gesetzes über die internationale Rechtshilfe in Strafsachen für die Bewilligung der Auslieferung zuständig ist, in diesen Staat abgeschoben werden.

(5) Ein Ausländer darf nicht abgeschoben werden, soweit sich aus der Anwendung der Konvention vom 4. November 1950 zum Schutze der Menschenrechte und Grundfreiheiten (BGBl. 1952 II S. 685) ergibt, dass die Abschiebung unzulässig ist.

(6) Die allgemeine Gefahr, dass einem Ausländer in einem anderen Staat Strafverfolgung und Bestrafung drohen können und, soweit sich aus den Absätzen 2 bis 5 nicht etwas anderes ergibt, die konkrete Gefahr einer nach der Rechtsordnung eines anderen Staates gesetzmäßigen Bestrafung stehen der Abschiebung nicht entgegen.

(7) [1]Von der Abschiebung eines Ausländers in einen anderen Staat soll abgesehen werden, wenn dort für diesen Ausländer eine erhebliche konkrete Gefahr für Leib, Leben oder Freiheit besteht. [2]§ 60a Absatz 2c Satz 2 und 3 gilt entsprechend. [3]Eine erhebliche konkrete Gefahr aus gesundheitlichen Gründen liegt nur vor bei lebensbedrohlichen oder schwerwiegenden Erkrankungen, die sich durch die Abschiebung wesentlich verschlechtern würden. [4]Es ist nicht erforderlich, dass die medizinische Versorgung im Zielstaat mit der Versorgung in der Bundesrepublik Deutschland gleichwertig ist. [5]Eine ausreichende medizinische Versorgung liegt in der Regel auch vor, wenn diese nur in einem Teil des Zielstaats gewährleistet ist. [6]Gefahren nach Satz 1, denen die Bevölkerung oder die Bevölkerungsgruppe, der der Ausländer angehört, allgemein ausgesetzt ist, sind bei Anordnungen nach § 60a Abs. 1 Satz 1 zu berücksichtigen.

(8) [1]Absatz 1 findet keine Anwendung, wenn der Ausländer aus schwerwiegenden Gründen als eine Gefahr für die Sicherheit der Bundesrepublik Deutschland anzusehen ist oder eine Gefahr für die Allgemeinheit bedeutet, weil er wegen eines Verbrechens oder besonders schweren Vergehens rechtskräftig zu einer Freiheitsstrafe von mindestens drei Jahren verurteilt worden ist. [2]Das Gleiche gilt, wenn der Ausländer die Voraussetzungen des § 3 Abs. 2 des Asylgesetzes erfüllt. [3]Von der Anwendung des Absatzes 1 kann abgesehen werden, wenn der Ausländer eine Gefahr für die Allgemeinheit bedeutet, weil er wegen einer oder mehrerer vorsätzlicher Straftaten gegen das Leben, die körperliche Unversehrtheit,

die sexuelle Selbstbestimmung, das Eigentum oder wegen Widerstands gegen Vollstreckungsbeamte rechtskräftig zu einer Freiheits- oder Jugendstrafe von mindestens einem Jahr verurteilt worden ist, sofern die Straftat mit Gewalt, unter Anwendung von Drohung mit Gefahr für Leib oder Leben oder mit List begangen worden ist oder eine Straftat nach § 177 des Strafgesetzbuches ist.

(9) [1]In den Fällen des Absatzes 8 kann einem Ausländer, der einen Asylantrag gestellt hat, abweichend von den Vorschriften des Asylgesetzes die Abschiebung angedroht und diese durchgeführt werden. [2]Die Absätze 2 bis 7 bleiben unberührt.

(10) [1]Soll ein Ausländer abgeschoben werden, bei dem die Voraussetzungen des Absatzes 1 vorliegen, kann nicht davon abgesehen werden, die Abschiebung anzudrohen und eine angemessene Ausreisefrist zu setzen. [2]In der Androhung sind die Staaten zu bezeichnen, in die der Ausländer nicht abgeschoben werden darf.

§ 60a Vorübergehende Aussetzung der Abschiebung (Duldung)

(1) [1]Die oberste Landesbehörde kann aus völkerrechtlichen oder humanitären Gründen oder zur Wahrung politischer Interessen der Bundesrepublik Deutschland anordnen, dass die Abschiebung von Ausländern aus bestimmten Staaten oder von in sonstiger Weise bestimmten Ausländergruppen allgemein oder in bestimmte Staaten für längstens drei Monate ausgesetzt wird. [2]Für einen Zeitraum von länger als sechs Monaten gilt § 23 Abs. 1.

(2) [1]Die Abschiebung eines Ausländers ist auszusetzen, solange die Abschiebung aus tatsächlichen oder rechtlichen Gründen unmöglich ist und keine Aufenthaltserlaubnis erteilt wird. [2]Die Abschiebung eines Ausländers ist auch auszusetzen, wenn seine vorübergehende Anwesenheit im Bundesgebiet für ein Strafverfahren wegen eines Verbrechens von der Staatsanwaltschaft oder dem Strafgericht für sachgerecht erachtet wird, weil ohne seine Angaben die Erforschung des Sachverhalts erschwert wäre. [3]Einem Ausländer kann eine Duldung erteilt werden, wenn dringende humanitäre oder persönliche Gründe oder erhebliche öffentliche Interessen seine vorübergehende weitere Anwesenheit im Bundesgebiet erfordern. [4]Soweit die Beurkundung der Anerkennung einer Vaterschaft oder der Zustimmung der Mutter für die Durchführung eines Verfahrens nach § 85a ausgesetzt wird, wird die Abschiebung des ausländischen Anerkennenden, der ausländischen Mutter oder des ausländischen Kindes ausgesetzt, solange das Verfahren nach § 85a nicht durch vollziehbare Entscheidung abgeschlossen ist.

(2a) [1]Die Abschiebung eines Ausländers wird für eine Woche ausgesetzt, wenn seine Zurückschiebung oder Abschiebung gescheitert ist, Abschiebungshaft nicht angeordnet wird und die Bundesrepublik Deutschland auf Grund einer Rechtsvorschrift, insbesondere des Artikels 6 Abs. 1 der Richtlinie 2003/110/EG des Rates vom 25. November 2003 über die Unterstützung bei der Durchbeförderung im Rahmen von Rückführungsmaßnahmen auf dem Luftweg (ABl. EU Nr. L 321 S. 26), zu seiner Rückübernahme verpflichtet ist. [2]Die Aussetzung darf nicht nach Satz 1 verlängert werden. [3]Die Einreise des Ausländers ist zuzulassen.

(2b) Solange ein Ausländer, der eine Aufenthaltserlaubnis nach § 25a Absatz 1 besitzt, minderjährig ist, soll die Abschiebung seiner Eltern oder eines allein personensorgeberechtigten Elternteils sowie der minderjährigen Kinder, die mit den Eltern oder dem allein personensorgeberechtigten Elternteil in familiärer Lebensgemeinschaft leben, ausgesetzt werden.

(2c) [1]Es wird vermutet, dass der Abschiebung gesundheitliche Gründe nicht entgegenstehen. [2]Der Ausländer muss eine Erkrankung, die die Abschiebung beeinträchtigen kann, durch eine qualifizierte ärztliche Bescheinigung glaubhaft machen. [3]Diese ärztliche Bescheinigung soll insbesondere die tatsächlichen Umstände, auf deren Grundlage eine fachliche Beurteilung erfolgt ist, die Methode der Tatsachenerhebung, die fachlich-medizinische Beurteilung des Krankheitsbildes (Diagnose), den Schweregrad der Erkrankung, den lateinischen Namen oder die Klassifizierung der Erkrankung nach ICD 10 sowie die Folgen, die sich nach ärztlicher Beurteilung aus der krankheitsbedingten Situation voraussichtlich ergeben, enthalten. [4]Zur Behandlung der Erkrankung erforderliche Medikamente müssen mit der Angabe ihrer Wirkstoffe und diese mit ihrer international gebräuchlichen Bezeichnung aufgeführt sein.

(2d) [1]Der Ausländer ist verpflichtet, der zuständigen Behörde die ärztliche Bescheinigung nach Absatz 2c unverzüglich vorzulegen. [2]Verletzt der Ausländer die Pflicht zur unverzüglichen Vorlage einer solchen ärztlichen Bescheinigung, darf die zuständige Behörde das Vorbringen des Ausländers zu seiner Erkrankung nicht berücksichtigen, es sei denn, der Ausländer war unverschuldet an der Einholung einer solchen Bescheinigung gehindert oder es liegen anderweitig tatsächliche Anhaltspunkte für das Vorliegen einer lebensbedrohlichen oder schwerwiegenden Erkrankung, die sich durch die Abschiebung wesentlich verschlechtern würde, vor. [3]Legt der Ausländer eine Bescheinigung vor und ordnet die Behörde daraufhin eine ärztliche Untersuchung an, ist die Behörde berechtigt, die vorgetragene Erkrankung nicht zu berücksichtigen, wenn der Ausländer der Anordnung ohne zureichenden Grund nicht Folge leistet. [4]Der

Ausländer ist auf die Verpflichtungen und auf die Rechtsfolgen einer Verletzung dieser Verpflichtungen nach diesem Absatz hinzuweisen.

(3) Die Ausreisepflicht eines Ausländers, dessen Abschiebung ausgesetzt ist, bleibt unberührt.

(4) Über die Aussetzung der Abschiebung ist dem Ausländer eine Bescheinigung auszustellen.

(5) [1]Die Aussetzung der Abschiebung erlischt mit der Ausreise des Ausländers. [2]Sie wird widerrufen, wenn die der Abschiebung entgegenstehenden Gründe entfallen. [3]Der Ausländer wird unverzüglich nach dem Erlöschen ohne erneute Androhung und Fristsetzung abgeschoben, es sei denn, die Aussetzung wird erneuert. [4]Ist die Abschiebung länger als ein Jahr ausgesetzt, ist die durch Widerruf vorgesehene Abschiebung mindestens einen Monat vorher anzukündigen; die Ankündigung ist zu wiederholen, wenn die Aussetzung für mehr als ein Jahr erneuert wurde. [5]Satz 4 findet keine Anwendung, wenn der Ausländer die der Abschiebung entgegenstehenden Gründe durch vorsätzlich falsche Angaben oder durch eigene Täuschung über seine Identität oder Staatsangehörigkeit selbst herbeiführt oder zumutbare Anforderungen an die Mitwirkung bei der Beseitigung von Ausreisehindernissen nicht erfüllt.

(6) [1]Einem Ausländer, der eine Duldung besitzt, darf die Ausübung einer Erwerbstätigkeit nicht erlaubt werden, wenn

1. er sich in das Inland begeben hat, um Leistungen nach dem Asylbewerberleistungsgesetz zu erlangen,
2. aufenthaltsbeendende Maßnahmen bei ihm aus Gründen, die er selbst zu vertreten hat, nicht vollzogen werden können oder
3. er Staatsangehöriger eines sicheren Herkunftsstaates nach § 29a des Asylgesetzes ist und sein nach dem 31. August 2015 gestellter Asylantrag abgelehnt oder zurückgenommen wurde, es sei denn, die Rücknahme erfolgte auf Grund einer Beratung nach § 24 Absatz 1 des Asylgesetzes beim Bundesamt für Migration und Flüchtlinge, oder ein Asylantrag nicht gestellt wurde.

[2]Zu vertreten hat ein Ausländer die Gründe nach Satz 1 Nummer 2 insbesondere, wenn er das Abschiebungshindernis durch eigene Täuschung über seine Identität oder Staatsangehörigkeit oder durch eigene falsche Angaben selbst herbeiführt. [3]Satz 1 Nummer 3 gilt bei unbegleiteten minderjährigen Ausländern nicht für die Rücknahme des Asylantrags oder den Verzicht auf die Antragstellung, wenn die Rücknahme oder der Verzicht auf das Stellen eines Asylantrags im Interesse des Kindeswohls erfolgte.

§ 60b Duldung für Personen mit ungeklärter Identität

(1) [1]Einem vollziehbar ausreisepflichtigen Ausländer wird die Duldung im Sinne des § 60a als „Duldung für Personen mit ungeklärter Identität" erteilt, wenn die Abschiebung aus von ihm selbst zu vertretenden Gründen nicht vollzogen werden kann, weil er das Abschiebungshindernis durch eigene Täuschung über seine Identität oder Staatsangehörigkeit oder durch eigene falsche Angaben selbst herbeiführt oder er zumutbare Handlungen zur Erfüllung der besonderen Passbeschaffungspflicht nach Absatz 2 Satz 1 und Absatz 3 Satz 1 nicht vornimmt. [2]Dem Ausländer ist die Bescheinigung über die Duldung nach § 60a Absatz 4 mit dem Zusatz „für Personen mit ungeklärter Identität" auszustellen.

(2) [1]Besitzt der vollziehbar ausreisepflichtige Ausländer keinen gültigen Pass oder Passersatz, ist er unbeschadet des § 3 verpflichtet, alle ihm unter Berücksichtigung der Umstände des Einzelfalls zumutbaren Handlungen zur Beschaffung eines Passes oder Passersatzes selbst vorzunehmen. [2]Dies gilt nicht für Ausländer ab der Stellung eines Asylantrages (§ 13 des Asylgesetzes) oder eines Asylgesuches (§ 18 des Asylgesetzes) bis zur rechtskräftigen Ablehnung des Asylantrages sowie für Ausländer, wenn ein Abschiebungsverbot nach § 60 Absatz 5 oder 7 vorliegt, es sei denn, das Abschiebungsverbot nach § 60 Absatz 7 beruht allein auf gesundheitlichen Gründen.

(3) [1]Im Sinne des Absatzes 2 Satz 1 ist dem Ausländer regelmäßig zumutbar,

1. in der den Bestimmungen des deutschen Passrechts, insbesondere den §§ 6 und 15 des Passgesetzes in der jeweils geltenden Fassung, entsprechenden Weise an der Ausstellung oder Verlängerung mitzuwirken und die Behandlung eines Antrages durch die Behörden des Herkunftsstaates nach dem Recht des Herkunftsstaates zu dulden, sofern dies nicht zu einer unzumutbaren Härte führt,
2. bei Behörden des Herkunftsstaates persönlich vorzusprechen, an Anhörungen teilzunehmen, Lichtbilder nach Anforderung anzufertigen und Fingerabdrücke abzugeben, nach dem Rechts- und Verwaltungspraxis des Herkunftsstaates erforderliche Angaben oder Erklärungen abzugeben oder sonstige nach der dortigen Rechts- und Verwaltungspraxis erforderliche Handlungen vorzunehmen, soweit dies nicht unzumutbar ist,
3. eine Erklärung gegenüber den Behörden des Herkunftsstaates, aus dem Bundesgebiet freiwillig im Rahmen seiner rechtlichen Verpflichtung nach dem deutschen Recht auszureisen, abzugeben, sofern hiervon die Ausstellung des Reisedokumentes abhängig gemacht wird,

4. sofern hiervon die Ausstellung des Reisedokumentes abhängig gemacht wird, zu erklären, die Wehrpflicht zu erfüllen, sofern die Erfüllung der Wehrpflicht nicht aus zwingenden Gründen unzumutbar ist, und andere zumutbare staatsbürgerliche Pflichten zu erfüllen,

5. die vom Herkunftsstaat für die behördlichen Passbeschaffungsmaßnahmen allgemein festgelegten Gebühren zu zahlen, sofern es nicht für ihn unzumutbar ist und

6. erneut um die Ausstellung des Passes oder Passersatzes im Rahmen des Zumutbaren nachzusuchen und die Handlungen nach den Nummern 1 bis 5 vorzunehmen, sofern auf Grund einer Änderung der Sach- und Rechtslage mit der Ausstellung des Passes oder Passersatzes durch die Behörden des Herkunftsstaates mit hinreichender Wahrscheinlichkeit gerechnet werden kann und die Ausländerbehörde ihn zur erneuten Vornahme der Handlungen auffordert.

[2]Der Ausländer ist auf diese Pflichten hinzuweisen. [3]Sie gelten als erfüllt, wenn der Ausländer glaubhaft macht, dass er die Handlungen nach Satz 1 vorgenommen hat. [4]Weist die Ausländerbehörde den Ausländer darauf hin, dass seine bisherigen Darlegungen und Nachweise zur Glaubhaftmachung der Erfüllung einer bestimmten Handlung oder mehrerer bestimmter Handlungen nach Satz 1 nicht ausreichen, kann die Ausländerbehörde ihn mit Fristsetzung dazu auffordern, die Vornahme der Handlungen nach Satz 1 durch Erklärung an Eides statt glaubhaft zu machen. [5]Die Ausländerbehörde ist hierzu zuständige Behörde im Sinne des § 156 des Strafgesetzbuches.

(4) [1]Hat der Ausländer die zumutbaren Handlungen nach Absatz 2 Satz 1 und Absatz 3 Satz 1 unterlassen, kann er diese jederzeit nachholen. [2]In diesem Fall ist die Verletzung der Mitwirkungspflicht geheilt und dem Ausländer die Bescheinigung über die Duldung nach § 60a Absatz 4 ohne den Zusatz „für Personen mit ungeklärter Identität" auszustellen. [3]Absatz 5 Satz 1 bleibt unberührt.

(5) [1]Die Zeiten, in denen dem Ausländer die Duldung mit dem Zusatz „für Personen mit ungeklärter Identität" ausgestellt worden ist, werden nicht als Vorduldungszeiten angerechnet. [2]Dem Inhaber einer Duldung mit dem Zusatz „für Personen mit ungeklärter Identität" darf die Ausübung einer Erwerbstätigkeit nicht erlaubt werden. [3]Er unterliegt einer Wohnsitzauflage nach § 61 Absatz 1d.

(6) § 84 Absatz 1 Satz 1 Nummer 3 und Absatz 2 Satz 1 und 3 findet Anwendung.

§ 60c Ausbildungsduldung

(1) [1]Eine Duldung im Sinne von § 60a Absatz 2 Satz 3 ist zu erteilen, wenn der Ausländer in Deutschland

1. als Asylbewerber eine

 a) qualifizierte Berufsausbildung in einem staatlich anerkannten oder vergleichbar geregelten Ausbildungsberuf aufgenommen hat oder

 b) Assistenz- oder Helferausbildung in einem staatlich anerkannten oder vergleichbar geregelten Ausbildungsberuf aufgenommen hat, an die eine qualifizierte Berufsausbildung in einem staatlich anerkannten oder vergleichbar geregelten Ausbildungsberuf, für den die Bundesagentur für Arbeit einen Engpass festgestellt hat, anschlussfähig ist und dazu eine Ausbildungsplatzzusage vorliegt,

 und nach Ablehnung des Asylantrags diese Berufsausbildung fortsetzen möchte oder

2. im Besitz einer Duldung nach § 60a ist und eine in Nummer 1 genannte Berufsausbildung aufnimmt.

[2]In Fällen offensichtlichen Missbrauchs kann die Ausbildungsduldung versagt werden. [3]Im Fall des Satzes 1 ist die Beschäftigungserlaubnis zu erteilen.

(2) Die Ausbildungsduldung wird nicht erteilt, wenn

1. ein Ausschlussgrund nach § 60a Absatz 6 vorliegt,

2. im Fall von Absatz 1 Satz 1 Nummer 2 der Ausländer bei Antragstellung noch nicht drei Monate im Besitz einer Duldung ist,

3. die Identität nicht geklärt ist

 a) bei Einreise in das Bundesgebiet bis zum 31. Dezember 2016 bis zur Beantragung der Ausbildungsduldung, oder

 b) bei Einreise in das Bundesgebiet ab dem 1. Januar 2017 und vor dem 1. Januar 2020 bis zur Beantragung der Ausbildungsduldung, spätestens jedoch bis zum 30. Juni 2020 oder

 c) bei Einreise in das Bundesgebiet nach dem 31. Dezember 2019 innerhalb der ersten sechs Monate nach der Einreise;

 die Frist gilt als gewahrt, wenn der Ausländer innerhalb der in den Buchstaben a bis c genannten Frist alle erforderlichen und ihm zumutbaren Maßnahmen für die Identitätsklärung ergriffen hat und die Identität erst nach dieser Frist geklärt werden kann, ohne dass der Ausländer dies zu vertreten hat,

4. ein Ausschlussgrund nach § 19d Absatz 1 Nummer 6 oder 7 vorliegt oder gegen den Ausländer eine Ausweisungsverfügung oder eine Abschiebungsanordnung nach § 58a besteht, oder

5. im Fall von Absatz 1 Satz 1 Nummer 2 zum Zeitpunkt der Antragstellung konkrete Maßnahmen zur Aufenthaltsbeendigung, die in einem hinreichenden sachlichen und zeitlichen Zusammenhang zur Aufenthaltsbeendigung stehen, bevorstehen; diese konkreten Maßnahmen zur Aufenthaltsbeendigung stehen bevor, wenn

a) eine ärztliche Untersuchung zur Feststellung der Reisefähigkeit veranlasst wurde,

b) der Ausländer einen Antrag zur Förderung mit staatlichen Mitteln einer freiwilligen Ausreise gestellt hat,

c) die Buchung von Transportmitteln für die Abschiebung eingeleitet wurde,

d) vergleichbar konkrete Vorbereitungsmaßnahmen zur Abschiebung des Ausländers eingeleitet wurden, es sei denn, es ist von vornherein absehbar, dass diese nicht zum Erfolg führen, oder

e) ein Verfahren zur Bestimmung des zuständigen Mitgliedstaates gemäß Artikel 20 Absatz 1 der Verordnung (EU) Nr. 604/2013 des Europäischen Parlaments und des Rates vom 26. Juni 2013 eingeleitet wurde.

(3) ¹Der Antrag auf Erteilung der Ausbildungsduldung kann frühestens sieben Monate vor Beginn der Berufsausbildung gestellt werden. ²Die Ausbildungsduldung nach Absatz 1 Satz 1 Nummer 2 wird frühestens sechs Monate vor Beginn der Berufsausbildung erteilt. ³Sie wird erteilt, wenn zum Zeitpunkt der Antragstellung auf Erteilung der Ausbildungsduldung die Eintragung des Ausbildungsvertrages in das Verzeichnis der Berufsausbildungsverhältnisse bei der zuständigen Stelle bereits beantragt wurde oder die Eintragung erfolgt ist oder, soweit eine solche Eintragung nicht erforderlich ist, der Ausbildungsvertrag mit einer Bildungseinrichtung geschlossen wurde oder die Zustimmung einer staatlichen oder staatlich anerkannten Bildungseinrichtung zu dem Ausbildungsvertrag vorliegt. ⁴Die Ausbildungsduldung wird für die im Ausbildungsvertrag bestimmte Dauer der Berufsausbildung erteilt.

(4) Die Ausbildungsduldung erlischt, wenn ein Ausschlussgrund nach Absatz 2 Nummer 4 eintritt oder die Ausbildung vorzeitig beendet oder abgebrochen wird.

(5) ¹Wird die Ausbildung vorzeitig beendet oder abgebrochen, ist die Bildungseinrichtung verpflichtet, dies unverzüglich, in der Regel innerhalb von zwei Wochen, der zuständigen Ausländerbehörde schriftlich oder elektronisch mitzuteilen. ²In der Mitteilung sind neben den mitzuteilenden Tatsachen und dem Zeitpunkt ihres Eintritts die Namen, Vornamen und die Staatsangehörigkeit des Ausländers anzugeben.

(6) ¹Wird das Ausbildungsverhältnis vorzeitig beendet oder abgebrochen, wird dem Ausländer einmalig eine Duldung für sechs Monate zum Zweck der Suche nach einem weiteren Ausbildungsplatz zur Aufnahme einer Berufsausbildung nach Absatz 1 erteilt. ²Die Duldung wird für sechs Monate zum Zweck der Suche nach einer der erworbenen beruflichen Qualifikation entsprechenden Beschäftigung verlängert, wenn nach erfolgreichem Abschluss der Berufsausbildung, für die die Duldung erteilt wurde, eine Weiterbeschäftigung im Ausbildungsbetrieb nicht erfolgt; die zur Arbeitsplatzsuche erteilte Duldung darf für diesen Zweck nicht verlängert werden.

(7) Eine Duldung nach Absatz 1 Satz 1 kann unbeachtlich des Absatzes 2 Nummer 3 erteilt werden, wenn der Ausländer die erforderlichen und ihm zumutbaren Maßnahmen für die Identitätsklärung ergriffen hat.

(8) § 60a bleibt im Übrigen unberührt.

§ 60d Beschäftigungsduldung

(1) Einem ausreisepflichtigen Ausländer und seinem Ehegatten oder seinem Lebenspartner, die bis zum 1. August 2018 in das Bundesgebiet eingereist sind, ist in der Regel eine Duldung nach § 60a Absatz 2 Satz 3 für 30 Monate zu erteilen, wenn

1. ihre Identitäten geklärt sind

a) bei Einreise in das Bundesgebiet bis zum 31. Dezember 2016 und am 1. Januar 2020 vorliegenden Beschäftigungsverhältnis nach Absatz 1 Nummer 3 bis zur Beantragung der Beschäftigungsduldung oder

b) bei Einreise in das Bundesgebiet bis zum 31. Dezember 2016 und am 1. Januar 2020 nicht vorliegenden Beschäftigungsverhältnis nach Absatz 1 Nummer 3 bis zum 30. Juni 2020 oder

c) bei Einreise in das Bundesgebiet zwischen dem 1. Januar 2017 und dem 1. August 2018 spätestens bis zum 30. Juni 2020;

die Frist gilt als gewahrt, wenn der Ausländer und sein Ehegatte oder sein Lebenspartner innerhalb der in den Buchstaben a bis c genannten Frist alle erforderlichen und ihnen zumutbaren Maßnahmen für die Identitätsklärung ergriffen haben und die Identitäten erst nach dieser Frist geklärt werden können, ohne dass sie dies zu vertreten haben,

2. der ausreisepflichtige Ausländer seit mindestens zwölf Monaten im Besitz einer Duldung ist,

3. der ausreisepflichtige Ausländer seit mindestens 18 Monaten eine sozialversicherungspflichtige Beschäftigung mit einer regelmäßigen Arbeitszeit von mindestens 35 Stunden pro Woche ausübt; bei Alleinerziehenden gilt eine regelmäßige Arbeitszeit von mindestens 20 Stunden pro Woche,

4. der Lebensunterhalt des ausreisepflichtigen Ausländers innerhalb der letzten zwölf Monate vor Beantragung der Beschäftigungsduldung durch seine Beschäftigung gesichert war,

5. der Lebensunterhalt des ausreisepflichtigen Ausländers durch seine Beschäftigung gesichert ist,

6. der ausreisepflichtige Ausländer über hinreichende mündliche Kenntnisse der deutschen Sprache verfügt,

7. der ausreisepflichtige Ausländer und sein Ehegatte oder sein Lebenspartner nicht wegen einer im Bundesgebiet begangenen vorsätzlichen Straftat verurteilt wurde, wobei Verurteilungen im Sinne von § 32 Absatz 2 Nummer 5 Buchstabe a des Bundeszentralregistergesetzes wegen Straftaten, die nach dem Aufenthaltsgesetz oder dem Asylgesetz nur von Ausländern begangen werden können, grundsätzlich außer Betracht bleiben,

8. der ausreisepflichtige Ausländer und sein Ehegatte oder sein Lebenspartner keine Bezüge zu extremistischen oder terroristischen Organisationen haben und diese auch nicht unterstützen,

9. gegen den Ausländer keine Ausweisungsverfügung und keine Abschiebungsanordnung nach § 58a besteht,

10. für die in familiärer Lebensgemeinschaft lebenden minderjährigen ledigen Kinder im schulpflichtigen Alter deren tatsächlicher Schulbesuch nachgewiesen wird und bei den Kindern keiner der in § 54 Absatz 2 Nummer 1 bis 2 genannten Fälle vorliegt und die Kinder nicht wegen einer vorsätzlichen Straftat nach § 29 Absatz 1 Satz 1 Nummer 1 des Betäubungsmittelgesetzes rechtskräftig verurteilt worden sind, und

11. der ausreisepflichtige Ausländer und sein Ehegatte oder sein Lebenspartner einen Integrationskurs, soweit sie zu einer Teilnahme verpflichtet wurden, erfolgreich abgeschlossen haben oder den Abbruch nicht zu vertreten haben.

(2) Den in familiärer Lebensgemeinschaft lebenden minderjährigen ledigen Kindern des Ausländers ist die Duldung für den gleichen Aufenthaltszeitraum zu erteilen.

(3) [1]Die nach Absatz 1 erteilte Duldung wird widerrufen, wenn eine der in Absatz 1 Nummer 1 bis 10 genannten Voraussetzungen nicht mehr erfüllt ist. [2]Bei Absatz 1 Nummer 3 und 4 bleiben kurzfristige Unterbrechungen, die der Ausländer nicht zu vertreten hat, unberücksichtigt. [3]Wird das Beschäftigungsverhältnis beendet, ist der Arbeitgeber verpflichtet, dies unter Angabe des Zeitpunkts der Beendigung des Beschäftigungsverhältnisses, des Namens, Vornamens und der Staatsangehörigkeit des Ausländers innerhalb von zwei Wochen ab Kenntnis der zuständigen Ausländerbehörde schriftlich oder elektronisch mitzuteilen. [4]§ 82 Absatz 6 gilt entsprechend.

(4) Eine Duldung nach Absatz 1 kann unbeachtlich des Absatzes 1 Nummer 1 erteilt werden, wenn der Ausländer die erforderlichen und ihm zumutbaren Maßnahmen für die Identitätsklärung ergriffen hat.

(5) § 60a bleibt im Übrigen unberührt.

§ 61 Räumliche Beschränkung, Wohnsitzauflage, Ausreiseeinrichtungen

(1) [1]Der Aufenthalt eines vollziehbar ausreisepflichtigen Ausländers ist räumlich auf das Gebiet des Landes beschränkt. [2]Von der räumlichen Beschränkung nach Satz 1 kann abgewichen werden, wenn der Ausländer zur Ausübung einer Beschäftigung ohne Prüfung nach § 39 Abs. 2 Satz 1 Nr. 1 berechtigt ist oder wenn dies zum Zwecke des Schulbesuchs, der betrieblichen Aus- und Weiterbildung oder des Studiums an einer staatlichen oder staatlich anerkannten Hochschule oder vergleichbaren Ausbildungseinrichtung erforderlich ist. [3]Das Gleiche gilt, wenn dies der Aufrechterhaltung der Familieneinheit dient.

(1a) [1]In den Fällen des § 60a Abs. 2a wird der Aufenthalt auf den Bezirk der zuletzt zuständigen Ausländerbehörde im Inland beschränkt. [2]Der Ausländer muss sich nach der Einreise unverzüglich dorthin begeben. [3]Ist eine solche Behörde nicht feststellbar, gilt § 15a entsprechend.

(1b) Die räumliche Beschränkung nach den Absätzen 1 und 1a erlischt, wenn sich der Ausländer seit drei Monaten ununterbrochen erlaubt, geduldet oder gestattet im Bundesgebiet aufhält.

(1c) [1]Eine räumliche Beschränkung des Aufenthalts eines vollziehbar ausreisepflichtigen Ausländers kann unabhängig von den Absätzen 1 bis 1b angeordnet werden, wenn

1. der Ausländer wegen einer Straftat, mit Ausnahme solcher Straftaten, deren Tatbestand nur von Ausländern verwirklicht werden kann, rechtskräftig verurteilt worden ist,

2. Tatsachen die Schlussfolgerung rechtfertigen, dass der Ausländer gegen Vorschriften des Betäubungsmittelgesetzes verstoßen hat, oder

3. konkrete Maßnahmen zur Aufenthaltsbeendigung gegen den Ausländer bevorstehen.

[2]Eine räumliche Beschränkung auf den Bezirk der Ausländerbehörde soll angeordnet werden, wenn der Ausländer die der Abschiebung entgegenstehenden Gründe durch vorsätzlich falsche Angaben oder durch eigene Täuschung über seine Identität oder Staatsangehörigkeit selbst herbeiführt oder zumutbare Anforderungen an die Mitwirkung bei der Beseitigung von Ausreisehindernissen nicht erfüllt.

(1d) [1]Ein vollziehbar ausreisepflichtiger Ausländer, dessen Lebensunterhalt nicht gesichert ist, ist verpflichtet, an einem bestimmten Ort seinen gewöhnlichen Aufenthalt zu nehmen (Wohnsitzauflage). [2]Soweit die Ausländerbehörde nichts anderes angeordnet hat, ist das der Wohnort, an dem der Ausländer zum Zeitpunkt der Entscheidung über die vorübergehende Aussetzung der Abschiebung gewohnt hat. [3]Die Ausländerbehörde kann die Wohnsitzauflage von Amts wegen oder auf Antrag des Ausländers ändern; hierbei sind die Haushaltsgemeinschaft von Familienangehörigen oder sonstige humanitäre Gründe von vergleichbarem Gewicht zu berücksichtigen. [4]Der Ausländer kann den durch die Wohnsitzauflage festgelegten Ort ohne Erlaubnis vorübergehend verlassen.

(1e) [1]Auflagen können zur Sicherung und Durchsetzung der vollziehbaren Ausreisepflicht angeordnet werden, wenn konkrete Maßnahmen der Aufenthaltsbeendigung unmittelbar bevorstehen. [2]Insbesondere kann ein Ausländer verpflichtet werden, sich einmal wöchentlich oder in einem längeren Intervall bei der für den Aufenthaltsort des Ausländers zuständigen Ausländerbehörde zu melden.

(1f) Weitere Bedingungen und Auflagen können angeordnet werden.

(2) [1]Die Länder können Ausreiseeinrichtungen für vollziehbar ausreisepflichtige Ausländer schaffen. [2]In den Ausreiseeinrichtungen soll durch Betreuung und Beratung die Bereitschaft zur freiwilligen Ausreise gefördert und die Erreichbarkeit für Behörden und Gerichte sowie die Durchführung der Ausreise gesichert werden.

§ 62 Abschiebungshaft

(1) [1]Die Abschiebungshaft ist unzulässig, wenn der Zweck der Haft durch ein milderes Mittel erreicht werden kann. [2]Die Inhaftnahme ist auf die kürzest mögliche Dauer zu beschränken. [3]Minderjährige und Familien mit Minderjährigen dürfen nur in besonderen Ausnahmefällen und nur so lange in Abschiebungshaft genommen werden, wie es unter Berücksichtigung des Kindeswohls angemessen ist.

(2) [1]Ein Ausländer ist zur Vorbereitung der Ausweisung oder der Abschiebungsanordnung nach § 58a auf richterliche Anordnung in Haft zu nehmen, wenn über die Ausweisung oder die Abschiebungsanordnung nach § 58a nicht sofort entschieden werden kann und die Abschiebung ohne die Inhaftnahme wesentlich erschwert oder vereitelt würde (Vorbereitungshaft). [2]Die Dauer der Vorbereitungshaft soll sechs Wochen nicht überschreiten. [3]Im Falle der Ausweisung bedarf es für die Fortdauer der Haft bis zum Ablauf der angeordneten Haftdauer keiner erneuten richterlichen Anordnung.

(3) [1]Ein Ausländer ist zur Sicherung der Abschiebung auf richterliche Anordnung in Haft zu nehmen (Sicherungshaft), wenn
1. Fluchtgefahr besteht,
2. der Ausländer auf Grund einer unerlaubten Einreise vollziehbar ausreisepflichtig ist oder
3. eine Abschiebungsanordnung nach § 58a ergangen ist, diese aber nicht unmittelbar vollzogen werden kann.

[2]Von der Anordnung der Sicherungshaft nach Satz 1 Nummer 2 kann ausnahmsweise abgesehen werden, wenn der Ausländer glaubhaft macht, dass er sich der Abschiebung nicht entziehen will. [3]Die Sicherungshaft ist unzulässig, wenn feststeht, dass aus Gründen, die der Ausländer nicht zu vertreten hat, die Abschiebung nicht innerhalb der nächsten drei Monate durchgeführt werden kann. [4]Abweichend von Satz 3 ist die Sicherungshaft bei einem Ausländer, von dem eine erhebliche Gefahr für Leib und Leben Dritter oder bedeutende Rechtsgüter der inneren Sicherheit ausgeht, auch dann zulässig, wenn die Abschiebung nicht innerhalb der nächsten drei Monate durchgeführt werden kann.

(3a) Fluchtgefahr im Sinne von Absatz 3 Satz 1 Nummer 1 wird widerleglich vermutet, wenn
1. der Ausländer gegenüber den mit der Ausführung dieses Gesetzes betrauten Behörden über seine Identität täuscht oder in einer für ein Abschiebungshindernis erheblichen Weise und in zeitlichem Zusammenhang mit der Abschiebung getäuscht hat und die Angabe nicht selbst berichtigt hat, insbesondere durch Unterdrückung oder Vernichtung von Identitäts- oder Reisedokumenten oder das Vorgeben einer falschen Identität,
2. der Ausländer unentschuldigt zur Durchführung einer Anhörung oder ärztlichen Untersuchung nach § 82 Absatz 4 Satz 1 nicht an dem von der Ausländerbehörde angegebenen Ort angetroffen wurde, sofern der Ausländer bei der Ankündigung des Termins auf die Möglichkeit seiner Inhaftnahme im Falle des Nichtantreffens hingewiesen wurde,

3. die Ausreisefrist abgelaufen ist und der Ausländer seinen Aufenthaltsort trotz Hinweises auf die Anzeigepflicht gewechselt hat, ohne der zuständigen Behörde eine Anschrift anzugeben, unter der er erreichbar ist,
4. der Ausländer sich entgegen § 11 Absatz 1 Satz 2 im Bundesgebiet aufhält und er keine Betretenserlaubnis nach § 11 Absatz 8 besitzt,
5. der Ausländer sich bereits in der Vergangenheit der Abschiebung entzogen hat oder
6. der Ausländer ausdrücklich erklärt hat, dass er sich der Abschiebung entziehen will.

(3b) Konkrete Anhaltspunkte für Fluchtgefahr im Sinne von Absatz 3 Satz 1 Nummer 1 können sein:
1. der Ausländer hat gegenüber den mit der Ausführung dieses Gesetzes betrauten Behörden über seine Identität in einer für ein Abschiebungshindernis erheblichen Weise getäuscht und hat die Angabe nicht selbst berichtigt, insbesondere durch Unterdrückung oder Vernichtung von Identitäts- oder Reisedokumenten oder das Vorgeben einer falschen Identität,
2. der Ausländer hat zu seiner unerlaubten Einreise erhebliche Geldbeträge, insbesondere an einen Dritten für dessen Handlung nach § 96, aufgewandt, die nach den Umständen derart maßgeblich sind, dass daraus geschlossen werden kann, dass er die Abschiebung verhindern wird, damit die Aufwendungen nicht vergeblich waren,
3. von dem Ausländer geht eine erhebliche Gefahr für Leib und Leben Dritter oder bedeutende Rechtsgüter der inneren Sicherheit aus,
4. der Ausländer ist wiederholt wegen vorsätzlicher Straftaten rechtskräftig zu mindestens einer Freiheitsstrafe verurteilt worden,
5. der Ausländer hat die Passbeschaffungspflicht nach § 60b Absatz 3 Satz 1 Nummer 1, 2 und 6 nicht erfüllt oder der Ausländer hat andere als die in Absatz 3a Nummer 2 genannten gesetzlichen Mitwirkungshandlungen zur Feststellung der Identität, insbesondere die ihm nach § 48 Absatz 3 Satz 1 obliegenden Mitwirkungshandlungen, verweigert oder unterlassen und wurde vorher auf die Möglichkeit seiner Inhaftnahme im Falle der Nichterfüllung der Passersatzbeschaffungspflicht nach § 60b Absatz 3 Satz 1 Nummer 1, 2 und 6 oder der Verweigerung oder Unterlassung der Mitwirkungshandlung hingewiesen,
6. der Ausländer hat nach Ablauf der Ausreisefrist wiederholt gegen eine Pflicht nach § 61 Absatz 1 Satz 1, Absatz 1a, 1c Satz 1 Nummer 3 oder Satz 2 verstoßen oder eine zur Sicherung und Durchsetzung der Ausreisepflicht verhängte Auflage nach § 61 Absatz 1e nicht erfüllt,
7. der Ausländer, der erlaubt eingereist und vollziehbar ausreisepflichtig geworden ist, ist dem behördlichen Zugriff entzogen, weil er keinen Aufenthaltsort hat, an dem er sich überwiegend aufhält.

(4) ¹Die Sicherungshaft kann bis zu sechs Monaten angeordnet werden. ²Sie kann in Fällen, in denen die Abschiebung aus von dem Ausländer zu vertretenden Gründen nicht vollzogen werden kann, um höchstens zwölf Monate verlängert werden. ³Eine Verlängerung um höchstens zwölf Monate ist auch möglich, soweit die Haft auf der Grundlage des Absatzes 3 Satz 1 Nummer 3 angeordnet worden ist und sich die Übermittlung der für die Abschiebung erforderlichen Unterlagen oder Dokumente durch den zur Aufnahme verpflichteten oder bereiten Drittstaat verzögert. ⁴Die Gesamtdauer der Sicherungshaft darf 18 Monate nicht überschreiten. ⁵Eine Vorbereitungshaft ist auf die Gesamtdauer der Sicherungshaft anzurechnen.

(4a) Ist die Abschiebung gescheitert, bleibt die Anordnung bis zum Ablauf der Anordnungsfrist unberührt, sofern die Voraussetzungen für die Haftanordnung unverändert fortbestehen.

(5) ¹Die für den Haftantrag zuständige Behörde kann einen Ausländer ohne vorherige richterliche Anordnung festhalten und vorläufig in Gewahrsam nehmen, wenn
1. der dringende Verdacht für das Vorliegen der Voraussetzungen nach Absatz 3 Satz 1 besteht,
2. die richterliche Entscheidung über die Anordnung der Sicherungshaft nicht vorher eingeholt werden kann und
3. der begründete Verdacht vorliegt, dass sich der Ausländer der Anordnung der Sicherungshaft entziehen will.
²Der Ausländer ist unverzüglich dem Richter zur Entscheidung über die Anordnung der Sicherungshaft vorzuführen.

(6) ¹Ein Ausländer kann auf richterliche Anordnung zum Zwecke der Abschiebung für die Dauer von längstens 14 Tagen zur Durchführung einer Anordnung nach § 82 Absatz 4 Satz 1, bei den Vertretungen oder ermächtigten Bediensteten des Staates, dessen Staatsangehörigkeit er vermutlich besitzt, persönlich zu erscheinen, oder eine ärztliche Untersuchung zur Feststellung seiner Reisefähigkeit durchführen zu lassen, in Haft genommen werden, wenn er

1. einer solchen erstmaligen Anordnung oder
2. einer Anordnung nach § 82 Absatz 4 Satz 1, zu einem Termin bei der zuständigen Behörde persönlich zu erscheinen,

unentschuldigt ferngeblieben ist und der Ausländer zuvor auf die Möglichkeit einer Inhaftnahme hingewiesen wurde (Mitwirkungshaft). [2]Eine Verlängerung der Mitwirkungshaft ist nicht möglich. [3]Eine Mitwirkungshaft ist auf die Gesamtdauer der Sicherungshaft anzurechnen. [4]§ 62a Absatz 1 findet entsprechende Anwendung.

§ 62a Vollzug der Abschiebungshaft

(1) [1]Abschiebungsgefangene sind getrennt von Strafgefangenen unterzubringen. [2]Werden mehrere Angehörige einer Familie inhaftiert, so sind diese getrennt von den übrigen Abschiebungsgefangenen unterzubringen. [3]Ihnen ist ein angemessenes Maß an Privatsphäre zu gewährleisten.

(2) Den Abschiebungsgefangenen wird gestattet, mit Rechtsvertretern, Familienangehörigen, den zuständigen Konsularbehörden und einschlägig tätigen Hilfs- und Unterstützungsorganisationen Kontakt aufzunehmen.

(3) [1]Bei minderjährigen Abschiebungsgefangenen sind unter Beachtung der Maßgaben in Artikel 17 der Richtlinie 2008/115/EG des Europäischen Parlaments und des Rates vom 16. Dezember 2008 über gemeinsame Normen und Verfahren in den Mitgliedstaaten zur Rückführung illegal aufhältiger Drittstaatsangehöriger (ABl. L 348 vom 24.12.2008, S. 98) alterstypische Belange zu berücksichtigen. [2]Der Situation schutzbedürftiger Personen ist besondere Aufmerksamkeit zu widmen.

(4) Mitarbeitern von einschlägig tätigen Hilfs- und Unterstützungsorganisationen soll auf Antrag gestattet werden, Abschiebungsgefangene zu besuchen.

(5) Abschiebungsgefangene sind über ihre Rechte und Pflichten und über die in der Einrichtung geltenden Regeln zu informieren.

§ 62b Ausreisegewahrsam

(1) [1]Unabhängig von den Voraussetzungen der Sicherungshaft nach § 62 Absatz 3, insbesondere vom Vorliegen der Fluchtgefahr, kann ein Ausländer zur Sicherung der Durchführbarkeit der Abschiebung auf richterliche Anordnung bis zu zehn Tage in Gewahrsam genommen werden, wenn

1. die Ausreisefrist abgelaufen ist, es sei denn, der Ausländer ist unverschuldet an der Ausreise gehindert oder die Überschreitung der Ausreisefrist ist nicht erheblich,
2. feststeht, dass die Abschiebung innerhalb dieser Frist durchgeführt werden kann und
3. der Ausländer ein Verhalten gezeigt hat, das erwarten lässt, dass er die Abschiebung erschweren oder vereiteln wird. Das wird vermutet, wenn er
 a) seine gesetzlichen Mitwirkungspflichten verletzt hat,
 b) über seine Identität oder Staatsangehörigkeit getäuscht hat,
 c) wegen einer im Bundesgebiet begangenen vorsätzlichen Straftat verurteilt wurde, wobei Geldstrafen von insgesamt bis zu 50 Tagessätzen außer Betracht bleiben oder
 d) die Frist zur Ausreise um mehr als 30 Tage überschritten hat.

[2]Von der Anordnung des Ausreisegewahrsams ist abzusehen, wenn der Ausländer glaubhaft macht oder wenn offensichtlich ist, dass er sich der Abschiebung nicht entziehen will.

(2) Der Ausreisegewahrsam wird im Transitbereich eines Flughafens oder in einer Unterkunft, von der aus die Ausreise des Ausländers ohne Zurücklegen einer größeren Entfernung zu einer Grenzübergangsstelle möglich ist, vollzogen.

(3) § 62 Absatz 1 und 4a sowie § 62a finden entsprechend Anwendung.

(4) [1]Die für den Antrag nach Absatz 1 zuständige Behörde kann einen Ausländer ohne vorherige richterliche Anordnung festhalten und vorläufig in Gewahrsam nehmen, wenn

1. der dringende Verdacht für das Vorliegen der Voraussetzungen nach Absatz 1 Satz 1 besteht,
2. die richterliche Entscheidung über die Anordnung des Ausreisegewahrsams nach Absatz 1 nicht vorher eingeholt werden kann und
3. der begründete Verdacht vorliegt, dass sich der Ausländer der Anordnung des Ausreisegewahrsams entziehen will.

[2]Der Ausländer ist unverzüglich dem Richter zur Entscheidung über die Anordnung des Ausreisegewahrsams vorzuführen.

Kapitel 6
Haftung und Gebühren

§ 63 Pflichten der Beförderungsunternehmer

(1) Ein Beförderungsunternehmer darf Ausländer nur in das Bundesgebiet befördern, wenn sie im Besitz eines erforderlichen Passes und eines erforderlichen Aufenthaltstitels sind.

(2) [1]Das Bundesministerium des Innern, für Bau und Heimat oder die von ihm bestimmte Stelle kann im Einvernehmen mit dem Bundesministerium für Verkehr und digitale Infrastruktur einem Beförderungsunternehmer untersagen, Ausländer entgegen Absatz 1 in das Bundesgebiet zu befördern und für den Fall der Zuwiderhandlung ein Zwangsgeld androhen. [2]Widerspruch und Klage haben keine aufschiebende Wirkung; dies gilt auch hinsichtlich der Festsetzung des Zwangsgeldes.

(3) [1]Das Zwangsgeld gegen den Beförderungsunternehmer beträgt für jeden Ausländer, den er einer Verfügung nach Absatz 2 zuwider befördert, mindestens 1 000 und höchstens 5 000 Euro. [2]Das Zwangsgeld kann durch das Bundesministerium des Innern, für Bau und Heimat oder die von ihm bestimmte Stelle festgesetzt und beigetrieben werden.

(4) Das Bundesministerium des Innern, für Bau und Heimat oder die von ihm bestimmte Stelle kann mit Beförderungsunternehmern Regelungen zur Umsetzung der in Absatz 1 genannten Pflicht vereinbaren.

§ 64 Rückbeförderungspflicht der Beförderungsunternehmer

(1) Wird ein Ausländer zurückgewiesen, so hat ihn der Beförderungsunternehmer, der ihn an die Grenze befördert hat, unverzüglich außer Landes zu bringen.

(2) [1]Die Verpflichtung nach Absatz 1 besteht für die Dauer von drei Jahren hinsichtlich der Ausländer, die ohne erforderlichen Pass, Passersatz oder erforderlichen Aufenthaltstitel in das Bundesgebiet befördert werden und die bei der Einreise nicht zurückgewiesen werden, weil sie sich auf politische Verfolgung, Verfolgung im Sinne des § 3 Absatz 1 des Asylgesetzes oder die Gefahr eines ernsthaften Schadens im Sinne des § 4 Absatz 1 des Asylgesetzes oder die in § 60 Abs. 2, 3, 5 oder Abs. 7 bezeichneten Umstände berufen. [2]Dies erlischt, wenn dem Ausländer ein Aufenthaltstitel nach diesem Gesetz erteilt wird.

(3) Der Beförderungsunternehmer hat den Ausländer auf Verlangen der mit der polizeilichen Kontrolle des grenzüberschreitenden Verkehrs beauftragten Behörden in den Staat, der das Reisedokument ausgestellt hat oder aus dem er befördert wurde, oder in einen sonstigen Staat zu bringen, in dem seine Einreise gewährleistet ist.

§ 65 Pflichten der Flughafenunternehmer

Der Unternehmer eines Verkehrsflughafens ist verpflichtet, auf dem Flughafengelände geeignete Unterkünfte zur Unterbringung von Ausländern, die nicht im Besitz eines erforderlichen Passes oder eines erforderlichen Visums sind, bis zum Vollzug der grenzpolizeilichen Entscheidung über die Einreise bereitzustellen.

§ 66 Kostenschuldner; Sicherheitsleistung

(1) Kosten, die durch die Durchsetzung einer räumlichen Beschränkung, die Zurückweisung, Zurückschiebung oder Abschiebung entstehen, hat der Ausländer zu tragen.

(2) Neben dem Ausländer haftet für die in Absatz 1 bezeichneten Kosten, wer sich gegenüber der Ausländerbehörde oder der Auslandsvertretung verpflichtet hat, für die Ausreisekosten des Ausländers aufzukommen.

(3) [1]In den Fällen des § 64 Abs. 1 und 2 haftet der Beförderungsunternehmer neben dem Ausländer für die Kosten der Rückbeförderung des Ausländers und für die Kosten, die von der Ankunft des Ausländers an der Grenzübergangsstelle bis zum Vollzug der Entscheidung über die Einreise entstehen. [2]Ein Beförderungsunternehmer, der schuldhaft einer Verfügung nach § 63 Abs. 2 zuwiderhandelt, haftet neben dem Ausländer für sonstige Kosten, die in den Fällen des § 64 Abs. 1 durch die Zurückweisung und in den Fällen des § 64 Abs. 2 durch die Abschiebung entstehen.

(4) [1]Für die Kosten der Abschiebung oder Zurückschiebung haftet:

1. wer als Arbeitgeber den Ausländer als Arbeitnehmer beschäftigt hat, dem die Ausübung der Erwerbstätigkeit nach den Vorschriften dieses Gesetzes nicht erlaubt war;

2. ein Unternehmer, für den ein Arbeitgeber als unmittelbarer Auftragnehmer Leistungen erbracht hat, wenn ihm bekannt war oder er bei Beachtung der im Verkehr erforderlichen Sorgfalt hätte erkennen müssen, dass der Arbeitgeber für die Erbringung der Leistung den Ausländer als Arbeitnehmer eingesetzt hat, dem die Ausübung der Erwerbstätigkeit nach den Vorschriften dieses Gesetzes nicht erlaubt war;

3. wer als Generalunternehmer oder zwischengeschalteter Unternehmer ohne unmittelbare vertragliche Beziehungen zu dem Arbeitgeber Kenntnis von der Beschäftigung des Ausländers hat, dem die Ausübung der Erwerbstätigkeit nach den Vorschriften dieses Gesetzes nicht erlaubt war;

4. wer eine nach § 96 strafbare Handlung begeht;

5. der Ausländer, soweit die Kosten von den anderen Kostenschuldnern nicht beigetrieben werden können.

[2]Die in Satz 1 Nummer 1 bis 4 genannten Personen haften als Gesamtschuldner im Sinne von § 421 des Bürgerlichen Gesetzbuchs.

(4a) Die Haftung nach Absatz 4 Nummer 1 entfällt, wenn der Arbeitgeber seinen Verpflichtungen nach § 4a Absatz 5 sowie seiner Meldepflicht nach § 28a des Vierten Buches Sozialgesetzbuch in Verbindung mit den §§ 6, 7 und 13 der Datenerfassungs- und -übermittlungsverordnung oder nach § 18 des Arbeitnehmer-Entsendegesetzes nachgekommen ist, es sei denn, er hatte Kenntnis davon, dass der Aufenthaltstitel oder die Bescheinigung über die Aufenthaltsgestattung oder die Aussetzung der Abschiebung des Ausländers gefälscht war.

(5) [1]Von dem Kostenschuldner kann eine Sicherheitsleistung verlangt werden. [2]Die Anordnung einer Sicherheitsleistung des Ausländers oder des Kostenschuldners nach Absatz 4 Satz 1 und 2 kann von der Behörde, die sie erlassen hat, ohne vorherige Vollstreckungsanordnung und Fristsetzung vollstreckt werden, wenn andernfalls die Erhebung gefährdet wäre. [3]Zur Sicherung der Ausreisekosten können Rückflugscheine und sonstige Fahrausweise beschlagnahmt werden, die im Besitz eines Ausländers sind, der zurückgewiesen, zurückgeschoben, ausgewiesen oder abgeschoben werden soll oder dem Einreise und Aufenthalt nur wegen der Stellung eines Asylantrages gestattet wird.

§ 67 Umfang der Kostenhaftung

(1) Die Kosten der Abschiebung, Zurückschiebung, Zurückweisung und der Durchsetzung einer räumlichen Beschränkung umfassen

1. die Beförderungs- und sonstigen Reisekosten für den Ausländer innerhalb des Bundesgebiets und bis zum Zielort außerhalb des Bundesgebiets,

2. die bei der Vorbereitung und Durchführung der Maßnahme entstehenden Verwaltungskosten einschließlich der Kosten für die Abschiebungshaft und der Übersetzungs- und Dolmetscherkosten und die Ausgaben für die Unterbringung, Verpflegung und sonstige Versorgung des Ausländers sowie

3. sämtliche durch eine erforderliche Begleitung des Ausländers entstehenden Kosten einschließlich der Personalkosten.

(2) Die Kosten, für die der Beförderungsunternehmer nach § 66 Abs. 3 Satz 1 haftet, umfassen

1. die in Absatz 1 Nr. 1 bezeichneten Kosten,

2. die bis zum Vollzug der Entscheidung über die Einreise entstehenden Verwaltungskosten und Ausgaben für die Unterbringung, Verpflegung und sonstige Versorgung des Ausländers und Übersetzungs- und Dolmetscherkosten und

3. die in Absatz 1 Nr. 3 bezeichneten Kosten, soweit der Beförderungsunternehmer nicht selbst die erforderliche Begleitung des Ausländers übernimmt.

(3) [1]Die in den Absätzen 1 und 2 genannten Kosten werden von der nach § 71 zuständigen Behörde durch Leistungsbescheid in Höhe der tatsächlich entstandenen Kosten erhoben. [2]Hinsichtlich der Berechnung der Personalkosten gelten die allgemeinen Grundsätze zur Berechnung von Personalkosten der öffentlichen Hand.

§ 68 Haftung für Lebensunterhalt

(1) [1]Wer sich der Ausländerbehörde oder einer Auslandsvertretung gegenüber verpflichtet hat, die Kosten für den Lebensunterhalt eines Ausländers zu tragen, hat für einen Zeitraum von fünf Jahren sämtliche öffentlichen Mittel zu erstatten, die für den Lebensunterhalt des Ausländers einschließlich der Versorgung mit Wohnraum sowie der Versorgung im Krankheitsfalle und bei Pflegebedürftigkeit aufgewendet werden, auch soweit die Aufwendungen auf einem gesetzlichen Anspruch des Ausländers beruhen. [2]Aufwendungen, die auf einer Beitragsleistung beruhen, sind nicht zu erstatten. [3]Der Zeitraum nach Satz 1 beginnt mit der durch die Verpflichtungserklärung ermöglichten Einreise des Ausländers. [4]Die Verpflichtungserklärung erlischt vor Ablauf des Zeitraums von fünf Jahren ab Einreise des Ausländers nicht durch Erteilung eines Aufenthaltstitels nach Abschnitt 5 des Kapitels 2 oder durch Anerkennung nach § 3 oder § 4 des Asylgesetzes.

(2) [1]Die Verpflichtung nach Absatz 1 Satz 1 bedarf der Schriftform. [2]Sie ist nach Maßgabe des Verwaltungsvollstreckungsgesetzes vollstreckbar. [3]Der Erstattungsanspruch steht der öffentlichen Stelle zu, die die öffentlichen Mittel aufgewendet hat.

(3) Die Auslandsvertretung unterrichtet unverzüglich die Ausländerbehörde über eine Verpflichtung nach Absatz 1 Satz 1.

(4) ¹Die Ausländerbehörde unterrichtet, wenn sie Kenntnis von der Aufwendung nach Absatz 1 zu erstattender öffentlicher Mittel erlangt, unverzüglich die öffentliche Stelle, der der Erstattungsanspruch zusteht, über die Verpflichtung nach Absatz 1 Satz 1 und erteilt ihr alle für die Geltendmachung und Durchsetzung des Erstattungsanspruchs erforderlichen Auskünfte. ²Der Empfänger darf die Daten nur zum Zweck der Erstattung der für den Ausländer aufgewendeten öffentlichen Mittel sowie der Versagung weiterer Leistungen verarbeiten.

§ 68a Übergangsvorschrift zu Verpflichtungserklärungen

¹§ 68 Absatz 1 Satz 1 bis 3 gilt auch für vor dem 6. August 2016 abgegebene Verpflichtungserklärungen, jedoch mit der Maßgabe, dass an die Stelle des Zeitraums von fünf Jahren ein Zeitraum von drei Jahren tritt. ²Sofern die Frist nach Satz 1 zum 6. August 2016 bereits abgelaufen ist, endet die Verpflichtung zur Erstattung öffentlicher Mittel mit Ablauf des 31. August 2016.

§ 69 Gebühren

(1) ¹Für individuell zurechenbare öffentliche Leistungen nach diesem Gesetz und den zur Durchführung dieses Gesetzes erlassenen Rechtsverordnungen werden Gebühren und Auslagen erhoben. ²Die Gebührenfestsetzung kann auch mündlich erfolgen. ³Satz 1 gilt nicht für individuell zurechenbare öffentliche Leistungen der Bundesagentur für Arbeit nach den §§ 39 bis 42. ⁴§ 287 des Dritten Buches Sozialgesetzbuch bleibt unberührt. ⁵Satz 1 gilt zudem nicht für das Mitteilungsverfahren im Zusammenhang mit der kurzfristigen Mobilität von Studenten nach § 16c, von unternehmensintern transferierten Arbeitnehmern nach § 19a und von Forschern nach § 18e.

(2) ¹Die Gebühr soll die mit der individuell zurechenbaren öffentlichen Leistung verbundenen Kosten aller an der Leistung Beteiligten decken. ²In die Gebühr sind die mit der Leistung regelmäßig verbundenen Auslagen einzubeziehen. ³Zur Ermittlung der Gebühr sind die Kosten, die nach betriebswirtschaftlichen Grundsätzen als Einzel- und Gemeinkosten zurechenbar und ansatzfähig sind, insbesondere Personal- und Sachkosten sowie kalkulatorische Kosten, zu Grunde zu legen. ⁴Zu den Gemeinkosten zählen auch die Kosten der Rechts- und Fachaufsicht. ⁵Grundlage der Gebührenermittlung nach den Sätzen 1 bis 4 sind die in der Gesamtheit der Länder und des Bundes mit der jeweiligen Leistung verbundenen Kosten.

(3) ¹Die Bundesregierung bestimmt durch Rechtsverordnung mit Zustimmung des Bundesrates die gebührenpflichtigen Tatbestände und die Gebührensätze sowie Gebührenbefreiungen und -ermäßigungen, insbesondere für Fälle der Bedürftigkeit. ²Soweit dieses Gesetz keine abweichenden Vorschriften enthält, finden § 3 Absatz 1 Nummer 1 und 4, Absatz 2 und 4 bis 6, die §§ 4 bis 7 Nummer 1 bis 10, die §§ 8, 9 Absatz 3, die §§ 10 bis 12 Absatz 1 Satz 1 und Absatz 3 sowie die §§ 13 bis 21 des Bundesgebührengesetzes vom 7. August 2013 (BGBl. I S. 3154) in der jeweils geltenden Fassung entsprechende Anwendung.

(4) ¹Abweichend von § 4 Absatz 1 des Bundesgebührengesetzes können die von den Auslandsvertretungen zu erhebenden Gebühren bereits bei Beantragung der individuell zurechenbaren öffentlichen Leistung erhoben werden. ²Für die von den Auslandsvertretungen zu erhebenden Gebühren legt das Auswärtige Amt fest, ob die Erhebung bei den jeweiligen Auslandsvertretungen in Euro, zum Gegenwert in Landeswährung oder in einer Drittwährung erfolgt. ³Je nach allgemeiner Verfügbarkeit von Einheiten der festgelegten Währung kann eine Rundung auf die nächste verfügbare Einheit erfolgen.

(5) Die in der Rechtsverordnung bestimmten Gebühren dürfen folgende Höchstsätze nicht übersteigen:

1. für die Erteilung einer Aufenthaltserlaubnis: 140 Euro,
1a. für die Erteilung einer Blauen Karte EU: 140 Euro,
1b. für die Erteilung einer ICT-Karte: 140 Euro,
1c. für die Erteilung einer Mobiler-ICT-Karte: 100 Euro,
2. für die Erteilung einer Niederlassungserlaubnis: 200 Euro,
2a. für die Erteilung einer Erlaubnis zum Daueraufenthalt – EU: 200 Euro,
3. für die Verlängerung einer Aufenthaltserlaubnis, einer Blauen Karte EU oder einer ICT-Karte: 100 Euro,
3a. für die Verlängerung einer Mobiler-ICT-Karte: 80 Euro,
4. für die Erteilung eines nationalen Visums und die Ausstellung eines Passersatzes und eines Ausweisersatzes: 100 Euro,
5. für die Anerkennung einer Forschungseinrichtung zum Abschluss von Aufnahmevereinbarungen oder einem entsprechenden Vertrag nach § 18d: 220 Euro,
6. für sonstige individuell zurechenbare öffentliche Leistungen: 80 Euro,
7. für individuell zurechenbare öffentliche Leistungen zu Gunsten Minderjähriger: die Hälfte der für die öffentliche Leistung bestimmten Gebühr,

8. für die Neuausstellung eines Dokuments nach § 78 Absatz 1, die auf Grund einer Änderung der Angaben nach § 78 Absatz 1 Satz 3, auf Grund des Ablaufs der technischen Kartennutzungsdauer, auf Grund des Verlustes des Dokuments oder auf Grund des Verlustes der technischen Funktionsfähigkeit des Dokuments notwendig wird: 70 Euro,

9. für die Aufhebung, Verkürzung oder Verlängerung der Befristung eines Einreise- und Aufenthaltsverbotes: 200 Euro.

(6) [1]Für die Erteilung eines nationalen Visums und eines Passersatzes an der Grenze darf ein Zuschlag von höchstens 25 Euro erhoben werden. [2]Für eine auf Wunsch des Antragstellers außerhalb der Dienstzeit vorgenommene individuell zurechenbare öffentliche Leistung darf ein Zuschlag von höchstens 30 Euro erhoben werden. [3]Gebührenzuschläge können auch für die individuell zurechenbaren öffentlichen Leistungen gegenüber einem Staatsangehörigen festgesetzt werden, dessen Heimatstaat von Deutschen für entsprechende öffentliche Leistungen höhere Gebühren als die nach Absatz 3 festgesetzten Gebühren erhebt. [4]Die Sätze 2 und 3 gelten nicht für die Erteilung oder Verlängerung eines Schengen-Visums. [5]Bei der Festsetzung von Gebührenzuschlägen können die in Absatz 5 bestimmten Höchstsätze überschritten werden.

(7) [1]Die Rechtsverordnung nach Absatz 3 kann vorsehen, dass für die Beantragung gebührenpflichtiger individuell zurechenbarer öffentlicher Leistungen eine Bearbeitungsgebühr erhoben wird. [2]Die Bearbeitungsgebühr für die Beantragung einer Niederlassungserlaubnis oder einer Erlaubnis zum Daueraufenthalt – EU darf höchstens die Hälfte der für ihre Erteilung zu erhebenden Gebühr betragen. [3]Die Gebühr ist auf die Gebühr für die individuell zurechenbare öffentliche Leistung anzurechnen. [4]Sie wird auch im Falle der Rücknahme des Antrages und der Versagung der beantragten individuell zurechenbaren öffentlichen Leistung nicht zurückgezahlt.

(8) [1]Die Rechtsverordnung nach Absatz 3 kann für die Einlegung eines Widerspruchs Gebühren vorsehen, die höchstens betragen dürfen:

1. für den Widerspruch gegen die Ablehnung eines Antrages auf Vornahme einer gebührenpflichtigen individuell zurechenbaren öffentlichen Leistung: die Hälfte der für diese vorgesehenen Gebühr,

2. für den Widerspruch gegen eine sonstige individuell zurechenbare öffentliche Leistung: 55 Euro.

[2]Soweit der Widerspruch Erfolg hat, ist die Gebühr auf die Gebühr für die vorzunehmende individuell zurechenbare öffentliche Leistung anzurechnen und im Übrigen zurückzuzahlen.

§ 70 Verjährung

(1) Die Ansprüche auf die in § 67 Abs. 1 und 2 genannten Kosten verjähren sechs Jahre nach Eintritt der Fälligkeit.

(2) Die Verjährung von Ansprüchen nach den §§ 66 und 69 wird auch unterbrochen, solange sich der Schuldner nicht im Bundesgebiet aufhält oder sein Aufenthalt im Bundesgebiet deshalb nicht festgestellt werden kann, weil er einer gesetzlichen Meldepflicht oder Anzeigepflicht nicht nachgekommen ist.

Kapitel 7
Verfahrensvorschriften

Abschnitt 1
Zuständigkeiten

§ 71 Zuständigkeit

(1) [1]Für aufenthalts- und passrechtliche Maßnahmen und Entscheidungen nach diesem Gesetz und nach ausländerrechtlichen Bestimmungen in anderen Gesetzen sind die Ausländerbehörden zuständig. [2]Die Landesregierung oder die von ihr bestimmte Stelle kann bestimmen, dass für einzelne Aufgaben nur eine oder mehrere bestimmte Ausländerbehörden zuständig sind. [3]Nach Satz 2 kann durch die zuständigen Stellen der betroffenen Länder auch geregelt werden, dass den Ausländerbehörden eines Landes für die Bezirke von Ausländerbehörden verschiedener Länder Aufgaben zugeordnet werden. [4]Für die Vollziehung von Abschiebungen ist in den Ländern jeweils eine zentral zuständige Stelle zu bestimmen. [5]Die Länder sollen jeweils mindestens eine zentrale Ausländerbehörde einrichten, die bei Visumanträgen nach § 6 zu Zwecken nach den §§ 16a, 16d, 17 Absatz 1, den §§ 18a, 18b, 18c Absatz 3, den §§ 18d, 18f, 19, 19b, 19c und 20 sowie bei Visumanträgen des Ehegatten oder der minderjährigen ledigen Kinder zum Zweck des Familiennachzugs, die in zeitlichem Zusammenhang gestellt werden, die zuständige Ausländerbehörde ist.

(2) [1]Im Ausland sind für Pass- und Visaangelegenheiten die vom Auswärtigen Amt ermächtigten Auslandsvertretungen zuständig. [2]Das Auswärtige Amt wird ermächtigt, durch Rechtsverordnung im Ein-

vernehmen mit dem Bundesministerium des Innern, für Bau und Heimat dem Bundesamt für Auswärtige Angelegenheiten die Entscheidung über Anträge auf Erteilung eines Visums zu übertragen. ³Soweit von dieser Ermächtigung Gebrauch gemacht wird, stehen dem Bundesamt für Auswärtige Angelegenheiten die Befugnisse zur Datenverarbeitung sowie alle sonstigen Aufgaben und Befugnisse einer Auslandsvertretung bei der Erteilung von Visa gemäß Absatz 3 Nummer 3 Buchstabe b sowie gemäß den §§ 54, 66, 68, 69, 72, 72a, 73, 73a, 75, 87, 90c, 91d und 91g zu.

(3) Die mit der polizeilichen Kontrolle des grenzüberschreitenden Verkehrs beauftragten Behörden sind zuständig für

1. die Zurückweisung und die Zurückschiebung an der Grenze, einschließlich der Überstellung von Drittstaatsangehörigen auf Grundlage der Verordnung (EU) Nr. 604/2013, wenn der Ausländer von der Grenzbehörde im grenznahen Raum in unmittelbarem zeitlichen Zusammenhang mit einer unerlaubten Einreise angetroffen wird,

1a. Abschiebungen an der Grenze, sofern der Ausländer bei oder nach der unerlaubten Einreise über eine Grenze im Sinne des Artikels 2 Nummer 1 der Verordnung (EU) 2016/399 (Binnengrenze) aufgegriffen wird,

1b. Abschiebungen an der Grenze, sofern der Ausländer bereits unerlaubt eingereist ist, sich danach weiter fortbewegt hat und in einem anderen Grenzraum oder auf einem als Grenzübergangsstelle zugelassenen oder nicht zugelassenen Flughafen, Flug- oder Landeplatz oder See- oder Binnenhafen aufgegriffen wird,

1c. die Befristung der Wirkungen auf Grund der von ihnen vorgenommenen Ab- und Zurückschiebungen nach § 11 Absatz 2, 4 und 8,

1d. die Rückführungen von Ausländern aus anderen und in andere Staaten; die Zuständigkeit besteht neben derjenigen der in Absatz 1 und in Absatz 5 bestimmten Stellen,

1e. die Beantragung von Haft und die Festnahme, soweit es zur Vornahme der in den Nummern 1 bis 1d bezeichneten Maßnahmen erforderlich ist,

2. die Erteilung eines Visums und die Ausstellung eines Passersatzes nach § 14 Abs. 2 sowie die Aussetzung der Abschiebung nach § 60a Abs. 2a,

3. die Rücknahme und den Widerruf eines nationalen Visums sowie die Entscheidungen nach Artikel 34 der Verordnung (EG) Nr. 810/2009

 a) im Fall der Zurückweisung, Zurückschiebung oder Abschiebung, soweit die Voraussetzungen der Nummer 1a oder 1b erfüllt sind,

 b) auf Ersuchen der Auslandsvertretung, die das Visum erteilt hat, oder

 c) auf Ersuchen der Ausländerbehörde, die der Erteilung des Visums zugestimmt hat, sofern diese ihrer Zustimmung bedurfte,

4. das Ausreiseverbot und die Maßnahmen nach § 66 Abs. 5 an der Grenze,

5. die Prüfung an der Grenze, ob Beförderungsunternehmer und sonstige Dritte die Vorschriften dieses Gesetzes und die auf Grund dieses Gesetzes erlassenen Verordnungen und Anordnungen beachtet haben,

6. sonstige ausländerrechtliche Maßnahmen und Entscheidungen, soweit sich deren Notwendigkeit an der Grenze ergibt und sie vom Bundesministerium des Innern, für Bau und Heimat hierzu allgemein oder im Einzelfall ermächtigt sind,

7. die Beschaffung von Heimreisedokumenten im Wege der Amtshilfe in Einzelfällen für Ausländer,

8. die Erteilung von in Rechtsvorschriften der Europäischen Union vorgesehenen Vermerken und Bescheinigungen vom Datum und Ort der Einreise über die Außengrenze eines Mitgliedstaates, der den Schengen-Besitzstand vollständig anwendet; die Zuständigkeit der Ausländerbehörden oder anderer durch die Länder bestimmter Stellen wird hierdurch nicht ausgeschlossen.

(4) ¹Für die erforderlichen Maßnahmen nach den §§ 48, 48a und 49 Absatz 2 bis 9 sind die Ausländerbehörden, die Polizeivollzugsbehörden der Länder sowie bei Wahrnehmung ihrer gesetzlichen Aufgaben die Bundespolizei und andere mit der polizeilichen Kontrolle des grenzüberschreitenden Verkehrs beauftragte Behörden zuständig. ²In den Fällen des § 49 Abs. 4 sind auch die Behörden zuständig, die die Verteilung nach § 15a veranlassen. ³In den Fällen des § 49 Absatz 5 Nummer 5 und 6 sind die vom Auswärtigen Amt ermächtigten Auslandsvertretungen zuständig. ⁴In den Fällen des § 49 Absatz 8 und 9 sind auch die Aufnahmeeinrichtungen im Sinne des § 44 des Asylgesetzes und die Außenstellen des Bundesamtes für Migration und Flüchtlinge befugt, bei Tätigwerden in Amtshilfe die erkennungsdienstlichen Maßnahmen bei ausländischen Kindern oder Jugendlichen, die unbegleitet in das Bundesgebiet eingereist sind, vorzunehmen; diese Maßnahmen sollen im Beisein des zuvor zur vorläufigen Inobhutnahme verständigten Jugendamtes und in kindgerechter Weise durchgeführt werden.

(5) Für die Zurückschiebung sowie die Durchsetzung der Verlassenspflicht des § 12 Abs. 3 und die Durchführung der Abschiebung und, soweit es zur Vorbereitung und Sicherung dieser Maßnahmen erforderlich ist, die Festnahme und Beantragung der Haft sind auch die Polizeien der Länder zuständig.

(6) Das Bundesministerium des Innern, für Bau und Heimat oder die von ihm bestimmte Stelle entscheidet im Benehmen mit dem Auswärtigen Amt über die Anerkennung von Pässen und Passersatzpapieren (§ 3 Abs. 1); die Entscheidungen ergehen als Allgemeinverfügung und können im Bundesanzeiger bekannt gegeben werden.

§ 71a Zuständigkeit und Unterrichtung

(1) [1]Verwaltungsbehörden im Sinne des § 36 Abs. 1 Nr. 1 des Gesetzes über Ordnungswidrigkeiten sind in den Fällen des § 98 Absatz 2a Nummer 1 und Absatz 3 Nummer 1 die Behörden der Zollverwaltung. [2]Sie arbeiten bei der Verfolgung und Ahndung mit den in § 2 Absatz 4 des Schwarzarbeitsbekämpfungsgesetzes genannten Behörden zusammen.

(2) [1]Die Behörden der Zollverwaltung unterrichten das Gewerbezentralregister über ihre einzutragenden rechtskräftigen Bußgeldbescheide nach § 98 Absatz 2a Nummer 1 und Absatz 3 Nummer 1. [2]Dies gilt nur, sofern die Geldbuße mehr als 200 Euro beträgt.

(3) [1]Gerichte, Strafverfolgungs- und Strafvollstreckungsbehörden sollen den Behörden der Zollverwaltung Erkenntnisse aus sonstigen Verfahren, die aus ihrer Sicht zur Verfolgung von Ordnungswidrigkeiten nach § 98 Absatz 2a Nummer 1 und Absatz 3 Nummer 1 erforderlich sind, übermitteln, soweit nicht für die übermittelnde Stelle erkennbar ist, dass schutzwürdige Interessen des Betroffenen oder anderer Verfahrensbeteiligter an dem Ausschluss der Übermittlung überwiegen. [2]Dabei ist zu berücksichtigen, wie gesichert die zu übermittelnden Erkenntnisse sind.

§ 72 Beteiligungserfordernisse

(1) [1]Eine Betretenserlaubnis (§ 11 Absatz 8) darf nur mit Zustimmung der für den vorgesehenen Aufenthaltsort zuständigen Ausländerbehörde erteilt werden. [2]Die Behörde, die den Ausländer ausgewiesen, abgeschoben oder zurückgeschoben hat, ist in der Regel zu beteiligen.

(2) Über das Vorliegen eines zielstaatsbezogenen Abschiebungsverbots nach § 60 Absatz 5 oder 7 und das Vorliegen eines Ausschlusstatbestandes nach § 25 Absatz 3 Satz 3 Nummer 1 bis 4 entscheidet die Ausländerbehörde nur nach vorheriger Beteiligung des Bundesamtes für Migration und Flüchtlinge.

(3) [1]Räumliche Beschränkungen, Auflagen und Bedingungen, Befristungen nach § 11 Absatz 2 Satz 1, Anordnungen nach § 47 und sonstige Maßnahmen gegen einen Ausländer, der nicht im Besitz eines erforderlichen Aufenthaltstitels ist, dürfen von einer anderen Behörde nur im Einvernehmen mit der Behörde geändert oder aufgehoben werden, die die Maßnahme angeordnet hat. [2]Satz 1 findet keine Anwendung, wenn der Aufenthalt des Ausländers nach den Vorschriften des Asylgesetzes auf den Bezirk der anderen Ausländerbehörde beschränkt ist.

(3a) [1]Die Aufhebung einer Wohnsitzverpflichtung nach § 12a Absatz 5 darf nur mit Zustimmung der Ausländerbehörde des geplanten Zuzugsorts erfolgen. [2]Die Zustimmung ist zu erteilen, wenn die Voraussetzungen des § 12a Absatz 5 vorliegen; eine Ablehnung ist zu begründen. [3]Die Zustimmung gilt als erteilt, wenn die Ausländerbehörde am Zuzugsort nicht innerhalb von vier Wochen ab Zugang des Ersuchens widerspricht. [4]Die Erfüllung melderechtlicher Verpflichtungen begründet keine Zuständigkeit einer Ausländerbehörde.

(4) [1]Ein Ausländer, gegen den öffentliche Klage erhoben oder ein strafrechtliches Ermittlungsverfahren eingeleitet ist, darf nur im Einvernehmen mit der zuständigen Staatsanwaltschaft ausgewiesen und abgeschoben werden. [2]Ein Ausländer, der zu schützende Person im Sinne des Zeugenschutz-Harmonisierungsgesetzes ist, darf nur im Einvernehmen mit der Zeugenschutzdienststelle ausgewiesen oder abgeschoben werden. [3]Des Einvernehmens der Staatsanwaltschaft nach Satz 1 bedarf es nicht, wenn nur ein geringes Strafverfolgungsinteresse besteht. [4]Dies ist der Fall, wenn die Erhebung der öffentlichen Klage oder die Einleitung eines Ermittlungsverfahrens wegen einer Straftat nach § 95 dieses Gesetzes oder nach § 9 des Gesetzes über die allgemeine Freizügigkeit von Unionsbürgern oder Straftaten nach dem Strafgesetzbuch mit geringem Unrechtsgehalt erfolgt. [5]Insoweit sind Straftaten mit geringem Unrechtsgehalt Straftaten nach § 113 Absatz 1, § 115 des Strafgesetzbuches, soweit er die entsprechende Geltung des § 113 Absatz 1 des Strafgesetzbuches vorsieht, den §§ 123, 166, 167, 169, 185, 223, 240 Absatz 1, den §§ 242, 246, 248b, 263 Absatz 1, 2 und 4, den §§ 265a, 267 Absatz 1 und 2, § 271 Absatz 1, 2 und 4, den §§ 273, 274, 276 Absatz 1, den §§ 279, 281, 303 des Strafgesetzbuches, dem § 21 des Straßenverkehrsgesetzes in der Fassung der Bekanntmachung vom 5. März 2003 (BGBl. I S. 310, 919), das zuletzt durch Artikel 1 des Gesetzes vom 8. April 2019 (BGBl. I S. 430) geändert worden ist, in der jeweils geltenden Fassung, und dem § 6 des Pflichtversicherungsgesetzes vom 5. April 1965 (BGBl. I S. 213), das zuletzt durch Artikel 1 der Verordnung vom 6. Februar 2017 (BGBl. I S. 147) geändert worden ist, in

der jeweils geltenden Fassung, es sei denn, diese Strafgesetze werden durch verschiedene Handlungen mehrmals verletzt oder es wird ein Strafantrag gestellt.

(5) § 45 des Achten Buches Sozialgesetzbuch gilt nicht für Ausreiseeinrichtungen und Einrichtungen, die der vorübergehenden Unterbringung von Ausländern dienen, denen aus völkerrechtlichen, humanitären oder politischen Gründen eine Aufenthaltserlaubnis erteilt oder bei denen die Abschiebung ausgesetzt wird.

(6) ¹Vor einer Entscheidung über die Erteilung, die Verlängerung oder den Widerruf eines Aufenthaltstitels nach § 25 Abs. 4a oder 4b und die Festlegung, Aufhebung oder Verkürzung einer Ausreisefrist nach § 59 Absatz 7 ist die für das in § 25 Abs. 4a oder 4b in Bezug genommene Strafverfahren zuständige Staatsanwaltschaft oder das mit ihm befasste Strafgericht zu beteiligen, es sei denn, es liegt ein Fall des § 87 Abs. 5 Nr. 1 vor. ²Sofern der Ausländerbehörde die zuständige Staatsanwaltschaft noch nicht bekannt ist, beteiligt sie vor einer Entscheidung über die Festlegung, Aufhebung oder Verkürzung einer Ausreisefrist nach § 59 Absatz 7 die für den Aufenthaltsort zuständige Polizeibehörde.

(7) Zur Prüfung des Vorliegens der Voraussetzungen der §§ 16a, 16d, 16e, 18a, 18b, 18c Absatz 3 und der §§ 19 bis 19c können die Ausländerbehörde, das Bundesamt für Migration und Flüchtlinge sowie die Auslandsvertretung zur Erfüllung ihrer Aufgaben die Bundesagentur für Arbeit auch dann beteiligen, wenn sie ihrer Zustimmung nicht bedürfen.

§ 72a Abgleich von Visumantragsdaten zu Sicherheitszwecken

(1) ¹Daten, die im Visumverfahren von der deutschen Auslandsvertretung zur visumantragstellenden Person, zum Einlader und zu Personen, die durch Abgabe einer Verpflichtungserklärung oder in anderer Weise die Sicherung des Lebensunterhalts garantieren oder zu sonstigen Referenzpersonen im Inland erhoben werden, werden zur Durchführung eines Abgleichs zu Sicherheitszwecken an das Bundesverwaltungsamt übermittelt. ²Das Gleiche gilt für Daten nach Satz 1, die eine Auslandsvertretung eines anderen Schengen-Staates nach Artikel 8 Absatz 2 der Verordnung (EG) Nr. 810/2009 des Europäischen Parlaments und des Rates vom 13. Juli 2009 über einen Visakodex der Gemeinschaft (Visakodex) (ABl. L 243 vom 15.9.2009, S. 1) an eine deutsche Auslandsvertretung zur Entscheidung über den Visumantrag übermittelt hat. ³Eine Übermittlung nach Satz 1 oder Satz 2 erfolgt nicht, wenn eine Datenübermittlung nach § 73 Absatz 1 Satz 1 erfolgt.

(2) ¹Die Daten nach Absatz 1 Satz 1 und 2 werden in einer besonderen Organisationseinheit des Bundesverwaltungsamtes in einem automatisierten Verfahren mit Daten aus Antiterrordatei¹⁾ (§ 1 Absatz 1 des Antiterrordateigesetzes) zu Personen abgeglichen, bei denen Tatsachen die Annahme rechtfertigen, dass sie

1. einer terroristischen Vereinigung nach § 129a des Strafgesetzbuchs, die einen internationalen Bezug aufweist, oder einer terroristischen Vereinigung nach § 129a in Verbindung mit § 129b Absatz 1 Satz 1 des Strafgesetzbuchs mit Bezug zur Bundesrepublik Deutschland angehören oder diese unterstützen oder

2. einer Gruppierung, die eine solche Vereinigung unterstützt, angehören oder diese willentlich in Kenntnis der den Terrorismus unterstützenden Aktivität der Gruppierung unterstützen oder

3. rechtswidrig Gewalt als Mittel zur Durchsetzung international ausgerichteter politischer oder religiöser Belange anwenden oder eine solche Gewaltanwendung unterstützen, vorbereiten oder durch ihre Tätigkeiten, insbesondere durch Befürworten solcher Gewaltanwendungen, vorsätzlich hervorrufen oder

4. mit den in Nummer 1 oder Nummer 3 genannten Personen nicht nur flüchtig oder in zufälligem Kontakt in Verbindung stehen und durch sie weiterführende Hinweise für die Aufklärung oder Bekämpfung des internationalen Terrorismus zu erwarten sind, soweit Tatsachen die Annahme rechtfertigen, dass sie von der Planung oder Begehung einer in Nummer 1 genannten Straftat oder der Ausübung, Unterstützung oder Vorbereitung von rechtswidriger Gewalt im Sinne von Nummer 3 Kenntnis haben.

²Die Daten der in Satz 1 genannten Personen werden nach Kennzeichnung durch die Behörde, welche die Daten in der Antiterrordatei gespeichert hat, vom Bundeskriminalamt an die besondere Organisationseinheit im Bundesverwaltungsamt für den Abgleich mit den Daten nach Absatz 1 Satz 1 und 2 übermittelt und dort gespeichert. ³Durch geeignete technische und organisatorische Maßnahmen nach den Artikeln 24, 25 und 32 der Verordnung (EU) 2016/679 ist sicherzustellen, dass kein unberechtigter Zugriff auf den Inhalt der Daten erfolgt.

(3) ¹Im Fall eines Treffers werden zur Feststellung von Versagungsgründen nach § 5 Absatz 4 oder zur Prüfung von sonstigen Sicherheitsbedenken gegen die Erteilung des Visums die Daten nach Absatz 1 Satz

1) Richtig wohl: „der Antiterrordatei".

1 und 2 an die Behörden übermittelt, welche Daten zu dieser Person in der Antiterrordatei gespeichert haben. ²Diese übermitteln der zuständigen Auslandsvertretung über das Bundesverwaltungsamt unverzüglich einen Hinweis, wenn Versagungsgründe nach § 5 Absatz 4 oder sonstige Sicherheitsbedenken gegen die Erteilung des Visums vorliegen.

(4) ¹Die bei der besonderen Organisationseinheit im Bundesverwaltungsamt gespeicherten Daten nach Absatz 1 Satz 1 und 2 werden nach Durchführung des Abgleichs nach Absatz 2 Satz 1 unverzüglich gelöscht; wenn der Abgleich einen Treffer ergibt, bleibt nur das Visumaktenzeichen gespeichert. ²Dieses wird gelöscht, sobald bei der besonderen Organisationseinheit im Bundesverwaltungsamt feststeht, dass eine Mitteilung nach Absatz 3 Satz 2 an die Auslandsvertretung nicht zu erfolgen hat, andernfalls dann, wenn die Mitteilung erfolgt ist.

(5) ¹Die in Absatz 3 Satz 1 genannten Behörden dürfen die ihnen übermittelten Daten verarbeiten, soweit dies zur Erfüllung ihrer gesetzlichen Aufgaben erforderlich ist. ²Übermittlungsregelungen nach anderen Gesetzen bleiben unberührt.

(6) ¹Das Bundesverwaltungsamt stellt sicher, dass im Fall eines Treffers der Zeitpunkt des Datenabgleichs, die Angaben, die die Feststellung der abgeglichenen Datensätze ermöglichen, das Ergebnis des Datenabgleichs, die Weiterleitung des Datensatzes und die Verarbeitung des Datensatzes zum Zwecke der Datenschutzkontrolle protokolliert werden. ²Die Protokolldaten sind durch geeignete Maßnahmen gegen unberechtigten Zugriff zu sichern und am Ende des Kalenderjahres, das dem Jahr ihrer Erstellung folgt, zu vernichten, sofern sie nicht für ein bereits eingeleitetes Kontrollverfahren benötigt werden.

(7) Das Bundesverwaltungsamt hat dem jeweiligen Stand der Technik entsprechende technische und organisatorische Maßnahmen nach den Artikeln 24, 25 und 32 der Verordnung (EU) 2016/679 zur Sicherung von Datenschutz und Datensicherheit zu treffen, die insbesondere die Vertraulichkeit und die Unversehrtheit der in der besonderen Organisationseinheit gespeicherten und übermittelten Daten gewährleisten.

(8) ¹Die datenschutzrechtliche Verantwortung für das Vorliegen der Voraussetzungen nach Absatz 2 Satz 1 trägt die Behörde, die die Daten in die Antiterrordatei eingegeben hat. ²Die datenschutzrechtliche Verantwortung für die Durchführung des Abgleichs trägt das Bundesverwaltungsamt. ³Das Bundeskriminalamt ist datenschutzrechtlich dafür verantwortlich, dass die übermittelten Daten den aktuellen Stand in der Antiterrordatei widerspiegeln.

(9) ¹Die Daten nach Absatz 2 Satz 2 werden berichtigt, wenn sie in der Antiterrordatei berichtigt werden. ²Sie werden gelöscht, wenn die Voraussetzungen ihrer Speicherung nach Absatz 2 Satz 1 entfallen sind oder die Daten in der Antiterrordatei gelöscht wurden. ³Für die Prüfung des weiteren Vorliegens der Voraussetzungen für die Speicherung der Daten nach Absatz 2 Satz 2 gilt § 11 Absatz 4 des Antiterrordateigesetzes entsprechend.

§ 73 Sonstige Beteiligungserfordernisse im Visumverfahren, im Registrier- und Asylverfahren und bei der Erteilung von Aufenthaltstiteln

(1) ¹Daten, die im Visumverfahren von der deutschen Auslandsvertretung oder von der für die Entgegennahme des Visumantrags zuständigen Auslandsvertretung eines anderen Schengen-Staates zur visumantragstellenden Person, zum Einlader und zu Personen, die durch Abgabe einer Verpflichtungserklärung oder in anderer Weise die Sicherung des Lebensunterhalts garantieren, oder über Referenzpersonen im Inland erhoben werden, können über das Bundesverwaltungsamt zur Feststellung von Versagungsgründen nach § 5 Absatz 4, § 27 Absatz 3a oder zur Prüfung von sonstigen Sicherheitsbedenken an den Bundesnachrichtendienst, das Bundesamt für Verfassungsschutz, den Militärischen Abschirmdienst, das Bundeskriminalamt, die Bundespolizei und das Zollkriminalamt übermittelt werden. ²Das Verfahren nach § 21 des Ausländerzentralregistergesetzes bleibt unberührt. ³In den Fällen des § 14 Abs. 2 kann die jeweilige mit der polizeilichen Kontrolle des grenzüberschreitenden Verkehrs beauftragte Behörde die im Visumverfahren erhobenen Daten an die in Satz 1 genannten Behörden übermitteln.

(1a) ¹Daten, die zur Sicherung, Feststellung und Überprüfung der Identität nach § 16 Absatz 1 Satz 1 des Asylgesetzes und § 49 zu Personen im Sinne des § 2 Absatz 1a, 2 Nummer 1 des AZR-Gesetzes erhoben werden oder bereits gespeichert wurden, können über das Bundesverwaltungsamt zur Feststellung von Versagungsgründen nach § 3 Absatz 2, § 4 Absatz 2 des Asylgesetzes, § 60 Absatz 8 Satz 1 sowie § 5 Absatz 4 oder zur Prüfung von sonstigen Sicherheitsbedenken an den Bundesnachrichtendienst, das Bundesamt für Verfassungsschutz, den Militärischen Abschirmdienst, das Bundeskriminalamt, die Bundespolizei und das Zollkriminalamt übermittelt werden. ²Die in Satz 1 genannten Daten können über das Bundesverwaltungsamt zur Feststellung der in Satz 1 genannten Versagungsgründe oder zur Prüfung sonstiger Sicherheitsbedenken auch für die Prüfung, ob die Voraussetzungen für einen Widerruf oder eine Rücknahme nach den §§ 73 bis 73b des Asylgesetzes vorliegen, an die in Satz 1 genannten Sicherheits-

behörden und Nachrichtendienste übermittelt werden. [3]Ebenso können Daten, die zur Sicherung, Feststellung und Überprüfung der Identität

1. nach § 16 Absatz 1 Satz 1 des Asylgesetzes, § 49 Absatz 5 Nummer 5, Absatz 8 und 9 erhoben oder nach Artikel 21 der Verordnung (EU) Nr. 604/2013 von einem anderen Mitgliedstaat an die Bundesrepublik Deutschland übermittelt wurden zu Personen, für die ein Aufnahme- oder ‚Wiederaufnahmegesuch eines anderen Mitgliedstaates an die Bundesrepublik Deutschland nach der Verordnung (EU) Nr. 604/2013 gestellt wurde,

2. nach § 49 Absatz 5 Nummer 6 zu Personen erhoben wurden, die für ein Aufnahmeverfahren nach § 23 oder die Gewährung von vorübergehendem Schutz nach § 24 vorgeschlagen und von dem Bundesamt für Migration und Flüchtlinge in die Prüfung über die Erteilung einer Aufnahmezusage einbezogen wurden, oder

3. nach § 49 Absatz 5 Nummer 6 erhoben oder von einem anderen Mitgliedstaat an die Bundesrepublik Deutschland übermittelt wurden zu Personen, die auf Grund von Maßnahmen nach Artikel 78 Absatz 3 des Vertrags über die Arbeitsweise der Europäischen Union (AEUV) in das Bundesgebiet umverteilt werden sollen und vom Bundesamt für Migration und Flüchtlinge in die Prüfung über die Erteilung einer Aufnahmezusage einbezogen wurden,

über das Bundesverwaltungsamt zur Feststellung von Versagungsgründen oder zur Prüfung sonstiger Sicherheitsbedenken an die in Satz 1 benannten Behörden übermittelt werden. [4]Zusammen mit den Daten nach Satz 1 können zu den dort genannten Personen dem Bundeskriminalamt für die Erfüllung seiner gesetzlichen Aufgaben die Daten nach § 3 Absatz 1 Nummer 1 und 3 des AZR-Gesetzes, Angaben zum Zuzug oder Fortzug und zum aufenthaltsrechtlichen Status sowie Daten nach § 3 Absatz 2 Nummer 6 und 9 des AZR-Gesetzes übermittelt werden. [5]Zu den Zwecken nach den Sätzen 1 bis 3 ist auch ein Abgleich mit weiteren Datenbeständen beim Bundesverwaltungsamt zulässig.

(2) [1]Die Ausländerbehörden können zur Feststellung von Versagungsgründen gemäß § 5 Abs. 4 oder zur Prüfung von sonstigen Sicherheitsbedenken vor der Erteilung oder Verlängerung eines Aufenthaltstitels oder einer Duldung oder Aufenthaltsgestattung die bei ihnen gespeicherten personenbezogenen Daten zu den betroffenen Personen über das Bundesverwaltungsamt an den Bundesnachrichtendienst, das Bundesamt für Verfassungsschutz, den Militärischen Abschirmdienst, das Bundeskriminalamt, die Bundespolizei und das Zollkriminalamt sowie an das Landesamt für Verfassungsschutz und das Landeskriminalamt oder die zuständigen Behörden der Polizei übermitteln. [2]Das Bundesamt für Verfassungsschutz kann bei Übermittlungen an die Landesämter für Verfassungsschutz technische Unterstützung leisten.

(3) [1]Die in den Absätzen 1 und 2 genannten Sicherheitsbehörden und Nachrichtendienste teilen dem Bundesverwaltungsamt unverzüglich mit, ob Versagungsgründe nach § 5 Abs. 4 oder sonstige Sicherheitsbedenken vorliegen; bei der Übermittlung von Mitteilungen der Landesämter für Verfassungsschutz zu Anfragen der Ausländerbehörden nach Absatz 2 kann das Bundesamt für Verfassungsschutz technische Unterstützung leisten. [2]Die deutschen Auslandsvertretungen und Ausländerbehörden übermitteln den in Satz 1 genannten Sicherheitsbehörden und Nachrichtendiensten unverzüglich die Gültigkeitsdauer der erteilten und verlängerten Aufenthaltstitel; werden den in Satz 1 genannten Behörden während des Gültigkeitszeitraums des Aufenthaltstitels Versagungsgründe nach § 5 Abs. 4 oder sonstige Sicherheitsbedenken bekannt, teilen sie dies der zuständigen Ausländerbehörde oder der zuständigen Auslandsvertretung unverzüglich mit. [3]Die in Satz 1 genannten Behörden dürfen die übermittelten Daten verarbeiten, soweit dies zur Erfüllung ihrer gesetzlichen Aufgaben erforderlich ist. [4]Übermittlungsregelungen nach anderen Gesetzen bleiben unberührt.

(3a) [1]Die in Absatz 1a genannten Sicherheitsbehörden und Nachrichtendienste teilen dem Bundesverwaltungsamt unverzüglich mit, ob Versagungsgründe nach § 3 Absatz 2, § 4 Absatz 2 des Asylgesetzes, § 60 Absatz 8 Satz 1 sowie nach § 5 Absatz 4 oder sonstige Sicherheitsbedenken vorliegen. [2]Das Bundesverwaltungsamt stellt den für das Asylverfahren sowie für aufenthaltsrechtliche Entscheidungen zuständigen Behörden diese Information umgehend zur Verfügung. [3]Die infolge der Übermittlung nach Absatz 1a und den Sätzen 1 und 2 erforderlichen weiteren Übermittlungen zwischen den in Satz 1 genannten Behörden und den für das Asylverfahren sowie für die aufenthaltsrechtlichen Entscheidungen zuständigen Behörden dürfen über das Bundesverwaltungsamt erfolgen. [4]Die in Satz 1 genannten Behörden dürfen die ihnen übermittelten Daten verarbeiten, soweit dies zur Erfüllung ihrer gesetzlichen Aufgaben erforderlich ist. [5]Das Bundesverwaltungsamt speichert die übermittelten Daten, solange es für Zwecke des Sicherheitsabgleiches erforderlich ist. [6]Das Bundeskriminalamt prüft unverzüglich, ob die nach Absatz 1a Satz 4 übermittelten Daten der betroffenen Person den beim Bundeskriminalamt gespeicherten personenbezogenen Daten zu einer Person zugeordnet werden können, die zur Fahndung ausgeschrieben ist. [7]Ist dies nicht der Fall, hat das Bundeskriminalamt die nach Absatz 1a Satz 4 übermittelten Daten der betroffenen Person unverzüglich zu löschen. [8]Ergebnisse zu Abgleichen nach Absatz 1a Satz

5, die der Überprüfung, Feststellung oder Sicherung der Identität dienen, können neben den für das Registrier- und Asylverfahren sowie für die aufenthaltsrechtliche Entscheidung zuständigen Behörden auch der Bundespolizei, dem Bundeskriminalamt und den zuständigen Behörden der Polizei übermittelt werden. [9]Übermittlungsregelungen nach anderen Gesetzen bleiben unberührt.

(3b) [1]Die in Absatz 1 genannten Sicherheitsbehörden und Nachrichtendienste teilen dem Bundesverwaltungsamt unverzüglich mit, ob Versagungsgründe nach § 27 Absatz 3a vorliegen. [2]Werden den in Satz 1 genannten Behörden während des nach Absatz 3 Satz 2 mitgeteilten Gültigkeitszeitraums des Aufenthaltstitels Versagungsgründe nach § 27 Absatz 3a bekannt, teilen sie dies der zuständigen Ausländerbehörde oder der zuständigen Auslandsvertretung unverzüglich mit. [3]Die in Satz 1 genannten Behörden dürfen die übermittelten Daten verarbeiten, soweit dies zur Erfüllung ihrer gesetzlichen Aufgaben erforderlich ist. [4]Übermittlungsregelungen nach anderen Gesetzen bleiben unberührt.

(3c) [1]In Fällen der Mobilität nach den §§ 16c, 18e und 19a kann das Bundesamt für Migration und Flüchtlinge zur Feststellung von Ausweisungsinteressen im Sinne von § 54 Absatz 1 Nummer 2 und 4 und zur Prüfung von sonstigen Sicherheitsbedenken die bei ihm gespeicherten personenbezogenen Daten zu den betroffenen Personen über das Bundesverwaltungsamt an die in Absatz 2 genannten Sicherheitsbehörden übermitteln. [2]Die in Absatz 2 genannten Sicherheitsbehörden teilen dem Bundesverwaltungsamt unverzüglich mit, ob Ausweisungsinteressen im Sinne von § 54 Absatz 1 Nummer 2 oder 4 oder sonstige Sicherheitsbedenken vorliegen. [3]Die in Satz 1 genannten Behörden dürfen die übermittelten Daten speichern und nutzen, soweit dies zur Erfüllung ihrer gesetzlichen Aufgaben erforderlich ist. [4]Übermittlungsregelungen nach anderen Gesetzen bleiben unberührt.

(4) [1]Das Bundesministerium des Innern, für Bau und Heimat bestimmt unter Berücksichtigung der aktuellen Sicherheitslage durch allgemeine Verwaltungsvorschriften, in welchen Fällen gegenüber Staatsangehörigen bestimmter Staaten sowie Angehörigen von in sonstiger Weise bestimmten Personengruppen von der Ermächtigung der Absätze 1 und 1a Gebrauch gemacht wird. [2]In den Fällen des Absatzes 1 erfolgt dies im Einvernehmen mit dem Auswärtigen Amt.

§ 73a Unterrichtung über die Erteilung von Visa

(1) [1]Unterrichtungen der anderen Schengen-Staaten über erteilte Visa gemäß Artikel 31 der Verordnung (EG) Nr. 810/2009 können über die zuständige Stelle an den Bundesnachrichtendienst, das Bundesamt für Verfassungsschutz, den Militärischen Abschirmdienst, das Bundeskriminalamt und das Zollkriminalamt zur Prüfung übermittelt werden, ob der Einreise und dem Aufenthalt des Visuminhabers die in § 5 Absatz 4 genannten Gründe oder sonstige Sicherheitsbedenken entgegenstehen. [2]Unterrichtungen der deutschen Auslandsvertretungen über erteilte Visa, deren Erteilung nicht bereits eine Datenübermittlung gemäß § 73 Absatz 1 vorangegangen ist, können zu dem in Satz 1 genannten Zweck über die zuständige Stelle an die in Satz 1 genannten Behörden übermittelt werden; Daten zu anderen Personen als dem Visuminhaber werden nicht übermittelt. [3]§ 73 Absatz 3 Satz 3 und 4 gilt entsprechend.

(2) Das Bundesministerium des Innern, für Bau und Heimat bestimmt im Benehmen mit dem Auswärtigen Amt und unter Berücksichtigung der aktuellen Sicherheitslage durch allgemeine Verwaltungsvorschrift, in welchen Fällen gegenüber Staatsangehörigen bestimmter Staaten sowie Angehörigen von in sonstiger Weise bestimmten Personengruppen von der Ermächtigung des Absatzes 1 Gebrauch gemacht wird.

§ 73b Überprüfung der Zuverlässigkeit von im Visumverfahren tätigen Personen und Organisationen

(1) [1]Das Auswärtige Amt überprüft die Zuverlässigkeit von Personen auf Sicherheitsbedenken, denen im Visumverfahren die Erfüllung einer oder mehrerer Aufgaben, insbesondere die Erfassung der biometrischen Identifikatoren, anvertraut ist oder werden soll und die weder entsandte oder im Inland beschäftigte Angehörige des Auswärtigen Dienstes noch Beschäftigte des Bundesamts für Auswärtige Angelegenheiten sind (Betroffene). [2]Anlassbezogen und in regelmäßigen Abständen unterzieht das Auswärtige Amt die Zuverlässigkeit des in Satz 1 genannten Personenkreises einer Wiederholungsprüfung. [3]Die Überprüfung der Zuverlässigkeit erfolgt nach vorheriger schriftlicher Zustimmung des Betroffenen.

(2) [1]Zur Überprüfung der Zuverlässigkeit erhebt die deutsche Auslandsvertretung Namen, Vornamen, Geburtsnamen und sonstige Namen, Geschlecht, Geburtsdatum und -ort, Staatsangehörigkeit, Wohnsitz und Angaben zum Identitätsdokument (insbesondere Art und Nummer) des Betroffenen und übermittelt diese über das Auswärtige Amt zur Prüfung von Sicherheitsbedenken an die Polizeivollzugs- und Verfassungsschutzbehörden des Bundes, den Bundesnachrichtendienst, den Militärischen Abschirmdienst, das Bundeskriminalamt und das Zollkriminalamt. [2]Die in Satz 1 genannten Sicherheitsbehörden und Nachrichtendienste teilen dem Auswärtigen Amt unverzüglich mit, ob Sicherheitsbedenken vorliegen.

(3) [1]Die in Absatz 2 genannten Sicherheitsbehörden und Nachrichtendienste dürfen die übermittelten Daten nach den für sie geltenden Gesetzen für andere Zwecke verarbeiten, soweit dies zur Erfüllung ihrer

gesetzlichen Aufgaben erforderlich ist. [2]Übermittlungsregelungen nach anderen Gesetzen bleiben unberührt.

(4) Ohne eine abgeschlossene Zuverlässigkeitsüberprüfung, bei der keine Erkenntnisse über eine mögliche Unzuverlässigkeit zutage treten, darf der Betroffene seine Tätigkeit im Visumverfahren nicht aufnehmen.

(5) [1]Ist der Betroffene für eine juristische Person, insbesondere einen externen Dienstleistungserbringer tätig, überprüft das Auswärtige Amt auch die Zuverlässigkeit der juristischen Person anhand von Firma, Bezeichnung, Handelsregistereintrag der juristischen Person nebst vollständiger Anschrift (lokale Niederlassung und Hauptsitz). [2]Das Auswärtige Amt überprüft auch die Zuverlässigkeit des Inhabers und der Geschäftsführer der juristischen Person in dem für die Zusammenarbeit vorgesehenen Land. [3]Absatz 1 Satz 2 und 3 und die Absätze 2 bis 4 gelten entsprechend.

§ 73c Zusammenarbeit mit externen Dienstleistungserbringern

[1]Die deutschen Auslandsvertretungen können im Verfahren zur Beantragung nationaler Visa nach Kapitel 2 Abschnitt 3 und 4 mit einem externen Dienstleistungserbringer entsprechend Artikel 43 der Verordnung (EG) Nr. 810/2009 zusammenarbeiten. [2]Satz 1 gilt auch für Visumanträge des Ehegatten oder Lebenspartners und minderjähriger lediger Kinder zum Zweck des Familiennachzugs zu einem Ausländer, der einen Visumantrag nach Satz 1 gestellt hat, wenn die Ehe oder die Lebenspartnerschaft bereits bestand oder das Verwandtschaftsverhältnis bereits begründet war, als der Ausländer seinen Lebensmittelpunkt in das Bundesgebiet verlegt hat.

§ 74 Beteiligung des Bundes; Weisungsbefugnis

(1) Ein Visum kann zur Wahrung politischer Interessen des Bundes mit der Maßgabe erteilt werden, dass die Verlängerung des Visums und die Erteilung eines anderen Aufenthaltstitels nach Ablauf der Geltungsdauer des Visums sowie die Aufhebung und Änderung von Auflagen, Bedingungen und sonstigen Beschränkungen, die mit dem Visum verbunden sind, nur im Benehmen oder Einvernehmen mit dem Bundesministerium des Innern, für Bau und Heimat oder der von ihm bestimmten Stelle vorgenommen werden dürfen.

(2) Die Bundesregierung kann Einzelweisungen zur Ausführung dieses Gesetzes und der auf Grund dieses Gesetzes erlassenen Rechtsverordnungen erteilen, wenn

1. die Sicherheit der Bundesrepublik Deutschland oder sonstige erhebliche Interessen der Bundesrepublik Deutschland es erfordern,
2. durch ausländerrechtliche Maßnahmen eines Landes erhebliche Interessen eines anderen Landes beeinträchtigt werden,
3. eine Ausländerbehörde einen Ausländer ausweisen will, der zu den bei konsularischen und diplomatischen Vertretungen vom Erfordernis eines Aufenthaltstitels befreiten Personen gehört.

Abschnitt 1a
Durchbeförderung

§ 74a Durchbeförderung von Ausländern

[1]Ausländische Staaten dürfen Ausländer aus ihrem Hoheitsgebiet über das Bundesgebiet in einen anderen Staat zurückführen oder aus einem anderen Staat über das Bundesgebiet wieder in ihr Hoheitsgebiet zurückübernehmen, wenn ihnen dies von den zuständigen Behörden gestattet wurde (Durchbeförderung). [2]Die Durchbeförderung erfolgt auf der Grundlage zwischenstaatlicher Vereinbarungen und Rechtsvorschriften der Europäischen Union. [3]Zentrale Behörde nach Artikel 4 Abs. 5 der Richtlinie 2003/110/EG ist die in der Rechtsverordnung nach § 58 Abs. 1 des Bundespolizeigesetzes bestimmte Bundespolizeibehörde. [4]Der durchbeförderte Ausländer hat die erforderlichen Maßnahmen im Zusammenhang mit seiner Durchbeförderung zu dulden.

Abschnitt 2
Bundesamt für Migration und Flüchtlinge

§ 75 Aufgaben

Das Bundesamt für Migration und Flüchtlinge hat unbeschadet der Aufgaben nach anderen Gesetzen folgende Aufgaben:

1. Koordinierung der Informationen über den Aufenthalt zum Zweck der Erwerbstätigkeit zwischen den Ausländerbehörden, der Bundesagentur für Arbeit und der für Pass- und Visaangelegenheiten vom Auswärtigen Amt ermächtigten deutschen Auslandsvertretungen;

2. a) Entwicklung von Grundstruktur und Lerninhalten des Integrationskurses nach § 43 Abs. 3 und der berufsbezogenen Deutschsprachförderung nach § 45a,
 b) deren Durchführung und
 c) Maßnahmen nach § 9 Abs. 5 des Bundesvertriebenengesetzes;
3. fachliche Zuarbeit für die Bundesregierung auf dem Gebiet der Integrationsförderung und der Erstellung von Informationsmaterial über Integrationsangebote von Bund, Ländern und Kommunen für Ausländer und Spätaussiedler;
4. Betreiben wissenschaftlicher Forschungen über Migrationsfragen (Begleitforschung) zur Gewinnung analytischer Aussagen für die Steuerung der Zuwanderung;
4a. Betreiben wissenschaftlicher Forschungen über Integrationsfragen;
5. Zusammenarbeit mit den Verwaltungsbehörden der Mitgliedstaaten der Europäischen Union als Nationale Kontaktstelle und zuständige Behörde nach Artikel 27 der Richtlinie 2001/55/EG, Artikel 25 der Richtlinie 2003/109/EG, Artikel 22 Absatz 1 der Richtlinie 2009/50/EG, Artikel 26 der Richtlinie 2014/66/EU und Artikel 37 der Richtlinie (EU) 2016/801 sowie für Mitteilungen nach § 51 Absatz 8a;
5a. Prüfung der Mitteilungen nach § 16c Absatz 1, § 18e Absatz 1 und § 19a Absatz 1 sowie Ausstellung der Bescheinigungen nach § 16c Absatz 4, § 18e Absatz 5 und § 19a Absatz 4 oder Ablehnung der Einreise und des Aufenthalts;
6. Führung des Registers nach § 91a;
7. Koordinierung der Programme und Mitwirkung an Projekten zur Förderung der freiwilligen Rückkehr sowie Auszahlung hierfür bewilligter Mittel;
8. die Durchführung des Aufnahmeverfahrens nach § 23 Abs. 2 und 4 und die Verteilung der nach § 23 sowie der nach § 22 Satz 2 aufgenommenen Ausländer auf die Länder;
9. Durchführung einer migrationsspezifischen Beratung nach § 45 Satz 1, soweit sie nicht durch andere Stellen wahrgenommen wird; hierzu kann es sich privater oder öffentlicher Träger bedienen;
10. Anerkennung von Forschungseinrichtungen zum Abschluss von Aufnahmevereinbarungen nach § 18d; hierbei wird das Bundesamt für Migration und Flüchtlinge durch einen Beirat für Forschungsmigration unterstützt;
11. Koordinierung der Informationsübermittlung und Auswertung von Erkenntnissen der Bundesbehörden, insbesondere des Bundeskriminalamtes und des Bundesamtes für Verfassungsschutz, über Ausländern, bei denen wegen Gefährdung der öffentlichen Sicherheit ausländer-, asyl- oder staatsangehörigkeitsrechtliche Maßnahmen in Betracht kommen;
12. Anordnung eines Einreise- und Aufenthaltsverbots nach § 11 Absatz 1 im Fall einer Abschiebungsandrohung nach den §§ 34, 35 des Asylgesetzes oder einer Abschiebungsanordnung nach § 34a des Asylgesetzes sowie die Anordnung und Befristung eines Einreise- und Aufenthaltsverbots nach § 11 Absatz 7;
13. unbeschadet des § 71 Absatz 3 Nummer 7 die Beschaffung von Heimreisedokumenten für Ausländer im Wege der Amtshilfe.

§ 76 (weggefallen)

Abschnitt 3
Verwaltungsverfahren

§ 77 Schriftform; Ausnahme von Formerfordernissen

(1) ¹Die folgenden Verwaltungsakte bedürfen der Schriftform und sind mit Ausnahme der Nummer 5 mit einer Begründung zu versehen:
1. der Verwaltungsakt,
 a) durch den ein Passersatz, ein Ausweisersatz oder ein Aufenthaltstitel versagt, räumlich oder zeitlich beschränkt oder mit Bedingungen und Auflagen versehen wird oder
 b) mit dem die Änderung oder Aufhebung einer Nebenbestimmung zum Aufenthaltstitel versagt wird, sowie
2. die Ausweisung,
3. die Abschiebungsanordnung nach § 58a Absatz 1 Satz 1,
4. die Androhung der Abschiebung,
5. die Aussetzung der Abschiebung,
6. Beschränkungen des Aufenthalts nach § 12 Absatz 4,
7. die Anordnungen nach den §§ 47 und 56,

8. die Rücknahme und der Widerruf von Verwaltungsakten nach diesem Gesetz sowie
9. die Entscheidung über die Anordnung eines Einreise- und Aufenthaltsverbots nach § 11.

[2]Einem Verwaltungsakt, mit dem ein Aufenthaltstitel versagt oder mit dem ein Aufenthaltstitel zum Erlöschen gebracht wird, sowie der Entscheidung über einen Antrag auf Befristung nach § 11 Absatz 1 Satz 3 ist eine Erklärung beizufügen. [3]Mit dieser Erklärung wird der Ausländer über den Rechtsbehelf, der gegen den Verwaltungsakt gegeben ist, und über die Stelle, bei der dieser Rechtsbehelf einzulegen ist, sowie über die einzuhaltende Frist belehrt; in anderen Fällen ist die vorgenannte Erklärung der Androhung der Abschiebung beizufügen.

(1a) [1]Im Zusammenhang mit der Erteilung einer ICT-Karte oder einer Mobiler-ICT-Karte sind zusätzlich der aufnehmenden Niederlassung oder dem aufnehmenden Unternehmen schriftlich mitzuteilen

1. die Versagung der Verlängerung einer ICT-Karte oder einer Mobiler-ICT-Karte,
2. die Rücknahme oder der Widerruf einer ICT-Karte oder einer Mobiler-ICT-Karte,
3. die Versagung der Verlängerung eines Aufenthaltstitels zum Zweck des Familiennachzugs zu einem Inhaber einer ICT-Karte oder einer Mobiler-ICT-Karte oder
4. die Rücknahme oder der Widerruf eines Aufenthaltstitels zum Zweck des Familiennachzugs zu einem Inhaber einer ICT-Karte oder einer Mobiler-ICT-Karte.

[2]In der Mitteilung nach Satz 1 Nummer 1 und 2 sind auch die Gründe für die Entscheidung anzugeben.

(2) [1]Die Versagung und die Beschränkung eines Visums und eines Passersatzes vor der Einreise bedürfen keiner Begründung und Rechtsbehelfsbelehrung; die Versagung an der Grenze bedarf auch nicht der Schriftform. [2]Formerfordernisse für die Versagung von Schengen-Visa richten sich nach der Verordnung (EG) Nr. 810/2009.

(3) [1]Dem Ausländer ist auf Antrag eine Übersetzung der Entscheidungsformel des Verwaltungsaktes, mit dem der Aufenthaltstitel versagt oder mit dem der Aufenthaltstitel zum Erlöschen gebracht oder mit dem eine Befristungsentscheidung nach § 11 getroffen wird, und der Rechtsbehelfsbelehrung kostenfrei in einer Sprache zur Verfügung zu stellen, die der Ausländer versteht oder bei der vernünftigerweise davon ausgegangen werden kann, dass er sie versteht. [2]Besteht die Ausreisepflicht aus einem anderen Grund, ist Satz 1 auf die Androhung der Abschiebung sowie auf die Rechtsbehelfsbelehrung, die dieser nach Absatz 1 Satz 3 beizufügen ist, entsprechend anzuwenden. [3]Die Übersetzung kann in mündlicher oder in schriftlicher Form zur Verfügung gestellt werden. [4]Eine Übersetzung muss dem Ausländer dann nicht vorgelegt werden, wenn er unerlaubt in das Bundesgebiet eingereist ist oder auf Grund einer strafrechtlichen Verurteilung ausgewiesen worden ist. [5]In den Fällen des Satzes 4 erhält der Ausländer ein Standardformular mit Erläuterungen, die in mindestens fünf der am häufigsten verwendeten der verstandenen Sprachen bereitgehalten werden. [6]Die Sätze 1 bis 3 sind nicht anzuwenden, wenn der Ausländer noch nicht eingereist oder bereits ausgereist ist.

§ 78 Dokumente mit elektronischem Speicher- und Verarbeitungsmedium

(1) [1]Aufenthaltstitel nach § 4 Absatz 1 Satz 2 Nummer 2 bis 4 werden als eigenständige Dokumente mit elektronischem Speicher- und Verarbeitungsmedium ausgestellt. [2]Aufenthaltserlaubnisse, die nach Maßgabe des Abkommens zwischen der Europäischen Gemeinschaft und ihren Mitgliedstaaten einerseits und der Schweizerischen Eidgenossenschaft andererseits über die Freizügigkeit vom 21. Juni 1999 (ABl. L 114 vom 30.4.2002, S. 6) auszustellen sind, werden auf Antrag als Dokumente mit elektronischem Speicher- und Verarbeitungsmedium ausgestellt. [3]Dokumente nach den Sätzen 1 und 2 enthalten folgende sichtbar aufgebrachte Angaben:

1. Name und Vornamen,
2. Doktorgrad,
3. Lichtbild,
4. Geburtsdatum und Geburtsort,
5. Anschrift,
6. Gültigkeitsbeginn und Gültigkeitsdauer,
7. Ausstellungsort,
8. Art des Aufenthaltstitels oder Aufenthaltsrechts und dessen Rechtsgrundlage,
9. Ausstellungsbehörde,
10. Seriennummer des zugehörigen Passes oder Passersatzpapiers,
11. Gültigkeitsdauer des zugehörigen Passes oder Passersatzpapiers,
12. Anmerkungen,
13. Unterschrift,
14. Seriennummer,
15. Staatsangehörigkeit,

16. Geschlecht,

17. Größe und Augenfarbe,

18. Zugangsnummer.

[4]Dokumente nach Satz 1 können unter den Voraussetzungen des § 48 Absatz 2 oder 4 als Ausweisersatz bezeichnet und mit dem Hinweis versehen werden, dass die Personalien auf den Angaben des Inhabers beruhen. [5]Die Unterschrift durch den Antragsteller nach Satz 3 Nummer 13 ist zu leisten, wenn er zum Zeitpunkt der Beantragung des Dokuments zehn Jahre oder älter ist.

(2) [1]Dokumente mit elektronischem Speicher- und Verarbeitungsmedium nach Absatz 1 enthalten eine Zone für das automatische Lesen. [2]Diese darf lediglich die folgenden sichtbar aufgedruckten Angaben enthalten:

1. die Abkürzungen

 a) „AR" für den Aufenthaltstiteltyp nach § 4 Absatz 1 Nummer 2 bis 4,

 b) „AS" für den Aufenthaltstiteltyp nach § 28 Satz 2 der Aufenthaltsverordnung,

2. die Abkürzung „D" für Bundesrepublik Deutschland,

3. die Seriennummer des Aufenthaltstitels, die sich aus der Behördenkennzahl der Ausländerbehörde und einer zufällig zu vergebenden Aufenthaltstitelnummer zusammensetzt und die neben Ziffern auch Buchstaben enthalten kann,

4. das Geburtsdatum,

5. die Abkürzung „F" für Personen weiblichen Geschlechts und „M" für Personen männlichen Geschlechts,

6. die Gültigkeitsdauer des Aufenthaltstitels oder im Falle eines unbefristeten Aufenthaltsrechts die technische Kartennutzungsdauer,

7. die Abkürzung der Staatsangehörigkeit,

8. den Namen,

9. den oder die Vornamen,

10. die Prüfziffern und

11. Leerstellen.

[3]Die Seriennummer und die Prüfziffern dürfen keine Daten über den Inhaber oder Hinweise auf solche Daten enthalten. [4]Jedes Dokument erhält eine neue Seriennummer.

(3) [1]Das in dem Dokument nach Absatz 1 enthaltene elektronische Speicher- und Verarbeitungsmedium enthält folgende Daten:

1. die Daten nach Absatz 1 Satz 3 Nummer 1 bis 5 sowie den im amtlichen Gemeindeverzeichnis verwendeten eindeutigen Gemeindeschlüssel,

2. die Daten der Zone für das automatische Lesen nach Absatz 2 Satz 2,

3. Nebenbestimmungen,

4. zwei Fingerabdrücke, die Bezeichnung der erfassten Finger sowie die Angaben zur Qualität der Abdrücke sowie

5. den Geburtsnamen.

[2]Die gespeicherten Daten sind durch geeignete technische und organisatorische Maßnahmen nach den Artikeln 24, 25 und 32 der Verordnung (EU) 2016/679 gegen unbefugtes Verändern, Löschen und Auslesen zu sichern. [3]Die Erfassung von Fingerabdrücken erfolgt ab Vollendung des sechsten Lebensjahres.

(4) [1]Das elektronische Speicher- und Verarbeitungsmedium eines Dokuments nach Absatz 1 kann ausgestaltet werden als qualifizierte elektronische Signaturerstellungseinheit nach Artikel 3 Nummer 23 der Verordnung (EU) Nr. 910/2014 des Europäischen Parlaments und des Rates vom 23. Juli 2014 über elektronische Identifizierung und Vertrauensdienste für elektronische Transaktionen im Binnenmarkt und zur Aufhebung der Richtlinie 1999/93/EG (ABl. L 257 vom 28.8.2014, S. 73). [2]Die Zertifizierung nach Artikel 30 der Verordnung (EU) Nr. 910/2014 erfolgt durch das Bundesamt für Sicherheit in der Informationstechnik. [3]Die Vorschriften des Vertrauensdienstegesetzes bleiben unberührt.

(5) [1]Das elektronische Speicher- und Verarbeitungsmedium eines Dokuments nach Absatz 1 kann auch für die Zusatzfunktion eines elektronischen Identitätsnachweises genutzt werden. [2]Insoweit sind § 2 Absatz 3 bis 7, 10 und 12, § 4 Absatz 3, § 7 Absatz 4 und 5, § 10 Absatz 1, 2 Satz 1, Absatz 3 bis 5, 6 Satz 1, Absatz 7, 8 Satz 1 und Absatz 9, § 11 Absatz 1 bis 5 und 7, § 12 Absatz 2 Satz 2, die §§ 13, 16, 18, 18a, 19 Absatz 1 und 3 bis 6, die §§ 19a, 20 Absatz 2 und 3, die §§ 21, 21a, 21b, 27 Absatz 2 und 3, § 32 Absatz 1 Nummer 5 und 6 mit Ausnahme des dort angeführten § 19 Absatz 2, Nummer 6a bis 8, Absatz 2 und 3 sowie § 33 Nummer 1, 2 und 4 des Personalausweisgesetzes mit der Maßgabe entsprechend anzuwenden, dass die Ausländerbehörde an die Stelle der Personalausweisbehörde tritt. [3]Neben den in § 18 Absatz 3 Satz 2 des Personalausweisgesetzes aufgeführten Daten können im Rahmen des elektronischen Identitätsnachweises unter den Voraussetzungen des § 18 Absatz 4 des Personalausweisgesetzes auch die nach

Absatz 3 Nummer 3 gespeicherten Nebenbestimmungen sowie die Abkürzung der Staatsangehörigkeit übermittelt werden. [4]Für das Sperrkennwort und die Sperrmerkmale gilt Absatz 2 Satz 3 entsprechend.

(6) Die mit der Ausführung dieses Gesetzes betrauten oder zur hoheitlichen Identitätsfeststellung befugten Behörden dürfen die in der Zone für das automatische Lesen enthaltenen Daten zur Erfüllung ihrer gesetzlichen Aufgaben verarbeiten.

(7) [1]Öffentliche Stellen dürfen die im elektronischen Speicher- und Verarbeitungsmedium eines Dokuments nach Absatz 1 gespeicherten Daten mit Ausnahme der biometrischen Daten verarbeiten, soweit dies zur Erfüllung ihrer jeweiligen gesetzlichen Aufgaben erforderlich ist. [2]Die im elektronischen Speicher- und Verarbeitungsmedium gespeicherte Anschrift und die nach Absatz 1 Satz 3 Nummer 5 aufzubringende Anschrift dürfen durch die Ausländerbehörden sowie durch andere durch Landesrecht bestimmte Behörden geändert werden.

(8) [1]Die durch technische Mittel vorgenommene Verarbeitung personenbezogener Daten aus Dokumenten nach Absatz 1 darf nur im Wege des elektronischen Identitätsnachweises nach Absatz 5 erfolgen, soweit nicht durch Gesetz etwas anderes bestimmt ist. [2]Gleiches gilt für die Verarbeitung personenbezogener Daten mit Hilfe eines Dokuments nach Absatz 1.

§ 78a Vordrucke für Aufenthaltstitel in Ausnahmefällen, Ausweisersatz und Bescheinigungen

(1) [1]Aufenthaltstitel nach § 4 Absatz 1 Satz 2 Nummer 2 bis 4 können abweichend von § 78 nach einem einheitlichen Vordruckmuster ausgestellt werden, wenn
1. der Aufenthaltstitel zum Zwecke der Verlängerung der Aufenthaltsdauer um einen Monat erteilt werden soll oder
2. die Ausstellung zur Vermeidung außergewöhnlicher Härten geboten ist.
[2]Das Vordruckmuster enthält folgende Angaben:
1. Name und Vornamen des Inhabers,
2. Gültigkeitsdauer,
3. Ausstellungsort und -datum,
4. Art des Aufenthaltstitels oder Aufenthaltsrechts,
5. Ausstellungsbehörde,
6. Seriennummer des zugehörigen Passes oder Passersatzpapiers,
7. Anmerkungen,
8. Lichtbild.
[3]Auf dem Vordruckmuster ist kenntlich zu machen, dass es sich um eine Ausstellung im Ausnahmefall handelt.

(2) Vordrucke nach Absatz 1 Satz 1 enthalten eine Zone für das automatische Lesen mit folgenden Angaben:
1. Name und Vornamen,
2. Geburtsdatum,
3. Geschlecht,
4. Staatsangehörigkeit,
5. Art des Aufenthaltstitels,
6. Seriennummer des Vordrucks,
7. ausstellender Staat,
8. Gültigkeitsdauer,
9. Prüfziffern,
10. Leerstellen.

(3) Öffentliche Stellen können die in der Zone für das automatische Lesen nach Absatz 2 enthaltenen Daten zur Erfüllung ihrer gesetzlichen Aufgaben verarbeiten.

(4) [1]Das Vordruckmuster für den Ausweisersatz enthält eine Seriennummer und eine Zone für das automatische Lesen. [2]In dem Vordruckmuster können neben der Bezeichnung von Ausstellungsbehörde, Ausstellungsort und -datum, Gültigkeitszeitraum oder -dauer, Name und Vornamen des Inhabers, Aufenthaltsstatus sowie Nebenbestimmungen folgende Angaben über die Person des Inhabers vorgesehen sein:
1. Geburtsdatum und Geburtsort,
2. Staatsangehörigkeit,
3. Geschlecht,
4. Größe,
5. Farbe der Augen,
6. Anschrift,

7. Lichtbild,
8. eigenhändige Unterschrift,
9. zwei Fingerabdrücke,
10. Hinweis, dass die Personalangaben auf den Angaben des Ausländers beruhen.

³Sofern Fingerabdrücke nach Satz 2 Nummer 9 erfasst werden, müssen diese in mit Sicherheitsverfahren verschlüsselter Form nach Maßgabe der Artikel 24, 25 und 32 der Verordnung (EU) 2016/679 auf einem elektronischen Speicher- und Verarbeitungsmedium in den Ausweisersatz eingebracht werden. ⁴Das Gleiche gilt, sofern Lichtbilder in elektronischer Form eingebracht werden. ⁵Die Absätze 2 und 3 gelten entsprechend. ⁶§ 78 Absatz 1 Satz 4 bleibt unberührt.

(5) ¹Die Bescheinigungen nach § 60a Absatz 4 und § 81 Absatz 5 werden nach einheitlichem Vordruckmuster ausgestellt, das eine Seriennummer sowie die AZR-Nummer enthält und mit einer Zone für das automatische Lesen versehen sein kann. ²Die Bescheinigung darf im Übrigen nur die in Absatz 4 bezeichneten Daten enthalten sowie den Hinweis, dass der Ausländer mit ihr nicht der Passpflicht genügt. ³Die Absätze 2 und 3 gelten entsprechend.

§ 79 Entscheidung über den Aufenthalt

(1) ¹Über den Aufenthalt von Ausländern wird auf der Grundlage der im Bundesgebiet bekannten Umstände und zugänglichen Erkenntnisse entschieden. ²Über das Vorliegen der Voraussetzungen des § 60 Absatz 5 und 7 entscheidet die Ausländerbehörde auf der Grundlage der ihr vorliegenden und im Bundesgebiet zugänglichen Erkenntnisse und, soweit es im Einzelfall erforderlich ist, der den Behörden des Bundes außerhalb des Bundesgebiets zugänglichen Erkenntnisse.

(2) Beantragt ein Ausländer, gegen den wegen des Verdachts einer Straftat oder einer Ordnungswidrigkeit ermittelt wird, die Erteilung oder Verlängerung eines Aufenthaltstitels, ist die Entscheidung über den Aufenthaltstitel bis zum Abschluss des Verfahrens, im Falle einer gerichtlichen Entscheidung bis zu deren Rechtskraft auszusetzen, es sei denn, über den Aufenthaltstitel kann ohne Rücksicht auf den Ausgang des Verfahrens entschieden werden.

(3) ¹Wird ein Aufenthaltstitel gemäß § 36a Absatz 1 zum Zwecke des Familiennachzugs zu einem Ausländer beantragt,

1. gegen den ein Strafverfahren oder behördliches Verfahren wegen einer der in § 27 Absatz 3a genannten Tatbestände eingeleitet wurde,
2. gegen den ein Strafverfahren wegen einer oder mehrerer der in § 36a Absatz 3 Nummer 2 genannten Straftaten eingeleitet wurde, oder
3. bei dem ein Widerrufsverfahren nach § 73b Absatz 1 Satz 1 des Asylgesetzes oder ein Rücknahmeverfahren nach § 73b Absatz 3 des Asylgesetzes eingeleitet wurde,

ist die Entscheidung über die Erteilung des Aufenthaltstitels gemäß § 36a Absatz 1 bis zum Abschluss des jeweiligen Verfahrens, im Falle einer gerichtlichen Entscheidung bis zu ihrer Rechtskraft, auszusetzen, es sei denn, über den Aufenthaltstitel gemäß § 36a Absatz 1 kann ohne Rücksicht auf den Ausgang des Verfahrens entschieden werden. ²Im Fall von Satz 1 Nummer 3 ist bei einem Widerruf oder einer Rücknahme der Zuerkennung des subsidiären Schutzes auf das Verfahren zur Entscheidung über den Widerruf des Aufenthaltstitels des Ausländers nach § 52 Absatz 1 Satz 1 Nummer 4 abzustellen.

(4) ¹Beantragt ein Ausländer, gegen den wegen des Verdachts einer Straftat ermittelt wird, die Erteilung oder Verlängerung einer Beschäftigungsduldung, ist die Entscheidung über die Beschäftigungsduldung bis zum Abschluss des Verfahrens, im Falle einer gerichtlichen Entscheidung bis zu deren Rechtskraft, auszusetzen, es sei denn, über die Beschäftigungsduldung kann ohne Rücksicht auf den Ausgang des Verfahrens entschieden werden.

(5) ¹Beantragt ein Ausländer, gegen den wegen einer Straftat öffentliche Klage erhoben wurde, die Erteilung einer Ausbildungsduldung, ist die Entscheidung über die Ausbildungsduldung bis zum Abschluss des Verfahrens, im Falle einer gerichtlichen Entscheidung bis zu deren Rechtskraft, auszusetzen, es sei denn, über die Ausbildungsduldung kann ohne Rücksicht auf den Ausgang des Verfahrens entschieden werden.

§ 80 Handlungsfähigkeit

(1) Fähig zur Vornahme von Verfahrenshandlungen nach diesem Gesetz ist ein Ausländer, der volljährig ist, sofern er nicht nach Maßgabe des Bürgerlichen Gesetzbuchs geschäftsunfähig oder in dieser Angelegenheit zu betreuen und einem Einwilligungsvorbehalt zu unterstellen wäre.

(2) ¹Die mangelnde Handlungsfähigkeit eines Minderjährigen steht seiner Zurückweisung und Zurückschiebung nicht entgegen. ²Das Gleiche gilt für die Androhung und Durchführung der Abschiebung in den Herkunftsstaat, wenn sich sein gesetzlicher Vertreter nicht im Bundesgebiet aufhält oder dessen Aufenthaltsort im Bundesgebiet unbekannt ist.

(3) ¹Bei der Anwendung dieses Gesetzes sind die Vorschriften des Bürgerlichen Gesetzbuchs dafür maßgebend, ob ein Ausländer als minderjährig oder volljährig anzusehen ist. ²Die Geschäftsfähigkeit und die sonstige rechtliche Handlungsfähigkeit eines nach dem Recht seines Heimatstaates volljährigen Ausländers bleiben davon unberührt.

(4) Die gesetzlichen Vertreter eines Ausländers, der minderjährig ist, und sonstige Personen, die an Stelle der gesetzlichen Vertreter den Ausländer im Bundesgebiet betreuen, sind verpflichtet, für den Ausländer die erforderlichen Anträge auf Erteilung und Verlängerung des Aufenthaltstitels und auf Erteilung und Verlängerung des Passes, des Passersatzes und des Ausweisersatzes zu stellen.

(5) Sofern der Ausländer das 18. Lebensjahr noch nicht vollendet hat, müssen die zur Personensorge berechtigten Personen einem geplanten Aufenthalt nach Kapitel 2 Abschnitt 3 und 4 zustimmen.

§ 81 Beantragung des Aufenthaltstitels

(1) Ein Aufenthaltstitel wird einem Ausländer nur auf seinen Antrag erteilt, soweit nichts anderes bestimmt ist.

(2) ¹Ein Aufenthaltstitel, der nach Maßgabe der Rechtsverordnung nach § 99 Abs. 1 Nr. 2 nach der Einreise eingeholt werden kann, ist unverzüglich nach der Einreise oder innerhalb der in der Rechtsverordnung bestimmten Frist zu beantragen. ²Für ein im Bundesgebiet geborenes Kind, dem nicht von Amts wegen ein Aufenthaltstitel zu erteilen ist, ist der Antrag innerhalb von sechs Monaten nach der Geburt zu stellen.

(3) ¹Beantragt ein Ausländer, der sich rechtmäßig im Bundesgebiet aufhält, ohne einen Aufenthaltstitel zu besitzen, die Erteilung eines Aufenthaltstitels, gilt sein Aufenthalt bis zur Entscheidung der Ausländerbehörde als erlaubt. ²Wird der Antrag verspätet gestellt, gilt ab dem Zeitpunkt der Antragstellung bis zur Entscheidung der Ausländerbehörde die Abschiebung als ausgesetzt.

(4) ¹Beantragt ein Ausländer vor Ablauf seines Aufenthaltstitels dessen Verlängerung oder die Erteilung eines anderen Aufenthaltstitels, gilt der bisherige Aufenthaltstitel vom Zeitpunkt seines Ablaufs bis zur Entscheidung der Ausländerbehörde als fortbestehend. ²Dies gilt nicht für ein Visum nach § 6 Absatz 1. ³Wurde der Antrag auf Erteilung oder Verlängerung eines Aufenthaltstitels verspätet gestellt, kann die Ausländerbehörde zur Vermeidung einer unbilligen Härte die Fortgeltungswirkung anordnen.

(5) Dem Ausländer ist eine Bescheinigung über die Wirkung seiner Antragstellung (Fiktionsbescheinigung) auszustellen.

(6) Wenn der Antrag auf Erteilung einer Aufenthaltserlaubnis zum Familiennachzug zu einem Inhaber einer ICT-Karte oder einer Mobiler-ICT-Karte gleichzeitig mit dem Antrag auf Erteilung einer ICT-Karte oder einer Mobiler-ICT-Karte gestellt wird, so wird über den Antrag auf Erteilung einer Aufenthaltserlaubnis zum Zweck des Familiennachzugs gleichzeitig mit dem Antrag auf Erteilung einer ICT-Karte oder einer Mobiler-ICT-Karte entschieden.

§ 81a Beschleunigtes Fachkräfteverfahren

(1) Arbeitgeber können bei der zuständigen Ausländerbehörde in Vollmacht des Ausländers, der zu einem Aufenthaltszweck nach den §§ 16a, 16d, 18a, 18b und 18c Absatz 3 einreisen will, ein beschleunigtes Fachkräfteverfahren beantragen.

(2) Arbeitgeber und zuständige Ausländerbehörde schließen dazu eine Vereinbarung, die insbesondere umfasst

1. Kontaktdaten des Ausländers, des Arbeitgebers und der Behörde,
2. Bevollmächtigung des Arbeitgebers durch den Ausländer,
3. Bevollmächtigung der zuständigen Ausländerbehörde durch den Arbeitgeber, das Verfahren zur Feststellung der Gleichwertigkeit der im Ausland erworbenen Berufsqualifikation einleiten und betreiben zu können,
4. Verpflichtung des Arbeitgebers, auf die Einhaltung der Mitwirkungspflicht des Ausländers nach § 82 Absatz 1 Satz 1 durch diesen hinzuwirken,
5. vorzulegende Nachweise,
6. Beschreibung der Abläufe einschließlich Beteiligter und Erledigungsfristen,
7. Mitwirkungspflicht des Arbeitgebers nach § 4a Absatz 5 Satz 3 Nummer 3 und
8. Folgen bei Nichteinhalten der Vereinbarung.

(3) ¹Im Rahmen des beschleunigten Fachkräfteverfahrens ist es Aufgabe der zuständigen Ausländerbehörde,

1. den Arbeitgeber zum Verfahren und den einzureichenden Nachweisen zu beraten,
2. soweit erforderlich, das Verfahren zur Feststellung der Gleichwertigkeit der im Ausland erworbenen Berufsqualifikation oder zur Zeugnisbewertung des ausländischen Hochschulabschlusses bei der jeweils zuständigen Stelle unter Hinweis auf das beschleunigte Fachkräfteverfahren einzuleiten; soll

der Ausländer in einem im Inland reglementierten Beruf beschäftigt werden, ist die Berufsausübungserlaubnis einzuholen,

3. die Eingangs- und Vollständigkeitsbestätigungen der zuständigen Stellen dem Arbeitgeber unverzüglich zur Kenntnis zu übersenden, wenn ein Verfahren nach Nummer 2 eingeleitet wurde; bei Anforderung weiterer Nachweise durch die zuständige Stelle und bei Eingang der von der zuständigen Stelle getroffenen Feststellungen ist der Arbeitgeber innerhalb von drei Werktagen ab Eingang zur Aushändigung und Besprechung des weiteren Ablaufs einzuladen,

4. soweit erforderlich, unter Hinweis auf das beschleunigte Fachkräfteverfahren die Zustimmung der Bundesagentur für Arbeit einzuholen,

5. die zuständige Auslandsvertretung über die bevorstehende Visumantragstellung durch den Ausländer zu informieren und

6. bei Vorliegen der erforderlichen Voraussetzungen, einschließlich der Feststellung der Gleichwertigkeit oder Vorliegen der Vergleichbarkeit der Berufsqualifikation sowie der Zustimmung der Bundesagentur für Arbeit, der Visumerteilung unverzüglich vorab zuzustimmen.

²Stellt die zuständige Stelle durch Bescheid fest, dass die im Ausland erworbene Berufsqualifikation nicht gleichwertig ist, die Gleichwertigkeit aber durch eine Qualifizierungsmaßnahme erreicht werden kann, kann das Verfahren nach § 81a mit dem Ziel der Einreise zum Zweck des § 16d fortgeführt werden.

(4) Dieses Verfahren umfasst auch den Familiennachzug des Ehegatten und minderjähriger lediger Kinder, deren Visumanträge in zeitlichem Zusammenhang gestellt werden.

(5) Die Absätze 1 bis 4 gelten auch für sonstige qualifizierte Beschäftigte.

§ 82 Mitwirkung des Ausländers

(1) ¹Der Ausländer ist verpflichtet, seine Belange und für ihn günstige Umstände, soweit sie nicht offenkundig oder bekannt sind, unter Angabe nachprüfbarer Umstände unverzüglich geltend zu machen und die erforderlichen Nachweise über seine persönlichen Verhältnisse, sonstige erforderliche Bescheinigungen und Erlaubnisse sowie sonstige erforderliche Nachweise, die er erbringen kann, unverzüglich beizubringen. ²Die Ausländerbehörde kann ihm dafür eine angemessene Frist setzen. ³Sie setzt ihm eine solche Frist, wenn sie die Bearbeitung eines Antrags auf Erteilung eines Aufenthaltstitels wegen fehlender oder unvollständiger Angaben aussetzt, und benennt dabei die nachzuholenden Angaben. ⁴Nach Ablauf der Frist geltend gemachte Umstände und beigebrachte Nachweise können unberücksichtigt bleiben. ⁵Der Ausländer, der eine ICT-Karte nach § 19b beantragt hat, ist verpflichtet, der zuständigen Ausländerbehörde jede Änderung mitzuteilen, die während des Antragsverfahrens eintritt und die Auswirkungen auf die Voraussetzungen der Erteilung der ICT-Karte hat.

(2) Absatz 1 findet im Widerspruchsverfahren entsprechende Anwendung.

(3) ¹Der Ausländer soll auf seine Pflichten nach Absatz 1 sowie seine wesentlichen Rechte und Pflichten nach diesem Gesetz, insbesondere die Verpflichtungen aus den §§ 44a, 48, 49 und 81 hingewiesen werden. ²Im Falle der Fristsetzung ist er auf die Folgen der Fristversäumung hinzuweisen.

(4) ¹Soweit es zur Vorbereitung und Durchführung von Maßnahmen nach diesem Gesetz und nach ausländerrechtlichen Bestimmungen in anderen Gesetzen erforderlich ist, kann angeordnet werden, dass ein Ausländer bei der zuständigen Behörde sowie den Vertretungen oder ermächtigten Bediensteten des Staates, dessen Staatsangehörigkeit er vermutlich besitzt, persönlich erscheint sowie eine ärztliche Untersuchung zur Feststellung der Reisefähigkeit durchgeführt wird. ²Kommt der Ausländer einer Anordnung nach Satz 1 nicht nach, kann sie zwangsweise durchgesetzt werden. ³§ 40 Abs. 1 und 2, die §§ 41, 42 Abs. 1 Satz 1 und 3 des Bundespolizeigesetzes finden entsprechende Anwendung.

(5) ¹Der Ausländer, für den nach diesem Gesetz, dem Asylgesetz oder den zur Durchführung dieser Gesetze erlassenen Bestimmungen ein Dokument ausgestellt werden soll, hat auf Verlangen

1. ein aktuelles Lichtbild nach Maßgabe einer nach § 99 Abs. 1 Nr. 13 und 13a erlassenen Rechtsverordnung vorzulegen oder bei der Aufnahme eines solchen Lichtbildes mitzuwirken und

2. bei der Abnahme seiner Fingerabdrücke nach Maßgabe einer nach § 99 Absatz 1 Nummer 13 und 13a erlassenen Rechtsverordnung mitzuwirken.

²Das Lichtbild und die Fingerabdrücke dürfen in Dokumente nach Satz 1 eingebracht und von den zuständigen Behörden zur Sicherung und einer späteren Feststellung der Identität verarbeitet werden.

(6) ¹Ausländer, die im Besitz einer Aufenthaltserlaubnis nach Kapitel 2 Abschnitt 3 oder 4 sind, sind verpflichtet, der zuständigen Ausländerbehörde innerhalb von zwei Wochen ab Kenntnis mitzuteilen, dass die Ausbildung oder die Erwerbstätigkeit, für die der Aufenthaltstitel erteilt wurde, vorzeitig beendet wurde. ²Der Ausländer ist bei Erteilung des Aufenthaltstitels über seine Verpflichtung nach Satz 1 zu unterrichten.

§ 83 Beschränkung der Anfechtbarkeit

(1) [1]Die Versagung eines nationalen Visums und eines Passersatzes an der Grenze sind unanfechtbar. [2]Der Ausländer wird bei der Versagung eines nationalen Visums und eines Passersatzes an der Grenze auf die Möglichkeit einer Antragstellung bei der zuständigen Auslandsvertretung hingewiesen.

(2) Gegen die Versagung der Aussetzung der Abschiebung findet kein Widerspruch statt.

(3) Gegen die Anordnung und Befristung eines Einreise- und Aufenthaltsverbots durch das Bundesamt für Migration und Flüchtlinge findet kein Widerspruch statt.

§ 84 Wirkungen von Widerspruch und Klage

(1) [1]Widerspruch und Klage gegen

1. die Ablehnung eines Antrages auf Erteilung oder Verlängerung des Aufenthaltstitels,
1a. Maßnahmen nach § 49,
2. die Auflage nach § 61 Absatz 1e, in einer Ausreiseeinrichtung Wohnung zu nehmen,
2a. Auflagen zur Sicherung und Durchsetzung der vollziehbaren Ausreisepflicht nach § 61 Absatz 1e,
3. die Änderung oder Aufhebung einer Nebenbestimmung, die die Ausübung einer Erwerbstätigkeit betrifft,
4. den Widerruf des Aufenthaltstitels des Ausländers nach § 52 Abs. 1 Satz 1 Nr. 4 in den Fällen des § 75 Absatz 2 Satz 1 des Asylgesetzes,
5. den Widerruf oder die Rücknahme der Anerkennung von Forschungseinrichtungen für den Abschluss von Aufnahmevereinbarungen nach § 18d,
6. die Ausreiseuntersagung nach § 46 Absatz 2 Satz 1,
7. die Befristung eines Einreise- und Aufenthaltsverbots nach § 11,
8. die Anordnung eines Einreise- und Aufenthaltsverbots nach § 11 Absatz 6 sowie
9. die Feststellung nach § 85a Absatz 1 Satz 2.[1)]

haben keine aufschiebende Wirkung. [2]Die Klage gegen die Anordnung eines Einreise- und Aufenthaltsverbots nach § 11 Absatz 7 hat keine aufschiebende Wirkung.

(2) [1]Widerspruch und Klage lassen unbeschadet ihrer aufschiebenden Wirkung die Wirksamkeit der Ausweisung und eines sonstigen Verwaltungsaktes, der die Rechtmäßigkeit des Aufenthalts beendet, unberührt. [2]Für Zwecke der Aufnahme oder Ausübung einer Erwerbstätigkeit gilt der Aufenthaltstitel als fortbestehend, solange die Frist zur Erhebung des Widerspruchs oder der Klage noch nicht abgelaufen ist, während eines gerichtlichen Verfahrens über einen zulässigen Antrag auf Anordnung oder Wiederherstellung der aufschiebenden Wirkung oder solange der eingelegte Rechtsbehelf aufschiebende Wirkung hat. [3]Eine Unterbrechung der Rechtmäßigkeit des Aufenthalts tritt nicht ein, wenn der Verwaltungsakt durch eine behördliche oder unanfechtbare gerichtliche Entscheidung aufgehoben wird.

§ 85 Berechnung von Aufenthaltszeiten

Unterbrechungen der Rechtmäßigkeit des Aufenthalts bis zu einem Jahr können außer Betracht bleiben.

§ 85a Verfahren bei konkreten Anhaltspunkten einer missbräuchlichen Anerkennung der Vaterschaft

(1) [1]Wird der Ausländerbehörde von einer beurkundenden Behörde oder einer Urkundsperson mitgeteilt, dass konkrete Anhaltspunkte für eine missbräuchliche Anerkennung der Vaterschaft im Sinne von § 1597a Absatz 1 des Bürgerlichen Gesetzbuchs bestehen, prüft die Ausländerbehörde, ob eine solche vorliegt. [2]Ergibt die Prüfung, dass die Anerkennung der Vaterschaft missbräuchlich ist, stellt die Ausländerbehörde dies durch schriftlichen oder elektronischen Verwaltungsakt fest. [3]Ergibt die Prüfung, dass die Anerkennung der Vaterschaft nicht missbräuchlich ist, stellt die Ausländerbehörde das Verfahren ein.

(2) [1]Eine missbräuchliche Anerkennung der Vaterschaft wird regelmäßig vermutet, wenn

1. der Anerkennende erklärt, dass seine Anerkennung gezielt gerade einem Zweck im Sinne von § 1597a Absatz 1 des Bürgerlichen Gesetzbuchs dient,
2. die Mutter erklärt, dass ihre Zustimmung gezielt gerade einem Zweck im Sinne von § 1597a Absatz 1 des Bürgerlichen Gesetzbuchs dient,
3. der Anerkennende bereits mehrfach die Vaterschaft von Kindern verschiedener ausländischer Mütter anerkannt hat und jeweils die rechtlichen Voraussetzungen für die erlaubte Einreise oder den erlaubten Aufenthalt des Kindes oder der Mutter durch die Anerkennung geschaffen hat, auch wenn das Kind durch die Anerkennung die deutsche Staatsangehörigkeit erworben hat,
4. dem Anerkennenden oder der Mutter ein Vermögensvorteil für die Anerkennung der Vaterschaft oder die Zustimmung hierzu gewährt oder versprochen worden ist

1) Zeichensetzung amtlich.

und die Erlangung der rechtlichen Voraussetzungen für die erlaubte Einreise oder den erlaubten Aufenthalt des Kindes, des Anerkennenden oder der Mutter ohne die Anerkennung der Vaterschaft und die Zustimmung hierzu nicht zu erwarten ist. [2]Dies gilt auch, wenn die rechtlichen Voraussetzungen für die erlaubte Einreise oder den erlaubten Aufenthalt des Kindes durch den Erwerb der deutschen Staatsangehörigkeit des Kindes nach § 4 Absatz 1 oder Absatz 3 Satz 1 des Staatsangehörigkeitsgesetzes geschaffen werden sollen.

(3) [1]Ist die Feststellung nach Absatz 1 Satz 2 unanfechtbar, gibt die Ausländerbehörde der beurkundenden Behörde oder der Urkundsperson und dem Standesamt eine beglaubigte Abschrift mit einem Vermerk über den Eintritt der Unanfechtbarkeit zur Kenntnis. [2]Stellt die Behörde das Verfahren ein, teilt sie dies der beurkundenden Behörde oder der Urkundsperson, den Beteiligten und dem Standesamt schriftlich oder elektronisch mit.

(4) Im Ausland sind für die Maßnahmen und Feststellungen nach den Absätzen 1 und 3 die deutschen Auslandsvertretungen zuständig.

Abschnitt 4
Datenschutz

§ 86 Erhebung personenbezogener Daten

[1]Die mit der Ausführung dieses Gesetzes betrauten Behörden dürfen zum Zweck der Ausführung dieses Gesetzes und ausländerrechtlicher Bestimmungen in anderen Gesetzen personenbezogene Daten erheben, soweit dies zur Erfüllung ihrer Aufgaben nach diesem Gesetz und nach ausländerrechtlichen Bestimmungen in anderen Gesetzen erforderlich ist. [2]Personenbezogene Daten, deren Verarbeitung nach Artikel 9 Absatz 1 der Verordnung (EU) 2016/679 untersagt ist, dürfen erhoben werden, soweit dies im Einzelfall zur Aufgabenerfüllung erforderlich ist.

§ 86a Erhebung personenbezogener Daten zu Förderungen der freiwilligen Ausreise und Reintegration

(1) [1]Die Ausländerbehörden und alle sonstigen öffentlichen Stellen sowie privaten Träger, die staatlich finanzierte rückkehr- und reintegrationsfördernde Maßnahmen selbst oder im Auftrag der öffentlichen Hand durchführen oder den dafür erforderlichen Antrag entgegennehmen, erheben personenbezogene Daten, soweit diese Daten erforderlich sind, zum Zweck der Durchführung der rückkehr- und reintegrationsfördernden Maßnahmen, der Koordinierung der Programme zur Förderung der freiwilligen Rückkehr durch das Bundesamt für Migration und Flüchtlinge sowie zur Sicherstellung einer zweckgemäßen Verwendung der Förderung und erforderlichenfalls zu deren Rückforderung. [2]Dabei handelt es sich um folgende Daten:
1. Familienname, Geburtsname, Vornamen, Schreibweise der Namen nach deutschem Recht, Familienstand, Geburtsdatum, Geburtsort und -bezirk, Geschlecht, Staatsangehörigkeiten,
2. Angaben zum Zielstaat,
3. Angaben zur Art der Förderung und
4. Angaben, ob die Person freiwillig ausgereist ist oder abgeschoben wurde.
[3]Angaben zum Umfang und zur Begründung der Förderung müssen ebenfalls erhoben werden.
(2) Die Ausländerbehörden und die mit grenzpolizeilichen Aufgaben betrauten Behörden erheben zur Feststellung der Wirksamkeit der Förderung der Ausreisen Angaben zum Nachweis der Ausreise, zum Staat der Ausreise und zum Zielstaat.

§ 87 Übermittlungen an Ausländerbehörden

(1) Öffentliche Stellen mit Ausnahme von Schulen sowie Bildungs- und Erziehungseinrichtungen haben ihnen bekannt gewordene Umstände den in § 86 Satz 1 genannten Stellen auf Ersuchen mitzuteilen, soweit dies für die dort genannten Zwecke erforderlich ist.

(2) [1]Öffentliche Stellen im Sinne von Absatz 1 haben unverzüglich die zuständige Ausländerbehörde zu unterrichten, wenn sie im Zusammenhang mit der Erfüllung ihrer Aufgaben Kenntnis erlangen von
1. dem Aufenthalt eines Ausländers, der keinen erforderlichen Aufenthaltstitel besitzt und dessen Abschiebung nicht ausgesetzt ist,
2. dem Verstoß gegen eine räumliche Beschränkung,
2a. der Inanspruchnahme oder Beantragung von Sozialleistungen durch einen Ausländer, für sich selbst, seine Familienangehörigen oder für sonstige Haushaltsangehörige in den Fällen des § 7 Absatz 1 Satz 2 Nummer 2 oder Satz 4 des Zweiten Buches Sozialgesetzbuch oder in den Fällen des § 23 Absatz 3 Satz 1 Nummer 2, 3 oder 4, Satz 3, 6 oder 7 des Zwölften Buches Sozialgesetzbuch oder
3. einem sonstigen Ausweisungsgrund;

in den Fällen der Nummern 1 und 2 und sonstiger nach diesem Gesetz strafbarer Handlungen kann statt der Ausländerbehörde die zuständige Polizeibehörde unterrichtet werden, wenn eine der in § 71 Abs. 5 bezeichneten Maßnahmen in Betracht kommt; die Polizeibehörde unterrichtet unverzüglich die Ausländerbehörde. ²Öffentliche Stellen sollen unverzüglich die zuständige Ausländerbehörde unterrichten, wenn sie im Zusammenhang mit der Erfüllung ihrer Aufgaben Kenntnis erlangen von einer besonderen Integrationsbedürftigkeit im Sinne einer nach § 43 Abs. 4 erlassenen Rechtsverordnung. ³Die für Leistungen nach dem Zweiten oder Zwölften Buch Sozialgesetzbuch zuständigen Stellen sind über die in Satz 1 geregelten Tatbestände hinaus verpflichtet, der Ausländerbehörde mitzuteilen, wenn ein Ausländer mit einer Aufenthaltserlaubnis nach Kapitel 2 Abschnitt 3 oder 4 für sich oder seine Familienangehörigen entsprechende Leistungen beantragt. ⁴Die Auslandsvertretungen übermitteln der zuständigen Ausländerbehörde personenbezogene Daten eines Ausländers, die geeignet sind, dessen Identität oder Staatsangehörigkeit festzustellen, wenn sie davon Kenntnis erlangen, dass die Daten für die Durchsetzung der vollziehbaren Ausreisepflicht gegenüber dem Ausländer gegenwärtig von Bedeutung sein können.

(3) ¹Die Beauftragte der Bundesregierung für Migration, Flüchtlinge und Integration ist nach den Absätzen 1 und 2 zu Mitteilungen über einen diesem Personenkreis angehörenden Ausländer nur verpflichtet, soweit dadurch die Erfüllung der eigenen Aufgaben nicht gefährdet wird. ²Die Landesregierungen können durch Rechtsverordnung bestimmen, dass Ausländerbeauftragte des Landes und Ausländerbeauftragte von Gemeinden nach den Absätzen 1 und 2 zu Mitteilungen über einen Ausländer, der sich rechtmäßig in dem Land oder der Gemeinde aufhält oder der sich bis zum Erlass eines die Rechtmäßigkeit des Aufenthalts beendenden Verwaltungsaktes rechtmäßig dort aufgehalten hat, nur nach Maßgabe des Satzes 1 verpflichtet sind.

(4) ¹Die für die Einleitung und Durchführung eines Straf- oder eines Bußgeldverfahrens zuständigen Stellen haben die zuständige Ausländerbehörde unverzüglich über die Einleitung des Strafverfahrens sowie die Erledigung des Straf- oder Bußgeldverfahrens bei der Staatsanwaltschaft, bei Gericht oder bei der für die Verfolgung und Ahndung der Ordnungswidrigkeit zuständigen Verwaltungsbehörde unter Angabe der gesetzlichen Vorschriften zu unterrichten. ²Satz 1 gilt entsprechend für die Einleitung eines Auslieferungsverfahrens gegen einen Ausländer. ³Satz 1 gilt nicht für Verfahren wegen einer Ordnungswidrigkeit, die nur mit einer Geldbuße bis zu eintausend Euro geahndet werden kann, sowie für Verfahren wegen einer Zuwiderhandlung im Sinne des § 24 des Straßenverkehrsgesetzes oder wegen einer fahrlässigen Zuwiderhandlung im Sinne des § 24a des Straßenverkehrsgesetzes. ⁴Die Zeugenschutzdienststelle unterrichtet die zuständige Ausländerbehörde unverzüglich über Beginn und Ende des Zeugenschutzes für einen Ausländer.

(5) Die nach § 72 Abs. 6 zu beteiligenden Stellen haben den Ausländerbehörden
1. von Amts wegen Umstände mitzuteilen, die einen Widerruf eines nach § 25 Abs. 4a oder 4b erteilten Aufenthaltstitels oder die Verkürzung oder Aufhebung einer nach § 59 Absatz 7 gewährten Ausreisefrist rechtfertigen und
2. von Amts wegen Angaben zur zuständigen Stelle oder zum Übergang der Zuständigkeit mitzuteilen, sofern in einem Strafverfahren eine Beteiligung nach § 72 Abs. 6 erfolgte oder eine Mitteilung nach Nummer 1 gemacht wurde.

(6) Öffentliche Stellen sowie private Träger, die staatlich finanzierte rückkehr- und reintegrationsfördernde Maßnahmen selbst oder im Auftrag der öffentlichen Hand durchführen oder den hierfür erforderlichen Antrag entgegennehmen, haben nach § 86a Absatz 1 erhobene Daten an die zuständige Ausländerbehörde zu übermitteln, soweit dies für die in § 86a genannten Zwecke erforderlich ist.

§ 88 Übermittlungen bei besonderen gesetzlichen Verarbeitungsregelungen

(1) Eine Übermittlung personenbezogener Daten und sonstiger Angaben nach § 87 unterbleibt, soweit besondere gesetzliche Verarbeitungsregelungen entgegenstehen.

(2) Personenbezogene Daten, die von einem Arzt oder anderen in § 203 Absatz 1 Nummer 1, 2, 4 bis 7 und Absatz 4 des Strafgesetzbuches genannten Personen einer öffentlichen Stelle zugänglich gemacht worden sind, dürfen von dieser übermittelt werden,
1. wenn dies zur Abwehr von erheblichen Gefahren für Leib und Leben des Ausländers oder von Dritten erforderlich ist, der Ausländer die öffentliche Gesundheit gefährdet und besondere Schutzmaßnahmen zum Ausschluss der Gefährdung nicht möglich sind oder von dem Ausländer nicht eingehalten werden oder
2. soweit die Daten für die Feststellung erforderlich sind, ob die in § 54 Absatz 2 Nummer 4 bezeichneten Voraussetzungen vorliegen.

(3) ¹Personenbezogene Daten, die nach § 30 der Abgabenordnung dem Steuergeheimnis unterliegen, dürfen übermittelt werden, wenn der Ausländer gegen eine Vorschrift des Steuerrechts einschließlich des

Zollrechts und des Monopolrechts oder des Außenwirtschaftsrechts oder gegen Einfuhr-, Ausfuhr-, Durchfuhr- oder Verbringungsverbote oder -beschränkungen verstoßen hat und wegen dieses Verstoßes ein strafrechtliches Ermittlungsverfahren eingeleitet oder eine Geldbuße von mindestens fünfhundert Euro verhängt worden ist. ²In den Fällen des Satzes 1 dürfen auch die mit der polizeilichen Kontrolle des grenzüberschreitenden Verkehrs beauftragten Behörden unterrichtet werden, wenn ein Ausreiseverbot nach § 46 Abs. 2 erlassen werden soll.

(4) Auf die Übermittlung durch die mit der Ausführung dieses Gesetzes betrauten Behörden und durch nichtöffentliche Stellen finden die Absätze 1 bis 3 entsprechende Anwendung.

§ 88a Verarbeitung von Daten im Zusammenhang mit Integrationsmaßnahmen

(1) ¹Bei der Durchführung von Integrationskursen ist eine Übermittlung von teilnehmerbezogenen Daten, insbesondere von Daten der Bestätigung der Teilnahmeberechtigung, der Zulassung zur Teilnahme nach § 44 Absatz 4 sowie der Anmeldung zu und der Teilnahme an einem Integrationskurs, durch die Ausländerbehörde, die Bundesagentur für Arbeit, den Träger der Grundsicherung für Arbeitsuchende, die Träger der Leistungen nach dem Asylbewerberleistungsgesetz, das Bundesverwaltungsamt und die für die Durchführung der Integrationskurse zugelassenen privaten und öffentlichen Träger an das Bundesamt für Migration und Flüchtlinge zulässig, soweit sie für die Erteilung einer Zulassung oder Berechtigung zum Integrationskurs, die Feststellung der ordnungsgemäßen Teilnahme, die Feststellung der Erfüllung der Teilnahmeverpflichtung nach § 44a Absatz 1 Satz 1, die Bescheinigung der erfolgreichen Teilnahme oder die Abrechnung und Durchführung der Integrationskurse erforderlich ist. ²Die für die Durchführung der Integrationskurse zugelassenen privaten und öffentlichen Träger dürfen die zuständige Ausländerbehörde, die Bundesagentur für Arbeit, den zuständigen Träger der Grundsicherung für Arbeitsuchende oder den zuständigen Träger der Leistungen nach dem Asylbewerberleistungsgesetz über eine nicht ordnungsgemäße Teilnahme eines nach § 44a Absatz 1 Satz 1 zur Teilnahme verpflichteten Ausländers informieren. ³Das Bundesamt für Migration und Flüchtlinge darf die nach Satz 1 übermittelten Daten auf Ersuchen den Ausländerbehörden, der Bundesagentur für Arbeit, den Trägern der Grundsicherung für Arbeitsuchende oder den Trägern der Leistungen nach dem Asylbewerberleistungsgesetz und den Staatsangehörigkeitsbehörden übermitteln, soweit dies für die Erteilung einer Zulassung oder Berechtigung zum Integrationskurs, zur Kontrolle der Erfüllung der Teilnahmeverpflichtung, für die Verlängerung einer Aufenthaltserlaubnis, für die Erteilung einer Niederlassungserlaubnis oder einer Erlaubnis zum Daueraufenthalt – EU, zur Überwachung der Eingliederungsvereinbarung, zur Integration in den Arbeitsmarkt oder zur Durchführung des Einbürgerungsverfahrens erforderlich ist. ⁴Darüber hinaus ist eine Verarbeitung dieser Daten durch das Bundesamt für Migration und Flüchtlinge nur für die Durchführung und Abrechnung der Integrationskurse sowie für die Durchführung eines wissenschaftlichen Forschungsvorhabens nach § 75 Nummer 4a unter den Voraussetzungen des § 8 Absatz 7 und 8 der Integrationskursverordnung zulässig.

(1a) ¹Absatz 1 gilt entsprechend für die Verarbeitung von Daten aus dem Asylverfahren beim Bundesamt für Migration und Flüchtlinge, soweit die Nutzung für die Entscheidung über die Zulassung zum Integrationskurs erforderlich ist. ²Zur Feststellung der Voraussetzungen des § 44 Absatz 4 Satz 2 im Rahmen der Entscheidung über die Zulassung zum Integrationskurs gilt dies entsprechend auch für die Verarbeitung von Daten aus dem Ausländerzentralregister.

(2) Bedient sich das Bundesamt für Migration und Flüchtlinge gemäß § 75 Nummer 9 privater oder öffentlicher Träger, um ein migrationsspezifisches Beratungsangebot durchzuführen, ist eine Übermittlung von aggregierten Daten über das Beratungsgeschehen von den Trägern an das Bundesamt für Migration und Flüchtlinge zulässig.

(3) ¹Bei der Durchführung von Maßnahmen der berufsbezogenen Deutschsprachförderung nach § 45a ist eine Übermittlung teilnehmerbezogener Daten über die Anmeldung, die Dauer der Teilnahme und die Art des Abschlusses der Maßnahme durch die Ausländerbehörde, die Bundesagentur für Arbeit, den Träger der Grundsicherung für Arbeitsuchende, das Bundesverwaltungsamt und die mit der Durchführung der Maßnahmen betrauten privaten und öffentlichen Träger an das Bundesamt für Migration und Flüchtlinge zulässig, soweit dies für die Erteilung einer Zulassung zur Maßnahme, die Feststellung und Bescheinigung der ordnungsgemäßen Teilnahme oder die Durchführung und Abrechnung der Maßnahme erforderlich ist. ²Das Bundesamt für Migration und Flüchtlinge darf die nach Satz 1 übermittelten Daten auf Ersuchen den Ausländerbehörden, der Bundesagentur für Arbeit, den Trägern der Grundsicherung für Arbeitsuchende und den Staatsangehörigkeitsbehörden übermitteln, soweit dies für die Erteilung einer Zulassung oder Berechtigung zur Maßnahme, zur Kontrolle der ordnungsgemäßen Teilnahme, für die Erteilung einer Niederlassungserlaubnis oder einer Erlaubnis zum Daueraufenthalt-EU, zur Überwachung der Eingliederungsvereinbarung, zur Integration in den Arbeitsmarkt oder zur Durchführung des Einbürgerungs-

verfahrens erforderlich ist. [3]Die mit der Durchführung der berufsbezogenen Deutschsprachförderung betrauten privaten und öffentlichen Träger dürfen die zuständige Ausländerbehörde, die Bundesagentur für Arbeit oder den zuständigen Träger der Grundsicherung für Arbeitsuchende über eine nicht ordnungsgemäße Teilnahme informieren.

§ 89 Verfahren bei identitätsüberprüfenden, -feststellenden und -sichernden Maßnahmen

(1) [1]Das Bundeskriminalamt leistet Amtshilfe bei der Auswertung der nach § 49 von den mit der Ausführung dieses Gesetzes betrauten Behörden erhobenen und nach § 73 übermittelten Daten. [2]Es darf hierfür auch von ihm zur Erfüllung seiner Aufgaben gespeicherte erkennungsdienstliche Daten verwenden. [3]Die nach § 49 Abs. 3 bis 5 sowie 8 und 9 erhobenen Daten werden getrennt von anderen erkennungsdienstlichen Daten gespeichert. [4]Die Daten nach § 49 Abs. 7 werden bei der aufzeichnenden Behörde gespeichert.

(1a) [1]Im Rahmen seiner Amtshilfe nach Absatz 1 Satz 1 darf das Bundeskriminalamt die erkennungsdienstlichen Daten nach Absatz 1 Satz 1 zum Zwecke der Identitätsfeststellung auch an die für die Überprüfung der Identität von Personen zuständigen öffentlichen Stellen von Drittstaaten mit Ausnahme des Herkunftsstaates der betroffenen Person sowie von Drittstaaten, in denen die betroffene Person eine Verfolgung oder einen ernsthaften Schaden zu befürchten hat, übermitteln. [2]Die Verantwortung für die Zulässigkeit der Übermittlung trägt das Bundeskriminalamt. [3]Das Bundeskriminalamt hat die Übermittlung und ihren Anlass aufzuzeichnen. [4]Die empfangende Stelle personenbezogener Daten ist darauf hinzuweisen, dass sie nur zu dem Zweck verarbeitet werden dürfen, zu dem sie übermittelt worden sind. [5]Ferner ist ihr der beim Bundeskriminalamt vorgesehene Löschungszeitpunkt mitzuteilen. [6]Die Übermittlung unterbleibt, wenn tatsächliche Anhaltspunkte dafür vorliegen, dass

1. unter Berücksichtigung der Art der Daten und ihrer Erhebung die schutzwürdigen Interessen der betroffenen Person, insbesondere ihr Interesse, Schutz vor Verfolgung zu erhalten, das Allgemeininteresse an der Übermittlung überwiegen oder
2. die Übermittlung der Daten zu den Grundrechten, dem Abkommen vom 28. Juli 1951 über die Rechtsstellung der Flüchtlinge sowie der Konvention zum Schutz der Menschenrechte und Grundfreiheiten in Widerspruch stünde, insbesondere dadurch, dass durch die Verarbeitung der übermittelten Daten im Empfängerstaat Verletzungen von elementaren rechtsstaatlichen Grundsätzen oder Menschenrechtsverletzungen drohen.

(2) [1]Die Verarbeitung der nach § 49 Abs. 3 bis 5 oder Absatz 7 bis 9 erhobenen Daten ist auch zulässig zur Feststellung der Identität oder der Zuordnung von Beweismitteln im Rahmen der Strafverfolgung oder zur polizeilichen Gefahrenabwehr. [2]Sie dürfen, soweit und solange es erforderlich ist, den für diese Maßnahmen zuständigen Behörden übermittelt oder bereitgestellt werden.

(3) [1]Die nach § 49 Abs. 1 erhobenen Daten sind von allen Behörden unmittelbar nach Beendigung der Prüfung der Echtheit des Dokuments oder der Identität des Inhabers zu löschen. [2]Die nach § 49 Abs. 3 bis 5, 7, 8 oder 9 erhobenen Daten sind von allen Behörden, die sie speichern, zu löschen, wenn

1. dem Ausländer ein gültiger Pass oder Passersatz ausgestellt und von der Ausländerbehörde ein Aufenthaltstitel erteilt worden ist,
2. seit der letzten Ausreise, der versuchten unerlaubten Einreise oder der Beendigung des unerlaubten Aufenthalts zehn Jahre vergangen sind,
3. in den Fällen des § 49 Abs. 5 Nr. 3 und 4 seit der Zurückweisung oder Zurückschiebung drei Jahre vergangen sind oder
4. im Falle des § 49 Abs. 5 Nr. 5 seit der Beantragung des Visums sowie im Falle des § 49 Abs. 7 seit der Sprachaufzeichnung zehn Jahre vergangen sind.

[3]Die Löschung ist zu protokollieren.

(4) Absatz 3 gilt nicht, soweit und solange die Daten im Rahmen eines Strafverfahrens oder zur Abwehr einer Gefahr für die öffentliche Sicherheit oder Ordnung benötigt werden.

§ 89a *[aufgehoben]*

§ 90 Übermittlungen durch Ausländerbehörden

(1) Ergeben sich im Einzelfall konkrete Anhaltspunkte für

1. eine Beschäftigung oder Tätigkeit von Ausländern ohne erforderlichen Aufenthaltstitel nach § 4,
2. Verstöße gegen die Mitwirkungspflicht nach § 60 Abs. 1 Satz 1 Nr. 2 des Ersten Buches Sozialgesetzbuch gegenüber einer Dienststelle der Bundesagentur für Arbeit, einem Träger der gesetzlichen Kranken-, Pflege-, Unfall- oder Rentenversicherung, einem Träger der Grundsicherung für Arbeit-

suchende oder der Sozialhilfe oder Verstöße gegen die Meldepflicht nach § 8a des Asylbewerberleistungsgesetzes,

3. die in § 6 Absatz 4 Nummer 1 bis 4, 7, 12 und 13 des Schwarzarbeitsbekämpfungsgesetzes bezeichneten Verstöße,

unterrichten die mit der Ausführung dieses Gesetzes betrauten Behörden die für die Verfolgung und Ahndung der Verstöße nach den Nummern 1 bis 3 zuständigen Behörden, die Träger der Grundsicherung für Arbeitsuchende oder der Sozialhilfe sowie die nach § 10 des Asylbewerberleistungsgesetzes zuständigen Behörden.

(2) Bei der Verfolgung und Ahndung von Verstößen gegen dieses Gesetz arbeiten die mit der Ausführung dieses Gesetzes betrauten Behörden insbesondere mit den anderen in § 2 Absatz 4 des Schwarzarbeitsbekämpfungsgesetzes genannten Behörden zusammen.

(3) Die mit der Ausführung dieses Gesetzes betrauten Behörden teilen Umstände und Maßnahmen nach diesem Gesetz, deren Kenntnis für Leistungen nach dem Asylbewerberleistungsgesetz erforderlich ist, sowie die ihnen mitgeteilten Erteilungen von Zustimmungen zur Aufnahme einer Beschäftigung an Leistungsberechtigte nach dem Asylbewerberleistungsgesetz und Angaben über das Erlöschen, den Widerruf oder die Rücknahme von erteilten Zustimmungen zur Aufnahme einer Beschäftigung den nach § 10 des Asylbewerberleistungsgesetzes zuständigen Behörden mit.

(4) Die Ausländerbehörden unterrichten die nach § 72 Abs. 6 zu beteiligenden Stellen unverzüglich über

1. die Erteilung oder Versagung eines Aufenthaltstitels nach § 25 Abs. 4a oder 4b,

2. die Festsetzung, Verkürzung oder Aufhebung einer Ausreisefrist nach § 59 Absatz 7 oder

3. den Übergang der Zuständigkeit der Ausländerbehörde auf eine andere Ausländerbehörde; hierzu ist die Ausländerbehörde verpflichtet, die zuständig geworden ist.

(5) Zu den in § 755 der Zivilprozessordnung genannten Zwecken übermittelt die Ausländerbehörde dem Gerichtsvollzieher auf Ersuchen den Aufenthaltsort einer Person.

(6) [1]Zur Durchführung eines Vollstreckungsverfahrens übermittelt die Ausländerbehörde der Vollstreckungsbehörde auf deren Ersuchen die Angabe über den Aufenthaltsort des Vollstreckungsschuldners. [2]Die Angabe über den Aufenthaltsort darf von der Ausländerbehörde nur übermittelt werden, wenn sich die Vollstreckungsbehörde die Angabe nicht durch Abfrage bei der Meldebehörde beschaffen kann und dies in ihrem Ersuchen gegenüber der Ausländerbehörde bestätigt.

§ 90a Mitteilungen der Ausländerbehörden an die Meldebehörden

(1) [1]Die Ausländerbehörden unterrichten unverzüglich die zuständigen Meldebehörden, wenn sie Anhaltspunkte dafür haben, dass die im Melderegister zu meldepflichtigen Ausländern gespeicherten Daten unrichtig oder unvollständig sind. [2]Sie teilen den Meldebehörden insbesondere mit, wenn ein meldepflichtiger Ausländer

1. sich im Bundesgebiet aufhält, der nicht gemeldet ist,

2. dauerhaft aus dem Bundesgebiet ausgereist ist.

[3]Die Ausländerbehörde unterrichtet die zuständige Meldebehörde über die Erteilung einer Niederlassungserlaubnis oder einer Erlaubnis zum Daueraufenthalt-EU.

(2) Die Mitteilungen nach Absatz 1 sollen folgende Angaben zum meldepflichtigen Ausländer enthalten:

1. Familienname, Geburtsname und Vornamen,

2. Tag, Ort und Staat der Geburt,

3. Staatsangehörigkeiten,

4. letzte Anschrift im Inland,

5. Datum und Zielstaat der Ausreise sowie

6. zum Zweck der eindeutigen Zuordnung die AZR-Nummer in den Fällen und nach Maßgabe des § 10 Absatz 4 Satz 2 Nummer 4 des AZR-Gesetzes.

§ 90b Datenabgleich zwischen Ausländer- und Meldebehörden

[1]Die Ausländer- und Meldebehörden übermitteln einander jährlich die in § 90a Abs. 2 genannten Daten zum Zweck der Datenpflege, soweit sie denselben örtlichen Zuständigkeitsbereich haben. [2]Die empfangende Behörde gleicht die übermittelten Daten mit den bei ihr gespeicherten Daten ab, ein automatisierter Abgleich ist zulässig. [3]Die übermittelten Daten dürfen nur für die Durchführung des Abgleichs sowie die Datenpflege verwendet werden und sind sodann unverzüglich zu löschen; überlassene Datenträger sind unverzüglich zurückzugeben oder zu vernichten.

§ 90c Datenübermittlungen im Visumverfahren über das Auswärtige Amt

(1) [1]Die Übermittlung von Daten im Visumverfahren von den Auslandsvertretungen an die im Visumverfahren beteiligten Behörden und von diesen zurück an die Auslandsvertretungen erfolgt automatisiert

über eine vom Auswärtigen Amt betriebene technische Vorrichtung zur Unterstützung des Visumverfahrens. ²Die technische Vorrichtung stellt die vollständige, korrekte und fristgerechte Übermittlung der Daten nach Satz 1 sicher. ³Zu diesem Zweck werden die Daten nach Satz 1 in der technischen Vorrichtung gespeichert.

(2) In der technischen Vorrichtung dürfen personenbezogene Daten nur verarbeitet werden, soweit dies für den in Absatz 1 Satz 1 und 2 genannten Zweck erforderlich ist.

(3) Die nach Absatz 1 Satz 3 gespeicherten Daten sind unverzüglich zu löschen, wenn die Daten nicht mehr zu dem in Absatz 1 Satz 1 und 2 genannten Zweck benötigt werden, spätestens nach Erteilung oder Versagung des Visums oder Rücknahme des Visumantrags.

§ 91 Speicherung und Löschung personenbezogener Daten

(1) ¹Die Daten über die Ausweisung, Zurückschiebung und Abschiebung sind zehn Jahre nach Ablauf der in § 11 Absatz 2 bezeichneten Frist zu löschen. ²Sie sind vor diesem Zeitpunkt zu löschen, soweit sie Erkenntnisse enthalten, die nach anderen gesetzlichen Bestimmungen nicht mehr gegen den Ausländer verwertet werden dürfen.

(2) Mitteilungen nach § 87 Abs. 1, die für eine anstehende ausländerrechtliche Entscheidung unerheblich sind und voraussichtlich auch für eine spätere ausländerrechtliche Entscheidung nicht erheblich werden können, sind unverzüglich zu vernichten.

§ 91a Register zum vorübergehenden Schutz

(1) Das Bundesamt für Migration und Flüchtlinge führt ein Register über die Ausländer nach § 24 Abs. 1, die ein Visum oder eine Aufenthaltserlaubnis beantragt haben, und über deren Familienangehörige im Sinne des Artikels 15 Abs. 1 der Richtlinie 2001/55/EG zum Zweck der Aufenthaltsgewährung, der Verteilung der aufgenommenen Ausländer im Bundesgebiet, der Wohnsitzverlegung aufgenommener Ausländer in andere Mitgliedstaaten der Europäischen Union, der Familienzusammenführung und der Förderung der freiwilligen Rückkehr.

(2) Folgende Daten werden in dem Register gespeichert:

1. zum Ausländer:
 a) die Personalien, mit Ausnahme der früher geführten Namen und der Wohnanschrift im Inland, sowie der letzte Wohnort im Herkunftsland, die Herkunftsregion und freiwillig gemachte Angaben zur Religionszugehörigkeit,
 b) Angaben zum Beruf und zur beruflichen Ausbildung,
 c) das Eingangsdatum seines Antrages auf Erteilung eines Visums oder einer Aufenthaltserlaubnis, die für die Bearbeitung seines Antrages zuständige Stelle und Angaben zur Entscheidung über den Antrag oder den Stand des Verfahrens,
 d) Angaben zum Identitäts- und Reisedokument,
 e) die AZR-Nummer und die Visadatei-Nummer,
 f) Zielland und Zeitpunkt der Ausreise,
2. die Personalien nach Nummer 1 Buchstabe a mit Ausnahme der freiwillig gemachten Angaben zur Religionszugehörigkeit der Familienangehörigen des Ausländers nach Absatz 1,
3. Angaben zu Dokumenten zum Nachweis der Ehe, der Lebenspartnerschaft oder der Verwandtschaft.

(3) Die Ausländerbehörden und die Auslandsvertretungen sind verpflichtet, die in Absatz 2 bezeichneten Daten unverzüglich an die Registerbehörde zu übermitteln, wenn

1. eine Aufenthaltserlaubnis nach § 24 Abs. 1 oder
2. ein Visum zur Inanspruchnahme vorübergehenden Schutzes im Bundesgebiet

beantragt wurden.

(4) Die §§ 8 und 9 des AZR-Gesetzes gelten entsprechend.

(5) Die Daten dürfen auf Ersuchen an die Ausländerbehörden, Auslandsvertretungen und andere Organisationseinheiten des Bundesamtes für Migration und Flüchtlinge einschließlich der dort eingerichteten nationalen Kontaktstelle nach Artikel 27 Abs. 1 der Richtlinie 2001/55/EG zum Zweck der Erfüllung ihrer ausländer- und asylrechtlichen Aufgaben im Zusammenhang mit der Aufenthaltsgewährung, der Verteilung der aufgenommenen Ausländer im Bundesgebiet, der Wohnsitzverlegung aufgenommener Ausländer in andere Mitgliedstaaten der Europäischen Union, der Familienzusammenführung und der Förderung der freiwilligen Rückkehr übermittelt werden.

(6) ¹Die Registerbehörde hat über Datenübermittlungen nach Absatz 5 Aufzeichnungen zu fertigen. ²§ 13 des AZR-Gesetzes gilt entsprechend.

(7) ¹Die Datenübermittlungen nach den Absätzen 3 und 5 erfolgen schriftlich, elektronisch oder im automatisierten Verfahren. ²§ 22 Abs. 2 bis 4 des AZR-Gesetzes gilt entsprechend.

(8) [1]Die Daten sind spätestens zwei Jahre nach Beendigung des vorübergehenden Schutzes des Ausländers zu löschen. [2]Für die Auskunft an die betroffene Person und für die Einschränkung der Verarbeitung der Daten gelten § 34 Abs. 1 und 2 und § 37 des AZR-Gesetzes entsprechend.

§ 91b Datenübermittlung durch das Bundesamt für Migration und Flüchtlinge als nationale Kontaktstelle

Das Bundesamt für Migration und Flüchtlinge als nationale Kontaktstelle nach Artikel 27 Abs. 1 der Richtlinie 2001/55/EG darf die Daten des Registers nach § 91a zum Zweck der Verlegung des Wohnsitzes aufgenommener Ausländer in andere Mitgliedstaaten der Europäischen Union oder zur Familienzusammenführung an folgende Stellen übermitteln:

1. nationale Kontaktstellen anderer Mitgliedstaaten der Europäischen Union,
2. Organe und Einrichtungen der Europäischen Union,
3. sonstige ausländische oder über- und zwischenstaatliche Stellen nach Maßgabe des Kapitels V der Verordnung (EU) 2016/679 und den sonstigen allgemeinen datenschutzrechtlichen Vorschriften.

§ 91c Innergemeinschaftliche Auskünfte zur Durchführung der Richtlinie 2003/109/EG

(1) [1]Das Bundesamt für Migration und Flüchtlinge unterrichtet als nationale Kontaktstelle im Sinne des Artikels 25 der Richtlinie 2003/109/EG die zuständige Behörde eines anderen Mitgliedstaates der Europäischen Union, in dem der Ausländer die Rechtsstellung eines langfristig Aufenthaltsberechtigten besitzt, über den Inhalt und den Tag einer Entscheidung über die Erteilung oder Verlängerung einer Aufenthaltserlaubnis nach § 38a Abs. 1 oder über die Erteilung einer Erlaubnis zum Daueraufenthalt – EU. [2]Die Behörde, die die Entscheidung getroffen hat, übermittelt dem Bundesamt für Migration und Flüchtlinge unverzüglich die hierfür erforderlichen Angaben. [3]Der nationalen Kontaktstelle können die für Unterrichtungen nach Satz 1 erforderlichen Daten aus dem Ausländerzentralregister unter Nutzung der AZR-Nummer automatisiert übermittelt werden.

(1a) [1]Das Bundesamt für Migration und Flüchtlinge leitet von Amts wegen Auskunftsersuchen der Ausländerbehörden über das Fortbestehen des internationalen Schutzes im Sinne von § 2 Absatz 13 in einem anderen Mitgliedstaat an die zuständigen Stellen des betroffenen Mitgliedstaates der Europäischen Union weiter. [2]Hierzu übermittelt die jeweils zuständige Ausländerbehörde dem Bundesamt für Migration und Flüchtlinge die erforderlichen Angaben. [3]Das Bundesamt für Migration und Flüchtlinge leitet die auf die Anfragen eingehenden Antworten an die jeweils zuständige Ausländerbehörde weiter.

(2) [1]Das Bundesamt für Migration und Flüchtlinge leitet von Amts wegen an die zuständigen Stellen des betroffenen Mitgliedstaates der Europäischen Union Anfragen im Verfahren nach § 51 Absatz 8 unter Angabe der vorgesehenen Maßnahme und der von der Ausländerbehörde mitgeteilten wesentlichen tatsächlichen und rechtlichen Gründe der vorgesehenen Maßnahme weiter. [2]Hierzu übermittelt die Ausländerbehörde dem Bundesamt für Migration und Flüchtlinge die erforderlichen Angaben. [3]Das Bundesamt für Migration und Flüchtlinge leitet die zuständige Ausländerbehörde in diesem Zusammenhang eingegangenen Antworten von Stellen anderer Mitgliedstaaten der Europäischen Union weiter.

(3) [1]Das Bundesamt für Migration und Flüchtlinge teilt der zuständigen Behörde eines anderen Mitgliedstaates der Europäischen Union von Amts wegen mit, dass einem Ausländer, der dort die Rechtsstellung eines langfristig Aufenthaltsberechtigten besitzt, die Abschiebung oder Zurückschiebung

1. in den Mitgliedstaat der Europäischen Union, in dem der Ausländer langfristig aufenthaltsberechtigt ist, oder
2. in ein Gebiet außerhalb der Europäischen Union

angedroht oder eine solche Maßnahme durchgeführt wurde oder dass eine entsprechende Abschiebungsanordnung nach § 58a erlassen oder durchgeführt wurde. [2]In der Mitteilung wird der wesentliche Grund der Aufenthaltsbeendigung angegeben. [3]Die Auskunft wird erteilt, sobald die deutsche Behörde, die nach § 71 die betreffende Maßnahme anordnet, dem Bundesamt für Migration und Flüchtlinge die beabsichtigte oder durchgeführte Maßnahme mitteilt. [4]Die in Satz 3 genannten Behörden übermitteln hierzu dem Bundesamt für Migration und Flüchtlinge unverzüglich die erforderlichen Angaben.

(4) [1]Zur Identifizierung des Ausländers werden bei Mitteilungen nach den Absätzen 1 bis 3 seine Personalien übermittelt. [2]Sind in den Fällen des Absatzes 3 Familienangehörige ebenfalls betroffen, die mit dem langfristig Aufenthaltsberechtigten in familiärer Lebensgemeinschaft leben, werden auch ihre Personalien übermittelt.

(5) [1]Das Bundesamt für Migration und Flüchtlinge leitet an die zuständigen Ausländerbehörden Anfragen von Stellen anderer Mitgliedstaaten der Europäischen Union im Zusammenhang mit der nach Artikel 22 Abs. 3 zweiter Unterabsatz der Richtlinie 2003/109/EG vorgesehenen Beteiligung weiter. [2]Die zuständige Ausländerbehörde teilt dem Bundesamt für Migration und Flüchtlinge folgende ihr bekannte Angaben mit:

1. Personalien des betroffenen langfristig aufenthaltsberechtigten Ausländers,
2. aufenthalts- und asylrechtliche Entscheidungen, die gegen oder für diesen getroffen worden sind,
3. Interessen für oder gegen die Rückführung in das Bundesgebiet oder einen Drittstaat oder
4. sonstige Umstände, von denen anzunehmen ist, dass sie für die aufenthaltsrechtliche Entscheidung des konsultierenden Mitgliedstaates von Bedeutung sein können.

³Anderenfalls teilt sie mit, dass keine sachdienlichen Angaben bekannt sind. ⁴Diese Angaben leitet das Bundesamt für Migration und Flüchtlinge von Amts wegen an die zuständige Stelle des konsultierenden Mitgliedstaates der Europäischen Union weiter.

(5a) Das Bundesamt für Migration und Flüchtlinge gibt den zuständigen Stellen der anderen Mitgliedstaaten der Europäischen Union auf Ersuchen innerhalb eines Monats nach Eingang des Ersuchens Auskunft darüber, ob ein Ausländer in der Bundesrepublik Deutschland weiterhin die Rechtsstellung eines international Schutzberechtigten genießt.

(5b) Enthält die durch einen anderen Mitgliedstaat der Europäischen Union ausgestellte langfristige Aufenthaltsberechtigung – EU eines international Schutzberechtigten den Hinweis, dass dieser Staat dieser Person internationalen Schutz gewährt, und ist die Verantwortung für den internationalen Schutz im Sinne von § 2 Absatz 13 nach Maßgaben der einschlägigen Rechtsvorschriften auf Deutschland übergegangen, bevor dem international Schutzberechtigten eine Erlaubnis zum Daueraufenthalt – EU nach § 9a erteilt wurde, so ersucht das Bundesamt für Migration und Flüchtlinge die zuständige Stelle des anderen Mitgliedstaates, den Hinweis in der langfristigen Aufenthaltsberechtigung – EU entsprechend zu ändern.

(5c) Wird einem in einem anderen Mitgliedstaat der Europäischen Union langfristig Aufenthaltsberechtigten in Deutschland internationaler Schutz im Sinne von § 2 Absatz 13 gewährt, bevor ihm eine Erlaubnis zum Daueraufenthalt – EU nach § 9a erteilt wurde, so ersucht das Bundesamt für Migration und Flüchtlinge die zuständige Stelle des anderen Mitgliedstaates, in die dort ausgestellte langfristige Aufenthaltsberechtigung – EU den Hinweis aufzunehmen, dass Deutschland dieser Person internationalen Schutz gewährt.

(6) Das Bundesamt für Migration und Flüchtlinge teilt der jeweils zuständigen Ausländerbehörde von Amts wegen den Inhalt von Mitteilungen anderer Mitgliedstaaten der Europäischen Union mit,
1. wonach der andere Mitgliedstaat der Europäischen Union aufenthaltsbeendende Maßnahmen beabsichtigt oder durchführt, die sich gegen einen Ausländer richten, der eine Erlaubnis zum Daueraufenthalt – EU besitzt,
2. wonach ein Ausländer, der eine Erlaubnis zum Daueraufenthalt – EU besitzt, in einem anderen Mitgliedstaat der Europäischen Union langfristig Aufenthaltsberechtigter geworden ist oder ihm in einem anderen Mitgliedstaat der Europäischen Union ein Aufenthaltstitel erteilt oder sein Aufenthaltstitel verlängert wurde.

§ 91d Auskünfte zur Durchführung der Richtlinie (EU) 2016/801

(1) ¹Das Bundesamt für Migration und Flüchtlinge nimmt Anträge nach § 18f entgegen und leitet diese Anträge an die zuständige Ausländerbehörde weiter. ²Es teilt dem Antragsteller die zuständige Ausländerbehörde mit.

(2) ¹Das Bundesamt für Migration und Flüchtlinge erteilt der zuständigen Behörde eines anderen Mitgliedstaates der Europäischen Union auf Ersuchen die erforderlichen Auskünfte, um den zuständigen Behörden des anderen Mitgliedstaates der Europäischen Union eine Prüfung zu ermöglichen, ob die Voraussetzungen für die Mobilität des Ausländers nach den Artikeln 28 bis 31 der Richtlinie (EU) 2016/801 vorliegen. ²Die Auskünfte umfassen
1. die Personalien des Ausländers und Angaben zum Identitäts- und Reisedokument,
2. Angaben zu seinem gegenwärtigen und früheren Aufenthaltsstatus in Deutschland,
3. Angaben zu abgeschlossenen oder der Ausländerbehörde bekannten strafrechtlichen Ermittlungsverfahren,
4. sonstige den Ausländer betreffende Daten, sofern sie im Ausländerzentralregister gespeichert werden oder die aus der Ausländer- oder Visumakte hervorgehen und der andere Mitgliedstaat der Europäischen Union um ihre Übermittlung ersucht hat.

³Die Ausländerbehörden und die Auslandsvertretungen übermitteln hierzu dem Bundesamt für Migration und Flüchtlinge auf dessen Ersuchen die für die Erteilung der Auskunft erforderlichen Angaben.

(3) ¹Die Auslandsvertretungen und die Ausländerbehörden können über das Bundesamt für Migration und Flüchtlinge Ersuchen um Auskunft an zuständige Stellen anderer Mitgliedstaaten der Europäischen Union richten, soweit dies erforderlich ist, um die Voraussetzungen der Mobilität nach den §§ 16c und 18e und der Erteilung einer Aufenthaltserlaubnis nach § 18f oder eines entsprechenden Visums zu prüfen. ²Sie können hierzu

1. die Personalien des Ausländers,
2. Angaben zu seinem Identitäts- und Reisedokument und zu seinem im anderen Mitgliedstaat der Europäischen Union ausgestellten Aufenthaltstitel sowie
3. Angaben zum Gegenstand des Antrags auf Erteilung des Aufenthaltstitels und zum Ort der Antragstellung

übermitteln und aus besonderem Anlass den Inhalt der erwünschten Auskünfte genauer bezeichnen. [3]Das Bundesamt für Migration und Flüchtlinge leitet eingegangene Auskünfte an die zuständigen Ausländerbehörden und Auslandsvertretungen weiter. [4]Die Daten, die in den Auskünften der zuständigen Stellen anderer Mitgliedstaaten der Europäischen Union übermittelt werden, dürfen die Ausländerbehörden und Auslandsvertretungen zu diesem Zweck verarbeiten.

(4) [1]Das Bundesamt für Migration und Flüchtlinge unterrichtet die zuständige Behörde eines anderen Mitgliedstaates der Europäischen Union, in dem der Ausländer einen Aufenthaltstitel nach der Richtlinie (EU) 2016/801 besitzt, über den Inhalt und den Tag einer Entscheidung über

1. die Ablehnung der nach § 16c Absatz 1 und § 18e Absatz 1 mitgeteilten Mobilität nach § 19f Absatz 5 sowie
2. die Erteilung einer Aufenthaltserlaubnis nach § 18f.

[2]Wenn eine Ausländerbehörde die Entscheidung getroffen hat, übermittelt sie dem Bundesamt für Migration und Flüchtlinge unverzüglich die hierfür erforderlichen Angaben. [3]Die Ausländerbehörden können der nationalen Kontaktstelle die für die Unterrichtungen nach Satz 1 erforderlichen Daten aus dem Ausländerzentralregister unter Nutzung der AZR-Nummer automatisiert übermitteln.

(5) [1]Wird ein Aufenthaltstitel nach § 16b Absatz 1, den §§ 16e, 18d oder 19e widerrufen, zurückgenommen, nicht verlängert oder läuft er nach einer Verkürzung der Frist gemäß § 7 Absatz 2 Satz 2 ab, so unterrichtet das Bundesamt für Migration und Flüchtlinge unverzüglich die zuständigen Behörden des anderen Mitgliedstaates, sofern sich der Ausländer dort im Rahmen des Anwendungsbereichs der Richtlinie (EU) 2016/801 aufhält und dies dem Bundesamt für Migration und Flüchtlinge bekannt ist. [2]Die Ausländerbehörde, die die Entscheidung getroffen hat, übermittelt dem Bundesamt für Migration und Flüchtlinge unverzüglich die hierfür erforderlichen Angaben. [3]Die Ausländerbehörden können der nationalen Kontaktstelle die für die Unterrichtungen nach Satz 1 erforderlichen Daten aus dem Ausländerzentralregister unter Nutzung der AZR-Nummer automatisiert übermitteln. [4]Wird dem Bundesamt für Migration und Flüchtlinge durch die zuständige Behörde eines anderen Mitgliedstaates mitgeteilt, dass ein Aufenthaltstitel eines Ausländers, der sich nach den §§ 16c, 18e oder 18f im Bundesgebiet aufhält, der in den Anwendungsbereich der Richtlinie (EU) 2016/801 fällt, widerrufen, zurückgenommen oder nicht verlängert wurde oder abgelaufen ist, so unterrichtet das Bundesamt für Migration und Flüchtlinge unverzüglich die zuständige Ausländerbehörde.

§ 91e Gemeinsame Vorschriften für das Register zum vorübergehenden Schutz und zu innergemeinschaftlichen Datenübermittlungen

Im Sinne der §§ 91a bis 91g sind

1. Personalien: Namen, insbesondere Familienname, Geburtsname, Vornamen und früher geführte Namen, Geburtsdatum, Geburtsort, Geschlecht, Staatsangehörigkeiten und Wohnanschrift im Inland,
2. Angaben zum Identitäts- und Reisedokument: Art, Nummer, ausgebende Stelle, Ausstellungsdatum und Gültigkeitsdauer.

§ 91f Auskünfte zur Durchführung der Richtlinie 2009/50/EG innerhalb der Europäischen Union

(1) [1]Das Bundesamt für Migration und Flüchtlinge unterrichtet als nationale Kontaktstelle im Sinne des Artikels 22 Absatz 1 der Richtlinie 2009/50/EG die zuständige Behörde eines anderen Mitgliedstaates der Europäischen Union, in dem der Ausländer eine Blaue Karte EU besitzt, über den Inhalt und den Tag einer Entscheidung über die Erteilung einer Blauen Karte EU. [2]Die Behörde, die die Entscheidung getroffen hat, übermittelt der nationalen Kontaktstelle unverzüglich die hierfür erforderlichen Angaben. [3]Der nationalen Kontaktstelle können die für Unterrichtungen nach Satz 1 erforderlichen Daten aus dem Ausländerzentralregister durch die Ausländerbehörden unter Nutzung der AZR-Nummer automatisiert übermittelt werden.

(2) Das Bundesamt für Migration und Flüchtlinge übermittelt den zuständigen Organen der Europäischen Union jährlich

1. die Daten, die nach der Verordnung (EG) Nr. 862/2007 des Europäischen Parlaments und des Rates vom 11. Juli 2007 zu Gemeinschaftsstatistiken über Wanderung und internationalen Schutz und zur Aufhebung der Verordnung (EWG) Nr. 311/76 des Rates über die Erstellung von Statistiken über ausländische Arbeitnehmer (ABl. L 199 vom 31.7.2007, S. 23) im Zusammenhang mit der Erteilung von Blauen Karten EU zu übermitteln sind, sowie

2. ein Verzeichnis der Berufe, für die nach § 18b Absatz 2 Satz 2 ein Gehalt nach Artikel 5 Absatz 5 der Richtlinie 2009/50/EG bestimmt wurde.

§ 91g Auskünfte zur Durchführung der Richtlinie 2014/66/EU

(1) [1]Das Bundesamt für Migration und Flüchtlinge nimmt Anträge nach § 19b entgegen und leitet diese Anträge an die zuständige Ausländerbehörde weiter. [2]Es teilt dem Antragsteller die zuständige Ausländerbehörde mit.

(2) [1]Das Bundesamt für Migration und Flüchtlinge erteilt der zuständigen Behörde eines anderen Mitgliedstaates der Europäischen Union auf Ersuchen die erforderlichen Auskünfte, um den zuständigen Behörden des anderen Mitgliedstaates der Europäischen Union eine Prüfung zu ermöglichen, ob die Voraussetzungen für die Mobilität des Ausländers nach der Richtlinie 2014/66/EU vorliegen. [2]Die Auskünfte umfassen

1. die Personalien des Ausländers und Angaben zum Identitäts- und Reisedokument,
2. Angaben zu seinem gegenwärtigen und früheren Aufenthaltsstatus in Deutschland,
3. Angaben zu abgeschlossenen oder der Ausländerbehörde bekannten strafrechtlichen Ermittlungsverfahren,
4. sonstige den Ausländer betreffende Daten, sofern sie im Ausländerzentralregister gespeichert werden oder sie aus der Ausländer- oder Visumakte hervorgehen und der andere Mitgliedstaat der Europäischen Union um ihre Übermittlung ersucht hat.

[3]Die Ausländerbehörden und die Auslandsvertretungen übermitteln hierzu dem Bundesamt für Migration und Flüchtlinge auf dessen Ersuchen die für die Erteilung der Auskunft erforderlichen Angaben.

(3) [1]Die Auslandsvertretungen und die Ausländerbehörden können über das Bundesamt für Migration und Flüchtlinge Ersuchen um Auskunft an zuständige Stellen anderer Mitgliedstaaten der Europäischen Union richten, soweit dies erforderlich ist, um die Voraussetzungen der Mobilität nach § 19a oder der Erteilung einer Mobiler-ICT-Karte zu prüfen. [2]Sie können hierzu

1. die Personalien des Ausländers,
2. Angaben zu seinem Identitäts- und Reisedokument und zu seinem im anderen Mitgliedstaat der Europäischen Union ausgestellten Aufenthaltstitel sowie
3. Angaben zum Gegenstand des Antrags auf Erteilung des Aufenthaltstitels und zum Ort der Antragstellung

übermitteln und aus besonderem Anlass den Inhalt der erwünschten Auskünfte genauer bezeichnen. [3]Das Bundesamt für Migration und Flüchtlinge leitet eingegangene Auskünfte an die zuständigen Ausländerbehörden und Auslandsvertretungen weiter. [4]Die Daten, die in den Auskünften der zuständigen Stellen anderer Mitgliedstaaten der Europäischen Union übermittelt werden, dürfen die Ausländerbehörden und Auslandsvertretungen zu diesem Zweck verarbeiten.

(4) [1]Das Bundesamt für Migration und Flüchtlinge unterrichtet die zuständige Behörde eines anderen Mitgliedstaates der Europäischen Union, in dem der Ausländer eine ICT-Karte besitzt, über den Inhalt und den Tag einer Entscheidung über

1. die Ablehnung der nach § 19a Absatz 1 mitgeteilten Mobilität gemäß § 19a Absatz 4 sowie
2. die Erteilung einer Mobiler-ICT-Karte nach § 19b.

[2]Wird eine ICT-Karte nach § 19 widerrufen, zurückgenommen oder nicht verlängert oder läuft sie nach einer Verkürzung der Frist gemäß § 7 Absatz 2 Satz 2 ab, so unterrichtet das Bundesamt für Migration und Flüchtlinge unverzüglich die anderen Mitgliedstaaten, in denen der Ausländer von der in der Richtlinie 2014/66/EU vorgesehenen Möglichkeit, einen Teil des unternehmensinternen Transfers in einem anderen Mitgliedstaat der Europäischen Union durchzuführen, Gebrauch gemacht hat, sofern dies der Ausländerbehörde bekannt ist. [3]Die Behörde, die die Entscheidung getroffen hat, übermittelt dem Bundesamt für Migration und Flüchtlinge unverzüglich die hierfür erforderlichen Angaben. [4]Die Ausländerbehörden können der nationalen Kontaktstelle die für die Unterrichtungen nach Satz 1 erforderlichen Daten aus dem Ausländerzentralregister unter Nutzung der AZR-Nummer automatisiert übermitteln. [5]Wird dem Bundesamt für Migration und Flüchtlinge durch die zuständige Behörde eines anderen Mitgliedstaates mitgeteilt, dass ein Aufenthaltstitel eines Ausländers, der sich nach den §§ 19a oder 19b im Bundesgebiet aufhält, und der in den Anwendungsbereich der Richtlinie (EU) 2014/66 fällt, widerrufen, zurückgenommen oder nicht verlängert wurde oder abgelaufen ist, so unterrichtet das Bundesamt für Migration und Flüchtlinge unverzüglich die zuständige Ausländerbehörde.

(5) Das Bundesamt für Migration und Flüchtlinge übermittelt den zuständigen Organen der Europäischen Union jährlich

1. die Zahl
 a) der erstmals erteilten ICT-Karten,
 b) der erstmals erteilten Mobiler-ICT-Karten und
 c) der Mitteilungen nach § 19a Absatz 1,
2. jeweils die Staatsangehörigkeit des Ausländers und
3. jeweils die Gültigkeitsdauer oder die Dauer des geplanten Aufenthalts.

Kapitel 8
Beauftragte für Migration, Flüchtlinge und Integration

§ 92 Amt der Beauftragten

(1) Die Bundesregierung bestellt eine Beauftragte oder einen Beauftragten für Migration, Flüchtlinge und Integration.

(2) [1]Das Amt der Beauftragten wird bei einer obersten Bundesbehörde eingerichtet und kann von einem Mitglied des Deutschen Bundestages bekleidet werden. [2]Ohne dass es einer Genehmigung (§ 5 Abs. 2 Satz 2 des Bundesministergesetzes, § 7 des Gesetzes über die Rechtsverhältnisse der Parlamentarischen Staatssekretäre) bedarf, kann die Beauftragte zugleich ein Amt nach dem Gesetz über die Rechtsverhältnisse der Parlamentarischen Staatssekretäre innehaben. [3]Die Amtsführung der Beauftragten bleibt in diesem Falle von der Rechtsstellung nach dem Gesetz über die Rechtsverhältnisse der Parlamentarischen Staatssekretäre unberührt.

(3) [1]Die für die Erfüllung der Aufgaben notwendige Personal- und Sachausstattung ist zur Verfügung zu stellen. [2]Der Ansatz ist im Einzelplan der obersten Bundesbehörde nach Absatz 2 Satz 1 in einem eigenen Kapitel auszuweisen.

(4) Das Amt endet, außer im Falle der Entlassung, mit dem Zusammentreten eines neuen Bundestages.

§ 93 Aufgaben

Die Beauftragte hat die Aufgaben,

1. die Integration der dauerhaft im Bundesgebiet ansässigen Migranten zu fördern und insbesondere die Bundesregierung bei der Weiterentwicklung ihrer Integrationspolitik auch im Hinblick auf arbeitsmarkt- und sozialpolitische Aspekte zu unterstützen sowie für die Weiterentwicklung der Integrationspolitik auch im europäischen Rahmen Anregungen zu geben;
2. die Voraussetzungen für ein möglichst spannungsfreies Zusammenleben zwischen Ausländern und Deutschen sowie unterschiedlichen Gruppen von Ausländern weiterzuentwickeln, Verständnis füreinander zu fördern und Fremdenfeindlichkeit entgegenzuwirken;
3. nicht gerechtfertigten Ungleichbehandlungen, soweit sie Ausländer betreffen, entgegenzuwirken;
4. den Belangen der im Bundesgebiet befindlichen Ausländer zu einer angemessenen Berücksichtigung zu verhelfen;
5. über die gesetzlichen Möglichkeiten der Einbürgerung zu informieren;
6. auf die Wahrung der Freizügigkeitsrechte der im Bundesgebiet lebenden Unionsbürger zu achten und zu deren weiterer Ausgestaltung Vorschläge zu machen;
7. Initiativen zur Integration der dauerhaft im Bundesgebiet ansässigen Migranten auch bei den Ländern und kommunalen Gebietskörperschaften sowie bei den gesellschaftlichen Gruppen anzuregen und zu unterstützen;
8. die Zuwanderung ins Bundesgebiet und in die Europäische Union sowie die Entwicklung der Zuwanderung in andere Staaten zu beobachten;
9. in den Aufgabenbereichen der Nummern 1 bis 8 mit den Stellen der Gemeinden, der Länder, anderer Mitgliedstaaten der Europäischen Union und der Europäischen Union selbst, die gleiche oder ähnliche Aufgaben haben wie die Beauftragte, zusammenzuarbeiten;
10. die Öffentlichkeit zu den in den Nummern 1 bis 9 genannten Aufgabenbereichen zu informieren.

§ 94 Amtsbefugnisse

(1) [1]Die Beauftragte wird bei Rechtsetzungsvorhaben der Bundesregierung oder einzelner Bundesministerien sowie bei sonstigen Angelegenheiten, die ihren Aufgabenbereich betreffen, möglichst frühzeitig beteiligt. [2]Sie kann der Bundesregierung Vorschläge machen und Stellungnahmen zuleiten. [3]Die Bundesministerien unterstützen die Beauftragte bei der Erfüllung ihrer Aufgaben.

(2) Die Beauftragte für Migration, Flüchtlinge und Integration erstattet dem Deutschen Bundestag mindestens alle zwei Jahre einen Bericht.

(3) ¹Liegen der Beauftragten hinreichende Anhaltspunkte vor, dass öffentliche Stellen des Bundes Verstöße im Sinne des § 93 Nr. 3 begehen oder sonst die gesetzlichen Rechte von Ausländern nicht wahren, so kann sie eine Stellungnahme anfordern. ²Sie kann diese Stellungnahme mit einer eigenen Bewertung versehen und der öffentlichen und deren vorgesetzter Stelle zuleiten. ³Die öffentlichen Stellen des Bundes sind verpflichtet, Auskunft zu erteilen und Fragen zu beantworten. ⁴Personenbezogene Daten übermitteln die öffentlichen Stellen nur, wenn sich der Betroffene selbst mit der Bitte, in seiner Sache gegenüber der öffentlichen Stelle tätig zu werden, an die Beauftragte gewandt hat oder die Einwilligung des Ausländers anderweitig nachgewiesen ist.

Kapitel 9
Straf- und Bußgeldvorschriften

§ 95 Strafvorschriften
(1) Mit Freiheitsstrafe bis zu einem Jahr oder mit Geldstrafe wird bestraft, wer
1. entgegen § 3 Abs. 1 in Verbindung mit § 48 Abs. 2 sich im Bundesgebiet aufhält,
2. ohne erforderlichen Aufenthaltstitel nach § 4 Absatz 1 Satz 1 sich im Bundesgebiet aufhält, wenn
 a) er vollziehbar ausreisepflichtig ist,
 b) ihm eine Ausreisefrist nicht gewährt wurde oder diese abgelaufen ist und
 c) dessen Abschiebung nicht ausgesetzt ist,
3. entgegen § 14 Abs. 1 Nr. 1 oder 2 in das Bundesgebiet einreist,
4. einer vollziehbaren Anordnung nach § 46 Abs. 2 Satz 1 oder 2 oder § 47 Abs. 1 Satz 2 oder Abs. 2 zuwiderhandelt,
5. entgegen § 49 Abs. 2 eine Angabe nicht, nicht richtig oder nicht vollständig macht, sofern die Tat nicht in Absatz 2 Nr. 2 mit Strafe bedroht ist,
6. entgegen § 49 Abs. 10 eine dort genannte Maßnahme nicht duldet,
6a. entgegen § 56 wiederholt einer Meldepflicht nicht nachkommt, wiederholt gegen räumliche Beschränkungen des Aufenthalts oder sonstige Auflagen verstößt oder trotz wiederholten Hinweises auf die rechtlichen Folgen einer Weigerung der Verpflichtung zur Wohnsitznahme nicht nachkommt oder entgegen § 56 Abs. 4 bestimmte Kommunikationsmittel nutzt oder bestimmte Kontaktverbote nicht beachtet,
7. wiederholt einer räumlichen Beschränkung nach § 61 Abs. 1 oder Absatz 1c zuwiderhandelt oder
8. im Bundesgebiet einer überwiegend aus Ausländern bestehenden Vereinigung oder Gruppe angehört, deren Bestehen, Zielsetzung oder Tätigkeit vor den Behörden geheim gehalten wird, um ihr Verbot abzuwenden.
(1a) Ebenso wird bestraft, wer vorsätzlich eine in § 404 Abs. 2 Nr. 4 des Dritten Buches Sozialgesetzbuch oder in § 98 Abs. 3 Nr. 1 bezeichnete Handlung begeht, für den Aufenthalt im Bundesgebiet nach § 4 Abs. 1 Satz 1 eines Aufenthaltstitels bedarf und als Aufenthaltstitel nur ein Schengen-Visum nach § 6 Abs. 1 Nummer 1 besitzt.
(2) Mit Freiheitsstrafe bis zu drei Jahren oder mit Geldstrafe wird bestraft, wer
1. entgegen § 11 Absatz 1 oder in Zuwiderhandlung einer vollziehbaren Anordnung nach § 11 Absatz 6 Satz 1 oder Absatz 7 Satz 1
 a) in das Bundesgebiet einreist oder
 b) sich darin aufhält,
1a. einer vollstreckbaren gerichtlichen Anordnung nach § 56a Absatz 1 zuwiderhandelt und dadurch die kontinuierliche Feststellung seines Aufenthaltsortes durch eine in § 56a Absatz 3 genannte zuständige Stelle verhindert oder
2. unrichtige oder unvollständige Angaben macht oder benutzt, um für sich oder einen anderen einen Aufenthaltstitel oder eine Duldung zu beschaffen oder das Erlöschen oder die nachträgliche Beschränkung des Aufenthaltstitels oder der Duldung abzuwenden oder eine so beschaffte Urkunde wissentlich zur Täuschung im Rechtsverkehr gebraucht.
(3) In den Fällen des Absatzes 1 Nr. 3 und der Absätze 1a und 2 Nr. 1 Buchstabe a ist der Versuch strafbar.
(4) Gegenstände, auf die sich eine Straftat nach Absatz 2 Nr. 2 bezieht, können eingezogen werden.
(5) Artikel 31 Abs. 1 des Abkommens über die Rechtsstellung der Flüchtlinge bleibt unberührt.
(6) In den Fällen des Absatzes 1 Nr. 2 und 3 steht einem Handeln ohne erforderlichen Aufenthaltstitel ein Handeln auf Grund eines durch Drohung, Bestechung oder Kollusion erwirkten oder durch unrichtige oder unvollständige Angaben erschlichenen Aufenthaltstitels gleich.

(7) In Fällen des Absatzes 2 Nummer 1a wird die Tat nur auf Antrag einer dort genannten zuständigen Stelle verfolgt.

§ 96 Einschleusen von Ausländern

(1) Mit Freiheitsstrafe von drei Monaten bis zu fünf Jahren, in minder schweren Fällen mit Freiheitsstrafe bis zu fünf Jahren oder mit Geldstrafe wird bestraft, wer einen anderen anstiftet oder ihm dazu Hilfe leistet, eine Handlung

1. nach § 95 Abs. 1 Nr. 3 oder Abs. 2 Nr. 1 Buchstabe a zu begehen und
 a) dafür einen Vorteil erhält oder sich versprechen lässt oder
 b) wiederholt oder zugunsten von mehreren Ausländern handelt oder
2. nach § 95 Abs. 1 Nr. 1 oder Nr. 2, Abs. 1a oder Abs. 2 Nr. 1 Buchstabe b oder Nr. 2 zu begehen und dafür einen Vermögensvorteil erhält oder sich versprechen lässt.

(2) [1]Mit Freiheitsstrafe von sechs Monaten bis zu zehn Jahren wird bestraft, wer in den Fällen des Absatzes 1

1. gewerbsmäßig handelt,
2. als Mitglied einer Bande, die sich zur fortgesetzten Begehung solcher Taten verbunden hat, handelt,
3. eine Schusswaffe bei sich führt, wenn sich die Tat auf eine Handlung nach § 95 Abs. 1 Nr. 3 oder Abs. 2 Nr. 1 Buchstabe a bezieht,
4. eine andere Waffe bei sich führt, um diese bei der Tat zu verwenden, wenn sich die Tat auf eine Handlung nach § 95 Abs. 1 Nr. 3 oder Abs. 2 Nr. 1 Buchstabe a bezieht, oder
5. den Geschleusten einer das Leben gefährdenden, unmenschlichen oder erniedrigenden Behandlung oder der Gefahr einer schweren Gesundheitsschädigung aussetzt.

[2]Ebenso wird bestraft, wer in den Fällen des Absatzes 1 Nummer 1 Buchstabe a zugunsten eines minderjährigen ledigen Ausländers handelt, der ohne Begleitung einer personensorgeberechtigten Person oder einer dritten Person, die die Fürsorge oder Obhut für ihn übernommen hat, in das Bundesgebiet einreist.

(3) Der Versuch ist strafbar.

(4) Absatz 1 Nr. 1 Buchstabe a, Nr. 2, Absatz 2 Satz 1 Nummer 1, 2 und 5 und Absatz 3 sind auf Zuwiderhandlungen gegen Rechtsvorschriften über die Einreise und den Aufenthalt von Ausländern in das Hoheitsgebiet der Mitgliedstaaten der Europäischen Union oder eines Schengen-Staates anzuwenden, wenn

1. sie den in § 95 Abs. 1 Nr. 2 oder 3 oder Abs. 2 Nr. 1 bezeichneten Handlungen entsprechen und
2. der Täter einen Ausländer unterstützt, der nicht die Staatsangehörigkeit eines Mitgliedstaates der Europäischen Union oder eines anderen Vertragsstaates des Abkommens über den Europäischen Wirtschaftsraum besitzt.

(5) § 74a des Strafgesetzbuchs ist anzuwenden.

§ 97 Einschleusen mit Todesfolge; gewerbs- und bandenmäßiges Einschleusen

(1) Mit Freiheitsstrafe nicht unter drei Jahren wird bestraft, wer in den Fällen des § 96 Abs. 1, auch in Verbindung mit § 96 Abs. 4, den Tod des Geschleusten verursacht.

(2) Mit Freiheitsstrafe von einem Jahr bis zu zehn Jahren wird bestraft, wer in den Fällen des § 96 Abs. 1, auch in Verbindung mit § 96 Abs. 4, als Mitglied einer Bande, die sich zur fortgesetzten Begehung solcher Taten verbunden hat, gewerbsmäßig handelt.

(3) In minder schweren Fällen des Absatzes 1 ist die Strafe Freiheitsstrafe von einem Jahr bis zu zehn Jahren, in minder schweren Fällen des Absatzes 2 Freiheitsstrafe von sechs Monaten bis zu zehn Jahren.

(4) § 74a des Strafgesetzbuches ist anzuwenden.

§ 97a Geheimhaltungspflichten

[1]Informationen zum konkreten Ablauf einer Abschiebung, insbesondere Informationen nach § 59 Absatz 1 Satz 8 sind Geheimnisse oder Nachrichten nach § 353b Absatz 1 oder Absatz 2 des Strafgesetzbuches. [2]Gleiches gilt für Informationen zum konkreten Ablauf, insbesondere zum Zeitpunkt von Anordnungen nach § 82 Absatz 4 Satz 1.

§ 98 Bußgeldvorschriften

(1) Ordnungswidrig handelt, wer eine in § 95 Abs. 1 Nr. 1 oder 2 oder Abs. 2 Nr. 1 Buchstabe b bezeichnete Handlung fahrlässig begeht.

(2) Ordnungswidrig handelt, wer

1. entgegen § 4 Absatz 2 Satz 1 einen Nachweis nicht führt,
2. entgegen § 13 Abs. 1 Satz 2 sich der polizeilichen Kontrolle des grenzüberschreitenden Verkehrs nicht unterzieht,

2a. entgegen § 47a Satz 1, auch in Verbindung mit Satz 2, oder entgegen § 47a Satz 3, ein dort genanntes Dokument nicht oder nicht rechtzeitig vorlegt oder einen Abgleich mit dem Lichtbild nicht oder nicht rechtzeitig ermöglicht,

3. entgegen § 48 Abs. 1 oder 3 Satz 1 eine dort genannte Urkunde oder Unterlage oder einen dort genannten Datenträger nicht oder nicht rechtzeitig vorlegt, nicht oder nicht rechtzeitig aushändigt oder nicht oder nicht rechtzeitig überlässt,

4. einer vollziehbaren Anordnung nach § 44a Abs. 1 Satz 1 Nr. 3, Satz 2 oder 3 zuwiderhandelt oder

5. entgegen § 82 Absatz 6 Satz 1, auch in Verbindung mit § 60d Absatz 3 Satz 4, eine Mitteilung nicht oder nicht rechtzeitig macht.

(2a) Ordnungswidrig handelt, wer vorsätzlich oder leichtfertig

1. entgegen § 4a Absatz 5 Satz 1 einen Ausländer mit einer nachhaltigen entgeltlichen Dienst- oder Werkleistung beauftragt, die der Ausländer auf Gewinnerzielung gerichtet ausübt,

2. entgegen § 4a Absatz 5 Satz 3 Nummer 3 oder § 19a Absatz 1 Satz 2 oder 3 eine Mitteilung nicht, nicht richtig oder nicht rechtzeitig macht,

3. entgegen § 19b Absatz 7 eine Anzeige nicht, nicht richtig, nicht vollständig oder nicht rechtzeitig erstattet oder

4. entgegen § 60c Absatz 5 Satz 1 oder § 60d Absatz 3 Satz 3 eine Mitteilung nicht, nicht richtig, nicht vollständig, nicht in der vorgeschriebenen Weise oder nicht rechtzeitig macht.

(3) Ordnungswidrig handelt, wer vorsätzlich oder fahrlässig

1. entgegen § 4a Absatz 3 Satz 4 oder Absatz 4, § 6 Absatz 2a, § 7 Absatz 1 Satz 4 erster Halbsatz, § 16a Absatz 3 Satz 1, § 16b Absatz 3, auch in Verbindung mit Absatz 7 Satz 3, § 16b Absatz 5 Satz 3 zweiter Halbsatz, § 16c Absatz 2 Satz 3, § 16d Absatz 1 Satz 4, Absatz 3 Satz 2 oder Absatz 4 Satz 3, § 16f Absatz 3 Satz 4, § 17 Absatz 3 Satz 1, § 20 Absatz 1 Satz 4, auch in Verbindung mit Absatz 2 Satz 2, § 23 Absatz 1 Satz 4 erster Halbsatz oder § 25 Absatz 4 Satz 3 erster Halbsatz, Absatz 4a Satz 4 erster Halbsatz oder Absatz 4b Satz 4 erster Halbsatz eine selbständige Tätigkeit ausübt,

2. einer vollziehbaren Auflage nach § 12 Abs. 2 Satz 2 oder Abs. 4 zuwiderhandelt,

2a. entgegen § 12a Absatz 1 Satz 1 den Wohnsitz nicht oder nicht für die vorgeschriebene Dauer in dem Land nimmt, in dem er zu wohnen verpflichtet ist,

2b. einer vollziehbaren Anordnung nach § 12a Absatz 2, 3 oder 4 Satz 1 oder § 61 Absatz 1c zuwiderhandelt,

3. entgegen § 13 Abs. 1 außerhalb einer zugelassenen Grenzübergangsstelle oder außerhalb der festgesetzten Verkehrsstunden einreist oder ausreist oder einen Pass oder Passersatz nicht mitführt,

4. einer vollziehbaren Anordnung nach § 46 Abs. 1, § 56 Absatz 1 Satz 2 oder Abs. 3 oder § 61 Absatz 1e zuwiderhandelt,

5. entgegen § 56 Absatz 1 Satz 1 eine Meldung nicht, nicht richtig oder nicht rechtzeitig macht,

5a. einer räumlichen Beschränkung nach § 56 Absatz 2 oder § 61 Absatz 1 Satz 1 zuwiderhandelt,

5b. entgegen § 60b Absatz 1 Satz 2 nicht alle zumutbaren Handlungen vornimmt, um einen anerkannten und gültigen Pass oder Passersatz zu erlangen,

6. entgegen § 80 Abs. 4 einen der dort genannten Anträge nicht stellt oder

7. einer Rechtsverordnung nach § 99 Absatz 1 Nummer 3a Buchstabe d, Nummer 7, 10 oder 13a Satz 1 Buchstabe j zuwiderhandelt, soweit sie für einen bestimmten Tatbestand auf diese Bußgeldvorschrift verweist.

(4) In den Fällen des Absatzes 2 Nr. 2 und des Absatzes 3 Nr. 3 kann der Versuch der Ordnungswidrigkeit geahndet werden.

(5) Die Ordnungswidrigkeit kann in den Fällen des Absatzes 2a Nummer 1 mit einer Geldbuße bis zu fünfhunderttausend Euro, in den Fällen des Absatzes 2a Nummer 2, 3 und 4 mit einer Geldbuße bis zu dreißigtausend Euro, in den Fällen des Absatzes 2 Nr. 2 und des Absatzes 3 Nr. 1 und 5b mit einer Geldbuße bis zu fünftausend Euro, in den Fällen der Absätze 1 und 2 Nr. 1, 2a und 3 und des Absatzes 3 Nr. 3 mit einer Geldbuße bis zu dreitausend Euro und in den übrigen Fällen mit einer Geldbuße bis zu tausend Euro geahndet werden.

(6) Artikel 31 Abs. 1 des Abkommens über die Rechtsstellung der Flüchtlinge bleibt unberührt.

Kapitel 9a
Rechtsfolgen bei illegaler Beschäftigung

§ 98a Vergütung

(1) [1]Der Arbeitgeber ist verpflichtet, dem Ausländer, den er ohne die nach § 284 Absatz 1 des Dritten Buches Sozialgesetzbuch erforderliche Genehmigung oder ohne die nach § 4a Absatz 5 erforderliche Berechtigung zur Erwerbstätigkeit beschäftigt hat, die vereinbarte Vergütung zu zahlen. [2]Für die Vergütung wird vermutet, dass der Arbeitgeber den Ausländer drei Monate beschäftigt hat.

(2) Als vereinbarte Vergütung ist die übliche Vergütung anzusehen, es sei denn, der Arbeitgeber hat mit dem Ausländer zulässigerweise eine geringere oder eine höhere Vergütung vereinbart.

(3) Ein Unternehmer, der einen anderen Unternehmer mit der Erbringung von Werk- oder Dienstleistungen beauftragt, haftet für die Erfüllung der Verpflichtung dieses Unternehmers nach Absatz 1 wie ein Bürge, der auf die Einrede der Vorausklage verzichtet hat.

(4) Für den Generalunternehmer und alle zwischengeschalteten Unternehmer ohne unmittelbare vertragliche Beziehung zu dem Arbeitgeber gilt Absatz 3 entsprechend, es sei denn, dem Generalunternehmer oder dem zwischengeschalteten Unternehmer war nicht bekannt, dass der Arbeitgeber Ausländer ohne die nach § 284 Absatz 1 des Dritten Buches Sozialgesetzbuch erforderliche Genehmigung oder ohne die nach § 4a Absatz 5 erforderliche Berechtigung zur Erwerbstätigkeit beschäftigt hat.

(5) Die Haftung nach den Absätzen 3 und 4 entfällt, wenn der Unternehmer nachweist, dass er auf Grund sorgfältiger Prüfung davon ausgehen konnte, dass der Arbeitgeber keine Ausländer ohne die nach § 284 Absatz 1 des Dritten Buches Sozialgesetzbuch erforderliche Genehmigung oder ohne die nach § 4a Absatz 5 erforderliche Berechtigung zur Erwerbstätigkeit beschäftigt hat.

(6) Ein Ausländer, der im Geltungsbereich dieses Gesetzes ohne die nach § 284 Absatz 1 des Dritten Buches Sozialgesetzbuch erforderliche Genehmigung oder ohne die nach § 4a Absatz 5 erforderliche Berechtigung zur Erwerbstätigkeit beschäftigt worden ist, kann Klage auf Erfüllung der Zahlungsverpflichtungen nach Absatz 3 und 4 auch vor einem deutschen Gericht für Arbeitssachen erheben.

(7) Die Vorschriften des Arbeitnehmer-Entsendegesetzes bleiben unberührt.

§ 98b Ausschluss von Subventionen

(1) [1]Die zuständige Behörde kann Anträge auf Subventionen im Sinne des § 264 des Strafgesetzbuches ganz oder teilweise ablehnen, wenn der Antragsteller oder dessen nach Satzung oder Gesetz Vertretungsberechtigter

1. nach § 404 Absatz 2 Nummer 3 des Dritten Buches Sozialgesetzbuch mit einer Geldbuße von wenigstens Zweitausendfünfhundert[1]) Euro rechtskräftig belegt worden ist oder
2. nach den §§ 10, 10a oder 11 des Schwarzarbeitsbekämpfungsgesetzes zu einer Freiheitsstrafe von mehr als drei Monaten oder einer Geldstrafe von mehr als 90 Tagessätzen rechtskräftig verurteilt worden ist.

[2]Ablehnungen nach Satz 1 können je nach Schwere des der Geldbuße oder der Freiheits- oder der Geldstrafe zugrunde liegenden Verstoßes in einem Zeitraum von bis zu fünf Jahren ab Rechtskraft der Geldbuße, der Freiheits- oder der Geldstrafe erfolgen.

(2) Absatz 1 gilt nicht, wenn

1. auf die beantragte Subvention ein Rechtsanspruch besteht,
2. der Antragsteller eine natürliche Person ist und die Beschäftigung, durch die der Verstoß nach Absatz 1 Satz 1 begangen wurde, seinen privaten Zwecken diente, oder
3. der Verstoß nach Absatz 1 Satz 1 darin bestand, dass ein Unionsbürger rechtswidrig beschäftigt wurde.

§ 98c Ausschluss von der Vergabe öffentlicher Aufträge

(1) [1]Öffentliche Auftraggeber nach § 99 des Gesetzes gegen Wettbewerbsbeschränkungen können einen Bewerber oder einen Bieter vom Wettbewerb um einen Liefer-, Bau- oder Dienstleistungsauftrag ausschließen, wenn dieser oder dessen nach Satzung oder Gesetz Vertretungsberechtigter

1. nach § 404 Absatz 2 Nummer 3 des Dritten Buches Sozialgesetzbuch mit einer Geldbuße von wenigstens Zweitausendfünfhundert Euro rechtskräftig belegt worden ist oder
2. nach den §§ 10, 10a oder 11 des Schwarzarbeitsbekämpfungsgesetzes zu einer Freiheitsstrafe von mehr als drei Monaten oder einer Geldstrafe von mehr als 90 Tagessätzen rechtskräftig verurteilt worden ist.

1) Großschreibung amtlich.

²Ausschlüsse nach Satz 1 können bis zur nachgewiesenen Wiederherstellung der Zuverlässigkeit, je nach Schwere des der Geldbuße, der Freiheits- oder der Geldstrafe zugrunde liegenden Verstoßes in einem Zeitraum von bis zu fünf Jahren ab Rechtskraft der Geldbuße, der Freiheits- oder der Geldstrafe erfolgen.

(2) Absatz 1 gilt nicht, wenn der Verstoß nach Absatz 1 Satz 1 darin bestand, dass ein Unionsbürger rechtswidrig beschäftigt wurde.

(3) Macht ein öffentlicher Auftraggeber von der Möglichkeit nach Absatz 1 Gebrauch, gilt § 21 Absatz 2 bis 5 des Arbeitnehmer-Entsendegesetzes entsprechend.

Kapitel 10
Verordnungsermächtigungen; Übergangs- und Schlussvorschriften

§ 99 Verordnungsermächtigung

(1) Das Bundesministerium des Innern, für Bau und Heimat wird ermächtigt, durch Rechtsverordnung mit Zustimmung des Bundesrates

1. zur Erleichterung des Aufenthalts von Ausländern Befreiungen vom Erfordernis des Aufenthaltstitels vorzusehen, das Verfahren für die Erteilung von Befreiungen und die Fortgeltung und weitere Erteilung von Aufenthaltstiteln nach diesem Gesetz bei Eintritt eines Befreiungsgrundes zu regeln sowie zur Steuerung der Erwerbstätigkeit von Ausländern im Bundesgebiet Befreiungen einzuschränken,

2. zu bestimmen, dass der Aufenthaltstitel vor der Einreise bei der Ausländerbehörde oder nach der Einreise eingeholt werden kann,

3. zu bestimmen, in welchen Fällen die Erteilung eines Visums der Zustimmung der Ausländerbehörde bedarf, um die Mitwirkung anderer beteiligter Behörden zu sichern,

3a. Näheres zum Verfahren zur Erteilung von Aufenthaltstiteln an Forscher nach § 18d zu bestimmen, insbesondere

 a) die Voraussetzungen und das Verfahren sowie die Dauer der Anerkennung von Forschungseinrichtungen, die Aufhebung der Anerkennung einer Forschungseinrichtung und die Voraussetzungen und den Inhalt des Abschlusses von Aufnahmevereinbarungen nach § 18d Absatz 1 Satz 1 Nummer 1 zu regeln,

 b) vorzusehen, dass die für die Anerkennung zuständige Behörde die Anschriften der anerkannten Forschungseinrichtungen veröffentlicht und in den Veröffentlichungen auf Erklärungen nach § 18d Absatz 3 hinweist,

 c) Ausländerbehörden und Auslandsvertretungen zu verpflichten, der für die Anerkennung zuständigen Behörde Erkenntnisse über anerkannte Forschungseinrichtungen mitzuteilen, die die Aufhebung der Anerkennung begründen können,

 d) anerkannte Forschungseinrichtungen zu verpflichten, den Wegfall von Voraussetzungen für die Anerkennung, den Wegfall von Voraussetzungen für Aufnahmevereinbarungen, die abgeschlossen worden sind, oder die Änderung sonstiger bedeutsamer Umstände mitzuteilen,

 e) beim Bundesamt für Migration und Flüchtlinge einen Beirat für Forschungsmigration einzurichten, der es bei der Anerkennung von Forschungseinrichtungen unterstützt und die Anwendung des § 18d beobachtet und bewertet,

 f) den Zeitpunkt des Beginns der Bearbeitung von Anträgen auf Anerkennung von Forschungseinrichtungen,

3b. selbständige Tätigkeiten zu bestimmen, für deren Ausübung stets oder unter bestimmten Voraussetzungen kein Aufenthaltstitel nach § 4a Absatz 1 Satz 1 erforderlich ist,

4. Ausländer, die im Zusammenhang mit der Hilfeleistung in Rettungs- und Katastrophenfällen einreisen, von der Passpflicht zu befreien,

5. andere amtliche deutsche Ausweise als Passersatz einzuführen oder zuzulassen,

6. amtliche Ausweise, die nicht von deutschen Behörden ausgestellt worden sind, allgemein als Passersatz zuzulassen,

7. zu bestimmen, dass zur Wahrung von Interessen der Bundesrepublik Deutschland Ausländer, die vom Erfordernis des Aufenthaltstitels befreit sind und Ausländer, die mit einem Visum einreisen, bei oder nach der Einreise der Ausländerbehörde oder einer sonstigen Behörde den Aufenthalt anzuzeigen haben,

8. zur Ermöglichung oder Erleichterung des Reiseverkehrs zu bestimmen, dass Ausländern die bereits bestehende Berechtigung zur Rückkehr in das Bundesgebiet in einem Passersatz bescheinigt werden kann,

9. zu bestimmen, unter welchen Voraussetzungen ein Ausweisersatz ausgestellt werden kann und wie lange er gültig ist,

10. die ausweisrechtlichen Pflichten von Ausländern, die sich im Bundesgebiet aufhalten, zu regeln hinsichtlich der Ausstellung und Verlängerung, des Verlustes und des Wiederauffindens sowie der Vorlage und der Abgabe eines Passes, Passersatzes und Ausweisersatzes sowie der Eintragungen über die Einreise, die Ausreise, das Antreffen im Bundesgebiet und über Entscheidungen der zuständigen Behörden in solchen Papieren,

11. Näheres zum Register nach § 91a sowie zu den Voraussetzungen und dem Verfahren der Datenübermittlung zu bestimmen,

12. zu bestimmen, wie der Wohnsitz von Ausländern, denen vorübergehend Schutz gemäß § 24 Abs. 1 gewährt worden ist, in einen anderen Mitgliedstaat der Europäischen Union verlegt werden kann,

13. Näheres über die Anforderungen an Lichtbilder und Fingerabdrücke sowie für die Muster und Ausstellungsmodalitäten für die bei der Ausführung dieses Gesetzes zu verwendenden Vordrucke sowie die Aufnahme und die Einbringung von Merkmalen in verschlüsselter Form nach § 78a Absatz 4 und 5 festzulegen,

13a. Regelungen für Reiseausweise für Ausländer, Reiseausweise für Flüchtlinge und Reiseausweise für Staatenlose mit elektronischem Speicher- und Verarbeitungsmedium nach Maßgabe der Verordnung (EG) Nr. 2252/2004 des Rates vom 13. Dezember 2004 über Normen für Sicherheitsmerkmale und biometrische Daten in von den Mitgliedstaaten ausgestellten Pässen und Reisedokumenten (ABl. L 385 vom 29.12.2004, S. 1) und der Verordnung (EG) Nr. 444/2009 des Europäischen Parlaments und des Rates vom 28. Mai 2009 zur Änderung der Verordnung (EG) Nr. 2252/2004 des Rates über Normen für Sicherheitsmerkmale und biometrische Daten in den Mitgliedstaaten ausgestellten Pässen und Reisedokumenten (ABl. L 142 vom 6.6.2009, S. 1) zu treffen sowie Näheres über die Ausfertigung von Dokumenten mit elektronischem Speicher- und Verarbeitungsmedium nach § 78 nach Maßgabe der Verordnung (EG) Nr. 1030/2002 des Rates vom 13. Juni 2002 zur einheitlichen Gestaltung des Aufenthaltstitels für Drittstaatenangehörige (ABl. L 157 vom 15.6.2002, S. 1) in der jeweils geltenden Fassung zu bestimmen und insoweit für Reiseausweise und Dokumente nach § 78 Folgendes festzulegen:

 a) das Verfahren und die technischen Anforderungen für die Erfassung und Qualitätssicherung des Lichtbildes und der Fingerabdrücke sowie den Zugriffsschutz auf die im elektronischen Speicher- und Verarbeitungsmedium abgelegten Daten,

 b) Altersgrenzen für die Erhebung von Fingerabdrücken und Befreiungen von der Pflicht zur Abgabe von Fingerabdrücken und Lichtbildern,

 c) die Reihenfolge der zu speichernden Fingerabdrücke bei Fehlen eines Zeigefingers, ungenügender Qualität des Fingerabdrucks oder Verletzungen der Fingerkuppe,

 d) die Form des Verfahrens und die Einzelheiten über das Verfahren der Übermittlung sämtlicher Antragsdaten von den Ausländerbehörden an den Hersteller der Dokumente sowie zur vorübergehenden Speicherung der Antragsdaten bei der Ausländerbehörde und beim Hersteller,

 e) die Speicherung der Fingerabdrücke und des Lichtbildes in der Ausländerbehörde bis zur Aushändigung des Dokuments,

 f) das Einsichtsrecht des Dokumenteninhabers in die im elektronischen Speichermedium gespeicherten Daten,

 g) die Anforderungen an die zur elektronischen Erfassung des Lichtbildes und der Fingerabdrücke, deren Qualitätssicherung sowie zur Übermittlung der Antragsdaten von der Ausländerbehörde an den Hersteller der Dokumente einzusetzenden technischen Systeme und Bestandteile sowie das Verfahren zur Überprüfung der Einhaltung dieser Anforderungen,

 h) Näheres zur Verarbeitung der Fingerabdruckdaten und des digitalen Lichtbildes,

 i) Näheres zur Seriennummer und zur maschinenlesbaren Personaldatenseite,

 j) die Pflichten von Ausländern, die sich im Bundesgebiet aufhalten, hinsichtlich der Ausstellung, Neubeantragung und Verlängerung, des Verlustes und Wiederauffindens sowie der Vorlage und Abgabe von Dokumenten nach § 78.

Das Bundesministerium des Innern, für Bau und Heimat wird ferner ermächtigt, durch Rechtsverordnung mit Zustimmung des Bundesrates Einzelheiten des Prüfverfahrens entsprechend § 34 Nummer 4 des Personalausweisgesetzes und Einzelheiten zum elektronischen Identitätsnachweis entsprechend § 34 Nummer 5 bis 7 des Personalausweisgesetzes festzulegen,

14. zu bestimmen, dass die

a) Meldebehörden,
b) Staatsangehörigkeits- und Bescheinigungsbehörden nach § 15 des Bundesvertriebenengesetzes,
c) Pass- und Personalausweisbehörden,
d) Sozial- und Jugendämter,
e) Justiz-, Polizei- und Ordnungsbehörden,
f) Bundesagentur für Arbeit,
g) Finanz- und Hauptzollämter,
h) Gewerbebehörden,
i) Auslandsvertretungen und
j) Träger der Grundsicherung für Arbeitssuchende
ohne Ersuchen den Ausländerbehörden personenbezogene Daten von Ausländern, Amtshandlungen und sonstige Maßnahmen gegenüber Ausländern sowie sonstige Erkenntnisse über Ausländer mitzuteilen haben, soweit diese Angaben zur Erfüllung der Aufgaben der Ausländerbehörden nach diesem Gesetz und nach ausländerrechtlichen Bestimmungen in anderen Gesetzen erforderlich sind; die Rechtsverordnung bestimmt Art und Umfang der Daten, die Maßnahmen und die sonstigen Erkenntnisse, die mitzuteilen sind; Datenübermittlungen dürfen nur insoweit vorgesehen werden, als die Daten zur Erfüllung der Aufgaben der Ausländerbehörden nach diesem Gesetz oder nach ausländerrechtlichen Bestimmungen in anderen Gesetzen erforderlich sind,

15. Regelungen über die fachbezogene elektronische Datenübermittlung zwischen den mit der Ausführung dieses Gesetzes beauftragten Behörden zu treffen, die sich auf Folgendes beziehen:
 a) die technischen Grundsätze des Aufbaus der verwendeten Standards,
 b) das Verfahren der Datenübermittlung und
 c) die an der elektronischen Datenübermittlung im Ausländerwesen beteiligten Behörden,

16. Regelungen für die Qualitätssicherung der nach § 49 Absatz 6, 8 und 9 erhobenen Lichtbilder und Fingerabdruckdaten festzulegen.

(2) ¹Das Bundesministerium des Innern, für Bau und Heimat wird ferner ermächtigt, durch Rechtsverordnung mit Zustimmung des Bundesrates zu bestimmen, dass
1. jede Ausländerbehörde ein Dateisystem über Ausländer führt, die sich in ihrem Bezirk aufhalten oder aufgehalten haben, die bei ihr einen Antrag gestellt oder Einreise und Aufenthalt angezeigt haben und für und gegen die sie eine ausländerrechtliche Maßnahme oder Entscheidung getroffen hat,
2. jede Auslandsvertretung ein Dateisystem über beantragte, erteilte, versagte, zurückgenommene, annullierte, widerrufene und aufgehobene Visa sowie zurückgenommene Visumanträge führen darf und die Auslandsvertretungen die jeweils dort gespeicherten Daten untereinander sowie mit dem Auswärtigen Amt und mit dem Bundesamt für Auswärtige Angelegenheiten austauschen dürfen sowie
3. die mit der Ausführung dieses Gesetzes betrauten Behörden ein sonstiges zur Erfüllung ihrer Aufgaben erforderliches Dateisystem führen.

²Nach Satz 1 Nr. 1 werden erfasst die Personalien einschließlich der Staatsangehörigkeit und der Anschrift des Ausländers, Angaben zum Pass, über ausländerrechtliche Maßnahmen und über die Erfassung im Ausländerzentralregister sowie über frühere Anschriften des Ausländers, die zuständige Ausländerbehörde und die Abgabe von Akten an eine andere Ausländerbehörde. ³Erfasst werden ferner Angaben zur Nutzung eines Dokuments nach § 78 Absatz 1 zum elektronischen Identitätsnachweis einschließlich dessen Ein- und Ausschaltung sowie Sperrung und Entsperrung. ⁴Die Befugnis der Ausländerbehörden, weitere personenbezogene Daten zu speichern, richtet sich nach der Verordnung (EU) 2016/679 und nach den datenschutzrechtlichen Bestimmungen der Länder.

(3) Das Bundesministerium des Innern, für Bau und Heimat wird ermächtigt, durch Rechtsverordnung im Einvernehmen mit dem Auswärtigen Amt ohne Zustimmung des Bundesrates die zuständige Stelle im Sinne des § 73 Absatz 1 und des § 73a Absatz 1 zu bestimmen.

(3a) Das Bundesministerium des Innern, für Bau und Heimat wird ermächtigt, durch Rechtsverordnung im Einvernehmen mit dem Auswärtigen Amt ohne Zustimmung des Bundesrates nach Maßgabe von Artikel 3 Absatz 2 der Verordnung (EG) Nr. 810/2009 die Staaten festzulegen, deren Staatsangehörige zur Durchreise durch die internationalen Transitzonen deutscher Flughäfen im Besitz eines Visums für den Flughafentransit sein müssen.

(4) ¹Das Bundesministerium des Innern, für Bau und Heimat kann Rechtsverordnungen nach Absatz 1 Nr. 1 und 2, soweit es zur Erfüllung einer zwischenstaatlichen Vereinbarung oder zur Wahrung öffentlicher Interessen erforderlich ist, ohne Zustimmung des Bundesrates erlassen und ändern. ²Eine Rechts-

verordnung nach Satz 1 tritt spätestens drei Monate nach ihrem Inkrafttreten außer Kraft. [3]Ihre Geltungsdauer kann durch Rechtsverordnung mit Zustimmung des Bundesrates verlängert werden.

(5) Das Bundesministerium des Innern, für Bau und Heimat wird ferner ermächtigt, durch Rechtsverordnung zum beschleunigten Fachkräfteverfahren nach § 81a

1. mit Zustimmung des Bundesrates Näheres zum Verfahren bei den Ausländerbehörden sowie
2. im Einvernehmen mit dem Auswärtigen Amt ohne Zustimmung des Bundesrates Näheres zum Verfahren bei den Auslandsvertretungen

zu bestimmen.

(6) Die Bundesregierung wird ermächtigt, durch Rechtsverordnung mit Zustimmung des Bundesrates Staaten zu bestimmen, an deren Staatsangehörige bestimmte oder sämtliche Aufenthaltstitel nach Kapitel 2 Abschnitt 3 und 4 nicht erteilt werden, wenn bei diesen Staatsangehörigen ein erheblicher Anstieg der Zahl der als offensichtlich unbegründet abgelehnten Asylanträge im Zusammenhang mit einem Aufenthalt nach Kapitel 2 Abschnitt 3 oder 4 zu verzeichnen ist.

§ 100 Sprachliche Anpassung

[1]Das Bundesministerium des Innern, für Bau und Heimat kann durch Rechtsverordnung ohne Zustimmung des Bundesrates die in diesem Gesetz verwendeten Personenbezeichnungen, soweit dies ohne Änderung des Regelungsinhalts möglich und sprachlich sachgerecht ist, durch geschlechtsneutrale oder durch maskuline und feminine Personenbezeichnungen ersetzen und die dadurch veranlassten sprachlichen Anpassungen vornehmen. [2]Das Bundesministerium des Innern, für Bau und Heimat kann nach Erlass einer Verordnung nach Satz 1 den Wortlaut dieses Gesetzes im Bundesgesetzblatt bekannt machen.

§ 101 Fortgeltung bisheriger Aufenthaltsrechte

(1) [1]Eine vor dem 1. Januar 2005 erteilte Aufenthaltsberechtigung oder unbefristete Aufenthaltserlaubnis gilt fort als Niederlassungserlaubnis entsprechend dem ihrer Erteilung zu Grunde liegenden Aufenthaltszweck und Sachverhalt. [2]Eine unbefristete Aufenthaltserlaubnis, die nach § 1 Abs. 3 des Gesetzes über Maßnahmen für im Rahmen humanitärer Hilfsaktionen aufgenommene Flüchtlinge vom 22. Juli 1980 (BGBl. I S. 1057) oder in entsprechender Anwendung des vorgenannten Gesetzes erteilt worden ist, und eine anschließend erteilte Aufenthaltsberechtigung gelten fort als Niederlassungserlaubnis nach § 23 Abs. 2.

(2) Die übrigen Aufenthaltsgenehmigungen gelten fort als Aufenthaltserlaubnisse entsprechend dem ihrer Erteilung zu Grunde liegenden Aufenthaltszweck und Sachverhalt.

(3) Ein Aufenthaltstitel, der vor dem 28. August 2007 mit dem Vermerk „Daueraufenthalt-EG" versehen wurde, gilt als Erlaubnis zum Daueraufenthalt – EU fort.

(4) Ein Aufenthaltstitel nach Kapitel 2 Abschnitt 3 und 4, der vor dem 1. März 2020 erteilt wurde, gilt mit den verfügten Nebenbestimmungen entsprechend dem der Erteilung zu Grunde liegenden Aufenthaltszweck und Sachverhalt im Rahmen seiner Gültigkeitsdauer fort.

§ 102 Fortgeltung ausländerrechtlicher Maßnahmen und Anrechnung

(1) [1]Die vor dem 1. Januar 2005 getroffenen sonstigen ausländerrechtlichen Maßnahmen, insbesondere zeitliche und räumliche Beschränkungen, Bedingungen und Auflagen, Verbote und Beschränkungen der politischen Betätigung sowie Ausweisungen, Abschiebungsandrohungen, Aussetzungen der Abschiebung und Abschiebungen einschließlich ihrer Rechtsfolgen und der Befristung ihrer Wirkungen sowie begünstigende Maßnahmen, die Anerkennung von Pässen und Passersatzpapieren und Befreiungen von der Passpflicht, Entscheidungen über Kosten und Gebühren, bleiben wirksam. [2]Ebenso bleiben Maßnahmen und Vereinbarungen im Zusammenhang mit Sicherheitsleistungen wirksam, auch wenn sie sich ganz oder teilweise auf Zeiträume nach Inkrafttreten dieses Gesetzes beziehen. [3]Entsprechendes gilt für die kraft Gesetzes eingetretenen Wirkungen der Antragstellung nach § 69 des Ausländergesetzes.

(2) Auf die Frist für die Erteilung einer Niederlassungserlaubnis nach § 26 Abs. 4 wird die Zeit des Besitzes einer Aufenthaltsbefugnis oder einer Duldung vor dem 1. Januar 2005 angerechnet.

§ 103 Anwendung bisherigen Rechts

[1]Für Personen, die vor dem Inkrafttreten dieses Gesetzes gemäß § 1 des Gesetzes über Maßnahmen für im Rahmen humanitärer Hilfsaktionen aufgenommene Flüchtlinge vom 22. Juli 1980 (BGBl. I S. 1057) die Rechtsstellung nach den Artikeln 2 bis 34 des Abkommens über die Rechtsstellung der Flüchtlinge genießen, finden die §§ 2a und 2b des Gesetzes über Maßnahmen für im Rahmen humanitärer Hilfsaktionen aufgenommene Flüchtlinge in der bis zum 1. Januar 2005 geltenden Fassung weiter Anwendung. [2]In diesen Fällen gilt § 52 Abs. 1 Satz 1 Nr. 4 entsprechend.

§ 104 Übergangsregelungen

(1) [1]Über vor dem 1. Januar 2005 gestellte Anträge auf Erteilung einer unbefristeten Aufenthaltserlaubnis oder einer Aufenthaltsberechtigung ist nach dem bis zu diesem Zeitpunkt geltenden Recht zu entscheiden. [2]§ 101 Abs. 1 gilt entsprechend.

(2) [1]Bei Ausländern, die vor dem 1. Januar 2005 im Besitz einer Aufenthaltserlaubnis oder Aufenthaltsbefugnis sind, ist es bei der Entscheidung über die Erteilung einer Niederlassungserlaubnis oder einer Erlaubnis zum Daueraufenthalt – EU hinsichtlich der sprachlichen Kenntnisse nur erforderlich, dass sie sich auf einfache Art in deutscher Sprache mündlich verständigen können. [2]§ 9 Abs. 2 Satz 1 Nr. 3 und 8 findet keine Anwendung.

(3) Bei Ausländern, die sich vor dem 1. Januar 2005 rechtmäßig in Deutschland aufhalten, gilt hinsichtlich der vor diesem Zeitpunkt geborenen Kinder für den Nachzug § 20 des Ausländergesetzes in der zuletzt gültigen Fassung[1], es sei denn, das Aufenthaltsgesetz gewährt eine günstigere Rechtsstellung.

(4) *[aufgehoben]*

(5) Auch für Ausländer, die bis zum Ablauf des 31. Juli 2015 im Rahmen des Programms zur dauerhaften Neuansiedlung von Schutzsuchenden einen Aufenthaltstitel nach § 23 Absatz 2 erhalten haben, sind die Regelungen über den Familiennachzug, das Bleibeinteresse, die Teilnahme an Integrationskursen und die Aufenthaltsverfestigung auf Grund des § 23 Absatz 4 entsprechend anzuwenden.

(6) [1]§ 23 Abs. 2 in der bis zum 24. Mai 2007 geltenden Fassung findet in den Fällen weiter Anwendung, in denen die Anordnung der obersten Landesbehörde, die auf Grund der bis zum 24. Mai 2007 geltenden Fassung getroffen wurde, eine Erteilung einer Niederlassungserlaubnis bei besonders gelagerten politischen Interessen der Bundesrepublik Deutschland vorsieht. [2]§ 23 Abs. 2 Satz 5 und § 44 Abs. 1 Nr. 2 sind auf die betroffenen Ausländer und die Familienangehörigen, die mit ihnen ihren Wohnsitz in das Bundesgebiet verlegen, entsprechend anzuwenden.

(7) Eine Niederlassungserlaubnis kann auch Ehegatten, Lebenspartnern und minderjährigen ledigen Kindern eines Ausländers erteilt werden, die vor dem 1. Januar 2005 im Besitz einer Aufenthaltsbefugnis nach § 31 Abs. 1 des Ausländergesetzes oder einer Aufenthaltserlaubnis nach § 35 Abs. 2 des Ausländergesetzes waren, wenn die Voraussetzungen des § 26 Abs. 4 erfüllt sind und sie weiterhin die Voraussetzungen erfüllen, wonach eine Aufenthaltsbefugnis nach § 31 des Ausländergesetzes oder eine Aufenthaltserlaubnis nach § 35 Abs. 2 des Ausländergesetzes erteilt werden durfte.

(8) § 28 Absatz 2 in der bis zum 5. September 2013 geltenden Fassung findet weiter Anwendung auf Familienangehörige eines Deutschen, die am 5. September 2013 bereits einen Aufenthaltstitel nach § 28 Absatz 1 innehatten.

(9) [1]Ausländer, die eine Aufenthaltserlaubnis nach § 25 Absatz 3 besitzen, weil das Bundesamt oder die Ausländerbehörde festgestellt hat, dass Abschiebungsverbote nach § 60 Absatz 2, 3 oder 7 Satz 2 in der vor dem 1. Dezember 2013 gültigen Fassung vorliegen, gelten als subsidiär Schutzberechtigte im Sinne des § 4 Absatz 1 des Asylgesetzes und erhalten von Amts wegen eine Aufenthaltserlaubnis nach § 25 Absatz 2 Satz 1 zweite Alternative, es sei denn, das Bundesamt hat die Ausländerbehörde über das Vorliegen von Ausschlusstatbeständen im Sinne des § 25 Absatz 3 Satz 2 Buchstabe a bis d in der vor dem

1) § 20 des Ausländergesetzes lautete:
Kindernachzug

(1) Dem minderjährigen ledigen Kind eines Asylberechtigten ist nach Maßgabe des § 17 eine Aufenthaltserlaubnis zu erteilen.

(2) Dem ledigen Kind eines sonstigen Ausländers ist nach Maßgabe des § 17 eine Aufenthaltserlaubnis zu erteilen, wenn
1. auch der andere Elternteil eine Aufenthaltserlaubnis oder Aufenthaltsberechtigung besitzt oder gestorben ist und
2. das Kind das 16. Lebensjahr noch nicht vollendet hat.

(3) [1]Von der in Absatz 2 Nr. 1 bezeichneten Voraussetzung kann abgesehen werden, wenn die Eltern nicht oder nicht mehr miteinander verheiratet sind. [2]Einem Kind, das sich seit fünf Jahren rechtmäßig im Bundesgebiet aufhält, kann die Aufenthaltserlaubnis abweichend von Absatz 2 Nr. 1 und § 17 Abs. 2 Nr. 3 erteilt werden.

(4) Im übrigen kann dem minderjährigen ledigen Kind eines Ausländers nach Maßgabe des § 17 eine Aufenthaltserlaubnis erteilt werden, wenn
1. das Kind die deutsche Sprache beherrscht oder gewährleistet erscheint, daß er sich auf Grund seiner bisherigen Ausbildung und Lebensverhältnisse in die Lebensverhältnisse in der Bundesrepublik Deutschland einfügen kann oder
2. es auf Grund der Umstände des Einzelfalles zur Vermeidung einer besonderen Härte erforderlich ist.

(5) [1]Dem minderjährigen ledigen Kind eines Ausländers, der im Bundesgebiet geboren oder als Minderjähriger eingereist ist, kann die Aufenthaltserlaubnis abweichend von § 17 Abs. 2 Nr. 3 erteilt werden, wenn der Lebensunterhalt ohne Inanspruchnahme öffentlicher Mittel gesichert ist. [2]Der Erteilung der Aufenthaltserlaubnis steht nicht die Inanspruchnahme von Stipendien und Ausbildungsbeihilfen sowie von solchen öffentlichen Mitteln entgegen, die auf einer Beitragsleistung beruhen.

(6) Die einem Kind erteilte Aufenthaltserlaubnis wird abweichend von § 17 Abs. 2 Nr. 2 und 3 verlängert.

1. Dezember 2013 gültigen Fassung unterrichtet. [2]Die Zeiten des Besitzes der Aufenthaltserlaubnis nach § 25 Absatz 3 Satz 1 in der vor dem 1. Dezember 2013 gültigen Fassung stehen Zeiten des Besitzes einer Aufenthaltserlaubnis nach § 25 Absatz 2 Satz 1 zweite Alternative gleich. [3]§ 73b des Asylgesetzes gilt entsprechend.

(10) Für Betroffene nach § 73b Absatz 1, die als nicht entsandte Mitarbeiter des Auswärtigen Amts in einer Auslandsvertretung tätig sind, findet § 73b Absatz 4 ab dem 1. Februar 2016 Anwendung.

(11) Für Ausländer, denen zwischen dem 1. Januar 2011 und dem 31. Juli 2015 subsidiärer Schutz nach der Richtlinie 2011/95/EU oder der Richtlinie 2004/38/EG unanfechtbar zuerkannt wurde, beginnt die Frist nach § 29 Absatz 2 Satz 2 Nummer 1 mit Inkrafttreten dieses Gesetzes zu laufen.

(12) Im Falle einer Abschiebungsandrohung nach den §§ 34 und 35 des Asylgesetzes oder einer Abschiebungsanordnung nach § 34a des Asylgesetzes, die bereits vor dem 1. August 2015 erlassen oder angeordnet worden ist, sind die Ausländerbehörden für die Anordnung eines Einreise- und Aufenthaltsverbots nach § 11 zuständig.

(13) [1]Die Vorschriften von Kapitel 2 Abschnitt 6 in der bis zum 31. Juli 2018 geltenden Fassung finden weiter Anwendung auf den Familiennachzug zu Ausländern, denen bis zum 17. März 2016 eine Aufenthaltserlaubnis nach § 25 Absatz 2 Satz 1 zweite Alternative erteilt worden ist, wenn der Antrag auf erstmalige Erteilung eines Aufenthaltstitels zum Zwecke des Familiennachzugs zu dem Ausländer bis zum 31. Juli 2018 gestellt worden ist. [2]§ 27 Absatz 3a findet Anwendung.

(14) *[aufgehoben]*

(15) Wurde eine Duldung nach § 60a Absatz 2 Satz 4 in der bis zum 31. Dezember 2019 geltenden Fassung erteilt, gilt §§[1] 19d Absatz 1 Nummer 4 und 5 nicht, wenn zum Zeitpunkt der Antragstellung auf eine Aufenthaltserlaubnis nach §§[1] 19d Absatz 1a der Ausländer die erforderlichen und ihm zumutbaren Maßnahmen für die Identitätsklärung ergriffen hat.

(16) Für Beschäftigungen, die Inhabern einer Duldung bis zum 31. Dezember 2019 erlaubt wurden, gilt § 60a Absatz 6 in der bis zu diesem Tag geltenden Fassung fort.

§ 104a Altfallregelung

(1) [1]Einem geduldeten Ausländer soll abweichend von § 5 Abs. 1 Nr. 1 und Abs. 2 eine Aufenthaltserlaubnis erteilt werden, wenn er sich am 1. Juli 2007 seit mindestens acht Jahren oder, falls er zusammen mit einem oder mehreren minderjährigen ledigen Kindern in häuslicher Gemeinschaft lebt, seit mindestens sechs Jahren ununterbrochen geduldet, gestattet oder mit einer Aufenthaltserlaubnis aus humanitären Gründen im Bundesgebiet aufgehalten hat und er

1. über ausreichenden Wohnraum verfügt,
2. über hinreichende mündliche Deutschkenntnisse im Sinne des Niveaus A2 des Gemeinsamen Europäischen Referenzrahmens für Sprachen verfügt,
3. bei Kindern im schulpflichtigen Alter den tatsächlichen Schulbesuch nachweist,
4. die Ausländerbehörde nicht vorsätzlich über aufenthaltsrechtlich relevante Umstände getäuscht oder behördliche Maßnahmen zur Aufenthaltsbeendigung nicht vorsätzlich hinausgezögert oder behindert hat,
5. keine Bezüge zu extremistischen oder terroristischen Organisationen hat und diese auch nicht unterstützt und
6. nicht wegen einer im Bundesgebiet begangenen vorsätzlichen Straftat verurteilt wurde, wobei Geldstrafen von insgesamt bis zu 50 Tagessätzen oder bis zu 90 Tagessätzen wegen Straftaten, die nach dem Aufenthaltsgesetz oder dem Asylgesetz nur von Ausländern begangen werden können, grundsätzlich außer Betracht bleiben.

[2]Wenn der Ausländer seinen Lebensunterhalt eigenständig durch Erwerbstätigkeit sichert, wird die Aufenthaltserlaubnis nach § 23 Abs. 1 Satz 1 erteilt. [3]Im Übrigen wird sie nach Satz 1 erteilt; sie gilt als Aufenthaltstitel nach Kapitel 2 Abschnitt 5; die §§ 9 und 26 Abs. 4 finden keine Anwendung. [4]Von der Voraussetzung des Satzes 1 Nr. 2 kann bis zum 1. Juli 2008 abgesehen werden. [5]Von der Voraussetzung des Satzes 1 Nr. 2 wird abgesehen, wenn der Ausländer sie wegen einer körperlichen, geistigen oder seelischen Krankheit oder Behinderung oder aus Altersgründen nicht erfüllen kann.

(2) [1]Dem geduldeten volljährigen ledigen Kind eines geduldeten Ausländers, der sich am 1. Juli 2007 seit mindestens acht Jahren oder, falls er zusammen mit einem oder mehreren minderjährigen ledigen Kindern in häuslicher Gemeinschaft lebt, seit mindestens sechs Jahren ununterbrochen geduldet, gestattet oder mit einer Aufenthaltserlaubnis aus humanitären Gründen im Bundesgebiet aufgehalten hat, kann eine Aufenthaltserlaubnis nach § 23 Abs. 1 Satz 1 erteilt werden, wenn es bei der Einreise minderjährig war und gewährleistet erscheint, dass es sich auf Grund seiner bisherigen Ausbildung und Lebensverhältnisse in

1) Paragraphenzeichen amtlich.

die Lebensverhältnisse der Bundesrepublik Deutschland einfügen kann. ²Das Gleiche gilt für einen Ausländer, der sich als unbegleiteter Minderjähriger seit mindestens sechs Jahren ununterbrochen geduldet, gestattet oder mit einer Aufenthaltserlaubnis aus humanitären Gründen im Bundesgebiet aufgehalten hat und bei dem gewährleistet erscheint, dass er sich auf Grund seiner bisherigen Ausbildung und Lebensverhältnisse in die Lebensverhältnisse der Bundesrepublik Deutschland einfügen kann.

(3) ¹Hat ein in häuslicher Gemeinschaft lebendes Familienmitglied Straftaten im Sinne des Absatzes 1 Satz 1 Nr. 6 begangen, führt dies zur Versagung der Aufenthaltserlaubnis nach dieser Vorschrift für andere Familienmitglieder. ²Satz 1 gilt nicht für den Ehegatten eines Ausländers, der Straftaten im Sinne des Absatzes 1 Satz 1 Nr. 6 begangen hat, wenn der Ehegatte die Voraussetzungen des Absatzes 1 im Übrigen erfüllt und es zur Vermeidung einer besonderen Härte erforderlich ist, ihm den weiteren Aufenthalt zu ermöglichen. ³Sofern im Ausnahmefall Kinder von ihren Eltern getrennt werden, muss ihre Betreuung in Deutschland sichergestellt sein.

(4) Die Aufenthaltserlaubnis kann unter der Bedingung erteilt werden, dass der Ausländer an einem Integrationsgespräch teilnimmt oder eine Integrationsvereinbarung abgeschlossen wird.

(5) ¹Die Aufenthaltserlaubnis wird mit einer Gültigkeit bis zum 31. Dezember 2009 erteilt. ²Sie soll um weitere zwei Jahre als Aufenthaltserlaubnis nach § 23 Abs. 1 Satz 1 verlängert werden, wenn der Lebensunterhalt des Ausländers bis zum 31. Dezember 2009 überwiegend eigenständig durch Erwerbstätigkeit gesichert war oder wenn der Ausländer mindestens seit dem 1. April 2009 seinen Lebensunterhalt nicht nur vorübergehend eigenständig sichert. ³Für die Zukunft müssen in beiden Fällen Tatsachen die Annahme rechtfertigen, dass der Lebensunterhalt überwiegend gesichert sein wird. ⁴Im Fall des Absatzes 1 Satz 4 wird die Aufenthaltserlaubnis zunächst mit einer Gültigkeit bis zum 1. Juli 2008 erteilt und nur verlängert, wenn der Ausländer spätestens bis dahin nachweist, dass er die Voraussetzung des Absatzes 1 Satz 1 Nr. 2 erfüllt. ⁵§ 81 Abs. 4 findet keine Anwendung.

(6) ¹Bei der Verlängerung der Aufenthaltserlaubnis kann zur Vermeidung von Härtefällen von Absatz 5 abgewichen werden. ²Dies gilt bei

1. Auszubildenden in anerkannten Lehrberufen oder in staatlich geförderten Berufsvorbereitungsmaßnahmen,
2. Familien mit Kindern, die nur vorübergehend auf ergänzende Sozialleistungen angewiesen sind,
3. Alleinerziehenden mit Kindern, die vorübergehend auf Sozialleistungen angewiesen sind, und denen eine Arbeitsaufnahme nach § 10 Abs. 1 Nr. 3 des Zweiten Buches Sozialgesetzbuch nicht zumutbar ist,
4. erwerbsunfähigen Personen, deren Lebensunterhalt einschließlich einer erforderlichen Betreuung und Pflege in sonstiger Weise ohne Leistungen der öffentlichen Hand dauerhaft gesichert ist, es sei denn, die Leistungen beruhen auf Beitragszahlungen,
5. Personen, die am 31. Dezember 2009 das 65. Lebensjahr vollendet haben, wenn sie in ihrem Herkunftsland keine Familie, dafür aber im Bundesgebiet Angehörige (Kinder oder Enkel) mit dauerhaftem Aufenthalt bzw. deutscher Staatsangehörigkeit haben und soweit sichergestellt ist, dass für diesen Personenkreis keine Sozialleistungen in Anspruch genommen werden.

(7) ¹Die Länder dürfen anordnen, dass aus Gründen der Sicherheit der Bundesrepublik Deutschland eine Aufenthaltserlaubnis nach den Absätzen 1 und 2 Staatsangehörigen bestimmter Staaten zu versagen ist. ²Zur Wahrung der Bundeseinheitlichkeit bedarf die Anordnung des Einvernehmens mit dem Bundesministerium des Innern, für Bau und Heimat.

§ 104b Aufenthaltsrecht für integrierte Kinder von geduldeten Ausländern

Einem minderjährigen ledigen Kind kann im Fall der Ausreise seiner Eltern oder des allein personensorgeberechtigten Elternteils, denen oder dem eine Aufenthaltserlaubnis nicht nach § 104a erteilt oder verlängert wird, abweichend von § 5 Abs. 1 Nr. 1, Abs. 2 und § 10 Abs. 3 Satz 1 eine eigenständige Aufenthaltserlaubnis nach § 23 Abs. 1 Satz 1 erteilt werden, wenn

1. es am 1. Juli 2007 das 14. Lebensjahr vollendet hat,
2. es sich seit mindestens sechs Jahren rechtmäßig oder geduldet in Deutschland aufhält,
3. es die deutsche Sprache beherrscht,
4. es sich auf Grund seiner bisherigen Schulausbildung und Lebensführung in die Lebensverhältnisse der Bundesrepublik Deutschland eingefügt hat und gewährleistet ist, dass es sich auch in Zukunft in die Lebensverhältnisse der Bundesrepublik Deutschland einfügen wird und
5. seine Personensorge sichergestellt ist.

§ 105 Übergangsregelung zur Duldung für Personen mit ungeklärter Identität

(1) Die Ausländerbehörde entscheidet bei geduldeten Ausländern über die Ausstellung einer Bescheinigung über die Duldung nach § 60a Absatz 4 mit dem Zusatz „für Personen mit ungeklärter Identität"

frühestens aus Anlass der Prüfung einer Verlängerung der Duldung oder der Erteilung der Duldung aus einem anderen Grund.

(2) Auf geduldete Ausländer findet § 60b bis zum 1. Juli 2020 keine Anwendung, wenn sie sich in einem Ausbildungs- oder Beschäftigungsverhältnis befinden.

(3) Ist ein Ausländer Inhaber einer Ausbildungsduldung oder einer Beschäftigungsduldung oder hat er diese beantragt und erfüllt er die Voraussetzungen für ihre Erteilung, findet § 60b keine Anwendung.

§ 105a Bestimmungen zum Verwaltungsverfahren
Von den in § 4 Absatz 2 Satz 2, § 15a Abs. 4 Satz 2 und 3, § 23 Abs. 1 Satz 3, § 23a Abs. 1 Satz 1, Abs. 2 Satz 2, § 43 Abs. 4, § 44a Abs. 1 Satz 2, Abs. 3 Satz 1, § 61 Absatz 1d, § 72 Absatz 2, § 73 Abs. 2, Abs. 3 Satz 1 und 2, den §§ 78, 78a, § 79 Abs. 2, § 81 Abs. 5, § 82 Abs. 1 Satz 3, Abs. 3, § 87 Absatz 1, 2 Satz 1 und 2, Absatz 4 Satz 1, 2 und 4 und Absatz 5, § 89 Abs. 1 Satz 2 und 3, Abs. 3 und 4, den §§ 90, 90a, 90b, 91 Abs. 1 und 2, § 91a Abs. 3, 4 und 7, § 91c Abs. 1 Satz 2, Abs. 2 Satz 2, Abs. 3 Satz 4 und Abs. 4 Satz 2, § 99 Absatz 1 bis 4 und § 104a Abs. 7 Satz 2 getroffenen Regelungen und von den auf Grund von § 43 Abs. 4 und § 99 Absatz 1 bis 4 getroffenen Regelungen des Verwaltungsverfahrens kann durch Landesrecht nicht abgewichen werden.

§ 105b Übergangsvorschrift für Aufenthaltstitel nach einheitlichem Vordruckmuster
[1]Aufenthaltstitel nach § 4 Absatz 1 Satz 2 Nummer 2 bis 4, die bis zum Ablauf des 31. August 2011 nach einheitlichem Vordruckmuster gemäß § 78 in der bis zu diesem Zeitpunkt geltenden Fassung dieses Gesetzes ausgestellt wurden, sind bei Neuausstellung, spätestens aber bis zum Ablauf des 31. August 2021 als eigenständige Dokumente mit elektronischem Speicher- und Verarbeitungsmedium nach § 78 auszustellen. [2]Unbeschadet dessen können Inhaber eines Aufenthaltstitels nach § 4 Absatz 1 Satz 2 Nummer 2 bis 4 ein eigenständiges Dokument mit elektronischem Speicher- und Verarbeitungsmedium nach § 78 beantragen, wenn sie ein berechtigtes Interesse an der Neuausstellung darlegen.

§ 105c Überleitung von Maßnahmen zur Überwachung ausgewiesener Ausländer aus Gründen der inneren Sicherheit
Maßnahmen und Verpflichtungen nach § 54a Absatz 1 bis 4 in der bis zum 31. Dezember 2015 geltenden Fassung, die vor dem 1. Januar 2016 bestanden, gelten nach dem 1. Januar 2016 als Maßnahmen und Verpflichtungen im Sinne von § 56 in der ab dem 1. Januar 2016 geltenden Fassung.

§ 106 Einschränkung von Grundrechten
(1) Die Grundrechte der körperlichen Unversehrtheit (Artikel 2 Abs. 2 Satz 1 des Grundgesetzes) und der Freiheit der Person (Artikel 2 Abs. 2 Satz 2 des Grundgesetzes) werden nach Maßgabe dieses Gesetzes eingeschränkt.

(2) [1]Das Verfahren bei Freiheitsentziehungen richtet sich nach Buch 7 des Gesetzes über das Verfahren in Familiensachen und in den Angelegenheiten der freiwilligen Gerichtsbarkeit. [2]Ist über die Fortdauer der Zurückweisungshaft oder der Abschiebungshaft zu entscheiden, so kann das Amtsgericht das Verfahren durch unanfechtbaren Beschluss an das Gericht abgeben, in dessen Bezirk die Zurückweisungshaft oder Abschiebungshaft jeweils vollzogen wird.

§ 107 Stadtstaatenklausel
Die Senate der Länder Berlin, Bremen und Hamburg werden ermächtigt, die Vorschriften dieses Gesetzes über die Zuständigkeit von Behörden dem besonderen Verwaltungsaufbau ihrer Länder anzupassen.

Gesetz über die allgemeine Freizügigkeit von Unionsbürgern (Freizügigkeitsgesetz/EU – FreizügG/EU)[1]

Vom 30. Juli 2004 (BGBl. I S. 1950, 1986)
(FNA 26-13)
zuletzt geändert durch Art. 172 Elfte ZuständigkeitsanpassungsVO vom 19. Juni 2020 (BGBl. I S. 1328)

Nichtamtliche Inhaltsübersicht

§ 1 Anwendungsbereich

Dieses Gesetz regelt die Einreise und den Aufenthalt von Staatsangehörigen anderer Mitgliedstaaten der Europäischen Union (Unionsbürger) und ihrer Familienangehörigen.

§ 2 Recht auf Einreise und Aufenthalt

(1) Freizügigkeitsberechtigte Unionsbürger und ihre Familienangehörigen haben das Recht auf Einreise und Aufenthalt nach Maßgabe dieses Gesetzes.

(2) Unionsrechtlich freizügigkeitsberechtigt sind:

1. Unionsbürger, die sich als Arbeitnehmer oder zur Berufsausbildung aufhalten wollen,
1a. Unionsbürger, die sich zur Arbeitsuche aufhalten, für bis zu sechs Monate und darüber hinaus nur, solange sie nachweisen können, dass sie weiterhin Arbeit suchen und begründete Aussicht haben, eingestellt zu werden,
2. Unionsbürger, wenn sie zur Ausübung einer selbständigen Erwerbstätigkeit berechtigt sind (niedergelassene selbständige Erwerbstätige),
3. Unionsbürger, die, ohne sich niederzulassen, als selbständige Erwerbstätige Dienstleistungen im Sinne des Artikels 57 des Vertrages über die Arbeitsweise der Europäischen Union erbringen wollen (Erbringer von Dienstleistungen), wenn sie zur Erbringung der Dienstleistung berechtigt sind,
4. Unionsbürger als Empfänger von Dienstleistungen,
5. nicht erwerbstätige Unionsbürger unter den Voraussetzungen des § 4,
6. Familienangehörige unter den Voraussetzungen der §§ 3 und 4,
7. Unionsbürger und ihre Familienangehörigen, die ein Daueraufenthaltsrecht erworben haben.

(3) [1]Das Recht nach Absatz 1 bleibt für Arbeitnehmer und selbständig Erwerbstätige unberührt bei

1. vorübergehender Erwerbsminderung infolge Krankheit oder Unfall,
2. unfreiwilliger durch die zuständige Agentur für Arbeit bestätigter Arbeitslosigkeit oder Einstellung einer selbständigen Tätigkeit infolge von Umständen, auf die der Selbständige keinen Einfluss hatte, nach mehr als einem Jahr Tätigkeit,
3. Aufnahme einer Berufsausbildung, wenn zwischen der Ausbildung und der früheren Erwerbstätigkeit ein Zusammenhang besteht; der Zusammenhang ist nicht erforderlich, wenn der Unionsbürger seinen Arbeitsplatz unfreiwillig verloren hat.

[2]Bei unfreiwilliger durch die zuständige Agentur für Arbeit bestätigter Arbeitslosigkeit nach weniger als einem Jahr Beschäftigung bleibt das Recht aus Absatz 1 während der Dauer von sechs Monaten unberührt.

(4) [1]Unionsbürger bedürfen für die Einreise keines Visums und für den Aufenthalt keines Aufenthaltstitels. [2]Familienangehörige, die nicht Unionsbürger sind, bedürfen für die Einreise eines Visums nach den Bestimmungen für Ausländer, für die das Aufenthaltsgesetz gilt. [3]Der Besitz einer gültigen Aufenthalts-

1) Verkündet als Art. 2 ZuwanderungsG v. 30.7.2004 (BGBl. I S. 1950); Inkrafttreten gem. Art. 15 Abs. 3 erster Halbs. dieses G am 1.1.2005 mit Ausnahme des § 11 Satz 1 der, soweit er auf die §§ 69 und 99 AufenthaltsG verweist, gem. Art. 15 Abs. 1 Satz 1 am 6.8.2004 in Kraft getreten ist.

karte, auch der eines anderen Mitgliedstaates der Europäischen Union, entbindet nach Artikel 5 Abs. 2 der Richtlinie 2004/38/EG des Europäischen Parlaments und des Rates vom 29. April 2004 über das Recht der Unionsbürger und ihrer Familienangehörigen, sich im Hoheitsgebiet der Mitgliedstaaten frei zu bewegen und aufzuhalten und zur Änderung der Verordnung (EWG) Nr. 1612/68 und zur Aufhebung der Richtlinien 64/221/EWG, 68/360/EWG, 73/148/EWG, 75/34/EWG, 75/35/EWG, 90/364/EWG, 90/365/EWG und 93/96/EWG (ABl. EU Nr. L 229 S. 35) von der Visumpflicht.

(5) [1]Für einen Aufenthalt von Unionsbürgern von bis zu drei Monaten ist der Besitz eines gültigen Personalausweises oder Reisepasses ausreichend. [2]Familienangehörige, die nicht Unionsbürger sind, haben das gleiche Recht, wenn sie im Besitz eines anerkannten oder sonst zugelassenen Passes oder Passersatzes sind und sie den Unionsbürger begleiten oder ihm nachziehen.

(6) Für die Ausstellung des Visums werden keine Gebühren erhoben.

(7) [1]Das Nichtbestehen des Rechts nach Absatz 1 kann festgestellt werden, wenn feststeht, dass die betreffende Person das Vorliegen einer Voraussetzung für dieses Recht durch die Verwendung von gefälschten oder verfälschten Dokumenten oder durch Vorspiegelung falscher Tatsachen vorgetäuscht hat. [2]Das Nichtbestehen des Rechts nach Absatz 1 kann bei einem Familienangehörigen, der nicht Unionsbürger ist, außerdem festgestellt werden, wenn feststeht, dass er dem Unionsbürger nicht zur Herstellung oder Wahrung der familiären Lebensgemeinschaft nachzieht oder ihn nicht zu diesem Zweck begleitet. [3]Einem Familienangehörigen, der nicht Unionsbürger ist, kann in diesen Fällen die Erteilung der Aufenthaltskarte oder des Visums versagt werden oder seine Aufenthaltskarte kann eingezogen werden. [4]Entscheidungen nach den Sätzen 1 bis 3 bedürfen der Schriftform.

§ 3 Familienangehörige

(1) [1]Familienangehörige der in § 2 Abs. 2 Nr. 1 bis 5 genannten Unionsbürger haben das Recht nach § 2 Abs. 1, wenn sie den Unionsbürger begleiten oder ihm nachziehen. [2]Für Familienangehörige der in § 2 Abs. 2 Nr. 5 genannten Unionsbürger gilt dies nach Maßgabe des § 4.

(2) Familienangehörige sind

1. der Ehegatte, der Lebenspartner und die Verwandten in gerader absteigender Linie der in § 2 Abs. 2 Nr. 1 bis 5 und 7 genannten Personen oder ihrer Ehegatten oder Lebenspartner, die noch nicht 21 Jahre alt sind,

2. die Verwandten in gerader aufsteigender und in gerader absteigender Linie der in § 2 Abs. 2 Nr. 1 bis 5 und 7 genannten Personen oder ihrer Ehegatten oder Lebenspartner, denen diese Personen oder ihre Ehegatten oder Lebenspartner Unterhalt gewähren.

(3) [1]Familienangehörige, die nicht Unionsbürger sind, behalten beim Tod des Unionsbürgers ein Aufenthaltsrecht, wenn sie die Voraussetzungen des § 2 Abs. 2 Nr. 1 bis 3 oder Nr. 5 erfüllen und sich vor dem Tod des Unionsbürgers mindestens ein Jahr als seine Familienangehörigen im Bundesgebiet aufgehalten haben. [2]§ 3 Abs. 1 und 2 sowie die §§ 6 und 7 sind für Personen nach Satz 1 nicht anzuwenden; insoweit ist das Aufenthaltsgesetz anzuwenden.

(4) Die Kinder eines freizügigkeitsberechtigten Unionsbürgers und der Elternteil, der die elterliche Sorge für die Kinder tatsächlich ausübt, behalten auch nach dem Tod oder Wegzug des Unionsbürgers, von dem sie ihr Aufenthaltsrecht ableiten, bis zum Abschluss einer Ausbildung ihr Aufenthaltsrecht, wenn sich die Kinder im Bundesgebiet aufhalten und eine Ausbildungseinrichtung besuchen.

(5) [1]Ehegatten oder Lebenspartner, die nicht Unionsbürger sind, behalten bei Scheidung oder Aufhebung der Ehe oder Aufhebung der Lebenspartnerschaft ein Aufenthaltsrecht, wenn sie die für Unionsbürger geltenden Voraussetzungen des § 2 Abs. 2 Nr. 1 bis 3 oder Nr. 5 erfüllen und wenn

1. die Ehe oder die Lebenspartnerschaft bis zur Einleitung des gerichtlichen Scheidungs- oder Aufhebungsverfahrens mindestens drei Jahre bestanden hat, davon mindestens ein Jahr im Bundesgebiet,

2. ihnen durch Vereinbarung der Ehegatten oder der Lebenspartner oder durch gerichtliche Entscheidung die elterliche Sorge für die Kinder des Unionsbürgers übertragen wurde,

3. es zur Vermeidung einer besonderen Härte erforderlich ist, insbesondere weil dem Ehegatten oder dem Lebenspartner wegen der Beeinträchtigung seiner schutzwürdigen Belange ein Festhalten an der Ehe oder der Lebenspartnerschaft nicht zugemutet werden konnte, oder

4. ihnen durch Vereinbarung der Ehegatten oder der Lebenspartner oder durch gerichtliche Entscheidung das Recht zum persönlichen Umgang mit dem minderjährigen Kind nur im Bundesgebiet eingeräumt wurde.

[2]§ 3 Abs. 1 und 2 sowie die §§ 6 und 7 sind für Personen nach Satz 1 nicht anzuwenden; insoweit ist das Aufenthaltsgesetz anzuwenden.

§ 4 Nicht erwerbstätige Freizügigkeitsberechtigte

[1]Nicht erwerbstätige Unionsbürger und ihre Familienangehörigen, die den Unionsbürger begleiten oder ihm nachziehen, haben das Recht nach § 2 Abs. 1, wenn sie über ausreichenden Krankenversicherungsschutz und ausreichende Existenzmittel verfügen. [2]Hält sich der Unionsbürger als Student im Bundesgebiet auf, haben dieses Recht nur sein Ehegatte, Lebenspartner und seine Kinder, denen Unterhalt gewährt wird.

§ 4a Daueraufenthaltsrecht

(1) [1]Unionsbürger, die sich seit fünf Jahren ständig rechtmäßig im Bundesgebiet aufgehalten haben, haben unabhängig vom weiteren Vorliegen der Voraussetzungen des § 2 Abs. 2 das Recht auf Einreise und Aufenthalt (Daueraufenthaltsrecht). [2]Ihre Familienangehörigen, die nicht Unionsbürger sind, haben dieses Recht, wenn sie sich seit fünf Jahren mit dem Unionsbürger ständig rechtmäßig im Bundesgebiet aufgehalten haben. [3]§ 3 Absatz 1 und 2 ist für Personen nach Satz 2 nicht anzuwenden; insoweit sind die Vorschriften des Aufenthaltsgesetzes zum Familiennachzug zu Inhabern einer Erlaubnis zum Daueraufenthalt – EU entsprechend anzuwenden.

(2) [1]Abweichend von Absatz 1 haben Unionsbürger nach § 2 Abs. 2 Nr. 1 bis 3 vor Ablauf von fünf Jahren das Daueraufenthaltsrecht, wenn sie

1. sich mindestens drei Jahre ständig im Bundesgebiet aufgehalten und mindestens während der letzten zwölf Monate im Bundesgebiet eine Erwerbstätigkeit ausgeübt haben und
 a) zum Zeitpunkt des Ausscheidens aus dem Erwerbsleben das 65. Lebensjahr erreicht haben oder
 b) ihre Beschäftigung im Rahmen einer Vorruhestandsregelung beenden oder
2. ihre Erwerbstätigkeit infolge einer vollen Erwerbsminderung aufgeben,
 a) die durch einen Arbeitsunfall oder eine Berufskrankheit eingetreten ist und einen Anspruch auf eine Rente gegenüber einem Leistungsträger im Bundesgebiet begründet oder
 b) nachdem sie sich zuvor mindestens zwei Jahre ständig im Bundesgebiet aufgehalten haben oder
3. drei Jahre ständig im Bundesgebiet erwerbstätig waren und anschließend in einem anderen Mitgliedstaat der Europäischen Union erwerbstätig sind, ihren Wohnsitz im Bundesgebiet beibehalten und mindestens einmal in der Woche dorthin zurückkehren; für den Erwerb des Rechts nach den Nummern 1 und 2 gelten die Zeiten der Erwerbstätigkeit in einem anderen Mitgliedstaat der Europäischen Union als Zeiten der Erwerbstätigkeit im Bundesgebiet.

[2]Soweit der Ehegatte oder der Lebenspartner des Unionsbürgers Deutscher nach Artikel 116 des Grundgesetzes ist oder diese Rechtsstellung durch Eheschließung mit dem Unionsbürger bis zum 31. März 1953 verloren hat, entfallen in Satz 1 Nr. 1 und 2 die Voraussetzungen der Aufenthaltsdauer und der Dauer der Erwerbstätigkeit.

(3) Familienangehörige eines verstorbenen Unionsbürgers nach § 2 Abs. 2 Nr. 1 bis 3, die im Zeitpunkt seines Todes bei ihm ihren ständigen Aufenthalt hatten, haben das Daueraufenthaltsrecht, wenn

1. der Unionsbürger sich im Zeitpunkt seines Todes seit mindestens zwei Jahren im Bundesgebiet ständig aufgehalten hat,
2. der Unionsbürger infolge eines Arbeitsunfalls oder einer Berufskrankheit gestorben ist oder
3. der überlebende Ehegatte oder Lebenspartner des Unionsbürgers Deutscher nach Artikel 116 des Grundgesetzes ist oder diese Rechtsstellung durch Eheschließung mit dem Unionsbürger vor dem 31. März 1953 verloren hat.

(4) Die Familienangehörigen eines Unionsbürgers, der das Daueraufenthaltsrecht nach Absatz 2 erworben hat, haben ebenfalls das Daueraufenthaltsrecht, wenn sie bei dem Unionsbürger ihren ständigen Aufenthalt haben.

(5) Familienangehörige nach § 3 Abs. 3 bis 5 erwerben das Daueraufenthaltsrecht, wenn sie sich fünf Jahre ständig rechtmäßig im Bundesgebiet aufhalten.

(6) Der ständige Aufenthalt wird nicht berührt durch

1. Abwesenheiten bis zu insgesamt sechs Monaten im Jahr oder
2. Abwesenheit zur Ableistung des Wehrdienstes oder eines Ersatzdienstes sowie
3. eine einmalige Abwesenheit von bis zu zwölf aufeinander folgenden Monaten aus wichtigem Grund, insbesondere auf Grund einer Schwangerschaft und Entbindung, schweren Krankheit, eines Studiums, einer Berufsausbildung oder einer beruflichen Entsendung.

(7) Eine Abwesenheit aus einem seiner Natur nach nicht nur vorübergehenden Grund von mehr als zwei aufeinander folgenden Jahren führt zum Verlust des Daueraufenthaltsrechts.

§ 5 Aufenthaltskarten, Bescheinigung über das Daueraufenthaltsrecht

(1) [1]Freizügigkeitsberechtigten Familienangehörigen, die nicht Unionsbürger sind, wird von Amts wegen innerhalb von sechs Monaten, nachdem sie die erforderlichen Angaben gemacht haben, eine Aufent-

haltskarte für Familienangehörige von Unionsbürgern ausgestellt, die fünf Jahre gültig sein soll. [2]Eine Bescheinigung darüber, dass die erforderlichen Angaben gemacht worden sind, erhält der Familienangehörige unverzüglich.

(2) [1]Die zuständige Ausländerbehörde kann verlangen, dass die Voraussetzungen des Rechts nach § 2 Abs. 1 drei Monate nach der Einreise glaubhaft gemacht werden. [2]Für die Glaubhaftmachung erforderliche Angaben und Nachweise können von der zuständigen Meldebehörde bei der meldebehördlichen Anmeldung entgegengenommen werden. [3]Diese leitet die Angaben und Nachweise an die zuständige Ausländerbehörde weiter. [4]Eine darüber hinausgehende Verarbeitung oder Nutzung durch die Meldebehörde erfolgt nicht.

(3) Das Vorliegen oder der Fortbestand der Voraussetzungen des Rechts nach § 2 Absatz 1 kann aus besonderem Anlass überprüft werden.

(4) [1]Sind die Voraussetzungen des Rechts nach § 2 Abs. 1 innerhalb von fünf Jahren nach Begründung des ständigen rechtmäßigen Aufenthalts im Bundesgebiet entfallen oder liegen diese nicht vor, kann der Verlust des Rechts nach § 2 Abs. 1 festgestellt und bei Familienangehörigen, die nicht Unionsbürger sind, die Aufenthaltskarte eingezogen werden. [2]§ 4a Abs. 6 gilt entsprechend.

(5) [1]Auf Antrag wird Unionsbürgern unverzüglich ihr Daueraufenthaltsrecht bescheinigt. [2]Ihren daueraufenthaltsberechtigten Familienangehörigen, die nicht Unionsbürger sind, wird innerhalb von sechs Monaten nach Antragstellung eine Daueraufenthaltskarte ausgestellt.

(6) Für den Verlust des Daueraufenthaltsrechts nach § 4a Abs. 7 gilt Absatz 4 Satz 1 entsprechend.

§ 5a Vorlage von Dokumenten

(1) [1]Die zuständige Behörde darf in den Fällen des § 5 Absatz 2 von einem Unionsbürger den gültigen Personalausweis oder Reisepass und im Fall des

1. § 2 Abs. 2 Nr. 1 eine Einstellungsbestätigung oder eine Beschäftigungsbescheinigung des Arbeitgebers,

2. § 2 Abs. 2 Nr. 2 einen Nachweis über seine selbständige Tätigkeit,

3. § 2 Abs. 2 Nr. 5 einen Nachweis über ausreichenden Krankenversicherungsschutz und ausreichende Existenzmittel

verlangen. [2]Ein nicht erwerbstätiger Unionsbürger im Sinne des § 2 Abs. 2 Nr. 5, der eine Bescheinigung vorlegt, dass er im Bundesgebiet eine Hochschule oder andere Ausbildungseinrichtung besucht, muss die Voraussetzungen nach Satz 1 Nr. 3 nur glaubhaft machen.

(2) Die zuständige Behörde darf von Familienangehörigen in den Fällen des § 5 Absatz 2 oder für die Ausstellung der Aufenthaltskarte einen anerkannten oder sonst zugelassenen gültigen Pass oder Passersatz und zusätzlich Folgendes verlangen:

1. einen Nachweis über das Bestehen der familiären Beziehung, bei Verwandten in absteigender und aufsteigender Linie einen urkundlichen Nachweis über Voraussetzungen des § 3 Abs. 2,

2. eine Meldebestätigung des Unionsbürgers, den die Familienangehörigen begleiten oder dem sie nachziehen.

§ 6 Verlust des Rechts auf Einreise und Aufenthalt

(1) [1]Der Verlust des Rechts nach § 2 Abs. 1 kann unbeschadet des § 2 Absatz 7 und des § 5 Absatz 4 nur aus Gründen der öffentlichen Ordnung, Sicherheit oder Gesundheit (Artikel 45 Absatz 3, Artikel 52 Absatz 1 des Vertrages über die Arbeitsweise der Europäischen Union) festgestellt und die Bescheinigung über das Daueraufenthaltsrecht oder die Aufenthaltskarte oder Daueraufenthaltskarte eingezogen werden. [2]Aus den in Satz 1 genannten Gründen kann auch die Einreise verweigert werden. [3]Die Feststellung aus Gründen der öffentlichen Gesundheit kann nur erfolgen, wenn es sich um Krankheiten mit epidemischem Potenzial im Sinne der einschlägigen Rechtsinstrumente der Weltgesundheitsorganisation und sonstige übertragbare, durch Infektionserreger oder Parasiten verursachte Krankheiten handelt, sofern gegen diese Krankheiten Maßnahmen im Bundesgebiet getroffen werden, und wenn die Krankheit innerhalb der ersten drei Monate nach Einreise auftritt.

(2) [1]Die Tatsache einer strafrechtlichen Verurteilung genügt für sich allein nicht, um die in Absatz 1 genannten Entscheidungen oder Maßnahmen zu begründen. [2]Es dürfen nur im Bundeszentralregister noch nicht getilgte strafrechtliche Verurteilungen und dies auch nur insoweit berücksichtigt werden, als die ihnen zu Grunde liegenden Umstände ein persönliches Verhalten erkennen lassen, das eine gegenwärtige Gefährdung der öffentlichen Ordnung darstellt. [3]Es muss eine tatsächliche und hinreichend schwere Gefährdung vorliegen, die ein Grundinteresse der Gesellschaft berührt.

(3) Bei der Entscheidung nach Absatz 1 sind insbesondere die Dauer des Aufenthalts des Betroffenen in Deutschland, sein Alter, sein Gesundheitszustand, seine familiäre und wirtschaftliche Lage, seine soziale

und kulturelle Integration in Deutschland und das Ausmaß seiner Bindungen zum Herkunftsstaat zu berücksichtigen.

(4) Eine Feststellung nach Absatz 1 darf nach Erwerb des Daueraufenthaltsrechts nur aus schwerwiegenden Gründen getroffen werden.

(5) [1]Eine Feststellung nach Absatz 1 darf bei Unionsbürgern und ihren Familienangehörigen, die ihren Aufenthalt in den letzten zehn Jahren im Bundesgebiet hatten, und bei Minderjährigen nur aus zwingenden Gründen der öffentlichen Sicherheit getroffen werden. [2]Für Minderjährige gilt dies nicht, wenn der Verlust des Aufenthaltsrechts zum Wohl des Kindes notwendig ist. [3]Zwingende Gründe der öffentlichen Sicherheit können nur dann vorliegen, wenn der Betroffene wegen einer oder mehrer vorsätzlicher Straftaten rechtskräftig zu einer Freiheits- oder Jugendstrafe von mindestens fünf Jahren verurteilt oder bei der letzten rechtskräftigen Verurteilung Sicherungsverwahrung angeordnet wurde, wenn die Sicherheit der Bundesrepublik Deutschland betroffen ist oder wenn vom Betroffenen eine terroristische Gefahr ausgeht.

(6) Die Entscheidungen oder Maßnahmen, die den Verlust des Aufenthaltsrechts oder des Daueraufenthaltsrechts betreffen, dürfen nicht zu wirtschaftlichen Zwecken getroffen werden.

(7) Wird der Pass, Personalausweis oder sonstige Passersatz ungültig, so kann dies die Aufenthaltsbeendigung nicht begründen.

(8) [1]Vor der Feststellung nach Absatz 1 soll der Betroffene angehört werden. [2]Die Feststellung bedarf der Schriftform.

§ 7 Ausreisepflicht

(1) [1]Unionsbürger oder ihre Familienangehörigen sind ausreisepflichtig, wenn die Ausländerbehörde festgestellt hat, dass das Recht auf Einreise und Aufenthalt nicht besteht. [2]In dem Bescheid soll die Abschiebung angedroht und eine Ausreisefrist gesetzt werden. [3]Außer in dringenden Fällen muss die Frist mindestens einen Monat betragen. [4]Wird ein Antrag nach § 80 Abs. 5 der Verwaltungsgerichtsordnung gestellt, darf die Abschiebung nicht erfolgen, bevor über den Antrag entschieden wurde.

(2) [1]Unionsbürger und ihre Familienangehörigen, die ihr Freizügigkeitsrecht nach § 6 Abs. 1 verloren haben, dürfen nicht erneut in das Bundesgebiet einreisen und sich darin aufhalten. [2]Unionsbürgern und ihren Familienangehörigen, bei denen das Nichtbestehen des Freizügigkeitsrechts nach § 2 Absatz 7 festgestellt wurde, kann untersagt werden, erneut in das Bundesgebiet einzureisen und sich darin aufzuhalten. [3]Dies soll untersagt werden, wenn ein besonders schwerer Fall, insbesondere ein wiederholtes Vortäuschen des Vorliegens der Voraussetzungen des Rechts auf Einreise und Aufenthalt, vorliegt oder wenn ihr Aufenthalt die öffentliche Ordnung und Sicherheit der Bundesrepublik Deutschland in erheblicher Weise beeinträchtigt. [4]Bei einer Entscheidung nach den Sätzen 2 und 3 findet § 6 Absatz 3, 6 und 8 entsprechend Anwendung. [5]Das Verbot nach den Sätzen 1 bis 3 wird von Amts wegen befristet. [6]Die Frist ist unter Berücksichtigung der Umstände des Einzelfalles festzusetzen und darf fünf Jahre nur in den Fällen des § 6 Absatz 1 überschreiten. [7]Die Frist beginnt mit der Ausreise. [8]Ein nach angemessener Frist oder nach drei Jahren gestellter Antrag auf Aufhebung oder auf Verkürzung der festgesetzten Frist ist innerhalb von sechs Monaten zu bescheiden.

§ 8 Ausweispflicht

(1) Unionsbürger und ihre Familienangehörigen sind verpflichtet,

1. bei der Einreise in das oder der Ausreise aus dem Bundesgebiet einen Pass oder anerkannten Passersatz
 a) mit sich zu führen und
 b) einem zuständigen Beamten auf Verlangen zur Prüfung vorzulegen,
2. für die Dauer des Aufenthalts im Bundesgebiet den erforderlichen Pass oder Passersatz zu besitzen,
3. den Pass oder Passersatz sowie die Aufenthaltskarte, die Bescheinigung des Daueraufenthalts und die Daueraufenthaltskarte den mit der Ausführung dieses Gesetzes betrauten Behörden auf Verlangen vorzulegen, auszuhändigen und vorübergehend zu überlassen, soweit dies zur Durchführung oder Sicherung von Maßnahmen nach diesem Gesetz erforderlich ist.

(1a) Unionsbürger und ihre Familienangehörigen sind verpflichtet, die in Absatz 1 Nummer 3 genannten Dokumente auf Verlangen einer zur Überprüfung der Identität befugten Behörde vorzulegen und es ihr zu ermöglichen, das Gesicht mit dem Lichtbild im Dokument abzugleichen.

(2) [1]Die mit dem Vollzug dieses Gesetzes betrauten Behörden dürfen unter den Voraussetzungen des Absatzes 1 Nr. 3 die auf dem elektronischen Speicher- und Verarbeitungsmedium eines Dokumentes nach Absatz 1 gespeicherten biometrischen und sonstigen Daten auslesen, die benötigten biometrischen Daten beim Inhaber des Dokumentes erheben und die biometrischen Daten miteinander vergleichen. [2]Biometrische Daten nach Satz 1 sind nur die Fingerabdrücke, das Lichtbild und die Irisbilder. [3]Die Polizeivollzugsbehörden, die Zollverwaltung und die Meldebehörden sind befugt, Maßnahmen nach Satz 1 zu tref-

fen, soweit sie die Echtheit des Dokumentes oder die Identität des Inhabers überprüfen dürfen. [4]Die nach den Sätzen 1 und 3 erhobenen Daten sind unverzüglich nach Beendigung der Prüfung der Echtheit des Dokumentes oder der Identität des Inhabers zu löschen.

§ 9 Strafvorschriften

(1) Mit Freiheitsstrafe bis zu drei Jahren oder mit Geldstrafe wird bestraft, wer unrichtige oder unvollständige Angaben macht oder benutzt, um für sich oder einen anderen eine Aufenthaltskarte, eine Daueraufenthaltskarte oder eine Bescheinigung über das Daueraufenthaltsrecht zu beschaffen oder eine so beschaffte Urkunde wissentlich zur Täuschung im Rechtsverkehr gebraucht.

(2) Mit Freiheitsstrafe bis zu einem Jahr oder mit Geldstrafe wird bestraft, wer entgegen § 7 Abs. 2 Satz 1 in das Bundesgebiet einreist oder sich darin aufhält.

(3) Gegenstände, auf die sich eine Straftat nach Absatz 1 bezieht, können eingezogen werden.

§ 10 Bußgeldvorschriften

(1) Ordnungswidrig handelt, wer

1. entgegen § 8 Absatz 1 Nummer 1 Buchstabe b oder Nummer 3 ein dort genanntes Dokument nicht oder nicht rechtzeitig vorlegt oder

2. entgegen § 8 Absatz 1a ein dort genanntes Dokument nicht oder nicht rechtzeitig vorlegt oder einen Abgleich mit dem Lichtbild nicht oder nicht rechtzeitig ermöglicht.

(2) Ordnungswidrig handelt, wer vorsätzlich oder leichtfertig entgegen § 8 Abs. 1 Nr. 2 einen Pass oder Passersatz nicht besitzt.

(3) Ordnungswidrig handelt, wer vorsätzlich oder fahrlässig entgegen § 8 Abs. 1 Nr. 1 Buchstabe a einen Pass oder Passersatz nicht mit sich führt.

(4) Die Ordnungswidrigkeit kann in den Fällen der Absätze 1 und 3 mit einer Geldbuße bis zu dreitausend Euro, in den übrigen Fällen mit einer Geldbuße bis zu tausend Euro geahndet werden.

(5) Verwaltungsbehörde im Sinne des § 36 Abs. 1 Nr. 1 des Gesetzes über Ordnungswidrigkeiten ist in den Fällen der Absätze 1 und 3 die in der Rechtsverordnung nach § 58 Abs. 1 des Bundespolizeigesetzes bestimmte Bundespolizeibehörde.

§ 11 Anwendung des Aufenthaltsgesetzes

(1) [1]Auf Unionsbürger und ihre Familienangehörigen, die nach § 2 Abs. 1 das Recht auf Einreise und Aufenthalt haben, finden § 3 Abs. 2, § 11 Absatz 8, die §§ 13, 14 Abs. 2, die §§ 36, 44 Abs. 4, die §§ 45a, 46 Absatz 2, § 50 Absatz 3 bis 6, § 59 Absatz 1 Satz 6 und 7, §§ 69, 73, 74 Abs. 2, § 77 Abs. 1, die §§ 80, 82 Abs. 5 die §§ 85 bis 88, 90, 91, 95 Abs. 1 Nr. 4 und 8, Abs. 2 Nr. 2, Abs. 4, die §§ 96, 97, 98 Abs. 2 Nr. 2, Abs. 2a, 3 Nr. 3, Abs. 4 und 5 sowie § 99 des Aufenthaltsgesetzes entsprechende Anwendung. [2]§ 73 des Aufenthaltsgesetzes ist zur Feststellung von Gründen gemäß § 6 Abs. 1 anzuwenden. [3]§ 78 des Aufenthaltsgesetzes ist für die Ausstellung von Aufenthaltskarten nach § 5 Absatz 1 Satz 1 und Daueraufenthaltskarten nach § 5 Absatz 5 Satz 2 entsprechend anzuwenden. [4]Aufenthaltskarten nach § 5 Absatz 1 Satz 1 tragen die Bezeichnung „Aufenthaltskarte (Familienangehöriger EU)" und Daueraufenthaltskarten nach § 5 Absatz 5 Satz 2 die Bezeichnung „Daueraufenthaltskarte (Familienangehöriger EU)". [5]Für Aufenthaltskarten nach § 5 Absatz 1 Satz 1 und Daueraufenthaltskarten nach § 5 Absatz 5 Satz 2 wird in der Zone für das automatische Lesen anstelle der Abkürzungen nach § 78 Absatz 2 Satz 2 Nummer 1 des Aufenthaltsgesetzes die Abkürzung „AF" verwandt. [6]Unter den Voraussetzungen des § 78a Absatz 1 Satz 1 des Aufenthaltsgesetzes können Aufenthaltskarten nach § 5 Absatz 1 Satz 1 und Daueraufenthaltskarten nach § 5 Absatz 5 Satz 2 auf einem einheitlichen Vordruck ausgestellt werden. [7]Für Aufenthaltskarten nach § 5 Absatz 1 Satz 1 und Daueraufenthaltskarten nach § 5 Absatz 5 Satz 2 gilt § 105b des Aufenthaltsgesetzes entsprechend. [8]Die Verpflichtungen aus § 82 Abs. 5 Satz 1 Nr. 1 des Aufenthaltsgesetzes gelten entsprechend für Unionsbürger, deren Lichtbilder zur Führung der Ausländerdateien benötigt werden. [9]Die Mitteilungspflichten nach § 87 Absatz 2 Satz 1 Nummer 1 bis 3 des Aufenthaltsgesetzes bestehen insoweit, als die dort genannten Umstände auch für die Feststellung nach § 2 Absatz 7, § 5 Absatz 4 und § 6 Absatz 1 entscheidungserheblich sein können. [10]§ 88a Absatz 1 Satz 1, 3 und 4 des Aufenthaltsgesetzes findet entsprechende Anwendung, soweit die Übermittlung von teilnehmerbezogenen Daten im Rahmen der Durchführung von Integrationskursen nach § 44 Absatz 4 des Aufenthaltsgesetzes, zur Überwachung einer Eingliederungsvereinbarung nach dem Zweiten Buch Sozialgesetzbuch oder zur Durchführung des Einbürgerungsverfahrens erforderlich ist. [11]Das Aufenthaltsgesetz findet auch dann Anwendung, wenn es eine günstigere Rechtsstellung vermittelt als dieses Gesetz.

(2) Hat die Ausländerbehörde das Nichtbestehen oder den Verlust des Rechts nach § 2 Abs. 1 festgestellt, findet das Aufenthaltsgesetz Anwendung, sofern dieses Gesetz keine besonderen Regelungen trifft.

(3) Zeiten des rechtmäßigen Aufenthalts nach diesem Gesetz unter fünf Jahren entsprechen den Zeiten des Besitzes einer Aufenthaltserlaubnis, Zeiten über fünf Jahren dem Besitz einer Niederlassungserlaubnis.

§ 11a Verordnungsermächtigung
Das Bundesministerium des Innern, für Bau und Heimat wird ermächtigt, durch Rechtsverordnung mit Zustimmung des Bundesrates die Einzelheiten der Ausstellung von Aufenthaltskarten nach § 5 Absatz 2 Satz 1 und Daueraufenthaltskarten nach § 5 Absatz 6 Satz 2 entsprechend § 99 Absatz 1 Nummer 13a Satz 1 des Aufenthaltsgesetzes sowie Einzelheiten des Prüfverfahrens entsprechend § 34 Nummer 4 des Personalausweisgesetzes und Einzelheiten zum elektronischen Identitätsnachweis entsprechend § 34 Nummer 5 bis 7 des Personalausweisgesetzes festzulegen.

§ 12 Staatsangehörige der EWR-Staaten
Dieses Gesetz gilt auch für Staatsangehörige der EWR-Staaten und ihre Familienangehörigen im Sinne dieses Gesetzes.

§ 13 Staatsangehörige der Beitrittsstaaten
Soweit nach Maßgabe des Beitrittsvertrages eines Mitgliedstaates zur Europäischen Union abweichende Regelungen anzuwenden sind, findet dieses Gesetz Anwendung, wenn die Beschäftigung durch die Bundesagentur für Arbeit nach § 284 Absatz 1 des Dritten Buches Sozialgesetzbuch genehmigt wurde.

§ 14 Bestimmungen zum Verwaltungsverfahren
Von den in § 11 Abs. 1 in Verbindung mit § 87 Absatz 1, 2 Satz 1 und 2, Abs. 4 Satz 1, 2 und 4, §§ 90, 91 Abs. 1 und 2, § 99 Abs. 1 und 2 des Aufenthaltsgesetzes getroffenen Regelungen des Verwaltungsverfahrens kann durch Landesrecht nicht abgewichen werden.

§ 15 Übergangsregelung
Eine vor dem 28. August 2007 ausgestellte Aufenthaltserlaubnis-EU gilt als Aufenthaltskarte für Familienangehörige eines Unionsbürgers fort.

Asylgesetz (AsylG)[1)2)]

In der Fassung der Bekanntmachung vom 2. September 2008[3)] (BGBl. I S. 1798)
(FNA 26-7)
zuletzt geändert durch Art. 165 Elfte ZuständigkeitsanpassungsVO vom 19. Juni 2020 (BGBl. I S. 1328)

Inhaltsübersicht

1) **Amtl. Anm.:** Dieses Gesetz dient der Umsetzung folgender Richtlinien:
 1. Richtlinie 2003/9/EG des Rates vom 27. Januar 2003 zur Festlegung von Mindestnormen für die Aufnahme von Asylbewerbern in den Mitgliedstaaten der Europäischen Union (ABl. EU Nr. L 31 S. 18),
 2. Richtlinie 2004/83/EG des Rates vom 29. April 2004 über Mindestnormen für die Anerkennung und den Status von Drittstaatsangehörigen oder Staatenlosen als Flüchtlinge oder als Personen, die anderweitig internationalen Schutz benötigen, und über den Inhalt des zu gewährenden Schutzes (ABl. EU Nr. L 304 S. 12),
 3. Richtlinie 2005/85/EG des Rates vom 1. Dezember 2005 über Mindestnormen für Verfahren in den Mitgliedstaaten zur Zuerkennung und Aberkennung der Flüchtlingseigenschaft (ABl. EU Nr. L 326 S. 13).
2) Die Änderungen durch G v. 4.8.2019 (BGBl. I S. 1131) treten teilweise erst **mWv 1.4.2021** in Kraft und sind im Text gekennzeichnet.
3) Neubekanntmachung des AsylVfG (ab 24.10.2015: AsylG) idF der Bek. v. 27.7.1993 (BGBl. I S. 1361) in der ab 1.11.2007 geltenden Fassung.

Abschnitt 1
Geltungsbereich

§ 1 Geltungsbereich
(1) Dieses Gesetz gilt für Ausländer, die Folgendes beantragen:
1. Schutz vor politischer Verfolgung nach Artikel 16a Absatz 1 des Grundgesetzes oder
2. internationalen Schutz nach der Richtlinie 2011/95/EU des Europäischen Parlaments und des Rates vom 13. Dezember 2011 über Normen für die Anerkennung von Drittstaatsangehörigen oder Staatenlosen als Personen mit Anspruch auf internationalen Schutz, für einen einheitlichen Status für Flüchtlinge oder für Personen mit Anrecht auf subsidiären Schutz und für den Inhalt des zu gewährenden Schutzes (ABl. L 337 vom 20.12.2011, S. 9); der internationale Schutz im Sinne der Richtlinie 2011/95/EU umfasst den Schutz vor Verfolgung nach dem Abkommen vom 28. Juli 1951 über die Rechtsstellung der Flüchtlinge (BGBl. 1953 II S. 559, 560) und den subsidiären Schutz im Sinne der Richtlinie; der nach Maßgabe der Richtlinie 2004/83/EG des Rates vom 29. April 2004 über Mindestnormen für die Anerkennung und den Status von Drittstaatsangehörigen oder Staatenlosen als Flüchtlinge oder als Personen, die anderweitig internationalen Schutz benötigen, und über den Inhalt des zu gewährenden Schutzes (ABl. L 304 vom 30.9.2004, S. 12) gewährte internationale Schutz steht dem internationalen Schutz im Sinne der Richtlinie 2011/95/EU gleich; § 104 Absatz 9 des Aufenthaltsgesetzes bleibt unberührt.
(2) Dieses Gesetz gilt nicht für heimatlose Ausländer im Sinne des Gesetzes über die Rechtsstellung heimatloser Ausländer im Bundesgebiet in der im Bundesgesetzblatt Teil III, Gliederungsnummer 243-1, veröffentlichten bereinigten Fassung in der jeweils geltenden Fassung.

Abschnitt 2
Schutzgewährung

Unterabschnitt 1
Asyl

§ 2 Rechtsstellung Asylberechtigter
(1) Asylberechtigte genießen im Bundesgebiet die Rechtsstellung nach dem Abkommen über die Rechtsstellung der Flüchtlinge.
(2) Unberührt bleiben die Vorschriften, die den Asylberechtigten eine günstigere Rechtsstellung einräumen.
(3) Ausländer, denen bis zum Wirksamwerden des Beitritts in dem in Artikel 3 des Einigungsvertrages genannten Gebiet Asyl gewährt worden ist, gelten als Asylberechtigte.

Unterabschnitt 2
Internationaler Schutz

§ 3 Zuerkennung der Flüchtlingseigenschaft
(1) Ein Ausländer ist Flüchtling im Sinne des Abkommens vom 28. Juli 1951 über die Rechtsstellung der Flüchtlinge (BGBl. 1953 II S. 559, 560), wenn er sich
1. aus begründeter Furcht vor Verfolgung wegen seiner Rasse, Religion, Nationalität, politischen Überzeugung oder Zugehörigkeit zu einer bestimmten sozialen Gruppe
2. außerhalb des Landes (Herkunftsland) befindet,

a) dessen Staatsangehörigkeit er besitzt und dessen Schutz er nicht in Anspruch nehmen kann oder wegen dieser Furcht nicht in Anspruch nehmen will oder

b) in dem er als Staatenloser seinen vorherigen gewöhnlichen Aufenthalt hatte und in das er nicht zurückkehren kann oder wegen dieser Furcht nicht zurückkehren will.

(2) ¹Ein Ausländer ist nicht Flüchtling nach Absatz 1, wenn aus schwerwiegenden Gründen die Annahme gerechtfertigt ist, dass er

1. ein Verbrechen gegen den Frieden, ein Kriegsverbrechen oder ein Verbrechen gegen die Menschlichkeit begangen hat im Sinne der internationalen Vertragswerke, die ausgearbeitet worden sind, um Bestimmungen bezüglich dieser Verbrechen zu treffen,

2. vor seiner Aufnahme als Flüchtling eine schwere nichtpolitische Straftat außerhalb des Bundesgebiets begangen hat, insbesondere eine grausame Handlung, auch wenn mit ihr vorgeblich politische Ziele verfolgt wurden, oder

3. den Zielen und Grundsätzen der Vereinten Nationen zuwidergehandelt hat.

²Satz 1 gilt auch für Ausländer, die andere zu den darin genannten Straftaten oder Handlungen angestiftet oder sich in sonstiger Weise daran beteiligt haben.

(3) ¹Ein Ausländer ist auch nicht Flüchtling nach Absatz 1, wenn er den Schutz oder Beistand einer Organisation oder einer Einrichtung der Vereinten Nationen mit Ausnahme des Hohen Kommissars der Vereinten Nationen für Flüchtlinge nach Artikel 1 Abschnitt D des Abkommens über die Rechtsstellung der Flüchtlinge genießt. ²Wird ein solcher Schutz oder Beistand nicht länger gewährt, ohne dass die Lage des Betroffenen gemäß den einschlägigen Resolutionen der Generalversammlung der Vereinten Nationen endgültig geklärt worden ist, sind die Absätze 1 und 2 anwendbar.

(4) Einem Ausländer, der Flüchtling nach Absatz 1 ist, wird die Flüchtlingseigenschaft zuerkannt, es sei denn, er erfüllt die Voraussetzungen des § 60 Abs. 8 Satz 1 des Aufenthaltsgesetzes oder das Bundesamt hat nach § 60 Absatz 8 Satz 3 des Aufenthaltsgesetzes von der Anwendung des § 60 Absatz 1 des Aufenthaltsgesetzes abgesehen.

§ 3a Verfolgungshandlungen

(1) Als Verfolgung im Sinne des § 3 Absatz 1 gelten Handlungen, die

1. auf Grund ihrer Art oder Wiederholung so gravierend sind, dass sie eine schwerwiegende Verletzung der grundlegenden Menschenrechte darstellen, insbesondere der Rechte, von denen nach Artikel 15 Absatz 2 der Konvention vom 4. November 1950 zum Schutze der Menschenrechte und Grundfreiheiten (BGBl. 1952 II S. 685, 953) keine Abweichung zulässig ist, oder

2. in einer Kumulierung unterschiedlicher Maßnahmen, einschließlich einer Verletzung der Menschenrechte, bestehen, die so gravierend ist, dass eine Person davon in ähnlicher wie der in Nummer 1 beschriebenen Weise betroffen ist.

(2) Als Verfolgung im Sinne des Absatzes 1 können unter anderem die folgenden Handlungen gelten:

1. die Anwendung physischer oder psychischer Gewalt, einschließlich sexueller Gewalt,

2. gesetzliche, administrative, polizeiliche oder justizielle Maßnahmen, die als solche diskriminierend sind oder in diskriminierender Weise angewandt werden,

3. unverhältnismäßige oder diskriminierende Strafverfolgung oder Bestrafung,

4. Verweigerung gerichtlichen Rechtsschutzes mit dem Ergebnis einer unverhältnismäßigen oder diskriminierenden Bestrafung,

5. Strafverfolgung oder Bestrafung wegen Verweigerung des Militärdienstes in einem Konflikt, wenn der Militärdienst Verbrechen oder Handlungen umfassen würde, die unter die Ausschlussklauseln des § 3 Absatz 2 fallen,

6. Handlungen, die an die Geschlechtszugehörigkeit anknüpfen oder gegen Kinder gerichtet sind.

(3) Zwischen den in § 3 Absatz 1 Nummer 1 in Verbindung mit den in § 3b genannten Verfolgungsgründen und den in den Absätzen 1 und 2 als Verfolgung eingestuften Handlungen oder dem Fehlen von Schutz vor solchen Handlungen muss eine Verknüpfung bestehen.

§ 3b Verfolgungsgründe

(1) Bei der Prüfung der Verfolgungsgründe nach § 3 Absatz 1 Nummer 1 ist Folgendes zu berücksichtigen:

1. der Begriff der Rasse umfasst insbesondere die Aspekte Hautfarbe, Herkunft und Zugehörigkeit zu einer bestimmten ethnischen Gruppe;

2. der Begriff der Religion umfasst insbesondere theistische, nichttheistische und atheistische Glaubensüberzeugungen, die Teilnahme oder Nichtteilnahme an religiösen Riten im privaten oder öffentlichen Bereich, allein oder in Gemeinschaft mit anderen, sonstige religiöse Betätigungen oder Meinungsäußerungen und Verhaltensweisen Einzelner oder einer Gemeinschaft, die sich auf eine religiöse Überzeugung stützen oder nach dieser vorgeschrieben sind;

3. der Begriff der Nationalität beschränkt sich nicht auf die Staatsangehörigkeit oder das Fehlen einer solchen, sondern bezeichnet insbesondere auch die Zugehörigkeit zu einer Gruppe, die durch ihre kulturelle, ethnische oder sprachliche Identität, gemeinsame geografische oder politische Herkunft oder ihre Verwandtschaft mit der Bevölkerung eines anderen Staates bestimmt wird;

4. eine Gruppe gilt insbesondere als eine bestimmte soziale Gruppe, wenn

 a) die Mitglieder dieser Gruppe angeborene Merkmale oder einen gemeinsamen Hintergrund, der nicht verändert werden kann, gemein haben oder Merkmale oder eine Glaubensüberzeugung teilen, die so bedeutsam für die Identität oder das Gewissen sind, dass der Betreffende nicht gezwungen werden sollte, auf sie zu verzichten, und

 b) die Gruppe in dem betreffenden Land eine deutlich abgegrenzte Identität hat, da sie von der sie umgebenden Gesellschaft als andersartig betrachtet wird;

 als eine bestimmte soziale Gruppe kann auch eine Gruppe gelten, die sich auf das gemeinsame Merkmal der sexuellen Orientierung gründet; Handlungen, die nach deutschem Recht als strafbar gelten, fallen nicht darunter; eine Verfolgung wegen der Zugehörigkeit zu einer bestimmten sozialen Gruppe kann auch vorliegen, wenn sie allein an das Geschlecht oder die geschlechtliche Identität anknüpft;

5. unter dem Begriff der politischen Überzeugung ist insbesondere zu verstehen, dass der Ausländer in einer Angelegenheit, die die in § 3c genannten potenziellen Verfolger sowie deren Politiken oder Verfahren betrifft, eine Meinung, Grundhaltung oder Überzeugung vertritt, wobei es unerheblich ist, ob er auf Grund dieser Meinung, Grundhaltung oder Überzeugung tätig geworden ist.

(2) Bei der Bewertung der Frage, ob die Furcht eines Ausländers vor Verfolgung begründet ist, ist es unerheblich, ob er tatsächlich die Merkmale der Rasse oder die religiösen, nationalen, sozialen oder politischen Merkmale aufweist, die zur Verfolgung führen, sofern ihm diese Merkmale von seinem Verfolger zugeschrieben werden.

§ 3c Akteure, von denen Verfolgung ausgehen kann

Die Verfolgung kann ausgehen von

1. dem Staat,

2. Parteien oder Organisationen, die den Staat oder einen wesentlichen Teil des Staatsgebiets beherrschen, oder

3. nichtstaatlichen Akteuren, sofern die in den Nummern 1 und 2 genannten Akteure einschließlich internationaler Organisationen erwiesenermaßen nicht in der Lage oder nicht willens sind, im Sinne des § 3d Schutz vor Verfolgung zu bieten, und dies unabhängig davon, ob in dem Land eine staatliche Herrschaftsmacht vorhanden ist oder nicht.

§ 3d Akteure, die Schutz bieten können

(1) Schutz vor Verfolgung kann nur geboten werden

1. vom Staat oder

2. von Parteien oder Organisationen einschließlich internationaler Organisationen, die den Staat oder einen wesentlichen Teil des Staatsgebiets beherrschen,

sofern sie willens und in der Lage sind, Schutz gemäß Absatz 2 zu bieten.

(2) ¹Der Schutz vor Verfolgung muss wirksam und darf nicht nur vorübergehender Art sein. ²Generell ist ein solcher Schutz gewährleistet, wenn die in Absatz 1 genannten Akteure geeignete Schritte einleiten, um die Verfolgung zu verhindern, beispielsweise durch wirksame Rechtsvorschriften zur Ermittlung, Strafverfolgung und Ahndung von Handlungen, die eine Verfolgung darstellen, und wenn der Ausländer Zugang zu diesem Schutz hat.

(3) Bei der Beurteilung der Frage, ob eine internationale Organisation einen Staat oder einen wesentlichen Teil seines Staatsgebiets beherrscht und den in Absatz 2 genannten Schutz bietet, sind etwaige in einschlägigen Rechtsakten der Europäischen Union aufgestellte Leitlinien heranzuziehen.

§ 3e Interner Schutz

(1) Dem Ausländer wird die Flüchtlingseigenschaft nicht zuerkannt, wenn er

1. in einem Teil seines Herkunftslandes keine begründete Furcht vor Verfolgung oder Zugang zu Schutz vor Verfolgung nach § 3d hat und

2. sicher und legal in diesen Landesteil reisen kann, dort aufgenommen wird und vernünftigerweise erwartet werden kann, dass er sich dort niederlässt.

(2) ¹Bei der Prüfung der Frage, ob ein Teil des Herkunftslandes die Voraussetzungen nach Absatz 1 erfüllt, sind die dortigen allgemeinen Gegebenheiten und die persönlichen Umstände des Ausländers gemäß Artikel 4 der Richtlinie 2011/95/EU zum Zeitpunkt der Entscheidung über den Antrag zu berücksichtigen.

[2]Zu diesem Zweck sind genaue und aktuelle Informationen aus relevanten Quellen, wie etwa Informationen des Hohen Kommissars der Vereinten Nationen für Flüchtlinge oder des Europäischen Unterstützungsbüros für Asylfragen, einzuholen.

§ 4 Subsidiärer Schutz

(1) [1]Ein Ausländer ist subsidiär Schutzberechtigter, wenn er stichhaltige Gründe für die Annahme vorgebracht hat, dass ihm in seinem Herkunftsland ein ernsthafter Schaden droht. [2]Als ernsthafter Schaden gilt:
1. die Verhängung oder Vollstreckung der Todesstrafe,
2. Folter oder unmenschliche oder erniedrigende Behandlung oder Bestrafung oder
3. eine ernsthafte individuelle Bedrohung des Lebens oder der Unversehrtheit einer Zivilperson infolge willkürlicher Gewalt im Rahmen eines internationalen oder innerstaatlichen bewaffneten Konflikts.

(2) [1]Ein Ausländer ist von der Zuerkennung subsidiären Schutzes nach Absatz 1 ausgeschlossen, wenn schwerwiegende Gründe die Annahme rechtfertigen, dass er
1. ein Verbrechen gegen den Frieden, ein Kriegsverbrechen oder ein Verbrechen gegen die Menschlichkeit im Sinne der internationalen Vertragswerke begangen hat, die ausgearbeitet worden sind, um Bestimmungen bezüglich dieser Verbrechen festzulegen,
2. eine schwere Straftat begangen hat,
3. sich Handlungen zuschulden kommen lassen hat, die den Zielen und Grundsätzen der Vereinten Nationen, wie sie in der Präambel und den Artikeln 1 und 2 der Charta der Vereinten Nationen (BGBl. 1973 II S. 430, 431) verankert sind, zuwiderlaufen oder
4. eine Gefahr für die Allgemeinheit oder für die Sicherheit der Bundesrepublik Deutschland darstellt.
[2]Diese Ausschlussgründe gelten auch für Ausländer, die andere zu den genannten Straftaten oder Handlungen anstiften oder sich in sonstiger Weise daran beteiligen.

(3) [1]Die §§ 3c bis 3e gelten entsprechend. [2]An die Stelle der Verfolgung, des Schutzes vor Verfolgung beziehungsweise der begründeten Furcht vor Verfolgung treten die Gefahr eines ernsthaften Schadens, der Schutz vor einem ernsthaften Schaden beziehungsweise die tatsächliche Gefahr eines ernsthaften Schadens; an die Stelle der Flüchtlingseigenschaft tritt der subsidiäre Schutz.

Abschnitt 3
Allgemeine Bestimmungen

§ 5 Bundesamt

(1) [1]Über Asylanträge entscheidet das Bundesamt für Migration und Flüchtlinge (Bundesamt). [2]Es ist nach Maßgabe dieses Gesetzes auch für ausländerrechtliche Maßnahmen und Entscheidungen zuständig.

(2) [1]Das Bundesministerium des Innern, für Bau und Heimat bestellt den Leiter des Bundesamtes. [2]Dieser sorgt für die ordnungsgemäße Organisation der Asylverfahren.

(3) [1]Der Leiter des Bundesamtes soll bei jeder Zentralen Aufnahmeeinrichtung für Asylbewerber (Aufnahmeeinrichtung) mit mindestens 1 000 dauerhaften Unterbringungsplätzen in Abstimmung mit dem Land eine Außenstelle einrichten. [2]Er kann in Abstimmung mit den Ländern weitere Außenstellen einrichten.

(4) [1]Der Leiter des Bundesamtes kann mit den Ländern vereinbaren, ihm sachliche und personelle Mittel zur notwendigen Erfüllung seiner Aufgaben in den Außenstellen zur Verfügung zu stellen. [2]Die ihm zur Verfügung gestellten Bediensteten unterliegen im gleichen Umfang seinen fachlichen Weisungen wie die Bediensteten des Bundesamtes. [3]Die näheren Einzelheiten sind in einer Verwaltungsvereinbarung zwischen dem Bund und dem Land zu regeln.

(5) [1]Der Leiter des Bundesamtes kann mit den Ländern vereinbaren, dass in einer Aufnahmeeinrichtung Ausländer untergebracht werden, deren Verfahren beschleunigt nach § 30a bearbeitet werden sollen (besondere Aufnahmeeinrichtungen). [2]Das Bundesamt richtet Außenstellen bei den besonderen Aufnahmeeinrichtungen nach Satz 1 ein oder ordnet sie diesen zu. [3]Auf besondere Aufnahmeeinrichtungen finden die für Aufnahmeeinrichtungen geltenden Regelungen Anwendung, soweit nicht in diesem Gesetz oder einer anderen Rechtsvorschrift etwas anderes bestimmt wird.

§ 6 Verbindlichkeit asylrechtlicher Entscheidungen

[1]Die Entscheidung über den Asylantrag ist in allen Angelegenheiten verbindlich, in denen die Anerkennung als Asylberechtigter oder die Zuerkennung des internationalen Schutzes im Sinne des § 1 Absatz 1 Nummer 2 rechtserheblich ist. [2]Dies gilt nicht für das Auslieferungsverfahren sowie das Verfahren nach § 58a des Aufenthaltsgesetzes.

§ 7 Erhebung personenbezogener Daten

(1) [1]Die mit der Ausführung dieses Gesetzes betrauten Behörden dürfen zum Zwecke der Ausführung dieses Gesetzes personenbezogene Daten erheben, soweit dies zur Erfüllung ihrer Aufgaben erforderlich ist. [2]Personenbezogene Daten, deren Verarbeitung nach Artikel 9 Absatz 1 der Verordnung (EU) 2016/679 des Europäischen Parlaments und des Rates vom 27. April 2016 zum Schutz natürlicher Personen bei der Verarbeitung personenbezogener Daten, zum freien Datenverkehr und zur Aufhebung der Richtlinie 95/46/EG (Datenschutz-Grundverordnung) (ABl. L 119 vom 4.5.2016, S. 1; L 314 vom 22.11.2016, S. 72; L 127 vom 23.5.2018, S. 2) in der jeweils geltenden Fassung untersagt ist, dürfen erhoben werden, soweit dies im Einzelfall zur Aufgabenerfüllung erforderlich ist.

(2) [1]Die Daten sind bei der betroffenen Person zu erheben. [2]Sie dürfen auch ohne Mitwirkung der betroffenen Person bei anderen öffentlichen Stellen, ausländischen Behörden und nichtöffentlichen Stellen erhoben werden, wenn

1. dieses Gesetz oder eine andere Rechtsvorschrift es vorsieht oder zwingend voraussetzt,

2. es offensichtlich ist, dass es im Interesse der betroffenen Person liegt und kein Grund zu der Annahme besteht, dass sie in Kenntnis der Erhebung ihre Einwilligung verweigern würde,

3. die Mitwirkung der betroffenen Person nicht ausreicht oder einen unverhältnismäßigen Aufwand erfordern würde,

4. die zu erfüllende Aufgabe ihrer Art nach eine Erhebung bei anderen Personen oder Stellen erforderlich macht oder

5. es zur Überprüfung der Angaben der betroffenen Person erforderlich ist.

[3]Nach Satz 2 Nr. 3 und 4 sowie bei ausländischen Behörden und nichtöffentlichen Stellen dürfen Daten nur erhoben werden, wenn keine Anhaltspunkte dafür bestehen, dass überwiegende schutzwürdige Interessen der betroffenen Person beeinträchtigt werden.

(3) [1]Die Asylverfahrensakten des Bundesamtes sind spätestens zehn Jahre nach unanfechtbarem Abschluss des Asylverfahrens zu vernichten sowie in den Datenverarbeitungssystemen des Bundesamtes zu löschen. [2]Die Fristen zur Vernichtung und Löschung aufgrund anderer Vorschriften bleiben davon unberührt.

§ 8 Übermittlung personenbezogener Daten

(1) Öffentliche Stellen haben auf Ersuchen (§ 7 Abs. 1) den mit der Ausführung dieses Gesetzes betrauten Behörden ihnen bekannt gewordene Umstände mitzuteilen, soweit besondere gesetzliche Verarbeitungsregelungen oder überwiegende schutzwürdige Interessen der betroffenen Person dem nicht entgegenstehen.

(1a) Die für die Einleitung eines Strafverfahrens zuständigen Stellen haben in Strafsachen gegen die betroffene Person das Bundesamt unverzüglich zu unterrichten über

1. die Einleitung des Strafverfahrens, soweit dadurch eine Gefährdung des Untersuchungszwecks nicht zu erwarten ist, und die Erhebung der öffentlichen Klage, wenn eine Freiheitsstrafe von mindestens drei Jahren zu erwarten ist,

2. die Einleitung des Strafverfahrens, soweit dadurch eine Gefährdung des Untersuchungszwecks nicht zu erwarten ist, und die Erhebung der öffentlichen Klage wegen einer oder mehrerer vorsätzlicher Straftaten gegen das Leben, die körperliche Unversehrtheit, die sexuelle Selbstbestimmung, das Eigentum oder wegen Widerstands gegen Vollstreckungsbeamte, sofern die Straftat mit Gewalt, unter Anwendung von Drohung mit Gefahr für Leib oder Leben oder mit List begangen worden ist oder eine Straftat nach § 177 des Strafgesetzbuches ist, wenn eine Freiheits- oder Jugendstrafe von mindestens einem Jahr zu erwarten ist, und

3. die Erledigung eines Strafverfahrens

 a) durch eine rechtskräftige Verurteilung zu einer Freiheitsstrafe von mindestens drei Jahren,

 b) durch eine rechtskräftige Verurteilung zu einer Freiheits- oder Jugendstrafe von mindestens einem Jahr wegen einer oder mehrerer vorsätzlicher Straftaten gegen das Leben, die körperliche Unversehrtheit, die sexuelle Selbstbestimmung, das Eigentum oder wegen Widerstands gegen Vollstreckungsbeamte, sofern die Straftat mit Gewalt, unter Anwendung von Drohung mit Gefahr für Leib oder Leben oder mit List begangen worden ist oder eine Straftat nach § 177 des Strafgesetzbuches ist, oder

 c) in sonstiger Weise im Falle einer vorausgegangenen Unterrichtung nach Nummer 1 oder 2.

(1b) [1]Die oberste Landesbehörde oder die von ihr bestimmte Stelle kann dem Bundesamt personenbezogene Daten über körperliche, seelische oder Sinnesbeeinträchtigungen eines Ausländers übermitteln, deren Kenntnis für das Bundesamt zur ordnungsgemäßen Durchführung der Anhörung erforderlich ist. [2]Die Daten dürfen nur zu diesem Zweck verarbeitet werden und sind anschließend zu löschen.

(1c) [1]Die Träger der Grundsicherung für Arbeitsuchende, die mit der polizeilichen Kontrolle des grenzüberschreitenden Verkehrs beauftragten Behörden, die Ausländerbehörden und die deutschen Auslandsvertretungen teilen den mit der Ausführung dieses Gesetzes betrauten Behörden mit, wenn sie von Umständen Kenntnis erlangt haben, dass ein Asylberechtigter oder ein Ausländer, dem internationaler Schutz im Sinne des § 1 Absatz 1 Nummer 2 zuerkannt worden ist, in sein Herkunftsland (§ 3 Absatz 1 Nummer 2) gereist ist. [2]Die nach Satz 1 übermittelten personenbezogenen Daten dürfen nur für die Prüfung verarbeitet werden, ob die Voraussetzungen für einen Widerruf oder eine Rücknahme der Asylberechtigung oder des internationalen Schutzes vorliegen.

(2) Die zuständigen Behörden unterrichten das Bundesamt unverzüglich über ein förmliches Auslieferungsersuchen und ein mit der Ankündigung des Auslieferungsersuchens verbundenes Festnahmeersuchen eines anderen Staates sowie über den Abschluss des Auslieferungsverfahrens, wenn der Ausländer einen Asylantrag gestellt hat.

(2a) Die mit der Ausführung dieses Gesetzes betrauten Behörden teilen Umstände und Maßnahmen nach diesem Gesetz, deren Kenntnis für die Leistung an Leistungsberechtigte des Asylbewerberleistungsgesetzes erforderlich ist, sowie die ihnen mitgeteilten Erteilungen von Arbeitserlaubnissen an diese Personen und Angaben über das Erlöschen, den Widerruf oder die Rücknahme der Arbeitserlaubnisse den nach § 10 des Asylbewerberleistungsgesetzes zuständigen Behörden mit.

(3) [1]Die nach diesem Gesetz erhobenen Daten dürfen auch

1. zur Ausführung des Aufenthaltsgesetzes,
2. zur gesundheitlichen Betreuung und Versorgung von Asylbewerbern,
3. für Maßnahmen der Strafverfolgung,
4. zur Abwehr von erheblichen Gefahren für Leib und Leben des Asylbewerbers oder von Dritten und
5. auf Ersuchen zur Verfolgung von Ordnungswidrigkeiten

den damit betrauten öffentlichen Stellen, soweit es zur Erfüllung der in ihrer Zuständigkeit liegenden Aufgaben erforderlich ist, übermittelt und von diesen dafür verarbeitet werden. [2]Sie dürfen an eine in § 35 Abs. 1 des Ersten Buches Sozialgesetzbuch genannte Stelle übermittelt und von dieser verarbeitet werden, soweit dies für die Aufdeckung und Verfolgung von unberechtigtem Bezug von Leistungen nach dem Zwölften Buch Sozialgesetzbuch, von Leistungen der Kranken- und Unfallversicherungsträger oder von Arbeitslosengeld oder Leistungen zur Sicherung des Lebensunterhalts nach dem Zweiten Buch Sozialgesetzbuch erforderlich ist und wenn tatsächliche Anhaltspunkte für einen unberechtigten Bezug vorliegen. [3]Die nach diesem Gesetz erhobenen Daten dürfen der Bundesagentur für Arbeit übermittelt und von dieser verarbeitet werden, soweit dies zur Erfüllung von Aufgaben nach dem Dritten Buch Sozialgesetzbuch erforderlich ist. [4]§ 88 Abs. 1 bis 3 des Aufenthaltsgesetzes findet entsprechende Anwendung.

(4) Die Verarbeitung der im Asylverfahren erhobenen Daten ist zulässig, soweit die Verarbeitung dieser Daten für die Entscheidung des Bundesamtes über die Zulassung zum Integrationskurs nach § 44 Absatz 4 des Aufenthaltsgesetzes oder zu einer Maßnahme der berufsbezogenen Deutschsprachförderung nach § 45a Absatz 2 Satz 3 und 4 des Aufenthaltsgesetzes erforderlich ist.

(5) Eine Datenübermittlung auf Grund anderer gesetzlicher Vorschriften bleibt unberührt.

§ 9 Hoher Flüchtlingskommissar der Vereinten Nationen

(1) [1]Der Ausländer kann sich an den Hohen Flüchtlingskommissar der Vereinten Nationen wenden. [2]Dieser kann in Einzelfällen in Verfahren beim Bundesamt Stellung nehmen. [3]Er kann Ausländer aufsuchen, auch wenn sie sich in Gewahrsam befinden oder sich im Transitbereich eines Flughafens aufhalten.

(2) Das Bundesamt übermittelt dem Hohen Flüchtlingskommissar der Vereinten Nationen auf dessen Ersuchen die erforderlichen Daten zur Erfüllung seiner Aufgaben nach Artikel 35 des Abkommens über die Rechtsstellung der Flüchtlinge.

(3) Entscheidungen über Asylanträge und sonstige Angaben, insbesondere die vorgetragenen Verfolgungsgründe, dürfen, außer in anonymisierter Form, nur übermittelt werden, wenn sich der Ausländer selbst an den Hohen Flüchtlingskommissar der Vereinten Nationen gewandt hat oder die Einwilligung des Ausländers anderweitig nachgewiesen ist.

(4) Die Daten dürfen nur zu dem Zweck verarbeitet werden, zu dem sie übermittelt wurden.

(5) Die Absätze 1 bis 4 gelten entsprechend für Organisationen, die im Auftrag des Hohen Flüchtlingskommissars der Vereinten Nationen auf der Grundlage einer Vereinbarung mit der Bundesrepublik Deutschland im Bundesgebiet tätig sind.

§ 10 Zustellungsvorschriften

(1) Der Ausländer hat während der Dauer des Asylverfahrens vorzusorgen, dass ihn Mitteilungen des Bundesamtes, der zuständigen Ausländerbehörde und der angerufenen Gerichte stets erreichen können; insbesondere hat er jeden Wechsel seiner Anschrift den genannten Stellen unverzüglich anzuzeigen.

(2) ¹Der Ausländer muss Zustellungen und formlose Mitteilungen unter der letzten Anschrift, die der jeweiligen Stelle auf Grund seines Asylantrags oder seiner Mitteilung bekannt ist, gegen sich gelten lassen, wenn er für das Verfahren weder einen Bevollmächtigten bestellt noch einen Empfangsberechtigten benannt hat oder diesen nicht zugestellt werden kann. ²Das Gleiche gilt, wenn die letzte bekannte Anschrift, unter der der Ausländer wohnt oder zu wohnen verpflichtet ist, durch eine öffentliche Stelle mitgeteilt worden ist. ³Der Ausländer muss Zustellungen und formlose Mitteilungen anderer als der in Absatz 1 bezeichneten öffentlichen Stellen unter der Anschrift gegen sich gelten lassen, unter der er nach den Sätzen 1 und 2 Zustellungen und formlose Mitteilungen des Bundesamtes gegen sich gelten lassen muss. ⁴Kann die Sendung dem Ausländer nicht zugestellt werden, so gilt die Zustellung mit der Aufgabe zur Post als bewirkt, selbst wenn die Sendung als unzustellbar zurückkommt.

(3) ¹Betreiben Familienangehörige im Sinne des § 26 Absatz 1 bis 3 ein gemeinsames Asylverfahren und ist nach Absatz 2 für alle Familienangehörigen dieselbe Anschrift maßgebend, können für sie bestimmte Entscheidungen und Mitteilungen in einem Bescheid oder einer Mitteilung zusammengefasst und einem Familienangehörigen zugestellt werden, sofern er volljährig ist. ²In der Anschrift sind alle volljährigen Familienangehörigen zu nennen, für die die Entscheidung oder Mitteilung bestimmt ist. ³In der Entscheidung oder Mitteilung ist ausdrücklich darauf hinzuweisen, gegenüber welchen Familienangehörigen sie gilt.

(4) ¹In einer Aufnahmeeinrichtung hat diese Zustellungen und formlose Mitteilungen an die Ausländer, die nach Maßgabe des Absatzes 2 Zustellungen und formlose Mitteilungen unter der Anschrift der Aufnahmeeinrichtung gegen sich gelten lassen müssen, vorzunehmen. ²Postausgabe- und Postverteilungszeiten sind für jeden Werktag durch Aushang bekannt zu machen. ³Der Ausländer hat sicherzustellen, dass ihm Posteingänge während der Postausgabe- und Postverteilungszeiten in der Aufnahmeeinrichtung ausgehändigt werden können. ⁴Zustellungen und formlose Mitteilungen sind mit der Aushändigung an den Ausländer bewirkt; im Übrigen gelten sie am dritten Tag nach Übergabe an die Aufnahmeeinrichtung als bewirkt.

(5) Die Vorschriften über die Ersatzzustellung bleiben unberührt.

(6) ¹Müsste eine Zustellung außerhalb des Bundesgebiets erfolgen, so ist durch öffentliche Bekanntmachung zuzustellen. ²Die Vorschriften des § 10 Abs. 1 Satz 2 und Abs. 2 des Verwaltungszustellungsgesetzes finden Anwendung.

(7) Der Ausländer ist bei der Antragstellung schriftlich und gegen Empfangsbestätigung auf diese Zustellungsvorschriften hinzuweisen.

§ 11 Ausschluss des Widerspruchs

Gegen Maßnahmen und Entscheidungen nach diesem Gesetz findet kein Widerspruch statt.

§ 11a Vorübergehende Aussetzung von Entscheidungen

¹Das Bundesministerium des Innern, für Bau und Heimat kann Entscheidungen des Bundesamtes nach diesem Gesetz zu bestimmten Herkunftsländern für die Dauer von sechs Monaten vorübergehend aussetzen, wenn die Beurteilung der asyl- und abschiebungsrelevanten Lage besonderer Aufklärung bedarf. ²Die Aussetzung nach Satz 1 kann verlängert werden.

Abschnitt 4
Asylverfahren

Unterabschnitt 1
Allgemeine Verfahrensvorschriften

§ 12 Handlungsfähigkeit

(1) Fähig zur Vornahme von Verfahrenshandlungen nach diesem Gesetz ist ein volljähriger Ausländer, sofern er nicht nach Maßgabe des Bürgerlichen Gesetzbuches geschäftsunfähig oder in dieser Angelegenheit zu betreuen und einem Einwilligungsvorbehalt zu unterstellen wäre.

(2) ¹Bei der Anwendung dieses Gesetzes sind für die Vorschriften des Bürgerlichen Gesetzbuches dafür maßgebend, ob ein Ausländer als minderjährig oder volljährig anzusehen ist. ²Die Geschäftsfähigkeit und die sonstige rechtliche Handlungsfähigkeit eines nach dem Recht seines Heimatstaates volljährigen Ausländers bleiben davon unberührt.

(3) Im Asylverfahren ist vorbehaltlich einer abweichenden Entscheidung des Familiengerichts jeder Elternteil zur Vertretung eines minderjährigen Kindes befugt, wenn sich der andere Elternteil nicht im Bundesgebiet aufhält oder sein Aufenthaltsort im Bundesgebiet unbekannt ist.

§ 12a Asylverfahrensberatung

[1]Das Bundesamt führt eine für die Asylsuchenden freiwillige, unabhängige staatliche Asylverfahrensberatung durch. [2]Diese erfolgt in zwei Stufen. [3]Auf der ersten Stufe werden allen Asylsuchenden vor Antragstellung in Gruppengesprächen Informationen zum Ablauf des Asylverfahrens sowie zu Rückkehrmöglichkeiten zur Verfügung gestellt. [4]Auf der zweiten Stufe erhalten alle Asylsuchenden in Einzelgesprächen eine individuelle Asylverfahrensberatung, die durch das Bundesamt oder durch Wohlfahrtsverbände durchgeführt wird.

§ 13 Asylantrag

(1) Ein Asylantrag liegt vor, wenn sich dem schriftlich, mündlich oder auf andere Weise geäußerten Willen des Ausländers entnehmen lässt, dass er im Bundesgebiet Schutz vor politischer Verfolgung sucht oder dass er Schutz vor Abschiebung oder einer sonstigen Rückführung in einen Staat begehrt, in dem ihm eine Verfolgung im Sinne des § 3 Absatz 1 oder ein ernsthafter Schaden im Sinne des § 4 Absatz 1 droht.

(2) [1]Mit jedem Asylantrag wird die Anerkennung als Asylberechtigter sowie internationaler Schutzes im Sinne des § 1 Absatz 1 Nummer 2 beantragt. [2]Der Ausländer kann den Asylantrag auf die Zuerkennung internationalen Schutzes beschränken. [3]Er ist über die Folgen einer Beschränkung des Antrags zu belehren. [4]§ 24 Absatz 2 bleibt unberührt.

(3) [1]Ein Ausländer, der nicht im Besitz der erforderlichen Einreisepapiere ist, hat an der Grenze um Asyl nachzusuchen (§ 18). [2]Im Falle der unerlaubten Einreise hat er sich unverzüglich bei einer Aufnahmeeinrichtung zu melden (§ 22) oder bei der Ausländerbehörde oder der Polizei um Asyl nachzusuchen (§ 19). [3]Der nachfolgende Asylantrag ist unverzüglich zu stellen.

§ 14 Antragstellung

(1) [1]Der Asylantrag ist bei der Außenstelle des Bundesamtes zu stellen, die der für die Aufnahme des Ausländers zuständigen Aufnahmeeinrichtung zugeordnet ist. [2]Das Bundesamt kann den Ausländer in Abstimmung mit der von der obersten Landesbehörde bestimmten Stelle verpflichten, seinen Asylantrag bei einer anderen Außenstelle zu stellen. [3]Der Ausländer ist vor der Antragstellung schriftlich und gegen Empfangsbestätigung darauf hinzuweisen, dass nach Rücknahme oder unanfechtbarer Ablehnung seines Asylantrags die Erteilung eines Aufenthaltstitels gemäß § 10 Abs. 3 des Aufenthaltsgesetzes Beschränkungen unterliegt. [4]In Fällen des Absatzes 2 Satz 1 Nr. 2 ist der Hinweis unverzüglich nachzuholen.

(2) [1]Der Asylantrag ist beim Bundesamt zu stellen, wenn der Ausländer
1. einen Aufenthaltstitel mit einer Gesamtgeltungsdauer von mehr als sechs Monaten besitzt,
2. sich in Haft oder sonstigem öffentlichen Gewahrsam, in einem Krankenhaus, einer Heil- oder Pflegeanstalt oder in einer Jugendhilfeeinrichtung befindet, oder
3. minderjährig ist und sein gesetzlicher Vertreter nicht verpflichtet ist, in einer Aufnahmeeinrichtung zu wohnen.

[2]Die Ausländerbehörde leitet einen bei ihr eingereichten schriftlichen Antrag unverzüglich dem Bundesamt zu. [3]Das Bundesamt bestimmt die für die Bearbeitung des Asylantrags zuständige Außenstelle.

(3) [1]Befindet sich der Ausländer in den Fällen des Absatzes 2 Satz 1 Nr. 2 in
1. Untersuchungshaft,
2. Strafhaft,
3. Vorbereitungshaft nach § 62 Absatz 2 des Aufenthaltsgesetzes,
4. Sicherungshaft nach § 62 Absatz 3 Satz 1 Nummer 2 des Aufenthaltsgesetzes, weil er sich nach der unerlaubten Einreise länger als einen Monat ohne Aufenthaltstitel im Bundesgebiet aufgehalten hat,
5. Sicherungshaft nach § 62 Absatz 3 Satz 1 Nummer 1 und 3 des Aufenthaltsgesetzes,
6. Mitwirkungshaft nach § 62 Absatz 6 des Aufenthaltsgesetzes,
7. Ausreisegewahrsam nach § 62b des Aufenthaltsgesetzes,

steht die Asylantragstellung der Anordnung oder Aufrechterhaltung von Abschiebungshaft nicht entgegen. [2]Dem Ausländer ist unverzüglich Gelegenheit zu geben, mit einem Rechtsbeistand seiner Wahl Verbindung aufzunehmen, es sei denn, er hat sich selbst vorher anwaltlichen Beistands versichert. [3]Die Abschiebungshaft endet mit der Zustellung der Entscheidung des Bundesamtes, spätestens jedoch vier Wochen nach Eingang des Asylantrags beim Bundesamt, es sei denn, es wurde auf Grund von Rechtsvorschriften der Europäischen Gemeinschaft oder eines völkerrechtlichen Vertrages über die Zuständigkeit für die Durchführung von Asylverfahren ein Auf- oder Wiederaufnahmeersuchen an einen anderen Staat gerichtet oder der Asylantrag wurde als unzulässig nach § 29 Absatz 1 Nummer 4 oder als offensichtlich unbegründet abgelehnt.

§ 14a Familieneinheit

(1) Mit der Asylantragstellung nach § 14 gilt ein Asylantrag auch für jedes minderjährige ledige Kind des Ausländers als gestellt, das sich zu diesem Zeitpunkt im Bundesgebiet aufhält, ohne freizügigkeitsberechtigt oder im Besitz eines Aufenthaltstitels zu sein, wenn es zuvor noch keinen Asylantrag gestellt hatte.

(2) [1]Reist ein minderjähriges lediges Kind des Ausländers nach dessen Asylantragstellung ins Bundesgebiet ein oder wird es hier geboren, so ist dies dem Bundesamt unverzüglich anzuzeigen, wenn ein Elternteil eine Aufenthaltsgestattung besitzt oder sich nach Abschluss seines Asylverfahrens ohne Aufenthaltstitel oder mit einer Aufenthaltserlaubnis nach § 25 Abs. 5 des Aufenthaltsgesetzes im Bundesgebiet aufhält. [2]Die Anzeigepflicht obliegt neben dem Vertreter des Kindes im Sinne von § 12 Abs. 3 auch der Ausländerbehörde. [3]Mit Zugang der Anzeige beim Bundesamt gilt ein Asylantrag für das Kind als gestellt.

(3) [1]Der Vertreter des Kindes im Sinne von § 12 Abs. 3 kann bis zur Zustellung der Entscheidung des Bundesamtes auf die Durchführung eines Asylverfahrens für das Kind verzichten, indem er erklärt, dass dem Kind keine Verfolgung im Sinne des § 3 Absatz 1 und kein ernsthafter Schaden im Sinne des § 4 Absatz 1 drohen. [2]§ 13 Absatz 2 Satz 2 gilt entsprechend.

(4) Die Absätze 1 bis 3 sind auch anzuwenden, wenn der Asylantrag vor dem 1. Januar 2005 gestellt worden ist und das Kind sich zu diesem Zeitpunkt im Bundesgebiet aufgehalten hat, später eingereist ist oder hier geboren wurde.

§ 15 Allgemeine Mitwirkungspflichten

(1) [1]Der Ausländer ist persönlich verpflichtet, bei der Aufklärung des Sachverhalts mitzuwirken. [2]Dies gilt auch, wenn er sich durch einen Bevollmächtigten vertreten lässt.

(2) Er ist insbesondere verpflichtet,

1. den mit der Ausführung dieses Gesetzes betrauten Behörden die erforderlichen Angaben mündlich und nach Aufforderung auch schriftlich zu machen;
2. das Bundesamt unverzüglich zu unterrichten, wenn ihm ein Aufenthaltstitel erteilt worden ist;
3. den gesetzlichen und behördlichen Anordnungen, sich bei bestimmten Behörden oder Einrichtungen zu melden oder dort persönlich zu erscheinen, Folge zu leisten;
4. seinen Pass oder Passersatz den mit der Ausführung dieses Gesetzes betrauten Behörden vorzulegen, auszuhändigen und zu überlassen;
5. alle erforderlichen Urkunden und sonstigen Unterlagen, die in seinem Besitz sind, den mit der Ausführung dieses Gesetzes betrauten Behörden vorzulegen, auszuhändigen und zu überlassen;
6. im Falle des Nichtbesitzes eines gültigen Passes oder Passersatzes an der Beschaffung eines Identitätspapiers mitzuwirken und auf Verlangen alle Datenträger, die für die Feststellung seiner Identität und Staatsangehörigkeit von Bedeutung sein können und in deren Besitz er ist, den mit der Ausführung dieses Gesetzes betrauten Behörden vorzulegen, auszuhändigen und zu überlassen;
7. die vorgeschriebenen erkennungsdienstlichen Maßnahmen zu dulden.

(3) Erforderliche Urkunden und sonstige Unterlagen nach Absatz 2 Nr. 5 sind insbesondere

1. alle Urkunden und Unterlagen, die neben dem Pass oder Passersatz für die Feststellung der Identität und Staatsangehörigkeit von Bedeutung sein können,
2. von anderen Staaten erteilte Visa, Aufenthaltstitel und sonstige Grenzübertrittspapiere,
3. Flugscheine und sonstige Fahrausweise,
4. Unterlagen über den Reiseweg vom Herkunftsland in das Bundesgebiet, die benutzten Beförderungsmittel und über den Aufenthalt in anderen Staaten nach der Ausreise aus dem Herkunftsland und vor der Einreise in das Bundesgebiet sowie
5. alle sonstigen Urkunden und Unterlagen, auf die der Ausländer sich beruft oder die für die zu treffenden asyl- und ausländerrechtlichen Entscheidungen und Maßnahmen einschließlich der Feststellung und Geltendmachung einer Rückführungsmöglichkeit in einen anderen Staat von Bedeutung sind.

(4) [1]Die mit der Ausführung dieses Gesetzes betrauten Behörden können den Ausländer und Sachen, die von ihm mitgeführt werden, durchsuchen, wenn der Ausländer seinen Verpflichtungen nach Absatz 2 Nr. 4 und 5 nicht nachkommt sowie nicht gemäß Absatz 2 Nummer 6 auf Verlangen die Datenträger vorlegt, aushändigt oder überlässt und Anhaltspunkte bestehen, dass er im Besitz solcher Unterlagen oder Datenträger ist. [2]Der Ausländer darf nur von einer Person gleichen Geschlechts durchsucht werden.

(5) Durch die Rücknahme des Asylantrags werden die Mitwirkungspflichten des Ausländers nicht beendet.

§ 15a Auswertung von Datenträgern

(1) ¹Die Auswertung von Datenträgern ist nur zulässig, soweit dies für die Feststellung der Identität und Staatsangehörigkeit des Ausländers nach § 15 Absatz 2 Nummer 6 erforderlich ist und der Zweck der Maßnahme nicht durch mildere Mittel erreicht werden kann. ²§ 48 Absatz 3a Satz 2 bis 7 und § 48a des Aufenthaltsgesetzes gelten entsprechend.

(2) Für die in Absatz 1 genannten Maßnahmen ist das Bundesamt zuständig.

§ 16 Sicherung, Feststellung und Überprüfung der Identität

(1) ¹Die Identität eines Ausländers, der um Asyl nachsucht, ist durch erkennungsdienstliche Maßnahmen zu sichern. ²Nach Satz 1 dürfen nur Lichtbilder und Abdrucke aller zehn Finger aufgenommen werden; soweit ein Ausländer noch nicht das *[bis 31.3.2021:* 14.] *[ab 1.4.2021:* sechste] Lebensjahr vollendet hat, dürfen nach Satz 1 nur Lichtbilder aufgenommen werden. ³Zur Bestimmung des Herkunftsstaates oder der Herkunftsregion des Ausländers kann das gesprochene Wort außerhalb der förmlichen Anhörung des Ausländers auf Ton- oder Datenträger aufgezeichnet werden. ⁴Diese Erhebung darf nur erfolgen, wenn der Ausländer vorher darüber in Kenntnis gesetzt wurde. ⁵Die Sprachaufzeichnungen werden beim Bundesamt gespeichert.

(1a) ¹Zur Prüfung der Echtheit des Dokumentes oder der Identität des Ausländers dürfen die auf dem elektronischen Speichermedium eines Passes, anerkannten Passersatzes oder sonstigen Identitätspapiers gespeicherten biometrischen und sonstigen Daten ausgelesen, die benötigten biometrischen Daten erhoben und die biometrischen Daten miteinander verglichen werden. ²Biometrische Daten nach Satz 1 sind nur die Fingerabdrücke, das Lichtbild und die Irisbilder.

(2) Zuständig für die Maßnahmen nach den Absätzen 1 und 1a sind das Bundesamt und, sofern der Ausländer dort um Asyl nachsucht, auch die in den §§ 18 und 19 bezeichneten Behörden sowie die Aufnahmeeinrichtung, bei der sich der Ausländer meldet.

(3) ¹Das Bundeskriminalamt leistet Amtshilfe bei der Auswertung der nach Absatz 1 Satz 1 erhobenen Daten zum Zwecke der Identitätsfeststellung. ²Es darf hierfür auch von ihm zur Erfüllung seiner Aufgaben gespeicherte erkennungsdienstliche Daten verarbeiten. ³Das Bundeskriminalamt darf den in Absatz 2 bezeichneten Behörden den Grund der Speicherung dieser Daten nicht mitteilen, soweit dies nicht nach anderen Rechtsvorschriften zulässig ist.

(3a) ¹Im Rahmen seiner Amtshilfe nach Absatz 3 Satz 1 darf das Bundeskriminalamt die nach Absatz 1 Satz 1 erhobenen Daten auch an die für die Überprüfung der Identität von Personen zuständigen öffentlichen Stellen von Drittstaaten mit Ausnahme des Herkunftsstaates der betroffenen Person sowie von Drittstaaten, in denen die betroffene Person eine Verfolgung oder einen ernsthaften Schaden zu befürchten hat, übermitteln. ²Die Verantwortung für die Zulässigkeit der Übermittlung trägt das Bundeskriminalamt. ³Das Bundeskriminalamt hat die Übermittlung und ihren Anlass aufzuzeichnen. ⁴Die empfangende Stelle ist personenbezogener Daten ist darauf hinzuweisen, dass sie nur zu dem Zweck verarbeitet werden dürfen, zu dem sie übermittelt worden sind. ⁵Ferner ist ihr der beim Bundeskriminalamt vorgesehene Löschungszeitpunkt mitzuteilen. ⁶Die Übermittlung unterbleibt, wenn tatsächliche Anhaltspunkte dafür vorliegen, dass

1. unter Berücksichtigung der Art der Daten und ihrer Erhebung die schutzwürdigen Interessen der betroffenen Person, insbesondere ihr Interesse, Schutz vor Verfolgung zu erhalten, das Allgemeininteresse an der Übermittlung überwiegen oder

2. die Übermittlung der Daten zu den Grundrechten, dem Abkommen vom 28. Juli 1951 über die Rechtsstellung der Flüchtlinge sowie der Konvention zum Schutz der Menschenrechte und Grundfreiheiten in Widerspruch stünde, insbesondere dadurch, dass durch die Verarbeitung der übermittelten Daten im Empfängerstaat Verletzungen von elementaren rechtsstaatlichen Grundsätzen oder Menschenrechtsverletzungen drohen.

(4) Die nach Absatz 1 Satz 1 erhobenen Daten werden vom Bundeskriminalamt getrennt von anderen erkennungsdienstlichen Daten gespeichert.

(5) ¹Die Verarbeitung der nach Absatz 1 erhobenen Daten ist auch zulässig zur Feststellung der Identität oder Zuordnung von Beweismitteln für Zwecke des Strafverfahrens oder zur Gefahrenabwehr. ²Die Daten dürfen ferner für die Identifizierung unbekannter oder vermisster Personen verarbeitet werden.

(6) Die nach Absatz 1 erhobenen Daten sind zehn Jahre nach unanfechtbarem Abschluss des Asylverfahrens, die nach Absatz 1a erhobenen Daten unverzüglich nach Beendigung der Prüfung der Echtheit des Dokumentes oder der Identität des Ausländers zu löschen.

§ 17 Sprachmittler

(1) Ist der Ausländer der deutschen Sprache nicht hinreichend kundig, so ist von Amts wegen bei der Anhörung ein Dolmetscher, Übersetzer oder sonstiger Sprachmittler hinzuzuziehen, der in die Mutter-

sprache des Ausländers oder in eine andere Sprache zu übersetzen hat, deren Kenntnis vernünftigerweise vorausgesetzt werden kann und in der er sich verständigen kann.

(2) Der Ausländer ist berechtigt, auf seine Kosten auch einen geeigneten Sprachmittler seiner Wahl hinzuzuziehen.

Unterabschnitt 2
Einleitung des Asylverfahrens

§ 18 Aufgaben der Grenzbehörde

(1) Ein Ausländer, der bei einer mit der polizeilichen Kontrolle des grenzüberschreitenden Verkehrs beauftragten Behörde (Grenzbehörde) um Asyl nachsucht, ist unverzüglich an die zuständige oder, sofern diese nicht bekannt ist, an die nächstgelegene Aufnahmeeinrichtung zur Meldung weiterzuleiten.

(2) Dem Ausländer ist die Einreise zu verweigern, wenn

1. er aus einem sicheren Drittstaat (§ 26a) einreist,

2. Anhaltspunkte dafür vorliegen, dass ein anderer Staat auf Grund von Rechtsvorschriften der Europäischen Gemeinschaft oder eines völkerrechtlichen Vertrages für die Durchführung des Asylverfahrens zuständig ist und ein Auf- oder Wiederaufnahmeverfahren eingeleitet wird, oder

3. er eine Gefahr für die Allgemeinheit bedeutet, weil er in der Bundesrepublik Deutschland wegen einer besonders schweren Straftat zu einer Freiheitsstrafe von mindestens drei Jahren rechtskräftig verurteilt worden ist, und seine Ausreise nicht länger als drei Jahre zurückliegt.

(3) Der Ausländer ist zurückzuschieben, wenn er von der Grenzbehörde im grenznahen Raum in unmittelbarem zeitlichem Zusammenhang mit einer unerlaubten Einreise angetroffen wird und die Voraussetzungen des Absatzes 2 vorliegen.

(4) Von der Einreiseverweigerung oder Zurückschiebung ist im Falle der Einreise aus einem sicheren Drittstaat (§ 26a) abzusehen, soweit

1. die Bundesrepublik Deutschland auf Grund von Rechtsvorschriften der Europäischen Gemeinschaft oder eines völkerrechtlichen Vertrages mit dem sicheren Drittstaat für die Durchführung eines Asylverfahrens zuständig ist oder

2. das Bundesministerium des Innern, für Bau und Heimat es aus völkerrechtlichen oder humanitären Gründen oder zur Wahrung politischer Interessen der Bundesrepublik Deutschland angeordnet hat.

(5) Die Grenzbehörde hat den Ausländer erkennungsdienstlich zu behandeln.

§ 18a Verfahren bei Einreise auf dem Luftwege

(1) [1]Bei Ausländern aus einem sicheren Herkunftsstaat (§ 29a), die über einen Flughafen einreisen wollen und bei der Grenzbehörde um Asyl nachsuchen, ist das Asylverfahren vor der Entscheidung über die Einreise durchzuführen, soweit die Unterbringung auf dem Flughafengelände während des Verfahrens möglich oder lediglich wegen einer erforderlichen stationären Krankenhausbehandlung nicht möglich ist. [2]Das Gleiche gilt für Ausländer, die bei der Grenzbehörde auf einem Flughafen um Asyl nachsuchen und sich dabei nicht mit einem gültigen Pass oder Passersatz ausweisen. [3]Dem Ausländer ist unverzüglich Gelegenheit zur Stellung des Asylantrags bei der Außenstelle des Bundesamtes zu geben, die der Grenzkontrollstelle zugeordnet ist. [4]Die persönliche Anhörung des Ausländers durch das Bundesamt soll unverzüglich stattfinden. [5]Dem Ausländer ist danach unverzüglich Gelegenheit zu geben, mit einem Rechtsbeistand seiner Wahl Verbindung aufzunehmen, es sei denn, er hat sich selbst vorher anwaltlichen Beistands versichert. [6]§ 18 Abs. 2 bleibt unberührt.

(2) Lehnt das Bundesamt den Asylantrag als offensichtlich unbegründet ab, droht es dem Ausländer nach Maßgabe der §§ 34 und 36 Abs. 1 vorsorglich für den Fall der Einreise die Abschiebung an.

(3) [1]Wird der Asylantrag als offensichtlich unbegründet abgelehnt, ist dem Ausländer die Einreise zu verweigern. [2]Die Entscheidungen des Bundesamtes sind zusammen mit der Einreiseverweigerung von der Grenzbehörde zuzustellen. [3]Diese übermittelt unverzüglich dem zuständigen Verwaltungsgericht eine Kopie ihrer Entscheidung und den Verwaltungsvorgang des Bundesamtes.

(4) [1]Ein Antrag auf Gewährung vorläufigen Rechtsschutzes nach der Verwaltungsgerichtsordnung ist innerhalb von drei Tagen nach Zustellung der Entscheidungen des Bundesamtes und der Grenzbehörde zu stellen. [2]Der Antrag kann bei der Grenzbehörde gestellt werden. [3]Der Ausländer ist hierauf hinzuweisen. [4]§ 58 der Verwaltungsgerichtsordnung ist entsprechend anzuwenden. [5]Die Entscheidung soll im schriftlichen Verfahren ergehen. [6]§ 36 Abs. 4 ist anzuwenden. [7]Im Falle der rechtzeitigen Antragstellung darf die Einreiseverweigerung nicht vor der gerichtlichen Entscheidung (§ 36 Abs. 3 Satz 9) vollzogen werden.

(5) ¹Jeder Antrag nach Absatz 4 richtet sich auf Gewährung der Einreise und für den Fall der Einreise gegen die Abschiebungsandrohung. ²Die Anordnung des Gerichts, dem Ausländer die Einreise zu gestatten, gilt zugleich als Aussetzung der Abschiebung.

(6) Dem Ausländer ist die Einreise zu gestatten, wenn

1. das Bundesamt der Grenzbehörde mitteilt, dass es nicht kurzfristig entscheiden kann, .
2. das Bundesamt nicht innerhalb von zwei Tagen nach Stellung des Asylantrags über diesen entschieden hat,
3. das Gericht nicht innerhalb von vierzehn Tagen über einen Antrag nach Absatz 4 entschieden hat oder
4. die Grenzbehörde keinen nach § 15 Abs. 6 des Aufenthaltsgesetzes erforderlichen Haftantrag stellt oder der Richter die Anordnung oder die Verlängerung der Haft ablehnt.

§ 19 Aufgaben der Ausländerbehörde und der Polizei

(1) Ein Ausländer, der bei einer Ausländerbehörde, bei der Bundespolizei oder bei der Polizei eines Landes um Asyl nachsucht, ist in den Fällen des § 14 Abs. 1 unverzüglich an die zuständige oder, soweit diese nicht bekannt ist, an die nächstgelegene Aufnahmeeinrichtung zur Meldung weiterzuleiten.

(2) In den Fällen des Absatzes 1 hat die Behörde, bei der ein Ausländer um Asyl nachsucht, diesen vor der Weiterleitung an die Aufnahmeeinrichtung erkennungsdienstlich zu behandeln (§ 16 Absatz 1).

(3) ¹Ein Ausländer, der aus einem sicheren Drittstaat (§ 26a) unerlaubt eingereist ist, kann ohne vorherige Weiterleitung an eine Aufnahmeeinrichtung nach Maßgabe des § 57 Abs. 1 und 2 des Aufenthaltsgesetzes dorthin zurückgeschoben werden. ²In diesem Falle ordnet die Ausländerbehörde die Zurückschiebung an, sobald feststeht, dass sie durchgeführt werden kann.

(4) Vorschriften über die Festnahme oder Inhaftnahme bleiben unberührt.

§ 20 Weiterleitung an eine Aufnahmeeinrichtung

(1) ¹Der Ausländer ist verpflichtet, der Weiterleitung nach § 18 Abs. 1 oder § 19 Abs. 1 unverzüglich oder bis zu einem ihm von der Behörde genannten Zeitpunkt zu folgen. ²Kommt der Ausländer der Verpflichtung nach Satz 1 nicht nach, so findet § 33 Absatz 1, 5 und 6 entsprechend Anwendung ³Dies gilt nicht, wenn der Ausländer unverzüglich nachweist, dass das Versäumnis auf Umstände zurückzuführen war, auf die er keinen Einfluss hatte. ⁴Auf die Verpflichtung nach Satz 1 sowie die Rechtsfolgen einer Verletzung dieser Verpflichtung ist der Ausländer von der Behörde, bei der er um Asyl nachsucht, schriftlich und gegen Empfangsbestätigung hinzuweisen. ⁵Kann der Hinweis nach Satz 4 nicht erfolgen, so ist der Ausländer zu der Aufnahmeeinrichtung zu begleiten.

(2) ¹Die Behörde, die den Ausländer an eine Aufnahmeeinrichtung weiterleitet, teilt dieser unverzüglich die Weiterleitung, die Stellung des Asylgesuchs und den erfolgten Hinweis nach Absatz 1 Satz 4 schriftlich mit. ²Die Aufnahmeeinrichtung unterrichtet unverzüglich, spätestens nach Ablauf einer Woche nach Eingang der Mitteilung nach Satz 1, die ihr zugeordnete Außenstelle des Bundesamtes darüber, ob der Ausländer in der Aufnahmeeinrichtung aufgenommen worden ist, und leitet ihr die Mitteilung nach Satz 1 zu.

§ 21 Verwahrung und Weitergabe von Unterlagen

(1) Die Behörden, die den Ausländer an eine Aufnahmeeinrichtung weiterleiten, nehmen die in § 15 Abs. 2 Nr. 4 und 5 bezeichneten Unterlagen in Verwahrung und leiten sie unverzüglich der Aufnahmeeinrichtung zu.

(2) Meldet sich der Ausländer unmittelbar bei der für seine Aufnahme zuständigen Aufnahmeeinrichtung, nimmt diese die Unterlagen in Verwahrung.

(3) Die für die Aufnahme des Ausländers zuständige Aufnahmeeinrichtung leitet die Unterlagen unverzüglich der ihr zugeordneten Außenstelle des Bundesamtes zu.

(4) Dem Ausländer sind auf Verlangen Abschriften der in Verwahrung genommenen Unterlagen auszuhändigen.

(5) Die Unterlagen sind dem Ausländer wieder auszuhändigen, wenn sie für die weitere Durchführung des Asylverfahrens oder für aufenthaltsbeendende Maßnahmen nicht mehr benötigt werden.

§ 22 Meldepflicht

(1) ¹Ein Ausländer, der den Asylantrag bei einer Außenstelle des Bundesamtes zu stellen hat (§ 14 Abs. 1), hat sich in einer Aufnahmeeinrichtung persönlich zu melden. ²Diese nimmt ihn auf oder leitet ihn an die für seine Aufnahme zuständige Aufnahmeeinrichtung weiter; im Falle der Weiterleitung ist der Ausländer, soweit möglich, erkennungsdienstlich zu behandeln.

(2) ¹Die Landesregierung oder die von ihr bestimmte Stelle kann bestimmen, dass

1. die Meldung nach Absatz 1 bei einer bestimmten Aufnahmeeinrichtung erfolgen muss,
2. ein von einer Aufnahmeeinrichtung eines anderen Landes weitergeleiteter Ausländer zunächst eine bestimmte Aufnahmeeinrichtung aufsuchen muss.

[2]Der Ausländer ist während seines Aufenthaltes in der nach Satz 1 bestimmten Aufnahmeeinrichtung erkennungsdienstlich zu behandeln. [3]In den Fällen des § 18 Abs. 1 und des § 19 Abs. 1 ist der Ausländer an diese Aufnahmeeinrichtung weiterzuleiten.

(3) [1]Der Ausländer ist verpflichtet, der Weiterleitung an die für ihn zuständige Aufnahmeeinrichtung nach Absatz 1 Satz 2 oder Absatz 2 unverzüglich oder bis zu einem ihm von der Aufnahmeeinrichtung genannten Zeitpunkt zu folgen. [2]Kommt der Ausländer der Verpflichtung nach Satz 1 nicht nach, so findet § 33 Absatz 1, 5 und 6 entsprechend Anwendung. [3]Dies gilt nicht, wenn der Ausländer unverzüglich nachweist, dass das Versäumnis auf Umstände zurückzuführen war, auf die er keinen Einfluss hatte. [4]§ 20 Absatz 1 Satz 4 und Absatz 2 findet entsprechend Anwendung.

§ 22a Übernahme zur Durchführung eines Asylverfahrens

[1]Ein Ausländer, der auf Grund von Rechtsvorschriften der Europäischen Gemeinschaft oder eines völkerrechtlichen Vertrages zur Durchführung eines Asylverfahrens übernommen ist, steht einem Ausländer gleich, der um Asyl nachsucht. [2]Der Ausländer ist verpflichtet, sich bei oder unverzüglich nach der Einreise zu der Stelle zu begeben, die vom Bundesministerium des Innern, für Bau und Heimat oder der von ihm bestimmten Stelle bezeichnet ist.

Unterabschnitt 3
Verfahren beim Bundesamt

§ 23 Antragstellung bei der Außenstelle

(1) Der Ausländer, der in der Aufnahmeeinrichtung aufgenommen ist, ist verpflichtet, unverzüglich oder zu dem von der Aufnahmeeinrichtung genannten Termin bei der Außenstelle des Bundesamtes zur Stellung des Asylantrags persönlich zu erscheinen.

(2) [1]Kommt der Ausländer der Verpflichtung nach Absatz 1 nicht nach, so findet § 33 Absatz 1, 5 und 6 entsprechend Anwendung. [2]Dies gilt nicht, wenn der Ausländer unverzüglich nachweist, dass das Versäumnis auf Umstände zurückzuführen war, auf die er keinen Einfluss hatte. [3]Auf diese Rechtsfolgen ist der Ausländer von der Aufnahmeeinrichtung schriftlich und gegen Empfangsbestätigung hinzuweisen. [4]Die Aufnahmeeinrichtung unterrichtet unverzüglich die ihr zugeordnete Außenstelle des Bundesamtes über die Aufnahme des Ausländers in der Aufnahmeeinrichtung und den erfolgten Hinweis nach Satz 3.

§ 24 Pflichten des Bundesamtes

(1) [1]Das Bundesamt klärt den Sachverhalt und erhebt die erforderlichen Beweise. [2]Nach der Asylantragstellung unterrichtet das Bundesamt den Ausländer in einer Sprache, deren Kenntnis vernünftigerweise vorausgesetzt werden kann, über den Ablauf des Verfahrens und über seine Rechte und Pflichten im Verfahren, insbesondere auch über Fristen und die Folgen einer Fristversäumung. [3]Es hat den Ausländer persönlich anzuhören. [4]Von einer Anhörung kann abgesehen werden, wenn das Bundesamt den Ausländer als asylberechtigt anerkennen will oder wenn der Ausländer nach seinen Angaben aus einem sicheren Drittstaat (§ 26a) eingereist ist. [5]Von einer Anhörung kann auch abgesehen werden, wenn das Bundesamt einem nach § 13 Absatz 2 Satz 2 beschränkten Asylantrag stattgeben will. [6]Von der Anhörung ist abzusehen, wenn der Asylantrag für ein im Bundesgebiet geborenes Kind unter sechs Jahren gestellt und der Sachverhalt auf Grund des Inhalts der Verfahrensakten der Eltern oder eines Elternteils ausreichend geklärt ist.

(1a) [1]Sucht eine große Zahl von Ausländern gleichzeitig um Asyl nach und wird es dem Bundesamt dadurch unmöglich, die Anhörung in zeitlichem Zusammenhang mit der Antragstellung durchzuführen, so kann das Bundesamt die Anhörung vorübergehend von einer anderen Behörde, die Aufgaben nach diesem Gesetz oder dem Aufenthaltsgesetz wahrnimmt, durchführen lassen. [2]Die Anhörung darf nur von einem dafür geschulten Bediensteten durchgeführt werden. [3]Die Bediensteten dürfen bei der Anhörung keine Uniform tragen. [4]§ 5 Absatz 4 gilt entsprechend.

(2) Nach Stellung eines Asylantrags obliegt dem Bundesamt auch die Entscheidung, ob ein Abschiebungsverbot nach § 60 Absatz 5 oder 7 des Aufenthaltsgesetzes vorliegt.

(3) Das Bundesamt unterrichtet die Ausländerbehörde unverzüglich über

1. die getroffene Entscheidung und

2. von dem Ausländer vorgetragene oder sonst erkennbare Gründe

 a) für eine Aussetzung der Abschiebung, insbesondere über die Notwendigkeit, die für eine Rückführung erforderlichen Dokumente zu beschaffen, oder

 b) die nach § 25 Abs. 3 Satz 2 Nummer 1 bis 4 des Aufenthaltsgesetzes der Erteilung einer Aufenthaltserlaubnis entgegenstehen könnten.

(4) Ergeht eine Entscheidung über den Asylantrag nicht innerhalb von sechs Monaten, hat das Bundesamt dem Ausländer auf Antrag mitzuteilen, bis wann voraussichtlich über seinen Asylantrag entschieden wird.

§ 25 Anhörung

(1) [1]Der Ausländer muss selbst die Tatsachen vortragen, die seine Furcht vor Verfolgung oder die Gefahr eines ihm drohenden ernsthaften Schadens begründen, und die erforderlichen Angaben machen. [2]Zu den erforderlichen Angaben gehören auch solche über Wohnsitze, Reisewege, Aufenthalte in anderen Staaten und darüber, ob bereits in anderen Staaten oder im Bundesgebiet ein Verfahren mit dem Ziel der Anerkennung als ausländischer Flüchtling, auf Zuerkennung internationalen Schutzes im Sinne des § 1 Absatz 1 Nummer 2 oder ein Asylverfahren eingeleitet oder durchgeführt ist.

(2) Der Ausländer hat alle sonstigen Tatsachen und Umstände anzugeben, die einer Abschiebung oder einer Abschiebung in einen bestimmten Staat entgegenstehen.

(3) [1]Ein späteres Vorbringen des Ausländers kann unberücksichtigt bleiben, wenn andernfalls die Entscheidung des Bundesamtes verzögert würde. [2]Der Ausländer ist hierauf und auf § 36 Abs. 4 Satz 3 hinzuweisen.

(4) [1]Bei einem Ausländer, der verpflichtet ist, in einer Aufnahmeeinrichtung zu wohnen, soll die Anhörung in zeitlichem Zusammenhang mit der Asylantragstellung erfolgen. [2]Einer besonderen Ladung des Ausländers und seines Bevollmächtigten bedarf es nicht. [3]Entsprechendes gilt, wenn dem Ausländer bei oder innerhalb einer Woche nach der Antragstellung der Termin für die Anhörung mitgeteilt wird. [4]Kann die Anhörung nicht an demselben Tag stattfinden, sind der Ausländer und sein Bevollmächtigter von dem Anhörungstermin unverzüglich zu verständigen. [5]Erscheint der Ausländer ohne genügende Entschuldigung nicht zur Anhörung, entscheidet das Bundesamt nach Aktenlage, wobei auch die Nichtmitwirkung des Ausländers zu berücksichtigen ist.

(5) [1]Bei einem Ausländer, der nicht verpflichtet ist, in einer Aufnahmeeinrichtung zu wohnen, kann von der persönlichen Anhörung abgesehen werden, wenn der Ausländer einer Ladung zur Anhörung ohne genügende Entschuldigung nicht folgt. [2]In diesem Falle ist dem Ausländer Gelegenheit zur schriftlichen Stellungnahme innerhalb eines Monats zu geben. [3]Äußert sich der Ausländer innerhalb dieser Frist nicht, entscheidet das Bundesamt nach Aktenlage, wobei auch die Nichtmitwirkung des Ausländers zu würdigen ist. [4]§ 33 bleibt unberührt.

(6) [1]Die Anhörung ist nicht öffentlich. [2]An ihr können Personen, die sich als Vertreter des Bundes, eines Landes oder des Hohen Flüchtlingskommissars der Vereinten Nationen ausweisen, teilnehmen. [3]Anderen Personen kann der Leiter des Bundesamtes oder die von ihm beauftragte Person die Anwesenheit gestatten.

(7) [1]Über die Anhörung ist eine Niederschrift aufzunehmen, die die wesentlichen Angaben des Ausländers enthält. [2]Dem Ausländer ist eine Kopie der Niederschrift auszuhändigen oder mit der Entscheidung des Bundesamtes zuzustellen.

§ 26 Familienasyl und internationaler Schutz für Familienangehörige

(1) [1]Der Ehegatte oder der Lebenspartner eines Asylberechtigten wird auf Antrag als Asylberechtigter anerkannt, wenn
1. die Anerkennung des Asylberechtigten unanfechtbar ist,
2. die Ehe oder Lebenspartnerschaft mit dem Asylberechtigten schon in dem Staat bestanden hat, in dem der Asylberechtigte politisch verfolgt wird,
3. der Ehegatte oder der Lebenspartner vor der Anerkennung des Ausländers als Asylberechtigter eingereist ist oder er den Asylantrag unverzüglich nach der Einreise gestellt hat und
4. die Anerkennung des Asylberechtigten nicht zu widerrufen oder zurückzunehmen ist.

[2]Für die Anerkennung als Asylberechtigter nach Satz 1 ist es unbeachtlich, wenn die Ehe nach deutschem Recht wegen Minderjährigkeit im Zeitpunkt der Eheschließung unwirksam oder aufgehoben worden ist; dies gilt nicht zugunsten des im Zeitpunkt der Eheschließung volljährigen Ehegatten.

(2) Ein zum Zeitpunkt seiner Asylantragstellung minderjähriges lediges Kind eines Asylberechtigten wird auf Antrag als asylberechtigt anerkannt, wenn die Anerkennung des Ausländers als Asylberechtigter unanfechtbar ist und diese Anerkennung nicht zu widerrufen oder zurückzunehmen ist.

(3) [1]Die Eltern eines minderjährigen ledigen Asylberechtigten oder ein anderer Erwachsener im Sinne des Artikels 2 Buchstabe j der Richtlinie 2011/95/EU werden auf Antrag als Asylberechtigte anerkannt, wenn
1. die Anerkennung des Asylberechtigten unanfechtbar ist,
2. die Familie im Sinne des Artikels 2 Buchstabe j der Richtlinie 2011/95/EU schon in dem Staat bestanden hat, in dem der Asylberechtigte politisch verfolgt wird,
3. sie vor der Anerkennung des Asylberechtigten eingereist sind oder sie den Asylantrag unverzüglich nach der Einreise gestellt haben,

4. die Anerkennung des Asylberechtigten nicht zu widerrufen oder zurückzunehmen ist und
5. sie die Personensorge für den Asylberechtigten innehaben.

²Für zum Zeitpunkt ihrer Antragstellung minderjährige ledige Geschwister des minderjährigen Asylberechtigten gilt Satz 1 Nummer 1 bis 4 entsprechend.

(4) ¹Die Absätze 1 bis 3 gelten nicht für Familienangehörige im Sinne dieser Absätze, die die Voraussetzungen des § 60 Absatz 8 Satz 1 des Aufenthaltsgesetzes oder des § 3 Absatz 2 erfüllen oder bei denen das Bundesamt nach § 60 Absatz 8 Satz 3 des Aufenthaltsgesetzes von der Anwendung des § 60 Absatz 1 des Aufenthaltsgesetzes abgesehen hat. ²Die Absätze 2 und 3 gelten nicht für Kinder eines Ausländers, der selbst nach Absatz 2 oder Absatz 3 als Asylberechtigter anerkannt worden ist.

(5) ¹Auf Familienangehörige im Sinne der Absätze 1 bis 3 von international Schutzberechtigten sind die Absätze 1 bis 4 entsprechend anzuwenden. ²An die Stelle der Asylberechtigung tritt die Flüchtlingseigenschaft oder der subsidiäre Schutz. ³Der subsidiäre Schutz als Familienangehöriger wird nicht gewährt, wenn ein Ausschlussgrund nach § 4 Absatz 2 vorliegt.

(6) Die Absätze 1 bis 5 sind nicht anzuwenden, wenn dem Ausländer durch den Familienangehörigen im Sinne dieser Absätze eine Verfolgung im Sinne des § 3 Absatz 1 oder ein ernsthafter Schaden im Sinne des § 4 Absatz 1 droht oder er bereits einer solchen Verfolgung ausgesetzt war oder einen solchen ernsthaften Schaden erlitten hat.

§ 26a Sichere Drittstaaten

(1) ¹Ein Ausländer, der aus einem Drittstaat im Sinne des Artikels 16a Abs. 2 Satz 1 des Grundgesetzes (sicherer Drittstaat) eingereist ist, kann sich nicht auf Artikel 16a Abs. 1 des Grundgesetzes berufen. ²Er wird nicht als Asylberechtigter anerkannt. ³Satz 1 gilt nicht, wenn

1. der Ausländer im Zeitpunkt seiner Einreise in den sicheren Drittstaat im Besitz eines Aufenthaltstitels für die Bundesrepublik Deutschland war,
2. die Bundesrepublik Deutschland auf Grund von Rechtsvorschriften der Europäischen Gemeinschaft oder eines völkerrechtlichen Vertrages mit dem sicheren Drittstaat für die Durchführung des Asylverfahrens zuständig ist oder
3. der Ausländer auf Grund einer Anordnung nach § 18 Abs. 4 Nr. 2 nicht zurückgewiesen oder zurückgeschoben worden ist.

(2) Sichere Drittstaaten sind außer den Mitgliedstaaten der Europäischen Union die in Anlage I bezeichneten Staaten.

(3) ¹Die Bundesregierung bestimmt durch Rechtsverordnung ohne Zustimmung des Bundesrates, dass ein in Anlage I bezeichneter Staat nicht mehr als sicherer Drittstaat gilt, wenn Veränderungen in den rechtlichen oder politischen Verhältnissen dieses Staates die Annahme begründen, dass die in Artikel 16a Abs. 2 Satz 1 des Grundgesetzes bezeichneten Voraussetzungen entfallen sind. ²Die Verordnung tritt spätestens sechs Monate nach ihrem Inkrafttreten außer Kraft.

§ 27 Anderweitige Sicherheit vor Verfolgung

(1) Ein Ausländer, der bereits in einem sonstigen Drittstaat vor politischer Verfolgung sicher war, wird nicht als Asylberechtigter anerkannt.

(2) Ist der Ausländer im Besitz eines von einem sicheren Drittstaat (§ 26a) oder einem sonstigen Drittstaat ausgestellten Reiseausweises nach dem Abkommen über die Rechtsstellung der Flüchtlinge, so wird vermutet, dass er bereits in diesem Staat vor politischer Verfolgung sicher war.

(3) ¹Hat sich ein Ausländer in einem sonstigen Drittstaat, in dem ihm keine politische Verfolgung droht, vor der Einreise in das Bundesgebiet länger als drei Monate aufgehalten, so wird vermutet, dass er dort vor politischer Verfolgung sicher war. ²Das gilt nicht, wenn der Ausländer glaubhaft macht, dass eine Abschiebung in einen anderen Staat, in dem ihm politische Verfolgung droht, nicht mit hinreichender Sicherheit auszuschließen war.

§ 27a *[aufgehoben]*

§ 28 Nachfluchttatbestände

(1) ¹Ein Ausländer wird in der Regel nicht als Asylberechtigter anerkannt, wenn die Gefahr politischer Verfolgung auf Umständen beruht, die er nach Verlassen seines Herkunftslandes aus eigenem Entschluss geschaffen hat, es sei denn, dieser Entschluss entspricht einer festen, bereits im Herkunftsland erkennbar betätigten Überzeugung. ²Satz 1 findet insbesondere keine Anwendung, wenn der Ausländer sich auf Grund seines Alters und Entwicklungsstandes im Herkunftsland noch keine feste Überzeugung bilden konnte.

(1a) Die begründete Furcht vor Verfolgung im Sinne des § 3 Absatz 1 oder die tatsächliche Gefahr, einen ernsthaften Schaden im Sinne des § 4 Absatz 1 zu erleiden, kann auf Ereignissen beruhen, die eingetreten

sind, nachdem der Ausländer das Herkunftsland verlassen hat, insbesondere auch auf einem Verhalten des Ausländers, das Ausdruck und Fortsetzung einer bereits im Herkunftsland bestehenden Überzeugung oder Ausrichtung ist.

(2) Stellt der Ausländer nach Rücknahme oder unanfechtbarer Ablehnung eines Asylantrags erneut einen Asylantrag und stützt diesen auf Umstände, die er nach Rücknahme oder unanfechtbarer Ablehnung seines früheren Antrags selbst geschaffen hat, kann in einem Folgeverfahren in der Regel die Flüchtlingseigenschaft nicht zuerkannt werden.

§ 29 Unzulässige Anträge

(1) Ein Asylantrag ist unzulässig, wenn

1. ein anderer Staat
 a) nach Maßgabe der Verordnung (EU) Nr. 604/2013 des Europäischen Parlaments und des Rates vom 26. Juni 2013 zur Festlegung der Kriterien und Verfahren zur Bestimmung des Mitgliedstaats, der für die Prüfung eines von einem Drittstaatsangehörigen oder Staatenlosen in einem Mitgliedstaat gestellten Antrags auf internationalen Schutz zuständig ist (ABl. L 180 vom 29.6.2013, S. 31) oder
 b) auf Grund von anderen Rechtsvorschriften der Europäischen Union oder eines völkerrechtlichen Vertrages
 für die Durchführung des Asylverfahrens zuständig ist,
2. ein anderer Mitgliedstaat der Europäischen Union dem Ausländer bereits internationalen Schutz im Sinne des § 1 Absatz 1 Nummer 2 gewährt hat,
3. ein Staat, der bereit ist, den Ausländer wieder aufzunehmen, als für den Ausländer sicherer Drittstaat gemäß § 26a betrachtet wird,
4. ein Staat, der kein Mitgliedstaat der Europäischen Union und bereit ist, den Ausländer wieder aufzunehmen, als sonstiger Drittstaat gemäß § 27 betrachtet wird oder
5. im Falle eines Folgeantrags nach § 71 oder eines Zweitantrags nach § 71a ein weiteres Asylverfahren nicht durchzuführen ist.

(2) ¹Das Bundesamt hört den Ausländer zu den Gründen nach Absatz 1 Nummer 1 Buchstabe b bis Nummer 4 persönlich an, bevor es über die Zulässigkeit eines Asylantrags entscheidet. ²Zu den Gründen nach Absatz 1 Nummer 5 gibt es dem Ausländer Gelegenheit zur Stellungnahme nach § 71 Absatz 3.

(3) ¹Erscheint der Ausländer nicht zur Anhörung über die Zulässigkeit, entscheidet das Bundesamt nach Aktenlage. ²Dies gilt nicht, wenn der Ausländer unverzüglich nachweist, dass das in Satz 1 genannte Versäumnis auf Umstände zurückzuführen war, auf die er keinen Einfluss hatte. ³Führt der Ausländer diesen Nachweis, ist das Verfahren fortzuführen.

(4) Die Anhörung zur Zulässigkeit des Asylantrags kann gemäß § 24 Absatz 1a dafür geschulten Bediensteten anderer Behörden übertragen werden.

§ 29a¹⁾ Sicherer Herkunftsstaat; Bericht; Verordnungsermächtigung

(1) Der Asylantrag eines Ausländers aus einem Staat im Sinne des Artikels 16a Abs. 3 Satz 1 des Grundgesetzes (sicherer Herkunftsstaat) ist als offensichtlich unbegründet abzulehnen, es sei denn, die von dem Ausländer angegebenen Tatsachen oder Beweismittel begründen die Annahme, dass ihm abweichend von der allgemeinen Lage im Herkunftsstaat Verfolgung im Sinne des § 3 Absatz 1 oder ein ernsthafter Schaden im Sinne des § 4 Absatz 1 droht.

(2) Sichere Herkunftsstaaten sind die Mitgliedstaaten der Europäischen Union und die in Anlage II bezeichneten Staaten.

(2a) Die Bundesregierung legt dem Deutschen Bundestag alle zwei Jahre, erstmals zum 23. Oktober 2017 einen Bericht darüber vor, ob die Voraussetzungen für die Einstufung der in Anlage II bezeichneten Staaten als sichere Herkunftsstaaten weiterhin vorliegen.

(3) ¹Die Bundesregierung bestimmt durch Rechtsverordnung ohne Zustimmung des Bundesrates, dass ein in Anlage II bezeichneter Staat nicht mehr als sicherer Herkunftsstaat gilt, wenn Veränderungen in den rechtlichen oder politischen Verhältnissen dieses Staates die Annahme begründen, dass die in Artikel 16a Abs. 3 Satz 1 des Grundgesetzes bezeichneten Voraussetzungen entfallen sind. ²Die Verordnung tritt spätestens sechs Monate nach ihrem Inkrafttreten außer Kraft.

1) Siehe das Urt. des BVerfG v. 14.5.1996 – 2 BvR 1507/93, 2 BvR 1508/93 – (BGBl. I S. 952), wonach § 29a Abs. 1 sowie die Aufnahme von Ghana in Anlage II (zu § 29a) mit dem Grundgesetz vereinbar sind.

§ 30 Offensichtlich unbegründete Asylanträge

(1) Ein Asylantrag ist offensichtlich unbegründet, wenn die Voraussetzungen für eine Anerkennung als Asylberechtigter und die Voraussetzungen für die Zuerkennung des internationalen Schutzes offensichtlich nicht vorliegen.

(2) Ein Asylantrag ist insbesondere offensichtlich unbegründet, wenn nach den Umständen des Einzelfalles offensichtlich ist, dass sich der Ausländer nur aus wirtschaftlichen Gründen oder um einer allgemeinen Notsituation zu entgehen, im Bundesgebiet aufhält.

(3) Ein unbegründeter Asylantrag ist als offensichtlich unbegründet abzulehnen, wenn

1. in wesentlichen Punkten das Vorbringen des Ausländers nicht substantiiert oder in sich widersprüchlich ist, offenkundig den Tatsachen nicht entspricht oder auf gefälschte oder verfälschte Beweismittel gestützt wird,

2. der Ausländer im Asylverfahren über seine Identität oder Staatsangehörigkeit täuscht oder diese Angaben verweigert,

3. er unter Angabe anderer Personalien einen weiteren Asylantrag oder ein weiteres Asylbegehren anhängig gemacht hat,

4. er den Asylantrag gestellt hat, um eine drohende Aufenthaltsbeendigung abzuwenden, obwohl er zuvor ausreichend Gelegenheit hatte, einen Asylantrag zu stellen,

5. er seine Mitwirkungspflichten nach § 13 Abs. 3 Satz 2, § 15 Abs. 2 Nr. 3 bis 5 oder § 25 Abs. 1 gröblich verletzt hat, es sei denn, er hat die Verletzung der Mitwirkungspflichten nicht zu vertreten oder ihm war die Einhaltung der Mitwirkungspflichten aus wichtigen Gründen nicht möglich,

6. er nach §§ 53, 54 des Aufenthaltsgesetzes vollziehbar ausgewiesen ist oder

7. er für einen nach diesem Gesetz handlungsunfähigen Ausländer gestellt wird oder nach § 14a als gestellt gilt, nachdem zuvor Asylanträge der Eltern oder des allein personensorgeberechtigten Elternteils unanfechtbar abgelehnt worden sind.

(4) Ein Asylantrag ist ferner als offensichtlich unbegründet abzulehnen, wenn die Voraussetzungen des § 60 Abs. 8 Satz 1 des Aufenthaltsgesetzes oder des § 3 Abs. 2 vorliegen oder wenn das Bundesamt nach § 60 Absatz 8 Satz 3 des Aufenthaltsgesetzes von der Anwendung des § 60 Absatz 1 des Aufenthaltsgesetzes abgesehen hat.

(5) Ein beim Bundesamt gestellter Antrag ist auch dann als offensichtlich unbegründet abzulehnen, wenn es sich nach seinem Inhalt nicht um einen Asylantrag im Sinne des § 13 Abs. 1 handelt.

§ 30a Beschleunigte Verfahren

(1) Das Bundesamt kann das Asylverfahren in einer Außenstelle, die einer besonderen Aufnahmeeinrichtung (§ 5 Absatz 5) zugeordnet ist, beschleunigt durchführen, wenn der Ausländer

1. Staatsangehöriger eines sicheren Herkunftsstaates (§ 29a) ist,

2. die Behörden durch falsche Angaben oder Dokumente oder durch Verschweigen wichtiger Informationen oder durch Zurückhalten von Dokumenten über seine Identität oder Staatsangehörigkeit offensichtlich getäuscht hat,

3. ein Identitäts- oder ein Reisedokument, das die Feststellung seiner Identität oder Staatsangehörigkeit ermöglicht hätte, mutwillig vernichtet oder beseitigt hat, oder die Umstände offensichtlich diese Annahme rechtfertigen,

4. einen Folgeantrag gestellt hat,

5. den Antrag nur zur Verzögerung oder Behinderung der Vollstreckung einer bereits getroffenen oder unmittelbar bevorstehenden Entscheidung, die zu seiner Abschiebung führen würde, gestellt hat,

6. sich weigert, der Verpflichtung zur Abnahme seiner Fingerabdrücke gemäß der Verordnung (EU) Nr. 603/2013 des Europäischen Parlaments und des Rates vom 26. Juni 2013 über die Einrichtung von Eurodac für den Abgleich von Fingerabdruckdaten zum Zwecke der effektiven Anwendung der Verordnung (EU) Nr. 604/2013 zur Festlegung der Kriterien und Verfahren zur Bestimmung des Mitgliedstaats, der für die Prüfung eines von einem Drittstaatsangehörigen oder Staatenlosen in einem Mitgliedstaat gestellten Antrags auf internationalen Schutz zuständig ist und über der Gefahrenabwehr und Strafverfolgung dienende Anträge der Gefahrenabwehr- und Strafverfolgungsbehörden der Mitgliedstaaten und Europols auf den Abgleich mit Eurodac-Daten sowie zur Änderung der Verordnung (EU) Nr. 1077/2011 zur Errichtung einer Europäischen Agentur für das Betriebsmanagement von IT-Großsystemen im Raum der Freiheit, der Sicherheit und des Rechts (ABl. L 180 vom 29.6.2013, S. 1) nachzukommen, oder

7. aus schwerwiegenden Gründen der öffentlichen Sicherheit oder öffentlichen Ordnung ausgewiesen wurde oder es schwerwiegende Gründe für die Annahme gibt, dass er eine Gefahr für die nationale Sicherheit oder die öffentliche Ordnung darstellt.

(2) [1]Macht das Bundesamt von Absatz 1 Gebrauch, so entscheidet es innerhalb einer Woche ab Stellung des Asylantrags. [2]Kann es nicht innerhalb dieser Frist entscheiden, dann führt es das Verfahren als nicht beschleunigtes Verfahren fort.

(3) [1]Ausländer, deren Asylanträge im beschleunigten Verfahren nach dieser Vorschrift bearbeitet werden, sind verpflichtet, bis zur Entscheidung des Bundesamtes über den Asylantrag in der für ihre Aufnahme zuständigen besonderen Aufnahmeeinrichtung zu wohnen. [2]Die Verpflichtung nach Satz 1 gilt darüber hinaus bis zur Ausreise oder bis zum Vollzug der Abschiebungsandrohung oder -anordnung bei

1. einer Einstellung des Verfahrens oder
2. einer Ablehnung des Asylantrags
 a) nach § 29 Absatz 1 Nummer 4 als unzulässig,
 b) nach § 29a oder § 30 als offensichtlich unbegründet oder
 c) im Fall des § 71 Absatz 4.

[3]Die §§ 48 bis 50 bleiben unberührt.

§ 31 Entscheidung des Bundesamtes über Asylanträge

(1) [1]Die Entscheidung des Bundesamtes ergeht schriftlich. [2]Sie ist schriftlich zu begründen. [3]Entscheidungen, die der Anfechtung unterliegen, sind den Beteiligten unverzüglich zuzustellen. [4]Wurde kein Bevollmächtigter für das Verfahren bestellt, ist eine Übersetzung der Entscheidungsformel und der Rechtsbehelfsbelehrung in einer Sprache beizufügen, deren Kenntnis vernünftigerweise vorausgesetzt werden kann; Asylberechtigte und Ausländer, denen internationaler Schutz im Sinne des § 1 Absatz 1 Nummer 2 zuerkannt wird oder bei denen das Bundesamt im Abschiebungsverbot nach § 60 Absatz 5 oder 7 des Aufenthaltsgesetzes festgestellt hat, werden zusätzlich über die Rechte und Pflichten unterrichtet, die sich daraus ergeben. [5]Wird der Asylantrag nur nach § 26a oder § 29 Absatz 1 Nummer 1 abgelehnt, ist die Entscheidung zusammen mit der Abschiebungsanordnung nach § 34a dem Ausländer selbst zuzustellen. [6]Sie kann ihm auch von der für die Abschiebung oder für die Durchführung der Abschiebung zuständigen Behörde zugestellt werden. [7]Wird der Ausländer durch einen Bevollmächtigten vertreten oder hat er einen Empfangsberechtigten benannt, soll diesem ein Abdruck der Entscheidung zugeleitet werden.

(2) [1]In Entscheidungen über zulässige Asylanträge und nach § 30 Abs. 5 ist ausdrücklich festzustellen, ob dem Ausländer die Flüchtlingseigenschaft oder der subsidiäre Schutz zuerkannt wird und ob er als Asylberechtigter anerkannt wird. [2]In den Fällen des § 13 Absatz 2 Satz 2 ist nur über den beschränkten Antrag zu entscheiden.

(3) [1]In den Fällen des Absatzes 2 und in Entscheidungen über unzulässige Asylanträge ist festzustellen, ob die Voraussetzungen des § 60 Absatz 5 oder 7 des Aufenthaltsgesetzes vorliegen. [2]Davon kann abgesehen werden, wenn der Ausländer als Asylberechtigter anerkannt wird oder ihm internationaler Schutz im Sinne des § 1 Absatz 1 Nummer 2 zuerkannt wird.

(4) Wird der Asylantrag nur nach § 26a als unzulässig abgelehnt, bleibt § 26 Absatz 5 in den Fällen des § 26 Absatz 1 bis 4 unberührt.

(5) Wird ein Ausländer nach § 26 Absatz 1 bis 3 als Asylberechtigter anerkannt oder wird ihm nach § 26 Absatz 5 internationaler Schutz im Sinne des § 1 Absatz 1 Nummer 2 zuerkannt, soll von der Feststellung der Voraussetzungen des § 60 Absatz 5 und 7 des Aufenthaltsgesetzes abgesehen werden.

(6) Wird der Asylantrag nach § 29 Absatz 1 Nummer 1 als unzulässig abgelehnt, wird dem Ausländer in der Entscheidung mitgeteilt, welcher andere Staat für die Durchführung des Asylverfahrens zuständig ist.

(7) In der Entscheidung des Bundesamtes ist die AZR-Nummer nach § 3 Absatz 1 Nummer 2 des Gesetzes über das Ausländerzentralregister zu nennen.

§ 32 Entscheidung bei Antragsrücknahme oder Verzicht

[1]Im Falle der Antragsrücknahme oder des Verzichts gemäß § 14a Abs. 3 stellt das Bundesamt in seiner Entscheidung fest, dass das Asylverfahren eingestellt ist und ob ein Abschiebungsverbot nach § 60 Absatz 5 oder 7 des Aufenthaltsgesetzes vorliegt. [2]In den Fällen des § 33 ist nach Aktenlage zu entscheiden.

§ 32a Ruhen des Verfahrens

(1) [1]Das Asylverfahren eines Ausländers ruht, solange ihm vorübergehender Schutz nach § 24 des Aufenthaltsgesetzes gewährt wird. [2]Solange das Verfahren ruht, bestimmt sich die Rechtsstellung des Ausländers nicht nach diesem Gesetz.

(2) Der Asylantrag gilt als zurückgenommen, wenn der Ausländer nicht innerhalb eines Monats nach Ablauf der Geltungsdauer seiner Aufenthaltserlaubnis dem Bundesamt anzeigt, dass er das Asylverfahren fortführen will.

§ 33 Nichtbetreiben des Verfahrens

(1) Der Asylantrag gilt als zurückgenommen, wenn der Ausländer das Verfahren nicht betreibt.

(2) [1]Es wird vermutet, dass der Ausländer das Verfahren nicht betreibt, wenn er

1. einer Aufforderung zur Vorlage von für den Antrag wesentlichen Informationen gemäß § 15 oder einer Aufforderung zur Anhörung gemäß § 25 nicht nachgekommen ist,
2. untergetaucht ist oder
3. gegen die räumliche Beschränkung seiner Aufenthaltsgestattung gemäß § 56 verstoßen hat, der er wegen einer Wohnverpflichtung nach § 30a Absatz 3 unterliegt.

[2]Die Vermutung nach Satz 1 gilt nicht, wenn der Ausländer unverzüglich nachweist, dass das in Satz 1 Nummer 1 genannte Versäumnis oder die in Satz 1 Nummer 2 und 3 genannte Handlung auf Umstände zurückzuführen war, auf die er keinen Einfluss hatte. [3]Führt der Ausländer diesen Nachweis, ist das Verfahren fortzuführen. [4]Wurde das Verfahren als beschleunigtes Verfahren nach § 30a durchgeführt, beginnt die Frist nach § 30a Absatz 2 Satz 1 neu zu laufen.

(3) Der Asylantrag gilt ferner als zurückgenommen, wenn der Ausländer während des Asylverfahrens in seinen Herkunftsstaat gereist ist.

(4) Der Ausländer ist auf die nach den Absätzen 1 und 3 eintretenden Rechtsfolgen schriftlich und gegen Empfangsbestätigung hinzuweisen.

(5) [1]In den Fällen der Absätze 1 und 3 stellt das Bundesamt das Asylverfahren ein. [2]Ein Ausländer, dessen Asylverfahren gemäß Satz 1 eingestellt worden ist, kann die Wiederaufnahme des Verfahrens beantragen. [3]Der Antrag ist persönlich bei der Außenstelle des Bundesamtes zu stellen, die der Aufnahmeeinrichtung zugeordnet ist, in welcher der Ausländer vor der Einstellung des Verfahrens zu wohnen verpflichtet war. [4]Stellt der Ausländer einen neuen Asylantrag, so gilt dieser als Antrag im Sinne des Satzes 2. [5]Das Bundesamt nimmt die Prüfung in dem Verfahrensabschnitt wieder auf, in dem sie eingestellt wurde. [6]Abweichend von Satz 5 ist das Asylverfahren nicht wieder aufzunehmen und ein Antrag nach Satz 2 oder Satz 4 ist als Folgeantrag (§ 71) zu behandeln, wenn

1. die Einstellung des Asylverfahrens zum Zeitpunkt der Antragstellung mindestens neun Monate zurückliegt oder
2. das Asylverfahren bereits nach dieser Vorschrift wieder aufgenommen worden war.

[7]Wird ein Verfahren nach dieser Vorschrift wieder aufgenommen, das vor der Einstellung als beschleunigtes Verfahren nach § 30a durchgeführt wurde, beginnt die Frist nach § 30a Absatz 2 Satz 1 neu zu laufen.

(6) Für Rechtsbehelfe gegen eine Entscheidung nach Absatz 5 Satz 6 gilt § 36 Absatz 3 entsprechend.

Unterabschnitt 4
Aufenthaltsbeendigung

§ 34 Abschiebungsandrohung

(1) [1]Das Bundesamt erlässt nach den §§ 59 und 60 Absatz 10 des Aufenthaltsgesetzes eine schriftliche Abschiebungsandrohung, wenn

1. der Ausländer nicht als Asylberechtigter anerkannt wird,
2. dem Ausländer nicht die Flüchtlingseigenschaft zuerkannt wird,
2a. dem Ausländer kein subsidiärer Schutz gewährt wird,
3. die Voraussetzungen des § 60 Absatz 5 und 7 des Aufenthaltsgesetzes nicht vorliegen oder die Abschiebung ungeachtet des Vorliegens der Voraussetzungen des § 60 Absatz 7 Satz 1 des Aufenthaltsgesetzes ausnahmsweise zulässig ist und
4. der Ausländer keinen Aufenthaltstitel besitzt.

[2]Eine Anhörung des Ausländers vor Erlass der Abschiebungsandrohung ist nicht erforderlich. [3]Im Übrigen bleibt die Ausländerbehörde für Entscheidungen nach § 59 Absatz 1 Satz 4 und Absatz 6 des Aufenthaltsgesetzes zuständig.

(2) [1]Die Abschiebungsandrohung soll mit der Entscheidung über den Asylantrag verbunden werden. [2]Wurde kein Bevollmächtigter für das Verfahren bestellt, sind die Entscheidungsformel der Abschiebungsandrohung und die Rechtsbehelfsbelehrung dem Ausländer in eine Sprache zu übersetzen, deren Kenntnis vernünftigerweise vorausgesetzt werden kann.

§ 34a Abschiebungsanordnung

(1) [1]Soll der Ausländer in einen sicheren Drittstaat (§ 26a) oder in einen für die Durchführung des Asylverfahrens zuständigen Staat (§ 29 Absatz 1 Nummer 1) abgeschoben werden, ordnet das Bundesamt die Abschiebung in diesen Staat an, sobald feststeht, dass sie durchgeführt werden kann. [2]Dies gilt auch, wenn der Ausländer den Asylantrag in einem anderen auf Grund von Rechtsvorschriften der Europäischen Union oder eines völkerrechtlichen Vertrages für die Durchführung des Asylverfahrens zuständigen Staat

gestellt oder vor der Entscheidung des Bundesamtes zurückgenommen hat. [3]Einer vorherigen Androhung und Fristsetzung bedarf es nicht. [4]Kann eine Abschiebungsanordnung nach Satz 1 oder 2 nicht ergehen, droht das Bundesamt die Abschiebung in den jeweiligen Staat an.

(2) [1]Anträge nach § 80 Absatz 5 der Verwaltungsgerichtsordnung gegen die Abschiebungsanordnung sind innerhalb einer Woche nach Bekanntgabe zu stellen. [2]Die Abschiebung ist bei rechtzeitiger Antragstellung vor der gerichtlichen Entscheidung nicht zulässig. [3]Anträge auf Gewährung vorläufigen Rechtsschutzes gegen die Befristung des Einreise- und Aufenthaltsverbots durch das Bundesamt nach § 11 Absatz 2 des Aufenthaltsgesetzes sind innerhalb einer Woche nach Bekanntgabe zu stellen. [4]Die Vollziehbarkeit der Abschiebungsanordnung bleibt hiervon unberührt.

§ 35 Abschiebungsandrohung bei Unzulässigkeit des Asylantrags
In den Fällen des § 29 Absatz 1 Nummer 2 und 4 droht das Bundesamt dem Ausländer die Abschiebung in den Staat an, in dem er vor Verfolgung sicher war.

§ 36 Verfahren bei Unzulässigkeit nach § 29 Absatz 1 Nummer 2 und 4 und bei offensichtlicher Unbegründetheit
(1) In den Fällen der Unzulässigkeit nach § 29 Absatz 1 Nummer 2 und 4 und der offensichtlichen Unbegründetheit des Asylantrages beträgt die dem Ausländer zu setzende Ausreisefrist eine Woche.

(2) [1]Das Bundesamt übermittelt mit der Zustellung der Entscheidung den Beteiligten eine Kopie des Inhalts der Asylakte. [2]Der Verwaltungsvorgang ist mit dem Nachweis der Zustellung unverzüglich dem zuständigen Verwaltungsgericht zu übermitteln.

(3) [1]Anträge nach § 80 Abs. 5 der Verwaltungsgerichtsordnung gegen die Abschiebungsandrohung sind innerhalb einer Woche nach Bekanntgabe zu stellen; dem Antrag soll der Bescheid des Bundesamtes beigefügt werden. [2]Der Ausländer ist hierauf hinzuweisen. [3]§ 58 der Verwaltungsgerichtsordnung ist entsprechend anzuwenden. [4]Die Entscheidung soll im schriftlichen Verfahren ergehen; eine mündliche Verhandlung, in der zugleich über die Klage verhandelt wird, ist unzulässig. [5]Die Entscheidung soll innerhalb von einer Woche nach Ablauf der Frist des Absatzes 1 ergehen. [6]Die Kammer des Verwaltungsgerichtes kann die Frist nach Satz 5 um jeweils eine weitere Woche verlängern. [7]Die zweite Verlängerung und weitere Verlängerungen sind nur bei Vorliegen schwerwiegender Gründe zulässig, insbesondere wenn eine außergewöhnliche Belastung des Gerichts eine frühere Entscheidung nicht möglich macht. [8]Die Abschiebung ist bei rechtzeitiger Antragstellung vor der gerichtlichen Entscheidung nicht zulässig. [9]Die Entscheidung ist ergangen, wenn die vollständig unterschriebene Entscheidungsformel der Geschäftsstelle der Kammer vorliegt. [10]Anträge auf Gewährung vorläufigen Rechtsschutzes gegen die Befristung des Einreise- und Aufenthaltsverbots durch das Bundesamt nach § 11 Absatz 2 des Aufenthaltsgesetzes und die Anordnung und Befristung nach § 11 Absatz 7 des Aufenthaltsgesetzes sind ebenso innerhalb einer Woche nach Bekanntgabe zu stellen. [11]Die Vollziehbarkeit der Abschiebungsandrohung bleibt hiervon unberührt.

(4) [1]Die Aussetzung der Abschiebung darf nur angeordnet werden, wenn ernstliche Zweifel an der Rechtmäßigkeit des angegriffenen Verwaltungsaktes bestehen. [2]Tatsachen und Beweismittel, die von den Beteiligten nicht angegeben worden sind, bleiben unberücksichtigt, es sei denn, sie sind gerichtsbekannt oder offenkundig. [3]Ein Vorbringen, das nach § 25 Abs. 3 im Verwaltungsverfahren unberücksichtigt geblieben ist, sowie Tatsachen und Umstände im Sinne des § 25 Abs. 2, die der Ausländer im Verwaltungsverfahren nicht angegeben hat, kann das Gericht unberücksichtigt lassen, wenn andernfalls die Entscheidung verzögert würde.

§ 37 Weiteres Verfahren bei stattgebender gerichtlicher Entscheidung
(1) [1]Die Entscheidung des Bundesamtes über die Unzulässigkeit nach § 29 Absatz 1 Nummer 2 und 4 des Antrags und die Abschiebungsandrohung werden unwirksam, wenn das Verwaltungsgericht dem Antrag nach § 80 Abs. 5 der Verwaltungsgerichtsordnung entspricht. [2]Das Bundesamt hat das Asylverfahren fortzuführen.

(2) Entspricht das Verwaltungsgericht im Falle eines als offensichtlich unbegründet abgelehnten Asylantrages dem Antrag nach § 80 Abs. 5 der Verwaltungsgerichtsordnung, endet die Ausreisefrist 30 Tage nach dem unanfechtbaren Abschluss des Asylverfahrens.

(3) Die Absätze 1 und 2 gelten nicht, wenn auf Grund der Entscheidung des Verwaltungsgerichts die Abschiebung in einen der in der Abschiebungsandrohung bezeichneten Staaten vollziehbar wird.

§ 38 Ausreisefrist bei sonstiger Ablehnung und bei Rücknahme des Asylantrags
(1) [1]In den sonstigen Fällen, in denen das Bundesamt den Ausländer nicht als Asylberechtigten anerkennt, beträgt die dem Ausländer zu setzende Ausreisefrist 30 Tage. [2]Im Falle der Klageerhebung endet die Ausreisefrist 30 Tage nach dem unanfechtbaren Abschluss des Asylverfahrens.

(2) Im Falle der Rücknahme des Asylantrages vor der Entscheidung des Bundesamtes beträgt die dem Ausländer zu setzende Ausreisefrist eine Woche.

(3) Im Falle der Rücknahme des Asylantrags oder der Klage oder des Verzichts auf die Durchführung des Asylverfahrens nach § 14a Absatz 3 kann dem Ausländer eine Ausreisefrist bis zu drei Monaten eingeräumt werden, wenn er sich zur freiwilligen Ausreise bereit erklärt.

§ 39 *[aufgehoben]*

§ 40 Unterrichtung der Ausländerbehörde

(1) [1]Das Bundesamt unterrichtet unverzüglich die Ausländerbehörde, in deren Bezirk sich der Ausländer aufzuhalten oder Wohnung zu nehmen hat, über eine vollziehbare Abschiebungsandrohung und leitet ihr unverzüglich alle für die Abschiebung erforderlichen Unterlagen zu. [2]Das Gleiche gilt, wenn das Verwaltungsgericht die aufschiebende Wirkung der Klage wegen des Vorliegens der Voraussetzungen des § 60 Absatz 5 oder 7 des Aufenthaltsgesetzes nur hinsichtlich der Abschiebung in den betreffenden Staat angeordnet hat und das Bundesamt das Asylverfahren nicht fortführt.

(2) Das Bundesamt unterrichtet unverzüglich die Ausländerbehörde, wenn das Verwaltungsgericht in den Fällen des § 38 Absatz 2 die aufschiebende Wirkung der Klage gegen die Abschiebungsandrohung anordnet.

(3) Stellt das Bundesamt dem Ausländer die Abschiebungsanordnung (§ 34a) zu, unterrichtet es unverzüglich die für die Abschiebung zuständige Behörde über die Zustellung.

§ 41 (weggefallen)

§ 42 Bindungswirkung ausländerrechtlicher Entscheidungen

[1]Die Ausländerbehörde ist an die Entscheidung des Bundesamtes oder des Verwaltungsgerichts über das Vorliegen der Voraussetzungen des § 60 Absatz 5 oder 7 des Aufenthaltsgesetzes gebunden. [2]Über den späteren Eintritt und Wegfall der Voraussetzungen des § 60 Abs. 4 des Aufenthaltsgesetzes entscheidet die Ausländerbehörde, ohne dass es einer Aufhebung der Entscheidung des Bundesamtes bedarf.

§ 43 Vollziehbarkeit und Aussetzung der Abschiebung

(1) War der Ausländer im Besitz eines Aufenthaltstitels, darf eine nach den Vorschriften dieses Gesetzes vollziehbare Abschiebungsandrohung erst vollzogen werden, wenn der Ausländer auch nach § 58 Abs. 2 Satz 2 des Aufenthaltsgesetzes vollziehbar ausreisepflichtig ist.

(2) [1]Hat der Ausländer die Verlängerung eines Aufenthaltstitels mit einer Gesamtgeltungsdauer von mehr als sechs Monaten beantragt, wird die Abschiebungsandrohung erst mit der Ablehnung dieses Antrags vollziehbar. [2]Im Übrigen steht § 81 des Aufenthaltsgesetzes der Abschiebung nicht entgegen.

(3) [1]Haben Familienangehörige im Sinne des § 26 Absatz 1 bis 3 gleichzeitig oder jeweils unverzüglich nach ihrer Einreise einen Asylantrag gestellt, darf die Ausländerbehörde die Abschiebung vorübergehend aussetzen, um die gemeinsame Ausreise der Familie zu ermöglichen. [2]Sie stellt dem Ausländer eine Bescheinigung über die Aussetzung der Abschiebung aus.

§§ 43a, 43b (weggefallen)

Abschnitt 5
Unterbringung und Verteilung

§ 44 Schaffung und Unterhaltung von Aufnahmeeinrichtungen

(1) Die Länder sind verpflichtet, für die Unterbringung Asylbegehrender die dazu erforderlichen Aufnahmeeinrichtungen zu schaffen und zu unterhalten sowie entsprechend ihrer Aufnahmequote die im Hinblick auf den monatlichen Zugang Asylbegehrender in den Aufnahmeeinrichtungen notwendige Zahl von Unterbringungsplätzen bereitzustellen.

(2) Das Bundesministerium des Innern, für Bau und Heimat oder die von ihm bestimmte Stelle teilt den Ländern monatlich die Zahl der Zugänge von Asylbegehrenden, die voraussichtliche Entwicklung und den voraussichtlichen Bedarf an Unterbringungsplätzen mit.

(2a) Die Länder sollen geeignete Maßnahmen treffen, um bei der Unterbringung Asylbegehrender nach Absatz 1 den Schutz von Frauen und schutzbedürftigen Personen zu gewährleisten.

(3) [1]§ 45 des Achten Buches Sozialgesetzbuch (Artikel 1 des Gesetzes vom 26. Juni 1990, BGBl. I S. 1163) gilt nicht für Aufnahmeeinrichtungen. [2]Träger von Aufnahmeeinrichtungen sollen sich von Personen, die in diesen Einrichtungen mit der Beaufsichtigung, Betreuung, Erziehung oder Ausbildung Minderjähriger oder mit Tätigkeiten, die in vergleichbarer Weise geeignet sind, Kontakt zu Minderjährigen aufzunehmen, betraut sind, zur Prüfung, ob sie für die aufgeführten Tätigkeiten geeignet sind, vor deren

Einstellung oder Aufnahme einer dauerhaften ehrenamtlichen Tätigkeit und in regelmäßigen Abständen ein Führungszeugnis nach § 30 Absatz 5 und § 30a Absatz 1 des Bundeszentralregistergesetzes vorlegen lassen. [3]Träger von Aufnahmeeinrichtungen dürfen für die Tätigkeiten nach Satz 2 keine Personen beschäftigen oder mit diesen Tätigkeiten ehrenamtlich betrauen, die rechtskräftig wegen einer Straftat nach den §§ 171, 174 bis 174c, 176 bis 180a, 181a, 182 bis 184g, 184i, 184j, 225, 232 bis 233a, 234, 235 oder 236 des Strafgesetzbuchs verurteilt worden sind. [4]Nimmt der Träger einer Aufnahmeeinrichtung Einsicht in ein Führungszeugnis nach § 30 Absatz 5 und § 30a Absatz 1 des Bundeszentralregistergesetzes, so speichert er nur den Umstand der Einsichtnahme, das Datum des Führungszeugnisses und die Information, ob die das Führungszeugnis betreffende Person wegen einer in Satz 3 genannten Straftat rechtskräftig verurteilt worden ist. [5]Der Träger einer Aufnahmeeinrichtung darf diese Daten nur verarbeiten, soweit dies zur Prüfung der Eignung einer Person für die in Satz 2 genannten Tätigkeiten erforderlich ist. [6]Die Daten sind vor dem Zugriff Unbefugter zu schützen. [7]Sie sind unverzüglich zu löschen, wenn im Anschluss an die Einsichtnahme keine Tätigkeit nach Satz 2 wahrgenommen wird. [8]Sie sind spätestens sechs Monate nach der letztmaligen Ausübung einer in Satz 2 genannten Tätigkeit zu löschen.

§ 45 Aufnahmequoten

(1) [1]Die Länder können durch Vereinbarung einen Schlüssel für die Aufnahme von Asylbegehrenden durch die einzelnen Länder (Aufnahmequote) festlegen. [2]Bis zum Zustandekommen dieser Vereinbarung oder bei deren Wegfall richtet sich die Aufnahmequote für das jeweilige Kalenderjahr nach dem vom Büro der Gemeinsamen Wissenschaftskonferenz im Bundesanzeiger veröffentlichten Schlüssel[1]), der für das vorangegangene Kalenderjahr entsprechend Steuereinnahmen und Bevölkerungszahl der Länder errechnet worden ist (Königsteiner Schlüssel).

(2) [1]Zwei oder mehr Länder können vereinbaren, dass Asylbegehrende, die von einem Land entsprechend seiner Aufnahmequote aufzunehmen sind, von einem anderen Land aufgenommen werden. [2]Eine Vereinbarung nach Satz 1 sieht mindestens Angaben zum Umfang der von der Vereinbarung betroffenen Personengruppe sowie einen angemessenen Kostenausgleich vor. [3]Die Aufnahmequote nach Absatz 1 wird durch eine solche Vereinbarung nicht berührt.

§ 46 Bestimmung der zuständigen Aufnahmeeinrichtung

(1) [1]Für die Aufnahme eines Ausländers, bei dem die Voraussetzungen des § 30a Absatz 1 vorliegen, ist die besondere Aufnahmeeinrichtung (§ 5 Absatz 5) zuständig, die über einen freien Unterbringungsplatz im Rahmen der Quote nach § 45 verfügt und bei der die ihr zugeordnete Außenstelle des Bundesamtes Asylanträge aus dem Herkunftsland dieses Ausländers bearbeitet. [2]Im Übrigen ist die Aufnahmeeinrichtung zuständig, bei der der Ausländer sich gemeldet hat, wenn sie über einen freien Unterbringungsplatz im Rahmen der Quote nach § 45 verfügt und die ihr zugeordnete Außenstelle des Bundesamtes Asylanträge aus dem Herkunftsland des Ausländers bearbeitet. [3]Liegen die Voraussetzungen der Sätze 1 und 2 nicht vor, ist die nach Absatz 2 bestimmte Aufnahmeeinrichtung für die Aufnahme des Ausländers zuständig. [4]Bei mehreren nach Satz 1 in Betracht kommenden besonderen Aufnahmeeinrichtungen (§ 5 Absatz 5) gilt Absatz 2 für die Bestimmung der zuständigen besonderen Aufnahmeeinrichtung entsprechend.

(2) [1]Eine vom Bundesministerium des Innern, für Bau und Heimat bestimmte zentrale Verteilungsstelle benennt auf Veranlassung einer Aufnahmeeinrichtung dieser die für die Aufnahme des Ausländers zuständige Aufnahmeeinrichtung. [2]Maßgebend dafür sind die Aufnahmequoten nach § 45, in diesem Rahmen die vorhandenen freien Unterbringungsplätze und sodann die Bearbeitungsmöglichkeiten der jeweiligen Außenstelle des Bundesamtes in Bezug auf die Herkunftsländer der Ausländer. [3]Von mehreren danach in Betracht kommenden Aufnahmeeinrichtungen wird die nächstgelegene als zuständig benannt.

(2a) [1]Ergibt sich aus einer Vereinbarung nach § 45 Absatz 2 Satz 1 eine von den Absätzen 1 und 2 abweichende Zuständigkeit, so wird die nach der Vereinbarung zur Aufnahme verpflichtete Aufnahmeeinrichtung mit der tatsächlichen Aufnahme des Ausländers zuständig. [2]Soweit nach den Umständen möglich, wird die Vereinbarung bei der Verteilung nach Absatz 2 berücksichtigt.

(3) [1]Die veranlassende Aufnahmeeinrichtung teilt der zentralen Verteilungsstelle nur die Zahl der Ausländer unter Angabe der Herkunftsländer mit. [2]Ausländer und ihre Familienangehörigen im Sinne des § 26 Absatz 1 bis 3 sind als Gruppe zu melden.

(4) Die Länder stellen sicher, dass die zentrale Verteilungsstelle jederzeit über die für die Bestimmung der zuständigen Aufnahmeeinrichtung erforderlichen Angaben, insbesondere über Zu- und Abgänge, Belegungsstand und alle freien Unterbringungsplätze jeder Aufnahmeeinrichtung unterrichtet ist.

1) Siehe hierzu die Anlage zur Bek. des Königsteiner Schlüssels für das Jahr 2018.

(5) Die Landesregierung oder die von ihr bestimmte Stelle benennt der zentralen Verteilungsstelle die zuständige Aufnahmeeinrichtung für den Fall, dass das Land nach der Quotenregelung zur Aufnahme verpflichtet ist und über keinen freien Unterbringungsplatz in den Aufnahmeeinrichtungen verfügt.

§ 47 Aufenthalt in Aufnahmeeinrichtungen

(1) [1]Ausländer, die den Asylantrag bei einer Außenstelle des Bundesamtes zu stellen haben (§ 14 Abs. 1), sind verpflichtet, bis zur Entscheidung des Bundesamtes über den Asylantrag und im Falle der Ablehnung des Asylantrags bis zur Ausreise oder bis zum Vollzug der Abschiebungsandrohung oder -anordnung, längstens jedoch bis zu 18 Monate, bei minderjährigen Kindern und ihren Eltern oder anderen Sorgeberechtigten sowie ihren volljährigen, ledigen Geschwistern längstens jedoch bis zu sechs Monate, in der für ihre Aufnahme zuständigen Aufnahmeeinrichtung zu wohnen. [2]Das Gleiche gilt in den Fällen des § 14 Absatz 2 Satz 1 Nummer 2, wenn die Voraussetzungen dieser Vorschrift vor der Entscheidung des Bundesamtes entfallen. [3]Abweichend von Satz 1 ist der Ausländer verpflichtet, über 18 Monate hinaus in einer Aufnahmeeinrichtung zu wohnen, wenn er

1. seine Mitwirkungspflichten nach § 15 Absatz 2 Nummer 4 bis 7 ohne genügende Entschuldigung verletzt oder die unverschuldet unterbliebene Mitwirkungshandlung nicht unverzüglich nachgeholt hat,

2. wiederholt seine Mitwirkungspflicht nach § 15 Absatz 2 Nummer 1 und 3 ohne genügende Entschuldigung verletzt oder die unverschuldet unterbliebene Mitwirkungshandlung nicht unverzüglich nachgeholt hat,

3. vollziehbar ausreisepflichtig ist und gegenüber einer für den Vollzug des Aufenthaltsgesetzes zuständigen Behörde fortgesetzt über seine Identität oder Staatsangehörigkeit täuscht oder fortgesetzt falsche Angaben macht oder

4. vollziehbar ausreisepflichtig ist und fortgesetzt zumutbare Anforderungen an die Mitwirkung bei der Beseitigung von Ausreisehindernissen, insbesondere hinsichtlich der Identifizierung, der Vorlage eines Reisedokuments oder der Passersatzbeschaffung, nicht erfüllt.

[4]Satz 3 findet keine Anwendung bei minderjährigen Kindern und ihren Eltern oder anderen Sorgeberechtigten sowie ihren volljährigen, ledigen Geschwistern. [5]Die §§ 48 bis 50 bleiben unberührt.

(1a) [1]Abweichend von Absatz 1 sind Ausländer aus einem sicheren Herkunftsstaat (§ 29a) verpflichtet, bis zur Entscheidung des Bundesamtes über den Asylantrag und im Falle der Ablehnung des Asylantrags nach § 29a als offensichtlich unbegründet oder nach § 29 Absatz 1 Nummer 1 als unzulässig bis zur Ausreise oder bis zum Vollzug der Abschiebungsandrohung oder -anordnung in der für ihre Aufnahme zuständigen Aufnahmeeinrichtung zu wohnen. [2]Satz 1 gilt nicht bei minderjährigen Kindern und ihren Eltern oder anderen Sorgeberechtigten sowie ihren volljährigen, ledigen Geschwistern. [3]Die §§ 48 bis 50 bleiben unberührt.

(1b) [1]Die Länder können regeln, dass Ausländer abweichend von Absatz 1 verpflichtet sind, bis zur Entscheidung des Bundesamtes über den Asylantrag und im Falle der Ablehnung des Asylantrags als offensichtlich unbegründet oder als unzulässig bis zur Ausreise oder bis zum Vollzug der Abschiebungsandrohung oder -anordnung in der für ihre Aufnahme zuständigen Aufnahmeeinrichtung, längstens jedoch für 24 Monate, zu wohnen. [2]Die §§ 48 bis 50 bleiben unberührt.

(2) Sind Eltern eines minderjährigen ledigen Kindes verpflichtet, in einer Aufnahmeeinrichtung zu wohnen, so kann auch das Kind in der Aufnahmeeinrichtung wohnen, auch wenn es keinen Asylantrag gestellt hat.

(3) Für die Dauer der Pflicht, in einer Aufnahmeeinrichtung zu wohnen, ist der Ausländer verpflichtet, für die zuständigen Behörden und Gerichte erreichbar zu sein.

(4) [1]Die Aufnahmeeinrichtung weist den Ausländer innerhalb von 15 Tagen nach der Asylantragstellung möglichst schriftlich und in einer Sprache, deren Kenntnis vernünftigerweise vorausgesetzt werden kann, auf seine Rechte und Pflichten nach dem Asylbewerberleistungsgesetz hin. [2]Die Aufnahmeeinrichtung benennt in dem Hinweis nach Satz 1 auch, wer dem Ausländer Rechtsbeistand gewähren kann und welche Vereinigungen den Ausländer über seine Unterbringung und medizinische Versorgung beraten können.

§ 48 Beendigung der Verpflichtung, in einer Aufnahmeeinrichtung zu wohnen

Die Verpflichtung, in einer Aufnahmeeinrichtung zu wohnen, endet vor Ablauf des nach § 47 Absatz 1 Satz 1 bestimmten Zeitraums, wenn der Ausländer

1. verpflichtet ist, an einem anderen Ort oder in einer anderen Unterkunft Wohnung zu nehmen,

2. als Asylberechtigter anerkannt ist oder ihm internationaler Schutz im Sinne des § 1 Absatz 1 Nummer 2 zuerkannt wurde oder

3. nach der Antragstellung durch Eheschließung oder Begründung einer Lebenspartnerschaft im Bundesgebiet die Voraussetzungen für einen Rechtsanspruch auf Erteilung eines Aufenthaltstitels nach dem Aufenthaltsgesetz erfüllt.

§ 49 Entlassung aus der Aufnahmeeinrichtung

(1) Die Verpflichtung, in der Aufnahmeeinrichtung zu wohnen, ist zu beenden, wenn eine Abschiebungsandrohung vollziehbar und die Abschiebung nicht in angemessener Zeit möglich ist oder wenn dem Ausländer eine Aufenthaltserlaubnis nach § 24 des Aufenthaltsgesetzes erteilt werden soll.

(2) Die Verpflichtung kann aus Gründen der öffentlichen Gesundheitsvorsorge sowie aus sonstigen Gründen der öffentlichen Sicherheit oder Ordnung, insbesondere zur Gewährleistung der Unterbringung und Verteilung, oder aus anderen zwingenden Gründen beendet werden.

§ 50 Landesinterne Verteilung

(1) [1]Ausländer sind unverzüglich aus der Aufnahmeeinrichtung zu entlassen und innerhalb des Landes zu verteilen, wenn das Bundesamt der zuständigen Landesbehörde mitteilt, dass

1. dem Ausländer Schutz nach den §§ 2, 3 oder 4 zuerkannt wurde oder die Voraussetzungen des § 60 Absatz 5 oder 7 des Aufenthaltsgesetzes in der Person des Ausländers oder eines seiner Familienangehörigen im Sinne des § 26 Absatz 1 bis 3 vorliegen, oder

2. das Verwaltungsgericht die aufschiebende Wirkung der Klage gegen die Entscheidung des Bundesamtes angeordnet hat, es sei denn, der Asylantrag wurde als unzulässig nach § 29 Absatz 1 Nummer 1 oder 2 abgelehnt.

[2]Eine Verteilung kann auch erfolgen, wenn der Ausländer aus anderen Gründen nicht mehr verpflichtet ist, in der Aufnahmeeinrichtung zu wohnen.

(2) Die Landesregierung oder die von ihr bestimmte Stelle wird ermächtigt, durch Rechtsverordnung die Verteilung zu regeln, soweit dies nicht durch Landesgesetz geregelt ist.

(3) Die zuständige Landesbehörde teilt innerhalb eines Zeitraumes von drei Arbeitstagen dem Bundesamt den Bezirk der Ausländerbehörde mit, in dem der Ausländer nach einer Verteilung Wohnung zu nehmen hat.

(4) [1]Die zuständige Landesbehörde erlässt die Zuweisungsentscheidung. [2]Die Zuweisungsentscheidung ist schriftlich zu erlassen und mit einer Rechtsbehelfsbelehrung zu versehen. [3]Sie bedarf keiner Begründung. [4]Einer Anhörung des Ausländers bedarf es nicht. [5]Bei der Zuweisung sind die Haushaltsgemeinschaft von Familienangehörigen im Sinne des § 26 Absatz 1 bis 3 oder sonstige humanitäre Gründe von vergleichbarem Gewicht zu berücksichtigen.

(5) [1]Die Zuweisungsentscheidung ist dem Ausländer selbst zuzustellen. [2]Wird der Ausländer durch einen Bevollmächtigten vertreten oder hat er einen Empfangsbevollmächtigten benannt, soll ein Abdruck der Zuweisungsentscheidung auch diesem zugeleitet werden.

(6) Der Ausländer hat sich unverzüglich zu der in der Zuweisungsverfügung angegebenen Stelle zu begeben.

§ 51 Länderübergreifende Verteilung

(1) Ist ein Ausländer nicht oder nicht mehr verpflichtet, in einer Aufnahmeeinrichtung zu wohnen, ist der Haushaltsgemeinschaft von Familienangehörigen im Sinne des § 26 Absatz 1 bis 3 oder sonstigen humanitären Gründen von vergleichbarem Gewicht auch durch länderübergreifende Verteilung Rechnung zu tragen.

(2) [1]Die Verteilung nach Absatz 1 erfolgt auf Antrag des Ausländers. [2]Über den Antrag entscheidet die zuständige Behörde des Landes, für das der weitere Aufenthalt beantragt ist.

§ 52 Quotenanrechnung

Auf die Quoten nach § 45 wird die Aufnahme von Asylbegehrenden in den Fällen des § 14 Absatz 2 Satz 1 Nummer 2 und 3, des § 14a sowie des § 51 angerechnet.

§ 53 Unterbringung in Gemeinschaftsunterkünften

(1) [1]Ausländer, die einen Asylantrag gestellt haben und nicht oder nicht mehr verpflichtet sind, in einer Aufnahmeeinrichtung zu wohnen, sollen in der Regel in Gemeinschaftsunterkünften untergebracht werden. [2]Hierbei sind sowohl das öffentliche Interesse als auch Belange des Ausländers zu berücksichtigen.

(2) [1]Eine Verpflichtung, in einer Gemeinschaftsunterkunft zu wohnen, endet, wenn das Bundesamt einen Ausländer als Asylberechtigten anerkannt oder ein Gericht das Bundesamt zur Anerkennung verpflichtet hat, auch wenn ein Rechtsmittel eingelegt worden ist, sofern durch den Ausländer eine anderweitige Unterkunft nachgewiesen wird und der öffentlichen Hand dadurch Mehrkosten nicht entstehen. [2]Das Gleiche gilt, wenn das Bundesamt oder ein Gericht einem Ausländer internationalen Schutz im Sinne des

§ 1 Absatz 1 Nummer 2 zuerkannt hat. [3]In den Fällen der Sätze 1 und 2 endet die Verpflichtung auch für die Familienangehörigen im Sinne des § 26 Absatz 1 bis 3 des Ausländers.

(3) § 44 Absatz 2a und 3 gilt entsprechend.

§ 54 Unterrichtung des Bundesamtes

Die Ausländerbehörde, in deren Bezirk sich der Ausländer aufzuhalten oder Wohnung zu nehmen hat, teilt dem Bundesamt unverzüglich

1. die ladungsfähige Anschrift des Ausländers,
2. eine Ausschreibung zur Aufenthaltsermittlung

mit.

Abschnitt 6
Recht des Aufenthalts während des Asylverfahrens

§ 55 Aufenthaltsgestattung

(1) [1]Einem Ausländer, der um Asyl nachsucht, ist zur Durchführung des Asylverfahrens der Aufenthalt im Bundesgebiet ab Ausstellung des Ankunftsnachweises gemäß § 63a Absatz 1 gestattet (Aufenthaltsgestattung). [2]Er hat keinen Anspruch darauf, sich in einem bestimmten Land oder an einem bestimmten Ort aufzuhalten. [3]In den Fällen, in denen kein Ankunftsnachweis ausgestellt wird, entsteht die Aufenthaltsgestattung mit der Stellung des Asylantrags.

(2) [1]Mit der Stellung eines Asylantrages erlöschen eine Befreiung vom Erfordernis eines Aufenthaltstitels und ein Aufenthaltstitel mit einer Gesamtgeltungsdauer bis zu sechs Monaten sowie die in § 81 Abs. 3 und 4 des Aufenthaltsgesetzes bezeichneten Wirkungen eines Antrages auf Erteilung eines Aufenthaltstitels. [2]§ 81 Abs. 4 des Aufenthaltsgesetzes bleibt unberührt, wenn der Ausländer einen Aufenthaltstitel mit einer Gesamtgeltungsdauer von mehr als sechs Monaten besessen und dessen Verlängerung beantragt hat.

(3) Soweit der Erwerb oder die Ausübung eines Rechts oder einer Vergünstigung von der Dauer des Aufenthalts im Bundesgebiet abhängig ist, wird die Zeit eines Aufenthalts nach Absatz 1 nur angerechnet, wenn der Ausländer als Asylberechtigter anerkannt ist oder ihm internationaler Schutz im Sinne des § 1 Absatz 1 Nummer 2 zuerkannt wurde.

§ 56 Räumliche Beschränkung

(1) Die Aufenthaltsgestattung ist räumlich auf den Bezirk der Ausländerbehörde beschränkt, in dem die für die Aufnahme des Ausländers zuständige Aufnahmeeinrichtung liegt.

(2) Wenn der Ausländer verpflichtet ist, in dem Bezirk einer anderen Ausländerbehörde Aufenthalt zu nehmen, ist die Aufenthaltsgestattung räumlich auf deren Bezirk beschränkt.

§ 57 Verlassen des Aufenthaltsbereichs einer Aufnahmeeinrichtung

(1) Das Bundesamt kann einem Ausländer, der verpflichtet ist, in einer Aufnahmeeinrichtung zu wohnen, erlauben, den Geltungsbereich der Aufenthaltsgestattung vorübergehend zu verlassen, wenn zwingende Gründe es erfordern.

(2) Zur Wahrnehmung von Terminen bei Bevollmächtigten, beim Hohen Flüchtlingskommissar der Vereinten Nationen und bei Organisationen, die sich mit der Betreuung von Flüchtlingen befassen, soll die Erlaubnis unverzüglich erteilt werden.

(3) [1]Der Ausländer kann Termine bei Behörden und Gerichten, bei denen sein persönliches Erscheinen erforderlich ist, ohne Erlaubnis wahrnehmen. [2]Er hat diese Termine der Aufnahmeeinrichtung und dem Bundesamt anzuzeigen.

§ 58 Verlassen eines zugewiesenen Aufenthaltsbereichs

(1) [1]Die Ausländerbehörde kann einem Ausländer, der nicht oder nicht mehr verpflichtet ist, in einer Aufnahmeeinrichtung zu wohnen, erlauben, den Geltungsbereich der Aufenthaltsgestattung vorübergehend zu verlassen oder sich allgemein in dem Bezirk einer anderen Ausländerbehörde aufzuhalten. [2]Die Erlaubnis ist zu erteilen, wenn hieran ein dringendes öffentliches Interesse besteht, zwingende Gründe es erfordern oder die Versagung der Erlaubnis eine unbillige Härte bedeuten würde. [3]Die Erlaubnis wird in der Regel erteilt, wenn eine nach § 61 Absatz 2 erlaubte Beschäftigung ausgeübt werden soll oder wenn dies zum Zwecke des Schulbesuchs, der betrieblichen Aus- und Weiterbildung oder des Studiums an einer staatlichen oder staatlich anerkannten Hochschule oder vergleichbaren Ausbildungseinrichtung erforderlich ist. [4]Die Erlaubnis bedarf der Zustimmung der Ausländerbehörde, für deren Bezirk der allgemeine Aufenthalt zugelassen wird.

(2) Zur Wahrnehmung von Terminen bei Bevollmächtigten, beim Hohen Flüchtlingskommissar der Vereinten Nationen und bei Organisationen, die sich mit der Betreuung von Flüchtlingen befassen, soll die Erlaubnis erteilt werden.

(3) Der Ausländer kann Termine bei Behörden und Gerichten, bei denen sein persönliches Erscheinen erforderlich ist, ohne Erlaubnis wahrnehmen.

'(4) ¹Der Ausländer kann den Geltungsbereich der Aufenthaltsgestattung ohne Erlaubnis vorübergehend verlassen, wenn ein Gericht das Bundesamt dazu verpflichtet hat, den Ausländer als Asylberechtigten anzuerkennen, ihm internationalen Schutz im Sinne des § 1 Absatz 1 Nummer 2 zuzuerkennen oder die Voraussetzungen des § 60 Absatz 5 oder 7 des Aufenthaltsgesetzes festzustellen, auch wenn diese Entscheidung noch nicht unanfechtbar ist. ²Satz 1 gilt entsprechend für Familienangehörige im Sinne des § 26 Absatz 1 bis 3.

(5) Die Ausländerbehörde eines Kreises oder einer kreisangehörigen Gemeinde kann einem Ausländer die allgemeine Erlaubnis erteilen, sich vorübergehend im gesamten Gebiet des Kreises aufzuhalten.

(6) Um örtlichen Verhältnissen Rechnung zu tragen, können die Landesregierungen durch Rechtsverordnung bestimmen, dass sich Ausländer ohne Erlaubnis vorübergehend in einem die Bezirke mehrerer Ausländerbehörden umfassenden Gebiet, dem Gebiet des Landes oder, soweit Einvernehmen zwischen den beteiligten Landesregierungen besteht, im Gebiet eines anderen Landes aufhalten können.

§ 59 Durchsetzung der räumlichen Beschränkung

(1) ¹Die Verlassenspflicht nach § 12 Abs. 3 des Aufenthaltsgesetzes kann, soweit erforderlich, auch ohne Androhung durch Anwendung unmittelbaren Zwangs durchgesetzt werden. ²Reiseweg und Beförderungsmittel sollen vorgeschrieben werden.

(2) Der Ausländer ist festzunehmen und zur Durchsetzung der Verlassenspflicht auf richterliche Anordnung in Haft zu nehmen, wenn die freiwillige Erfüllung der Verlassenspflicht, auch in den Fällen des § 59a Absatz 2, nicht gesichert ist und andernfalls deren Durchsetzung wesentlich erschwert oder gefährdet würde.

(3) Zuständig für Maßnahmen nach den Absätzen 1 und 2 sind
1. die Polizeien der Länder,
2. die Grenzbehörde, bei der der Ausländer um Asyl nachsucht,
3. die Ausländerbehörde, in deren Bezirk sich der Ausländer aufhält,
4. die Aufnahmeeinrichtung, in der der Ausländer sich meldet, sowie
5. die Aufnahmeeinrichtung, die den Ausländer aufgenommen hat.

§ 59a Erlöschen der räumlichen Beschränkung

(1) ¹Die räumliche Beschränkung nach § 56 erlischt, wenn sich der Ausländer seit drei Monaten ununterbrochen erlaubt, geduldet oder gestattet im Bundesgebiet aufhält. ²Die räumliche Beschränkung erlischt abweichend von Satz 1 nicht, solange die Verpflichtung des Ausländers, in der für seine Aufnahme zuständigen Aufnahmeeinrichtung zu wohnen, fortbesteht.

(2) ¹Räumliche Beschränkungen bleiben auch nach Erlöschen der Aufenthaltsgestattung in Kraft bis sie aufgehoben werden, längstens aber bis zu dem in Absatz 1 bestimmten Zeitpunkt. ²Abweichend von Satz 1 erlöschen räumliche Beschränkungen, wenn der Aufenthalt nach § 25 Absatz 1 Satz 3 oder § 25 Absatz 2 Satz 2 des Aufenthaltsgesetzes als erlaubt gilt oder ein Aufenthaltstitel erteilt wird.

§ 59b Anordnung der räumlichen Beschränkung

(1) Eine räumliche Beschränkung der Aufenthaltsgestattung kann unabhängig von § 59a Absatz 1 durch die zuständige Ausländerbehörde angeordnet werden, wenn
1. der Ausländer wegen einer Straftat, mit Ausnahme solcher Straftaten, deren Tatbestand nur von Ausländern verwirklicht werden kann, rechtskräftig verurteilt worden ist,
2. Tatsachen die Schlussfolgerung rechtfertigen, dass der Ausländer gegen Vorschriften des Betäubungsmittelgesetzes verstoßen hat,
3. konkrete Maßnahmen zur Aufenthaltsbeendigung gegen den Ausländer bevorstehen oder
4. von dem Ausländer eine erhebliche Gefahr für die innere Sicherheit oder für Leib und Leben Dritter ausgeht.

(2) Die §§ 56, 58, 59 und 59a Absatz 2 gelten entsprechend.

§ 60 Auflagen

(1) ¹Ein Ausländer, der nicht oder nicht mehr verpflichtet ist, in einer Aufnahmeeinrichtung zu wohnen, und dessen Lebensunterhalt nicht gesichert ist (§ 2 Absatz 3 des Aufenthaltsgesetzes), wird verpflichtet, an dem in der Verteilentscheidung nach § 50 Absatz 4 genannten Ort seinen gewöhnlichen Aufenthalt zu nehmen (Wohnsitzauflage). ²Findet eine länderübergreifende Verteilung gemäß § 51 statt, dann ergeht

die Wohnsitzauflage im Hinblick auf den sich danach ergebenden Aufenthaltsort. [3]Der Ausländer kann den in der Wohnsitzauflage genannten Ort ohne Erlaubnis vorübergehend verlassen.

(2) [1]Ein Ausländer, der nicht oder nicht mehr verpflichtet ist, in einer Aufnahmeeinrichtung zu wohnen, und dessen Lebensunterhalt nicht gesichert ist (§ 2 Absatz 3 des Aufenthaltsgesetzes), kann verpflichtet werden,

1. in einer bestimmten Gemeinde, in einer bestimmten Wohnung oder Unterkunft zu wohnen,
2. in eine bestimmte Gemeinde, Wohnung oder Unterkunft umzuziehen oder
3. in dem Bezirk einer anderen Ausländerbehörde desselben Landes seinen gewöhnlichen Aufenthalt und Wohnung oder Unterkunft zu nehmen.

[2]Eine Anhörung des Ausländers ist erforderlich in den Fällen des Satzes 1 Nummer 2, wenn er sich länger als sechs Monate in der Gemeinde, Wohnung oder Unterkunft aufgehalten hat. [3]Die Anhörung gilt als erfolgt, wenn der Ausländer oder sein anwaltlicher Vertreter Gelegenheit hatte, sich innerhalb von zwei Wochen zu der vorgesehenen Unterbringung zu äußern. [4]Eine Anhörung unterbleibt, wenn ihr ein zwingendes öffentliches Interesse entgegensteht.

(3) [1]Zuständig für Maßnahmen nach Absatz 1 Satz 1 ist die nach § 50 zuständige Landesbehörde. [2]Die Wohnsitzauflage soll mit der Zuweisungsentscheidung nach § 50 verbunden werden. [3]Zuständig für Maßnahmen nach Absatz 1 Satz 2 ist die nach § 51 Absatz 2 Satz 2 zuständige Landesbehörde. [4]Die Wohnsitzauflage soll mit der Verteilungsentscheidung nach § 51 Absatz 2 Satz 2 verbunden werden. [5]Zuständig für Maßnahmen nach Absatz 2 ist die Ausländerbehörde, in deren Bezirk die Gemeinde oder die zu beziehende Wohnung oder Unterkunft liegt.

§ 61 Erwerbstätigkeit

(1) [1]Für die Dauer der Pflicht, in einer Aufnahmeeinrichtung zu wohnen, darf der Ausländer keine Erwerbstätigkeit ausüben. [2]Abweichend von Satz 1 ist dem Ausländer die Ausübung einer Beschäftigung zu erlauben, wenn

1. das Asylverfahren nicht innerhalb von neun Monaten nach der Stellung des Asylantrags unanfechtbar abgeschlossen ist,
2. die Bundesagentur für Arbeit zugestimmt hat oder durch Rechtsverordnung bestimmt ist, dass die Ausübung der Beschäftigung ohne Zustimmung der Bundesagentur für Arbeit zulässig ist,
3. der Ausländer nicht Staatsangehöriger eines sicheren Herkunftsstaates (§ 29a) ist und
4. der Asylantrag nicht als offensichtlich unbegründet oder als unzulässig abgelehnt wurde, es sei denn das Verwaltungsgericht hat die aufschiebende Wirkung der Klage gegen die Entscheidung des Bundesamtes angeordnet;

Ausländern, die seit mindestens sechs Monaten eine Duldung nach § 60a des Aufenthaltsgesetzes besitzen, kann die Ausübung einer Beschäftigung erlaubt werden. [3]Die §§ 39, 40 Absatz 1 Nummer 1 und Absatz 2 und die §§ 41 und 42 des Aufenthaltsgesetzes gelten entsprechend für Ausländer nach Satz 2.

(2) [1]Im Übrigen kann einem Asylbewerber, der sich seit drei Monaten gestattet im Bundesgebiet aufhält, gemäß § 4a Absatz 4 des Aufenthaltsgesetzes die Ausübung einer Beschäftigung erlaubt werden, wenn die Bundesagentur für Arbeit zugestimmt hat oder durch Rechtsverordnung bestimmt ist, dass die Ausübung der Beschäftigung ohne Zustimmung der Bundesagentur für Arbeit zulässig ist. [2]Ein geduldeter oder rechtmäßiger Voraufenthalt wird auf die Wartezeit nach Satz 1 angerechnet. [3]Die §§ 39, 40 Absatz 1 Nummer 1 und Absatz 2 und die §§ 41 und 42 des Aufenthaltsgesetzes gelten entsprechend. [4]Einem Ausländer aus einem sicheren Herkunftsstaat gemäß § 29a, der nach dem 31. August 2015 einen Asylantrag gestellt hat, darf während des Asylverfahrens die Ausübung einer Beschäftigung nicht erlaubt werden. [5]Absatz 1 Satz 2 bleibt unberührt.

§ 62 Gesundheitsuntersuchung

(1) [1]Ausländer, die in einer Aufnahmeeinrichtung oder Gemeinschaftsunterkunft zu wohnen haben, sind verpflichtet, eine ärztliche Untersuchung auf übertragbare Krankheiten einschließlich einer Röntgenaufnahme der Atmungsorgane zu dulden. [2]Die oberste Landesgesundheitsbehörde oder die von ihr bestimmte Stelle bestimmt den Umfang der Untersuchung und den Arzt, der die Untersuchung durchführt.

(2) [1]Das Ergebnis der Untersuchung ist der für die Unterbringung zuständigen Behörde mitzuteilen. [2]Wird bei der Untersuchung der Verdacht oder das Vorliegen einer meldepflichtigen Krankheit nach § 6 des Infektionsschutzgesetzes oder eine Infektion mit einem Krankheitserreger nach § 7 des Infektionsschutzgesetzes festgestellt, ist das Ergebnis der Untersuchung auch dem Bundesamt mitzuteilen.

§ 63 Bescheinigung über die Aufenthaltsgestattung

(1) [1]Dem Ausländer wird nach der Asylantragstellung innerhalb von drei Arbeitstagen eine mit den Angaben zur Person und einem Lichtbild versehene Bescheinigung über die Aufenthaltsgestattung ausge-

stellt, wenn er nicht im Besitz eines Aufenthaltstitels ist. [2]Im Falle des Absatzes 3 Satz 2 ist der Ausländer bei der Asylantragstellung aufzufordern, innerhalb der Frist nach Satz 1 bei der zuständigen Ausländerbehörde die Ausstellung der Bescheinigung zu beantragen.

(2) [1]Die Bescheinigung ist zu befristen. [2]Solange der Ausländer verpflichtet ist, in einer Aufnahmeeinrichtung zu wohnen, beträgt die Frist längstens drei und im Übrigen längstens sechs Monate.

(3) [1]Zuständig für die Ausstellung der Bescheinigung ist das Bundesamt, solange der Ausländer verpflichtet ist, in einer Aufnahmeeinrichtung zu wohnen. [2]Im Übrigen ist die Ausländerbehörde zuständig, auf deren Bezirk die Aufenthaltsgestattung beschränkt ist oder in deren Bezirk der Ausländer Wohnung zu nehmen hat. [3]Auflagen und Änderungen der räumlichen Beschränkung sowie deren Anordnung (§ 59b) können auch von der Behörde vermerkt werden, die sie verfügt hat.

(4) Die Bescheinigung soll eingezogen werden, wenn die Aufenthaltsgestattung erloschen ist.

(5) [1]Die Bescheinigung enthält folgende Angaben:
1. das Datum der Ausstellung des Ankunftsnachweises gemäß § 63a Absatz 1 Satz 2 Nummer 12,
2. das Datum der Asylantragstellung und
3. die AZR-Nummer.
[2]Im Übrigen gilt § 78a Absatz 5 des Aufenthaltsgesetzes entsprechend.

§ 63a Bescheinigung über die Meldung als Asylsuchender

(1) [1]Einem Ausländer, der um Asyl nachgesucht hat und nach den Vorschriften des Asylgesetzes oder des Aufenthaltsgesetzes erkennungsdienstlich behandelt worden ist, aber noch keinen Asylantrag gestellt hat, wird unverzüglich eine Bescheinigung über die Meldung als Asylsuchender (Ankunftsnachweis) ausgestellt. [2]Dieses Dokument enthält folgende sichtbar aufgebrachte Angaben:
1. Name und Vornamen,
2. Geburtsname,
3. Lichtbild,
4. Geburtsdatum,
5. Geburtsort,
6. Abkürzung der Staatsangehörigkeit,
7. Geschlecht,
8. Größe und Augenfarbe,
9. zuständige Aufnahmeeinrichtung,
10. Seriennummer der Bescheinigung (AKN-Nummer),
11. ausstellende Behörde,
12. Ausstellungsdatum,
13. Unterschrift des Inhabers,
14. Gültigkeitsdauer,
15. Verlängerungsvermerk,
16. das Geschäftszeichen der Registerbehörde (AZR-Nummer),
17. Vermerk mit den Namen und Vornamen der begleitenden minderjährigen Kinder und Jugendlichen,
18. Vermerk, dass die Angaben auf den eigenen Angaben des Inhabers beruhen,
19. Vermerk, dass der Inhaber mit dieser Bescheinigung nicht der Pass- und Ausweispflicht genügt,
20. maschinenlesbare Zone und
21. Barcode.
[3]Die Zone für das automatische Lesen enthält die in Satz 2 Nummer 1, 4, 6, 7, 10 und 14 genannten Angaben, die Abkürzung „MED", Prüfziffern und Leerstellen. [4]Der automatisch erzeugte Barcode enthält die in Satz 3 genannten Angaben, eine digitale Signatur und die AZR-Nummer. [5]Die Unterschrift durch ein Kind ist zu leisten, wenn es zum Zeitpunkt der Ausstellung des Ankunftsnachweises das zehnte Lebensjahr vollendet hat.

(2) [1]Die Bescheinigung nach Absatz 1 ist auf längstens sechs Monate zu befristen. [2]Sie soll ausnahmsweise um jeweils längstens drei Monate verlängert werden, wenn
1. dem Ausländer vor Ablauf der Frist nach Satz 1 oder der verlängerten Frist nach Halbsatz 1 kein Termin bei der Außenstelle des Bundesamtes nach § 23 Absatz 1 genannt wurde,
2. der dem Ausländer nach § 23 Absatz 1 genannte Termin bei der Außenstelle des Bundesamtes außerhalb der Frist nach Satz 1 oder der verlängerten Frist nach Halbsatz 1 liegt oder
3. der Ausländer den ihm genannten Termin aus Gründen, die er nicht zu vertreten hat, nicht wahrnimmt.

(3) [1]Zuständig für die Ausstellung, Änderung der Anschrift und Verlängerung einer Bescheinigung nach Absatz 1 ist die Aufnahmeeinrichtung, auf die der Ausländer verteilt worden ist, sofern nicht die dieser Aufnahmeeinrichtung zugeordnete Außenstelle des Bundesamtes eine erkennungsdienstliche Behand-

lung des Ausländers oder die Verarbeitung seiner personenbezogenen Daten vornimmt. [2]Ist der Ausländer nicht mehr verpflichtet in der Aufnahmeeinrichtung zu wohnen, ist für die Verlängerung der Bescheinigung die Ausländerbehörde zuständig, in deren Bezirk der Ausländer sich aufzuhalten verpflichtet ist oder Wohnung zu nehmen hat; besteht eine solche Verpflichtung nicht, ist die Ausländerbehörde zuständig, in deren Bezirk sich der Ausländer tatsächlich aufhält.

(4) [1]Die Gültigkeit der Bescheinigung nach Absatz 1 endet mit Ablauf der Frist nach Absatz 2 Satz 1 oder der verlängerten Frist nach Absatz 2 Satz 2, mit Ausstellung der Bescheinigung über die Aufenthaltsgestattung nach § 63 oder mit dem Erlöschen der Aufenthaltsgestattung nach § 67. [2]Bei Ausstellung der Bescheinigung über die Aufenthaltsgestattung wird die Bescheinigung nach Absatz 1 eingezogen. [3]Zuständig für die Einziehung ist die Behörde, welche die Bescheinigung über die Aufenthaltsgestattung ausstellt.

(5) Der Inhaber ist verpflichtet, der zuständigen Aufnahmeeinrichtung, dem Bundesamt oder der Ausländerbehörde unverzüglich

1. den Ankunftsnachweis vorzulegen, wenn eine Eintragung unrichtig ist,
2. auf Verlangen den Ankunftsnachweis beim Empfang eines neuen Ankunftsnachweises oder der Aufenthaltsgestattung abzugeben,
3. den Verlust des Ankunftsnachweises anzuzeigen und im Falle des Wiederauffindens diesen vorzulegen,
4. auf Verlangen den Ankunftsnachweis abzugeben, wenn er eine einwandfreie Feststellung der Identität des Nachweisinhabers nicht zulässt oder er unerlaubt verändert worden ist.

§ 64 Ausweispflicht

(1) Der Ausländer genügt für die Dauer des Asylverfahrens seiner Ausweispflicht mit der Bescheinigung über die Aufenthaltsgestattung.

(2) Die Bescheinigung berechtigt nicht zum Grenzübertritt.

§ 65 Herausgabe des Passes

(1) Dem Ausländer ist nach der Stellung des Asylantrags der Pass oder Passersatz auszuhändigen, wenn dieser für die weitere Durchführung des Asylverfahrens nicht benötigt wird und der Ausländer einen Aufenthaltstitel besitzt oder die Ausländerbehörde ihm nach den Vorschriften in anderen Gesetzen einen Aufenthaltstitel erteilt.

(2) [1]Dem Ausländer kann der Pass oder Passersatz vorübergehend ausgehändigt werden, wenn dies in den Fällen des § 58 Abs. 1 für eine Reise oder wenn es für die Verlängerung der Gültigkeitsdauer oder die Vorbereitung der Ausreise des Ausländers erforderlich ist. [2]Nach Erlöschen der räumlichen Beschränkung (§ 59a) gilt für eine Reise Satz 1 entsprechend.

§ 66 Ausschreibung zur Aufenthaltsermittlung

(1) Der Ausländer kann zur Aufenthaltsermittlung im Ausländerzentralregister und in den Fahndungshilfsmitteln der Polizei ausgeschrieben werden, wenn sein Aufenthaltsort unbekannt ist und er

1. innerhalb einer Woche nicht in der Aufnahmeeinrichtung eintrifft, an die er weitergeleitet worden ist,
2. die Aufnahmeeinrichtung verlassen hat und innerhalb einer Woche nicht zurückgekehrt ist,
3. einer Zuweisungsverfügung oder einer Verfügung nach § 60 Abs. 2 Satz 1 innerhalb einer Woche nicht Folge geleistet hat oder
4. unter der von ihm angegebenen Anschrift oder der Anschrift der Unterkunft, in der er Wohnung zu nehmen hat, nicht erreichbar ist;

die in Nummer 4 bezeichneten Voraussetzungen liegen vor, wenn der Ausländer eine an die Anschrift bewirkte Zustellung nicht innerhalb von zwei Wochen in Empfang genommen hat.

(2) [1]Zuständig, die Ausschreibung zu veranlassen, sind die Aufnahmeeinrichtung, die Ausländerbehörde, in deren Bezirk sich der Ausländer aufzuhalten oder Wohnung zu nehmen hat, und das Bundesamt. [2]Die Ausschreibung darf nur von hierzu besonders ermächtigten Personen veranlasst werden.

§ 67 Erlöschen der Aufenthaltsgestattung

(1) [1]Die Aufenthaltsgestattung erlischt,

1. wenn der Ausländer nach § 18 Abs. 2 und 3 zurückgewiesen oder zurückgeschoben wird,
2. wenn der Ausländer innerhalb von zwei Wochen, nachdem ihm der Ankunftsnachweis ausgestellt worden ist, noch keinen Asylantrag gestellt hat,
3. im Falle der Rücknahme des Asylantrags mit der Zustellung der Entscheidung des Bundesamtes,
4. wenn eine nach diesem Gesetz oder nach § 60 Abs. 9 des Aufenthaltsgesetzes erlassene Abschiebungsandrohung vollziehbar geworden ist,

5. mit der Vollziehbarkeit einer Abschiebungsanordnung nach § 34a,
5a. mit der Bekanntgabe einer Abschiebungsanordnung nach § 58a des Aufenthaltsgesetzes,
6. im Übrigen, wenn die Entscheidung des Bundesamtes unanfechtbar geworden ist. [2]Liegt in den Fällen des § 23 Absatz 1 der dem Ausländer genannte Termin bei der Außenstelle des Bundesamtes nach der sich aus Satz 1 Nummer 2 ergebenden Frist, dann erlischt die Aufenthaltsgestattung nach dieser Bestimmung erst, wenn der Ausländer bis zu diesem Termin keinen Asylantrag stellt.

(2) Die Aufenthaltsgestattung tritt wieder in Kraft, wenn

1. ein nach § 33 Absatz 5 Satz 1 eingestelltes Verfahren wieder aufgenommen wird oder
2. der Ausländer den Asylantrag nach Ablauf der in Absatz 1 Satz 1 Nummer 2 oder Satz 2 genannten Frist stellt.

§§ 68–70 (weggefallen)

Abschnitt 7
Folgeantrag, Zweitantrag

§ 71 Folgeantrag

(1) [1]Stellt der Ausländer nach Rücknahme oder unanfechtbarer Ablehnung eines früheren Asylantrags erneut einen Asylantrag (Folgeantrag), so ist ein weiteres Asylverfahren nur durchzuführen, wenn die Voraussetzungen des § 51 Abs. 1 bis 3 des Verwaltungsverfahrensgesetzes vorliegen; die Prüfung obliegt dem Bundesamt. [2]Das Gleiche gilt für den Asylantrag eines Kindes, wenn der Vertreter nach § 14a Abs. 3 auf die Durchführung eines Asylverfahrens verzichtet hatte.

(2) [1]Der Ausländer hat den Folgeantrag persönlich bei der Außenstelle des Bundesamtes zu stellen, die der Aufnahmeeinrichtung zugeordnet ist, in der er während des früheren Asylverfahrens zu wohnen verpflichtet war. [2]Wenn der Ausländer das Bundesgebiet zwischenzeitlich verlassen hatte, gelten die §§ 47 bis 67 entsprechend. [3]In den Fällen des § 14 Abs. 2 Satz 1 Nr. 2 oder wenn der Ausländer nachweislich am persönlichen Erscheinen gehindert ist, ist der Folgeantrag schriftlich zu stellen. [4]Der Folgeantrag ist schriftlich bei der Zentrale des Bundesamtes zu stellen, wenn

1. die Außenstelle, die nach Satz 1 zuständig wäre, nicht mehr besteht,
2. der Ausländer während des früheren Asylverfahrens nicht verpflichtet war, in einer Aufnahmeeinrichtung zu wohnen.

[5]§ 19 Abs. 1 findet keine Anwendung.

(3) [1]In dem Folgeantrag hat der Ausländer seine Anschrift sowie die Tatsachen und Beweismittel anzugeben, aus denen sich das Vorliegen der Voraussetzungen des § 51 Abs. 1 bis 3 des Verwaltungsverfahrensgesetzes ergibt. [2]Auf Verlangen hat der Ausländer diese Angaben schriftlich zu machen. [3]Von einer Anhörung kann abgesehen werden. [4]§ 10 gilt entsprechend.

(4) Liegen die Voraussetzungen des § 51 Abs. 1 bis 3 des Verwaltungsverfahrensgesetzes nicht vor, sind die §§ 34, 35 und 36 entsprechend anzuwenden; im Falle der Abschiebung in einen sicheren Drittstaat (§ 26a) ist § 34a entsprechend anzuwenden.

(5) [1]Stellt der Ausländer, nachdem eine nach Stellung des früheren Asylantrags ergangene Abschiebungsandrohung oder -anordnung vollziehbar geworden ist, einen Folgeantrag, der nicht zur Durchführung eines weiteren Verfahrens führt, so bedarf es zum Vollzug der Abschiebung keiner erneuten Fristsetzung und Abschiebungsandrohung oder -anordnung. [2]Die Abschiebung darf erst nach einer Mitteilung des Bundesamtes, dass die Voraussetzungen des § 51 Abs. 1 bis 3 des Verwaltungsverfahrensgesetzes nicht vorliegen, vollzogen werden, es sei denn, der Ausländer soll in den sicheren Drittstaat abgeschoben werden.

(6) [1]Absatz 5 gilt auch, wenn der Ausländer zwischenzeitlich das Bundesgebiet verlassen hatte. [2]Im Falle einer unerlaubten Einreise aus einem sicheren Drittstaat (§ 26a) kann der Ausländer nach § 57 Abs. 1 und 2 des Aufenthaltsgesetzes dorthin zurückgeschoben werden, ohne dass es der vorherigen Mitteilung des Bundesamtes bedarf.

(7) [1]War der Aufenthalt des Ausländers während des früheren Asylverfahrens räumlich beschränkt, gilt die letzte räumliche Beschränkung fort, solange keine andere Entscheidung ergeht. [2]Die §§ 59a und 59b gelten entsprechend. [3]In den Fällen der Absätze 5 und 6 ist für ausländerrechtliche Maßnahmen auch die Ausländerbehörde zuständig, in deren Bezirk sich der Ausländer aufhält.

(8) Ein Folgeantrag steht der Anordnung von Abschiebungshaft nicht entgegen, es sei denn, es wird ein weiteres Asylverfahren durchgeführt.

§ 71a Zweitantrag

(1) Stellt der Ausländer nach erfolglosem Abschluss eines Asylverfahrens in einem sicheren Drittstaat (§ 26a), für den Rechtsvorschriften der Europäischen Gemeinschaft über die Zuständigkeit für die Durchführung von Asylverfahren gelten oder mit dem die Bundesrepublik Deutschland darüber einen völkerrechtlichen Vertrag geschlossen hat, im Bundesgebiet einen Asylantrag (Zweitantrag), so ist ein weiteres Asylverfahren nur durchzuführen, wenn die Bundesrepublik Deutschland für die Durchführung des Asylverfahrens zuständig ist und die Voraussetzungen des § 51 Abs. 1 bis 3 des Verwaltungsverfahrensgesetzes vorliegen; die Prüfung obliegt dem Bundesamt.

(2) ¹Für das Verfahren zur Feststellung, ob ein weiteres Asylverfahren durchzuführen ist, gelten die §§ 12 bis 25, 33, 44 bis 54 entsprechend. ²Von der Anhörung kann abgesehen werden, soweit sie für die Feststellung, dass kein weiteres Asylverfahren durchzuführen ist, nicht erforderlich ist. ³§ 71 Abs. 8 gilt entsprechend.

(3) ¹Der Aufenthalt des Ausländers gilt als geduldet. ²Die §§ 56 bis 67 gelten entsprechend.

(4) Wird ein weiteres Asylverfahren nicht durchgeführt, sind die §§ 34 bis 36, 42 und 43 entsprechend anzuwenden.

(5) Stellt der Ausländer nach Rücknahme oder unanfechtbarer Ablehnung eines Zweitantrags einen weiteren Asylantrag, gilt § 71.

Abschnitt 8
Erlöschen der Rechtsstellung

§ 72 Erlöschen

(1) Die Anerkennung als Asylberechtigter und die Zuerkennung der Flüchtlingseigenschaft erlöschen, wenn der Ausländer

1. sich freiwillig durch Annahme oder Erneuerung eines Nationalpasses oder durch sonstige Handlungen erneut dem Schutz des Staates, dessen Staatsangehörigkeit er besitzt, unterstellt,

1a. freiwillig in das Land, das er aus Furcht vor Verfolgung verlassen hat oder außerhalb dessen er sich aus Furcht vor Verfolgung befindet, zurückgekehrt ist und sich dort niedergelassen hat,

2. nach Verlust seiner Staatsangehörigkeit diese freiwillig wiedererlangt hat,

3. auf Antrag eine neue Staatsangehörigkeit erworben hat und den Schutz des Staates, dessen Staatsangehörigkeit er erworben hat, genießt oder

4. auf sie verzichtet oder vor Eintritt der Unanfechtbarkeit der Entscheidung des Bundesamtes den Antrag zurücknimmt.

(2) Der Ausländer hat einen Anerkennungsbescheid und einen Reiseausweis unverzüglich bei der Ausländerbehörde abzugeben.

§ 73 Widerruf und Rücknahme der Asylberechtigung und der Flüchtlingseigenschaft

(1) ¹Die Anerkennung als Asylberechtigter und die Zuerkennung der Flüchtlingseigenschaft sind unverzüglich zu widerrufen, wenn die Voraussetzungen für sie nicht mehr vorliegen. ²Dies ist insbesondere der Fall, wenn der Ausländer nach Wegfall der Umstände, die zur Anerkennung als Asylberechtigter oder zur Zuerkennung der Flüchtlingseigenschaft geführt haben, es nicht mehr ablehnen kann, den Schutz des Staates in Anspruch zu nehmen, dessen Staatsangehörigkeit er besitzt, oder wenn er als Staatenloser in der Lage ist, in das Land zurückzukehren, in dem er seinen gewöhnlichen Aufenthalt hatte. ³Satz 2 gilt nicht, wenn sich der Ausländer auf zwingende, auf früheren Verfolgungen beruhende Gründe berufen kann, um die Rückkehr in den Staat abzulehnen, dessen Staatsangehörigkeit er besitzt oder in dem er als Staatenloser seinen gewöhnlichen Aufenthalt hatte.

(2) ¹Die Anerkennung als Asylberechtigter ist zurückzunehmen, wenn sie auf Grund unrichtiger Angaben oder infolge Verschweigens wesentlicher Tatsachen erteilt worden ist und der Ausländer auch aus anderen Gründen nicht anerkannt werden könnte. ²Satz 1 ist auf die Zuerkennung der Flüchtlingseigenschaft entsprechend anzuwenden.

(2a) ¹Die Prüfung, ob die Voraussetzungen für einen Widerruf nach Absatz 1 oder eine Rücknahme nach Absatz 2 vorliegen, hat spätestens nach Ablauf von drei Jahren nach Unanfechtbarkeit der Entscheidung zu erfolgen. ²Liegen die Voraussetzungen für einen Widerruf oder eine Rücknahme vor, teilt das Bundesamt dieses Ergebnis der Ausländerbehörde spätestens innerhalb eines Monats nach dreijähriger Unanfechtbarkeit der begünstigenden Entscheidung mit. ³Anderenfalls kann eine Mitteilung an die Ausländerbehörde entfallen. ⁴Der Ausländerbehörde ist auch mitzuteilen, welche Personen nach § 26 ihre Asylberechtigung oder Flüchtlingseigenschaft von dem Ausländer ableiten und ob bei ihnen die Voraussetzungen für einen Widerruf nach Absatz 2b vorliegen. ⁵Ist nach der Prüfung ein Widerruf oder eine Rück-

nahme nicht erfolgt, steht eine spätere Entscheidung nach Absatz 1 oder Absatz 2 im Ermessen, es sei denn, der Widerruf oder die Rücknahme erfolgt, weil die Voraussetzungen des § 60 Abs. 8 Satz 1 des Aufenthaltsgesetzes oder des § 3 Abs. 2 vorliegen oder weil das Bundesamt nach § 60 Absatz 8 Satz 3 des Aufenthaltsgesetzes von der Anwendung des § 60 Absatz 1 des Aufenthaltsgesetzes abgesehen hat.

(2b) [1]In den Fällen des § 26 Absatz 1 bis 3 und 5 ist die Anerkennung als Asylberechtigter und die Zuerkennung der Flüchtlingseigenschaft zu widerrufen, wenn die Voraussetzungen des § 26 Absatz 4 Satz 1 vorliegen. [2]Die Anerkennung als Asylberechtigter ist ferner zu widerrufen, wenn die Anerkennung des Asylberechtigten, von dem die Anerkennung abgeleitet worden ist, erlischt, widerrufen oder zurückgenommen wird und der Ausländer nicht aus anderen Gründen als Asylberechtigter anerkannt werden könnte. [3]In den Fällen des § 26 Absatz 5 ist die Zuerkennung der Flüchtlingseigenschaft zu widerrufen, wenn die Flüchtlingseigenschaft des Ausländers, von dem die Zuerkennung abgeleitet worden ist, erlischt, widerrufen oder zurückgenommen wird und dem Ausländer nicht aus anderen Gründen die Flüchtlingseigenschaft zuerkannt werden könnte. [4]§ 26 Absatz 1 Satz 2 gilt entsprechend.

(2c) Bis zur Bestandskraft des Widerrufs oder der Rücknahme entfällt für Einbürgerungsverfahren die Verbindlichkeit der Entscheidung über den Asylantrag.

(3) Bei Widerruf oder Rücknahme der Anerkennung als Asylberechtigter oder der Zuerkennung der Flüchtlingseigenschaft ist zu entscheiden, ob die Voraussetzungen für den subsidiären Schutz oder die Voraussetzungen des § 60 Absatz 5 oder 7 des Aufenthaltsgesetzes vorliegen.

(3a) [1]Der Ausländer ist nach Aufforderung durch das Bundesamt persönlich zur Mitwirkung bei der Prüfung des Vorliegens der Voraussetzungen des Widerrufs oder der Rücknahme der Anerkennung als Asylberechtigter oder der Zuerkennung der Flüchtlingseigenschaft verpflichtet, soweit dies für die Prüfung erforderlich und dem Ausländer zumutbar ist. [2]§ 15 Absatz 1 Satz 2, Absatz 2 Nummer 1, 4 bis 7 und Absatz 3 sowie § 16 gelten entsprechend, hinsichtlich der Sicherung der Identität durch erkennungsdienstliche Maßnahmen (§ 16 Absatz 1 Satz 1 und 2) mit der Maßgabe, dass sie nur zulässig ist, soweit die Identität des Ausländers nicht bereits gesichert worden ist. [3]Das Bundesamt soll den Ausländer mit Mitteln des Verwaltungszwangs zur Erfüllung seiner Mitwirkungspflichten anhalten. [4]Kommt der Ausländer den Mitwirkungspflichten nicht oder nicht vollständig nach, kann das Bundesamt nach Aktenlage entscheiden, sofern

1. die unterbliebene Mitwirkungshandlung nicht unverzüglich nachgeholt worden ist, oder
2. der Ausländer die Mitwirkungspflichten ohne genügende Entschuldigung verletzt hat.

[5]Bei der Entscheidung nach Aktenlage sind für die Entscheidung über einen Widerruf oder eine Rücknahme nach dieser Vorschrift oder nach § 48 des Verwaltungsverfahrensgesetzes sämtliche maßgeblichen Tatsachen und Umstände zu berücksichtigen. [6]Ferner ist zu berücksichtigen, inwieweit der Ausländer seinen Mitwirkungspflichten nachgekommen ist. [7]Der Ausländer ist durch das Bundesamt auf Inhalt und Umfang seiner Mitwirkungspflichten nach dieser Vorschrift sowie auf die Rechtsfolgen einer Verletzung hinzuweisen.

(4) [1]In den Fällen, in denen keine Aufforderung durch das Bundesamt nach Absatz 3a erfolgt ist, ist dem Ausländer die beabsichtigte Entscheidung über einen Widerruf oder eine Rücknahme nach dieser Vorschrift oder nach § 48 des Verwaltungsverfahrensgesetzes schriftlich mitzuteilen und ihm ist Gelegenheit zur Äußerung zu geben. [2]Ihm kann aufgegeben werden, sich innerhalb eines Monats schriftlich zu äußern. [3]Hat sich der Ausländer innerhalb dieser Frist nicht geäußert, ist nach Aktenlage zu entscheiden; der Ausländer ist auf diese Rechtsfolge hinzuweisen.

(5) Mitteilungen oder Entscheidungen des Bundesamtes, die eine Frist in Lauf setzen, sind dem Ausländer zuzustellen.

(6) Ist die Anerkennung als Asylberechtigter oder die Zuerkennung der Flüchtlingseigenschaft unanfechtbar widerrufen oder zurückgenommen oder aus einem anderen Grund nicht mehr wirksam, gilt § 72 Abs. 2 entsprechend.

(7) [1]Für Entscheidungen des Bundesamtes über die Anerkennung als Asylberechtigter oder die Zuerkennung der Flüchtlingseigenschaft, die im Jahre 2015 unanfechtbar geworden sind, endet die in Absatz 2a Satz 1 bestimmte Frist für die Entscheidung über einen Widerruf oder eine Rücknahme am 31. Dezember 2019, für Entscheidungen, die im Jahre 2016 unanfechtbar geworden sind, endet sie am 31. Dezember 2020 und für Entscheidungen, die im Jahre 2017 unanfechtbar geworden sind, endet sie am 31. Dezember 2021. [2]Die Mitteilung an die Ausländerbehörde gemäß Absatz 2a Satz 2 hat spätestens bis zum 31. Januar des jeweiligen Folgejahres zu erfolgen.

§ 73a Ausländische Anerkennung als Flüchtling

(1) [1]Ist bei einem Ausländer, der von einem ausländischen Staat als Flüchtling im Sinne des Abkommens über die Rechtsstellung der Flüchtlinge anerkannt worden ist, die Verantwortung für die Ausstellung des

Reiseausweises auf die Bundesrepublik Deutschland übergegangen, so erlischt seine Rechtsstellung als Flüchtling in der Bundesrepublik Deutschland, wenn einer der in § 72 Abs. 1 genannten Umstände eintritt. ²Der Ausländer hat den Reiseausweis unverzüglich bei der Ausländerbehörde abzugeben.

(2) ¹Dem Ausländer wird die Rechtsstellung als Flüchtling in der Bundesrepublik Deutschland entzogen, wenn die Voraussetzungen für die Zuerkennung der Flüchtlingseigenschaft nicht oder nicht mehr vorliegen. ²§ 73 gilt entsprechend.

§ 73b Widerruf und Rücknahme des subsidiären Schutzes

(1) ¹Die Gewährung des subsidiären Schutzes ist zu widerrufen, wenn die Umstände, die zur Zuerkennung des subsidiären Schutzes geführt haben, nicht mehr bestehen oder sich in einem Maß verändert haben, dass ein solcher Schutz nicht mehr erforderlich ist. ²§ 73 Absatz 1 Satz 3 gilt entsprechend.

(2) Bei Anwendung des Absatzes 1 ist zu berücksichtigen, ob sich die Umstände so wesentlich und nicht nur vorübergehend verändert haben, dass der Ausländer, dem subsidiärer Schutz gewährt wurde, tatsächlich nicht länger Gefahr läuft, einen ernsthaften Schaden im Sinne des § 4 Absatz 1 zu erleiden.

(3) Die Zuerkennung des subsidiären Schutzes ist zurückzunehmen, wenn der Ausländer nach § 4 Absatz 2 von der Gewährung subsidiären Schutzes hätte ausgeschlossen werden müssen oder ausgeschlossen ist oder eine falsche Darstellung oder das Verschweigen von Tatsachen oder die Verwendung gefälschter Dokumente für die Zuerkennung des subsidiären Schutzes ausschlaggebend war.

(4) § 73 Absatz 2b Satz 3 und Absatz 2c bis 6 gilt entsprechend.

§ 73c Widerruf und Rücknahme von Abschiebungsverboten

(1) Die Feststellung der Voraussetzungen des § 60 Absatz 5 oder 7 des Aufenthaltsgesetzes ist zurückzunehmen, wenn sie fehlerhaft ist.

(2) Die Feststellung der Voraussetzungen des § 60 Absatz 5 oder 7 des Aufenthaltsgesetzes ist zu widerrufen, wenn die Voraussetzungen nicht mehr vorliegen.

(3) § 73 Absatz 2c bis 6 gilt entsprechend.

Abschnitt 9
Gerichtsverfahren

§ 74 Klagefrist, Zurückweisung verspäteten Vorbringens

(1) Die Klage gegen Entscheidungen nach diesem Gesetz muss innerhalb von zwei Wochen nach Zustellung der Entscheidung erhoben werden; ist der Antrag nach § 80 Abs. 5 der Verwaltungsgerichtsordnung innerhalb einer Woche zu stellen (§ 34a Absatz 2 Satz 1 und 3, § 36 Absatz 3 Satz 1 und 10), ist auch die Klage innerhalb einer Woche zu erheben.

(2) ¹Der Kläger hat die zur Begründung dienenden Tatsachen und Beweismittel binnen einer Frist von einem Monat nach Zustellung der Entscheidung anzugeben. ²§ 87b Abs. 3 der Verwaltungsgerichtsordnung gilt entsprechend. ³Der Kläger ist über die Verpflichtung nach Satz 1 und die Folgen der Fristversäumung zu belehren. ⁴Das Vorbringen neuer Tatsachen und Beweismittel bleibt unberührt.

§ 75 Aufschiebende Wirkung der Klage

(1) ¹Die Klage gegen Entscheidungen nach diesem Gesetz hat nur in den Fällen des § 38 Absatz 1 sowie der §§ 73, 73b und 73c aufschiebende Wirkung. ²Die Klage gegen Maßnahmen des Verwaltungszwangs (§ 73 Absatz 3a Satz 3) hat keine aufschiebende Wirkung.

(2) ¹Die Klage gegen Entscheidungen des Bundesamtes, mit denen die Anerkennung als Asylberechtigter oder die Zuerkennung der Flüchtlingseigenschaft widerrufen oder zurückgenommen worden ist, hat in folgenden Fällen keine aufschiebende Wirkung:

1. bei Widerruf oder Rücknahme wegen des Vorliegens der Voraussetzungen des § 60 Absatz 8 Satz 1 des Aufenthaltsgesetzes oder des § 3 Absatz 2,

2. bei Widerruf oder Rücknahme, weil das Bundesamt nach § 60 Absatz 8 Satz 3 des Aufenthaltsgesetzes von der Anwendung des § 60 Absatz 1 des Aufenthaltsgesetzes abgesehen hat.

²Dies gilt entsprechend bei Klagen gegen den Widerruf oder die Rücknahme der Gewährung subsidiären Schutzes wegen Vorliegens der Voraussetzungen des § 4 Absatz 2. ³§ 80 Abs. 2 Satz 1 Nr. 4 der Verwaltungsgerichtsordnung bleibt unberührt.

§ 76 Einzelrichter

(1) Die Kammer soll in der Regel in Streitigkeiten nach diesem Gesetz den Rechtsstreit einem ihrer Mitglieder als Einzelrichter zur Entscheidung übertragen, wenn nicht die Sache besondere Schwierigkeiten tatsächlicher oder rechtlicher Art aufweist oder die Rechtssache grundsätzliche Bedeutung hat.

(2) Der Rechtsstreit darf dem Einzelrichter nicht übertragen werden, wenn bereits vor der Kammer mündlich verhandelt worden ist, es sei denn, dass inzwischen ein Vorbehalts-, Teil- oder Zwischenurteil ergangen ist.

(3) [1]Der Einzelrichter kann nach Anhörung der Beteiligten den Rechtsstreit auf die Kammer zurückübertragen, wenn sich aus einer wesentlichen Änderung der Prozesslage ergibt, dass die Rechtssache grundsätzliche Bedeutung hat. [2]Eine erneute Übertragung auf den Einzelrichter ist ausgeschlossen.

(4) [1]In Verfahren des vorläufigen Rechtsschutzes entscheidet ein Mitglied der Kammer als Einzelrichter. [2]Der Einzelrichter überträgt den Rechtsstreit auf die Kammer, wenn die Rechtssache grundsätzliche Bedeutung hat oder wenn er von der Rechtsprechung der Kammer abweichen will.

(5) Ein Richter auf Probe darf in den ersten sechs Monaten nach seiner Ernennung nicht Einzelrichter sein.

§ 77 Entscheidung des Gerichts

(1) [1]In Streitigkeiten nach diesem Gesetz stellt das Gericht auf die Sach- und Rechtslage im Zeitpunkt der letzten mündlichen Verhandlung ab; ergeht die Entscheidung ohne mündliche Verhandlung, ist der Zeitpunkt maßgebend, in dem die Entscheidung gefällt wird. [2]§ 74 Abs. 2 Satz 2 bleibt unberührt.

(2) Das Gericht sieht von einer weiteren Darstellung des Tatbestandes und der Entscheidungsgründe ab, soweit es den Feststellungen und der Begründung des angefochtenen Verwaltungsaktes folgt und dies in seiner Entscheidung feststellt oder soweit die Beteiligten übereinstimmend darauf verzichten.

§ 78 Rechtsmittel

(1) [1]Das Urteil des Verwaltungsgerichts, durch das die Klage in Rechtsstreitigkeiten nach diesem Gesetz als offensichtlich unzulässig oder offensichtlich unbegründet abgewiesen wird, ist unanfechtbar. [2]Das gilt auch, wenn nur das Klagebegehren gegen die Entscheidung über den Asylantrag als offensichtlich unzulässig oder offensichtlich unbegründet, das Klagebegehren im Übrigen hingegen als unzulässig oder unbegründet abgewiesen worden ist.

(2) In den übrigen Fällen steht den Beteiligten die Berufung gegen das Urteil des Verwaltungsgerichts zu, wenn sie von dem Oberverwaltungsgericht zugelassen wird.

(3) Die Berufung ist nur zuzulassen, wenn

1. die Rechtssache grundsätzliche Bedeutung hat oder
2. das Urteil von einer Entscheidung des Oberverwaltungsgerichts, des Bundesverwaltungsgerichts, des Gemeinsamen Senats der obersten Gerichtshöfe des Bundes oder des Bundesverfassungsgerichts abweicht und auf dieser Abweichung beruht oder
3. ein in § 138 der Verwaltungsgerichtsordnung bezeichneter Verfahrensmangel geltend gemacht wird und vorliegt.

(4) [1]Die Zulassung der Berufung ist innerhalb eines Monats nach Zustellung des Urteils zu beantragen. [2]Der Antrag ist bei dem Verwaltungsgericht zu stellen. [3]Er muss das angefochtene Urteil bezeichnen. [4]In dem Antrag sind die Gründe, aus denen die Berufung zuzulassen ist, darzulegen. [5]Die Stellung des Antrags hemmt die Rechtskraft des Urteils.

(5) [1]Über den Antrag entscheidet das Oberverwaltungsgericht durch Beschluss, der keiner Begründung bedarf. [2]Mit der Ablehnung des Antrags wird das Urteil rechtskräftig. [3]Lässt das Oberverwaltungsgericht die Berufung zu, wird das Antragsverfahren als Berufungsverfahren fortgesetzt; der Einlegung einer Berufung bedarf es nicht.

(6) § 134 der Verwaltungsgerichtsordnung findet keine Anwendung, wenn das Urteil des Verwaltungsgerichts nach Absatz 1 unanfechtbar ist.

(7) Ein Rechtsbehelf nach § 84 Abs. 2 der Verwaltungsgerichtsordnung ist innerhalb von zwei Wochen nach Zustellung des Gerichtsbescheids zu erheben.

§ 79 Besondere Vorschriften für das Berufungsverfahren

(1) In dem Verfahren vor dem Oberverwaltungsgericht gilt in Bezug auf Erklärungen und Beweismittel, die der Kläger nicht innerhalb der Frist des § 74 Abs. 2 Satz 1 vorgebracht hat, § 128a der Verwaltungsgerichtsordnung entsprechend.

(2) § 130 Abs. 2 und 3 der Verwaltungsgerichtsordnung findet keine Anwendung.

§ 80 Ausschluss der Beschwerde

Entscheidungen in Rechtsstreitigkeiten nach diesem Gesetz können vorbehaltlich des § 133 Abs. 1 der Verwaltungsgerichtsordnung nicht mit der Beschwerde angefochten werden.

§ 80a Ruhen des Verfahrens

(1) ¹Für das Klageverfahren gilt § 32a Abs. 1 entsprechend. ²Das Ruhen hat auf den Lauf von Fristen für die Einlegung oder Begründung von Rechtsbehelfen keinen Einfluss.

(2) ¹Die Klage gilt als zurückgenommen, wenn der Kläger nicht innerhalb eines Monats nach Ablauf der Geltungsdauer der Aufenthaltserlaubnis nach § 24 des Aufenthaltsgesetzes dem Gericht anzeigt, dass er das Klageverfahren fortführen will.

(3) Das Bundesamt unterrichtet das Gericht unverzüglich über die Erteilung und den Ablauf der Geltungsdauer der Aufenthaltserlaubnis nach § 24 des Aufenthaltsgesetzes.

§ 81 Nichtbetreiben des Verfahrens ·

¹Die Klage gilt in einem gerichtlichen Verfahren nach diesem Gesetz als zurückgenommen, wenn der Kläger das Verfahren trotz Aufforderung des Gerichts länger als einen Monat nicht betreibt. ²Der Kläger trägt die Kosten des Verfahrens. ³In der Aufforderung ist der Kläger auf die nach Satz 1 und 2 eintretenden Folgen hinzuweisen.

§ 82 Akteneinsicht in Verfahren des vorläufigen Rechtsschutzes

¹In Verfahren des vorläufigen Rechtsschutzes wird Akteneinsicht auf der Geschäftsstelle des Gerichts gewährt. ²Die Akten können dem bevollmächtigten Rechtsanwalt zur Mitnahme in seine Wohnung oder Geschäftsräume übergeben werden, wenn ausgeschlossen werden kann, dass sich das Verfahren dadurch verzögert. ³Für die Versendung von Akten gilt Satz 2 entsprechend.

§ 83 Besondere Spruchkörper

(1) Streitigkeiten nach diesem Gesetz sollen in besonderen Spruchkörpern zusammengefasst werden.

(2) ¹Die Landesregierungen können bei den Verwaltungsgerichten für Streitigkeiten nach diesem Gesetz durch Rechtsverordnung besondere Spruchkörper bilden und deren Sitz bestimmen. ²Die Landesregierungen können die Ermächtigung auf andere Stellen übertragen. ³Die nach Satz 1 gebildeten Spruchkörper sollen ihren Sitz in räumlicher Nähe zu den Aufnahmeeinrichtungen haben. ·

(3) ¹Die Landesregierungen werden ermächtigt, durch Rechtsverordnung einem Verwaltungsgericht für die Bezirke mehrerer Verwaltungsgerichte Streitigkeiten nach diesem Gesetz hinsichtlich bestimmter Herkunftsstaaten zuzuweisen, sofern dies für die Verfahrensförderung dieser Streitigkeiten sachdienlich ist. ²Die Landesregierungen können die Ermächtigung auf andere Stellen übertragen.

§ 83a Unterrichtung der Ausländerbehörde

¹Das Gericht darf der Ausländerbehörde das Ergebnis eines Verfahrens formlos mitteilen. ²Das Gericht hat der Ausländerbehörde das Ergebnis mitzuteilen, wenn das Verfahren die Rechtmäßigkeit einer Abschiebungsandrohung oder einer Abschiebungsanordnung nach diesem Gesetz zum Gegenstand hat.

§ 83b Gerichtskosten, Gegenstandswert

Gerichtskosten (Gebühren und Auslagen) werden in Streitigkeiten nach diesem Gesetz nicht erhoben.

§ 83c Anwendbares Verfahren für die Anordnung und Befristung von Einreise- und Aufenthaltsverboten

Die Bestimmungen dieses Abschnitts sowie § 52 Nummer 2 Satz 3 der Verwaltungsgerichtsordnung gelten auch für Rechtsbehelfe gegen die Entscheidungen des Bundesamtes nach § 75 Nummer 12 des Aufenthaltsgesetzes.

Abschnitt 10
Straf- und Bußgeldvorschriften

§ 84 Verleitung zur missbräuchlichen Asylantragstellung

(1) Mit Freiheitsstrafe bis zu drei Jahren oder mit Geldstrafe wird bestraft, wer einen Ausländer verleitet oder dabei unterstützt, im Asylverfahren vor dem Bundesamt oder im gerichtlichen Verfahren unrichtige oder unvollständige Angaben zu machen, um eine Anerkennung als Asylberechtigter oder die Zuerkennung internationalen Schutzes im Sinne des § 1 Absatz 1 Nummer 2 zu ermöglichen.

(2) ¹In besonders schweren Fällen ist die Strafe Freiheitsstrafe bis zu fünf Jahren oder Geldstrafe. ²Ein besonders schwerer Fall liegt in der Regel vor, wenn der Täter

1. für eine in Absatz 1 bezeichnete Handlung einen Vermögensvorteil erhält oder sich versprechen lässt oder

2. wiederholt oder zugunsten von mehr als fünf Ausländern handelt.

(3) Mit Freiheitsstrafe von sechs Monaten bis zu zehn Jahren wird bestraft, wer in den Fällen des Absatzes 1

1. gewerbsmäßig oder
2. als Mitglied einer Bande, die sich zur fortgesetzten Begehung solcher Taten verbunden hat,

handelt.

(4) Der Versuch ist strafbar.

(5) Wer die Tat nach Absatz 1 zugunsten eines Angehörigen im Sinne des § 11 Abs. 1 Nr. 1 des Strafgesetzbuches begeht, ist straffrei.

§ 84a Gewerbs- und bandenmäßige Verleitung zur missbräuchlichen Asylantragstellung

(1) Mit Freiheitsstrafe von einem Jahr bis zu zehn Jahren wird bestraft, wer in den Fällen des § 84 Abs. 1 als Mitglied einer Bande, die sich zur fortgesetzten Begehung solcher Taten verbunden hat, gewerbsmäßig handelt.

(2) In minder schweren Fällen ist die Strafe Freiheitsstrafe von sechs Monaten bis zu fünf Jahren.

§ 85 Sonstige Straftaten

Mit Freiheitsstrafe bis zu einem Jahr oder mit Geldstrafe wird bestraft, wer

1. entgegen § 50 Abs. 6, auch in Verbindung mit § 71a Abs. 2 Satz 1, sich nicht unverzüglich zu der angegebenen Stelle begibt,
2. wiederholt einer Aufenthaltsbeschränkung nach § 56 oder § 59b Absatz 1, jeweils auch in Verbindung mit § 71a Abs. 3, zuwiderhandelt,
3. einer vollziehbaren Anordnung nach § 60 Abs. 2 Satz 1, auch in Verbindung mit § 71a Abs. 3, nicht rechtzeitig nachkommt oder
4. entgegen § 61 Abs. 1, auch in Verbindung mit § 71a Abs. 3, eine Erwerbstätigkeit ausübt.

§ 86 Bußgeldvorschriften

(1) Ordnungswidrig handelt ein Ausländer, der einer Aufenthaltsbeschränkung nach § 56 oder § 59b Absatz 1, jeweils auch in Verbindung mit § 71a Abs. 3, zuwiderhandelt.

(2) Die Ordnungswidrigkeit kann mit einer Geldbuße bis zu zweitausendfünfhundert Euro geahndet werden.

Abschnitt 11
Übergangs- und Schlussvorschriften

§ 87 Übergangsvorschriften

(1) Für das Verwaltungsverfahren gelten folgende Übergangsvorschriften:

1. Bereits begonnene Asylverfahren sind nach bisher geltendem Recht zu Ende zu führen, wenn vor dem Inkrafttreten dieses Gesetzes das Bundesamt seine Entscheidung an die Ausländerbehörde zur Zustellung abgesandt hat. Ist das Asylverfahren vor dem Inkrafttreten dieses Gesetzes bestandskräftig abgeschlossen, ist das Bundesamt für die Entscheidung, ob Abschiebungshindernisse nach § 53 des Ausländergesetzes vorliegen, und für den Erlass einer Abschiebungsandrohung nur zuständig, wenn ein erneutes Asylverfahren durchgeführt wird.
2. Über Folgeanträge, die vor Inkrafttreten dieses Gesetzes gestellt worden sind, entscheidet die Ausländerbehörde nach bisher geltendem Recht.
3. Bei Ausländern, die vor Inkrafttreten dieses Gesetzes einen Asylantrag gestellt haben, richtet sich die Verteilung auf die Länder nach bisher geltendem Recht.

(2) Für die Rechtsbehelfe und das gerichtliche Verfahren gelten folgende Übergangsvorschriften:

1. In den Fällen des Absatzes 1 Nr. 1 und 2 richtet sich die Klagefrist nach bisher geltendem Recht; die örtliche Zuständigkeit des Verwaltungsgerichts bestimmt sich nach § 52 Nr. 2 Satz 3 der Verwaltungsgerichtsordnung in der bis zum Inkrafttreten dieses Gesetzes geltenden Fassung.
2. Die Zulässigkeit eines Rechtsbehelfs gegen einen Verwaltungsakt richtet sich nach bisher geltendem Recht, wenn der Verwaltungsakt vor Inkrafttreten dieses Gesetzes bekannt gegeben worden ist.
3. Die Zulässigkeit eines Rechtsmittels gegen eine gerichtliche Entscheidung richtet sich nach bisher geltendem Recht, wenn die Entscheidung vor Inkrafttreten dieses Gesetzes verkündet oder von Amts wegen anstelle einer Verkündung zugestellt worden ist.
4. Hat ein vor Inkrafttreten dieses Gesetzes eingelegter Rechtsbehelf nach bisher geltendem Recht aufschiebende Wirkung, finden die Vorschriften dieses Gesetzes über den Ausschluss der aufschiebenden Wirkung keine Anwendung.

5. Ist in einem gerichtlichen Verfahren vor Inkrafttreten dieses Gesetzes eine Aufforderung nach § 33 des Asylverfahrensgesetzes in der Fassung der Bekanntmachung vom 9. April 1991 (BGBl. I S. 869), geändert durch Artikel 7 § 13 in Verbindung mit Artikel 11 des Gesetzes vom 12. September 1990 (BGBl. I S. 2002), erlassen worden, gilt insoweit diese Vorschrift fort.

§ 87a Übergangsvorschriften aus Anlass der am 1. Juli 1993 in Kraft getretenen Änderungen

(1) [1]Soweit in den folgenden Vorschriften nicht etwas anderes bestimmt ist, gelten die Vorschriften dieses Gesetzes mit Ausnahme der §§ 26a und 34a auch für Ausländer, die vor dem 1. Juli 1993 einen Asylantrag gestellt haben. [2]Auf Ausländer, die aus einem Mitgliedstaat der Europäischen Gemeinschaften oder aus einem in der Anlage I bezeichneten Staat eingereist sind, finden die §§ 27, 29 Abs. 1 und 2 entsprechende Anwendung.

(2) Für das Verwaltungsverfahren gelten folgende Übergangsvorschriften:

1. § 10 Abs. 2 Satz 2 und 3, Abs. 3 und 4 findet Anwendung, wenn der Ausländer insoweit ergänzend schriftlich belehrt worden ist.

2. § 33 Abs. 2 gilt nur für Ausländer, die nach dem 1. Juli 1993 in ihren Herkunftsstaat ausreisen.

3. Für Folgeanträge, die vor dem 1. Juli 1993 gestellt worden sind, gelten die Vorschriften der §§ 71 und 87 Abs. 1 Nr. 2 in der bis zu diesem Zeitpunkt geltenden Fassung.

(3) Für die Rechtsbehelfe und das gerichtliche Verfahren gelten folgende Übergangsvorschriften:

1. Die Zulässigkeit eines Rechtsbehelfs gegen einen Verwaltungsakt richtet sich nach dem bis zum 1. Juli 1993 geltenden Recht, wenn der Verwaltungsakt vor diesem Zeitpunkt bekannt gegeben worden ist.

2. Die Zulässigkeit eines Rechtsbehelfs gegen eine gerichtliche Entscheidung richtet sich nach dem bis zum 1. Juli 1993 geltenden Recht, wenn die Entscheidung vor diesem Zeitpunkt verkündet oder von Amts wegen anstelle einer Verkündung zugestellt worden ist.

3. § 76 Abs. 4 findet auf Verfahren, die vor dem 1. Juli 1993 anhängig geworden sind, keine Anwendung.

4. Die Wirksamkeit einer vor dem 1. Juli 1993 bereits erfolgten Übertragung auf den Einzelrichter bleibt von § 76 Abs. 5 unberührt.

5. § 83 Abs. 1 ist bis zum 31. Dezember 1993 nicht anzuwenden.

§ 87b Übergangsvorschrift aus Anlass der am 1. September 2004 in Kraft getretenen Änderungen

In gerichtlichen Verfahren nach diesem Gesetz, die vor dem 1. September 2004 anhängig geworden sind, gilt § 6 in der vor diesem Zeitpunkt geltenden Fassung weiter.

§ 87c Übergangsvorschriften aus Anlass der am 6. August 2016 in Kraft getretenen Änderungen

(1) [1]Eine vor dem 6. August 2016 erworbene Aufenthaltsgestattung gilt ab dem Zeitpunkt ihrer Entstehung fort. [2]Sie kann insbesondere durch eine Bescheinigung nach § 63 nachgewiesen werden. [3]§ 67 bleibt unberührt.

(2) Der Aufenthalt eines Ausländers, der vor dem 5. Februar 2016 im Bundesgebiet um Asyl nachgesucht hat, gilt ab dem Zeitpunkt der Aufnahme in der für ihn zuständigen Aufnahmeeinrichtung oder, sofern sich dieser Zeitpunkt nicht bestimmen lässt, ab dem 5. Februar 2016 als gestattet.

(3) Der Aufenthalt eines Ausländers, dem bis zum 6. August 2016 ein Ankunftsnachweis ausgestellt worden ist, gilt ab dem Zeitpunkt der Ausstellung als gestattet.

(4) [1]Der Aufenthalt eines Ausländers, der nach dem 4. Februar 2016 und vor dem 1. November 2016 um Asyl nachgesucht hat und dem aus Gründen, die er nicht zu vertreten hat, nicht unverzüglich ein Ankunftsnachweis ausgestellt worden ist, gilt mit Ablauf von zwei Wochen nach dem Zeitpunkt, in dem er um Asyl nachgesucht hat, als gestattet. [2]Die fehlende Ausstellung des Ankunftsnachweises nach Satz 1 hat der Ausländer insbesondere dann nicht zu vertreten, wenn in der für die Ausstellung seines Ankunftsnachweises zuständigen Stelle die technischen Voraussetzungen für die Ausstellung von Ankunftsnachweisen nicht vorgelegen haben.

(5) Die Absätze 2 bis 4 finden keine Anwendung, wenn der Ausländer einen vor dem 6. August 2016 liegenden Termin zur Stellung des Asylantrags nach § 23 Absatz 1 aus Gründen, die er zu vertreten hat, nicht wahrgenommen hat.

(6) Ergeben sich aus der Anwendung der Absätze 1 bis 4 unterschiedliche Zeitpunkte, so ist der früheste Zeitpunkt maßgeblich.

§ 88 Verordnungsermächtigungen

(1) Das Bundesministerium des Innern, für Bau und Heimat kann durch Rechtsverordnung[1] mit Zustimmung des Bundesrates die zuständigen Behörden für die Ausführung von Rechtsvorschriften der Euro-

1) Siehe die VO zur Neufassung der AsylzuständigkeitsbestimmungsVO.

päischen Gemeinschaft und völkerrechtlichen Verträgen über die Zuständigkeit für die Durchführung von Asylverfahren bestimmen, insbesondere für

1. Auf- und Wiederaufnahmeersuchen an andere Staaten,
2. Entscheidungen über Auf- und Wiederaufnahmeersuchen anderer Staaten,
3. den Informationsaustausch mit anderen Staaten und der Europäischen Gemeinschaft sowie Mitteilungen an die betroffenen Ausländer und
4. die Erfassung, Übermittlung und den Vergleich von Fingerabdrücken der betroffenen Ausländer.

(2) Das Bundesministerium des Innern, für Bau und Heimat wird ermächtigt, durch Rechtsverordnung mit Zustimmung des Bundesrates Vordruckmuster und Ausstellungsmodalitäten sowie die Regelungen für die Qualitätssicherung der erkennungsdienstlichen Behandlung und die Übernahme von Daten aus erkennungsdienstlichen Behandlungen für die Bescheinigungen nach den §§ 63 und 63a festzulegen.

(3) Die Landesregierung kann durch Rechtsverordnung Aufgaben der Aufnahmeeinrichtung auf andere Stellen des Landes übertragen.

§ 88a Bestimmungen zum Verwaltungsverfahren

Von der in § 60 getroffenen Regelung kann durch Landesrecht nicht abgewichen werden.

§ 89 Einschränkung von Grundrechten

(1) Die Grundrechte der körperlichen Unversehrtheit (Artikel 2 Abs. 2 Satz 1 des Grundgesetzes) und der Freiheit der Person (Artikel 2 Abs. 2 Satz 2 des Grundgesetzes) werden nach Maßgabe dieses Gesetzes eingeschränkt.

(2) Das Verfahren bei Freiheitsentziehungen richtet sich nach Buch 7 des Gesetzes über das Verfahren in Familiensachen und in den Angelegenheiten der freiwilligen Gerichtsbarkeit.

§ 90 *[außer Kraft]*

Anlage I
(zu § 26a)

Norwegen

Schweiz

Anlage II
(zu § 29a)

Albanien

Bosnien und Herzegowina

Ghana

Kosovo

Mazedonien, ehemalige jugoslawische Republik

Montenegro

Senegal

Serbien

Gewerbeordnung[1)2)]

In der Fassung der Bekanntmachung vom 22. Februar 1999[3)] (BGBl. I S. 202)
(FNA 7100-1)

zuletzt geändert durch Art. 5 G zur Umsetzung der VerhältnismäßigkeitsRL (RL (EU) 2018/958) im Bereich öffentlich-rechtl. Körperschaften[4)] vom 19. Juni 2020 (BGBl. I S. 1403)

Inhaltsübersicht

1) Die Änderungen durch G v. 18.7.2016 (BGBl. I S. 1666) treten teilweise erst **mWv 1.10.2021** in Kraft und sind insoweit im Text noch nicht berücksichtigt.
2) Die Änderungen durch G v. 18.7.2017 (BGBl. I S. 2739) treten erst **mit noch unbestimmtem Datum** in Kraft und sind im Text noch nicht berücksichtigt.
3) Neubekanntmachung der GewO idF der Bek. v. 1.1.1987 (BGBl. I S. 425) in der ab 1.1.1999 geltenden Fassung.
4) **Amtl. Anm.:** Dieses Gesetz dient der Umsetzung der Richtlinie (EU) 2018/958 des Europäischen Parlaments und des Rates vom 28. Juni 2018 über eine Verhältnismäßigkeitsprüfung vor Erlass neuer Berufsreglementierungen (ABl. L 173 vom 9.7.2018, S. 25).
5) Wortlaut weicht amtlich von der gleichzeitigen Änderung der Überschrift des § 6b ab.

Titel I
Allgemeine Bestimmungen

§ 1 Grundsatz der Gewerbefreiheit
(1) Der Betrieb eines Gewerbes ist jedermann gestattet, soweit nicht durch dieses Gesetz Ausnahmen oder Beschränkungen vorgeschrieben oder zugelassen sind.
(2) Wer gegenwärtig zum Betrieb eines Gewerbes berechtigt ist, kann von demselben nicht deshalb ausgeschlossen werden, weil er den Erfordernissen dieses Gesetzes nicht genügt.

§ 2 (weggefallen)

§ 3 Betrieb verschiedener Gewerbe
[1]Der gleichzeitige Betrieb verschiedener Gewerbe sowie desselben Gewerbes in mehreren Betriebs- oder Verkaufsstätten ist gestattet. [2]Eine Beschränkung der Handwerker auf den Verkauf der selbstverfertigten Waren findet nicht statt.

§ 4 Grenzüberschreitende Dienstleistungserbringung, Niederlassung
(1) [1]Werden Gewerbetreibende von einer Niederlassung in einem anderen Mitgliedstaat der Europäischen Union oder einem anderen Vertragsstaat des Abkommens über den Europäischen Wirtschaftsraum aus im Geltungsbereich dieses Gesetzes vorübergehend selbständig gewerbsmäßig tätig, sind § 34b Absatz 1, 3, 4, 6 und 7, § 34c Absatz 1 Satz 1 Nummer 1, 3 und 4 sowie § 38 Absatz 1 und 2 insoweit nicht anzuwenden. [2]Die §§ 14, 55 Absatz 2 und 3, die §§ 55c, 56a und 57 Absatz 3 sind in diesen Fällen ebenfalls nicht anzuwenden, es sei denn, es werden gewerbsmäßige Tätigkeiten ausgeübt, die auf Grund des Artikels 2 Absatz 2 der Richtlinie 2006/123/EG des Europäischen Parlaments und des Rates vom

12. Dezember 2006 über Dienstleistungen im Binnenmarkt (ABl. L 376 vom 27.12.2006, S. 36) vom Anwendungsbereich dieser Richtlinie oder auf Grund der Regelungen des Artikels 17 dieser Richtlinie von der Dienstleistungsfreiheit ausgenommen sind.

(2) [1]Absatz 1 gilt nicht, wenn die Tätigkeit aus dem anderen Mitgliedstaat der Europäischen Union oder dem anderen Vertragsstaat des Abkommens über den Europäischen Wirtschaftsraum heraus zur Umgehung der in Absatz 1 genannten Vorschriften erbracht wird. [2]Eine Umgehung liegt insbesondere vor, wenn ein Gewerbetreibender, um sich den in Absatz 1 genannten Vorschriften zu entziehen, von einem anderen Mitgliedstaat der Europäischen Union oder einem anderen Vertragsstaat des Abkommens über den Europäischen Wirtschaftsraum aus ganz oder vorwiegend im Geltungsbereich dieses Gesetzes tätig wird.

(3) Eine Niederlassung besteht, wenn eine selbständige gewerbsmäßige Tätigkeit auf unbestimmte Zeit und mittels einer festen Einrichtung von dieser aus tatsächlich ausgeübt wird.

§ 5 Zulassungsbeschränkungen

In den Beschränkungen des Betriebs einzelner Gewerbe, welche auf den Zoll-, Steuer- und Postgesetzen beruhen, wird durch das gegenwärtige Gesetz nichts geändert.

§ 6 Anwendungsbereich

(1) [1]Dieses Gesetz findet keine Anwendung auf die Fischerei, die Errichtung und Verlegung von Apotheken, die Erziehung von Kindern gegen Entgelt, das Unterrichtswesen, auf die Tätigkeit der Rechtsanwälte, Patentanwälte und Notare, der nach § 16 des Rechtsdienstleistungsgesetzes im Rechtsdienstleistungsregister eingetragenen Personen, der Wirtschaftsprüfer und Wirtschaftsprüfungsgesellschaften, der vereidigten Buchprüfer und Buchprüfungsgesellschaften, der Steuerberater und Steuerberatungsgesellschaften sowie oder Steuerbevollmächtigten, auf den Gewerbebetrieb der Auswandererberater, das Seelotswesen und die Tätigkeit der Prostituierten. [2]Auf das Bergwesen findet dieses Gesetz nur insoweit Anwendung, als es ausdrückliche Bestimmungen enthält; das gleiche gilt für den Gewerbebetrieb der Versicherungsunternehmen, die Ausübung der ärztlichen und anderen Heilberufe, den Verkauf von Arzneimitteln, den Vertrieb von Lotterielosen und die Viehzucht. [3]Ferner findet dieses Gesetz mit Ausnahme des Titels XI auf Beförderungen mit Krankenkraftwagen im Sinne des § 1 Abs. 2 Nr. 2 in Verbindung mit Abs. 1 des Personenbeförderungsgesetzes keine Anwendung.

(1a) § 6c findet auf alle Gewerbetreibenden und sonstigen Dienstleistungserbringer im Sinne des Artikels 4 Nummer 2 der Richtlinie 2006/123/EG Anwendung, deren Dienstleistungen unter den Anwendungsbereich der Richtlinie fallen.

(2) Die Bestimmungen des Abschnitts I des Titels VII finden auf alle Arbeitnehmer Anwendung.

§ 6a Entscheidungsfrist, Genehmigungsfiktion

(1) Hat die Behörde über einen Antrag auf Erlaubnis zur Ausübung eines Gewerbes nach § 34b Absatz 1, 3, 4, § 34c Absatz 1 Satz 1 Nummer 1, 3 und 4 oder § 55 Absatz 2 nicht innerhalb einer Frist von drei Monaten entschieden, gilt die Erlaubnis als erteilt.

(2) Absatz 1 gilt auch für Verfahren nach § 33a Absatz 1 und § 69 Absatz 1 und für Verfahren nach dem Gaststättengesetz, solange keine landesrechtlichen Regelungen bestehen.

§ 6b Verfahren über eine einheitliche Stelle,[1] Europäischer Berufsausweis; Verordnungsermächtigung

(1) [1]Verwaltungsverfahren nach diesem Gesetz oder nach einer auf Grund dieses Gesetzes erlassenen Rechtsverordnung können über eine einheitliche Stelle nach den Vorschriften des Verwaltungsverfahrensgesetzes abgewickelt werden. [2]Die Landesregierungen werden ermächtigt, durch Rechtsverordnung im Einklang mit Artikel 2 Absatz 2 der Richtlinie 2006/123/EG bestimmte Verfahren von der Abwicklung über eine einheitliche Stelle auszuschließen.

(2) Die Bundesregierung wird ermächtigt, durch Rechtsverordnung mit Zustimmung des Bundesrates zur Umsetzung der Richtlinie 2005/36/EG des Europäischen Parlaments und des Rates vom 7. September 2005 über die Anerkennung von Berufsqualifikationen (ABl. L 255 vom 30.9.2005, S. 22), die zuletzt durch die Richtlinie 2013/55/EU (ABl. L 354 vom 28.12.2013, S. 132) geändert worden ist, Regelungen zur Ausstellung eines Europäischen Berufsausweises und zur Durchführung des Verfahrens zur Anerkennung einer beruflichen Qualifikation auf der Grundlage eines Europäischen Berufsausweises zu erlassen.

1) Komma fehlt in amtlicher Vorlage.

§ 6c Informationspflichten für Dienstleistungserbringer

[1]Die Bundesregierung wird ermächtigt, durch Rechtsverordnung mit Zustimmung des Bundesrates zur Umsetzung der Richtlinie 2006/123/EG Vorschriften über Informationen, insbesondere deren Inhalt, Umfang und Art zu erlassen, die ein Dienstleistungserbringer den Dienstleistungsempfängern zur Verfügung zu stellen hat oder zur Verfügung stellt. [2]Die Rechtsverordnung kann auch Regelungen enthalten über die Art und Weise, in der die Informationen zur Verfügung zu stellen sind.

§ 7 Aufhebung von Rechten und Abgaben

(1) Vom 1. Januar 1873 ab sind, soweit die Landesgesetze solches nicht früher verfügen, aufgehoben:

1. die noch bestehenden ausschließlichen Gewerbeberechtigungen, das heißt die mit dem Gewerbebetrieb verbundenen Berechtigungen, anderen den Betrieb eines Gewerbes, sei es im allgemeinen oder hinsichtlich der Benutzung eines gewissen Betriebsmaterials, zu untersagen oder sie darin zu beschränken;

2. die mit den ausschließlichen Gewerbeberechtigungen verbundenen Zwangs- und Bannrechte;

3. alle Zwangs- und Bannrechte, deren Aufhebung nach dem Inhalt der Verleihungsurkunde ohne Entschädigung zulässig ist;

4. sofern die Aufhebung nicht schon infolge dieser Bestimmungen eintritt oder sofern sie nicht auf einem Vertrag zwischen Berechtigten und Verpflichteten beruhen:

 a) das mit dem Besitz einer Mühle, einer Brennerei oder Brenngerechtigkeit, einer Brauerei oder Braugerechtigkeit, oder einer Schankstätte verbundene Recht, die Konsumenten zu zwingen, daß sie bei den Berechtigten ihren Bedarf mahlen oder schroten lassen, oder das Getränk ausschließlich von denselben beziehen (der Mahlzwang, der Branntweinzwang oder der Brauzwang);

 b) das städtischen Bäckern oder Fleischern zustehende Recht, die Einwohner der Stadt, der Vorstädte oder der sogenannten Bannmeile zu zwingen, daß sie ihren Bedarf an Gebäck oder Fleisch ganz oder teilweise von jenen ausschließlich entnehmen;

5. die Berechtigungen, Konzessionen zu gewerblichen Anlagen oder zum Betrieb von Gewerben zu erteilen, die dem Fiskus, Korporationen, Instituten oder einzelnen Berechtigten zustehen;

6. vorbehaltlich der an den Staat und die Gemeinde zu entrichtenden Gewerbesteuern, alle Abgaben, welche für den Betrieb eines Gewerbes entrichtet werden, sowie die Berechtigung, dergleichen Abgaben aufzuerlegen.

(2) Ob und in welcher Weise den Berechtigten für die vorstehend aufgehobenen ausschließlichen Gewerbeberechtigungen, Zwangs- und Bannrechte usw. Entschädigung zu leisten ist, bestimmen die Landesgesetze.

§ 8 Ablösung von Rechten

(1) Von dem gleichen Zeitpunkt (§ 7) ab unterliegen, soweit solches nicht von der Landesgesetzgebung schon früher verfügt ist, der Ablösung:

1. diejenigen Zwangs- und Bannrechte, welche durch die Bestimmungen des § 7 nicht aufgehoben sind, sofern die Verpflichtung auf Grundbesitz haftet, die Mitglieder einer Korporation als solche betrifft, oder Bewohner eines Ortes oder Distrikts vermöge ihres Wohnsitzes obliegt;

2. das Recht, den Inhaber einer Schankstätte zu zwingen, daß er für seinen Wirtschaftsbedarf das Getränk aus einer bestimmten Fabrikationsstätte entnehme.

(2) Das Nähere über die Ablösung dieser Rechte bestimmen die Landesgesetze.

§ 9 Streitigkeiten über Aufhebung oder Ablösung von Rechten

(1) Streitigkeiten darüber, ob eine Berechtigung zu den durch die §§ 7 und 8 aufgehobenen oder für ablösbar erklärten gehört, sind im Rechtswege zu entscheiden.

(2) Jedoch bleibt den Landesgesetzen vorbehalten, zu bestimmen, von welchen Behörden und in welchem Verfahren die Frage zu entscheiden ist, ob oder wie weit eine auf einem Grundstück haftende Abgabe eine Grundabgabe ist oder für den Betrieb eines Gewerbes entrichtet werden muß.

§ 10 Kein Neuerwerb von Rechten

(1) Ausschließliche Gewerbeberechtigungen oder Zwangs- und Bannrechte, welche durch Gesetz aufgehoben oder für ablösbar erklärt worden sind, können fortan nicht mehr erworben werden.

(2) Realgewerbeberechtigungen dürfen fortan nicht mehr begründet werden.

§ 11 Verarbeitung personenbezogener Daten

(1) [1]Die zuständige öffentliche Stelle erhebt personenbezogene Daten des Gewerbetreibenden und solcher Personen, auf die es für die Entscheidung ankommt, soweit die Daten zur Beurteilung der Zuverlässigkeit und der übrigen Berufszulassungs- und -ausübungskriterien bei der Durchführung gewerberechtlicher

Vorschriften und Verfahren erforderlich sind. [2]Erforderlich können insbesondere auch Daten sein aus bereits abgeschlossenen oder sonst anhängigen

1. gewerberechtlichen Verfahren, Straf- oder Bußgeldverfahren,
2. Insolvenzverfahren,
3. steuer- und sozialversicherungsrechtlichen Verfahren oder
4. ausländer- und arbeitserlaubnisrechtlichen Verfahren.

[3]Die Datenerhebung unterbleibt, soweit besondere gesetzliche Verarbeitungsregelungen entgegenstehen. [4]Gewerberechtliche Anzeigepflichten bleiben unberührt.

(2) [1]Die für Zwecke des Absatzes 1 erforderlichen Daten sind bei der betroffenen Person zu erheben. [2]Ohne ihre Mitwirkung dürfen sie nur erhoben werden, wenn

1. die Entscheidung eine Erhebung bei anderen Personen oder Stellen erforderlich macht oder
2. die Erhebung bei der betroffenen Person einen unverhältnismäßigen Aufwand erfordern würde

und keine Anhaltspunkte dafür bestehen, daß überwiegende schutzwürdige Interessen der betroffenen Person beeinträchtigt werden. [3]In den Fällen des Satzes 2 sind nicht-öffentliche Stellen verpflichtet, die Daten zu übermitteln, es sei denn, daß besondere gesetzliche Regelungen der Übermittlung entgegenstehen; die Verpflichtung zur Wahrung gesetzlicher Geheimhaltungspflichten oder von Berufs- oder besonderen Amtsgeheimnissen, die nicht auf gesetzlicher Vorschrift beruhen, bleibt unberührt.

(3) Die Einholung von Auskünften nach § 150a, den §§ 31 und 41 des Bundeszentralregistergesetzes und § 882b der Zivilprozeßordnung bleibt unberührt.

(4) Die nach den Absätzen 1 und 3 erhobenen Daten dürfen für Zwecke des Absatzes 1 verarbeitet werden.

(5) [1]Öffentliche Stellen, die an gewerberechtlichen Verfahren nach Absatz 1 Satz 1 auf Grund des Absatzes 1 Satz 2, des § 35 Abs. 4 oder einer anderen gesetzlichen Vorschrift beteiligt waren, können über das Ergebnis informiert werden, soweit dies zur Erfüllung ihrer Aufgaben erforderlich ist. [2]Diese und andere öffentliche Stellen sind zu informieren, wenn auf Grund einer Entscheidung bestimmte Rechtsfolgen eingetreten sind und die Kenntnis der Daten aus der Sicht der übermittelnden Stelle für die Verwirklichung der Rechtsfolgen erforderlich ist. [3]Der Empfänger darf die übermittelten Daten für den Zweck verarbeiten, zu dessen Erfüllung sie ihm übermittelt werden oder hätten übermittelt werden dürfen. [4]Für die Weitergabe von Daten innerhalb der zuständigen öffentlichen Stelle gelten die Übermittlungsregelungen der Sätze 1 bis 4 entsprechend.

(6) Für das Verändern, Einschränken der Verarbeitung oder Löschen der nach den Absätzen 1 und 3 erhobenen Daten sowie die Übermittlung der Daten nach Absatz 1 für andere als die in Absatz 5 genannten Zwecke gelten unbeschadet der Verordnung (EU) 2016/679 des Europäischen Parlaments und des Rates vom 27. April 2016 zum Schutz natürlicher Personen bei der Verarbeitung personenbezogener Daten, zum freien Datenverkehr und zur Aufhebung der Richtlinie 95/46/EG (Datenschutz-Grundverordnung) (ABl. L 119 vom 4.5.2016, S. 1; L 314 vom 22.11.2016, S. 72; L 127 vom 23.5.2018, S. 2) in der jeweils geltenden Fassung die Datenschutzgesetze der Länder.

§ 11a Vermittlerregister

(1) [1]Jede Industrie- und Handelskammer (Registerbehörde) führt ein Register der nach § 34d Absatz 10 Satz 1, § 34f Absatz 5, § 34h Absatz 1 Satz 4 und § 34i Absatz 8 Eintragungspflichtigen. [2]Die örtliche Zuständigkeit richtet sich nach dem Landesrecht. [3]Zweck des Registers ist es insbesondere, der Allgemeinheit, vor allem Anlegern und Versicherungsunternehmen sowie Darlehensnehmern und Darlehensgebern, die Überprüfung der Zulassung sowie des Umfangs der zugelassenen Tätigkeit der Eintragungspflichtigen zu ermöglichen. [4]Die Registerbehörden bedienen sich bei der Führung des Registers der in § 32 Abs. 2 des Umweltauditgesetzes bezeichneten gemeinsamen Stelle (gemeinsame Stelle). [5]Die Registerbehörde unterliegt der Aufsicht der obersten Landesbehörde.

(1a) [1]In das Register sind auch die Daten zu den nach § 34i Absatz 4 von der Erlaubnispflicht befreiten Gewerbetreibenden einzutragen, die von den zuständigen Behörden eines anderen Mitgliedstaates der Europäischen Union oder eines anderen Vertragsstaates des Abkommens über den Europäischen Wirtschaftsraum übermittelt werden. [2]Erhält die Registerbehörde die Mitteilung, dass ein nach § 34i Absatz 4 von der Erlaubnispflicht befreiter Gewerbetreibender nicht mehr im Anwendungsbereich dieser Vorschrift tätig ist oder nicht mehr im Besitz der Erlaubnis eines anderen Mitgliedstaates der Europäischen Union oder eines anderen Vertragsstaates des Abkommens über den Europäischen Wirtschaftsraum ist, so hat die Registerbehörde unverzüglich die gespeicherten Daten des Betroffenen zu löschen.

(2) [1]Auskünfte aus dem Register werden im Wege des automatisierten Abrufs über das Internet oder schriftlich erteilt. [2]Die Registerbehörden gewährleisten, dass eine gleichzeitige Abfrage bei allen Registern nach Absatz 1 Satz 1 möglich ist.

(3) ¹Die für eine Untersagung nach § 35 zuständige Behörde teilt der Registerbehörde eine Untersagung unverzüglich mit. ²Bei Aufhebung der Erlaubnis nach § 34d Absatz 1 oder Absatz 2 oder der Erlaubnisbefreiung nach § 34d Absatz 6 oder einer Mitteilung nach Satz 1 oder § 48 Absatz 5 des Versicherungsaufsichtsgesetzes hat die Registerbehörde unverzüglich die zu der betroffenen Person gespeicherten Daten zu löschen. ³Der Familienname, der Vorname, die Registrierungsnummer sowie der Tag der Löschung werden im Register in einem täglich aktualisierten Verzeichnis gespeichert. ⁴Zugang zu diesem Verzeichnis erhalten nur Versicherungsunternehmen. ⁵Die Angaben werden einen Monat nach der Speicherung in diesem Verzeichnis gelöscht.

(3a) ¹Die für die Erlaubniserteilung nach § 34f Absatz 1 zuständige Behörde teilt der Registerbehörde unverzüglich die für die Eintragung nach § 34f Absatz 5 erforderlichen Angaben sowie die Aufhebung der Erlaubnis nach § 34f Absatz 1 mit. ²Die für die Erlaubniserteilung nach § 34h Absatz 1 zuständige Behörde teilt der Registerbehörde unverzüglich die Angaben mit, die für die Eintragung nach § 34h Absatz 1 Satz 4 in Verbindung mit § 34f Absatz 5 erforderlich sind, sowie die Aufhebung der Erlaubnis nach § 34h Absatz 1. ³Bei Erhalt der Mitteilung über die Aufhebung der Erlaubnis nach § 34f Absatz 1 und § 34h Absatz 1 hat die Registerbehörde unverzüglich die zu der betroffenen Person gespeicherten Daten zu löschen.

(3b) ¹Die für die Erlaubniserteilung nach § 34i Absatz 1 zuständige Behörde teilt der Registerbehörde unverzüglich die für die Eintragung nach § 34i Absatz 8 Nummer 1 erforderlichen Angaben, die Aufhebung der Erlaubnis nach § 34i Absatz 1 sowie die für die Eintragung nach § 34i Absatz 9 erforderlichen Angaben mit. ²Bei Erhalt der Mitteilung über die Aufhebung der Erlaubnis nach § 34i Absatz 1 hat die Registerbehörde die gespeicherten Daten der betroffenen Person unverzüglich zu löschen. ³Bei Erhalt der Mitteilung, dass die Bekanntmachung nach § 34i Absatz 9 nicht mehr erforderlich ist, hat die Registerbehörde die gespeicherten Daten unverzüglich zu löschen; unabhängig von dieser Mitteilung hat die Registerbehörde die Daten aber spätestens nach fünf Jahren zu löschen.

(4) Beabsichtigt ein nach § 34d Absatz 10 Satz 1 und nach § 34i Absatz 8 Nummer 1 Eintragungspflichtiger, in einem anderen Mitgliedstaat der Europäischen Union oder in einem anderen Vertragsstaat des Abkommens über den Europäischen Wirtschaftsraum tätig zu werden, hat er dies zuvor der Registerbehörde mitzuteilen.

(5) Das Bundesministerium für Wirtschaft und Energie kann durch Rechtsverordnung mit Zustimmung des Bundesrates Vorschriften erlassen über die Einzelheiten der Registerführung, insbesondere über

1. die in dem Register zu speichernden Angaben; gespeichert werden dürfen nur Angaben zur Identifizierung (insbesondere Familienname, Vorname, Geschäftsanschrift, Geburtstag und Registrierungsnummer), zur Zulassung und zum Umfang der zugelassenen Tätigkeit der Eintragungspflichtigen und der nach § 34i Absatz 4 von der Erlaubnispflicht befreiten Gewerbetreibenden sowie bekanntzumachende Angaben nach Maßgabe des § 34i Absatz 9; gespeichert werden dürfen auch Angaben zur Identifizierung des Kreditinstituts, in dessen Namen der nach § 34i Absatz 4 von der Erlaubnispflicht befreite Gewerbetreibende handelt,

2. Angaben, die nicht allgemein zugänglich sein sollen, sowie die Stellen, die Zugang zu diesen Angaben erhalten.

(6) ¹Die Zusammenarbeit der zuständigen Stellen mit den zuständigen Behörden der anderen Mitgliedstaaten der Europäischen Union sowie der anderen Vertragsstaaten des Abkommens über den Europäischen Wirtschaftsraum erfolgt nach folgenden Maßgaben:

1. Auf Ersuchen der zuständigen Behörde eines anderen Mitglied- oder Vertragsstaates übermittelt die zuständige Registerbehörde Informationen einschließlich personenbezogener Daten, die zur Überprüfung der Einhaltung der Voraussetzungen für die Tätigkeit als Versicherungsvermittler, Versicherungsberater oder Immobiliardarlehensvermittler erforderlich sind, an die zuständige Behörde des anderen Mitglied- oder Vertragsstaates.

2. Die Registerbehörde darf ohne Ersuchen der zuständigen Behörde eines anderen Mitglied- oder Vertragsstaates Informationen einschließlich personenbezogener Daten übermitteln, wenn Anhaltspunkte dafür vorliegen, dass die Kenntnis dieser Informationen für die Überprüfung der Einhaltung der Voraussetzungen für die Tätigkeit als Versicherungsvermittler, Versicherungsberater oder Immobiliardarlehensvermittler erforderlich ist.

3. Die Registerbehörde teilt im Falle des Absatzes 4 die Absicht des nach § 34d Absatz 10, Eintragungspflichtigen der zuständigen Behörde des anderen Mitglied- oder Vertragsstaates mit und unterrichtet gleichzeitig den Eintragungspflichtigen über diese Mitteilung. Dieses Verfahren findet im Falle des Absatzes 4 auf die Absichtserklärung des nach § 34i Absatz 8 Nummer 1 Eintragungspflichtigen entsprechende Anwendung. Zum Zwecke der Überwachung darf die Registerbehörde der zuständigen Behörde des anderen Mitglied- oder Vertragsstaates die zu dem Eintragungspflichtigen

im Register gespeicherten Angaben übermitteln. Die zuständige Behörde eines anderen Mitglied-oder Vertragsstaates ist über Änderungen übermittelter Angaben zu unterrichten.

4. Handelt es sich bei den nach den Absätzen 3 und 3b gelöschten Angaben um solche eines in einem anderen Mitglied- oder Vertragsstaat tätigen Gewerbetreibenden, so teilt die Registerbehörde der zuständigen Behörde des anderen Mitglied- oder Vertragsstaates die Löschung unverzüglich mit.

²Die Zusammenarbeit, insbesondere die Übermittlung von Informationen, erfolgt in Bezug auf die Tätigkeit von Versicherungsvermittlern und Versicherungsberatern jeweils über das Bundesministerium für Wirtschaft und Energie, das sich dabei der gemeinsamen Stelle bedient. ³In Bezug auf die Tätigkeit von Immobiliardarlehensvermittlern erfolgt die Zusammenarbeit, insbesondere die Übermittlung von Informationen, jeweils über das Bundesamt für Wirtschaft und Ausfuhrkontrolle.

(7) ¹Die Registerbehörde, die Bundesanstalt für Finanzdienstleistungsaufsicht und die Behörden, die für die Erlaubniserteilung nach § 34d Absatz 1 Satz 1, Absatz 2 Satz 1, § 34f Absatz 1 Satz 1, auch in Verbindung mit § 34h Absatz 1 Satz 4, und nach § 34i Absatz 1 Satz 1, für die Untersagung nach § 35, für die Entgegennahme der Gewerbeanzeige nach § 14 oder für die Verfolgung von Ordnungswidrigkeiten zuständig sind, dürfen einander auch ohne Ersuchen Informationen einschließlich personenbezogener Daten übermitteln. ²Die Registerbehörde richtet eine elektronische Zugriffsmöglichkeit für die Bundesanstalt für Finanzdienstleistungsaufsicht ein, die dieser eine unmittelbare Einsicht in die über Versicherungsvermittler gespeicherten Daten ermöglicht. ³Satz 1 gilt nur, soweit dies zur Erfüllung der jeweiligen Aufgaben erforderlich ist, die jeweils mit der Tätigkeit von Versicherungsvermittlern, Versicherungsberatern, Finanzanlagenvermittlern, Honorar-Finanzanlagenberatern und Immobiliardarlehensvermittlern zusammenhängen. ⁴Die in Satz 1 genannten Stellen stellen der Europäischen Aufsichtsbehörde für das Versicherungswesen und die betriebliche Altersversorgung nach Maßgabe des Artikels 35 der Verordnung (EU) Nr. 1094/2010 des Europäischen Parlaments und des Rates vom 24. November 2010 zur Errichtung einer Europäischen Aufsichtsbehörde (Europäische Aufsichtsbehörde für das Versicherungswesen und die betriebliche Altersversorgung), zur Änderung des Beschlusses Nr. 716/2009/EG und zur Aufhebung des Beschlusses 2009/79/EG der Kommission (ABl. L 331 vom 15.12.2010, S. 48) auf Verlangen alle Informationen zur Verfügung, die zur Erfüllung von deren Aufgaben auf Grund der Verordnung (EU) Nr. 1094/2010 erforderlich sind.

(8) ¹In Bezug auf Versicherungsvermittler, Versicherungsberater, Finanzanlagenvermittler, Honorar-Finanzanlagenberater und Immobiliardarlehensvermittler unterliegen alle Personen, die im Rahmen des Registrierungsverfahrens oder im Rahmen der Überprüfung der Einhaltung der Voraussetzungen für die Tätigkeit zur Entgegennahme oder Erteilung von Informationen verpflichtet sind, dem Berufsgeheimnis. ²§ 309 des Versicherungsaufsichtsgesetzes gilt entsprechend.

§ 11b Bewacherregister

(1) Beim Bundesamt für Wirtschaft und Ausfuhrkontrolle (Registerbehörde) wird ein Bewacherregister eingerichtet und geführt, in dem zum Zweck der Unterstützung der für den Vollzug des § 34a zuständigen Behörden Daten zu Gewerbetreibenden nach § 34a Absatz 1 Satz 1, Wachpersonen nach § 34a Absatz 1a Satz 1 und der Leitung des Betriebes oder einer Zweigniederlassung beauftragten Personen elektronisch auswertbar zu erfassen sind.

(2) Die Registerbehörde darf folgende Daten verarbeiten:

1. Daten zur Identifizierung und Erreichbarkeit des Gewerbetreibenden nach § 34a Absatz 1 Satz 1, bei juristischen Personen der nach Gesetz, Satzung oder Gesellschaftsvertrag jeweils allein oder mit anderen zur Vertretung berufenen Personen, sowie der mit der Leitung des Betriebes oder einer Zweigniederlassung beauftragten Personen:
 a) Familienname, Geburtsname, Vornamen,
 b) Geschlecht,
 c) Geburtsdatum, Geburtsort, Staat,
 d) Staatsangehörigkeiten,
 e) Telefonnummer, E-Mail-Adresse,
 f) Meldeanschrift bestehend aus Straße, Hausnummer, Postleitzahl, Ort, Zusatz, Land, Staat und Regionalschlüssel,
 g) Wohnorte der letzten fünf Jahre bestehend aus Straße, Hausnummer, Postleitzahl, Land und Staat,
 h) Art des Ausweisdokuments mit ausstellender Behörde, ausstellendem Staat, Datum der Ausstellung, Ausweisnummer, Ablaufdatum, soweit vorhanden maschinenlesbarem Namen sowie Inhalt der maschinenlesbaren Zone,
 i) sofern der Gewerbetreibende eine juristische Person ist:

 aa) Rechtsform, Registerart, soweit vorhanden im Register eingetragener Name nebst Registernummer, Registergericht oder ausländische Registernummer und Registerbehörde,

 bb) Betriebliche Anschrift des Sitzes der juristischen Person,

 cc) Telefonnummer und E-Mail-Adresse der juristischen Person,

2. Daten zur Identifizierung und Erreichbarkeit des Gewerbebetriebes:
- a) Geschäftsbezeichnung,
- b) Rechtsform, Registerart, soweit vorhanden im Register eingetragener Name nebst Registernummer, Registergericht oder ausländische Registernummer und Registerbehörde,
- c) Betriebliche Anschrift von Hauptniederlassung und sonstigen Betriebsstätten,
- d) Telefonnummer, E-Mail-Adresse,

3. Daten zur Identifizierung und Erreichbarkeit von Wachpersonen nach § 34a Absatz 1a Satz 1:
- a) Familienname, Geburtsname, Vornamen,
- b) Geschlecht,
- c) Geburtsdatum, Geburtsort, Geburtsland,
- d) Staatsangehörigkeiten,
- e) Meldeanschrift bestehend aus Straße, Hausnummer, Postleitzahl, Ort, Zusatz, Land, Staat und Regionalschlüssel,
- f) Wohnorte der letzten fünf Jahre bestehend aus Straße, Hausnummer, Postleitzahl, Land und Staat,
- g) Art des Ausweisdokuments mit ausstellender Behörde, ausstellendem Staat, Datum der Ausstellung, Ausweisnummer, Ablaufdatum, soweit vorhanden maschinenlesbarem Namen sowie Inhalt der maschinenlesbaren Zone,

4. den Umfang und das Erlöschen der Erlaubnis nach § 34a Absatz 1 Satz 1 einschließlich des Datums der Erlaubniserteilung und des Erlöschens, der Angabe der Kontaktdaten der zuständigen Erlaubnisbehörde sowie den Stand des Erlaubnisverfahrens,

5. die Anzeige eines Gewerbetreibenden nach § 13a über die vorübergehende Erbringung von Bewachungstätigkeiten in Deutschland nebst den Daten nach den Nummern 1 bis 3, soweit diese Daten mit der Anzeige zu übermitteln sind,

6. die Angabe der Tätigkeit der Wachperson nach § 34a Absatz 1a Satz 2 und 5,

7. Untersagung der Beschäftigung nach § 34a Absatz 4,

8. Daten zur Überprüfung der Zuverlässigkeit nach § 34a Absatz 1 Satz 3 Nummer 1, auch in Verbindung mit § 34a Absatz 1a Satz 1 Nummer 1:
- a) Datum, Art und Ergebnis der Überprüfung,
- b) Stand des Überprüfungsprozesses der Zuverlässigkeit,
- c) Datum der Bestands- oder Rechtskraft der Entscheidung,

9. die in Nummer 1 genannten Daten des Gewerbetreibenden, der eine Wachperson zur Überprüfung der Zuverlässigkeit anmeldet,

10. Daten zu Sachkunde- und Unterrichtungsnachweisen der Industrie- und Handelskammern:
- a) Art der erworbenen Qualifikation,
- b) bei Unterrichtungsnachweisen der Unterrichtungszeitraum, bei Sachkundenachweisen das Datum der Sachkundeprüfung,
- c) Ausstellungsdatum des Qualifikationsnachweises, Angabe der Identifikationsnummer der ausstellenden Industrie- und Handelskammer, auf dem Qualifikationsnachweis angegebener Familienname, Vornamen, Geburtsdatum und Geburtsort,
- d) soweit vorhanden ein Validierungscode der Industrie- und Handelskammer,
- e) Datum und Inhalt der Rückmeldung aus der elektronischen Abfrage über die Schnittstelle zu der in § 32 des Umweltauditgesetzes bezeichneten gemeinsamen Stelle,

11. Daten zu Qualifikationsnachweisen von Gewerbetreibenden, bei juristischen Personen der nach Gesetz, Satzung oder Gesellschaftsvertrag jeweils allein oder mit anderen zur Vertretung berufenen Personen, der mit der Leitung des Betriebes oder einer Zweigniederlassung beauftragten Personen sowie Wachpersonen, die dem Sachkunde- oder Unterrichtungsnachweis gleichgestellt wurden:
- a) Art der erworbenen Qualifikation,
- b) Unterrichtungszeitraum,
- c) Ausstellungsdatum des Qualifikationsnachweises, Angabe der Kontaktdaten der ausstellenden Stelle, auf dem Qualifikationsnachweis angegebener Familienname, Vornamen, Geburtsdatum und Geburtsort,
- d) Bescheinigungen des Gewerbetreibenden nach § 17 der Bewachungsverordnung,

12. Daten aus der Schnittstelle des Bewacherregisters zum Bundesamt für Verfassungsschutz nach § 34a Absatz 1 Satz 5 Nummer 4:
 a) meldendes Landesamt für Verfassungsschutz,
 b) Datum der Meldung sowie
 c) Angabe, ob Erkenntnisse vorliegen,
13. Daten zur Identifikation und Erreichbarkeit der für den Vollzug des § 34a zuständigen Behörden:
 a) Name,
 b) Anschrift,
 c) Kurzbezeichnung,
 d) Land,
 e) Telefonnummer, E-Mail-Adresse,
 f) Regionalschlüssel.

(3) [1]Die Registerbehörde darf Statusangaben zum Ablauf der Verfahren sowie die für den Vollzug des § 34a notwendigen Verknüpfungen aus den Daten nach Absatz 2 und die durch das Register vergebenen Identifikationsnummern für die Datenobjekte speichern. [2]Die Identifikationsnummern enthalten keine personenbezogenen Angaben und werden den Datensätzen zugeordnet.

(4) [1]Die Industrie- und Handelskammern stellen Daten nach Absatz 2 Nummer 10 in Bezug auf Qualifikationsnachweise, die nach dem 1. Januar 2009 ausgestellt wurden, über die in § 32 Absatz 2 Satz 1 des Umweltauditgesetzes bezeichnete gemeinsame Stelle elektronisch zum Abruf für die Registerbehörde bereit. [2]Die Industrie- und Handelskammern dürfen Daten nach Absatz 2 Nummer 10 in Bezug auf Qualifikationsnachweise, die vor dem 1. Januar 2009 ausgestellt wurden, elektronisch zum Abruf bereitstellen. [3]Bei Abfragen durch das Bewacherregister, die sich auf Qualifikationsnachweise vor dem 1. Januar 2009 beziehen, müssen die Daten nacherfasst werden. [4]Dabei üben die zuständigen obersten Landesbehörden die Aufsicht über die Industrie- und Handelskammern aus.

(5) [1]Zum Zweck der Anmeldung von Wachpersonen und der mit der Leitung des Betriebes oder einer Zweigniederlassung beauftragten Personen hat der Gewerbetreibende die Vorder- und Rückseite des Ausweisdokuments der anzumeldenden Person in gut lesbarer Fassung vollständig optisch digital erfasst im Onlineportal des Registers hochzuladen. [2]Zu diesem Zweck darf der Gewerbetreibende eine Kopie des Ausweisdokuments anfertigen. [3]Der Gewerbetreibende ist verpflichtet, die Kopie, auch in digitaler Form, unverzüglich nach dem Hochladen in das Register zu vernichten. [4]Die in das Register hochgeladene optisch digital erfasste Kopie wird nach Prüfung durch die für den Vollzug des § 34a zuständigen Behörden, spätestens nach Bestands- oder Rechtskraft der Entscheidung über die Zuverlässigkeit, von der Registerbehörde gelöscht.

(6) [1]Die für den Vollzug des § 34a zuständigen Behörden sind verpflichtet, nach Maßgabe des Satzes 2 der Registerbehörde im Anschluss an ein in Absatz 7 bezeichnetes die Speicherung begründendes Ereignis unverzüglich die nach Absatz 2 zu speichernden oder zu einer Änderung oder Löschung einer Eintragung im Register führenden Daten zu übermitteln. [2]Zu diesem Zweck hat der Gewerbetreibende der an seinem Betriebssitz für den Vollzug des § 34a zuständigen Behörde Änderungen der Daten nach Absatz 2 Nummer 1, 2, 10 und 11, ausgenommen die Daten zu den mit der Leitung des Betriebes oder einer Zweigniederlassung beauftragten Personen, unverzüglich, spätestens 14 Tage nach dem Erlangen der Kenntnis der Änderungen, mitzuteilen. [3]Änderungen betreffend Daten zu Wachpersonen nach Absatz 2 Nummer 3, 6, 10 und 11 sowie zu den mit der Leitung des Betriebes oder einer Zweigniederlassung beauftragten Personen nach Absatz 2 Nummer 1, 10 und 11 hat der Gewerbetreibende unverzüglich, spätestens 14 Tage nach dem Erlangen der Kenntnis der Änderungen, über das Bewacherregister mitzuteilen. [4]Zu diesem Zweck ist der Gewerbetreibende berechtigt, Änderungen betreffend Daten nach den Sätzen 2 und 3 zu erheben und

1. im Falle des Satzes 2 an die für den Vollzug des § 34a zuständige Behörde und
2. im Falle des Satzes 3 an die Registerbehörde

zum Zwecke der Speicherung zu übermitteln. [5]Der Gewerbetreibende hat Wachpersonen und mit der Leitung eines Betriebes oder einer Zweigniederlassung beauftragte Personen sechs Wochen nach Beendigung des Beschäftigungsverhältnisses über das Bewacherregister bei der für den Vollzug des § 34a zuständigen Behörde abzumelden.

(7) Im Bewacherregister sind die Daten aus den folgenden Anlässen zu speichern:
1. Beantragen oder Erteilen einer Erlaubnis nach § 34a Absatz 1 Satz 1,
2. Versagen oder Erlöschen einer Erlaubnis nach § 34a Absatz 1 Satz 1,
3. Untersagen der Beschäftigung nach § 34a Absatz 4,

4. Anmelden und Abmelden von Wachpersonen und mit der Leitung des Betriebes oder einer Zweigniederlassung beauftragter Personen,

5. Melden von Datenänderungen durch den Gewerbetreibenden gegenüber der für den Vollzug des § 34a zuständigen Behörde nach Absatz 6 Satz 2 oder dem Bewacherregister nach Absatz 6 Satz 3,

6. Überprüfen der Zuverlässigkeit im Rahmen der Regelüberprüfung nach spätestens fünf Jahren von Gewerbetreibenden und gesetzlichen Vertretern juristischer Personen nach § 34a Absatz 1 Satz 10 sowie Wachpersonen nach § 34a Absatz 1a Satz 7 und mit der Leitung des Betriebes oder einer Zweigniederlassung beauftragter Personen,

7. Überprüfen aufgrund eines Nachberichts durch die zuständigen Verfassungsschutzbehörden und Polizeibehörden nach § 34a Absatz 1b Satz 1.

(8) Die Registerbehörde löscht auf Veranlassung der für den Vollzug des § 34a zuständigen Behörden die im Bewacherregister gespeicherten Daten:

1. in den Fällen des Absatzes 7 Nummer 1 bei eingetragener Beantragung der Erlaubnis und begonnener Prüfung, sechs Monate nach Rücknahme des Antrags auf Erlaubnis,

2. in den Fällen des Absatzes 7 Nummer 2 betreffend eine versagte oder zurückgenommene oder widerrufene Erlaubnis durch Überschreibung der Daten bei erneuter Beantragung und Erteilung der Erlaubnis, spätestens nach fünf Jahren; bei Erlöschen der Erlaubnis durch Verzicht oder Tod oder Untergang der juristischen Person, sechs Monate nach Erlöschen der Erlaubnis; bei Verzicht während eines Rücknahmeverfahrens oder Widerrufsverfahrens wegen Unzuverlässigkeit, wenn der Verzicht durch eine spätere Entscheidung gegenstandslos wird,

3. in den Fällen des Absatzes 7 Nummer 3 durch Überschreiben der Daten bei einer zeitlich nachfolgenden Feststellung der Zuverlässigkeit,

4. in den Fällen des Absatzes 7 Nummer 4 bei Anmeldungen betreffend Wachpersonen oder mit der Leitung des Betriebes oder einer Zweigniederlassung beauftragten Personen die Wohnorte der letzten fünf Jahre nach der Entscheidung über die Zuverlässigkeit der Wachpersonen oder der mit der Leitung des Betriebes oder einer Zweigniederlassung beauftragten Personen,

5. in den Fällen des Absatzes 7 Nummer 4 bei Abmeldungen betreffend Wachpersonen und mit der Leitung des Betriebes oder einer Zweigniederlassung beauftragten Personen ein Jahr nach Abmeldung des letzten für die natürliche Person gemeldeten Beschäftigungsverhältnisses im Register,

6. in den Fällen des Absatzes 7 Nummer 5 bei Meldung von Änderungen betreffend Daten nach Absatz 2 Nummer 1, 2, 3, 6, 10 und 11 durch Überschreiben der bisherigen Einträge im Register,

7. in den Fällen des Absatzes 7 Nummer 6 bei Unzuverlässigkeit des Gewerbetreibenden, gesetzlicher Vertreter bei juristischen Personen, von mit der Leitung des Betriebes oder einer Zweigniederlassung beauftragten Personen sowie Wachpersonen, durch Überschreiben der Daten nach Absatz 2 Nummer 7 bei späterer Feststellung der Zuverlässigkeit im Rahmen eines neuen Erlaubnis- oder Anmeldeverfahrens, spätestens nach fünf Jahren, und

8. in den Fällen des Absatzes 7 Nummer 7 bei Unzuverlässigkeit des Gewerbetreibenden, der gesetzlichen Vertreter juristischer Personen, von mit der Leitung des Betriebes oder einer Zweigniederlassung beauftragten Personen sowie Wachpersonen, durch Überschreiben der Daten nach Absatz 2 Nummer 7 bei späterer Feststellung der Zuverlässigkeit im Rahmen eines neuen Erlaubnis- oder Anmeldeverfahrens, spätestens nach fünf Jahren.

(9) Das Bundesministerium für Wirtschaft und Energie im Einvernehmen mit dem Bundesministerium des Inneren, für Bau und Heimat und dem Bundesministerium der Justiz und für Verbraucherschutz wird ermächtigt, durch Rechtsverordnung mit Zustimmung des Bundesrates die Einzelheiten zu regeln:

1. zu den Datensätzen, die nach Absatz 2 gespeichert werden, sowie zur Datenverarbeitung,

2. zur Einrichtung und Führung des Registers,

3. zum Verfahren der Datenübermittlung an die Registerbehörde, insbesondere durch die für den Vollzug des § 34a zuständigen Behörden und durch die Gewerbetreibenden, sowie der Datenübermittlung durch die Registerbehörde, insbesondere an die für den Vollzug des § 34a zuständigen Behörden,

4. zur Verwendung elektronischer Schnittstellen des Registers, der Schnittstelle zum Verfassungsschutz, zum Deutschen Industrie- und Handelskammertag e. V. und zu Fachverfahren der für den Vollzug des § 34a zuständigen Behörden,

5. zum Verfahren des automatisierten Datenabrufs aus dem Register,

6. zum Datenschutz und der Datensicherheit nebst Protokollierungspflicht der Registerbehörde.

§ 11c Übermittlung personenbezogener Daten innerhalb der Europäischen Union und des Europäischen Wirtschaftsraumes bei reglementierten Berufen

(1) [1]Begibt sich ein im Inland tätiger Gewerbetreibender in einen anderen Mitgliedstaat der Europäischen Union oder in einen anderen Vertragsstaat des Abkommens über den Europäischen Wirtschaftsraum, um dort dauerhaft oder vorübergehend eine Tätigkeit auszuüben, deren Aufnahme oder Ausübung durch Rechts- und Verwaltungsvorschriften an den Besitz bestimmter beruflicher Qualifikationen gebunden ist, so übermittelt die zuständige inländische öffentliche Stelle auf Ersuchen alle personenbezogenen Daten an die zuständige Stelle des betreffenden Staates, die

1. die Rechtmäßigkeit der Niederlassung des Gewerbetreibenden betreffen;

2. zur Beurteilung der Zuverlässigkeit des Gewerbetreibenden erforderlich sind, insbesondere Daten nach § 11 Abs. 1 Satz 2;

3. im Fall eines Beschwerdeverfahrens eines Dienstleistungsempfängers gegen einen Gewerbetreibenden für ein ordnungsgemäßes Beschwerdeverfahren erforderlich sind.

[2]Die zuständige inländische öffentliche Stelle übermittelt Daten nach Satz 1 auch ohne Ersuchen, wenn tatsächliche Anhaltspunkte dafür vorliegen, dass deren Kenntnis zur Wahrnehmung der Aufgaben der zuständigen ausländischen Stelle erforderlich ist. [3]Sie kann ihrerseits bei der zuständigen Stelle des betreffenden Staates Daten nach Satz 1 erheben, soweit die Kenntnis der Daten für die Wahrnehmung ihrer Aufgaben erforderlich ist, und die hierfür erforderlichen personenbezogenen Daten an die zuständige ausländische Stelle übermitteln.

(2) Absatz 1 gilt entsprechend

1. für Arbeitnehmer eines Gewerbebetriebs,

2. für den Fall, dass ein Gewerbetreibender oder ein Arbeitnehmer eines Gewerbebetriebs aus einem der genannten Staaten im Inland eine gewerbliche Tätigkeit aufnimmt oder ausübt, deren Aufnahme oder Ausübung einen Sachkunde- oder Befähigungsnachweis oder die Eintragung in die Handwerksrolle voraussetzt.

(3) Alle Daten sind mit dem Hinweis zu übermitteln, dass der Empfänger unverzüglich zu prüfen hat, ob die Daten für den angegebenen Zweck erforderlich sind, und er die Daten anderenfalls zu löschen hat.

(4) Die Absätze 1 bis 3 gelten auch für den Bereich der Viehzucht.

§ 12 Insolvenzverfahren

[1]Vorschriften, welche die Untersagung eines Gewerbes oder die Rücknahme oder den Widerruf einer Zulassung wegen Unzuverlässigkeit des Gewerbetreibenden, die auf ungeordnete Vermögensverhältnisse zurückzuführen ist, ermöglichen, finden während eines Insolvenzverfahrens, während der Zeit, in der Sicherungsmaßnahmen nach § 21 der Insolvenzordnung angeordnet sind, und während der Überwachung der Erfüllung eines Insolvenzplans (§ 260 der Insolvenzordnung) keine Anwendung in bezug auf das Gewerbe, das zur Zeit des Antrags auf Eröffnung des Insolvenzverfahrens ausgeübt wurde. [2]Dies gilt nicht für eine nach § 35 Absatz 2 Satz 1 der Insolvenzordnung freigegebene selbstständige Tätigkeit des Gewerbetreibenden, wenn dessen Unzuverlässigkeit mit Tatsachen begründet wird, die nach der Freigabe eingetreten sind.

§ 13 Erprobungsklausel

Die Landesregierungen werden ermächtigt, durch Rechtsverordnung zur Erprobung vereinfachender Maßnahmen, insbesondere zur Erleichterung von Existenzgründungen und Betriebsübernahmen, für einen Zeitraum von bis zu fünf Jahren Ausnahmen von Berufsausübungsregelungen nach diesem Gesetz und den darauf beruhenden Rechtsverordnungen zuzulassen, soweit diese Berufsausübungsregelungen nicht auf bindenden Vorgaben des Europäischen Gemeinschaftsrechts beruhen und sich die Auswirkungen der Ausnahmen auf das Gebiet des jeweiligen Landes beschränken.

§ 13a Anzeige der grenzüberschreitenden Erbringung von Dienstleistungen in reglementierten Berufen

(1) [1]Wer als Staatsangehöriger eines Mitgliedstaates der Europäischen Union oder eines Vertragsstaates des Abkommens über den Europäischen Wirtschaftsraum eine gewerbliche Tätigkeit, deren Aufnahme oder Ausübung nach deutschem Recht einen Sachkunde- oder Unterrichtungsnachweis voraussetzt und zu deren Ausübung er in einem dieser Staaten rechtmäßig niedergelassen ist, im Inland nur vorübergehend und gelegentlich ausüben will, hat diese Absicht vorher der für die Anerkennung der Berufsqualifikation zuständigen öffentlichen Stelle unter Beifügung der nach Absatz 5 erforderlichen Unterlagen anzuzeigen. [2]Die Anzeige kann elektronisch erfolgen.

(2) [1]Die Tätigkeit darf sofort nach der Anzeige erbracht werden, wenn die Voraussetzungen nach Absatz 1 vorliegen und für die betreffende Tätigkeit keine Nachprüfung der Berufsqualifikation vorgeschrieben

ist. [2]Die zuständige öffentliche Stelle erteilt innerhalb eines Monats nach Eingang der Anzeige nach Absatz 1 eine Eingangsbestätigung, aus der hervorgeht, ob die Voraussetzungen nach Absatz 1 vorliegen und ob die Nachprüfung der Berufsqualifikation erforderlich ist. [3]Wird die Berufsqualifikation nachgeprüft, soll die zuständige öffentliche Stelle den Dienstleister innerhalb eines Monats ab Eingang der Anzeige und der vollständigen Unterlagen über das Ergebnis unterrichten. [4]Bei einer Verzögerung unterrichtet die zuständige öffentliche Stelle den Dienstleister über die Gründe für die Verzögerung und über den Zeitplan für eine Entscheidung. [5]Die Entscheidung ergeht spätestens innerhalb von zwei Monaten ab Eingang der vollständigen Unterlagen. [6]Bestehen Zweifel an der Echtheit der vorgelegten Bescheinigungen und Ausbildungsnachweise oder an den dadurch verliehenen Rechten, ist der Fristablauf für die Dauer der Nachprüfung der Echtheit oder den dadurch verliehenen Rechten durch Nachfrage bei der zuständigen Stelle des Niederlassungsstaates gehemmt.

(3) Ergibt die Nachprüfung, dass ein wesentlicher Unterschied zwischen der Berufsqualifikation des Dienstleistungserbringers und der im Inland erforderlichen Berufsqualifikation besteht, gibt die zuständige öffentliche Stelle dem Dienstleistungserbringer innerhalb eines Monats nach der Unterrichtung über das Ergebnis der Nachprüfung Gelegenheit, die für eine ausreichende berufliche Qualifikation erforderlichen Kenntnisse und Fähigkeiten insbesondere durch eine Eignungsprüfung nachzuweisen.

(4) Hält die zuständige Stelle die in den Absätzen 2 und 3 festgesetzten Fristen nicht ein, darf die Dienstleistung erbracht werden.

(5) [1]Folgende Unterlagen sind bei der erstmaligen Anzeige zu übermitteln:
1. ein Nachweis der Staatsangehörigkeit;
2. ein Nachweis der rechtmäßigen Niederlassung zur Ausübung der betreffenden Tätigkeiten in einem der in Absatz 1 genannten Staaten und der Nachweis, dass die Ausübung dieser Tätigkeiten nicht, auch nicht vorübergehend, untersagt ist;
3. im Fall von gewerblichen Tätigkeiten im Anwendungsbereich des Waffengesetzes, des Sprengstoffgesetzes, des Bundesjagdgesetzes, des Beschussgesetzes und des § 34a der Gewerbordnung ein Nachweis, dass keine Vorstrafen vorliegen;
4. a) sofern der Beruf im Niederlassungsstaat durch Rechts- und Verwaltungsvorschriften an den Besitz bestimmter beruflicher Qualifikationen gebunden ist, ein Nachweis der Berufsqualifikation, anderenfalls
 b) ein Nachweis, dass die Tätigkeit im Niederlassungsstaat während der vorhergehenden zehn Jahre mindestens ein Jahr lang ausgeübt worden ist;
5. ein Nachweis eines Versicherungsschutzes oder einer anderen Art des individuellen oder kollektiven Schutzes in Bezug auf die Berufshaftpflicht, sofern ein solcher für die betreffende Tätigkeit auch von Inländern gefordert wird.

[2]Die Unterlagen können elektronisch übermittelt werden. [3]Die zuständige Stelle kann den Dienstleistungserbringer im Fall begründeter Zweifel an der Echtheit der vorgelegten Unterlagen auffordern, beglaubigte Kopien vorzulegen. [4]Eine solche Aufforderung hemmt den Lauf der Fristen nach Absatz 2 Satz 3 und 5 nicht.

(6) [1]Tritt eine wesentliche Änderung von Umständen ein, die die Voraussetzungen für die Dienstleistungserbringung betreffen, ist die Änderung anzuzeigen und durch Unterlagen nachzuweisen. [2]Ansonsten ist die Anzeige formlos alle zwölf Monate seit der letzten Anzeige zu wiederholen, solange die weitere Erbringung von Dienstleistungen beabsichtigt ist.

(7) Die Regelungen gelten entsprechend für Arbeitnehmer eines Gewerbebetriebs nach Absatz 1, soweit Sachkunde- oder Unterrichtungsnachweise auch für diese vorgeschrieben sind.

§ 13b Anerkennung ausländischer Unterlagen und Bescheinigungen

(1) [1]Soweit nach diesem Gesetz oder einer auf Grund dieses Gesetzes erlassenen Rechtsverordnung die Zuverlässigkeit oder die Vermögensverhältnisse einer Person zu prüfen sind, sind als Nachweis für die Zuverlässigkeit und für geordnete Vermögensverhältnisse von Gewerbetreibenden aus einem anderen Mitgliedstaat der Europäischen Union oder einem anderen Vertragsstaat des Abkommens über den Europäischen Wirtschaftsraum Unterlagen als ausreichend anzuerkennen, die im Herkunftsstaat ausgestellt wurden und die belegen, dass die Anforderungen an die Zuverlässigkeit und die geordneten Vermögensverhältnisse des Gewerbetreibenden erfüllt werden. [2]Dabei kann verlangt werden, dass die Unterlagen in beglaubigter Kopie und beglaubigter deutscher Übersetzung vorgelegt werden. [3]Werden im Herkunftsstaat solche Unterlagen nicht ausgestellt, so können sie durch eine Versicherung an Eides statt des Gewerbetreibenden oder nach dem Recht des Herkunftsstaats vergleichbare Handlungen ersetzt werden.

(2) [1]Soweit in diesem Gesetz oder einer auf Grund dieses Gesetzes erlassenen Rechtsverordnung ein Nachweis darüber verlangt wird, dass ein Gewerbetreibender gegen die finanziellen Risiken seiner be-

ruflichen Tätigkeit haftpflichtversichert ist, ist von Gewerbetreibenden aus einem anderen Mitgliedstaat der Europäischen Union oder einem anderen Vertragsstaat des Abkommens über den Europäischen Wirtschaftsraum als Nachweis eine Bescheinigung über den Abschluss einer Berufshaftpflichtversicherung als hinreichend anzuerkennen, die von einem Kreditinstitut oder einem Versicherungsunternehmen in einem anderen Mitgliedstaat oder Vertragsstaat ausgestellt wurde, sofern die in diesem Staat abgeschlossene Berufshaftpflichtversicherung im Wesentlichen vergleichbar ist zu der, die von Inländern verlangt wird, und zwar hinsichtlich der Zweckbestimmung, der vorgesehenen Deckung bezüglich des versicherten Risikos, der Versicherungssumme und möglicher Ausnahmen von der Deckung. ²Bei nur teilweiser Gleichwertigkeit kann eine zusätzliche Sicherheit verlangt werden, die die nicht gedeckten Risiken absichert.

(3) Absatz 2 gilt nicht, soweit Tätigkeiten nach den §§ 30, 31, 33c, 33d, 34, 34a, 34c Absatz 1 Satz 1 Nummer 2, den §§ 34d, 34f, 34h, 34i oder nach § 60a ausgeübt werden.

§ 13c Anerkennung von ausländischen Befähigungsnachweisen

(1) Als Nachweis einer nach der Gewerbeordnung erforderlichen Sachkundeprüfung oder Unterrichtung werden im Ausland erworbene Befähigungs- und Ausbildungsnachweise anerkannt, die von einer zuständigen Behörde im Ausland ausgestellt worden sind, sofern

1. der im Ausland erworbene Befähigungs- oder Ausbildungsnachweis und der entsprechende inländische Befähigungs- oder Ausbildungsnachweis die Befähigung zu einer vergleichbaren beruflichen Tätigkeit belegen,

2. im Fall einer im Ausbildungsstaat reglementierten beruflichen Tätigkeit die den Antrag stellende Person zur Ausübung dieser beruflichen Tätigkeit im Ausbildungsstaat berechtigt ist und

3. zwischen den nachgewiesenen ausländischen Berufsqualifikationen und der entsprechenden inländischen Berufsbildung keine wesentlichen Unterschiede bestehen.

(2) ¹Unterscheiden sich die diesen Nachweisen zugrunde liegenden Sachgebiete wesentlich von den in den jeweiligen gewerberechtlichen Verordnungen festgelegten Sachgebieten und gleichen die von der den Antrag stellenden Person im Rahmen ihrer Berufspraxis oder durch sonstige nachgewiesene einschlägige Qualifikationen erworbenen Kenntnisse,¹⁾ Fähigkeiten und Kompetenzen diesen wesentlichen Unterschied nicht aus, so ist die Erlaubnis zur Aufnahme der angestrebten Tätigkeit von der erfolgreichen Teilnahme an einer ergänzenden, diese Sachgebiete umfassenden Sachkundeprüfung (spezifische Sachkundeprüfung) oder einer ergänzenden, diese Sachgebiete umfassenden Unterrichtung (ergänzende Unterrichtung) abhängig. ²Für die spezifische Sachkundeprüfung und die ergänzende Unterrichtung gelten die in den jeweiligen gewerberechtlichen Verordnungen vorgeschriebenen Anforderungen und Verfahren.

(3) ¹Ist für die angestrebte Tätigkeit nach der Gewerbeordnung eine Sachkundeprüfung vorgesehen, so ist der den Antrag stellenden Person nach ihrer Wahl statt der spezifischen Sachkundeprüfung die Teilnahme an einer ergänzenden Unterrichtung zu ermöglichen, sofern der Befähigungsnachweis von einem anderen Mitgliedstaat der Europäischen Union oder einem Vertragsstaat des Abkommens über den Europäischen Wirtschaftsraum ausgestellt worden ist und die jeweiligen gewerberechtlichen Verordnungen nicht etwas anderes vorsehen. ²Dies gilt auch für Nachweise, die von einem Drittstaat ausgestellt wurden, sofern diese Nachweise von einem in Satz 1 genannten Staat anerkannt worden sind und dieser Staat der den Antrag stellenden Person eine mindestens dreijährige Berufserfahrung in der angestrebten Tätigkeit bescheinigt. ³Die Maßnahmen nach Satz 1 sind so auszugestalten, dass sie eine der Sachkundeprüfung vergleichbare Beurteilung der Qualifikation erlauben. ⁴Ist für die angestrebte Tätigkeit nach der Gewerbeordnung eine Unterrichtung vorgesehen, kann die den Antrag stellende Person auf Wunsch an Stelle der ergänzenden Unterrichtung eine spezifische Sachkundeprüfung ablegen.

(3a) ¹Die Entscheidung der zuständigen Stelle, die Aufnahme der angestrebten Tätigkeit von der erfolgreichen Teilnahme an einer spezifischen Sachkundeprüfung oder einer ergänzenden Unterrichtung nach Absatz 2 Satz 1 abhängig zu machen, ist gegenüber der den Antrag stellenden Person zu begründen und mit einer Rechtsbehelfsbelehrung zu versehen. ²In der Begründung ist insbesondere anzugeben,

1. welche wesentlichen Unterschiede im Sinne des Absatzes 2 Satz 1 festgestellt wurden,

2. die Gründe, weshalb die Unterschiede im Sinne des Absatzes 2 Satz 1 nicht durch die von der den Antrag stellenden Person im Rahmen ihrer bisherigen Berufspraxis oder durch sonstige Befähigungsnachweise erworbenen und nachgewiesenen Kenntnisse, Fähigkeiten und Kompetenzen ausgeglichen werden, und

3. das Niveau der im Geltungsbereich dieses Gesetzes erforderlichen Berufsqualifikation gemäß der Klassifizierung in Artikel 11 der Richtlinie 2005/36/EG.

1) Komma fehlt in amtlicher Vorlage.

³Die zuständige Stelle muss der den Antrag stellenden Person die Möglichkeit geben, die spezifische Sachkundeprüfung oder die ergänzende Unterrichtung innerhalb von sechs Monaten ab dem Zugang der Entscheidung nach Absatz 2 Satz 1 zu absolvieren.

(4) ¹Der Antrag auf Anerkennung sowie die gemäß Satz 2 beizufügenden Unterlagen können elektronisch übermittelt werden. ²Dem Antrag sind folgende Unterlagen beizufügen:

1. eine tabellarische Aufstellung der absolvierten Ausbildungsgänge und der ausgeübten Erwerbstätigkeiten,
2. ein Identitätsnachweis,
3. im Ausland erworbene Ausbildungsnachweise,
4. Nachweise über einschlägige Berufserfahrungen und sonstige Befähigungsnachweise,
5. eine Bescheinigung darüber, dass die den Antrag stellende Person zur Ausübung des Berufs berechtigt ist, sofern der Beruf im Ausbildungsstaat reglementiert ist,

soweit dies für die Beurteilung erforderlich ist. ³Die Aufnahme und Ausübung der Tätigkeit erfolgen im Übrigen unter den im Inland geltenden Voraussetzungen. ⁴Insbesondere können von der den Antrag stellenden Person Nachweise verlangt werden, die Rückschlüsse auf ihre Zuverlässigkeit, das Vorliegen geordneter Vermögensverhältnisse sowie auf erforderliche Mittel oder Sicherheiten erlauben, sofern dies in den jeweiligen gewerberechtlichen Verordnungen bestimmt ist. ⁵Die zuständige Stelle kann die den Antrag stellende Person auffordern, innerhalb einer angemessenen Frist Informationen zu Inhalt und Dauer der im Ausland absolvierten Berufsbildung sowie zu sonstigen Berufsqualifikationen vorzulegen, soweit dies zur Bewertung der Gleichwertigkeit erforderlich ist. ⁶§ 13b Absatz 1 Satz 2 gilt entsprechend. ⁷Werden Unterlagen nach Satz 1 elektronisch übermittelt, kann die zuständige Behörde bei begründeten Zweifeln an der Echtheit der Unterlagen die den Antrag stellende Person auffordern, beglaubigte Kopien vorzulegen. ⁸Eine solche Aufforderung hemmt den Lauf der Fristen nach Absatz 5 Satz 1 bis 3 nicht.

(5) ¹Die zuständige Stelle bestätigt der den Antrag stellenden Person binnen eines Monats den Empfang der Unterlagen und teilt gegebenenfalls dabei mit, dass Unterlagen fehlen. ²Die Prüfung des Antrags auf Anerkennung muss spätestens drei Monate nach Einreichen der vollständigen Unterlagen abgeschlossen sein. ³Diese Frist kann in begründeten Fällen um einen Monat verlängert werden. ⁴Die Fristverlängerung ist der den Antrag stellenden Person rechtzeitig und unter Angabe der Gründe mitzuteilen. ⁵Bestehen begründete Zweifel an der Echtheit oder der inhaltlichen Richtigkeit der vorgelegten Unterlagen oder an den dadurch verliehenen Rechten oder benötigt die zuständige Stelle weitere Informationen, kann sie die den Antrag stellende Person auffordern, innerhalb einer angemessenen Frist weitere geeignete Unterlagen vorzulegen. ⁶Soweit die Unterlagen in einem Mitgliedstaat der Europäischen Union oder einem Vertragsstaat des Abkommens über den Europäischen Wirtschaftsraum ausgestellt wurden, kann sich die zuständige Stelle auch an die zuständige Stelle des Ausbildungsstaats wenden. ⁷Der Fristablauf ist solange gehemmt.

(6) Das Berufsqualifikationsfeststellungsgesetz ist mit Ausnahme des § 17 nicht anzuwenden.

Titel II
Stehendes Gewerbe

I.
Allgemeine Erfordernisse

§ 14 Anzeigepflicht; Verordnungsermächtigung

(1) ¹Wer den selbständigen Betrieb eines stehenden Gewerbes, einer Zweigniederlassung oder einer unselbständigen Zweigstelle anfängt, muss dies der zuständigen Behörde gleichzeitig anzeigen. ²Das Gleiche gilt, wenn

1. der Betrieb verlegt wird,
2. der Gegenstand des Gewerbes gewechselt oder auf Waren oder Leistungen ausgedehnt wird, die bei Gewerbebetrieben der angemeldeten Art nicht geschäftsüblich sind, oder
3. der Betrieb aufgegeben wird.

³Steht die Aufgabe des Betriebes eindeutig fest und ist die Abmeldung nicht innerhalb eines angemessenen Zeitraums erfolgt, kann die Behörde die Abmeldung von Amts wegen vornehmen.

(2) Absatz 1 gilt auch für den Handel mit Arzneimitteln, mit Losen von Lotterien und Ausspielungen sowie mit Bezugs- und Anteilscheinen auf solche Lose und für den Betrieb von Wettannahmestellen aller Art.

(3) ¹Wer die Aufstellung von Automaten jeder Art als selbständiges Gewerbe betreibt, muss die Anzeige bei der zuständigen Behörde seiner Hauptniederlassung erstatten. ²Der Gewerbetreibende ist verpflichtet,

zum Zeitpunkt der Aufstellung des Automaten den Familiennamen mit mindestens einem ausgeschriebenen Vornamen, seine ladungsfähige Anschrift sowie die Anschrift seiner Hauptniederlassung an dem Automaten sichtbar anzubringen. [3]Gewerbetreibende, für die eine Firma im Handelsregister eingetragen ist, haben außerdem ihre Firma in der in Satz 2 bezeichneten Weise anzubringen. [4]Ist aus der Firma der Familienname des Gewerbetreibenden mit einem ausgeschriebenen Vornamen zu ersehen, so genügt die Anbringung der Firma.

(4) [1]Die Finanzbehörden teilen den zuständigen Behörden die nach § 30 der Abgabenordnung geschützten Daten von Unternehmern im Sinne des § 5 des Gewerbesteuergesetzes mit, wenn deren Steuerpflicht erloschen ist; mitzuteilen sind lediglich Name und betriebliche Anschrift des Unternehmers und der Tag, an dem die Steuerpflicht endete. [2]Die Mitteilungspflicht besteht nicht, soweit ihre Erfüllung mit einem unverhältnismäßigen Aufwand verbunden wäre. [3]Absatz 5 Satz 1 gilt entsprechend.

(5) [1]Die erhobenen Daten dürfen nur für die Überwachung der Gewerbeausübung sowie statistische Erhebungen verarbeitet werden. [2]Der Name, die betriebliche Anschrift und die angezeigte Tätigkeit des Gewerbetreibenden dürfen allgemein zugänglich gemacht werden.

(6) [1]Öffentlichen Stellen, soweit sie nicht als öffentlich-rechtliche Unternehmen am Wettbewerb teilnehmen, dürfen der Zweckbindung nach Absatz 5 Satz 1 unterliegende Daten übermittelt werden, soweit

1. eine regelmäßige Datenübermittlung nach Absatz 8 zulässig ist,

2. die Kenntnis der Daten zur Abwehr einer gegenwärtigen Gefahr für die öffentliche Sicherheit oder erheblicher Nachteile für das Gemeinwohl erforderlich ist oder

3. der Empfänger die Daten beim Gewerbetreibenden nur mit unverhältnismäßigem Aufwand erheben könnte oder von einer solchen Datenerhebung nach der Art der Aufgabe, für deren Erfüllung die Kenntnis der Daten erforderlich ist, abgesehen werden muss und kein Grund zu der Annahme besteht, dass das schutzwürdige Interesse des Gewerbetreibenden überwiegt.

[2]Für die Weitergabe von Daten innerhalb der Verwaltungseinheiten, denen die für die Entgegennahme der Anzeige und die Überwachung der Gewerbeausübung zuständigen Behörden angehören, gilt Satz 1 entsprechend.

(7) Öffentlichen Stellen, soweit sie als öffentlich-rechtliche Unternehmen am Wettbewerb teilnehmen, und nichtöffentlichen Stellen dürfen der Zweckbindung nach Absatz 5 Satz 1 unterliegende Daten übermittelt werden, wenn der Empfänger ein rechtliches Interesse an der Kenntnis der zu übermittelnden Daten glaubhaft macht und kein Grund zu der Annahme besteht, dass das schutzwürdige Interesse des Gewerbetreibenden überwiegt.

(8) [1]Die zuständige Behörde übermittelt, sofern die empfangsberechtigte Stelle auf die regelmäßige Datenübermittlung nicht verzichtet hat, Daten aus der Gewerbeanzeige regelmäßig an

1. die Industrie- und Handelskammer zur Wahrnehmung der in den §§ 1, 3 und 5 des Gesetzes zur vorläufigen Regelung des Rechts der Industrie- und Handelskammern genannten sowie der nach § 1 Abs. 4 desselben Gesetzes übertragenen Aufgaben,

2. die Handwerkskammer zur Wahrnehmung der in § 91 der Handwerksordnung genannten, insbesondere der ihr durch die §§ 6, 19 und 28 der Handwerksordnung zugewiesenen und sonstiger durch Gesetz übertragener Aufgaben,

3. die für den Immissionsschutz zuständige Landesbehörde zur Durchführung arbeitsschutzrechtlicher sowie immissionsschutzrechtlicher Vorschriften,

3a. die für den technischen und sozialen Arbeitsschutz, einschließlich den Entgeltschutz nach dem Heimarbeitsgesetz zuständige Landesbehörde zur Durchführung ihrer Aufgaben,

4. die nach Landesrecht zuständige Behörde zur Wahrnehmung der Aufgaben, die im Mess- und Eichgesetz und in den auf Grund des Mess- und Eichgesetzes ergangenen Rechtsverordnungen festgelegt sind,

5. die Bundesagentur für Arbeit zur Wahrnehmung der in § 405 Abs. 1 in Verbindung mit § 404 Abs. 2 des Dritten Buches Sozialgesetzbuch sowie der im Arbeitnehmerüberlassungsgesetz genannten Aufgaben,

6. die Deutsche Gesetzliche Unfallversicherung e.V. ausschließlich zur Weiterleitung an die zuständige Berufsgenossenschaft für die Erfüllung der ihr durch Gesetz übertragenen Aufgaben,

7. die Behörden der Zollverwaltung zur Wahrnehmung der ihnen nach dem Schwarzarbeitsbekämpfungsgesetz, nach § 405 Abs. 1 in Verbindung mit § 404 Abs. 2 des Dritten Buches Sozialgesetzbuch sowie nach dem Arbeitnehmerüberlassungsgesetz obliegenden Aufgaben,

8. das Registergericht, soweit es sich um die Abmeldung einer im Handels- und Genossenschaftsregister eingetragenen Haupt- oder Zweigniederlassung handelt, für Maßnahmen zur Herstellung der inhaltlichen Richtigkeit des Handelsregisters gemäß § 388 Absatz 1 des Gesetzes über das Verfahren in Familiensachen und in den Angelegenheiten der freiwilligen Gerichtsbarkeit oder des Ge-

nossenschaftsregisters gemäß § 160 des Gesetzes betreffend die Erwerbs- und Wirtschaftsgenossenschaften,

9. die statistischen Ämter der Länder zur Führung des Statistikregisters nach § 1 Abs. 1 Satz 1 des Statistikregistergesetzes in den Fällen des Absatzes 1 Satz 2 Nr. 1 und 2,

10. die für die Lebensmittelüberwachung zuständigen Behörden der Länder zur Durchführung lebensmittelrechtlicher Vorschriften,

11. die Deutsche Rentenversicherung Knappschaft-Bahn-See zum Einzug und zur Vollstreckung der einheitlichen Pauschsteuer nach § 40a Absatz 2 des Einkommensteuergesetzes.

[2]Die Übermittlung der Daten ist auf das zur Wahrnehmung der in Satz 1 bezeichneten Aufgaben Erforderliche zu beschränken. [3]§ 138 der Abgabenordnung bleibt unberührt. [4]Sind die Daten derart verbunden, dass ihre Trennung nach erforderlichen und nicht erforderlichen Daten nicht oder nur mit unverhältnismäßigem Aufwand möglich ist, sind auch die Kenntnisnahme, die Weitergabe innerhalb der datenverarbeitenden Stelle und die Übermittlung der Daten, die nicht zur Erfüllung der jeweiligen Aufgaben erforderlich sind, zulässig, soweit nicht schutzwürdige Belange der betroffenen Personen oder Dritter überwiegen. [5]Die nicht erforderlichen Daten unterliegen insoweit einem Verwertungsverbot.

(9) Darüber hinaus sind Übermittlungen der nach den Absätzen 1 bis 4 erhobenen Daten nur zulässig, soweit die Kenntnis der Daten zur Verfolgung von Straftaten erforderlich ist oder eine besondere Rechtsvorschrift dies vorsieht.

(10) Die Einrichtung eines automatisierten Verfahrens, das den Abruf von Daten aus der Gewerbeanzeige ermöglicht, ist nur zulässig, wenn technisch sichergestellt ist, dass

1. die abrufende Stelle die bei der zuständigen Stelle gespeicherten Daten nicht verändern kann und

2. ein Abruf durch eine in Absatz 7 genannte Stelle nur möglich ist, wenn die abrufende Stelle entweder den Namen des Gewerbetreibenden oder die betriebliche Anschrift des Gewerbetreibenden angegeben hat; der Abruf von Daten unter Verwendung unvollständiger Abfragedaten oder die Suche mittels einer Ähnlichenfunktion kann zugelassen werden.

(11) [1]Die Einrichtung eines automatisierten Verfahrens, das den Abruf von Daten ermöglicht, die der Zweckbindung nach Absatz 5 Satz 1 unterliegen, ist nur zulässig, soweit

1. dies wegen der Häufigkeit oder der Eilbedürftigkeit der Abrufe und unter Berücksichtigung der schutzwürdigen Interessen der Gewerbetreibenden angemessen ist,

2. die zum Abruf bereitgehaltenen Daten ihrer Art nach für die Aufgaben oder Geschäftszwecke des Empfängers erforderlich sein können und

3. technisch sichergestellt ist, dass Daten durch andere als die in Absatz 8 genannten Stellen nur abgerufen werden können, wenn dabei der Verarbeitungszweck, für den der Abruf erfolgt, sowie das Aktenzeichen oder eine andere Bezeichnung des Vorgangs, für den der Abruf erfolgt, angegeben wird.

[2]Die Datenempfänger sowie die Verarbeitungszwecke, für die Abrufe zugelassen werden, sind vom Leiter der Verwaltungseinheit festzulegen. [3]Die zuständige Stelle protokolliert die Abrufe einschließlich der angegebenen Verarbeitungszwecke und Vorgangsbezeichnungen. [4]Die Protokolle müssen die Feststellung der für die einzelnen Abrufe verantwortlichen Personen ermöglichen. [5]Eine mindestens stichprobenweise Protokollauswertung ist durch die speichernde Stelle zu gewährleisten. [6]Die Protokolldaten dürfen nur zur Kontrolle der Zulässigkeit der Abrufe verarbeitet werden und sind nach sechs Monaten zu löschen.

(12) Daten, die der Zweckbindung nach Absatz 5 Satz 1 unterliegen, darf der Empfänger nur für den Zweck verarbeiten, zu dessen Erfüllung sie ihm übermittelt worden sind.

(13) [1]Über die Gewerbeanzeigen nach Absatz 1 Satz 1 und 2 Nr. 3 werden monatliche Erhebungen als Bundesstatistik durchgeführt. [2]Die Statistik nach Satz 1 soll als Informationsgrundlage für die Wirtschafts-, Wettbewerbs- und Strukturpolitik dienen. [3]Für die Erhebungen besteht Auskunftspflicht. [4]Auskunftspflichtig sind die Anzeigepflichtigen, die die Auskunftspflicht durch Erstattung der Anzeige erfüllen. [5]Die zuständige Behörde übermittelt aus den Gewerbeanzeigen monatlich die Daten als Erhebungs- oder Hilfsmerkmale an die statistischen Ämter der Länder, die zur Führung der Statistik nach Satz 1 erforderlich sind. [6]Die statistischen Ämter der Länder dürfen die Angaben zum eingetragenen Namen des Betriebes mit Rechtsform und zum Namen des Betriebsinhabers für die Bestimmung der Rechtsform bis zum Abschluss der nach § 12 Abs. 1 des Bundesstatistikgesetzes vorgesehenen Prüfung auswerten. [7]Ferner dürfen sie nähere Angaben zu der angemeldeten Tätigkeit unmittelbar bei den Auskunftspflichtigen erfragen, soweit die gemeldete Tätigkeit sonst den Wirtschaftszweigen nach Anhang I der Verordnung (EG) Nr. 1893/2006 des Europäischen Parlaments und des Rates vom 20. Dezember 2006 zur Aufstellung der statistischen Systematik der Wirtschaftszweige NACE Revision 2 und zur Änderung der Verordnung

(EWG) Nr. 3037/90 des Rates sowie einiger Verordnungen der EG über bestimmte Bereiche der Statistik (ABl. EU Nr. L 393 S. 1) in der jeweils geltenden Fassung nicht zugeordnet werden kann.

(14) ¹Das Bundesministerium für Wirtschaft und Energie erlasst mit Zustimmung des Bundesrates durch Rechtsverordnung zur Gewährleistung der ordnungsgemäßen Erfüllung der Anzeigepflicht nach Absatz 1, zur Regelung der Datenübermittlung nach Absatz 8 sowie zur Führung der Statistik nach Absatz 13 nähere Vorschriften. ²Die Rechtsverordnung

1. bestimmt insbesondere, welche erforderlichen Informationen in den Anzeigen nach Absatz 1 anzugeben sind,
2. kann die Verwendung von Vordrucken zur Anzeige eines Gewerbes anordnen, die Gestaltung der Vordrucke durch Muster festlegen und Vorgaben treffen, wie und in welcher Anzahl die Vordrucke auszufüllen sind,
3. kann Rahmenvorgaben für die elektronische Datenverarbeitung und -übermittlung festlegen,
4. bestimmt, welche Daten zur Aufgabenwahrnehmung der in Absatz 8 Satz 1 bezeichneten Stellen erforderlicherweise zu übermitteln sind, und
5. bestimmt, welche Daten als Erhebungs- und Hilfsmerkmale für die Statistik nach Absatz 13 Satz 1 an die statistischen Ämter der Länder zu übermitteln sind.

§ 15 Empfangsbescheinigung, Betrieb ohne Zulassung

(1) Die Behörde bescheinigt innerhalb dreier Tage den Empfang der Anzeige.

(2) ¹Wird ein Gewerbe, zu dessen Ausübung eine Erlaubnis, Genehmigung, Konzession oder Bewilligung (Zulassung) erforderlich ist, ohne diese Zulassung betrieben, so kann die Fortsetzung des Betriebes von der zuständigen Behörde verhindert werden. ²Das gleiche gilt, wenn ein Gewerbe von einer ausländischen juristischen Person begonnen wird, deren Rechtsfähigkeit im Inland nicht anerkannt wird.

§§ 15a, 15b *[aufgehoben]*

II.
Erfordernis besonderer Überwachung oder Genehmigung

A.
Anlagen, die einer besonderen Überwachung bedürfen

§§ 16 bis 28 (weggefallen)

B.
Gewerbetreibende, die einer besonderen Genehmigung bedürfen

§ 29 Auskunft und Nachschau

(1) Gewerbetreibende oder sonstige Personen,

1. die einer Erlaubnis nach den §§ 30, 31, 33a, 33c, 33d, 33i, 34, 34a, 34b, 34c, 34d, 34f, 34h oder 34i bedürfen oder nach § 34i Absatz 4 von der Erlaubnispflicht befreit sind,
2. die nach § 34b Abs. 5 oder § 36 öffentlich bestellt sind,
3. die ein überwachungsbedürftiges Gewerbe im Sinne des § 38 Abs. 1 betreiben,
4. gegen die ein Untersagungsverfahren nach § 35 oder § 59 eröffnet oder abgeschlossen wurde oder
5. soweit diese einer gewerblichen Tätigkeit nach § 42 Absatz 1 des Kulturgutschutzgesetzes nachgehen,

(Betroffene), haben den Beauftragten der zuständigen öffentlichen Stelle auf Verlangen die für die Überwachung des Geschäftsbetriebs erforderlichen mündlichen und schriftlichen Auskünfte unentgeltlich zu erteilen.

(2) ¹Die Beauftragten sind befugt, zum Zwecke der Überwachung Grundstücke und Geschäftsräume des Betroffenen während der üblichen Geschäftszeit zu betreten, dort Prüfungen und Besichtigungen vorzunehmen, sich die geschäftlichen Unterlagen vorlegen zu lassen und in diese Einsicht zu nehmen. ²Zur Verhütung dringender Gefahren für die öffentliche Sicherheit oder Ordnung können die Grundstücke und Geschäftsräume tagsüber auch außerhalb der in Satz 1 genannten Zeit sowie tagsüber auch dann betreten werden, wenn sie zugleich Wohnzwecken des Betroffenen dienen; das Grundrecht der Unverletzlichkeit der Wohnung (Artikel 13 des Grundgesetzes) wird insoweit eingeschränkt.

(3) Der Betroffene kann die Auskunft auf solche Fragen verweigern, deren Beantwortung ihn selbst oder einen der in § 383 Abs. 1 Nr. 1 bis 3 der Zivilprozeßordnung bezeichneten Angehörigen der Gefahr straf-

gerichtlicher Verfolgung oder eines Verfahrens nach dem Gesetz über Ordnungswidrigkeiten aussetzen würde.

(4) Die Absätze 1 bis 3 finden auch Anwendung, wenn Tatsachen die Annahme rechtfertigen, daß ein erlaubnispflichtiges, überwachungsbedürftiges oder untersagtes Gewerbe ausgeübt wird.

§ 30 Privatkrankenanstalten

(1) [1]Unternehmer von Privatkranken- und Privatentbindungsanstalten sowie von Privatnervenkliniken bedürfen einer Konzession der zuständigen Behörde. [2]Die Konzession ist nur dann zu versagen, wenn

1. Tatsachen vorliegen, welche die Unzuverlässigkeit des Unternehmers in Beziehung auf die Leitung oder Verwaltung der Anstalt oder Klinik dartun,

1a. Tatsachen vorliegen, welche die ausreichende medizinische und pflegerische Versorgung der Patienten als nicht gewährleistet erscheinen lassen,

2. nach den von dem Unternehmer einzureichenden Beschreibungen und Plänen die baulichen und die sonstigen technischen Einrichtungen der Anstalt oder Klinik den gesundheitspolizeilichen Anforderungen nicht entsprechen,

3. die Anstalt oder Klinik nur in einem Teil eines auch von anderen Personen bewohnten Gebäudes untergebracht werden soll und durch ihren Betrieb für die Mitbewohner dieses Gebäudes erhebliche Nachteile oder Gefahren hervorrufen kann oder

4. die Anstalt oder Klinik zur Aufnahme von Personen mit ansteckenden Krankheiten oder von Geisteskranken bestimmt ist und durch ihre örtliche Lage für die Besitzer oder Bewohner der benachbarten Grundstücke erhebliche Nachteile oder Gefahren hervorrufen kann.

(2) Vor Erteilung der Konzession sind über die Fragen zu Absatz 1 Nr. 3 und 4 die Ortspolizei- und die Gemeindebehörden zu hören.

§ 30a (weggefallen)

§ 30b *[aufgehoben]*

§ 30c (weggefallen)

§ 31 Bewachungsgewerbe auf Seeschiffen; Verordnungsermächtigung

(1) Wer gewerbsmäßig Leben oder Eigentum fremder Personen auf Seeschiffen seewärts der Begrenzung der deutschen ausschließlichen Wirtschaftszone zur Abwehr äußerer Gefahren bewachen will, bedarf hierfür der Zulassung.

(2) [1]Die Zulassung wird durch das Bundesamt für Wirtschaft und Ausfuhrkontrolle im Benehmen mit der Bundespolizei erteilt. [2]Sie ist zu befristen und kann mit Auflagen verbunden werden, soweit dies zum Schutz der Allgemeinheit oder der Auftraggeber erforderlich ist; unter denselben Voraussetzungen ist auch die nachträgliche Aufnahme, Änderung oder Ergänzung von Auflagen zulässig. [3]Die Zulassung ist im Benehmen mit der Bundespolizei zu versagen, wenn der Antragsteller

1. nicht die Anforderungen an die betriebliche Organisation und Verfahrensabläufe, insbesondere die Maßnahmen zur Sicherstellung der fachlichen und persönlichen Geeignetheit und Zuverlässigkeit der eingesetzten Personen, erfüllt,

2. nicht die Anforderungen an die Geschäftsleitung sowie an die mit der Leitung des Betriebes oder einer Zweigniederlassung beauftragten Person hinsichtlich der fachlichen und persönlichen Geeignetheit und Zuverlässigkeit erfüllt oder

3. den Nachweis einer Betriebshaftpflichtversicherung nicht erbringt.

[4]§ 34a Absatz 1 bis 4 ist nicht anzuwenden; § 34a Absatz 5 ist entsprechend anzuwenden.

(3) [1]Für Amtshandlungen des Bundesamtes für Wirtschaft und Ausfuhrkontrolle im Zusammenhang mit der Zulassung von Bewachungsunternehmen auf Seeschiffen gemäß den Absätzen 1, 2 und 7 werden Gebühren und Auslagen erhoben. [2]Durch Rechtsverordnung kann das Bundesministerium für Wirtschaft und Energie im Einvernehmen mit dem Bundesministerium des Innern, für Bau und Heimat ohne Zustimmung des Bundesrates die Gebührentatbestände und die Gebührenhöhe für die Amtshandlungen bestimmen und dabei feste Sätze, auch in Form von Zeitgebühren, oder Rahmensätze vorsehen. [3]Die Gebührensätze sind so zu bemessen, dass der mit den Amtshandlungen verbundene gesamte Personal- und Sachaufwand gedeckt wird. [4]Zu dem durch die Gebühren zu deckenden Personal- und Sachaufwand gehören auch die Kosten der Bundespolizei, die ihr durch die Beteiligung an dem Zulassungsverfahren nach Absatz 2 entstehen. [5]Zusätzlich zu dem Verwaltungsaufwand kann der in Geld berechenbare wirtschaftliche Wert für den Gebührenschuldner angemessen berücksichtigt werden. [6]Die Gebührenhöhe darf zu der Amtshandlung nicht außer Verhältnis stehen. [7]Aus Gründen des öffentlichen Interesses oder der Billigkeit kann eine niedrigere Gebühr als die in den Sätzen 3 bis 5 vorgesehene Gebühr oder eine Ge-

bührenbefreiung bestimmt werden. [8]In der Verordnung können Auslagen auch abweichend von § 10 des Verwaltungskostengesetzes bestimmt werden.

(4) [1]Das Bundesministerium für Wirtschaft und Energie kann im Einvernehmen mit dem Bundesministerium des Innern, für Bau und Heimat und dem Bundesministerium für Verkehr und digitale Infrastruktur durch Rechtsverordnung ohne Zustimmung des Bundesrates

1. die Anforderungen und das Verfahren für die Zulassung nach Absatz 1 sowie die Dauer der Zulassung festlegen,

2. die Anforderungen an das Bewachungsunternehmen festlegen hinsichtlich der betrieblichen Organisation und der Verfahrensabläufe, der technischen Ausrüstung und der Maßnahmen, die die Einhaltung der waffenrechtlichen Vorschriften des Flaggenstaates sowie der Hafen- und Küstenstaaten gewährleisten,

3. zum Schutz der Allgemeinheit und der Auftraggeber Vorschriften über den Umfang der Befugnisse und Verpflichtungen bei der Ausübung der Bewachungstätigkeit nach Absatz 1 erlassen, insbesondere über

 a) die Pflichten des Bewachungsunternehmens bei der Auswahl und Einstellung, der Beschäftigung und Einweisung in die Tätigkeit der mit der Durchführung von Bewachungsaufgaben nach Absatz 1 eingesetzten Personen; über die Anforderungen, denen diese Personen genügen müssen, insbesondere in Bezug auf die Ausbildung, die beruflichen Kenntnisse und Fähigkeiten, die Berufserfahrung, Eignung und Zuverlässigkeit dieser Personen; sowie über die erforderlichen organisatorischen Maßnahmen, die die Einhaltung dieser Anforderungen durch das Bewachungsunternehmen sicherstellen,

 b) die Pflicht des Bewachungsunternehmens, Bücher zu führen, die notwendigen Daten über einzelne Geschäftsvorgänge sowie die Auftraggeber aufzuzeichnen, die Bücher und Aufzeichnungen aufzubewahren und auf Anforderung an das Bundesamt für Wirtschaft und Ausfuhrkontrolle zu übersenden,

 c) die Pflicht des Bewachungsunternehmens, Bewachungseinsätze beim Bundesamt für Wirtschaft und Ausfuhrkontrolle anzuzeigen, Protokolle über die Einsätze zu führen und Einsatzberichte zu erstellen und diese dem Bundesamt für Wirtschaft und Ausfuhrkontrolle sowie dem Auftraggeber zu übersenden sowie Meldungen über Vorkommnisse, insbesondere den Einsatz, Verlust oder Ersatz von Waffen, an das Bundesamt für Wirtschaft und Ausfuhrkontrolle, die Bundespolizei und dem Auftraggeber zu erstatten,

 d) die Pflicht des Bewachungsunternehmens, dem Bundesamt für Wirtschaft und Ausfuhrkontrolle einen Wechsel der mit der Leitung des Betriebes oder einer Zweigniederlassung beauftragten Personen anzuzeigen und hierbei Angaben über diese zu machen sowie Änderungen in der betrieblichen Organisation und den Verfahrensabläufen anzuzeigen, und

 e) die Unterrichtung des Bundesamtes für Wirtschaft und Ausfuhrkontrolle durch Gerichte und Staatsanwaltschaften über rechtliche Maßnahmen gegen Bewachungsunternehmen und ihre Beschäftigten, die mit Bewachungsaufgaben nach Absatz 1 betraut sind,

4. den Umfang und die inhaltlichen Anforderungen an die nach Absatz 2 Satz 3 Nummer 3 erforderliche Betriebshaftpflichtversicherung, insbesondere die Höhe der Mindestversicherungssummen, die Bestimmung der zuständigen Stelle im Sinne des § 117 Absatz 2 Satz 1 des Versicherungsvertragsgesetzes vom 23. November 2007 (BGBl. I S. 2631), das zuletzt durch Artikel 2 Absatz 79 des Gesetzes vom 22. Dezember 2011 (BGBl. I S. 3044) geändert worden ist, über den Nachweis des Bestehens einer Haftpflichtversicherung, die Anzeigepflichten des Versicherungsunternehmens gegenüber dem Bundesamt für Wirtschaft und Ausfuhrkontrolle und dem Versicherungsnehmer sowie die Anerkennung von Haftpflichtversicherungen, die bei Versicherern abgeschlossen wurden, die außerhalb des Geltungsbereichs dieses Gesetzes zum Geschäftsbetrieb befugt sind, festlegen und

5. die Anforderungen und Verfahren zur Anerkennung von Zulassungen aus anderen Staaten festlegen. [2]Das Bundesministerium für Wirtschaft und Energie kann die Ermächtigung nach Satz 1 ganz oder teilweise durch Rechtsverordnung unter Sicherstellung der Einvernehmensregelung auf das Bundesamt für Wirtschaft und Ausfuhrkontrolle übertragen; Rechtsverordnungen des Bundesamtes für Wirtschaft und Ausfuhrkontrolle bedürfen in Abweichung von der Einvernehmensregelung nach Satz 1 nur des Einvernehmens des Bundespolizeipräsidiums und des Bundesamtes für Seeschifffahrt und Hydrographie. [3]Rechtsverordnungen nach den Sätzen 1 und 2 bedürfen der Zustimmung des Bundestages. [4]Hat sich der Bundestag nach Ablauf von drei Sitzungswochen seit Eingang der Rechtsverordnung nicht mit ihr befasst, so gilt die Zustimmung als erteilt.

(5) [1]Das Bundesamt für Wirtschaft und Ausfuhrkontrolle und die Bundespolizei dürfen einander auch ohne Ersuchen Informationen einschließlich personenbezogener Daten übermitteln, soweit dies zur Er-

füllung der Aufgaben nach Absatz 2 erforderlich ist. [2]Das Bundesamt für Wirtschaft und Ausfuhrkontrolle und die Bundespolizei dürfen die übermittelten Informationen nur im Rahmen der gesetzlichen Aufgabenerfüllung nach Absatz 1 verarbeiten. [3]Das Bundesamt für Wirtschaft und Ausfuhrkontrolle unterrichtet das Bundesamt für Seeschifffahrt und Hydrographie oder die auf Grund einer Rechtsverordnung nach § 3 Absatz 2 oder § 9 Absatz 1 Nummer 7 des Seeaufgabengesetzes in der Fassung der Bekanntmachung vom 26. Juli 2002 (BGBl. I S. 2876), das zuletzt durch Artikel 2 des Gesetzes vom 22. Dezember 2011 (BGBl. I S. 3069) geändert worden ist, bestimmte Behörde unverzüglich über die Zulassung von Bewachungsunternehmen, über Änderungen, ihre Beendigung sowie über sonstige das Zulassungsverfahren betreffende Tatsachen, soweit dies für die Erfüllung der Aufgaben nach § 1 Nummer 13 des Seeaufgabengesetzes erforderlich ist.

(6) Das Bundesamt für Wirtschaft und Ausfuhrkontrolle veröffentlicht und aktualisiert auf seiner Webseite regelmäßig eine Liste der nach Absatz 1 zugelassenen Bewachungsunternehmen einschließlich ihrer Anschrift, Telefonnummer und E-Mail-Adresse oder Faxnummer; dazu ist zuvor das Einverständnis der betroffenen Unternehmen einzuholen.

(7) Das Bundesamt für Wirtschaft und Ausfuhrkontrolle ist im Zusammenhang mit der Durchführung von § 31 auch für die Durchführung von § 15 Absatz 2, der §§ 29, 46 Absatz 3 und von § 47 zuständig.

§ 32 Regelung der Sachkundeprüfung, Aufgabenauswahlausschüsse

(1) [1]Soweit Prüfungsverfahren nicht vollständig durch Rechtsverordnungen nach diesem Abschnitt geregelt sind, kann in ihnen bestimmt werden, dass die Industrie- und Handelskammern, wenn diese für die Durchführung von Prüfungen zuständig sind, durch Satzung Einzelheiten des Prüfungsverfahrens regeln. [2]Regelungen sind insbesondere erforderlich über

1. die genaue Zusammensetzung eines Prüfungsausschusses, insbesondere hinsichtlich der Anzahl und der Qualifikation seiner Mitglieder,
2. die Berufung der Mitglieder des Prüfungsausschusses und deren Abberufung,
3. das Verfahren des Prüfungsausschusses, insbesondere über die Beschlussfassung und den Ausschluss von der Mitwirkung,
4. die Dauer der Prüfung,
5. die Zulassung zum praktischen Teil der Prüfung,
6. den Gegenstand und die Dauer der spezifischen Sachkundeprüfung nach § 13c Absatz 2 Satz 1,
7. den Nachteilsausgleich für Menschen mit Behinderung,
8. die Bewertung der Prüfungsleistungen,
9. die Folgen von Verstößen gegen Prüfungsvorschriften,
10. die Wiederholungsprüfung sowie
11. die Niederschrift über die Prüfung.

(2) [1]Soweit in Rechtsverordnungen nach diesem Abschnitt für die Auswahl von Prüfungsfragen für Sachkundeprüfungen die Bildung von Aufgabenauswahlausschüssen vorgesehen ist, obliegt die Errichtung der Aufgabenauswahlausschüsse nach Maßgabe des Satzes 2 den Industrie- und Handelskammern, die sich dabei der in § 32 Absatz 2 des Umweltauditgesetzes bezeichneten Stelle (gemeinsame Stelle) bedienen. [2]In den Rechtsverordnungen sind Einzelheiten zur Errichtung der Aufgabenauswahlausschüsse, insbesondere hinsichtlich der Zusammensetzung, zu bestimmen.

§ 33 (weggefallen)

§ 33a Schaustellungen von Personen

(1) [1]Wer gewerbsmäßig Schaustellungen von Personen in seinen Geschäftsräumen veranstalten oder für deren Veranstaltung seine Geschäftsräume zur Verfügung stellen will, bedarf der Erlaubnis der zuständigen Behörde. [2]Dies gilt nicht für Darbietungen mit überwiegend künstlerischem, sportlichem, akrobatischem oder ähnlichem Charakter. [3]Die Erlaubnis kann mit einer Befristung erteilt und mit Auflagen verbunden werden, soweit dies zum Schutze der Allgemeinheit, der Gäste oder der Bewohner des Betriebsgrundstücks oder der Nachbargrundstücke vor Gefahren, erheblichen Nachteilen oder erheblichen Belästigungen erforderlich ist; unter denselben Voraussetzungen ist auch die nachträgliche Aufnahme, Änderung und Ergänzung von Auflagen zulässig.

(2) Die Erlaubnis ist zu versagen, wenn

1. Tatsachen die Annahme rechtfertigen, daß der Antragsteller die für den Gewerbebetrieb erforderliche Zuverlässigkeit nicht besitzt,
2. zu erwarten ist, daß die Schaustellungen den guten Sitten zuwiderlaufen werden oder
3. der Gewerbebetrieb im Hinblick auf seine örtliche Lage oder auf die Verwendung der Räume dem öffentlichen Interesse widerspricht, insbesondere schädliche Umwelteinwirkungen im Sinne des

Bundes-Immissionsschutzgesetzes oder sonst erhebliche Nachteile, Gefahren oder Belästigungen für die Allgemeinheit befürchten läßt.

§ 33b Tanzlustbarkeiten

Die Abhaltung von Tanzlustbarkeiten richtet sich nach den landesrechtlichen Bestimmungen.

§ 33c Spielgeräte mit Gewinnmöglichkeit

(1) [1]Wer gewerbsmäßig Spielgeräte, die mit einer den Spielausgang beeinflussenden technischen Vorrichtung ausgestattet sind, und die die Möglichkeit eines Gewinnes bieten, aufstellen will, bedarf der Erlaubnis der zuständigen Behörde. [2]Die Erlaubnis berechtigt nur zur Aufstellung von Spielgeräten, deren Bauart von der Physikalisch-Technischen Bundesanstalt zugelassen ist. [3]Sie kann mit Auflagen, auch im Hinblick auf den Aufstellungsort, verbunden werden, soweit dies zum Schutze der Allgemeinheit, der Gäste oder der Bewohner des jeweiligen Betriebsgrundstücks oder der Nachbargrundstücke oder im Interesse des Jugendschutzes erforderlich ist; unter denselben Voraussetzungen ist auch die nachträgliche Aufnahme, Änderung und Ergänzung von Auflagen zulässig.

(2) Die Erlaubnis ist zu versagen, wenn

1. Tatsachen die Annahme rechtfertigen, dass der Antragsteller die für die Aufstellung von Spielgeräten erforderliche Zuverlässigkeit nicht besitzt; die erforderliche Zuverlässigkeit besitzt in der Regel nicht, wer in den letzten drei Jahren vor Stellung des Antrages wegen eines Verbrechens, wegen Diebstahls, Unterschlagung, Erpressung, Hehlerei, Geldwäsche, Verschleierung unrechtmäßig erlangter Vermögenswerte, Betruges, Untreue, unerlaubter Veranstaltung eines Glücksspiels, Beteiligung am unerlaubten Glücksspiel oder wegen eines Vergehens nach § 27 des Jugendschutzgesetzes rechtskräftig verurteilt worden ist,

2. der Antragsteller nicht durch eine Bescheinigung einer Industrie- und Handelskammer nachweist, dass er über die für die Ausübung des Gewerbes notwendigen Kenntnisse zum Spieler- und Jugendschutz unterrichtet worden ist, oder

3. der Antragsteller nicht nachweist, dass er über ein Sozialkonzept einer öffentlich anerkannten Institution verfügt, in dem dargelegt wird, mit welchen Maßnahmen den sozialschädlichen Auswirkungen des Glücksspiels vorgebeugt werden soll.

(3) [1]Der Gewerbetreibende darf Spielgeräte im Sinne des Absatzes 1 nur aufstellen, wenn ihm die zuständige Behörde schriftlich bestätigt hat, daß der Aufstellungsort den auf der Grundlage des § 33f Abs. 1 Nr. 1 erlassenen Durchführungsvorschriften entspricht. [2]Sollen Spielgeräte in einer Gaststätte aufgestellt werden, so ist in der Bestätigung anzugeben, ob dies in einer Schank- oder Speisewirtschaft oder in einem Beherbergungsbetrieb erfolgen soll. [3]Gegenüber dem Gewerbetreibenden und demjenigen, in dessen Betrieb ein Spielgerät aufgestellt worden ist, können von der zuständigen Behörde, in deren Bezirk das Spielgerät aufgestellt worden ist, Anordnungen nach Maßgabe des Absatzes 1 Satz 3 erlassen werden. [4]Der Aufsteller darf mit der Aufstellung von Spielgeräten nur Personen beschäftigen, die die Voraussetzungen nach Absatz 2 Nummer 2 erfüllen.

§ 33d Andere Spiele mit Gewinnmöglichkeit

(1) [1]Wer gewerbsmäßig ein anderes Spiel mit Gewinnmöglichkeit veranstalten will, bedarf der Erlaubnis der zuständigen Behörde. [2]Die Erlaubnis kann mit einer Befristung erteilt und mit Auflagen verbunden werden, soweit dies zum Schutze der Allgemeinheit, der Gäste oder der Bewohner des Betriebsgrundstücks oder der Nachbargrundstücke oder im Interesse des Jugendschutzes erforderlich ist; unter denselben Voraussetzungen ist auch die nachträgliche Aufnahme, Änderung und Ergänzung von Auflagen zulässig.

(2) Die Erlaubnis darf nur erteilt werden, wenn der Antragsteller im Besitz einer von dem Bundeskriminalamt erteilten Unbedenklichkeitsbescheinigung oder eines Abdruckes der Unbedenklichkeitsbescheinigung ist.

(3) [1]Die Erlaubnis ist zu versagen, wenn Tatsachen die Annahme rechtfertigen, daß der Antragsteller oder der Gewerbetreibende, in dessen Betrieb das Spiel veranstaltet werden soll, die für die Veranstaltung von anderen Spielen erforderliche Zuverlässigkeit nicht besitzt. [2]§ 33c Absatz 2 Nummer 1 zweiter Halbsatz gilt entsprechend.

(4) [1]Die Erlaubnis ist zurückzunehmen, wenn bei ihrer Erteilung nicht bekannt war, daß Tatsachen der in Absatz 3 bezeichneten Art vorlagen. [2]Die Erlaubnis ist zu widerrufen, wenn

1. nach ihrer Erteilung Tatsachen der in Absatz 3 bezeichneten Art eingetreten sind,

2. das Spiel abweichend von den genehmigten Bedingungen veranstaltet wird oder

3. die Unbedenklichkeitsbescheinigung zurückgenommen oder widerrufen worden ist.

(5) Die Erlaubnis kann widerrufen werden, wenn bei der Veranstaltung des Spieles eine der in der Erlaubnis enthaltenen Auflagen nicht beachtet oder gegen § 6 des Jugendschutzgesetzes verstoßen worden ist.

§ 33e Bauartzulassung und Unbedenklichkeitsbescheinigung

(1) [1]Die Zulassung der Bauart eines Spielgerätes oder ihrer Nachbaugeräte und die Unbedenklichkeitsbescheinigung für andere Spiele (§§ 33c und 33d) sind zu versagen, wenn die Gefahr besteht, daß der Spieler unangemessen hohe Verluste in kurzer Zeit erleidet. [2]Für andere Spiele im Sinne des § 33d kann die Unbedenklichkeitsbescheinigung auch versagt werden, wenn das Spiel durch Veränderung der Spielbedingungen oder durch Veränderung der Spieleinrichtung mit einfachen Mitteln als Glücksspiel im Sinne des § 284 des Strafgesetzbuches veranstaltet werden kann. [3]Ein Versagungsgrund im Sinne des Satzes 2 liegt insbesondere dann vor, wenn

1. es sich um ein Karten-, Würfel- oder Kugelspiel handelt, das von einem Glücksspiel im Sinne des § 284 des Strafgesetzbuches abgeleitet ist, oder
2. das Spiel nach den zur Prüfung eingereichten Bedingungen nicht wirtschaftlich betrieben werden kann.

(2) Die Zulassung ist ganz oder teilweise, die Unbedenklichkeitsbescheinigung ist ganz zurückzunehmen oder zu widerrufen, wenn Tatsachen bekannt werden, die ihre Versagung rechtfertigen würden, oder wenn der Antragsteller zugelassene Spielgeräte an den in dem Zulassungsschein bezeichneten Merkmalen verändert oder ein für unbedenklich erklärtes Spiel unter nicht genehmigten Bedingungen veranstaltet.

(3) Die Zulassung und die Unbedenklichkeitsbescheinigung können mit einer Befristung erteilt und mit Auflagen verbunden werden.

(4) Bei serienmäßig hergestellten Spielen nach § 33d genügt es, wenn die Unbedenklichkeitsbescheinigung für das eingereichte Spiel und für Nachbauten ein Abdruck der Unbedenklichkeitsbescheinigung erteilt wird.

§ 33f Ermächtigung zum Erlaß von Durchführungsvorschriften

(1) Das Bundesministerium für Wirtschaft und Energie kann zur Durchführung der §§ 33c, 33d, 33e und 33i im Einvernehmen mit dem Bundesministerium des Innern, für Bau und Heimat, dem Bundesministerium für Gesundheit und dem Bundesministerium für Familie, Senioren, Frauen und Jugend und mit Zustimmung des Bundesrates durch Rechtsverordnung zur Eindämmung der Betätigung des Spieltriebs, zum Schutze der Allgemeinheit und der Spieler sowie im Interesse des Jugendschutzes

1. die Aufstellung von Spielgeräten oder die Veranstaltung von anderen Spielen auf bestimmte Gewerbezweige, Betriebe oder Veranstaltungen beschränken und die Zahl der jeweils in einem Betrieb aufgestellten Spielgeräte oder veranstalteten anderen Spiele begrenzen,
2. Vorschriften über den Umfang der Befugnisse und Verpflichtungen bei der Ausübung des Gewerbes erlassen,
3. für die Zulassung oder die Erteilung der Unbedenklichkeitsbescheinigung bestimmte Anforderungen stellen an
 a) die Art und Weise des Spielvorgangs,
 b) die Art des Gewinns,
 c) den Höchsteinsatz und den Höchstgewinn,
 d) das Verhältnis der Anzahl der gewonnenen Spiele zur Anzahl der verlorenen Spiele,
 e) das Verhältnis des Einsatzes zum Gewinn bei einer bestimmten Anzahl von Spielen,
 f) die Mindestdauer eines Spiels,
 g) die technische Konstruktion und die Kennzeichnung der Spielgeräte,
 h) personenungebundene Identifikationsmittel, die der Spieler einsetzen muss, um den Spielbetrieb an einem Spielgerät zu ermöglichen, insbesondere an deren Ausgabe, Aktivierung, Gültigkeit und Sicherheitsmerkmale,
 i) die Bekanntgabe der Spielregeln und des Gewinnplans sowie die Bereithaltung des Zulassungsscheines oder des Abdruckes des Zulassungsscheines, des Zulassungsbeleges, der Unbedenklichkeitsbescheinigung oder des Abdruckes der Unbedenklichkeitsbescheinigung,
4. Vorschriften über den Umfang der Verpflichtungen des Gewerbetreibenden erlassen, in dessen Betrieb das Spielgerät aufgestellt oder das Spiel veranstaltet werden soll,
5. die Anforderungen an den Unterrichtungsnachweis nach § 33c Absatz 2 Nummer 2 und das Verfahren für diesen Nachweis sowie Ausnahmen von der Nachweispflicht festlegen.

(2) Durch Rechtsverordnung können ferner

1. das Bundesministerium für Wirtschaft und Energie im Einvernehmen mit dem Bundesministerium des Innern, für Bau und Heimat und mit Zustimmung des Bundesrates

a) das Verfahren der Physikalisch-Technischen Bundesanstalt bei der Prüfung und Zulassung der Bauart von Spielgeräten sowie bei der Verlängerung der Aufstelldauer von Warenspielgeräten, die auf Volksfesten, Schützenfesten oder ähnlichen Veranstaltungen aufgestellt werden sollen, und die ihrer Konstruktion nach keine statistischen Prüfmethoden erforderlich machen, regeln und

b) Vorschriften über die Gebühren und Auslagen für Amtshandlungen der Physikalisch-Technischen Bundesanstalt erlassen;

2. das Bundesministerium des Innern, für Bau und Heimat im Einvernehmen mit dem Bundesministerium für Wirtschaft und Energie und mit Zustimmung des Bundesrates das Verfahren des Bundeskriminalamtes bei der Erteilung von Unbedenklichkeitsbescheinigungen regeln.

§ 33g Einschränkung und Ausdehnung der Erlaubnispflicht

Das Bundesministerium für Wirtschaft und Energie kann im Einvernehmen mit den Bundesministerien des Innern, für Bau und Heimat und für Familie, Senioren, Frauen und Jugend mit Zustimmung des Bundesrates durch Rechtsverordnung bestimmen, daß

1. für die Veranstaltung bestimmter anderer Spiele im Sinne des § 33d Abs. 1 Satz 1 eine Erlaubnis nicht erforderlich ist, wenn diese Spiele überwiegend der Unterhaltung dienen und kein öffentliches Interesse an einer Erlaubnispflicht besteht,

2. die Vorschriften der §§ 33c und 33d auch für die nicht gewerbsmäßige Aufstellung von Spielgeräten und für die nicht gewerbsmäßige Veranstaltung anderer Spiele in Vereinen und geschlossenen Gesellschaften gelten, in denen gewohnheitsmäßig gespielt wird, wenn für eine solche Regelung ein öffentliches Interesse besteht.

§ 33h Spielbanken, Lotterien, Glücksspiele

Die §§ 33c bis 33g finden keine Anwendung auf

1. die Zulassung und den Betrieb von Spielbanken,

2. die Veranstaltung von Lotterien und Ausspielungen, mit Ausnahme der gewerbsmäßig betriebenen Ausspielungen auf Volksfesten, Schützenfesten oder ähnlichen Veranstaltungen, bei denen der Gewinn in geringwertigen Gegenständen besteht,

3. die Veranstaltung anderer Spiele im Sinne des § 33d Abs. 1 Satz 1, die Glücksspiele im Sinne des § 284 des Strafgesetzbuches sind.

§ 33i Spielhallen und ähnliche Unternehmen

(1) [1]Wer gewerbsmäßig eine Spielhalle oder ein ähnliches Unternehmen betreiben will, das ausschließlich oder überwiegend der Aufstellung von Spielgeräten oder der Veranstaltung anderer Spiele im Sinne des § 33c Abs. 1 Satz 1 oder des § 33d Abs. 1 Satz 1 dient, bedarf der Erlaubnis der zuständigen Behörde. [2]Die Erlaubnis kann mit einer Befristung erteilt und mit Auflagen verbunden werden, soweit dies zum Schutze der Allgemeinheit, der Gäste oder der Bewohner des Betriebsgrundstücks oder der Nachbargrundstücke vor Gefahren, erheblichen Nachteilen oder erheblichen Belästigungen erforderlich ist; unter denselben Voraussetzungen ist auch die nachträgliche Aufnahme, Änderung und Ergänzung von Auflagen zulässig.

(2) Die Erlaubnis ist zu versagen, wenn

1. die in § 33c Absatz 2 Nummer 1 oder § 33d Absatz 3 genannten Versagungsgründe vorliegen,

2. die zum Betrieb des Gewerbes bestimmten Räume wegen ihrer Beschaffenheit oder Lage den polizeilichen Anforderungen nicht genügen oder

3. der Betrieb des Gewerbes eine Gefährdung der Jugend, eine übermäßige Ausnutzung des Spieltriebs, schädliche Umwelteinwirkungen im Sinne des Bundes-Immissionsschutzgesetzes oder sonst eine nicht zumutbare Belästigung der Allgemeinheit, der Nachbarn oder einer im öffentlichen Interesse bestehenden Einrichtung befürchten läßt.

§ 34 Pfandleihgewerbe

(1) [1]Wer das Geschäft eines Pfandleihers oder Pfandvermittlers betreiben will, bedarf der Erlaubnis der zuständigen Behörde. [2]Die Erlaubnis kann mit Auflagen verbunden werden, soweit dies zum Schutze der Allgemeinheit oder der Verpfänder erforderlich ist; unter denselben Voraussetzungen ist auch die nachträgliche Aufnahme, Änderung und Ergänzung von Auflagen zulässig. [3]Die Erlaubnis ist zu versagen, wenn

1. Tatsachen die Annahme rechtfertigen, daß der Antragsteller die für den Gewerbebetrieb erforderliche Zuverlässigkeit nicht besitzt, oder

2. er die für den Gewerbebetrieb erforderlichen Mittel oder entsprechende Sicherheiten nicht nachweist.

(2) [1]Das Bundesministerium für Wirtschaft und Energie kann durch Rechtsverordnung mit Zustimmung des Bundesrates zum Schutze der Allgemeinheit und der Verpfänder Vorschriften erlassen über den Umfang der Befugnisse und Verpflichtungen bei der Ausübung der in Absatz 1 genannten Gewerbe, insbesondere über

1. den Geltungsbereich der Erlaubnis,

2. die Annahme, Aufbewahrung und Verwertung des Pfandgegenstandes, die Art und Höhe der Vergütung für die Hingabe des Darlehens und über die Ablieferung des sich bei der Verwertung des Pfandes ergebenden Pfandüberschusses,

3. die Verpflichtung zum Abschluß einer Versicherung gegen Feuerschäden, Wasserschäden, Einbruchsdiebstahl und Beraubung oder über die Verpflichtung, andere Maßnahmen zu treffen, die der Sicherung der Ansprüche der Darlehensnehmer wegen Beschädigung oder Verlustes des Pfandgegenstandes dienen,

4. die Verpflichtung zur Buchführung einschließlich der Aufzeichnung von Daten über einzelne Geschäftsvorgänge sowie über die Verpfänder. [2]Es kann ferner bestimmen, daß diese Vorschriften ganz oder teilweise auch auf nichtgewerblich betriebene Pfandleihanstalten Anwendung finden.

(3) Sind nach Ablauf des Jahres, in dem das Pfand verwertet worden ist, drei Jahre verstrichen, so verfällt der Erlös zugunsten des Fiskus des Landes, in dem die Verpfändung erfolgt ist, wenn nicht ein Empfangsberechtigter sein Recht angemeldet hat.

(4) Der gewerbsmäßige Ankauf beweglicher Sachen mit Gewährung des Rückkaufsrechts ist verboten.

§ 34a Bewachungsgewerbe; Verordnungsermächtigung

(1) [1]Wer gewerbsmäßig Leben oder Eigentum fremder Personen bewachen will (Bewachungsgewerbe), bedarf der Erlaubnis der zuständigen Behörde. [2]Die Erlaubnis kann mit Auflagen verbunden werden, soweit dies zum Schutz der Allgemeinheit oder der Auftraggeber erforderlich ist; unter denselben Voraussetzungen sind auch die nachträgliche Aufnahme, Änderung und Ergänzung von Auflagen zulässig. [3]Die Erlaubnis ist zu versagen, wenn

1. Tatsachen die Annahme rechtfertigen, dass der Antragsteller oder eine der mit der Leitung des Betriebes oder einer Zweigniederlassung beauftragten Personen die für den Gewerbebetrieb erforderliche Zuverlässigkeit nicht besitzt,

2. der Antragsteller in ungeordneten Vermögensverhältnissen lebt,

3. der Antragsteller oder eine mit der Leitung des Betriebes oder einer Zweigniederlassung beauftragte Person nicht durch eine vor der Industrie- und Handelskammer erfolgreich abgelegte Prüfung nachweist, dass er die für die Ausübung des Bewachungsgewerbes notwendige Sachkunde über die rechtlichen und fachlichen Grundlagen besitzt; für juristische Personen gilt dies für die gesetzlichen Vertreter, soweit sie mit der Durchführung von Bewachungsaufgaben direkt befasst sind oder keine mit der Leitung des Betriebes oder einer Zweigniederlassung beauftragte Person einen Sachkundenachweis hat, oder

4. der Antragsteller den Nachweis einer Haftpflichtversicherung nicht erbringt. [4]Die erforderliche Zuverlässigkeit liegt in der Regel nicht vor, wenn der Antragsteller oder eine der mit der Leitung des Betriebes oder einer Zweigniederlassung beauftragte Person

1. Mitglied in einem Verein, der nach dem Vereinsgesetz als Organisation unanfechtbar verboten wurde oder der einem unanfechtbaren Betätigungsverbot nach dem Vereinsgesetz unterliegt, war und seit der Beendigung der Mitgliedschaft zehn Jahre noch nicht verstrichen sind,

2. Mitglied in einer Partei, deren Verfassungswidrigkeit das Bundesverfassungsgericht nach § 46 des Bundesverfassungsgerichtsgesetzes in der Fassung der Bekanntmachung vom 11. August 1993 (BGBl. I S. 1473), das zuletzt durch Artikel 8 der Verordnung vom 31. August 2015 (BGBl. I S. 1474) geändert worden ist, festgestellt hat, war und seit der Beendigung der Mitgliedschaft zehn Jahre noch nicht verstrichen sind,

3. einzeln oder als Mitglied einer Vereinigung Bestrebungen und Tätigkeiten im Sinne des § 3 Absatz 1 des Bundesverfassungsschutzgesetzes vom 20. Dezember 1990 (BGBl. I S. 2954, 2970), das zuletzt durch Artikel 1 des Gesetzes vom 26. Juli 2016 (BGBl. I S. 1818) geändert worden ist, verfolgt oder unterstützt oder in den letzten fünf Jahren verfolgt oder unterstützt hat,

4. in den letzten fünf Jahren vor Stellung des Antrags wegen Versuchs oder Vollendung einer der nachstehend aufgeführten Straftaten zu einer Freiheitsstrafe, Jugendstrafe, Geldstrafe von mindestens 90 Tagessätzen oder mindestens zweimal zu einer geringeren Geldstrafe rechtskräftig verurteilt worden ist oder bei dem die Verhängung von Jugendstrafe ausgesetzt worden ist, wenn seit dem Eintritt der Rechtskraft der letzten Verurteilung fünf Jahre noch nicht verstrichen sind:

a) Verbrechen im Sinne von § 12 Absatz 1 des Strafgesetzbuches,

b) Straftat gegen die sexuelle Selbstbestimmung, des Menschenhandels oder der Förderung des Menschenhandels, der vorsätzlichen Körperverletzung, Freiheitsberaubung, des Diebstahls, der Unterschlagung, Erpressung, des Betrugs, der Untreue, Hehlerei, Urkundenfälschung, des Landfriedensbruchs oder Hausfriedensbruchs oder des Widerstands gegen oder des tätlichen Angriffs auf Vollstreckungsbeamte oder gegen oder auf Personen, die Vollstreckungsbeamten gleichstehen,

c) Vergehen gegen das Betäubungsmittelgesetz, Arzneimittelgesetz, Waffengesetz, Sprengstoffgesetz, Aufenthaltsgesetz, Arbeitnehmerüberlassungsgesetz oder das Schwarzarbeitsbekämpfungsgesetz oder

d) staatsschutzgefährdende oder gemeingefährliche Straftat.

[5]Zur Überprüfung der Zuverlässigkeit hat die Behörde mindestens einzuholen:

1. eine Auskunft aus dem Gewerbezentralregister nach § 150 Absatz 1,

2. eine unbeschränkte Auskunft nach § 41 Absatz 1 Nummer 9 des Bundeszentralregistergesetzes,

3. eine Stellungnahme der für den Wohnort zuständigen Behörde der Landespolizei, einer zentralen Polizeidienststelle oder des jeweils zuständigen Landeskriminalamts, ob und welche tatsächlichen Anhaltspunkte bekannt sind, die Bedenken gegen die Zuverlässigkeit begründen können, soweit Zwecke der Strafverfolgung oder Gefahrenabwehr einer Übermittlung der tatsächlichen Anhaltspunkte nicht entgegenstehen und

4. über die Schnittstelle des Bewacherregisters zum Bundesamt für Verfassungsschutz nach § 11b eine Stellungnahme der für den Sitz der zuständigen Behörde zuständigen Landesbehörde für Verfassungsschutz zu Erkenntnissen, die für die Beurteilung der Zuverlässigkeit von Bedeutung sein können.

[6]Die zuständige Behörde darf die übermittelten Daten verarbeiten, soweit dies zur Erfüllung ihrer gesetzlichen Aufgaben der Überwachung der Gewerbetreibenden erforderlich ist. [7]Übermittlungsregelungen nach anderen Gesetzen bleiben unberührt. [8]§ 1 des Sicherheitsüberprüfungsgesetzes vom 20. April 1994 (BGBl. I S. 867), das zuletzt durch Artikel 4 des Gesetzes vom 18. Juli 2017 (BGBl. I S. 2732) geändert worden ist, bleibt unberührt. [9]Haben sich der Antragsteller oder eine der mit der Leitung des Betriebes oder einer Zweigniederlassung beauftragten Personen während der letzten drei Jahre vor der Überprüfung der Zuverlässigkeit nicht im Inland oder einem anderen Mitgliedstaat der Europäischen Union oder einem anderen Vertragsstaat des Abkommens über den Europäischen Wirtschaftsraum aufgehalten und kann ihre Zuverlässigkeit deshalb nicht oder nicht ausreichend nach Satz 5 festgestellt werden, so ist die Erlaubnis nach Absatz 1 zu versagen. [10]Die zuständige Behörde hat den Gewerbetreibenden und die mit der Leitung des Betriebes oder einer Zweigniederlassung beauftragten Personen in regelmäßigen Abständen, spätestens jedoch nach Ablauf von fünf Jahren, auf ihre Zuverlässigkeit zu überprüfen.

(1a) [1]Der Gewerbetreibende darf mit der Durchführung von Bewachungsaufgaben nur Personen (Wachpersonen) beschäftigen, die

1. die erforderliche Zuverlässigkeit besitzen und

2. durch eine Bescheinigung der Industrie- und Handelskammer nachweisen, dass sie über die für die Ausübung des Gewerbes notwendigen rechtlichen und fachlichen Grundlagen unterrichtet worden sind und mit ihnen vertraut sind.

[2]Für die Durchführung folgender Tätigkeiten ist zusätzlich zu den Anforderungen des Satzes 1 Nummer 1 der Nachweis einer vor der Industrie- und Handelskammer erfolgreich abgelegten Sachkundeprüfung erforderlich:

1. Kontrollgänge im öffentlichen Verkehrsraum oder in Hausrechtsbereichen mit tatsächlich öffentlichem Verkehr,

2. Schutz vor Ladendieben,

3. Bewachungen im Einlassbereich von gastgewerblichen Diskotheken,

4. Bewachungen von Aufnahmeeinrichtungen nach § 44 des Asylgesetzes in der Fassung der Bekanntmachung vom 2. September 2008 (BGBl. I S. 1798), das zuletzt durch Artikel 6 des Gesetzes vom 31. Juli 2016 (BGBl. I S. 1939) geändert worden ist, von Gemeinschaftsunterkünften nach § 53 des Asylgesetzes oder anderen Immobilien und Einrichtungen, die der auch vorübergehenden amtlichen Unterbringung von Asylsuchenden oder Flüchtlingen dienen, in leitender Funktion,

5. Bewachungen von zugangsgeschützten Großveranstaltungen in leitender Funktion.

[3]Zur Überprüfung der Zuverlässigkeit einer Wachperson und einer mit der Leitung des Betriebes oder einer Zweigniederlassung beauftragten Person hat die am Hauptwohnsitz der natürlichen Person für den Vollzug nach Landesrecht zuständige Behörde mindestens eine unbeschränkte Auskunft nach § 41 Absatz 1 Nummer 9 des Bundeszentralregistergesetzes sowie eine Stellungnahme der für den Wohnort zustän-

digen Behörde der Landespolizei, einer zentralen Polizeidienststelle oder dem jeweils zuständigen Landeskriminalamt einzuholen, ob und welche tatsächlichen Anhaltspunkte bekannt sind, die Bedenken gegen die Zuverlässigkeit begründen können, soweit Zwecke der Strafverfolgung oder Gefahrenabwehr einer Übermittlung der tatsächlichen Anhaltspunkte nicht entgegen stehen. [4]Bei Wachpersonen und mit der Leitung des Betriebes oder einer Zweigniederlassung beauftragten Personen ohne einen Hauptwohnsitz in der Bundesrepublik Deutschland ist die Zuverlässigkeit durch die für den Vollzug zuständige Behörde am Betriebssitz des Gewerbetreibenden, welcher die natürliche Person als erster anmeldet, zu überprüfen. [5]Absatz 1 Satz 5 Nummer 4 ist entsprechend anzuwenden bei Wachpersonen, die eine der folgenden Aufgaben wahrnehmen sollen:
1. Bewachungen nach Satz 2 Nummer 4 und 5, auch in nicht leitender Funktion, oder
2. Schutzaufgaben im befriedeten Besitztum bei Objekten, von denen im Fall eines kriminellen Eingriffs eine besondere Gefahr für die Allgemeinheit ausgehen kann.

[6]Satz 5 gilt auch nach Aufnahme der Tätigkeit einer Wachperson. [7]Absatz 1 Satz 4, 6 bis 10 ist entsprechend anzuwenden.

(1b) [1]Werden der zuständigen Landesbehörde für Verfassungsschutz im Nachhinein Informationen bekannt, die für die Beurteilung der Zuverlässigkeit einer der in Absatz 1 und Absatz 1a Satz 5 Nummer 1 und 2 genannten Personen von Bedeutung sind, übermittelt sie diese der zuständigen Behörde nach den für die Informationsübermittlung geltenden Regelungen der Verfassungsschutzgesetze (Nachbericht). [2]Zu diesem Zweck darf die Verfassungsschutzbehörde Name, Vornamen, Geburtsname, Geburtsdatum, Geschlecht, Geburtsort, Geburtsland, Wohnort und gegenwärtige Staatsangehörigkeit und Doppel- oder frühere Staatsangehörigkeiten der betroffenen Person sowie die Aktenfundstelle verarbeiten, einschließlich einer Verarbeitung mit ihrer Aktenfundstelle in den gemeinsamen Dateien nach § 6 Absatz 2 des Bundesverfassungsschutzgesetzes. [3]Die im Rahmen der Überprüfung der Zuverlässigkeit verarbeiteten personenbezogenen Daten der in Absatz 1 und Absatz 1a Satz 5 Nummer 1 und 2 genannten Personen sind spätestens nach fünf Jahren von der Verfassungsschutzbehörde zu löschen. [4]Sollte die Verfassungsschutzbehörde vorher von einer Versagung, Rücknahme, einem Erlöschen oder·Widerruf der Erlaubnis durch die zuständige Behörde Kenntnis erlangen, hat sie die im Rahmen der Überprüfung der Zuverlässigkeit gespeicherten personenbezogenen Daten der in Absatz 1 genannten Personen spätestens sechs Monate nach Kenntniserlangung zu löschen. [5]Die Sätze 1 bis 4 sind entsprechend anzuwenden für die nach Absatz 1 Satz 5 Nummer 3 und Absatz 1a Satz 3 beteiligten Polizeibehörden.

(2) Das Bundesministerium für Wirtschaft und Energie kann mit Zustimmung des Bundesrates durch Rechtsverordnung
1. die für die Entscheidung über eine Erlaubnis nach Absatz 1 Satz 1 erforderlichen vom Antragsteller bei der Antragsstellung anzugebenden Daten und beizufügenden Unterlagen bestimmen,
2. die Anforderungen und das Verfahren für den Unterrichtungsnachweis nach Absatz 1a Satz 1 sowie Ausnahmen von der Erforderlichkeit des Unterrichtungsnachweises festlegen,
3. die Anforderungen und das Verfahren für eine Sachkundeprüfung nach Absatz 1 Satz 3 Nummer 3 und Absatz 1a Satz 2 sowie Ausnahmen von der Erforderlichkeit der Sachkundeprüfung festlegen und
4. zum Schutze der Allgemeinheit und der Auftraggeber Vorschriften erlassen über den Umfang der Befugnisse und Verpflichtungen bei der Ausübung des Bewachungsgewerbes, insbesondere über
 a) den Geltungsbereich der Erlaubnis,
 b) die Pflichten des Gewerbetreibenden bei der Einstellung und Entlassung der im Bewachungsgewerbe beschäftigten Personen, über die Aufzeichnung von Daten dieser Personen durch den Gewerbetreibenden und ihre Übermittlung an die für den Vollzug des § 34a zuständigen Behörden, über die Anforderungen, denen diese Personen genügen müssen, sowie über die Durchführung des Wachdienstes,
 c) die Verpflichtung zum Abschluß einer Haftpflichtversicherung, zur Buchführung einschließlich der Aufzeichnung von Daten über einzelne Geschäftsvorgänge sowie über die Auftraggeber,
5. zum Schutz der Allgemeinheit und der Auftraggeber Vorschriften erlassen über die Unterrichtung der für den Vollzug des § 34a zuständigen Behörden durch Gerichte und Staatsanwaltschaften über rechtliche Maßnahmen gegen Gewerbetreibende und ihre Wachpersonen,
6. die Anforderungen und Verfahren festlegen, die zur Durchführung der Richtlinie 2005/36/EG des Europäischen Parlaments und des Rates vom 7. September 2005 über die Anerkennung von Berufsqualifikationen (ABl. L 255 vom 30.9.2005, S. 22), die zuletzt durch die Richtlinie 2013/55/EU (ABl. L 354 vom 28.12.2013, S. 132) geändert worden ist, Anwendung finden sollen auf Inhaber von in einem Mitgliedstaat der Europäischen Union oder eines Vertragsstaates des Abkommens über

den Europäischen Wirtschaftsraum erworbenen Berufsqualifikationen, die im Inland das Bewachungsgewerbe vorübergehend oder dauerhaft ausüben möchten,

7. Einzelheiten der regelmäßigen Überprüfung der Zuverlässigkeit nach Absatz 1 Satz 10, auch in Verbindung mit Absatz 1a Satz 7, festlegen,

8. Einzelheiten zur örtlichen Zuständigkeit für den Vollzug regeln, insbesondere die Zuständigkeit für die Überprüfung der Zuverlässigkeit und erforderlichen Qualifikation.

(3) Nach Einholung der unbeschränkten Auskünfte nach § 41 Absatz 1 Nummer 9 des Bundeszentralregistergesetzes zur Überprüfung der Zuverlässigkeit können die zuständigen Behörden das Ergebnis der Überprüfung einschließlich der für die Beurteilung der Zuverlässigkeit erforderlichen Daten an den Gewerbetreibenden übermitteln.

(4) Die Beschäftigung einer Person, die in einem Bewachungsunternehmen mit Bewachungsaufgaben beschäftigt ist, oder einer mit der Leitung des Betriebes oder einer Zweigniederlassung beauftragten Person kann dem Gewerbetreibenden untersagt werden, wenn Tatsachen die Annahme rechtfertigen, dass die Person die für ihre Tätigkeit erforderliche Zuverlässigkeit nicht besitzt.

(5) ^1Der Gewerbetreibende und seine Beschäftigten dürfen bei der Durchführung von Bewachungsaufgaben gegenüber Dritten nur die Rechte, die Jedermann im Falle einer Notwehr, eines Notstandes oder einer Selbsthilfe zustehen, die ihnen vom jeweiligen Auftraggeber vertraglich übertragenen Selbsthilferechte sowie die ihnen gegebenenfalls in Fällen gesetzlicher Übertragung zustehenden Befugnisse eigenverantwortlich ausüben. ^2In den Fällen der Inanspruchnahme dieser Rechte und Befugnisse ist der Grundsatz der Erforderlichkeit zu beachten.

§ 34b Versteigerergewerbe

(1) ^1Wer gewerbsmäßig fremde bewegliche Sachen, fremde Grundstücke oder fremde Rechte versteigern will, bedarf der Erlaubnis der zuständigen Behörde. ^2Zu den beweglichen Sachen im Sinne der Vorschrift gehören auch Früchte auf dem Halm und Holz auf dem Stamm.

(2) (weggefallen)

(3) Die Erlaubnis kann mit Auflagen verbunden werden, soweit dies zum Schutze der Allgemeinheit, der Auftraggeber oder der Bieter erforderlich ist; unter denselben Voraussetzungen ist auch die nachträgliche Aufnahme, Änderung und Ergänzung von Auflagen zulässig.

(4) Die Erlaubnis ist zu versagen, wenn

1. Tatsachen die Annahme rechtfertigen, daß der Antragsteller die für den Gewerbebetrieb erforderliche Zuverlässigkeit nicht besitzt; die erforderliche Zuverlässigkeit besitzt in der Regel nicht, wer in den letzten fünf Jahren vor Stellung des Antrages wegen eines Verbrechens oder wegen Diebstahls, Unterschlagung, Erpressung, Betruges, Untreue, Geldwäsche, Urkundenfälschung, Hehlerei, Wuchers oder wegen Vergehens gegen das Gesetz gegen den unlauteren Wettbewerb zu einer Freiheitsstrafe rechtskräftig verurteilt worden ist, oder

2. der Antragsteller in ungeordneten Vermögensverhältnissen lebt; dies ist in der Regel der Fall, wenn über das Vermögen des Antragstellers das Insolvenzverfahren eröffnet worden oder er in das vom Vollstreckungsgericht zu führende Verzeichnis (§ 26 Abs. 2 Insolvenzordnung, § 882b Zivilprozeßordnung) eingetragen ist.

(5) ^1Auf Antrag sind besonders sachkundige Versteigerer mit Ausnahme juristischer Personen von der zuständigen Behörde allgemein öffentlich zu bestellen; dies gilt entsprechend für Angestellte von Versteigerern. ^2Die Bestellung kann für bestimmte Arten von Versteigerungen erfolgen, sofern für diese ein Bedarf an Versteigerungsleistungen besteht. ^3Die nach Satz 1 öffentlich bestellten Personen sind darauf zu vereidigen, dass sie ihre Aufgaben gewissenhaft, weisungsfrei und unparteiisch erfüllen werden. ^4Für die Bestellung von Versteigerern mit Qualifikationen, die in einem anderen Mitgliedstaat der Europäischen Union oder in einem anderen Vertragsstaat des Abkommens über den Europäischen Wirtschaftsraum erworben wurden, gilt § 36a entsprechend.

(6) Dem Versteigerer ist verboten,

1. selbst oder durch einen anderen auf seinen Versteigerungen für sich zu bieten oder ihm anvertrautes Versteigerungsgut zu kaufen,

2. Angehörigen im Sinne des § 52 Abs. 1 der Strafprozeßordnung oder seinen Angestellten zu gestatten, auf seinen Versteigerungen zu bieten oder ihm anvertrautes Versteigerungsgut zu kaufen,

3. für einen anderen auf seinen Versteigerungen zu bieten oder ihm anvertrautes Versteigerungsgut zu kaufen, es sei denn, daß ein schriftliches Gebot des anderen vorliegt,

4. bewegliche Sachen aus dem Kreis der Waren zu versteigern, die er in seinem Handelsgeschäft führt, soweit dies nicht üblich ist,

5. Sachen zu versteigern,

a) an denen er ein Pfandrecht besitzt oder

b) soweit sie zu den Waren gehören, die in offenen Verkaufsstellen feilgeboten werden und die ungebraucht sind oder deren bestimmungsmäßiger Gebrauch in ihrem Verbrauch besteht.

(7) Einzelhändler und Hersteller von Waren dürfen im Einzelverkauf an den Letztverbraucher Waren, die sie in ihrem Geschäftsbetrieb führen, im Wege der Versteigerung nur als Inhaber einer Versteigerererlaubnis nach Maßgabe der für Versteigerer geltenden Vorschriften oder durch einen von ihnen beauftragten Versteigerer absetzen.

(8) Das Bundesministerium für Wirtschaft und Energie kann durch Rechtsverordnung mit Zustimmung des Bundesrates unter Berücksichtigung des Schutzes der Allgemeinheit sowie der Auftraggeber und der Bieter Vorschriften erlassen über

1. den Umfang der Befugnisse und Verpflichtungen bei der Ausübung des Versteigerergewerbes, insbesondere über

 a) Ort und Zeit der Versteigerung,

 b) den Geschäftsbetrieb, insbesondere über die Übernahme, Ablehnung und Durchführung der Versteigerung,

 c) die Genehmigung von Versteigerungen, die Verpflichtung zur Erstattung von Anzeigen und die dabei den Gewerbebehörden und Industrie- und Handelskammern zu übermittelnden Daten über den Auftraggeber und das der Versteigerung zugrundeliegende Rechtsverhältnis, zur Buchführung einschließlich der Aufzeichnung von Daten über einzelne Geschäftsvorgänge sowie über die Auftraggeber,

 d) die Untersagung, Aufhebung und Unterbrechung der Versteigerung bei Verstößen gegen die für das Versteigerergewerbe erlassenen Vorschriften,

 e) Ausnahmen für die Tätigkeit des Erlaubnisinhabers von den Vorschriften des Titels III;

2. Ausnahmen von den Verboten des Absatzes 6.

(9) (weggefallen)

(10) Die Absätze 1 bis 8 finden keine Anwendung auf

1. Verkäufe, die nach gesetzlicher Vorschrift durch Kursmakler oder durch die hierzu öffentlich ermächtigten Handelsmakler vorgenommen werden,

2. Versteigerungen, die von Behörden oder von Beamten vorgenommen werden,

3. Versteigerungen, zu denen als Bieter nur Personen zugelassen werden, die Waren der angebotenen Art für ihren Geschäftsbetrieb ersteigern wollen.

§ 34c Immobilienmakler, Darlehensvermittler, Bauträger, Baubetreuer, Wohnimmobilienverwalter, Verordnungsermächtigung

(1) [1]Wer gewerbsmäßig

1. den Abschluss von Verträgen über Grundstücke, grundstücksgleiche Rechte, gewerbliche Räume oder Wohnräume vermitteln oder die Gelegenheit zum Abschluss solcher Verträge nachweisen,

2. den Abschluss von Darlehensverträgen, mit Ausnahme von Verträgen im Sinne des § 34i Absatz 1 Satz 1, vermitteln oder die Gelegenheit zum Abschluss solcher Verträge nachweisen,

3. Bauvorhaben

 a) als Bauherr im eigenen Namen für eigene oder fremde Rechnung vorbereiten oder durchführen und dazu Vermögenswerte von Erwerbern, Mietern, Pächtern oder sonstigen Nutzungsberechtigten oder von Bewerbern um Erwerbs- oder Nutzungsrechte verwenden,

 b) als Baubetreuer im fremden Namen für fremde Rechnung wirtschaftlich vorbereiten oder durchführen,

4. das gemeinschaftliche Eigentum von Wohnungseigentümern im Sinne des § 1 Absatz 2, 3, 5 und 6 des Wohnungseigentumsgesetzes oder für Dritte Mietverhältnisse über Wohnräume im Sinne des § 549 des Bürgerlichen Gesetzbuchs verwalten (Wohnimmobilienverwalter)

will, bedarf der Erlaubnis der zuständigen Behörde. [2]Die Erlaubnis kann inhaltlich beschränkt und mit Auflagen verbunden werden, soweit dies zum Schutze der Allgemeinheit oder der Auftraggeber erforderlich ist; unter denselben Voraussetzungen ist auch die nachträgliche Aufnahme, Änderung und Ergänzung von Auflagen zulässig.

(2) Die Erlaubnis ist zu versagen, wenn

1. Tatsachen die Annahme rechtfertigen, daß der Antragsteller oder eine der mit der Leitung des Betriebes oder einer Zweigniederlassung beauftragten Personen die für den Gewerbebetrieb erforderliche Zuverlässigkeit nicht besitzt; die erforderliche Zuverlässigkeit besitzt in der Regel nicht, wer in den letzten fünf Jahren vor Stellung des Antrages wegen eines Verbrechens oder wegen Diebstahls,

Unterschlagung, Erpressung, Betruges, Untreue, Geldwäsche, Urkundenfälschung, Hehlerei, Wuchers oder einer Insolvenzstraftat rechtskräftig verurteilt worden ist,

2. der Antragsteller in ungeordneten Vermögensverhältnissen lebt; dies ist in der Regel der Fall, wenn über das Vermögen des Antragstellers das Insolvenzverfahren eröffnet worden oder er in das vom Vollstreckungsgericht zu führende Verzeichnis (§ 26 Abs. 2 Insolvenzordnung, § 882b Zivilprozeßordnung) eingetragen ist,

3. der Antragsteller, der ein Gewerbe nach Absatz 1 Satz 1 Nummer 4 betreiben will, den Nachweis einer Berufshaftpflichtversicherung nicht erbringen kann.

(2a) [1]Gewerbetreibende nach Absatz 1 Satz 1 Nummer 1 und 4 sind verpflichtet, sich in einem Umfang von 20 Stunden innerhalb eines Zeitraums von drei Kalenderjahren weiterzubilden; das Gleiche gilt entsprechend für unmittelbar bei der erlaubnispflichtigen Tätigkeit mitwirkende beschäftigte Personen. [2]Der erste Weiterbildungszeitraum beginnt am 1. Januar des Kalenderjahres, in dem

1. eine Erlaubnis nach Absatz 1 Satz 1 Nummer 1 oder 4 erteilt wurde oder

2. eine weiterbildungspflichtige Tätigkeit durch eine unmittelbar bei dem Gewerbetreibenden beschäftigte Person aufgenommen wurde.

[3]Für den Gewerbetreibenden ist es ausreichend, wenn der Weiterbildungsnachweis durch eine im Hinblick auf eine ordnungsgemäße Wahrnehmung der erlaubnispflichtigen Tätigkeit angemessene Zahl von beim Gewerbetreibenden beschäftigten natürlichen Personen erbracht wird, denen die Aufsicht über die direkt bei der Vermittlung nach Absatz 1 Satz 1 Nummer 1 oder der Verwaltung nach Absatz 1 Satz 1 Nummer 4 mitwirkenden Personen übertragen ist und die den Gewerbetreibenden vertreten dürfen.

(3) [1]Das Bundesministerium für Wirtschaft und Energie kann durch Rechtsverordnung mit Zustimmung des Bundesrates, soweit zum Schutz der Allgemeinheit und der Auftraggeber erforderlich, Vorschriften erlassen

1. über den Umfang der Verpflichtungen des Gewerbetreibenden bei der Ausübung des Gewerbes, insbesondere die Pflicht,

 a) ausreichende Sicherheiten zu leisten oder eine zu diesem Zweck geeignete Versicherung abzuschließen, sofern der Gewerbetreibende Vermögenswerte des Auftraggebers erhält oder verwendet,

 b) die erhaltenen Vermögenswerte des Auftraggebers getrennt zu verwalten,

 c) nach der Ausführung des Auftrages dem Auftraggeber Rechnung zu legen,

 d) der zuständigen Behörde Anzeige beim Wechsel der mit der Leitung des Betriebes oder einer Zweigniederlassung beauftragten Personen zu erstatten und hierbei bestimmte Angaben zu machen,

 e) dem Auftraggeber die für die Beurteilung des Auftrages und des zu vermittelnden oder nachzuweisenden Vertrages jeweils notwendigen Informationen schriftlich oder mündlich zu geben,

 f) Bücher zu führen einschließlich der Aufzeichnung von Daten über einzelne Geschäftsvorgänge sowie über die Auftraggeber;

2. zum Umfang an die nach Absatz 2 Nummer 3 erforderliche Haftpflichtversicherung und zu ihren inhaltlichen Anforderungen, insbesondere über die Höhe der Mindestversicherungssummen, die Bestimmung der zuständigen Behörde im Sinne des § 117 Absatz 2 des Versicherungsvertragsgesetzes, über den Nachweis über das Bestehen der Haftpflichtversicherung und Anzeigepflichten des Versicherungsunternehmens gegenüber den Behörden;

3. über die Verpflichtung des Gewerbetreibenden und der beschäftigten Personen nach Absatz 2a zu einer regelmäßigen Weiterbildung, einschließlich

 a) der Befreiung von der Weiterbildungspflichtung,

 b) der gegenüber der zuständigen Behörde zu erbringenden Nachweise und

 c) der Informationspflichten gegenüber dem Auftraggeber über die berufliche Qualifikation und absolvierten Weiterbildungsmaßnahmen des Gewerbetreibenden und der unmittelbar bei der erlaubnispflichtigen Tätigkeit mitwirkenden beschäftigten Personen.

[2]In der Rechtsverordnung nach Satz 1 kann ferner die Befugnis des Gewerbetreibenden zur Entgegennahme und zur Verwendung von Vermögenswerten des Auftraggebers beschränkt werden, soweit dies zum Schutze des Auftraggebers erforderlich ist. [3]Außerdem kann in der Rechtsverordnung der Gewerbetreibende verpflichtet werden, die Einhaltung der nach Satz 1 Nummer 1 und 3 und Satz 2 erlassenen Vorschriften auf seine Kosten regelmäßig sowie aus besonderem Anlaß prüfen zu lassen und den Prüfungsbericht der zuständigen Behörde vorzulegen, soweit es zur wirksamen Überwachung erforderlich ist; hierbei können die Einzelheiten der Prüfung, insbesondere deren Anlaß, Zeitpunkt und Häufigkeit, die Auswahl, Bestellung und Abberufung der Prüfer, deren Rechte, Pflichten und Verantwortlichkeit, der Inhalt des Prüfungsberichts, die Verpflichtungen des Gewerbetreibenden gegenüber dem Prüfer sowie

das Verfahren bei Meinungsverschiedenheiten zwischen dem Prüfer und dem Gewerbetreibenden, geregelt werden.

(4) (weggefallen)

(5) Die Absätze 1 bis 3 gelten nicht für

1. Kreditinstitute, für die eine Erlaubnis nach § 32 Abs. 1 des Kreditwesengesetzes erteilt wurde, und für Zweigstellen von Unternehmen im Sinne des § 53b Abs. 1 Satz 1 des Kreditwesengesetzes,

1a. Kapitalverwaltungsgesellschaften, für die eine Erlaubnis nach § 20 Absatz 1 des Kapitalanlagegesetzbuchs erteilt wurde,

2. Gewerbetreibende, die lediglich zur Finanzierung der von ihnen abgeschlossenen Warenverkäufe oder zu erbringenden Dienstleistungen den Abschluß von Verträgen über Darlehen vermitteln oder die Gelegenheit zum Abschluß solcher Verträge nachweisen,

3. Zweigstellen von Unternehmen mit Sitz in einem anderen Mitgliedstaat der Europäischen Union, die nach § 53b Abs. 7 des Kreditwesengesetzes Darlehen zwischen Kreditinstituten vermitteln dürfen, soweit sich ihre Tätigkeit nach Absatz 1 auf die Vermittlung von Darlehen zwischen Kreditinstituten beschränkt,

4. Verträge, soweit Teilzeitnutzung von Wohngebäuden im Sinne des § 481 des Bürgerlichen Gesetzbuchs gemäß Absatz 1 Satz 1 Nr. 1 nachgewiesen oder vermittelt wird.

§ 34d Versicherungsvermittler, Versicherungsberater

(1) [1]Wer gewerbsmäßig den Abschluss von Versicherungs- oder Rückversicherungsverträgen vermitteln will (Versicherungsvermittler), bedarf nach Maßgabe der folgenden Bestimmungen der Erlaubnis der zuständigen Industrie- und Handelskammer. [2]Versicherungsvermittler ist, wer

1. als Versicherungsvertreter eines oder mehrerer Versicherungsunternehmen oder eines Versicherungsvertreters damit betraut ist, Versicherungsverträge zu vermitteln oder abzuschließen oder

2. als Versicherungsmakler für den Auftraggeber die Vermittlung oder den Abschluss von Versicherungsverträgen übernimmt, ohne von einem Versicherungsunternehmen oder einem Versicherungsvertreter damit betraut zu sein.

[3]Als Versicherungsmakler gilt, wer gegenüber dem Versicherungsnehmer den Anschein erweckt, er erbringe seine Leistungen als Versicherungsmakler. [4]Die Tätigkeit als Versicherungsvermittler umfasst auch

1. das Mitwirken bei der Verwaltung und Erfüllung von Versicherungsverträgen, insbesondere im Schadensfall,

2. wenn der Versicherungsnehmer einen Versicherungsvertrag unmittelbar oder mittelbar über die Website oder das andere Medium abschließen kann,

 a) die Bereitstellung von Informationen über einen oder mehrere Versicherungsverträge auf Grund von Kriterien, die ein Versicherungsnehmer über eine Website oder andere Medien wählt, sowie

 b) die Erstellung einer Rangliste von Versicherungsprodukten, einschließlich eines Preis- und Produktvergleichs oder eines Rabatts auf den Preis eines Versicherungsvertrags.

[5]In der Erlaubnis nach Satz 1 ist anzugeben, ob sie einem Versicherungsvertreter oder einem Versicherungsmakler erteilt wird. [6]Einem Versicherungsvermittler ist es untersagt, Versicherungsnehmern, versicherten Personen oder Bezugsberechtigten aus einem Versicherungsvertrag Sondervergütungen zu gewähren oder zu versprechen. [7]§ 48b des Versicherungsaufsichtsgesetzes ist entsprechend anzuwenden. [8]Die einem Versicherungsmakler erteilte Erlaubnis umfasst die Befugnis, Dritte, die nicht Verbraucher sind, bei der Vereinbarung, Änderung oder Prüfung von Versicherungsverträgen gegen gesondertes Entgelt rechtlich zu beraten; diese Befugnis zur Beratung erstreckt sich auch auf Beschäftigte von Unternehmen in den Fällen, in denen der Versicherungsmakler das Unternehmen berät.

(2) [1]Wer gewerbsmäßig über Versicherungen oder Rückversicherungen beraten will (Versicherungsberater), bedarf nach Maßgabe der folgenden Bestimmungen der Erlaubnis der zuständigen Industrie- und Handelskammer. [2]Versicherungsberater ist, wer ohne von einem Versicherungsunternehmen einen wirtschaftlichen Vorteil zu erhalten oder in anderer Weise von ihm abhängig zu sein

1. den Auftraggeber bei der Vereinbarung, Änderung oder Prüfung von Versicherungsverträgen oder bei der Wahrnehmung von Ansprüchen aus Versicherungsverträgen im Versicherungsfall auch rechtlich berät,

2. den Auftraggeber gegenüber dem Versicherungsunternehmen außergerichtlich vertritt oder

3. für den Auftraggeber die Vermittlung oder den Abschluss von Versicherungsverträgen übernimmt.

[3]Der Versicherungsberater darf sich seine Tätigkeit nur durch den Auftraggeber vergüten lassen. [4]Zuwendungen eines Versicherungsunternehmens im Zusammenhang mit der Beratung, insbesondere auf Grund einer Vermittlung als Folge der Beratung, darf er nicht annehmen. [5]Sind mehrere Versicherungen

für den Versicherungsnehmer in gleicher Weise geeignet, hat der Versicherungsberater dem Versicherungsnehmer vorrangig die Versicherung anzubieten, die ohne das Angebot einer Zuwendung seitens des Versicherungsunternehmens erhältlich ist. [6]Wenn der Versicherungsberater dem Versicherungsnehmer eine Versicherung vermittelt, deren Vertragsbestandteil auch Zuwendungen zugunsten desjenigen enthält, der die Versicherung vermittelt, hat er unverzüglich die Auskehrung der Zuwendungen durch das Versicherungsunternehmen an den Versicherungsnehmer nach § 48c Absatz 1 des Versicherungsaufsichtsgesetzes zu veranlassen.

(3) Gewerbetreibende nach Absatz 1 dürfen kein Gewerbe nach Absatz 2 und Gewerbetreibende nach Absatz 2 dürfen kein Gewerbe nach Absatz 1 ausüben.

(4) [1]Eine Erlaubnis nach den Absätzen 1 und 2 kann inhaltlich beschränkt und mit Nebenbestimmungen verbunden werden, soweit dies zum Schutz der Allgemeinheit oder der Versicherungsnehmer erforderlich ist; unter denselben Voraussetzungen sind auch die nachträgliche Aufnahme, Änderung und Ergänzung von Nebenbestimmungen zulässig. [2]Über den Erlaubnisantrag ist innerhalb einer Frist von drei Monaten zu entscheiden. [3]Bei der Wahrnehmung der Aufgaben nach den Absätzen 1 und 2 unterliegt die Industrie- und Handelskammer der Aufsicht der jeweils zuständigen obersten Landesbehörde.

(5) [1]Eine Erlaubnis nach den Absätzen 1 und 2 ist zu versagen, wenn

1. Tatsachen die Annahme rechtfertigen, dass der Antragsteller die für den Gewerbebetrieb erforderliche Zuverlässigkeit nicht besitzt,
2. der Antragsteller in ungeordneten Vermögensverhältnissen lebt,
3. der Antragsteller den Nachweis einer Berufshaftpflichtversicherung oder einer gleichwertigen Garantie nicht erbringen kann oder
4. der Antragsteller nicht durch eine vor der Industrie- und Handelskammer erfolgreich abgelegte Prüfung nachweist, dass er die für die Versicherungsvermittlung oder Versicherungsberatung notwendige Sachkunde über die versicherungsfachlichen, insbesondere hinsichtlich Bedarf, Angebotsformen und Leistungsumfang, und die rechtlichen Grundlagen sowie die Kundenberatung besitzt.

[2]Die erforderliche Zuverlässigkeit nach Satz 1 Nummer 1 besitzt in der Regel nicht, wer in den letzten fünf Jahren vor Stellung des Antrages wegen eines Verbrechens oder wegen Diebstahls, Unterschlagung, Erpressung, Betruges, Untreue, Geldwäsche, Urkundenfälschung, Hehlerei, Wuchers oder einer Insolvenzstraftat rechtskräftig verurteilt worden ist. [3]Ungeordnete Vermögensverhältnisse im Sinne des Satzes 1 Nummer 2 liegen in der Regel vor, wenn über das Vermögen des Antragstellers das Insolvenzverfahren eröffnet worden oder er in das Schuldnerverzeichnis nach § 882b der Zivilprozessordnung eingetragen ist. [4]Im Fall des Satzes 1 Nummer 4 ist es ausreichend, wenn der Nachweis für eine im Hinblick auf eine ordnungsgemäße Wahrnehmung der erlaubnispflichtigen Tätigkeit angemessene Zahl von beim Antragsteller beschäftigten natürlichen Personen erbracht wird, denen die Aufsicht über die unmittelbar mit der Vermittlung von oder der Beratung über Versicherungen befassten Personen übertragen ist und die den Antragsteller vertreten dürfen. [5]Satz 4 ist nicht anzuwenden, wenn der Antragsteller eine natürliche Person ist und

1. selbst Versicherungen vermittelt oder über Versicherungen berät oder
2. für diese Tätigkeiten in der Leitung des Gewerbebetriebs verantwortlich ist.

(6) [1]Auf Antrag hat die zuständige Industrie- und Handelskammer einen Gewerbetreibenden, der die Versicherung als Ergänzung der im Rahmen seiner Haupttätigkeit gelieferten Waren oder Dienstleistungen vermittelt, von der Erlaubnispflicht nach Absatz 1 Satz 1 auszunehmen, wenn er nachweist, dass

1. er seine Tätigkeit als Versicherungsvermittler unmittelbar im Auftrag eines oder mehrerer Versicherungsvermittler, die Inhaber einer Erlaubnis nach Absatz 1 Satz 1 sind, oder eines oder mehrerer Versicherungsunternehmen ausübt,
2. für diese eine Berufshaftpflichtversicherung oder eine gleichwertige Garantie nach Maßgabe des Absatzes 5 Satz 1 Nummer 3 besteht und
3. er zuverlässig sowie angemessen qualifiziert ist und nicht in ungeordneten Vermögensverhältnissen lebt.

[2]Im Fall des Satzes 1 Nummer 3 ist als Nachweis eine Erklärung der in Satz 1 Nummer 1 bezeichneten Auftraggeber ausreichend, mit dem Inhalt, dass sie sich verpflichten, die Anforderungen entsprechend § 48 Absatz 2 des Versicherungsaufsichtsgesetzes zu beachten und die für die Vermittlung der jeweiligen Versicherung angemessene Qualifikation des Antragstellers sicherzustellen, und dass ihnen derzeit nichts Gegenteiliges bekannt ist. [3]Absatz 4 Satz 1 ist entsprechend anzuwenden.

(7) [1]Abweichend von Absatz 1 bedarf ein Versicherungsvermittler keiner Erlaubnis, wenn er

1. seine Tätigkeit als Versicherungsvermittler ausschließlich im Auftrag eines oder, wenn die Versicherungsprodukte nicht in Konkurrenz stehen, mehrerer Versicherungsunternehmen ausübt, die im

Inland zum Geschäftsbetrieb befugt sind, und durch das oder die Versicherungsunternehmen für ihn die uneingeschränkte Haftung aus seiner Vermittlertätigkeit übernommen wird oder

2. in einem anderen Mitgliedstaat der Europäischen Union oder in einem anderen Vertragsstaat des Abkommens über den Europäischen Wirtschaftsraum niedergelassen ist und die Eintragung in ein Register nach Artikel 3 der Richtlinie (EU) 2016/97 des Europäischen Parlaments und des Rates vom 20. Januar 2016 über Versicherungsvertrieb (ABl. L 26 vom 2.2.2016, S. 19) nachweisen kann.
[2]Satz 1 Nummer 2 ist für Versicherungsberater entsprechend anzuwenden.

(8) Keiner Erlaubnis bedarf ferner ein Gewerbetreibender,

1. wenn er als Versicherungsvermittler in Nebentätigkeit
 a) nicht hauptberuflich Versicherungen vermittelt,
 b) diese Versicherungen eine Zusatzleistung zur Lieferung einer Ware oder zur Erbringung einer Dienstleistung darstellen und
 c) diese Versicherungen das Risiko eines Defekts, eines Verlusts oder einer Beschädigung der Ware oder der Nichtinanspruchnahme der Dienstleistung oder die Beschädigung, den Verlust von Gepäck oder andere Risiken im Zusammenhang mit einer bei dem Gewerbetreibenden gebuchten Reise abdecken und
 aa) die Prämie bei zeitanteiliger Berechnung auf Jahresbasis einen Betrag von 600 Euro nicht übersteigt oder
 bb) die Prämie je Person abweichend von Doppelbuchstabe aa einen Betrag von 200 Euro nicht übersteigt, wenn die Versicherung eine Zusatzleistung zu einer einleitend genannten Dienstleistung mit einer Dauer von höchstens drei Monaten darstellt;

2. wenn er als Bausparkasse oder als von einer Bausparkasse beauftragter Vermittler für Bausparer Versicherungen im Rahmen eines Kollektivvertrages vermittelt, die Bestandteile der Bausparverträge sind, und die ausschließlich dazu bestimmt sind, die Rückzahlungsforderungen der Bausparkasse aus gewährten Darlehen abzusichern oder

3. wenn er als Zusatzleistung zur Lieferung einer Ware oder der Erbringung einer Dienstleistung im Zusammenhang mit Darlehens- und Leasingverträgen Restschuldversicherungen vermittelt, deren Jahresprämie einen Betrag von 500 Euro nicht übersteigt.

(9) [1]Gewerbetreibende nach den Absätzen 1, 2, 6 und 7 Satz 1 Nummer 1 dürfen unmittelbar bei der Vermittlung oder Beratung mitwirkende Personen nur beschäftigen, wenn sie deren Zuverlässigkeit geprüft haben und sicherstellen, dass diese Personen über die für die Vermittlung der jeweiligen Versicherung sachgerechte Qualifikation verfügen. [2]Gewerbetreibende nach Absatz 1 Satz 1 bis 4, Absatz 2 Satz 1 und 2 und Absatz 7 Satz 1 Nummer 1 und die unmittelbar bei der Vermittlung oder Beratung mitwirkenden Beschäftigten müssen sich in einem Umfang von 15 Stunden je Kalenderjahr nach Maßgabe einer Rechtsverordnung nach § 34e Absatz 1 Satz 1 Nummer 2 Buchstabe c weiterbilden. [3]Die Pflicht nach Satz 2 gilt nicht für Gewerbetreibende nach Absatz 7 Satz 1 Nummer 1 und deren bei der Vermittlung oder Beratung mitwirkende Beschäftigte, soweit sie lediglich Versicherungen vermitteln, die eine Zusatzleistung zur Lieferung einer Ware oder zur Erbringung einer Dienstleistung darstellen. [4]Im Falle des Satzes 2 ist es für den Gewerbetreibenden ausreichend, wenn der Weiterbildungsnachweis durch eine im Hinblick auf eine ordnungsgemäße Wahrnehmung der erlaubnispflichtigen Tätigkeit angemessene Zahl von beim Gewerbetreibenden beschäftigten natürlichen Personen erbracht wird, denen die Aufsicht über die direkt bei der Vermittlung oder Beratung mitwirkenden Personen übertragen ist und die den Gewerbetreibenden vertreten dürfen. [5]Satz 4 ist nicht anzuwenden, wenn der Gewerbetreibende eine natürliche Person ist und

1. selbst Versicherungen vermittelt oder über Versicherungen berät oder
2. in der Leitung des Gewerbebetriebs für diese Tätigkeiten verantwortlich ist.

[6]Die Beschäftigung einer unmittelbar bei der Vermittlung oder Beratung mitwirkenden Person kann dem Gewerbetreibenden untersagt werden, wenn Tatsachen die Annahme rechtfertigen, dass die Person die für ihre Tätigkeit erforderliche Sachkunde oder Zuverlässigkeit nicht besitzt.

(10) [1]Gewerbetreibende nach Absatz 1 Satz 2, Absatz 2 Satz 2, Absatz 6 Satz 1 und Absatz 7 Satz 1 Nummer 1 sind verpflichtet, sich und die Personen, die für die Vermittlung oder Beratung in leitender Position verantwortlich sind, unverzüglich nach Aufnahme ihrer Tätigkeit in das Register nach § 11a Absatz 1 Satz 1 nach Maßgabe einer Rechtsverordnung nach § 11a Absatz 5 eintragen zu lassen. [2]Änderungen der im Register gespeicherten Angaben sind der Registerbehörde unverzüglich mitzuteilen. [3]Im Falle des § 48 Absatz 4 des Versicherungsaufsichtsgesetzes wird mit der Mitteilung an die Registerbehörde zugleich die uneingeschränkte Haftung nach Absatz 7 Satz 1 Nummer 1 durch das Versicherungsunternehmen übernommen. [4]Diese Haftung besteht nicht für Vermittlertätigkeiten, wenn die Angaben zu

dem Gewerbetreibenden aus dem Register gelöscht sind wegen einer Mitteilung nach § 48 Absatz 5 des Versicherungsaufsichtsgesetzes.

(11) ¹Die zuständige Behörde kann jede in das Gewerbezentralregister nach § 149 Absatz 2 einzutragende, nicht mehr anfechtbare Entscheidung wegen Verstoßes gegen Bestimmungen dieses Gesetzes oder einer Rechtsverordnung nach § 34e öffentlich bekannt machen. ²Die Bekanntmachung erfolgt durch Eintragung in das Register nach § 11a Absatz 1. ³Die zuständige Behörde kann von einer Bekanntmachung nach Satz 1 absehen, diese verschieben oder eine Bekanntmachung auf anonymer Basis vornehmen, wenn eine Bekanntmachung personenbezogener Daten unverhältnismäßig wäre oder die Bekanntmachung nach Satz 1 die Stabilität der Finanzmärkte oder laufende Ermittlungen gefährden würde. ⁴Eine Bekanntmachung nach Satz 1 ist fünf Jahre nach ihrer Bekanntmachung zu löschen. ⁵Abweichend von Satz 4 sind personenbezogene Daten zu löschen, sobald ihre Bekanntmachung nicht mehr erforderlich ist.

(12) ¹Die Industrie- und Handelskammern richten Verfahren ein zur Annahme von Meldungen über mögliche oder tatsächliche Verstöße gegen die zur Umsetzung der Richtlinie (EU) 2016/97 ergangenen Vorschriften, bei denen es ihre Aufgabe ist, deren Einhaltung zu überwachen. ²Die Meldungen können auch anonym abgegeben werden. ³§ 4d Absatz 2, 3 und 5 bis 8 des Finanzdienstleistungsaufsichtsgesetzes vom 22. April 2002 (BGBl. I S. 1310), das zuletzt durch Artikel 4 Absatz 76 des Gesetzes vom 18. Juli 2016 (BGBl. I S. 1666) geändert worden ist, ist entsprechend anzuwenden.

§ 34e Verordnungsermächtigung

(1) ¹Das Bundesministerium für Wirtschaft und Energie kann im Einvernehmen mit dem Bundesministerium der Justiz und für Verbraucherschutz und dem Bundesministerium der Finanzen durch Rechtsverordnung, die der Zustimmung des Bundesrates bedarf, zur Umsetzung der Richtlinie (EU) 2016/97, zur Umsetzung der Richtlinie 2005/36/EG des Europäischen Parlaments und des Rates vom 7. September 2005 über die Anerkennung von Berufsqualifikationen (ABl. L 255 vom 30.9.2005, S. 22; L 271 vom 16.10.2007, S. 18), die zuletzt durch die Verordnung (EG) Nr. 1430/2007 (ABl. L 320 vom 6.12.2007, S. 3) geändert worden ist, zur Umsetzung der Verordnung (EU) Nr. 1286/2014 des Europäischen Parlaments und des Rates vom 26. November 2014 über Basisinformationsblätter für verpackte Anlageprodukte für Kleinanleger und Versicherungsanlageprodukte (PRIIP) (ABl. L 352 vom 9.12.2014, S. 1; L 358 vom 13.12.2014, S. 50) oder zum Schutz der Allgemeinheit und der Versicherungsnehmer Vorschriften erlassen über

1. das Erlaubnisverfahren einschließlich der vom Antragsteller mitzuteilenden Angaben,
2. den Umfang der Verpflichtungen des Gewerbetreibenden bei der Ausübung des Gewerbes, insbesondere über
 a) die Informationspflichten gegenüber dem Versicherungsnehmer,
 b) die Verpflichtung, ausreichende Sicherheiten zu leisten oder eine zu diesem Zweck geeignete Versicherung abzuschließen, sofern der Versicherungsvermittler Vermögenswerte des Versicherungsnehmers oder für diesen bestimmte Vermögenswerte erhält oder verwendet,
 c) die Verpflichtung des Gewerbetreibenden und der beschäftigten Personen nach § 34d Absatz 9 Satz 2 zu einer regelmäßigen Weiterbildung, die Inhalte der Weiterbildung sowie die Überwachung der Weiterbildungsverpflichtung,
 d) allgemeine Anforderungen an die Geschäftsorganisation,
 e) die Verpflichtung, Bücher zu führen und die notwendigen Daten über einzelne Geschäftsvorgänge sowie über die Versicherungsnehmer aufzuzeichnen,
 f) die Verpflichtung, Beschwerden zu behandeln und an einem Verfahren zur unparteiischen und unabhängigen außergerichtlichen Beilegung von Streitigkeiten teilzunehmen,
 g) die Verpflichtung, Interessenkonflikte zu vermeiden und gegebenenfalls offenzulegen,
3. die wirtschaftliche Unabhängigkeit des Versicherungsberaters,
4. den Umfang und die inhaltlichen Anforderungen an die nach § 34d Absatz 5 Satz 1 Nummer 3 erforderliche Haftpflichtversicherung und die gleichwertige Garantie, insbesondere die Höhe der Mindestversicherungssummen, die Bestimmung der zuständigen Stelle im Sinne des § 117 Absatz 2 des Versicherungsvertragsgesetzes, über den Nachweis des Bestehens einer Haftpflichtversicherung oder einer gleichwertigen Garantie sowie über die Anzeigepflichten des Versicherungsunternehmens gegenüber den Behörden und den Versicherungsnehmern,
5. die Inhalte und das Verfahren für eine Sachkundeprüfung nach § 34d Absatz 5 Satz 1 Nummer 4, die Ausnahmen von der Erforderlichkeit der Sachkundeprüfung sowie die Gleichstellung anderer Berufsqualifikationen mit der Sachkundeprüfung, die örtliche Zuständigkeit der Industrie- und Handelskammern, die Berufung eines Aufgabenauswahlausschusses,

6. die Anforderungen und Verfahren, die zur Durchführung der Richtlinie 2005/36/EG anzuwenden sind auf Inhaber von Berufsqualifikationen, die in einem Mitgliedstaat der Europäischen Union oder in einem Vertragsstaat des Abkommens über den Europäischen Wirtschaftsraum erworben wurden, und die im Inland vorübergehend oder dauerhaft als Versicherungsvermittler oder Versicherungsberater tätig werden wollen und die nicht die Voraussetzungen des § 34d Absatz 7 Satz 1 Nummer 2 erfüllen,

7. Sanktionen und Maßnahmen nach Artikel 24 Absatz 2 der Verordnung (EU) Nr. 1286/2014, einschließlich des Verfahrens, soweit es sich nicht um Straftaten oder Ordnungswidrigkeiten handelt. [2]Die Rechtsverordnung nach Satz 1 ist dem Bundestag zuzuleiten. [3]Die Zuleitung erfolgt vor der Zuleitung an den Bundesrat. [4]Die Rechtsverordnung kann durch Beschluss des Bundestages geändert oder abgelehnt werden. [5]Der Beschluss des Bundestages wird der Bundesregierung zugeleitet. [6]Hat sich der Bundestag nach Ablauf von drei Sitzungswochen seit Eingang der Rechtsverordnung nicht mit ihr befasst, so wird die unveränderte Rechtsverordnung dem Bundesrat zugeleitet.

(2) [1]In der Rechtsverordnung nach Absatz 1 Satz 1 kann die Befugnis des Versicherungsvermittlers zur Entgegennahme und zur Verwendung von Vermögenswerten des Versicherungsnehmers oder für diesen bestimmten Vermögenswerten beschränkt werden, soweit dies zum Schutz des Versicherungsnehmers erforderlich ist. [2]In der Rechtsverordnung nach Absatz 1 Satz 1 kann ferner bestimmt werden, dass über die Erfüllung der Verpflichtungen im Sinne des Absatzes 1 Satz 1 Nummer 2 Buchstabe b Aufzeichnungen zu führen sind und die Einhaltung der Verpflichtungen im Sinne des Absatzes 1 Satz 1 Nummer 2 Buchstabe b auf Kosten des Versicherungsvermittlers regelmäßig oder aus besonderem Anlass zu überprüfen und der zuständigen Behörde der Prüfungsbericht vorzulegen ist, soweit es zur wirksamen Überwachung erforderlich ist; hierbei können die Einzelheiten der Prüfung, insbesondere deren Anlass, Zeitpunkt und Häufigkeit, die Auswahl, Bestellung und Abberufung der Prüfer, deren Rechte, Pflichten und Verantwortlichkeit, der Inhalt des Prüfberichts, die Verpflichtungen des Versicherungsvermittlers gegenüber dem Prüfer sowie das Verfahren bei Meinungsverschiedenheiten zwischen dem Prüfer und dem Versicherungsvermittler, geregelt werden.

(3) [1]In der Rechtsverordnung nach Absatz 1 Satz 1 kann ferner bestimmt werden, dass die Einhaltung der Vorschriften über die wirtschaftliche Unabhängigkeit des Versicherungsberaters auf seine Kosten regelmäßig oder aus besonderem Anlass zu überprüfen und der zuständigen Behörde der Prüfungsbericht vorzulegen ist, soweit es zur wirksamen Überwachung erforderlich ist; hierbei können die Einzelheiten der Prüfung, insbesondere deren Anlass, Zeitpunkt und Häufigkeit, die Auswahl, Bestellung und Abberufung der Prüfer, deren Rechte, Pflichten und Verantwortlichkeit, der Inhalt des Prüfberichts, die Verpflichtungen des Versicherungsberaters gegenüber dem Prüfer sowie das Verfahren bei Meinungsverschiedenheiten zwischen dem Prüfer und dem Versicherungsberater, geregelt werden. [2]Zur Überwachung der wirtschaftlichen Unabhängigkeit kann in der Rechtsverordnung bestimmt werden, dass der Versicherungsberater über die Einnahmen aus seiner Tätigkeit Aufzeichnungen zu führen hat.

§ 34f Finanzanlagenvermittler

(1) [1]Wer im Umfang der Bereichsausnahme des § 2 Absatz 6 Satz 1 Nummer 8 des Kreditwesengesetzes gewerbsmäßig zu

1. Anteilen oder Aktien an inländischen offenen Investmentvermögen, offenen EU-Investmentvermögen oder ausländischen offenen Investmentvermögen, die nach dem Kapitalanlagegesetzbuch vertrieben werden dürfen,

2. Anteilen oder Aktien an inländischen geschlossenen Investmentvermögen, geschlossenen EU-Investmentvermögen oder ausländischen geschlossenen Investmentvermögen, die nach dem Kapitalanlagegesetzbuch vertrieben werden dürfen,

3. Vermögensanlagen im Sinne des § 1 Absatz 2 des Vermögensanlagengesetzes

Anlagevermittlung im Sinne des § 1 Absatz 1a Nummer 1 des Kreditwesengesetzes oder Anlageberatung im Sinne des § 1 Absatz 1a Nummer 1a des Kreditwesengesetzes erbringen will (Finanzanlagenvermittler), bedarf der Erlaubnis der zuständigen Behörde. [2]Die Erlaubnis kann inhaltlich beschränkt oder mit Auflagen verbunden werden, soweit dies zum Schutz der Allgemeinheit oder der Anleger erforderlich ist; unter denselben Voraussetzungen sind auch die nachträgliche Aufnahme, Änderung und Ergänzung von Auflagen zulässig. [3]Die Erlaubnis nach Satz 1 kann auf die Anlageberatung zu und die Vermittlung von Verträgen über den Erwerb von einzelnen Kategorien von Finanzanlagen nach Nummer 1, 2 oder 3 beschränkt werden.

(2) Die Erlaubnis ist zu versagen, wenn

1. Tatsachen die Annahme rechtfertigen, dass der Antragsteller oder eine der mit der Leitung des Betriebs oder einer Zweigniederlassung beauftragten Personen die für den Gewerbebetrieb erforderliche

Zuverlässigkeit nicht besitzt; die erforderliche Zuverlässigkeit besitzt in der Regel nicht, wer in den letzten fünf Jahren vor Stellung des Antrags wegen eines Verbrechens oder wegen Diebstahls, Unterschlagung, Erpressung, Betrugs, Untreue, Geldwäsche, Urkundenfälschung, Hehlerei, Wuchers oder einer Insolvenzstraftat rechtskräftig verurteilt worden ist,

2. der Antragsteller in ungeordneten Vermögensverhältnissen lebt; dies ist in der Regel der Fall, wenn über das Vermögen des Antragstellers das Insolvenzverfahren eröffnet worden oder er in das vom Insolvenzgericht oder vom Vollstreckungsgericht zu führende Verzeichnis (§ 26 Absatz 2 der Insolvenzordnung, § 882b der Zivilprozessordnung) eingetragen ist,

3. der Antragsteller den Nachweis einer Berufshaftpflichtversicherung nicht erbringen kann oder

4. der Antragsteller nicht durch eine vor der Industrie- und Handelskammer erfolgreich abgelegte Prüfung nachweist, dass er die für die Vermittlung von und Beratung über Finanzanlagen im Sinne des Absatzes 1 Satz 1 notwendige Sachkunde über die fachlichen und rechtlichen Grundlagen sowie über die Kundenberatung besitzt; die Sachkunde ist dabei im Umfang der beantragten Erlaubnis nachzuweisen.

(3) Keiner Erlaubnis nach Absatz 1 bedürfen

1. Kreditinstitute, für die eine Erlaubnis nach § 32 Absatz 1 des Kreditwesengesetzes erteilt wurde, und Zweigstellen von Unternehmen im Sinne des § 53b Absatz 1 Satz 1 des Kreditwesengesetzes,

2. Kapitalverwaltungsgesellschaften, für die eine Erlaubnis nach § 7 Absatz 1 des Investmentgesetzes in der bis zum 21. Juli 2013 geltenden Fassung erteilt wurde, die für den in § 345 Absatz 2 Satz 1, Absatz 3 Satz 2 in Verbindung mit Absatz 2 Satz 1, oder Absatz 4 Satz 1 des Kapitalanlagegesetzbuchs vorgesehenen Zeitraum noch fortbesteht oder Kapitalverwaltungsgesellschaften, für die eine Erlaubnis nach den §§ 20, 21 oder §§ 20, 22 des Kapitalanlagegesetzbuchs erteilt wurde, ausländische AIF-Verwaltungsgesellschaften, für die eine Erlaubnis nach § 58 des Kapitalanlagegesetzbuchs erteilt wurde und Zweigniederlassungen von Unternehmen im Sinne von § 51 Absatz 1 Satz 1, § 54 Absatz 1 oder § 66 Absatz 1 des Kapitalanlagegesetzbuchs,

3. Finanzdienstleistungsinstitute in Bezug auf Vermittlungtätigkeiten oder Anlageberatung, für die ihnen eine Erlaubnis nach § 32 Absatz 1 des Kreditwesengesetzes erteilt wurde oder für die eine Erlaubnis nach § 64e Absatz 2, § 64i Absatz 1 oder § 64n des Kreditwesengesetzes als erteilt gilt,

4. Gewerbetreibende in Bezug auf Vermittlungs- und Beratungtätigkeiten nach Maßgabe des § 2 Absatz 10 Satz 1 des Kreditwesengesetzes.

(4) [1]Gewerbetreibende nach Absatz 1 dürfen direkt bei der Beratung und Vermittlung mitwirkende Personen nur beschäftigen, wenn sie sicherstellen, dass diese Personen über einen Sachkundenachweis nach Absatz 2 Nummer 4 verfügen und geprüft haben, ob sie zuverlässig sind. [2]Die Beschäftigung einer direkt bei der Beratung und Vermittlung mitwirkenden Person kann dem Gewerbetreibenden untersagt werden, wenn Tatsachen die Annahme rechtfertigen, dass die Person die für ihre Tätigkeit erforderliche Sachkunde oder Zuverlässigkeit nicht besitzt.

(5) Gewerbetreibende nach Absatz 1 sind verpflichtet, sich unverzüglich nach Aufnahme ihrer Tätigkeit über die für die Erlaubniserteilung zuständige Behörde entsprechend dem Umfang der Erlaubnis in das Register nach § 11a Absatz 1 eintragen zu lassen; ebenso sind Änderungen der im Register gespeicherten Angaben der Registerbehörde unverzüglich mitzuteilen.

(6) [1]Gewerbetreibende nach Absatz 1 haben die unmittelbar bei der Beratung und Vermittlung mitwirkenden Personen im Sinne des Absatzes 4 unverzüglich nach Aufnahme ihrer Tätigkeit bei der Registerbehörde zu melden und eintragen zu lassen. [2]Änderungen der im Register gespeicherten Angaben sind der Registerbehörde unverzüglich mitzuteilen.

§ 34g Verordnungsermächtigung

(1) [1]Das Bundesministerium für Wirtschaft und Energie hat im Einvernehmen mit dem Bundesministerium der Finanzen und dem Bundesministerium der Justiz und für Verbraucherschutz durch Rechtsverordnung mit Zustimmung des Bundesrates zum Schutze der Allgemeinheit und der Anleger Vorschriften zu erlassen über den Umfang der Verpflichtungen des Gewerbetreibenden bei der Ausübung des Gewerbes eines Finanzanlagenvermittlers und Honorar-Finanzanlagenberaters und zur Umsetzung der Verordnung (EU) Nr. 1286/2014. [2]Die Rechtsverordnung hat Vorschriften zu enthalten über

1. die Informationspflichten gegenüber dem Anleger, einschließlich einer Pflicht, Provisionen und andere Zuwendungen offenzulegen und dem Anleger ein Informationsblatt über die jeweilige Finanzanlage zur Verfügung zu stellen,

2. die bei dem Anleger einzuholenden Informationen, die erforderlich sind, um diesen anlage- und anlegergerecht zu beraten,

3. die Dokumentationspflichten des Gewerbetreibenden einschließlich einer Pflicht, Geeignetheitser-klärungen zu erstellen und dem Anleger zur Verfügung zu stellen, sowie die Pflicht des Gewerbe-treibenden, telefonische Beratungsgespräche und die elektronische Kommunikation mit Kunden in deren Kenntnis aufzuzeichnen und zu speichern,

4. die Auskehr der Zuwendungen durch den Honorar-Finanzanlagenberater an den Anleger,

5. Sanktionen und Maßnahmen nach Artikel 24 Absatz 2 der Verordnung (EU) Nr. 1286/2014, ein-schließlich des Verfahrens,

6. die Struktur der Vergütung der in dem Gewerbebetrieb beschäftigten Personen sowie die Verpflich-tung, Interessenkonflikte zu vermeiden und bestehende offenzulegen,

7. die Pflicht, sich die erforderlichen Informationen über die jeweilige Finanzanlage einschließlich des für diese bestimmten Zielmarktes im Sinne des § 63 Absatz 4 in Verbindung mit § 80 Absatz 12 des Wertpapierhandelsgesetzes zu beschaffen und diese bei der Anlageberatung und Anlagevermittlung zu berücksichtigen.

³Hinsichtlich der Informations-, Beratungs- und Dokumentationspflichten ist hierbei ein dem Abschnitt 11 des Wertpapierhandelsgesetzes vergleichbares Anlegerschutzniveau herzustellen.

(2) ¹Die Rechtsverordnung kann auch Vorschriften enthalten

1. zur Pflicht, Bücher zu führen und die notwendigen Daten über einzelne Geschäftsvorgänge sowie über die Anleger aufzuzeichnen,

2. zur Pflicht, der zuständigen Behörde Anzeige beim Wechsel der mit der Leitung des Betriebes oder einer Zweigniederlassung beauftragten Personen zu erstatten und hierbei bestimmte Angaben zu machen,

3. zu den Inhalten und dem Verfahren für die Sachkundeprüfung nach § 34f Absatz 2 Nummer 4, den Ausnahmen von der Erforderlichkeit der Sachkundeprüfung sowie der Gleichstellung anderer Be-rufsqualifikationen mit der Sachkundeprüfung, der Zuständigkeit der Industrie- und Handelskam-mern sowie der Berufung eines Aufgabenauswahlausschusses,

4. zum Umfang der und zu inhaltlichen Anforderungen an die nach § 34f Absatz 2 Nummer 3 erfor-derliche Haftpflichtversicherung, insbesondere über die Höhe der Mindestversicherungssumme, die Bestimmung der zuständigen Behörde im Sinne des § 117 Absatz 2 des Versicherungsvertragsge-setzes, über den Nachweis über das Bestehen der Haftpflichtversicherung und Anzeigepflichten des Versicherungsunternehmens gegenüber den Behörden und den Anlegern,

5. zu den Anforderungen und Verfahren, die zur Durchführung der Richtlinie 2005/36/EG auf Inhaber von Berufsqualifikationen angewendet werden sollen, die in einem anderen Mitgliedstaat der Euro-päischen Union oder einem anderen Vertragsstaat des Abkommens über den Europäischen Wirt-schaftsraum erworben wurden, sofern diese Personen im Inland vorübergehend oder dauerhaft als Finanzanlagenvermittler tätig werden wollen,

6. zu der Anforderung nach § 34h Absatz 2 Satz 2, der Empfehlung eine hinreichende Anzahl von auf dem Markt angebotenen Finanzanlagen zu Grunde zu legen,

7. zur Pflicht, die Einhaltung der in § 2a Absatz 3 des Vermögensanlagengesetzes genannten Betrags-grenzen zu prüfen.

²Außerdem kann der Gewerbetreibende in der Verordnung verpflichtet werden, die Einhaltung der nach Absatz 1 Satz 2 und Absatz 2 Satz 1 Nummer 1, 2 und 4 erlassenen Vorschriften auf seine Kosten regel-mäßig sowie aus besonderem Anlass prüfen zu lassen und den Prüfungsbericht der zuständigen Behörde vorzulegen, soweit dies zur wirksamen Überwachung erforderlich ist. ³Hierbei können die Einzelheiten der Prüfung, insbesondere deren Anlass, Zeitpunkt und Häufigkeit, die Auswahl, Bestellung und Abbe-rufung der Prüfer, deren Rechte, Pflichten und Verantwortlichkeit, der Inhalt des Prüfungsberichts, die Verpflichtungen der Gewerbetreibenden gegenüber dem Prüfer sowie das Verfahren bei Meinungsver-schiedenheiten zwischen dem Prüfer und dem Gewerbetreibenden geregelt werden.

§ 34h Honorar-Finanzanlagenberater

(1) ¹Wer im Umfang der Bereichsausnahme des § 2 Absatz 6 Satz 1 Nummer 8 des Kreditwesengesetzes gewerbsmäßig zu Finanzanlagen im Sinne des § 34f Absatz 1 Nummer 1, 2 oder 3 Anlageberatung im Sinne des § 1 Absatz 1a Nummer 1a des Kreditwesengesetzes erbringen will, ohne von einem Produkt-geber eine Zuwendung zu erhalten oder von ihm in anderer Weise abhängig zu sein (Honorar-Finanzan-lagenberater), bedarf der Erlaubnis der zuständigen Behörde. ²Die Erlaubnis kann inhaltlich beschränkt oder mit Auflagen verbunden werden, soweit dies zum Schutz der Allgemeinheit oder der Anleger er-forderlich ist; unter denselben Voraussetzungen sind auch die nachträgliche Aufnahme, Änderung und Ergänzung von Auflagen zulässig. ³Die Erlaubnis kann auf die Beratung zu einzelnen Kategorien von Finanzanlagen nach § 34f Absatz 1 Nummer 1, 2 oder 3 beschränkt werden. ⁴§ 34f Absatz 2 bis 6 ist

entsprechend anzuwenden. [5]Wird die Erlaubnis unter Vorlage der Erlaubnisurkunde nach § 34f Absatz 1 Satz 1 beantragt, so erfolgt keine Prüfung der Zuverlässigkeit, der Vermögensverhältnisse und der Sachkunde. [6]Die Erlaubnis nach § 34f Absatz 1 Satz 1 erlischt mit der Erteilung der Erlaubnis nach Satz 1.

(2) [1]Gewerbetreibende nach Absatz 1 dürfen kein Gewerbe nach § 34f Absatz 1 ausüben. [2]Sie müssen ihrer Empfehlung eine hinreichende Anzahl von auf dem Markt angebotenen Finanzanlagen zu Grunde legen, die von ihrer Erlaubnis umfasst sind und die nach Art und Anbieter oder Emittenten hinreichend gestreut und nicht beschränkt sind auf Anbieter oder Emittenten, die in einer engen Verbindung zu ihnen stehen oder zu denen in sonstiger Weise wirtschaftliche Verflechtungen bestehen.

(3) [1]Gewerbetreibende nach Absatz 1 dürfen sich die Erbringung der Beratung nur durch den Anleger vergüten lassen. [2]Sie dürfen Zuwendungen eines Dritten, der nicht Anleger ist oder von dem Anleger zur Beratung beauftragt worden ist, im Zusammenhang mit der Beratung, insbesondere auf Grund einer Vermittlung als Folge der Beratung, nicht annehmen, es sei denn, die empfohlene Finanzanlage oder eine in gleicher Weise geeignete Finanzanlage ist ohne Zuwendung nicht erhältlich. [3]Zuwendungen sind in diesem Fall unverzüglich nach Erhalt und ungemindert an den Kunden auszukehren. [4]Vorschriften über die Entrichtung von Steuern und Abgaben bleiben davon unberührt.

§ 34i Immobiliardarlehensvermittler

(1) [1]Wer gewerbsmäßig den Abschluss von Immobiliar-Verbraucherdarlehensverträgen im Sinne des § 491 Absatz 3 des Bürgerlichen Gesetzbuchs oder entsprechende entgeltliche Finanzierungshilfen im Sinne des § 506 des Bürgerlichen Gesetzbuchs vermitteln will oder Dritte zu solchen Verträgen beraten will (Immobiliardarlehensvermittler), bedarf der Erlaubnis der zuständigen Behörde. [2]Die Erlaubnis kann inhaltlich beschränkt und mit Nebenbestimmungen verbunden werden, soweit dies zum Schutz der Allgemeinheit oder der Darlehensnehmer erforderlich ist; unter derselben Voraussetzung ist auch die nachträgliche Aufnahme, Änderung und Ergänzung von Nebenbestimmungen zulässig.

(2) Die Erlaubnis ist zu versagen, wenn

1. Tatsachen die Annahme rechtfertigen, dass der Antragsteller oder eine der Personen, die mit der Leitung des Betriebes oder einer Zweigniederlassung beauftragt sind, die für den Gewerbebetrieb erforderliche Zuverlässigkeit nicht besitzt; die erforderliche Zuverlässigkeit besitzt in der Regel nicht, wer in den letzten fünf Jahren vor Antragstellung wegen eines Verbrechens oder wegen Diebstahls, Unterschlagung, Erpressung, Betruges, Untreue, Geldwäsche, Urkundenfälschung, Hehlerei, Wuchers oder einer Insolvenzstraftat rechtskräftig verurteilt worden ist,

2. der Antragsteller in ungeordneten Vermögensverhältnissen lebt; dies ist in der Regel der Fall, wenn über das Vermögen des Antragstellers das Insolvenzverfahren eröffnet worden oder er in das Schuldnerverzeichnis nach § 882b der Zivilprozessordnung eingetragen ist,

3. der Antragsteller den Nachweis einer Berufshaftpflichtversicherung oder gleichwertiger Garantie nicht erbringen kann,

4. der Antragsteller nicht durch eine vor der Industrie- und Handelskammer erfolgreich abgelegte Prüfung nachweist, dass er die Sachkunde über die fachlichen und rechtlichen Grundlagen sowie über die Kundenberatung besitzt, die für die Vermittlung von und Beratung zu Immobiliar-Verbraucherdarlehensverträgen oder entsprechenden entgeltlichen Finanzierungshilfen notwendig ist, oder

5. der Antragsteller seine Hauptniederlassung oder seinen Hauptsitz nicht im Inland hat oder seine Tätigkeit als Immobiliardarlehensvermittler nicht im Inland ausübt.

(3) Keiner Erlaubnis nach Absatz 1 Satz 1 bedürfen Kreditinstitute, für die eine Erlaubnis nach § 32 Absatz 1 des Kreditwesengesetzes erteilt wurde, und Zweigstellen von Unternehmen im Sinne des § 53b Absatz 1 Satz 1 des Kreditwesengesetzes.

(4) [1]Keiner Erlaubnis nach Absatz 1 Satz 1 bedarf ein Immobiliardarlehensvermittler, der den Abschluss von Immobiliar-Verbraucherdarlehensverträgen oder entsprechenden entgeltlichen Finanzierungshilfen vermitteln will oder Dritte zu solchen Verträgen beraten will und dabei im Umfang seiner Erlaubnis handelt, die nach Artikel 29 der Richtlinie 2014/17/EU des Europäischen Parlaments und des Rates vom 4. Februar 2014 über Wohnimmobilienkreditverträge für Verbraucher und zur Änderung der Richtlinien 2008/48/ EG und 2013/36/EU und der Verordnung (EU) Nr. 1093/2010 (ABl. L 60 vom 28.2.2014, S. 34) durch einen anderen Mitgliedstaat der Europäischen Union oder einen anderen Vertragsstaat des Abkommens über den Europäischen Wirtschaftsraum erteilt worden ist. [2]Vor Aufnahme der Tätigkeit im Geltungsbereich dieses Gesetzes muss ein Verfahren nach Artikel 32 Absatz 3 der Richtlinie 2014/17/EU stattgefunden haben.

(5) [1]Gewerbetreibende nach den Absätzen 1 und 4, die eine unabhängige Beratung anbieten oder als unabhängiger Berater auftreten (Honorar-Immobiliardarlehensberater),

1. müssen für ihre Empfehlung für oder gegen einen Immobiliar-Verbraucherdarlehensvertrag oder eine entsprechende entgeltliche Finanzierungshilfe eine hinreichende Anzahl von entsprechenden auf dem Markt angebotenen Verträgen heranziehen und

2. dürfen vom Darlehensgeber keine Zuwendungen annehmen und von ihm in keiner Weise abhängig sein.

[2]Honorar-Immobiliardarlehensberater dürfen keine Tätigkeit als Immobiliardarlehensvermittler und Immobiliardarlehensvermittler dürfen keine Tätigkeit als Honorar-Immobiliardalehensberater ausüben.

(6) [1]Gewerbetreibende nach Absatz 1 dürfen Personen, die bei der Vermittlung oder Beratung mitwirken oder in leitender Position für diese Tätigkeit verantwortlich sind, nur beschäftigen, wenn sie sicherstellen, dass diese Personen über einen Sachkundenachweis nach Absatz 2 Nummer 4 verfügen und wenn sie überprüft haben, dass diese Personen zuverlässig sind. [2]Die Beschäftigung einer bei der Vermittlung oder Beratung mitwirkenden Person kann dem Gewerbetreibenden untersagt werden, wenn Tatsachen die Annahme rechtfertigen, dass die Person die für ihre Tätigkeit erforderliche Sachkunde oder Zuverlässigkeit nicht besitzt. [3]Die Sätze 1 und 2 sind auf Gewerbetreibende nach Absatz 4, die ihre Tätigkeit im Inland über eine Zweigniederlassung ausüben, entsprechend anzuwenden.

(7) Bei Gewerbetreibenden nach Absatz 1 darf die Struktur der Vergütung der in dem Gewerbebetrieb beschäftigten Personen deren Fähigkeit nicht beeinträchtigen, im besten Interesse des Darlehensnehmers zu handeln; insbesondere darf die Vergütungsstruktur nicht an Absatzziele gekoppelt sein.

(8) Gewerbetreibende nach Absatz 1 sind verpflichtet,

1. sich unverzüglich nach Aufnahme ihrer Tätigkeit in das Register nach § 11a Absatz 1 eintragen zu lassen,

2. die unmittelbar bei der Vermittlung oder Beratung mitwirkenden oder die in leitender Position für diese Tätigkeit verantwortlichen Personen unverzüglich nach Aufnahme ihrer Tätigkeit in das Register nach § 11a Absatz 1 eintragen zu lassen und

3. Änderungen gegenüber den im Register gespeicherten Daten der Registerbehörde unverzüglich mitzuteilen.

(9) [1]Die zuständige Behörde kann jede in das Gewerbezentralregister nach § 149 Absatz 2 einzutragende, nicht mehr anfechtbare Entscheidung wegen Verstoßes gegen Bestimmungen dieses Gesetzes oder einer Rechtsverordnung nach § 34j öffentlich bekannt machen, sofern eine solche Bekanntgabe die Stabilität der Finanzmärkte nicht ernstlich gefährdet und den Beteiligten keinen unverhältnismäßig hohen Schaden zufügt. [2]Die Bekanntmachung erfolgt durch Eintragung in das Register nach § 11a Absatz 1.

§ 34j Verordnungsermächtigung

(1) Das Bundesministerium für Wirtschaft und Energie kann durch Rechtsverordnung mit Zustimmung des Bundesrates zur Umsetzung der Richtlinie 2014/17/EU, zur Umsetzung der Richtlinie 2005/36/EG des Europäischen Parlaments und des Rates vom 7. September 2005 über die Anerkennung von Berufsqualifikationen (ABl. L 255 vom 30.9.2005, S. 22), die zuletzt durch die Richtlinie 2013/55/EU (ABl. L 354 vom 28.12.2013, S. 132) geändert worden ist, oder zum Schutz der Allgemeinheit und der Darlehensnehmer Vorschriften erlassen über

1. den Umfang der Verpflichtungen des Immobiliardarlehensvermittlers bei der Ausübung des Gewerbes, insbesondere über

 a) die Pflicht, die erhaltenen Vermögenswerte des Darlehensnehmers getrennt zu verwalten,

 b) die Pflicht, nach der Ausführung des Auftrags dem Darlehensnehmer Rechnung zu legen,

 c) die Pflicht, der zuständigen Behörde Anzeige beim Wechsel der mit der Leitung des Betriebes oder einer Zweigniederlassung beauftragten Personen zu erstatten und hierbei bestimmte Angaben zu machen,

 d) die Verhaltens- und Informationspflichten gegenüber dem Darlehensnehmer, einschließlich der Pflicht, Provisionen und andere Zuwendungen offenzulegen,

 e) die Pflicht, Bücher zu führen und die notwendigen Daten über einzelne Geschäftsvorgänge sowie über die Darlehensnehmer aufzuzeichnen,

2. die Inhalte und das Verfahren für eine Sachkundeprüfung nach § 34i Absatz 2 Nummer 4, über die Ausnahmen von der Erforderlichkeit der Sachkundeprüfung, über die Gleichstellung anderer Berufsqualifikationen mit dem Nachweis der Sachkunde, über die örtliche Zuständigkeit der Industrie- und Handelskammern sowie über die Berufung eines Aufgabenauswahlausschusses,

3. den Umfang und die inhaltlichen Anforderungen an die nach § 34i Absatz 2 Nummer 3 erforderliche Haftpflichtversicherung und die gleichwertige Garantie, insbesondere über die Höhe der Mindestversicherungssumme, die nach dem in Artikel 29 Absatz 2 Buchstabe a der Richtlinie 2014/17/EU vorgesehenen Verfahren festgelegt wird; über die Bestimmung der zuständigen Stelle nach § 117

Absatz 2 des Versicherungsvertragsgesetzes; über den Nachweis des Bestehens einer Haftpflichtversicherung und einer gleichwertigen Garantie sowie über die Anzeigepflichten des Versicherungsunternehmens gegenüber den Behörden und den Versicherungsnehmern,

4. die Anforderungen und Verfahren, die zur Durchführung der Richtlinie 2005/36/EG Anwendung finden sollen auf Inhaber von Berufsqualifikationen, die in einem anderen Mitgliedstaat der Europäischen Union oder in einem Vertragsstaat des Abkommens über den Europäischen Wirtschaftsraum erworben worden sind und deren Inhaber im Inland vorübergehend oder dauerhaft als Immobiliardarlehensvermittler tätig werden wollen und nicht die Voraussetzungen des § 34i Absatz 4 erfüllen,

5. die Anforderungen und Verfahren für die grenzüberschreitende Verwaltungszusammenarbeit mit den zuständigen Behörden eines anderen Mitgliedstaates der Europäischen Union, mit den zuständigen Behörden eines Vertragsstaates des Abkommens über den Europäischen Wirtschaftsraum sowie der Europäischen Bankenaufsichtsbehörde im Sinne von Artikel 32 Absatz 3, Artikel 34 Absatz 2 bis 5, Artikel 36 und 37 der Richtlinie 2014/17/EU, insbesondere über

 a) Einzelheiten des in § 11a Absatz 4 festgelegten Verfahrens,

 b) Einzelheiten der Zusammenarbeit und des Informationsaustauschs mit den zuständigen Behörden eines anderen Mitgliedstaates der Europäischen Union, mit den zuständigen Behörden eines Vertragsstaates des Abkommens über den Europäischen Wirtschaftsraum sowie mit der Europäischen Bankenaufsichtsbehörde, einschließlich Einzelheiten der Befugnis der zuständigen Behörden des Herkunftsmitgliedstaates eines Gewerbetreibenden nach § 34i Absatz 4, in den Geschäftsräumen der Zweigniederlassung in Begleitung der für die Ausführung dieses Gesetzes zuständigen Behörden Prüfungen des Betriebs vorzunehmen, soweit es zum Zwecke der Überwachung erforderlich ist.

(2) [1]Gewerbetreibende nach § 34i Absatz 1 und 5 können in der Verordnung verpflichtet werden, die Einhaltung der nach Absatz 1 Nummer 1 erlassenen Vorschriften auf eigene Kosten aus besonderem Anlass prüfen zu lassen und den Prüfungsbericht der zuständigen Behörde vorzulegen, soweit dies zur wirksamen Überwachung erforderlich ist. [2]Hierbei können die Einzelheiten der Prüfung, insbesondere deren Anlass, Zeitpunkt und Häufigkeit, die Auswahl, Bestellung und Abberufung der Prüfer, deren Rechte, Pflichten und Verantwortlichkeit, der Inhalt des Prüfungsberichts, die Verpflichtungen der Gewerbetreibenden gegenüber dem Prüfer sowie das Verfahren bei Meinungsverschiedenheiten zwischen dem Prüfer und dem Gewerbetreibenden geregelt werden.

§ 35 Gewerbeuntersagung wegen Unzuverlässigkeit

(1) [1]Die Ausübung eines Gewerbes ist von der zuständigen Behörde ganz oder teilweise zu untersagen, wenn Tatsachen vorliegen, welche die Unzuverlässigkeit des Gewerbetreibenden oder einer mit der Leitung des Gewerbebetriebes beauftragten Person in bezug auf dieses Gewerbe dartun, sofern die Untersagung zum Schutze der Allgemeinheit oder der im Betrieb Beschäftigten erforderlich ist. [2]Die Untersagung kann auch auf die Tätigkeit als Vertretungsberechtigter eines Gewerbetreibenden oder als mit der Leitung eines Gewerbebetriebes beauftragte Person sowie auf einzelne andere oder auf alle Gewerbe erstreckt werden, soweit die festgestellten Tatsachen die Annahme rechtfertigen, daß der Gewerbetreibende auch für diese Tätigkeiten oder Gewerbe unzuverlässig ist. [3]Das Untersagungsverfahren kann fortgesetzt werden, auch wenn der Betrieb des Gewerbes während des Verfahrens aufgegeben wird.

(2) Dem Gewerbetreibenden kann auf seinen Antrag von der zuständigen Behörde gestattet werden, den Gewerbebetrieb durch einen Stellvertreter (§ 45) fortzuführen, der die Gewähr für eine ordnungsgemäße Führung des Gewerbebetriebes bietet.

(3) [1]Will die Verwaltungsbehörde in dem Untersagungsverfahren einen Sachverhalt berücksichtigen, der Gegenstand der Urteilsfindung in einem Strafverfahren gegen einen Gewerbetreibenden gewesen ist, so kann sie zu dessen Nachteil vom Inhalt des Urteils insoweit nicht abweichen, als es sich bezieht auf

1. die Feststellung des Sachverhalts,

2. die Beurteilung der Schuldfrage oder

3. die Beurteilung der Frage, ob er bei weiterer Ausübung des Gewerbes erhebliche rechtswidrige Taten im Sinne des § 70 des Strafgesetzbuches begehen wird und ob zur Abwehr dieser Gefahren die Untersagung des Gewerbes angebracht ist.

[2]Absatz 1 Satz 2 bleibt unberührt. [3]Die Entscheidung über ein vorläufiges Berufsverbot (§ 132a der Strafprozeßordnung), der Strafbefehl und die gerichtliche Entscheidung, durch welche die Eröffnung des Hauptverfahrens abgelehnt wird, stehen einem Urteil gleich; dies gilt auch für Bußgeldentscheidungen, soweit sie sich auf die Feststellung des Sachverhalts und die Beurteilung der Schuldfrage beziehen.

(3a) (weggefallen)

(4) [1]Vor der Untersagung sollen, soweit besondere staatliche Aufsichtsbehörden bestehen, die Aufsichtsbehörden, ferner die zuständige Industrie- und Handelskammer oder Handwerkskammer und, soweit es sich um eine Genossenschaft handelt, auch der Prüfungsverband gehört werden, dem die Genossenschaft angehört. [2]Ihnen sind die gegen den Gewerbetreibenden erhobenen Vorwürfe mitzuteilen und die zur Abgabe der Stellungnahme erforderlichen Unterlagen zu übersenden. [3]Die Anhörung der vorgenannten Stellen kann unterbleiben, wenn Gefahr im Verzuge ist; in diesem Falle sind diese Stellen zu unterrichten.

(5) (weggefallen)

(6) [1]Dem Gewerbetreibenden ist von der zuständigen Behörde auf Grund eines an die Behörde zu richtenden schriftlichen oder elektronischen Antrages die persönliche Ausübung des Gewerbes wieder zu gestatten, wenn Tatsachen die Annahme rechtfertigen, daß eine Unzuverlässigkeit im Sinne des Absatzes 1 nicht mehr vorliegt. [2]Vor Ablauf eines Jahres nach Durchführung der Untersagungsverfügung kann die Wiederaufnahme nur gestattet werden, wenn hierfür besondere Gründe vorliegen.

(7) [1]Zuständig ist die Behörde, in deren Bezirk der Gewerbetreibende eine gewerbliche Niederlassung unterhält oder in den Fällen des Absatzes 2 oder 6 unterhalten will. [2]Bei Fehlen einer gewerblichen Niederlassung sind die Behörden zuständig, in deren Bezirk das Gewerbe ausgeübt wird oder ausgeübt werden soll. [3]Für die Vollstreckung der Gewerbeuntersagung sind auch die Behörden zuständig, in deren Bezirk das Gewerbe ausgeübt wird oder ausgeübt werden soll.

(7a) [1]Die Untersagung kann auch gegen Vertretungsberechtigte oder mit der Leitung des Gewerbebetriebes beauftragte Personen ausgesprochen werden. [2]Das Untersagungsverfahren gegen diese Personen kann unabhängig von dem Verlauf des Untersagungsverfahrens gegen den Gewerbetreibenden fortgesetzt werden. [3]Die Absätze 1 und 3 bis 7 sind entsprechend anzuwenden.

(8) [1]Soweit für einzelne Gewerbe besondere Untersagungs- oder Betriebsschließungsvorschriften bestehen, die auf die Unzuverlässigkeit des Gewerbetreibenden abstellen, oder eine für das Gewerbe erteilte Zulassung wegen Unzuverlässigkeit des Gewerbetreibenden zurückgenommen oder widerrufen werden kann, sind die Absätze 1 bis 7a nicht anzuwenden. [2]Dies gilt nicht für Vorschriften, die Gewerbeuntersagungen oder Betriebsschließungen durch strafgerichtliches Urteil vorsehen.

(9) Die Absätze 1 bis 8 sind auf Genossenschaften entsprechend anzuwenden, auch wenn sich ihr Geschäftsbetrieb auf den Kreis der Mitglieder beschränkt; sie finden ferner Anwendung auf den Handel mit Arzneimitteln, mit Losen von Lotterien und Ausspielungen sowie mit Bezugs- und Anteilscheinen auf solche Lose und auf den Betrieb von Wettannahmestellen aller Art.

§§ 35a, 35b (weggefallen)

§ 36 Öffentliche Bestellung von Sachverständigen

(1) [1]Personen, die als Sachverständige auf den Gebieten der Wirtschaft einschließlich des Bergwesens, der Hochsee- und Küstenfischerei sowie der Land- und Forstwirtschaft einschließlich des Garten- und Weinbaues tätig sind oder tätig werden wollen, sind auf Antrag durch die von den Landesregierungen bestimmten oder nach Landesrecht zuständigen Stellen für bestimmte Sachgebiete öffentlich zu bestellen, sofern für diese Sachgebiete ein Bedarf an Sachverständigenleistungen besteht, sie hierfür besondere Sachkunde nachweisen und keine Bedenken gegen ihre Eignung bestehen. [2]Sie sind darauf zu vereidigen, daß sie ihre Sachverständigenaufgaben unabhängig, weisungsfrei, persönlich, gewissenhaft und unparteiisch erfüllen und ihre Gutachten entsprechend erstattet werden. [3]Die öffentliche Bestellung kann inhaltlich beschränkt, mit einer Befristung erteilt und mit Auflagen verbunden werden.

(2) Absatz 1 gilt entsprechend für die öffentliche Bestellung und Vereidigung von besonders geeigneten Personen, die auf den Gebieten der Wirtschaft

1. bestimmte Tatsachen in bezug auf Sachen, insbesondere die Beschaffenheit, Menge, Gewicht oder richtige Verpackung von Waren feststellen oder
2. die ordnungsmäßige Vornahme bestimmter Tätigkeiten überprüfen.

(3) Die Landesregierungen können durch Rechtsverordnung die zur Durchführung der Absätze 1 und 2 erforderlichen Vorschriften über die Voraussetzungen für die Bestellung sowie über die Befugnisse und Verpflichtungen der öffentlich bestellten und vereidigten Sachverständigen bei der Ausübung ihrer Tätigkeit erlassen, insbesondere über

1. die persönlichen Voraussetzungen einschließlich altersmäßiger Anforderungen, den Beginn und das Ende der Bestellung,
2. die in Betracht kommenden Sachgebiete einschließlich der Bestellungsvoraussetzungen,
3. den Umfang der Verpflichtungen des Sachverständigen bei der Ausübung seiner Tätigkeit, insbesondere über die Verpflichtungen

a) zur unabhängigen, weisungsfreien, persönlichen, gewissenhaften und unparteiischen Leistungserbringung,

b) zum Abschluß einer Berufshaftpflichtversicherung und zum Umfang der Haftung,

c) zur Fortbildung und zum Erfahrungsaustausch,

d) zur Einhaltung von Mindestanforderungen bei der Erstellung von Gutachten,

e) zur Anzeige bei der zuständigen Behörde hinsichtlich aller Niederlassungen, die zur Ausübung der in Absatz 1 genannten Sachverständigentätigkeiten genutzt werden,

f) zur Aufzeichnung von Daten über einzelne Geschäftsvorgänge sowie über die Auftraggeber, und hierbei auch die Stellung des hauptberuflich tätigen Sachverständigen regeln.

(4) ¹Soweit die Landesregierung weder von ihrer Ermächtigung nach Absatz 3 noch nach § 155 Abs. 3 Gebrauch gemacht hat, können Körperschaften des öffentlichen Rechts, die für die öffentliche Bestellung und Vereidigung von Sachverständigen zuständig sind, durch Satzung die in Absatz 3 genannten Vorschriften erlassen. ²Die Satzung nach Satz 1 und deren Änderungen müssen im Einklang mit den Vorgaben des auf sie anzuwendenden europäischen Rechts stehen. ³Insbesondere sind bei neuen oder zu ändernden Vorschriften, die dem Anwendungsbereich der Richtlinie 2005/36/EG in der jeweils geltenden Fassung unterfallen, die Vorgaben der Richtlinie (EU) 2018/958 des Europäischen Parlaments und des Rates vom 28. Juni 2018 über eine Verhältnismäßigkeitsprüfung vor Erlass neuer Berufsreglementierungen (ABl. L 173 vom 9.7.2018, S. 25) in der jeweils geltenden Fassung einzuhalten.

(4a) ¹Eine Vorschrift im Sinne des Absatzes 4 Satz 3 ist anhand der in den Artikeln 5 bis 7 der Richtlinie (EU) 2018/958 festgelegten Kriterien auf ihre Verhältnismäßigkeit zu prüfen. ²Der Umfang der Prüfung muss im Verhältnis zu der Art, dem Inhalt und den Auswirkungen der Vorschrift stehen. ³Die Vorschrift ist so ausführlich zu erläutern, dass ihre Übereinstimmung mit dem Verhältnismäßigkeitsgrundsatz bewertet werden kann. ⁴Die Gründe, aus denen sich ergibt, dass sie gerechtfertigt und verhältnismäßig ist, sind durch qualitative und, soweit möglich und relevant, quantitative Elemente zu substantiieren. ⁵Mindestens zwei Wochen vor dem Erlass der Vorschrift ist auf der Internetseite der jeweiligen Körperschaft des öffentlichen Rechts, die für die öffentliche Bestellung und Vereidigung von Sachverständigen zuständig ist, ein Entwurf mit der Gelegenheit zur Stellungnahme zu veröffentlichen. ⁶Nach dem Erlass der Vorschrift ist ihre Übereinstimmung mit dem Verhältnismäßigkeitsgrundsatz zu überwachen und bei einer Änderung der Umstände zu prüfen, ob die Vorschrift anzupassen ist.

(5) Die Absätze 1 bis 4a finden keine Anwendung, soweit sonstige Vorschriften des Bundes über die öffentliche Bestellung oder Vereidigung von Personen bestehen oder soweit Vorschriften der Länder über die öffentliche Bestellung oder Vereidigung von Personen auf den Gebieten der Hochsee- und Küstenfischerei, der Land- und Forstwirtschaft einschließlich des Garten- und Weinbaues sowie der Landesvermessung bestehen oder erlassen werden.

§ 36a Öffentliche Bestellung von Sachverständigen mit Qualifikationen aus einem anderen Mitgliedstaat der Europäischen Union oder einem anderen Vertragsstaat des Abkommens über den Europäischen Wirtschaftsraum

(1) ¹Bei der Bewertung der nach § 36 Absatz 1 geforderten besonderen Sachkunde von Antragstellern sind auch Ausbildungs- und Befähigungsnachweise anzuerkennen, die in einem anderen Mitgliedstaat der Europäischen Union oder in einem anderen Vertragsstaat des Abkommens über den Europäischen Wirtschaftsraum ausgestellt wurden. ²Wenn der Antragsteller in einem der in Satz 1 genannten Staaten für ein bestimmtes Sachgebiet

1. zur Ausübung von Sachverständigentätigkeiten berechtigt ist, die dort Personen vorbehalten sind, die über eine der besonderen Sachkunde im Sinne des § 36 Absatz 1 im Wesentlichen entsprechende Sachkunde verfügen, oder

2. in zwei der letzten zehn Jahre vollzeitig als Sachverständiger tätig gewesen ist und sich aus den vorgelegten Nachweisen ergibt, dass der Antragsteller über eine überdurchschnittliche Sachkunde verfügt, die im Wesentlichen der besonderen Sachkunde im Sinne des § 36 Absatz 1 entspricht,

ist seine Sachkunde bezüglich dieses Sachgebiets vorbehaltlich des Absatzes 2 als ausreichend anzuerkennen.

(2) ¹Soweit sich die Inhalte der bisherigen Ausbildung oder Tätigkeit eines Antragstellers auf dem Sachgebiet, für das die öffentliche Bestellung beantragt wird, wesentlich von den Inhalten unterscheiden, die nach § 36 Voraussetzung für die öffentliche Bestellung als Sachverständiger für das betreffende Sachgebiet sind, kann dem Antragsteller nach seiner Wahl eine Eignungsprüfung oder ein Anpassungslehrgang auferlegt werden. ²Diese Maßnahme kann insbesondere auch die Kenntnis des deutschen Rechts und die Fähigkeit zur verständlichen Erläuterung fachlicher Feststellungen betreffen.

(3) [1]Soweit an den Antragsteller nach Absatz 1 Satz 2 in seinem Herkunftsstaat außerhalb der Sachkunde liegende Anforderungen gestellt wurden, die den nach § 36 Absatz 1 geltenden vergleichbar sind, sind diese nicht nochmals nachzuprüfen. [2]§ 13b gilt entsprechend.

(4) [1]Die zuständige Behörde bestätigt binnen eines Monats den Empfang der von dem Antragsteller eingereichten Unterlagen und teilt gegebenenfalls mit, welche Unterlagen noch nachzureichen sind. [2]Das Verfahren für die Prüfung des Antrags auf Anerkennung muss innerhalb von drei Monaten nach Einreichen der vollständigen Unterlagen abgeschlossen sein. [3]Diese Frist kann in begründeten Fällen um einen Monat verlängert werden. [4]Bestehen Zweifel an der Echtheit von vorgelegten Bescheinigungen und Nachweisen oder benötigt die zuständige Behörde weitere Informationen, kann sie durch Nachfrage bei der zuständigen Stelle des Herkunftsstaats die Echtheit überprüfen und entsprechende Auskünfte einholen. [5]Der Fristablauf ist solange gehemmt.

§ 37 (weggefallen)

§ 38 Überwachungsbedürftige Gewerbe

(1) [1]Bei den Gewerbezweigen

1. An- und Verkauf von
 a) hochwertigen Konsumgütern, insbesondere Unterhaltungselektronik, Computern, optischen Erzeugnissen, Fotoapparaten, Videokameras, Teppichen, Pelz- und Lederbekleidung,
 b) Kraftfahrzeugen und Fahrrädern,
 c) Edelmetallen und edelmetallhaltigen Legierungen sowie Waren aus Edelmetall oder edelmetallhaltigen Legierungen,
 d) Edelsteinen, Perlen und Schmuck,
 e) Altmetallen, soweit sie nicht unter Buchstabe c fallen,
 durch auf den Handel mit Gebrauchtwaren spezialisierte Betriebe,
2. Auskunftserteilung über Vermögensverhältnisse und persönliche Angelegenheiten (Auskunfteien, Detekteien),
3. Vermittlung von Eheschließungen, Partnerschaften und Bekanntschaften,
4. Betrieb von Reisebüros und Vermittlung von Unterkünften,
5. Vertrieb und Einbau von Gebäudesicherungseinrichtungen einschließlich der Schlüsseldienste,
6. Herstellen und Vertreiben spezieller diebstahlsbezogener Öffnungswerkzeuge

hat die zuständige Behörde unverzüglich nach Erstattung der Gewerbeanmeldung oder der Gewerbeummeldung nach § 14 die Zuverlässigkeit des Gewerbetreibenden zu überprüfen. [2]Zu diesem Zweck hat der Gewerbetreibende unverzüglich ein Führungszeugnis nach § 30 Abs. 5 Bundeszentralregistergesetz und eine Auskunft aus dem Gewerbezentralregister nach § 150 Abs. 5 zur Vorlage bei der Behörde zu beantragen. [3]Kommt er dieser Verpflichtung nicht nach, hat die Behörde diese Auskünfte von Amts wegen einzuholen.

(2) Bei begründeter Besorgnis der Gefahr der Verletzung wichtiger Gemeinschaftsgüter kann ein Führungszeugnis oder eine Auskunft aus dem Gewerbezentralregister auch bei anderen als den in Absatz 1 genannten gewerblichen Tätigkeiten angefordert oder eingeholt werden.

(3) Die Landesregierungen können durch Rechtsverordnung für die in Absatz 1 genannten Gewerbezweige bestimmen, in welcher Weise die Gewerbetreibenden ihre Bücher zu führen und dabei Daten über einzelne Geschäftsvorgänge, Geschäftspartner, Kunden und betroffene Dritte aufzuzeichnen haben.

(4) Absatz 1 Satz 1 Nr. 2 gilt nicht für Kreditinstitute und Finanzdienstleistungsinstitute, für die eine Erlaubnis nach § 32 Abs. 1 des Kreditwesengesetzes erteilt wurde, sowie für Zweigniederlassungen von Unternehmen mit Sitz in einem anderen Mitgliedstaat der Europäischen Union, die nach § 53b Abs. 1 Satz 1 oder Abs. 7 des Kreditwesengesetzes im Inland tätig sind, wenn die Erbringung von Handelsauskünften durch die Zulassung der zuständigen Behörden des Herkunftsmitgliedstaats abgedeckt ist.

§ 39 (weggefallen)

§ 39a [aufgehoben]

§ 40 (weggefallen)

III.
Umfang, Ausübung und Verlust der Gewerbebefugnisse

§ 41 Beschäftigung von Arbeitnehmern

(1) [1]Die Befugnis zum selbständigen Betrieb eines stehenden Gewerbes begreift das Recht in sich, in beliebiger Zahl Gesellen, Gehilfen, Arbeiter jeder Art und, soweit die Vorschriften des gegenwärtigen

Gesetzes nicht entgegenstehen, Lehrlinge anzunehmen. [2]In der Wahl des Arbeits- und Hilfspersonals finden keine anderen Beschränkungen statt, als die durch das gegenwärtige Gesetz festgestellten.

(2) In betreff der Berechtigung der Apotheker, Gehilfen und Lehrlinge anzunehmen, bewendet es bei den Bestimmungen der Landesgesetze.

§§ 41a, 41b (weggefallen)

§ 42 *[aufgehoben]*

§§ 42a bis 44a (weggefallen)

§ 45 Stellvertreter

Die Befugnisse zum stehenden Gewerbebetrieb können durch Stellvertreter ausgeübt werden; diese müssen jedoch den für das in Rede stehende Gewerbe insbesondere vorgeschriebenen Erfordernissen genügen.

§ 46 Fortführung des Gewerbes

(1) Nach dem Tode eines Gewerbetreibenden darf das Gewerbe für Rechnung des überlebenden Ehegatten oder Lebenspartners durch einen nach § 45 befähigten Stellvertreter betrieben werden, wenn die für den Betrieb einzelner Gewerbe bestehenden besonderen Vorschriften nicht etwas anderes bestimmen.

(2) Das gleiche gilt für minderjährige Erben während der Minderjährigkeit sowie bis zur Dauer von zehn Jahren nach dem Erbfall für den Nachlaßverwalter, Nachlaßpfleger oder Testamentsvollstrecker.

(3) Die zuständige Behörde kann in den Fällen der Absätze 1 und 2 gestatten, daß das Gewerbe bis zur Dauer eines Jahres nach dem Tode des Gewerbetreibenden auch ohne den nach § 45 befähigten Stellvertreter betrieben wird.

§ 47 Stellvertretung in besonderen Fällen

Inwiefern für die nach den §§ 31, 33i, 34, 34a, 34b, 34c, 34d, 34f, 34h, 34i und 36 konzessionierten oder angestellten Personen eine Stellvertretung zulässig ist, hat in jedem einzelnen Falle die Behörde zu bestimmen, welcher die Konzessionierung oder Anstellung zusteht.

§ 48 Übertragung von Realgewerbeberechtigungen

Realgewerbeberechtigungen können auf jede nach den Vorschriften dieses Gesetzes zum Betriebe des Gewerbes befähigten Person in der Art übertragen werden, daß der Erwerber die Gewerbeberechtigung für eigene Rechnung ausüben darf.

§ 49 Erlöschen von Erlaubnissen

(1) (weggefallen)

(2) Die Konzessionen und Erlaubnisse nach den §§ 30, 33a und 33i erlöschen, wenn der Inhaber innerhalb eines Jahres nach deren Erteilung den Betrieb nicht begonnen oder während eines Zeitraumes von einem Jahr nicht mehr ausgeübt hat.

(3) Die Fristen können aus wichtigem Grund verlängert werden.

§ 50 (weggefallen)

§ 51 Untersagung wegen überwiegender Nachteile und Gefahren

[1]Wegen überwiegender Nachteile und Gefahren für das Gemeinwohl kann die fernere Benutzung einer jeden gewerblichen Anlage durch die zuständige Behörde zu jeder Zeit untersagt werden. [2]Doch muß dem Besitzer alsdann für den erweislichen Schaden Ersatz geleistet werden. [3]Die Sätze 1 und 2 gelten nicht für Anlagen, soweit sie den Vorschriften des Bundes-Immissionsschutzgesetzes unterliegen.

§ 52 Übergangsregelung

Die Bestimmung des § 51 findet auch auf die zur Zeit der Verkündung des gegenwärtigen Gesetzes bereits vorhandenen gewerblichen Anlagen Anwendung; doch entspringt aus der Untersagung der ferneren Benutzung kein Anspruch auf Entschädigung, wenn bei der früher erteilten Genehmigung ausdrücklich vorbehalten worden ist, dieselbe ohne Entschädigung zu widerrufen.

§§ 53, 54 (weggefallen)

Titel III
Reisegewerbe

§ 55 Reisegewerbekarte

(1) Ein Reisegewerbe betreibt, wer gewerbsmäßig ohne vorhergehende Bestellung außerhalb seiner gewerblichen Niederlassung (§ 4 Absatz 3) oder ohne eine solche zu haben

1. Waren feilbietet oder Bestellungen aufsucht (vertreibt) oder ankauft, Leistungen anbietet oder Bestellungen auf Leistungen aufsucht oder
2. unterhaltende Tätigkeiten als Schausteller oder nach Schaustellerart ausübt.

(2) Wer ein Reisegewerbe betreiben will, bedarf der Erlaubnis (Reisegewerbekarte).

(3) Die Reisegewerbekarte kann inhaltlich beschränkt, mit einer Befristung erteilt und mit Auflagen verbunden werden, soweit dies zum Schutze der Allgemeinheit oder der Verbraucher erforderlich ist; unter denselben Voraussetzungen ist auch die nachträgliche Aufnahme, Änderung und Ergänzung von Auflagen zulässig.

§ 55a Reisegewerbekartenfreie Tätigkeiten

(1) Einer Reisegewerbekarte bedarf nicht, wer

1. gelegentlich der Veranstaltung von Messen, Ausstellungen, öffentlichen Festen oder aus besonderem Anlaß mit Erlaubnis der zuständigen Behörde Waren feilbietet;
2. selbstgewonnene Erzeugnisse der Land- und Forstwirtschaft, des Gemüse-, Obst- und Gartenbaues, der Geflügelzucht und Imkerei sowie der Jagd und Fischerei vertreibt;
3. Tätigkeiten der in § 55 Abs. 1 Nr. 1 genannten Art in der Gemeinde seines Wohnsitzes oder seiner gewerblichen Niederlassung ausübt, sofern die Gemeinde nicht mehr als 10 000 Einwohner zählt;
4. *[aufgehoben]*
5. auf Grund einer Erlaubnis nach § 4 des Milch- und Margarinegesetzes Milch oder bei dieser Tätigkeit auch Milcherzeugnisse abgibt;
6. Versicherungsverträge als Versicherungsvermittler im Sinne des § 34d Absatz 6 oder Absatz 7 Nummer 1 und 2 oder Bausparverträge vermittelt oder abschließt oder im Sinne des § 34d Absatz 2 Satz 1 in Verbindung mit § 34d Absatz 7 Satz 2 als Versicherungsberater über Versicherungen berät; das Gleiche gilt für die in dem Gewerbebetrieb beschäftigten Personen;
7. ein nach Bundes- oder Landesrecht erlaubnispflichtiges Gewerbe ausübt, für dessen Ausübung die Zuverlässigkeit erforderlich ist, und über der erforderlichen Erlaubnis verfügt;
8. im Sinne des § 34f Absatz 3 Nummer 4, auch in Verbindung mit § 34h Absatz 1 Satz 4, Finanzanlagen als Finanzanlagenvermittler vermittelt und Dritte über Finanzanlagen berät; das Gleiche gilt für die in dem Gewerbebetrieb beschäftigten Personen;
8a. im Sinne des § 34i Absatz 4, auch in Verbindung mit § 34i Absatz 5, Immobiliardarlehensverträge vermittelt und Dritte zu solchen Verträgen berät;
9. von einer nicht ortsfesten Verkaufsstelle oder einer anderen Einrichtung in regelmäßigen, kürzeren Zeitabständen an derselben Stelle Lebensmittel oder andere Waren des täglichen Bedarfs vertreibt; das Verbot des § 56 Abs. 1 Nr. 3 Buchstabe b findet keine Anwendung;
10. Druckwerke auf öffentlichen Wegen, Straßen, Plätzen oder an anderen öffentlichen Orten feilbietet.

(2) Die zuständige Behörde kann für besondere Verkaufsveranstaltungen Ausnahmen von dem Erfordernis der Reisegewerbekarte zulassen.

§ 55b Weitere reisegewerbekartenfreie Tätigkeiten, Gewerbelegitimationskarte

(1) Eine Reisegewerbekarte ist nicht erforderlich, soweit der Gewerbetreibende andere Personen im Rahmen ihres Geschäftsbetriebes aufsucht.

(2) [1]Personen, die für ein Unternehmen mit Sitz im Geltungsbereich dieses Gesetzes geschäftlich tätig sind, ist auf Antrag von der zuständigen Behörde eine Gewerbelegitimationskarte nach dem in den zwischenstaatlichen Verträgen vorgesehenen Muster für Zwecke des Gewerbebetriebes in anderen Staaten auszustellen. [2]Für die Erteilung und die Versagung der Gewerbelegitimationskarte gelten § 55 Abs. 3 und § 57 entsprechend, soweit nicht in zwischenstaatlichen Verträgen oder durch Rechtsetzung dazu befugter überstaatlicher Gemeinschaften etwas anderes bestimmt ist.

§ 55c Anzeigepflicht

[1]Wer als Gewerbetreibender auf Grund des § 55a Abs. 1 Nr. 3, 9 oder 10 einer Reisegewerbekarte nicht bedarf, hat den Beginn des Gewerbes der zuständigen Behörde anzuzeigen, soweit er sein Gewerbe nicht bereits nach § 14 Abs. 1 bis 3 anzumelden hat. [2]§ 14 Absatz 1 Satz 2 und 3, Absatz 4 bis 12, § 15 Absatz 1 und die Rechtsverordnung nach § 14 Absatz 14 gelten entsprechend.

§ 55d (weggefallen)

§ 55e Sonn- und Feiertagsruhe

(1) [1]An Sonn- und Feiertagen sind die in § 55 Abs. 1 Nr. 1 genannten Tätigkeiten mit Ausnahme des Feilbietens von Waren und gastgewerblicher Tätigkeiten im Reisegewerbe verboten, auch wenn sie unselbständig ausgeübt werden. [2]Dies gilt nicht für die unter § 55b Abs. 1 fallende Tätigkeit, soweit sie von selbständigen Gewerbetreibenden ausgeübt wird.

(2) Ausnahmen können von der zuständigen Behörde zugelassen werden.

§ 55f Haftpflichtversicherung

Das Bundesministerium für Wirtschaft und Energie wird ermächtigt, durch Rechtsverordnung mit Zustimmung des Bundesrates zum Schutze der Allgemeinheit und der Veranstaltungsteilnehmer für Tätigkeiten nach § 55 Abs. 1 Nr. 2, die mit besonderen Gefahren verbunden sind, Vorschriften über die Verpflichtung des Gewerbetreibenden zum Abschluß und zum Nachweis des Bestehens einer Haftpflichtversicherung zu erlassen.

§ 56 Im Reisegewerbe verbotene Tätigkeiten

(1) Im Reisegewerbe sind verboten
1. der Vertrieb von
 a) (weggefallen)
 b) Giften und gifthaltigen Waren; zugelassen ist das Aufsuchen von Bestellungen auf Pflanzenschutzmittel, Schädlingsbekämpfungsmittel sowie auf Holzschutzmittel, für die nach baurechtlichen Vorschriften ein Prüfbescheid mit Prüfzeichen erteilt worden ist,
 c) (weggefallen)
 d) Bruchbändern, medizinischen Leibbinden, medizinischen Stützapparaten und Bandagen, orthopädischen Fußstützen, Brillen und Augengläsern; zugelassen sind Schutzbrillen und Fertiglesebrillen,
 e) (weggefallen)
 f) elektromedizinischen Geräten einschließlich elektronischer Hörgeräte; zugelassen sind Geräte mit unmittelbarer Wärmeeinwirkung,
 g) (weggefallen)
 h) Wertpapieren, Lotterielosen, Bezugs- und Anteilscheinen auf Wertpapiere und Lotterielose; zugelassen ist der Verkauf von Lotterielosen im Rahmen genehmigter Lotterien zu gemeinnützigen Zwecken auf öffentlichen Wegen, Straßen oder Plätzen oder anderen öffentlichen Orten,
 i) Schriften, die unter Zusicherung von Prämien oder Gewinnen vertrieben werden;
2. das Feilbieten und der Ankauf von
 a) Edelmetallen (Gold, Silber, Platin und Platinbeimetallen) und edelmetallhaltigen Legierungen in jeder Form sowie Waren mit Edelmetallauflagen; zugelassen sind Silberschmuck bis zu einem Verkaufspreis von 40 Euro und Waren mit Silberauflagen,
 b) Edelsteinen, Schmucksteinen und synthetischen Steinen sowie von Perlen;
3. das Feilbieten von
 a) (weggefallen)
 b) alkoholischen Getränken; zugelassen sind Bier und Wein in fest verschlossenen Behältnissen, alkoholische Getränke im Sinne von § 67 Abs. 1 Nr. 1 zweiter und dritter Halbsatz und alkoholische Getränke, die im Rahmen und für die Dauer einer Veranstaltung von einer ortsfesten Betriebsstätte zum Verzehr an Ort und Stelle verabreicht werden;
 c) (weggefallen)
 d) (weggefallen)
 e) (weggefallen)
4. (weggefallen)
5. *[aufgehoben]*
6. der Abschluß sowie die Vermittlung von Rückkaufgeschäften (§ 34 Abs. 4) und die für den Darlehensnehmer entgeltliche Vermittlung von Darlehensgeschäften.

(2) ¹Das Bundesministerium für Wirtschaft und Energie kann durch Rechtsverordnung mit Zustimmung des Bundesrates Ausnahmen von den in Absatz 1 aufgeführten Beschränkungen zulassen, soweit hierdurch eine Gefährdung der Allgemeinheit oder der öffentlichen Sicherheit oder Ordnung nicht zu besorgen ist. ²Die gleiche Befugnis steht den Landesregierungen für den Bereich ihres Landes zu, solange und soweit das Bundesministerium für Wirtschaft und Energie von seiner Ermächtigung keinen Gebrauch gemacht hat. ³Die zuständige Behörde kann im Einzelfall für ihren Bereich Ausnahmen von den Verboten des Absatzes 1 mit dem Vorbehalt des Widerrufs und für einen Zeitraum bis zu fünf Jahren zulassen, wenn sich aus der Person des Antragstellers oder aus sonstigen Umständen keine Bedenken ergeben; § 55 Abs. 3 und § 60c Abs. 1 gelten für die Ausnahmebewilligung entsprechend.

(3) ¹Die Vorschriften des Absatzes 1 finden auf die in § 55b Abs. 1 bezeichneten gewerblichen Tätigkeiten keine Anwendung. ²Verboten ist jedoch das Feilbieten von Bäumen, Sträuchern und Rebenpflanzgut bei land- und forstwirtschaftlichen Betrieben sowie bei Betrieben des Obst-, Garten- und Weinanbaues.

(4) Absatz 1 Nr. 1 Buchstabe h, Nr. 2 Buchstabe a und Nr. 6 findet keine Anwendung auf Tätigkeiten in einem nicht ortsfesten Geschäftsraum eines Kreditinstituts oder eines Unternehmens im Sinne des § 53b Abs. 1 Satz 1 oder Abs. 7 des Kreditwesengesetzes, wenn in diesem Geschäftsraum ausschließlich bankübliche Geschäfte betrieben werden, zu denen diese Unternehmen nach dem Kreditwesengesetz befugt sind.

§ 56a Ankündigung des Gewerbebetriebs, Wanderlager

(1) ¹Die Veranstaltung eines Wanderlagers zum Vertrieb von Waren oder Dienstleistungen ist zwei Wochen vor Beginn der für den Ort der Veranstaltung zuständigen Behörde anzuzeigen, wenn auf die Veranstaltung durch öffentliche Ankündigung hingewiesen werden soll; in der öffentlichen Ankündigung sind die Art der Ware oder Dienstleistung, die vertrieben wird, und der Ort der Veranstaltung anzugeben. ²Im Zusammenhang mit Veranstaltungen nach Satz 1 dürfen unentgeltliche Zuwendungen (Waren oder Leistungen) einschließlich Preisausschreiben, Verlosungen und Ausspielungen nicht angekündigt werden. ³Die Anzeige ist in zwei Stücken einzureichen; sie hat zu enthalten

1. den Ort und die Zeit der Veranstaltung,
2. den Namen des Veranstalters und desjenigen, für dessen Rechnung die Waren oder Dienstleistungen vertrieben werden, sowie die Wohnung oder die gewerbliche Niederlassung dieser Personen,
3. den Wortlaut und die Art der beabsichtigten öffentlichen Ankündigungen.

⁴Das Wanderlager darf an Ort und Stelle nur durch den in der Anzeige genannten Veranstalter oder einen von ihm schriftlich bevollmächtigten Vertreter geleitet werden; der Name des Vertreters ist der Behörde in der Anzeige mitzuteilen.

(2) Die nach Absatz 1 zuständige Behörde kann die Veranstaltung eines Wanderlagers untersagen, wenn die Anzeige nach Absatz 1 nicht rechtzeitig oder nicht wahrheitsgemäß oder nicht vollständig erstattet ist oder wenn die öffentliche Ankündigung nicht den Vorschriften des Absatzes 1 Satz 1 zweiter Halbsatz und Satz 2 entspricht.

§ 57 Versagung der Reisegewerbekarte

(1) Die Reisegewerbekarte ist zu versagen, wenn Tatsachen die Annahme rechtfertigen, daß der Antragsteller die für die beabsichtigte Tätigkeit erforderliche Zuverlässigkeit nicht besitzt.

(2) Im Falle der Ausübung des Bewachungsgewerbes, des Gewerbes der Makler, Bauträger und Baubetreuer, Wohnimmobilienverwalter, des Versicherungsvermittlergewerbes, des Versicherungsberatergewerbes, des Gewerbes des Finanzanlagenvermittlers und Honorar-Finanzanlagenberaters sowie des Gewerbes des Immobiliardarlehensvermittlers gelten die Versagungsgründe der §§ 34a, 34c, 34d, 34f, 34h oder 34i entsprechend.

(3) Die Ausübung des Versteigerergewerbes als Reisegewerbe ist nur zulässig, wenn der Gewerbetreibende die nach § 34b Abs. 1 erforderliche Erlaubnis besitzt.

§§ 57a, 58 (weggefallen)

§ 59 Untersagung reisegewerbekartenfreier Tätigkeiten

¹Soweit nach § 55a oder § 55b eine Reisegewerbekarte nicht erforderlich ist, kann die reisegewerbliche Tätigkeit unter der Voraussetzung des § 57 untersagt werden. ²§ 35 Abs. 1 Satz 2 und 3, Abs. 3, 4, 6, 7a und 8 gilt entsprechend.

§ 60 Beschäftigte Personen

Die Beschäftigung einer Person im Reisegewerbe kann dem Gewerbetreibenden untersagt werden, wenn Tatsachen die Annahme rechtfertigen, dass die Person die für ihre Tätigkeit erforderliche Zuverlässigkeit nicht besitzt.

§ 60a Veranstaltung von Spielen

(1) (weggefallen)

(2) ¹Warenspielgeräte dürfen im Reisegewerbe nur aufgestellt werden, wenn die Voraussetzungen des § 33c Abs. 1 Satz 2 erfüllt sind. ²Wer im Reisegewerbe ein anderes Spiel im Sinne des § 33d Abs. 1 Satz 1 veranstalten will, bedarf der Erlaubnis der für den jeweiligen Ort der Gewerbeausübung zuständigen Behörde. ³Die Erlaubnis darf nur erteilt werden, wenn der Veranstalter eine von dem für seinen Wohnsitz oder in Ermangelung eines solchen von dem für seinen gewöhnlichen Aufenthaltsort zuständigen Landeskriminalamt erteilte Unbedenklichkeitsbescheinigung oder einen Abdruck der Unbedenklichkeitsbescheinigung im Sinne des § 33e Abs. 4 besitzt. ⁴§ 33d Abs. 1 Satz 2, Abs. 3 bis 5, die §§ 33e, 33f Abs. 1 und 2 Nr. 1 sowie die §§ 33g und 33h gelten entsprechend.

(3) ¹Wer im Reisegewerbe eine Spielhalle oder ein ähnliches Unternehmen betreiben will, bedarf der Erlaubnis der für den jeweiligen Ort der Gewerbeausübung zuständigen Behörde. ²§ 33i gilt entsprechend.

(4) Die Landesregierungen können durch Rechtsverordnung das Verfahren bei den Landeskriminalämtern (Absatz 2 Satz 3) regeln.

§ 60b Volksfest

(1) Ein Volksfest ist eine im allgemeinen regelmäßig wiederkehrende, zeitlich begrenzte Veranstaltung, auf der eine Vielzahl von Anbietern unterhaltende Tätigkeiten im Sinne des § 55 Abs. 1 Nr. 2 ausübt und Waren feilbietet, die üblicherweise auf Veranstaltungen dieser Art angeboten werden.

(2) § 68a Satz 1 erster Halbsatz und Satz 2, § 69 Abs. 1 und 2 sowie die §§ 69a bis 71a finden entsprechende Anwendung; jedoch bleiben die §§ 55 bis 60a und 60c bis 61a sowie 71b unberührt.

§ 60c Mitführen und Vorzeigen der Reisegewerbekarte

(1) [1]Der Inhaber einer Reisegewerbekarte ist verpflichtet, sie während der Ausübung des Gewerbebetriebes bei sich zu führen, auf Verlangen den zuständigen Behörden oder Beamten vorzuzeigen und seine Tätigkeit auf Verlangen bis zur Herbeischaffung der Reisegewerbekarte einzustellen. [2]Auf Verlangen hat er die von ihm geführten Waren vorzulegen.

(2) [1]Der Inhaber der Reisegewerbekarte, der die Tätigkeit nicht in eigener Person ausübt, ist verpflichtet, den im Betrieb Beschäftigten eine Zweitschrift oder eine beglaubigte Kopie der Reisegewerbekarte auszuhändigen, wenn sie unmittelbar mit Kunden in Kontakt treten sollen; dies gilt auch, wenn die Beschäftigten an einem anderen Ort als der Inhaber tätig sind. [2]Für den Inhaber der Zweitschrift oder der beglaubigten Kopie gilt Absatz 1 Satz 1 entsprechend.

(3) [1]Im Fall des § 55a Abs. 1 Nr. 7 hat der Gewerbetreibende oder der von ihm im Betrieb Beschäftigte die Erlaubnis, eine Zweitschrift, eine beglaubigte Kopie oder eine sonstige Unterlage, auf Grund derer die Erteilung der Erlaubnis glaubhaft gemacht werden kann, mit sich zu führen. [2]Im Übrigen gelten die Absätze 1 und 2 entsprechend.

§ 60d Verhinderung der Gewerbeausübung

Die Ausübung des Reisegewerbes entgegen § 55 Abs. 2 und 3, § 56 Abs. 1 oder 3 Satz 2, § 60a Abs. 2 Satz 1 oder 2 oder Abs. 3 Satz 1, § 60c Abs. 1 Satz 1, auch in Verbindung mit Abs. 2 Satz 2, § 61a Abs. 2 oder entgegen einer auf Grund des § 55f erlassenen Rechtsverordnung kann von der zuständigen Behörde verhindert werden.

§ 61 Örtliche Zuständigkeit

[1]Für die Erteilung, die Versagung, die Rücknahme und den Widerruf der Reisegewerbekarte, für die in §§ 55c und 56 Abs. 2 Satz 3 sowie in §§ 59 und 60 genannten Aufgaben und für die Erteilung der Zweitschrift der Reisegewerbekarte ist die Behörde örtlich zuständig, in deren Bezirk der Betroffene seinen gewöhnlichen Aufenthalt hat. [2]Ändert sich während des Verfahrens der gewöhnliche Aufenthalt, so kann die bisher zuständige Behörde das Verfahren fortsetzen, wenn die nunmehr zuständige Behörde zustimmt.

§ 61a Anwendbarkeit von Vorschriften des stehenden Gewerbes für die Ausübung als Reisegewerbe

(1) Für die Ausübung des Reisegewerbes gilt § 29 entsprechend.

(2) [1]Für die Ausübung des Bewachungsgewerbes, des Versteigerergewerbes, des Gewerbes der Makler, Bauträger und Baubetreuer, Wohnimmobilienverwalter, des Versicherungsvermittlergewerbes, des Versicherungsberatergewerbes, des Gewerbes des Finanzanlagenvermittlers oder Honorar-Finanzanlagenberaters sowie des Gewerbes des Immobiliardarlehensvermittlers gelten § 34a Absatz 1a Satz 1 und Absatz 2 bis 5, § 34b Absatz 5 bis 8 und 10, § 34c Absatz 3 und 5, § 34d Absatz 8 bis 10, § 34f Absatz 4 bis 6, auch in Verbindung mit § 34h Absatz 1 Satz 4, die §§ 34g, 34i Absatz 5 bis 8 und § 34j sowie die auf Grund des § 34a Absatz 2, des § 34b Absatz 8, des § 34c Absatz 3, des § 34e sowie der §§ 34g und 34j erlassenen Rechtsvorschriften entsprechend. [2]Die zuständige Behörde kann für die Versteigerung leicht verderblicher Waren für ihren Bezirk Ausnahmen zulassen.

§§ 62, 63 (weggefallen)

Titel IV
Messen, Ausstellungen, Märkte

§ 64 Messe

(1) Eine Messe ist eine zeitlich begrenzte, im allgemeinen regelmäßig wiederkehrende Veranstaltung, auf der eine Vielzahl von Ausstellern das wesentliche Angebot eines oder mehrerer Wirtschaftszweige ausstellt und überwiegend nach Muster an gewerbliche Wiederverkäufer, gewerbliche Verbraucher oder Großabnehmer vertreibt.

(2) Der Veranstalter kann in beschränktem Umfang an einzelnen Tagen während bestimmter Öffnungszeiten Letztverbraucher zum Kauf zulassen.

§ 65 Ausstellung
Eine Ausstellung ist eine zeitlich begrenzte Veranstaltung, auf der eine Vielzahl von Ausstellern ein repräsentatives Angebot eines oder mehrerer Wirtschaftszweige oder Wirtschaftsgebiete ausstellt und vertreibt oder über dieses Angebot zum Zweck der Absatzförderung informiert.

§ 66 Großmarkt
Ein Großmarkt ist eine Veranstaltung, auf der eine Vielzahl von Anbietern bestimmte Waren oder Waren aller Art im wesentlichen an gewerbliche Wiederverkäufer, gewerbliche Verbraucher oder Großabnehmer vertreibt.

§ 67 Wochenmarkt
(1) Ein Wochenmarkt ist eine regelmäßig wiederkehrende, zeitlich begrenzte Veranstaltung, auf der eine Vielzahl von Anbietern eine oder mehrere der folgenden Warenarten feilbietet:
1. Lebensmittel im Sinne des § 2 Absatz 2 des Lebensmittel- und Futtermittelgesetzbuchs mit Ausnahme alkoholischer Getränke; zugelassen sind alkoholische Getränke, soweit sie aus selbstgewonnenen Erzeugnissen des Weinbaus, der Landwirtschaft oder des Obst- und Gartenbaues hergestellt wurden; der Zukauf von Alkohol zur Herstellung von Likören und Geisten aus Obst, Pflanzen und anderen landwirtschaftlichen Ausgangserzeugnissen, bei denen die Ausgangsstoffe nicht selbst vergoren werden, durch den Urproduzenten ist zulässig;
2. Produkte des Obst- und Gartenbaues, der Land- und Forstwirtschaft und der Fischerei;
3. rohe Naturerzeugnisse mit Ausnahme des größeren Viehs.
(2) Die Landesregierungen können zur Anpassung des Wochenmarktes an die wirtschaftliche Entwicklung und die örtlichen Bedürfnisse der Verbraucher durch Rechtsverordnung bestimmen, daß über Absatz 1 hinaus bestimmte Waren des täglichen Bedarfs auf allen oder bestimmten Wochenmärkten feilgeboten werden dürfen.

§ 68 Spezialmarkt und Jahrmarkt
(1) Ein Spezialmarkt ist eine im allgemeinen regelmäßig in größeren Zeitabständen wiederkehrende, zeitlich begrenzte Veranstaltung, auf der eine Vielzahl von Anbietern bestimmte Waren feilbietet.
(2) Ein Jahrmarkt ist eine im allgemeinen regelmäßig in größeren Zeitabständen wiederkehrende, zeitlich begrenzte Veranstaltung, auf der eine Vielzahl von Anbietern Waren aller Art feilbietet.
(3) Auf einem Spezialmarkt oder Jahrmarkt können auch Tätigkeiten im Sinne des § 60b Abs. 1 ausgeübt werden; die §§ 55 bis 60a und 60c bis 61a bleiben unberührt.

§ 68a Verabreichen von Getränken und Speisen
[1]Auf Märkten dürfen alkoholfreie Getränke und zubereitete Speisen, auf anderen Veranstaltungen im Sinne der §§ 64 bis 68 Kostproben zum Verzehr an Ort und Stelle verabreicht werden. [2]Im übrigen gelten für das Verabreichen von Getränken und zubereiteten Speisen zum Verzehr an Ort und Stelle die allgemeinen Vorschriften.

§ 69 Festsetzung
(1) [1]Die zuständige Behörde hat auf Antrag des Veranstalters eine Veranstaltung, die die Voraussetzungen der §§ 64, 65, 66, 67 oder 68 erfüllt, nach Gegenstand, Zeit, Öffnungszeiten und Platz für jeden Fall der Durchführung festzusetzen. [2]Auf Antrag können, sofern Gründe des öffentlichen Interesses nicht entgegenstehen, Volksfeste, Großmärkte, Wochenmärkte, Spezialmärkte und Jahrmärkte für einen längeren Zeitraum oder auf Dauer, Messen und Ausstellungen für die innerhalb von zwei Jahren vorgesehenen Veranstaltungen festgesetzt werden.
(2) Die Festsetzung eines Wochenmarktes, eines Jahrmarktes oder eines Spezialmarktes verpflichtet den Veranstalter zur Durchführung der Veranstaltung.
(3) Wird eine festgesetzte Messe oder Ausstellung oder ein festgesetzter Großmarkt nicht oder nicht mehr durchgeführt, so hat der Veranstalter dies der zuständigen Behörde unverzüglich anzuzeigen.

§ 69a Ablehnung der Festsetzung, Auflagen
(1) Der Antrag auf Festsetzung ist abzulehnen, wenn
1. die Veranstaltung nicht die in den §§ 64, 65, 66, 67 oder 68 aufgestellten Voraussetzungen erfüllt,
2. Tatsachen die Annahme rechtfertigen, daß der Antragsteller oder eine der mit der Leitung der Veranstaltung beauftragten Personen die für die Durchführung der Veranstaltung erforderliche Zuverlässigkeit nicht besitzt,

3. die Durchführung der Veranstaltung dem öffentlichen Interesse widerspricht, insbesondere der Schutz der Veranstaltungsteilnehmer vor Gefahren für Leben oder Gesundheit nicht gewährleistet ist oder sonstige erhebliche Störungen der öffentlichen Sicherheit oder Ordnung zu befürchten sind oder

4. die Veranstaltung, soweit es sich um einen Spezialmarkt oder einen Jahrmarkt handelt, vollständig oder teilweise in Ladengeschäften abgehalten werden soll.

(2) Die zuständige Behörde kann im öffentlichen Interesse, insbesondere wenn dies zum Schutz der Veranstaltungsteilnehmer vor Gefahren für Leben oder Gesundheit oder sonst zur Abwehr von erheblichen Gefahren für die öffentliche Sicherheit oder Ordnung erforderlich ist, die Festsetzung mit Auflagen verbinden; unter denselben Voraussetzungen ist auch die nachträgliche Aufnahme, Änderung und Ergänzung von Auflagen zulässig.

§ 69b Änderung und Aufhebung der Festsetzung

(1) Die zuständige Behörde kann in dringenden Fällen vorübergehend die Zeit, die Öffnungszeiten und den Platz der Veranstaltung abweichend von der Festsetzung regeln.

(2) ¹Die zuständige Behörde hat die Festsetzung zurückzunehmen, wenn bei ihrer Erteilung ein Ablehnungsgrund nach § 69a Abs. 1 Nr. 3 vorgelegen hat; im übrigen kann sie die Festsetzung zurücknehmen, wenn nachträglich Tatsachen bekannt werden, die eine Ablehnung der Festsetzung gerechtfertigt hätten. ²Sie hat die Festsetzung zu widerrufen, wenn nachträglich ein Ablehnungsgrund nach § 69a Abs. 1 Nr. 3 eintritt; im übrigen kann sie die Festsetzung widerrufen, wenn nachträglich Tatsachen eintreten, die eine Ablehnung der Festsetzung rechtfertigen würden.

(3) ¹Auf Antrag des Veranstalters hat die zuständige Behörde die Festsetzung zu ändern; § 69a gilt entsprechend. ²Auf Antrag des Veranstalters hat die zuständige Behörde die Festsetzung aufzuheben, die Festsetzung eines Wochenmarktes, Jahrmarktes oder Volksfestes jedoch nur, wenn die Durchführung der Veranstaltung dem Veranstalter nicht zugemutet werden kann.

§ 70 Recht zur Teilnahme an einer Veranstaltung

(1) Jedermann, der dem Teilnehmerkreis der festgesetzten Veranstaltung angehört, ist nach Maßgabe der für alle Veranstaltungsteilnehmer geltenden Bestimmungen zur Teilnahme an der Veranstaltung berechtigt.

(2) Der Veranstalter kann, wenn es für die Erreichung des Veranstaltungszwecks erforderlich ist, die Veranstaltung auf bestimmte Ausstellergruppen, Anbietergruppen und Besuchergruppen beschränken, soweit dadurch gleichartige Unternehmen nicht ohne sachlich gerechtfertigten Grund unmittelbar oder mittelbar unterschiedlich behandelt werden.

(3) Der Veranstalter kann aus sachlich gerechtfertigten Gründen, insbesondere wenn der zur Verfügung stehende Platz nicht ausreicht, einzelne Aussteller, Anbieter oder Besucher von der Teilnahme ausschließen.

§ 70a Untersagung der Teilnahme an einer Veranstaltung

(1) Die zuständige Behörde kann einem Aussteller oder Anbieter die Teilnahme an einer bestimmten Veranstaltung oder einer oder mehreren Arten von Veranstaltungen im Sinne der §§ 64 bis 68 untersagen, wenn Tatsachen die Annahme rechtfertigen, daß er die hierfür erforderliche Zuverlässigkeit nicht besitzt.

(2) Im Falle der selbständigen Ausübung des Bewachungsgewerbes, des Gewerbes der Makler, Bauträger und Baubetreuer, Wohnimmobilienverwalter, des Gewerbes des Versicherungsvermittlers und Versicherungsberaters, des Gewerbes des Finanzanlagenvermittlers und Honorar-Finanzanlagenberaters sowie des Gewerbes des Immobiliardarlehensvermittlers auf einer Veranstaltung im Sinne der §§ 64 bis 68 gelten die Versagungsgründe der §§ 34a, 34c, 34d, 34f, 34h oder 34i entsprechend.

(3) Die selbständige Ausübung des Versteigerergewerbes auf einer Veranstaltung im Sinne der §§ 64 bis 68 ist nur zulässig, wenn der Gewerbetreibende nach § 34b Abs. 1 erforderliche Erlaubnis besitzt.

§ 70b *[aufgehoben]*

§ 71 Vergütung

¹Der Veranstalter darf bei Volksfesten, Wochenmärkten und Jahrmärkten eine Vergütung nur für die Überlassung von Raum und Ständen und für die Inanspruchnahme von Versorgungseinrichtungen und Versorgungsleistungen einschließlich der Abfallbeseitigung fordern. ²Daneben kann der Veranstalter bei Volksfesten und Jahrmärkten eine Beteiligung an den Kosten für die Werbung verlangen. ³Landesrechtliche Bestimmungen über die Erhebung von Benutzungsgebühren durch Gemeinden und Gemeindeverbände bleiben unberührt.

§ 71a Öffentliche Sicherheit oder Ordnung
Den Ländern bleibt es vorbehalten, Vorschriften zur Aufrechterhaltung der öffentlichen Sicherheit oder Ordnung auf Veranstaltungen im Sinne der §§ 64 bis 68 zu erlassen.

§ 71b Anwendbarkeit von Vorschriften des stehenden Gewerbes für die Ausübung im Messe-, Ausstellungs- und Marktgewerbe
(1) Für die Ausübung des Messe-, Ausstellungs- und Marktgewerbes gilt § 29 entsprechend.
(2) ¹Für die Ausübung des Bewachungsgewerbes, des Versteigerergewerbes, des Gewerbes der Makler, Bauträger und Baubetreuer, Wohnimmobilienverwalter, des Versicherungsvermittlergewerbes, des Versicherungsberatergewerbes, des Gewerbes des Finanzanlagenvermittlers und Honorar-Finanzanlagenberaters sowie des Gewerbes des Immobiliardarlehensvermittlers gelten § 34a Absatz 1a Satz 1 und Absatz 2 bis 5, § 34b Absatz 5 bis 8 und 10, § 34c Absatz 3 und 5, § 34d Absatz 8 bis 10, § 34f Absatz 4 bis 6, § 34i Absatz 5 bis 8 sowie die auf Grund des § 34a Absatz 2, des § 34b Absatz 8, des § 34c Absatz 3, des § 34e sowie der §§ 34g und 34j erlassenen Rechtsvorschriften entsprechend. ²Die zuständige Behörde kann für die Versteigerung leicht verderblicher Waren für ihren Bezirk Ausnahmen zulassen.

Titel V
Taxen

§§ 72 bis 80 (weggefallen)

Titel VI
Innungen, Innungsausschüsse, Handwerkskammern, Innungsverbände

§§ 81 bis 104n (weggefallen)

Titel VIa
Handwerksrolle

§§ 104o bis 104u (weggefallen)

Titel VII
Arbeitnehmer

I.
Allgemeine arbeitsrechtliche Grundsätze

§ 105 Freie Gestaltung des Arbeitsvertrages
¹Arbeitgeber und Arbeitnehmer können Abschluss, Inhalt und Form des Arbeitsvertrages frei vereinbaren, soweit nicht zwingende gesetzliche Vorschriften, Bestimmungen eines anwendbaren Tarifvertrages oder einer Betriebsvereinbarung entgegenstehen. ²Soweit die Vertragsbedingungen wesentlich sind, richtet sich ihr Nachweis nach den Bestimmungen des Nachweisgesetzes.

§ 105a *[nicht mehr belegt]*

§ 106 Weisungsrecht des Arbeitgebers
¹Der Arbeitgeber kann Inhalt, Ort und Zeit der Arbeitsleistung nach billigem Ermessen näher bestimmen, soweit diese Arbeitsbedingungen nicht durch den Arbeitsvertrag, Bestimmungen einer Betriebsvereinbarung, eines anwendbaren Tarifvertrages oder gesetzliche Vorschriften festgelegt sind. ²Dies gilt auch hinsichtlich der Ordnung und des Verhaltens der Arbeitnehmer im Betrieb. ³Bei der Ausübung des Ermessens hat der Arbeitgeber auch auf Behinderungen des Arbeitnehmers Rücksicht zu nehmen.

§ 107 Berechnung und Zahlung des Arbeitsentgelts
(1) Das Arbeitsentgelt ist in Euro zu berechnen und auszuzahlen.
(2) ¹Arbeitgeber und Arbeitnehmer können Sachbezüge als Teil des Arbeitsentgelts vereinbaren, wenn dies dem Interesse des Arbeitnehmers oder der Eigenart des Arbeitsverhältnisses entspricht. ²Der Arbeitgeber darf dem Arbeitnehmer keine Waren auf Kredit überlassen. ³Er darf ihm nach Vereinbarung Waren in Anrechnung auf das Arbeitsentgelt überlassen, wenn die Anrechnung zu den durchschnittlichen Selbstkosten erfolgt. ⁴Die geleisteten Gegenstände müssen mittlerer Art und Güte sein, soweit nicht ausdrücklich eine andere Vereinbarung getroffen worden ist. ⁵Der Wert der vereinbarten Sachbezüge oder die An-

rechnung der überlassenen Waren auf das Arbeitsentgelt darf die Höhe des pfändbaren Teils des Arbeitsentgelts nicht übersteigen.

(3) [1]Die Zahlung eines regelmäßigen Arbeitsentgelts kann nicht für die Fälle ausgeschlossen werden, in denen der Arbeitnehmer für seine Tätigkeit von Dritten ein Trinkgeld erhält. [2]Trinkgeld ist ein Geldbetrag, den ein Dritter ohne rechtliche Verpflichtung dem Arbeitnehmer zusätzlich zu einer dem Arbeitgeber geschuldeten Leistung zahlt.

§ 108 Abrechnung des Arbeitsentgelts

(1) [1]Dem Arbeitnehmer ist bei Zahlung des Arbeitsentgelts eine Abrechnung in Textform zu erteilen. [2]Die Abrechnung muss mindestens Angaben über Abrechnungszeitraum und Zusammensetzung des Arbeitsentgelts enthalten. [3]Hinsichtlich der Zusammensetzung sind insbesondere Angaben über Art und Höhe der Zuschläge, Zulagen, sonstige Vergütungen, Art und Höhe der Abzüge, Abschlagszahlungen sowie Vorschüsse erforderlich.

(2) Die Verpflichtung zur Abrechnung entfällt, wenn sich die Angaben gegenüber der letzten ordnungsgemäßen Abrechnung nicht geändert haben.

(3) [1]Das Bundesministerium für Arbeit und Soziales wird ermächtigt, das Nähere zum Inhalt und Verfahren einer Entgeltbescheinigung, die zu Zwecken nach dem Sozialgesetzbuch sowie zur Vorlage bei den Sozial- und Familiengerichten verwendet werden kann, durch Rechtsverordnung[1]) zu bestimmen. [2]Besoldungsmitteilungen für Beamte, Richter oder Soldaten, die inhaltlich der Entgeltbescheinigung nach Satz 1 entsprechen, können für die in Satz 1 genannten Zwecke verwendet werden. [3]Der Arbeitnehmer kann vom Arbeitgeber zu anderen Zwecken eine weitere Entgeltbescheinigung verlangen, die sich auf die Angaben nach Absatz 1 beschränkt.

§ 109 Zeugnis

(1) [1]Der Arbeitnehmer hat bei Beendigung eines Arbeitsverhältnisses Anspruch auf ein schriftliches Zeugnis. [2]Das Zeugnis muss mindestens Angaben zu Art und Dauer der Tätigkeit (einfaches Zeugnis) enthalten. [3]Der Arbeitnehmer kann verlangen, dass sich die Angaben darüber hinaus auf Leistung und Verhalten im Arbeitsverhältnis (qualifiziertes Zeugnis) erstrecken.

(2) [1]Das Zeugnis muss klar und verständlich formuliert sein. [2]Es darf keine Merkmale oder Formulierungen enthalten, die den Zweck haben, eine andere als aus der äußeren Form oder aus dem Wortlaut ersichtliche Aussage über den Arbeitnehmer zu treffen.

(3) Die Erteilung des Zeugnisses in elektronischer Form ist ausgeschlossen.

§ 110 Wettbewerbsverbot

[1]Arbeitgeber und Arbeitnehmer können die berufliche Tätigkeit des Arbeitnehmers für die Zeit nach Beendigung des Arbeitsverhältnisses durch Vereinbarung beschränken (Wettbewerbsverbot). [2]Die §§ 74 bis 75f des Handelsgesetzbuches sind entsprechend anzuwenden.

§§ 111, 112 (weggefallen)

§§ 113–132a *[aufgehoben]*

II.

Meistertitel

§ 133 Befugnis zur Führung des Baumeistertitels

Die Befugnis zur Führung des Meistertitels in Verbindung mit einer anderen Bezeichnung, die auf eine Tätigkeit im Baugewerbe hinweist, insbesondere des Titels Baumeister und Baugewerksmeister, wird durch Rechtsverordnung der Bundesregierung[2]) mit Zustimmung des Bundesrates geregelt.

§§ 133a bis 133d (weggefallen)

§§ 133e–139aa *[aufgehoben]*

III.

Aufsicht

§ 139b Gewerbeaufsichtsbehörde

(1) [1]Die Aufsicht über die Ausführung der Bestimmungen der auf Grund des § 120e oder des § 139h erlassenen Rechtsverordnungen ist ausschließlich oder neben den ordentlichen Polizeibehörden beson-

1) Siehe die EntgeltbescheinigungsVO.

2) **Amtl. Anm.:** Zuständige Stelle gemäß Artikel 129 Abs. 1 Satz 1 des Grundgesetzes.

deren von den Landesregierungen zu ernennenden Beamten zu übertragen. [2]Denselben stehen bei Ausübung dieser Aufsicht alle amtlichen Befugnisse der Ortspolizeibehörden, insbesondere das Recht zur jederzeitigen Besichtigung und Prüfung der Anlagen zu. [3]Die amtlich zu ihrer Kenntnis gelangenden Geschäfts- und Betriebsverhältnisse der ihrer Besichtigung und Prüfung unterliegenden Anlagen dürfen sie nur zur Verfolgung von Gesetzwidrigkeiten und zur Erfüllung von gesetzlich geregelten Aufgaben zum Schutz der Umwelt den dafür zuständigen Behörden offenbaren. [4]Soweit es sich bei Geschäfts- und Betriebsverhältnissen um Informationen über die Umwelt im Sinne des Umweltinformationsgesetzes handelt, richtet sich die Befugnis zu ihrer Offenbarung nach dem Umweltinformationsgesetz.

(2) Die Ordnung der Zuständigkeitsverhältnisse zwischen diesen Beamten und den ordentlichen Polizeibehörden bleibt der verfassungsmäßigen Regelung in den einzelnen Ländern vorbehalten.

(3) [1]Die erwähnten Beamten haben Jahresberichte über ihre amtliche Tätigkeit zu erstatten. [2]Diese Jahresberichte oder Auszüge aus denselben sind dem *Bundesrat* und dem Deutschen Bundestag vorzulegen.

(4) Die auf Grund der Bestimmungen der auf Grund des § 120e oder des § 139h erlassenen Rechtsverordnungen auszuführenden amtlichen Besichtigungen und Prüfungen müssen die Arbeitgeber zu jeder Zeit, namentlich auch in der Nacht, während des Betriebs gestatten.

(5) Die Arbeitgeber sind ferner verpflichtet, den genannten Beamten oder der Polizeibehörde diejenigen statistischen Mitteilungen über die Verhältnisse ihrer Arbeitnehmer zu machen, welche vom Bundesministerium für Arbeit und Soziales[1] durch Rechtsverordnung mit Zustimmung des Bundesrates oder von der Landesregierung unter Festsetzung der dabei zu beobachtenden Fristen und Formen vorgeschrieben werden.

(5a) (weggefallen)

(6) [1]Die Beauftragten der zuständigen Behörden sind befugt, die Unterkünfte, auf die sich die Pflichten der Arbeitgeber nach § 40a der Arbeitsstättenverordnung und nach den auf Grund des § 120e Abs. 3 erlassenen Rechtsverordnungen beziehen, zu betreten und zu besichtigen. [2]Gegen den Willen der Unterkunftsinhabers ist dies jedoch nur zur Verhütung dringender Gefahren für die öffentliche Sicherheit oder Ordnung zulässig. [3]Das Grundrecht der Unverletzlichkeit der Wohnung (Artikel 13 des Grundgesetzes) wird insoweit eingeschränkt.

(7) Ergeben sich im Einzelfall für die für den Arbeitsschutz zuständigen Landesbehörden konkrete Anhaltspunkte für

1. eine Beschäftigung oder Tätigkeit von Ausländern ohne erforderlichen Aufenthaltstitel nach § 4 Abs. 3 des Aufenthaltsgesetzes, eine Aufenthaltsgestattung oder eine Duldung, die zur Ausübung der Beschäftigung berechtigen, oder eine Genehmigung nach § 284 Abs. 1 des Dritten Buches Sozialgesetzbuch,

2. Verstöße gegen die Mitwirkungspflicht nach § 60 Abs. 1 Satz 1 Nr. 2 des Ersten Buches Sozialgesetzbuch gegenüber einer Dienststelle der Bundesagentur für Arbeit, einem Träger der gesetzlichen Kranken-, Pflege-, Unfall- oder Rentenversicherung oder einem Träger der Sozialhilfe oder gegen die Meldepflicht nach § 8a des Asylbewerberleistungsgesetzes,

3. Verstöße gegen das Gesetz zur Bekämpfung der Schwarzarbeit,

4. Verstöße gegen das Arbeitnehmerüberlassungsgesetz,

5. Verstöße gegen Vorschriften des Vierten und Siebten Buches Sozialgesetzbuch über die Verpflichtung zur Zahlung von Sozialversicherungsbeiträgen,

6. Verstöße gegen das Aufenthaltsgesetz,

7. Verstöße gegen die Steuergesetze,

unterrichten sie die für die Verfolgung und Ahndung der Verstöße nach den Nummern 1 bis 7 zuständigen Behörden, die Träger der Sozialhilfe sowie die Behörden nach § 71 des Aufenthaltsgesetzes.

(8) In den Fällen des Absatzes 7 arbeiten die für den Arbeitsschutz zuständigen Landesbehörden insbesondere mit folgenden Behörden zusammen:

1. den Agenturen für Arbeit,

2. den Trägern der Krankenversicherung als Einzugsstellen für die Sozialversicherungsbeiträge,

3. den Trägern der Unfallversicherung,

4. den nach Landesrecht für die Verfolgung und Ahndung von Verstößen gegen das Gesetz zur Bekämpfung der Schwarzarbeit zuständigen Behörden,

5. den in § 71 des Aufenthaltsgesetzes genannten Behörden,

6. den Finanzbehörden,

7. den Behörden der Zollverwaltung,

1) **Amtl. Anm.:** Zuständige Stelle gemäß Artikel 129 Abs. 1 Satz 1 des Grundgesetzes.

8. den Rentenversicherungsträgern,
9. den Trägern der Sozialhilfe.

§§ 139c bis 139h (weggefallen)

§ 139i *[aufgehoben]*

§§ 139k bis 139m (weggefallen)

Titel VIII
Gewerbliche Hilfskassen

§ 140 *[aufgehoben]*

§§ 141 bis 141f (weggefallen)

Titel IX
Statutarische Bestimmungen

§ 142 *[aufgehoben]*

Titel X
Straf- und Bußgeldvorschriften

§ 143 (weggefallen)

§ 144 Verletzung von Vorschriften über erlaubnisbedürftige stehende Gewerbe
(1) Ordnungswidrig handelt, wer vorsätzlich oder fahrlässig
1. ohne die erforderliche Erlaubnis
 a) (weggefallen)
 b) nach § 30 Abs. 1 eine dort bezeichnete Anstalt betreibt,
 c) nach § 33a Abs. 1 Satz 1 Schaustellungen von Personen in seinen Geschäftsräumen veranstaltet oder für deren Veranstaltung seine Geschäftsräume zur Verfügung stellt,
 d) nach § 33c Abs. 1 Satz 1 ein Spielgerät aufstellt, nach § 33d Abs. 1 Satz 1 ein anderes Spiel veranstaltet oder nach § 33i Abs. 1 Satz 1 eine Spielhalle oder ein ähnliches Unternehmen betreibt,
 e) nach § 34 Abs. 1 Satz 1 das Geschäft eines Pfandleihers oder Pfandvermittlers betreibt,
 f) nach § 34a Abs. 1 Satz 1 Leben oder Eigentum fremder Personen bewacht,
 g) nach § 34b Abs. 1 fremde bewegliche Sachen, fremde Grundstücke oder fremde Rechte versteigert,
 h) nach § 34c Absatz 1 Satz 1 Nummer 1 oder Nummer 2 den Abschluß von Verträgen der dort bezeichneten Art vermittelt oder die Gelegenheit hierzu nachweist,
 i) nach § 34c Absatz 1 Satz 1 Nummer 3 ein Bauvorhaben vorbereitet oder durchführt,
 j) nach § 34c Absatz 1 Satz 1 Nummer 4 Wohnimmobilien verwaltet,
 k) nach § 34d Absatz 1 Satz 1 den Abschluss eines dort genannten Vertrages vermittelt,
 l) nach § 34d Absatz 2 Satz 1 über eine Versicherung oder Rückversicherung berät,
 m) nach § 34f Absatz 1 Satz 1 Anlageberatung oder Anlagevermittlung erbringt,
 n) nach § 34h Absatz 1 Satz 1 Anlageberatung erbringt oder
 o) nach § 34i Absatz 1 Satz 1 den Abschluss von Verträgen der dort bezeichneten Art vermittelt oder Dritte zu solchen Verträgen berät,
2. ohne Zulassung nach § 31 Absatz 1 Leben oder Eigentum fremder Personen auf einem Seeschiff bewacht,
3. einer vollziehbaren Auflage nach § 31 Absatz 2 Satz 2 zuwiderhandelt oder
4. ohne eine nach § 47 erforderliche Erlaubnis das Gewerbe durch einen Stellvertreter ausüben läßt.
(2) Ordnungswidrig handelt auch, wer vorsätzlich oder fahrlässig
1. einer Rechtsverordnung nach § 31 Absatz 4 Satz 1 Nummer 1, 2, 3 Buchstabe a bis c oder Buchstabe d oder Nummer 4 oder Satz 2 oder einer vollziehbaren Anordnung auf Grund einer solchen Rechtsverordnung zuwiderhandelt, soweit die Rechtsverordnung für einen bestimmten Tatbestand auf diese Bußgeldvorschrift verweist,

1a. einer Rechtsverordnung nach § 33f Absatz 1 Nummer 1, 2 oder 4 oder einer vollziehbaren Anordnung aufgrund einer solchen Rechtsverordnung zuwiderhandelt, soweit die Rechtsverordnung für einen bestimmten Tatbestand auf diese Bußgeldvorschrift verweist,

1b. einer Rechtsverordnung nach § 33g Nr. 2, § 34 Abs. 2, § 34a Abs. 2, § 34b Abs. 8, § 34e Absatz 1 Satz 1 Nummer 2, 4 oder 7, Absatz 2 oder 3 oder § 38 Abs. 3 oder einer vollziehbaren Anordnung auf Grund einer solchen Rechtsverordnung zuwiderhandelt, soweit die Rechtsverordnung für einen bestimmten Tatbestand auf diese Bußgeldvorschrift verweist,

2. entgegen § 34 Abs. 4 bewegliche Sachen mit Gewährung des Rückkaufsrechts ankauft,

3. einer vollziehbaren Auflage nach § 33a Abs. 1 Satz 3, § 33c Abs. 1 Satz 3, § 33d Abs. 1 Satz 2, § 33e Abs. 3, § 33i Abs. 1 Satz 2, § 34 Abs. 1 Satz 2, § 34a Abs. 1 Satz 2, § 34b Abs. 3, § 34d Absatz 4 Satz 1, auch in Verbindung mit Absatz 6 Satz 3, oder § 36 Abs. 1 Satz 3 oder einer vollziehbaren Anordnung nach § 33c Abs. 3 Satz 3 oder § 34a Abs. 4 zuwiderhandelt,

4. ein Spielgerät ohne die nach § 33c Abs. 3 Satz 1 erforderliche Bestätigung der zuständigen Behörde aufstellt,

4a. entgegen § 33c Absatz 3 Satz 4 eine Person beschäftigt,

5. einer vollziehbaren Auflage nach § 34c Abs. 1 Satz 2, § 34f Absatz 1 Satz 2, § 34h Absatz 1 Satz 2 oder § 34i Absatz 1 Satz 2 zuwiderhandelt,

6. einer Rechtsverordnung nach § 34c Abs. 3 oder § 34g Absatz 1 Satz 1 oder Absatz 2 Satz 1 Nummer 1, 2 oder 4 oder Satz 2 oder § 34j oder einer vollziehbaren Anordnung auf Grund einer solchen Rechtsverordnung zuwiderhandelt, soweit die Rechtsverordnung für einen bestimmten Tatbestand auf diese Bußgeldvorschrift verweist,

7. entgegen § 34d Absatz 1 Satz 7 eine Sondervergütung gewährt oder verspricht,

7a. entgegen § 34d Absatz 2 Satz 4, auch in Verbindung mit einer Rechtsverordnung nach § 34e Absatz 1 Nummer 3, eine Zuwendung annimmt,

7b. entgegen § 34d Absatz 2 Satz 6 die Auskehrung einer Zuwendung nicht, nicht vollständig oder nicht rechtzeitig veranlasst,

7c. entgegen § 34d Absatz 9 Satz 2 in Verbindung mit einer Rechtsverordnung nach § 34e Absatz 1 Satz 1 Nummer 2 Buchstabe c sich nicht, nicht richtig, nicht vollständig oder nicht rechtzeitig weiterbildet,

8. entgegen § 34d Absatz 10 Satz 1 oder § 34f Absatz 5 oder 6 Satz 1 eine Eintragung nicht, nicht richtig oder nicht rechtzeitig vornehmen lässt,

9. entgegen § 34d Absatz 10 Satz 2, § 34f Absatz 5 oder Absatz 6 Satz 2 oder § 34i Absatz 8 Nummer 3 eine Mitteilung nicht, nicht richtig, nicht vollständig oder nicht rechtzeitig macht,

10. entgegen § 34h Absatz 3 Satz 2 oder § 34i Absatz 5 eine Zuwendung annimmt oder

11. entgegen § 34h Absatz 3 Satz 3 eine Zuwendung nicht, nicht vollständig oder nicht rechtzeitig auskehrt.

(3) Ordnungswidrig handelt ferner, wer vorsätzlich oder fahrlässig bei einer Versteigerung einer Vorschrift des § 34b Abs. 6 oder 7 zuwiderhandelt.

(4) Die Ordnungswidrigkeit kann in den Fällen des Absatzes 1 Nummer 1 Buchstabe m und n und Nummer 2 mit einer Geldbuße bis zu fünfzigtausend Euro, in den Fällen des Absatzes 1 Nummer 1 Buchstabe a bis l und o, Nummer 3 und 4 und des Absatzes 2 Nummer 1, 1a und 5 bis 11 mit einer Geldbuße bis zu fünftausend Euro, in den Fällen des Absatzes 2 Nummer 1b und 2 bis 4a mit einer Geldbuße bis zu dreitausend Euro und in den Fällen des Absatzes 3 mit einer Geldbuße bis zu eintausend Euro geahndet werden.

(5) Verwaltungsbehörde im Sinne des § 36 Absatz 1 Nummer 1 des Gesetzes über Ordnungswidrigkeiten ist in den Fällen des Absatzes 1 Nummer 2 und 3 und des Absatzes 2 Nummer 1 das Bundesamt für Wirtschaft und Ausfuhrkontrolle.

§ 145 Verletzung von Vorschriften über das Reisegewerbe

(1) Ordnungswidrig handelt, wer vorsätzlich oder fahrlässig

1. ohne Erlaubnis nach § 55 Abs. 2
 a) eine Tätigkeit nach § 34f Absatz 1 Satz 1 oder § 34h Absatz 1 Satz 1 oder
 b) eine sonstige Tätigkeit als Reisegewerbe betreibt,

2. einer auf Grund des § 55f erlassenen Rechtsverordnung zuwiderhandelt, soweit sie für einen bestimmten Tatbestand auf diese Bußgeldvorschrift verweist,

2a. entgegen § 57 Abs. 3 das Versteigerergewerbe als Reisegewerbe ausübt,

3. einer vollziehbaren Anordnung nach § 59 Satz 1, durch die

a) eine reisegewerbliche Tätigkeit nach § 34f Absatz 1 Satz 1 oder § 34h Absatz 1 Satz 1 oder

b) eine sonstige reisegewerbliche Tätigkeit untersagt wird,

zuwiderhandelt oder

4. ohne die nach § 60a Abs. 2 Satz 2 oder Abs. 3 Satz 1 erforderliche Erlaubnis ein dort bezeichnetes Reisegewerbe betreibt.

(2) Ordnungswidrig handelt auch, wer vorsätzlich oder fahrlässig

1. einer auf Grund des § 60a Abs. 2 Satz 4 in Verbindung mit § 33f Abs. 1 oder § 33g Nr. 2 erlassenen Rechtsverordnung zuwiderhandelt, soweit sie für einen bestimmten Tatbestand auf diese Bußgeldvorschrift verweist,

2. Waren im Reisegewerbe

a) entgegen § 56 Abs. 1 Nr. 1 vertreibt,

b) entgegen § 56 Abs. 1 Nr. 2 feilbietet oder ankauft oder

c) entgegen § 56 Abs. 1 Nr. 3 feilbietet,

3. (weggefallen)

4. (weggefallen)

5. *[aufgehoben]*

6. entgegen § 56 Abs. 1 Nr. 6 Rückkauf- oder Darlehensgeschäfte abschließt oder vermittelt,

7. einer vollziehbaren Auflage nach

a) § 55 Abs. 3, auch in Verbindung mit § 56 Abs. 2 Satz 3 zweiter Halbsatz,

b) § 60a Abs. 2 Satz 4 in Verbindung mit § 33d Abs. 1 Satz 2 oder

c) § 60a Abs. 3 Satz 2 in Verbindung mit § 33i Abs. 1 Satz 2

zuwiderhandelt,

8. einer Rechtsverordnung nach § 61a Abs. 2 Satz 1 in Verbindung mit § 34a Abs. 2, § 34b Abs. 8, § 34e Absatz 1 Satz 1 Nummer 2, 4 oder 7, Absatz 2 oder 3 oder einer vollziehbaren Anordnung auf Grund einer solchen Rechtsverordnung zuwiderhandelt, soweit die Rechtsverordnung für einen bestimmten Tatbestand auf diese Bußgeldvorschrift verweist oder

9. einer Rechtsverordnung nach § 61a Absatz 2 Satz 1 in Verbindung mit § 34c Absatz 3, mit § 34g Absatz 1 Satz 1 oder Absatz 2 Satz 1 Nummer 1, 2 oder 4 oder Satz 2, mit § 34j Absatz 1 Nummer 1 oder 3 oder Absatz 2 oder einer vollziehbaren Anordnung auf Grund dieser Rechtsverordnung zuwiderhandelt, soweit die Rechtsverordnung für einen bestimmten Tatbestand auf diese Bußgeldvorschrift verweist.

(3) Ordnungswidrig handelt ferner, wer vorsätzlich oder fahrlässig

1. entgegen § 55c eine Anzeige nicht, nicht richtig, nicht vollständig oder nicht rechtzeitig erstattet,

2. an Sonn- oder Feiertagen eine im § 55e Abs. 1 bezeichnete Tätigkeit im Reisegewerbe ausübt,

3. entgegen § 60c Abs. 1 Satz 1, auch in Verbindung mit § 56 Abs. 2 Satz 3 zweiter Halbsatz oder § 60c Abs. 2 Satz 2 oder Abs. 3 Satz 2, die Reisegewerbekarte oder eine dort genannte Unterlage nicht bei sich führt oder nicht oder nicht rechtzeitig vorzeigt oder eine dort genannte Tätigkeit nicht oder nicht rechtzeitig einstellt,

4. entgegen § 60c Abs. 1 Satz 2, auch in Verbindung mit § 56 Abs. 2 Satz 3, die geführten Waren nicht vorlegt, ,

5. *[aufgehoben]*

6. entgegen § 56a Absatz 1 Satz 1 die Veranstaltung eines Wanderlagers nicht, nicht richtig, nicht vollständig oder nicht rechtzeitig anzeigt oder die Art der Ware oder der Dienstleistung oder den Ort der Veranstaltung in der öffentlichen Ankündigung nicht angibt,

7. entgegen § 56a Absatz 1 Satz 2 unentgeltliche Zuwendungen einschließlich Preisausschreiben, Verlosungen oder Ausspielungen ankündigt,

8. entgegen § 56a Absatz 1 Satz 4 als Veranstalter ein Wanderlager von einer Person leiten läßt, die in der Anzeige nicht genannt ist,

9. einer vollziehbaren Anordnung nach § 56a Absatz 2 zuwiderhandelt,

10. entgegen § 60c Abs. 2 Satz 1 eine Zweitschrift oder eine beglaubigte Kopie der Reisegewerbekarte nicht oder nicht rechtzeitig aushändigt oder

11. entgegen § 60c Abs. 3 Satz 1 eine dort genannte Unterlage nicht mit sich führt.

(4) Die Ordnungswidrigkeit kann in den Fällen des Absatzes 1 Nr. 1 Buchstabe a und Nr. 3 Buchstabe a mit einer Geldbuße bis zu fünfzigtausend Euro, in den Fällen des Absatzes 1 Nr. 1 Buchstabe b, Nr. 2, 2a, 3 Buchstabe b, Nr. 4 und des Absatzes 2 Nr. 9 mit einer Geldbuße bis zu fünftausend Euro, in den Fällen des Absatzes 2 Nr. 1 bis 8 mit einer Geldbuße bis zu zweitausendfünfhundert Euro, in den Fällen des Absatzes 3 mit einer Geldbuße bis zu eintausend Euro geahndet werden.

§ 146 Verletzung sonstiger Vorschriften über die Ausübung eines Gewerbes

(1) Ordnungswidrig handelt, wer vorsätzlich oder fahrlässig

1. einer vollziehbaren Anordnung
 a) nach § 35 Abs. 1 Satz 1 oder 2,
 b) nach § 35 Abs. 7a Satz 1, 3 in Verbindung mit Abs. 1 Satz 1 oder 2 oder
 c) nach § 35 Abs. 9 in Verbindung mit den in den Buchstaben a oder b genannten Vorschriften zuwiderhandelt,
1a. einer mit einer Erlaubnis nach § 35 Abs. 2, auch in Verbindung mit Abs. 9, verbundenen vollziehbaren Auflage zuwiderhandelt oder
2. entgegen einer vollziehbaren Anordnung nach § 51 Satz 1 eine gewerbliche Anlage benutzt.

(2) Ordnungswidrig handelt ferner, wer vorsätzlich oder fahrlässig

1. einer Rechtsverordnung nach § 6c oder einer vollziehbaren Anordnung auf Grund einer solchen Rechtsverordnung zuwiderhandelt, soweit die Rechtsverordnung für einen bestimmten Tatbestand auf diese Bußgeldvorschrift verweist,
1a. entgegen § 11b Absatz 6 Satz 2 oder 3 eine Mitteilung nicht, nicht richtig, nicht vollständig, nicht in der vorgeschriebenen Weise oder nicht rechtzeitig macht,
2. entgegen
 a) § 13a Absatz 1 Satz 1 oder Absatz 6 Satz 2,
 b) § 14 Absatz 1 Satz 1, auch in Verbindung mit Satz 2, Absatz 2 oder einer Rechtsverordnung nach § 14 Absatz 14 Satz 2 Nummer 1, oder
 c) § 14 Absatz 3 Satz 1
 eine Anzeige nicht, nicht richtig, nicht vollständig oder nicht rechtzeitig erstattet,
3. entgegen § 14 Absatz 3 Satz 2 oder Satz 3 eine dort genannte Angabe nicht, nicht richtig, nicht vollständig, nicht in der vorgeschriebenen Weise oder nicht rechtzeitig anbringt,
4. entgegen § 29 Abs. 1, auch in Verbindung mit Abs. 4, jeweils auch in Verbindung mit § 61a Abs. 1 oder § 71b Abs. 1, eine Auskunft nicht, nicht richtig, nicht vollständig oder nicht rechtzeitig erteilt,
5. im Wochenmarktverkehr andere als nach § 67 Abs. 1 oder 2 zugelassene Waren feilbietet,
6. entgegen § 69 Abs. 3 eine Anzeige nicht, nicht richtig oder nicht rechtzeitig erstattet,
7. einer vollziehbaren Auflage nach § 69a Abs. 2, auch in Verbindung mit § 60b Abs. 2 erster Halbsatz, zuwiderhandelt,
8. einer vollziehbaren Anordnung nach § 70a Abs. 1, auch in Verbindung mit § 60b Abs. 2, zuwiderhandelt, durch die die Teilnahme an einer dort genannten Veranstaltung
 a) zum Zwecke der Ausübung einer Tätigkeit nach § 34f Absatz 1 Satz 1 oder § 34h Absatz 1 Satz 1 oder
 b) zum Zwecke der Ausübung einer sonstigen gewerbsmäßigen Tätigkeit
 untersagt wird,
9. entgegen § 70a Abs. 3 das Versteigerergewerbe auf einer Veranstaltung im Sinne der §§ 64 bis 68 ausübt,
10. *[aufgehoben]*
11. einer Rechtsverordnung nach § 71b Abs. 2 Satz 1 in Verbindung mit § 34a Abs. 2, § 34b Abs. 8, § 34e Absatz 1 Satz 1 Nummer 2, 4 oder 7, Absatz 2 oder 3 oder einer vollziehbaren Anordnung auf Grund einer solchen Rechtsverordnung zuwiderhandelt, soweit die Rechtsverordnung für einen bestimmten Tatbestand auf diese Bußgeldvorschrift verweist,
11a. einer Rechtsverordnung nach § 71b Abs. 2 Satz 1 in Verbindung mit § 34c Abs. 3, § 34g Absatz 1 Satz 1 oder Absatz 2 Satz 1 Nummer 1, 2 oder Nummer 4 oder Satz 2 oder § 34j oder einer vollziehbaren Anordnung auf Grund dieser Rechtsverordnung zuwiderhandelt, soweit die Rechtsverordnung für einen bestimmten Tatbestand auf diese Bußgeldvorschrift verweist oder
12. entgegen einer nach § 133 Abs. 2 Satz 1 ergangenen Rechtsverordnung die Berufsbezeichnung „Baumeister" oder eine Berufsbezeichnung führt, die das Wort „Baumeister" enthält und auf eine Tätigkeit im Baugewerbe hinweist.

(3) Die Ordnungswidrigkeit kann in den Fällen des Absatzes 2 Nr. 8 Buchstabe a mit einer Geldbuße bis zu fünfzigtausend Euro, in den Fällen des Absatzes 1 und 2 Nr. 11a mit einer Geldbuße bis zu fünftausend Euro, in den Fällen des Absatzes 2 Nr. 4 und 7 mit einer Geldbuße bis zu zweitausendfünfhundert Euro, in den übrigen Fällen des Absatzes 2 mit einer Geldbuße bis zu eintausend Euro geahndet werden.

§ 147 Verletzung von Arbeitsschutzvorschriften

(1) Ordnungswidrig handelt, wer vorsätzlich oder fahrlässig

1. eine Besichtigung oder Prüfung nach § 139b Abs. 1 Satz 2, Abs. 4, 6 Satz 1 oder 2 nicht gestattet oder
2. entgegen § 139b Abs. 5 eine vorgeschriebene statistische Mitteilung nicht, nicht richtig, nicht vollständig oder nicht rechtzeitig macht.

(2) Die Ordnungswidrigkeit kann mit einer Geldbuße geahndet werden.

§ 147a Verbotener Erwerb von Edelmetallen und Edelsteinen

(1) Es ist verboten, von Minderjährigen gewerbsmäßig

1. Edelmetalle (Gold, Silber, Platin und Platinbeimetalle), edelmetallhaltige Legierungen sowie Waren aus Edelmetall oder edelmetallhaltigen Legierungen oder
2. Edelsteine, Schmucksteine, synthetische Steine oder Perlen

zu erwerben.

(2) ¹Ordnungswidrig handelt, wer vorsätzlich oder fahrlässig Gegenstände der in Absatz 1 bezeichneten Art von Minderjährigen gewerbsmäßig erwirbt. ²Die Ordnungswidrigkeit kann mit einer Geldbuße bis zu fünftausend Euro geahndet werden.

§ 147b Verbotene Annahme von Entgelten für Pauschalreisen und verbundene Reiseleistungen

(1) Ordnungswidrig handelt, wer

1. entgegen § 651t Nummer 1, auch in Verbindung mit § 651u Absatz 1 Satz 1 oder § 651w Absatz 3 Satz 4, oder
2. entgegen § 651t Nummer 2, auch in Verbindung mit § 651u Absatz 1 Satz 1, § 651v Absatz 2 Satz 1 oder § 651w Absatz 3 Satz 4,

des Bürgerlichen Gesetzbuchs eine Zahlung fordert oder annimmt.

(2) Die Ordnungswidrigkeit kann in den Fällen des Absatzes 1 Nummer 1 mit einer Geldbuße bis zu dreißigtausend Euro, in den Fällen des Absatzes 1 Nummer 2 mit einer Geldbuße bis zu fünftausend Euro geahndet werden.

§ 147c Verstoß gegen Wohlverhaltenspflichten bei der Vermittlung von Versicherungsanlageprodukten

(1) Ordnungswidrig handelt, wer bei der Vermittlung eines Versicherungsanlageproduktes im Sinne des Artikels 2 Absatz 1 Nummer 17 der Richtlinie (EU) 2016/97 des Europäischen Parlaments und des Rates vom 20. Januar 2016 über Versicherungsvertrieb (Neufassung) (ABl. L 26 vom 2.2.2016, S. 19)

1. entgegen § 59 Absatz 1 Satz 2 in Verbindung mit § 7c Absatz 1 Satz 1 des Versicherungsvertragsgesetzes eine Information nicht, nicht richtig, nicht vollständig oder nicht rechtzeitig erfragt oder
2. entgegen § 59 Absatz 1 Satz 2 in Verbindung mit § 7c Absatz 1 Satz 2 des Versicherungsvertragsgesetzes ein Versicherungsanlageprodukt empfiehlt.

(2) ¹Die Ordnungswidrigkeit kann mit einer Geldbuße bis zu fünfhunderttausend Euro geahndet werden. ²§ 30 Absatz 2 Satz 3 des Gesetzes über Ordnungswidrigkeiten ist anzuwenden.

§ 148 Strafbare Verletzung gewerberechtlicher Vorschriften

Mit Freiheitsstrafe bis zu einem Jahr oder mit Geldstrafe wird bestraft, wer

1. eine in § 144 Abs. 1, § 145 Abs. 1, 2 Nr. 2 oder 6 oder § 146 Abs. 1 bezeichnete Zuwiderhandlung beharrlich wiederholt oder
2. durch eine in § 144 Abs. 1 Nr. 1 Buchstabe b, Absatz 2 Nummer 1a oder Nummer 1b, § 145 Abs. 1, 2 Nr. 1 oder 2, oder § 146 Abs. 1 bezeichnete Zuwiderhandlung Leben oder Gesundheit eines anderen oder fremde Sachen von bedeutendem Wert gefährdet.

§ 148a Strafbare Verletzung von Prüferpflichten

(1) Mit Freiheitsstrafe bis zu drei Jahren oder mit Geldstrafe wird bestraft, wer als Prüfer oder als Gehilfe eines Prüfers über das Ergebnis einer Prüfung nach § 16 Abs. 1 oder 2 der Makler- und Bauträgerverordnung falsch berichtet oder erhebliche Umstände im Bericht verschweigt.

(2) Handelt der Täter gegen Entgelt oder in der Absicht, sich oder einen anderen zu bereichern oder einen anderen zu schädigen, so ist die Strafe Freiheitsstrafe bis zu fünf Jahren oder Geldstrafe.

§ 148b Fahrlässige Hehlerei von Edelmetallen und Edelsteinen

Wer gewerbsmäßig mit den in § 147a Abs. 1 bezeichneten Gegenständen Handel treibt oder gewerbsmäßig Edelmetalle und edelmetallhaltige Legierungen und Rückstände hiervon schmilzt, probiert oder scheidet oder aus den Gemengen und Verbindungen von Edelmetallabfällen mit Stoffen anderer Art Edelmetalle wiedergewinnt und beim Betrieb eines derartigen Gewerbes einen der in § 147a Abs. 1 bezeichneten Gegenstände, von dem er fahrlässig nicht erkannt hat, daß ihn ein anderer gestohlen oder sonst

durch eine gegen ein fremdes Vermögen gerichtete rechtswidrige Tat erlangt hat, ankauft oder sich oder einem Dritten verschafft, ihn absetzt oder absetzen hilft, um sich oder einen anderen zu bereichern, wird mit Freiheitsstrafe bis zu einem Jahr oder mit Geldstrafe bestraft.

Titel XI
Gewerbezentralregister

§ 149 Einrichtung eines Gewerbezentralregisters
(1) Das Bundesamt für Justiz (Registerbehörde) führt ein Gewerbezentralregister.
(2) [1]In das Register sind einzutragen
1. die vollziehbaren und die nicht mehr anfechtbaren Entscheidungen einer Verwaltungsbehörde, durch die wegen Unzuverlässigkeit oder Ungeeignetheit
 a) ein Antrag auf Zulassung (Erlaubnis, Genehmigung, Konzession, Bewilligung) zu einem Gewerbe oder einer sonstigen wirtschaftlichen Unternehmung abgelehnt oder eine erteilte Zulassung zurückgenommen oder widerrufen,
 b) die Ausübung eines Gewerbes, die Tätigkeit als Vertretungsberechtigter einer Gewerbetreibenden oder als mit der Leitung eines Gewerbebetriebes beauftragte Person oder der Betrieb oder die Leitung einer sonstigen wirtschaftlichen Unternehmung untersagt,
 c) ein Antrag auf Erteilung eines Befähigungsscheines nach § 20 des Sprengstoffgesetzes abgelehnt oder ein erteilter Befähigungsschein entzogen,
 d) im Rahmen eines Gewerbebetriebes oder einer sonstigen wirtschaftlichen Unternehmung die Befugnis zur Einstellung oder Ausbildung von Auszubildenden entzogen oder die Beschäftigung, Beaufsichtigung, Anweisung oder Ausbildung von Kindern und Jugendlichen verboten oder
 e) die Führung von Kraftverkehrsgeschäften untersagt
 wird,
2. Verzichte auf eine Zulassung zu einem Gewerbe oder einer sonstigen wirtschaftlichen Unternehmung während eines Rücknahme- oder Widerrufsverfahrens wegen Unzuverlässigkeit oder Ungeeignetheit,
3. rechtskräftige Bußgeldentscheidungen, insbesondere auch solche wegen einer Steuerordnungswidrigkeit, die aufgrund von Taten ergangen sind, die
 a) bei oder in Zusammenhang mit der Ausübung eines Gewerbes oder dem Betrieb einer sonstigen wirtschaftlichen Unternehmung oder
 b) bei der Tätigkeit in einem Gewerbe oder einer sonstigen wirtschaftlichen Unternehmung von einem Vertreter oder Beauftragten im Sinne des § 9 des Gesetzes über Ordnungswidrigkeiten oder von einer Person, die in einer Rechtsvorschrift ausdrücklich als Verantwortlicher bezeichnet ist,
 begangen worden sind, wenn die Geldbuße mehr als 200 Euro beträgt,
4. rechtskräftige strafgerichtliche Verurteilungen wegen einer Straftat nach den §§ 10 und 11 des Schwarzarbeitsbekämpfungsgesetzes, nach den §§ 15 und 15a des Arbeitnehmerüberlassungsgesetzes oder nach § 266a Abs. 1, 2 und 4 des Strafgesetzbuches, die bei oder im Zusammenhang mit der Ausübung eines Gewerbes oder dem Betrieb einer sonstigen wirtschaftlichen Unternehmung begangen worden ist, wenn auf Freiheitsstrafe von mehr als drei Monaten oder Geldstrafe von mehr als 90 Tagessätzen erkannt worden ist.
[2]Von der Eintragung sind Entscheidungen und Verzichte ausgenommen, die nach § 28 des Straßenverkehrsgesetzes in das Fahreignungsregister einzutragen sind.
(3) [1]Gerichte und Behörden teilen der Registerbehörde die in Absatz 2 genannten Entscheidungen und Tatsachen mit. [2]Stellen sie fest, dass die mitgeteilten Daten unrichtig sind, haben sie der Registerbehörde dies und, soweit und sobald sie bekannt sind, die richtigen Daten unverzüglich anzugeben. [3]Stellt die Registerbehörde eine Unrichtigkeit fest, hat sie die richtigen Daten der mitteilenden Stelle zu übermitteln oder die mitteilende Stelle zu ersuchen, die richtigen Daten mitzuteilen. [4]In beiden Fällen hat die Registerbehörde die unrichtige Eintragung zu berichtigen. [5]Die mitteilende Stelle sowie Stellen, denen nachweisbar eine unrichtige Auskunft erteilt worden ist, sind hiervon zu unterrichten, sofern es sich nicht um eine offenbare Unrichtigkeit handelt. [6]Die Unterrichtung der mitteilenden Stelle unterbleibt, wenn seit Eingang der Mitteilung nach Satz 1 mehr als fünf Jahre verstrichen sind. [7]Die Frist verlängert sich bei Verurteilung zu Freiheitsstrafe um deren Dauer.
(4) [1]Legt die betroffene Person schlüssig dar, dass eine Eintragung unrichtig ist, hat die Registerbehörde die Eintragung mit einem Sperrvermerk zu versehen, solange sich weder die Richtigkeit noch die Un-

richtigkeit der Eintragung feststellen lassen. [2]Die Daten dürfen außer zur Prüfung der Richtigkeit und außer zur Auskunftserteilung in den Fällen des § 150a Absatz 2 Nummer 1 und 2 ohne Einwilligung der betroffenen Person nicht verarbeitet oder genutzt werden. [3]In der Auskunft nach Satz 2 ist auf den Sperrvermerk hinzuweisen. [4]Im Übrigen wird nur auf den Sperrvermerk hingewiesen.

§ 150 Auskunft auf Antrag der betroffenen Person

(1) [1]Auf Antrag erteilt die Registerbehörde einer Person Auskunft über den sie betreffenden Inhalt des Registers. [2]Das Auskunftsrecht nach Artikel 15 der Verordnung (EU) 2016/679 wird dadurch gewährleistet, dass die Registerbehörde der betroffenen Person einen formlosen kostenfreien Auszug über den sie betreffenden Inhalt des Registers übergibt.

(2) [1]Wohnt der Antragsteller innerhalb des Geltungsbereichs dieses Gesetzes, ist der Antrag bei der nach § 155 Absatz 2 zuständigen Behörde zu stellen; sofern der Antragsteller nicht persönlich erscheint, ist eine schriftliche Antragstellung mit amtlich oder öffentlich beglaubigter Unterschrift des Antragstellers zulässig. [2]Der Antragsteller hat seine Identität und, wenn er als gesetzlicher Vertreter handelt, seine Vertretungsmacht nachzuweisen; er kann sich bei der Antragstellung nicht durch einen Bevollmächtigten vertreten lassen. [3]Die Behörde nimmt die Gebühr für die Auskunft entgegen, behält davon drei Achtel ein und führt den Restbetrag an die Bundeskasse ab.

(3) [1]Wohnt der Antragsteller außerhalb des Geltungsbereichs dieses Gesetzes, so kann er den Antrag unmittelbar bei der Registerbehörde stellen. [2]Absatz 2 Satz 2 gilt entsprechend.

(4) Die Übersendung der Auskunft an eine andere Person als die betroffene Person ist nicht zulässig.

(5) [1]Für die Vorbereitung der Entscheidung über einen Antrag auf Zulassung zu einem Gewerbe oder einer sonstigen wirtschaftlichen Unternehmung, auf öffentliche Bestellung und Vereidigung nach § 36, auf Erteilung eines Befähigungsscheins nach § 20 des Sprengstoffgesetzes oder zur Überprüfung der Zuverlässigkeit nach § 38 Abs. 1 kann die Auskunft auch zur Vorlage bei einer Behörde beantragt werden. [2]Wird die Auskunft zur Vorlage bei einer Behörde beantragt, ist sie der Behörde unmittelbar zu übersenden.

§ 150a Auskunft an Behörden oder öffentliche Auftraggeber

(1) [1]Auskünfte aus dem Register werden für
1. die Verfolgung wegen einer
 a) in § 148 Nr. 1,
 b) in § 404 Abs. 1, 2 Nr. 3 des Dritten Buches Sozialgesetzbuch, in § 8 Abs. 1 des Schwarzarbeitsbekämpfungsgesetzes, § 21 Absatz 1 und 2 des Mindestlohngesetzes,[1)] in § 23 Abs. 1 und 2 des Arbeitnehmer-Entsendegesetzes und in § 16 Abs. 1 bis 2 des Arbeitnehmerüberlassungsgesetzes
 bezeichneten Ordnungswidrigkeit,
2. die Vorbereitung
 a) der Entscheidung über die in § 149 Absatz 2 Satz 1 Nr. 1 Buchstabe a und c bezeichneten Anträge,
 b) der übrigen in § 149 Absatz 2 Satz 1 Nr. 1 Buchstabe a bis e bezeichneten Entscheidungen,
 c) von Verwaltungsentscheidungen auf Grund des Straßenverkehrsgesetzes, des Fahrlehrergesetzes, des Fahrpersonalgesetzes, des Binnenschiffahrtsaufgabengesetzes oder der auf Grund dieser Gesetze erlassenen Rechtsvorschriften über Eintragungen, die das Personenbeförderungsgesetz oder das Güterkraftverkehrsgesetz betreffen,
3. die Vorbereitung von Rechtsvorschriften und allgemeinen Verwaltungsvorschriften, insoweit nur in anonymisierter Form,
4. die Vorbereitung von vergaberechtlichen Entscheidungen über strafgerichtliche Verurteilungen und Bußgeldentscheidungen nach § 21 Abs. 1 des Schwarzarbeitsbekämpfungsgesetzes, § 21 Absatz 1 und 2 des Mindestlohngesetzes,[1)] § 5 Absatz 1 oder 2 des Arbeitnehmer-Entsendegesetzes in der bis zum 23. April 2009 geltenden Fassung, § 23 Abs. 1 und 2 des Arbeitnehmer-Entsendegesetzes,[,2)] und § 81 Absatz 1 bis 3 des Gesetzes gegen Wettbewerbsbeschränkungen,

erteilt. [2]Auskunftsberechtigt sind die Behörden und öffentlichen Auftraggeber im Sinne des § 99 des Gesetzes gegen Wettbewerbsbeschränkungen, denen die in Satz 1 bezeichneten Aufgaben obliegen.

(2) Auskünfte aus dem Register werden ferner
1. den Gerichten und Staatsanwaltschaften über die in § 149 Absatz 2 Satz 1 Nr. 1 und 2 bezeichneten Eintragungen für Zwecke der Rechtspflege, zur Verfolgung von Straftaten nach § 148 Nr. 1, nach

1) Komma fehlt in amtlicher Vorlage.
2) Zeichensetzung amtlich.

§ 95 Abs. 1 Nr. 4 des Aufenthaltsgesetzes und § 27 Absatz 2 Nummer 2 des Jugendschutzgesetzes auch über die in § 149 Absatz 2 Satz 1 Nr. 3 bezeichneten Eintragungen,

2. den Kriminaldienst verrichtenden Dienststellen der Polizei für Zwecke der Verhütung und Verfolgung der in § 74c Abs. 1 Nr. 1 bis 6 des Gerichtsverfassungsgesetzes aufgeführten Straftaten über die in § 149 Absatz 2 Satz 1 Nr. 1 und 2 bezeichneten Eintragungen,

3. den zuständigen Behörden für die Aufhebung der in § 149 Absatz 2 Satz 1 Nr. 3 bezeichneten Bußgeldentscheidungen, auch wenn die Geldbuße weniger als 200 Euro beträgt,

4. den nach § 81 Abs. 10 des Gesetzes gegen Wettbewerbsbeschränkungen zuständigen Behörden zur Verfolgung von Ordnungswidrigkeiten nach § 81 Abs. 1 bis 3 des Gesetzes gegen Wettbewerbsbeschränkungen über die in § 149 Abs. 2 Satz 1 Nr. 3 bezeichneten Eintragungen,

5. der Zentralstelle für Finanztransaktionsuntersuchungen zur Erfüllung ihrer Aufgaben nach dem Geldwäschegesetz,

6. den Verfassungsschutzbehörden des Bundes und der Länder, dem Bundesnachrichtendienst und dem Militärischen Abschirmdienst für die diesen Behörden übertragenen Sicherheitsaufgaben nach dem Sicherheitsüberprüfungsgesetz des Bundes

erteilt.

(3) Auskünfte über Bußgeldentscheidungen wegen einer Steuerordnungswidrigkeit dürfen nur in den in Absatz 1 Satz 1 Nr. 1 und 2 genannten Fällen erteilt werden.

(4) Die auskunftsberechtigten Stellen haben den Zweck anzugeben, für den die Auskunft benötigt wird.

(5) Die Auskünfte aus dem Register dürfen nur den mit der Entgegennahme oder Bearbeitung betrauten Bediensteten zur Kenntnis gebracht werden.

(6) Soweit eine Auskunft nach den Absätzen 1 und 2 nur für eingeschränkte Zwecke erteilt wird, darf die auskunftsberechtigte Stelle nicht die Vorlage einer Auskunft nach § 150 Absatz 1 verlangen.

§ 150b Auskunft für die wissenschaftliche Forschung

(1) Die Registerbehörde kann Hochschulen, anderen Einrichtungen, die wissenschaftliche Forschung betreiben, und öffentlichen Stellen Auskunft aus dem Register erteilen, soweit diese für die Durchführung bestimmter wissenschaftlicher Forschungsarbeiten erforderlich ist.

(2) Die Auskunft ist zulässig, soweit das öffentliche Interesse an der Forschungsarbeit das schutzwürdige Interesse der betroffenen Person an dem Ausschluß der Auskunft erheblich überwiegt.

(3) Die Auskunft wird in anonymisierter Form erteilt, wenn der Zweck der Forschungsarbeit unter Verwendung solcher Informationen erreicht werden kann.

(4) [1]Vor Erteilung der Auskunft wird von der Registerbehörde zur Geheimhaltung verpflichtet, wer nicht Amtsträger oder für den öffentlichen Dienst besonders Verpflichteter ist. [2]§ 1 Abs. 2 und 3 des Verpflichtungsgesetzes findet entsprechende Anwendung.

(5) Die Übermittlung für Forschungsarbeiten Dritter im Sinne des Artikels 4 Nummer 10 der Verordnung (EU) 2016/679 richtet sich nach den Absätzen 1 bis 4 und bedarf der Zustimmung der Registerbehörde.

(6) [1]Die Informationen sind gegen unbefugte Kenntnisnahme durch Dritte zu schützen. [2]Die wissenschaftliche Forschung betreibende Stelle hat dafür zu sorgen, daß die Verarbeitung der personenbezogenen Informationen räumlich und organisatorisch getrennt von der Erfüllung solcher Verwaltungsaufgaben oder Geschäftszwecke erfolgt, für die diese Informationen gleichfalls von Bedeutung sein können.

(7) [1]Sobald der Forschungszweck es erlaubt, sind die personenbezogenen Informationen zu anonymisieren. [2]Solange dies noch nicht möglich ist, sind die Merkmale gesondert aufzubewahren, mit denen Einzelangaben über persönliche oder sachliche Verhältnisse einer bestimmten oder bestimmbaren Person zugeordnet werden können. [3]Sie dürfen mit den Einzelangaben nur zusammengeführt werden, soweit der Forschungszweck dies erfordert.

(8) Wer nach den Absätzen 1 bis 3 personenbezogene Informationen erhalten hat, darf diese nur veröffentlichen, wenn dies für die Darstellung von Forschungsergebnissen über Ereignisse der Zeitgeschichte unerläßlich ist.

(9) Ist der Empfänger eine nichtöffentliche Stelle, finden die Vorschriften der Verordnung (EU) 2016/679 auch Anwendung für die nichtautomatisierte Verarbeitung personenbezogener Daten, die nicht in einem Dateisystem gespeichert sind oder gespeichert werden sollen.

§ 150c Auskunft an ausländische sowie über- und zwischenstaatliche Stellen

(1) [1]Ersuchen von Stellen eines anderen Staates sowie von über- und zwischenstaatlichen Stellen um Erteilung einer Auskunft aus dem Register werden nach den hierfür geltenden völkerrechtlichen Verträgen, soweit an ihnen nach Artikel 59 Absatz 2 Satz 1 des Grundgesetzes die gesetzgebenden Körperschaften mitgewirkt haben, von der Registerbehörde ausgeführt und mit Zustimmung des Bundesministeriums der Justiz und für Verbraucherschutz bewilligt. [2]Die Übermittlung personenbezogener Daten muss

im Einklang mit Kapitel V der Verordnung (EU) 2016/679 und den sonstigen allgemeinen datenschutz-rechtlichen Vorschriften stehen.

(2) ¹Ersuchen eines anderen Mitgliedstaates der Europäischen Union um Erteilung einer Auskunft werden von der Registerbehörde ausgeführt und bewilligt. ²Die Auskunft kann, soweit kein völkerrechtlicher Vertrag im Sinne des Absatzes 1 vorliegt, dem ersuchenden Mitgliedstaat für die gleichen Zwecke und in gleichem Umfang wie gegenüber vergleichbaren deutschen Stellen erteilt werden. ³Der ausländische Empfänger ist darauf hinzuweisen, dass er die Auskunft nur zu dem Zweck verwenden darf, für den sie erteilt worden ist. ⁴Die Auskunftserteilung unterbleibt, wenn sie in Widerspruch zur Charta der Grund-rechte der Europäischen Union steht.

(3) ¹Ersuchen eines anderen Mitgliedstaates um Erteilung einer Auskunft aus dem Register für nicht-strafrechtliche Zwecke, deren Art oder Umfang in diesem Gesetz nicht vorgesehen ist, erledigt die Re-gisterbehörde, soweit die Erteilung nach Maßgabe eines Rechtsaktes der Europäischen Union geboten ist, es sei denn, dass eine besondere fachliche Bewertung zur Beschränkung der Auskunft erforderlich ist. ²Ist eine solche Bewertung erforderlich, erhält die für die internationale Amtshilfe zuständige Behörde eine Auskunft aus dem Register. ³Absatz 2 Satz 2 und 3 und § 8e des Verwaltungsverfahrensgesetzes gelten entsprechend.

(4) Die Verantwortung für die Zulässigkeit der Übermittlung trägt die übermittelnde Stelle.

§ 150d Protokollierungen

(1) Die Registerbehörde fertigt zu den von ihr erteilten Auskünften Protokolle, die folgende Daten ent-halten:

1. die Vorschrift des Gesetzes, auf der die Auskunft beruht,
2. die in der Anfrage und der Auskunft verwendeten Daten der betroffenen Person,
3. die Bezeichnung der Stelle, die um Erteilung der Auskunft ersucht hat, sowie die Bezeichnung der empfangenden Stelle,
4. den Zeitpunkt der Auskunftserteilung,
5. den Namen der Person, die die Auskunft erteilt hat,
6. das Aktenzeichen oder den Zweck, wenn keine Auskunft nach § 150 Absatz 1 vorliegt.

(2) ¹Die Protokolldaten dürfen nur zu internen Prüfzwecken, zur Datenschutzkontrolle und zur Auskunft aus Protokolldaten entsprechend Absatz 3 verarbeitet werden. ²Sie sind durch geeignete Vorkehrungen gegen Missbrauch zu schützen. ³Die Protokolldaten sind nach einem Jahr zu löschen, es sei denn, sie werden weiterhin für Zwecke nach Satz 1 benötigt. ⁴Danach sind sie unverzüglich zu löschen.

(3) ¹Soweit sich das Auskunftsrecht der betroffenen Person nach Artikel 15 der Verordnung (EU) 2016/679 auf Auskünfte bezieht, die einer Stelle nach § 150a Absatz 1 Satz 2 oder Absatz 2 erteilt wurden, entscheidet die Registerbehörde über die Beschränkung des Auskunftsrechts nach Maßgabe des Bundes-datenschutzgesetzes im Einvernehmen mit dieser Stelle. ²Für die Antragsberechtigung und das Verfahren gilt § 150 Absatz 2 bis 4 entsprechend.

§ 150e Elektronische Antragstellung

(1) ¹Erfolgt die Antragstellung abweichend von § 150 Absatz 2 oder Absatz 3 elektronisch, ist der Antrag unter Nutzung des im Internet angebotenen Zugangs unmittelbar bei der Registerbehörde zu stellen. ²Der Antragsteller kann sich bei der Antragstellung nicht durch einen Bevollmächtigten vertreten lassen. ³Handelt der Antragsteller als gesetzlicher Vertreter, hat er seine Vertretungsmacht nachzuweisen.

(2) ¹Der elektronische Identitätsnachweis nach § 18 des Personalausweisgesetzes, nach § 12 des eID-Karte-Gesetzes oder nach § 78 Absatz 5 des Aufenthaltsgesetzes ist zu führen. ²Dabei müssen aus dem elektronischen Speicher- und Verarbeitungsmedium des Personalausweises, der eID-Karte oder des elek-tronischen Aufenthaltstitels an die Registerbehörde übermittelt werden:

1. die Daten nach § 18 Absatz 3 Satz 1 des Personalausweisgesetzes, nach § 12 Absatz 3 Satz 2 des eID-Karte-Gesetzes in Verbindung mit § 18 Absatz 3 Satz 1 des Personalausweisgesetzes oder nach § 78 Absatz 5 Satz 2 des Aufenthaltsgesetzes in Verbindung mit § 18 Absatz 3 Satz 1 des Personalaus-weisgesetzes und
2. Familienname, Geburtsname, Vornamen, Geburtsort sowie Geburtsdatum, Staatsangehörigkeit und Anschrift.

³Lässt das elektronische Speicher- und Verarbeitungsmedium die Übermittlung des Geburtsnamens nicht zu, ist der Geburtsname im Antrag anzugeben und nachzuweisen. ⁴Bei der Datenübermittlung ist ein dem jeweiligen Stand der Technik entsprechendes sicheres Verfahren zu verwenden, das die Vertraulichkeit und Integrität des elektronisch übermittelten Datensatzes gewährleistet.

(3) ¹Vorzulegende Nachweise sind gleichzeitig mit dem Antrag elektronisch einzureichen und ihre Echtheit sowie inhaltliche Richtigkeit sind an Eides statt zu versichern. ²Bei vorzulegenden Schriftstücken kann die Registerbehörde im Einzelfall die Vorlage des Originals verlangen.

(4) ¹Die näheren Einzelheiten des elektronischen Verfahrens regelt die Registerbehörde. ²Im Übrigen gilt § 150 entsprechend.

§ 151 Eintragungen in besonderen Fällen

(1) In den Fällen des § 149 Absatz 2 Satz 1 Nr. 1 Buchstabe a und b ist die Eintragung auch bei
1. dem Vertretungsberechtigten einer juristischen Person,
2. der mit der Leitung des Betriebs oder einer Zweigniederlassung beauftragten Person,
die unzuverlässig oder ungeeignet sind, vorzunehmen, in den Fällen des § 149 Absatz 2 Satz 1 Nr. 1 Buchstabe b jedoch nur, sofern der betroffenen Person die Ausübung eines Gewerbes oder die Tätigkeit als Vertretungsberechtigter eines Gewerbetreibenden oder als mit der Leitung eines Gewerbebetriebes beauftragte Person nicht selbst untersagt worden ist.

(2) Wird eine nach § 149 Absatz 2 Satz 1 Nr. 1 eingetragene vollziehbare Entscheidung unanfechtbar, so ist dies in das Register einzutragen.

(3) Sind in einer Bußgeldentscheidung mehrere Geldbußen festgesetzt (§ 20 des Gesetzes über Ordnungswidrigkeiten), von denen nur ein Teil einzutragen ist, so sind lediglich diese einzutragen.

(4) In das Register ist der rechtskräftige Beschluß einzutragen, durch den das Gericht hinsichtlich einer eingetragenen Bußgeldentscheidung die Wiederaufnahme des Verfahrens anordnet (§ 85 Abs. 1 des Gesetzes über Ordnungswidrigkeiten).

(5) ¹Wird durch die endgültige Entscheidung in dem Wiederaufnahmeverfahren die frühere Entscheidung aufrechterhalten, so ist dies in das Register einzutragen. ²Andernfalls wird die Eintragung nach Absatz 4 aus dem Register entfernt. ³Enthält die neue Entscheidung einen einzutragenden Inhalt, so ist dies mitzuteilen.

§ 152 Entfernung von Eintragungen

(1) Wird eine nach § 149 Absatz 2 Satz 1 Nr. 1 eingetragene Entscheidung aufgehoben oder eine solche Entscheidung oder ein nach § 149 Absatz 2 Satz 1 Nr. 2 eingetragener Verzicht durch eine spätere Entscheidung gegenstandslos, so wird die Entscheidung oder der Verzicht aus dem Register entfernt.

(2) Ebenso wird verfahren, wenn die Behörde eine befristete Entscheidung erlassen hat oder in der Mitteilung an das Register bestimmt hat, daß die Entscheidung nur für eine bestimmte Frist eingetragen werden soll, und diese Frist abgelaufen ist.

(3) Das gleiche gilt, wenn die Vollziehbarkeit einer nach § 149 Absatz 2 Satz 1 Nr. 1 eingetragenen Entscheidung auf Grund behördlicher oder gerichtlicher Entscheidung entfällt.

(4) Eintragungen, die eine über 80 Jahre alte Person betreffen, werden aus dem Register entfernt.

(5) Wird ein Bußgeldbescheid in einem Strafverfahren aufgehoben (§ 86 Abs. 1, § 102 Abs. 2 des Gesetzes über Ordnungswidrigkeiten), so wird die Eintragung aus dem Register entfernt.

(6) ¹Eintragungen über Personen, deren Tod der Registerbehörde amtlich mitgeteilt worden ist, werden ein Jahr nach dem Eingang der Mitteilung aus dem Register entfernt. ²Während dieser Zeit darf über die Eintragungen keine Auskunft erteilt werden.

(7) ¹Eintragungen über juristische Personen und Personenvereinigungen nach § 149 Absatz 2 Satz 1 Nr. 1 und 2 werden nach Ablauf von zwanzig Jahren seit dem Tag der Eintragung aus dem Register entfernt. ²Enthält das Register mehrere Eintragungen, so ist die Entfernung einer Eintragung erst zulässig, wenn für alle Eintragungen die Voraussetzungen der Entfernung vorliegen.

§ 153 Tilgung von Eintragungen

(1) Die Eintragungen nach § 149 Absatz 2 Satz 1 Nr. 3 sind nach Ablauf einer Frist
1. von drei Jahren, wenn die Höhe der Geldbuße nicht mehr als 300 Euro beträgt,
2. von fünf Jahren in den übrigen Fällen
zu tilgen.

(2) ¹Eintragungen nach § 149 Absatz 2 Satz 1 Nr. 4 sind nach Ablauf einer Frist von fünf Jahren zu tilgen. ²Ohne Rücksicht auf den Lauf der Frist nach Satz 1 wird eine Eintragung getilgt, wenn die Eintragung im Zentralregister getilgt ist.

(3) ¹Der Lauf der Frist beginnt bei Eintragungen nach Absatz 1 mit der Rechtskraft der Entscheidung, bei Eintragungen nach Absatz 2 mit dem Tag des ersten Urteils. ²Dieser Zeitpunkt bleibt auch maßgebend, wenn eine Entscheidung im Wiederaufnahmeverfahren rechtskräftig abgeändert worden ist.

(4) Enthält das Register mehrere Eintragungen, so ist die Tilgung einer Eintragung erst zulässig, wenn bei allen Eintragungen die Frist des Absatzes 1 oder 2 abgelaufen ist.

(5) ¹Eine zu tilgende Eintragung wird ein Jahr nach Eintritt der Voraussetzungen für die Tilgung aus dem Register entfernt. ²Während dieser Zeit darf über die Eintragung keine Auskunft erteilt werden.

(6) ¹Ist die Eintragung im Register getilgt worden oder ist sie zu tilgen, so dürfen die Ordnungswidrigkeit und die Bußgeldentscheidung nicht mehr zum Nachteil der betroffenen Person verwertet werden. ²Dies gilt nicht, wenn die betroffene Person die Zulassung zu einem Gewerbe oder einer sonstigen wirtschaftlichen Unternehmung beantragt, falls die Zulassung sonst zu einer erheblichen Gefährdung der Allgemeinheit führen würde, oder die betroffene Person die Aufhebung einer die Ausübung des Gewerbes oder einer sonstigen wirtschaftlichen Unternehmung untersagenden Entscheidung beantragt. ³Hinsichtlich einer getilgten oder zu tilgenden strafgerichtlichen Verurteilung gelten die §§ 51 und 52 des Bundeszentralregistergesetzes.

(7) Absatz 6 ist entsprechend anzuwenden auf rechtskräftige Bußgeldentscheidungen wegen Ordnungswidrigkeiten im Sinne des § 149 Absatz 2 Satz 1 Nr. 3, bei denen die Geldbuße nicht mehr als 200 Euro beträgt, sofern seit dem Eintritt der Rechtskraft der Entscheidung mindestens drei Jahre vergangen sind.

§ 153a Mitteilungen zum Gewerbezentralregister

(1) ¹Die Behörden und die Gerichte teilen dem Gewerbezentralregister die einzutragenden Entscheidungen, Feststellungen und Tatsachen mit. ²§ 30 der Abgabenordnung steht den Mitteilungen von Entscheidungen im Sinne des § 149 Absatz 2 Satz 1 Nr. 3 nicht entgegen.

(2) Erhält die Registerbehörde eine Mitteilung über die Änderung des Namens einer Person, über die das Register eine Eintragung enthält, so ist der neue Name bei der Eintragung zu vermerken.

§ 153b Verwaltungsvorschriften

¹Die näheren Bestimmungen über den Aufbau des Registers trifft das Bundesministerium der Justiz und für Verbraucherschutz im Einvernehmen mit dem Bundesministerium für Wirtschaft und Energie. ²Soweit die Bestimmungen die Erfassung und Aufbereitung der Daten sowie die Auskunftserteilung betreffen, werden sie von der Bundesregierung mit Zustimmung des Bundesrates getroffen.

Schlußbestimmungen

§§ 154, 154a *[aufgehoben]*

§ 155 Landesrecht, Zuständigkeiten

(1) Wo in diesem Gesetz auf die Landesgesetze verwiesen ist, sind unter den letzteren auch die verfassungs- oder gesetzmäßig erlassenen Rechtsverordnungen zu verstehen.

(2) Die Landesregierungen oder die von ihnen bestimmten Stellen bestimmen die für die Ausführung dieses Gesetzes und der nach diesem Gesetz ergangenen Rechtsverordnungen zuständigen Behörden, soweit in diesem Gesetz nichts anderes bestimmt ist.

(3) Die Landesregierungen werden ermächtigt, ihre Befugnis zum Erlaß von Rechtsverordnungen auf oberste Landesbehörden und auf andere Behörden zu übertragen und dabei zu bestimmen, daß diese ihre Befugnis durch Rechtsverordnung auf nachgeordnete oder ihrer Aufsicht unterstehende Behörden weiter übertragen können.

(4) (weggefallen)

(5) Die Senate der Länder Berlin, Bremen und Hamburg werden ermächtigt, zuständige öffentliche Stellen oder zuständige Behörden von mehreren Verwaltungseinheiten für Zwecke der Datenverarbeitung als einheitliche Stelle oder Behörde zu bestimmen.

§ 155a Versagung der Auskunft zu Zwecken des Zeugenschutzes

Für die Versagung der Auskunft zu Zwecken des Zeugenschutzes gilt § 44a des Bundeszentralregistergesetzes entsprechend.

§ 156 Übergangsregelungen zu den §§ 34d und 34e

(1) ¹Eine vor dem 23. Februar 2018 erteilte Erlaubnis als Versicherungsberater nach § 34e Absatz 1 Satz 1 in der bis zum Ablauf des 22. Februar 2018 geltenden Fassung gilt als Erlaubnis als Versicherungsberater nach § 34d Absatz 2 Satz 1. ²Die Bezeichnung der Erlaubnis im Register nach § 34d Absatz 10 Satz 1 in Verbindung mit § 11a Absatz 1 Satz 1 wird von der Registerbehörde aktualisiert.

(2) ¹Wird die Erlaubnis nach § 34d Absatz 2 Satz 1 unter Vorlage der Erlaubnisurkunde nach § 34d Absatz 1 Satz 1 in der bis zum Ablauf des 22. Februar 2018 geltenden Fassung beantragt, so erfolgt keine Prüfung der Zuverlässigkeit, der Vermögensverhältnisse und der Sachkunde. ²Die Erlaubnis nach § 34d Absatz 1 Satz 1 in der bis zum Ablauf des 22. Februar 2018 geltenden Fassung erlischt mit Erteilung der Erlaubnis nach Satz 1.

(3) Versicherungsberater nach § 34d Absatz 2 Satz 1 dürfen abweichend von § 34d Absatz 2 Satz 4 Zuwendungen eines Versicherungsunternehmens auf Grund einer Vermittlung annehmen, die bis zur Erteilung der Erlaubnis nach § 34d Absatz 2 Satz 1 erfolgt ist.

§ 157 Übergangsregelungen zu den §§ 34c und 34f

(1) Für einen Gewerbetreibenden, der am 1. November 2007 eine Erlaubnis für die Vermittlung des Abschlusses von Verträgen im Sinne des § 34c Absatz 1 Satz 1 Nummer 1 Buchstabe b in der bis zum 31. Oktober 2007 geltenden Fassung hat, gilt die Erlaubnis für die Anlageberatung im Sinne des § 34c Abs. 1 Satz 1 Nr. 3 in der ab dem 1. November 2007 geltenden Fassung als zu diesem Zeitpunkt erteilt.
(2) ¹Gewerbetreibende, die am 1. Januar 2013 eine Erlaubnis für die Vermittlung des Abschlusses von Verträgen im Sinne des § 34c Absatz 1 Satz 1 Nummer 2 oder für die Anlageberatung nach § 34c Absatz 1 Satz 1 Nummer 3 haben und diese Tätigkeit nach dem 1. Januar 2013 weiterhin ausüben wollen, sind verpflichtet, bis zum 1. Juli 2013 eine Erlaubnis als Finanzanlagenvermittler nach § 34f Absatz 1 zu beantragen und sich selbst sowie die nach § 34f Absatz 6 einzutragenden Personen nach Erteilung der Erlaubnis gemäß § 34f Absatz 5 registrieren zu lassen. ²Die für die Erlaubniserteilung zuständige Stelle übermittelt dazu die erforderlichen Informationen an die Registerbehörde. ³Wird die Erlaubnis unter Vorlage der bisherigen Erlaubnisurkunde gemäß § 34c Absatz 1 Satz 1 Nummer 2 oder Nummer 3 beantragt, so erfolgt keine Prüfung der Zuverlässigkeit und der Vermögensverhältnisse nach § 34f Absatz 2 Nummer 1 und 2. ⁴Für den Nachweis der nach § 34f Absatz 2 Nummer 4 erforderlichen Sachkunde gilt Absatz 3. ⁵Die Erlaubnis nach § 34c Absatz 1 Satz 1 Nummer 2 oder Nummer 3 erlischt mit der bestandskräftigen Entscheidung über den Erlaubnisantrag nach § 34f Absatz 1 Satz 1, spätestens aber mit Ablauf der in Satz 1 genannten Frist. ⁶Bis zu diesem Zeitpunkt gilt die Erlaubnis nach § 34c Absatz 1 Satz 1 Nummer 2 und Nummer 3 als Erlaubnis nach § 34f Absatz 1 Satz 1.
(3) ¹Gewerbetreibende im Sinne des Absatzes 2 sind verpflichtet, bis zum 1. Januar 2015 einen Sachkundenachweis nach § 34f Absatz 2 Nummer 4 gegenüber der zuständigen Behörde zu erbringen. ²Die Erlaubnis nach § 34f Absatz 1 Satz 1 erlischt, wenn der erforderliche Sachkundenachweis nach § 34f Absatz 2 Nummer 4 nicht bis zum Ablauf dieser Frist erbracht wird. ³Beschäftigte im Sinne des § 34f Absatz 4 sind verpflichtet, bis zum 1. Januar 2015 einen Sachkundenachweis nach § 34f Absatz 2 Nummer 4 zu erwerben. ⁴Personen, die seit dem 1. Januar 2006 ununterbrochen unselbstständig oder selbstständig als Anlagevermittler oder Anlageberater gemäß § 34c Absatz 1 Satz 1 Nummer 2 oder Nummer 3 in der bis zum 31. Dezember 2012 geltenden Fassung tätig waren, bedürfen keiner Sachkundeprüfung für die Produktkategorien der Erlaubnis nach § 34f Absatz 1, die bis zum 1. Januar 2015 beantragt wurde. ⁵Selbstständig tätige Anlagevermittler oder Anlageberater haben die ununterbrochene Tätigkeit durch Vorlage der erteilten Erlaubnis und die lückenlose Vorlage der Prüfungsberichte nach § 16 Absatz 1 Satz 1 der Makler- und Bauträgerverordnung in der am 31. Dezember 2012 geltenden Fassung nachzuweisen.
(4) ¹Für einen Gewerbetreibenden, der am 21. Juli 2013 eine Erlaubnis für die Anlageberatung oder die Vermittlung des Abschlusses von Verträgen gemäß § 34f Absatz 1 Satz 1 Nummer 1, 2 oder Nummer 3 in der bis zum 21. Juli 2013 geltenden Fassung hat, gilt die Erlaubnis für die Anlageberatung oder die Vermittlung des Abschlusses von Verträgen gemäß § 34f Absatz 1 Satz 1 in der ab dem 22. Juli 2013 geltenden Fassung als zu diesem Zeitpunkt erteilt. ²Für einen Gewerbetreibenden, der am 18. Juli 2014 eine Erlaubnis für die Anlageberatung oder die Vermittlung des Abschlusses von Verträgen gemäß § 34f Absatz 1 Satz 1 in der bis zum 19. Juli 2014 geltenden Fassung hat, gilt die Erlaubnis als für die Anlageberatung oder Anlagevermittlung gemäß § 34f Absatz 1 Satz 1 als zu diesem Zeitpunkt erteilt. ³Die Absätze 2 und 3 bleiben unberührt. ⁴Die Bezeichnungen der Erlaubnisse im Register nach § 34f Absatz 5 in Verbindung mit § 11a Absatz 1 werden von Amts wegen aktualisiert.
(5) ¹Gewerbetreibende, die am 10. Juli 2015 eine Erlaubnis nach § 34c Absatz 1 Satz 1 Nummer 2 für die Vermittlung von Darlehensverträgen oder die Gelegenheit zum Nachweis solcher Verträge haben und damit partiarische Darlehen oder Nachrangdarlehen vermitteln und die diese Tätigkeit nach dem 10. Juli 2015 weiterhin ausüben wollen, sind verpflichtet, bis zum 1. Januar 2016 eine Erlaubnis als Finanzanlagenvermittler nach § 34f Absatz 1 Satz 1 Nummer 3 zu beantragen und sich selbst sowie die nach § 34f Absatz 6 Satz 1 einzutragenden Personen nach Erteilung der Erlaubnis nach § 34f Absatz 5 und 6 registrieren zu lassen. ²Die für die Erlaubniserteilung zuständige Stelle übermittelt dazu die erforderlichen Informationen an die Registerbehörde. ³Wird die Erlaubnis unter Vorlage der bisherigen Erlaubnisurkunde nach § 34c Absatz 1 Satz 1 Nummer 2 beantragt, erfolgt keine Prüfung der Zuverlässigkeit und der Vermögensverhältnisse nach § 34f Absatz 2 Nummer 1 und 2. ⁴Die Erlaubnis ist auf die Vermittlung von partiarischen Darlehen und Nachrangdarlehen beschränkt. ⁵Für den Nachweis der nach § 34f Absatz 2 Nummer 4 erforderlichen Sachkunde ist Absatz 6 anzuwenden. ⁶Die Erlaubnis nach § 34c Absatz 1 Satz 1 Nummer 2 erlischt hinsichtlich der Vermittlung von partiarischen Darlehen oder Nachrangdarlehen mit

der bestandskräftigen Entscheidung über den Erlaubnisantrag nach § 34f Absatz 1 Satz 1 Nummer 3, spätestens aber mit Ablauf der in Satz 1 genannten Frist. [7]Bis zu diesem Zeitpunkt gilt die Erlaubnis nach § 34c Absatz 1 Satz 1 Nummer 2 als Erlaubnis nach § 34f Absatz 1 Satz 1 Nummer 3 für die Vermittlung partiarischer Darlehen und Nachrangdarlehen.

(6) [1]Gewerbetreibende im Sinne des Absatzes 5 sind verpflichtet, bis zum 1. Juli 2016 einen Sachkundenachweis nach § 34f Absatz 2 Nummer 4 gegenüber der zuständigen Behörde zu erbringen. [2]Die nach Absatz 5 erteilte Erlaubnis erlischt, wenn der erforderliche Sachkundenachweis nicht bis zum Ablauf dieser Frist erbracht wird. [3]Nach Erbringung des Sachkundenachweises ist dem Erlaubnisinhaber eine unbeschränkte Erlaubnis nach § 34f Absatz 1 Satz 1 Nummer 3 zu erteilen. [4]Beschäftigte dieses Erlaubnisinhabers im Sinne des § 34f Absatz 4 Satz 1 sind verpflichtet, bis zum 1. Juli 2016 einen Sachkundenachweis nach § 34f Absatz 2 Nummer 4 zu erwerben.

(7) Gewerbetreibende, die zu Vermögensanlagen im Sinne des § 1 Absatz 2 Nummer 7 des Vermögensanlagengesetzes Anlagevermittlung im Sinne des § 1 Absatz 1a Nummer 1 des Kreditwesengesetzes oder Anlageberatung im Sinne des § 1 Absatz 1a Nummer 1a des Kreditwesengesetzes erbringen wollen, bedürfen bis zum 15. Oktober 2015 keiner Erlaubnis nach § 34f Absatz 1 Satz 1 Nummer 3.

§ 158 Übergangsregelung zu § 14
Bis zum Inkrafttreten der in § 14 Absatz 14 genannten Rechtsverordnung sind die §§ 14, 55c Satz 2, § 146 Absatz 2 Nummer 2 sowie die Anlagen 1 bis 3 (zu § 14 Absatz 4) in der bis zum 14. Juli 2011 gültigen Fassung anzuwenden.

§ 159 Übergangsregelung zu § 34a
(1) Bis zum Ablauf des 31. Mai 2019 ist § 34a Absatz 1 bis 5 in der am 31. Dezember 2018 geltenden Fassung anzuwenden.

(2) Gewerbetreibende sind verpflichtet, bis zum Ablauf des 30. Juni 2019 die in § 11b Absatz 2 Nummer 1, 10 und 11 aufgeführten Daten zu den mit der Leitung des Betriebes oder einer Zweigniederlassung beauftragten Personen und zu den in § 11b Absatz 2 Nummer 3, 10 und 11 aufgeführten Daten zu Wachpersonen der für den Vollzug des § 34a zuständigen Behörde über das Bewacherregister mitzuteilen.

(3) Zur Überprüfung der Zuverlässigkeit von Wachpersonen, die ab dem 1. Juni 2019 mit Aufgaben nach § 34a Absatz 1a Satz 5 beauftragt sind oder werden sollen, fragt die zuständige Behörde bis zum Ablauf des 30. September 2019 eine Stellungnahme nach § 34a Absatz 1a Satz 5 in Verbindung mit Absatz 1 Satz 5 Nummer 4 ab.

§ 160 Übergangsregelungen zu den §§ 34c und 34i
(1) Gewerbetreibende, die am 21. März 2016 eine Erlaubnis nach § 34c Absatz 1 Satz 1 haben, welche zur Vermittlung des Abschlusses von Darlehensverträgen berechtigt, und die Verträge über Immobiliardarlehen im Sinne des § 34i Absatz 1 weiterhin vermitteln wollen, müssen bis zum 21. März 2017 eine Erlaubnis als Immobiliardarlehensvermittler nach § 34i Absatz 1 erworben haben und sich selbst sowie die nach § 34i Absatz 8 Nummer 2 einzutragenden Personen registrieren lassen.

(2) Wird die Erlaubnis unter Vorlage der bisherigen Erlaubnisurkunde beantragt, so erfolgt keine Prüfung der Zuverlässigkeit und der Vermögensverhältnisse nach § 34i Absatz 2 Nummer 1 und 2.

(3) Personen, die seit dem 21. März 2011 ununterbrochen unselbständig oder selbständig eine Tätigkeit im Sinne des § 34i Absatz 1 Satz 1 ausüben, bedürfen keiner Sachkundeprüfung nach § 34i Absatz 2 Nummer 4, wenn sie bei Beantragung der Erlaubnis nach § 34i Absatz 1 die ununterbrochene Tätigkeit nachweisen können.

(4) [1]Die Erlaubnisse nach § 34c Absatz 1 Satz 1, die zur Vermittlung des Abschlusses von Darlehensverträgen berechtigen, erlöschen für die Vermittlung von Verträgen im Sinne des § 34i Absatz 1 Satz 1 mit der Erteilung der Erlaubnis nach § 34i Absatz 1 Satz 1, spätestens aber zum 21. März 2017. [2]Bis zu diesem Zeitpunkt gelten diese Erlaubnisse als Erlaubnis nach § 34i Absatz 1 Satz 1.

(5) [1]Beschäftigte im Sinne des § 34i Absatz 6 sind verpflichtet, bis zum 21. März 2017 einen Sachkundenachweis nach § 34i Absatz 2 Nummer 4 zu erwerben. [2]Absatz 3 ist entsprechend anzuwenden.

(6) Bis zur Erteilung der Erlaubnis nach § 34i Absatz 1 findet das Verfahren des § 11a Absatz 4 auf Gewerbetreibende im Sinne des Absatzes 1 keine Anwendung.

§ 161 Übergangsregelung zu § 34c Absatz 1 Satz 1 Nummer 4
Gewerbetreibende, die vor dem 1. August 2018 Wohnimmobilien verwaltet haben und diese Tätigkeit nach dem 1. August 2018 weiterhin ausüben wollen, sind verpflichtet, bis zum 1. März 2019 eine Erlaubnis nach § 34c Absatz 1 Satz 1 Nummer 4 zu beantragen.

Anlagen 1 bis 3
[aufgehoben]

Gesetz zur Ordnung des Handwerks (Handwerksordnung)

In der Fassung der Bekanntmachung vom 24. September 1998[1]) (BGBl. I S. 3074, ber. 2006 I S. 2095) (FNA 7110-1)

zuletzt geändert durch Art. 6 G zur Umsetzung der VerhältnismäßigkeitsRL (RL (EU) 2018/958) im Bereich öffentlich-rechtl. Körperschaften[2]) vom 19. Juni 2020 (BGBl. I S. 1403)

Nichtamtliche Inhaltsübersicht

1) Neubekanntmachung der HandwerksO idF der Bek. v. 28.12.1965 (BGBl. 1966 I S. 1) in der ab 1.4.1998 geltenden Fassung.

2) **Amtl. Anm.:** Dieses Gesetz dient der Umsetzung der Richtlinie (EU) 2018/958 des Europäischen Parlaments und des Rates vom 28. Juni 2018 über eine Verhältnismäßigkeitsprüfung vor Erlass neuer Berufsreglementierungen (ABl. L 173 vom 9.7.2018, S. 25).

Erster Teil
Ausübung eines Handwerks und eines handwerksähnlichen Gewerbes

Erster Abschnitt
Berechtigung zum selbständigen Betrieb eines zulassungspflichtigen Handwerks

§ 1 [Handwerksbetrieb; Eintragung in die Handwerksrolle]

(1) [1]Der selbständige Betrieb eines zulassungspflichtigen Handwerks als stehendes Gewerbe ist nur den in der Handwerksrolle eingetragenen natürlichen und juristischen Personen und Personengesellschaften gestattet. [2]Personengesellschaften im Sinne dieses Gesetzes sind Personenhandelsgesellschaften und Gesellschaften des bürgerlichen Rechts.

(2) [1]Ein Gewerbebetrieb ist ein Betrieb eines zulassungspflichtigen Handwerks, wenn er handwerksmäßig betrieben wird und ein Gewerbe vollständig umfaßt, das in der Anlage A aufgeführt ist, oder Tätigkeiten ausgeübt werden, die für dieses Gewerbe wesentlich sind (wesentliche Tätigkeiten). [2]Keine wesentlichen Tätigkeiten sind insbesondere solche, die

1. in einem Zeitraum von bis zu drei Monaten erlernt werden können,
2. zwar eine längere Anlernzeit verlangen, aber für das Gesamtbild des betreffenden zulassungspflichtigen Handwerks nebensächlich sind und deswegen nicht die Fertigkeiten und Kenntnisse erfordern, auf die die Ausbildung in diesem Handwerk hauptsächlich ausgerichtet ist, oder
3. nicht aus einem zulassungspflichtigen Handwerk entstanden sind.

[3]Die Ausübung mehrerer Tätigkeiten im Sinne des Satzes 2 Nr. 1 und 2 ist zulässig, es sei denn, die Gesamtbetrachtung ergibt, dass sie für ein bestimmtes zulassungspflichtiges Handwerk wesentlich sind.

(3) Das Bundesministerium für Wirtschaft und Energie wird ermächtigt, durch Rechtsverordnung mit Zustimmung des Bundesrates die Anlage A zu diesem Gesetz dadurch zu ändern, daß es darin aufgeführte Gewerbe streicht, ganz oder teilweise zusammenfaßt oder trennt oder Bezeichnungen für sie festsetzt, soweit es die technische und wirtschaftliche Entwicklung erfordert.

§ 2 [Anwendung des Gesetzes auf öffentlich-rechtliche Unternehmen und Nebenbetriebe]

Die Vorschriften dieses Gesetzes für den selbständigen Betrieb eines zulassungspflichtigen Handwerks gelten auch

1. für gewerbliche Betriebe des Bundes, der Länder, der Gemeinden und der sonstigen juristischen Personen des öffentlichen Rechts, in denen Waren zum Absatz an Dritte handwerksmäßig hergestellt oder Leistungen für Dritte handwerksmäßig bewirkt werden,
2. für handwerkliche Nebenbetriebe, die mit einem Versorgungs- oder sonstigen Betrieb der in Nummer 1 bezeichneten öffentlich-rechtlichen Stellen verbunden sind,
3. für handwerkliche Nebenbetriebe, die mit einem Unternehmen eines zulassungspflichtigen Handwerks, der Industrie, des Handels, der Landwirtschaft oder sonstiger Wirtschafts- und Berufszweige verbunden sind.

§ 3 [Nebenbetrieb; Hilfsbetrieb]

(1) Ein handwerklicher Nebenbetrieb im Sinne des § 2 Nr. 2 und 3 liegt vor, wenn in ihm Waren zum Absatz an Dritte handwerksmäßig hergestellt oder Leistungen für Dritte handwerksmäßig bewirkt werden, es sei denn, daß eine solche Tätigkeit nur in unerheblichem Umfang ausgeübt wird, oder daß es sich um einen Hilfsbetrieb handelt.

(2) Eine Tätigkeit im Sinne des Absatzes 1 ist unerheblich, wenn sie während eines Jahres die durchschnittliche Arbeitszeit eines ohne Hilfskräfte Vollzeit arbeitenden Betriebs des betreffenden Handwerkszweigs nicht übersteigt.

(3) Hilfsbetriebe im Sinne des Absatzes 1 sind unselbständige, der wirtschaftlichen Zweckbestimmung des Hauptbetriebs dienende Betriebe eines zulassungspflichtigen Handwerks, wenn sie

1. Arbeiten für den Hauptbetrieb oder für andere dem Inhaber des Hauptbetriebs ganz oder überwiegend gehörende Betriebe ausführen oder
2. Leistungen an Dritte bewirken, die
 a) als handwerkliche Arbeiten untergeordneter Art zur gebrauchsfertigen Überlassung üblich sind oder
 b) in unentgeltlichen Pflege-, Installations-, Instandhaltungs- oder Instandsetzungsarbeiten bestehen oder
 c) in entgeltlichen Pflege-, Installations-, Instandhaltungs- oder Instandsetzungsarbeiten an solchen Gegenständen bestehen, die in einem Hauptbetrieb selbst hergestellt worden sind oder für die der Hauptbetrieb als Hersteller im Sinne des Produkthaftungsgesetzes gilt.

§ 4 [Fortführung des Betriebes nach dem Tode des Inhabers oder dem Ausscheiden des Betriebsleiters]

(1) [1]Nach dem Tod des Inhabers eines Betriebs dürfen der Ehegatte, der Lebenspartner, der Erbe, der Testamentsvollstrecker, Nachlassverwalter, Nachlassinsolvenzverwalter oder Nachlasspfleger den Betrieb fortführen, ohne die Voraussetzungen für die Eintragung in die Handwerksrolle zu erfüllen. [2]Sie haben dafür Sorge zu tragen, dass unverzüglich ein Betriebsleiter (§ 7 Abs. 1) bestellt wird. [3]Die Handwerkskammer kann in Härtefällen eine angemessene Frist setzen, wenn eine ordnungsgemäße Führung des Betriebs gewährleistet ist.

(2) Nach dem Ausscheiden des Betriebsleiters haben der in die Handwerksrolle eingetragene Inhaber eines Betriebs eines zulassungspflichtigen Handwerks oder sein Rechtsnachfolger oder sonstige verfügungsberechtigte Nachfolger unverzüglich für die Einsetzung eines anderen Betriebsleiters zu sorgen.

§ 5 [Arbeiten in anderen Handwerken]

Wer ein Handwerk nach § 1 Abs. 1 betreibt, kann hierbei auch Arbeiten in anderen Handwerken nach § 1 Abs. 1 ausführen, wenn sie mit dem Leistungsangebot seines Gewerbes technisch oder fachlich zusammenhängen oder es wirtschaftlich ergänzen.

§ 5a [Datenübermittlung]

(1) [1]Öffentliche Stellen, die in Verfahren auf Grund dieses Gesetzes zu beteiligen sind, werden über das Ergebnis unterrichtet, soweit dies zur Erfüllung ihrer Aufgaben erforderlich ist. [2]Der Empfänger darf die übermittelten Daten nur für den Zweck verarbeiten, für dessen Erfüllung sie ihm übermittelt worden sind.
(2) [1]Handwerkskammern unterrichten sich, soweit dieses Gesetz keine besonderen Vorschriften enthält, gegenseitig, auch durch Übermittlung personenbezogener Daten, und durch Abruf im automatisierten Verfahren, soweit dies zur Feststellung erforderlich ist, ob der Betriebsleiter die Voraussetzungen für die Eintragung in die Handwerksrolle erfüllt und ob er seine Aufgaben ordnungsgemäß wahrnimmt. [2]Das Bundesministerium für Wirtschaft und Energie wird ermächtigt, durch Rechtsverordnung[1]) mit Zustimmung des Bundesrates Einzelheiten eines Abrufs im automatisierten Verfahren zu regeln.

§ 5b Verfahren über eine einheitliche Stelle

Verwaltungsverfahren nach diesem Gesetz oder nach einer auf Grund dieses Gesetzes erlassenen Rechtsverordnung können über eine einheitliche Stelle abgewickelt werden.

Zweiter Abschnitt
Handwerksrolle

§ 6 [Handwerksrolle; Einsichtsrecht]

(1) Die Handwerkskammer hat ein Verzeichnis zu führen, in welches die Inhaber von Betrieben zulassungspflichtiger Handwerke ihres Bezirks nach Maßgabe der Anlage D Abschnitt I zu diesem Gesetz mit dem von ihnen zu betreibenden Handwerk oder bei Ausübung mehrerer Handwerke mit diesen Handwerken einzutragen sind (Handwerksrolle).
(2) [1]Eine Einzelauskunft aus der Handwerksrolle ist jedem zu erteilen, der ein berechtigtes Interesse glaubhaft darlegt. [2]Eine listenmäßige Übermittlung von Daten aus der Handwerksrolle an nicht-öffentliche Stellen ist unbeschadet des Absatzes 4 zulässig, wenn sie zur Erfüllung der Aufgaben der Handwerkskammer erforderlich ist oder wenn der Auskunftbegehrende ein berechtigtes Interesse an der Kenntnis der zu übermittelnden Daten glaubhaft darlegt und kein Grund zu der Annahme besteht, daß die betroffene Person ein schutzwürdiges Interesse an dem Ausschluß der Übermittlung hat. [3]Ein solcher Grund besteht nicht, wenn Vor- und Familienname des Betriebsinhabers oder des gesetzlichen Vertreters oder des Betriebsleiters oder des für die technische Leitung des Betriebs verantwortlichen persönlich haftenden Gesellschafters, die Firma, das ausgeübte Handwerk oder die Anschrift der gewerblichen Niederlassung übermittelt werden. [4]Die Übermittlung von Daten nach den Sätzen 2 und 3 ist nicht zulässig, wenn die betroffene Person widersprochen hat. [5]Auf die Widerspruchsmöglichkeit sind die betroffenen Personen unbeschadet der Verordnung (EU) 2016/679 des Europäischen Parlaments und des Rates vom 27. April 2016 zum Schutz natürlicher Personen bei der Verarbeitung personenbezogener Daten, zum freien Datenverkehr und zur Aufhebung der Richtlinie 95/46/EG (Datenschutz-Grundverordnung) (ABl. L 119 vom 4.5.2016, S. 1; L 314 vom 22.11.2016, S. 72; L 127 vom 23.5.2018, S. 2) in der jeweils geltenden Fassung vor der ersten Übermittlung schriftlich oder elektronisch hinzuweisen. [6]Von der Datenübermittlung ausgeschlossen sind die Wohnanschriften der Betriebsinhaber und der Betriebsleiter so-

1) Siehe die DatenabrufVO der Handwerkskammern.

wie deren elektronische Kontaktdaten, beispielsweise E-Mail-Adresse, Webseite, Telefaxnummer, Telefonnummer.

(3) Öffentlichen Stellen sind auf Ersuchen Daten aus der Handwerksrolle zu übermitteln, soweit die Kenntnis tatsächlicher oder rechtlicher Verhältnisse des Inhabers eines Betriebs eines zulassungspflichtigen Handwerks (§ 1 Abs. 1) zur Erfüllung ihrer Aufgaben erforderlich ist.

(4) [1]Die Übermittlung von Daten durch öffentliche Stellen an nicht-öffentliche Stellen ist zulässig, wenn der Empfänger sich gegenüber der übermittelnden öffentlichen Stelle verpflichtet hat, die Daten nur für den Zweck zu verarbeiten, zu dessen Erfüllung sie ihm übermittelt werden. [2]Öffentliche Stellen dürfen die ihnen übermittelten Daten nur zu dem Zweck verarbeiten, zu dessen Erfüllung sie ihnen übermittelt wurden.

(5) Für das Verändern und das Einschränken der Verarbeitung der Daten in der Handwerksrolle gelten unbeschadet der Verordnung (EU) 2016/679 die Datenschutzgesetze der Länder.

§ 7 [Eintragungen]

(1) [1]Als Inhaber eines Betriebs eines zulassungspflichtigen Handwerks wird eine natürliche oder juristische Person oder eine Personengesellschaft in die Handwerksrolle eingetragen, wenn der Betriebsleiter die Voraussetzungen für die Eintragung in die Handwerksrolle mit dem zu betreibenden Handwerk oder einem mit diesem verwandten Handwerk erfüllt. [2]Das Bundesministerium für Wirtschaft und Energie bestimmt durch Rechtsverordnung[1]) mit Zustimmung des Bundesrates, welche zulassungspflichtige Handwerke sich so nahestehen, daß die Beherrschung des einen zulassungspflichtigen Handwerks die fachgerechte Ausübung wesentlicher Tätigkeiten des anderen zulassungspflichtigen Handwerks ermöglicht (verwandte zulassungspflichtige Handwerke).

(1a) In die Handwerksrolle wird eingetragen, wer in dem von ihm zu betreibenden oder in einem mit diesem verwandten zulassungspflichtigen Handwerk die Meisterprüfung bestanden hat.

(2) [1]In die Handwerksrolle werden ferner Ingenieure, Absolventen von technischen Hochschulen und von staatlichen oder staatlich anerkannten Fachschulen für Technik und für Gestaltung mit dem zulassungspflichtigen Handwerk eingetragen, dem der Studien- oder der Schulschwerpunkt ihrer Prüfung entspricht. [2]Dies gilt auch für Personen, die eine andere, der Meisterprüfung für die Ausübung des betreffenden zulassungspflichtigen Handwerks mindestens gleichwertige deutsche staatliche oder staatlich anerkannte Prüfung erfolgreich abgelegt haben. [3]Dazu gehören auch Prüfungen auf Grund einer nach § 42 dieses Gesetzes oder nach § 53 des Berufsbildungsgesetzes erlassenen Rechtsverordnung, soweit sie gleichwertig sind. [4]Der Abschlussprüfung an einer deutschen Hochschule gleichgestellt sind Diplome, die nach Abschluss einer Ausbildung von mindestens drei Jahren oder einer Teilzeitausbildung von entsprechender Dauer an einer Universität, einer Hochschule oder einer anderen Ausbildungseinrichtung mit gleichwertigem Ausbildungsniveau in einem anderen Mitgliedstaat der Europäischen Union, einem anderen Vertragsstaat des Abkommens über den Europäischen Wirtschaftsraum oder in der Schweiz erteilt wurden; falls neben dem Studium eine Berufsausbildung gefordert wird, ist zusätzlich der Nachweis zu erbringen, dass diese abgeschlossen ist. [5]Die Entscheidung, ob die Voraussetzungen für die Eintragung erfüllt sind, trifft die Handwerkskammer. [6]Das Bundesministerium für Wirtschaft und Energie kann zum Zwecke der Eintragung in die Handwerksrolle nach Satz 1 im Einvernehmen mit dem Bundesministerium für Bildung und Forschung durch Rechtsverordnung[2]) mit Zustimmung des Bundesrates die Voraussetzungen bestimmen, unter denen die in Studien- oder Schulschwerpunkten abgelegten Prüfungen nach Satz 1 Meisterprüfungen in zulassungspflichtigen Handwerken entsprechen.

(2a) Das Bundesministerium für Wirtschaft und Energie kann durch Rechtsverordnung mit Zustimmung des Bundesrates bestimmen, daß in die Handwerksrolle einzutragen ist, wer in einem anderen Mitgliedstaat der Europäischen Gemeinschaft oder in einem anderen Vertragsstaat des Abkommens über den Europäischen Wirtschaftsraum eine der Meisterprüfung für die Ausübung des zu betreibenden Gewerbes oder wesentlicher Tätigkeiten dieses Gewerbes gleichwertige Berechtigung zur Ausübung eines Gewerbes erworben hat.

(3) In die Handwerksrolle wird ferner eingetragen, wer eine Ausnahmebewilligung nach § 8 oder § 9 Abs. 1 oder eine Gleichwertigkeitsfeststellung nach § 50b für das zu betreibende zulassungspflichtige Handwerk oder für ein diesem verwandtes zulassungspflichtiges Handwerk besitzt.

(4)–(6) *[aufgehoben]*

(7) In die Handwerksrolle wird eingetragen, wer für das zu betreibende Gewerbe oder für ein mit diesem verwandtes Gewerbe eine Ausübungsberechtigung nach § 7a oder § 7b besitzt.

(8) *[aufgehoben]*

1) Siehe die VO über verwandte Handwerke.
2) Siehe die VO über die Anerkennung von Prüfungen für die Eintragung in die Handwerksrolle.

(9) [1]Vertriebene und Spätaussiedler, die vor dem erstmaligen Verlassen ihrer Herkunftsgebiete eine der Meisterprüfung gleichwertige Prüfung im Ausland bestanden haben, sind in die Handwerksrolle einzutragen. [2]Satz 1 ist auf Vertriebene, die am 2. Oktober 1990 ihren ständigen Aufenthalt in dem in Artikel 3 des Einigungsvertrages genannten Gebiet hatten, anzuwenden.

§ 7a [Ausübungsberechtigung für anderes Gewerbe]

(1) Wer ein Handwerk nach § 1 betreibt, erhält eine Ausübungsberechtigung für ein anderes Gewerbe der Anlage A oder für wesentliche Tätigkeiten dieses Gewerbes, wenn die hierfür erforderlichen Kenntnisse und Fertigkeiten nachgewiesen sind; dabei sind auch seine bisherigen beruflichen Erfahrungen und Tätigkeiten zu berücksichtigen.

(2) § 8 Abs. 2 bis 4 gilt entsprechend.

§ 7b [Ausübungsberechtigung für zulassungspflichtige Handwerke]

(1) Eine Ausübungsberechtigung für zulassungspflichtige Handwerke, ausgenommen in den Fällen der Nummern 12 und 33 bis 37 der Anlage A, erhält, wer

1. eine Gesellenprüfung in dem zu betreibenden zulassungspflichtigen Handwerk oder in einem mit diesem verwandten zulassungspflichtigen Handwerk oder eine Abschlussprüfung in einem dem zu betreibenden zulassungspflichtigen Handwerk entsprechenden anerkannten Ausbildungsberuf bestanden hat und

2. in dem zu betreibenden zulassungspflichtigen Handwerk oder in einem mit diesem verwandten zulassungspflichtigen Handwerk oder in einem dem zu betreibenden zulassungspflichtigen Handwerk entsprechenden Beruf eine Tätigkeit von insgesamt sechs Jahren ausgeübt hat, davon insgesamt vier Jahre in leitender Stellung. Eine leitende Stellung ist dann anzunehmen, wenn dem Gesellen eigenverantwortliche Entscheidungsbefugnisse in einem Betrieb oder in einem wesentlichen Betriebsteil übertragen worden sind. Der Nachweis hierüber kann durch Arbeitszeugnisse, Stellenbeschreibungen oder in anderer Weise erbracht werden. Im Falle einer Gleichwertigkeitsfeststellung nach § 40a wird nur die Berufserfahrung nach Erteilung derselben berücksichtigt.

3. Die ausgeübte Tätigkeit muss zumindest eine wesentliche Tätigkeit des zulassungspflichtigen Handwerks umfasst haben, für das die Ausübungsberechtigung beantragt wurde.

(1a) [1]Die für die selbständige Handwerksausübung erforderlichen betriebswirtschaftlichen, kaufmännischen und rechtlichen Kenntnisse gelten in der Regel durch die Berufserfahrung nach Absatz 1 Nr. 2 als nachgewiesen. [2]Soweit dies nicht der Fall ist, sind die erforderlichen Kenntnisse durch Teilnahme an Lehrgängen oder auf sonstige Weise nachzuweisen.

(2) [1]Die Ausübungsberechtigung wird auf Antrag des Gewerbetreibenden von der höheren Verwaltungsbehörde nach Anhörung der Handwerkskammer zu den Voraussetzungen des Absatzes 1 erteilt. [2]Im Übrigen gilt § 8 Abs. 3 Satz 2 bis 5 und Abs. 4 entsprechend.

§ 8 [Ausnahmebewilligung]

(1) [1]In Ausnahmefällen ist eine Bewilligung zur Eintragung in die Handwerksrolle (Ausnahmebewilligung) zu erteilen, wenn die zur selbständigen Ausübung des von dem Antragsteller zu betreibenden zulassungspflichtigen Handwerks notwendigen Kenntnisse und Fertigkeiten nachgewiesen sind; dabei sind auch seine bisherigen beruflichen Erfahrungen und Tätigkeiten zu berücksichtigen. [2]Ein Ausnahmefall liegt vor, wenn die Ablegung einer Meisterprüfung zum Zeitpunkt der Antragstellung oder danach für ihn eine unzumutbare Belastung bedeuten würde. [3]Ein Ausnahmefall liegt auch dann vor, wenn der Antragsteller eine Prüfung auf Grund einer nach § 42 dieses Gesetzes oder § 53 des Berufsbildungsgesetzes erlassenen Rechtsverordnung bestanden hat.

(2) Die Ausnahmebewilligung kann unter Auflagen oder Bedingungen oder befristet erteilt und auf einen wesentlichen Teil der Tätigkeiten beschränkt werden, die zu einem in der Anlage A zu diesem Gesetz aufgeführten Gewerbe gehören; in diesem Fall genügt der Nachweis der hierfür erforderlichen Kenntnisse und Fertigkeiten.

(3) [1]Die Ausnahmebewilligung wird auf Antrag des Gewerbetreibenden von der höheren Verwaltungsbehörde nach Anhörung der Handwerkskammer zu den Voraussetzungen der Absätze 1 und 2 und des § 1 Abs. 2 erteilt. [2]Die Handwerkskammer kann eine Stellungnahme der fachlich zuständigen Innung oder Berufsvereinigung einholen, wenn der Antragsteller ausdrücklich zustimmt. [3]Sie hat ihre Stellungnahme einzuholen, wenn der Antragsteller es verlangt. [4]Die Landesregierungen werden ermächtigt, durch Rechtsverordnung zu bestimmen, daß abweichend von Satz 1 an Stelle der höheren Verwaltungsbehörde eine andere Behörde zuständig ist. [5]Sie können diese Ermächtigung auf oberste Landesbehörden übertragen.

(4) Gegen die Entscheidung steht neben dem Antragsteller auch der Handwerkskammer der Verwaltungsrechtsweg offen; die Handwerkskammer ist beizuladen.

§ 9 [Ausnahmebewilligung für Angehörige der EWG-Mitgliedstaaten]

(1) [1]Das Bundesministerium für Wirtschaft und Energie wird ermächtigt, durch Rechtsverordnung[1] mit Zustimmung des Bundesrates zur Durchführung von Richtlinien der Europäischen Union über die Anerkennung von Berufsqualifikationen im Rahmen der Niederlassungsfreiheit, des freien Dienstleistungsverkehrs und der Arbeitnehmerfreizügigkeit und zur Durchführung des Abkommens vom 2. Mai 1992 über den Europäischen Wirtschaftsraum (BGBl. 1993 II S. 267) sowie des Abkommens zwischen der Europäischen Gemeinschaft und ihren Mitgliedstaaten einerseits und der Schweizerischen Eidgenossenschaft andererseits über die Freizügigkeit vom 21. Juni 1999 (ABl. EG 2002 Nr. L 114 S. 6) zu bestimmen,

1. unter welchen Voraussetzungen einem Staatsangehörigen eines Mitgliedstaates der Europäischen Union, eines Vertragsstaates des Abkommens über den Europäischen Wirtschaftsraum oder der Schweiz, der im Inland zur Ausübung eines zulassungspflichtigen Handwerks eine gewerbliche Niederlassung unterhalten oder als Betriebsleiter tätig werden will, eine Ausnahmebewilligung zur Eintragung in die Handwerksrolle zu erteilen ist,

2. unter welchen Voraussetzungen einem Staatsangehörigen eines der vorgenannten Staaten, der im Inland keine gewerbliche Niederlassung unterhält, die grenzüberschreitende Dienstleistungserbringung in einem zulassungspflichtigen Handwerk gestattet ist und

3. wie die Verfahren zur Ausstellung des Europäischen Berufsausweises und zur Anerkennung von Berufsqualifikationen in den in den Nummern 1 und 2 genannten Fällen unter Verwendung von Europäischen Berufsausweisen sowie die Anwendung des Vorwarnmechanismus gemäß der Richtlinie 2005/36/EG des Europäischen Parlaments und des Rates vom 7. September 2005 über die Anerkennung von Berufsqualifikationen (ABl. L 255 vom 30.9.2005, S. 22), die zuletzt durch den Delegierten Beschluss (EU) 2016/790 (ABl. L 134 vom 24.5.2016, S. 135) geändert worden ist, ausgestaltet sind.

[2]In den in Satz 1 Nr. 1 genannten Fällen bleibt § 8 Abs. 1 unberührt; § 8 Abs. 2 bis 4 gilt entsprechend. [3]In den in Satz 1 Nr. 2 genannten Fällen ist § 1 Abs. 1 nicht anzuwenden.

(2) In den Fällen des § 7 Abs. 2a und des § 50a findet § 1 Abs. 1 keine Anwendung, wenn der selbständige Betrieb im Inland keine Niederlassung unterhält.

§ 10 [Handwerkskarte]

(1) [1]Die Eintragung in die Handwerksrolle erfolgt auf Antrag oder von Amts wegen. [2]Wenn die Voraussetzungen zur Eintragung in die Handwerksrolle vorliegen, ist die Eintragung innerhalb von drei Monaten nach Eingang des Antrags einschließlich der vollständigen Unterlagen vorzunehmen. [3]Hat die Handwerkskammer nicht innerhalb der Frist des Satzes 2 eingetragen, gilt die Eintragung als erfolgt. [4]Die Vorschriften des Verwaltungsverfahrensgesetzes über die Genehmigungsfiktion gelten entsprechend.

(2) [1]Über die Eintragung in die Handwerksrolle hat die Handwerkskammer eine Bescheinigung auszustellen (Handwerkskarte). [2]In die Handwerkskarte sind einzutragen der Name und die Anschrift des Inhabers eines Betriebs eines zulassungspflichtigen Handwerks, der Betriebssitz, das zu betreibende zulassungspflichtige Handwerk und bei Ausübung mehrerer zulassungspflichtiger Handwerke diese Handwerke sowie der Zeitpunkt der Eintragung in die Handwerkskarte. [3]In den Fällen des § 7 Abs. 1 ist zusätzlich der Name des Betriebsleiters, des für die technische Leitung verantwortlichen persönlich haftenden Gesellschafters oder des Leiters eines Nebenbetriebs einzutragen. [4]Die Höhe der für die Ausstellung der Handwerkskarte zu entrichtenden Gebühr wird durch die Handwerkskammer mit Genehmigung der obersten Landesbehörde bestimmt.

§ 11 [Mitteilungspflicht der Handwerkskammer]

Die Handwerkskammer hat dem Gewerbetreibenden die beabsichtigte Eintragung in die Handwerksrolle gegen Empfangsbescheinigung mitzuteilen; gleichzeitig und in gleicher Weise hat sie dies der Industrie- und Handelskammer mitzuteilen, wenn der Gewerbetreibende dieser angehört.

§ 12 [Verwaltungsrechtsweg]

Gegen die Entscheidung über die Eintragung eines der Industrie- und Handelskammer angehörigen Gewerbetreibenden in die Handwerksrolle steht neben dem Gewerbetreibenden auch der Industrie- und Handelskammer der Verwaltungsrechtsweg offen.

§ 13 [Löschung in der Handwerksrolle]

(1) Die Eintragung in die Handwerksrolle wird auf Antrag oder von Amts wegen gelöscht, wenn die Voraussetzungen für die Eintragung nicht vorliegen.

1) Siehe die EU/EWR-Handwerk-Verordnung.

(2) Wird der Gewerbebetrieb nicht handwerksmäßig betrieben, so kann auch die Industrie- und Handelskammer die Löschung der Eintragung beantragen.

(3) Die Handwerkskammer hat dem Gewerbetreibenden die beabsichtigte Löschung der Eintragung in die Handwerksrolle gegen Empfangsbescheinigung mitzuteilen.

(4) Wird die Eintragung in die Handwerksrolle gelöscht, so ist die Handwerkskarte an die Handwerkskammer zurückzugeben.

(5) [1]Die nach Absatz 1 in der Handwerksrolle gelöschten Daten sind für weitere dreißig Jahre ab dem Zeitpunkt der Löschung in einem gesonderten Dateisystem zu speichern. [2]Eine Einzelauskunft aus diesem Dateisystem ist jedem zu erteilen, der ein berechtigtes Interesse glaubhaft darlegt, soweit die betroffene Person kein schutzwürdiges Interesse an dem Ausschluss der Übermittlung hat. [3]§ 6 Absatz 3 bis 5 gilt entsprechend.

§ 14 [Beschränkung des Antrags auf Löschung]

[1]Ein in die Handwerksrolle eingetragener Gewerbetreibender kann die Löschung mit der Begründung, dass der Gewerbebetrieb kein Betrieb eines zulassungspflichtigen Handwerks im Sinne des § 1 Abs. 2 ist, erst nach Ablauf eines Jahres seit Eintritt der Unanfechtbarkeit der Eintragung und nur dann beantragen, wenn sich die Voraussetzungen für die Eintragung wesentlich geändert haben. [2]Satz 1 gilt für den Antrag der Industrie- und Handelskammer nach § 13 Abs. 2 entsprechend.

§ 15 [Erneuter Eintragungsantrag nach Ablehnung]

Ist einem Gewerbetreibenden die Eintragung in die Handwerksrolle abgelehnt worden, so kann er die Eintragung mit der Begründung, daß der Gewerbebetrieb nunmehr Handwerksbetrieb ist, erst nach Ablauf eines Jahres seit Eintritt der Unanfechtbarkeit der Ablehnung und nur dann beantragen, wenn sich die Voraussetzungen für die Ablehnung wesentlich geändert haben.

§ 16 [Anzeigepflicht bei Betriebsbeginn; Untersagung der Fortsetzung]

(1) [1]Wer den Betrieb eines zulassungspflichtigen Handwerks nach § 1 anfängt, hat gleichzeitig mit der nach § 14 der Gewerbeordnung zu erstattenden Anzeige der hiernach zuständigen Behörde die über die Eintragung in die Handwerksrolle ausgestellte Handwerkskarte (§ 10 Abs. 2) vorzulegen. [2]Der Inhaber eines Hauptbetriebs im Sinne des § 3 Abs. 3 hat der für die Entgegennahme der Anzeige nach § 14 der Gewerbeordnung zuständigen Behörde die Ausübung eines handwerklichen Neben- oder Hilfsbetriebs anzuzeigen.

(2) Der Gewerbetreibende hat ferner der Handwerkskammer, in deren Bezirk seine gewerbliche Niederlassung liegt oder die nach § 6 Abs. 2 für seine Eintragung in die Handwerksrolle zuständig ist, unverzüglich den Beginn und die Beendigung seines Betriebs und in den Fällen des § 7 Abs. 1 die Bestellung und Abberufung des Betriebsleiters anzuzeigen; bei juristischen Personen sind auch die Namen der gesetzlichen Vertreter, bei Personengesellschaften die Namen der für die technische Leitung verantwortlichen und der vertretungsberechtigten Gesellschafter anzuzeigen.

(3) [1]Wird der selbständige Betrieb eines zulassungspflichtigen Handwerks als stehendes Gewerbe entgegen den Vorschriften dieses Gesetzes ausgeübt, so kann die nach Landesrecht zuständige Behörde die Fortsetzung des Betriebs untersagen. [2]Die Untersagung ist nur zulässig, wenn die Handwerkskammer und die Industrie- und Handelskammer zuvor angehört worden sind und in einer gemeinsamen Erklärung mitgeteilt haben, dass sie die Voraussetzungen einer Untersagung als gegeben ansehen.

(4) [1]Können sich die Handwerkskammer und die Industrie- und Handelskammer nicht über eine gemeinsame Erklärung nach Absatz 3 Satz 2 verständigen, entscheidet eine von dem Deutschen Industrie- und Handelskammertag und dem Deutschen Handwerkskammertag (Trägerorganisationen) gemeinsam für die Dauer von jeweils vier Jahren gebildete Schlichtungskommission. [2]Die Schlichtungskommission ist erstmals zum 1. Juli 2004 zu bilden.

(5) [1]Der Schlichtungskommission gehören drei Mitglieder an, von denen je ein Mitglied von jeder Trägerorganisation und ein Mitglied von beiden Trägerorganisationen gemeinsam zu benennen sind. [2]Das gemeinsam benannte Mitglied führt den Vorsitz. [3]Hat eine Trägerorganisation ein Mitglied nicht innerhalb von einem Monat nach Benennung des Mitglieds der anderen Trägerorganisation benannt, so erfolgt die Benennung durch das Bundesministerium für Wirtschaft und Energie. [4]Das Bundesministerium für Wirtschaft und Energie benennt auch das vorsitzende Mitglied, wenn sich die Trägerorganisationen nicht innerhalb eines Monats einigen können, nachdem beide ihre Vorschläge für das gemeinsam zu benennende Mitglied unterbreitet haben. [5]Die Schlichtungskommission gibt sich eine Geschäftsordnung.

(6) Das Bundesministerium für Wirtschaft und Energie wird ermächtigt, durch Rechtsverordnung[1]) mit Zustimmung des Bundesrates das Schlichtungsverfahren zu regeln.

1) Siehe die HandwerksO-SchlichtungsverfahrenVO.

(7) Hält die zuständige Behörde die Erklärung nach Absatz 3 Satz 2 oder die Entscheidung der Schlichtungskommission für rechtswidrig, kann sie unmittelbar die Entscheidung der obersten Landesbehörde herbeiführen.

(8) Bei Gefahr im Verzug kann die zuständige Behörde die Fortsetzung des Gewerbes auch ohne Einhaltung des Verfahrens nach Absatz 3 Satz 2 und Absatz 4 vorläufig untersagen.

(9) Die Ausübung des untersagten Gewerbes durch den Gewerbetreibenden kann durch Schließung der Betriebs- und Geschäftsräume oder durch andere geeignete Maßnahmen verhindert werden.

(10) ¹Die Schlichtungskommission kann auch angerufen werden, wenn sich in den Fällen des § 90 Abs. 3 die Handwerkskammer und die Industrie- und Handelskammer nicht über die Zugehörigkeit eines Gewerbetreibenden zur Handwerkskammer oder zur Industrie- und Handelskammer einigen können. ²Die Absätze 4 bis 6 gelten entsprechend. ³Hält der Gewerbetreibende die Entscheidung der Schlichtungskommission für rechtswidrig, so entscheidet die oberste Landesbehörde. ⁴§ 12 gilt entsprechend.

§ 17 [Auskunftspflicht und -verweigerungsrecht; Betriebsüberwachung]

(1) ¹Die in der Handwerksrolle eingetragenen oder in diese einzutragenden Gewerbetreibenden sind verpflichtet, der Handwerkskammer die für die Prüfung der Eintragungsvoraussetzungen erforderliche Auskunft über Art und Umfang ihres Betriebs, über die Betriebsstätte, über die Zahl der im Betrieb beschäftigten gelernten und ungelernten Personen und über handwerkliche Prüfungen des Betriebsinhabers und des Betriebsleiters sowie über die vertragliche und praktische Ausgestaltung des Betriebsleiterverhältnisses zu erteilen sowie auf Verlangen sämtliche Dokumente vorzulegen, die zur Prüfung der Eintragung in die Handwerksrolle und zur Aufrechterhaltung der Eintragung in der Handwerksrolle erforderlich sind. ²Auskünfte, Nachweise und Informationen, die für die Prüfung der Eintragungsvoraussetzungen nach Satz 1 nicht erforderlich sind, dürfen von der Handwerkskammer nicht, auch nicht für Zwecke der Verfolgung von Straftaten oder Ordnungswidrigkeiten, verwertet werden. ³Die Handwerkskammer kann für die Erteilung der Auskunft eine Frist setzen.

(2) ¹Die Beauftragten der Handwerkskammer sind nach Maßgabe des § 29 Abs. 2 der Gewerbeordnung befugt, zu dem in Absatz 1 bezeichneten Zweck Grundstücke und Geschäftsräume des Auskunftspflichtigen zu betreten und dort Prüfungen und Besichtigungen vorzunehmen. ²Der Auskunftspflichtige hat diese Maßnahmen zu dulden. ³Das Grundrecht der Unverletzlichkeit der Wohnung (Artikel 13 des Grundgesetzes) wird insoweit eingeschränkt.

(3) Der Auskunftspflichtige kann die Auskunft auf solche Fragen verweigern, deren Beantwortung ihn selbst oder einen der in § 383 Abs. 1 Nr. 1 bis 3 der Zivilprozeßordnung bezeichneten Angehörigen der Gefahr strafgerichtlicher Verfolgung oder eines Verfahrens nach dem Gesetz über Ordnungswidrigkeiten aussetzen würde.

(4) Sofern ein Gewerbetreibender ohne Angabe von Name und Anschrift unter einem Telekommunikationsanschluß Handwerksleistungen anbietet und Anhaltspunkte dafür bestehen, daß er den selbständigen Betrieb eines Handwerks als stehendes Gewerbe entgegen den Vorschriften dieses Gesetzes ausübt, ist der Anbieter der Telekommunikationsdienstleistung verpflichtet den Handwerkskammern auf Verlangen Namen und Anschrift des Anschlußinhabers unentgeltlich mitzuteilen.

Dritter Abschnitt
Zulassungsfreie Handwerke und handwerksähnliche Gewerbe

§ 18 [Handwerksähnliche Gewerbe; Anzeigepflicht]

(1) ¹Wer den selbständigen Betrieb eines zulassungsfreien Handwerks oder eines handwerksähnlichen Gewerbes als stehendes Gewerbe beginnt oder beendet, hat dies unverzüglich der Handwerkskammer, in deren Bezirk seine gewerbliche Niederlassung liegt, anzuzeigen. ²Bei juristischen Personen sind auch die Namen der gesetzlichen Vertreter, bei Personengesellschaften die Namen der vertretungsberechtigten Gesellschafter anzuzeigen.

(2) ¹Ein Gewerbe ist ein zulassungsfreies Handwerk im Sinne dieses Gesetzes, wenn es handwerksmäßig betrieben wird und in Anlage B Abschnitt 1 zu diesem Gesetz aufgeführt ist. ²Ein Gewerbe ist ein handwerksähnliches Gewerbe im Sinne dieses Gesetzes, wenn es handwerksähnlich betrieben wird und in Anlage B Abschnitt 2 zu diesem Gesetz aufgeführt ist.

(3) Das Bundesministerium für Wirtschaft und Energie wird ermächtigt, durch Rechtsverordnung mit Zustimmung des Bundesrates die Anlage B zu diesem Gesetz dadurch zu ändern, daß es darin aufgeführte Gewerbe streicht, ganz oder teilweise zusammenfaßt oder trennt, Bezeichnungen für sie festsetzt oder die Gewerbegruppen aufteilt, soweit es die technische und wirtschaftliche Entwicklung erfordert.

§ 19 [Inhaberverzeichnis]

[1]Die Handwerkskammer hat ein Verzeichnis zu führen, in welches die Inhaber eines Betriebs eines zulassungsfreien Handwerks oder eines handwerksähnlichen Gewerbes nach Maßgabe der Anlage D Abschnitt II zu diesem Gesetz mit dem von ihnen betriebenen Gewerbe oder bei Ausübung mehrerer Gewerbe mit diesen Gewerben einzutragen sind. [2]§ 6 Abs. 2 bis 5 gilt entsprechend.

§ 20 [Anwendbarkeit von Vorschriften]

[1]Auf zulassungsfreie Handwerke und handwerksähnliche Gewerbe finden § 10 Abs. 1, die §§ 11, 12, 13 Abs. 1 bis 3, 5, die §§ 14, 15 und 17 entsprechend Anwendung. [2]§ 5a Abs. 2 Satz 1 findet entsprechende Anwendung, soweit dies zur Feststellung erforderlich ist, ob die Voraussetzungen für die Eintragung in das Verzeichnis der Inhaber eines Betriebs eines zulassungsfreien oder eines handwerksähnlichen Gewerbes vorliegen.

Zweiter Teil
Berufsbildung im Handwerk

Erster Abschnitt
Berechtigung zum Einstellen und Ausbilden

§ 21 [Eignung der Ausbildungsstätte]

(1) Lehrlinge (Auszubildende) dürfen nur eingestellt und ausgebildet werden, wenn
1. die Ausbildungsstätte nach Art und Einrichtung für die Berufsausbildung geeignet ist, und
2. die Zahl der Lehrlinge (Auszubildenden) in einem angemessenen Verhältnis zur Zahl der Ausbildungsplätze oder zur Zahl der beschäftigten Fachkräfte steht, es sei denn, dass anderenfalls die Berufsausbildung nicht gefährdet wird.

(2) Eine Ausbildungsstätte, in der die erforderlichen beruflichen Fertigkeiten, Kenntnisse und Fähigkeiten nicht in vollem Umfang vermittelt werden können, gilt als geeignet, wenn diese durch Ausbildungsmaßnahmen außerhalb der Ausbildungsstätte vermittelt werden.

§ 22 [Persönliche und fachliche Eignung]

(1) [1]Lehrlinge (Auszubildende) darf nur einstellen, wer persönlich geeignet ist. [2]Lehrlinge (Auszubildende) darf nur ausbilden, wer persönlich und fachlich geeignet ist.

(2) Wer fachlich nicht geeignet ist oder wer nicht selbst ausbildet, darf Lehrlinge (Auszubildende) nur dann einstellen, wenn er persönlich und fachlich geeignete Ausbilder bestellt, die die Ausbildungsinhalte unmittelbar, verantwortlich und in wesentlichem Umfang vermitteln.

(3) Unter der Verantwortung des Ausbilders kann bei der Berufsausbildung mitwirken, wer selbst nicht Ausbilder ist, aber abweichend von den besonderen Voraussetzungen des § 22b die für die Vermittlung von Ausbildungsinhalten erforderlichen beruflichen Fertigkeiten, Kenntnisse und Fähigkeiten besitzt und persönlich geeignet ist.

§ 22a [Persönliche Eignung]

Persönlich nicht geeignet ist insbesondere, wer
1. Kinder und Jugendliche nicht beschäftigen darf oder
2. wiederholt oder schwer gegen dieses Gesetz oder die auf Grund dieses Gesetzes erlassenen Vorschriften und Bestimmungen verstoßen hat.

§ 22b [Fachliche Eignung]

(1) Fachlich geeignet ist, wer die beruflichen sowie die berufs- und arbeitspädagogischen Fertigkeiten, Kenntnisse und Fähigkeiten besitzt, die für die Vermittlung der Ausbildungsinhalte erforderlich sind.

(2) In einem zulassungspflichtigen Handwerk besitzt die fachliche Eignung, wer
1. die Meisterprüfung in dem zulassungspflichtigen Handwerk, in dem ausgebildet werden soll, oder in einem mit diesem verwandten Handwerk bestanden hat oder
2. in dem zulassungspflichtigen Handwerk, in dem ausgebildet werden soll, oder in einem mit diesem verwandten Handwerk
 a) die Voraussetzungen zur Eintragung in die Handwerksrolle nach § 7 erfüllt oder
 b) eine Ausübungsberechtigung nach § 7a oder § 7b erhalten hat oder
 c) eine Ausnahmebewilligung nach § 8 oder nach § 9 Abs. 1 Satz 1 Nr. 1 erhalten hat
und den Teil IV der Meisterprüfung oder eine gleichwertige andere Prüfung, insbesondere eine Ausbildereignungsprüfung auf der Grundlage einer nach § 30 Abs. 5 des Berufsbildungsgesetzes erlassenen Rechtsverordnung, bestanden hat.

(3) [1]In einem zulassungsfreien Handwerk oder einem handwerksähnlichen Gewerbe besitzt die für die fachliche Eignung erforderlichen beruflichen Fertigkeiten, Kenntnisse und Fähigkeiten, wer

1. die Meisterprüfung in dem zulassungsfreien Handwerk oder in dem handwerksähnlichen Gewerbe, in dem ausgebildet werden soll, bestanden hat,

2. die Gesellen- oder Abschlussprüfung in einer dem Ausbildungsberuf entsprechenden Fachrichtung bestanden hat,

3. eine anerkannte Prüfung an einer Ausbildungsstätte oder vor einer Prüfungsbehörde oder eine Abschlussprüfung an einer staatlichen oder staatlich anerkannten Schule in einer dem Ausbildungsberuf entsprechenden Fachrichtung bestanden hat,

4. eine Abschlussprüfung an einer deutschen Hochschule in einer dem Ausbildungsberuf entsprechenden Fachrichtung bestanden hat oder

5. eine Gleichwertigkeitsfeststellung nach § 51e oder einen Bildungsabschluss besitzt, dessen Gleichwertigkeit nach anderen rechtlichen Regelungen festgestellt worden ist

und im Falle der Nummern 2 bis 5 eine angemessene Zeit in seinem Beruf praktisch tätig gewesen ist. [2]Der Abschlussprüfung an einer deutschen Hochschule gemäß Satz 1 Nr. 4 gleichgestellt sind Diplome nach § 7 Abs. 2 Satz 4. [3]Für den Nachweis der berufs- und arbeitspädagogischen Fertigkeiten, Kenntnisse und Fähigkeiten finden die auf der Grundlage des § 30 Abs. 5 des Berufsbildungsgesetzes erlassenen Rechtsverordnungen Anwendung.

(4) [1]Das Bundesministerium für Wirtschaft und Energie kann nach Anhörung des Hauptausschusses des Bundesinstituts für Berufsbildung durch Rechtsverordnung, die nicht der Zustimmung des Bundesrates bedarf, bestimmen, dass der Erwerb berufs- und arbeitspädagogischer Fertigkeiten, Kenntnisse und Fähigkeiten gesondert nachzuweisen ist. [2]Dabei können Inhalt, Umfang und Abschluss der Maßnahmen für den Nachweis geregelt werden. [3]Das Bestehen des Teils IV der Meisterprüfung gilt als Nachweis.

(5) Die nach Landesrecht zuständige Behörde kann Personen, die die Voraussetzungen der Absätze 2, 3 und 4 nicht erfüllen, die fachliche Eignung nach Anhören der Handwerkskammer widerruflich zuerkennen.

§ 22c [Anerkennung der Berufsqualifikation]

(1) In den Fällen des § 22b Abs. 3 besitzt die für die fachliche Eignung erforderlichen beruflichen Fertigkeiten, Kenntnisse und Fähigkeiten auch, wer die Voraussetzungen für die Anerkennung seiner Berufsqualifikation nach der Richtlinie 2005/36/EG erfüllt, sofern er eine angemessene Zeit in seinem Beruf praktisch tätig gewesen ist.

(2) Der anerkannte Handwerker kann unter den in Artikel 14 der in Absatz 1 genannten Richtlinie aufgeführten Voraussetzungen davon abhängig gemacht werden, dass der Antragsteller oder die Antragstellerin zunächst einen höchstens dreijährigen Anpassungslehrgang ableistet oder eine Eignungsprüfung ablegt.

(3) [1]Die Entscheidung über die Anerkennung trifft die Handwerkskammer. [2]Sie kann die Durchführung von Anpassungslehrgängen und Eignungsprüfungen regeln.

§ 23 [Eignungsfeststellung]

(1) Die Handwerkskammer hat darüber zu wachen, dass die Eignung der Ausbildungsstätte sowie die persönliche und fachliche Eignung vorliegen.

(2) [1]Werden Mängel der Eignung festgestellt, so hat die Handwerkskammer, falls der Mangel zu beheben und eine Gefährdung des Lehrlings (Auszubildenden) nicht zu erwarten ist, den Ausbildenden aufzufordern, innerhalb einer von ihr gesetzten Frist den Mangel zu beheben. [2]Ist der Mangel der Eignung nicht zu beheben oder ist eine Gefährdung des Lehrlings (Auszubildenden) zu erwarten oder wird der Mangel nicht innerhalb der gesetzten Frist beseitigt, so hat die Handwerkskammer der nach Landesrecht zuständigen Behörde dies mitzuteilen.

§ 24 [Untersagung des Einstellens und Ausbildens]

(1) Die nach Landesrecht zuständige Behörde kann für eine bestimmte Ausbildungsstätte das Einstellen und Ausbilden untersagen, wenn die Voraussetzungen nach § 21 nicht oder nicht mehr vorliegen.

(2) Die nach Landesrecht zuständige Behörde hat das Einstellen und Ausbilden zu untersagen, wenn die persönliche oder fachliche Eignung nicht oder nicht mehr vorliegt.

(3) [1]Vor der Untersagung sind die Beteiligten und die Handwerkskammer zu hören. [2]Dies gilt nicht in den Fällen des § 22a Nr. 1.

Zweiter Abschnitt
Ausbildungsordnung, Änderung der Ausbildungszeit

§ 25 [Ausbildungsordnung]

(1) [1]Als Grundlage für eine geordnete und einheitliche Berufsausbildung kann das Bundesministerium für Wirtschaft und Energie im Einvernehmen mit dem Bundesministerium für Bildung und Forschung durch Rechtsverordnung, die nicht der Zustimmung des Bundesrates bedarf, für Gewerbe der Anlage A und der Anlage B Ausbildungsberufe staatlich anerkennen und hierfür Ausbildungsordnungen nach § 26 erlassen. [2]Dabei können in einem Gewerbe mehrere Ausbildungsberufe staatlich anerkannt werden, soweit dies wegen der Breite des Gewerbes erforderlich ist; die in diesen Berufen abgelegten Gesellenprüfungen sind Prüfungen im Sinne des § 49 Abs. 1 oder § 51a Abs. 5 Satz 1.

(2) Für einen anerkannten Ausbildungsberuf darf nur nach der Ausbildungsordnung ausgebildet werden.

(3) In anderen als anerkannten Ausbildungsberufen dürfen Jugendliche unter 18 Jahren nicht ausgebildet werden, soweit die Berufsausbildung nicht auf den Besuch weiterführender Bildungsgänge vorbereitet.

(4) Wird die Ausbildungsordnung eines Ausbildungsberufs aufgehoben oder geändert oder werden Gewerbe in der Anlage A oder in der Anlage B gestrichen, zusammengefasst oder getrennt, so sind für bestehende Berufsausbildungsverhältnisse weiterhin die bis zu dem Zeitpunkt der Aufhebung oder Änderung geltenden Vorschriften anzuwenden, es sei denn, die ändernde Verordnung sieht eine abweichende Regelung vor.

(5) Das Bundesministerium für Wirtschaft und Energie informiert die Länder frühzeitig über Neuordnungskonzepte und bezieht sie in die Abstimmung ein.

§ 26 [Inhalt der Ausbildungsordnung]

(1) [1]Die Ausbildungsordnung hat festzulegen

1. die Bezeichnung des Ausbildungsberufes, der anerkannt wird; sie kann von der Gewerbebezeichnung abweichen, muss jedoch inhaltlich von der Gewerbebezeichnung abgedeckt sein,

2. die Ausbildungsdauer; sie soll nicht mehr als drei und weniger als zwei Jahre betragen,

3. die beruflichen Fertigkeiten, Kenntnisse und Fähigkeiten, die mindestens Gegenstand der Berufsausbildung sind (Ausbildungsberufsbild),

4. eine Anleitung zur sachlichen und zeitlichen Gliederung der Vermittlung der beruflichen Fertigkeiten, Kenntnisse und Fähigkeiten (Ausbildungsrahmenplan),

5. die Prüfungsanforderungen.

[2]Bei der Festlegung der Fertigkeiten, Kenntnisse und Fähigkeiten nach Satz 1 Nummer 3 ist insbesondere die technologische und digitale Entwicklung zu beachten.

(2) [1]Die Ausbildungsordnung kann vorsehen,

1. dass die Berufsausbildung in sachlich und zeitlich besonders gegliederten, aufeinander aufbauenden Stufen erfolgt; nach den einzelnen Stufen soll ein Ausbildungsabschluss vorgesehen werden, der sowohl zu einer qualifizierten beruflichen Tätigkeit im Sinne des § 1 Abs. 3 des Berufsbildungsgesetzes befähigt, als auch die Fortsetzung der Berufsausbildung in weiteren Stufen ermöglicht (Stufenausbildung),

2. dass die Gesellenprüfung in zwei zeitlich auseinander fallenden Teilen durchgeführt wird,

2a. dass im Fall einer Regelung nach Nummer 2 bei nicht bestandener Gesellenprüfung in einem drei- oder dreieinhalbjährigen Ausbildungsberuf, der auf einem zweijährigen Ausbildungsberuf aufbaut, der Abschluss des zweijährigen Ausbildungsberufs erworben wird, sofern im ersten Teil der Gesellenprüfung mindestens ausreichende Prüfungsleistungen erbracht worden sind,

2b. dass Auszubildende bei erfolgreichem Abschluss eines zweijährigen Ausbildungsberufs vom ersten Teil der Gesellenprüfung oder einer Zwischenprüfung eines darauf aufbauenden drei- oder dreieinhalbjährigen Ausbildungsberufs befreit sind,

3. dass abweichend von § 25 Abs. 4 die Berufsausbildung in diesem Ausbildungsberuf unter Anrechnung der bereits zurückgelegten Ausbildungszeit fortgesetzt werden kann, wenn die Vertragsparteien dies vereinbaren,

4. dass auf die Dauer der durch die Ausbildungsordnung geregelten Berufsausbildung die Dauer einer anderen abgeschlossenen Berufsausbildung ganz oder teilweise anzurechnen ist,

5. dass über das in Absatz 1 Nr. 3 beschriebene Ausbildungsberufsbild hinaus zusätzliche berufliche Fertigkeiten, Kenntnisse und Fähigkeiten vermittelt werden können, die die berufliche Handlungsfähigkeit ergänzen oder erweitern,

6. dass Teile der Berufsausbildung in geeigneten Einrichtungen außerhalb der Ausbildungsstätte durchgeführt werden, wenn und soweit es die Berufsausbildung erfordert (überbetriebliche Berufsausbildung).

[2]Im Fall des Satzes 1 Nummer 2a bedarf es eines Antrags der Lehrlinge (Auszubildenden). [3]Im Fall des Satzes 1 Nummer 4 bedarf es der Vereinbarung der Vertragsparteien. [4]Im Rahmen der Ordnungsverfahren soll stets geprüft werden, ob Regelungen nach Nummer 1, 2, 2a, 2b und 4 sinnvoll und möglich sind.

§ 27 [Ausnahmen]

Zur Entwicklung und Erprobung neuer Ausbildungs- und Prüfungsformen kann das Bundesministerium für Wirtschaft und Energie im Einvernehmen mit dem Bundesministerium für Bildung und Forschung nach Anhörung des Hauptausschusses des Bundesinstituts für Berufsbildung durch Rechtsverordnung, die nicht der Zustimmung des Bundesrates bedarf, Ausnahmen von § 25 Abs. 2 und 3 sowie den §§ 26, 31 und 39 zulassen, die auch auf eine bestimmte Art und Zahl von Ausbildungsstätten beschränkt werden können.

§ 27a [Anrechnung auf die Ausbildungszeit]

(1) [1]Die Landesregierungen können nach Anhörung des Landesausschusses für Berufsbildung durch Rechtsverordnung bestimmen, dass der Besuch eines Bildungsganges berufsbildender Schulen oder die Berufsausbildung in einer sonstigen Einrichtung ganz oder teilweise auf die Ausbildungsdauer angerechnet wird. [2]Die Ermächtigung kann durch Rechtsverordnung auf oberste Landesbehörden weiter übertragen werden.

(2) [1]Ist keine Rechtsverordnung nach Absatz 1 erlassen, kann eine Anrechnung der Ausbildungsdauer durch die zuständige Stelle im Einzelfall erfolgen. [2]Für die Entscheidung über die Anrechnung kann der Hauptausschuss des Bundesinstituts für Berufsbildung Empfehlungen beschließen.

(3) [1]Die Anrechnung bedarf des gemeinsamen Antrags des Lehrlings (Auszubildenden) und des Ausbildenden. [2]Der Antrag ist an die Handwerkskammer zu richten. [3]Er kann sich auf Teile des höchstzulässigen Anrechnungszeitraums beschränken.

(4) Ein Anrechnungszeitraum muss in ganzen Monaten durch sechs teilbar sein.

§ 27b [Verkürzung und Verlängerung der Ausbildungszeit]

(1) [1]Die Berufsausbildung kann in Teilzeit durchgeführt werden. [2]Im Berufsausbildungsvertrag ist dazu für die gesamte Ausbildungszeit oder für einen bestimmten Zeitraum der Berufsausbildung die Verkürzung der täglichen oder der wöchentlichen Ausbildungszeit zu vereinbaren. [3]Die Kürzung der täglichen oder der wöchentlichen Ausbildungszeit darf nicht mehr als 50 Prozent betragen.

(2) [1]Die Dauer der Teilzeitberufsausbildung verlängert sich entsprechend, höchstens jedoch bis zum Eineinhalbfachen der Dauer, die in der Ausbildungsordnung für die betreffende Berufsausbildung in Vollzeit festgelegt ist. [2]Die Dauer der Teilzeitberufsausbildung ist auf ganze Monate abzurunden. [3]§ 27c Absatz 2 bleibt unberührt.

(3) Auf Verlangen des Lehrlings (Auszubildenden) verlängert sich die Ausbildungsdauer auch über die Höchstdauer nach Absatz 2 Satz 1 hinaus bis zur nächsten möglichen Gesellenprüfung.

(4) Der Antrag auf Eintragung des Berufsausbildungsvertrages nach § 30 Absatz 1 in das Verzeichnis der Berufsausbildungsverhältnisse (Lehrlingsrolle) für eine Teilzeitberufsausbildung kann mit einem Antrag auf Verkürzung der Ausbildungsdauer nach § 27c Absatz 1 verbunden werden.

§ 27c [Verkürzung]

(1) Auf gemeinsamen Antrag des Lehrlings (Auszubildenden) und des Ausbildenden hat die Handwerkskammer die Ausbildungsdauer zu kürzen, wenn zu erwarten ist, dass das Ausbildungsziel in der gekürzten Dauer erreicht wird.

(2) [1]In Ausnahmefällen kann die Handwerkskammer auf Antrag des Lehrlings (Auszubildenden) die Ausbildungsdauer verlängern, wenn die Verlängerung erforderlich ist, um das Ausbildungsziel zu erreichen. [2]Vor der Entscheidung nach Satz 1 ist der Ausbildende zu hören.

(3) Für die Entscheidung über die Verkürzung oder Verlängerung der Ausbildungsdauer kann der Hauptausschuss des Bundesinstituts für Berufsbildung Empfehlungen beschließen.

§ 27d [Verkürzte Gesamtausbildungszeit]

[1]Werden in einem Betrieb zwei verwandte Handwerke ausgeübt, so kann in beiden Handwerken in einer verkürzten Gesamtausbildungszeit gleichzeitig ausgebildet werden. [2]Das Bundesministerium für Wirtschaft und Energie bestimmt im Einvernehmen mit dem Bundesministerium für Bildung und Forschung durch Rechtsverordnung für welche verwandte Handwerke eine Gesamtausbildungszeit vereinbart werden kann und die Dauer der Gesamtausbildungszeit.

Dritter Abschnitt
Verzeichnis der Berufsausbildungsverhältnisse

§ 28 [Einrichten, Führen, Datenschutz]
(1) [1]Die Handwerkskammer hat zur Regelung, Überwachung, Förderung und zum Nachweis der Berufsausbildung in anerkannten Ausbildungsberufen ein Verzeichnis der in ihrem Bezirk bestehenden Berufsausbildungsverhältnisse nach Maßgabe der Anlage D Abschnitt III zu diesem Gesetz einzurichten und zu führen (Lehrlingsrolle). [2]Die Eintragung ist für den Lehrling (Auszubildenden) gebührenfrei.

(2) [1]Die nach Absatz 1 gespeicherten Daten sind an öffentliche Stellen und an nicht-öffentliche Stellen zu übermitteln, soweit dies zu den in Absatz 1 genannten Zwecken erforderlich ist. [2]Werden Daten an nicht-öffentliche Stellen übermittelt, so ist die jeweils betroffene Person unbeschadet der Verordnung (EU) 2016/679 hiervon zu benachrichtigen, es sei denn, dass sie von der Übermittlung auf andere Weise Kenntnis erlangt.

(3) [1]Die Übermittlung von Daten durch öffentliche Stellen an nicht-öffentliche Stellen ist zulässig, wenn der jeweilige Empfänger sich gegenüber der übermittelnden öffentlichen Stelle verpflichtet, die Daten nur für den Zweck zu verarbeiten, zu dessen Erfüllung sie ihm übermittelt werden. [2]Öffentliche Stellen dürfen die ihnen übermittelten Daten nur zu dem Zweck verarbeiten, zu dessen Erfüllung sie ihnen übermittelt wurden.

(4) Für das Verändern und das Einschränken der Verarbeitung der Daten in der Lehrlingsrolle gelten unbeschadet der Verordnung (EU) 2016/679 die Datenschutzgesetze der Länder.

(5) Die Eintragungen sind am Ende des Kalenderjahres, in dem das Berufsausbildungsverhältnis beendet wird, in der Lehrlingsrolle zu löschen.

(6) [1]Die nach Absatz 5 gelöschten Daten sind in einem gesonderten Dateisystem zu speichern, solange und soweit dies für den Nachweis der Berufsausbildung erforderlich ist, höchstens jedoch 60 Jahre. [2]Die Übermittlung von Daten ist nur unter den Voraussetzungen des Absatzes 2 zulässig.

(7) [1]Zur Verbesserung der Ausbildungsvermittlung, zur Verbesserung der Zuverlässigkeit und Aktualität der Ausbildungsvermittlungsstatistik sowie zur Verbesserung der Feststellung von Angebot und Nachfrage auf dem Ausbildungsmarkt übermittelt die Handwerkskammer folgende Daten aus der Lehrlingsrolle an die Bundesagentur für Arbeit:
1. Name, Geburtsname, Vorname, Geburtsdatum und Anschrift des Lehrlings (Auszubildenden),
2. Name und Anschrift des Ausbildenden, Name, Anschrift und Amtlicher Gemeindeschlüssel der Ausbildungsstätte, Wirtschaftszweig, Betriebsnummer der Ausbildungsstätte nach § 18i Absatz 1 oder § 18k Absatz 1 des Vierten Buches Sozialgesetzbuch, Zugehörigkeit zum öffentlichen Dienst,
3. Ausbildungsberuf einschließlich Fachrichtung sowie
4. Tag, Monat und Jahr des vertraglich vereinbarten Beginns und Endes der Berufsausbildung sowie Tag, Monat und Jahr einer vorzeitigen Auflösung des Ausbildungsverhältnisses.
[2]Bei der Datenübermittlung sind dem jeweiligen Stand der Technik entsprechende Maßnahmen zur Sicherstellung von Datenschutz und Datensicherheit nach den Artikeln 24, 25 und 32 der Verordnung (EU) 2016/679 zu treffen, die insbesondere die Vertraulichkeit, Unversehrtheit und Zurechenbarkeit der Daten gewährleisten.

(8) Im Übrigen darf die Handwerkskammer Daten aus dem Berufsausbildungsvertrag, die nicht nach Absatz 1 oder Absatz 6 gespeichert sind, nur für die in Absatz 1 genannten Zwecke sowie in den Fällen des § 88 Abs. 2 des Berufsbildungsgesetzes übermitteln.

§ 29 [Eintragen, Ändern, Löschen]
(1) Ein Berufsausbildungsvertrag und Änderungen seines wesentlichen Inhalts sind in die Lehrlingsrolle einzutragen, wenn
1. der Berufsausbildungsvertrag den gesetzlichen Vorschriften und der Ausbildungsordnung entspricht,
2. die persönliche und fachliche Eignung sowie die Eignung der Ausbildungsstätte für das Einstellen und Ausbilden vorliegen und
3. für Auszubildende unter 18 Jahren die ärztliche Bescheinigung über die Erstuntersuchung nach § 32 Abs. 1 des Jugendarbeitsschutzgesetzes zur Einsicht vorgelegt wird.

(2) [1]Die Eintragung ist abzulehnen oder zu löschen, wenn die Eintragungsvoraussetzungen nicht vorliegen und der Mangel nicht nach § 23 Abs. 2 behoben wird. [2]Die Eintragung ist ferner zu löschen, wenn die ärztliche Bescheinigung über die erste Nachuntersuchung nach § 33 Abs. 1 des Jugendarbeitsschutzgesetzes nicht spätestens am Tag der Anmeldung des Auszubildenden zur Zwischenprüfung oder zum ersten Teil der Gesellenprüfung zur Einsicht vorgelegt und der Mangel nicht nach § 23 Abs. 2 behoben wird.

§ 30 [Antrag]

(1) ¹Der Ausbildende hat unverzüglich nach Abschluß des Berufsausbildungsvertrags die Eintragung in die Lehrlingsrolle zu beantragen. ²Der Antrag kann schriftlich oder elektronisch gestellt werden; eine Kopie der Vertragsniederschrift ist jeweils beizufügen. ³Auf einen betrieblichen Ausbildungsplan im Sinne des § 11 Absatz 1 Satz 2 Nummer 1 des Berufsbildungsgesetzes, der der zuständigen Stelle bereits vorliegt, kann dabei Bezug genommen werden. ⁴Entsprechendes gilt bei Änderungen des wesentlichen Vertragsinhalts.

(2) Der Ausbildende hat anzuzeigen
1. eine vorausgegangene allgemeine und berufliche Ausbildung des Lehrlings (Auszubildenden),
2. die Bestellung von Ausbildern.

Vierter Abschnitt
Prüfungswesen

§ 31 [Gesellenprüfung]

(1) ¹In den anerkannten Ausbildungsberufen (Gewerbe der Anlage A oder der Anlage B) sind Gesellenprüfungen durchzuführen. ²Die Prüfung kann im Falle des Nichtbestehens zweimal wiederholt werden. ³Sofern die Gesellenprüfung in zwei zeitlich auseinander fallenden Teilen durchgeführt wird, ist der erste Teil der Gesellenprüfung nicht eigenständig wiederholbar.

(2) ¹Dem Prüfling ist ein Zeugnis auszustellen. ²Dem Ausbildenden werden auf dessen Verlangen die Ergebnisse der Gesellenprüfung des Lehrlings (Auszubildenden) übermittelt. ³Sofern die Gesellenprüfung in zwei zeitlich auseinander fallenden Teilen durchgeführt wird, ist das Ergebnis der Prüfungsleistung im ersten Teil der Gesellenprüfung dem Prüfling schriftlich mitzuteilen.

(3) ¹Dem Zeugnis ist auf Antrag des Lehrlings (Auszubildenden) eine englischsprachige und eine französischsprachige Übersetzung beizufügen. ²Auf Antrag des Lehrlings (Auszubildenden) ist das Ergebnis berufsschulischer Leistungsfeststellungen auf dem Zeugnis auszuweisen. ³Der Lehrling (Auszubildende) hat den Nachweis der berufsschulischen Leistungsfeststellungen dem Antrag beizufügen.

(4) Die Prüfung ist für den Lehrling (Auszubildenden) gebührenfrei.

§ 32 [Prüfungsgegenstand]

¹Durch die Gesellenprüfung ist festzustellen, ob der Prüfling die berufliche Handlungsfähigkeit im Sinne des § 1 Abs. 3 des Berufsbildungsgesetzes erworben hat. ²In ihr soll der Prüfling nachweisen, dass er die erforderlichen beruflichen Fertigkeiten beherrscht, die notwendigen beruflichen Kenntnisse und Fähigkeiten besitzt und mit dem im Berufsschulunterricht zu vermittelnden, für die Berufsausbildung wesentlichen Lehrstoff vertraut ist. ³Die Ausbildungsordnung ist zugrunde zu legen.

§ 33 [Gesellenprüfungsausschüsse]

(1) ¹Für die Durchführung der Gesellenprüfung errichtet die Handwerkskammer Prüfungsausschüsse. ²Mehrere Handwerkskammern können bei einer von ihnen gemeinsame Prüfungsausschüsse errichten. ³Die Handwerkskammer kann Handwerksinnungen ermächtigen, Prüfungsausschüsse zu errichten, wenn die Leistungsfähigkeit der Handwerksinnung die ordnungsgemäße Durchführung der Prüfung sicherstellt.

(2) Werden von einer Handwerksinnung Prüfungsausschüsse errichtet, so sind sie für die Abnahme der Gesellenprüfung aller Lehrlinge (Auszubildenden) der in der Handwerksinnung vertretenen Handwerke ihres Bezirks zuständig, soweit nicht die Handwerkskammer etwas anderes bestimmt.

(3) Prüfungsausschüsse oder Prüferdelegationen nach § 35a Absatz 2 nehmen die Prüfungsleistungen ab.

(4) ¹Prüfungsausschüsse oder Prüferdelegationen nach § 35a Absatz 2 können zur Bewertung einzelner, nicht mündlich zu erbringender Prüfungsleistungen gutachterliche Stellungnahmen Dritter, insbesondere berufsbildender Schulen, einholen. ²Im Rahmen der Begutachtung nach Satz 1 sind die wesentlichen Abläufe zu dokumentieren und die für die Bewertung erheblichen Tatsachen festzuhalten.

§ 34 [Zusammensetzung, Berufung]

(1) ¹Der Prüfungsausschuß besteht aus mindestens drei Mitgliedern. ²Die Mitglieder müssen für die Prüfungsgebiete sachkundig und für die Mitwirkung im Prüfungswesen geeignet sein.

(2) ¹Dem Prüfungsausschuss müssen als Mitglieder für zulassungspflichtige Handwerke Arbeitgeber oder Betriebsleiter und Arbeitnehmer in gleicher Zahl, für zulassungsfreie Handwerke oder handwerksähnliche Gewerbe Beauftragte der Arbeitgeber und Arbeitnehmer in gleicher Zahl sowie mindestens eine Lehrkraft einer berufsbildenden Schule angehören. ²Mindestens zwei Drittel der Gesamtzahl der Mitglieder müssen in zulassungspflichtigen Handwerken Arbeitgeber und Arbeitnehmer, in zulassungsfreien Handwerken oder handwerksähnlichen Gewerben Beauftragte der Arbeitgeber und der Arbeitnehmer sein. ³Die Mit-

glieder haben Stellvertreter. [4]Die Mitglieder und die Stellvertreter werden längstens für fünf Jahre berufen oder gewählt.

(3) [1]Die Arbeitgeber müssen in dem zulassungspflichtigen Handwerk, für das der Prüfungsausschuß errichtet ist, die Meisterprüfung abgelegt haben oder zum Ausbilden berechtigt sein. [2]In dem zulassungsfreien Handwerk oder in dem handwerksähnlichen Gewerbe, für das der Prüfungsausschuss errichtet ist, müssen die Arbeitgeber oder die Beauftragten der Arbeitgeber die Gesellenprüfung oder eine entsprechende Abschlussprüfung in einem anerkannten Ausbildungsberuf nach § 4 des Berufsbildungsgesetzes bestanden haben und in diesem Handwerk oder in diesem Gewerbe tätig sein. [3]Die Arbeitnehmer und die Beauftragten der Arbeitnehmer müssen die Gesellenprüfung in dem zulassungspflichtigen oder zulassungsfreien Handwerk oder in dem handwerksähnlichen Gewerbe, für das der Prüfungsausschuss errichtet ist, oder eine entsprechende Abschlussprüfung in einem anerkannten Ausbildungsberuf nach § 4 des Berufsbildungsgesetzes bestanden haben und in diesem Handwerk oder in diesem Gewerbe tätig sein. [4]Arbeitnehmer, die eine entsprechende ausländische Befähigung erworben haben und handwerklich tätig sind, können in den Prüfungsausschuß berufen werden.

(4) [1]Die Mitglieder werden von der Handwerkskammer berufen. [2]Die Arbeitnehmer und die Beauftragten der Arbeitnehmer der von der Handwerkskammer errichteten Prüfungsausschüsse werden auf Vorschlag der Mehrheit der Gesellenvertreter in der Vollversammlung der Handwerkskammer berufen. [3]Die Lehrkraft einer berufsbildenden Schule wird im Einvernehmen mit der Schulaufsichtsbehörde oder der von ihr bestimmten Stelle berufen.

(5) [1]Für die mit Ermächtigung der Handwerkskammer von der Handwerksinnung errichteten Prüfungsausschüsse werden die Arbeitgeber und die Beauftragten der Arbeitgeber von der Innungsversammlung, die Arbeitnehmer und die Beauftragten der Arbeitnehmer von dem Gesellenausschuß gewählt. [2]Die Lehrkraft einer berufsbildenden Schule wird im Einvernehmen mit der Schulaufsichtsbehörde oder der von ihr bestimmten Stelle nach Anhörung der Handwerksinnung von der Handwerkskammer berufen.

(6) [1]Die Mitglieder der Prüfungsausschüsse können nach Anhörung der an ihrer Berufung Beteiligten aus wichtigem Grund abberufen werden. [2]Die Absätze 4 und 5 gelten für die Stellvertreter entsprechend.

(7) [1]Die Handwerkskammer oder die nach § 33 Absatz 1 Satz 3 von der Handwerkskammer zur Errichtung von Prüfungsausschüssen ermächtigte Handwerksinnung kann weitere Prüfende für den Einsatz in Prüferdelegationen nach § 35a Absatz 2 berufen. [2]Die Berufung weiterer Prüfender kann auf bestimmte Prüf- oder Fachgebiete beschränkt werden. [3]Die Absätze 4 bis 6 sind entsprechend anzuwenden.

(8) [1]Die für die Berufung von Prüfungsausschussmitgliedern Vorschlagsberechtigten sind über die Anzahl und die Größe der einzurichtenden Prüfungsausschüsse sowie über die Zahl der von ihnen vorzuschlagenden weiteren Prüfenden zu unterrichten. [2]Die Vorschlagsberechtigten werden von der Handwerkskammer oder im Fall des § 33 Absatz 1 Satz 2 von der Innung darüber unterrichtet, welche der von ihnen vorgeschlagenen Mitglieder sowie Stellvertreter und Stellvertreterinnen und weiterer Prüfenden berufen wurden.

(9) [1]Die Tätigkeit im Prüfungsausschuss oder in einer Prüferdelegation ist ehrenamtlich. [2]Für bare Auslagen und für Zeitversäumnis ist, soweit eine Entschädigung nicht von anderer Seite gewährt wird, eine angemessene Entschädigung zu zahlen, deren Höhe von der Handwerkskammer mit Genehmigung der obersten Landesbehörde festgesetzt wird. [3]Die Entschädigung für Zeitversäumnis hat mindestens im Umfang von § 16 des Justizvergütungs- und -entschädigungsgesetzes in der jeweils geltenden Fassung zu erfolgen.

(9a) Prüfende sind von ihrem Arbeitgeber von der Erbringung der Arbeitsleistung freizustellen, wenn
1. es zur ordnungsgemäßen Durchführung der ihnen durch das Gesetz zugewiesenen Aufgaben erforderlich ist und
2. wichtige betriebliche Gründe nicht entgegenstehen.

(10) Von Absatz 2 darf nur abgewichen werden, wenn anderenfalls die erforderliche Zahl von Mitgliedern des Prüfungsausschusses nicht berufen werden kann.

§ 35 [Vorsitzender; Stellvertreter]

[1]Der Prüfungsausschuß wählt aus seiner Mitte einen Vorsitzenden und dessen Stellvertreter. [2]Der Vorsitzende und sein Stellvertreter sollen nicht derselben Mitgliedergruppe angehören. [3]Der Prüfungsausschuß ist beschlußfähig, wenn zwei Drittel der Mitglieder, mindestens drei, mitwirken. [4]Er beschließt mit der Mehrheit der abgegebenen Stimmen. [5]Bei Stimmengleichheit gibt die Stimme des Vorsitzenden den Ausschlag.

§ 35a [Bewertung von Prüfungsleistungen]

(1) Der Prüfungsausschuss fasst die Beschlüsse über

1. die Noten zur Bewertung einzelner Prüfungsleistungen, die er selbst abgenommen hat,
2. die Noten zur Bewertung der Prüfung insgesamt sowie
3. das Bestehen oder Nichtbestehen der Gesellenprüfung.

(2) [1]Die zuständige Stelle kann im Einvernehmen mit den Mitgliedern des Prüfungsausschusses die Abnahme und abschließende Bewertung von Prüfungsleistungen auf Prüferdelegationen übertragen. [2]Für die Zusammensetzung von Prüferdelegationen und für die Abstimmungen in der Prüferdelegation sind § 34 Absatz 1 bis 3 und § 35 Satz 3 bis 5 entsprechend anzuwenden. [3]Mitglieder von Prüferdelegationen können die Mitglieder des Prüfungsausschusses, deren Stellvertreter und Stellvertreterinnen sowie weitere Prüfende sein, die durch die Handwerkskammer nach § 34 Absatz 7 berufen worden sind.

(3) [1]Die zuständige Stelle hat vor Beginn der Prüfung über die Bildung von Prüferdelegationen, über deren Mitglieder sowie über deren Stellvertreter und Stellvertreterinnen zu entscheiden. [2]Prüfende können Mitglieder mehrerer Prüferdelegationen sein. [3]Sind verschiedene Prüfungsleistungen derart aufeinander bezogen, dass deren Beurteilung nur einheitlich erfolgen kann, so müssen diese Prüfungsleistungen von denselben Prüfenden abgenommen werden.

(4) [1]Nach § 38 Absatz 2 Satz 2 erstellte oder ausgewählte Antwort-Wahl-Aufgaben können automatisiert ausgewertet werden, wenn das Aufgabenerstellungs- oder Aufgabenauswahlgremium festgelegt hat, welche Antworten als zutreffend anerkannt werden. [2]Die Ergebnisse sind vom Prüfungsausschuss zu übernehmen.

(5) [1]Der Prüfungsausschuss oder die Prüferdelegation kann einvernehmlich die Abnahme und Bewertung einzelner schriftlicher oder sonstiger Prüfungsleistungen, deren Bewertung unabhängig von der Anwesenheit bei der Erbringung erfolgen kann, so vornehmen, dass zwei seiner oder ihrer Mitglieder die Prüfungsleistungen selbständig und unabhängig bewerten. [2]Weichen die auf der Grundlage des in der Prüfungsordnung vorgesehenen Bewertungsschlüssels erfolgten Bewertungen der beiden Prüfenden um nicht mehr als 10 Prozent der erreichbaren Punkte voneinander ab, so errechnet sich die endgültige Bewertung aus dem Durchschnitt der beiden Bewertungen. [3]Bei einer größeren Abweichung erfolgt die endgültige Bewertung durch ein vorab bestimmtes weiteres Mitglied des Prüfungsausschusses oder der Prüferdelegation.

(6) Sieht die Ausbildungsordnung vor, dass Auszubildende bei erfolgreichem Abschluss eines zweijährigen Ausbildungsberufs vom ersten Teil der Gesellenprüfung eines darauf aufbauenden drei- oder dreieinhalbjährigen Ausbildungsberufs befreit sind, so ist das Ergebnis der Gesellenprüfung des zweijährigen Ausbildungsberufs vom Prüfungsausschuss als das Ergebnis des ersten Teils der Gesellenprüfung des auf dem zweijährigen Ausbildungsberuf aufbauenden drei- oder dreieinhalbjährigen Ausbildungsberufs zu übernehmen.

§ 36 [Zulassung zur Gesellenprüfung]

(1) Zur Gesellenprüfung ist zuzulassen,

1. wer die Ausbildungsdauer zurückgelegt hat oder wessen Ausbildungsdauer nicht später als zwei Monate nach dem Prüfungstermin endet,
2. wer an vorgeschriebenen Zwischenprüfungen teilgenommen sowie einen vom Ausbilder und Auszubildenden unterzeichneten Ausbildungsnachweis nach § 13 Satz 2 Nummer 7 des Berufsbildungsgesetzes vorgelegt hat und
3. wessen Berufsausbildungsverhältnis in die Lehrlingsrolle eingetragen oder aus einem Grund nicht eingetragen ist, den weder der Lehrling (Auszubildende) noch dessen gesetzlicher Vertreter zu vertreten hat.

(2) [1]Zur Gesellenprüfung ist ferner zuzulassen, wer in einer berufsbildenden Schule oder einer sonstigen Berufsbildungseinrichtung ausgebildet worden ist, wenn dieser Bildungsgang der Berufsausbildung in einem anerkannten Ausbildungsberuf (Gewerbe der Anlage A oder der Anlage B) entspricht. [2]Ein Bildungsgang entspricht der Berufsausbildung in einem anerkannten Ausbildungsberuf, wenn er

1. nach Inhalt, Anforderung und zeitlichem Umfang der jeweiligen Ausbildungsordnung gleichwertig ist,
2. systematisch, insbesondere im Rahmen einer sachlichen und zeitlichen Gliederung durchgeführt wird, und
3. durch Lernortkooperation einen angemessenen Anteil an fachpraktischer Ausbildung gewährleistet.

§ 36a [Zulassung zu einzelnen Teilen der Gesellenprüfung]

(1) Sofern die Gesellenprüfung in zwei zeitlich auseinander fallenden Teilen durchgeführt wird, ist über die Zulassung jeweils gesondert zu entscheiden.

(2) Zum ersten Teil der Gesellenprüfung ist zuzulassen, wer die in der Ausbildungsordnung vorgeschriebene, erforderliche Ausbildungsdauer zurückgelegt hat und die Voraussetzungen des § 36 Abs. 1 Nr. 2 und 3 erfüllt.

(3) [1]Zum zweiten Teil der Gesellenprüfung ist zuzulassen, wer

1. über die Voraussetzungen des § 36 Absatz 1 hinaus am ersten Teil der Gesellenprüfung teilgenommen hat,

2. auf Grund einer Rechtsverordnung nach § 26 Absatz 2 Satz 1 Nummer 2b von der Ablegung des ersten Teils der Gesellenprüfung befreit ist oder

3. aus Gründen, die er nicht zu vertreten hat, am ersten Teil der Gesellenprüfung nicht teilgenommen hat.

[2]Im Fall des Satzes 1 Nummer 3 ist der erste Teil der Gesellenprüfung zusammen mit dem zweiten Teil abzulegen.

§ 37 [Zulassung in besonderen Fällen]

(1) Der Lehrling (Auszubildende) kann nach Anhörung des Ausbildenden und der Berufsschule vor Ablauf seiner Ausbildungszeit zur Gesellenprüfung zugelassen werden, wenn seine Leistungen dies rechtfertigen.

(2) [1]Zur Gesellenprüfung ist auch zuzulassen, wer nachweist, dass er mindestens das Einundhalbfache der Zeit, die als Ausbildungsdauer vorgeschrieben ist, in dem Beruf tätig gewesen ist, in dem er die Prüfung ablegen will. [2]Als Zeiten der Berufstätigkeit gelten auch Ausbildungszeiten in einem anderen, einschlägigen Ausbildungsberuf. [3]Vom Nachweis der Mindestzeit nach Satz 1 kann ganz oder teilweise abgesehen werden, wenn durch Vorlage von Zeugnissen oder auf andere Weise glaubhaft gemacht wird, dass der Bewerber die berufliche Handlungsfähigkeit erworben hat, die die Zulassung zur Prüfung rechtfertigt. [4]Ausländische Bildungsabschlüsse und Zeiten der Berufstätigkeit im Ausland sind dabei zu berücksichtigen.

(3) Soldaten auf Zeit und ehemalige Soldaten sind nach Absatz 2 Satz 3 zur Gesellenprüfung zuzulassen, wenn das Bundesministerium der Verteidigung oder die von ihm bestimmte Stelle bescheinigt, dass der Bewerber berufliche Fertigkeiten, Kenntnisse und Fähigkeiten erworben hat, welche die Zulassung zur Prüfung rechtfertigen.

§ 37a [Entscheidung über die Zulassung]

(1) [1]Über die Zulassung zur Gesellenprüfung entscheidet der Vorsitzende des Prüfungsausschusses. [2]Hält er die Zulassungsvoraussetzungen nicht für gegeben, so entscheidet der Prüfungsausschuss.

(2) Auszubildenden, die Elternzeit in Anspruch genommen haben, darf bei der Entscheidung über die Zulassung hieraus kein Nachteil erwachsen.

§ 38 [Prüfungsordnung]

(1) [1]Die Handwerkskammer hat eine Prüfungsordnung für die Gesellenprüfung zu erlassen. [2]Die Prüfungsordnung bedarf der Genehmigung der zuständigen obersten Landesbehörde.

(2) [1]Die Prüfungsordnung muss die Zulassung, die Gliederung der Prüfung, die Bewertungsmaßstäbe, die Erteilung der Prüfungszeugnisse, die Folgen von Verstößen gegen die Prüfungsordnung und die Wiederholungsprüfung regeln. [2]Sie kann vorsehen, dass Prüfungsaufgaben, die überregional oder von einem Aufgabenerstellungsausschuss bei der Handwerkskammer erstellt oder ausgewählt werden, zu übernehmen sind, sofern diese Aufgaben von Gremien erstellt oder ausgewählt werden, die entsprechend § 34 Abs. 2 zusammengesetzt sind.

(3) Der Hauptausschuss des Bundesinstituts für Berufsbildung erlässt für die Prüfungsordnung Richtlinien.

§ 39 [Zwischenprüfung]

(1) [1]Während der Berufsausbildung ist zur Ermittlung des Ausbildungsstands eine Zwischenprüfung entsprechend der Ausbildungsordnung durchzuführen. [2]Die §§ 31 bis 33 gelten entsprechend.

(2) Die Zwischenprüfung entfällt, sofern

1. die Ausbildungsordnung vorsieht, dass die Gesellenprüfung in zwei zeitlich auseinanderfallenden Teilen durchgeführt wird, oder

2. die Ausbildungsordnung vorsieht, dass auf die Dauer der durch die Ausbildungsordnung geregelten Berufsausbildung die Dauer einer anderen abgeschlossenen Berufsausbildung im Umfang von mindestens zwei Jahren anzurechnen ist, und die Vertragsparteien die Anrechnung mit mindestens dieser Dauer vereinbart haben.

(3) Umzuschulende sind auf ihren Antrag zur Zwischenprüfung zuzulassen.

§ 39a [Gesonderte Prüfung]
(1) [1]Zusätzliche berufliche Fertigkeiten, Kenntnisse und Fähigkeiten nach § 26 Abs. 2 Nr. 5 werden gesondert geprüft und bescheinigt. [2]Das Ergebnis der Prüfung nach § 31 bleibt unberührt.
(2) § 31 Abs. 3 und 4 sowie die §§ 33 bis 35a und 38 gelten entsprechend.

§ 40 [Gleichstellung von Prüfungszeugnissen]
(1) Das Bundesministerium für Wirtschaft und Energie kann im Einvernehmen mit dem Bundesministerium für Bildung und Forschung nach Anhörung des Hauptausschusses des Bundesinstituts für Berufsbildung durch Rechtsverordnung[1] außerhalb des Anwendungsbereichs dieses Gesetzes erworbene Prüfungszeugnisse den entsprechenden Zeugnissen über das Bestehen der Gesellenprüfung gleichstellen, wenn die Berufsausbildung und die in der Prüfung nachzuweisenden beruflichen Fertigkeiten, Kenntnisse und Fähigkeiten gleichwertig sind.
(2) Das Bundesministerium für Wirtschaft und Energie kann im Einvernehmen mit dem Bundesministerium für Bildung und Forschung nach Anhörung des Hauptausschusses des Bundesinstituts für Berufsbildung durch Rechtsverordnung im Ausland erworbene Prüfungszeugnisse den entsprechenden Zeugnissen über das Bestehen der Gesellenprüfung gleichstellen, wenn die in der Prüfung nachzuweisenden beruflichen Fertigkeiten, Kenntnisse und Fähigkeiten gleichwertig sind.

§ 40a [Ausländische Ausbildungsnachweise]
[1]Ausländische Ausbildungsnachweise stehen der Gesellenprüfung im Sinne dieses Gesetzes und der auf ihm beruhenden Rechtsverordnungen gleich, wenn ihre Gleichwertigkeit festgestellt wurde. [2]§ 50b Absatz 4 gilt entsprechend. [3]Die Vorschriften des Berufsqualifikationsfeststellungsgesetzes für nicht reglementierte Berufe sowie § 17 sind anzuwenden.

Fünfter Abschnitt
Regelung und Überwachung der Berufsausbildung

§ 41 [Regelung der Berufsausbildung]
Soweit Vorschriften nicht bestehen, regelt die Handwerkskammer die Durchführung der Berufsausbildung im Rahmen der gesetzlichen Vorschriften.

§ 41a [Überwachung der Berufsausbildung]
(1) [1]Die Handwerkskammer überwacht die Durchführung
1. der Berufsausbildungsvorbereitung,
2. der Berufsausbildung und
3. der beruflichen Umschulung
und fördert diese durch Beratung der an der Berufsbildung beteiligten Personen. [2]Sie hat zu diesem Zweck Berater zu bestellen. [3]§ 111 ist anzuwenden.
(2) Ausbildende, Umschulende und Anbieter von Maßnahmen der Berufsausbildungsvorbereitung sind auf Verlangen verpflichtet, die für die Überwachung notwendigen Auskünfte zu erteilen und Unterlagen vorzulegen sowie die Besichtigung der Ausbildungsstätten zu gestatten.
(3) [1]Die Durchführung von Auslandsaufenthalten nach § 2 Abs. 3 des Berufsbildungsgesetzes überwacht und fördert die Handwerkskammer in geeigneter Weise. [2]Beträgt die Dauer eines Ausbildungsabschnitts im Ausland mehr als acht Wochen, ist hierfür ein mit der Handwerkskammer abgestimmter Plan erforderlich.
(4) Die Handwerkskammer teilt der Aufsichtsbehörde nach dem Jugendarbeitsschutzgesetz Wahrnehmungen mit, die für die Durchführung des Jugendarbeitsschutzgesetzes von Bedeutung sein können.

Sechster Abschnitt
Berufliche Fortbildung, berufliche Umschulung

§ 42 [Fortbildungsordnung]
(1) Als Grundlage für eine einheitliche höherqualifizierende Berufsbildung kann das Bundesministerium für Bildung und Forschung im Einvernehmen mit dem Bundesministerium für Wirtschaft und Energie nach Anhörung des Hauptausschusses des Bundesinstituts für Berufsbildung durch Rechtsverordnung, die nicht der Zustimmung des Bundesrates bedarf, Abschlüsse der höherqualifizierenden Berufsbildung anerkennen und hierfür Prüfungsregelungen erlassen (Fortbildungsordnungen).

1) Siehe u.a. die GleichstellungsVO österreichische Prüfungszeugnisse und die GleichstellungsVO französische Prüfungszeugnisse.

(2) Die Fortbildungsordnungen haben festzulegen:
1. die Bezeichnung des Fortbildungsabschlusses,
2. die Fortbildungsstufe,
3. das Ziel, den Inhalt und die Anforderungen der Prüfung,
4. die Zulassungsvoraussetzungen für die Prüfung und
5. das Prüfungsverfahren.

§ 42a [Fortbildungsstufen höherqualifizierter Berufsbildung]

(1) Die Fortbildungsstufen der höherqualifizierenden Berufsbildung sind
1. als erste Fortbildungsstufe der Geprüfte Berufsspezialist und die Geprüfte Berufsspezialistin,
2. als zweite Fortbildungsstufe der Bachelor Professional und
3. als dritte Fortbildungsstufe der Master Professional.

(2) Jede Fortbildungsordnung, die eine höherqualifizierende Berufsbildung der ersten Fortbildungsstufe regelt, soll auf einen Abschluss der zweiten Fortbildungsstufe hinführen.

§ 42b [Erste berufliche Fortbildungsstufe]

(1) Den Fortbildungsabschluss des Geprüften Berufsspezialisten oder der Geprüften Berufsspezialistin erlangt, wer eine Prüfung der ersten beruflichen Fortbildungsstufe besteht.

(2) [1]In der Fortbildungsprüfung der ersten beruflichen Fortbildungsstufe wird festgestellt, ob der Prüfling
1. die Fertigkeiten, Kenntnisse und Fähigkeiten, die er in der Regel im Rahmen der Berufsausbildung erworben hat, vertieft hat und
2. die in der Regel im Rahmen der Berufsausbildung erworbene berufliche Handlungsfähigkeit um neue Fertigkeiten, Kenntnisse und Fähigkeiten ergänzt hat.
[2]Der Lernumfang für den Erwerb dieser Fertigkeiten, Kenntnisse und Fähigkeiten soll mindestens 400 Stunden betragen.

(3) Als Zulassungsvoraussetzung für eine Prüfung der ersten beruflichen Fortbildungsstufe ist als Regelzugang der Abschluss in einem anerkannten Ausbildungsberuf vorzusehen.

(4) [1]Die Bezeichnung eines Fortbildungsabschlusses der ersten beruflichen Fortbildungsstufe beginnt mit den Wörtern „Geprüfter Berufsspezialist für" oder „Geprüfte Berufsspezialistin für". [2]Die Fortbildungsordnung kann vorsehen, dass dieser Abschlussbezeichnung eine weitere Abschlussbezeichnung vorangestellt wird. [3]Die Abschlussbezeichnung der ersten beruflichen Fortbildungsstufe darf nur führen, wer
1. die Prüfung der ersten beruflichen Fortbildungsstufe bestanden hat oder
2. die Prüfung einer gleichwertigen beruflichen Fortbildung auf der Grundlage bundes- oder landesrechtlicher Regelungen, die diese Abschlussbezeichnung vorsehen, bestanden hat.

§ 42c [Zweite berufliche Fortbildungsstufe]

(1) Den Fortbildungsabschluss Bachelor Professional erlangt, wer eine Prüfung der zweiten beruflichen Fortbildungsstufe erfolgreich besteht.

(2) [1]In der Fortbildungsprüfung der zweiten beruflichen Fortbildungsstufe wird festgestellt, ob der Prüfling in der Lage ist, Fach- und Führungsfunktionen zu übernehmen, in denen zu verantwortende Leitungsprozesse von Organisationen eigenständig gesteuert werden, eigenständig ausgeführt werden und dafür Mitarbeiter und Mitarbeiterinnen geführt werden. [2]Der Lernumfang für den Erwerb dieser Fertigkeiten, Kenntnisse und Fähigkeiten soll mindestens 1 200 Stunden betragen.

(3) Als Voraussetzung zur Zulassung für eine Prüfung der zweiten beruflichen Fortbildungsstufe ist als Regelzugang vorzusehen:
1. der Abschluss in einem anerkannten Ausbildungsberuf oder
2. ein Abschluss der ersten beruflichen Fortbildungsstufe.

(4) [1]Die Bezeichnung eines Fortbildungsabschlusses der zweiten beruflichen Fortbildungsstufe beginnt mit den Wörtern „Bachelor Professional in". [2]Die Fortbildungsordnung kann vorsehen, dass dieser Abschlussbezeichnung eine weitere Abschlussbezeichnung vorangestellt wird. [3]Die Abschlussbezeichnung der zweiten beruflichen Fortbildungsstufe darf nur führen, wer
1. die Prüfung der zweiten beruflichen Fortbildungsstufe bestanden hat oder
2. die Prüfung einer gleichwertigen beruflichen Fortbildung auf der Grundlage bundes- oder landesrechtlicher Regelungen, die diese Abschlussbezeichnung vorsehen, bestanden hat.
[4]Die §§ 51 und 51d bleiben unberührt.

§ 42d [Fortbildungsabschluss Master Professional]

(1) Den Fortbildungsabschluss Master Professional erlangt, wer die Prüfung der dritten beruflichen Fortbildungsstufe besteht.

(2) [1]In der Fortbildungsprüfung der dritten beruflichen Fortbildungsstufe wird festgestellt, ob der Prüfling

1. die Fertigkeiten, Kenntnisse und Fähigkeiten, die er in der Regel mit der Vorbereitung auf eine Fortbildungsprüfung der zweiten Fortbildungsstufe erworben hat, vertieft hat und

2. neue Fertigkeiten, Kenntnisse und Fähigkeiten erworben hat, die erforderlich sind für die verantwortliche Führung von Organisationen oder zur Bearbeitung von neuen, komplexen Aufgaben- und Problemstellungen wie der Entwicklung von Verfahren und Produkten. [2]Der Lernumfang für den Erwerb dieser Fertigkeiten, Kenntnisse und Fähigkeiten soll mindestens 1 600 Stunden betragen.

(3) Als Voraussetzung zur Zulassung für eine Prüfung der dritten beruflichen Fortbildungsstufe ist als Regelzugang ein Abschluss auf der zweiten beruflichen Fortbildungsstufe oder eine bestandene Meisterprüfung vorzusehen.

(4) [1]Die Bezeichnung eines Fortbildungsabschlusses der dritten beruflichen Fortbildungsstufe beginnt mit den Wörtern „Master Professional in". [2]Die Fortbildungsordnung kann vorsehen, dass dieser Abschlussbezeichnung eine weitere Abschlussbezeichnung vorangestellt wird. [3]Die Abschlussbezeichnung der dritten beruflichen Fortbildungsstufe darf führen, wer

1. die Prüfung der dritten beruflichen Fortbildungsstufe bestanden hat oder

2. die Prüfung einer gleichwertigen beruflichen Fortbildung auf der Grundlage bundes- oder landesrechtlicher Regelungen, die diese Abschlussbezeichnung vorsehen, bestanden hat.

§ 42e [Einheitliche Anpassungsfortbildung]

(1) Als Grundlage für eine einheitliche Anpassungsfortbildung kann das Bundesministerium für Bildung und Forschung im Einvernehmen mit dem Bundesministerium für Wirtschaft und Energie nach Anhörung des Hauptausschusses des Bundesinstituts für Berufsbildung durch Rechtsverordnung, die nicht der Zustimmung des Bundesrates bedarf, Fortbildungsabschlüsse anerkennen und hierfür Prüfungsregelungen erlassen (Anpassungsfortbildungsordnungen).

(2) Die Anpassungsfortbildungsordnungen haben festzulegen:

1. die Bezeichnung des Fortbildungsabschlusses,

2. das Ziel, den Inhalt und die Anforderungen der Prüfung,

3. die Zulassungsvoraussetzungen und

4. das Prüfungsverfahren.

§ 42f [Fortbildungsprüfungsregelungen]

(1) Sofern für einen Fortbildungsabschluss weder eine Fortbildungsordnung noch eine Anpassungsfortbildungsordnung erlassen worden ist, kann die Handwerkskammer Fortbildungsprüfungsregelungen erlassen.

(2) Die Fortbildungsprüfungsregelungen haben festzulegen:

1. die Bezeichnung des Fortbildungsabschlusses,

2. das Ziel, den Inhalt und die Anforderungen der Prüfungen,

3. die Zulassungsvoraussetzungen für die Prüfung und

4. das Prüfungsverfahren.

(3) [1]Bestätigt die zuständige oberste Landesbehörde,

1. dass die Fortbildungsprüfungsregelungen die Voraussetzungen des § 42b Absatz 2 und 3 sowie des § 42a Absatz 2 erfüllen, so beginnt die Bezeichnung des Fortbildungsabschlusses mit den Wörtern „Geprüfter Berufsspezialist für" oder „Geprüfte Berufsspezialistin für",

2. dass die Fortbildungsprüfungsregelungen die Voraussetzungen des § 42c Absatz 2 und 3 erfüllen, so beginnt die Bezeichnung des Fortbildungsabschlusses mit den Wörtern „Bachelor Professional in",

3. dass die Fortbildungsprüfungsregelungen die Voraussetzungen des § 42d Absatz 2 und 3 erfüllen, so beginnt die Bezeichnung des Fortbildungsabschlusses mit den Wörtern „Master Professional in". [2]Der Abschlussbezeichnung nach Satz 1 ist in Klammern ein Zusatz beizufügen, aus dem sich zweifelsfrei die Handwerkskammer ergibt, die die Fortbildungsprüfungsregelungen erlassen hat. [3]Die Fortbildungsprüfungsregelungen können vorsehen, dass dieser Abschlussbezeichnung eine weitere Abschlussbezeichnung vorangestellt wird.

(4) [1]Eine Abschlussbezeichnung, die in einer von der zuständigen obersten Landesbehörde bestätigten Fortbildungsprüfungsregelung enthalten ist, darf nur führen, wer die Prüfung bestanden hat. [2]§ 42c Absatz 4 Satz 2 und 3 sowie § 42d Absatz 4 Satz 2 und 3 bleiben unberührt.

§ 42g [Auslandserfahrung]

Sofern Fortbildungsordnungen, Anpassungsfortbildungsordnungen oder Fortbildungsprüfungsregelungen nach § 42f Zulassungsvoraussetzungen zu Prüfungen vorsehen, sind ausländische Bildungsabschlüsse und Zeiten der Berufstätigkeit im Ausland zu berücksichtigen.

§ 42h [Prüfungsausschüsse]

(1) [1]Für die Durchführung von Prüfungen im Bereich der beruflichen Fortbildung errichtet die Handwerkskammer Prüfungsausschüsse. [2]§ 31 Absatz 2 Satz 1 und 2 und Absatz 3 Satz 1 sowie § 33 Absatz 1 Satz 2, Absatz 3 und 4 und die §§ 34 bis 35a, 37a und 38 sind entsprechend anzuwenden.

(2) Der Prüfling ist auf Antrag von der Ablegung einzelner Prüfungsbestandteile durch die Handwerkskammer zu befreien, wenn

1. er eine andere vergleichbare Prüfung vor einer öffentlichen oder einer staatlich anerkannten Bildungseinrichtung oder vor einem staatlichen Prüfungsausschuss erfolgreich abgelegt hat und
2. die Anmeldung zur Fortbildungsprüfung innerhalb von zehn Jahren nach der Bekanntgabe des Bestehens der Prüfung erfolgt.

§ 42i [Gleichstellung ausländischer Bildungsabschlüsse]

Das Bundesministerium für Wirtschaft und Energie kann im Einvernehmen mit dem Bundesministerium für Bildung und Forschung nach Anhörung des Hauptausschusses des Bundesinstituts für Berufsbildung durch Rechtsverordnung Prüfungszeugnisse, die außerhalb des Anwendungsbereichs dieses Gesetzes oder im Ausland erworben worden sind, den entsprechenden Zeugnissen über das Bestehen einer Fortbildungsprüfung auf der Grundlage der §§ 42b bis 42f gleichstellen, wenn die in der Prüfung nachzuweisenden beruflichen Fertigkeiten, Kenntnisse und Fähigkeiten gleichwertig sind.

§ 42j [Berufliche Umschulung]

Als Grundlage für eine geordnete und einheitliche berufliche Umschulung kann das Bundesministerium für Bildung und Forschung im Einvernehmen mit dem Bundesministerium für Wirtschaft und Energie nach Anhörung des Hauptausschusses des Bundesinstituts für Berufsbildung durch Rechtsverordnung, die nicht der Zustimmung des Bundesrates bedarf,

1. die Bezeichnung des Umschulungsabschlusses,
2. das Ziel, den Inhalt, die Art und Dauer der Umschulung,
3. die Anforderungen der Umschulungsprüfung und ihre Zulassungsvoraussetzungen sowie
4. das Prüfungsverfahren der Umschulung

unter Berücksichtigung der besonderen Erfordernisse der beruflichen Erwachsenenbildung bestimmen (Umschulungsordnung).

§ 42k [Umschulungsprüfungsregelungen]

[1]Soweit Rechtsverordnungen nach § 42j nicht erlassen sind, kann die Handwerkskammer Umschulungsprüfungsregelungen erlassen. [2]Die Handwerkskammer regelt die Bezeichnung des Umschulungsabschlusses, Ziel, Inhalt und Anforderungen der Prüfungen, ihre Zulassungsvoraussetzungen sowie das Prüfungsverfahren unter Berücksichtigung der besonderen Erfordernisse beruflicher Erwachsenenbildung.

§ 42l [Umschulung für einen anerkannten Ausbildungsberuf]

[1]Sofern sich die Umschulungsordnung (§ 42j) oder eine Regelung der Handwerkskammer (§ 42k) auf die Umschulung für einen anerkannten Ausbildungsberuf (Gewerbe der Anlage A oder der Anlage B) richtet, sind das Ausbildungsberufsbild (§ 26 Abs. 1 Nr. 3), der Ausbildungsrahmenplan (§ 26 Abs. 1 Nr. 4) und die Prüfungsanforderungen (§ 26 Abs. 1 Nr. 5) zugrunde zu legen. [2]Die §§ 21 bis 24 gelten entsprechend.

§ 42m [Berücksichtigung ausländischer Bildungsabschlüsse]

Sofern die Umschulungsordnung (§ 42j) oder eine Regelung der Handwerkskammer (§ 42k) Zulassungsvoraussetzungen vorsieht, sind ausländische Bildungsabschlüsse und Zeiten der Berufstätigkeit im Ausland zu berücksichtigen.

§ 42n [Berufliche Umschulung]

(1) Maßnahmen der beruflichen Umschulung müssen nach Inhalt, Art, Ziel und Dauer den besonderen Erfordernissen der beruflichen Erwachsenenbildung entsprechen.

(2) [1]Der Umschulende hat die Durchführung der beruflichen Umschulung unverzüglich vor Beginn der Maßnahme der Handwerkskammer schriftlich anzuzeigen. [2]Die Anzeigepflicht erstreckt sich auf den wesentlichen Inhalt des Umschulungsverhältnisses. [3]Bei Abschluss eines Umschulungsvertrages ist eine Ausfertigung der Vertragsniederschrift beizufügen.

(3) [1]Für die Durchführung von Prüfungen im Bereich der beruflichen Umschulung errichtet die Handwerkskammer Prüfungsausschüsse. [2]§ 31 Abs. 2 und 3 sowie § 33 Absatz 3 und die §§ 34 bis 35a, 37a und 38 gelten entsprechend.

(4) Der Prüfling ist auf Antrag von der Ablegung einzelner Prüfungsbestandteile durch die Handwerkskammer zu befreien, wenn er eine andere vergleichbare Prüfung vor einer öffentlichen oder staatlich anerkannten Bildungseinrichtung oder vor einem staatlichen Prüfungsausschuss erfolgreich abgelegt hat und die Anmeldung zur Umschulungsprüfung innerhalb von zehn Jahren nach der Bekanntgabe des Bestehens der anderen Prüfung erfolgt.

§ 42o [Gleichwertige Prüfungszeugnisse]

Das Bundesministerium für Wirtschaft und Energie kann im Einvernehmen mit dem Bundesministerium für Bildung und Forschung nach Anhörung des Hauptausschusses des Bundesinstituts für Berufsbildung durch Rechtsverordnung außerhalb des Anwendungsbereichs dieses Gesetzes oder im Ausland erworbene Prüfungszeugnisse den entsprechenden Zeugnissen über das Bestehen einer Umschulungsprüfung auf der Grundlage der §§ 42j und 42k gleichstellen, wenn die in der Prüfung nachzuweisenden beruflichen Fertigkeiten, Kenntnisse und Fähigkeiten gleichwertig sind.

Siebenter Abschnitt
Berufliche Bildung behinderter Menschen, Berufsausbildungsvorbereitung

§ 42p [Ausbildung]

Behinderte Menschen (§ 2 Abs. 1 Satz 1 des Neunten Buches Sozialgesetzbuch) sollen in anerkannten Ausbildungsberufen ausgebildet werden.

§ 42q [Behindertengerechte Regelung der Ausbildung]

(1) [1]Regelungen nach den §§ 38 und 41 sollen die besonderen Verhältnisse behinderter Menschen berücksichtigen. [2]Dies gilt insbesondere für die zeitliche und sachliche Gliederung der Ausbildung, die Dauer von Prüfungszeiten, die Zulassung von Hilfsmitteln und die Inanspruchnahme von Hilfeleistungen Dritter, wie Gebärdendolmetscher für hörbehinderte Menschen.

(2) [1]Der Berufsausbildungsvertrag mit einem behinderten Menschen ist in die Lehrlingsrolle (§ 28) einzutragen. [2]Der behinderte Mensch ist zur Gesellenprüfung auch zuzulassen, wenn die Voraussetzungen des § 36 Abs. 1 Nr. 2 und 3 nicht vorliegen.

§ 42r [Ausbildungsregelungen]

(1) [1]Für behinderte Menschen, für die wegen Art und Schwere ihrer Behinderung eine Ausbildung in einem anerkannten Ausbildungsberuf nicht in Betracht kommt, trifft die Handwerkskammer auf Antrag der behinderten Menschen oder ihrer gesetzlichen Vertreter Ausbildungsregelungen entsprechend den Empfehlungen des Hauptausschusses des Bundesinstituts für Berufsbildung. [2]Die Ausbildungsinhalte sollen unter Berücksichtigung von Lage und Entwicklung des allgemeinen Arbeitsmarktes aus den Inhalten anerkannter Ausbildungsberufe entwickelt werden. [3]Im Antrag nach Satz 1 ist eine Ausbildungsmöglichkeit in dem angestrebten Ausbildungsgang nachzuweisen.

(2) § 42q Absatz 2 Satz 1 ist entsprechend anzuwenden.

§ 42s [Berufliche Fortbildung und Umschulung]

Für die berufliche Fortbildung und die berufliche Umschulung behinderter Menschen gelten die §§ 42p bis 42r entsprechend, soweit Art und Schwere der Behinderung dies erfordern.

§ 42t [Personenkreis]

(1) [1]Die Berufsausbildungsvorbereitung richtet sich an lernbeeinträchtigte oder sozial benachteiligte Personen, deren Entwicklungsstand eine erfolgreiche Ausbildung in einem anerkannten Ausbildungsberuf (Gewerbe der Anlage A oder der Anlage B) noch nicht erwarten lässt. [2]Sie muss nach Inhalt, Art, Ziel und Dauer den besonderen Erfordernissen des in Satz 1 genannten Personenkreises entsprechen und durch umfassende sozialpädagogische Betreuung und Unterstützung begleitet werden.

(2) Für die Berufsausbildungsvorbereitung, die nicht im Rahmen des Dritten Buches Sozialgesetzbuch oder anderer vergleichbarer, öffentlich geförderter Maßnahmen durchgeführt wird, gelten die §§ 21 bis 24 entsprechend.

§ 42u [Grundlagen der Berufsausbildungsvorbereitung]

(1) Die Vermittlung von Grundlagen für den Erwerb beruflicher Handlungsfähigkeit (§ 1 Abs. 2 des Berufsbildungsgesetzes) kann insbesondere durch inhaltlich und zeitlich abgegrenzte Lerneinheiten erfol-

gen, die aus den Inhalten anerkannter Ausbildungsberufe (Gewerbe der Anlage A oder der Anlage B) entwickelt werden (Qualifizierungsbausteine).

(2) [1]Über vermittelte Grundlagen für den Erwerb beruflicher Handlungsfähigkeit stellt der Anbieter der Berufsausbildungsvorbereitung eine Bescheinigung aus. [2]Das Nähere regelt das Bundesministerium für Bildung und Forschung im Einvernehmen mit dem Bundesministerium für Wirtschaft und Energie nach Anhörung des Hauptausschusses des Bundesinstituts für Berufsbildung durch Rechtsverordnung, die nicht der Zustimmung des Bundesrates bedarf.

§ 42v [Verbot und Anzeigepflicht der Berufsausbildungsvorbereitung]

(1) Die nach Landesrecht zuständige Behörde hat die Berufsausbildungsvorbereitung zu untersagen, wenn die Voraussetzungen des § 42t Absatz 1 nicht vorliegen.

(2) [1]Der Anbieter hat die Durchführung von Maßnahmen der Berufsausbildungsvorbereitung vor Beginn der Maßnahme der Handwerkskammer schriftlich anzuzeigen. [2]Die Anzeigepflicht erstreckt sich auf den wesentlichen Inhalt des Qualifizierungsvertrages.

(3) Die Absätze 1 und 2 sowie § 41a finden keine Anwendung, soweit die Berufsausbildungsvorbereitung im Rahmen des Dritten Buches Sozialgesetzbuch oder anderer vergleichbarer, öffentlich geförderter Maßnahmen durchgeführt wird.

Achter Abschnitt
Berufsbildungsausschuß

§ 43 [Berufsbildungsausschuss]

(1) [1]Die Handwerkskammer errichtet einen Berufsbildungsausschuß. [2]Ihm gehören sechs Arbeitgeber, sechs Arbeitnehmer und sechs Lehrkräfte an berufsbildenden Schulen an, die Lehrkräfte mit beratender Stimme.

(2) [1]Die Vertreter der Arbeitgeber werden von der Gruppe der Arbeitgeber, die Vertreter der Arbeitnehmer von der Gruppe der Vertreter der Gesellen und der anderen Arbeitnehmer mit einer abgeschlossenen Berufsausbildung in der Vollversammlung gewählt. [2]Die Lehrkräfte an berufsbildenden Schulen werden von der nach Landesrecht zuständigen Behörde als Mitglieder berufen. [3]Die Amtszeit der Mitglieder beträgt längstens fünf Jahre.

(3) § 34 Absatz 9 gilt entsprechend.

(4) Die Mitglieder können nach Anhören der an ihrer Berufung Beteiligten aus wichtigem Grund abberufen werden.

(5) [1]Die Mitglieder haben Stellvertreter, die bei Verhinderung der Mitglieder an deren Stelle treten. [2]Die Absätze 1 bis 4 gelten für die Stellvertreter entsprechend.

(6) [1]Der Berufsbildungsausschuß wählt aus seiner Mitte einen Vorsitzenden und dessen Stellvertreter. [2]Der Vorsitzende und sein Stellvertreter sollen nicht derselben Mitgliedergruppe angehören.

§ 44 [Aufgaben]

(1) [1]Der Berufsbildungsausschuß ist in allen wichtigen Angelegenheiten der beruflichen Bildung zu unterrichten und zu hören. [2]Er hat im Rahmen seiner Aufgaben auf eine stetige Entwicklung der Qualität der beruflichen Bildung hinzuwirken.

(2) Wichtige Angelegenheiten, in denen der Berufsbildungsausschuss anzuhören ist, sind insbesondere:
1. Erlass von Verwaltungsgrundsätzen über die Eignung von Ausbildungs- und Umschulungsstätten, für das Führen von Ausbildungsnachweisen nach § 13 Satz 2 Nummer 7 des Berufsbildungsgesetzes, für die Verkürzung der Ausbildungsdauer, für die vorzeitige Zulassung zur Gesellenprüfung, für die Durchführung der Prüfungen, zur Durchführung von über- und außerbetrieblicher Ausbildung sowie Verwaltungsrichtlinien zur beruflichen Bildung,
2. Umsetzung der vom Landesausschuss für Berufsbildung (§ 82 des Berufsbildungsgesetzes) empfohlenen Maßnahmen,
3. wesentliche inhaltliche Änderungen des Ausbildungsvertragsmusters.

(3) Wichtige Angelegenheiten, in denen der Berufsbildungsausschuss zu unterrichten ist, sind insbesondere:
1. Zahl und Art der der Handwerkskammer angezeigten Maßnahmen der Berufsausbildungsvorbereitung und beruflichen Umschulung sowie der eingetragenen Berufsausbildungsverhältnisse,
2. Zahl und Ergebnisse von durchgeführten Prüfungen sowie hierbei gewonnene Erfahrungen,
3. Tätigkeit der Berater und Beraterinnen nach § 41a Abs. 1 Satz 2,
4. für den räumlichen und fachlichen Zuständigkeitsbereich der Handwerkskammer neue Formen, Inhalte und Methoden der Berufsbildung,

5. Stellungnahmen oder Vorschläge der Handwerkskammer gegenüber anderen Stellen und Behörden, soweit sie sich auf die Durchführung dieses Gesetzes oder der auf Grund dieses Gesetzes erlassenen Rechtsvorschriften im Bereich der beruflichen Bildung beziehen,
6. Bau eigener überbetrieblicher Berufsbildungsstätten,
7. Beschlüsse nach Absatz 5 sowie beschlossene Haushaltsansätze zur Durchführung der Berufsbildung mit Ausnahme der Personalkosten,
8. Verfahren zur Beilegung von Streitigkeiten aus Ausbildungsverhältnissen,
9. Arbeitsmarktfragen, soweit sie die Berufsbildung im Zuständigkeitsbereich der Handwerkskammer berühren.

(4) ¹Vor einer Beschlußfassung in der Vollversammlung über Vorschriften zur Durchführung der Berufsbildung, insbesondere nach den §§ 41, 42, 42f und 42j bis 42l, ist die Stellungnahme des Berufsbildungsausschusses einzuholen. ²Der Berufsbildungsausschuß kann der Vollversammlung auch von sich aus Vorschläge für Vorschriften zur Durchführung der Berufsbildung vorlegen. ³Die Stellungnahmen und Vorschläge des Berufsbildungsausschusses sind zu begründen.

(5) ¹Die Vorschläge und Stellungnahmen des Berufsbildungsausschusses gelten vorbehaltlich der Vorschrift des Satzes 2 als von der Vollversammlung angenommen, wenn sie nicht mit einer Mehrheit von drei Vierteln der Mitglieder der Vollversammlung in ihrer nächsten Sitzung geändert oder abgelehnt werden. ²Beschlüsse, zu deren Durchführung die für Berufsbildung im laufenden Haushalt vorgesehenen Mittel nicht ausreichen oder zu deren Durchführung in folgenden Haushaltsjahren Mittel bereitgestellt werden müssen, die die Ausgaben für Berufsbildung des laufenden Haushalts nicht unwesentlich übersteigen, bedürfen der Zustimmung der Vollversammlung.

(6) Abweichend von § 43 Abs. 1 haben alle Lehrkräfte Stimmrecht bei Beschlüssen zu Angelegenheiten der Berufsausbildungsvorbereitung und Berufsausbildung, soweit sich die Beschlüsse unmittelbar auf die Organisation der schulischen Berufsbildung (§ 2 Abs. 1 Nr. 2 des Berufsbildungsgesetzes) auswirken.

§ 44a [Beschlussfähigkeit; Wirksamkeit von Beschlüssen]

(1) ¹Der Berufsbildungsausschuß ist beschlußfähig, wenn mehr als die Hälfte seiner stimmberechtigten Mitglieder anwesend ist. ²Er beschließt mit der Mehrheit der abgegebenen Stimmen.

(2) Zur Wirksamkeit eines Beschlusses ist es erforderlich, daß der Gegenstand bei der Einberufung des Ausschusses bezeichnet ist, es sei denn, daß er mit Zustimmung von zwei Dritteln der stimmberechtigten Mitglieder nachträglich auf die Tagesordnung gesetzt wird.

§ 44b [Geschäftsordnung]

¹Der Berufsbildungsausschuß gibt sich eine Geschäftsordnung. ²Sie kann die Bildung von Unterausschüssen vorsehen und bestimmen, daß ihnen nicht nur Mitglieder des Ausschusses angehören. ³Für die Unterausschüsse gelten § 43 Abs. 2 bis 6 und § 44a entsprechend.

Dritter Teil
Meisterprüfung, Meistertitel

Erster Abschnitt
Meisterprüfung in einem zulassungspflichtigen Handwerk

§ 45 [Anforderungen]

(1) Als Grundlage für ein geordnetes und einheitliches Meisterprüfungswesen für zulassungspflichtige Handwerke kann das Bundesministerium für Wirtschaft und Energie im Einvernehmen mit dem Bundesministerium für Bildung und Forschung durch Rechtsverordnung, die nicht der Zustimmung des Bundesrates bedarf, bestimmen,
1. welche Fertigkeiten und Kenntnisse in den einzelnen zulassungspflichtigen Handwerken zum Zwecke der Meisterprüfung zu berücksichtigen (Meisterprüfungsberufsbild A)
2. welche Anforderungen in der Meisterprüfung zu stellen sind und
3. welche handwerksspezifischen Verfahrensregelungen in der Meisterprüfung gelten.

(2) ¹Durch die Meisterprüfung ist festzustellen, ob der Prüfling befähigt ist, ein zulassungspflichtiges Handwerk meisterhaft auszuüben und selbständig zu führen sowie Lehrlinge ordnungsgemäß auszubilden. ²Wer die Meisterprüfung bestanden hat, hat damit auch den Fortbildungsabschluss Bachelor Professional erlangt.

(3) Der Prüfling hat in vier selbständigen Prüfungsteilen nachzuweisen, dass er wesentliche Tätigkeiten seines Handwerks meisterhaft verrichten kann (Teil I), die erforderlichen fachtheoretischen Kenntnisse

(Teil II), die erforderlichen betriebswirtschaftlichen, kaufmännischen und rechtlichen Kenntnisse (Teil III) sowie die erforderlichen berufs- und arbeitspädagogischen Kenntnisse (Teil IV) besitzt.

(4) [1]Bei der Prüfung in Teil I können in der Rechtsverordnung Schwerpunkte gebildet werden. [2]In dem schwerpunktspezifischen Bereich hat der Prüfling nachzuweisen, dass er wesentliche Tätigkeiten in dem von ihm gewählten Schwerpunkt meisterhaft verrichten kann. [3]Für den schwerpunktübergreifenden Bereich sind die Grundfertigkeiten und Grundkenntnisse nachzuweisen, die die fachgerechte Ausübung auch dieser Tätigkeiten ermöglichen.

§ 46 [Befreiung von der Ablegung einzelner Teile der Meisterprüfung]

(1) [1]Der Prüfling ist von der Ablegung einzelner Teile der Meisterprüfung befreit, wenn er eine dem jeweiligen Teil der Meisterprüfung vergleichbare Prüfung auf Grund einer nach § 42 oder § 51a Abs. 1 in Verbindung mit Abs. 2 dieses Gesetzes oder § 53 des Berufsbildungsgesetzes erlassenen Rechtsverordnung[1]) oder eine andere vergleichbare Prüfung vor einer öffentlichen oder staatlich anerkannten Bildungseinrichtung oder vor einem staatlichen Prüfungsausschuss erfolgreich abgelegt hat. [2]Er ist von der Ablegung der Teile III und IV befreit, wenn er die Meisterprüfung in einem anderen zulassungspflichtigen oder zulassungsfreien Handwerk oder in einem handwerksähnlichen Gewerbe bestanden hat.

(2) [1]Prüflinge, die andere deutsche staatliche oder staatlich anerkannte Prüfungen mit Erfolg abgelegt haben, sind auf Antrag durch den Meisterprüfungsausschuss von einzelnen Teilen der Meisterprüfung zu befreien, wenn bei diesen Prüfungen mindestens die gleichen Anforderungen gestellt werden wie in der Meisterprüfung. [2]Der Abschlussprüfung an einer deutschen Hochschule gleichgestellt sind Diplome nach § 7 Abs. 2 Satz 4.

(3) Der Prüfling ist auf Antrag von der Ablegung der Prüfung in gleichartigen Prüfungsbereichen, Prüfungsfächern oder Handlungsfeldern durch den Meisterprüfungsausschuss zu befreien, wenn er die Meisterprüfung in einem anderen zulassungspflichtigen oder zulassungsfreien Handwerk oder handwerksähnlichen Gewerbe bestanden hat oder eine andere vergleichbare Prüfung vor einer öffentlichen oder staatlich anerkannten Bildungseinrichtung oder vor einem staatlichen Prüfungsausschuss erfolgreich abgelegt hat.

(4) Der Meisterprüfungsausschuss entscheidet auf Antrag des Prüflings auch über Befreiungen auf Grund ausländischer Bildungsabschlüsse.

§ 47 [Meisterprüfungsausschüsse]

(1) [1]Die Meisterprüfung wird durch Meisterprüfungsausschüsse abgenommen. [2]Für die Handwerke werden Meisterprüfungsausschüsse als staatliche Prüfungsbehörden am Sitz der Handwerkskammer für ihren Bezirk errichtet. [3]Die oberste Landesbehörde kann in besonderen Fällen die Errichtung eines Meisterprüfungsausschusses für mehrere Handwerkskammerbezirke anordnen und hiermit die für den Sitz des Meisterprüfungsausschusses zuständige höhere Verwaltungsbehörde beauftragen. [4]Soll der Meisterprüfungsausschuß für Handwerkskammerbezirke mehrerer Länder zuständig sein, so bedarf es hierfür des Einvernehmens der beteiligten obersten Landesbehörden. [5]Die Landesregierungen werden ermächtigt, durch Rechtsverordnung zu bestimmen, daß abweichend von Satz 3 an Stelle der obersten Landesbehörde die höhere Verwaltungsbehörde zuständig ist. [6]Sie können diese Ermächtigung auf oberste Landesbehörden übertragen.

(2) [1]Die höhere Verwaltungsbehörde errichtet die Meisterprüfungsausschüsse nach Anhörung der Handwerkskammer und ernennt auf Grund ihrer Vorschläge die Mitglieder und die Stellvertreter für längstens fünf Jahre. [2]Die Geschäftsführung der Meisterprüfungsausschüsse liegt bei der Handwerkskammer.

§ 48 [Zusammensetzung des Meisterprüfungsausschusses]

(1) [1]Der Meisterprüfungsausschuß besteht aus fünf Mitgliedern; für die Mitglieder sind Stellvertreter zu berufen. [2]Die Mitglieder und die Stellvertreter sollen das vierundzwanzigste Lebensjahr vollendet haben.

(2) Der Vorsitzende braucht nicht in einem zulassungspflichtigen Handwerk tätig zu sein; er soll dem zulassungspflichtigen Handwerk, für welches der Meisterprüfungsausschuss errichtet ist, nicht angehören.

(3) Zwei Beisitzer müssen das Handwerk, für das der Meisterprüfungsausschuß errichtet ist, mindestens seit einem Jahr selbständig als stehendes Gewerbe betreiben und in diesem Handwerk die Meisterprüfung abgelegt haben oder das Recht zum Ausbilden von Lehrlingen besitzen oder in dem zulassungspflichtigen Handwerk als Betriebsleiter, die in ihrer Person die Voraussetzungen zur Eintragung in die Handwerksrolle erfüllen, tätig sein.

1) Siehe die VO über die Anerkennung von Prüfungen für die Eintragung in die Handwerksrolle.

(4) Ein Beisitzer soll ein Geselle sein, der in dem zulassungspflichtigen Handwerk, für das der Meisterprüfungsausschuß errichtet ist, die Meisterprüfung abgelegt hat oder das Recht zum Ausbilden von Lehrlingen besitzt und in dem betreffenden zulassungspflichtigen Handwerk tätig ist.

(5) Für die Abnahme der Prüfung in der wirtschaftlichen Betriebsführung sowie in den kaufmännischen, rechtlichen und berufserzieherischen Kenntnissen soll ein Beisitzer bestellt werden, der in diesen Prüfungsgebieten besonders sachkundig ist und dem Handwerk nicht anzugehören braucht.

(6) § 34 Absatz 6 Satz 1 und Absatz 9 ist entsprechend anzuwenden.

§ 49 [Zulassung zur Prüfung]

(1) Zur Meisterprüfung ist zuzulassen, wer eine Gesellenprüfung in dem zulassungspflichtigen Handwerk, in dem er die Meisterprüfung ablegen will, oder in einem damit verwandten zulassungspflichtigen Handwerk oder eine entsprechende Abschlussprüfung in einem anerkannten Ausbildungsberuf oder eine Prüfung auf Grund einer nach § 45 oder § 51a Abs. 1 in Verbindung mit Abs. 2 erlassenen Rechtsverordnung bestanden hat oder eine Gleichwertigkeitsfeststellung nach § 40a für das entsprechende zulassungspflichtige Handwerk oder für ein verwandtes zulassungspflichtiges Handwerk besitzt.

(2) ¹Zur Meisterprüfung ist auch zuzulassen, wer eine andere Gesellenprüfung oder eine andere Abschlussprüfung in einem anerkannten Ausbildungsberuf bestanden hat und in dem zulassungspflichtigen Handwerk, in dem er die Meisterprüfung ablegen will, eine mehrjährige Berufstätigkeit ausgeübt hat. ²Für die Zeit der Berufstätigkeit dürfen nicht mehr als drei Jahre gefordert werden. ³Ferner ist der erfolgreiche Abschluss einer Fachschule bei einjährigen Fachschulen mit einem Jahr, bei mehrjährigen Fachschulen mit zwei Jahren auf die Berufstätigkeit anzurechnen.

(3) Ist der Prüfling in dem zulassungspflichtigen Handwerk, in dem er die Meisterprüfung ablegen will, selbständig, als Werkmeister oder in ähnlicher Stellung tätig gewesen, oder weist er eine der Gesellentätigkeit gleichwertige praktische Tätigkeit nach, so ist die Zeit dieser Tätigkeit anzurechnen.

(4) ¹Die Handwerkskammer kann auf Antrag

1. eine auf drei Jahre festgesetzte Dauer der Berufstätigkeit unter besonderer Berücksichtigung der in der Gesellen- oder Abschlussprüfung und während der Zeit der Berufstätigkeit nachgewiesenen beruflichen Befähigung abkürzen,

2. in Ausnahmefällen von den Voraussetzungen der Absätze 1 bis 4 ganz oder teilweise befreien,

3. unter Berücksichtigung ausländischer Bildungsabschlüsse und Zeiten der Berufstätigkeit im Ausland von den Voraussetzungen der Absätze 1 bis 4 ganz oder teilweise befreien.

²Die Handwerkskammer kann eine Stellungnahme des Meisterprüfungsausschusses einholen.

(5) ¹Die Zulassung wird vom Vorsitzenden des Meisterprüfungsausschusses ausgesprochen. ²Hält der Vorsitzende die Zulassungsvoraussetzungen nicht für gegeben, so entscheidet der Prüfungsausschuß.

§ 50 [Prüfungskosten; Prüfungsordnung; Aufsichtsbefugnisse]

(1) ¹Die durch die Abnahme der Meisterprüfung entstehenden Kosten trägt die Handwerkskammer. ²Das Zulassungsverfahren sowie das allgemeine Prüfungsverfahren werden durch eine von der Handwerkskammer mit Genehmigung der obersten Landesbehörde zu erlassende Meisterprüfungsordnung geregelt.

(2) ¹Das Bundesministerium für Wirtschaft und Energie wird ermächtigt, durch Rechtsverordnung¹⁾ mit Zustimmung des Bundesrates Vorschriften über das Zulassungsverfahren sowie das allgemeine Prüfungsverfahren nach Absatz 1 Satz 2 zu erlassen. ²Die Rechtsverordnung kann insbesondere die Zulassung zur Prüfung, das Bewertungssystem, die Erteilung der Prüfungszeugnisse, die Folgen von Verstößen gegen die Prüfungsvorschriften und die Wiederholungsprüfung regeln.

§ 50a [Im Ausland erworbene Prüfungszeugnisse]

¹Das Bundesministerium für Wirtschaft und Energie kann im Einvernehmen mit dem Bundesministerium für Bildung und Forschung durch Rechtsverordnung²⁾ mit Zustimmung des Bundesrates im Ausland erworbene Prüfungszeugnisse den entsprechenden Zeugnissen über das Bestehen einer deutschen Meisterprüfung in zulassungspflichtigen Handwerken gleichstellen, wenn an den Bildungsgang und in den Prüfungen gleichwertige Anforderungen gestellt werden. ²Die Vorschriften des Bundesvertriebenengesetzes bleiben unberührt.

1) Siehe die MeisterprüfungsverfahrensVO.

2) Siehe die Meisterprüfungen-GleichstellungsVO Österreich und die Meisterprüfungen-GleichstellungsVO Frankreich.

§ 50b [Feststellung der Gleichwertigkeit]

(1) ¹Die Gleichwertigkeit ist festzustellen,

1. wenn die Antragstellerin oder der Antragsteller einen Ausbildungsnachweis besitzt, der im Ausland erworben wurde, und

2. dieser Ausbildungsnachweis – soweit erforderlich – unter Berücksichtigung sonstiger Befähigungsnachweise der Meisterprüfung in dem zu betreibenden zulassungspflichtigen Handwerk gleichwertig ist.

²Ausbildungsnachweise sind Prüfungszeugnisse und sonstige Befähigungsnachweise, die von verantwortlichen Stellen für den Abschluss einer erfolgreich absolvierten Berufsbildung ausgestellt werden.

(2) Ein Ausbildungsnachweis – soweit erforderlich – unter Berücksichtigung sonstiger Befähigungsnachweise ist als gleichwertig anzusehen, sofern

1. der im Ausland erworbene Ausbildungsnachweis, bezogen auf die Meisterprüfung, in dem zu betreibenden zulassungspflichtigen Handwerk die Befähigung zu vergleichbaren beruflichen Tätigkeiten belegt,

2. die Antragstellerin oder der Antragsteller im Ausbildungsstaat zur Ausübung des zu betreibenden zulassungspflichtigen Handwerks berechtigt ist oder die Berechtigung zur Ausübung des zu betreibenden Handwerks aus Gründen verwehrt wurde, die der Ausübung im Inland nicht entgegenstehen, und

3. zwischen der nachgewiesenen Befähigung und der Meisterprüfung in dem zu betreibenden zulassungspflichtigen Handwerk keine wesentlichen Unterschiede bestehen.

(3) Wesentliche Unterschiede zwischen der nachgewiesenen Befähigung und der entsprechenden Meisterprüfung liegen vor, sofern

1. sich der im Ausland erworbene Ausbildungsnachweis auf Fertigkeiten und Kenntnisse bezieht, die sich wesentlich von den Fertigkeiten und Kenntnissen der entsprechenden Meisterprüfung unterscheiden; dabei sind Inhalt und Dauer der Ausbildung zu berücksichtigen,

2. die entsprechenden Fertigkeiten und Kenntnisse maßgeblich für die Ausübung zumindest einer wesentlichen Tätigkeit des zulassungspflichtigen Handwerks sind und

3. die Antragstellerin oder der Antragsteller diese Unterschiede nicht durch sonstige Befähigungsnachweise oder nachgewiesene einschlägige Berufserfahrung ausgeglichen hat.

(4) ¹Kann die Antragstellerin oder der Antragsteller die für die Feststellung der Gleichwertigkeit erforderlichen Nachweise nicht oder nur teilweise vorlegen, bestehen Zweifel an der Echtheit oder Richtigkeit der Nachweise oder sind diese inhaltlich nicht ausreichend, kann die Handwerkskammer, insbesondere in Fällen, in denen bei der Gleichwertigkeitsfeststellung Berufserfahrung herangezogen wird, die für einen Vergleich mit der Meisterprüfung in dem zu betreibenden zulassungspflichtigen Handwerk relevanten beruflichen Fertigkeiten, Kenntnisse und Fähigkeiten der Antragstellerin oder des Antragstellers im Rahmen geeigneter Verfahren feststellen. ²Geeignete Verfahren sind insbesondere Arbeitsproben, Fachgespräche sowie praktische und theoretische Prüfungen.

(5) ¹Sofern die Gleichwertigkeit wegen wesentlicher Unterschiede zu der entsprechenden Meisterprüfung nicht festgestellt werden kann, kann die Handwerkskammer zur Feststellung der Gleichwertigkeit die Teilnahme an einem Anpassungslehrgang, der Gegenstand einer Bewertung ist, oder das Ablegen einer Eignungsprüfung verlangen. ²Verlangt die Handwerkskammer eine Eignungsprüfung, soll sie ermöglichen, dass diese innerhalb von sechs Monaten abgelegt werden kann.

(6) ¹§ 8 Absatz 2 und 3 Satz 2 und 3 gilt entsprechend. ²Im Übrigen sind die Vorschriften des Berufsqualifikationsfeststellungsgesetzes über reglementierte Berufe sowie § 17 anzuwenden.

§ 51 [Meistertitel in Verbindung mit einem zulassungspflichtigen Handwerk]

(1) Die Ausbildungsbezeichnung Meister/Meisterin in Verbindung mit einem zulassungspflichtigen Handwerk oder in Verbindung mit einer anderen Ausbildungsbezeichnung, die auf eine Tätigkeit in einem oder mehreren zulassungspflichtigen Handwerken hinweist, darf nur führen, wer für dieses zulassungspflichtige Handwerk oder für diese zulassungspflichtigen Handwerke die Meisterprüfung bestanden hat.

(2) Wer eine Ausbildungsbezeichnung nach Absatz 1 führen darf, darf zusätzlich die Bezeichnung „Bachelor Professional in" unter Angabe des Handwerks führen, für das er eine Ausbildungsbezeichnung nach Absatz 1 zu führen berechtigt ist.

Zweiter Abschnitt
Meisterprüfung in einem zulassungsfreien Handwerk oder in einem handwerksähnlichen Gewerbe

§ 51a [Meisterprüfung in einem zulassungsfreien Handwerk]

(1) Für zulassungsfreie Handwerke oder handwerksähnliche Gewerbe, für die eine Ausbildungsordnung nach § 25 dieses Gesetzes oder nach § 4 des Berufsbildungsgesetzes erlassen worden ist, kann eine Meisterprüfung abgelegt werden.

(2) Als Grundlage für ein geordnetes und einheitliches Meisterprüfungswesen für Handwerke oder Gewerbe im Sinne des Absatzes 1 kann das Bundesministerium für Wirtschaft und Energie im Einvernehmen mit dem Bundesministerium für Bildung und Forschung durch Rechtsverordnung[1], die nicht der Zustimmung des Bundesrates bedarf, bestimmen,

1. welche Fertigkeiten und Kenntnisse in den einzelnen zulassungsfreien Handwerken oder handwerksähnlichen Gewerben zum Zwecke der Meisterprüfung zu berücksichtigen sind (Meisterprüfungsberufsbild B),
2. welche Anforderungen in der Meisterprüfung zu stellen sind und
3. welche handwerks- und gewerbespezifischen Verfahrensregelungen in der Meisterprüfung gelten.

(3) [1]Durch die Meisterprüfung ist festzustellen, ob der Prüfling eine besondere Befähigung in einem zulassungsfreien Handwerk oder in einem handwerksähnlichen Gewerbe erworben hat und Lehrlinge ordnungsgemäß ausbilden kann. [2]Zu diesem Zweck hat der Prüfling in vier selbständigen Prüfungsteilen nachzuweisen, dass er Tätigkeiten seines zulassungsfreien Handwerks oder seines handwerksähnlichen Gewerbes meisterhaft verrichten kann (Teil I), besondere fachtheoretische Kenntnisse (Teil II), besondere betriebswirtschaftliche, kaufmännische und rechtliche Kenntnisse (Teil III) sowie die erforderlichen berufs- und arbeitspädagogischen Kenntnisse (Teil IV) besitzt. [3]§ 45 Absatz 2 Satz 2 ist entsprechend anzuwenden.

(4) [1]Zum Nachweis der Fertigkeiten und Kenntnisse führt die Handwerkskammer Prüfungen durch und errichtet zu diesem Zweck Prüfungsausschüsse. [2]Die durch die Abnahme der Meisterprüfung entstehenden Kosten trägt die Handwerkskammer.

(5) [1]Zur Prüfung ist zuzulassen, wer eine Gesellenprüfung oder eine Abschlussprüfung in einem anerkannten Ausbildungsberuf bestanden hat oder eine Gleichwertigkeitsfeststellung nach § 40a besitzt. [2]Die Handwerkskammer kann auf Antrag in Ausnahmefällen von der Zulassungsvoraussetzung befreien. [3]Für die Ablegung des Teils III der Meisterprüfung entfällt die Zulassungsvoraussetzung.

(6) Für Befreiungen gilt § 46 entsprechend.

(7) [1]Das Bundesministerium für Wirtschaft und Energie kann durch Rechtsverordnung mit Zustimmung des Bundesrates Vorschriften über das Zulassungsverfahren sowie das allgemeine Prüfungsverfahren erlassen. [2]Die Rechtsverordnung kann insbesondere die Zulassung zur Prüfung, das Bewertungssystem, die Erteilung der Prüfungszeugnisse, die Folgen von Verstößen gegen die Prüfungsvorschriften und die Wiederholungsprüfung regeln.

§ 51b [Meisterprüfungsausschüsse]

(1) [1]Die Handwerkskammer errichtet an ihrem Sitz für ihren Bezirk Meisterprüfungsausschüsse. [2]Mehrere Handwerkskammern können bei einer von ihnen gemeinsame Meisterprüfungsausschüsse errichten.

(2) [1]Der Meisterprüfungsausschuss besteht aus fünf Mitgliedern; für die Mitglieder sind Stellvertreter zu berufen. [2]Sie werden für längstens fünf Jahre ernannt.

(3) Der Vorsitzende braucht nicht in einem zulassungsfreien Handwerk oder einem handwerksähnlichen Gewerbe tätig zu sein; er soll dem zulassungsfreien Handwerk oder dem handwerksähnlichen Gewerbe, für welches der Meisterprüfungsausschuss errichtet ist, nicht angehören.

(4) Zwei Beisitzer müssen das zulassungsfreie Handwerk oder das handwerksähnliche Gewerbe, für das der Meisterprüfungsausschuss errichtet ist, mindestens seit einem Jahr selbständig als stehendes Gewerbe betreiben und in diesem zulassungsfreien Handwerk oder in diesem handwerksähnlichen Gewerbe die Meisterprüfung abgelegt haben oder das Recht zum Ausbilden von Lehrlingen besitzen.

(5) Ein Beisitzer soll ein Geselle sein, der in dem zulassungsfreien Handwerk oder in dem handwerksähnlichen Gewerbe, für das der Meisterprüfungsausschuss errichtet ist, die Meisterprüfung abgelegt hat oder das Recht zum Ausbilden von Lehrlingen besitzt und in dem betreffenden zulassungsfreien Handwerk oder handwerksähnlichen Gewerbe tätig ist.

(6) Für die Abnahme der Prüfung der betriebswirtschaftlichen, kaufmännischen und rechtlichen Kenntnisse sowie der berufs- und arbeitspädagogischen Kenntnisse soll ein Beisitzer bestellt werden, der in

1) Siehe ua die BuchbindermeisterVO, die Damen- und HerrenschneidermeisterVO, die GraveurmeisterVO, die Rollladen- und SonnenschutzmeisterVO, die KeramikermeisterVO und die UhrmachermeisterVO.

diesen Prüfungsgebieten besonders sachkundig ist und einem zulassungsfreien Handwerk oder einem handwerksähnlichen Gewerbe nicht anzugehören braucht.

(7) § 34 Absatz 6 Satz 1 und Absatz 9 ist entsprechend anzuwenden.

§ 51c [Gleichstellung von Prüfungszeugnissen]

[1]Das Bundesministerium für Wirtschaft und Energie kann im Einvernehmen mit dem Bundesministerium für Bildung und Forschung durch Rechtsverordnung mit Zustimmung des Bundesrates im Ausland erworbene Prüfungszeugnisse den entsprechenden Zeugnissen über das Bestehen einer deutschen Meisterprüfung in einem zulassungsfreien Handwerk oder handwerksähnlichen Gewerbe gleichstellen, wenn an den Bildungsgang und in den Prüfungen gleichwertige Anforderungen gestellt werden. [2]Die Vorschriften des Bundesvertriebenengesetzes bleiben unberührt.

§ 51d [Meistertitel in Verbindung mit einem zulassungfreien Handwerk]

[1]Die Ausbildungsbezeichnung Meister/Meisterin in Verbindung mit einem zulassungsfreien Handwerk oder handwerksähnlichen Gewerbe darf nur führen, wer die Prüfung nach § 51a Abs. 3 in diesem Handwerk oder Gewerbe bestanden hat. [2]§ 51 Absatz 2 ist entsprechend anzuwenden.

§ 51e [Gleichwertigkeit ausländischer Ausbildungsnachweise]

[1]Im Fall der Gleichwertigkeit eines im Ausland erworbenen Ausbildungsnachweises mit der Meisterprüfung ist die Gleichwertigkeit festzustellen. [2]§ 50b gilt entsprechend.

Vierter Teil
Organisation des Handwerks

Erster Abschnitt
Handwerksinnungen

§ 52 [Bildung von Handwerksinnungen, Innungsbezirke]

(1) [1]Inhaber von Betrieben des gleichen zulassungspflichtigen Handwerks oder des gleichen zulassungsfreien Handwerks oder des gleichen handwerksähnlichen Gewerbes oder solcher Handwerke oder handwerksähnlicher Gewerbe, die sich fachlich oder wirtschaftlich nahe stehen, können zur Förderung ihrer gemeinsamen gewerblichen Interessen innerhalb eines bestimmten Bezirks zu einer Handwerksinnung zusammentreten. [2]Voraussetzung ist, dass für das jeweilige Gewerbe eine Ausbildungsordnung erlassen worden ist. [3]Für jedes Gewerbe kann in dem gleichen Bezirk nur eine Handwerksinnung gebildet werden; sie ist allein berechtigt, die Bezeichnung Innung in Verbindung mit dem Gewerbe zu führen, für das sie errichtet ist.

(2) [1]Der Innungsbezirk soll unter Berücksichtigung einheitlicher Wirtschaftsgebiete so abgegrenzt sein, daß die Zahl der Innungsmitglieder ausreicht, um die Handwerksinnung leistungsfähig zu gestalten, und daß die Mitglieder an dem Leben und den Einrichtungen der Handwerksinnung teilnehmen können. [2]Der Innungsbezirk hat sich mindestens mit dem Gebiet einer kreisfreien Stadt oder eines Landkreises zu decken. [3]Die Handwerkskammer kann unter den Voraussetzungen des Satzes 1 eine andere Abgrenzung zulassen.

(3) [1]Der Innungsbezirk soll sich nicht über den Bezirk einer Handwerkskammer hinaus erstrecken. [2]Soll der Innungsbezirk über den Bezirk einer Handwerkskammer hinaus erstreckt werden, so bedarf die Bezirksabgrenzung der Genehmigung durch die oberste Landesbehörde. [3]Soll sich der Innungsbezirk auch auf ein anderes Land erstrecken, so kann die Genehmigung nur im Einvernehmen mit den beteiligten obersten Landesbehörden erteilt werden.

§ 53 [Rechtsform der Handwerksinnung]

[1]Die Handwerksinnung ist eine Körperschaft des öffentlichen Rechts. [2]Sie wird mit Genehmigung der Satzung rechtsfähig.

§ 54 [Aufgabe der Innung]

(1) [1]Aufgabe der Handwerksinnung ist, die gemeinsamen gewerblichen Interessen ihrer Mitglieder zu fördern. [2]Insbesondere hat sie
1. den Gemeingeist und die Berufsehre zu pflegen,
2. ein gutes Verhältnis zwischen Meistern, Gesellen und Lehrlingen anzustreben,
3. entsprechend den Vorschriften der Handwerkskammer die Lehrlingsausbildung zu regeln und zu überwachen sowie für die berufliche Ausbildung der Lehrlinge zu sorgen und ihre charakterliche Entwicklung zu fördern,

4. die Gesellenprüfungen abzunehmen und hierfür Gesellenprüfungsausschüsse zu errichten, sofern sie von der Handwerkskammer dazu ermächtigt ist,

5. das handwerkliche Können der Meister und Gesellen zu fördern; zu diesem Zweck kann sie insbesondere Fachschulen errichten oder unterstützen und Lehrgänge veranstalten,

6. bei der Verwaltung der Berufsschulen gemäß den bundes- und landesrechtlichen Bestimmungen mitzuwirken,

7. das Genossenschaftswesen im Handwerk zu fördern,

8. über Angelegenheiten der in ihr vertretenen Handwerke den Behörden Gutachten und Auskünfte zu erstatten,

9. die sonstigen handwerklichen Organisationen und Einrichtungen in der Erfüllung ihrer Aufgaben zu unterstützen,

10. die von der Handwerkskammer innerhalb ihrer Zuständigkeit erlassenen Vorschriften und Anordnungen durchzuführen.

(2) Die Handwerksinnung soll

1. zwecks Erhöhung der Wirtschaftlichkeit der Betriebe ihrer Mitglieder Einrichtungen zur Verbesserung der Arbeitsweise und der Betriebsführung schaffen und fördern,

2. bei der Vergebung öffentlicher Lieferungen und Leistungen die Vergebungsstellen beraten,

3. das handwerkliche Pressewesen unterstützen.

(3) Die Handwerksinnung kann

1. Tarifverträge abschließen, soweit und solange solche Verträge nicht durch den Innungsverband für den Bereich der Handwerksinnung geschlossen sind,

2. für ihre Mitglieder und deren Angehörige Unterstützungskassen für Fälle der Krankheit, des Todes, der Arbeitsunfähigkeit oder sonstiger Bedürftigkeit errichten,

3. bei Streitigkeiten zwischen den Innungsmitgliedern und ihren Auftraggebern auf Antrag vermitteln.

(4) Die Handwerksinnung kann auch sonstige Maßnahmen zur Förderung der gemeinsamen gewerblichen Interessen der Innungsmitglieder durchführen.

(5) Die Errichtung und die Rechtsverhältnisse der Innungskrankenkassen richten sich nach den hierfür geltenden bundesrechtlichen Bestimmungen.

§ 55 [Satzung]

(1) Die Aufgaben der Handwerksinnung, ihre Verwaltung und die Rechtsverhältnisse ihrer Mitglieder sind, soweit gesetzlich nichts darüber bestimmt ist, durch die Satzung zu regeln.

(2) Die Satzung muß Bestimmungen enthalten über

1. den Namen, den Sitz und den Bezirk der Handwerksinnung sowie die Handwerke, für welche die Handwerksinnung errichtet ist,

2. die Aufgaben der Handwerksinnung,

3. den Eintritt, den Austritt und den Ausschluß der Mitglieder,

4. die Rechte und Pflichten der Mitglieder sowie die Bemessungsgrundlage für die Erhebung der Mitgliedsbeiträge,

5. die Einberufung der Innungsversammlung, das Stimmrecht in ihr und die Art der Beschlußfassung,

6. die Bildung des Vorstands,

7. die Bildung des Gesellenausschusses,

8. die Beurkundung der Beschlüsse der Innungsversammlung und des Vorstands,

9. die Aufstellung des Haushaltsplans sowie die Aufstellung und Prüfung der Jahresrechnung,

10. die Voraussetzungen für die Änderung der Satzung und für die Auflösung der Handwerksinnung sowie den Erlaß und die Änderung der Nebensatzungen,

11. die Verwendung des bei der Auflösung der Handwerksinnung verbleibenden Vermögens.

§ 56 [Genehmigung der Satzung]

(1) Die Satzung der Handwerksinnung bedarf der Genehmigung durch die Handwerkskammer des Bezirks, in dem die Handwerksinnung ihren Sitz nimmt.

(2) Die Genehmigung ist zu versagen, wenn

1. die Satzung den gesetzlichen Vorschriften nicht entspricht,

2. die durch die Satzung vorgesehene Begrenzung des Innungsbezirks die nach § 52 Abs. 3 Satz 2 erforderliche Genehmigung nicht erhalten hat.

§ 57 [Nebensatzungen für Unterstützungskassen]

(1) [1]Soll in der Handwerksinnung eine Einrichtung der im § 54 Abs. 3 Nr. 2 vorgesehenen Art getroffen werden, so sind die dafür erforderlichen Bestimmungen in Nebensatzungen zusammenzufassen. [2]Diese

bedürfen der Genehmigung der Handwerkskammer des Bezirks, in dem die Handwerksinnung ihren Sitz hat.

(2) ¹Über die Einnahmen und Ausgaben solcher Einrichtungen ist getrennt Rechnung zu führen und das hierfür bestimmte Vermögen gesondert von dem Innungsvermögen zu verwalten. ²Das getrennt verwaltete Vermögen darf für andere Zwecke nicht verwandt werden. ³Die Gläubiger haben das Recht auf gesonderte Befriedigung aus diesem Vermögen.

§ 58 [Innungsmitglieder]

(1) ¹Mitglied bei der Handwerksinnung kann jeder Inhaber eines Betriebs eines Handwerks oder eines handwerksähnlichen Gewerbes werden, der das Gewerbe ausübt, für welches die Handwerksinnung gebildet ist. ²Die Handwerksinnung kann durch Satzung im Rahmen ihrer örtlichen Zuständigkeit bestimmen, dass Gewerbetreibende, die ein dem Gewerbe, für welches die Handwerksinnung gebildet ist, fachlich oder wirtschaftlich nahe stehendes handwerksähnliches Gewerbe ausüben, für das keine Ausbildungsordnung erlassen worden ist, Mitglied der Handwerksinnung werden können.

(2) Übt der Inhaber eines Betriebs eines Handwerks oder eines handwerksähnlichen Gewerbes mehrere Gewerbe aus, so kann er allen für diese Gewerbe gebildeten Handwerksinnungen angehören.

(3) Dem Inhaber eines Betriebs eines Handwerks oder eines handwerksähnlichen Gewerbes, das den gesetzlichen und satzungsmäßigen Vorschriften entspricht, darf der Eintritt in die Handwerksinnung nicht versagt werden.

(4) Von der Erfüllung der gesetzlichen und satzungsmäßigen Bedingungen kann zugunsten einzelner nicht abgesehen werden.

§ 59 [Gastmitglieder der Innung]

¹Die Handwerksinnung kann Gastmitglieder aufnehmen, die dem Handwerk, für das die Innung gebildet ist, beruflich oder wirtschaftlich nahestehen. ²Ihre Rechte und Pflichten sind in der Satzung zu regeln. ³An der Innungsversammlung nehmen sie mit beratender Stimme teil.

§ 60 [Organe der Innung]

Die Organe der Handwerksinnung sind
1. die Innungsversammlung,
2. der Vorstand,
3. die Ausschüsse.

§ 61 [Innungsversammlung]

(1) ¹Die Innungsversammlung beschließt über alle Angelegenheiten der Handwerksinnung, soweit sie nicht vom Vorstand oder den Ausschüssen wahrzunehmen sind. ²Die Innungsversammlung besteht aus den Mitgliedern der Handwerksinnung. ³Die Satzung kann bestimmen, daß die Innungsversammlung aus Vertretern besteht, die von den Mitgliedern der Handwerksinnung aus ihrer Mitte gewählt werden (Vertreterversammlung); es kann auch bestimmt werden, daß nur einzelne Obliegenheiten der Innungsversammlung durch eine Vertreterversammlung wahrgenommen werden.

(2) Der Innungsversammlung obliegt im besonderen
1. die Feststellung des Haushaltsplans und die Bewilligung von Ausgaben, die im Haushaltsplan nicht vorgesehen sind;
2. die Beschlußfassung über die Höhe der Innungsbeiträge und über die Festsetzung von Gebühren; Gebühren können auch von Nichtmitgliedern, die Tätigkeiten oder Einrichtungen der Innung in Anspruch nehmen, erhoben werden;
3. die Prüfung und Abnahme der Jahresrechnung;
4. die Wahl des Vorstands und derjenigen Mitglieder der Ausschüsse, die der Zahl der Innungsmitglieder zu entnehmen sind;
5. die Einsetzung besonderer Ausschüsse zur Vorbereitung einzelner Angelegenheiten;
6. der Erlaß von Vorschriften über die Lehrlingsausbildung (§ 54 Abs. 1 Nr. 3);
7. die Beschlußfassung über
 a) den Erwerb, die Veräußerung oder die dingliche Belastung von Grundeigentum,
 b) die Veräußerung von Gegenständen, die einen geschichtlichen, wissenschaftlichen oder Kunstwert haben,
 c) die Ermächtigung zur Aufnahme von Krediten,
 d) den Abschluß von Verträgen, durch welche der Handwerksinnung fortlaufende Verpflichtungen auferlegt werden, mit Ausnahme der laufenden Geschäfte der Verwaltung,
 e) die Anlegung des Innungsvermögens;

8. die Beschlußfassung über die Änderung der Satzung und die Auflösung der Handwerksinnung;

9. die Beschlußfassung über den Erwerb und die Beendigung der Mitgliedschaft beim Landesinnungs-
verband.

(3) Die nach Absatz 2 Nr. 6, 7 und 8 gefaßten Beschlüsse bedürfen der Genehmigung durch die Hand-
werkskammer.

§ 62 [Beschlussfassung; Einberufung der Versammlung]

(1) Zur Gültigkeit eines Beschlusses der Innungsversammlung ist erforderlich, daß der Gegenstand bei
ihrer Einberufung bezeichnet ist, es sei denn, daß er in der Innungsversammlung mit Zustimmung von
drei Vierteln der erschienenen Mitglieder nachträglich auf die Tagesordnung gesetzt wird, sofern es sich
nicht um einen Beschluß über eine Satzungsänderung oder Auflösung der Handwerksinnung handelt.

(2) [1]Beschlüsse der Innungsversammlung werden mit einfacher Mehrheit der erschienenen Mitglieder
gefaßt. [2]Zu Beschlüssen über Änderungen der Satzung der Handwerksinnung ist eine Mehrheit von drei
Vierteln der erschienenen Mitglieder erforderlich. [3]Der Beschluß auf Auflösung der Handwerksinnung
kann nur mit einer Mehrheit von drei Vierteln der stimmberechtigten Mitglieder gefaßt werden. [4]Sind in
der ersten Innungsversammlung drei Viertel der Stimmberechtigten nicht erschienen, so ist binnen vier
Wochen eine zweite Innungsversammlung einzuberufen, in welcher der Auflösungsbeschluß mit einer
Mehrheit von drei Vierteln der erschienenen Mitglieder gefaßt werden kann. [5]Satz 3 gilt für den Beschluß
zur Bildung einer Vertreterversammlung (§ 61 Abs. 1 Satz 3) mit der Maßgabe, daß er auch im Wege
schriftlicher Abstimmung gefaßt werden kann.

(3) [1]Die Innungsversammlung ist in den durch die Satzung bestimmten Fällen sowie dann einzuberufen,
wenn das Interesse der Handwerksinnung es erfordert. [2]Sie ist ferner einzuberufen, wenn der durch die
Satzung bestimmte Teil oder in Ermangelung einer Bestimmung der zehnte Teil der Mitglieder die Ein-
berufung schriftlich unter Angabe des Zwecks und der Gründe verlangt; wird dem Verlangen nicht ent-
sprochen oder erfordert es das Interesse der Handwerksinnung, so kann die Handwerkskammer die In-
nungsversammlung einberufen und leiten.

§ 63 [Stimmrecht]

[1]Stimmberechtigt in der Innungsversammlung sind die Mitglieder der Handwerksinnung im Sinne des
§ 58 Abs. 1. [2]Für eine juristische Person oder eine Personengesellschaft kann nur eine Stimme abgegeben
werden, auch wenn mehrere vertretungsberechtigte Personen vorhanden sind.

§ 64 [Ausschluss des Stimmrechts]

Ein Mitglied ist nicht stimmberechtigt, wenn die Beschlußfassung die Vornahme eines Rechtsgeschäfts
oder die Einleitung oder Erledigung eines Rechtsstreits zwischen ihm und der Handwerksinnung betrifft.

§ 65 [Übertragung des Stimmrechts]

(1) Ein gemäß § 63 stimmberechtigtes Mitglied, das Inhaber eines Nebenbetriebs im Sinne des § 2 Nr. 2
oder 3 ist, kann sein Stimmrecht auf den Leiter des Nebenbetriebs übertragen, falls dieser die Pflichten
übernimmt, die seinen Vollmachtgebern gegenüber der Handwerksinnung obliegen.

(2) Die Satzung kann die Übertragung der in Absatz 1 bezeichneten Rechte unter den dort gesetzten
Voraussetzungen auch in anderen Ausnahmefällen zulassen.

(3) Die Übertragung und die Übernahme der Rechte bedarf der schriftlichen Erklärung gegenüber der
Handwerksinnung.

§ 66 [Vorstand der Handwerksinnung]

(1) [1]Der Vorstand der Handwerksinnung wird von der Innungsversammlung für die in der Satzung be-
stimmte Zeit mit verdeckten Stimmzetteln gewählt. [2]Die Wahl durch Zuruf ist zulässig, wenn niemand
widerspricht. [3]Über die Wahlhandlung ist eine Niederschrift anzufertigen. [4]Die Wahl des Vorstands ist
der Handwerkskammer binnen einer Woche anzuzeigen.

(2) [1]Die Satzung kann bestimmen, daß die Bestellung des Vorstands jederzeit widerruflich ist. [2]Die Sat-
zung kann ferner bestimmen, daß der Widerruf nur zulässig ist, wenn ein wichtiger Grund vorliegt; ein
solcher Grund ist insbesondere grobe Pflichtverletzung oder Unfähigkeit.

(3) [1]Der Vorstand vertritt die Handwerksinnung gerichtlich und außergerichtlich. [2]Durch die Satzung
kann die Vertretung einem oder mehreren Mitgliedern des Vorstands oder dem Geschäftsführer übertragen
werden. [3]Als Ausweis genügt bei allen Rechtsgeschäften die Bescheinigung der Handwerkskammer, daß
die darin bezeichneten Personen zur Zeit den Vorstand bilden.

(4) Die Mitglieder des Vorstands verwalten ihr Amt als Ehrenamt unentgeltlich; es kann ihnen nach
näherer Bestimmung der Satzung Ersatz barer Auslagen und eine Entschädigung für Zeitversäumnis ge-
währt werden.

§ 67 [Ausschüsse]

(1) Die Handwerksinnung kann zur Wahrnehmung einzelner Angelegenheiten Ausschüsse bilden.

(2) [1]Zur Förderung der Berufsbildung ist ein Ausschuß zu bilden. [2]Er besteht aus einem Vorsitzenden und mindestens vier Beisitzern, von denen die Hälfte Innungsmitglieder, die in der Regel Gesellen oder Lehrlinge beschäftigen, und die andere Hälfte Gesellen sein müssen.

(3) [1]Die Handwerksinnung kann einen Ausschuß zur Schlichtung von Streitigkeiten zwischen Ausbildenden und Lehrlingen (Auszubildenden) errichten, der für alle Berufsausbildungsverhältnisse der in der Handwerksinnung vertretenen Handwerke ihres Bezirks zuständig ist. [2]Die Handwerkskammer erläßt die hierfür erforderliche Verfahrensordnung.

§ 68 [Gesellenausschuss]

(1) [1]Im Interesse eines guten Verhältnisses zwischen den Innungsmitgliedern und den bei ihnen beschäftigten Gesellen (§ 54 Abs. 1 Nr. 2) wird bei der Handwerksinnung ein Gesellenausschuß errichtet. [2]Der Gesellenausschuß hat die Gesellenmitglieder der Ausschüsse zu wählen, bei denen die Mitwirkung der Gesellen durch Gesetz oder Satzung vorgesehen ist.

(2) Der Gesellenausschuß ist zu beteiligen

1. bei Erlaß von Vorschriften über die Regelung der Lehrlingsausbildung (§ 54 Abs. 1 Nr. 3),

2. bei Maßnahmen zur Förderung und Überwachung der beruflichen Ausbildung und zur Förderung der charakterlichen Entwicklung der Lehrlinge (§ 54 Abs. 1 Nr. 3),

3. bei der Errichtung der Gesellenprüfungsausschüsse (§ 54 Abs. 1 Nr. 4),

4. bei Maßnahmen zur Förderung des handwerklichen Könnens der Gesellen, insbesondere bei der Errichtung oder Unterstützung der zu dieser Förderung bestimmten Fachschulen und Lehrgänge (§ 54 Abs. 1 Nr. 5),

5. bei der Mitwirkung an der Verwaltung der Berufsschulen gemäß den Vorschriften der Unterrichtsverwaltungen (§ 54 Abs. 1 Nr. 6),

6. bei der Wahl oder Benennung der Vorsitzenden von Ausschüssen, bei denen die Mitwirkung der Gesellen durch Gesetz oder Satzung vorgesehen ist,

7. bei der Begründung und Verwaltung aller Einrichtungen, für welche die Gesellen Beiträge entrichten oder eine besondere Mühewaltung übernehmen, oder die zu ihrer Unterstützung bestimmt sind.

(3) Die Beteiligung des Gesellenausschusses hat mit der Maßgabe zu erfolgen, daß

1. bei der Beratung und Beschlußfassung des Vorstands der Handwerksinnung mindestens ein Mitglied des Gesellenausschusses mit vollem Stimmrecht teilnimmt,

2. bei der Beratung und Beschlußfassung der Innungsversammlung seine sämtlichen Mitglieder mit vollem Stimmrecht teilnehmen,

3. bei der Verwaltung von Einrichtungen, für welche die Gesellen Aufwendungen zu machen haben, vom Gesellenausschuß gewählte Gesellen in gleicher Zahl zu beteiligen sind wie die Innungsmitglieder.

(4) [1]Zur Durchführung von Beschlüssen der Innungsversammlung in den in Absatz 2 bezeichneten Angelegenheiten bedarf es der Zustimmung des Gesellenausschusses. [2]Wird die Zustimmung versagt oder nicht in angemessener Frist erteilt, so kann die Handwerksinnung die Entscheidung der Handwerkskammer binnen eines Monats beantragen.

(5) Die Beteiligung des Gesellenausschusses entfällt in den Angelegenheiten, die Gegenstand eines von der Handwerksinnung oder von dem Innungsverband abgeschlossenen oder abzuschließenden Tarifvertrags sind.

§ 69 [Zusammensetzung und Wahl des Gesellenausschusses]

(1) Der Gesellenausschuß besteht aus dem Vorsitzenden (Altgesellen) und einer weiteren Zahl von Mitgliedern.

(2) Für die Mitglieder des Gesellenausschusses sind Stellvertreter zu wählen, die im Falle der Verhinderung oder des Ausscheidens für den Rest der Wahlzeit in der Reihenfolge der Wahl eintreten.

(3) [1]Die Mitglieder des Gesellenausschusses werden mit verdeckten Stimmzetteln in allgemeiner, unmittelbarer und gleicher Wahl gewählt. [2]Zum Zwecke der Wahl ist eine Wahlversammlung einzuberufen; in der Versammlung können durch Zuruf Wahlvorschläge gemacht werden. [3]Führt die Wahlversammlung zu keinem Ergebnis, so ist auf Grund von schriftlichen Wahlvorschlägen nach den Grundsätzen der Verhältniswahl zu wählen; jeder Wahlvorschlag muß die Namen von ebensovielen Bewerbern enthalten, wie Mitglieder des Gesellenausschusses zu wählen sind; wird nur ein gültiger Wahlvorschlag eingereicht, so gelten die darin bezeichneten Bewerber als gewählt. [4]Die Satzung trifft die näheren Bestimmungen über die Zusammensetzung des Gesellenausschusses und über das Wahlverfahren, insbesondere darüber, wie viele Unterschriften für einen gültigen schriftlichen Wahlvorschlag erforderlich sind.

(4) [1]Die Mitglieder des Gesellenausschusses dürfen in der Ausübung ihrer Tätigkeit nicht behindert werden. [2]Auch dürfen sie deswegen nicht benachteiligt oder begünstigt werden. [3]Die Mitglieder des Gesellenausschusses sind, soweit es zur ordnungsgemäßen Durchführung der ihnen gesetzlich zugewiesenen Aufgaben erforderlich ist und wichtige betriebliche Gründe nicht entgegenstehen, von ihrer beruflichen Tätigkeit ohne Minderung des Arbeitsentgelts freizustellen.

(5) Das Ergebnis der Wahl der Mitglieder des Gesellenausschusses ist in den für die Bekanntmachung der zuständigen Handwerkskammer bestimmten Organen zu veröffentlichen.

§ 70 [Wahlrecht]
Berechtigt zur Wahl des Gesellenausschusses sind die bei einem Innungsmitglied beschäftigten Gesellen.

§ 71 [Wählbarkeit zum Gesellenausschuss]
(1) Wählbar ist jeder Geselle, der
1. volljährig ist,
2. eine Gesellenprüfung oder eine entsprechende Abschlußprüfung abgelegt hat und
3. seit mindestens drei Monaten in dem Betrieb eines der Handwerksinnung angehörenden selbständigen Handwerkers beschäftigt ist.

(2) Über die Wahlhandlung ist eine Niederschrift anzufertigen.

§ 71a [Kurzzeitige Arbeitslosigkeit]
Eine kurzzeitige Arbeitslosigkeit läßt das Wahlrecht nach den §§ 70 und 71 unberührt, wenn diese zum Zeitpunkt der Wahl nicht länger als drei Monate besteht.

§ 72 [Bei Innungsmitgliedern nicht mehr beschäftigte Ausschussmitglieder]
[1]Mitglieder des Gesellenausschusses behalten, auch wenn sie nicht mehr bei Innungsmitgliedern beschäftigt sind, solange sie im Bezirk der Handwerksinnung im Betrieb eines selbständigen Handwerkers verbleiben, die Mitgliedschaft noch bis zum Ende der Wahlzeit, jedoch höchstens für ein Jahr. [2]Im Falle eintretender Arbeitslosigkeit behalten sie ihr Amt bis zum Ende der Wahlzeit.

§ 73 [Beiträge und Gebühren]
(1) [1]Die der Handwerksinnung und ihrem Gesellenausschuß erwachsenden Kosten sind, soweit sie aus den Erträgen des Vermögens oder aus anderen Einnahmen keine Deckung finden, von den Innungsmitgliedern durch Beiträge aufzubringen. [2]Zu den Kosten des Gesellenausschusses zählen auch die anteiligen Lohn- und Lohnnebenkosten, die dem Arbeitgeber durch die Freistellung der Mitglieder des Gesellenausschusses von ihrer beruflichen Tätigkeit entstehen. [3]Diese Kosten sind dem Arbeitgeber auf Antrag von der Innung zu erstatten.

(2) Die Handwerksinnung kann für die Benutzung der von ihr getroffenen Einrichtungen Gebühren erheben.

(3) Soweit die Handwerksinnung ihre Beiträge nach dem Gewerbesteuermeßbetrag, Gewerbekapital, Gewerbeertrag, Gewinn aus Gewerbebetrieb oder der Lohnsumme bemißt, gilt § 113 Abs. 2 Satz 2, 3 und 8 bis 11.

(4) Die Beiträge und Gebühren werden auf Antrag des Innungsvorstands nach den für die Beitreibung von Gemeindeabgaben geltenden landesrechtlichen Vorschriften beigetrieben.

§ 74 [Haftung der Innung]
Die Handwerksinnung ist für den Schaden verantwortlich, den der Vorstand, ein Mitglied des Vorstands oder ein anderer satzungsmäßig berufener Vertreter durch eine in Ausführung der ihm zustehenden Verrichtungen begangene, zum Schadensersatz verpflichtende Handlung einem Dritten zufügt.

§ 75 [Aufsicht über die Handwerksinnung]
[1]Die Aufsicht über die Handwerksinnung führt die Handwerkskammer, in deren Bezirk die Handwerksinnung ihren Sitz hat. [2]Die Aufsicht erstreckt sich darauf, daß Gesetz und Satzung beachtet, insbesondere daß die der Handwerksinnung übertragenen Aufgaben erfüllt werden.

§ 76 [Auflösung der Innung]
Die Handwerksinnung kann durch die Handwerkskammer nach Anhörung des Landesinnungsverbands aufgelöst werden,
1. wenn sie durch einen gesetzwidrigen Beschluß der Mitgliederversammlung oder durch gesetzwidriges Verhalten des Vorstands das Gemeinwohl gefährdet,
2. wenn sie andere als die gesetzlich oder satzungsmäßig zulässigen Zwecke verfolgt,
3. wenn die Zahl ihrer Mitglieder so weit zurückgeht, daß die Erfüllung der gesetzlichen und satzungsmäßigen Aufgaben gefährdet erscheint.

§ 77 [Insolvenz- und Vergleichsverfahren]

(1) Die Eröffnung des Insolvenzverfahrens über das Vermögen der Handwerksinnung hat die Auflösung kraft Gesetzes zur Folge.

(2) ¹Der Vorstand hat im Falle der Zahlungsunfähigkeit oder der Überschuldung die Eröffnung des Insolvenzverfahrens oder des gerichtlichen Vergleichsverfahrens zu beantragen. ²Wird die Stellung des Antrags verzögert, so sind die Vorstandsmitglieder, denen ein Verschulden zur Last fällt, den Gläubigern für den daraus entstehenden Schaden verantwortlich; sie haften als Gesamtschuldner.

§ 78 [Liquidation; Vermögensauseinandersetzung]

(1) Wird die Handwerksinnung durch Beschluß der Innungsversammlung oder durch die Handwerkskammer aufgelöst, so wird das Innungsvermögen in entsprechender Anwendung der §§ 47 bis 53 des Bürgerlichen Gesetzbuchs liquidiert.

(2) ¹Wird eine Innung geteilt oder wird der Innungsbezirk neu abgegrenzt, so findet eine Vermögensauseinandersetzung statt, die der Genehmigung der für den Sitz der Innung zuständigen Handwerkskammer bedarf; kommt eine Einigung über die Vermögensauseinandersetzung nicht zustande, so entscheidet die für den Innungsbezirk zuständige Handwerkskammer. ²Erstreckt sich der Innungsbezirk auf mehrere Handwerkskammerbezirke, so kann die Genehmigung oder Entscheidung nur im Einvernehmen mit den beteiligten Handwerkskammern ergehen.

Zweiter Abschnitt
Innungsverbände

§ 79 [Landesinnungsverband]

(1) ¹Der Landesinnungsverband ist der Zusammenschluß von Handwerksinnungen des gleichen Handwerks oder sich fachlich oder wirtschaftlich nahestehender Handwerke im Bezirk eines Landes. ²Für mehrere Bundesländer kann ein gemeinsamer Landesinnungsverband gebildet werden.

(2) ¹Innerhalb eines Landes kann in der Regel nur ein Landesinnungsverband für dasselbe Handwerk oder für sich fachlich oder wirtschaftlich nahestehende Handwerke gebildet werden. ²Ausnahmen können von der obersten Landesbehörde zugelassen werden.

(3) Durch die Satzung kann bestimmt werden, daß selbständige Handwerker dem Landesinnungsverband ihres Handwerks als Einzelmitglieder beitreten können.

§ 80 [Rechtsform; Satzung]

¹Der Landesinnungsverband ist eine juristische Person des privaten Rechts; er wird mit Genehmigung der Satzung rechtsfähig. ²Die Satzung und ihre Änderung bedürfen der Genehmigung durch die oberste Landesbehörde. ³Im Falle eines gemeinsamen Landesinnungsverbandes nach § 79 Abs. 1 Satz 2 ist die Genehmigung durch die für den Sitz des Landesinnungsverbandes zuständige oberste Landesbehörde im Einvernehmen mit den beteiligten obersten Landesbehörden zu erteilen. ⁴Die Satzung muß den Bestimmungen des § 55 Abs. 2 entsprechen.

§ 81 [Aufgaben des Landesinnungsverbandes]

(1) Der Landesinnungsverband hat die Aufgabe,

1. die Interessen des Handwerks wahrzunehmen, für das er gebildet ist,
2. die angeschlossenen Handwerksinnungen in der Erfüllung ihrer gesetzlichen und satzungsmäßigen Aufgaben zu unterstützen,
3. den Behörden Anregungen und Vorschläge zu unterbreiten sowie ihnen auf Verlangen Gutachten zu erstatten.

(2) Er ist befugt, Fachschulen und Fachkurse einzurichten oder zu fördern.

§ 82 [Förderung wirtschaftlicher und sozialer Interessen]

¹Der Landesinnungsverband kann ferner die wirtschaftlichen und sozialen Interessen der den Handwerksinnungen angehörenden Mitglieder fördern. ²Zu diesem Zweck kann er insbesondere

1. Einrichtungen zur Erhöhung der Leistungsfähigkeit der Betriebe, vor allem in technischer und betriebswirtschaftlicher Hinsicht schaffen oder unterstützen,
2. den gemeinschaftlichen Einkauf und die gemeinschaftliche Übernahme von Lieferungen und Leistungen durch die Bildung von Genossenschaften, Arbeitsgemeinschaften oder auf sonstige Weise im Rahmen der allgemeinen Gesetze fördern,
3. Tarifverträge abschließen.

§ 83 [Anwendbarkeit von Vorschriften]
(1) Auf den Landesinnungsverband finden entsprechende Anwendung:
1. § 55 Abs. 1 und Abs. 2 Nr. 1 bis 6, 8 bis 9 und hinsichtlich der Voraussetzungen für die Änderung der Satzung und für die Auflösung des Landesinnungsverbandes Nummer 10 sowie Nummer 11,
2. §§ 60, 61 Abs. 1 und Abs. 2 Nr. 1 und hinsichtlich der Beschlußfassung über die Höhe der Beiträge zum Landesinnungsverband Nummer 2 sowie Nummern 3 bis 5 und 7 bis 8,
3. §§ 59, 62, 64, 66 und 74,
4. § 39 und §§ 41 bis 53 des Bürgerlichen Gesetzbuchs.
(2) [1]Die Mitgliederversammlung besteht aus den Vertretern der angeschlossenen Handwerksinnungen und im Fall des § 79 Abs. 3 auch aus den von den Einzelmitgliedern nach näherer Bestimmung der Satzung gewählten Vertretern. [2]Die Satzung kann bestimmen, daß die Handwerksinnungen und die Gruppe der Einzelmitglieder entsprechend der Zahl der Mitglieder der Handwerksinnungen und der Einzelmitglieder mehrere Stimmen haben und die Stimmen einer Handwerksinnung oder der Gruppe der Einzelmitglieder uneinheitlich abgegeben werden können.
(3) Nach näherer Bestimmung der Satzung können bis zur Hälfte der Mitglieder des Vorstands Personen sein, die nicht von der Mitgliederversammlung gewählt sind.

§ 84 [Anschluss von handwerksähnlichen Betrieben]
[1]Durch die Satzung kann bestimmt werden, daß sich Vereinigungen von Inhabern handwerksähnlicher Betriebe oder Inhaber handwerksähnlicher Betriebe einem Landesinnungsverband anschließen können. [2]In diesem Fall obliegt dem Landesinnungsverband nach Maßgabe der §§ 81 und 82 auch die Wahrnehmung der Interessen des handwerksähnlichen Gewerbes. [3]§ 83 Abs. 2 gilt entsprechend für die Vertretung des handwerksähnlichen Gewerbes in der Mitgliederversammlung.

§ 85 [Bundesinnungsverband]
(1) Der Bundesinnungsverband ist der Zusammenschluß von Landesinnungsverbänden des gleichen Handwerks oder sich fachlich oder wirtschaftlich nahestehender Handwerke im Bundesgebiet.
(2) [1]Auf den Bundesinnungsverband finden die Vorschriften dieses Abschnitts sinngemäß Anwendung. [2]Die nach § 80 erforderliche Genehmigung der Satzung und ihrer Änderung erfolgt durch das Bundesministerium für Wirtschaft und Energie.

Dritter Abschnitt
Kreishandwerkerschaften

§ 86 [Kreishandwerkerschaft]
[1]Die Handwerksinnungen, die in einem Stadt- oder Landkreis ihren Sitz haben, bilden die Kreishandwerkerschaft. [2]Die Handwerkskammer kann eine andere Abgrenzung zulassen.

§ 87 [Aufgaben]
Die Kreishandwerkerschaft hat die Aufgabe,
1. die Gesamtinteressen des selbständigen Handwerks und des handwerksähnlichen Gewerbes sowie die gemeinsamen Interessen der Handwerksinnungen ihres Bezirks wahrzunehmen,
2. die Handwerksinnungen bei der Erfüllung ihrer Aufgaben zu unterstützen,
3. Einrichtungen zur Förderung und Vertretung der gewerblichen, wirtschaftlichen und sozialen Interessen der Mitglieder der Handwerksinnungen zu schaffen oder zu unterstützen,
4. die Behörden bei den das selbständige Handwerk und das handwerksähnliche Gewerbe ihres Bezirks berührenden Maßnahmen zu unterstützen und ihnen Anregungen, Auskünfte und Gutachten zu erteilen,
5. die Geschäfte der Handwerksinnungen auf deren Ansuchen zu führen,
6. die von der Handwerkskammer innerhalb ihrer Zuständigkeit erlassenen Vorschriften und Anordnungen durchzuführen; die Handwerkskammer hat sich an den hierdurch entstehenden Kosten angemessen zu beteiligen.

§ 88 [Mitgliederversammlung]
[1]Die Mitgliederversammlung der Kreishandwerkerschaft besteht aus Vertretern der Handwerksinnungen. [2]Die Vertreter oder ihre Stellvertreter üben das Stimmrecht für die von ihnen vertretenen Handwerksinnungen aus. [3]Jede Handwerksinnung hat eine Stimme. [4]Die Satzung kann bestimmen, daß den Handwerksinnungen entsprechend der Zahl ihrer Mitglieder bis höchstens zwei Zusatzstimmen zuerkannt und die Stimmen einer Handwerksinnung uneinheitlich abgegeben werden können.

§ 89 [Anwendbarkeit von Vorschriften]

(1) Auf die Kreishandwerkerschaft finden entsprechende Anwendung:

1. § 53 und § 55 mit Ausnahme des Absatzes 2 Nummern 3 und 7 sowie hinsichtlich der Voraussetzungen für die Änderung der Satzung § 55 Abs. 2 Nr. 10,

2. § 56 Abs. 1 und Abs. 2 Nr. 1,

3. § 60 und § 61 Abs. 1, Abs. 2 Nr. 1 bis 5, 7 und hinsichtlich der Beschlußfassung über die Änderung der Satzung Nummer 8; die nach § 61 Abs. 2 Nr. 1 bis 3, 7 und 8 gefaßten Beschlüsse bedürfen der Genehmigung der Handwerkskammer,

4. § 62 Abs. 1, Abs. 2 Sätze 1 und 2 sowie Abs. 3,

5. §§ 64, 66, 67 Abs. 1 und §§ 73 bis 77

(2) [1]Wird die Kreishandwerkerschaft durch die Handwerkskammer aufgelöst, so wird das Vermögen der Kreishandwerkerschaft in entsprechender Anwendung der §§ 47 bis 53 des Bürgerlichen Gesetzbuchs liquidiert. [2]§ 78 Abs. 2 gilt entsprechend.

Vierter Abschnitt
Handwerkskammern

§ 90 [Handwerkskammern]

(1) Zur Vertretung der Interessen des Handwerks werden Handwerkskammern errichtet; sie sind Körperschaften des öffentlichen Rechts.

(2) Zur Handwerkskammer gehören die Inhaber eines Betriebs eines Handwerks und eines handwerkähnlichen Gewerbes des Handwerkskammerbezirks sowie die Gesellen, andere Arbeitnehmer mit einer abgeschlossenen Berufsausbildung und die Lehrlinge dieser Gewerbetreibenden.

(3) [1]Zur Handwerkskammer gehören auch Personen, die im Kammerbezirk selbständig eine gewerbliche Tätigkeit nach § 1 Abs. 2 Satz 2 Nr. 1 ausüben, wenn

1. sie die Gesellenprüfung in einem zulassungspflichtigen Handwerk erfolgreich abgelegt haben,

2. die betreffende Tätigkeit Bestandteil der Erstausbildung in diesem zulassungspflichtigen Handwerk war und

3. die Tätigkeit den überwiegenden Teil der gewerblichen Tätigkeit ausmacht.

[2]Satz 1 gilt entsprechend auch für Personen, die ausbildungsvorbereitende Maßnahmen erfolgreich absolviert haben, wenn diese Maßnahmen überwiegend Ausbildungsinhalte in Ausbildungsordnungen vermitteln, die nach § 25 erlassen worden sind und insgesamt einer abgeschlossenen Gesellenausbildung im Wesentlichen entsprechen.

(4) [1]Absatz 3 findet nur unter der Voraussetzung Anwendung, dass die Tätigkeit in einer dem Handwerk entsprechenden Betriebsform erbracht wird. [2]Satz 1 und Absatz 3 gelten nur für Gewerbetreibende, die erstmalig nach dem 30. Dezember 2003 eine gewerbliche Tätigkeit anmelden. [3]Die Handwerkskammer hat ein Verzeichnis zu führen, in welches die Personen nach § 90 Abs. 3 und 4 ihres Bezirks nach Maßgabe der Anlage D Abschnitt IV zu diesem Gesetz mit dem von ihnen betriebenen Gewerbe einzutragen sind (Verzeichnis der Personen nach § 90 Abs. 3 und 4 der Handwerksordnung).

(5) [1]Die Landesregierungen werden ermächtigt, durch Rechtsverordnung Handwerkskammern zu errichten und die Bezirke der Handwerkskammern zu bestimmen; die Bezirke sollen sich in der Regel mit denen der höheren Verwaltungsbehörde decken. [2]Wird der Bezirk einer Handwerkskammer nach Satz 1 geändert, muss eine Vermögensauseinandersetzung erfolgen, welche der Genehmigung durch die oberste Landesbehörde bedarf. [3]Können sich die beteiligten Handwerkskammern hierüber nicht einigen, so entscheidet die oberste Landesbehörde.

§ 91 [Aufgaben]

(1) Aufgabe der Handwerkskammer ist insbesondere,

1. die Interessen des Handwerks zu fördern und für einen gerechten Ausgleich der Interessen der einzelnen Handwerke und ihrer Organisationen zu sorgen,

2. die Behörden in der Förderung des Handwerks durch Anregungen, Vorschläge und durch Erstattung von Gutachten zu unterstützen und regelmäßig Berichte über die Verhältnisse des Handwerks zu erstatten,

3. die Handwerksrolle (§ 6) zu führen,

4. die Berufsausbildung zu regeln (§ 41), Vorschriften hierfür zu erlassen, ihre Durchführung zu überwachen (§ 41a) sowie eine Lehrlingsrolle (§ 28 Absatz 1) zu führen,

4a. Vorschriften für Prüfungen im Rahmen einer beruflichen Fortbildung oder Umschulung zu erlassen und Prüfungsausschüsse hierfür zu errichten,

5. Gesellenprüfungsordnungen für die einzelnen Handwerke zu erlassen (§ 38), Prüfungsausschüsse für die Abnahme der Gesellenprüfungen zu errichten oder Handwerksinnungen zu der Errichtung von Gesellenprüfungsausschüssen zu ermächtigen (§ 37) und die ordnungsmäßige Durchführung der Gesellenprüfungen zu überwachen,

6. Meisterprüfungsordnungen für die einzelnen Handwerke zu erlassen (§ 50) und die Geschäfte des Meisterprüfungsausschusses (§ 47 Abs. 2) zu führen,

6a. die Gleichwertigkeit festzustellen (§§ 40a, 50b, 51e),[1)]

7. die technische und betriebswirtschaftliche Fortbildung der Meister und Gesellen zur Erhaltung und Steigerung der Leistungsfähigkeit des Handwerks in Zusammenarbeit mit den Innungsverbänden zu fördern, die erforderlichen Einrichtungen hierfür zu schaffen oder zu unterstützen und zu diesem Zweck eine Gewerbeförderungsstelle zu unterhalten,

7a. Maßnahmen zur Förderung und Durchführung der Berufsbildung, insbesondere der Berufsausbildungsvorbereitung, Berufsausbildung, beruflichen Fortbildung und beruflichen Umschulung, sowie der technischen und betriebswirtschaftlichen Weiterbildung, insbesondere Sachkundenachweise und Sachkundeprüfungen nach gesetzlichen Vorschriften, nach Vorschriften der Unfallversicherungsträger oder nach technischen Normvorschriften in Zusammenarbeit mit den Innungsverbänden anzubieten,

8. Sachverständige zur Erstattung von Gutachten über Waren, Leistungen und Preise von Handwerkern zu bestellen und zu vereidigen,

9. die wirtschaftlichen Interessen des Handwerks und die ihnen dienenden Einrichtungen, insbesondere das Genossenschaftswesen zu fördern,

10. die Formgestaltung im Handwerk zu fördern,

11. Vermittlungsstellen zur Beilegung von Streitigkeiten zwischen Inhabern eines Betriebs eines Handwerks und ihren Auftraggebern einzurichten,

12. Ursprungszeugnisse über in Handwerksbetrieben gefertigte Erzeugnisse und andere dem Wirtschaftsverkehr dienende Bescheinigungen auszustellen, soweit nicht Rechtsvorschriften diese Aufgaben anderen Stellen zuweisen,

13. die Maßnahmen zur Unterstützung notleidender Handwerker sowie Gesellen und anderer Arbeitnehmer mit einer abgeschlossenen Berufsausbildung zu treffen oder zu unterstützen.

(1a) [1]Die Länder können durch Gesetz der Handwerkskammer die Aufgaben einer einheitlichen Stelle im Sinne des Verwaltungsverfahrensgesetzes übertragen. [2]Das Gesetz regelt, welche Aufgabenbereiche von der Zuweisung erfasst sind. [3]Dabei kann das Gesetz vorsehen, dass die Handwerkskammer auch für nicht Kammerzugehörige tätig wird. [4]Das Gesetz regelt auch die Aufsicht.

(2) Die Handwerkskammer kann gemeinsam mit der Industrie- und Handelskammer Prüfungsausschüsse errichten.

(2a) Die Länder können durch Gesetz der Handwerkskammer ermöglichen, sich an einer Einrichtung zu beteiligen, die Aufgaben einer einheitlichen Stelle im Sinne des Verwaltungsverfahrensgesetzes erfüllt.

(3) Die Handwerkskammer soll in allen wichtigen das Handwerk und das handwerksähnliche Gewerbe berührenden Angelegenheiten gehört werden.

(4) Absatz 1 Nr. 1, 2 und 7 bis 13 findet auf handwerksähnliche Gewerbe entsprechende Anwendung.

§ 92 [Organe der Handwerkskammer]

Die Organe der Handwerkskammer sind
1. die Mitgliederversammlung (Vollversammlung),
2. der Vorstand,
3. die Ausschüsse.

§ 93 [Zusammensetzung der Vollversammlung]

(1) [1]Die Vollversammlung besteht aus gewählten Mitgliedern. [2]Ein Drittel der Mitglieder müssen Gesellen oder andere Arbeitnehmer mit einer abgeschlossenen Berufsausbildung sein, die in dem Betrieb eines Gewerbes der Anlage A oder Betrieb eines Gewerbes der Anlage B beschäftigt sind.

(2) [1]Durch die Satzung ist die Zahl der Mitglieder der Vollversammlung und ihre Aufteilung auf die einzelnen in den Anlagen A und B zu diesem Gesetz aufgeführten Gewerbe zu bestimmen. [2]Die Satzung kann bestimmen, dass die Aufteilung der Zahl der Mitglieder der Vollversammlung auch die Personen nach § 90 Abs. 3 und 4 zu berücksichtigen hat. [3]Bei der Aufteilung sollen die wirtschaftlichen Besonderheiten und die wirtschaftliche Bedeutung der einzelnen Gewerbe berücksichtigt werden.

1) Komma fehlt im BGBl. I.

(3) Für jedes Mitglied sind mindestens ein, aber höchstens zwei Stellvertreter zu wählen, die im Verhinderungsfall oder im Falle des Ausscheidens der Mitglieder einzutreten haben.

(4) ¹Die Vollversammlung kann sich nach näherer Bestimmung der Satzung bis zu einem Fünftel der Mitgliederzahl durch Zuwahl von sachverständigen Personen unter Wahrung der in Absatz 1 festgelegten Verhältniszahl ergänzen; diese haben gleiche Rechte und Pflichten wie die gewählten Mitglieder der Vollversammlung. ²Die Zuwahl der sachverständigen Personen, die auf das Drittel der Gesellen und anderer Arbeitnehmer mit einer abgeschlossenen Berufsausbildung anzurechnen sind, erfolgt auf Vorschlag der Mehrheit dieser Gruppe.

§ 94 [Rechtsstellung der Mitglieder]
¹Die Mitglieder der Vollversammlung sind Vertreter des gesamten Handwerks und des handwerksähnlichen Gewerbes und als solche an Aufträge und Weisungen nicht gebunden. ²§ 66 Abs. 4, § 69 Abs. 4 und § 73 Abs. 1 gelten entsprechend.

§ 95 [Wahl der Mitglieder]
(1) ¹Die Mitglieder der Vollversammlung und ihre Stellvertreter werden durch Listen in allgemeiner, freier, gleicher und geheimer Wahl gewählt. ²Die Wahlen zur Vollversammlung werden im Briefwahlverfahren durchgeführt.

(2) Das Wahlverfahren regelt sich nach der diesem Gesetz als Anlage C beigefügten Wahlordnung.

§ 96 [Wahlrecht]
(1) ¹Berechtigt zur Wahl der Vertreter des Handwerks und des handwerksähnlichen Gewerbes sind die in der Handwerksrolle (§ 6) oder im Verzeichnis nach § 19 eingetragenen natürlichen und juristischen Personen und Personengesellschaften sowie die in das Verzeichnis nach § 90 Abs. 4 Satz 2 eingetragenen natürlichen Personen. ²Die nach § 90 Abs. 4 Satz 2 eingetragenen Personen sind zur Wahl der Vertreter der Personen nach § 90 Abs. 3 und 4 berechtigt, sofern die Satzung dies nach § 93 bestimmt. ³Das Wahlrecht kann nur von volljährigen Personen ausgeübt werden. ⁴Juristische Personen und Personengesellschaften haben jeweils nur eine Stimme.

(2) Nicht wahlberechtigt sind Personen, die infolge strafgerichtlicher Verurteilung das Recht, in öffentlichen Angelegenheiten zu wählen oder zu stimmen, nicht besitzen.

(3) An der Ausübung des Wahlrechts ist behindert,
1. wer wegen Geisteskrankheit oder Geistesschwäche in einem psychiatrischen Krankenhaus untergebracht ist,
2. wer sich in Straf- oder Untersuchungshaft befindet,
3. wer infolge gerichtlicher oder polizeilicher Anordnung in Verwahrung gehalten wird.

§ 97 [Wählbarkeit]
(1) ¹Wählbar als Vertreter der zulassungspflichtigen Handwerke sind
1. die wahlberechtigten natürlichen Personen, sofern sie
 a) im Bezirk der Handwerkskammer seit mindestens einem Jahr ohne Unterbrechung ein Handwerk selbständig betreiben,
 b) die Befugnis zum Ausbilden von Lehrlingen besitzen,
 c) am Wahltag volljährig sind;
2. die gesetzlichen Vertreter der wahlberechtigten juristischen Personen und die vertretungsberechtigten Gesellschafter der wahlberechtigten Personengesellschaften, sofern
 a) die von ihnen vertretene juristische Person oder Personengesellschaft im Bezirk der Handwerkskammer seit mindestens einem Jahr ein Handwerk selbständig betreibt und
 b) sie im Bezirk der Handwerkskammer seit mindestens einem Jahr ohne Unterbrechung gesetzliche Vertreter oder vertretungsberechtigte Gesellschafter einer in der Handwerksrolle eingetragenen juristischen Person oder Personengesellschaft sind, am Wahltag volljährig sind.
²Nicht wählbar ist, wer infolge Richterspruchs die Fähigkeit zur Bekleidung öffentlicher Ämter oder infolge strafgerichtlicher Verurteilung die Fähigkeit, Rechte aus öffentlichen Wahlen zu erlangen, nicht besitzt.

(2) Bei der Berechnung der Fristen in Absatz 1 Nr. 1 Buchstabe a und Nr. 2 Buchstabe b sind die Tätigkeiten als selbständiger Handwerker in einem zulassungspflichtigen Handwerk und als gesetzlicher Vertreter oder vertretungsberechtigter Gesellschafter einer in der Handwerksrolle eingetragenen juristischen Person oder Personengesellschaft gegenseitig anzurechnen.

(3) Für die Wahl der Vertreter der zulassungsfreien Handwerke, der handwerksähnlichen Gewerbe und der Personen nach § 90 Abs. 3 und 4 gelten die Absätze 1 und 2 entsprechend.

§ 98 [Wahl der Vertreter der Arbeitnehmer]

(1) [1]Berechtigt zur Wahl der Vertreter der Arbeitnehmer in der Handwerkskammer sind die Gesellen und die weiteren Arbeitnehmer mit abgeschlossener Berufsausbildung, sofern sie am Tag der Wahl volljährig sind und in einem Betrieb eines Handwerks oder eines handwerksähnlichen Gewerbes beschäftigt sind. [2]§ 96 Abs. 2 und 3 findet Anwendung.

(2) Kurzzeitig bestehende Arbeitslosigkeit läßt das Wahlrecht unberührt, wenn diese zum Zeitpunkt der Wahl nicht länger als drei Monate besteht.

§ 99 [Wählbarkeit zum Vertreter der Arbeitnehmer]

Wählbar zum Vertreter der Arbeitnehmer in der Vollversammlung sind die wahlberechtigten Arbeitnehmer in Sinne des § 90 Abs. 2, sofern sie

1. am Wahltag volljährig sind,
2. eine Gesellenprüfung oder eine andere Abschlußprüfung abgelegt haben oder, wenn sie in einem Betrieb eines handwerksähnlichen Gewerbes beschäftigt sind, nicht nur vorübergehend mit Arbeiten betraut sind, die gewöhnlich nur von einem Gesellen oder einem Arbeitnehmer ausgeführt werden, der einen Berufsabschluß hat.

§ 100 [Wahlprüfung; Bekanntmachung des Ergebnisses]

(1) Die Handwerkskammer prüft die Gültigkeit der Wahl ihrer Mitglieder von Amts wegen.

(2) Das Ergebnis der Wahl ist öffentlich bekanntzumachen.

§ 101 [Einspruch gegen die Wahl]

(1) Gegen die Rechtsgültigkeit der Wahl kann jeder Wahlberechtigte innerhalb von einem Monat nach der Bekanntgabe des Wahlergebnisses Einspruch erheben; der Einspruch eines Inhabers eines Betriebs eines Handwerks oder handwerksähnlichen Gewerbes kann sich nur gegen die Wahl der Vertreter der Handwerke und handwerksähnlichen Gewerbe, der Einspruch eines Gesellen oder anderen Arbeitnehmers mit einer abgeschlossenen Berufsausbildung nur gegen die Wahl der Vertreter der Arbeitnehmer richten.

(2) Der Einspruch gegen die Wahl eines Gewählten kann nur auf eine Verletzung der Vorschriften der §§ 96 bis 99 gestützt werden.

(3) [1]Richtet sich der Einspruch gegen die Wahl insgesamt, so ist er binnen einem Monat nach der Bekanntgabe des Wahlergebnisses bei der Handwerkskammer einzulegen. [2]Er kann nur darauf gestützt werden, daß

1. gegen das Gesetz oder gegen die auf Grund des Gesetzes erlassenen Wahlvorschriften verstoßen worden ist und
2. der Verstoß geeignet war, das Ergebnis der Wahl zu beeinflussen.

§ 102 [Ablehnung der Wahl; Amtsniederlegung]

(1) Der Gewählte kann die Annahme der Wahl nur ablehnen, wenn er

1. das sechzigste Lebensjahr vollendet hat oder
2. durch Krankheit oder Gebrechen verhindert ist, das Amt ordnungsmäßig zu führen.

(2) Ablehnungsgründe sind nur zu berücksichtigen, wenn sie binnen zwei Wochen nach der Bekanntgabe des Wahlergebnisses bei der Handwerkskammer geltend gemacht worden sind.

(3) Mitglieder der Handwerkskammer können nach Vollendung des sechzigsten Lebensjahrs ihr Amt niederlegen.

§ 103 [Amtsdauer]

(1) [1]Die Wahl zur Handwerkskammer erfolgt auf fünf Jahre. [2]Eine Wiederwahl ist zulässig.

(2) Nach Ablauf der Wahlzeit bleiben die Gewählten solange im Amt, bis ihre Nachfolger eintreten.

(3) [1]Die Vertreter der Arbeitnehmer behalten, auch wenn sie nicht mehr im Betrieb eines Handwerks oder eines handwerksähnlichen Gewerbes beschäftigt sind, solange sie im Bezirk der Handwerkskammer verbleiben, das Amt noch bis zum Ende der Wahlzeit, jedoch höchstens für ein Jahr. [2]Im Falle der Arbeitslosigkeit behalten sie das Amt bis zum Ende der Wahlzeit.

§ 104 [Ausscheiden aus dem Amt]

(1) Mitglieder der Vollversammlung haben aus dem Amt auszuscheiden, wenn sie durch Krankheit oder Gebrechen verhindert sind, das Amt ordnungsmäßig zu führen oder wenn Tatsachen eintreten, die ihre Wählbarkeit ausschließen.

(2) Gesetzliche Vertreter juristischer Personen und vertretungsberechtigte Gesellschafter der Personengesellschaften haben ferner aus dem Amt auszuscheiden, wenn

1. sie die Vertretungsbefugnis verloren haben,
2. die juristische Person oder die Personengesellschaft in der Handwerksrolle oder in dem Verzeichnis nach § 19 gelöscht worden ist.

(3) Weigert sich das Mitglied auszuscheiden, so ist es von der obersten Landesbehörde nach Anhörung der Handwerkskammer seines Amtes zu entheben.

§ 105 [Satzung der Handwerkskammer]

(1) ¹Für die Handwerkskammer ist von der obersten Landesbehörde eine Satzung zu erlassen. ²Über eine Änderung der Satzung beschließt die Vollversammlung; der Beschluß bedarf der Genehmigung durch die oberste Landesbehörde.

(2) Die Satzung muß Bestimmungen enthalten über

1. den Namen, den Sitz und den Bezirk der Handwerkskammer,
2. die Zahl der Mitglieder der Handwerkskammer und der Stellvertreter sowie die Reihenfolge ihres Eintritts im Falle der Behinderung oder des Ausscheidens der Mitglieder,
3. die Verteilung der Mitglieder und der Stellvertreter auf die im Bezirk der Handwerkskammer vertretenen Handwerke,
4. die Zuwahl zur Handwerkskammer,
5. die Wahl des Vorstands und seine Befugnisse,
6. die Einberufung der Handwerkskammer und ihrer Organe,
7. die Form der Beschlußfassung und die Beurkundung der Beschlüsse der Handwerkskammer und des Vorstands,
8. die Erstellung einer mittelfristigen Finanzplanung und deren Übermittlung an die Vollversammlung,
9. die Aufstellung und Genehmigung des Haushaltsplans,
10. die Aufstellung, Prüfung und Abnahme der Jahresrechnung sowie über die Übertragung der Prüfung auf eine unabhängige Stelle außerhalb der Handwerkskammer,
11. die Voraussetzungen und die Form einer Änderung der Satzung,
12. die Organe einschließlich elektronischer Medien, in denen die Bekanntmachungen der Handwerkskammer zu veröffentlichen sind.

(3) Die Satzung darf keine Bestimmung enthalten, die mit den in diesem Gesetz bezeichneten Aufgaben der Handwerkskammer nicht in Verbindung steht oder gesetzlichen Vorschriften zuwiderläuft.

(4) Die Satzung nach Absatz 1 Satz 1 ist in dem amtlichen Organ der für den Sitz der Handwerkskammer zuständigen höheren Verwaltungsbehörde bekanntzumachen.

§ 106 [Beschlussfassung der Vollversammlung]

(1) Der Beschlußfassung der Vollversammlung bleibt vorbehalten

1. die Wahl des Vorstands und der Ausschüsse,
2. die Zuwahl von sachverständigen Personen (§ 93 Abs. 4),
3. die Wahl des Geschäftsführers, bei mehreren Geschäftsführern des Hauptgeschäftsführers und der Geschäftsführer,
4. die Feststellung des Haushaltsplans einschließlich des Stellenplans, die Bewilligung von Ausgaben, die nicht im Haushaltsplan vorgesehen sind, die Ermächtigung zur Aufnahme von Krediten und die dingliche Belastung von Grundeigentum,
5. die Festsetzung der Beiträge zur Handwerkskammer und die Erhebung von Gebühren,
6. der Erlaß einer Haushalts-, Kassen- und Rechnungslegungsordnung,
7. die Prüfung und Abnahme der Jahresrechnung und die Entscheidung darüber, durch welche unabhängige Stelle die Jahresrechnung geprüft werden soll,
8. die Beteiligung an Gesellschaften des privaten und öffentlichen Rechts und die Aufrechterhaltung der Beteiligung,
8a. die Beteiligung an einer Einrichtung nach § 91 Abs. 2a,
9. der Erwerb und die Veräußerung von Grundeigentum,
10. der Erlaß von Vorschriften über die Berufsausbildung, berufliche Fortbildung und berufliche Umschulung (§ 91 Abs. 1 Nr. 4 und 4a),
11. der Erlaß der Gesellen- und Meisterprüfungsordnungen (§ 91 Abs. 1 Nr. 5 und 6),
12. der Erlaß der Vorschriften über die öffentliche Bestellung und Vereidigung von Sachverständigen (§ 91 Abs. 1 Nr. 8),
13. die Festsetzung der den Mitgliedern zu gewährenden Entschädigung (§ 94),
14. die Änderung der Satzung.

(2) ¹Die nach Absatz 1 Nr. 3 bis 7, 10 bis 12 und 14 gefaßten Beschlüsse bedürfen der Genehmigung durch die oberste Landesbehörde. ²Die Beschlüsse nach Absatz 1 Nr. 5, 10 bis 12 und 14 sind in den für die Bekanntmachungen der Handwerkskammern bestimmten Organen einschließlich der elektronischen Medien (§ 105 Abs. 2 Nr. 12) zu veröffentlichen.

(3) ¹Die Satzung nach Absatz 1 Nummer 12 und deren Änderungen müssen im Einklang mit den Vorgaben des auf sie anzuwendenden europäischen Rechts stehen. ²Insbesondere sind bei neuen oder zu ändernden Vorschriften, die dem Anwendungsbereich der Richtlinie 2005/36/EG in der jeweils geltenden Fassung unterfallen, die Vorgaben der Richtlinie (EU) 2018/958 des Europäischen Parlaments und des Rates vom 28. Juni 2018 über eine Verhältnismäßigkeitsprüfung vor Erlass neuer Berufsreglementierungen (ABl. L 173 vom 9.7.2018, S. 25) in der jeweils geltenden Fassung einzuhalten.

(4) ¹Die Vorschriften sind anhand der in den Artikeln 5 bis 7 der Richtlinie (EU) 2018/958 festgelegten Kriterien auf ihre Verhältnismäßigkeit zu prüfen. ²Der Umfang der Prüfung muss im Verhältnis zu der Art, dem Inhalt und den Auswirkungen der Vorschrift stehen. ³Die Vorschrift ist so ausführlich zu erläutern, dass ihre Übereinstimmung mit dem Verhältnismäßigkeitsgrundsatz bewertet werden kann. ⁴Die Gründe, aus denen sich ergibt, dass sie gerechtfertigt und verhältnismäßig ist, sind durch qualitative und, soweit möglich und relevant, quantitative Elemente zu substantiieren. ⁵Mindestens zwei Wochen vor der Beschlussfassung der Vollversammlung über die Vorschrift ist auf der Internetseite der jeweiligen Handwerkskammer ein Entwurf mit der Gelegenheit zur Stellungnahme zu veröffentlichen. ⁶Nach dem Erlass der Vorschrift ist ihre Übereinstimmung mit dem Verhältnismäßigkeitsgrundsatz zu überwachen und bei einer Änderung der Umstände zu prüfen, ob die Vorschrift anzupassen ist.

(5) ¹Die oberste Landesbehörde hat bei der nach Absatz 2 Satz 1 erforderlichen Genehmigung zu prüfen, ob die Vorgaben der Richtlinie (EU) 2018/958 in der jeweils geltenden Fassung eingehalten wurden. ²Zu diesem Zweck hat ihr die Handwerkskammer die Unterlagen zuzuleiten, aus denen sich die Einhaltung der Vorgaben ergibt. ³Insbesondere sind die Gründe zu übermitteln, auf Grund derer die Vollversammlung der Handwerkskammer die Vorschriften und Satzungen oder deren Änderungen als gerechtfertigt, notwendig und verhältnismäßig beurteilt hat.

§ 107 [Zuziehung von Sachverständigen]
Die Handwerkskammer kann zu ihren Verhandlungen Sachverständige mit beratender Stimme zuziehen.

§ 108 [Vorstands- und Präsidentenwahl]
(1) ¹Die Vollversammlung wählt aus ihrer Mitte den Vorstand. ²Ein Drittel der Mitglieder müssen Gesellen oder andere Arbeitnehmer mit abgeschlossener Berufsausbildung sein.

(2) Der Vorstand besteht nach näherer Bestimmung der Satzung aus dem Vorsitzenden (Präsidenten), zwei Stellvertretern (Vizepräsidenten), von denen einer Geselle oder ein anderer Arbeitnehmer mit abgeschlossener Berufsausbildung sein muß, und einer weiteren Zahl von Mitgliedern.

(3) ¹Der Präsident wird von der Vollversammlung mit absoluter Stimmenmehrheit der anwesenden Mitglieder gewählt. ²Fällt die Mehrzahl der Stimmen nicht auf eine Person, so findet eine engere Wahl zwischen den beiden Personen statt, welche die meisten Stimmen erhalten haben.

(4) ¹Die Wahl der Vizepräsidenten darf nicht gegen die Mehrheit der Stimmen der Gruppe, der sie angehören, erfolgen. ²Erfolgt in zwei Wahlgängen keine Entscheidung, so entscheidet ab dem dritten Wahlgang die Stimmenmehrheit der jeweils betroffenen Gruppe. ³Gleiches gilt für die Wahl der weiteren Mitglieder des Vorstands.

(5) ¹Die Wahl des Präsidenten und seiner Stellvertreter ist der obersten Landesbehörde binnen einer Woche anzuzeigen.

(6) Als Ausweis des Vorstands genügt eine Bescheinigung der obersten Landesbehörde, daß die darin bezeichneten Personen zur Zeit den Vorstand bilden.

§ 109 [Befugnisse des Vorstands; Vertretungsrecht]
¹Dem Vorstand obliegt die Verwaltung der Handwerkskammer; Präsident und Hauptgeschäftsführer vertreten die Handwerkskammer gerichtlich und außergerichtlich. ²Das Nähere regelt die Satzung, die auch bestimmen kann, daß die Handwerkskammer durch zwei Vorstandsmitglieder vertreten wird.

§ 110 [Ausschüsse der Vollversammlung]
¹Die Vollversammlung kann unter Wahrung der im § 93 Abs. 1 bestimmten Verhältniszahl aus ihrer Mitte Ausschüsse bilden und sie mit besonderen regelmäßigen oder vorübergehenden Aufgaben betrauen. ²§ 107 findet entsprechende Anwendung.

§ 111 [Überwachung der Lehrlingsausbildung; Auskunftspflicht der Gewerbetreibenden]
(1) ¹Die in die Handwerksrolle und in das Verzeichnis nach § 19 eingetragenen Gewerbetreibenden haben der Handwerkskammer die zur Durchführung von Rechtsvorschriften über die Berufsbildung und der von

der Handwerkskammer erlassenen Vorschriften, Anordnungen und der sonstigen von ihr getroffenen Maßnahmen erforderlichen Auskünfte zu erteilen und Unterlagen vorzulegen. [2]Die Handwerkskammer kann für die Erteilung der Auskunft eine Frist setzen.

(2) [1]Die von der Handwerkskammer mit der Einholung von Auskünften beauftragten Personen sind befugt, zu dem in Absatz 1 bezeichneten Zweck die Betriebsräume, Betriebseinrichtungen und Ausbildungsplätze sowie die für den Aufenthalt und die Unterkunft der Lehrlinge und Gesellen bestimmten Räume oder Einrichtungen zu betreten und dort Prüfungen und Besichtigungen vorzunehmen. [2]Der Auskunftspflichtige hat die Maßnahme von Satz 1 zu dulden. [3]Das Grundrecht der Unverletzlichkeit der Wohnung (Artikel 13 des Grundgesetzes) wird insoweit eingeschränkt.

(3) Der Auskunftspflichtige kann die Auskunft auf solche Fragen verweigern, deren Beantwortung ihn selbst oder einen der in § 383 Abs. 1 Nr. 1 bis 3 der Zivilprozeßordnung bezeichneten Angehörigen der Gefahr strafgerichtlicher Verfolgung oder eines Verfahrens nach dem Gesetz über Ordnungswidrigkeiten aussetzen würde.

§ 112 [Ordnungsgeld]

(1) Die Handwerkskammer kann bei Zuwiderhandlungen gegen die von ihr innerhalb ihrer Zuständigkeit erlassenen Vorschriften oder Anordnungen Ordnungsgeld bis zu fünfhundert Euro festsetzen.

(2) [1]Das Ordnungsgeld muß vorher schriftlich angedroht werden. [2]Die Androhung und die Festsetzung des Ordnungsgelds sind dem Betroffenen zuzustellen.

(3) Gegen die Androhung und die Festsetzung des Ordnungsgelds steht dem Betroffenen der Verwaltungsrechtsweg offen.

(4) [1]Das Ordnungsgeld fließt der Handwerkskammer zu. [2]Es wird auf Antrag des Vorstands der Handwerkskammer nach Maßgabe des § 113 Abs. 2 Satz 1 beigetrieben.

§ 113 [Beiträge und Gebühren]

(1) Die durch die Errichtung und Tätigkeit der Handwerkskammer entstehenden Kosten werden, soweit sie nicht anderweitig gedeckt sind, von den Inhabern eines Betriebs eines Handwerks und eines handwerksähnlichen Gewerbes sowie den Mitgliedern der Handwerkskammer nach § 90 Abs. 3 nach einem von der Handwerkskammer mit Genehmigung der obersten Landesbehörde festgesetzten Beitragsmaßstab getragen.

(2) [1]Die Handwerkskammer kann als Beiträge auch Grundbeiträge, Zusatzbeiträge und außerdem Sonderbeiträge erheben. [2]Die Beiträge können nach der Leistungskraft der beitragspflichtigen Kammerzugehörigen gestaffelt werden. [3]Soweit die Handwerkskammer Beiträge nach dem Gewerbesteuermeßbetrag, Gewerbeertrag oder Gewinn aus Gewerbebetrieb bemißt, richtet sich die Zulässigkeit der Mitteilung der hierfür erforderlichen Besteuerungsgrundlagen durch die Finanzbehörden für die Beitragsbemessung nach § 31 der Abgabenordnung. [4]Personen, die nach § 90 Abs. 3 Mitglied der Handwerkskammer sind und deren Gewerbeertrag nach dem Gewerbesteuergesetz oder, soweit für das Bemessungsjahr ein Gewerbesteuermessbetrag nicht festgesetzt wird, deren nach dem Einkommen- oder Körperschaftsteuergesetz ermittelter Gewinn aus Gewerbebetrieb 5 200 Euro nicht übersteigt, sind vom Beitrag befreit. [5]Natürliche Personen, die erstmalig ein Gewerbe angemeldet haben, sind für das Jahr der Anmeldung von der Entrichtung des Grundbeitrages und des Zusatzbeitrages, für das zweite und dritte Jahr von der Entrichtung der Hälfte des Grundbeitrages und vom Zusatzbeitrag und für das vierte Jahr von der Entrichtung des Zusatzbeitrages befreit, soweit deren Gewerbeertrag nach dem Gewerbesteuergesetz oder, soweit für das Bemessungsjahr ein Gewerbesteuermessbetrag nicht festgesetzt wird, deren nach dem Einkommensteuergesetz ermittelter Gewinn aus Gewerbebetrieb 25 000 Euro nicht übersteigt. [6]Die Beitragsbefreiung nach Satz 5 ist nur auf Kammerzugehörige anzuwenden, deren Gewerbeanzeige nach dem 31. Dezember 2003 erfolgt. [7]Wenn zum Zeitpunkt der Verabschiedung der Haushaltssatzung zu besorgen ist, dass bei einer Kammer auf Grund der Besonderheiten der Wirtschaftsstruktur ihres Bezirks die Zahl der Beitragspflichtigen, die einen Beitrag zahlen, durch die in den Sätzen 4 und 5 geregelten Beitragsbefreiungen auf weniger als 55 vom Hundert aller ihr zugehörigen Gewerbetreibenden sinkt, kann die Vollversammlung für das betreffende Haushaltsjahr eine entsprechende Herabsetzung der dort genannten Grenzen für den Gewerbeertrag oder den Gewinn aus Gewerbebetrieb beschließen. [8]Die Handwerkskammern und ihre Gemeinschaftseinrichtungen, die öffentliche Stellen im Sinne des § 2 Absatz 2 des Bundesdatenschutzgesetzes sind, erheben zur Festsetzung der Beiträge die genannten Bemessungsgrundlagen bei den Finanzbehörden. [9]Bis zum 31. Dezember 1997 können die Beiträge in dem in Artikel 3 des Einigungsvertrages genannten Gebiet auch nach dem Umsatz, der Beschäftigtenzahl oder nach der Lohnsumme bemessen werden. [10]Soweit die Beiträge nach der Lohnsumme bemessen werden, sind die beitragspflichtigen Kammerzugehörigen verpflichtet, der Handwerkskammer Auskunft durch Übermittlung eines Doppels des Lohnnachweises nach § 165 des Siebten Buches Sozialgesetzbuch zu geben. [11]Soweit die Hand-

werkskammer Beiträge nach der Zahl der Beschäftigten bemißt, ist sie berechtigt, bei den beitragspflichtigen Kammerzugehörigen die Zahl der Beschäftigten zu erheben. [12]Die übermittelten Daten dürfen nur für Zwecke der Beitragsfestsetzung verarbeitet sowie gemäß § 5 Nr. 7 des Statistikregistergesetzes zum Aufbau und zur Führung des Statistikregisters den statistischen Ämtern der Länder und dem Statistischen Bundesamt übermittelt werden. [13]Die beitragspflichtigen Kammerzugehörigen sind verpflichtet, der Handwerkskammer Auskunft über die zur Festsetzung der Beiträge erforderlichen Grundlagen zu erteilen; die Handwerkskammer ist berechtigt, die sich hierauf beziehenden Geschäftsunterlagen einzusehen und für die Erteilung der Auskunft eine Frist zu setzen.

(3) [1]Die Beiträge der Inhaber von Betrieben eines Handwerks oder handwerksähnlichen Gewerbes oder der Mitglieder der Handwerkskammer nach § 90 Abs. 3 werden von den Gemeinden auf Grund einer von der Handwerkskammer aufzustellenden Aufbringungsliste nach den für Gemeindeabgaben geltenden landesrechtlichen Vorschriften eingezogen und beigetrieben. [2]Die Gemeinden können für ihre Tätigkeit eine angemessene Vergütung von der Handwerkskammer beanspruchen, deren Höhe im Streitfall die höhere Verwaltungsbehörde festsetzt. [3]Die Landesregierung kann durch Rechtsverordnung auf Antrag der Handwerkskammer eine andere Form der Beitragseinziehung und Beitragsbeitreibung zulassen. [4]Die Landesregierung kann die Ermächtigung auf die zuständige oberste Landesbehörde übertragen.

(4) [1]Die Handwerkskammer kann für Amtshandlungen und für die Inanspruchnahme besonderer Einrichtungen oder Tätigkeiten mit Genehmigung der obersten Landesbehörde Gebühren erheben. [2]Für ihre Beitreibung gilt Absatz 3.

§ 114 (aufgehoben)

§ 115 [Aufsicht über Handwerkskammer; Auflösung der Vollversammlung]

(1) [1]Die oberste Landesbehörde führt die Staatsaufsicht über die Handwerkskammer. [2]Die Staatsaufsicht beschränkt sich darauf, soweit nicht anderes bestimmt ist, daß Gesetz und Satzung beachtet, insbesondere die den Handwerkskammern übertragenen Aufgaben erfüllt werden.

(2) [1]Die Aufsichtsbehörde kann, falls andere Aufsichtsmittel nicht ausreichen, die Vollversammlung auflösen, wenn sich die Kammer trotz wiederholter Aufforderung nicht im Rahmen der für sie geltenden Rechtsvorschriften hält. [2]Innerhalb von drei Monaten nach Eintritt der Unanfechtbarkeit der Anordnung über die Auflösung ist eine Neuwahl vorzunehmen. [3]Der bisherige Vorstand führt seine Geschäfte bis zum Amtsantritt des neuen Vorstands weiter und bereitet die Neuwahl der Vollversammlung vor.

§ 116 [Ermächtigung]

[1]Die Landesregierungen werden ermächtigt, durch Rechtsverordnung die zuständigen Behörden abweichend von § 104 Abs. 3 und § 108 Abs. 6 zu bestimmen. [2]Sie können diese Ermächtigung auf oberste Landesbehörden übertragen.

Fünfter Teil
Bußgeld-, Übergangs- und Schlußvorschriften

Erster Abschnitt
Bußgeldvorschriften

§ 117 [Ordnungswidrigkeiten]

(1) Ordnungswidrig handelt, wer
1. entgegen § 1 Abs. 1 Satz 1 ein dort genanntes Gewerbe als stehendes Gewerbe selbständig betreibt oder
2. entgegen § 42b Absatz 4 Satz 3, § 42c Absatz 4 Satz 3, § 42d Absatz 4 Satz 3, § 42f Absatz 4 Satz 1, § 51 Absatz 1 oder § 51d Satz 1 eine dort genannte Abschluss- oder Ausbildungsbezeichnung führt.

(2) Die Ordnungswidrigkeit nach Absatz 1 Nr. 1 kann mit einer Geldbuße bis zu zehntausend Euro, die Ordnungswidrigkeit nach Absatz 1 Nr. 2 kann mit einer Geldbuße bis zu fünftausend Euro geahndet werden.

§ 118 [Weitere Ordnungswidrigkeiten]

(1) Ordnungswidrig handelt, wer
1. eine Anzeige nach § 16 Abs. 2 oder § 18 Abs. 1 nicht, nicht richtig, nicht vollständig oder nicht rechtzeitig erstattet,
2. entgegen § 17 Abs. 1 oder Abs. 2 Satz 2, § 111 Abs. 1 oder Abs. 2 Satz 2 oder § 113 Abs. 2 Satz 11, auch in Verbindung mit § 73 Abs. 3, eine Auskunft nicht, nicht richtig, nicht vollständig oder nicht

rechtzeitig erteilt, Unterlagen nicht vorlegt oder das Betreten von Grundstücken oder Geschäftsräumen oder die Vornahme von Prüfungen oder Besichtigungen nicht duldet,

3. Lehrlinge (Auszubildende) einstellt oder ausbildet, obwohl er nach § 22a Nr. 1 persönlich oder nach § 22b Abs. 1 fachlich nicht geeignet ist,

4. entgegen § 22 Abs. 2 einen Lehrling (Auszubildenden) einstellt,

5. Lehrlinge (Auszubildende) einstellt oder ausbildet, obwohl ihm das Einstellen oder Ausbilden nach § 24 untersagt worden ist,

6. entgegen § 30 die Eintragung in die Lehrlingsrolle nicht oder nicht rechtzeitig beantragt oder eine Ausfertigung der Vertragsniederschrift nicht beifügt,

7. einer Rechtsverordnung nach § 9 Abs. 1 Satz 1 Nr. 2 zuwiderhandelt, soweit sie für einen bestimmten Tatbestand auf diese Bußgeldvorschrift verweist.

(2) Die Ordnungswidrigkeiten nach Absatz 1 Nr. 1, 2, 6 und 7 können mit einer Geldbuße bis zu eintausend Euro, die Ordnungswidrigkeiten nach Absatz 1 Nr. 3 bis 5 können mit einer Geldbuße bis zu fünftausend Euro geahndet werden.

§ 118a [Unterrichtung der Handwerkskammer]
[1]Die zuständige Behörde unterrichtet die zuständige Handwerkskammer über die Einleitung von und die abschließende Entscheidung in Verfahren wegen Ordnungswidrigkeiten nach den §§ 117 und 118. [2]Gleiches gilt für Verfahren wegen Ordnungswidrigkeiten nach dem Gesetz zur Bekämpfung der Schwarzarbeit in der Fassung der Bekanntmachung vom 29. Januar 1982, zuletzt geändert durch Anlage I Kapitel VIII Sachgebiet E Nr. 3 des Einigungsvertrages vom 31. August 1990 in Verbindung mit Artikel 1 des Gesetzes vom 23. September 1990 (BGBl. 1990 II S. 885, 1038), in seiner jeweils geltenden Fassung, soweit Gegenstand des Verfahrens eine handwerkliche Tätigkeit ist.

Zweiter Abschnitt
Übergangsvorschriften

§ 119 [Erhaltung der Berechtigung, ein Handwerk zu betreiben]
(1) [1]Die bei Inkrafttreten dieses Gesetzes vorhandene Berechtigung eines Gewerbetreibenden, ein Handwerk als stehendes Gewerbe selbständig zu betreiben, bleibt bestehen. [2]Für juristische Personen, Personengesellschaften und Betriebe im Sinne des § 7 Abs. 5 oder 6 gilt dies nur, wenn und solange der Betrieb von einer Person geleitet wird, die am 1. April 1998 Betriebsleiter oder für die technische Leitung verantwortlicher persönlich haftender Gesellschafter oder Leiter eines Betriebs im Sinne des § 7 Abs. 5 und 6 ist; das gleiche gilt für Personen, die eine dem Betriebsleiter vergleichbare Stellung haben. [3]Soweit die Berechtigung zur Ausübung eines selbständigen Handwerks anderen bundesrechtlichen Beschränkungen als den in diesem Gesetz bestimmten unterworfen ist, bleiben diese Vorschriften unberührt.

(2) Ist ein nach Absatz 1 Satz 1 berechtigter Gewerbetreibender bei Inkrafttreten dieses Gesetzes nicht in der Handwerksrolle eingetragen, so ist er auf Antrag oder von Amts wegen binnen drei Monaten in die Handwerksrolle einzutragen.

(3) [1]Die Absätze 1 und 2 gelten für Gewerbe, die in die Anlage A zu diesem Gesetz aufgenommen werden, entsprechend. [2]In diesen Fällen darf nach dem Wechsel des Betriebsleiters einer juristischen Person oder eines für die technische Leitung verantwortlichen persönlich haftenden Gesellschafters einer Personengesellschaft oder des Leiters eines Betriebs im Sinne des § 7 Abs. 5 oder 6 der Betrieb für die Dauer von drei Jahren fortgeführt werden, ohne daß die Voraussetzungen für die Eintragung in die Handwerksrolle erfüllt sind. [3]Zur Verhütung von Gefahren für die öffentliche Sicherheit kann die höhere Verwaltungsbehörde die Fortführung des Betriebs davon abhängig machen, daß er von einem Handwerker geleitet wird, der die Voraussetzungen für die Eintragungen in die Handwerksrolle erfüllt.

(4) Werden in der Anlage A zu diesem Gesetz aufgeführte Gewerbe durch Gesetz oder durch eine nach § 1 Abs. 3 erlassene Rechtsverordnung zusammengefaßt, so ist der selbständige Handwerker, der eines der zusammengefaßten Handwerke betreibt, mit dem durch die Zusammenfassung entstandenen Handwerk in die Handwerksrolle einzutragen.

(5) [1]Soweit durch Gesetz oder durch Rechtsverordnung nach § 1 Abs. 3 Handwerke oder handwerksähnliche Gewerbe zusammengefasst werden, gelten die vor dem Inkrafttreten der jeweiligen Änderungsvorschrift nach § 25 dieses Gesetzes oder nach § 4 des Berufsbildungsgesetzes erlassenen Ausbildungsordnungen und die nach § 45 Abs. 1 oder § 51a Abs. 1 in Verbindung nach § 50 Abs. 2 sowie die nach § 50 Abs. 2 oder § 51a Abs. 7 dieses Gesetzes erlassenen Rechtsvorschriften bis zum Erlass neuer Rechtsverordnungen nach diesem Gesetz fort. [2]Satz 1 gilt entsprechend für noch bestehende Vorschriften gemäß § 122 Abs. 2 und 4.

(6) ¹Soweit durch Gesetz zulassungspflichtige Handwerke in die Anlage B überführt werden, gilt für die Ausbildungsordnungen Absatz 5 entsprechend. ²Die bis zum 31. Dezember 2003 begonnenen Meisterprüfungsverfahren sind auf Antrag des Prüflings nach den bis dahin geltenden Vorschriften von den vor dem 31. Dezember 2003 von der höheren Verwaltungsbehörde errichteten Meisterprüfungsausschüssen abzuschließen.

(7) In den Fällen des Absatzes 3 Satz 1 liegt ein Ausnahmefall nach § 8 Abs. 1 Satz 2 auch dann vor, wenn zum Zeitpunkt der Antragstellung für das zu betreibende Handwerk eine Rechtsverordnung nach § 45 noch nicht in Kraft getreten ist.

§ 120 [Erhaltung der Befugnis zur Lehrlingsausbildung]

(1) Die am 31. Dezember 2003 vorhandene Befugnis zur Einstellung oder zur Ausbildung von Lehrlingen (Auszubildenden) in Handwerksbetrieben bleibt erhalten.

(2) Wer bis zum 31. März 1998 die Befugnis zur Ausbildung von Lehrlingen (Auszubildenden) in einem Gewerbe erworben hat, das in die Anlage A zu diesem Gesetz aufgenommen wird, gilt im Sinne des § 22b Abs. 1 als fachlich geeignet.

§ 121 [Der Meisterprüfung gleichgestellte Prüfungen]

Der Meisterprüfung im Sinne des § 45 bleiben die in § 133 Abs. 10 der Gewerbeordnung bezeichneten Prüfungen gleichgestellt, sofern sie vor Inkrafttreten dieses Gesetzes abgelegt worden sind.

§ 122 [Gesellen- und Meisterprüfungsvorschriften bei Trennung oder Zusammenfassung von Handwerken]

(1) Werden zulassungspflichtige Handwerke durch Gesetz oder durch eine nach § 1 Abs. 3 erlassene Rechtsverordnung getrennt oder zusammengefasst, so können auch solche Personen als Beisitzer der Gesellen- oder Meisterprüfungsausschüsse der durch die Trennung oder Zusammenfassung entstandenen Handwerke oder handwerksähnlichen Gewerbe berufen werden, die in dem getrennten oder in einem der zusammengefassten Handwerke oder handwerksähnlichen Gewerbe die Gesellen- oder Meisterprüfung abgelegt haben oder das Recht zum Ausbilden von Lehrlingen besitzen und im Falle des § 48 Abs. 3 seit mindestens einem Jahr in dem Handwerk, für das der Meisterprüfungsausschuss errichtet ist, selbständig tätig sind.

(2) ¹Die für die einzelnen Handwerke oder handwerksähnlichen Gewerbe geltenden Gesellen-, Abschluss- und Meisterprüfungsvorschriften sind bis zum Inkrafttreten der nach § 25 Abs. 1 und 38 sowie § 45 Abs. 1 Nr. 2 dieses Gesetzes oder nach § 4 des Berufsbildungsgesetzes vorgesehenen Prüfungsverordnungen anzuwenden, soweit sie nicht mit diesem Gesetz im Widerspruch stehen. ²Dies gilt für die nach § 50 Abs. 1 Satz 2 erlassenen Meisterprüfungsordnungen sowie für die nach § 50 Abs. 2 erlassene Rechtsverordnung entsprechend.

(3) Die für die einzelnen Handwerke oder handwerksähnlichen Gewerbe geltenden Berufsbilder oder Meisterprüfungsverordnungen sind bis zum Inkrafttreten von Rechtsverordnungen nach § 45 Abs. 1 und § 51a Abs. 1 in Verbindung mit Abs. 2 anzuwenden.

(4) Die für die einzelnen Handwerke oder handwerksähnlichen Gewerbe geltenden fachlichen Vorschriften sind bis zum Inkrafttreten von Rechtsverordnungen nach § 25 Abs. 1, § 45 Abs. 1 und § 51a Abs. 1 in Verbindung mit Abs. 2 anzuwenden.

§ 123 [Zulassung zur Meisterprüfung]

(1) Beantragt ein Gewerbetreibender, der bis zum 31. Dezember 2003 berechtigt ist, ein zulassungspflichtiges Handwerk als stehendes Gewerbe selbständig zu betreiben, in diesem Handwerk zur Meisterprüfung zugelassen zu werden, so gelten für die Zulassung zur Prüfung die Bestimmungen der §§ 49 und 50 entsprechend.

(2) Absatz 1 gilt entsprechend für ein Gewerbe, das in die Anlage A aufgenommen wird.

§ 124 [Bestehende Handwerksorganisation]

(1) ¹Die bei Inkrafttreten dieses Gesetzes bestehenden Handwerksinnungen oder Handwerkerinnungen, Kreishandwerkerschaften oder Kreisinnungsverbände, Innungsverbände und Handwerkskammern sind nach den Bestimmungen dieses Gesetzes bis zum 30. September 1954 umzubilden; bis zu ihrer Umbildung gelten sie als Handwerksinnungen, Kreishandwerkerschaften, Innungsverbände und Handwerkskammern im Sinne dieses Gesetzes. ²Wenn sie sich nicht bis zum 30. September 1954 umgebildet haben, sind sie aufgelöst. ³Endet die Wahlzeit der Mitglieder einer Handwerkskammer vor dem 30. September 1954, so wird sie bis zu der Umbildung der Handwerkskammer nach Satz 1, längstens jedoch bis zum 30. September 1954 verlängert.

(2) Die nach diesem Gesetz umgebildeten Handwerksinnungen, Kreishandwerkerschaften, Innungsverbände und Handwerkskammern gelten als Rechtsnachfolger der entsprechenden bisher bestehenden Handwerksorganisationen.

(3) ¹Soweit für die bisher bestehenden Handwerksorganisationen eine Rechtsnachfolge nicht eintritt, findet eine Vermögensauseinandersetzung nach den für sie bisher geltenden gesetzlichen Bestimmungen statt. ²Bei Meinungsverschiedenheiten entscheidet die nach dem geltenden Recht zuständige Aufsichtsbehörde.

§ 124a [Bis zum 31.12.2004 begonnene Wahlverfahren]

(1) ¹Verfahren zur Wahl der Vollversammlung von Handwerkskammern, die nach den Satzungsbestimmungen bis zum 31. Dezember 2004 zu beginnen sind, können nach den bisherigen Vorschriften zu Ende geführt werden. ²Durch Beschluss der Vollversammlung kann die Wahlzeit nach Wahlen, die entsprechend Satz 1 nach den bisherigen Vorschriften zu Ende geführt werden, in Abweichung von § 103 Abs. 1 Satz 1 verkürzt werden. ³Wahlzeiten, die nach den Satzungsbestimmungen bis zum 31. Dezember 2004 enden, können durch Beschluss der Vollversammlung bis zu einem Jahr verlängert werden, um die Wahl zur Handwerkskammer nach den neuen Vorschriften durchzuführen. ⁴Die Verlängerung oder Verkürzung der Wahlzeiten sind der obersten Landesbehörde anzuzeigen.

(2) Für das Verfahren der Wahl zu einer Vollversammlung einer Handwerkskammer, deren laufende Wahlperiode nach dem 14. Februar 2020 und spätestens zum Ablauf des 31. Dezember 2020 endet, gilt Absatz 1 entsprechend.

§ 124b [Ermächtigung zur Übertragung von Zuständigkeiten]

¹Die Landesregierungen werden ermächtigt, durch Rechtsverordnung die nach diesem Gesetz den höheren Verwaltungsbehörden oder den sonstigen nach Landesrecht zuständigen Behörden übertragenen Zuständigkeiten nach den §§ 7a, 7b, 8, 9, 22b, 23, 24 und 42v auf andere Behörden oder auf Handwerkskammern zu übertragen. ²Satz 1 gilt auch für die Zuständigkeiten nach § 16 Absatz 3; eine Übertragung auf Handwerkskammern ist jedoch ausgeschlossen. ³Die Staatsaufsicht nach § 115 Abs. 1 umfasst im Falle einer Übertragung von Zuständigkeiten nach den §§ 7a, 7b, 8 und 9 auch die Fachaufsicht.

§ 124c [Teilnahme an Sitzungen]

(1) ¹Die Mitglieder der Vollversammlung, der Innungsversammlung, der Mitgliederversammlung, der Delegiertenversammlung, der Vorstände und der Ausschüsse (Organe) der Handwerksorganisationen nach dem Vierten Teil sowie die Hauptgeschäftsführer einer Handwerkskammer bleiben auch nach Ablauf ihrer Amtszeit bis zur Abberufung oder bis zur Bestellung ihrer Nachfolger im Amt. ²Regelungen in Gesetz oder Satzung über das Ausscheiden, insbesondere den Widerruf, der Bestellung oder des Ausscheidens eines Mitglieds, bleiben unberührt.

(2) ¹Der Vorstand einer Handwerksorganisation im Sinne des Absatzes 1 kann auch ohne Ermächtigung in der Satzung durch Beschluss den Mitgliedern der Organe seiner Handwerksorganisation ermöglichen,

1. an einer Sitzung ohne Anwesenheit am Versammlungsort teilzunehmen und Mitgliederrechte im Wege der elektronischen Kommunikation auszuüben oder
2. ohne Teilnahme an einer Sitzung ihre Stimmen vor der Durchführung oder ohne Durchführung der Sitzung in Textform gegenüber dem Vorstand abzugeben.

²Zu einer Sitzung oder Beschlussfassung eines Organs darf abweichend von anderslautenden gesetzlichen oder satzungsrechtlichen Bestimmungen in Textform eingeladen werden. ³In der Einladung ist der Beschluss nach Satz 1 bekannt zu geben.

(3) ¹Der Präsident einer Handwerkskammer kann auch ohne Ermächtigung in der Satzung durch Beschluss den Mitgliedern des Vorstandes ermöglichen,

1. an einer Sitzung ohne Anwesenheit am Versammlungsort teilzunehmen und Mitgliederrechte im Wege der elektronischen Kommunikation auszuüben oder
2. ohne Teilnahme an einer Sitzung ihre Stimmen vor der Durchführung oder ohne Durchführung der Sitzung in Textform gegenüber dem Präsidenten abzugeben.

²In der Einladung zur Sitzung oder zur Beschlussfassung ist der Beschluss nach Satz 1 bekannt zu geben. ³Die Sätze 1 und 2 gelten für die übrigen Handwerksorganisationen nach dem Vierten Teil entsprechend.

(4) In den Fällen des Absatzes 2 Satz 1 Nummer 2 oder des Absatzes 3 Satz 1 Nummer 2

1. ist ein Beschluss gültig, wenn

a) alle Mitglieder beteiligt wurden,
b) mindestens die Hälfte der Mitglieder ihre Stimmen bis zu dem gesetzten Termin in Textform oder ihre Stimme in der Sitzung abgegeben haben und
c) der Beschluss mit der nach Gesetz oder der jeweiligen Satzung erforderlichen Mehrheit gefasst wurde,
2. sind die Vorschriften über die Öffentlichkeit von Sitzungen nicht anzuwenden.
(5) Die Absätze 1, 3 und 4 gelten für Meisterprüfungsausschüsse nach § 47 entsprechend.
(6) Die Absätze 1 bis 5 sind ab dem 1. Januar 2022 nicht mehr anzuwenden.

Dritter Abschnitt
Schlußvorschriften

§ 125 [Inkrafttreten]

(1) Auf Ausbildungsverträge, die vor dem 30. September 2017 abgeschlossen wurden oder bis zu diesem Zeitpunkt abgeschlossen werden, sind § 6 Absatz 2 Satz 5, § 26 Absatz 2 Satz 1, § 36 Absatz 1 Nummer 2 und § 44 Absatz 2 Nummer 1 in ihrer bis zum 5. April 2017 geltenden Fassung weiter anzuwenden.
(2) [1]Sofern für einen anerkannten Fortbildungsabschluss eine Fortbildungsordnung auf Grund des § 42 in der bis zum Ablauf des 31. Dezember 2019 geltenden Fassung erlassen worden ist, ist diese Fortbildungsordnung bis zum erstmaligen Erlass einer Fortbildungsordnung nach § 42 in der ab dem 1. Januar 2020 geltenden Fassung weiterhin anzuwenden. [2]Sofern eine Fortbildungsprüfungsregelung nach § 42a in der bis zum Ablauf des 31. Dezember 2019 geltenden Fassung erlassen worden ist, ist diese Fortbildungsprüfungsregelung bis zum erstmaligen Erlass einer Fortbildungsprüfungsregelung nach § 42f in der ab dem 1. Januar 2020 geltenden Fassung weiterhin anzuwenden.
(3) [1]Für Berufsausbildungsverträge mit Ausbildungsbeginn ab dem 1. Januar 2020 ist das Datum „bei Vertragsabschluss vereinbarte Vergütung für jedes Ausbildungsjahr" in der Lehrlingsrolle nach § 28 Absatz 1 und der Anlage D Abschnitt III Nummer 4 in der ab dem 1. Januar 2020 geltenden Fassung zu speichern. [2]Im Übrigen sind für Berufsausbildungsverträge mit Ausbildungsbeginn bis zum Ablauf des 31. Dezember 2020 § 28 und die Anlage D in der am 31. Dezember 2019 geltenden Fassung weiterhin anzuwenden.

§ 126 [Eintragung bzw. Umtragung in die Handwerksrolle]

(1) [1]Wer am 13. Februar 2020 einen Betrieb eines zulassungsfreien Handwerks innehat, das in Anlage B Abschnitt 1 Nummer 1, 2, 3, 4, 12, 13, 15, 17, 27, 34, 44 oder 53 in der am 13. Februar 2020 geltenden Fassung aufgeführt ist, ist abweichend von § 7 Absatz 1a auch ohne eine bestandene Meisterprüfung des Betriebsleiters mit dem ausgeübten Handwerk von Amts wegen in die Handwerksrolle umzutragen. [2]Bis zum Vollzug der Umtragung nach Satz 1 ist abweichend von § 1 Absatz 1 Satz 1 der Betrieb des Handwerks ab dem 14. Februar 2020 gestattet.
(2) [1]Wer am 13. Februar 2020 einen handwerklichen Nebenbetrieb eines zulassungsfreien Handwerks innehat, das in Anlage B Abschnitt 1 Nummer 1, 2, 3, 4, 12, 13, 15, 17, 27, 34, 44 oder 53 in der am 13. Februar 2020 geltenden Fassung aufgeführt ist, und nicht in das Verzeichnis nach § 19 Satz 1 eingetragen ist, ist abweichend von § 7 Absatz 1a auch ohne eine bestandene Meisterprüfung des Betriebsleiters mit dem ausgeübten Handwerk auf Antrag in die Handwerksrolle einzutragen. [2]Der Antrag ist innerhalb eines Jahres nach dem 14. Februar 2020 bei der zuständigen Handwerkskammer unter Beifügen oder Vorlegen geeigneter Nachweise für das Innehaben eines handwerklichen Nebenbetriebs zu stellen. [3]Bis zum Vollzug der Eintragung in die Handwerksrolle aufgrund eines Antrags nach Satz 1 oder bis zur rechtskräftigen Entscheidung über eine ablehnende Entscheidung ist abweichend von § 1 Absatz 1 Satz 1 der Betrieb des Handwerks als handwerklicher Nebenbetrieb ab dem 14. Februar 2020 gestattet.
(3) Der Inhaber eines Betriebs, der nach Absatz 1 von Amts wegen in die Handwerksrolle umzutragen ist oder umgetragen wurde, bleibt in der Handwerksrolle eingetragen, auch wenn einzelne Eigentümer oder Gesellschafter nach dem 13. Februar 2020 ausscheiden.
(4) [1]Wird ab dem 14. Februar 2020 der Inhaber eines Betriebs, der nach Absatz 1 Satz 1 von Amts wegen in die Handwerksrolle umzutragen ist oder umgetragen wurde, um einen weiteren Eigentümer oder Gesellschafter erweitert, so muss das Erfüllen der Anforderung für die Eintragung in die Handwerksrolle nach § 7 Absatz 1a, 2, 3, 7 oder 9 innerhalb von sechs Monaten nach der Erweiterung durch Vorlage geeigneter Unterlagen gegenüber der zuständigen Handwerkskammer nachgewiesen werden. [2]Liegt der Nachweis gegenüber der zuständigen Handwerkskammer innerhalb der vorgenannten Frist nicht vor, so ist die Eintragung des Betriebs in der Handwerksrolle zu löschen. [3]Im Übrigen bleibt § 4 unberührt.

Anlage A

Verzeichnis der Gewerbe, die als zulassungspflichtige Handwerke betrieben werden können
(§ 1 Absatz 2)

Nummer

Nr.	
1	Maurer und Betonbauer
2	Ofen- und Luftheizungsbauer
3	Zimmerer
4	Dachdecker
5	Straßenbauer
6	Wärme-, Kälte- und Schallschutzisolierer
7	Brunnenbauer
8	Steinmetzen und Steinbildhauer
9	Stuckateure
10	Maler und Lackierer
11	Gerüstbauer
12	Schornsteinfeger
13	Metallbauer
14	Chirurgiemechaniker
15	Karosserie- und Fahrzeugbauer
16	Feinwerkmechaniker
17	Zweiradmechaniker
18	Kälteanlagenbauer
19	Informationstechniker
20	Kraftfahrzeugtechniker
21	Landmaschinenmechaniker
22	Büchsenmacher
23	Klempner
24	Installateur und Heizungsbauer
25	Elektrotechniker
26	Elektromaschinenbauer
27	Tischler
28	Boots- und Schiffbauer
29	Seiler
30	Bäcker
31	Konditoren
32	Fleischer
33	Augenoptiker
34	Hörakustiker
35	Orthopädietechniker
36	Orthopädieschuhmacher
37	Zahntechniker
38	Friseure
39	Glaser
40	Glasbläser und Glasapparatebauer
41	Mechaniker für Reifen- und Vulkanisationstechnik
42	Fliesen-, Platten- und Mosaikleger
43	Betonstein- und Terrazzohersteller
44	Estrichleger
45	Behälter- und Apparatebauer

Nummer

46	Parkettleger
47	Rollladen- und Sonnenschutztechniker
48	Drechsler (Elfenbeinschnitzer) und Holzspielzeugmacher
49	Böttcher
50	Glasveredler
51	Schilder- und Lichtreklamehersteller
52	Raumausstatter
53	Orgel- und Harmoniumbauer

Anlage B

Verzeichnis der Gewerbe, die als zulassungsfreie Handwerke oder handwerksähnliche Gewerbe betrieben werden können(§ 18 Absatz 2)

Abschnitt 1
Zulassungsfreie Handwerke

Nummer

1	entfällt
2	entfällt
3	entfällt
4	entfällt
5	Uhrmacher
6	Graveure
7	Metallbildner
8	Galvaniseure
9	Metall- und Glockengießer
10	Schneidwerkzeugmechaniker
11	Gold- und Silberschmiede
12	entfällt
13	entfällt
14	Modellbauer
15	entfällt
16	Holzbildhauer
17	entfällt
18	Korb- und Flechtwerkgestalter
19	Maßschneider
20	Textilgestalter (Sticker, Weber, Klöppler, Posamentierer, Stricker)
21	Modisten
22	(weggefallen)
23	Segelmacher
24	Kürschner
25	Schuhmacher
26	Sattler und Feintäschner
27	entfällt
28	Müller
29	Brauer und Mälzer
30	Weinküfer
31	Textilreiniger
32	Wachszieher
33	Gebäudereiniger
34	entfällt
35	Feinoptiker
36	Glas- und Porzellanmaler
37	Edelsteinschleifer und -graveure
38	Fotografen
39	Buchbinder
40	Drucker
41	Siebdrucker
42	Flexografen

Nummer

43	Keramiker
44	entfällt
45	Klavier- und Cembalobauer
46	Handzuginstrumentenmacher
47	Geigenbauer
48	Bogenmacher
49	Metallblasinstrumentenmacher
50	Holzblasinstrumentenmacher
51	Zupfinstrumentenmacher
52	Vergolder
53	entfällt
54	Holz- und Bautenschützer (Mauerschutz und Holzimprägnierung in Gebäuden)
55	Bestatter

Abschnitt 2
Handwerksähnliche Gewerbe

Nummer

1	Eisenflechter
2	Bautentrocknungsgewerbe
3	Bodenleger
4	Asphaltierer (ohne Straßenbau)
5	Fuger (im Hochbau)
6	entfällt
7	Rammgewerbe (Einrammen von Pfählen im Wasserbau)
8	Betonbohrer und -schneider
9	Theater- und Ausstattungsmaler
10	Herstellung von Drahtgestellen für Dekorationszwecke in Sonderanfertigung
11	Metallschleifer und Metallpolierer
12	Metallsägen-Schärfer
13	Tankschutzbetriebe (Korrosionsschutz von Öltanks für Feuerungsanlagen ohne chemische Verfahren)
14	Fahrzeugverwerter
15	Rohr- und Kanalreiniger
16	Kabelverleger im Hochbau (ohne Anschlussarbeiten)
17	Holzschuhmacher
18	Holzblockmacher
19	Daubenhauer
20	Holz-Leitermacher (Sonderanfertigung)
21	Muldenhauer
22	Holzreifenmacher
23	Holzschindelmacher
24	Einbau von genormten Baufertigteilen (zum Beispiel Fenster, Türen, Zargen, Regale)
25	Bürsten- und Pinselmacher
26	Bügelanstalten für Herren-Oberbekleidung
27	Dekorationsnäher (ohne Schaufensterdekoration)
28	Fleckteppichhersteller
29	(weggefallen)
30	Theaterkostümnäher
31	Plisseebrenner
32	(weggefallen)

Nummer

33	Stoffmaler
34	(weggefallen)
35	Textil-Handdrucker
36	Kunststopfer
37	Änderungsschneider
38	Handschuhmacher
39	Ausführung einfacher Schuhreparaturen
40	Gerber
41	Innerei-Fleischer (Kuttler)
42	Speiseeishersteller (mit Vertrieb von Speiseeis mit üblichem Zubehör)
43	Fleischzerleger, Ausbeiner
44	Appreteure, Dekateure
45	Schnellreiniger
46	Teppichreiniger
47	Getränkeleitungsreiniger
48	Kosmetiker
49	Maskenbildner
50	entfällt
51	Lampenschirmhersteller (Sonderanfertigung)
52	Klavierstimmer
53	Theaterplastiker
54	Requisiteure
55	Schirmmacher
56	Steindrucker
57	Schlagzeugmacher

Anlage C
zu dem Gesetz zur Ordnung des Handwerks (Handwerksordnung)

Wahlordnung für die Wahlen der Mitglieder der Vollversammlung der Handwerkskammern

Inhaltsübersicht

Erster Abschnitt
Zeitpunkt der Wahl, Wahlleiter und Wahlausschuß

§ 1 [Zeitpunkt der Wahl; Wahlleiter]
[1]Der Vorstand der Handwerkskammer bestimmt den Tag der Wahl. [2]Er bestellt einen Wahlleiter sowie einen Stellvertreter, die nicht zu den Wahlberechtigten gemäß § 96 Abs. 1 und § 98 der Handwerksordnung gehören und nicht Mitarbeiter der Handwerkskammer sein dürfen.

§ 2 [Wahlausschuss]
(1) [1]Der Wahlleiter beruft aus der Zahl der Wahlberechtigten vier Beisitzer und die erforderliche Zahl von Stellvertretern, die je zur Hälfte Wahlberechtigte nach § 96 Abs. 1 und nach § 98 der Handwerksordnung sein müssen. [2]Der Wahlleiter und die Beisitzer bilden den Wahlausschuß; den Vorsitz führt der Wahlleiter.
(2) [1]Der Wahlausschuß ist beschlußfähig, wenn außer dem Wahlleiter oder seinem Stellvertreter mindestens je ein Wahlberechtigter nach § 96 Abs. 1 und nach § 98 der Handwerksordnung als Beisitzer anwesend sind. [2]Er beschließt mit Stimmenmehrheit; bei Stimmengleichheit entscheidet die Stimme des Wahlleiters.
(3) Die in den Wahlausschuß berufenen Beisitzer und Stellvertreter werden von dem Vorsitzenden auf unparteiische und gewissenhafte Erfüllung ihres Amtes sowie zur Verschwiegenheit über die ihnen bei ihrer amtlichen Tätigkeit bekanntgewordenen Tatsachen, insbesondere über alle dem Wahlgeheimnis unterliegenden Angelegenheiten verpflichtet.
(4) Die Stellvertreter werden für abwesende oder ausgeschiedene Beisitzer herangezogen.
(5) Zu den Verhandlungen des Wahlausschusses bestellt der Vorsitzende einen Schriftführer, den er auf unparteiische und gewissenhafte Erfüllung seines Amtes verpflichtet; der Schriftführer ist nicht stimmberechtigt und soll nicht zu den Wahlberechtigten gemäß § 96 Abs. 1 und § 98 der Handwerksordnung gehören.
(6) [1]Ort und Zeit der Sitzungen bestimmt der Vorsitzende. [2]Die Beisitzer und der Schriftführer werden zu den Sitzungen eingeladen.
(7) Der Wahlausschuß entscheidet in öffentlicher Sitzung.
(8) Öffentlich sind diese Sitzungen auch dann, wenn Zeit, Ort und Gegenstand der Sitzung vorher durch Aushang am Eingang des Sitzungshauses mit dem Hinweis bekanntgegeben worden sind, daß der Zutritt zur Sitzung den Stimmberechtigten offen steht.
(9) [1]Die Beisitzer des Wahlausschusses erhalten keine Vergütung; es wird ihnen für bare Auslagen und Zeitversäumnis eine Entschädigung nach den für die Mitglieder der Handwerkskammer festgesetzten Sätzen gewährt. [2]Die Arbeitnehmer sind, soweit es zur ordnungsgemäßen Durchführung der ihnen gesetzlich zugewiesenen Aufgaben erforderlich ist und wichtige betriebliche Gründe nicht entgegenstehen, von ihrer beruflichen Tätigkeit ohne Minderung des Arbeitsentgelts gemäß § 69 Abs. 4 Satz 3 freizustellen.

Zweiter Abschnitt
Wahlbezirk

§ 3 [Wahlbezirk]
Der Handwerkskammerbezirk bildet einen Wahlbezirk.

Dritter Abschnitt
Aufteilung der Mitglieder der Vollversammlung

§ 4 [Aufteilung der Mitglieder der Vollversammlung]
Zur Aufteilung der Mitglieder der Vollversammlung können die Handwerkskammern in ihrer Satzung gemäß § 93 Abs. 2 der Handwerksordnung Gruppen bilden.

Vierter Abschnitt
Abstimmungsvorstand

§ 5 *[aufgehoben]*

§ 6 *[aufgehoben]*

Fünfter Abschnitt
Wahlvorschläge

§ 7 [Aufforderung zur Einreichung von Wahlvorschlägen]
Der Wahlleiter hat spätestens drei Monate vor dem Wahltag in den für die Bekanntmachungen der Handwerkskammer bestimmten Organen zur Einreichung von Wahlvorschlägen aufzufordern und dabei die Erfordernisse dieser Wahlvorschläge (§§ 8 bis 10) bekanntzugeben.

§ 8 [Anforderungen an die Wahlvorschläge]
(1) Die Wahlvorschläge gelten für den Wahlbezirk (§ 3); sie sind getrennt für die Wahl der Vertreter des Handwerks und des handwerksähnlichen Gewerbes und für die Wahl der Vertreter der Gesellen und anderen Arbeitnehmer mit abgeschlossener Berufsausbildung in Form von Listen einzureichen und müssen die Namen von so vielen Bewerbern enthalten, als Mitglieder und Stellvertreter in dem Wahlbezirk zu wählen sind.

(2) [1]Die Bewerber sind mit Vor- und Zunamen, Beruf, Wohnort und Wohnung so deutlich zu bezeichnen, dass über die Person kein Zweifel besteht. [2]In gleicher Weise sind für jedes einzelne Mitglied der oder die Stellvertreter deutlich zu bezeichnen, so dass zweifelsfrei hervorgeht, wer als Mitglied und wer als Stellvertreter vorgeschlagen wird. [3]Bei zwei Stellvertretern für jedes einzelne Mitglied muss aus der Bezeichnung zweifelsfrei hervorgehen, wer als erster oder zweiter Stellvertreter vorgeschlagen wird.

(3) Die Verteilung der Bewerber des Handwerks und des handwerksähnlichen Gewerbes sowie der Gesellen und anderen Arbeitnehmer mit abgeschlossener Berufsausbildung muss den Bestimmungen der Satzung der Handwerkskammer entsprechen.

(4) [1]Auf jedem Wahlvorschlag sollen eine Vertrauensperson und ein Stellvertreter bezeichnet sein, die bevollmächtigt sind, dem Wahlleiter gegenüber Erklärungen abzugeben. [2]Fehlt diese Bezeichnung, so gilt der erste Unterzeichnete als Vertrauensperson, der zweite als sein Stellvertreter.

(5) Die Wahlvorschläge müssen mindestens von der zweifachen Anzahl der jeweils für die Arbeitgeber- und Arbeitnehmerseite in der Vollversammlung zu besetzenden Sitze an Wahlberechtigten, höchstens aber von 70 Wahlberechtigten, unterzeichnet sein.

(6) [1]Die Unterzeichner der Wahlvorschläge müssen bei der Unterschrift auch Beruf, Wohnort und Wohnung angeben. [2]Die Unterschriften müssen leserlich sein.

§ 9 [Einreichungsfrist]
Die Wahlvorschläge müssen spätestens am fünfunddreißigsten Tag vor dem Wahltage bei dem Wahlleiter eingereicht sein.

§ 10 [Einzureichende Erklärungen und Bescheinigungen]
(1) Mit jedem Wahlvorschlag sind einzureichen
1. die Erklärung der Bewerber, daß sie der Aufnahme ihrer Namen in den Wahlvorschlag zustimmen,
2. die Bescheinigung der Handwerkskammer, daß bei den Bewerbern die Voraussetzungen
 a) auf seiten *Inhaber*[1]) eines Betriebs eines Handwerks oder handwerksähnlichen Gewerbes des § 97,
 b) auf seiten der Gesellen und anderen Arbeitnehmer mit abgeschlossener Berufsausbildung des § 99
 der Handwerksordnung vorliegen und
3. die Bescheinigung der Handwerkskammer, daß die Unterzeichner des Wahlvorschlages
 a) *Inhabern*[2]) eines Betriebs eines Handwerks und eines handwerksähnlichen Gewerbes in die Wählerliste (§ 12 Abs. 1) eingetragen sind,

1) Richtig wohl: „der Inhaber".
2) Richtig wohl: „bei den Inhabern".

b) bei den Gesellen und anderen Arbeitnehmern mit abgeschlossener Berufsausbildung, die die Voraussetzungen für die Wahlberechtigung (§ 98) erfüllen.

(2) Die Bescheinigungen sind gebührenfrei auszustellen.

§ 11 [Beseitigung von Mängeln; Zulassung und Veröffentlichung der Wahlvorschläge]

(1) Weisen die Wahlvorschläge Mängel auf, so fordert der Wahlleiter die Vertrauenspersonen unter Setzung einer angemessenen Frist zu deren Beseitigung auf.

(2) Spätestens am zwanzigsten Tag vor dem Wahltag entscheidet der Wahlausschuß (§ 2) über die Zulassung der Wahlvorschläge.

(3) Die Vertrauenspersonen der Wahlvorschläge sind über Ort, Zeit und Gegenstand der Sitzung zu benachrichtigen.

(4) Nicht zuzulassen sind Wahlvorschläge, die zu spät eingereicht sind oder den gesetzlichen Voraussetzungen nicht entsprechen.

(5) Nachdem die Wahlvorschläge festgesetzt sind, können sie nicht mehr geändert werden.

(6) [1]Der Wahlleiter veröffentlicht spätestens am fünfzehnten Tag vor dem Wahltage die zugelassenen Wahlvorschläge in den für die Bekanntmachung der Handwerkskammer bestimmten Organen in der zugelassenen Form, aber ohne die Namen der Unterzeichner. [2]Jeder Wahlvorschlag soll eine fortlaufende Nummer und ein Kennwort erhalten, das ihn von allen anderen Wahlvorschlägen deutlich unterscheidet.

Sechster Abschnitt
Wahl

§ 12 [Wählerverzeichnis]

(1) [1]Für die Wahl der Vertreter des Handwerks und des handwerksähnlichen Gewerbes dient als Wahlunterlage ein von der Handwerkskammer herzustellender und zu beglaubigender Auszug aus der Handwerksrolle und dem Verzeichnis nach § 19 der Handwerksordnung, der alle am Wahltag Wahlberechtigten der Handwerkskammer enthält (Wahlverzeichnis). [2]Wählen kann nur, wer in dem Wahlverzeichnis eingetragen ist.

(2) [1]Das Wahlverzeichnis ist öffentlich auszulegen. [2]Die Auslegungszeit und den Ort bestimmt der Wahlleiter. [3]Innerhalb der Auslegungsfrist ist das Anfertigen von Auszügen aus dem Wählerverzeichnis durch Wahlberechtigte zulässig, soweit dies im Zusammenhang mit der Prüfung des Wahlrechts einzelner bestimmter Personen steht. [4]Die Auszüge dürfen nur für diesen Zweck verwendet und unbeteiligten Dritten nicht zugänglich gemacht werden.

(3) [1]Wer das Wahlverzeichnis für unrichtig oder unvollständig hält, kann dagegen bis zum Ablauf der Auslegungsfrist bei der Handwerkskammer oder einem von ihr ernannten Beauftragten schriftlich oder zur Niederschrift Einspruch einlegen. [2]Soweit die Richtigkeit seiner Behauptung nicht offenkundig ist, hat er für sie Beweismittel beizubringen.

(4) Wenn der Einspruch nicht für begründet erachtet wird, entscheidet über ihn die höhere Verwaltungsbehörde.

(5) Die Entscheidung muß spätestens am vorletzten Tag vor dem Abstimmungstag gefällt und den Beteiligten bekanntgegeben sein.

(6) Wenn die Auslegungsfrist abgelaufen ist, können Stimmberechtigte nur auf rechtzeitg angebrachte Einsprüche aufgenommen oder gestrichen werden.

(7) [1]Wird das Wahlverzeichnis berichtigt, so sind die Gründe der Streichungen in Spalte "Bemerkungen" anzugeben. [2]Wenn das Stimmrecht ruht oder der Stimmberechtigte in der Ausübung des Stimmrechts behindert ist, so ist dies in dem Wahlverzeichnis besonders zu bezeichnen. [3]Ergänzungen sind als Nachtrag aufzunehmen.

(8) Das Wählerverzeichnis ist bis zum Wahltag fortzuführen.

§ 13 [Wahlberechtigungsschein]

(1) Die ihr Wahlrecht wahrnehmenden Gesellen und Arbeitnehmer mit abgeschlossener Berufsausbildung weisen dem Wahlleiter ihre Wahlberechtigung durch eine die Unterschrift des Betriebsrates, soweit dieser in Betrieben vorhanden ist, in allen übrigen Betrieben durch eine die Unterschrift des Betriebsinhabers oder seines gesetzlichen Vertreters tragende Bescheinigung (Wahlberechtigungsschein) nach.

(2) [1]Wählen kann nur, wer sich durch eine solche Bescheinigung als Wahlberechtigter legitimiert oder wer von kurzzeitiger Arbeitslosigkeit (§ 98) betroffen ist. [2]Diese ist dem Wahlleiter durch Vorlage einer Bescheinigung der Agentur für Arbeit nachzuweisen.

§ 14 [Gültigkeit der abgegebenen Stimmen]

(1) Bei der Wahl sind nur solche Stimmen gültig, die unverändert auf einen der vom Wahlausschuß zugelassenen und vom Wahlleiter veröffentlichten Vorschläge lauten.

(2) Zur Gültigkeit des Stimmzettels genügt es, daß er den Wahlvorschlag nach der vom Wahlleiter veröffentlichten Nummer und dem Kennwort bezeichnet.

§ 15 [Stimmzettel]

[1]Bei der Wahl dürfen nur von der Handwerkskammer amtlich hergestellte Stimmzettel und die zugehörigen amtlich hergestellten Umschläge verwendet werden. [2]Sie sind von der Handwerkskammer zu beschaffen. [3]Die Umschläge sind mit dem Stempel der Handwerkskammer zu versehen. [4]Die Stimmzettel sollen für die Wahl der Wahlberechtigten nach § 96 Abs. 1 und der Wahlberechtigten nach § 98 der Handwerksordnung in verschiedener Farbe hergestellt sein. [5]Sie enthalten den Namen oder das Kennwort der nach § 11 zugelassenen Wahlvorschläge.

§ 16 [Abstimmungshandlung]

(1) [1]Die Kammer übermittelt den nach § 96 der Handwerksordnung Wahlberechtigten folgende Unterlagen:

a) einen Nachweis der Berechtigung zur Ausübung des Wahlrechts (Wahlschein),
b) einen Stimmzettel,
c) einen neutralen Umschlag der Bezeichnung „Handwerkskammer-Wahl" (Wahlumschlag) und
d) einen Umschlag für die Rücksendung der Wahlunterlagen (Rücksendeumschlag).

[2]Die nach § 98 der Handwerksordnung Wahlberechtigten erhalten die Wahlunterlagen vom Wahlleiter nach Vorlage des Wahlberechtigungsscheins (§ 13).

(2) [1]Der Wahlberechtigte kennzeichnet den von ihm gewählten Wahlvorschlag dadurch, dass er dessen Namen auf dem Wahlvorschlag ankreuzt. [2]Er darf nur eine Liste ankreuzen.

(3) [1]Der Wahlberechtigte hat den von ihm gemäß Absatz 2 gekennzeichneten Stimmzettel in dem verschlossenen Wahlumschlag unter Beifügung des von ihm unterzeichneten Wahlscheins in dem Rücksendeumschlag so rechtzeitig an den Wahlleiter zurückzusenden, dass die Unterlagen am Wahltag bis spätestens 18.00 Uhr bei der Handwerkskammer eingehen. [2]Ist der Wahltag ein Sonn- oder Feiertag, müssen die Wahlunterlagen am ersten darauf folgenden Werktag bis spätestens 18.00 Uhr bei der Handwerkskammer eingehen. [3]Die rechtzeitig bei der Kammer *eingegangen*[1]) Wahlumschläge werden nach Prüfung der Wahlberechtigung unverzüglich ungeöffnet in die Wahlurne gelegt.

§ 17 [Ermittlung des Wahlergebnisses in den Stimmbezirken; ungültige Stimmen; Abstimmungsniederschrift]

(1) [1]Nach Schluss der Abstimmung beruft der Wahlleiter den Wahlausschuss ein. [2]Der Wahlausschuss hat unverzüglich das Ergebnis der Wahl zu ermitteln.

(2) Ungültig sind Stimmzettel,
1. die nicht in einem amtlich abgestempelten Umschlag oder die in einem mit Kennzeichen versehenen Umschlag übergeben worden sind,
2. die als nichtamtlich hergestellte erkennbar sind,
3. aus deren Beantwortung oder zulässiger Kennzeichnung der Wille des Abstimmenden nicht unzweifelhaft zu erkennen ist,
4. denen ein durch den Umschlag deutlich fühlbarer Gegenstand beigefügt ist,
5. die mit Vermerken oder Vorbehalten versehen sind.

(3) Mehrere in einem Umschlag enthaltene Zettel gelten als eine Stimme, wenn sie gleichlautend sind oder wenn nur einer von ihnen eine Stimmabgabe enthält; sonst sind sie ungültig.

(4) [1]Die Stimmzettel, über deren Gültigkeit oder Ungültigkeit der Wahlausschuss Beschluss gefasst hat, sind mit fortlaufender Nummer zu versehen und der Niederschrift beizufügen. [2]In der Niederschrift sind die Gründe kurz anzugeben, aus denen die Stimmzettel für gültig oder ungültig erklärt worden sind.

(5) Ist ein Stimmzettel wegen der Beschaffenheit des Umschlags für ungültig erklärt worden, so ist auch der Umschlag beizufügen.

(6) [1]Alle gültigen Stimmzettel, die nicht nach den Absätzen 4 und 5 der Abstimmungsniederschrift beigefügt sind, hat der Wahlausschuss in Papier einzuschlagen, zu versiegeln und dem Wahlleiter zu übergeben, der sie verwahrt, bis die Abstimmung für gültig erklärt oder eine neue Wahl angeordnet ist. [2]Das Gleiche gilt für die Wahlberechtigungsscheine der Arbeitnehmer.

(7) Das Wählerverzeichnis wird dem Wahlleiter übergeben.

(8) [1]Über die Sitzung des Wahlausschusses ist eine Niederschrift zu fertigen. [2]Diese ist zusammen mit den Wahlunterlagen aufzubewahren und der Aufsichtsbehörde auf Anforderung vorzulegen.

§ 17a [Verwahrung, Aufbewahrung und Vernichtung der Wahlunterlagen; Auskünfte]

(1) Das Wählerverzeichnis, die Wahlberechtigungsscheine und sonstigen Wahlunterlagen sind so zu verwahren, daß sie gegen Einsichtnahme durch Unbefugte geschützt sind.

1) Richtig wohl: „eingegangenen".

(2) Nach der Wahl sind die in Absatz 1 genannten Unterlagen bis zur Unanfechtbarkeit der Wahl aufzubewahren und danach zu vernichten.

(3) Auskünfte aus den in Absatz 1 genannten Unterlagen dürfen nur Behörden, Gerichten und sonstigen öffentlichen Stellen und nur dann erteilt werden, wenn diese die Auskünfte zur Erfüllung von Aufgaben benötigen, die sich auf die Vorbereitung, Durchführung oder Überprüfung der Wahl sowie die Verfolgung von Wahlstraftaten, Wahlprüfungsangelegenheiten oder auf wahlstatistische Arbeiten beziehen.

§ 18 [Ermittlung des Gesamtergebnisses der Wahl; gewählte Bewerber]

(1) [1]Nach Übergabe der Unterlagen an den Wahlleiter stellt der Wahlausschuss das Gesamtergebnis der Wahl fest, das durch den Wahlleiter in den für die Bekanntmachung der Handwerkskammer bestimmten Organen öffentlich bekannt zu machen und der Aufsichtsbehörde anzuzeigen ist. [2]Die Wahlunterlagen sind aufzubewahren und der Aufsichtsbehörde auf Anforderung vorzulegen.

(2) Als gewählt gelten die Bewerber desjenigen Wahlvorschlags, der die Mehrheit der abgegebenen Stimmen erhalten hat.

<div align="center">

Siebenter Abschnitt
Engere Wahl

</div>

§ 19 *[aufgehoben]*

<div align="center">

Achter Abschnitt
Wegfall der Wahlhandlung

</div>

§ 20 [Wegfall der Wahlhandlung]

Wird für den Wahlbezirk nur ein Wahlvorschlag zugelassen, so gelten die darauf bezeichneten Bewerber als gewählt, ohne daß es einer Wahlhandlung bedarf.

<div align="center">

Neunter Abschnitt
Beschwerdeverfahren, Kosten

</div>

§ 21 [Beschwerdeverfahren]

Beschwerden über die Ernennung der Beisitzer des Wahlausschusses entscheidet die höhere Verwaltungsbehörde.

§ 22 [Kosten der Wahl]

Die Kosten der Wahl trägt die Handwerkskammer.

Anlage
zur Wahlordnung für die Wahlen der Mitglieder der Vollversammlung der Handwerkskammern

Wahlberechtigungsschein zur Vornahme der Wahl der Arbeitnehmermitglieder der Vollversammlung der Handwerkskammer

(§ 13 Abs. 1 der Wahlordnung für die Wahlen der Mitglieder der Vollversammlung der Handwerkskammer)

Der Inhaber dieses Wahlberechtigungsscheins

Herr/Frau Arbeitnehmer(in),

wohnhaft in PLZ Ort,

Str. Str.-Nr.

hat eine abgeschlossene Berufsausbildung und

ist/war bis zum als Mitarbeiter(in)

im Unternehmen (Name des Unternehmens)

........., PLZ Ort,

Str. Nr., beschäftigt.

Sie/Er ist berechtigt, das Stimmrecht zur Wahl der Arbeitnehmermitglieder der Vollversammlung der Handwerkskammer

........................ auszuüben.

........................, den

 , den..............
 1)

1) **Amtl. Anm.:** Unterschrift des Betriebsrates, soweit dieser in den Betrieben vorhanden ist, in allen übrigen Betrieben des Betriebsinhabers oder seines gesetzlichen Vertreters (§ 13 Abs. 1 der Wahlordnung). Im Falle der Arbeitslosigkeit kann der Wahlberechtigungsschein auch durch die Agentur für Arbeit ausgestellt werden.

Anlage D
zu dem Gesetz zur Ordnung des Handwerks (Handwerksordnung)

Art der personenbezogenen Daten in der Handwerksrolle, in dem Verzeichnis der Inhaber eines zulassungsfreien Handwerks oder handwerksähnlichen Gewerbes und in der Lehrlingsrolle

I. In der Handwerksrolle sind folgende Daten zu speichern:

1. bei natürlichen Personen

a) Name, Vorname, Geburtsname, Geburtsdatum, Staatsangehörigkeit, Wohnanschrift und elektronische Kontaktdaten, beispielsweise E-Mail-Adresse, Webseite, Telefaxnummer oder Telefonnummer, des Betriebsinhabers, bei nicht voll geschäftsfähigen Personen auch der Name, Vorname des gesetzlichen Vertreters; im Falle des § 4 Absatz 2 oder im Falle des § 7 Absatz 1 Satz 1 der Handwerksordnung sind auch der Name, Vorname, Geburtsname, Geburtsdatum, Staatsangehörigkeit, Wohnanschrift und elektronische Kontaktdaten, beispielsweise E-Mail-Adresse, Internet-Adresse, Telefaxnummer oder Telefonnummer, des Betriebsleiters sowie die für ihn in Betracht kommenden Angaben nach Buchstabe e einzutragen;

b) die Firma, wenn der selbständige Handwerker eine Firma führt, die sich auf den Handwerksbetrieb bezieht, die Webseite des Handwerksbetriebes sowie dessen Etablissementbezeichnung;

c) Ort und Straße der gewerblichen Niederlassung;

d) das zu betreibende Handwerk oder bei Ausübung mehrerer Handwerke diese Handwerke;

e) die Bezeichnung der Rechtsvorschriften, nach denen der selbständige Handwerker die Voraussetzungen für die Eintragung in die Handwerksrolle erfüllt und in dem zu betreibenden Handwerk zur Ausbildung von Lehrlingen befugt ist; hat der selbständige Handwerker die zur Ausübung des zu betreibenden Handwerks notwendigen Kenntnisse und Fertigkeiten durch eine Prüfung nachgewiesen, so sind auch Art, Ort und Zeitpunkt dieser Prüfung sowie die Stelle, vor der die Prüfung abgelegt wurde, einzutragen;

f) der Zeitpunkt der Eintragung in die Handwerksrolle;

2. bei juristischen Personen

a) die Firma oder der Name der juristischen Person, deren Internetseite und Firmierung sowie Ort und Straße der gewerblichen Niederlassung;

b) Name, Vorname, Geburtsname, Geburtsdatum, Staatsangehörigkeit, Wohnanschrift und elektronische Kontaktdaten, beispielsweise E-Mail-Adresse, Webseite, Telefaxnummer oder Telefonnummer, der gesetzlichen Vertreter;

c) das zu betreibende Handwerk oder bei Ausübung mehrerer Handwerke diese Handwerke;

d) Name, Vorname, Geburtsname, Geburtsdatum, Staatsangehörigkeit, Wohnanschrift und elektronische Kontaktdaten, beispielsweise E-Mail-Adresse, Webseite, Telefaxnummer oder Telefonnummer, des Betriebsleiters sowie die für ihn in Betracht kommenden Angaben nach Nummer 1 Buchstabe e;

e) der Zeitpunkt der Eintragung in die Handwerksrolle;

3. bei Personengesellschaften

a) bei Personenhandelsgesellschaften die Firma, bei Gesellschaften des Bürgerlichen Rechts die Bezeichnung, unter der sie das Handwerk betreiben, deren Webseite und Firmierung sowie der Ort und die Straße der gewerblichen Niederlassung;

b) Name, Vorname, Geburtsname, Geburtsdatum, Staatsangehörigkeit, Wohnanschrift und elektronische Kontaktdaten, beispielsweise E-Mail-Adresse, Webseite, Telefaxnummer oder Telefonnummer, des für die technische Leitung des Betriebes verantwortlichen persönlich haftenden Gesellschafters oder im Falle des § 7 Absatz 1 Satz 1 des Betriebsleiters Angaben über eine Vertretungsbefugnis und die für ihn in Betracht kommenden Angaben nach Nummer 1 Buchstabe e;

c) Name, Vorname, Geburtsname, Geburtsdatum, Staatsangehörigkeit, Wohnanschrift und elektronische Kontaktdaten, beispielsweise E-Mail-Adresse, Webseite, Telefaxnummer oder Telefonnummer, der übrigen Gesellschafter, Angaben über eine Vertretungsbefugnis und die für ihn in Betracht kommenden Angaben nach Nummer 1 Buchstabe e;

d) das zu betreibende Handwerk oder bei Ausübung mehrerer Handwerke diese Handwerke;

e) der Zeitpunkt der Eintragung in die Handwerksrolle;

4. bei handwerklichen Nebenbetrieben

a) Angaben über den Inhaber des Nebenbetriebs in entsprechender Anwendung der Nummer 1 Buchstabe a bis c, Nummer 2 Buchstabe a und b und Nummer 3 Buchstabe a und c;

b) das zu betreibende Handwerk oder bei Ausübung mehrerer Handwerke diese Handwerke;

c) Bezeichnung oder Firma und Gegenstand sowie Ort und Straße der gewerblichen Niederlassung des Unternehmens, mit dem der Nebenbetrieb verbunden ist;

d) Bezeichnung oder Firma, deren Internetseite und Firmierung sowie Ort und Straße der gewerblichen Niederlassung des Nebenbetriebs;

e) Name, Vorname, Geburtsname, Geburtsdatum, Staatsangehörigkeit, Wohnanschrift und elektronische Kontaktdaten, beispielsweise E-Mail-Adresse, Webseite, Telefaxnummer oder Telefonnummer, des Leiters des Nebenbetriebes und die für ihn in Betracht kommenden Angaben nach Nummer 1 Buchstabe e;

f) der Zeitpunkt der Eintragung in die Handwerksrolle.

II. Abschnitt I gilt entsprechend für das Verzeichnis der Inhaber von Betrieben in zulassungsfreien Handwerken oder handwerksähnlichen Gewerben. Dieses Verzeichnis braucht nicht die gleichen Angaben wie die Handwerksrolle zu enthalten. Mindestinhalt sind die wesentlichen betrieblichen Verhältnisse einschließlich der wichtigsten persönlichen Daten des Betriebsinhabers.

III. In der Lehrlingsrolle sind folgende personenbezogene Daten zu speichern:

1. bei den Ausbildenden,

a) die in der Handwerksrolle eingetragen sind:
die Eintragungen in der Handwerksrolle, soweit sie für die Zwecke der Führung der Lehrlingsrolle erforderlich sind;

b) die nicht in der Handwerksrolle eingetragen sind:
die der Eintragung nach Abschnitt I Nummer 1 Buchstabe a entsprechenden Daten mit Ausnahme der Daten zum Betriebsleiter zum Zeitpunkt der Eintragung in die Handwerksrolle und die Angaben zu Abschnitt I Nummer 1 Buchstabe e, soweit sie für die Zwecke der Lehrlingsrolle erforderlich sind;

2. bei den Ausbildern:
Name, Geburtsname, Vorname, Geschlecht, Geburtsdatum, Anschrift, elektronische Kontaktdaten, beispielsweise E-Mail-Adresse, Webseite, Telefaxnummer oder Telefonnummer, Art der fachlichen Eignung;

3. bei den Auszubildenden

a) beim Lehrling:
Name, Geburtsname, Vorname, Geschlecht, Geburtsdatum, Staatsangehörigkeit, allgemeinbildender Schulabschluss, vorausgegangene Teilnahme an berufsvorbereitender Qualifizierung oder beruflicher Grundbildung, vorherige Berufsausbildung sowie vorheriges Studium, Anschlussvertrag bei Anrechnung einer zuvor absolvierten dualen Berufsausbildung nach dem Berufsbildungsgesetz oder der Handwerksordnung einschließlich Ausbildungsberuf, Anschrift des Lehrlings und dessen elektronische Kontaktdaten, beispielsweise E-Mail-Adresse, Webseite, Telefaxnummer oder Telefonnummer;

b) bei gesetzlichen Vertretern:
Name, Vorname und Anschrift der gesetzlichen Vertreter;

4. beim Ausbildungsverhältnis:
Ausbildungsberuf einschließlich Fachrichtung, ausbildungsintegrierendes duales Studium, Tag, Monat und Jahr des Abschlusses des Ausbildungsvertrages, Ausbildungsdauer, Tag, Monat und Jahr des vertraglich vereinbarten Beginns und Endes der Berufsausbildung, Tag, Monat und Jahr einer vorzeitigen Auflösung des Ausbildungsverhältnisses, Dauer der Probezeit, Verkürzung der Ausbildungsdauer, Teilzeitberufsausbildung, die bei Vertragsabschluss vereinbarte Vergütung für jedes Ausbildungsjahr, Art der Förderung bei überwiegend öffentlich, insbesondere auf Grund des Dritten Buches Sozialgesetzbuch geförderten Berufsausbildungsverhältnissen, Anschrift und Amtlicher Gemeindeschlüssel der Ausbildungsstätte, Wirtschaftszweig, Betriebsnummer der Ausbildungsstätte nach § 18i Absatz 1 oder § 18k Absatz 1 des Vierten Buches Sozialgesetzbuch, Zugehörigkeit zum öffentlichen Dienst.

IV. In das Verzeichnis der Unternehmer nach § 90 Abs. 3 und 4 der Handwerksordnung werden die Personen nach § 90 Abs. 3 und 4 der Handwerksordnung mit den nach Abschnitt I Nr. 1 Buchstabe a und c geforderten Angaben für natürliche Personen sowie der Zeitpunkt der Gewerbeanmeldung eingetragen.

Gaststättengesetz

In der Fassung der Bekanntmachung vom 20. November 1998[1] (BGBl. I S. 3418)
(FNA 7130-1)
zuletzt geändert durch Art. 14 Branntweinmonopolverwaltung-Auflösungsgesetz vom 10. März 2017
(BGBl. I S. 420)

Nichtamtliche Inhaltsübersicht

§ 1 Gaststättengewerbe

(1) Ein Gaststättengewerbe im Sinne dieses Gesetzes betreibt, wer im stehenden Gewerbe
1. Getränke zum Verzehr an Ort und Stelle verabreicht (Schankwirtschaft) oder
2. zubereitete Speisen zum Verzehr an Ort und Stelle verabreicht (Speisewirtschaft),
wenn der Betrieb jedermann oder bestimmten Personenkreisen zugänglich ist.
(2) Ein Gaststättengewerbe im Sinne dieses Gesetzes betreibt ferner, wer als selbständiger Gewerbetreibender im Reisegewerbe von einer für die Dauer der Veranstaltung ortsfesten Betriebsstätte aus Getränke oder zubereitete Speisen zum Verzehr an Ort und Stelle verabreicht, wenn der Betrieb jedermann oder bestimmten Personenkreisen zugänglich ist.

§ 2 Erlaubnis

(1) ¹Wer ein Gaststättengewerbe betreiben will, bedarf der Erlaubnis. ²Die Erlaubnis kann auch nichtrechtsfähigen Vereinen erteilt werden.
(2) Der Erlaubnis bedarf nicht, wer
1. alkoholfreie Getränke,
2. unentgeltliche Kostproben,
3. zubereitete Speisen oder
4. in Verbindung mit einem Beherbergungsbetrieb Getränke und zubereitete Speisen an Hausgäste
verabreicht.

§ 3 Inhalt der Erlaubnis

(1) ¹Die Erlaubnis ist für eine bestimmte Betriebsart und für bestimmte Räume zu erteilen. ²Die Betriebsart ist in der Erlaubnisurkunde zu bezeichnen; sie bestimmt sich nach der Art und Weise der Betriebsgestaltung, insbesondere nach den Betriebszeiten und der Art der Getränke, der zubereiteten Speisen, der Beherbergung oder der Darbietungen.
(2) Die Erlaubnis darf auf Zeit erteilt werden, soweit dieses Gesetz es zuläßt oder der Antragsteller es beantragt.

1) Neubekanntmachung des GaststättenG idF der Bek. v. 5. 5. 1970 (BGBl. I S. 465) in der ab 1. 10. 1998 geltenden Fassung.

§ 4 Versagungsgründe

(1) ¹Die Erlaubnis ist zu versagen, wenn

1. Tatsachen die Annahme rechtfertigen, daß der Antragsteller die für den Gewerbebetrieb erforderliche Zuverlässigkeit nicht besitzt, insbesondere dem Trunke ergeben ist oder befürchten läßt, daß er Unerfahrene, Leichtsinnige oder Willensschwache ausbeuten wird oder dem Alkoholmißbrauch, verbotenem Glücksspiel, der Hehlerei oder der Unsittlichkeit Vorschub leisten wird oder die Vorschriften des Gesundheits- oder Lebensmittelrechts, des Arbeits- oder Jugendschutzes nicht einhalten wird,

2. die zum Betrieb des Gewerbes oder zum Aufenthalt der Beschäftigten bestimmten Räume wegen ihrer Lage, Beschaffenheit, Ausstattung oder Einteilung für den Betrieb nicht geeignet sind, insbesondere den notwendigen Anforderungen zum Schutze der Gäste und der Beschäftigten gegen Gefahren für Leben, Gesundheit oder Sittlichkeit oder den sonst zur Aufrechterhaltung der öffentlichen Sicherheit oder Ordnung notwendigen Anforderungen nicht genügen oder

2a. die zum Betrieb des Gewerbes für Gäste bestimmten Räume von behinderten Menschen nicht barrierefrei genutzt werden können, soweit diese Räume in einem Gebäude liegen, für das nach dem 1. November 2002 eine Baugenehmigung für die erstmalige Errichtung, für einen wesentlichen Umbau oder eine wesentliche Erweiterung erteilt wurde oder das, für den Fall, dass eine Baugenehmigung nicht erforderlich ist, nach dem 1. Mai 2002 fertig gestellt oder wesentlich umgebaut oder erweitert wurde,

3. der Gewerbebetrieb im Hinblick auf seine örtliche Lage oder auf die Verwendung der Räume dem öffentlichen Interesse widerspricht, insbesondere schädliche Umwelteinwirkungen im Sinne des Bundes-Immissionsschutzgesetzes oder sonst erhebliche Nachteile, Gefahren oder Belästigungen für die Allgemeinheit befürchten läßt,

4. der Antragsteller nicht durch eine Bescheinigung einer Industrie- und Handelskammer nachweist, daß er oder sein Stellvertreter (§ 9) über die Grundzüge der für den in Aussicht genommenen Betrieb notwendigen lebensmittelrechtlichen Kenntnisse unterrichtet worden ist und mit ihnen als vertraut gelten kann.

²Die Erlaubnis kann entgegen Satz 1 Nr. 2a erteilt werden, wenn eine barrierefreie Gestaltung der Räume nicht möglich ist oder nur mit unzumutbaren Aufwendungen erreicht werden kann.

(2) Wird bei juristischen Personen oder nichtrechtsfähigen Vereinen nach Erteilung der Erlaubnis eine andere Person zur Vertretung nach Gesetz, Satzung oder Gesellschaftsvertrag berufen, so ist dies unverzüglich der Erlaubnisbehörde anzuzeigen.

(3) ¹Die Landesregierungen können zur Durchführung des Absatzes 1 Nr. 2 durch Rechtsverordnung die Mindestanforderungen bestimmen, die an die Lage, Beschaffenheit, Ausstattung und Einteilung der Räume im Hinblick auf die jeweilige Betriebsart und Art der zugelassenen Getränke oder Speisen zu stellen sind. ²Die Landesregierungen können durch Rechtsverordnung

a) zur Durchführung des Absatzes 1 Satz 1 Nr. 2a Mindestanforderungen bestimmen, die mit dem Ziel der Herstellung von Barrierefreiheit an die Lage, Beschaffenheit, Ausstattung und Einteilung der Räume zu stellen sind, und

b) zur Durchführung des Absatzes 1 Satz 2 die Voraussetzungen für das Vorliegen eines Falles der Unzumutbarkeit festlegen.

³Die Landesregierungen können durch Rechtsverordnung die Ermächtigung auf oberste Landesbehörden übertragen.

§ 5 Auflagen

(1) Gewerbetreibenden, die einer Erlaubnis bedürfen, können jederzeit Auflagen zum Schutze

1. der Gäste gegen Ausbeutung und gegen Gefahren für Leben, Gesundheit oder Sittlichkeit,

2. der im Betrieb Beschäftigten gegen Gefahren für Leben, Gesundheit oder Sittlichkeit oder

3. gegen schädliche Umwelteinwirkungen im Sinne des Bundes-Immissionsschutzgesetzes und sonst gegen erhebliche Nachteile, Gefahren oder Belästigungen für die Bewohner des Betriebsgrundstücks oder der Nachbargrundstücke sowie der Allgemeinheit

erteilt werden.

(2) Gegenüber Gewerbetreibenden, die ein erlaubnisfreies Gaststättengewerbe betreiben, können Anordnungen nach Maßgabe des Absatzes 1 erlassen werden.

§ 6 Ausschank alkoholfreier Getränke

¹Ist der Ausschank alkoholischer Getränke gestattet, so sind auf Verlangen auch alkoholfreie Getränke zum Verzehr an Ort und Stelle zu verabreichen. ²Davon ist mindestens ein alkoholfreies Getränk nicht teurer zu verabreichen als das billigste alkoholische Getränk. ³Der Preisvergleich erfolgt hierbei auch auf

der Grundlage des hochgerechneten Preises für einen Liter der betreffenden Getränke. [4]Die Erlaubnisbehörde kann für den Ausschank aus Automaten Ausnahmen zulassen.

§ 7 Nebenleistungen
(1) Im Gaststättengewerbe dürfen der Gewerbetreibende oder Dritte auch während der Ladenschlußzeiten Zubehörwaren an Gäste abgeben und ihnen Zubehörleistungen erbringen.

(2) Der Schank- oder Speisewirt darf außerhalb der Sperrzeit zum alsbaldigen Verzehr oder Verbrauch
1. Getränke und zubereitete Speisen, die er in seinem Betrieb verabreicht,
2. Flaschenbier, alkoholfreie Getränke, Tabak- und Süßwaren
an jedermann über die Straße abgeben.

§ 8 Erlöschen der Erlaubnis
[1]Die Erlaubnis erlischt, wenn der Inhaber den Betrieb nicht innerhalb eines Jahres nach Erteilung der Erlaubnis begonnen oder seit einem Jahr nicht mehr ausgeübt hat. [2]Die Fristen können verlängert werden, wenn ein wichtiger Grund vorliegt.

§ 9 Stellvertretungserlaubnis
[1]Wer ein erlaubnisbedürftiges Gaststättengewerbe durch einen Stellvertreter betreiben will, bedarf einer Stellvertretungserlaubnis; sie wird dem Erlaubnisinhaber für einen bestimmten Stellvertreter erteilt und kann befristet werden. [2]Die Vorschriften des § 4 Abs. 1 Nr. 1 und 4 sowie des § 8 gelten entsprechend. [3]Wird das Gewerbe nicht mehr durch den Stellvertreter betrieben, so ist dies unverzüglich der Erlaubnisbehörde anzuzeigen.

§ 10 Weiterführung des Gewerbes
[1]Nach dem Tode des Erlaubnisinhabers darf das Gaststättengewerbe auf Grund der bisherigen Erlaubnis durch den Ehegatten, Lebenspartner oder die minderjährigen Erben während der Minderjährigkeit weitergeführt werden. [2]Das gleiche gilt für Nachlaßverwalter, Nachlaßpfleger oder Testamentsvollstrecker bis zur Dauer von zehn Jahren nach dem Erbfall. [3]Die in den Sätzen 1 und 2 bezeichneten Personen haben der Erlaubnisbehörde unverzüglich Anzeige zu erstatten, wenn sie den Betrieb weiterführen wollen.

§ 11 Vorläufige Erlaubnis und vorläufige Stellvertretungserlaubnis
(1) [1]Personen, die einen erlaubnisbedürftigen Gaststättenbetrieb von einem anderen übernehmen wollen, kann die Ausübung des Gaststättengewerbes bis zur Erteilung der Erlaubnis auf Widerruf gestattet werden. [2]Die vorläufige Erlaubnis soll nicht für eine längere Zeit als drei Monate erteilt werden; die Frist kann verlängert werden, wenn ein wichtiger Grund vorliegt.

(2) Absatz 1 gilt entsprechend für die Erteilung einer vorläufigen Stellvertretungserlaubnis.

§ 12 Gestattung
(1) Aus besonderem Anlaß kann der Betrieb eines erlaubnisbedürftigen Gaststättengewerbes unter erleichterten Voraussetzungen vorübergehend auf Widerruf gestattet werden.

(2) (weggefallen)

(3) Dem Gewerbetreibenden können jederzeit Auflagen erteilt werden.

§ 13 (aufgehoben)

§ 14 Straußwirtschaften
[1]Die Landesregierungen können durch Rechtsverordnungen zur Erleichterung des Absatzes selbsterzeugten Weines oder Apfelweines bestimmen, daß der Ausschank dieser Getränke und im Zusammenhang hiermit das Verabreichen von zubereiteten Speisen zum Verzehr an Ort und Stelle für die Dauer von höchstens vier Monaten oder, soweit dies bisher nach Landesrecht zulässig war, von höchstens sechs Monaten, und zwar zusammenhängend oder in zwei Zeitabschnitten im Jahre, keiner Erlaubnis bedarf. [2]Sie können hierbei Vorschriften über
1. die persönlichen und räumlichen Voraussetzungen für den Ausschank sowie über Menge und Jahrgang des zum Ausschank bestimmten Weines oder Apfelweines,
2. das Verabreichen von Speisen zum Verzehr an Ort und Stelle,
3. die Art der Betriebsführung
erlassen. [3]Die Landesregierungen können durch Rechtsverordnung die Ermächtigung auf oberste Landesbehörden oder andere Behörden übertragen.

§ 15 Rücknahme und Widerruf der Erlaubnis
(1) Die Erlaubnis zum Betrieb eines Gaststättengewerbes ist zurückzunehmen, wenn bekannt wird, daß bei ihrer Erteilung Versagungsgründe nach § 4 Abs. 1 Nr. 1 vorlagen.

(2) Die Erlaubnis ist zu widerrufen, wenn nachträglich Tatsachen eintreten, die die Versagung der Erlaubnis nach § 4 Abs. 1 Nr. 1 rechtfertigen würden.

(3) Sie kann widerrufen werden, wenn

1. der Gewerbetreibende oder sein Stellvertreter die Betriebsart, für welche die Erlaubnis erteilt worden ist, unbefugt ändert, andere als die zugelassenen Räume zum Betrieb verwendet oder nicht zugelassene Getränke oder Speisen verabreicht oder sonstige inhaltliche Beschränkungen der Erlaubnis nicht beachtet,

2. der Gewerbetreibende oder sein Stellvertreter Auflagen nach § 5 Abs. 1 nicht innerhalb einer gesetzten Frist erfüllt,

3. der Gewerbetreibende seinen Betrieb ohne Erlaubnis durch einen Stellvertreter betreiben läßt,

4. der Gewerbetreibende oder sein Stellvertreter Personen entgegen einem nach § 21 ergangenen Verbot beschäftigt,

5. der Gewerbetreibende im Fall des § 4 Abs. 2 nicht innerhalb von sechs Monaten nach der Berufung den Nachweis nach § 4 Abs. 1 Nr. 4 erbringt,

6. der Gewerbetreibende im Fall des § 9 Satz 3 nicht innerhalb von sechs Monaten nach dem Ausscheiden des Stellvertreters den Nachweis nach § 4 Abs. 1 Nr. 4 erbringt,

7. die in § 10 Satz 1 und 2 bezeichneten Personen nicht innerhalb von sechs Monaten nach der Weiterführung den Nachweis nach § 4 Abs. 1 Nr. 4 erbringen.

(4) Die Absätze 1, 2 und 3 Nr. 1, 2 und 4 gelten entsprechend für die Rücknahme und den Widerruf der Stellvertretungserlaubnis.

§§ 16 und 17 (weggefallen)

§ 18 Sperrzeit

(1) ¹Für Schank- und Speisewirtschaften sowie für öffentliche Vergnügungsstätten kann durch Rechtsverordnung der Landesregierungen eine Sperrzeit allgemein festgesetzt werden. ²In der Rechtsverordnung ist zu bestimmen, daß die Sperrzeit bei Vorliegen eines öffentlichen Bedürfnisses oder besonderer örtlicher Verhältnisse allgemein oder für einzelne Betriebe verlängert, verkürzt oder aufgehoben werden kann. ³Die Landesregierungen können durch Rechtsverordnung die Ermächtigung auf oberste Landesbehörden oder andere Behörden übertragen.

(2) (weggefallen)

§ 19 Verbot des Ausschanks alkoholischer Getränke

Aus besonderem Anlaß kann der gewerbsmäßige Ausschank alkoholischer Getränke vorübergehend für bestimmte Zeit und für einen bestimmten örtlichen Bereich ganz oder teilweise verboten werden, wenn dies zur Aufrechterhaltung der öffentlichen Sicherheit oder Ordnung erforderlich ist.

§ 20 Allgemeine Verbote

Verboten ist,

1. Alkohol im Sinne des § 1 Absatz 2 Nummer 1 des Alkoholsteuergesetzes vom 21. Juni 2013 (BGBl. I S. 1650, 1651), das zuletzt durch Artikel 6 des Gesetzes vom 10. März 2017 (BGBl. I S. 420) geändert worden ist, in der jeweils geltenden Fassung, oder überwiegend alkoholhaltige Lebensmittel durch Automaten feilzuhalten,

2. in Ausübung eines Gewerbes alkoholische Getränke an erkennbar Betrunkene zu verabreichen,

3. im Gaststättengewerbe das Verabreichen von Speisen von der Bestellung von Getränken abhängig zu machen oder bei der Nichtbestellung von Getränken die Preise zu erhöhen,

4. im Gaststättengewerbe das Verabreichen alkoholfreier Getränke von der Bestellung alkoholischer Getränke abhängig zu machen oder bei der Nichtbestellung alkoholischer Getränke die Preise zu erhöhen.

§ 21 Beschäftigte Personen

(1) Die Beschäftigung einer Person in einem Gaststättenbetrieb kann dem Gewerbetreibenden untersagt werden, wenn Tatsachen die Annahme rechtfertigen, daß die Person die für ihre Tätigkeit erforderliche Zuverlässigkeit nicht besitzt.

(2) ¹Die Landesregierungen können zur Aufrechterhaltung der Sittlichkeit oder zum Schutze der Gäste durch Rechtsverordnung Vorschriften über die Zulassung, das Verhalten und die Art der Tätigkeit sowie, soweit tarifvertragliche Regelungen nicht bestehen, die Art der Entlohnung der in Gaststättenbetrieben Beschäftigten erlassen. ²Die Landesregierungen können durch Rechtsverordnung die Ermächtigung auf oberste Landesbehörden übertragen.

(3) Die Vorschriften des § 26 des Jugendarbeitsschutzgesetzes bleiben unberührt.

§ 22 Auskunft und Nachschau

(1) Die Inhaber von Gaststättenbetrieben, ihre Stellvertreter und die mit der Leitung des Betriebes beauftragten Personen haben den zuständigen Behörden die für die Durchführung dieses Gesetzes und der auf Grund dieses Gesetzes erlassenen Rechtsverordnungen erforderlichen Auskünfte zu erteilen.

(2) ¹Die von der zuständigen Behörde mit der Überwachung des Betriebes beauftragten Personen sind befugt, Grundstücke und Geschäftsräume des Auskunftspflichtigen zu betreten, dort Prüfungen und Besichtigungen vorzunehmen und in die geschäftlichen Unterlagen des Auskunftspflichtigen Einsicht zu nehmen. ²Der Auskunftspflichtige hat die Maßnahmen nach Satz 1 zu dulden. ³Das Grundrecht der Unverletzlichkeit der Wohnung (Artikel 13 des Grundgesetzes) wird insoweit eingeschränkt.

(3) Der zur Erteilung einer Auskunft Verpflichtete kann die Auskunft auf solche Fragen verweigern, deren Beantwortung ihn selbst oder einen der in § 383 Abs. 1 Nr. 1 bis 3 der Zivilprozeßordnung bezeichneten Angehörigen der Gefahr strafgerichtlicher Verfolgung oder eines Verfahrens nach dem Gesetz über Ordnungswidrigkeiten aussetzen würde.

§ 23 Vereine und Gesellschaften

(1) Die Vorschriften dieses Gesetzes über den Ausschank alkoholischer Getränke finden auch auf Vereine und Gesellschaften Anwendung, die kein Gewerbe betreiben; dies gilt nicht für den Ausschank an Arbeitnehmer dieser Vereine oder Gesellschaften.

(2) ¹Werden in den Fällen des Absatzes 1 alkoholische Getränke in Räumen ausgeschenkt, die im Eigentum dieser Vereine oder Gesellschaften stehen oder ihnen mietweise, leihweise oder aus einem anderen Grunde überlassen und nicht Teil eines Gaststättenbetriebes sind, so finden die Vorschriften dieses Gesetzes mit Ausnahme der §§ 5, 6, 18, 22 sowie des § 28 Abs. 1 Nr. 2, 6, 11 und 12 und Absatz 2 Nr. 1 keine Anwendung. ²Das Bundesministerium für Wirtschaft und Energie kann mit Zustimmung des Bundesrates durch Rechtsverordnung bestimmen, daß auch andere Vorschriften dieses Gesetzes Anwendung finden, wenn durch den Ausschank alkoholischer Getränke Gefahren für die Sittlichkeit oder für Leben oder Gesundheit der Gäste oder der Beschäftigten entstehen.

§ 24 Realgewerbeberechtigung

(1) ¹Die Vorschriften dieses Gesetzes finden auch auf Realgewerbeberechtigungen Anwendung mit Ausnahme der Vorschriften über die Lage der Räume (§ 4 Abs. 1 Nr. 2) und über das öffentliche Interesse hinsichtlich der Verwendung der Räume (§ 4 Abs. 1 Nr. 3). ²Realgewerbeberechtigungen, die drei Jahre lang nicht ausgeübt worden sind, erlöschen. ³Die Frist kann von der Erlaubnisbehörde verlängert werden, wenn ein wichtiger Grund vorliegt.

(2) Die Länder können bestimmen, daß auch die in Absatz 1 ausgenommenen Vorschriften Anwendung finden, wenn um die Erlaubnis auf Grund einer Realgewerbeberechtigung für ein Grundstück nachgesucht wird, auf welchem die Erlaubnis auf Grund dieser Realgewerbeberechtigung bisher nicht ausgeübt wurde.

§ 25 Anwendungsbereich

(1) ¹Auf Kantinen für Betriebsangehörige sowie auf Betreuungseinrichtungen der im Inland stationierten ausländischen Streitkräfte, der Bundeswehr, der Bundespolizei oder der in Gemeinschaftsunterkünften untergebrachten Polizei finden die Vorschriften dieses Gesetzes keine Anwendung. ²Gleiches gilt für Luftfahrzeuge, Personenwagen von Eisenbahnunternehmen und anderen Schienenbahnen, Schiffe und Reisebusse, in denen anläßlich der Beförderung von Personen gastgewerbliche Leistungen erbracht werden.

(2) ¹Auf Gewerbetreibende, die am 1. Oktober 1998 eine Bahnhofsgaststätte befugt betrieben haben, findet § 34 Abs. 2 Satz 1 entsprechende Anwendung; die in § 4 Abs. 1 Nr. 2 genannten Anforderungen an die Lage, Beschaffenheit, Ausstattung oder Einteilung der zum Betrieb des Gewerbes oder zum Aufenthalt der Beschäftigten bestimmten Räume gelten als erfüllt. ²§ 34 Abs. 3 findet mit der Maßgabe Anwendung, daß die Anzeige nach Satz 4 innerhalb von zwölf Monaten zu erstatten ist.

§ 26 Sonderregelung

(1) ¹Soweit in Bayern und Rheinland-Pfalz der Ausschank selbsterzeugter Getränke ohne Erlaubnis gestattet ist, bedarf es hierfür auch künftig keiner Erlaubnis. ²Die Landesregierungen können zur Aufrechterhaltung der öffentlichen Sicherheit oder Ordnung durch Rechtsverordnung allgemeine Voraussetzungen für den Ausschank aufstellen, insbesondere die Dauer des Ausschanks innerhalb des Jahres bestimmen und die Art der Betriebsführung regeln. ³Die Landesregierungen können durch Rechtsverordnung die Ermächtigung auf oberste Landesbehörden übertragen.

(2) Die in Bayern bestehenden Kommunbrauberechtigungen sowie die in Rheinland-Pfalz bestehende Berechtigung zum Ausschank selbsterzeugten Alkohols im Sinne des Alkoholsteuergesetzes erlöschen, wenn sie seit zehn Jahren nicht mehr ausgeübt worden sind.

§ 27 (weggefallen)

§ 28 Ordnungswidrigkeiten

(1) Ordnungswidrig handelt, wer vorsätzlich oder fahrlässig

1. ohne die nach § 2 Abs. 1 erforderliche Erlaubnis ein Gaststättengewerbe betreibt,
2. einer Auflage oder Anordnung nach § 5 oder einer Auflage nach § 12 Abs. 3 nicht, nicht vollständig oder nicht rechtzeitig nachkommt,
3. über den in § 7 erlaubten Umfang hinaus Waren abgibt oder Leistungen erbringt,
4. ohne die nach § 9 erforderliche Erlaubnis ein Gaststättengewerbe durch einen Stellvertreter betreibt oder in einem Gaststättengewerbe als Stellvertreter tätig ist,
5. die nach § 4 Abs. 2, § 9 Satz 3 oder § 10 Satz 3 erforderliche Anzeige nicht oder nicht unverzüglich erstattet,
6. als Inhaber einer Schankwirtschaft, Speisewirtschaft oder öffentlichen Vergnügungsstätte duldet, daß ein Gast nach Beginn der Sperrzeit in den Betriebsräumen verweilt,
7. entgegen einem Verbot nach § 19 alkoholische Getränke verabreicht,
8. einem Verbot des § 20 Nr. 1 über das Feilhalten von Alkohol oder überwiegend alkoholhaltigen Lebensmitteln zuwiderhandelt oder entgegen dem Verbot des § 20 Nr. 3 das Verabreichen von Speisen von der Bestellung von Getränken abhängig macht oder entgegen dem Verbot des § 20 Nr. 4 das Verabreichen alkoholfreier Getränke von der Bestellung alkoholischer Getränke abhängig macht,
9. entgegen dem Verbot des § 20 Nr. 2 in Ausübung eines Gewerbes alkoholische Getränke verabreicht oder in den Fällen des § 20 Nr. 4 bei Nichtbestellung alkoholischer Getränke die Preise erhöht,
10. Personen beschäftigt, deren Beschäftigung ihm nach § 21 Abs. 1 untersagt worden ist,
11. entgegen § 22 eine Auskunft nicht, nicht richtig, nicht vollständig oder nicht rechtzeitig erteilt, den Zutritt zu den für den Betrieb benutzten Grundstücken und Räumen nicht gestattet oder die Einsicht in geschäftliche Unterlagen nicht gewährt,
12. den Vorschriften einer auf Grund der §§ 14, 18 Abs. 1, des § 21 Abs. 2 oder des § 26 Abs. 1 Satz 2 erlassenen Rechtsverordnung zuwiderhandelt, soweit die Rechtsverordnung für einen bestimmten Tatbestand auf diese Bußgeldvorschrift verweist.

(2) Ordnungswidrig handelt auch, wer

1. entgegen § 6 Satz 1 keine alkoholfreien Getränke verabreicht oder entgegen § 6 Satz 2 nicht mindestens ein alkoholfreies Getränk nicht teurer als das billigste alkoholische Getränk verabreicht,
2. (weggefallen)
3. (weggefallen)
4. als Gast in den Räumen einer Schankwirtschaft, einer Speisewirtschaft oder einer öffentlichen Vergnügungsstätte über den Beginn der Sperrzeit hinaus verweilt, obwohl der Gewerbetreibende, ein in seinem Betrieb Beschäftigter oder ein Beauftragter der zuständigen Behörde ihn ausdrücklich aufgefordert hat, sich zu entfernen.

(3) Die Ordnungswidrigkeit kann mit einer Geldbuße bis zu fünftausend Euro geahndet werden.

§ 29 (aufgehoben)

§ 30 Zuständigkeit und Verfahren

Die Landesregierungen oder die von ihnen bestimmten Stellen können die für die Ausführung dieses Gesetzes und der nach diesem Gesetz ergangenen Rechtsverordnungen zuständigen Behörden bestimmen; die Landesregierungen oder die von ihnen durch Rechtsverordnung bestimmten obersten Landesbehörden können ferner durch Rechtsverordnung das Verfahren, insbesondere bei Erteilung sowie bei Rücknahme und Widerruf von Erlaubnissen und bei Untersagungen, regeln.

§ 31 Anwendbarkeit der Gewerbeordnung

Auf die den Vorschriften dieses Gesetzes unterliegenden Gewerbebetriebe finden die Vorschriften der Gewerbeordnung soweit Anwendung, als nicht in diesem Gesetz besondere Bestimmungen getroffen worden sind; die Vorschriften über den Arbeitsschutz werden durch dieses Gesetz nicht berührt.

§ 32 Erprobungsklausel

Die Landesregierungen werden ermächtigt, durch Rechtsverordnung zur Erprobung vereinfachender Maßnahmen, insbesondere zur Erleichterung von Existenzgründungen und Betriebsübernahmen, für einen Zeitraum von bis zu fünf Jahren Ausnahmen von Berufsausübungsregelungen nach diesem Gesetz und den darauf beruhenden Rechtsverordnungen zuzulassen, soweit diese Berufsausübungsregelungen nicht auf bindenden Vorgaben des Europäischen Gemeinschaftsrechts beruhen und sich die Auswirkungen der Ausnahmen auf das Gebiet des jeweiligen Landes beschränken.

§ 33 (Änderung anderer Vorschriften)

§ 34 Übergangsvorschriften

(1) Eine vor Inkrafttreten dieses Gesetzes erteilte Erlaubnis oder Gestattung gilt im bisherigen Umfang als Erlaubnis oder Gestattung im Sinne dieses Gesetzes.

(2) [1]Soweit nach diesem Gesetz eine Erlaubnis erforderlich ist, gilt sie demjenigen als erteilt, der bei Inkrafttreten dieses Gesetzes ohne Erlaubnis oder Gestattung eine nach diesem Gesetz erlaubnisbedürftige Tätigkeit befugt ausübt. [2]In den Fällen des Artikels 2 Abs. 1 des ersten Teils des Vertrages zur Regelung aus Krieg und Besatzung entstandener Fragen (BGBl. 1955 II S. 405) gilt die Erlaubnis auch demjenigen erteilt, der eine nach diesem Gesetz erlaubnisbedürftige Tätigkeit innerhalb eines Jahres vor Inkrafttreten des Gesetzes befugt ausgeübt hat, ohne daß ihm die Ausübung der Tätigkeit bei Inkrafttreten des Gesetzes untersagt war.

(3) [1]Der in Absatz 2 bezeichnete Erlaubnisinhaber oder derjenige, der eine vor Inkrafttreten dieses Gesetzes erteilte Erlaubnis nicht nachweisen kann, hat seinen Betrieb der zuständigen Behörde anzuzeigen. [2]Die Erlaubnisbehörde bestätigt dem Gewerbetreibenden kostenfrei und schriftlich, daß er zur Ausübung seines Gewerbes berechtigt ist. [3]Die Bestätigung muß die Betriebsart sowie die Betriebsräume bezeichnen. [4]Wird die Anzeige nicht innerhalb von sechs Monaten nach Inkrafttreten dieses Gesetzes erstattet, so erlischt die Erlaubnis.

§ 35 (aufgehoben)

§ 36 (Änderung anderer Vorschriften)

§ 37 (weggefallen)

§ 38 (Inkrafttreten)

Hochschulrahmengesetz (HRG)

In der Fassung der Bekanntmachung vom 19. Januar 1999[1] (BGBl. I S. 18)
(FNA 2211-3)
zuletzt geändert durch Achtes ÄndG vom 15. November 2019 (BGBl. I S. 1622)

Inhaltsübersicht

1) Neubekanntmachung des HRG idF der Bek. v. 9.4.1987 (BGBl. I S. 1170) in der ab 25.8.1998 geltenden Fassung.

§ 1 Anwendungsbereich

[1]Hochschulen im Sinne dieses Gesetzes sind die Universitäten, die Pädagogischen Hochschulen, die Kunsthochschulen, die Fachhochschulen und die sonstigen Einrichtungen des Bildungswesens, die nach Landesrecht staatliche Hochschulen sind. [2]Dieses Gesetz betrifft, soweit dies in § 70 bestimmt ist, auch die staatlich anerkannten Hochschulen.

1. Kapitel
Aufgaben der Hochschulen

1. Abschnitt
Allgemeine Bestimmungen

§ 2 Aufgaben

(1) [1]Die Hochschulen dienen entsprechend ihrer Aufgabenstellung der Pflege und der Entwicklung der Wissenschaften und der Künste durch Forschung, Lehre, Studium und Weiterbildung in einem freiheitlichen, demokratischen und sozialen Rechtsstaat. [2]Sie bereiten auf berufliche Tätigkeiten vor, die die Anwendung wissenschaftlicher Erkenntnisse und wissenschaftlicher Methoden oder die Fähigkeit zu künstlerischer Gestaltung erfordern.

(2) Die Hochschulen fördern entsprechend ihrer Aufgabenstellung den wissenschaftlichen und künstlerischen Nachwuchs.

(3) Die Hochschulen fördern die Weiterbildung ihres Personals.

(4) [1]Die Hochschulen wirken an der sozialen Förderung der Studierenden mit; sie berücksichtigen die besonderen Bedürfnisse von Studierenden mit Kindern. [2]Sie tragen dafür Sorge, dass behinderte Studierende in ihrem Studium nicht benachteiligt werden und die Angebote der Hochschule möglichst ohne fremde Hilfe in Anspruch nehmen können. [3]Sie fördern in ihrem Bereich den Sport.

(5) Die Hochschulen fördern die internationale, insbesondere die europäische Zusammenarbeit im Hochschulbereich und den Austausch zwischen deutschen und ausländischen Hochschulen; sie berücksichtigen die besonderen Bedürfnisse ausländischer Studenten.

(6) [1]Die Hochschulen wirken bei der Wahrnehmung ihrer Aufgaben untereinander und mit anderen staatlichen und staatlich geförderten Forschungs- und Bildungseinrichtungen zusammen. [2]Dies gilt insbesondere für die nach der Herstellung der Einheit Deutschlands erforderliche Zusammenarbeit im Hochschulwesen.

(7) Die Hochschulen fördern den Wissens- und Technologietransfer.

(8) Die Hochschulen unterrichten die Öffentlichkeit über die Erfüllung ihrer Aufgaben.

(9) [1]Die unterschiedliche Aufgabenstellung der Hochschularten nach § 1 Satz 1 und die Aufgaben der einzelnen Hochschulen werden durch das Land bestimmt. [2]Andere als die in diesem Gesetz genannten Aufgaben dürfen den Hochschulen nur übertragen werden, wenn sie mit den in Absatz 1 genannten Aufgaben zusammenhängen.

§ 3 Gleichberechtigung von Frauen und Männern

[1]Die Hochschulen fördern die tatsächliche Durchsetzung der Gleichberechtigung von Frauen und Männern und wirken auf die Beseitigung bestehender Nachteile hin. [2]Die Aufgaben und Mitwirkungsrechte der Frauen- und Gleichstellungsbeauftragten der Hochschulen regelt das Landesrecht.

§ 4 Freiheit von Kunst und Wissenschaft, Forschung, Lehre und Studium

(1) Das Land und die Hochschulen haben sicherzustellen, daß die Mitglieder der Hochschule die durch Artikel 5 Abs. 3 Satz 1 des Grundgesetzes verbürgten Grundrechte wahrnehmen können.

(2) [1]Die Freiheit der Forschung (Artikel 5 Abs. 3 Satz 1 des Grundgesetzes) umfaßt insbesondere die Fragestellung, die Grundsätze der Methodik sowie die Bewertung des Forschungsergebnisses und seine Verbreitung. [2]Entscheidungen der zuständigen Hochschulorgane in Fragen der Forschung sind insoweit zulässig, als sie sich auf die Organisation des Forschungsbetriebes, die Förderung und Abstimmung von Forschungsvorhaben und auf die Bildung von Forschungsschwerpunkten beziehen; sie dürfen die Freiheit im Sinne von Satz 1 nicht beeinträchtigen. [3]Die Sätze 1 und 2 gelten für künstlerische Entwicklungsvorhaben und für die Kunstausübung entsprechend.

(3) [1]Die Freiheit der Lehre (Artikel 5 Abs. 3 Satz 1 des Grundgesetzes) umfaßt, unbeschadet des Artikels 5 Abs. 3 Satz 2 des Grundgesetzes, im Rahmen der zu erfüllenden Lehraufgaben insbesondere die Abhaltung von Lehrveranstaltungen und deren inhaltliche und methodische Gestaltung sowie das Recht auf Äußerung von wissenschaftlichen und künstlerischen Lehrmeinungen. [2]Entscheidungen der zuständigen Hochschulorgane in Fragen der Lehre sind insoweit zulässig, als sie sich auf die Organisation des Lehrbetriebes und auf die Aufstellung und Einhaltung von Studien- und Prüfungsordnungen beziehen; sie dürfen die Freiheit im Sinne von Satz 1 nicht beeinträchtigen.

(4) [1]Die Freiheit des Studiums umfaßt, unbeschadet der Studien- und Prüfungsordnungen, insbesondere die freie Wahl von Lehrveranstaltungen, das Recht, innerhalb eines Studiengangs Schwerpunkte nach eigener Wahl zu bestimmen, sowie die Erarbeitung und Äußerung wissenschaftlicher und künstlerischer Meinungen. [2]Entscheidungen der zuständigen Hochschulorgane in Fragen des Studiums sind insoweit zulässig, als sie sich auf die Organisation und ordnungsgemäße Durchführung des Lehr- und Studienbetriebes und auf die Gewährleistung eines ordnungsgemäßen Studiums beziehen.

§ 5 Staatliche Finanzierung

[1]Die staatliche Finanzierung der Hochschulen orientiert sich an den in Forschung und Lehre sowie bei der Förderung des wissenschaftlichen Nachwuchses erbrachten Leistungen. [2]Dabei sind auch Fortschritte bei der Erfüllung des Gleichstellungsauftrags zu berücksichtigen.

§ 6 Bewertung der Forschung, Lehre, Förderung des wissenschaftlichen Nachwuchses und der Gleichstellung der Geschlechter

[1]Die Arbeit der Hochschulen in Forschung und Lehre, bei der Förderung des wissenschaftlichen Nachwuchses sowie der Erfüllung des Gleichstellungsauftrags soll regelmäßig bewertet werden. [2]Die Studierenden sind bei der Bewertung der Qualität der Lehre zu beteiligen. [3]Die Ergebnisse der Bewertungen sollen veröffentlicht werden.

2. Abschnitt
Studium und Lehre

§ 7 Ziel des Studiums

Lehre und Studium sollen den Studenten auf ein berufliches Tätigkeitsfeld vorbereiten und ihm die dafür erforderlichen fachlichen Kenntnisse, Fähigkeiten und Methoden dem jeweiligen Studiengang entsprechend so vermitteln, daß er zu wissenschaftlicher oder künstlerischer Arbeit und zu verantwortlichem Handeln in einem freiheitlichen, demokratischen und sozialen Rechtsstaat befähigt wird.

§ 8 Studienreform

Die Hochschulen haben die ständige Aufgabe, im Zusammenwirken mit den zuständigen staatlichen Stellen Inhalte und Formen des Studiums im Hinblick auf die Entwicklungen in Wissenschaft und Kunst, die Bedürfnisse der beruflichen Praxis und die notwendigen Veränderungen in der Berufswelt zu überprüfen und weiterzuentwickeln.

§ 9 Koordinierung der Ordnung von Studium und Prüfungen

(1) Bund und Länder tragen gemeinsam Sorge für die Behandlung grundsätzlicher und struktureller Fragen des Studienangebots unter Berücksichtigung der Entwicklungen in der Wissenschaft, in der beruflichen Praxis und im Hochschulsystem.

(2) Die Länder tragen gemeinsam dafür Sorge, daß die Gleichwertigkeit einander entsprechender Studien- und Prüfungsleistungen sowie Studienabschlüsse und die Möglichkeit des Hochschulwechsels gewährleistet werden.

(3) Die Hochschulen und Sachverständige aus der Berufspraxis sind bei der Wahrnehmung der Aufgaben nach den Absätzen 1 und 2 zu beteiligen.

§ 10 Studiengänge

(1) [1]Die Studiengänge führen in der Regel zu einem berufsqualifizierenden Abschluß. [2]Als berufsquali-fizierend im Sinne dieses Gesetzes gilt auch der Abschluß eines Studiengangs, durch den die fachliche Eignung für einen beruflichen Vorbereitungsdienst oder eine berufliche Einführung vermittelt wird. [3]Soweit bereits das jeweilige Studienziel eine berufspraktische Tätigkeit erfordert, ist sie mit den übrigen Teilen des Studiums inhaltlich und zeitlich abzustimmen und nach Möglichkeit in den Studiengang ein-zuordnen.

(2) [1]In den Prüfungsordnungen sind die Studienzeiten vorzusehen, in denen ein berufsqualifizierender Abschluß erworben werden kann (Regelstudienzeit). [2]Die Regelstudienzeit schließt Zeiten einer in den Studiengang eingeordneten berufspraktischen Tätigkeit, praktische Studiensemester und Prüfungszeiten ein. [3]Die Regelstudienzeit ist maßgebend für die Gestaltung der Studiengänge durch die Hochschule, für die Sicherstellung des Lehrangebots, für die Gestaltung des Prüfungsverfahrens sowie für die Ermittlung und Festsetzung der Ausbildungskapazitäten (§ 29 Abs. 1) und die Berechnung von Studentenzahlen bei der Hochschulplanung.

§ 11 Regelstudienzeit bis zum ersten berufsqualifizierenden Abschluß

[1]Die Regelstudienzeit bis zum ersten berufsqualifizierenden Abschluß beträgt, unbeschadet des § 19 Abs. 2 Satz 2,
1. bei Fachhochschulstudiengängen höchstens vier Jahre,
2. bei anderen Studiengängen viereinhalb Jahre.
[2]Darüber hinausgehende Regelstudienzeiten dürfen in besonders begründeten Fällen festgesetzt werden; dies gilt auch für Studiengänge, die in besonderen Studienformen durchgeführt werden. [3]In geeigneten Fachrichtungen sind Studiengänge einzurichten, die in kürzerer Zeit zu einem ersten berufsqualifizieren-den Abschluß führen.

§ 12 Postgraduale Studiengänge

[1]Für Absolventen eines Hochschulstudiums können zur Vermittlung weiterer wissenschaftlicher oder beruflicher Qualifikationen oder zur Vertiefung eines Studiums, insbesondere zur Heranbildung des wis-senschaftlichen und künstlerischen Nachwuchses, Zusatz-, Ergänzungs- und Aufbaustudien (postgraduale Studien) angeboten werden. [2]Postgraduale Studiengänge, die zu einem Diplom- oder Magistergrad führen, sollen höchstens zwei Jahre dauern. [3]§ 19 Abs. 3 bleibt unberührt.

§ 13 Fernstudium, Multimedia

(1) [1]Bei der Reform von Studium und Lehre und bei der Bereitstellung des Lehrangebots sollen die Möglichkeiten eines Fernstudiums sowie der Informations- und Kommunikationstechnik genutzt werden. [2]Bund, Länder und Hochschulen fördern diese Entwicklung im Rahmen ihrer Zuständigkeiten.

(2) [1]Eine in einer Prüfungsordnung vorgesehene Studienleistung wird auch durch die erfolgreiche Teil-nahme an einer entsprechenden Fernstudieneinheit nachgewiesen, soweit die Einheit dem entsprechenden Lehrangebot des Präsenzstudiums inhaltlich gleichwertig ist. [2]Die Feststellung der Gleichwertigkeit wird durch Landesrecht geregelt.

§ 14 Studienberatung

[1]Die Hochschule unterrichtet Studierende und Studienbewerber über die Studienmöglichkeiten und über Inhalte, Aufbau und Anforderungen eines Studiums. [2]Während des gesamten Studiums unterstützt sie die Studierenden durch eine studienbegleitende fachliche Beratung. [3]Sie orientiert sich bis zum Ende des ersten Jahres des Studiums über den bisherigen Studienverlauf, informiert die Studierenden und führt gegebenenfalls eine Studienberatung durch. [4]Die Hochschule soll bei der Studienberatung insbesondere mit den für die Berufsberatung und den für die staatlichen Prüfungen zuständigen Stellen zusammenwir-ken.

§ 15 Prüfungen und Leistungspunktsystem

(1) [1]Das Studium wird in der Regel durch eine Hochschulprüfung, eine staatliche oder eine kirchliche Prüfung abgeschlossen. [2]In Studiengängen mit einer Regelstudienzeit von mindestens vier Jahren findet eine Zwischenprüfung statt. [3]Prüfungen können auch studienbegleitend abgenommen werden. [4]Der Über-gang in das Hauptstudium setzt in der Regel die erfolgreiche Ablegung einer Zwischenprüfung voraus.

(2) [1]Für alle geeigneten Studiengänge sind die Voraussetzungen zu bestimmen, unter denen eine innerhalb der Regelstudienzeit abgelegte Abschlußprüfung im Falle des Nichtbestehens als nicht unternommen gilt (Freiversuch). [2]Das Landesrecht kann vorsehen, daß eine im Freiversuch bestandene Prüfung zur Noten-verbesserung wiederholt werden kann.

(3) Zum Nachweis von Studien- und Prüfungsleistungen soll ein Leistungspunktsystem geschaffen werden, das auch die Übertragung erbrachter Leistungen auf andere Studiengänge derselben oder einer anderen Hochschule ermöglicht.

(4) Prüfungsleistungen dürfen nur von Personen bewertet werden, die selbst mindestens die durch die Prüfung festzustellende oder eine gleichwertige Qualifikation besitzen.

§ 16 Prüfungsordnungen

[1]Hochschulprüfungen werden auf Grund von Prüfungsordnungen abgelegt, die der Genehmigung der nach Landesrecht zuständigen Stelle bedürfen. [2]Prüfungsanforderungen und -verfahren sind so zu gestalten, daß die Abschlußprüfung innerhalb der Regelstudienzeit vollständig abgelegt werden kann. [3]Prüfungsordnungen müssen die Inanspruchnahme der Schutzfristen des § 3 des Mutterschutzgesetzes sowie der Fristen der landesrechtlichen Regelungen über die Elternzeit ermöglichen. [4]Prüfungsordnungen müssen die besonderen Belange behinderter Studierender zur Wahrung ihrer Chancengleichheit berücksichtigen. [5]Die Genehmigung einer Prüfungsordnung ist zu versagen, wenn sie eine mit § 11 oder § 19 unvereinbare Regelstudienzeit vorsieht. [6]Die Genehmigung kann insbesondere versagt werden, wenn die Prüfungsordnung anderen Vorschriften über die Regelstudienzeit nicht entspricht. [7]Die nach Landesrecht zuständige Stelle kann die Änderung einer geltenden Prüfungsordnung insbesondere verlangen, wenn diese den Anforderungen der Sätze 2 bis 6 nicht entspricht.

§ 17 Vorzeitiges Ablegen der Prüfung

Hochschulprüfungen können vor Ablauf einer für die Meldung festgelegten Frist abgelegt werden, sofern die für die Zulassung zur Prüfung erforderlichen Leistungen nachgewiesen sind.

§ 18 Hochschulgrade

(1) [1]Auf Grund der Hochschulprüfung, mit der ein berufsqualifizierender Abschluss erworben wird, kann die Hochschule einen Diplomgrad mit Angabe der Fachrichtung verleihen. [2]Auf Grund der Hochschulprüfung an Fachhochschulen oder in Fachhochschulstudiengängen anderer Hochschulen wird der Diplomgrad mit dem Zusatz „Fachhochschule" („FH") verliehen. [3]Die Hochschule kann einen Diplomgrad auch auf Grund einer staatlichen Prüfung oder einer kirchlichen Prüfung, mit der ein Hochschulstudium abgeschlossen wird, verleihen. [4]Das Landesrecht kann vorsehen, daß eine Hochschule für den berufsqualifizierenden Abschluß eines Studiums einen Magistergrad verleiht; dies gilt, unbeschadet des § 19, nicht für den Abschluß in einem Fachhochschulstudiengang. [5]Nach näherer Bestimmung des Landesrechts kann eine Hochschule für den berufsqualifizierenden Abschluß eines Studiums auf Grund einer Vereinbarung mit einer ausländischen Hochschule andere als die in den Sätzen 1, 2 und 4 genannten Grade verleihen. [6]Ein Grad nach Satz 5 kann auch zusätzlich zu einem der in den Sätzen 1, 2 und 4 genannten Grade verliehen werden.

(2) [1]Im übrigen bestimmt das Landesrecht, welche Hochschulgrade verliehen werden. [2]Es kann vorsehen, daß die Kunsthochschulen für den berufsqualifizierenden Abschluß eines Studiums andere als die in Absatz 1 genannten Grade verleihen.

§ 19 Bachelor- und Masterstudiengänge

(1) Die Hochschulen können Studiengänge einrichten, die zu einem Bachelor- oder Bakkalaureusgrad und zu einem Master- oder Magistergrad führen.

(2) [1]Auf Grund von Prüfungen, mit denen ein erster berufsqualifizierender Abschluß erworben wird, kann die Hochschule einen Bachelor- oder Bakkalaureusgrad verleihen. [2]Die Regelstudienzeit beträgt mindestens drei und höchstens vier Jahre.

(3) [1]Auf Grund von Prüfungen, mit denen ein weiterer berufsqualifizierender Abschluß erworben wird, kann die Hochschule einen Master- oder Magistergrad verleihen. [2]Die Regelstudienzeit beträgt mindestens ein Jahr und höchstens zwei Jahre.

(4) Bei konsekutiven Studiengängen, die zu Graden nach den Absätzen 2 und 3 führen, beträgt die Gesamtregelstudienzeit höchstens fünf Jahre.

(5) § 11 Satz 2 gilt entsprechend.

(6) Den Urkunden über die Verleihung der akademischen Grade fügen die Hochschulen auf Antrag eine englischsprachige Übersetzung bei.

§ 20 Studium an ausländischen Hochschulen

[1]Studien- und Prüfungsleistungen, die an ausländischen Hochschulen erbracht worden sind, werden anerkannt, wenn ihre Gleichwertigkeit festgestellt ist. [2]§ 5a Abs. 1 Satz 2 und § 112 des Deutschen Richtergesetzes bleiben unberührt.

§ 21 (weggefallen)

3. *Abschnitt*

Forschung

§ 22 Aufgaben und Koordination der Forschung

[1]Die Forschung in den Hochschulen dient der Gewinnung wissenschaftlicher Erkenntnisse sowie der wissenschaftlichen Grundlegung und Weiterentwicklung von Lehre und Studium. [2]Gegenstand der Forschung in den Hochschulen können unter Berücksichtigung der Aufgabenstellung der Hochschule alle wissenschaftlichen Bereiche sowie die Anwendung wissenschaftlicher Erkenntnisse in der Praxis einschließlich der Folgen sein, die sich aus der Anwendung wissenschaftlicher Erkenntnisse ergeben können. [3]Zur gegenseitigen Abstimmung von Forschungsvorhaben und Forschungsschwerpunkten und zur Planung und Durchführung gemeinsamer Forschungsvorhaben wirken die Hochschulen untereinander, mit anderen Forschungseinrichtungen und mit Einrichtungen der überregionalen Forschungsplanung und Forschungsförderung zusammen.

§ 23 (weggefallen)

§ 24 Veröffentlichung von Forschungsergebnissen

Bei der Veröffentlichung von Forschungsergebnissen sind Mitarbeiter, die einen eigenen wissenschaftlichen oder wesentlichen sonstigen Beitrag geleistet haben, als Mitautoren zu nennen; soweit möglich, ist ihr Beitrag zu kennzeichnen.

§ 25 Forschung mit Mitteln Dritter

(1) [1]Die in der Forschung tätigen Hochschulmitglieder sind berechtigt, im Rahmen ihrer dienstlichen Aufgaben auch solche Forschungsvorhaben durchzuführen, die nicht aus den der Hochschule zur Verfügung stehenden Haushaltmitteln, sondern aus Mitteln Dritter finanziert werden; ihre Verpflichtung zur Erfüllung der übrigen Dienstaufgaben bleibt unberührt. [2]Die Durchführung von Vorhaben nach Satz 1 ist Teil der Hochschulforschung.

(2) Ein Hochschulmitglied ist berechtigt, ein Forschungsvorhaben nach Absatz 1 in der Hochschule durchzuführen, wenn die Erfüllung anderer Aufgaben der Hochschule sowie die Rechte und Pflichten anderer Personen dadurch nicht beeinträchtigt werden und entstehende Folgelasten angemessen berücksichtigt sind; die Forschungsergebnisse sollen in der Regel in absehbarer Zeit veröffentlicht werden.

(3) [1]Ein Forschungsvorhaben nach Absatz 1 ist anzuzeigen. [2]Die Durchführung eines solchen Vorhabens darf nicht von einer Genehmigung abhängig gemacht werden. [3]Die Inanspruchnahme von Personal, Sachmitteln und Einrichtungen der Hochschule darf nur untersagt oder durch Auflagen beschränkt werden, soweit die Voraussetzungen des Absatzes 2 dies erfordern.

(4) [1]Die Mittel für Forschungsvorhaben, die in der Hochschule durchgeführt werden, sollen von der Hochschule verwaltet werden. [2]Die Mittel sind für den vom Geldgeber bestimmten Zweck zu verwenden und nach dessen Bedingungen zu bewirtschaften, soweit gesetzliche Bestimmungen nicht entgegenstehen. [3]Treffen die Bedingungen keine Regelung, so gelten ergänzend die Bestimmungen des Landes. [4]Auf Antrag des Hochschulmitglieds, das das Vorhaben durchführt, soll von der Verwaltung der Mittel durch die Hochschule abgesehen werden, sofern dies mit den Bedingungen des Geldgebers vereinbar ist; Satz 3 gilt in diesem Falle nicht.

(5) [1]Aus Mitteln Dritter bezahlte hauptberufliche Mitarbeiter an Forschungsvorhaben, die in der Hochschule durchgeführt werden, sollen vorbehaltlich des Satzes 3 als Personal der Hochschule im Arbeitsvertragsverhältnis eingestellt werden. [2]Die Einstellung setzt voraus, daß der Mitarbeiter von dem Hochschulmitglied, das das Vorhaben durchführt, vorgeschlagen wurde. [3]Sofern dies mit den Bedingungen des Geldgebers vereinbar ist, kann das Hochschulmitglied in begründeten Fällen die Arbeitsverträge mit den Mitarbeitern abschließen.

(6) Finanzielle Erträge der Hochschule aus Forschungsvorhaben, die in der Hochschule durchgeführt werden, insbesondere aus Einnahmen, die der Hochschule als Entgelt für die Inanspruchnahme von Personal, Sachmitteln und Einrichtungen zufließen, stehen der Hochschule für die Erfüllung ihrer Aufgaben zur Verfügung.

§ 26 Entwicklungsvorhaben

Die Vorschriften dieses Abschnitts gelten für Entwicklungsvorhaben im Rahmen angewandter Forschung sowie für künstlerische Entwicklungsvorhaben sinngemäß.

2. Kapitel
Zulassung zum Studium

§ 27 Allgemeine Voraussetzungen

(1) [1]Jeder Deutsche im Sinne des Artikels 116 des Grundgesetzes ist zu dem von ihm gewählten Hochschulstudium berechtigt, wenn er die für das Studium erforderliche Qualifikation nachweist. [2]Staatsangehörige eines anderen Mitgliedstaats der Europäischen Union sind Deutschen gleichgestellt, wenn die für das Studium erforderlichen Sprachkenntnisse nachgewiesen werden. [3]Zugangshindernisse, die in der Person des Studienbewerbers liegen, ohne sich auf die Qualifikation zu beziehen, regelt das Landesrecht.

(2) [1]Der Nachweis nach Absatz 1 Satz 1 wird für den Zugang zu einem Studium, das zu dem ersten berufsqualifizierenden Abschluß führt, grundsätzlich durch den erfolgreichen Abschluß einer auf das Studium vorbereitenden Schulbildung erbracht. [2]In der beruflichen Bildung Qualifizierte können den Nachweis nach näherer Bestimmung des Landesrechts auch auf andere Weise erbringen.

(3) Rechtsvorschriften, nach denen weitere Personen Deutschen nach Absatz 1 gleichgestellt sind, bleiben unberührt.

(4) [1]*Das Studium bis zum ersten berufsqualifizierenden Abschluss und das Studium in einem konsekutiven Studiengang, der zu einem weiteren berufsqualifizierenden Abschluss führt, ist studiengebührenfrei.* [2]*In besonderen Fällen kann das Landesrecht Ausnahmen vorsehen.*

§ 28 (weggefallen)

§ 29 Maßstäbe der Ausbildungskapazität

(1) [1]Im Zusammenwirken von Hochschulen und zuständigen staatlichen Stellen sind einheitliche Grundsätze für die Ermittlung und Festsetzung der Ausbildungskapazitäten der Hochschulen zu entwickeln. [2]Der Berechnung ist grundsätzlich die für den jeweiligen Studiengang festgesetzte Regelstudienzeit zugrunde zu legen.

(2) [1]Ist nach der Feststellung der Zentralstelle (§ 31) zu erwarten, daß an den Hochschulen im Geltungsbereich dieses Gesetzes nicht alle Bewerber eines Studiengangs zugelassen werden können, so darf für diesen Studiengang die Zahl der von der einzelnen Hochschule höchstens aufzunehmenden Studenten (Zulassungszahl) nicht niedriger festgesetzt werden, als dies unter Berücksichtigung der personellen, räumlichen, sächlichen und fachspezifischen Gegebenheiten zur Aufrechterhaltung einer geordneten Wahrnehmung der Aufgaben der Hochschule in Forschung, Lehre und Studium sowie in der Krankenversorgung unbedingt erforderlich ist. [2]Der Festsetzung geht die Überprüfung voraus, ob im Rahmen der verfügbaren Mittel die Möglichkeiten zur Nutzung der vorhandenen Ausbildungskapazität ausgeschöpft worden sind.

§ 30 Festsetzung von Zulassungszahlen

(1) [1]Zulassungszahlen werden durch Landesrecht festgesetzt. [2]Sie sind für jede Hochschule festzusetzen, wenn ein Studiengang in das Verfahren der Zentralstelle nach § 31 Abs. 1 einbezogen wird.

(2) Zulassungszahlen werden nur für einzelne Studiengänge und für einen bestimmten Zeitraum, höchstens für die Dauer eines Jahres, festgesetzt.

(3) [1]Vor der Festsetzung einer Zulassungszahl ist die Hochschule von der zuständigen Landesbehörde aufzufordern, ihre Vorstellungen über die Zahl der aufzunehmenden Studenten mitzuteilen. [2]In dem Bericht der Hochschule ist anzugeben, wie die Ausbildungskapazität berechnet worden ist; die einheitlichen Grundsätze nach § 29 Abs. 1 sind anzuwenden. [3]Im Falle des § 29 Abs. 2 ist das Ergebnis der Überprüfung, ob im Rahmen der verfügbaren Mittel die Möglichkeiten der Nutzung der vorhandenen Ausbildungskapazität ausgeschöpft worden sind, anzugeben.

§ 31 Zentrale Vergabe von Studienplätzen

(1) [1]In Studiengängen, für die für mehrere Hochschulen Zulassungszahlen festgesetzt sind, können die Studienplätze von der von den Ländern errichteten Zentralstelle vergeben werden. [2]In das Verfahren der Zentralstelle ist ein Studiengang zum frühestmöglichen Zeitpunkt einzubeziehen, wenn für ihn nach der Feststellung der Zentralstelle Zulassungszahlen für alle staatlichen Hochschulen festgesetzt sind und zu erwarten ist, daß die Zahl der Bewerber die Gesamtzahl der zur Verfügung stehenden Plätze übersteigt, soweit nicht wegen der Art der Zugangsvoraussetzungen oder der Auswahlmaßstäbe den Hochschulen die Entscheidung vorbehalten wird. [3]In das Verfahren der Zentralstelle soll ein Studiengang einbezogen werden, wenn für ihn nach der Feststellung der Zentralstelle Zulassungszahlen für die Mehrzahl der staatlichen Hochschulen festgesetzt sind.

(2) und (3) (aufgehoben)

(4) Besteht an einer Hochschule für den ersten Teil eines Studiengangs eine höhere Ausbildungskapazität als für spätere Teile dieses Studiengangs, kann eine auf den ersten Teil des Studiengangs beschränkte Zuweisung und Einschreibung erfolgen, wenn gewährleistet ist, daß der Student sein Studium an anderen Hochschulen im Geltungsbereich dieses Gesetzes fortsetzen kann.

§§ 32 bis 33a (aufgehoben)

§ 34 Benachteiligungsverbot
Den Bewerbern dürfen keine Nachteile entstehen
1. aus der Erfüllung von Dienstpflichten nach Artikel 12a des Grundgesetzes und der Übernahme solcher Dienstpflichten und entsprechender Dienstleistungen auf Zeit bis zur Dauer von drei Jahren,
2. aus dem Dienst als Entwicklungshelfer nach dem Entwicklungshelfergesetz vom 18. Juni 1969 (BGBl. I S. 549), zuletzt geändert durch Artikel 15 des Gesetzes vom 21. Juni 2002 (BGBl. I S. 2167),
3. aus der Ableistung eines freiwilligen sozialen Jahres nach dem Gesetz zur Förderung eines freiwilligen sozialen Jahres vom 17. August 1964 (BGBl. I S. 640) in der Fassung der Bekanntmachung vom 15. Juli 2002 (BGBl. I S. 2596) oder eines freiwilligen ökologischen Jahres nach dem Gesetz zur Förderung eines freiwilligen ökologischen Jahres vom 17. Dezember 1993 (BGBl. I S. 2118) in der Fassung der Bekanntmachung vom 15. Juli 2002 (BGBl. I S. 2600) oder im Rahmen eines von der Bundesregierung geförderten Modellprojektes oder
4. aus der Betreuung oder Pflege eines Kindes unter 18 Jahren oder eines pflegebedürftigen sonstigen Angehörigen bis zur Dauer von drei Jahren.

§ 35 Unabhängigkeit der Zulassung von der Landeszugehörigkeit
Die Zulassung eines Studienbewerbers, der Deutscher im Sinne des Artikels 116 des Grundgesetzes ist, darf nicht davon abhängig gemacht werden, in welchem Land der Bundesrepublik Deutschland der Geburtsort oder der Wohnsitz des Studienbewerbers oder seiner Angehörigen liegt oder in welchem Land der Bundesrepublik Deutschland der Studienbewerber die Qualifikation für das Hochschulstudium erworben hat.

· *3. Kapitel*
Mitglieder der Hochschule

1. Abschnitt
Mitgliedschaft und Mitwirkung

§ 36 Mitgliedschaft
(1) [1]Mitglieder der Hochschule sind die an der Hochschule nicht nur vorübergehend oder gastweise hauptberuflich Tätigen und die eingeschriebenen Studierenden. [2]Das Landesrecht regelt die Stellung der sonstigen an der Hochschule Tätigen sowie der Ehrenbürger und Ehrensenatoren.
(2) Den Professoren stehen nach dem Eintritt in den Ruhestand die mit der Lehrbefugnis verbundenen Rechte zur Abhaltung von Lehrveranstaltungen und zur Beteiligung an Prüfungsverfahren zu.

§ 37 Allgemeine Grundsätze der Mitwirkung
(1) [1]Die Mitwirkung an der Selbstverwaltung der Hochschule ist Recht und Pflicht aller Mitglieder. [2]Art und Umfang der Mitwirkung der einzelnen Mitgliedergruppen und innerhalb der Mitgliedergruppen bestimmen sich nach der Qualifikation, Funktion, Verantwortung und Betroffenheit der Mitglieder. [3]Für die Vertretung in den nach Mitgliedergruppen zusammengesetzten Gremien bilden die Hochschullehrerinnen und Hochschullehrer, die akademischen Mitarbeiterinnen und Mitarbeiter, die Studierenden und die sonstigen Mitarbeiterinnen und Mitarbeiter grundsätzlich je eine Gruppe; alle Mitgliedergruppen müssen vertreten sein und wirken nach Maßgabe des Satzes 2 grundsätzlich stimmberechtigt an Entscheidungen mit. [4]Das Landesrecht regelt die mitgliedschaftsrechtliche Stellung der sonstigen an der Hochschule tätigen Personen. [5]In nach Mitgliedergruppen zusammengesetzten Entscheidungsgremien verfügen die Hochschullehrerinnen und Hochschullehrer bei der Entscheidung in Angelegenheiten, die die Lehre mit Ausnahme der Bewertung der Lehre betreffen, mindestens über die Hälfte der Stimmen, in Angelegenheiten, die die Forschung, künstlerische Entwicklungsvorhaben oder die Berufung von Hochschullehrerinnen und Hochschullehrern unmittelbar betreffen, über die Mehrheit der Stimmen.
(2) [1]Die Mitglieder eines Gremiums werden, soweit sie dem Gremium nicht kraft Amtes angehören, für eine bestimmte Amtszeit bestellt oder gewählt; sie sind an Weisungen nicht gebunden. [2]Eine angemessene Vertretung von Frauen und Männern ist anzustreben.

(3) Die Hochschulmitglieder dürfen wegen ihrer Tätigkeit in der Selbstverwaltung nicht benachteiligt werden.

§§ 38 bis 40 (weggefallen)

§ 41 Studierendenschaft[1]

(1) ¹*An den Hochschulen werden Studierendenschaften gebildet.* ²*Sie haben folgende Aufgaben:*

1. *die Meinungsbildung in der Gruppe der Studierenden zu ermöglichen;*
2. *die Belange ihrer Mitglieder in Hochschule und Gesellschaft wahrzunehmen;*
3. *an der Erfüllung der Aufgaben der Hochschulen (§§ 2 und 3), insbesondere durch Stellungnahmen zu hochschul- oder wissenschaftspolitischen Fragen mitzuwirken;*
4. *auf der Grundlage der verfassungsmäßigen Ordnung die politische Bildung, das staatsbürgerliche Verantwortungsbewusstsein und die Bereitschaft ihrer Mitglieder zur aktiven Toleranz sowie zum Eintreten für die Grund- und Menschenrechte zu fördern;*
5. *kulturelle, fachliche, wirtschaftliche und soziale Belange ihrer Mitglieder wahrzunehmen;*
6. *die Integration ausländischer Studierender zu fördern;*
7. *den Studierendensport zu fördern;*
8. *die überregionalen und internationalen Studierendenbeziehungen zu pflegen.*

³*Zur Erfüllung ihrer Aufgaben kann die Studierendenschaft insbesondere auch zu solchen Fragen Stellung beziehen, die sich mit der gesellschaftlichen Aufgabenstellung der Hochschulen sowie mit der Anwendung der wissenschaftlichen Erkenntnisse und der Abschätzung ihrer Folgen für die Gesellschaft und die Natur beschäftigen.* ⁴*Die Studierendenschaft und ihre Organe können für die Erfüllung ihrer Aufgaben Medien aller Art nutzen und in diesen Medien auch die Diskussion und Veröffentlichung zu allgemeinen gesellschaftlichen Fragen ermöglichen.*

(2) ¹*Die Studierendenschaft verwaltet ihre Angelegenheiten im Rahmen der gesetzlichen Bestimmungen selbst.* ²*Sie kann von ihren Mitgliedern zur Erfüllung ihrer Aufgaben Beiträge erheben.*

(3) Für die Mitwirkung in den Organen der Studierendenschaft gilt § 37 Abs. 3 entsprechend.

2. Abschnitt
Wissenschaftliches und künstlerisches Personal

§ 42 Hauptberufliches wissenschaftliches und künstlerisches Personal

¹Das hauptberuflich tätige wissenschaftliche und künstlerische Personal der Hochschule besteht insbesondere aus den Hochschullehrerinnen und Hochschullehrern (Professorinnen und Professoren, Juniorprofessorinnen und Juniorprofessoren), den wissenschaftlichen und künstlerischen Mitarbeiterinnen und Mitarbeitern sowie den Lehrkräften für besondere Aufgaben. ²Zur Durchsetzung der Gleichberechtigung von Frauen und Männern werden Frauen unter Beachtung des Vorrangs von Eignung, Befähigung und fachlicher Leistung (Artikel 33 Abs. 2 des Grundgesetzes) gefördert. ³Ziel der Förderung ist vor allem die Erhöhung des Anteils der Frauen in der Wissenschaft.

§ 43 Dienstliche Aufgaben der Hochschullehrerinnen und Hochschullehrer

Die Hochschullehrerinnen und Hochschullehrer nehmen die ihrer Hochschule jeweils obliegenden Aufgaben in Wissenschaft und Kunst, Forschung, Lehre und Weiterbildung in ihren Fächern nach näherer Ausgestaltung ihres Dienstverhältnisses selbständig wahr.

§ 44 Einstellungsvoraussetzungen für Professorinnen und Professoren

Einstellungsvoraussetzungen für Professorinnen und Professoren sind neben den allgemeinen dienstrechtlichen Voraussetzungen grundsätzlich

1) Gem. Urt. des BVerfG v. 26.1.2005 – 2 BvF 1/03 – (BGBl. I S. 253) ist § 41 mit Art. 70 und Art. 75 Abs. 1 Satz 1 iVm Art. 72 Abs. 2 GG unvereinbar und nichtig. § 41 in seiner bish. Fassung lautet:
„§ 41 Studentenschaft
(1) Das Landesrecht kann vorsehen, daß an den Hochschulen zur Wahrnehmung hochschulpolitischer, sozialer und kultureller Belange der Studierenden, zur Pflege der überregionalen und internationalen Studentenbeziehungen sowie zur Wahrnehmung studentischer Belange in bezug auf die Aufgaben der Hochschulen (§§ 2 und 3) Studentenschaften gebildet werden.
(2) ¹Wird eine Studentenschaft gebildet, so verwaltet sie ihre Angelegenheiten im Rahmen der gesetzlichen Bestimmungen selbst. ²Sie kann von ihren Mitgliedern zur Erfüllung ihrer Aufgaben Beiträge erheben. ³Die Haushalts- und Wirtschaftsführung der Studentenschaft wird vom Landesrechnungshof geprüft. ⁴Die Studentenschaft untersteht der Rechtsaufsicht der Leitung der Hochschule und der zuständigen Landesbehörde.
(3) Für die Mitwirkung in den Organen der Studentenschaft gilt § 37 Abs. 3 entsprechend."

1. ein abgeschlossenes Hochschulstudium,
2. pädagogische Eignung,
3. besondere Befähigung zu wissenschaftlicher Arbeit, die in der Regel durch die Qualität einer Promotion nachgewiesen wird, oder besondere Befähigung zu künstlerischer Arbeit und
4. darüber hinaus je nach den Anforderungen der Stelle
 a) zusätzliche wissenschaftliche Leistungen,
 b) zusätzliche künstlerische Leistungen oder
 c) besondere Leistungen bei der Anwendung oder Entwicklung wissenschaftlicher Erkenntnisse und Methoden in einer mehrjährigen beruflichen Praxis.

§ 45 Ausschreibung von Stellen für Hochschullehrerinnen und Hochschullehrer

[1]Die Stellen für Hochschullehrerinnen und Hochschullehrer sind öffentlich und im Regelfall international auszuschreiben. [2]Das Landesrecht kann Ausnahmen von der Ausschreibungspflicht vorsehen, insbesondere wenn eine Juniorprofessorin oder ein Juniorprofessor auf eine Professur berufen werden soll.

§ 46 Dienstrechtliche Stellung der Professoren

Die Professoren werden, soweit sie in das Beamtenverhältnis berufen werden, zu Beamten auf Zeit oder auf Lebenszeit ernannt; durch Gesetz kann bestimmt werden, daß eine Probezeit zurückzulegen ist.

§ 47 Einstellungsvoraussetzungen für Juniorprofessorinnen und Juniorprofessoren

[1]Einstellungsvoraussetzungen für Juniorprofessorinnen und Juniorprofessoren sind neben den allgemeinen dienstrechtlichen Voraussetzungen grundsätzlich
1. ein abgeschlossenes Hochschulstudium,
2. pädagogische Eignung,
3. besondere Befähigung zu wissenschaftlicher Arbeit, die in der Regel durch die herausragende Qualität einer Promotion nachgewiesen wird.

[2]Sofern vor oder nach der Promotion eine Beschäftigung als wissenschaftliche Mitarbeiterin oder wissenschaftlicher Mitarbeiter erfolgt ist, sollen Promotions- und Beschäftigungsphase zusammen nicht mehr als sechs Jahre, im Bereich der Medizin nicht mehr als neun Jahre betragen haben. [3]Verlängerungen nach § 2 Abs. 5 Satz 1 Nr. 1 und 3 bis 5 des Wissenschaftszeitvertragsgesetzes bleiben hierbei außer Betracht. [4]§ 2 Abs. 3 Satz 1 des Wissenschaftszeitvertragsgesetzes gilt entsprechend.

§ 48 Dienstrechtliche Stellung der Juniorprofessorinnen und Juniorprofessoren

(1) [1]Für Juniorprofessorinnen und Juniorprofessoren ist ein zweiphasiges Dienstverhältnis vorzusehen, das insgesamt nicht mehr als sechs Jahre betragen soll. [2]Eine Verlängerung für die zweite Phase soll erfolgen, wenn die Juniorprofessorin oder der Juniorprofessor sich als Hochschullehrerin oder Hochschullehrer bewährt hat; anderenfalls kann das Dienstverhältnis um bis zu einem Jahr verlängert werden.

(2) Werden Juniorprofessorinnen und Juniorprofessoren zu Beamten auf Zeit ernannt, so gelten, soweit dieses Gesetz nichts anderes bestimmt, die Vorschriften für Beamtinnen und Beamte auf Lebenszeit entsprechend.

§§ 48a bis 48d (aufgehoben)

§ 49 Anwendung der Vorschriften des Beamtenrechtsrahmengesetzes

Auf beamtete Hochschullehrerinnen und Hochschullehrer sowie wissenschaftliche und künstlerische Mitarbeiterinnen und Mitarbeiter finden die Vorschriften des Beamtenrechtsrahmengesetzes Anwendung, soweit dieses Gesetz nichts anderes bestimmt.

§ 50 Dienstrechtliche Sonderregelungen

(1) [1]Die Vorschriften des Beamtenrechtsrahmengesetzes über die Laufbahnen und den einstweiligen Ruhestand sind auf Hochschullehrerinnen und Hochschullehrer nicht anzuwenden. [2]Die Vorschriften über die Probezeit gelten nur im Falle des § 46 zweiter Halbsatz. [3]Die Vorschriften des Beamtenrechtsrahmengesetzes über die Arbeitszeit mit Ausnahme der §§ 44a und 44b sind auf Hochschullehrerinnen und Hochschullehrer nicht anzuwenden; erfordert jedoch der Aufgabenbereich einer Hochschuleinrichtung eine regelmäßige oder planmäßige Anwesenheit, können für bestimmte Beamtengruppen diese Vorschriften für anwendbar erklärt werden; die Vorschriften über den Verlust der Bezüge wegen nicht genehmigten schuldhaften Fernbleibens vom Dienst sind anzuwenden.

(2) [1]Beamtete Hochschullehrerinnen und Hochschullehrer können nur mit ihrer Zustimmung abgeordnet oder versetzt werden. [2]Abordnung und Versetzung in ein gleichwertiges Amt an einer anderen Hochschule sind auch ohne Zustimmung der Hochschullehrerin oder des Hochschullehrers zulässig, wenn die Hochschule oder die Hochschuleinrichtung, an der sie oder er tätig ist, aufgelöst oder mit einer anderen Hochschule zusammengeschlossen wird, oder wenn die Studien- oder Fachrichtung, in der sie oder er tätig ist,

ganz oder teilweise aufgegeben oder an eine andere Hochschule verlegt wird; in diesen Fällen beschränkt sich eine Mitwirkung der aufnehmenden Hochschule oder Hochschuleinrichtung bei der Einstellung auf eine Anhörung.

(3) Soweit Hochschullehrerinnen und Hochschullehrer oder wissenschaftliche und künstlerische Mitarbeiterinnen und Mitarbeiter Beamtinnen oder Beamte auf Zeit sind, ist das Dienstverhältnis, sofern dienstliche Gründe nicht entgegenstehen, auf Antrag der Beamtin oder des Beamten nach näherer Maßgabe des Landesrechts zu verlängern, insbesondere im Falle eines mutterschutzrechtlichen Beschäftigungsverbots, bei Inanspruchnahme von Elternzeit sowie bei Beurlaubung oder Herabsetzung der Arbeitszeit wegen Betreuung oder Pflege eines Kindes unter 18 Jahren oder eines pflegebedürftigen sonstigen Angehörigen.

(4) Soweit für Hochschullehrerinnen und Hochschullehrer ein befristetes Angestelltenverhältnis begründet worden ist, gilt Absatz 3 entsprechend.

§ 51 (weggefallen)

§ 52 (aufgehoben)

§ 53 Wissenschaftliche und künstlerische Mitarbeiterinnen und Mitarbeiter

(1) [1]Wissenschaftliche Mitarbeiterinnen und Mitarbeiter sind die Beamtinnen, Beamten und Angestellten, denen wissenschaftliche Dienstleistungen obliegen. [2]Im Bereich der Medizin gehören zu den wissenschaftlichen Dienstleistungen auch Tätigkeiten in der Krankenversorgung. [3]In begründeten Fällen kann wissenschaftlichen Mitarbeiterinnen und Mitarbeitern auch die selbständige Wahrnehmung von Aufgaben in Forschung und Lehre übertragen werden.

(2) Soweit befristet beschäftigten wissenschaftlichen Mitarbeiterinnen und Mitarbeitern Aufgaben übertragen werden, die auch der Vorbereitung einer Promotion oder der Erbringung zusätzlicher wissenschaftlicher Leistungen förderlich sind, soll ihnen im Rahmen ihrer Dienstaufgaben ausreichend Gelegenheit zu eigener wissenschaftlicher Arbeit gegeben werden.

(3) Einstellungsvoraussetzung für wissenschaftliche Mitarbeiterinnen und Mitarbeiter ist neben den allgemeinen dienstrechtlichen Voraussetzungen grundsätzlich ein abgeschlossenes Hochschulstudium.

(4) Die Absätze 1 und 2 gelten für künstlerische Mitarbeiterinnen und Mitarbeiter entsprechend.

§ 54 (aufgehoben)

§ 55 Lehrbeauftragte

[1]Zur Ergänzung des Lehrangebots können Lehraufträge erteilt werden. [2]An Kunsthochschulen können Lehraufträge auch zur Sicherstellung des Lehrangebots in einem Fach erteilt werden. [3]Die Lehrbeauftragten nehmen die ihnen übertragenen Lehraufgaben selbständig wahr. [4]Ein Lehrauftrag ist zu vergüten; dies gilt nicht, wenn der Lehrbeauftragte auf eine Vergütung verzichtet oder wenn die durch den Lehrauftrag entstehende Belastung bei der Bemessung der Dienstaufgaben eines hauptberuflich im öffentlichen Dienst Tätigen entsprechend berücksichtigt wird.

§ 56 Lehrkräfte für besondere Aufgaben

Soweit überwiegend eine Vermittlung praktischer Fertigkeiten und Kenntnisse erforderlich ist, die nicht die Einstellungsvoraussetzungen für Hochschullehrerinnen und Hochschullehrer erfordert, kann diese hauptberuflich tätigen Lehrkräften für besondere Aufgaben übertragen werden.

§ 57 (weggefallen)

§§ 57a bis 57f (aufgehoben)

4. Kapitel
Rechtsstellung der Hochschule

§ 58 Rechtsform und Selbstverwaltungsrecht

(1) [1]Die Hochschulen sind in der Regel Körperschaften des öffentlichen Rechts und zugleich staatliche Einrichtungen. [2]Sie können auch in anderer Rechtsform errichtet werden. [3]Sie haben das Recht der Selbstverwaltung im Rahmen der Gesetze.

(2) [1]Die Hochschulen geben sich Grundordnungen, die der Genehmigung des Landes bedürfen. [2]Die Voraussetzungen für eine Versagung der Genehmigung sind gesetzlich zu regeln.

§ 59 Aufsicht
[1]Das Land übt die Rechtsaufsicht aus. [2]Die Mittel der Rechtsaufsicht werden durch Gesetz bestimmt. [3]Soweit die Hochschulen staatliche Aufgaben wahrnehmen, ist durch Gesetz eine weitergehende Aufsicht vorzusehen.

§§ 60 bis 69 (weggefallen)

5. Kapitel
Staatliche Anerkennung

§ 70 Anerkennung von Einrichtungen
(1) Einrichtungen des Bildungswesens, die nach Landesrecht nicht staatliche Hochschulen sind, können nach näherer Bestimmung des Landesrechts die Eigenschaft einer staatlich anerkannten Hochschule erhalten, wenn gewährleistet ist, daß

1. das Studium an dem in § 7 genannten Ziel ausgerichtet ist,
2. eine Mehrzahl von nebeneinander bestehenden oder aufeinander folgenden Studiengängen an der Einrichtung allein oder im Verbund mit anderen Einrichtungen des Bildungswesens vorhanden oder im Rahmen einer Ausbauplanung vorgesehen ist; dies gilt nicht, wenn innerhalb einer Fachrichtung die Einrichtung einer Mehrzahl von Studiengängen durch die wissenschaftliche Entwicklung oder das entsprechende berufliche Tätigkeitsfeld nicht nahegelegt wird,
3. die Studienbewerber die Voraussetzungen für die Aufnahme in eine entsprechende staatliche Hochschule erfüllen,
4. die hauptberuflich Lehrenden die Einstellungsvoraussetzungen erfüllen, die für entsprechende Tätigkeiten an staatlichen Hochschulen gefordert werden und
5. die Angehörigen der Einrichtung an der Gestaltung des Studiums in sinngemäßer Anwendung der für staatliche Hochschulen geltenden Grundsätze mitwirken.

(2) Für kirchliche Einrichtungen können nach näherer Bestimmung des Landesrechts Ausnahmen von einzelnen in Absatz 1 genannten Voraussetzungen zugelassen werden, wenn gewährleistet ist, daß das Studium einem Studium an einer staatlichen Hochschule gleichwertig ist.

(3) [1]Eine staatlich anerkannte Hochschule kann nach näherer Bestimmung des Landesrechts Hochschulprüfungen abnehmen und Hochschulgrade verleihen. [2]Das an einer staatlich anerkannten Hochschule abgeschlossene Studium ist ein abgeschlossenes Hochschulstudium im Sinne dieses Gesetzes.

(4) [1]An Aufgaben der Koordinierung der Ordnung von Studium und Prüfungen (§ 9) können Angehörige staatlich anerkannter Hochschulen beteiligt werden. [2]Eine staatlich anerkannte Hochschule ist auf Antrag in die zentrale Vergabe von Studienplätzen (§ 31) einzubeziehen.

§ 71 Gleichstellung von Abschlüssen der Notarschule
Die Abschlüsse der Ausbildung an der Notarschule des Landes Baden-Württemberg können den Abschlüssen eines vergleichbaren Studiengangs an einer staatlichen Hochschule gleichgestellt werden.

6. Kapitel
Anpassung des Landesrechts

§ 72 Anpassungsfristen
[1]Innerhalb von drei Jahren nach Inkrafttreten dieses Gesetzes in der Fassung vom 26. Januar 1976 (BGBl. I S. 185) sind den Vorschriften der Kapitel 1 bis 5 entsprechende Landesgesetze zu erlassen. [2]Innerhalb von zwei Jahren nach Inkrafttreten des Dritten Gesetzes zur Änderung des Hochschulrahmengesetzes vom 14. November 1985 (BGBl. I S. 2090) sind den Vorschriften des Artikels 1 Nr. 1 bis 42 dieses Gesetzes entsprechende Landesgesetze zu erlassen. [3]Innerhalb von drei Jahren nach dem Tag des Wirksamwerdens des Beitritts sind in den in Artikel 1 Abs. 1 des Einigungsvertrages genannten Ländern und in dem Teil des Landes Berlin, in dem das Grundgesetz bisher nicht galt, Landesgesetze zu erlassen, die den Vorschriften dieses Gesetzes in der ab 3. Oktober 1990 geltenden Fassung entsprechen. [4]In den in Artikel 1 Abs. 1 des Einigungsvertrages genannten Ländern und in dem Teil des Landes Berlin, in dem das Grundgesetz bisher nicht galt, sind innerhalb von drei Jahren nach dem Tag des Wirksamwerdens des Beitritts den Vorschriften des Artikels 1 Nr. 1 und 3 des Gesetzes über die Verlängerung von befristeten Dienst- und Arbeitsverhältnissen mit wissenschaftlichem Personal sowie mit Ärztinnen und Ärzten in der Weiterbildung vom 15. Dezember 1990 (BGBl. I S. 2806) entsprechende Landesgesetze zu erlassen; im übrigen sind entsprechende Landesgesetze innerhalb von zwei Jahren nach Inkrafttreten des genannten

Gesetzes vom 15. Dezember 1990 zu erlassen. [5]Innerhalb von drei Jahren nach Inkrafttreten des Gesetzes zur Reform des öffentlichen Dienstrechts vom 24. Februar 1997 (BGBl. I S. 322) sind den Vorschriften des Artikels 12 Abs. 3 dieses Gesetzes entsprechende Landesgesetze zu erlassen. [6]Innerhalb von drei Jahren nach Inkrafttreten des Vierten Gesetzes zur Änderung des Hochschulrahmengesetzes vom 20. August 1998 (BGBl. I S. 2190) sind den Vorschriften des Artikels 1 dieses Gesetzes entsprechende Landesgesetze zu erlassen. [7]Innerhalb von drei Jahren nach Inkrafttreten des Sechsten Gesetzes zur Änderung des Hochschulrahmengesetzes vom 8. August 2002 (BGBl. I S. 3138) sind den Vorschriften des Artikels 1 dieses Gesetzes entsprechende Landesgesetze zu erlassen. [8]Innerhalb von drei Jahren nach Inkrafttreten des Siebten Gesetzes zur Änderung des Hochschulrahmengesetzes vom 28. August 2004 (BGBl. I S. 2298) sind den Vorschriften des Artikels 1 dieses Gesetzes entsprechende Landesgesetze zu erlassen. [9]Innerhalb von zwei Jahren nach Inkrafttreten des Gesetzes zur Änderung dienst- und arbeitsrechtlicher Vorschriften im Hochschulbereich vom 27. Dezember 2004 (BGBl. I S. 3835) sind den Vorschriften des Artikels 1 dieses Gesetzes entsprechende Landesgesetze zu erlassen. [10]§ 9 gilt unmittelbar.

§ 73 Abweichende Regelungen

(1) Für Hochschulen, die ausschließlich ein weiterbildendes Studium anbieten, sowie für Hochschulen mit fachbedingt geringer Studentenzahl können durch Landesgesetz von den Vorschriften dieses Gesetzes abweichende Regelungen getroffen werden, soweit die besondere Struktur und Aufgabenstellung dieser Hochschulen es erfordern.

(2) [1]Für staatliche Hochschulen, deren Ausbildungsgänge ausschließlich auf den öffentlichen Dienst ausgerichtet sind, können durch Landesrecht von den Vorschriften dieses Gesetzes abweichende Regelungen getroffen werden, soweit die besondere Struktur und Aufgabenstellung dieser Hochschulen es erfordern. [2]Die Anforderungen des § 70 Abs. 1 Nr. 1 bis 3 und 5 müssen erfüllt sein.

§ 74 Bisherige Dienstverhältnisse und Berufungsvereinbarungen

(1) [1]Die bei Inkrafttreten des jeweiligen nach § 72 Abs. 1 Satz 9 zu erlassenden Landesgesetzes vorhandenen wissenschaftlichen und künstlerischen Assistentinnen und Assistenten, Oberassistentinnen und Oberassistenten, Oberingenieurinnen und Oberingenieure sowie Hochschuldozentinnen und Hochschuldozenten verbleiben in ihren bisherigen Dienstverhältnissen. [2]Ihre mitgliedschaftsrechtliche Stellung bleibt unverändert.

(2) Soweit Berufungsvereinbarungen über die personelle und sächliche Ausstattung der Professuren von Änderungen des 2. Abschnitts des 3. Kapitels betroffen sind, sind sie unter angemessener Berücksichtigung der beiderseitigen Interessen der neuen Rechtslage anzupassen.

§§ 75 und 75a (weggefallen)

§ 76 Besitzstandswahrung bei der Entpflichtung

(1) [1]Das Recht der am Tage vor Inkrafttreten des nach § 72 Abs. 1 Satz 1 erlassenen Gesetzes vorhandenen ordentlichen und außerordentlichen Professoren, nach Erreichen der Altersgrenze von ihren amtlichen Pflichten entbunden zu werden (Entpflichtung), bleibt unberührt; dies gilt auch beim Wechsel des Dienstherrn. [2]In diesen Fällen werden die Dienstbezüge nach der Entpflichtung und die Versorgungsbezüge der Hinterbliebenen auf der Grundlage des am Tage vor Inkrafttreten des nach § 72 Abs. 1 Satz 1 erlassenen Gesetzes geltenden Beamten- und Besoldungsrechts gewährt. [3]Dabei wird das Grundgehalt nach der Dienstaltersstufe zugrunde gelegt, die bis zum Zeitpunkt der Entpflichtung hätte erreicht werden können. [4]Artikel VII § 1 Abs. 1 und 2 des Zweiten Gesetzes zur Vereinheitlichung und Neuregelung des Besoldungsrechts in Bund und Ländern vom 23. Mai 1975 (BGBl. I S. 1173), zuletzt geändert durch das Haushaltsstrukturgesetz vom 18. Dezember 1975 (BGBl. I S. 3091), gilt entsprechend.

(2) [1]Absatz 1 findet auf Antrag des Professors keine Anwendung. [2]Der Antrag kann nur gestellt werden, solange der Professor noch nicht entpflichtet ist. [3]Ist der Professor vor der Entpflichtung verstorben, ohne einen Antrag nach den Sätzen 1 und 2 gestellt zu haben, so werden die Hinterbliebenenbezüge auf Grund der Besoldungsgruppe berechnet, in die der Professor zuletzt eingestuft war.

(3) Die Rechtsverhältnisse der am Tage vor dem Inkrafttreten des nach § 72 Abs. 1 Satz 1 erlassenen Gesetzes entpflichteten oder im Ruhestand befindlichen Beamten im Sinne von Kapitel I Abschnitt V 3. Titel des Beamtenrechtsrahmengesetzes in der bisherigen Fassung und der zu diesem Zeitpunkt versorgungsberechtigten Hinterbliebenen dieser Beamten bleiben unberührt.

(4) [1]Für die an den Hochschulen der Bundeswehr in einem privatrechtlichen Arbeitsverhältnis beschäftigten Professoren, die zur Übernahme dieser Beschäftigung aus ihrem Beamtenverhältnis als ordentlicher oder außerordentlicher Professor im Landesbereich ausgeschieden sind und nach Inkrafttreten dieses Gesetzes ein ihrer Tätigkeit an einer Hochschule der Bundeswehr entsprechendes Beamtenverhältnis annehmen, gelten die Absätze 1 und 2 entsprechend. [2]Maßgebend nach Absatz 1 Satz 2 ist das am Tage

ihres Ausscheidens aus dem Beamtenverhältnis als Professoren im Landesbereich geltende Beamten- und Besoldungsrecht.

§ 76a Übergangsvorschrift für Hochschulassistenten
Auf die beim Inkrafttreten des nach § 72 Abs. 1 Satz 2 erlassenen Gesetzes vorhandenen Hochschulassistenten finden die sie betreffenden Vorschriften des Hochschulrahmengesetzes, des Beamtenrechtsrahmengesetzes, des Bundesbeamtengesetzes und des Beamtenversorgungsgesetzes in der bis zum 22. November 1985 geltenden Fassung Anwendung.

7. Kapitel
Änderung von Bundesgesetzen, Schlußvorschriften

§§ 77 bis 80 (Änderung von Rechtsvorschriften)

§ 81 Verträge mit den Kirchen
Die Verträge mit den Kirchen werden durch dieses Gesetz nicht berührt.

§ 82 (weggefallen)

§ 83 (Inkrafttreten)

Waffengesetz (WaffG)[1)2)]

Vom 11. Oktober 2002 (BGBl. I S. 3970, ber. S. 4592 und 2003 I S. 1957)
(FNA 7133-4)
zuletzt geändert durch Art. 228 Elfte ZuständigkeitsanpassungsVO vom 19. Juni 2020 (BGBl. I S. 1328)

Inhaltsübersicht

1) Verkündet als Art. 1 Waffenrechts-NeuregelungsG v. 11.10.2002 (BGBl. I S. 3970); Inkrafttreten gem. Art. 19 Nr. 1 Satz 2 dieses G am 1.4.2003 mit Ausnahme der §§ 7 Abs. 2, 22 Abs. 2, 25 Abs. 1, 27 Abs. 7 Satz 2, 34 Abs. 6, 36 Abs. 5, 47, 48 Abs. 1, 50 Abs. 2 und 3, 55 Abs. 5 und 6 sowie des in Anl. 2 Abschnitt 1 Nr. 1.2.1 festgesetzten Verbots von Vorderschaftrepetierflinten, deren der Hinterschaft durch einen Pistolengriff ersetzt ist, die gem. Art. 19 Nr. 1 Satz 1 am 17.10.2002 in Kraft getreten sind.
2) Die Änderungen durch G v. 18.7.2016 (BGBl. I S. 1666) treten teilweise erst **mWv 1.10.2021** in Kraft und sind insoweit im Text noch nicht berücksichtigt.

§ 60 Übergangsvorschrift zur Anlage 1 (zu § 1 Abs. 4) Begriffsbestimmungen
 Kostenverordnung Anlage 2 (zu § 2 Abs. 2 bis 4) Waffenliste
§ 60a Übergangsvorschrift zu den
 Waffenbüchern

Abschnitt 1
Allgemeine Bestimmungen

§ 1 Gegenstand und Zweck des Gesetzes, Begriffsbestimmungen
(1) Dieses Gesetz regelt den Umgang mit Waffen oder Munition unter Berücksichtigung der Belange der öffentlichen Sicherheit und Ordnung.
(2) Waffen sind
1. Schusswaffen oder ihnen gleichgestellte Gegenstände und
2. tragbare Gegenstände,
 a) die ihrem Wesen nach dazu bestimmt sind, die Angriffs- oder Abwehrfähigkeit von Menschen zu beseitigen oder herabzusetzen, insbesondere Hieb- und Stoßwaffen;
 b) die, ohne dazu bestimmt zu sein, insbesondere wegen ihrer Beschaffenheit, Handhabung oder Wirkungsweise geeignet sind, die Angriffs- oder Abwehrfähigkeit von Menschen zu beseitigen oder herabzusetzen, und die in diesem Gesetz genannt sind.
(3) ¹Umgang mit einer Waffe oder Munition hat, wer diese erwirbt, besitzt, überlässt, führt, verbringt, mitnimmt, damit schießt, herstellt, bearbeitet, instand setzt oder damit Handel treibt. ²Umgang mit einer Schusswaffe hat auch, wer diese unbrauchbar macht.
(4) Die Begriffe der Waffen und Munition sowie die Einstufung von Gegenständen nach Absatz 2 Nr. 2 Buchstabe b als Waffen, die Begriffe der Arten des Umgangs und sonstige waffenrechtliche Begriffe sind in der Anlage 1 (Begriffsbestimmungen) zu diesem Gesetz näher geregelt.

§ 2 Grundsätze des Umgangs mit Waffen oder Munition, Waffenliste
(1) Der Umgang mit Waffen oder Munition ist nur Personen gestattet, die das 18. Lebensjahr vollendet haben.
(2) Der Umgang mit Waffen oder Munition, die in der Anlage 2 (Waffenliste) Abschnitt 2 zu diesem Gesetz genannt sind, bedarf der Erlaubnis.
(3) Der Umgang mit Waffen oder Munition, die in der Anlage 2 Abschnitt 1 zu diesem Gesetz genannt sind, ist verboten.
(4) ¹Waffen oder Munition, mit denen der Umgang ganz oder teilweise von der Erlaubnispflicht oder von einem Verbot ausgenommen ist, sind in der Anlage 2 Abschnitt 1 und 2 genannt. ²Ferner sind in der Anlage 2 Abschnitt 3 die Waffen und Munition genannt, auf die dieses Gesetz ganz oder teilweise nicht anzuwenden ist.
(5) ¹Bestehen Zweifel darüber, ob ein Gegenstand von diesem Gesetz erfasst wird oder wie er nach Maßgabe der Begriffsbestimmungen in Anlage 1 Abschnitt 1 und 3 und der Anlage 2 einzustufen ist, so entscheidet auf Antrag die zuständige Behörde. ²Antragsberechtigt sind
1. Hersteller, Importeure, Erwerber oder Besitzer des Gegenstandes, soweit sie ein berechtigtes Interesse an der Entscheidung nach Satz 1 glaubhaft machen können,
2. die zuständigen Behörden des Bundes und der Länder.
³Die nach Landesrecht zuständigen Behörden sind vor der Entscheidung zu hören. ⁴Die Entscheidung ist für den Geltungsbereich dieses Gesetzes allgemein verbindlich. ⁵Sie ist im Bundesanzeiger bekannt zu machen.

§ 3 Umgang mit Waffen oder Munition durch Kinder und Jugendliche
(1) Jugendliche dürfen im Rahmen eines Ausbildungs- oder Arbeitsverhältnisses abweichend von § 2 Abs. 1 unter Aufsicht eines weisungsbefugten Waffenberechtigten mit Waffen oder Munition umgehen.
(2) Jugendliche dürfen abweichend von § 2 Abs. 1 Umgang mit geprüften Reizstoffsprühgeräten haben.
(3) Die zuständige Behörde kann für Kinder und Jugendliche allgemein oder für den Einzelfall Ausnahmen von Alterserfordernissen zulassen, wenn besondere Gründe vorliegen und öffentliche Interessen nicht entgegenstehen.

Abschnitt 2
Umgang mit Waffen oder Munition

Unterabschnitt 1
Allgemeine Voraussetzungen für Waffen- und Munitionserlaubnisse

§ 4 Voraussetzungen für eine Erlaubnis
(1) Eine Erlaubnis setzt voraus, dass der Antragsteller
1. das 18. Lebensjahr vollendet hat (§ 2 Abs. 1),
2. die erforderliche Zuverlässigkeit (§ 5) und persönliche Eignung (§ 6) besitzt,
3. die erforderliche Sachkunde nachgewiesen hat (§ 7),
4. ein Bedürfnis nachgewiesen hat (§ 8) und
5. bei der Beantragung eines Waffenscheins oder einer Schießerlaubnis eine Versicherung gegen Haftpflicht in Höhe von 1 Million Euro – pauschal für Personen- und Sachschäden – nachweist.

(2) Die Erlaubnis zum Erwerb, Besitz, Führen oder Schießen kann versagt werden, wenn der Antragsteller seinen gewöhnlichen Aufenthalt nicht seit mindestens fünf Jahren im Geltungsbereich dieses Gesetzes hat.

(3) Die zuständige Behörde hat die Inhaber von waffenrechtlichen Erlaubnissen in regelmäßigen Abständen, mindestens jedoch nach Ablauf von drei Jahren, erneut auf ihre Zuverlässigkeit und ihre persönliche Eignung zu prüfen sowie in den Fällen des Absatzes 1 Nr. 5 sich das Vorliegen einer Versicherung gegen Haftpflicht nachweisen zu lassen.

(4) Die zuständige Behörde hat das Fortbestehen des Bedürfnisses bei Inhabern einer waffenrechtlichen Erlaubnis alle fünf Jahre erneut zu überprüfen.

(5) Zur Erforschung des Sachverhalts kann die zuständige Behörde in begründeten Einzelfällen das persönliche Erscheinen des Antragstellers oder des Erlaubnisinhabers verlangen.

§ 5 Zuverlässigkeit
(1) Die erforderliche Zuverlässigkeit besitzen Personen nicht,
1. die rechtskräftig verurteilt worden sind
 a) wegen eines Verbrechens oder
 b) wegen sonstiger vorsätzlicher Straftaten zu einer Freiheitsstrafe von mindestens einem Jahr, wenn seit dem Eintritt der Rechtskraft der letzten Verurteilung zehn Jahre noch nicht verstrichen sind,
2. bei denen Tatsachen die Annahme rechtfertigen, dass sie
 a) Waffen oder Munition missbräuchlich oder leichtfertig verwenden werden,
 b) mit Waffen oder Munition nicht vorsichtig oder sachgemäß umgehen oder diese Gegenstände nicht sorgfältig verwahren werden,
 c) Waffen oder Munition Personen überlassen werden, die zur Ausübung der tatsächlichen Gewalt über diese Gegenstände nicht berechtigt sind.

(2) Die erforderliche Zuverlässigkeit besitzen in der Regel Personen nicht,
1. a) die wegen einer vorsätzlichen Straftat,
 b) die wegen einer fahrlässigen Straftat im Zusammenhang mit dem Umgang mit Waffen, Munition oder explosionsgefährlichen Stoffen oder wegen einer fahrlässigen gemeingefährlichen Straftat,
 c) die wegen einer Straftat nach dem Waffengesetz, dem Gesetz über die Kontrolle von Kriegswaffen, dem Sprengstoffgesetz oder dem Bundesjagdgesetz
 zu einer Freiheitsstrafe, Jugendstrafe, Geldstrafe von mindestens 60 Tagessätzen oder mindestens zweimal zu einer geringeren Geldstrafe rechtskräftig verurteilt worden sind oder bei denen die Verhängung von Jugendstrafe ausgesetzt worden ist, wenn seit dem Eintritt der Rechtskraft der letzten Verurteilung fünf Jahre noch nicht verstrichen sind,
2. die Mitglied
 a) in einem Verein, der nach dem Vereinsgesetz als Organisation unanfechtbar verboten wurde oder der einem unanfechtbaren Betätigungsverbot nach dem Vereinsgesetz unterliegt, oder
 b) in einer Partei, deren Verfassungswidrigkeit das Bundesverfassungsgericht nach § 46 des Bundesverfassungsgerichtsgesetzes festgestellt hat,
 waren, wenn seit der Beendigung der Mitgliedschaft zehn Jahre noch nicht verstrichen sind,
3. bei denen Tatsachen die Annahme rechtfertigen, dass sie in den letzten fünf Jahren
 a) Bestrebungen einzeln verfolgt haben, die

aa) gegen die verfassungsmäßige Ordnung gerichtet sind,

bb) gegen den Gedanken der Völkerverständigung, insbesondere gegen das friedliche Zusammenleben der Völker, gerichtet sind oder

cc) durch Anwendung von Gewalt oder darauf gerichtete Vorbereitungshandlungen auswärtige Belange der Bundesrepublik Deutschland gefährden,

b) Mitglied in einer Vereinigung waren, die solche Bestrebungen verfolgt oder verfolgt hat, oder

c) eine solche Vereinigung unterstützt haben,

4. die innerhalb der letzten fünf Jahre mehr als einmal wegen Gewalttätigkeit mit richterlicher Genehmigung in polizeilichem Präventivgewahrsam waren,

5. die wiederholt oder gröblich gegen die Vorschriften eines der in Nummer 1 Buchstabe c genannten Gesetze verstoßen haben.

(3) In die Frist nach Absatz 1 Nr. 1 oder Absatz 2 Nr. 1 nicht eingerechnet wird die Zeit, in welcher die betroffene Person auf behördliche oder richterliche Anordnung in einer Anstalt verwahrt worden ist.

(4) Ist ein Verfahren wegen Straftaten im Sinne des Absatzes 1 Nr. 1 oder des Absatzes 2 Nr. 1 noch nicht abgeschlossen, so kann die zuständige Behörde die Entscheidung über den Antrag auf Erteilung einer waffenrechtlichen Erlaubnis bis zum rechtskräftigen Abschluss des Verfahrens aussetzen.

(5) [1]Die zuständige Behörde hat im Rahmen der Zuverlässigkeitsprüfung folgende Erkundigungen einzuholen:

1. die unbeschränkte Auskunft aus dem Bundeszentralregister;

2. die Auskunft aus dem zentralen staatsanwaltschaftlichen Verfahrensregister hinsichtlich der in Absatz 2 Nummer 1 genannten Straftaten;

3. die Stellungnahme der örtlichen Polizeidienststelle, ob Tatsachen bekannt sind, die Bedenken gegen die Zuverlässigkeit begründen; die örtliche Polizeidienststelle schließt in ihre Stellungnahme das Ergebnis der von ihr vorzunehmenden Prüfung nach Absatz 2 Nummer 4 ein;

4. die Auskunft der für den Wohnsitz der betroffenen Person zuständigen Verfassungsschutzbehörde, ob Tatsachen bekannt sind, die Bedenken gegen die Zuverlässigkeit nach Absatz 2 Nummer 2 und 3 begründen; liegt der Wohnsitz der betroffenen Person außerhalb des Geltungsbereichs dieses Gesetzes, ist das Bundesamt für Verfassungsschutz für die Erteilung der Auskunft zuständig.

[2]Die nach Satz 1 Nummer 2 erhobenen personenbezogenen Daten dürfen nur für den Zweck der waffenrechtlichen Zuverlässigkeitsprüfung verwendet werden. [3]Erlangt die für die Auskunft nach Satz 1 Nummer 4 zuständige Verfassungsschutzbehörde im Nachhinein für die Beurteilung der Zuverlässigkeit nach Absatz 2 Nummer 2 und 3 bedeutsame Erkenntnisse, teilt sie dies der zuständigen Behörde unverzüglich mit (Nachbericht). [4]Zu diesem Zweck speichert sie Name, Vorname, Geburtsdatum, Geburtsname, Geburtsort, Wohnort und Staatsangehörigkeit der betroffenen Person sowie Aktenfundstelle in den gemeinsamen Dateien nach § 6 des Bundesverfassungsschutzgesetzes. [5]Lehnt die zuständige Behörde einen Antrag ab oder nimmt sie eine erteilte Erlaubnis zurück oder widerruft diese, so hat sie die zum Nachbericht verpflichtete Verfassungsschutzbehörde hiervon unverzüglich in Kenntnis zu setzen. [6]Die zum Nachbericht verpflichtete Verfassungsschutzbehörde hat in den Fällen des Satzes 5 die nach Satz 4 gespeicherten Daten unverzüglich zu löschen.

§ 6 Persönliche Eignung

(1) [1]Die erforderliche persönliche Eignung besitzen Personen nicht, wenn Tatsachen die Annahme rechtfertigen, dass sie

1. geschäftsunfähig sind,

2. abhängig von Alkohol oder anderen berauschenden Mitteln, psychisch krank oder debil sind oder

3. auf Grund in der Person liegender Umstände mit Waffen oder Munition nicht vorsichtig oder sachgemäß umgehen oder diese Gegenstände nicht sorgfältig verwahren können oder dass die konkrete Gefahr einer Fremd- oder Selbstgefährdung besteht.

[2]Die erforderliche persönliche Eignung besitzen in der Regel Personen nicht, wenn Tatsachen die Annahme rechtfertigen, dass sie in ihrer Geschäftsfähigkeit beschränkt sind. [3]Die zuständige Behörde soll die Stellungnahme der örtlichen Polizeidienststelle einholen. [4]Der persönlichen Eignung können auch im Erziehungsregister eingetragene Entscheidungen oder Anordnungen nach § 60 Abs. 1 Nr. 1 bis 7 des Bundeszentralregistergesetzes entgegenstehen.

(2) Sind Tatsachen bekannt, die Bedenken gegen die persönliche Eignung nach Absatz 1 begründen, oder bestehen begründete Zweifel an vom Antragsteller beigebrachten Bescheinigungen, so hat die zuständige Behörde der betroffenen Person auf Kosten der betroffenen Person die Vorlage eines amts- oder fachärztlichen oder fachpsychologischen Zeugnisses über die geistige oder körperliche Eignung aufzugeben.

(3) ¹Personen, die noch nicht das 25. Lebensjahr vollendet haben, haben für die erstmalige Erteilung einer Erlaubnis zum Erwerb und Besitz einer Schusswaffe auf eigene Kosten ein amts- oder fachärztliches oder fachpsychologisches Zeugnis über die geistige Eignung vorzulegen. ²Satz 1 gilt nicht für den Erwerb und Besitz von Schusswaffen im Sinne von § 14 Abs. 1 Satz 2.

(4) Das Bundesministerium des Innern, für Bau und Heimat wird ermächtigt, durch Rechtsverordnung mit Zustimmung des Bundesrates Vorschriften über das Verfahren zur Erstellung, über die Vorlage und die Anerkennung der in den Absätzen 2 und 3 genannten Gutachten bei den zuständigen Behörden zu erlassen.

§ 7 Sachkunde

(1) Den Nachweis der Sachkunde hat erbracht, wer eine Prüfung vor der dafür bestimmten Stelle bestanden hat oder seine Sachkunde durch eine Tätigkeit oder Ausbildung nachweist.

(2) Das Bundesministerium des Innern, für Bau und Heimat wird ermächtigt, durch Rechtsverordnung mit Zustimmung des Bundesrates Vorschriften über die Anforderungen an die waffentechnischen und waffenrechtlichen Kenntnisse, über die Prüfung und das Prüfungsverfahren einschließlich der Errichtung von Prüfungsausschüssen sowie über den anderweitigen Nachweis der Sachkunde zu erlassen.

§ 8 Bedürfnis, allgemeine Grundsätze

Der Nachweis eines Bedürfnisses ist erbracht, wenn gegenüber den Belangen der öffentlichen Sicherheit oder Ordnung

1. besonders anzuerkennende persönliche oder wirtschaftliche Interessen, vor allem als Jäger, Sportschütze, Brauchtumsschütze, Waffen- oder Munitionssammler, Waffen- oder Munitionssachverständiger, gefährdete Person, als Waffenhersteller oder -händler oder als Bewachungsunternehmer, und

2. die Geeignetheit und Erforderlichkeit der Waffen oder Munition für den beantragten Zweck glaubhaft gemacht sind.

§ 9 Inhaltliche Beschränkungen, Nebenbestimmungen und Anordnungen

(1) Eine Erlaubnis nach diesem Gesetz kann zur Abwehr von Gefahren für die öffentliche Sicherheit oder Ordnung inhaltlich beschränkt werden, insbesondere um Leben und Gesundheit von Menschen gegen die aus dem Umgang mit Schusswaffen oder Munition entstehenden Gefahren und erheblichen Nachteile zu schützen.

(2) ¹Zu den in Absatz 1 genannten Zwecken können Erlaubnisse befristet oder mit Auflagen verbunden werden. ²Auflagen können nachträglich aufgenommen, geändert und ergänzt werden.

(3) Gegenüber Personen, die die Waffenherstellung oder den Waffenhandel nach Anlage 2 Abschnitt 2 Unterabschnitt 2 Nr. 4 bis 6 oder eine Schießstätte nach § 27 Abs. 2 ohne Erlaubnis betreiben dürfen, können Anordnungen zu den in Absatz 1 genannten Zwecken getroffen werden.

Unterabschnitt 2
Erlaubnisse für einzelne Arten des Umgangs mit Waffen oder Munition, Ausnahmen

§ 10 Erteilung von Erlaubnissen zum Erwerb, Besitz, Führen und Schießen

(1) ¹Die Erlaubnis zum Erwerb und Besitz von Waffen wird durch eine Waffenbesitzkarte oder durch Eintragung in eine bereits vorhandene Waffenbesitzkarte erteilt. ²Für die Erteilung einer Erlaubnis für Schusswaffen sind Art, Anzahl und Kaliber der Schusswaffen anzugeben. ³Die Erlaubnis zum Erwerb einer Waffe gilt für die Dauer eines Jahres, die Erlaubnis zum Besitz wird in der Regel unbefristet erteilt.

(2) ¹Eine Waffenbesitzkarte über Schusswaffen, die mehrere Personen besitzen, kann auf diese Personen ausgestellt werden. ²Eine Waffenbesitzkarte kann auch einem schießsportlichen Verein oder einer jagdlichen Vereinigung als juristischer Person erteilt werden. ³Sie ist mit der Auflage zu verbinden, dass der Verein der Behörde vor Inbesitznahme von Vereinswaffen unbeschadet des Vorliegens der Voraussetzung des § 4 Abs. 1 Nr. 5 eine verantwortliche Person zu benennen hat, für die die Voraussetzungen nach § 4 Abs. 1 Nr. 1 bis 3 nachgewiesen sind; diese benannte Person muss nicht vertretungsberechtigtes Organ des Vereins sein. ⁴Scheidet die benannte verantwortliche Person aus dem Verein aus oder liegen in ihrer Person nicht mehr alle Voraussetzungen nach § 4 Abs. 1 Nr. 1 bis 3 vor, so ist der Verein verpflichtet, dies unverzüglich der zuständigen Behörde mitzuteilen. ⁵Benennt der Verein nicht innerhalb von zwei Wochen eine neue verantwortliche Person, für die die Voraussetzungen nach § 4 Abs. 1 Nr. 1 bis 3 nachgewiesen werden, so ist die dem Verein erteilte Waffenbesitzerlaubnis zu widerrufen und die Waffenbesitzkarte zurückzugeben.

(3) ¹Die Erlaubnis zum Erwerb und Besitz von Munition wird durch Eintragung in eine Waffenbesitzkarte für die darin eingetragenen Schusswaffen erteilt. ²In den übrigen Fällen wird die Erlaubnis durch einen

Munitionserwerbsschein für eine bestimmte Munitionsart erteilt; sie ist für den Erwerb der Munition auf die Dauer von sechs Jahren zu befristen und gilt für den Besitz der Munition unbefristet. [3]Die Erlaubnis zum nicht gewerblichen Laden von Munition im Sinne des Sprengstoffgesetzes gilt auch als Erlaubnis zum Erwerb und Besitz dieser Munition. [4]Nach Ablauf der Gültigkeit des Erlaubnisdokuments gilt die Erlaubnis für den Besitz dieser Munition für die Dauer von sechs Monaten fort.

(4) [1]Die Erlaubnis zum Führen einer Waffe wird durch einen Waffenschein erteilt. [2]Eine Erlaubnis nach Satz 1 zum Führen von Schusswaffen wird für bestimmte Schusswaffen auf höchstens drei Jahre erteilt; die Geltungsdauer kann zweimal um höchstens je drei Jahre verlängert werden, sie ist kürzer zu bemessen, wenn nur ein vorübergehendes Bedürfnis nachgewiesen wird. [3]Der Geltungsbereich des Waffenscheins ist auf bestimmte Anlässe oder Gebiete zu beschränken, wenn ein darüber hinausgehendes Bedürfnis nicht nachgewiesen wird. [4]Die Voraussetzungen für die Erteilung einer Erlaubnis zum Führen von Schreck- schuss-, Reizstoff- und Signalwaffen sind in der Anlage 2 Abschnitt 2 Unterabschnitt 3 Nr. 2 und 2.1 genannt (Kleiner Waffenschein).

(5) Die Erlaubnis zum Schießen mit einer Schusswaffe wird durch einen Erlaubnisschein erteilt.

§ 11 Erwerb und Besitz von Schusswaffen oder Munition mit Bezug zu einem anderen Mitgliedstaat

(1) [1]Eine Erlaubnis zum Erwerb und Besitz einer Schusswaffe nach Anlage 1 Abschnitt 3 Nr. 1 bis 3 (Kategorien A bis C) oder von Munition für eine solche darf einer Person, die ihren gewöhnlichen Auf- enthalt in einem anderen Mitgliedstaat hat, nur erteilt werden, wenn sie
1. die Schusswaffen oder die Munition in den Mitgliedstaat im Wege der Selbstvornahme verbringen wird oder
2. eine schriftliche oder elektronische Erklärung vorlegt, dass und aus welchen Gründen sie die Schuss- waffen oder die Munition nur im Geltungsbereich dieses Gesetzes zu besitzen beabsichtigt.
[2]Die Erlaubnis zum Erwerb oder Besitz einer Schusswaffe nach Anlage 1 Abschnitt 3 Nr. 2 (Katego- rie B) oder Munition für eine solche darf nur erteilt werden, wenn über die Voraussetzungen des Sat- zes 1 hinaus eine vorherige Zustimmung dieses Mitgliedstaates hierzu vorgelegt wird.

(2) Für eine Person mit gewöhnlichem Aufenthalt im Geltungsbereich dieses Gesetzes, die eine Schuss- waffe nach Anlage 1 Abschnitt 3 Nr. 2 (Kategorie B) oder Munition für eine solche in einem anderen Mitgliedstaat mit einer Erlaubnis dieses Staates erwerben will, wird eine Erlaubnis erteilt, wenn die Vo- raussetzungen nach § 4 Abs. 1 Nr. 2 vorliegen.

§ 12 Ausnahmen von den Erlaubnispflichten

(1) Einer Erlaubnis zum Erwerb und Besitz einer Waffe bedarf nicht, wer diese
1. als Inhaber einer Waffenbesitzkarte von einem Berechtigten
 a) lediglich vorübergehend, höchstens aber für einen Monat für einen von seinem Bedürfnis um- fassten Zweck oder im Zusammenhang damit, oder
 b) vorübergehend zum Zweck der sicheren Verwahrung oder der Beförderung
 erwirbt;
2. vorübergehend von einem Berechtigten zur gewerbsmäßigen Beförderung, zur gewerbsmäßigen La- gerung oder zur gewerbsmäßigen Ausführung von Verschönerungen oder ähnlicher Arbeiten an der Waffe erwirbt;
3. von einem oder für einen Berechtigten erwirbt, wenn und solange er
 a) auf Grund eines Arbeits- oder Ausbildungsverhältnisses,
 b) als Beauftragter oder Mitglied einer jagdlichen oder schießsportlichen Vereinigung, einer an- deren sportlichen Vereinigung zur Abgabe von Startschüssen oder einer zur Brauchtumspflege Waffen tragenden Vereinigung,
 c) als Beauftragter einer in § 55 Abs. 1 Satz 1 bezeichneten Stelle,
 d) als Charterer von seegehenden Schiffen zur Abgabe von Seenotsignalen
 den Besitz über die Waffe nur nach den Weisungen des Berechtigten ausüben darf;
4. von einem anderen,
 a) dem er die Waffe vorübergehend überlassen hat, ohne dass es hierfür der Eintragung in die Erlaubnisurkunde bedurfte, oder
 b) nach dem Abhandenkommen
 wieder erwirbt;
5. auf einer Schießstätte (§ 27) lediglich vorübergehend zum Schießen auf dieser Schießstätte erwirbt;
6. auf einer Reise in den oder durch den Geltungsbereich des Gesetzes nach § 32 berechtigt mitnimmt.

(2) Einer Erlaubnis zum Erwerb und Besitz von Munition bedarf nicht, wer diese
1. unter den Voraussetzungen des Absatzes 1 Nr. 1 bis 4 erwirbt;
2. unter den Voraussetzungen des Absatzes 1 Nr. 5 zum sofortigen Verbrauch lediglich auf dieser Schießstätte (§ 27) erwirbt;
3. auf einer Reise in den oder durch den Geltungsbereich des Gesetzes nach § 32 berechtigt mitnimmt.

(3) Einer Erlaubnis zum Führen von Waffen bedarf nicht, wer
1. diese mit Zustimmung eines anderen in dessen Wohnung, Geschäftsräumen oder befriedetem Besitztum oder dessen Schießstätte zu einem von seinem Bedürfnis umfassten Zweck oder im Zusammenhang damit führt;
2. diese nicht schussbereit und nicht zugriffsbereit von einem Ort zu einem anderen Ort befördert, sofern der Transport der Waffe zu einem von seinem Bedürfnis umfassten Zweck oder im Zusammenhang damit erfolgt;
3. eine Langwaffe nicht schussbereit den Regeln entsprechend als Teilnehmer an genehmigten Sportwettkämpfen auf festgelegten Wegstrecken führt;
4. eine Signalwaffe beim Bergsteigen, als verantwortlicher Führer eines Wasserfahrzeugs auf diesem Fahrzeug oder bei Not- und Rettungsübungen führt;
5. eine Schreckschuss- oder eine Signalwaffe zur Abgabe von Start- oder Beendigungszeichen bei Sportveranstaltungen führt, wenn optische oder akustische Signalgebung erforderlich ist;
6. in Fällen der vorübergehenden Aufbewahrung von Waffen außerhalb der Wohnung diesen ein wesentliches Teil entnimmt und mit sich führt; mehrere mitgeführte wesentliche Teile dürfen nicht zu einer schussfähigen Waffe zusammengefügt werden können.

(4) ¹Einer Erlaubnis zum Schießen mit einer Schusswaffe bedarf nicht, wer auf einer Schießstätte (§ 27) schießt. ²Das Schießen außerhalb von Schießstätten ist darüber hinaus ohne Schießerlaubnis nur zulässig
1. durch den Inhaber des Hausrechts oder mit dessen Zustimmung im befriedeten Besitztum
 a) mit Schusswaffen, deren Geschossen eine Bewegungsenergie von nicht mehr als 7,5 Joule (J) erteilt wird oder deren Bauart nach § 7 des Beschussgesetzes zugelassen ist, sofern die Geschosse das Besitztum nicht verlassen können,
 b) mit Schusswaffen, aus denen nur Kartuschenmunition verschossen werden kann,
2. durch Personen, die den Regeln entsprechend als Teilnehmer an genehmigten Sportwettkämpfen nach Absatz 3 Nr. 3 mit einer Langwaffe an Schießständen schießen,
3. mit Schusswaffen, aus denen nur Kartuschenmunition verschossen werden kann,
 a) durch Mitwirkende an Theateraufführungen und diesen gleich zu achtenden Vorführungen,
 b) zum Vertreiben von Vögeln in landwirtschaftlichen Betrieben,
4. mit Signalwaffen bei Not- und Rettungsübungen,
5. mit Schreckschuss- oder mit Signalwaffen zur Abgabe von Start- oder Beendigungszeichen im Auftrag der Veranstalter bei Sportveranstaltungen, wenn optische oder akustische Signalgebung erforderlich ist.

(5) Die zuständige Behörde kann im Einzelfall weitere Ausnahmen von den Erlaubnispflichten zulassen, wenn besondere Gründe vorliegen und Belange der öffentlichen Sicherheit und Ordnung nicht entgegenstehen.

Unterabschnitt 3
Besondere Erlaubnistatbestände für bestimmte Personengruppen

§ 13 Erwerb und Besitz von Schusswaffen und Munition durch Jäger, Führen und Schießen zu Jagdzwecken

(1) Ein Bedürfnis für den Erwerb und Besitz von Schusswaffen und der dafür bestimmten Munition wird bei Personen anerkannt, die Inhaber eines gültigen Jagdscheines im Sinne von § 15 Abs. 1 Satz 1 des Bundesjagdgesetzes sind (Jäger), wenn
1. glaubhaft gemacht wird, dass sie die Schusswaffen und die Munition zur Jagdausübung oder zum Training im jagdlichen Schießen einschließlich jagdlicher Schießwettkämpfe benötigen, und
2. die zu erwerbende Schusswaffe und Munition nach dem Bundesjagdgesetz in der zum Zeitpunkt des Erwerbs geltenden Fassung nicht verboten ist (Jagdwaffen und -munition).

(2) ¹Für Jäger gilt § 6 Abs. 3 Satz 1 nicht. ²Bei Jägern, die Inhaber eines Jahresjagdscheines im Sinne von § 15 Abs. 2 in Verbindung mit Abs. 1 Satz 1 des Bundesjagdgesetzes sind, erfolgt keine Prüfung der Voraussetzungen des Absatzes 1 Nr. 1 sowie des § 4 Abs. 1 Nr. 4 für den Erwerb und Besitz von Langwaffen und zwei Kurzwaffen, sofern die Voraussetzungen des Absatzes 1 Nr. 2 vorliegen.

(3) ¹Inhaber eines gültigen Jahresjagdscheines im Sinne des § 15 Abs. 2 in Verbindung mit Abs. 1 Satz 1 des Bundesjagdgesetzes bedürfen zum Erwerb von Langwaffen nach Absatz 1 Nr. 2 keiner Erlaubnis. ²Der Jagdscheininhaber nach Satz 1 hat binnen zwei Wochen nach Erwerb einer Langwaffe bei der zuständigen Behörde die Ausstellung einer Waffenbesitzkarte zu beantragen.

(4) Für den Erwerb und vorübergehenden Besitz gemäß § 12 Abs. 1 Nr. 1 von Langwaffen nach Absatz 1 Nr. 2 steht ein Jagdschein im Sinne von § 15 Abs. 1 Satz 1 des Bundesjagdgesetzes einer Waffenbesitzkarte gleich.

(5) Jäger bedürfen für den Erwerb und Besitz von Munition für Langwaffen nach Absatz 1 Nr. 2 keiner Erlaubnis, sofern sie nicht nach dem Bundesjagdgesetz in der jeweiligen Fassung verboten ist.

(6) ¹Ein Jäger darf Jagdwaffen zur befugten Jagdausübung einschließlich des Ein- und Anschießens im Revier, zur Ausbildung von Jagdhunden im Revier, zum Jagdschutz oder zum Forstschutz ohne Erlaubnis führen und mit ihnen schießen; er darf auch im Zusammenhang mit diesen Tätigkeiten die Jagdwaffen nicht schussbereit ohne Erlaubnis führen. ²Der befugten Jagdausübung gleichgestellt ist der Abschuss von Tieren, die dem Naturschutzrecht unterliegen, wenn die naturschutzrechtliche Ausnahme oder Befreiung die Tötung durch einen Jagdscheininhaber vorsieht.

(7) ¹Inhabern eines Jugendjagdscheines im Sinne von § 16 des Bundesjagdgesetzes wird eine Erlaubnis zum Erwerb und Besitz von Schusswaffen und der dafür bestimmten Munition nicht erteilt. ²Sie dürfen Schusswaffen und die dafür bestimmte Munition nur für die Dauer der Ausübung der Jagd oder des Trainings im jagdlichen Schießen einschließlich jagdlicher Schießwettkämpfe ohne Erlaubnis erwerben, besitzen, die Schusswaffen führen und damit schießen; sie dürfen auch im Zusammenhang mit diesen Tätigkeiten die Jagdwaffen nicht schussbereit ohne Erlaubnis führen.

(8) ¹Personen in der Ausbildung zum Jäger dürfen nicht schussbereite Jagdwaffen in der Ausbildung ohne Erlaubnis unter Aufsicht eines Ausbilders erwerben, besitzen und führen, wenn sie das 14. Lebensjahr vollendet haben und der Sorgeberechtigte und der Ausbildungsleiter ihr Einverständnis in einer schriftlichen oder elektronischen Berechtigungsbescheinigung erklärt haben. ²Die Person hat in der Ausbildung die Berechtigungsbescheinigung mit sich zu führen.

(9) ¹Auf Schalldämpfer finden die Absätze 1 bis 4 und 6 bis 8 entsprechende Anwendung. ²Die Schalldämpfer gemäß Satz 1 dürfen ausschließlich mit für die Jagd zugelassenen Langwaffen für Munition mit Zentralfeuerzündung im Rahmen der Jagd und des jagdlichen Übungsschießens verwendet werden.

§ 14 Erwerb und Besitz von Schusswaffen und Munition durch Sportschützen

(1) ¹Die Erlaubnis zum Erwerb und Besitz von Schusswaffen und Munition zum Zweck des sportlichen Schießens wird abweichend von § 4 Abs. 1 Nr. 1 nur erteilt, wenn der Antragsteller das 21. Lebensjahr vollendet hat. ²Satz 1 gilt nicht für den Erwerb und Besitz von Schusswaffen bis zu einem Kaliber von 5,6 mm lfB (.22 l.r.) für Munition mit Randfeuerzündung, wenn die Mündungsenergie der Geschosse höchstens 200 Joule (J) beträgt, und Einzellader-Langwaffen mit glatten Läufen mit Kaliber 12 oder kleiner, sofern das sportliche Schießen mit solchen Waffen durch die genehmigte Sportordnung eines Schießsportverbandes zugelassen ist.

(2) Ein Bedürfnis für den Erwerb und Besitz von Schusswaffen und der dafür bestimmten Munition wird bei Mitgliedern eines Schießsportvereins anerkannt, der einem nach § 15 Abs. 1 anerkannten Schießsportverband angehört.

(3) ¹Für das Bedürfnis zum Erwerb von Schusswaffen und der dafür bestimmten Munition ist durch eine Bescheinigung des Schießsportverbandes oder eines ihm angegliederten Teilverbandes glaubhaft zu machen, dass

1. das Mitglied seit mindestens zwölf Monaten den Schießsport in einem Verein mit erlaubnispflichtigen Schusswaffen betreibt,

2. das Mitglied den Schießsport in einem Verein innerhalb der vergangenen zwölf Monate mindestens
 a) einmal in jedem ganzen Monat dieses Zeitraums ausgeübt hat, oder
 b) 18 Mal insgesamt innerhalb dieses Zeitraums ausgeübt hat,
 und

3. die zu erwerbende Waffe für eine Sportdisziplin nach der Sportordnung des Schießsportverbandes zugelassen und erforderlich ist.

²Innerhalb von sechs Monaten dürfen in der Regel nicht mehr als zwei Schusswaffen erworben werden.

(4) ¹Für das Bedürfnis zum Besitz von Schusswaffen und der dafür bestimmten Munition ist durch eine Bescheinigung des Schießsportverbandes oder eines ihm angegliederten Teilverbandes glaubhaft zu machen, dass das Mitglied in den letzten 24 Monaten vor Prüfung des Bedürfnisses den Schießsport in einem Verein mit einer eigenen erlaubnispflichtigen Waffe

1. mindestens einmal alle drei Monate in diesem Zeitraum betrieben hat oder
2. mindestens sechsmal innerhalb eines abgeschlossenen Zeitraums von jeweils zwölf Monaten betrieben hat.

[2]Besitzt das Mitglied sowohl Lang- als auch Kurzwaffen, so ist der Nachweis nach Satz 1 für Waffen beider Kategorien zu erbringen. [3]Sind seit der ersten Eintragung einer Schusswaffe in die Waffenbesitzkarte oder der erstmaligen Ausstellung einer Munitionserwerbserlaubnis zehn Jahre vergangen, genügt für das Fortbestehen des Bedürfnisses des Sportschützen die Mitgliedschaft in einem Schießsportverein nach Absatz 2; die Mitgliedschaft ist im Rahmen der Folgeprüfungen nach § 4 Absatz 4 durch eine Bescheinigung des Schießsportvereins nachzuweisen.

(5) Ein Bedürfnis von Sportschützen nach Absatz 2 für den Erwerb und Besitz von mehr als drei halbautomatischen Langwaffen und mehr als zwei mehrschüssigen Kurzwaffen für Patronenmunition sowie der hierfür erforderlichen Munition wird unter Beachtung des Absatzes 2 durch Vorlage einer Bescheinigung des Schießsportverbandes des Antragstellers glaubhaft gemacht, wonach die weitere Waffe

1. von ihm zur Ausübung weiterer Sportdisziplinen benötigt wird oder
2. zur Ausübung des Wettkampfsports erforderlich ist

und der Antragsteller regelmäßig an Schießsportwettkämpfen teilgenommen hat.

(6) Sportschützen, die dem Schießsport in einem Schießsportverband nach § 15 Absatz 1 als gemeldetes Mitglied nachgehen, wird abweichend von § 10 Absatz 1 Satz 3 unter Beachtung des Absatzes 3 Satz 1 Nummer 1 und 2 und Satz 2 eine unbefristete Erlaubnis erteilt, die zum Erwerb von insgesamt bis zu zehn Einzellader- Langwaffen mit glatten und gezogenen Läufen, Repetier-Langwaffen mit gezogenen Läufen sowie einläufigen Einzellader-Kurzwaffen für Patronenmunition und mehrschüssigen Kurzund Langwaffen mit Zündhütchenzündung (Perkussionswaffen) berechtigt.

§ 15 Schießsportverbände, schießsportliche Vereine

(1) Als Schießsportverband im Sinne dieses Gesetzes wird ein überörtlicher Zusammenschluss schießsportlicher Vereine anerkannt, der

1. wenigstens in jedem Land, in dem seine Sportschützen ansässig sind, in schießsportlichen Vereinen organisiert ist,
2. mindestens 10 000 Sportschützen, die mit Schusswaffen schießen, als Mitglieder insgesamt in seinen Vereinen hat,
3. den Schießsport als Breitensport und Leistungssport betreibt,
4. a) auf eine sachgerechte Ausbildung in den schießsportlichen Vereinen und
 b) zur Förderung des Nachwuchses auf die Durchführung eines altersgerechten Schießsports für Kinder oder Jugendliche in diesen Vereinen
 hinwirkt,
5. regelmäßig überregionale Wettbewerbe organisiert oder daran teilnimmt,
6. den sportlichen Betrieb in den Vereinen auf der Grundlage einer genehmigten Schießsportordnung organisiert und
7. im Rahmen eines festgelegten Verfahrens die ihm angehörenden schießsportlichen Vereine verpflichtet und regelmäßig darauf überprüft, dass diese
 a) die ihnen nach diesem Gesetz oder auf Grund dieses Gesetzes obliegenden Pflichten erfüllen,
 b) einen Nachweis über die Häufigkeit der schießsportlichen Aktivitäten jedes ihrer Mitglieder während der letzten 24 Monate vor Prüfung des Bedürfnisses nach § 4 Absatz 4 führen, sofern nicht ein Fall des § 14 Absatz 4 Satz 3 vorliegt, und
 c) über eigene Schießstätten für die nach der Schießsportordnung betriebenen Disziplinen verfügen oder geregelte Nutzungsmöglichkeiten für derartige Schießstätten nachweisen.

(2) [1]Von den Voraussetzungen des Absatzes 1 Nr. 1, 2 oder 4 Buchstabe b kann abgewichen werden, wenn die besondere Eigenart des Verbandes dies erfordert, öffentliche Interessen nicht entgegenstehen und der Verband die Gewähr dafür bietet, die sonstigen Anforderungen nach Absatz 1 an die geordnete Ausübung des Schießsports zu erfüllen. [2]Ein Abweichen von dem Erfordernis nach Absatz 1 Nr. 2 ist unter Beachtung des Satzes 1 nur bei Verbänden zulässig, die mindestens 2 000 Sportschützen, die mit Schusswaffen schießen, als Mitglieder in ihren Vereinen haben.

(3) Die Anerkennung nach Absatz 1 erfolgt durch das Bundesverwaltungsamt im Benehmen mit den nach § 48 Abs. 1 zuständigen Behörden des Landes, in dem der Schießsportverband seinen Sitz hat, und, soweit nicht der Schießsportverband nur auf dem Gebiet dieses Landes tätig ist, im Benehmen mit den nach § 48 Abs. 1 zuständigen Behörden der übrigen Länder.

(4) [1]Die zuständige Behörde hat das Recht, jederzeit den Nachweis über das Vorliegen der Voraussetzungen für die Anerkennung zu verlangen. [2]Die Anerkennung kann zurückgenommen werden, wenn die

Voraussetzungen nach Absatz 1 für ihre Erteilung nicht vorgelegen haben; sie ist zurückzunehmen, wenn die Voraussetzungen weiterhin nicht vorliegen. [3]Die Anerkennung ist zu widerrufen, wenn eine der Voraussetzungen für ihre Erteilung nachträglich entfallen ist. [4]Anerkennung, Rücknahme und Widerruf sind im Bundesanzeiger zu veröffentlichen. [5]Vom Zeitpunkt der Unanfechtbarkeit der Aufhebung der Anerkennung an sind die Bescheinigungen des betreffenden Verbandes nach § 14 Absatz 3, 4 und 5 nicht mehr als geeignete Mittel zur Glaubhaftmachung anzuerkennen. [6]Sofern der Grund für die Aufhebung der Anerkennung Zweifel an der inhaltlichen Richtigkeit von Bescheinigungen aufkommen lässt, können die Behörden bereits ab der Einleitung der Anhörung von der Anerkennung der Bescheinigungen absehen. [7]Die Anerkennungsbehörde unterrichtet die nach Absatz 3 an der Anerkennung beteiligten Stellen von der Einleitung und dem Abschluss des Verfahrens zur Aufhebung der Anerkennung.

(5) Der schießsportliche Verein ist verpflichtet, der zuständigen Behörde Sportschützen, die Inhaber einer Waffenbesitzkarte sind und die aus ihrem Verein ausgeschieden sind, unverzüglich zu benennen.

§ 15a Sportordnungen

(1) [1]Sportliches Schießen liegt dann vor, wenn nach festen Regeln einer genehmigten Sportordnung geschossen wird. [2]Schießübungen des kampfmäßigen Schießens, insbesondere die Verwendung von Zielen oder Scheiben, die Menschen darstellen oder symbolisieren, sind im Schießsport nicht zulässig.

(2) [1]Das Bundesverwaltungsamt entscheidet über die erstmalige Genehmigung und die Änderung der Teile der Sportordnungen von Verbänden und Vereinen, die für die Ausführung dieses Gesetzes und der auf seiner Grundlage erlassenen Rechtsverordnungen erheblich sind. [2]Die erstmalige Genehmigung oder die Genehmigung von Änderungen erfolgt, wenn die zu prüfenden Teile der Sportordnungen den Anforderungen dieses Gesetzes und der auf Grundlage von Absatz 4 erlassenen Rechtsverordnung genügen. [3]Eine Änderung gilt als genehmigt, wenn das Bundesverwaltungsamt nicht binnen drei Monaten nach Zugang aller erforderlichen Prüfunterlagen Änderungen verlangt oder dem Betroffenen mitteilt, dass die Prüfung aus anderen wichtigen Gründen nicht abgeschlossen werden kann.

(3) Die Genehmigung von Sportordnungen ohne gleichzeitige Anerkennung als Verband nach § 15 Absatz 1 erfolgt, wenn die Vorgaben des § 15 Absatz 1 Nummer 4 Buchstabe a und Nummer 7 sowie die Vorgaben des Absatzes 2 Satz 2 erfüllt sind.

(4) Das Bundesministerium des Innern, für Bau und Heimat wird ermächtigt, durch Rechtsverordnung mit Zustimmung des Bundesrates zur Abwehr von Gefahren für die öffentliche Sicherheit oder Ordnung unter Berücksichtigung der berechtigten Interessen des Schießsports Vorschriften über die Anforderungen und die Inhalte der Sportordnungen zum sportlichen Schießen zu erlassen und insbesondere zu bestimmen, dass vom Schießsport bestimmte Schusswaffen wegen ihrer Konstruktion, ihrer Handhabung oder Wirkungsweise ganz oder teilweise ausgeschlossen sind.

§ 15b Fachbeirat Schießsport

Das Bundesministerium des Innern, für Bau und Heimat wird ermächtigt, durch Rechtsverordnung mit Zustimmung des Bundesrates einen Ausschuss zu bilden, in den neben Vertretern der beteiligten Bundes- und Landesbehörden auch Vertreter des Sports zu berufen sind und der das Bundesverwaltungsamt in Fragen der Anerkennung eines Schießsportverbandes und der Genehmigung von Schießsportordnungen nach § 15a Abs. 2 und 3 unter Berücksichtigung waffentechnischer Fragen berät.

§ 16 Erwerb und Besitz von Schusswaffen und Munition durch Brauchtumsschützen, Führen von Waffen und Schießen zur Brauchtumspflege

(1) Ein Bedürfnis für den Erwerb und Besitz von Einzellader-Langwaffen und bis zu drei Repetier-Langwaffen sowie der dafür bestimmten Munition wird bei Mitgliedern einer zur Brauchtumspflege Waffen tragenden Vereinigung (Brauchtumsschützen) anerkannt, wenn sie durch eine Bescheinigung der Brauchtumsschützenvereinigung glaubhaft machen, dass sie diese Waffen zur Pflege des Brauchtums benötigen.

(2) Für Veranstaltungen, bei denen es Brauch ist, aus besonderem Anlass Waffen zu tragen, kann für die Dauer von fünf Jahren die Ausnahmebewilligung zum Führen von in Absatz 1 Satz 1 genannten Schusswaffen sowie von sonstigen zur Brauchtumspflege benötigten Waffen im Sinne des § 1 Abs. 2 Nr. 2 einem verantwortlichen Leiter der Brauchtumsschützenvereinigung unter den Voraussetzungen des § 42 Abs. 2 erteilt werden, wenn gewährleistet ist, dass die erforderliche Sorgfalt beachtet wird.

(3) [1]Die Erlaubnis zum Schießen mit den in Absatz 1 Satz 1 genannten Schusswaffen außerhalb von Schießstätten mit Kartuschenmunition bei Veranstaltungen nach Absatz 2 kann für die Dauer von fünf Jahren einem verantwortlichen Leiter der Brauchtumsschützenvereinigung erteilt werden. [2]Sie ist zu versagen, wenn

1. in dessen Person eine Voraussetzung nach § 4 Abs. 1 Nr. 1 bis 4 nicht vorliegt,
2. die Beachtung der erforderlichen Sorgfalt nicht gewährleistet ist,

3. Gefahren oder erhebliche Nachteile für Einzelne oder die Allgemeinheit zu befürchten sind und nicht durch Auflagen verhindert werden können oder

4. kein Haftpflichtversicherungsschutz gemäß § 4 Abs. 1 Nr. 5 nachgewiesen ist.

³Die Erlaubnis nach Satz 1 kann mit der Ausnahmebewilligung nach Absatz 2 verbunden werden.

(4) ¹Brauchtumsschützen dürfen in den Fällen der Absätze 2 und 3 oder bei Vorliegen einer Ausnahmebewilligung nach § 42 Abs. 2 die Schusswaffen ohne Erlaubnis führen und damit schießen. ²Sie dürfen die zur Pflege des Brauchtums benötigten Schusswaffen auch im Zusammenhang mit Veranstaltungen, bei denen es Brauch ist, aus besonderem Anlass Waffen zu tragen, für die eine Erlaubnis nach Absatz 2 oder nach § 42 Abs. 2 erteilt wurde, ohne Erlaubnis führen.

§ 17 Erwerb und Besitz von Schusswaffen oder Munition durch Waffen- oder Munitionssammler

(1) Ein Bedürfnis zum Erwerb und Besitz von Schusswaffen oder Munition wird bei Personen anerkannt, die glaubhaft machen, dass sie Schusswaffen oder Munition für eine kulturhistorisch bedeutsame Sammlung (Waffensammler, Munitionssammler) benötigen; kulturhistorisch bedeutsam ist auch eine wissenschaftlich-technische Sammlung.

(2) ¹Die Erlaubnis zum Erwerb von Schusswaffen oder Munition wird in der Regel unbefristet erteilt. ²Sie kann mit der Auflage verbunden werden, der Behörde in bestimmten Zeitabständen eine Aufstellung über den Bestand an Schusswaffen vorzulegen.

(3) Die Erlaubnis zum Erwerb und Besitz von Schusswaffen oder Munition wird auch einem Erben, Vermächtnisnehmer oder durch Auflage Begünstigten (Erwerber infolge eines Erbfalls) erteilt, der eine vorhandene Sammlung des Erblassers im Sinne des Absatzes 1 fortführt.

§ 18 Erwerb und Besitz von Schusswaffen oder Munition durch Waffen- oder Munitionssachverständige

(1) Ein Bedürfnis zum Erwerb und Besitz von Schusswaffen oder Munition wird bei Personen anerkannt, die glaubhaft machen, dass sie Schusswaffen oder Munition für wissenschaftliche oder technische Zwecke, zur Erprobung, Begutachtung, Untersuchung oder zu einem ähnlichen Zweck (Waffen-, Munitionssachverständige) benötigen.

(2) ¹Die Erlaubnis zum Erwerb von Schusswaffen oder Munition wird in der Regel

1. für Schusswaffen oder Munition jeder Art und

2. unbefristet

erteilt. ²Sie kann mit der Auflage verbunden werden, der Behörde in bestimmten Zeitabständen eine Aufstellung über den Bestand an Schusswaffen vorzulegen.

§ 19 Erwerb und Besitz von Schusswaffen und Munition, Führen von Schusswaffen durch gefährdete Personen

(1) Ein Bedürfnis zum Erwerb und Besitz einer Schusswaffe und der dafür bestimmten Munition wird bei einer Person anerkannt, die glaubhaft macht,

1. wesentlich mehr als die Allgemeinheit durch Angriffe auf Leib oder Leben gefährdet zu sein und

2. dass der Erwerb der Schusswaffe und der Munition geeignet und erforderlich ist, diese Gefährdung zu mindern.

(2) Ein Bedürfnis zum Führen einer Schusswaffe wird anerkannt, wenn glaubhaft gemacht ist, dass die Voraussetzungen nach Absatz 1 auch außerhalb der eigenen Wohnung, Geschäftsräume oder des eigenen befriedeten Besitztums vorliegen.

§ 20 Erwerb und Besitz von Schusswaffen durch Erwerber infolge eines Erbfalls

(1) Der Erbe hat binnen eines Monats nach der Annahme der Erbschaft oder dem Ablauf der für die Ausschlagung der Erbschaft vorgeschriebenen Frist die Ausstellung einer Waffenbesitzkarte für die zum Nachlass gehörenden erlaubnispflichtigen Schusswaffen oder ihre Eintragung in eine bereits ausgestellte Waffenbesitzkarte zu beantragen; für den Vermächtnisnehmer oder durch Auflage Begünstigten beginnt diese Frist mit dem Erwerb der Schusswaffen.

(2) Dem Erwerber infolge eines Erbfalls ist die gemäß Absatz 1 beantragte Erlaubnis abweichend von § 4 Abs. 1 zu erteilen, wenn der Erblasser berechtigter Besitzer war und der Antragsteller zuverlässig und persönlich geeignet ist.

(3) ¹Für erlaubnispflichtige Schusswaffen und erlaubnispflichtige Munition, für die der Erwerber infolge eines Erbfalles ein Bedürfnis nach § 8 oder §§ 13 ff. geltend machen kann, sind die Vorschriften des § 4 Abs. 1 Nr. 1 bis 3 und des § 8 und der §§ 13 bis 18 anzuwenden. ²Kann kein Bedürfnis geltend gemacht werden, sind Schusswaffen durch ein dem Stand der Technik entsprechendes Blockiersystem zu sichern und ist erlaubnispflichtige Munition binnen angemessener Frist unbrauchbar zu machen oder einem Berechtigten zu überlassen. ³Einer Sicherung durch ein Blockiersystem bedarf es nicht, wenn der Erwerber

der Erbwaffe bereits auf Grund eines Bedürfnisses nach § 8 oder §§ 13 ff. berechtigter Besitzer einer erlaubnispflichtigen Schusswaffe ist. [4]Für den Transport der Schusswaffe im Zusammenhang mit dem Einbau des Blockiersystems gilt § 12 Abs. 3 Nr. 2 entsprechend.

(4) [1]Das Bundesministerium des Innern, für Bau und Heimat erstellt nach Anhörung eines Kreises von Vertretern der Wissenschaft, der betroffenen Personen, der beteiligten Wirtschaft und der für das Waffenrecht zuständigen obersten Landesbehörden dem Stand der Sicherheitstechnik entsprechende Regeln (Technische Richtlinie – Blockiersysteme für Erbwaffen) für ein Blockiersystem nach Absatz 3 Satz 2 sowie für dessen Zulassungsverfahren und veröffentlicht diese im Bundesanzeiger. [2]Die Prüfung der Konformität und die Zulassung neu entwickelter Blockiersysteme gemäß der Technischen Richtlinie erfolgt durch die Physikalisch-Technische Bundesanstalt.

(5) [1]Der Einbau und die Entsperrung von Blockiersystemen dürfen nur durch hierin eingewiesene Inhaber einer Waffenherstellungserlaubnis oder einer Waffenhandelserlaubnis nach § 21 Abs. 1 oder durch deren hierzu bevollmächtigten Mitarbeiter erfolgen. [2]Die vorübergehende Entsperrung aus besonderem Anlass ist möglich. [3]§ 39 Abs. 1 Satz 1 gilt entsprechend.

(6) [1]Die Waffenbehörde hat auf Antrag Ausnahmen von der Verpflichtung, alle Erbwaffen mit einem dem Stand der Sicherheitstechnik entsprechenden Blockiersystem zu sichern, zuzulassen, wenn oder so lange für eine oder mehrere Erbwaffen ein entsprechendes Blockiersystem noch nicht vorhanden ist. [2]Eine Ausnahme kann auch für Erbwaffen erteilt werden, die Bestandteil einer kulturhistorisch bedeutsamen Sammlung gemäß § 17 sind oder werden sollen.

Unterabschnitt 4
Besondere Erlaubnistatbestände für Waffenherstellung, Waffenhandel, Schießstätten, Bewachungsunternehmer

§ 21 Gewerbsmäßige Waffenherstellung, Waffenhandel

(1) [1]Die Erlaubnis zur gewerbsmäßig oder selbstständig im Rahmen einer wirtschaftlichen Unternehmung betriebenen Herstellung, Bearbeitung oder Instandsetzung von Schusswaffen oder Munition wird durch eine Waffenherstellungserlaubnis, die Erlaubnis zum entsprechend betriebenen Handel mit Schusswaffen oder Munition durch eine Waffenhandelserlaubnis erteilt. [2]Sie kann auf bestimmte Schusswaffen- und Munitionsarten beschränkt werden.

(2) [1]Die Waffenherstellungserlaubnis nach Absatz 1 Satz 1 schließt für Schusswaffen oder Munition, auf die sich die Erlaubnis erstreckt, die Erlaubnis zum vorläufigen oder endgültigen Überlassen an Inhaber einer Waffenherstellungs- oder Waffenhandelserlaubnis sowie zum Erwerb für Zwecke der Waffenherstellung ein. [2]Bei in die Handwerksrolle eingetragenen Büchsenmachern schließt die Waffenherstellungserlaubnis die Erlaubnis zum Waffenhandel ein.

(3) Die Erlaubnis ist zu versagen, wenn
1. der Antragsteller die erforderliche Zuverlässigkeit (§ 5) oder persönliche Eignung (§ 6) nicht besitzt,
2. der Antragsteller die für die erlaubnispflichtige Tätigkeit bei handwerksmäßiger Betriebsweise erforderlichen Voraussetzungen nach der Handwerksordnung nicht erfüllt, soweit eine Erlaubnis zu einer entsprechenden Waffenherstellung beantragt wird,
3. der Antragsteller nicht die erforderliche Fachkunde nachweist, soweit eine Erlaubnis zum Waffenhandel beantragt wird; dies gilt nicht, wenn der Antragsteller weder den Betrieb, eine Zweigniederlassung noch eine unselbstständige Zweigstelle leitet.

(4) Die Erlaubnis kann versagt werden, wenn der Antragsteller
1. nicht Deutscher im Sinne des Artikels 116 des Grundgesetzes ist oder
2. weder seinen gewöhnlichen Aufenthalt noch eine gewerbliche Niederlassung im Geltungsbereich dieses Gesetzes hat.

(5) [1]Die Erlaubnis erlischt, wenn der Erlaubnisinhaber die Tätigkeit nicht innerhalb eines Jahres nach Erteilung der Erlaubnis begonnen oder ein Jahr lang nicht ausgeübt hat. [2]Die Fristen können aus besonderen Gründen verlängert werden.

(6) Der Inhaber einer Erlaubnis nach Absatz 1 hat die Aufnahme und Einstellung des Betriebs sowie die Eröffnung und Schließung einer Zweigniederlassung oder einer unselbstständigen Zweigstelle innerhalb von zwei Wochen der zuständigen Behörde anzuzeigen.

(7) Die zuständige Behörde unterrichtet das Bundesverwaltungsamt und das Bundesamt für Wirtschaft und Ausfuhrkontrolle über das Erlöschen einer Erlaubnis nach Absatz 5 Satz 1 und über die Rücknahme oder den Widerruf einer Erlaubnis nach Absatz 1.

§ 21a Stellvertretungserlaubnis

[1]Wer ein erlaubnisbedürftiges Waffengewerbe durch einen Stellvertreter betreiben will, bedarf einer Stellvertretererlaubnis; sie wird dem Erlaubnisinhaber für einen bestimmten Stellvertreter erteilt und kann befristet werden. [2]Dies gilt auch für die Beauftragung einer Person mit der Leitung einer Zweigniederlassung oder einer unselbstständigen Zweigstelle. [3]Die Vorschriften des § 21 gelten entsprechend.

§ 22 Fachkunde

(1) [1]Die Fachkunde ist durch eine Prüfung vor der zuständigen Behörde nachzuweisen. [2]Die Fachkunde braucht nicht nachzuweisen, wer die Voraussetzungen für die Eintragung eines Büchsenmacherbetriebes in die Handwerksrolle erfüllt.

(2) Das Bundesministerium des Innern, für Bau und Heimat wird ermächtigt, durch Rechtsverordnung mit Zustimmung des Bundesrates Vorschriften über

1. die notwendigen Anforderungen an die waffentechnischen und waffenrechtlichen Kenntnisse, auch beschränkt auf bestimmte Waffen- und Munitionsarten (Fachkunde),
2. die Prüfung und das Prüfungsverfahren einschließlich der Errichtung von Prüfungsausschüssen,
3. die Anforderungen an Art, Umfang und Nachweis der beruflichen Tätigkeit nach Absatz 1 Satz 2

zu erlassen.

§ 23 *[aufgehoben]*

§ 24 Kennzeichnungspflicht, Markenanzeigepflicht

(1) [1]Wer Schusswaffen im Geltungsbereich dieses Gesetzes herstellt oder in diesen verbringt, hat unverzüglich auf den in einer Rechtsverordnung nach § 25 Nummer 2 festgelegten wesentlichen Teilen der Schusswaffe deutlich sichtbar und dauerhaft folgende Angaben anzubringen:

1. den Namen, die Firma oder eine eingetragene Marke des Herstellers der Schusswaffe,
2. für das Herstellungsland das zweistellige Landeskürzel nach ISO-Norm 3166-1[1]),
3. die Bezeichnung der Munition oder, wenn keine Munition verwendet wird, die Bezeichnung des Laufkalibers,
4. bei Schusswaffen, die aus einem Staat, der nicht Mitgliedstaat ist (Drittstaat) in den Geltungsbereich dieses Gesetzes verbracht werden, zusätzlich das Landeskürzel nach ISO-Norm 3166-1[1]) für den Drittstaat und das Jahr des Verbringens und
5. eine fortlaufende Nummer (Seriennummer).

[2]Die in Satz 1 Nummer 2, 4 und 5 genannten Angaben sind nicht anzubringen auf

1. Schusswaffen,
 a) deren Bauart nach den §§ 7 und 8 des Beschussgesetzes zugelassen ist oder
 b) die der Anzeigepflicht nach § 9 des Beschussgesetzes unterliegen,
 sowie
2. wesentlichen Teilen von erlaubnisfreien Schusswaffen.

[3]Satz 1 gilt nicht

1. für Schusswaffen, die Bestandteil einer kulturhistorisch bedeutsamen Sammlung im Sinne des § 17 sind oder werden sollen;
2. beim Verbringen unbrauchbar gemachter Schusswaffen in den Geltungsbereich dieses Gesetzes.

(2) Schusswaffen, deren Geschossen eine Bewegungsenergie von nicht mehr als 7,5 Joule erteilt wird, müssen eine Typenbezeichnung sowie das Kennzeichen nach Anlage 1 Abbildung 1 zur Ersten Verordnung zum Waffengesetz vom 24. Mai 1976 (BGBl. I S. 1285) in der zum Zeitpunkt des Inkrafttretens dieses Gesetzes geltenden Fassung oder ein durch Rechtsverordnung nach § 25 Nummer 1 bestimmtes Zeichen tragen.

(3) Auf Schusswaffen, die für die in § 55 Absatz 1 Satz 1 bezeichneten Stellen in den Geltungsbereich dieses Gesetzes verbracht werden oder im Geltungsbereich dieses Gesetzes hergestellt und den in § 55 Absatz 1 Satz 1 bezeichneten Stellen überlassen werden, sind neben den in Absatz 1 genannten Angaben zusätzlich Angaben anzubringen, aus denen die verfügungsberechtigte Stelle ersichtlich ist.

(4) [1]Wer gewerbsmäßig Munition im Geltungsbereich dieses Gesetzes herstellt oder in diesen verbringt, hat unverzüglich auf der kleinsten Verpackungseinheit Zeichen anzubringen, die den Hersteller, die Fertigungsserie (Fertigungszeichen), die Zulassung und die Bezeichnung der Munition erkennen lassen; das Herstellerzeichen und die Bezeichnung der Munition sind auch auf der Hülse anzubringen. [2]Munition, die wiedergeladen wird, ist außerdem mit einem besonderen Kennzeichen zu versehen. [3]Als Hersteller gilt, sofern er Inhaber der Zulassung nach § 11 des Beschussgesetzes ist, auch derjenige, unter dessen

1) **Amtl. Anm.:** Die ISO-Norm ist im Beuth Verlag GmbH, 10772 Berlin, erschienen. Sie ist beim Deutschen Patent- und Markenamt archivmäßig gesichert hinterlegt.

Namen, Firma oder Marke die Munition vertrieben oder anderen überlassen wird und der die Verantwortung dafür übernimmt, dass die Munition den Vorschriften dieses Gesetzes entspricht.

(5) Wer Waffenhandel betreibt, darf Schusswaffen oder Munition anderen gewerbsmäßig nur überlassen, wenn er festgestellt hat, dass die Schusswaffen gemäß Absatz 1 gekennzeichnet sind, oder wenn er auf Grund von Stichproben überzeugt ist, dass die Munition nach Absatz 4 mit dem Herstellerzeichen gekennzeichnet ist.

(6) [1]Wer gewerbsmäßig Schusswaffen, Munition oder Geschosse für Schussapparate herstellt, Munition wiederlädt oder im Geltungsbereich dieses Gesetzes mit diesen Gegenständen Handel treibt und eine Marke für diese Gegenstände benutzen will, hat dies der Physikalisch-Technischen Bundesanstalt unter Vorlage der Marke vorher schriftlich oder elektronisch anzuzeigen. [2]Verbringer, die die Marke eines Herstellers aus einem anderen Staat benutzen wollen, haben diese Marke anzuzeigen.

(7) Die Absätze 4 und 5 gelten nicht, sofern es sich um Munition handelt, die Teil einer Sammlung (§ 17 Abs. 1) oder für eine solche bestimmt ist.

§ 25 Verordnungsermächtigungen

Das Bundesministerium des Innern, für Bau und Heimat wird ermächtigt, durch Rechtsverordnung mit Zustimmung des Bundesrates zur Durchführung des § 24

1. Vorschriften zu erlassen über eine besondere Kennzeichnung bestimmter Waffen- und Munitionsarten sowie über die Art, Form und Aufbringung dieser Kennzeichnung,
2. zu bestimmen,
 a) auf welchen wesentlichen Teilen der Schusswaffe die Kennzeichen anzubringen sind und wie die Schusswaffen nach einem Austausch, einer Veränderung oder einer Umarbeitung wesentlicher Teile zu kennzeichnen sind,
 b) dass bestimmte Waffen- und Munitionsarten von der in § 24 vorgeschriebenen Kennzeichnung ganz oder teilweise befreit sind.

§ 25a Anordnungen zur Kennzeichnung

Sofern eine kennzeichnungspflichtige Schusswaffe nicht mit einer fortlaufenden Nummer (§ 24 Absatz 1 Satz 1 Nummer 5) gekennzeichnet ist, kann die zuständige Behörde auch nachträglich anordnen, dass der Besitzer an ihr ein bestimmtes Kennzeichen anbringen lässt.

§ 26 Nichtgewerbsmäßige Waffenherstellung

(1) [1]Die Erlaubnis zur nichtgewerbsmäßigen Herstellung, Bearbeitung oder Instandsetzung von Schusswaffen wird durch einen Erlaubnisschein erteilt. [2]Sie schließt den Erwerb der zu diesen Tätigkeiten benötigten wesentlichen Teilen von Schusswaffen sowie den Besitz dieser Gegenstände ein.

(2) [1]Die Erlaubnis ist auf höchstens drei Jahre zu befristen und auf eine bestimmte Zahl und Art von Schusswaffen und wesentlichen Teilen zu beschränken. [2]Personen, denen Schusswaffen zur Erprobung, Begutachtung, Untersuchung oder für ähnliche Zwecke, die insbesondere eine Bearbeitung oder Instandsetzung erforderlich machen können, überlassen werden, kann die Erlaubnis nach Absatz 1 ohne Beschränkung auf eine bestimmte Zahl und Art von Schusswaffen und wesentlichen Teilen erteilt werden.

§ 27 Schießstätten, Schießen durch Minderjährige auf Schießstätten

(1) [1]Wer
1. eine ortsfeste Anlage oder
2. eine ortsveränderliche Anlage,

die ausschließlich oder neben anderen Zwecken dem Schießsport oder sonstigen Schießsportübungen mit Schusswaffen, der Erprobung von Schusswaffen oder dem Schießen mit Schusswaffen zur Belustigung dient (Schießstätte), betreiben oder in ihrer Beschaffenheit oder in der Art ihrer Benutzung wesentlich ändern will, bedarf der Erlaubnis der zuständigen Behörde. [2]Die Erlaubnis darf nur erteilt werden, wenn der Antragsteller die erforderliche Zuverlässigkeit (§ 5) und persönliche Eignung (§ 6) besitzt und eine Versicherung gegen Haftpflicht für aus dem Betrieb der Schießstätte resultierende Schädigungen in Höhe von mindestens 1 Million Euro – pauschal für Personen- und Sachschäden – sowie gegen Unfall für aus dem Betrieb der Schießstätte resultierende Schädigungen von bei der Organisation des Schießbetriebs mitwirkenden Personen in Höhe von mindestens 10 000 Euro für den Todesfall und 100 000 Euro für den Invaliditätsfall bei einem im Geltungsbereich dieses Gesetzes zum Geschäftsbetrieb befugten Versicherungsunternehmen nachweist. [3]§ 10 Abs. 2 Satz 2 bis 5 gilt entsprechend. [4]Abweichend von Satz 2 richtet sich die Haftpflichtversicherung für Schießgeschäfte, die der Schaustellerhaftpflichtverordnung unterliegen, nach § 1 Abs. 2 Nr. 2 dieser Verordnung. [5]Bei ortsveränderlichen Schießstätten ist eine einmalige Erlaubnis vor der erstmaligen Aufstellung ausreichend. [6]Der Inhaber einer Erlaubnis nach Satz 5 hat

Aufnahme und Beendigung des Betriebs der Schießstätte der örtlich zuständigen Behörde zwei Wochen vorher schriftlich oder elektronisch anzuzeigen.

(2) [1]Absatz 1 Satz 1 ist nicht anzuwenden auf Schießstätten, bei denen in geschlossenen Räumen ausschließlich zur Erprobung von Schusswaffen oder Munition durch Waffen- oder Munitionshersteller, durch Waffen- oder Munitionssachverständige oder durch wissenschaftliche Einrichtungen geschossen wird. [2]Der Betreiber hat die Aufnahme und Beendigung des Betriebs der Schießstätte der zuständigen Behörde zwei Wochen vorher schriftlich oder elektronisch anzuzeigen.

(3) [1]Unter Obhut des zur Aufsichtsführung berechtigten Sorgeberechtigten oder verantwortlicher und zur Kinder- und Jugendarbeit für das Schießen geeigneter Aufsichtspersonen darf

1. Kindern, die das zwölfte Lebensjahr vollendet haben und noch nicht 14 Jahre alt sind, das Schießen in Schießstätten mit Druckluft-, Federdruckwaffen und Waffen, bei denen zum Antrieb der Geschosse kalte Treibgase verwendet werden (Anlage 2 Abschnitt 2 Unterabschnitt 2 Nr. 1.1 und 1.2),

2. Jugendlichen, die das 14. Lebensjahr vollendet haben und noch nicht 18 Jahre alt sind, auch das Schießen mit sonstigen Schusswaffen bis zu einem Kaliber von 5,6 mm lfB (.22 l.r.) für Munition mit Randfeuerzündung, wenn die Mündungsenergie höchstens 200 Joule (J) beträgt und Einzellader-Langwaffen mit glatten Läufen mit Kaliber 12 oder kleiner

gestattet werden, wenn der Sorgeberechtigte schriftlich oder elektronisch sein Einverständnis erklärt hat oder beim Schießen anwesend ist. [2]Die verantwortlichen Aufsichtspersonen haben die schriftlichen Einverständniserklärungen der Sorgeberechtigten vor der Aufnahme des Schießens entgegenzunehmen und während des Schießens aufzubewahren. [3]Sie sind der zuständigen Behörde oder deren Beauftragten auf Verlangen zur Prüfung auszuhändigen. [4]Die verantwortliche Aufsichtsperson hat die Geeignetheit zur Kinder- und Jugendarbeit glaubhaft zu machen. [5]Der in Satz 1 genannten besonderen Obhut bedarf es nicht beim Schießen durch Jugendliche mit Waffen nach Anlage 2 Abschnitt 2 Unterabschnitt 2 Nr. 1.1 und 1.2 und nicht beim Schießen mit sonstigen Schusswaffen durch Jugendliche, die das 16. Lebensjahr vollendet haben.

(4) [1]Die zuständige Behörde kann einem Kind zur Förderung des Leistungssports eine Ausnahme von dem Mindestalter des Absatzes 3 Satz 1 bewilligen. [2]Diese soll bewilligt werden, wenn durch eine ärztliche Bescheinigung die geistige und körperliche Eignung und durch eine Bescheinigung des Vereins die schießsportliche Begabung glaubhaft gemacht sind.

(5) [1]Personen in der Ausbildung zum Jäger dürfen in der Ausbildung ohne Erlaubnis mit Jagdwaffen schießen, wenn sie das 14. Lebensjahr vollendet haben und der Sorgeberechtigte und der Ausbildungsleiter ihr Einverständnis in einer schriftlichen oder elektronischen Berechtigungsbescheinigung erklärt haben. [2]Die Person hat in der Ausbildung die Berechtigungsbescheinigung mit sich zu führen.

(6) [1]An ortsveränderlichen Schießstätten, die dem Schießen zur Belustigung dienen, darf von einer verantwortlichen Aufsichtsperson Minderjährigen das Schießen mit Druckluft-, Federdruckwaffen und Waffen, bei denen zum Antrieb der Geschosse kalte Treibgase verwendet werden (Anlage 2 Abschnitt 2 Unterabschnitt 2 Nr. 1.1 und 1.2), gestattet werden. [2]Bei Kindern hat der Betreiber sicherzustellen, dass die verantwortliche Aufsichtsperson in jedem Fall nur einen Schützen bedient.

(7) [1]Das kampfmäßige Schießen auf Schießstätten ist nicht zulässig. [2]Das Bundesministerium des Innern, für Bau und Heimat wird ermächtigt, durch Rechtsverordnung mit Zustimmung des Bundesrates zur Abwehr von Gefahren für die öffentliche Sicherheit oder Ordnung sowie von sonstigen Gefahren oder erheblichen Nachteilen für die Benutzer einer Schießstätte, die Bewohner des Grundstücks, die Nachbarschaft oder die Allgemeinheit

1. die Benutzung von Schießstätten einschließlich der Aufsicht über das Schießen und der Anforderungen an das Aufsichtspersonal und dessen besondere Ausbildung für die Kinder- und Jugendarbeit zu regeln,

2. Vorschriften über den Umfang der Verpflichtungen zu erlassen, die bei Lehrgängen zur Ausbildung in der Verteidigung mit Schusswaffen und bei Schießübungen dieser Art einzuhalten sind; darin kann bestimmt werden,

 a) dass die Durchführung dieser Veranstaltungen einer Anzeige bedarf,

 b) dass und in welcher Weise der Veranstalter die Einstellung und das Ausscheiden der verantwortlichen Aufsichtsperson und der Ausbilder anzuzeigen hat,

 c) dass nur Personen an den Veranstaltungen teilnehmen dürfen, die aus Gründen persönlicher Gefährdung, aus dienstlichen oder beruflichen Gründen zum Besitz oder zum Führen von Schusswaffen einer Erlaubnis bedürfen,

 d) dass und in welcher Weise der Veranstalter Aufzeichnungen zu führen, aufzubewahren und der zuständigen Behörde vorzulegen hat,

e) dass die zuständige Behörde die Veranstaltungen untersagen darf, wenn der Veranstalter, die verantwortliche Aufsichtsperson oder ein Ausbilder die erforderliche Zuverlässigkeit, die persönliche Eignung oder Sachkunde nicht oder nicht mehr besitzt.

§ 27a Sicherheitstechnische Prüfung von Schießstätten; Verordnungsermächtigung

(1) [1]Schießstätten sind vor ihrer ersten Inbetriebnahme und bei wesentlichen Änderungen in der Beschaffenheit hinsichtlich der sicherheitstechnischen Anforderungen durch die zuständige Behörde unter Hinzuziehung eines anerkannten Schießstandsachverständigen zu überprüfen. [2]Schießstätten, auf denen mit erlaubnispflichtigen Schusswaffen geschossen wird, sind zusätzlich alle vier Jahre nach Satz 1 durch die zuständige Behörde zu überprüfen. [3]Ist das Schießen auf einer Schießstätte nur mit erlaubnisfreien Schusswaffen zulässig, so beträgt der Abstand zwischen den Überprüfungen nach Satz 2 höchstens sechs Jahre. [4]Falls Zweifel an dem ordnungsgemäßen Zustand oder den erforderlichen schießtechnischen Einrichtungen bestehen, kann die zuständige Behörde die Schießstätte in sicherheitstechnischer Hinsicht unter Hinzuziehung eines anerkannten Schießstandsachverständigen überprüfen oder von dem Erlaubnisinhaber die Vorlage eines Gutachtens eines anerkannten Schießstandsachverständigen verlangen. [5]Die Kosten für die Hinzuziehung eines anerkannten Schießstandsachverständigen bei den Überprüfungen nach den Sätzen 1 bis 4 hat der Betreiber der Schießstätte zu tragen.

(2) [1]Werden bei der Überprüfung Mängel festgestellt, die eine Gefährdung der Benutzer der Schießstätte oder Dritter befürchten lassen, kann die zuständige Behörde die weitere Benutzung der Schießstätte bis zur Beseitigung der Mängel untersagen. [2]Der weitere Betrieb oder die Benutzung der Schießstätte ist im Fall der Untersagung nach Satz 1 verboten.

(3) [1]Die sicherheitstechnischen Anforderungen, die an Schießstätten zu stellen sind, ergeben sich aus den „Richtlinien für die Errichtung, die Abnahme und das Betreiben von Schießständen" (Schießstandrichtlinien). [2]Das Bundesministerium des Innern, für Bau und Heimat erstellt die Schießstandrichtlinien nach Anhörung von Vertretern der Wissenschaft, der Betroffenen und der für das Waffenrecht zuständigen obersten Landesbehörden als dem Stand der Sicherheitstechnik entsprechende Regeln. [3]Das Bundesministerium des Innern, für Bau und Heimat macht die Schießstandrichtlinien im Bundesanzeiger bekannt; anzugeben ist, ab wann die Schießstandrichtlinien zu nutzen sind. [4]Die Sätze 2 und 3 gelten entsprechend für Änderungen der Schießstandrichtlinien. [5]Die Schießstandrichtlinien sind in der jeweils aktuell geltenden Fassung anzuwenden.

(4) [1]Die Landesregierungen werden ermächtigt, durch Rechtsverordnung die Qualifikationsanforderungen für die Anerkennung als Schießstandsachverständiger nach Absatz 1 sowie das Verfahren der Anerkennung zu regeln. [2]Wird eine Rechtsverordnung nach Satz 1 erlassen, ist in ihr insbesondere vorzusehen, dass eine Anerkennung als Schießstandsachverständiger nur erfolgen darf, wenn der Betreffende durch eine Prüfung hinreichende Kenntnisse der in Absatz 3 genannten Schießstandrichtlinien nachgewiesen hat.

§ 28 Erwerb, Besitz und Führen von Schusswaffen und Munition durch Bewachungsunternehmer und ihr Bewachungspersonal

(1) [1]Ein Bedürfnis zum Erwerb, Besitz und Führen von Schusswaffen wird bei einem Bewachungsunternehmer (§ 34a der Gewerbeordnung) anerkannt, wenn er glaubhaft macht, dass Bewachungsaufträge wahrgenommen werden oder werden sollen, die aus Gründen der Sicherung einer gefährdeten Person im Sinne des § 19 oder eines gefährdeten Objektes Schusswaffen erfordern. [2]Satz 1 gilt entsprechend für Wachdienste als Teil wirtschaftlicher Unternehmungen. [3]Ein nach den Sätzen 1 und 2 glaubhaft gemachtes Bedürfnis umfasst auch den Erwerb und Besitz der für die dort genannten Schusswaffen bestimmten Munition.

(2) [1]Die Schusswaffe darf nur bei der tatsächlichen Durchführung eines konkreten Auftrages nach Absatz 1 geführt werden. [2]Der Unternehmer hat dies auch bei seinem Bewachungspersonal in geeigneter Weise sicherzustellen.

(3) [1]Wachpersonen, die auf Grund eines Arbeitsverhältnisses Schusswaffen des Erlaubnisinhabers nach dessen Weisung besitzen oder führen sollen, sind der zuständigen Behörde zur Prüfung zu benennen; der Unternehmer soll die betreffende Wachperson in geeigneter Weise vorher über die Benennung unter Hinweis auf die Erforderlichkeit der Verarbeitung personenbezogener Daten bei der Behörde unterrichten. [2]Die Überlassung von Schusswaffen oder Munition darf erst erfolgen, wenn die zuständige Behörde zugestimmt hat. [3]Die Zustimmung ist zu versagen, wenn die Wachperson nicht die Voraussetzungen des § 4 Abs. 1 Nr. 1 bis 3 erfüllt oder die Haftpflichtversicherung des Bewachungsunternehmers das Risiko des Umgangs mit Schusswaffen durch die Wachpersonen nicht umfasst.

(4) In einen Waffenschein nach § 10 Abs. 4 kann auch der Zusatz aufgenommen werden, dass die in Absatz 3 bezeichneten Personen die ihnen überlassenen Waffen nach Weisung des Erlaubnisinhabers führen dürfen.

§ 28a Erwerb, Besitz und Führen von Schusswaffen und Munition durch Bewachungsunternehmen und ihr Bewachungspersonal für Bewachungsaufgaben nach § 31 Absatz 1 der Gewerbeordnung

(1) ¹Für den Erwerb, Besitz und das Führen von Schusswaffen und Munition durch Bewachungsunternehmen und ihr Bewachungspersonal für Bewachungsaufgaben nach § 31 Absatz 1 der Gewerbeordnung auf Seeschiffen, die die Bundesflagge führen, ist § 28 entsprechend anzuwenden. ²Abweichend von § 28 Absatz 1 wird ein Bedürfnis für derartige Bewachungsaufgaben bei Bewachungsunternehmen anerkannt, die eine Zulassung nach § 31 Absatz 1 der Gewerbeordnung besitzen. ³Abweichend von § 28 Absatz 3 wird die Erlaubnis mit Auflagen erteilt, die die Unternehmer verpflichten,

1. als Bewachungspersonal nur Personen zu beschäftigen, welche die Voraussetzungen nach § 4 Absatz 1 Nummer 1 bis 3 erfüllen,

2. der zuständigen Behörde die eingesetzten Personen in einem von der Behörde bestimmten Zeitraum zu benennen und

3. auf Verlangen der zuständigen Behörde Nachweise vorzulegen, die belegen, dass die eingesetzten Personen die Anforderungen nach § 4 Absatz 1 Nummer 1 bis 3 erfüllen.

(2) ¹Die Erlaubnis ist auf die Dauer der Zulassung nach § 31 der Gewerbeordnung zu befristen. ²Sie kann verlängert werden. ³Die Verlängerung der Erlaubnis ist insbesondere zu versagen, wenn die Auflagen nach Absatz 3 Satz 3 nicht eingehalten wurden. ⁴Im Übrigen gelten die allgemeinen Bestimmungen dieses Gesetzes. ⁵Die Erlaubnis schließt die Erlaubnis zum Verbringen in den Geltungsbereich dieses Gesetzes an Bord des Seeschiffes nach § 29 Absatz 1 ein.

(3) ¹Die zuständige Behörde kann zur Prüfung der Zuverlässigkeit, Eignung und Sachkunde der im Bewachungsunternehmen verantwortlichen Geschäftsleitung sowie der mit der Leitung des Betriebes oder einer Zweigniederlassung beauftragten Personen und der im Zusammenhang mit der Bewachungsaufgabe tätigen Personen auf die Erkenntnisse und Bewertungen der für die Zulassung nach § 31 Absatz 2 Satz 1 der Gewerbeordnung zuständigen Behörde zurückgreifen. ²Abweichend von § 7 Absatz 2 orientieren sich die Anforderungen an die Sachkunde an den auf der Grundlage von § 31 Absatz 4 Satz 1 Nummer 3 Buchstabe a der Gewerbeordnung in einer Rechtsverordnung festgelegten besonderen Anforderungen für den Einsatz auf Seeschiffen. ³Die für das gewerberechtliche Verfahren zuständige Behörde sowie die Bundespolizei dürfen der zuständigen Behörde auch ohne Ersuchen Informationen einschließlich personenbezogener Daten übermitteln, soweit dies zur Erfüllung der waffenbehördlichen Aufgaben erforderlich ist. ⁴Die Bundespolizei ist im Rahmen der Prüfung nach § 8 Nummer 2 zu beteiligen.

(4) Absatz 3 Satz 3 ist entsprechend anzuwenden auf die Übermittlung von Informationen einschließlich personenbezogener Daten durch die zuständige Behörde, soweit dies zur Erfüllung der Aufgaben nach § 31 Absatz 2 der Gewerbeordnung erforderlich ist.

(5) Hat das Bewachungsunternehmen seinen Sitz im Inland, so erfolgt die Erteilung der Erlaubnis durch die nach § 48 Absatz 1 Satz 2 bestimmte Behörde im Benehmen mit der für die gewerbliche Hauptniederlassung zuständigen Behörde.

(6) ¹Eine auf der Grundlage des § 28 erteilte Erlaubnis gilt befristet bis zum 31. Dezember 2013 für Aufträge nach § 31 der Gewerbeordnung mit der Maßgabe fort, dass der Inhaber der Erlaubnis der zuständigen Behörde unverzüglich anzuzeigen hat, dass er Aufträge im Sinne des § 31 der Gewerbeordnung wahrnimmt oder wahrnehmen möchte. ²Die nach § 48 Absatz 1 Satz 1 zuständige Behörde übermittelt der nach § 48 Absatz 1 Satz 2 zuständigen Behörde die Anzeige einschließlich der für die Entscheidung erforderlichen Unterlagen. ³Weist der in Satz 1 genannte Inhaber der Erlaubnis der nach § 48 Absatz 1 Satz 2 zuständigen Behörde bis zum 31. Dezember 2013 die Zulassung nach § 31 Absatz 1 der Gewerbeordnung und das Vorliegen der Voraussetzungen nach Absatz 1 nach, erteilt diese eine auf die Durchführung von Bewachungsaufgaben nach § 31 Absatz 1 der Gewerbeordnung beschränkte Erlaubnis. ⁴Absatz 1 Satz 3, Absatz 2 Satz 1, 4 und 5 sowie Absatz 5 gelten für diese Erlaubnis entsprechend.

Verbringen und Mitnahme von Waffen oder Munition in den, durch den oder aus dem Geltungsbereich des Gesetzes

§ 29 Verbringen von Waffen oder Munition in den, durch den oder aus dem Geltungsbereich dieses Gesetzes

(1) ¹Eine Erlaubnis zum Verbringen von Waffen oder Munition in den, durch den oder aus dem Geltungsbereich dieses Gesetzes kann erteilt werden, wenn der Antragsteller den sicheren Transport durch einen zum Erwerb oder Besitz dieser Waffen oder Munition Berechtigten gewährleistet. ²Für eine Erlaubnis zum Verbringen von Waffen oder Munition in den Geltungsbereich dieses Gesetzes ist zusätzlich erforderlich, dass der Empfänger zum Erwerb und Besitz dieser Waffen oder Munition berechtigt ist.

(2) ¹Sollen Waffen oder Munition nach Anlage 1 Abschnitt 3 (Kategorien A 1.2 bis C) aus dem Geltungsbereich dieses Gesetzes in einen anderen Mitgliedstaat verbracht werden, wird die Erlaubnis nur erteilt, wenn der andere Mitgliedstaat das Verbringen erlaubt hat oder der Antragsteller glaubhaft gemacht hat, dass nach dem Recht des anderen Mitgliedstaates keine solche Erlaubnis erforderlich ist. ²Satz 1 gilt entsprechend für das Verbringen aus einem Drittstaat durch den Geltungsbereich dieses Gesetzes in einen anderen Mitgliedstaat.

§ 30 Allgemeine Erlaubnis zum Verbringen von Waffen oder Munition aus dem Geltungsbereich dieses Gesetzes in andere Mitgliedstaaten

¹Gewerbsmäßigen Waffenherstellern oder Waffenhändlern nach § 21 kann abweichend von § 29 allgemein die Erlaubnis zum Verbringen von Waffen oder Munition nach Anlage 1 Abschnitt 3 (Kategorien A 1.2 bis C) aus dem Geltungsbereich dieses Gesetzes zu Waffenhändlern in anderen Mitgliedstaaten für die Dauer von bis zu drei Jahren erteilt werden. ²Die Erlaubnis kann auf bestimmte Arten von Waffen oder Munition und auf bestimmte Mitgliedstaaten beschränkt werden. ³Der Inhaber einer Erlaubnis nach Satz 1 hat ein Verbringen auf Grund dieser Erlaubnis dem Bundesverwaltungsamt vorher schriftlich oder elektronisch anzuzeigen.

§ 31 *[aufgehoben]*

§ 32 Mitnahme von Waffen oder Munition in den, durch den oder aus dem Geltungsbereich des Gesetzes, Europäischer Feuerwaffenpass

(1) ¹Die Erlaubnis zur Mitnahme von Waffen oder Munition in den oder durch den Geltungsbereich des Gesetzes kann erteilt werden, wenn die Voraussetzungen des § 4 Abs. 1 Nr. 1 bis 4 vorliegen. ²Die Erlaubnis kann für die Dauer von bis zu einem Jahr für einen oder für mehrere Mitnahmevorgänge erteilt werden und kann mehrfach um jeweils ein Jahr verlängert werden. ³Für Personen aus einem Drittstaat wird die Erlaubnis zur Mitnahme von Schusswaffen oder Munition nach Anlage 1 Abschnitt 3 (Kategorien A 1.2 bis C) durch den Geltungsbereich des Gesetzes in einen anderen Mitgliedstaat nur erteilt, wenn der andere Mitgliedstaat die Mitnahme erlaubt hat.

(1a) ¹Die Erlaubnis zur Mitnahme von Waffen oder Munition in einen anderen Mitgliedstaat kann erteilt werden, wenn der Antragsteller

1. zum Erwerb und Besitz der Waffen nach Maßgabe dieses Gesetzes berechtigt ist,
2. die nach dem Recht des anderen Mitgliedstaates erforderliche vorherige Zustimmung vorliegt und
3. der sichere Transport durch den Antragsteller gewährleistet ist.

²Absatz 1 Satz 2 gilt entsprechend.

(2) Eine Erlaubnis nach Absatz 1 darf Personen, die ihren gewöhnlichen Aufenthalt in einem anderen Mitgliedstaat haben und Schusswaffen nach Anlage 1 Abschnitt 3 (Kategorien A 1.2 bis C) und die dafür bestimmte Munition nach Absatz 1 mitnehmen wollen, nur erteilt werden, wenn sie Inhaber eines durch diesen Mitgliedstaat ausgestellten Europäischen Feuerwaffenpasses sind und die Waffen in den Europäischen Feuerwaffenpass eingetragen sind.

(3) Sofern sie den Grund der Mitnahme nachweisen können, Inhaber eines Europäischen Feuerwaffenpasses sind und die Waffen in den Europäischen Feuerwaffenpass eingetragen sind, bedarf es einer Erlaubnis nach Absatz 1 oder Absatz 1a nicht für

1. Jäger, die bis zu drei Langwaffen nach Anlage 1 Abschnitt 3 der Kategorie C und die dafür bestimmte Munition im Sinne des § 13 Absatz 1 Nummer 2, Absatz 5 zum Zweck der Jagd mitnehmen,
2. Sportschützen, die bis zu sechs Schusswaffen nach Anlage 1 Abschnitt 3 der Kategorien B oder C und die dafür bestimmte Munition zum Zweck des Schießsports mitnehmen,
3. Brauchtumsschützen, die bis zu drei Einzellader- oder Repetier-Langwaffen nach Anlage 1 Abschnitt 3 der Kategorie C und die dafür bestimmte Munition zur Teilnahme an einer Brauchtumsveranstaltung mitnehmen.

(4) Zu den in Absatz 3 Nr. 1 bis 3 beschriebenen Zwecken kann für die dort jeweils genannten Waffen und Munition Personen, die ihren gewöhnlichen Aufenthalt in einem Drittstaat haben, abweichend von Absatz 1 eine Erlaubnis erteilt werden, es sei denn, dass Tatsachen die Annahme rechtfertigen, dass die Voraussetzungen des § 4 Abs. 1 Nr. 2 nicht vorliegen.

(5) [1]Einer Erlaubnis zur Mitnahme von Waffen oder Munition in den oder durch den Geltungsbereich des Gesetzes bedarf es nicht

1. für Waffen oder Munition, die durch Inhaber einer Erlaubnis zum Erwerb oder Besitz für diese Waffen oder Munition mitgenommen werden,

2. für Signalwaffen und die dafür bestimmte Munition, die aus Gründen der Sicherheit an Bord von Schiffen mitgeführt werden, oder

3. für Waffen und Munition, die an Bord von Schiffen oder Luftfahrzeugen mitgeführt, während des Aufenthalts im Geltungsbereich dieses Gesetzes unter Verschluss gehalten, der zuständigen Überwachungsbehörde unter Angabe des Hersteller- oder Warenzeichens, der Modellbezeichnung und, wenn die Waffen eine Herstellungsnummer haben, auch dieser, unverzüglich gemeldet und spätestens innerhalb eines Monats wieder aus dem Geltungsbereich des Gesetzes befördert werden.

[2]Ein Jagdschein im Sinne von § 15 Absatz 1 Satz 1 des Bundesjagdgesetzes stellt keine Erlaubnis im Sinne des Satzes 1 Nummer 1 dar.

(6) Personen, die nach diesem Gesetz zum Besitz von Schusswaffen oder Munition nach Anlage 1 Abschnitt 3 (Kategorien A 1.2 bis C) berechtigt sind und diese Schusswaffen oder diese Munition in einen anderen Mitgliedstaat mitnehmen wollen, wird auf Antrag ein Europäischer Feuerwaffenpass ausgestellt.

§ 33 Anmelde- und Nachweispflichten, Befugnisse der Überwachungsbehörden beim Verbringen oder der Mitnahme von Waffen oder Munition in den, durch den oder aus dem Geltungsbereich dieses Gesetzes

(1) [1]Wer beabsichtigt, Waffen oder Munition, deren Verbringen oder Mitnahme einer Erlaubnis bedarf, aus einem Drittstaat in den oder durch den Geltungsbereich dieses Gesetzes zu verbringen oder mitzunehmen, ist verpflichtet,

1. diese Waffen oder diese Munition bei der nach Absatz 3 zuständigen Überwachungsbehörde beim Verbringen oder bei der Mitnahme anzumelden,

2. auf Verlangen der nach Absatz 3 zuständigen Überwachungsbehörde ihr diese Waffen oder diese Munition vorzuführen und

3. die Berechtigung zum Verbringen oder zur Mitnahme nachzuweisen.

[2]Auf Verlangen sind diese Nachweise den Überwachungsbehörden zur Prüfung auszuhändigen.

(2) [1]Die nach Absatz 3 zuständigen Überwachungsbehörden können Beförderungsmittel und -behälter sowie deren Lade- und Verpackungsmittel anhalten, um zu prüfen, ob die für das Verbringen oder die Mitnahme in den, durch den oder aus dem Geltungsbereich dieses Gesetzes geltenden Bestimmungen eingehalten sind. [2]Werden Verstöße gegen die in Satz 1 genannten Bestimmungen festgestellt, so können die zuständigen Überwachungsbehörden, soweit erforderlich, Vor-, Familien- und gegebenenfalls Geburtsname, Geburtsdatum und -ort, Wohnort und Staatsangehörigkeit der betroffenen Personen erheben und diese Daten sowie Feststellungen zum Sachverhalt den zuständigen Behörden zum Zweck der Ahndung übermitteln. [3]Für Postsendungen gilt dies nur, wenn zureichende tatsächliche Anhaltspunkte für eine Straftat vorliegen. [4]Das Brief- und Postgeheimnis nach Artikel 10 des Grundgesetzes wird nach Maßgabe der Sätze 2 und 3 eingeschränkt.

(3) [1]Das Bundesministerium der Finanzen bestimmt die Zolldienststellen, das Bundesministerium des Innern, für Bau und Heimat bestimmt die Behörden der Bundespolizei, die bei der Überwachung des Verbringens und der Mitnahme von Waffen oder Munition mitwirken. [2]Soweit der grenzpolizeiliche Einzeldienst von Kräften der Länder wahrgenommen wird (§ 2 Abs. 1 und 3 des Bundespolizeigesetzes), wirken diese bei der Überwachung mit.

Unterabschnitt 6
Obhutspflichten, Anzeige-, Hinweis- und Nachweispflichten

§ 34 Überlassen von Waffen oder Munition, Prüfung der Erwerbsberechtigung, Anzeigepflicht

(1) [1]Waffen oder Munition dürfen nur berechtigten Personen überlassen werden. [2]Die Berechtigung muss offensichtlich sein oder nachgewiesen werden. [3]Der Inhaber einer Erlaubnis nach § 21 Absatz 1 Satz 1 kann vor einer Überlassung zum Zweck der Prüfung der Erwerbsberechtigung des Erwerbers die Absicht zur Überlassung der zuständigen Behörde elektronisch anzeigen. [4]Die zuständige Behörde prüft die Gültigkeit des Erlaubnisdokuments und teilt dem Anzeigenden nach Satz 3 elektronisch mit, wenn das Er-

laubnisdokument im Nationalen Waffenregister nicht oder als nicht gültig registriert ist; Satz 2 bleibt unberührt. [5]Für die Sätze 3 und 4 gilt § 9 des Waffenregistergesetzes.

(2) [1]Werden Waffen oder Munition zur gewerbsmäßigen Beförderung überlassen, so muss die ordnungsgemäße Beförderung sichergestellt sein und es müssen Vorkehrungen gegen ein Abhandenkommen getroffen sein. [2]Munition darf gewerbsmäßig nur in verschlossenen Packungen überlassen werden; dies gilt nicht beim Überlassen auf Schießstätten gemäß § 12 Absatz 2 Nummer 2 oder soweit einzelne Stücke von Munitionssammlern erworben werden. [3]Wer Waffen oder Munition einem anderen lediglich zur gewerbsmäßigen Beförderung gemäß § 12 Absatz 1 Nummer 2 oder Absatz 2 Nummer 1 an einen Dritten übergibt, überlässt sie dem Dritten.

(3) [1]Die Absätze 1 und 2 gelten nicht für denjenigen, der Schusswaffen oder Munition einem anderen, der sie außerhalb des Geltungsbereichs des Gesetzes erwirbt, insbesondere im Versandwege unter eigenem Namen überlässt. [2]Die Vorschriften der §§ 29 und 30 bleiben unberührt.

(4) Wer Personen, die ihren gewöhnlichen Aufenthalt in einem anderen Mitgliedstaat haben, eine Schusswaffe nach Anlage 1 Abschnitt 3 (Kategorien B und C) oder Munition für eine solche überlässt, hat dies unverzüglich dem Bundesverwaltungsamt schriftlich anzuzeigen; dies gilt nicht in den Fällen des § 12 Abs. 1 Nr. 1 und 5.

(5) [1]Wer erlaubnispflichtige Feuerwaffen nach Anlage 1 Abschnitt 1 Unterabschnitt 1 Nr. 2, ausgenommen Einzellader-Langwaffen mit nur glattem Lauf oder glatten Läufen, und deren wesentliche Teile, Schalldämpfer und tragbare Gegenstände nach Anlage 1 Abschnitt 1 Unterabschnitt 1 Nr. 1.2.1 einem anderen, der seinen gewöhnlichen Aufenthalt in einem Mitgliedstaat des Übereinkommens vom 28. Juni 1978 über die Kontrolle des Erwerbs und Besitzes von Schusswaffen durch Einzelpersonen (BGBl. 1980 II S. 953) hat, überlässt, dorthin versendet oder ohne Wechsel des Besitzers endgültig dorthin verbringt, hat dies unverzüglich dem Bundesverwaltungsamt schriftlich anzuzeigen. [2]Dies gilt nicht
1. für das Überlassen und Versenden der in Satz 1 bezeichneten Gegenstände an staatliche Stellen in einem dieser Staaten und in den Fällen, in denen Unternehmen Schusswaffen zur Durchführung von Kooperationsvereinbarungen zwischen Staaten oder staatlichen Stellen überlassen werden, sofern durch Vorlage einer Bescheinigung von Behörden des Empfangsstaates nachgewiesen wird, dass diesen Behörden der Erwerb bekannt ist, oder
2. soweit Anzeigepflichten nach Absatz 4 oder nach § 30 Satz 3 bestehen.

(6) Das Bundesministerium des Innern, für Bau und Heimat wird ermächtigt, durch Rechtsverordnung mit Zustimmung des Bundesrates zur Abwehr von Gefahren für Leben und Gesundheit von Menschen zu bestimmen, dass in den in den Absätzen 2, 4 und 5 bezeichneten Anzeigen weitere Angaben zu machen oder den Anzeigen weitere Unterlagen beizufügen sind.

§ 35 Werbung, Hinweispflichten, Handelsverbote

(1) [1]Wer Waffen oder Munition zum Kauf oder Tausch in Anzeigen oder Werbeschriften anbietet, hat bei den nachstehenden Waffenarten auf das Erfordernis der Erwerbsberechtigung jeweils wie folgt hinzuweisen:
1. bei erlaubnispflichtigen Schusswaffen und erlaubnispflichtiger Munition: Abgabe nur an Inhaber einer Erwerbserlaubnis,
2. bei nicht erlaubnispflichtigen Schusswaffen und nicht erlaubnispflichtiger Munition sowie sonstigen Waffen: Abgabe nur an Personen mit vollendetem 18. Lebensjahr,
3. bei verbotenen Waffen: Abgabe nur an Inhaber einer Ausnahmegenehmigung,
sowie seinen Namen, seine Anschrift und gegebenenfalls seine eingetragene Marke bekannt zu geben. [2]Anzeigen und Werbeschriften nach Satz 1 dürfen nur veröffentlicht werden, wenn sie den Namen und die Anschrift des Anbieters sowie die von ihm je nach Waffenart mitzuteilenden Hinweise enthalten. [3]Satz 2 gilt nicht für die Bekanntgabe der Personalien des nicht gewerblichen Anbieters, wenn dieser der Bekanntgabe widerspricht. [4]Derjenige, der die Anzeige oder Werbeschrift veröffentlicht, ist im Fall des Satzes 3 gegenüber der zuständigen Behörde verpflichtet, die Urkunden über den Geschäftsvorgang ein Jahr lang aufzubewahren und dieser auf Verlangen Einsicht zu gewähren.

(2) [1]Dürfen Schusswaffen nur mit Erlaubnis geführt oder darf mit ihnen nur mit Erlaubnis geschossen werden, so hat der Inhaber einer Erlaubnis nach § 21 Abs. 1 bei ihrem Überlassen im Einzelhandel den Erwerber auf das Erfordernis des Waffenscheins oder der Schießerlaubnis hinzuweisen. [2]Beim Überlassen von Schreckschuss-, Reizstoff- oder Signalwaffen im Sinne des § 10 Abs. 4 Satz 4 hat der Inhaber einer Erlaubnis nach § 21 Abs. 1 überdies auf die Strafbarkeit des Führens ohne Erlaubnis (Kleiner Waffenschein) hinzuweisen und die Erfüllung dieser sowie der Hinweispflicht nach Satz 1 zu protokollieren.

(3) ¹Der Vertrieb und das Überlassen von Schusswaffen, Munition, Hieb- oder Stoßwaffen ist verboten:
1. im Reisegewerbe, ausgenommen in den Fällen des § 55b Abs. 1 der Gewerbeordnung,
2. auf festgesetzten Veranstaltungen im Sinne des Titels IV der Gewerbeordnung (Messen, Ausstellungen, Märkte), ausgenommen die Entgegennahme von Bestellungen auf Messen und Ausstellungen,
3. auf Volksfesten, Schützenfesten, Märkten, Sammlertreffen oder ähnlichen öffentlichen Veranstaltungen, ausgenommen das Überlassen der benötigten Schusswaffen oder Munition in einer Schießstätte sowie von Munition, die Teil einer Sammlung (§ 17 Abs. 1) oder für eine solche bestimmt ist. ²Die zuständige Behörde kann Ausnahmen von den Verboten für ihren Bezirk zulassen, wenn öffentliche Interessen nicht entgegenstehen.

§ 36 Aufbewahrung von Waffen oder Munition

(1) Wer Waffen oder Munition besitzt, hat die erforderlichen Vorkehrungen zu treffen, um zu verhindern, dass diese Gegenstände abhanden kommen oder Dritte sie unbefugt an sich nehmen.

(2) *[aufgehoben]*

(3) ¹Wer erlaubnispflichtige Schusswaffen, Munition oder verbotene Waffen besitzt oder die Erteilung einer Erlaubnis zum Besitz beantragt hat, hat der zuständigen Behörde die zur sicheren Aufbewahrung getroffenen oder vorgesehenen Maßnahmen nachzuweisen. ²Besitzer von erlaubnispflichtigen Schusswaffen, Munition oder verbotenen Waffen haben außerdem der Behörde zur Überprüfung der Pflichten aus Absatz 1 in Verbindung mit einer Rechtsverordnung nach Absatz 5 Zutritt zu den Räumen zu gestatten, in denen die Waffen und die Munition aufbewahrt werden. ³Wohnräume dürfen gegen den Willen des Inhabers nur zur Verhütung dringender Gefahren für die öffentliche Sicherheit betreten werden; das Grundrecht der Unverletzlichkeit der Wohnung (Artikel 13 des Grundgesetzes) wird insoweit eingeschränkt.

(4) ¹Die in einer Rechtsverordnung nach Absatz 5 festgelegten Anforderungen an die Aufbewahrung von Schusswaffen und Munition gelten nicht bei Aufrechterhaltung der bis zum 6. Juli 2017 erfolgten Nutzung von Sicherheitsbehältnissen, die den Anforderungen des § 36 Absatz 2 Satz 1 zweiter Halbsatz und Satz 2 in der Fassung des Gesetzes vom 11. Oktober 2002 (BGBl. I S. 3970, 4592; 2003 I S. 1957), das zuletzt durch Artikel 6 Absatz 34 des Gesetzes vom 13. April 2017 (BGBl. I S. 872) geändert worden ist, entsprechen oder die von der zuständigen Behörde als gleichwertig anerkannt wurden. ²Diese Sicherheitsbehältnisse können nach Maßgabe des § 36 Absatz 1 und 2 in der Fassung des Gesetzes vom 11. Oktober 2002 (BGBl. I S. 3970, 4592; 2003 I S. 1957), das zuletzt durch Artikel 6 Absatz 34 des Gesetzes vom 13. April 2017 (BGBl. I S. 872) geändert worden ist, sowie des § 13 der Allgemeinen Waffengesetz-Verordnung vom 27. Oktober 2003 (BGBl. I S. 2123), die zuletzt durch Artikel 108 des Gesetzes vom 29. März 2017 (BGBl. I S. 626) geändert worden ist,
1. vom bisherigen Besitzer weitergenutzt werden sowie
2. für die Dauer der gemeinschaftlichen Aufbewahrung auch von berechtigten Personen mitgenutzt werden, die mit dem bisherigen Besitzer nach Nummer 1 in häuslicher Gemeinschaft leben.
³Die Berechtigung zur Nutzung nach Satz 2 Nummer 2 bleibt über den Tod des bisherigen Besitzers hinaus für eine berechtigte Person nach Satz 2 Nummer 2 bestehen, wenn sie infolge des Erbfalls Eigentümer des Sicherheitsbehältnisses wird; die berechtigte Person wird in diesem Fall nicht bisheriger Besitzer im Sinne des Satzes 2 Nummer 1. ⁴In den Fällen der Sätze 1 bis 3 finden § 53 Absatz 1 Nummer 19 und § 52a in der Fassung des Gesetzes vom 11. Oktober 2002 (BGBl. I S. 3970, 4592; 2003 I S. 1957), das zuletzt durch Artikel 6 Absatz 34 des Gesetzes vom 13. April 2017 (BGBl. I S. 872) geändert worden ist, und § 34 Nummer 12 der Allgemeinen Waffengesetz-Verordnung vom 27. Oktober 2003 (BGBl. I S. 2123), die zuletzt durch Artikel 108 des Gesetzes vom 29. März 2017 (BGBl. I S. 626) geändert worden ist, weiterhin Anwendung.

(5) ¹Das Bundesministerium des Innern, für Bau und Heimat wird ermächtigt, nach Anhörung der beteiligten Kreise durch Rechtsverordnung mit Zustimmung des Bundesrates unter Berücksichtigung des Standes der Technik, der Art und Zahl der Waffen, der Munition oder der Örtlichkeit die Anforderungen an die Aufbewahrung oder an die Sicherung der Waffe festzulegen. ²Dabei können
1. Anforderungen an technische Sicherungssysteme zur Verhinderung einer unberechtigten Wegnahme oder Nutzung von Schusswaffen,
2. die Nachrüstung oder der Austausch vorhandener Sicherungssysteme,
3. die Ausstattung der Schusswaffe mit mechanischen, elektronischen oder biometrischen Sicherungssystemen
festgelegt werden.

(6) Ist im Einzelfall, insbesondere wegen der Art und Zahl der aufzubewahrenden Waffen oder Munition oder wegen des Ortes der Aufbewahrung, ein höherer Sicherheitsstandard erforderlich, hat die zuständige Behörde die notwendigen Ergänzungen anzuordnen und zu deren Umsetzung eine angemessene Frist zu setzen.

§ 37 Anzeigepflichten der gewerblichen Waffenhersteller und Waffenhändler

(1) [1]Der Inhaber einer Waffenherstellungserlaubnis oder Waffenhandelserlaubnis nach § 21 Absatz 1 Satz 1 hat der zuständigen Behörde den folgenden Umgang mit fertiggestellten Schusswaffen, deren Erwerb oder Besitz der Erlaubnis bedarf, unverzüglich elektronisch anzuzeigen:

1. die Herstellung, jedoch erst nach Fertigstellung,
2. die Überlassung,
3. den Erwerb,
4. die Bearbeitung durch
 a) Umbau oder
 b) Austausch eines wesentlichen Teils.

[2]Die Pflicht zur Anzeige besteht auch dann, wenn ein Blockiersystem eingebaut oder entsperrt wird.

(2) Für die elektronischen Anzeigen gilt § 9 des Waffenregistergesetzes.

§ 37a Anzeigepflichten der Inhaber einer Waffenbesitzkarte oder einer gleichgestellten anderen Erlaubnis zum Erwerb und Besitz und der Inhaber einer nichtgewerbsmäßigen Waffenherstellungserlaubnis

[1]Der Inhaber einer Erlaubnis zum Erwerb und Besitz von Waffen nach § 10 Absatz 1 Satz 1 oder einer gleichgestellten anderen Erlaubnis zum Erwerb und Besitz sowie der Inhaber einer Erlaubnis zur nichtgewerbsmäßigen Herstellung, Bearbeitung oder Instandsetzung von Schusswaffen nach § 26 Absatz 1 Satz 1 hat der zuständigen Behörde den folgenden Umgang mit fertiggestellten Schusswaffen, deren Erwerb oder Besitz der Erlaubnis bedarf, binnen zwei Wochen schriftlich oder elektronisch anzuzeigen:

1. die Überlassung,
2. den Erwerb,
3. die Bearbeitung durch
 a) Umbau oder
 b) Austausch eines wesentlichen Teils.

[2]Der Inhaber einer Erlaubnis zur nichtgewerbsmäßigen Herstellung, Bearbeitung oder Instandsetzung von Schusswaffen nach § 26 Absatz 1 Satz 1 hat auch die Herstellung, jedoch erst nach Fertigstellung, gemäß Satz 1 anzuzeigen. [3]Die Pflicht zur Anzeige nach Satz 1 besteht auch dann, wenn ein Blockiersystem eingebaut oder entsperrt wird.

§ 37b Anzeige der Vernichtung, der Unbrauchbarmachung und des Abhandenkommens

(1) [1]Der Besitzer einer Schusswaffe, deren Erwerb oder Besitz einer Erlaubnis bedarf, hat der zuständigen Behörde nach Satz 2 oder Satz 3 anzuzeigen, wenn die Schusswaffe vernichtet wird. [2]Inhaber einer Erlaubnis nach § 21 Absatz 1 Satz 1 haben die Anzeige unverzüglich vorzunehmen. [3]Im Übrigen hat die Anzeige innerhalb von zwei Wochen zu erfolgen. [4]Die zuständige Behörde kann einen Nachweis darüber verlangen, dass die Schusswaffe vernichtet wurde.

(2) [1]Der Besitzer einer Schusswaffe, deren Erwerb oder Besitz einer Erlaubnis bedarf, hat der zuständigen Behörde nach Satz 2 oder Satz 3 anzuzeigen, wenn die Schusswaffe unbrauchbar gemacht wird. [2]Inhaber einer Erlaubnis nach § 21 Absatz 1 Satz 1 haben die Anzeige unverzüglich vorzunehmen. [3]Im Übrigen hat die Anzeige innerhalb von zwei Wochen zu erfolgen. [4]Die zuständige Behörde kann einen Nachweis darüber verlangen, dass die Schusswaffe unbrauchbar gemacht wurde.

(3) Sind einer Person Waffen oder Munition, deren Erwerb oder Besitz der Erlaubnis bedarf, oder Erlaubnisurkunden abhandengekommen, so hat sie dies der zuständigen Behörde unverzüglich nach Feststellung des Abhandenkommens anzuzeigen.

(4) [1]Hat der Besitzer einer Schusswaffe keine Waffenherstellungserlaubnis oder Waffenhandelserlaubnis nach § 21 Absatz 1 Satz 1, so hat die Anzeige nach den Absätzen 1 und 2 schriftlich oder elektronisch zu erfolgen. [2]Hat der Besitzer eine Waffenherstellungserlaubnis oder Waffenhandelserlaubnis nach § 21 Absatz 1 Satz 1, so hat die Anzeige nach den Absätzen 1 bis 3 elektronisch zu erfolgen und es gilt hierfür § 9 des Waffenregistergesetzes.

(5) Ist bei der zuständigen Behörde eine Anzeige zum Abhandenkommen von Schusswaffen, von Munition oder Erlaubnisurkunden eingegangen, so unterrichtet sie die örtliche Polizeidienststelle über das Abhandenkommen.

§ 37c Anzeigepflichten bei Inbesitznahme

(1) Wer Waffen oder Munition, deren Erwerb der Erlaubnis bedarf, in Besitz nimmt
1. beim Tod eines Waffenbesitzers, als Finder oder in ähnlicher Weise,
2. als Insolvenzverwalter, Zwangsverwalter, Gerichtsvollzieher oder in ähnlicher Weise,
hat dies der zuständigen Behörde unverzüglich anzuzeigen.

(2) Die zuständige Behörde kann
1. die Waffen oder Munition sicherstellen oder
2. anordnen, dass die Waffen oder Munition innerhalb angemessener Frist
 a) unbrauchbar gemacht werden oder
 b) einem Berechtigten überlassen werden,
 c) und dies der zuständigen Behörde nachgewiesen wird.

(3) [1]Nach fruchtlosem Ablauf der Frist kann die zuständige Behörde die Waffen oder Munition einziehen. [2]Ein Erlös aus der Verwertung steht dem nach bürgerlichem Recht bisher Berechtigten zu.

§ 37d Anzeige von unbrauchbar gemachten Schusswaffen

(1) Wer eine nach Anlage 1 Abschnitt 1 Unterabschnitt 1 Nummer 1.4 unbrauchbar gemachte Schusswaffe
1. überlässt,
2. erwirbt oder
3. vernichtet,
hat dies der zuständigen Behörde anzuzeigen.

(2) Der Besitzer einer unbrauchbar gemachten Schusswaffe hat der zuständigen Behörde unverzüglich nach Feststellung des Abhandenkommens anzuzeigen, wenn die Waffe abhandengekommen ist.

(3) [1]Hat der Besitzer der unbrauchbar gemachten Schusswaffe keine Waffenherstellungserlaubnis oder Waffenhandelserlaubnis nach § 21 Absatz 1 Satz 1, hat die Anzeige nach Absatz 1 binnen zwei Wochen schriftlich oder elektronisch zu erfolgen. [2]Hat der Besitzer eine Waffenherstellungserlaubnis oder Waffenhandelserlaubnis nach § 21 Absatz 1 Satz 1, so hat die Anzeige nach Absatz 1 unverzüglich elektronisch zu erfolgen und es gilt hierfür § 9 des Waffenregistergesetzes.

(4) Hat der Besitzer eine Waffenherstellungserlaubnis oder Waffenhandelserlaubnis nach § 21 Absatz 1 Satz 1, so hat die Anzeige nach Absatz 2 elektronisch zu erfolgen und es gilt hierfür § 9 des Waffenregistergesetzes.

(5) Ist bei der zuständigen Behörde eine Anzeige zum Abhandenkommen von unbrauchbar gemachten Schusswaffen eingegangen, so unterrichtet sie die örtliche Polizeidienststelle über das Abhandenkommen.

§ 37e Ausnahmen von der Anzeigepflicht

(1) [1]Die Pflicht zur Anzeige einer Überlassung oder eines Erwerbs nach § 37 Absatz 1 Satz 1 Nummer 2 und 3 besteht nicht bei
1. Überlassung einzelner wesentlicher Teile zum Zweck der gewerbsmäßigen Ausführung von Verschönerungen oder ähnlichen Arbeiten an der Waffe, sofern eine Rücküberlassung an den Überlassenden erfolgen soll,
2. Überlassung im Rahmen eines Arbeits- oder Ausbildungsverhältnisses nach § 12 Absatz 1 Nummer 3 Buchstabe a,
3. vorübergehendem Überlassen zum Schießen auf einer Schießstätte nach § 12 Absatz 1 Nummer 5.
[2]Satz 1 gilt im Fall der Überlassung und des Erwerbs einer unbrauchbar gemachten Schusswaffe im Sinne von § 37d Absatz 1 Satz 1 Nummer 1 und 2 durch den Inhaber einer Erlaubnis nach § 21 Absatz 1 Satz 1 entsprechend.

(2) [1]Der Inhaber der Erlaubnis nach § 21 Absatz 1 Satz 1 kann von einer Anzeige des Erwerbs nach § 37 Absatz 1 Satz 1 Nummer 3 oder § 37d Absatz 1 Nummer 2 und bei der anschließenden Rücküberlassung an den Überlassenden von der Anzeige der Überlassung nach § 37 Absatz 1 Satz 1 Nummer 2 oder § 37d Absatz 1 Nummer 1 absehen, wenn der Inhaber der Erlaubnis nach § 21 Absatz 1 Satz 1 von einem Überlassenden erwirbt, der nicht Inhaber einer Erlaubnis nach § 21 Absatz 1 Satz 1 ist, und die Rücküberlassung innerhalb eines Monats nach dem Erwerb erfolgt. [2]Erfolgt die Rücküberlassung im Fall des Satzes 1 nicht innerhalb eines Monats nach dem Erwerb, hat der Inhaber der Erlaubnis nach § 21 Absatz 1 Satz 1 die Anzeige des Erwerbs gemäß § 37 Absatz 1 Satz 1 Nummer 3 oder § 37d Absatz 1 Nummer 2 unverzüglich nachzuholen sowie die Rücküberlassung gemäß § 37 Absatz 1 Satz 1 Nummer 2 oder § 37d Absatz 1 Nummer 1 unverzüglich anzuzeigen. [3]Im Fall des Satzes 1 sind Erwerb und Überlassung durch den Inhaber der Erlaubnis nach § 21 Absatz 1 Satz 1 schriftlich oder elektronisch zu dokumentieren (Ersatzdokumentation).

(2a) [1]Von der Anzeige einer Überlassung oder eines Erwerbs nach § 37 Absatz 1 Satz 1 Nummer 2 und 3 kann abgesehen werden, wenn

1. sowohl der Überlassende als auch der Erwerbende Inhaber der Erlaubnis nach § 21 Absatz 1 Satz 1 ist, und

2. die Rücküberlassung und der Rückerwerb zwischen diesen beiden innerhalb von 14 Tagen nach dem Erwerb erfolgt.

[2]Erfolgt die Rücküberlassung im Fall des Satzes 1 nicht innerhalb von 14 Tagen nach dem Erwerb, hat

1. der Erwerbende
 a) die Anzeige des Erwerbs gemäß § 37 Absatz 1 Satz 1 Nummer 3 und
 b) die Anzeige der Rücküberlassung gemäß § 37 Absatz 1 Satz 1 Nummer 2
 sowie

2. der Überlassende
 a) die Anzeige der Überlassung gemäß § 37 Absatz 1 Satz 1 Nummer 2 und
 b) die Anzeige des Rückerwerbs gemäß § 37 Absatz 1 Satz 1 Nummer 3

jeweils unverzüglich nachzuholen. [3]Im Fall des Satzes 1 sind Erwerb und Überlassung durch die Inhaber der Erlaubnis nach § 21 Absatz 1 Satz 1 in der Ersatzdokumentation festzuhalten. [4]Über die Nutzung der Ersatzdokumentation muss zwischen überlassendem und erwerbendem Inhaber der Erlaubnis nach § 21 Absatz 1 Satz 1 im Vorwege Einigung erzielt werden.

(3) Die Pflicht zur Anzeige einer Überlassung gemäß § 37a Satz 1 Nummer 1 besteht nicht in den Fällen des § 12 Absatz 1 sowie beim Überlassen an einen Erlaubnisinhaber nach § 21 Absatz 1 Satz 1 zum Zweck

1. der Verwahrung,

2. der Instandsetzung oder Vornahme geringfügiger Änderungen oder

3. des Kommissionsverkaufs.

(4) Die Pflicht zur Anzeige eines Erwerbs gemäß § 37a Satz 1 Nummer 2 besteht nicht

1. in den Fällen des § 12 Absatz 1 Nummer 1 bis 3, 4 Buchstabe a oder Nummer 5, außer es handelt sich um den Wiedererwerb nach einer Instandsetzung, die zum Umbau oder Austausch eines wesentlichen Teils geführt hat, oder

2. für einen Waffensachverständigen, der die Waffe auf Grund eines Bedürfnisses nach § 18 Absatz 1 erwirbt und sie höchstens drei Monate lang besitzt.

(5) Die Absätze 3 und 4 gelten im Fall der Überlassung und des Erwerbs einer unbrauchbar gemachten Schusswaffe im Sinne von § 37d Absatz 1 Satz 1 Nummer 1 und 2 durch Personen, die nicht Inhaber einer Erlaubnis nach § 21 Absatz 1 Satz 1 sind, entsprechend.

§ 37f Inhalt der Anzeigen

(1) Für die Anzeige nach den §§ 37 bis 37d hat der Anzeigende folgende Daten anzugeben:

1. die Art des in den §§ 37 bis 37d bezeichneten Sachverhalts, der der Anzeigepflicht zugrunde liegt;

2. das Datum, an dem der Sachverhalt eingetreten ist, bei Abhandenkommen das Datum der Feststellung des Abhandenkommens;

3. die folgenden Daten des Anzeigenden:
 a) Familienname,
 b) früherer Name,
 c) Geburtsname,
 d) Vorname,
 e) Doktorgrad,
 f) Geburtstag,
 g) Geburtsort,
 h) Geschlecht,
 i) jede Staatsangehörigkeit sowie
 j) Straße, Hausnummer, Postleitzahl und Ort, bei einer ausländischen Adresse auch den betreffenden Staat (Anschrift);

4. die folgenden Daten zu einem Kaufmann, einer juristischen Person oder einer Personenvereinigung:
 a) Namen oder Firma,
 b) frühere Namen,
 c) Anschrift und
 d) bei Handelsgesellschaften und Vereinen den Gegenstand des Unternehmens oder des Vereins;

5. die folgenden Daten der Waffe, die Gegenstand der Anzeige ist:
 a) Hersteller,
 b) Modellbezeichnung,

c) Kaliber- oder Munitionsbezeichnung,
d) Seriennummer,
e) Jahr der Fertigstellung,
f) Verbringen in den Geltungsbereich dieses Gesetzes,
g) Kategorie nach Anlage 1 Abschnitt 3,
h) Art der Waffe;
6. die folgenden Daten des Magazins, das Gegenstand der Anzeige ist:
 a) Kapazität des Magazins,
 b) kleinste verwendbare Munition und
 c) dauerhafte Beschriftung des Magazins, sofern vorhanden;
7. Art und Gültigkeit der Erlaubnis, die zur Art des anzuzeigenden Sachverhalts berechtigt oder ver-
 pflichtet;
8. die Nummer der Erlaubnisurkunde und
9. die zuständige Behörde, die die Erlaubnisurkunde ausgestellt hat.
(2) Bei Überlassung und Erwerb sind zusätzlich anzuzeigen
1. folgende Daten des Erwerbers:
 a) Familienname,
 b) Vorname,
 c) Geburtsdatum,
 d) Geburtsort,
 e) Anschrift;
2. bei Nachweis der Erwerbs- und Besitzberechtigung durch eine Waffenbesitzkarte:
 a) die Nummer der Waffenbesitzkarte und
 b) die ausstellende Behörde;
3. folgende Daten des Überlassenden:
 a) Familienname,
 b) früherer Name,
 c) Geburtsname,
 d) Vorname,
 e) Doktorgrad,
 f) Geburtsdatum,
 g) Geburtsort,
 h) Geschlecht,
 i) jede Staatsangehörigkeit sowie
 j) Anschrift.
(3) Ist der Erwerber oder der Überlassende vom Anwendungsbereich dieses Gesetzes nicht erfasst, so sind
ausschließlich sein Name und seine Anschrift anzuzeigen.
(4) Anzuzeigen sind Änderungen der Daten der Waffe, die sich auf Grund einer der in § 37 Absatz 1
bezeichneten Umgangshandlungen ergeben.

§ 37g Eintragungen in die Waffenbesitzkarte
(1) Der Inhaber einer Erlaubnis zum Erwerb und Besitz von Waffen nach § 10 Absatz 1 Satz 1 oder einer
gleichgestellten anderen Erlaubnis zum Erwerb und Besitz hat gleichzeitig mit der Anzeige nach § 37a
oder § 37b Absatz 1 die Waffenbesitzkarte und, sofern die betreffende Waffe in den Europäischen Feu-
erwaffenpass des Erlaubnisinhabers eingetragen ist, auch diesen zur Eintragung oder Berichtigung bei
der zuständigen Behörde vorzulegen.
(2) Bei Austausch eines wesentlichen Teils entfällt die Vorlagepflicht nach Absatz 1.
(3) Die zuständige Behörde trägt Anlass und Inhalt der Anzeige in die Waffenbesitzkarte oder den Eu-
ropäischen Feuerwaffenpass ein.

§ 37h Ausstellung einer Anzeigebescheinigung
(1) [1]Über die Anzeige
1. der Unbrauchbarmachung nach § 37b Absatz 2 Satz 1,
2. des Umgangs mit einer unbrauchbar gemachten Schusswaffe nach § 37d Absatz 1 Nummer 1 und 2
 sowie
3. des Besitzes eines Magazins oder Magazingehäuses nach § 58 Absatz 17 Satz 1
hat die zuständige Behörde dem Anzeigenden eine Anzeigebescheinigung auszustellen. [2]Satz 1 gilt nicht,
wenn der Anzeigende Inhaber einer Erlaubnis nach § 21 Absatz 1 Satz 1 ist.

(2) Die Anzeigebescheinigung enthält

1. vom Anzeigenden die Daten nach § 37f Absatz 1 Nummer 3,
2. den Anlass der Anzeige nach § 37b Absatz 2 Satz 1, § 37d Absatz 1 Nummer 1 oder 2 oder § 58 Absatz 17 Satz 1,
3. den Zeitpunkt, an dem der zuständigen Behörde die Anzeige zugegangen ist, sowie
4. die Angaben nach § 37f Absatz 1 Nummer 5 und 6.

§ 37i Mitteilungspflicht bei Umzug ins Ausland und bei Umzug im Ausland

[1]Zieht der Inhaber einer waffenrechtlichen Erlaubnis oder Bescheinigung ins Ausland, so ist er verpflichtet, seine Anschrift im Ausland der Waffenbehörde mitzuteilen, die zuletzt für ihn zuständig gewesen ist. [2]Zieht der im Ausland lebende Inhaber einer waffenrechtlichen Erlaubnis oder Bescheinigung im Ausland um, so ist er verpflichtet, dem Bundesverwaltungsamt seine neue Anschrift im Ausland mitzuteilen.

§ 38 Ausweispflichten

(1) [1]Wer eine Waffe führt, muss folgende Dokumente mit sich führen:

1. seinen Personalausweis oder Pass und
 a) wenn es einer Erlaubnis zum Erwerb bedarf, die Waffenbesitzkarte oder, wenn es einer Erlaubnis zum Führen bedarf, den Waffenschein,
 b) im Fall des Verbringens einer Waffe oder von Munition gemäß § 29 den Erlaubnisschein,
 c) im Fall des Verbringens einer Waffe oder von Munition aus dem Geltungsbereich des Gesetzes gemäß § 30 den Erlaubnisschein oder eine Ablichtung hiervon sowie zusätzlich zum Erlaubnisschein oder der Ablichtung hiervon die Bestätigung der Anzeige durch das Bundesverwaltungsamt, bei elektronischer Anzeigebestätigung einen Ausdruck der Bestätigung des Bundesverwaltungsamts,
 d) im Fall der Mitnahme einer Waffe oder von Munition aus einem Drittstaat gemäß § 32 Absatz 1 den Erlaubnisschein, im Fall der Mitnahme auf Grund einer Erlaubnis nach § 32 Absatz 4 auch den Beleg für den Grund der Mitnahme,
 e) im Fall der Mitnahme einer Schusswaffe oder von Munition nach Anlage 1 Abschnitt 3 (Kategorien A 1.2 bis C)
 aa) aus einem anderen Mitgliedstaat gemäß § 32 Absatz 1 und 2 den Erlaubnisschein und den Europäischen Feuerwaffenpass,
 bb) aus dem Geltungsbereich dieses Gesetzes gemäß § 32 Absatz 1a den Erlaubnisschein,
 cc) aus einem anderen Mitgliedstaat oder aus dem Geltungsbereich dieses Gesetzes gemäß § 32 Absatz 3 den Europäischen Feuerwaffenpass und einen Beleg für den Grund der Mitnahme,
 f) im Fall der vorübergehenden Berechtigung zum Erwerb oder zum Führen auf Grund des § 12 Absatz 1 Nummer 1 und 2 oder § 28 Absatz 4 einen Beleg, aus dem der Name des Überlassers und des Besitzberechtigten sowie das Datum der Überlassung hervorgeht, oder
 g) im Fall des Schießens mit einer Schießerlaubnis nach § 10 Absatz 5 diese und
2. in den Fällen des § 13 Absatz 6 den Jagdschein.

[2]In den Fällen des § 13 Absatz 3 sowie im Fall des Führens einer Waffe, die auf Grund einer unbefristeten Erlaubnis gemäß § 14 Absatz 6 erworben wurde, genügt an Stelle der Waffenbesitzkarte ein schriftlicher Nachweis darüber, dass die Antragsfrist noch nicht verstrichen oder ein Antrag gestellt worden ist. [3]Satz 1 gilt nicht in Fällen des § 12 Absatz 3 Nummer 1.

(2) Die nach Absatz 1 Satz 1 und 2 mitzuführenden Dokumente sind Polizeibeamten oder sonst zur Personenkontrolle Befugten auf Verlangen zur Prüfung auszuhändigen.

§ 39 Auskunfts- und Vorzeigepflicht, Nachschau

(1) [1]Wer Waffenherstellung, Waffenhandel oder eine Schießstätte betreibt, eine Schießstätte benutzt oder in ihr die Aufsicht führt, ein Bewachungsunternehmen betreibt, Veranstaltungen zur Ausbildung im Verteidigungsschießen durchführt oder sonst den Besitz über Waffen oder Munition ausübt, hat der zuständigen Behörde auf Verlangen oder, sofern dieses Gesetz einen Zeitpunkt vorschreibt, zu diesem Zeitpunkt die für die Durchführung dieses Gesetzes erforderlichen Auskünfte zu erteilen; eine entsprechende Pflicht gilt ferner für Personen, gegenüber denen ein Verbot nach § 41 Abs. 1 oder 2 ausgesprochen wurde. [2]Sie können die Auskunft auf solche Fragen verweigern, deren Beantwortung sie selbst oder einen der in § 383 Abs. 1 Nr. 1 bis 3 der Zivilprozessordnung bezeichneten Angehörigen der Gefahr strafrechtlicher Verfolgung oder eines Verfahrens nach dem Gesetz über Ordnungswidrigkeiten aussetzen würde. [3]Darüber hinaus hat der Inhaber der Erlaubnis die Einhaltung von Auflagen nachzuweisen.

(2) [1]Betreibt der Auskunftspflichtige Waffenherstellung, Waffenhandel, eine Schießstätte oder ein Bewachungsunternehmen, so sind die von der zuständigen Behörde mit der Überwachung des Betriebs be-

auftragten Personen berechtigt, Betriebsgrundstücke und Geschäftsräume während der Betriebs- und Arbeitszeit zu betreten, um dort Prüfungen und Besichtigungen vorzunehmen, Proben zu entnehmen und Einsicht in die geschäftlichen Unterlagen zu nehmen; zur Abwehr dringender Gefahren für die öffentliche Sicherheit oder Ordnung dürfen diese Arbeitsstätten auch außerhalb dieser Zeit sowie die Wohnräume des Auskunftspflichtigen gegen dessen Willen besichtigt werden. ²Das Grundrecht der Unverletzlichkeit der Wohnung (Artikel 13 des Grundgesetzes) wird insoweit eingeschränkt.

(3) Aus begründetem Anlass kann die zuständige Behörde anordnen, dass der Besitzer von
1. Waffen oder Munition, deren Erwerb der Erlaubnis bedarf, oder
2. in Anlage 2 Abschnitt 1 bezeichneten verbotenen Waffen
ihr diese sowie Erlaubnisscheine oder Ausnahmebescheinigungen binnen angemessener, von ihr zu bestimmender Frist zur Prüfung vorlegt.

§ 39a Verordnungsermächtigung für die Ersatzdokumentation
Das Bundesministerium des Innern, für Bau und Heimat wird ermächtigt, durch Rechtsverordnung mit Zustimmung des Bundesrates zur Durchführung des § 37e Absatz 2 Satz 3 und Absatz 2a Satz 3 Vorschriften über Inhalt, Führung, Aufbewahrung und Vorlage der Ersatzdokumentation zu erlassen.

Unterabschnitt 6a
Besondere Regelungen zum Umgang mit Salutwaffen und unbrauchbar gemachten Schusswaffen, zur Unbrauchbarmachung von Schusswaffen und zur Aufbewahrung von Salutwaffen

§ 39b Erwerb, Besitz und Aufbewahrung von Salutwaffen
(1) Ein Bedürfnis für den Erwerb und Besitz von Salutwaffen nach Anlage 1 Abschnitt 1 Unterabschnitt 1 Nummer 1.5 ist insbesondere anzuerkennen, wenn der Antragsteller die Salutwaffen für
1. Theateraufführungen,
2. Foto-, Film- oder Fernsehaufnahmen oder
3. für die Teilnahme an kulturellen Veranstaltungen oder Veranstaltungen der Brauchtumspflege benötigt.
(2) Ein Nachweis der Sachkunde nach § 7 ist für die Erteilung der Erlaubnis nicht erforderlich.
(3) ¹§ 36 Absatz 3, 4 und 6 ist auf Salutwaffen nicht anzuwenden. ²Sind Regelungen einer auf Grund von § 36 Absatz 5 erlassenen Rechtsverordnung anwendbar, sind Salutwaffen wie von der Erlaubnispflicht freigestellte Waffen zu behandeln.

§ 39c Unbrauchbarmachung von Schusswaffen und Umgang mit unbrauchbar gemachten Schusswaffen; Verordnungsermächtigung
(1) Das Bundesministerium des Innern, für Bau und Heimat wird ermächtigt, durch Rechtsverordnung, die nicht der Zustimmung des Bundesrates bedarf, nähere Regelungen zur Unbrauchbarmachung von Schusswaffen zu treffen; insbesondere kann es
1. auf die Unbrauchbarmachung bezogene Dokumentationen und Mitteilungen verlangen und
2. Regelungen in Bezug auf vor Inkrafttreten dieser Bestimmung unbrauchbar gemachte Schusswaffen treffen.
(2) ¹Das Bundesministerium des Innern, für Bau und Heimat wird ermächtigt, durch Rechtsverordnung, die nicht der Zustimmung des Bundesrates bedarf, die Anwendbarkeit von Vorschriften des Waffengesetzes auf unbrauchbar gemachte Schusswaffen zu regeln sowie den Umgang mit unbrauchbar gemachten Schusswaffen (Anlage 1 Abschnitt 1 Unterabschnitt 1 Nummer 1.4) zu verbieten oder zu beschränken oder mit bestimmten Verpflichtungen zu verbinden; insbesondere kann es
1. bestimmte Arten des Umgangs mit unbrauchbar gemachten Schusswaffen verbieten oder unter Genehmigungsvorbehalt stellen und
2. Anzeigen oder Begleitdokumente vorschreiben.
²Durch die Verordnung können diejenigen Teile der Anlage 2 zu diesem Gesetz, die unbrauchbar gemachte Schusswaffen betreffen, aufgehoben werden.

Unterabschnitt 7
Verbote

§ 40 Verbotene Waffen
(1) Das Verbot des Umgangs umfasst auch das Verbot, zur Herstellung der in Anlage 2 Abschnitt 1 Nr. 1.3.4 bezeichneten Gegenstände anzuleiten oder aufzufordern.

(2) Das Verbot des Umgangs mit Waffen oder Munition ist nicht anzuwenden, soweit jemand auf Grund eines gerichtlichen oder behördlichen Auftrags tätig wird.

(3) [1]Inhaber einer jagdrechtlichen Erlaubnis und Angehörige von Leder oder Pelz verarbeitenden Berufen dürfen abweichend von § 2 Abs. 3 Umgang mit Faustmessern nach Anlage 2 Abschnitt 1 Nr. 1.4.2 haben, sofern sie diese Messer zur Ausübung ihrer Tätigkeit benötigen. [2]Inhaber sprengstoffrechtlicher Erlaubnisse (§§ 7 und 27 des Sprengstoffgesetzes) und Befähigungsscheine (§ 20 des Sprengstoffgesetzes) sowie Teilnehmer staatlicher oder staatlich anerkannter Lehrgänge dürfen abweichend von § 2 Absatz 3 Umgang mit explosionsgefährlichen Stoffen oder Gegenständen nach Anlage 2 Abschnitt 1 Nummer 1.3.4 haben, soweit die durch die Erlaubnis oder den Befähigungsschein gestattete Tätigkeit oder die Ausbildung hierfür dies erfordern. [3]Dies gilt insbesondere für Sprengarbeiten sowie Tätigkeiten im Katastrophenschutz oder im Rahmen von Theatern, vergleichbaren Einrichtungen, Film- und Fernsehproduktionsstätten sowie die Ausbildung für derartige Tätigkeiten. [4]Inhaber eines gültigen Jagdscheins im Sinne von § 15 Absatz 2 Satz 1 des Bundesjagdgesetzes dürfen abweichend von § 2 Absatz 3 für jagdliche Zwecke Umgang mit Nachtsichtvorsätzen und Nachtsichtaufsätzen nach Anlage 2 Abschnitt 1 Nummer 1.2.4.2 haben. [5]Jagdrechtliche Verbote oder Beschränkungen der Nutzung von Nachtsichtvorsatzgeräten und Nachtsichtaufsätzen bleiben unberührt. [6]Satz 4 gilt entsprechend für Inhaber einer gültigen Erlaubnis nach § 21 Absatz 1 und 2.

(4) [1]Das Bundeskriminalamt kann auf Antrag von den Verboten der Anlage 2 Abschnitt 1 allgemein oder für den Einzelfall Ausnahmen zulassen, wenn die Interessen des Antragstellers auf Grund besonderer Umstände das öffentliche Interesse an der Durchsetzung des Verbots überwiegen. [2]Dies kann insbesondere angenommen werden, wenn die in der Anlage 2 Abschnitt 1 bezeichneten Waffen oder Munition zum Verbringen aus dem Geltungsbereich dieses Gesetzes, für wissenschaftliche oder Forschungszwecke oder zur Erweiterung einer kulturhistorisch bedeutsamen Sammlung bestimmt sind und eine erhebliche Gefahr für die öffentliche Sicherheit nicht zu befürchten ist.

(5) [1]Wer eine in Anlage 2 Abschnitt 1 bezeichnete Waffe als Erbe, Finder oder in ähnlicher Weise in Besitz nimmt, hat dies der zuständigen Behörde unverzüglich anzuzeigen. [2]Die zuständige Behörde kann die Waffen oder Munition sicherstellen oder anordnen, dass innerhalb einer angemessenen Frist die Waffen oder Munition unbrauchbar gemacht, von Verbotsmerkmalen befreit oder einem nach diesem Gesetz Berechtigten überlassen werden, oder dass der Erwerber einen Antrag nach Absatz 4 stellt. [3]Das Verbot des Umgangs mit Waffen oder Munition wird nicht wirksam, solange die Frist läuft oder eine ablehnende Entscheidung nach Absatz 4 dem Antragsteller noch nicht bekannt gegeben worden ist.

§ 41 Waffenverbote für den Einzelfall

(1) [1]Die zuständige Behörde kann jemandem den Besitz von Waffen oder Munition, deren Erwerb nicht der Erlaubnis bedarf, und den Erwerb solcher Waffen oder Munition untersagen,

1. soweit es zur Verhütung von Gefahren für die Sicherheit oder zur Kontrolle des Umgangs mit diesen Gegenständen geboten ist oder

2. wenn Tatsachen bekannt werden, die die Annahme rechtfertigen, dass der rechtmäßige Besitzer oder Erwerbswillige abhängig von Alkohol oder anderen berauschenden Mitteln, psychisch krank oder debil ist oder sonst die erforderliche persönliche Eignung nicht besitzt oder ihm die für den Erwerb oder Besitz solcher Waffen oder Munition erforderliche Zuverlässigkeit fehlt.

[2]Im Fall des Satzes 1 Nr. 2 ist die betroffene Person darauf hinzuweisen, dass sie die Annahme mangelnder persönlicher Eignung im Wege der Beibringung eines amts- oder fachärztlichen oder fachpsychologischen Zeugnisses über die geistige oder körperliche Eignung ausräumen kann; § 6 Abs. 2 findet entsprechende Anwendung.

(2) Die zuständige Behörde kann jemandem den Besitz von Waffen oder Munition, deren Erwerb der Erlaubnis bedarf, untersagen, soweit es zur Verhütung von Gefahren für die Sicherheit oder Kontrolle des Umgangs mit diesen Gegenständen geboten ist.

(3) Die zuständige Behörde unterrichtet die örtliche Polizeidienststelle über den Erlass eines Waffenbesitzverbotes.

§ 42 Verbot des Führens von Waffen bei öffentlichen Veranstaltungen; Verordnungsermächtigungen für Verbotszonen

(1) [1]Wer an öffentlichen Vergnügungen, Volksfesten, Sportveranstaltungen, Messen, Ausstellungen, Märkten oder ähnlichen öffentlichen Veranstaltungen teilnimmt, darf keine Waffen im Sinne des § 1 Abs. 2 führen. [2]Dies gilt auch, wenn für die Teilnahme ein Eintrittsgeld zu entrichten ist, sowie für Theater-, Kino-, und Diskothekenbesuche und für Tanzveranstaltungen.

(2) Die zuständige Behörde kann allgemein oder für den Einzelfall Ausnahmen von Absatz 1 zulassen, wenn

1. der Antragsteller die erforderliche Zuverlässigkeit (§ 5) und persönliche Eignung (§ 6) besitzt,
2. der Antragsteller nachgewiesen hat, dass er auf Waffen bei der öffentlichen Veranstaltung nicht verzichten kann, und
3. eine Gefahr für die öffentliche Sicherheit oder Ordnung nicht zu besorgen ist.

(3) Unbeschadet des § 38 muss der nach Absatz 2 Berechtigte auch den Ausnahmebescheid mit sich führen und auf Verlangen zur Prüfung aushändigen.

(4) Die Absätze 1 bis 3 sind nicht anzuwenden

1. auf die Mitwirkenden an Theateraufführungen und diesen gleich zu achtenden Vorführungen, wenn zu diesem Zweck ungeladene oder mit Kartuschenmunition geladene Schusswaffen oder Waffen im Sinne des § 1 Abs. 2 Nr. 2 geführt werden,
2. auf das Schießen in Schießstätten (§ 27),
3. soweit eine Schießerlaubnis nach § 10 Abs. 5 vorliegt,
4. auf das gewerbliche Ausstellen der in Absatz 1 genannten Waffen auf Messen und Ausstellungen.

(5) ¹Die Landesregierungen werden ermächtigt, durch Rechtsverordnung vorzusehen, dass das Führen von Waffen im Sinne des § 1 Abs. 2 auf bestimmten öffentlichen Straßen, Wegen oder Plätzen allgemein oder im Einzelfall verboten oder beschränkt werden kann, soweit an dem jeweiligen Ort wiederholt

1. Straftaten unter Einsatz von Waffen oder
2. Raubdelikte, Körperverletzungsdelikte, Bedrohungen, Nötigungen, Sexualdelikte, Freiheitsberaubungen oder Straftaten gegen das Leben

begangen worden sind und Tatsachen die Annahme rechtfertigen, dass auch künftig mit der Begehung solcher Straftaten zu rechnen ist. ²In der Rechtsverordnung nach Satz 1 soll bestimmt werden, dass die zuständige Behörde allgemein oder für den Einzelfall Ausnahmen insbesondere für Inhaber waffenrechtlicher Erlaubnisse, Anwohner und Gewerbetreibende zulassen kann, soweit eine Gefährdung der öffentlichen Sicherheit nicht zu besorgen ist. ³Im Falle des Satzes 2 gilt Absatz 3 entsprechend. ⁴Die Landesregierungen können ihre Befugnis nach Satz 1 in Verbindung mit Satz 2 durch Rechtsverordnung auf die zuständige oberste Landesbehörde übertragen; diese kann die Befugnis durch Rechtsverordnung weiter übertragen.

(6) ¹Die Landesregierungen werden ermächtigt, durch Rechtsverordnung vorzusehen, dass das Führen von Waffen im Sinne des § 1 Absatz 2 oder von Messern mit feststehender oder feststellbarer Klinge mit einer Klingenlänge über vier Zentimeter an folgenden Orten verboten oder beschränkt werden kann, wenn Tatsachen die Annahme rechtfertigen, dass das Verbot oder die Beschränkung zur Abwehr von Gefahren für die öffentliche Sicherheit erforderlich ist:

1. auf bestimmten öffentlichen Straßen, Wegen oder Plätzen, auf denen Menschenansammlungen auftreten können,
2. in oder auf bestimmten Gebäuden oder Flächen mit öffentlichem Verkehr, in oder auf denen Menschenansammlungen auftreten können, und die einem Hausrecht unterliegen, insbesondere in Einrichtungen des öffentlichen Personenverkehrs, in Einkaufszentren sowie in Veranstaltungsorten,
3. in bestimmten Jugend- und Bildungseinrichtungen sowie
4. auf bestimmten öffentlichen Straßen, Wegen oder Plätzen, die an die in den Nummern 2 und 3 genannten Orte oder Einrichtungen angrenzen.

²In der Rechtsverordnung nach Satz 1 ist eine Ausnahme vom Verbot oder von der Beschränkung für Fälle vorzusehen, in denen für das Führen der Waffe oder des Messers ein berechtigtes Interesse vorliegt. ³Ein berechtigtes Interesse liegt insbesondere vor bei

1. Inhabern waffenrechtlicher Erlaubnisse,
2. Anwohnern, Anliegern und dem Anlieferverkehr,
3. Gewerbetreibenden und bei ihren Beschäftigten oder bei von den Gewerbetreibenden Beauftragten, die Messer im Zusammenhang mit ihrer Berufsausübung führen,
4. Personen, die Messer im Zusammenhang mit der Brauchtumspflege oder der Ausübung des Sports führen,
5. Personen, die eine Waffe oder ein Messer nicht zugriffsbereit von einem Ort zum anderen befördern, und
6. Personen, die eine Waffe oder ein Messer mit Zustimmung eines anderen in dessen Hausrechtsbereich nach Satz 1 Nummer 2 führen, wenn das Führen dem Zweck des Aufenthalts in dem Hausrechtsbereich dient oder im Zusammenhang damit steht.

[4]Die Landesregierungen können ihre Befugnis nach Satz 1 in Verbindung mit Satz 2 durch Rechtsverordnung auf die zuständige oberste Landesbehörde übertragen; diese kann die Befugnis durch Rechtsverordnung weiter übertragen.

§ 42a Verbot des Führens von Anscheinswaffen und bestimmten tragbaren Gegenständen

(1) Es ist verboten
1. Anscheinswaffen,
2. Hieb- und Stoßwaffen nach Anlage 1 Abschnitt 1 Unterabschnitt 2 Nr. 1.1 oder
3. Messer mit einhändig feststellbarer Klinge (Einhandmesser) oder feststehende Messer mit einer Klingenlänge über 12 cm

zu führen.

(2) [1]Absatz 1 gilt nicht
1. für die Verwendung bei Foto-, Film- oder Fernsehaufnahmen oder Theateraufführungen,
2. für den Transport in einem verschlossenen Behältnis,
3. für das Führen der Gegenstände nach Absatz 1 Nr. 2 und 3, sofern ein berechtigtes Interesse vorliegt.

[2]Weitergehende Regelungen bleiben unberührt.

(3) Ein berechtigtes Interesse nach Absatz 2 Satz 1 Nr. 3 liegt insbesondere vor, wenn das Führen der Gegenstände im Zusammenhang mit der Berufsausübung erfolgt, der Brauchtumspflege, dem Sport oder einem allgemein anerkannten Zweck dient.

Abschnitt 3
Sonstige waffenrechtliche Vorschriften

§ 43 Erhebung und Übermittlung personenbezogener Daten

(1) [1]Die für die Ausführung dieses Gesetzes zuständigen Behörden dürfen personenbezogene Daten auch ohne Mitwirkung der betroffenen Person in den Fällen des § 5 Abs. 5 und des § 6 Abs. 1 Satz 3 und 4 erheben. [2]Sonstige Rechtsvorschriften des Bundes- oder Landesrechts, die eine Erhebung ohne Mitwirkung der betroffenen Person vorsehen oder zwingend voraussetzen, bleiben unberührt.

(2) Öffentliche Stellen im Geltungsbereich dieses Gesetzes sind auf Ersuchen der zuständigen Behörde verpflichtet, dieser im Rahmen datenschutzrechtlicher Übermittlungsbefugnisse personenbezogene Daten zu übermitteln, soweit die Daten nicht wegen überwiegender öffentlicher Interessen geheim gehalten werden müssen.

§ 43a *[aufgehoben]*

§ 44 Übermittlung an und von Meldebehörden

(1) Die zuständige Behörde teilt der Meldebehörde mit:
1. die erstmalige Erteilung einer waffenrechtlichen Erlaubnis,
2. den Verlust aller waffenrechtlichen Erlaubnisse einer Person,
3. den Erlass und den Wegfall eines Waffenbesitzverbotes.

(2) Die Meldebehörden teilen den Waffenerlaubnisbehörden Namensänderungen, Zuzug, Änderungen der derzeitigen Anschrift im Zuständigkeitsbereich der Meldebehörde, Wegzug und Tod des Einwohners mit, für den das Vorliegen einer waffenrechtlichen Erlaubnis oder eines Waffenbesitzverbotes gespeichert ist.

§ 44a Behördliche Aufbewahrungspflichten

[1]Die für die Ausführung dieses Gesetzes zuständigen Behörden haben alle Unterlagen, die für die Feststellung der gegenwärtigen und früheren Besitzverhältnisse sowie die Rückverfolgung von Verkaufswegen erforderlich sind, einschließlich der Aufzeichnungen zu Verbringungen 30 Jahre aufzubewahren. [2]Ferner haben die in Satz 1 genannten Behörden zehn Jahre alle Unterlagen aufzubewahren, aus denen sich die Versagung einer waffenrechtlichen Erlaubnis
1. wegen fehlender Zuverlässigkeit nach § 4 Absatz 1 Nummer 2 in Verbindung mit § 5 Absatz 1 Nummer 2 oder Absatz 2 Nummer 2, 3 oder Nummer 4 oder
2. wegen fehlender persönlicher Eignung nach § 4 Absatz 1 Nummer 2 in Verbindung mit § 6 Absatz 1 Satz 1 und 2,

einschließlich der Gründe hierfür, ergibt.

§ 45 Rücknahme und Widerruf

(1) Eine Erlaubnis nach diesem Gesetz ist zurückzunehmen, wenn nachträglich bekannt wird, dass die Erlaubnis hätte versagt werden müssen.

(2) [1]Eine Erlaubnis nach diesem Gesetz ist zu widerrufen, wenn nachträglich Tatsachen eintreten, die zur Versagung hätten führen müssen. [2]Eine Erlaubnis nach diesem Gesetz kann auch widerrufen werden, wenn inhaltliche Beschränkungen nicht beachtet werden.

(3) [1]Bei einer Erlaubnis kann abweichend von Absatz 2 Satz 1 im Fall eines vorübergehenden Wegfalls des Bedürfnisses, aus besonderen Gründen auch in Fällen des endgültigen Wegfalls des Bedürfnisses, von einem Widerruf abgesehen werden. [2]Satz 1 gilt nicht, sofern es sich um eine Erlaubnis zum Führen einer Waffe handelt.

(4) [1]Verweigert eine betroffene Person im Fall der Überprüfung des weiteren Vorliegens von in diesem Gesetz oder in einer auf Grund dieses Gesetzes erlassenen Rechtsverordnung vorgeschriebenen Tatbestandsvoraussetzungen, bei deren Wegfall ein Grund zur Rücknahme oder zum Widerruf einer Erlaubnis oder Ausnahmebewilligung gegeben wäre, ihre Mitwirkung, so kann die Behörde deren Wegfall vermuten. [2]Die betroffene Person ist hierauf hinzuweisen.

(5) Widerspruch und Anfechtungsklage gegen Maßnahmen nach Absatz 1 und Absatz 2 Satz 1 haben keine aufschiebende Wirkung, sofern die Erlaubnis wegen des Nichtvorliegens oder Entfallens der Voraussetzungen nach § 4 Abs. 1 Nr. 2 zurückgenommen oder widerrufen wird.

§ 46 Weitere Maßnahmen

(1) [1]Werden Erlaubnisse nach diesem Gesetz zurückgenommen oder widerrufen, so hat der Inhaber alle Ausfertigungen der Erlaubnisurkunde der zuständigen Behörde unverzüglich zurückzugeben. [2]Das Gleiche gilt, wenn die Erlaubnis erloschen ist.

(2) [1]Hat jemand auf Grund einer Erlaubnis, die zurückgenommen, widerrufen oder erloschen ist, Waffen oder Munition erworben oder befugt besessen, und besitzt er sie noch, so kann die zuständige Behörde anordnen, dass er binnen angemessener Frist die Waffen oder Munition dauerhaft unbrauchbar macht oder einem Berechtigten überlässt und den Nachweis darüber gegenüber der Behörde führt. [2]Nach fruchtlosem Ablauf der Frist kann die zuständige Behörde die Waffen oder Munition sicherstellen.

(3) [1]Besitzt jemand ohne die erforderliche Erlaubnis oder entgegen einem vollziehbaren Verbot nach § 41 Abs. 1 oder 2 eine Waffe oder Munition, so kann die zuständige Behörde anordnen, dass er binnen angemessener Frist

1. die Waffe oder Munition dauerhaft unbrauchbar macht oder einem Berechtigten überlässt oder
2. im Fall einer verbotenen Waffe oder Munition die Verbotsmerkmale beseitigt und
3. den Nachweis darüber gegenüber der Behörde führt.

[2]Nach fruchtlosem Ablauf der Frist kann die zuständige Behörde die Waffe oder Munition sicherstellen.

(4) [1]Die zuständige Behörde kann Erlaubnisurkunden sowie die in den Absätzen 2 und 3 bezeichneten Waffen oder Munition sofort sicherstellen

1. in Fällen eines vollziehbaren Verbots nach § 41 Abs. 1 oder 2 oder
2. soweit Tatsachen die Annahme rechtfertigen, dass die Waffen oder Munition missbräuchlich verwendet oder von einem Nichtberechtigten erworben werden sollen.

[2]Zu diesem Zweck sind die Beauftragten der zuständigen Behörde berechtigt, die Wohnung der betroffenen Person zu betreten und diese Wohnung nach Urkunden, Waffen oder Munition zu durchsuchen; Durchsuchungen dürfen nur durch den Richter, bei Gefahr im Verzug auch durch die zuständige Behörde angeordnet werden; das Grundrecht der Unverletzlichkeit der Wohnung (Artikel 13 des Grundgesetzes) wird insoweit eingeschränkt. [3]Widerspruch und Anfechtungsklage haben keine aufschiebende Wirkung.

(5) [1]Sofern der bisherige Inhaber nicht innerhalb eines Monats nach Sicherstellung einen empfangsbereiten Berechtigten benennt oder im Fall der Sicherstellung verbotener Waffen oder Munition nicht in dieser Frist eine Ausnahmezulassung nach § 40 Abs. 4 beantragt, kann die zuständige Behörde die sichergestellten Waffen oder Munition einziehen und verwerten oder vernichten. [2]Dieselben Befugnisse besitzt die zuständige Behörde im Fall der unanfechtbaren Versagung einer für verbotene Waffen oder Munition vor oder rechtzeitig nach der Sicherstellung beantragten Ausnahmezulassung nach § 40 Abs. 4. [3]Der Erlös aus einer Verwertung der Waffen oder Munition steht nach Abzug der Kosten der Sicherstellung, Verwahrung und Verwertung dem nach bürgerlichem Recht bisher Berechtigten zu.

§ 47 Verordnungen zur Erfüllung internationaler Vereinbarungen oder zur Angleichung an Gemeinschaftsrecht

Das Bundesministerium des Innern, für Bau und Heimat wird ermächtigt, mit Zustimmung des Bundesrates zur Erfüllung von Verpflichtungen aus internationalen Vereinbarungen oder zur Erfüllung bindender Beschlüsse der Europäischen Union, die Sachbereiche dieses Gesetzes betreffen, Rechtsverordnungen zu erlassen, die insbesondere

1. Anforderungen an das Überlassen und Verbringen von Waffen oder Munition an Personen, die ihren gewöhnlichen Aufenthalt außerhalb des Geltungsbereichs des Gesetzes haben, festlegen und

2. das Verbringen und die vorübergehende Mitnahme von Waffen oder Munition in den Geltungsbereich des Gesetzes sowie

3. die zu den Nummern 1 und 2 erforderlichen Bescheinigungen, Mitteilungspflichten und behördlichen Maßnahmen regeln.

§ 48 Sachliche Zuständigkeit

(1) [1]Die Landesregierungen oder die von ihnen durch Rechtsverordnung bestimmten Stellen können durch Rechtsverordnung die für die Ausführung dieses Gesetzes zuständigen Behörden bestimmen, soweit nicht Bundesbehörden zuständig sind. [2]Abweichend von Satz 1 ist für die Erteilung von Erlaubnissen an Bewachungsunternehmen für Bewachungsaufgaben nach § 28a Absatz 1 Satz 1 die für das Gebiet der Freien und Hansestadt Hamburg bestimmte Waffenbehörde zuständig.

(1a) Die Landesregierungen oder die von ihnen durch Rechtsverordnung bestimmten Stellen bestimmen durch Rechtsverordnung die nach Artikel 6 Absatz 5 Satz 2 der Verordnung (EU) Nr. 1214/2011 des Europäischen Parlaments und des Rates vom 16. November 2011 über den gewerbsmäßigen grenzüberschreitenden Straßentransport von Euro-Bargeld zwischen den Mitgliedstaaten des Euroraums (ABl. L 316 vom 29.11.2011, S. 1) zuständige Kontaktstelle.

(2) Das Bundesverwaltungsamt ist die zuständige Behörde für

1. ausländische Diplomaten, Konsularbeamte und gleichgestellte sonstige bevorrechtigte ausländische Personen,

2. ausländische Angehörige der in der Bundesrepublik Deutschland stationierten ausländischen Streitkräfte sowie deren Ehegatten und unterhaltsberechtigte Kinder,

3. Personen, die zum Schutze ausländischer Luftfahrzeuge und Seeschiffe eingesetzt sind,

4. Deutsche im Sinne des Artikels 116 des Grundgesetzes, die ihren gewöhnlichen Aufenthalt außerhalb des Geltungsbereichs dieses Gesetzes haben; dies gilt nicht für die in den §§ 21 und 28 genannten Personen, wenn sich der Sitz des Unternehmens im Geltungsbereich dieses Gesetzes befindet,

5. natürliche und juristische Personen, die im Geltungsbereich dieses Gesetzes im Sinne des § 21 Handel treiben, hier aber keinen Unternehmenssitz haben.

(3) Zuständig für die Entscheidungen nach § 2 Abs. 5 ist das Bundeskriminalamt.

(3a) Das Bundesamt für Wirtschaft und Ausfuhrkontrolle ist die zuständige Behörde zur Erteilung von Genehmigungen nach Artikel 4 der Verordnung (EU) Nr. 258/2012 des Europäischen Parlaments und des Rates vom 14. März 2012 zur Umsetzung des Artikels 10 des Protokolls der Vereinten Nationen gegen die unerlaubte Herstellung von Schusswaffen, dazugehörigen Teilen und Komponenten und Munition und gegen den unerlaubten Handel damit, in Ergänzung des Übereinkommens der Vereinten Nationen gegen die grenzüberschreitende organisierte Kriminalität (VN-Feuerwaffenprotokoll) und zur Einführung von Ausfuhrgenehmigungen für Feuerwaffen, deren Teile, Komponenten und Munition sowie von Maßnahmen betreffend deren Einfuhr und Durchfuhr (ABl. L 94 vom 30.3.2012, S. 1).

(4) Verwaltungsverfahren nach diesem Gesetz oder auf Grund dieses Gesetzes können über eine einheitliche Stelle nach den Vorschriften der Verwaltungsverfahrensgesetze abgewickelt werden.

§ 49 Örtliche Zuständigkeit

(1) Die Vorschriften der Verwaltungsverfahrensgesetze über die örtliche Zuständigkeit gelten mit der Maßgabe, dass örtlich zuständig ist

1. für einen Antragsteller oder Erlaubnisinhaber, der keinen gewöhnlichen Aufenthalt im Geltungsbereich dieses Gesetzes hat,
 a) die Behörde, in deren Bezirk er sich aufhält oder aufhalten will, oder,
 b) soweit sich ein solcher Aufenthaltswille nicht ermitteln lässt, die Behörde, in deren Bezirk der Grenzübertritt erfolgt,

2. für Antragsteller oder Inhaber einer Erlaubnis nach § 21 Abs. 1 sowie Bewachungsunternehmer die Behörde, in deren Bezirk sich die gewerbliche Hauptniederlassung befindet oder errichtet werden soll.

(2) Abweichend von Absatz 1 ist örtlich zuständig für

1. Schießerlaubnisse nach § 10 Abs. 5 die Behörde, in deren Bezirk geschossen werden soll, soweit nicht die Länder nach § 48 Abs. 1 eine abweichende Regelung getroffen haben,

2. Erlaubnisse nach § 27 Abs. 1 sowie für Maßnahmen auf Grund einer Rechtsverordnung nach § 27 Abs. 7 bei ortsfesten Schießstätten die Behörde, in deren Bezirk die ortsfeste Schießstätte betrieben wird oder betrieben oder geändert werden soll,

3. a) Erlaubnisse nach § 27 Abs. 1 sowie für Maßnahmen auf Grund einer Rechtsverordnung nach § 27 Abs. 7 bei ortsveränderlichen Schießstätten die Behörde, in deren Bezirk der Betreiber seinen gewöhnlichen Aufenthalt hat,

b) Auflagen bei den in Buchstabe a genannten Schießstätten die Behörde, in deren Bezirk die Schießstätte aufgestellt werden soll,

4. Ausnahmebewilligungen nach § 35 Abs. 3 Satz 2 die Behörde, in deren Bezirk die Tätigkeit ausgeübt werden soll,

5. Ausnahmebewilligungen nach § 42 Abs. 2 die Behörde, in deren Bezirk die Veranstaltung stattfinden soll oder, soweit Ausnahmebewilligungen für mehrere Veranstaltungen in verschiedenen Bezirken erteilt werden, die Behörde, in deren Bezirk die erste Veranstaltung stattfinden soll,

6. die Sicherstellung nach § 46 Abs. 2 Satz 2, Abs. 3 Satz 2 und Abs. 4 Satz 1 auch die Behörde, in deren Bezirk sich der Gegenstand befindet.

§ 50 *[aufgehoben]*

Abschnitt 4
Straf- und Bußgeldvorschriften

§ 51 Strafvorschriften

(1) Mit Freiheitsstrafe von einem Jahr bis zu fünf Jahren wird bestraft, wer entgegen § 2 Absatz 3 in Verbindung mit Anlage 2 Abschnitt 1 Nummer 1.2.1.1 oder 1.2.1.2 eine dort genannte Schusswaffe zum Verschießen von Patronenmunition nach Anlage 1 Abschnitt 1 Unterabschnitt 3 Nr. 1.1 erwirbt, besitzt, überlässt, führt, verbringt, mitnimmt, herstellt, bearbeitet, instand setzt oder damit Handel treibt.

(2) ¹In besonders schweren Fällen ist die Strafe Freiheitsstrafe von einem Jahr bis zu zehn Jahren. ²Ein besonders schwerer Fall liegt in der Regel vor, wenn der Täter gewerbsmäßig oder als Mitglied einer Bande, die sich zur fortgesetzten Begehung solcher Straftaten verbunden hat, unter Mitwirkung eines anderen Bandenmitgliedes handelt.

(3) In minder schweren Fällen ist die Strafe Freiheitsstrafe bis zu drei Jahren oder Geldstrafe.

(4) Handelt der Täter fahrlässig, so ist die Strafe Freiheitsstrafe bis zu zwei Jahren oder Geldstrafe.

§ 52 Strafvorschriften

(1) Mit Freiheitsstrafe von sechs Monaten bis zu fünf Jahren wird bestraft, wer

1. entgegen § 2 Absatz 3 in Verbindung mit Anlage 2 Abschnitt 1 Nr. 1.1 oder 1.3.4 eine dort genannte Schusswaffe oder einen dort genannten Gegenstand erwirbt, besitzt, überlässt, führt, verbringt, mitnimmt, herstellt, bearbeitet, instand setzt oder damit Handel treibt,

2. ohne Erlaubnis nach

 a) § 2 Abs. 2 in Verbindung mit Anlage 2 Abschnitt 2 Unterabschnitt 1 Satz 1, eine Schusswaffe oder Munition erwirbt, um sie entgegen § 34 Abs. 1 Satz 1 einem Nichtberechtigten zu überlassen,

 b) § 2 Abs. 2 in Verbindung mit Anlage 2 Abschnitt 2 Unterabschnitt 1 Satz 1, eine halbautomatische Kurzwaffe zum Verschießen von Patronenmunition nach Anlage 1 Abschnitt 1 Unterabschnitt 3 Nr. 1.1 erwirbt, besitzt oder führt,

 c) § 2 Abs. 2 in Verbindung mit Anlage 2 Abschnitt 2 Unterabschnitt 1 Satz 1 in Verbindung mit § 21 Abs. 1 Satz 1 oder § 21a eine Schusswaffe oder Munition herstellt, bearbeitet, instand setzt oder damit Handel treibt,

 d) § 2 Abs. 2 in Verbindung mit Anlage 2 Abschnitt 2 Unterabschnitt 1 Satz 1 in Verbindung mit § 29 Absatz 1 Satz 1 oder § 32 Absatz 1 Satz 1 eine Schusswaffe oder Munition in den oder durch den Geltungsbereich dieses Gesetzes verbringt oder mitnimmt,

3. entgegen § 35 Abs. 3 Satz 1 eine Schusswaffe, Munition oder eine Hieb- oder Stoßwaffe im Reisegewerbe oder auf einer dort genannten Veranstaltung vertreibt oder anderen überlässt oder

4. entgegen § 40 Abs. 1 zur Herstellung eines dort genannten Gegenstandes anleitet oder auffordert.

(2) Der Versuch ist strafbar.

(3) Mit Freiheitsstrafe bis zu drei Jahren oder mit Geldstrafe wird bestraft, wer

1. entgegen § 2 Absatz 3 in Verbindung mit Anlage 2 Abschnitt 1 Nummer 1.2.2 bis 1.2.4.2, 1.2.5, 1.3.1 bis 1.3.3, 1.3.5 bis 1.3.8, 1.4.1 Satz 1, Nr. 1.4.2 bis 1.4.4 oder 1.5.3 bis 1.5.7 einen dort genannten Gegenstand erwirbt, besitzt, überlässt, führt, verbringt, mitnimmt, herstellt, bearbeitet, instand setzt oder damit Handel treibt,

2. ohne Erlaubnis nach § 2 Abs. 2 in Verbindung mit Anlage 2 Abschnitt 2 Unterabschnitt 1 Satz 1

 a) eine Schusswaffe erwirbt, besitzt, führt oder

 b) Munition erwirbt oder besitzt,

 wenn die Tat nicht in Absatz 1 Nr. 2 Buchstabe a oder b mit Strafe bedroht ist,

3. ohne Erlaubnis nach § 2 Abs. 2 in Verbindung mit Anlage 2 Abschnitt 2 Unterabschnitt 1 Satz 1 in Verbindung mit § 26 Abs. 1 Satz 1 eine Schusswaffe herstellt, bearbeitet oder instand setzt,

4. ohne Erlaubnis nach § 2 Absatz 2 in Verbindung mit Anlage 2 Abschnitt 2 Unterabschnitt 1 Satz 1 in Verbindung mit

 a) § 29 Absatz 1 Satz 1 eine dort genannte Schusswaffe oder Munition aus dem Geltungsbereich dieses Gesetzes in einen anderen Mitgliedstaat verbringt oder

 b) § 32 Absatz 1a Satz 1 eine dort genannte Schusswaffe oder Munition in einen anderen Mitgliedstaat mitnimmt,

5. entgegen § 28 Abs. 2 Satz 1 eine Schusswaffe führt,

6. entgegen § 28 Abs. 3 Satz 2 eine Schusswaffe oder Munition überlässt,

7. entgegen § 34 Abs. 1 Satz 1 eine erlaubnispflichtige Schusswaffe oder erlaubnispflichtige Munition einem Nichtberechtigten überlässt,

7a. entgegen § 36 Absatz 1 Satz 1 in Verbindung mit einer Rechtsverordnung nach § 36 Absatz 5 Satz 1 eine dort genannte Vorkehrung für eine Schusswaffe nicht, nicht richtig oder nicht rechtzeitig trifft und dadurch die Gefahr verursacht, dass eine Schusswaffe oder Munition abhandenkommt oder darauf unbefugt zugegriffen wird,

8. einer vollziehbaren Anordnung nach § 41 Abs. 1 Satz 1 oder Abs. 2 zuwiderhandelt,

9. entgegen § 42 Abs. 1 eine Waffe führt oder

10. entgegen § 57 Abs. 5 Satz 1 den Besitz über eine Schusswaffe oder Munition ausübt.

(4) Handelt der Täter in den Fällen des Absatzes 1 Nr. 1, 2 Buchstabe b, c oder d oder Nr. 3 oder des Absatzes 3 Nummer 1 bis 7, 8, 9 oder 10 fahrlässig, so ist die Strafe bei den bezeichneten Taten nach Absatz 1 Freiheitsstrafe bis zu zwei Jahren oder Geldstrafe, bei Taten nach Absatz 3 Freiheitsstrafe bis zu einem Jahr oder Geldstrafe.

(5) ¹In besonders schweren Fällen des Absatzes 1 Nr. 1 ist die Strafe Freiheitsstrafe von einem Jahr bis zu zehn Jahren. ²Ein besonders schwerer Fall liegt in der Regel vor, wenn der Täter gewerbsmäßig oder als Mitglied einer Bande, die sich zur fortgesetzten Begehung solcher Straftaten verbunden hat, unter Mitwirkung eines anderen Bandenmitgliedes handelt.

(6) In minder schweren Fällen des Absatzes 1 ist die Strafe Freiheitsstrafe bis zu drei Jahren oder Geldstrafe.

§ 52a *[aufgehoben]*

§ 53 Bußgeldvorschriften

(1) Ordnungswidrig handelt, wer vorsätzlich oder fahrlässig

1. entgegen § 2 Abs. 1 eine nicht erlaubnispflichtige Waffe oder nicht erlaubnispflichtige Munition erwirbt oder besitzt,

2. *[aufgehoben]*

3. ohne Erlaubnis nach § 2 Abs. 2 in Verbindung mit Abs. 4, dieser in Verbindung mit Anlage 2 Abschnitt 2 Unterabschnitt 1 Satz 1, mit einer Schusswaffe schießt,

4. einer vollziehbaren Auflage nach § 9 Abs. 2 Satz 1, § 10 Abs. 2 Satz 3, § 17 Abs. 2 Satz 2, § 18 Absatz 2 Satz 2 oder § 28a Absatz 1 Satz 3 oder einer vollziehbaren Anordnung nach § 9 Abs. 3, § 36 Abs. 3 Satz 1 oder Abs. 6, § 37c Absatz 2 Nummer 2, § 39 Abs. 3, § 40 Abs. 5 Satz 2 oder § 46 Abs. 2 Satz 1 oder Abs. 3 Satz 1 zuwiderhandelt,

5. *[aufgehoben]*

6. entgegen § 10 Absatz 2 Satz 4 oder § 37i eine Mitteilung nicht, nicht richtig, nicht vollständig oder nicht rechtzeitig macht,

7. entgegen § 13 Absatz 3 Satz 2 oder § 20 Absatz 1 die Ausstellung einer Waffenbesitzkarte oder die Eintragung in eine Waffenbesitzkarte nicht oder nicht rechtzeitig beantragt,

8. entgegen § 21 Absatz 6, § 24 Absatz 6, § 27 Absatz 1 Satz 6 oder Absatz 2 Satz 2, § 30 Satz 3, § 34 Absatz 4 oder Satz 1, § 37 Absatz 1 Satz 1, auch in Verbindung mit Satz 2, entgegen § 37a Satz 1, auch in Verbindung mit Satz 3, entgegen § 37a Satz 2, § 37b Satz 1 Satz 1, Absatz 3, § 37c Absatz 1, § 37d Absatz 1 oder 2, § 40 Absatz 5 Satz 1 oder § 58 Absatz 19 Satz 1 eine Anzeige nicht, nicht richtig, nicht vollständig, nicht in der vorgeschriebenen Weise oder nicht rechtzeitig erstattet,

9. entgegen § 24 Abs. 1, auch in Verbindung mit einer Rechtsverordnung nach § 25 Nummer 1 oder Nr. 2 Buchstabe a, oder § 24 Absatz 4 Satz 1 und 2, auch in Verbindung mit einer Rechtsverordnung nach § 25 Nummer 1, eine Angabe, ein Zeichen oder die Bezeichnung der Munition auf der Schusswaffe nicht, nicht richtig, nicht vollständig, nicht in der vorgeschriebenen Weise oder nicht

rechtzeitig anbringt oder Munition nicht, nicht richtig, nicht vollständig, nicht in der vorgeschriebenen Weise oder nicht rechtzeitig mit einem besonderen Kennzeichen versieht,

10. entgegen § 24 Absatz 5 eine Schusswaffe oder Munition anderen gewerbsmäßig überlässt,

11. ohne Erlaubnis nach § 27 Abs. 1 Satz 1 eine Schießstätte betreibt oder ihre Beschaffenheit oder die Art ihrer Benutzung wesentlich ändert,

12. entgegen § 27 Abs. 3 Satz 1 Nr. 1 und 2 einem Kind oder Jugendlichen das Schießen gestattet oder entgegen § 27 Abs. 6 Satz 2 nicht sicherstellt, dass die Aufsichtsperson nur einen Schützen bedient,

13. entgegen § 27 Abs. 3 Satz 2 Unterlagen nicht aufbewahrt oder entgegen § 27 Abs. 3 Satz 3 diese nicht herausgibt,

14. entgegen § 27 Abs. 5 Satz 2 eine Bescheinigung nicht mitführt,

15. entgegen § 33 Abs. 1 Satz 1 eine Schusswaffe oder Munition nicht anmeldet oder nicht oder nicht rechtzeitig vorführt,

16. entgegen § 34 Abs. 1 Satz 1 eine nicht erlaubnispflichtige Waffe oder nicht erlaubnispflichtige Munition einem Nichtberechtigten überlässt,

17. entgegen § 35 Abs. 1 Satz 4 die Urkunden nicht aufbewahrt oder nicht, nicht vollständig oder nicht rechtzeitig Einsicht gewährt,

18. entgegen § 35 Abs. 2 einen Hinweis nicht, nicht richtig, nicht vollständig oder nicht rechtzeitig gibt oder die Erfüllung einer dort genannten Pflicht nicht, nicht richtig, nicht vollständig oder nicht rechtzeitig protokolliert,

19. entgegen § 37g Absatz 1 ein dort genanntes Dokument nicht oder nicht rechtzeitig vorlegt,

20. entgegen § 38 Absatz 1 Satz 1 oder Absatz 2 ein dort genanntes Dokument nicht mit sich führt oder nicht oder nicht rechtzeitig aushändigt,

21. entgegen § 39 Abs. 1 Satz 1 eine Auskunft nicht, nicht richtig, nicht vollständig oder nicht rechtzeitig erteilt,

21a. entgegen § 42a Abs. 1 eine Anscheinswaffe, eine dort genannte Hieb- oder Stoßwaffe oder ein dort genanntes Messer führt,

22. entgegen § 46 Abs. 1 Satz 1, auch in Verbindung mit Satz 2, eine Ausfertigung der Erlaubnisurkunde nicht oder nicht rechtzeitig zurückgibt oder

23. einer Rechtsverordnung nach § 15a Absatz 4, § 27 Absatz 7 Satz 2, § 36 Absatz 5, den §§ 39a, 39c Absatz 1 oder 2 Satz 1, § 42 Absatz 5 Satz 1 oder Absatz 6 Satz 1 oder § 47 oder einer vollziehbaren Anordnung auf Grund einer solchen Rechtsverordnung zuwiderhandelt, soweit die Rechtsverordnung für einen bestimmten Tatbestand auf diese Bußgeldvorschrift verweist.

(1a) Ordnungswidrig handelt, wer vorsätzlich oder fahrlässig ohne Genehmigung nach Artikel 4 Absatz 1 Satz 1 der Verordnung (EU) Nr. 258/2012 des Europäischen Parlaments und des Rates vom 14. März 2012 zur Umsetzung des Artikels 10 des Protokolls der Vereinten Nationen gegen die unerlaubte Herstellung von Schusswaffen, dazugehörigen Teilen und Komponenten und Munition und gegen den unerlaubten Handel damit, in Ergänzung des Übereinkommens der Vereinten Nationen gegen die grenzüberschreitende organisierte Kriminalität (VN-Feuerwaffenprotokoll) und zur Einführung von Ausfuhrgenehmigungen für Feuerwaffen, deren Teile, Komponenten und Munition sowie von Maßnahmen betreffend deren Einfuhr und Durchfuhr (ABl. L 94 vom 30.3.2012, S. 1) einen dort genannten Gegenstand ausführt.

(2) Die Ordnungswidrigkeit kann mit einer Geldbuße bis zu zehntausend Euro geahndet werden.

(3) Verwaltungsbehörden im Sinne des § 36 Absatz 1 Nummer 1 des Gesetzes über Ordnungswidrigkeiten sind

1. in den Fällen des Absatzes 1, soweit dieses Gesetz von der Physikalisch-Technischen Bundesanstalt, dem Bundesverwaltungsamt oder dem Bundeskriminalamt ausgeführt wird, die für die Erteilung von Erlaubnissen nach § 21 Absatz 1 zuständigen Behörden,

2. in den Fällen des Absatzes 1a die Hauptzollämter.

§ 54 Einziehung

(1) Ist eine Straftat nach den §§ 51, 52 Abs. 1, 2 oder 3 Nr. 1, 2 oder 3 oder Abs. 5 begangen worden, so werden Gegenstände,

1. auf die sich diese Straftat bezieht oder

2. die durch sie hervorgebracht oder zu ihrer Begehung oder Vorbereitung gebraucht worden oder bestimmt gewesen sind,

eingezogen.

(2) Ist eine sonstige Straftat nach § 52 oder eine Ordnungswidrigkeit nach § 53 begangen worden, so können in Absatz 1 bezeichnete Gegenstände eingezogen werden.

(3) § 74a des Strafgesetzbuches und § 23 des Gesetzes über Ordnungswidrigkeiten sind anzuwenden.

(4) Als Maßnahme im Sinne des § 74f Absatz 1 Satz 3 des Strafgesetzbuches kommt auch die Anweisung in Betracht, binnen einer angemessenen Frist eine Entscheidung der zuständigen Behörde über die Erteilung einer Erlaubnis nach § 10 vorzulegen oder die Gegenstände einem Berechtigten zu überlassen.

Abschnitt 5
Ausnahmen von der Anwendung des Gesetzes

§ 55 Ausnahmen für oberste Bundes- und Landesbehörden, Bundeswehr, Polizei und Zollverwaltung, erheblich gefährdete Hoheitsträger sowie Bedienstete anderer Staaten

(1) [1]Dieses Gesetz ist, wenn es nicht ausdrücklich etwas anderes bestimmt, nicht anzuwenden auf
1. die obersten Bundes- und Landesbehörden und die Deutsche Bundesbank,
2. die Bundeswehr und die in der Bundesrepublik Deutschland stationierten ausländischen Streitkräfte,
3. die Polizeien des Bundes und der Länder,
4. die Zollverwaltung

und deren Bedienstete, soweit sie dienstlich tätig werden. [2]Bei Polizeibediensteten und bei Bediensteten der Zollverwaltung mit Vollzugsaufgaben gilt dies, soweit sie durch Dienstvorschriften hierzu ermächtigt sind, auch für den Besitz über dienstlich zugelassene Waffen oder Munition und für das Führen dieser Waffen außerhalb des Dienstes.

(2) [1]Personen, die wegen der von ihnen wahrzunehmenden hoheitlichen Aufgaben des Bundes oder eines Landes erheblich gefährdet sind, wird an Stelle einer Waffenbesitzkarte, eines Waffenscheins oder einer Ausnahmebewilligung nach § 42 Abs. 2 eine Bescheinigung über die Berechtigung zum Erwerb und Besitz von Waffen oder Munition sowie eine Bescheinigung zum Führen dieser Waffen erteilt. [2]Die Bescheinigung ist auf die voraussichtliche Dauer der Gefährdung zu befristen. [3]Die Bescheinigung erteilt für Hoheitsträger des Bundes das Bundesministerium des Innern, für Bau und Heimat oder eine von ihm bestimmte Stelle.

(3) Dieses Gesetz ist nicht anzuwenden auf Bedienstete anderer Staaten, die dienstlich mit Waffen oder Munition ausgestattet sind, wenn die Bediensteten im Rahmen einer zwischenstaatlichen Vereinbarung oder auf Grund einer Anforderung oder einer allgemein oder für den Einzelfall erteilten Zustimmung einer zuständigen inländischen Behörde oder Dienststelle im Geltungsbereich dieses Gesetzes tätig werden und die zwischenstaatliche Vereinbarung, die Anforderung oder die Zustimmung nicht etwas anderes bestimmt.

(4) Auf Waffen oder Munition, die für die in Absatz 1 Satz 1 bezeichneten Stellen in den Geltungsbereich dieses Gesetzes verbracht oder hergestellt und ihnen überlassen werden, ist § 40 nicht anzuwenden.

(5) [1]Die Bundesregierung kann durch Rechtsverordnung, die nicht der Zustimmung des Bundesrates bedarf, eine dem Absatz 1 Satz 1 entsprechende Regelung für sonstige Behörden und Dienststellen des Bundes treffen. [2]Die Bundesregierung kann die Befugnis nach Satz 1 durch Rechtsverordnung, die nicht der Zustimmung des Bundesrates bedarf, auf eine andere Bundesbehörde übertragen.

(6) [1]Die Landesregierungen können durch Rechtsverordnung eine dem Absatz 5 Satz 1 entsprechende Regelung für sonstige Behörden und Dienststellen des Landes treffen. [2]Die Landesregierungen können die Befugnis nach Satz 1 durch Rechtsverordnung auf andere Landesbehörden übertragen.

§ 56 Sondervorschriften für Staatsgäste und andere Besucher
[1]Auf
1. Staatsgäste aus anderen Staaten,
2. sonstige erheblich gefährdete Personen des öffentlichen Lebens aus anderen Staaten, die sich besuchsweise im Geltungsbereich dieses Gesetzes aufhalten, und
3. Personen aus anderen Staaten, denen der Schutz der in den Nummern 1 und 2 genannten Personen obliegt,

sind § 10 und Abschnitt 2 Unterabschnitt 5 nicht anzuwenden, wenn ihnen das Bundesverwaltungsamt oder, soweit es sich nicht um Gäste des Bundes handelt, die nach § 48 Abs. 1 zuständige Behörde hierüber eine Bescheinigung erteilt hat. [2]Die Bescheinigung, zu deren Wirksamkeit es der Bekanntgabe an die betroffene Person nicht bedarf, ist zu erteilen, wenn dies im öffentlichen Interesse, insbesondere zur Wahrung der zwischenstaatlichen Gepflogenheiten bei solchen Besuchen, geboten ist. [3]Es muss gewährleistet sein, dass in den Geltungsbereich dieses Gesetzes verbrachte oder dort erworbene Schusswaffen oder Munition nach Beendigung des Besuches aus dem Geltungsbereich dieses Gesetzes verbracht oder einem Berechtigten überlassen werden. [4]Sofern das Bundesverwaltungsamt in den Fällen des Satzes 1 nicht rechtzeitig tätig werden kann, entscheidet über die Erteilung der Bescheinigung die nach § 48

Abs. 1 zuständige Behörde. ⁵Das Bundesverwaltungsamt ist über die getroffene Entscheidung zu unterrichten.

§ 57 Kriegswaffen

(1) ¹Dieses Gesetz gilt nicht für Kriegswaffen im Sinne des Gesetzes über die Kontrolle von Kriegswaffen. ²Auf tragbare Schusswaffen, für die eine Waffenbesitzkarte nach § 59 Abs. 4 Satz 2 des Waffengesetzes in der vor dem 1. Juli 1976 geltenden Fassung erteilt worden ist, sind unbeschadet der Vorschriften des Gesetzes über die Kontrolle von Kriegswaffen § 4 Abs. 3, § 45 Abs. 1 und 2 sowie § 36, die Vorschriften einer Rechtsverordnung nach § 36 Absatz 5 und § 52 Absatz 3 Nummer 7a anzuwenden. ³Auf Verstöße gegen § 59 Abs. 2 des Waffengesetzes in der vor dem 1. Juli 1976 geltenden Fassung und gegen § 58 Abs. 1 des Waffengesetzes in der vor dem 1. April 2003 geltenden Fassung ist § 52 Abs. 3 Nr. 1 anzuwenden. ⁴Zuständige Behörde für Maßnahmen nach Satz 2 ist das Bundesamt für Wirtschaft und Ausfuhrkontrolle.

(2) ¹Wird die Anlage zu dem Gesetz über die Kontrolle von Kriegswaffen (Kriegswaffenliste) geändert und verlieren deshalb tragbare Schusswaffen ihre Eigenschaft als Kriegswaffen, so hat derjenige, der seine Befugnis zum Besitz solcher Waffen durch eine Genehmigung oder Bestätigung der zuständigen Behörde nachweisen kann, diese Genehmigung oder Bestätigung der nach § 48 Abs. 1 zuständigen Behörde vorzulegen; diese stellt eine Waffenbesitzkarte aus oder ändert eine bereits erteilte Waffenbesitzkarte, wenn kein Versagungsgrund im Sinne des Absatzes 4 vorliegt. ²Die übrigen Besitzer solcher Waffen können innerhalb einer Frist von sechs Monaten nach Inkrafttreten der Änderung der Kriegswaffenliste bei der nach § 48 Abs. 1 zuständigen Behörde die Ausstellung einer Waffenbesitzkarte beantragen, sofern nicht der Besitz der Waffen nach § 59 Abs. 2 des Waffengesetzes in der vor dem 1. Juli 1976 geltenden Fassung anzumelden oder ein Antrag nach § 58 Abs. 1 des Waffengesetzes in der vor dem 1. April 2003 geltenden Fassung zu stellen war und der Besitzer die Anmeldung oder den Antrag unterlassen hat.

(3) Wird die Anlage zu dem Gesetz über die Kontrolle von Kriegswaffen (Kriegswaffenliste) geändert und verliert deshalb Munition für tragbare Kriegswaffen ihre Eigenschaft als Kriegswaffe, so hat derjenige, der bei Inkrafttreten der Änderung der Kriegswaffenliste den Besitz über sie ausübt, innerhalb einer Frist von sechs Monaten einen Antrag auf Erteilung einer Erlaubnis nach § 10 Abs. 3 bei der nach § 48 Abs. 1 zuständigen Behörde zu stellen, es sei denn, dass er bereits eine Berechtigung zum Besitz dieser Munition besitzt.

(4) Die Waffenbesitzkarte nach Absatz 2 und die Erlaubnis zum Munitionsbesitz nach Absatz 3 dürfen nur versagt werden, wenn Tatsachen die Annahme rechtfertigen, dass der Antragsteller nicht die erforderliche Zuverlässigkeit oder persönliche Eignung besitzt.

(5) ¹Wird der Antrag nach Absatz 2 Satz 2 oder Absatz 3 nicht gestellt oder wird die Waffenbesitzkarte oder die Erlaubnis unanfechtbar versagt, so darf der Besitz über die Schusswaffen oder die Munition nach Ablauf der Antragsfrist oder nach der Versagung nicht mehr ausgeübt werden. ²§ 46 Abs. 2 findet entsprechende Anwendung.

Abschnitt 6
Übergangsvorschriften, Verwaltungsvorschriften

§ 58 Altbesitz; Übergangsvorschriften

(1) ¹Soweit nicht nachfolgend Abweichendes bestimmt wird, gelten Erlaubnisse im Sinne des Waffengesetzes in der Fassung der Bekanntmachung vom 8. März 1976 (BGBl. I S. 432), zuletzt geändert durch das Gesetz vom 21. November 1996 (BGBl. I S. 1779), fort. ²Erlaubnisse zum Erwerb von Munition berechtigen auch zu deren Besitz. ³Hat jemand berechtigt Munition vor dem Inkrafttreten dieses Gesetzes erworben, für die auf Grund dieses Gesetzes eine Erlaubnis erforderlich ist, und übt er über diese bei Inkrafttreten dieses Gesetzes noch den Besitz aus, so hat er diese Munition bis 31. August 2003 der zuständigen Behörde schriftlich anzumelden. ⁴Die Anmeldung muss die Personalien des Besitzers sowie die Munitionsarten enthalten. ⁵Die nachgewiesene fristgerechte Anmeldung gilt als Erlaubnis zum Besitz.

(2) Eine auf Grund des Waffengesetzes in der Fassung der Bekanntmachung vom 8. März 1976 (BGBl. I S. 432) erteilte waffenrechtliche Erlaubnis für Kriegsschusswaffen tritt am ersten Tag des sechsten auf das Inkrafttreten dieses Gesetzes folgenden Monats außer Kraft.

(3) Ist über einen vor Inkrafttreten dieses Gesetzes gestellten Antrag auf Erteilung einer Erlaubnis nach § 7 des Waffengesetzes in der Fassung der Bekanntmachung vom 8. März 1976 (BGBl. I S. 432) noch nicht entschieden worden, findet für die Entscheidung über den Antrag § 21 dieses Gesetzes Anwendung.

(4) Bescheinigungen nach § 6 Abs. 2 des Waffengesetzes in der Fassung der Bekanntmachung vom 8. März 1976 (BGBl. I S. 432) gelten im bisherigen Umfang als Bescheinigungen nach § 55 Abs. 2 dieses Gesetzes.

(5) Ausnahmebewilligungen nach § 37 Abs. 3 und § 57 Abs. 7 des Waffengesetzes in der Fassung der Bekanntmachung vom 8. März 1976 (BGBl. I S. 432) gelten in dem bisherigen Umfang als Ausnahmebewilligungen nach § 40 Abs. 4 dieses Gesetzes.

(6) Die nach § 40 Abs. 1 des Waffengesetzes in der Fassung der Bekanntmachung vom 8. März 1976 (BGBl. I S. 432) ausgesprochenen Verbote gelten in dem bisherigen Umfang als Verbote nach § 41 dieses Gesetzes.

(7) [1]Besitzt eine Person am 6. Juli 2017 ein Geschoss, das nicht dem bis zum 5. Juli 2017 geltenden Verbot der Anlage 2 Abschnitt 1 Nummer 1.5.4 unterfiel, so wird das Verbot nach Anlage 2 Abschnitt 1 Nummer 1.5.4 gegenüber dieser Person nicht wirksam, wenn

1. sie bis zum 1. Juli 2018 einen Antrag nach § 40 Absatz 4 stellt und
2. ihr daraufhin eine Erlaubnis nach § 40 Absatz 4 erteilt wird.

[2]§ 46 Abs. 3 Satz 2 und Abs. 5 findet entsprechend Anwendung.

(8) [1]Wer eine am 6. Juli 2017 unerlaubt besessene Waffe oder unerlaubt besessene Munition bis zum 1. Juli 2018 der zuständigen Behörde oder einer Polizeidienststelle übergibt, wird nicht wegen unerlaubten Erwerbs, unerlaubten Besitzes, unerlaubten Führens auf dem direkten Weg zur Übergabe an die zuständige Behörde oder Polizeidienststelle oder wegen unerlaubten Verbringens bestraft. [2]Satz 1 gilt nicht, wenn

1. vor der Unbrauchbarmachung, Überlassung oder Übergabe dem bisherigen Besitzer der Waffe die Einleitung des Straf- oder Bußgeldverfahrens wegen der Tat bekannt gegeben worden ist oder
2. der Verstoß im Zeitpunkt der Unbrauchbarmachung, Überlassung oder Übergabe ganz oder zum Teil bereits entdeckt war und der bisherige Besitzer dies wusste oder bei verständiger Würdigung der Sachlage damit rechnen musste.

(9) [1]Besitzt eine Person, die noch nicht das 25. Lebensjahr vollendet hat, am 1. April 2003 mit einer Erlaubnis auf Grund des Waffengesetzes in der Fassung der Bekanntmachung vom 8. März 1976 (BGBl. I S. 432) eine Schusswaffe, so hat sie binnen eines Jahres auf eigene Kosten der zuständigen Behörde ein amts- oder fachärztliches oder fachpsychologisches Zeugnis über die geistige Eignung nach § 6 Abs. 3 vorzulegen. [2]Satz 1 gilt nicht für den Erwerb und Besitz von Schusswaffen im Sinne von § 14 Abs. 1 Satz 2 und in den Fällen des § 13 Abs. 2 Satz 1.

(10) Die Erlaubnispflicht für Schusswaffen im Sinne der Anlage 2 Abschnitt 2 Unterabschnitt 1 Satz 3 gilt für Schusswaffen, die vor dem 1. April 2008 erworben wurden, erst ab dem 1. Oktober 2008.

(11) [1]Hat jemand am 1. April 2008 eine bislang nicht nach Anlage 2 Abschnitt 1 Nr. 1.2.1.2 dieses Gesetzes verbotene Waffe besessen, so wird dieses Verbot nicht wirksam, wenn er bis zum 1. Oktober 2008 diese Waffe unbrauchbar macht, einem Berechtigten überlässt oder der zuständigen Behörde oder einer Polizeidienststelle überlässt oder einen Antrag nach § 40 Abs. 4 dieses Gesetzes stellt. [2]§ 46 Abs. 3 Satz 2 und Abs. 5 findet entsprechend Anwendung.

(12) Besitzt der Inhaber einer Waffenbesitzkarte am 1. April 2008 erlaubnisfrei erworbene Teile von Schusswaffen im Sinne der Anlage 2 Abschnitt 2 Unterabschnitt 2 Nr. 2, so sind diese Teile bis zum 1. Oktober 2008 in die Waffenbesitzkarte einzutragen.

(13) [1]Hat jemand am 1. September 2020 ein erlaubnispflichtiges wesentliches Teil im Sinne von Anlage 1 Abschnitt 1 Unterabschnitt 1 Nummer 1.3.1.2 oder 1.3.1.6 besessen, das er vor diesem Tag erworben hat, so hat er spätestens am 1. September 2021 eine Erlaubnis nach § 10 Absatz 1 Satz 1 oder eine gleichgestellte andere Erlaubnis zum Besitz zu beantragen oder das wesentliche Teil einem Berechtigten, der zuständigen Behörde oder einer Polizeidienststelle zu überlassen. [2]Für die Zeit bis zur Erteilung oder Versagung der Erlaubnis gilt der Besitz als erlaubt. [3]§ 46 Absatz 3 Satz 2 und Absatz 5 findet entsprechend Anwendung.

(14) [1]Hat jemand am 1. September 2020 ein nach Anlage 2 Abschnitt 1 Nummer 1.1, 1.2.1.1, 1.2.1.2, 1.2.2, 1.2.3 oder 1.2.5 verbotenes wesentliches Teil im Sinne von Anlage 1 Abschnitt 1 Unterabschnitt 1 Nummer 1.3.1.2 oder 1.3.1.6 besessen, das er vor diesem Tag erworben hat, so wird das Verbot ihm gegenüber in Bezug auf dieses wesentliche Teil nicht wirksam, wenn er spätestens am 1. September 2021 das wesentliche Teil einem Berechtigten, der zuständigen Behörde oder einer Polizeidienststelle überlässt oder einen Antrag nach § 40 Absatz 4 stellt. [2]§ 46 Absatz 3 Satz 2 und Absatz 5 findet entsprechend Anwendung.

(15) [1]Hat jemand am 1. September 2020 eine erlaubnispflichtige Salutwaffe im Sinne von Anlage 1 Abschnitt 1 Unterabschnitt 1 Nummer 1.5 besessen, die er vor diesem Tag erworben hat, so hat er spätestens am 1. September 2021 eine Erlaubnis nach § 10 Absatz 1 Satz 1 oder eine gleichgestellte andere

Erlaubnis zum Besitz zu beantragen oder die Waffe einem Berechtigten, der zuständigen Behörde oder einer Polizeidienststelle zu überlassen. [2]Für die Zeit bis zur Erteilung oder Versagung der Erlaubnis gilt der Besitz als erlaubt. [3]§ 46 Absatz 3 Satz 2 und Absatz 5 findet entsprechend Anwendung.

(16) [1]Hat jemand am 1. September 2020 eine nach Anlage 2 Abschnitt 1 Nummer 1.2.8 verbotene Salutwaffe besessen, die er vor diesem Tag erworben hat, so wird das Verbot ihm gegenüber in Bezug auf diese Waffe nicht wirksam, wenn er bis zum 1. September 2021 die Waffe einem Berechtigten, der zuständigen Behörde oder einer Polizeidienststelle überlässt oder einen Antrag nach § 40 Absatz 4 stellt. [2]§ 46 Absatz 3 Satz 2 und Absatz 5 findet entsprechend Anwendung.

(17) [1]Hat jemand am 13. Juni 2017 ein nach Anlage 2 Abschnitt 1 Nummer 1.2.4.3 oder 1.2.4.4 verbotenes Magazin oder ein nach Nummer 1.2.4.5 verbotenes Magazingehäuse besessen, das er vor diesem Tag erworben hat, so wird das Verbot ihm gegenüber in Bezug auf dieses Magazin oder Magazingehäuse nicht wirksam, wenn er den Besitz spätestens am 1. September 2021 bei der zuständigen Behörde anzeigt oder das Magazin oder Magazingehäuse einem Berechtigten, der zuständigen Behörde oder einer Polizeidienststelle überlässt. [2]Hat jemand am oder nach dem 13. Juni 2017, aber vor dem 1. September 2020 ein nach Anlage 2 Abschnitt 1 Nummer 1.2.4.3 oder 1.2.4.4 verbotenes Magazin oder ein nach Nummer 1.2.4.5 verbotenes Magazingehäuse besessen, das er am oder nach dem 13. Juni 2017 erworben hat, so wird das Verbot ihm gegenüber in Bezug auf dieses Magazin oder Magazingehäuse nicht wirksam, wenn er bis zum 1. September 2021 das Magazin oder Magazingehäuse einem Berechtigten, der zuständigen Behörde oder einer Polizeidienststelle überlässt oder einen Antrag nach § 40 Absatz 4 stellt. [3]§ 46 Absatz 3 Satz 2 und Absatz 5 findet in den Fällen der Sätze 1 und 2 entsprechend Anwendung.

(18) [1]Hat jemand am 13. Juni 2017 auf Grund einer Erlaubnis nach § 10 Absatz 1 Satz 1 oder einer gleichgestellten anderen Erlaubnis zum Besitz eine nach Anlage 2 Abschnitt 1 Nummer 1.2.6 oder 1.2.7 verbotene Schusswaffe besessen, die er vor diesem Tag erworben hat, so wird das Verbot ihm gegenüber in Bezug auf diese Schusswaffe nicht wirksam. [2]Hat jemand nach dem 13. Juni 2017, aber vor dem 1. September 2021 eine nach Anlage 2 Abschnitt 1 Nummer 1.2.6 oder 1.2.7 verbotene Schusswaffe besessen, die er am oder nach dem 13. Juni 2017 erworben hat, so wird das Verbot ihm gegenüber in Bezug auf diese Schusswaffe nicht wirksam, wenn er bis zum 1. September 2021 die Schusswaffe einem Berechtigten, der zuständigen Behörde oder einer Polizeidienststelle überlässt oder einen Antrag nach § 40 Absatz 4 stellt. [3]Im Fall des Satzes 2 findet § 46 Absatz 3 Satz 2 und Absatz 5 entsprechend Anwendung.

(19) [1]Der Inhaber einer Erlaubnis nach § 21 Absatz 1 Satz 1 hat in seinem Besitz befindliche fertiggestellte Schusswaffen, deren Erwerb der Besitz der Erlaubnis bedarf und die er vor dem 1. September 2020 erworben hat, bis zum 1. März 2021 elektronisch gemäß § 37 Absatz 2 anzuzeigen. [2]Die wesentlichen Teile dieser Schusswaffen unterfallen dieser Anzeigepflicht nicht.

(20) [1]Hat jemand am 1. September 2020 ein nach Anlage 1 Abschnitt 1 Unterabschnitt 2 Nummer 1.2.3 den Schusswaffen gleichgestelltes Pfeilabschussgerät besessen, das er vor diesem Tag erworben hat, so hat er spätestens am 1. September 2021 eine Erlaubnis nach § 10 Absatz 1 Satz 1 oder eine gleichgestellte andere Erlaubnis zum Besitz zu beantragen oder das Pfeilabschussgerät einem Berechtigten, der zuständigen Behörde oder einer Polizeidienststelle zu überlassen. [2]Für die Zeit bis zur Erteilung oder Versagung der Erlaubnis gilt der Besitz als erlaubt. [3]§ 46 Absatz 3 Satz 2 und Absatz 5 findet entsprechende Anwendung.

(21) Bis zum Ablauf des 31. Dezember 2025 kann das Bedürfnis nach § 14 Absatz 4 Satz 1 auch durch eine Bescheinigung des dem Schießsportverband angehörenden Vereins glaubhaft gemacht werden.

(22) Besitzt jemand am 1. September 2020 auf Grund einer Erlaubnis nach § 14 Absatz 6 mehr als zehn Waffen, gilt die Erlaubnis abweichend von § 14 Absatz 6 Satz 1 für die eingetragene Anzahl, solange der Besitz besteht.

(23) Hat eine Landesregierung eine Rechtsverordnung nach § 27a Absatz 4 nicht erlassen, so gilt für das betreffende Land § 12 Absatz 4 bis 6 der Allgemeinen Waffengesetz-Verordnung in der am 19. Februar 2020 geltenden Fassung fort.

§ 59 Verwaltungsvorschriften

Das Bundesministerium des Innern, für Bau und Heimat erlässt allgemeine Verwaltungsvorschriften über den Erwerb und das Führen von Schusswaffen durch Behörden und Bedienstete seines Geschäftsbereichs sowie über das Führen von Schusswaffen durch erheblich gefährdete Hoheitsträger im Sinne von § 55 Abs. 2; die anderen obersten Bundesbehörden und die Deutsche Bundesbank erlassen die Verwaltungsvorschriften für ihren Geschäftsbereich im Einvernehmen mit dem Bundesministerium des Innern, für Bau und Heimat.

§ 60 Übergangsvorschrift zur Kostenverordnung

Die Kostenverordnung zum Waffengesetz in der Fassung der Bekanntmachung vom 20. April 1990 (BGBl. I S. 780), die zuletzt durch Artikel 2 der Verordnung vom 10. Januar 2000 (BGBl. I S. 38) geändert worden ist, gilt in den Ländern bis zum 1. Oktober 2021 fort, solange die Länder keine anderweitigen Regelungen getroffen haben; für die Erhebung von Auslagen ist insoweit § 10 des Verwaltungskostengesetzes vom 23. Juni 1970 in der bis zum 14. August 2013 geltenden Fassung weiter anzuwenden.

§ 60a Übergangsvorschrift zu den Waffenbüchern

(1) [1]Die Pflicht zur Führung von Waffenbüchern nach § 23 Absatz 1 oder Absatz 2 in der bis zum 19. Februar 2020 geltenden Fassung besteht bis zum Ablauf des 31. Dezember 2021 fort. [2]Nach Durchführung der letzten Eintragung sind die Waffenbücher mit Datum und Unterschrift der Person, die das Waffenbuch führen muss, so abzuschließen, dass nachträglich keine Eintragungen mehr vorgenommen werden können.

(2) [1]Die Person, die das Waffenbuch führen muss, hat das Waffenbuch mit den Belegen im Betrieb oder in dem Betriebsteil, in dem die Schusswaffen hergestellt oder vertrieben werden, bis zum Ablauf von zehn Jahren ab dem Tage der letzten Eintragung an aufzubewahren. [2]Will sie das Waffenbuch nach Ablauf der in Satz 1 genannten Frist nicht weiter aufbewahren, so hat sie es der zuständigen Behörde zur Aufbewahrung zu übergeben. [3]Gibt die Person, die das Waffenbuch führen muss, das Gewerbe auf, so hat sie das Buch ihrem Nachfolger zu übergeben oder der zuständigen Behörde zur Aufbewahrung auszuhändigen.

(3) Soweit in den Absätzen 1 und 2 nichts anderes bestimmt ist, finden auf die Führung der Waffenbücher bis zum Ablauf des 31. Dezember 2021 die Vorschriften des Abschnitts 6 Unterabschnitt 2 und § 34 Nummer 14 bis 17 der Allgemeinen Waffengesetz-Verordnung in der bis zum 19. Februar 2020 geltenden Fassung Anwendung.

(4) [1]Die für die Ausführung dieses Gesetzes zuständigen Behörden haben die nach Absatz 2 Satz 2 oder Satz 3 übernommenen Waffenbücher bis zum Ablauf von 30 Jahren nach dem Tage der Übernahme aufzubewahren. [2]Anschließend haben sie die Waffenbücher zu vernichten.

Anlage 1
(zu § 1 Abs. 4)

Begriffsbestimmungen

Abschnitt 1: Waffen- und munitionstechnische Begriffe, Einstufung von Gegenständen

Unterabschnitt 1: Schusswaffen

1. Schusswaffen im Sinne des § 1 Abs. 2 Nr. 1

1.1. Schusswaffen

Schusswaffen sind Gegenstände, die zum Angriff oder zur Verteidigung, zur Signalgebung, zur Jagd, zur Distanzinjektion, zur Markierung, zum Sport oder zum Spiel bestimmt sind und bei denen Geschosse durch einen Lauf getrieben werden.

1.2. Gleichgestellte Gegenstände

Den Schusswaffen stehen gleich tragbare Gegenstände,

1.2.1.

die zum Abschießen von Munition für die in Nummer 1.1 genannten Zwecke bestimmt sind,

1.2.2.

die in Anhang IV Nummer 18 der Richtlinie 2006/42/EG des Europäischen Parlaments und des Rates vom 17. Mai 2006 über Maschinen und zur Änderung der Richtlinie 95/16/EG (Neufassung) (ABl. L 157 vom 9.6.2006, S. 24; L 76 vom 16.3.2007, S. 35), die zuletzt durch die Verordnung (EU) Nr. 167/2013 (ABl. L 60 vom 2.3.2013, S. 1) geändert worden ist, aufgeführt sind und zum Abschießen von Munition für andere als die in Nummer 1.1 genannten Zwecke (insbesondere Schlachtzwecke, technische und industrielle Zwecke) bestimmt sind (tragbare Befestigungsgeräte mit Treibladung und andere Schussgeräte), sofern

a) sie nicht die Anforderungen des § 7 des Beschussgesetzes erfüllen und zum Nachweis das Kennzeichen der in § 20 Absatz 3 Satz 1 des Beschussgesetzes bezeichneten Stelle oder ein anerkanntes Prüfzeichen eines Staates, mit dem die gegenseitige Anerkennung der Prüfzeichen vereinbart ist, tragen oder

b) bei ihnen nicht die Einhaltung der Anforderungen nach Anhang I Nummer 2.2.2.1 der Richtlinie
 2006/42/EG durch Bescheinigung einer zuständigen Stelle eines Mitgliedstaates oder des Überein-
 kommens über den Europäischen Wirtschaftsraum nachgewiesen ist,

1.2.3
bei denen bestimmungsgemäß feste Körper gezielt verschossen werden, deren Antriebsenergie durch
Muskelkraft oder eine andere Energiequelle eingebracht und durch eine Sperrvorrichtung gespeichert
oder gehalten werden kann (zum Beispiel Armbrüste, Pfeilabschussgeräte). Dies gilt nicht für feste Kör-
per, die mit elastischen Geschossspitzen (zum Beispiel Saugnapf aus Gummi) versehen sind, bei denen
eine maximale Bewegungsenergie der Geschossspitzen je Flächeneinheit von $0,16$ J/cm^2 nicht über-
schritten wird;

1.3 Wesentliche Teile von Schusswaffen, Schalldämpfer
Wesentliche Teile von Schusswaffen und Schalldämpfer stehen, soweit in diesem Gesetz nichts anderes
bestimmt ist, den Schusswaffen gleich, für die sie bestimmt sind. Dies gilt auch dann, wenn sie mit anderen
Gegenständen verbunden sind und die Gebrauchsfähigkeit als Waffenteil nicht beeinträchtigt ist oder mit
allgemein gebräuchlichen Werkzeugen wiederhergestellt werden kann. Teile von Kriegswaffen im Sinne
des Gesetzes über die Kontrolle von Kriegswaffen, die nicht vom Gesetz über die Kontrolle von Kriegs-
waffen erfasst und nachstehend als wesentliche Teile aufgeführt sind sowie Schalldämpfer zu derartigen
Waffen werden von diesem Gesetz erfasst;

1.3.1
Wesentliche Teile sind

1.3.1.1
der Lauf oder Gaslauf; der Lauf ist ein aus einem ausreichend festen Werkstoff bestehender rohrförmiger
Gegenstand, der Geschossen, die hindurchgetrieben werden, ein gewisses Maß an Führung gibt, wobei
dies in der Regel als gegeben anzusehen ist, wenn die Länge des Laufteils, der die Führung des Ge-
schosses bestimmt, mindestens das Zweifache des Kalibers beträgt; der Gaslauf ist ein Lauf, der aus-
schließlich der Ableitung der Verbrennungsgase dient;

1.3.1.2
der Verschluss; der Verschluss ist die Baugruppe einer Schusswaffe, welche das Patronen- oder Kartu-
schenlager nach hinten abschließt; bei teilbaren Verschlüssen sind Verschlusskopf und Verschlussträger
jeweils wesentliche Teile; der Verschlusskopf ist das unmittelbar das Patronen- oder Kartuschenlager
oder den Lauf abschließende Teil; der Verschlussträger ist das Bauteil, welches das Verriegeln und Ent-
riegeln des Verschlusskopfs steuert;

1.3.1.3
das Patronen- oder Kartuschenlager, wenn dieses nicht bereits Bestandteil des Laufes ist; das Patronen-
oder Kartuschenlager ist ein Hohlkörper aus einem hinreichend festen Material, dessen Abmaße für die
Aufnahme von Patronenmunition, Kartuschenmunition oder Ladungen mit oder ohne Geschoss einge-
richtet sind und in dem die Munition oder Ladung gezündet wird;

1.3.1.4
bei Schusswaffen, bei denen zum Antrieb ein entzündbares flüssiges oder gasförmiges Gemisch ver-
wendet wird, die Verbrennungskammer und die Einrichtung zur Erzeugung des Gemisches;

1.3.1.5
bei Schusswaffen mit anderem Antrieb die Antriebsvorrichtung, sofern diese fest mit der Schusswaffe
verbunden ist;

1.3.1.6
das Gehäuse; das Gehäuse ist das Bauteil, welches den Lauf, die Abzugsmechanik und den Verschluss
aufnimmt; setzt sich das Gehäuse aus einem Gehäuseober- und einem Gehäuseunterteil zusammen,
sind beide Teile wesentliche Teile; das Gehäuseoberteil nimmt den Lauf und den Verschluss auf; das
Gehäuseunterteil nimmt die Abzugsmechanik auf; bei Kurzwaffen wird das Gehäuseunterteil als Griff-
stück bezeichnet;

1.3.1.7
vorgearbeitete wesentliche Teile von Schusswaffen sowie Teile und Reststücke von Läufen und Lauf-
rohlingen, wenn sie mit allgemein gebräuchlichen Werkzeugen fertiggestellt werden können.

1.3.2
Führendes wesentliches Teil ist das Gehäuse; wenn dieses aus Gehäuseober- und Gehäuseunterteil zusammengesetzt ist, das Gehäuseunterteil (Griffstück bei Kurzwaffen); wenn kein Gehäuse vorhanden ist, ist der Verschluss führendes wesentliches Teil; wenn kein Verschluss vorhanden ist, ist der Lauf führendes wesentliches Teil.

1.3.3
Schalldämpfer sind Vorrichtungen, die der wesentlichen Dämpfung des Mündungsknalls dienen und für Schusswaffen bestimmt sind.

1.4 Unbrauchbar gemachte Schusswaffen (Dekorationswaffen)
Schusswaffen sind unbrauchbar gemacht, wenn die zuständige Behörde eines Mitgliedstaates der Europäischen Union für diese Schusswaffen eine Bescheinigung nach Artikel 3 Absatz 4 der Durchführungsverordnung (EU) 2015/2403 der Kommission vom 15. Dezember 2015 zur Festlegung gemeinsamer Leitlinien über Deaktivierungsstandards und -techniken, die gewährleisten, dass Feuerwaffen bei der Deaktivierung endgültig unbrauchbar gemacht werden (ABl. L 333 vom 19.12.2015, S. 62), die zuletzt durch die Durchführungsverordnung (EU) 2018/337 (ABl. L 65 vom 8.3.2018, S. 1) geändert worden ist, ausgestellt hat und die zuständige Behörde die Schusswaffen gemäß Artikel 5 der Durchführungsverordnung (EU) 2015/2403 gekennzeichnet hat.

1.5 Salutwaffen
Salutwaffen sind

1.5.1
veränderte Langwaffen, die unter anderem für Theateraufführungen, Foto-, Film- oder Fernsehaufnahmen bestimmt sind, wenn sie die nachstehenden Anforderungen erfüllen:
a) das Patronenlager muss dauerhaft so verändert sein, dass keine Patronen- oder pyrotechnische Munition geladen werden kann,
b) der Lauf muss in dem dem Patronenlager zugekehrten Drittel mindestens sechs kalibergroße, offene Bohrungen oder andere gleichwertige Laufveränderungen aufweisen und vor diesen in Richtung der Laufmündung mit einem kalibergroßen gehärteten Stahlstift dauerhaft verschlossen sein,
c) der Lauf muss mit dem Gehäuse fest verbunden sein, sofern es sich um Waffen handelt, bei denen der Lauf ohne Anwendung von Werkzeugen ausgetauscht werden kann,
d) die Änderungen müssen so vorgenommen sein, dass sie nicht mit allgemein gebräuchlichen Werkzeugen rückgängig gemacht und die Gegenstände nicht so geändert werden können, dass aus ihnen Geschosse, Patronen- oder pyrotechnische Munition verschossen werden können, und
e) der Verschluss muss ein Kennzeichen nach Abbildung 11 der Anlage II zur Beschussverordnung tragen;

1.5.2
Schusswaffen, die vor dem 1. April 1976 entsprechend den Anforderungen des § 3 der Ersten Verordnung zum Waffengesetz vom 19. Dezember 1972 (BGBl. I S. 2522) verändert worden sind;

1.6. Anscheinswaffen
Anscheinswaffen sind

1.6.1.
Schusswaffen, die ihrer äußeren Form nach im Gesamterscheinungsbild den Anschein von Feuerwaffen (Anlage 1 Abschnitt 1 Unterabschnitt 1 Nr. 2.1) hervorrufen und bei denen zum Antrieb der Geschosse keine heißen Gase verwendet werden,

1.6.2.
Nachbildungen von Schusswaffen mit dem Aussehen von Schusswaffen nach Nummer 1.6.1 oder

1.6.3.
unbrauchbar gemachte Schusswaffen mit dem Aussehen von Schusswaffen nach Nummer 1.6.1.
Ausgenommen sind solche Gegenstände, die erkennbar nach ihrem Gesamterscheinungsbild zum Spiel oder für Brauchtumsveranstaltungen bestimmt sind oder die Teil einer kulturhistorisch bedeutsamen Sammlung im Sinne des § 17 sind oder werden sollen oder Schusswaffen, für die gemäß § 10 Abs. 4 eine Erlaubnis zum Führen erforderlich ist. Erkennbar nach ihrem Gesamterscheinungsbild zum Spiel bestimmt sind insbesondere Gegenstände, deren Größe die einer entsprechenden Feuerwaffe um 50 Prozent über- oder unterschreiten, neonfarbene Materialien enthalten oder keine Kennzeichnungen von Feuerwaffen aufweisen.

2. Arten von Schusswaffen

2.1.
Feuerwaffen; dies sind Schusswaffen nach Nummer 1.1, bei denen ein Geschoss mittels heißer Gase durch einen oder aus einem Lauf getrieben wird.

2.2.
Automatische Schusswaffen; dies sind Schusswaffen, die nach Abgabe eines Schusses selbsttätig erneut schussbereit werden und bei denen aus demselben Lauf durch einmalige Betätigung des Abzuges oder einer anderen Schussauslösevorrichtung mehrere Schüsse abgegeben werden können (Vollautomaten) oder durch einmalige Betätigung des Abzuges oder einer anderen Schussauslösevorrichtung jeweils nur ein Schuss abgegeben werden kann (Halbautomaten). Als automatische Schusswaffen gelten auch Schusswaffen, die mit allgemein gebräuchlichen Werkzeugen in automatische Schusswaffen geändert werden können. Als Vollautomaten gelten auch in Halbautomaten geänderte Vollautomaten, die mit den in Satz 2 genannten Hilfsmitteln wieder in Vollautomaten zurückgeändert werden können. Double-Action-Revolver sind keine halbautomatischen Schusswaffen. Beim Double-Action-Revolver wird bei Betätigung des Abzuges durch den Schützen die Trommel weitergedreht, so dass das nächste Lager mit einer neuen Patrone vor den Lauf und den Schlagbolzen zu liegen kommt, und gleichzeitig die Feder gespannt. Beim weiteren Durchziehen des Abzuges schnellt der Hahn nach vorn und löst den Schuss aus.

2.3
Repetierwaffen; dies sind Schusswaffen, bei denen das Zuführen der Patrone aus einem Magazin, das Abfeuern und das Entfernen der Patrone oder Patronenhülse mit Hilfe eines nur von Hand zu betätigenden Mechanismus erfolgt.

2.4.
Einzelladerwaffen; dies sind Schusswaffen ohne Magazin mit einem oder mehreren Läufen, die vor jedem Schuss aus demselben Lauf von Hand geladen werden.

2.5.
Langwaffen; dies sind Schusswaffen, deren Lauf und Verschluss in geschlossener Stellung insgesamt länger als 30 cm sind und deren kürzeste bestimmungsgemäß verwendbare Gesamtlänge 60 cm überschreitet; Kurzwaffen sind alle anderen Schusswaffen.

2.6.
Schreckschusswaffen; dies sind Schusswaffen mit einem Kartuschenlager, die zum Abschießen von Kartuschenmunition bestimmt sind.

2.7.
Reizstoffwaffen; dies sind Schusswaffen mit einem Patronen- oder Kartuschenlager, die zum Verschießen von Reiz- oder anderen Wirkstoffen bestimmt sind.

2.8.
Signalwaffen; dies sind Schusswaffen mit einem Patronen- oder Kartuschenlager oder tragbare Gegenstände nach Nummer 1.2.1, die zum Verschießen pyrotechnischer Munition bestimmt sind.

2.9.
Druckluft- und Federdruckwaffen und Waffen, bei denen zum Antrieb der Geschosse kalte Treibgase verwendet werden; Federdruckwaffen sind Schusswaffen, bei denen entweder Federkraft direkt ein Geschoss antreibt (auch als Federkraftwaffen bezeichnet) oder ein federbelasteter Kolben in einem Zylinder bewegt wird und ein vom Kolben erzeugtes Luftpolster das Geschoss antreibt. Druckluftwaffen sind Schusswaffen, bei denen Luft in einen Druckbehälter vorkomprimiert und gespeichert sowie über ein Ventilsystem zum Geschossantrieb freigegeben wird. Waffen, bei denen zum Antrieb der Geschosse kalte Treibgase Verwendung finden, sind z.B. Druckgaswaffen.

3. Weitere Begriffe zu den wesentlichen Teilen

3.1.
Austauschläufe sind Läufe für ein bestimmtes Waffenmodell oder -system, die ohne Nacharbeit ausgetauscht werden können.

3.2.
Wechselläufe sind Läufe, die für eine bestimmte Waffe zum Austausch des vorhandenen Laufes vorgefertigt sind und die noch eingepasst werden müssen.

3.3.
Einsteckläufe sind Läufe ohne eigenen Verschluss, die in die Läufe von Waffen größeren Kalibers eingesteckt werden können.

3.4.
Wechseltrommeln sind Trommeln für ein bestimmtes Revolvermodell, die ohne Nacharbeit gewechselt werden können.

3.5
Wechselsysteme sind Austauschläufe einschließlich des für sie bestimmten Verschlusses sowie der für sie bestimmten Gehäuseteile, sofern diese Gehäuseteile technisch erforderlich sind und Austauschlauf, Verschluss und Gehäuseteile in ihrer Gesamtheit keine bestimmungsgemäß verwendbare Waffe ergeben.

3.6
Einstecksysteme sind Einsteckläufe einschließlich des für sie bestimmten Verschlusses sowie der für sie bestimmten Gehäuseteile, sofern diese Gehäuseteile technisch erforderlich sind und Einstecklauf, Verschluss und Gehäuseteile in ihrer Gesamtheit keine bestimmungsgemäß verwendbare Waffe ergeben.

3.7.
Einsätze sind Teile, die den Innenmaßen des Patronenlagers der Schusswaffe angepasst und zum Verschießen von Munition kleinerer Abmessungen bestimmt sind.

4. Sonstige Vorrichtungen für Schusswaffen

4.1.
Zielscheinwerfer sind für Schusswaffen bestimmte Vorrichtungen, die das Ziel beleuchten. Ein Ziel wird dann beleuchtet, wenn es mittels Lichtstrahlen bei ungünstigen Lichtverhältnissen oder Dunkelheit für den Schützen erkennbar dargestellt wird. Dabei ist es unerheblich, ob das Licht sichtbar oder unsichtbar (z.B. infrarot) ist und ob der Schütze weitere Hilfsmittel für die Zielerkennung benötigt.

4.2.
Laser oder Zielpunktprojektoren sind für Schusswaffen bestimmte Vorrichtungen, die das Ziel markieren. Ein Ziel wird markiert, wenn auf diesem für den Schützen erkennbar ein Zielpunkt projiziert wird.

4.3.
Nachtsichtgeräte oder Nachtzielgeräte sind für Schusswaffen bestimmte Vorrichtungen, die eine elektronische Verstärkung oder einen Bildwandler und eine Montageeinrichtung für Schusswaffen besitzen. Zu Nachtzielgeräten zählen auch Nachtsichtvorsätze und Nachtsichtaufsätze für Zielhilfsmittel (Zielfernrohre).

4.4
Magazine sind für die Verwendung in Schusswaffen bestimmte Munitionsbehältnisse, die der Aufbewahrung und Zuführung von Patronen im Rahmen des Ladevorgangs dienen.

4.4.1
Eingebaut sind Magazine, die während ihrer Befüllung bestimmungsgemäß mit der Schusswaffe verbunden bleiben.

4.4.2
Wechselmagazine sind Magazine, die während ihrer Befüllung bestimmungsgemäß von der Schusswaffe getrennt werden.

4.4.3
Magazingehäuse sind diejenigen Bestandteile von Wechselmagazinen, die dazu bestimmt sind, die Patronen aufzunehmen.

5.
Reizstoffe sind Stoffe, die bei ihrer bestimmungsgemäßen Anwendung auf den Menschen eine belästigende Wirkung durch Haut- und Schleimhautreizung, insbesondere durch einen Augenreiz ausüben und resorptiv nicht giftig wirken.

6.
Nachbildungen von Schusswaffen sind Gegenstände,
– die nicht als Schusswaffen hergestellt wurden,
– die die äußere Form einer Schusswaffe haben,

– aus denen nicht geschossen werden kann und
– die nicht mit allgemein gebräuchlichen Werkzeugen so umgebaut oder verändert werden können, dass aus ihnen Munition, Ladungen oder Geschosse verschossen werden können.

Unterabschnitt 2: Tragbare Gegenstände

1.
Tragbare Gegenstände nach § 1 Abs. 2 Nr. 2 Buchstabe a sind insbesondere

1.1
Hieb- und Stoßwaffen (Gegenstände, die ihrem Wesen nach dazu bestimmt sind, unter unmittelbarer Ausnutzung der Muskelkraft durch Hieb, Stoß, Stich, Schlag oder Wurf Verletzungen beizubringen),

1.2
Gegenstände,

1.2.1
die unter Ausnutzung einer anderen als mechanischen Energie Verletzungen beibringen (z.B. Elektro-impulsgeräte),

1.2.2
aus denen Reizstoffe versprüht oder ausgestoßen werden, die eine Reichweite bis zu 2 m haben (Reiz-stoffsprühgeräte),

1.2.3
bei denen in einer Entfernung von mehr als 2 m bei Menschen
a) eine angriffsunfähig machende Wirkung durch ein gezieltes Versprühen oder Ausstoßen von Reiz- oder anderen Wirkstoffen oder
b) eine gesundheitsschädliche Wirkung durch eine andere als kinetische Energie, insbesondere durch ein gezieltes Ausstrahlen einer elektromagnetischen Strahlung,
hervorgerufen werden kann,

1.2.4
bei denen gasförmige, flüssige oder feste Stoffe den Gegenstand gezielt und brennend mit einer Flamme von mehr als 20 cm Länge verlassen,

1.2.5
bei denen leicht entflammbare Stoffe so verteilt und entzündet werden, dass schlagartig ein Brand ent-stehen kann, oder in denen unter Verwendung explosionsgefährlicher oder explosionsfähiger Stoffe eine Explosion ausgelöst werden kann,

1.2.6
die nach ihrer Beschaffenheit und Handhabung dazu bestimmt sind, durch Drosseln die Gesundheit zu schädigen,

1.3
Schleudern, die zur Erreichung einer höchstmöglichen Bewegungsenergie eine Armstütze oder eine ver-gleichbare Vorrichtung besitzen oder für eine solche Vorrichtung eingerichtet sind (Präzisionsschleu-dern), sowie Armstützen und vergleichbare Vorrichtungen für die vorbezeichneten Gegenstände.

2.
Tragbare Gegenstände im Sinne des § 1 Abs. 2 Nr. 2 Buchstabe b sind

2.1
Messer,

2.1.1
deren Klingen auf Knopf- oder Hebeldruck hervorschnellen und hierdurch oder beim Loslassen der Sperrvorrichtung festgestellt werden können (Springmesser),

2.1.2
deren Klingen beim Lösen einer Sperrvorrichtung durch ihre Schwerkraft oder durch eine Schleuderbe-wegung aus dem Griff hervorschnellen und selbsttätig oder beim Loslassen der Sperrvorrichtung fest-gestellt werden (Fallmesser),

2.1.3

mit einem quer zur feststehenden oder feststellbaren Klinge verlaufenden Griff, die bestimmungsgemäß in der geschlossenen Faust geführt oder eingesetzt werden (Faustmesser),

2.1.4

Faltmesser mit zweigeteilten, schwenkbaren Griffen (Butterflymesser),

2.2

Gegenstände, die bestimmungsgemäß unter Ausnutzung einer anderen als mechanischen Energie Tieren Schmerzen beibringen (z.B. Elektroimpulsgeräte), mit Ausnahme der ihrer Bestimmung entsprechend im Bereich der Tierhaltung oder bei der sachgerechten Hundeausbildung Verwendung findenden Gegenstände (z.B. Viehtreiber).

Unterabschnitt 3: Munition und Geschosse

1.

Munition ist zum Verschießen aus Schusswaffen bestimmte

1.1

Patronenmunition (Hülsen mit Ladungen, die ein Geschoss enthalten, und Geschosse mit Eigenantrieb),

1.2

Kartuschenmunition (Hülsen mit Ladungen, die ein Geschoss nicht enthalten),

1.3

hülsenlose Munition (Ladung mit oder ohne Geschoss, wobei die Ladung eine den Innenabmessungen einer Schusswaffe oder eines Gegenstandes nach Unterabschnitt 1 Nr. 1.2 angepasste Form hat),

1.4

pyrotechnische Munition (dies sind Gegenstände, die Geschosse mit explosionsgefährlichen Stoffen oder Stoffgemischen [pyrotechnische Sätze] enthalten, die Licht-, Schall-, Rauch-, Nebel-, Heiz-, Druck- oder Bewegungswirkungen erzeugen und keine zweckbestimmte Durchschlagskraft im Ziel entfalten); hierzu gehört

1.4.1

pyrotechnische Patronenmunition (Patronenmunition, bei der das Geschoss einen pyrotechnischen Satz enthält),

1.4.2

unpatronierte pyrotechnische Munition (Geschosse, die einen pyrotechnischen Satz enthalten),

1.4.3

mit der Antriebsvorrichtung fest verbundene pyrotechnische Munition.

2.

Ladungen sind die Hauptenergieträger, die in loser Schüttung in Munition oder als vorgefertigte Ladung oder in loser Form in Waffen nach Unterabschnitt 1 Nr. 1.1 oder Gegenstände nach Unterabschnitt 1 Nr. 1.2.1 eingegeben werden und
– zum Antrieb von Geschossen oder Wirkstoffen oder
– zur Erzeugung von Schall- oder Lichtimpulsen
bestimmt sind, sowie Anzündsätze, die direkt zum Antrieb von Geschossen dienen.

3.

Geschosse im Sinne dieses Gesetzes sind als Waffen oder für Schusswaffen bestimmte

3.1

feste Körper,

3.2

gasförmige, flüssige oder feste Stoffe in Umhüllungen.

Abschnitt 2: Waffenrechtliche Begriffe

Im Sinne dieses Gesetzes

1.

erwirbt eine Waffe oder Munition, wer die tatsächliche Gewalt darüber erlangt,

2.
besitzt eine Waffe oder Munition, wer die tatsächliche Gewalt darüber ausübt,

3.
überlässt eine Waffe oder Munition, wer die tatsächliche Gewalt darüber einem anderen einräumt,

4.
führt eine Waffe, wer die tatsächliche Gewalt darüber außerhalb der eigenen Wohnung, Geschäftsräume, des eigenen befriedeten Besitztums oder einer Schießstätte ausübt,

5.
verbringt eine Waffe oder Munition, wer diese Waffe oder Munition über die Grenze zum dortigen Verbleib oder mit dem Ziel des Besitzwechsels in den, durch den oder aus dem Geltungsbereich des Gesetzes zu einer anderen Person oder zu sich selbst transportieren lässt oder selbst transportiert,

6.
nimmt eine Waffe oder Munition mit, wer diese Waffe oder Munition vorübergehend auf einer Reise ohne Aufgabe des Besitzes zur Verwendung über die Grenze in den, durch den oder aus dem Geltungsbereich des Gesetzes bringt,

7.
schießt, wer mit einer Schusswaffe Geschosse durch einen Lauf verschießt, Kartuschenmunition abschießt, mit Patronen- oder Kartuschenmunition Reiz- oder andere Wirkstoffe verschießt oder pyrotechnische Munition verschießt,

8.

8.1
werden Waffen oder Munition hergestellt, wenn aus Rohteilen oder Materialien ein Endprodukt oder wesentliche Teile eines Endproduktes erzeugt werden oder bei einer Waffe das führende wesentliche Teil durch ein Teil, das noch nicht in einer Waffe verbaut war, ersetzt wird; eine Schusswaffe ist hergestellt, wenn sie weißfertig im Sinne von § 2 Absatz 5 des Beschussgesetzes ist oder der Austausch des führenden wesentlichen Teils abgeschlossen ist; als Herstellen von Munition gilt auch das Wiederladen von Hülsen,

8.1a
ist eine Waffe fertiggestellt, sobald sie mit dem amtlichen Beschusszeichen nach § 6 des Beschussgesetzes versehen wurde oder, sofern die Waffe nicht der amtlichen Beschussprüfung unterliegt, sobald sie zum Inverkehrbringen bereitgehalten wird,

8.2
wird eine Schusswaffe bearbeitet, wenn

8.2.1
sie verkürzt, in der Schussfolge verändert oder so geändert wird, dass andere Munition oder Geschosse anderer Kaliber aus ihr verschossen werden können (Umbau),

8.2.2
wesentliche Teile, zu deren Einpassung eine Nacharbeit erforderlich ist, ausgetauscht werden, sofern nicht Nummer 8.1 zutrifft,

8.2.3
Arbeiten an der Schusswaffe durchgeführt werden, die eine Beschusspflicht gemäß § 3 Absatz 2 des Beschussgesetzes auslösen, wenn nicht die Nummern 8.1, 8.2.1 oder 8.2.2 zutreffen (Instandsetzung); eine Schusswaffe wird nicht bearbeitet, wenn lediglich geringfügige Änderungen, insbesondere am Schaft oder an der Zieleinrichtung, vorgenommen werden,

8.3
wird eine Schusswaffe unbrauchbar gemacht, wenn an ihr die Maßnahmen des Anhangs I Tabelle II bis III der Durchführungsverordnung (EU) 2015/2403 durchgeführt werden,

9.
treibt Waffenhandel, wer gewerbsmäßig oder selbstständig im Rahmen einer wirtschaftlichen Unternehmung Schusswaffen oder Munition ankauft, feilhält, Bestellungen entgegennimmt oder aufsucht, anderen überlässt oder den Erwerb, den Vertrieb oder das Überlassen vermittelt,

10.
sind Kinder Personen, die noch nicht 14 Jahre alt sind,

11.
sind Jugendliche Personen, die mindestens 14, aber noch nicht 18 Jahre alt sind;

12.
ist eine Waffe schussbereit, wenn sie geladen ist, das heißt, dass Munition oder Geschosse in der Trommel, im in die Waffe eingefügten Magazin oder im Patronen- oder Geschosslager sind, auch wenn sie nicht gespannt ist;

13.
ist eine Schusswaffe zugriffsbereit, wenn sie unmittelbar in Anschlag gebracht werden kann; sie ist nicht zugriffsbereit, wenn sie in einem verschlossenen Behältnis mitgeführt wird;

14.
sind Mitgliedstaaten die Mitgliedstaaten der Europäischen Union und gelten als Mitgliedstaaten auch die Vertragsstaaten des Schengener Übereinkommens.

Abschnitt 3: Einteilung der Schusswaffen oder Munition in die Kategorien A bis C nach der Richtlinie 91/477/EWG des Rates vom 18. Juni 1991 über die Kontrolle des Erwerbs und des Besitzes von Waffen (ABl. L 256 vom 13.9.1991, S. 51), die zuletzt durch die Richtlinie (EU) 2017/853 des Europäischen Parlaments und des Rates vom 17. Mai 2017 (ABl. L 137 vom 24.5.2017, S. 22) geändert worden ist

1. Kategorie A

1.1
Kriegsschusswaffen der Nummern 29 und 30 der Kriegswaffenliste (Anlage zu § 1 Abs. 1 des Gesetzes über die Kontrolle von Kriegswaffen),

1.2
vollautomatische Schusswaffen,

1.3
als anderer Gegenstand getarnte Schusswaffen,

1.4
Pistolen- und Revolvermunition mit Expansivgeschossen sowie Geschosse für diese Munition mit Ausnahme solcher für Jagd- und Sportwaffen von Personen, die zur Benutzung dieser Waffen befugt sind,

1.5
panzerbrechende Munition, Munition mit Spreng- und Brandsätzen und Munition mit Leuchtspursätzen sowie Geschosse für diese Munition, soweit die Munition oder die Geschosse nicht von dem Gesetz über die Kontrolle von Kriegswaffen erfasst sind,

1.6
automatische Feuerwaffen, die zu halbautomatischen Feuerwaffen umgebaut wurden, unbeschadet des Artikels 7 Absatz 4a der Richtlinie 91/477/EWG des Rates vom 18. Juni 1991 über die Kontrolle des Erwerbs und des Besitzes von Waffen (ABl. L 256 vom 13.9.1991, S. 51), die zuletzt durch die Richtlinie (EU) 2017/853 des Europäischen Parlaments und des Rates vom 17. Mai 2017 (ABl. L 137 vom 24.5.2017, S. 22) geändert worden ist,

1.7
jede der folgenden halbautomatischen Zentralfeuerwaffen:

1.7.1
Kurz-Feuerwaffen, mit denen ohne Nachladen mehr als 21 Schüsse abgegeben werden können, sofern eine Ladevorrichtung mit einer Kapazität von mehr als 20 Patronen in diese Feuerwaffe eingebaut ist oder eine abnehmbare Ladevorrichtung mit einer Kapazität von mehr als 20 Patronen eingesetzt wird,

1.7.2
Lang-Feuerwaffen, mit denen ohne Nachladen mehr als elf Schüsse abgegeben werden können, sofern eine Ladevorrichtung mit einer Kapazität von mehr als zehn Patronen in diese Feuerwaffe eingebaut ist oder eine abnehmbare Ladevorrichtung mit einer Kapazität von mehr als zehn Patronen eingesetzt wird,

1.8
halbautomatische Lang-Feuerwaffen, die ursprünglich als Schulterwaffen vorgesehen sind und die ohne Funktionseinbuße mithilfe eines Klapp- oder Teleskopschafts oder eines ohne Verwendung eines Werkzeugs abnehmbaren Schafts auf eine Länge unter 60 cm gekürzt werden können,

1.9
sämtliche Feuerwaffen dieser Kategorie, die für das Abfeuern von Platzpatronen, Reizstoffen, sonstigen aktiven Substanzen oder pyrotechnischer Munition oder in Salutwaffen oder akustische Waffen umgebaut wurden.

2. Kategorie B

2.1
kurze Repetierfeuerwaffen,

2.2
kurze Einzellader-Feuerwaffen für Munition mit Zentralfeuerzündung,

2.3
kurze Einzellader-Feuerwaffen für Munition mit Randfeuerzündung mit einer Gesamtlänge von weniger als 28 cm,

2.4
halbautomatische Lang-Feuerwaffen, deren Ladevorrichtung und Patronenlager zusammen bei Randfeuerwaffen mehr als drei Patronen und bei Zentralfeuerwaffen mehr als drei aber weniger als zwölf Patronen aufnehmen können,

2.5
halbautomatische Kurz-Feuerwaffen, die nicht unter Nummer 1.7.1 aufgeführt sind,

2.6
halbautomatische Lang-Feuerwaffen, die unter Nummer 1.7.2 aufgeführt sind, deren Ladevorrichtung und Patronenlager zusammen nicht mehr als drei Patronen aufnehmen können, deren Ladevorrichtung auswechselbar ist oder bei denen nicht sichergestellt ist, dass sie mit allgemein gebräuchlichen Werkzeugen nicht zu Waffen, deren Ladevorrichtung und Patronenlager zusammen mehr als drei Patronen aufnehmen können, umgebaut werden können,

2.7
lange Repetier- und halbautomatische Lang-Feuerwaffen, jeweils mit glattem Lauf, deren Lauf nicht länger als 60 cm ist,

2.8
sämtliche Feuerwaffen dieser Kategorie, die für das Abfeuern von Platzpatronen, Reizstoffen, sonstigen aktiven Substanzen oder pyrotechnischer Munition oder in Salutwaffen oder akustische Waffen umgebaut wurden,

2.9
halbautomatische Feuerwaffen für den zivilen Gebrauch, die wie vollautomatische Waffen aussehen und die nicht unter den Nummern 1.6, 1.7 oder 1.8 aufgeführt sind.

3. Kategorie C

3.1
andere lange Repetier-Feuerwaffen als die, die unter Nummer 2.7 aufgeführt sind,

3.2
lange Einzellader-Feuerwaffen mit gezogenem Lauf/gezogenen Läufen,

3.3
andere halbautomatische Lang-Feuerwaffen als die, die unter Nummer 1 oder Nummer 2 aufgeführt sind,

3.4
kurze Einzellader-Feuerwaffen für Munition mit Randfeuerzündung, ab einer Gesamtlänge von 28 cm,

3.5
sämtliche Feuerwaffen dieser Kategorie, die für das Abfeuern von Platzpatronen, Reizstoffen, sonstigen aktiven Substanzen oder pyrotechnischer Munition oder in Salutwaffen oder akustische Waffen umgebaut wurden,

3.6
Feuerwaffen der Kategorien A oder B oder dieser Kategorie, die gemäß der Durchführungsverordnung (EU) 2015/2403 deaktiviert worden sind,

3.7
lange Einzellader-Feuerwaffen mit glattem Lauf oder glatten Läufen, die am oder nach dem 14. September 2018 in Verkehr gebracht wurden.

Anlage 2
(zu § 2 Abs. 2 bis 4)

Waffenliste

Abschnitt 1: Verbotene Waffen
Der Umgang, mit Ausnahme der Unbrauchbarmachung, mit folgenden Waffen und Munition ist verboten:

1.1
Waffen (§ 1 Abs. 2), mit Ausnahme halbautomatischer tragbarer Schusswaffen, die in der Anlage zum Gesetz über die Kontrolle von Kriegswaffen (Kriegswaffenliste) in der Fassung der Bekanntmachung vom 22. November 1990 (BGBl. I S. 2506) oder deren Änderungen aufgeführt sind, nach Verlust der Kriegswaffeneigenschaft;

1.2
Schusswaffen im Sinne des § 1 Absatz 2 Nummer 1 nach den Nummern 1.2.1 bis 1.2.3 sowie 1.2.5 bis 1.2.8 und Zubehör für Schusswaffen nach Nummer 1.2.4, die

1.2.1

1.2.1.1
Vollautomaten im Sinne der Anlage 1 Abschnitt 1 Unterabschnitt 1 Nr. 2.2 sind oder

1.2.1.2
Vorderschaftrepetierflinten, bei denen anstelle des Hinterschaftes ein Kurzwaffengriff vorhanden ist oder die Waffengesamtlänge in der kürzest möglichen Verwendungsform weniger als 95 cm oder die Lauflänge weniger als 45 cm beträgt, sind;

1.2.2
ihrer Form nach geeignet sind, einen anderen Gegenstand vorzutäuschen oder die mit Gegenständen des täglichen Gebrauchs verkleidet sind (z.B. Koppelschlosspistolen, Schießkugelschreiber, Stockgewehre, Taschenlampenpistolen);

1.2.3
über den für Jagd- und Sportzwecke allgemein üblichen Umfang hinaus zusammengeklappt, zusammengeschoben, verkürzt oder schnell zerlegt werden können;

1.2.4
für Schusswaffen bestimmte

1.2.4.1
Vorrichtungen sind, die das Ziel beleuchten (z.B. Zielscheinwerfer) oder markieren (z.B. Laser oder Zielpunktprojektoren);

1.2.4.2
Nachtsichtgeräte und Nachtzielgeräte mit Montagevorrichtung für Schusswaffen sowie Nachtsichtvorsätze und Nachtsichtaufsätze für Zielhilfsmittel (z.B. Zielfernrohre) sind, sofern die Gegenstände einen Bildwandler oder eine elektronische Verstärkung besitzen;

1.2.4.3
Wechselmagazine für Kurzwaffen für Zentralfeuermunition sind, die mehr als 20 Patronen des kleinsten nach Herstellerangabe bestimmungsgemäß verwendbaren Kalibers aufnehmen können;

1.2.4.4
Wechselmagazine für Langwaffen für Zentralfeuermunition sind, die mehr als zehn Patronen des kleinsten nach Herstellerangabe bestimmungsgemäß verwendbaren Kalibers aufnehmen können; ein Wechselmagazin, das sowohl in Kurz- als auch in Langwaffen verwendbar ist, gilt als Magazin für Kurzwaffen, wenn nicht der Besitzer gleichzeitig über eine Erlaubnis zum Besitz einer Langwaffe verfügt, in der das Magazin verwendet werden kann;

1.2.4.5
Magazingehäuse für Wechselmagazine nach den Nummern 1.2.4.3 und 1.2.4.4 sind;

1.2.5
mehrschüssige Kurzwaffen sind, deren Baujahr nach dem 1. Januar 1970 liegt, für Zentralfeuermunition in Kalibern unter 6,3 mm, wenn der Antrieb der Geschosse nicht ausschließlich durch den Zündsatz erfolgt;

1.2.6
halbautomatische Kurzwaffen für Zentralfeuermunition sind, die über ein eingebautes Magazin mit einer Kapazität von mehr als 20 Patronen des kleinsten nach Herstellerangabe bestimmungsgemäß verwendbaren Kalibers verfügen;

1.2.7
halbautomatische Langwaffen für Zentralfeuermunition sind, die über ein eingebautes Magazin mit einer Kapazität von mehr als zehn Patronen des kleinsten nach Herstellerangabe bestimmungsgemäß verwendbaren Kalibers verfügen;

1.2.8
nach diesem Abschnitt verbotene Schusswaffen sind, die zu Salutwaffen im Sinne von Anlage 1 Abschnitt 1 Unterabschnitt 1 Nummer 1.5 umgebaut worden sind;

1.3
Tragbare Gegenstände im Sinne des § 1 Abs. 2 Nr. 2 Buchstabe a nach den Nummern 1.3.1 bis 1.3.8

1.3.1
Hieb- oder Stoßwaffen, die ihrer Form nach geeignet sind, einen anderen Gegenstand vorzutäuschen, oder die mit Gegenständen des täglichen Gebrauchs verkleidet sind;

1.3.2
Stahlruten, Totschläger oder Schlagringe;

1.3.3
sternförmige Scheiben, die nach ihrer Beschaffenheit und Handhabung zum Wurf auf ein Ziel bestimmt und geeignet sind, die Gesundheit zu beschädigen (Wurfsterne);

1.3.4
Gegenstände, bei denen leicht entflammbare Stoffe so verteilt und entzündet werden, dass schlagartig ein Brand entstehen kann oder in denen unter Verwendung explosionsgefährlicher oder explosionsfähiger Stoffe eine Explosion ausgelöst werden kann;

1.3.5
Gegenstände mit Reiz- oder anderen Wirkstoffen, es sei denn, dass die Stoffe als gesundheitlich unbedenklich amtlich zugelassen sind und die Gegenstände
– in der Reichweite und Sprühdauer begrenzt sind und
– zum Nachweis der gesundheitlichen Unbedenklichkeit, der Reichweiten- und der Sprühdauerbegrenzung ein amtliches Prüfzeichen tragen;

1.3.6
Gegenstände, die unter Ausnutzung einer anderen als mechanischen Energie Verletzungen beibringen (z.B. Elektroimpulsgeräte), sofern sie nicht als gesundheitlich unbedenklich amtlich zugelassen sind und ein amtliches Prüfzeichen tragen zum Nachweis der gesundheitlichen Unbedenklichkeit sowie Distanz-Elektroimpulsgeräte, die mit dem Abschuss- oder Auslösegerät durch einen leitungsfähigen Flüssigkeitsstrahl einen Elektroimpuls übertragen oder durch Leitung verbundene Elektroden zur Übertragung eines Elektroimpulses am Körper aufbringen;

1.3.7
Präzisionsschleudern nach Anlage 1 Abschnitt 1 Unterabschnitt 2 Nr. 1.3 sowie Armstützen und vergleichbare Vorrichtungen für die vorbezeichneten Gegenstände;

1.3.8
Gegenstände, die nach ihrer Beschaffenheit und Handhabung dazu bestimmt sind, durch Drosseln die Gesundheit zu schädigen (z.B. Nun-Chakus);

1.4
Tragbare Gegenstände im Sinne des § 1 Abs. 2 Nr. 2 Buchstabe b nach den Nummern 1.4.1 bis 1.4.4

1.4.1
Spring- und Fallmesser nach Anlage 1 Abschnitt 1 Unterabschnitt 2 Nr. 2.1.1 und 2.1.2. Hiervon ausgenommen sind Springmesser, wenn die Klinge seitlich aus dem Griff herausspringt und der aus dem Griff herausragende Teil der Klinge
– höchstens 8,5 cm lang ist und
– nicht zweiseitig geschliffen ist;

1.4.2
Faustmesser nach Anlage 1 Abschnitt 1 Unterabschnitt 2 Nr. 2.1.3,

1.4.3
Butterflymesser nach Anlage 1 Abschnitt 1 Unterabschnitt 2 Nr. 2.1.4,

1.4.4
Gegenstände, die unter Ausnutzung einer anderen als mechanischen Energie Tieren Verletzungen beibringen (z.B. Elektroimpulsgeräte), sofern sie nicht als gesundheitlich unbedenklich amtlich zugelassen sind und ein amtliches Prüfzeichen tragen zum Nachweis der gesundheitlichen Unbedenklichkeit oder bestimmungsgemäß in der Tierhaltung Verwendung finden;

1.5
Munition und Geschosse nach den Nummern 1.5.1 bis 1.5.7

1.5.1
Geschosse mit Betäubungsstoffen, die zu Angriffs- oder Verteidigungszwecken bestimmt sind;

1.5.2
Geschosse oder Kartuschenmunition mit Reizstoffen, die zu Angriffs- oder Verteidigungszwecken bestimmt sind ohne amtliches Prüfzeichen zum Nachweis der gesundheitlichen Unbedenklichkeit;

1.5.3
Patronenmunition für Schusswaffen mit gezogenen Läufen, deren Geschosse im Durchmesser kleiner sind als die Felddurchmesser der dazugehörigen Schusswaffen und die mit einer Treib- und Führungshülse umgeben sind, die sich nach Verlassen des Laufes vom Geschoss trennt;

1.5.4
Munition und Geschosse nach Anlage 1 Abschnitt 3 Nummer 1.5 sowie Munition mit Geschossen, die einen Hartkern (mindestens 400 HB 25 – Brinellhärte – bzw. 421 HV – Vickershärte –) enthalten, sowie entsprechende Geschosse, ausgenommen pyrotechnische Munition, die bestimmungsgemäß zur Signalgebung bei der Gefahrenabwehr dient;

1.5.5
Knallkartuschen, Reiz- und sonstige Wirkstoffmunition nach Tabelle 5 der Maßtafeln nach § 1 Abs. 3 Satz 3 der Dritten Verordnung zum Waffengesetz in der Fassung der Bekanntmachung vom 2. September 1991 (BGBl. I S. 1872), die zuletzt durch die Zweite Verordnung zur Änderung von waffenrechtlichen Verordnungen vom 24. Januar 2000 (BGBl. I S. 38) geändert wurde, in der jeweils geltenden Fassung (Maßtafeln), bei deren Verschießen in Entfernungen von mehr als 1,5 m vor der Mündung Verletzungen durch feste Bestandteile hervorgerufen werden können, ausgenommen Kartuschenmunition der Kaliber 16 und 12 mit einer Hülsenlänge von nicht mehr als 47 oder 49 mm;

1.5.6
Kleinschrotmunition, die in Lagern nach Tabelle 5 der Maßtafeln mit einem Durchmesser (P_1) bis 12,5 mm geladen werden kann;

1.5.7

Munition, die zur ausschließlichen Verwendung in Kriegswaffen oder durch die in § 55 Abs. 1 Satz 1 bezeichneten Stellen bestimmt ist, soweit die Munition nicht unter die Vorschriften des Gesetzes über die Kontrolle von Kriegswaffen oder des Sprengstoffgesetzes fällt.

Abschnitt 2: Erlaubnispflichtige Waffen

Unterabschnitt 1: Erlaubnispflicht

Der Umgang, ausgenommen das Überlassen, mit Waffen im Sinne des § 1 Absatz 2 Nummer 1 (Anlage 1 Abschnitt 1 Unterabschnitt 1 Nummer 1 bis 4.3) und der dafür bestimmten Munition bedarf der Erlaubnis, soweit solche Waffen oder Munition nicht nach Unterabschnitt 2 für die dort bezeichneten Arten des Umgangs von der Erlaubnispflicht freigestellt sind. In Unterabschnitt 3 sind die Schusswaffen oder Munition aufgeführt, bei denen die Erlaubnis unter erleichterten Voraussetzungen erteilt wird. Ist eine erlaubnispflichtige Feuerwaffe in eine Waffe umgearbeitet worden, deren Erwerb und Besitz unter erleichterten und wegfallenden Erlaubnisvoraussetzungen möglich wäre, so richtet sich die Erlaubnispflicht nach derjenigen für die ursprüngliche Waffe, soweit nicht etwas anderes bestimmt ist.

Unterabschnitt 2: Erlaubnisfreie Arten des Umgangs

1. Erlaubnisfreier Erwerb und Besitz

1.1

Druckluft-, Federdruckwaffen und Waffen, bei denen zum Antrieb der Geschosse kalte Treibgase Verwendung finden, wenn den Geschossen eine Bewegungsenergie von nicht mehr als 7,5 Joule erteilt wird und die das Kennzeichen nach Anlage 1 Abbildung 1 zur Ersten Verordnung zum Waffengesetz vom 24. Mai 1976 (BGBl. I S. 1285) in der zum Zeitpunkt des Inkrafttretens dieses Gesetzes geltenden Fassung oder ein durch Rechtsverordnung nach § 25 Nummer 1 bestimmtes Zeichen tragen;

1.2

Druckluft-, Federdruckwaffen und Waffen, bei denen zum Antrieb der Geschosse kalte Treibgase Verwendung finden, die vor dem 1. Januar 1970 oder in dem in Artikel 3 des Einigungsvertrages genannten Gebiet vor dem 2. April 1991 hergestellt und entsprechend den zu diesem Zeitpunkt geltenden Bestimmungen in den Handel gebracht worden sind;

1.3

Schreckschuss-, Reizstoff- und Signalwaffen,

a) die der zugelassenen Bauart nach § 8 des Beschussgesetzes entsprechen und das Zulassungszeichen nach Anlage 1 Abbildung 2 zur Ersten Verordnung zum Waffengesetz vom 24. Mai 1976 (BGBl. I S. 1285) in der zum Zeitpunkt des Inkrafttretens dieses Gesetzes geltenden Fassung oder ein durch Rechtsverordnung nach § 25 Nummer 1 bestimmtes Zeichen tragen oder

b) die den Rechtsvorschriften eines anderen Mitgliedstaates entsprechen, die dieser der Europäischen Kommission nach Artikel 4 Absatz 2 der Durchführungsrichtlinie (EU) 2019/69 der Kommission vom 16. Januar 2019 zur Festlegung technischer Spezifikationen für Schreckschuss- und Signalwaffen gemäß der Richtlinie 91/477/EWG des Rates über die Kontrolle des Erwerbs und des Besitzes von Waffen als Maßnahme zur Umsetzung dieser Durchführungsrichtlinie mitgeteilt hat;

1.4

Kartuschenmunition für die in Nummer 1.3 bezeichneten Schusswaffen;

1.5

einläufige Einzelladerwaffen mit Zündhütchenzündung (Perkussionswaffen), deren Modell vor dem 1. Januar 1871 entwickelt worden ist;

1.6

Schusswaffen mit Lunten- oder Funkenzündung, deren Modell vor dem 1. Januar 1871 entwickelt worden ist;

1.7

Schusswaffen mit Zündnadelzündung, deren Modell vor dem 1. Januar 1871 entwickelt worden ist;

1.8

Armbrüste;

1.9

Kartuschenmunition für die nach Anlage 1 Abschnitt 1 Unterabschnitt 1 Nummer 1.5 abgeänderten Schusswaffen sowie für Schussapparate nach § 7 des Beschussgesetzes;

1.10

pyrotechnische Munition, die das Zulassungszeichen nach Anlage II Abbildung 5 zur Dritten Verordnung zum Waffengesetz in der Fassung der Bekanntmachung vom 2. September 1991 (BGBl. I S. 1872) mit der Klassenbezeichnung PM I trägt.

2. Erlaubnisfreier Erwerb durch Inhaber einer Waffenbesitzkarte (unbeschadet der Anzeige- und Eintragungspflichten nach den §§ 37a und 37g)

2.1

Wechsel- und Austauschläufe gleichen oder geringeren Kalibers einschließlich der für diese Läufe erforderlichen auswechselbaren Verschlüsse (Wechselsysteme);

2.2

Wechseltrommeln, aus denen nur Munition verschossen werden kann, bei der gegenüber der für die Waffe bestimmten Munition Geschossdurchmesser und höchstzulässiger Gebrauchsgasdruck gleich oder geringer sind;

für Schusswaffen, die bereits in der Waffenbesitzkarte des Inhabers einer Erlaubnis eingetragen sind.

2a. Erlaubnisfreier Erwerb und Besitz durch Inhaber einer Waffenbesitzkarte

Einsteckläufe und dazugehörige Verschlüsse (Einstecksysteme) sowie Einsätze, die dazu bestimmt sind, Munition mit kleinerer Abmessung zu verschießen, und die keine Einsteckläufe sind;

für Schusswaffen, die bereits in der Waffenbesitzkarte des Inhabers einer Erlaubnis eingetragen sind.

2b.

Erlaubnisfreier Erwerb und Besitz und erlaubnisfreies Überlassen unbeschadet der Anzeigepflicht nach § 37d von unbrauchbar gemachten Schusswaffen.

3. Erlaubnisfreies Führen

3.1

Schusswaffen mit Lunten- oder Funkenzündung, deren Modell vor dem 1. Januar 1871 entwickelt worden ist;

3.2

Armbrüste;

3.3

unbrauchbar gemachte Schusswaffen.

4. Erlaubnisfreier Handel und erlaubnisfreie Herstellung

4.1

Schusswaffen mit Lunten- oder Funkenzündung, deren Modell vor dem 1. Januar 1871 entwickelt worden ist;

4.2

Armbrüste.

5. Erlaubnisfreier Handel

5.1

Einläufige Einzelladerwaffen mit Zündhütchenzündung (Perkussionswaffen), deren Modell vor dem 1. Januar 1871 entwickelt worden ist;

5.2

Schusswaffen mit Zündnadelzündung, deren Modell vor dem 1. Januar 1871 entwickelt worden ist;

5.3

unbrauchbar gemachte Schusswaffen.

6. Erlaubnisfreie nichtgewerbsmäßige Herstellung

6.1
Munition.

7. Erlaubnisfreies Verbringen und erlaubnisfreie Mitnahme in den, durch den oder aus dem Geltungsbereich des Gesetzes

7.1
Druckluft-, Federdruckwaffen und Waffen, bei denen zum Antrieb der Geschosse kalte Treibgase Verwendung finden, sofern sie den Voraussetzungen der Nummer 1.1 oder 1.2 entsprechen;

7.2
Schreckschuss-, Reizstoff- und Signalwaffen,
a) die der zugelassenen Bauart nach § 8 des Beschussgesetzes entsprechen und das Zulassungszeichen nach Anlage 1 Abbildung 2 zur Ersten Verordnung zum Waffengesetz vom 24. Mai 1976 (BGBl. I S. 1285) in der zum Zeitpunkt des Inkrafttretens dieses Gesetzes geltenden Fassung oder ein durch Rechtsverordnung nach § 25 Nummer 1 bestimmtes Zeichen tragen oder
b) die den Rechtsvorschriften eines anderen Mitgliedstaates entsprechen, die dieser der Europäischen Kommission nach Artikel 4 Absatz 2 der Durchführungsrichtlinie (EU) 2019/69 der Kommission vom 16. Januar 2019 zur Festlegung technischer Spezifikationen für Schreckschuss- und Signalwaffen gemäß der Richtlinie 91/477/EWG des Rates über die Kontrolle des Erwerbs und des Besitzes von Waffen als Maßnahme zur Umsetzung dieser Durchführungsrichtlinie mitgeteilt hat;

7.3
unbrauchbar gemachte Schusswaffen;

7.4
Munition für die in Nummer 7.2. bezeichneten Waffen;

7.5
einläufige Einzelladerwaffen mit Zündhütchenzündung (Perkussionswaffen), deren Modell vor dem 1. Januar 1871 entwickelt worden ist;

7.6
Schusswaffen mit Lunten- oder Funkenzündung oder mit Zündnadelzündung, deren Modell vor dem 1. Januar 1871 entwickelt worden ist;

7.7
Armbrüste;

7.8
pyrotechnische Munition, die das Zulassungszeichen nach Anlage II Abbildung 5 zur Dritten Verordnung zum Waffengesetz in der Fassung der Bekanntmachung vom 2. September 1991 (BGBl. I S. 1872) mit der Klassenbezeichnung PM I trägt;

7.9
Kartuschenmunition für Salutwaffen nach Anlage 1 Abschnitt 1 Unterabschnitt 1 Nummer 1.5.1 sowie für Schussapparate nach § 7 des Beschussgesetzes.

8.
Erlaubnisfreies Verbringen und erlaubnisfreie Mitnahme aus dem Geltungsbereich dieses Gesetzes in einen Staat, der nicht Mitgliedstaat ist (Drittstaat)

8.1
Sämtliche Waffen im Sinne des § 1 Absatz 2 und die hierfür bestimmte Munition. Außenwirtschaftsrechtliche Genehmigungpflichten, insbesondere nach der in § 48 Absatz 3a genannten Verordnung (EU) Nr. 258/2012, bleiben hiervon unberührt.

9. Erlaubnisfreies Verbringen aus dem Geltungsbereich des Gesetzes in andere Mitgliedstaaten
Sämtliche Waffen im Sinne des § 1 Absatz 2 Nummer 1 und der dafür bestimmten Munition mit Ausnahme von Waffen oder Munition gemäß Anlage 1 Abschnitt 3.

10. Erlaubnisfreie Unbrauchbarmachung unbeschadet der Anzeigepflicht nach § 37b Absatz 2
Sämtliche Schusswaffen im Sinne des § 1 Absatz 2 Nummer 1.

Unterabschnitt 3: Entbehrlichkeit einzelner Erlaubnisvoraussetzungen

1. Erwerb und Besitz ohne Bedürfnisnachweis (§ 4 Abs. 1 Nr. 4)

1.1
Feuerwaffen, deren Geschossen eine Bewegungsenergie von nicht mehr als 7,5 Joule erteilt wird und die das Kennzeichen nach Anlage 1 Abbildung 1 der Ersten Verordnung zum Waffengesetz vom 24. Mai 1976 (BGBl. I S. 1285) in der zum Zeitpunkt des Inkrafttretens dieses Gesetzes geltenden Fassung oder ein durch Rechtsverordnung nach § 25 Nummer 1 bestimmtes Zeichen tragen;

1.2
für Waffen nach Nummer 1.1 bestimmte Munition.

2. Führen ohne Sachkunde-, Bedürfnis- und Haftpflichtversicherungsnachweis (§ 4 Abs. 1 Nr. 3 bis 5) – Kleiner Waffenschein

2.1
Schreckschuss-, Reizstoff- und Signalwaffen nach Unterabschnitt 2 Nr. 1.3.

Abschnitt 3: Vom Gesetz ganz oder teilweise ausgenommene Waffen

Unterabschnitt 1: Vom Gesetz mit Ausnahme von § 2 Abs. 1 und § 41 ausgenommene Waffen
Unterwassersportgeräte, bei denen zum Antrieb der Geschosse keine Munition verwendet wird (Harpunengeräte).

Unterabschnitt 2: Vom Gesetz mit Ausnahme des § 42a ausgenommene Waffen

1.
Schusswaffen (Anlage 1 Abschnitt 1 Unterabschnitt 1 Nummer 1.1, ausgenommen Blasrohre),
a) die zum Spiel bestimmt sind, wenn aus ihnen nur Geschosse verschossen werden können, denen eine Bewegungsenergie von nicht mehr als 0,5 Joule (J) erteilt wird, es sei denn, sie können mit allgemein gebräuchlichen Werkzeugen so geändert werden, dass die Bewegungsenergie der Geschosse über 0,5 Joule (J) steigt, oder
b) die Spielzeuge im Sinne von Artikel 2 Absatz 1 der Richtlinie 2009/48/EG des Europäischen Parlaments und des Rates vom 18. Juni 2009 über die Sicherheit von Spielzeug (ABl. L 170 vom 30.6.2009, S. 1) sind, wenn sie
 aa) die Anforderungen nach Artikel 10 in Verbindung mit Anhang II Abschnitt 1 Nummer 8 der Richtlinie 2009/48/EG in der jeweils geltenden Fassung erfüllen und
 bb) die nach Artikel 16 Absatz 1 der Richtlinie 2009/48/EG erforderliche Kennzeichnung aufweisen.

2.
Schusswaffen (Anlage 1 Abschnitt 1 Unterabschnitt 1 Nr. 1.1), bei denen feste Körper durch Muskelkraft ohne Möglichkeit der Speicherung der so eingebrachten Antriebsenergie durch eine Sperrvorrichtung angetrieben werden (z.B. Blasrohre).

3.
Gegenstände, die zum Spiel bestimmt sind, wenn mit ihnen nur Zündblättchen, -bänder, -ringe (Amorces) oder Knallkorken abgeschossen werden können, es sei denn, sie können mit allgemein gebräuchlichen Werkzeugen in eine Schusswaffe oder einen anderen einer Schusswaffe gleichstehenden Gegenstand umgearbeitet werden.

4.
Nachbildungen von Schusswaffen nach Anlage 1 Abschnitt 1 Unterabschnitt 1 Nr. 6.

Bundesfernstraßengesetz (FStrG)[1)2)3)]

In der Fassung der Bekanntmachung vom 28. Juni 2007 (BGBl. I S. 1206)[4)]
(FNA 911-1)
zuletzt geändert durch Art. 2 Strukturstärkungsgesetz Kohleregionen vom 8. August 2020
(BGBl. I S. 1795)

Nichtamtliche Inhaltsübersicht

§ 1 Einteilung der Bundesstraßen des Fernverkehrs

(1) [1]Bundesstraßen des Fernverkehrs (Bundesfernstraßen) sind öffentliche Straßen, die ein zusammenhängendes Verkehrsnetz bilden und einem weiträumigen Verkehr dienen oder zu dienen bestimmt sind. [2]In der geschlossenen Ortslage (§ 5 Abs. 4) gehören zum zusammenhängenden Verkehrsnetz die zur Aufnahme des weiträumigen Verkehrs notwendigen Straßen.

(2) Sie gliedern sich in
1. Bundesautobahnen,
2. Bundesstraßen mit den Ortsdurchfahrten (§ 5 Abs. 4).

(3) [1]Bundesautobahnen sind Bundesfernstraßen, die nur für den Schnellverkehr mit Kraftfahrzeugen bestimmt und so angelegt sind, dass sie frei von höhengleichen Kreuzungen und für Zu- und Abfahrt mit besonderen Anschlussstellen ausgestattet sind. [2]Sie sollen getrennte Fahrbahnen für den Richtungsverkehr haben.

1) Die Änderungen durch das G v. 14.8.2017 (BGBl. I S. 3122) treten teilweise erst **mWv 1.1.2021** in Kraft. Die ab 1.1.2021 geltende Fassung ist im Anhang dieses Gesetzes abgedruckt.

2) Die Änderungen durch G v. 29.11.2018 (BGBl. I S. 2237) treten teilweise erst **mWv 1.1.2021** in Kraft. Die ab 1.1.2021 geltende Fassung ist im Anhang dieses Gesetzes abgedruckt.

3) Zur Sicherstellung ordnungsgemäßer Planungs-und Genehmigungsverfahren während der COVID-19-Pandemie siehe das PlanungssicherstellungsG vom 20.5.2020 (BGBl. I S. 1041).

4) Neubekanntmachung des FStrG idF der Bek. v. 20.2.2003 (BGBl. I S. 286) in der ab 17.12.2006 geltenden Fassung.

(4) Zu den Bundesfernstraßen gehören

1. der Straßenkörper; das sind besonders der Straßengrund, der Straßenunterbau, die Straßendecke, die Brücken, Tunnel, Durchlässe, Dämme, Gräben, Entwässerungsanlagen, Böschungen, Stützmauern, Lärmschutzanlagen, Trenn-, Seiten-, Rand- und Sicherheitsstreifen;
2. der Luftraum über dem Straßenkörper;
3. das Zubehör; das sind die Verkehrszeichen, die Verkehrseinrichtungen und -anlagen aller Art, die der Sicherheit oder Leichtigkeit des Straßenverkehrs oder dem Schutz der Anlieger dienen, und die Bepflanzung;
3a. Einrichtungen zur Erhebung von Maut und zur Kontrolle der Einhaltung der Mautpflicht;
4. die Nebenanlagen; das sind solche Anlagen, die überwiegend den Aufgaben der Straßenbauverwaltung der Bundesfernstraßen dienen, z.B. Straßenmeistereien, Gerätehöfe, Lager, Lagerplätze, Entnahmestellen, Hilfsbetriebe und -einrichtungen;
5. die Nebenbetriebe an den Bundesautobahnen (§ 15 Abs. 1).

(5) [1]Für die Bundesfernstraßen werden Straßenverzeichnisse geführt. [2]Das Bundesministerium für Verkehr und digitale Infrastruktur bestimmt die Nummerung und Bezeichnung der Bundesfernstraßen.

§ 2 Widmung, Umstufung, Einziehung

(1) Eine Straße erhält die Eigenschaft einer Bundesfernstraße durch Widmung.

(2) Voraussetzung für die Widmung ist, dass der Träger der Straßenbaulast Eigentümer des der Straße dienenden Grundstücks ist, oder der Eigentümer und ein sonst zur Nutzung dinglich Berechtigter der Widmung zugestimmt hat, oder der Träger der Straßenbaulast den Besitz durch Vertrag, durch Einweisung nach § 18f Abs. 1 oder in einem sonstigen gesetzlichen Verfahren erlangt hat.

(3) Durch privatrechtliche Verfügungen oder durch Verfügungen im Wege der Zwangsvollstreckung über die der Straße dienenden Grundstücke oder Rechte an ihnen wird die Widmung nicht berührt.

(3a) Eine öffentliche Straße, die die Voraussetzungen des § 1 Abs. 1 oder 3 erfüllt, ist zur Bundesautobahn oder Bundesstraße, eine Bundesstraße, die die Voraussetzungen des § 1 Abs. 3 erfüllt, zur Bundesautobahn aufzustufen.

(4) Eine Bundesfernstraße, bei der sich die Verkehrsbedeutung geändert hat und bei der die Voraussetzungen des § 1 Abs. 1 weggefallen sind, ist entweder unverzüglich einzuziehen, wenn sie jede Verkehrsbedeutung verloren hat oder überwiegende Gründe des öffentlichen Wohls vorliegen (Einziehung), oder unverzüglich dem Träger der Straßenbaulast zu überlassen, der sich nach Landesrecht bestimmt (Abstufung).

(5) [1]Die Absicht der Einziehung ist drei Monate vorher in den Gemeinden, die die Straße berührt, öffentlich bekannt zu machen, um Gelegenheit zu Einwendungen zu geben. [2]Von der Bekanntmachung kann abgesehen werden, wenn die zur Einziehung vorgesehenen Teilstrecken in den in einem Planfeststellungsverfahren ausgelegten Plänen als solche kenntlich gemacht worden sind oder Teilstrecken im Zusammenhang mit Änderungen von unwesentlicher Bedeutung (§ 74 Abs. 7 des Verwaltungsverfahrensgesetzes) eingezogen werden sollen. [3]Die Abstufung soll nur zum Ende eines Rechnungsjahres ausgesprochen und drei Monate vorher angekündigt werden.

(6) [1]Über Widmung, Umstufung und Einziehung entscheidet die oberste Landesstraßenbaubehörde. [2]Die Entscheidung kann auch in einem Planfeststellungsbeschluss nach § 17 mit der Maßgabe erfolgen, dass die Widmung mit der Verkehrsübergabe, die Umstufung mit der Ingebrauchnahme für den neuen Verkehrszweck und die Einziehung mit der Sperrung wirksam wird. [3]Die oberste Landesstraßenbaubehörde hat vor einer Widmung oder Aufstufung das Einverständnis des Bundesministeriums für Verkehr und digitale Infrastruktur einzuholen. [4]Die Entscheidung ist in einem vom Land zu bestimmenden Amtsblatt bekannt zu geben. [5]Die Bekanntmachung nach Satz 4 ist entbehrlich, wenn die zur Widmung, Umstufung oder Einziehung vorgesehenen Straßen bereits in den im Planfeststellungsverfahren ausgelegten Plänen als solche kenntlich und die Entscheidung mit dem Planfeststellungsbeschluss bekannt gemacht worden ist.

(6a) [1]Wird eine Bundesfernstraße verbreitert, begradigt, unerheblich verlegt oder ergänzt, so gilt der neue Straßenteil durch die Verkehrsübergabe als gewidmet, sofern die Voraussetzungen des Absatzes 2 vorliegen. [2]Wird im Zusammenhang mit einer Maßnahme nach Satz 1 der Teil einer Bundesfernstraße dem Verkehr auf Dauer entzogen, so gilt dieser Straßenteil durch die Sperrung als eingezogen. [3]In diesen Fällen bedarf es keiner Ankündigung (Absatz 5) und keiner öffentlichen Bekanntmachung (Absatz 6).

(7) [1]Mit der Einziehung entfallen Gemeingebrauch (§ 7) und widerrufliche Sondernutzungen (§ 8). [2]Bei Umstufung gilt § 6 Abs. 1.

§ 3 Straßenbaulast

(1) ¹Die Straßenbaulast umfasst alle mit dem Bau und der Unterhaltung der Bundesfernstraßen zusammenhängenden Aufgaben. ²Die Träger der Straßenbaulast haben nach ihrer Leistungsfähigkeit die Bundesfernstraßen in einem dem regelmäßigen Verkehrsbedürfnis genügenden Zustand zu bauen, zu unterhalten, zu erweitern oder sonst zu verbessern; dabei sind die sonstigen öffentlichen Belange einschließlich des Umweltschutzes sowie behinderter und anderer Menschen mit Mobilitätsbeeinträchtigung mit dem Ziel, möglichst weitreichende Barrierefreiheit zu erreichen, zu berücksichtigen. ³Betriebswege auf Brücken im Zuge von Bundesautobahnen und Betriebswege auf Brücken im Zuge von Bundesstraßen, die als Kraftfahrstraßen ausgewiesen sind, sind bedarfsabhängig durch den Träger der Straßenbaulast so zu bauen und zu unterhalten, dass auf ihnen auch öffentlicher Radverkehr abgewickelt werden kann

(2) ¹Soweit die Träger der Straßenbaulast unter Berücksichtigung ihrer Leistungsfähigkeit zur Durchführung von Maßnahmen nach Absatz 1 Satz 2 außerstande sind, haben sie auf einen nicht verkehrssicheren Zustand durch Verkehrszeichen hinzuweisen. ²Diese hat die Straßenbaubehörde vorbehaltlich anderweitiger Maßnahmen der Straßenverkehrsbehörde aufzustellen.

(3) ¹Die Träger der Straßenbaulast sollen nach besten Kräften über die ihnen nach Absatz 1 obliegenden Aufgaben hinaus die Bundesfernstraßen bei Schnee- und Eisglätte räumen und streuen. ²Landesrechtliche Vorschriften über die Pflichten Dritter zum Schneeräumen und Streuen sowie zur polizeimäßigen Reinigung bleiben unberührt.

§ 3a Duldungspflichten im Interesse der Unterhaltung

(1) ¹Soweit es zur Unterhaltung einer Bundesfernstraße erforderlich ist, haben Dritte, insbesondere die Anlieger und die Hinterlieger, zu dulden, dass die Straßenbaubehörde oder von ihr Beauftragte die Grundstücke betreten oder vorübergehend benutzen. ²Die Arbeiten zur Unterhaltung müssen dem Dritten angekündigt werden.

(2) Entstehen durch Handlungen nach Absatz 1 Schäden, hat der Geschädigte Anspruch auf Schadensersatz.

(3) ¹Der Inhaber einer Sondernutzungserlaubnis hat, ohne Anspruch auf Entschädigung, zu dulden, dass die Ausübung seines Rechts durch Arbeiten zur Unterhaltung vorübergehend behindert oder unterbrochen wird. ²Auf die Interessen des Inhabers einer Sondernutzungserlaubnis ist Rücksicht zu nehmen.

§ 4 Sicherheitsvorschriften

¹Die Träger der Straßenbaulast haben dafür einzustehen, dass ihre Bauten allen Anforderungen der Sicherheit und Ordnung genügen. ²Behördlicher Genehmigungen, Erlaubnisse und Abnahmen durch andere als die Straßenbaubehörden bedarf es nicht. ³Für Baudenkmäler gilt Satz 2 nur, soweit ein Planfeststellungsverfahren durchgeführt worden ist.

§ 5 Träger der Straßenbaulast

(1) ¹Der Bund ist Träger der Straßenbaulast für die Bundesfernstraßen, soweit nicht die Baulast anderen nach gesetzlichen Vorschriften oder öffentlich-rechtlichen Verpflichtungen obliegt. ²Bürgerlich-rechtliche Verpflichtungen Dritter bleiben unberührt.

(2) ¹Die Gemeinden mit mehr als 80 000 Einwohnern sind Träger der Straßenbaulast für die Ortsdurchfahrten im Zuge von Bundesstraßen. ²Maßgebend ist die bei der Volkszählung festgestellte Einwohnerzahl. ³Das Ergebnis einer Volkszählung wird mit Beginn des dritten Haushaltsjahres nach dem Jahr verbindlich, in dem die Volkszählung stattgefunden hat. ⁴Werden Gemeindegrenzen geändert oder neue Gemeinden gebildet, so ist die bei der Volkszählung festgestellte Einwohnerzahl des neuen Gemeindegebietes maßgebend. ⁵In diesen Fällen wechselt die Straßenbaulast für die Ortsdurchfahrten, wenn sie bisher dem Bund oblag, mit Beginn des dritten Haushaltsjahres nach dem Jahr der Gebietsänderung, sonst mit der Gebietsänderung.

(2a) ¹Die Gemeinde bleibt abweichend von Absatz 2 Träger der Straßenbaulast für die Ortsdurchfahrten im Zuge der Bundesstraßen, wenn sie es mit Zustimmung der obersten Kommunalaufsichtsbehörde gegenüber der obersten Landesstraßenbaubehörde erklärt. ²Eine Gemeinde mit mehr als 50 000, aber weniger als 80 000 Einwohnern wird Träger der Straßenbaulast für die Ortsdurchfahrten im Zuge der Bundesstraßen, wenn sie es mit Zustimmung der obersten Kommunalaufsichtsbehörde gegenüber der obersten Landesstraßenbaubehörde verlangt. ³Absatz 2 Satz 2 und 4 gilt entsprechend.

(3) In den Ortsdurchfahrten der übrigen Gemeinden ist die Gemeinde Träger der Straßenbaulast für Gehwege und Parkplätze.

(3a) ¹Führt die Ortsdurchfahrt über Straßen und Plätze, die erheblich breiter angelegt sind als die Bundesstraße, so ist von der Straßenbaubehörde im Einvernehmen mit der Gemeinde die seitliche Begrenzung

der Ortsdurchfahrten besonders festzulegen. [2]Kommt ein Einvernehmen nicht zustande, so entscheidet die oberste Landesstraßenbaubehörde.

(4) [1]Eine Ortsdurchfahrt ist der Teil einer Bundestraße, der innerhalb der geschlossenen Ortslage liegt und auch der Erschließung der anliegenden Grundstücke oder der mehrfachen Verknüpfung des Ortsstraßennetzes dient. [2]Geschlossene Ortslage ist der Teil des Gemeindebezirkes, der in geschlossener oder offener Bauweise zusammenhängend bebaut ist. [3]Einzelne unbebaute Grundstücke, zur Bebauung ungeeignetes oder ihr entzogenes Gelände oder einseitige Bebauung unterbrechen den Zusammenhang nicht. [4]Die oberste Landesstraßenbaubehörde setzt im Benehmen mit der höheren Verwaltungsbehörde nach Anhörung der Gemeinde die Ortsdurchfahrt fest und kann dabei mit Zustimmung des Bundesministeriums für Verkehr und digitale Infrastruktur und der Kommunalaufsichtsbehörde von der Regel der Sätze 1 und 2 abweichen. [5]Die Landesregierungen werden ermächtigt, durch Rechtsverordnung zu bestimmen, dass abweichend von Satz 4 an Stelle der höheren Verwaltungsbehörde eine andere Behörde zuständig ist. [6]Sie können diese Ermächtigung auf oberste Landesbehörden übertragen.

§ 5a Zuwendungen für fremde Träger der Straßenbaulast

[1]Zum Bau oder Ausbau von Ortsdurchfahrten im Zuge von Bundesstraßen und zum Bau oder Ausbau von Gemeinde- und Kreisstraßen, die Zubringer zu Bundesfernstraßen in der Baulast des Bundes sind, kann der Bund Zuwendungen gewähren. [2]Im Saarland werden die Straßen, für die das Land auf Grund des § 46 des Saarländischen Straßengesetzes an Stelle von Landkreisen Träger der Baulast ist, den Kreisstraßen gleichgestellt.

§ 5b Finanzhilfen für Radschnellwege in Straßenbaulast der Länder, Gemeinden und Gemeindeverbände

(1) [1]Zum Bau von Radschnellwegen in der Straßenbaulast der Länder, Gemeinden und Gemeindeverbände kann der Bund den Ländern insbesondere zur Förderung des wirtschaftlichen Wachstums bis zum Ablauf des Jahres 2030 Finanzhilfen gewähren. [2]Die Finanzhilfen verringern sich beginnend mit dem Haushaltsjahr 2022 um 3 vom Hundert. [3]Das Bundesministerium für Verkehr und digitale Infrastruktur überprüft jährlich die Verwendung der Mittel nach Satz 1.

(2) [1]Die Länder zahlen die Finanzhilfen zurück, wenn geförderte Maßnahmen nicht die Voraussetzungen des Absatzes 1 sowie der Verwaltungsvereinbarung im Sinne von Absatz 4 erfüllen. [2]Nach Satz 1 zurückzuzahlende Mittel sind zu verzinsen. [3]Werden Mittel zu früh angewiesen, so sind für die Zeit der Auszahlung bis zur zweckentsprechenden Verwendung Zinsen zu zahlen.

(3) Bestehen tatsächliche Anhaltspunkte, die eine Rückforderung von Bundesmitteln möglich erscheinen lassen, haben das Bundesministerium für Verkehr und digitale Infrastruktur sowie der Bundesrechnungshof ein Recht auf einzelfallbezogene Informationsbeschaffung einschließlich örtlicher Erhebungsbefugnisse.

(4) [1]Die Einzelheiten insbesondere der Verteilung der Mittel auf die Länder, des Eigenanteils der Länder, der Förderbereiche, der Förderquote des Bundes, der Bewirtschaftung der Mittel, der Prüfung der Mittelverwendung sowie des Verfahrens zur Durchführung dieser Vorschrift werden durch Verwaltungsvereinbarung geregelt. [2]Die Inanspruchnahme der Finanzhilfen ist an das Inkrafttreten der Verwaltungsvereinbarung gebunden.

§ 6 Eigentum und andere Rechte

(1) [1]Wechselt der Träger der Straßenbaulast, so gehen mit der Straßenbaulast das Eigentum des bisherigen Trägers der Straßenbaulast an der Straße und an den zu ihr gehörigen Anlagen (§ 1 Abs. 4) und alle Rechte und Pflichten, die mit der Straße in Zusammenhang stehen, ohne Entschädigung auf den neuen Träger der Straßenbaulast über. [2]Verbindlichkeiten, die zur Durchführung früherer Bau- und Unterhaltungsmaßnahmen eingegangen sind, sind vom Übergang ausgeschlossen.

(1a) Der bisherige Träger der Straßenbaulast hat dem neuen Träger der Straßenbaulast dafür einzustehen, dass er die Straße in dem durch die Verkehrsbedeutung gebotenen Umfang ordnungsgemäß unterhalten und den notwendigen Grunderwerb durchgeführt hat.

(1b) [1]Hat der bisherige Träger der Straßenbaulast für den Bau oder die Änderung der Straße das Eigentum an einem Grundstück erworben, so hat der neue Träger der Straßenbaulast einen Anspruch auf Übertragung des Eigentums. [2]Steht dem bisherigen Träger der Straßenbaulast ein für Zwecke des Satzes 1 erworbener Anspruch auf Übertragung des Eigentums an einem Grundstück zu, so ist er verpflichtet, das Eigentum an dem Grundstück zu erwerben und nach Erwerb auf den neuen Träger der Straßenbaulast zu übertragen. [3]Die Verpflichtungen nach den Sätzen 1 und 2 bestehen nur insoweit, als das Grundstück dauernd für die Straße benötigt wird. [4]Dem bisherigen Träger der Straßenbaulast steht für Verbindlichkeiten, die nach dem Wechsel der Straßenbaulast fällig werden, gegen den neuen Träger der Straßenbau-

last ein Anspruch auf Erstattung der Aufwendungen zu. [5]Im Übrigen wird das Eigentum ohne Entschädigung übertragen.

(2) Bei der Einziehung einer Straße kann der frühere Träger der Straßenbaulast innerhalb eines Jahres verlangen, dass ihm das Eigentum an Grundstücken mit den in Absatz 1 genannten Rechten und Pflichten ohne Entschädigung übertragen wird, wenn es vorher nach Absatz 1 übergegangen war.

(3) [1]Beim Übergang des Eigentums an öffentlichen Straßen nach Absatz 1 ist der Antrag auf Berichtigung des Grundbuches von der vom Land bestimmten Behörde zu stellen, in deren Bezirk das Grundstück liegt. [2]Der Antrag muss vom Leiter der Behörde oder seinem Vertreter unterschrieben und mit dem Amtssiegel oder Amtsstempel versehen sein. [3]Zum Nachweis des Eigentums gegenüber dem Grundbuchamt genügt die in den Antrag aufzunehmende Erklärung, dass das Grundstück dem neuen Träger der Straßenbaulast zusteht.

(4) Das Eigentum des Bundes ist einzutragen für die „Bundesrepublik Deutschland (Bundesstraßenverwaltung)".

§ 7 Gemeingebrauch

(1) [1]Der Gebrauch der Bundesfernstraßen ist jedermann im Rahmen der Widmung und der verkehrsbehördlichen Vorschriften zum Verkehr gestattet (Gemeingebrauch). [2]Hierbei hat der fließende Verkehr den Vorrang vor dem ruhenden Verkehr. [3]Kein Gemeingebrauch liegt vor, wenn jemand die Straße nicht vorwiegend zum Verkehr, sondern zu anderen Zwecken benutzt. [4]Die Erhebung von Gebühren für den Gemeingebrauch bedarf einer besonderen gesetzlichen Regelung.

(2) [1]Der Gemeingebrauch kann beschränkt werden, wenn dies wegen des baulichen Zustandes zur Vermeidung außerordentlicher Schäden an der Straße oder für die Sicherheit oder Leichtigkeit des Verkehrs notwendig ist. [2]Die Beschränkungen sind durch Verkehrszeichen kenntlich zu machen.

(2a) Macht die dauernde Beschränkung des Gemeingebrauchs durch die Straßenbaubehörde die Herstellung von Ersatzstraßen oder -wegen notwendig, so ist der Träger der Straßenbaulast der Bundesfernstraße zur Erstattung der Herstellungskosten verpflichtet, es sei denn, dass er die Herstellung auf Antrag des zuständigen Trägers der Straßenbaulast selbst übernimmt.

(3) Wer eine Bundesfernstraße aus Anlass des Gemeingebrauchs über das übliche Maß hinaus verunreinigt, hat die Verunreinigung ohne Aufforderungen unverzüglich zu beseitigen; andernfalls kann die Straßenbaubehörde die Verunreinigung auf seine Kosten beseitigen.

§ 7a Vergütung von Mehrkosten

[1]Wenn eine Bundesfernstraße wegen der Art des Gebrauchs durch einen anderen aufwendiger hergestellt oder ausgebaut werden muss, als es dem regelmäßigen Verkehrsbedürfnis entspricht, hat der andere dem Träger der Straßenbaulast die Mehrkosten für den Bau und die Unterhaltung zu vergüten. [2]Das gilt nicht für Haltestellenbuchten für den Linienverkehr. [3]Der Träger der Straßenbaulast kann angemessene Vorschüsse oder Sicherheiten verlangen.

§ 8 Sondernutzungen

(1) [1]Die Benutzung der Bundesfernstraßen über den Gemeingebrauch hinaus ist Sondernutzung. [2]Sie bedarf der Erlaubnis der Straßenbaubehörde, in Ortsdurchfahrten der Erlaubnis der Gemeinde. [3]Soweit die Gemeinde nicht Träger der Straßenbaulast ist, darf sie die Erlaubnis nur mit Zustimmung der Straßenbaubehörde erteilen. [4]Die Gemeinde kann durch Satzung bestimmte Sondernutzungen in den Ortsdurchfahrten von der Erlaubnis befreien und die Ausübung regeln. [5]Soweit die Gemeinde nicht Träger der Straßenbaulast ist, bedarf die Satzung der Zustimmung der obersten Landesstraßenbaubehörde. [6]Eine Erlaubnis soll nicht erteilt werden, wenn behinderte Menschen durch die Sondernutzung in der Ausübung des Gemeingebrauchs erheblich beeinträchtigt würden.

(2) [1]Die Erlaubnis darf nur auf Zeit oder Widerruf erteilt werden. [2]Sie kann mit Bedingungen und Auflagen verbunden werden. [3]Soweit die Gemeinde nicht Träger der Straßenbaulast ist, hat sie eine widerruflich erteilte Erlaubnis zu widerrufen, wenn die Straßenbaubehörde dies aus Gründen des Straßenbaus oder der Sicherheit oder Leichtigkeit des Verkehrs verlangt.

(2a) [1]Der Erlaubnisnehmer hat Anlagen so zu errichten und zu unterhalten, dass sie den Anforderungen der Sicherheit und Ordnung sowie den anerkannten Regeln der Technik genügen. [2]Arbeiten an der Straße bedürfen der Zustimmung der Straßenbaubehörde. [3]Der Erlaubnisnehmer hat auf Verlangen der für die Erlaubnis zuständigen Behörde die Anlagen auf seine Kosten zu ändern und alle Kosten zu ersetzen, die dem Träger der Straßenbaulast durch die Sondernutzung entstehen. [4]Hierfür kann der Träger der Straßenbaulast angemessene Vorschüsse und Sicherheiten verlangen.

(3) [1]Für Sondernutzungen können Sondernutzungsgebühren erhoben werden. [2]Sie stehen in Ortsdurchfahrten den Gemeinden, im Übrigen dem Träger der Straßenbaulast zu. [3]Das Bundesministerium für

Verkehr und digitale Infrastruktur wird ermächtigt, durch Rechtsverordnung ohne Zustimmung des Bundesrates für Sondernutzungen der Bundesfernstraßen eine Gebührenordnung zu erlassen, soweit dem Bund die Verwaltung einer Bundesfernstraße zusteht. [4]Im Übrigen werden die Landesregierungen ermächtigt, durch Rechtsverordnung Gebührenordnungen für die Sondernutzungen zu erlassen. [5]Die Ermächtigung des Satzes 3 kann durch Rechtsverordnung des Bundesministeriums für Verkehr und digitale Infrastruktur ohne Zustimmung des Bundesrates auf das Fernstraßen-Bundesamt übertragen werden. [6]Die Ermächtigung des Satzes 4 kann durch Rechtsverordnung der zuständigen Landesregierung auf die oberste Landesstraßenbaubehörde übertragen werden. [7]Die Gemeinden können die Gebühren durch Satzung regeln, soweit ihnen die Sondernutzungsgebühren zustehen. [8]Bei Bemessung der Gebühren sind Art und Ausmaß der Einwirkung auf die Straße und den Gemeingebrauch sowie das wirtschaftliche Interesse des Gebührenschuldners zu berücksichtigen.

(4) (weggefallen)

(4a) (weggefallen)

(5) (weggefallen)

(6) [1]Ist nach den Vorschriften des Straßenverkehrsrechts eine Erlaubnis für eine übermäßige Straßenbenutzung oder eine Ausnahmegenehmigung erforderlich, so bedarf es keiner Erlaubnis nach Absatz 1. [2]Vor ihrer Entscheidung hat die hierfür zuständige Behörde die sonst für die Sondernutzungserlaubnis zuständige Behörde zu hören. [3]Die von dieser geforderten Bedingungen, Auflagen und Sondernutzungsgebühren sind dem Antragsteller in der Erlaubnis oder Ausnahmegenehmigung aufzuerlegen.

(7) (weggefallen)

(7a) [1]Wird eine Bundesfernstraße ohne die erforderliche Erlaubnis benutzt oder kommt der Erlaubnisnehmer seinen Verpflichtungen nicht nach, so kann die für die Erteilung der Erlaubnis zuständige Behörde die erforderlichen Maßnahmen zur Beendigung der Benutzung oder zur Erfüllung der Auflagen anordnen. [2]Sind solche Anordnungen nicht oder nur unter unverhältnismäßigem Aufwand möglich oder nicht erfolgversprechend, so kann sie den rechtswidrigen Zustand auf Kosten des Pflichtigen beseitigen oder beseitigen lassen.

(8) Der Erlaubnisnehmer hat gegen den Träger der Straßenbaulast keinen Ersatzanspruch bei Widerruf oder bei Sperrung, Änderung oder Einziehung der Straße.

(9) [1]Unwiderrufliche Nutzungsrechte, die von früher her bestehen, können zur Sicherheit oder Leichtigkeit des Verkehrs durch Enteignung aufgehoben werden. [2]§ 19 gilt entsprechend.

(10) Die Einräumung von Rechten zur Benutzung des Eigentums der Bundesfernstraßen richtet sich nach bürgerlichem Recht, wenn sie den Gemeingebrauch nicht beeinträchtigt, wobei eine Beeinträchtigung von nur kurzer Dauer für Zwecke der öffentlichen Versorgung außer Betracht bleibt.

§ 8a Straßenanlieger

(1) [1]Zufahrten und Zugänge zu Bundesstraßen außerhalb der zur Erschließung der anliegenden Grundstücke bestimmten Teile der Ortsdurchfahrten gelten als Sondernutzung im Sinne des § 8, wenn sie neu angelegt oder geändert werden. [2]Eine Änderung liegt auch vor, wenn eine Zufahrt oder ein Zugang gegenüber dem bisherigen Zustand einem erheblich größeren oder einem andersartigen Verkehr als bisher dienen soll. [3]Den Zufahrten oder Zugängen stehen die Anschlüsse nicht öffentlicher Wege gleich.

(2) Einer Erlaubnis nach § 8 Abs. 1 Satz 2 bedarf es nicht für die Anlage neuer oder die Änderung bestehender Zufahrten oder Zugänge

1. im Zusammenhang mit der Errichtung oder erheblichen Änderung baulicher Anlagen, wenn die oberste Landesstraßenbaubehörde nach § 9 Abs. 2 zugestimmt oder nach § 9 Abs. 8 eine Ausnahme zugelassen hat,

2. in einem Flurbereinigungsverfahren auf Grund des Wege- und Gewässerplans.

(3) Für die Unterhaltung der Zufahrten und Zugänge, die nicht auf einer Erlaubnis nach § 8 Abs. 1 beruhen, gilt § 8 Abs. 2a Satz 1 und 2 und Abs. 7a entsprechend.

(4) [1]Werden auf Dauer Zufahrten oder Zugänge durch die Änderung oder die Einziehung von Bundesstraßen unterbrochen oder wird ihre Benutzung erheblich erschwert, so hat der Träger der Straßenbaulast einen angemessenen Ersatz zu schaffen oder, soweit dies nicht zumutbar ist, eine angemessene Entschädigung in Geld zu leisten. [2]Mehrere Anliegergrundstücke können durch eine gemeinsame Zufahrt angeschlossen werden, deren Unterhaltung nach Absatz 3 den Anliegern gemeinsam obliegt. [3]Die Verpflichtung nach Satz 1 entsteht nicht, wenn die Grundstücke eine anderweitige ausreichende Verbindung zu dem öffentlichen Wegenetz besitzen oder wenn die Zufahrten oder Zugänge auf einer widerruflichen Erlaubnis beruhen.

(5) [1]Werden für längere Zeit Zufahrten oder Zugänge durch Straßenarbeiten unterbrochen oder wird ihre Benutzung erheblich erschwert, ohne dass von Behelfsmaßnahmen eine wesentliche Entlastung ausgeht,

und wird dadurch die wirtschaftliche Existenz eines anliegenden Betriebs gefährdet, so kann dessen Inhaber eine Entschädigung in der Höhe des Betrages beanspruchen, der erforderlich ist, um das Fortbestehen des Betriebs bei Anspannung der eigenen Kräfte und unter Berücksichtigung der gegebenen Anpassungsmöglichkeiten zu sichern. ²Der Anspruch richtet sich gegen den, zu dessen Gunsten die Arbeiten im Straßenbereich erfolgen. ³Absatz 4 Satz 3 gilt entsprechend.

(6) ¹Soweit es die Sicherheit oder Leichtigkeit des Verkehrs erfordert, kann die Straßenbaubehörde nach Anhörung der Betroffenen anordnen, dass Zufahrten oder Zugänge geändert oder verlegt oder, wenn das Grundstück eine anderweitige ausreichende Verbindung zu dem öffentlichen Wegenetz besitzt, geschlossen werden. ²Absatz 4 gilt entsprechend. ³Die Befugnis zum Widerruf einer Erlaubnis nach § 8 Abs. 2 bleibt unberührt.

(7) Wird durch den Bau oder die Änderung einer Bundesfernstraße der Zutritt von Licht oder Luft zu einem Grundstück auf Dauer entzogen oder erheblich beeinträchtigt, so hat der Träger der Straßenbaulast für dadurch entstehende Vermögensnachteile eine angemessene Entschädigung in Geld zu gewähren.

(8) Hat der Entschädigungsberechtigte die Entstehung eines Vermögensnachteils mitverursacht, so gilt § 254 des Bürgerlichen Gesetzbuchs entsprechend.

§ 9 Bauliche Anlagen an Bundesfernstraßen

(1) ¹Längs der Bundesfernstraßen dürfen nicht errichtet werden

1. Hochbauten jeder Art in einer Entfernung bis zu 40 Meter bei Bundesautobahnen und bis zu 20 Meter bei Bundesstraßen außerhalb der zur Erschließung der anliegenden Grundstücke bestimmten Teile der Ortsdurchfahrten, jeweils gemessen vom äußeren Rand der befestigten Fahrbahn,

2. bauliche Anlagen, die außerhalb der zur Erschließung der anliegenden Grundstücke bestimmten Teile der Ortsdurchfahrten über Zufahrten oder Zugänge an Bundesstraßen unmittelbar oder mittelbar angeschlossen werden sollen.

²Satz 1 Nr. 1 gilt entsprechend für Aufschüttungen oder Abgrabungen größeren Umfangs. ³Satz 1 Nummer 1 gilt nicht für technische Einrichtungen, die für das Erbringen von öffentlich zugänglichen Telekommunikationsdiensten erforderlich sind. ⁴Weitergehende bundes- oder landesrechtliche Vorschriften bleiben unberührt.

(2) ¹Im Übrigen bedürfen Baugenehmigungen oder nach anderen Vorschriften notwendige Genehmigungen der Zustimmung der obersten Landesstraßenbaubehörde, wenn

1. bauliche Anlagen längs der Bundesautobahnen in einer Entfernung bis zu 100 Meter und längs der Bundesstraßen außerhalb der zur Erschließung der anliegenden Grundstücke bestimmten Teile der Ortsdurchfahrten bis zu 40 Meter, gemessen vom äußeren Rand der befestigten Fahrbahn, errichtet, erheblich geändert oder anders genutzt werden sollen,

2. bauliche Anlagen auf Grundstücken, die außerhalb der zur Erschließung der anliegenden Grundstücke bestimmten Teile der Ortsdurchfahrten über Zufahrten oder Zugänge an Bundesstraßen unmittelbar oder mittelbar angeschlossen sind, erheblich geändert oder anders genutzt werden sollen.

²Die Zustimmungsbedürftigkeit nach Satz 1 gilt entsprechend für bauliche Anlagen, die nach Landesrecht anzeigepflichtig sind. ³Weitergehende bundes- oder landesrechtliche Vorschriften bleiben unberührt.

(3) Die Zustimmung nach Absatz 2 darf nur versagt oder mit Bedingungen und Auflagen erteilt werden, soweit dies wegen der Sicherheit oder Leichtigkeit des Verkehrs, der Ausbauabsichten oder der Straßenbaugestaltung nötig ist.

(3a) Die Belange nach Absatz 3 sind auch bei Erteilung von Baugenehmigungen innerhalb der zur Erschließung der anliegenden Grundstücke bestimmten Teile der Ortsdurchfahrten von Bundesstraßen zu beachten.

(4) Bei geplanten Bundesfernstraßen gelten die Beschränkungen der Absätze 1 und 2 vom Beginn der Auslegung der Pläne im Planfeststellungsverfahren oder von dem Zeitpunkt an, zu dem den Betroffenen Gelegenheit gegeben wird, den Plan einzusehen.

(5) Bedürfen die baulichen Anlagen im Sinne des Absatzes 2 außerhalb der zur Erschließung der anliegenden Grundstücke bestimmten Teile der Ortsdurchfahrten keiner Baugenehmigung oder keiner Genehmigung nach anderen Vorschriften, so tritt an die Stelle der Zustimmung die Genehmigung der obersten Landesstraßenbaubehörde.

(5a) Als bauliche Anlagen im Sinne dieses Gesetzes gelten auch die im Landesbaurecht den baulichen Anlagen gleichgestellten Anlagen.

(6) ¹Anlagen der Außenwerbung stehen außerhalb der zur Erschließung der anliegenden Grundstücke bestimmten Teile der Ortsdurchfahrten den Hochbauten des Absatzes 1 und den baulichen Anlagen des Absatzes 2 gleich. ²An Brücken über Bundesfernstraßen außerhalb dieser Teile der Ortsdurchfahrten

dürfen Anlagen der Außenwerbung nicht angebracht werden. [3]Weitergehende bundes- oder landesrechtliche Vorschriften bleiben unberührt.

(7) Die Absätze 1 bis 5 gelten nicht, soweit das Bauvorhaben den Festsetzungen eines Bebauungsplans entspricht (§ 9 des Baugesetzbuchs), der mindestens die Begrenzung der Verkehrsflächen sowie an diesen gelegene überbaubare Grundstücksflächen enthält und unter Mitwirkung des Trägers der Straßenbaulast zustande gekommen ist.

(8) [1]Die oberste Landesstraßenbaubehörde kann im Einzelfall Ausnahmen von den Verboten der Absätze 1, 4 und 6 zulassen, wenn die Durchführung der Vorschriften im Einzelfall zu einer offenbar nicht beabsichtigten Härte führen würde und die Abweichung mit den öffentlichen Belangen vereinbar ist oder wenn Gründe des Wohls der Allgemeinheit die Abweichungen erfordern. [2]Ausnahmen können mit Bedingungen und Auflagen versehen werden.

(9) [1]Wird infolge der Anwendung der Absätze 1, 2, 4 und 5 die bauliche Nutzung eines Grundstücks, auf deren Zulassung bisher ein Rechtsanspruch bestand, ganz oder teilweise aufgehoben, so kann der Eigentümer insoweit eine angemessene Entschädigung in Geld verlangen, als seine Vorbereitungen zur baulichen Nutzung des Grundstücks in dem bisher zulässigen Umfang für ihn an Wert verlieren oder eine wesentliche Wertminderung des Grundstücks eintritt. [2]Zur Entschädigung ist der Träger der Straßenbaulast verpflichtet.

(10) Im Fall des Absatzes 4 entsteht der Anspruch nach Absatz 9 erst, wenn der Plan rechtskräftig festgestellt oder genehmigt oder mit der Ausführung begonnen worden ist, spätestens jedoch nach Ablauf von vier Jahren, nachdem die Beschränkungen der Absätze 1 und 2 in Kraft getreten sind.

§ 9a Veränderungssperre, Vorkaufsrecht

(1) [1]Vom Beginn der Auslegung der Pläne im Planfeststellungsverfahren oder von dem Zeitpunkt an, zu dem den Betroffenen Gelegenheit gegeben wird, den Plan einzusehen, dürfen auf den vom Plan betroffenen Flächen bis zu ihrer Übernahme durch den Träger der Straßenbaulast wesentlich wertsteigernde oder den geplanten Straßenbau erheblich erschwerende Veränderungen nicht vorgenommen werden. [2]Veränderungen, die in rechtlich zulässiger Weise vorher begonnen worden sind, Unterhaltungsarbeiten und die Fortführung einer bisher ausgeübten Nutzung werden hiervon nicht berührt.

(2) [1]Dauert die Veränderungssperre länger als vier Jahre, so können die Eigentümer für die dadurch entstandenen Vermögensnachteile vom Träger der Straßenbaulast eine angemessene Entschädigung in Geld verlangen. [2]Sie können ferner die Übernahme der vom Plan betroffenen Flächen verlangen, wenn es ihnen mit Rücksicht auf die Veränderungssperre wirtschaftlich nicht zuzumuten ist, die Grundstücke in der bisherigen oder einer anderen zulässigen Art zu benutzen. [3]Kommt keine Einigung über die Übernahme zustande, so können die Eigentümer die Entziehung des Eigentums an den Flächen verlangen. [4]Im Übrigen gilt § 19 (Enteignung).

(3) [1]Um die Planung der Bundesfernstraßen zu sichern, können die Landesregierungen durch Rechtsverordnung für die Dauer von höchstens zwei Jahren Planungsgebiete festlegen. [2]Die Gemeinden und Kreise, deren Bereich durch die festzulegenden Planungsgebiete betroffen wird, sind vorher zu hören. [3]Die Ermächtigung kann durch Rechtsverordnung weiter übertragen werden. [4]Auf die Planungsgebiete ist Absatz 1 sinngemäß anzuwenden. [5]Die Frist kann, wenn besondere Umstände es erfordern, durch Rechtsverordnung auf höchstens vier Jahre verlängert werden. [6]Die Festlegung tritt mit Beginn der Auslegung der Pläne im Planfeststellungsverfahren außer Kraft. [7]Ihre Dauer ist auf die Vierjahresfrist nach Absatz 2 anzurechnen.

(4) [1]Auf die Festlegung eines Planungsgebietes ist in Gemeinden, deren Bereich betroffen wird, hinzuweisen. [2]Planungsgebiete sind außerdem in Karten kenntlich zu machen, die in den Gemeinden während der Geltungsdauer der Festlegung zur Einsicht auszulegen sind.

(5) Die oberste Landesstraßenbaubehörde kann Ausnahmen von der Veränderungssperre zulassen, wenn überwiegende öffentliche Belange nicht entgegenstehen.

(6) In den Fällen des Absatzes 1 Satz 1 steht dem Träger der Straßenbaulast an den betroffenen Flächen ein Vorkaufsrecht zu.

§ 10 Schutzwaldungen

(1) Waldungen und Gehölze längs der Bundesfernstraßen können von der Straßenbaubehörde im Einvernehmen mit der nach Landesrecht für Schutzwaldungen zuständigen Behörde in einer Breite von 40 Meter, gemessen vom äußeren Rand der befestigten Fahrbahn, zu Schutzwaldungen erklärt werden.

(2) [1]Die Schutzwaldungen sind vom Eigentümer oder Nutznießer zu erhalten und ordnungsgemäß zu unterhalten. [2]Die Aufsicht hierüber liegt der nach Landesrecht für Schutzwaldungen zuständigen Behörde ob.

§ 11 Schutzmaßnahmen

(1) Zum Schutze der Bundesfernstraßen vor nachteiligen Einwirkungen der Natur (z.B. Schneeverwehungen, Steinschlag, Vermurungen) haben die Eigentümer von Grundstücken an den Bundesfernstraßen die Anlage vorübergehender Einrichtungen zu dulden.

(2) ¹Anpflanzungen, Zäune, Stapel, Haufen und andere mit dem Grundstück nicht fest verbundene Einrichtungen dürfen nicht angelegt werden, wenn sie die Verkehrssicherheit beeinträchtigen. ²Soweit sie bereits vorhanden sind, haben die Eigentümer ihre Beseitigung zu dulden.

(3) ¹Die Straßenbaubehörde hat den Eigentümern die Durchführung dieser Maßnahme 14 Tage vorher schriftlich anzuzeigen, es sei denn, dass Gefahr im Verzuge ist. ²Die Eigentümer können die Maßnahmen im Benehmen mit der Straßenbaubehörde selbst durchführen.

(4) Diese Verpflichtungen liegen auch den Besitzern ob.

(5) Der Träger der Straßenbaulast hat den Eigentümern oder Besitzern die hierdurch verursachten Aufwendungen und Schäden in Geld zu ersetzen.

§ 12 Kreuzungen und Einmündungen öffentlicher Straßen

(1) ¹Beim Bau einer neuen Kreuzung mehrerer öffentlicher Straßen hat der Träger der Straßenbaulast der neu hinzugekommenen Straße die Kosten der Kreuzung zu tragen. ²Zu ihnen gehören auch die Kosten der Änderungen, die durch die neue Kreuzung an den anderen öffentlichen Straßen unter Berücksichtigung der übersehbaren Verkehrsentwicklung notwendig sind. ³Die Änderung einer bestehenden Kreuzung ist als neue Kreuzung zu behandeln, wenn ein öffentlicher Weg, der nach der Beschaffenheit seiner Fahrbahn nicht geeignet und nicht dazu bestimmt war, einen allgemeinen Kraftfahrzeugverkehr aufzunehmen, zu einer diesem Verkehr dienenden Straße ausgebaut wird.

(2) ¹Werden mehrere Straßen gleichzeitig neu angelegt oder an bestehenden Kreuzungen Anschlussstellen neu geschaffen, so haben die Träger der Straßenbaulast die Kosten der Kreuzungsanlage im Verhältnis der Fahrbahnbreiten der an der Kreuzung beteiligten Straßenäste zu tragen. ²Bei der Bemessung der Fahrbahnbreiten sind die Rad- und Gehwege, die Trennstreifen und befestigten Seitenstreifen einzubeziehen.

(3) Wird eine höhenungleiche Kreuzung geändert, so fallen die dadurch entstehenden Kosten

1. demjenigen Träger der Straßenbaulast zur Last, der die Änderung verlangt oder hätte verlangen müssen,

2. den beteiligten Trägern der Straßenbaulast zur Last, die die Änderung verlangen oder hätten verlangen müssen, und zwar im Verhältnis der Fahrbahnbreiten der an der Kreuzung beteiligten Straßenäste nach der Änderung.

(3a) ¹Wird eine höhengleiche Kreuzung geändert, so gilt für die dadurch entstehenden Kosten der Änderung Absatz 2. ²Beträgt der durchschnittliche tägliche Verkehr mit Kraftfahrzeugen auf einem der an der Kreuzung beteiligten Straßenäste nicht mehr als 20 vom Hundert des Verkehrs auf anderen beteiligten Straßenästen, so haben die Träger der Straßenbaulast der verkehrsstärkeren Straßenäste im Verhältnis der Fahrbahnbreiten den Anteil der Änderungskosten mitzutragen, der auf den Träger der Straßenbaulast des verkehrsschwächeren Straßenastes entfallen würde.

(4) ¹Über die Errichtung neuer sowie die wesentliche Änderung bestehender Kreuzungen zwischen Bundesfernstraßen und anderen öffentlichen Straßen wird durch die Planfeststellung entschieden. ²Diese soll zugleich die Aufteilung der Kosten regeln.

(5) Ergänzungen an Kreuzungsanlagen sind wie Änderungen zu behandeln.

(6) ¹Diese Vorschriften gelten auch für Einmündungen. ²Münden mehrere Straßen an einer Stelle in eine andere Straße ein, so gelten diese Einmündungen als Kreuzung aller beteiligten Straßen.

§ 12a Kreuzungen mit Gewässern

(1) ¹Werden Bundesfernstraßen neu angelegt oder ausgebaut und müssen dazu Kreuzungen mit Gewässern (Brücken oder Unterführungen) hergestellt oder bestehende Kreuzungen geändert werden, so hat der Träger der Straßenbaulast die dadurch entstehenden Kosten zu tragen. ²Die Kreuzungsanlagen sind so auszuführen, dass unter Berücksichtigung der übersehbaren Entwicklung der wasserwirtschaftlichen Verhältnisse der Wasserabfluss nicht nachteilig beeinflusst wird.

(2) ¹Werden Gewässer ausgebaut (§ 67 Absatz 2 des Wasserhaushaltsgesetzes) und werden dazu Kreuzungen mit Bundesfernstraßen hergestellt oder bestehende Kreuzungen geändert, so hat der Träger des Ausbauvorhabens die dadurch entstehenden Kosten zu tragen. ²Wird eine neue Kreuzung erforderlich, weil ein Gewässer hergestellt wird, so ist die übersehbare Verkehrsentwicklung auf der Bundesfernstraße zu berücksichtigen. ³Wird die Herstellung oder Änderung einer Kreuzung erforderlich, weil das Gewässer wesentlich umgestaltet wird, so sind die gegenwärtigen Verkehrsbedürfnisse zu berücksichtigen. ⁴Verlangt der Träger der Straßenbaulast weitergehende Änderungen, so hat er die Mehrkosten hierfür zu tragen.

(3) Wird eine Bundesfernstraße neu angelegt und wird gleichzeitig ein Gewässer hergestellt oder aus anderen als straßenbaulichen Gründen wesentlich umgestaltet, so dass eine neue Kreuzung entsteht, so haben der Träger der Straßenbaulast und der Unternehmer des Gewässerausbaus die Kosten der Kreuzung je zur Hälfte zu tragen.

(4) Kommt über die Kreuzungsmaßnahme oder ihre Kosten keine Einigung zustande, so ist darüber durch Planfeststellung zu entscheiden.

(5) § 41 des Bundeswasserstraßengesetzes bleibt unberührt.

§ 13 Unterhaltung der Straßenkreuzungen

(1) Bei höhengleichen Kreuzungen hat der Träger der Straßenbaulast der Bundesfernstraße die Kreuzungsanlage zu unterhalten.

(2) Bei Über- oder Unterführungen hat das Kreuzungsbauwerk der Träger der Straßenbaulast der Bundesfernstraße, die übrigen Teile der Kreuzungsanlage der Träger der Straßenbaulast der Straße, zu der sie gehören, zu unterhalten.

(3) [1]In den Fällen des § 12 Abs. 1 hat der Träger der Straßenbaulast der neu hinzugekommenen Straße dem Träger der Straßenbaulast der vorhandenen Straße die Mehrkosten für die Unterhaltung zu erstatten, die ihm durch die Regelung nach den Absätzen 1 und 2 entstehen. [2]Die Mehrkosten sind auf Verlangen eines Beteiligten abzulösen.

(4) Nach einer wesentlichen Änderung einer bestehenden Kreuzung haben die Träger der Straßenbaulast ihre veränderten Kosten für Unterhaltung und Erneuerung sowie für Wiederherstellung im Fall der Zerstörung durch höhere Gewalt ohne Ausgleich zu tragen.

(5) Abweichende Regelungen werden in dem Zeitpunkt hinfällig, in dem nach Inkrafttreten dieses Gesetzes eine wesentliche Änderung an der Kreuzung durchgeführt ist.

(6) Die Vorschriften der Absätze 1 bis 4 gelten nicht, soweit etwas anderes vereinbart wird.

(7) Wesentliche Ergänzungen an Kreuzungsanlagen sind wie wesentliche Änderungen zu behandeln.

(8) § 12 Abs. 6 gilt entsprechend.

§ 13a Unterhaltung der Kreuzungen mit Gewässern

(1) [1]Der Träger der Straßenbaulast hat die Kreuzungsanlagen von Bundesfernstraßen und Gewässern auf seine Kosten zu unterhalten, soweit nichts anderes vereinbart oder durch Planfeststellung bestimmt wird. [2]Die Unterhaltungspflicht des Trägers der Straßenbaulast erstreckt sich nicht auf Leitwerke, Leitpfähle, Dalben, Absetzpfähle oder ähnliche Einrichtungen zur Sicherung der Durchfahrt unter Brücken im Zuge von Bundesfernstraßen für die Schifffahrt sowie auf Schifffahrtszeichen. [3]Soweit diese Einrichtungen auf Kosten des Trägers der Straßenbaulast herzustellen waren, hat dieser dem Unterhaltungspflichtigen die Unterhaltungskosten und die Kosten des Betriebs dieser Einrichtungen zu ersetzen oder abzulösen.

(2) [1]Wird im Fall des § 12a Abs. 2 eine neue Kreuzung hergestellt, hat der Träger des Ausbauvorhabens die Mehrkosten für die Unterhaltung und den Betrieb der Kreuzungsanlage zu erstatten oder abzulösen. [2]Ersparte Unterhaltungskosten für den Fortfall vorhandener Kreuzungsanlagen sind anzurechnen.

(3) Die Absätze 1 und 2 gelten nicht, wenn bei dem Inkrafttreten dieses Gesetzes die Tragung der Kosten auf Grund eines bestehenden Rechts anders geregelt ist.

(4) Die §§ 42 und 43 des Bundeswasserstraßengesetzes bleiben unberührt.

§ 13b Ermächtigung zu Rechtsverordnungen

Das Bundesministerium für Verkehr und digitale Infrastruktur kann mit Zustimmung des Bundesrates Rechtsverordnungen erlassen, durch die

1. der Umfang der Kosten nach den §§ 12 und 12a näher bestimmt wird;
2. näher bestimmt wird, welche Teile der Kreuzungsanlage nach § 13 Abs. 1 und 2 zu der einen oder anderen Straße gehören;
3. die Berechnung und die Zahlung von Ablösungsbeträgen nach § 13 Abs. 3 und nach § 13a Abs. 2 näher bestimmt sowie dazu ein Verfahren zur gütlichen Beilegung von Streitigkeiten festgelegt werden.

§ 14 Umleitungen

(1) Bei Sperrung von Bundesfernstraßen wegen vorübergehender Behinderung sind die Träger der Straßenbaulast anderer öffentlicher Straßen verpflichtet, die Umleitung des Verkehrs auf ihren Straßen zu dulden.

(2) Der Träger der Straßenbaulast der Umleitungsstrecke und die Straßenverkehrsbehörden sind vor der Sperrung zu unterrichten.

(3) [1]Im Benehmen mit dem Träger der Straßenbaulast der Umleitungsstrecke ist festzustellen, was notwendig ist, um die Umleitungsstrecke für die Aufnahme des zusätzlichen Verkehrs verkehrssicher zu

machen. [2]Die hierfür nötigen Mehraufwendungen sind dem Träger der Straßenbaulast der Umleitungsstrecke zu erstatten. [3]Das gilt auch für Aufwendungen, die der Träger der Straßenbaulast der Umleitungsstrecke zur Beseitigung wesentlicher durch die Umleitung verursachter Schäden machen muss.

(4) [1]Muss die Umleitung ganz oder zum Teil über private Wege geleitet werden, die dem öffentlichen Verkehr dienen, so ist der Eigentümer zur Duldung der Umleitung auf schriftliche Anforderung durch die Straßenbaubehörde verpflichtet. [2]Absatz 3 Satz 1 und 2 gilt entsprechend. [3]Der Träger der Straßenbaulast ist verpflichtet, nach Aufhebung der Umleitung auf Antrag des Eigentümers den früheren Zustand des Weges wiederherzustellen.

(5) Die Abätze 1 bis 4 gelten entsprechend, wenn neue Bundesfernstraßen vorübergehend über andere öffentliche Straßen an das Bundesfernstraßennetz angeschlossen werden müssen.

§ 15 Nebenbetriebe an den Bundesautobahnen

(1) Betriebe an den Bundesautobahnen, die den Belangen der Verkehrsteilnehmer der Bundesautobahnen dienen (z. B. Tankstellen, bewachte Parkplätze, Werkstätten, Verlade- und Umschlagsanlagen, Raststätten) und eine unmittelbare Zufahrt zu den Bundesautobahnen haben, sind Nebenbetriebe.

(2) [1]Der Bau von Nebenbetrieben kann auf Dritte übertragen werden. [2]Der Betrieb von Nebenbetrieben ist auf Dritte zu übertragen, soweit nicht öffentliche Interessen oder besondere betriebliche Gründe entgegenstehen. [3]Die Übertragung von Bau und Betrieb kann unter Auflagen und Bedingungen sowie befristet erfolgen; der Vorbehalt der nachträglichen Aufnahme, Änderung oder Ergänzung einer Auflage (§ 36 des Verwaltungsverfahrensgesetzes) ist ausgeschlossen. [4]Die Übertragung erfolgt unter Voraussetzungen, die für jeden Dritten gleichwertig sind. [5]Dies gilt besonders für Betriebszeiten, das Vorhalten von betrieblichen Einrichtungen sowie Auflagen für die Betriebsführung. [6]Hoheitliche Befugnisse gehen nicht über; die §§ 4, 17 und 18f bis 19a finden Anwendung.

(3) [1]Für das Recht, einen Nebenbetrieb an der Bundesautobahn zu betreiben, hat der Konzessionsinhaber eine umsatz- oder absatzabhängige Konzessionsabgabe an den Bund zu entrichten. [2]Das Bundesministerium für Verkehr und digitale Infrastruktur wird ermächtigt, durch Rechtsverordnung im Einvernehmen mit dem Bundesministerium der Finanzen ohne Zustimmung des Bundesrates die Höhe der Konzessionsabgabe festzusetzen und die Voraussetzungen sowie das Verfahren zur Erhebung der Konzessionsabgabe zu regeln. [3]Die Höhe der Konzessionsabgabe hat sich an dem Wert des wirtschaftlichen Vorteils auszurichten, der dem Konzessionsinhaber durch das Recht zuwächst, einen Nebenbetrieb an der Bundesautobahn zu betreiben; sie darf höchstens 1,53 Euro pro einhundert Liter abgegebenen Kraftstoffs und höchstens 3 vom Hundert von anderen Umsätzen betragen. [4]Die Konzessionsabgabe ist an das Bundesamt für Güterverkehr zu entrichten.

(4) [1]Vorschriften über Sperrzeiten gelten nicht für Nebenbetriebe. [2]Alkoholhaltige Getränke dürfen in der Zeit von 0.00 Uhr bis 7.00 Uhr weder ausgeschenkt noch verkauft werden.

§ 16 Planungen

(1) [1]Das Bundesministerium für Verkehr und digitale Infrastruktur bestimmt im Benehmen mit den Landesplanungsbehörden der beteiligten Länder die Planung und Linienführung der Bundesfernstraßen. [2]Dies gilt nicht für den Neubau von Ortsumgehungen. [3]Eine Ortsumgehung ist der Teil einer Bundesstraße, der der Beseitigung einer Ortsdurchfahrt dient.

(2) [1]Bei der Bestimmung der Linienführung sind die von dem Vorhaben berührten öffentlichen Belange einschließlich der Umweltverträglichkeit und des Ergebnisses des Raumordnungsverfahrens im Rahmen der Abwägung zu berücksichtigen. [2]Die Bestimmung der Linienführung ist innerhalb einer Frist von drei Monaten abzuschließen.

(3) [1]Wenn Ortsplanungen oder Landesplanungen die Änderung bestehender oder die Schaffung neuer Bundesfernstraßen zur Folge haben können, ist die Straßenbaubehörde zu beteiligen. [2]Sie hat die Belange der Bundesfernstraßen in dem Verfahren zu vertreten. [3]Bundesplanungen haben grundsätzlich Vorrang vor Orts- und Landesplanungen.

§ 16a Vorarbeiten

(1) [1]Eigentümer und sonstige Nutzungsberechtigte haben zur Vorbereitung der Planung und der Baudurchführung notwendige Vermessungen, Boden- und Grundwasseruntersuchungen einschließlich der vorübergehenden Anbringung von Markierungszeichen und sonstigen Vorarbeiten durch die Straßenbaubehörde oder von ihr Beauftragte zu dulden. [2]Wohnungen dürfen nur mit Zustimmung des Wohnungsinhabers betreten werden. [3]Satz 2 gilt nicht für Arbeits-, Betriebs- oder Geschäftsräume während der jeweiligen Arbeits-, Geschäfts- oder Aufenthaltszeiten.

(2) Die Absicht, solche Arbeiten auszuführen, ist dem Eigentümer oder sonstigen Nutzungsberechtigten mindestens zwei Wochen vorher unmittelbar oder durch ortsübliche Bekanntmachung in den Gemeinden, in deren Bereich die Vorarbeiten durchzuführen sind, bekannt zu geben.

(3) [1]Entstehen durch eine Maßnahme nach Absatz 1 einem Eigentümer oder sonstigen Nutzungsberechtigten unmittelbare Vermögensnachteile, so hat der Träger der Straßenbaulast eine angemessene Entschädigung in Geld zu leisten. [2]Kommt eine Einigung über die Geldentschädigung nicht zustande, so setzt die nach Landesrecht zuständige Behörde auf Antrag der Straßenbaubehörde oder des Berechtigten die Entschädigung fest. [3]Vor der Entscheidung sind die Beteiligten zu hören.

§ 17 Erfordernis der Planfeststellung und vorläufige Anordnung

(1) [1]Bundesfernstraßen dürfen nur gebaut oder geändert werden, wenn der Plan vorher festgestellt ist. [2]Eine Änderung liegt vor, wenn eine Bundesfernstraße

1. um einen oder mehrere durchgehende Fahrstreifen für den Kraftfahrzeugverkehr baulich erweitert wird oder

2. in sonstiger Weise erheblich baulich umgestaltet wird.

[3]Bei der Planfeststellung sind die von dem Vorhaben berührten öffentlichen und privaten Belange einschließlich der Umweltverträglichkeit im Rahmen der Abwägung zu berücksichtigen. [4]Für das Planfeststellungsverfahren gelten die §§ 72 bis 78 des Verwaltungsverfahrensgesetzes nach Maßgabe dieses Gesetzes. [5]Die Maßgaben gelten entsprechend, soweit das Verfahren landesrechtlich durch ein Verwaltungsverfahrensgesetz geregelt ist.

(2) [1]Ist das Planfeststellungsverfahren eingeleitet, kann die Planfeststellungsbehörde nach Anhörung der betroffenen Gemeinde eine vorläufige Anordnung erlassen, in der vorbereitende Maßnahmen oder Teilmaßnahmen zum Bau oder zur Änderung festgesetzt werden,

1. soweit es sich um reversible Maßnahmen handelt,

2. wenn an dem vorzeitigen Beginn ein öffentliches Interesse besteht,

3. wenn mit einer Entscheidung zugunsten des Trägers des Vorhabens gerechnet werden kann und

4. wenn die nach § 74 Absatz 2 des Verwaltungsverfahrensgesetzes zu berücksichtigenden Interessen gewahrt werden.

[2]In der vorläufigen Anordnung sind die Auflagen zur Sicherung dieser Interessen und der Umfang der vorläufig zulässigen Maßnahmen festzulegen. [3]Sie ist den anliegenden Gemeinden sowie den Beteiligten zuzustellen oder ortsüblich bekannt zu machen. [4]Sie ersetzt nicht die Planfeststellung. [5]§ 16a bleibt unberührt. [6]Soweit die vorbereitenden Maßnahmen oder Teilmaßnahmen zum Bau oder zur Änderung durch die Planfeststellung für unzulässig erklärt sind, ordnet die Planfeststellungsbehörde gegenüber dem Träger des Vorhabens an, den früheren Zustand wiederherzustellen. [7]Dies gilt auch, wenn der Antrag auf Planfeststellung zurückgenommen wurde. [8]Der Betroffene ist durch den Träger der Straßenbaulast zu entschädigen, soweit die Wiederherstellung des früheren Zustands nicht möglich oder mit unverhältnismäßig hohem Aufwand verbunden oder ein Schaden eingetreten ist, der durch die Wiederherstellung des früheren Zustandes nicht ausgeglichen wird. [9]Rechtsbehelfe gegen die vorläufige Anordnung haben keine aufschiebende Wirkung; ein Vorverfahren findet nicht statt. [10]Betrifft die vorläufige Anordnung ein Vorhaben im Sinne des § 17e Absatz 1, ist § 17e Absatz 1 und 5 in Bezug auf Rechtsbehelfe gegen die vorläufige Anordnung entsprechend anzuwenden.

§ 17a Anhörungsverfahren

Für das Anhörungsverfahren gilt § 73 des Verwaltungsverfahrensgesetzes mit folgenden Maßgaben:

1. Die Anhörungsbehörde kann auf eine Erörterung im Sinne des § 73 Absatz 6 des Verwaltungsverfahrensgesetzes und des § 18 Absatz 1 Satz 4 des Gesetzes über die Umweltverträglichkeitsprüfung verzichten. Findet keine Erörterung statt, so hat die Anhörungsbehörde ihre Stellungnahme innerhalb von sechs Wochen nach Ablauf der Einwendungsfrist abzugeben und zusammen mit den sonstigen in § 73 Absatz 9 des Verwaltungsverfahrensgesetzes aufgeführten Unterlagen der Planfeststellungsbehörde zuzuleiten.

2. Soll ein ausgelegter Plan geändert werden, so kann im Regelfall von der Erörterung im Sinne des § 73 Absatz 6 des Verwaltungsverfahrensgesetzes und des § 18 Absatz 1 Satz 4 des Gesetzes über die Umweltverträglichkeitsprüfung abgesehen werden.

§ 17b Planfeststellungsbeschluss, Plangenehmigung

(1) Für Planfeststellungsbeschluss und Plangenehmigung gilt § 74 des Verwaltungsverfahrensgesetzes mit folgenden Maßgaben:

1. Abweichend von § 74 Absatz 6 Satz 1 Nummer 3 des Verwaltungsverfahrensgesetzes kann für ein Vorhaben, für das nach dem Gesetz über die Umweltverträglichkeitsprüfung eine Umweltverträg-

lichkeitsprüfung durchzuführen ist, an Stelle eines Planfeststellungsbeschlusses eine Plangenehmigung erteilt werden. § 17a Nummer 1 Satz 1 gilt entsprechend. Im Übrigen findet das Gesetz über die Umweltverträglichkeitsprüfung mit Ausnahme des § 21 Absatz 3 Anwendung.

2. Die oberste Landesstraßenbaubehörde stellt den Plan fest, erteilt die Plangenehmigung und trifft die Entscheidung nach § 74 Abs. 7 des Verwaltungsverfahrensgesetzes. Bestehen zwischen der obersten Landesstraßenbaubehörde, die den Plan feststellt, und einer Bundesbehörde Meinungsverschiedenheiten, so ist vor der Planfeststellung die Weisung des Bundesministeriums für Verkehr und digitale Infrastruktur einzuholen.

(2) ¹Bebauungspläne nach § 9 des Baugesetzbuchs ersetzen die Planfeststellung nach § 17. ²Wird eine Ergänzung notwendig oder soll von Festsetzungen des Bebauungsplans abgewichen werden, so ist die Planfeststellung insoweit zusätzlich durchzuführen. ³In diesen Fällen gelten die §§ 40, 43 Abs. 1, 2, 4 und 5 sowie § 44 Abs. 1 bis 4 des Baugesetzbuchs.

§ 17c Rechtswirkungen der Planfeststellung und der Plangenehmigung

Für die Rechtswirkungen der Planfeststellung und Plangenehmigung gilt § 75 des Verwaltungsverfahrensgesetzes mit folgenden Maßgaben:

1. Wird mit der Durchführung des Plans nicht innerhalb von zehn Jahren nach Eintritt der Unanfechtbarkeit begonnen, so tritt er außer Kraft, es sei denn, er wird vorher auf Antrag des Trägers des Vorhabens von der Planfeststellungsbehörde um höchstens fünf Jahre verlängert.

2. Vor der Entscheidung nach Nummer 1 ist eine auf den Antrag begrenzte Anhörung nach dem für die Planfeststellung oder für die Plangenehmigung vorgeschriebenen Verfahren durchzuführen.

3. Für die Zustellung und Auslegung sowie die Anfechtung der Entscheidung über die Verlängerung sind die Bestimmungen über den Planfeststellungsbeschluss entsprechend anzuwenden.

§ 17d Planänderung vor Fertigstellung des Vorhabens

¹Für die Planergänzung und das ergänzende Verfahren im Sinne des § 75 Abs. 1a Satz 2 des Verwaltungsverfahrensgesetzes und für die Planänderung vor Fertigstellung des Vorhabens gilt § 76 des Verwaltungsverfahrensgesetzes mit der Maßgabe, dass im Fall des § 76 Abs. 1 des Verwaltungsverfahrensgesetzes von einer Erörterung im Sinne des § 73 Abs. 6 des Verwaltungsverfahrensgesetzes und des § 18 Absatz 1 Satz 4 des Gesetzes über die Umweltverträglichkeitsprüfung abgesehen werden kann. ²Im Übrigen gelten für das neue Verfahren die Vorschriften dieses Gesetzes.

§ 17e Rechtsbehelfe

(1) § 50 Abs. 1 Nr. 6 der Verwaltungsgerichtsordnung gilt für Vorhaben im Sinne des § 17 Absatz 1, soweit die Vorhaben Bundesfernstraßen betreffen, die wegen

1. der Herstellung der Deutschen Einheit,
2. der Einbindung der neuen Mitgliedstaaten in die Europäische Union,
3. der Verbesserung der Hinterlandanbindung der deutschen Seehäfen,
4. ihres sonstigen internationalen Bezuges,
5. der besonderen Funktion zur Beseitigung schwerwiegender Verkehrsengpässe oder
6. ihrer Bedeutung bei der Verbesserung der Infrastruktur in den Revieren nach § 2 des Investitionsgesetzes Kohleregionen vom 8. August 2020 (BGBl. I S. 1795)

in der Anlage aufgeführt sind.

(2) ¹Die Anfechtungsklage gegen einen Planfeststellungsbeschluss oder eine Plangenehmigung für den Bau oder die Änderung von Bundesfernstraßen, für die nach dem Fernstraßenausbaugesetz vordringlicher Bedarf festgestellt ist, hat keine aufschiebende Wirkung. ²Der Antrag auf Anordnung der aufschiebenden Wirkung der Anfechtungsklage gegen einen Planfeststellungsbeschluss oder eine Plangenehmigung nach § 80 Abs. 5 Satz 1 der Verwaltungsgerichtsordnung kann nur innerhalb eines Monats nach der Zustellung des Planfeststellungsbeschlusses oder der Plangenehmigung gestellt und begründet werden. ³Darauf ist in der Rechtsbehelfsbelehrung hinzuweisen. ⁴§ 58 der Verwaltungsgerichtsordnung gilt entsprechend.

(3) ¹Der Antrag nach § 80 Abs. 5 Satz 1 in Verbindung mit Abs. 2 Nr. 4 der Verwaltungsgerichtsordnung auf Wiederherstellung der aufschiebenden Wirkung einer Anfechtungsklage gegen einen Planfeststellungsbeschluss oder eine Plangenehmigung für den Bau oder die Änderung einer Bundesfernstraße, für die ein unvorhergesehener Verkehrsbedarf im Sinne des § 6 des Fernstraßenausbaugesetzes besteht oder die der Aufnahme in den Bedarfsplan nicht bedarf, kann nur innerhalb eines Monats nach Zustellung der Entscheidung über die Anordnung der sofortigen Vollziehung gestellt und begründet werden. ²Darauf ist in der Anordnung der sofortigen Vollziehung hinzuweisen. ³§ 58 der Verwaltungsgerichtsordnung gilt entsprechend.

(4) ¹Treten in den Fällen des Absatzes 2 oder 3 später Tatsachen ein, die die Anordnung oder Wiederherstellung der aufschiebenden Wirkung rechtfertigen, so kann der durch den Planfeststellungsbeschluss

oder die Plangenehmigung Beschwerte einen hierauf gestützten Antrag nach § 80 Abs. 5 Satz 1 der Verwaltungsgerichtsordnung innerhalb einer Frist von einem Monat stellen. [2]Die Frist beginnt mit dem Zeitpunkt, in dem der Beschwerte von den Tatsachen Kenntnis erlangt.

(5) [1]Der Kläger hat innerhalb einer Frist von zehn Wochen ab Klageerhebung die zur Begründung seiner Klage dienenden Tatsachen und Beweismittel anzugeben. [2]Erklärungen und Beweismittel, die erst nach Ablauf dieser Frist vorgebracht werden, sind nur zuzulassen, wenn der Kläger die Verspätung genügend entschuldigt. [3]Der Entschuldigungsgrund ist auf Verlangen des Gerichts glaubhaft zu machen. [4]Satz 2 gilt nicht, wenn es mit geringem Aufwand möglich ist, den Sachverhalt auch ohne Mitwirkung des Klägers zu ermitteln. [5]Die Frist nach Satz 1 kann durch den Vorsitzenden oder den Berichterstatter auf Antrag verlängert werden, wenn der Kläger in dem Verfahren, in dem die angefochtene Entscheidung ergangen ist, keine Möglichkeit der Beteiligung hatte. [6]§ 6 des Umwelt-Rechtsbehelfsgesetzes ist nicht anzuwenden.

§ 17f Anlagen der Verkehrsüberwachung, der Unfallhilfe und des Zolls

[1]Die der Sicherheit und Ordnung dienenden Anlagen an Bundesfernstraßen, wie Polizeistationen, Einrichtungen der Unfallhilfe, Hubschrauberlandeplätze, können, wenn sie eine unmittelbare Zufahrt zu den Bundesfernstraßen haben, zur Festsetzung der Flächen in die Planfeststellung einbezogen werden. [2]Das Gleiche gilt für Zollanlagen an Bundesfernstraßen.

§ 17g Veröffentlichung im Internet

[1]Wird der Plan nicht nach § 27a Absatz 1 des Verwaltungsverfahrensgesetzes oder § 20 des Gesetzes über die Umweltverträglichkeitsprüfung zugänglich gemacht, ist dieser vom Träger des Vorhabens zur Bürgerinformation über das Internet zugänglich zu machen. [2]§ 23 des Gesetzes über die Umweltverträglichkeitsprüfung gilt entsprechend. [3]Maßgeblich ist der Inhalt des im Rahmen des Genehmigungsverfahrens zur Einsicht ausgelegten Plans. [4]Hierauf ist bei der Zugänglichmachung hinzuweisen.

§ 17h Projektmanager

[1]Die Anhörungsbehörde kann einen Dritten mit der Vorbereitung und Durchführung von Verfahrensschritten, insbesondere

1. der Erstellung von Verfahrensleitplänen unter Bestimmung von Verfahrensabschnitten und Zwischenterminen,
2. der Fristenkontrolle,
3. der Koordinierung von erforderlichen Sachverständigengutachten,
4. dem Entwurf eines Anhörungsberichts,
5. der ersten Auswertung der eingereichten Stellungnahmen,
6. der organisatorischen Vorbereitung eines Erörterungstermins und
7. der Leitung eines Erörterungstermins

auf Vorschlag oder mit Zustimmung des Vorhabenträgers beauftragen. [2]§ 73 Absatz 9 des Verwaltungsverfahrensgesetzes bleibt unberührt. [3]Die Entscheidung über den Planfeststellungsantrag verbleibt bei der zuständigen Behörde.

§ 18f Vorzeitige Besitzeinweisung

(1) [1]Ist der sofortige Beginn von Bauarbeiten geboten und weigert sich der Eigentümer oder Besitzer, den Besitz eines für die Straßenbaumaßnahme benötigten Grundstücks durch Vereinbarung unter Vorbehalt aller Entschädigungsansprüche zu überlassen, so hat die Enteignungsbehörde den Träger der Straßenbaulast auf Antrag nach Feststellung des Plans oder Erteilung der Plangenehmigung in den Besitz einzuweisen. [2]Der Planfeststellungsbeschluss oder die Plangenehmigung müssen vollziehbar sein. [3]Weiterer Voraussetzungen bedarf es nicht.

(2) [1]Die Enteignungsbehörde hat spätestens sechs Wochen nach Eingang des Antrages auf Besitzeinweisung mit den Beteiligten mündlich zu verhandeln. [2]Hierzu sind die Straßenbaubehörde und die Betroffenen zu laden. [3]Dabei ist den Betroffenen der Antrag auf Besitzeinweisung mitzuteilen. [4]Die Ladungsfrist beträgt drei Wochen. [5]Mit der Ladung sind die Betroffenen aufzufordern, etwaige Einwendungen gegen den Antrag möglichst vor der mündlichen Verhandlung bei der Enteignungsbehörde einzureichen. [6]Sie sind außerdem darauf hinzuweisen, dass auch bei Nichterscheinen über den Antrag auf Besitzeinweisung und andere im Verfahren zu erledigende Anträge entschieden werden kann.

(3) [1]Soweit der Zustand des Grundstücks von Bedeutung ist, hat ihn die Enteignungsbehörde vor der Besitzeinweisung in einer Niederschrift festzustellen oder durch einen Sachverständigen ermitteln zu lassen. [2]Den Beteiligten ist eine Abschrift der Niederschrift oder des Ermittlungsergebnisses zu übersenden.

(4) [1]Der Beschluss über die Besitzeinweisung ist dem Antragsteller und den Betroffenen spätestens zwei Wochen nach der mündlichen Verhandlung zuzustellen. [2]Die Besitzeinweisung wird in dem von der Enteignungsbehörde bezeichneten Zeitpunkt wirksam. [3]Dieser Zeitpunkt soll auf höchstens zwei Wochen nach Zustellung der Anordnung über die vorzeitige Besitzeinweisung an den unmittelbaren Besitzer festgesetzt werden. [4]Durch die Besitzeinweisung wird dem Besitzer der Besitz entzogen und der Träger der Straßenbaulast Besitzer. [5]Der Träger der Straßenbaulast darf auf dem Grundstück das im Antrag auf Besitzeinweisung bezeichnete Bauvorhaben ausführen und die dafür erforderlichen Maßnahmen treffen.

(5) [1]Der Träger der Straßenbaulast hat für die durch die vorzeitige Besitzeinweisung entstehenden Vermögensnachteile Entschädigung zu leisten, soweit die Nachteile nicht durch die Verzinsung der Geldentschädigung für die Entziehung oder Beschränkung des Eigentums oder eines anderen Rechts ausgeglichen werden. [2]Art und Höhe der Entschädigung sind von der Enteignungsbehörde in einem Beschluss festzusetzen.

(6) [1]Wird der festgestellte Plan oder die Plangenehmigung aufgehoben, so ist auch die vorzeitige Besitzeinweisung aufzuheben und der vorherige Besitzer wieder in den Besitz einzuweisen. [2]Der Träger der Straßenbaulast hat für alle durch die vorzeitige Besitzeinweisung entstandenen besonderen Nachteile Entschädigung zu leisten.

(6a) [1]Ein Rechtsbehelf gegen eine vorzeitige Besitzeinweisung hat keine aufschiebende Wirkung. [2]Der Antrag auf Anordnung der aufschiebenden Wirkung nach § 80 Abs. 5 Satz 1 der Verwaltungsgerichtsordnung kann nur innerhalb eines Monats nach der Zustellung des Besitzeinweisungsbeschlusses gestellt und begründet werden.

(7) [1]Die Absätze 1 bis 6a gelten entsprechend für Grundstücke, die für die in § 17f genannten Anlagen oder für Unterhaltungsmaßnahmen benötigt werden. [2]Bei Unterhaltungsmaßnahmen bedarf es nicht der vorherigen Planfeststellung oder Plangenehmigung.

§ 19 Enteignung

(1) [1]Die Träger der Straßenbaulast der Bundesfernstraßen haben zur Erfüllung ihrer Aufgaben das Enteignungsrecht. [2]Die Enteignung ist zulässig, soweit sie zur Unterhaltung oder Ausführung eines nach § 17 Absatz 1 festgestellten oder genehmigten Bauvorhabens notwendig ist. [3]Einer weiteren Feststellung der Zulässigkeit der Enteignung bedarf es nicht.

(2) Der festgestellte oder genehmigte Plan ist dem Enteignungsverfahren zugrunde zu legen und für die Enteignungsbehörde bindend.

(2a) Hat sich ein Beteiligter mit der Übertragung oder Beschränkung des Eigentums oder eines anderen Rechts schriftlich einverstanden erklärt, kann das Entschädigungsverfahren unmittelbar durchgeführt werden.

(2b) Die Absätze 1, 2 und 2a gelten für die in § 17f genannten Anlagen entsprechend.

(3) und (4) (weggefallen)

(5) Im Übrigen gelten die für öffentliche Straßen geltenden Enteignungsgesetze der Länder.

§ 19a Entschädigungsverfahren

Soweit der Träger der Straßenbaulast nach §§ 8a, 9, 17 Absatz 2 oder auf Grund eines Planfeststellungsbeschlusses oder einer Plangenehmigung verpflichtet ist, eine Entschädigung in Geld zu leisten, und über die Höhe der Entschädigung keine Einigung zwischen dem Betroffenen und dem Träger der Straßenbaulast zustande kommt, entscheidet auf Antrag eines der Beteiligten die nach Landesrecht zuständige Behörde; für das Verfahren und den Rechtsweg gelten die Enteignungsgesetze der Länder entsprechend.

§ 20 Straßenaufsicht

(1) [1]Die Erfüllung der Aufgaben, die den Trägern der Straßenbaulast für die Bundesfernstraßen obliegen, wird durch die Straßenaufsicht sichergestellt. [2]Die Länder üben die Straßenaufsicht im Auftrag des Bundes aus.

(2) [1]Die Straßenaufsichtsbehörde kann die Durchführung der notwendigen Maßnahmen unter Setzung einer angemessenen Frist anordnen. [2]Sie soll Maßnahmen, die mehrere Träger der Straßenbaulast durchzuführen haben, diesen rechtzeitig bekannt geben, damit sie möglichst zusammenhängend ausgeführt werden. [3]Kommt ein Träger der Straßenbaulast der Anordnung nicht nach, kann die Straßenaufsichtsbehörde die notwendigen Maßnahmen an seiner Stelle und auf seine Kosten verfügen und vollziehen.

§ 21 Verwaltung der Bundesstraßen in den Ortsdurchfahrten

[1]Soweit die Gemeinden nach § 5 Abs. 2 und 3 Träger der Straßenbaulast sind, richtet sich die Zuständigkeit zur Verwaltung der Ortsdurchfahrten nach Landesrecht. [2]Dieses regelt auch, wer insoweit zuständige Straßenbaubehörde im Sinne dieses Gesetzes ist.

§ 22 Zuständigkeit

(1) Das Bundesministerium für Verkehr und digitale Infrastruktur wird ermächtigt, durch Rechtsverordnung ohne Zustimmung des Bundesrates die dem Fernstraßen-Bundesamt und der Gesellschaft privaten Rechts im Sinne des Infrastrukturgesellschaftserrichtungsgesetzes nach dem Bundesfernstraßengesetz zugewiesenen Befugnisse und Aufgaben auf andere Bundesbehörden oder andere vom Bund gegründete Gesellschaften, die im ausschließlichen Eigentum des Bundes stehen müssen, zu übertragen.

(2) [1]Im Fall des Artikels 90 Absatz 4 oder des Artikels 143e Absatz 2 des Grundgesetzes treten an die Stelle der im Gesetz genannten Straßenbaubehörden der Länder die vom Bundesministerium für Verkehr und digitale Infrastruktur bestimmten Bundesbehörden oder die Gesellschaft privaten Rechts im Sinne des Infrastrukturgesellschaftserrichtungsgesetzes. [2]Dies gilt auch für die nach § 36 des Gesetzes über Ordnungswidrigkeiten zu bestimmende Behörde.

(3) Im Rahmen der Auftragsverwaltung richtet sich das Verfahren für die Beitreibung von Ersatzleistungen (§ 7), Sondernutzungsgebühren sowie Vorschüssen und Sicherheiten (§ 8) und das Verfahren in den Fällen, in denen die Behörde Maßnahmen nach § 8 Abs. 7a trifft oder in denen jemand zur Duldung oder Unterlassung verpflichtet ist (§§ 11 und 14), nach Landesrecht.

(4) [1]Soweit nach diesem Gesetz die Zuständigkeit von Landesbehörden begründet ist, bestimmen die Länder die zuständigen Behörden. [2]Sie sind ermächtigt, die Zuständigkeit der obersten Straßenbaubehörden der Länder, soweit sie nach diesem Gesetz begründet ist, auf nachgeordnete Behörden zu übertragen. [3]Das Bundesministerium für Verkehr und digitale Infrastruktur ist hiervon zu unterrichten.

(5) Soweit Selbstverwaltungskörperschaften in der Auftragsverwaltung tätig werden (Artikel 90 Absatz 3 des Grundgesetzes), sind ihre Behörden nach Maßgabe des Landesrechts an Stelle der Behörden des Landes zuständig.

§ 23 Ordnungswidrigkeiten

(1) Ordnungswidrig handelt, wer vorsätzlich oder fahrlässig

1. entgegen § 8 Abs. 1 eine Bundesfernstraße über den Gemeingebrauch hinaus ohne Erlaubnis benutzt,
2. nach § 8 Abs. 2 erteilten vollziehbaren Auflagen nicht nachkommt,
3. entgegen § 8 Abs. 2a
 a) Anlagen nicht vorschriftsmäßig errichtet oder unterhält oder
 b) auf vollziehbares Verlangen der zuständigen Behörde Anlagen auf seine Kosten nicht ändert,
4. entgegen § 8a Abs. 1 in Verbindung mit § 8 Abs. 1 Zufahrten oder Zugänge ohne Erlaubnis anlegt oder ändert,
5. entgegen § 8a Abs 3 in Verbindung mit § 8 Abs. 2a Zufahrten oder Zugänge nicht vorschriftsmäßig unterhält,
6. einer nach § 8a Abs. 6 ergangenen vollziehbaren Anordnung nicht nachkommt,
7. entgegen § 9 Abs. 1 oder 4 Hochbauten oder bauliche Anlagen errichtet oder Aufschüttungen oder Abgrabungen größeren Umfangs vornimmt,
8. Anlagen der Außenwerbung entgegen § 9 Abs. 6 Satz 1 in Verbindung mit den Absätzen 1 und 2 errichtet oder entgegen § 9 Abs. 6 Satz 2 an Brücken über Bundesfernstraßen anbringt,
9. vollziehbaren Auflagen nicht nachkommt, unter denen eine Ausnahme nach § 9 Abs. 8 von den Verboten des § 9 Abs. 1, 4 und 6 zugelassen wurde,
10. entgegen § 9a Abs. 1 Satz 1 auf der vom Plan betroffenen Fläche oder in dem Planungsgebiet nach Absatz 3 Veränderungen vornimmt,
11. entgegen § 10 Abs 2 Satz 1 Schutzwaldungen nicht erhält oder nicht ordnungsgemäß unterhält,
12. entgegen § 11 Abs. 1 die Anlage vorübergehender Einrichtungen nicht duldet oder entgegen § 11 Abs. 2 Satz 1 Einrichtungen, die die Verkehrssicherheit beeinträchtigen, anlegt oder entgegen § 11 Abs. 2 Satz 2 ihre Beseitigung nicht duldet,
13. entgegen § 16a Abs. 1 Satz 1 notwendige Vorarbeiten oder die vorübergehende Anbringung von Markierungszeichen nicht duldet.

(2) Ordnungswidrigkeiten nach Absatz 1 Nr. 1 bis 6 und 11 bis 13 können mit einer Geldbuße bis zu fünfhundert Euro, Ordnungswidrigkeiten nach Absatz 1 Nr. 7 bis 10 können mit einer Geldbuße bis zu fünftausend Euro geahndet werden.

§ 24 Übergangs- und Schlussbestimmungen

(1) [1]Vor dem 17. Dezember 2006 beantragte Planfeststellungsverfahren oder Plangenehmigungsverfahren werden nach den Vorschriften dieses Gesetzes in der ab dem 17. Dezember 2006 geltenden Fassung weitergeführt. [2]§ 11 Abs. 2 des Verkehrswegeplanungsbeschleunigungsgesetzes bleibt unberührt.

(2) § 17c gilt auch für Planfeststellungsbeschlüsse und Plangenehmigungen, die vor dem 17. Dezember 2006 erlassen worden sind, soweit der Plan noch nicht außer Kraft getreten ist.

(3) (weggefallen)

(4) Die bisherigen Reichsautobahnen und Reichsstraßen, die nach dem Gesetz über die vermögensrechtlichen Verhältnisse der Bundesautobahnen und sonstigen Bundesstraßen des Fernverkehrs vom 2. März 1951 (BGBl. I S. 157) Bundesautobahnen und Bundesstraßen sind, sind Bundesautobahnen und Bundesstraßen im Sinne dieses Gesetzes.

(5) (weggefallen)

(6) Beginn und Ende der Ortsdurchfahrten bemessen sich nach ihrer Festsetzung nach §§ 13 ff. der Verordnung zur Durchführung des Gesetzes über die einstweilige Neuregelung des Straßenwesens und der Straßenverwaltung vom 7. Dezember 1934 (RGBl. I S. 1237), bis sie nach § 5 Abs. 4 neu festgesetzt werden.

(7) Waldungen, die Schutzwaldungen nach § 9 des Reichsautobahngesetzes vom 29. Mai 1941 (RGBl. I S. 313) sind, gelten als Schutzwaldungen nach § 10.

(8) (weggefallen)

(9) Sind in Rechtsvorschriften aus der Zeit vor dem 23. Mai 1949 die Worte „Reichsautobahnen" oder „Reichsstraßen" gebraucht, so treten an ihre Stelle die Worte „Bundesautobahnen" oder „Bundesstraßen".

(10) Wo in anderen Gesetzen für das Unternehmen „Reichsautobahnen" besondere Rechte und Pflichten begründet sind, tritt an seine Stelle der Bund.

(11) [1]Das Bundesministerium für Verkehr und digitale Infrastruktur ist ermächtigt, im Einvernehmen mit dem Bundesministerium der Finanzen durch Rechtsverordnung, die der Zustimmung des Bundesrates bedarf, Brücken im Zuge von Bundesfernstraßen, die in der Baulast der Länder oder öffentlich-rechtlicher Selbstverwaltungskörperschaften stehen, in die Baulast des Bundes zu übernehmen und die zur Überleitung notwendigen Maßnahmen zu treffen. [2]In der Rechtsverordnung können auch die nach den üblichen Berechnungsarten zu ermittelnden Ablösungsbeträge festgesetzt werden.

(12) Für Sondernutzungen, die bei Inkrafttreten dieses Gesetzes durch bürgerlich-rechtliche Verträge vereinbart sind, gelten die Vorschriften über Sondernutzungen (§ 8) von dem Zeitpunkt an, zu dem die Verträge erstmals nach Inkrafttreten dieses Gesetzes kündbar sind.

(13) Vor dem 13. März 2020 beantragte Planfeststellungsverfahren oder Plangenehmigungsverfahren werden nach den Vorschriften dieses Gesetzes in der vor dem 13. März 2020 geltenden Fassung weitergeführt.

§ 25 (Aufhebung von Vorschriften)

§ 26 (weggefallen)

§ 27 (Inkrafttreten)

Anlage
(zu § 17e Abs. 1)

Bundesfernstraßen mit erstinstanzlicher Zuständigkeit des Bundesverwaltungsgerichts

Vorbemerkung:
Im Sinne dieser Anlage bedeuten
1. A: Autobahn
2. B: Bundesstraße
3. L: Landesstraße
4. E: Europastraße
5. OU: Ortsumgehung
Zu den Bundesfernstraßen gehören auch die für den Betrieb von Bundesfernstraßen notwendigen Anlagen. Die Bundesfernstraßen beginnen und enden jeweils an den Knotenpunkten, an denen sie mit dem bestehenden Straßennetz verbunden sind.

Lfd. Nr.	Bezeichnung
1	A 1 Dreieck Hamburg-Südost – Hamburg-Harburg
2	A 1 Neuenkirchen/Vörden – Münster-Nord
3	A 1 Köln-Niehl – Kreuz Leverkusen
4	A 1 Kreuz Wuppertal-Nord (A 43)
5	A 1 Westhofener Kreuz (A 45)
6	A 1 Blankenheim – Kelberg
7	A 2 Kreuz Bottrop (A 31)
8	A 3 Kreuz Kaiserberg (A 40)
9	A 3 Kreuz Oberhausen (A 2/ A 516)
10	A 3 Köln-Mülheim – Kreuz Leverkusen (A 1)
11	A 3 Wiesbadener Kreuz (A 66)
12	A 3 Kreuz Biebelried (A 7) – Kreuz Fürth/Erlangen (A 73)
13	A 4 Kreuz Köln-Süd (A 555)
14	A 4 AD Nossen (A 14) – Bundesgrenze Deutschland/Polen
15	A 6 Saarbrücken-Fechingen – St. Ingbert-West
16	A 6 Heilbronn/Untereisesheim – Heilbronn/Neckarsulm
17	A 6 Kreuz Weinsberg (A 81) – Kreuz Feuchtwangen/Crailsheim (A 7)
18	A 7 Hamburg/Heimfeld – Hamburg/Volkspark
19	A 7 Kreuz Rendsburg – Rendsburg/Büdelsdorf
20	A 8 Mühlhausen – Hohenstadt
21	A 8 Kreuz München Süd (A 99) – Bundesgrenze Deutschland – Österreich
22	A 14 AS Leipzig-Ost – AD Parthenau
23	A 20 Westerstede (A 28) – Weede
24	A 26 Drochtersen (A 20) – Dreieck Hamburg-Stillhorn (A 1)
25	A 33 Bielefeld/Brackwede – Borgholzhausen einschließlich Zubringer Ummeln
26	A 33 Dreieck Osnabrück-Nord (A 1) – Osnabrück-Belm
27	A 39 Lüneburg – Wolfsburg
28	A 40 Duisburg-Homberg – Duisburg-Häfen
29	A 44 Ratingen (A 3) – Velbert
30	A 45 Hagen (A 46) – Westhofen (A 1)
31	A 46 Westring – Kreuz Sonnborn (L 418)
32	A 49 Bischhausen – A 5
33	A 52 AK Mönchengladbach (A 61) – AK Neersen (A 44)
34	A 57 Kreuz Köln-Nord (A 1) – Kreuz Moers (A 40)
35	A 61 Kreuz Frankenthal (A 6) – Landesgrenze Rheinland-Pfalz – Baden-Württemberg

Lfd. Nr.	Bezeichnung
36	A 66 Kreuz Wiesbaden-Schierstein – Kreuz Wiesbaden
37	A 81 Böblingen/Hulb – Sindelfingen Ost
38	A 94 Malching – Pocking (A 3)
39	A 99 Dreieck München Süd-West (A 96) – Kreuz München Süd (A 8)
40	A 100 Dreieck Neukölln (A 113) – Storkower Straße
41	A 111 Landesgrenze Berlin – Brandenburg – einschließlich Rudolf-Wissell-Brücke (A 100)
42	A 281 Eckverbindung in Bremen
43	A 445 Werl-Nord – Hamm-Rhynern (A 2)
44	A 553 AK Köln-Godorf (A 555) – AD Köln-Lind (A 59)
45	A 643 Dreieck Mainz (A 60) – Mainz-Mombach
46	B 6 OU Bruckdorf
47	B 6 OU Gröbers
48	B 6 OU Großkugel
49	B 7 Verlegung nördlich Frohburg (Landesgrenze Freistaat Thüringen – Freistaat Sachsen – nördlich Frohburg)
50	B 7 Altenburg (B 93) – Landesgrenze Freistaat Thüringen – Freistaat Sachsen
51	B 19 OU Meiningen
52	B 85 Altenkreith – Wetterfeld
53	B 87 OU Naumburg – Wethau
54	B 101 OU Elsterwerda
55	B 112 OU Frankfurt (Oder)
56	B 169 OU Klein Oßnig und OU Annahof/Klein Gaglow
57	B 169 OU Plessa
58	B 178 Nostitz – A 4 (AS Weißenberg)
59	B 87 OU Weißenfels
60	B 181 Neu- und Ausbau westlich Leipzig (A 9 bis Stadtgrenze Leipzig)
61	B 207 (E 47) Fehmarnsundquerung
62	B 221 OU Scherpenseel
63	B 221 OU Unterbruch
64	E 47 Feste Fehmarnbeltquerung (Puttgarden – Grenze der deutschen ausschließlichen Wirtschaftszone)
65	B 402/B 213/B 72 (E 233) Meppen (A 31) – Cloppenburg (A 1)

Anhang: Fassung ab 01. Januar 2021

Bundesfernstraßengesetz (FStrG)

In der Fassung der Bekanntmachung vom 28. Juni 2007[1] (BGBl. I S. 1206)
(FNA 911-1)
zuletzt geändert durch Art. 2 Strukturstärkungsgesetz Kohleregionen vom 8. August 2020
(BGBl. I S. 1795)

Nichtamtliche Inhaltsübersicht

§ 1 Einteilung der Bundesstraßen des Fernverkehrs

(1) [1]Bundesstraßen des Fernverkehrs (Bundesfernstraßen) sind öffentliche Straßen, die ein zusammenhängendes Verkehrsnetz bilden und einem weiträumigen Verkehr dienen oder zu dienen bestimmt sind.

1) Neubekanntmachung des FStrG idF der Bek. v. 20.2.2003 (BGBl. I S. 286) in der ab 17.12.2006 geltenden Fassung.

²In der geschlossenen Ortslage (§ 5 Abs. 4) gehören zum zusammenhängenden Verkehrsnetz die zur Aufnahme des weiträumigen Verkehrs notwendigen Straßen.
(2) Sie gliedern sich in
1. Bundesautobahnen,
2. Bundesstraßen mit den Ortsdurchfahrten (§ 5 Abs. 4).

(3) ¹Bundesautobahnen sind Bundesfernstraßen, die nur für den Schnellverkehr mit Kraftfahrzeugen bestimmt und so angelegt sind, dass sie frei von höhengleichen Kreuzungen und für Zu- und Abfahrt mit besonderen Anschlussstellen ausgestattet sind. ²Sie sollen getrennte Fahrbahnen für den Richtungsverkehr haben.

(4) Zu den Bundesfernstraßen gehören
1. der Straßenkörper; das sind besonders der Straßengrund, der Straßenunterbau, die Straßendecke, die Brücken, Tunnel, Durchlässe, Dämme, Gräben, Entwässerungsanlagen, Böschungen, Stützmauern, Lärmschutzanlagen, Trenn-, Seiten-, Rand- und Sicherheitsstreifen;
2. der Luftraum über dem Straßenkörper;
3. das Zubehör; das sind die Verkehrszeichen, die Verkehrseinrichtungen und -anlagen aller Art, die der Sicherheit oder Leichtigkeit des Straßenverkehrs oder dem Schutz der Anlieger dienen, und die Bepflanzung;
3a. Einrichtungen zur Erhebung von Maut und zur Kontrolle der Einhaltung der Mautpflicht;
4. die Nebenanlagen; das sind solche Anlagen, die überwiegend den Aufgaben der Straßenbauverwaltung der Bundesfernstraßen dienen, z.B. Straßenmeistereien, Gerätehöfe, Lager, Lagerplätze, Entnahmestellen, Hilfsbetriebe und -einrichtungen;
5. die Nebenbetriebe an den Bundesautobahnen (§ 15 Abs. 1).

(5) ¹Für die Bundesfernstraßen werden Straßenverzeichnisse geführt. ²Das Fernstraßen-Bundesamt bestimmt die Nummerung und Bezeichnung der Bundesfernstraßen.

§ 2 Widmung, Umstufung, Einziehung

(1) Eine Straße erhält die Eigenschaft einer Bundesfernstraße durch Widmung.

(2) Voraussetzung für die Widmung ist, dass der Träger der Straßenbaulast Eigentümer des der Straße dienenden Grundstücks ist, oder der Eigentümer und ein sonst zur Nutzung dinglich Berechtigter der Widmung zugestimmt hat, oder der Träger der Straßenbaulast den Besitz durch Vertrag, durch Einweisung nach § 18f Abs. 1 oder in einem sonstigen gesetzlichen Verfahren erlangt hat.

(3) Durch privatrechtliche Verfügungen oder durch Verfügungen im Wege der Zwangsvollstreckung über die der Straße dienenden Grundstücke oder Rechte an ihnen wird die Widmung nicht berührt.

(3a) Eine öffentliche Straße, die die Voraussetzungen des § 1 Abs. 1 oder 3 erfüllt, ist zur Bundesautobahn oder Bundesstraße, eine Bundesstraße, die die Voraussetzungen des § 1 Abs. 3 erfüllt, zur Bundesautobahn aufzustufen.

(4) Eine Bundesfernstraße, bei der sich die Verkehrsbedeutung geändert hat und bei der die Voraussetzungen des § 1 Abs. 1 weggefallen sind, ist entweder unverzüglich einzuziehen, wenn sie jede Verkehrsbedeutung verloren hat oder überwiegende Gründe des öffentlichen Wohls vorliegen (Einziehung), oder unverzüglich dem Träger der Straßenbaulast zu überlassen, der sich nach Landesrecht bestimmt (Abstufung).

(5) ¹Die Absicht der Einziehung ist drei Monate vorher in den Gemeinden, die die Straße berührt, öffentlich bekannt zu machen, um Gelegenheit zu Einwendungen zu geben. ²Von der Bekanntmachung kann abgesehen werden, wenn die zur Einziehung vorgesehenen Teilstrecken in den in einem Planfeststellungsverfahren ausgelegten Plänen als solche kenntlich gemacht worden sind oder Teilstrecken im Zusammenhang mit Änderungen von unwesentlicher Bedeutung (§ 74 Abs. 7 des Verwaltungsverfahrensgesetzes) eingezogen werden sollen. ³Die Abstufung soll nur zum Ende eines Rechnungsjahres ausgesprochen und drei Monate vorher angekündigt werden.

(6) ¹Über Widmung, Umstufung und Einziehung einer Bundesfernstraße entscheidet das Fernstraßen-Bundesamt, soweit dem Bund die Verwaltung einer Bundesfernstraße zusteht. ²Im Übrigen entscheidet die oberste Landesstraßenbaubehörde. ³Abstufungen in eine Straße nach Landesrecht können nur nach vorheriger Zustimmung der betroffenen obersten Landesstraßenbaubehörde erfolgen. ⁴Die Entscheidung kann auch in einem Planfeststellungsbeschluss nach § 17 mit der Maßgabe erfolgen, dass die Widmung mit der Verkehrsübergabe, die Umstufung mit der Ingebrauchnahme für den neuen Verkehrszweck und die Einziehung mit der Sperrung wirksam wird. ⁵Die oberste Landesstraßenbaubehörde hat vor einer Widmung oder Aufstufung das Einverständnis des Fernstraßen-Bundesamtes einzuholen. ⁶Die Entscheidung ist in einem vom Land zu bestimmenden Amtsblatt bekannt zu geben. ⁷Die Bekanntmachung nach Satz 6 ist entbehrlich, wenn die zur Widmung, Umstufung oder Einziehung vorgesehenen Straßen in den im Planfeststellungsverfahren ausgelegten Plänen als solche kenntlich und die Entscheidung mit dem Planfeststellungsbeschluss bekannt gemacht worden ist.

(6a) [1]Wird eine Bundesfernstraße verbreitert, begradigt, unerheblich verlegt oder ergänzt, so gilt der neue Straßenteil durch die Verkehrsübergabe als gewidmet, sofern die Voraussetzungen des Absatzes 2 vorliegen. [2]Wird im Zusammenhang mit einer Maßnahme nach Satz 1 der Teil einer Bundesfernstraße dem Verkehr auf Dauer entzogen, so gilt dieser Straßenteil durch die Sperrung als eingezogen. [3]In diesen Fällen bedarf es keiner Ankündigung (Absatz 5) und keiner öffentlichen Bekanntmachung (Absatz 6).

(7) [1]Mit der Einziehung entfallen Gemeingebrauch (§ 7) und widerrufliche Sondernutzungen (§ 8). [2]Bei Umstufung gilt § 6 Abs. 1.

§ 3 Straßenbaulast

(1) [1]Die Straßenbaulast umfasst alle mit dem Bau und der Unterhaltung der Bundesfernstraßen zusammenhängenden Aufgaben. [2]Die Träger der Straßenbaulast haben nach ihrer Leistungsfähigkeit die Bundesfernstraßen in einem dem regelmäßigen Verkehrsbedürfnis genügenden Zustand zu bauen, zu unterhalten, zu erweitern oder sonst zu verbessern; dabei sind die sonstigen öffentlichen Belange einschließlich des Umweltschutzes sowie behinderter und anderer Menschen mit Mobilitätsbeeinträchtigung mit dem Ziel, möglichst weitreichende Barrierefreiheit zu erreichen, zu berücksichtigen. [3]Betriebswege auf Brücken im Zuge von Bundesautobahnen und Betriebswege auf Brücken im Zuge von Bundesstraßen, die als Kraftfahrstraßen ausgewiesen sind, sind bedarfsabhängig durch den Träger der Straßenbaulast so zu bauen und zu unterhalten, dass auf ihnen auch öffentlicher Radverkehr abgewickelt werden kann.

(2) [1]Soweit die Träger der Straßenbaulast unter Berücksichtigung ihrer Leistungsfähigkeit zur Durchführung von Maßnahmen nach Absatz 1 Satz 2 außerstande sind, haben sie auf einen nicht verkehrssicheren Zustand durch Verkehrszeichen hinzuweisen. [2]Diese hat die Straßenbaubehörde oder auf Bundesautobahnen die Gesellschaft privaten Rechts im Sinne des Infrastrukturgesellschaftserrichtungsgesetzes vorbehaltlich anderweitiger Maßnahmen der Straßenverkehrsbehörde aufzustellen.

(3) [1]Die Träger der Straßenbaulast sollen nach besten Kräften über die ihnen nach Absatz 1 obliegenden Aufgaben hinaus die Bundesfernstraßen bei Schnee- und Eisglätte räumen und streuen. [2]Landesrechtliche Vorschriften über die Pflichten Dritter zum Schneeräumen und Streuen sowie zur polizeimäßigen Reinigung bleiben unberührt.

§ 3a Duldungspflichten im Interesse der Unterhaltung

(1) [1]Soweit es zur Unterhaltung einer Bundesfernstraße erforderlich ist, haben Dritte, insbesondere die Anlieger und die Hinterlieger, zu dulden, dass die Straßenbaubehörde oder von ihr Beauftragte die Grundstücke betreten oder vorübergehend benutzen. [2]Die Arbeiten zur Unterhaltung müssen dem Dritten angekündigt werden.

(2) Entstehen durch Handlungen nach Absatz 1 Schäden, hat der Geschädigte Anspruch auf Schadensersatz.

(3) [1]Der Inhaber einer Sondernutzungserlaubnis hat, ohne Anspruch auf Entschädigung, zu dulden, dass die Ausübung seines Rechts durch Arbeiten zur Unterhaltung vorübergehend behindert oder unterbrochen wird. [2]Auf die Interessen des Inhabers einer Sondernutzungserlaubnis ist Rücksicht zu nehmen.

§ 4 Sicherheitsvorschriften

[1]Die Träger der Straßenbaulast haben dafür einzustehen, dass ihre Bauten allen Anforderungen der Sicherheit und Ordnung genügen. [2]Behördlicher Genehmigungen, Erlaubnisse und Abnahmen durch andere als die Straßenbaubehörden bedarf es nicht. [3]Straßenbaubehörde im Sinne dieses Gesetzes ist auch das Fernstraßen-Bundesamt, soweit dem Bund die Verwaltung einer Bundesfernstraße zusteht. [4]Für Baudenkmäler gilt Satz 2 nur, soweit ein Planfeststellungsverfahren durchgeführt worden ist.

§ 5 Träger der Straßenbaulast

(1) [1]Der Bund ist Träger der Straßenbaulast für die Bundesfernstraßen, soweit nicht die Baulast anderen nach gesetzlichen Vorschriften oder öffentlich-rechtlichen Verpflichtungen obliegt. [2]Bürgerlich-rechtliche Verpflichtungen Dritter bleiben unberührt.

(2) [1]Die Gemeinden mit mehr als 80 000 Einwohnern sind Träger der Straßenbaulast für die Ortsdurchfahrten im Zuge von Bundesstraßen. [2]Maßgebend ist die bei der Volkszählung festgestellte Einwohnerzahl. [3]Das Ergebnis einer Volkszählung wird mit Beginn des dritten Haushaltsjahres nach dem Jahr verbindlich, in dem die Volkszählung stattgefunden hat. [4]Werden Gemeindegrenzen geändert oder neue Gemeinden gebildet, so ist die bei der Volkszählung festgestellte Einwohnerzahl des neuen Gemeindegebietes maßgebend. [5]In diesen Fällen wechselt die Straßenbaulast für die Ortsdurchfahrten, wenn sie bisher dem Bund oblag, mit Beginn des dritten Haushaltsjahres nach dem Jahr der Gebietsänderung, sonst mit der Gebietsänderung.

(2a) [1]Die Gemeinde bleibt abweichend von Absatz 2 Träger der Straßenbaulast für die Ortsdurchfahrten im Zuge der Bundesstraßen, wenn sie es mit Zustimmung der obersten Kommunalaufsichtsbehörde gegenüber der obersten Landesstraßenbaubehörde erklärt. [2]Eine Gemeinde mit mehr als 50 000, aber we-

niger als 80 000 Einwohnern wird Träger der Straßenbaulast für die Ortsdurchfahrten im Zuge der Bundesstraßen, wenn sie es mit Zustimmung der obersten Kommunalaufsichtsbehörde gegenüber der obersten Landesstraßenbaubehörde verlangt. [3]Absatz 2 Satz 2 und 4 gilt entsprechend. [4]Die oberste Landesstraßenbaubehörde unterrichtet das Fernstraßen-Bundesamt über die Erklärung der Gemeinde nach Satz 1 oder das Verlangen der Gemeinde nach Satz 2.

(3) In den Ortsdurchfahrten der übrigen Gemeinden ist die Gemeinde Träger der Straßenbaulast für Gehwege und Parkplätze.

(3a) [1]Führt die Ortsdurchfahrt über Straßen und Plätze, die erheblich breiter angelegt sind als die Bundesstraße, so ist von der Straßenbaubehörde im Einvernehmen mit der Gemeinde die seitliche Begrenzung der Ortsdurchfahrten besonders festzulegen. [2]Kommt ein Einvernehmen nicht zustande, so entscheidet die oberste Landesstraßenbaubehörde.

(4) [1]Eine Ortsdurchfahrt ist der Teil einer Bundesstraße, der innerhalb der geschlossenen Ortslage liegt und auch der Erschließung der anliegenden Grundstücke oder der mehrfachen Verknüpfung des Ortsstraßennetzes dient. [2]Geschlossene Ortslage ist der Teil des Gemeindebezirkes, der in geschlossener oder offener Bauweise zusammenhängend bebaut ist. [3]Einzelne unbebaute Grundstücke, zur Bebauung ungeeignetes oder ihr entzogenes Gelände oder einseitige Bebauung unterbrechen den Zusammenhang nicht. [4]Die oberste Landesstraßenbaubehörde setzt im Benehmen mit der höheren Verwaltungsbehörde nach Anhörung der Gemeinde die Ortsdurchfahrt fest und kann dabei mit Zustimmung des Bundesministeriums für Verkehr und digitale Infrastruktur und der Kommunalaufsichtsbehörde von der Regel der Sätze 1 und 2 abweichen. [5]Die Landesregierungen werden ermächtigt, durch Rechtsverordnung zu bestimmen, dass abweichend von Satz 4 an Stelle der höheren Verwaltungsbehörde eine andere Behörde zuständig ist. [6]Sie können diese Ermächtigung auf oberste Landesbehörden übertragen.

§ 5a Zuwendungen für fremde Träger der Straßenbaulast

[1]Zum Bau oder Ausbau von Ortsdurchfahrten im Zuge von Bundesstraßen und zum Bau oder Ausbau von Gemeinde- und Kreisstraßen, die Zubringer zu Bundesfernstraßen in der Baulast des Bundes sind, kann der Bund Zuwendungen gewähren. [2]Im Saarland werden die Straßen, für die das Land auf Grund des § 46 des Saarländischen Straßengesetzes an Stelle von Landkreisen Träger der Baulast ist, den Kreisstraßen gleichgestellt.

§ 5b Finanzhilfen für Radschnellwege in Straßenbaulast der Länder, Gemeinden und Gemeindeverbände

(1) [1]Zum Bau von Radschnellwegen in der Straßenbaulast der Länder, Gemeinden und Gemeindeverbände kann der Bund den Ländern insbesondere zur Förderung des wirtschaftlichen Wachstums bis zum Ablauf des Jahres 2030 Finanzhilfen gewähren. [2]Die Finanzhilfen verringern sich beginnend mit dem Haushaltsjahr 2022 um 3 vom Hundert. [3]Das Bundesministerium für Verkehr und digitale Infrastruktur überprüft jährlich die Verwendung der Mittel nach Satz 1.

(2) [1]Die Länder zahlen die Finanzhilfen zurück, wenn geförderte Maßnahmen nicht die Voraussetzungen des Absatzes 1 sowie der Verwaltungsvereinbarung im Sinne von Absatz 4 erfüllen. [2]Nach Satz 1 zurückzuzahlende Mittel sind zu verzinsen. [3]Werden Mittel zu früh angewiesen, so sind für die Zeit der Auszahlung bis zur zweckentsprechenden Verwendung Zinsen zu zahlen.

(3) Bestehen tatsächliche Anhaltspunkte, die eine Rückforderung von Bundesmitteln möglich erscheinen lassen, haben das Bundesministerium für Verkehr und digitale Infrastruktur sowie der Bundesrechnungshof ein Recht auf einzelfallbezogene Informationsbeschaffung einschließlich örtlicher Erhebungsbefugnisse.

(4) [1]Die Einzelheiten insbesondere über die Verteilung der Mittel auf die Länder, des Eigenanteils der Länder, der Förderbereiche, der Förderquote des Bundes, der Bewirtschaftung der Mittel, der Prüfung der Mittelverwendung sowie des Verfahrens zur Durchführung dieser Vorschrift werden durch Verwaltungsvereinbarung geregelt. [2]Die Inanspruchnahme der Finanzhilfen ist an das Inkrafttreten der Verwaltungsvereinbarung gebunden.

§ 6 Eigentum und andere Rechte

(1) [1]Wechselt der Träger der Straßenbaulast, so gehen mit der Straßenbaulast das Eigentum des bisherigen Trägers der Straßenbaulast an der Straße und an den zu ihr gehörigen Anlagen (§ 1 Abs. 4) und alle Rechte und Pflichten, die mit der Straße in Zusammenhang stehen, ohne Entschädigung auf den neuen Träger der Straßenbaulast über. [2]Verbindlichkeiten, die zur Durchführung früherer Bau- und Unterhaltungsmaßnahmen eingegangen sind, sind vom Übergang ausgeschlossen.

(1a) Der bisherige Träger der Straßenbaulast hat dem neuen Träger der Straßenbaulast dafür einzustehen, dass er die Straße in dem durch die Verkehrsbedeutung gebotenen Umfang ordnungsgemäß unterhalten und den notwendigen Grunderwerb durchgeführt hat.

(1b) [1]Hat der bisherige Träger der Straßenbaulast für den Bau oder die Änderung der Straße das Eigentum an einem Grundstück erworben, so hat der neue Träger der Straßenbaulast einen Anspruch auf

Übertragung des Eigentums. ²Steht dem bisherigen Träger der Straßenbaulast ein für Zwecke des Satzes 1 erworbener Anspruch auf Übertragung des Eigentums an einem Grundstück zu, so ist er verpflichtet, das Eigentum an dem Grundstück zu erwerben und nach Erwerb auf den neuen Träger der Straßenbaulast zu übertragen. ³Die Verpflichtungen nach den Sätzen 1 und 2 bestehen nur insoweit, als das Grundstück dauernd für die Straße benötigt wird. ⁴Dem bisherigen Träger der Straßenbaulast steht für Verbindlichkeiten, die nach dem Wechsel der Straßenbaulast fällig werden, gegen den neuen Träger der Straßenbaulast ein Anspruch auf Erstattung der Aufwendungen zu. ⁵Im Übrigen wird das Eigentum ohne Entschädigung übertragen.

(2) Bei der Einziehung einer Straße kann der frühere Träger der Straßenbaulast innerhalb eines Jahres verlangen, dass ihm das Eigentum an Grundstücken mit den in Absatz 1 genannten Rechten und Pflichten ohne Entschädigung übertragen wird, wenn es vorher nach Absatz 1 übergegangen war.

(3) ¹Beim Übergang des Eigentums an öffentlichen Straßen nach Absatz 1 ist der Antrag auf Berichtigung des Grundbuches von der vom Land bestimmten Behörde zu stellen, in deren Bezirk das Grundstück liegt. ²Betrifft der Übergang des Eigentums eine Bundesautobahn, stellt die Gesellschaft privaten Rechts im Sinne des Infrastrukturgesellschaftserrichtungsgesetzes den Antrag auf Berichtigung des Grundbuches. ³Der Antrag der vom Land bestimmten Behörde muss vom Leiter der Behörde oder seinem Vertreter unterschrieben und mit dem Amtssiegel oder Amtsstempel versehen sein. ⁴Zum Nachweis des Eigentums gegenüber dem Grundbuchamt genügt die in den Antrag aufzunehmende Erklärung, dass das Grundstück dem neuen Träger der Straßenbaulast zusteht.

(4) Das Eigentum des Bundes ist einzutragen für die „Bundesrepublik Deutschland (Bundesstraßenverwaltung)".

§ 7 Gemeingebrauch

(1) ¹Der Gebrauch der Bundesfernstraßen ist jedermann im Rahmen der Widmung und der verkehrsbehördlichen Vorschriften zum Verkehr gestattet (Gemeingebrauch). ²Hierbei hat der fließende Verkehr den Vorrang vor dem ruhenden Verkehr. ³Kein Gemeingebrauch liegt vor, wenn jemand die Straße nicht vorwiegend zum Verkehr, sondern zu anderen Zwecken benutzt. ⁴Die Erhebung von Gebühren für den Gemeingebrauch bedarf einer besonderen gesetzlichen Regelung.

(2) ¹Der Gemeingebrauch kann beschränkt werden, wenn dies wegen des baulichen Zustandes zur Vermeidung außerordentlicher Schäden an der Straße oder für die Sicherheit oder Leichtigkeit des Verkehrs notwendig ist. ²Die Beschränkungen sind durch Verkehrszeichen kenntlich zu machen.

(2a) Macht die dauernde Beschränkung des Gemeingebrauchs durch die Straßenbaubehörde oder auf Bundesautobahnen durch die Gesellschaft privaten Rechts im Sinne des Infrastrukturgesellschaftserrichtungsgesetzes die Herstellung von Ersatzstraßen oder -wegen notwendig, so ist der Träger der Straßenbaulast der Bundesfernstraße zur Erstattung der Herstellungskosten verpflichtet, es sei denn, dass er die Herstellung auf Antrag des zuständigen Trägers der Straßenbaulast selbst übernimmt.

(3) Wer eine Bundesfernstraße aus Anlass des Gemeingebrauchs über das übliche Maß hinaus verunreinigt, hat die Verunreinigung ohne Aufforderungen unverzüglich zu beseitigen; andernfalls kann die Straßenbaubehörde oder auf Bundesautobahnen durch¹⁾ die Gesellschaft privaten Rechts im Sinne des Infrastrukturgesellschaftserrichtungsgesetzes die Verunreinigung auf seine Kosten beseitigen.

§ 7a Vergütung von Mehrkosten

¹Wenn eine Bundesfernstraße wegen der Art des Gebrauchs durch einen anderen aufwendiger hergestellt oder ausgebaut werden muss, als es dem regelmäßigen Verkehrsbedürfnis entspricht, hat der andere dem Träger der Straßenbaulast die Mehrkosten für den Bau und die Unterhaltung zu vergüten. ²Das gilt nicht für Haltestellenbuchten für den Linienverkehr. ³Der Träger der Straßenbaulast kann angemessene Vorschüsse oder Sicherheiten verlangen.

§ 8 Sondernutzungen; Verordnungsermächtigung

(1) ¹Die Benutzung der Bundesfernstraßen über den Gemeingebrauch hinaus ist Sondernutzung. ²Sie bedarf der Erlaubnis der Straßenbaubehörde, auf Bundesautobahnen der Erlaubnis der Gesellschaft privaten Rechts im Sinne des Infrastrukturgesellschaftserrichtungsgesetzes, in Ortsdurchfahrten der Erlaubnis der Gemeinde. ³Soweit die Gemeinde nicht Träger der Straßenbaulast ist, darf sie die Erlaubnis nur mit Zustimmung der Straßenbaubehörde erteilen. ⁴Die Gemeinde kann durch Satzung bestimmte Sondernutzungen in den Ortsdurchfahrten von der Erlaubnis befreien und die Ausübung regeln. ⁵Soweit die Gemeinde nicht Träger der Straßenbaulast ist, bedarf die Satzung der Zustimmung der obersten Landesstraßenbaubehörde. ⁶Eine Erlaubnis soll nicht erteilt werden, wenn behinderte Menschen durch die Sondernutzung in der Ausübung des Gemeingebrauchs erheblich beeinträchtigt würden.

(2) ¹Die Erlaubnis darf nur auf Zeit oder Widerruf erteilt werden. ²Sie kann mit Bedingungen und Auflagen verbunden werden. ³Soweit die Gemeinde nicht Träger der Straßenbaulast ist, hat sie eine widerruflich

1) Wortlaut amtlich.

erteilte Erlaubnis zu widerrufen, wenn die Straßenbaubehörde dies aus Gründen des Straßenbaus oder der Sicherheit oder Leichtigkeit des Verkehrs verlangt.

(2a) [1]Der Erlaubnisnehmer hat Anlagen so zu errichten und zu unterhalten, dass sie den Anforderungen der Sicherheit und Ordnung sowie den anerkannten Regeln der Technik genügen. [2]Arbeiten an der Straße bedürfen der Zustimmung der Straßenbaubehörde oder auf Bundesautobahnen der Zustimmung der Gesellschaft privaten Rechts im Sinne des Infrastrukturgesellschaftserrichtungsgesetzes. [3]Der Erlaubnisnehmer hat auf Verlangen der für die Erlaubnis zuständigen Behörde oder auf Bundesautobahnen der Gesellschaft privaten Rechts im Sinne des Infrastrukturgesellschaftserrichtungsgesetzes die Anlagen auf seine Kosten zu ändern und alle Kosten zu ersetzen, die dem Träger der Straßenbaulast durch die Sondernutzung entstehen. [4]Hierfür kann der Träger der Straßenbaulast angemessene Vorschüsse und Sicherheiten verlangen.

(3) [1]Für Sondernutzungen können Sondernutzungsgebühren erhoben werden. [2]Sie stehen in Ortsdurchfahrten den Gemeinden, im Übrigen dem Träger der Straßenbaulast zu. [3]Das Bundesministerium für Verkehr und digitale Infrastruktur wird ermächtigt, durch Rechtsverordnung ohne Zustimmung des Bundesrates für Sondernutzungen der Bundesfernstraßen eine Gebührenordnung zu erlassen, soweit dem Bund die Verwaltung einer Bundesfernstraße zusteht. [4]Im Übrigen werden die Landesregierungen ermächtigt, durch Rechtsverordnung Gebührenordnungen für die Sondernutzungen zu erlassen. [5]Die Ermächtigung des Satzes 3 kann durch Rechtsverordnung des Bundesministeriums für Verkehr und digitale Infrastruktur ohne Zustimmung des Bundesrates auf das Fernstraßen-Bundesamt übertragen werden. [6]Die Ermächtigung des Satzes 4 kann durch Rechtsverordnung der zuständigen Landesregierung auf die oberste Landesstraßenbaubehörde übertragen werden. [7]Die Gemeinden können die Gebühren durch Satzung regeln, soweit ihnen die Sondernutzungsgebühren zustehen. [8]Bei Bemessung der Gebühren sind Art und Ausmaß der Einwirkung auf die Straße und den Gemeingebrauch sowie das wirtschaftliche Interesse des Gebührenschuldners zu berücksichtigen.

(4) (weggefallen)

(4a) (weggefallen)

(5) (weggefallen)

(6) [1]Ist nach den Vorschriften des Straßenverkehrsrechts eine Erlaubnis für eine übermäßige Straßenbenutzung oder eine Ausnahmegenehmigung erforderlich, so bedarf es keiner Erlaubnis nach Absatz 1. [2]Vor ihrer Entscheidung hat die hierfür zuständige Behörde die sonst für die Sondernutzungserlaubnis zuständige Behörde oder auf Bundesfernstraßen, soweit dem Bund die Verwaltung einer Bundesfernstraße zusteht, die Gesellschaft privaten Rechts im Sinne des Infrastrukturgesellschaftserrichtungsgesetzes zu hören. [3]Die von dieser geforderten Bedingungen, Auflagen und Sondernutzungsgebühren sind dem Antragsteller in der Erlaubnis oder Ausnahmegenehmigung aufzuerlegen.

(7) (weggefallen)

(7a) [1]Wird eine Bundesfernstraße ohne die erforderliche Erlaubnis benutzt oder kommt der Erlaubnisnehmer seinen Verpflichtungen nicht nach, so kann die für die Erteilung der Erlaubnis zuständige Behörde oder auf Bundesfernstraßen, soweit dem Bund die Verwaltung einer Bundesfernstraße zusteht, die Gesellschaft privaten Rechts im Sinne des Infrastrukturgesellschaftserrichtungsgesetzes die erforderlichen Maßnahmen zur Beendigung der Benutzung oder zur Erfüllung der Auflagen anordnen. [2]Sind solche Anordnungen nicht oder nur unter unverhältnismäßigem Aufwand möglich oder nicht erfolgversprechend, so kann sie den rechtswidrigen Zustand auf Kosten des Pflichtigen beseitigen oder beseitigen lassen.

(8) Der Erlaubnisnehmer hat gegen den Träger der Straßenbaulast keinen Ersatzanspruch bei Widerruf oder bei Sperrung, Änderung oder Einziehung der Straße.

(9) [1]Unwiderrufliche Nutzungsrechte, die von früher her bestehen, können zur Sicherheit oder Leichtigkeit des Verkehrs durch Enteignung aufgehoben werden. [2]§ 19 gilt entsprechend.

(10) Die Einräumung von Rechten zur Benutzung des Eigentums der Bundesfernstraßen richtet sich nach bürgerlichem Recht, wenn sie den Gemeingebrauch nicht beeinträchtigt, wobei eine Beeinträchtigung von nur kurzer Dauer für Zwecke der öffentlichen Versorgung außer Betracht bleibt.

(11) Das Carsharing-Gesetz bleibt unberührt.

§ 8a Straßenanlieger

(1) [1]Zufahrten und Zugänge zu Bundesstraßen außerhalb der zur Erschließung der anliegenden Grundstücke bestimmten Teile der Ortsdurchfahrten gelten als Sondernutzung im Sinne des § 8, wenn sie neu angelegt oder geändert werden. [2]Eine Änderung liegt auch vor, wenn eine Zufahrt oder ein Zugang gegenüber dem bisherigen Zustand einem erheblich größeren oder einem andersartigen Verkehr als bisher dienen soll. [3]Den Zufahrten oder Zugängen stehen die Anschlüsse nicht öffentlicher Wege gleich.

(2) Einer Erlaubnis nach § 8 Abs. 1 Satz 2 bedarf es nicht für die Anlage neuer oder die Änderung bestehender Zufahrten oder Zugänge

1. im Zusammenhang mit der Errichtung oder erheblichen Änderung baulicher Anlagen, wenn die oberste Landesstraßenbaubehörde oder, soweit dem Bund die Verwaltung einer Bundesfernstraße

zusteht, das Fernstraßen-Bundesamt nach § 9 Absatz 2 zugestimmt oder nach § 9 Absatz 8 eine Ausnahme zugelassen haben,

2. in einem Flurbereinigungsverfahren auf Grund des Wege- und Gewässerplans.

(3) Für die Unterhaltung der Zufahrten und Zugänge, die nicht auf einer Erlaubnis nach § 8 Abs. 1 beruhen, gilt § 8 Abs. 2a Satz 1 und 2 und Abs. 7a entsprechend.

(4) [1]Werden auf Dauer Zufahrten oder Zugänge durch die Änderung oder die Einziehung von Bundesstraßen unterbrochen oder wird ihre Benutzung erheblich erschwert, so hat der Träger der Straßenbaulast einen angemessenen Ersatz zu schaffen oder, soweit dies nicht zumutbar ist, eine angemessene Entschädigung in Geld zu leisten. [2]Mehrere Anliegergrundstücke können durch eine gemeinsame Zufahrt angeschlossen werden, deren Unterhaltung nach Absatz 3 den Anliegern gemeinsam obliegt. [3]Die Verpflichtung nach Satz 1 entsteht nicht, wenn die Grundstücke eine anderweitige ausreichende Verbindung zu dem öffentlichen Wegenetz besitzen oder wenn die Zufahrten oder Zugänge auf einer widerruflichen Erlaubnis beruhen.

(5) [1]Werden für längere Zeit Zufahrten oder Zugänge durch Straßenarbeiten unterbrochen oder wird ihre Benutzung erheblich erschwert, ohne dass von Behelfsmaßnahmen eine wesentliche Entlastung ausgeht, und wird dadurch die wirtschaftliche Existenz eines anliegenden Betriebs gefährdet, so kann dessen Inhaber eine Entschädigung in der Höhe des Betrages beanspruchen, der erforderlich ist, um das Fortbestehen des Betriebs bei Anspannung der eigenen Kräfte und unter Berücksichtigung der gegebenen Anpassungsmöglichkeiten zu sichern. [2]Der Anspruch richtet sich gegen den, zu dessen Gunsten die Arbeiten im Straßenbereich erfolgen. [3]Absatz 4 Satz 3 gilt entsprechend.

(6) [1]Soweit es die Sicherheit oder Leichtigkeit des Verkehrs erfordert, kann die Straßenbaubehörde nach Anhörung der Betroffenen anordnen, dass Zufahrten oder Zugänge geändert oder verlegt oder, wenn das Grundstück eine anderweitige ausreichende Verbindung zu dem öffentlichen Wegenetz besitzt, geschlossen werden. [2]Absatz 4 gilt entsprechend. [3]Die Befugnis zum Widerruf einer Erlaubnis nach § 8 Abs. 2 bleibt unberührt.

(7) Wird durch den Bau oder die Änderung einer Bundesfernstraße der Zutritt von Licht oder Luft zu einem Grundstück auf Dauer entzogen oder erheblich beeinträchtigt, so hat der Träger der Straßenbaulast für dadurch entstehende Vermögensnachteile eine angemessene Entschädigung in Geld zu gewähren.

(8) Hat der Entschädigungsberechtigte die Entstehung eines Vermögensnachteils mitverursacht, so gilt § 254 des Bürgerlichen Gesetzbuchs entsprechend.

§ 9 Bauliche Anlagen an Bundesfernstraßen

(1) [1]Längs der Bundesfernstraßen dürfen nicht errichtet werden

1. Hochbauten jeder Art in einer Entfernung bis zu 40 Meter bei Bundesautobahnen und bis zu 20 Meter bei Bundesstraßen außerhalb der zur Erschließung der anliegenden Grundstücke bestimmten Teile der Ortsdurchfahrten, jeweils gemessen vom äußeren Rand der befestigten Fahrbahn,

2. bauliche Anlagen, die außerhalb der zur Erschließung der anliegenden Grundstücke bestimmten Teile der Ortsdurchfahrten über Zufahrten oder Zugänge an Bundesstraßen unmittelbar oder mittelbar angeschlossen werden sollen.

[2]Satz 1 Nr. 1 gilt entsprechend für Aufschüttungen oder Abgrabungen größeren Umfangs. [3]Satz 1 Nummer 1 gilt nicht für technische Einrichtungen, die für das Erbringen von öffentlich zugänglichen Telekommunikationsdiensten erforderlich sind. [4]Weitergehende bundes- oder landesrechtliche Vorschriften bleiben unberührt.

(2) [1]Im Übrigen bedürfen Baugenehmigungen oder nach anderen Vorschriften notwendige Genehmigungen der Zustimmung der obersten Landesstraßenbaubehörde an Bundesfernstraßen, soweit dem Bund die Verwaltung einer Bundesfernstraße zusteht, der Zustimmung des Fernstraßen-Bundesamtes,, wenn

1. bauliche Anlagen längs der Bundesautobahnen in einer Entfernung bis zu 100 Meter und längs der Bundesstraßen außerhalb der zur Erschließung der anliegenden Grundstücke bestimmten Teile der Ortsdurchfahrten bis zu 40 Meter, gemessen vom äußeren Rand der befestigten Fahrbahn, errichtet, erheblich geändert oder anders genutzt werden sollen,

2. bauliche Anlagen auf Grundstücken, die außerhalb der zur Erschließung der anliegenden Grundstücke bestimmten Teile der Ortsdurchfahrten über Zufahrten oder Zugänge an Bundesstraßen unmittelbar oder mittelbar angeschlossen sind, erheblich geändert oder anders genutzt werden sollen.

[2]Die Zustimmungsbedürftigkeit nach Satz 1 gilt entsprechend für bauliche Anlagen, die nach Landesrecht anzeigepflichtig sind. [3]Weitergehende bundes- oder landesrechtliche Vorschriften bleiben unberührt.

(3) Die Zustimmung nach Absatz 2 darf nur versagt oder mit Bedingungen und Auflagen erteilt werden, soweit dies wegen der Sicherheit oder Leichtigkeit des Verkehrs, der Ausbauabsichten oder der Straßenbaugestaltung nötig ist.

(3a) Die Belange nach Absatz 3 sind auch bei Erteilung von Baugenehmigungen innerhalb der zur Erschließung der anliegenden Grundstücke bestimmten Teile der Ortsdurchfahrten von Bundesstraßen zu beachten.

(4) Bei geplanten Bundesfernstraßen gelten die Beschränkungen der Absätze 1 und 2 vom Beginn der Auslegung der Pläne im Planfeststellungsverfahren oder von dem Zeitpunkt an, zu dem den Betroffenen Gelegenheit gegeben wird, den Plan einzusehen.

(5) Bedürfen die baulichen Anlagen im Sinne des Absatzes 2 außerhalb der zur Erschließung der anliegenden Grundstücke bestimmten Teile der Ortsdurchfahrten keiner Baugenehmigung oder keiner Genehmigung nach anderen Vorschriften, so tritt an die Stelle der Zustimmung die Genehmigung der obersten Landesstraßenbaubehörde, an Bundesfernstraßen, soweit dem Bund die Verwaltung einer Bundesfernstraße zusteht, die Genehmigung des Fernstraßen-Bundesamtes.

(5a) Als bauliche Anlagen im Sinne dieses Gesetzes gelten auch die im Landesbaurecht den baulichen Anlagen gleichgestellten Anlagen.

(6) [1]Anlagen der Außenwerbung stehen außerhalb der zur Erschließung der anliegenden Grundstücke bestimmten Teile der Ortsdurchfahrten den Hochbauten des Absatzes 1 und den baulichen Anlagen des Absatzes 2 gleich. [2]An Brücken über Bundesfernstraßen außerhalb dieser Teile der Ortsdurchfahrten dürfen Anlagen der Außenwerbung nicht angebracht werden. [3]Weitergehende bundes- oder landesrechtliche Vorschriften bleiben unberührt.

(7) Die Absätze 1 bis 5 gelten nicht, soweit das Bauvorhaben den Festsetzungen eines Bebauungsplans entspricht (§ 9 des Baugesetzbuchs), der mindestens die Begrenzung der Verkehrsflächen sowie an diesen gelegene überbaubare Grundstücksflächen enthält und unter Mitwirkung des Trägers der Straßenbaulast zustande gekommen ist.

(8) [1]Die oberste Landesstraßenbaubehörde oder das Fernstraßen-Bundesamt an den Bundesfernstraßen, soweit dem Bund die Verwaltung einer Bundesfernstraße zusteht, kann im Einzelfall Ausnahmen von den Verboten der Absätze 1, 4 und 6 zulassen, wenn die Durchführung der Vorschriften im Einzelfall zu einer offenbar nicht beabsichtigten Härte führen würde und die Abweichung mit den öffentlichen Belangen vereinbar ist oder wenn Gründe des Wohls der Allgemeinheit die Abweichungen erfordern. [2]Ausnahmen können mit Bedingungen und Auflagen versehen werden.

(9) [1]Wird infolge der Anwendung der Absätze 1, 2, 4 und 5 die bauliche Nutzung eines Grundstücks, auf deren Zulassung bisher ein Rechtsanspruch bestand, ganz oder teilweise aufgehoben, so kann der Eigentümer insoweit eine angemessene Entschädigung in Geld verlangen, als seine Vorbereitungen zur baulichen Nutzung des Grundstücks in dem bisher zulässigen Umfang für ihn an Wert verlieren oder eine wesentliche Wertminderung des Grundstücks eintritt. [2]Zur Entschädigung ist der Träger der Straßenbaulast verpflichtet.

(10) Im Fall des Absatzes 4 entsteht der Anspruch nach Absatz 9 erst, wenn der Plan rechtskräftig festgestellt oder genehmigt oder mit der Ausführung begonnen worden ist, spätestens jedoch nach Ablauf von vier Jahren, nachdem die Beschränkungen der Absätze 1 und 2 in Kraft getreten sind.

§ 9a Veränderungssperre, Vorkaufsrecht

(1) [1]Vom Beginn der Auslegung der Pläne im Planfeststellungsverfahren oder von dem Zeitpunkt an, zu dem den Betroffenen Gelegenheit gegeben wird, den Plan einzusehen, dürfen auf den vom Plan betroffenen Flächen bis zu ihrer Übernahme durch den Träger der Straßenbaulast wesentlich wertsteigernde oder den geplanten Straßenbau erheblich erschwerende Veränderungen nicht vorgenommen werden. [2]Veränderungen, die in rechtlich zulässiger Weise vorher begonnen worden sind, Unterhaltungsarbeiten und die Fortführung einer bisher ausgeübten Nutzung werden hiervon nicht berührt.

(2) [1]Dauert die Veränderungssperre länger als vier Jahre, so können die Eigentümer für die dadurch entstandenen Vermögensnachteile vom Träger der Straßenbaulast eine angemessene Entschädigung in Geld verlangen. [2]Sie können ferner die Übernahme der vom Plan betroffenen Flächen verlangen, wenn es ihnen mit Rücksicht auf die Veränderungssperre wirtschaftlich nicht zuzumuten ist, die Grundstücke in der bisherigen oder einer anderen zulässigen Art zu benutzen. [3]Kommt keine Einigung über die Übernahme zustande, so können die Eigentümer die Entziehung des Eigentums an den Flächen verlangen. [4]Im Übrigen gilt § 19 (Enteignung).

(3) [1]Um die Planung der Bundesfernstraßen zu sichern, können die Landesregierungen und kann an Stelle der Landesregierungen zur Sicherung der Planung von Bundesautobahnen das Bundesministerium für Verkehr und digitale Infrastruktur, sofern das Fernstraßen-Bundesamt nach § 2 Absatz 1 Satz 1 Nummer 4 und Absatz 2 des Fernstraßen-Bundesamt-Errichtungsgesetzes zuständige Planfeststellungsbehörde ist, durch Rechtsverordnung für die Dauer von höchstens zwei Jahren Planungsgebiete festlegen. [2]Die Gemeinden und Kreise, deren Bereich durch die festzulegenden Planungsgebiete betroffen wird, sind vorher zu hören. [3]Die Ermächtigung kann durch Rechtsverordnung weiter übertragen werden. [4]Die Rechtsverordnung des Bundesministeriums für Verkehr und digitale Infrastruktur auf Grund von Satz 1 bedarf nicht der Zustimmung des Bundesrates. [5]Das Bundesministerium für Verkehr und digitale

Infrastruktur kann die Ermächtigung nach Satz 1 durch Rechtsverordnung auf das Fernstraßen-Bundesamt übertragen. [6]Auf die Planungsgebiete ist Absatz 1 sinngemäß anzuwenden. [7]Die Frist kann, wenn besondere Umstände es erfordern, durch Rechtsverordnung auf höchstens vier Jahre verlängert werden. [8]Die Festlegung tritt mit Beginn der Auslegung der Pläne im Planfeststellungsverfahren außer Kraft. [9]Ihre Dauer ist auf die Vierjahresfrist nach Absatz 2 anzurechnen.

(4) [1]Auf die Festlegung eines Planungsgebietes ist in Gemeinden, deren Bereich betroffen wird, hinzuweisen. [2]Planungsgebiete sind außerdem in Karten kenntlich zu machen, die in den Gemeinden während der Geltungsdauer der Festlegung zur Einsicht auszulegen sind.

(5) Die oberste Landesstraßenbaubehörde oder bei der Planfeststellung für den Bau oder die Änderung von Bundesfernstraßen, soweit dem Bund die Verwaltung einer Bundesfernstraße zusteht, das Fernstraßen-Bundesamt im Rahmen seiner Zuständigkeit gemäß § 2 Absatz 1 Satz 1 Nummer 4 und Absatz 2 und 3 und § 3 Absatz 3 Sätze 7 bis 11 des Fernstraßen-Bundesamt-Errichtungsgesetzes kann Ausnahmen von der Veränderungssperre zulassen, wenn überwiegende öffentliche Belange nicht entgegenstehen.

(6) In den Fällen des Absatzes 1 Satz 1 steht dem Träger der Straßenbaulast an den betroffenen Flächen ein Vorkaufsrecht zu.

§ 10 Schutzwaldungen

(1) [1]Waldungen und Gehölze längs der Bundesstraße können von der nach Landesrecht zuständigen Straßenbaubehörde im Einvernehmen mit der nach Landesrecht für Schutzwaldungen zuständigen Behörde in einer Breite von 40 Metern, gemessen vom äußeren Rand der befestigten Fahrbahn, zu Schutzwaldungen erklärt werden. [2]Im Fall einer Bundesautobahn oder einer Bundesfernstraße, soweit dem Bund die Verwaltung der Bundesfernstraße zusteht, kann die Gesellschaft privaten Rechts im Sinne des Infrastrukturgesellschaftserrichtungsgesetzes Waldungen und Gehölze längs solcher Straßen im Benehmen mit der nach Landesrecht für Schutzwaldungen zuständigen Behörde in einer Breite von 40 Metern, gemessen vom äußeren Rand der befestigten Fahrbahn, zu Schutzwaldungen erklären.

(2) [1]Die Schutzwaldungen sind vom Eigentümer oder Nutznießer zu erhalten und ordnungsgemäß zu unterhalten. [2]Die Aufsicht hierüber obliegt der nach Landesrecht für Schutzwaldungen zuständigen Behörde.

§ 11 Schutzmaßnahmen

(1) Zum Schutze der Bundesfernstraßen vor nachteiligen Einwirkungen der Natur (z.B. Schneeverwehungen, Steinschlag, Vermurungen) haben die Eigentümer von Grundstücken an den Bundesfernstraßen die Anlage vorübergehender Einrichtungen zu dulden.

(2) [1]Anpflanzungen, Zäune, Stapel, Haufen und andere mit dem Grundstück nicht fest verbundene Einrichtungen dürfen nicht angelegt werden, wenn sie die Verkehrssicherheit beeinträchtigen. [2]Soweit sie bereits vorhanden sind, haben die Eigentümer ihre Beseitigung zu dulden.

(3) [1]Die Straßenbaubehörde oder an den Bundesfernstraßen, soweit dem Bund die Verwaltung einer Bundesfernstraße zusteht, die Gesellschaft privaten Rechts im Sinne des Infrastrukturgesellschaftserrichtungsgesetzes hat den Eigentümern die Durchführung dieser Maßnahme 14 Tage vorher schriftlich anzuzeigen, es sei denn, dass Gefahr im Verzuge ist. [2]Die Eigentümer können die Maßnahmen im Benehmen mit der Straßenbaubehörde oder an den Bundesfernstraßen, soweit dem Bund die Verwaltung einer Bundesfernstraße zusteht, im Benehmen mit der Gesellschaft privaten Rechts im Sinne des Infrastrukturgesellschaftserrichtungsgesetzes selbst durchführen.

(4) Diese Verpflichtungen liegen auch den Besitzern ob.

(5) Der Träger der Straßenbaulast hat den Eigentümern oder Besitzern die hierdurch verursachten Aufwendungen und Schäden in Geld zu ersetzen.

§ 12 Kreuzungen und Einmündungen öffentlicher Straßen

(1) [1]Beim Bau einer neuen Kreuzung mehrerer öffentlicher Straßen hat der Träger der Straßenbaulast der neu hinzugekommenen Straße die Kosten der Kreuzung zu tragen. [2]Zu ihnen gehören auch die Kosten der Änderungen, die durch die neue Kreuzung an den anderen öffentlichen Straßen unter Berücksichtigung der übersehbaren Verkehrsentwicklung notwendig sind. [3]Die Änderung einer bestehenden Kreuzung ist als neue Kreuzung zu behandeln, wenn ein öffentlicher Weg, der nach der Beschaffenheit seiner Fahrbahn nicht geeignet und nicht dazu bestimmt war, einen allgemeinen Kraftfahrzeugverkehr aufzunehmen, zu einer diesem Verkehr dienenden Straße ausgebaut wird.

(2) [1]Werden mehrere Straßen gleichzeitig neu angelegt oder an bestehenden Kreuzungen Anschlussstellen neu geschaffen, so haben die Träger der Straßenbaulast die Kosten der Kreuzungsanlage im Verhältnis der Fahrbahnbreiten der an der Kreuzung beteiligten Straßenäste zu tragen. [2]Bei der Bemessung der Fahrbahnbreiten sind die Rad- und Gehwege, die Trennstreifen und befestigten Seitenstreifen einzubeziehen.

(3) Wird eine höhenungleiche Kreuzung geändert, so fallen die dadurch entstehenden Kosten

1. demjenigen Träger der Straßenbaulast zur Last, der die Änderung verlangt oder hätte verlangen müssen,
2. den beteiligten Trägern der Straßenbaulast zur Last, die die Änderung verlangen oder hätten verlangen müssen, und zwar im Verhältnis der Fahrbahnbreiten der an der Kreuzung beteiligten Straßenäste nach der Änderung.

(3a) [1]Wird eine höhengleiche Kreuzung geändert, so gilt für die dadurch entstehenden Kosten der Änderung Absatz 2. [2]Beträgt der durchschnittliche tägliche Verkehr mit Kraftfahrzeugen auf einem der an der Kreuzung beteiligten Straßenäste nicht mehr als 20 vom Hundert des Verkehrs auf anderen beteiligten Straßenästen, so haben die Träger der Straßenbaulast der verkehrsstärkeren Straßenäste im Verhältnis der Fahrbahnbreiten den Anteil der Änderungskosten mitzutragen, der auf den Träger der Straßenbaulast des verkehrsschwächeren Straßenastes entfallen würde.

(4) [1]Über die Errichtung neuer sowie die wesentliche Änderung bestehender Kreuzungen zwischen Bundesfernstraßen und anderen öffentlichen Straßen wird durch die Planfeststellung entschieden. [2]Diese soll zugleich die Aufteilung der Kosten regeln.

(5) Ergänzungen an Kreuzungsanlagen sind wie Änderungen zu behandeln.

(6) [1]Diese Vorschriften gelten auch für Einmündungen. [2]Münden mehrere Straßen an einer Stelle in eine andere Straße ein, so gelten diese Einmündungen als Kreuzung aller beteiligten Straßen.

§ 12a Kreuzungen mit Gewässern

(1) [1]Werden Bundesfernstraßen neu angelegt oder ausgebaut und müssen dazu Kreuzungen mit Gewässern (Brücken oder Unterführungen) hergestellt oder bestehende Kreuzungen geändert werden, so hat der Träger der Straßenbaulast die dadurch entstehenden Kosten zu tragen. [2]Die Kreuzungsanlagen sind so auszuführen, dass unter Berücksichtigung der übersehbaren Entwicklung der wasserwirtschaftlichen Verhältnisse der Wasserabfluss nicht nachteilig beeinflusst wird.

(2) [1]Werden Gewässer ausgebaut (§ 67 Absatz 2 des Wasserhaushaltsgesetzes) und werden dazu Kreuzungen mit Bundesfernstraßen hergestellt oder bestehende Kreuzungen geändert, so hat der Träger des Ausbauvorhabens die dadurch entstehenden Kosten zu tragen. [2]Wird eine neue Kreuzung erforderlich, weil ein Gewässer hergestellt wird, so ist die übersehbare Verkehrsentwicklung auf der Bundesfernstraße zu berücksichtigen. [3]Wird die Herstellung oder Änderung einer Kreuzung erforderlich, weil das Gewässer wesentlich umgestaltet wird, so sind die gegenwärtigen Verkehrsbedürfnisse zu berücksichtigen. [4]Verlangt der Träger der Straßenbaulast weitergehende Änderungen, so hat er die Mehrkosten hierfür zu tragen.

(3) Wird eine Bundesfernstraße neu angelegt und wird gleichzeitig ein Gewässer hergestellt oder aus anderen als straßenbaulichen Gründen wesentlich umgestaltet, so dass eine neue Kreuzung entsteht, so haben der Träger der Straßenbaulast und der Unternehmer des Gewässerausbaus die Kosten der Kreuzung je zur Hälfte zu tragen.

(4) Kommt über die Kreuzungsmaßnahme oder ihre Kosten keine Einigung zustande, so ist darüber durch Planfeststellung zu entscheiden.

(5) § 41 des Bundeswasserstraßengesetzes bleibt unberührt.

§ 13 Unterhaltung der Straßenkreuzungen

(1) Bei höhengleichen Kreuzungen hat der Träger der Straßenbaulast der Bundesfernstraße die Kreuzungsanlage zu unterhalten.

(2) Bei Über- oder Unterführungen hat das Kreuzungsbauwerk der Träger der Straßenbaulast der Bundesfernstraße, die übrigen Teile der Kreuzungsanlage der Träger der Straßenbaulast der Straße, zu der sie gehören, zu unterhalten.

(3) [1]In den Fällen des § 12 Abs. 1 hat der Träger der Straßenbaulast der neu hinzugekommenen Straße dem Träger der Straßenbaulast der vorhandenen Straße die Mehrkosten für die Unterhaltung zu erstatten, die ihm durch die Regelung nach den Absätzen 1 und 2 entstehen. [2]Die Mehrkosten sind auf Verlangen eines Beteiligten abzulösen.

(4) Nach einer wesentlichen Änderung einer bestehenden Kreuzung haben die Träger der Straßenbaulast ihre veränderten Kosten für Unterhaltung und Erneuerung sowie für Wiederherstellung im Fall der Zerstörung durch höhere Gewalt ohne Ausgleich zu tragen. [2]Abweichende Regelungen werden in dem Zeitpunkt hinfällig, in dem nach Inkrafttreten dieses Gesetzes eine wesentliche Änderung an der Kreuzung durchgeführt ist.

(6) Die Vorschriften der Absätze 1 bis 4 gelten nicht, soweit etwas anderes vereinbart wird.

(7) Wesentliche Ergänzungen an Kreuzungsanlagen sind wie wesentliche Änderungen zu behandeln.

(8) § 12 Abs. 6 gilt entsprechend.

§ 13a Unterhaltung der Kreuzungen mit Gewässern

(1) [1]Der Träger der Straßenbaulast hat die Kreuzungsanlagen von Bundesfernstraßen und Gewässern auf seine Kosten zu unterhalten, soweit nichts anderes vereinbart oder durch Planfeststellung bestimmt

wird. [2]Die Unterhaltungspflicht des Trägers der Straßenbaulast erstreckt sich nicht auf Leitwerke, Leitpfähle, Dalben, Absetzpfähle oder ähnliche Einrichtungen zur Sicherung der Durchfahrt unter Brücken im Zuge von Bundesfernstraßen für die Schifffahrt sowie auf Schifffahrtszeichen. [3]Soweit diese Einrichtungen auf Kosten des Trägers der Straßenbaulast herzustellen waren, hat dieser dem Unterhaltungspflichtigen die Unterhaltungskosten und die Kosten des Betriebs dieser Einrichtungen zu ersetzen oder abzulösen.

(2) [1]Wird im Fall des § 12a Abs. 2 eine neue Kreuzung hergestellt, hat der Träger des Ausbauvorhabens die Mehrkosten für die Unterhaltung und den Betrieb der Kreuzungsanlage zu erstatten oder abzulösen. [2]Ersparte Unterhaltungskosten für den Fortfall vorhandener Kreuzungsanlagen sind anzurechnen.

(3) Die Absätze 1 und 2 gelten nicht, wenn bei dem Inkrafttreten dieses Gesetzes die Tragung der Kosten auf Grund eines bestehenden Rechts anders geregelt ist.

(4) Die §§ 42 und 43 des Bundeswasserstraßengesetzes bleiben unberührt.

§ 13b Ermächtigung zu Rechtsverordnungen

Das Bundesministerium für Verkehr und digitale Infrastruktur kann mit Zustimmung des Bundesrates Rechtsverordnungen erlassen, durch die
1. der Umfang der Kosten nach den §§ 12 und 12a näher bestimmt wird;
2. näher bestimmt wird, welche Teile der Kreuzungsanlage nach § 13 Abs. 1 und 2 zu der einen oder anderen Straße gehören;
3. die Berechnung und die Zahlung von Ablösungsbeträgen nach § 13 Abs. 3 und nach § 13a Abs. 2 näher bestimmt sowie dazu ein Verfahren zur gütlichen Beilegung von Streitigkeiten festgelegt werden.

§ 14 Umleitungen

(1) Bei Sperrung von Bundesfernstraßen wegen vorübergehender Behinderung sind die Träger der Straßenbaulast anderer öffentlicher Straßen verpflichtet, die Umleitung des Verkehrs auf ihren Straßen zu dulden.

(2) Der Träger der Straßenbaulast der Umleitungsstrecke und die Straßenverkehrsbehörden sind vor der Sperrung zu unterrichten.

(3) [1]Im Benehmen mit dem Träger der Straßenbaulast der Umleitungsstrecke ist festzustellen, was notwendig ist, um die Umleitungsstrecke für die Aufnahme des zusätzlichen Verkehrs verkehrssicher zu machen. [2]Die hierfür nötigen Mehraufwendungen sind dem Träger der Straßenbaulast der Umleitungsstrecke zu erstatten. [3]Das gilt auch für Aufwendungen, die der Träger der Straßenbaulast der Umleitungsstrecke zur Beseitigung wesentlicher durch die Umleitung verursachter Schäden machen muss.

(4) [1]Muss die Umleitung ganz oder zum Teil über private Wege geleitet werden, die dem öffentlichen Verkehr dienen, so ist der Eigentümer zur Duldung der Umleitung auf schriftliche Anforderung durch die Straßenbaubehörde oder bei Umleitung von einer Bundesfernstraße, soweit dem Bund die Verwaltung einer Bundesfernstraße zusteht, durch die Gesellschaft privaten Rechts im Sinne des Infrastrukturgesellschaftserrichtungsgesetzes verpflichtet. [2]Absatz 3 Satz 1 und 2 gilt entsprechend. [3]Der Träger der Straßenbaulast ist verpflichtet, nach Aufhebung der Umleitung auf Antrag des Eigentümers den früheren Zustand des Weges wiederherzustellen.

(5) Die Abätze 1 bis 4 gelten entsprechend, wenn neue Bundesfernstraßen vorübergehend über andere öffentliche Straßen an das Bundesfernstraßennetz angeschlossen werden müssen.

§ 15 Nebenbetriebe an den Bundesautobahnen

(1) Betriebe an den Bundesautobahnen, die den Belangen der Verkehrsteilnehmer der Bundesautobahnen dienen (z.B. Tankstellen, bewachte Parkplätze, Werkstätten, Verlade- und Umschlagsanlagen, Raststätten) und eine unmittelbare Zufahrt zu den Bundesautobahnen haben, sind Nebenbetriebe.

(2) [1]Der Bau von Nebenbetrieben kann auf Dritte übertragen werden. [2]Der Betrieb von Nebenbetrieben ist auf Dritte zu übertragen, soweit nicht öffentliche Interessen oder besondere betriebliche Gründe entgegenstehen. [3]Die Übertragung von Bau und Betrieb kann unter Auflagen und Bedingungen sowie befristet erfolgen; der Vorbehalt der nachträglichen Aufnahme, Änderung oder Ergänzung einer Auflage (§ 36 des Verwaltungsverfahrensgesetzes) ist ausgeschlossen. [4]Die Übertragung erfolgt unter Voraussetzungen, die für jeden Dritten gleichwertig sind. [5]Dies gilt besonders für Betriebszeiten, das Vorhalten von betrieblichen Einrichtungen sowie Auflagen für die Betriebsführung. [6]Hoheitliche Befugnisse gehen nicht über; die §§ 4, 17 und 18f bis 19a finden Anwendung.

(3) [1]Für das Recht, einen Nebenbetrieb an der Bundesautobahn zu betreiben, hat der Konzessionsinhaber eine umsatz- oder absatzabhängige Konzessionsabgabe an den Bund zu entrichten. [2]Das Bundesministerium für Verkehr und digitale Infrastruktur wird ermächtigt, durch Rechtsverordnung[1)] im Einvernehmen mit dem Bundesministerium der Finanzen ohne Zustimmung des Bundesrates die Höhe der

1) Siehe die BAB-KonzessionsabgabenVO.

Konzessionsabgabe festzusetzen und die Voraussetzungen sowie das Verfahren zur Erhebung der Konzessionsabgabe zu regeln. [3]Die Höhe der Konzessionsabgabe hat sich an dem Wert des wirtschaftlichen Vorteils auszurichten, der dem Konzessionsinhaber durch das Recht zuwächst, einen Nebenbetrieb an der Bundesautobahn zu betreiben; sie darf höchstens 1,53 Euro pro einhundert Liter abgegebenen Kraftstoffs und höchstens 3 vom Hundert von anderen Umsätzen betragen. [4]Die Konzessionsabgabe ist an das Bundesamt für Güterverkehr zu entrichten.

(4) [1]Vorschriften über Sperrzeiten gelten nicht für Nebenbetriebe. [2]Alkoholhaltige Getränke dürfen in der Zeit von 0.00 Uhr bis 7.00 Uhr weder ausgeschenkt noch verkauft werden.

§ 16 Planungen

(1) [1]Das Fernstraßen-Bundesamt bestimmt im Benehmen mit den Landesplanungsbehörden der beteiligten Länder die Planung und Linienführung der Bundesfernstraßen. [2]Dies gilt nicht für den Neubau von Ortsumgehungen. [3]Eine Ortsumgehung ist der Teil einer Bundesstraße, der der Beseitigung einer Ortsdurchfahrt dient.

(2) [1]Bei der Bestimmung der Linienführung sind die von dem Vorhaben berührten öffentlichen Belange einschließlich der Umweltverträglichkeit und des Ergebnisses des Raumordnungsverfahrens im Rahmen der Abwägung zu berücksichtigen. [2]Die Bestimmung der Linienführung ist innerhalb einer Frist von drei Monaten abzuschließen.

(3) [1]Wenn Ortsplanungen oder Landesplanungen die Änderung bestehender oder die Schaffung neuer Bundesfernstraßen zur Folge haben können, ist die zuständige Straßenbaubehörde des Landes oder das Fernstraßen-Bundesamt, soweit dem Bund die Verwaltung einer Bundesfernstraße zusteht, zu beteiligen. [2]Sie haben die Belange der Bundesfernstraßen in dem Verfahren zu vertreten. [3]Bundesplanungen haben grundsätzlich Vorrang vor Orts- und Landesplanungen.

§ 16a Vorarbeiten

(1) [1]Eigentümer und sonstige Nutzungsberechtigte haben zur Vorbereitung der Planung und der Baudurchführung notwendige Vermessungen, Boden- und Grundwasseruntersuchungen einschließlich der vorübergehenden Anbringung von Markierungszeichen und sonstigen Vorarbeiten durch die Straßenbaubehörde oder die Gesellschaft privaten Rechts im Sinne des Infrastrukturgesellschaftserrichtungsgesetzes im Rahmen ihrer jeweiligen Zuständigkeiten oder von den zuständigen Behörden Beauftragte zu dulden. [2]Wohnungen dürfen nur mit Zustimmung des Wohnungsinhabers betreten werden. [3]Satz 2 gilt nicht für Arbeits-, Betriebs- oder Geschäftsräume während der jeweiligen Arbeits-, Geschäfts- oder Aufenthaltszeiten.

(2) Die Absicht, solche Arbeiten auszuführen, ist dem Eigentümer oder sonstigen Nutzungsberechtigten mindestens zwei Wochen vorher unmittelbar oder durch ortsübliche Bekanntmachung in den Gemeinden, in deren Bereich die Vorarbeiten durchzuführen sind, bekannt zu geben.

(3) [1]Entstehen durch eine Maßnahme nach Absatz 1 einem Eigentümer oder sonstigen Nutzungsberechtigten unmittelbare Vermögensnachteile, so hat der Träger der Straßenbaulast eine angemessene Entschädigung in Geld zu leisten. [2]Kommt eine Einigung über die Geldentschädigung nicht zustande, so setzt die nach Landesrecht zuständige Behörde auf Antrag der Straßenbaubehörde, der Gesellschaft privaten Rechts im Sinne des Infrastrukturgesellschaftserrichtungsgesetzes oder des Berechtigten die Entschädigung fest. [3]Vor der Entscheidung sind die Beteiligten zu hören.

§ 17 Erfordernis der Planfeststellung und vorläufige Anordnung

(1) [1]Bundesfernstraßen dürfen nur gebaut oder geändert werden, wenn der Plan vorher festgestellt ist. [2]Eine Änderung liegt vor, wenn eine Bundesfernstraße
1. um einen oder mehrere durchgehende Fahrstreifen für den Kraftfahrzeugverkehr baulich erweitert wird oder
2. in sonstiger Weise erheblich baulich umgestaltet wird.
[3]Bei der Planfeststellung sind die von dem Vorhaben berührten öffentlichen und privaten Belange einschließlich der Umweltverträglichkeit im Rahmen der Abwägung zu berücksichtigen. [4]Für das Planfeststellungsverfahren gelten die §§ 72 bis 78 des Verwaltungsverfahrensgesetzes nach Maßgabe dieses Gesetzes. [5]Die Maßgaben gelten entsprechend, soweit das Verfahren landesrechtlich durch ein Verwaltungsverfahrensgesetz geregelt ist.

(2) [1]Ist das Planfeststellungsverfahren eingeleitet, kann die Planfeststellungsbehörde nach Anhörung der betroffenen Gemeinde eine vorläufige Anordnung erlassen, in der vorbereitende Maßnahmen oder Teilmaßnahmen zum Bau oder zur Änderung festgesetzt werden,
1. soweit es sich um reversible Maßnahmen handelt,
2. wenn an dem vorzeitigen Beginn ein öffentliches Interesse besteht,
3. wenn mit einer Entscheidung zugunsten des Trägers des Vorhabens gerechnet werden kann und
4. wenn die nach § 74 Absatz 2 des Verwaltungsverfahrensgesetzes zu berücksichtigenden Interessen gewahrt werden.

²In der vorläufigen Anordnung sind die Auflagen zur Sicherung dieser Interessen und der Umfang der vorläufig zulässigen Maßnahmen festzulegen. ³Sie ist den anliegenden Gemeinden sowie den Beteiligten zuzustellen oder ortsüblich bekannt zu machen. ⁴Sie ersetzt nicht die Planfeststellung. ⁵§ 16a bleibt unberührt. ⁶Soweit die vorbereitenden Maßnahmen oder Teilmaßnahmen zum Bau oder zur Änderung durch die Planfeststellung für unzulässig erklärt sind, ordnet die Planfeststellungsbehörde gegenüber dem Träger des Vorhabens an, den früheren Zustand wiederherzustellen. ⁷Dies gilt auch, wenn der Antrag auf Planfeststellung zurückgenommen wurde. ⁸Der Betroffene ist durch den Träger der Straßenbaulast zu entschädigen, soweit die Wiederherstellung des früheren Zustands nicht möglich oder mit unverhältnismäßig hohem Aufwand verbunden oder ein Schaden eingetreten ist, der durch die Wiederherstellung des früheren Zustandes nicht ausgeglichen wird. ⁹Rechtsbehelfe gegen die vorläufige Anordnung haben keine aufschiebende Wirkung; ein Vorverfahren findet nicht statt. ¹⁰Betrifft die vorläufige Anordnung ein Vorhaben im Sinne des § 17e Absatz 1, ist § 17e Absatz 1 und 5 in Bezug auf Rechtsbehelfe gegen die vorläufige Anordnung entsprechend anzuwenden.

§ 17a Anhörungsverfahren
Für das Anhörungsverfahren gilt § 73 des Verwaltungsverfahrensgesetzes mit folgenden Maßgaben:
1. Die Anhörungsbehörde kann auf eine Erörterung im Sinne des § 73 Absatz 6 des Verwaltungsverfahrensgesetzes und des § 18 Absatz 1 Satz 4 des Gesetzes über die Umweltverträglichkeitsprüfung verzichten. Findet keine Erörterung statt, so hat die Anhörungsbehörde ihre Stellungnahme innerhalb von sechs Wochen nach Ablauf der Einwendungsfrist abzugeben und zusammen mit den sonstigen in § 73 Absatz 9 des Verwaltungsverfahrensgesetzes aufgeführten Unterlagen der Planfeststellungsbehörde zuzuleiten.
2. Soll ein ausgelegter Plan geändert werden, so kann im Regelfall von der Erörterung im Sinne des § 73 Absatz 6 des Verwaltungsverfahrensgesetzes und des § 18 Absatz 1 Satz 4 des Gesetzes über die Umweltverträglichkeitsprüfung abgesehen werden.

§ 17b Planfeststellungsbeschluss, Plangenehmigung
(1) Für Planfeststellungsbeschluss und Plangenehmigung gilt § 74 des Verwaltungsverfahrensgesetzes mit folgenden Maßgaben:
1. Abweichend von § 74 Absatz 6 Satz 1 Nummer 3 des Verwaltungsverfahrensgesetzes kann für ein Vorhaben, für das nach dem Gesetz über die Umweltverträglichkeitsprüfung eine Umweltverträglichkeitsprüfung durchzuführen ist, an Stelle eines Planfeststellungsschlusses eine Plangenehmigung erteilt werden. § 17a Nummer 1 Satz 1 gilt entsprechend. Im Übrigen findet das Gesetz über die Umweltverträglichkeitsprüfung mit Ausnahme des § 21 Absatz 3 Anwendung.
2. Die oberste Landesstraßenbaubehörde stellt den Plan fest, erteilt die Plangenehmigung und trifft die Entscheidung nach § 74 Abs. 7 des Verwaltungsverfahrensgesetzes, soweit sich aus § 2 Absatz 1 Satz 1 Nummer 4 und § 2 Absatz 2 und 3 und § 3 Absatz 3 Sätze 7 bis 11 des Fernstraßen-Bundesamt-Errichtungsgesetzes keine Zuständigkeit des Fernstraßen-Bundesamtes als Planfeststellungs- und Plangenehmigungsbehörde ergibt. Bestehen zwischen der obersten Landesstraßenbaubehörde oder dem Fernstraßen-Bundesamt, die den Plan im Rahmen ihrer jeweiligen Zuständigkeiten feststellen, und einer Bundesbehörde Meinungsverschiedenheiten, so ist vor der Planfeststellung die Weisung des Bundesministeriums für Verkehr und digitale Infrastruktur einzuholen.
(2) ¹Bebauungspläne nach § 9 des Baugesetzbuchs ersetzen die Planfeststellung nach § 17. ²Wird eine Ergänzung notwendig oder soll von Festsetzungen des Bebauungsplans abgewichen werden, so ist die Planfeststellung insoweit zusätzlich durchzuführen. ³In diesen Fällen gelten die §§ 40, 43 Abs. 1, 2, 4 und 5 sowie § 44 Abs. 1 bis 4 des Baugesetzbuchs.

§ 17c Rechtswirkungen der Planfeststellung und der Plangenehmigung
Für die Rechtswirkungen der Planfeststellung und Plangenehmigung gilt § 75 des Verwaltungsverfahrensgesetzes mit folgenden Maßgaben:
1. Wird mit der Durchführung des Plans nicht innerhalb von zehn Jahren nach Eintritt der Unanfechtbarkeit begonnen, so tritt er außer Kraft, es sei denn, er wird vorher auf Antrag des Trägers des Vorhabens von der Planfeststellungsbehörde um höchstens fünf Jahre verlängert.
2. Vor der Entscheidung nach Nummer 1 ist eine auf den Antrag begrenzte Anhörung nach dem für die Planfeststellung oder für die Plangenehmigung vorgeschriebenen Verfahren durchzuführen.
3. Für die Zustellung und Auslegung sowie die Anfechtung der Entscheidung über die Verlängerung sind die Bestimmungen über den Planfeststellungsbeschluss entsprechend anzuwenden.

§ 17d Planänderung vor Fertigstellung des Vorhabens
¹Für die Planergänzung und das ergänzende Verfahren im Sinne des § 75 Abs. 1a Satz 2 des Verwaltungsverfahrensgesetzes und für die Planänderung vor Fertigstellung des Vorhabens gilt § 76 des Verwaltungsverfahrensgesetzes mit der Maßgabe, dass im Fall des § 76 Abs. 1 des Verwaltungsverfahrensgesetzes von einer Erörterung im Sinne des § 73 Abs. 6 des Verwaltungsverfahrensgesetzes und des

§ 18 Absatz 1 Satz 4 des Gesetzes über die Umweltverträglichkeitsprüfung abgesehen werden kann. [2]Im Übrigen gelten für das neue Verfahren die Vorschriften dieses Gesetzes.

§ 17e Rechtsbehelfe

(1) § 50 Abs. 1 Nr. 6 der Verwaltungsgerichtsordnung gilt für Vorhaben im Sinne des § 17 Absatz 1, soweit die Vorhaben Bundesfernstraßen betreffen, die wegen
1. der Herstellung der Deutschen Einheit,
2. der Einbindung der neuen Mitgliedstaaten in die Europäische Union,
3. der Verbesserung der Hinterlandanbindung der deutschen Seehäfen,
4. ihres sonstigen internationalen Bezuges,
5. der besonderen Funktion zur Beseitigung schwerwiegender Verkehrsengpässe oder
6. ihrer Bedeutung bei der Verbesserung der Infrastruktur in den Revieren nach § 2 des Investitionsgesetzes Kohleregionen vom 8. August 2020 (BGBl. I S. 1795)
in der Anlage aufgeführt sind.

(2) [1]Die Anfechtungsklage gegen einen Planfeststellungsbeschluss oder eine Plangenehmigung für den Bau oder die Änderung von Bundesfernstraßen, für die nach dem Fernstraßenausbaugesetz vordringlicher Bedarf festgestellt ist, hat keine aufschiebende Wirkung. [2]Der Antrag auf Anordnung der aufschiebenden Wirkung der Anfechtungsklage gegen einen Planfeststellungsbeschluss oder eine Plangenehmigung nach § 80 Abs. 5 Satz 1 der Verwaltungsgerichtsordnung kann nur innerhalb eines Monats nach der Zustellung des Planfeststellungsbeschlusses oder der Plangenehmigung gestellt und begründet werden. [3]Darauf ist in der Rechtsbehelfsbelehrung hinzuweisen. [4]§ 58 der Verwaltungsgerichtsordnung gilt entsprechend.

(3) [1]Der Antrag nach § 80 Abs. 5 Satz 1 in Verbindung mit Abs. 2 Nr. 4 der Verwaltungsgerichtsordnung auf Wiederherstellung der aufschiebenden Wirkung einer Anfechtungsklage gegen einen Planfeststellungsbeschluss oder eine Plangenehmigung für den Bau oder die Änderung einer Bundesfernstraße, für die ein unvorhergesehener Verkehrsbedarf im Sinne des § 6 des Fernstraßenausbaugesetzes besteht oder die der Aufnahme in den Bedarfsplan nicht bedarf, kann nur innerhalb eines Monats nach Zustellung der Entscheidung über die Anordnung der sofortigen Vollziehung gestellt und begründet werden. [2]Darauf ist in der Anordnung der sofortigen Vollziehung hinzuweisen. [3]§ 58 der Verwaltungsgerichtsordnung gilt entsprechend.

(4) [1]Treten in den Fällen des Absatzes 2 oder 3 später Tatsachen ein, die die Anordnung oder Wiederherstellung der aufschiebenden Wirkung rechtfertigen, so kann der durch den Planfeststellungsbeschluss oder die Plangenehmigung Beschwerte einen hierauf gestützten Antrag nach § 80 Abs. 5 Satz 1 der Verwaltungsgerichtsordnung innerhalb einer Frist von einem Monat stellen. [2]Die Frist beginnt mit dem Zeitpunkt, in dem der Beschwerte von den Tatsachen Kenntnis erlangt.

(5) [1]Der Kläger hat innerhalb einer Frist von zehn Wochen ab Klageerhebung die zur Begründung seiner Klage dienenden Tatsachen und Beweismittel anzugeben. [2]Erklärungen und Beweismittel, die erst nach Ablauf dieser Frist vorgebracht werden, sind nur zuzulassen, wenn der Kläger die Verspätung genügend entschuldigt. [3]Der Entschuldigungsgrund ist auf Verlangen des Gerichts glaubhaft zu machen. [4]Satz 2 gilt nicht, wenn es mit geringem Aufwand möglich ist, den Sachverhalt auch ohne Mitwirkung des Klägers zu ermitteln. [5]Die Frist nach Satz 1 kann durch den Vorsitzenden oder den Berichterstatter auf Antrag verlängert werden, wenn der Kläger in dem Verfahren, in dem die angefochtene Entscheidung ergangen ist, keine Möglichkeit der Beteiligung hatte. [6]§ 6 des Umwelt-Rechtsbehelfsgesetzes ist nicht anzuwenden.

§ 17f Anlagen der Verkehrsüberwachung, der Unfallhilfe und des Zolls

[1]Die der Sicherheit und Ordnung dienenden Anlagen an Bundesfernstraßen, wie Polizeistationen, Einrichtungen der Unfallhilfe, Hubschrauberlandeplätze, können, wenn sie eine unmittelbare Zufahrt zu den Bundesfernstraßen haben, zur Festsetzung der Flächen in die Planfeststellung einbezogen werden. [2]Das Gleiche gilt für Zollanlagen an Bundesfernstraßen.

§ 17g Veröffentlichung im Internet

[1]Wird der Plan nicht nach § 27a Absatz 1 des Verwaltungsverfahrensgesetzes oder § 20 des Gesetzes über die Umweltverträglichkeitsprüfung zugänglich gemacht, ist dieser vom Träger des Vorhabens zur Bürgerinformation über das Internet zugänglich zu machen. [2]§ 23 des Gesetzes über die Umweltverträglichkeitsprüfung gilt entsprechend. [3]Maßgeblich ist der Inhalt des im Rahmen des Genehmigungsverfahrens zur Einsicht ausgelegten Plans. [4]Hierauf ist bei der Zugänglichmachung hinzuweisen.

§ 17h Projektmanager

[1]Die Anhörungsbehörde kann einen Dritten mit der Vorbereitung und Durchführung von Verfahrensschritten, insbesondere

1. der Erstellung von Verfahrensleitplänen unter Bestimmung von Verfahrensabschnitten und Zwischenterminen,
2. der Fristenkontrolle,
3. der Koordinierung von erforderlichen Sachverständigengutachten,
4. dem Entwurf eines Anhörungsberichts,
5. der ersten Auswertung der eingereichten Stellungnahmen,
6. der organisatorischen Vorbereitung eines Erörterungstermins und
7. der Leitung eines Erörterungstermins

auf Vorschlag oder mit Zustimmung des Vorhabenträgers beauftragen. [2]§ 73 Absatz 9 des Verwaltungsverfahrensgesetzes bleibt unberührt. [3]Die Entscheidung über den Planfeststellungsantrag verbleibt bei der zuständigen Behörde.

§ 18–18e (weggefallen)

§ 18f Vorzeitige Besitzeinweisung

(1) [1]Ist der sofortige Beginn von Bauarbeiten geboten und weigert sich der Eigentümer oder Besitzer, den Besitz eines für die Straßenbaumaßnahme benötigten Grundstücks durch Vereinbarung unter Vorbehalt aller Entschädigungsansprüche zu überlassen, so hat die Enteignungsbehörde den Träger der Straßenbaulast auf Antrag nach Feststellung des Plans oder Erteilung der Plangenehmigung in den Besitz einzuweisen. [2]Der Planfeststellungsbeschluss oder die Plangenehmigung müssen vollziehbar sein. [3]Weiterer Voraussetzungen bedarf es nicht.

(2) [1]Die Enteignungsbehörde hat spätestens sechs Wochen nach Eingang des Antrages auf Besitzeinweisung mit den Beteiligten mündlich zu verhandeln. [2]Hierzu sind die Straßenbaubehörde, sofern eine Bundesfernstraße, soweit dem Bund die Verwaltung einer Bundesfernstraße zusteht, betroffen ist, die Gesellschaft privaten Rechts im Sinne des Infrastrukturgesellschaftserrichtungsgesetzes und die Betroffenen zu laden. [3]Dabei ist den Betroffenen der Antrag auf Besitzeinweisung mitzuteilen. [4]Die Ladungsfrist beträgt drei Wochen. [5]Mit der Ladung sind die Betroffenen aufzufordern, etwaige Einwendungen gegen den Antrag möglichst vor der mündlichen Verhandlung bei der Enteignungsbehörde einzureichen. [6]Sie sind außerdem darauf hinzuweisen, dass auch bei Nichterscheinen über den Antrag auf Besitzeinweisung und andere im Verfahren zu erledigende Anträge entschieden werden kann.

(3) [1]Soweit der Zustand des Grundstücks von Bedeutung ist, hat ihn die Enteignungsbehörde vor der Besitzeinweisung in einer Niederschrift festzustellen oder durch einen Sachverständigen ermitteln zu lassen. [2]Den Beteiligten ist eine Abschrift der Niederschrift oder des Ermittlungsergebnisses zu übersenden.

(4) [1]Der Beschluss über die Besitzeinweisung ist dem Antragsteller und den Betroffenen spätestens zwei Wochen nach der mündlichen Verhandlung zuzustellen. [2]Die Besitzeinweisung wird in dem von der Enteignungsbehörde bezeichneten Zeitpunkt wirksam. [3]Dieser Zeitpunkt soll auf höchstens zwei Wochen nach Zustellung der Anordnung über die vorzeitige Besitzeinweisung an den unmittelbaren Besitzer festgesetzt werden. [4]Durch die Besitzeinweisung wird dem Besitzer der Besitz entzogen und der Träger der Straßenbaulast Besitzer. [5]Der Träger der Straßenbaulast darf auf dem Grundstück das im Antrag auf Besitzeinweisung bezeichnete Bauvorhaben ausführen und die dafür erforderlichen Maßnahmen treffen.

(5) [1]Der Träger der Straßenbaulast hat für die durch die vorzeitige Besitzeinweisung entstehenden Vermögensnachteile Entschädigung zu leisten, soweit die Nachteile nicht durch die Verzinsung der Geldentschädigung für die Entziehung oder Beschränkung des Eigentums oder eines anderen Rechts ausgeglichen werden. [2]Art und Höhe der Entschädigung sind von der Enteignungsbehörde in einem Beschluss festzusetzen.

(6) [1]Wird der festgestellte Plan oder die Plangenehmigung aufgehoben, so ist auch die vorzeitige Besitzeinweisung aufzuheben und der vorherige Besitzer wieder in den Besitz einzuweisen. [2]Der Träger der Straßenbaulast hat für alle durch die vorzeitige Besitzeinweisung entstandenen besonderen Nachteile Entschädigung zu leisten.

(6a) [1]Ein Rechtsbehelf gegen eine vorzeitige Besitzeinweisung hat keine aufschiebende Wirkung. [2]Der Antrag auf Anordnung der aufschiebenden Wirkung nach § 80 Abs. 5 Satz 1 der Verwaltungsgerichtsordnung kann nur innerhalb eines Monats nach der Zustellung des Besitzeinweisungsbeschlusses gestellt und begründet werden.

(7) [1]Die Absätze 1 bis 6a gelten entsprechend für Grundstücke, die für die in § 17f genannten Anlagen oder für Unterhaltungsmaßnahmen benötigt werden. [2]Bei Unterhaltungsmaßnahmen bedarf es nicht der vorherigen Planfeststellung oder Plangenehmigung.

§ 19 Enteignung

(1) [1]Die Träger der Straßenbaulast der Bundesfernstraßen haben zur Erfüllung ihrer Aufgaben das Enteignungsrecht. [2]Die Enteignung ist zulässig, soweit sie zur Unterhaltung oder Ausführung eines nach

§ 17 Absatz 1 festgestellten oder genehmigten Bauvorhabens notwendig ist. ³Einer weiteren Feststellung der Zulassigkeit der Enteignung bedarf es nicht.

(2) Der festgestellte oder genehmigte Plan ist dem Enteignungsverfahren zugrunde zu legen und für die Enteignungsbehörde bindend.

(2a) Hat sich ein Beteiligter mit der Übertragung oder Beschränkung des Eigentums oder eines anderen Rechts schriftlich einverstanden erklärt, kann das Entschädigungsverfahren unmittelbar durchgeführt werden.

(2b) Die Absätze 1, 2 und 2a gelten für die in § 17f genannten Anlagen entsprechend.

(3) (weggefallen)

(4) (weggefallen)

(5) Im Übrigen gelten die für öffentliche Straßen geltenden Enteignungsgesetze der Länder.

§ 19a Entschädigungsverfahren
Soweit der Träger der Straßenbaulast nach §§ 8a, 9, 17 Absatz 2 oder auf Grund eines Planfeststellungsbeschlusses oder einer Plangenehmigung verpflichtet ist, eine Entschädigung in Geld zu leisten, und über die Höhe der Entschädigung keine Einigung zwischen dem Betroffenen und dem Träger der Straßenbaulast zustande kommt, entscheidet auf Antrag eines der Beteiligten die nach Landesrecht zuständige Behörde; für das Verfahren und den Rechtsweg gelten die Enteignungsgesetze der Länder entsprechend.

§ 20 Straßenaufsicht
(1) ¹Die Erfüllung der Aufgaben, die den Trägern der Straßenbaulast für die Bundesfernstraßen obliegen, wird durch die Straßenaufsicht sichergestellt. ²Die Länder üben die Straßenaufsicht für die Bundesstraßen im Auftrag des Bundes aus, im Bereich der Bundesfernstraßen, soweit dem Bund die Verwaltung einer Fernstraße zusteht, übt sie das Fernstraßen-Bundesamt aus.

(2) ¹Die Straßenaufsichtsbehörde kann die Durchführung der notwendigen Maßnahmen unter Setzung einer angemessenen Frist anordnen. ²Sie soll Maßnahmen, die mehrere Träger der Straßenbaulast durchzuführen haben, diesen rechtzeitig bekannt geben, damit sie möglichst zusammenhängend ausgeführt werden. ³Kommt ein Träger der Straßenbaulast der Anordnung nicht nach, kann die Straßenaufsichtsbehörde die notwendigen Maßnahmen an seiner Stelle und auf seine Kosten verfügen und vollziehen.

§ 21 Verwaltung der Bundesstraßen in den Ortsdurchfahrten
¹Soweit die Gemeinden nach § 5 Abs. 2 und 3 Träger der Straßenbaulast sind, richtet sich die Zuständigkeit zur Verwaltung der Ortsdurchfahrten nach Landesrecht. ²Dieses regelt auch, wer insoweit zuständige Straßenbaubehörde im Sinne dieses Gesetzes ist.

§ 22 Zuständigkeit; Verordnungsermächtigung
(1) Das Bundesministerium für Verkehr und digitale Infrastruktur wird ermächtigt, durch Rechtsverordnung ohne Zustimmung des Bundesrates die dem Fernstraßen-Bundesamt und der Gesellschaft privaten Rechts im Sinne des Infrastrukturgesellschaftserrichtungsgesetzes nach dem Bundesfernstraßengesetz zugewiesenen Befugnisse und Aufgaben auf andere Bundesbehörden oder andere vom Bund gegründete Gesellschaften, die im ausschließlichen Eigentum des Bundes stehen müssen, zu übertragen.

(2) ¹Im Fall des Artikels 90 Absatz 4 des Artikels 143e Absatz 2 des Grundgesetzes treten an die Stelle der im Gesetz genannten Straßenbaubehörden der Länder die vom Bundesministerium für Verkehr und digitale Infrastruktur bestimmten Bundesbehörden oder die Gesellschaft privaten Rechts im Sinne des Infrastrukturgesellschaftserrichtungsgesetzes. ²Dies gilt auch für die nach § 36 des Gesetzes über Ordnungswidrigkeiten zu bestimmende Behörde.

(3) ¹Im Rahmen der Auftragsverwaltung richtet sich das Verfahren für die Beitreibung von Ersatzleistungen (§ 7), Sondernutzungsgebühren sowie Vorschüssen und Sicherheiten (§ 8) und das Verfahren in den Fällen, in denen die Behörde Maßnahmen nach § 8 Abs. 7a trifft oder in denen jemand zur Duldung oder Unterlassung verpflichtet ist (§§ 11 und 14), nach Landesrecht. ²Im Übrigen gilt Bundesrecht.

(4) ¹Soweit nach diesem Gesetz die Zuständigkeit von Landesbehörden begründet ist, bestimmen die Länder die zuständigen Behörden. ²Sie sind ermächtigt, die Zuständigkeit der obersten Straßenbaubehörden der Länder, soweit sie nach diesem Gesetz begründet ist, auf nachgeordnete Behörden zu übertragen. ³Das Bundesministerium für Verkehr und digitale Infrastruktur ist hiervon zu unterrichten.

(5) Soweit Selbstverwaltungskörperschaften in der Auftragsverwaltung tätig werden (Artikel 90 Absatz 3 des Grundgesetzes), sind ihre Behörden nach Maßgabe des Landesrechts an Stelle der Behörden des Landes zuständig.

§ 23 Ordnungswidrigkeiten
(1) Ordnungswidrig handelt, wer vorsätzlich oder fahrlässig

1. entgegen § 8 Abs. 1 eine Bundesfernstraße über den Gemeingebrauch hinaus ohne Erlaubnis benutzt,
2. nach § 8 Abs. 2 erteilten vollziehbaren Auflagen nicht nachkommt,
3. entgegen § 8 Abs. 2a
 a) Anlagen nicht vorschriftsmäßig errichtet oder unterhält oder
 b) auf vollziehbares Verlangen der zuständigen Behörde Anlagen auf seine Kosten nicht ändert,
4. entgegen § 8a Abs. 1 in Verbindung mit § 8 Abs. 1 Zufahrten oder Zugänge ohne Erlaubnis anlegt oder ändert,
5. entgegen § 8a Abs 3 in Verbindung mit § 8 Abs. 2a Zufahrten oder Zugänge nicht vorschriftsmäßig unterhält,
6. einer nach § 8a Abs. 6 ergangenen vollziehbaren Anordnung nicht nachkommt,
7. entgegen § 9 Abs. 1 oder 4 Hochbauten oder bauliche Anlagen errichtet oder Aufschüttungen oder Abgrabungen größeren Umfangs vornimmt,
8. Anlagen der Außenwerbung entgegen § 9 Abs. 6 Satz 1 in Verbindung mit den Absätzen 1 und 2 errichtet oder entgegen § 9 Abs. 6 Satz 2 an Brücken über Bundesfernstraßen anbringt,
9. vollziehbaren Auflagen nicht nachkommt, unter denen eine Ausnahme nach § 9 Abs. 8 von den Verboten des § 9 Abs. 1, 4 und 6 zugelassen wurde,
10. entgegen § 9a Abs. 1 Satz 1 auf der vom Plan betroffenen Fläche oder in dem Planungsgebiet nach Absatz 3 Veränderungen vornimmt,
11. entgegen § 10 Abs 2 Satz 1 Schutzwaldungen nicht erhält oder nicht ordnungsgemäß unterhält,
12. entgegen § 11 Abs. 1 die Anlage vorübergehender Einrichtungen nicht duldet oder entgegen § 11 Abs. 2 Satz 1 Einrichtungen, die die Verkehrssicherheit beeinträchtigen, anlegt oder entgegen § 11 Abs. 2 Satz 2 ihre Beseitigung nicht duldet,
13. entgegen § 16a Abs. 1 Satz 1 notwendige Vorarbeiten oder die vorübergehende Anbringung von Markierungszeichen nicht duldet.

(2) Ordnungswidrigkeiten nach Absatz 1 Nr. 1 bis 6 und 11 bis 13 können mit einer Geldbuße bis zu fünfhundert Euro, Ordnungswidrigkeiten nach Absatz 1 Nr. 7 bis 10 können mit einer Geldbuße bis zu fünftausend Euro geahndet werden.

(3) Verwaltungsbehörde im Sinne des § 36 Absatz 1 Nummer 1 des Gesetzes über Ordnungswidrigkeiten ist das Fernstraßen-Bundesamt für Ordnungswidrigkeiten nach Absatz 1 auf oder an Bundesfernstraßen, soweit dem Bund die Verwaltung einer Bundesfernstraße zusteht.

§ 24 Übergangs- und Schlussbestimmungen

(1) [1]Vor dem 17. Dezember 2006 beantragte Planfeststellungsverfahren oder Plangenehmigungsverfahren werden nach den Vorschriften dieses Gesetzes in der ab dem 17. Dezember 2006 geltenden Fassung weitergeführt. [2]§ 11 Abs. 2 des Verkehrswegeplanungsbeschleunigungsgesetzes bleibt unberührt.

(2) § 17c gilt auch für Planfeststellungsbeschlüsse und Plangenehmigungen, die vor dem 17. Dezember 2006 erlassen worden sind, soweit der Plan noch nicht außer Kraft getreten ist.

(3) (weggefallen)

(4) Die bisherigen Reichsautobahnen und Reichsstraßen, die nach dem Gesetz über die vermögensrechtlichen Verhältnisse der Bundesautobahnen und sonstigen Bundesstraßen des Fernverkehrs vom 2. März 1951 (BGBl. I S. 157) Bundesautobahnen und Bundesstraßen sind, sind Bundesautobahnen und Bundesstraßen im Sinne dieses Gesetzes.

(5) (weggefallen)

(6) Beginn und Ende der Ortsdurchfahrten bemessen sich nach ihrer Festsetzung nach §§ 13 ff. der Verordnung zur Durchführung des Gesetzes über die einstweilige Neuregelung des Straßenwesens und der Straßenverwaltung vom 7. Dezember 1934 (RGBl. I S. 1237), bis sie nach § 5 Abs. 4 neu festgesetzt werden.

(7) Waldungen, die Schutzwaldungen nach § 9 des Reichsautobahngesetzes vom 29. Mai 1941 (RGBl. I S. 313) sind, gelten als Schutzwaldungen nach § 10.

(8) (weggefallen)

(9) Sind in Rechtsvorschriften aus der Zeit vor dem 23. Mai 1949 die Worte „Reichsautobahnen" oder „Reichsstraßen" gebraucht, so treten an ihre Stelle die Worte „Bundesautobahnen" oder „Bundesstraßen".

(10) Wo in anderen Gesetzen für das Unternehmen „Reichsautobahnen" besondere Rechte und Pflichten begründet sind, tritt an seine Stelle der Bund.

(11) [1]Das Bundesministerium für Verkehr und digitale Infrastruktur ist ermächtigt, im Einvernehmen mit dem Bundesministerium der Finanzen durch Rechtsverordnung, die der Zustimmung des Bundesrates bedarf, Brücken im Zuge von Bundesfernstraßen, die in der Baulast der Länder oder öffentlich-rechtlicher Selbstverwaltungskörperschaften stehen, in die Baulast des Bundes zu übernehmen und die zur Über-

leitung notwendigen Maßnahmen zu treffen. [2]In der Rechtsverordnung können auch die nach den üblichen Berechnungsarten zu ermittelnden Ablösungsbeträge festgesetzt werden.

(12) Für Sondernutzungen, die bei Inkrafttreten dieses Gesetzes durch bürgerlich-rechtliche Verträge vereinbart sind, gelten die Vorschriften über Sondernutzungen (§ 8) von dem Zeitpunkt an, zu dem die Verträge erstmals nach Inkrafttreten dieses Gesetzes kündbar sind.

(13) Vor dem 13. März 2020 beantragte Planfeststellungsverfahren oder Plangenehmigungsverfahren werden nach den Vorschriften dieses Gesetzes in der vor dem 13. März 2020 geltenden Fassung weitergeführt.

§ 25 (Aufhebung von Vorschriften)

§ 26 (weggefallen)

§ 27 (Inkrafttreten)

Anlage
(zu § 17e Abs. 1)

Bundesfernstraßen mit erstinstanzlicher Zuständigkeit des Bundesverwaltungsgerichts

Vorbemerkung:
Im Sinne dieser Anlage bedeuten
1. A: Autobahn
2. B: Bundesstraße
3. L: Landesstraße
4. E: Europastraße
5. OU: Ortsumgehung

Zu den Bundesfernstraßen gehören auch die für den Betrieb von Bundesfernstraßen notwendigen Anlagen. Die Bundesfernstraßen beginnen und enden jeweils an den Knotenpunkten, an denen sie mit dem bestehenden Straßennetz verbunden sind.

Lfd. Nr.	Bezeichnung
1	A 1 Dreieck Hamburg-Südost – Hamburg-Harburg
2	A 1 Neuenkirchen/Vörden – Münster-Nord
3	A 1 Köln-Niehl – Kreuz Leverkusen
4	A 1 Kreuz Wuppertal-Nord (A 43)
5	A 1 Westhofener Kreuz (A 45)
6	A 1 Blankenheim – Kelberg
7	A 2 Kreuz Bottrop (A 31)
8	A 3 Kreuz Kaiserberg (A 40)
9	A 3 Kreuz Oberhausen (A 2/ A 516)
10	A 3 Köln-Mülheim – Kreuz Leverkusen (A 1)
11	A 3 Wiesbadener Kreuz (A 66)
12	A 3 Kreuz Biebelried (A 7) – Kreuz Fürth/Erlangen (A 73)
13	A 4 Kreuz Köln-Süd (A 555)
14	A 4 AD Nossen (A 14) – Bundesgrenze Deutschland/Polen
15	A 6 Saarbrücken-Fechingen – St. Ingbert-West
16	A 6 Heilbronn/Untereisesheim – Heilbronn/Neckarsulm
17	A 6 Kreuz Weinsberg (A 81) – Kreuz Feuchtwangen/Crailsheim (A 7)
18	A 7 Hamburg/Heimfeld – Hamburg/Volkspark
19	A 7 Kreuz Rendsburg – Rendsburg/Büdelsdorf
20	A 8 Mühlhausen – Hohenstadt
21	A 8 Kreuz München Süd (A 99) – Bundesgrenze Deutschland – Österreich
22	A 14 AS Leipzig-Ost – AD Parthenaue
23	A 20 Westerstede (A 28) – Weede
24	A 26 Drochtersen (A 20) – Dreieck Hamburg-Stillhorn (A 1)
25	A 33 Bielefeld/Brackwede – Borgholzhausen einschließlich Zubringer Ummeln
26	A 33 Dreieck Osnabrück-Nord (A 1) – Osnabrück-Belm
27	A 39 Lüneburg – Wolfsburg
28	A 40 Duisburg-Homberg – Duisburg-Häfen
29	A 44 Ratingen (A 3) – Velbert
30	A 45 Hagen (A 46) – Westhofen (A 1)
31	A 46 Westring – Kreuz Sonnborn (L 418)
32	A 49 Bischhausen – A 5
33	A 52 AK Mönchengladbach (A 61) – AK Neersen (A 44)
34	A 57 Kreuz Köln-Nord (A 1) – Kreuz Moers (A 40)
35	A 61 Kreuz Frankenthal (A 6) – Landesgrenze Rheinland-Pfalz – Baden-Württemberg

Lfd. Nr.	Bezeichnung
36	A 66 Kreuz Wiesbaden-Schierstein – Kreuz Wiesbaden
37	A 81 Böblingen/Hulb – Sindelfingen Ost
38	A 94 Malching – Pocking (A 3)
39	A 99 Dreieck München Süd-West (A 96) – Kreuz München Süd (A 8)
40	A 100 Dreieck Neukölln (A 113) – Storkower Straße
41	A 111 Landesgrenze Berlin – Brandenburg – einschließlich Rudolf-Wissell-Brücke (A 100)
42	A 281 Eckverbindung in Bremen
43	A 445 Werl-Nord – Hamm-Rhynern (A 2)
44	A 553 AK Köln-Godorf (A 555) – AD Köln-Lind (A 59)
45	A 643 Dreieck Mainz (A 60) – Mainz-Mombach
46	B 6 OU Bruckdorf
47	B 6 OU Gröbers
48	B 6 OU Großkugel
49	B 7 Verlegung nördlich Frohburg (Landesgrenze Freistaat Thüringen – Freistaat Sachsen – nördlich Frohburg)
50	B 7 Altenburg (B 93) – Landesgrenze Freistaat Thüringen – Freistaat Sachsen
51	B 19 OU Meiningen
52	B 85 Altenkreith – Wetterfeld
53	B 87 OU Naumburg – Wethau
54	B 101 OU Elsterwerda
55	B 112 OU Frankfurt (Oder)
56	B 169 OU Klein Oßnig und OU Annahof/Klein Gaglow
57	B 169 OU Plessa
58	B 178 Nostitz – A 4 (AS Weißenberg)
59	B 87 OU Weißenfels
60	B 181 Neu- und Ausbau westlich Leipzig (A 9 bis Stadtgrenze Leipzig)
61	B 207 (E 47) Fehmarnsundquerung
62	B 221 OU Scherpenseel
63	B 221 OU Unterbruch
64	E 47 Feste Fehmarnbeltquerung (Puttgarden – Grenze der deutschen ausschließlichen Wirtschaftszone)
65	B 402/B 213/B 72 (E 233) Meppen (A 31) – Cloppenburg (A 1)

Personenbeförderungsgesetz (PBefG)[1])

In der Fassung der Bekanntmachung vom 8. August 1990[2)] (BGBl. I S. 1690)
(FNA 9240-1)

zuletzt geändert durch Art. 329 Elfte ZuständigkeitsanpassungsVO vom 19. Juni 2020 (BGBl. I S. 1328)

Nichtamtliche Inhaltsübersicht

1) Zur Sicherstellung ordnungsgemäßer Planungs- und Genehmigungsverfahren während der COVID-19-Pandemie siehe das PlanungssicherstellungsG vom 20.5.2020 (BGBl. I S. 1041).

2) Neubekanntmachung des PBefG v. 21.3.1961 (BGBl. I S. 241) in der ab 1.7.1990 geltenden Fassung.

I.
Allgemeine Vorschriften

§ 1 Sachlicher Geltungsbereich

(1) [1]Den Vorschriften dieses Gesetzes unterliegt die entgeltliche oder geschäftsmäßige Beförderung von Personen mit Straßenbahnen, mit Oberleitungsomnibussen (Obussen) und mit Kraftfahrzeugen. [2]Als Entgelt sind auch wirtschaftliche Vorteile anzusehen, die mittelbar für die Wirtschaftlichkeit einer auf diese Weise geförderten Erwerbstätigkeit erstrebt werden.

(2) [1]Diesem Gesetz unterliegen nicht Beförderungen

1. mit Personenkraftwagen, wenn diese unentgeltlich sind oder das Gesamtentgelt die Betriebskosten der Fahrt nicht übersteigt;

2. mit Krankenkraftwagen, wenn damit kranke, verletzte oder sonstige hilfsbedürftige Personen befördert werden, die während der Fahrt einer medizinisch fachlichen Betreuung oder der besonderen Einrichtung des Krankenkraftwagens bedürfen oder bei denen solches auf Grund ihres Zustandes zu erwarten ist.

[2]Satz 1 Nummer 1 gilt auch, wenn die Beförderungen geschäftsmäßig sind.

§ 2 Genehmigungspflicht

(1) [1]Wer im Sinne des § 1 Abs. 1

1. mit Straßenbahnen,

2. mit Obussen,

3. mit Kraftfahrzeugen im Linienverkehr (§§ 42 und 43) oder

4. mit Kraftfahrzeugen im Gelegenheitsverkehr (§ 46)

Personen befördert, muß im Besitz einer Genehmigung sein. [2]Er ist Unternehmer im Sinne dieses Gesetzes.

(2) Der Genehmigung bedarf auch

1. jede Erweiterung oder wesentliche Änderung des Unternehmens,

2. die Übertragung der aus der Genehmigung erwachsenden Rechte und Pflichten (Genehmigungsübertragung) sowie

3. die Übertragung der Betriebsführung auf einen anderen.

(3) Abweichend von Absatz 2 Nr. 2 dürfen im Verkehr mit Taxen die aus der Genehmigung erwachsenden Rechte und Pflichten nur übertragen werden, wenn gleichzeitig das ganze Unternehmen oder wesentliche selbständige und abgrenzbare Teile des Unternehmens übertragen werden.

(4) Die Genehmigungsbehörde kann bei einem Linienverkehr nach § 43 dieses Gesetzes und bei Beförderungen nach § 1 Nr. 4 Buchstaben d und i der Freistellungs-Verordnung Befreiung vom Verbot der Mitnahme anderer Fahrgäste erteilen, wenn dies im öffentlichen Verkehrsinteresse geboten und mit Rücksicht auf bestehende öffentliche Verkehrseinrichtungen wirtschaftlich vertretbar ist.

(5) [1]Einer Genehmigung bedarf es nicht zum vorübergehenden Einsatz von Kraftfahrzeugen bei Notständen und Betriebsstörungen im Verkehr, insbesondere im Schienen-, Bergbahn- oder Obusverkehr. [2]Wenn die Störungen länger als 72 Stunden dauern, haben die Unternehmer der von der Störung betroffenen Betriebe der Genehmigungsbehörde (§ 11) Art, Umfang und voraussichtliche Dauer eines solchen vorübergehenden Einsatzes von Kraftfahrzeugen unverzüglich mitzuteilen.

(5a) Wer Gelegenheitsverkehre in der Form der Ausflugsfahrt (§ 48 Abs. 1) oder der Ferienziel-Reise (§ 48 Abs. 2) plant, organisiert und anbietet, dabei gegenüber den Teilnehmern jedoch eindeutig zum Ausdruck bringt, dass die Beförderungen nicht von ihm selbst, sondern von einem bestimmten Unternehmer, der Inhaber einer Genehmigung nach diesem Gesetz ist, durchgeführt werden, muss selbst nicht im Besitz einer Genehmigung sein.

(6) Anstelle der Ablehnung einer Genehmigung kann im Fall einer Beförderung, die nicht alle Merkmale einer Verkehrsart oder Verkehrsform erfüllt, eine Genehmigung nach denjenigen Vorschriften dieses Gesetzes erteilt werden, denen diese Beförderung am meisten entspricht, soweit öffentliche Verkehrsinteressen nicht entgegenstehen.

(7) Zur praktischen Erprobung neuer Verkehrsarten oder Verkehrsmittel kann die Genehmigungsbehörde auf Antrag im Einzelfall Abweichungen von Vorschriften dieses Gesetzes oder von auf Grund dieses Gesetzes erlassenen Vorschriften für die Dauer von höchstens vier Jahren genehmigen, soweit öffentliche Verkehrsinteressen nicht entgegenstehen.

§ 3 Unternehmer

(1) Die Genehmigung wird dem Unternehmer für einen bestimmten Verkehr (§ 9) und für seine Person (natürliche oder juristische Person) erteilt.

(2) [1]Der Unternehmer oder derjenige, auf den die Betriebsführung übertragen worden ist, muß den Verkehr im eigenen Namen, unter eigener Verantwortung und für eigene Rechnung betreiben. [2]Die von der Landesregierung bestimmte Behörde kann in Einzelfällen Ausnahmen zulassen.

(3) Sollen Straßenbahnbetriebsanlagen von einem anderen als dem Unternehmer gebaut werden, kann die Genehmigung für ihren Bau und für die Linienführung (§ 9 Abs. 1 Nr. 1) dem andern erteilt werden; die für den Unternehmer geltenden Vorschriften des Gesetzes und der auf Grund des Gesetzes erlassenen Rechtsverordnungen sind entsprechend anzuwenden.

§ 4[1] Straßenbahnen, Obusse, Kraftfahrzeuge

(1) Straßenbahnen sind Schienenbahnen, die

1. den Verkehrsraum öffentlicher Straßen benutzen und sich mit ihren baulichen und betrieblichen Einrichtungen sowie in ihrer Betriebsweise der Eigenart des Straßenverkehrs anpassen oder
2. einen besonderen Bahnkörper haben und in der Betriebsweise den unter Nummer 1 bezeichneten Bahnen gleichen oder ähneln

und ausschließlich oder überwiegend der Beförderung von Personen im Orts- oder Nachbarschaftsbereich dienen.

(2) Als Straßenbahnen gelten auch Bahnen, die als Hoch- und Untergrundbahnen, Schwebebahnen oder ähnliche Bahnen besonderer Bauart angelegt sind oder angelegt werden, ausschließlich oder überwiegend der Beförderung von Personen im Orts- oder Nachbarschaftsbereich dienen und nicht Bergbahnen oder Seilbahnen sind.

(3) Obusse im Sinne dieses Gesetzes sind elektrisch angetriebene, nicht an Schienen gebundene Straßenfahrzeuge, die ihre Antriebsenergie einer Fahrleitung entnehmen.

(4) Kraftfahrzeuge im Sinne dieses Gesetzes sind Straßenfahrzeuge, die durch eigene Maschinenkraft bewegt werden, ohne an Schienen oder eine Fahrleitung gebunden zu sein, und zwar sind

1. Personenkraftwagen: Kraftfahrzeuge, die nach ihrer Bauart und Ausstattung zur Beförderung von nicht mehr als neun Personen (einschließlich Führer) geeignet und bestimmt sind,

1) Siehe hierzu auch die Straßenbahn-Bau- und BetriebsO.

2. Kraftomnibusse: Kraftfahrzeuge, die nach ihrer Bauart und Ausstattung zur Beförderung von mehr als neun Personen (einschließlich Führer) geeignet und bestimmt sind,

3. Lastkraftwagen: Kraftfahrzeuge, die nach ihrer Bauart und Einrichtung zur Beförderung von Gütern bestimmt sind.

(5) Anhänger, die von den in Absatz 1 bis 4 genannten Fahrzeugen zur Personenbeförderung mitgeführt werden, sind den sie bewegenden Fahrzeugen gleichgestellt.

(6) Krankenkraftwagen im Sinne dieses Gesetzes sind Fahrzeuge, die für Krankentransport oder Notfallrettung besonders eingerichtet und nach dem Fahrzeugschein als Krankenkraftwagen anerkannt sind.

§ 5 Dokumente

[1]Genehmigungen, einstweilige Erlaubnisse und Bescheinigungen oder deren Widerruf nach diesem Gesetz oder nach einer auf Grund dieses Gesetzes erlassenen Rechtsverordnung oder Allgemeinen Verwaltungsvorschrift sind schriftlich zu erteilen. [2]Die elektronische Form ist ausgeschlossen. [3]Abweichend von Satz 1 kann in den auf Grund dieses Gesetzes erlassenen Rechtsverordnungen und Allgemeinen Verwaltungsvorschriften vorgesehen werden, dass Genehmigungen, einstweilige Erlaubnisse und Bescheinigungen auch in elektronischer Form mit einer dauerhaft überprüfbaren Signatur nach § 37 Abs. 4 des Verwaltungsverfahrensgesetzes erteilt werden können.

§ 6 Umgehungsverbot

Die Verpflichtungen des Unternehmers nach diesem Gesetz werden durch rechtsgeschäftliche oder firmenrechtliche Gestaltungen oder Scheintatbestände, die zur Umgehung der Bestimmungen des Gesetzes geeignet sind, nicht berührt.

§ 7 Beförderung von Personen auf Lastkraftwagen und auf Anhängern hinter Lastkraftwagen und Zugmaschinen

(1) Zu einer Personenbeförderung, die nach diesem Gesetz genehmigungspflichtig ist, dürfen Lastkraftwagen sowie Anhänger jeder Art hinter Lastkraftwagen oder hinter Zugmaschinen nicht verwendet werden.

(2) Die Genehmigungsbehörde kann in Einzelfällen Ausnahmen zulassen.

§ 8 Förderung der Verkehrsbedienung und Ausgleich der Verkehrsinteressen im öffentlichen Personennahverkehr

(1) [1]Öffentlicher Personennahverkehr im Sinne dieses Gesetzes ist die allgemein zugängliche Beförderung von Personen mit Straßenbahnen, Obussen und Kraftfahrzeugen im Linienverkehr, die überwiegend dazu bestimmt sind, die Verkehrsnachfrage im Stadt-, Vorort- oder Regionalverkehr zu befriedigen. [2]Das ist im Zweifel der Fall, wenn in der Mehrzahl der Beförderungsfälle eines Verkehrsmittels die gesamte Reiseweite 50 Kilometer oder die gesamte Reisezeit eine Stunde nicht übersteigt.

(2) Öffentlicher Personennahverkehr ist auch der Verkehr mit Taxen oder Mietwagen, der eine der in Absatz 1 genannten Verkehrsarten ersetzt, ergänzt oder verdichtet.

(3) [1]Für die Sicherstellung einer ausreichenden Bedienung der Bevölkerung mit Verkehrsleistungen im öffentlichen Personennahverkehr sind die von den Ländern benannten Behörden (Aufgabenträger) zuständig. [2]Der Aufgabenträger definiert dazu die Anforderungen an Umfang und Qualität des Verkehrsangebotes, dessen Umweltqualität sowie die Vorgaben für die verkehrsmittelübergreifende Integration der Verkehrsleistungen in der Regel in einem Nahverkehrsplan. [3]Der Nahverkehrsplan hat die Belange der in ihrer Mobilität oder sensorisch eingeschränkten Menschen mit dem Ziel zu berücksichtigen, für die Nutzung des öffentlichen Personennahverkehrs bis zum 1. Januar 2022 eine vollständige Barrierefreiheit zu erreichen. [4]Die in Satz 3 genannte Frist gilt nicht, sofern in dem Nahverkehrsplan Ausnahmen konkret benannt und begründet werden. [5]Im Nahverkehrsplan werden Aussagen über zeitliche Vorgaben und erforderliche Maßnahmen getroffen. [6]Bei der Aufstellung des Nahverkehrsplans sind die vorhandenen Unternehmer frühzeitig zu beteiligen; soweit vorhanden sind Behindertenbeauftragte oder Behindertenbeiräte, Verbände der in ihrer Mobilität oder sensorisch eingeschränkten Fahrgäste und Fahrgastverbände anzuhören. [7]Ihre Interessen sind angemessen und diskriminierungsfrei zu berücksichtigen. [8]Der Nahverkehrsplan bildet den Rahmen für die Entwicklung des öffentlichen Personennahverkehrs. [9]Die Länder können weitere Einzelheiten über die Aufstellung und den Inhalt der Nahverkehrspläne regeln.

(3a) [1]Die Genehmigungsbehörde wirkt im Rahmen ihrer Befugnisse nach diesem Gesetz und unter Beachtung des Interesses an einer wirtschaftlichen Verkehrsgestaltung an der Erfüllung der dem Aufgabenträger nach Absatz 3 Satz 1 obliegenden Aufgabe mit. [2]Sie hat hierbei einen Nahverkehrsplan zu berücksichtigen, der unter den Voraussetzungen des Absatzes 3 Satz 6 zustande gekommen ist und vorhandene Verkehrsstrukturen beachtet.

(3b) [1]Für Vereinbarungen von Verkehrsunternehmen und für Beschlüsse und Empfehlungen von Vereinigungen dieser Unternehmen gilt § 1 des Gesetzes gegen Wettbewerbsbeschränkungen nicht, soweit sie dem Ziel dienen, für eine Integration der Nahverkehrsbedienung, insbesondere für Verkehrskooperationen, für die Abstimmung oder den Verbund der Beförderungsentgelte und für die Abstimmung der Fahrpläne, zu sorgen. [2]Sie bedürfen zu ihrer Wirksamkeit der Anmeldung bei der Genehmigungsbehörde. [3]Für Vereinigungen von Unternehmen, die Vereinbarungen, Beschlüsse und Empfehlungen im Sinne von Satz 1 treffen, gilt § 19 Absatz 1 in Verbindung mit Absatz 2 Nummer 1 des Gesetzes gegen Wettbewerbsbeschränkungen entsprechend. [4]Verfügungen der Kartellbehörde, die solche Vereinbarungen, Beschlüsse oder Empfehlungen betreffen, ergehen im Benehmen mit der zuständigen Genehmigungsbehörde.

(4) [1]Verkehrsleistungen im öffentlichen Personennahverkehr sind eigenwirtschaftlich zu erbringen. [2]Eigenwirtschaftlich sind Verkehrsleistungen, deren Aufwand gedeckt wird durch Beförderungserlöse, Ausgleichsleistungen auf der Grundlage von allgemeinen Vorschriften nach Artikel 3 Absatz 2 und 3 der Verordnung (EG) Nr. 1370/2007 des Europäischen Parlaments und des Rates vom 23. Oktober 2007 über öffentliche Personenverkehrsdienste auf Schiene und Straße und zur Aufhebung der Verordnungen (EWG) Nr. 1191/69 und (EWG) Nr. 1107/70 des Rates (ABl. L 315 vom 3.12.2007, S. 1) und sonstige Unternehmenserträge im handelsrechtlichen Sinne, soweit diese keine Ausgleichsleistungen für die Erfüllung gemeinwirtschaftlicher Verpflichtungen nach Artikel 3 Absatz 1 der Verordnung (EG) Nr. 1370/2007 darstellen und keine ausschließlichen Rechte gewährt werden. [3]Ausgleichszahlungen für die Beförderung von Personen mit Zeitfahrausweisen des Ausbildungsverkehrs nach § 45a sind aus dem Anwendungsbereich der Verordnung (EG) Nr. 1370/2007 ausgenommen.

§ 8a Vergabe öffentlicher Dienstleistungsaufträge

(1) [1]Soweit eine ausreichende Verkehrsbedienung für eine Gesamtleistung nach § 8a Absatz 2 Satz 4 oder für eine Teilleistung nicht entsprechend § 8 Absatz 4 Satz 1 möglich ist, ist die Verordnung (EG) Nr. 1370/2007 maßgebend. [2]Die zuständige Behörde im Sinne der Verordnung (EG) Nr. 1370/2007 (zuständige Behörde) kann zur Sicherstellung einer ausreichenden Verkehrsbedienung allgemeine Vorschriften im Sinne des Artikels 3 Absatz 2 und 3 der Verordnung (EG) Nr. 1370/2007 erlassen oder öffentliche Dienstleistungsaufträge nach Maßgabe des Artikels 3 Absatz 1 der Verordnung (EG) Nr. 1370/2007 erteilen. [3]Wer zuständige Behörde ist, richtet sich nach dem Landesrecht; sie soll grundsätzlich mit dem Aufgabenträger nach § 8 Absatz 3 identisch sein.

(2) [1]Sind öffentliche Dienstleistungsaufträge im Sinne der Verordnung (EG) Nr. 1370/2007 für den Verkehr mit Straßenbahnen, Obussen oder mit Kraftfahrzeugen zugleich öffentliche Aufträge im Sinne des § 103 des Gesetzes gegen Wettbewerbsbeschränkungen, gilt Teil 4 des Gesetzes gegen Wettbewerbsbeschränkungen. [2]Die zuständige Behörde ist auch in diesem Fall zur Veröffentlichung nach Artikel 7 Absatz 2 der Verordnung (EG) Nr. 1370/2007 (Vorabbekanntmachung) verpflichtet; die Veröffentlichung soll nicht früher als 27 Monate vor Betriebsbeginn erfolgen und hat den Hinweis auf die Antragsfrist in § 12 Absatz 6 zu enthalten. [3]In der Vorabbekanntmachung sollen die mit dem beabsichtigten Dienstleistungsauftrag verbundenen Anforderungen zu Fahrplan, Beförderungsentgelt und Standards angegeben werden. [4]Es kann angegeben werden, inwieweit eine Vergabe als Gesamtleistung beabsichtigt ist (Netz, Teilnetz, Linienbündel, Linie). [5]Die Angaben können auch durch Verweis auf bestimmte Inhalte des Nahverkehrsplans im Sinne des § 8 Absatz 3 oder durch Verweis auf andere öffentlich zugängliche Dokumente geleistet werden.

(3) Die zuständige Behörde ist unter den in der Verordnung (EG) Nr. 1370/2007 genannten Voraussetzungen befugt, Verkehrsleistungen im Nahverkehr nach Artikel 5 Absatz 2 der Verordnung (EG) Nr. 1370/2007 selbst zu erbringen oder nach Artikel 5 Absatz 2 und 4 der Verordnung (EG) Nr. 1370/2007 direkt zu vergeben.

(4) [1]Bei der Vergabe eines öffentlichen Dienstleistungsauftrages nach Artikel 5 Absatz 3 und 4 der Verordnung (EG) Nr. 1370/2007 für den Verkehr mit Straßenbahnen, Obussen oder mit Kraftfahrzeugen sind die Interessen des Mittelstandes angemessen zu berücksichtigen. [2]Bei der Vergabe eines öffentlichen Dienstleistungsauftrages nach Artikel 5 Absatz 3 der Verordnung (EG) Nr. 1370/2007 sind Leistungen in Lose aufgeteilt zu vergeben.

(5) [1]Beabsichtigt die zuständige Behörde, Verkehrsleistungen im Nahverkehr selbst zu erbringen oder nach Artikel 5 Absatz 2 oder 4 der Verordnung (EG) Nr. 1370/2007 direkt zu vergeben, so hat sie interessierte Unternehmer auf Antrag über die Gründe für die beabsichtigte Entscheidung zu informieren. [2]Der Antrag ist innerhalb einer Frist von sechs Monaten nach der Vorabbekanntmachung zu stellen.

(6) Die Unternehmen können verlangen, dass die zuständige Behörde die Bestimmungen über die Vergabe öffentlicher Dienstleistungsaufträge einhält.

(7) ^1Die Vergabe eines öffentlichen Dienstleistungsauftrages nach Artikel 5 Absatz 2 bis 5 der Verordnung (EG) Nr. 1370/2007 für den Verkehr mit Straßenbahnen, Obussen oder Kraftfahrzeugen unterliegt der Nachprüfung nach Teil 4 Kapitel 2 des Gesetzes gegen Wettbewerbsbeschränkungen. ^2Die Prüfungsmöglichkeiten der Aufsichtsbehörde der zuständigen Behörde bleiben unberührt.

(8) ^1Die zuständige Behörde im Sinne der Verordnung (EG) Nr. 1370/2007 kann in dem öffentlichen Dienstleistungsauftrag ein ausschließliches Recht im Sinne von Artikel 2 Buchstabe f der Verordnung (EG) Nr. 1370/2007 gewähren. ^2Das ausschließliche Recht darf sich nur auf den Schutz der Verkehrsleistungen beziehen, die Gegenstand des öffentlichen Dienstleistungsauftrages sind. ^3Die zuständige Behörde bestimmt hierbei den räumlichen und zeitlichen Geltungsbereich sowie die Art der Personenverkehrsdienstleistungen, die unter Ausschluss anderer Betreiber zu erbringen sind. ^4Dabei dürfen solche Verkehre, die das Fahrgastpotenzial der geschützten Verkehre nur unerheblich beeinträchtigen, nicht ausgeschlossen werden.

§ 8b Wettbewerbliches Vergabeverfahren

(1) Ein wettbewerbliches Vergabeverfahren nach Artikel 5 Absatz 3 der Verordnung (EG) Nr. 1370/2007 muss die Anforderungen nach den Absätzen 2 bis 7 erfüllen.

(2) ^1Die Bekanntmachung über das vorgesehene wettbewerbliche Vergabeverfahren muss allen in Betracht kommenden Bietern zugänglich sein. ^2Sie kann auf der Internetseite www.bund.de veröffentlicht werden. ^3Die Bekanntmachung muss alle für die Teilnahme an dem Vergabeverfahren erforderlichen Informationen enthalten, insbesondere Informationen über

1. den vorgesehenen Ablauf des wettbewerblichen Vergabeverfahrens,
2. vorzulegende Nachweise der Fachkunde, Zuverlässigkeit und Leistungsfähigkeit (Eignungsnachweis),
3. Anforderungen an die Übermittlung von Unterlagen sowie
4. Zuschlagskriterien einschließlich deren vorgesehener Gewichtung.

(3) ^1Die Dienstleistungen sind eindeutig und umfassend zu beschreiben, sodass alle in Betracht kommenden Bieter die Beschreibung im gleichen Sinne verstehen müssen und miteinander vergleichbare Angebote zu erwarten sind. ^2Fristen sind unter Berücksichtigung der Komplexität der Dienstleistungen angemessen zu setzen.

(4) ^1Die Teilnehmer an dem wettbewerblichen Vergabeverfahren sind gleich zu behandeln. ^2Der Zuschlag ist auf das unter Berücksichtigung aller Umstände wirtschaftlichste Angebot zu erteilen.

(5) Werden Unteraufträge zugelassen, kann vorgegeben werden, dass die Übertragung von Unteraufträgen nach wettbewerblichen Grundsätzen vorzunehmen ist.

(6) ^1Das Vergabeverfahren ist vom Beginn fortlaufend zu dokumentieren. ^2Alle wesentlichen Entscheidungen sind zu begründen.

(7) ^1Der Aufgabenträger hat die nicht berücksichtigten Bieter über den Namen des ausgewählten Unternehmens, über die Gründe für ihre Nichtberücksichtigung und über den frühesten Zeitpunkt der Beauftragung unverzüglich zu informieren. ^2Die §§ 134 und 135 des Gesetzes gegen Wettbewerbsbeschränkungen gelten entsprechend.

II.
Genehmigung

§ 9 Umfang der Genehmigung

(1) Die Genehmigung wird erteilt

1. bei einem Verkehr mit Straßenbahnen für den Bau, den Betrieb und die Linienführung,
2. bei einem Verkehr mit Obussen für den Bau, den Betrieb und die Linienführung,
3. bei einem Linienverkehr mit Kraftfahrzeugen für die Einrichtung, die Linienführung und den Betrieb,
4. bei einem Gelegenheitsverkehr mit Kraftomnibussen für den Betrieb,
5. bei einem Gelegenheitsverkehr mit Personenkraftwagen für die Form des Gelegenheitsverkehrs und den Betrieb mit bestimmten Kraftfahrzeugen unter Angabe ihrer amtlichen Kennzeichen.

(2) Soweit es die Zielsetzung des § 8 erfordert, kann in den Fällen des Absatzes 1 Nr. 1 bis 3 die Genehmigung für eine Linie oder für mehrere Linien gebündelt erteilt werden.

(3) (weggefallen)

§ 10 Entscheidung in Zweifelsfällen

Entstehen Zweifel darüber, ob eine Personenbeförderung den Vorschriften dieses Gesetzes unterliegt oder welcher Verkehrsart oder Verkehrsform ein Verkehr zugehört oder wer Unternehmer im Sinne des § 3

Abs. 1 und 2 ist, so entscheidet die für den Sitz des Unternehmers zuständige, von der Landesregierung bestimmte Behörde.

§ 11 Genehmigungsbehörden

(1) Die Genehmigung erteilt die von der Landesregierung bestimmte Behörde.

(2) Zuständig ist

1. bei einem Straßenbahn-, Obusverkehr oder einem Linienverkehr mit Kraftfahrzeugen die Genehmigungsbehörde, in deren Bezirk der Verkehr ausschließlich betrieben werden soll,

2. bei einem Gelegenheitsverkehr mit Kraftfahrzeugen die Genehmigungsbehörde, in deren Bezirk der Unternehmer seinen Sitz oder seine Niederlassung im Sinne des Handelsrechts hat.

(3) [1]Soll ein Straßenbahn-, Obusverkehr oder ein Linienverkehr mit Kraftfahrzeugen in den Bezirken mehrerer Genehmigungsbehörden desselben Landes betrieben werden, so ist die Genehmigungsbehörde zuständig, in deren Bezirk die Linie ihren Ausgangspunkt hat. [2]Bestehen Zweifel über die Zuständigkeit, so wird die zuständige Genehmigungsbehörde von der von der Landesregierung bestimmten Behörde benannt. [3]Die zuständige Genehmigungsbehörde trifft ihre Entscheidung im Einvernehmen mit den an der Linienführung beteiligten Genehmigungsbehörden; Genehmigungsbehörden, deren Bezirke im Transit durchfahren werden, sind nicht zu beteiligen. [4]Kommt ein Einvernehmen nicht zustande, so entscheidet die von der Landesregierung bestimmte Behörde.

(4) [1]Soll ein Straßenbahn-, Obusverkehr oder Linienverkehr mit Kraftfahrzeugen in mehreren Ländern betrieben werden, so ist Absatz 3 Satz 1 und 3 entsprechend anzuwenden. [2]Bestehen zwischen den beteiligten Ländern Zweifel über die Zuständigkeit und kommt eine Einigung der obersten Landesverkehrsbehörden darüber nicht zustande, so entscheidet auf Antrag einer beteiligten obersten Landesverkehrsbehörde das Bundesministerium für Verkehr und digitale Infrastruktur. [3]Das gleiche gilt, wenn über die Entscheidung eines Genehmigungsantrages zwischen den Genehmigungsbehörden der beteiligten Länder ein Einvernehmen nicht hergestellt und auch ein Einvernehmen zwischen den obersten Landesverkehrsbehörden darüber nicht erzielt werden kann.

§ 12 Antragstellung

(1) [1]Der Antrag auf Erteilung der Genehmigung soll enthalten

1. in allen Fällen
 a) Namen sowie Wohn- und Betriebssitz des Antragstellers, bei natürlichen Personen außerdem Geburtstag und Geburtsort,
 b) Angaben darüber, ob der Antragsteller bereits eine Genehmigung für eine Verkehrsart besitzt oder besessen hat,
 c) eine Darstellung der Maßnahmen zur Erreichung der möglichst weitreichenden barrierefreien Nutzung des beantragten Verkehrs entsprechend den Aussagen im Nahverkehrsplan (§ 8 Abs. 3 Satz 3),
 d) Beginn und Ende der beantragten Geltungsdauer,
 e) gegebenenfalls den Nachweis über einen öffentlichen Dienstleistungsauftrag im Sinne von Artikel 3 Absatz 1 der Verordnung (EG) Nr. 1370/2007;
2. bei einem Straßenbahn- oder Obusverkehr
 a) eine Übersichtskarte, in der die beantragte Strecke mit Haltestellen und alle in dem Verkehrsgebiet bereits vorhandenen Schienenbahnen, Obuslinien, Kraftfahrzeuglinien und Schiffahrtslinien, letztere soweit sie dem Berufsverkehr dienen, eingezeichnet sind,
 b) Beförderungsentgelte und Fahrplan,
 c) auf Verlangen der Genehmigungsbehörde einen Bauplan mit Kostenanschlag sowie Beschreibung der Anlage, Angaben über die höchste und tiefste Lage des Fahrdrahts, Längs- und Querschnitte sowie Pläne für notwendige Änderungen an öffentlichen Straßen, Beschreibung der Fahrzeuge einschließlich der Schaltpläne und der Betriebsweise;
3. bei einem Linienverkehr mit Kraftfahrzeugen
 a) eine Übersichtskarte in der unter Nummer 2 Buchstabe a beschriebenen Form,
 b) die Länge der Linie, bei Unterwegsbedienung auch der Teilstrecken, in Kilometern,
 c) Angaben über die Zahl, die Art und das Fassungsvermögen (Sitz- und Stehplätze) der zu verwendenden Fahrzeuge,
 d) Beförderungsentgelte und Fahrplan;
4. bei einem Gelegenheitsverkehr mit Kraftfahrzeugen
 a) Verkehrsform des Gelegenheitsverkehrs (§ 46),
 b) Angaben über die Zahl, die Art und das Fassungsvermögen (Sitzplätze) der zu verwendenden Fahrzeuge.

[2]Bei einem Personenfernverkehr (§ 42a Satz 1) genügt abweichend von Satz 1 Nummer 3 Buchstabe a eine Übersichtskarte, in der die beantragte Strecke mit Haltestellen eingezeichnet ist und abweichend von Satz 1 Nummer 3 Buchstabe d der Fahrplan.

(1a) Um bestimmte Standards des beantragten Verkehrs verbindlich zuzusichern, kann der Antragsteller dem Genehmigungsantrag weitere Bestandteile hinzufügen, die als verbindliche Zusicherungen zu bezeichnen sind.

(2) Dem Antrag sind Unterlagen beizufügen, die ein Urteil über die Zuverlässigkeit des Antragstellers und die Sicherheit und Leistungsfähigkeit des Betriebs ermöglichen.

(3) [1]Die Genehmigungsbehörde kann weitere Angaben und Unterlagen, insbesondere Vorlage eines polizeilichen Führungszeugnisses, verlangen. [2]Sie hat bei einem Antrag auf Erteilung der Genehmigung von Linien- oder Gelegenheitsverkehr mit Kraftfahrzeugen das Kraftfahrt-Bundesamt um Auskunft über den Antragsteller zu ersuchen.

(4) [1]Das Genehmigungsverfahren soll im Falle des § 3 Abs. 3 erst dann eingeleitet werden, wenn auch der Antrag auf Erteilung der Genehmigung für den Betrieb vorliegt. [2]Die Verfahren sind nach Möglichkeit miteinander zu verbinden.

(5) [1]Der Antrag auf Erteilung einer Genehmigung für einen eigenwirtschaftlichen Verkehr mit Straßenbahnen, Obussen oder Kraftfahrzeugen im Linienverkehr ist spätestens zwölf Monate vor dem Beginn des beantragten Geltungszeitraums zu stellen. [2]Die Genehmigungsbehörde kann verspätete Anträge zulassen, wenn kein genehmigungsfähiger Antrag gestellt worden ist. [3]Die Genehmigungsbehörde kann andere Termine setzen. [4]Sie muss hierauf in der Bekanntmachung nach § 18 hinweisen. [5]Danach sind Ergänzungen und Änderungen von Anträgen nur dann zulässig, wenn sie von der Genehmigungsbehörde im öffentlichen Verkehrsinteresse angeregt worden sind.

(6) [1]Beabsichtigt die zuständige Behörde die Vergabe eines öffentlichen Dienstleistungsauftrages nach Artikel 5 Absatz 2 bis 4 der Verordnung (EG) Nr. 1370/2007 oder nach dem Vierten Teil des Gesetzes gegen Wettbewerbsbeschränkungen, ist der Antrag auf Erteilung einer Genehmigung für einen eigenwirtschaftlichen Verkehr mit Straßenbahnen, Obussen oder Kraftfahrzeugen im Linienverkehr spätestens drei Monate nach der Vorabbekanntmachung zu stellen. [2]Die Genehmigungsbehörde kann im Einvernehmen mit dem Aufgabenträger verspätete Anträge zulassen. [3]Das Einvernehmen des Aufgabenträgers nach Satz 2 gilt als erteilt, wenn der von dem Aufgabenträger beauftragte Verkehr den im Rahmen der Vorabbekanntmachung gesetzten Anforderungen nach § 8a Absatz 2 Satz 3 bis 5 entspricht.

(7) [1]Der Antrag auf Erteilung einer Genehmigung für Verkehr mit Straßenbahnen, Obussen oder Kraftfahrzeugen im Linienverkehr im Sinne von § 8a Absatz 1 Satz 1 in Verbindung mit Artikel 3 Absatz 1 der Verordnung (EG) Nr. 1370/2007 soll spätestens sechs Monate vor dem Beginn der beantragten Geltungsdauer gestellt werden. [2]Die Genehmigungsbehörde kann auf Antrag die Frist verkürzen.

(8) Die Absätze 5 und 6 gelten nicht für den Personenfernverkehr (§ 42a Satz 1).

§ 13 Voraussetzung der Genehmigung

(1) [1]Die Genehmigung darf nur erteilt werden, wenn
1. die Sicherheit und die Leistungsfähigkeit des Betriebs gewährleistet sind,
2. keine Tatsachen vorliegen, die die Unzuverlässigkeit des Antragstellers als Unternehmer oder der für die Führung der Geschäfte bestellten Personen dartun,
3. der Antragsteller als Unternehmer oder die für die Führung der Geschäfte bestellte Person fachlich geeignet ist und
4. der Antragsteller und die von ihm mit der Durchführung von Verkehrsleistungen beauftragten Unternehmer ihren Betriebssitz oder ihre Niederlassung im Sinne des Handelsrechts im Inland haben.

[2]Die fachliche Eignung nach Satz 1 Nr. 3 wird durch eine angemessene Tätigkeit in einem Unternehmen des Straßenpersonenverkehrs oder durch Ablegung einer Prüfung nachgewiesen.

(1a) Abweichend von Absatz 1 darf beim Verkehr mit Kraftomnibussen die Genehmigung nur erteilt werden, wenn die Anforderungen nach Artikel 3 Absatz 1 der Verordnung (EG) Nr. 1071/2009 des Europäischen Parlaments und des Rates vom 21. Oktober 2009 zur Festlegung gemeinsamer Regeln für die Zulassung zum Beruf des Kraftverkehrsunternehmers und zur Aufhebung der Richtlinie 96/26/EG des Rates (ABl. L 300 vom 14.11.2009, S. 51) erfüllt sind.

(2) [1]Beim Straßenbahn-, Obusverkehr und Linienverkehr mit Kraftfahrzeugen ist die Genehmigung zu versagen, wenn
1. der Verkehr auf Straßen durchgeführt werden soll, die sich aus Gründen der Verkehrssicherheit oder wegen ihres Bauzustandes hierfür nicht eignen,
2. der beantragte Verkehr ein ausschließliches Recht im Sinne von Artikel 2 Buchstabe f der Verordnung (EG) Nr. 1370/2007 verletzt, das von der zuständigen Behörde nach § 8a Absatz 1 in einem

öffentlichen Dienstleistungsauftrag nach Artikel 3 Absatz 1 der Verordnung (EG) Nr. 1370/2007 unter Beachtung der in § 8a Absatz 8 genannten Voraussetzungen gewährt wurde,

3. durch den beantragten Verkehr die öffentlichen Verkehrsinteressen beeinträchtigt werden, insbesondere

 a) der Verkehr mit den vorhandenen Verkehrsmitteln befriedigend bedient werden kann,

 b) der beantragte Verkehr ohne eine wesentliche Verbesserung der Verkehrsbedienung Verkehrsaufgaben wahrnehmen soll, die vorhandene Unternehmen oder Eisenbahnen bereits wahrnehmen,

 c) die für die Bedienung dieses Verkehrs vorhandenen Unternehmen oder Eisenbahnen bereit sind, die notwendige Ausgestaltung des Verkehrs innerhalb einer von der Genehmigungsbehörde festzusetzenden Frist und, soweit es sich um öffentlichen Personennahverkehr handelt, unter den Voraussetzungen des § 8 Absatz 3 selbst durchzuführen oder

 d) der beantragte Verkehr einzelne ertragreiche Linien oder ein Teilnetz aus einem vorhandenen Verkehrsnetz oder aus einem im Nahverkehrsplan im Sinne des § 8 Absatz 3 festgelegten Linienbündel herauslösen würde.

[2]Satz 1 Nummer 2 und 3 gilt nicht für den Personenfernverkehr (§ 42a Satz 1).

(2a) [1]Im öffentlichen Personennahverkehr kann die Genehmigung versagt werden, wenn der beantragte Verkehr mit einem Nahverkehrsplan im Sinne des § 8 Abs. 3 nicht in Einklang steht. [2]Die Genehmigung ist zu versagen, wenn ein in der Frist nach § 12 Absatz 6 gestellter Antrag die in der Vorabbekanntmachung beschriebenen Anforderungen nicht erfüllt oder sich nur auf Teilleistungen bezieht, es sei denn, die zuständige Behörde erteilt gegenüber der Genehmigungsbehörde ihr Einvernehmen zu den beantragten Abweichungen. [3]Die Genehmigung ist zu erteilen, wenn der beantragte und in seinen Bestandteilen verbindlich zugesicherte Verkehr mindestens dem bisherigen Verkehrsangebot entspricht und darüber hinaus von den in der Vorabbekanntmachung beschriebenen weitergehenden Anforderungen zur Sicherstellung der ausreichenden Verkehrsbedienung nur unwesentlich abweicht. [4]Als wesentlich gelten grundsätzlich Abweichungen von Anforderungen zu Linienweg und Haltestellen, zu Bedienungshäufigkeit und Bedienungszeitraum, zur Abstimmung der Fahrpläne und zur Barrierefreiheit. [5]Das Gleiche gilt für Anforderungen zur Anwendung verbundener Beförderungstarife und Beförderungsbedingungen, für die ein Ausgleich nach der Verordnung (EG) Nr. 1370/2007 gezahlt werden soll. [6]Sofern diese Abweichungen Anforderungen betreffen, die über das bisherige Verkehrsangebot hinausgehen, sind sie nur dann wesentlich, wenn der Unternehmer, der diesen Verkehr bisher betrieben hat, hierzu angehört wurde und diese Anforderungen für die ausreichende Verkehrsbedienung erforderlich sind.

(2b) [1]Werden im öffentlichen Personennahverkehr mehrere Anträge gestellt, die sich ganz oder zum Teil auf die gleiche oder im Wesentlichen gleiche Verkehrsleistung beziehen, so ist die Auswahl des Unternehmers danach vorzunehmen, wer die beste Verkehrsbedienung anbietet. [2]Hierbei sind insbesondere die Festlegungen eines Nahverkehrsplans im Sinne des § 8 Absatz 3 zu berücksichtigen.

(2c) Auf Antrag des Aufgabenträgers ist die Genehmigungsbehörde verpflichtet, die Erfüllung der in den Absätzen 1, 1a und 2 Satz 1 Nummer 1 genannten Voraussetzungen bereits im Verfahren der Vergabe eines öffentlichen Dienstleistungsauftrages zu prüfen.

(3) Ist ein Verkehr von einem Unternehmer jahrelang in einer dem öffentlichen Verkehrsinteresse entsprechenden Weise betrieben worden, so ist dieser Umstand, im öffentlichen Personennahverkehr unter den Voraussetzungen des § 8 Abs. 3, angemessen zu berücksichtigen; das gilt auch im Falle des Absatzes 2 Nummer 3.

(4) [1]Beim Verkehr mit Taxen ist die Genehmigung zu versagen, wenn die öffentlichen Verkehrsinteressen dadurch beeinträchtigt werden, daß durch die Ausübung des beantragten Verkehrs das örtliche Taxengewerbe in seiner Funktionsfähigkeit bedroht wird. [2]Hierbei sind für den Bezirk der Genehmigungsbehörde insbesondere zu berücksichtigen

1. die Nachfrage nach Beförderungsaufträgen im Taxenverkehr,
2. die Taxendichte,
3. die Entwicklung der Ertrags- und Kostenlage unter Einbeziehung der Einsatzzeit,
4. die Anzahl und Ursachen der Geschäftsaufgaben.

[3]Zur Feststellung der Auswirkungen früher erteilter Genehmigungen auf die öffentlichen Verkehrsinteressen soll die Genehmigungsbehörde vor der Entscheidung über neue Anträge einen Beobachtungszeitraum einschalten. [4]Der Beobachtungszeitraum soll höchstens ein Jahr seit der letzten Erteilung einer Genehmigung betragen.

(5) [1]Bei der Erteilung der Genehmigung für den Taxenverkehr sind Neubewerber und vorhandene Unternehmer angemessen zu berücksichtigen. [2]Innerhalb der Gruppen sollen die Antragsteller nach der zeit-

lichen Reihenfolge des Eingangs der Anträge berücksichtigt werden. ³Ein Antragsteller wird unabhängig vom Zeitpunkt der Antragstellung nachrangig behandelt, wenn er

1. das Taxengewerbe nicht als Hauptbeschäftigung zu betreiben beabsichtigt,
2. sein Unternehmen nicht als Hauptbeschäftigung betrieben hat oder innerhalb der letzten acht Jahre ganz oder teilweise veräußert oder verpachtet hat oder
3. seiner Betriebspflicht nicht ordnungsgemäß nachgekommen ist.

⁴Einem Antragsteller darf jeweils nur eine Genehmigung erteilt werden, sofern nicht mehr Genehmigungen erteilt werden können, als Antragsteller vorhanden sind. ⁵Die Genehmigung ist Neubewerbern für die Dauer von zwei Jahren zu erteilen; die aus der Genehmigung erwachsenden Rechte und Pflichten dürfen während dieses Zeitraumes nicht übertragen werden.

(6) Bei juristischen Personen des öffentlichen Rechts gelten die Genehmigungsvoraussetzungen nach Absatz 1 als gegeben.

(7) Bei der Genehmigung in den Fällen des § 2 Abs. 2 Nr. 2 und 3 sind die Absätze 2, 4 und 5 Satz 1, 2, 4 und 5 nicht anzuwenden.

§ 13a *[aufgehoben]*

§ 14 Anhörungsverfahren

(1) ¹Vor der Entscheidung über den Antrag auf Erteilung der Genehmigung für die Beförderung von Personen mit Straßenbahnen, Obussen oder mit Kraftfahrzeugen im Linienverkehr hat die Genehmigungsbehörde

1. die Unternehmer, die im Einzugsbereich des beantragten Verkehrs Eisenbahn-, Straßenbahn-, Obusverkehr oder Linienverkehr mit Kraftfahrzeugen betreiben, zu hören;
2. die Stellungnahmen der im Einzugsbereich des beantragten Verkehrs liegenden Gemeinden, bei kreisangehörigen Gemeinden auch der Landkreise, der Aufgabenträger und der Verbundorganisationen, soweit diese Aufgaben für die Aufgabenträger oder Unternehmer wahrnehmen, der örtlich zuständigen Träger der Straßenbaulast, der nach Landesrecht zuständigen Planungsbehörden und der für Gewerbeaufsicht zuständigen Behörden sowie anderer Behörden, deren Aufgaben durch den Antrag berührt werden, einzuholen;
3. die Industrie- und Handelskammern, die betroffenen Fachgewerkschaften und die Fachverbände der Verkehrtreibenden gutachtlich zu hören; sie kann auch weitere Stellen hören.

²Bei einem Antrag auf Erteilung einer Genehmigung für einen eigenwirtschaftlichen Verkehr mit Straßenbahnen, Obussen oder Kraftfahrzeugen im Linienverkehr ist das Anhörungsverfahren erst nach dem Ablauf der Antragsfrist in § 12 Absatz 5 oder 6 durchzuführen.

(2) ¹Vor der Entscheidung über den Antrag auf Erteilung einer Genehmigung für die Beförderung von Personen mit Kraftfahrzeugen im Gelegenheitsverkehr hat die Genehmigungsbehörde die Gemeinde, in deren Gebiet der Betriebssitz des Unternehmers liegt, die nach Landesrecht für die Gewerbeaufsicht zuständige Behörde, die Industrie- und Handelskammer, die Fachgewerkschaften und Verkehrsverbände gutachtlich zu hören. ²Sie kann auch weitere Stellen hören.

(3) ¹Die Genehmigungsbehörde kann von der Durchführung des Anhörungsverfahrens absehen, wenn sie aus eigener Kenntnis der Sachlage dem Antrag nicht entsprechen will oder in den Fällen des § 2 Abs. 2 die Durchführung des Anhörungsverfahrens nicht zur Sachverhaltsaufklärung erforderlich ist. ²Wird bei einem Gelegenheitsverkehr mit Kraftfahrzeugen ein Kraftfahrzeugaustausch beantragt, ist davon abzusehen.

(4) ¹Die in den Absätzen 1 und 2 genannten Personen und Stellen können sich zu dem Antrag schriftlich gegenüber der Genehmigungsbehörde äußern. ²Stellungnahmen sind zu berücksichtigen, wenn diese binnen zwei Wochen, nachdem die Behörde die Vorgenannten über den Antrag in Kenntnis gesetzt hat, bei der Behörde eingehen.

(5) ¹Bei Anträgen auf Erteilung einer Genehmigung für grenzüberschreitende Gelegenheitsverkehre oder für Transitverkehre sind die Absätze 1 bis 4 nicht anzuwenden. ²Bei Anträgen auf Erteilung einer Genehmigung für einen Personenfernverkehr (§ 42a Satz 1) sind nach Absatz 1 Satz 1 Nummer 1 nur die Unternehmer zu hören, deren Rechte nach § 13 Absatz 2 berührt sein können; Absatz 1 Satz 1 Nummer 3 ist nicht anzuwenden.

§ 15 Erteilung und Versagung der Genehmigung

(1) ¹Die Entscheidung über den Antrag erfolgt schriftlich; sie ist den Antragstellern und, soweit diese Einwendungen erhoben haben, auch den in § 14 Abs. 1 Nr. 1 und 2 genannten Personen und Stellen zuzustellen. ²Über den Antrag ist innerhalb von 3 Monaten nach Eingang bei der Genehmigungsbehörde zu entscheiden. ³Kann die Prüfung des Antrags in dieser Zeit nicht abgeschlossen werden, ist die Frist vor

ihrem Ablauf in einem den Antragstellern mitzuteilenden Zwischenbescheid um den Zeitraum zu verlängern, der notwendig ist, um die Prüfung abschließen zu können. [4]Die Verlängerung der in Satz 2 bezeichneten Frist darf höchstens 3 Monate betragen. [5]Die Genehmigung gilt als erteilt, wenn sie nicht innerhalb der Frist versagt wird. [6]Die Frist für eine Entscheidung über einen Antrag auf Erteilung einer Genehmigung für einen Verkehr mit Straßenbahnen, Obussen oder Kraftfahrzeugen im Linienverkehr beginnt frühestens mit dem ersten Kalendertag nach dem Ablauf der Antragsfrist in § 12 Absatz 5 oder 6.

(2) [1]Ist die Entscheidung über den Antrag unanfechtbar geworden, wird dem Antragsteller eine Genehmigungsurkunde erteilt. [2]Einer juristischen Person darf die Genehmigungsurkunde erst ausgehändigt werden, wenn die Eintragung in das Register nachgewiesen ist.

(3) [1]Die Genehmigung kann unter Bedingungen und Auflagen erteilt werden, sofern sich diese Nebenbestimmungen im Rahmen des Gesetzes und der auf Grund dieses Gesetzes erlassenen Rechtsverordnungen halten. [2]Wurden dem Genehmigungsantrag weitere Bestandteile im Sinne des § 12 Absatz 1a hinzugefügt, so ist deren Einhaltung durch eine Auflage zur Genehmigung abzusichern, in deren Kontrolle die zuständige Behörde auf ihren Wunsch eingebunden werden kann.

(4) Die Genehmigung darf nicht vorläufig oder mit einem Vorbehalt des Widerrufs erteilt werden.

(5) Die Genehmigungsbehörde hat die zuständige Berufsgenossenschaft von der Erteilung der Genehmigung zu unterrichten.

§ 16 Geltungsdauer der Genehmigung

(1) [1]Die Geltungsdauer der Genehmigung für Straßenbahn- und Obusverkehr beträgt höchstens 15 Jahre. [2]Sie kann unter den Voraussetzungen des Artikels 4 Absatz 3 Satz 2 und Absatz 4 der Verordnung (EG) Nr. 1370/2007 für einen längeren Zeitraum festgelegt werden. [3]Bei Wiedererteilung der Genehmigung ist die Geltungsdauer so zu bemessen, dass die Genehmigung mit Vereinbarungen und Entscheidungen über die Benutzung öffentlicher Straßen nach § 31 Absatz 2 und 5 in Einklang steht. [4]Ist die beantragte Verkehrsleistung Gegenstand eines öffentlichen Dienstleistungsauftrages im Sinne von Artikel 3 Absatz 1 der Verordnung (EG) Nr. 1370/2007, darf die Geltungsdauer der Genehmigung die Laufzeit des öffentlichen Dienstleistungsauftrages nicht überschreiten.

(2) [1]Die Geltungsdauer der Genehmigung für Linienverkehr mit Kraftfahrzeugen ist unter Berücksichtigung der öffentlichen Verkehrsinteressen zu bemessen. [2]Sie beträgt höchstens zehn Jahre. [3]Die Genehmigung kann unter den Voraussetzungen des Artikels 4 Absatz 3 Satz 2 der Verordnung (EG) Nr. 1370/2007 für einen längeren Zeitraum festgelegt werden. [4]Ist die beantragte Verkehrsleistung Gegenstand eines öffentlichen Dienstleistungsauftrages im Sinne von Artikel 3 Absatz 1 der Verordnung (EG) Nr. 1370/2007, darf die Geltungsdauer der Genehmigung die Laufzeit des öffentlichen Dienstleistungsauftrages nicht überschreiten. [5]Im öffentlichen Personennahverkehr ist § 8 Absatz 3 zu beachten.

(3) [1]Weicht im öffentlichen Personennahverkehr ein Genehmigungsantrag für einen eigenwirtschaftlichen Verkehr wesentlich vom bisherigen Verkehrsangebot ab und sichert die zuständige Behörde der Genehmigungsbehörde die Vergabe eines dem bisherigen Verkehrsangebot entsprechenden öffentlichen Dienstleistungsauftrages zu, so ist die Geltungsdauer der Genehmigung so zu bemessen, dass sie zu dem Zeitpunkt endet, den die zuständige Behörde als Zeitpunkt der geplanten Betriebsaufnahme des zugesicherten Verkehrs angibt. [2]Setzt die zuständige Behörde ihre Zusicherung nicht um, so ist die Geltungsdauer der Genehmigung unter Beachtung der Absätze 1 und 2 neu festzusetzen.

(4) Die Geltungsdauer der Genehmigungen für Gelegenheitsverkehr mit Kraftomnibussen beträgt höchstens zehn Jahre und für sonstigen Gelegenheitsverkehr mit Kraftfahrzeugen höchstens fünf Jahre.

§ 17[1]) Genehmigungsurkunde

(1) Die Genehmigungsurkunde muß enthalten:
1. Name, Wohn- und Betriebssitz des Unternehmers,
2. Bezeichnung der Verkehrsart, für die die Genehmigung erteilt wird, im Gelegenheitsverkehr mit Personenkraftwagen auch der Verkehrsform,
3. Geltungsdauer der Genehmigung,
4. etwaige Bedingungen und Auflagen,
5. Bezeichnung der Aufsichtsbehörde,
6. bei Straßenbahn- oder Obusverkehr die Linienführung und im Falle des § 28 Abs. 4 einen Hinweis auf den Vorbehalt,
7. bei Linienverkehr mit Kraftfahrzeugen die Linienführung,
8. bei Gelegenheitsverkehr mit Personenkraftwagen die amtlichen Kennzeichen der einzusetzenden Kraftfahrzeuge.

1) Siehe hierzu ua:
 die VwV zum PersonenbeförderungsG.

(2) ¹Im Falle eines Austausches von Kraftfahrzeugen im Gelegenheitsverkehr mit Personenkraftwagen hat der Unternehmer die Genehmigungsurkunde der Genehmigungsbehörde zur Ergänzung vorzulegen. ²Das gleiche gilt, wenn der Unternehmer ein Kraftfahrzeug nicht mehr im Gelegenheitsverkehr mit Personenkraftwagen einsetzt.

(3) Die Erteilung der Genehmigung kann nur durch die Genehmigungsurkunde oder eine amtliche Ausfertigung oder im Falle des Gelegenheitsverkehrs mit Kraftomnibussen durch eine beglaubigte Kopie der Gemeinschaftslizenz nach Artikel 4 der Verordnung (EG) Nr. 1073/2009 des Europäischen Parlaments und des Rates vom 21. Oktober 2009 über gemeinsame Regeln für den Zugang zum grenzüberschreitenden Personenkraftverkehrsmarkt und zur Änderung der Verordnung (EG) Nr. 561/2006 (ABl. L 300 vom 14.11.2009, S. 88) und die den Zusatz „Gilt auch als Genehmigung für die Beförderung im innerdeutschen Gelegenheitsverkehr" enthält, nachgewiesen werden.

(4) ¹Im Gelegenheitsverkehr mit Kraftfahrzeugen ist die Genehmigungsurkunde oder eine gekürzte amtliche Ausfertigung oder eine beglaubigte Kopie der Gemeinschaftslizenz während der Fahrt mitzuführen und auf Verlangen den zuständigen Personen zur Prüfung auszuhändigen. ²Im Linienverkehr mit Kraftfahrzeugen gilt Satz 1 nur, wenn die Genehmigungsurkunde eine entsprechende Auflage enthält.

(5) ¹Ist eine Genehmigung anders als durch Fristablauf ungültig geworden, ist die Genehmigungsurkunde unverzüglich einzuziehen. ²Ist dies nicht möglich, ist sie auf Kosten des Unternehmers für kraftlos zu erklären.

§ 18 Informationspflicht der Genehmigungsbehörde

(1) ¹Die Genehmigungsbehörde hat ein Verzeichnis aller Genehmigungen, die im öffentlichen Personennahverkehr für den Verkehr mit Straßenbahnen, Obussen oder Kraftfahrzeugen im Linienverkehr bestehen, am Ende jedes Kalenderjahres im Amtsblatt der Europäischen Union bekannt zu machen. ²Die Bekanntmachung muss folgende Angaben enthalten:

1. die Linienführung,
2. die Geltungsdauer,
3. einen Hinweis darauf, dass der Antrag auf Genehmigung für den weiteren Betrieb des Verkehrs in den Fristen des § 12 Absatz 5 Satz 1 oder Absatz 6 Satz 1 gestellt werden kann.

(2) ¹In die Bekanntmachung nach Absatz 1 können die nach Artikel 7 Absatz 2 der Verordnung (EG) Nr. 1370/2007 und die nach § 8a Absatz 2 Satz 2 dieses Gesetzes vorgeschriebenen Informationen der zuständigen Behörde aufgenommen werden. ²In diesem Fall ist die dreimonatige Frist für den Antrag auf Genehmigung eines Verkehrs abweichend von § 12 Absatz 6 Satz 1 besonders festzulegen.

§ 19 Tod des Unternehmers

(1) Nach dem Tode des Unternehmers kann der Erbe den Betrieb vorläufig weiterführen oder diese Befugnis auf einen Dritten übertragen; das gleiche gilt für den Testamentsvollstrecker, Nachlaßpfleger oder Nachlaßverwalter während einer Testamentsvollstreckung, Nachlaßpflegschaft oder Nachlaßverwaltung.

(2) ¹Die Befugnis erlischt, wenn nicht der Erbe oder der Dritte binnen drei Monaten nach Ablauf der für die Ausschlagung der Erbschaft vorgesehenen Frist oder die in Absatz 1 zweiter Halbsatz genannten Personen binnen drei Monaten nach der Annahme ihres Amtes oder ihrer Bestellung die Genehmigung beantragt haben; ein in der Person des Erben wirksam gewordener Fristablauf wirkt auch gegen den Nachlaßverwalter. ²Bei der Prüfung des Genehmigungsantrages ist § 13 Abs. 2 und 4 nicht anzuwenden. ³Wird dem Antrag stattgegeben, so ist als Zeitpunkt des Ablaufs der Genehmigung der Tag zu bestimmen, an dem die Genehmigung des Rechtsvorgängers abgelaufen sein würde.

(3) ¹Bei Unternehmern mit Betriebspflicht nach § 21 hat die Genehmigungsbehörde dafür zu sorgen, daß der Betrieb keine Unterbrechung erfährt. ²Wird der Betrieb von den in Absatz 1 genannten Personen nicht vorläufig weitergeführt, so kann die Genehmigungsbehörde für die Übergangszeit zur Aufrechterhaltung des Betriebs eine einstweilige Erlaubnis nach § 20 an einen anderen erteilen.

(4) ¹Im Falle der Erwerbs- oder Geschäftsunfähigkeit des Unternehmers oder der für die Führung der Geschäfte bestellten Person darf ein Dritter das Unternehmen bis zu einem Jahr weiterführen. ²In ausreichend begründeten Sonderfällen kann diese Frist um sechs Monate verlängert werden.

§ 20¹⁾ Einstweilige Erlaubnis

(1) ¹Wenn eine sofortige Einrichtung, Erweiterung oder wesentliche Änderung eines Linienverkehrs mit Kraftfahrzeugen im öffentlichen Verkehrsinteresse liegt, kann die Genehmigungsbehörde, in deren Bezirk der Verkehr betrieben werden soll, dem Antragsteller eine widerrufliche einstweilige Erlaubnis erteilen;

1) Siehe hierzu ua:
die VwV zum PersonenbeförderungsG.

die Voraussetzungen des § 13 Abs. 1 oder Absatz 1a müssen vorliegen. ²Die Erteilung ist auch den in § 14 Abs. 1 Nr. 1 genannten Unternehmern bekanntzugeben.

(2) ¹Die einstweilige Erlaubnis wird schriftlich erteilt. ²Sie muß enthalten

1. den Hinweis auf diese Vorschrift mit einem Zusatz, daß die einstweilige Erlaubnis einen Anspruch auf Erteilung einer Genehmigung nicht begründet,
2. Name, Wohn- und Betriebssitz des Unternehmers,
3. Geltungsdauer,
4. etwaige Bedingungen und Auflagen,
5. Linienführung.

(3) ¹Die einstweilige Erlaubnis erlischt nach sechs Monaten, soweit sie nicht vorher widerrufen wird. ²In den Fällen des Artikels 5 Absatz 5 der Verordnung (EG) Nr. 1370/2007 kann die einstweilige Erlaubnis auf bis zu zwei Jahre befristet werden. ³Sie begründet keinen Anspruch auf Erteilung einer Genehmigung. ⁴§ 15 Abs. 3 und 5 gilt entsprechend.

(4) § 17 Abs. 3, 4 und 5 gilt entsprechend.

§ 20a (weggefallen)

§ 21 Betriebspflicht

(1) ¹Der Unternehmer ist verpflichtet, den ihm genehmigten Betrieb aufzunehmen und während der Geltungsdauer der Genehmigung den öffentlichen Verkehrsinteressen und dem Stand der Technik entsprechend aufrechtzuerhalten. ²Gegenstand der Betriebspflicht sind alle Bestandteile der Genehmigung und die nach § 12 Absatz 1a zugesicherten Bestandteile des Genehmigungsantrages.

(2) Die Genehmigungsbehörde kann dem Unternehmer für die Aufnahme des Betriebs eine Frist setzen.

(3) ¹Im öffentlichen Personennahverkehr kann die Genehmigungsbehörde dem Unternehmer auferlegen, den von ihm betriebenen Verkehr zu erweitern oder zu ändern, wenn die öffentlichen Verkehrsinteressen es erfordern und es dem Unternehmer unter Berücksichtigung seiner wirtschaftlichen Lage, einer ausreichenden Verzinsung und Tilgung des Anlagekapitals und der notwendigen technischen Entwicklung zugemutet werden kann. ²Für das Verfahren gelten die §§ 14, 15 und 17 entsprechend.

(4) ¹Die Genehmigungsbehörde kann den Unternehmer auf seinen Antrag von der Verpflichtung nach Absatz 1 für den gesamten oder einen Teil des von ihm betriebenen Verkehrs vorübergehend oder auf Dauer entbinden, wenn ihm die Erfüllung der Betriebspflicht nicht mehr möglich ist oder ihm dies unter Berücksichtigung seiner wirtschaftlichen Lage, einer ausreichenden Verzinsung und Tilgung des Anlagekapitals und der notwendigen technischen Entwicklung nicht mehr zugemutet werden kann. ²Eine Entbindung von der Verpflichtung nach Absatz 1 für einen Teil des vom Unternehmer betriebenen Verkehrs darf darüber hinaus in der Regel nur vorgenommen werden, wenn das öffentliche Verkehrsinteresse nicht entgegensteht. ³Für Bestandteile des Genehmigungsantrages, die vom Unternehmer nach § 12 Absatz 1a verbindlich zugesichert wurden, bleibt die Erfüllung der Betriebspflicht in der Regel zumutbar. ⁴Bis zur Entscheidung über den Antrag kann der Unternehmer den Verkehr aufrechterhalten. ⁵Die Genehmigungsbehörde informiert die zuständige Behörde über eine beabsichtigte Entbindung so rechtzeitig, dass diese eine Notmaßnahme nach Artikel 5 Absatz 5 der Verordnung (EG) Nr. 1370/2007 ergreifen kann.

(5) ¹Im Personenfernverkehr (§ 42a Satz 1) kann der Unternehmer unbeschadet des Absatzes 4 der Genehmigungsbehörde anzeigen, dass er den Verkehr einstellen will. ²In diesem Fall endet die Betriebspflicht drei Monate nach Eingang der Anzeige bei der Genehmigungsbehörde.

§ 22 Beförderungspflicht

Der Unternehmer ist zur Beförderung verpflichtet, wenn

1. die Beförderungsbedingungen eingehalten werden,
2. die Beförderung mit den regelmäßig eingesetzten Beförderungsmitteln möglich ist und
3. die Beförderung nicht durch Umstände verhindert wird, die der Unternehmer nicht abwenden und denen er auch nicht abhelfen kann.

§ 23 Haftung für Sachschäden

Der Unternehmer kann die Haftung für Sachschäden gegenüber jeder beförderten Person nur insoweit ausschließen, als der Schaden 1 000 Euro übersteigt und nicht auf Vorsatz oder grober Fahrlässigkeit beruht.

§ 24 (weggefallen)

§ 25 Widerruf der Genehmigung

(1) [1]Die Genehmigungsbehörde hat die Genehmigung zu widerrufen, wenn
1. nicht mehr alle Voraussetzungen des § 13 Absatz 1 Satz 1 Nummer 1 bis 3 vorliegen,
2. bei eigenwirtschaftlichen Verkehren die Betriebspflichten nachhaltig nicht erfüllt werden oder
3. bei Verkehren nach § 8a Absatz 1 Satz 2 in Verbindung mit Artikel 3 Absatz 1 der Verordnung (EG) Nr. 1370/2007 nach Feststellung der zuständigen Behörde kein wirksamer öffentlicher Dienstleistungsauftrag mehr besteht.

[2]Die erforderliche Zuverlässigkeit des Unternehmers ist insbesondere nicht mehr gegeben, wenn in seinem Verkehrsunternehmen trotz schriftlicher Mahnung die der Verkehrssicherheit dienenden Vorschriften nicht befolgt werden oder den Verpflichtungen zuwidergehandelt wird, die dem Unternehmer nach diesem Gesetz oder nach den auf Grund dieses Gesetzes erlassenen Rechtsvorschriften obliegen.

(2) Die Genehmigungsbehörde kann die Genehmigung widerrufen, wenn die Voraussetzungen des § 13 Absatz 1 Satz 1 Nummer 4 nicht mehr vorliegen oder der Unternehmer die ihm gesetzlich obliegenden arbeitsrechtlichen, sozialrechtlichen oder die sich aus seinem Unternehmen ergebenden steuerrechtlichen Verpflichtungen wiederholt nicht erfüllt oder in schwerwiegender Weise dagegen verstoßen hat.

(3) [1]Auf Verlangen der Genehmigungsbehörde hat der Unternehmer den Nachweis zu führen, dass die Voraussetzungen des § 13 Absatz 1 Satz 1 Nummer 4 vorliegen und die sonst in Absatz 2 bezeichneten Verpflichtungen erfüllt werden. [2]Die Finanzbehörden dürfen den Genehmigungsbehörden Mitteilung über die wiederholte Nichterfüllung der sich aus dem Unternehmen ergebenden steuerrechtlichen Verpflichtungen oder die Abgabe der Vermögensauskunft nach § 284 der Abgabenordnung machen.

(3a) [1]Soweit beim Verkehr mit Kraftomnibussen eine Genehmigung nicht nach Artikel 13 Absatz 3 der Verordnung (EG) Nr. 1071/2009 zu entziehen ist, hat die zuständige Behörde die Genehmigung zu widerrufen, wenn nachträglich Tatsachen eintreten, die zur Versagung der Berufszulassung hätten führen müssen. [2]Artikel 13 Absatz 1 der Verordnung (EG) Nr. 1071/2009 ist entsprechend anzuwenden. [3]Absatz 3 Satz 2 gilt entsprechend.

(4) Die Absätze 1 bis 3a sind auf den Widerruf der Genehmigung für die Übertragung der Betriebsführung entsprechend anzuwenden.

§ 25a Untersagung von Personenkraftverkehrsgeschäften

[1]Rechtfertigen Tatsachen die Annahme, dass beim Verkehr mit Kraftomnibussen der Unternehmer oder der Verkehrsleiter die Voraussetzungen hinsichtlich der Zuverlässigkeit nach Artikel 6 der Verordnung (EG) Nr. 1071/2009 nicht erfüllt, kann dem Unternehmer oder dem Verkehrsleiter die Führung von Personenkraftverkehrsgeschäften untersagt werden. [2]Das Untersagungsverfahren kann unabhängig von einem Verfahren auf Widerruf der Genehmigung durchgeführt werden. [3]Auf Antrag ist dem Unternehmer oder dem Verkehrsleiter die Führung von Personenkraftverkehrsgeschäften von der Behörde, die die Führung von Personenkraftverkehrsgeschäften untersagt hat, wieder zu gestatten, wenn Tatsachen die Annahme rechtfertigen, dass eine Unzuverlässigkeit im Sinne des Satzes 1 nicht mehr vorliegt. [4]Vor Ablauf eines Jahres nach Bestandskraft der Untersagungsverfügung kann die Wiederaufnahme der Führung von Personenkraftverkehrsgeschäften nur gestattet werden, wenn hierfür besondere Gründe vorliegen.

§ 26 Erlöschen der Genehmigung

Die Genehmigung erlischt
1. bei einem Straßenbahn-, Obusverkehr oder Linienverkehr mit Kraftfahrzeugen sowie einem Taxenverkehr, wenn der Unternehmer
 a) den Betrieb nicht innerhalb der ihm von der Genehmigungsbehörde gesetzten Frist aufgenommen hat oder
 b) von der Verpflichtung zur Aufrechterhaltung des gesamten ihm genehmigten Verkehrs dauernd entbunden wird,
2. beim Taxenverkehr, wenn der Unternehmer seinen Betriebssitz in eine andere Gemeinde verlegt.

§ 27 Zwangsmaßnahmen

Das Verwaltungszwangsverfahren richtet sich, soweit dieses Gesetz von Behörden der Länder ausgeführt wird, nach den landesrechtlichen Vorschriften.

III.

Sonderbestimmungen für die einzelnen Verkehrsarten

A.

Straßenbahnen

§ 28 Planfeststellung und vorläufige Anordnung

(1) [1]Betriebsanlagen für Straßenbahnen dürfen nur gebaut oder geändert werden, wenn der Plan vorher festgestellt ist. [2]Bei der Planfeststellung sind die von dem Vorhaben berührten öffentlichen und privaten Belange einschließlich der Umweltverträglichkeit im Rahmen der Abwägung zu berücksichtigen. [3]Für das Planfeststellungsverfahren gelten die §§ 72 bis 78 des Verwaltungsverfahrensgesetzes nach Maßgabe dieses Gesetzes. [4]Die Maßgaben gelten entsprechend, soweit das Planfeststellungsverfahren landesrechtlich durch ein Verwaltungsverfahrensgesetz geregelt ist.

(2) [1]Abweichend von § 74 Absatz 6 Satz 1 Nummer 3 des Verwaltungsverfahrensgesetzes kann für ein Vorhaben, für das nach dem Gesetz über die Umweltverträglichkeitsprüfung eine Umweltverträglichkeitsprüfung durchzuführen ist, an Stelle eines Planfeststellungsbeschlusses eine Plangenehmigung erteilt werden. [2]§ 29 Absatz 1a Satz 1 gilt entsprechend. [3]Im Übrigen findet das Gesetz über die Umweltverträglichkeitsprüfung mit Ausnahme des § 21 Absatz 3 Anwendung.

(3) [1]Bebauungspläne nach § 9 des Baugesetzbuches ersetzen die Planfeststellung nach Absatz 1 und die Plangenehmigung nach § 74 Absatz 6 des Verwaltungsverfahrensgesetzes, sofern darin Betriebsanlagen für Straßenbahnen ausgewiesen sind. [2]Ist eine Ergänzung der Betriebsanlagen notwendig, ein Bebauungsplan unvollständig oder soll von Festsetzungen des Bebauungsplanes abgewichen werden, ist insoweit die Planfeststellung durchzuführen. [3]Es gelten die §§ 40 und 43 Abs. 1, 2, 4 und 5 sowie § 44 Abs. 1 bis 4 des Baugesetzbuches. [4]§ 29 Abs. 3 ist nicht anzuwenden.

(3a) [1]Ist das Planfeststellungsverfahren eingeleitet, kann die Planfeststellungsbehörde nach Anhörung der betroffenen Gemeinde eine vorläufige Anordnung erlassen, in der vorbereitende Maßnahmen oder Teilmaßnahmen zum Bau oder zur Änderung festgesetzt werden,

1. soweit es sich um reversible Maßnahmen handelt,
2. wenn an dem vorzeitigen Beginn ein öffentliches Interesse besteht,
3. wenn mit einer Entscheidung zugunsten des Trägers des Vorhabens gerechnet werden kann und
4. wenn die nach § 74 Absatz 2 des Verwaltungsverfahrensgesetzes zu berücksichtigenden Interessen gewahrt werden.

[2]In der vorläufigen Anordnung sind die Auflagen zur Sicherung der nach Satz 1 Nummer 4 zu wahrenden Interessen und der Umfang der vorläufig zulässigen Maßnahmen festzulegen. [3]Sie ist den anliegenden Gemeinden sowie den Beteiligten zuzustellen oder öffentlich bekannt zu machen. [4]Sie ersetzt nicht die Planfeststellung. [5]§ 32 bleibt unberührt. [6]Soweit die vorbereitenden Maßnahmen oder Teilmaßnahmen zum Bau oder zur Änderung durch die Planfeststellung für unzulässig erklärt werden, ordnet die Planfeststellungsbehörde gegenüber dem Träger des Vorhabens an, den früheren Zustand wiederherzustellen. [7]Dies gilt auch, wenn der Antrag auf Planfeststellung zurückgenommen wurde. [8]Der Betroffene ist durch den Vorhabenträger zu entschädigen, soweit die Wiederherstellung des früheren Zustandes nicht möglich oder mit unverhältnismäßig hohem Aufwand verbunden oder ein Schaden eingetreten ist, der durch die Wiederherstellung des früheren Zustandes nicht ausgeglichen wird. [9]Rechtsbehelfe gegen die vorläufige Anordnung haben keine aufschiebende Wirkung; ein Vorverfahren findet nicht statt.

(4) [1]Eine Genehmigung nach § 9 Abs. 1 Nr. 1 darf nur erteilt werden vorbehaltlich einer nach den Absätzen 1 bis 3 erforderlichen Planfeststellung oder einer Plangenehmigung oder vorbehaltlich einer nach § 74 Absatz 7 Nummer 2 des Verwaltungsverfahrensgesetzes getroffenen Vereinbarung. [2]Das Planfeststellungsverfahren kann gleichzeitig mit dem Genehmigungsverfahren durchgeführt werden.

§ 28a Veränderungssperre; Vorkaufsrecht

(1) [1]Sobald der Plan ausgelegt oder andere Gelegenheit gegeben ist, den Plan einzusehen, dürfen auf den vom Plan betroffenen Flächen bis zu ihrer Inanspruchnahme wesentlich wertsteigernde oder die geplanten Baumaßnahmen erheblich erschwerende Veränderungen nicht vorgenommen werden (Veränderungssperre). [2]Veränderungen, die in rechtlich zulässiger Weise vorher begonnen worden sind, Unterhaltungsarbeiten und die Fortführung einer bisher ausgeübten Nutzung werden davon nicht berührt. [3]Unzulässige Veränderungen bleiben bei der Anordnung von Vorkehrungen und Anlagen und im Entschädigungsverfahren unberücksichtigt.

(2) Dauert die Veränderungssperre über vier Jahre, können die Eigentümer für die dadurch entstandenen Vermögensnachteile Entschädigung verlangen.

(3) In den Fällen des Absatzes 1 Satz 1 steht dem Unternehmer an den betroffenen Flächen ein Vorkaufsrecht zu.

§ 28b Projektmanager

[1]Die Anhörungsbehörde kann einen Dritten mit der Vorbereitung und Durchführung von Verfahrensschritten, insbesondere

1. der Erstellung von Verfahrensleitplänen unter Bestimmung von Verfahrensabschnitten und Zwischenterminen,
2. der Fristenkontrolle,
3. der Koordinierung von erforderlichen Sachverständigengutachten,
4. dem Entwurf eines Anhörungsberichts,
5. der ersten Auswertung der eingereichten Stellungnahmen,
6. der organisatorischen Vorbereitung eines Erörterungstermins und
7. der Leitung eines Erörterungstermins

auf Vorschlag oder mit Zustimmung des Vorhabenträgers und auf dessen Kosten beauftragen. [2]§ 73 Absatz 9 des Verwaltungsverfahrensgesetzes bleibt unberührt. [3]Die Entscheidung über den Planfeststellungsantrag verbleibt bei der zuständigen Behörde.

§ 28c Veröffentlichung im Internet

[1]Wird der Plan nicht nach § 27a Absatz 1 des Verwaltungsverfahrensgesetzes oder § 20 des Gesetzes über die Umweltverträglichkeitsprüfung zugänglich gemacht, ist dieser vom Träger des Vorhabens zur Bürgerinformation über das Internet zugänglich zu machen. [2]§ 23 des Gesetzes über die Umweltverträglichkeitsprüfung gilt entsprechend. [3]Maßgeblich ist der Inhalt des im Rahmen des Genehmigungsverfahrens zur Einsicht ausgelegten Plans. [4]Hierauf ist bei der Zugänglichmachung hinzuweisen.

§ 29 Planfeststellungsbehörde

(1) [1]Planfeststellungsbehörde ist die Genehmigungsbehörde nach § 11. [2]Diese stellt den Plan nach § 28 Absatz 1 fest, erteilt die Plangenehmigung nach § 28 Absatz 2 und § 74 Absatz 6 des Verwaltungsverfahrensgesetzes oder trifft die Entscheidung nach § 74 Absatz 7 des Verwaltungsverfahrensgesetzes.

(1a) Für das Anhörungsverfahren gilt § 73 des Verwaltungsverfahrensgesetzes mit folgenden Maßgaben:

1. Die Anhörungsbehörde kann von einer Erörterung im Sinne des § 73 Absatz 6 des Verwaltungsverfahrensgesetzes und des § 18 Absatz 1 Satz 4 des Gesetzes über die Umweltverträglichkeitsprüfung absehen. Findet keine Erörterung statt, so hat die Anhörungsbehörde ihre Stellungnahme innerhalb von sechs Wochen nach Ablauf der Einwendungsfrist abzugeben und zusammen mit den sonstigen in § 73 Absatz 9 des Verwaltungsverfahrensgesetzes aufgeführten Unterlagen der Planfeststellungsbehörde zuzuleiten.
2. Soll ein ausgelegter Plan geändert werden, so kann im Regelfall von der Erörterung im Sinne des § 73 Absatz 6 des Verwaltungsverfahrensgesetzes und des § 18 Absatz 1 Satz 4 des Gesetzes über die Umweltverträglichkeitsprüfung abgesehen werden.

(2) Werden Einwendungen gegen den Plan mit der Begründung erhoben, daß öffentliche Interessen im Bereich von Bundesbehörden oder von Behörden, die im Auftrag des Bundes tätig werden, beeinträchtigt werden und kommt eine Einigung zwischen der Planfeststellungsbehörde und den genannten Behörden nicht zustande, entscheidet die Planfeststellungsbehörde im Benehmen mit dem Bundesministerium für Verkehr und digitale Infrastruktur.

(3) Kommt eine Einigung über Einwendungen nichtbundeseigener Eisenbahnen oder von Bergbahnunternehmen nicht zustande, hat die Planfeststellungsbehörde die Entscheidung der von der Landesregierung bestimmten Behörde einzuholen und der Planfeststellung zugrunde zu legen.

(4) Für die Rechtswirkungen der Planfeststellung und Plangenehmigung gilt § 75 des Verwaltungsverfahrensgesetzes mit folgenden Maßgaben:

1. Wird mit der Durchführung des Plans nicht innerhalb von fünf Jahren nach Eintritt der Unanfechtbarkeit begonnen, so tritt er außer Kraft, es sei denn, er wird vorher auf Antrag des Trägers des Vorhabens von der Planfeststellungsbehörde um höchstens fünf Jahre verlängert.
2. Vor der Entscheidung nach Nummer 1 ist eine auf den Antrag begrenzte Anhörung nach dem für die Planfeststellung oder für die Plangenehmigung vorgeschriebenen Verfahren durchzuführen.
3. Für die Zustellung und Auslegung sowie die Anfechtung der Entscheidung über die Verlängerung sind die Bestimmungen über den Planfeststellungsbeschluss entsprechend anzuwenden.

(5) [1]Für die Planergänzung und das ergänzende Verfahren im Sinne des § 75 Absatz 1a Satz 2 des Verwaltungsverfahrensgesetzes und für die Planänderung vor Fertigstellung des Vorhabens gilt § 76 des Verwaltungsverfahrensgesetzes mit der Maßgabe, dass im Falle des § 76 Absatz 1 des Verwaltungsver-

fahrensgesetzes von einer Erörterung im Sinne des § 73 Absatz 6 des Verwaltungsverfahrensgesetzes und des § 18 Absatz 1 Satz 4 des Gesetzes über die Umweltverträglichkeitsprüfung abgesehen werden kann. [2]Im Übrigen gelten für das neue Verfahren die Vorschriften dieses Gesetzes.

(6) [1]Vor Erhebung einer verwaltungsgerichtlichen Klage gegen einen Planfeststellungsbeschluß oder gegen eine Plangenehmigung für den Bau oder die Änderung von Betriebsanlagen für Straßenbahnen bedarf es keiner Nachprüfung in einem Vorverfahren. [2]Die Anfechtungsklage gegen einen Planfeststellungsbeschluß oder eine Plangenehmigung für den Bau oder die Änderung von Betriebsanlagen für Straßenbahnen hat keine aufschiebende Wirkung. [3]Der Antrag auf Anordnung der aufschiebenden Wirkung der Anfechtungsklage gegen einen Planfeststellungsbeschluß oder eine Plangenehmigung nach § 80 Abs. 5 Satz 1 der Verwaltungsgerichtsordnung kann nur innerhalb eines Monats nach Zustellung des Planfeststellungsbeschlusses oder der Plangenehmigung gestellt und begründet werden. [4]Treten später Tatsachen ein, die die Anordnung der aufschiebenden Wirkung rechtfertigen, so kann der durch den Planfeststellungsbeschluß oder die Plangenehmigung Beschwerte einen hierauf gestützten Antrag nach § 80 Abs. 5 Satz 1 der Verwaltungsgerichtsordnung innerhalb einer Frist von einem Monat stellen. [5]Die Frist beginnt in dem Zeitpunkt, in dem der Beschwerte von den Tatsachen Kenntnis erlangt.

(7) [1]Der Kläger hat innerhalb einer Frist von zehn Wochen ab Klageerhebung die zur Begründung seiner Klage dienenden Tatsachen und Beweismittel anzugeben. [2]Erklärungen und Beweismittel, die erst nach Ablauf dieser Frist vorgebracht werden, sind nur zuzulassen, wenn der Kläger die Verspätung genügend entschuldigt. [3]Der Entschuldigungsgrund ist auf Verlangen des Gerichts glaubhaft zu machen. [4]Satz 2 gilt nicht, wenn es mit geringem Aufwand möglich ist, den Sachverhalt auch ohne Mitwirkung des Klägers zu ermitteln. [5]Die Frist nach Satz 1 kann durch den Vorsitzenden oder den Berichterstatter auf Antrag verlängert werden, wenn der Kläger in dem Verfahren, in dem die angefochtene Entscheidung ergangen ist, keine Möglichkeit der Beteiligung hatte. [6]§ 6 des Umwelt-Rechtsbehelfsgesetzes ist nicht anzuwenden.

§ 29a Vorzeitige Besitzeinweisung

(1) [1]Ist der sofortige Beginn von Bauarbeiten geboten und weigert sich der Eigentümer oder Besitzer, den Besitz eines für den Bau oder die Änderung einer Betriebsanlage für Straßenbahnen benötigten Grundstücks durch Vereinbarung unter Vorbehalt aller Entschädigungsansprüche zu überlassen, so hat die Enteignungsbehörde den Unternehmer auf Antrag nach Feststellung des Planes oder Erteilung der Plangenehmigung in den Besitz einzuweisen. [2]Der Planfeststellungsbeschluß oder die Plangenehmigung müssen vollziehbar sein. [3]Weiterer Voraussetzungen bedarf es nicht.

(2) [1]Die Enteignungsbehörde hat spätestens sechs Wochen nach Eingang des Antrags auf Besitzeinweisung mit den Beteiligten mündlich zu verhandeln. [2]Hierzu sind der Unternehmer und die Betroffenen zu laden. [3]Dabei ist den Betroffenen der Antrag auf Besitzeinweisung mitzuteilen. [4]Die Ladungsfrist beträgt drei Wochen. [5]Mit der Ladung sind die Betroffenen aufzufordern, etwaige Einwendungen gegen den Antrag vor der mündlichen Verhandlung bei der Enteignungsbehörde einzureichen. [6]Sie sind außerdem darauf hinzuweisen, daß auch bei Nichterscheinen über den Antrag auf Besitzeinweisung und andere im Verfahren zu erledigende Anträge entschieden werden kann.

(3) [1]Soweit der Zustand des Grundstücks von Bedeutung ist, hat die Enteignungsbehörde diesen bis zum Beginn der mündlichen Verhandlung in einer Niederschrift festzustellen oder durch einen Sachverständigen ermitteln zu lassen. [2]Den Beteiligten ist eine Abschrift der Niederschrift oder des Ermittlungsergebnisses zu übersenden.

(4) [1]Der Beschluß über die Besitzeinweisung ist dem Unternehmer und den Betroffenen spätestens zwei Wochen nach der mündlichen Verhandlung zuzustellen. [2]Die Besitzeinweisung wird in dem von der Enteignungsbehörde bezeichneten Zeitpunkt wirksam. [3]Dieser Zeitpunkt soll auf höchstens zwei Wochen nach Zustellung der Anordnung über die vorzeitige Besitzeinweisung an den unmittelbaren Besitzer festgesetzt werden. [4]Durch die Besitzeinweisung wird dem Besitzer der Besitz entzogen und der Unternehmer Besitzer. [5]Der Unternehmer darf auf dem Grundstück das im Antrag auf Besitzeinweisung bezeichnete Bauvorhaben durchführen und die dafür erforderlichen Maßnahmen treffen.

(5) [1]Der Unternehmer hat für die durch die vorzeitige Besitzeinweisung entstehenden Vermögensnachteile Entschädigung zu leisten, soweit die Nachteile nicht durch die Verzinsung der Geldentschädigung für die Entziehung oder Beschränkung des Eigentums oder eines anderen Rechts ausgeglichen werden. [2]Art und Höhe der Entschädigung sind von der Enteignungsbehörde in einem Beschluß festzusetzen.

(6) [1]Wird der festgestellte Plan oder die Plangenehmigung aufgehoben, so ist auch die vorzeitige Besitzeinweisung aufzuheben und der vorherige Besitzer wieder in den Besitz einzuweisen. [2]Der Unternehmer hat für alle durch die Besitzeinweisung entstandenen besonderen Nachteile Entschädigung zu leisten.

(7) [1]Ein Rechtsbehelf gegen eine vorzeitige Besitzeinweisung hat keine aufschiebende Wirkung. [2]Der Antrag auf Anordnung der aufschiebenden Wirkung nach § 80 Abs. 5 Satz 1 der Verwaltungsgerichtsordnung kann nur innerhalb eines Monats nach der Zustellung des Besitzeinweisungsbeschlusses gestellt und begründet werden.

§ 30 Enteignung

[1]Die Enteignung ist zulässig, soweit sie zur Ausführung eines nach den §§ 28, 29 festgestellten oder genehmigten Bauvorhabens notwendig ist. [2]Der festgestellte Plan oder die Plangenehmigung ist dem Enteignungsverfahren zugrunde zu legen und für die Enteignungsbehörde bindend. [3]Im übrigen gelten die Enteignungsgesetze der Länder.

§ 30a Entschädigungsverfahren

Soweit der Unternehmer nach § 28 Absatz 3a oder auf Grund eines Planfeststellungsbeschlusses oder einer Plangenehmigung verpflichtet ist, eine Entschädigung in Geld zu leisten, und über die Höhe der Entschädigung keine Einigung zwischen dem Betroffenen und dem Unternehmer zustande kommt, entscheidet auf Antrag eines der Beteiligten die nach Landesrecht zuständige Behörde; für das Verfahren und den Rechtsweg gelten die Enteignungsgesetze der Länder entsprechend.

§ 31 Benutzung öffentlicher Straßen

(1) Der Unternehmer hat die Zustimmung des Trägers der Straßenbaulast beizubringen, wenn
1. eine öffentliche Straße von der Straßenbahn benutzt werden soll,
2. Betriebsanlagen von Straßenbahnen eine öffentliche Straße höhengleich kreuzen.

(2) [1]Vereinbarungen über die Höhe eines Entgelts für die Benutzung einer öffentlichen Straße bedürfen der Zustimmung der Genehmigungsbehörde. [2]Bestehende Verträge zwischen dem Unternehmer und dem Träger der Straßenbaulast bleiben unberührt.

(3) [1]Wird eine öffentliche Straße, die von einer Straßenbahn benutzt wird, erweitert oder verlegt, kann der Träger der Straßenbaulast von dem Unternehmer einen Beitrag zu den Kosten der Erweiterung oder Verlegung der Straße verlangen. [2]Dabei ist zu berücksichtigen, ob und inwieweit die Erweiterung oder Verlegung der Straße durch die Straßenbahn, den sonstigen Straßenverkehr oder andere Gründe veranlaßt ist. [3]Absatz 2 Satz 2 gilt entsprechend.

(4) Auf Verlangen des Trägers der Straßenbaulast hat der Unternehmer bei Ablauf der Genehmigung die Betriebsanlagen der Straßenbahn zu beseitigen und die Straße wiederherzustellen.

(5) Kommt in den Fällen der Absätze 1 und 3 eine Einigung nicht zustande, entscheiden die von der Landesregierung bestimmten Behörden.

(6) Auf Vereinbarungen des Unternehmers mit dem Träger der Straßenbaulast über die Benutzung öffentlicher Straßen ist im Planfeststellungsbeschluß oder in der Plangenehmigung hinzuweisen.

§ 32 Duldungspflichten Dritter

(1) Eigentümer oder sonstige Nutzungsberechtigte haben
1. Vermessungen, Boden- und Grundwasseruntersuchungen einschließlich der vorübergehenden Anbringung von Markierungszeichen und sonstigen Vorarbeiten, die zur Planung von Betriebsanlagen und Straßenbahnen notwendig sind, zu dulden, wenn die Genehmigungsbehörde diesen Arbeiten zustimmt,
2. das Anbringen oder Errichten von Haltevorrichtungen für elektrische Leitungen, von Signalen und Haltestellenzeichen durch den Unternehmer oder von ihm Beauftragte zu dulden. Arbeits-, Betriebs- oder Geschäftsräume dürfen vom Unternehmer oder von ihm Beauftragte nur während der jeweiligen Arbeits- oder Geschäftsstunden, Wohnungen nur mit Zustimmung des Wohnungsinhabers betreten werden. Die Absicht, Vorarbeiten durchzuführen, ist dem Eigentümer oder sonstigen Nutzungsberechtigten mindestens 2 Wochen vorher unmittelbar und in den Gemeinden, in deren Gebiet Vorarbeiten durchgeführt werden sollen, ortsüblich bekanntzugeben.

(2) Die Zustimmung der Genehmigungsbehörde zu den Vorarbeiten begründet keinen Anspruch auf Erteilung der Genehmigung nach § 9 Abs. 1 Nr. 1.

(3) [1]Über eine Verpflichtung zur Duldung der in Absatz 1 Nr. 2 bezeichneten technischen Einrichtungen ist beim Bau neuer Betriebsanlagen für Straßenbahnen im Planfeststellungsverfahren zu entscheiden. [2]Im übrigen entscheidet die Genehmigungsbehörde.

(4) [1]Für Schäden, die durch Vorarbeiten, das Anbringen, Errichten oder Entfernen technischer Einrichtungen verursacht worden sind, hat der Unternehmer Entschädigung zu leisten. [2]§ 31 Abs. 5 gilt entsprechend. [3]Für die Geltendmachung von Entschädigungsansprüchen ist der ordentliche Rechtsweg gegeben.

§§ 33–35 (weggefallen)

§ 36 Bau- und Unterhaltungspflicht

(1) Der Unternehmer ist verpflichtet, die ihm genehmigten Betriebsanlagen für Straßenbahnen zu bauen und während der Geltungsdauer der Genehmigung den öffentlichen Verkehrsinteressen und dem Stand der Technik entsprechend zu unterhalten.

(2) Die Genehmigungsbehörde kann dem Unternehmer eine Frist setzen, innerhalb derer die Betriebsanlagen zu bauen sind.

§ 36a Besondere Pflichten im Interesse der Unterhaltung

(1) [1]Soweit es zur Unterhaltung einer Betriebsanlage für Straßenbahnen erforderlich ist, haben Dritte, insbesondere die Anlieger und die Hinterlieger, zu dulden, dass Beauftragte des Unternehmers die Grundstücke betreten oder vorübergehend benutzen. [2]Die Arbeiten zur Unterhaltung müssen dem Dritten angekündigt werden.

(2) Entstehen durch Handlungen nach Absatz 1 Schäden, hat der Geschädigte Anspruch auf Schadensersatz.

(3) [1]Der Inhaber einer Sondernutzungserlaubnis hat, ohne Anspruch auf Entschädigung, zu dulden, dass die Ausübung seines Rechts durch Arbeiten zur Unterhaltung vorübergehend behindert oder unterbrochen wird. [2]Auf die Interessen des Inhabers einer Sondernutzungserlaubnis ist Rücksicht zu nehmen.

§ 37 Aufnahme des Betriebs

Die Genehmigung zur Aufnahme des Betriebs der Straßenbahnen erteilt die Genehmigungsbehörde im Einvernehmen mit der für die technische Aufsicht zuständigen Behörde.

§ 38 (weggefallen)

§ 39 Beförderungsentgelte und -bedingungen

(1) [1]Beförderungsentgelte und deren Änderung bedürfen der Zustimmung der Genehmigungsbehörde. [2]Mit der Zustimmung sind die Beförderungsentgelte allgemein verbindlich. [3]Soweit die Beförderungsentgelte Gegenstand eines öffentlichen Dienstleistungsauftrages sind, hat die zuständige Behörde der Genehmigungsbehörde dies anzuzeigen; in diesem Fall gilt die Zustimmung als erteilt.

(2) [1]Die Genehmigungsbehörde hat die Beförderungsentgelte insbesondere daraufhin zu prüfen, ob sie unter Berücksichtigung der wirtschaftlichen Lage des Unternehmers, einer ausreichenden Verzinsung und Tilgung des Anlagekapitals und der notwendigen technischen Entwicklung angemessen sind. [2]Die Zustimmung zu einer Änderung der Beförderungsentgelte wird in der Regel nicht erteilt, wenn diese einer verbindlichen Zusicherung nach § 12 Absatz 1a widerspricht.

(3) [1]Die nach Absatz 1 festgestellten Beförderungsentgelte dürfen nicht über- oder unterschritten werden; sie sind gleichmäßig anzuwenden. [2]Ermäßigungen, die nicht unter gleichen Bedingungen jedermann zugute kommen, sind verboten und nichtig.

(4) Die Zustimmung zu den Beförderungsentgelten kann von der Genehmigungsbehörde nach Anhörung des Unternehmers widerrufen werden, wenn die für die Bildung der Beförderungsentgelte maßgebenden Umstände sich wesentlich geändert haben; in diesem Falle kann die Genehmigungsbehörde nach Anhörung des Unternehmers die Beförderungsentgelte anderweitig festsetzen.

(5) Eine Erhöhung der Beförderungsentgelte tritt frühestens am siebenten Tage nach der Veröffentlichung in Kraft.

(6) [1]Die Beförderungsbedingungen sind vor ihrer Einführung der Genehmigungsbehörde zur Zustimmung vorzulegen, soweit die von den Allgemeinen Beförderungsbedingungen (§ 57 Abs. 1 Nr. 5) für das Unternehmen im Einzelfalle abweichen (Besondere Beförderungsbedingungen). [2]Das gleiche gilt für Änderungen der Besonderen Beförderungsbedingungen. [3]Absatz 1 Satz 3 und Absatz 2 Satz 2 gelten entsprechend. [4]Die Genehmigungsbehörde kann eine Änderung der Beförderungsbedingungen verlangen, wenn die für ihre Festsetzung maßgebenden Umstände sich wesentlich geändert haben oder sich für die bessere Ausgestaltung des Verkehrs in einem Gebiet neue Gesichtspunkte ergeben, denen durch eine Änderung der Besonderen Beförderungsbedingungen Rechnung getragen werden kann.

(7) Die Beförderungsentgelte und die Besonderen Beförderungsbedingungen sind vom Unternehmer vor ihrer Einführung ortsüblich bekanntzumachen; die Bekanntmachung ist in den zum Aufenthalt der Fahrgäste bestimmten Räumen auszuhängen.

§ 40 Fahrpläne

(1) Der Fahrplan muß die Führung der Linie, ihren Ausgangs- und Endpunkt sowie die Haltestellen und Fahrzeiten enthalten.

(2) [1]Fahrpläne und deren Änderungen bedürfen der Zustimmung der Genehmigungsbehörde. [2]Ausgenommen sind Fahrplanänderungen, die wegen vorübergehender Störungen des Betriebs oder aus beson-

deren Anlässen vorgenommen werden und für einen Zeitraum von nicht länger als einen Monat gelten, sowie andere geringfügige Fahrplanänderungen. [3]Werden durch Fahrplanänderungen die Interessen anderer Verkehrsunternehmen berührt, so sind diese vor der Zustimmung zu hören. [4]Die in Satz 2 genannten Fahrplanänderungen sind der Genehmigungsbehörde anzuzeigen. [5]Die Genehmigungsbehörde kann den angezeigten Fahrplanänderungen innerhalb einer Frist von zwei Wochen widersprechen, wenn die Voraussetzungen des Satzes 2 nicht vorliegen; die Fahrplanänderungen dürfen dann nicht in Kraft treten. [6]Soweit die Fahrpläne Gegenstand eines öffentlichen Dienstleistungsauftrages sind, hat die zuständige Behörde diese der Genehmigungsbehörde anzuzeigen. [7]In diesem Fall gilt die Zustimmung als erteilt.

(2a) Die Zustimmung zu einer Fahrplanänderung wird in der Regel nicht erteilt, wenn diese einer verbindlichen Zusicherung nach § 12 Absatz 1a widerspricht.

(3) [1]Die Genehmigungsbehörde kann für einen eigenwirtschaftlichen Verkehr Änderungen des Fahrplans verlangen, wenn die maßgebenden Umstände sich wesentlich geändert haben oder sich für die bessere Ausgestaltung des Verkehrs in einem Gebiet neue Gesichtspunkte ergeben, denen durch eine Änderung des Fahrplans Rechnung getragen werden kann. [2]Die Genehmigungsbehörde hat hiervon abzusehen, wenn die Änderungen dem Unternehmer unter Berücksichtigung seiner wirtschaftlichen Lage, einer ausreichenden Verzinsung und Tilgung des Anlagekapitals und der notwendigen technischen Entwicklung nicht zugemutet werden können.

(4) [1]Fahrpläne und Fahrplanänderungen sind vom Unternehmer ortsüblich bekanntzumachen. [2]Ferner sind die gültigen Fahrpläne in den zum Aufenthalt der Fahrgäste bestimmten Räumen anzubringen. [3]An den Haltestellen sind mindestens die Abfahrtszeiten anzuzeigen. [4]Der Unternehmer ist verpflichtet, der Genehmigungsbehörde auf deren Anforderung die Fahrplandaten in einem geeigneten elektronischen Format zur Kontrolle der Einhaltung der Fahrplanpflichten sowie zur Nutzung in unternehmensübergreifenden Auskunftssystemen zeitgerecht und unentgeltlich bereitzustellen.

B.
Verkehr mit Obussen

§ 41 Entsprechend anwendbare Vorschriften

(1) Die Vorschriften der §§ 28 bis 30 und der §§ 32 bis 37 sind auf die Errichtung von Bau- und Betriebsanlagen für den Obusverkehr entsprechend anzuwenden.

(2) Zur Errichtung von Bau- und Betriebsanlagen auf öffentlichen Straßen bedarf der Unternehmer der Zustimmung des Trägers der Straßenbaulast; § 31 Abs. 1, 2, 4 bis 6 ist entsprechend anzuwenden.

(3) Im übrigen sind auf den Obusverkehr die Vorschriften der §§ 39 und 40 entsprechend anzuwenden.

C.
Linienverkehr mit Kraftfahrzeugen

§ 42 Begriffsbestimmung Linienverkehr

[1]Linienverkehr ist eine zwischen bestimmten Ausgangs- und Endpunkten eingerichtete regelmäßige Verkehrsverbindung, auf der Fahrgäste an bestimmten Haltestellen ein- und aussteigen können. [2]Er setzt nicht voraus, daß ein Fahrplan mit bestimmten Abfahrts- und Ankunftszeiten besteht oder Zwischenhaltestellen eingerichtet sind.

§ 42a Personenfernverkehr

[1]Personenfernverkehr ist der Linienverkehr mit Kraftfahrzeugen, der nicht zum öffentlichen Personennahverkehr im Sinne des § 8 Absatz 1 und nicht zu den Sonderformen des Linienverkehrs nach § 43 gehört. [2]Die Beförderung von Personen zwischen zwei Haltestellen ist unzulässig, wenn
1. der Abstand zwischen diesen Haltestellen nicht mehr als 50 km beträgt oder
2. zwischen diesen Haltestellen Schienenpersonennahverkehr mit einer Reisezeit bis zu einer Stunde betrieben wird.

[3]In der Genehmigung sind auf Antrag für einzelne Teilstrecken Ausnahmen zu gewähren, wenn
1. kein ausreichendes Nahverkehrsangebot besteht oder
2. das Fahrgastpotenzial der vorhandenen Verkehrsangebote nur unerheblich beeinträchtigt wird.

§ 42b Technische Anforderungen

Kraftomnibusse, die im Personenfernverkehr eingesetzt werden, müssen den Vorschriften des Anhangs VII der Richtlinie 2001/85/EG des Europäischen Parlaments und des Rates vom 20. November 2001 über besondere Vorschriften für Fahrzeuge zur Personenbeförderung mit mehr als acht Sitzplätzen außer dem Fahrersitz und zur Änderung der Richtlinien 70/156/EWG und 97/27/EG (ABl. L 42 vom

13.2.2002, S. 1) in der jeweils zum Zeitpunkt der Erstzulassung des jeweiligen Kraftomnibusses geltenden Fassung entsprechen und mit mindestens zwei Stellplätzen für Rollstuhlnutzer ausgerüstet sein.

§ 43 Sonderformen des Linienverkehrs

[1]Als Linienverkehr gilt, unabhängig davon, wer den Ablauf der Fahrten bestimmt, auch der Verkehr, der unter Ausschluß anderer Fahrgäste der regelmäßigen Beförderung von

1. Berufstätigen zwischen Wohnung und Arbeitsstelle (Berufsverkehr),
2. Schülern zwischen Wohnung und Lehranstalt (Schülerfahrten),
3. Personen zum Besuch von Märkten (Marktfahrten),
4. Theaterbesuchern

dient. [2]Die Regelmäßigkeit wird nicht dadurch ausgeschlossen, daß der Ablauf der Fahrten wechselnden Bedürfnissen der Beteiligten angepaßt wird.

§ 44 (weggefallen)

§ 45 Sonstige Vorschriften

(1) Auf den Linienverkehr mit Kraftfahrzeugen ist § 32, soweit diese Vorschrift sich auf das Anbringen oder Errichten von Haltestellenzeichen bezieht, entsprechend anzuwenden; über die Verpflichtung zur Duldung entscheidet die Genehmigungsbehörde ohne Planfeststellungsverfahren.

(2) Auf den Linienverkehr mit Kraftfahrzeugen sind die §§ 39 und 40 mit folgenden Maßgaben anzuwenden:

1. § 39 Absatz 1 bis 5 und 7 gilt nicht für den Personenfernverkehr,
2. § 40 Absatz 3 gilt nicht für den Personenfernverkehr; abweichend von § 40 Absatz 2 Satz 1 genügt bei Fahrplanänderungen im Personenfernverkehr eine Anzeige bei der Genehmigungsbehörde; sofern die Genehmigungsbehörde den angezeigten Fahrplanänderungen innerhalb von einem Monat widerspricht, dürfen diese nicht in Kraft treten.

(3) [1]Die Genehmigungsbehörde kann bei den Verkehrsformen nach § 43 auf die Einhaltung der Vorschriften über die Betriebspflicht (§ 21), die Beförderungspflicht (§ 22), die Beförderungsentgelte und -bedingungen (§ 39) sowie über die Fahrpläne (§ 40) ganz oder teilweise verzichten. [2]Bei den Sonderformen des Linienverkehrs (§ 43) ist § 13 Absatz 2 Satz 1 Nummer 2 und 3 so anzuwenden, daß insbesondere den Belangen von Berufstätigen und Arbeitgebern sowie den Schülern und Lehranstalten Rechnung getragen wird.

D.
Ausgleichszahlungen

§ 45a[1]) Ausgleichspflicht

(1) Im Verkehr mit Straßenbahnen und Obussen sowie im Linienverkehr mit Kraftfahrzeugen nach den §§ 42 und 43 Nr. 2 ist dem Unternehmer für die Beförderung von Personen mit Zeitfahrausweisen des Ausbildungsverkehrs auf Antrag ein Ausgleich nach Maßgabe des Absatzes 2 zu gewähren, wenn und soweit

1. der Ertrag aus den für diese Beförderungen genehmigten Beförderungsentgelten zur Deckung der nach Absatz 2 Satz 2 zu errechnenden Kosten nicht ausreicht, und
2. der Unternehmer innerhalb eines angemessenen Zeitraums die Zustimmung zu einer Anpassung der in den genannten Verkehrsformen erhobenen Beförderungsentgelte an die Ertrags- und Kostenlage beantragt hat.

(2) [1]Als Ausgleich werden gewährt 50 vom Hundert des Unterschiedsbetrages zwischen dem Ertrag, der in den in Absatz 1 genannten Verkehrsformen für die Beförderung von Personen mit Zeitfahrausweisen des Ausbildungsverkehrs erzielt worden ist, und dem Produkt aus den in diesem Verkehr geleisteten Personen-Kilometern und den durchschnittlichen verkehrsspezifischen Kosten. [2]Als durchschnittliche verkehrsspezifische Kosten im Sinne dieser Vorschrift gelten die Kostensätze je Personen-Kilometer, die von den Landesregierungen oder den von ihnen durch Rechtsverordnung ermächtigten Behörden durch Rechtsverordnung nach Durchschnittswerten einzelner repräsentativer Unternehmen, die sparsam wirtschaften und leistungsfähig sind, pauschal festgelegt werden; dabei können entsprechend betrieblichen und verkehrlichen Besonderheiten unterschiedliche Kostensätze für den schienengebundenen und den nichtschienengebundenen Verkehr sowie für verschiedene Verkehrsregionen festgelegt werden. [3]Die sich

1) Siehe hierzu ua:
 für Rheinland-Pfalz das Zeitfahrausweis-AusgleichsG.

in Anwendung des Satzes 1 ergebende Ausgleichsbetrag wird für das Jahr 2004 um 4 Prozent, für das Jahr 2005 um 8 Prozent und vom Jahr 2006 an jeweils um 12 Prozent verringert.

(3) [1]Den Ausgleich nach den Absätzen 1 und 2 gewährt das Land, in dessen Gebiet der Verkehr betrieben wird. [2]Erstreckt sich der Verkehr auch auf das Gebiet eines anderen Landes, so wird dem Ausgleich der Teil der Leistungen zugrunde gelegt, der in dem jeweiligen Land erbracht wird.

(4) [1]Über den Ausgleich entscheidet die Genehmigungsbehörde oder die von der Landesregierung bestimmte Behörde. [2]Die Entscheidung kann mit Auflagen verbunden werden, die dazu bestimmt sind, die wirtschaftlichen Ergebnisse der in den in Absatz 1 genannten Verkehrsformen erbrachten Leistungen zu verbessern. [3]Kommt der Unternehmer solchen Auflagen nicht oder nicht in vollem Umfange nach, so ist ein Ausgleich nur insoweit zu gewähren, wie er sich im Falle der Befolgung der Auflagen errechnet hätte.

E.
Gelegenheitsverkehr mit Kraftfahrzeugen

§ 46 Formen des Gelegenheitsverkehrs

(1) Gelegenheitsverkehr ist die Beförderung von Personen mit Kraftfahrzeugen, die nicht Linienverkehr nach den §§ 42, 42a und 43 ist.

(2) Als Formen des Gelegenheitsverkehrs sind nur zulässig
1. Verkehr mit Taxen (§ 47),
2. Ausflugfahrten und Ferienziel-Reisen (§ 48),
3. Verkehr mit Mietomnibussen und mit Mietwagen (§ 49).

(3) In Orten mit mehr als 50 000 Einwohnern oder in den von der höheren Verwaltungsbehörde bestimmten Orten unter 50 000 Einwohnern darf eine Genehmigung für den Taxenverkehr und den Mietwagenverkehr nicht für denselben Personenkraftwagen erteilt werden.

§ 47 Verkehr mit Taxen

(1) [1]Verkehr mit Taxen ist die Beförderung von Personen mit Personenkraftwagen, die der Unternehmer an behördlich zugelassenen Stellen bereithält und mit denen er Fahrten zu einem vom Fahrgast bestimmten Ziel ausführt. [2]Der Unternehmer kann Beförderungsaufträge auch während einer Fahrt oder am Betriebssitz entgegennehmen.

(2) [1]Taxen dürfen nur in der Gemeinde bereitgehalten werden, in der der Unternehmer seinen Betriebssitz hat. [2]Fahrten auf vorherige Bestellung dürfen auch von anderen Gemeinden aus durchgeführt werden. [3]Die Genehmigungsbehörde kann im Einvernehmen mit anderen Genehmigungsbehörden das Bereithalten an behördlich zugelassenen Stellen außerhalb der Betriebssitzgemeinde gestatten und einen größeren Bezirk festsetzen.

(3) [1]Die Landesregierung wird ermächtigt, durch Rechtsverordnung den Umfang der Betriebspflicht, die Ordnung auf Taxenständen sowie Einzelheiten des Dienstbetriebs zu regeln. [2]Sie kann die Ermächtigung durch Rechtsverordnung übertragen. [3]In der Rechtsverordnung können insbesondere Regelungen getroffen werden über
1. das Bereithalten von Taxen in Sonderfällen einschließlich eines Bereitschaftsdienstes,
2. die Annahme und Ausführung von fernmündlichen Fahraufträgen,
3. den Fahr- und Funkbetrieb,
4. die Behindertenbeförderung und
5. die Krankenbeförderung, soweit es sich nicht um Beförderungen nach § 1 Abs. 2 Nr. 2 handelt.

(4) Die Beförderungspflicht besteht nur für Fahrten innerhalb des Geltungsbereichs der nach § 51 Abs. 1 Satz 1 und 2 und Abs. 2 Satz 1 festgesetzten Beförderungsentgelte (Pflichtfahrbereich).

(5) Die Vermietung von Taxen an Selbstfahrer ist verboten.

§ 48 Ausflugfahrten und Ferienziel-Reisen

(1) [1]Ausflugfahrten sind Fahrten, die der Unternehmer mit Kraftomnibussen oder Personenkraftwagen nach einem bestimmten, von ihm aufgestellten Plan und zu einem für alle Teilnehmer gleichen und gemeinsam verfolgten Ausflugszweck anbietet und ausführt. [2]Die Fahrt muß wieder an dem Ausgangsort zurückführen. [3]Die Fahrgäste müssen im Besitz eines für die gesamte Fahrt gültigen Fahrscheins sein, der die Beförderungsstrecke und das Beförderungsentgelt ausweist. [4]Bei Ausflugfahrten, die als Pauschalfahrten ausgeführt werden, genügt im Fahrschein die Angabe des Gesamtentgelts an Stelle des Beförderungsentgelts.

(2) [1]Ferienziel-Reisen sind Reisen zu Erholungsaufenthalten, die der Unternehmer mit Kraftomnibussen oder Personenkraftwagen nach einem bestimmten, von ihm aufgestellten Plan zu einem Gesamtentgelt für Beförderung und Unterkunft mit oder ohne Verpflegung anbietet und ausführt. [2]Es dürfen nur Rück-

fahrscheine und diese nur auf den Namen des Reisenden ausgegeben werden. [3]Die Fahrgäste sind zu einem für alle Teilnehmer gleichen Reiseziel zu bringen und an den Ausgangspunkt der Reise zurückzubefördern. [4]Auf der Rückfahrt dürfen nur Reisende befördert werden, die der Unternehmer zum Reiseziel gebracht hat.

(3) *[aufgehoben]*

(4) Die Vorschriften der §§ 21 und 22 sind nicht anzuwenden.

§ 49 Verkehr mit Mietomnibussen und mit Mietwagen

(1) [1]Verkehr mit Mietomnibussen ist für die Beförderung von Personen mit Kraftomnibussen, die nur im ganzen zur Beförderung angemietet werden und mit denen der Unternehmer Fahrten ausführt, deren Zweck, Ziel und Ablauf der Mieter bestimmt. [2]Die Teilnehmer müssen ein zusammengehöriger Personenkreis und über Ziel und Ablauf der Fahrt einig sein.

(2) [1]Die Voraussetzungen des Absatzes 1 Satz 1 sind nicht gegeben, wenn Fahrten unter Angabe des Fahrtziels vermittelt werden. [2]Mietomnibusse dürfen nicht durch Bereitstellen auf öffentlichen Straßen oder Plätzen angeboten werden.

(3) Die Vorschriften der §§ 21 und 22 sind nicht anzuwenden.

(4) [1]Verkehr mit Mietwagen ist die Beförderung von Personen mit Personenkraftwagen, die nur im ganzen zur Beförderung gemietet werden und mit denen der Unternehmer Fahrten ausführt, deren Zweck, Ziel und Ablauf der Mieter bestimmt und die nicht Verkehr mit Taxen nach § 47 sind. [2]Mit Mietwagen dürfen nur Beförderungsaufträge ausgeführt werden, die am Betriebssitz oder in der Wohnung des Unternehmers eingegangen sind. [3]Nach Ausführung des Beförderungsauftrages hat der Mietwagen unverzüglich zum Betriebssitz zurückzukehren, es sei denn, er hat vor der Fahrt von seinem Betriebssitz oder der Wohnung oder während der Fahrt fernmündlich einen neuen Beförderungsauftrag erhalten. [4]Der Eingang des Beförderungsauftrages am Betriebssitz oder in der Wohnung hat der Mietwagenunternehmer buchmäßig zu erfassen und die Aufzeichnung ein Jahr aufzubewahren. [5]Annahme, Vermittlung und Ausführung von Beförderungsaufträgen, das Bereithalten des Mietwagens sowie Werbung für Mietwagenverkehr dürfen weder allein noch in ihrer Verbindung geeignet sein, zur Verwechslung mit dem Taxenverkehr zu führen. [6]Den Taxen vorbehaltene Zeichen und Merkmale dürfen für Mietwagen nicht verwendet werden. [7]Die §§ 21 und 22 sind nicht anzuwenden.

§ 50 (weggefallen)

§ 51 Beförderungsentgelte und -bedingungen im Taxenverkehr

(1) [1]Die Landesregierung wird ermächtigt, durch Rechtsverordnung Beförderungsentgelte und -bedingungen für den Taxenverkehr festzusetzen. [2]Die Rechtsverordnung kann insbesondere Regelungen vorsehen über

1. Grundpreise, Kilometerpreise und Zeitpreise,
2. Zuschläge,
3. Vorauszahlungen,
4. die Abrechnung,
5. die Zahlungsweise und
6. die Zulässigkeit von Sondervereinbarungen für den Pflichtfahrbereich.

[3]Die Landesregierung kann die Ermächtigung durch Rechtsverordnung übertragen.

(2) Sondervereinbarungen für den Pflichtfahrbereich sind nur zulässig, wenn

1. ein bestimmter Zeitraum, eine Mindestfahrtenzahl oder ein Mindestumsatz im Monat festgelegt wird,
2. eine Ordnung des Verkehrsmarktes nicht gestört wird,
3. die Beförderungsentgelte und -bedingungen schriftlich vereinbart sind und
4. in der Rechtsverordnung eine Pflicht zur Genehmigung oder Anzeige vorgesehen ist.

(3) Bei der Festsetzung der Beförderungsentgelte und -bedingungen sind § 14 Abs. 2 und 3 sowie § 39 Abs. 2 entsprechend anzuwenden.

(4) Die ermächtigten Stellen können für einen Bereich, der über den Zuständigkeitsbereich einer die Beförderungsentgelte und -bedingungen festsetzenden Stelle hinausgeht, in gegenseitigem Einvernehmen einheitliche Beförderungsentgelte und -bedingungen vereinbaren.

(5) Für die Anwendung der Beförderungsentgelte und -bedingungen gilt § 39 Abs. 3 entsprechend.

§ 51a *[aufgehoben]*

IV.

Auslandsverkehr

§ 52 Grenzüberschreitender Verkehr

(1) [1]Für die Beförderung von Personen im grenzüberschreitenden Verkehr mit Kraftfahrzeugen durch Unternehmer, die ihren Betriebssitz im Inland oder Ausland haben, gelten, soweit nichts anderes bestimmt ist, die Vorschriften dieses Gesetzes und die hierzu erlassenen Rechtsverordnungen. [2]Auf Unternehmen, die ihren Betriebssitz im Ausland haben, sind nicht anzuwenden

1. § 13 Absatz 1 Satz 1 Nummer 4 und

2. § 13 Absatz 1a, soweit Artikel 3 Absatz 1 Buchstabe a der Verordnung (EG) Nr. 1071/2009 einzuhalten ist.

(2) [1]Die nach diesem Gesetz erforderliche Genehmigung eines grenzüberschreitenden Linienverkehrs erteilt für die deutsche Teilstrecke die von der Landesregierung bestimmte Behörde im Benehmen mit dem Bundesministerium für Verkehr und digitale Infrastruktur. [2]§ 11 Abs. 2 bis 4 ist entsprechend anzuwenden. [3]Während der Herstellung des Benehmens ruht die Frist für die Entscheidung über den Antrag nach § 15 Absatz 1 Satz 2 bis 5.

(3) [1]Einer Genehmigung für den grenzüberschreitenden Gelegenheitsverkehr von Unternehmern, die ihren Betriebssitz im Ausland haben, bedarf es nicht, soweit entsprechende Übereinkommen mit dem Ausland bestehen. [2]Besteht ein solches Übereinkommen nicht oder soll abweichend von den Bedingungen des Übereinkommens grenzüberschreitender Gelegenheitsverkehr ausgeführt werden, so kann das Bundesministerium für Verkehr und digitale Infrastruktur oder eine von ihm beauftragte Behörde entsprechenden Anträgen stattgeben. [3]Die Genehmigung für grenzüberschreitende Ferienziel-Reisen erteilt für die deutsche Teilstrecke die von der Landesregierung bestimmte Behörde, in deren Gebiet die Ferienziel-Reise endet. [4]Abweichend von § 9 Abs. 1 Nr. 4 wird die Genehmigung für den grenzüberschreitenden Gelegenheitsverkehr mit Kraftomnibussen auch für die Form des Gelegenheitsverkehrs erteilt.

(4) [1]Die Grenzpolizei und die Zollstellen an den Grenzen sind berechtigt, Kraftfahrzeuge zurückzuweisen, wenn nicht die erforderliche Genehmigung vorgelegt wird, deren Mitführung vorgeschrieben ist. [2]Das Bundesministerium für Verkehr und digitale Infrastruktur kann Unternehmen mit Betriebssitz außerhalb des Geltungsbereichs dieses Gesetzes bei wiederholten oder schweren Verstößen gegen Vorschriften dieses Gesetzes und der auf diesem Gesetz beruhenden Verordnungen sowie gegen Vorschriften der Verordnungen der Europäischen Gemeinschaften und internationalen Übereinkommen über den grenzüberschreitenden Verkehr dauernd oder vorübergehend vom Verkehr in oder durch die Bundesrepublik Deutschland ausschließen.

§ 53 Transit-(Durchgangs-)Verkehr

(1) [1]Für die Beförderung von Personen im Transit-(Durchgangs-)Verkehr mit Kraftfahrzeugen, der das Gebiet des Geltungsbereichs dieses Gesetzes unter Ausschluß innerdeutschen Zwischenverkehrs berührt, gelten, soweit nichts anderes bestimmt ist, die Vorschriften dieses Gesetzes und die hierzu erlassenen Rechtsverordnungen. [2]Nicht anzuwenden sind

1. § 13 Absatz 1 Satz 1 Nummer 4 und

2. § 13 Absatz 1a, soweit Artikel 3 Absatz 1 Buchstabe a der Verordnung (EG) Nr. 1071/2009 einzuhalten ist.

(2) [1]Die Genehmigung eines Transitlinienverkehrs erteilt die von der Landesregierung bestimmte Behörde, in deren Gebiet der erste Grenzübergang bei der Einfahrt stattfindet, im Benehmen mit dem Bundesministerium für Verkehr und digitale Infrastruktur. [2]§ 11 Abs. 3 und 4 ist entsprechend anzuwenden.

(3) [1]§ 52 Abs. 3 ist auf den Gelegenheitsverkehr vom Ausland durch das Gebiet des Geltungsbereichs dieses Gesetzes entsprechend anzuwenden, jedoch ist bei Ferienziel-Reisen die von der Landesregierung bestimmte Behörde zuständig, in deren Gebiet der erste Grenzübergang bei der Einfahrt stattfindet. [2]§ 52 Abs. 4 gilt entsprechend.

V.

Aufsicht, Prüfungsbefugnisse

§ 54 Aufsicht

(1) [1]Der Unternehmer unterliegt hinsichtlich der Erfüllung der Vorschriften dieses Gesetzes sowie der hierzu erlassenen Rechtsverordnungen und der Einhaltung der durch die Genehmigung auferlegten Verpflichtungen (Bedingungen, Auflagen) der Aufsicht der Genehmigungsbehörde. [2]Die von der Landesregierung bestimmte Behörde kann die Genehmigungsbehörde ermächtigen, die Aufsicht über den Linien- und Gelegenheitsverkehr mit Kraftfahrzeugen auf nachgeordnete Behörden zu übertragen. [3]Die techni-

sche Aufsicht über Straßenbahnen und Obusunternehmen wird von der von der Landesregierung bestimmten Behörde ausgeübt. [4]Die technische Aufsicht kann von der Landesregierung anderen Stellen durch Rechtsverordnung übertragen werden. [5]Ausgenommen hiervon sind die Aufgaben nach § 9 Abs. 1 der Straßenbahn-Bau- und -Betriebsordnung vom 11. Dezember 1987 (BGBl. I S. 2648) sowie nach § 8 Abs. 1 und § 9 Abs. 1 der Straßenbahn-Betriebsleiter-Prüfungsverordnung vom 29. Juli 1988 (BGBl. I S. 1554). [6]Soweit die technische Aufsicht auf eine andere Stelle übertragen wird, darf diese nicht sich selbst nach § 5 Abs. 2 der Straßenbahn-Bau- und -Betriebsordnung beauftragen.

(2) [1]Die Aufsichtsbehörde kann sich über alle ihrer Zuständigkeit unterliegenden Einrichtungen und Maßnahmen des Unternehmers unterrichten. [2]Der Unternehmer hat der Aufsichtsbehörde alle wesentlichen Veränderungen ohne Aufforderung unverzüglich anzuzeigen. [3]Beim Verkehr mit Kraftomnibussen hat der Unternehmer abweichend von Satz 2 Änderungen der in Artikel 16 Absatz 2 Unterabsatz 1 Buchstabe a bis d der Verordnung (EG) Nr. 1071/2009 genannten Daten der Aufsichtsbehörde innerhalb von 28 Tagen mitzuteilen.

(3) Die Aufsichtsbehörde kann Unternehmen, die einen Omnibusbahnhof betreiben, anhalten, die Benutzung durch den Linien- und Gelegenheitsverkehr mit Kraftfahrzeugen und den Betrieb so zu regeln, daß der Verkehr ordnungsgemäß abgewickelt und den Pflichten nach § 39 Abs. 7 und § 40 Abs. 4 genügt werden kann.

§ 54a Prüfungsbefugnisse der Genehmigungsbehörde

(1) [1]Die Genehmigungbehörde kann zur Durchführung der Aufsicht und zur Vorbereitung ihrer Entscheidungen durch Beauftragte die erforderlichen Ermittlungen anstellen, insbesondere

1. Einsicht in die Bücher und Geschäftspapiere nehmen,
2. von dem Unternehmer und den im Geschäftsbetrieb tätigen Personen Auskunft verlangen. Der zur Erteilung der Auskunft Verpflichtete kann die Auskunft auf solche Fragen verweigern, deren Beantwortung ihn selbst oder einer der in § 383 Abs. 1 Nr. 1 bis 3 der Zivilprozeßordnung bezeichneten Angehörigen der Gefahr strafgerichtlicher Verfolgung oder eines Verfahrens nach dem Gesetz über Ordnungswidrigkeiten aussetzen würde.

[2]Zu den in Satz 1 genannten Zwecken dürfen die dem Geschäftsbereich dienenden Grundstücke und Räume innerhalb der üblichen Geschäfts- und Arbeitsstunden betreten werden. [3]Der Unternehmer und die im Geschäftsbetrieb tätigen Personen haben den Beauftragten der Genehmigungbehörde bei den Ermittlungen die erforderlichen Hilfsmittel zu stellen und die nötigen Hilfsdienste zu leisten.

(2) Die Regelungen des Absatzes 1 gelten entsprechend auch für die nach § 45a Abs. 2 zur Festlegung der Kostensätze befugte Behörde.

§ 54b Risikoeinstufung

[1]Die Aufsichtsbehörden führen ein Risikoeinstufungssystem im Sinne des Artikels 12 Absatz 1 Satz 3 der Verordnung (EG) Nr. 1071/2009 ein. [2]Dabei sind die Häufigkeit und die Intensität der Kontrollen abhängig von der Anzahl und dem Ausmaß der Rechtsverstöße, wie dies in den Durchführungsbestimmungen zu Artikel 6 Absatz 2 Buchstabe b der Verordnung (EG) Nr. 1071/2009 konkretisiert wird.

§ 54c Verkehrsunternehmensdatei

In der Verkehrsunternehmensdatei nach § 15 des Güterkraftverkehrsgesetzes werden alle im Inland niedergelassenen Unternehmen des gewerblichen Güterverkehrs und des gewerblichen Personenverkehrs mit Kraftomnibussen geführt.

VI.
Rechtsbehelfsverfahren und Gebühren

§ 55 Vorverfahren bei der Anfechtung von Verwaltungsakten

[1]Eines Vorverfahrens bedarf es auch, wenn ein Verwaltungsakt angefochten wird, den eine oberste Landesverkehrsbehörde oder das Bundesministerium für Verkehr und digitale Infrastruktur erlassen hat. [2]§ 28 Absatz 3a Satz 9 und § 29 Absatz 6 Satz 1 bleiben unberührt.

§ 56 Gebühren

[1]Für die Amtshandlungen nach diesem Gesetz und den auf diesem Gesetz beruhenden Rechtsvorschriften sowie nach Verordnungen oder Rechtsvorschriften in Umsetzung von Richtlinien des Rates oder der Kommission der Europäischen Gemeinschaften werden von demjenigen, der die Amtshandlung veranlaßt oder zu dessen Gunsten sie vorgenommen wird, Kosten (Gebühren und Auslagen) erhoben. [2]Kostengläubiger ist der Rechtsträger, dessen Behörde die Amtshandlung vornimmt, bei Auslagen auch der

Rechtsträger, bei dessen Behörde die Auslagen entstanden sind. [4]Im Übrigen findet das Verwaltungskostengesetz in der bis zum 14. August 2013 geltenden Fassung Anwendung.

VII.
Erlaß von Rechtsverordnungen und Allgemeinen Verwaltungsvorschriften

§ 57　Rechtsverordnungen

(1) Das Bundesministerium für Verkehr und digitale Infrastruktur erläßt mit Zustimmung des Bundesrates durch Rechtsverordnung[1)] die zur Durchführung dieses Gesetzes, internationaler Abkommen sowie der Verordnungen des Rates oder der Kommission der Europäischen Gemeinschaften erforderlichen Vorschriften

1. über Straßenbahnen und Obusse; diese regeln
 a) Anforderungen an den Bau und die Einrichtungen der Betriebsanlagen und Fahrzeuge sowie deren Betriebsweise,
 b) die Sicherheit und Ordnung des Betriebs sowie den Schutz der Betriebsanlagen und Fahrzeuge gegen Schäden und Störungen;
2. über den Betrieb von Kraftfahrunternehmen im Personenverkehr; diese regeln
 a) Anforderungen an den Bau und die Einrichtungen der in diesen Unternehmen verwendeten Fahrzeuge,
 b) die Sicherheit und Ordnung des Betriebs;
3. über Anforderungen an die Befähigung, Eignung und das Verhalten der Betriebsbediensteten und über die Bestellung, Bestätigung und Prüfung von Betriebsleitern sowie deren Aufgaben und Befugnisse;
4. über den Nachweis der Genehmigungsvoraussetzungen nach § 13 Absatz 1 oder 1a; darin können insbesondere Vorschriften enthalten sein über die Voraussetzungen, unter denen ein Betrieb als leistungsfähig anzusehen ist, über die Zuverlässigkeit des Unternehmers oder der für die Führung der Geschäfte bestellten Personen sowie über die Voraussetzungen, unter denen eine Tätigkeit angemessen ist, über den Prüfungsstoff, den Prüfungsausschuß und das Prüfungsverfahren; außerdem kann bestimmt werden, in welchen Fällen Unternehmer, Inhaber von Abschlußzeugnissen für staatlich anerkannte Ausbildungsberufe und Absolventen von Hoch- und Fachschulen vom Nachweis der angemessenen Tätigkeit oder der Ablegung einer Prüfung befreit werden;
5. über einheitliche Allgemeine Beförderungsbedingungen für den Straßenbahn- und Obusverkehr sowie für den Linienverkehr mit Kraftfahrzeugen und, vorbehaltlich des § 51 Abs. 1 Satz 1, für den Gelegenheitsverkehr mit Kraftfahrzeugen;
6. über die Ordnung des grenzüberschreitenden Verkehrs und des Transitverkehrs, die Organisation einschließlich der Klärung konkurrierender Zuständigkeiten, das Verfahren und die Mittel der Kontrolle sowie die Befreiung von Unternehmen mit Betriebssitz im Ausland von der Genehmigungspflicht für den Gelegenheitsverkehr oder von der Einhaltung anderer Ordnungsvorschriften dieses Gesetzes, soweit Gegenseitigkeit verbürgt ist;
7. *[aufgehoben]*
8. durch die für bestimmte im Rahmen des Gesamtverkehrs nicht besonders ins Gewicht fallende Beförderungsfälle allgemein Befreiung von den Vorschriften dieses Gesetzes erteilt wird;
9. die bestimmen, wer Auszubildender im Sinne des § 45a Abs. 1 ist, welche Kostenbestandteile bei der Berechnung des Ausgleichs zu berücksichtigen sind, welches Verfahren für die Gewährung des Ausgleichs anzuwenden ist, welche Angaben im Antrag auf Gewährung des Ausgleichs enthalten muß und wie die Erträge und die Personen-Kilometer zu ermitteln sind;
10. die die gebührenpflichtigen Tatbestände im Linienverkehr und im Gelegenheitsverkehr näher bestimmen und feste Gebührensätze oder Rahmensätze festlegen. Die Gebühren dürfen im Linienverkehr 2 500 Euro, im Gelegenheitsverkehr 1 500 Euro nicht überschreiten;
11. zur Bezeichnung der Tatbestände, die als Ordnungswidrigkeit nach § 61 Abs. 1 Nr. 5 geahndet werden können.

(2) [1]Rechtsverordnungen nach Absatz 1 Nr. 1 können auch Vorschriften zum Schutz vor schädlichen Umwelteinwirkungen im Sinne des Bundes-Immissionsschutzgesetzes enthalten; dabei können Immis-

1) Siehe die Straßenbahn-Bau- und BetriebsO, die DurchführungsVO zum Personenbeförderungsübereinkommen, die VO über die Erhebung von Gebühren bei Amtshandlungen auf dem Gebiet des grenzüberschreitenden Personenverkehrs mit Kraftfahrzeugen, die Freistellungs-VO, die VO über die Allgemeinen Beförderungsbedingungen für den Straßenbahn- und Obusverkehr sowie den Linienverkehr mit Kraftfahrzeugen, die VO über den Ausgleich gemeinwirtschaftl. Leistungen im Straßenpersonenverkehr, die BerufszugangsVO für den Straßenpersonenverkehr und die EG-Bus-DurchführungsVO.

sionsgrenzwerte unter Berücksichtigung der technischen Entwicklung auch für einen Zeitpunkt nach Inkrafttreten der Rechtsverordnung festgesetzt werden. [2]Vorschriften nach Satz 1 werden vom Bundesministerium für Verkehr und digitale Infrastruktur und vom Bundesministerium für Umwelt, Naturschutz und nukleare Sicherheit erlassen. [3]Die Ermächtigung nach Satz 1 gilt nicht, soweit § 43 des Bundes-Immissionsschutzgesetzes Anwendung findet.

(3) Rechtsverordnungen nach Absatz 1 Nr. 1 können auch festlegen, wie der Nachweis für die Erfüllung dieser Vorschriften zu erbringen ist, insbesondere welche Prüfungen, Abnahmen, Erlaubnisse, Zustimmungen oder Bescheinigungen erforderlich sind.

(4) Soweit es die öffentliche Sicherheit erfordert, können einzelne Vorschriften der nach Absatz 1 Nr. 2 erlassenen Rechtsverordnung auf Beförderungen ausgedehnt werden, die nach § 2 von der Genehmigungspflicht befreit sind oder für die durch die nach Absatz 1 Nr. 8 erlassene Rechtsverordnung Befreiung erteilt wird.

(5) *[aufgehoben]*

(6) [1]Im Bereich der Gebühren der Landesbehörden übt das Bundesministerium für Verkehr und digitale Infrastruktur die Ermächtigung nach Absatz 1 Nummer 10 auf der Grundlage eines Antrags oder einer Stellungnahme von mindestens fünf Ländern beim Bundesministerium für Verkehr und digitale Infrastruktur aus. [2]Der Antrag oder die Stellungnahme sind mit einer Schätzung des Personal- und Sachaufwands zu begründen. [3]Das Bundesministerium für Verkehr und digitale Infrastruktur kann die übrigen Länder ebenfalls zur Beibringung einer Schätzung des Personal- und Sachaufwands auffordern.

§ 58 Allgemeine Verwaltungsvorschriften
Die zur Durchführung dieses Gesetzes erforderlichen Allgemeinen Verwaltungsvorschriften erläßt die Bundesregierung mit Zustimmung des Bundesrates.

§§ 59, 59a (weggefallen)

VIII.
Bußgeldvorschriften

§§ 60, 60a (weggefallen)

§ 61 Ordnungswidrigkeiten
(1) Ordnungswidrig handelt, wer vorsätzlich oder fahrlässig
1. Personen mit Straßenbahnen, Obussen oder Kraftfahrzeugen ohne die nach diesem Gesetz erforderliche Genehmigung oder einstweilige Erlaubnis befördert oder den Auflagen der Genehmigung oder einstweiligen Erlaubnis oder Auflagen in einer Entscheidung nach § 45a Abs. 4 Satz 2 zuwiderhandelt;
2. einen Verkehr mit Straßenbahnen, Obussen oder einen Linienverkehr mit Kraftfahrzeugen betreibt, ohne daß die nach diesem Gesetz vorgeschriebene Zustimmung zu den Beförderungsentgelten oder Fahrplänen durch die Genehmigungsbehörde erteilt ist;
3. den Vorschriften dieses Gesetzes über
 a) die Mitteilungspflicht bei Betriebsstörungen im Verkehr, die den vorübergehenden Einsatz von Kraftfahrzeugen zur Folge haben (§ 2 Abs. 5 Satz 2),
 b) das Mitführen und Aushändigen von Urkunden (§ 17 Abs. 4, § 20 Abs. 4),
 c) die Einhaltung der Beförderungspflicht (§ 22) oder der Beförderungsentgelte (§ 39 Abs. 3, § 41 Abs. 3, § 45 Abs. 2, § 51),
 d) die Bekanntmachung der Beförderungsentgelte, der Besonderen Beförderungsbedingungen und der gültigen Fahrpläne (§ 39 Abs. 7, § 40 Abs. 4, § 41 Abs. 3, § 45 Abs. 3),
 e) den Verkehr mit Taxen (§ 47 Abs. 2 Satz 1 oder Abs. 5),
 f) Ausflugsfahrten und Ferienziel-Reisen (§ 48 Abs. 1 bis 3) oder
 g) den Verkehr mit Mietomnibussen und Mietwagen (§ 49 Abs. 2 Satz 2 und Abs. 4)
 zuwiderhandelt;
3a. entgegen § 54 Absatz 2 Satz 3 eine Mitteilung nicht, nicht richtig, nicht vollständig oder nicht rechtzeitig macht,
3b. entgegen § 54a Abs. 1 die Auskunft nicht, unrichtig, nicht vollständig oder nicht fristgerecht erteilt, die Bücher oder Geschäftspapiere nicht, nicht vollständig oder nicht fristgemäß vorlegt oder der Duldung von Prüfungen verweigert;
4. einer Rechtsvorschrift oder vollziehbaren schriftlichen Verfügung zuwiderhandelt, die auf Grund dieses Gesetzes oder auf Grund von Rechtsvorschriften, die auf diesem Gesetz beruhen, erlassen

worden ist, soweit die Rechtsvorschrift und die vollziehbare schriftliche Verfügung ausdrücklich auf diese Vorschrift verweisen oder

5. einer unmittelbar geltenden Vorschrift in Rechtsakten der Europäischen Gemeinschaft zuwiderhandelt, die inhaltlich einem in
 a) Nummer 1 oder
 b) Nummer 2, 3 oder 3b

bezeichneten Gebot oder Verbot entspricht, soweit eine Rechtsverordnung nach § 57 Abs. 1 Nr. 11 für einen bestimmten Tatbestand auf diese Bußgeldvorschrift verweist.

(2) Die Ordnungswidrigkeit kann in den Fällen des Absatzes 1 Nr. 1 und 5 Buchstabe a mit einer Geldbuße bis zu zwanzigtausend Euro, in den übrigen Fällen mit einer Geldbuße bis zu zehntausend Euro geahndet werden.

(3) [1]Verwaltungsbehörde im Sinne des § 36 Abs. 1 Nr. 1 des Gesetzes über Ordnungswidrigkeiten ist die Genehmigungsbehörde oder die von der Landesregierung bestimmte Behörde. [2]Die Landesregierung kann die Ermächtigung auf die zuständige oberste Landesbehörde übertragen. [3]In den Fällen des § 52 Abs. 3 Satz 2 ist Verwaltungsbehörde im Sinne des § 36 Abs. 1 Nr. 1 des Gesetzes über Ordnungswidrigkeiten das Bundesamt für Güterverkehr.

(4) In den Fällen des Absatzes 1 kann die Ordnungswidrigkeit auf der Grundlage und nach Maßgabe internationaler Übereinkünfte auch dann geahndet werden, wenn sie im Bereich gemeinsamer Grenzabfertigungsanlagen außerhalb des räumlichen Geltungsbereiches dieses Gesetzes begangen wird.

IX.
Übergangs- und Schlußbestimmungen

§ 62 Übergangsbestimmungen

(1) [1]Öffentliche Dienstleistungsaufträge im Sinne von Artikel 3 Absatz 1 der Verordnung (EG) Nr. 1370/2007 dürfen bis zum 31. Dezember 2013 abweichend von Artikel 5 Absatz 2 bis 4 der Verordnung (EG) Nr. 1370/2007 vergeben werden. [2]Genehmigungen, die vor dem 1. Januar 2013 erteilt wurden, bleiben bis zum Ablauf der in der Genehmigungsurkunde enthaltenen Geltungsdauer wirksam. [3]Die Geltung und Wirksamkeit von sonstigen Rechtsverhältnissen, insbesondere öffentlichen Dienstleistungsaufträgen im Sinne der Verordnung (EG) Nr. 1370/2007, die vor dem 1. Januar 2013 zustande gekommen sind, werden durch die Änderung des Gesetzes nicht berührt.

(2) Soweit dies nachweislich aus technischen oder wirtschaftlichen Gründen unumgänglich ist, können die Länder den in § 8 Absatz 3 Satz 3 genannten Zeitpunkt abweichend festlegen sowie Ausnahmetatbestände bestimmen, die eine Einschränkung der Barrierefreiheit rechtfertigen.

(3) § 42b gilt ab dem 1. Januar 2016 für Kraftomnibusse, die erstmals zum Verkehr zugelassen werden und nach Ablauf des 31. Dezember 2019 für alle Kraftomnibusse.

§ 63 Ausschluss abweichenden Landesrechts

Von folgenden Regelungen des Verwaltungsverfahrens kann durch Landesrecht nicht abgewichen werden:

1. §§ 5, 8a Absatz 2 Satz 2, §§ 9, 12, 15, 16, 17 Absatz 1 und 2, §§ 20, 25 und 29 Absatz 1a;
2. § 52 Absatz 1 Satz 1 und § 53 Absatz 1 Satz 1, jeweils in Verbindung mit den Regelungen in Nummer 1;
3. § 29 Absatz 2, § 52 Absatz 2 Satz 1 und § 53 Absatz 2 Satz 1;
4. § 11 Absatz 4, § 52 Absatz 2 Satz 2 und § 53 Absatz 2 Satz 2, jeweils in Verbindung mit § 11 Absatz 4, § 52 Absatz 3 Satz 3 und § 53 Absatz 3 Satz 1.

§ 64 Andere Gesetze

(1) Durch dieses Gesetz werden die Vorschriften

1. des Straßenverkehrsgesetzes vom 19. Dezember 1952 (BGBl. I S. 837) sowie die auf Grund dieses Gesetzes erlassenen Vorschriften,
2. des Haftpflichtgesetzes in der Fassung der Bekanntmachung vom 4. Januar 1978 (BGBl. I S. 145),
3. (weggefallen)
4. des Gesetzes über die Pflichtversicherung für Kraftfahrzeughalter vom 5. April 1965 (BGBl. I S. 213) und
5. des Gesetzes über die Haftpflichtversicherung für ausländische Kraftfahrzeuge und Kraftfahrzeuganhänger vom 24. Juli 1956 (BGBl. I S. 667)

nicht berührt, soweit sich nicht aus § 23 etwas anderes ergibt.

(2) Die Vorschriften des Gesetzes über Maßnahmen zur Aufrechterhaltung des Betriebs von Bahnunternehmen des öffentlichen Verkehrs vom 7. März 1934 (RGBl. II S. 91) in der Fassung des § 9 Abs. 4 des Allgemeinen Eisenbahngesetzes vom 29. März 1951 (BGBl. I S. 225) sind auf Straßenbahnen und auf Obusunternehmen mit der Maßgabe entsprechend anzuwenden, daß zuständige Aufsichtsbehörde im Sinne des vorgenannten Gesetzes die von der Landesregierung bestimmte Genehmigungsbehörde ist, und daß, wenn eine Straßenbahn oder ein Obusunternehmen das Gebiet mehrerer Länder berührt, die von der Landesregierung bestimmte Genehmigungsbehörde ihre Entscheidung im Einvernehmen mit der von der Landesregierung des mitbeteiligten Landes bestimmten Genehmigungsbehörde trifft.

§ 64a Ersetzung bundesrechtlicher Vorschriften durch Landesrecht
Die Länder können mit Wirkung ab dem 1. Januar 2007 § 45a und § 57 Abs. 1 Nr. 9 sowie die Vorschriften, zu deren Erlass § 57 Abs. 1 Nr. 9 ermächtigt, durch Landesrecht ersetzen.

§ 64b Landesrecht im Bereich des Gelegenheitsverkehrs
Dieses Gesetz oder auf Grundlage dieses Gesetzes erlassene Rechtsverordnungen steht oder stehen Vorschriften der Länder nicht entgegen, die den Betrieb des Verkehrs mit Taxen oder mit Mietwagen in Bezug auf Fahrzeugemissionen regeln.

§ 65 Ausnahmen für Straßenbahnen
Für Straßenbahnen im Sinne von § 4 Absatz 1 und 2 gelten nachfolgende Richtlinien nicht:
1. Richtlinie 95/18/EG des Rates vom 19. Juni 1995 über die Erteilung von Genehmigungen an Eisenbahnunternehmen (ABl. L 143 vom 27.6.1995, S. 70);
2. Richtlinie 2012/34/EU des Europäischen Parlaments und des Rates vom 21. November 2012 zur Schaffung eines einheitlichen europäischen Eisenbahnraums (ABl. L 343 vom 14.12.2012, S. 32);
3. Richtlinie 2004/49/EG des Europäischen Parlaments und des Rates vom 29. April 2004 über Eisenbahnsicherheit in der Gemeinschaft und zur Änderung der Richtlinie 95/18/EG des Rates über die Erteilung von Genehmigungen an Eisenbahnunternehmen und der Richtlinie 2001/14/EG über die Zuweisung von Fahrwegkapazität der Eisenbahn, die Erhebung von Entgelten für die Nutzung von Eisenbahninfrastruktur und die Sicherheitsbescheinigung („Richtlinie über die Eisenbahnsicherheit") (ABl. L 164 vom 30.4.2004, S. 44), die zuletzt durch die Richtlinie 2009/149/EG (ABl. L 313 vom 28.11.2009, S. 65) geändert worden ist;
4. Richtlinie 2007/59/EG des Europäischen Parlaments und des Rates vom 23. Oktober 2007 über die Zertifizierung von Triebfahrzeugführern, die Lokomotiven und Züge im Eisenbahnsystem in der Gemeinschaft führen (ABl. L 315 vom 3.12.2007, S. 51);
5. Richtlinie 2008/57/EG des Europäischen Parlaments und des Rates vom 17. Juni 2008 über die Interoperabilität des Eisenbahnsystems in der Gemeinschaft (Neufassung) (ABl. L 191 vom 18.7.2008, S. 1), die zuletzt durch die Richtlinie 2011/18/EU (ABl. L 57 vom 2.3.2011, S. 21) geändert worden ist.

§ 66 Berichtspflicht
Das Bundesministerium für Verkehr und digitale Infrastruktur legt bis zum 1. Januar 2017 dem Deutschen Bundestag einen Bericht darüber vor, ob die mit dem Gesetz zur Änderung personenbeförderungsrechtlicher Vorschriften vom 14. Dezember 2012 (BGBl. I S. 2598) verfolgten Ziele erfüllt wurden und wie sich die Marktöffnung im straßengebundenen Personenfernverkehr auswirkt, auch hinsichtlich der Sozial- und Arbeitsbedingungen für das Fahrpersonal.

Postgesetz (PostG)[1)2)]

Vom 22. Dezember 1997 (BGBl. I S. 3294)
(FNA 900-14)
zuletzt geändert durch Art. 318 Elfte ZuständigkeitsanpassungsVO vom 19. Juni 2020 (BGBl. I S. 1328)

Der Bundestag hat mit Zustimmung des Bundesrates das folgende Gesetz beschlossen:

Inhaltsübersicht

1) Die Änderungen durch G v. 18.7.2016 (BGBl. I S. 1666) treten erst **mWv 1.10.2021** in Kraft und sind im Text noch nicht berücksichtigt.
2) Zur Sicherstellung ordnungsgemäßer Planungs-und Genehmigungsverfahren während der COVID-19-Pandemie siehe das PlanungssicherstellungsG vom 20.5.2020 (BGBl. I S. 1041).

Abschnitt 1
Allgemeine Vorschriften

§ 1 Zweck des Gesetzes
Zweck dieses Gesetzes ist es, durch Regulierung im Bereich des Postwesens den Wettbewerb zu fördern und flächendeckend angemessene und ausreichende Dienstleistungen zu gewährleisten.

§ 2 Regulierung
(1) Die Regulierung des Postwesens ist eine hoheitliche Aufgabe des Bundes.
(2) Ziele der Regulierung sind:
1. die Wahrung der Interessen der Kunden sowie die Wahrung des Postgeheimnisses,
2. die Sicherstellung eines chancengleichen und funktionsfähigen Wettbewerbs, auch in der Fläche, auf den Märkten des Postwesens,
3. die Sicherstellung einer flächendeckenden Grundversorgung mit Postdienstleistungen zu erschwinglichen Preisen (Universaldienst),
4. die Wahrung der Interessen der öffentlichen Sicherheit,
5. die Berücksichtigung sozialer Belange.
(3) Das Gesetz gegen Wettbewerbsbeschränkungen bleibt unberührt.

§ 3 Anwendungsbereich
Dieses Gesetz gilt auch für den Postverkehr mit dem Ausland, soweit nicht völkerrechtliche Verträge und die zu deren Durchführung ergangenen Gesetze und Rechtsverordnungen etwas anderes bestimmen.

§ 4 Begriffsbestimmungen
Für dieses Gesetz gelten die folgenden Begriffsbestimmungen:
1. Postdienstleistungen im Sinne dieses Gesetzes sind folgende gewerbsmäßig erbrachte Dienstleistungen:
 a) die Beförderung von Briefsendungen,
 b) die Beförderung von adressierten Paketen, deren Einzelgewicht 20 Kilogramm nicht übersteigt, oder
 c) die Beförderung von Büchern, Katalogen, Zeitungen oder Zeitschriften, soweit sie durch Unternehmen erfolgt, die Postdienstleistungen nach Buchstabe a oder b erbringen.
2. [1]Briefsendungen sind adressierte schriftliche Mitteilungen. [2]Kataloge und wiederkehrend erscheinende Druckschriften wie Zeitungen und Zeitschriften sind keine schriftlichen Mitteilungen im Sinne des Satzes 1. [3]Mitteilungen, die den Empfänger nicht mit Namen bezeichnen, sondern lediglich mit einer Sammelbezeichnung von Wohnung oder Geschäftssitz versehen sind, sind nicht adressiert im Sinne des Satzes 1.
3. Beförderung ist das Einsammeln, Weiterleiten oder Ausliefern von Postsendungen an den Empfänger.
4. Geschäftsmäßiges Erbringen von Postdiensten ist das nachhaltige Betreiben der Beförderung von Postsendungen für andere mit oder ohne Gewinnerzielungsabsicht.

5. Postsendungen sind Gegenstände im Sinne der Nummer 1, auch soweit sie geschäftsmäßig befördert werden.
6. Marktbeherrschend ist jedes Unternehmen, das nach § 18 des Gesetzes gegen Wettbewerbsbeschränkungen als marktbeherrschend anzusehen ist.

Abschnitt 2
Lizenzen

§ 5 Lizenzierter Bereich

(1) Einer Erlaubnis (Lizenz) bedarf, wer Briefsendungen, deren Einzelgewicht nicht mehr als 1 000 Gramm beträgt, gewerbsmäßig für andere befördert.

(2) Einer Lizenz nach Absatz 1 bedarf nicht, wer

1. Briefsendungen als Verrichtungs- oder Erfüllungsgehilfe desjenigen befördert, dem eine Erlaubnis nach Absatz 1 erteilt worden ist,
2. Briefsendungen befördert, die einer anderen Sendung beigefügt sind und ausschließlich deren Inhalt betreffen,
3. Briefsendungen in der Weise befördert, daß einzelne nachgewiesene Sendungen im Interesse einer schnellen und zuverlässigen Beförderung auf dem Weg vom Absender zum Empfänger ständig begleitet werden und die Begleitperson die Möglichkeit hat, jederzeit auf die einzelne Sendung zuzugreifen und die erforderlichen Dispositionen zu treffen (Kurierdienst).

§ 6 Erteilung der Lizenz

(1) [1]Die Lizenz wird auf schriftlichen Antrag von der Regulierungsbehörde in schriftlicher Form erteilt. [2]Der Antragsteller hat das Gebiet zu bezeichnen, in dem die lizenzpflichtige Tätigkeit ausgeübt werden soll. [3]Die Lizenz ist zu erteilen, wenn nicht ein Versagungsgrund nach Absatz 3 besteht. [4]Die Regulierungsbehörde soll über Lizenzanträge innerhalb von sechs Wochen entscheiden.

(2) [1]Bei der Lizenzerteilung sind die Regulierungsziele nach § 2 Abs. 2 zu beachten. [2]Zur Sicherstellung dieser Regulierungsziele können der Lizenz Nebenbestimmungen, auch nach Erteilung der Lizenz, beigefügt werden. [3]Auf Antrag des Lizenznehmers hat die Regulierungsbehörde eine Nebenbestimmung aufzuheben, wenn die Voraussetzungen für diese entfallen sind.

(3) [1]Die Lizenz ist zu versagen, wenn

1. Tatsachen die Annahme rechtfertigen, daß der Antragsteller für die Ausübung der Lizenzrechte nicht die erforderliche Leistungsfähigkeit, Zuverlässigkeit oder Fachkunde besitzt,
2. Tatsachen die Annahme rechtfertigen, daß durch die Aufnahme einer lizenzpflichtigen Tätigkeit die öffentliche Sicherheit oder Ordnung gefährdet würde,
3. Tatsachen die Annahme rechtfertigen, daß der Antragsteller die wesentlichen Arbeitsbedingungen, die im lizenzierten Bereich üblich sind, nicht unerheblich unterschreitet.

[2]Die nach Satz 1 Nr. 1 erforderliche

1. Leistungsfähigkeit besitzt, wer die Gewähr dafür bietet, daß ihm die für den Aufbau und den Betrieb der zur Ausübung der Lizenzrechte erforderlichen Produktionsmittel zur Verfügung stehen werden,
2. Zuverlässigkeit besitzt, wer die Gewähr dafür bietet, daß er als Lizenznehmer die Rechtsvorschriften einhalten wird,
3. Fachkunde besitzt, wer die Gewähr dafür bietet, daß die bei der Ausübung der Lizenzrechte tätigen Personen über die erforderlichen Kenntnisse, Erfahrungen und Fertigkeiten verfügen werden.

§ 7 Übertragung der Lizenz

(1) [1]Eine Übertragung der Lizenz bedarf der Schriftform und der vorherigen Zustimmung der Regulierungsbehörde. [2]Die Zustimmung ist unter den Voraussetzungen des § 6 Abs. 3 zu versagen.

(2) [1]Für den Fall des Todes des Lizenznehmers gilt § 46 der Gewerbeordnung. [2]Zuständige Behörde im Sinne des § 46 Abs. 3 der Gewerbeordnung ist die Regulierungsbehörde. [3]Soll das Gewerbe durch einen Stellvertreter fortgeführt werden, ist dies der Regulierungsbehörde unverzüglich anzuzeigen.

(3) Ist einer Kapitalgesellschaft eine Lizenz erteilt, so hat jeder, der Aktien oder Geschäftsanteile der Gesellschaft erwirbt und hierdurch über mehr als zehn vom Hundert der Aktien oder Geschäftsanteile der Gesellschaft verfügt, die Regulierungsbehörde unverzüglich anzuzeigen.

§ 8 Gebühren und Auslagen für die Lizenzierung

[1]Für die Entscheidung über die Erteilung einer Lizenz und über die Zustimmung zur Übertragung einer Lizenz werden Gebühren und Auslagen erhoben. [2]Es werden auch dann Gebühren und Auslagen erhoben, wenn ein Antrag auf Erteilung einer Lizenz oder auf Zustimmung zur Übertragung einer Lizenz nach Beginn der sachlichen Bearbeitung, jedoch vor deren Beendigung zurückgenommen wird. [3]Das Bundes-

ministerium für Wirtschaft und Energie wird ermächtigt, im Einvernehmen mit dem Bundesministerium des Innern, für Bau und Heimat, dem Bundesministerium der Finanzen und dem Bundesministerium der Justiz und für Verbraucherschutz durch Rechtsverordnung[1], die nicht der Zustimmung des Bundesrates bedarf, nach Maßgabe des Bundesgebührengesetzes die Höhe der Gebühren zu regeln.

§ 9 Widerruf der Lizenz
(1) Eine Lizenz kann durch die Regulierungsbehörde über die in § 49 des Verwaltungsverfahrensgesetzes genannten Gründe hinaus auch ganz oder teilweise dann widerrufen werden, wenn der Lizenznehmer seinen Verpflichtungen nach diesem Gesetz oder einer auf Grund dieses Gesetzes erlassenen Rechtsverordnung nicht nachkommt.

(2) Ein Widerruf nach Absatz 1 ist erst zulässig, wenn der Lizenznehmer einer Aufforderung der Regulierungsbehörde, seinen Verpflichtungen nachzukommen, nicht innerhalb der ihm gesetzten Frist Folge geleistet hat.

§ 10 Strukturelle Separierung und getrennte Rechnungsführung
(1) Unternehmen, die auf anderen Märkten als einem Markt für Postdienstleistungen marktbeherrschend sind, müssen Postdienstleistungen in einem oder mehreren rechtlich selbständigen Unternehmen erbringen, denen wesentliche unternehmerische Entscheidungsbefugnisse zustehen.

(2) [1]Unternehmen, die auf einem Markt für Postdienstleistungen marktbeherrschend sind, haben die Nachvollziehbarkeit der finanziellen Beziehungen zwischen Postdienstleistungen innerhalb des lizenzierten Bereichs durch Schaffung eines eigenen Rechnungslegungskreises zu gewährleisten. [2]Dasselbe gilt für die finanziellen Beziehungen zwischen Postdienstleistungen im lizenzierten und Postdienstleistungen im nicht lizenzierten Bereich. [3]Die Regulierungsbehörde kann die Ausgestaltung der internen Rechnungslegung für Postdienstleistungen vorgeben.

Abschnitt 3
Universaldienst

§ 11 Begriff und Umfang des Universaldienstes
(1) [1]Universaldienstleistungen sind ein Mindestangebot an Postdienstleistungen nach § 4 Nr. 1, die flächendeckend in einer bestimmten Qualität und zu einem erschwinglichen Preis erbracht werden. [2]Der Universaldienst ist auf lizenzpflichtige Postdienstleistungen und Postdienstleistungen, die zumindest in Teilen beförderungstechnisch mit lizenzpflichtigen Postdienstleistungen erbracht werden können, beschränkt. [3]Er umfaßt nur solche Dienstleistungen, die allgemein als unabdingbar angesehen werden.

(2) [1]Die Bundesregierung wird ermächtigt, durch Rechtsverordnung[2], die der Zustimmung des Bundestages und des Bundesrates bedarf, nach Maßgabe des Absatzes 1 Inhalt und Umfang des Universaldienstes festzulegen. [2]Die Festlegung der Universaldienstleistungen ist der technischen und gesellschaftlichen Entwicklung nachfragegerecht anzupassen. [3]In der Rechtsverordnung sind darüber hinaus die Mindestqualität der Dienstleistungen einschließlich der Qualitätsmerkmale für das Annahme- und Zustellnetz (Briefkästen, Einrichtungen, in denen Verträge über Brief- oder Paketbeförderungsleistungen abgeschlossen und abgewickelt werden können, Briefauslieferung) und für die Briefaufzeiten sowie die Maßstäbe für die Bestimmung des Preises einer Universaldienstleistung festzulegen. [4]Die Regulierungsbehörde ist befugt, über die Einhaltung dieser Maßstäbe zu entscheiden. [5]Die Zustimmung des Bundestages gilt als erteilt, wenn der Bundestag nicht innerhalb von drei Sitzungswochen nach Eingang der Vorlage der Bundesregierung die Zustimmung verweigert hat.

§ 12 Gewährleistung des Universaldienstes
(1) Steht fest oder ist zu besorgen, daß eine Universaldienstleistung nach § 11 nicht ausreichend oder angemessen erbracht wird, ist jeder Lizenznehmer, dessen im lizenzierten Bereich erzielter Umsatz im vorangegangenen Kalenderjahr mehr als 500 000 Euro betragen hat, verpflichtet, nach Maßgabe der §§ 13 bis 17 dazu beizutragen, daß die Universaldienstleistung erbracht werden kann.

(2) [1]Absatz 1 gilt entsprechend für einen Lizenznehmer, der mit einem anderen Lizenznehmer ein einheitliches Unternehmen bildet. [2]Ein einheitliches Unternehmen wird durch jede Verbindung von Unternehmen im Sinne des § 23 Abs. 1 Satz 2, Abs. 2 und 3 des Gesetzes gegen Wettbewerbsbeschränkungen geschaffen.

1) Siehe die Post-LizenzgebührenVO.
2) Siehe die Post-UniversaldienstleistungsVO.

§ 13 Auferlegung von Universaldienstleistungspflichten

(1) ¹Steht fest oder ist zu besorgen, daß eine Universaldienstleistung nicht ausreichend oder angemessen erbracht wird, veröffentlicht die Regulierungsbehörde eine diesbezügliche Feststellung in ihrem Amtsblatt. ²Sie kündigt an, nach den Absätzen 2 bis 4 sowie den §§ 14 bis 17 vorzugehen, sofern sich kein Unternehmen innerhalb eines Monats nach der Veröffentlichung bereit erklärt, die Universaldienstleistung ohne Ausgleich nach § 15 zu erbringen.

(2) ¹Nach Ablauf der in Absatz 1 genannten Frist kann die Regulierungsbehörde eines der in § 12 bezeichneten Unternehmen dazu verpflichten, die Universaldienstleistung zu erbringen. ²Die Verpflichtung kann nur einem Lizenznehmer auferlegt werden, der auf dem räumlich relevanten oder einem räumlich angrenzenden Markt lizenzpflichtige Postdienstleistungen erbringt und auf diesem Markt marktbeherrschend ist.

(3) ¹Sind auf dem jeweiligen Markt mehrere Lizenznehmer gemeinsam marktbeherrschend, kann die Regulierungsbehörde nach Anhörung der in Betracht kommenden Lizenznehmer einen oder mehrere dieser Lizenznehmer verpflichten, die Universaldienstleistung zu erbringen. ²Eine solche Verpflichtung darf die verpflichteten Lizenznehmer im Verhältnis zu anderen Lizenznehmern nicht unbillig benachteiligen.

(4) ¹Die Absätze 2 und 3 gelten entsprechend für ein Unternehmen, das auf einem in Absatz 2 genannten Markt tätig ist und das mit einem Lizenznehmer nach Absatz 2 oder 3 ein einheitliches Unternehmen bildet. ²Ein einheitliches Unternehmen wird durch jede Verbindung von Unternehmen im Sinne des § 23 Abs. 1 Satz 2, Abs. 2 und 3 des Gesetzes gegen Wettbewerbsbeschränkungen geschaffen.

(5) ¹Unternehmen, die zur Erbringung von Universaldienstleistungen nach den Absätzen 2 oder 3 oder nach § 14 Abs. 2 herangezogen werden, können durch die Regulierungsbehörde zur Zusammenarbeit verpflichtet werden. ²§ 31 gilt entsprechend. ³Die Regulierungsbehörde kann die Bedingungen der Zusammenarbeit entsprechend § 31 Abs. 2 auch dann festlegen und ihre Rechtsverbindlichkeit anordnen, wenn die verpflichteten Unternehmen keine Verhandlungen aufnehmen oder im Falle einer Nichteinigung davon absehen, die Regulierungsbehörde als Schlichtungsstelle anzurufen.

§ 14 Ausschreibung von Dienstleistungen

(1) ¹Legt ein Unternehmen, das nach § 13 Abs. 2 oder 3 zur Erbringung einer Universaldienstleistung verpflichtet werden soll, mit hinreichender Begründung und in hinreichend glaubhafter Weise dar, daß es durch die Verpflichtung einen wirtschaftlichen Nachteil erleiden würde und es hierfür einen Ausgleich nach § 15 verlangen könnte, so hat die Regulierungsbehörde diejenige Dienstleistung, die den Nachteil verursacht, auszuschreiben. ²Die Regulierungsbehörde kann von einer Ausschreibung absehen, wenn eine Ausschreibung nicht zweckmäßig erscheint.

(2) Die ausgeschriebene Dienstleistung ist an denjenigen leistungsfähigen, zuverlässigen und fachkundigen Bewerber zu vergeben, der den geringsten finanziellen Ausgleich dafür verlangt.

(3) Ist eine Verpflichtung nach § 13 Abs. 2 oder 3 nicht möglich, wird die Universaldienstleistung entsprechend Absatz 1 ausgeschrieben.

(4) ¹Vor der Ausschreibung einer Universaldienstleistung nach Absatz 1 oder 3 hat die Regulierungsbehörde im einzelnen festzulegen, welche Universaldienstleistung in welchem Gebiet oder an welchem Ort zu erbringen ist und nach welchen Kriterien die erforderliche Leistungsfähigkeit, Zuverlässigkeit und Fachkunde des Anbieters bewertet wird. ²Die Regulierungsbehörde hat ferner die Regeln für die Durchführung des Ausschreibungsverfahrens im einzelnen festzulegen; diese müssen objektiv, nachvollziehbar und diskriminierungsfrei sein.

§ 15 Ausgleichsleistung

(1) ¹Ein Lizenznehmer kann für die ihm nach § 13 Abs. 2 oder 3 auferlegte Verpflichtung einen Ausgleich von der Regulierungsbehörde verlangen, wenn er nachweist, daß die langfristigen zusätzlichen Kosten der effizienten Bereitstellung der von ihm geforderten Dienstleistung einschließlich einer angemessenen Verzinsung des eingesetzten Kapitals die Erträge der Dienstleistung übersteigen. ²Die Erträge sind auf der Grundlage der durch Rechtsverordnung nach § 11 Abs. 2 festgelegten oder festzulegenden erschwinglichen Preise zu berechnen.

(2) ¹Der Ausgleich wird nach Ablauf des Kalenderjahres, in dem ein Defizit bei der Erbringung der Dienstleistung entsteht, gewährt. ²Die Höhe des Ausgleichs bestimmt sich nach den durch die Erbringung der Dienstleistung entstehenden langfristigen zusätzlichen Kosten einschließlich einer angemessenen Verzinsung des eingesetzten Kapitals abzüglich der mit der Dienstleistung erzielten Erträge. ³Für die Berechnung der Erträge gilt Absatz 1 Satz 2 entsprechend.

(3) Im Falle der Ausschreibung nach § 14 gewährt die Regulierungsbehörde einen Ausgleich entsprechend dem Ausschreibungsergebnis.

§ 16 Ausgleichsabgabe

(1) [1]Gewährt die Regulierungsbehörde einen Ausgleich nach § 15, ist jeder Lizenznehmer, dessen Umsatz in dem Kalenderjahr, für das ein Ausgleich gewährt wird, mehr als 500 000 Euro betragen hat, verpflichtet, zu dem von der Regulierungsbehörde zu leistenden Ausgleich durch eine Ausgleichsabgabe beizutragen. [2]Die Höhe der Abgabe bemißt sich nach dem Verhältnis des Umsatzes des Lizenznehmers zu der Summe der Umsätze aller nach Satz 1 verpflichteten Lizenznehmer. [3]Umsatz im Sinne der Sätze 1 und 2 ist ausschließlich der jeweils im lizenzierten Bereich erzielte Umsatz.

(2) [1]Nach Ablauf des Kalenderjahres, für das ein Ausgleich nach § 15 gewährt wird, setzt die Regulierungsbehörde den zu gewährenden Ausgleich sowie die Anteile der zu diesem Ausgleich beitragenden Lizenznehmer fest und teilt dies den betroffenen Unternehmen mit. [2]Die Summe der Ausgleichsverpflichtungen entspricht dem nach § 15 Abs. 1 auszugleichenden Defizit zuzüglich einer marktüblichen Verzinsung. [3]Die Verzinsung beginnt mit dem Tag nach Ablauf des in Satz 1 genannten Kalenderjahres.

(3) Die von den ausgleichspflichtigen Unternehmen zu zahlenden Beträge sind innerhalb eines Monats ab Zugang des Festsetzungsbescheids an die Regulierungsbehörde zu entrichten.

(4) Kann von einem nach Absatz 1 Satz 1 verpflichteten Lizenznehmer die auf ihn entfallende Abgabe nicht erlangt werden, ist der Ausfall von den übrigen Verpflichteten im Verhältnis der auf sie entfallenden Anteile zu tragen.

§ 17 Umsatzmitteilungen

(1) [1]Ist eine Verpflichtung zur Erbringung einer Universaldienstleistung nach § 13 Abs. 2 oder 3 oder § 14 erfolgt, haben die Lizenznehmer der Regulierungsbehörde ihre im lizenzierten Bereich erzielten Jahresumsätze auf Verlangen mitzuteilen. [2]Unterbleibt die Mitteilung, so kann die Regulierungsbehörde den jeweiligen Umsatz schätzen.

(2) Bei der Ermittlung der Umsätze gilt § 23 Abs. 1 Satz 2 und 3 des Gesetzes gegen Wettbewerbsbeschränkungen entsprechend.

Abschnitt 4
Rahmenbedingungen für Postdienstleistungen

§ 18 Postdienstleistungsverordnung

(1) [1]Die Bundesregierung wird ermächtigt, durch Rechtsverordnung[1]) mit Zustimmung des Bundesrates Rahmenvorschriften für die Inanspruchnahme von Postdienstleistungen zu erlassen. [2]In der Rechtsverordnung können insbesondere Regelungen über den Vertragsabschluß, den Gegenstand und die Beendigung der Verträge getroffen und die Rechte und Pflichten der Vertragspartner und der sonstigen am Postverkehr Beteiligten einschließlich Haftungsregelungen und Bestimmungen zur Haftungsbeschränkung festgelegt werden.

(2) [1]Für die außergerichtliche Streitbeilegung nach der Verordnung nach Absatz 1 werden Gebühren und Auslagen nicht erhoben. [2]Jede Partei trägt die ihr durch die Teilnahme am Verfahren entstehenden Kosten selbst. [3]Unbeschadet der Regelungen der Verordnung nach Absatz 1 regelt die Streitbeilegungsstelle die weiteren Einzelheiten des außergerichtlichen Streitbeilegungsverfahrens in einer Schlichtungsordnung, die sie veröffentlicht. [4]Die außergerichtliche Beilegung von Streitigkeiten zwischen einem Verbraucher und einem Postdienstleister muss den Anforderungen des Verbraucherstreitbeilegungsgesetzes vom 19. Februar 2016 (BGBl. I S. 254), das durch Artikel 1 des Gesetzes vom 30. November 2019 (BGBl. I S. 1942) geändert worden ist, in der jeweils geltenden Fassung entsprechen. [5]Das Bundesministerium für Wirtschaft und Energie übermittelt der Zentralen Anlaufstelle für Verbraucherschlichtung die Mitteilungen nach § 32 Absatz 3 und 4 des Verbraucherstreitbeilegungsgesetzes.

Abschnitt 5
Entgeltregulierung

§ 19 Genehmigungsbedürftige Entgelte

[1]Entgelte, die ein Lizenznehmer auf einem Markt für lizenzpflichtige Postdienstleistungen erhebt, bedürfen der Genehmigung durch die Regulierungsbehörde, sofern der Lizenznehmer auf dem betreffenden Markt marktbeherrschend ist. [2]Satz 1 gilt nicht für Entgelte solcher Beförderungsleistungen, die ab einer Mindesteinlieferungsmenge von 50 Briefsendungen angewendet werden.

1) Siehe die PostdienstleistungsVO.

§ 20 Maßstäbe der Entgeltgenehmigung

(1) Genehmigungsbedürftige Entgelte haben sich an den Kosten einer effizienten Leistungsbereitstellung zu orientieren und den Anforderungen nach Absatz 2 zu entsprechen.

(2) [1]Genehmigungsbedürftige Entgelte dürfen

1. keine Aufschläge enthalten, die der Anbieter nur auf Grund seiner marktbeherrschenden Stellung durchsetzen kann,

2. keine Abschläge enthalten, die die Wettbewerbsmöglichkeiten anderer Unternehmen auf einem Markt für Postdienstleistungen in mißbräuchlicher Weise beeinträchtigen,

3. einzelnen Nachfragern keine Vorteile gegenüber anderen Nachfragern gleichartiger Postdienstleistungen einräumen,

es sei denn, daß hierfür eine rechtliche Verpflichtung oder ein sonstiger sachlich gerechtfertigter Grund nachgewiesen wird. [2]Dabei sind insbesondere die Kosten für die Einhaltung der wesentlichen Arbeitsbedingungen, die im lizenzierten Bereich üblich sind, sowie die Kosten einer flächendeckenden Versorgung mit Postdienstleistungen und die Kosten aus der Übernahme von Versorgungslasten für die Beschäftigten, die aus der Rechtsnachfolge der Deutschen Bundespost entstanden sind, angemessen zu berücksichtigen.

(3) § 11 Abs. 1 und eine auf Grund des § 11 Abs. 2 erlassene Rechtsverordnung bleiben unberührt.

§ 21 Arten und Verfahren der Entgeltgenehmigung

(1) Die Regulierungsbehörde genehmigt Entgelte

1. auf der Grundlage der auf die einzelne Dienstleistung entfallenden Kosten der effizienten Leistungsbereitstellung oder

2. auf der Grundlage der von ihr vorgegebenen Maßgrößen für die durchschnittlichen Änderungsraten der Entgelte für einen Korb zusammengefaßter Dienstleistungen.

(2) [1]Im Falle des Absatzes 1 Nr. 1 prüft die Regulierungsbehörde für jedes einzelne Entgelt, ob es den Anforderungen des § 20 Abs. 2 Nr. 1 entspricht. [2]Im Falle des Absatzes 1 Nr. 2 gelten bei Einhaltung der festgelegten Maßgrößen die Anforderungen des § 20 Abs. 2 Nr. 1 als erfüllt.

(3) [1]Die Genehmigung der Entgelte ist zu versagen, wenn nach Maßgabe des Absatzes 2 die Entgelte den Anforderungen des § 20 Abs. 2 Nr. 1 nicht entsprechen oder wenn sie gegen andere Rechtsvorschriften verstoßen. [2]Die Genehmigung ist ferner zu versagen, wenn offenkundig ist, daß die Entgelte den Anforderungen des § 20 Abs. 2 Nr. 2 oder 3 nicht entsprechen.

(4) [1]Die Bundesregierung erläßt durch Rechtsverordnung[1]), die nicht der Zustimmung des Bundesrates bedarf, nähere Bestimmungen über die in Absatz 1 genannten Genehmigungsarten und die Voraussetzungen, nach denen die Regulierungsbehörde zu entscheiden hat, welches der in Absatz 1 genannten Verfahren zur Anwendung kommt. [2]In der Rechtsverordnung sind die Einzelheiten des Verfahrens zu regeln, insbesondere die Verpflichtung des Lizenznehmers zur Vorlage von Unterlagen, die Ausgestaltung der vom Lizenznehmer zu erstellenden Kostenrechnung sowie die Verpflichtung der Regulierungsbehörde zur Veröffentlichung der Entgelte. [3]Ferner sind die Bestandteile und der Inhalt der in Absatz 1 Nr. 2 genannten Maßgrößen und Körbe zu bestimmen. [4]Die Sätze 1 und 2 gelten auch für die Entgeltüberprüfung nach den §§ 24 und 25.

§ 22 Entscheidung über die Entgeltgenehmigung

(1) [1]Die Genehmigung der Entgelte ist schriftlich zu beantragen. [2]Läuft eine befristete Genehmigung aus, ist der Antrag für eine sich anschließende Genehmigung spätestens zehn Wochen vor Fristablauf vorzulegen.

(2) [1]Die Regulierungsbehörde entscheidet über einen Genehmigungsantrag innerhalb von sechs Wochen nach Eingang des Antrags. [2]Sie kann die Frist durch Mitteilung an den Antragsteller um bis zu vier Wochen verlängern. [3]Innerhalb dieser vier Wochen hat die Regulierungsbehörde über den Entgeltantrag zu entscheiden.

(3) Die Genehmigung kann mit den in § 36 Abs. 2 des Verwaltungsverfahrensgesetzes genannten Nebenbestimmungen versehen werden.

(4) Genehmigte Entgelte sind im Amtsblatt der Regulierungsbehörde zu veröffentlichen.

§ 23 Abweichung von genehmigten Entgelten

(1) Der Lizenznehmer ist verpflichtet, ausschließlich die von der Regulierungsbehörde genehmigten Entgelte zu verlangen.

(2) [1]Verträge über Dienstleistungen, die andere als die genehmigten Entgelte enthalten, sind mit der Maßgabe wirksam, daß das genehmigte Entgelt an die Stelle des vereinbarten Entgelts tritt. [2]Fehlt es an

1) Siehe die Post-EntgeltregulierungsVO.

einem genehmigten Entgelt, obwohl das Entgelt nach § 19 genehmigungsbedürftig ist, so sind die Verträge unwirksam.

(3) Die Regulierungsbehörde kann die Durchführung eines Vertrages, der ein anderes als das genehmigte Entgelt enthält oder der nach Absatz 2 Satz 2 unwirksam ist, untersagen.

§ 24 Nachträgliche Überprüfung genehmigter Entgelte

(1) [1]Werden der Regulierungsbehörde Tatsachen bekannt, die die Annahme rechtfertigen, daß genehmigte Entgelte nicht den Maßstäben des § 20 Abs. 2 Nr. 2 oder 3 entsprechen, leitet die Regulierungsbehörde eine Überprüfung der Entgelte ein. [2]Sie teilt die Einleitung der Oberprüfung dem betroffenen Unternehmen schriftlich mit.

(2) Die Regulierungsbehörde entscheidet innerhalb von zwei Monaten nach Einleitung der Überprüfung.

(3) [1]Stellt die Regulierungsbehörde fest, daß die überprüften Entgelte nicht den Maßstäben des § 20 Abs. 2 Nr. 2 oder 3 entsprechen, fordert sie das betroffene Unternehmen auf, die Entgelte unverzüglich den genannten Maßstäben anzupassen. [2]Die Aufforderung der Regulierungsbehörde ist im Amtsblatt der Regulierungsbehörde zu veröffentlichen.

(4) Erfolgt eine nach Absatz 3 von der Regulierungsbehörde geforderte Anpassung nicht, hat die Regulierungsbehörde das beanstandete Verhalten zu untersagen und die Entgelte für unwirksam zu erklären.

§ 25 Überprüfung nicht genehmigungsbedürftiger Entgelte

(1) [1]Werden der Regulierungsbehörde Tatsachen bekannt, die die Annahme rechtfertigen, daß nicht genehmigungsbedürftige Entgelte, die ein Anbieter auf einem Markt für Postdienstleistungen verlangt, nicht den Maßstäben des § 20 Abs. 2 entsprechen, leitet die Regulierungsbehörde eine Überprüfung der Entgelte ein, sofern der Anbieter auf dem betreffenden Markt marktbeherrschend ist. [2]Die Regulierungsbehörde teilt die Überprüfung dem betroffenen Unternehmen schriftlich mit. [3]§ 24 Abs. 2 gilt entsprechend.

(2) [1]Stellt die Regulierungsbehörde fest, daß die Entgelte nicht den Maßstäben des § 20 Abs. 2 entsprechen, fordert sie das betroffene Unternehmen auf, die Entgelte unverzüglich den genannten Maßstäben anzupassen. [2]Die Aufforderung der Regulierungsbehörde ist im Amtsblatt der Regulierungsbehörde zu veröffentlichen.

(3) Erfolgt eine nach Absatz 2 von der Regulierungsbehörde geforderte Anpassung nicht, hat die Regulierungsbehörde das beanstandete Verhalten zu untersagen und die Entgelte für unwirksam zu erklären.

§ 26 Anordnung im Rahmen der Entgeltgenehmigung und Entgeltüberprüfung

(1) Zur Durchführung der Entgeltgenehmigung nach § 22 oder zur Überprüfung von Entgelten nach den §§ 24 und 25 kann die Regulierungsbehörde anordnen, daß der Anbieter

1. die erforderlichen detaillierten Angaben zum Leistungsangebot, zum aktuellen und erwarteten Umsatz, zu den aktuellen und erwarteten Absatzmengen und Kosten sowie zu den voraussehbaren Auswirkungen auf Kunden und Wettbewerber macht,
2. sonstige erforderliche Unterlagen zur Verfügung stellt,
3. seine Kostenrechnung innerhalb einer angemessenen Frist in einer Form ausgestaltet, die es der Regulierungsbehörde ermöglicht, die erforderlichen Daten über Kosten zu erlangen.

(2) Zur Durchsetzung dieser Anordnungen kann nach Maßgabe des Verwaltungs-Vollstreckungsgesetzes ein Zwangsgeld bis zu 500 000 Euro festgesetzt werden.

(3) Die Regulierungsbehörde kann vorschreiben, in welcher Form ein Entgelt oder eine Entgeltänderung zu veröffentlichen ist.

§ 27 Änderung entgeltrelevanter Allgemeiner Geschäftsbedingungen

Die §§ 19 bis 26 sind auch dann anzuwenden, wenn Allgemeine Geschäftsbedingungen geändert werden und dadurch, ohne daß die als Entgelte festgelegten Beträge geändert werden, für eine bestimmte Leistung ein anderes als das bisher geltende Entgelt zur Anwendung kommt.

Abschnitt 6
Angebot von Teilleistungen, Zugang zu Postfachanlagen und Adreßänderungen

§ 28 Angebot von Teilleistungen

(1) [1]Ist ein Lizenznehmer auf einem Markt für lizenzpflichtige Postdienstleistungen marktbeherrschend, so hat er, soweit dies nachgefragt wird, auf diesem Markt Teile der von ihm erbrachten Beförderungsleistungen gesondert anzubieten, sofern ihm dies wirtschaftlich zumutbar ist. [2]Gegenüber einem anderen Anbieter von Postdienstleistungen besteht die Verpflichtung nach Satz 1 nur dann, wenn das nachfragende Unternehmen nicht marktbeherrschend ist und wenn ansonsten Wettbewerb auf demselben oder einem anderen Markt unverhältnismäßig behindert würde. [3]Der Lizenznehmer darf die Teilleistung verweigern,

wenn hierdurch die Funktionsfähigkeit seiner Einrichtungen oder die Betriebssicherheit gefährdet würde oder im Einzelfall die vorhandenen Kapazitäten für die nachgefragte Leistung erschöpft sind.

(2) ¹Die Entgelte für die nach Absatz 1 anzubietenden Teilleistungen bedürfen der Genehmigung nach den §§ 19 und 20, wenn die Teilleistungen von dem nach Absatz 1 verpflichteten Lizenznehmer in seine Allgemeinen Geschäftsbedingungen aufgenommen werden. ²Entgelte für Angebote, die nicht in Allgemeinen Geschäftsbedingungen enthalten sind, unterliegen der Überprüfung nach § 25. ³Bei der Genehmigung der Entgelte nach Satz 1 oder der Überprüfung der Entgelte nach Satz 2 müssen die anteiligen Kosten der gesamten Beförderungskette angemessen berücksichtigt werden.

(3) Bietet ein Lizenznehmer nach Absatz 1 Teile der von ihm erbrachten Beförderungsleistung gesondert an, ohne dazu nach Absatz 1 verpflichtet zu sein, gilt Absatz 2 entsprechend.

§ 29 Zugang zu Postfachanlagen und Adreßänderungen

(1) ¹Ist ein Lizenznehmer auf einem Markt für lizenzpflichtige Postdienstleistungen marktbeherrschend, so ist er, soweit dies nachgefragt wird, verpflichtet, auf diesem Markt anderen Anbietern von Postdienstleistungen gegen Entrichtung eines Entgelts die Zuführung von Postsendungen zu den von ihm betriebenen Postfachanlagen zu gestatten, es sei denn, dies ist sachlich nicht gerechtfertigt. ²§ 28 Abs. 2 und 3 gilt entsprechend.

(2) Absatz 1 gilt entsprechend für den Zugang zu den bei einem marktbeherrschenden Lizenznehmer vorhandenen Informationen über Adreßänderungen.

§ 30 Vorlagepflicht für Verträge

(1) Verträge über Teilleistungen nach § 28 und Verträge über eine Mitbenutzung von Postfachanlagen oder den Zugang zu Adreßänderungen nach § 29 sind der Regulierungsbehörde innerhalb eines Monats nach Vertragsabschluß von dem marktbeherrschenden Anbieter vorzulegen.

(2) Die Regulierungsbehörde veröffentlicht in ihrem Amtsblatt, wann und wo Entgelte und andere Bedingungen für Teilleistungen nach § 28 sowie für den Zugang zu Postfachanlagen und Adressänderungen nach § 29, die nicht in Allgemeinen Geschäftsbedingungen enthalten sind, eingesehen werden können.

§ 31 Schlichtung und Anordnungen der Regulierungsbehörde

(1) Kommt zwischen einem nach § 28 oder § 29 verpflichteten Lizenznehmer und einem Nachfrager, der Teilleistungen nach § 28 in Anspruch nehmen will oder eine Mitbenutzung von Postfachanlagen oder den Zugang zu Adreßänderungen nach § 29 fordert, ein Vertrag innerhalb von drei Monaten ab Geltendmachung des Anspruchs nicht zustande, können die Beteiligten gemeinsam die Regulierungsbehörde als Schlichtungsstelle anrufen.

(2) Kommt zwischen einem nach § 28 oder § 29 verpflichteten Lizenznehmer und einem Nachfrager, der Teilleistungen nach § 28 in Anspruch nehmen will oder eine Mitbenutzung von Postfachanlagen oder den Zugang zu Adreßänderungen nach § 29 fordert, ein Vertrag innerhalb von drei Monaten ab Geltendmachung des Anspruchs nicht zustande, hat die Regulierungsbehörde nach Anrufung durch einen der Beteiligten innerhalb von zwei Monaten die Bedingungen eines Vertrages festzulegen und die Geltung dieses Vertrages anzuordnen.

(3) § 26 Abs. 1 und 2 gilt entsprechend.

§ 32 Besondere Mißbrauchsaufsicht

(1) ¹Die Regulierungsbehörde hat gegenüber einem Anbieter, der auf einem Markt für Postdienstleistungen marktbeherrschend ist, die in Absatz 2 genannten Befugnisse, soweit dieses Unternehmen seine marktbeherrschende Stellung mißbräuchlich ausnutzt. ²Ein Mißbrauch im Sinne des Satzes 1 liegt insbesondere vor, wenn ein marktbeherrschender Anbieter von Postdienstleistungen durch Verträge über Leistungen nach den §§ 28 und 29 die Wettbewerbsmöglichkeiten anderer Anbieter von Postdienstleistungen ohne sachlich gerechtfertigten Grund beeinträchtigt.

(2) ¹Die Regulierungsbehörde kann einem Unternehmen, das gegen Absatz 1 verstößt, ein Verhalten auferlegen oder ein mißbräuchliches Verhalten untersagen und Verträge ganz oder teilweise für unwirksam erklären. ²Zuvor fordert die Regulierungsbehörde das Unternehmen auf, den beanstandeten Mißbrauch abzustellen.

Abschnitt 7
Förmliche Zustellung nach öffentlich-rechtlichen Vorschriften

§ 33 Verpflichtung zur förmlichen Zustellung

(1) ¹Ein Lizenznehmer, der Briefzustelldienstleistungen erbringt, ist verpflichtet, Schriftstücke unabhängig von ihrem Gewicht nach den Vorschriften der Prozeßordnungen und der Gesetze, die die Verwal-

tungszustellung regeln, förmlich zuzustellen. [2]Im Umfang dieser Verpflichtung ist der Lizenznehmer mit Hoheitsbefugnissen ausgestattet (beliehener Unternehmer).

(2) [1]Die Regulierungsbehörde hat den verpflichteten Lizenznehmer auf dessen Antrag von der Verpflichtung nach Absatz 1 zu befreien, soweit der Lizenznehmer nicht marktbeherrschend ist. [2]Die Befreiung ist ausgeschlossen, wenn zu besorgen ist, daß hierdurch die förmliche Zustellung nach Absatz 1 nicht mehr flächendeckend gewährleistet wäre. [3]Die Befreiung kann widerrufen werden, wenn der Lizenznehmer marktbeherrschend wird oder die Voraussetzung des Satzes 2 vorliegt. [4]Der Antrag auf Befreiung kann mit dem Antrag auf Erteilung der Lizenz verbunden werden.

§ 34 Entgelt für die förmliche Zustellung

[1]Der verpflichtete Lizenznehmer hat Anspruch auf ein Entgelt. [2]Durch dieses werden alle von dem Lizenznehmer erbrachten Leistungen einschließlich der hoheitlichen Beurkundung und Rücksendung der Beurkundungsunterlagen an die auftraggebende Stelle abgegolten. [3]Das Entgelt hat den Maßstäben des § 20 Abs. 1 und 2 zu entsprechen. [4]Es bedarf der Genehmigung durch die Regulierungsbehörde. [5]Das Bundesministerium der Justiz und für Verbraucherschutz und das Bundesministerium des Innern, für Bau und Heimat sind unverzüglich über beabsichtigte Entgeltgenehmigungen zu informieren.

§ 35 Haftung bei der Durchführung der förmlichen Zustellung

Für Schäden, die durch eine Pflichtverletzung bei der Durchführung der förmlichen Zustellung entstehen, haftet der verpflichtete Lizenznehmer nach den Vorschriften über die Schadensersatzpflicht eines öffentlich-rechtlichen Dienstherrn für seine Bediensteten im hoheitlichen Bereich.

Abschnitt 8
Anzeigepflicht, Berichtspflicht, Schadensersatzpflicht

§ 36 Anzeigepflicht

[1]Wer Postdienstleistungen erbringt, ohne einer Lizenz zu bedürfen, hat die Aufnahme, Änderung und Beendigung des Betriebs innerhalb eines Monats der Regulierungsbehörde schriftlich oder elektronisch anzuzeigen. [2]Die Regulierungsbehörde kann die eingegangenen Anzeigen in ihrem Amtsblatt veröffentlichen.

§ 37 Berichtspflicht

Wer Postdienstleistungen erbringt, hat der Regulierungsbehörde auf deren Verlangen diejenigen Informationen zur Verfügung zu stellen, die diese als nationale Regulierungsbehörde zur Erfüllung ihrer Berichtspflicht gegenüber der Kommission der Europäischen Gemeinschaft auf Grund von Richtlinien, die nach Artikel 90 Abs. 3 oder Artikel 100a des Vertrages zur Gründung der Europäischen Gemeinschaft erlassen werden, benötigt.

§ 38 Schadensersatzpflicht

Wer vorsätzlich oder fahrlässig gegen dieses Gesetz, eine auf Grund dieses Gesetzes erlassene Rechtsverordnung, eine mit einer Lizenz verbundene Auflage oder eine sonstige Anordnung der Regulierungsbehörde verstößt, ist, sofern die Rechtsvorschrift, die Auflage oder die Anordnung den Schutz eines anderen bezweckt, diesem zum Ersatz des durch den Verstoß entstandenen Schadens verpflichtet.

Abschnitt 9
Postgeheimnis, Datenschutz

§ 39 Postgeheimnis

(1) Dem Postgeheimnis unterliegen die näheren Umstände des Postverkehrs bestimmter natürlicher oder juristischer Personen sowie der Inhalt von Postsendungen.

(2) [1]Zur Wahrung des Postgeheimnisses ist verpflichtet, wer geschäftsmäßig Postdienste erbringt oder daran mitwirkt. [2]Die Pflicht zur Geheimhaltung besteht auch nach dem Ende der Tätigkeit fort, durch die sie begründet worden ist.

(3) [1]Den nach Absatz 2 Verpflichteten ist es untersagt, sich oder anderen über das für die Erbringung der Postdienste erforderliche Maß hinaus Kenntnis vom Inhalt von Postsendungen oder den näheren Umständen des Postverkehrs zu verschaffen. [2]Sie dürfen Kenntnisse über Tatsachen, die dem Postgeheimnis unterliegen, nur für den in Satz 1 genannten Zweck verwenden. [3]Eine Verwendung dieser Kenntnisse für andere Zwecke, insbesondere die Weitergabe an andere, ist nur zulässig, soweit dieses Gesetz oder eine andere gesetzliche Vorschrift dies vorsieht und sich dabei ausdrücklich auf Postsendungen oder Postverkehr bezieht. [4]Die Anzeigepflicht nach § 138 des Strafgesetzbuches hat Vorrang.

(4) ¹Die Verbote des Absatzes 3 gelten nicht, soweit die dort bezeichneten Handlungen erforderlich sind, um
1. bei entgeltbegünstigten Postsendungen das Vorliegen tariflicher Voraussetzungen zu prüfen,
2. den Inhalt beschädigter Postsendungen zu sichern,
3. den auf anderem Weg nicht feststellbaren Empfänger oder Absender einer unanbringlichen Postsendung zu ermitteln,
4. körperliche Gefahren abzuwenden, die von einer Postsendung für Personen und Sachen ausgehen. ²Die Auslieferung von Postsendungen an Ersatzempfänger im Rahmen der vertraglichen Vereinbarung mit dem Absender ist zulässig.

(5) Mitteilungen über den Postverkehr einer Person sind zulässig, soweit sie erforderlich sind, um Ansprüche gegen diese Person gerichtlich oder außergerichtlich geltend zu machen, die im Zusammenhang mit der Erbringung einer Postdienstleistung entstanden sind, oder um die Verfolgung von Straftaten zu ermöglichen, die beim Postverkehr zum Schaden eines Postunternehmens begangen wurden.

§ 40 Mitteilungen an Gerichte und Behörden
Unternehmen und Personen, die geschäftsmäßig Postdienste erbringen oder an der Erbringung solcher Dienste mitwirken, teilen Gerichten und Behörden auf deren Verlangen die zustellfähige Anschrift eines am Postverkehr Beteiligten mit, soweit dies für Zwecke des Postverkehrs der Gerichte oder Behörden erforderlich ist.

§ 41 Datenschutz
Für Unternehmen und Personen, die geschäftsmäßig Postdienste erbringen oder an der Erbringung solcher Dienste mitwirken (Diensteanbieter), werden die Vorgaben der Verordnung (EU) 2016/679 des Europäischen Parlaments und des Rates vom 27. April 2016 zum Schutz natürlicher Personen bei der Verarbeitung personenbezogener Daten, zum freien Datenverkehr und zur Aufhebung der Richtlinie 95/46/EG (Datenschutz-Grundverordnung) (ABl. L 119 vom 4.5.2016, S. 1; L 314 vom 22.11.2016, S. 72; L 127 vom 23.5.2018, S. 2) in der jeweils geltenden Fassung durch die Regelungen der §§ 41a bis 42 ergänzt.

§ 41a Anschriften, Daten zum Zweck der Zustellung
(1) ¹Diensteanbieter dürfen personenbezogene Daten, die sich auf die vorübergehende oder dauerhafte Änderung einer Anschrift beziehen, anderen Diensteanbietern übermitteln, soweit dies zu Zwecken des ordnungsgemäßen Auslieferns von Postsendungen erforderlich ist. ²Die Anschrift umfasst den Namen, die Zustell- oder Abholangaben und den Bestimmungsort mit postalischen Leitangaben. ³Hat die betroffene Person bei der Erteilung eines Nachsendeauftrags darin eingewilligt, dass die Anschriftenänderung dem Absender einer mit einer unzutreffenden Anschrift der betroffenen Person versehenen Postsendung auf Verlangen zu Zwecken der zutreffenden Adressierung künftiger Postsendungen mitgeteilt wird, dürfen die anderen Diensteanbieter die ihnen nach Satz 1 übermittelte Anschriftenänderung ebenfalls dem Absender einer solchen Sendung auf Verlangen zum Zwecke der zutreffenden Adressierung künftiger Postsendungen mitteilen.

(2) ¹Diensteanbieter, die Postfachanlagen betreiben, dürfen auf Anfrage jeder Person die Postfachadresse des Postfachinhabers mitteilen. ²Sie dürfen anderen Diensteanbietern Daten übermitteln, die im Rahmen von deren Tätigkeit für die Zuführung von Postsendungen über diese Postfachanlagen erforderlich sind.

(3) ¹Diensteanbieter dürfen personenbezogene Daten der Empfänger und Ersatzempfänger von Postsendungen verarbeiten, soweit dies für die ordnungsgemäße Zustellung der Postsendungen erforderlich ist. ²Sie dürfen im Einzelfall zur Gewährleistung einer ordnungsgemäßen Zustellung von Postsendungen personenbezogene Daten über besondere bei der Zustellung an einen Adressaten zu beachtende Umstände verarbeiten.

(4) ¹Diensteanbieter dürfen einem Dritten auf sein Verlangen Auskunft darüber erteilen, ob die angegebene Anschrift eines am Postverkehr Beteiligten richtig ist, soweit die Anschriftenprüfung für Zwecke des Postverkehrs erforderlich ist. ²Schreibfehler und ähnliche offenbare Unrichtigkeiten bei der Angabe einer gegenwärtig bestehenden Anschrift dürfen vom Diensteanbieter berichtigt werden.

§ 41b Ausweisdaten
(1) Diensteanbieter können von am Postverkehr Beteiligten verlangen, sich über ihre Person durch Vorlage eines gültigen Personalausweises oder Passes oder durch Vorlage sonstiger amtlicher Ausweispapiere auszuweisen, um die ordnungsgemäße Ausführung des Postdienstes sicherzustellen.
(2) Besteht ein besonderes Beweissicherungsinteresse, so können zum späteren Beweis der ordnungsgemäßen Ausführung des Postdienstes folgende Daten des Ausweispapiers gespeichert werden:
1. die Art des Ausweises,
2. die ausstellende Behörde,

3. die Nummer des Ausweises sowie
4. das Ausstellungsdatum.

(3) Eine Verarbeitung der Daten ist zulässig, um einen Beweis über die ordnungsgemäße Ausführung des Postdienstes zu erbringen.

(4) Die Daten sind spätestens sechs Monate nach Ablauf gesetzlicher oder vertraglicher Verjährungsfristen zu löschen.

§ 41c Fundbriefe

[1]Diensteanbieter dürfen personenbezogene Daten auch in den Fällen verarbeiten, in denen Postsendungen in ihren Betriebsablauf gelangt sind, die nicht zur Beförderung durch sie bestimmt waren, soweit die Verarbeitung dieser Daten zur Zustellung oder Rückführung der Postsendungen oder zum Zwecke der Entgeltabrechnung erforderlich ist. [2]Diensteanbieter dürfen diese Postsendungen öffnen, wenn weder hinreichende Absender- oder Empfängerangaben auf dem Umschlag erkennbar sind noch eine Übergabe der Postsendung an den vom Kunden gewählten Diensteanbieter möglich ist.

§ 42 Kontrolle und Durchsetzung von Verpflichtungen

(1) [1]Die Regulierungsbehörde kann Anordnungen treffen, um die Einhaltung der in den §§ 33, 39 und 40 enthaltenen Pflichten sicherzustellen. [2]Dazu kann sie von dem Verpflichteten die für eine Überprüfung erforderlichen Auskünfte verlangen und die Einhaltung der Vorschriften in den Betriebs- und Geschäftsräumen des Verpflichteten überprüfen. [3]Zu diesem Zweck kann die Regulierungsbehörde von dem Verpflichteten während der üblichen Betriebs- und Geschäftszeiten Zutritt zu dessen Betriebs- und Geschäftsräumen verlangen.

(2) [1]Stellt die Regulierungsbehörde fest, daß in einem Unternehmen die in den §§ 33, 39 oder 40 enthaltenen Pflichten nicht eingehalten werden, kann sie das weitere geschäftsmäßige Erbringen von Postdiensten ganz oder teilweise untersagen, wenn mildere Eingriffe zur Durchsetzung rechtmäßigen Verhaltens nicht ausreichen. [2]Diese Befugnis steht der Regulierungsbehörde auch dann zu, wenn ein Unternehmen seinen in Absatz 1 genannten Verpflichtungen trotz wiederholter Aufforderung nicht nachkommt. [3]§ 9 bleibt unberührt.

(3) Soweit für das geschäftsmäßige Erbringen von Postdienstleistungen personenbezogene Daten verarbeitet werden, tritt bei den Unternehmen an die Stelle der Aufsicht nach § 40 des Bundesdatenschutzgesetzes eine Aufsicht durch die oder den Bundesbeauftragten für den Datenschutz und die Informationsfreiheit.

(4) [1]Durch Auskünfte und Überprüfungen dürfen die Regulierungsbehörde und die oder der Bundesbeauftragte für den Datenschutz und die Informationsfreiheit Kenntnis über die näheren Umstände des Postverkehrs bestimmter Personen erlangen, soweit dies zur Ausübung ihrer Kontrollaufgaben erforderlich ist. [2]Das Postgeheimnis nach Artikel 10 des Grundgesetzes wird insoweit eingeschränkt.

(5) [1]Die Regulierungsbehörde und die oder der Bundesbeauftragte für den Datenschutz und die Informationsfreiheit wirken auf eine einheitliche Auslegung dieses Gesetzes hin. [2]Sie haben sich gegenseitig Beobachtungen und Feststellungen mitzuteilen, die für die Erfüllung ihrer jeweiligen Aufgaben von Bedeutung sind.

Abschnitt 10
Postwertzeichen, Regulierungsbehörde

§ 43 Postwertzeichen

(1) [1]Die Befugnis, Postwertzeichen mit dem Aufdruck „Deutschland" auszugeben und für ungültig zu erklären, ist dem Bundesministerium der Finanzen vorbehalten. [2]Die bildliche Wiedergabe solcher Postwertzeichen ist unzulässig, wenn sie geeignet ist, Verwechslungen mit dem wiedergegebenen Postwertzeichen hervorzurufen.

(2) [1]Die Vervielfältigung und Verwendung der vom Bundesministerium der Finanzen herausgegebenen Postwertzeichen zur Abgeltung von Postdienstleistungen bedarf dessen Erlaubnis. [2]Für die Entscheidung über die Erlaubnis erhebt das Bundesministerium der Finanzen von den Anbietern von Postdienstleistungen Gebühren und Auslagen. [3]Es werden auch dann Gebühren und Auslagen erhoben, wenn ein Antrag auf Erteilung der Erlaubnis nach Beginn der sachlichen Bearbeitung, jedoch vor deren Beendigung zurückgenommen wird. [4]Das Bundesministerium der Finanzen wird ermächtigt, durch Rechtsverordnung, die nicht der Zustimmung des Bundesrates bedarf, die Höhe der Gebühr zu regeln.

§ 44 Regulierungsbehörde

[1]Regulierungsbehörde im Sinne dieses Gesetzes ist die auf der Grundlage des Zehnten Teils des Telekommunikationsgesetzes vom 25. Juli 1996 (BGBl. I S. 1120) errichtete Behörde. [2]Die §§ 66 bis 71, 74 bis 81, 83 und 84 des Telekommunikationsgesetzes gelten entsprechend.

§ 45 Auskunfts- und Prüfungsrecht

(1) Soweit es zur Erfüllung der in diesem Gesetz der Regulierungsbehörde übertragenen Aufgaben erforderlich ist, kann die Regulierungsbehörde

1. von im Postwesen tätigen Unternehmen und Vereinigungen von Unternehmen Auskunft über ihre wirtschaftlichen Verhältnisse, insbesondere über Umsatzzahlen, verlangen,

2. bei im Postwesen tätigen Unternehmen und Vereinigungen von Unternehmen innerhalb der üblichen Geschäftszeiten die geschäftlichen Unterlagen einsehen und prüfen.

(2) [1]Die Regulierungsbehörde erläßt eine schriftliche Anordnung, mit der sie die Auskunft nach Absatz 1 Nr. 1 verlangt oder die Prüfung nach Absatz 1 Nr. 2 anordnet. [2]In der Anordnung sind die Rechtsgrundlage, der Gegenstand und der Zweck des Auskunftsverlangens oder der Prüfung anzugeben. [3]Bei einem Auskunftsverlangen ist in der Anordnung eine angemessene Frist zur Erteilung der Auskunft zu bestimmen, bei einer Prüfung ist der Zeitpunkt der Prüfung anzugeben.

(3) Die Inhaber der Unternehmen oder deren Vertreter, bei juristischen Personen, Gesellschaften oder nicht rechtsfähigen Vereinen die nach Gesetz oder Satzung zur Vertretung berufenen Personen, sind verpflichtet, die verlangten Auskünfte zu erteilen, die geschäftlichen Unterlagen vorzulegen und die Prüfung dieser geschäftlichen Unterlagen sowie das Betreten von Geschäftsräumen und Geschäftsgrundstücken während der üblichen Betriebs- oder Geschäftszeiten zu dulden.

(4) § 72 Abs. 4 bis 10 des Telekommunikationsgesetzes gilt entsprechend.

§ 46 Beschlußkammern

(1) In den Fällen der §§ 13 und 14 sowie 19 bis 32 entscheidet die Regulierungsbehörde durch Beschlußkammern.

(2) [1]In den Fällen der §§ 13 und 14 entscheidet die Beschlußkammer in der Besetzung mit dem Präsidenten als Vorsitzendem und den beiden Vizepräsidenten als Beisitzern. [2]Die Entscheidung erfolgt im Benehmen mit dem Beirat.

(3) [1]§ 73 Abs. 1 Satz 2 und 3, Abs. 2, 3 Satz 2 und Abs. 4 des Telekommunikationsgesetzes gilt entsprechend. [2]Im Falle des Absatzes 2 Satz 1 findet § 73 Abs. 4 des Telekommunikationsgesetzes keine entsprechende Anwendung.

§ 47 Tätigkeitsbericht

(1) [1]Die Regulierungsbehörde legt den gesetzgebenden Körperschaften des Bundes alle zwei Jahre einen Bericht über ihre Tätigkeit sowie über die Lage und die Entwicklung auf dem Gebiet des Postwesens vor. [2]In diesem Bericht ist auch Stellung zu nehmen zu den Fragen, ob sich eine Änderung der Festlegung, welche Postdienstleistungen als Universaldienstleistungen im Sinne des § 11 gelten, empfiehlt sowie ob und gegebenenfalls bis zu welchem Zeitpunkt und in welchem Umfang die Aufrechterhaltung einer Exklusivlizenz nach § 51 über den dort genannten Zeitpunkt hinaus erforderlich ist. [3]Die Bundesregierung nimmt zu diesem Bericht gegenüber den gesetzgebenden Körperschaften des Bundes in angemessener Frist Stellung.

(2) Die Regulierungsbehörde veröffentlicht in ihrem Amtsblatt ihre Verwaltungsgrundsätze, insbesondere im Hinblick auf die Vergabe von Lizenzen und die Festlegung von Lizenzauflagen.

§ 48 Zusammenarbeit mit dem Bundeskartellamt

[1]Die Regulierungsbehörde entscheidet im Einvernehmen mit dem Bundeskartellamt über die Abgrenzung sachlich und räumlich relevanter Märkte und die Feststellung einer marktbeherrschenden Stellung im Rahmen dieses Gesetzes. [2]Trifft die Regulierungsbehörde Entscheidungen nach den Abschnitten 5 und 6 dieses Gesetzes, gibt sie dem Bundeskartellamt vor Abschluß des Verfahrens Gelegenheit zur Stellungnahme. [3]§ 82 Satz 4 bis 6 des Telekommunikationsgesetzes gilt entsprechend.

Abschnitt 11
Bußgeldvorschriften

§ 49 Bußgeldvorschriften

(1) Ordnungswidrig handelt, wer vorsätzlich oder fahrlässig

1. ohne Erlaubnis nach § 5 Abs. 1 eine Briefsendung befördert,

2. entgegen § 10 Abs. 1 oder 2 Satz 1 oder 2 Postdienstleistungen nicht in rechtlich selbständigen Unternehmen erbringt oder die Nachvollziehbarkeit der finanziellen Beziehungen nicht oder nicht in der vorgeschriebenen Weise gewährleistet,

3. einer vollziehbaren Anordnung nach § 13 Abs. 2 Satz 1, Abs. 3 Satz 1, Abs. 5 Satz 1, § 23 Abs. 3, auch in Verbindung mit § 27, § 24 Abs. 4, § 25 Abs. 3, § 31 Abs. 2 oder § 32 Abs. 2 Satz 1 zuwiderhandelt,

4. entgegen
 a) § 17 Abs. 1 Satz 1 oder
 b) § 56
 eine Mitteilung nicht, nicht richtig, nicht vollständig oder nicht rechtzeitig macht,

5. ohne Genehmigung nach § 19 ein Entgelt erhebt,

6. entgegen § 30 einen Vertrag nicht, nicht richtig, nicht vollständig oder nicht rechtzeitig vorlegt,

7. entgegen § 36 Satz 1 eine Anzeige nicht, nicht richtig, nicht vollständig, nicht in der vorgeschriebenen Weise oder nicht rechtzeitig erstattet,

8. entgegen § 37 eine Information nicht, nicht richtig, nicht vollständig oder nicht rechtzeitig zur Verfügung stellt,

9. entgegen § 43 Abs. 1 Satz 2 ein Postwertzeichen in einer zur Verwechslung geeigneten Weise bildlich wiedergibt oder

10. entgegen § 52 Satz 1 in Verbindung mit einer Rechtsverordnung nach § 11 Abs. 2 Satz 1 eine Universaldienstleistung nicht oder nicht richtig erbringt.

(2) Die Ordnungswidrigkeit kann in den Fällen des Absatzes 1 Nr. 1, 2, 3, 4 Buchstabe b, Nr. 5 und 10 mit einer Geldbuße bis zu 500 000 Euro, in den Fällen des Absatzes 1 Nr. 6 und 9 mit einer Geldbuße bis zu 50 000 Euro, in den übrigen Fällen mit einer Geldbuße bis zu 10 000 Euro geahndet werden.

(3) [1]Verwaltungsbehörde im Sinne des § 36 Absatz 1 Nummer 1 des Gesetzes über Ordnungswidrigkeiten ist die Regulierungsbehörde. [2]Die Befugnisse der oder des Bundesbeauftragten für den Datenschutz und die Informationsfreiheit nach der Verordnung (EU) 2016/679 bleiben unberührt.

§ 50 *[aufgehoben]*

Abschnitt 12
Übergangsvorschriften

§ 51 Befristete gesetzliche Exklusivlizenz

[1]Bis zum 31. Dezember 2007 steht der Deutschen Post AG das ausschließliche Recht zu, Briefsendungen und adressierte Kataloge, deren Einzelgewicht bis 50 Gramm und deren Einzelpreis weniger als das Zweieinhalbfache des Preises für entsprechende Postsendungen der untersten Gewichtsklasse beträgt, gewerbsmäßig zu befördern (gesetzliche Exklusivlizenz). [2]Satz 1 gilt nicht

1. *[aufgehoben]*

2. für die Beförderung von Briefsendungen, die vom Absender in einer Austauschzentrale eingeliefert und vom Empfänger in derselben oder einer anderen Austauschzentrale desselben Diensteanbieters abgeholt werden, wobei Absender und Empfänger diesen Dienst im Rahmen eines Dauerschuldverhältnisses in Anspruch nehmen (Dokumentenaustauschdienst),

3. für die Beförderung von Briefsendungen, soweit es hierzu nach § 5 Abs. 2 keiner Lizenz bedarf,

4. für Dienstleistungen, die von Universaldienstleistungen trennbar sind, besondere Leistungsmerkmale aufweisen und qualitativ höherwertig sind,

5. für denjenigen, der Briefsendungen im Auftrage des Absenders bei diesem abholt und bei der nächsten Annahmestelle der Deutschen Post AG oder bei einer anderen Annahmestelle der Deutschen Post AG innerhalb derselben Gemeinde einliefert,

6. für denjenigen, der Briefsendungen im Auftrage des Empfängers aus Postfachanlagen der Deutschen Post AG abholt und an den Empfänger ausliefert,

7. für denjenigen, der für das Ausland bestimmte abgehende Briefsendungen befördert,

8. für denjenigen, der Briefsendungen aus dem Ausland bis zu den für internationale Briefsendungen zuständigen Annahmestellen der Deutschen Post AG befördert.

§ 52 Universaldienstleistungspflicht im Zeitraum der gesetzlichen Exklusivlizenz

[1]Für den Zeitraum der gesetzlichen Exklusivlizenz ist die Deutsche Post AG verpflichtet, Universaldienstleistungen im Sinne der gemäß § 11 Abs. 2 erlassenen Verordnung zu erbringen. [2]Die §§ 12 bis 17 und 56 gelten für diesen Zeitraum nicht.

§ 53 Entgeltgenehmigung im Zeitraum der gesetzlichen Exklusivlizenz

§ 19 Satz 2 gilt für die Zeit der gesetzlichen Exklusivlizenz nicht für die Beförderung von Briefsendungen im Rahmen der Exklusivlizenz nach § 51.

§ 54 Verwendung von Postwertzeichen im Zeitraum der gesetzlichen Exklusivlizenz

Das Recht, nach § 43 vom Bundesministerium der Finanzen herausgegebene Postwertzeichen zu verwenden, steht für die Zeit der gesetzlichen Exklusivlizenz ausschließlich der Deutschen Post AG zu.

§ 55 Rechtsverordnung zur Einschränkung des Beförderungsverbots

[1]Das Bundesministerium für Wirtschaft und Energie wird ermächtigt, durch Rechtsverordnung, die der Zustimmung des Bundesrates bedarf, zur Durchführung von Marktuntersuchungen und zur Erprobung neuer Dienstleistungen das sich aus § 51 ergebende Beförderungsverbot einzuschränken. [2]Eine Einschränkung nach Satz 1 ist unzulässig, soweit sie wirtschaftliche Nachteile der Deutschen Post AG zur Folge hätte, die die Erfüllung einer ihr nach diesem Gesetz oder auf Grund dieses Gesetzes auferlegten Verpflichtung gefährden würde.

Abschnitt 13
Schlußvorschriften

§ 56 Mitteilungspflicht bei Dienstleistungseinschränkung im Bereich des Universaldienstes

Hat die Deutsche Post AG Universaldienstleistungen, die in einer nach § 11 Abs. 2 erlassenen Rechtsverordnung festgelegt sind, bisher erbracht und beabsichtigt sie, diese künftig nicht mehr, nicht mehr in vollem Umfang oder zu ungünstigeren als den in der Rechtsverordnung genannten Bedingungen anzubieten, so hat sie dies der Regulierungsbehörde sechs Monate vor Beginn der Dienstleistungseinschränkung mitzuteilen.

§ 57 Überleitungsbestimmungen

(1) [1]Eine Befreiung, die nach § 2 Abs. 4 Satz 1 des Gesetzes über das Postwesen in der Fassung der Bekanntmachung vom 3. Juli 1989 (BGBl. I S. 1449) oder nach § 2 Abs. 5 Satz 1 des Gesetzes über das Postwesen in der Fassung des Artikels 6 des Postneuordnungsgesetzes vom 14. September 1994 (BGBl. I S. 2325) erteilt worden ist, bleibt bis zum Ablauf der im Befreiungsbescheid bestimmten Geltungsdauer, längstens bis zum 31. Dezember 2007, wirksam. [2]Die Befreiung ersetzt nach Maßgabe und im Umfang ihres Inhalts eine Lizenz nach diesem Gesetz. [3]Beantragt der Berechtigte eine Lizenz nach diesem Gesetz, werden mit der Erteilung dieser Lizenz die nach § 2 des Gesetzes über das Postwesen erteilte Befreiung und die mit dieser Befreiung verbundenen Auflagen unwirksam.

(2) [1]Die Genehmigung eines genehmigungsbedürftigen Entgelts der Deutschen Post AG richtet sich bis zum 31. Dezember 1997 nach dem Gesetz über die Regulierung der Telekommunikation und des Postwesens vom 14. September 1994 (BGBl. I S. 2325, 2371). [2]Eine Genehmigung, die vor dem 1. Januar 1998 erteilt worden ist, bleibt bis zum Ablauf der im Genehmigungsbescheid bestimmten Geltungsdauer, längstens bis zum 31. Dezember 2002, wirksam.

(3) Die der Regulierungsbehörde nach diesem Gesetz zugewiesenen Aufgaben werden bis zur Errichtung der Regulierungsbehörde von dem Bundesministerium für Post und Telekommunikation wahrgenommen.

§ 58 Inkrafttreten, Außerkrafttreten

(1) [1]§ 8 Satz 3, § 11 Abs. 2, § 21 Abs. 4 und § 57 Abs. 3 treten am Tage nach der Verkündung[1] in Kraft. [2]Im übrigen tritt dieses Gesetz am 1. Januar 1998 in Kraft.

(2) Mit Ablauf des 31. Dezember 1997 treten außer Kraft

1. die POSTDIENST-Pflichtleistungsverordnung vom 12. Januar 1994 (BGBl. I S. 86),
2. die Post-Kundenschutzverordnung vom 19. Dezember 1995 (BGBl. I S. 2016),
3. die Verordnung über die Erteilung von Befreiungen bei Marktöffnungen für Massensendungen im Bereich Postwesen vom 19. Dezember 1995 (BGBl. I S. 2088),
4. die Beförderungsvorbehalts-Befreiungs-Gebührenverordnung vom 19. Dezember 1995 (BGBl. I S. 2091),
5. die 1 000g-Befreiungsverordnung vom 3. Dezember 1996 (BGBl. I S. 1832),
6. die Mindestpreisbefreiungsverordnung vom 26. Februar 1997 (BGBl. I S. 426).

1) Verkündet am 30.12.1997.

Telekommunikationsgesetz (TKG)[1)2)]

Vom 22. Juni 2004 (BGBl. I S. 1190)
(FNA 900-15)
zuletzt geändert durch Art. 319 Elfte ZuständigkeitsanpassungsVO vom 19. Juni 2020 (BGBl. I S. 1328)

Inhaltsübersicht

1) **Amtl. Anm.:** Das Gesetz dient der Umsetzung folgender Richtlinien: Richtlinie 2002/21/EG des Europäischen Parlaments und des Rates vom 7. März 2002 über einen gemeinsamen Rechtsrahmen für elektronische Kommunikationsnetze und -dienste (Rahmenrichtlinie) (ABl. EG Nr. L 108 S. 33); Richtlinie 2002/20/EG des Europäischen Parlaments und des Rates vom 7. März 2002 über die Genehmigung elektronischer Kommunikationsnetze und -dienste (Genehmigungsrichtlinie) (ABl. EG Nr. L 108 S. 21); Richtlinie 2002/19/EG des Europäischen Parlaments und des Rates vom 7. März 2002 über den Zugang zu elektronischen Kommunikationsnetzen und zugehörigen Einrichtungen sowie deren Zusammenschaltung (Zugangsrichtlinie) (ABl. EG Nr. L 108 S. 7); Richtlinie 2002/22/EG des Europäischen Parlaments und des Rates vom 7. März 2002 über den Universaldienst und Nutzerrechte bei elektronischen Kommunikationsnetzen und -diensten (Universaldienstrichtlinie) (ABl. EG Nr. L 108 S. 51) sowie Richtlinie 2002/58/EG des Europäischen Parlaments und des Rates vom 12. Juli 2002 über die Verarbeitung personenbezogener Daten und den Schutz der Privatsphäre in der elektronischen Kommunikation (Datenschutzrichtlinie) (ABl. EG Nr. L 201 S. 37).

2) Zur Sicherstellung ordnungsgemäßer Planungs-und Genehmigungsverfahren während der COVID-19-Pandemie siehe das PlanungssicherstellungsG vom 20.5.2020 (BGBl. I S. 1041).

Teil 1
Allgemeine Vorschriften

§ 1 Zweck des Gesetzes
Zweck dieses Gesetzes ist es, durch technologieneutrale Regulierung den Wettbewerb im Bereich der Telekommunikation und leistungsfähige Telekommunikationsinfrastrukturen zu fördern und flächendeckend angemessene und ausreichende Dienstleistungen zu gewährleisten.

§ 2 Regulierung, Ziele und Grundsätze
(1) Die Regulierung der Telekommunikation ist eine hoheitliche Aufgabe des Bundes.
(2) Ziele der Regulierung sind:
1. die Wahrung der Nutzer-, insbesondere der Verbraucherinteressen auf dem Gebiet der Telekommunikation und die Wahrung des Fernmeldegeheimnisses. Die Bundesnetzagentur fördert die Möglichkeit der Endnutzer, Informationen abzurufen und zu verbreiten oder Anwendungen und Dienste ihrer Wahl zu nutzen. Die Bundesnetzagentur berücksichtigt die Bedürfnisse bestimmter gesellschaftlicher Gruppen, insbesondere von behinderten Nutzern, älteren Menschen und Personen mit besonderen sozialen Bedürfnissen,
2. die Sicherstellung eines chancengleichen Wettbewerbs und die Förderung nachhaltig wettbewerbsorientierter Märkte der Telekommunikation im Bereich der Telekommunikationsdienste und -netze sowie der zugehörigen Einrichtungen und Dienste, auch in der Fläche. Die Bundesnetzagentur stellt insoweit auch sicher, dass für die Nutzer, einschließlich behinderter Nutzer, älterer Menschen und Personen mit besonderen sozialen Bedürfnissen, der größtmögliche Nutzen in Bezug auf Auswahl, Preise und Qualität erbracht wird. Sie gewährleistet, dass es im Bereich der Telekommunikation,

einschließlich der Bereitstellung von Inhalten, keine Wettbewerbsverzerrungen oder -beschränkungen gibt,

3. die Entwicklung des Binnenmarktes der Europäischen Union zu fördern,

4. die Sicherstellung einer flächendeckenden gleichartigen Grundversorgung in städtischen und ländlichen Räumen mit Telekommunikationsdiensten (Universaldienstleistungen) zu erschwinglichen Preisen,

5. die Beschleunigung des Ausbaus von hochleistungsfähigen öffentlichen Telekommunikationsnetzen der nächsten Generation,

6. die Förderung von Telekommunikationsdiensten bei öffentlichen Einrichtungen,

7. die Sicherstellung einer effizienten und störungsfreien Nutzung von Frequenzen, auch unter Berücksichtigung der Belange des Rundfunks,

8. eine effiziente Nutzung von Nummerierungsressourcen zu gewährleisten,

9. die Wahrung der Interessen der öffentlichen Sicherheit.

(3) Die Bundesnetzagentur wendet bei der Verfolgung der in Absatz 2 festgelegten Ziele objektive, transparente, nicht diskriminierende und verhältnismäßige Regulierungsgrundsätze an, indem sie unter anderem

1. die Vorhersehbarkeit der Regulierung dadurch fördert, dass sie über angemessene Überprüfungszeiträume ein einheitliches Regulierungskonzept beibehält,

2. gewährleistet, dass Betreiber von Telekommunikationsnetzen und Anbieter von Telekommunikationsdiensten unter vergleichbaren Umständen nicht diskriminiert werden,

3. den Wettbewerb zum Nutzen der Verbraucher schützt und, soweit sachgerecht, den infrastrukturbasierten Wettbewerb fördert,

4. effiziente Investitionen und Innovationen im Bereich neuer und verbesserter Infrastrukturen auch dadurch fördert, dass sie dafür sorgt, dass bei jeglicher Zugangsverpflichtung dem Risiko der investierenden Unternehmen gebührend Rechnung getragen wird, und dass sie verschiedene Kooperationsvereinbarungen zur Aufteilung des Investitionsrisikos zwischen Investoren und Zugangsbegehrenden zulässt, während sie gleichzeitig gewährleistet, dass der Wettbewerb auf dem Markt und der Grundsatz der Nichtdiskriminierung gewahrt werden,

5. die vielfältigen Bedingungen im Zusammenhang mit Wettbewerb und Verbrauchern, die in den verschiedenen geografischen Gebieten innerhalb der Bundesrepublik Deutschland herrschen, gebührend berücksichtigt und

6. regulatorische Vorabverpflichtungen nur dann auferlegt, wenn es keinen wirksamen und nachhaltigen Wettbewerb gibt, und diese Verpflichtungen lockert oder aufhebt, sobald es einen solchen Wettbewerb gibt.

(4) [1]Die Vorschriften des Gesetzes gegen Wettbewerbsbeschränkungen bleiben, soweit nicht durch dieses Gesetz ausdrücklich abschließende Regelungen getroffen werden, anwendbar. [2]Die Aufgaben und Zuständigkeiten der Kartellbehörden bleiben unberührt.

(5) Die hoheitlichen Rechte des Bundesministeriums der Verteidigung bleiben unberührt.

(6) [1]Die Belange des Rundfunks und vergleichbarer Telemedien sind unabhängig von der Art der Übertragung zu berücksichtigen. [2]Die medienrechtlichen Bestimmungen der Länder bleiben unberührt.

§ 3 Begriffsbestimmungen
Im Sinne dieses Gesetzes ist oder sind

1. „Anruf" eine über einen öffentlich zugänglichen Telekommunikationsdienst aufgebaute Verbindung, die eine zweiseitige Sprachkommunikation ermöglicht;

2. „Anwendungs-Programmierschnittstelle" die Software-Schnittstelle zwischen Anwendungen, die von Sendeanstalten oder Diensteanbietern zur Verfügung gestellt werden, und den Anschlüssen in den erweiterten digitalen Fernsehempfangsgeräten für digitale Fernseh- und Rundfunkdienste;

2a. „Auskunftsdienste" bundesweit jederzeit telefonisch erreichbare Dienste, insbesondere des Rufnummernbereichs 118, die ausschließlich der neutralen Weitergabe von Rufnummer, Name, Anschrift sowie zusätzlichen Angaben von Telekommunikationsnutzern dienen. Die Weitervermittlung zu einem erfragten Teilnehmer oder Dienst kann Bestandteil des Auskunftsdienstes sein;

2b. „Baudenkmäler" nach Landesrecht geschützte Gebäude oder Gebäudemehrheiten;

3. „Bestandsdaten" Daten eines Teilnehmers, die für die Begründung, inhaltliche Ausgestaltung, Änderung oder Beendigung eines Vertragsverhältnisses über Telekommunikationsdienste erhoben werden;

4. „beträchtliche Marktmacht" eines oder mehrerer Unternehmen gegeben, wenn die Voraussetzungen nach § 11 Absatz 1 Satz 3 und 4 vorliegen;

4a. „Betreiberauswahl" der Zugang eines Teilnehmers zu den Diensten aller unmittelbar zusammengeschalteten Anbieter von öffentlich zugänglichen Telekommunikationsdiensten im Einzelwahlverfahren durch Wählen einer Kennzahl;

4b. „Betreibervorauswahl" der Zugang eines Teilnehmers zu den Diensten aller unmittelbar zusammengeschalteten Anbieter von öffentlich zugänglichen Telekommunikationsdiensten durch festgelegte Vorauswahl, wobei der Teilnehmer unterschiedliche Voreinstellungen für Orts- und Fernverbindungen vornehmen kann und bei jedem Anruf die festgelegte Vorauswahl durch Wählen einer Betreiberkennzahl übergehen kann;

5. „Dienst mit Zusatznutzen" jeder Dienst, der die Erhebung und Verwendung von Verkehrsdaten oder Standortdaten in einem Maße erfordert, das über das für die Übermittlung einer Nachricht oder die Entgeltabrechnung dieses Vorganges erforderliche Maß hinausgeht;

6. „Diensteanbieter" jeder, der ganz oder teilweise geschäftsmäßig
 a) Telekommunikationsdienste erbringt oder
 b) an der Erbringung solcher Dienste mitwirkt;

7. „digitales Fernsehempfangsgerät" ein Fernsehgerät mit integriertem digitalem Decoder oder ein an ein Fernsehgerät anschließbarer digitaler Decoder zur Nutzung digital übertragener Fernsehsignale, die mit Zusatzsignalen, einschließlich einer Zugangsberechtigung, angereichert sein können;

7a. „digitales Hochgeschwindigkeitsnetz" ein Telekommunikationsnetz, das die Möglichkeit bietet, Datendienste mit Geschwindigkeiten von mindestens 50 Megabit pro Sekunde bereitzustellen;

7b. „Einzelrichtlinien"
 a) die Richtlinie 2002/20/EG des Europäischen Parlaments und des Rates vom 7. März 2002 über die Genehmigung elektronischer Kommunikationsnetze und -dienste (Genehmigungsrichtlinie) (ABl. L 108 vom 24.4.2002, S. 21), die zuletzt durch die Richtlinie 2009/140/EG (ABl. L 337 vom 18.12.2009, S. 37) geändert worden ist;
 b) die Richtlinie 2002/19/EG des Europäischen Parlaments und des Rates vom 7. März 2002 über den Zugang zu elektronischen Kommunikationsnetzen und zugehörigen Einrichtungen sowie deren Zusammenschaltung (Zugangsrichtlinie) (ABl. L 108 vom 24.4.2002, S. 7), die zuletzt durch die Richtlinie 2009/140/EG (ABl. L 337 vom 18.12.2009, S. 37) geändert worden ist;
 c) die Richtlinie 2002/22/EG des Europäischen Parlaments und des Rates vom 7. März 2002 über den Universaldienst und Nutzerrechte bei elektronischen Kommunikationsnetzen und -diensten (Universaldienstrichtlinie) (ABl. L 108 vom 24.4.2002, S. 51), die zuletzt durch die Richtlinie 2009/136/EG (ABl. L 337 vom 18.12.2009, S. 11) geändert worden ist;
 d) die Richtlinie 2002/58/EG des Europäischen Parlaments und des Rates vom 12. Juli 2002 über die Verarbeitung personenbezogener Daten und den Schutz der Privatsphäre in der elektronischen Kommunikation (Datenschutzrichtlinie für elektronische Kommunikation) (ABl. L 201 vom 31.7.2002, S. 37), die zuletzt durch die Richtlinie 2009/136/EG (ABl. L 337 vom 18.12.2009, S. 11) geändert worden ist, und
 e) die Richtlinie 2014/61/EU des Europäischen Parlaments und des Rates vom 15. Mai 2014 über Maßnahmen zur Reduzierung der Kosten des Ausbaus von Hochgeschwindigkeitsnetzen für die elektronische Kommunikation (Kostensenkungsrichtlinie) (ABl. L 155 vom 23.5.2014, S. 1);

8. „Endnutzer" ein Nutzer, der weder öffentliche Telekommunikationsnetze betreibt noch öffentlich zugängliche Telekommunikationsdienste erbringt;

8a. „entgeltfreie Telefondienste" Dienste, insbesondere des Rufnummernbereichs (0)800, bei deren Inanspruchnahme der Anrufende kein Entgelt zu entrichten hat;

8b. „Service-Dienste" Dienste, insbesondere des Rufnummernbereichs (0)180, die bundesweit zu einem einheitlichen Entgelt zu erreichen sind;

9. „Frequenznutzung" jede gewollte Aussendung oder Abstrahlung elektromagnetischer Wellen zwischen 9 kHz und 3 000 GHz zur Nutzung durch Funkdienste und andere Anwendungen elektromagnetischer Wellen;

9a. „Frequenzzuweisung" die Benennung eines bestimmten Frequenzbereichs für die Nutzung durch einen oder mehrere Funkdienste oder durch andere Anwendungen elektromagnetischer Wellen, falls erforderlich mit weiteren Festlegungen;

9b. „gemeinsamer Zugang zum Teilnehmeranschluss" die Bereitstellung des Zugangs zum Teilnehmeranschluss oder zum Teilabschnitt in der Weise, dass die Nutzung eines bestimmten Teils der Kapazität der Netzinfrastruktur, wie etwa eines Teils der Frequenz oder Gleichwertiges, ermöglicht wird;

9c. „GEREK" das Gremium Europäischer Regulierungsstellen für elektronische Kommunikation;

9d. „Gerät" eine Funkanlage, eine Telekommunikationsendeinrichtung oder eine Kombination von beiden;

10. „geschäftsmäßiges Erbringen von Telekommunikationsdiensten" das nachhaltige Angebot von Telekommunikation für Dritte mit oder ohne Gewinnerzielungsabsicht;

10a. *[aufgehoben]*

11. „Kundenkarten" Karten, mit deren Hilfe Telekommunikationsverbindungen hergestellt und personenbezogene Daten erhoben werden können;

11a. „Kurzwahl-Datendienste" Kurzwahldienste, die der Übermittlung von nichtsprachgestützten Inhalten mittels Telekommunikation dienen und die keine Telemedien sind;

11b. „Kurzwahldienste" Dienste, die die Merkmale eines Premium-Dienstes haben, jedoch eine spezielle Nummernart mit kurzen Nummern nutzen;

11c. „Kurzwahl-Sprachdienste" Kurzwahldienste, bei denen die Kommunikation sprachgestützt erfolgt;

11d. „Massenverkehrs-Dienste" Dienste, insbesondere des Rufnummernbereichs (0)137, die charakterisiert sind durch ein hohes Verkehrsaufkommen in einem oder mehreren kurzen Zeitintervallen mit kurzer Belegungsdauer zu einem Ziel mit begrenzter Abfragekapazität;

12. „nachhaltig wettbewerbsorientierter Markt" ein Markt, auf dem der Wettbewerb so abgesichert ist, dass er ohne sektorspezifische Regulierung besteht;

12a. „Netzabschlusspunkt" der physische Punkt, an dem einem Teilnehmer der Zugang zu einem Telekommunikationsnetz bereitgestellt wird; in Netzen, in denen eine Vermittlung oder Leitwegebestimmung erfolgt, wird der Netzabschlusspunkt anhand einer bestimmten Netzadresse bezeichnet, die mit der Nummer oder dem Namen eines Teilnehmers verknüpft sein kann;

12b. „Neuartige Dienste" Dienste, insbesondere des Rufnummernbereichs (0)12, bei denen Nummern für einen Zweck verwendet werden, für den kein anderer Rufnummernraum zur Verfügung steht;

13. „Nummern" Zeichenfolgen, die in Telekommunikationsnetzen Zwecken der Adressierung dienen;

13a. „Nummernart" die Gesamtheit aller Nummern eines Nummernraums für einen bestimmten Dienst oder eine bestimmte technische Adressierung;

13b. „Nummernbereich" eine für eine Nummernart bereitgestellte Teilmenge des Nummernraums;

13c. „Nummernraum" die Gesamtheit aller Nummern, die für eine bestimmte Art der Adressierung verwendet werden;

13d. „Nummernteilbereich" eine Teilmenge eines Nummernbereichs;

14. „Nutzer" jede natürliche oder juristische Person, die einen öffentlich zugänglichen Telekommunikationsdienst für private oder geschäftliche Zwecke in Anspruch nimmt oder beantragt, ohne notwendigerweise Teilnehmer zu sein;

15. „öffentliches Münz- und Kartentelefon" ein der Allgemeinheit zur Verfügung stehendes Telefon, für dessen Nutzung als Zahlungsmittel unter anderem Münzen, Kredit- und Abbuchungskarten oder Guthabenkarten, auch solche mit Einwahlcode, verwendet werden können;

16. „öffentliches Telefonnetz" ein Telekommunikationsnetz, das zur Bereitstellung des öffentlich zugänglichen Telefondienstes genutzt wird und darüber hinaus weitere Dienste wie Telefax- oder Datenfernübertragung und einen funktionalen Internetzugang ermöglicht;

16a. „öffentliches Telekommunikationsnetz" ein Telekommunikationsnetz, das ganz oder überwiegend der Bereitstellung öffentlich zugänglicher Telekommunikationsdienste dient, die die Übertragung von Informationen zwischen Netzabschlusspunkten ermöglichen;

16b. „öffentliche Versorgungsnetze" entstehende, betriebene oder stillgelegte physische Infrastrukturen für die öffentliche Bereitstellung von

 a) Erzeugungs-, Leitungs- oder Verteilungsdiensten für

 aa) Telekommunikation,

 bb) Gas,

 cc) Elektrizität, einschließlich der Elektrizität für die öffentliche Straßenbeleuchtung,

 dd) Fernwärme oder

 ee) Wasser, ausgenommen Trinkwasser im Sinne des § 3 Nummer 1 der Trinkwasserverordnung in der Fassung der Bekanntmachung vom 10. März 2016 (BGBl. I S. 459), die durch Artikel 4 Absatz 21 des Gesetzes vom 18. Juli 2016 (BGBl. I S. 1666) geändert worden ist; zu den öffentlichen Versorgungsnetzen zählen auch physische Infrastrukturen zur Abwasserbehandlung und -entsorgung sowie die Kanalisationssysteme;

 b) Verkehrsdiensten; zu diesen Infrastrukturen gehören insbesondere Schienenwege, Straßen, Wasserstraßen, Brücken, Häfen und Flugplätze;

17. „öffentlich zugänglicher Telefondienst" ein der Öffentlichkeit zur Verfügung stehender Dienst, der direkt oder indirekt über eine oder mehrere Nummern eines nationalen oder internationalen Telefonnummernplans oder eines anderen Adressierungsschemas das Führen folgender Gespräche ermöglicht:

 a) aus- und eingehende Inlandsgespräche oder

 b) aus- und eingehende Inlands- und Auslandsgespräche;

17a. „öffentlich zugängliche Telekommunikationsdienste" der Öffentlichkeit zur Verfügung stehende Telekommunikationsdienste;

17b. „passive Netzinfrastrukturen" Komponenten eines Netzes, die andere Netzkomponenten aufnehmen sollen, selbst jedoch nicht zu aktiven Netzkomponenten werden; hierzu zählen zum Beispiel Fernleitungen, Leer- und Leitungsrohre, Kabelkanäle, Kontrollkammern, Einstiegsschächte, Verteilerkästen, Gebäude und Gebäudeeingänge, Antennenanlagen und Trägerstrukturen wie Türme, Ampeln und Straßenlaternen, Masten und Pfähle; Kabel, einschließlich unbeschalteter Glasfaserkabel, sind keine passiven Netzinfrastrukturen;

17c. „Premium-Dienste" Dienste, insbesondere der Rufnummernbereiche (0)190 und (0)900, bei denen über die Telekommunikationsdienstleistung hinaus eine weitere Dienstleistung erbracht wird, die gegenüber dem Anrufer gemeinsam mit der Telekommunikationsdienstleistung abgerechnet wird und die nicht einer anderen Nummernart zuzurechnen ist;

18. „Rufnummer" eine Nummer, durch deren Wahl im öffentlich zugänglichen Telefondienst eine Verbindung zu einem bestimmten Ziel aufgebaut werden kann;

18a. „Rufnummernbereich" eine für eine Nummernart bereitgestellte Teilmenge des Nummernraums für das öffentliche Telefonnetz;

18b. „Schnittstelle" ein Netzabschlusspunkt, das heißt, der physische Anschlusspunkt, über den der Benutzer Zugang zu öffentlichen Telekommunikationsnetzen erhält;

19. „Standortdaten" Daten, die in einem Telekommunikationsnetz oder von einem Telekommunikationsdienst erhoben oder verwendet werden und die den Standort des Endgeräts eines Endnutzers eines öffentlich zugänglichen Telekommunikationsdienstes angeben;

19a. „Teilabschnitt" eine Teilkomponente des Teilnehmeranschlusses, die den Netzabschlusspunkt am Standort des Teilnehmers mit einem Konzentrationspunkt oder einem festgelegten zwischengeschalteten Zugangspunkt des öffentlichen Festnetzes verbindet;

20. „Teilnehmer" jede natürliche oder juristische Person, die mit einem Anbieter von öffentlich zugänglichen Telekommunikationsdiensten einen Vertrag über die Erbringung derartiger Dienste geschlossen hat;

21. „Teilnehmeranschluss" die physische Verbindung, mit dem der Netzabschlusspunkt in den Räumlichkeiten des Teilnehmers mit den Hauptverteilerknoten oder mit einer gleichwertigen Einrichtung in festen öffentlichen Telefonnetzen verbunden wird;

22. „Telekommunikation" der technische Vorgang des Aussendens, Übermittelns und Empfangens von Signalen mittels Telekommunikationsanlagen;

23. „Telekommunikationsanlagen" technische Einrichtungen oder Systeme, die als Nachrichten identifizierbare elektromagnetische oder optische Signale senden, übertragen, vermitteln, empfangen, steuern oder kontrollieren können;

24. „Telekommunikationsdienste" in der Regel gegen Entgelt erbrachte Dienste, die ganz oder überwiegend in der Übertragung von Signalen über Telekommunikationsnetze bestehen, einschließlich Übertragungsdienste in Rundfunknetzen;

24a. „Telekommunikationsendeinrichtung" eine direkt oder indirekt an die Schnittstelle eines öffentlichen Telekommunikationsnetzes angeschlossene Einrichtung zum Aussenden, Verarbeiten oder Empfangen von Nachrichten; sowohl bei direkten als auch bei indirekten Anschlüssen kann die Verbindung über elektrisch leitenden Draht, über optische Faser oder elektromagnetisch hergestellt werden; bei einem indirekten Anschluss ist zwischen der Telekommunikationsendeinrichtung und der Schnittstelle des öffentlichen Netzes ein Gerät geschaltet;

25. „telekommunikationsgestützte Dienste" Dienste, die keinen räumlich und zeitlich trennbaren Leistungsfluss auslösen, sondern bei denen die Inhaltsleistung noch während der Telekommunikationsverbindung erfüllt wird;

26. „Telekommunikationslinien" unter- oder oberirdisch geführte Telekommunikationskabelanlagen, einschließlich ihrer zugehörigen Schalt- und Verzweigungseinrichtungen, Masten und Unterstützungen, Kabelschächte und Kabelkanalrohre, sowie weitere technische Einrichtungen, die für das Erbringen von öffentlich zugänglichen Telekommunikationsdiensten erforderlich sind;

27. „Telekommunikationsnetz" die Gesamtheit von Übertragungssystemen und gegebenenfalls Vermittlungs- und Leitwegeinrichtungen sowie anderweitigen Ressourcen, einschließlich der nicht aktiven Netzbestandteile, die die Übertragung von Signalen über Kabel, Funk, optische und andere elektromagnetische Einrichtungen ermöglichen, einschließlich Satellitennetzen, festen, leitungs- und paketvermittelten Netzen, einschließlich des Internets, und mobilen terrestrischen Netzen, Stromleitungssystemen, soweit sie zur Signalübertragung genutzt werden, Netzen für Hör- und Fernsehfunk sowie Kabelfernsehnetzen, unabhängig von der Art der übertragenen Information;

27a. „Überbau" die nachträgliche Dopplung von Telekommunikationsinfrastrukturen durch parallele Errichtung, soweit damit dasselbe Versorgungsgebiet erschlossen werden soll;

28. „Übertragungsweg" Telekommunikationsanlagen in Form von Kabel- oder Funkverbindungen mit ihren übertragungstechnischen Einrichtungen als Punkt-zu-Punkt- oder Punkt-zu-Mehrpunktverbindungen mit einem bestimmten Informationsdurchsatzvermögen (Bandbreite oder Bitrate) einschließlich ihrer Abschlusseinrichtungen;

28a. „umfangreiche Renovierungen" Tief- oder Hochbauarbeiten am Standort des Endnutzers, die strukturelle Veränderungen an den gesamten gebäudeinternen passiven Netzinfrastruktur oder einem wesentlichen Teil davon umfassen;

29. „Unternehmen" das Unternehmen selbst oder mit ihm im Sinne des § 36 Abs. 2 und § 37 Abs. 1 und 2 des Gesetzes gegen Wettbewerbsbeschränkungen verbundene Unternehmen;

30. „Verkehrsdaten" Daten, die bei der Erbringung eines Telekommunikationsdienstes erhoben, verarbeitet oder genutzt werden;

30a. „Verletzung des Schutzes personenbezogener Daten" eine Verletzung der Datensicherheit, die zum Verlust, zur unrechtmäßigen Löschung, Veränderung, Speicherung, Weitergabe oder sonstigen unrechtmäßigen Verwendung personenbezogener Daten führt, die übertragen, gespeichert oder auf andere Weise im Zusammenhang mit der Bereitstellung öffentlich zugänglicher Telekommunikationsdienste verarbeitet werden sowie der unrechtmäßige Zugang zu diesen;

30b. „vollständig entbündelter Zugang zum Teilnehmeranschluss" die Bereitstellung des Zugangs zum Teilnehmeranschluss oder zum Teilabschnitt in der Weise, dass die Nutzung der gesamten Kapazität der Netzinfrastruktur ermöglicht wird;

30c. „Warteschleife" jede vom Nutzer eines Telekommunikationsdienstes eingesetzte Vorrichtung oder Geschäftspraxis, über die Anrufe entgegengenommen oder aufrechterhalten werden, ohne dass das Anliegen des Anrufers bearbeitet wird. Dies umfasst die Zeitspanne ab Rufaufbau vom Anschluss des Anrufers bis zu dem Zeitpunkt, an dem mit der Bearbeitung des Anliegens des Anrufers begonnen wird, gleichgültig ob dies über einen automatisierten Dialog oder durch eine persönliche Bearbeitung erfolgt. Ein automatisierter Dialog beginnt, sobald automatisiert Informationen abgefragt werden, die für die Bearbeitung des Anliegens erforderlich sind. Eine persönliche Bearbeitung des Anliegens beginnt, sobald eine natürliche Person den Anruf entgegennimmt und bearbeitet. Hierzu zählt auch die Abfrage von Informationen, die für die Bearbeitung des Anliegens erforderlich sind. Als Warteschleife ist ferner die Zeitspanne anzusehen, die anlässlich einer Weiterleitung zwischen Beendigung der vorhergehenden Bearbeitung des Anliegens und der weiteren Bearbeitung vergeht, ohne dass der Anruf technisch unterbrochen wird. Keine Warteschleife sind automatische Bandansagen, wenn die Dienstleistung für den Anrufer vor Herstellung der Verbindung erkennbar ausschließlich in einer Bandansage besteht;

31. „wirksamer Wettbewerb" die Abwesenheit von beträchtlicher Marktmacht im Sinne des § 11 Absatz 1 Satz 3 und 4;

32. „Zugang" die Bereitstellung von Einrichtungen oder Diensten für ein anderes Unternehmen unter bestimmten Bedingungen zum Zwecke der Erbringung von Telekommunikationsdiensten, auch bei deren Verwendung zur Erbringung von Diensten der Informationsgesellschaft oder Rundfunkinhaltediensten. Dies umfasst unter anderem Folgendes:

a) Zugang zu Netzkomponenten, einschließlich nicht aktiver Netzkomponenten, und zugehörigen Einrichtungen, wozu auch der feste oder nicht feste Anschluss von Geräten gehören kann. Dies beinhaltet insbesondere den Zugang zum Teilnehmeranschluss sowie zu Einrichtungen und Diensten, die erforderlich sind, um Dienste über den Teilnehmeranschluss zu erbringen, einschließlich des Zugangs zur Anschaltung und Ermöglichung des Anbieterwechsels des Teilnehmers und zu hierfür notwendigen Informationen und Daten und zur Entstörung;

b) Zugang zu physischen Infrastrukturen wie Gebäuden, Leitungsrohren und Masten;

c) Zugang zu einschlägigen Softwaresystemen, einschließlich Systemen für die Betriebsunterstützung;

d) Zugang zu informationstechnischen Systemen oder Datenbanken für Vorbestellung, Bereitstellung, Auftragserteilung, Anforderung von Wartungs- und Instandsetzungsarbeiten sowie Abrechnung;

e) Zugang zur Nummernumsetzung oder zu Systemen, die eine gleichwertige Funktion bieten;

f) Zugang zu Fest- und Mobilfunknetzen, insbesondere, um Roaming zu ermöglichen;

g) Zugang zu Zugangsberechtigungssystemen für Digitalfernsehdienste und

h) Zugang zu Diensten für virtuelle Netze;

33. „Zugangsberechtigungssysteme" technische Verfahren oder Vorrichtungen, welche die erlaubte Nutzung geschützter Rundfunkprogramme von einem Abonnement oder einer individuellen Erlaubnis abhängig machen;

33a. „Zugangspunkt zu passiven gebäudeinternen Netzkomponenten" ein physischer Punkt innerhalb oder außerhalb des Gebäudes, der für Eigentümer und Betreiber öffentlicher Telekommunikationsnetze zugänglich ist und den Anschluss an die hochgeschwindigkeitsfähigen gebäudeinternen passiven Netzinfrastrukturen ermöglicht;

33b. „zugehörige Dienste" diejenigen mit einem Telekommunikationsnetz oder einem Telekommunikationsdienst verbundenen Dienste, welche die Bereitstellung von Diensten über dieses Netz oder diesen Dienst ermöglichen, unterstützen oder dazu in der Lage sind. Darunter fallen unter anderem Systeme zur Nummernumsetzung oder Systeme, die eine gleichwertige Funktion bieten, Zugangsberechtigungssysteme und elektronische Programmführer sowie andere Dienste wie Dienste im Zusammenhang mit Identität, Standort und Präsenz des Nutzers;

33c. „zugehörige Einrichtungen" diejenigen mit einem Telekommunikationsnetz oder einem Telekommunikationsdienst verbundenen zugehörigen Dienste, physischen Infrastrukturen und sonstigen Einrichtungen und Komponenten, welche die Bereitstellung von Diensten über dieses Netz oder diesen Dienst ermöglichen, unterstützen oder dazu in der Lage sind. Darunter fallen unter anderem Gebäude, Gebäudezugänge, Verkabelungen in Gebäuden, Antennen, Türme und andere Trägerstrukturen, Leitungsrohre, Leerrohre, Masten, Einstiegsschächte und Verteilerkästen;

34. „Zusammenschaltung" derjenige Zugang, der die physische und logische Verbindung öffentlicher Telekommunikationsnetze herstellt, um Nutzern eines Unternehmens die Kommunikation mit Nutzern desselben oder eines anderen Unternehmens oder die Inanspruchnahme von Diensten eines anderen Unternehmens zu ermöglichen; Dienste können von den beteiligten Parteien erbracht werden oder von anderen Parteien, die Zugang zum Netz haben. Zusammenschaltung ist ein Sonderfall des Zugangs und wird zwischen Betreibern öffentlicher Telekommunikationsnetze hergestellt.

§ 4 Internationale Berichtspflichten

Die Betreiber von öffentlichen Telekommunikationsnetzen und die Anbieter von öffentlich zugänglichen Telekommunikationsdiensten müssen der Bundesnetzagentur auf Verlangen die Informationen zur Verfügung stellen, die diese benötigt, um Berichtspflichten gegenüber der Kommission und anderen internationalen Gremien erfüllen zu können.

§ 5 Medien der Veröffentlichung

[1]Veröffentlichungen und Bekanntmachungen, zu denen die Bundesnetzagentur durch dieses Gesetz verpflichtet ist, erfolgen in deren Amtsblatt und auf deren Internetseite, soweit keine abweichende Regelung getroffen ist. [2]Im Amtsblatt der Bundesnetzagentur sind auch technische Richtlinien bekannt zu machen.

§ 6[1)] Meldepflicht

(1) [1]Wer gewerblich öffentliche Telekommunikationsnetze betreibt oder gewerblich öffentlich zugängliche Telekommunikationsdienste erbringt, muss die Aufnahme, Änderung und Beendigung seiner Tätigkeit sowie Änderungen seiner Firma bei der Bundesnetzagentur unverzüglich melden. [2]Die Erklärung bedarf der Schriftform.

(2) [1]Die Meldung muss die Angaben enthalten, die für die Identifizierung des Betreibers oder Anbieters nach Absatz 1 erforderlich sind, insbesondere die Handelsregisternummer, die Anschrift, die Kurzbeschreibung des Netzes oder Dienstes sowie den voraussichtlichen Termin für die Aufnahme der Tätigkeit. [2]Die Meldung hat nach einem von der Bundesnetzagentur vorgeschriebenen und veröffentlichten Formular zu erfolgen.

(3) Auf Antrag bestätigt die Bundesnetzagentur innerhalb von einer Woche die Vollständigkeit der Meldung nach Absatz 2 und bescheinigt, dass dem Unternehmen die durch dieses Gesetz oder auf Grund dieses Gesetzes eingeräumten Rechte zustehen.

1) Beachte die Übergangsregelung in § 150 Abs. 2.

(4) Die Bundesnetzagentur veröffentlicht regelmäßig ein Verzeichnis der gemeldeten Unternehmen.

(5) Steht die Einstellung der Geschäftstätigkeit eindeutig fest und ist die Beendigung der Tätigkeit der Bundesnetzagentur nicht innerhalb eines Zeitraums von sechs Monaten schriftlich gemeldet worden, kann die Bundesnetzagentur die Beendigung der Tätigkeit von Amts wegen feststellen.

§ 7 Strukturelle Separierung

Unternehmen, die öffentliche Telekommunikationsnetze betreiben oder öffentlich zugängliche Telekommunikationsdienste anbieten und innerhalb der Europäischen Union besondere oder ausschließliche Rechte für die Erbringung von Diensten in anderen Sektoren besitzen, sind verpflichtet,

1. die Tätigkeiten im Zusammenhang mit der Bereitstellung von öffentlichen Telekommunikationsnetzen und der Erbringung von öffentlich zugänglichen Telekommunikationsdiensten strukturell auszugliedern oder

2. über die Tätigkeiten im Zusammenhang mit der Bereitstellung von öffentlichen Telekommunikationsnetzen oder der Erbringung von öffentlich zugänglichen Telekommunikationsdiensten in dem Umfang getrennt Buch zu führen, der erforderlich wäre, wenn sie von rechtlich unabhängigen Unternehmen ausgeführt würden, so dass alle Kosten und Einnahmebestandteile dieser Tätigkeiten mit den entsprechenden Berechnungsgrundlagen und detaillierten Zurechnungsmethoden einschließlich einer detaillierten Aufschlüsselung des Anlagevermögens und der strukturbedingten Kosten offen gelegt werden.

§ 8 Internationaler Status

(1) [1]Unternehmen, die internationale Telekommunikationsdienste erbringen oder die im Rahmen ihres Angebots Funkanlagen betreiben, die schädliche Störungen bei Funkdiensten anderer Länder verursachen können, sind anerkannte Betriebsunternehmen im Sinne der Konstitution und der Konvention der Internationalen Fernmeldeunion. [2]Diese Unternehmen unterliegen den sich aus der Konstitution der Internationalen Fernmeldeunion ergebenden Verpflichtungen.

(2) Unternehmen, die internationale Telekommunikationsdienste erbringen, müssen nach den Regelungen der Konstitution der Internationalen Fernmeldeunion

1. allen Nachrichten, welche die Sicherheit des menschlichen Lebens auf See, zu Lande, in der Luft und im Weltraum betreffen, sowie den außerordentlichen dringenden Seuchennachrichten der Weltgesundheitsorganisation unbedingten Vorrang einräumen,

2. den Staatstelekommunikationsverbindungen im Rahmen des Möglichen Vorrang vor dem übrigen Telekommunikationsverkehr einräumen, wenn dies von der Person, die die Verbindung anmeldet, ausdrücklich verlangt wird.

Teil 2
Marktregulierung

Abschnitt 1
Verfahren der Marktregulierung

§ 9 Grundsatz

(1) Der Marktregulierung nach den Vorschriften dieses Teils unterliegen Märkte, auf denen die Voraussetzungen des § 10 vorliegen und für die eine Marktanalyse nach § 11 ergeben hat, dass kein wirksamer Wettbewerb vorliegt.

(2) Unternehmen, die auf Märkten im Sinne des § 11 über beträchtliche Marktmacht verfügen, werden durch die Bundesnetzagentur Maßnahmen nach diesem Teil auferlegt.

(3) § 18 bleibt unberührt.

§ 9a *[aufgehoben]*

§ 10 Marktdefinition

(1) Die Bundesnetzagentur legt unter Berücksichtigung der Ziele des § 2 die sachlich und räumlich relevanten Telekommunikationsmärkte fest, die für eine Regulierung nach den Vorschriften dieses Teils in Betracht kommen.

(2) [1]Für eine Regulierung nach diesem Teil kommen Märkte in Betracht, die durch beträchtliche und anhaltende strukturell oder rechtlich bedingte Marktzutrittsschranken gekennzeichnet sind, längerfristig nicht zu wirksamem Wettbewerb tendieren und auf denen die Anwendung des allgemeinen Wettbewerbsrechts allein nicht ausreicht, um dem betreffenden Marktversagen entgegenzuwirken. [2]Diese Märkte werden von der Bundesnetzagentur im Rahmen des ihr zustehenden Beurteilungsspielraums bestimmt.

[3]Sie berücksichtigt dabei weitestgehend die Empfehlung in Bezug auf relevante Produkt- und Dienstmärkte, die die Kommission nach Artikel 15 Abs. 1 der Richtlinie 2002/21/EG des Europäischen Parlaments und des Rates vom 7. März 2002 über einen gemeinsamen Rechtsrahmen für elektronische Kommunikationsnetze und -dienste (Rahmenrichtlinie) (ABl. L 108 vom 24.4.2002, S. 33), die zuletzt durch die Richtlinie 2009/140/EG (ABl. L 337 vom 18.12.2009, S. 37) geändert worden ist, veröffentlicht, in ihrer jeweils geltenden Fassung sowie die Leitlinien zur Marktanalyse und zur Bewertung beträchtlicher Marktmacht, die die Kommission nach Artikel 15 Absatz 2 der Richtlinie 2002/21/EG veröffentlicht, in ihrer jeweils geltenden Fassung.

(3) Das Ergebnis der Marktdefinition hat die Bundesnetzagentur der Kommission im Verfahren nach § 12 in den Fällen vorzulegen, in denen die Marktdefinition Auswirkungen auf den Handel zwischen den Mitgliedstaaten hat.

§ 11 Marktanalyse

(1) [1]Bei den nach § 10 festgelegten, für eine Regulierung nach diesem Teil in Betracht kommenden Märkten prüft die Bundesnetzagentur, ob auf dem untersuchten Markt wirksamer Wettbewerb besteht. [2]Wirksamer Wettbewerb besteht nicht, wenn ein oder mehrere Unternehmen auf diesem Markt über beträchtliche Marktmacht verfügen. [3]Ein Unternehmen gilt als Unternehmen mit beträchtlicher Marktmacht, wenn es entweder allein oder gemeinsam mit anderen eine der Beherrschung gleichkommende Stellung einnimmt, das heißt eine wirtschaftlich starke Stellung, die es ihm gestattet, sich in beträchtlichem Umfang unabhängig von Wettbewerbern und Endnutzern zu verhalten. [4]Verfügt ein Unternehmen auf einem relevanten Markt, dem ersten Markt, über beträchtliche Marktmacht, so kann es auch auf einem benachbarten, nach § 10 Absatz 2 bestimmten relevanten Markt, dem zweiten Markt, als Unternehmen mit beträchtlicher Marktmacht benannt werden, wenn die Verbindungen zwischen beiden Märkten es gestatten, die Marktmacht von dem ersten auf den zweiten Markt zu übertragen und damit die gesamte Marktmacht des Unternehmens zu verstärken. [5]Verfügt ein Unternehmen auf einem relevanten Markt über beträchtliche Marktmacht, so kann es auch auf einem benachbarten, nach § 10 Abs. 2 bestimmten relevanten Markt als Unternehmen mit beträchtlicher Marktmacht angesehen werden, wenn die Verbindungen zwischen beiden Märkten es gestatten, diese von dem einen auf den anderen Markt zu übertragen und damit die gesamte Marktmacht des Unternehmens zu verstärken.

(2) Im Falle länderübergreifender Märkte im Geltungsbereich der Richtlinie 2002/21/EG untersucht die Bundesnetzagentur die Frage, ob beträchtliche Marktmacht im Sinne von Absatz 1 vorliegt, gemeinsam mit den nationalen Regulierungsbehörden der Mitgliedstaaten, welche diese Märkte umfassen.

(3) [1]Die Bundesnetzagentur berücksichtigt bei der Marktanalyse nach den Absätzen 1 und 2 weitestgehend die von der Kommission aufgestellten Kriterien, die niedergelegt sind in den Leitlinien der Kommission zur Marktanalyse und zur Bewertung beträchtlicher Marktmacht nach Artikel 15 Absatz 2 der Richtlinie 2002/21/EG in der jeweils geltenden Fassung. [2]Die Bundesnetzagentur trägt im Rahmen der Marktanalyse nach Absatz 1 zudem den Märkten Rechnung, die die Kommission in der jeweils geltenden Fassung der Empfehlung in Bezug auf relevante Produkt- und Dienstmärkte nach Artikel 15 Absatz 1 der Richtlinie 2002/21/EG festlegt.

(4) Die Ergebnisse der Untersuchungen nach den Absätzen 1 bis 2 einschließlich der Feststellung, welche Unternehmen über beträchtliche Marktmacht verfügen, sind der Kommission im Verfahren nach § 12 vorzulegen, sofern sie Auswirkungen auf den Handel zwischen den Mitgliedstaaten haben.

§ 12 Konsultations- und Konsolidierungsverfahren

(1) [1]Die Bundesnetzagentur gibt den interessierten Parteien Gelegenheit, innerhalb einer festgesetzten Frist zu dem Entwurf der Ergebnisse nach den §§ 10 und 11 Stellung zu nehmen. [2]Die Konsultationsverfahren sowie deren Ergebnisse werden von der Bundesnetzagentur veröffentlicht. [3]Hiervon unberührt ist die Wahrung von Betriebs- oder Geschäftsgeheimnissen der Beteiligten. [4]Die Bundesnetzagentur richtet zu diesem Zweck eine einheitliche Informationsstelle ein, bei der eine Liste aller laufenden Konsultationen vorgehalten wird.

(2) Wenn § 10 Abs. 3 und § 11 Absatz 4 eine Vorlage nach dieser Norm vorsehen und keine Ausnahme nach einer Empfehlung oder Leitlinien vorliegt, die die Kommission nach Artikel 7b der Richtlinie 2002/21/EG erlässt, gilt folgendes Verfahren:

1. [1]Nach Durchführung des Verfahrens nach Absatz 1 stellt die Bundesnetzagentur den Entwurf der Ergebnisse nach den §§ 10 und 11 zusammen mit einer Begründung gleichzeitig der Kommission, dem GEREK und den nationalen Regulierungsbehörden der anderen Mitgliedstaaten zur Verfügung und unterrichtet die Kommission, das GEREK und die übrigen nationalen Regulierungsbehörden hiervon. [2]§ 123b Absatz 3 und 4 gilt entsprechend. [3]Vor Ablauf eines Monats darf die Bundesnetzagentur Ergebnisse nach den §§ 10 und 11 nicht festlegen.

2. ¹Die Bundesnetzagentur hat den Stellungnahmen der Kommission, des GEREK und der anderen nationalen Regulierungsbehörden nach Nummer 1 weitestgehend Rechnung zu tragen. ²Den sich daraus ergebenden Entwurf übermittelt sie der Kommission.

3. ¹Beinhaltet ein Entwurf nach den §§ 10 und 11

a) die Festlegung eines relevanten Marktes, der sich von jenen Märkten unterscheidet, die definiert sind in der jeweils geltenden Fassung der Empfehlung in Bezug auf relevante Produkt- und Dienstmärkte, die die Kommission nach Artikel 15 Absatz 1 der Richtlinie 2002/21/EG veröffentlicht, oder

b) die Festlegung, inwieweit ein oder mehrere Unternehmen auf diesem Markt über beträchtliche Marktmacht verfügen,

und erklärt die Kommission innerhalb der Frist nach Nummer 1 Satz 3, der Entwurf schaffe ein Hemmnis für den Binnenmarkt oder sie habe ernsthafte Zweifel an der Vereinbarkeit mit dem Recht der Europäischen Union und insbesondere den Zielen des Artikels 8 der Richtlinie 2002/21/EG, hat die Bundesnetzagentur die Festlegung der entsprechenden Ergebnisse um zwei weitere Monate aufzuschieben. ²Beschließt die Kommission innerhalb dieses Zeitraums, die Bundesnetzagentur aufzufordern, den Entwurf zurückzuziehen, so ändert die Bundesnetzagentur den Entwurf innerhalb von sechs Monaten ab dem Datum des Erlasses der Entscheidung der Kommission oder zieht ihn zurück. ³Ändert die Bundesnetzagentur den Entwurf, so führt sie hierzu das Konsultationsverfahren nach Absatz 1 durch und legt der Kommission den geänderten Entwurf nach Nummer 1 vor. ⁴Zieht die Bundesnetzagentur den Entwurf zurück, so unterrichtet sie das Bundesministerium für Wirtschaft und Energie und die weiteren betroffenen Ressorts über die Entscheidung der Kommission.

4. Die Bundesnetzagentur übermittelt der Kommission und dem GEREK alle angenommenen endgültigen Maßnahmen, die unter § 10 Absatz 3 und § 11 Absatz 4 fallen.

(3) ¹Ist die Bundesnetzagentur bei Vorliegen außergewöhnlicher Umstände der Ansicht, dass dringend – ohne das Verfahren nach den Absätzen 1 und 2 einzuhalten – gehandelt werden muss, um den Wettbewerb zu gewährleisten und die Nutzerinteressen zu schützen, so kann sie umgehend angemessene vorläufige Maßnahmen erlassen. ²Sie teilt diese der Kommission, dem GEREK und den übrigen nationalen Regulierungsbehörden unverzüglich mit einer vollständigen Begründung mit. ³Ein Beschluss der Bundesnetzagentur, diese Maßnahmen dauerhaft zu machen oder ihre Geltungsdauer zu verlängern, unterliegt den Bestimmungen der Absätze 1 und 2.

§ 13 Rechtsfolgen der Marktanalyse

(1) ¹Soweit die Bundesnetzagentur auf Grund einer Marktanalyse nach § 11 Verpflichtungen nach den §§ 19, 20, 21, 23, 24, 30, 39 oder § 42 Absatz 4 Satz 3 auferlegt, ändert, beibehält oder widerruft (Regulierungsverfügung), gilt das Verfahren nach § 12 Absatz 1 und Absatz 3 entsprechend, sofern die Maßnahme beträchtliche Auswirkungen auf den betreffenden Markt hat. ²Das Verfahren nach § 12 Absatz 2 Nummer 1, 2 und 4 sowie Absatz 3 gilt entsprechend, sofern die Maßnahme Auswirkungen auf den Handel zwischen den Mitgliedstaaten hat und keine Ausnahme nach einer Empfehlung oder Leitlinien vorliegt, die die Kommission nach Artikel 7b der Richtlinie 2002/21/EG erlässt. ³Der Widerruf von Verpflichtungen ist den betroffenen Unternehmen innerhalb einer angemessenen Frist vorher anzukündigen. ⁴Das Verfahren nach den Sätzen 1 und 2 kann die Bundesnetzagentur zusammen mit dem oder im Anschluss an das Verfahren nach § 12 durchführen. ⁵Die Sätze 1 bis 3 gelten auch für Verpflichtungen nach § 18.

(2) Im Fall des § 11 Absatz 1 Satz 4 können Abhilfemaßnahmen nach den §§ 19, 20, 21, 23, 24, 30, 39 und § 42 Absatz 4 Satz 3 auf dem zweiten Markt nur getroffen werden, um die Übertragung der Marktmacht zu unterbinden.

(3) ¹Im Falle des § 11 Abs. 2 legt die Bundesnetzagentur einvernehmlich mit den betroffenen nationalen Regulierungsbehörden fest, welche Verpflichtungen das oder die Unternehmen mit beträchtlicher Marktmacht zu erfüllen haben. ²Das Verfahren nach § 12 Absatz 1 und 3 gilt entsprechend. ³Das Verfahren nach § 12 Absatz 2 Nummer 1, 2 und 4 sowie Absatz 3 gilt entsprechend, sofern keine Ausnahme nach einer Empfehlung oder Leitlinien vorliegt, die die Kommission nach Artikel 7b der Richtlinie 2002/21/EG erlässt.

(4) Teilt die Kommission innerhalb der Frist nach § 12 Absatz 2 Nummer 1 Satz 3 der Bundesnetzagentur und dem GEREK mit, warum sie der Auffassung ist, dass der Entwurf einer Maßnahme nach den Absätzen 1 bis 3, der nicht lediglich die Beibehaltung einer Verpflichtung beinhaltet, ein Hemmnis für den Binnenmarkt darstelle oder warum sie erhebliche Zweifel an dessen Vereinbarkeit mit dem Recht der Europäischen Union hat, so gilt folgendes Verfahren:

1. ¹Vor Ablauf von drei weiteren Monaten nach der Mitteilung der Kommission darf die Bundesnetzagentur den Entwurf der Maßnahme nicht annehmen. ²Die Bundesnetzagentur kann den Entwurf jedoch in jeder Phase des Verfahrens nach diesem Absatz zurückziehen.

2. ¹Innerhalb der Dreimonatsfrist nach Nummer 1 arbeitet die Bundesnetzagentur eng mit der Kommission und dem GEREK zusammen, um die am besten geeignete und wirksamste Maßnahme im Hinblick auf die Ziele des § 2 zu ermitteln. ²Dabei berücksichtigt sie die Ansichten der Marktteilnehmer und die Notwendigkeit, eine einheitliche Regulierungspraxis zu entwickeln.

3. Gibt das GEREK innerhalb von sechs Wochen nach Beginn der Dreimonatsfrist nach Nummer 1 eine von der Mehrheit der ihm angehörenden Mitglieder angenommene Stellungnahme zur der Mitteilung der Kommission ab, in der es die ernsten Bedenken der Kommission teilt, so kann die Bundesnetzagentur den Entwurf der Maßnahme vor Ablauf der Dreimonatsfrist nach Nummer 1 unter Berücksichtigung der Mitteilung der Kommission und der Stellungnahme des GEREK ändern und dadurch den geänderten Maßnahmenentwurf zum Gegenstand der weiteren Prüfung durch die Kommission machen.

4. Nach Ablauf der Dreimonatsfrist nach Nummer 1 gibt die Bundesnetzagentur der Kommission die Gelegenheit, innerhalb eines weiteren Monats eine Empfehlung abzugeben.

5. ¹Innerhalb eines Monats, nachdem die Kommission gegenüber der Bundesnetzagentur eine Empfehlung nach Nummer 4 ausgesprochen oder ihre Vorbehalte zurückgezogen hat, teilt die Bundesnetzagentur der Kommission und dem GEREK mit, mit welchem Inhalt sie die Maßnahme erlassen hat oder ob sie den Entwurf der Maßnahme zurückgezogen hat. ²Beschließt die Bundesnetzagentur, der Empfehlung der Kommission nicht zu folgen, so begründet sie dies. ³Ist nach den Absätzen 1 und 3 oder nach § 15 erneut ein Konsultationsverfahren nach § 12 Absatz 1 durchzuführen, so verlängert sich die Frist nach Satz 1 entsprechend.

6. Ist die Einmonatsfrist nach Nummer 4 verstrichen, ohne dass die Kommission gegenüber der Bundesnetzagentur eine Empfehlung nach Nummer 4 ausgesprochen oder ihre Vorbehalte zurückgezogen hat, gilt das in Nummer 5 geregelte Verfahren entsprechend.

(5) Die Entscheidungen nach den §§ 19, 20, 21, 23, 24, 30, 39 oder § 42 Abs. 4 Satz 3 ergehen mit den Ergebnissen der Verfahren nach den §§ 10 und 11 als einheitlicher Verwaltungsakt.

§ 14 Überprüfung von Marktdefinition, Marktanalyse und Regulierungsverfügung

(1) ¹Werden der Bundesnetzagentur Tatsachen bekannt, die die Annahme rechtfertigen, dass die Ergebnisse auf Grund der §§ 10 bis 12 nicht mehr den tatsächlichen Marktgegebenheiten entsprechen, finden die Regelungen der §§ 10 bis 13 entsprechende Anwendung. ²Hat sich die Empfehlung nach Artikel 15 Absatz 1 der Richtlinie 2002/21/EG geändert, sind bei Märkten, zu denen die Kommission keine vorherige Vorlage nach § 12 Absatz 2 Nummer 1 erhalten hat, die Entwürfe der Marktdefinition nach § 10, der Marktanalyse nach § 11 und der Regulierungsverfügung innerhalb von zwei Jahren nach Verabschiedung der Änderung der Empfehlung im Konsolidierungsverfahren nach § 12 Absatz 2 Nummer 1 vorzulegen.

(2) ¹Außer in den Fällen des Absatzes 1 legt die Bundesnetzagentur alle drei Jahre nach Erlass einer vorherigen Regulierungsverfügung im Zusammenhang mit diesem Markt die Entwürfe der Marktdefinition nach § 10, der Marktanalyse nach § 11 und der Regulierungsverfügung im Konsolidierungsverfahren nach § 12 Absatz 2 Nummer 1 vor. ²Die Bundesnetzagentur kann diese Frist ausnahmsweise um bis zu drei weitere Jahre verlängern. ³Hierzu meldet sie der Kommission einen mit Gründen versehenen Vorschlag zur Verlängerung. ⁴Wenn die Kommission innerhalb eines Monats nach der Meldung des Verlängerungsvorschlags durch die Bundesnetzagentur keine Einwände erhoben hat, gilt die beantragte verlängerte Überprüfungsfrist.

(3) ¹Hat die Bundesnetzagentur die Marktanalyse im Hinblick auf einen relevanten Markt, der in der jeweils geltenden Fassung der Empfehlung in Bezug auf relevante Produkt- und Dienstmärkte, die die Kommission nach Artikel 15 Absatz 1 der Richtlinie 2002/21/EG veröffentlicht, festgelegt ist, nicht innerhalb der vorgeschriebenen Frist abgeschlossen, so kann die Bundesnetzagentur das GEREK um Unterstützung bei der Fertigstellung der Marktdefinition, der Marktanalyse und der Regulierungsverfügung ersuchen. ²Im Fall eines solchen Ersuchens legt die Bundesnetzagentur der Kommission die Entwürfe der Marktdefinition, der Marktanalyse und der Regulierungsverfügung im Konsolidierungsverfahren nach § 12 Absatz 2 Nummer 1 innerhalb von sechs Monaten vor, nachdem das GEREK mit seiner Unterstützung begonnen hat.

§ 15 Verfahren bei sonstigen marktrelevanten Maßnahmen

¹Außer in den Fällen der §§ 10, 11 und 13 hat die Bundesnetzagentur bei allen Maßnahmen, die beträchtliche Auswirkungen auf den betreffenden Markt haben, vor einer Entscheidung das Verfahren nach § 12 Abs. 1 durchzuführen, soweit dies gesetzlich nicht anders geregelt ist. ²§ 12 Absatz 3 gilt entsprechend.

§ 15a Regulierungskonzepte und Antrag auf Auskunft über den Regulierungsrahmen für Netze der nächsten Generation

(1) Zur Verfolgung einheitlicher Regulierungskonzepte im Sinne von § 2 Absatz 3 Nummer 1 kann die Bundesnetzagentur in Form von Verwaltungsvorschriften ihre grundsätzlichen Herangehensweisen und Methoden für die Marktdefinition nach § 10, die Marktanalyse nach § 11 und die Regulierungsverfügungen für einen bestimmten, mehrere Marktregulierungszyklen nach § 14 Absatz 2 umfassenden Zeitraum beschreiben.

(2) ¹Zur Förderung effizienter Investitionen und Innovationen im Bereich neuer und verbesserter Infrastrukturen im Sinne des § 2 Absatz 3 Nummer 4 kann die Bundesnetzagentur regelmäßig in Form von Verwaltungsvorschriften die grundsätzlichen regulatorischen Anforderungen an die Berücksichtigung von Investitionsrisiken sowie an Vereinbarungen zur Aufteilung des Investitionsrisikos zwischen Investoren untereinander und zwischen Investoren und Zugangsbegehrenden bei Projekten zur Errichtung von Netzen der nächsten Generation (Risikobeteiligungsmodelle) beschreiben. ²Dies umfasst insbesondere Anforderungen an die Methodik zur Bestimmung der Risiken und Anforderungen an die Ausgestaltung der Zugangs- und Entgeltkonditionen von Risikobeteiligungsmodellen sowie Beispiele für Risikobeteiligungsmodelle.

(3) Für den Erlass der Verwaltungsvorschriften nach den Absätzen 1 und 2 gilt das Konsultations- und Konsolidierungsverfahren nach § 12 Absatz 1 und 2 entsprechend.

(4) ¹Auf Antrag eines Betreibers öffentlicher Telekommunikationsnetze erteilt die Bundesnetzagentur beim Auf- und Ausbau von Netzen der nächsten Generation für die in dem Antrag konkret bezeichnete Region des Bundesgebiets Auskunft über die zu erwartenden regulatorischen Rahmenbedingungen oder Maßnahmen nach diesem Teil. ²Für Festlegungen nach diesem Teil gilt das Konsultations- und Konsolidierungsverfahren nach § 12 Absatz 1 und Absatz 2 entsprechend.

Abschnitt 2
Zugangsregulierung

§ 16 Verträge über Zusammenschaltung

Jeder Betreiber eines öffentlichen Telekommunikationsnetzes ist verpflichtet, anderen Betreibern öffentlicher Telekommunikationsnetze auf Verlangen ein Angebot auf Zusammenschaltung zu unterbreiten, um die Kommunikation der Nutzer, die Bereitstellung von Telekommunikationsdiensten sowie deren Interoperabilität im gesamten Gebiet der Europäischen Union zu gewährleisten.

§ 17 Vertraulichkeit von Informationen

¹Informationen, die von Betreibern öffentlicher Netze vor, bei oder nach Verhandlungen oder Vereinbarungen über Zugänge oder Zusammenschaltungen gewonnen werden, dürfen nur für die Zwecke verwendet werden, für die sie bereitgestellt werden. ²Die Informationen dürfen nicht an Dritte, die aus solchen Informationen Wettbewerbsvorteile ziehen könnten, weitergegeben werden, insbesondere nicht an andere Abteilungen, Tochtergesellschaften oder Geschäftspartner der an den Verhandlungen Beteiligten.

§ 18 Kontrolle über Zugang zu Endnutzern

(1) ¹Die Bundesnetzagentur kann Betreiber öffentlicher Telekommunikationsnetze, die den Zugang zu Endnutzern kontrollieren, in begründeten Fällen verpflichten, auf entsprechende Nachfrage ihre Netze mit denen von Betreibern anderer öffentlicher Telekommunikationsnetze zusammenzuschalten, soweit dies erforderlich ist, um die Kommunikation der Nutzer und die Bereitstellung von Diensten sowie deren Interoperabilität zu gewährleisten. ²Darüber hinaus kann die Bundesnetzagentur Betreibern öffentlicher Telekommunikationsnetze, die den Zugang zu Endnutzern kontrollieren, weitere Zugangsverpflichtungen auferlegen, soweit dies zur Gewährleistung des End-zu-End-Verbunds von Diensten erforderlich ist.

(2) ¹Die Bundesnetzagentur kann Betreibern öffentlicher Telekommunikationsnetze, die den Zugang zu Endnutzern kontrollieren, im Hinblick auf die Entwicklung eines nachhaltig wettbewerbsorientierten Endkundenmarktes auferlegen, einzelne nachfragende Betreiber öffentlicher Telekommunikationsnetze gegenüber anderen nachfragenden Betreibern öffentlicher Telekommunikationsnetze hinsichtlich der Erreichbarkeit und Abrechnung von Telekommunikationsdiensten, von Leistungen nach § 78 Absatz 2 Nummer 4 und 5 und von telekommunikationsgestützten Diensten nicht ohne sachlich gerechtfertigten Grund unmittelbar oder mittelbar unterschiedlich zu behandeln. ²Sofern die Bundesnetzagentur Verpflichtungen nach Satz 1 auferlegt hat, gilt § 42 Abs. 4 entsprechend.

(3) ¹Die Maßnahmen nach Absatz 1 müssen objektiv, transparent und nichtdiskriminierend sein. ²§ 21 Abs. 1 Satz 2 und Abs. 4 gilt entsprechend.

§ 19 Diskriminierungsverbot

(1) Die Bundesnetzagentur kann einen Betreiber eines öffentlichen Telekommunikationsnetzes mit beträchtlicher Marktmacht dazu verpflichten, dass Vereinbarungen über Zugänge auf objektiven Maßstäben beruhen, nachvollziehbar sein, einen gleichwertigen Zugang gewähren und den Geboten der Chancengleichheit und Billigkeit genügen müssen.

(2) Die Gleichbehandlungsverpflichtungen stellen insbesondere sicher, dass der betreffende Betreiber anderen Unternehmen, die gleichartige Dienste erbringen, unter den gleichen Umständen gleichwertige Bedingungen anbietet und Dienste und Informationen für Dritte zu den gleichen Bedingungen und mit der gleichen Qualität bereitstellt wie für seine eigenen Produkte oder die seiner Tochter- oder Partnerunternehmen.

§ 20 Transparenzverpflichtung

(1) Die Bundesnetzagentur kann einen Betreiber eines öffentlichen Telekommunikationsnetzes, der über beträchtliche Marktmacht verfügt, verpflichten, für die zum Zugang berechtigten Unternehmen alle für die Inanspruchnahme der entsprechenden Zugangsleistungen benötigten Informationen zu veröffentlichen, insbesondere Informationen zur Buchführung, zu technischen Spezifikationen, Netzmerkmalen, Bereitstellungs- und Nutzungsbedingungen, einschließlich aller Bedingungen, die den Zugang zu und die Nutzung von Diensten und Anwendungen beschränken, sowie die zu zahlenden Entgelte.

(2) Die Bundesnetzagentur ist befugt, einem Betreiber mit beträchtlicher Marktmacht vorzuschreiben, welche Informationen in welcher Form zur Verfügung zu stellen sind, soweit dies verhältnismäßig ist.

(3) [1]Die Bundesnetzagentur kann den Betreiber eines öffentlichen Telekommunikationsnetzes, der über beträchtliche Marktmacht verfügt, insbesondere verpflichten, ihr Vereinbarungen über von ihm gewährte Zugangsleistungen ohne gesonderte Aufforderung in einer öffentlichen und einer vertraulichen Fassung vorzulegen. [2]Die Bundesnetzagentur veröffentlicht, wann und wo Nachfrager nach Zugangsleistungen eine öffentliche Vereinbarung nach Satz 1 einsehen können.

§ 21 Zugangsverpflichtungen

(1) [1]Die Bundesnetzagentur kann auf Antrag oder von Amts wegen Betreiber öffentlicher Telekommunikationsnetze, die über beträchtliche Marktmacht verfügen, verpflichten, anderen Unternehmen Zugang nach Maßgabe dieser Vorschrift zu gewähren einschließlich einer nachfragegerechten Entbündelung, insbesondere wenn anderenfalls die Entwicklung eines nachhaltig wettbewerbsorientierten nachgelagerten Endnutzermarktes behindert oder diese Entwicklung den Interessen der Endnutzer zuwiderlaufen würde. [2]Bei der Prüfung, ob und welche Zugangsverpflichtungen gerechtfertigt sind und ob diese in einem angemessenen Verhältnis zu den Regulierungszielen nach § 2 stehen, hat die Bundesnetzagentur insbesondere zu berücksichtigen:

1. die technische und wirtschaftliche Tragfähigkeit der Nutzung oder Installation konkurrierender Einrichtungen angesichts des Tempos der Marktentwicklung, wobei die Art und der Typ der Zusammenschaltung und des Zugangs berücksichtigt werden einschließlich der Tragfähigkeit anderer vorgelagerter Zugangsprodukte, wie etwa der Zugang zu Leitungsrohren,
2. die Möglichkeit der Gewährung des vorgeschlagenen Zugangs angesichts der verfügbaren Kapazität,
3. die Anfangsinvestitionen des Eigentümers der Einrichtung unter Berücksichtigung etwaiger getätigter öffentlicher Investitionen und der Investitionsrisiken,
4. die Notwendigkeit zur langfristigen Sicherung des Wettbewerbs, unter besonderer Berücksichtigung eines wirtschaftlich effizienten Wettbewerbs im Bereich der Infrastruktur, unter anderem durch Anreize zu effizienten Investitionen in Infrastruktureinrichtungen, die langfristig einen stärkeren Wettbewerb sichern,
5. gewerbliche Schutzrechte oder Rechte an geistigem Eigentum,
6. die Bereitstellung europaweiter Dienste und
7. ob bereits auferlegte Verpflichtungen nach diesem Teil oder freiwillige Angebote am Markt, die von einem großen Teil des Marktes angenommen werden, zur Sicherstellung der in § 2 genannten Regulierungsziele ausreichen.

(2) Die Bundesnetzagentur kann Betreiber öffentlicher Telekommunikationsnetze, die über beträchtliche Marktmacht verfügen, unter Beachtung von Absatz 1 unter anderem verpflichten,

1. Zugang zu bestimmten Netzkomponenten oder -einrichtungen einschließlich des entbündelten Breitbandzugangs zu gewähren,
2. bereits gewährten Zugang zu Einrichtungen nicht nachträglich zu verweigern,
3. Zugang zu bestimmten vom Betreiber angebotenen Diensten, wie sie Endnutzern angeboten werden, zu Großhandelsbedingungen zu gewähren, um Dritten den Weitervertrieb im eigenen Namen und

auf eigene Rechnung zu ermöglichen. Hierbei sind die getätigten und zukünftigen Investitionen für innovative Dienste zu berücksichtigen,[1)]

4. bestimmte für die Interoperabilität der Ende-zu-Ende-Kommunikation notwendige Voraussetzungen, einschließlich der Bereitstellung von Einrichtungen für intelligente Netzdienste oder Roaming (die Ermöglichung der Nutzung von Mobilfunknetzen anderer Betreiber auch außerhalb des Versorgungsbereichs des nachfragenden Mobilfunknetzbetreibers für dessen Endnutzer) zu schaffen,

5. Zugang zu Systemen für die Betriebsunterstützung oder ähnlichen Softwaresystemen, die zur Gewährleistung eines chancengleichen Wettbewerbs bei der Bereitstellung von Diensten notwendig sind, unter Sicherstellung der Effizienz bestehender Einrichtungen zu gewähren,

6. im Rahmen der Erfüllung der Zugangsverpflichtungen nach diesem Absatz oder Absatz 3 Nutzungsmöglichkeiten von Zugangsleistungen sowie Kooperationsmöglichkeiten zwischen den zum Zugang berechtigten Unternehmen zuzulassen, es sei denn, ein Betreiber mit beträchtlicher Marktmacht weist im Einzelfall nach, dass eine Nutzungsmöglichkeit oder eine Kooperation aus technischen Gründen nicht oder nur eingeschränkt möglich ist,

7. Zugang zu Dienstleistungen im Bereich der einheitlichen Rechnungsstellung sowie zur Entgegennahme oder dem ersten Einzug von Zahlungen nach den nachfolgenden Maßgaben zu gewähren, soweit die Rechnungsersteller nicht eine Vereinbarung mit dem überwiegenden Teil des insoweit relevanten Marktes der von ihren Anschlusskunden auswählbaren Anbietern von öffentlich zugänglichen Telekommunikationsdiensten abgeschlossen haben und auch anderen Anbietern, die nicht an einer solchen Vereinbarung beteiligt sind, diskriminierungsfreien Zugang zu diesen Dienstleistungen nach den in der Vereinbarung niedergelegten Bedingungen gewähren:

a) [1]Soweit der Endnutzer mit anderen Anbietern von öffentlich zugänglichen Telekommunikationsdiensten nicht etwas anderes vereinbart, ist ihm eine Rechnung vom Rechnungsersteller zu erstellen, die unabhängig von der Tarifgestaltung auch die Entgelte für Telekommunikationsdienstleistungen, Leistungen nach § 78 Absatz 2 Nummer 4 und telekommunikationsgestützte Dienste anderer Anbieter ausweist, die über den Netzzugang des Endnutzers in Anspruch genommen werden. [2]Dies gilt auch für Entgelte für während der Telefonverbindung übertragene Berechtigungscodes, wenn diese ausschließlich Dienstleistungen zum Gegenstand haben. [3]Die Zahlung an den Rechnungsersteller für diese Entgelte erfolgt einheitlich für die gesamte in Anspruch genommene Leistung wie für dessen Forderung.

b) [1]Eine Verpflichtung zur Rechnungserstellung kann nicht auferlegt werden für zeitunabhängig tarifierte Leistungen im Sinne von Buchstabe a Satz 1 und 2 mit Entgelten über 30 Euro (ab dem 1. Januar 2008 über 10 Euro), zeitabhängig tarifierte telekommunikationsgestützte Dienste und Leistungen nach Buchstabe a Satz 2 jeweils mit Entgelten über 2 Euro pro Minute sowie für alle Dienste, für die ein Legitimationsverfahren erforderlich ist. [2]Eine Verpflichtung zur Reklamationsbearbeitung der für Dritte abgerechneten Leistungen, zur Mahnung und zur Durchsetzung der Forderungen Dritter kann ebenfalls nicht auferlegt werden.

c) [1]Zu Zwecken der Reklamationsbearbeitung, der Mahnung sowie der Durchsetzung von Forderungen für Leistungen im Sinne von Buchstabe a Satz 1 und 2, sind den Anbietern von öffentlich zugänglichen Telekommunikationsdiensten vom Rechnungsersteller die erforderlichen Bestandsdaten zu übermitteln. [2]Soweit der Anbieter Leistungen im Sinne von Buchstabe a Satz 2 dem Kunden selbst in Rechnung stellt, sind ihm ab dem 1. April 2005 die erforderlichen Bestandsdaten vom Rechnungsersteller zu übermitteln.

d) [1]Anbieter von öffentlich zugänglichen Telekommunikationsdiensten haben dem Rechnungsersteller gegenüber sicherzustellen, dass ihm keine Datensätze für Leistungen zur Abrechnung übermittelt werden, die nicht den gesetzlichen oder den verbraucherschutzrechtlichen Regelungen entsprechen. [2]Der Rechnungsersteller trägt weder die Verantwortung noch haftet er für die für Dritte abgerechneten Leistungen.

e) Der Rechnungsersteller hat in seinen Mahnungen einen drucktechnisch deutlich hervorgehobenen Hinweis aufzunehmen, dass der Kunde nicht nur den Mahnbetrag, sondern auch den gegebenenfalls höheren, ursprünglichen Rechnungsbetrag mit befreiender Wirkung an den Rechnungsersteller zahlen kann.

8. Zugang zu zugehörigen Diensten wie einem Identitäts-, Standort- und Präsenzdienst zu gewähren.

(3) Die Bundesnetzagentur soll Betreibern öffentlicher Telekommunikationsnetze, die über beträchtliche Marktmacht verfügen, folgende Verpflichtungen nach Absatz 1 auferlegen:

1) Beachte die Übergangsregelung in § 150 Abs. 5.

1. Zugang zu nicht aktiven Netzkomponenten zu gewähren,
2. vollständig entbündelten Zugang zum Teilnehmeranschluss sowie gemeinsamen Zugang zum Teilnehmeranschluss zu gewähren,
3. Zusammenschaltung von Telekommunikationsnetzen zu ermöglichen,
4. offenen Zugang zu technischen Schnittstellen, Protokollen oder anderen Schlüsseltechnologien, die für die Interoperabilität von Diensten oder Dienste für virtuelle Netze unentbehrlich sind, zu gewähren,
5. Kollokation oder andere Formen der gemeinsamen Nutzung von Einrichtungen wie Gebäuden, Leitungen und Masten zu ermöglichen sowie den Nachfragern oder deren Beauftragten jederzeit Zutritt zu diesen Einrichtungen zu gewähren,
6. Zugang zu bestimmten Netzkomponenten, -einrichtungen und Diensten zu gewähren, um unter anderem die Betreiberauswahl oder die Betreibervorauswahl zu ermöglichen.

(4) [1]Weist ein Betreiber nach, dass durch die Inanspruchnahme der Leistung die Aufrechterhaltung der Netzintegrität oder die Sicherheit des Netzbetriebs gefährdet würde, erlegt die Bundesnetzagentur die betreffende Zugangsverpflichtung nicht oder in anderer Form auf. [2]Die Aufrechterhaltung der Netzintegrität und die Sicherheit des Netzbetriebs sind nach objektiven Maßstäben zu beurteilen.

(5) [1]Wenn die Bundesnetzagentur einem Betreiber die Verpflichtung auferlegt, den Zugang bereitzustellen, kann sie technische oder betriebliche Bedingungen festlegen, die vom Betreiber oder von den Nutzern dieses Zugangs erfüllt werden müssen, soweit dies erforderlich ist, um den normalen Betrieb des Netzes sicherzustellen. [2]Verpflichtungen, bestimmte technische Normen oder Spezifikationen zugrunde zu legen, müssen mit den nach Artikel 17 der Richtlinie 2002/21/EG festgelegten Normen und Spezifikationen übereinstimmen.

§ 22 Zugangsvereinbarungen

(1) Ein Betreiber eines öffentlichen Telekommunikationsnetzes, der über beträchtliche Marktmacht verfügt und dem eine Zugangsverpflichtung nach § 21 auferlegt worden ist, hat gegenüber anderen Unternehmen, die diese Leistung nachfragen, um Telekommunikationsdienste anbieten zu können, unverzüglich, spätestens aber drei Monate nach Auferlegung der Zugangsverpflichtung, ein Angebot auf einen entsprechenden Zugang abzugeben.

(2) Zugangsvereinbarungen, die ein Betreiber eines öffentlichen Telekommunikationsnetzes, der über beträchtliche Marktmacht verfügt, abschließt, bedürfen der Schriftform.

§ 23 Standardangebot

(1) Die Bundesnetzagentur kann einen Betreiber eines öffentlichen Telekommunikationsnetzes, der über beträchtliche Marktmacht verfügt, verpflichten, in der Regel innerhalb von drei Monaten ein Standardangebot für die Zugangsleistung zu veröffentlichen, für die eine allgemeine Nachfrage besteht.

(2) [1]Soweit ein Betreiber eines öffentlichen Telekommunikationsnetzes mit beträchtlicher Marktmacht kein oder ein nach Absatz 1 unzureichendes Standardangebot vorlegt, ermittelt die Bundesnetzagentur, für welche Zugangsleistungen eine allgemeine Nachfrage besteht. [2]Zu diesem Zweck gibt die Bundesnetzagentur tatsächlichen oder potentiellen Nachfragern nach solchen Leistungen Gelegenheit zur Stellungnahme. [3]Im Anschluss daran gibt sie dem Betreiber mit beträchtlicher Marktmacht Gelegenheit zur Stellungnahme dazu, welche der ermittelten Leistungen nach seiner Ansicht Bestandteil eines Standardangebots werden sollen.

(3) [1]Die Bundesnetzagentur soll innerhalb einer Frist von vier Monaten unter Berücksichtigung der Stellungnahmen nach Absatz 2 die Zugangsleistungen festlegen, die der Betreiber mit beträchtlicher Marktmacht als Standardangebot anbieten muss. [2]Die Bundesnetzagentur fordert den Betreiber auf, innerhalb einer bestimmten Frist ein entsprechendes Standardangebot mit Bereitstellungs- und Nutzungsbedingungen einschließlich der Entgelte vorzulegen. [3]Sie kann diese Aufforderung verbinden mit bestimmten Vorgaben für einzelne Bedingungen, einschließlich Vertragsstrafen, insbesondere in Bezug auf Chancengleichheit, Billigkeit und Rechtzeitigkeit. [4]Dieses Standardangebot muss so umfassend sein, dass es von den einzelnen Nachfragern ohne weitere Verhandlungen angenommen werden kann. [5]Die vorgenannten Sätze gelten auch für den Fall, dass der Betreiber mit beträchtlicher Marktmacht ein unzureichendes Standardangebot vorgelegt hat.

(4) [1]Die Bundesnetzagentur prüft die vorgelegten Standardangebote und nimmt Veränderungen vor, soweit Vorgaben für einzelne Bedingungen, einschließlich Vertragsstrafen, insbesondere in Bezug auf Chancengleichheit, Billigkeit und Rechtzeitigkeit nicht umgesetzt wurden. [2]Die Bundesnetzagentur versieht Standardangebote in der Regel mit einer Mindestlaufzeit. [3]Der Betreiber mit beträchtlicher Marktmacht muss beabsichtigte Änderungen oder eine Einstellung des Standardangebots drei Monate vor Ablauf der Mindestlaufzeit gegenüber der Bundesnetzagentur anzeigen. [4]Die Entscheidungen nach Ab-

satz 3 und 4 Satz 1 und 2 können nur insgesamt angegriffen werden. [5]Für die Regulierung der Entgelte gelten die §§ 27 bis 37.

(5) [1]Sofern eine Zugangsleistung bereits Gegenstand einer Zugangsvereinbarung nach § 22 ist, kann die Bundesnetzagentur den Betreiber eines öffentlichen Telekommunikationsnetzes, der über beträchtliche Marktmacht verfügt, verpflichten, diese Zugangsleistung als Standardangebot auch anderen Nachfragern diskriminierungsfrei anzubieten, wenn zu erwarten ist, dass für diese Zugangsleistung eine allgemeine Nachfrage entstehen wird. [2]Dies gilt auch für Zugangsleistungen, zu deren Erbringung ein Betreiber eines öffentlichen Telekommunikationsnetzes, der über beträchtliche Marktmacht verfügt, im Rahmen einer Anordnung nach § 25 verpflichtet worden ist.

(6) [1]Die Bundesnetzagentur kann einen Betreiber eines öffentlichen Telekommunikationsnetzes, der über beträchtliche Marktmacht verfügt, verpflichten, eine Änderung des Standardangebots vorzunehmen, wenn sich die allgemeine Nachfrage wesentlich geändert hat. [2]Dies kann sich sowohl auf die Leistungen selbst als auch auf wesentliche Bedingungen für deren Erbringung beziehen. [3]Für die Änderung des Standardangebots gelten die Absätze 2 bis 5 entsprechend.

(7) [1]Hat die Bundesnetzagentur einem Betreiber eines öffentlichen Telekommunikationsnetzes, der über beträchtliche Marktmacht verfügt, Verpflichtungen nach § 21 hinsichtlich des Zugangs zur Netzinfrastruktur auf Vorleistungsebene auferlegt, so stellt sie sicher, dass der Betreiber ein Standardangebot veröffentlicht, das mindestens die in Anhang II der Richtlinie 2002/19/EG genannten Komponenten umfasst. [2]§ 20 bleibt unberührt.

(8) Der Betreiber ist verpflichtet, das Standardangebot in seine Allgemeinen Geschäftsbedingungen aufzunehmen.

§ 24 Getrennte Rechnungsführung

(1) [1]Die Bundesnetzagentur kann einem Betreiber eines öffentlichen Telekommunikationsnetzes, der über beträchtliche Marktmacht verfügt, für bestimmte Tätigkeiten im Zusammenhang mit Zugangsleistungen eine getrennte Rechnungsführung vorschreiben. [2]Die Bundesnetzagentur verlangt insbesondere von einem vertikal integrierten Unternehmen in der Regel, seine Vorleistungspreise und seine internen Verrechnungspreise transparent zu gestalten. [3]Damit sollen unter anderem Verstöße gegen das Diskriminierungsverbot und unzulässige Quersubventionen verhindert werden. [4]Die Bundesnetzagentur kann dabei konkrete Vorgaben zu dem zu verwendenden Format sowie zu der zu verwendenden Rechnungsführungsmethode machen.

(2) [1]Die Bundesnetzagentur kann verlangen, dass ihr die Kostenrechnungs- und Buchungsunterlagen nach Absatz 1 einschließlich sämtlicher damit zusammenhängender Informationen und Dokumente auf Anforderung in vorgeschriebener Form vorgelegt werden. [2]Die Bundesnetzagentur kann diese Informationen in geeigneter Form veröffentlichen, soweit dies zur Erreichung der in § 2 genannten Ziele beiträgt. [3]Dabei sind die Bestimmungen zur Wahrung von Geschäfts- oder Betriebsgeheimnissen zu beachten.

§ 25 Anordnungen durch die Bundesnetzagentur

(1) [1]Kommt eine Zugangsvereinbarung nach § 22 oder eine Vereinbarung über Zugangsleistungen nach § 18 ganz oder teilweise nicht zustande und liegen die nach diesem Gesetz erforderlichen Voraussetzungen für eine Verpflichtung zur Zugangsgewährung vor, ordnet die Bundesnetzagentur nach Anhörung der Beteiligten innerhalb einer Frist von zehn Wochen ab Anrufung durch einen der an der zu schließenden Zugangsvereinbarung Beteiligten den Zugang an. [2]In besonders zu begründenden Fällen kann die Bundesnetzagentur innerhalb der in Satz 1 genannten Frist das Verfahren auf höchstens vier Monate verlängern.

(2) Eine Anordnung ist nur zulässig, soweit und solange die Beteiligten keine Zugangs- oder Zusammenschaltungsvereinbarung treffen.

(3) [1]Die Anrufung nach Absatz 1 muss in Schriftform erfolgen; sie muss begründet werden. [2]Insbesondere muss dargelegt werden,

1. welchen genauen Inhalt die Anordnung der Bundesnetzagentur haben soll,
2. wann der Zugang und welche konkreten Leistungen dabei nachgefragt worden sind,
3. dass ernsthafte Verhandlungen stattgefunden haben oder Verhandlungen vom Anrufungsgegner verweigert worden sind,
4. bei welchen Punkten keine Einigung erzielt worden ist und
5. im Falle des Begehrens bestimmter technischer Maßnahmen Erläuterungen zu deren technischer Ausführbarkeit.

[3]Die Anrufung kann bis zum Erlass der Anordnung widerrufen werden.

(4) Zur Erreichung der in § 2 genannten Ziele kann die Bundesnetzagentur auch von Amts wegen ein Verfahren einleiten.

(5) ¹Gegenstand einer Anordnung können alle Bedingungen einer Zugangsvereinbarung sowie die Entgelte sein. ²Die Bundesnetzagentur darf die Anordnung mit Bedingungen, einschließlich Vertragsstrafen, in Bezug auf Chancengleichheit, Billigkeit und Rechtzeitigkeit verknüpfen. ³Hinsichtlich der festzulegenden Entgelte gelten die §§ 27 bis 38.

(6) ¹Sind sowohl Bedingungen einer Zugangsvereinbarung streitig als auch die zu entrichtenden Entgelte für nachgefragte Leistungen, soll die Bundesnetzagentur hinsichtlich der Bedingungen und der Entgelte jeweils Teilentscheidungen treffen. ²Sofern die Bundesnetzagentur Teilentscheidungen trifft, gelten für diese jeweils die in Absatz 1 genannten Fristen. ³Die Anordnung der Bundesnetzagentur kann nur insgesamt angegriffen werden.

(7) Im Laufe des Verfahrens vorgelegte Unterlagen werden nur berücksichtigt, wenn dadurch die Einhaltung der nach Absatz 1 bestimmten Frist nicht gefährdet wird.

(8) ¹Die betroffenen Betreiber müssen eine Anordnung der Bundesnetzagentur unverzüglich befolgen, es sei denn, die Bundesnetzagentur hat in der Anordnung eine Umsetzungsfrist bestimmt. ²Zur Durchsetzung der Anordnung kann die Bundesnetzagentur nach Maßgabe des Verwaltungsvollstreckungsgesetzes ein Zwangsgeld bis zu einer Million Euro festsetzen.

§ 26 Veröffentlichung

Die Bundesnetzagentur veröffentlicht die nach diesem Abschnitt getroffenen Maßnahmen unter Wahrung von Betriebs- oder Geschäftsgeheimnissen der betroffenen Unternehmen.

Abschnitt 3
Entgeltregulierung

Unterabschnitt 1
Allgemeine Vorschriften

§ 27 Ziel der Entgeltregulierung

(1) Ziel der Entgeltregulierung ist es, eine missbräuchliche Ausbeutung, Behinderung oder Diskriminierung von Endnutzern oder von Wettbewerbern durch preispolitische Maßnahmen von Unternehmen mit beträchtlicher Marktmacht zu verhindern.

(2) ¹Die Bundesnetzagentur hat darauf zu achten, dass Entgeltregulierungsmaßnahmen in ihrer Gesamtheit aufeinander abgestimmt sind (Konsistenzgebot). ²Die Bundesnetzagentur nimmt insbesondere eine zeitliche und inhaltliche Abstimmung ihrer Entgeltregulierungsmaßnahmen vor und sie prüft bei den jeweiligen Entgeltregulierungsmaßnahmen, ob diese in einem angemessenen Verhältnis zu den Zielen nach § 2 stehen.

(3) ¹Die Bundesnetzagentur hat, soweit Belange von Rundfunk und vergleichbaren Telemedien nach § 2 Absatz 6 Satz 1 betroffen sind, die zuständige Landesmedienanstalt hierüber zu informieren und an eingeleiteten Verfahren zu beteiligen. ²Auf Antrag der zuständigen Landesmedienanstalt prüft die Bundesnetzagentur auf der Grundlage dieses Gesetzes die Einleitung eines Verfahrens und die Anordnung von Maßnahmen nach den folgenden Bestimmungen.

§ 28 Missbräuchliches Verhalten eines Unternehmens mit beträchtlicher Marktmacht bei der Forderung und Vereinbarung von Entgelten

(1) ¹Ein Anbieter von Telekommunikationsdiensten, der über beträchtliche Marktmacht verfügt, oder ein Betreiber eines öffentlichen Telekommunikationsnetzes, der über beträchtliche Marktmacht verfügt, darf diese Stellung bei der Forderung und Vereinbarung von Entgelten nicht missbräuchlich ausnutzen. ²Ein Missbrauch liegt insbesondere vor, wenn das Unternehmen Entgelte fordert, die

1. nur auf Grund seiner beträchtlichen Marktmacht auf dem jeweiligen Markt der Telekommunikation durchsetzbar sind,

2. die Wettbewerbsmöglichkeiten anderer Unternehmen auf einem Telekommunikationsmarkt auf erhebliche Weise beeinträchtigen oder

3. einzelnen Nachfragern Vorteile gegenüber anderen Nachfragern gleichartiger oder ähnlicher Telekommunikationsdienste einräumen,

es sei denn, dass für die Verhaltensweisen nach den Nummern 2 und 3 eine sachliche Rechtfertigung nachgewiesen wird. ³Die Differenzierung von Entgelten im Rahmen von Risikobeteiligungsmodellen bei Projekten zur Errichtung von Netzen der nächsten Generation stellt in der Regel keine Verhaltensweise im Sinne von Satz 2 Nummer 3 dar, wenn sie der Aufteilung des Investitionsrisikos zwischen Investoren sowie zwischen Investoren und Zugangsbegehrenden dient und alle tatsächlichen und potenziellen Nachfrager bei Berücksichtigung des Risikos gleich behandelt werden.

(2) Ein Missbrauch im Sinne von Absatz 1 Satz 2 Nummer 2 wird vermutet, wenn

1. das Entgelt der betreffenden Leistung deren langfristige zusätzliche Kosten einschließlich einer angemessenen Verzinsung des eingesetzten Kapitals nicht deckt,
2. die Spanne zwischen dem Entgelt, das der Betreiber eines öffentlichen Telekommunikationsnetzes, der über beträchtliche Marktmacht verfügt, Wettbewerbern für eine Zugangsleistung in Rechnung stellt, und dem entsprechenden Endnutzerentgelt nicht ausreicht, um einem effizienten Unternehmen die Erzielung einer angemessenen Verzinsung des eingesetzten Kapitals auf dem Endnutzermarkt zu ermöglichen (Preis-Kosten-Schere) oder
3. ein Unternehmen bei seinem Produktangebot eine sachlich ungerechtfertigte Bündelung vornimmt. Bei der Frage, ob dies der Fall ist, hat die Bundesnetzagentur insbesondere zu prüfen, ob es effizienten Wettbewerbern des Unternehmens mit beträchtlicher Marktmacht möglich ist, das Bündelprodukt zu vergleichbaren Konditionen anzubieten.

§ 29 Anordnungen im Rahmen der Entgeltregulierung

(1) [1]Die Bundesnetzagentur kann im Rahmen oder zur Vorbereitung von Verfahren der Entgeltregulierung anordnen, dass

1. ihr von einem Unternehmen mit beträchtlicher Marktmacht detaillierte Angaben zum Leistungsangebot, zum aktuellen und erwarteten Umsatz für Dienstleistungen, zu den aktuellen und erwarteten Absatzmengen und Kosten, zu den voraussehbaren Auswirkungen auf die Endnutzer sowie auf die Wettbewerber und sonstige Unterlagen und Angaben zur Verfügung gestellt werden, die sie zur sachgerechten Ausübung ihres Entgeltregulierungsrechts auf Grund dieses Gesetzes für erforderlich hält und
2. ein Unternehmen mit beträchtlicher Marktmacht die Kostenrechnung in einer Form ausgestaltet, die es der Bundesnetzagentur ermöglicht, die für die Entgeltregulierung auf Grund dieses Gesetzes notwendigen Daten zu erlangen.

[2]Die Bundesnetzagentur kann zusätzlich die Übermittlung der Unterlagen nach den Nummern 1 und 2 auf Datenträgern anordnen. [3]Das Unternehmen hat die Übereinstimmung mit den schriftlichen Unterlagen zu versichern.

(2) [1]Die Bundesnetzagentur kann einem Unternehmen mit beträchtlicher Marktmacht Verpflichtungen in Bezug auf Kostenrechnungsmethoden erteilen. [2]In diesem Fall kann sie das Unternehmen mit beträchtlicher Marktmacht verpflichten, eine Beschreibung der den Auflagen entsprechenden Kostenrechnungsmethode öffentlich verfügbar zu machen, in der mindestens die wichtigsten Kostenarten und die Regeln der Kostenzuweisung aufgeführt werden, sofern sie nicht selbst eine entsprechende Veröffentlichung vornimmt. [3]Die Anwendung der Kostenrechnungsmethode wird von der Bundesnetzagentur überprüft; diese kann auch eine unabhängige Stelle mit der Überprüfung beauftragen. [4]Das Prüfergebnis wird einmal jährlich veröffentlicht.

(3) [1]Die Bundesnetzagentur kann ein Unternehmen mit beträchtlicher Marktmacht durch gesonderte Entscheidung verpflichten, Zugang unter bestimmten Tarifsystemen anzubieten und bestimmte Kostendeckungsmechanismen anzuwenden, soweit dies erforderlich ist, um die Regulierungsziele nach § 2 zu erreichen. [2]Die Bundesnetzagentur hat bei Auferlegung dieser Verpflichtungen sicherzustellen, dass die wirtschaftliche Effizienz und nachhaltiger Wettbewerb gefördert wird und die Verpflichtungen möglichst vorteilhaft für den Endnutzer sind. [3]Trifft die Bundesnetzagentur eine Entscheidung nach Satz 1, hat der Anbieter mit beträchtlicher Markmacht innerhalb von zwei Wochen einen entsprechenden Entgeltantrag vorzulegen. [4]Die Bundesnetzagentur entscheidet nach Vorlage des Antrags oder nach Ablauf der Frist innerhalb von vier Wochen.

(4) Zur Durchsetzung der Anordnungen nach den Absätzen 1 und 2 kann nach Maßgabe des Verwaltungsvollstreckungsgesetzes ein Zwangsgeld bis zu einer Million Euro festgesetzt werden.

(5) Die Bundesnetzagentur kann vorschreiben, in welcher Form ein Entgelt oder eine Entgeltänderung einschließlich der Leistungsbeschreibung und sonstiger entgeltrelevanter Bestandteile zu veröffentlichen ist.

(6) Die Bundesnetzagentur kann auch von Unternehmen, die nicht über beträchtliche Marktmacht verfügen, Angaben nach Absatz 1 Nr. 1 verlangen sowie nach Absatz 4 vorgehen, wenn dies zur sachgerechten Ausübung der Entgeltregulierung nach diesem Teil erforderlich ist.

Unterabschnitt 2
Regulierung von Entgelten für Zugangsleistungen

§ 30 Entgeltregulierung

(1) [1]Einer Genehmigung durch die Bundesnetzagentur nach Maßgabe des § 31 unterliegen Entgelte für nach § 21 auferlegte Zugangsleistungen von Betreibern öffentlicher Telekommunikationsnetze, die über beträchtliche Marktmacht verfügen. [2]Abweichend von Satz 1 kann die Bundesnetzagentur solche Entgelte einer nachträglichen Regulierung nach § 38 oder nach § 38 Absatz 2 bis 4 unterwerfen, wenn dies ausreicht, um die Regulierungsziele nach § 2 zu erreichen.

(2) [1]Einer nachträglichen Regulierung nach § 38 Absatz 2 bis 4 unterliegen:
1. Entgelte, die ein Betreiber im Rahmen von Verpflichtungen nach § 18 verlangt, sowie
2. Entgelte eines Betreibers, der über beträchtliche Marktmacht verfügt, für andere als in Absatz 1 Satz 1 genannte Zugangsleistungen.

[2]Abweichend von Satz 1 kann die Bundesnetzagentur solche Entgelte einer nachträglichen Regulierung nach § 38 oder einer Genehmigung nach Maßgabe des § 31 unterwerfen, wenn dies erforderlich ist, um die Regulierungsziele nach § 2 zu erreichen oder im Fall von Satz 1 Nummer 1 den End-zu-End-Verbund von Diensten zu gewährleisten.

(3) [1]Die Bundesnetzagentur stellt bei der Regulierung von Entgelten sicher, dass alle Entgelte die wirtschaftliche Effizienz und einen nachhaltigen Wettbewerb fördern und für die Verbraucher nicht nur kurzfristig, sondern auch mittel- und langfristig möglichst vorteilhaft sind. [2]Sie berücksichtigt bei der Regulierung von Entgelten die zugrunde liegenden Investitionen und ermöglicht eine angemessene Verzinsung des eingesetzten Kapitals. [3]Bei Netzen der nächsten Generation trägt sie dabei den etwaigen spezifischen Investitionsrisiken unter weitestgehender Beachtung vereinbarter Risikobeteiligungsmodelle Rechnung.

§ 31 Entgeltgenehmigung

(1) [1]Die Bundesnetzagentur genehmigt Entgelte nach § 30 Absatz 1 Satz 1 oder Absatz 2 Satz 2
1. auf der Grundlage der auf die einzelnen Dienste entfallenden Kosten der effizienten Leistungsbereitstellung nach § 32 oder
2. auf der Grundlage der von ihr vorgegebenen Maßgrößen für die durchschnittlichen Änderungsraten der Entgelte für einen Korb zusammengefasster Dienste (Price-Cap-Verfahren) nach Maßgabe des § 33.

[2]Genehmigte Entgelte dürfen die Summe der Kosten der effizienten Leistungsbereitstellung und der Aufwendungen nach § 32 Absatz 2 nicht überschreiten.

(2) Abweichend von Absatz 1 genehmigt die Bundesnetzagentur Entgelte
1. für Zugangsleistungen zu bestimmten, von einem Betreiber eines öffentlichen Telekommunikationsnetzes, der über beträchtliche Marktmacht verfügt, angebotenen Diensten zu Großhandelsbedingungen, die Dritten den Weitervertrieb im eigenen Namen und auf eigene Rechnung ermöglichen sollen, durch Gewährung eines Abschlags auf den Endnutzerpreis, der es einem effizienten Anbieter von Telekommunikationsdiensten ermöglicht, eine angemessene Verzinsung des eingesetzten Kapitals auf dem Endnutzermarkt zu erzielen; das Entgelt entspricht dabei mindestens den Kosten der effizienten Leistungsbereitstellung; oder
2. auf der Grundlage anderer Vorgehensweisen, sofern die Vorgehensweisen nach den Nummern 1 oder 2 besser als die in Absatz 1 genannten Vorgehensweisen geeignet sind, die Regulierungsziele nach § 2 zu erreichen. Im Fall von Satz 1 Nummer 2 gilt bei der Anwendung kostenorientierter Vorgehensweisen § 32 Absatz 2 und 3 entsprechend. Ein Vorgehen nach Satz 1 Nummer 2 ist besonders zu begründen.

(3) [1]Genehmigungsbedürftige Entgelte für Zugangsleistungen des Betreibers eines öffentlichen Telekommunikationsnetzes, der über beträchtliche Marktmacht verfügt, sind der Bundesnetzagentur einschließlich aller für die Genehmigungserteilung erforderlichen Unterlagen vor dem beabsichtigten Inkrafttreten vorzulegen. [2]Bei befristet erteilten Genehmigungen hat die Vorlage mindestens zehn Wochen vor Fristablauf zu erfolgen.

(4) [1]Die Bundesnetzagentur kann dazu auffordern, Entgeltgenehmigungsanträge zu stellen. [2]Wird der Aufforderung nicht innerhalb eines Monats nach Zugang Folge geleistet, leitet die Bundesnetzagentur ein Verfahren von Amts wegen ein. [3]Die Bundesnetzagentur soll über Entgeltanträge in der Regel innerhalb von zehn Wochen nach Eingang der Entgeltvorlage oder nach Einleitung des Verfahrens von Amts wegen entscheiden. [4]Abweichend von Satz 3 soll die Bundesnetzagentur über Entgeltanträge, die im Rahmen des Verfahrens nach § 33 vorgelegt worden sind, innerhalb von zwei Wochen entscheiden.

§ 32 Kosten der effizienten Leistungsbereitstellung

(1) [1]Die Kosten der effizienten Leistungsbereitstellung ergeben sich aus den langfristigen zusätzlichen Kosten der Leistungsbereitstellung und einem angemessenen Zuschlag für leistungsmengenneutrale Gemeinkosten, einschließlich einer angemessenen Verzinsung des eingesetzten Kapitals, soweit diese Kosten jeweils für die Leistungsbereitstellung notwendig sind. [2]§ 79 bleibt unberührt.

(2) [1]Aufwendungen, die nicht in den Kosten der effizienten Leistungsbereitstellung enthalten sind, werden zusätzlich zu Absatz 1 nur berücksichtigt, soweit und solange hierfür eine rechtliche Verpflichtung besteht oder das die Genehmigung beantragende Unternehmen eine sonstige sachliche Rechtfertigung nachweist. [2]Hält die Bundesnetzagentur bei der Prüfung der Kostennachweise wesentliche Bestandteile der nachgewiesenen Kosten für nicht effizient, fordert sie den Betreiber unverzüglich auf, darzulegen, ob und inwieweit es sich bei diesen Kostenbestandteilen um Aufwendungen im Sinne des Satzes 1 handelt.

(3) Bei der Festlegung der angemessenen Verzinsung des eingesetzten Kapitals berücksichtigt die Bundesnetzagentur insbesondere

1. die Kapitalstruktur des regulierten Unternehmens,
2. die Verhältnisse auf den nationalen und internationalen Kapitalmärkten und die Bewertung des regulierten Unternehmens auf diesen Märkten,
3. die Erfordernisse hinsichtlich der Rendite für das eingesetzte Kapital, wobei auch die leistungsspezifischen Risiken des eingesetzten Kapitals gewürdigt werden sollen. Das kann auch etwaige spezifische Risiken im Zusammenhang mit der Errichtung von Netzen der nächsten Generation im Sinne des § 30 Absatz 3 umfassen,
4. die langfristige Stabilität der wirtschaftlichen Rahmenbedingungen, auch im Hinblick auf die Wettbewerbssituation auf den Telekommunikationsmärkten.

§ 33 Price-Cap-Verfahren

(1) [1]Die Bundesnetzagentur bestimmt den Inhalt der Körbe. [2]Dabei dürfen Zugangsdienste nur insoweit in einem Korb zusammengefasst werden, als sich die erwartete Stärke des Wettbewerbs bei diesen Diensten nicht wesentlich unterscheidet.

(2) [1]Die Bundesnetzagentur stellt das Ausgangsentgeltniveau der in einem Korb zusammengefassten Zugangsleistungen fest. [2]Sofern bereits genehmigte Entgelte vorliegen, ist von diesen auszugehen.

(3) Die Maßgrößen für die Genehmigung nach § 31 Absatz 1 Satz 1 Nummer 2 umfassen

1. eine gesamtwirtschaftliche Preissteigerungsrate,
2. die zu erwartende Produktivitätsfortschrittsrate des Betreibers mit beträchtlicher Marktmacht und
3. Nebenbedingungen, die geeignet sind, einen Missbrauch nach § 28 zu verhindern.

(4) Bei der Vorgabe der Maßgrößen, insbesondere bei der Festlegung der Produktivitätsfortschrittsrate, ist das Verhältnis des Ausgangsentgeltniveaus zu den Kosten der effizienten Leistungsbereitstellung nach § 32 Absatz 1 zu berücksichtigen.

(5) Bei der Vorgabe der Maßgrößen sind die Produktivitätsfortschrittsraten von Unternehmen auf vergleichbaren, dem Wettbewerb geöffneten Märkten zu berücksichtigen.

(6) Die Bundesnetzagentur bestimmt, für welchen Zeitraum die Maßgrößen unverändert bleiben, anhand welcher Referenzzeiträume der Vergangenheit die Einhaltung der Maßgrößen geprüft wird und unter welchen Voraussetzungen der Inhalt von Körben geändert oder Preisdifferenzierungen innerhalb eines Korbes durchgeführt werden können.

§ 34 Kostenunterlagen

(1) Mit einem Entgeltantrag nach § 31 Absatz 3 und 4 hat das beantragende Unternehmen die zur Prüfung des Antrags erforderlichen Unterlagen vorzulegen, insbesondere:

1. aktuelle Kostennachweise, die auch auf Datenträgern zur Verfügung zu stellen sind,
2. eine detaillierte Leistungsbeschreibung einschließlich Angaben zur Qualität der Leistung und einen Entwurf der Allgemeinen Geschäftsbedingungen sowie die Angabe, ob die Leistung Gegenstand einer Zugangsvereinbarung nach § 22, eines überprüften Standardangebots nach § 23 oder einer Zugangsanordnung nach § 25 ist,
3. Angaben über den Umsatz, Absatzmengen, die Höhe der einzelnen Kosten nach Absatz 2 und der Deckungsbeiträge sowie die Entwicklung der Nachfragerstrukturen bei der beantragten Dienstleistung für die zwei zurückliegenden Jahre sowie das Antragsjahr und die darauf folgenden zwei Jahre und
4. soweit für bestimmte Leistungen oder Leistungsbestandteile keine Pauschaltarife beantragt werden, eine Begründung dafür, weshalb eine solche Beantragung ausnahmsweise nicht möglich ist.

(2) ¹Die Kostennachweise nach Absatz 1 Nr. 1 umfassen die Kosten, die sich unmittelbar zuordnen lassen (Einzelkosten) und die Kosten, die sich nicht unmittelbar zuordnen lassen (Gemeinkosten). ²Im Rahmen der Kostennachweise nach Satz 1 sind insbesondere darzulegen:

1. die der Kostenrechnung zugrunde liegenden Einsatzmengen, die dazu gehörenden Preise, jeweils einzeln und als Durchschnittswert, sowie die im Nachweiszeitraum erzielte und erwartete Kapazitätsauslastung und

2. die Ermittlungsmethode der Kosten und der Investitionswerte sowie die Angabe plausibler Mengenschlüssel für die Kostenzuordnung zu den einzelnen Diensten des Unternehmens.

(3) ¹Darüber hinaus hat das beantragende Unternehmen regelmäßig zu Beginn eines jeden Geschäftsjahres die Gesamtkosten des Unternehmens sowie deren Aufteilung auf die Kostenstellen und auf die einzelnen Leistungen (Kostenträger) nach Einzel- und Gemeinkosten vorzulegen. ²Die Angaben für nicht regulierte Dienstleistungen können dabei zusammengefasst werden.

(4) Die Kostennachweise müssen im Hinblick auf ihre Transparenz und die Aufbereitung der Daten eine Prüfung durch die Bundesnetzagentur sowie eine Quantifizierung der Kosten der effizienten Leistungsbereitstellung und eine Entscheidung innerhalb der Frist nach § 31 Absatz 4 ermöglichen.

(5) ¹Nicht mit dem Antrag vorgelegte Unterlagen werden nur berücksichtigt, wenn dadurch die Einhaltung der Verfahrensfristen nicht gefährdet wird. ²Sofern von der Bundesnetzagentur während des Verfahrens zusätzliche Unterlagen und Auskünfte angefordert werden, müssen diese nur dann berücksichtigt werden, wenn sie innerhalb einer von der Bundesnetzagentur gesetzten Frist vom beantragenden Unternehmen vorgelegt werden.

(6) Kostenrechnungsmethoden sind von dem beantragenden Unternehmen grundsätzlich antragsübergreifend einheitlich anzuwenden.

(7) Die Befugnisse nach § 29 bleiben unberührt.

§ 35 Verfahren der Entgeltgenehmigung

(1) ¹Neben den der Bundesnetzagentur vorliegenden Kosteninformationen kann sie zusätzlich

1. Preise solcher Unternehmen als Vergleich heranziehen, die entsprechende Leistungen auf vergleichbaren, dem Wettbewerb geöffneten Märkten anbieten; dabei sind die Besonderheiten der Vergleichsmärkte zu berücksichtigen und

2. zur Ermittlung der Kosten der effizienten Leistungsbereitstellung auch eine von der Kostenberechnung des Unternehmens unabhängige Kostenrechnung anstellen und hierfür Kostenmodelle heranziehen.

²Soweit die der Bundesnetzagentur vorliegenden Kosteninformationen für eine Prüfung der genehmigungspflichtigen Entgelte nach § 31 Absatz 1 Satz 1 Nummer 1 in Verbindung mit § 34 nicht ausreichen, kann die Entscheidung der Bundesnetzagentur auf einer Prüfung nach Satz 1 Nr. 1 oder 2 beruhen.

(2) ¹Im Falle einer Genehmigung nach § 31 Absatz 1 Satz 1 Nummer 1 prüft die Bundesnetzagentur für jedes einzelne Entgelt die Einhaltung der Maßgaben nach den §§ 28 und 31 Absatz 1 Satz 2. ²Im Falle einer Genehmigung nach § 31 Absatz 1 Satz 1 Nummer 2 gelten bei Einhaltung der vorgegebenen Maßgrößen die Maßgaben nach § 28 und für den jeweiligen Korb nach § 31 Absatz 1 Satz 2 als erfüllt.

(3) ¹Die Genehmigung ist ganz oder teilweise zu erteilen, soweit die Entgelte den Anforderungen des § 28 und im Fall einer Genehmigung nach § 31 Absatz 1 Satz 1 Nummer 1 und 2 den Anforderungen der §§ 28 und 31 Absatz 1 Satz 2 nach Maßgabe des Absatzes 2 entsprechen und keine Versagungsgründe nach Satz 2 oder 3 vorliegen. ²Die Genehmigung der Entgelte ist zu versagen, soweit die Entgelte mit diesem Gesetz, insbesondere mit § 28, oder anderen Rechtsvorschriften nicht in Einklang stehen. ³Die Bundesnetzagentur kann eine Genehmigung der Entgelte auch versagen, wenn das Unternehmen die in § 34 genannten Unterlagen nicht vollständig vorgelegt hat.

(4) Die Bundesnetzagentur soll die Genehmigung mit einer Befristung versehen.

(5) ¹Beinhalten Entgeltgenehmigungen die vollständige oder teilweise Genehmigung eines vertraglich bereits vereinbarten Entgelts, so wirken sie zurück auf den Zeitpunkt der erstmaligen Leistungsbereitstellung durch das Unternehmen mit beträchtlicher Marktmacht. ²Das Gericht kann im Verfahren nach § 123 Verwaltungsgerichtsordnung die vorläufige Zahlung eines beantragten höheren Entgeltes anordnen, wenn überwiegend wahrscheinlich ist, dass der Anspruch auf die Genehmigung des höheren Entgeltes besteht; der Darlegung eines Anordnungsgrundes bedarf es nicht. ³Verpflichtet das Gericht die Bundesnetzagentur zur Erteilung einer Genehmigung für ein höheres Entgelt, so entfaltet diese Genehmigung

die Rückwirkung nach Satz 1 nur, wenn eine Anordnung nach Satz 2 ergangen ist.[1) 4]Der Antrag auf Erlass einer einstweiligen Anordnung nach § 123 Abs. 1 der Verwaltungsgerichtsordnung kann nur bis zum Ablauf von zwei Monaten nach Klageerhebung gestellt und begründet werden.

(5a) [1]Werden Entgelte nach dem 31. Juli 2018 erstmalig genehmigt, findet Absatz 5 Satz 3 keine Anwendung, wenn der Vertragspartner gemäß Absatz 5 Satz 1 Zugangsleistungen nachfragt und dieses Unternehmen im letzten Geschäftsjahr vor der Klageerhebung, für das ein Jahresabschluss vorliegt, einen Jahresumsatz von mehr als 100 Millionen Euro erzielt hat. [2]Umsätze verbundener Unternehmen im Sinne des § 3 Nummer 29 sind zu berücksichtigen, wenn die verbundenen Unternehmen ebenfalls Umsätze auf Telekommunikationsmärkten erzielen.

(6) [1]In dem Verfahren nach Absatz 5 in Verbindung mit § 123 der Verwaltungsgerichtsordnung kann das Gericht durch Beschluss anordnen, dass nur solche Personen beigeladen werden, die dies innerhalb einer bestimmten Frist beantragen. [2]Der Beschluss ist unanfechtbar. [3]Er ist im elektronischen Bundesanzeiger bekannt zu machen. [4]Er muss außerdem auf der Internetseite der Bundesnetzagentur veröffentlicht werden. [5]Die Bekanntmachung kann zusätzlich in einem von dem Gericht für Bekanntmachungen bestimmten Informations- und Kommunikationssystem erfolgen. [6]Die Frist muss mindestens einen Monat ab der Veröffentlichung im elektronischen Bundesanzeiger betragen. [7]In der Veröffentlichung auf der Internetseite der Bundesnetzagentur ist mitzuteilen, an welchem Tag die Frist abläuft. [8]Für die Wiedereinsetzung in den vorigen Stand bei Versäumung der Frist gilt § 60 der Verwaltungsgerichtsordnung entsprechend. [9]Das Gericht soll Personen, die von der Entscheidung erkennbar in besonderem Maße betroffen werden, auch ohne Antrag beiladen. [10]In den Fällen des § 35 Absatz 5a Satz 1 finden die Sätze 1 bis 9 auf sämtliche Rechtsbehelfsverfahren des Unternehmens mit beträchtlicher Marktmacht Anwendung, die auf die Genehmigung eines beantragten höheren Entgelts gerichtet sind.

(7) Die Bundesnetzagentur veröffentlicht genehmigte Entgelte.

§ 36 Veröffentlichung

(1) [1]Die Bundesnetzagentur veröffentlicht beabsichtigte Entscheidungen zur Zusammenfassung von Dienstleistungen sowie zur Vorgabe der jeweiligen Maßgrößen nach § 31 Absatz 1 Satz 1 Nummer 2 und § 33. [2]Vor der Veröffentlichung gibt sie dem Unternehmen, an das sich die Entscheidung richtet, Gelegenheit zur Stellungnahme.

(2) Bei Anträgen auf Genehmigung von Entgelten nach § 31 Absatz 1 Satz 1 Nummer 1 sowie im Falle eines Vorgehens nach § 31 Absatz 4 Satz 1 und 2 veröffentlicht die Bundesnetzagentur die beantragten oder vorgesehenen Entgeltmaßnahmen.

§ 37 Abweichung von genehmigten Entgelten

(1) Ein Betreiber eines öffentlichen Telekommunikationsnetzes, der über beträchtliche Marktmacht verfügt, darf keine anderen als die von der Bundesnetzagentur genehmigten Entgelte verlangen.

(2) Verträge über Dienstleistungen, die andere als die genehmigten Entgelte enthalten, werden mit der Maßgabe wirksam, dass das genehmigte Entgelt an die Stelle des vereinbarten Entgelts tritt.

(3) [1]Eine vertragliche oder gesetzliche Verpflichtung zur Erbringung der Leistung bleibt unabhängig vom Vorliegen einer Entgeltgenehmigung bestehen. [2]Die Bundesnetzagentur kann die Werbung für ein Rechtsgeschäft, den Abschluss, die Vorbereitung und die Anbahnung eines Rechtsgeschäfts untersagen, das ein anderes als das genehmigte oder ein nicht genehmigtes, aber genehmigungsbedürftiges Entgelt enthält.

§ 38 Nachträgliche Regulierung von Entgelten

(1) [1]Unterliegen Entgelte einer nachträglichen Entgeltregulierung, sind sie der Bundesnetzagentur zwei Monate vor dem geplanten Inkrafttreten vorzulegen. [2]Die Bundesnetzagentur untersagt innerhalb von zwei Wochen nach Zugang der Anzeige der Entgeltmaßnahme die Einführung des Entgelts bis zum Abschluss ihrer Prüfung, wenn die geplante Entgeltmaßnahme offenkundig nicht mit § 28 vereinbar wäre. [3]Entgeltmaßnahmen bezüglich individuell vereinbarter Leistungen, die nicht ohne weiteres auf eine Vielzahl anderer Nachfrager übertragbar sind, sind der Bundesnetzagentur unmittelbar nach Vertragsabschluss zur Kenntnis zu geben.

(2) [1]Wenn der Bundesnetzagentur Tatsachen bekannt werden, die die Annahme rechtfertigen, dass Entgelte für Zugangsleistungen von Unternehmen mit beträchtlicher Marktmacht nicht den Maßstäben des

1) Beachte hierzu den Beschl. des BVerfG – 1 BvL 6/14, 1 BvL 3/15, 1 BvL 4/15, 1 BvL 6/15 – v. 22.11.2016 (BGBl. I S. 3452): „§ 35 Absatz 5 Satz 2 und 3 des Telekommunikationsgesetzes (TKG) vom 22. Juni 2004 (Bundesgesetzblatt I Seite 1190) und in der Fassung späterer Gesetze ist mit Artikel 19 Absatz 4 Satz 1 des Grundgesetzes nicht mehr vereinbar. Das bisherige Recht ist bis zu einer Neuregelung weiter anwendbar. Der Gesetzgeber ist verpflichtet, eine Neuregelung spätestens bis zum 31. Juli 2018 zu treffen."

§ 28 genügen, leitet die Bundesnetzagentur unverzüglich eine Überprüfung der Entgelte ein. [2]Sie teilt die Einleitung der Überprüfung dem betroffenen Unternehmen schriftlich mit. [3]Sollte der Bundesnetzagentur eine Überprüfung nach dem Vergleichsmarktprinzip entsprechend § 35 Abs. 1 Nr. 1 nicht möglich sein, kann sie auch nach § 34 vorgehen.

(3) Die Bundesnetzagentur entscheidet innerhalb von zwei Monaten nach Einleitung der Überprüfung.

(4) [1]Sofern die Bundesnetzagentur feststellt, dass Entgelte nicht den Maßstäben des § 28 genügen, untersagt sie das nach diesem Gesetz verbotene Verhalten und erklärt die beanstandeten Entgelte ab dem Zeitpunkt der Feststellung für unwirksam. [2]Gleichzeitig kann die Bundesnetzagentur Entgelte anordnen, die den Maßstäben des § 28 genügen. [3]Sofern der Anbieter mit beträchtlicher Marktmacht danach eigene Entgeltvorschläge vorlegt, prüft die Bundesnetzagentur binnen eines Monats, ob diese Entgelte die festgestellten Verstöße gegen die Maßstäbe des § 28 abstellen. [4]§ 37 gilt entsprechend. [5]Die Bundesnetzagentur ordnet im Falle eines festgestellten Missbrauchs einer Stellung mit beträchtlicher Marktmacht im Sinne des § 28 Abs. 2 Nr. 3 auch an, in welcher Weise das Unternehmen mit beträchtlicher Marktmacht eine Entbündelung vorzunehmen hat.

Unterabschnitt 3
Regulierung von Entgelten für Endnutzerleistungen

§ 39 Entgeltregulierung bei Endnutzerleistungen

(1) [1]Rechtfertigen Tatsachen die Annahme, dass die Verpflichtungen im Zugangsbereich nicht zur Erreichung der Regulierungsziele nach § 2 führen würden, kann die Bundesnetzagentur Entgelte von Unternehmen mit beträchtlicher Marktmacht bezüglich des Angebots von Telekommunikationsdiensten für Endnutzer einer Entgeltgenehmigung unterwerfen. [2]Die Bundesnetzagentur soll die Genehmigungspflicht auf solche Märkte beschränken, auf denen in absehbarer Zeit nicht mit der Entstehung eines nachhaltig wettbewerbsorientierten Marktes zu rechnen ist. [3]Im Falle einer Genehmigungspflicht gelten die §§ 31 bis 37 entsprechend. [4]Dabei dürfen Entgelte für Endnutzerleistungen nicht nach § 31 Absatz 1 Satz 1 Nummer 2 mit Entgelten für Zugangsleistungen in einem Korb zusammengefasst werden.

(2) Leistungen nach § 78 Absatz 2 Nummer 4 und 5 unterliegen der nachträglichen Regulierung; § 38 Abs. 2 bis 4 gilt entsprechend.

(3) [1]Sofern Entgelte für Endnutzerleistungen von Anbietern von Telekommunikationsdiensten, die über beträchtliche Marktmacht verfügen, keiner Entgeltgenehmigung unterworfen worden sind, unterliegen sie der nachträglichen Regulierung; § 38 Abs. 2 bis 4 gilt entsprechend. [2]Darüber hinaus kann die Bundesnetzagentur unter Beachtung von Absatz 1 Satz 1 Unternehmen mit beträchtlicher Marktmacht verpflichten, ihr Entgeltmaßnahmen zwei Monate vor dem geplanten Inkrafttreten zur Kenntnis zu geben. [3]Die Bundesnetzagentur untersagt innerhalb von zwei Wochen nach Anzeige der Entgeltmaßnahme die Einführung des Entgelts bis zum Abschluss ihrer Prüfung, wenn die geplante Entgeltmaßnahme offenkundig nicht mit § 28 vereinbar wäre. [4]Die Bundesnetzagentur kann Anbieter von Telekommunikationsdiensten, die über beträchtliche Marktmacht verfügen, verpflichten, ihr Entgeltmaßnahmen bezüglich individuell vereinbarter Leistungen, die nicht ohne weiteres auf eine Vielzahl von anderen Endnutzern übertragbar sind, unmittelbar nach Vertragsabschluss zur Kenntnis zu geben.

(4) [1]Sofern ein Unternehmen, das auf einem Endkundenmarkt über beträchtliche Marktmacht verfügt, verpflichtet ist, Zugang zu einer entsprechenden Zugangsleistung nach § 21 zu gewähren, die Bestandteile enthält, die gleichermaßen für ein Angebot auf dem Endkundenmarkt wesentlich sind, hat das Unternehmen rechtzeitig, gleichzeitig mit einer geplanten Entgeltmaßnahme im Endnutzerbereich ein Angebot für die Vorleistung vorzulegen, das insbesondere den Vorgaben des § 28 genügt. [2]Sofern das Unternehmen mit beträchtlicher Marktmacht kein solches Vorleistungsangebot vorlegt, kann die Bundesnetzagentur die Forderung des Endkundenentgelts ohne weitere Prüfung untersagen.

Abschnitt 4
Sonstige Verpflichtungen

§ 40 Funktionelle Trennung

(1) [1]Gelangt die Bundesnetzagentur zu dem Schluss, dass die nach den Abschnitten 2 und 3 auferlegten angemessenen Verpflichtungen nicht zu einem wirksamen Wettbewerb geführt haben und wichtige und andauernde Wettbewerbsprobleme oder Marktversagen auf den Märkten für bestimmte Zugangsprodukte auf Vorleistungsebene bestehen, so kann sie als außerordentliche Maßnahme vertikal integrierten Unternehmen die Verpflichtung auferlegen, ihre Tätigkeiten im Zusammenhang mit der Bereitstellung der betreffenden Zugangsprodukte auf Vorleistungsebene in einem unabhängig arbeitenden Geschäftsbereich

unterzubringen. [2]Dieser Geschäftsbereich stellt Zugangsprodukte und -dienste allen Unternehmen, einschließlich der anderen Geschäftsbereiche des eigenen Mutterunternehmens, mit den gleichen Fristen und zu den gleichen Bedingungen, auch im Hinblick auf Preise und Dienstumfang, sowie mittels der gleichen Systeme und Verfahren zur Verfügung.

(2) Beabsichtigt die Bundesnetzagentur, eine Verpflichtung nach Absatz 1 aufzuerlegen, so unterbreitet sie der Kommission einen entsprechenden Antrag, der Folgendes umfasst:

1. den Nachweis, dass die in Absatz 1 genannte Schlussfolgerung der Bundesnetzagentur begründet ist;
2. eine mit Gründen versehene Einschätzung, dass keine oder nur geringe Aussichten dafür bestehen, dass es innerhalb eines angemessenen Zeitrahmens einen wirksamen und nachhaltigen Wettbewerb im Bereich Infrastruktur gibt;
3. eine Analyse der erwarteten Auswirkungen auf die Bundesnetzagentur, auf das Unternehmen, insbesondere auf das Personal des getrennten Unternehmens und auf den Telekommunikationssektor insgesamt, auf die Anreize, in den Sektor insgesamt zu investieren, insbesondere im Hinblick auf die notwendige Wahrung des sozialen und territorialen Zusammenhalts, sowie auf sonstige Interessengruppen, insbesondere auch eine Analyse der erwarteten Auswirkungen auf den Wettbewerb und möglicher Folgen für die Verbraucher;
4. eine Analyse der Gründe, die dafür sprechen, dass diese Verpflichtung das effizienteste Mittel zur Durchsetzung von Abhilfemaßnahmen wäre, mit denen auf festgestellte Wettbewerbsprobleme oder Fälle von Marktversagen reagiert werden soll.

(3) Der der Kommission mit dem Antrag nach Absatz 2 vorzulegende Maßnahmenentwurf umfasst Folgendes:

1. die genaue Angabe von Art und Ausmaß der Trennung, insbesondere die Angabe des rechtlichen Status des getrennten Geschäftsbereichs;
2. die Angabe der Vermögenswerte des getrennten Geschäftsbereichs sowie der von diesem bereitzustellenden Produkte und Dienstleistungen;
3. die organisatorischen Modalitäten zur Gewährleistung der Unabhängigkeit des Personals des getrennten Geschäftsbereichs sowie die entsprechenden Anreize;
4. die Vorschriften zur Gewährleistung der Einhaltung der Verpflichtungen;
5. die Vorschriften zur Gewährleistung der Transparenz der betrieblichen Verfahren, insbesondere gegenüber den anderen Interessengruppen;
6. ein Überwachungsprogramm, mit dem die Einhaltung der Verpflichtung sichergestellt wird und das unter anderem die Veröffentlichung eines jährlichen Berichts beinhaltet.

(4) [1]Im Anschluss an die Entscheidung der Kommission über den Antrag führt die Bundesnetzagentur nach den §§ 10 und 11 eine koordinierte Analyse der Märkte durch, bei denen eine Verbindung zum Anschlussnetz besteht. [2]Auf der Grundlage ihrer Bewertung erlegt die Bundesnetzagentur nach § 13 Verpflichtungen auf, behält Verpflichtungen bei, ändert sie oder hebt sie auf.

(5) Einem Unternehmen, dem die funktionelle Trennung auferlegt wurde, kann auf jedem Einzelmarkt, auf dem es als Unternehmen mit beträchtlicher Marktmacht nach § 11 eingestuft wurde, jede der Verpflichtungen nach den §§ 19, 20, 21, 23, 24, 30, 39 oder § 42 Absatz 4 Satz 3 auferlegt werden.

§ 41 Freiwillige Trennung durch ein vertikal integriertes Unternehmen

(1) [1]Unternehmen, die nach § 11 auf einem oder mehreren relevanten Märkten als Unternehmen mit beträchtlicher Marktmacht eingestuft wurden, unterrichten die Bundesnetzagentur im Voraus und so rechtzeitig, dass sie die Wirkung der geplanten Transaktion einschätzen kann, von ihrer Absicht, die Anlagen ihres Ortsanschlussnetzes ganz oder zu einem großen Teil auf eine eigene Rechtsperson mit einem anderen Eigentümer zu übertragen oder einen getrennten Geschäftsbereich einzurichten, um allen Anbietern auf der Endkundenebene, einschließlich der eigenen im Endkundenbereich tätigen Unternehmensbereiche, völlig gleichwertige Zugangsprodukte zu liefern. [2]Die Unternehmen unterrichten die Bundesnetzagentur auch über alle Änderungen dieser Absicht sowie über das Ergebnis des Trennungsprozesses.

(2) [1]Die Bundesnetzagentur prüft die möglichen Folgen der beabsichtigten Transaktion auf die bestehenden Verpflichtungen nach den Abschnitten 2 und 3. [2]Hierzu führt sie entsprechend dem Verfahren des § 11 eine koordinierte Analyse der Märkte durch, bei denen eine Verbindung zum Anschlussnetz besteht. [3]Auf der Grundlage ihrer Bewertung erlegt die Bundesnetzagentur nach § 13 Verpflichtungen auf, behält Verpflichtungen bei, ändert sie oder hebt sie auf.

(3) Dem rechtlich oder betrieblich getrennten Geschäftsbereich kann auf jedem Einzelmarkt, auf dem als Unternehmen mit beträchtlicher Marktmacht nach § 11 eingestuft wurde, jede der Verpflichtungen nach den §§ 19, 20, 21, 23, 24, 30, 39 oder § 42 Absatz 4 Satz 3 auferlegt werden.

§ 41a *[aufgehoben]*

§ 41b Anschluss von Telekommunikationsendeinrichtungen

(1) [1]Die Betreiber öffentlicher Telekommunikationsnetze und die Anbieter von öffentlich zugänglichen Telekommunikationsdiensten dürfen den Anschluss von Telekommunikationsendeinrichtungen an das öffentliche Telekommunikationsnetz nicht verweigern, wenn die Telekommunikationsendeinrichtungen die grundlegenden Anforderungen nach der Richtlinie 2014/30/EU des Europäischen Parlaments und des Rates vom 26. Februar 2014 zur Harmonisierung der Rechtsvorschriften der Mitgliedstaaten über die elektromagnetische Verträglichkeit (ABl. L 96 vom 29.3.2014, S. 79) erfüllen. [2]Sie können dem Teilnehmer Telekommunikationsendeinrichtungen überlassen, dürfen aber deren Anschluss und Nutzung nicht zwingend vorschreiben. [3]Notwendige Zugangsdaten und Informationen für den Anschluss von Telekommunikationsendeinrichtungen und die Nutzung der Telekommunikationsdienste haben sie dem Teilnehmer in Textform unaufgefordert und kostenfrei bei Vertragsschluss zur Verfügung zu stellen.

(2) Wer Telekommunikationsendeinrichtungen an öffentlichen Telekommunikationsnetzen betreiben will, hat für deren fachgerechten Anschluss Sorge zu tragen.

(3) [1]Verursacht ein Gerät, dessen Konformität mit den Anforderungen des § 4 des Gesetzes über die elektromagnetische Verträglichkeit von Betriebsmitteln bescheinigt wurde, ernsthafte Schäden an einem Netz oder schädliche Störungen beim Netzbetrieb oder funktechnische Störungen, so kann die Bundesnetzagentur dem Betreiber öffentlicher Telekommunikationsnetze gestatten, für dieses Gerät den Anschluss zu verweigern, die Verbindung aufzuheben oder den Dienst einzustellen. [2]Die Bundesnetzagentur teilt dem Bundesministerium für Wirtschaft und Energie die von ihr getroffenen Maßnahmen mit.

(4) Der Betreiber öffentlicher Telekommunikationsnetze kann eine Telekommunikationsendeinrichtung im Notfall ohne vorherige Erlaubnis nur dann vom Netz abtrennen, wenn

1. der Schutz des Netzes die unverzügliche Abschaltung des Geräts erfordert und
2. dem Benutzer unverzüglich und für ihn kostenfrei eine alternative Lösung angeboten werden kann.

(5) Der Betreiber öffentlicher Telekommunikationsnetze unterrichtet unverzüglich die Bundesnetzagentur über die Trennung einer Telekommunikationsendeinrichtung vom Netz.

(6) Die Bundesnetzagentur ergreift gegenüber Betreibern öffentlicher Telekommunikationsnetze, die

1. eine Anschaltung von Telekommunikationsendeinrichtungen an ihre Netze verweigern oder
2. angeschaltete Telekommunikationsendeinrichtungen vom Netz genommen haben, ohne dass die Voraussetzungen des Absatzes 3 oder 4 vorgelegen haben,

die erforderlichen Maßnahmen, um den Anschluss dieser Telekommunikationsendeinrichtungen zu gewährleisten.

§ 41c Schnittstellenbeschreibungen der Betreiber öffentlicher Telekommunikationsnetze

(1) [1]Betreiber öffentlicher Telekommunikationsnetze sind verpflichtet,

1. angemessene und genaue technische Beschreibungen ihrer Netzzugangsschnittstellen bereitzustellen und zu veröffentlichen sowie der Bundesnetzagentur unmittelbar mitzuteilen und
2. regelmäßig alle aktualisierten Beschreibungen dieser Netzzugangsschnittstellen zu veröffentlichen und der Bundesnetzagentur unmittelbar mitzuteilen.

[2]Die Verpflichtung des Satzes 1 Nummer 1 gilt auch für jede technische Änderung einer vorhandenen Schnittstelle.

(2) [1]Die Schnittstellenbeschreibungen müssen hinreichend detailliert sein, um den Entwurf von Telekommunikationsendeinrichtungen zu ermöglichen, die zur Nutzung aller über die entsprechende Schnittstelle erbrachten Dienste in der Lage sind. [2]Der Verwendungszweck der Schnittstellen muss angegeben werden. [3]Die Schnittstellenbeschreibungen müssen alle Informationen enthalten, damit die Hersteller die jeweiligen Prüfungen in Bezug auf die schnittstellenrelevanten grundlegenden Anforderungen, die für die jeweilige Telekommunikationsendeinrichtung gelten, nach eigener Wahl durchführen können.

(3) [1]Die Pflicht zur Veröffentlichung nach Absatz 1 ist erfüllt, wenn die Angaben im Amtsblatt der Bundesnetzagentur veröffentlicht werden. [2]Erfolgt die Veröffentlichung an anderer Stelle, hat der Betreiber öffentlicher Telekommunikationsnetze die Fundstelle umgehend der Bundesnetzagentur mitzuteilen. [3]In diesem Fall veröffentlicht die Bundesnetzagentur die Fundstelle in ihrem Amtsblatt.

(4) [1]Ist die Veröffentlichung der gesamten Schnittstellenspezifikationen auf Grund des Umfangs nicht zumutbar, so ist es ausreichend, eine Mitteilung zu veröffentlichen, die zumindest über Art und Verwendungszweck der Schnittstelle Auskunft gibt und einen Hinweis auf Bezugsmöglichkeiten der umfassenden Schnittstellenspezifikationen enthält. [2]Der Betreiber öffentlicher Telekommunikationsnetze stellt sicher, dass die Schnittstellenspezifikationen nach Anforderung unverzüglich an die Interessenten abgegeben werden und die Interessenten weder zeitlich noch inhaltlich noch hinsichtlich der Kosten für den Bezug der Schnittstellenspezifikation ungleich behandelt werden. [3]Ein für den Bezug von Schnittstellenspezi-

fikationen erhobenes Entgelt darf nur in Höhe der hierdurch verursachten besonderen Kosten erhoben werden.

(5) Der Betreiber öffentlicher Telekommunikationsnetze darf Leistungen, die über die nach Absatz 1 veröffentlichten Schnittstellen bereitgestellt werden sollen, nur anbieten, wenn zuvor die Schnittstellenbeschreibung oder die Fundstelle der Schnittstellenbeschreibung im Amtsblatt der Bundesnetzagentur veröffentlicht worden ist.

Abschnitt 5
Besondere Missbrauchsaufsicht

§ 42 Missbräuchliches Verhalten eines Unternehmens mit beträchtlicher Marktmacht

(1) [1]Ein Anbieter von Telekommunikationsdiensten, von Leistungen nach § 78 Absatz 2 Nummer 4 und 5 oder von telekommunikationsgestützten Diensten, der über beträchtliche Marktmacht verfügt, oder ein Betreiber eines öffentlichen Telekommunikationsnetzes, der über beträchtliche Marktmacht verfügt, darf seine Stellung nicht missbräuchlich ausnutzen. [2]Ein Missbrauch liegt insbesondere vor, wenn andere Unternehmen unmittelbar oder mittelbar unbillig behindert oder deren Wettbewerbsmöglichkeiten ohne sachlich gerechtfertigten Grund erheblich beeinträchtigt werden.

(2) Ein Missbrauch im Sinne des Absatzes 1 wird vermutet, wenn ein Unternehmen mit beträchtlicher Marktmacht sich selbst, seinen Tochter- oder Partnerunternehmen den Zugang zu seinen intern genutzten oder zu seinen am Markt angebotenen Leistungen zu günstigeren Bedingungen oder zu einer besseren Qualität ermöglicht, als es sie anderen Unternehmen bei der Nutzung der Leistung für deren Telekommunikationsdienste oder mit diesen in Zusammenhang stehenden Diensten einräumt, es sei denn, das Unternehmen weist Tatsachen nach, die die Einräumung ungünstigerer Bedingungen sachlich rechtfertigen.

(3) Ein Missbrauch im Sinne des Absatzes 1 wird auch dann vermutet, wenn ein Betreiber eines öffentlichen Telekommunikationsnetzes mit beträchtlicher Marktmacht seiner Verpflichtung aus § 22 Abs. 1 nicht nachkommt, indem die Bearbeitung von Zugangsanträgen ohne sachlichen Grund verzögert wird.

(4) [1]Auf Antrag oder von Amts wegen trifft die Bundesnetzagentur eine Entscheidung, um die missbräuchliche Ausnutzung einer marktmächtigen Stellung zu beenden. [2]Dazu kann sie dem Unternehmen, das seine marktmächtige Stellung missbräuchlich ausnutzt, ein Verhalten auferlegen oder untersagen oder Verträge ganz oder teilweise für unwirksam erklären. [3]Die Sätze 1 und 2 gelten entsprechend, wenn Tatsachen vorliegen, die die Annahme rechtfertigen, dass ein Unternehmen seine marktmächtige Stellung auf Endkundenmärkten missbräuchlich auszunutzen droht. [4]Eine solche Entscheidung soll in der Regel innerhalb einer Frist von vier Monaten nach Einleitung des Verfahrens getroffen werden. [5]Bei einer Antragstellung nach Satz 1 ist der Eingang des Antrags der Fristbeginn. [6]Den Antrag nach Satz 1 kann jeder Anbieter von Telekommunikationsdiensten stellen, der geltend macht, in eigenen Rechten verletzt zu sein.

§ 43 Vorteilsabschöpfung durch die Bundesnetzagentur

(1) Hat ein Unternehmen gegen eine Verfügung der Bundesnetzagentur nach § 42 Abs. 4 oder vorsätzlich oder fahrlässig gegen eine Vorschrift dieses Gesetzes verstoßen und dadurch einen wirtschaftlichen Vorteil erlangt, soll die Bundesnetzagentur die Abschöpfung des wirtschaftlichen Vorteils anordnen und dem Unternehmen die Zahlung eines entsprechenden Geldbetrags auferlegen.

(2) [1]Absatz 1 gilt nicht, sofern der wirtschaftliche Vorteil durch Schadensersatzleistungen oder durch die Verhängung oder die Anordnung der Einziehung von Taterträgen ausgeglichen ist. [2]Soweit das Unternehmen Leistungen nach Satz 1 erst nach der Vorteilsabschöpfung erbringt, ist der abgeführte Geldbetrag in Höhe der nachgewiesenen Zahlungen an das Unternehmen zurückzuerstatten.

(3) [1]Wäre die Durchführung einer Vorteilsabschöpfung eine unbillige Härte, soll die Anordnung auf einen angemessenen Geldbetrag beschränkt werden oder ganz unterbleiben. [2]Sie soll auch unterbleiben, wenn der wirtschaftliche Vorteil gering ist.

(4) [1]Die Höhe des wirtschaftlichen Vorteils kann geschätzt werden. [2]Der abzuführende Geldbetrag ist zahlenmäßig zu bestimmen.

(5) Die Vorteilsabschöpfung kann nur innerhalb einer Frist von fünf Jahren seit Beendigung der Zuwiderhandlung und längstens für einen Zeitraum von fünf Jahren angeordnet werden.

Teil 3

Kundenschutz

§ 43a Verträge

(1) [1]Anbieter von öffentlich zugänglichen Telekommunikationsdiensten müssen dem Verbraucher und auf Verlangen anderen Endnutzern im Vertrag in klarer, umfassender und leicht zugänglicher Form folgende Informationen zur Verfügung stellen:

1. den Namen und die ladungsfähige Anschrift; ist der Anbieter eine juristische Person auch die Rechtsform, den Sitz und das zuständige Registergericht,
2. die Art und die wichtigsten technischen Leistungsdaten der angebotenen Telekommunikationsdienste, insbesondere diejenigen gemäß Absatz 2 und Absatz 3 Satz 1,
3. die voraussichtliche Dauer bis zur Bereitstellung eines Anschlusses,
4. die angebotenen Wartungs- und Kundendienste sowie die Möglichkeiten zur Kontaktaufnahme mit diesen Diensten,
5. Einzelheiten zu den Preisen der angebotenen Telekommunikationsdienste,
6. die Fundstelle eines allgemein zugänglichen, vollständigen und gültigen Preisverzeichnisses des Anbieters von öffentlich zugänglichen Telekommunikationsdiensten,
7. die Vertragslaufzeit, einschließlich des Mindestumfangs und der Mindestdauer der Nutzung, die gegebenenfalls erforderlich sind, um Angebote im Rahmen von Werbemaßnahmen nutzen zu können,
8. die Voraussetzungen für die Verlängerung und Beendigung des Bezuges einzelner Dienste und des gesamten Vertragsverhältnisses, einschließlich der Voraussetzungen für einen Anbieterwechsel nach § 46, die Entgelte für die Übertragung von Nummern und anderen Teilnehmerkennungen sowie die bei Beendigung des Vertragsverhältnisses fälligen Entgelte einschließlich einer Kostenanlastung für Endeinrichtungen,
9. etwaige Entschädigungs- und Erstattungsregelungen für den Fall, dass der Anbieter die wichtigsten technischen Leistungsdaten der zu erbringenden Dienste nicht eingehalten hat,
10. die erforderlichen Schritte zur Einleitung eines außergerichtlichen Streitbeilegungsverfahrens nach § 47a,
11. den Anspruch des Teilnehmers auf Aufnahme seiner Daten in ein öffentliches Teilnehmerverzeichnis nach § 45m,
12. die Arten von Maßnahmen, mit denen das Unternehmen auf Sicherheits- oder Integritätsverletzungen oder auf Bedrohungen und Schwachstellen reagieren kann,
13. den Anspruch auf Sperrung bestimmter Rufnummernbereiche nach § 45d Absatz 2 Satz 1 und
14. den Anspruch auf Sperrung der Inanspruchnahme und Abrechnung von neben der Verbindung erbrachten Leistungen über den Mobilfunkanschluss nach § 45d Absatz 3.

[2]Anbieter öffentlicher Telekommunikationsnetze sind dazu verpflichtet, Anbietern öffentlich zugänglicher Telekommunikationsdienste die für die Sicherstellung der in Satz 1 genannten Informationspflichten benötigten Informationen zur Verfügung zu stellen, wenn ausschließlich die Anbieter von öffentlichen Telekommunikationsnetzen darüber verfügen.

(2) Zu den Informationen nach Absatz 1 Nummer 2 gehören

1. Informationen darüber, ob der Zugang zu Notdiensten mit Angaben zum Anruferstandort besteht oder nicht, und über alle Beschränkungen von Notdiensten,
2. Informationen über alle Einschränkungen im Hinblick auf den Zugang zu und die Nutzung von Diensten und Anwendungen,
3. das angebotene Mindestniveau der Dienstqualität und gegebenenfalls anderer nach § 41a festgelegter Parameter für die Dienstqualität,
4. Informationen über alle vom Unternehmen zur Messung und Kontrolle des Datenverkehrs eingerichteten Verfahren, um eine Kapazitätsauslastung oder Überlastung einer Netzverbindung zu vermeiden, und Informationen über die möglichen Auswirkungen dieser Verfahren auf die Dienstqualität und
5. alle vom Anbieter auferlegten Beschränkungen für die Nutzung der von ihm zur Verfügung gestellten Endeinrichtungen.

(3) [1]Die Einzelheiten darüber, welche Angaben in der Regel mindestens nach Absatz 2 erforderlich sind, kann die Bundesnetzagentur nach Beteiligung der betroffenen Verbände und der Unternehmen durch Verfügung im Amtsblatt festlegen. [2]Hierzu kann die Bundesnetzagentur die Anbieter öffentlich zugänglicher Telekommunikationsdienste oder die Anbieter öffentlicher Telekommunikationsnetze verpflichten, Erhebungen zum tatsächlichen Mindestniveau der Dienstqualität anzustellen, eigene Messungen anstellen

oder Hilfsmittel entwickeln, die es dem Teilnehmer ermöglichen, eigenständige Messungen anzustellen. [3]Die Bundesnetzagentur veröffentlicht jährlich einen Bericht über ihre Erhebungen und Erkenntnisse, in dem insbesondere dargestellt wird,

1. inwiefern die Anbieter von öffentlich zugänglichen Telekommunikationsdiensten die Informationen zur Verfügung stellen, die nach Absatz 2 und nach Artikel 4 Absatz 1 der Verordnung (EU) 2015/2120 des Europäischen Parlaments und des Rates vom 25. November 2015 über Maßnahmen zum Zugang zum offenen Internet und zu Endkundenentgelten für regulierte intra-EU-Kommunikation sowie zur Änderung der Richtlinie 2002/22/EG und der Verordnung (EU) Nr. 531/2012 (ABl. L 310 vom 26.11.2015, S. 1), die zuletzt durch die Verordnung (EU) 2018/1971 (ABl. L 321 vom 17.12.2018, S. 1) geändert worden ist, in der jeweils geltenden Fassung erforderlich sind,
2. inwiefern erhebliche, kontinuierliche oder regelmäßig wiederkehrende Abweichungen zwischen der nach Satz 2 gemessenen Dienstqualität und den nach Artikel 4 Absatz 1 Unterabsatz 1 Buchstabe d der Verordnung (EU) 2015/2120 im Vertrag enthaltenen Angaben festgestellt wurden und
3. inwiefern Anforderungen und Maßnahmen nach Artikel 5 Absatz 1 Unterabsatz 1 Satz 2 der Verordnung (EU) 2015/2120 notwendig und wirksam sind.

[4]Ferner kann die Bundesnetzagentur das Format der Mitteilung über Vertragsänderungen und die anzugebende Information über das Widerrufsrecht festlegen, soweit nicht bereits vergleichbare Regelungen bestehen.

§ 43b Vertragslaufzeit
[1]Die anfängliche Mindestlaufzeit eines Vertrages zwischen einem Verbraucher und einem Anbieter von öffentlich zugänglichen Telekommunikationsdiensten darf 24 Monate nicht überschreiten. [2]Anbieter von öffentlich zugänglichen Telekommunikationsdiensten sind verpflichtet, einem Teilnehmer zu ermöglichen, einen Vertrag mit einer Höchstlaufzeit von zwölf Monaten abzuschließen.

§ 44 Anspruch auf Schadensersatz und Unterlassung
(1) [1]Ein Unternehmen, das gegen dieses Gesetz, eine auf Grund dieses Gesetzes erlassene Rechtsverordnung, eine auf Grund dieses Gesetzes in einer Zuteilung auferlegte Verpflichtung oder eine Verfügung der Bundesnetzagentur verstößt, ist dem Betroffenen zur Beseitigung und bei Wiederholungsgefahr zur Unterlassung verpflichtet. [2]Der Anspruch besteht bereits dann, wenn eine Zuwiderhandlung droht. [3]Betroffen ist, wer als Endverbraucher oder Wettbewerber durch den Verstoß beeinträchtigt ist. [4]Fällt dem Unternehmen Vorsatz oder Fahrlässigkeit zur Last, ist es einem Endverbraucher oder einem Wettbewerber auch zum Ersatz des Schadens verpflichtet, der ihm aus dem Verstoß entstanden ist. [5]Geldschulden nach Satz 4 hat das Unternehmen ab Eintritt des Schadens zu verzinsen. [6]Die §§ 288 und 289 Satz 1 des Bürgerlichen Gesetzbuchs finden entsprechende Anwendung.
(2) [1]Wer in anderer Weise als durch Verwendung oder Empfehlung von Allgemeinen Geschäftsbedingungen gegen Vorschriften dieses Gesetzes oder Vorschriften einer auf Grund dieses Gesetzes erlassenen Rechtsverordnung verstößt, die dem Schutz des Verbrauchers dienen, kann im Interesse des Verbraucherschutzes von den in § 3 des Unterlassungsklagengesetzes genannten Stellen in Anspruch genommen werden. [2]Werden die Zuwiderhandlungen in einem geschäftlichen Betrieb von einem Angestellten oder einem Beauftragten begangen, so ist der Unterlassungsanspruch auch gegen den Inhaber des Betriebes begründet. [3]Im Übrigen bleibt das Unterlassungsklagengesetz unberührt.

§ 44a Haftung
[1]Soweit eine Verpflichtung des Anbieters von öffentlich zugänglichen Telekommunikationsdiensten zum Ersatz eines Vermögensschadens gegenüber einem Endnutzer besteht und nicht auf Vorsatz beruht, ist die Haftung auf höchstens 12 500 Euro je Endnutzer begrenzt. [2]Entsteht die Schadensersatzpflicht durch eine einheitliche Handlung oder ein einheitliches Schaden verursachendes Ereignis gegenüber mehreren Endnutzern und beruht dies nicht auf Vorsatz, so ist die Schadensersatzpflicht unbeschadet der Begrenzung in Satz 1 in der Summe auf höchstens 10 Millionen Euro begrenzt. [3]Übersteigen die Entschädigungen, die mehreren Geschädigten auf Grund desselben Ereignisses zu leisten sind, die Höchstgrenze, so wird der Schadenersatz in dem Verhältnis gekürzt, in dem die Summe aller Schadenersatzansprüche zur Höchstgrenze steht. [4]Die Haftungsbegrenzung nach den Sätzen 1 bis 3 gilt nicht für Ansprüche auf Ersatz des Schadens, der durch den Verzug der Zahlung von Schadenersatz entsteht. [5]Abweichend von den Sätzen 1 bis 3 kann die Höhe der Haftung gegenüber Endnutzern, die keine Verbraucher sind, durch einzelvertragliche Vereinbarung geregelt werden.

§ 45 Berücksichtigung der Interessen behinderter Endnutzer
(1) [1]Die Interessen behinderter Endnutzer sind von den Anbietern öffentlich zugänglicher Telekommunikationsdienste bei der Planung und Erbringung der Dienste zu berücksichtigen. [2]Es ist ein Zugang zu

ermöglichen, der dem Zugang gleichwertig ist, über den die Mehrheit der Endnutzer verfügt. [3]Der Zugang zu den Telekommunikationsdiensten muss behinderten Endnutzern jederzeit zur Verfügung stehen. [4]Gleiches gilt für die Auswahl an Unternehmen und Diensten.

(2) [1]Nach Anhörung der betroffenen Verbände und der Unternehmen kann die Bundesnetzagentur den allgemeinen Bedarf nach Absatz 1 feststellen, der sich aus den Bedürfnissen der behinderten Endnutzer ergibt. [2]Zur Sicherstellung des Dienstes sowie der Dienstemerkmale ist die Bundesnetzagentur befugt, den Unternehmen Verpflichtungen aufzuerlegen. [3]Die Bundesnetzagentur kann von solchen Verpflichtungen absehen, wenn eine Anhörung der betroffenen Kreise ergibt, dass diese Dienstemerkmale oder vergleichbare Dienste als weithin verfügbar erachtet werden.

(3) [1]Die Anbieter öffentlich zugänglicher Telefondienste stellen jederzeit verfügbare Vermittlungsdienste für gehörlose und hörgeschädigte Endnutzer zu einem erschwinglichen Preis unter Berücksichtigung ihrer besonderen Bedürfnisse bereit. [2]Die Bundesnetzagentur ermittelt den Bedarf für diese Vermittlungsdienste unter Beteiligung der betroffenen Verbände und der Unternehmen. [3]Soweit Unternehmen keinen bedarfsgerechten Vermittlungsdienst bereitstellen, beauftragt die Bundesnetzagentur einen Leistungserbringer mit der Bereitstellung eines Vermittlungsdienstes zu einem erschwinglichen Preis. [4]Die mit dieser Bereitstellung nicht durch die vom Nutzer zu zahlenden Entgelte gedeckten Kosten tragen die Unternehmen, die keinen bedarfsgerechten Vermittlungsdienst bereitstellen. [5]Der jeweils von einem Unternehmen zu tragende Anteil an diesen Kosten bemisst sich nach dem Verhältnis des Anteils der vom jeweiligen Unternehmen erbrachten abgehenden Verbindungen zum Gesamtvolumen der von allen zahlungspflichtigen Unternehmen erbrachten abgehenden Verbindungen und wird von der Bundesnetzagentur festgesetzt. [6]Die Zahlungspflicht entfällt für Unternehmen, die weniger als 0,5 Prozent des Gesamtvolumens der abgehenden Verbindungen erbracht haben; der auf diese Unternehmen entfallende Teil der Kosten wird von den übrigen Unternehmen nach Maßgabe des Satzes 5 getragen. [7]Die Bundesnetzagentur legt die Einzelheiten des Verfahrens durch Verfügung fest.

§ 45a Nutzung von Grundstücken

(1) Ein Anbieter von öffentlich zugänglichen Telekommunikationsdiensten, der einen Zugang zu einem öffentlichen Telekommunikationsnetz anbietet, darf den Vertrag mit dem Teilnehmer ohne Einhaltung einer Frist kündigen, wenn der Teilnehmer auf Verlangen des Anbieters nicht innerhalb eines Monats den Antrag des dinglich Berechtigten auf Abschluss eines Vertrags zu einer Nutzung des Grundstücks nach der Anlage zu diesem Gesetz (Nutzungsvertrag) vorlegt oder der dinglich Berechtigte den Nutzungsvertrag kündigt.

(2) Sind der Antrag fristgerecht vorgelegt und ein früherer Nutzungsvertrag nicht gekündigt worden, darf der Teilnehmer den Vertrag ohne Einhaltung einer Frist kündigen, wenn der Anbieter von öffentlich zugänglichen Telekommunikationsdiensten den Antrag des Eigentümers auf Abschluss eines Nutzungsvertrags diesem gegenüber nicht innerhalb eines Monats durch Übersendung des von ihm unterschriebenen Vertrags annimmt.

(3) [1]Sofern der Eigentümer keinen weiteren Nutzungsvertrag geschlossen hat und eine Mitbenutzung vorhandener Leitungen und Vorrichtungen des Anbieters von öffentlich zugänglichen Telekommunikationsdiensten durch einen weiteren Anbieter nicht die vertragsgemäße Erfüllung der Verpflichtungen des Anbieters gefährdet oder beeinträchtigt, hat der aus dem Nutzungsvertrag berechtigte Anbieter einem anderen Anbieter auf Verlangen die Mitbenutzung der auf dem Grundstück und in den darauf befindlichen Gebäuden verlegten Leitungen und angebrachten Vorrichtungen des Anbieters zu gewähren. [2]Der Anbieter darf für die Mitbenutzung ein Entgelt erheben, das sich an den Kosten der effizienten Leistungsbereitstellung orientiert.

(4) Geht das Eigentum des Grundstücks auf einen Dritten über, gilt § 566 des Bürgerlichen Gesetzbuchs entsprechend.

§ 45b Entstörungsdienst

Der Teilnehmer kann von einem Anbieter eines öffentlich zugänglichen Telefondienstes verlangen, dass dieser einer Störung unverzüglich, auch nachts und an Sonn- und Feiertagen, nachgeht, wenn der Anbieter von öffentlich zugänglichen Telekommunikationsdiensten über beträchtliche Marktmacht verfügt.

§ 45c Normgerechte technische Dienstleistung

(1) Der Anbieter von öffentlich zugänglichen Telekommunikationsdiensten ist gegenüber dem Teilnehmer verpflichtet, die nach Artikel 17 Absatz 4 der Richtlinie 2002/21/EG verbindlich geltenden Normen für und die technischen Anforderungen an die Bereitstellung von Telekommunikation für Endnutzer einzuhalten.

(2) Die Bundesnetzagentur soll auf die verbindlichen Normen und technischen Anforderungen in Veröffentlichungen hinweisen.

§ 45d Netzzugang

(1) ¹Der Zugang zu öffentlichen Telekommunikationsnetzen an festen Standorten ist an einer mit dem Teilnehmer zu vereinbarenden, geeigneten Stelle zu installieren. ²Dieser Zugang ist ein passiver Netzabschlusspunkt; das öffentliche Telekommunikationsnetz endet am passiven Netzabschlusspunkt.

(2) ¹Der Teilnehmer kann von dem Anbieter öffentlich zugänglicher Telefondienste und von dem Anbieter des Anschlusses an das öffentliche Telekommunikationsnetz verlangen, dass die Nutzung seines Netzzugangs für bestimmte Rufnummernbereiche im Sinne von § 3 Nummer 18a unentgeltlich netzseitig gesperrt wird, soweit dies technisch möglich ist. ²Die Freischaltung der gesperrten Rufnummernbereiche kann kostenpflichtig sein.

(3) Der Teilnehmer kann von dem Anbieter öffentlich zugänglicher Mobilfunkdienste und von dem Anbieter des Anschlusses an das öffentliche Mobilfunknetz verlangen, dass die Identifizierung seines Mobilfunkanschlusses zur Inanspruchnahme und Abrechnung einer neben der Verbindung erbrachten Leistung unentgeltlich netzseitig gesperrt wird.

(4) ¹Die Bundesnetzagentur legt nach Anhörung der betroffenen Unternehmen, Fachkreise und Verbraucherverbände Verfahren fest, die die Anbieter öffentlich zugänglicher Mobilfunkdienste und die Anbieter des Anschlusses an das öffentliche Mobilfunknetz anwenden müssen, um die Identifizierung eines Mobilfunkanschlusses zur Inanspruchnahme und Abrechnung einer neben der Verbindung erbrachten Leistung zu nutzen. ²Diese Verfahren sollen den Teilnehmer wirksam davor schützen, dass eine neben der Verbindung erbrachte Leistung gegen seinen Willen in Anspruch genommen und abgerechnet wird. ³Die Bundesnetzagentur veröffentlicht die Verfahren und überprüft sie in regelmäßigen Abständen auf ihre Wirksamkeit.

§ 45e Anspruch auf Einzelverbindungsnachweis

(1) ¹Der Teilnehmer kann von dem Anbieter von öffentlich zugänglichen Telekommunikationsdiensten jederzeit mit Wirkung für die Zukunft eine nach Einzelverbindungen aufgeschlüsselte Rechnung (Einzelverbindungsnachweis) verlangen, die zumindest die Angaben enthält, die für eine Nachprüfung der Teilbeträge der Rechnung erforderlich sind. ²Dies gilt nicht, soweit technische Hindernisse der Erteilung von Einzelverbindungsnachweisen entgegenstehen oder wegen der Art der Leistung eine Rechnung grundsätzlich nicht erteilt wird. ³Die Rechtsvorschriften zum Schutz personenbezogener Daten bleiben unberührt.

(2) ¹Die Einzelheiten darüber, welche Angaben in der Regel mindestens für einen Einzelverbindungsnachweis nach Absatz 1 Satz 1 erforderlich und in welcher Form diese Angaben jeweils mindestens zu erteilen sind, kann die Bundesnetzagentur durch Verfügung im Amtsblatt festlegen. ²Der Teilnehmer kann einen auf diese Festlegungen beschränkten Einzelverbindungsnachweis verlangen, für den kein Entgelt erhoben werden darf.

§ 45f Vorausbezahlte Leistung

¹Der Teilnehmer muss die Möglichkeit haben, auf Vorauszahlungsbasis Zugang zum öffentlichen Telekommunikationsnetz zu erhalten oder öffentlich zugängliche Telefondienste in Anspruch nehmen zu können. ²Die Einzelheiten kann die Bundesnetzagentur durch Verfügung im Amtsblatt festlegen. ³Für den Fall, dass eine entsprechende Leistung nicht angeboten wird, schreibt die Bundesnetzagentur die Leistung aus. ⁴Für das Verfahren gilt § 81 Abs. 2, 4 und 5 entsprechend.

§ 45g Verbindungspreisberechnung

(1) Bei der Abrechnung ist der Anbieter von öffentlich zugänglichen Telekommunikationsdiensten verpflichtet,

1. die Dauer und den Zeitpunkt zeitabhängig tarifierter Verbindungen von öffentlich zugänglichen Telekommunikationsdiensten unter regelmäßiger Abgleichung mit einem amtlichen Zeitnormal zu ermitteln,

2. die für die Tarifierung relevanten Entfernungszonen zu ermitteln,

3. die übertragene Datenmenge bei volumenabhängig tarifierten Verbindungen von öffentlich zugänglichen Telekommunikationsdiensten nach einem nach Absatz 3 vorgegebenen Verfahren zu ermitteln und

4. die Systeme, Verfahren und technischen Einrichtungen, mit denen auf der Grundlage der ermittelten Verbindungsdaten die Entgeltforderungen berechnet werden, einer regelmäßigen Kontrolle auf Abrechnungsgenauigkeit und Übereinstimmung mit den vertraglich vereinbarten Entgelten zu unterziehen.

(2) ¹Die Voraussetzungen nach Absatz 1 Nr. 1, 2 und 3 sowie Abrechnungsgenauigkeit und Entgeltrichtigkeit der Datenverarbeitungseinrichtungen nach Absatz 1 Nr. 4 sind durch ein Qualitätssicherungssys-

tem sicherzustellen oder einmal jährlich durch öffentlich bestellte und vereidigte Sachverständige oder vergleichbare Stellen überprüfen zu lassen. ²Zum Nachweis der Einhaltung dieser Bestimmung ist der Bundesnetzagentur die Prüfbescheinigung einer akkreditierten Zertifizierungsstelle für Qualitätssicherungssysteme oder das Prüfergebnis eines öffentlich bestellten und vereidigten Sachverständigen vorzulegen.

(3) Die Bundesnetzagentur legt im Benehmen mit dem Bundesamt für Sicherheit in der Informationstechnik Anforderungen an die Systeme und Verfahren zur Ermittlung des Entgelts volumenabhängig tarifierter Verbindungen nach Absatz 1 Nr. 2, 3 und 4 nach Anhörung der betroffenen Unternehmen, Fachkreise und Verbraucherverbände durch Verfügung im Amtsblatt fest.

§ 45h Rechnungsinhalt, Teilzahlungen

(1) ¹Soweit ein Anbieter von öffentlich zugänglichen Telekommunikationsdiensten dem Teilnehmer eine Rechnung stellt, die auch Entgelte für Leistungen Dritter ausweist, muss die Rechnung des Anbieters in einer hervorgehobenen und deutlich gestalteten Form Folgendes enthalten:

1. die konkrete Bezeichnung der in Rechnung gestellten Leistungen,
2. die Namen und ladungsfähigen Anschriften beteiligter Anbieter von Netzdienstleistungen,
3. einen Hinweis auf den Informationsanspruch des Teilnehmers nach § 45p,
4. die kostenfreien Kundendiensttelefonnummern der Anbieter von Netzdienstleistungen und des rechnungsstellenden Anbieters, unter denen der Teilnehmer die Informationen nach § 45p erlangen kann,
5. die Gesamthöhe der auf jeden Anbieter entfallenden Entgelte. ²§ 45e bleibt unberührt. ³Zahlt der Teilnehmer den Gesamtbetrag der Rechnung an den rechnungsstellenden Anbieter, so befreit ihn diese Zahlung von der Zahlungsverpflichtung auch gegenüber den anderen auf der Rechnung aufgeführten Anbietern.

(2) Hat der Teilnehmer vor oder bei der Zahlung nichts Anderes bestimmt, so sind Teilzahlungen des Teilnehmers an den rechnungsstellenden Anbieter auf die in der Rechnung ausgewiesenen Forderungen nach ihrem Anteil an der Gesamtforderung der Rechnung zu verrechnen.

(3) Das rechnungsstellende Unternehmen muss den Rechnungsempfänger in der Rechnung darauf hinweisen, dass dieser berechtigt ist, begründete Einwendungen gegen einzelne in der Rechnung gestellte Forderungen zu erheben.

(4) *[aufgehoben]*

(5) Die Einzelheiten darüber, welche Angaben nach Absatz 1 Satz 1 Nummer 3 auf der Rechnung mindestens für einen transparenten und nachvollziehbaren Hinweis auf den Informationsanspruch des Teilnehmers nach § 45p erforderlich sind, kann die Bundesnetzagentur durch Verfügung im Amtsblatt festlegen.

§ 45i Beanstandungen

(1) ¹Der Teilnehmer kann eine ihm von dem Anbieter von Telekommunikationsdiensten erteilte Abrechnung innerhalb einer Frist von mindestens acht Wochen nach Zugang der Rechnung beanstanden. ²Im Falle der Beanstandung hat der Anbieter das in Rechnung gestellte Verbindungsaufkommen unter Wahrung der datenschutzrechtlichen Belange etwaiger weiterer Nutzer des Anschlusses als Entgeltnachweis nach den einzelnen Verbindungsdaten aufzuschlüsseln und eine technische Prüfung durchzuführen, es sei denn, die Beanstandung ist nachweislich nicht auf einen technischen Mangel zurückzuführen. ³Der Teilnehmer kann innerhalb der Beanstandungsfrist verlangen, dass ihm der Entgeltnachweis und die Ergebnisse der technischen Prüfung vorgelegt werden. ⁴Erfolgt eine nach Satz 3 verlangte Vorlage nicht binnen acht Wochen nach einer Beanstandung, erlöschen bis dahin entstandene Ansprüche aus Verzug; die mit der Abrechnung geltend gemachte Forderung wird mit der nach Satz 3 verlangten Vorlage fällig. ⁵Die Bundesnetzagentur veröffentlicht, welche Verfahren zur Durchführung der technischen Prüfung geeignet sind.

(2) ¹Soweit aus technischen Gründen keine Verkehrsdaten gespeichert oder für den Fall, dass keine Beanstandungen erhoben wurden, gespeicherte Daten nach Verstreichen der in Absatz 1 Satz 1 geregelten oder mit dem Anbieter vereinbarten Frist oder auf Grund rechtlicher Verpflichtungen gelöscht worden sind, trifft den Anbieter weder eine Nachweispflicht für die erbrachten Verbindungsleistungen noch die Auskunftspflicht nach Absatz 1 für die Einzelverbindungen. ²Satz 1 gilt entsprechend, soweit der Teilnehmer nach einem deutlich erkennbaren Hinweis auf die Folgen nach Satz 1 verlangt hat, dass Verkehrsdaten gelöscht oder nicht gespeichert werden.

(3) ¹Dem Anbieter von öffentlich zugänglichen Telekommunikationsdiensten obliegt der Nachweis, dass er den Telekommunikationsdienst oder den Zugang zum Telekommunikationsnetz bis zu dem Übergabepunkt, an dem dem Teilnehmer der Netzzugang bereitgestellt wird, technisch fehlerfrei erbracht hat. ²Ergibt die technische Prüfung nach Absatz 1 Mängel, die sich auf die Berechnung des beanstandeten

Entgelts zu Lasten des Teilnehmers ausgewirkt haben können, oder wird die technische Prüfung später als zwei Monate nach der Beanstandung durch den Teilnehmer abgeschlossen, wird widerleglich vermutet, dass das in Rechnung gestellte Verbindungsaufkommen des jeweiligen Anbieters von öffentlich zugänglichen Telekommunikationsdiensten unrichtig ermittelt ist.

(4) [1]Soweit der Teilnehmer nachweist, dass ihm die Inanspruchnahme von Leistungen des Anbieters nicht zugerechnet werden kann, hat der Anbieter keinen Anspruch auf Entgelt gegen den Teilnehmer. [2]Der Anspruch entfällt auch, soweit Tatsachen die Annahme rechtfertigen, dass Dritte durch unbefugte Veränderungen an öffentlichen Telekommunikationsnetzen das in Rechnung gestellte Verbindungsentgelt beeinflusst haben.

§ 45j Entgeltpflicht bei unrichtiger Ermittlung des Verbindungsaufkommens

(1) [1]Kann im Falle des § 45i Abs. 3 Satz 2 das tatsächliche Verbindungsaufkommen nicht festgestellt werden, hat der Anbieter von öffentlich zugänglichen Telekommunikationsdiensten gegen den Teilnehmer Anspruch auf den Betrag, den der Teilnehmer in den vorangegangenen sechs Abrechnungszeiträumen durchschnittlich als Entgelt für einen entsprechenden Zeitraum zu entrichten hatte. [2]Dies gilt nicht, wenn der Teilnehmer nachweist, dass er in dem Abrechnungszeitraum den Netzzugang nicht oder in geringerem Umfang als nach der Durchschnittsberechnung genutzt hat. [3]Die Sätze 1 und 2 gelten entsprechend, wenn nach den Umständen erhebliche Zweifel bleiben, ob dem Teilnehmer die Inanspruchnahme von Leistungen des Anbieters zugerechnet werden kann.

(2) [1]Soweit in der Geschäftsbeziehung zwischen Anbieter und Teilnehmer weniger als sechs Abrechnungszeiträume unbeanstandet geblieben sind, wird die Durchschnittsberechnung nach Absatz 1 auf die verbleibenden Abrechnungszeiträume gestützt. [2]Bestand in den entsprechenden Abrechnungszeiträumen eines Vorjahres bei vergleichbaren Umständen durchschnittlich eine niedrigere Entgeltforderung, tritt dieser Betrag an die Stelle des nach Satz 1 berechneten Durchschnittsbetrags.

(3) Fordert der Anbieter ein Entgelt auf der Grundlage einer Durchschnittsberechnung, so gilt das von dem Teilnehmer auf die beanstandete Forderung zu viel gezahlte Entgelt spätestens zwei Monate nach der Beanstandung als fällig.

§ 45k Sperre

(1) [1]Der Anbieter öffentlich zugänglicher Telefondienste darf zu erbringende Leistungen an einen Teilnehmer unbeschadet anderer gesetzlicher Vorschriften nur nach Maßgabe der Absätze 2 bis 5 und nach § 45o Satz 3 ganz oder teilweise verweigern (Sperre). [2]§ 108 Abs. 1 bleibt unberührt.

(2) [1]Wegen Zahlungsverzugs darf der Anbieter eine Sperre durchführen, wenn der Teilnehmer nach Abzug etwaiger Anzahlungen mit Zahlungsverpflichtungen von mindestens 75 Euro in Verzug ist und der Anbieter die Sperre mindestens zwei Wochen zuvor schriftlich angedroht und dabei auf die Möglichkeit des Teilnehmers, Rechtsschutz vor den Gerichten zu suchen, hingewiesen hat. [2]Bei der Berechnung der Höhe des Betrags nach Satz 1 bleiben nicht titulierte Forderungen, die der Teilnehmer form- und fristgerecht und schlüssig begründet beanstandet hat, außer Betracht. [3]Ebenso bleiben nicht titulierte bestrittene Forderungen Dritter im Sinne des § 45h Absatz 1 Satz 1 außer Betracht. [4]Dies gilt auch dann, wenn diese Forderungen abgetreten worden sind. [5]Die Bestimmungen der Sätze 2 bis 4 gelten nicht, wenn der Anbieter den Teilnehmer zuvor zur vorläufigen Zahlung eines Durchschnittsbetrags nach § 45j aufgefordert und der Teilnehmer diesen nicht binnen zwei Wochen gezahlt hat.

(3) Der Anbieter darf seine Leistung einstellen, sobald die Kündigung des Vertragsverhältnisses wirksam wird.

(4) Der Anbieter darf eine Sperre durchführen, wenn wegen einer im Vergleich zu den vorangegangenen sechs Abrechnungszeiträumen besonderen Steigerung des Verbindungsaufkommens auch die Höhe der Entgeltforderung des Anbieters in besonderem Maße ansteigt und Tatsachen die Annahme rechtfertigen, dass der Teilnehmer diese Entgeltforderung beanstanden wird.

(5) [1]Die Sperre ist, soweit technisch möglich und dem Anlass nach sinnvoll, auf bestimmte Leistungen zu beschränken. [2]Sie darf nur aufrechterhalten werden, solange der Grund für die Sperre fortbesteht. [3]Eine auch ankommende Telekommunikationsverbindung erfassende Vollsperrung des Netzzugangs darf frühestens eine Woche nach Sperrung abgehender Telekommunikationsverbindungen erfolgen.

§ 45l Dauerschuldverhältnisse bei Kurzwahldiensten

(1) [1]Der Teilnehmer kann von dem Anbieter einer Dienstleistung, die zusätzlich zu einem öffentlich zugänglichen Telekommunikationsdienst erbracht wird, einen kostenlosen Hinweis verlangen, sobald dessen Entgeltansprüche aus Dauerschuldverhältnissen für Kurzwahldienste im jeweiligen Kalendermonat eine Summe von 20 Euro überschreiten. [2]Der Anbieter ist nur zur unverzüglichen Absendung des Hinweises verpflichtet. [3]Für Kalendermonate, vor deren Beginn der Teilnehmer einen Hinweis nach

Satz 1 verlangt hat und in denen der Hinweis unterblieben ist, kann der Anbieter nach Satz 1 den 20 Euro überschreitenden Betrag nicht verlangen.

(2) [1]Der Teilnehmer kann ein Dauerschuldverhältnis für Kurzwahldienste zum Ende eines Abrechnungszeitraumes mit einer Frist von einer Woche gegenüber dem Anbieter kündigen. [2]Der Abrechnungszeitraum darf die Dauer eines Monats nicht überschreiten. [3]Abweichend von Satz 1 kann der Teilnehmer ein Dauerschuldverhältnis für Kurzwahldienste, das ereignisbasiert ist, jederzeit und ohne Einhaltung einer Frist gegenüber dem Anbieter kündigen.

(3) [1]Vor dem Abschluss von Dauerschuldverhältnissen für Kurzwahldienste, bei denen für die Entgeltansprüche des Anbieters jeweils der Eingang elektronischer Nachrichten beim Teilnehmer maßgeblich ist, hat der Anbieter dem Teilnehmer eine deutliche Information über die wesentlichen Vertragsbestandteile anzubieten. [2]Zu den wesentlichen Vertragsbestandteilen gehören insbesondere der zu zahlende Preis einschließlich Steuern und Abgaben je eingehender Kurzwahlsendung, der Abrechnungszeitraum, die Höchstzahl der eingehenden Kurzwahlsendungen im Abrechnungszeitraum, sofern diese Angaben nach Art der Leistung möglich sind, das jederzeitige Kündigungsrecht sowie die notwendigen praktischen Schritte für eine Kündigung. [3]Ein Dauerschuldverhältnis für Kurzwahldienste entsteht nicht, wenn der Teilnehmer den Erhalt der Informationen nach Satz 1 nicht bestätigt; dennoch geleistete Zahlungen des Teilnehmers an den Anbieter sind zurückzuzahlen.

§ 45m Aufnahme in öffentliche Teilnehmerverzeichnisse

(1) [1]Der Teilnehmer kann von seinem Anbieter eines öffentlichen Telefondienstes jederzeit verlangen, mit seiner Rufnummer, seinem Namen, seinem Vornamen und seiner Anschrift in ein allgemein zugängliches, nicht notwendig anbietereigenes Teilnehmerverzeichnis unentgeltlich eingetragen zu werden oder seinen Eintrag wieder löschen zu lassen. [2]Einen unrichtigen Eintrag hat der Anbieter zu berichtigen. [3]Der Teilnehmer kann weiterhin jederzeit verlangen, dass Mitbenutzer seines Zugangs mit Namen und Vornamen eingetragen werden, soweit Rechtsvorschriften zum Schutz personenbezogener Daten nicht entgegenstehen; für diesen Eintrag darf ein Entgelt erhoben werden.

(2) Die Ansprüche nach Absatz 1 stehen auch Wiederverkäufern von Sprachkommunikationsdienstleistungen für deren Teilnehmer zu.

(3) Die Absätze 1 und 2 gelten entsprechend für die Aufnahme in Verzeichnisse für Auskunftsdienste.

§ 45n Transparenz, Veröffentlichung von Informationen und zusätzliche Dienstemerkmale zur Kostenkontrolle

(1) Das Bundesministerium für Wirtschaft und Energie wird ermächtigt, im Einvernehmen mit dem Bundesministerium des Innern, für Bau und Heimat, dem Bundesministerium der Justiz und für Verbraucherschutz sowie dem Bundesministerium für Verkehr und digitale Infrastruktur durch Rechtsverordnung mit Zustimmung des Bundestages Rahmenvorschriften zur Förderung der Transparenz sowie zur Veröffentlichung von Informationen und zusätzlichen Dienstemerkmalen zur Kostenkontrolle auf dem Telekommunikationsmarkt zu erlassen.

(2) In der Rechtsverordnung nach Absatz 1 können Anbieter von öffentlichen Telekommunikationsnetzen und Anbieter öffentlich zugänglicher Telekommunikationsdienste verpflichtet werden, dem Verbraucher und auf Verlangen anderen Endnutzern transparente, vergleichbare, ausreichende und aktuelle Informationen bereitzustellen:

1. über geltende Preise und Tarife,
2. über den Vertragsbeginn, die noch verbleibende Vertragslaufzeit und die bei Vertragskündigung anfallenden Gebühren,
3. über Standardbedingungen für den Zugang zu den von ihnen für Endnutzer und Verbraucher bereitgestellten Diensten und deren Nutzung,
4. über die Dienstqualität einschließlich eines Angebotes zur Überprüfbarkeit der Datenübertragungsrate,
5. über die Maßnahmen, die zur Gewährleistung der Gleichwertigkeit beim Zugang für behinderte Endnutzer getroffen worden sind und
6. über die tatsächliche, standortbezogene Mobilfunknetzabdeckung, einschließlich einer Kartendarstellung zur aktuellen Netzabdeckung.

(3) Im Rahmen des Absatzes 2 Nummer 3 können Anbieter von öffentlichen Telekommunikationsnetzen und Anbieter öffentlich zugänglicher Telekommunikationsdienste verpflichtet werden, dem Verbraucher und auf Verlangen anderen Endnutzern Folgendes bereitzustellen:

1. den Namen und die ladungsfähige Anschrift, bei juristischen Personen auch die Rechtsform, den Sitz und das zuständige Registergericht,

2. den Umfang der angebotenen Dienste einschließlich der Bedingungen für Datenvolumenbeschränkungen,

3. Einzelheiten zu den Preisen der angebotenen Dienste, Dienstemerkmalen und Wartungsdiensten einschließlich etwaiger besonderer Preise für bestimmte Endnutzergruppen sowie Kosten für Endeinrichtungen,

4. Einzelheiten zu ihren Entschädigungs- und Erstattungsregelungen und deren Handhabung,

5. ihre Allgemeinen Geschäftsbedingungen und die von ihnen angebotenen Mindestvertragslaufzeiten, die Voraussetzungen für einen Anbieterwechsel nach § 46, Kündigungsbedingungen sowie Verfahren und direkte Entgelte im Zusammenhang mit der Übertragung von Rufnummern oder anderen Kennungen,

6. allgemeine und anbieterbezogene Informationen über die Verfahren zur Streitbeilegung und

7. Informationen über grundlegende Rechte der Endnutzer von Telekommunikationsdiensten, insbesondere

 a) zu Einzelverbindungsnachweisen,

 b) zu beschränkten und für den Endnutzer kostenlosen Sperren abgehender Verbindungen oder von Kurzwahl-Datendiensten oder, soweit technisch möglich, anderer Arten ähnlicher Anwendungen,

 c) zur Nutzung öffentlicher Telekommunikationsnetze gegen Vorauszahlung,

 d) zur Verteilung der Kosten für einen Netzanschluss auf einen längeren Zeitraum,

 e) zu den Folgen von Zahlungsverzug für mögliche Sperren und

 f) zu den Dienstemerkmalen Tonwahl- und Mehrfrequenzwahlverfahren und Anzeige der Rufnummer des Anrufers.

(4) [1]In der Rechtsverordnung nach Absatz 1 können Anbieter von öffentlichen Telekommunikationsnetzen und Anbieter öffentlich zugänglicher Telekommunikationsdienste unter anderem verpflichtet werden,

1. bei Nummern oder Diensten, für die eine besondere Preisgestaltung gilt, den Teilnehmern die dafür geltenden Tarife anzugeben; für einzelne Kategorien von Diensten kann verlangt werden, diese Informationen unmittelbar vor Herstellung der Verbindung bereitzustellen,

2. die Teilnehmer über jede Änderung des Zugangs zu Notdiensten oder der Angaben zum Anruferstandort bei dem Dienst, bei dem sie angemeldet sind, zu informieren,

3. die Teilnehmer über jede Änderung der Einschränkungen im Hinblick auf den Zugang zu und die Nutzung von Diensten und Anwendungen zu informieren,

4. Informationen bereitzustellen über alle vom Betreiber zur Messung und Kontrolle des Datenverkehrs eingerichteten Verfahren, um eine Kapazitätsauslastung oder Überlastung einer Netzverbindung zu vermeiden, und über die möglichen Auswirkungen dieser Verfahren auf die Dienstqualität,

5. nach Artikel 12 der Richtlinie 2002/58/EG die Teilnehmer über ihr Recht auf eine Entscheidung über Aufnahme oder Nichtaufnahme ihrer personenbezogenen Daten in ein Teilnehmerverzeichnis und über die Art der betreffenden Daten zu informieren sowie

6. behinderte Teilnehmer regelmäßig über Einzelheiten der für sie bestimmten Produkte und Dienste zu informieren.

[2]Falls dies als zweckdienlich erachtet wird, können in der Verordnung auch Verfahren zur Selbst- oder Koregulierung vorgesehen werden.

(5) [1]Die Informationen sind in klarer, verständlicher und leicht zugänglicher Form dem Verbraucher und auf Verlangen anderen Endnutzern bereitzustellen. [2]In der Rechtsverordnung nach Absatz 1 können hinsichtlich Ort und Form der Bereitstellung weitere Anforderungen festgelegt werden.

(6) [1]In der Rechtsverordnung nach Absatz 1 können Anbieter öffentlich zugänglicher Telefondienste und Anbieter öffentlicher Telekommunikationsnetze verpflichtet werden,

1. eine Einrichtung anzubieten, mit der der Teilnehmer auf Antrag bei den Anbietern abgehende Verbindungen oder Kurzwahl-Datendienste oder andere Arten ähnlicher Anwendungen oder bestimmte Arten von Nummern kostenlos sperren lassen kann,

2. eine Einrichtung anzubieten, mit der der Teilnehmer bei seinem Anbieter die Identifizierung eines Mobilfunkanschlusses zur Inanspruchnahme und Abrechnung einer neben der Verbindung erbrachten Leistung unentgeltlich netzseitig sperren lassen kann,

3. Verbrauchern einen Anschluss an das öffentliche Telekommunikationsnetz auf der Grundlage zeitlich gestreckter Zahlungen zu gewähren,

4. eine Einrichtung anzubieten, mit der der Teilnehmer vom Anbieter Informationen über etwaige preisgünstigere alternative Tarife des jeweiligen Unternehmens anfordern kann, oder

5. eine geeignete Einrichtung anzubieten, um die Kosten öffentlich zugänglicher Telekommunikationsdienste zu kontrollieren, einschließlich unentgeltlicher Warnhinweise für die Verbraucher bei

anormalem oder übermäßigem Verbraucherverhalten, die sich an Artikel 6a Absatz 1 bis 3 der Verordnung (EG) Nr. 717/2007 des Europäischen Parlaments und des Rates vom 27. Juni 2007 über das Roaming in öffentlichen Mobilfunknetzen in der Gemeinschaft und zur Änderung der Richtlinie 2002/21/EG (ABl. L 171 vom 29.6.2007, S. 32), die zuletzt durch die Verordnung (EG) Nr. 544/2009 (ABl. L 167 vom 29.6.2009, S. 12) geändert worden ist, orientiert. [2]Eine Verpflichtung zum Angebot der zusätzlichen Dienstemerkmale nach Satz 1 kommt nach Berücksichtigung der Ansichten der Betroffenen nicht in Betracht, wenn bereits in ausreichendem Umfang Zugang zu diesen Dienstemerkmalen besteht.

(7) [1]Das Bundesministerium für Wirtschaft und Energie kann im Einvernehmen mit dem Bundesministerium für Verkehr und digitale Infrastruktur die Ermächtigung nach Absatz 1 durch Rechtsverordnung an die Bundesnetzagentur übertragen. [2]Eine Rechtsverordnung der Bundesnetzagentur bedarf des Einvernehmens mit dem Bundesministerium für Wirtschaft und Energie, dem Bundesministerium des Innern, für Bau und Heimat, dem Bundesministerium der Justiz und für Verbraucherschutz, dem Bundesministerium für Verkehr und digitale Infrastruktur und dem Bundestag.

(8) [1]Die Bundesnetzagentur kann in ihrem Amtsblatt oder auf ihrer Internetseite jegliche Information veröffentlichen, die für Endnutzer Bedeutung haben kann. [2]Die Bundesnetzagentur veröffentlicht auf ihrer Internetseite die von den Mobilfunknetzbetreibern übermittelten Informationen über die tatsächliche, standortbezogene Mobilfunknetzabdeckung einschließlich lokaler Schwerpunkte für Verbindungsabbrüche bei der Sprachtelefonie. [3]Sonstige Rechtsvorschriften, namentlich zum Schutz personenbezogener Daten und zum Presserecht, bleiben unberührt. [4]Die Bundesnetzagentur kann zur Bereitstellung von vergleichbaren Informationen nach Absatz 1 interaktive Führer oder ähnliche Techniken selbst oder über Dritte bereitstellen, wenn diese auf dem Markt nicht kostenlos oder zu einem angemessenen Preis zur Verfügung stehen. [5]Zur Bereitstellung nach Satz 3 ist die Nutzung der von Anbietern von Telekommunikationsnetzen und von Anbietern öffentlich zugänglicher Telekommunikationsdienste veröffentlichten Informationen für die Bundesnetzagentur oder für Dritte kostenlos.

§ 45o Rufnummernmissbrauch

[1]Wer Rufnummern in seinem Telekommunikationsnetz einrichtet, hat den Zuteilungsnehmer schriftlich darauf hinzuweisen, dass die Übersendung und Übermittlung von Informationen, Sachen oder sonstige Leistungen unter bestimmten Umständen gesetzlich verboten ist. [2]Hat er gesicherte Kenntnis davon, dass eine in seinem Telekommunikationsnetz eingerichtete Rufnummer unter Verstoß gegen Satz 1 genutzt wird, ist er verpflichtet, unverzüglich Maßnahmen zu ergreifen, die geeignet sind, eine Wiederholung zu verhindern. [3]Bei wiederholten oder schwerwiegenden Verstößen gegen gesetzliche Verbote ist der Anbieter nach erfolgloser Abmahnung unter kurzer Fristsetzung verpflichtet, die Rufnummer zu sperren.

§ 45p Auskunftsanspruch über zusätzliche Leistungen

(1) [1]Stellt der Anbieter von öffentlich zugänglichen Telekommunikationsdiensten dem Teilnehmer eine Rechnung, die auch Entgelte für Leistungen Dritter ausweist, so muss er dem Teilnehmer auf Verlangen unverzüglich kostenfrei folgende Informationen zur Verfügung stellen:

1. die Namen und ladungsfähigen Anschriften der Dritten,
2. bei Diensteanbietern mit Sitz im Ausland zusätzlich die ladungsfähige Anschrift eines allgemeinen Zustellungsbevollmächtigten im Inland.

[2]Die gleiche Verpflichtung trifft auch den beteiligten Anbieter von Netzdienstleistungen.

(2) Der verantwortliche Anbieter einer neben der Verbindung erbrachten Leistung muss auf Verlangen des Teilnehmers diesen über den Grund und Gegenstand des Entgeltanspruchs, der nicht ausschließlich Gegenleistung einer Verbindungsleistung ist, insbesondere über die Art der erbrachten Leistung, unterrichten.

§ 46 Anbieterwechsel und Umzug

(1) [1]Die Anbieter von öffentlich zugänglichen Telekommunikationsdiensten und die Betreiber öffentlicher Telekommunikationsnetze müssen bei einem Anbieterwechsel sicherstellen, dass die Leistung des abgebenden Unternehmens gegenüber dem Teilnehmer nicht unterbrochen wird, bevor die vertraglichen und technischen Voraussetzungen für einen Anbieterwechsel vorliegen, es sei denn, der Teilnehmer verlangt dieses. [2]Bei einem Anbieterwechsel darf der Dienst des Teilnehmers nicht länger als einen Kalendertag unterbrochen werden. [3]Schlägt der Wechsel innerhalb dieser Frist fehl, gilt Satz 1 entsprechend.

(2) [1]Das abgebende Unternehmen hat ab Beendigung der vertraglich vereinbarten Leistung bis zum Ende der Leistungspflicht nach Absatz 1 Satz 1 gegenüber dem Teilnehmer einen Anspruch auf Entgeltzahlung. [2]Die Höhe des Entgelts richtet sich nach den ursprünglich vereinbarten Vertragsbedingungen mit der Maßgabe, dass sich die vereinbarten Anschlussentgelte um 50 Prozent reduzieren, es sei denn, das abgebende Unternehmen weist nach, dass der Teilnehmer das Scheitern des Anbieterwechsels zu vertreten

hat. [3]Das abgebende Unternehmen hat im Fall des Absatzes 1 Satz 1 gegenüber dem Teilnehmer eine taggenaue Abrechnung vorzunehmen. [4]Der Anspruch des aufnehmenden Unternehmens auf Entgeltzahlung gegenüber dem Teilnehmer entsteht nicht vor erfolgreichem Abschluss des Anbieterwechsels.

(3) [1]Um den Anbieterwechsel nach Absatz 1 zu gewährleisten, müssen Betreiber öffentlicher Telekommunikationsnetze in ihren Netzen insbesondere sicherstellen, dass Teilnehmer ihre Rufnummer unabhängig von dem Unternehmen, das den Telefondienst erbringt, wie folgt beibehalten können:

1. im Fall geografisch gebundener Rufnummern an einem bestimmten Standort und
2. im Fall nicht geografisch gebundener Rufnummern an jedem Standort.

[2]Die Regelung in Satz 1 gilt nur innerhalb der Nummernräume oder Nummerteilräume, die für einen Telefondienst festgelegt wurden. [3]Insbesondere ist die Übertragung von Rufnummern für Telefondienste an festen Standorten zu solchen ohne festen Standort und umgekehrt unzulässig.

(4) [1]Um den Anbieterwechsel nach Absatz 1 zu gewährleisten, müssen Anbieter von öffentlich zugänglichen Telekommunikationsdiensten insbesondere sicherstellen, dass ihre Endnutzer ihnen zugeteilte Rufnummern bei einem Wechsel des Anbieters von öffentlich zugänglichen Telekommunikationsdiensten entsprechend Absatz 3 beibehalten können. [2]Die technische Aktivierung der Rufnummer hat in jedem Fall innerhalb eines Kalendertages zu erfolgen. [3]Für die Anbieter öffentlich zugänglicher Mobilfunkdienste gilt Satz 1 mit der Maßgabe, dass der Endnutzer jederzeit die Übertragung der zugeteilten Rufnummer verlangen kann. [4]Der bestehende Vertrag zwischen Endnutzer und abgebendem Anbieter öffentlich zugänglicher Mobilfunkdienste bleibt davon unberührt; hierauf hat der aufnehmende Anbieter den Endnutzer vor Vertragsschluss in Textform hinzuweisen. [5]Der abgebende Anbieter ist in diesem Fall verpflichtet, den Endnutzer zuvor über alle anfallenden Kosten zu informieren. [6]Auf Verlangen hat der abgebende Anbieter dem Endnutzer eine neue Rufnummer zuzuteilen.

(5) [1]Dem Teilnehmer können nur die Kosten in Rechnung gestellt werden, die einmalig beim Wechsel entstehen. [2]Das Gleiche gilt für die Kosten, die ein Netzbetreiber einem Anbieter von öffentlich zugänglichen Telekommunikationsdiensten in Rechnung stellt. [3]Etwaige Entgelte unterliegen einer nachträglichen Regulierung nach Maßgabe des § 38 Absatz 2 bis 4.

(6) Betreiber öffentlicher Telekommunikationsnetze haben in ihren Netzen sicherzustellen, dass alle Anrufe in den europäischen Telefonnummernraum ausgeführt werden.

(7) Die Erklärung des Teilnehmers zur Einrichtung oder Änderung der Betreibervorauswahl oder die von ihm erteilte Vollmacht zur Abgabe dieser Erklärung bedarf der Textform.

(8) [1]Der Anbieter von öffentlich zugänglichen Telekommunikationsdiensten, der mit einem Verbraucher einen Vertrag über öffentlich zugängliche Telekommunikationsdienste geschlossen hat, ist verpflichtet, wenn der Verbraucher seinen Wohnsitz wechselt, die vertraglich geschuldete Leistung an dem neuen Wohnsitz des Verbrauchers ohne Änderung der vereinbarten Vertragslaufzeit und der sonstigen Vertragsinhalte zu erbringen, soweit diese dort angeboten wird. [2]Der Anbieter kann ein angemessenes Entgelt für den durch den Umzug entstandenen Aufwand verlangen, das jedoch nicht höher sein darf als das für die Schaltung eines Neuanschlusses vorgesehene Entgelt. [3]Wird die Leistung am neuen Wohnsitz nicht angeboten, ist der Verbraucher zur Kündigung des Vertrages unter Einhaltung einer Kündigungsfrist von drei Monaten zum Ende eines Kalendermonats berechtigt. [4]In jedem Fall ist der Anbieter des öffentlich zugänglichen Telekommunikationsdienstes verpflichtet, den Anbieter des öffentlich zugänglichen Telekommunikationsnetzes über den Auszug des Verbrauchers unverzüglich zu informieren, wenn der Anbieter des öffentlich zugänglichen Telekommunikationsdienstes Kenntnis vom Umzug des Verbrauchers erlangt hat.

(9) [1]Die Bundesnetzagentur kann die Einzelheiten des Verfahrens für den Anbieterwechsel und die Informationsverpflichtung nach Absatz 8 Satz 4 festlegen. [2]Dabei ist insbesondere Folgendes zu berücksichtigen:

1. das Vertragsrecht,
2. die technische Entwicklung,
3. die Notwendigkeit, dem Teilnehmer die Kontinuität der Dienstleistung zu gewährleisten, und
4. erforderlichenfalls Maßnahmen, die sicherstellen, dass Teilnehmer während des gesamten Übertragungsverfahrens geschützt sind und nicht gegen ihren Willen auf einen anderen Anbieter umgestellt werden.

[3]Für Teilnehmer, die keine Verbraucher sind und mit denen der Anbieter von öffentlich zugänglichen Telekommunikationsdiensten eine Individualvereinbarung getroffen hat, kann die Bundesnetzagentur von Absatz 1 und 2 abweichende Regelungen treffen. [4]Die Befugnisse nach Teil 2 dieses Gesetzes und nach § 77a Absatz 1 und Absatz 2 bleiben unberührt.

§ 47 Bereitstellen von Teilnehmerdaten

(1) [1]Jedes Unternehmen, das öffentlich zugängliche Telekommunikationsdienste erbringt und Rufnummern an Endnutzer vergibt, ist verpflichtet, unter Beachtung der anzuwendenden datenschutzrechtlichen Regelungen, jedem Unternehmen auf Antrag Teilnehmerdaten nach Absatz 2 Satz 4 zum Zwecke der Bereitstellung von öffentlich zugänglichen Auskunftsdiensten, Diensten zur Unterrichtung über einen individuellen Gesprächswunsch eines anderen Nutzers nach § 95 Absatz 2 Satz 1 und Teilnehmerverzeichnissen zur Verfügung zu stellen. [2]Die Überlassung der Daten hat unverzüglich und in nichtdiskriminierender Weise zu erfolgen.

(2) [1]Teilnehmerdaten sind die nach Maßgabe des § 104 in Teilnehmerverzeichnissen veröffentlichten Daten. [2]Hierzu gehören neben der Nummer sowohl die zu veröffentlichenden Daten selbst wie Name, Anschrift und zusätzliche Angaben wie Beruf, Branche, Art des Anschlusses und Mitbenutzer, soweit sie dem Unternehmen vorliegen. [3]Dazu gehören auch alle nach dem jeweiligen Stand der Technik unter Beachtung der anzuwendenden datenschutzrechtlichen Regelungen in kundengerechter Form aufbereiteten Informationen, Verknüpfungen, Zuordnungen und Klassifizierungen, die zur Veröffentlichung dieser Daten in öffentlich zugänglichen Auskunftsdiensten und Teilnehmerverzeichnissen nach Satz 1 notwendig sind. [4]Die Daten müssen vollständig und inhaltlich sowie technisch so aufbereitet sein, dass sie nach dem jeweiligen Stand der Technik ohne Schwierigkeiten in ein kundenfreundlich gestaltetes Teilnehmerverzeichnis oder eine entsprechende Auskunftsdienstedatenbank aufgenommen werden können.

(3) Ergeben sich Streitigkeiten zwischen Unternehmen über die Rechte und Verpflichtungen aus den Absätzen 1 und 2, gilt § 133 entsprechend.

(4) [1]Für die Überlassung der Teilnehmerdaten kann ein Entgelt erhoben werden; dieses unterliegt in der Regel einer nachträglichen Regulierung nach Maßgabe des § 38 Abs. 2 bis 4. [2]Ein solches Entgelt soll nur dann einer Genehmigungspflicht nach § 31 unterworfen werden, wenn das Unternehmen auf dem Markt für Endnutzerleistungen über eine beträchtliche Marktmacht verfügt.

§ 47a Schlichtung

(1) Kommt es zwischen dem Teilnehmer und einem Betreiber von öffentlichen Telekommunikationsnetzen oder einem Anbieter von öffentlich zugänglichen Telekommunikationsdiensten zum Streit darüber, ob der Betreiber oder Anbieter dem Teilnehmer gegenüber eine Verpflichtung erfüllt hat, die sich auf die Bedingungen oder die Ausführung der Verträge über die Bereitstellung dieser Netze oder Dienste bezieht und mit folgenden Regelungen zusammenhängt:

1. §§ 43a, 43b, 45 bis 46 oder den auf Grund dieser Regelungen erlassenen Rechtsverordnungen und § 84 oder

2. der Verordnung (EU) Nr. 531/2012 des Europäischen Parlaments und des Rates vom 13. Juni 2012 über das Roaming in öffentlichen Mobilfunknetzen in der Union (ABl. L 172 vom 30.6.2012, S. 10), die zuletzt durch die Verordnung (EU) 2015/2120 (ABl. L 310 vom 26.11.2015, S. 1) geändert worden ist,

3. Artikel 4 Absatz 1, 2 und 4 und Artikel 5a der Verordnung (EU) 2015/2120,

kann der Teilnehmer bei der Verbraucherschlichtungsstelle der Bundesnetzagentur durch einen Antrag ein Schlichtungsverfahren einleiten.

(2) Das Schlichtungsverfahren endet, wenn

1. der Schlichtungsantrag zurückgenommen wird,

2. der Teilnehmer und der Anbieter sich geeinigt und dies der Bundesnetzagentur mitgeteilt haben,

3. der Teilnehmer und der Anbieter übereinstimmend erklären, dass sich der Streit erledigt hat,

4. die Verbraucherschlichtungsstelle der Bundesnetzagentur dem Teilnehmer und dem Anbieter schriftlich mitteilt, dass eine Einigung im Schlichtungsverfahren nicht erreicht werden konnte, oder

5. die Verbraucherschlichtungsstelle der Bundesnetzagentur feststellt, dass Belange nach Absatz 1 nicht mehr berührt sind.

(3) [1]Die Bundesnetzagentur regelt die weiteren Einzelheiten über das Schlichtungsverfahren in einer Schlichtungsordnung, die sie veröffentlicht. [2]Die Verbraucherschlichtungsstelle der Bundesnetzagentur muss die Anforderungen nach dem Verbraucherstreitbeilegungsgesetz vom 19. Februar 2016 (BGBl. I S. 254), das durch Artikel 1 des Gesetzes vom 30. November 2019 (BGBl. I S. 1942) geändert worden ist, erfüllen. [3]Das Bundesministerium für Wirtschaft und Energie übermittelt der Zentralen Anlaufstelle für Verbraucherschlichtung die Mitteilungen nach § 32 Absatz 3 und 4 des Verbraucherstreitbeilegungsgesetzes.

§ 47b Abweichende Vereinbarungen

Von den Vorschriften dieses Teils oder der auf Grund dieses Teils erlassenen Rechtsverordnungen darf, soweit nicht ein Anderes bestimmt ist, nicht zum Nachteil des Teilnehmers abgewichen werden.

Teil 4
Rundfunkübertragung

§ 48 Interoperabilität von Fernseh- und Radiogeräten

(1) Jedes zum Verkauf, zur Miete oder anderweitig angebotene analoge Fernsehgerät mit integriertem Bildschirm, dessen sichtbare Diagonale 42 Zentimeter überschreitet, muss mit mindestens einer von einer anerkannten europäischen Normenorganisation angenommenen Schnittstellenbuchse ausgestattet sein, die den Anschluss digitaler Fernsehempfangsgeräte ermöglicht.

(2) Jedes zum Verkauf, zur Miete oder anderweitig angebotene digitale Fernsehempfangsgerät muss,

1. soweit es einen integrierten Bildschirm enthält, dessen sichtbare Diagonale 30 Zentimeter überschreitet, mit mindestens einer Schnittstellenbuchse ausgestattet sein, die von einer anerkannten europäischen Normenorganisation angenommen wurde oder einer gemeinsamen, branchenweiten, offenen Spezifikation entspricht und den Anschluss digitaler Fernsehempfangsgeräte sowie die Möglichkeit einer Zugangsberechtigung erlaubt,

2. soweit es eine Anwendungs-Programmierschnittstelle enthält, die Mindestanforderungen einer solchen Schnittstelle erfüllen, die von einer anerkannten europäischen Normenorganisation angenommen wurde oder einer gemeinsamen, branchenweiten, offenen Schnittstellenspezifikation entspricht und die Dritten unabhängig vom Übertragungsverfahren Herstellung und Betrieb eigener Anwendungen erlaubt.[1]

(3) Jedes zum Verkauf, zur Miete oder anderweitig angebotene digitale Fernsehempfangsgerät, das für den Empfang von konventionellen Fernsehsignalen und für eine Zugangsberechtigung vorgesehen ist, muss Signale darstellen können,

1. die einem einheitlichen europäischen Verschlüsselungsalgorithmus entsprechen, wie er von einer anerkannten europäischen Normenorganisation verwaltet wird,

2. die keine Zugangsberechtigung erfordern; bei Mietgeräten gilt dies nur, sofern die mietvertraglichen Bestimmungen vom Mieter eingehalten werden.

(4) [1]Jedes Autoradio, das in ein neues für die Personenbeförderung ausgelegtes und gebautes Kraftfahrzeug mit mindestens vier Rädern eingebaut wird, muss einen Empfänger nach dem jeweiligen Stand der Technik enthalten, der zumindest den Empfang und die Wiedergabe von Hörfunkdiensten unmittelbar ermöglicht, die über digitalen terrestrischen Rundfunk ausgestrahlt werden. [2]Bei Empfängern, die den harmonisierten Normen oder Teilen davon entsprechen, deren Fundstellen im Amtsblatt der Europäischen Union veröffentlicht worden sind, wird die Konformität mit der Anforderung in Satz 1, die mit den betreffenden Normen oder Teilen davon übereinstimmt, angenommen.

(5) [1]Jedes für Verbraucher bestimmte, erstmalig zum Verkauf, zur Miete oder anderweitig auf dem Markt bereitgestellte, überwiegend für den Empfang von Ton-Rundfunk bestimmte Radiogerät, das den Programmnamen anzeigen kann und nicht Absatz 4 unterfällt, muss einen Empfänger enthalten, der zumindest den Empfang und die Wiedergabe digitaler Hörfunkdienste ermöglicht. [2]Davon ausgenommen sind Bausätze für Funkanlagen, Geräte, die Teil einer Funkanlage des Amateurfunkdienstes sind und Geräte, bei denen der Hörfunkempfänger eine reine Nebenfunktion hat

§ 49 Interoperabilität der Übertragung digitaler Fernsehsignale

(1) Betreiber öffentlicher Telekommunikationsnetze, die digitale Fernsehsignale übertragen, müssen solche Signale, die ganz oder teilweise zur Darstellung im 16:9-Bildschirmformat gesendet werden, auch in diesem Format weiterverbreiten.

(2) [1]Rechteinhaber von Anwendungs-Programmierschnittstellen sind verpflichtet, Herstellern digitaler Fernsehempfangsgeräte sowie Dritten, die ein berechtigtes Interesse geltend machen, auf angemessene, chancengleiche und nichtdiskriminierende Weise und gegen angemessene Vergütung alle Informationen zur Verfügung zu stellen, die es ermöglichen, sämtliche durch die Anwendungs-Programmierschnittstellen unterstützten Dienste voll funktionsfähig anzubieten. [2]Es gelten die Kriterien der §§ 28 und 42.

(3) [1]Entsteht zwischen den Beteiligten Streit über die Einhaltung der Vorschriften der Absätze 1 und 2, kann jeder der Beteiligten die Bundesnetzagentur anrufen. [2]Die Bundesnetzagentur trifft nach Anhörung der Beteiligten innerhalb von zwei Monaten eine Entscheidung. [3]Im Rahmen dieses Verfahrens gibt die Bundesnetzagentur der zuständigen Stelle nach Landesrecht Gelegenheit zur Stellungnahme. [4]Sofern die zuständige Stelle nach Landesrecht medienrechtliche Einwendungen erhebt, trifft sie innerhalb des vorgegebenen Zeitrahmens eine entsprechende Entscheidung. [5]Die beiden Entscheidungen können in einem zusammengefassten Verfahren erfolgen.

1) Beachte die Übergangsregelung in § 150 Abs. 6.

(4) [1]Die Beteiligten müssen eine Anordnung der Bundesnetzagentur nach Absatz 3 unverzüglich befolgen, es sei denn, die Bundesnetzagentur hat eine andere Umsetzungsfrist bestimmt. [2]Zur Durchsetzung der Anordnung kann die Bundesnetzagentur nach Maßgabe des Verwaltungsvollstreckungsgesetzes ein Zwangsgeld bis zu 500 000 Euro festsetzen.

§ 50 Zugangsberechtigungssysteme

(1) Anbieter von Zugangsberechtigungssystemen müssen diese technisch so auslegen, dass sie die kostengünstige Übergabe der Kontrollfunktionen gestatten und damit Betreibern öffentlicher Telekommunikationsnetze auf lokaler oder regionaler Ebene die vollständige Kontrolle der Dienste ermöglichen, die solche Zugangsberechtigungssysteme nutzen.

(2) [1]Entschließen sich Inhaber gewerblicher Schutzrechte an Zugangsberechtigungssystemen, Lizenzen an Hersteller digitaler Fernsehempfangsgeräte zu vergeben oder an Dritte, die ein berechtigtes Interesse nachweisen, so muss dies zu chancengleichen, angemessenen und nichtdiskriminierenden Bedingungen geschehen. [2]Es gelten die Kriterien der §§ 28 und 42. [3]Die Inhaber dürfen dabei technische und wirtschaftliche Faktoren in angemessener Weise berücksichtigen. [4]Die Lizenzvergabe darf jedoch nicht von Bedingungen abhängig gemacht werden, die den Einbau

1. einer gemeinsamen Schnittstelle zum Anschluss anderer Zugangsberechtigungssysteme oder
2. spezifischer Komponenten eines anderen Zugangsberechtigungssystems aus Gründen der Transaktionssicherheit der zu schützenden Inhalte

beeinträchtigen.

(3) Anbieter und Verwender von Zugangsberechtigungssystemen müssen

1. allen Rundfunkveranstaltern die Nutzung ihrer benötigten technischen Dienste zur Nutzung ihrer Systeme sowie die dafür erforderlichen Auskünfte zu chancengleichen, angemessenen und nichtdiskriminierenden Bedingungen ermöglichen,
2. soweit sie auch für das Abrechnungssystem mit den Endnutzern verantwortlich sind, vor Abschluss eines entgeltpflichtigen Vertrages mit einem Endnutzer diesem eine Entgeltliste aushändigen,
3. über ihre Tätigkeit als Anbieter dieser Systeme eine getrennte Rechnungsführung haben,
4. vor Aufnahme sowie einer Änderung ihres Angebots die Angaben zu den Nummern 1 bis 3 sowie die einzelnen angebotenen Dienstleistungen für Endnutzer und die dafür geforderten Entgelte der Bundesnetzagentur anzeigen.

(4) [1]Die Bundesnetzagentur unterrichtet die zuständige Stelle nach Landesrecht unverzüglich über die Anzeige nach Absatz 3 Nr. 4. [2]Kommen Bundesnetzagentur oder zuständige Stelle nach Landesrecht jeweils für ihren Zuständigkeitsbereich auf Grund der Anzeige innerhalb einer Frist von zwei Monaten zu dem Ergebnis, dass das Angebot den Anforderungen nach Absatz 3 Nr. 1 bis 4 nicht entspricht, verlangen sie Änderungen des Angebots. [3]Können die Vorgaben trotz Änderungen nicht erreicht werden oder werden die Änderungen trotz Aufforderung nicht erfüllt, untersagen sie das Angebot.

(5) [1]Verfügen ein oder mehrere Anbieter oder Verwender von Zugangsberechtigungssystemen nicht über beträchtliche Marktmacht, so kann die Bundesnetzagentur die Bedingungen nach den Absätzen 1 bis 3 in Bezug auf die oder den Betroffenen ändern oder aufheben, wenn

1. die Aussichten für einen wirksamen Wettbewerb auf den Endnutzermärkten für die Übertragung von Rundfunksignalen sowie für Zugangsberechtigungssysteme und andere zugehörige Einrichtungen dadurch nicht negativ beeinflusst werden und
2. die zuständige Stelle nach Landesrecht festgestellt hat, dass die Kapazitätsfestlegungen und Übertragungspflichten nach Landesrecht dadurch nicht negativ beeinflusst werden.

[2]Für das Verfahren nach Satz 1 gelten die §§ 11 bis 14 Abs. 1 entsprechend. [3]Die Entscheidung nach Satz 1 überprüft die Bundesnetzagentur alle zwei Jahre.

§ 51 Streitschlichtung

(1) [1]Die durch die Bestimmungen dieses Teils Berechtigten oder Verpflichteten können zur Beilegung ungelöster Streitfragen in Bezug auf die Anwendung dieser Vorschriften die Schlichtungsstelle gemeinsam anrufen. [2]Die Anrufung erfolgt in Schriftform. [3]Die Bundesnetzagentur entscheidet innerhalb einer Frist von höchstens zwei Monaten.

(2) [1]Die Schlichtungsstelle wird bei der Bundesnetzagentur errichtet. [2]Sie besteht aus einem vorsitzenden Mitglied und zwei beisitzenden Mitgliedern. [3]Die Bundesnetzagentur regelt Errichtung und Besetzung der Schlichtungsstelle und erlässt eine Verfahrensordnung. [4]Errichtung und Besetzung der Schlichtungsstelle sowie die Verfahrensordnung sind von der Bundesnetzagentur zu veröffentlichen.

(3) [1]Die Schlichtungsstelle gibt der zuständigen Stelle nach Landesrecht im Rahmen dieses Verfahrens Gelegenheit zur Stellungnahme. [2]Sofern die zuständige Stelle nach Landesrecht medienrechtliche Ein-

wendungen erhebt, trifft sie innerhalb des vorgegebenen Zeitrahmens eine entsprechende Entscheidung. [3]Die beiden Entscheidungen können in einem zusammengefassten Verfahren erfolgen.

Teil 5
Vergabe von Frequenzen, Nummern und Wegerechten

Abschnitt 1
Frequenzordnung

§ 52 Aufgaben

(1) Zur Sicherstellung einer effizienten und störungsfreien Nutzung von Frequenzen und unter Berücksichtigung der in § 2 genannten weiteren Regulierungsziele werden Frequenzbereiche zugewiesen und in Frequenznutzungen aufgeteilt, Frequenzen zugeteilt und Frequenznutzungen überwacht.

(2) Die Bundesnetzagentur trifft Anordnungen bei Frequenznutzungen im Rahmen des Betriebs von Funkanlagen auf fremden Land-, Wasser- und Luftfahrzeugen, die sich im Geltungsbereich dieses Gesetzes aufhalten.

(3) Für Frequenznutzungen, die in den Aufgabenbereich des Bundesministeriums der Verteidigung fallen, stellt das Bundesministerium für Verkehr und digitale Infrastruktur das Einvernehmen mit dem Bundesministerium der Verteidigung her.

§ 53 Frequenzzuweisung

(1) [1]Die Bundesregierung wird ermächtigt, die Frequenzzuweisungen für die Bundesrepublik Deutschland sowie darauf bezogene weitere Festlegungen in einer Frequenzverordnung festzulegen. [2]Die Frequenzverordnung bedarf der Zustimmung des Bundesrates. [3]In die Vorbereitung sind die von Frequenzzuweisungen betroffenen Kreise einzubeziehen.

(2) [1]Bei der Frequenzzuweisung sind die einschlägigen internationalen Übereinkünfte, einschließlich der Vollzugsordnung für den Funkdienst (VO Funk), die europäische Harmonisierung und die technische Entwicklung zu berücksichtigen. [2]Sind im Rahmen der Frequenzzuweisung auch Bestimmungen über Frequenznutzungen und darauf bezogene nähere Festlegungen betroffen, so sind Beschränkungen nur aus den in Artikel 9 Absatz 3 und 4 der Richtlinie 2002/21/EG genannten Gründen zulässig.

§ 54 Frequenznutzung

(1) [1]Auf der Grundlage der Frequenzzuweisungen und Festlegungen in der Verordnung nach § 53 teilt die Bundesnetzagentur die Frequenzbereiche in Frequenznutzungen sowie darauf bezogene Nutzungsbestimmungen auf (Frequenzplan). [2]Dabei beteiligt sie die betroffenen Bundes- und Landesbehörden, die betroffenen Kreise und die Öffentlichkeit und berücksichtigt die in § 2 genannten Regulierungsziele. [3]Soweit Belange der öffentlichen Sicherheit und die dem Rundfunk auf der Grundlage der rundfunkrechtlichen Festlegungen zustehenden Kapazitäten für die Übertragung von Rundfunk im Zuständigkeitsbereich der Länder betroffen sind, stellt die Bundesnetzagentur das Einvernehmen mit den zuständigen Landesbehörden her. [4]Die Frequenznutzung und die Nutzungsbestimmungen werden durch technische, betriebliche oder regulatorische Parameter beschrieben. [5]Zu diesen Parametern können auch Angaben zu Nutzungsbeschränkungen und zu geplanten Nutzungen gehören. [6]Der Frequenzplan sowie dessen Änderungen sind zu veröffentlichen.

(2) Frequenzen für den drahtlosen Netzzugang zu Telekommunikationsdiensten sind unbeschadet von Absatz 3 so auszuweisen, dass alle hierfür vorgesehenen Technologien verwendet werden dürfen und alle Arten von Telekommunikationsdiensten zulässig sind.

(3) § 53 Absatz 2 gilt entsprechend.

§ 55 Frequenzzuteilung

(1) [1]Jede Frequenznutzung bedarf einer vorherigen Frequenzzuteilung, soweit in diesem Gesetz nichts anderes geregelt ist. [2]Eine Frequenzzuteilung ist die behördliche oder durch Rechtsvorschriften erteilte Erlaubnis zur Nutzung bestimmter Frequenzen unter festgelegten Bedingungen. [3]Die Frequenzzuteilung erfolgt zweckgebunden nach Maßgabe des Frequenzplanes und diskriminierungsfrei auf der Grundlage nachvollziehbarer und objektiver Verfahren. [4]Eine Frequenzzuteilung ist nicht erforderlich, wenn die Frequenznutzungsrechte auf Grund einer sonstigen gesetzlichen Regelung ausgeübt werden können. [5]Sofern für Behörden zur Ausübung gesetzlicher Befugnisse die Nutzung bereits anderen zugeteilter Frequenzen erforderlich ist und durch diese Nutzung keine erheblichen Nutzungsbeeinträchtigungen zu erwarten sind, ist die Nutzung unter Einhaltung der von der Bundesnetzagentur im Benehmen mit den Bedarfsträgern und Rechteinhabern festgelegten Rahmenbedingungen gestattet, ohne dass dies einer Frequenzzuteilung bedarf.

(2) ¹Frequenzen werden in der Regel von Amts wegen als Allgemeinzuteilungen durch die Bundesnetzagentur für die Nutzung durch die Allgemeinheit oder einen nach allgemeinen Merkmalen bestimmten oder bestimmbaren Personenkreis zugeteilt. ²Die Allgemeinzuteilung wird veröffentlicht.

(3) ¹Ist eine Allgemeinzuteilung nicht möglich, werden durch die Bundesnetzagentur Frequenzen für einzelne Frequenznutzungen natürlichen Personen, juristischen Personen oder Personenvereinigungen, soweit ihnen ein Recht zustehen kann, auf Antrag einzeln zugeteilt. ²Frequenzen werden insbesondere dann einzeln zugeteilt, wenn eine Gefahr von funktechnischen Störungen nicht anders ausgeschlossen werden kann oder wenn dies zur Sicherstellung einer effizienten Frequenznutzung notwendig ist. ³Die Entscheidung über die Gewährung von Nutzungsrechten, die für das Angebot von Telekommunikationsdiensten bestimmt sind, wird veröffentlicht.

(4) ¹Der Antrag auf Einzelzuteilung nach Absatz 3 ist in Textform zu stellen. ²In dem Antrag ist das Gebiet zu bezeichnen, in dem die Frequenz genutzt werden soll. ³Die Erfüllung der subjektiven Voraussetzungen für die Frequenzzuteilung ist im Hinblick auf eine effiziente und störungsfreie Frequenznutzung und weitere Bedingungen nach Anhang B der Richtlinie 2002/20/EG darzulegen. ⁴Die Bundesnetzagentur entscheidet über vollständige Anträge innerhalb von sechs Wochen. ⁵Von dieser Frist unberührt bleiben geltende internationale Vereinbarungen über die Nutzung von Funkfrequenzen und Erdumlaufpositionen.

(5) ¹Frequenzen werden zugeteilt, wenn

1. sie für die vorgesehene Nutzung im Frequenzplan ausgewiesen sind,
2. sie verfügbar sind,
3. die Verträglichkeit mit anderen Frequenznutzungen gegeben ist und
4. eine effiziente und störungsfreie Frequenznutzung durch den Antragsteller sichergestellt ist.

²Eine Frequenzzuteilung kann ganz oder teilweise versagt werden, wenn die vom Antragsteller beabsichtigte Nutzung mit den Regulierungszielen nach § 2 nicht vereinbar ist. ³Sind Belange der Länder bei der Übertragung von Rundfunk im Zuständigkeitsbereich der Länder betroffen, ist auf der Grundlage der rundfunkrechtlichen Festlegungen das Benehmen mit der zuständigen Landesbehörde herzustellen.

(6) Der Antragsteller hat keinen Anspruch auf eine bestimmte Einzelfrequenz.

(7) ¹Der Bundesnetzagentur ist Beginn und Beendigung der Frequenznutzung unverzüglich anzuzeigen. ²Bei der Bundesnetzagentur anzuzeigen sind Namensänderungen, Anschriftenänderungen, unmittelbare und mittelbare Änderungen in den Eigentumsverhältnissen, auch bei verbundenen Unternehmen, und identitätswahrende Umwandlungen.

(8) ¹Eine Änderung der Frequenzzuteilung ist unverzüglich bei der Bundesnetzagentur unter Vorlage entsprechender Nachweise in Textform zu beantragen, wenn

1. Frequenznutzungsrechte durch Einzel- oder Gesamtrechtsnachfolge übergehen sollen,
2. Frequenzen auf ein verbundenes Unternehmen im Sinne des § 15 des Aktiengesetzes übertragen werden sollen,
3. Frequenzen von einer natürlichen Person auf eine juristische Person, an der die natürliche Person beteiligt ist, übertragen werden sollen oder
4. ein Erbe Frequenzen weiter nutzen will.

²In diesen Fällen können Frequenzen bis zur Entscheidung über den Änderungsantrag weiter genutzt werden. ³Dem Änderungsantrag ist zuzustimmen, wenn die Voraussetzungen für eine Frequenzzuteilung nach Absatz 5 vorliegen, eine Wettbewerbsverzerrung auf dem sachlich und räumlich relevanten Markt nicht zu besorgen ist und eine effiziente und störungsfreie Frequenznutzung gewährleistet ist. ⁴Werden Frequenzzuteilungen nicht mehr genutzt, ist der Verzicht auf sie unverzüglich schriftlich zu erklären. ⁵Wird eine juristische Person, der Frequenzen zugeteilt waren, aufgelöst, ohne dass es einen Rechtsnachfolger gibt, muss derjenige, der die Auflösung durchführt, die Frequenzen zurückgeben. ⁶Verstirbt eine natürliche Person, ohne dass ein Erbe die Frequenzen weiter nutzen will, müssen diese vom Erben oder vom Nachlassverwalter zurückgegeben werden.

(9) ¹Frequenzen werden in der Regel befristet zugeteilt. ²Die Befristung muss für die betreffende Nutzung angemessen sein und die Amortisation der dafür notwendigen Investitionen angemessen berücksichtigen. ³Eine befristete Zuteilung ist zu verlängern, wenn die Voraussetzungen für eine Frequenzzuteilung nach Absatz 5 vorliegen.

(10) ¹Sind für Frequenzzuteilungen nicht in ausreichendem Umfang verfügbare Frequenzen vorhanden oder sind für bestimmte Frequenzen mehrere Anträge gestellt, kann die Bundesnetzagentur unbeschadet des Absatzes 5 anordnen, dass der Zuteilung der Frequenzen ein Vergabeverfahren nach § 61 vorauszugehen hat. ²Vor der Entscheidung sind die betroffenen Kreise anzuhören. ³Die Entscheidung der Bundesnetzagentur ist zu veröffentlichen.

§ 56 Orbitpositionen und Frequenznutzungen durch Satelliten

(1) Natürliche oder juristische Personen mit Wohnsitz beziehungsweise Sitz in der Bundesrepublik Deutschland, die Orbitpositionen und Frequenzen durch Satelliten nutzen, unterliegen den Verpflichtungen, die sich aus der Konstitution und Konvention der Internationalen Telekommunikationsunion ergeben.

(2) [1]Jede Ausübung deutscher Orbit- und Frequenznutzungsrechte bedarf neben der Frequenzzuteilung nach § 55 Abs. 1 der Übertragung durch die Bundesnetzagentur. [2]Die Bundesnetzagentur führt auf Antrag Anmeldung, Koordinierung und Notifizierung von Satellitensystemen bei der Internationalen Fernmeldeunion durch und überträgt dem Antragsteller die daraus hervorgegangenen Orbit- und Frequenznutzungsrechte. [3]Voraussetzung dafür ist, dass

1. Frequenzen und Orbitpositionen verfügbar sind,
2. die Verträglichkeit mit anderen Frequenznutzungen sowie anderen Anmeldungen von Satellitensystemen gegeben ist,
3. öffentliche Interessen nicht beeinträchtigt werden.

(3) Für vorhandene deutsche Planeinträge und sonstige ungenutzte Orbit- und Frequenznutzungsrechte bei der Internationalen Fernmeldeunion kann ein Vergabeverfahren auf Grund der von der Bundesnetzagentur festzulegenden Bedingungen durchgeführt werden.

(4) Die Übertragung kann widerrufen werden, wenn diese Rechte länger als ein Jahr nicht ausgeübt wurden oder die Voraussetzungen des Absatzes 2 Satz 3 nicht mehr erfüllt sind.

§ 57 Frequenzzuteilung für Rundfunk, Luftfahrt, Seeschifffahrt, Binnenschifffahrt und sicherheitsrelevante Funkanwendungen

(1) [1]Für die Zuteilung von Frequenzen zur Übertragung von Rundfunk im Zuständigkeitsbereich der Länder ist neben den Voraussetzungen des § 55 auf der Grundlage der rundfunkrechtlichen Festlegungen das Benehmen mit der zuständigen Landesbehörde herzustellen. [2]Die jeweilige Landesbehörde teilt den Versorgungsbedarf für Rundfunk im Zuständigkeitsbereich der Länder der Bundesnetzagentur mit. [3]Die Bundesnetzagentur setzt diese Bedarfsanmeldungen bei der Frequenzzuteilung nach § 55 um. [4]Näheres zum Verfahren legt die Bundesnetzagentur auf der Grundlage rundfunkrechtlicher Festlegungen der zuständigen Landesbehörden fest. [5]Die dem Rundfunkdienst im Frequenzplan zugewiesenen Frequenzen können für andere Zwecke als der Übertragung von Rundfunk im Zuständigkeitsbereich der Länder genutzt werden, wenn dem Rundfunk die auf der Grundlage der rundfunkrechtlichen Festlegungen zustehende Kapazität zur Verfügung steht. [6]Die Bundesnetzagentur stellt hierzu das Benehmen mit den zuständigen Landesbehörden her. [7]Hat die zuständige Landesbehörde die inhaltliche Belegung einer analogen oder digitalen Frequenznutzung zur Übertragung von Rundfunk im Zuständigkeitsbereich der Länder einem Inhalteanbieter zur alleinigen Nutzung zugewiesen, so kann dieser einen Vertrag mit einem Sendernetzbetreiber seiner Wahl abschließen, soweit dabei gewährleistet ist, dass den rundfunkrechtlichen Festlegungen entsprochen wurde. [8]Sofern der Sendernetzbetreiber die Zuteilungsvoraussetzungen erfüllt, teilt ihm die Bundesnetzagentur die Frequenz auf Antrag zu. [9]Die Frequenzzuteilung ist auf die Dauer der rundfunkrechtlichen Zuweisung der zuständigen Landesbehörde zu befristen und kann bei Fortdauer dieser Zuweisung verlängert werden.

(2) Frequenznutzungen des Bundesministeriums der Verteidigung bedürfen in den ausschließlich für militärische Nutzungen im Frequenzplan ausgewiesenen Frequenzbereichen keiner Frequenzzuteilung.

(3) [1]Als zugeteilt gelten Frequenzen, die für die Seefahrt und die Binnenschifffahrt sowie die Luftfahrt ausgewiesen sind und die auf fremden Wasser- oder Luftfahrzeugen, die sich im Geltungsbereich dieses Gesetzes aufhalten, zu den entsprechenden Zwecken genutzt werden. [2]Dies gilt nur für Frequenzen, die auf Grund einer gültigen nationalen Erlaubnis des jeweiligen Landes, in dem das Fahrzeug registriert ist, genutzt werden.

(4) [1]Für Frequenzen, die für den Funk der Behörden und Organisationen mit Sicherheitsaufgaben (BOS-Funk) ausgewiesen sind, legt das Bundesministerium des Innern, für Bau und Heimat im Benehmen mit den zuständigen obersten Landesbehörden in einer Richtlinie fest

1. die Zuständigkeiten der beteiligten Behörden,
2. das Verfahren zur Anerkennung als Berechtigter zur Teilnahme am BOS-Funk,
3. das Verfahren und die Zuständigkeiten bei der Bearbeitung von Anträgen auf Frequenzzuteilung innerhalb der BOS,
4. die Grundsätze zur Frequenzplanung und die Verfahren zur Frequenzkoordinierung innerhalb der BOS sowie
5. die Regelungen für den Funkbetrieb und für die Zusammenarbeit der Frequenznutzer im BOS-Funk.

[2]Die Richtlinie ist, insbesondere die Nummern 4 und 5 betreffend, mit der Bundesnetzagentur abzustimmen. [3]Das Bundesministerium des Innern, für Bau und Heimat bestätigt im Einzelfall nach Anhörung der

jeweils sachlich zuständigen obersten Bundes- oder Landesbehörden die Zugehörigkeit eines Antragstellers zum Kreis der nach Satz 1 anerkannten Berechtigten.

(5) [1]Die Bundesnetzagentur teilt Frequenzen für die Nutzung des Flugfunkdienstes zu, wenn die nach dem Luftverkehrsrecht erforderlichen Entscheidungen des Bundesaufsichtsamtes für Flugsicherung vorliegen. [2]Die nach § 55 festgelegte Zuständigkeit der Bundesnetzagentur und deren Eingriffsmöglichkeiten bleiben unberührt.

(6) Frequenzen für die Nutzung durch Küstenfunkstellen des Revier- und Hafenfunkdienstes werden nur dann zugeteilt, wenn die Zustimmung der Wasserstraßen- und Schifffahrtsverwaltung des Bundes vorliegt.

§ 58 Gemeinsame Frequenznutzung, Erprobung innovativer Technologien, kurzfristig auftretender Frequenzbedarf

(1) [1]Frequenzen, bei denen eine effiziente Nutzung durch einen Einzelnen allein nicht zu erwarten ist, können auch mehreren zur gemeinschaftlichen Nutzung zugeteilt werden. [2]Die Inhaber dieser Frequenzzuteilungen haben Beeinträchtigungen hinzunehmen, die sich aus einer bestimmungsgemäßen gemeinsamen Nutzung der Frequenz ergeben.

(2) [1]In begründeten Einzelfällen, insbesondere zur Erprobung innovativer Technologien in der Telekommunikation oder bei kurzfristig auftretendem Frequenzbedarf, kann von den im Frequenzplan enthaltenen Festlegungen bei der Zuteilung von Frequenzen befristet abgewichen werden. [2]Voraussetzung hierfür ist, dass keine Frequenznutzung beeinträchtigt wird. [3]Sind Belange der Länder bei der Übertragung von Rundfunk im Zuständigkeitsbereich der Länder betroffen, ist auf der Grundlage der rundfunkrechtlichen Festlegungen das Benehmen mit der zuständigen Landesbehörde herzustellen.

§ 59 [aufgehoben]

§ 60 Bestandteile der Frequenzzuteilung

(1) [1]Im Rahmen der Frequenzzuteilung sind insbesondere die Art und der Umfang der Frequenznutzung festzulegen, soweit dies zur Sicherung einer effizienten und störungsfreien Nutzung der Frequenzen erforderlich ist. [2]Bei der Festlegung von Art und Umfang der Frequenzzuteilung sind internationale Vereinbarungen zur Frequenzkoordinierung zu beachten. [3]Eine Nutzung zugeteilter Frequenzen darf nur mit Funkanlagen erfolgen, die für den Betrieb in der Bundesrepublik Deutschland vorgesehen bzw. gekennzeichnet sind.

(2) [1]Zur Sicherung einer effizienten und störungsfreien Nutzung der Frequenzen sowie der weiteren in § 2 genannten Regulierungsziele kann die Frequenzzuteilung mit Nebenbestimmungen versehen werden. [2]Wird nach der Frequenzzuteilung festgestellt, dass auf Grund einer erhöhten Nutzung des Frequenzspektrums erhebliche Einschränkungen der Frequenznutzung auftreten oder dass auf Grund einer Weiterentwicklung der Technologien erhebliche Effizienzsteigerungen möglich sind, so können Art und Umfang der Frequenznutzung nach Absatz 1 nachträglich geändert werden. [3]Sind Belange der Länder bei der Übertragung von Rundfunk im Zuständigkeitsbereich der Länder betroffen, ist auf der Grundlage der rundfunkrechtlichen Festlegungen das Benehmen mit der zuständigen Landesbehörde herzustellen.

(3) [1]Die Frequenzzuteilung kann Hinweise darauf enthalten, welche Parameter die Bundesnetzagentur den Festlegungen zu Art und Umfang der Frequenznutzung bezüglich der Empfangsanlagen zugrunde gelegt hat. [2]Bei Nichteinhaltung der mitgeteilten Parameter wird die Bundesnetzagentur keinerlei Maßnahmen ergreifen, um Nachteilen zu begegnen.

(4) Frequenzen, die der Übertragung von Rundfunk im Zuständigkeitsbereich der Länder dienen, werden im Benehmen mit der zuständigen Landesbehörde mit Auflagen zugeteilt, die sicherstellen, dass die rundfunkrechtlichen Belange der Länder berücksichtigt werden.

§ 61 Vergabeverfahren

(1) [1]Wurde nach § 55 Abs. 10 angeordnet, dass der Zuteilung von Frequenzen ein Vergabeverfahren voranzugehen hat, kann die Bundesnetzagentur nach Anhörung der betroffenen Kreise das Versteigerungsverfahren nach Absatz 5[1)] oder das Ausschreibungsverfahren nach Absatz 6[2)] durchführen. [2]Die Entscheidung über die Wahl des Verfahrens sowie die Festlegungen und Regeln für die Durchführung der Verfahren sind von der Bundesnetzagentur zu veröffentlichen. [3]Die Zuteilung der Frequenzen erfolgt nach § 55, nachdem das Vergabeverfahren nach Satz 1 durchgeführt worden ist.

1) Richtig wohl: „Absatz 4". Die Anpassung des Verweises wurde vom Gesetzgeber mit Änd. durch G v. 3.5.2012 (BGBl. I S. 958) nicht berücksichtigt.

2) Richtig wohl: „Absatz 5". Die Anpassung des Verweises wurde vom Gesetzgeber mit Änd. durch G v. 3.5.2012 (BGBl. I S. 958) nicht berücksichtigt.

(2) ¹Grundsätzlich ist das in Absatz 4 geregelte Versteigerungsverfahren durchzuführen, es sei denn, dieses Verfahren ist nicht geeignet, die Regulierungsziele nach § 2 sicherzustellen. ²Dies kann insbesondere der Fall sein, wenn für die Frequenznutzung, für die die Funkfrequenzen unter Beachtung des Frequenzplanes verwendet werden dürfen, bereits Frequenzen ohne Versteigerungsverfahren zugeteilt wurden, oder wenn ein Antragsteller für die zuzuteilenden Frequenzen eine gesetzlich begründete Präferenz geltend machen kann. ³Für Frequenzen, die für die Übertragung von Rundfunk im Zuständigkeitsbereich der Länder vorgesehen sind, findet das in Absatz 4 geregelte Verfahren keine Anwendung.

(3) ¹Mit dem Vergabeverfahren soll festgestellt werden, welcher oder welche der Antragsteller am besten geeignet sind, die zu vergebenden Frequenzen effizient zu nutzen. ²Die Bundesnetzagentur bestimmt vor Durchführung eines Vergabeverfahrens

1. die von einem Antragsteller zu erfüllenden subjektiven, fachlichen und sachlichen Mindestvoraussetzungen für die Zulassung zum Vergabeverfahren,
2. die Frequenznutzung, für die die zu vergebenden Frequenzen unter Beachtung des Frequenzplanes verwendet werden dürfen,
3. die für die Aufnahme des Telekommunikationsdienstes notwendige Grundausstattung an Frequenzen, sofern dies erforderlich ist,
4. die Frequenznutzungsbestimmungen einschließlich des Versorgungsgrades bei der Frequenznutzung und seiner zeitlichen Umsetzung.

(4) ¹Im Falle der Versteigerung legt die Bundesnetzagentur vor der Durchführung des Vergabeverfahrens die Regeln für die Durchführung des Versteigerungsverfahrens im Einzelnen fest; diese müssen objektiv, nachvollziehbar und diskriminierungsfrei sein und die Belange kleiner und mittlerer Unternehmen berücksichtigen. ²Die Bundesnetzagentur kann ein Mindestgebot für die Teilnahme am Versteigerungsverfahren festsetzen. ³Der Versteigerung geht ein Verfahren voraus, in dem die Zulassung zur Versteigerung schriftlich zu beantragen ist. ⁴Die Bundesnetzagentur entscheidet über die Zulassung durch schriftlichen Bescheid. ⁵Der Antrag auf Zulassung ist abzulehnen, wenn der Antragsteller nicht darlegt und nachweist, dass er die nach Absatz 3 Satz 2 festgelegten und die nach § 55 Absatz 5 bestehenden Voraussetzungen erfüllt.

(5) ¹Im Fall der Ausschreibung bestimmt die Bundesnetzagentur vor Durchführung des Vergabeverfahrens die Kriterien, nach denen die Eignung der Bewerber bewertet wird. ²Kriterien sind die Zuverlässigkeit, Fachkunde und Leistungsfähigkeit der Bewerber, die Eignung von vorzulegenden Planungen für die Nutzung der ausgeschriebenen Frequenzen, die Förderung eines nachhaltig wettbewerbsorientierten Marktes und der räumliche Versorgungsgrad. ³Bei ansonsten gleicher Eignung ist derjenige Bewerber auszuwählen, der einen höheren räumlichen Versorgungsgrad mit den entsprechenden Telekommunikationsdiensten gewährleistet.

(6) Verpflichtungen, die Antragsteller im Laufe eines Versteigerungs- oder Ausschreibungsverfahrens eingegangen sind, werden Bestandteile der Frequenzzuteilung.

(7) ¹Bei einem Versteigerungsverfahren nach Absatz 4 oder einem Ausschreibungsverfahren nach Absatz 5 kann die in § 55 Abs. 4 genannte Höchstfrist von sechs Wochen so lange wie nötig, längstens jedoch um acht Monate verlängert werden, um für alle Beteiligten ein chancengleiches, angemessenes, offenes und transparentes Verfahren sicherzustellen. ²Diese Fristen lassen geltende internationale Vereinbarungen über die Nutzung von Frequenzen und die Satellitenkoordinierung unberührt.

§ 62¹⁾ Flexibilisierung

(1) ¹Die Bundesnetzagentur kann nach Anhörung der betroffenen Kreise Frequenzbereiche zum Handel, zur Vermietung oder zur kooperativen, gemeinschaftlichen Nutzung (Frequenzpooling) freigeben, um flexible Frequenznutzungen zu ermöglichen. ²Sie legt die Rahmenbedingungen und das Verfahren fest.

(2) ¹Die Rahmenbedingungen und das Verfahren haben insbesondere sicherzustellen, dass

1. die Effizienz der Frequenznutzung gesteigert oder gewahrt wird,
2. das ursprüngliche Vergabeverfahren einer Frequenzzuteilung nicht entgegensteht,
3. keine Verzerrung des Wettbewerbs zu besorgen ist,
4. die sonstigen rechtlichen Rahmenbedingungen, insbesondere die Nutzungsbestimmungen und internationale Vereinbarungen zur Frequenznutzung, eingehalten werden und
5. die Regulierungsziele nach § 2 sichergestellt sind.

²Die Entscheidung über die Rahmenbedingungen und das Verfahren sind zu veröffentlichen. ³Bei Frequenzen, die für Rundfunkdienste vorgesehen sind, erfolgt die Entscheidung im Einvernehmen mit der nach Landesrecht zuständigen Stelle.

1) Beachte die Übergangsregelung in § 150 Abs. 8.

(3) Erlöse, die aus Maßnahmen nach Absatz 1 erzielt werden, stehen abzüglich der Verwaltungskosten demjenigen zu, der seine Frequenznutzungsrechte Dritten überträgt oder zur Nutzung oder Mitbenutzung überlässt.

§ 63 Widerruf der Frequenzzuteilung, Verzicht

(1) [1]Eine Frequenzzuteilung kann widerrufen werden, wenn nicht innerhalb eines Jahres nach der Zuteilung mit der Nutzung der Frequenz im Sinne des mit der Zuteilung verfolgten Zwecks begonnen wurde oder wenn die Frequenz länger als ein Jahr nicht im Sinne des mit der Zuteilung verfolgten Zwecks genutzt worden ist. [2]Die Frequenzzuteilung kann neben den Fällen des § 49 Absatz 2 des Verwaltungsverfahrensgesetzes auch widerrufen werden, wenn

1. eine der Voraussetzungen nach § 55 Absatz 5 und § 57 Absatz 4 bis 6 nicht mehr gegeben ist,
2. einer Verpflichtung, die sich aus der Frequenzzuteilung ergibt, schwer oder wiederholt zuwidergehandelt oder trotz Aufforderung nicht nachgekommen wird,
3. nach der Frequenzzuteilung Wettbewerbsverzerrungen wahrscheinlich sind oder
4. durch eine Änderung der Eigentumsverhältnisse in der Person des Inhabers der Frequenzzuteilung eine Wettbewerbsverzerrung zu besorgen ist.

[3]Die Frist bis zum Wirksamwerden des Widerrufs muss angemessen sein. [4]Sofern Frequenzen für die Übertragung von Rundfunk im Zuständigkeitsbereich der Länder betroffen sind, stellt die Bundesnetzagentur auf der Grundlage der rundfunkrechtlichen Festlegungen das Benehmen mit der zuständigen Landesbehörde her.

(2) [1]Die Frequenzzuteilung soll widerrufen werden, wenn bei einer Frequenz, die zur Übertragung von Rundfunk im Zuständigkeitsbereich der Länder zugeteilt ist, alle rundfunkrechtlichen Festlegungen der zuständigen Landesbehörde für Rundfunk, der auf dieser Frequenz übertragen wird, entfallen sind. [2]Wenn bei einer Frequenz nach Satz 1 eine oder alle rundfunkrechtlichen Festlegungen nach Satz 1 entfallen sind und innerhalb von sechs Monaten keine neue rundfunkrechtliche Festlegung erteilt wird, kann die Bundesnetzagentur im Benehmen mit der zuständigen Landesbehörde dem bisherigen Inhaber diese Frequenz zuteilen mit eingeschränkter Verpflichtung oder ohne Verpflichtung zur Übertragung von Rundfunk im Zuständigkeitsbereich der Länder nach Maßgabe des Frequenzplanes, auch wenn dies nicht dem vorherigen Vergabeverfahren entspricht.

(3) § 49 Abs. 6 des Verwaltungsverfahrensgesetzes ist auf den Widerruf nach den Absätzen 1 und 2 nicht anzuwenden.

(4) [1]Frequenzzuteilungen für den analogen Hörfunk auf Ultrakurzwelle, die zum 31. Dezember 2015 befristet sind, sollen entsprechend § 57 Absatz 1 Satz 8 von der Bundesnetzagentur bis zum Ende der Zuweisung von Übertragungskapazitäten nach Landesrecht, längstens jedoch um zehn Jahre verlängert werden, sofern der Inhalteanbieter dem zustimmt. [2]Nicht zu diesem Zeitpunkt befristete Zuteilungen sollen widerrufen werden, wenn ein nach § 57 Absatz 1 Satz 8 vom Inhalteanbieter ausgewählter Sendernetzbetreiber auf Antrag die Zuteilung an ihn verlangen kann. [3]Für die Widerrufsentscheidung gilt § 63 Absatz 1 Satz 4 entsprechend. [4]Für das Wirksamwerden des Widerrufs ist eine angemessene Frist von mindestens drei Monaten, frühestens jedoch der 31. Dezember 2015 vorzusehen.

(5) [1]Die Frequenzzuteilung erlischt durch Verzicht. [2]Der Verzicht ist gegenüber der Bundesnetzagentur schriftlich unter genauer Bezeichnung der Frequenzzuteilung zu erklären.

§ 64 Überwachung, Anordnung der Außerbetriebnahme

(1) [1]Zur Sicherstellung der Frequenzordnung überwacht die Bundesnetzagentur die Frequenznutzung. [2]Soweit es dazu, insbesondere zur Identifizierung eines Frequenznutzers, erforderlich und angemessen ist, sind die Bediensteten der Bundesnetzagentur befugt, sich Kenntnis von den näheren Umständen eines Telekommunikationsvorgangs zu verschaffen und in besonderen Fällen auch in Aussendungen hineinzuhören. [3]Die durch Maßnahmen nach Satz 2 erlangten Informationen dürfen nur zur Sicherstellung der Frequenzordnung verwendet werden. [4]Abweichend hiervon dürfen Informationen an die zuständigen Behörden übermittelt werden, soweit dies für die Verfolgung einer in § 100a der Strafprozessordnung genannten Straftat erforderlich ist. [5]Das Grundrecht des Fernmeldegeheimnisses nach Artikel 10 des Grundgesetzes wird nach Maßgabe der Sätze 2 bis 4 eingeschränkt.

(2) [1]Zur Sicherstellung der Frequenzordnung kann die Bundesnetzagentur eine Einschränkung des Betriebes oder die Außerbetriebnahme von Geräten anordnen. [2]Zur Durchsetzung dieser Anordnungen kann nach Maßgabe des Verwaltungsvollstreckungsgesetzes ein Zwangsgeld bis zu 500 000 Euro festgesetzt werden.

§ 65 Einschränkung der Frequenzzuteilung

Die Nutzung der zugeteilten Frequenzen kann vorübergehend eingeschränkt werden, wenn diese Frequenzen von den zuständigen Behörden zur Bewältigung ihrer Aufgaben im Spannungs- und im Vertei-

digungsfall, im Rahmen von Bündnisverpflichtungen, im Rahmen der Zusammenarbeit mit den Vereinten Nationen, im Rahmen internationaler Vereinbarungen zur Notfallbewältigung oder bei Naturkatastrophen und besonders schweren Unglücksfällen benötigt werden.

Abschnitt 2
Nummerierung

§ 66 Nummerierung

(1) [1]Die Bundesnetzagentur nimmt die Aufgaben der Nummerierung wahr. [2]Ihr obliegt insbesondere die Strukturierung und Ausgestaltung des Nummernraumes mit dem Ziel, den Anforderungen von Endnutzern, Betreibern von Telekommunikationsnetzen und Anbietern von Telekommunikationsdiensten zu genügen. [3]Die Bundesnetzagentur teilt ferner Nummern an Betreiber von Telekommunikationsnetzen, Anbieter von Telekommunikationsdiensten und Endnutzer zu. [4]Ausgenommen ist die Verwaltung von Domänennamen oberster und nachgeordneter Stufen.

(2) [1]Die Bundesnetzagentur kann zur Umsetzung internationaler Verpflichtungen oder Empfehlungen sowie zur Sicherstellung der ausreichenden Verfügbarkeit von Nummern Änderungen der Struktur und Ausgestaltung des Nummernraumes und des nationalen Nummernplanes vornehmen. [2]Dabei sind die Belange der Betroffenen, insbesondere die den Betreibern, Anbietern von Telekommunikationsdiensten und Nutzern entstehenden Umstellungskosten, angemessen zu berücksichtigen. [3]Beabsichtigte Änderungen sind rechtzeitig vor ihrem Wirksamwerden bekannt zu geben. [4]Die von diesen Änderungen betroffenen Betreiber von Telekommunikationsnetzen und Anbieter von Telekommunikationsdiensten sind verpflichtet, die zur Umsetzung erforderlichen Maßnahmen zu treffen.

(3) [1]Die Bundesnetzagentur kann zur Durchsetzung der Verpflichtungen nach Absatz 2 Anordnungen erlassen. [2]Zur Durchsetzung der Anordnungen können nach Maßgabe des Verwaltungsvollstreckungsgesetzes Zwangsgelder bis zu 500 000 Euro festgesetzt werden.

(4) [1]Die Bundesregierung wird ermächtigt, durch Rechtsverordnung[1] die Maßstäbe und Leitlinien für die Strukturierung, Ausgestaltung und Verwaltung der Nummernräume sowie für den Erwerb, Umfang und Verlust von Nutzungsrechten an Nummern festzulegen. [2]Dies schließt auch die Umsetzung darauf bezogener internationaler Empfehlungen und Verpflichtungen in nationales Recht ein. [3]Dabei sind insbesondere die effiziente Nummernnutzung, die Belange der Marktbeteiligten einschließlich der Planungssicherheit, die wirtschaftlichen Auswirkungen auf die Marktteilnehmer, die Anforderungen an die Nummernnutzung und die langfristige Bedarfsdeckung sowie die Interessen der Endnutzer zu berücksichtigen. [4]In der Verordnung sind die Befugnisse der Bundesnetzagentur sowie die Rechte und Pflichten der Marktteilnehmer und der Endnutzer im Einzelnen festzulegen. [5]Absatz 1 Satz 4 gilt entsprechend.

(5) [1]Ist im Vergabeverfahren für generische Domänen oberster Stufe für die Zuteilung oder Verwendung einer geografischen Bezeichnung, die mit dem Namen einer Gebietskörperschaft identisch ist, eine Einverständniserklärung oder Unbedenklichkeitsbescheinigung durch eine deutsche Regierungs- oder Verwaltungsstelle erforderlich, obliegt die Entscheidung über die Erteilung des Einverständnisses oder die Ausstellung einer Unbedenklichkeitsbescheinigung der nach dem jeweiligen Landesrecht zuständigen Stelle. [2]Weisen mehrere Gebietskörperschaften identische Namen auf, liegt die Entscheidungsbefugnis bei der Gebietskörperschaft, die nach der Verkehrsauffassung die größte Bedeutung hat.

§ 66a[2] Preisangabe

[1]Wer gegenüber Endnutzern Premium-Dienste, Auskunftsdienste, Massenverkehrsdienste, Service-Dienste, Neuartige Dienste oder Kurzwahldienste anbietet oder dafür wirbt, hat dabei den für die Inanspruchnahme des Dienstes zu zahlenden Preis zeitabhängig je Minute oder zeitunabhängig je Inanspruchnahme einschließlich der Umsatzsteuer und sonstiger Preisbestandteile anzugeben. [2]Bei Angabe des Preises ist der Preis gut lesbar, deutlich sichtbar und in unmittelbarem Zusammenhang mit der Rufnummer anzugeben. [3]Bei Anzeige der Rufnummer darf die Preisangabe nicht zeitlich kürzer als die Rufnummer angezeigt werden. [4]Auf den Abschluss eines Dauerschuldverhältnisses ist hinzuweisen. [5]Soweit für die Inanspruchnahme eines Dienstes nach Satz 1 für Anrufe aus den Mobilfunknetzen Preise gelten, die von den Preisen für Anrufe aus den Festnetzen abweichen, ist der Festnetzpreis mit dem Hinweis auf die Möglichkeit abweichender Preise für Anrufe aus den Mobilfunknetzen anzugeben. [6]Abweichend hiervon ist bei Service-Diensten neben dem Festnetzpreis der Mobilfunkhöchstpreis anzugeben, soweit für die

1) Siehe die Telekommunikations-NummerierungsVO.

2) Die §§ 66a, 66b und 66c sind mit dem Inkrafttreten der TK-EMV-Übertragungsverordnung, abgelöst durch die TKG-EMVG-FuAG-Übertragungsverordnung, nicht mehr anzuwenden; vgl. hierzu Art. 5 Abs. 2 Satz 2 G v. 3.5.2012 (BGBl. I S. 958, ber. BGBl. I S. 1717).

Inanspruchnahme des Dienstes für Anrufe aus den Mobilfunknetzen Preise gelten, die von den Preisen für Anrufe aus den Festnetzen abweichen. [7]Bei Telefax-Diensten ist zusätzlich die Zahl der zu übermittelnden Seiten anzugeben. [8]Bei Datendiensten ist zusätzlich, soweit möglich, der Umfang der zu übermittelnden Daten anzugeben, es sei denn, die Menge der zu übermittelnden Daten hat keine Auswirkung auf die Höhe des Preises für den Endnutzer.

§ 66b[1]) Preisansage

(1) [1]Für sprachgestützte Premium-Dienste und für sprachgestützte Betreiberauswahl hat derjenige, der den vom Endnutzer zu zahlenden Preis für die Inanspruchnahme dieses Dienstes festlegt, vor Beginn der Entgeltpflichtigkeit dem Endnutzer den für die Inanspruchnahme dieses Dienstes zu zahlenden Preis zeitabhängig je Minute oder zeitunabhängig je Inanspruchnahme einschließlich der Umsatzsteuer und sonstiger Preisbestandteile anzusagen. [2]Die Preisansage ist spätestens drei Sekunden vor Beginn der Entgeltpflichtigkeit unter Hinweis auf den Zeitpunkt des Beginns derselben abzuschließen. [3]Ändert sich dieser Preis während der Inanspruchnahme des Dienstes, so ist vor Beginn des neuen Tarifabschnitts der nach der Änderung zu zahlende Preis entsprechend der Sätze 1 und 2 anzusagen mit der Maßgabe, dass die Ansage auch während der Inanspruchnahme des Dienstes erfolgen kann. [4]Beim Einsatz von Warteschleifen nach § 66g Absatz 1 Nummer 5 stellt weder der Beginn noch das Ende der Warteschleife eine Änderung des Preises im Sinne des Satzes 3 dar, wenn der vom Endnutzer im Sinne des Satzes 1 zu zahlende Preis für den Tarifabschnitt nach der Warteschleife unverändert gegenüber dem Preis für den Tarifabschnitt vor der Warteschleife ist. [5]Die Sätze 1 bis 4 gelten auch für sprachgestützte Auskunftsdienste und für Kurzwahl-Sprachdienste ab einem Preis von 2 Euro pro Minute oder pro Inanspruchnahme bei zeitunabhängiger Tarifierung. [6]Die Sätze 1 bis 4 gelten auch für sprachgestützte Neuartige Dienste ab einem Preis von 2 Euro pro Minute oder pro Inanspruchnahme bei zeitunabhängiger Tarifierung, soweit nach Absatz 4 nicht etwas Anderes bestimmt ist.

(2) Bei Inanspruchnahme von Rufnummern für sprachgestützte Massenverkehrs-Dienste hat der Diensteanbieter dem Endnutzer den für die Inanspruchnahme dieser Rufnummer zu zahlenden Preis für Anrufe aus den Festnetzen einschließlich der Umsatzsteuer und sonstiger Preisbestandteile unmittelbar im Anschluss an die Inanspruchnahme des Dienstes anzusagen.

(3) [1]Im Falle der Weitervermittlung durch einen sprachgestützten Auskunftsdienst besteht die Preisansageverpflichtung für das weiterzuvermittelnde Gespräch für den Auskunftsdiensteanbieter. [2]Die Ansage kann während der Inanspruchnahme des sprachgestützten Auskunftsdienstes erfolgen, ist jedoch vor der Weitervermittlung vorzunehmen; Absatz 1 Satz 3 und 4 gilt entsprechend. [3]Diese Ansage umfasst den Preis für Anrufe aus den Festnetzen zeitabhängig je Minute oder zeitunabhängig je Datenvolumen oder sonstiger Inanspruchnahme einschließlich der Umsatzsteuer und sonstiger Preisbestandteile sowie einen Hinweis auf die Möglichkeit abweichender Preise aus dem Mobilfunk.

(4) [1]Bei sprachgestützten Neuartigen Diensten kann die Bundesnetzagentur nach Anhörung der Fachkreise und Verbraucherverbände Anforderungen für eine Preisansage festlegen, die von denen des Absatzes 1 Satz 6 abweichen, sofern technische Entwicklungen, die diesen Nummernbereich betreffen, ein solches Verfahren erforderlich machen. [2]Die Festlegungen sind von der Bundesnetzagentur zu veröffentlichen.

§ 66c[1]) Preisanzeige

(1) [1]Für Kurzwahl-Datendienste hat außer im Falle des § 45l derjenige, der den vom Endnutzer zu zahlenden Preis für die Inanspruchnahme dieses Dienstes festlegt, vor Beginn der Entgeltpflichtigkeit den für die Inanspruchnahme dieses Dienstes zu zahlenden Preis einschließlich der Umsatzsteuer und sonstiger Preisbestandteile ab einem Preis von 2 Euro pro Inanspruchnahme deutlich sichtbar und gut lesbar anzuzeigen und sich vom Endnutzer den Erhalt der Information bestätigen zu lassen. [2]Satz 1 gilt auch für nichtsprachgestützte Neuartige Dienste ab einem Preis von 2 Euro pro Inanspruchnahme.

(2) [1]Von den Verpflichtungen nach Absatz 1 kann abgewichen werden, wenn der Dienst im öffentlichen Interesse erbracht wird oder sich der Endkunde vor Inanspruchnahme der Dienstleistung gegenüber dem Verpflichteten nach Absatz 1 durch ein geeignetes Verfahren legitimiert. [2]Die Einzelheiten regelt und veröffentlicht die Bundesnetzagentur.

§ 66d Preishöchstgrenzen

(1) [1]Der Preis für zeitabhängig über Rufnummern für Premium-Dienste abgerechnete Dienstleistungen darf höchstens 3 Euro pro Minute betragen, soweit nach Absatz 4 keine abweichenden Preise erhoben

1) Die §§ 66a, 66b und 66c sind mit dem Inkrafttreten der TK-EMV-Übertragungsverordnung, abgelöst durch die TKG-EMVG-FuAG-Übertragungsverordnung, nicht mehr anzuwenden; vgl. hierzu Art. 5 Abs. 2 Satz 2 G v. 3.5.2012 (BGBl. I S. 958, ber. BGBl. I S. 1717).

werden können. [2]Dies gilt auch im Falle der Weitervermittlung durch einen Auskunftsdienst. [3]Die Abrechnung darf höchstens im 60-Sekunden-Takt erfolgen.

(2) [1]Der Preis für zeitunabhängig über Rufnummern für Premium-Dienste abgerechnete Dienstleistungen darf höchstens 30 Euro pro Verbindung betragen, soweit nach Absatz 4 keine abweichenden Preise erhoben werden können. [2]Wird der Preis von Dienstleistungen aus zeitabhängigen und zeitunabhängigen Leistungsanteilen gebildet, so müssen diese Preisanteile entweder im Einzelverbindungsnachweis, soweit dieser erteilt wird, getrennt ausgewiesen werden oder Verfahren nach Absatz 4 Satz 3 zur Anwendung kommen. [3]Der Preis nach Satz 2 darf höchstens 30 Euro je Verbindung betragen, soweit nach Absatz 4 keine abweichenden Preise erhoben werden können.

(3) [1]Der Preis für Anrufe bei Service-Diensten darf aus den Festnetzen höchstens 0,14 Euro pro Minute oder 0,20 Euro pro Anruf und aus den Mobilfunknetzen höchstens 0,42 Euro pro Minute oder 0,60 Euro pro Anruf betragen, soweit nach Absatz 4 Satz 4 keine abweichenden Preise erhoben werden können. [2]Die Abrechnung darf höchstens im 60-Sekunden-Takt erfolgen.

(4) [1]Über die Preisgrenzen der Absätze 1 und 2 hinausgehende Preise dürfen nur erhoben werden, wenn sich der Kunde vor Inanspruchnahme der Dienstleistung gegenüber dem Diensteanbieter durch ein geeignetes Verfahren legitimiert. [2]Die Einzelheiten regelt die Bundesnetzagentur. [3]Sie kann durch Verfügung im Amtsblatt Einzelheiten zu zulässigen Verfahren in Bezug auf Tarifierungen nach den Absätzen 1 und 2 und zu den Ausnahmen nach Absatz 2 Satz 2 und 3 festlegen. [4]Darüber hinaus kann die Bundesnetzagentur entsprechend dem Verfahren nach § 67 Abs. 2 von den Absätzen 1 bis 3 abweichende Preishöchstgrenzen festsetzen, wenn die allgemeine Entwicklung der Preise oder des Marktes dies erforderlich macht.

(5) [1]Der Preis für Anrufe in den und aus dem Europäischen Telefonnummerierungsraum (ETNS) muss mit dem jeweils geltenden Höchstpreis für Auslandsanrufe in andere oder aus anderen Mitgliedstaaten vergleichbar sein. [2]Die Einzelheiten regelt die Bundesnetzagentur durch Verfügung im Amtsblatt.

§ 66e Verbindungstrennung

(1) [1]Der Diensteanbieter, bei dem die Rufnummer für Premium-Dienste oder Kurzwahl-Sprachdienste eingerichtet ist, hat jede zeitabhängig abgerechnete Verbindung zu dieser nach 60 Minuten zu trennen. [2]Dies gilt auch, wenn zu einer Rufnummer für Premium-Dienste oder für Kurzwahl-Sprachdienste weitervermittelt wurde.

(2) [1]Von der Verpflichtung nach Absatz 1 kann abgewichen werden, wenn sich der Endnutzer vor der Inanspruchnahme der Dienstleistung gegenüber dem Diensteanbieter durch ein geeignetes Verfahren legitimiert. [2]Die Einzelheiten regelt die Bundesnetzagentur. [3]Sie kann durch Verfügung die Einzelheiten der zulässigen Verfahren zur Verbindungstrennung festlegen.

§ 66f Anwählprogramme (Dialer)

(1) [1]Anwählprogramme, die Verbindungen zu einer Nummer herstellen, bei denen neben der Telekommunikationsdienstleistung Inhalte abgerechnet werden (Dialer), dürfen nur eingesetzt werden, wenn sie vor Inbetriebnahme bei der Bundesnetzagentur registriert wurden, von ihr vorgegebene Mindestvoraussetzungen erfüllen und ihr gegenüber schriftlich versichert wurde, dass eine rechtswidrige Nutzung ausgeschlossen ist. [2]Dialer dürfen nur über Rufnummern aus einem von der Bundesnetzagentur hierzu zur Verfügung gestellten Nummernbereich angeboten werden. [3]Das Betreiben eines nicht registrierten Dialers neben einem registrierten Dialer unter einer Nummer ist unzulässig.

(2) [1]Unter einer Zielrufnummer registriert die Bundesnetzagentur jeweils nur einen Dialer. [2]Änderungen des Dialers führen zu einer neuen Registrierungspflicht. [3]Die Bundesnetzagentur regelt die Einzelheiten des Registrierungsverfahrens und den Inhalt der abzugebenden schriftlichen Versicherung. [4]Sie kann Einzelheiten zur Verwendung des Tarifs für zeitunabhängig abgerechnete Dienstleistungen sowie zur Registrierung von Dialern nach Satz 1 festlegen, soweit diese Verfahren in gleicher Weise geeignet sind, die Belange des Verbraucherschutzes zu gewährleisten, und durch Verfügung veröffentlichen.

(3) [1]Die Bundesnetzagentur kann die Registrierung von Dialern ablehnen, wenn Tatsachen die Annahme rechtfertigen, dass der Antragsteller nicht die erforderliche Zuverlässigkeit besitzt. [2]Dies ist insbesondere der Fall, wenn der Antragsteller schwerwiegend gegen die Vorschriften dieses Gesetzes verstoßen oder wiederholt eine Registrierung durch falsche Angaben erwirkt hat. [3]Im Falle von Satz 1 teilt die Bundesnetzagentur ihre Erkenntnisse den für den Vollzug der Gewerbeordnung zuständigen Stellen mit.

§ 66g Warteschleifen

(1) Warteschleifen dürfen nur eingesetzt werden, wenn eine der folgenden Voraussetzungen erfüllt ist:

1. der Anruf erfolgt zu einer entgeltfreien Rufnummer,

2. der Anruf erfolgt zu einer ortsgebundenen Rufnummer oder einer Rufnummer, die die Bundesnetzagentur den ortsgebundenen Rufnummern nach Absatz 3 gleichgestellt hat,

3. der Anruf erfolgt zu einer Rufnummer für mobile Dienste (015, 016 oder 017),

4. für den Anruf gilt ein Festpreis pro Verbindung oder

5. der Anruf ist für die Dauer der Warteschleife für den Anrufer kostenfrei, soweit es sich nicht um Kosten handelt, die bei Anrufen aus dem Ausland für die Herstellung der Verbindung im Ausland entstehen.

(2) ¹Beim ersten Einsatz einer Warteschleife im Rahmen des Anrufs, die nicht unter Absatz 1 Nummer 1 bis 3 fällt, hat der Angerufene sicherzustellen, dass der Anrufende mit Beginn der Warteschleife über ihre voraussichtliche Dauer und, unbeschadet der §§ 66a bis 66c, darüber informiert wird, ob für den Anruf ein Festpreis gilt oder der Angerufene gemäß Absatz 1 Nummer 5 für die Dauer des Einsatzes dieser Warteschleife für den Anrufer kostenfrei ist. ²Die Ansage kann mit Beginn der Bearbeitung vorzeitig beendet werden.

(3) Die Bundesnetzagentur stellt auf Antrag des Zuteilungsnehmers Rufnummern den ortsgebundenen Rufnummern nach Absatz 1 Nummer 2 in Bezug auf den Einsatz von Warteschleifen gleich, wenn

1. der Angerufene vom Anrufer weder unmittelbar noch mittelbar über den Anbieter von Telekommunikationsdiensten ein Entgelt für den Anruf zu dieser Nummer erhält und Anrufe zu dieser Nummer in der Regel von den am Markt verfügbaren Pauschaltarifen erfasst sind und

2. die Tarifierung dieser Rufnummer auch im Übrigen keine abweichende Behandlung gegenüber den ortsgebundenen Rufnummern rechtfertigt.

§ 66h Wegfall des Entgeltanspruchs

Der Endnutzer ist zur Zahlung eines Entgelts nicht verpflichtet, wenn und soweit

1. nach Maßgabe des § 66b Abs. 1 nicht vor Beginn der Inanspruchnahme oder nach Maßgabe des § 66b Abs. 2, 3 und 4 nicht während der Inanspruchnahme des Dienstes über den erhobenen Preis informiert oder eine auf Grund des § 45n Absatz 4 Nummer 1 im Rahmen einer Rechtsverordnung erlassene Regelung nicht erfüllt wurde,

2. nach Maßgabe des § 66c nicht vor Beginn der Inanspruchnahme über den erhobenen Preis informiert wurde und keine Bestätigung des Endnutzers erfolgt oder eine auf Grund des § 45n Absatz 4 Nummer 1 im Rahmen einer Rechtsverordnung erlassene Regelung nicht erfüllt wurde,

3. nach Maßgabe des § 66d die Preishöchstgrenzen nicht eingehalten wurden oder gegen die Verfahren zu Tarifierungen nach § 66d Abs. 2 Satz 2 und 3 verstoßen wurde,

4. nach Maßgabe des § 66e die zeitliche Obergrenze nicht eingehalten wurde,

5. Dialer entgegen § 66f Abs. 1 und 2 betrieben wurden,

6. nach Maßgabe des § 66i Abs. 1 Satz 2 R-Gesprächsdienste mit Zahlungen an den Anrufer angeboten werden,

7. nach Maßgabe des § 66i Abs. 2 ein Tag nach Eintrag in die Sperr-Liste ein R-Gespräch zum gesperrten Anschluss erfolgt oder

8. der Angerufene entgegen § 66g Absatz 1 während des Anrufs eine oder mehrere Warteschleifen einsetzt oder die Angaben nach § 66g Absatz 2 nicht, nicht vollständig oder nicht rechtzeitig gemacht werden. In diesen Fällen entfällt die Entgeltzahlungspflicht des Anrufers für den gesamten Anruf.

§ 66i Auskunftsanspruch, Datenbank für (0)900er-Rufnummern

(1) ¹Jeder, der ein berechtigtes Interesse daran hat, kann in Textform von der Bundesnetzagentur Auskunft über den Namen und die ladungsfähige Anschrift desjenigen verlangen, der eine Nummer von der Bundesnetzagentur zugeteilt bekommen hat. ²Die Auskunft soll unverzüglich nach Eingang der Anfrage nach Satz 1 erteilt werden.

(2) ¹Alle zugeteilten (0)900er-Rufnummern werden in einer Datenbank bei der Bundesnetzagentur erfasst. ²Diese Datenbank ist mit Angabe des Namens und mit der ladungsfähigen Anschrift des Diensteanbieters, bei Diensteanbietern mit Sitz im Ausland zusätzlich der ladungsfähigen Anschrift eines allgemeinen Zustellungsbevollmächtigten im Inland, im Internet zu veröffentlichen. ³Jedermann kann in Textform von der Bundesnetzagentur Auskunft über die in der Datenbank gespeicherten Daten verlangen.

(3) ¹Jeder, der ein berechtigtes Interesse daran hat, kann von demjenigen, dem von der Bundesnetzagentur Rufnummern für Massenverkehrsdienste, Neuartige Dienste oder Kurzwahldienste zugeteilt sind, unentgeltlich Auskunft über den Namen und die ladungsfähige Anschrift desjenigen verlangen, der über eine dieser Rufnummern Dienstleistungen anbietet, oder die Mitteilung verlangen, an wen die Rufnummer

gemäß § 46 übertragen wurde. [2]Bei Kurzwahlnummern, die nicht von der Bundesnetzagentur zugeteilt wurden, besteht der Anspruch gegenüber demjenigen, in dessen Netz die Kurzwahlnummer geschaltet ist. [3]Bei gemäß § 46 übertragenen Rufnummern besteht der Anspruch auf Auskunft über den Namen und die ladungsfähige Anschrift desjenigen, der über eine Rufnummer Dienstleistungen anbietet, gegenüber dem Anbieter, zu dem die Rufnummer übertragen wurde. [4]Die Auskünfte nach den Sätzen 1 bis 3 sollen innerhalb von zehn Werktagen nach Eingang der in Textform gestellten Anfrage erteilt werden. [5]Die Auskunftsverpflichteten haben die Angabe bei ihren Kunden zu erheben und aktuell zu halten.

§ 66j R-Gespräche

(1) [1]Auf Grund von Telefonverbindungen, bei denen dem Angerufenen das Verbindungsentgelt in Rechnung gestellt wird (R-Gespräche), dürfen keine Zahlungen an den Anrufer erfolgen. [2]Das Angebot von R-Gesprächsdiensten mit einer Zahlung an den Anrufer nach Satz 1 ist unzulässig.

(2) [1]Die Bundesnetzagentur führt eine Sperr-Liste mit Rufnummern, die von R-Gesprächsdiensten für eingehende R-Gespräche zu sperren sind. [2]Endkunden können ihren Anbieter von Telekommunikationsdiensten beauftragen, die Aufnahme ihrer Nummern in die Sperr-Liste unentgeltlich zu veranlassen. [3]Eine Löschung von der Liste kann kostenpflichtig sein. [4]Der Anbieter übermittelt den Endkundenwunsch sowie etwaig erforderliche Streichungen wegen Wegfalls der abgeleiteten Zuteilung. [5]Die Bundesnetzagentur stellt die Sperr-Liste Anbietern von R-Gesprächsdiensten zum Abruf bereit.

§ 66k Rufnummernübermittlung

(1) [1]Anbieter von Telekommunikationsdiensten, die Teilnehmern den Aufbau von abgehenden Verbindungen ermöglichen, müssen sicherstellen, dass beim Verbindungsaufbau als Rufnummer des Anrufers eine vollständige national signifikante Rufnummer übermittelt und als solche gekennzeichnet wird. [2]Die Rufnummer muss dem Teilnehmer für den Dienst zugeteilt sein, im Rahmen dessen die Verbindung aufgebaut wird. [3]Deutsche Rufnummern für Auskunftsdienste, Massenverkehrsdienste, Neuartige Dienste oder Premium-Dienste sowie Nummern für Kurzwahl-Sprachdienste dürfen nicht als Rufnummer des Anrufers übermittelt werden. [4]Andere an der Verbindung beteiligte Anbieter dürfen übermittelte Rufnummern nicht verändern.

(2) [1]Teilnehmer dürfen weitere Rufnummern nur aufsetzen und in das öffentliche Telekommunikationsnetz übermitteln, wenn sie ein Nutzungsrecht an der entsprechenden Rufnummer haben. [2]Deutsche Rufnummern für Auskunftsdienste, Massenverkehrsdienste, Neuartige Dienste oder Premium-Dienste sowie Nummern für Kurzwahl-Sprachdienste dürfen von Teilnehmern nicht als zusätzliche Rufnummer aufgesetzt und in das öffentliche Telekommunikationsnetz übermittelt werden.

§ 66l Internationaler entgeltfreier Telefondienst

[1]Anrufe bei (00)800er-Rufnummern müssen für den Anrufer unentgeltlich sein. [2]Die Erhebung eines Entgelts für die Inanspruchnahme eines Endgerätes bleibt unbenommen.

§ 66m Umgehungsverbot

Die Vorschriften der §§ 66a bis 66l oder die auf Grund des § 45n Absatz 4 Nummer 1 im Rahmen einer Rechtsverordnung erlassenen Regelungen sind auch dann anzuwenden, wenn versucht wird, sie durch anderweitige Gestaltungen zu umgehen.

§ 67 Befugnisse der Bundesnetzagentur

(1) [1]Die Bundesnetzagentur kann im Rahmen der Nummernverwaltung Anordnungen und andere geeignete Maßnahmen treffen, um die Einhaltung gesetzlicher Vorschriften und der von ihr erteilten Bedingungen über die Zuteilung von Nummern sicherzustellen. [2]Die Bundesnetzagentur kann die Betreiber von öffentlichen Telekommunikationsnetzen und die Anbieter von öffentlich zugänglichen Telekommunikationsdiensten verpflichten, Auskünfte zu personenbezogenen Daten wie Name und ladungsfähige Anschrift von Nummerninhabern und Nummernnutzern zu erteilen, die für den Vollzug dieses Gesetzes, auf Grund dieses Gesetzes ergangener Verordnungen sowie der erteilten Bedingungen erforderlich sind, soweit die Daten dem Unternehmen bekannt sind; die Bundesnetzagentur kann insbesondere Auskünfte zu personenbezogenen Daten verlangen, die erforderlich sind für die einzelfallbezogene Überprüfung von Verpflichtungen, wenn der Bundesnetzagentur eine Beschwerde vorliegt oder sie aus anderen Gründen eine Verletzung von Pflichten annimmt oder sie von sich aus Ermittlungen durchführt. [3]Andere Regelungen bleiben von der Auskunftspflicht nach Satz 2 unberührt. [4]Insbesondere kann die Bundesnetzagentur bei Nichterfüllung von gesetzlichen oder behördlich auferlegten Verpflichtungen die rechtswidrig genutzte Nummer entziehen. [5]Sie soll ferner im Falle der gesicherten Kenntnis von der rechtswidrigen Nutzung einer Rufnummer gegenüber dem Netzbetreiber, in dessen Netz die Nummer geschaltet ist, die Abschaltung der Rufnummer anordnen. [6]Die Bundesnetzagentur kann den Rechnungssteller bei gesicherter Kenntnis einer rechtswidrigen Nutzung auffordern, für diese Nummer keine Rechnungslegung

vorzunehmen. [7]Die Bundesnetzagentur kann in begründeten Ausnahmefällen Kategorien von Dialern verbieten; Einzelheiten des Verbotsverfahrens regelt die Bundesnetzagentur.

(2) [1]Soweit für Premium-Dienste, Massenverkehrsdienste, Service-Dienste oder Neuartige Dienste die Tarifhoheit bei dem Anbieter liegt, der den Teilnehmeranschluss bereitstellt, und deshalb unterschiedliche Entgelte für Anrufe aus den Festnetzen gelten würden, legt die Bundesnetzagentur nach Anhörung der betroffenen Unternehmen, Fachkreise und Verbraucherverbände zum Zwecke der Preisangabe und Preisansage nach den §§ 66a und 66b oder der auf Grund des § 45n Absatz 4 Nummer 1 im Rahmen einer Rechtsverordnung erlassenen Regelungen jeweils bezogen auf bestimmte Nummernbereiche oder Nummernteilbereiche den Preis für Anrufe aus den Festnetzen fest. [2]Für Anrufe aus den Mobilfunknetzen bei Service-Diensten legt die Bundesnetzagentur nach Anhörung der in Satz 1 genannten Stellen fest, ob der Anruf bezogen auf einen bestimmten Nummernteilbereich pro Minute oder pro Anruf abgerechnet wird; dies gilt nur, soweit die Tarifhoheit bei dem Anbieter liegt, der den Zugang zum Mobilfunknetz bereitstellt. [3]Im Übrigen hat sie sicherzustellen, dass ausreichend frei tarifierbare Nummernbereiche oder Nummernteilbereiche verbleiben. [4]Die festzulegenden Preise haben sich an den im Markt angebotenen Preisen für Anrufe aus den Festnetzen zu orientieren und sind in regelmäßigen Abständen zu überprüfen. [5]Die festzulegenden Preise sind von der Bundesnetzagentur zu veröffentlichen. [6]Die Bestimmungen der §§ 16 bis 26 bleiben unberührt.

(3) Die Rechte der Länder sowie die Befugnisse anderer Behörden bleiben unberührt.

(4) Die Bundesnetzagentur teilt Tatsachen, die den Verdacht einer Straftat oder einer Ordnungswidrigkeit begründen, der Staatsanwaltschaft oder der Verwaltungsbehörde mit.

Abschnitt 3
Wegerechte und Mitnutzung

Unterabschnitt 1
Wegerechte

§ 68 Grundsatz der Benutzung öffentlicher Wege

(1) [1]Der Bund ist befugt, Verkehrswege für die öffentlichen Zwecken dienenden Telekommunikationslinien unentgeltlich zu benutzen, soweit dadurch nicht der Widmungszweck der Verkehrswege dauernd beschränkt wird (Nutzungsberechtigung). [2]Als Verkehrswege gelten öffentliche Wege, Plätze, Brücken und Tunnel sowie die öffentlichen Gewässer.

(2) [1]Telekommunikationslinien sind so zu errichten und zu unterhalten, dass sie den Anforderungen der öffentlichen Sicherheit und Ordnung sowie den anerkannten Regeln der Technik genügen. [2]Beim Träger der Straßenbaulast kann beantragt werden, Glasfaserleitungen oder Leerrohrsysteme, die der Aufnahme von Glasfaserleitungen dienen, in Abweichung der Allgemeinen Technischen Bestimmungen für die Benutzung von Straßen durch Leitungen und Telekommunikationslinien (ATB) in geringerer Verlegetiefe, wie im Wege des Micro- oder Minitrenching, zu verlegen. [3]Dem Antrag ist stattzugeben, wenn

1. die Verringerung der Verlegetiefe nicht zu einer wesentlichen Beeinträchtigung des Schutzniveaus und

2. nicht zu einer wesentlichen Erhöhung des Erhaltungsaufwandes führt oder

3. der Antragsteller die durch eine mögliche wesentliche Beeinträchtigung entstehenden Kosten beziehungsweise den höheren Verwaltungsaufwand übernimmt.

[4]Die Sätze 2 und 3 finden keine Anwendung auf die Verlegung von Glasfaserleitungen oder Leerrohrsystemen in Bundesautobahnen und autobahnähnlich ausgebauten Bundesfernstraßen.

(3) [1]Für die Verlegung oder die Änderung von Telekommunikationslinien ist die schriftliche oder elektronische Zustimmung des Trägers der Wegebaulast erforderlich. [2]Die Zustimmung gilt nach Ablauf einer Frist von drei Monaten nach Eingang des vollständigen Antrags als erteilt. [3]Die Frist kann um einen Monat verlängert werden, wenn dies wegen der Schwierigkeit der Angelegenheit gerechtfertigt ist. [4]Die Fristverlängerung ist zu begründen und rechtzeitig mitzuteilen. [5]Bei der Verlegung oberirdischer Leitungen sind die Interessen der Wegebaulastträger, der Betreiber öffentlicher Telekommunikationsnetze und die städtebaulichen Belange abzuwägen. [6]In die Abwägung kann zugunsten einer Verlegung oberirdischer Leitungen insbesondere einfließen, dass vereinzelt stehende Gebäude oder Gebäudeansammlungen erschlossen werden sollen. [7]Soweit die Verlegung im Rahmen einer Gesamtbaumaßnahme koordiniert werden kann, die in engem zeitlichen Zusammenhang nach der Antragstellung auf Zustimmung durchgeführt wird, soll die Verlegung in der Regel unterirdisch erfolgen. [8]Die Zustimmung kann mit Nebenbestimmungen versehen werden, die diskriminierungsfrei zu gestalten sind; die Zustimmung kann außerdem von der Leistung einer angemessenen Sicherheit abhängig gemacht werden. [9]Die Nebenbestim-

mungen dürfen nur die Art und Weise der Errichtung der Telekommunikationslinie sowie die dabei zu beachtenden Regeln der Technik, die Sicherheit und Leichtigkeit des Verkehrs, die im Bereich des jeweiligen Wegebaulastträgers übliche Dokumentation der Lage der Telekommunikationslinie nach geographischen Koordinaten und die Verkehrssicherungspflichten regeln.

(4) Ist der Wegebaulastträger selbst Betreiber einer Telekommunikationslinie oder mit einem Betreiber im Sinne des § 37 Abs. 1 oder 2 des Gesetzes gegen Wettbewerbsbeschränkungen zusammengeschlossen, so ist die Zustimmung nach Absatz 3 von einer Verwaltungseinheit zu erteilen, die unabhängig von der für den Betrieb der Telekommunikationslinie bzw. der für die Wahrnehmung der Gesellschaftsrechte zuständigen Verwaltungseinheit ist.

§ 69 Übertragung des Wegerechts

(1) Der Bund überträgt die Nutzungsberechtigung nach § 68 Absatz 1 durch die Bundesnetzagentur auf Antrag an die Eigentümer oder Betreiber öffentlicher Telekommunikationsnetze oder öffentlichen Zwecken dienender Telekommunikationslinien.

(2) [1]In dem Antrag nach Absatz 1 ist das Gebiet zu bezeichnen, für das die Nutzungsberechtigung übertragen werden soll. [2]Die Bundesnetzagentur erteilt die Nutzungsberechtigung, wenn der Antragsteller nachweislich fachkundig, zuverlässig und leistungsfähig ist, Telekommunikationslinien zu errichten und die Nutzungsberechtigung mit den Regulierungszielen nach § 2 vereinbar ist. [3]Die Bundesnetzagentur erteilt die Nutzungsberechtigung für die Dauer der öffentlichen Tätigkeit. [4]Die Bundesnetzagentur entscheidet über vollständige Anträge innerhalb von sechs Wochen.

(3) [1]Beginn und Beendigung der Nutzung sowie Namensänderungen, Anschriftenänderungen und identitätswahrende Umwandlungen des Unternehmens sind der Bundesnetzagentur unverzüglich mitzuteilen. [2]Die Bundesnetzagentur stellt diese Informationen den Wegebaulastträgern zur Verfügung. [3]Für Schäden, die daraus entstehen, dass Änderungen nicht rechtzeitig mitgeteilt wurden, haftet der Nutzungsberechtigte.

§ 70 Mitnutzung und Wegerecht

(1) [1]Eigentümer oder Betreiber öffentlicher Versorgungsnetze dürfen ihre passiven Netzinfrastrukturen Eigentümern oder Betreibern öffentlicher Telekommunikationsnetze für den Ausbau digitaler Hochgeschwindigkeitsnetze zur Mitnutzung anbieten. [2]Eigentümer oder Betreiber öffentlicher Telekommunikationsnetze dürfen ihre passiven Netzinfrastrukturen Eigentümern oder Betreibern anderer öffentlicher Versorgungsnetze für deren Netzausbau zur Mitnutzung anbieten.

(2) [1]Soweit die Ausübung der Nutzungsberechtigung nach § 68 für die Verlegung weiterer Telekommunikationslinien nicht oder nur mit einem unverhältnismäßig hohen Aufwand möglich ist, können andere passive Netzinfrastrukturen öffentlicher Versorgungsnetzbetreiber unter den Voraussetzungen der §§ 77d, 77e und 77g mitgenutzt werden. [2]Dies gilt unabhängig davon, ob die Telekommunikationslinie zum Aufbau eines digitalen Hochgeschwindigkeitsnetzes genutzt werden kann.

(3) [1]Soweit die Nutzungsberechtigung nach § 68 für die Verlegung weiterer Telekommunikationslinien auf die Eisenbahninfrastruktur nicht anwendbar ist und es sich bei der Eisenbahninfrastruktur nicht um eine passive Netzinfrastruktur handelt, können Teile der Eisenbahninfrastruktur nach den §§ 77d, 77e und 77g mitgenutzt werden, soweit sie zum Ausbau von digitalen Hochgeschwindigkeitsnetzen geeignet sind. [2]Die §§ 77a bis 77c gelten entsprechend.

§ 71 Rücksichtnahme auf Wegeunterhaltung und Widmungszweck

(1) Bei der Benutzung der Verkehrswege ist eine Erschwerung ihrer Unterhaltung und eine vorübergehende Beschränkung ihres Widmungszwecks nach Möglichkeit zu vermeiden.

(2) Wird die Unterhaltung erschwert, so hat der Nutzungsberechtigte dem Unterhaltungspflichtigen die aus der Erschwerung erwachsenden Kosten zu ersetzen.

(3) [1]Nach Beendigung der Arbeiten an den Telekommunikationslinien hat der Nutzungsberechtigte den Verkehrsweg unverzüglich wieder instand zu setzen, sofern nicht der Unterhaltungspflichtige erklärt hat, die Instandsetzung selbst vornehmen zu wollen. [2]Der Nutzungsberechtigte hat dem Unterhaltungspflichtigen die Auslagen für die von ihm vorgenommene Instandsetzung zu vergüten und den durch die Arbeiten an den Telekommunikationslinien entstandenen Schaden zu ersetzen.

§ 72 Gebotene Änderung

(1) Ergibt sich nach Errichtung einer Telekommunikationslinie, dass sie den Widmungszweck eines Verkehrsweges nicht nur vorübergehend beschränkt oder die Vornahme der zu seiner Unterhaltung erforderlichen Arbeiten verhindert oder die Ausführung einer von dem Unterhaltungspflichtigen beabsichtigten Änderung des Verkehrsweges entgegensteht, so ist die Telekommunikationslinie, soweit erforderlich, abzuändern oder zu beseitigen.

(2) Soweit ein Verkehrsweg eingezogen wird, erlischt die Befugnis des Nutzungsberechtigten zu seiner Benutzung.

(3) In allen diesen Fällen hat der Nutzungsberechtigte die gebotenen Maßnahmen an der Telekommunikationslinie auf seine Kosten zu bewirken.

§ 73 Schonung der Baumpflanzungen

(1) [1]Die Baumpflanzungen auf und an den Verkehrswegen sind nach Möglichkeit zu schonen, auf das Wachstum der Bäume ist Rücksicht zu nehmen. [2]Ausästungen können nur insoweit verlangt werden, als sie zur Herstellung der Telekommunikationslinie oder zur Verhütung von Betriebsstörungen erforderlich sind; sie sind auf das unbedingt notwendige Maß zu beschränken.

(2) [1]Der Nutzungsberechtigte hat dem Besitzer der Baumpflanzungen eine angemessene Frist zu setzen, innerhalb welcher er die Ausästungen selbst vornehmen kann. [2]Sind die Ausästungen innerhalb der Frist nicht oder nicht genügend vorgenommen, so bewirkt der Nutzungsberechtigte die Ausästungen. [3]Dazu ist er auch berechtigt, wenn es sich um die dringliche Verhütung oder Beseitigung einer Störung handelt.

(3) Der Nutzungsberechtigte ersetzt den an den Baumpflanzungen verursachten Schaden und die Kosten der auf sein Verlangen vorgenommenen Ausästungen.

§ 74 Besondere Anlagen

(1) [1]Die Telekommunikationslinien sind so auszuführen, dass sie vorhandene besondere Anlagen (der Wegeunterhaltung dienende Einrichtungen, Kanalisations-, Wasser-, Gasleitungen, Schienenbahnen, elektrische Anlagen und dergleichen) nicht störend beeinflussen. [2]Die aus der Herstellung erforderlicher Schutzvorkehrungen erwachsenden Kosten hat der Nutzungsberechtigte zu tragen.

(2) Die Verlegung oder Veränderung vorhandener besonderer Anlagen kann nur gegen Entschädigung und nur dann verlangt werden, wenn die Benutzung des Verkehrsweges für die Telekommunikationslinie sonst unterbleiben müsste und die besondere Anlage anderweitig ihrem Zweck entsprechend untergebracht werden kann.

(3) Auch beim Vorliegen dieser Voraussetzungen hat die Benutzung des Verkehrsweges für die Telekommunikationslinie zu unterbleiben, wenn der aus der Verlegung oder Veränderung der besonderen Anlage entstehende Schaden gegenüber den Kosten, welche dem Nutzungsberechtigten aus der Benutzung eines anderen ihm zur Verfügung stehenden Verkehrsweges erwachsen, unverhältnismäßig groß ist.

(4) [1]Die Absätze 1 bis 3 finden auf solche in der Vorbereitung befindliche besondere Anlagen, deren Herstellung im öffentlichen Interesse liegt, entsprechende Anwendung. [2]Eine Entschädigung auf Grund des Absatzes 2 wird nur bis zu dem Betrag der Aufwendungen gewährt, die durch die Vorbereitung entstanden sind. [3]Als in der Vorbereitung begriffen gelten Anlagen, sobald sie auf Grund eines im Einzelnen ausgearbeiteten Planes die Genehmigung des Auftraggebers und, soweit erforderlich, die Genehmigung der zuständigen Behörden und des Eigentümers oder des sonstigen zur Nutzung Berechtigten des in Anspruch genommenen Weges erhalten haben.

§ 75 Spätere besondere Anlagen

(1) Spätere besondere Anlagen sind nach Möglichkeit so auszuführen, dass sie die vorhandenen Telekommunikationslinien nicht störend beeinflussen.

(2) [1]Der Inhaber oder Betreiber einer späteren besonderen Anlage kann vom Nutzungsberechtigten verlangen, dass eine Telekommunikationslinie auf dessen Kosten verlegt oder verändert wird, wenn

1. ohne die Verlegung oder Veränderung die Errichtung der späteren besonderen Anlage unterbleiben müsste oder wesentlich erschwert würde,

2. die Errichtung der späteren besonderen Anlage aus Gründen des öffentlichen Interesses, insbesondere aus volkswirtschaftlichen Gründen oder wegen Verkehrsrücksichten, von den Wegeunterhaltspflichtigen oder unter ihrer überwiegenden Beteiligung vollständig oder überwiegend ausgeführt werden soll und

3. die Kosten des Nutzungsberechtigten nicht unverhältnismäßig sind.

[2]Liegen nur die Voraussetzungen nach Satz 1 Nummer 1 und Nummer 2 vor, so kann eine Verlegung oder Veränderung auch dann verlangt werden, wenn der Inhaber oder Betreiber der späteren besonderen Anlage die Kosten teilweise erstattet, so dass die vom Nutzungsberechtigten zu tragenden Kosten verhältnismäßig ausfallen.

(3) Muss wegen einer solchen späteren besonderen Anlage die schon vorhandene Telekommunikationslinie mit Schutzvorkehrungen versehen werden, so sind die dadurch entstehenden Kosten von dem Nutzungsberechtigten zu tragen.

(4) Überlässt ein Wegeunterhaltspflichtiger seinen Anteil einem nicht unterhaltspflichtigen Dritten, so sind dem Nutzungsberechtigten die durch die Verlegung oder Veränderung oder durch die Herstellung der Schutzvorkehrungen erwachsenden Kosten, soweit sie auf dessen Anteil fallen, zu erstatten.

(5) Die Unternehmer anderer als der in Absatz 2 bezeichneten besonderen Anlagen haben die aus der Verlegung oder Veränderung der vorhandenen Telekommunikationslinien oder aus der Herstellung der erforderlichen Schutzvorkehrungen erwachsenden Kosten zu tragen.

(6) Auf spätere Änderungen vorhandener besonderer Anlagen finden die Absätze 1 bis 5 entsprechende Anwendung.

§ 76 Beeinträchtigung von Grundstücken und Gebäuden

(1) Der Eigentümer eines Grundstücks, das kein Verkehrsweg im Sinne des § 68 Absatz 1 Satz 2 ist, kann die Errichtung, den Betrieb und die Erneuerung von Telekommunikationslinien auf seinem Grundstück sowie den Anschluss der auf dem Grundstück befindlichen Gebäude an öffentliche digitale Hochgeschwindigkeitsnetze und öffentliche Telekommunikationsnetze der nächsten Generation insoweit nicht verbieten, als

1. auf dem Grundstück einschließlich der Gebäudeanschlüsse eine durch ein Recht gesicherte Leitung oder Anlage auch die Errichtung, den Betrieb und die Erneuerung einer Telekommunikationslinie genutzt und hierdurch die Nutzbarkeit des Grundstücks nicht dauerhaft zusätzlich eingeschränkt wird oder

2. das Grundstück einschließlich der Gebäude durch die Benutzung nicht unzumutbar beeinträchtigt wird.

(2) ¹Hat der Grundstückseigentümer eine Einwirkung nach Absatz 1 zu dulden, so kann er von dem Betreiber der Telekommunikationslinie oder dem Eigentümer des Leitungsnetzes einen angemessenen Ausgleich in Geld verlangen, wenn durch die Errichtung, die Erneuerung oder durch Wartungs-, Reparatur- oder vergleichbare, mit dem Betrieb der Telekommunikationslinie unmittelbar zusammenhängende Maßnahmen eine Benutzung seines Grundstücks oder dessen Ertrag über das zumutbare Maß hinaus beeinträchtigt wird. ²Für eine erweiterte Nutzung zu Zwecken der Telekommunikation kann darüber hinaus ein einmaliger Ausgleich in Geld verlangt werden, sofern bisher keine Leitungswege vorhanden waren, die zu Zwecken der Telekommunikation genutzt werden konnten. ³Wird das Grundstück oder sein Zubehör durch die Ausübung der aus dieser Vorschrift folgenden Rechte beschädigt, hat der Betreiber oder der Eigentümer des Leitungsnetzes auf seine Kosten den Schaden zu beseitigen. ⁴§ 840 Abs. 1 des Bürgerlichen Gesetzbuchs findet Anwendung.

(3) Soweit die Durchführung von nach Absatz 1 zu duldenden Maßnahmen nicht oder nur mit einem unverhältnismäßig hohen Aufwand möglich ist, können bestehende passive Netzinfrastrukturen Dritter unter den Voraussetzungen der §§ 77d, 77e und 77g mitgenutzt werden.

§ 77 Ersatzansprüche

Die Verjährung der auf den §§ 70 bis 76 beruhenden Ansprüche richtet sich nach den Regelungen über die regelmäßige Verjährung nach dem Bürgerlichen Gesetzbuch.

Unterabschnitt 2
Mitnutzung öffentlicher Versorgungsnetze

§ 77a Infrastrukturatlas der zentralen Informationsstelle des Bundes

(1) ¹Die Bundesnetzagentur führt als zentrale Informationsstelle des Bundes einen Infrastrukturatlas, der Folgendes bereitstellt:

1. eine gebietsbezogene, Planungszwecken dienende Übersicht über Einrichtungen, die zu Telekommunikationszwecken genutzt werden können, nach den Absätzen 2 bis 4,

2. detaillierte Informationen nach § 77b Absatz 3 für die Mitnutzung passiver Netzinfrastrukturen öffentlicher Versorgungsnetze gemäß den §§ 77d bis 77g, soweit sie der Bundesnetzagentur gemäß § 77b Absatz 5 für diese Zwecke zur Verfügung gestellt wurden,

3. Informationen nach § 77h Absatz 3 für die Koordination von Bauarbeiten an öffentlichen Versorgungsnetzen gemäß § 77i, soweit sie der Bundesnetzagentur nach § 77h Absatz 5 und 6 für diese Zwecke zur Verfügung gestellt wurden.

²Informationen, welche die Bundesnetzagentur für einen oder mehrere dieser Zwecke erhält, gibt sie auf Anfrage in weiterverarbeitungsfähigem Format an das Bundesministerium für Verkehr und digitale Infrastruktur für allgemeine Planungen zur Verbesserung der Versorgung mit Diensten über öffentliche Versorgungsnetze weiter.

(2) [1]Die Bundesnetzagentur verlangt von Eigentümern oder Betreibern öffentlicher Versorgungsnetze, die über Einrichtungen verfügen, die zu Telekommunikationszwecken genutzt werden können, diejenigen Informationen, die für die Erstellung einer detaillierten Übersicht nach Absatz 1 Satz 1 Nummer 1 über Art, gegenwärtige Nutzung und geografische Lage des Standortes und der Leitungswege dieser Einrichtungen erforderlich sind. [2]§ 127 Absatz 2 bis 10 gilt entsprechend. [3]Zu den Einrichtungen gemäß Satz 1 zählen insbesondere alle passiven Netzinfrastrukturen.

(3) [1]Die Bundesnetzagentur kann den am Ausbau von öffentlichen Versorgungsnetzen Beteiligten Einsicht in die Übersicht nach Absatz 1 Nummer 1 gewähren, soweit mit dem Ausbauvorhaben Einrichtungen geschaffen werden sollen, die zu Telekommunikationszwecken genutzt werden können. [2]Zu den am Ausbau von öffentlichen Versorgungsnetzen Beteiligten gehören insbesondere Gebietskörperschaften, Eigentümer und Betreiber öffentlicher Versorgungsnetze sowie deren Auftragnehmer. [3]Das Bundesministerium für Verkehr und digitale Infrastruktur sowie Gebietskörperschaften haben für allgemeine Planungs- und Förderzwecke einen Anspruch auf Einsichtnahme in den Infrastrukturatlas nach Absatz 1 Satz 1. [4]Näheres regelt die Bundesnetzagentur in Einsichtnahmebedingungen, die der vorherigen Zustimmung des Bundesministeriums für Verkehr und digitale Infrastruktur bedürfen. [5]Die Einsichtnahmebedingungen haben insbesondere der Sensitivität der erfassten Daten und dem zu erwartenden Verwaltungsaufwand Rechnung zu tragen. [6]Die Einsichtnahmeberechtigten haben die Vertraulichkeit nach § 77m zu wahren.

(4) [1]Von einer Aufnahme der nach Absatz 2 erhaltenen Informationen in die Übersicht nach Absatz 1 Nummer 1 ist abzusehen, soweit konkrete Anhaltspunkte dafür vorliegen, dass

1. die Einsichtnahme nach Absatz 3 die Sicherheit und Integrität der Einrichtung oder die öffentliche Sicherheit oder die öffentliche Gesundheit gefährdet,
2. die Einsichtnahme nach Absatz 3 die Vertraulichkeit gemäß § 77m verletzt,
3. Teile einer Infrastruktur betroffen sind, die durch Gesetz oder aufgrund eines Gesetzes als kritische Infrastrukturen bestimmt worden und nachweislich besonders schutzbedürftig und für die Funktionsfähigkeit der kritischen Infrastruktur maßgeblich sind, oder
4. Teile öffentlicher Versorgungsnetze betroffen sind, die durch den Bund zur Verwirklichung einer sicheren Behördenkommunikation genutzt werden.

[2]In diesen Fällen sind für die jeweiligen Gebiete, in denen sich die Einrichtungen befinden, Informationen im Sinne des § 77b Absatz 3 Nummer 3 aufzunehmen.

§ 77b Informationen über passive Netzinfrastrukturen

(1) [1]Eigentümer oder Betreiber öffentlicher Telekommunikationsnetze können bei Eigentümern oder Betreibern öffentlicher Versorgungsnetze für Zwecke des Ausbaus digitaler Hochgeschwindigkeitsnetze die Erteilung von Informationen über die passive Netzinfrastruktur ihrer öffentlichen Versorgungsnetze beantragen. [2]Im Antrag ist das Gebiet anzugeben, das mit digitalen Hochgeschwindigkeitsnetzen erschlossen werden soll.

(2) [1]Eigentümer oder Betreiber öffentlicher Versorgungsnetze erteilen Antragstellern nach Absatz 1 innerhalb von zwei Monaten nach dem Tag des Antragseingangs die beantragten Informationen. [2]Die Erteilung erfolgt unter verhältnismäßigen, diskriminierungsfreien und transparenten Bedingungen.

(3) Die Informationen über passive Netzinfrastrukturen öffentlicher Versorgungsnetze nach Absatz 2 müssen mindestens folgende Angaben enthalten:

1. die geografische Lage des Standortes und der Leitungswege der passiven Netzinfrastrukturen,
2. die Art und gegenwärtige Nutzung der passiven Netzinfrastrukturen und
3. die Kontaktdaten eines oder mehrerer Ansprechpartner beim Eigentümer oder Betreiber des öffentlichen Versorgungsnetzes.

(4) Der Antrag nach Absatz 1 kann ganz oder teilweise abgelehnt werden, soweit konkrete Anhaltspunkte dafür vorliegen, dass

1. eine Erteilung der Informationen die Sicherheit oder Integrität der Versorgungsnetze, die öffentliche Sicherheit oder die öffentliche Gesundheit gefährdet,
2. durch die Erteilung der Informationen die Vertraulichkeit gemäß § 77m verletzt wird,
3. von dem Antrag Teile einer kritischen Infrastruktur, insbesondere deren Informationstechnik, betroffen sind, die nachweislich besonders schutzbedürftig und für die Funktionsfähigkeit der kritischen Infrastruktur maßgeblich sind, und der Betreiber des öffentlichen Versorgungsnetzes bei Erteilung der Informationen unverhältnismäßige Maßnahmen ergreifen müsste, um die ihm durch Gesetz oder aufgrund eines Gesetzes auferlegten Schutzpflichten zu erfüllen, oder
4. ein Ablehnungsgrund für eine Mitnutzung nach § 77g Absatz 2 vorliegt.

(5) [1]Werden nach Absatz 1 beantragte Informationen bereits von der Bundesnetzagentur als zentraler Informationsstelle gemäß § 77a Absatz 1 bereitgestellt, genügt anstelle einer Erteilung der Informationen

durch den Eigentümer oder Betreiber des öffentlichen Versorgungsnetzes ein Hinweis an den Antragsteller, dass die Informationen nach Absatz 6 einsehbar sind. [2]Der Eigentümer oder Betreiber des öffentlichen Versorgungsnetzes kann der Bundesnetzagentur die Informationen über die passiven Netzinfrastrukturen seines Versorgungsnetzes zur Bereitstellung gemäß § 77a Absatz 1 im Rahmen der hierfür von der Bundesnetzagentur vorgegebenen Bedingungen zur Verfügung stellen.

(6) [1]Die Bundesnetzagentur macht die nach Absatz 5 erhaltenen Informationen den Eigentümern oder Betreibern öffentlicher Telekommunikationsnetze, dem Bund, den Gebietskörperschaften der Länder und der Kommunen sowie dem Bundesministerium für Verkehr und digitale Infrastruktur unverzüglich zugänglich. [2]Dies erfolgt elektronisch unter verhältnismäßigen, diskriminierungsfreien und transparenten Bedingungen. [3]Näheres regelt die Bundesnetzagentur in Einsichtnahmebedingungen, die der vorherigen Zustimmung des Bundesministeriums für Verkehr und digitale Infrastruktur bedürfen. [4]Die Einsichtnahmebedingungen haben insbesondere der Sensitivität der erfassten Daten und dem zu erwartenden Verwaltungsaufwand Rechnung zu tragen.

(7) Die Bundesnetzagentur kann die nach Absatz 5 erhaltenen Informationen auch für die Bereitstellung einer gebietsbezogenen Übersicht gemäß § 77a Absatz 1 Nummer 1 verwenden.

§ 77c Vor-Ort-Untersuchung passiver Netzinfrastrukturen

(1) [1]Eigentümer oder Betreiber öffentlicher Telekommunikationsnetze können bei den Eigentümern oder Betreibern öffentlicher Versorgungsnetze eine Vor-Ort-Untersuchung der passiven Netzinfrastrukturen beantragen. [2]Aus dem Antrag muss hervorgehen, welche Netzkomponenten von dem Ausbau digitaler Hochgeschwindigkeitsnetze betroffen sind.

(2) [1]Eigentümer oder Betreiber öffentlicher Versorgungsnetze müssen zumutbaren Anträgen nach Absatz 1 innerhalb eines Monats ab dem Tag des Antragseingangs entsprechen. [2]Ein Antrag ist insbesondere dann zumutbar, wenn die Untersuchung für eine gemeinsame Nutzung passiver Netzinfrastrukturen oder die Koordinierung von Bauarbeiten erforderlich ist. [3]Die Gewährung hat unter verhältnismäßigen, diskriminierungsfreien und transparenten Bedingungen zu erfolgen. [4]Dabei sind die jeweiligen besonderen Sicherheitserfordernisse des öffentlichen Versorgungsnetzes zu beachten.

(3) Der Antrag nach Absatz 1 kann ganz oder teilweise abgelehnt werden, soweit konkrete Anhaltspunkte dafür vorliegen, dass

1. eine Vor-Ort-Untersuchung die Sicherheit oder Integrität der öffentlichen Versorgungsnetze oder die öffentliche Sicherheit oder die öffentliche Gesundheit gefährdet,

2. durch die Vor-Ort-Untersuchung die Vertraulichkeit gemäß § 77m verletzt wird,

3. von dem Antrag Teile einer kritischen Infrastruktur, insbesondere deren Informationstechnik, betroffen sind, die nachweislich besonders schutzbedürftig und für die Funktionsfähigkeit der kritischen Infrastruktur maßgeblich sind, und der Betreiber des öffentlichen Versorgungsnetzes zur Durchführung der Vor-Ort-Untersuchung unverhältnismäßige Maßnahmen ergreifen müsste, um die ihm durch Gesetz oder aufgrund eines Gesetzes auferlegten Schutzpflichten zu erfüllen, oder

4. ein Versagungsgrund für eine Mitnutzung nach § 77g Absatz 2 oder eine Koordinierung von Bauarbeiten nach § 77i Absatz 5 vorliegt oder die Koordinierung von Bauarbeiten unzumutbar ist.

(4) [1]Die für die Vor-Ort-Untersuchung erforderlichen und angemessenen Kosten trägt der Antragsteller. [2]Dazu zählen insbesondere die Kosten der Vorbereitung, der Absicherung und der Durchführung der Vor-Ort-Untersuchung.

§ 77d Mitnutzung öffentlicher Versorgungsnetze

(1) [1]Eigentümer oder Betreiber öffentlicher Telekommunikationsnetze können bei den Eigentümern oder Betreibern öffentlicher Versorgungsnetze die Mitnutzung der passiven Netzinfrastrukturen der öffentlichen Versorgungsnetze für den Einbau von Komponenten digitaler Hochgeschwindigkeitsnetze beantragen. [2]Der Antrag muss folgende Angaben enthalten:

1. eine detaillierte Beschreibung des Projekts und der Komponenten des öffentlichen Versorgungsnetzes, für die die Mitnutzung beantragt wird,

2. einen genauen Zeitplan für die Umsetzung der beantragten Mitnutzung und

3. die Angabe des Gebiets, das mit digitalen Hochgeschwindigkeitsnetzen erschlossen werden soll.

(2) [1]Eigentümer oder Betreiber öffentlicher Versorgungsnetze müssen Antragstellern nach Absatz 1 innerhalb von zwei Monaten nach Antragseingang ein Angebot über die Mitnutzung ihrer passiven Netzinfrastrukturen für den Einbau von Komponenten digitaler Hochgeschwindigkeitsnetze unterbreiten. [2]Das Angebot über die Mitnutzung hat insbesondere Folgendes zu enthalten:

1. faire und angemessene Bedingungen für die Mitnutzung, insbesondere in Bezug auf den Preis für die Bereitstellung und Nutzung des Versorgungsnetzes sowie in Bezug auf die zu leistenden Sicherheiten und Vertragsstrafen,

2. die operative und organisatorische Umsetzung der Mitnutzung; die Umsetzung umfasst die Art und Weise des Einbaus der Komponenten digitaler Hochgeschwindigkeitsnetze, die Dokumentationspflichten und den Zeitpunkt oder den Zeitraum der Bauarbeiten,

3. die Verantwortlichkeiten einschließlich der Möglichkeit, Dritte zu beauftragen.

[3]Das Angebot kann besondere Vereinbarungen zur Haftung beim Einbau der Netzkomponenten und zu Instandhaltungen, Änderungen, Erweiterungen, Verlegungen und Störungen enthalten.

(3) Die Mitnutzung ist so auszugestalten, dass sie den Anforderungen der öffentlichen Sicherheit und der öffentlichen Gesundheit sowie den anerkannten Regeln der Technik genügt.

(4) Eigentümer oder Betreiber öffentlicher Versorgungsnetze haben geschlossene Verträge über Mitnutzungen innerhalb von zwei Monaten nach deren Abschluss der Bundesnetzagentur zur Kenntnis zu geben.

(5) Eigentümer oder Betreiber öffentlicher Versorgungsnetze können Standardangebote für Mitnutzungen über die Bundesnetzagentur als zentrale Informationsstelle veröffentlichen.

§ 77e Umfang des Mitnutzungsanspruchs

(1) Die Mitnutzung eines Elektrizitätsversorgungsnetzes umfasst auch Dachständer, Giebelanschlüsse und die Hauseinführung.

(2) Soweit es für den Betrieb des öffentlich zugänglichen Telekommunikationsnetzes notwendig ist, muss der Betreiber des Elektrizitätsversorgungsnetzes entgeltlich einen Anschluss zum Bezug des Betriebsstroms für die eingebauten Komponenten des digitalen Hochgeschwindigkeitsnetzes zur Verfügung stellen.

§ 77f Einnahmen aus Mitnutzungen

Eigentümer oder Betreiber öffentlicher Versorgungsnetze können Einnahmen aus Mitnutzungen, die über die Kosten im Sinne des § 77n Absatz 2 Satz 2 hinausgehen und sich für den Eigentümer oder Betreiber des öffentlichen Versorgungsnetzes durch die Ermöglichung der Mitnutzung seiner passiven Netzinfrastrukturen ergeben, von der Berechnungsgrundlage für Endnutzertarife ihrer Haupttätigkeit ausnehmen.

§ 77g Ablehnung der Mitnutzung, Versagungsgründe

(1) Gibt der Eigentümer oder Betreiber des öffentlichen Versorgungsnetzes kein Angebot über die Mitnutzung ab, so hat er innerhalb der in § 77d Absatz 2 Satz 1 genannten Frist dem Antragsteller nachzuweisen, dass einer Mitnutzung objektive, transparente und verhältnismäßige Gründe entgegenstehen.

(2) Der Antrag auf Mitnutzung darf nur abgelehnt werden, wenn einer der folgenden Gründe vorliegt:

1. die fehlende technische Eignung der passiven Netzinfrastrukturen für die beabsichtigte Unterbringung der Komponenten digitaler Hochgeschwindigkeitsnetze,

2. der zum Zeitpunkt des Antragseingangs fehlende oder der zukünftig fehlende Platz für die beabsichtigte Unterbringung der Komponenten digitaler Hochgeschwindigkeitsnetze im öffentlichen Versorgungsnetz; den zukünftig fehlenden Platz hat der Eigentümer oder Betreiber des öffentlichen Versorgungsnetzes anhand der Investitionsplanung für die nächsten fünf Jahre ab Antragstellung konkret darzulegen,

3. konkrete Anhaltspunkte dafür, dass die beantragte Mitnutzung die öffentliche Sicherheit oder die öffentliche Gesundheit gefährdet, wobei von konkreten Anhaltspunkten für die Gefährdung der öffentlichen Sicherheit auszugehen ist, soweit es sich bei den mitzunutzenden Teilen eines öffentlichen Versorgungsnetzes um solche handelt, die durch den Bund zur Verwirklichung einer sicheren Behördenkommunikation genutzt werden,

4. konkrete Anhaltspunkte dafür, dass die beantragte Mitnutzung die Integrität oder Sicherheit bereits bestehender öffentlicher Versorgungsnetze, insbesondere nationaler kritischer Infrastrukturen, gefährdet; bei kritischen Infrastrukturen liegen konkrete Anhaltspunkte für eine solche Gefährdung vor, soweit von dem Antrag Teile einer kritischen Infrastruktur, insbesondere die Informationstechnik kritischer Infrastrukturen, betroffen sind, die nachweislich besonders schutzbedürftig und für die Funktionsfähigkeit der kritischen Infrastruktur maßgeblich sind, und der Betreiber die Mitnutzung im Rahmen der ihm durch Gesetz oder aufgrund eines Gesetzes auferlegten Schutzpflichten nicht durch verhältnismäßige Maßnahmen ermöglichen kann,

5. Anhaltspunkte für eine zu erwartende erhebliche Störung des Versorgungsdienstes durch die geplanten Telekommunikationsdienste,

6. die Verfügbarkeit tragfähiger Alternativen zur beantragten Mitnutzung passiver Netzinfrastrukturen, soweit der Eigentümer oder Betreiber des öffentlichen Versorgungsnetzes diese Alternativen anbietet, sie sich für die Bereitstellung digitaler Hochgeschwindigkeitsnetze eignen und die Mitnutzung zu fairen und angemessenen Bedingungen gewährt wird; als Alternativen können geeignete Vorleistungsprodukte für Telekommunikationsdienste, der Zugang zu bestehenden Telekommunikati-

onsnetzen oder die Mitnutzung anderer als der beantragten passiven Netzinfrastrukturen angeboten werden,

7. der Überbau von bestehenden Glasfasernetzen, die einen diskriminierungsfreien, offenen Netzzugang zur Verfügung stellen.

§ 77h Informationen über Bauarbeiten an öffentlichen Versorgungsnetzen

(1) [1]Eigentümer oder Betreiber öffentlicher Telekommunikationsnetze können bei den Eigentümern oder Betreibern öffentlicher Versorgungsnetze die Erteilung von Informationen über geplante oder laufende Bauarbeiten an öffentlichen Versorgungsnetzen beantragen, um eine Koordinierung dieser Bauarbeiten mit Bauarbeiten zum Ausbau digitaler Hochgeschwindigkeitsnetze zu prüfen. [2]Der Antrag muss erkennen lassen, in welchem Gebiet der Einbau von Komponenten digitaler Hochgeschwindigkeitsnetze vorgesehen ist.

(2) [1]Eigentümer oder Betreiber öffentlicher Versorgungsnetze erteilen Antragstellern nach Absatz 1 innerhalb von zwei Wochen ab dem Tag des Antragseingangs die beantragten Informationen. [2]Die Erteilung erfolgt unter verhältnismäßigen, diskriminierungsfreien und transparenten Bedingungen.

(3) [1]Die Informationen müssen folgende Angaben zu laufenden und geplanten Bauarbeiten an passiven Netzinfrastrukturen öffentlicher Versorgungsnetze enthalten, für die bereits eine Genehmigung erteilt wurde oder ein Genehmigungsverfahren anhängig ist:

1. die geografische Lage des Standortes und die Art der Bauarbeiten,
2. die betroffenen Netzkomponenten,
3. den geschätzten Beginn und die geplante Dauer der Bauarbeiten und
4. Kontaktdaten eines oder mehrerer Ansprechpartner des Eigentümers oder Betreibers des öffentlichen Versorgungsnetzes.

[2]Ist innerhalb von sechs Monaten nach Eingang des Antrages auf Erteilung der Informationen ein Antrag auf Genehmigung der Bauarbeiten vorgesehen, so müssen auch zu diesen Bauarbeiten die Informationen nach den Absätzen 2 und 3 erteilt werden.

(4) Der Antrag nach Absatz 1 kann ganz oder teilweise abgelehnt werden, soweit konkrete Anhaltspunkte dafür vorliegen, dass

1. die Sicherheit oder Integrität der Versorgungsnetze oder die öffentliche Sicherheit oder die öffentliche Gesundheit durch Erteilung der Informationen gefährdet wird,
2. durch die Erteilung die Vertraulichkeit gemäß § 77m verletzt wird,
3. Bauarbeiten betroffen sind, deren anfänglich geplante Dauer acht Wochen nicht überschreitet,
4. von dem Antrag Teile einer kritischen Infrastruktur, insbesondere deren Informationstechnik, betroffen sind, die nachweislich besonders schutzbedürftig und für die Funktionsfähigkeit der kritischen Infrastruktur maßgeblich sind, und der Betreiber des öffentlichen Versorgungsnetzes bei Erteilung der Informationen unverhältnismäßige Maßnahmen ergreifen müsste, um die ihm durch Gesetz oder aufgrund eines Gesetzes auferlegten Schutzpflichten zu erfüllen,
5. die Koordinierung von Bauarbeiten unzumutbar ist oder
6. ein Versagungsgrund für eine Koordinierung von Bauarbeiten nach § 77i Absatz 5 vorliegt.

(5) Anstelle einer Erteilung der Informationen genügt ein Verweis auf eine bereits erfolgte Veröffentlichung, wenn

1. der Bauherr die beantragten Informationen bereits selbst elektronisch öffentlich zugänglich gemacht hat oder
2. der Zugang zu diesen Informationen bereits über die Bundesnetzagentur als zentrale Informationsstelle nach § 77a Absatz 1 Nummer 3 gewährleistet ist.

(6) [1]Innerhalb der in Absatz 2 genannten Frist sind die Informationen auch der Bundesnetzagentur als zentraler Informationsstelle zu übermitteln. [2]Die Bundesnetzagentur macht diese Informationen anderen Interessenten, die ein berechtigtes Interesse an der Einsichtnahme haben, in geeigneter Form zugänglich. [3]Näheres regeln die Einsichtnahmebedingungen der Bundesnetzagentur.

§ 77i Koordinierung von Bauarbeiten und Mitverlegung

(1) Eigentümer oder Betreiber öffentlicher Versorgungsnetze können mit Eigentümern oder Betreibern öffentlicher Telekommunikationsnetze im Hinblick auf den Ausbau der Komponenten von digitalen Hochgeschwindigkeitsnetzen Vereinbarungen über die Koordinierung von Bauarbeiten schließen.

(2) [1]Eigentümer oder Betreiber öffentlicher Telekommunikationsnetze können bei den Eigentümern oder Betreibern öffentlicher Versorgungsnetze die Koordinierung von Bauarbeiten beantragen. [2]Im Antrag sind Art und Umfang der zu koordinierenden Bauarbeiten und die zu errichtenden Komponenten digitaler Hochgeschwindigkeitsnetze zu benennen.

(3) ¹Eigentümer oder Betreiber öffentlicher Versorgungsnetze, die ganz oder teilweise aus öffentlichen Mitteln finanzierte Bauarbeiten direkt oder indirekt ausführen, haben zumutbaren Anträgen nach Absatz 2 zu transparenten und diskriminierungsfreien Bedingungen stattzugeben. ²Anträge sind insbesondere zumutbar, sofern

1. dadurch keine zusätzlichen Kosten für die ursprünglich geplanten Bauarbeiten verursacht werden; eine geringfügige zeitliche Verzögerung der Planung und geringfügige Mehraufwendungen für die Bearbeitung des Koordinierungsantrags gelten nicht als zusätzliche Kosten der ursprünglich geplanten Bauarbeiten,
2. die Kontrolle über die Koordinierung der Arbeiten nicht behindert wird,
3. der Koordinierungsantrag so früh wie möglich, spätestens aber einen Monat vor Einreichung des endgültigen Projektantrags bei der zuständigen Genehmigungsbehörde gestellt wird und Bauarbeiten betrifft, deren anfänglich geplante Dauer acht Wochen überschreitet.

³Anträge können insbesondere dann unzumutbar sein, soweit durch die zu koordinierenden Bauarbeiten ein geplantes öffentlich gefördertes Glasfasernetz, das einen diskriminierungsfreien, offenen Netzzugang zur Verfügung stellt, überbaut würde.

(4) ¹Die Bundesnetzagentur veröffentlicht Grundsätze dafür, wie die Kosten, die mit der Koordinierung von Bauarbeiten verbunden sind, auf den Eigentümer oder Betreiber des öffentlichen Telekommunikationsnetzes umgelegt werden sollen. ²Die Bundesnetzagentur ist im Rahmen der Streitbeilegung nach § 77n an die veröffentlichten Grundsätze gebunden.

(5) Der Antrag nach Absatz 2 kann ganz oder teilweise abgelehnt werden, soweit

1. von dem Antrag Teile einer kritischen Infrastruktur, insbesondere deren Informationstechnik, betroffen sind, die nachweislich besonders schutzbedürftig und für die Funktionsfähigkeit der kritischen Infrastruktur maßgeblich sind, und
2. der Betreiber des öffentlichen Versorgungsnetzes zur Koordinierung der Bauarbeiten unverhältnismäßige Maßnahmen ergreifen müsste, um die ihm durch Gesetz oder aufgrund eines Gesetzes auferlegten Schutzpflichten zu erfüllen.

(6) Eigentümer oder Betreiber öffentlicher Versorgungsnetze können im Rahmen von Bauarbeiten passive Netzinfrastrukturen sowie Glasfaserkabel mitverlegen, um eine Mitnutzung im Sinne dieses Abschnitts oder den Betrieb eines digitalen Hochgeschwindigkeitsnetzes zu ermöglichen.

(7) ¹Im Rahmen von ganz oder teilweise aus öffentlichen Mitteln finanzierten Bauarbeiten für die Bereitstellung von Verkehrsdiensten, deren anfänglich geplante Dauer acht Wochen überschreitet, ist sicherzustellen, dass geeignete passive Netzinfrastrukturen, ausgestattet mit Glasfaserkabeln, bedarfsgerecht mitverlegt werden, um den Betrieb eines digitalen Hochgeschwindigkeitsnetzes durch private Betreiber öffentlicher Telekommunikationsnetze zu ermöglichen. ²Im Rahmen der Erschließung von Neubaugebieten ist stets sicherzustellen, dass geeignete passive Netzinfrastrukturen, ausgestattet mit Glasfaserkabeln, mitverlegt werden.

§ 77j Allgemeine Informationen über Verfahrensbedingungen bei Bauarbeiten

¹Die Bundesnetzagentur als zentrale Informationsstelle macht die relevanten Informationen zugänglich, welche die allgemeinen Bedingungen und Verfahren für die Erteilung von Genehmigungen für Bauarbeiten betreffen, die zum Zweck des Aufbaus der Komponenten digitaler Hochgeschwindigkeitsnetze notwendig sind. ²Diese Informationen schließen Angaben über Ausnahmen von Genehmigungspflichten ein.

§ 77k Netzinfrastruktur von Gebäuden

(1) ¹Betreiber öffentlicher Kommunikationsnetze dürfen ihr öffentliches Telekommunikationsnetz in den Räumen des Teilnehmers abschließen. ²Der Abschluss ist nur statthaft, wenn der Teilnehmer zustimmt und Eingriffe in Eigentumsrechte Dritter so geringfügig wie möglich erfolgen. ³Die Verlegung neuer Netzinfrastruktur ist nur statthaft, soweit keine Nutzung bestehender Netzinfrastruktur nach den Absätzen 2 und 3 möglich ist, mit der der Betreiber seinen Telekommunikationsdienst ohne spürbare Qualitätseinbußen bis zum Teilnehmer bereitstellen kann. ⁴Soweit dies zum Netzabschluss erforderlich ist, ist der Gebäudeeigentümer dazu verpflichtet, dem Telekommunikationsnetzbetreiber auf Antrag den Anschluss aktiver Netzbestandteile an das Stromnetz zu ermöglichen. ⁵Die durch den Anschluss aktiver Netzbestandteile an das Stromnetz entstehenden Kosten hat der Telekommunikationsnetzbetreiber zu tragen.

(2) ¹Eigentümer oder Betreiber öffentlicher Telekommunikationsnetze können, um ihr Netz in den Räumlichkeiten des Teilnehmers abzuschließen, bei den Eigentümern oder Betreibern von gebäudeinternen Komponenten öffentlicher Telekommunikationsnetze oder von gebäudeinternen passiven Netzinfrastrukturen am Standort des Teilnehmers die Mitnutzung der gebäudeinternen Netzinfrastruktur beantragen.

[2]Liegt der erste Konzentrations- oder Verteilerpunkt eines öffentlichen Telekommunikationsnetzes außerhalb des Gebäudes, so gilt Absatz 1 ab diesem Punkt entsprechend.

(3) Wer über Netzinfrastrukturen in Gebäuden oder bis zum ersten Konzentrations- oder Verteilerpunkt eines öffentlichen Telekommunikationsnetzes verfügt, hat allen zumutbaren Mitnutzungsanträgen nach Absatz 2 zu fairen und diskriminierungsfreien Bedingungen, einschließlich der Mitnutzungsentgelte, stattzugeben, wenn eine Dopplung der Netzinfrastrukturen technisch unmöglich oder wirtschaftlich ineffizient ist.

(4) Neu errichtete Gebäude, die über Anschlüsse für Endnutzer von Telekommunikationsdienstleistungen verfügen sollen, sind gebäudeintern bis zu den Netzabschlusspunkten mit hochgeschwindigkeitsfähigen passiven Netzinfrastrukturen sowie einem Zugangspunkt zu diesen passiven gebäudeinternen Netzkomponenten auszustatten.

(5) Gebäude, die umfangreich renoviert werden und über Anschlüsse für Endnutzer von Telekommunikationsdienstleistungen verfügen sollen, sind gebäudeintern bis zu den Netzabschlusspunkten mit hochgeschwindigkeitsfähigen passiven Netzinfrastrukturen sowie einem Zugangspunkt zu diesen passiven gebäudeinternen Netzkomponenten auszustatten.

(6) Einfamilienhäuser, Baudenkmäler, Ferienhäuser, Militärgebäude und Gebäude, die für Zwecke der nationalen Sicherheit genutzt werden, fallen nicht unter die Absätze 4 und 5.

(7) [1]Die zuständigen Behörden haben darüber zu wachen, dass die nach Absatz 4 bis 6 festgesetzten Anforderungen erfüllt werden. [2]Soweit von der Verordnungsermächtigung des § 77o Absatz 4 Gebrauch gemacht wurde, berücksichtigen sie dabei die in der Rechtsverordnung festgesetzten Ausnahmen.

§ 77l Antragsform und Reihenfolge der Verfahren

(1) Anträge der Eigentümer oder Betreiber öffentlicher Telekommunikationsnetze nach den §§ 77a bis 77d, 77h und 77i können schriftlich oder elektronisch gestellt werden.

(2) [1]Über vollständige Anträge hat der Verpflichtete in der Reihenfolge zu entscheiden, in der die Anträge bei ihm eingehen. [2]Ein vollständiger Antrag liegt vor, wenn der Antragsteller alle entscheidungsrelevanten Informationen dargelegt hat.

§ 77m Vertraulichkeit der Verfahren

(1) [1]Die Informationen, die im Rahmen der Verfahren dieses Unterabschnittes oder bei oder nach Verhandlungen oder Vereinbarungen gewonnen werden, dürfen nur für die Zwecke verwendet werden, für die sie bereitgestellt werden. [2]Die Informationen dürfen nicht an Dritte weitergegeben werden, insbesondere nicht an andere Abteilungen, Tochtergesellschaften oder Geschäftspartner der an den Verhandlungen Beteiligten. [3]Die Verfahrensbeteiligten haben die aus den Verhandlungen oder Vereinbarungen gewonnenen Betriebs- und Geschäftsgeheimnisse zu wahren.

(2) [1]Das Bundesministerium für Verkehr und digitale Infrastruktur kann die Informationen, die es im Verfahren nach § 77a Absatz 1 Satz 2 erhalten hat, verarbeiten und auf Antrag den am Ausbau von öffentlichen Versorgungsnetzen Beteiligten Einsicht in die verarbeiteten Informationen gewähren. [2]Für die Verwendung der nach Satz 1 gewonnenen Informationen gilt Absatz 1 entsprechend.

§ 77n Fristen, Entgeltmaßstäbe und Regulierungsziele der nationalen Streitbeilegung

(1) [1]Gibt der Eigentümer oder Betreiber eines öffentlichen Versorgungsnetzes innerhalb der in § 77d Absatz 2 genannten Frist kein Angebot zur Mitnutzung ab oder kommt keine Einigung über die Bedingungen der Mitnutzung zustande, so kann jede Partei eine Entscheidung durch die Bundesnetzagentur als nationale Streitbeilegungsstelle nach § 132 in Verbindung mit § 134a beantragen. [2]Die Bundesnetzagentur entscheidet verbindlich über die Rechte, Pflichten oder Versagungsgründe aus den §§ 77d, 77e und 77g innerhalb von vier Monaten nach Eingang des vollständigen Antrags.

(2) [1]Setzt die Bundesnetzagentur im Rahmen der Streitbeilegung nach Absatz 1 ein Mitnutzungsentgelt fest, so hat sie dieses fair und angemessen zu bestimmen. [2]Grundlage für die Höhe des Mitnutzungsentgelts sind die zusätzlichen Kosten, die sich für den Eigentümer oder Betreiber des öffentlichen Versorgungsnetzes durch die Ermöglichung der Mitnutzung seiner passiven Netzinfrastrukturen ergeben. [3]Auf diese Kosten gewährt die Bundesnetzagentur einen angemessenen Aufschlag als Anreiz für Eigentümer oder Betreiber öffentlicher Versorgungsnetze zur Gewährung der Mitnutzung.

(3) [1]Betrifft die Streitigkeit nach Absatz 1 die Mitnutzung eines öffentlichen Telekommunikationsnetzes, so berücksichtigt die Bundesnetzagentur neben Absatz 2 auch die in § 2 Absatz 2 genannten Regulierungsziele. [2]Dabei stellt die Bundesnetzagentur sicher, dass Eigentümer und Betreiber des mitzunutzenden öffentlichen Telekommunikationsnetzes die Möglichkeit haben, ihre Kosten zu decken; sie berücksichtigt hierfür über die zusätzlichen Kosten und eine angemessene Verzinsung gemäß Absatz 2 hinaus auch die

Folgen der beantragten Mitnutzung auf deren Geschäftsplan einschließlich der Investitionen in das mitgenutzte öffentliche Telekommunikationsnetz.

(4) ¹Sind Rechte, Pflichten oder Versagungsgründe streitig, die in den §§ 77b, 77c oder § 77h festgelegt sind, so kann jede Partei eine Entscheidung durch die Bundesnetzagentur als nationale Streitbeilegungsstelle nach § 132 in Verbindung mit § 134a beantragen. ²Die Bundesnetzagentur entscheidet verbindlich innerhalb von zwei Monaten.

(5) ¹Kommt in den Fällen des § 77i Absatz 2 und 3 innerhalb eines Monats ab dem Tag des Eingangs des Antrages bei dem Eigentümer oder Betreiber des öffentlichen Versorgungsnetzes keine Vereinbarung über die Koordinierung der Bauarbeiten zustande, so kann jede Partei die Bundesnetzagentur als nationale Streitbeilegungsstelle anrufen. ²Die Bundesnetzagentur legt in ihrer Entscheidung verbindlich faire und diskriminierungsfreie Bedingungen einschließlich der Entgelte der Koordinierungsvereinbarung fest. ³Sie entscheidet unverzüglich, spätestens aber innerhalb von zwei Monaten.

(6) ¹Kommt innerhalb von zwei Monaten keine Vereinbarung über die Mitnutzung nach § 77k Absatz 2 und 3 zustande, kann jede Partei eine Entscheidung durch die Bundesnetzagentur als nationale Streitbeilegungsstelle nach § 132 in Verbindung mit § 134a beantragen. ²Grundlage für die Bestimmung der Höhe eines Entgelts sind dabei die zusätzlichen Kosten, die sich für den Gebäudeeigentümer durch die Ermöglichung der Mitnutzung der Netzinfrastruktur des Gebäudes ergeben. ³Soweit der die Mitnutzung begehrende Telekommunikationsnetzbetreiber Investitionen zur Herstellung dieser Infrastruktur getätigt hat, kann er die Mitnutzung entgeltfrei beanspruchen, es sei denn, dass die Mitnutzung aufgrund besonderer technischer oder baulicher Gegebenheiten einen außergewöhnlichen Aufwand verursacht. ⁴Der Maßstab nach Satz 3 gilt nur für solche Investitionen, die erstmalig ab Inkrafttreten dieses Gesetzes getätigt werden. ⁵Die Bundesnetzagentur entscheidet verbindlich und unverzüglich, spätestens aber innerhalb von zwei Monaten.

(7) Die Bundesnetzagentur kann die ihr in Absatz 1 Satz 2, Absatz 4 Satz 2, Absatz 5 Satz 3 und Absatz 6 Satz 2 gesetzten Fristen für die Streitbeilegung bei außergewöhnlichen Umständen um höchstens zwei Monate verlängern; diese Umstände sind besonders und hinreichend zu begründen.

§ 77o Verordnungsermächtigungen

(1) ¹Das Bundesministerium für Verkehr und digitale Infrastruktur wird ermächtigt, durch Rechtsverordnung ohne Zustimmung des Bundesrates im Benehmen mit dem Bundesministerium für Wirtschaft und Energie passive Netzinfrastrukturen zu benennen, die von den in den §§ 77a bis 77c genannten Rechten und Pflichten ausgenommen sind. ²Die Ausnahmen sind hinreichend zu begründen. ³Sie dürfen nur darauf gestützt werden, dass der Schutz von Teilen kritischer Infrastrukturen betroffen ist oder dass die passiven Netzinfrastrukturen für die elektronische Kommunikation technisch ungeeignet sind. ⁴Soweit die Ausnahmen auf den Schutz von Teilen kritischer Infrastrukturen gestützt werden, bedarf die Rechtsverordnung des Einvernehmens mit dem Bundesministerium des Innern, für Bau und Heimat. ⁵Das Bundesministerium für Verkehr und digitale Infrastruktur kann die Ermächtigung nach Satz 1 durch Rechtsverordnung auf die Bundesnetzagentur übertragen. ⁶Für eine Rechtsverordnung der Bundesnetzagentur gelten die Sätze 1 bis 4 entsprechend.

(2) ¹Das Bundesministerium für Verkehr und digitale Infrastruktur wird ermächtigt, durch Rechtsverordnung, die der Zustimmung des Bundesrates bedarf, über die in § 77h Absatz 4 vorgesehenen Ausnahmen von den in § 77h festgelegten Rechten und Pflichten hinausgehende Ausnahmen vorzusehen und Kategorien von Bauarbeiten zu benennen, die der Bundesnetzagentur zu melden sind. ²Solche Kategorien dürfen nur Bauarbeiten enthalten, deren anfänglich geplante Dauer acht Wochen überschreitet. ³Die Rechtsverordnung ist hinreichend zu begründen und kann im Umfang oder Wert geringfügige Bauarbeiten oder kritische Infrastrukturen ausnehmen. ⁴Soweit die Ausnahmen auf den Schutz von Teilen kritischer Infrastrukturen gestützt werden, bedarf die Rechtsverordnung des Einvernehmens mit dem Bundesministerium des Innern, für Bau und Heimat.

(3) ¹Das Bundesministerium für Verkehr und digitale Infrastruktur wird ermächtigt, durch Rechtsverordnung, die der Zustimmung des Bundesrates bedarf, Ausnahmen von den in § 77i festgelegten Rechten und Pflichten vorzusehen. ²Die Ausnahmen können auf dem geringen Umfang und Wert der Bauarbeiten oder auf dem Schutz von Teilen kritischer Infrastrukturen beruhen. ³Soweit die Ausnahmen auf den Schutz von Teilen kritischer Infrastrukturen gestützt werden, bedarf die Rechtsverordnung des Einvernehmens mit dem Bundesministerium des Innern, für Bau und Heimat.

(4) ¹Das Bundesministerium für Verkehr und digitale Infrastruktur wird ermächtigt, im Einvernehmen mit dem Bundesministerium für Umwelt, Naturschutz und nukleare Sicherheit durch Rechtsverordnung, die der Zustimmung des Bundesrates bedarf, Ausnahmen vom § 77k Absatz 4 und Absatz 5 vorzusehen. ²Die Rechtsverordnung ist hinreichend zu begründen und kann bestimmte Gebäudekategorien und um-

fangreiche Renovierungen ausnehmen, falls die Erfüllung der Pflichten unverhältnismäßig wäre. [3]Die Unverhältnismäßigkeit kann insbesondere auf den voraussichtlichen Kosten für einzelne Eigentümer oder auf der spezifischen Art des Gebäudes beruhen.

(5) Eigentümern und Betreibern öffentlicher Versorgungsnetze und interessierten Parteien ist die Gelegenheit zu geben, innerhalb eines Monats zum Entwurf einer Rechtsverordnung nach den Absätzen 1 bis 4 Stellung zu nehmen.

(6) Die Rechtsverordnungen der Absätze 1 bis 4 sind der Europäischen Kommission mitzuteilen.

§ 77p Genehmigungsfristen für Bauarbeiten

[1]Genehmigungen für Bauarbeiten, die zum Zwecke des Aufbaus der Komponenten von digitalen Hochgeschwindigkeitsnetzen notwendig sind, sind innerhalb von drei Monaten nach Eingang eines vollständigen Antrags zu erteilen oder abzulehnen. [2]Die Frist kann um einen Monat verlängert werden, wenn dies wegen der Schwierigkeit der Angelegenheit gerechtfertigt ist. [3]Die Fristverlängerung ist zu begründen und rechtzeitig mitzuteilen.

§ 77q Vorausschau zum Mobilfunknetzausbau

(1) Die durch Rechtsverordnung nach § 77r bestimmte Stelle kann geografische Erhebungen zum Zwecke der Erstellung einer Übersicht im Sinne einer Vorausschau des Ausbaus der für den Mobilfunk öffentlichen Telekommunikationsnetze in dem durch Rechtsverordnung nach § 77r bestimmten Umfang und in den durch Rechtsverordnung nach § 77r bestimmten zeitlichen Abständen durchführen.

(2) Die durch Rechtsverordnung nach § 77r bestimmte Stelle kann von Eigentümern oder Betreibern öffentlicher Telekommunikationsnetze oder Telekommunikationslinien diejenigen Informationen verlangen, die für die Erstellung der Übersicht nach Absatz 1 erforderlich sind.

(3) [1]Die durch Rechtsverordnung nach § 77r bestimmte Stelle kann Gebietskörperschaften für allgemeine Planungs- und Förderzwecke Einsicht in die Vorausschau nach Absatz 1 gewähren. [2]Näheres regelt die durch Rechtsverordnung nach § 77r bestimmte Stelle in Einsichtnahmebedingungen, die der vorherigen Zustimmung des Bundesministeriums für Verkehr und digitale Infrastruktur bedürfen. [3]In den Einsichtnahmebedingungen ist sicherzustellen, dass die Informationen unter Wahrung der öffentlichen Sicherheit und unter Wahrung von Betriebs- und Geschäftsgeheimnissen vertraulich behandelt werden.

§ 77r Verordnungsermächtigung

Das Bundesministerium für Verkehr und digitale Infrastruktur wird ermächtigt, im Einvernehmen mit dem Bundesministerium für Wirtschaft und Energie durch Rechtsverordnung ohne Zustimmung des Bundesrates die für die geografischen Erhebungen nach § 77q Absatz 1 zuständige Stelle sowie Umfang und zeitliche Abstände der Aktualisierung der Übersicht nach § 77q Absatz 1 zu bestimmen.

Teil 6
Universaldienst

§ 78 Universaldienstleistungen

(1) Universaldienstleistungen sind ein Mindestangebot an Diensten für die Öffentlichkeit, für die eine bestimmte Qualität festgelegt ist und zu denen alle Endnutzer unabhängig von ihrem Wohn- oder Geschäftsort zu einem erschwinglichen Preis Zugang haben müssen und deren Erbringung für die Öffentlichkeit als Grundversorgung unabdingbar geworden ist.

(2)[1)] Als Universaldienstleistungen werden bestimmt:

1. der Anschluss an ein öffentliches Telekommunikationsnetz an einem festen Standort, der Gespräche, Telefaxübertragungen und die Datenkommunikation mit Übertragungsraten ermöglicht, die für einen funktionalen Internetzugang ausreichen,

2. der Zugang zu öffentlich zugänglichen Telefondiensten über den in Nummer 1 genannten Netzanschluss,

3. die Verfügbarkeit mindestens eines von der Bundesnetzagentur gebilligten gedruckten öffentlichen Teilnehmerverzeichnisses (§ 104), das dem allgemeinen Bedarf entspricht und regelmäßig mindestens einmal jährlich aktualisiert wird,

4. die Verfügbarkeit mindestens eines umfassenden, öffentlichen Telefonauskunftsdienstes, auch für Nutzer öffentlicher Münz- und Kartentelefone, einschließlich der Netzkennzahlen von Teilnehmern und ausländischer Anschlussinhaber, soweit die Teilnehmerdaten zur Verfügung stehen und unter Berücksichtigung datenschutzrechtlicher Vorschriften,

1) Beachte die Übergangsregelung in § 150 Abs. 9.

5. die flächendeckende Bereitstellung von öffentlichen Münz- oder Kartentelefonen oder anderer Zugangspunkte für den öffentlichen Sprachtelefondienst an allgemeinen und jederzeit für jedermann zugänglichen Standorten entsprechend dem allgemeinen Bedarf; die öffentlichen Telefonstellen sind in betriebsbereitem Zustand zu halten, und

6. die Möglichkeit, von allen öffentlichen Münz- oder Kartentelefonen unentgeltlich und ohne Verwendung eines Zahlungsmittels Notrufe durch einfache Handhabung mit den Notrufnummern 110 und 112 durchzuführen.

(3) Unternehmen, die Universaldienstleistungen nach Absatz 2 Nr. 2 und 3[1)] erbringen, haben bei der Verarbeitung der ihnen von anderen Unternehmen bereitgestellten Informationen den Grundsatz der Nichtdiskriminierung zu beachten.

(4) [1]Nach Anhörung des Universaldienstverpflichteten kann die Bundesnetzagentur den allgemeinen Bedarf der Universaldienstleistungen nach Absatz 2 hinsichtlich der Bedürfnisse der Endnutzer feststellen, insbesondere hinsichtlich der geographischen Versorgung, der Zahl der Telefone, der Zugänglichkeit und der Dienstequalität. [2]Zur Sicherstellung des Dienstes sowie der Dienstemerkmale ist die Bundesnetzagentur befugt, den Unternehmen Verpflichtungen aufzuerlegen. [3]Die Bundesnetzagentur kann von solchen Verpflichtungen für Teile oder das gesamte Hoheitsgebiet absehen, wenn eine Anhörung der betroffenen Kreise ergibt, dass diese Dienstemerkmale oder vergleichbare Dienste als weithin verfügbar erachtet werden.

§ 79 Erschwinglichkeit der Entgelte

(1) [1]Der Preis für die Universaldienstleistung nach § 78 Absatz 2 Nummer 1 und 2 gilt als erschwinglich, wenn er den realen Preis der Telefondienstleistungen nicht übersteigt, die von einem Privathaushalt außerhalb von Städten mit mehr als 100 000 Einwohnern zum 1. Januar 1998 durchschnittlich nachgefragt wurden. [2]Dabei werden die zu diesem Zeitpunkt erzielten Leistungsqualitäten einschließlich der Lieferfristen und die bis zum 31. Dezember des jeweiligen Vor-Vorjahres festgestellte Produktivitätsfortschrittsrate berücksichtigt.

(2) Universaldienstleistungen nach § 78 Absatz 2 Nummer 3 bis 5 gelten als erschwinglich, wenn die Entgelte den Maßstäben des § 28 entsprechen.

§ 80 Verpflichtung zur Erbringung des Universaldienstes

[1]Wird eine Universaldienstleistung nach § 78 durch den Markt nicht ausreichend und angemessen erbracht oder ist zu besorgen, dass eine solche Versorgung nicht gewährleistet sein wird, ist jeder Anbieter, der auf dem jeweiligen sachlich relevanten Markt tätig ist und einen Anteil von mindestens 4 Prozent des Gesamtumsatzes dieses Marktes im Geltungsbereich dieses Gesetzes auf sich vereint oder auf dem räumlich relevanten Markt über eine beträchtliche Marktmacht verfügt, verpflichtet, dazu beizutragen, dass der Universaldienst erbracht werden kann. [2]Die Verpflichtung nach Satz 1 ist nach Maßgabe der Bestimmungen dieses Abschnitts zu erfüllen.

§ 81 Auferlegung von Universaldienstverpflichtungen

(1) [1]Die Bundesnetzagentur veröffentlicht die Feststellung, auf welchem sachlich und räumlich relevanten Markt oder an welchem Ort eine Universaldienstleistung nach § 78 Abs. 2 nicht angemessen oder ausreichend erbracht wird oder zu besorgen ist, dass eine solche Versorgung nicht gewährleistet sein wird. [2]Sie kündigt an, nach den Vorschriften der §§ 81 bis 87 vorzugehen, sofern sich kein Unternehmen innerhalb von einem Monat nach Bekanntgabe dieser Veröffentlichung bereit erklärt, diese Universaldienstleistung ohne Ausgleich nach § 82 zu erbringen.

(2) [1]Die Bundesnetzagentur kann nach Anhörung der in Betracht kommenden Unternehmen entscheiden, ob und inwieweit sie eines oder mehrere dieser Unternehmen verpflichten will, die Universaldienstleistung zu erbringen. [2]Eine solche Verpflichtung darf die verpflichteten Unternehmen im Verhältnis zu den anderen Unternehmen nicht unbillig benachteiligen.

(3) [1]Macht ein Unternehmen, das nach Absatz 2 zur Erbringung einer Universaldienstleistung verpflichtet werden soll, glaubhaft, dass es im Falle der Verpflichtung einen Ausgleich nach § 82 verlangen kann, schreibt die Bundesnetzagentur anstelle der Entscheidung, einen oder mehrere Unternehmen zu verpflichten, die Universaldienstleistung aus und vergibt sie an denjenigen Bewerber, der sich als geeignet erweist und den geringsten finanziellen Ausgleich dafür verlangt, die Universaldienstleistung nach Maßgabe der in den Vorschriften dieses Gesetzes festgelegten Bedingungen zu erbringen. [2]Die Bundesnetzagentur kann unter Berücksichtigung der Kriterien des Satzes 1 verschiedene Unternehmen oder Unternehmensgruppen für die Erbringung verschiedener Bestandteile des Universaldienstes sowie zur Versorgung verschiedener Teile des Bundesgebietes verpflichten.

1) Richtig wohl: „Absatz 2 Nr. 3 und 4".

(4) ¹Vor der Ausschreibung der Universaldienstleistung hat die Bundesnetzagentur festzulegen, nach welchen Kriterien die erforderliche Eignung des Universaldienstleisters bewertet wird. ²Sie hat ferner die Regeln für die Durchführung des Ausschreibungsverfahrens im Einzelnen festzulegen; diese müssen objektiv, nachvollziehbar und diskriminierungsfrei sein.

(5) Wird durch das Ausschreibungsverfahren kein geeigneter Bewerber ermittelt, verpflichtet die Bundesnetzagentur das nach Absatz 2 ermittelte Unternehmen, die Universaldienstleistung nach Maßgabe dieses Gesetzes zu erbringen.

§ 82 Ausgleich für Universaldienstleistungen

(1) Wird ein Unternehmen nach § 81 Abs. 3 verpflichtet, eine Universaldienstleistung zu erbringen, gewährt die Bundesnetzagentur den im Ausschreibungsverfahren anerkannten finanziellen Ausgleich für die Erbringung der Universaldienstleistung.

(2) ¹Wird ein Unternehmen nach § 81 Abs. 5 verpflichtet, eine Universaldienstleistung zu erbringen, ermittelt die Bundesnetzagentur den zu leistenden Ausgleich für die Bereitstellung des Universaldienstes aus der Differenz der Kosten eines verpflichteten Unternehmens für den Betrieb ohne Universaldienstverpflichtung und den Kosten für den Betrieb unter Einhaltung der Universaldienstverpflichtung. ²Außerdem sind Vorteile und Erträge des Universaldienstbetreibers, einschließlich immaterieller Vorteile, zu berücksichtigen.

(3) ¹Die Bundesnetzagentur stellt fest, ob die ermittelten Kosten eine unzumutbare Belastung darstellen. ²In diesem Fall gewährt die Bundesnetzagentur dem Unternehmen auf Antrag den berechneten finanziellen Ausgleich.

(4) ¹Zur Berechnung des Ausgleichs kann die Bundesnetzagentur die erforderlichen Unterlagen von dem universaldienstverpflichteten Unternehmen fordern. ²Die eingereichten Unterlagen sind von der Bundesnetzagentur insbesondere auf die Notwendigkeit zur Leistungsbereitstellung zu prüfen. ³Die Ergebnisse der Kostenberechnung wie auch der Prüfung sind, unter Berücksichtigung der Wahrung von Betriebs- oder Geschäftsgeheimnissen der betroffenen Unternehmen, zu veröffentlichen.

(5) Der Ausgleich wird nach Ablauf des Kalenderjahres, in dem ein Defizit bei der Erbringung der Universaldienstleistung entsteht, gewährt.

§ 83 Universaldienstleistungsabgabe

(1) ¹Gewährt die Bundesnetzagentur einen Ausgleich nach § 82 für die Erbringung einer Universaldienstleistung, trägt jedes Unternehmen, das zur Erbringung des Universaldienstes nach § 80 verpflichtet ist, zu diesem Ausgleich durch eine Universaldienstleistungsabgabe bei. ²Der Anteil bemisst sich nach dem Verhältnis des Umsatzes des jeweiligen Unternehmens zu der Summe des Umsatzes aller auf dem sachlich relevanten Markt nach Satz 1 Verpflichteten. ³Kann von einem abgabenpflichtigen Unternehmen die auf ihn entfallende Abgabe nicht erlangt werden, so ist der Ausfall von den übrigen Verpflichteten nach dem Verhältnis ihrer Anteile zueinander zu leisten.

(2) ¹Nach Ablauf des Kalenderjahres, für das ein Ausgleich nach § 82 Abs. 1 oder 3 gewährt wird, setzt die Bundesnetzagentur die Höhe des Ausgleichs sowie die Anteile der zu diesem Ausgleich beitragenden Unternehmen fest und teilt dies den betroffenen Unternehmen mit. ²Die Höhe des Ausgleichs ergibt sich aus dem von der Bundesnetzagentur errechneten Ausgleichsbetrag zuzüglich einer marktüblichen Verzinsung. ³Die Verzinsung beginnt mit dem Tag, der dem Ablauf des in Satz 1 genannten Kalenderjahres folgt.

(3) Die zum Ausgleich nach Absatz 1 beitragenden Unternehmen sind verpflichtet, die von der Bundesnetzagentur festgesetzten auf sie entfallenden Anteile innerhalb eines Monats ab Zugang des Festsetzungsbescheides an die Bundesnetzagentur zu entrichten.

(4) Ist ein zum Ausgleich verpflichtetes Unternehmen mit der Zahlung der Abgabe mehr als drei Monate im Rückstand, erlässt die Bundesnetzagentur einen Feststellungsbescheid über die rückständigen Beträge der Abgabe und betreibt die Einziehung.

§ 84 Verfügbarkeit, Entbündelung und Qualität von Universaldienstleistungen

(1) Soweit Unternehmen Universaldienstleitungen erbringen, haben Endnutzer im Rahmen der Gesetze und der Allgemeinen Geschäftsbedingungen einen Anspruch darauf, dass diese Leistungen erbracht werden.

(2) Soweit Unternehmen Universaldienstleitungen erbringen, haben sie Leistungen so anzubieten, dass Endnutzer nicht für Einrichtungen oder Dienste zu zahlen haben, die nicht notwendig oder für den beantragten Dienst nicht erforderlich sind.

(3) ¹Soweit Unternehmen Universaldienstleitungen erbringen, haben sie der Bundesnetzagentur auf Anfrage angemessene und aktuelle Informationen über ihre Leistungen bei der Bereitstellung des Univer-

saldienstes mitzuteilen und zu veröffentlichen. [2]Dabei werden die Parameter, Definitionen und Messverfahren für die Dienstqualität zugrunde gelegt, die in Anhang III der Richtlinie 2002/22/EG dargelegt sind.

§ 85 Leistungseinstellungen

(1) [1]Ein Unternehmen, das nach § 81 zur Erbringung von Universaldienstleistungen verpflichtet ist oder das Leistungen nach § 150 Abs. 9 erbringt, darf diese Leistungen nur vorübergehend auf Grund grundlegender, in Übereinstimmung mit dem Recht der Europäischen Union stehender Anforderungen einstellen und beschränken. [2]Es hat auf die Belange der Endnutzer Rücksicht zu nehmen und die Leistungseinstellungen oder -beschränkungen im Rahmen der technischen Möglichkeiten auf den betroffenen Dienst zu beschränken.

(2) Grundlegende Anforderungen, die eine Beschränkung von Universaldienstleistungen rechtfertigen, sind

1. die Sicherheit des Netzbetriebes,
2. die Aufrechterhaltung der Netzintegrität, insbesondere die Vermeidung schwerwiegender Störungen des Netzes, der Software oder gespeicherter Daten,
3. die Interoperabilität der Dienste und
4. der Datenschutz.

§ 86 Sicherheitsleistungen

(1) [1]Anbieter von öffentlich zugänglichen Telekommunikationsdiensten, die nach § 81 zur Erbringung von Universaldienstleistungen verpflichtet sind oder das Unternehmen, das Leistungen nach § 150 Abs. 9 erbringt, sind berechtigt, Universaldienstleistungen an den Endnutzer von einer Sicherheitsleistung in angemessener Höhe abhängig zu machen, wenn Tatsachen die Annahme rechtfertigen, dass der Endnutzer seinen vertraglichen Verpflichtungen nicht oder nicht rechtzeitig nachkommt. [2]Die Sicherheitsleistung kann durch Bürgschaftserklärung eines im Europäischen Wirtschaftsraum zugelassenen Kreditinstituts erfolgen. [3]Der Anbieter ist berechtigt, die Sicherheitsleistung auf eine solche Bürgschaftserklärung und die Hinterlegung von Geld zu beschränken. [4]Die Sicherheitsleistung ist unverzüglich zurückzugeben oder zu verrechnen, sobald die Voraussetzungen für die Erbringung weggefallen sind.

(2) [1]Als angemessen im Sinne des Absatzes 1 Satz 1 ist in der Regel ein Betrag in Höhe des Bereitstellungspreises zuzüglich des sechsfachen Grundpreises anzusehen. [2]Eine Anforderung höherer Beiträge ist gegenüber dem Endnutzer anhand der Umstände seines Einzelfalles zu begründen.

§ 87 Umsatzmeldungen

(1) [1]Ist eine Universaldienstleistung nach § 81 Abs. 3 oder 5 auferlegt, haben alle Unternehmen, die in dem jeweiligen sachlich relevanten Markt der betreffenden Telekommunikationsdienste tätig sind, der Bundesnetzagentur ihre Umsätze auf diesem Markt jeweils auf Verlangen jährlich mitzuteilen. [2]Anderenfalls kann die Bundesnetzagentur eine Schätzung vornehmen.

(2) Bei der Ermittlung der Umsätze nach Absatz 1 gelten § 36 Abs. 2 und § 38 des Gesetzes gegen Wettbewerbsbeschränkungen entsprechend.

(3) Die Bundesnetzagentur veröffentlicht unter Berücksichtigung von Betriebs- oder Geschäftsgeheimnissen der betroffenen Unternehmen jährlich einen Bericht, in dem die berechneten Kosten der Universaldienstverpflichtung und die Beiträge aller Unternehmen aufgeführt sind, und in dem die etwaigen Marktvorteile des benannten Unternehmens dargelegt werden.

Teil 7
Fernmeldegeheimnis, Datenschutz, Öffentliche Sicherheit

Abschnitt 1
Fernmeldegeheimnis

§ 88 Fernmeldegeheimnis

(1) [1]Dem Fernmeldegeheimnis unterliegen der Inhalt der Telekommunikation und ihre näheren Umstände, insbesondere die Tatsache, ob jemand an einem Telekommunikationsvorgang beteiligt ist oder war. [2]Das Fernmeldegeheimnis erstreckt sich auch auf die näheren Umstände erfolgloser Verbindungsversuche.

(2) [1]Zur Wahrung des Fernmeldegeheimnisses ist jeder Diensteanbieter verpflichtet. [2]Die Pflicht zur Geheimhaltung besteht auch nach dem Ende der Tätigkeit fort, durch die sie begründet worden ist.

(3) [1]Den nach Absatz 2 Verpflichteten ist es untersagt, sich oder anderen über das für die geschäftsmäßige Erbringung der Telekommunikationsdienste einschließlich des Schutzes ihrer technischen Systeme erforderliche Maß hinaus Kenntnis vom Inhalt oder den näheren Umständen der Telekommunikation zu verschaffen. [2]Sie dürfen Kenntnisse über Tatsachen, die dem Fernmeldegeheimnis unterliegen, nur für

den in Satz 1 genannten Zweck verwenden. [3]Eine Verwendung dieser Kenntnisse für andere Zwecke, insbesondere die Weitergabe an andere, ist nur zulässig, soweit dieses Gesetz oder eine andere gesetzliche Vorschrift dies vorsieht und sich dabei ausdrücklich auf Telekommunikationsvorgänge bezieht. [4]Die Anzeigepflicht nach § 138 des Strafgesetzbuches hat Vorrang.

(4) Befindet sich die Telekommunikationsanlage an Bord eines Wasser- oder Luftfahrzeugs, so besteht die Pflicht zur Wahrung des Geheimnisses nicht gegenüber der Person, die das Fahrzeug führt oder gegenüber ihrer Stellvertretung.

§ 89 Abhörverbot, Geheimhaltungspflicht der Betreiber von Empfangsanlagen

[1]Mit einer Funkanlage dürfen nur Nachrichten, die für den Betreiber der Funkanlage, Funkamateure im Sinne des Gesetzes über den Amateurfunk vom 23. Juni 1997 (BGBl. I S. 1494), die Allgemeinheit oder einen unbestimmten Personenkreis bestimmt sind, abgehört oder in vergleichbarer Weise zur Kenntnis genommen werden. [2]Der Inhalt anderer als in Satz 1 genannter Nachrichten sowie die Tatsache ihres Empfangs dürfen, auch wenn der Empfang unbeabsichtigt geschieht, auch von Personen, für die eine Pflicht zur Geheimhaltung nicht schon nach § 88 besteht, anderen nicht mitgeteilt werden. [3]§ 88 Abs. 4 gilt entsprechend. [4]Das Abhören oder die in vergleichbarer Weise erfolgende Kenntnisnahme und die Weitergabe von Nachrichten auf Grund besonderer gesetzlicher Ermächtigung bleiben unberührt.

§ 90 Missbrauch von Sende- oder sonstigen Telekommunikationsanlagen

(1) [1]Es ist verboten, Sendeanlagen oder sonstige Telekommunikationsanlagen zu besitzen, herzustellen, zu vertreiben, einzuführen oder sonst in den Geltungsbereich dieses Gesetzes zu verbringen, die ihrer Form nach einen anderen Gegenstand vortäuschen oder die mit Gegenständen des täglichen Gebrauchs verkleidet sind und auf Grund dieser Umstände oder auf Grund ihrer Funktionsweise in besonderer Weise geeignet und dazu bestimmt sind, das nicht öffentlich gesprochene Wort eines anderen von diesem unbemerkt abzuhören oder das Bild eines anderen von diesem unbemerkt aufzunehmen. [2]Das Verbot, solche Anlagen zu besitzen, gilt nicht für denjenigen, der die tatsächliche Gewalt über eine solche Anlage

1. als Organ, als Mitglied eines Organs, als gesetzlicher Vertreter oder als vertretungsberechtigter Gesellschafter eines Berechtigten nach Absatz 2 erlangt,
2. von einem anderen oder für einen anderen Berechtigten nach Absatz 2 erlangt, sofern und solange er die Weisungen des anderen über die Ausübung der tatsächlichen Gewalt über die Anlage auf Grund eines Dienst- oder Arbeitsverhältnisses zu befolgen hat oder die tatsächliche Gewalt auf Grund gerichtlichen oder behördlichen Auftrags ausübt,
3. als Gerichtsvollzieher oder Vollzugsbeamter in einem Vollstreckungsverfahren erwirbt,
4. von einem Berechtigten nach Absatz 2 vorübergehend zum Zwecke der sicheren Verwahrung oder der nicht gewerbsmäßigen Beförderung zu einem Berechtigten erlangt,
5. lediglich zur gewerbsmäßigen Beförderung oder gewerbsmäßigen Lagerung erlangt,
6. durch Fund erlangt, sofern er die Anlage unverzüglich dem Verlierer, dem Eigentümer, einem sonstigen Erwerbsberechtigten oder der für die Entgegennahme der Fundanzeige zuständigen Stelle abliefert,
7. von Todes wegen erwirbt, sofern er die Anlage unverzüglich einem Berechtigten überlässt oder sie für dauernd unbrauchbar macht,
8. erlangt, die durch Entfernen eines wesentlichen Bauteils dauernd unbrauchbar gemacht worden ist, sofern er den Erwerb unverzüglich der Bundesnetzagentur schriftlich anzeigt, dabei seine Personalien, die Art der Anlage, deren Hersteller- oder Warenzeichen und, wenn die Anlage eine Herstellungsnummer hat, auch diese angibt sowie glaubhaft macht, dass er die Anlage ausschließlich zu Sammlerzwecken erworben hat.

(2) [1]Die zuständigen obersten Bundes- oder Landesbehörden lassen Ausnahmen zu, wenn es im öffentlichen Interesse, insbesondere aus Gründen der öffentlichen Sicherheit, erforderlich ist. [2]Absatz 1 Satz 1 gilt nicht, soweit das Bundesamt für Wirtschaft und Ausfuhrkontrolle (BAFA) die Ausfuhr der Sendeanlagen oder sonstigen Telekommunikationsanlagen genehmigt hat.

(3) Es ist verboten, öffentlich oder in Mitteilungen, die für einen größeren Personenkreis bestimmt sind, für Sendeanlagen oder sonstige Telekommunikationsanlagen mit dem Hinweis zu werben, dass sie geeignet sind, das nicht öffentlich gesprochene Wort eines anderen von diesem unbemerkt abzuhören oder dessen Bild von diesem unbemerkt aufzunehmen.

Abschnitt 2
Datenschutz

§ 91 Anwendungsbereich

(1) [1]Dieser Abschnitt regelt den Schutz personenbezogener Daten der Teilnehmer und Nutzer von Telekommunikation bei der Erhebung und Verwendung dieser Daten durch Unternehmen und Personen, die geschäftsmäßig Telekommunikationsdienste in Telekommunikationsnetzen, einschließlich Telekommunikationsnetzen, die Datenerfassungs- und Identifizierungsgeräte unterstützen, erbringen oder an deren Erbringung mitwirken. [2]Dem Fernmeldegeheimnis unterliegende Einzelangaben über Verhältnisse einer bestimmten oder bestimmbaren juristischen Person oder Personengesellschaft, sofern sie mit der Fähigkeit ausgestattet ist, Rechte zu erwerben oder Verbindlichkeiten einzugehen, stehen den personenbezogenen Daten gleich.

(2) Für geschlossene Benutzergruppen öffentlicher Stellen der Länder gilt dieser Abschnitt mit der Maßgabe, dass an die Stelle des Bundesdatenschutzgesetzes die jeweiligen Landesdatenschutzgesetze treten.

§ 92 *[aufgehoben]*

§ 93 Informationspflichten

(1) [1]Diensteanbieter haben ihre Teilnehmer bei Vertragsabschluss über Art, Umfang, Ort und Zweck der Erhebung und Verwendung personenbezogener Daten so zu unterrichten, dass die Teilnehmer in allgemein verständlicher Form Kenntnis von den grundlegenden Verarbeitungstatbeständen der Daten erhalten. [2]Dabei sind die Teilnehmer auch auf die zulässigen Wahl- und Gestaltungsmöglichkeiten hinzuweisen. [3]Die Nutzer sind vom Diensteanbieter durch allgemein zugängliche Informationen über die Erhebung und Verwendung personenbezogener Daten zu unterrichten. [4]Das Auskunftsrecht nach dem Bundesdatenschutzgesetz bleibt davon unberührt.

(2) Unbeschadet des Absatzes 1 hat der Diensteanbieter in den Fällen, in denen ein besonderes Risiko der Verletzung der Netzsicherheit besteht, die Teilnehmer über dieses Risiko und, wenn das Risiko außerhalb des Anwendungsbereichs der vom Diensteanbieter zu treffenden Maßnahme liegt, über mögliche Abhilfen, einschließlich der für sie voraussichtlich entstehenden Kosten, zu unterrichten.

(3) Im Fall einer Verletzung des Schutzes personenbezogener Daten haben die betroffenen Teilnehmer oder Personen die Rechte aus § 109a Absatz 1 Satz 2 in Verbindung mit Absatz 2.

§ 94 Einwilligung im elektronischen Verfahren

Die Einwilligung kann auch elektronisch erklärt werden, wenn der Diensteanbieter sicherstellt, dass
1. der Teilnehmer oder Nutzer seine Einwilligung bewusst und eindeutig erteilt hat,
2. die Einwilligung protokolliert wird,
3. der Teilnehmer oder Nutzer den Inhalt der Einwilligung jederzeit abrufen kann und
4. der Teilnehmer oder Nutzer die Einwilligung jederzeit mit Wirkung für die Zukunft widerrufen kann.

§ 95 Vertragsverhältnisse

(1) [1]Der Diensteanbieter darf Bestandsdaten erheben und verwenden, soweit dieses zur Erreichung des in § 3 Nr. 3 genannten Zweckes erforderlich ist. [2]Im Rahmen eines Vertragsverhältnisses mit einem anderen Diensteanbieter darf der Diensteanbieter Bestandsdaten seiner Teilnehmer und der Teilnehmer des anderen Diensteanbieters erheben und verwenden, soweit dies zur Erfüllung des Vertrages zwischen den Diensteanbietern erforderlich ist. [3]Eine Übermittlung der Bestandsdaten an Dritte erfolgt, soweit nicht dieser Teil oder ein anderes Gesetz sie zulässt, nur mit Einwilligung des Teilnehmers.

(2) [1]Der Diensteanbieter darf die Bestandsdaten der in Absatz 1 Satz 2 genannten Teilnehmer zur Beratung der Teilnehmer, zur Werbung für eigene Angebote, zur Marktforschung und zur Unterrichtung über einen individuellen Gesprächswunsch eines anderen Nutzers nur verwenden, soweit dies für diese Zwecke erforderlich ist und der Teilnehmer eingewilligt hat. [2]Ein Diensteanbieter, der im Rahmen einer bestehenden Kundenbeziehung rechtmäßig Kenntnis von der Rufnummer oder der Postadresse, auch der elektronischen, eines Teilnehmers erhalten hat, darf diese für die Versendung von Text- oder Bildmitteilungen an ein Telefon oder an eine Postadresse zu den in Satz 1 genannten Zwecken verwenden, es sei denn, dass der Teilnehmer einer solchen Verwendung widersprochen hat. [3]Die Verwendung der Rufnummer oder Adresse nach Satz 2 ist nur zulässig, wenn der Teilnehmer bei der Erhebung oder der erstmaligen Speicherung der Rufnummer oder Adresse und bei jeder Versendung einer Nachricht an diese Rufnummer oder Adresse zu einem der in Satz 1 genannten Zwecke deutlich sichtbar und gut lesbar darauf hingewiesen wird, dass er der Versendung weiterer Nachrichten jederzeit schriftlich oder elektronisch widersprechen kann.

(3) [1]Endet das Vetragsverhältnis, sind die Bestandsdaten vom Diensteanbieter mit Ablauf des auf die Beendigung folgenden Kalenderjahres zu löschen. [2]§ 35 Abs. 3 des Bundesdatenschutzgesetzes gilt entsprechend.

(4) [1]Der Diensteanbieter kann im Zusammenhang mit dem Begründen und dem Ändern des Vertragsverhältnisses sowie dem Erbringen von Telekommunikationsdiensten die Vorlage eines amtlichen Ausweises verlangen, wenn dies zur Überprüfung der Angaben des Teilnehmers erforderlich ist. [2]Die Pflicht nach § 111 Absatz 1 Satz 3 bleibt unberührt. [3]Er kann von dem Ausweis eine Kopie erstellen. [4]Die Kopie ist vom Diensteanbieter unverzüglich nach Feststellung der für den Vertragsabschluss erforderlichen Angaben des Teilnehmers zu vernichten. [5]Andere als die nach Absatz 1 zulässigen Daten darf der Diensteanbieter dabei nicht verwenden.

(5) [1]Die Erbringung von Telekommunikationsdiensten darf nicht von einer Einwilligung des Teilnehmers in eine Verwendung seiner Daten für andere Zwecke abhängig gemacht werden, wenn dem Teilnehmer ein anderer Zugang zu diesen Telekommunikationsdiensten ohne die Einwilligung nicht oder in nicht zumutbarer Weise möglich ist. [2]Eine unter solchen Umständen erteilte Einwilligung ist unwirksam.

§ 96 Verkehrsdaten

(1) [1]Der Diensteanbieter darf folgende Verkehrsdaten erheben, soweit dies für die in diesem Abschnitt genannten Zwecke erforderlich ist:

1. die Nummer oder Kennung der beteiligten Anschlüsse oder der Endeinrichtung, personenbezogene Berechtigungskennungen, bei Verwendung von Kundenkarten auch die Kartennummer, bei mobilen Anschlüssen auch die Standortdaten,
2. den Beginn und das Ende der jeweiligen Verbindung nach Datum und Uhrzeit und, soweit die Entgelte davon abhängen, die übermittelten Datenmengen,
3. den vom Nutzer in Anspruch genommenen Telekommunikationsdienst,
4. die Endpunkte von festgeschalteten Verbindungen, ihren Beginn und ihr Ende nach Datum und Uhrzeit und, soweit die Entgelte davon abhängen, die übermittelten Datenmengen,
5. sonstige zum Aufbau und zur Aufrechterhaltung der Telekommunikation sowie zur Entgeltabrechnung notwendige Verkehrsdaten.

[2]Diese Verkehrsdaten dürfen nur verwendet werden, soweit dies für die in Satz 1 genannten oder durch andere gesetzliche Vorschriften begründeten Zwecke oder zum Aufbau weiterer Verbindungen erforderlich ist. [3]Im Übrigen sind Verkehrsdaten vom Diensteanbieter nach Beendigung der Verbindung unverzüglich zu löschen.

(2) Eine über Absatz 1 hinausgehende Erhebung oder Verwendung der Verkehrsdaten ist unzulässig.

(3) [1]Der Diensteanbieter darf teilnehmerbezogene Verkehrsdaten, die vom Anbieter eines öffentlich zugänglichen Telekommunikationsdienstes verwendet werden, zum Zwecke der Vermarktung von Telekommunikationsdiensten, zur bedarfsgerechten Gestaltung von Telekommunikationsdiensten oder zur Bereitstellung von Diensten mit Zusatznutzen im dazu erforderlichen Maß und im dazu erforderlichen Zeitraum nur verwenden, sofern der Betroffene in diese Verwendung eingewilligt hat. [2]Die Daten der Angerufenen sind unverzüglich zu anonymisieren. [3]Eine zielnummernbezogene Verwendung der Verkehrsdaten durch den Diensteanbieter zu den in Satz 1 genannten Zwecken ist nur mit Einwilligung der Angerufenen zulässig. [4]Hierbei sind die Daten der Anrufenden unverzüglich zu anonymisieren.

(4) [1]Bei der Einholung der Einwilligung ist dem Teilnehmer mitzuteilen, welche Datenarten für die in Absatz 3 Satz 1 genannten Zwecke verarbeitet werden sollen und wie lange sie gespeichert werden sollen. [2]Außerdem ist der Teilnehmer darauf hinzuweisen, dass er die Einwilligung jederzeit widerrufen kann.

§ 97 Entgeltermittlung und Entgeltabrechnung

(1) [1]Diensteanbieter dürfen die in § 96 Abs. 1 aufgeführten Verkehrsdaten verwenden, soweit die Daten zur Ermittlung des Entgelts und zur Abrechnung mit ihren Teilnehmern benötigt werden. [2]Erbringt ein Diensteanbieter seine Dienste über ein öffentliches Telekommunikationsnetz eines fremden Betreibers, darf der Betreiber des öffentlichen Telekommunikationsnetzes dem Diensteanbieter die für die Erbringung von dessen Diensten erhobenen Verkehrsdaten übermitteln. [3]Hat der Diensteanbieter mit einem Dritten einen Vertrag über den Einzug des Entgelts geschlossen, so darf er dem Dritten die in Absatz 2 genannten Daten übermitteln, soweit es zum Einzug des Entgelts und der Erstellung einer detaillierten Rechnung erforderlich ist. [4]Der Dritte ist vertraglich zur Wahrung des Fernmeldegeheimnisses nach § 88 und des Datenschutzes nach den §§ 93 und 95 bis 97, 99 und 100 zu verpflichten. [5]§ 11 des Bundesdatenschutzgesetzes bleibt unberührt.

(2) Der Diensteanbieter darf zur ordnungsgemäßen Ermittlung und Abrechnung der Entgelte für Telekommunikationsdienste und zum Nachweis der Richtigkeit derselben folgende personenbezogene Daten nach Maßgabe der Absätze 3 bis 6 erheben und verwenden:

1. die Verkehrsdaten nach § 96 Abs. 1,

2. die Anschrift des Teilnehmers oder Rechnungsempfängers, die Art des Anschlusses, die Zahl der im Abrechnungszeitraum einer planmäßigen Entgeltabrechnung insgesamt aufgekommenen Entgelteinheiten, die übermittelten Datenmengen, das insgesamt zu entrichtende Entgelt,

3. sonstige für die Entgeltabrechnung erhebliche Umstände wie Vorschusszahlungen, Zahlungen mit Buchungsdatum, Zahlungsrückstände, Mahnungen, durchgeführte und aufgehobene Anschlusssperren, eingereichte und bearbeitete Reklamationen, beantragte und genehmigte Stundungen, Ratenzahlungen und Sicherheitsleistungen.

(3) [1]Der Diensteanbieter hat nach Beendigung der Verbindung aus den Verkehrsdaten nach § 96 Abs. 1 Nr. 1 bis 3 und 5 unverzüglich die für die Berechnung des Entgelts erforderlichen Daten zu ermitteln. [2]Diese Daten dürfen bis zu sechs Monate nach Versendung der Rechnung gespeichert werden. [3]Für die Abrechnung nicht erforderliche Daten sind unverzüglich zu löschen. [4]Hat der Teilnehmer gegen die Höhe der in Rechnung gestellten Verbindungsentgelte vor Ablauf der Frist nach Satz 2 Einwendungen erhoben, dürfen die Daten gespeichert werden, bis die Einwendungen abschließend geklärt sind.

(4) Soweit es für die Abrechnung des Diensteanbieters mit anderen Diensteanbietern oder mit deren Teilnehmern sowie anderer Diensteanbieter mit ihren Teilnehmern erforderlich ist, darf der Diensteanbieter Verkehrsdaten verwenden.

(5) Zieht der Diensteanbieter mit der Rechnung Entgelte für Leistungen eines Dritten ein, die dieser im Zusammenhang mit der Erbringung von Telekommunikationsdiensten erbracht hat, so darf er dem Dritten Bestands- und Verkehrsdaten übermitteln, soweit diese im Einzelfall für die Durchsetzung der Forderungen des Dritten gegenüber seinem Teilnehmer erforderlich sind.

§ 98 Standortdaten

(1) [1]Standortdaten, die in Bezug auf die Nutzer von öffentlichen Telekommunikationsnetzen oder öffentlich zugänglichen Telekommunikationsdiensten verwendet werden, dürfen nur im zur Bereitstellung von Diensten mit Zusatznutzen erforderlichen Umfang und innerhalb des dafür erforderlichen Zeitraums verarbeitet werden, wenn sie anonymisiert wurden oder wenn der Teilnehmer dem Anbieter des Dienstes mit Zusatznutzen seine Einwilligung erteilt hat. [2]In diesen Fällen hat der Anbieter des Dienstes mit Zusatznutzen bei jeder Feststellung des Standortes des Mobilfunkendgerätes den Nutzer durch eine Textmitteilung an das Endgerät, dessen Standortdaten ermittelt wurden, zu informieren. [3]Dies gilt nicht, wenn der Standort nur auf dem Endgerät angezeigt wird, dessen Standortdaten ermittelt wurden. [4]Werden die Standortdaten für einen Dienst mit Zusatznutzen verarbeitet, der die Übermittlung von Standortdaten eines Mobilfunkendgerätes an einen anderen Teilnehmer oder Dritte, die nicht Anbieter des Dienstes mit Zusatznutzen sind, zum Gegenstand hat, muss der Teilnehmer abweichend von § 94 seine Einwilligung ausdrücklich, gesondert und schriftlich gegenüber dem Anbieter des Dienstes mit Zusatznutzen erteilen. [5]In diesem Fall gilt die Verpflichtung nach Satz 2 entsprechend für den Anbieter des Dienstes mit Zusatznutzen. [6]Der Anbieter des Dienstes mit Zusatznutzen darf die erforderlichen Bestandsdaten zur Erfüllung seiner Verpflichtung aus Satz 2 nutzen. [7]Der Teilnehmer muss Mitbenutzer über eine erteilte Einwilligung unterrichten. [8]Eine Einwilligung kann jederzeit widerrufen werden.

(2) Haben die Teilnehmer ihre Einwilligung zur Verarbeitung von Standortdaten gegeben, müssen sie auch weiterhin die Möglichkeit haben, die Verarbeitung solcher Daten für jede Verbindung zum Netz oder für jede Übertragung einer Nachricht auf einfache Weise und unentgeltlich zeitweise zu untersagen.

(3) Bei Verbindungen zu Anschlüssen, die unter den Notrufnummern 112 oder 110 oder der Rufnummer 124 124 oder 116 117 erreicht werden, hat der Diensteanbieter sicherzustellen, dass nicht im Einzelfall oder dauernd die Übermittlung von Standortdaten ausgeschlossen wird.

(4) Die Verarbeitung von Standortdaten nach den Absätzen 1 und 2 muss auf das für die Bereitstellung des Dienstes mit Zusatznutzen erforderliche Maß sowie auf Personen beschränkt werden, die im Auftrag des Betreibers des öffentlichen Telekommunikationsnetzes oder öffentlich zugänglichen Telekommunikationsdienstes oder des Dritten, der den Dienst mit Zusatznutzen anbietet, handeln.

§ 99 Einzelverbindungsnachweis

(1) [1]Dem Teilnehmer sind die gespeicherten Daten derjenigen Verbindungen, für die er entgeltpflichtig ist, nur dann mitzuteilen, wenn er vor der dem maßgeblichen Abrechnungszeitraum in Textform einen Einzelverbindungsnachweis verlangt hat; auf Wunsch dürfen ihm auch die Daten pauschal abgegoltener Verbindungen mitgeteilt werden. [2]Dabei entscheidet der Teilnehmer, ob ihm die von ihm gewählten Rufnummern ungekürzt oder unter Kürzung um die letzten drei Ziffern mitgeteilt werden. [3]Bei Anschlüssen im Haushalt ist die Mitteilung nur zulässig, wenn der Teilnehmer in Textform erklärt hat, dass er alle zum Haushalt gehörenden Mitbenutzer des Anschlusses darüber informiert hat und künftige Mitbenutzer unverzüglich darüber informieren wird, dass ihm die Verkehrsdaten zur Erteilung des Nachweises bekannt

gegeben werden. [4]Bei Anschlüssen in Betrieben und Behörden ist die Mitteilung nur zulässig, wenn der Teilnehmer in Textform erklärt hat, dass die Mitarbeiter informiert worden sind und künftige Mitarbeiter unverzüglich informiert werden und dass der Betriebsrat oder die Personalvertretung entsprechend den gesetzlichen Vorschriften beteiligt worden ist oder eine solche Beteiligung nicht erforderlich ist. [5]Soweit die öffentlich-rechtlichen Religionsgesellschaften für ihren Bereich eigene Mitarbeitervertreterregelungen erlassen haben, findet Satz 4 mit der Maßgabe Anwendung, dass an die Stelle des Betriebsrates oder der Personalvertretung die jeweilige Mitarbeitervertretung tritt. [6]Dem Teilnehmer dürfen darüber hinaus die gespeicherten Daten mitgeteilt werden, wenn er Einwendungen gegen die Höhe der Verbindungsentgelte erhoben hat. [7]Soweit ein Teilnehmer zur vollständigen oder teilweisen Übernahme der Entgelte für Verbindungen verpflichtet ist, die bei seinem Anschluss ankommen, dürfen ihm in dem für ihn bestimmten Einzelverbindungsnachweis die Nummern der Anschlüsse, von denen die Anrufe ausgehen, nur unter Kürzung um die letzten drei Ziffern mitgeteilt werden. [8]Die Sätze 2 und 7 gelten nicht für Diensteanbieter, die als Anbieter für geschlossene Benutzergruppen ihre Dienste nur ihren Teilnehmern anbieten.

(2) [1]Der Einzelverbindungsnachweis nach Absatz 1 Satz 1 darf nicht Verbindungen zu Anschlüssen von Personen, Behörden und Organisationen in sozialen oder kirchlichen Bereichen erkennen lassen, die grundsätzlich anonym bleibenden Anrufern ganz oder überwiegend telefonische Beratung in seelischen oder sozialen Notlagen anbieten und die selbst oder deren Mitarbeiter insoweit besonderen Verschwiegenheitsverpflichtungen unterliegen. [2]Dies gilt nur, soweit die Bundesnetzagentur die angerufenen Anschlüsse in eine Liste aufgenommen hat. [3]Der Beratung im Sinne des Satzes 1 dienen neben den in § 203 Absatz 1 Nummer 4 und 5 des Strafgesetzbuches genannten Personengruppen insbesondere die Telefonseelsorge und die Gesundheitsberatung. [4]Die Bundesnetzagentur nimmt die Inhaber der Anschlüsse auf Antrag in die Liste auf, wenn sie ihre Aufgabenbestimmung nach Satz 1 durch Bescheinigung einer Behörde oder Körperschaft, Anstalt oder Stiftung des öffentlichen Rechts nachgewiesen haben. [5]Die Liste wird zum Abruf im automatisierten Verfahren bereitgestellt. [6]Der Diensteanbieter hat die Liste quartalsweise abzufragen und Änderungen unverzüglich in seinem Abrechnungsverfahren anzuwenden. [7]Die Sätze 1 bis 6 gelten nicht für Diensteanbieter, die als Anbieter für geschlossene Benutzergruppen ihre Dienste nur ihren Teilnehmern anbieten.

(3) [1]Bei Verwendung einer Kundenkarte muss auch auf der Karte ein deutlicher Hinweis auf die mögliche Mitteilung der gespeicherten Verkehrsdaten ersichtlich sein. [2]Sofern ein solcher Hinweis auf der Karte aus technischen Gründen nicht möglich oder für den Kartenemittenten unzumutbar ist, muss der Teilnehmer eine Erklärung nach Absatz 1 Satz 3 oder Satz 4 abgegeben haben.

§ 100 Störungen von Telekommunikationsanlagen und Missbrauch von Telekommunikationsdiensten

(1) [1]Soweit erforderlich, darf der Diensteanbieter die Bestandsdaten und Verkehrsdaten der Teilnehmer und Nutzer sowie die Steuerdaten eines informationstechnischen Protokolls zur Datenübertragung, die unabhängig vom Inhalt eines Kommunikationsvorgangs übertragen oder auf den am Kommunikationsvorgang beteiligten Servern gespeichert werden und zur Gewährleistung der Kommunikation zwischen Empfänger und Sender notwendig sind, erheben und verwenden, um Störungen oder Fehler an Telekommunikationsanlagen zu erkennen, einzugrenzen oder zu beseitigen. [2]Die Kommunikationsinhalte sind nicht Bestandteil der Steuerdaten eines informationstechnischen Protokolls zur Datenübertragung. [3]Dies gilt auch für Störungen, die zu einer Einschränkung der Verfügbarkeit von Informations- und Kommunikationsdiensten oder zu einem unerlaubten Zugriff auf Telekommunikations- und Datenverarbeitungssysteme der Nutzer führen können. [4]Die Daten sind unverzüglich zu löschen, sobald sie für die Beseitigung der Störung nicht mehr erforderlich sind. [5]Eine Nutzung der Daten zu anderen Zwecken ist unzulässig. [6]Soweit die Daten nicht automatisiert erhoben und verwendet werden, muss der betriebliche Datenschutzbeauftragte unverzüglich über die Verfahren und Umstände der Maßnahme informiert werden. [7]Der Diensteanbieter muss dem betrieblichen Datenschutzbeauftragten, der Bundesnetzagentur und der Bundesbeauftragten für den Datenschutz und die Informationsfreiheit am Ende eines Quartals detailliert über die Verfahren und Umstände von Maßnahmen nach Satz 6 in diesem Zeitraum schriftlich berichten. [8]Die Bundesnetzagentur leitet diese Informationen unverzüglich an das Bundesamt für Sicherheit in der Informationstechnik weiter. [9]Der Betroffene ist von dem Diensteanbieter zu benachrichtigen, sofern dieser ermittelt werden kann. [10]Wurden im Rahmen einer Maßnahme nach Satz 1 auch Steuerdaten eines informationstechnischen Protokolls zur Datenübertragung erhoben und verwendet, müssen die Berichte mindestens auch Angaben zum Umfang und zur Erforderlichkeit der Erhebung und Verwendung der Steuerdaten eines informationstechnischen Protokolls zur Datenübertragung enthalten.

(2) [1]Zur Durchführung von Umschaltungen sowie zum Erkennen und Eingrenzen von Störungen im Netz ist dem Betreiber der Telekommunikationsanlage oder seinem Beauftragten das Aufschalten auf beste-

hende Verbindungen erlaubt, soweit dies betrieblich erforderlich ist. [2]Eventuelle bei der Aufschaltung erstellte Aufzeichnungen sind unverzüglich zu löschen. [3]Das Aufschalten muss den betroffenen Kommunikationsteilnehmern durch ein akustisches oder sonstiges Signal zeitgleich angezeigt und ausdrücklich mitgeteilt werden. [4]Sofern dies technisch nicht möglich ist, muss der betriebliche Datenschutzbeauftragte unverzüglich detailliert über die Verfahren und Umstände jeder einzelnen Maßnahme informiert werden. [5]Diese Informationen sind beim betrieblichen Datenschutzbeauftragten für zwei Jahre aufzubewahren.

(3) [1]Wenn zu dokumentierende tatsächliche Anhaltspunkte für die rechtswidrige Inanspruchnahme eines Telekommunikationsnetzes oder -dienstes vorliegen, insbesondere für eine Leistungserschleichung oder einen Betrug, darf der Diensteanbieter zur Sicherung seines Entgeltanspruchs die Bestandsdaten und Verkehrsdaten verwenden, die erforderlich sind, um die rechtswidrige Inanspruchnahme des Telekommunikationsnetzes oder -dienstes aufzudecken und zu unterbinden. [2]Der Diensteanbieter darf die nach § 96 erhobenen Verkehrsdaten in der Weise verwenden, dass aus dem Gesamtbestand aller Verkehrsdaten, die nicht älter als sechs Monate sind, die Daten derjenigen Verbindungen des Netzes ermittelt werden, für die tatsächliche Anhaltspunkte den Verdacht der rechtswidrigen Inanspruchnahme von Telekommunikationsnetzen und -diensten begründen. [3]Der Diensteanbieter darf aus den Verkehrsdaten und Bestandsdaten nach Satz 1 einen pseudonymisierten Gesamtdatenbestand bilden, der Aufschluss über die von einzelnen Teilnehmern erzielten Umsätze gibt und unter Zugrundelegung geeigneter Kriterien das Auffinden solcher Verbindungen des Netzes ermöglicht, bei denen der Verdacht einer rechtswidrigen Inanspruchnahme besteht. [4]Die Daten anderer Verbindungen sind unverzüglich zu löschen. [5]Die Bundesnetzagentur und der Bundesbeauftragte für den Datenschutz sind über Einführung und Änderung eines Verfahrens nach Satz 1 unverzüglich in Kenntnis zu setzen.

(4) [1]Unter den Voraussetzungen des Absatzes 3 Satz 1 darf der Diensteanbieter im Einzelfall Steuersignale erheben und verwenden, soweit dies zum Aufklären und Unterbinden der dort genannten Handlungen unerlässlich ist. [2]Die Erhebung und Verwendung von anderen Nachrichteninhalten ist unzulässig. [3]Über Einzelmaßnahmen nach Satz 1 ist die Bundesnetzagentur in Kenntnis zu setzen. [4]Die Betroffenen sind zu benachrichtigen, sobald dies ohne Gefährdung des Zwecks der Maßnahmen möglich ist.

§ 101 Mitteilen ankommender Verbindungen

(1) [1]Trägt ein Teilnehmer in einem zu dokumentierenden Verfahren schlüssig vor, dass bei seinem Anschluss bedrohende oder belästigende Anrufe ankommen, hat der Diensteanbieter auf schriftlichen Antrag auch netzübergreifend Auskunft über die Inhaber der Anschlüsse zu erteilen, von denen die Anrufe ausgehen. [2]Die Auskunft darf sich nur auf Anrufe beziehen, die nach Stellung des Antrags durchgeführt werden. [3]Der Diensteanbieter darf die Rufnummern, Namen und Anschriften der Inhaber dieser Anschlüsse sowie Datum und Uhrzeit des Beginns der Verbindungen und der Verbindungsversuche erheben und verwenden sowie diese Daten seinem Teilnehmer mitteilen. [4]Die Sätze 1 bis 3 gelten nicht für Diensteanbieter, die ihre Dienste nur den Teilnehmern geschlossener Benutzergruppen anbieten.

(2) Die Bekanntgabe nach Absatz 1 Satz 3 darf nur erfolgen, wenn der Teilnehmer zuvor die Verbindungen nach Datum, Uhrzeit oder anderen geeigneten Kriterien eingrenzt, soweit ein Missbrauch dieses Verfahrens nicht auf andere Weise ausgeschlossen werden kann.

(3) Im Falle einer netzübergreifenden Auskunft sind die an der Verbindung mitwirkenden anderen Diensteanbieter verpflichtet, dem Diensteanbieter des bedrohten oder belästigten Teilnehmers die erforderlichen Auskünfte zu erteilen, sofern sie über diese Daten verfügen.

(4) [1]Der Inhaber des Anschlusses, von dem die festgestellten Verbindungen ausgegangen sind, ist zu unterrichten, dass über diese Auskunft erteilt wurde. [2]Davon kann abgesehen werden, wenn der Antragsteller schriftlich schlüssig vorgetragen hat, dass ihm aus dieser Mitteilung wesentliche Nachteile entstehen können, und diese Nachteile bei Abwägung mit den schutzwürdigen Interessen der Anrufenden als wesentlich schwerwiegender erscheinen. [3]Erhält der Teilnehmer, von dessen Anschluss die als bedrohend oder belästigend bezeichneten Anrufe ausgegangen sind, auf andere Weise Kenntnis von der Auskunftserteilung, so ist er auf Verlangen über die Auskunftserteilung zu unterrichten.

(5) Die Bundesnetzagentur sowie der oder die Bundesbeauftragte für den Datenschutz sind über die Einführung und Änderung des Verfahrens zur Sicherstellung der Absätze 1 bis 4 unverzüglich in Kenntnis zu setzen.

§ 102 Rufnummernanzeige und -unterdrückung

(1) [1]Bietet der Diensteanbieter die Anzeige der Rufnummer der Anrufenden an, so müssen Anrufende und Angerufene die Möglichkeit haben, die Rufnummernanzeige dauernd oder für jeden Anruf einzeln auf einfache Weise und unentgeltlich zu unterdrücken. [2]Angerufene müssen die Möglichkeit haben, ein-

gehende Anrufe, bei denen die Rufnummernanzeige durch den Anrufenden unterdrückt wurde, auf einfache Weise und unentgeltlich abzuweisen.

(2) Abweichend von Absatz 1 Satz 1 dürfen Anrufende bei Werbung mit einem Telefonanruf ihre Rufnummernanzeige nicht unterdrücken oder bei dem Diensteanbieter veranlassen, dass diese unterdrückt wird; der Anrufer hat sicherzustellen, dass dem Angerufenen die dem Anrufer zugeteilte Rufnummer übermittelt wird.

(3) Die Absätze 1 und 2 gelten nicht für Diensteanbieter, die ihre Dienste nur den Teilnehmern geschlossener Benutzergruppen anbieten.

(4) [1]Auf Antrag des Teilnehmers muss der Diensteanbieter Anschlüsse bereitstellen, bei denen die Übermittlung der Rufnummer des Anschlusses, von dem der Anruf ausgeht, an den angerufenen Anschluss unentgeltlich ausgeschlossen ist. [2]Die Anschlüsse sind auf Antrag des Teilnehmers in dem öffentlichen Teilnehmerverzeichnis (§ 104) seines Diensteanbieters zu kennzeichnen. [3]Ist eine Kennzeichnung nach Satz 2 erfolgt, so darf an den so gekennzeichneten Anschluss eine Übermittlung der Rufnummer des Anschlusses, von dem der Anruf ausgeht, erst dann erfolgen, wenn zuvor die Kennzeichnung in der aktualisierten Fassung des Teilnehmerverzeichnisses nicht mehr enthalten ist.

(5) Hat der Teilnehmer die Eintragung in das Teilnehmerverzeichnis nicht nach § 104 beantragt, unterbleibt die Anzeige seiner Rufnummer bei dem angerufenen Anschluss, es sei denn, dass der Teilnehmer die Übermittlung seiner Rufnummer ausdrücklich wünscht.

(6) [1]Wird die Anzeige der Rufnummer von Angerufenen angeboten, so müssen Angerufene die Möglichkeit haben, die Anzeige ihrer Rufnummer beim Anrufenden auf einfache Weise und unentgeltlich zu unterdrücken. [2]Absatz 3 gilt entsprechend.

(7) Die Absätze 1 bis 3 und 6 gelten auch für Anrufe in das Ausland und für aus dem Ausland kommende Anrufe, soweit sie Anrufende oder Angerufene im Inland betreffen.

(8) Bei Verbindungen zu Anschlüssen, die unter den Notrufnummern 112 oder 110 oder der Rufnummer 124 124 oder 116 117 erreicht werden, hat der Diensteanbieter sicherzustellen, dass nicht im Einzelfall oder dauernd die Anzeige von Nummern der Anrufenden ausgeschlossen wird.

§ 103 Automatische Anrufweiterschaltung

[1]Der Diensteanbieter ist verpflichtet, seinen Teilnehmern die Möglichkeit einzuräumen, eine von einem Dritten veranlasste automatische Weiterschaltung auf sein Endgerät auf einfache Weise und unentgeltlich abzustellen, soweit dies technisch möglich ist. [2]Satz 1 gilt nicht für Diensteanbieter, die als Anbieter für geschlossene Benutzergruppen ihre Dienste nur ihren Teilnehmern anbieten.

§ 104 Teilnehmerverzeichnisse

[1]Teilnehmer können mit ihrem Namen, ihrer Anschrift und zusätzlichen Angaben wie Beruf, Branche und Art des Anschlusses in öffentliche gedruckte oder elektronische Verzeichnisse eingetragen werden, soweit sie dies beantragen. [2]Dabei können die Teilnehmer bestimmen, welche Angaben in den Verzeichnissen veröffentlicht werden sollen. [3]Auf Verlangen des Teilnehmers dürfen Mitbenutzer eingetragen werden, soweit diese damit einverstanden sind.

§ 105 Auskunftserteilung

(1) Über die in Teilnehmerverzeichnissen enthaltenen Rufnummern dürfen Auskünfte unter Beachtung der Beschränkungen des § 104 und der Absätze 2 und 3 erteilt werden.

(2) [1]Die Telefonauskunft über Rufnummern von Teilnehmern darf nur erteilt werden, wenn diese in angemessener Weise darüber informiert worden sind, dass sie der Weitergabe ihrer Rufnummer widersprechen können und von ihrem Widerspruchsrecht keinen Gebrauch gemacht haben. [2]Über Rufnummern hinausgehende Auskünfte über nach § 104 veröffentlichte Daten dürfen nur erteilt werden, wenn der Teilnehmer in eine weitergehende Auskunftserteilung eingewilligt hat.

(3) Die Telefonauskunft von Namen oder Namen und Anschrift eines Teilnehmers, von dem nur die Rufnummer bekannt ist, ist zulässig, wenn der Teilnehmer, der in ein Teilnehmerverzeichnis eingetragen ist, nach einem Hinweis seines Diensteanbieters auf seine Widerspruchsmöglichkeit nicht widersprochen hat.

(4) [1]Ein Widerspruch nach Absatz 2 Satz 1 oder Absatz 3 oder eine Einwilligung nach Absatz 2 Satz 2 sind in den Kundendateien des Diensteanbieters und des Anbieters nach Absatz 1, die den Verzeichnissen zugrunde liegen, unverzüglich zu vermerken. [2]Sie sind auch von den anderen Diensteanbietern zu beachten, sobald diese in zumutbarer Weise Kenntnis darüber erlangen konnten, dass der Widerspruch oder die Einwilligung in den Verzeichnissen des Diensteanbieters und des Anbieters nach Absatz 1 vermerkt ist.

§ 106 Telegrammdienst

(1) [1]Daten und Belege über die betriebliche Bearbeitung und Zustellung von Telegrammen dürfen gespeichert werden, soweit es zum Nachweis einer ordnungsgemäßen Erbringung der Telegrammdienstleistung nach Maßgabe des mit dem Teilnehmer geschlossenen Vertrags erforderlich ist. [2]Die Daten und Belege sind spätestens nach sechs Monaten vom Diensteanbieter zu löschen.

(2) [1]Daten und Belege über den Inhalt von Telegrammen dürfen über den Zeitpunkt der Zustellung hinaus nur gespeichert werden, soweit der Diensteanbieter nach Maßgabe des mit dem Teilnehmer geschlossenen Vertrags für Übermittlungsfehler einzustehen hat. [2]Bei Inlandstelegrammen sind die Daten und Belege spätestens nach drei Monaten, bei Auslandstelegrammen spätestens nach sechs Monaten vom Diensteanbieter zu löschen.

(3) [1]Die Löschungsfristen beginnen mit dem ersten Tag des Monats, der auf den Monat der Telegrammaufgabe folgt. [2]Die Löschung darf unterbleiben, solange die Verfolgung von Ansprüchen oder eine internationale Vereinbarung eine längere Speicherung erfordert.

§ 107 Nachrichtenübermittlungssysteme mit Zwischenspeicherung

(1) Der Diensteanbieter darf bei Diensten, für deren Durchführung eine Zwischenspeicherung erforderlich ist, Nachrichteninhalte, insbesondere Sprach-, Ton-, Text- und Grafikmitteilungen von Teilnehmern, im Rahmen eines hierauf gerichteten Diensteangebots unter folgenden Voraussetzungen verarbeiten:

1. Die Verarbeitung erfolgt ausschließlich in Telekommunikationsanlagen des zwischenspeichernden Diensteanbieters, es sei denn, die Nachrichteninhalte werden im Auftrag des Teilnehmers oder durch Eingabe des Teilnehmers in Telekommunikationsanlagen anderer Diensteanbieter weitergeleitet.

2. Ausschließlich der Teilnehmer bestimmt durch seine Eingabe Inhalt, Umfang und Art der Verarbeitung.

3. Ausschließlich der Teilnehmer bestimmt, wer Nachrichteninhalte eingeben und darauf zugreifen darf (Zugriffsberechtigter).

4. Der Diensteanbieter darf dem Teilnehmer mitteilen, dass der Empfänger auf die Nachricht zugegriffen hat.

5. Der Diensteanbieter darf Nachrichteninhalte nur entsprechend dem mit dem Teilnehmer geschlossenen Vertrag löschen.

(2) [1]Der Diensteanbieter hat die erforderlichen technischen und organisatorischen Maßnahmen zu treffen, um Fehlübermittlungen und das unbefugte Offenbaren von Nachrichteninhalten innerhalb seines Unternehmens oder an Dritte auszuschließen. [2]Erforderlich sind Maßnahmen nur, wenn ihr Aufwand in einem angemessenen Verhältnis zu dem angestrebten Schutzzweck steht. [3]Soweit es im Hinblick auf den angestrebten Schutzzweck erforderlich ist, sind die Maßnahmen dem jeweiligen Stand der Technik anzupassen.

Abschnitt 3
Öffentliche Sicherheit

§ 108 Notruf

(1) [1]Wer öffentlich zugängliche Telekommunikationsdienste für das Führen von ausgehenden Inlandsgesprächen zu einer oder mehreren Nummern des nationalen Telefonnummernplanes bereitstellt, hat Vorkehrungen zu treffen, damit Endnutzern unentgeltliche Verbindungen möglich sind, die entweder durch die Wahl der europaeinheitlichen Notrufnummer 112 oder der zusätzlichen nationalen Notrufnummer 110 oder durch das Aussenden entsprechender Signalisierungen eingeleitet werden (Notrufverbindungen). [2]Wer derartige öffentlich zugängliche Telekommunikationsdienste erbringt, den Zugang zu solchen Diensten ermöglicht oder Telekommunikationsnetze betreibt, die für diese Dienste einschließlich der Durchleitung von Anrufen genutzt werden, hat gemäß Satz 4 sicherzustellen oder im notwendigen Umfang daran mitzuwirken, dass Notrufverbindungen unverzüglich zu der örtlich zuständigen Notrufabfragestelle hergestellt werden, und er hat alle erforderlichen Maßnahmen zu treffen, damit Notrufverbindungen jederzeit möglich sind. [3]Die Diensteanbieter nach den Sätzen 1 und 2 haben gemäß Satz 6 sicherzustellen, dass die Notrufabfragestelle auch Folgendes mit der Notrufverbindung übermittelt wird:

1. die Rufnummer des Anschlusses, von dem die Notrufverbindung ausgeht, und

2. die Daten, die zur Ermittlung des Standortes erforderlich sind, von dem die Notrufverbindung ausgeht.

[4]Notrufverbindungen sind vorrangig vor anderen Verbindungen herzustellen, sie stehen vorrangigen Verbindungen nach dem Post- und Telekommunikationssicherstellungsgesetz gleich. [5]Daten, die nach Maßgabe der Rechtsverordnung nach Absatz 3 zur Verfolgung von Missbrauch des Notrufs erforderlich sind, dürfen auch verzögert an die Notrufabfragestelle übermittelt werden. [6]Die Übermittlung der Daten nach

den Sätzen 3 und 5 erfolgt unentgeltlich. [7]Die für Notrufverbindungen entstehenden Kosten trägt jeder Diensteanbieter selbst; die Entgeltlichkeit von Vorleistungen bleibt unberührt.

(2) Im Hinblick auf Notrufverbindungen, die durch sprach- oder hörbehinderte Endnutzer unter Verwendung eines Telefaxgerätes eingeleitet werden, gilt Absatz 1 entsprechend.

(3) [1]Das Bundesministerium für Wirtschaft und Energie wird ermächtigt, im Einvernehmen mit dem Bundesministerium des Innern, für Bau und Heimat, dem Bundesministerium für Verkehr und digitale Infrastruktur und dem Bundesministerium für Arbeit und Soziales durch Rechtsverordnung mit Zustimmung des Bundesrates Regelungen zu treffen

1. zu den Grundsätzen der Festlegung von Einzugsgebieten von Notrufabfragestellen und deren Unterteilungen durch die für den Notruf zuständigen Landes- und Kommunalbehörden sowie zu den Grundsätzen des Abstimmungsverfahrens zwischen diesen Behörden und den betroffenen Teilnehmernetzbetreibern und Mobilfunknetzbetreibern, soweit diese Grundsätze für die Herstellung von Notrufverbindungen erforderlich sind,
2. zur Herstellung von Notrufverbindungen zur jeweils örtlich zuständigen Notrufabfragestelle oder Ersatznotrufabfragestelle,
3. zum Umfang der für Notrufverbindungen zu erbringenden Leistungsmerkmale, einschließlich
 a) der Übermittlung der Daten nach Absatz 1 Satz 3 und
 b) zulässiger Abweichungen hinsichtlich der nach Absatz 1 Satz 3 Nummer 1 zu übermittelnden Daten in unausweichlichen technisch bedingten Sonderfällen,
4. zur Bereitstellung und Übermittlung von Daten, die geeignet sind, der Notrufabfragestelle die Verfolgung von Missbrauch des Notrufs zu ermöglichen,
5. zum Herstellen von Notrufverbindungen mittels automatischer Wählgeräte und
6. zu den Aufgaben der Bundesnetzagentur auf den in den Nummern 1 bis 5 aufgeführten Gebieten, insbesondere im Hinblick auf die Festlegung von Kriterien für die Genauigkeit und Zuverlässigkeit der Daten, die zur Ermittlung des Standortes erforderlich sind, von dem die Notrufverbindung ausgeht.

[2]Landesrechtliche Regelungen über Notrufabfragestellen bleiben von den Vorschriften dieses Absatzes insofern unberührt, als sie nicht Verpflichtungen im Sinne von Absatz 1 betreffen.

(4) [1]Die technischen Einzelheiten zu den in Absatz 3 Satz 1 Nummer 1 bis 5 aufgeführten Gegenständen, insbesondere die Kriterien für die Genauigkeit und Zuverlässigkeit der Angaben zu dem Standort, von dem die Notrufverbindung ausgeht, legt die Bundesnetzagentur in einer Technischen Richtlinie fest; dabei berücksichtigt sie die Vorschriften der Verordnung nach Absatz 3. [2]Die Bundesnetzagentur erstellt die Richtlinie unter Beteiligung

1. der Verbände der durch Absatz 1 Satz 1 und 2 und Absatz 2 betroffenen Diensteanbieter und Betreiber von Telekommunikationsnetzen,
2. der vom Bundesministerium des Innern, für Bau und Heimat benannten Vertreter der Betreiber von Notrufabfragestellen und
3. der Hersteller der in den Telekommunikationsnetzen und Notrufabfragestellen eingesetzten technischen Einrichtungen.

[3]Bei den Festlegungen in der Technischen Richtlinie sind internationale Standards zu berücksichtigen; Abweichungen von den Standards sind zu begründen. [4]Die Technische Richtlinie ist von der Bundesnetzagentur auf ihrer Internetseite zu veröffentlichen; die Veröffentlichung hat die Bundesnetzagentur in ihrem Amtsblatt bekannt zu machen. [5]Die Verpflichteten nach Absatz 1 Satz 1 bis 3 und Absatz 2 haben die Anforderungen der Technischen Richtlinie spätestens ein Jahr nach deren Bekanntmachung zu erfüllen, sofern dort für bestimmte Verpflichtungen kein längerer Übergangszeitraum festgelegt ist. [6]Nach dieser Richtlinie gestaltete mängelfreie technische Einrichtungen müssen im Falle einer Änderung der Richtlinie spätestens drei Jahre nach deren Inkrafttreten die geänderten Anforderungen erfüllen.

§ 109 Technische Schutzmaßnahmen

(1) [1]Jeder Diensteanbieter hat erforderliche technische Vorkehrungen und sonstige Maßnahmen zu treffen
1. zum Schutz des Fernmeldegeheimnisses und
2. gegen die Verletzung des Schutzes personenbezogener Daten.
[2]Dabei ist der Stand der Technik zu berücksichtigen.

(2) [1]Wer ein öffentliches Telekommunikationsnetz betreibt oder öffentlich zugängliche Telekommunikationsdienste erbringt, hat bei den hierfür betriebenen Telekommunikations- und Datenverarbeitungssystemen angemessene technische Vorkehrungen und sonstige Maßnahmen zu treffen

1. zum Schutz gegen Störungen, die zu erheblichen Beeinträchtigungen von Telekommunikationsnetzen und -diensten führen, auch soweit sie durch äußere Angriffe und Einwirkungen von Katastrophen bedingt sein können, und
2. zur Beherrschung der Risiken für die Sicherheit von Telekommunikationsnetzen und -diensten. [2]Insbesondere sind Maßnahmen zu treffen, um Telekommunikations- und Datenverarbeitungssysteme gegen unerlaubte Zugriffe zu sichern und Auswirkungen von Sicherheitsverletzungen für Nutzer oder für zusammengeschaltete Netze so gering wie möglich zu halten. [3]Bei Maßnahmen nach Satz 2 ist der Stand der Technik zu berücksichtigen. [4]Wer ein öffentliches Telekommunikationsnetz betreibt, hat Maßnahmen zu treffen, um den ordnungsgemäßen Betrieb seiner Netze zu gewährleisten und dadurch die fortlaufende Verfügbarkeit der über diese Netze erbrachten Dienste sicherzustellen. [5]Technische Vorkehrungen und sonstige Schutzmaßnahmen sind angemessen, wenn der dafür erforderliche technische und wirtschaftliche Aufwand nicht außer Verhältnis zur Bedeutung der zu schützenden Telekommunikationsnetze oder -dienste steht. [6]§ 11 Absatz 1 des Bundesdatenschutzgesetzes gilt entsprechend.

(3) Bei gemeinsamer Nutzung eines Standortes oder technischer Einrichtungen hat jeder Beteiligte die Verpflichtungen nach den Absätzen 1 und 2 zu erfüllen, soweit bestimmte Verpflichtungen nicht einem bestimmten Beteiligten zugeordnet werden können.

(4) [1]Wer ein öffentliches Telekommunikationsnetz betreibt oder öffentlich zugängliche Telekommunikationsdienste erbringt, hat einen Sicherheitsbeauftragten zu benennen und ein Sicherheitskonzept zu erstellen, aus dem hervorgeht,

1. welches öffentliche Telekommunikationsnetz betrieben und welche öffentlich zugänglichen Telekommunikationsdienste erbracht werden,
2. von welchen Gefährdungen auszugehen ist und
3. welche technischen Vorkehrungen oder sonstigen Schutzmaßnahmen zur Erfüllung der Verpflichtungen aus den Absätzen 1 und 2 getroffen oder geplant sind.

[2]Wer ein öffentliches Telekommunikationsnetz betreibt, hat der Bundesnetzagentur das Sicherheitskonzept unverzüglich nach der Aufnahme des Netzbetriebs vorzulegen. [3]Wer öffentlich zugängliche Telekommunikationsdienste erbringt, kann nach der Bereitstellung des Telekommunikationsdienstes von der Bundesnetzagentur verpflichtet werden, das Sicherheitskonzept vorzulegen. [4]Mit dem Sicherheitskonzept ist eine Erklärung vorzulegen, dass die darin aufgezeigten technischen Vorkehrungen und sonstigen Schutzmaßnahmen umgesetzt sind oder unverzüglich umgesetzt werden. [5]Stellt die Bundesnetzagentur im Sicherheitskonzept oder bei dessen Umsetzung Sicherheitsmängel fest, so kann sie deren unverzügliche Beseitigung verlangen. [6]Sofern sich die dem Sicherheitskonzept zugrunde liegenden Gegebenheiten ändern, hat der nach Satz 2 oder 3 Verpflichtete das Konzept anzupassen und der Bundesnetzagentur unter Hinweis auf die Änderungen erneut vorzulegen. [7]Die Bundesnetzagentur überprüft regelmäßig die Umsetzung des Sicherheitskonzepts. [8]Die Überprüfung soll mindestens alle zwei Jahre erfolgen.

(5) [1]Wer ein öffentliches Telekommunikationsnetz betreibt oder öffentlich zugängliche Telekommunikationsdienste erbringt, hat der Bundesnetzagentur und dem Bundesamt für Sicherheit in der Informationstechnik unverzüglich Beeinträchtigungen von Telekommunikationsnetzen und -diensten mitzuteilen, die

1. zu beträchtlichen Sicherheitsverletzungen führen oder
2. zu beträchtlichen Sicherheitsverletzungen führen können.

[2]Dies schließt Störungen ein, die zu einer Einschränkung der Verfügbarkeit der über diese Netze erbrachten Dienste oder einem unerlaubten Zugriff auf Telekommunikations- und Datenverarbeitungssysteme der Nutzer führen können. [3]Die Meldung muss Angaben zu der Störung sowie zu den technischen Rahmenbedingungen, insbesondere der vermuteten oder tatsächlichen Ursache und zu der betroffenen Informationstechnik enthalten. [4]Kommt es zu einer beträchtlichen Sicherheitsverletzung, kann die Bundesnetzagentur einen detaillierten Bericht über die Sicherheitsverletzung und die ergriffenen Abhilfemaßnahmen verlangen. [5]Erforderlichenfalls unterrichtet die Bundesnetzagentur die nationalen Regulierungsbehörden der anderen Mitgliedstaaten der Europäischen Union und die Europäische Agentur für Netz- und Informationssicherheit über die Sicherheitsverletzungen. [6]Die Bundesnetzagentur kann die Öffentlichkeit unterrichten oder die nach Satz 1 Verpflichteten zu dieser Unterrichtung auffordern, wenn sie zu dem Schluss gelangt, dass die Bekanntgabe der Sicherheitsverletzung im öffentlichen Interesse liegt. [7]§ 8e des BSI-Gesetzes gilt entsprechend. [8]Die Bundesnetzagentur legt der Europäischen Kommission, der Europäischen Agentur für Netz- und Informationssicherheit und dem Bundesamt für Sicherheit in der Informationstechnik einmal pro Jahr einen zusammenfassenden Bericht über die eingegangenen Meldungen und die ergriffenen Abhilfemaßnahmen vor.

(6) [1]Die Bundesnetzagentur erstellt im Einvernehmen mit dem Bundesamt für Sicherheit in der Informationstechnik und dem Bundesbeauftragten für den Datenschutz und die Informationsfreiheit einen Katalog

von Sicherheitsanforderungen für das Betreiben von Telekommunikations- und Datenverarbeitungssystemen sowie für die Verarbeitung personenbezogener Daten als Grundlage für das Sicherheitskonzept nach Absatz 4 und für die zu treffenden technischen Vorkehrungen und sonstigen Maßnahmen nach den Absätzen 1 und 2. [2]Sie gibt den Herstellern, den Verbänden der Betreiber öffentlicher Telekommunikationsnetze und den Verbänden der Anbieter öffentlich zugänglicher Telekommunikationsdienste Gelegenheit zur Stellungnahme. [3]Der Katalog wird von der Bundesnetzagentur veröffentlicht.

(7) [1]Die Bundesnetzagentur kann anordnen, dass sich die Betreiber öffentlicher Telekommunikationsnetze oder die Anbieter öffentlich zugänglicher Telekommunikationsdienste einer Überprüfung durch eine qualifizierte unabhängige Stelle oder eine zuständige nationale Behörde unterziehen, in der festgestellt wird, ob die Anforderungen nach den Absätzen 1 bis 3 erfüllt sind. [2]Der nach Satz 1 Verpflichtete hat eine Kopie des Überprüfungsberichts unverzüglich an die Bundesnetzagentur zu übermitteln. [3]Er trägt die Kosten dieser Überprüfung.

(8) Über aufgedeckte Mängel bei der Erfüllung der Sicherheitsanforderungen in der Informationstechnik sowie die in diesem Zusammenhang von der Bundesnetzagentur geforderten Abhilfemaßnahmen unterrichtet die Bundesnetzagentur unverzüglich das Bundesamt für Sicherheit in der Informationstechnik.

§ 109a Daten- und Informationssicherheit

(1) [1]Wer öffentlich zugängliche Telekommunikationsdienste erbringt, hat im Fall einer Verletzung des Schutzes personenbezogener Daten unverzüglich die Bundesnetzagentur und den Bundesbeauftragten für den Datenschutz und die Informationsfreiheit von der Verletzung zu benachrichtigen. [2]Ist anzunehmen, dass durch die Verletzung des Schutzes personenbezogener Daten Teilnehmer oder andere Personen schwerwiegend in ihren Rechten oder schutzwürdigen Interessen beeinträchtigt werden, hat der Anbieter des Telekommunikationsdienstes zusätzlich die Betroffenen unverzüglich von dieser Verletzung zu benachrichtigen. [3]In Fällen, in denen in dem Sicherheitskonzept nachgewiesen wurde, dass die von der Verletzung betroffenen personenbezogenen Daten durch geeignete technische Vorkehrungen gesichert, insbesondere unter Anwendung eines als sicher anerkannten Verschlüsselungsverfahrens gespeichert wurden, ist eine Benachrichtigung nicht erforderlich. [4]Unabhängig von Satz 3 kann die Bundesnetzagentur den Anbieter des Telekommunikationsdienstes unter Berücksichtigung der wahrscheinlichen nachteiligen Auswirkungen der Verletzung des Schutzes personenbezogener Daten zu einer Benachrichtigung der Betroffenen verpflichten. [5]Im Übrigen gilt § 42a Satz 6 des Bundesdatenschutzgesetzes entsprechend.

(2) [1]Die Benachrichtigung an die Betroffenen muss mindestens enthalten:
1. die Art der Verletzung des Schutzes personenbezogener Daten,
2. Angaben zu den Kontaktstellen, bei denen weitere Informationen erhältlich sind, und
3. Empfehlungen zu Maßnahmen, die mögliche nachteilige Auswirkungen der Verletzung des Schutzes personenbezogener Daten begrenzen.

[2]In der Benachrichtigung an die Bundesnetzagentur und den Bundesbeauftragten für den Datenschutz und die Informationsfreiheit hat der Anbieter des Telekommunikationsdienstes zusätzlich zu den Angaben nach Satz 1 die Folgen der Verletzung des Schutzes personenbezogener Daten und die beabsichtigten oder ergriffenen Maßnahmen darzulegen.

(3) [1]Die Anbieter der Telekommunikationsdienste haben ein Verzeichnis der Verletzungen des Schutzes personenbezogener Daten zu führen, das Angaben zu Folgendem enthält:
1. zu den Umständen der Verletzungen,
2. zu den Auswirkungen der Verletzungen und
3. zu den ergriffenen Abhilfemaßnahmen.

[2]Diese Angaben müssen ausreichend sein, um der Bundesnetzagentur und dem Bundesbeauftragten für den Datenschutz und die Informationsfreiheit die Prüfung zu ermöglichen, ob die Bestimmungen der Absätze 1 und 2 eingehalten wurden. [3]Das Verzeichnis enthält nur die zu diesem Zweck erforderlichen Informationen und muss nicht Verletzungen berücksichtigen, die mehr als fünf Jahre zurückliegen.

(4) [1]Werden dem Diensteanbieter nach Absatz 1 Störungen bekannt, die von Datenverarbeitungssystemen der Nutzer ausgehen, so hat er die Nutzer, soweit ihm diese bereits bekannt sind, unverzüglich darüber zu benachrichtigen. [2]Soweit technisch möglich und zumutbar, hat er die Nutzer auf angemessene, wirksame und zugängliche technische Mittel hinzuweisen, mit denen sie diese Störungen erkennen und beseitigen können. [3]Der Diensteanbieter darf die Teile des Datenverkehrs von und zu einem Nutzer, von denen eine Störung ausgeht, umleiten, soweit dies erforderlich ist, um den Nutzer über die Störungen benachrichtigen zu können.

(5) Der Diensteanbieter darf im Falle einer Störung die Nutzung des Telekommunikationsdienstes bis zur Beendigung der Störung einschränken, umleiten oder unterbinden, soweit dies erforderlich ist, um die Beeinträchtigung der Telekommunikations- und Datenverarbeitungssysteme des Diensteanbieters, eines

Nutzers im Sinne des Absatzes 4 oder anderer Nutzer zu beseitigen oder zu verhindern und der Nutzer die Störung nicht unverzüglich selbst beseitigt oder zu erwarten ist, dass der Nutzer die Störung selbst nicht unverzüglich beseitigt.

(6) Der Diensteanbieter darf den Datenverkehr zu Störungsquellen einschränken oder unterbinden, soweit dies zur Vermeidung von Störungen in den Telekommunikations- und Datenverarbeitungssystemen der Nutzer erforderlich ist.

(7) Vorbehaltlich technischer Durchführungsmaßnahmen der Europäischen Kommission nach Artikel 4 Absatz 5 der Richtlinie 2002/58/EG kann die Bundesnetzagentur Leitlinien vorgeben bezüglich des Formats, der Verfahrensweise und der Umstände, unter denen eine Benachrichtigung über eine Verletzung des Schutzes personenbezogener Daten erforderlich ist.

§ 110 Umsetzung von Überwachungsmaßnahmen, Erteilung von Auskünften

(1) [1]Wer eine Telekommunikationsanlage betreibt, mit der öffentlich zugängliche Telekommunikationsdienste erbracht werden, hat

1. ab dem Zeitpunkt der Betriebsaufnahme auf eigene Kosten technische Einrichtungen zur Umsetzung gesetzlich vorgesehener Maßnahmen zur Überwachung der Telekommunikation vorzuhalten und organisatorische Vorkehrungen für deren unverzügliche Umsetzung zu treffen,

1a. in Fällen, in denen die Überwachbarkeit nur durch das Zusammenwirken von zwei oder mehreren Telekommunikationsanlagen sichergestellt werden kann, die dazu erforderlichen automatischen Steuerungsmöglichkeiten zur Erfassung und Ausleitung der zu überwachenden Telekommunikation in seiner Telekommunikationsanlage bereitzustellen sowie eine derartige Steuerung zu ermöglichen,

2. der Bundesnetzagentur unverzüglich nach der Betriebsaufnahme

 a) zu erklären, dass er die Vorkehrungen nach Nummer 1 getroffen hat sowie

 b) eine im Inland gelegene Stelle zu benennen, die für ihn bestimmte Anordnungen zur Überwachung der Telekommunikation entgegennimmt,

3. der Bundesnetzagentur den unentgeltlichen Nachweis zu erbringen, dass seine technischen Einrichtungen und organisatorischen Vorkehrungen nach Nummer 1 mit den Vorschriften der Rechtsverordnung nach Absatz 2 und der Technischen Richtlinie nach Absatz 3 übereinstimmen; dazu hat er unverzüglich, spätestens nach einem Monat nach Betriebsaufnahme,

 a) der Bundesnetzagentur die Unterlagen zu übersenden, die dort für die Vorbereitung der im Rahmen des Nachweises von der Bundesnetzagentur durchzuführenden Prüfungen erforderlich sind, und

 b) mit der Bundesnetzagentur einen Prüftermin für die Erbringung dieses Nachweises zu vereinbaren;

 bei den für den Nachweis erforderlichen Prüfungen hat er die Bundesnetzagentur zu unterstützen,

4. der Bundesnetzagentur auf deren besondere Aufforderung im begründeten Einzelfall eine erneute unentgeltliche Prüfung seiner technischen und organisatorischen Vorkehrungen zu gestatten sowie

5. die Aufstellung und den Betrieb von Geräten für die Durchführung von Maßnahmen nach den §§ 5 und 8 des Artikel 10-Gesetzes oder nach den §§ 6, 12 und 14 des BND-Gesetzes in seinen Räumen zu dulden und Bediensteten der für diese Maßnahmen zuständigen Stelle sowie bei Maßnahmen nach den §§ 5 und 8 des Artikel 10-Gesetzes den Mitgliedern und Mitarbeitern der G 10-Kommission (§ 1 Abs. 2 des Artikel 10-Gesetzes) Zugang zu diesen Geräten zur Erfüllung ihrer gesetzlichen Aufgaben zu gewähren.

[2]Wer öffentlich zugängliche Telekommunikationsdienste erbringt, ohne hierfür eine Telekommunikationsanlage zu betreiben, hat sich bei der Auswahl des Betreibers der dafür genutzten Telekommunikationsanlage zu vergewissern, dass dieser Anordnungen zur Überwachung der Telekommunikation unverzüglich nach Maßgabe der Rechtsverordnung nach Absatz 2 und der Technischen Richtlinie nach Absatz 3 umsetzen und der Bundesnetzagentur unverzüglich nach Aufnahme seines Dienstes mitzuteilen, welche Telekommunikationsdienste er erbringt, durch wen Überwachungsanordnungen, die seine Teilnehmer betreffen, umgesetzt werden und an welche im Inland gelegene Stelle Anordnungen zur Überwachung der Telekommunikation zu richten sind. [3]Änderungen der den Mitteilungen nach Satz 1 Nr. 2 Buchstabe b und Satz 2 zugrunde liegenden Daten sind der Bundesnetzagentur unverzüglich mitzuteilen. [4]In Fällen, in denen noch keine Vorschriften nach Absatz 3 vorhanden sind, hat der Verpflichtete die technischen Einrichtungen nach Satz 1 Nr. 1 und 1a in Absprache mit der Bundesnetzagentur zu gestalten, die entsprechende Festlegungen im Benehmen mit den berechtigten Stellen trifft. [5]Die Sätze 1 bis 4 gelten nicht, soweit die Rechtsverordnung nach Absatz 2 Ausnahmen für die Telekommunikationsanlage vorsieht. [6]§ 100b Abs. 3 Satz 1 der Strafprozessordnung, § 2 Abs. 1 Satz 3 des Artikel 10-

Gesetzes, § 51 Absatz 6 Satz 1 des Bundeskriminalamtgesetzes, § 8 Absatz 1 Satz 1 des BND-Gesetzes sowie entsprechende landesgesetzliche Regelungen zur polizeilich-präventiven Telekommunikationsüberwachung bleiben unberührt.

(2) Die Bundesregierung wird ermächtigt, durch Rechtsverordnung mit Zustimmung des Bundesrates

1. Regelungen zu treffen

 a) über die grundlegenden technischen Anforderungen und die organisatorischen Eckpunkte für die Umsetzung von Überwachungsmaßnahmen und die Erteilung von Auskünften einschließlich der Umsetzung von Überwachungsmaßnahmen und der Erteilung von Auskünften durch einen von dem Verpflichteten beauftragten Erfüllungsgehilfen,

 b) über den Regelungsrahmen für die Technische Richtlinie nach Absatz 3,

 c) für den Nachweis nach Absatz 1 Satz 1 Nr. 3 und 4 und

 d) für die nähere Ausgestaltung der Duldungsverpflichtung nach Absatz 1 Satz 1 Nr. 5 sowie

2. zu bestimmen,

 a) in welchen Fällen und unter welchen Bedingungen vorübergehend auf die Einhaltung bestimmter technischer Vorgaben verzichtet werden kann,

 b) dass die Bundesnetzagentur aus technischen Gründen Ausnahmen von der Erfüllung einzelner technischer Anforderungen zulassen kann und

 c) bei welchen Telekommunikationsanlagen und damit erbrachten Diensteangeboten aus grundlegenden technischen Erwägungen oder aus Gründen der Verhältnismäßigkeit abweichend von Absatz 1 Satz 1 Nr. 1 keine technischen Einrichtungen vorgehalten und keine organisatorischen Vorkehrungen getroffen werden müssen.

(3) [1]Die Bundesnetzagentur legt technische Einzelheiten, die zur Sicherstellung einer vollständigen Erfassung der zu überwachenden Telekommunikation und zur Auskunftserteilung sowie zur Gestaltung des Übergabepunktes zu den berechtigten Stellen erforderlich sind, in einer im Benehmen mit den berechtigten Stellen und unter Beteiligung der Verbände und der Hersteller zu erstellenden Technischen Richtlinien fest. [2]Dabei sind internationale technische Standards zu berücksichtigen; Abweichungen von den Standards sind zu begründen. [3]Die Technische Richtlinie ist von der Bundesnetzagentur auf ihrer Internetseite zu veröffentlichen; die Veröffentlichung hat die Bundesnetzagentur in ihrem Amtsblatt bekannt zu machen.

(4) [1]Wer technische Einrichtungen zur Umsetzung von Überwachungsmaßnahmen herstellt oder vertreibt, kann von der Bundesnetzagentur verlangen, dass sie diese Einrichtungen im Rahmen einer Typmusterprüfung im Zusammenwirken mit bestimmten Telekommunikationsanlagen daraufhin prüft, ob die rechtlichen und technischen Vorschriften der Rechtsverordnung nach Absatz 2 und der Technischen Richtlinie nach Absatz 3 erfüllt werden. [2]Die Bundesnetzagentur kann nach pflichtgemäßem Ermessen vorübergehend Abweichungen von den technischen Vorgaben zulassen, sofern die Umsetzung von Überwachungsmaßnahmen grundsätzlich sichergestellt ist und sich ein nur unwesentlicher Anpassungsbedarf bei den Einrichtungen der berechtigten Stellen ergibt. [3]Die Bundesnetzagentur hat dem Hersteller oder Vertreiber das Prüfergebnis schriftlich mitzuteilen. [4]Die Prüfergebnisse werden von der Bundesnetzagentur bei dem Nachweis der Übereinstimmung der technischen Einrichtungen mit den anzuwendenden technischen Vorschriften beachtet, den der Verpflichtete nach Absatz 1 Satz 1 Nr. 3 oder 4 zu erbringen hat. [5]Die vom Bundesministerium für Wirtschaft und Technologie vor Inkrafttreten dieser Vorschrift ausgesprochenen Zustimmungen zu den von Herstellern vorgestellten Rahmenkonzepten gelten als Mitteilungen im Sinne des Satzes 3.

(5) [1]Wer nach Absatz 1 in Verbindung mit der Rechtsverordnung nach Absatz 2 verpflichtet ist, Vorkehrungen zu treffen, hat die Anforderungen der Rechtsverordnung und der Technischen Richtlinie nach Absatz 3 spätestens ein Jahr nach deren Bekanntmachung zu erfüllen, sofern dort für bestimmte Verpflichtungen kein längerer Zeitraum festgelegt ist. [2]Nach dieser Richtlinie gestaltete mängelfreie technische Einrichtungen für bereits vom Verpflichteten angebotene Telekommunikationsdienste müssen im Falle einer Änderung der Richtlinie spätestens drei Jahren nach deren Inkrafttreten die geänderten Anforderungen erfüllen. [3]Stellt sich bei dem Nachweis nach Absatz 1 Satz 1 Nr. 3 oder einer erneuten Prüfung nach Absatz 1 Satz 1 Nr. 4 ein Mangel bei den von dem Verpflichteten getroffenen technischen oder organisatorischen Vorkehrungen heraus, hat er diesen Mangel nach Vorgaben der Bundesnetzagentur in angemessener Frist zu beseitigen; stellt sich im Betrieb, insbesondere anlässlich durchzuführender Überwachungsmaßnahmen, ein Mangel heraus, hat er diesen unverzüglich zu beseitigen. [4]Sofern für die technische Einrichtung eine Typmusterprüfung nach Absatz 4 durchgeführt worden ist und dabei Fristen für die Beseitigung von Mängeln festgelegt worden sind, hat die Bundesnetzagentur diese Fristen bei ihren Vorgaben zur Mängelbeseitigung nach Satz 3 zu berücksichtigen.

(6) [1]Jeder Betreiber einer Telekommunikationsanlage, der anderen im Rahmen seines Angebotes für die Öffentlichkeit Netzabschlusspunkte seiner Telekommunikationsanlage überlässt, ist verpflichtet, den gesetzlich zur Überwachung der Telekommunikation berechtigten Stellen auf deren Anforderung Netzabschlusspunkte für die Übertragung der im Rahmen einer Überwachungsmaßnahme anfallenden Informationen unverzüglich und vorrangig bereitzustellen. [2]Die technische Ausgestaltung derartiger Netzabschlusspunkte kann in einer Rechtsverordnung nach Absatz 2 geregelt werden. [3]Für die Bereitstellung und Nutzung gelten mit Ausnahme besonderer Tarife oder Zuschläge für vorrangige oder vorzeitige Bereitstellung oder Entstörung die jeweils für die Allgemeinheit anzuwendenden Tarife. [4]Besondere vertraglich vereinbarte Rabatte bleiben von Satz 3 unberührt.

(7) [1]Telekommunikationsanlagen, die von den gesetzlich berechtigten Stellen betrieben werden und mittels derer in das Fernmeldegeheimnis oder in den Netzbetrieb eingegriffen werden soll, sind im Einvernehmen mit der Bundesnetzagentur technisch zu gestalten. [2]Die Bundesnetzagentur hat sich zu der technischen Gestaltung innerhalb angemessener Frist zu äußern.

§ 111 Daten für Auskunftsersuchen der Sicherheitsbehörden

(1) [1]Wer geschäftsmäßig Telekommunikationsdienste erbringt oder daran mitwirkt und dabei Rufnummern oder andere Anschlusskennungen vergibt oder Telekommunikationsanschlüsse für von anderen vergebene Rufnummern oder andere Anschlusskennungen bereitstellt, hat für die Auskunftsverfahren nach den §§ 112 und 113

1. die Rufnummern und anderen Anschlusskennungen,
2. den Namen und die Anschrift des Anschlussinhabers,
3. bei natürlichen Personen deren Geburtsdatum,
4. bei Festnetzanschlüssen auch die Anschrift des Anschlusses,
5. in Fällen, in denen neben einem Mobilfunkanschluss auch ein Mobilfunkendgerät überlassen wird, die Gerätenummer dieses Gerätes sowie
6. das Datum des Vertragsbeginns

vor der Freischaltung zu erheben und unverzüglich zu speichern, auch soweit diese Daten für betriebliche Zwecke nicht erforderlich sind; das Datum des Vertragsendes ist bei Bekanntwerden ebenfalls zu speichern. [2]Satz 1 gilt auch, soweit die Daten nicht in Teilnehmerverzeichnisse (§ 104) eingetragen werden. [3]Bei im Voraus bezahlten Mobilfunkdiensten ist die Richtigkeit der nach Satz 1 erhobenen Daten vor der Freischaltung zu überprüfen durch

1. Vorlage eines Ausweises im Sinne des § 2 Absatz 1 des Personalausweisgesetzes,
2. Vorlage eines Passes im Sinne des § 1 Absatz 2 des Passgesetzes,
3. Vorlage eines sonstigen gültigen amtlichen Ausweises, der ein Lichtbild des Inhabers enthält und mit dem die Pass- und Ausweispflicht im Inland erfüllt wird, wozu insbesondere auch ein nach ausländerrechtlichen Bestimmungen anerkannter oder zugelassener Pass, Personalausweis oder Pass- oder Ausweisersatz zählt,
4. Vorlage eines Aufenthaltstitels,
5. Vorlage eines Ankunftsnachweises nach § 63a Absatz 1 des Asylgesetzes oder einer Bescheinigung über die Aufenthaltsgestattung nach § 63 Absatz 1 des Asylgesetzes,
6. Vorlage einer Bescheinigung über die Aussetzung der Abschiebung nach § 60a Absatz 4 des Aufenthaltsgesetzes oder
7. Vorlage eines Auszugs aus dem Handels- oder Genossenschaftsregister oder einem vergleichbaren amtlichen Register oder Verzeichnis, der Gründungsdokumente oder gleichwertiger beweiskräftiger Dokumente oder durch Einsichtnahme in diese Register oder Verzeichnisse und Abgleich mit den darin enthaltenen Daten, sofern es sich bei dem Anschlussinhaber um eine juristische Person oder Personengesellschaft handelt,

soweit die Daten in den vorgelegten Dokumenten oder eingesehenen Registern oder Verzeichnissen enthalten sind. [4]Die Überprüfung kann auch durch andere geeignete Verfahren erfolgen; die Bundesnetzagentur legt nach Anhörung der betroffenen Kreise durch Verfügung im Amtsblatt fest, welche anderen Verfahren zur Überprüfung geeignet sind, wobei jeweils zum Zwecke der Identifikation vor Freischaltung der vertraglich vereinbarten Mobilfunkdienstleistung ein Dokument im Sinne des Satzes 3 genutzt werden muss. [5]Bei der Überprüfung ist die Art des eingesetzten Verfahrens zu speichern; bei Überprüfung mittels eines Dokuments im Sinne des Satzes 3 Nummer 1 bis 6 sind ferner Angaben zu Art, Nummer und ausstellender Stelle zu speichern. [6]Für die Identifizierung anhand eines elektronischen Identitätsnachweises nach § 18 des Personalausweisgesetzes, nach § 12 des eID-Karte-Gesetzes oder nach § 78 Absatz 5 des Aufenthaltsgesetzes gilt § 8 Absatz 2 Satz 4 des Geldwäschegesetzes entsprechend. [7]Für das Auskunftsverfahren nach § 113 ist die Form der Datenspeicherung freigestellt.

(2) Die Verpflichtung zur unverzüglichen Speicherung nach Absatz 1 Satz 1 gilt hinsichtlich der Daten nach Absatz 1 Satz 1 Nummer 1 und 2 entsprechend für denjenigen, der geschäftsmäßig einen öffentlich zugänglichen Dienst der elektronischen Post erbringt und dabei Daten nach Absatz 1 Satz 1 Nummer 1 und 2 erhebt, wobei an die Stelle der Daten nach Absatz 1 Satz 1 Nummer 1 die Kennungen der elektronischen Postfächer und an die Stelle des Anschlussinhabers nach Absatz 1 Satz 1 Nummer 2 der Inhaber des elektronischen Postfachs tritt.

(3) [1]Wird dem Verpflichteten nach Absatz 1 Satz 1 oder Absatz 2 eine Änderung bekannt, hat er die Daten unverzüglich zu berichten. [2]In diesem Zusammenhang hat der nach Absatz 1 Satz 1 Verpflichtete bisher noch nicht erhobene Daten zu erheben und zu speichern, sofern ihm eine Erhebung der Daten ohne besonderen Aufwand möglich ist.

(4) [1]Bedient sich ein Diensteanbieter zur Erhebung der Daten nach Absatz 1 Satz 1 und Absatz 2 eines Dritten, bleibt er für die Erfüllung der Pflichten nach Absatz 1 Satz 1 und Absatz 2 verantwortlich. [2]Werden dem Dritten im Rahmen des üblichen Geschäftsablaufes Änderungen der Daten nach Absatz 1 Satz 1 und Absatz 2 bekannt, hat er diese dem Diensteanbieter unverzüglich zu übermitteln.

(5) Die Daten nach den Absätzen 1 und 2 sind mit Ablauf des auf die Beendigung des Vertragsverhältnisses folgenden Kalenderjahres zu löschen.

(6) Eine Entschädigung für die Datenerhebung und -speicherung wird nicht gewährt.

§ 112[1]) Automatisiertes Auskunftsverfahren

(1) [1]Wer öffentlich zugängliche Telekommunikationsdienste erbringt, hat die nach § 111 Absatz 1 Satz 1, Absatz 2, 3 und 4 erhobenen Daten unverzüglich in Kundendateien zu speichern, in die auch Rufnummern und Rufnummernkontingente, die zur weiteren Vermarktung oder sonstigen Nutzung an andere Anbieter von Telekommunikationsdiensten vergeben werden, sowie bei portierten Rufnummern die aktuelle Portierungskennung aufzunehmen sind. [2]Der Verpflichtete kann auch eine andere Stelle nach Maßgabe des § 11 des Bundesdatenschutzgesetzes beauftragen, die Kundendateien zu führen. [3]Für die Berichtigung und Löschung der in den Kundendateien gespeicherten Daten gilt § 111 Absatz 3 und 5 entsprechend. [4]In Fällen portierter Rufnummern sind die Rufnummer und die zugehörige Portierungskennung erst nach Ablauf des Jahres zu löschen, das dem Zeitpunkt folgt, zu dem die Rufnummer wieder an den Netzbetreiber zurückgegeben wurde, dem sie ursprünglich zugeteilt worden war. [5]Der Verpflichtete hat zu gewährleisten, dass

1. die Bundesnetzagentur jederzeit Daten aus den Kundendateien automatisiert im Inland abrufen kann,
2. der Abruf von Daten unter Verwendung unvollständiger Abfragedaten oder die Suche mittels einer Ähnlichenfunktion erfolgen kann.

[6]Der Verpflichtete und sein Beauftragter haben durch technische und organisatorische Maßnahmen sicherzustellen, dass ihnen Abrufe nicht zur Kenntnis gelangen können. [7]Die Bundesnetzagentur darf Daten aus den Kundendateien nur abrufen, soweit die Kenntnis der Daten erforderlich ist

1. für die Verfolgung von Ordnungswidrigkeiten nach diesem Gesetz oder nach dem Gesetz gegen den unlauteren Wettbewerb,
2. für die Erledigung von Auskunftsersuchen der in Absatz 2 genannten Stellen.

[8]Die ersuchende Stelle prüft unverzüglich, inwieweit sie die als Antwort übermittelten Daten benötigt, nicht benötigte Daten löscht sie unverzüglich; dies gilt auch für die Bundesnetzagentur für den Abruf von Daten nach Satz 7 Nummer 1.

(2) Auskünfte aus den Kundendateien nach Absatz 1 werden

1. den Gerichten und Strafverfolgungsbehörden,
2. den Polizeivollzugsbehörden des Bundes und der Länder für Zwecke der Gefahrenabwehr,
3. dem Zollkriminalamt und den Zollfahndungsämtern für Zwecke eines Strafverfahrens sowie dem Zollkriminalamt zur Vorbereitung und Durchführung von Maßnahmen nach § 23a des Zollfahndungsdienstgesetzes,
4. den Verfassungsschutzbehörden des Bundes und der Länder, dem Militärischen Abschirmdienst, dem Bundesnachrichtendienst,
5. den Notrufabfragestellen nach § 108 sowie der Abfragestelle für die Rufnummer 124 124,
6. der Bundesanstalt für Finanzdienstleistungsaufsicht,
7. den Behörden der Zollverwaltung für die in § 2 Abs. 1 des Schwarzarbeitsbekämpfungsgesetzes genannten Zwecke über zentrale Abfragestellen sowie
8. den nach Landesrecht für die Verfolgung und Ahndung von Ordnungswidrigkeiten zuständigen Behörden für die in § 2 Absatz 3 des Schwarzarbeitsbekämpfungsgesetzes genannten Zwecke über zentrale Abfragestellen

1) Beachte die Übergangsregelung in § 150 Abs. 12.

nach Absatz 4 jederzeit erteilt, soweit die Auskünfte zur Erfüllung ihrer gesetzlichen Aufgaben erforderlich sind und die Ersuchen an die Bundesnetzagentur im automatisierten Verfahren vorgelegt werden.

(3) [1]Das Bundesministerium für Wirtschaft und Energie wird ermächtigt, im Einvernehmen mit dem Bundeskanzleramt, dem Bundesministerium des Innern, für Bau und Heimat, dem Bundesministerium der Justiz und für Verbraucherschutz, dem Bundesministerium der Finanzen, dem Bundesministerium für Verkehr und digitale Infrastruktur sowie dem Bundesministerium der Verteidigung eine Rechtsverordnung mit Zustimmung des Bundesrates zu erlassen, in der geregelt werden

1. die wesentlichen Anforderungen an die technischen Verfahren
 a) zur Übermittlung der Ersuchen an die Bundesnetzagentur,
 b) zum Abruf der Daten durch die Bundesnetzagentur von den Verpflichteten einschließlich der für die Abfrage zu verwendenden Datenarten und
 c) zur Übermittlung der Ergebnisse des Abrufs von der Bundesnetzagentur an die ersuchenden Stellen,
2. die zu beachtenden Sicherheitsanforderungen,
3. für Abrufe mit unvollständigen Abfragedaten und für die Suche mittels einer Ähnlichenfunktion
 a) die Mindestanforderungen an den Umfang der einzugebenden Daten zur möglichst genauen Bestimmung der gesuchten Person,
 b) die Zeichen, die in der Abfrage verwendet werden dürfen,
 c) Anforderungen an den Einsatz sprachwissenschaftlicher Verfahren, die gewährleisten, dass unterschiedliche Schreibweisen eines Personen-, Straßen- oder Ortsnamens sowie Abweichungen, die sich aus der Vertauschung, Auslassung oder Hinzufügung von Namensbestandteilen ergeben, in die Suche und das Suchergebnis einbezogen werden,
 d) die zulässige Menge der an die Bundesnetzagentur zu übermittelnden Antwortdatensätze sowie
4. wer abweichend von Absatz 1 Satz 1 aus Gründen der Verhältnismäßigkeit keine Kundendateien für das automatisierte Auskunftsverfahren vorhalten muss; in diesen Fällen gilt § 111 Absatz 1 Satz 7 entsprechend.

[2]Im Übrigen können in der Verordnung auch Einschränkungen der Abfragemöglichkeit für die in Absatz 2 Nr. 5 bis 8 genannten Stellen auf den für diese Stellen erforderlichen Umfang geregelt werden. [3]Die technischen Einzelheiten des automatisierten Abrufverfahrens gibt die Bundesnetzagentur in einer unter Beteiligung der betroffenen Verbände und der berechtigten Stellen zu erarbeitenden Technischen Richtlinie vor, die bei Bedarf an den Stand der Technik anzupassen und von der Bundesnetzagentur in ihrem Amtsblatt bekannt zu machen ist. [4]Der Verpflichtete nach Absatz 1 und die berechtigten Stellen haben die Anforderungen der Technischen Richtlinie spätestens ein Jahr nach deren Bekanntmachung zu erfüllen. [5]Nach dieser Richtlinie gestaltete mängelfreie technische Einrichtungen müssen im Falle einer Änderung der Richtlinie spätestens drei Jahre nach deren Inkrafttreten die geänderten Anforderungen erfüllen.

(4) [1]Auf Ersuchen der in Absatz 2 genannten Stellen hat die Bundesnetzagentur die entsprechenden Datensätze aus den Kundendateien nach Absatz 1 abzurufen und an die ersuchende Stelle zu übermitteln. [2]Sie prüft die Zulässigkeit der Übermittlung nur, soweit hierzu ein besonderer Anlass besteht. [3]Die Verantwortung für die Zulässigkeit der Übermittlung tragen

1. in den Fällen des Absatzes 1 Satz 7 Nummer 1 die Bundesnetzagentur und
2. in den Fällen des Absatzes 1 Satz 7 Nummer 2 die in Absatz 2 genannten Stellen.

[4]Die Bundesnetzagentur protokolliert für Zwecke der Datenschutzkontrolle durch die jeweils zuständige Stelle bei jedem Abruf den Zeitpunkt, die bei der Durchführung des Abrufs verwendeten Daten, die abgerufenen Daten, ein die abrufende Person eindeutig bezeichnendes Datum sowie die ersuchende Stelle, deren Aktenzeichen und ein die ersuchende Person eindeutig bezeichnendes Datum. [5]Eine Verwendung der Protokolldaten für andere Zwecke ist unzulässig. [6]Die Protokolldaten sind nach einem Jahr zu löschen.

(5) [1]Der Verpflichtete nach Absatz 1 hat alle technischen Vorkehrungen in seinem Verantwortungsbereich auf seine Kosten zu treffen, die für die Erteilung der Auskünfte nach dieser Vorschrift erforderlich sind. [2]Dazu gehören auch die Anschaffung der zur Sicherstellung der Vertraulichkeit und des Schutzes vor unberechtigten Zugriffen erforderlichen Geräte, die Einrichtung eines geeigneten Telekommunikationsanschlusses und die Teilnahme an dem geschlossenen Benutzersystem sowie die laufende Bereitstellung dieser Vorkehrungen nach Maßgaben der Rechtsverordnung und der Technischen Richtlinie nach Absatz 3. [3]Eine Entschädigung für im automatisierten Verfahren erteilte Auskünfte wird den Verpflichteten nicht gewährt.

§ 113 Manuelles Auskunftsverfahren[1]

(1) [1]Wer geschäftsmäßig Telekommunikationsdienste erbringt oder daran mitwirkt, darf nach Maßgabe des Absatzes 2 die nach den §§ 95 und 111 erhobenen Daten nach Maßgabe dieser Vorschrift zur Erfüllung von Auskunftspflichten gegenüber den in Absatz 3 genannten Stellen verwenden. [2]Dies gilt auch für Daten, mittels derer der Zugriff auf Endgeräte oder auf Speichereinrichtungen, die in diesen Endgeräten oder hiervon räumlich getrennt eingesetzt werden, geschützt wird. [3]Die in eine Auskunft aufzunehmenden Daten dürfen auch anhand einer zu einem bestimmten Zeitpunkt zugewiesenen Internetprotokoll-Adresse bestimmt werden; hierfür dürfen Verkehrsdaten auch automatisiert ausgewertet werden. [4]Für die Auskunftserteilung nach Satz 3 sind sämtliche unternehmensinternen Datenquellen zu berücksichtigen.

(2) [1]Die Auskunft darf nur erteilt werden, soweit eine in Absatz 3 genannte Stelle dies in Textform im Einzelfall zum Zweck der Verfolgung von Straftaten oder Ordnungswidrigkeiten, zur Abwehr von Gefahren für die öffentliche Sicherheit oder Ordnung oder für die Erfüllung der gesetzlichen Aufgaben der in Absatz 3 Nummer 3 genannten Stellen unter Angabe einer gesetzlichen Bestimmung verlangt, die ihr eine Erhebung der in Absatz 1 in Bezug genommenen Daten erlaubt; an andere öffentliche und nichtöffentliche Stellen dürfen Daten nach Absatz 1 nicht übermittelt werden. [2]Bei Gefahr im Verzug darf die Auskunft auch erteilt werden, wenn das Verlangen in anderer Form gestellt wird. [3]In diesem Fall ist das Verlangen unverzüglich nachträglich in Textform zu bestätigen. [4]Die Verantwortung für die Zulässigkeit des Auskunftsverlangens tragen die in Absatz 3 genannten Stellen.

(3) Stellen im Sinne des Absatzes 1 sind
1. die für die Verfolgung von Straftaten oder Ordnungswidrigkeiten zuständigen Behörden;
2. die für die Abwehr von Gefahren für die öffentliche Sicherheit oder Ordnung zuständigen Behörden;
3. die Verfassungsschutzbehörden des Bundes und der Länder, der Militärische Abschirmdienst und der Bundesnachrichtendienst.

(4) [1]Derjenige, der geschäftsmäßig Telekommunikationsdienste erbringt oder daran mitwirkt, hat die zu beauskunftenden Daten unverzüglich und vollständig zu übermitteln. [2]Über das Auskunftsersuchen und die Auskunftserteilung haben die Verpflichteten gegenüber den Betroffenen sowie Dritten Stillschweigen zu wahren.

(5) [1]Wer geschäftsmäßig Telekommunikationsdienste erbringt oder daran mitwirkt, hat die in seinem Verantwortungsbereich für die Auskunftserteilung erforderlichen Vorkehrungen auf seine Kosten zu treffen. [2]Wer mehr als 100 000 Kunden hat, hat für die Entgegennahme der Auskunftsverlangen sowie für die Erteilung der zugehörigen Auskünfte eine gesicherte elektronische Schnittstelle nach Maßgabe der Technischen Richtlinie nach § 110 Absatz 3 bereitzuhalten, durch die auch die gegen die Kenntnisnahme der Daten durch Unbefugte gesicherte Übertragung gewährleistet ist. [3]Dabei ist dafür Sorge zu tragen, dass jedes Auskunftsverlangen durch eine verantwortliche Fachkraft auf Einhaltung der in Absatz 2 genannten formalen Voraussetzungen geprüft und die weitere Bearbeitung des Verlangens erst nach einem positiven Prüfergebnis freigegeben wird.

§ 113a Verpflichtete; Entschädigung

(1) [1]Die Verpflichtungen zur Speicherung von Verkehrsdaten, zur Verwendung der Daten und zur Datensicherheit nach den §§ 113b bis 113g beziehen sich auf Erbringer öffentlich zugänglicher Telekommunikationsdienste für Endnutzer. [2]Wer öffentlich zugängliche Telekommunikationsdienste für Endnutzer erbringt, aber nicht alle der nach Maßgabe der §§ 113b bis 113g zu speichernden Daten selbst erzeugt oder verarbeitet, hat
1. sicherzustellen, dass die nicht von ihm selbst bei der Erbringung seines Dienstes erzeugten oder verarbeiteten Daten gemäß § 113b Absatz 1 gespeichert werden, und
2. der Bundesnetzagentur auf deren Verlangen unverzüglich mitzuteilen, wer diese Daten speichert.

(2) [1]Für notwendige Aufwendungen, die den Verpflichteten durch die Umsetzung der Vorgaben aus den §§ 113b, 113d bis 113g entstehen, ist eine angemessene Entschädigung zu zahlen, soweit dies zur Abwendung oder zum Ausgleich unbilliger Härten geboten erscheint. [2]Für die Bemessung der Entschädigung sind die tatsächlich entstandenen Kosten maßgebend. [3]Über Anträge auf Entschädigung entscheidet die Bundesnetzagentur.

1) Siehe hierzu BVerfGEntscheidung vom 27.5.2020 – 1 BvR 1873/13, 1 BvR 2618/13 –:
 1. a) § 113 des Telekommunikationsgesetzes,
 b) bis g) …
 sind nach Maßgabe der Gründe mit Artikel 2 Absatz 1 in Verbindung mit Artikel 1 Absatz 1 und Artikel 10 Absatz 1 des Grundgesetzes unvereinbar.
 2. Bis zur Neuregelung, längstens jedoch bis 31. Dezember 2021, bleiben die für mit dem Grundgesetz unvereinbar erklärten Vorschriften nach Maßgabe der Gründe weiter anwendbar.
 Die vorstehende Entscheidungsformel hat gemäß § 31 Absatz 2 des Bundesverfassungsgerichtsgesetzes Gesetzeskraft.

§ 113b Pflichten zur Speicherung von Verkehrsdaten

(1) Die in § 113a Absatz 1 Genannten sind verpflichtet, Daten wie folgt im Inland zu speichern:
1. Daten nach den Absätzen 2 und 3 für zehn Wochen,
2. Standortdaten nach Absatz 4 für vier Wochen.

(2) ¹Die Erbringer öffentlich zugänglicher Telefondienste speichern
1. die Rufnummer oder eine andere Kennung des anrufenden und des angerufenen Anschlusses sowie bei Um- oder Weiterschaltungen jedes weiteren beteiligten Anschlusses,
2. Datum und Uhrzeit von Beginn und Ende der Verbindung unter Angabe der zugrunde liegenden Zeitzone,
3. Angaben zu dem genutzten Dienst, wenn im Rahmen des Telefondienstes unterschiedliche Dienste genutzt werden können,
4. im Fall mobiler Telefondienste ferner
 a) die internationale Kennung mobiler Teilnehmer für den anrufenden und den angerufenen Anschluss,
 b) die internationale Kennung des anrufenden und des angerufenen Endgerätes,
 c) Datum und Uhrzeit der ersten Aktivierung des Dienstes unter Angabe der zugrunde liegenden Zeitzone, wenn Dienste im Voraus bezahlt wurden,
5. im Fall von Internet-Telefondiensten auch die Internetprotokoll-Adressen des anrufenden und des angerufenen Anschlusses und zugewiesene Benutzerkennungen.

²Satz 1 gilt entsprechend
1. bei der Übermittlung einer Kurz-, Multimedia- oder ähnlichen Nachricht; hierbei treten an die Stelle der Angaben nach Satz 1 Nummer 2 die Zeitpunkte der Versendung und des Empfangs der Nachricht;
2. für unbeantwortete oder wegen eines Eingriffs des Netzwerkmanagements erfolglose Anrufe, soweit der Erbringer öffentlich zugänglicher Telefondienste die in Satz 1 genannten Verkehrsdaten für die in § 96 Absatz 1 Satz 2 genannten Zwecke speichert oder protokolliert.

(3) Die Erbringer öffentlich zugänglicher Internetzugangsdienste speichern
1. die dem Teilnehmer für eine Internetnutzung zugewiesene Internetprotokoll-Adresse,
2. eine eindeutige Kennung des Anschlusses, über den die Internetnutzung erfolgt, sowie eine zugewiesene Benutzerkennung,
3. Datum und Uhrzeit von Beginn und Ende der Internetnutzung unter der zugewiesenen Internetprotokoll-Adresse unter Angabe der zugrunde liegenden Zeitzone.

(4) ¹Im Fall der Nutzung mobiler Telefondienste sind die Bezeichnungen der Funkzellen zu speichern, die durch den anrufenden und den angerufenen Anschluss bei Beginn der Verbindung genutzt wurden. ²Bei öffentlich zugänglichen Internetzugangsdiensten ist im Fall der mobilen Nutzung die Bezeichnung der bei Beginn der Internetverbindung genutzten Funkzelle zu speichern. ³Zusätzlich sind die Daten vorzuhalten, aus denen sich die geografische Lage und die Hauptstrahlrichtungen der die jeweilige Funkzelle versorgenden Funkantennen ergeben.

(5) Der Inhalt der Kommunikation, Daten über aufgerufene Internetseiten und Daten von Diensten der elektronischen Post dürfen auf Grund dieser Vorschrift nicht gespeichert werden.

(6) ¹Daten, die den in § 99 Absatz 2 genannten Verbindungen zugrunde liegen, dürfen auf Grund dieser Vorschrift nicht gespeichert werden. ²Dies gilt entsprechend für Telefonverbindungen, die von den in § 99 Absatz 2 genannten Stellen ausgehen. ³§ 99 Absatz 2 Satz 2 bis 7 gilt entsprechend.

(7) Die Speicherung der Daten hat so zu erfolgen, dass Auskunftsersuchen der berechtigten Stellen unverzüglich beantwortet werden können.

(8) Der nach § 113a Absatz 1 Verpflichtete hat die auf Grund des Absatzes 1 gespeicherten Daten unverzüglich, spätestens jedoch binnen einer Woche nach Ablauf der Speicherfristen nach Absatz 1, irreversibel zu löschen oder die irreversible Löschung sicherzustellen.

§ 113c Verwendung der Daten

(1) Die auf Grund des § 113b gespeicherten Daten dürfen
1. an eine Strafverfolgungsbehörde übermittelt werden, soweit diese die Übermittlung unter Berufung auf eine gesetzliche Bestimmung, die ihr eine Erhebung der in § 113b genannten Daten zur Verfolgung besonders schwerer Straftaten erlaubt, verlangt;
2. an eine Gefahrenabwehrbehörde der Länder übermittelt werden, soweit diese die Übermittlung unter Berufung auf eine gesetzliche Bestimmung, die ihr eine Erhebung der in § 113b genannten Daten zur Abwehr einer konkreten Gefahr für Leib, Leben oder Freiheit einer Person oder für den Bestand des Bundes oder eines Landes erlaubt, verlangt;

3. durch den Erbringer öffentlich zugänglicher Telekommunikationsdienste für eine Auskunft nach § 113 Absatz 1 Satz 3 verwendet werden.

(2) Für andere Zwecke als die in Absatz 1 genannten dürfen die auf Grund des § 113b gespeicherten Daten von den nach § 113a Absatz 1 Verpflichteten nicht verwendet werden.

(3) ¹Die Übermittlung der Daten erfolgt nach Maßgabe der Rechtsverordnung nach § 110 Absatz 2 und der Technischen Richtlinie nach § 110 Absatz 3. ²Die Daten sind so zu kennzeichnen, dass erkennbar ist, dass es sich um Daten handelt, die nach § 113b gespeichert waren. ³Nach Übermittlung an eine andere Stelle ist die Kennzeichnung durch diese aufrechtzuerhalten.

§ 113d Gewährleistung der Sicherheit der Daten

¹Der nach § 113a Absatz 1 Verpflichtete hat sicherzustellen, dass die auf Grund der Speicherpflicht nach § 113b Absatz 1 gespeicherten Daten durch technische und organisatorische Maßnahmen nach dem Stand der Technik gegen unbefugte Kenntnisnahme und Verwendung geschützt werden. ²Die Maßnahmen umfassen insbesondere

1. den Einsatz eines besonders sicheren Verschlüsselungsverfahrens,
2. die Speicherung in gesonderten, von den für die üblichen betrieblichen Aufgaben getrennten Speichereinrichtungen,
3. die Speicherung mit einem hohen Schutz vor dem Zugriff aus dem Internet auf vom Internet entkoppelten Datenverarbeitungssystemen,
4. die Beschränkung des Zutritts zu den Datenverarbeitungsanlagen auf Personen, die durch den Verpflichteten besonders ermächtigt sind, und
5. die notwendige Mitwirkung von mindestens zwei Personen beim Zugriff auf die Daten, die dazu durch den Verpflichteten besonders ermächtigt worden sind.

§ 113e Protokollierung

(1) ¹Der nach § 113a Absatz 1 Verpflichtete hat sicherzustellen, dass für Zwecke der Datenschutzkontrolle jeder Zugriff, insbesondere das Lesen, Kopieren, Ändern, Löschen und Sperren der auf Grund der Speicherpflicht nach § 113b Absatz 1 gespeicherten Daten protokolliert wird. ²Zu protokollieren sind

1. der Zeitpunkt des Zugriffs,
2. die auf die Daten zugreifenden Personen,
3. Zweck und Art des Zugriffs.

(2) Für andere Zwecke als die der Datenschutzkontrolle dürfen die Protokolldaten nicht verwendet werden.

(3) Der nach § 113a Absatz 1 Verpflichtete hat sicherzustellen, dass die Protokolldaten nach einem Jahr gelöscht werden.

§ 113f Anforderungskatalog

(1) ¹Bei der Umsetzung der Verpflichtungen gemäß den §§ 113b bis 113e ist ein besonders hoher Standard der Datensicherheit und Datenqualität zu gewährleisten. ²Die Einhaltung dieses Standards wird vermutet, wenn alle Anforderungen des Katalogs der technischen Vorkehrungen und sonstigen Maßnahmen erfüllt werden, den die Bundesnetzagentur im Benehmen mit dem Bundesamt für Sicherheit in der Informationstechnik und der oder dem Bundesbeauftragten für den Datenschutz und die Informationsfreiheit erstellt.

(2) ¹Die Bundesnetzagentur überprüft fortlaufend die im Katalog nach Absatz 1 Satz 2 enthaltenen Anforderungen; hierbei berücksichtigt sie den Stand der Technik und der Fachdiskussion. ²Stellt die Bundesnetzagentur Änderungsbedarf fest, ist der Katalog im Benehmen mit dem Bundesamt für Sicherheit in der Informationstechnik und der oder dem Bundesbeauftragten für den Datenschutz und die Informationsfreiheit unverzüglich anzupassen.

(3) ¹§ 109 Absatz 6 Satz 2 und 3 gilt entsprechend. ²§ 109 Absatz 7 gilt mit der Maßgabe, dass an die Stelle der Anforderungen nach § 109 Absatz 1 bis 3 die Anforderungen nach Absatz 1 Satz 1, § 113b Absatz 7 und 8, § 113d und nach § 113e Absatz 1 und 3 treten.

§ 113g Sicherheitskonzept

¹Der nach § 113a Absatz 1 Verpflichtete hat in das Sicherheitskonzept nach § 109 Absatz 4 zusätzlich aufzunehmen,

1. welche Systeme zur Erfüllung der Verpflichtungen aus den §§ 113b bis 113e betrieben werden,
2. von welchen Gefährdungen für diese Systeme auszugehen ist und
3. welche technischen Vorkehrungen oder sonstigen Maßnahmen getroffen oder geplant sind, um diesen Gefährdungen entgegenzuwirken und die Verpflichtungen aus den §§ 113b bis 113e zu erfüllen.

²Der nach § 113a Absatz 1 Verpflichtete hat der Bundesnetzagentur das Sicherheitskonzept unverzüglich nach dem Beginn der Speicherung nach § 113b und unverzüglich bei jeder Änderung des Konzepts vor-

zulegen. ³Bleibt das Sicherheitskonzept unverändert, hat der nach § 113a Absatz 1 Verpflichtete dies gegenüber der Bundesnetzagentur im Abstand von jeweils zwei Jahren schriftlich zu erklären.

§ 114 Auskunftsersuchen des Bundesnachrichtendienstes

(1) ¹Wer öffentlich zugängliche Telekommunikationsdienste erbringt oder Übertragungswege betreibt, die für Telekommunikationsdienste für die Öffentlichkeit genutzt werden, hat dem Bundesministerium für Wirtschaft und Technologie auf Anfrage entgeltfrei Auskünfte über die Strukturen der Telekommunikationsdienste und -netze sowie bevorstehende Änderungen zu erteilen. ²Einzelne Telekommunikationsvorgänge und Bestandsdaten von Teilnehmern dürfen nicht Gegenstand einer Auskunft nach dieser Vorschrift sein.

(2) ¹Anfragen nach Absatz 1 sind nur zulässig, wenn ein entsprechendes Ersuchen des Bundesnachrichtendienstes vorliegt und soweit die Auskunft zur Erfüllung der Aufgaben nach den §§ 5 und 8 des Artikel 10-Gesetzes oder den §§ 6, 12 und 14 des BND-Gesetzes erforderlich ist. ²Die Verwendung einer nach dieser Vorschrift erlangten Auskunft zu anderen Zwecken ist ausgeschlossen.

§ 115 Kontrolle und Durchsetzung von Verpflichtungen

(1) ¹Die Bundesnetzagentur kann Anordnungen und andere Maßnahmen treffen, um die Einhaltung der Vorschriften des Teils 7 und der auf Grund dieses Teils ergangenen Rechtsverordnungen sowie der jeweils anzuwendenden Technischen Richtlinien sicherzustellen. ²Der Verpflichtete muss auf Anforderung der Bundesnetzagentur die hierzu erforderlichen Auskünfte erteilen. ³Die Bundesnetzagentur ist zur Überprüfung der Einhaltung der Verpflichtungen befugt, die Geschäfts- und Betriebsräume während der üblichen Betriebs- oder Geschäftszeiten zu betreten und zu besichtigen.

(2) ¹Die Bundesnetzagentur kann nach Maßgabe des Verwaltungsvollstreckungsgesetzes Zwangsgelder wie folgt festsetzen:
1. bis zu 500 000 Euro zur Durchsetzung der Verpflichtungen nach § 108 Abs. 1, § 110 Abs. 1, 5 oder Abs. 6, einer Rechtsverordnung nach § 108 Absatz 3, einer Rechtsverordnung nach § 110 Abs. 2, einer Rechtsverordnung nach § 112 Abs. 3 Satz 1, der Technischen Richtlinie nach § 108 Absatz 4, der Technischen Richtlinie nach § 110 Abs. 3 oder der Technischen Richtlinie nach § 112 Abs. 3 Satz 3,
2. bis zu 100 000 Euro zur Durchsetzung der Verpflichtungen nach den §§ 109, 109a, 112 Absatz 1, 3 Satz 4, Absatz 5 Satz 1 und 2, § 113 Absatz 5 Satz 2 und 3 oder § 114 Absatz 1 und
3. bis zu 20 000 Euro zur Durchsetzung der Verpflichtungen nach § 111 Absatz 1, 4 und 5 oder § 113 Absatz 4 und 5 Satz 1.
²Bei wiederholten Verstößen gegen § 111 Absatz 1 bis 5, § 112 Abs. 1, 3 Satz 4, Abs. 5 Satz 1 und 2 oder § 113 Absatz 4 und 5 Satz 1 kann die Tätigkeit des Verpflichteten durch Anordnung der Bundesnetzagentur dahin gehend eingeschränkt werden, dass der Kundenstamm bis zur Erfüllung der sich aus diesen Vorschriften ergebenden Verpflichtungen außer durch Vertragsablauf oder Kündigung nicht verändert werden darf.

(3) Darüber hinaus kann die Bundesnetzagentur bei Nichterfüllung von Verpflichtungen des Teils 7 den Betrieb der betreffenden Telekommunikationsanlage oder das geschäftsmäßige Erbringen des betreffenden Telekommunikationsdienstes ganz oder teilweise untersagen, wenn mildere Eingriffe zur Durchsetzung rechtmäßigen Verhaltens nicht ausreichen.

(4) ¹Soweit für die geschäftsmäßige Erbringung von Telekommunikationsdiensten Daten von natürlichen oder juristischen Personen erhoben, verarbeitet oder genutzt werden, tritt bei den Unternehmen an die Stelle der Kontrolle nach § 38 des Bundesdatenschutzgesetzes eine Kontrolle durch den Bundesbeauftragten für den Datenschutz entsprechend den §§ 21 und 24 bis 26 Abs. 1 bis 4 des Bundesdatenschutzgesetzes. ²Der Bundesbeauftragte für den Datenschutz richtet seine Beanstandungen an die Bundesnetzagentur und übermittelt dieser nach pflichtgemäßem Ermessen weitere Ergebnisse seiner Kontrolle.

(5) Das Fernmeldegeheimnis des Artikels 10 des Grundgesetzes wird eingeschränkt, soweit dies die Kontrollen nach Absatz 1 oder 4 erfordern.

Teil 8
Bundesnetzagentur

Abschnitt 1
Organisation

§ 116 Aufgaben und Befugnisse
Die Bundesnetzagentur für Elektrizität, Gas, Telekommunikation, Post und Eisenbahnen nimmt die ihr nach diesem Gesetz sowie nach den Artikeln 5 und 5a der Verordnung (EU) 2015/2120 und nach Artikel 7 Absatz 1 und Artikel 8 der Verordnung (EU) 2018/302 zugewiesenen Aufgaben und Befugnisse wahr.

§ 117 Veröffentlichung von Weisungen
[1]Soweit das Bundesministerium für Wirtschaft und Energie oder das Bundesministerium für Verkehr und digitale Infrastruktur Weisungen erteilt, sind diese Weisungen im Bundesanzeiger zu veröffentlichen. [2]Dies gilt nicht für Aufgaben, die von diesen Bundesministerien aufgrund dieses Gesetzes oder anderer Gesetze in eigener Zuständigkeit wahrzunehmen sind und mit deren Erfüllung sie die Bundesnetzagentur beauftragt haben.

§ 118 *[aufgehoben]*

§ 119 *[aufgehoben]*

§ 120 Aufgaben des Beirates
Der Beirat nach § 5 des Gesetzes über die Bundesnetzagentur für Elektrizität, Gas, Telekommunikation, Post und Eisenbahnen hat folgende Aufgaben:
1. *[aufgehoben]*
2. Der Beirat wirkt mit bei den Entscheidungen der Bundesnetzagentur in den Fällen des § 61 Absatz 3 Nummer 2 und 4 und des § 81.
3. [1]Der Beirat ist berechtigt, Maßnahmen zur Umsetzung der Regulierungsziele und zur Sicherstellung des Universaldienstes zu beantragen. [2]Die Bundesnetzagentur ist verpflichtet, den Antrag innerhalb von sechs Wochen zu bescheiden.
4. [1]Der Beirat ist gegenüber der Bundesnetzagentur berechtigt, Auskünfte und Stellungnahmen einzuholen. [2]Die Bundesnetzagentur ist gegenüber dem Beirat auskunftspflichtig.
5. Der Beirat berät die Bundesnetzagentur bei der Erstellung des Vorhabenplanes nach § 122 Abs. 2, insbesondere auch bei den grundsätzlichen marktrelevanten Entscheidungen.
6. Der Beirat ist bei der Aufstellung des Frequenzplanes nach § 54 anzuhören.

§ 121 Tätigkeitsbericht
(1) [1]Die Bundesnetzagentur legt den gesetzgebenden Körperschaften des Bundes gemeinsam mit dem Bericht nach Absatz 2 einen Bericht über ihre Tätigkeit sowie über die Lage und die Entwicklung auf dem Gebiet der Telekommunikation vor. [2]In diesem Bericht ist auch zu der Frage Stellung zu nehmen, ob sich eine Änderung der Festlegung, welche Telekommunikationsdienste als Universaldienstleistungen im Sinne des § 78 gelten, empfiehlt. [3]Ferner teilt die Bundesnetzagentur in dem Bericht mit,
1. in welchem Umfang und mit welchen Ergebnissen sie Sicherheitskonzepte nach § 113g und deren Einhaltung überprüft hat und
2. ob und welche Beanstandungen und weiteren Ergebnisse die oder der Bundesbeauftragte für den Datenschutz und die Informationsfreiheit an die Bundesnetzagentur übermittelt hat (§ 115 Absatz 4 Satz 2).
(2) [1]Die Monopolkommission erstellt alle zwei Jahre ein Gutachten, in dem sie den Stand und die absehbare Entwicklung des Wettbewerbs und die Frage, ob nachhaltig wettbewerbsorientierte Telekommunikationsmärkte in der Bundesrepublik Deutschland bestehen, beurteilt, die Anwendung der Vorschriften dieses Gesetzes über die Regulierung und Wettbewerbsaufsicht würdigt und zu sonstigen aktuellen wettbewerbspolitischen Fragen Stellung nimmt, insbesondere zu der Frage, ob die Regelung in § 21 Abs. 2 Nr. 3 im Hinblick auf die Wettbewerbsentwicklung anzupassen ist. [2]Das Gutachten soll bis zum 30. November eines Jahres abgeschlossen sein, in dem kein Hauptgutachten nach § 44 des Gesetzes gegen Wettbewerbsbeschränkungen vorgelegt wird. [3]Die Monopolkommission kann Einsicht nehmen in die bei der Bundesnetzagentur geführten Akten einschließlich der Betriebs- und Geschäftsgeheimnisse, soweit dies zur ordnungsgemäßen Erfüllung ihrer Aufgaben erforderlich ist. [4]Für den vertraulichen Umgang mit den Akten gilt § 46 Abs. 3 des Gesetzes gegen Wettbewerbsbeschränkungen entsprechend.
(3) Die Bundesregierung nimmt zu dem Bericht gegenüber den gesetzgebenden Körperschaften des Bundes in angemessener Frist Stellung.

§ 122 Jahresbericht

(1) Die Bundesnetzagentur veröffentlicht einmal jährlich einen Bericht über die Entwicklung des Telekommunikationsmarktes, der wesentliche Marktdaten einschließlich der Entwicklung und Höhe der Endnutzertarife der Dienste nach § 78 Absatz 2, die entweder von nach den §§ 81 bis 87 verpflichteten Unternehmen oder auf dem Markt erbracht werden, und deren Verhältnis zu den nationalen Verbraucherpreisen und Einkommen, sowie Fragen des Verbraucherschutzes enthält.

(2) ¹In den Jahresbericht ist nach öffentlicher Anhörung auch ein Vorhabenplan aufzunehmen, in dem die im laufenden Jahr von der Bundesnetzagentur zu begutachtenden grundsätzlichen rechtlichen und ökonomischen Fragestellungen enthalten sind. ²Das Ergebnis ist in dem darauf folgenden Jahresbericht zu veröffentlichen.

(3) Die Bundesnetzagentur veröffentlicht fortlaufend ihre Verwaltungsgrundsätze.

§ 123 Zusammenarbeit mit anderen Behörden auf nationaler Ebene

(1) ¹In den Fällen der §§ 10, 11, 40, 41 und § 62 Absatz 2 Nummer 3 entscheidet die Bundesnetzagentur im Einvernehmen mit dem Bundeskartellamt. ²Trifft die Bundesnetzagentur Entscheidungen nach Teil 2 Abschnitt 2 bis 5 oder § 77a Absatz 1 und 2, gibt sie dem Bundeskartellamt rechtzeitig vor Abschluss des Verfahrens Gelegenheit zur Stellungnahme. ³Führt das Bundeskartellamt im Bereich der Telekommunikation Verfahren nach den §§ 19 und 20 Abs. 1 und 2 des Gesetzes gegen Wettbewerbsbeschränkungen, Artikel 102 des Vertrages über die Arbeitsweise der Europäischen Union oder nach § 40 Abs. 2 des Gesetzes gegen Wettbewerbsbeschränkungen durch, gibt es der Bundesnetzagentur rechtzeitig vor Abschluss des Verfahrens Gelegenheit zur Stellungnahme. ⁴Beide Behörden wirken auf eine einheitliche und den Zusammenhang mit dem Gesetz gegen Wettbewerbsbeschränkungen wahrende Auslegung dieses Gesetzes, auch beim Erlass von Verwaltungsvorschriften, hin. ⁵Sie haben einander Beobachtungen und Feststellungen mitzuteilen, die für die Erfüllung der beiderseitigen Aufgaben von Bedeutung sein können.

(2) ¹Die Bundesnetzagentur arbeitet mit den Landesmedienanstalten zusammen. ²Auf Anfrage übermittelt sie den Landesmedienanstalten Erkenntnisse, die für die Erfüllung von deren Aufgaben erforderlich sind. ³Bei der Wahrnehmung ihrer Aufgaben und Befugnisse nach Artikel 5 der Verordnung (EU) 2015/2120 arbeitet die Bundesnetzagentur, soweit Belange des Rundfunks und vergleichbarer Telemedien nach § 2 Absatz 6 Satz 1 betroffen sind, mit der nach dem jeweiligen Landesrecht zuständigen Stelle zusammen.

§ 123a Zusammenarbeit mit anderen Behörden auf der Ebene der Europäischen Union

(1) ¹Die Bundesnetzagentur arbeitet mit den nationalen Regulierungsbehörden anderer Mitgliedstaaten, der Kommission und dem GEREK auf transparente Weise zusammen, um eine einheitliche Anwendung der Bestimmungen der Richtlinie 2002/21/EG und der Einzelrichtlinien zu gewährleisten. ²Sie arbeitet insbesondere mit der Kommission und dem GEREK bei der Ermittlung der Maßnahmen zusammen, die zur Bewältigung bestimmter Situationen auf dem Markt am besten geeignet sind.

(2) Die Bundesnetzagentur unterstützt die Ziele des GEREK in Bezug auf bessere regulatorische Koordinierung und mehr Kohärenz.

(3) ¹Die Bundesnetzagentur trägt bei der Wahrnehmung ihrer Aufgaben weitestgehend den Empfehlungen Rechnung, die die Kommission nach Artikel 19 Absatz 1 und 2 der Richtlinie 2002/21/EG erlässt. ²Beschließt die Bundesnetzagentur, sich nicht an eine solche Empfehlung zu halten, so teilt sie dies der Kommission unter Angabe ihrer Gründe mit.

§ 123b Bereitstellung von Informationen

(1) ¹Die Bundesnetzagentur stellt der Kommission auf deren begründeten Antrag nach Artikel 5 Absatz 2 der Richtlinie 2002/21/EG hin die Informationen zur Verfügung, die die Kommission benötigt, um ihre Aufgaben auf Grund des Vertrags über die Arbeitsweise der Europäischen Union wahrzunehmen. ²Beziehen sich die bereitgestellten Informationen auf Informationen, die zuvor von Unternehmen auf Anforderung der Bundesnetzagentur bereitgestellt wurden, so werden die Unternehmen hiervon unterrichtet.

(2) Die Bundesnetzagentur kann ihr übermittelte Informationen der nationalen Regulierungsbehörde eines anderen Mitgliedstaats auf deren begründeten Antrag hin zur Verfügung stellen, soweit dies erforderlich ist, damit diese nationale Regulierungsbehörde ihre Verpflichtungen aus dem Recht der Europäischen Union erfüllen kann.

(3) Im Rahmen des Informationsaustausches nach den Absätzen 1 und 2 stellt die Bundesnetzagentur eine vertrauliche Behandlung aller Informationen sicher, die von der nationalen Regulierungsbehörde eines anderen Mitgliedstaats oder von dem Unternehmen, das die Informationen an die Bundesnetzagentur übermittelt hat, nach den Vorschriften des Rechts der Europäischen Union und den einzelstaatlichen Vorschriften über das Geschäftsgeheimnis als vertraulich angesehen werden.

(4) [1]Die Bundesnetzagentur kennzeichnet im Rahmen der Bereitstellung von Informationen an die Kommission, an nationale Regulierungsbehörden anderer Mitgliedstaaten, an das GEREK und an das Büro des GEREK vertrauliche Informationen. [2]Sie kann bei der Kommission beantragen, dass die Informationen, die sie der Kommission bereitstellt, Behörden anderer Mitgliedstaaten nicht zur Verfügung gestellt werden. [3]Der Antrag ist zu begründen.

§ 124 Mediation
Die Bundesnetzagentur kann in geeigneten Fällen zur Beilegung telekommunikationsrechtlicher Streitigkeiten den Parteien einen einvernehmlichen Einigungsversuch vor einer Gütestelle (Mediationsverfahren) vorschlagen.

§ 125 Wissenschaftliche Beratung
(1) [1]Die Bundesnetzagentur kann zur Vorbereitung ihrer Entscheidungen oder zur Begutachtung von Fragen der Regulierung wissenschaftliche Kommissionen einsetzen. [2]Ihre Mitglieder müssen auf dem Gebiet von Telekommunikation oder Post über besondere volkswirtschaftliche, betriebswirtschaftliche, sozialpolitische, technologische oder rechtliche Erfahrungen und über ausgewiesene wissenschaftliche Kenntnisse verfügen.
(2) [1]Die Bundesnetzagentur erhält bei der Erfüllung ihrer Aufgaben fortlaufend wissenschaftliche Unterstützung. [2]Diese betrifft insbesondere
1. die regelmäßige Begutachtung der volkswirtschaftlichen, betriebswirtschaftlichen, rechtlichen und sozialen Entwicklung der Telekommunikation und des Postwesens im Inland und Ausland,
2. die Aufbereitung und Weiterentwicklung der wissenschaftlichen Grundlagen für die Gestaltung des Universaldienstes, die Regulierung von Anbietern mit beträchtlicher Marktmacht, die Regeln über den offenen Netzzugang und die Zusammenschaltung sowie die Nummerierung und den Kundenschutz.

Abschnitt 2
Befugnisse

§ 126 Untersagung
(1) [1]Stellt die Bundesnetzagentur fest, dass ein Unternehmen seine Verpflichtungen nach diesem Gesetz, auf Grund dieses Gesetzes, nach der Verordnung (EU) Nr. 531/2012 oder nach der Verordnung (EU) 2015/2120 nicht erfüllt, fordert sie das Unternehmen zur Stellungnahme und Abhilfe auf. [2]Sie setzt dem Unternehmen für die Abhilfe eine Frist.
(2) [1]Kommt das Unternehmen innerhalb der gesetzten Frist seinen Verpflichtungen nicht nach, kann die Bundesnetzagentur die zur Einhaltung der Verpflichtung erforderlichen Maßnahmen anordnen. [2]Hierbei ist dem Unternehmen eine angemessene Frist zu setzen, um den Maßnahmen entsprechen zu können.
(3) Verletzt das Unternehmen seine Verpflichtungen in schwerer oder wiederholter Weise oder kommt es den von der Bundesnetzagentur zur Abhilfe angeordneten Maßnahmen nach Absatz 2 nicht nach, so kann die Bundesnetzagentur ihm die Tätigkeit als Betreiber von Telekommunikationsnetzen oder Anbieter von Telekommunikationsdiensten untersagen.
(4) [1]Wird durch die Verletzung von Verpflichtungen die öffentliche Sicherheit und Ordnung unmittelbar und erheblich gefährdet oder führt die Pflichtverletzung bei anderen Anbietern oder Nutzern von Telekommunikationsnetzen und -diensten zu erheblichen wirtschaftlichen oder betrieblichen Problemen, kann die Bundesnetzagentur in Abweichung von den Verfahren nach den Absätzen 1 bis 3 vorläufige Maßnahmen ergreifen. [2]Die Bundesnetzagentur entscheidet, nachdem sie dem betreffenden Unternehmen Gelegenheit zur Stellungnahme innerhalb einer angemessenen Frist eingeräumt hat, ob die vorläufige Maßnahme bestätigt, aufgehoben oder abgeändert wird.
(5) Zur Durchsetzung der Anordnungen nach Absatz 2 kann nach Maßgabe des Verwaltungsvollstreckungsgesetzes ein Zwangsgeld von mindestens 1 000 Euro bis höchstens 10 Millionen Euro festgesetzt werden.
(6) Die Absätze 1, 2, 4 und 5 gelten für die Durchsetzung von Verpflichtungen von Eigentümern und Betreibern öffentlicher Versorgungsnetze, die keine Unternehmen sind, entsprechend.
(7) Stellt die Bundesnetzagentur fest, dass ein Anbieter seine Verpflichtungen nach der Verordnung (EU) 2018/302 nicht erfüllt, gelten die Absätze 1, 2 und 5 entsprechend.

§ 127 Auskunftsverlangen
(1) [1]Unbeschadet anderer nationaler oder auf unmittelbar vollziehbarem Recht der Europäischen Union beruhender Berichts- und Informationspflichten sind die Betreiber von öffentlichen Telekommunikationsnetzen und die Anbieter von öffentlich zugänglichen Telekommunikationsdiensten verpflichtet, im

Rahmen der Rechte und Pflichten aus diesem Gesetz und aus der Verordnung (EU) 2015/2120 der Bundesnetzagentur auf Verlangen Auskünfte zu erteilen, die für den Vollzug dieses Gesetzes erforderlich sind. [2]Die Bundesnetzagentur kann insbesondere Auskünfte verlangen, die erforderlich sind für

1. die systematische oder einzelfallbezogene Überprüfung der Verpflichtungen, die sich aus diesem Gesetz oder auf Grund dieses Gesetzes ergeben,

2. die einzelfallbezogene Überprüfung von Verpflichtungen, wenn der Bundesnetzagentur eine Beschwerde vorliegt oder sie aus anderen Gründen eine Verletzung von Pflichten annimmt oder sie von sich aus Ermittlungen durchführt,

3. die Veröffentlichung von Qualitäts- und Preisvergleichen für Dienste zum Nutzen der Endnutzer, einschließlich Informationen über die tatsächliche, standortbezogene Netzabdeckung nach § 45n Absatz 8 Satz 2,

4. genau angegebene statistische Zwecke,

5. ein Marktdefinitions- und Marktanalyseverfahren nach den §§ 10 und 11,

6. Verfahren auf Erteilung von Nutzungsrechten und zur Überprüfung der entsprechenden Anträge sowie

7. die Nutzung von Nummern.

[3]Auskünfte nach Satz 3[1)] Nr. 1 bis 5 dürfen nicht vor dem Zugang zum Markt oder als Bedingung für den Zugang verlangt werden.

(2) [1]Soweit es zur Erfüllung der in diesem Gesetz der Bundesnetzagentur übertragenen Aufgaben erforderlich ist, kann die Bundesnetzagentur von den nach Absatz 1 in der Telekommunikation tätigen Unternehmen

1. Auskunft über ihre wirtschaftlichen Verhältnisse, insbesondere über Umsatzzahlen, verlangen,

2. innerhalb der üblichen Betriebs- oder Geschäftszeiten die geschäftlichen Unterlagen einsehen und prüfen.

[2]Die Bundesnetzagentur kann von den nach Absatz 1 in der Telekommunikation tätigen Unternehmen insbesondere Auskünfte über künftige Netz- und Diensteentwicklungen verlangen, wenn diese Entwicklungen sich auf Dienste auf Vorleistungsebene auswirken können, die die Unternehmen Wettbewerbern zugänglich machen. [3]Die Bundesnetzagentur kann ferner von Unternehmen mit beträchtlicher Marktmacht auf Vorleistungsmärkten verlangen, Rechnungslegungsdaten zu den mit diesen Vorleistungsmärkten verbundenen Endnutzermärkten vorzulegen.

(2a) Soweit es zur Erfüllung der Aufgaben erforderlich ist, die der Bundesnetzagentur in diesem Gesetz übertragen werden, kann die Bundesnetzagentur im Streitfall

1. passive Netzinfrastrukturen öffentlicher Versorgungsnetze vor Ort untersuchen,

2. von den Eigentümern und Betreibern öffentlicher Versorgungsnetze Auskünfte über künftige Entwicklungen der Netze und Dienste verlangen, soweit sich diese Entwicklungen auf die Mitnutzung der passiven Netzinfrastrukturen der Eigentümer und Betreiber öffentlicher Versorgungsnetze auswirken können, und

3. in den Fällen von § 77a Absatz 4, § 77b Absatz 4, § 77c Absatz 3, § 77g Absatz 2, § 77h Absatz 4 und § 77i Absatz 5 Einsicht nehmen in die von den Betreibern öffentlicher Versorgungsnetze erstellten Sicherheitskonzepte, sonstigen Konzepte, Nachweisdokumente oder in Teile davon.

(2b) [1]Die Bundesnetzagentur stellt dem Bundesministerium für Wirtschaft und Energie und dem Bundesministerium für Verkehr und digitale Infrastruktur Daten zum tatsächlichen, standortbezogenen Ausbau der Mobilfunknetze nach Absatz 1 Satz 2 Nummer 3 in Verbindung mit § 45n Absatz 8 Satz 2, insbesondere Daten zu lokalen Schwerpunkten für Verbindungsabbrüche bei der Sprachtelefonie, einschließlich unternehmensbezogener Daten und der Betriebs- und Geschäftsgeheimnisse, in einem weiterverarbeitungsfähigen Format zur Verfügung, soweit dies zur Erfüllung ihrer jeweiligen gesetzlichen Aufgaben erforderlich ist. [2]Zu den gesetzlichen Aufgaben zählt auch die Erstellung von Netzabdeckungskarten unter Wahrung von Betriebs- und Geschäftsgeheimnissen.

(3) [1]Die Bundesnetzagentur fordert die Auskünfte nach den Absätzen 1, 2 und 2a und ordnet die Prüfung nach Absatz 2 Nummer 2 und 2a durch schriftliche Verfügung an. [2]In der Verfügung sind die Rechtsgrundlagen, der Gegenstand und der Zweck des Auskunftsverlangens anzugeben. [3]Bei einem Auskunftsverlangen ist eine angemessene Frist zur Erteilung der Auskunft zu bestimmen.

(4) Die Inhaber der Unternehmen oder die diese vertretenden Personen, bei juristischen Personen, Gesellschaften oder nichtrechtsfähigen Vereinen die nach Gesetz oder Satzung zur Vertretung berufenen Personen, sind verpflichtet, die verlangten Auskünfte nach den Absätzen 1, 2 und 2a zu erteilen, die geschäftlichen Unterlagen vorzulegen und die Prüfung dieser geschäftlichen Unterlagen sowie das Be-

1) Richtig wohl: „Satz 2".

treten von Geschäftsräumen und -grundstücken während der üblichen Betriebs- oder Geschäftszeiten zu dulden.

(5) Personen, die von der Bundesnetzagentur mit der Vornahme von Prüfungen beauftragt werden, dürfen die Büro- und Geschäftsräume der Unternehmen und Vereinigungen von Unternehmen während der üblichen Betriebs- oder Geschäftszeiten betreten.

(6) [1]Durchsuchungen können nur auf Anordnung des Amtsgerichts, in dessen Bezirk die Durchsuchung erfolgen soll, vorgenommen werden. [2]Auf die Anfechtung dieser Anordnung finden die §§ 306 bis 310 und 311a der Strafprozessordnung entsprechende Anwendung. [3]Bei Gefahr im Verzug können die in Absatz 5 bezeichneten Personen während der Geschäftszeit die erforderlichen Durchsuchungen ohne richterliche Anordnung vornehmen. [4]An Ort und Stelle ist eine Niederschrift über die Durchsuchung und ihr wesentliches Ergebnis aufzunehmen, aus der sich, falls keine richterliche Anordnung ergangen ist, auch die Tatsachen ergeben, die zur Annahme einer Gefahr im Verzug geführt haben.

(7) [1]Gegenstände oder geschäftliche Unterlagen können im erforderlichen Umfang in Verwahrung genommen werden oder, wenn sie nicht freiwillig herausgegeben werden, beschlagnahmt werden. [2]Auf die Beschlagnahme findet Absatz 6 entsprechende Anwendung.

(8) [1]Zur Auskunft nach Absatz 4 Verpflichtete können die Auskunft auf solche Fragen verweigern, deren Beantwortung sie selbst oder in § 383 Abs. 1 Nr. 1 bis 3 der Zivilprozessordnung bezeichnete Angehörige der Gefahr strafgerichtlicher Verfolgung oder eines Verfahrens nach dem Gesetz über Ordnungswidrigkeiten aussetzen würde. [2]Die durch Auskünfte oder Maßnahmen nach den Absätzen 1 und 2 erlangten Kenntnisse und Unterlagen dürfen für ein Besteuerungsverfahren oder ein Bußgeldverfahren wegen einer Steuerordnungswidrigkeit oder einer Devisenzuwiderhandlung sowie für ein Verfahren wegen einer Steuerstraftat oder einer Devisenstraftat nicht verwendet werden; die §§ 93, 97, 105 Abs. 1, § 111 Abs. 5 in Verbindung mit § 105 Abs. 1 sowie § 116 Abs. 1 der Abgabenordnung sind insoweit nicht anzuwenden. [3]Satz 1 gilt nicht für Verfahren wegen einer Steuerstraftat sowie eines damit zusammenhängenden Besteuerungsverfahrens, wenn an deren Durchführung ein zwingendes öffentliches Interesse besteht, oder bei vorsätzlich falschen Angaben der Auskunftspflichtigen oder der für sie tätigen Personen.

(9) Soweit Prüfungen einen Verstoß gegen Auflagen, Anordnungen oder Verfügungen der Bundesnetzagentur ergeben haben, hat das Unternehmen der Bundesnetzagentur die Aufwendungen für diese Prüfungen einschließlich ihrer Auslagen für Sachverständige zu erstatten.

(10) Zur Durchsetzung dieser Anordnungen kann nach Maßgabe des Verwaltungsvollstreckungsgesetzes ein Zwangsgeld bis zu 500 000 Euro festgesetzt werden.

§ 128 Ermittlungen

(1) Die Bundesnetzagentur kann alle Ermittlungen führen und alle Beweise erheben, die erforderlich sind.

(2) [1]Für den Beweis durch Augenschein, Zeugen und Sachverständige sind § 372 Abs. 1, die §§ 376, 377, 380 bis 387, 390, 395 bis 397, 398 Abs. 1 und die §§ 401, 402, 404, 406 bis 409, 411 bis 414 der Zivilprozessordnung entsprechend anzuwenden; Haft darf nicht verhängt werden. [2]Für die Entscheidung über die Beschwerde ist das Oberlandesgericht zuständig.

(3) [1]Über die Aussagen der Zeuginnen oder Zeugen soll eine Niederschrift aufgenommen werden, die von dem ermittelnden Mitglied der Bundesnetzagentur und, wenn ein Urkundsbeamter zugezogen ist, auch von diesem zu unterschreiben ist. [2]Die Niederschrift soll Ort und Tag der Verhandlung sowie die Namen der Mitwirkenden und Beteiligten ersehen lassen.

(4) [1]Die Niederschrift ist den Zeuginnen oder Zeugen zur Genehmigung vorzulesen oder zur eigenen Durchsicht vorzulegen. [2]Die erteilte Genehmigung ist zu vermerken und von den Betreffenden zu unterschreiben. [3]Unterbleibt die Unterschrift, so ist der Grund hierfür anzugeben.

(5) Bei der Vernehmung von Sachverständigen sind die Absätze 3 und 4 entsprechend anzuwenden.

(6) [1]Die Bundesnetzagentur kann das Amtsgericht um die Beeidigung von Zeugen ersuchen, wenn sie die Beeidigung zur Herbeiführung einer wahrheitsgemäßen Aussage für notwendig erachtet. [2]Über die Beeidigung entscheidet das Gericht.

§ 129 Beschlagnahme

(1) [1]Die Bundesnetzagentur kann Gegenstände, die als Beweismittel für die Ermittlung von Bedeutung sein können, beschlagnahmen. [2]Die Beschlagnahme ist den davon Betroffenen unverzüglich bekannt zu geben.

(2) Die Bundesnetzagentur hat binnen drei Tagen um die richterliche Bestätigung des Amtsgerichts, in dessen Bezirk die Beschlagnahme vorgenommen ist, nachzusuchen, wenn bei der Beschlagnahme weder die davon Betroffenen noch erwachsene Angehörige anwesend waren oder wenn die Betroffenen und im Falle ihrer Abwesenheit erwachsene Angehörige der Betroffenen gegen die Beschlagnahme ausdrücklich Widerspruch erhoben haben.

(3) [1]Die Betroffenen können gegen die Beschlagnahme jederzeit um die richterliche Entscheidung nachsuchen. [2]Hierüber sind sie zu belehren. [3]Über den Antrag entscheidet das nach Absatz 2 zuständige Gericht.

(4) [1]Gegen die richterliche Entscheidung ist die Beschwerde zulässig. [2]Die §§ 306 bis 310 und 311a der Strafprozessordnung gelten entsprechend.

§ 130 Vorläufige Anordnungen

Die Bundesnetzagentur kann bis zur endgültigen Entscheidung vorläufige Anordnungen treffen.

§ 131 Abschluss des Verfahrens

(1) [1]Entscheidungen der Bundesnetzagentur sind zu begründen. [2]Sie sind mit der Begründung und einer Belehrung über das zulässige Rechtsmittel den Beteiligten nach den Vorschriften des Verwaltungszustellungsgesetzes zuzustellen. [3]Entscheidungen, die gegenüber einem Unternehmen mit Sitz außerhalb des Geltungsbereiches dieses Gesetzes ergehen, stellt die Bundesnetzagentur denjenigen zu, die das Unternehmen der Bundesnetzagentur als Zustellungsbevollmächtigte benannt hat. [4]Hat das Unternehmen keine Zustellungsbeauftragten benannt, so stellt die Bundesnetzagentur die Entscheidung durch Bekanntmachung im Bundesanzeiger zu.

(2) Soweit ein Verfahren nicht mit einer Entscheidung abgeschlossen wird, die den Beteiligten nach Absatz 1 Satz 2 bis 4 zugestellt wird, ist seine Beendigung den Beteiligten schriftlich mitzuteilen.

(3) Die Bundesnetzagentur kann die Kosten einer Beweiserhebung den Beteiligten nach billigem Ermessen auferlegen.

Abschnitt 3
Verfahren

Unterabschnitt 1
Beschlusskammern

§ 132 Beschlusskammerentscheidungen

(1) [1]Die Bundesnetzagentur entscheidet durch Beschlusskammern in den Fällen des Teils 2, des § 55 Absatz 10, der §§ 61 und 62 sowie des § 81. [2]Absatz 4 Satz 1 bleibt unberührt. [3]Die Entscheidung ergeht durch Verwaltungsakt. [4]Die Beschlusskammern werden mit Ausnahme der Absätze 2 und 4 nach Bestimmung des Bundesministeriums für Wirtschaft und Energie im Benehmen mit dem Bundesministerium für Verkehr und digitale Infrastruktur gebildet.

(2) [1]Die Bundesnetzagentur entscheidet durch Beschlusskammern als nationale Streitbeilegungsstelle in den Fällen des § 77n. [2]Die Entscheidung ergeht durch Verwaltungsakt. [3]Nationale Streitbeilegungsstellen werden nach Bestimmung des Bundesministeriums für Verkehr und digitale Infrastruktur gebildet.

(3) [1]Die Beschlusskammern entscheiden in der Besetzung mit einem Vorsitzenden oder einer Vorsitzenden und zwei beisitzenden Mitgliedern. [2]Der oder die Vorsitzende und die beisitzenden Mitglieder müssen die Befähigung für eine Laufbahn des höheren Dienstes erworben haben. [3]Mindestens ein Mitglied der Beschlusskammer muss die Befähigung zum Richteramt haben.

(4) [1]In den Fällen des § 55 Absatz 10, der §§ 61, 62 und 81 entscheidet die Beschlusskammer in der Besetzung mit dem Präsidenten als Vorsitzendem oder der Präsidentin als Vorsitzender und den beiden Vizepräsidenten oder Vizepräsidentinnen als beisitzende Mitglieder; Absatz 2 Satz 2 und 3 findet insoweit keine Anwendung. [2]Die Vertretung in Verhinderungsfällen wird in der Geschäftsordnung nach § 3 Abs. 1 des Gesetzes über die Bundesnetzagentur für Elektrizität, Gas, Telekommunikation, Post und Eisenbahnen geregelt. [3]Die Entscheidung in den Fällen des § 61 Absatz 3 Nummer 2 und 4 und des § 81 erfolgt im Benehmen mit dem Beirat.

(5) [1]Zur Wahrung einer einheitlichen Spruchpraxis in Fällen vergleichbarer oder zusammenhängender Sachverhalte und zur Sicherstellung des Konsistenzgebotes nach § 27 Abs. 2 sind in der Geschäftsordnung der Bundesnetzagentur Verfahren vorzusehen, die vor Erlass von Entscheidungen umfassende Abstimmungs-, Auskunfts- und Informationspflichten der jeweiligen Beschlusskammern und der Abteilungen vorsehen. [2]Soweit Entscheidungen der Beschlusskammern nach den §§ 19, 20, 21, 23, 24, 30, 39, 40, 41 Absatz 2 oder § 42 Abs. 4 Satz 3 betroffen sind, ist in der Geschäftsordnung sicherzustellen, dass Festlegungen nach den §§ 10 und 11 durch die Präsidentenkammer erfolgen.

§ 133 Sonstige Streitigkeiten zwischen Unternehmen

(1) [1]Ergeben sich im Zusammenhang mit Verpflichtungen aus diesem Gesetz oder auf Grund dieses Gesetzes Streitigkeiten zwischen Unternehmen, die öffentliche Telekommunikationsnetze betreiben oder öffentlich zugängliche Telekommunikationsdienste anbieten, oder zwischen diesen und anderen Unter-

nehmen, denen Zugangs- oder Zusammenschaltungsverpflichtungen aus diesem Gesetz oder auf Grund dieses Gesetzes zugute kommen, trifft die Beschlusskammer, soweit dies gesetzlich nicht anders geregelt ist, auf Antrag einer Partei nach Anhörung der Beteiligten eine verbindliche Entscheidung. [2]Sie hat innerhalb einer Frist von höchstens vier Monaten, beginnend mit der Anrufung durch einen der an dem Streitfall Beteiligten, über die Streitigkeit zu entscheiden.

(2) [1]Bei einer Streitigkeit in einem unter dieses Gesetz fallenden Bereich zwischen Unternehmen in verschiedenen Mitgliedstaaten, die in die Zuständigkeit der nationalen Regulierungsbehörden von mehr als einem Mitgliedstaat fällt, kann jede Partei die Streitigkeit der betreffenden nationalen Regulierungsbehörde vorlegen. [2]Fällt die Streitigkeit in den Zuständigkeitsbereich der Bundesnetzagentur, so koordiniert sie ihre Maßnahmen mit den zuständigen nationalen Regulierungsbehörden der anderen betroffenen Mitgliedstaaten. [3]Die Beschlusskammer trifft ihre Entscheidung im Benehmen mit der betreffenden nationalen Regulierungsbehörde innerhalb der in Absatz 1 genannten Fristen.

(3) [1]Bei Streitigkeiten nach Absatz 2 kann die Bundesnetzagentur das GEREK beratend hinzuziehen, um die Streitigkeit im Einklang mit den in § 2 genannten Zielen dauerhaft beizulegen. [2]Sie kann das GEREK um eine Stellungnahme zu der Frage ersuchen, welche Maßnahmen zur Streitbeilegung zu ergreifen sind. [3]Hat die Bundesnetzagentur oder die zuständige nationale Regulierungsbehörde eines anderen betroffenen Mitgliedstaats das GEREK um eine Stellungnahme ersucht, so trifft die Beschlusskammer ihre Entscheidung nicht, bevor das GEREK seine Stellungnahme abgegeben hat. [4]§ 130 bleibt hiervon unberührt.

(4) Die §§ 126 bis 132 und 134 bis 137 gelten entsprechend.

§ 134 Einleitung, Beteiligte

(1) Die Beschlusskammer leitet ein Verfahren von Amts wegen oder auf Antrag ein.

(2) An dem Verfahren vor der Beschlusskammer sind beteiligt

1. der Antragsteller,
2. die Betreiber von öffentlichen Telekommunikationsnetzen und die Anbieter von öffentlich zugänglichen Telekommunikationsdiensten, gegen die sich das Verfahren richtet,
3. die Personen und Personenvereinigungen, deren Interessen durch die Entscheidung berührt werden und die die Bundesnetzagentur auf ihren Antrag zu dem Verfahren beigeladen hat.

§ 134a Verfahren der nationalen Streitbeilegung

(1) Die nationale Streitbeilegungsstelle leitet ein Verfahren auf Antrag ein.

(2) An Verfahren vor der nationalen Streitbeilegungsstelle sind beteiligt:

1. bei einem Verfahren nach § 77n Absatz 1 bis 5 der Antragsteller und die Eigentümer oder Betreiber öffentlicher Versorgungsnetze, gegen die sich das Verfahren richtet,
2. bei einem Verfahren nach § 77n Absatz 6 der Antragsteller und der Verfügungsberechtigte über Netzinfrastrukturen in Gebäuden oder bis zum ersten Konzentrations- oder Verteilerpunkt eines öffentlichen Telekommunikationsnetzes, gegen die sich das Verfahren richtet,
3. die Personen und Personenvereinigungen, deren Interessen durch die Entscheidung berührt werden und die die Bundesnetzagentur auf ihren Antrag zu dem Verfahren beigeladen hat,
4. bei einer Inanspruchnahme von Eisenbahninfrastrukturunternehmen die zuständige Eisenbahnaufsichtsbehörde.

(3) Sind bei Streitigkeiten über das Vorliegen eines Ablehnungsgrundes nach § 77b Absatz 4 Nummer 3, § 77c Absatz 3 Nummer 3, § 77g Absatz 2 Nummer 4, § 77h Absatz 4 Nummer 4 oder § 77i Absatz 5 kritische Infrastrukturen im Sinne des § 2 Absatz 10 des Gesetzes über das Bundesamt für Sicherheit in der Informationstechnik betroffen, so entscheidet die Bundesnetzagentur im Benehmen mit dem Bundesamt für Sicherheit in der Informationstechnik.

§ 135 Anhörung, mündliche Verhandlung

(1) Die Beschlusskammer hat den Beteiligten Gelegenheit zur Stellungnahme zu geben.

(2) Den Personen, die von dem Verfahren berührte Wirtschaftskreise vertreten, kann die Beschlusskammer in geeigneten Fällen Gelegenheit zur Stellungnahme geben.

(3) [1]Die Beschlusskammer entscheidet auf Grund öffentlicher mündlicher Verhandlung; mit Einverständnis der Beteiligten kann ohne mündliche Verhandlung entschieden werden. [2]Auf Antrag eines Beteiligten oder von Amts wegen ist für die Verhandlung oder für einen Teil davon die Öffentlichkeit auszuschließen, wenn sie eine Gefährdung der öffentlichen Ordnung, insbesondere der Staatssicherheit, oder die Gefährdung eines wichtigen Betriebs- oder Geschäftsgeheimnisses besorgen lässt.

§ 136 Betriebs- oder Geschäftsgeheimnisse

[1]Unverzüglich nach der Vorlage von Unterlagen im Rahmen des Beschlusskammerverfahrens haben alle Beteiligten diejenigen Teile zu kennzeichnen, die Betriebs- oder Geschäftsgeheimnisse enthalten. [2]In

diesem Fall müssen sie zusätzlich eine Fassung vorlegen, die aus ihrer Sicht ohne Preisgabe von Betriebs- oder Geschäftsgeheimnissen eingesehen werden kann. ³Erfolgt dies nicht, kann die Beschlusskammer von ihrer Zustimmung zur Einsicht ausgehen, es sei denn, ihr sind besondere Umstände bekannt, die eine solche Vermutung nicht rechtfertigen. ⁴Hält die Beschlusskammer die Kennzeichnung der Unterlagen als Betriebs- oder Geschäftsgeheimnisse für unberechtigt, so muss sie vor der Entscheidung über die Gewährung von Einsichtnahme an Dritte die vorlegenden Personen hören.

Unterabschnitt 2
Gerichtsverfahren

§ 137 Rechtsmittel
(1) Widerspruch und Klage gegen Entscheidungen der Bundesnetzagentur haben keine aufschiebende Wirkung.
(2) Im Falle des § 132 findet ein Vorverfahren nicht statt.
(3) ¹Im Falle des § 132 sind die Berufung gegen ein Urteil und die Beschwerde nach der Verwaltungsgerichtsordnung oder nach dem Gerichtsverfassungsgesetz gegen eine andere Entscheidung des Verwaltungsgerichts ausgeschlossen. ²Das gilt nicht für die Beschwerde gegen den Beschluss nach § 138 Absatz 4, die Beschwerde gegen die Nichtzulassung der Revision nach § 135 in Verbindung mit § 133 der Verwaltungsgerichtsordnung und die Beschwerde gegen Beschlüsse über den Rechtsweg nach § 17a Abs. 2 und 3 des Gerichtsverfassungsgesetzes. ³Auf die Beschwerde gegen die Beschlüsse über den Rechtsweg findet § 17a Abs. 4 Satz 4 bis 6 des Gerichtsverfassungsgesetzes entsprechende Anwendung.

§ 138 Vorlage- und Auskunftspflicht der Bundesnetzagentur
(1) ¹Für die Vorlage von Urkunden oder Akten, die Übermittlung elektronischer Dokumente oder die Erteilung von Auskünften (Vorlage von Unterlagen) durch die Bundesnetzagentur ist § 99 Absatz 1 der Verwaltungsgerichtsordnung mit der Maßgabe anzuwenden, dass anstelle des Rechts der obersten Aufsichtsbehörde nach § 99 Absatz 1 Satz 2 der Verwaltungsgerichtsordnung, die Vorlage zu verweigern, das Recht der Bundesnetzagentur tritt, die Unterlagen als geheimhaltungsbedürftig zu kennzeichnen. ²Das Gericht der Hauptsache unterrichtet die Beteiligten, deren Geheimhaltungsinteresse durch die Offenlegung der Unterlagen im Hauptsacheverfahren berührt werden könnte, darüber, dass die Unterlagen vorgelegt worden sind.
(2) ¹Das Gericht der Hauptsache entscheidet auf Antrag eines Beteiligten, der ein Geheimhaltungsinteresse an den vorgelegten Unterlagen geltend macht, durch Beschluss, inwieweit die §§ 100 und 108 Absatz 1 Satz 2 sowie Absatz 2 der Verwaltungsgerichtsordnung auf die Entscheidung in der Hauptsache anzuwenden sind. ²Die Beteiligtenrechte nach den §§ 100 und 108 Absatz 1 Satz 2 sowie Absatz 2 der Verwaltungsgerichtsordnung sind auszuschließen, soweit nach Abwägung aller Umstände das Geheimhaltungsinteresse das Interesse der Beteiligten auf rechtliches Gehör auch unter Beachtung des Rechts auf effektiven Rechtsschutz überwiegt. ³Insoweit dürfen die Entscheidungsgründe im Hauptsacheverfahren die Art und den Inhalt der geheim gehaltenen Unterlagen nicht erkennen lassen. ⁴Die Mitglieder des Gerichts sind zur Geheimhaltung verpflichtet.
(3) ¹Der Antrag nach Absatz 2 Satz 1 ist innerhalb eines Monats zu stellen, nachdem das Gericht die Beteiligten, deren Geheimhaltungsinteressen durch die Offenlegung der Unterlagen berührt werden könnten, über die Vorlage der Unterlagen durch die Bundesnetzagentur unterrichtet hat. ²In diesem Verfahren ist § 100 der Verwaltungsgerichtsordnung nicht anzuwenden. ³Absatz 2 Satz 3 und 4 gilt sinngemäß.
(4) ¹Gegen die Entscheidung nach Absatz 2 Satz 1 ist die Beschwerde zum Bundesverwaltungsgericht gegeben. ²Über die Beschwerde entscheidet der für die Hauptsache zuständige Revisionssenat. ³Absatz 2 Satz 3 und 4 und Absatz 3 Satz 2 gelten sinngemäß.

§ 138a Informationssystem zu eingelegten Rechtsbehelfen
¹Die Bundesnetzagentur erhebt zu den gegen ihre Entscheidungen eingelegten Rechtsbehelfen die folgenden Informationen:
1. die Anzahl und den allgemeinen Inhalt der eingelegten Rechtsbehelfe,
2. die Dauer der Verfahren und
3. die Anzahl der Entscheidungen im vorläufigen Rechtsschutz.
²Sie stellt diese Informationen der Kommission und dem GEREK auf deren begründete Anfrage zur Verfügung.

§ 139 Beteiligung der Bundesnetzagentur bei bürgerlichen Rechtsstreitigkeiten
¹Für bürgerliche Rechtsstreitigkeiten, die sich aus diesem Gesetz ergeben, gilt § 90 Abs. 1 und 2 des Gesetzes gegen Wettbewerbsbeschränkungen entsprechend. ²In diesen Fällen treten an die Stelle des

Bundeskartellamtes und seines Präsidenten oder seiner Präsidentin die Bundesnetzagentur und ihr Präsident oder ihre Präsidentin.

<div align="center">

Unterabschnitt 3
Internationale Aufgaben

</div>

§ 140 Internationale Aufgaben

(1) [1]Im Bereich der europäischen und internationalen Telekommunikationspolitik, insbesondere bei der Mitarbeit in europäischen und internationalen Institutionen und Organisationen, wird die Bundesnetzagentur im Auftrag des Bundesministeriums für Wirtschaft und Energie oder des Bundesministeriums für Verkehr und digitale Infrastruktur tätig. [2]Dies gilt nicht für Aufgaben, die die Bundesnetzagentur auf Grund dieses Gesetzes oder anderer Gesetze sowie auf Grund von Verordnungen der Europäischen Union in eigener Zuständigkeit wahrnimmt.

(2) [1]Die Bundesnetzagentur unterrichtet das Bundesministerium für Wirtschaft und Energie oder das Bundesministerium für Verkehr und digitale Infrastruktur vorab über die wesentlichen Inhalte geplanter Sitzungen in europäischen und internationalen Gremien. [2]Sie fasst die wesentlichen Ergebnisse und Schlussfolgerungen der Sitzungen zusammen und übermittelt sie unverzüglich an das Bundesministerium für Wirtschaft und Energie oder das Bundesministerium für Verkehr und digitale Infrastruktur. [3]Bei Aufgaben, die die Bundesnetzagentur nach Absatz 1 Satz 2 in eigener Zuständigkeit wahrnimmt, finden die Sätze 1 und 2 keine Anwendung, soweit zwingende Vorschriften die vertrauliche Behandlung von Informationen fordern.

§ 141 Anerkannte Abrechnungsstelle für den Seefunkverkehr

Zuständige Behörde für die Anerkennung von Abrechnungsstellen für den internationalen Seefunkverkehr nach den Anforderungen der Internationalen Fernmeldeunion im Geltungsbereich dieses Gesetzes ist die Bundesnetzagentur.

<div align="center">

Teil 9
Abgaben

</div>

§ 142 Gebühren und Auslagen

(1) [1]Die Bundesnetzagentur erhebt für die folgenden individuell zurechenbaren öffentlichen Leistungen Gebühren und Auslagen:

1. Entscheidungen über die Zuteilung eines Nutzungsrechts an Frequenzen nach § 55,
2. Entscheidungen über die Zuteilung eines Nutzungsrechts an Nummern auf Grund einer Rechtsverordnung nach § 66 Abs. 4,
3. Bearbeitung von Anträgen auf Registrierung von Anwählprogrammen über Mehrwertdienste-Rufnummern,
4. einzelfallbezogene Koordinierung, Anmeldung, Übertragung und Notifizierung von Satellitensystemen nach § 56,
5. sonstige individuell zurechenbare öffentliche Leistungen, die in einem engen Zusammenhang mit einer Entscheidung nach den Nummern 1 bis 4 stehen,
6. Maßnahmen auf Grund von Verstößen gegen dieses Gesetz oder die darauf beruhenden Rechtsverordnungen,
7. Entscheidungen über die Übertragung von Wegerechten nach § 69,
8. Entscheidungen der Zugangsregulierung nach § 18 Abs. 1 und 2, den §§ 19, 20, 21 Abs. 2 und 3, § 23 und den §§ 24 und 25,
9. Entscheidungen der Entgeltregulierung nach den §§ 29, 35 Abs. 3, §§ 38 und 39,
10. Entscheidungen im Rahmen der Missbrauchsaufsicht nach § 42 Abs. 4,
11. Entscheidungen über sonstige Streitigkeiten zwischen Unternehmen nach § 133,
12. Entscheidungen der Streitbeilegung nach § 77n.

[2]Gebühren und Auslagen werden auch erhoben, wenn ein Antrag auf Vornahme einer in Satz 1 bezeichneten individuell zurechenbaren öffentlichen Leistung

1. aus anderen Gründen als wegen Unzuständigkeit der Behörde abgelehnt oder
2. nach Beginn der sachlichen Bearbeitung, jedoch vor deren Beendigung, zurückgenommen wird.

(2) Die Gebühren nach Absatz 1 werden vorbehaltlich der Regelung in Absatz 4 zur Deckung des Verwaltungsaufwands erhoben.

(3) [1]Das Bundesministerium für Wirtschaft und Energie wird ermächtigt, im Einvernehmen mit dem Bundesministerium der Finanzen und dem Bundesministerium für Verkehr und digitale Infrastruktur durch Rechtsverordnung, die nicht der Zustimmung des Bundesrates bedarf,

1. die gebührenpflichtigen Tatbestände nach Absatz 1 sowie die Höhe der hierfür zu erhebenden Gebühren näher zu bestimmen und dabei feste Sätze, auch in Form von Gebühren nach Zeitaufwand, oder Rahmensätze vorzusehen,

2. eine bestimmte Zahlungsweise der Gebühren anzuordnen und

3. das Nähere zur Ermittlung des Verwaltungsaufwands nach Absatz 2 zu bestimmen. [2]Das Bundesministerium für Wirtschaft und Energie kann die Ermächtigung nach Satz 1 durch Rechtsverordnung unter Sicherstellung der Einvernehmensregelung auf die Bundesnetzagentur übertragen. [3]Eine Rechtsverordnung der Bundesnetzagentur, ihre Änderung und ihre Aufhebung bedürfen des Einvernehmens mit dem Bundesministerium für Wirtschaft und Energie, dem Bundesministerium der Finanzen und dem Bundesministerium für Verkehr und digitale Infrastruktur.

(4) [1]Abweichend von Absatz 2 Satz 1 kann die Gebühr für Entscheidungen über die Zuteilungen nach Absatz 1 Nummer 1 und 2 so festgesetzt werden, dass sie als Lenkungszweck die optimale Nutzung und eine den Zielen dieses Gesetzes verpflichtete effiziente Verwendung dieser Güter sicherstellt. [2]Absatz 2 Satz 1 und 2 findet keine Anwendung, wenn Nummern oder Frequenzen von außerordentlichem wirtschaftlichem Wert durch wettbewerbsorientierte oder vergleichende Auswahlverfahren vergeben werden.

(5) In Rechtsverordnungen nach Absatz 2 Satz 1 kann abweichend von den Vorschriften des Bundesgebührengesetzes geregelt werden:

1. der Umfang der zu erstattenden Auslagen und

2. die Gebühr in den Fällen des Widerrufs oder der Rücknahme einer Zuteilung nach Absatz 1 Nr. 1 und 2 oder einer Übertragung von Wegerechten nach Absatz 1 Nr. 7, sofern die Betroffenen dies zu vertreten haben.

(6) [1]Eine Festsetzung von Gebühren und Auslagen ist bis zum Ablauf des vierten Kalenderjahres nach Entstehung der Schuld zulässig (Festsetzungsverjährung). [2]Wird vor Ablauf der Frist ein Antrag auf Aufhebung oder Änderung der Festsetzung gestellt, ist die Festsetzungsfrist so lange gehemmt, bis über den Antrag unanfechtbar entschieden wurde. [3]Der Anspruch auf Zahlung von Gebühren und Auslagen verjährt mit Ablauf des fünften Kalenderjahres nach der Festsetzung (Zahlungsverjährung). [4]Im Übrigen gelten § 13 Absatz 3 und die §§ 18 und 19 des Bundesgebührengesetzes.

(7) Im Falle des Versteigerungsverfahrens nach § 61 Absatz 4 wird eine Zuteilungsgebühr nach Absatz 1 Nr. 1 nur erhoben, soweit sie den Erlös des Versteigerungsverfahrens übersteigt.

(8) [1]Die Wegebaulastträger können in ihrem Zuständigkeitsbereich Regelungen erlassen, nach denen lediglich die Verwaltungskosten abdeckende Gebühren und Auslagen für die Erteilung von Zustimmungsbescheiden nach § 68 Abs. 3 zur Nutzung öffentlicher Wege erhoben werden können. [2]Eine Pauschalierung ist zulässig.

§ 143 Frequenznutzungsbeitrag

(1) [1]Die Bundesnetzagentur erhebt jährliche Beiträge zur Deckung ihrer Kosten für die Verwaltung, Kontrolle und Durchsetzung von Allgemeinzuteilungen und Nutzungsrechten im Bereich der Frequenz- und Orbitnutzungen nach diesem Gesetz oder den darauf beruhenden Rechtsverordnungen. [2]Dies umfasst insbesondere auch die Kosten der Bundesnetzagentur für:

1. die Planung und Fortschreibung von Frequenznutzungen einschließlich der notwendigen Messungen, Prüfungen und Verträglichkeitsuntersuchungen zur Gewährleistung einer effizienten und störungs- freien Frequenznutzung,

2. internationale Zusammenarbeit, Harmonisierung und Normung.

(2) [1]Beitragspflichtig sind diejenigen, denen Frequenzen zugeteilt sind. [2]Die Anteile an den Kosten werden den einzelnen Nutzergruppen, die sich aus der Frequenzzuweisung ergeben, so weit wie möglich aufwandsbezogen zugeordnet. [3]Eine Beitragspflicht ist auch dann gegeben, wenn eine Frequenz auf Grund sonstiger Verwaltungsakte oder dauerhaft ohne Zuteilung genutzt wird. [4]Dies gilt insbesondere für die bis zum 1. August 1996 erteilten Rechte, soweit sie Festlegungen über die Nutzung von Frequenzen enthalten.

(3) In die nach Absatz 1 abzugeltenden Kosten sind solche nicht einzubeziehen, für die bereits eine Gebühr nach § 142 oder eine Gebühr nach § 16 des Gesetzes über Funkanlagen und Telekommunikationsend- einrichtungen vom 31. Januar 2001 (BGBl. I S. 170) oder Gebühren nach der Besonderen Gebührenver- ordnung des Bundesministeriums für Wirtschaft und Energie nach § 22 Absatz 4 des Bundesgebühren- gesetzes oder Beiträge nach § 31 des Elektromagnetische-Verträglichkeit-Gesetzes in der jeweils gültigen Fassung und den auf diesen Vorschriften beruhenden Rechtsverordnungen erhoben wird.

(4) [1]Das Bundesministerium für Wirtschaft und Energie wird ermächtigt, im Einvernehmen mit dem Bundesministerium der Finanzen und dem Bundesministerium für Verkehr und digitale Infrastruktur durch Rechtsverordnung, die nicht der Zustimmung des Bundesrates bedarf, nach Maßgabe der vorstehenden Absätze das Nähere über den Kreis der Beitragspflichtigen, die Beitragssätze, die Beitragskalkulation und das Verfahren der Beitragserhebung einschließlich der Zahlungsweise festzulegen. [2]Der auf das Allgemeininteresse entfallende Kostenanteil ist beitragsmindernd zu berücksichtigen. [3]Das Bundesministerium für Wirtschaft und Energie kann die Ermächtigung nach Satz 1 durch Rechtsverordnung unter Sicherstellung der Einvernehmensregelung auf die Bundesnetzagentur übertragen. [4]Eine Rechtsverordnung der Bundesnetzagentur, ihre Änderung und ihre Aufhebung bedürfen des Einvernehmens mit dem Bundesministerium für Wirtschaft und Energie, dem Bundesministerium der Finanzen und dem Bundesministerium für Verkehr und digitale Infrastruktur.

§ 144 *[aufgehoben]*

§ 145 Kosten von außergerichtlichen Streitbeilegungsverfahren

[1]Für die außergerichtlichen Streitbeilegungsverfahren nach § 47a werden Gebühren und Auslagen nicht erhoben. [2]Jede Partei trägt die ihr durch die Teilnahme am Verfahren entstehenden Kosten selbst.

§ 146 Kosten des Vorverfahrens

[1]Für ein Vorverfahren werden Gebühren und Auslagen erhoben. [2]Für die vollständige oder teilweise Zurückweisung eines Widerspruchs wird eine Gebühr bis zur Höhe der für die angefochtene Amtshandlung festgesetzten Gebühr erhoben. [3]In den Fällen, in denen für die angefochtene Amtshandlung der Bundesnetzagentur keine Gebühr anfällt, bestimmt sich die Gebühr nach Maßgabe des § 34 Abs. 1 des Gerichtskostengesetzes; auf die Bestimmung des Wertes der Streitfrage finden die §§ 3 bis 9 der Zivilprozessordnung entsprechende Anwendung. [4]Wird ein Widerspruch nach Beginn seiner sachlichen Bearbeitung, jedoch vor deren Beendigung zurückgenommen, beträgt die Gebühr höchstens 75 Prozent der Widerspruchsgebühr. [5]Über die Kosten nach den Sätzen 2 und 4 entscheidet die Widerspruchsstelle nach billigem Ermessen.

§ 147 Mitteilung der Bundesnetzagentur

[1]Die Bundesnetzagentur veröffentlicht einen jährlichen Überblick über ihre Verwaltungskosten und die insgesamt eingenommenen Abgaben. [2]Soweit erforderlich werden Gebühren und Beitragssätze in den betroffenen Verordnungen für die Zukunft angepasst.

Teil 10
Straf- und Bußgeldvorschriften

§ 148 Strafvorschriften

(1) Mit Freiheitsstrafe bis zu zwei Jahren oder mit Geldstrafe wird bestraft, wer

1. entgegen § 89 Satz 1 oder 2 eine Nachricht abhört oder in vergleichbarer Weise zur Kenntnis nimmt oder den Inhalt einer Nachricht oder die Tatsache ihres Empfangs einem anderen mitteilt oder
2. entgegen § 90 Abs. 1 Satz 1 eine dort genannte Sendeanlage oder eine sonstige Telekommunikationsanlage
 a) besitzt oder
 b) herstellt, vertreibt, einführt oder sonst in den Geltungsbereich dieses Gesetzes verbringt.

(2) Handelt der Täter in den Fällen des Absatzes 1 Nr. 2 Buchstabe b fahrlässig, so ist die Strafe Freiheitsstrafe bis zu einem Jahr oder Geldstrafe.

§ 149 Bußgeldvorschriften

(1) Ordnungswidrig handelt, wer vorsätzlich oder fahrlässig

1. entgegen § 4 eine Information nicht, nicht richtig, nicht vollständig oder nicht rechtzeitig zur Verfügung stellt,
2. entgegen § 6 Abs. 1 eine Meldung nicht, nicht richtig, nicht vollständig, nicht in der vorgeschriebenen Weise oder nicht rechtzeitig macht,
3. entgegen § 17 Satz 2 eine Information weitergibt,
4. einer vollziehbaren Anordnung nach
 a) § 20 Absatz 1, 2 oder Absatz 3 Satz 1, § 23 Abs. 3 Satz 2, § 29 Abs. 1 Satz 1 Nr. 1 oder Abs. 2 Satz 1 oder 2, § 37 Abs. 3 Satz 2, auch in Verbindung mit § 38 Abs. 4 Satz 4, § 38 Abs. 4 Satz 2, auch in Verbindung mit § 39 Abs. 3 Satz 1 oder § 42 Abs. 4 Satz 1, auch in Verbindung mit § 18 Abs. 2 Satz 2,

b) § 46 Absatz 9 Satz 1, § 67 Absatz 1 Satz 1, 2, 6 oder 7, § 77n Absatz 1 Satz 2, Absatz 4 Satz 2, Absatz 5 Satz 2 oder Absatz 6 Satz 2 oder § 109 Absatz 4 Satz 3 oder Satz 5,

c) § 29 Abs. 1 Satz 2, § 39 Abs. 3 Satz 2, § 65 oder § 127 Absatz 2 Satz 1 Nummer 1, Satz 2 und 3
zuwiderhandelt,

5. *[aufgehoben]*

6. ohne Genehmigung nach § 30 Absatz 1 Satz 1, Absatz 2 Satz 2 zweiter Fall oder § 39 Abs. 1 Satz 1 ein Entgelt erhebt,

7. entgegen § 38 Abs. 1 Satz 1 oder 3 oder § 39 Abs. 3 Satz 4 ein Entgelt oder eine Entgeltmaßnahme nicht, nicht richtig, nicht vollständig oder nicht rechtzeitig zur Kenntnis gibt,

7a. einer Rechtsverordnung nach § 41a Absatz 1 oder einer vollziehbaren Anordnung auf Grund einer solchen Rechtsverordnung zuwiderhandelt, soweit die Rechtsverordnung für einen bestimmten Tatbestand auf diese Bußgeldvorschrift verweist,

7b. entgegen § 41b Absatz 1 Satz 1 den Anschluss einer Telekommunikationsendeinrichtung verweigert,

7c. entgegen § 41b Absatz 1 Satz 3 die notwendigen Zugangsdaten und Informationen nicht, nicht richtig, nicht in der vorgeschriebenen Weise oder nicht rechtzeitig zur Verfügung stellt,

7d. entgegen § 41c Absatz 5 eine Leistung anbietet,

7e. entgegen § 43a Absatz 1 Satz 1 eine Information nicht, nicht richtig oder nicht vollständig zur Verfügung stellt,

7f. entgegen § 45k Absatz 1 Satz 1 eine Leistung ganz oder teilweise verweigert,

7g. einer Rechtsverordnung nach § 45n Absatz 1 oder einer vollziehbaren Anordnung auf Grund einer solchen Rechtsverordnung zuwiderhandelt, soweit die Rechtsverordnung für einen bestimmten Tatbestand auf diese Bußgeldvorschrift verweist,

7h. entgegen § 45p Absatz 1 Satz 1, auch in Verbindung mit Satz 2, eine Information nicht, nicht richtig, nicht vollständig oder nicht rechtzeitig zur Verfügung stellt,

7i. entgegen § 45p Absatz 2 den Teilnehmer nicht, nicht richtig oder nicht vollständig unterrichtet,

7j. entgegen § 46 Absatz 1 Satz 1, auch in Verbindung mit Satz 3, nicht sicherstellt, dass die Leistung beim Anbieterwechsel gegenüber dem Teilnehmer nicht unterbrochen wird,

7k. entgegen § 46 Absatz 1 Satz 2 den Telekommunikationsdienst unterbricht,

8. entgegen § 47 Abs. 1 Teilnehmerdaten nicht, nicht richtig, nicht vollständig oder nicht rechtzeitig zur Verfügung stellt,

9. entgegen § 50 Abs. 3 Nr. 4 eine Anzeige nicht, nicht richtig, nicht vollständig oder nicht rechtzeitig erstattet,

10. ohne Frequenzzuteilung nach § 55 Abs. 1 Satz 1 eine Frequenz nutzt,

11. ohne Übertragung nach § 56 Absatz 2 Satz 1 ein deutsches Orbit- oder Frequenznutzungsrecht ausübt,

12. einer vollziehbaren Anordnung nach § 60 Absatz 2 Satz 1, die
a) der Gewährleistung flächendeckend angemessener und ausreichender Telekommunikations-dienstleistungen dient, oder
b) einen anderen als unter Buchstabe a genannten Inhalt aufweist,
zuwiderhandelt,

13. einer Rechtsverordnung nach § 66 Abs. 4 Satz 1 oder einer vollziehbaren Anordnung auf Grund einer solchen Rechtsverordnung zuwiderhandelt, soweit die Rechtsverordnung für einen bestimmten Tatbestand auf diese Bußgeldvorschrift verweist,

13a. entgegen § 66a Satz 1, 2, 5, 6, 7 oder 8 eine Angabe nicht, nicht richtig oder nicht vollständig macht,

13b. entgegen § 66a Satz 3 die Preisangabe zeitlich kürzer anzeigt,

13c. entgegen § 66a Satz 4 einen Hinweis nicht, nicht richtig, nicht vollständig oder nicht rechtzeitig gibt,

13d. entgegen § 66b Abs. 1 Satz 1, auch in Verbindung mit Abs. 1 Satz 4 oder 5 oder Abs. 3 Satz 1, § 66b Abs. 1 Satz 3, auch in Verbindung mit Abs. 1 Satz 4 oder 5 oder § 66b Abs. 2 oder 3 Satz 2 einen dort genannten Preis nicht, nicht richtig, nicht vollständig oder nicht rechtzeitig ansagt,

13e. entgegen § 66c Abs. 1 Satz 1, auch in Verbindung mit Satz 2, den dort genannten Preis nicht, nicht richtig, nicht vollständig oder nicht rechtzeitig anzeigt,

13f. entgegen § 66d Abs. 1 oder 2 die dort genannte Preishöchstgrenze nicht einhält,

13g. entgegen § 66e Abs. 1 Satz 1, auch in Verbindung mit Satz 2, eine Verbindung nicht oder nicht rechtzeitig trennt,

13h. entgegen § 66f Abs. 1 Satz 1 einen Dialer einsetzt,

13i. entgegen § 66g Absatz 1 eine Warteschleife einsetzt,

13j. entgegen § 66g Absatz 2 nicht sicherstellt, dass der Anrufende informiert wird,

13k. entgegen § 66j Absatz 1 Satz 2 R-Gesprächsdienste anbietet,

13l. entgegen § 66k Absatz 1 Satz 1 nicht sicherstellt, dass eine vollständige Rufnummer übermittelt und gekennzeichnet wird,

13m. entgegen § 66k Absatz 1 Satz 3 eine Rufnummer oder eine Nummer für Kurzwahl-Sprachdienste übermittelt,

13n. entgegen § 66k Absatz 1 Satz 4 eine übermittelte Rufnummer verändert,

13o. entgegen § 66k Absatz 2 eine Rufnummer oder eine Nummer für Kurzwahl-Sprachdienste aufsetzt oder übermittelt,

14. entgegen § 87 Abs. 1 Satz 1 oder § 110 Abs. 1 Satz 2 oder 3 eine Mitteilung nicht, nicht richtig, nicht vollständig oder nicht rechtzeitig macht,

15. entgegen § 90 Abs. 3 für eine Sendeanlage oder eine sonstige Telekommunikationsanlage wirbt,

16. entgegen § 95 Abs. 2 oder § 96 Abs. 2 oder Abs. 3 Satz 1 Daten erhebt oder verwendet,

17. entgegen § 96 Abs. 1 Satz 3 oder § 97 Abs. 3 Satz 2 Daten nicht oder nicht rechtzeitig löscht,

17a. ohne Einwilligung nach § 98 Abs. 1 Satz 2 in Verbindung mit Satz 1 Daten verarbeitet,

17b. entgegen § 98 Absatz 1 Satz 2, auch in Verbindung mit Satz 5, eine Information nicht, nicht richtig, nicht vollständig oder nicht rechtzeitig gibt,

17c. entgegen § 100 Absatz 1 Satz 3 die Daten nicht oder nicht rechtzeitig löscht,

17d. entgegen § 100 Absatz 1 Satz 4 die Daten zu anderen Zwecken genutzt werden,

17e. entgegen § 102 Abs. 2 die Rufnummernanzeige unterdrückt oder veranlasst, dass diese unterdrückt wird,

18. entgegen § 106 Abs. 2 Satz 2 Daten oder Belege nicht oder nicht rechtzeitig löscht,

19. entgegen § 108 Abs. 1 Satz 1, auch in Verbindung mit Absatz 2, nicht sicherstellt, dass eine unentgeltliche Notrufverbindung möglich ist,

19a. entgegen § 108 Abs. 1 Satz 2, auch in Verbindung mit Absatz 2, oder einer Rechtsverordnung nach Absatz 3 Satz 1 Nummer 2, nicht sicherstellt, dass eine Notrufverbindung hergestellt wird,

20. entgegen § 108 Abs. 1 Satz 3, auch in Verbindung mit Absatz 2, oder einer Rechtsverordnung nach Absatz 3 Satz 1 Nummer 3, nicht sicherstellt, dass die Rufnummer des Anschlusses übermittelt wird, oder die dort genannten Daten übermittelt oder bereitgestellt werden,

21. entgegen § 109 Absatz 4 Satz 2 oder Satz 6 ein Sicherheitskonzept nicht oder nicht rechtzeitig vorlegt,

21a. entgegen § 109 Absatz 5 Satz 1 Nummer 1 eine Mitteilung nicht, nicht richtig, nicht vollständig oder nicht rechtzeitig macht,

21b. entgegen § 109a Absatz 1 Satz 1 oder Satz 2 die Bundesnetzagentur, den Bundesbeauftragten für den Datenschutz und die Informationsfreiheit oder einen Betroffenen nicht, nicht richtig, nicht vollständig oder nicht rechtzeitig benachrichtigt,

21c. entgegen § 109a Absatz 3 Satz 1 das dort genannte Verzeichnis nicht, nicht richtig oder nicht vollständig führt,

22. entgegen § 110 Abs. 1 Satz 1 Nr. 1 oder 1a in Verbindung mit einer Rechtsverordnung nach § 110 Abs. 2 Nr. 1 Buchstabe a eine technische Einrichtung nicht vorhält oder eine organisatorische Maßnahme nicht trifft,

23. entgegen § 110 Abs. 1 Satz 1 Nr. 2 Buchstabe b eine dort genannte Stelle nicht oder nicht rechtzeitig benennt,

24. entgegen § 110 Abs. 1 Satz 1 Nr. 3 einen Nachweis nicht oder nicht rechtzeitig erbringt,

25. entgegen § 110 Abs. 1 Satz 1 Nr. 4 eine Prüfung nicht gestattet,

26. entgegen § 110 Abs. 1 Satz 1 Nr. 5 die Aufstellung oder den Betrieb eines dort genannten Gerätes nicht duldet oder den Zugang zu einem solchen Gerät nicht gewährt,

27. entgegen § 110 Abs. 5 Satz 3 einen Mangel nicht oder nicht rechtzeitig beseitigt,

28. entgegen § 110 Abs. 6 Satz 1 einen Netzabschlusspunkt nicht, nicht in der vorgeschriebenen Weise oder nicht rechtzeitig bereitstellt,

29. entgegen § 111 Absatz 1 Satz 1, auch in Verbindung mit Absatz 1 Satz 2 oder Absatz 2, oder entgegen § 111 Absatz 1 Satz 3 oder 5 oder Absatz 3 dort genannte Daten nicht, nicht richtig, nicht vollständig oder nicht rechtzeitig erhebt, nicht, nicht richtig, nicht vollständig oder nicht rechtzeitig speichert oder nicht, nicht richtig, nicht vollständig oder nicht rechtzeitig berichtigt oder die Richtigkeit dort genannter Daten nicht, nicht richtig, nicht vollständig oder nicht rechtzeitig überprüft,

30. entgegen § 111 Absatz 4 Satz 2 eine Änderung nicht, nicht richtig, nicht vollständig oder nicht rechtzeitig übermittelt,

30a. entgegen § 111 Absatz 5 Daten nicht oder nicht rechtzeitig löscht,
31. entgegen § 112 Abs. 1 Satz 5 nicht gewährleistet, dass die Bundesnetzagentur Daten aus den Kundendateien abrufen kann,
32. entgegen § 112 Abs. 1 Satz 6 nicht sicherstellt, dass ihm Abrufe nicht zur Kenntnis gelangen können,
33. entgegen § 113 Absatz 2 Satz 1 zweiter Halbsatz Daten nach § 113 Absatz 1 Satz 2 übermittelt,
34. entgegen § 113 Absatz 4 Satz 1 dort genannte Daten nicht, nicht richtig, nicht vollständig oder nicht rechtzeitig übermittelt,
35. entgegen § 113 Absatz 4 Satz 2 Stillschweigen nicht wahrt,
36. entgegen § 113b Absatz 1, auch in Verbindung mit § 113b Absatz 7, Daten nicht, nicht richtig, nicht vollständig, nicht in der vorgeschriebenen Weise, nicht für die vorgeschriebene Dauer oder nicht rechtzeitig speichert,
37. entgegen § 113b Absatz 1 in Verbindung mit § 113a Absatz 1 Satz 2 nicht sicherstellt, dass die dort genannten Daten gespeichert werden, oder eine Mitteilung nicht, nicht richtig, nicht vollständig oder nicht rechtzeitig macht,
38. entgegen § 113b Absatz 8 Daten nicht oder nicht rechtzeitig löscht oder nicht sicherstellt, dass die Daten rechtzeitig gelöscht werden,
39. entgegen § 113c Absatz 2 Daten für andere als die genannten Zwecke verwendet,
40. entgegen § 113d Satz 1 nicht sicherstellt, dass Daten gegen unbefugte Kenntnisnahme und Verwendung geschützt werden,
41. entgegen § 113e Absatz 1 nicht sicherstellt, dass jeder Zugriff protokolliert wird,
42. entgegen § 113e Absatz 2 Protokolldaten für andere als die genannten Zwecke verwendet,
43. entgegen § 113e Absatz 3 nicht sicherstellt, dass Protokolldaten rechtzeitig gelöscht werden,
44. entgegen § 113g Satz 2 das Sicherheitskonzept nicht oder nicht rechtzeitig vorlegt oder
45. entgegen § 114 Abs. 1 Satz 1 oder § 127 Abs. 1 Satz 1 eine Auskunft nicht, nicht richtig, nicht vollständig oder nicht rechtzeitig erteilt.

(1a) Ordnungswidrig handelt, wer gegen die Verordnung (EU) Nr. 531/2012 des Europäischen Parlaments und des Rates vom 13. Juni 2012 über das Roaming in öffentlichen Mobilfunknetzen in der Union (ABl. L 172 vom 30.6.2012, S. 10), die zuletzt durch die Verordnung (EU) 2015/2120 (ABl. L 310 vom 26.11.2015, S. 1) geändert worden ist, verstößt, indem er vorsätzlich oder fahrlässig

1. entgegen Artikel 3 Absatz 5 Satz 2 einen Vertrag nicht oder nicht rechtzeitig vorlegt,
2. entgegen Artikel 5 Absatz 1 Satz 2 einem dort genannten Antrag nicht oder nicht unverzüglich nachkommt,
3. entgegen Artikel 6a ein dort genanntes Entgelt berechnet,
4. entgegen Artikel 6e Absatz 1 Unterabsatz 2 Satz 1 einen Aufschlag erhebt,
5. entgegen Artikel 6e Absatz 1 Unterabsatz 3 Satz 1 oder 3 ein Entgelt nicht richtig abrechnet,
6. entgegen Artikel 6e Absatz 1 Unterabsatz 3 Satz 2 eine andere Mindestabrechnungsdauer zugrunde legt,
7. entgegen Artikel 11 ein technisches Merkmal verändert,
8. entgegen Artikel 15 Absatz 2a Satz 1 in Verbindung mit Satz 2 eine Mitteilung nicht oder nicht rechtzeitig versendet,
9. entgegen Artikel 15 Absatz 3 Unterabsatz 6 Satz 1 nicht sicherstellt, dass eine dort genannte Meldung übermittelt wird,
10. entgegen Artikel 15 Absatz 3 Unterabsatz 7 Satz 3 die Erbringung oder Inrechnungstellung eines dort genannten Dienstes nicht oder nicht rechtzeitig einstellt,
11. entgegen Artikel 15 Absatz 3 Unterabsatz 8 eine dort genannte Änderung nicht oder nicht rechtzeitig vornimmt oder
12. entgegen Artikel 16 Absatz 4 Satz 2 eine Information nicht, nicht richtig, nicht vollständig oder nicht rechtzeitig übermittelt.

(1b) Ordnungswidrig handelt, wer gegen die Verordnung (EU) 2015/2120 des Europäischen Parlaments und des Rates vom 25. November 2015 über Maßnahmen zum Zugang zum offenen Internet und zu Endkundenentgelten für regulierte intra-EU-Kommunikation sowie zur Änderung der Richtlinie 2002/22/EG und der Verordnung (EU) Nr. 531/2012 (ABl. L 310 vom 26.11.2015, S. 1), die zuletzt durch die Verordnung (EU) 2018/1971 (ABl. L 321 vom 17.12.2018, S. 1) geändert worden ist, verstößt, indem er vorsätzlich oder fahrlässig

1. entgegen Artikel 3 Absatz 3 Unterabsatz 3 erster Halbsatz eine dort genannte Verkehrsmanagementmaßnahme anwendet,
2. entgegen Artikel 4 Absatz 1 Unterabsatz 1 Satz 1 nicht sicherstellt, dass ein dort genannter Vertrag die dort genannten Angaben enthält,
3. einer vollziehbaren Anordnung nach Artikel 5 Absatz 1 Unterabsatz 1 Satz 2 zuwiderhandelt,
4. entgegen Artikel 5 Absatz 2 eine dort genannte Information nicht, nicht richtig, nicht vollständig oder nicht rechtzeitig vorlegt oder nicht, nicht richtig, nicht vollständig oder nicht rechtzeitig übermittelt oder
5. entgegen Artikel 5a Absatz 2 Satz 2 einen Verbraucher nicht, nicht richtig, nicht vollständig oder nicht rechtzeitig unterrichtet oder
6. entgegen Artikel 5a Absatz 5 Satz 1 als Anbieter regulierter intra-EU-Kommunikation eine dort genannte Obergrenze nicht oder nicht richtig festlegt.

(1c) Ordnungswidrig handelt, wer als Anbieter regulierter intra-EU-Kommunikation nach Artikel 2 Absatz 2 Nummer 3 der Verordnung (EU) 2015/2120 vorsätzlich oder fahrlässig

1. gegenüber einem Verbraucher einen Endkundenpreis berechnet, der den in Artikel 5a Absatz 1 der Verordnung (EU) 2015/2120 genannten Endkundenpreis überschreitet,
2. nicht sicherstellt, dass ein in Artikel 5a Absatz 3 der Verordnung (EU) 2015/2120 genannter Tarifwechsel durchgeführt wird oder
3. nicht sicherstellt, dass ein Verbraucher gemäß Artikel 5a Absatz 4 der Verordnung (EU) 2015/2120 aus einem oder in einen dort genannten Tarif kostenfrei wechseln kann.

(1d) Ordnungswidrig handelt, wer gegen die Verordnung (EU) 2018/302 des Europäischen Parlaments und des Rates vom 28. Februar 2018 über Maßnahmen gegen ungerechtfertigtes Geoblocking und andere Formen der Diskriminierung aufgrund der Staatsangehörigkeit, des Wohnsitzes oder des Ortes der Niederlassung des Kunden innerhalb des Binnenmarkts und zur Änderung der Verordnungen (EG) Nr. 2006/2004 und (EU) 2017/2394 sowie der Richtlinie 2009/22/EG (ABl. L 60 I vom 2.3.2018, S. 1) verstößt, indem er vorsätzlich oder fahrlässig

1. entgegen Artikel 3 Absatz 1 einen Zugang zur Online-Benutzeroberfläche sperrt oder beschränkt,
2. entgegen Artikel 3 Absatz 2 einen Kunden zu einer dort genannten Version der Online-Benutzeroberfläche weiterleitet
3. entgegen Artikel 4 Absatz 1 unterschiedliche allgemeine Geschäftsbedingungen anwendet oder
4. entgegen Artikel 5 Absatz 1 unterschiedliche Bedingungen für einen Zahlungsvorgang anwendet.

(2) ¹Die Ordnungswidrigkeit kann wie folgt geahndet werden:

1. in den Fällen des Absatzes 1 Nummer 12 Buchstabe a mit einer Geldbuße bis zu einer Million Euro, abweichend hiervon bei einer juristischen Person oder Personenvereinigung mit einem durchschnittlichen Jahresumsatz von mehr als 50 Millionen Euro mit einer Geldbuße bis zu 2 Prozent des durchschnittlichen Jahresumsatzes; bei der Ermittlung des durchschnittlichen Jahresumsatzes ist der weltweit erzielte Umsatz aller Unternehmen im Sinne des § 3 Nummer 29 der letzten drei Geschäftsjahre, die der Behördenentscheidung vorausgehen, zugrunde zu legen; der durchschnittliche Jahresumsatz kann geschätzt werden,
2. in den Fällen des Absatzes 1 Nummer 4 Buchstabe a, Nummer 6, 10, 22, 27, 31 und 36 bis 40 und des Absatzes 1b Nummer 1 und 3 mit einer Geldbuße bis zu fünfhunderttausend Euro,
3. in den Fällen des Absatzes 1 Nummer 7a, 16 bis 17a, 18, 26, 29, 30a, 33, 41 bis 43 und des Absatzes 1d mit einer Geldbuße bis zu dreihunderttausend Euro,
4. in den Fällen des Absatzes 1 Nummer 4 Buchstabe b, Nummer 7b bis 7d, 7g, 7h, 12 bis 13b, 13d bis 13o, 15, 17c, 19 bis 21, 21b, 30 und 44, des Absatzes 1a Nummer 1 bis 4, des Absatzes 1b Nummer 2 und 5 und des Absatzes 1c mit einer Geldbuße bis zu hunderttausend Euro,
5. in den Fällen des Absatzes 1 Nummer 7, 8, 9, 11, 17b, 21a, 21c, 23 und 24 mit einer Geldbuße bis zu fünfzigtausend Euro und
6. in den übrigen Fällen der Absätze 1 bis 1b mit einer Geldbuße bis zu zehntausend Euro.

²Die Geldbuße soll den wirtschaftlichen Vorteil, den der Täter aus der Ordnungswidrigkeit gezogen hat, übersteigen. ³Reichen die in Satz 1 genannten Beträge hierfür nicht aus, so können sie überschritten werden.

(3) Verwaltungsbehörde im Sinne des § 36 Abs. 1 Nr. 1 des Gesetzes über Ordnungswidrigkeiten ist die Bundesnetzagentur.

Teil 11
Übergangs- und Schlussvorschriften

§ 150 Übergangsvorschriften

(1) [1]Die von der Bundesnetzagentur vor Inkrafttreten dieses Gesetzes getroffenen Feststellungen marktbeherrschender Stellungen sowie die daran anknüpfenden Verpflichtungen bleiben wirksam, bis sie durch neue Entscheidungen nach Teil 2 ersetzt werden. [2]Dies gilt auch dann, wenn die Feststellungen marktbeherrschenden Stellungen lediglich Bestandteil der Begründung eines Verwaltungsaktes sind. [3]Satz 1 gilt entsprechend für Verpflichtungen nach den §§ 36, 37 und 39 Alternative 2 des Telekommunikationsgesetzes vom 25. Juli 1996 (BGBl. I S. 1120).

(2) Unternehmen, die auf Grund des Telekommunikationsgesetzes vom 25. Juli 1996 (BGBl. I S. 1120) angezeigt haben, dass sie Telekommunikationsdienstleistungen erbringen oder Lizenznehmer sind, sind unbeschadet der Verpflichtung nach § 144 Abs. 1 Satz 1 nicht meldepflichtig nach § 6.

(3) [1]Bestehende Frequenz- und Nummernzuteilungen sowie Wegerechte, die im Rahmen des § 8 des Telekommunikationsgesetzes vom 25. Juli 1996 (BGBl. I S. 1120) erteilt wurden, bleiben wirksam. [2]Das Gleiche gilt auch für vorher erworbene Rechte, die eine Frequenznutzung gewähren.

(4) [1]Soweit Frequenznutzungs- und Lizenzrechte auf Märkten vergeben sind, für die auf Wettbewerb oder Vergleich beruhende Auswahlverfahren durchgeführt wurden, gelten die damit erteilten Rechte und eingegangenen Verpflichtungen fort. [2]Dies gilt insbesondere auch für die im Zeitpunkt der Erteilung der Mobilfunklizenzen geltende Verpflichtung, Diensteanbieter zuzulassen.

(5) Soweit nach den Bestimmungen in den Absätzen 1 bis 4 Rechte und Verpflichtungen wirksam bleiben oder fortgelten, gelten diese als Rechte und Verpflichtungen nach diesem Gesetz im Sinne der §§ 126 und 133.

(6) [1]§ 48 Abs. 2 Nr. 2 gilt für Geräte, die ab dem 1. Januar 2005 in Verkehr gebracht werden. [2]§ 48 Absatz 4 und 5 gilt für Geräte, die ab dem 21. Dezember 2020 in Verkehr gebracht werden.

(7) [1]Warteschleifen dürfen bis zum Inkrafttreten von § 66g nur eingesetzt werden, wenn eine der folgenden Voraussetzungen erfüllt ist:

1. der Anruf erfolgt zu einer entgeltfreien Rufnummer,
2. der Anruf erfolgt zu einer ortsgebundenen Rufnummer oder einer Rufnummer, die die Bundesnetzagentur den ortsgebundenen Rufnummern nach § 66g Absatz 3 gleichgestellt hat,
3. der Anruf erfolgt zu einer Rufnummer für mobile Dienste (015, 016 oder 017),
4. für den Anruf gilt ein Festpreis pro Verbindung,
5. der Anruf ist für die Dauer der Warteschleife für den Anrufer kostenfrei, soweit es sich nicht um Kosten handelt, die, bei Anrufen aus dem Ausland, für die Herstellung der Verbindung im Ausland entstehen, oder
6. unabhängig von der vom Angerufenen verwendeten Rufnummer oder der grundsätzlichen Tarifierung des Anrufs sind mindestens zwei Minuten der Verbindung ab Rufaufbau für den Anrufer kostenfrei; wird die Warteschleife innerhalb dieser Zeit durch Bearbeitung beendet, endet die Kostenfreiheit ab dem Zeitpunkt der Bearbeitung.

[2]Ordnungswidrig handelt, wer vorsätzlich oder fahrlässig entgegen Satz 1 Warteschleifen einsetzt. [3]Die Ordnungswidrigkeit kann mit einer Geldbuße bis zu hunderttausend Euro geahndet werden. [4]Die Geldbuße soll den wirtschaftlichen Vorteil, den der Täter aus der Ordnungswidrigkeit gezogen hat, übersteigen. [5]Reicht der im Satz 3 genannte Betrag hierfür nicht aus, so kann er überschritten werden.

(8) [1]Auf Verleihungen nach § 2 Abs. 1 des Gesetzes über Fernmeldeanlagen in der Fassung der Bekanntmachung vom 3. Juli 1989 (BGBl. I S. 1455) und auf Lizenzen und Frequenzen, die nach den §§ 10, 11 und 47 Abs. 5 des Telekommunikationsgesetzes vom 25. Juli 1996 (BGBl. I S. 1120) zugeteilt wurden, findet § 62 Abs. 1 bis 3 für den in diesen Lizenzen und Frequenzen festgelegten Geltungszeitraum keine Anwendung. [2]Die Bundesnetzagentur überprüft auf Antrag der Inhaber von Frequenznutzungsrechten, die vor dem 26. Mai 2011 zugeteilt und für einen Zeitraum von mindestens fünf Jahren ab diesem Zeitpunkt ihre Gültigkeit behalten, ob Beschränkungen der Nutzungsrechte, die über die in § 53 Absatz 2 Satz 2 genannten Beschränkungen hinausgehen, aufrechterhalten oder aufgehoben werden. [3]Dem Antragsteller ist vor der Entscheidung Gelegenheit zu geben, den Antrag zurückzuziehen.

(9) Beabsichtigt die Deutsche Telekom AG die in § 78 Abs. 2 genannten Universaldienstleistungen nicht in vollem Umfang oder zu schlechteren als in dem Telekommunikationsgesetz vom 22. Juni 2004 (BGBl. I S. 1190) genannten Bedingungen anzubieten, hat sie dieses der Bundesnetzagentur ein Jahr vor Wirksamwerden anzuzeigen.

(10) [1]Für Vertragsverhältnisse, die am Tag des Inkrafttretens dieser Vorschrift bereits bestehen, hat der nach § 112 Abs. 1 Verpflichtete Daten, über die er auf Grund zurückliegender Datenerhebungen verfügt,

unverzüglich in die Kundendatei nach § 112 Abs. 1 zu übernehmen. [2]Für Verträge, die nach Inkrafttreten des § 112 geschlossen werden, sind die Daten, soweit sie infolge der bisherigen Dateistruktur noch nicht in die Kundendatei eingestellt werden können, unverzüglich nach Anpassung der Kundendatei einzustellen. [3]An die Stelle der Technischen Richtlinie nach § 112 Abs. 3 Satz 3 tritt bis zur Herausgabe einer entsprechenden Richtlinie die von der Bundesnetzagentur auf der Grundlage des § 90 Abs. 2 und 6 des Telekommunikationsgesetzes vom 25. Juli 1996 (BGBl. I S. 1120) bekannt gegebene Schnittstellenbeschreibung in der zum Zeitpunkt des Inkrafttretens des § 112 gültigen Fassung.

(11) Die Zulässigkeit des Rechtsmittels gegen eine gerichtliche Entscheidung richtet sich nach den bisher geltenden Vorschriften, wenn die gerichtliche Entscheidung vor dem Inkrafttreten dieses Gesetzes verkündet oder von Amts wegen anstelle einer Verkündung zugestellt worden ist.

(12) Auf vor dem Inkrafttreten dieses Gesetzes gestellte Anträge nach § 99 Abs. 2 der Verwaltungsgerichtsordnung sind die bisherigen Vorschriften anwendbar.

(13) [1]Die Speicherverpflichtung und die damit verbundenen Verpflichtungen nach den §§ 113b bis 113e und 113g sind spätestens ab dem 1. Juli 2017 zu erfüllen. [2]Die Bundesnetzagentur veröffentlicht den nach § 113f Absatz 1 Satz 2 zu erstellenden Anforderungskatalog spätestens am 1. Januar 2017.

(14) Für Vertragsverhältnisse, die am 22. Juni 2004 bereits bestanden, müssen Daten nach § 111 Absatz 1 Satz 1 oder Absatz 2 außer in Fällen des § 111 Absatz 3 nicht nachträglich erhoben werden.

(15) [1]Die Bundesnetzagentur veröffentlicht die Verfügung nach § 111 Absatz 1 Satz 4 spätestens am 1. Januar 2017 im Amtsblatt. [2]Die Pflichten zur Überprüfung der Richtigkeit der erhobenen Daten nach § 111 Absatz 1 Satz 3 und zur Speicherung der Angaben nach § 111 Absatz 1 Satz 5 sind spätestens ab dem 1. Juli 2017 zu erfüllen.

§ 151 Änderung anderer Rechtsvorschriften
[hier nicht wiedergegeben]

§ 152 Inkrafttreten, Außerkrafttreten

(1) [1]Dieses Gesetz tritt vorbehaltlich des Satzes 2 am Tag nach der Verkündung[1]) in Kraft. [2]§§ 43a und 43b, 96 Abs. 1 Nr. 9a bis 9f in Verbindung mit Abs. 2 Satz 1 und § 97 Abs. 6 und 7 des Telekommunikationsgesetzes vom 25. Juli 1996 (BGBl. I S. 1120), das zuletzt durch Artikel 4 Abs. 73 des Gesetzes vom 5. Mai 2004 (BGBl. I S. 718) geändert worden ist, in der bis zum Inkrafttreten dieses Gesetzes geltenden Fassung finden bis zum Inkrafttreten[2]) der in der Artikel 3 Nr. 3 des Gesetzes zur Änderung telekommunikationsrechtlicher Vorschriften vom 18. Februar 2007 (BGBl. I S. 106) genannten Regelungen der §§ 66a bis 66l weiter Anwendung. [3]Für § 43b Abs. 2 gilt dies mit der Maßgabe, dass ab dem 1. August 2004 die Preisansagepflicht nicht mehr auf Anrufe aus dem Festnetz beschränkt ist.

(2) Das Telekommunikationsgesetz vom 25. Juli 1996 (BGBl. I S. 1120), zuletzt geändert durch Artikel 4 Abs. 73 des Gesetzes vom 5. Mai 2004 (BGBl. I S. 718), das Fernsehsignalübertragungs-Gesetz vom 14. November 1997 (BGBl. I S. 2710), zuletzt geändert durch Artikel 222 der Verordnung vom 25. November 2003 (BGBl. I S. 2304), die Telekommunikations-Entgeltregulierungsverordnung vom 1. Oktober 1996 (BGBl. I S. 1492), die Netzzugangsverordnung vom 23. Oktober 1996 (BGBl. I S. 1568), die Telekommunikations-Universaldienstleistungsverordnung vom 30. Januar 1997 (BGBl. I S. 141), § 4 der Telekommunikations-Kundenschutzverordnung vom 11. Dezember 1997 (BGBl. I S. 2910), die zuletzt durch die Verordnung vom 20. August 2002 (BGBl. I S. 3365) geändert worden ist, die Telekommunikations-Datenschutzverordnung vom 18. Dezember 2000 (BGBl. I S. 1740), geändert durch Artikel 2 des Gesetzes vom 9. August 2003 (BGBl. I S. 1590), die Frequenzzuteilungsverordnung vom 26. April 2001 (BGBl. I S. 829) und die Telekommunikations-Lizenzgebührenverordnung 2002 vom 9. September 2002 (BGBl. I S. 3542) treten am Tag nach der Verkündung dieses Gesetzes außer Kraft.

1) Verkündet am 25.6.2004.
2) Inkrafttreten am 1.9.2007.

Anlage
(zu § 45a)

Nutzungsvertrag

des/der

..

(Eigentümer/Eigentümerin)
mit
der

..

(Netzbetreiber)

Der Eigentümer/die Eigentümerin ist damit einverstanden, dass der Netzbetreiber auf seinem/ihrem Grundstück

..

Straße (Platz) Nr. ..

in ..

sowie an und in den darauf befindlichen Gebäuden alle die Vorrichtungen anbringt, die erforderlich sind, um Zugänge zu seinem öffentlichen Telekommunikationsnetz auf dem betreffenden oder einem benachbarten Grundstück und in den darauf befindlichen Gebäuden einzurichten, zu prüfen und instand zu halten. Dieses Recht erstreckt sich auch auf vorinstallierte Hausverkabelungen. Die Inanspruchnahme des Grundstücks durch Vorrichtungen darf nur zu einer notwendigen und zumutbaren Belastung führen.

Der Netzbetreiber verpflichtet sich, unbeschadet bestehender gesetzlicher oder vertraglicher Ansprüche, das Grundstück des Eigentümers/der Eigentümerin und die darauf befindlichen Gebäude wieder ordnungsgemäß instand zu setzen, soweit das Grundstück und/oder die Gebäude durch die Vorrichtungen zur Einrichtung, Instandhaltung oder Erweiterung von Zugängen zu seinem öffentlichen Telekommunikationsnetz auf dem betreffenden oder einem benachbarten Grundstück und/oder in den darauf befindlichen Gebäuden infolge der Inanspruchnahme durch den Netzbetreiber beschädigt worden sind. Im Rahmen der technischen Möglichkeiten und der bestehenden Sicherheitsanforderungen wird der Netzbetreiber vorinstallierte Hausverkabelungen nutzen. Der Netzbetreiber wird die von ihm errichteten Vorrichtungen verlegen oder – soweit sie nicht das Grundstück versorgen und eine Verlegung nicht ausreicht – entfernen, wenn sie einer veränderten Nutzung des Grundstücks entgegenstehen und ihr Verbleib an der bisherigen Stelle nicht mehr zumutbar ist. Die Kosten für die Entfernung oder Verlegung trägt der Netzbetreiber. Dies gilt nicht für Vorrichtungen, die ausschließlich das Grundstück versorgen, wenn nicht gleichzeitig Änderungen am öffentlichen Telekommunikationsnetz erforderlich sind.

Der Netzbetreiber wird ferner binnen Jahresfrist nach der Kündigung die von ihm angebrachten Vorrichtungen auf eigene Kosten wieder beseitigen, soweit dies dem Eigentümer/der Eigentümerin zumutbar ist. Auf Verlangen des Eigentümers/ der Eigentümerin wird der Netzbetreiber die Vorrichtungen unverzüglich entfernen, soweit dem nicht schutzwürdige Interessen Dritter entgegenstehen.

Der Nutzungsvertrag gilt auf unbestimmte Zeit. Er kann mit einer Frist von sechs Wochen von jeder Vertragspartei gekündigt werden.

.. , den

Gesetz über die Bundespolizei (Bundespolizeigesetz – BPolG)[1)]

Vom 19. Oktober 1994 (BGBl. I S. 2978)

(FNA 13-7-2)

zuletzt geändert durch Art. 26 Elfte ZuständigkeitsanpassungsVO vom 19. Juni 2020 (BGBl. I S. 1328)

Inhaltsübersicht

[1)] Verkündet als Art. 1 BundesgrenzschutzneuregelungsG v. 19.10.1994 (BGBl. I S. 2978); Inkrafttreten gem. Art. 3 Abs. 1 Satz 1 dieses G am 1.11.1994.

Abschnitt 1
Aufgaben und Verwendungen

§ 1 Allgemeines

(1) ¹Die Bundespolizei wird in bundeseigener Verwaltung geführt. ²Sie ist eine Polizei des Bundes im Geschäftsbereich des Bundesministeriums des Innern, für Bau und Heimat.

(2) Der Bundespolizei obliegen die Aufgaben, die ihr entweder durch dieses Gesetz übertragen werden oder ihr bis zum 1. November 1994 durch ein anderes Bundesgesetz oder auf Grund eines Bundesgesetzes zugewiesen worden sind.

(3) ¹Die Bundespolizei sichert ihre Behörden, Verbände, Einheiten und sonstigen Einrichtungen gegen Gefahren, die die Durchführung ihrer Aufgaben beeinträchtigen, in eigener Zuständigkeit. ²Die Sicherung beschränkt sich auf die in Satz 1 bezeichneten Einrichtungen sowie auf die Grundstücke, auf denen diese Einrichtungen untergebracht sind.

(4) Der Schutz privater Rechte obliegt der Bundespolizei im Rahmen ihrer Aufgaben nur dann, wenn gerichtlicher Schutz nicht rechtzeitig zu erlangen ist und ohne Hilfe der Bundespolizei die Verwirklichung des Rechts vereitelt oder wesentlich erschwert würde.

(5) Die der Bundespolizei obliegenden Aufgaben der Gefahrenabwehr umfassen auch die Verhütung von Straftaten nach Maßgabe dieses Gesetzes.

(6) ¹Werden bei der Erfüllung von Aufgaben der Bundespolizei Zuständigkeiten anderer Behörden des Bundes oder der Länder berührt, handeln die Bundespolizeibehörden im Benehmen mit den zuständigen Behörden. ²Ist dies nicht möglich, weil Gefahr im Verzug ist, sind die zuständigen Behörden über die getroffenen Maßnahmen unverzüglich zu unterrichten.

(7) Die Zuständigkeit der Polizei des Landes bleibt auch in den Absatz 3 sowie in den in den §§ 2 bis 5 bezeichneten räumlichen Zuständigkeitsbereichen der Bundespolizei unberührt.

§ 2 Grenzschutz

(1) Der Bundespolizei obliegt der grenzpolizeiliche Schutz des Bundesgebietes (Grenzschutz), soweit nicht ein Land im Einvernehmen mit dem Bund Aufgaben des grenzpolizeilichen Einzeldienstes mit eigenen Kräften wahrnimmt.

(2) ¹Der Grenzschutz umfaßt
1. die polizeiliche Überwachung der Grenzen,
2. die polizeiliche Kontrolle des grenzüberschreitenden Verkehrs einschließlich

a) der Überprüfung der Grenzübertrittspapiere und der Berechtigung zum Grenzübertritt,
b) der Grenzfahndung,
c) der Abwehr von Gefahren,
3. im Grenzgebiet bis zu einer Tiefe von 30 Kilometern und von der seewärtigen Begrenzung an bis zu einer Tiefe von 50 Kilometern die Abwehr von Gefahren, die die Sicherheit der Grenze beeinträchtigen.

²Das Bundesministerium des Innern, für Bau und Heimat wird ermächtigt, zur Sicherung des Grenzraumes das in Satz 1 Nr. 3 bezeichnete Gebiet von der seewärtigen Begrenzung an durch Rechtsverordnung mit Zustimmung des Bundesrates auszudehnen, soweit die Grenzüberwachung im deutschen Küstengebiet dies erfordert. ³In der Rechtsverordnung ist der Verlauf der rückwärtigen Begrenzungslinie des erweiterten Grenzgebietes genau zu bezeichnen. ⁴Von der seewärtigen Begrenzung an darf diese Linie eine Tiefe von 80 Kilometern nicht überschreiten.

(3) ¹Das Einvernehmen nach Absatz 1 ist in einer schriftlichen Vereinbarung zwischen dem Bundesministerium des Innern, für Bau und Heimat und dem beteiligten Land herzustellen, die im Bundesanzeiger bekanntzugeben ist. ²In der Vereinbarung ist die Zusammenarbeit zwischen der Bundespolizei und der Polizei des Landes zu regeln.

(4) Nimmt die Polizei eines Landes Aufgaben nach Absatz 1 im Einvernehmen mit dem Bund mit eigenen Kräften wahr, richtet sich die Durchführung der Aufgaben nach dem für die Polizei des Landes geltenden Recht.

§ 3 Bahnpolizei
(1) Die Bundespolizei hat die Aufgabe, auf dem Gebiet der Bahnanlagen der Eisenbahnen des Bundes Gefahren für die öffentliche Sicherheit oder Ordnung abzuwehren, die
1. den Benutzern, den Anlagen oder dem Betrieb der Bahn drohen oder
2. beim Betrieb der Bahn entstehen oder von den Bahnanlagen ausgehen.

(2) ¹Die durch die Erfüllung der Aufgaben nach Absatz 1 begünstigten Verkehrsunternehmen sind verpflichtet, der Bundespolizei für die erlangten Vorteile einen angemessenen Ausgleich zu leisten. ²Das Bundesministerium des Innern, für Bau und Heimat wird ermächtigt, durch Rechtsverordnung¹⁾ im Einvernehmen mit dem Bundesministerium für Verkehr und digitale Infrastruktur für den zu leistenden Ausgleich einen Prozentsatz festzusetzen, der 50 Prozent des Gesamtaufwandes der Bundespolizei für die Erfüllung der Aufgaben nach Absatz 1 nicht überschreiten darf. ³Dabei sind insbesondere die erlangten Vorteile und die wirtschaftliche Leistungsfähigkeit des Verkehrsunternehmens zu berücksichtigen. ⁴Sind mehrere Verkehrsunternehmen begünstigt, ist für jedes Unternehmen nach Maßgabe des Satzes 3 gesondert ein Prozentsatz festzusetzen; die Summe dieser Prozentsätze darf 50 Prozent des Gesamtaufwandes nicht überschreiten. ⁵Die Ausgleichsbeträge werden durch die in der Rechtsverordnung nach § 58 Abs. 1 bestimmte Bundespolizeibehörde erhoben.

§ 4 Luftsicherheit
¹Der Bundespolizei obliegt der Schutz vor Angriffen auf die Sicherheit des Luftverkehrs nach den §§ 3, 5, 9 Absatz 1a und § 10a Absatz 2 des Luftsicherheitsgesetzes, soweit diese Aufgaben nach § 16 Absatz 3a und 3b des Luftsicherheitsgesetzes in bundeseigener Verwaltung ausgeführt werden. ²In den Fällen des § 16 Absatz 3b des Luftsicherheitsgesetzes gilt dies nur, soweit ihr die Aufgaben durch das Bundesministerium für Verkehr und digitale Infrastruktur im Einvernehmen mit dem Bundesministerium des Innern, für Bau und Heimat übertragen worden sind.

§ 4a Sicherheitsmaßnahmen an Bord von Luftfahrzeugen
¹Die Bundespolizei kann zur Aufrechterhaltung oder Wiederherstellung der Sicherheit oder Ordnung an Bord deutscher Luftfahrzeuge eingesetzt werden. ²§ 12 Abs. 1 Satz 1 des Luftsicherheitsgesetzes bleibt unberührt. ³Maßnahmen nach Satz 1 müssen stets im Einklang mit den Anforderungen an die Sicherheit des Luftfahrzeugs und der Passagiere stehen und sind daher grundsätzlich in enger Abstimmung mit dem Luftfahrzeugführer zu treffen.

§ 5 Schutz von Bundesorganen
(1) ¹Die Bundespolizei kann Verfassungsorgane des Bundes und Bundesministerien gegen Gefahren, die die Durchführung ihrer Aufgaben beeinträchtigen, schützen, wenn diese darum ersuchen und Einvernehmen zwischen dem Bundesministerium des Innern, für Bau und Heimat und dem beteiligten Land besteht, daß deren angemessener Schutz anderweitig nicht gewährleistet werden kann. ²Über die Übernahme des Schutzes durch die Bundespolizei entscheidet das Bundesministerium des Innern, für Bau und Heimat. ³Die Übernahme ist im Bundesanzeiger bekanntzugeben.

1) Siehe die VO zur Festsetzung des Ausgleichs für die Erfüllung bahnpolizeil. Aufgaben der Bundespolizei.

(2) Der Schutz durch die Bundespolizei beschränkt sich auf die Grundstücke, auf denen die Verfassungsorgane oder die Bundesministerien ihren Amtssitz haben.

§ 6 Aufgaben auf See

[1]Unbeschadet der Zuständigkeit anderer Behörden oder der Streitkräfte hat die Bundespolizei auf See außerhalb des deutschen Küstenmeers die Maßnahmen zu treffen, zu denen die Bundesrepublik Deutschland nach dem Völkerrecht befugt ist. [2]Dies gilt nicht für Maßnahmen, die durch Rechtsvorschriften des Bundes anderen Behörden oder Dienststellen zugewiesen oder die ausschließlich Kriegsschiffen vorbehalten sind.

§ 7 Aufgaben im Notstands- und Verteidigungsfall

(1) Setzt die Bundesregierung die Bundespolizei nach Artikel 91 Abs. 2 des Grundgesetzes zur Abwehr einer drohenden Gefahr für den Bestand oder die freiheitliche demokratische Grundordnung des Bundes oder eines Landes ein, so hat die Bundespolizei bei diesem Einsatz Gefahren von der Allgemeinheit oder dem einzelnen abzuwehren.

(2) Absatz 1 gilt entsprechend, wenn die Bundespolizei nach Artikel 115f Abs. 1 Nr. 1 oder nach Artikel 115i Abs. 1 des Grundgesetzes eingesetzt wird.

§ 8 Verwendung im Ausland

(1) [1]Die Bundespolizei kann zur Mitwirkung an polizeilichen oder anderen nichtmilitärischen Aufgaben im Rahmen von internationalen Maßnahmen auf Ersuchen und unter Verantwortung

1. der Vereinten Nationen
2. einer regionalen Abmachung oder Einrichtung gemäß Kapitel VIII der Charta der Vereinten Nationen, der die Bundesrepublik Deutschland angehört,
3. der Europäischen Union oder
4. der Westeuropäischen Union

im Ausland verwendet werden. [2]Die Verwendung der Bundespolizei darf nicht gegen den Willen des Staates erfolgen, auf dessen Hoheitsgebiet die Maßnahme stattfinden soll. [3]Die Entscheidung über die Verwendung nach Satz 1 trifft die Bundesregierung. [4]Der Deutsche Bundestag ist über die beabsichtigte Verwendung zu unterrichten. [5]Er kann durch Beschluß verlangen, daß die Verwendung beendet wird.

(2) [1]Die Bundespolizei kann ferner im Einzelfall zur Rettung von Personen aus einer gegenwärtigen Gefahr für Leib oder Leben im Ausland verwendet werden. [2]Die Verwendung ist nur für humanitäre Zwecke oder zur Wahrnehmung dringender Interessen der Bundesrepublik Deutschland und im Einvernehmen mit dem Staat, auf dessen Hoheitsgebiet die Maßnahme stattfinden soll, zulässig. [3]Die Entscheidung trifft der Bundesminister des Innern, für Bau und Heimat im Einvernehmen mit dem Auswärtigen Amt.

(3) Die Wahrnehmung der in den Absätzen 1 und 2 bezeichneten Aufgaben durch die Bundespolizei richtet sich nach den dafür geltenden völkerrechtlichen Vereinbarungen oder den auf Grund solcher Vereinbarungen getroffenen Regelungen.

§ 9 Verwendung zur Unterstützung anderer Bundesbehörden

(1) [1]Die Bundespolizei unterstützt

1. den Präsidenten des Deutschen Bundestages bei der Wahrnehmung des Hausrechts und der Polizeigewalt im Gebäude des Bundestages,
2. das Auswärtige Amt bei der Wahrnehmung von Aufgaben zum Schutz deutscher Auslandsvertretungen,
3. das Bundeskriminalamt bei der Wahrnehmung seiner Schutzaufgaben nach § 5 des Bundeskriminalamtgesetzes.

[2]Die Unterstützung durch die Bundespolizei richtet sich nach dem für die unterstützte Stelle maßgebenden Recht.

(2) [1]Die Entscheidung über die Unterstützung nach Absatz 1 trifft das Bundesministerium des Innern, für Bau und Heimat. [2]Die Polizeivollzugsbeamten der Bundespolizei unterliegen bei Wahrnehmung dieser Unterstützungsaufgaben den fachlichen Weisungen der unterstützten Stelle. [3]Übernimmt die Bundespolizei im Rahmen des Absatzes 1 Nr. 3 Aufgaben zur eigenständigen Wahrnehmung, richtet das Bundeskriminalamt seine fachlichen Weisungen an die von der Bundespolizei hierfür benannte Stelle.

(3) Die Verpflichtung zur Amtshilfe bleibt unberührt.

§ 10 Verwendung zur Unterstützung des Bundesamtes für Verfassungsschutz auf dem Gebiet der Funktechnik

(1) Die Bundespolizei nimmt für das Bundesamt für Verfassungsschutz auf dessen Anforderung Aufgaben nach § 3 Abs. 1 des Bundesverfassungsschutzgesetzes auf dem Gebiet der Funktechnik und funkbetrieblichen Auswertung wahr, soweit der Funkverkehr nicht dem Fernmeldegeheimnis unterliegt, durch

1. Erfassung des Betriebs von Funkanlagen durch fremde Nachrichtendienste oder die vom Bundesamt für Verfassungsschutz beobachteten Personenzusammenschlüsse und Einzelpersonen,
2. funkbetriebliche Auswertung der Funkverkehre fremder Nachrichtendienste oder der vom Bundesamt für Verfassungsschutz beobachteten Personenzusammenschlüsse und Einzelpersonen,
3. funkbetriebliche Auswertung von Unterlagen, Geräten und Aufzeichnungen, die bei dem Betrieb von Funkanlagen durch fremde Nachrichtendienste oder die vom Bundesamt für Verfassungsschutz beobachteten Personenzusammenschlüsse und Einzelpersonen verwendet werden.

(2) [1]Die Wahrnehmung der Aufgaben nach Absatz 1 richtet sich nach dem Bundesverfassungsschutzgesetz; sie darf nicht mit der Erfüllung polizeilicher Aufgaben verbunden werden. [2]Die Bundespolizei darf Befugnisse des Bundesamtes für Verfassungsschutz nur so weit in Anspruch nehmen, als dies zur Wahrnehmung dieser Aufgaben erforderlich ist. [3]Sie darf die bei der Aufgabenwahrnehmung nach Absatz 1 erlangten personenbezogenen Daten nur für den dort bezeichneten Zweck verwenden. [4]Die Daten dürfen bei der Bundespolizei nur solange aufbewahrt werden, wie dies zur Aufgabenwahrnehmung nach Absatz 1 erforderlich ist.

(3) Das Bundesministerium des Innern, für Bau und Heimat regelt die Einzelheiten der Aufgabenwahrnehmung nach Absatz 1, insbesondere Art und Umfang der Aufgaben sowie die erforderliche technische und organisatorische Abgrenzung zu den sonstigen Aufgabenbereichen der Bundespolizei, in einer Dienstanweisung und unterrichtet hierüber sowie über erforderliche Änderungen das Parlamentarische Kontrollgremium.

§ 11 Verwendung zur Unterstützung eines Landes

(1) Die Bundespolizei kann zur Unterstützung eines Landes verwendet werden
1. zur Aufrechterhaltung oder Wiederherstellung der öffentlichen Sicherheit oder Ordnung in Fällen von besonderer Bedeutung nach Artikel 35 Abs. 2 Satz 1 des Grundgesetzes,
2. zur Hilfe bei einer Naturkatastrophe oder bei einem besonders schweren Unglücksfall nach Artikel 35 Abs. 2 Satz 2 und Abs. 3 des Grundgesetzes,
3. zur Abwehr einer drohenden Gefahr für den Bestand oder die freiheitliche demokratische Grundordnung des Bundes oder eines Landes nach Artikel 91 Abs. 1 des Grundgesetzes,
soweit das Land ohne diese Unterstützung eine Aufgabe nicht oder nur unter erheblichen Schwierigkeiten erfüllen kann.

(2) [1]Die Unterstützung eines Landes durch die Bundespolizei nach Absatz 1 richtet sich nach dem für das Land geltenden Recht. [2]Vorbehaltlich des Artikels 35 Abs. 3 des Grundgesetzes unterliegt die Bundespolizei dabei den fachlichen Weisungen des Landes.

(3) [1]Die Entscheidung über eine Verwendung der Bundespolizei nach Absatz 1 trifft im Fall des Artikels 35 Abs. 3 des Grundgesetzes die Bundesregierung, im übrigen das Bundesministerium des Innern, für Bau und Heimat auf Anforderung des Landes. [2]Das Bundesministerium des Innern, für Bau und Heimat kann seine Entscheidungsbefugnis in bestimmten Fällen durch Verwaltungsvorschrift auf eine Bundespolizeibehörde übertragen.

(4) [1]Einer Anforderung der Bundespolizei ist zu entsprechen, soweit nicht eine Verwendung der Bundespolizei für Bundesaufgaben dringender ist als die Unterstützung des Landes. [2]Die Anforderung soll alle für die Entscheidung wesentlichen Merkmale des Einsatzauftrages enthalten. [3]Die durch eine Unterstützung eines Landes nach Absatz 1 entstehenden Mehrkosten trägt das Land, sofern nicht im Einzelfall aus besonderen Gründen in einer Verwaltungsvereinbarung etwas anderes bestimmt wird.

(5) Die Verpflichtung zur Amtshilfe bleibt unberührt.

§ 12 Verfolgung von Straftaten

(1) [1]Die Bundespolizei nimmt die polizeilichen Aufgaben auf dem Gebiet der Strafverfolgung (§§ 161, 163 der Strafprozeßordnung) wahr, soweit der Verdacht eines Vergehens (§ 12 Abs. 2 des Strafgesetzbuches) besteht, das
1. gegen die Sicherheit der Grenze oder die Durchführung ihrer Aufgaben nach § 2 gerichtet ist,
2. nach den Vorschriften des Paßgesetzes, des Aufenthaltsgesetzes oder des Asylgesetzes zu verfolgen ist, soweit es durch den Grenzübertritt oder in unmittelbarem Zusammenhang mit diesem begangen wurde,

3.　einen Grenzübertritt mittels Täuschung, Drohung, Gewalt oder auf sonst rechtswidrige Weise ermöglichen soll, soweit es bei der Kontrolle des grenzüberschreitenden Verkehrs festgestellt wird,

4.　das Verbringen einer Sache über die Grenze ohne behördliche Erlaubnis als gesetzliches Tatbestandsmerkmal der Strafvorschrift verwirklicht, sofern der Bundespolizei durch oder auf Grund eines Gesetzes die Aufgabe der Überwachung des Verbringungsverbotes zugewiesen ist,

5.　auf dem Gebiet der Bahnanlagen der Eisenbahnen des Bundes begangen wurde und gegen die Sicherheit eines Benutzers, der Anlagen oder des Betriebes der Bahn gerichtet ist oder das Vermögen der Bahn oder ihr anvertrautes Vermögen betrifft,

6.　dem deutschen Strafrecht unterliegt und Strafverfolgungsmaßnahmen auf See außerhalb des deutschen Küstenmeers im Rahmen des § 6 erforderlich macht,

darüber hinaus, soweit der Verdacht eines Verbrechens nach Nummer 2 oder nach § 315 Abs. 3 Nr. 1 des Strafgesetzbuches besteht sowie in Fällen der Nummer 6. [2]Das Bundesministerium des Innern, für Bau und Heimat bestimmt das Nähere über die unter Satz 1 fallenden Straftaten durch Rechtsverordnung im Einvernehmen mit dem Bundesministerium der Justiz und für Verbraucherschutz und mit Zustimmung des Bundesrates. [3]Soweit Satz 1 Nr. 4 betroffen ist, ist auch das Einvernehmen mit dem Bundesministerium der Finanzen herzustellen.

(2) [1]Die Bundespolizei ist vorbehaltlich besonderer gesetzlicher Zuständigkeitsregelungen für die polizeilichen Aufgaben auf dem Gebiet der Strafverfolgung in den Fällen des Absatzes 1 örtlich zuständig, wenn die Straftat in ihrem räumlichen Zuständigkeitsbereich (§ 1 Abs. 7) begangen wurde. [2]Im übrigen bleibt die Zuständigkeit anderer Polizeibehörden für die Strafverfolgung auch in den Fällen des Absatzes 1 unberührt. [3]Die Staatsanwaltschaft kann im Benehmen mit der Bundespolizei die Ermittlungen einer anderen sonst zuständigen Polizeibehörde übertragen.

(3) [1]Bei Straftaten, die nicht dem Absatz 1 unterfallen, ist die Sache unverzüglich an die zuständige Strafverfolgungsbehörde abzugeben. [2]Die Verpflichtung der Bundespolizei nach § 163 Abs. 1 der Strafprozeßordnung, alle keinen Aufschub gestattenden Anordnungen zu treffen, um die Verdunkelung der Sache zu verhüten, bleibt unberührt. [3]Die Sätze 1 und 2 gelten für Straftaten im Sinne des Absatzes 1 entsprechend, wenn diese im Zusammenhang mit weiteren Straftaten stehen und das Schwergewicht der Straftaten insgesamt außerhalb der Zuständigkeit der Bundespolizei liegt oder wenn bei Straftaten außerhalb des Küstenmeers nach Absatz 1 Satz 1 Nr. 6 oder Absatz 1 Satz 1 letzter Halbsatz Ermittlungshandlungen im deutschen Hoheitsgebiet erforderlich sind. [4]Die Staatsanwaltschaft kann in Zweifelsfällen die zuständige Polizeibehörde bestimmen.

(4) Sind Ermittlungshandlungen außerhalb der in § 1 Abs. 7 bezeichneten Bereiche erforderlich, trifft die Bundespolizei ihre Maßnahmen im Benehmen mit der Polizei des Landes.

(5) [1]Die Beamten im Polizeivollzugsdienst der Bundespolizei, die mindestens vier Jahre dem Polizeivollzugsdienst angehören, sind Ermittlungspersonen der Staatsanwaltschaft (§ 152 des Gerichtsverfassungsgesetzes) und haben die Rechte und Pflichten der Polizeibeamten nach der Strafprozeßordnung. [2]In den Fällen des Absatzes 1 Satz 1 Nr. 6 und des Absatzes 1 Satz 1 letzter Halbsatz gelten auf See außerhalb des deutschen Küstenmeers bei der Verfolgung von Straftaten zur Erfüllung völkerrechtlicher Verpflichtungen oder zur Wahrnehmung völkerrechtlicher Befugnisse die Vorschriften der Strafprozeßordnung entsprechend.

§ 13　Verfolgung und Ahndung von Ordnungswidrigkeiten

(1) [1]Die Bundespolizei nimmt im Rahmen der ihr obliegenden Aufgaben die polizeilichen Aufgaben nach dem Gesetz über Ordnungswidrigkeiten wahr. [2]§ 12 Abs. 2 Satz 1 und 2 sowie Abs. 4 gilt entsprechend.

(2) Verwaltungsbehörde im Sinne des § 36 Abs. 1 Nr. 1 des Gesetzes über Ordnungswidrigkeiten ist für Ordnungswidrigkeiten nach den §§ 111 und 113 des Gesetzes über Ordnungswidrigkeiten, die im Aufgabenbereich der Bundespolizei begangen wurden, die in der Rechtsverordnung nach § 58 Abs. 1 bestimmte Bundespolizeibehörde.

(3) Die durch oder auf Grund anderer Bundesgesetze übertragene Zuständigkeit von Bundespolizeibehörden für die Verfolgung und Ahndung von Ordnungswidrigkeiten als Verwaltungsbehörde im Sinne des § 36 Abs. 1 Nr. 1 und 2 des Gesetzes über Ordnungswidrigkeiten bleibt unberührt.

(4) Die Beamten im Polizeivollzugsdienst der Bundespolizei, die mindestens vier Jahre dem Polizeivollzugsdienst angehören, sind im Rahmen ihrer Aufgaben ermächtigt, Verwarnungen zu erteilen und Verwarnungsgelder zu erheben.

Abschnitt 2
Befugnisse

Unterabschnitt 1
Allgemeine Befugnisse und allgemeine Vorschriften

§ 14 Allgemeine Befugnisse
(1) Die Bundespolizei kann zur Erfüllung ihrer Aufgaben nach den §§ 1 bis 7 die notwendigen Maßnahmen treffen, um eine Gefahr abzuwehren, soweit nicht dieses Gesetz die Befugnisse der Bundespolizei besonders regelt.

(2) [1]Gefahr im Sinne dieses Abschnitts ist eine im Einzelfall bestehende Gefahr für die öffentliche Sicherheit oder Ordnung im Bereich der Aufgaben, die der Bundespolizei nach den §§ 1 bis 7 obliegen. [2]Eine erhebliche Gefahr im Sinne dieses Abschnitts ist eine Gefahr für ein bedeutsames Rechtsgut, wie Bestand des Staates, Leben, Gesundheit, Freiheit, wesentliche Vermögenswerte oder andere strafrechtlich geschützte Güter von erheblicher Bedeutung für die Allgemeinheit.

(3) [1]Zur Erfüllung der Aufgaben, die der Bundespolizei durch andere Rechtsvorschriften des Bundes zugewiesen sind, hat sie die dort vorgesehenen Befugnisse. [2]Soweit solche Rechtsvorschriften Befugnisse nicht oder nicht abschließend regeln, hat die Bundespolizei die Befugnisse, die ihr nach diesem Gesetz zustehen. [3]Satz 2 gilt auch für die Befugnisse der Bundespolizei im Rahmen der Aufgaben zum Schutz vor Angriffen auf die Sicherheit des Luftverkehrs nach § 4, soweit § 5 des Luftsicherheitsgesetzes keine Regelungen enthält.

§ 15 Grundsatz der Verhältnismäßigkeit
(1) Von mehreren möglichen und geeigneten Maßnahmen ist diejenige zu treffen, die den einzelnen und die Allgemeinheit voraussichtlich am wenigsten beeinträchtigt.

(2) Eine Maßnahme darf nicht zu einem Nachteil führen, der zu dem erstrebten Erfolg erkennbar außer Verhältnis steht.

(3) Eine Maßnahme ist nur solange zulässig, bis ihr Zweck erreicht ist oder sich zeigt, daß er nicht erreicht werden kann.

§ 16 Ermessen, Wahl der Mittel
(1) Die Bundespolizei trifft ihre Maßnahmen nach pflichtgemäßem Ermessen.

(2) [1]Kommen zur Abwehr einer Gefahr mehrere Mittel in Betracht, so genügt es, wenn eines davon bestimmt wird. [2]Dem Betroffenen ist auf Antrag zu gestatten, ein anderes ebenso wirksames Mittel anzuwenden, sofern die Allgemeinheit dadurch nicht stärker beeinträchtigt wird.

§ 17 Verantwortlichkeit für das Verhalten von Personen
(1) Verursacht eine Person eine Gefahr, so sind die Maßnahmen gegen sie zu richten.

(2) [1]Ist die Person noch nicht vierzehn Jahre alt, so können die Maßnahmen auch gegen die Person gerichtet werden, die zur Aufsicht über sie verpflichtet ist. [2]Ist für die Person ein Betreuer bestellt, so können die Maßnahmen auch gegen den Betreuer im Rahmen seines Aufgabenbereichs gerichtet werden.

(3) Verursacht eine Person, die zu einer Verrichtung bestellt ist, die Gefahr in Ausführung der Verrichtung, so können Maßnahmen auch gegen die Person gerichtet werden, die andere zu der Verrichtung bestellt hat.

§ 18 Verantwortlichkeit für das Verhalten von Tieren oder den Zustand von Sachen
(1) [1]Geht von einem Tier oder einer Sache eine Gefahr aus, so sind die Maßnahmen gegen den Inhaber der tatsächlichen Gewalt zu richten. [2]Die nachfolgenden für Sachen geltenden Vorschriften sind auf Tiere entsprechend anzuwenden.

(2) [1]Maßnahmen können auch gegen den Eigentümer oder einen anderen Berechtigten gerichtet werden. [2]Dies gilt nicht, wenn der Inhaber der tatsächlichen Gewalt diese ohne den Willen des Eigentümers oder Berechtigten ausübt.

(3) Geht die Gefahr von einer herrenlosen Sache aus, so können die Maßnahmen gegen denjenigen gerichtet werden, der das Eigentum an der Sache aufgegeben hat.

§ 19 Unmittelbare Ausführung einer Maßnahme
[1]Die Bundespolizei kann eine Maßnahme selbst oder durch einen Beauftragten unmittelbar ausführen, wenn der Zweck der Maßnahme durch Inanspruchnahme der nach § 17 oder § 18 Verantwortlichen nicht oder nicht rechtzeitig erreicht werden kann. [2]Der von der Maßnahme Betroffene ist unverzüglich zu unterrichten.

§ 20 Inanspruchnahme nicht verantwortlicher Personen

(1) [1]Die Bundespolizei kann Maßnahmen gegen andere Personen als die nach § 17 oder § 18 Verantwortlichen richten, wenn

1. eine gegenwärtige erhebliche Gefahr abzuwehren ist,
2. Maßnahmen gegen die nach § 17 oder § 18 Verantwortlichen nicht oder nicht rechtzeitig möglich sind oder keinen Erfolg versprechen,
3. die Bundespolizei die Gefahr nicht oder nicht rechtzeitig selbst oder durch einen Beauftragten abwehren kann und
4. die Personen ohne erhebliche eigene Gefährdung und ohne Verletzung höherwertiger Pflichten in Anspruch genommen werden können.

[2]Die Maßnahmen dürfen nur aufrechterhalten werden, solange die Abwehr der Gefahr nicht auf andere Weise möglich ist.

(2) Die Bundespolizei kann ferner Maßnahmen gegen andere Personen als die nach § 17 oder § 18 Verantwortlichen richten, soweit sich dies aus den nachfolgenden Vorschriften dieses Abschnitts ergibt.

Unterabschnitt 2
Besondere Befugnisse

Teil 1
Datenerhebung

§ 21 Erhebung personenbezogener Daten

(1) Die Bundespolizei kann, sofern in diesem Abschnitt nichts anderes bestimmt ist, personenbezogene Daten erheben, soweit dies zur Erfüllung einer ihr obliegenden Aufgabe erforderlich ist.

(2) Zur Verhütung von Straftaten ist eine Erhebung personenbezogener Daten nur zulässig, soweit Tatsachen die Annahme rechtfertigen, daß

1. die Person Straftaten im Sinne des § 12 Abs. 1 mit erheblicher Bedeutung begehen will und die Daten zur Verhütung solcher Straftaten erforderlich sind oder
2. die Person mit einer in Nummer 1 genannten Person in einer Weise in Verbindung steht oder eine solche Verbindung hergestellt wird, die erwarten läßt, daß die Maßnahme zur Verhütung von Straftaten im Sinne der Nummer 1 führen wird und dies auf andere Weise aussichtslos oder wesentlich erschwert wäre.

(3) [1]Personenbezogene Daten sind offen und beim Betroffenen zu erheben. [2]Sie können bei anderen öffentlichen oder bei nicht-öffentlichen Stellen erhoben werden, wenn die Erhebung beim Betroffenen nicht möglich ist oder durch sie die Erfüllung der der Bundespolizei obliegenden Aufgaben gefährdet oder erheblich erschwert würde. [3]Eine Datenerhebung, die nicht als Maßnahme der Bundespolizei erkennbar sein soll, ist nur zulässig, wenn auf andere Weise die Erfüllung der der Bundespolizei obliegenden Aufgaben erheblich gefährdet wird oder wenn anzunehmen ist, daß dies dem überwiegenden Interesse der betroffenen Person entspricht.

(4) [1]Werden personenbezogene Daten beim Betroffenen oder bei nicht-öffentlichen Stellen erhoben, sind diese auf Verlangen auf den Umfang ihrer Auskunftspflicht und auf die Rechtsgrundlage der Datenerhebung hinzuweisen. [2]Der Hinweis kann unterbleiben, wenn durch ihn die Erfüllung der Aufgaben der Bundespolizei gefährdet oder erheblich erschwert würde. [3]Sofern eine Auskunftspflicht nicht besteht, ist auf die Freiwilligkeit der Auskunft hinzuweisen.

§ 22 Befragung und Auskunftspflicht

(1) [1]Die Bundespolizei kann eine Person befragen, wenn Tatsachen die Annahme rechtfertigen, daß die Person sachdienliche Angaben für die Erfüllung einer bestimmten der Bundespolizei obliegenden Aufgabe machen kann. [2]Zum Zwecke der Befragung kann die Person angehalten werden. [3]Auf Verlangen hat die Person mitgeführte Ausweispapiere zur Prüfung auszuhändigen.

(1a) Zur Verhinderung oder Unterbindung unerlaubter Einreise in das Bundesgebiet kann die Bundespolizei in Zügen und auf dem Gebiet der Bahnanlagen der Eisenbahnen des Bundes (§ 3), soweit auf Grund von Lagecrkenntnissen oder grenzpolizeilicher Erfahrung anzunehmen ist, daß diese zur unerlaubten Einreise genutzt werden, sowie in einer dem Luftverkehr dienenden Anlage oder Einrichtung eines Verkehrsflughafens (§ 4) mit grenzüberschreitendem Verkehr jede Person kurzzeitig anhalten, befragen und verlangen, daß mitgeführte Ausweispapiere oder Grenzübertrittspapiere zur Prüfung ausgehändigt werden, sowie mitgeführte Sachen in Augenschein nehmen.

(2) ¹Die befragte Person ist verpflichtet, Namen, Vornamen, Tag und Ort der Geburt, Wohnanschrift und Staatsangehörigkeit anzugeben, soweit dies zur Erfüllung der Aufgaben der Bundespolizei erforderlich ist. ²Eine weitergehende Auskunftspflicht besteht nur für die nach den §§ 17 und 18 Verantwortlichen und unter den Voraussetzungen des § 20 Abs. 1 für die dort bezeichneten Personen sowie für die Personen, für die gesetzliche Handlungspflichten bestehen, soweit die Auskunft zur Abwehr einer Gefahr erforderlich ist.

(3) ¹Unter den in den §§ 52 bis 55 der Strafprozeßordnung bezeichneten Voraussetzungen ist der Betroffene zur Verweigerung der Auskunft berechtigt. ²Dies gilt nicht, soweit die Auskunft zur Abwehr einer Gefahr für Leib, Leben oder Freiheit einer Person erforderlich ist. ³Die betroffene Person ist über ihr Recht zur Verweigerung der Auskunft zu belehren. ⁴Auskünfte, die gemäß Satz 2 erlangt wurden, dürfen nur für den dort bezeichneten Zweck verwendet werden.

(4).¹§ 136a der Strafprozeßordnung gilt entsprechend. ²§ 12 des Verwaltungsvollstreckungsgesetzes findet keine Anwendung.

§ 22a Erhebung von Telekommunikationsdaten¹⁾

(1) ¹Soweit dies für die Erforschung des Sachverhalts oder die Ermittlung des Aufenthaltsortes einer Person nach Maßgabe von § 21 Absatz 1 und 2 erforderlich ist, darf von demjenigen, der geschäftsmäßig Telekommunikationsdienste erbringt oder daran mitwirkt, Auskunft über die nach den §§ 95 und 111 des Telekommunikationsgesetzes erhobenen Daten verlangt werden (§ 113 Absatz 1 Satz 1 des Telekommunikationsgesetzes). ²Bezieht sich das Auskunftsverlangen nach Satz 1 auf Daten, mittels derer der Zugriff auf Endgeräte oder auf Speichereinrichtungen, die in diesen Endgeräten oder hiervon räumlich getrennt eingesetzt werden, geschützt wird (§ 113 Absatz 1 Satz 2 des Telekommunikationsgesetzes), darf die Auskunft nur verlangt werden, wenn die gesetzlichen Voraussetzungen für die Nutzung der Daten vorliegen.

(2) Die Auskunft nach Absatz 1 darf auch anhand einer zu einem bestimmten Zeitpunkt zugewiesenen Internetprotokoll-Adresse verlangt werden (§ 113 Absatz 1 Satz 3 des Telekommunikationsgesetzes).

(3) ¹Auskunftsverlangen nach Absatz 1 Satz 2 dürfen nur auf Antrag des Leiters der in der Rechtsverordnung nach § 58 Absatz 1 bestimmten Bundespolizeibehörde oder seines Vertreters durch das Gericht angeordnet werden. ²Bei Gefahr im Verzug kann die Anordnung durch den Leiter der in der Rechtsverordnung nach § 58 Absatz 1 bestimmten Bundespolizeibehörde oder seinen Vertreter getroffen werden. ³In diesem Fall ist die gerichtliche Entscheidung unverzüglich nachzuholen. ⁴Die Sätze 1 bis 3 finden keine Anwendung, wenn der Betroffene vom Auskunftsverlangen bereits Kenntnis hat oder haben muss oder wenn die Nutzung der Daten bereits durch eine gerichtliche Entscheidung gestattet wird. ⁵Das Vorliegen der Voraussetzungen nach Satz 4 ist aktenkundig zu machen. ⁶§ 28 Absatz 3 Satz 5 und 6 gilt entsprechend.

(4) ¹Die betroffene Person ist in den Fällen des Absatzes 1 Satz 2 und des Absatzes 2 über die Beauskunftung zu benachrichtigen. ²Die Benachrichtigung erfolgt, soweit und sobald hierdurch der Zweck der Auskunft nicht vereitelt wird. ³Sie unterbleibt, wenn ihr überwiegende schutzwürdige Belange Dritter oder der betroffenen Person selbst entgegenstehen. ⁴Wird die Benachrichtigung nach Satz 2 zurückgestellt oder nach Satz 3 von ihr abgesehen, sind die Gründe aktenkundig zu machen.

(5) ¹Auf Grund eines Auskunftsverlangens nach Absatz 1 oder 2 hat derjenige, der geschäftsmäßig Telekommunikationsdienste erbringt oder daran mitwirkt, die zur Auskunftserteilung erforderlichen Daten unverzüglich zu übermitteln. ²Für die Entschädigung der Diensteanbieter ist § 23 des Justizvergütungs- und -entschädigungsgesetzes entsprechend anzuwenden.

§ 23 Identitätsfeststellung und Prüfung von Berechtigungsscheinen

(1) Die Bundespolizei kann die Identität einer Person feststellen

1. zur Abwehr einer Gefahr,

2. zur polizeilichen Kontrolle des grenzüberschreitenden Verkehrs,

1) Siehe hierzu BVerfGEntscheidung vom 27.5.2020 – 1 BvR 1873/13, 1 BvR 2618/13 –:

 1. a) …

 b) § 22a Absatz 1 Satz 1, soweit er nicht auf § 21 Absatz 2 Nummer 2 verweist, und Absatz 2 des Gesetzes über die Bundespolizei (Bundespolizeigesetz),

 c) bis g) …

 sind nach Maßgabe der Gründe mit Artikel 2 Absatz 1 in Verbindung mit Artikel 1 Absatz 1 und Artikel 10 Absatz 1 des Grundgesetzes unvereinbar.

 2. Bis zur Neuregelung, längstens jedoch bis 31. Dezember 2021, bleiben die für mit dem Grundgesetz unvereinbar erklärten Vorschriften nach Maßgabe der Gründe weiter anwendbar.

 Die vorstehende Entscheidungsformel hat gemäß § 31 Absatz 2 des Bundesverfassungsgerichtsgesetzes Gesetzeskraft.

3. im Grenzgebiet bis zu einer Tiefe von dreißig Kilometern zur Verhindcrung oder Unterbindung unerlaubter Einreise in das Bundesgebiet oder zur Verhütung von Straftaten im Sinne des § 12 Abs. 1 Nr. 1 bis 4,

4. wenn dic Person sich in einer Einrichtung der Bundespolizei (§ 1 Abs. 3), einer Anlage oder Einrichtung der Eisenbahnen des Bundes (§ 3), einer dem Luftverkehr dienenden Anlage oder Einrichtung eines Verkehrsflughafens (§ 4), dem Amtssitz eines Verfassungsorgans oder eines Bundesministeriums (§ 5) oder an einer Grenzübergangsstelle (§ 61) oder in unmittelbarer Nähe hiervon aufhält und Tatsachen die Annahme rechtfertigen, daß dort Straftaten begangen werden sollen, durch die in oder an diesen Objekten befindliche Personen oder diese Objekte selbst unmittelbar gefährdet sind, und die Feststellung der Identität auf Grund der Gefährdungslage oder auf die Person bezogener Anhaltspunkte erforderlich ist, oder

5. zum Schutz privater Rechte.

(1a) Das in Absatz 1 Nr. 3 genannte Grenzgebiet erstreckt sich im Küstengebiet von der seewärtigen Begrenzung an bis zu einer Tiefe von 50 Kilometern; darüber hinaus nur nach Maßgabe der Rechtsverordnung zu § 2 Abs. 2 Satz 2

(2) Zur Erfüllung der Aufgaben nach § 7 kann die Bundespolizei ferner die Identität einer Person feststellen, wenn sie

1. sich an einem Ort aufhält, in bezug auf den Tatsachen die Annahme rechtfertigen, daß dort
 a) Personen Straftaten verabreden, vorbereiten oder verüben oder
 b) sich Straftäter verbergen,

2. sich in einer Verkehrs- oder Versorgungsanlage oder -einrichtung, einem öffentlichen Verkehrsmittel, Amtsgebäude oder einem anderen besonders gefährdeten Objekt oder in unmittelbarer Nähe hiervon aufhält und Tatsachen die Annahme rechtfertigen, daß dort Straftaten begangen werden sollen, durch die in oder an diesen Objekten befindliche Personen oder diese Objekte selbst unmittelbar gefährdet sind, und die Feststellung der Identität auf Grund der Gefährdungslage oder auf die Person bezogener Anhaltspunkte erforderlich ist, oder

3. an einer Kontrollstelle angetroffen wird, die von der Bundespolizei eingerichtet worden ist, um
 a) Straftaten von erheblicher Bedeutung oder
 b) Straftaten im Sinne des § 27 des Versammlungsgesetzes
 zu verhindern, für deren Begehung Tatsachen sprechen.

(3) ¹Die Bundespolizei kann zur Feststellung der Identität die erforderlichen Maßnahmen treffen. ²Sie kann den Betroffenen insbesondere anhalten, ihn nach seinen Personalien befragen und verlangen, daß er Ausweispapiere zur Prüfung aushändigt. ³Bei der polizeilichen Kontrolle des grenzüberschreitenden Verkehrs kann die Bundespolizei ferner verlangen, daß der Betroffene Grenzübertrittspapiere vorlegt. ⁴Der Betroffene kann festgehalten und zur Dienststelle mitgenommen werden, wenn seine Identität oder seine Berechtigung zum Grenzübertritt auf andere Weise nicht oder nur unter erheblichen Schwierigkeiten festgestellt werden kann. ⁵Unter den Voraussetzungen des Satzes 4 können der Betroffene sowie die von ihm mitgeführten Sachen nach Gegenständen, die der Identitätsfeststellung dienen, durchsucht werden.

(4) Die Bundespolizei kann, soweit dies zur Erfüllung ihrer Aufgaben erforderlich ist, verlangen, daß Berechtigungsscheine, Bescheinigungen, Nachweise oder sonstige Urkunden zur Prüfung ausgehändigt werden, wenn der Betroffene auf Grund einer Rechtsvorschrift verpflichtet ist, diese Urkunden mitzuführen.

(5) ¹Die Bundespolizei kann verlangen, daß sich Personen ausweisen, die eine Einrichtung der Bundespolizei (§ 1 Abs. 3) oder den Amtssitz eines Verfassungsorganes oder eines Bundesministeriums (§ 5) betreten wollen oder darin angetroffen werden. ²Von den in Satz 1 bezeichneten Personen mitgeführte Sachen können bei der Einlaßkontrolle durchsucht werden, wenn dies auf Grund der Gefährdungslage oder auf die Person bezogener Anhaltspunkte erforderlich ist.

§ 24 Erkennungsdienstliche Maßnahmen

(1) Die Bundespolizei kann erkennungsdienstliche Maßnahmen vornehmen, wenn

1. eine nach § 23 Abs. 1 oder 2 zulässige Identitätsfeststellung auf andere Weise nicht oder nur unter erheblichen Schwierigkeiten möglich ist oder

2. dies zur Verhütung von Straftaten im Sinne des § 12 Abs. 1 erforderlich ist, weil der Betroffene verdächtig ist, eine solche Straftat begangen zu haben und wegen der Art oder Ausführung der Tat die Gefahr einer Wiederholung besteht.

(2) ¹Ist in den Fällen des Absatzes 1 Nr. 1 die Identität festgestellt, sind die im Zusammenhang mit der Feststellung angefallenen Unterlagen zu vernichten, es sei denn, ihre weitere Aufbewahrung ist nach

Absatz 1 Nr. 2 erforderlich oder nach anderen Rechtsvorschriften zulässig. [2]Sind die Unterlagen an andere Stellen übermittelt worden, sind diese über die erfolgte Vernichtung zu unterrichten.

(3) Erkennungsdienstliche Maßnahmen sind insbesondere

1. die Abnahme von Finger- und Handflächenabdrücken,
2. die Aufnahme von Lichtbildern einschließlich Bildaufzeichnungen,
3. die Feststellungen äußerer körperlicher Meikmale,
4. Messungen und
5. mit Wissen des Betroffenen erfolgte Stimmaufzeichnungen.

§ 25 Vorladung

(1) Die Bundespolizei kann eine Person schriftlich oder mündlich vorladen, wenn

1. Tatsachen die Annahme rechtfertigen, daß die Person sachdienliche Angaben machen kann, die für die Erfüllung einer bestimmten der Bundespolizei obliegenden Aufgabe erforderlich sind, oder
2. dies zur Durchführung erkennungsdienstlicher Maßnahmen erforderlich ist.

(2) [1]Bei der Vorladung ist deren Grund anzugeben. [2]Bei der Festsetzung des Zeitpunkts soll auf den Beruf und die sonstigen Lebensverhältnisse des Betroffenen Rücksicht genommen werden.

(3) Leistet ein Betroffener der Vorladung ohne hinreichenden Grund keine Folge, kann sie zwangsweise durchgesetzt werden, wenn

1. die Angaben zur Abwehr einer Gefahr für Leib, Leben oder Freiheit einer Person erforderlich sind, oder
2. dies zur Durchführung erkennungsdienstlicher Maßnahmen erforderlich ist.

(4) Für die Entschädigung oder Vergütung von Personen, die auf Vorladung als Zeugen erscheinen oder die als Sachverständige herangezogen werden, gilt das Justizvergütungs- und -entschädigungsgesetz entsprechend.

§ 26 Datenerhebung bei öffentlichen Veranstaltungen oder Ansammlungen

(1) [1]Die Bundespolizei kann bei oder im Zusammenhang mit öffentlichen Veranstaltungen oder Ansammlungen an der Grenze oder den in § 23 Abs. 1 Nr. 4 bezeichneten Objekten personenbezogene Daten auch durch Anfertigung von Bild- und Tonaufzeichnungen von Teilnehmern erheben, wenn Tatsachen die Annahme rechtfertigen, daß bei oder im Zusammenhang mit einer solchen Veranstaltung oder Ansammlung erhebliche Gefahren für die öffentliche Sicherheit an der Grenze oder die Sicherheit der in § 23 Abs. 1 Nr. 4 bezeichneten Objekten entstehen. [2]Die Erhebung kann auch durchgeführt werden, wenn Dritte unvermeidbar betroffen werden.

(2) In den Fällen des § 7 hat die Bundespolizei die in Absatz 1 bezeichneten Befugnisse bei oder im Zusammenhang mit öffentlichen Veranstaltungen oder Ansammlungen auch außerhalb der in Absatz 1 Satz 1 bezeichneten Örtlichkeiten und Objekte, wenn Tatsachen die Annahme rechtfertigen, daß bei oder im Zusammenhang mit öffentlichen Veranstaltungen oder Ansammlungen Ordnungswidrigkeiten von erheblicher Bedeutung oder Straftaten begangen werden.

(3) [1]Nach den Absätzen 1 und 2 entstandene Aufzeichnungen sowie daraus gefertigte Unterlagen sind unverzüglich nach Beendigung der Veranstaltung oder Ansammlung zu vernichten, soweit sie nicht benötigt werden

1. zur Verfolgung einer Ordnungswidrigkeit von erheblicher Bedeutung oder einer Straftat oder
2. zur Verhütung von Straftaten bei oder im Zusammenhang mit Versammlungen, öffentlichen Veranstaltungen oder Ansammlungen, weil die betroffene Person verdächtig ist, solche Straftaten vorbereitet oder begangen zu haben und deshalb Grund zu der Annahme besteht, daß sie auch künftig solche Straftaten begehen wird.

[2]Die Vernichtung kann ferner unterbleiben, wenn eine Störung der öffentlichen Sicherheit bei oder im Zusammenhang mit der Veranstaltung oder Ansammlung eingetreten ist und die Aufzeichnungen ausschließlich zum Zwecke der polizeilichen Aus- und Fortbildung oder zur befristeten Dokumentation des polizeilichen Handelns verwendet werden. [3]Personenbezogene Daten sind zum frühestmöglichen Zeitpunkt zu anonymisieren. [4]Sofern eine Anonymisierung nicht möglich ist, sind Aufzeichnungen, die ausschließlich zum Zweck der Dokumentation verwendet werden, nach spätestens zwei Monaten zu vernichten.

(4) Die §§ 12a und 19a des Versammlungsgesetzes bleiben unberührt.

§ 27 Selbsttätige Bildaufnahme- und Bildaufzeichnungsgeräte
[1]Die Bundespolizei kann selbsttätige Bildaufnahme- und Bildaufzeichnungsgeräte einsetzen, um
1. unerlaubte Grenzübertritte oder Gefahren für die Sicherheit an der Grenze oder
2. Gefahren für die in § 23 Abs. 1 Nr. 4 bezeichneten Objekte oder für dort befindliche Personen oder Sachen

zu erkennen. [2]In den Fällen des Satzes 1 Nr. 2 muß der Einsatz derartiger Geräte erkennbar sein. [3]Werden auf diese Weise personenbezogene Daten aufgezeichnet, sind diese Aufzeichnungen in den Fällen des Satzes 1 Nr. 1 spätestens nach zwei Tagen und in den Fällen des Satzes 1 Nr. 2 spätestens nach 30 Tagen zu vernichten, soweit sie nicht zur Abwehr einer gegenwärtigen Gefahr oder zur Verfolgung einer Straftat oder Ordnungswidrigkeit benötigt werden.

§ 27a Mobile Bild- und Tonaufzeichnungsgeräte
(1) Die Bundespolizei kann an öffentlich zugänglichen Orten personenbezogene Daten durch die offene Anfertigung von Bild- und Tonaufzeichnungen mittels körpernah getragener Bild- und Tonaufzeichnungsgeräte erheben, wenn tatsächliche Anhaltspunkte bestehen, dass dies erforderlich ist
1. zum Schutz von Beamtinnen und Beamten der Bundespolizei oder Dritten gegen eine Gefahr für Leib, Leben, Freiheit oder Eigentum oder
2. zur Verfolgung von
 a) Straftaten oder
 b) Ordnungswidrigkeiten von auch im Einzelfall erheblicher Bedeutung.

(2) [1]Die Erhebung personenbezogener Daten kann auch dann erfolgen, wenn Dritte unvermeidbar betroffen sind. [2]Auf Maßnahmen nach Absatz 1 ist in geeigneter Form hinzuweisen; bei Gefahr im Verzug kann der Hinweis unterbleiben.

(3) [1]Die Bild- und Tonaufzeichnungsgeräte dürfen im Bereitschaftsbetrieb in ihrem Zwischenspeicher kurzzeitig Daten erfassen. [2]Diese Daten sind automatisch nach höchstens 30 Sekunden spurenlos zu löschen, es sei denn, es erfolgt eine Aufnahme nach Absatz 1. [3]In diesem Fall dürfen die nach Satz 1 erfassten Daten bis zu einer Dauer von 30 Sekunden vor dem Beginn der Aufzeichnung nach Absatz 1 gespeichert werden.

(4) [1]Werden nach Absatz 1 personenbezogene Daten aufgezeichnet, sind die Bild- und Tonaufzeichnungen 30 Tage aufzubewahren. [2]Im Anschluss sind die Aufzeichnungen unverzüglich zu vernichten, soweit sie nicht benötigt werden
1. für die Verfolgung von
 a) Straftaten oder
 b) Ordnungswidrigkeiten von auch im Einzelfall erheblicher Bedeutung,
2. im Einzelfall zur Gefahrenabwehr oder
3. im Einzelfall, insbesondere auf Verlangen des Betroffenen, für die Überprüfung der Rechtmäßigkeit von aufgezeichneten polizeilichen Maßnahmen.

[3]Aufzeichnungen, die aus den in Satz 2 Nummer 2 aufgeführten Gründen nicht vernichtet wurden, sind in jedem Fall spätestens nach Ablauf von sechs Monaten nach ihrer Entstehung zu vernichten, es sei denn, sie werden inzwischen für Zwecke des Satzes 2 Nummer 1 Buchstabe a oder Nummer 3 benötigt.

§ 27b Anlassbezogene automatische Kennzeichenerfassung
(1) Die Bundespolizei kann zur Erfüllung ihrer Aufgaben nach § 2 Absatz 2 im öffentlichen Verkehrsraum vorübergehend und nicht flächendeckend die Kennzeichen von Fahrzeugen ohne Wissen der Person durch den Einsatz technischer Mittel automatisch erheben, wenn
1. dies zur Abwehr einer gegenwärtigen Gefahr für Leib, Leben oder Freiheit einer Person erforderlich ist,
2. dies auf Grund von tatsächlichen Anhaltspunkten für Straftaten von erheblicher Bedeutung, die gegen die Sicherheit der Grenze gerichtet sind, erfolgt oder
3. eine Person oder ein Fahrzeug durch die Bundespolizei oder eine andere Behörde ausgeschrieben wurde und die Begehung einer Straftat von erheblicher Bedeutung durch diese Person oder mittels des ausgeschriebenen Fahrzeugs unmittelbar bevorsteht oder andauert.

(2) Die nach Absatz 1 erhobenen Daten können mit dem Fahndungsbestand nach § 34 Absatz 1 Satz 2 automatisch abgeglichen werden.

(3) [1]Im Trefferfall ist unverzüglich die Übereinstimmung zwischen den erfassten Daten und den Daten aus dem Fahndungsbestand zu überprüfen. [2]Die übereinstimmenden Daten können verarbeitet und zusammen mit den gewonnenen Erkenntnissen an die ausschreibende Stelle übermittelt werden.

(4) Liegt kein Treffer vor, sind die Daten sofort und spurenlos zu löschen.

(5) Sofern der Abgleich der erhobenen Daten mit dem Fahndungsbestand nach § 34 Absatz 1 Satz 2 zwar einen Treffer ergibt, die Ausschreibung im Fahndungsbestand jedoch nicht im Zusammenhang mit der Verfolgung der Zwecke des Absatzes 1 Nummer 1 bis 3 steht, sind die Daten sofort und spurenlos zu löschen, es sei denn, sie werden benötigt, um die Begehung einer Straftat von erheblicher Bedeutung zu verfolgen.

§ 27c Gesprächsaufzeichnung

(1) Die Bundespolizei kann bei Einsatzleitstellen eingehende Telefonanrufe aufzeichnen, soweit dies zur Erfüllung ihrer Aufgaben notwendig ist.

(2) Die Aufzeichnungen sind sofort und spurenlos zu löschen, sobald sie nicht mehr zur Aufgabenerfüllung erforderlich sind, spätestens jedoch nach 30 Tagen, es sei denn, sie werden im Einzelfall zur Verfolgung von Straftaten oder zur Gefahrenabwehr weiter benötigt.

§ 28 Besondere Mittel der Datenerhebung

(1) [1]Die Bundespolizei kann unter Beachtung des § 70 Satz 2 personenbezogene Daten mit den besonderen Mitteln nach Absatz 2 erheben über
1. die nach § 17 oder § 18 Verantwortlichen oder unter den Voraussetzungen des § 20 Abs. 1 über die dort bezeichneten Personen zur Abwehr einer Gefahr für den Bestand oder die Sicherheit des Staates oder für Leib, Leben oder Freiheit einer Person oder für Sachen von erheblichem Wert, deren Erhaltung im öffentlichen Interesse geboten ist, oder
2. die in § 21 Abs. 2 bezeichneten Personen zur Verhütung von Straftaten im Sinne des § 12 Abs. 1 mit erheblicher Bedeutung, wenn Tatsachen die Annahme rechtfertigen, daß eine solche Straftat gewerbs-, gewohnheits-, bandenmäßig oder von einer kriminellen Vereinigung begangen werden soll,

und die Abwehr der Gefahr oder die Verhütung der Straftat auf andere Weise aussichtslos ist oder wesentlich erschwert würde. [2]Die Erhebung kann auch durchgeführt werden, wenn Dritte unvermeidbar betroffen werden.

(2) Besondere Mittel der Datenerhebung sind
1. die planmäßig angelegte Beobachtung einer Person, die durchgehend länger als vierundzwanzig Stunden dauern oder an mehr als zwei Tagen stattfinden soll (längerfristige Observation),
2. der Einsatz technischer Mittel in einer für den Betroffenen nicht erkennbaren Weise
 a) zur Anfertigung von Bildaufnahmen oder -aufzeichnungen,
 b) zum Abhören oder Aufzeichnen des nicht öffentlich gesprochenen Wortes,
3. der Einsatz von Personen, die nicht der Bundespolizei angehören und deren Zusammenarbeit mit der Bundespolizei Dritten nicht bekannt ist und
4. der Einsatz von Polizeivollzugsbeamten unter einer ihnen auf Dauer angelegten Legende (Verdeckter Ermittler).

(3) [1]Der Einsatz von besonderen Mitteln nach Absatz 2 darf, außer bei Gefahr im Verzug, nur durch den Leiter in der Rechtsverordnung nach § 58 Abs. 1 bestimmte[1]) Bundespolizeibehörde oder seinen Vertreter angeordnet werden. [2]Die Anordnung ist unter Angabe der maßgeblichen Gründe aktenkundig zu machen und auf höchstens einen Monat zu befristen. [3]Die Verlängerung der Maßnahme bedarf einer neuen Anordnung. [4]Die Entscheidung über die Verlängerung der Maßnahme darf in Fällen des Absatzes 2 Nr. 1 und 2 Buchstabe b nur durch den Richter getroffen werden. [5]Zuständig ist das Amtsgericht, in dessen Bezirk die Bundespolizeibehörde nach Satz 1 ihren Sitz hat. [6]Für das Verfahren gelten die Vorschriften des Gesetzes über das Verfahren in Familiensachen und in den Angelegenheiten der freiwilligen Gerichtsbarkeit entsprechend.

(3a) [1]Maßnahmen nach Absatz 2 Nummer 4, die sich gegen eine bestimmte Person richten oder bei denen der Verdeckte Ermittler eine Wohnung betritt, die nicht allgemein zugänglich ist, dürfen nur durch das Gericht angeordnet werden. [2]Bei Gefahr im Verzug dürfen Maßnahmen nach Satz 1 durch den Präsidenten des Bundespolizeipräsidiums, seinen Vertreter oder durch den Leiter einer Abteilung des Bundespolizeipräsidiums angeordnet werden. [3]In diesem Fall ist die gerichtliche Entscheidung unverzüglich nachzuholen. [4]Soweit die Anordnung nicht binnen drei Tagen durch das Gericht bestätigt wird, tritt sie außer Kraft. [5]Die Anordnung ist unter Angabe der maßgeblichen Gründe aktenkundig zu machen und auf höchstens drei Monate zu befristen. [6]Die Verlängerung einer Maßnahme um jeweils einen Monat ist bei erneuter Anordnung durch ein Gericht möglich. [7]Zuständig ist das Amtsgericht, in dessen Bezirk das Bundespolizeipräsidium seinen Sitz hat. [8]Absatz 3 Satz 6 gilt entsprechend.

1) Richtig wohl: „bestimmten".

(4) Unterlagen, die durch Maßnahmen der in Absatz 2 genannten Art erlangt worden sind, sind unverzüglich zu vernichten, soweit sie für den der Anordnung zugrunde liegenden Zweck oder nach Maßgabe der Strafprozeßordnung zur Verfolgung einer Straftat nicht oder nicht mehr erforderlich sind.

(5) [1]Nach Abschluß der in Absatz 2 Nr. 1 und 2 Buchstabe b bezeichneten Maßnahmen ist die Person, gegen die die Maßnahme angeordnet worden ist, zu unterrichten, sobald dies ohne Gefährdung des Zwecks der Maßnahme oder der öffentlichen Sicherheit geschehen kann. [2]Die Unterrichtung durch die Bundespolizei unterbleibt, wenn wegen des auslösenden Sachverhalts ein strafrechtliches Ermittlungsverfahren gegen den Betroffenen durchgeführt wird und durch die Unterrichtung der Untersuchungszweck gefährdet würde; die Entscheidung trifft die Staatsanwaltschaft.

(6) [1]Verdeckte Ermittler dürfen unter einer Legende

1. zur Erfüllung ihres Auftrages am Rechtsverkehr teilnehmen und

2. mit Einverständnis des Berechtigten dessen Wohnung betreten; das Einverständnis darf nicht durch ein über die Nutzung der Legende hinausgehendes Vortäuschen eines Zutrittsrechts herbeigeführt werden.

[2]Soweit es für den Aufbau und die Aufrechterhaltung der Legende von Verdeckten Ermittlern unerlässlich ist, dürfen entsprechende Urkunden hergestellt, verändert oder gebraucht werden.

(7) [1]Über eine Maßnahme nach Absatz 2 Nummer 4 sind zu benachrichtigen

1. die Zielperson,

2. die erheblich mitbetroffenen Personen sowie

3. die Personen, deren nicht allgemein zugängliche Wohnung der Verdeckte Ermittler betreten hat.

[2]Die Benachrichtigung unterbleibt, wenn ihr überwiegende schutzwürdige Belange einer betroffenen Person entgegenstehen. [3]Nachforschungen zur Feststellung der Identität einer in Satz 1 bezeichneten Person sind nur vorzunehmen, wenn dies unter Berücksichtigung der Eingriffsintensität der Maßnahme gegenüber dieser Person, des Aufwands für die Feststellung ihrer Identität sowie der daraus für diese oder andere Personen folgenden Beeinträchtigungen geboten ist.

(8) [1]Die Benachrichtigung über eine Maßnahme nach Absatz 2 Nummer 4 erfolgt, sobald dies möglich ist ohne Gefährdung

1. des Zwecks der Maßnahme,

2. des Bestandes des Staates,

3. von Leib, Leben oder Freiheit einer Person,

4. von Sachen von bedeutendem Wert, deren Erhaltung im öffentlichen Interesse geboten ist, oder

5. der Möglichkeit der weiteren Verwendung des Verdeckten Ermittlers.

[2]Wird wegen des zugrunde liegenden Sachverhaltes ein strafrechtliches Ermittlungsverfahren geführt, erfolgt die Benachrichtigung durch die Strafverfolgungsbehörde entsprechend den Vorschriften des Strafverfahrensrechts. [3]Wird die Benachrichtigung aus einem der vorgenannten Gründen zurückgestellt, ist dies aktenkundig zu machen.

(9) [1]Erfolgt die nach Absatz 8 zurückgestellte Benachrichtigung nicht binnen zwölf Monaten nach Beendigung der Maßnahme, bedarf die weitere Zurückstellung der gerichtlichen Zustimmung. [2]Das Gericht bestimmt die Dauer der weiteren Zurückstellung, jedoch nicht länger als zwölf Monate. [3]Verlängerungen der Zurückstellungsdauer sind zulässig. [4]Fünf Jahre nach Beendigung der Maßnahme kann mit gerichtlicher Zustimmung endgültig von der Benachrichtigung abgesehen werden, wenn die Voraussetzungen für die Benachrichtigung mit an Sicherheit grenzender Wahrscheinlichkeit auch in Zukunft nicht eintreten werden.

§ 28a Einsatz technischer Mittel zur Eigensicherung

(1) Werden Verdeckte Ermittler im Rahmen der Gefahrenabwehr nach § 28 Absatz 2 Nummer 4 oder aus Gründen der Strafverfolgung tätig, dürfen, soweit dies zur Abwehr von Gefahren für deren Leib, Leben oder Freiheit unerlässlich ist, ohne Wissen der Betroffenen im Beisein oder in unmittelbarem zeitlichen Zusammenhang mit dem Einsatz des Verdeckten Ermittlers das innerhalb oder außerhalb einer Wohnung nicht öffentlich gesprochene Wort mit technischen Mitteln abgehört, aufgezeichnet und Lichtbilder sowie Bildaufzeichnungen hergestellt werden.

(2) [1]Ist der Kernbereich privater Lebensgestaltung betroffen, ist die Maßnahme unverzüglich zu unterbrechen, sobald dies ohne Gefährdung des Verdeckten Ermittlers möglich ist. [2]Bereits erfasste Daten, die den Kernbereich privater Lebensgestaltung betreffen, sind unverzüglich zu löschen. [3]Erkenntnisse über solche Vorgänge dürfen nicht verwertet werden. [4]Die Tatsache der Erfassung der Daten und ihrer Löschung ist aktenkundig zu machen. [5]Diese Daten dürfen ausschließlich zu Zwecken der Datenschutzkontrolle verwendet werden. [6]Sie sind zu löschen, wenn sie für diese Zwecke nicht mehr erforderlich sind, spätestens jedoch am Ende des zweiten Kalenderjahres, das dem Jahr der Dokumentierung folgt.

(3) [1]Maßnahmen nach Absatz 1 dürfen nur durch den Präsidenten des Bundespolizeipräsidiums, seinen Vertreter oder durch den Leiter einer Abteilung des Bundespolizeipräsidiums angeordnet werden. [2]Bei Gefahr im Verzug dürfen Maßnahmen auch durch Beamte des höheren Dienstes des Bundespolizeipräsidiums angeordnet werden.

(4) [1]Die Zulässigkeit der Verwendung von personenbezogenen Daten, die durch den Einsatz technischer Mittel zur Eigensicherung erlangt werden, richtet sich für Zwecke der Strafverfolgung nach der Strafprozessordnung. [2]Im Übrigen dürfen diese Daten außer für die in Absatz 1 genannten Zwecke nur zur Gefahrenabwehr verwendet werden. [3]Wurden diese Daten in oder aus einer Wohnung erlangt, so ist die Verwendung zur Gefahrenabwehr nur zulässig nach Feststellung der Rechtmäßigkeit der Maßnahme durch das Amtsgericht, in dessen Bezirk das Bundespolizeipräsidium seinen Sitz hat; bei Gefahr im Verzug ist die gerichtliche Entscheidung unverzüglich nachzuholen.

(5) [1]Nach Abschluss der Maßnahme sind die nach Absatz 1 hergestellten Aufzeichnungen unverzüglich zu löschen, es sei denn, sie werden für die in Absatz 4 genannten Zwecke noch benötigt. [2]§ 28 Absatz 7 bis 9 gilt entsprechend.

Teil 2
Datenverarbeitung und Datennutzung

§ 29 Speicherung, Veränderung und Nutzung personenbezogener Daten

(1) [1]Die Bundespolizei kann personenbezogene Daten speichern, verändern und nutzen, soweit dies zur Erfüllung ihrer jeweiligen Aufgabe erforderlich ist. [2]Sie kann ferner personenbezogene Daten speichern, verändern und nutzen, soweit dies zur Erledigung besonderer Ersuchen nach § 17 Abs. 2 des Bundesverfassungsschutzgesetzes erforderlich ist. [3]Die Speicherung, Veränderung und Nutzung darf nur für den Zweck erfolgen, für den die Daten erlangt worden sind. [4]Die Speicherung, Veränderung und Nutzung für einen anderen Zweck ist zulässig, soweit die Bundespolizei die Daten für diesen Zweck nach diesem Gesetz oder einer anderen Rechtsvorschrift erheben dürfte. [5]Sind personenbezogene Daten mit den besonderen Mitteln des § 28 Abs. 2 erhoben worden, ist ihre Verwendung für einen anderen Zweck nur zulässig, soweit dies zur Abwehr einer erheblichen Gefahr erforderlich ist; die Vorschriften der Strafprozessordnung bleiben unberührt.

(2) [1]Die Bundespolizei kann, soweit gesetzlich nichts anderes bestimmt ist, personenbezogene Daten, die sie bei Wahrnehmung der polizeilichen Aufgaben auf dem Gebiet der Strafverfolgung über eine einer Straftat verdächtige Person erlangt hat, in Dateien speichern, verändern und nutzen, soweit dies zur Abwehr von Gefahren im Rahmen der der Bundespolizei obliegenden Aufgaben oder für Zwecke künftiger Strafverfahren wegen Straftaten im Sinne des § 12 Abs. 1 erforderlich ist. [2]Nach Maßgabe des Satzes 1 kann die Bundespolizei

1. die Personendaten und, soweit erforderlich, andere zur Identifizierung geeignete Merkmale,
2. die kriminalaktenführende Dienststelle der Bundespolizei und die Kriminalaktennummer,
3. die Tatzeiten und Tatorte und
4. die Tatvorwürfe durch Angabe der gesetzlichen Vorschriften und die nähere Bezeichnung der Straftaten

in Dateien speichern, verändern und nutzen. [3]Weitere personenbezogene Daten kann die Bundespolizei nach Satz 1 nur speichern, verändern und nutzen, soweit dies erforderlich ist,

1. zur Eigensicherung von Beamten oder zum Schutz des Betroffenen oder
2. weil wegen der Art oder Ausführung der Tat, der Persönlichkeit des Betroffenen oder sonstiger Erkenntnisse Grund zu der Annahme besteht, daß weitere Strafverfahren gegen ihn wegen Straftaten im Sinne des § 12 Abs. 1 zu führen sind.

[4]Wird der Beschuldigte rechtskräftig freigesprochen, die Eröffnung des Hauptverfahrens gegen ihn unanfechtbar abgelehnt oder das Verfahren nicht nur vorläufig eingestellt, ist die Speicherung, Veränderung und Nutzung unzulässig, wenn sich aus den Gründen der Entscheidung ergibt, daß er die Tat nicht oder nicht rechtswidrig begangen hat.

(3) [1]Die Bundespolizei kann personenbezogene Daten solcher Personen, die bei einer künftigen Strafverfolgung als Zeugen in Betracht kommen, sowie von den in § 21 Abs. 2 Nr. 2 bezeichneten Personen, Hinweisgebern und sonstigen Auskunftspersonen außer zur Abwehr einer Gefahr nur dann in Dateien speichern, verändern und nutzen, wenn Anhaltspunkte dafür vorliegen, daß dies zur Verhütung von Straftaten im Sinne des § 12 Abs. 1 mit erheblicher Bedeutung oder für Zwecke künftiger Strafverfahren wegen solcher Straftaten erforderlich ist. [2]Die Speicherung nach Satz 1 ist zu beschränken auf die in Absatz 2 Satz 2 Nr. 1 und 2 bezeichneten Daten sowie auf die Angabe, in welcher Eigenschaft der Person und in

bezug auf welchen Sachverhalt die Speicherung der Daten erfolgt. [3]Personenbezogene Daten über Zeugen nach Satz 1 dürfen nur mit Einwilligung des Betroffenen gespeichert werden.

(4) Werden Bewertungen in Dateien gespeichert, muß feststellbar sein, bei welcher Stelle die Unterlagen geführt werden, die der Bewertung zugrunde liegen.

(5) [1]Die Bundespolizei kann personenbezogene Daten zur Vorgangsverwaltung oder zur befristeten Dokumentation des polizeilichen Handelns speichern und ausschließlich zu diesem Zweck nutzen. [2]Die Absätze 1 bis 3 finden keine Anwendung.

(6) [1]Die Bundespolizei kann nach den Absätzen 1 bis 5 gespeicherte personenbezogene Daten zur polizeilichen Aus- und Fortbildung nutzen. [2]Die Daten sind zum frühestmöglichen Zeitpunkt zu anonymisieren. [3]Die Anonymisierung kann unterbleiben, wenn sie nur mit unverhältnismäßigem Aufwand möglich ist oder der Aus- und Fortbildungszweck mit anonymisierten Daten nicht erreicht werden kann und jeweils die berechtigten Interessen des Betroffenen an der Geheimhaltung der Daten nicht offensichtlich überwiegen.

§ 30 Ausschreibung zur Fahndung

(1) [1]Die Bundespolizei kann personenbezogene Daten, insbesondere die Personalien einer Person, das amtliche Kennzeichen des von ihr benutzten oder eingesetzten Kraftfahrzeuges und, soweit gesetzlich nichts anderes bestimmt ist, die Seriennummer des von ihr verwendeten Ausweisdokuments oder Sichtvermerks ausschreiben und hierfür in einer für die Grenzfahndung geführten Datei speichern (Ausschreibung zur Grenzfahndung). [2]Das Bundesministerium des Innern, für Bau und Heimat bestimmt das Nähere über die Art der Daten, die nach Satz 1 bei der Ausschreibung zur Grenzfahndung gespeichert werden dürfen, durch Rechtsverordnung.

(2) Die Ausschreibung zur Grenzfahndung ist zulässig zum Zwecke
1. der Ingewahrsamnahme, wenn die Person nach § 39 in Gewahrsam genommen werden kann, ihr Aufenthalt nicht bekannt ist und angenommen werden kann, daß sie bei der Kontrolle des grenzüberschreitenden Verkehrs angetroffen wird,
2. der grenzpolizeilichen Überprüfung, wenn Tatsachen die Annahme rechtfertigen, daß die Überprüfung der Person bei der Kontrolle des grenzüberschreitenden Verkehrs erforderlich ist, um
 a) eine erhebliche Gefahr abzuwehren,
 b) begründete Zweifel an der Berechtigung der Person zum Grenzübertritt auszuräumen oder zu bestätigen oder
 c) das Antreffen der als vermißt geltenden Person festzustellen, oder
3. der Zurückweisung oder Ausreiseuntersagung, sofern diese Maßnahmen auf Grund ausländerrechtlicher Rechtsvorschriften zulässig sind.

(3) [1]Die Bundespolizei kann auf Veranlassung einer anderen öffentlichen Stelle eine Person oder eine Sache zur Grenzfahndung zu den in Absatz 2 bezeichneten Zwecken ausschreiben, wenn die veranlassende Stelle nach dem für sie geltenden Recht befugt ist, die mit der Ausschreibung bezweckte Maßnahme vorzunehmen oder durch eine Polizeibehörde vornehmen zu lassen. [2]Die veranlassende Stelle trägt die Verantwortung für die Zulässigkeit der Maßnahme. [3]Sie hat die bezweckte Maßnahme sowie Umfang und Dauer der Ausschreibung zu bezeichnen.

(4) [1]Die Speicherung in der für die Grenzfahndung geführten Datei erfolgt durch die in der Rechtsverordnung nach § 58 Abs. 1 bestimmte Bundespolizeibehörde. [2]Die Berechtigung zum Abruf von Daten im automatisierten Verfahren aus der für die Grenzfahndung geführten Datei darf nur den mit der Wahrnehmung der polizeilichen Kontrollen des grenzüberschreitenden Verkehrs beauftragten Behörden eingeräumt werden.

(5) Die Bundespolizei kann ferner personenbezogene Daten der in Absatz 1 bezeichneten Art im automatisierten Verfahren in den Fahndungsbestand des polizeilichen Informationssystems zum Zwecke der Einreiseverweigerung, Ingewahrsamnahme, Aufenthaltsermittlung oder Überprüfung der Person eingeben, wenn sie nach den Vorschriften dieses Gesetzes befugt ist, die mit der Ausschreibung bezweckte Maßnahme selbst vorzunehmen oder durch eine zum Abruf der Daten im automatisierten Verfahren berechtigte Stelle vornehmen zu lassen.

§ 31 Ausschreibung zur grenzpolizeilichen Beobachtung

(1) [1]Die Bundespolizei kann personenbezogene Daten der in § 30 Abs. 1 Satz 1 bezeichneten Art ausschreiben und hierfür in der für die Grenzfahndung geführten Datei speichern, damit die mit der Wahrnehmung der polizeilichen Kontrolle des grenzüberschreitenden Verkehrs beauftragten Behörden Erkenntnisse über Ort und Zeit des Antreffens der Person, etwaiger Begleiter, des Kraftfahrzeugs und des Führers des Kraftfahrzeugs sowie über Reiseweg und Reiseziel, mitgeführte Sachen und Umstände des Antreffens melden, wenn diese bei Gelegenheit der grenzpolizeilichen Kontrolle festgestellt werden

(Ausschreibung zur grenzpolizeilichen Beobachtung). [2]Das Bundesministerium des Innern, für Bau und Heimat bestimmt das Nähere über die Art der Daten, die nach Satz 1 bei der Ausschreibung zur grenz-polizeilichen Beobachtung gespeichert werden dürfen, durch Rechtsverordnung.

(2) Die Ausschreibung zur grenzpolizeilichen Beobachtung ist nur zulässig, wenn

1. die Gesamtwürdigung der Person und ihrer bisher begangenen Straftaten erwarten läßt, daß sie auch künftig Straftaten im Sinne des § 12 Abs. 1 mit erheblicher Bedeutung begehen wird, oder

2. Tatsachen die Annahme rechtfertigen, daß die Person solche Straftaten begehen wird,

und die grenzpolizeiliche Beobachtung zur Verhütung dieser Straftaten erforderlich ist.

(3) [1]Die Ausschreibung zur grenzpolizeilichen Beobachtung darf nur durch den Leiter der in der Rechts-verordnung nach § 58 Abs. 1 bestimmten Bundespolizeibehörde oder seinen Vertreter angeordnet werden. [2]Die Anordnung ist unter Angabe der maßgeblichen Gründe aktenkundig zu machen.

(4) [1]Die Anordnung ist auf höchstens sechs Monate zu befristen. [2]Spätestens nach Ablauf von drei Mo-naten ist zu prüfen, ob die Voraussetzungen für die Anordnung noch bestehen. [3]Das Ergebnis dieser Prüfung ist aktenkundig zu machen. [4]Die Verlängerung der Laufzeit über insgesamt sechs Monate hinaus bedarf einer richterlichen Anordnung. [5]Zuständig ist das Amtsgericht, in dessen Bezirk die Bundespoli-zeibehörde nach Absatz 3 Satz 1 ihren Sitz hat. [6]§ 28 Abs. 3 Satz 6 findet Anwendung.

(5) Liegen die Voraussetzungen für die Anordnung nicht mehr vor, ist der Zweck der Maßnahme erreicht oder zeigt sich, daß er nicht mehr erreicht werden kann, ist die Ausschreibung unverzüglich zu löschen.

(6) § 30 Abs. 4 findet Anwendung.

(7) [1]Soweit in besonderen Ersuchen nach § 17 Abs. 2 des Bundesverfassungsschutzgesetzes Personen benannt sind, können deren Daten entsprechend Absatz 1 für Meldungen an die ersuchende Behörde durch die in der Rechtsverordnung nach § 58 Abs. 1 bestimmte Bundespolizeibehörde ausgeschrieben und hier-für in der für die Grenzfahndung geführten Datei gespeichert werden; § 30 Abs. 4 Satz 2 findet Anwen-dung. [2]Die Ausschreibungen sind auf höchstens sechs Monate zu befristen. [3]Die Verlängerung der Lauf-zeit bedarf eines erneuten Ersuchens.

§ 31a Übermittlung von Fluggastdaten

(1) [1]Zum Zwecke der Erfüllung der Aufgaben nach § 2 Abs. 2 Satz 1 Nr. 2 und § 12 Abs. 1 Satz 1 Nr. 1 bis 3 haben Luftfahrtunternehmen, die Fluggäste über die Schengen-Außengrenzen in das Bundesgebiet befördern, auf Anordnung der in der Rechtsverordnung nach § 58 Abs. 1 bestimmten Bundespolizeibe-hörde die in Absatz 3 genannten Daten in den von den Fluggästen mitgeführten Dokumenten zu erheben. [2]Sobald die Annahme der Fluggäste für den betreffenden Flug geschlossen ist, haben die Luftfahrtunter-nehmen die erhobenen Daten unverzüglich an die die in der Rechtsverordnung nach § 58 Abs. 1 bestimmte Bundespolizeibehörde zu übermitteln.

(2) [1]Anordnung und Übermittlung erfolgen mittels Datenfernübertragung; das Datenformat legt die in der Rechtsverordnung nach § 58 Abs. 1 bestimmte Bundespolizeibehörde fest. [2]Eine Übermittlung auf an-derem Weg ist ausnahmsweise nur zulässig, wenn eine Datenfernübertragung im Einzelfall nicht gelingt.

(3) [1]Für den betreffenden Flug ist die Gesamtzahl der beförderten Fluggäste zu übermitteln. [2]Ferner sind für jeden Fluggast folgende Daten zu erheben und zu übermitteln:

1. der Familienname und die Vornamen,
2. das Geburtsdatum,
3. das Geschlecht,
4. die Staatsangehörigkeit,
5. die Nummer und die Art des mitgeführten Reisedokuments,
6. die Nummer und der ausstellende Staat des erforderlichen Aufenthaltstitels oder Flughafentransit-visums,
7. die für die Einreise in das Bundesgebiet vorgesehene Grenzübergangsstelle,
8. die Flugnummer,
9. die planmäßige Abflug- und Ankunftszeit und
10. der ursprüngliche Abflugort sowie die gebuchte Flugroute, soweit sich dies aus den vorgelegten oder vorhandenen Buchungsunterlagen ergibt.

(4) Bei der Annahme haben die Luftfahrtunternehmen die Fluggäste jeweils darüber zu informieren, dass die vorgenannten Daten zum Zwecke der Grenzkontrolle der der in der Rechtsverordnung nach § 58 Abs. 1 bestimmten Bundespolizeibehörde vorab elektronisch übermittelt und nach Maßgabe des Absat-zes 5 gespeichert werden.

(5) [1]Die Daten werden bei den Luftfahrtunternehmen 24 Stunden nach ihrer Übermittlung gelöscht. [2]Die bei der in der Rechtsverordnung nach § 58 Abs. 1 bestimmten Bundespolizeibehörde eingegangenen Da-ten werden 24 Stunden nach der Einreise der Fluggäste des betreffenden Fluges gelöscht, sofern sie nicht

zur Erfüllung von Aufgaben nach § 2 Abs. 2 Satz 1 Nr. 2 und § 12 Abs. 1 Satz 1 Nr. 1 bis 3 benötigt werden.

(6) Die §§ 63 und 64 des Aufenthaltsgesetzes bleiben unberührt.

§ 32 Übermittlung personenbezogener Daten

(1) ¹Die Bundespolizei kann Behörden des Polizeivollzugsdienstes und, wenn sie Aufgaben nach § 2 Abs. 2 oder Aufgaben auf dem Gebiet der Strafverfolgung wahrnehmen, Behörden der Zollverwaltung personenbezogene Daten übermitteln, soweit dies zur Erfüllung polizeilicher Aufgaben erforderlich ist. ²Dies gilt auch für die Übermittlung personenbezogener Daten zwischen den Behörden der Bundespolizei.

(2) Die Bundespolizei kann personenbezogene Daten an andere inländische öffentliche Stellen übermitteln, soweit dies erforderlich ist zur
1. Erfüllung einer ihr obliegenden Aufgabe,
2. Abwehr von Gefahren,
3. Abwehr einer schwerwiegenden Beeinträchtigung der Rechte einzelner,
4. Verfolgung von Straftaten oder Ordnungswidrigkeiten, zur Strafvollstreckung und zum Strafvollzug oder
5. Erledigung besonderer Ersuchen nach § 17 Abs. 2 des Bundesverfassungsschutzgesetzes.

(3) Die Bundespolizei kann personenbezogene Daten an öffentliche Stellen anderer Staaten sowie an über- oder zwischenstaatliche Stellen übermitteln, soweit dies erforderlich ist zur
1. Erfüllung einer ihr obliegenden Aufgabe oder
2. Abwehr einer erheblichen Gefahr oder zur Verhütung von Straftaten mit erheblicher Bedeutung durch den Empfänger.

(4) Die Bundespolizei kann personenbezogene Daten an nicht-öffentliche Stellen übermitteln, soweit dies unerläßlich ist zur
1. Erfüllung einer ihr obliegenden Aufgabe oder
2. Abwehr einer schwerwiegenden Beeinträchtigung der Rechte einzelner.

(5) Besondere Rechtsvorschriften über die Übermittlung personenbezogener Daten bleiben unberührt.

§ 32a Übermittlung personenbezogener Daten an Mitgliedstaaten der Europäischen Union

(1) ¹Auf ein Ersuchen einer Polizeibehörde oder einer sonstigen für die Verhütung und Verfolgung von Straftaten zuständigen öffentlichen Stelle eines Mitgliedstaates der Europäischen Union kann die Bundespolizei personenbezogene Daten zum Zweck der Verhütung von Straftaten übermitteln. ²Für die Übermittlung dieser Daten gelten die Vorschriften über die Datenübermittlung im innerstaatlichen Bereich entsprechend.

(2) Die Übermittlung personenbezogener Daten nach Absatz 1 ist nur zulässig, wenn das Ersuchen mindestens folgende Angaben enthält:
1. die Bezeichnung und die Anschrift der ersuchenden Behörde,
2. die Bezeichnung der Straftat, zu deren Verhütung die Daten benötigt werden,
3. die Beschreibung des Sachverhalts, der dem Ersuchen zugrunde liegt,
4. die Benennung des Zwecks, zu dem die Daten erbeten werden,
5. den Zusammenhang zwischen dem Zweck, zu dem die Informationen oder Erkenntnisse erbeten werden, und der Person, auf die sich diese Informationen beziehen,
6. Einzelheiten zur Identität der betroffenen Person, sofern sich das Ersuchen auf eine bekannte Person bezieht, und
7. Gründe für die Annahme, dass sachdienliche Informationen und Erkenntnisse im Inland vorliegen.

(3) ¹Die Bundespolizei kann auch ohne Ersuchen personenbezogene Daten an eine Polizeibehörde oder eine sonstige für die Verhütung und Verfolgung von Straftaten zuständige öffentliche Stelle eines Mitgliedstaates der Europäischen Union übermitteln, wenn im Einzelfall die Gefahr der Begehung einer Straftat im Sinne des Artikels 2 Absatz 2 des Rahmenbeschlusses 2002/584/JI des Rates vom 13. Juni 2002 über den Europäischen Haftbefehl und die Übergabeverfahren zwischen den Mitgliedstaaten (ABl. L 190 vom 18.7.2002, S. 1), der zuletzt durch den Rahmenbeschluss 2009/299/JI (ABl. L 81 vom 27.3.2009, S. 24) geändert worden ist, besteht und konkrete Anhaltspunkte dafür vorliegen, dass die Übermittlung dieser personenbezogenen Daten dazu beitragen könnte, eine solche Straftat zu verhindern. ²Für die Übermittlung dieser Daten gelten die Vorschriften über die Datenübermittlung im innerstaatlichen Bereich entsprechend.

(4) Die Zulässigkeit der Übermittlung personenbezogener Daten durch die Bundespolizei an eine Polizeibehörde oder eine sonstige für die Verhütung und Verfolgung von Straftaten zuständige öffentliche Stelle eines Mitgliedstaates der Europäischen Union auf der Grundlage von § 32 Absatz 3 oder besonderer völkerrechtlicher Vereinbarungen bleibt unberührt.

(5) Als Polizeibehörde oder sonstige für die Verhütung und Verfolgung von Straftaten zuständige öffentliche Stelle eines Mitgliedstaates der Europäischen Union im Sinne der Absätze 1 und 3 gilt jede Stelle, die von diesem Staat gemäß Artikel 2 Buchstabe a des Rahmenbeschlusses 2006/960/JI des Rates vom 18. Dezember 2006 über die Vereinfachung des Austauschs von Informationen und Erkenntnissen zwischen den Strafverfolgungsbehörden der Mitgliedstaaten der Europäischen Union (ABl. L 386 vom 29.12.2006, S. 89, L 75 vom 15.3.2007, S. 26) benannt wurde.

(6) Die Absätze 1 bis 5 finden auch Anwendung auf die Übermittlung von personenbezogenen Daten an Polizeibehörden oder sonstige für die Verhütung und Verfolgung von Straftaten zuständige öffentliche Stellen eines Schengen-assoziierten Staates im Sinne von § 91 Absatz 3 des Gesetzes über die internationale Rechtshilfe in Strafsachen.

§ 33 Ergänzende Regelungen für die Übermittlung

(1) [1]Die Verantwortung für die Zulässigkeit der Übermittlung trägt die Bundespolizei. [2]Erfolgt die Übermittlung auf Grund eines Ersuchens einer öffentlichen Stelle der Bundesrepublik Deutschland, trägt diese die Verantwortung. [3]In diesem Fall prüft die Bundespolizei nur, ob das Ersuchen im Rahmen der Aufgaben des Empfängers liegt, es sei denn, daß besonderer Anlaß zur Prüfung der Zulässigkeit der Übermittlung besteht.

(2) [1]Die Bundespolizei hat Anlaß, Inhalt, Empfänger und Tag der Übermittlung festzuhalten. [2]In Fällen des § 32 Abs. 4 hat die Bundespolizei einen Nachweis zu führen, aus dem die in Satz 1 bezeichneten Angaben sowie die Aktenfundstelle ersichtlich sind. [3]Die Nachweise sind gesondert aufzubewahren, gegen unberechtigten Zugriff zu sichern und am Ende des Kalenderjahres, das dem Jahr ihrer Erstellung folgt, zu vernichten. [4]Die Vernichtung unterbleibt, solange der Nachweis für Zwecke der Datenschutzkontrolle benötigt wird oder Grund zu der Annahme besteht, daß im Fall einer Vernichtung schutzwürdige Interessen des Betroffenen beeinträchtigt würden. [5]§ 35 Abs. 6 Satz 2 gilt entsprechend.

(3) [1]Die Übermittlung unterbleibt, wenn für die Bundespolizei erkennbar ist, daß unter Berücksichtigung der Art der Daten und ihrer Erhebung die schutzwürdigen Interessen des Betroffenen das Allgemeininteresse an der Übermittlung überwiegen. [2]Die Übermittlung in den in § 32 Absatz 3 bezeichneten Fällen unterbleibt ferner, soweit, auch unter Berücksichtigung des besonderen öffentlichen Interesses an der Datenübermittlung, im Einzelfall schutzwürdige Interessen der betroffenen Person an dem Ausschluss der Übermittlung überwiegen. [3]Zu den schutzwürdigen Interessen der betroffenen Person gehört auch das Vorhandensein eines angemessenen Datenschutzniveaus im Empfängerstaat. [4]Die schutzwürdigen Interessen der betroffenen Person können auch dadurch gewahrt werden, dass der Empfängerstaat oder die empfangende zwischen- oder überstaatliche Stelle im Einzelfall einen angemessenen Schutz der übermittelten Daten garantiert. [5]Werden Bewertungen übermittelt, muß für den Empfänger feststellbar sein, bei welcher Stelle die Unterlagen geführt werden, die der Bewertung zugrunde liegen.

(3a) Die Datenübermittlung nach § 32a Absatz 1 und 3 unterbleibt über die in Absatz 3 genannten Gründe hinaus auch dann, wenn

1. hierdurch wesentliche Sicherheitsinteressen des Bundes oder der Länder beeinträchtigt würden,
2. die Übermittlung der Daten zu den in Artikel 6 des Vertrages über die Europäische Union enthaltenen Grundsätzen in Widerspruch stünde,
3. die zu übermittelnden Daten bei der ersuchten Behörde nicht vorhanden sind und nur durch das Ergreifen von Zwangsmaßnahmen erlangt werden können oder
4. die Übermittlung der Daten unverhältnismäßig wäre oder die Daten für die Zwecke, für die sie übermittelt werden sollen, nicht erforderlich sind.

(3b) Die Datenübermittlung nach § 32a Absatz 1 und 3 kann darüber hinaus auch dann unterbleiben, wenn

1. die zu übermittelnden Daten bei der Bundespolizei nicht vorhanden sind, jedoch ohne das Ergreifen von Zwangsmaßnahmen erlangt werden können,
2. hierdurch der Erfolg laufender Ermittlungen oder Leib, Leben oder Freiheit einer Person gefährdet würde oder
3. die Tat, zu deren Verhütung die Daten übermittelt werden sollen, nach deutschem Recht mit einer Freiheitsstrafe von im Höchstmaß einem Jahr oder weniger bedroht ist.

(4) [1]Sind mit personenbezogenen Daten, die nach § 32 Abs. 1 und 2 übermittelt werden dürfen, weitere personenbezogene Daten des Betroffenen oder eines Dritten in Akten so verbunden, daß eine Trennung nicht oder nur mit unverhältnismäßigem Aufwand möglich ist, so ist die Übermittlung auch dieser Daten zulässig, soweit nicht berechtigte Interessen des Betroffenen oder eines Dritten an der Geheimhaltung offensichtlich überwiegen. [2]Eine Verwendung dieser Daten ist unzulässig.

(5) [1]In den Fällen des § 32 Abs. 2 bis 4 darf die Übermittlung von Daten, die § 41 oder § 61 des Bundeszentralregistergesetzes unterfallen, nicht zu einer Erweiterung des Kreises der dort bezeichneten Stellen

führen. [2]Die Verwertungsverbote nach den §§ 51, 52 und 63 des Bundeszentralregistergesetzes sind zu beachten.

(6) [1]Der Empfänger darf die übermittelten personenbezogenen Daten nur für den Zweck verwenden, zu dessen Erfüllung sie ihm übermittelt worden sind. [2]Die Bundespolizei hat bei Übermittlungen nach § 32 Abs. 3 und 4 den Empfänger darauf hinzuweisen. [3]In den in § 32 Abs. 3 bezeichneten Fällen ist ihm der bei der Bundespolizei vorgesehene Löschungszeitpunkt mitzuteilen. [4]Eine Verwendung für einen anderen Zweck ist zulässig, soweit die Daten auch für diesen Zweck hätten übermittelt werden dürfen und in den in § 32 Abs. 3 und 4 bezeichneten Fällen die Bundespolizei zugestimmt hat.

(7) [1]Die Einrichtung eines automatisierten Verfahrens, das die Übermittlung personenbezogener Daten aus einer von der Bundespolizei geführten Datei durch Abruf ermöglicht, ist nach Maßgabe des § 10 Abs. 2 bis 4 des Bundesdatenschutzgesetzes zulässig, soweit diese Form der Datenübermittlung unter Berücksichtigung der schutzwürdigen Interessen der Betroffenen wegen der Vielzahl der Übermittlungen oder wegen ihrer besonderen Eilbedürftigkeit angemessen ist. [2]Die Berechtigung zum Abruf darf, soweit gesetzlich nichts anderes bestimmt ist, nur den in § 32 Abs. 1 bezeichneten Stellen eingeräumt werden.

(8) [1]Erfolgt die Einrichtung eines automatisierten Abrufverfahrens nach Absatz 7 für eine Laufzeit von mehr als drei Monaten, hat die Bundespolizei bei durchschnittlich jedem zehnten Abruf für Zwecke der Datenschutzkontrolle den Zeitpunkt, die Angaben, die die Feststellung der abgerufenen Datensätze ermöglichen, sowie die für den Abruf verantwortliche Dienststelle zu protokollieren. [2]Die protokollierten Daten dürfen nur für Zwecke der Datenschutzkontrolle, der Datensicherung oder zur Sicherstellung eines ordnungsgemäßen Betriebs der Datenverarbeitungsanlage verwendet werden, es sei denn, es liegen Anhaltspunkte dafür vor, daß ohne ihre Verwendung die Verhinderung oder Verfolgung einer schwerwiegenden Straftat gegen Leib, Leben oder Freiheit einer Person aussichtslos oder wesentlich erschwert wäre. [3]Die Protokolldaten sind nach zwölf Monaten zu löschen. [4]Die Bundespolizei trifft die technischen und organisatorischen Maßnahmen nach § 9 des Bundesdatenschutzgesetzes.

§ 33a Verwendung von nach dem Rahmenbeschluss 2006/960/JI des Rates übermittelten Daten

(1) [1]Daten, die nach dem Rahmenbeschluss 2006/960/JI an die Bundespolizei übermittelt worden sind, dürfen nur für die Zwecke, für die sie übermittelt wurden, oder zur Abwehr einer gegenwärtigen und erheblichen Gefahr für die öffentliche Sicherheit verwendet werden. [2]Für einen anderen Zweck oder als Beweismittel in einem gerichtlichen Verfahren dürfen sie nur verwendet werden, wenn der übermittelnde Staat zugestimmt hat. [3]Von dem übermittelnden Staat für die Verwendung der Daten gestellte Bedingungen sind zu beachten.

(2) Die Bundespolizei erteilt dem übermittelnden Staat auf dessen Ersuchen zu Zwecken der Datenschutzkontrolle Auskunft darüber, wie die übermittelten Daten verwendet wurden.

§ 34 Abgleich personenbezogener Daten

(1) [1]Die Bundespolizei kann personenbezogene Daten mit dem Inhalt von Dateien abgleichen, die sie zur Erfüllung der ihr obliegenden Aufgaben führt oder für die sie Berechtigung zum Abruf hat,

1. zur polizeilichen Kontrolle des grenzüberschreitenden Verkehrs oder,
2. wenn Grund zu der Annahme besteht, daß dies zur Erfüllung einer sonstigen Aufgabe der Bundespolizei erforderlich ist.

[2]Die Bundespolizei kann ferner im Rahmen ihrer Aufgabenerfüllung erlangte personenbezogene Daten mit dem Fahndungsbestand abgleichen. [3]Der Betroffene kann für die Dauer des Abgleichs angehalten werden.

(2) Rechtsvorschriften über den Datenabgleich in anderen Fällen bleiben unberührt.

§ 35 Berichtigung, Löschung und Sperrung personenbezogener Daten

(1) [1]Die Bundespolizei hat in Dateien gespeicherte personenbezogene Daten zu berichtigen, wenn sie unrichtig sind. [2]Stellt sie die Unrichtigkeit personenbezogener Daten in Akten fest, ist dies in der Akte zu vermerken oder auf sonstige Weise festzuhalten. [3]Bestreitet der Betroffene die Richtigkeit gespeicherter Daten und läßt sich weder die Richtigkeit noch die Unrichtigkeit feststellen, sind die Daten entsprechend zu kennzeichnen.

(2) Die Bundespolizei hat in Dateien gespeicherte personenbezogene Daten zu löschen, wenn

1. die Speicherung der Daten unzulässig ist oder
2. bei der nach bestimmten Fristen vorzunehmenden Überprüfung oder aus Anlaß einer Einzelfallbearbeitung festgestellt wird, daß die Kenntnis der Daten zur Erfüllung der der Bundespolizei obliegenden Aufgaben nicht mehr erforderlich ist.

(3) [1]Die in Absatz 2 Nr. 2 bezeichneten Fristen sind in der Errichtungsanordnung (§ 36) festzulegen. [2]Sie dürfen bei Erwachsenen zehn Jahre, bei Jugendlichen fünf Jahre und bei Kindern zwei Jahre nicht über-

schreiten, wobei nach Zweck der Speicherung sowie Art und Schwere des Sachverhalts zu unterscheiden ist. [3]Die Fristen beginnen mit dem Tag, an dem das letzte Ereignis eingetreten ist, das zur Speicherung geführt hat, jedoch nicht vor Entlassung des Betroffenen aus einer Justizvollzugsanstalt oder Beendigung einer mit Freiheitsentziehung verbundenen Maßregel der Besserung und Sicherung.

(4) [1]Personenbezogene Daten der in § 21 Abs. 2 Nr. 2 bezeichneten Personen, Hinweisgeber und sonstiger Auskunftspersonen können nur für die Dauer eines Jahres gespeichert werden. [2]Die Speicherung für jeweils ein weiteres Jahr ist zulässig, soweit die Voraussetzungen des § 29 Abs. 3 weiterhin vorliegen. [3]Die maßgeblichen Gründe für die Aufrechterhaltung der Speicherung sind aktenkundig zu machen. [4]Die Speicherung darf insgesamt drei Jahre nicht überschreiten.

(5) [1]Stellt die Bundespolizei einen Löschungsgrund gemäß Absatz 2 bei personenbezogenen Daten in Akten fest, hat sie die Daten durch Anbringen eines entsprechenden Vermerks zu sperren. [2]Die Akte ist zu vernichten, wenn sie insgesamt zur Erfüllung der Aufgaben der Bundespolizei nicht mehr erforderlich ist.

(6) [1]Die Löschung und Vernichtung unterbleiben, wenn
1. Grund zu der Annahme besteht, daß anderenfalls schutzwürdige Interessen des Betroffenen beeinträchtigt würden,
2. die Daten für laufende Forschungsarbeiten benötigt werden oder
3. eine Löschung wegen der besonderen Art der Speicherung oder eine Vernichtung der Akte nicht oder nur mit unverhältnismäßigem Aufwand möglich ist.

[2]In diesen Fällen sind die Daten zu sperren und die Unterlagen mit einem entsprechenden Sperrvermerk zu versehen. [3]Für Fälle des Satzes 1 Nr. 2 gilt § 29 Abs. 6 Satz 2 entsprechend.

(7) Gesperrte Daten dürfen nur für den Zweck verwendet werden, für den sie gesperrt worden sind oder soweit dies zur Behebung einer bestehenden Beweisnot oder zur Abwehr einer erheblichen Gefahr unerläßlich ist.

(8) Wird festgestellt, daß unrichtige, wegen Unzulässigkeit der Speicherung zu löschende oder zu sperrende personenbezogene Daten übermittelt worden sind, ist dem Empfänger die Berichtigung, Löschung oder Sperrung mitzuteilen, wenn dies zur Wahrung schutzwürdiger Interessen des Betroffenen erforderlich ist.

(9) Anstelle der Löschung und Vernichtung nach Absatz 2 Nr. 2 und Absatz 5 Satz 2 sind die Datenträger an das zuständige Archiv abzugeben, sofern diesen Unterlagen bleibender Wert im Sinne des § 1 Nummer 10 des Bundesarchivgesetzes zukommt.

§ 36 Errichtungsanordnung

(1) Die Bundespolizei hat für jede zur Erfüllung der Aufgaben nach den §§ 1 bis 7 geführte automatisierte Datei mit personenbezogenen Daten in einer Errichtungsanordnung, die der Zustimmung des Bundesministeriums des Innern, für Bau und Heimat bedarf, festzulegen:
1. Bezeichnung der Datei,
2. Rechtsgrundlage und Zweck der Datei,
3. Personenkreis, über den Daten gespeichert werden,
4. Arten der zu speichernden personenbezogenen Daten,
5. Arten der personenbezogenen Daten, die der Erschließung der Datei dienen,
6. Anlieferung oder Eingabe der zu speichernden Daten,
7. Voraussetzungen, unter denen gespeicherte personenbezogene Daten an welche Empfänger und in welchem Verfahren übermittelt werden,
8. Prüffristen und Speicherungsdauer,
9. Protokollierung.

(2) [1]Vor Erlaß der Errichtungsanordnung ist der Bundesbeauftragte für den Datenschutz anzuhören. [2]Die Errichtungsanordnung kann vorläufig ergehen, wenn wegen der Dringlichkeit der Aufgabenerfüllung die vorherige Anhörung nicht möglich ist.

(3) In angemessenen Abständen ist die Notwendigkeit der Weiterführung oder Änderung der Dateien zu überprüfen.

§ 37 Geltung des Bundesdatenschutzgesetzes

Bei der Erfüllung der der Bundespolizei nach den §§ 1 bis 7 obliegenden Aufgaben finden § 3 Abs. 2 und 8 Satz 1, § 4 Abs. 2 und 3, §§ 4b, 4c, 10 Abs. 1, §§ 13, 14 Abs. 1, 2 und 5, §§ 15, 16, 18 Abs. 2 Satz 2 und 3 sowie §§ 19a und 20 des Bundesdatenschutzgesetzes keine Anwendung.

Teil 3
Platzverweisung, Gewahrsam, Durchsuchung

§ 38 Platzverweisung

Die Bundespolizei kann zur Abwehr einer Gefahr eine Person vorübergehend von einem Ort verweisen oder ihr vorübergehend das Betreten eines Ortes verbieten.

§ 39 Gewahrsam

(1) Die Bundespolizei kann eine Person in Gewahrsam nehmen, wenn dies

1. zum Schutz der Person gegen eine Gefahr für Leib oder Leben erforderlich ist, insbesondere weil die Person sich erkennbar in einem die freie Willensbestimmung ausschließenden Zustand oder sonst in hilfloser Lage befindet,
2. unerläßlich ist, um eine Platzverweisung nach § 38 durchzusetzen, oder
3. unerläßlich ist, um die unmittelbar bevorstehende Begehung oder Fortsetzung einer Straftat oder einer Ordnungswidrigkeit von erheblicher Bedeutung für die Allgemeinheit zu verhindern.

(2) Die Bundespolizei kann Minderjährige, die der Obhut des Personensorgeberechtigten widerrechtlich entzogen wurden oder sich dieser entzogen haben, in Gewahrsam nehmen, damit sie dem Sorgeberechtigten oder dem Jugendamt zugeführt werden können.

(3) Die Bundespolizei kann eine Person, die aus dem Vollzug von Untersuchungshaft, Freiheitsstrafen, Jugendstrafen oder freiheitsentziehenden Maßregeln der Besserung und Sicherung entwichen ist oder sich sonst ohne Erlaubnis außerhalb der Justizvollzugsanstalt oder einer Anstalt nach den §§ 63 und 64 des Strafgesetzbuches aufhält, in Gewahrsam nehmen, damit sie in die Anstalt zurückgebracht werden kann.

(4) Die Bundespolizei kann eine Person in Gewahrsam nehmen, um einem Ersuchen, das eine Freiheitsentziehung zum Inhalt hat, nachzukommen.

§ 40 Richterliche Entscheidung

(1) Wird eine Person auf Grund des § 23 Abs. 3 Satz 4, § 25 Abs. 3, § 39 Abs. 1 oder 2 oder § 43 Abs. 5 festgehalten, hat die Bundespolizei unverzüglich eine richterliche Entscheidung über Zulässigkeit und Fortdauer der Freiheitsentziehung herbeizuführen, es sei denn, die Herbeiführung der richterlichen Entscheidung würde voraussichtlich längere Zeit in Anspruch nehmen, als zur Durchführung der Maßnahme notwendig wäre.

(2) [1]Für die Entscheidung nach Absatz 1 ist das Amtsgericht zuständig, in dessen Bezirk die Person festgehalten wird. [2]Das Verfahren richtet sich nach Buch 7 des Gesetzes über das Verfahren in Familiensachen und in den Angelegenheiten der freiwilligen Gerichtsbarkeit.

(3) [1]Im Fall des § 39 Abs. 4 hat die ersuchende Behörde der Bundespolizei mit dem Ersuchen auch die richterliche Entscheidung über die Zulässigkeit der Freiheitsentziehung vorzulegen. [2]Ist eine vorherige richterliche Entscheidung nicht ergangen, hat die Bundespolizei die festgehaltene Person zu entlassen, wenn die ersuchende Behörde diese nicht übernimmt oder die richterliche Entscheidung nicht unverzüglich nachträglich beantragt.

§ 41 Behandlung festgehaltener Personen

(1) Wird eine Person auf Grund des § 23 Abs. 3 Satz 4, § 25 Abs. 3, § 39 oder § 43 Abs. 5 festgehalten, sind ihr unverzüglich der Grund dieser Maßnahme und die zulässigen Rechtsbehelfe bekanntzugeben.

(2) [1]Der festgehaltenen Person ist unverzüglich Gelegenheit zu geben, einen Angehörigen oder eine Person ihres Vertrauens zu benachrichtigen, soweit dadurch der Zweck der Freiheitsentziehung nicht gefährdet wird. [2]Die Bundespolizei hat die Benachrichtigung zu übernehmen, wenn die festgehaltene Person nicht in der Lage ist, von dem Recht nach Satz 1 Gebrauch zu machen und die Benachrichtigung ihrem mutmaßlichen Willen nicht widerspricht. [3]Ist die festgehaltene Person minderjährig oder ist für sie ein Betreuer bestellt, so ist in jedem Falle unverzüglich derjenige zu benachrichtigen, dem die Sorge für die Person oder die Betreuung der Person nach dem ihm übertragenen Aufgabenkreis obliegt. [4]Die Benachrichtigungspflicht bei einer richterlichen Freiheitsentziehung bleibt unberührt.

(3) [1]Die festgehaltene Person soll gesondert, insbesondere ohne ihre Einwilligung nicht in demselben Raum mit Straf- oder Untersuchungsgefangenen untergebracht werden. [2]Männer und Frauen sollen getrennt untergebracht werden. [3]Der festgehaltenen Person dürfen nur solche Beschränkungen auferlegt werden, die der Zweck der Freiheitsentziehung oder die Ordnung im Gewahrsam erfordert.

§ 42 Dauer der Freiheitsentziehung

(1) [1]Die festgehaltene Person ist zu entlassen,

1. sobald der Grund für die Maßnahme weggefallen ist,

2. wenn die Fortdauer der Freiheitsentziehung durch richterliche Entscheidung für unzulässig erklärt wird,

3. in jedem Falle spätestens bis zum Ende des Tages nach dem Ergreifen, wenn nicht vorher die Fortdauer der Freiheitsentziehung durch richterliche Entscheidung angeordnet ist. [2]Die Fortdauer der Freiheitsentziehung kann auf Grund dieses Gesetzes nur in den Fällen des § 39 Abs. 1 Nr. 3 durch richterliche Entscheidung angeordnet werden, wenn eine Straftat nach den §§ 125, 125a des Strafgesetzbuches oder eine gemeinschaftlich begangene Nötigung nach § 240 des Strafgesetzbuches begangen worden ist und Anhaltspunkte dafür vorliegen, daß der Betroffene sich an einer solchen Straftat beteiligt hat oder beteiligen wollte und ohne die Freiheitsentziehung eine Fortsetzung dieser Verhaltensweise zu erwarten ist. [3]In der Entscheidung ist die höchstzulässige Dauer der Freiheitsentziehung zu bestimmen; sie darf nicht mehr als vier Tage betragen.

(2) Eine Freiheitsentziehung zum Zwecke der Feststellung der Identität darf die Dauer von insgesamt zwölf Stunden nicht überschreiten.

§ 43 Durchsuchung von Personen

(1) Die Bundespolizei kann außer in den Fällen des § 23 Abs. 3 Satz 5 eine Person durchsuchen, wenn

1. sie nach diesem Gesetz oder anderen Rechtsvorschriften festgehalten werden kann,

2. Tatsachen die Annahme rechtfertigen, daß sie Sachen mit sich führt, die sichergestellt werden dürfen,

3. sie sich erkennbar in einem die freie Willensbestimmung ausschließenden Zustand oder sonst in hilfloser Lage befindet oder

4. sie sich in einem Objekt im Sinne des § 23 Abs. 1 Nr. 4 oder in dessen unmittelbarer Nähe aufhält und Tatsachen die Annahme rechtfertigen, daß dort Straftaten begangen werden sollen, durch die in oder an diesen Objekten befindliche Personen oder diese Objekte selbst unmittelbar gefährdet sind, und die Durchsuchung auf Grund der Gefährdungslage oder auf die Person bezogener Anhaltspunkte erforderlich ist.

(2) Zur Erfüllung der Aufgaben nach § 7 kann die Bundespolizei ferner eine Person durchsuchen, wenn sie

1. sich an einem der in § 23 Abs. 2 Nr. 1 bezeichneten Orte aufhält oder

2. sich in einem Objekt im Sinne des § 23 Abs. 2 Nr. 2 oder in dessen unmittelbarer Nähe aufhält und Tatsachen die Annahme rechtfertigen, daß in oder an diesen Objekten Straftaten begangen werden sollen, durch die in oder an diesen Objekten befindliche Personen oder diese Objekte selbst unmittelbar gefährdet sind, und die Durchsuchung auf Grund der Gefährdungslage oder auf die Person bezogener Anhaltspunkte erforderlich ist.

(3) Die Bundespolizei kann eine Person, deren Identität nach diesem Gesetz oder anderen Rechtsvorschriften festgestellt werden soll, nach Waffen, Explosivmitteln und anderen gefährlichen Gegenständen durchsuchen, wenn dies nach den Umständen zum Schutz des Beamten der Bundespolizei, der Person selbst oder eines Dritten gegen eine Gefahr für Leib oder Leben erforderlich ist.

(4) Personen dürfen nur von Personen gleichen Geschlechts oder von Ärzten durchsucht werden; dies gilt nicht, wenn die sofortige Durchsuchung zum Schutz gegen eine Gefahr für Leib oder Leben erforderlich ist.

(5) Die Person kann festgehalten und zur Dienststelle mitgenommen werden, wenn die Durchsuchung auf andere Weise nicht oder nur unter erheblichen Schwierigkeiten durchgeführt werden kann.

§ 44 Durchsuchung von Sachen

(1) Die Bundespolizei kann außer in den Fällen des § 23 Abs. 3 Satz 5 und Abs. 5 Satz 2 eine Sache durchsuchen, wenn

1. sie von einer Person mitgeführt wird, die nach § 43 durchsucht werden darf,

2. Tatsachen die Annahme rechtfertigen, daß sich in ihr eine Person befindet, die

 a) in Gewahrsam genommen werden darf,

 b) widerrechtlich festgehalten wird oder

 c) hilflos ist,

3. Tatsachen die Annahme rechtfertigen, daß sich in ihr eine andere Sache befindet, die sichergestellt werden darf, oder

4. sie sich in einem Objekt im Sinne des § 23 Abs. 1 Nr. 4 oder in dessen unmittelbarer Nähe befindet und Tatsachen die Annahme rechtfertigen, daß in oder an diesen Objekten Straftaten begangen werden sollen, durch die in oder an diesen Objekten befindliche Personen oder diese Objekte selbst

unmittelbar gefährdet sind, und die Durchsuchung auf Grund der Gefährdungslage oder auf die Sache bezogener Anhaltspunkte erforderlich ist.

(2) [1]Im Grenzgebiet bis zu einer Tiefe von dreißig Kilometern kann die Bundespolizei eine Sache auch zur Verhinderung oder Unterbindung unerlaubter Einreise in das Bundesgebiet oder zur Verhütung von Straftaten im Sinne des § 12 Abs. 1 Nr. 1 bis 4 durchsuchen. [2]Das in Satz 1 genannte Grenzgebiet erstreckt sich im Küstengebiet von der seewärtigen Begrenzung an bis zu einer Tiefe von 50 Kilometern; darüber hinaus nur nach Maßgabe der Rechtsverordnung zu § 2 Abs. 2 Satz 2.

(3) Zur Erfüllung der Aufgaben nach § 7 kann die Bundespolizei ferner eine Sache durchsuchen, wenn
1. sie sich an einem der in § 23 Abs. 2 Nr. 1 bezeichneten Orte befindet,
2. sie sich in einem Objekt im Sinne des § 23 Abs. 2 Nr. 2 oder in dessen unmittelbarer Nähe befindet und Tatsachen die Annahme rechtfertigen, daß dort Straftaten begangen werden sollen, durch die in oder an diesen Objekten befindliche Personen oder diese Objekte selbst unmittelbar gefährdet sind, und die Durchsuchung auf Grund der Gefährdungslage oder auf die Sache bezogener Anhaltspunkte erforderlich ist, oder
3. es sich um ein Land-, Wasser- oder Luftfahrzeug handelt, in dem sich eine Person befindet, deren Identität nach § 23 Abs. 2 Nr. 3 festgestellt werden darf; die Durchsuchung kann sich auch auf die in dem Fahrzeug enthaltenen Sachen erstrecken.

(4) [1]Bei der Durchsuchung von Sachen hat der Inhaber der tatsächlichen Gewalt das Recht, anwesend zu sein. [2]Ist er abwesend, so soll sein Vertreter oder ein anderer Zeuge hinzugezogen werden. [3]Dem Inhaber der tatsächlichen Gewalt ist auf Verlangen eine Bescheinigung über die Durchsuchung und ihren Grund zu erteilen.

§ 45 Betreten und Durchsuchung von Wohnungen

(1) [1]Die Bundespolizei kann eine Wohnung ohne Einwilligung des Inhabers betreten und durchsuchen, wenn
1. Tatsachen die Annahme rechtfertigen, daß sich in ihr eine Person befindet, die nach § 25 Abs. 3 vorgeführt oder nach § 39 in Gewahrsam genommen werden darf,
2. Tatsachen die Annahme rechtfertigen, daß sich in ihr eine Sache befindet, die nach § 47 Nr. 1 sichergestellt werden darf, oder
3. dies zur Abwehr einer gegenwärtigen Gefahr für Leib, Leben oder Freiheit einer Person oder für Sachen von bedeutendem Wert erforderlich ist.
[2]Die Wohnung umfaßt die Wohn- und Nebenräume, Arbeits-, Betriebs- und Geschäftsräume sowie anderes befriedetes Besitztum.

(2) Während der Nachtzeit (§ 104 Abs. 3 der Strafprozeßordnung) ist das Betreten und Durchsuchen einer Wohnung nur in den Fällen des Absatzes 1 Nr. 3 zulässig.

(3) Wohnungen dürfen jedoch zur Verhütung oder Unterbindung unerlaubter Einreise in das Bundesgebiet jederzeit betreten werden, wenn Tatsachen die Annahme rechtfertigen, daß dort erfahrungsgemäß
1. Personen Straftaten im Sinne des § 12 Abs. 1 Nr. 2 und 3 verabreden, vorbereiten oder verüben,
2. sich Personen verbergen, die solche Straftaten begangen haben, oder
3. sich Personen ohne erforderlichen Aufenthaltstitel treffen.

(4) Zur Erfüllung der Aufgaben nach § 7 kann die Bundespolizei Wohnungen zur Abwehr dringender Gefahren jederzeit betreten, wenn Tatsachen die Annahme rechtfertigen, daß dort erfahrungsgemäß
1. Personen Straftaten verabreden, vorbereiten, verüben oder
2. sich Straftäter verbergen.

(5) Arbeits-, Betriebs- und Geschäftsräume sowie andere Räume und Grundstücke, die der Öffentlichkeit zugänglich sind, dürfen zum Zwecke der Gefahrenabwehr im Rahmen der der Bundespolizei zugewiesenen Aufgaben während der Arbeits-, Geschäfts- oder Aufenthaltszeit betreten werden.

§ 46 Verfahren bei der Durchsuchung von Wohnungen

(1) [1]Durchsuchungen dürfen, außer bei Gefahr im Verzug, nur durch den Richter angeordnet werden. [2]Zuständig ist das Amtsgericht, in dessen Bezirk die Wohnung liegt. [3]Für das Verfahren gelten die Vorschriften des Gesetzes über das Verfahren in Familiensachen und in den Angelegenheiten der freiwilligen Gerichtsbarkeit entsprechend.

(2) [1]Bei der Durchsuchung einer Wohnung hat der Wohnungsinhaber das Recht, anwesend zu sein. [2]Ist er abwesend, so ist, wenn möglich, sein Vertreter oder ein erwachsener Angehöriger, Hausgenosse oder Nachbar hinzuzuziehen.

(3) Dem Wohnungsinhaber oder seinem Vertreter ist der Grund der Durchsuchung unverzüglich bekanntzugeben, soweit dadurch der Zweck der Maßnahmen nicht gefährdet wird.

(4) [1]Über die Durchsuchung ist eine Niederschrift zu fertigen. [2]Sie muß die verantwortliche Dienststelle, Grund, Zeit und Ort der Durchsuchung enthalten. [3]Die Niederschrift ist von einem durchsuchenden Beamten und dem Wohnungsinhaber oder der zugezogenen Person zu unterzeichnen. [4]Wird die Unterschrift verweigert, so ist hierüber ein Vermerk aufzunehmen. [5]Dem Wohnungsinhaber oder seinem Vertreter ist auf Verlangen eine Abschrift der Niederschrift auszuhändigen.

(5) Ist die Anfertigung der Niederschrift oder die Aushändigung einer Abschrift nach den besonderen Umständen des Falles nicht möglich oder würde sie den Zweck der Durchsuchung gefährden, so sind dem Wohnungsinhaber oder der hinzugezogenen Person lediglich die Durchsuchung unter Angabe der verantwortlichen Dienststelle sowie Zeit und Ort der Durchsuchung schriftlich zu bestätigen.

Teil 4
Ergänzende Vorschriften

§ 47 Sicherstellung

Die Bundespolizei kann eine Sache sicherstellen,

1. um eine gegenwärtige Gefahr abzuwehren,
2. um den Eigentümer oder den rechtmäßigen Inhaber der tatsächlichen Gewalt vor Verlust oder Beschädigung einer Sache zu schützen oder
3. wenn sie von einer Person mitgeführt wird, die nach diesem Gesetz oder anderen Rechtsvorschriften festgehalten wird, und die Sache verwendet werden kann, um
 a) sich zu töten oder zu verletzen,
 b) Leben oder Gesundheit anderer zu schädigen,
 c) fremde Sachen zu beschädigen oder
 d) sich oder einem anderen die Flucht zu ermöglichen oder zu erleichtern.

§ 48 Verwahrung

(1) [1]Sichergestellte Sachen sind in Verwahrung zu nehmen. [2]Läßt die Beschaffenheit der Sachen das nicht zu oder erscheint die Verwahrung bei der Bundespolizei unzweckmäßig, sind die Sachen auf andere geeignete Weise aufzubewahren oder zu sichern. [3]In diesem Falle kann die Verwahrung auch einem Dritten übertragen werden.

(2) [1]Dem Betroffenen ist eine Bescheinigung auszustellen, die den Grund der Sicherstellung erkennen läßt und die sichergestellten Sachen bezeichnet. [2]Kann nach den Umständen des Falles eine Bescheinigung nicht ausgestellt werden, so ist über die Sicherstellung eine Niederschrift aufzunehmen, die auch erkennen läßt, warum eine Bescheinigung nicht ausgestellt worden ist. [3]Der Eigentümer oder der rechtmäßige Inhaber der tatsächlichen Gewalt ist unverzüglich zu unterrichten.

(3) [1]Wird eine sichergestellte Sache verwahrt, so hat die Bundespolizei nach Möglichkeit Wertminderungen vorzubeugen. [2]Das gilt nicht, wenn die Sache durch den Dritten auf Verlangen eines Berechtigten verwahrt wird.

(4) Die verwahrten Sachen sind zu verzeichnen und so zu kennzeichnen, daß Verwechslungen vermieden werden.

§ 49 Verwertung, Vernichtung

(1) Die Verwertung einer sichergestellten Sache ist zulässig, wenn

1. ihr Verderb oder eine wesentliche Wertminderung droht,
2. ihre Verwahrung, Pflege oder Erhaltung mit unverhältnismäßig hohen Kosten oder Schwierigkeiten verbunden ist,
3. sie infolge ihrer Beschaffenheit nicht so verwahrt werden kann, daß weitere Gefahren für die öffentliche Sicherheit oder Ordnung ausgeschlossen sind,
4. sie nach einer Frist von einem Jahr nicht an einen Berechtigten herausgegeben werden kann, ohne daß die Voraussetzungen der Sicherstellung erneut eintreten würden, oder
5. der Berechtigte sie nicht innerhalb einer ausreichend bemessenen Frist abholt, obwohl ihm eine Mitteilung über die Frist mit dem Hinweis zugestellt worden ist, daß die Sache verwertet wird, wenn sie nicht innerhalb der Frist abgeholt wird.

(2) [1]Der Betroffene, der Eigentümer und andere Personen, denen ein Recht an der Sache zusteht, sollen vor der Verwertung gehört werden. [2]Die Anordnung sowie Zeit und Ort der Verwertung sind ihnen mitzuteilen, soweit die Umstände und der Zweck der Maßnahmen es erlauben.

(3) [1]Die Sache wird durch öffentliche Versteigerung verwertet; § 979 Abs. 1 des Bürgerlichen Gesetzbuchs gilt entsprechend. [2]Bleibt die Versteigerung erfolglos, erscheint sie von vornherein aussichtslos oder würden die Kosten der Versteigerung voraussichtlich den zu erwartenden Erlös übersteigen, so kann

die Sache freihändig verkauft werden. [3]Der Erlös tritt an die Stelle der verwerteten Sache. [4]Läßt sich innerhalb angemessener Frist kein Käufer finden, so kann die Sache einem gemeinnützigen Zweck zugeführt werden.

(4) [1]Sichergestellte Sachen können unbrauchbar gemacht oder vernichtet werden, wenn
1. im Falle einer Verwertung die Gründe, die zu ihrer Sicherstellung berechtigten, fortbestehen oder Sicherstellungsgründe erneut entstehen würden oder
2. die Verwertung aus anderen Gründen nicht möglich ist.
[2]Absatz 2 gilt entsprechend.

§ 50 Herausgabe sichergestellter Sachen oder des Erlöses, Gebühren und Auslagen

(1) [1]Sobald die Voraussetzungen für die Sicherstellung weggefallen sind, sind die Sachen an denjenigen herauszugeben, bei dem sie sichergestellt worden sind. [2]Ist die Herausgabe an ihn nicht möglich, können sie an einen anderen herausgegeben werden, der seine Berechtigung glaubhaft macht. [3]Die Herausgabe ist ausgeschlossen, wenn dadurch erneut die Voraussetzungen für eine Sicherstellung eintreten würden.

(2) [1]Sind die Sachen verwertet worden, ist der Erlös herauszugeben. [2]Ist ein Berechtigter nicht vorhanden oder nicht zu ermitteln, ist der Erlös nach den Vorschriften des Bürgerlichen Gesetzbuchs zu hinterlegen. [3]Der Anspruch auf Herausgabe des Erlöses erlischt drei Jahre nach Ablauf des Jahres, in dem die Sache verwertet worden ist.

(3) [1]Die Herausgabe der Sache kann davon abhängig gemacht werden, ob die Gebühren und Auslagen gezahlt worden sind, die für die Sicherstellung und Verwahrung der Sache erhoben werden. [2]Ist eine Sache verwertet worden, können die Gebühren und Auslagen aus dem Erlös gedeckt werden.

(4) § 983 des Bürgerlichen Gesetzbuchs bleibt unberührt.

Abschnitt 3
Schadensausgleich

§ 51 Zum Ausgleich verpflichtende Tatbestände

(1) Erleidet jemand
1. infolge einer rechtmäßigen Inanspruchnahme nach § 20 Abs. 1 oder
2. durch eine Maßnahme auf Grund des § 62 Abs. 1
einen Schaden, so ist ihm ein angemessener Ausgleich zu gewähren.

(2) Absatz 1 gilt entsprechend, wenn jemand
1. infolge einer rechtswidrigen Maßnahme oder
2. als unbeteiligter Dritter
bei der Erfüllung von Aufgaben der Bundespolizei einen Schaden erleidet.

(3) Der Ausgleich des Schadens wird auch Personen gewährt,
1. die mit Zustimmung der zuständigen Behörde freiwillig bei der Erfüllung von Aufgaben der Bundespolizei mitgewirkt oder Sachen zur Verfügung gestellt haben,
2. die nach § 63 Abs. 2 zu Hilfspolizeibeamten bestellt worden sind
und dadurch einen Schaden erlitten haben.

(4) Weitergehende Ersatzansprüche, insbesondere aus Amtspflichtverletzung, bleiben unberührt.

§ 52 Inhalt, Art und Umfang des Ausgleichs

(1) [1]Der Ausgleich nach § 51 wird grundsätzlich nur für Vermögensschaden gewährt. [2]Für entgangenen Gewinn, der über den Ausfall des gewöhnlichen Verdienstes oder Nutzungsentgeltes hinausgeht, und für Nachteile, die nicht in unmittelbarem Zusammenhang mit der behördlichen Maßnahme stehen, ist ein Ausgleich nur zu gewähren, wenn und soweit dies zur Abwendung unbilliger Härten geboten erscheint.

(2) Bei einer Verletzung des Körpers, der Gesundheit oder der Freiheit ist auch der Schaden, der nicht Vermögensschaden ist, durch eine billige Entschädigung auszugleichen.

(3) [1]Der Ausgleich wird in Geld gewährt. [2]Hat die zum Ausgleich verpflichtende Maßnahme die Aufhebung oder Minderung der Erwerbsfähigkeit oder eine Vermehrung der Bedürfnisse oder den Verlust oder die Beeinträchtigung eines Rechtes auf Unterhalt zur Folge, so ist der Ausgleich durch Entrichtung einer Rente zu gewähren. [3]§ 760 des Bürgerlichen Gesetzbuchs ist anzuwenden. [4]Statt der Rente kann eine Abfindung in Kapital verlangt werden, wenn ein wichtiger Grund vorliegt. [5]Der Anspruch wird nicht dadurch ausgeschlossen, daß ein anderer dem Geschädigten Unterhalt zu gewähren hat.

(4) Stehen dem Geschädigten Ansprüche gegen Dritte zu, so ist, soweit diese Ansprüche nach dem Inhalt und Umfang dem Ausgleichsanspruch entsprechen, der Ausgleich nur gegen Abtretung dieser Ansprüche zu gewähren.

(5) [1]Bei der Bemessung des Ausgleichs sind alle Umstände zu berücksichtigen, insbesondere Art und Vorhersehbarkeit des Schadens und ob der Geschädigte oder sein Vermögen durch die Maßnahme der Behörde geschützt worden ist. [2]Haben Umstände, die der Geschädigte zu vertreten hat, auf die Entstehung oder Verschlimmerung des Schadens eingewirkt, so hängt die Verpflichtung zum Ausgleich sowie der Umfang des Ausgleichs insbesondere davon ab, inwieweit der Schaden vorwiegend von dem Geschädigten oder durch die Behörde verursacht worden ist.

§ 53 Ausgleich im Todesfall

(1) Im Falle der Tötung sind im Rahmen des § 52 Abs. 5 die Kosten der Bestattung demjenigen auszugleichen, dem die Verpflichtung obliegt, diese Kosten zu tragen.

(2) [1]Stand der Getötete zur Zeit der Verletzung zu einem Dritten in einem Verhältnis, auf Grund dessen er diesem gegenüber kraft Gesetzes unterhaltspflichtig war oder unterhaltspflichtig werden konnte, und ist dem Dritten infolge der Tötung das Recht auf den Unterhalt entzogen, so kann der Dritte im Rahmen des § 52 Abs. 5 insoweit einen angemessenen Ausgleich verlangen, als der Getötete während der mutmaßlichen Dauer seines Lebens zur Gewährung des Unterhalts verpflichtet gewesen wäre. [2]§ 52 Abs. 3 Satz 3 bis 5 ist entsprechend anzuwenden. [3]Der Ausgleich kann auch dann verlangt werden, wenn der Dritte zur Zeit der Verletzung gezeugt, aber noch nicht geboren war.

§ 54 Verjährung des Ausgleichsanspruchs

Der Anspruch auf den Ausgleich verjährt in drei Jahren von dem Zeitpunkt an, in welchem der Geschädigte, im Falle des § 53 der Anspruchsberechtigte, von dem Schaden und dem zum Ausgleich Verpflichteten Kenntnis erlangt, ohne Rücksicht auf diese Kenntnis in dreißig Jahren von dem Eintritt des schädigenden Ereignisses an.

§ 55 Ausgleichspflichtiger, Ersatzansprüche

(1) [1]Ausgleichspflichtig ist die Bundesrepublik Deutschland. [2]Dies gilt auch für Amtshandlungen eines Beamten der Polizei des Landes gemäß § 64 Abs. 1.

(2) [1]Die Bundesrepublik Deutschland kann von den nach den §§ 17 und 18 verantwortlichen Personen Ersatz ihrer Aufwendungen verlangen, wenn sie auf Grund des § 51 Abs. 1, Abs. 2 Nr. 2 oder Abs. 3 einen Ausgleich gewährt hat. [2]Sind mehrere Personen nebeneinander verantwortlich, so haften sie als Gesamtschuldner.

(3) Wurde ein Ausgleich auf Grund einer Amtshandlung eines Beamten der Polizei des Landes gemäß § 64 Abs. 1 nur wegen der Art und Weise der Durchführung einer Maßnahme gewährt, so kann die Bundesrepublik Deutschland von dem Land, in dessen Dienst der Beamte steht, Ersatz ihrer Aufwendungen verlangen, es sei denn, daß sie selbst die Verantwortung für die Art und Weise der Durchführung trägt.

§ 56 Rechtsweg

Für Ansprüche auf Schadensausgleich ist der ordentliche Rechtsweg, für Ansprüche auf Aufwendungsersatz nach § 55 Abs. 2 und 3 der Verwaltungsrechtsweg gegeben.

Abschnitt 4
Organisation und Zuständigkeiten

§ 57 Bundespolizeibehörden

(1) Bundespolizeibehörden sind das Bundespolizeipräsidium, die Bundespolizeidirektionen und die Bundespolizeiakademie.

(2) [1]Dem Bundespolizeipräsidium als Oberbehörde unterstehen die Bundespolizeidirektionen als Unterbehörden und die Bundespolizeiakademie. [2]Das Bundespolizeipräsidium untersteht dem Bundesministerium des Innern, für Bau und Heimat unmittelbar.

(3) *[aufgehoben]*

(4) Die Bundespolizeiakademie ist die zentrale Aus- und Fortbildungsstätte der Bundespolizei.

(5) Zahl und Sitz der Bundespolizeibehörden bestimmt das Bundesministerium des Innern, für Bau und Heimat, den Sitz nach Anhörung des beteiligten Landes.

(6) Die zahlenmäßige Stärke der Bundespolizei ergibt sich aus dem Haushaltsplan.

§ 58 Sachliche und örtliche Zuständigkeit

(1) Das Bundesministerium des Innern, für Bau und Heimat regelt durch Rechtsverordnung[1]) die sachliche und örtliche Zuständigkeit der einzelnen Bundespolizeibehörden.

1) Siehe die VO über die Zuständigkeit der Bundespolizeibehörden.

(2) [1]Beamte der Bundespolizei können Amtshandlungen im gesamten Zuständigkeitsbereich der Bundespolizei vornehmen. [2]Sie sollen in der Regel im Zuständigkeitsbereich ihrer Behörde tätig werden.

(3) Beamte der Bundespolizei können die Verfolgung eines Flüchtigen auch über die in § 1 Abs. 7 und § 6 bezeichneten räumlichen Zuständigkeitsbereiche der Bundespolizei hinaus fortsetzen und den Flüchtigen ergreifen.

§ 59 Verbandspolizeiliche Aufgabenwahrnehmung

(1) Die Bundespolizei setzt Kräfte der Verbände und Einheiten der Bundespolizei vornehmlich für Maßnahmen ein, die den Einsatz geschlossener Verbände oder Einheiten erfordern.

(2) Erfordert die Abwehr einer Gefahr im Zuständigkeitsbereich der Bundespolizei den Einsatz geschlossener Verbände oder Einheiten, sind die erforderlichen Maßnahmen im Benehmen mit der Polizei des Landes zu treffen.

§ 60 Einsatz von Hubschraubern

[1]Die Bundespolizei verfügt nach Maßgabe des Haushaltsplans über Hubschrauber als polizeiliches Einsatz- und Transportmittel sowie zur Beförderung von Mitgliedern der Verfassungsorgane des Bundes, Angehörigen der Bundesregierung und deren Gästen. [2]Das Bundesministerium des Innern, für Bau und Heimat bestimmt durch Verwaltungsvorschrift Voraussetzungen und Verfahren für die Beförderung von Personen durch Hubschrauber der Bundespolizei, soweit es sich nicht um die Verwendung von Hubschraubern als polizeiliches Einsatz- und Transportmittel handelt.

§ 61 Grenzübergangsstellen, Grenzerlaubnis

(1) [1]Das Bundesministerium des Innern, für Bau und Heimat entscheidet im Benehmen mit dem Bundesministerium der Finanzen über die Zulassung und Schließung von Grenzübergangsstellen. [2]Es gibt diese Entscheidungen im Bundesanzeiger bekannt.

(2) Die Bundespolizei setzt im Benehmen mit dem Hauptzollamt die Verkehrsstunden für die einzelnen Grenzübergangsstellen entsprechend dem Verkehrsbedürfnis fest und machen[1] sie durch Aushang an der Grenzübergangsstelle bekannt.

(3) [1]Die Bundespolizei kann Personen oder Personengruppen die Erlaubnis erteilen, die Grenze außerhalb der zugelassenen Grenzübergangsstellen, außerhalb der festgesetzten Verkehrsstunden oder mit anderen als den zugelassenen Verkehrsarten zu überschreiten, wenn ein besonderes Bedürfnis dafür besteht und öffentliche Belange nicht entgegenstehen. [2]Die Grenzerlaubnis kann unter Bedingungen erteilt und auch nachträglich mit Auflagen versehen und befristet werden; sie kann jederzeit widerrufen werden.

(4) Soweit ein Land im Einvernehmen mit dem Bund Aufgaben des grenzpolizeilichen Einzeldienstes mit eigenen Kräften wahrnimmt, kann in der Vereinbarung gemäß § 2 Abs. 3 bestimmt werden, daß Behörden oder Dienststellen der Polizei des Landes anstelle der Bundespolizei nach den Absätzen 2 und 3 tätig werden.

(5) Soweit der Zollverwaltung Aufgaben nach § 2 durch Rechtsverordnung nach § 68 Satz 1 zur Ausübung übertragen sind, kann in der Rechtsverordnung bestimmt werden, daß Behörden der Zollverwaltung anstelle der Bundespolizei nach Absatz 3 tätig werden.

§ 62 Unterstützungspflichten

(1) Die Bundespolizei kann, soweit es zur Wahrnehmung ihrer Aufgaben nach § 2 erforderlich ist,
1. Grundstücke mit Ausnahme von Gebäuden betreten und befahren,
2. verlangen, daß Grundstückseigentümer und -besitzer einen Grenzpfad freilassen, an Einfriedungen Durchlässe oder Übergänge einrichten, Wassergräben überbrücken oder das Anbringen von Grenzmarkierungen oder Warnhinweisen dulden,
3. auf eigene Kosten Grenzmarkierungen oder Warnhinweise setzen, Grenzpfade, Durchlässe, Übergänge oder Brücken einrichten oder verbessern.

(2) Die im grenzüberschreitenden Reiseverkehr tätigen Verkehrsunternehmen sowie die Betreiber von Unternehmen, auf deren Betriebsgelände die Bundespolizei Aufgaben nach den §§ 2 bis 4a wahrzunehmen hat, sind verpflichtet,
1. den mit der Wahrnehmung dieser Aufgaben betrauten Beamten den Zutritt zu ihren Anlagen und Beförderungsmitteln unentgeltlich zu gestatten,
2. sie bei der Wahrnehmung dieser Aufgaben unentgeltlich zu befördern,
3. den für die Wahrnehmung dieser Aufgaben zuständigen Dienststellen Fahr- und Flugpläne sowie die tatsächlichen Verkehrsbewegungen rechtzeitig und unentgeltlich mitzuteilen.

1) Richtig wohl: „macht".

(3) [1]Die in Absatz 2 genannten Unternehmen stellen den für die Wahrnehmung der Aufgaben nach den §§ 2 bis 4a zuständigen Dienststellen der Bundespolizei die erforderlichen Diensträume sowie Parkplätze für die Dienstkraftfahrzeuge zur Verfügung und halten diese Einrichtungen in gutem Zustand. [2]Die Bundespolizei vergütet den Unternehmen auf Antrag ihre Selbstkosten, soweit sie diese Einrichtungen nicht ohnehin benötigen. [3]Soweit ein Aufwand über das Maß hinausgeht, das für Einrichtungen der Bundespolizei üblich ist, wird er nicht vergütet.

(4) [1]Die Bundespolizei kann von den in Absatz 2 genannten Unternehmen weitere Einrichtungen und Leistungen verlangen, die mit der Wahrnehmung von Aufgaben der Bundespolizei nach §§ 2 bis 4a zusammenhängen und die ihnen nach den Umständen zugemutet werden können. [2]§ 8 Abs. 1 Satz 1 Nr. 1 zweiter Halbsatz des Luftsicherheitsgesetzes bleibt unberührt. [3]Die in Absatz 2 genannten Unternehmen können dafür Vergütung ihrer Selbstkosten verlangen.

(5) Für die von der Bundespolizei zu zahlende Vergütung kann eine Pauschale vereinbart werden.

(6) Verkehrsverwaltungen des Bundes gelten als Unternehmen im Sinne der vorstehenden Absätze.

§ 63 Vollzugsdienst, Hilfspolizeibeamte

(1) Tätigkeiten des Vollzugsdienstes in der Bundespolizei sind in der Regel Polizeivollzugsbeamten zu übertragen.

(2) [1]Die Bundespolizei kann geeignete Personen zur Wahrnehmung bestimmter Aufgaben
1. bei der Überwachung der Grenzen und bei der Kontrolle des grenzüberschreitenden Verkehrs (§ 2 Abs. 2 Nr. 1 und 2),
2. bei der Abwehr von Gefahren auf dem Gebiet der Bahnanlagen der Eisenbahnen des Bundes (§ 3),
3. zum Schutz vor Angriffen auf die Sicherheit des Luftverkehrs (§ 4) oder
4. zum Schutz von Verfassungsorganen des Bundes und Bundesministerien (§ 5) sowie zur Sicherung von Einrichtungen der Bundespolizei (§ 1 Abs. 3)

zu Hilfspolizeibeamten bestellen, soweit hierfür ein Bedürfnis besteht. [2]Die Bestellung kann jederzeit widerrufen werden.

(3) [1]Die Hilfspolizeibeamten haben im Rahmen der ihnen übertragenen Aufgaben die Befugnisse von Beamten der Bundespolizei. [2]Sie sind jedoch nicht befugt, unmittelbaren Zwang nach den §§ 9 bis 14 des Gesetzes über den unmittelbaren Zwang bei Ausübung öffentlicher Gewalt durch Vollzugsbeamte des Bundes anzuwenden.

(4) Das Bundesministerium des Innern, für Bau und Heimat bestimmt die für die Aufsicht über die Hilfspolizeibeamten und ihre Bestellung zuständigen Bundespolizeibehörden.

§ 64 Amtshandlungen von Polizeivollzugsbeamten der Länder sowie von Vollzugsbeamten anderer Bundesbehörden oder anderer Staaten im Zuständigkeitsbereich der Bundespolizei

(1) [1]Polizeivollzugsbeamte eines Landes können Amtshandlungen zur Wahrnehmung von Aufgaben der Bundespolizei vornehmen
1. auf Anforderung oder mit Zustimmung der zuständigen Bundespolizeibehörde,
2. zur Abwehr einer gegenwärtigen Gefahr, zur Verfolgung von Straftaten im Sinne des § 12 Abs. 1 auf frischer Tat sowie zur Verfolgung und Wiederergreifung von aus dem Gewahrsam der Bundespolizei Entwichenen, wenn die zuständige Bundespolizeibehörde die erforderlichen Maßnahmen nicht rechtzeitig treffen kann.

[2]In den Fällen der Nummer 2 ist die zuständige Bundespolizeibehörde unverzüglich zu unterrichten.

(2) Werden Polizeivollzugsbeamte eines Landes nach Absatz 1 tätig, so richten sich ihre Befugnisse nach dem für die Polizei des Landes geltenden Recht.

(3) [1]Absatz 1 gilt für Vollzugsbeamte anderer Bundesbehörden entsprechend. [2]Die Vollzugsbeamten haben insoweit dieselben Befugnisse wie die Bundespolizei. [3]Ihre Maßnahmen gelten als Maßnahmen der Bundespolizei. [4]Sie unterliegen insoweit den Weisungen der zuständigen Bundespolizeibehörde.

(4) [1]Vollzugsbeamte anderer Staaten mit polizeilichen Aufgaben können im Zuständigkeitsbereich der Bundespolizei Amtshandlungen vornehmen, soweit völkerrechtliche Vereinbarungen oder der Beschluss des Rates 2008/615/JI vom 23. Juni 2008 zur Vertiefung der grenzüberschreitenden Kriminalität (ABl. L 210 vom 6.8.2008, S. 1) dies vorsehen. [2]Die Ausübung hoheitlicher Befugnisse durch Vollzugsbeamte anderer Staaten nach Satz 1 ist nur auf Grund eines völkerrechtlichen Vertrages, der der Mitwirkung der gesetzgebenden Körperschaften gemäß Artikel 59 Abs. 2 des Grundgesetzes bedarf oder auf Grund des Beschlusses des Rates 2008/615/JI vom 23. Juni 2008 (ABl. L 210 vom 6.8.2008, S. 1), zulässig. [3]Vollzugsbeamte anderer Staaten der Europäischen Union können im Einvernehmen mit den zuständigen Stellen des anderen Staates nach Maßgabe der für die Bestellung von Hilfspolizeibeamten geltenden Vorschriften des § 63 Abs. 2 bis 4 mit Aufgaben des Vollzugsdienstes in der Bundespolizei betraut werden.

§ 65 Amtshandlungen von Beamten der Bundespolizei im Zuständigkeitsbereich eines Landes oder Tätigkeiten in anderen Staaten

(1) Polizeivollzugsbeamte der Bundespolizei dürfen im Zuständigkeitsbereich eines Landes tätig werden, wenn das jeweilige Landesrecht es vorsieht.

(2) Polizeivollzugsbeamte der Bundespolizei dürfen außerhalb der Bundesrepublik Deutschland tätig werden, soweit völkerrechtliche Vereinbarungen oder der Beschluss des Rates 2008/615/JI vom 23. Juni 2008 (ABl. L 210 vom 6.8.2008, S. 1) dies vorsehen oder das Bundesministerium des Innern, für Bau und Heimat im Einvernehmen mit den zuständigen Stellen des anderen Staates einer Tätigkeit von Beamten der Bundespolizei im Ausland allgemein oder im Einzelfall zustimmt.

§ 66 Amtshandlungen von Beamten der Zollverwaltung im Zuständigkeitsbereich der Bundespolizei

(1) Das Bundesministerium des Innern, für Bau und Heimat kann im Einvernehmen mit dem Bundesministerium der Finanzen Beamte der Zollverwaltung mit der Wahrnehmung von Aufgaben der polizeilichen Kontrolle des grenzüberschreitenden Verkehrs (§ 2 Abs. 2 Nr. 2) an einzelnen Grenzübergangsstellen betrauen, soweit dadurch die Abfertigung des grenzüberschreitenden Reiseverkehrs vereinfacht wird.

(2) ¹Nehmen Beamte der Zollverwaltung Aufgaben nach Absatz 1 wahr, so haben sie dieselben Befugnisse wie Beamte der Bundespolizei. ²Ihre Maßnahmen gelten als Maßnahmen der Bundespolizei. ³Das Bundesministerium des Innern, für Bau und Heimat und die nachgeordneten Bundespolizeibehörden üben ihnen gegenüber insoweit die Fachaufsicht aus.

§ 67 Amtshandlungen von Beamten der Bundespolizei im Zuständigkeitsbereich der Zollverwaltung

(1) Das Bundesministerium der Finanzen kann im Einvernehmen mit dem Bundesministerium des Innern, für Bau und Heimat Beamte der Bundespolizei mit der Wahrnehmung von Aufgaben der Zollverwaltung an einzelnen Grenzzollstellen betrauen, soweit dadurch die Abfertigung des grenzüberschreitenden Reiseverkehrs vereinfacht wird.

(2) ¹Nehmen Beamte der Bundespolizei Aufgaben nach Absatz 1 wahr, so haben sie dieselben Befugnisse wie Beamte der Zollverwaltung. ²Ihre Maßnahmen gelten als Maßnahmen der Zollverwaltung. ³Das Bundesministerium der Finanzen und die nachgeordneten Zolldienststellen üben ihnen gegenüber insoweit die Fachaufsicht aus.

§ 68 Wahrnehmung von Aufgaben durch die Zollverwaltung

¹Das Bundesministerium des Innern, für Bau und Heimat kann im Einvernehmen mit dem Bundesministerium der Finanzen durch Rechtsverordnung auf die Zollverwaltung zur Ausübung übertragen
1. die polizeiliche Kontrolle des grenzüberschreitenden Verkehrs (§ 2 Abs. 2 Nr. 2) an einzelnen Grenzübergangsstellen,
2. sonstige Aufgaben nach § 2.
²Nimmt die Zollverwaltung Aufgaben nach Satz 1 wahr, gilt § 66 Abs. 2 entsprechend.

Abschnitt 5
Schlußbestimmungen

§ 69 Verwaltungsvorschriften

Das Bundesministerium des Innern, für Bau und Heimat erläßt die zur Durchführung dieses Gesetzes im Bereich der Bundesverwaltung erforderlichen allgemeinen Verwaltungsvorschriften.

§ 69a Bußgeldvorschriften

(1) Ordnungswidrig handelt, wer vorsätzlich oder fahrlässig einer vollziehbaren Anordnung nach § 31a Abs. 1 zuwiderhandelt.

(2) Die Ordnungswidrigkeit kann mit einer Geldbuße bis zu fünfzigtausend Euro geahndet werden.

(3) ¹Verwaltungsbehörde im Sinne des § 36 Abs. 1 Nr. 1 des Gesetzes über Ordnungswidrigkeiten ist die in der Rechtsverordnung nach § 58 Abs. 1 bestimmte Bundespolizeibehörde. ²Sie teilt dem Luftfahrt-Bundesamt die Verhängung eines Bußgeldes nach Absatz 1 mit.

§ 70 Einschränkung von Grundrechten

¹Die Grundrechte der körperlichen Unversehrtheit (Artikel 2 Abs. 2 Satz 1 des Grundgesetzes), der Freiheit der Person (Artikel 2 Abs. 2 Satz 2 des Grundgesetzes), des Fernmeldegeheimnisses (Artikel 10 des Grundgesetzes) und der Freizügigkeit (Artikel 11 Abs. 1 des Grundgesetzes) werden nach Maßgabe die-

ses Gesetzes eingeschränkt. ²Das Grundrecht der Unverletzlichkeit der Wohnung (Artikel 13 des Grundgesetzes) wird durch die §§ 28a, 45 und 46 eingeschränkt.

Gesetz über das Bundeskriminalamt und die Zusammenarbeit des Bundes und der Länder in kriminalpolizeilichen Angelegenheiten (Bundeskriminalamtgesetz - BKAG)[1)2)]

Vom 1. Juni 2017 (BGBl. I S. 1354)
(FNA 2190-3)
geändert durch Art. 152 Elfte ZuständigkeitsanpassungsVO vom 19. Juni 2020 (BGBl. I S. 1328)

Inhaltsübersicht

1) Verkündet als Art. 1 des G v. 1.7.2016 (BGBl. I S. 1354); Inkrafttreten gem. Art. 13 Abs. 1 dieses G am 25.5.2018, mit Ausnahme des § 20, der am 9.6.2017 in Kraft tritt.
2) Siehe hierzu BVerfGEntscheidung vom 27.5.2020 – 1 BvR 1873/13, 1 BvR 2618/13 –:
 1. a) bis f) …
 g) § 10 Absatz 1 Satz 1 und Absatz 2 und § 40 Absatz 1 Satz 1, soweit er nicht auf § 39 Absatz 2 Nummer 2 verweist, und Absatz 2 des Gesetzes über das Bundeskriminalamt und die Zusammenarbeit des Bundes und der Länder in kriminalpolizeilichen Angelegenheiten (Bundeskriminalamtgesetz) in der Fassung des Gesetzes zur Neustrukturierung des Bundeskriminalamtgesetzes vom 1. Juni 2017 (Bundesgesetzblatt I Seite 1354) sind nach Maßgabe der Gründe mit Artikel 2 Absatz 1 in Verbindung mit Artikel 1 Absatz 1 und Artikel 10 Absatz 1 des Grundgesetzes unvereinbar.
 2. Bis zur Neuregelung, längstens jedoch bis 31. Dezember 2021, bleiben die für mit dem Grundgesetz unvereinbar erklärten Vorschriften nach Maßgabe der Gründe weiter anwendbar.
 Die vorstehende Entscheidungsformel hat gemäß § 31 Absatz 2 des Bundesverfassungsgerichtsgesetzes Gesetzeskraft.

Abschnitt 1
Zentrale Einrichtungen zur Zusammenarbeit in kriminalpolizeilichen Angelegenheiten, Aufgaben des Bundeskriminalamtes

§ 1 Zentrale Einrichtungen zur Zusammenarbeit in kriminalpolizeilichen Angelegenheiten
(1) Der Bund unterhält ein Bundeskriminalamt zur Zusammenarbeit des Bundes und der Länder in kriminalpolizeilichen Angelegenheiten.
(2) ¹Die Länder unterhalten für ihr Gebiet zentrale Dienststellen der Kriminalpolizei (Landeskriminalämter) zur Sicherung der Zusammenarbeit des Bundes und der Länder. ²Mehrere Länder können ein gemeinsames Landeskriminalamt unterhalten.
(3) Die Verfolgung sowie die Verhütung von Straftaten und die Aufgaben der sonstigen Gefahrenabwehr bleiben Sache der Länder, soweit gesetzlich nichts anderes bestimmt ist.

§ 2 Zentralstelle
(1) Das Bundeskriminalamt unterstützt als Zentralstelle für das polizeiliche Auskunfts- und Nachrichtenwesen und für die Kriminalpolizei die Polizeien des Bundes und der Länder bei der Verhütung und Verfolgung von Straftaten mit länderübergreifender, internationaler oder erheblicher Bedeutung.
(2) Das Bundeskriminalamt hat zur Wahrnehmung dieser Aufgabe
1. alle hierfür erforderlichen Informationen zu sammeln und auszuwerten,
2. die Strafverfolgungsbehörden des Bundes und der Länder unverzüglich über die sie betreffenden Informationen und die in Erfahrung gebrachten Zusammenhänge von Straftaten zu unterrichten.
(3) Das Bundeskriminalamt unterhält als Zentralstelle einen einheitlichen polizeilichen Informationsverbund nach Maßgabe dieses Gesetzes.
(4) ¹Das Bundeskriminalamt unterhält als Zentralstelle zur Unterstützung und Koordinierung der Polizeien des Bundes und der Länder bei der Verhütung und Verfolgung von Straftaten und der Gefahrenabwehr zentrale Einrichtungen und Sammlungen, insbesondere.
1. zentrale erkennungsdienstliche und kriminaltechnische Einrichtungen und Sammlungen sowie
2. zentrale Einrichtungen für die Fahndung nach Personen und Sachen.
²Die zentralen Einrichtungen und Sammlungen können auch elektronisch geführt werden.
(5) ¹Das Bundeskriminalamt kann als Zentralstelle zur Unterstützung der Polizeien des Bundes und der Länder
1. Aus- und Fortbildungsveranstaltungen auf kriminalpolizeilichen Spezialgebieten durchführen,
2. Kompetenzzentren für informationstechnische Systeme und Infrastrukturen sowie Einsatztechnik, technische Einsatzmittel und kriminaltechnische Untersuchungsmethoden im kriminalpolizeilichen Bereich aufbauen, unterhalten und deren Entwicklungen und Ergebnisse den Polizeien des Bundes und der Länder zur Verfügung stellen,

3. auf Ersuchen bei der Durchführung von kriminaltechnischen Untersuchungen unterstützen sowie
4. auf Ersuchen bei der Datenverarbeitung unterstützen.

[2]Die Verarbeitung von personenbezogenen Daten in den Fällen von Satz 1 Nummer 3 und 4 erfolgt nach den Weisungen der Polizeien des Bundes und der Länder und nach deren Vorschriften über die Auftragsverarbeitung. [3]Die Behörden der Länder haben dem Bundeskriminalamt die durch die Inanspruchnahme der Leistungen nach Satz 1 Nummer 2, 3 und 4 entstehenden Kosten zu erstatten. [4]Im Einzelfall kann das Bundeskriminalamt aus Gründen des öffentlichen Interesses von der Erhebung der Kosten abschen.

(6) Das Bundeskriminalamt hat als Zentralstelle ferner zur Unterstützung der Polizeien des Bundes und der Länder bei der Verhütung und Verfolgung von Straftaten

1. strategische und operative kriminalpolizeiliche Analysen, Statistiken, einschließlich der Kriminalstatistik, und Lageberichte zu erstellen und hierfür die Entwicklung der Kriminalität zu beobachten und auszuwerten,
2. die erforderlichen Einrichtungen für alle Bereiche kriminaltechnischer Untersuchungen und für kriminaltechnische Forschung zu unterhalten und die Zusammenarbeit der Polizei auf diesen Gebieten zu koordinieren,
3. polizeiliche Methoden und Arbeitsweisen der Kriminalitätsbekämpfung zu erforschen und zu entwickeln sowie
4. angemessene organisatorische und technische Vorkehrungen sowie Verfahren zur Umsetzung von Datenschutzgrundsätzen, insbesondere der Grundsätze der Datenvermeidung und Datensparsamkeit, einschließlich der Pseudonymisierung, zu entwickeln.

(7) Das Bundeskriminalamt erstattet erkennungsdienstliche und kriminaltechnische Gutachten für Strafverfahren auf Anforderungen von Polizeidienststellen, Staatsanwaltschaften und Gerichten.

§ 3 Internationale Zusammenarbeit

(1) Das Bundeskriminalamt ist Nationales Zentralbüro der Bundesrepublik Deutschland für die Internationale Kriminalpolizeiliche Organisation und nationale Stelle für Europol nach § 1 des Europol-Gesetzes.

(2) Das Bundeskriminalamt ist die zentrale nationale Stelle für den Informationsaustausch nach Artikel 39 Absatz 3 und Artikel 46 Absatz 2 des Schengener Durchführungsübereinkommens, für den Betrieb des nationalen Teils des Schengener Informationssystems und das SIRENE-Büro für den Austausch von Zusatzinformationen.

(3) [1]Der zur Verhütung oder Verfolgung von Straftaten erforderliche Dienstverkehr der Polizeien des Bundes und der Länder mit den Polizei- und Justizbehörden sowie sonstigen insoweit zuständigen öffentlichen Stellen anderer Staaten und mit für die Verhütung oder Verfolgung von Straftaten zuständigen zwischen- und überstaatlichen Stellen obliegt dem Bundeskriminalamt. [2]Unberührt hiervon bleiben

1. besondere bundesgesetzliche Vorschriften, insbesondere die Vorschriften über die internationale Rechtshilfe in Strafsachen,
2. die internationale Zusammenarbeit der Zollbehörden,
3. Vereinbarungen der zuständigen obersten Landesbehörden mit den zuständigen ausländischen Stellen im Rahmen der vom Bund abgeschlossenen völkerrechtlichen Abkommen sowie
4. abweichende Regelungen durch Vereinbarungen des Bundeskriminalamtes mit den zuständigen Bundes- oder Landesbehörden, welche der Zustimmung der jeweils zuständigen obersten Bundes- oder Landesbehörden bedürfen.

[3]Die abweichenden Vereinbarungen nach Satz 2 Nummer 4 sollen vorsehen, dass das Bundeskriminalamt von dem Dienstverkehr automatisiert unterrichtet wird.

(4) [1]Absatz 3 Satz 1 gilt nicht für den Dienstverkehr mit den zuständigen Behörden der Nachbarstaaten und der Mitgliedstaaten der Europäischen Union, soweit dieser sich auf Kriminalität von regionaler Bedeutung im Grenzgebiet bezieht oder soweit Gefahr im Verzug ist. [2]Die übermittelnden Polizeien unterrichten das Bundeskriminalamt unverzüglich über den Dienstverkehr nach Satz 1.

(5) Bei regional abgrenzbaren Fallgestaltungen können die Polizeien des Bundes und der Länder zur Wahrnehmung ihrer Aufgaben abweichend von Absatz 3 Satz 1 im Einvernehmen mit dem Bundeskriminalamt den erforderlichen Dienstverkehr mit den zuständigen Behörden anderer Staaten und für die Verhütung oder Verfolgung von Straftaten zuständigen zwischen- und überstaatlichen Stellen führen.

§ 4 Strafverfolgung

(1) [1]Das Bundeskriminalamt nimmt die polizeilichen Aufgaben auf dem Gebiet der Strafverfolgung wahr

1. in Fällen des international organisierten ungesetzlichen Handels mit Waffen, Munition, Sprengstoffen, Betäubungsmitteln, neuen psychoaktiven Stoffen oder Arzneimitteln und der international organisierten Herstellung oder Verbreitung von Falschgeld, die eine Sachaufklärung im Ausland er-

fordern, sowie damit im Zusammenhang begangener Straftaten einschließlich der international organisierten Geldwäsche,

2. in Fällen von Straftaten, die sich gegen das Leben (§§ 211, 212 des Strafgesetzbuchs) oder die Freiheit (§§ 234, 234a, 239, 239b des Strafgesetzbuchs) des Bundespräsidenten, von Mitgliedern der Bundesregierung, des Deutschen Bundestages und des Bundesverfassungsgerichts oder der Gäste der Verfassungsorgane des Bundes aus anderen Staaten oder der Leitungen und Mitglieder der bei der Bundesrepublik Deutschland beglaubigten diplomatischen Vertretungen richten, wenn anzunehmen ist, dass der Täter aus politischen Motiven gehandelt hat und die Tat bundes- oder außenpolitische Belange berührt,

3. in den Fällen international organisierter Straftaten
 a) nach § 129a, auch in Verbindung mit § 129b Absatz 1, des Strafgesetzbuchs,
 b) nach den §§ 105 und 106 des Strafgesetzbuchs zum Nachteil des Bundespräsidenten, eines Verfassungsorgans des Bundes oder des Mitgliedes eines Verfassungsorgans des Bundes und damit im Zusammenhang stehender Straftaten,

4. in den Fällen der in § 129a Absatz 1 Nummer 1 und 2 des Strafgesetzbuchs genannten Straftaten und damit im Zusammenhang stehender Straftaten, soweit es sich um eine Auslandstat handelt und ein Gerichtsstand noch nicht feststeht,

5. in den Fällen von Straftaten nach den §§ 202a, 202b, 202c, 263a, 303a und 303b des Strafgesetzbuchs, soweit tatsächliche Anhaltspunkte dafür vorliegen, dass die Tat sich richtet gegen
 a) die innere oder äußere Sicherheit der Bundesrepublik Deutschland oder
 b) Behörden oder Einrichtungen des Bundes oder sicherheitsempfindliche Stellen von lebenswichtigen Einrichtungen, bei deren Ausfall oder Zerstörung eine erhebliche Bedrohung für die Gesundheit oder das Leben von Menschen zu befürchten ist oder die für das Funktionieren des Gemeinwesens unverzichtbar sind,

6. in den Fällen von
 a) Straftaten nach den §§ 81, 83 Absatz 1, §§ 87, 88 und 94 bis 100a des Strafgesetzbuchs und nach § 13 des Völkerstrafgesetzbuchs sowie
 b) Straftaten nach den §§ 211, 212, 234, 234a, 239, 239a, 239b des Strafgesetzbuchs, wenn anzunehmen ist, dass die Tat durch Angehörige des Geheimdienstes einer fremden Macht oder im Auftrag einer fremden Macht oder den Geheimdienst einer fremden Macht begangen worden ist.

[2]Die Staatsanwaltschaft kann im Benehmen mit dem Bundeskriminalamt die Ermittlungen einer anderen sonst zuständigen Polizeibehörde übertragen. [3]Die Wahrnehmung der Aufgaben nach Satz 1 Nummer 2 und 3 Buchstabe b bedarf der Zustimmung des Bundesministeriums des Innern, für Bau und Heimat; bei Gefahr im Verzug kann das Bundeskriminalamt vor Erteilung der Zustimmung tätig werden.

(2) [1]Das Bundeskriminalamt nimmt darüber hinaus die polizeilichen Aufgaben auf dem Gebiet der Strafverfolgung wahr, wenn

1. eine zuständige Landesbehörde darum ersucht,
2. das Bundesministerium des Innern, für Bau und Heimat es nach Unterrichtung der obersten Landesbehörde aus schwerwiegenden Gründen anordnet oder
3. der Generalbundesanwalt darum ersucht oder einen Auftrag erteilt.

[2]Satz 1 Nummer 1 und 3 gilt entsprechend für die Fahndung nach Verurteilten zum Zwecke der Vollstreckung.

(3) [1]Die für die Strafrechtspflege und die Polizei zuständigen obersten Landesbehörden sind unverzüglich zu benachrichtigen, wenn das Bundeskriminalamt polizeiliche Aufgaben auf dem Gebiet der Strafverfolgung wahrnimmt; außerdem sind unverzüglich zu benachrichtigen die zuständigen Landeskriminalämter, der Generalbundesanwalt in den Fällen, in denen er für die Führung der Ermittlungen zuständig ist, und in den übrigen Fällen die Generalstaatsanwaltschaften, in deren Bezirken ein Gerichtsstand begründet ist. [2]Die Verpflichtung anderer Polizeibehörden zur Durchführung der notwendigen unaufschiebbaren Maßnahmen sowie die Befugnisse der Staatsanwaltschaft nach § 161 der Strafprozessordnung bleiben unberührt.

(4) [1]In den Fällen der Absätze 1 und 2 kann das Bundeskriminalamt den zuständigen Landeskriminalämtern Weisungen für die Zusammenarbeit geben. [2]Die oberste Landesbehörde ist unverzüglich zu benachrichtigen.

§ 5 Abwehr von Gefahren des internationalen Terrorismus

(1) [1]Das Bundeskriminalamt kann die Aufgabe der Abwehr von Gefahren des internationalen Terrorismus in Fällen wahrnehmen, in denen

1. eine länderübergreifende Gefahr vorliegt,
2. die Zuständigkeit einer Landespolizeibehörde nicht erkennbar ist oder
3. die oberste Landesbehörde um eine Übernahme ersucht. [2]Gefahren des internationalen Terrorismus sind Gefahren der Verwirklichung von Straftaten, die in § 129a Absatz 1 und 2 des Strafgesetzbuchs bezeichnet und dazu bestimmt sind,
1. die Bevölkerung auf erhebliche Weise einzuschüchtern,
2. eine Behörde oder eine internationale Organisation rechtswidrig mit Gewalt oder durch Drohung mit Gewalt zu nötigen oder
3. die politischen, verfassungsrechtlichen, wirtschaftlichen oder sozialen Grundstrukturen eines Staates oder einer internationalen Organisation zu beseitigen oder erheblich zu beeinträchtigen, und durch die Art ihrer Begehung oder ihre Auswirkungen einen Staat oder eine internationale Organisation erheblich schädigen können. [3]Das Bundeskriminalamt kann in den in Satz 1 bezeichneten Fällen auch zur Verhütung von Straftaten nach Satz 2 tätig werden.

(2) [1]Die Befugnisse der Länder und anderer Polizeibehörden des Bundes bleiben unberührt. [2]Die zuständigen obersten Landesbehörden und, soweit zuständig, anderen Polizeibehörden des Bundes sind unverzüglich zu benachrichtigen, wenn das Bundeskriminalamt die Aufgabe nach Absatz 1 wahrnimmt. [3]Die Aufgabenwahrnehmung erfolgt in gegenseitigem Benehmen. [4]Stellt das Bundeskriminalamt bei der Aufgabenwahrnehmung nach Absatz 1 Satz 1 Nummer 2 die Zuständigkeit einer Landespolizeibehörde fest, so gibt es diese Aufgabe an diese Polizeibehörde ab, wenn nicht ein Fall des Absatzes 1 Satz 1 Nummer 1 oder Nummer 3 vorliegt.

§ 6 Schutz von Mitgliedern der Verfassungsorgane und der Leitung des Bundeskriminalamtes

(1) [1]Unbeschadet der Rechte des Präsidenten des Deutschen Bundestages und der Zuständigkeit der Bundespolizei und der Polizeien der Länder obliegt dem Bundeskriminalamt
1. der erforderliche Personenschutz
 a) für die Mitglieder der Verfassungsorgane des Bundes,
 b) in besonders festzulegenden Fällen der Gäste dieser Verfassungsorgane aus anderen Staaten,
 c) auf Ersuchen des Präsidenten des Deutschen Bundestages für Hilfsorgane des Deutschen Bundestages und
 d) für die Leitung des Bundeskriminalamtes;
2. der innere Schutz der Dienst- und der Wohnsitze sowie der jeweiligen Aufenthaltsräume des Bundespräsidenten, der Mitglieder der Bundesregierung und in besonders festzulegenden Fällen ihrer Gäste aus anderen Staaten.

[2]In den Fällen des Satzes 1 Nummer 1 Buchstabe a, c und d kann der erforderliche Schutz insbesondere auch über die Amtsdauer hinaus erstreckt werden und Familienangehörige einbeziehen.

(2) Sollen Beamtinnen und Beamte des Bundeskriminalamtes und der Polizei eines Landes in den Fällen des Absatzes 1 zugleich eingesetzt werden, so entscheidet darüber das Bundesministerium des Innern, für Bau und Heimat im Einvernehmen mit der obersten Landesbehörde.

§ 7 Zeugenschutz

(1) [1]In den Fällen des § 4 Absatz 1 und 2 Satz 1 obliegt dem Bundeskriminalamt der Schutz von Personen, deren Aussage zur Erforschung der Wahrheit von Bedeutung ist oder war. [2]Entsprechendes gilt für deren Angehörige und sonstige ihnen nahestehende Personen. [3]Das Bundeskriminalamt unterrichtet die zuständigen Landeskriminalämter unverzüglich von der Übernahme des Zeugenschutzes.

(2) [1]Das Bundeskriminalamt kann Zeugenschutzmaßnahmen aufgrund eines Ersuchens eines anderen Staates oder einer für die Verfolgung von Straftaten zuständigen zwischen- und überstaatlichen Stelle durchführen, soweit es sich um einen Fall von besonderer Bedeutung handelt. [2]Absatz 1 Satz 2 und 3 gilt entsprechend.

(3) [1]In Einzelfällen können Zeugenschutzmaßnahmen im Einvernehmen zwischen dem Bundeskriminalamt und einem Landeskriminalamt durch Polizeibeamtinnen und Polizeibeamte dieses Landes durchgeführt werden. [2]Die Verpflichtung anderer Polizeibehörden, die zur Abwehr von Gefahren erforderlichen unaufschiebbaren Maßnahmen zu treffen, bleibt unberührt.

§ 8 Sicherung des Bundeskriminalamtes, behördlicher Eigenschutz

(1) [1]Dem Bundeskriminalamt obliegt die Sicherung seiner behördlichen Liegenschaften, sonstigen Einrichtungen und eigenen Veranstaltungen gegen Gefahren, welche die Erfüllung seiner Aufgaben beeinträchtigen. [2]Die Sicherung beschränkt sich auf die in Satz 1 bezeichneten Liegenschaften und Einrichtungen sowie auf die Grundstücke, auf denen diese Liegenschaften und Einrichtungen untergebracht sind oder Veranstaltungen stattfinden.

(2) Dem Bundeskriminalamt obliegt die Sicherung seines Dienstbetriebs gegen Gefahren, die von Personen ausgehen, die für das Bundeskriminalamt tätig werden sollen.

Abschnitt 2
Allgemeine Befugnisse zur Datenverarbeitung

Unterabschnitt 1
Datenerhebung

§ 9 Allgemeine Datenerhebung durch und Datenübermittlung an das Bundeskriminalamt

(1) [1]Das Bundeskriminalamt kann, soweit dies zur Erfüllung seiner Aufgabe als Zentralstelle nach § 2 Absatz 2 Nummer 1 und Absatz 6 erforderlich ist, personenbezogene Daten zur Ergänzung vorhandener Sachverhalte oder sonst zu Zwecken der Auswertung mittels Auskünften oder Anfragen bei öffentlichen oder nichtöffentlichen Stellen erheben. [2]Das Bundeskriminalamt kann unter den Voraussetzungen des Satzes 1 auch Daten erheben
1. bei den in den §§ 26 und 27 genannten Behörden und Stellen anderer Staaten,
2. bei zwischen- und überstaatlichen Stellen, die mit der Verfolgung und Verhütung von Straftaten befasst sind, sowie
3. unter den Voraussetzungen des § 81 des Bundesdatenschutzgesetzes auch bei sonstigen öffentlichen und nichtöffentlichen Stellen im Ausland.
[3]In anhängigen Strafverfahren steht dem Bundeskriminalamt diese Befugnis nur im Einvernehmen mit der zuständigen Strafverfolgungsbehörde zu.

(2) [1]Das Bundeskriminalamt kann, soweit dies zur Erfüllung seiner Aufgaben nach den §§ 6 bis 8 erforderlich ist, personenbezogene Daten erheben. [2]Die personenbezogenen Daten sind offen und bei der betroffenen Person zu erheben. [3]Sie können bei anderen öffentlichen oder bei nichtöffentlichen Stellen erhoben werden, wenn die Erhebung bei der betroffenen Person nicht möglich ist oder durch sie die Erfüllung der dem Bundeskriminalamt obliegenden Aufgaben nach Satz 1 gefährdet oder erheblich erschwert würde. [4]Eine Datenerhebung, die nicht als Maßnahme des Bundeskriminalamtes erkennbar sein soll, ist nur zulässig, wenn auf andere Weise die Erfüllung der dem Bundeskriminalamt obliegenden Aufgaben nach Satz 1 erheblich gefährdet wird oder wenn anzunehmen ist, dass dies dem überwiegenden Interesse der betroffenen Person entspricht.

(3) [1]Soweit das Bundeskriminalamt für seine Aufgaben nach den §§ 6 bis 8 personenbezogene Daten bei der betroffenen Person oder bei nichtöffentlichen Stellen erhebt, sind diese auf Verlangen auf den Umfang ihrer Auskunftspflicht und auf die Rechtsgrundlage der Datenerhebung hinzuweisen. [2]Der Hinweis kann unterbleiben, wenn durch ihn die Erfüllung der jeweiligen Aufgabe des Bundeskriminalamtes nach Absatz 2 gefährdet oder erheblich erschwert würde. [3]Sofern eine Auskunftspflicht nicht besteht, ist auf die Freiwilligkeit der Auskunft hinzuweisen.

(4) [1]Öffentliche Stellen können von sich aus dem Bundeskriminalamt Informationen einschließlich personenbezogener Daten übermitteln, wenn tatsächliche Anhaltspunkte dafür bestehen, dass die Übermittlung für die Erfüllung der Aufgaben des Bundeskriminalamtes erforderlich ist. [2]Die Vorschriften der Strafprozessordnung, des Artikel 10-Gesetzes, des Bundesverfassungsschutzgesetzes, des BND-Gesetzes und des MAD-Gesetzes bleiben unberührt. [3]Die Verantwortung für die Zulässigkeit der Übermittlung trägt die übermittelnde Stelle. [4]Erfolgt die Übermittlung auf Ersuchen des Bundeskriminalamtes, trägt dieses die Verantwortung.

(5) Eine Übermittlungspflicht besteht, wenn die Informationen zur Abwehr einer Gefahr für den Bestand oder die Sicherheit des Bundes oder eines Landes oder Leib, Leben oder Freiheit einer Person oder einer Sache von bedeutendem Wert, deren Erhaltung im öffentlichen Interesse liegt, erforderlich sind.

§ 10 Bestandsdatenauskunft

(1) [1]Soweit dies zur Erfüllung der Aufgabe des Bundeskriminalamtes
1. als Zentralstelle nach § 2 Absatz 2 Nummer 1 und Absatz 6 zur Ergänzung vorhandener Sachverhalte oder sonst zu Zwecken der Auswertung,
2. zum Schutz von Mitgliedern der Verfassungsorgane oder der Leitung des Bundeskriminalamtes nach § 6 sowie
3. zum Zeugenschutz nach § 7
erforderlich ist, darf von demjenigen, der geschäftsmäßig Telekommunikationsdienste erbringt oder daran mitwirkt, Auskunft über die nach den §§ 95 und 111 des Telekommunikationsgesetzes erhobenen Daten verlangt werden (§ 113 Absatz 1 Satz 1 des Telekommunikationsgesetzes). [2]Bezieht sich das Auskunftsverlangen nach Satz 1 auf Daten, mittels derer der Zugriff auf Endgeräte oder auf Speichereinrichtungen,

die in diesen Endgeräten oder hiervon räumlich getrennt eingesetzt werden, geschützt wird (§ 113 Absatz 1 Satz 2 des Telekommunikationsgesetzes), darf die Auskunft nur verlangt werden, wenn die gesetzlichen Voraussetzungen für die Nutzung der Daten vorliegen.

(2) Die Auskunft nach Absatz 1 darf auch anhand einer zu einem bestimmten Zeitpunkt zugewiesenen Internetprotokoll-Adresse verlangt werden (§ 113 Absatz 1 Satz 3 des Telekommunikationsgesetzes).

(3) [1]Auskunftsverlangen nach Absatz 1 Satz 2 dürfen nur auf Antrag der Präsidentin oder des Präsidenten des Bundeskriminalamtes oder ihrer oder seiner Vertretung durch das Gericht angeordnet werden. [2]Bei Gefahr im Verzug kann die Anordnung durch die Präsidentin oder den Präsidenten des Bundeskriminalamtes oder ihre oder seine Vertretung getroffen werden. [3]In diesem Fall ist die gerichtliche Entscheidung unverzüglich nachzuholen. [4]Die Sätze 1 bis 3 finden keine Anwendung, wenn die betroffene Person vom Auskunftsverlangen bereits Kenntnis hat oder haben muss oder wenn die Nutzung der Daten bereits durch eine gerichtliche Entscheidung gestattet wird. [5]Das Vorliegen der Voraussetzungen nach Satz 4 ist aktenkundig zu machen.

(4) [1]Die betroffene Person ist in den Fällen des Absatzes 1 Satz 2 und des Absatzes 2 über die Beauskunftung zu benachrichtigen. [2]Die Benachrichtigung erfolgt, soweit und sobald hierdurch der Zweck der Auskunft nicht vereitelt wird. [3]Sie unterbleibt, wenn ihr überwiegende schutzwürdige Belange Dritter oder der betroffenen Person selbst entgegenstehen. [4]Wird die Benachrichtigung nach Satz 2 zurückgestellt oder nach Satz 3 von ihr abgesehen, sind die Gründe aktenkundig zu machen.

(5) [1]Aufgrund eines Auskunftsverlangens nach Absatz 1 oder Absatz 2 hat derjenige, der geschäftsmäßig Telekommunikationsdienste erbringt oder daran mitwirkt, die zur Auskunftserteilung erforderlichen Daten unverzüglich zu übermitteln. [2]Für die Entschädigung der Diensteanbieter ist § 23 des Justizvergütungs- und -entschädigungsgesetzes entsprechend anzuwenden.

§ 11 Aufzeichnung eingehender Telefonanrufe

[1]Das Bundeskriminalamt kann Telefonanrufe aufzeichnen, die über Rufnummern eingehen, die der Öffentlichkeit bekannt gegeben wurden

1. für die Entgegennahme sachdienlicher Hinweise im Zusammenhang mit der Erfüllung der Aufgaben nach den §§ 4 bis 8 oder

2. im Hinblick auf ein bestimmtes Ereignis,

soweit dies zur Erfüllung seiner Aufgaben erforderlich ist. [2]Die Aufzeichnungen sind sofort und spurenlos zu löschen, sobald sie nicht mehr zur Aufgabenerfüllung erforderlich sind, spätestens jedoch nach 30 Tagen, es sei denn, sie werden im Einzelfall zur Erfüllung der Aufgaben nach den §§ 4 bis 6 benötigt.

Unterabschnitt 2
Weiterverarbeitung von Daten

§ 12 Zweckbindung, Grundsatz der hypothetischen Datenneuerhebung

(1) [1]Das Bundeskriminalamt kann personenbezogene Daten, die es selbst erhoben hat, weiterverarbeiten

1. zur Erfüllung derselben Aufgabe und

2. zum Schutz derselben Rechtsgüter oder zur Verfolgung oder Verhütung derselben Straftaten. [2]Für die Weiterverarbeitung von personenbezogenen Daten, die aus Maßnahmen nach § 46 erlangt wurden, muss im Einzelfall eine dringende Gefahr im Sinne des § 46 Absatz 1 vorliegen, und für die Weiterverarbeitung von personenbezogenen Daten, die aus Maßnahmen nach § 49 erlangt wurden, muss im Einzelfall eine Gefahrenlage im Sinne des § 49 Absatz 1 vorliegen.

(2) [1]Das Bundeskriminalamt kann zur Erfüllung seiner Aufgaben personenbezogene Daten zu anderen Zwecken, als denjenigen, zu denen sie erhoben worden sind, weiterverarbeiten, wenn

1. mindestens
 a) vergleichbar schwerwiegende Straftaten verhütet, aufgedeckt oder verfolgt oder
 b) vergleichbar bedeutsame Rechtsgüter geschützt
 werden sollen und

2. sich im Einzelfall konkrete Ermittlungsansätze
 a) zur Verhütung, Aufdeckung oder Verfolgung solcher Straftaten ergeben oder
 b) zur Abwehr von in einem übersehbaren Zeitraum drohenden Gefahren für mindestens vergleichbar bedeutsame Rechtsgüter erkennen lassen.

[2]Die §§ 21 und 22 bleiben unberührt.

(3) [1]Für die Weiterverarbeitung von personenbezogenen Daten, die durch einen verdeckten Einsatz technischer Mittel in oder aus Wohnungen oder verdeckten Eingriff in informationstechnische Systeme erlangt wurden, gilt Absatz 2 Satz 1 Nummer 2 Buchstabe b mit der Maßgabe entsprechend, dass

1. bei personenbezogenen Daten, die durch einen verdeckten Einsatz technischer Mittel in oder aus Wohnungen erlangt wurden, im Einzelfall eine dringende Gefahr im Sinne des § 46 Absatz 1 vorliegen muss und

2. bei personenbezogenen Daten, die durch einen verdeckten Eingriff in informationstechnische Systeme erlangt wurden, im Einzelfall eine Gefahrenlage im Sinne des § 49 Absatz 1 vorliegen muss.

[2]Personenbezogene Daten, die durch Herstellung von Lichtbildern oder Bildaufzeichnungen über eine Person im Wege eines verdeckten Einsatzes technischer Mittel in oder aus Wohnungen erlangt wurden, dürfen nicht zu Strafverfolgungszwecken weiterverarbeitet werden.

(4) Abweichend von Absatz 2 kann das Bundeskriminalamt die vorhandenen Grunddaten (§ 18 Absatz 2 Nummer 1 Buchstabe a) einer Person auch weiterverarbeiten, um diese Person zu identifizieren.

(5) Bei der Weiterverarbeitung von personenbezogenen Daten stellt das Bundeskriminalamt durch organisatorische und technische Vorkehrungen sicher, dass die Absätze 1 bis 4 beachtet werden.

§ 13 Informationssystem des Bundeskriminalamtes

(1) Das Bundeskriminalamt betreibt ein Informationssystem zur Erfüllung seiner Aufgaben nach den §§ 2 bis 8.

(2) Im Zusammenhang mit den Aufgaben des Bundeskriminalamtes als Zentralstelle, bei der Strafverfolgung und bei der Gefahrenabwehr erfüllt das Informationssystem insbesondere folgende Grundfunktionen:

1. Unterstützung bei polizeilichen Ermittlungen,
2. Unterstützung bei Ausschreibungen von sowie Fahndungen nach Personen und Sachen,
3. Unterstützung bei der polizeilichen Informationsverdichtung durch Abklärung von Hinweisen und Spurenansätzen,
4. Durchführung von Abgleichen von personenbezogenen Daten,
5. Unterstützung bei der Erstellung von strategischen Analysen und Statistiken.

(3) Mit seinem Informationssystem nimmt das Bundeskriminalamt nach Maßgabe der §§ 29 und 30 am polizeilichen Informationsverbund nach § 29 teil.

§ 14 Kennzeichnung

(1) [1]Bei der Speicherung im Informationssystem sind personenbezogene Daten wie folgt zu kennzeichnen:

1. Angabe des Mittels der Erhebung der Daten einschließlich der Angabe, ob die Daten offen oder verdeckt erhoben wurden,
2. Angabe der Kategorie nach den §§ 18 und 19 bei Personen, zu denen Grunddaten angelegt wurden,
3. Angabe der
 a) Rechtsgüter, deren Schutz die Erhebung dient oder
 b) Straftaten, deren Verfolgung oder Verhütung die Erhebung dient,
4. Angabe der Stelle, die sie erhoben hat, sofern nicht das Bundeskriminalamt die Daten erhoben hat. [2]Die Kennzeichnung nach Satz 1 Nummer 1 kann auch durch Angabe der Rechtsgrundlage der jeweiligen Mittel der Datenerhebung ergänzt werden.

(2) Personenbezogene Daten, die nicht entsprechend den Anforderungen des Absatzes 1 gekennzeichnet sind, dürfen so lange nicht weiterverarbeitet oder übermittelt werden, bis eine Kennzeichnung entsprechend den Anforderungen des Absatzes 1 erfolgt ist.

(3) Nach einer Übermittlung an eine andere Stelle ist die Kennzeichnung nach Absatz 1 durch diese Stelle aufrechtzuerhalten.

§ 15 Regelung von Zugriffsberechtigungen

(1) Das Bundeskriminalamt hat bei der Erteilung von Zugriffsberechtigungen der Nutzer des Informationssystems sicherzustellen, dass

1. auf Grundlage der nach § 14 Absatz 1 vorzunehmenden Kennzeichnungen die Vorgaben des § 12 bei der Nutzung des Informationssystems beachtet werden und
2. der Zugriff nur auf diejenigen personenbezogenen Daten und Erkenntnisse möglich ist, deren Kenntnis für die Erfüllung der jeweiligen dienstlichen Pflichten erforderlich ist.

(2) Das Bundeskriminalamt hat darüber hinaus sicherzustellen, dass Änderungen, Berichtigungen und Löschungen von personenbezogenen Daten im Informationssystem nur durch eine hierzu befugte Person erfolgen können.

(3) [1]Das Bundeskriminalamt trifft hierzu alle erforderlichen organisatorischen und technischen Vorkehrungen und Maßnahmen, die dem Stand der Technik entsprechen. [2]Die Vergabe von Zugriffsberechtigungen auf die im Informationssystem gespeicherten Daten erfolgt auf der Grundlage eines abgestuften Rechte- und Rollenkonzeptes, das die Umsetzung der Maßgaben der Absätze 1 und 2 technisch und

organisatorisch sicherstellt. [3]Die Erstellung und Fortschreibung des abgestuften Rechte- und Rollenkonzeptes erfolgt im Benehmen mit der oder dem Bundesbeauftragten für den Datenschutz und die Informationsfreiheit.

(4) Das Informationssystem ist so zu gestalten, dass eine weitgehende Standardisierung der nach § 76 Absatz 1 des Bundesdatenschutzgesetzes zu protokollierenden Abfragegründe im Rahmen der Aufgaben des Bundeskriminalamtes erfolgt.

§ 16 Datenweiterverarbeitung im Informationssystem

(1) Das Bundeskriminalamt kann personenbezogene Daten nach Maßgabe des § 12 im Informationssystem weiterverarbeiten, soweit dies zur Erfüllung seiner Aufgaben erforderlich ist und soweit dieses Gesetz keine zusätzlichen besonderen Voraussetzungen vorsieht.

(2) [1]Das Bundeskriminalamt kann personenbezogene Daten im Informationssystem weiterverarbeiten, soweit dies erforderlich ist zur Fahndung und polizeilichen Beobachtung oder gezielten Kontrolle, wenn das Bundeskriminalamt oder die die Ausschreibung veranlassende Stelle nach dem für sie geltenden Recht befugt ist, die mit der Ausschreibung für Zwecke der Strafverfolgung, des Strafvollzugs, der Strafvollstreckung oder der Abwehr erheblicher Gefahren vorgesehene Maßnahme vorzunehmen oder durch eine Polizeibehörde vornehmen zu lassen. [2]Satz 1 gilt entsprechend für Ausschreibungen zur Durchführung aufenthaltsbeendender oder einreiseverhindernder Maßnahmen. [3]Die veranlassende Stelle trägt die Verantwortung für die Zulässigkeit der Maßnahme. [4]Sie hat in ihrem Ersuchen die bezweckte Maßnahme sowie Umfang und Dauer der Ausschreibung zu bezeichnen. [5]Nach Beendigung einer Ausschreibung nach Satz 1 oder Satz 2 sind die zu diesem Zweck gespeicherten Daten unverzüglich zu löschen.

(3) Das Bundeskriminalamt kann personenbezogene Daten, die es bei der Wahrnehmung seiner Aufgaben auf dem Gebiet der Strafverfolgung erlangt hat, unter den Voraussetzungen der §§ 18 und 19 im Informationssystem für Zwecke künftiger Strafverfahren weiterverarbeiten.

(4) [1]Das Bundeskriminalamt kann im Informationssystem personenbezogene Daten mit Daten, auf die es zur Erfüllung seiner Aufgaben zugreifen darf, abgleichen, wenn Grund zu der Annahme besteht, dass dies zur Erfüllung einer Aufgabe erforderlich ist. [2]Rechtsvorschriften über den Datenabgleich in anderen Fällen bleiben unberührt.

(5) [1]Das Bundeskriminalamt kann zur Erfüllung seiner Aufgaben nach § 2 Absatz 4 im Informationssystem personenbezogene Daten, die bei der Durchführung erkennungsdienstlicher Maßnahmen erhoben worden sind, weiterverarbeiten,
1. wenn eine andere Rechtsvorschrift dies erlaubt oder
2. wenn dies erforderlich ist,
 a) weil bei Beschuldigten und Personen, die einer Straftat verdächtig sind, wegen der Art oder Ausführung der Tat, der Persönlichkeit der betroffenen Person oder sonstiger Erkenntnisse Grund zu der Annahme besteht, dass gegen sie Strafverfahren zu führen sind, oder
 b) um eine erhebliche Gefahr abzuwehren.
[2]§ 18 Absatz 5 gilt entsprechend.

(6) Das Bundeskriminalamt kann in den Fällen, in denen bereits Daten zu einer Person vorhanden sind, zu dieser Person auch weiterverarbeiten:
1. personengebundene Hinweise, die zum Schutz dieser Person oder zur Eigensicherung von Beamten erforderlich sind, oder
2. weitere Hinweise, die geeignet sind, dem Schutz Dritter oder der Gewinnung von Ermittlungsansätzen zu dienen.

§ 17 Projektbezogene gemeinsame Dateien

(1) [1]Das Bundeskriminalamt kann für die Dauer einer befristeten projektbezogenen Zusammenarbeit mit den Verfassungsschutzbehörden des Bundes und der Länder, dem Militärischen Abschirmdienst, dem Bundesnachrichtendienst, Polizeibehörden des Bundes und der Länder und dem Zollkriminalamt eine gemeinsame Datei errichten. [2]Die projektbezogene Zusammenarbeit bezweckt nach Maßgabe der Aufgaben und Befugnisse der in Satz 1 genannten Behörden den Austausch und die gemeinsame Auswertung von polizeilichen oder nachrichtendienstlichen Erkenntnissen zu
1. Straftaten nach den §§ 94 bis 96 und den §§ 97a bis 100a des Strafgesetzbuchs,
2. Straftaten nach § 129a, auch in Verbindung mit § 129b Absatz 1, den §§ 89a bis 89c und 91 des Strafgesetzbuchs,
3. vorsätzlichen Straftaten nach den §§ 17 und 18 des Außenwirtschaftsgesetzes, soweit es sich um einen Fall von besonderer Bedeutung handelt, oder
4. Straftaten, die mit Straftaten nach den Nummern 1 bis 3 in einem unmittelbaren Zusammenhang stehen.

³Personenbezogene Daten zu Straftaten nach Satz 2 dürfen unter Einsatz der gemeinsamen Datei durch die an der projektbezogenen Zusammenarbeit beteiligten Behörden im Rahmen ihrer Befugnisse weiterverarbeitet werden, soweit dies in diesem Zusammenhang zur Erfüllung ihrer Aufgaben erforderlich ist. ⁴Bei der Weiterverarbeitung der personenbezogenen Daten finden für die beteiligten Behörden die jeweils für sie geltenden Vorschriften über die Weiterverarbeitung von Daten Anwendung.

(2) ¹Für die Eingabe personenbezogener Daten in die gemeinsame Datei gelten die jeweiligen Übermittlungsvorschriften zugunsten der an der Zusammenarbeit beteiligten Behörden entsprechend mit der Maßgabe, dass die Eingabe nur zulässig ist, wenn die Daten allen an der projektbezogenen Zusammenarbeit teilnehmenden Behörden übermittelt werden dürfen. ²Eine Eingabe ist ferner nur zulässig, wenn die Behörde, die die Daten eingegeben hat, die Daten auch in eigenen Dateien weiterverarbeiten darf. ³Die Daten sind zu kennzeichnen.

(3) ¹Für die Führung einer projektbezogenen gemeinsamen Datei gelten § 29 Absatz 5, die §§ 31 und 86 entsprechend. ²§ 81 Absatz 2 findet mit der Maßgabe Anwendung, dass die Protokollierung bei jedem Datenabruf erfolgt. ³§ 84 Absatz 1 Satz 1 und 2 ist mit der Maßgabe anzuwenden, dass das Bundeskriminalamt die Auskunft im Einvernehmen mit der nach § 84 Absatz 1 Satz 1 zu beteiligenden Behörde erteilt und diese die Zulässigkeit der Auskunftserteilung nach den für sie geltenden Bestimmungen prüft.

(4) ¹Eine gemeinsame Datei nach Absatz 1 ist auf höchstens zwei Jahre zu befristen. ²Die Frist kann um zwei Jahre und danach um ein weiteres Jahr verlängert werden, wenn das Ziel der projektbezogenen Zusammenarbeit bei Projektende noch nicht erreicht worden ist und die Datei weiterhin für die Erreichung des Ziels erforderlich ist.

(5) ¹Für die Berichtigung, Verarbeitungseinschränkung und Löschung personenbezogener Daten durch die Behörde, die die Daten eingegeben hat, gelten die jeweiligen für sie anwendbaren Vorschriften über die Berichtigung, Verarbeitungseinschränkung und Löschung von Daten entsprechend. ²Für Daten, die das Bundeskriminalamt eingegeben hat, finden § 75 Absatz 1, 2 und 4 des Bundesdatenschutzgesetzes sowie § 77 mit Ausnahme von § 77 Absatz 2 Satz 5 und Absatz 3 Anwendung.

(6) ¹Das Bundeskriminalamt hat mit Zustimmung des Bundesministeriums des Innern, für Bau und Heimat sowie der für die Fachaufsicht der zusammenarbeitenden Behörden zuständigen obersten Bundes- und Landesbehörden für die projektbezogene gemeinsame Datei folgende Festlegungen zu treffen:
1. Bezeichnung der Datei,
2. Rechtsgrundlage und Zweck der Datei,
3. Personenkreis, über den Daten gespeichert werden,
4. Art der zu speichernden personenbezogenen Daten,
5. Arten der personenbezogenen Daten, die der Erschließung der Datei dienen,
6. Anlieferung oder Eingabe der zu speichernden Daten,
7. Voraussetzungen, unter denen in der Datei gespeicherte personenbezogene Daten an welche Empfänger und in welchem Verfahren übermittelt werden,
8. Prüffristen und Speicherungsdauer,
9. Protokollierung.

²Das Bundeskriminalamt hat im Einvernehmen mit den an der projektbezogenen Zusammenarbeit teilnehmenden Behörden deren jeweilige Organisationseinheiten zu bestimmen, die zur Eingabe und zum Abruf befugt sind. ³Die oder der Bundesbeauftragte für den Datenschutz und die Informationsfreiheit ist vor den Festlegungen anzuhören. ⁴Ist im Hinblick auf die Dringlichkeit der Aufgabenerfüllung eine Mitwirkung der in den Sätzen 1 und 3 genannten Stellen nicht möglich, so kann das Bundeskriminalamt eine Sofortanordnung treffen. ⁵Das Bundeskriminalamt unterrichtet gleichzeitig unter Vorlage der Sofortanordnung das Bundesministerium des Innern, für Bau und Heimat. ⁶Das Verfahren nach den Sätzen 1 und 3 ist unverzüglich nachzuholen.

§ 18 Daten zu Verurteilten, Beschuldigten, Tatverdächtigen und sonstigen Anlasspersonen

(1) Das Bundeskriminalamt kann zur Erfüllung seiner Aufgaben nach § 2 Absatz 1 bis 3 personenbezogene Daten weiterverarbeiten von
1. Verurteilten,
2. Beschuldigten,
3. Personen, die einer Straftat verdächtig sind, sofern die Weiterverarbeitung der Daten erforderlich ist, weil wegen der Art oder Ausführung der Tat, der Persönlichkeit der betroffenen Person oder sonstiger Erkenntnisse Grund zu der Annahme besteht, dass zukünftig Strafverfahren gegen sie zu führen sind, und

4. Personen, bei denen Anlass zur Weiterverarbeitung der Daten besteht, weil tatsächliche Anhaltspunkte dafür vorliegen, dass die betroffenen Personen in naher Zukunft Straftaten von erheblicher Bedeutung begehen werden (Anlasspersonen).

(2) Das Bundeskriminalamt kann weiterverarbeiten:

1. von Personen nach Absatz 1 Nummer 1 bis 4
 a) die Grunddaten und
 b) soweit erforderlich, andere zur Identifizierung geeignete Merkmale,
 c) die kriminalaktenführende Polizeidienststelle und die Kriminalaktennummer,
 d) die Tatzeiten und Tatorte,
 e) die Tatvorwürfe durch Angabe der gesetzlichen Vorschriften und die nähere Bezeichnung der Straftaten;
2. von Personen nach Absatz 1 Nummer 1 und 2 weitere personenbezogene Daten, soweit die Weiterverarbeitung der Daten erforderlich ist, weil wegen der Art oder Ausführung der Tat, der Persönlichkeit der betroffenen Person oder sonstiger Erkenntnisse Grund zu der Annahme besteht, dass zukünftig Strafverfahren gegen sie zu führen sind;
3. von Personen nach Absatz 1 Nummer 3 und 4 weitere personenbezogene Daten.

(3) [1]Das Bundeskriminalamt kann personenbezogene Daten weiterverarbeiten, um festzustellen, ob die betreffenden Personen die Voraussetzungen nach Absatz 1 erfüllen. [2]Die Daten dürfen ausschließlich zu diesem Zweck weiterverarbeitet werden und sind im Informationssystem gesondert zu speichern. [3]Die Daten sind nach Abschluss der Prüfung, spätestens jedoch nach zwölf Monaten zu löschen, soweit nicht festgestellt wurde, dass die betreffende Person die Voraussetzungen nach Absatz 1 erfüllt.

(4) [1]Das Bundeskriminalamt kann personenbezogene Daten weiterverarbeiten, soweit dies erforderlich ist zum Zweck des Nachweises von Personen, die wegen des Verdachts oder des Nachweises einer rechtswidrigen Tat einer richterlich angeordneten Freiheitsentziehung unterliegen. [2]Die Löschung von Daten, die allein zu diesem Zweck weiterverarbeitet werden, erfolgt nach zwei Jahren.

(5) Wird der Beschuldigte rechtskräftig freigesprochen, die Eröffnung des Hauptverfahrens gegen ihn unanfechtbar abgelehnt oder das Verfahren nicht nur vorläufig eingestellt, so ist die Weiterverarbeitung unzulässig, wenn sich aus den Gründen der Entscheidung ergibt, dass die betroffene Person die Tat nicht oder nicht rechtswidrig begangen hat.

§ 19 Daten zu anderen Personen

(1) [1]Soweit dies zur Verhütung oder zur Vorsorge für die künftige Verfolgung einer Straftat mit erheblicher Bedeutung erforderlich ist, kann das Bundeskriminalamt zur Erfüllung seiner Aufgaben nach § 2 Absatz 1 bis 3 personenbezogene Daten von Personen weiterverarbeiten, bei denen tatsächliche Anhaltspunkte dafür vorliegen, dass

1. sie bei einer künftigen Strafverfolgung als Zeugen in Betracht kommen,
2. sie als Opfer einer künftigen Straftat in Betracht kommen,
3. sie mit in § 18 Absatz 1 Nummer 1 bis 3 bezeichneten Personen nicht nur flüchtig oder in zufälligem Kontakt und in einer Weise in Verbindung stehen, die erwarten lässt, dass Hinweise für die Verfolgung oder vorbeugende Bekämpfung dieser Straftaten gewonnen werden können, weil Tatsachen die Annahme rechtfertigen, dass die Personen von der Planung oder der Vorbereitung der Straftaten oder der Verwertung der Tatvorteile Kenntnis haben oder daran mitwirken, oder
4. es sich um Hinweisgeber und sonstige Auskunftspersonen handelt.

[2]Die Weiterverarbeitung nach Satz 1 ist zu beschränken auf die in § 18 Absatz 2 Nummer 1 Buchstabe a bis c bezeichneten Daten sowie auf die Angabe, in welcher Eigenschaft der Person und in Bezug auf welchen Sachverhalt die Speicherung der Daten erfolgt. [3]Personenbezogene Daten über Personen nach Satz 1 Nummer 1, 2 und 4 dürfen nur mit Einwilligung der betroffenen Person gespeichert werden. [4]Die Einwilligung ist nicht erforderlich, wenn das Bekanntwerden der Speicherungsabsicht den mit der Speicherung verfolgten Zweck gefährden würde.

(2) [1]Das Bundeskriminalamt kann personenbezogene Daten weiterverarbeiten von Vermissten, unbekannten Personen und unbekannten Toten

1. zu Zwecken der Identifizierung,
2. zur Abwehr einer erheblichen Gefahr für die genannten Personen.

[2]Entsprechendes gilt, soweit es sonst zur Erfüllung seiner Aufgaben erforderlich ist, weil tatsächliche Anhaltspunkte dafür vorliegen, dass es sich um Täter, Opfer oder Zeugen im Zusammenhang mit einer Straftat handelt.

(3) [1]Das Bundeskriminalamt kann personenbezogene Daten weiterverarbeiten, um festzustellen, ob die betreffenden Personen die Voraussetzungen nach Absatz 1 oder Absatz 2 erfüllen. [2]Die Daten dürfen

ausschließlich zu diesem Zweck weiterverarbeitet werden und sind im Informationssystem gesondert zu speichern. [3]Die Daten sind nach Abschluss der Prüfung, spätestens jedoch nach zwölf Monaten zu löschen, soweit nicht festgestellt wurde, dass die betreffende Person die Voraussetzungen nach Absatz 1 oder Absatz 2 erfüllt.

§ 20[1]) Verordnungsermächtigung

[1]Das Bundesministerium des Innern, für Bau und Heimat bestimmt durch Rechtsverordnung mit Zustimmung des Bundesrates das Nähere über die Art und den Umfang der Daten, die nach den §§ 16, 18 und 19 weiterverarbeitet werden dürfen. [2]In der Rechtsverordnung nach Satz 1 bestimmt es insbesondere

1. die Grunddaten nach § 18 Absatz 2 Nummer 1 Buchstabe a, die der Identifizierung dienen, wie insbesondere Namen, Geschlecht, Geburtsdatum, Geburtsort, Staatsangehörigkeit und Anschrift,

2. andere zur Identifizierung geeignete Merkmale nach § 18 Absatz 2 Nummer 1 Buchstabe b, wie insbesondere Lichtbilder und Personenbeschreibungen,

3. weitere personenbezogene Daten nach § 18 Absatz 2 Nummer 2 und 3,

4. bei der Durchführung erkennungsdienstlicher Maßnahmen erhobene personenbezogene Daten, die nach § 16 Absatz 5 weiterverarbeitet werden können,

5. personenbezogene Daten zur Fahndung und polizeilichen Beobachtung sowie gezielten Kontrolle,

6. personenbezogene Daten zum Zwecke des Nachweises von Personen, die einer richterlich angeordneten Freiheitsentziehung unterliegen und

7. personenbezogene Daten von Vermissten, unbekannten Personen und unbekannten Toten.

§ 21 Weiterverarbeitung für die wissenschaftliche Forschung

(1) [1]Das Bundeskriminalamt kann im Rahmen seiner Aufgaben bei ihm vorhandene personenbezogene Daten, wenn dies für bestimmte wissenschaftliche Forschungsarbeiten erforderlich ist, weiterverarbeiten, soweit eine Verwendung anonymisierter Daten zu diesem Zweck nicht möglich ist und das öffentliche Interesse an der Forschungsarbeit das schutzwürdige Interesse der betroffenen Person erheblich überwiegt. [2]Eine solche Weiterverarbeitung von personenbezogenen Daten, die aus in § 12 Absatz 3 genannten Maßnahmen erlangt wurden, ist ausgeschlossen.

(2) [1]Das Bundeskriminalamt kann personenbezogene Daten an Hochschulen, andere Einrichtungen, die wissenschaftliche Forschung betreiben, und öffentliche Stellen übermitteln, soweit

1. dies für die Durchführung bestimmter wissenschaftlicher Forschungsarbeiten erforderlich ist,

2. eine Weiterverarbeitung anonymisierter Daten zu diesem Zweck nicht möglich ist und

3. das öffentliche Interesse an der Forschungsarbeit das schutzwürdige Interesse der betroffenen Person an dem Ausschluss der Übermittlung erheblich überwiegt.

[2]Eine Übermittlung von personenbezogenen Daten im Sinne des Absatzes 1 Satz 2 ist ausgeschlossen.

(3) [1]Die Übermittlung der Daten erfolgt durch Erteilung von Auskünften, wenn hierdurch der Zweck der Forschungsarbeit erreicht werden kann und die Erteilung keinen unverhältnismäßigen Aufwand erfordert. [2]Andernfalls kann auch Akteneinsicht gewährt werden. [3]Einsicht in elektronische Akten wird durch Bereitstellen des Inhalts der Akte zum Abruf gewährt. [4]Ein Aktenausdruck oder ein Datenträger mit dem Inhalt der elektronischen Akten wird auf besonders zu begründenden Antrag nur übermittelt, wenn die antragstellende Person hieran ein berechtigtes Interesse hat. [5]Einsicht in Akten, die in Papierform vorliegen, wird durch Bereitstellen des Inhalts der Akte zur Einsichtnahme in Diensträumen gewährt. [6]Auf besonderen Antrag wird die Einsicht in Akten, die in Papierform vorliegen, durch Übersendung von Kopien, durch Übergabe zur Mitnahme oder durch Übersendung der Akten gewährt.

(4) [1]Personenbezogene Daten werden nur an solche Personen übermittelt, die Amtsträger oder für den öffentlichen Dienst besonders Verpflichtete sind oder die zur Geheimhaltung verpflichtet worden sind. [2]§ 1 Absatz 2, 3 und 4 Nummer 2 des Verpflichtungsgesetzes findet auf die Verpflichtung zur Geheimhaltung entsprechende Anwendung.

(5) [1]Die personenbezogenen Daten dürfen nur für die Forschungsarbeit weiterverarbeitet werden, für die sie übermittelt worden sind. [2]Die Weiterverarbeitung für andere Forschungsarbeiten oder die Weitergabe richtet sich nach den Absätzen 2 bis 4 und bedarf der Zustimmung der Stelle, die die Daten übermittelt hat.

(6) Durch organisatorische und technische Maßnahmen hat die wissenschaftliche Forschung betreibende Stelle zu gewährleisten, dass die Daten gegen unbefugte Kenntnisnahme geschützt sind.

(7) [1]Sobald der Forschungszweck es erlaubt, sind die personenbezogenen Daten zu anonymisieren. [2]Solange dies noch nicht möglich ist, sind die Merkmale gesondert aufzubewahren, mit denen Einzelangaben über persönliche oder sachliche Verhältnisse einer bestimmten oder bestimmbaren Person zuge-

1) § 20 tritt am 9.6.2017 in Kraft; vgl. Art. 13 Abs. 2 G v. 1.6.2017 (BGBl. I S. 1354).

ordnet werden können. ³Sie dürfen mit den Einzelangaben nur zusammengeführt werden, soweit der Forschungszweck dies erfordert.

(8) Wer nach den Absätzen 2 bis 4 personenbezogene Daten erhalten hat, darf diese nur veröffentlichen, wenn dies für die Darstellung von Forschungsergebnissen über Ereignisse der Zeitgeschichte unerlässlich ist und das Bundeskriminalamt zugestimmt hat.

§ 22 Weiterverarbeitung von Daten zur Aus- und Fortbildung, zu statistischen Zwecken und zur Vorgangsverwaltung

(1) ¹Das Bundeskriminalamt kann bei ihm vorhandene personenbezogene Daten zur polizeilichen Aus- und Fortbildung oder zu statistischen Zwecken weiterverarbeiten, soweit eine Weiterverarbeitung anonymisierter Daten zu diesem Zweck nicht möglich ist. ²Entsprechendes gilt für die Übermittlung an die Landeskriminalämter zu kriminalstatistischen Zwecken. ³Die Daten sind zum frühestmöglichen Zeitpunkt zu anonymisieren. ⁴§ 21 Absatz 1 Satz 2 und Absatz 2 Satz 2 gilt entsprechend.

(2) Das Bundeskriminalamt kann, wenn dies zur Vorgangsverwaltung oder zur befristeten Dokumentation polizeilichen Handelns erforderlich ist, personenbezogene Daten ausschließlich zu diesem Zweck weiterverarbeiten.

§ 23 Elektronische Aktenführung

(1) Die Akten des Bundeskriminalamtes sollen elektronisch geführt werden.

(2) Das Bundesministerium des Innern, für Bau und Heimat regelt die für die elektronische Aktenführung geltenden organisatorischen und technischen Rahmenbedingungen einschließlich der einzuhaltenden Anforderungen des Datenschutzes, der Datensicherheit und der Barrierefreiheit, die die Grundsätze ordnungsgemäßer Aktenführung und den Stand der Technik beachten, in Verwaltungsvorschriften.

(3) Die Vorschriften über die elektronische Aktenführung im Strafverfahren bleiben unberührt.

§ 24 Speicherung von DNA-Identifizierungsmustern zur Erkennung von DNA-Trugspuren

(1) ¹Das Bundeskriminalamt kann von seinen Mitarbeiterinnen und Mitarbeitern, die Umgang mit Spurenmaterial haben oder die Bereiche in seinen Liegenschaften und Einrichtungen betreten müssen, in denen mit Spurenmaterial umgegangen oder dieses gelagert wird,

1. mittels eines Mundschleimhautabstrichs oder einer hinsichtlich ihrer Eingriffsintensität vergleichbaren Methode Körperzellen entnehmen,
2. diese zur Feststellung des DNA-Identifizierungsmusters molekulargenetisch untersuchen und
3. die festgestellten DNA-Identifizierungsmuster mit den an Spurenmaterial festgestellten DNA-Identifizierungsmustern automatisiert abgleichen,

um zur Erkennung von DNA-Trugspuren festzustellen, ob an Spurenmaterial festgestellte DNA-Identifizierungsmuster von diesen Personen stammen. ²Die Entnahme der Körperzellen darf nicht erzwungen werden. ³Die entnommenen Körperzellen dürfen nur für die in Satz 1 genannte molekulargenetische Untersuchung verwendet werden; sie sind unverzüglich zu vernichten, sobald sie hierfür nicht mehr erforderlich sind. ⁴Bei der Untersuchung dürfen andere Feststellungen als diejenigen, die zur Ermittlung des DNA-Identifizierungsmusters erforderlich sind, nicht getroffen werden; hierauf gerichtete Untersuchungen sind unzulässig.

(2) Untersuchungen und Abgleiche nach Absatz 1 bei Personen, die nicht Mitarbeiterinnen und Mitarbeiter des Bundeskriminalamtes sind, dürfen nur mit deren schriftlicher Einwilligung erfolgen.

(3) ¹Die nach den Absätzen 1 und 2 erhobenen Daten sind zu pseudonymisieren und darüber hinaus im Informationssystem des Bundeskriminalamtes gesondert zu speichern. ²Eine Verwendung dieser Daten zu anderen als den in den Absätzen 1 und 2 genannten Zwecken ist unzulässig. ³Die DNA-Identifizierungsmuster sind zu löschen, wenn sie für die genannten Zwecke nicht mehr erforderlich sind. ⁴Die Löschung hat spätestens drei Jahre nach dem letzten Umgang der betreffenden Person mit Spurenmaterial oder dem letzten Zutritt zu einem in Absatz 1 Satz 1 genannten Bereich zu erfolgen. ⁵Betroffene Personen sind schriftlich über den Zweck und die Weiterverarbeitung sowie die Löschung der erhobenen Daten zu informieren.

Unterabschnitt 3
Datenübermittlung

§ 25 Datenübermittlung im innerstaatlichen Bereich

(1) Das Bundeskriminalamt kann unter Beachtung des § 12 Absatz 2 bis 4 an andere Polizeien des Bundes und an Polizeien der Länder personenbezogene Daten übermitteln, soweit dies zur Erfüllung seiner Aufgaben oder der des Empfängers erforderlich ist.

(2) Das Bundeskriminalamt kann an andere als die in Absatz 1 genannten Behörden und sonstige öffentliche Stellen personenbezogene Daten übermitteln, soweit dies

1. in anderen Rechtsvorschriften vorgesehen ist oder
2. unter Beachtung des § 12 Absatz 2 bis 4 zulässig und erforderlich ist
 a) zur Erfüllung seiner Aufgaben nach diesem Gesetz,
 b) für Zwecke der Strafverfolgung, der Strafvollstreckung, des Strafvollzugs und der Gnadenverfahren,
 c) für Zwecke der Gefahrenabwehr oder
 d) zur Abwehr einer schwerwiegenden Beeinträchtigung der Rechte Einzelner

 und Zwecke des Strafverfahrens nicht entgegenstehen.

(3) ^1Unter den Voraussetzungen des Absatzes 2 kann das Bundeskriminalamt personenbezogene Daten auch an nichtöffentliche Stellen übermitteln. ^2Das Bundeskriminalamt hat einen Nachweis zu führen, aus dem Anlass, Inhalt, Empfänger und Tag der Übermittlung sowie die Aktenfundstelle ersichtlich sind; die Nachweise sind gesondert aufzubewahren, gegen unberechtigten Zugriff zu sichern und am Ende des Kalenderjahres, das dem Jahr ihrer Erstellung folgt, zu löschen. ^3Die Löschung unterbleibt, solange der Nachweis für Zwecke eines bereits eingeleiteten Datenschutzkontrollverfahrens oder zur Verhinderung oder Verfolgung einer schwerwiegenden Straftat gegen Leib, Leben oder Freiheit einer Person benötigt wird oder Grund zu der Annahme besteht, dass im Falle einer Löschung schutzwürdige Interessen der betroffenen Person beeinträchtigt würden.

(4) ^1Besteht Grund zu der Annahme, dass durch die Übermittlung von Daten nach Absatz 3 der der Erhebung dieser Daten zugrunde liegende Zweck gefährdet würde, holt das Bundeskriminalamt vor der Übermittlung die Zustimmung der Stelle ein, von der die Daten dem Bundeskriminalamt übermittelt wurden. ^2Unter den Voraussetzungen des Satzes 1 kann die übermittelnde Stelle bestimmte von ihr übermittelte Daten so kennzeichnen oder mit einem Hinweis versehen, dass vor einer Übermittlung nach Absatz 3 ihre Zustimmung einzuholen ist.

(5) ^1Daten, die den §§ 41 und 61 des Bundeszentralregistergesetzes unterfallen würden, können nach den Absätzen 2 und 3 nur den in den §§ 41 und 61 des Bundeszentralregistergesetzes genannten Stellen zu den dort genannten Zwecken übermittelt werden. ^2Die Verwertungsverbote nach den §§ 51, 52 und 63 des Bundeszentralregistergesetzes sind zu beachten.

(6) ^1Der Empfänger darf die übermittelten personenbezogenen Daten nur zu dem Zweck verarbeiten, für den sie ihm übermittelt worden sind. ^2Eine Verarbeitung für andere Zwecke ist unter Beachtung des § 12 Absatz 2 bis 4 zulässig; im Falle des Absatzes 3 gilt dies nur, soweit zusätzlich das Bundeskriminalamt zustimmt. ^3Bei Übermittlungen an nichtöffentliche Stellen hat das Bundeskriminalamt die empfangende Stelle darauf hinzuweisen.

(7) ^1Die Einrichtung eines automatisierten Verfahrens für die Übermittlung von personenbezogenen Daten durch Abruf aus dem Informationssystem ist unter Beachtung des § 12 Absatz 2 bis 4 nur zur Erfüllung vollzugspolizeilicher Aufgaben mit Zustimmung des Bundesministeriums des Innern, für Bau und Heimat und der Innenministerien und Senatsinnenverwaltungen der Länder zulässig, soweit diese Form der Datenübermittlung unter Berücksichtigung der schutzwürdigen Interessen der betroffenen Personen wegen der Vielzahl der Übermittlungen oder wegen ihrer besonderen Eilbedürftigkeit angemessen ist. 2§ 81 Absatz 2 gilt entsprechend.

(8) ^1Die Verantwortung für die Zulässigkeit der Übermittlung trägt das Bundeskriminalamt. ^2Erfolgt die Übermittlung in den Fällen der Absätze 1 und 2 Nummer 2 auf Ersuchen der empfangenden Stelle, trägt diese die Verantwortung. ^3In diesen Fällen prüft das Bundeskriminalamt nur, ob das Übermittlungsersuchen im Rahmen der Aufgaben des Empfängers liegt, es sei denn, dass besonderer Anlass zur Prüfung der Zulässigkeit der Übermittlung besteht.

(9) Sind mit personenbezogenen Daten, die nach den Absätzen 1 und 2 übermittelt werden dürfen, weitere personenbezogene Daten der betroffenen Person oder eines Dritten in Akten so verbunden, dass eine Trennung nicht oder nur mit unvertretbarem Aufwand möglich ist, so ist die Übermittlung auch dieser Daten zulässig, soweit nicht berechtigte Interessen der betroffenen Person oder eines Dritten an der Geheimhaltung offensichtlich überwiegen; eine Verwendung dieser Daten ist unzulässig.

§ 26 Datenübermittlung an Mitgliedstaaten der Europäischen Union

(1) 1§ 25 gilt entsprechend für die Übermittlung von personenbezogenen Daten an

1. öffentliche und nichtöffentliche Stellen in Mitgliedstaaten der Europäischen Union und
2. zwischen- und überstaatliche Stellen der Europäischen Union oder deren Mitgliedstaaten, die mit Aufgaben der Verhütung und Verfolgung von Straftaten befasst sind.

²Die Verantwortung für die Zulässigkeit der Datenübermittlung trägt das Bundeskriminalamt. ³Für die Übermittlung an Polizei- und Justizbehörden sowie an sonstige für die Verhütung oder Verfolgung von Straftaten zuständige öffentliche Stellen zum Zwecke der Verfolgung von Straftaten und zur Strafvollstreckung bleiben die Vorschriften über die internationale Rechtshilfe in strafrechtlichen Angelegenheiten unberührt. ⁴Die Zulässigkeit der Übermittlung personenbezogener Daten durch das Bundeskriminalamt an eine Polizeibehörde oder eine sonstige für die Verhütung und Verfolgung von Straftaten zuständige öffentliche Stelle eines Mitgliedstaates der Europäischen Union auf der Grundlage besonderer völkerrechtlicher Vereinbarungen bleibt unberührt.

(2) Absatz 1 findet auch Anwendung auf die Übermittlung von personenbezogenen Daten an Polizeibehörden oder sonstige für die Verhütung und Verfolgung von Straftaten zuständige öffentliche Stellen von Staaten, welche die Bestimmungen des Schengen-Besitzstandes aufgrund eines Assoziierungsübereinkommens mit der Europäischen Union über die Umsetzung, Anwendung und Entwicklung des Schengen-Besitzstandes anwenden.

§ 27 Datenübermittlung im internationalen Bereich

(1) ¹Das Bundeskriminalamt kann unter Beachtung des § 12 Absatz 2 bis 4 und unter Beachtung der §§ 78 bis 80 des Bundesdatenschutzgesetzes an Polizei- und Justizbehörden sowie an sonstige für die Verhütung oder Verfolgung von Straftaten zuständige öffentliche Stellen in anderen als den in § 26 Absatz 1 genannten Staaten (Drittstaaten) und an andere als die in § 26 Absatz 1 genannten zwischen- und überstaatlichen Stellen, die mit Aufgaben der Verhütung oder Verfolgung von Straftaten befasst sind, personenbezogene Daten übermitteln, soweit dies erforderlich ist

1. zur Erfüllung einer ihm obliegenden Aufgabe,
2. zur Verfolgung von Straftaten und zur Strafvollstreckung nach Maßgabe der Vorschriften über die internationale Rechtshilfe in strafrechtlichen Angelegenheiten oder der Vorschriften über die Zusammenarbeit mit dem Internationalen Strafgerichtshof oder
3. zur Abwehr einer im Einzelfall bestehenden erheblichen Gefahr für die öffentliche Sicherheit.

²Entsprechendes gilt, wenn Anhaltspunkte dafür vorliegen, dass Straftaten von erheblicher Bedeutung begangen werden sollen.

(2) Mit Zustimmung des Bundesministeriums des Innern, für Bau und Heimat kann das Bundeskriminalamt gespeicherte nicht personenbezogene Daten, die der Suche nach Sachen dienen (Sachfahndung), für zentrale Polizeibehörden anderer Staaten nach Maßgabe zwischenstaatlicher Vereinbarungen zum Abruf im automatisierten Verfahren zur Sicherstellung von gestohlenen, unterschlagenen oder sonst abhanden gekommenen Sachen bereithalten.

(3) ¹Für Daten, die zu Zwecken der Fahndung nach Personen oder der polizeilichen Beobachtung oder gezielten Kontrolle gespeichert sind, ist die Einrichtung eines automatisierten Abrufverfahrens nach Absatz 2 mit Zustimmung des Bundesministeriums des Innern, für Bau und Heimat im Benehmen mit den Innenministerien und Senatsinnenverwaltungen der Länder unter Beachtung des § 12 Absatz 2 bis 4 zulässig, soweit

1. tatsächliche Anhaltspunkte dafür vorliegen, dass die Abrufe zur Verhinderung und Verfolgung von Straftaten von erheblicher Bedeutung sowie zur Abwehr von Gefahren für die öffentliche Sicherheit erforderlich sind,
2. diese Form der Datenübermittlung unter Berücksichtigung der schutzwürdigen Interessen der betroffenen Personen wegen der Vielzahl der Übermittlungen oder wegen ihrer besonderen Eilbedürftigkeit angemessen ist und
3. der Empfängerstaat das Übereinkommen des Europarates über den Schutz des Menschen bei der automatisierten Verarbeitung personenbezogener Daten vom 28. Januar 1981 (BGBl. 1985 II S. 538) ratifiziert hat oder ein gleichwertiger Schutz gewährleistet ist und eine Kontrollinstanz besteht, die die Gewährleistung des Datenschutzes unabhängig überwacht.

²Wird das Abrufverfahren für einen längeren Zeitraum als drei Monate eingerichtet, bedarf die Vereinbarung der Mitwirkung der gesetzgebenden Körperschaften nach Artikel 59 Absatz 2 des Grundgesetzes. ³Die empfangende Stelle ist darauf hinzuweisen, dass sie die Daten für Ausschreibungen zur Fahndung nur nach Vorliegen eines Rechtshilfeersuchens nutzen darf.

(4) ¹Die regelmäßige, im Rahmen einer systematischen Zusammenarbeit erfolgende Übermittlung personenbezogener Daten an internationale Datenbestände ist zulässig nach Maßgabe von Rechtsakten der Europäischen Union und völkerrechtlicher Verträge, die der Mitwirkung der gesetzgebenden Körperschaften nach Artikel 59 Absatz 2 des Grundgesetzes bedürfen. ²Entsprechendes gilt, wenn durch das Bundesministerium des Innern, für Bau und Heimat im Einzelfall im Benehmen mit der oder dem Bundesbeauftragten für den Datenschutz und die Informationsfreiheit festgestellt wird, dass durch die Nutzung

datenschutzfreundlicher und datenminimierender Vorkehrungen die schutzwürdigen Belange der betroffenen Personen nicht überwiegen.

(5) Das Bundeskriminalamt kann als Nationales Zentralbüro der Bundesrepublik Deutschland für die Internationale Kriminalpolizeiliche Organisation personenbezogene Daten an das Generalsekretariat der Organisation unter den Voraussetzungen des Absatzes 1 übermitteln, soweit dies zur weiteren Übermittlung der Daten an andere Nationale Zentralbüros oder an die in Absatz 1 genannten Stellen geboten oder zu Zwecken der Informationssammlung und Auswertung durch das Generalsekretariat erforderlich ist.

(6) [1]Das Bundeskriminalamt kann unter Beachtung des § 12 Absatz 2 bis 4 personenbezogene Daten an Dienststellen der Stationierungsstreitkräfte im Rahmen des Artikels 3 des Zusatzabkommens zu dem Abkommen zwischen den Parteien des Nordatlantikvertrages über die Rechtsstellung ihrer Truppen hinsichtlich der in der Bundesrepublik Deutschland stationierten ausländischen Streitkräfte vom 3. August 1959 (BGBl. 1961 II S. 1183) übermitteln, wenn dies zur rechtmäßigen Erfüllung der in deren Zuständigkeit liegenden Aufgaben erforderlich ist. [2]§ 78 Absatz 2 des Bundesdatenschutzgesetzes gilt entsprechend.

(7) [1]Die Verantwortung für die Zulässigkeit der Übermittlung trägt das Bundeskriminalamt. [2]§ 25 Absatz 4 Satz 2 gilt entsprechend. [3]Das Bundeskriminalamt hat die Übermittlung und ihren Anlass aufzuzeichnen. [4]Die empfangende Stelle personenbezogener Daten ist darauf hinzuweisen, dass sie nur zu dem Zweck genutzt werden dürfen, zu dem sie übermittelt worden sind. [5]Ferner ist ihr der beim Bundeskriminalamt vorgesehene Löschungszeitpunkt mitzuteilen.

(8) [1]Das Bundeskriminalamt kann unter den Voraussetzungen des § 81 des Bundesdatenschutzgesetzes und unter Beachtung des § 12 Absatz 2 bis 4 Daten an die in § 81 des Bundesdatenschutzgesetzes genannten Stellen übermitteln. [2]Zusätzlich kann es unter den Voraussetzungen des Satzes 1 an andere als die in Absatz 1 genannten zwischen- und überstaatlichen Stellen personenbezogene Daten übermitteln, soweit dies erforderlich ist

1. zur Erfüllung einer ihm obliegenden Aufgabe oder
2. zur Abwehr einer im Einzelfall bestehenden erheblichen Gefahr für die öffentliche Sicherheit.

[3]Entsprechendes gilt, wenn tatsächliche Anhaltspunkte dafür vorliegen, dass Straftaten von erheblicher Bedeutung begangen werden sollen.

§ 28 Übermittlungsverbote und Verweigerungsgründe

(1) [1]Die Übermittlung nach den Vorschriften dieses Gesetzes unterbleibt, wenn

1. für die übermittelnde Stelle erkennbar ist, dass unter Berücksichtigung der Art der Daten und ihrer Erhebung die schutzwürdigen Interessen der betroffenen Person das Allgemeininteresse an der Übermittlung überwiegen, oder
2. besondere bundesgesetzliche Verwendungsregelungen entgegenstehen; die Verpflichtung zur Wahrung gesetzlicher Geheimhaltungspflichten oder von Berufs- oder besonderen Amtsgeheimnissen, die nicht auf gesetzlichen Vorschriften beruhen, bleibt unberührt.

[2]Satz 1 Nummer 1 gilt nicht für Übermittlungen an die Staatsanwaltschaften.

(2) Die Datenübermittlung nach den §§ 26 und 27 unterbleibt darüber hinaus,

1. wenn hierdurch wesentliche Sicherheitsinteressen des Bundes oder der Länder beeinträchtigt würden,
2. wenn hierdurch der Erfolg laufender Ermittlungen oder Leib, Leben oder Freiheit einer Person gefährdet würde,
3. soweit Grund zu der Annahme besteht, dass durch sie gegen den Zweck eines deutschen Gesetzes verstoßen würde, oder
4. wenn tatsächliche Anhaltspunkte dafür vorliegen, dass die Übermittlung der Daten zu den in der Charta der Grundrechte der Europäischen Union enthaltenen Grundsätzen, insbesondere dadurch, dass durch die Nutzung der übermittelten Daten im Empfängerstaat Verletzungen von elementaren rechtsstaatlichen Grundsätzen oder Menschenrechtsverletzungen drohen, in Widerspruch stünde.

(3) [1]Das Bundeskriminalamt führt für den polizeilichen Informationsaustausch und Rechtshilfeverkehr eine fortlaufend aktualisierte Aufstellung über die Einhaltung der elementaren rechtsstaatlichen Grundsätze und Menschenrechtsstandards sowie das Datenschutzniveau in den jeweiligen Drittstaaten, die speziellen Erfordernisse des polizeilichen Informationsaustauschs berücksichtigt. [2]Hierbei berücksichtigt es insbesondere die jeweils aktuellen Erkenntnisse der Bundesregierung und maßgeblich, ob ein Angemessenheitsbeschluss der Europäischen Kommission nach Artikel 36 der Richtlinie (EU) 2016/680 des Europäischen Parlaments und des Rates vom 27. April 2016 zum Schutz natürlicher Personen bei der Verarbeitung personenbezogener Daten durch die zuständigen Behörden zum Zwecke der Verhütung, Ermittlung, Aufdeckung oder Verfolgung von Straftaten oder der Strafvollstreckung sowie zum freien

Datenverkehr und zur Aufhebung des Rahmenbeschlusses 2008/977/JI des Rates (ABl. L 119 vom 4.5.2016, S. 89) vorliegt.

<div align="center">

Abschnitt 3
Zentralstelle

</div>

§ 29 Polizeilicher Informationsverbund, Verordnungsermächtigung

(1) [1]Das Bundeskriminalamt ist im Rahmen seiner Aufgabe nach § 2 Absatz 3 Zentralstelle für den polizeilichen Informationsverbund zwischen Bund und Ländern. [2]Es stellt zu diesem Zweck ein einheitliches Verbundsystem zur Verfügung.

(2) [1]Das Verbundsystem erfüllt die Grundfunktionen nach § 13 Absatz 2. [2]Innerhalb des Verbundsystems stellen die daran teilnehmenden Behörden einander Daten zum Abruf und zur Verarbeitung zur Verfügung. [3]Ausschreibungen im Schengener Informationssystem erfolgen im polizeilichen Informationsverbund. [4]Das Bundesministerium des Innern, für Bau und Heimat bestimmt im Einvernehmen mit den Innenministerien und Senatsinnenverwaltungen der Länder sowie im Benehmen mit der oder dem Bundesbeauftragten für den Datenschutz und die Informationsfreiheit die in den polizeilichen Informationsverbund einzubeziehenden Daten.

(3) [1]Außer dem Bundeskriminalamt und den Landeskriminalämtern sind zur Teilnahme am polizeilichen Informationsverbund berechtigt:

1. sonstige Polizeibehörden der Länder,
2. die Bundespolizei,
3. die Polizei beim Deutschen Bundestag,
4. mit der Wahrnehmung grenzpolizeilicher Aufgaben betraute Behörden der Zollverwaltung,
5. die Zollfahndungsämter und
6. das Zollkriminalamt.

[2]Die am polizeilichen Informationsverbund teilnehmenden Stellen haben das Recht, Daten zur Erfüllung der Verpflichtung nach § 32 im automatisierten Verfahren einzugeben und, soweit dies zur jeweiligen Aufgabenerfüllung erforderlich ist, abzurufen.

(4) [1]Durch organisatorische und technische Maßnahmen hat das Bundeskriminalamt sicherzustellen, dass Eingaben von und Zugriffe auf Daten im polizeilichen Informationsverbund nur möglich sind, soweit die jeweiligen Behörden hierzu berechtigt sind. [2]§ 12 Absatz 2 bis 5, die §§ 14, 15 und 16 Absatz 1, 2, 5 und 6, § 18 Absatz 1, 2, 4 und 5, § 19 Absatz 1 und 2 sowie die §§ 20 und 91 gelten entsprechend.

(5) [1]Nur die Behörde, die Daten zu einer Person eingegeben hat, ist befugt, diese zu ändern, zu berichtigen oder zu löschen. [2]Hat eine teilnehmende Stelle des polizeilichen Informationsverbundes Anhaltspunkte dafür, dass Daten unrichtig oder zu löschen sind, teilt sie dies umgehend der eingebenden Behörde mit, die verpflichtet ist, diese Mitteilung unverzüglich zu prüfen und erforderlichenfalls die Daten unverzüglich zu berichtigen oder zu löschen oder in ihrer Verarbeitung einzuschränken. [3]Sind Daten zu einer Person gespeichert, kann jede teilnehmende Stelle des polizeilichen Informationsverbundes weitere Daten ergänzend eingeben.

(6) [1]Das Auswärtige Amt ist zum Abruf im automatisierten Verfahren der Fahndungsausschreibungen zur Festnahme und Aufenthaltsermittlung berechtigt, soweit dies für die Auslandsvertretungen in ihrer Eigenschaft als Pass- und Personalausweisbehörden erforderlich ist. [2]Die Staatsanwaltschaften sind befugt, für Zwecke der Strafrechtspflege im automatisierten Verfahren abzurufen:

1. Fahndungsausschreibungen zur Festnahme und Aufenthaltsermittlung und, nach Maßgabe des Beschlusses 2007/533/JI des Rates vom 12. Juni 2007 über die Einrichtung, den Betrieb und die Nutzung des Schengener Informationssystems der zweiten Generation (SIS II) (ABl. L 205 vom 7.8.2007, S. 63) sowie der Verordnung (EG) Nr. 1987/2006 des Europäischen Parlaments und des Rates vom 20. Dezember 2006 über die Einrichtung, den Betrieb und die Nutzung des Schengener Informationssystems der zweiten Generation (SIS II) (ABl. L 381 vom 28.12.2006, S. 4), auch die Ausschreibungen, die im Schengener Informationssystem gespeichert sind,
2. Daten über Freiheitsentziehungen und
3. Daten aus dem DNA-Analyse-System.

(7) Das Bundesministerium des Innern, für Bau und Heimat wird ermächtigt, im Einvernehmen mit dem Bundesministerium der Justiz und für Verbraucherschutz durch Rechtsverordnung, die der Zustimmung des Bundesrates bedarf, weitere im polizeilichen Informationsverbund gespeicherte Daten, die von den Staatsanwaltschaften zur Erfüllung ihrer Aufgaben benötigt werden, zum automatisierten Abruf freizugeben, soweit diese Form der Datenübermittlung unter Berücksichtigung der schutzwürdigen Interessen

der betroffenen Personen wegen der Vielzahl der Übermittlungen oder wegen ihrer besonderen Eilbedürftigkeit angemessen ist.

(8) Die Einrichtung eines automatisierten Abrufverfahrens ist für andere Behörden zur Erfüllung vollzugspolizeilicher Aufgaben mit Zustimmung des Bundesministeriums des Innern, für Bau und Heimat und der Innenministerien und Senatsinnenverwaltungen der Länder zulässig, soweit diese Form der Datenübermittlung unter Berücksichtigung der schutzwürdigen Interessen der betroffenen Personen wegen der Vielzahl der Übermittlungen oder wegen ihrer besonderen Eilbedürftigkeit angemessen ist.

§ 30 Verbundrelevanz

(1) Die am polizeilichen Informationsverbund teilnehmenden Stellen verarbeiten im polizeilichen Informationsverbund ausschließlich

1. personenbezogene Daten, deren Verarbeitung für die Verhütung und Verfolgung von Straftaten mit länderübergreifender, internationaler oder erheblicher Bedeutung erforderlich ist;

2. personenbezogene Daten, deren Verarbeitung im Informationsverbund erforderlich ist
 a) zu erkennungsdienstlichen Zwecken, soweit das Bundeskriminalamt diese Daten nach § 16 Absatz 5 auch im Informationssystem weiterverarbeiten dürfte oder
 b) zu Zwecken der Fahndung nach Personen und Sachen, soweit das Bundeskriminalamt diese Daten nach § 16 Absatz 2 auch im Informationssystem weiterverarbeiten dürfte

(Verbundrelevanz).

(2) ¹Die am polizeilichen Informationsverbund teilnehmenden Stellen legen unter Beteiligung der jeweils zuständigen obersten Bundes- oder Landesbehörden Kriterien fest, die bestimmen, welche Straftaten von allgemeiner kriminalistischer Erfahrung die Voraussetzungen nach Absatz 1 Nummer 1 erfüllen. ²Die Kriterien können sich an den unterschiedlichen kriminalistischen Phänomenbereichen orientieren. ³Die Kriterien sind in angemessenen Abständen und, soweit erforderlich, zu aktualisieren. ⁴Die Festlegung und Aktualisierung dieser Kriterien erfolgen im Benehmen mit der oder dem Bundesbeauftragten für den Datenschutz und die Informationsfreiheit.

§ 31 Datenschutzrechtliche Verantwortung im polizeilichen Informationsverbund

(1) Das Bundeskriminalamt hat als Zentralstelle für den polizeilichen Informationsverbund die Einhaltung der Regelungen zur Zusammenarbeit und zur Führung des Verbundsystems zu überwachen.

(2) ¹Im Rahmen des polizeilichen Informationsverbundes obliegt die datenschutzrechtliche Verantwortung für die bei der Zentralstelle gespeicherten Daten, namentlich für die Rechtmäßigkeit der Erhebung, die Zulässigkeit der Eingabe sowie die Richtigkeit oder Aktualität der Daten, den Stellen, die die Daten unmittelbar eingeben. ²Die verantwortliche Stelle muss feststellbar sein. ³Die Verantwortung für die Zulässigkeit des Abrufs im automatisierten Verfahren trägt die empfangende Stelle.

(3) ¹Die Datenschutzkontrolle obliegt der oder dem Bundesbeauftragten für den Datenschutz und die Informationsfreiheit. ²Die von den Ländern in den polizeilichen Informationsverbund eingegebenen Datensätze können auch von den jeweiligen im Landesrecht bestimmten öffentlichen Stellen, die für die Kontrolle der Einhaltung der Vorschriften über den Datenschutz zuständig sind, im Zusammenhang mit der Wahrnehmung ihrer Prüfungsaufgaben in den Ländern kontrolliert werden, soweit die Länder nach Absatz 2 verantwortlich sind. ³Die oder der Bundesbeauftragte für den Datenschutz und die Informationsfreiheit arbeitet insoweit mit den im Landesrecht bestimmten öffentlichen Stellen, die für die Kontrolle der Einhaltung der Vorschriften über den Datenschutz zuständig sind, zusammen.

§ 32 Unterrichtung der Zentralstelle

(1) ¹Die Landeskriminalämter übermitteln dem Bundeskriminalamt nach Maßgabe der Rechtsverordnung nach § 20 die zur Erfüllung seiner Aufgaben als Zentralstelle erforderlichen Informationen. ²Die Verpflichtung der Landeskriminalämter nach Satz 1 kann im Benehmen mit dem Bundeskriminalamt auch von anderen Polizeibehörden des Landes erfüllt werden. ³Das Bundeskriminalamt legt im Benehmen mit den Landeskriminalämtern Einzelheiten der Informationsübermittlung fest.

(2) ¹Die Justiz- und Verwaltungsbehörden der Länder teilen dem jeweils zuständigen Landeskriminalamt unverzüglich den Beginn, die Unterbrechung und die Beendigung von Freiheitsentziehungen mit, die wegen des Verdachts oder des Nachweises einer rechtswidrigen Tat von einem Gericht angeordnet worden sind. ²Die Justizbehörden des Bundes und der Länder teilen dem jeweils zuständigen Landeskriminalamt unverzüglich und, soweit technisch möglich, automatisiert mit:

1. die Entscheidung, dass

a) die beschuldigte Person rechtskräftig freigesprochen wurde,

b) die Eröffnung des Hauptverfahrens gegen die beschuldigte Person unanfechtbar abgelehnt wurde oder

c) das Verfahren nicht nur vorläufig eingestellt wurde

sowie

2. die tragenden Gründe der Entscheidung nach Nummer 1.

(3) [1]Absatz 1 Satz 1 gilt entsprechend für die Polizeien des Bundes, soweit die Informationen Vorgänge betreffen, die sie in eigener Zuständigkeit bearbeiten. [2]Satz 1 gilt im Bereich der Zollverwaltung nur für den Grenzzolldienst, soweit dieser aufgrund einer Rechtsverordnung nach § 68 des Bundespolizeigesetzes grenzpolizeiliche Aufgaben wahrnimmt. [3]Im Übrigen richtet sich die Informationsübermittlung der Zollbehörden an das Bundeskriminalamt nach den Vorschriften der Abgabenordnung, des Zollverwaltungsgesetzes und des Zollfahndungsdienstgesetzes.

(4) Für die im Rahmen seiner Aufgaben nach den §§ 3 bis 8 gewonnenen Informationen gelten für das Bundeskriminalamt die Unterrichtungspflichten nach Absatz 1 Satz 2 entsprechend.

(5) Die Verantwortlichkeit für die Zulässigkeit der Übermittlung nach den Absätzen 1 bis 3 trägt die übermittelnde Stelle.

§ 33 Ausschreibungen bei der Zusammenarbeit im internationalen Bereich

(1) Das Bundeskriminalamt kann auf ein der Verfolgung von Straftaten oder der Strafvollstreckung dienendes Ersuchen einer zuständigen Behörde eines ausländischen Staates oder eines internationalen Strafgerichtshofes, der durch einen für die Bundesrepublik Deutschland verbindlichen Rechtsakt errichtet wurde,

1. eine Person, hinsichtlich derer die Anordnung von Auslieferungshaft oder Überstellungshaft zulässig erscheint, zur Festnahme oder Aufenthaltsermittlung ausschreiben,

2. andere Personen zur Aufenthaltsermittlung ausschreiben,

3. eine Person oder eine Sache ausschreiben zur polizeilichen Beobachtung (§ 47 Absatz 1 Nummer 1) oder zur gezielten Kontrolle (§ 47 Absatz 1 Nummer 2) und

4. Verfahren zur Feststellung der Identität von Personen durchführen.

(2) Maßnahmen nach Absatz 1 Nummer 2, 3 und 4 sind nur zulässig, wenn sie bei dem zugrunde liegenden Sachverhalt auch nach deutschem Recht zulässig wären.

(3) Das Bundeskriminalamt holt in Fällen des Absatzes 1, denen besondere Bedeutung in politischer, tatsächlicher oder rechtlicher Beziehung zukommt, zuvor die Bewilligung des Bundesministeriums der Justiz und für Verbraucherschutz ein.

(4) Das Bundeskriminalamt kann auf Ersuchen der in § 26 Absatz 1 und § 27 Absatz 1 genannten Behörden

1. vermisste Minderjährige, die der Obhut der oder des Sorgeberechtigten entzogen worden sind oder sich dieser entzogen haben, und Personen, bei denen eine Ingewahrsamnahme zum Schutz gegen eine Gefahr für ihren Leib oder ihr Leben erforderlich ist, insbesondere, weil die Person sich erkennbar in einem die freie Willensbestimmung ausschließenden Zustand oder sonst in hilfloser Lage befindet, zur Ingewahrsamnahme ausschreiben,

2. Vermisste, soweit sie nicht in Gewahrsam genommen werden sollen, zur Aufenthaltsermittlung ausschreiben,

3. eine Person ausschreiben zur polizeilichen Beobachtung (§ 47 Absatz 1 Nummer 1) oder gezielten Kontrolle (§ 47 Absatz 1 Nummer 2), wenn Tatsachen die Annahme rechtfertigen, dass die Person Straftaten von erheblicher Bedeutung begehen wird und dies zur Verhütung solcher Straftaten erforderlich ist,

4. das amtliche Kennzeichen und sonstige Merkmale eines Kraftfahrzeugs oder die Identifizierungsnummer oder äußere Kennzeichnung eines Wasserfahrzeugs, Luftfahrzeugs oder eines Containers ausschreiben zur polizeilichen Beobachtung (§ 47 Absatz 1 Nummer 1) oder gezielten Kontrolle (§ 47 Absatz 1 Nummer 2), wenn Tatsachen die Annahme rechtfertigen, dass dies zur Ingewahrsamnahme nach Nummer 1, zur Aufenthaltsermittlung nach Nummer 2 oder zur Straftatenverhütung nach Nummer 3 erforderlich ist.

(5) [1]Ausschreibungen nach Absatz 1 Nummer 2 und 3 und Absatz 4 Nummer 3, soweit sie aufgrund des Ersuchens eines Staates erfolgen, der nicht Mitgliedstaat der Europäischen Union ist, bedürfen der Anordnung durch das Gericht. [2]Soweit Maßnahmen nach Absatz 1 Nummer 3 und Absatz 4 keiner gerichtlichen Anordnung bedürfen, werden sie durch die zuständige Abteilungsleitung des Bundeskriminalamtes oder deren Vertretung angeordnet. [3]Die Anordnung ist aktenkundig zu machen.

(6) [1]Anordnungen nach Absatz 1 Nummer 3 und Absatz 4 Nummer 3 sind auf höchstens ein Jahr zu befristen. [2]Spätestens nach Ablauf von sechs Monaten ist zu prüfen, ob die Voraussetzungen für die

Anordnung noch bestehen. ³Das Ergebnis dieser Prüfung ist aktenkundig zu machen. ⁴Die Verlängerung der Laufzeit über insgesamt ein Jahr hinaus bedarf der erneuten Anordnung.

(7) Besondere Regelungen aufgrund von Rechtsakten der Europäischen Union und völkerrechtlicher Verträge bleiben unberührt.

(8) ¹Das Bundeskriminalamt kann für den Fall, dass die Zuständigkeit eines Landes nicht festgestellt werden kann, bei Warnmeldungen von Sicherheitsbehörden anderer Staaten

1. eine Person zur Ingewahrsamnahme ausschreiben, wenn und solange die Ingewahrsamnahme unerlässlich ist, um eine unmittelbar bevorstehende Gefahr für Leib, Leben, Freiheit oder wesentliche Vermögenswerte abzuwehren,

2. eine Person zur Aufenthaltsermittlung ausschreiben, wenn Tatsachen die Annahme rechtfertigen, dass von ihr eine Gefahr für Leib, Leben, Gesundheit oder wesentliche Vermögenswerte ausgeht, oder

3. eine Person sowie das amtliche Kennzeichen und sonstige Merkmale des von ihr genutzten oder eingesetzten Kraftfahrzeugs oder die Identifizierungsnummer oder äußere Kennzeichnung eines von ihr genutzten Wasserfahrzeugs, Luftfahrzeugs oder eines Containers ausschreiben zur polizeilichen Beobachtung (§ 47 Absatz 1 Nummer 1) oder gezielten Kontrolle (§ 47 Absatz 1 Nummer 2), wenn Tatsachen die Annahme rechtfertigen, dass die Person eine Straftat von erheblicher Bedeutung begehen wird und dies zur Verhütung dieser Straftat erforderlich ist.

²Die Absätze 5 und 6 gelten entsprechend. ³Die Innenministerien und Senatsinnenverwaltungen der Länder sind unverzüglich zu unterrichten.

Abschnitt 4
Befugnisse im Rahmen der Strafverfolgung

§ 34 Einsatz technischer Mittel zur Eigensicherung

(1) Werden vom Bundeskriminalamt beauftragte Personen im Rahmen der Befugnisse des Bundeskriminalamtes aus Gründen der Strafverfolgung tätig, dürfen, soweit dies zur Abwehr von Gefahren für deren Leib, Leben oder Freiheit unerlässlich ist, ohne Wissen der betroffenen Personen im Beisein oder in unmittelbarem zeitlichem Zusammenhang mit dem Einsatz der vom Bundeskriminalamt beauftragten Person das innerhalb oder außerhalb einer Wohnung nicht öffentlich gesprochene Wort mit technischen Mitteln abgehört und aufgezeichnet und Lichtbilder und Bildaufzeichnungen hergestellt werden.

(2) ¹Ergeben sich bei der Maßnahme während der Durchführung tatsächliche Anhaltspunkte dafür, dass der Kernbereich privater Lebensgestaltung betroffen ist, ist die Maßnahme zu unterbrechen, sobald dies ohne Gefährdung der beauftragten Person möglich ist. ²Wenn tatsächliche Anhaltspunkte für die Annahme vorliegen, dass durch eine Maßnahme allein Kenntnisse aus dem Kernbereich privater Lebensgestaltung erlangt würden, ist die Maßnahme unzulässig. ³Aufzeichnungen über Vorgänge, die den Kernbereich privater Lebensgestaltung betreffen, sind unverzüglich zu löschen. ⁴Erkenntnisse über solche Vorgänge dürfen nicht verwertet werden. ⁵Die Tatsache der Erfassung der Daten und ihrer Löschung sind zu dokumentieren. ⁶Die Dokumentation darf ausschließlich für Zwecke der Datenschutzkontrolle verwendet werden. ⁷Sie ist sechs Monate nach der Benachrichtigung nach § 74 oder sechs Monate nach Erteilung der gerichtlichen Zustimmung über das endgültige Absehen von der Benachrichtigung zu löschen. ⁸Ist die Datenschutzkontrolle nach § 69 Absatz 1 noch nicht beendet, ist die Dokumentation bis zu ihrem Abschluss aufzubewahren.

(3) ¹Maßnahmen nach Absatz 1 werden durch die Präsidentin oder den Präsidenten des Bundeskriminalamtes oder ihre oder seine Vertretung angeordnet. ²Bei Gefahr im Verzug dürfen Maßnahmen nach Absatz 1 auch durch die Leitung einer Abteilung des Bundeskriminalamtes oder ihre Vertretung angeordnet werden.

(4) ¹Personenbezogene Daten, die durch den Einsatz technischer Mittel zur Eigensicherung erlangt werden, dürfen außer für den in Absatz 1 genannten Zweck nur zur Gefahrenabwehr verwendet werden. ²Wurden die personenbezogenen Daten in oder aus einer Wohnung erlangt, so ist die Verwendung für die in Satz 1 genannten Zwecke nur zulässig nach Feststellung der Rechtmäßigkeit der Maßnahme durch das Gericht; bei Gefahr im Verzug ist die gerichtliche Entscheidung unverzüglich nachzuholen (Artikel 13 Absatz 5 des Grundgesetzes). ³Die Zulässigkeit der Verwendung dieser Daten für Zwecke der Strafverfolgung richtet sich nach der Strafprozessordnung.

(5) Nach Abschluss der Maßnahmen sind die nach Absatz 1 hergestellten Aufzeichnungen unverzüglich zu löschen, es sei denn, sie werden für die in Absatz 4 genannten Zwecke noch benötigt.

§ 35 Unterstützung der Polizeibehörden der Länder bei der Strafverfolgung

(1) [1]Zur Unterstützung von Strafverfolgungsmaßnahmen kann das Bundeskriminalamt Bedienstete zu den Polizeibehörden in den Ländern entsenden, wenn die zuständige Landesbehörde darum ersucht oder wenn dies den Ermittlungen dienlich sein kann. [2]Die Zuständigkeit der Polizeibehörden in den Ländern bleibt unberührt.

(2) Die oberste Landesbehörde ist unverzüglich zu benachrichtigen.

§ 36 Koordinierung bei der Strafverfolgung

(1) [1]Berührt eine Straftat den Bereich mehrerer Länder oder besteht ein Zusammenhang mit einer anderen Straftat in einem anderen Land und ist angezeigt, dass die polizeilichen Aufgaben auf dem Gebiet der Strafverfolgung einheitlich wahrgenommen werden, so unterrichtet das Bundeskriminalamt die obersten Landesbehörden und die Generalstaatsanwaltschaften, in deren Bezirken ein Gerichtsstand begründet ist. [2]Das Bundeskriminalamt weist im Einvernehmen mit einer Generalstaatsanwaltschaft und einer obersten Landesbehörde eines Landes diesem Land die polizeilichen Aufgaben auf dem Gebiet der Strafverfolgung mit der Maßgabe zu, diese Aufgaben insgesamt wahrzunehmen.

(2) [1]Zuständig für die Durchführung der einem Land nach Absatz 1 übertragenen Aufgaben ist das Landeskriminalamt. [2]Die oberste Landesbehörde kann an Stelle des Landeskriminalamtes eine andere Polizeibehörde im Land für zuständig erklären.

§ 37 Amtshandlungen, Unterstützungspflichten der Länder

(1) [1]Vollzugsbeamtinnen und Vollzugsbeamte des Bundes und der Länder können in den Fällen des § 4 Absatz 1 und 2 und des § 36 Absatz 1 im Geltungsbereich dieses Gesetzes Amtshandlungen vornehmen. [2]Sie sind insoweit Ermittlungspersonen der zuständigen Staatsanwaltschaft, wenn sie mindestens vier Jahre dem Polizeivollzugsdienst angehören. [3]Sie unterrichten die örtlichen Polizeidienststellen rechtzeitig über Ermittlungen in deren Zuständigkeitsbereich, sofern nicht schwerwiegende Gründe entgegenstehen. [4]Zu den Ermittlungshandlungen sollen, soweit es zweckmäßig ist, Beamtinnen und Beamte der örtlich zuständigen Polizeidienststellen hinzugezogen werden.

(2) [1]Die polizeilichen Dienststellen des Bundes und der Länder geben dem Bundeskriminalamt in Fällen, in denen es im Rahmen seiner Zuständigkeit ermittelt, sowie den von ihm nach § 35 Absatz 1 entsandten Beamtinnen und Beamten Auskunft und gewähren Akteneinsicht. [2]Das Gleiche gilt für die nach § 36 Absatz 1 tätig werdenden Polizeibeamtinnen und Polizeibeamten der Länder.

(3) Die örtlich zuständigen Polizeidienststellen gewähren Beamtinnen und Beamten des Bundeskriminalamtes oder, im Falle einer Zuweisung nach § 36 Absatz 1, eines anderen Landes, die Ermittlungen durchführen, personelle und sachliche Unterstützung.

(4) Polizeivollzugsbeamtinnen und Polizeivollzugsbeamte des Bundeskriminalamtes können im Zuständigkeitsbereich eines Landes tätig werden, wenn das jeweilige Landesrecht es vorsieht.

Abschnitt 5
Befugnisse zur Abwehr von Gefahren des internationalen Terrorismus

§ 38 Allgemeine Befugnisse

(1) [1]Das Bundeskriminalamt kann zur Erfüllung seiner Aufgabe nach § 5 Absatz 1 Satz 1 die notwendigen Maßnahmen treffen, um eine Gefahr abzuwehren, soweit nicht dieses Gesetz die Befugnisse des Bundeskriminalamtes besonders regelt. [2]Die §§ 15 bis 20 des Bundespolizeigesetzes gelten entsprechend.

(2) Gefahr im Sinne dieses Abschnitts ist eine im Einzelfall bestehende Gefahr für die öffentliche Sicherheit im Zusammenhang mit Straftaten nach § 5 Absatz 1 Satz 2.

§ 39 Erhebung personenbezogener Daten

(1) Das Bundeskriminalamt kann, sofern in diesem Abschnitt nichts anderes bestimmt ist, personenbezogene Daten erheben, soweit dies zur Erfüllung der ihm nach § 5 Absatz 1 obliegenden Aufgabe erforderlich ist.

(2) Zur Verhütung von Straftaten nach § 5 Absatz 1 Satz 2 ist eine Erhebung personenbezogener Daten nur zulässig, soweit Tatsachen die Annahme rechtfertigen, dass

1. die Person eine Straftat nach § 5 Absatz 1 Satz 2 begehen will und die erhobenen Daten zur Verhütung dieser Straftat erforderlich sind oder

2. die Person mit einer Person nach Nummer 1 nicht nur flüchtig oder in zufälligem Kontakt in Verbindung steht und

a) von der Vorbereitung einer Straftat nach § 5 Absatz 1 Satz 2 Kenntnis hat,
b) aus der Verwertung der Tat Vorteile ziehen könnte oder
c) die Person nach Nummer 1 sich ihrer zur Begehung der Straftat bedienen könnte
und die Verhütung dieser Straftaten auf andere Weise aussichtslos oder wesentlich erschwert wäre.
(3) § 9 Absatz 2 und 3 gilt entsprechend.

§ 40 Bestandsdatenauskunft

(1) [1]Soweit dies für die Erforschung des Sachverhalts oder die Ermittlung des Aufenthaltsortes einer Person nach Maßgabe des § 39 Absatz 1 und 2 erforderlich ist, darf von demjenigen, der geschäftsmäßig Telekommunikationsdienste erbringt oder daran mitwirkt, Auskunft über die nach den §§ 95 und 111 des Telekommunikationsgesetzes erhobenen Daten verlangt werden (§ 113 Absatz 1 Satz 1 des Telekommunikationsgesetzes). [2]Bezieht sich das Auskunftsverlangen nach Satz 1 auf Daten, mittels derer der Zugriff auf Endgeräte oder auf Speichereinrichtungen, die in diesen Endgeräten oder hiervon räumlich getrennt eingesetzt werden, geschützt wird (§ 113 Absatz 1 Satz 2 des Telekommunikationsgesetzes), darf die Auskunft nur verlangt werden, wenn die gesetzlichen Voraussetzungen für die Nutzung der Daten vorliegen.

(2) Die Auskunft nach Absatz 1 darf auch anhand einer zu einem bestimmten Zeitpunkt zugewiesenen Internetprotokoll-Adresse verlangt werden (§ 113 Absatz 1 Satz 3 des Telekommunikationsgesetzes).

(3) [1]Auskunftsverlangen nach Absatz 1 Satz 2 dürfen nur auf Antrag der Präsidentin oder des Präsidenten des Bundeskriminalamtes oder ihrer oder seiner Vertretung durch das Gericht angeordnet werden. [2]Bei Gefahr im Verzug kann die Anordnung durch die Präsidentin oder den Präsidenten des Bundeskriminalamtes oder ihre oder seine Vertretung getroffen werden. [3]In diesem Fall ist die gerichtliche Entscheidung unverzüglich nachzuholen. [4]Die Sätze 1 bis 3 finden keine Anwendung, wenn die betroffene Person vom Auskunftsverlangen bereits Kenntnis hat oder haben muss oder wenn die Nutzung der Daten bereits durch eine gerichtliche Entscheidung gestattet wird. [5]Das Vorliegen der Voraussetzungen nach Satz 4 ist aktenkundig zu machen.

(4) [1]Die betroffene Person ist in den Fällen des Absatzes 1 Satz 2 und des Absatzes 2 über die Beauskunftung zu benachrichtigen. [2]Die Benachrichtigung erfolgt, soweit und sobald hierdurch der Zweck der Auskunft nicht vereitelt wird. [3]Sie unterbleibt, wenn ihr überwiegende schutzwürdige Belange Dritter oder der betroffenen Person selbst entgegenstehen. [4]Wird die Benachrichtigung nach Satz 2 zurückgestellt oder nach Satz 3 von ihr abgesehen, sind die Gründe aktenkundig zu machen.

(5) [1]Aufgrund eines Auskunftsverlangens nach Absatz 1 oder Absatz 2 hat derjenige, der geschäftsmäßig Telekommunikationsdienste erbringt oder daran mitwirkt, die zur Auskunftserteilung erforderlichen Daten unverzüglich zu übermitteln. [2]Für die Entschädigung der Diensteanbieter ist § 23 des Justizvergütungs- und -entschädigungsgesetzes entsprechend anzuwenden.

§ 41 Befragung und Auskunftspflicht

(1) [1]Das Bundeskriminalamt kann eine Person befragen, wenn Tatsachen die Annahme rechtfertigen, dass die Person sachdienliche Angaben für die Erfüllung der dem Bundeskriminalamt nach § 5 Absatz 1 Satz 1 obliegenden Aufgabe machen kann. [2]Zum Zwecke der Befragung kann die Person angehalten werden. [3]Auf Verlangen hat die Person mitgeführte Ausweispapiere zur Prüfung auszuhändigen.

(2) [1]Die befragte Person ist verpflichtet, Namen, Vornamen, Tag und Ort der Geburt, Wohnanschrift und Staatsangehörigkeit anzugeben, soweit dies zur Erfüllung der dem Bundeskriminalamt nach § 5 Absatz 1 Satz 1 obliegenden Aufgabe erforderlich ist. [2]Eine weitergehende Auskunftspflicht besteht nur für die entsprechend den §§ 17 und 18 des Bundespolizeigesetzes Verantwortlichen und entsprechend den Voraussetzungen des § 20 Absatz 1 des Bundespolizeigesetzes für die dort bezeichneten Personen sowie für die Personen, für die gesetzliche Handlungspflichten bestehen, soweit die Auskunft zur Abwehr einer Gefahr erforderlich ist.

(3) [1]Unter den in den §§ 52 bis 55 der Strafprozessordnung bezeichneten Voraussetzungen ist die betroffene Person zur Verweigerung der Auskunft berechtigt. [2]Dies gilt nicht, soweit die Auskunft zur Abwehr einer Gefahr für den Bestand oder die Sicherheit des Bundes oder eines Landes oder Leib, Leben oder Freiheit einer Person erforderlich ist. [3]Eine in § 53 Absatz 1 Satz 1 Nummer 1, 2, 3 oder Nummer 4 der Strafprozessordnung genannte Person ist auch in den Fällen des Satzes 2 zur Verweigerung der Auskunft berechtigt. [4]Die betroffene Person ist über ihr Recht zur Verweigerung der Auskunft zu belehren. [5]Auskünfte, die nach Satz 2 erlangt wurden, dürfen nur für den dort bezeichneten Zweck verwendet werden. [6]Für Personen nach § 53 Absatz 1 Satz 1 Nummer 3 der Strafprozessordnung gilt Satz 3 nur, soweit es sich um Rechtsanwälte und Kammerrechtsbeistände handelt.

(4) [1]§ 136a der Strafprozessordnung gilt entsprechend. [2]§ 12 des Verwaltungsvollstreckungsgesetzes findet keine Anwendung.

§ 42 Identitätsfeststellung und Prüfung von Berechtigungsscheinen

(1) Wenn Tatsachen die Annahme rechtfertigen, dass eine Straftat nach § 5 Absatz 1 Satz 2 begangen werden soll, kann das Bundeskriminalamt entsprechend § 23 Absatz 3 Satz 1, 2, 4 und 5 des Bundespolizeigesetzes die Identität einer Person feststellen,

1. um eine Gefahr abzuwehren,
2. wenn die Person sich an einem Ort aufhält, in Bezug auf den Tatsachen die Annahme rechtfertigen, dass
 a) dort Straftaten nach § 5 Absatz 1 Satz 2 verabredet, vorbereitet oder verübt werden sollen oder
 b) sich dort Personen ohne erforderlichen Aufenthaltstitel treffen oder
3. wenn die Person sich in einer Verkehrs- oder Versorgungsanlage oder -einrichtung, einem öffentlichen Verkehrsmittel, Amtsgebäude oder einem anderen besonders gefährdeten Objekt oder in unmittelbarer Nähe hiervon aufhält und Tatsachen die Annahme rechtfertigen, dass dort Straftaten nach § 5 Absatz 1 Satz 2 begangen werden sollen, durch die in oder an diesen Objekten befindliche Personen oder diese Objekte selbst unmittelbar gefährdet sind und die Feststellung der Identität aufgrund von auf die Person bezogenen Anhaltspunkten erforderlich ist.

(2) Das Bundeskriminalamt kann, soweit es zur Erfüllung der ihm nach § 5 Absatz 1 Satz 1 obliegenden Aufgabe erforderlich ist, verlangen, dass Berechtigungsscheine, Bescheinigungen, Nachweise oder sonstige Urkunden zur Prüfung ausgehändigt werden, wenn die betroffene Person aufgrund einer Rechtsvorschrift verpflichtet ist, diese Urkunden mitzuführen.

§ 43 Erkennungsdienstliche Maßnahmen

(1) Ist eine nach § 42 Absatz 1 zulässige Identitätsfeststellung auf andere Weise nicht oder nur unter erheblichen Schwierigkeiten möglich, kann das Bundeskriminalamt erkennungsdienstliche Maßnahmen entsprechend § 24 Absatz 3 des Bundespolizeigesetzes vornehmen.

(2) [1]Ist die Identität festgestellt, sind die im Zusammenhang mit der Feststellung angefallenen Unterlagen zu vernichten, es sei denn, ihre weitere Aufbewahrung ist nach anderen Rechtsvorschriften zulässig. [2]Sind die Unterlagen an andere Stellen übermittelt worden, sind diese über die erfolgte Vernichtung zu unterrichten.

§ 44 Vorladung

(1) Das Bundeskriminalamt kann eine Person schriftlich oder mündlich vorladen, wenn

1. Tatsachen die Annahme rechtfertigen, dass die Person sachdienliche Angaben machen kann, die für die Erfüllung der dem Bundeskriminalamt nach § 5 Absatz 1 Satz 1 obliegenden Aufgabe erforderlich sind, oder
2. dies zur Durchführung erkennungsdienstlicher Maßnahmen erforderlich ist.

(2) § 25 Absatz 2 bis 4 des Bundespolizeigesetzes gilt entsprechend.

§ 45 Besondere Mittel der Datenerhebung

(1) [1]Das Bundeskriminalamt kann personenbezogene Daten mit den besonderen Mitteln nach Absatz 2 erheben über

1. den entsprechend § 17 oder § 18 des Bundespolizeigesetzes Verantwortlichen oder entsprechend den Voraussetzungen des § 20 Absatz 1 des Bundespolizeigesetzes über die dort bezeichnete Person zur Abwehr einer Gefahr für den Bestand oder die Sicherheit des Bundes oder eines Landes oder für Leib, Leben oder Freiheit einer Person oder Sachen von bedeutendem Wert, deren Erhaltung im öffentlichen Interesse geboten ist,
2. eine Person, bei der bestimmte Tatsachen die Annahme rechtfertigen, dass sie innerhalb eines übersehbaren Zeitraums auf eine zumindest ihrer Art nach konkretisierte Weise eine Straftat nach § 5 Absatz 1 Satz 2 begehen wird,
3. eine Person, deren individuelles Verhalten die konkrete Wahrscheinlichkeit begründet, dass sie innerhalb eines übersehbaren Zeitraums eine Straftat nach § 5 Absatz 1 Satz 2 begehen wird, oder
4. eine Person nach § 39 Absatz 2 Nummer 2,

wenn die Abwehr der Gefahr oder die Verhütung der Straftaten auf andere Weise aussichtslos ist oder wesentlich erschwert wäre. [2]Die Maßnahme kann auch durchgeführt werden, wenn Dritte unvermeidbar betroffen werden.

(2) Besondere Mittel der Datenerhebung sind

1. die planmäßig angelegte Beobachtung einer Person, die durchgehend länger als 24 Stunden dauern oder an mehr als zwei Tagen stattfinden soll (längerfristige Observation),
2. der Einsatz technischer Mittel außerhalb von Wohnungen in einer für die betroffene Person nicht erkennbaren Weise

a) zur Anfertigung von Bildaufnahmen oder -aufzeichnungen von Personen oder Sachen, die sich außerhalb von Wohnungen befinden, oder

b) zum Abhören oder Aufzeichnen des außerhalb von Wohnungen nicht öffentlich gesprochenen Wortes,

3. sonstige besondere für Observationszwecke bestimmte technische Mittel zur Erforschung des Sachverhalts oder zur Bestimmung des Aufenthaltsortes einer in Absatz 1 genannten Person,

4. der Einsatz von Privatpersonen, deren Zusammenarbeit mit dem Bundeskriminalamt Dritten nicht bekannt ist (Vertrauensperson), und

5. der Einsatz einer Polizeivollzugsbeamtin oder eines Polizeivollzugsbeamten unter einer ihr oder ihm verliehenen und auf Dauer angelegten Legende (Verdeckter Ermittler).

(3) Maßnahmen nach

1. Absatz 2 Nummer 1,

2. Absatz 2 Nummer 2 Buchstabe a, bei denen durchgehend länger als 24 Stunden oder an mehr als zwei Tagen Bildaufzeichnungen bestimmter Personen angefertigt werden sollen,

3. Absatz 2 Nummer 2 Buchstabe b,

4. Absatz 2 Nummer 3, bei denen für Observationszwecke bestimmte technische Mittel durchgehend länger als 24 Stunden oder an mehr als zwei Tagen zum Einsatz kommen und

5. Absatz 2 Nummer 4 und 5, die sich gegen eine bestimmte Person richten oder bei denen die Vertrauensperson oder der Verdeckte Ermittler eine Wohnung betritt, die nicht allgemein zugänglich ist,

dürfen nur auf Antrag der zuständigen Abteilungsleitung oder deren Vertretung durch das Gericht angeordnet werden. Bei Gefahr im Verzug kann die Anordnung einer Maßnahme nach Satz 1 durch die zuständige Abteilungsleitung oder deren Vertretung getroffen werden. In diesem Fall ist die gerichtliche Entscheidung unverzüglich nachzuholen. Soweit die Anordnung nach Satz 2 nicht binnen drei Tagen durch das Gericht bestätigt wird, tritt sie außer Kraft. Die übrigen Maßnahmen nach Absatz 2 Nummer 1 bis 5 dürfen, außer bei Gefahr im Verzug, nur durch die zuständige Abteilungsleitung oder deren Vertretung angeordnet werden.

(4) Im Antrag sind anzugeben:

1. die Person, gegen die sich die Maßnahme richtet, soweit möglich, mit Name und Anschrift,

2. Art, Umfang und Dauer der Maßnahme,

3. der Sachverhalt sowie

4. eine Begründung.

(5) ¹Die Anordnung ergeht schriftlich. ²In ihr sind anzugeben:

1. die Person, gegen die sich die Maßnahme richtet, soweit möglich, mit Name und Anschrift,

2. Art, Umfang und Dauer der Maßnahme sowie

3. die wesentlichen Gründe.

³Die Anordnung ist auf höchstens einen Monat zu befristen; im Falle des Absatzes 2 Nummer 4 und 5 ist die Maßnahme auf höchstens drei Monate zu befristen. ⁴Die Verlängerung der Maßnahme bedarf einer neuen Anordnung. ⁵Absatz 3 Satz 4 und 5 gilt entsprechend.

(6) ¹Ein Verdeckter Ermittler darf unter der Legende

1. zur Erfüllung seines Auftrags am Rechtsverkehr teilnehmen und

2. mit Einverständnis der berechtigten Person deren Wohnung betreten; das Einverständnis darf nicht durch ein über die Nutzung der Legende hinausgehendes Vortäuschen eines Zutrittsrechts herbeigeführt werden.

²Soweit es für den Aufbau und die Aufrechterhaltung der Legende eines Verdeckten Ermittlers nach Absatz 2 Nummer 5 unerlässlich ist, dürfen entsprechende Urkunden hergestellt, verändert oder gebraucht werden. ³Im Übrigen richten sich die Befugnisse eines Verdeckten Ermittlers nach diesem Abschnitt. ⁴Für den Einsatz technischer Mittel zur Eigensicherung innerhalb von Wohnungen gilt § 34 entsprechend.

(7) ¹Liegen tatsächliche Anhaltspunkte für die Annahme vor, dass durch eine Maßnahme nach Absatz 2 allein Erkenntnisse aus dem Kernbereich privater Lebensgestaltung erlangt würden, ist die Maßnahme unzulässig. ²Ergeben sich bei Maßnahmen nach Absatz 2 Nummer 4 und 5 während der Durchführung tatsächliche Anhaltspunkte dafür, dass der Kernbereich betroffen ist, ist die Maßnahme zu unterbrechen, sobald dies ohne Gefährdung der beauftragten Person möglich ist. ³Soweit im Rahmen einer Maßnahme nach Absatz 2 Nummer 1 bis 3 eine unmittelbare Kenntnisnahme, auch neben einer automatischen Aufzeichnung, erfolgt, ist die Maßnahme unverzüglich zu unterbrechen, soweit sich während der Überwachung tatsächliche Anhaltspunkte dafür ergeben, dass Inhalte dem Kernbereich privater Lebensgestaltung zuzurechnen sind, erfasst werden. ⁴Bestehen insoweit Zweifel, darf die Maßnahme in den Fällen des Absatzes 2 Nummer 2 Buchstabe a und b als automatische Aufzeichnung weiter fortgesetzt werden. ⁵Automatische Aufzeichnungen sind unverzüglich dem anordnenden Gericht vorzulegen. ⁶Das Gericht

entscheidet unverzüglich über die Verwertbarkeit oder Löschung der Daten. [7]Ist die Maßnahme nach Satz 3 unterbrochen worden, so darf sie für den Fall, dass sie nicht nach Satz 1 unzulässig ist, fortgeführt werden. [8]Erkenntnisse aus dem Kernbereich privater Lebensgestaltung, die durch eine Maßnahme nach Absatz 2 erlangt worden sind, dürfen nicht verwertet werden. [9]Aufzeichnungen hierüber sind unverzüglich zu löschen. [10]Die Tatsachen der Erfassung der Daten und der Löschung sind zu dokumentieren. [11]Die Dokumentation darf ausschließlich für Zwecke der Datenschutzkontrolle verwendet werden. [12]Sie ist sechs Monate nach der Benachrichtigung nach § 74 oder sechs Monate nach Erteilung der gerichtlichen Zustimmung über das endgültige Absehen von der Benachrichtigung zu löschen. [13]Ist die Datenschutzkontrolle nach § 69 Absatz 1 noch nicht beendet, ist die Dokumentation bis zu ihrem Abschluss aufzubewahren.

(8) [1]Bei Gefahr im Verzug kann die Präsidentin oder der Präsident des Bundeskriminalamtes oder ihre oder seine Vertretung im Benehmen mit der oder dem Datenschutzbeauftragten des Bundeskriminalamtes über die Verwertung der Erkenntnisse entscheiden. [2]Bei der Sichtung der erhobenen Daten kann sie oder er sich der technischen Unterstützung von zwei weiteren Bediensteten des Bundeskriminalamtes bedienen, von denen einer die Befähigung zum Richteramt haben muss. [3]Die Bediensteten des Bundeskriminalamtes sind zur Verschwiegenheit über die ihnen bekannt werdenden Erkenntnisse, die nicht verwertet werden dürfen, verpflichtet. [4]Die gerichtliche Entscheidung nach Absatz 7 ist unverzüglich nachzuholen.

§ 46 Besondere Bestimmungen über den Einsatz technischer Mittel in oder aus Wohnungen

(1) Das Bundeskriminalamt kann zur Abwehr einer dringenden Gefahr für den Bestand oder die Sicherheit des Bundes oder eines Landes oder für Leib, Leben oder Freiheit einer Person oder Sachen von bedeutendem Wert, deren Erhaltung im öffentlichen Interesse geboten ist, durch den verdeckten Einsatz technischer Mittel in oder aus Wohnungen

1. das nichtöffentlich gesprochene Wort einer Person abhören und aufzeichnen,
 a) die entsprechend § 17 oder § 18 des Bundespolizeigesetzes verantwortlich ist oder
 b) bei der konkrete Vorbereitungshandlungen für sich oder zusammen mit weiteren bestimmten Tatsachen die begründete Annahme rechtfertigen, dass sie Straftaten nach § 5 Absatz 1 Satz 2 begehen wird, und
2. Lichtbilder und Bildaufzeichnungen über diese Person herstellen,

wenn die Abwehr der Gefahr auf andere Weise aussichtslos oder wesentlich erschwert wäre.

(2) [1]Die Maßnahme darf sich nur gegen die in Absatz 1 genannte Person richten und nur in deren Wohnung durchgeführt werden. [2]In Wohnungen anderer Personen ist die Maßnahme nur zulässig, wenn aufgrund bestimmter Tatsachen anzunehmen ist, dass

1. sich eine in Absatz 1 Nummer 1 Buchstabe a oder b genannte Person dort aufhält und
2. die Maßnahme in der Wohnung dieser Person allein nicht zur Abwehr der Gefahr nach Absatz 1 führen wird.

[3]Die Maßnahme darf auch durchgeführt werden, wenn andere Personen unvermeidbar betroffen werden.

(3) [1]Maßnahmen nach Absatz 1 dürfen nur auf Antrag der Präsidentin oder des Präsidenten des Bundeskriminalamtes oder ihrer oder seiner Vertretung durch das Gericht angeordnet werden. [2]Bei Gefahr im Verzug kann die Anordnung auch durch die Präsidentin oder den Präsidenten des Bundeskriminalamtes oder ihre oder seine Vertretung getroffen werden. [3]In diesem Fall ist die gerichtliche Entscheidung unverzüglich nachzuholen. [4]Soweit die Anordnung der Präsidentin oder des Präsidenten des Bundeskriminalamtes oder ihrer oder seiner Vertretung nicht binnen drei Tagen durch das Gericht bestätigt wird, tritt sie außer Kraft.

(4) Im Antrag sind anzugeben:

1. die Person, gegen die sich die Maßnahme richtet, soweit möglich, mit Name und Anschrift,
2. die zu überwachende Wohnung oder die zu überwachenden Wohnräume,
3. Art, Umfang und Dauer der Maßnahme,
4. der Sachverhalt sowie
5. eine Begründung.

(5) [1]Die Anordnung ergeht schriftlich. [2]In ihr sind anzugeben:

1. der Name und die Anschrift der Person, gegen die sich die Maßnahme richtet, soweit möglich,
2. die zu überwachende Wohnung oder die zu überwachenden Wohnräume,
3. Art, Umfang und Dauer der Maßnahme sowie
4. die wesentlichen Gründe.

[3]Die Anordnung ist auf höchstens einen Monat zu befristen. [4]Eine Verlängerung um jeweils nicht mehr als einen Monat ist zulässig, soweit die in den Absätzen 1, 6 und 7 bezeichneten Voraussetzungen unter Berücksichtigung der gewonnenen Erkenntnisse fortbestehen. [5]Liegen die Voraussetzungen der Anord-

nung nicht mehr vor, so sind die aufgrund der Anordnung ergriffenen Maßnahmen unverzüglich zu beenden.

(6) [1]Die Maßnahme nach Absatz 1 darf nur angeordnet und durchgeführt werden, soweit aufgrund tatsächlicher Anhaltspunkte, insbesondere zu der Art der zu überwachenden Räumlichkeiten und dem Verhältnis der zu überwachenden Personen zueinander, anzunehmen ist, dass durch die Überwachung Äußerungen, die dem Kernbereich privater Lebensgestaltung zuzurechnen sind, nicht erfasst werden. [2]Das Abhören und Beobachten nach Satz 1 ist unverzüglich zu unterbrechen, soweit sich während der Überwachung tatsächliche Anhaltspunkte dafür ergeben, dass Inhalte, die dem Kernbereich privater Lebensgestaltung zuzurechnen sind, erfasst werden. [3]Sind das Abhören und Beobachten nach Satz 2 unterbrochen worden, so darf es unter den in Satz 1 genannten Voraussetzungen fortgeführt werden.

(7) [1]Erkenntnisse, die durch Maßnahmen nach Absatz 1 erlangt worden sind, sind dem anordnenden Gericht unverzüglich vorzulegen. [2]Das Gericht entscheidet unverzüglich über die Verwertbarkeit oder Löschung. [3]Erkenntnisse aus dem Kernbereich privater Lebensgestaltung, die durch eine Maßnahme nach Absatz 1 erlangt worden sind, dürfen nicht verwertet werden. [4]Aufzeichnungen hierüber sind unverzüglich zu löschen. [5]Die Tatsachen der Erfassung der Daten und der Löschung sind zu dokumentieren. [6]Die Dokumentation darf ausschließlich für Zwecke der Datenschutzkontrolle verwendet werden. [7]Sie ist sechs Monate nach der Benachrichtigung nach § 74 oder sechs Monate nach Erteilung der gerichtlichen Zustimmung über das endgültige Absehen von der Benachrichtigung zu löschen. [8]Ist die Datenschutzkontrolle nach § 69 Absatz 1 noch nicht beendet, ist die Dokumentation bis zu ihrem Abschluss aufzubewahren.

(8) [1]Bei Gefahr im Verzug kann die Präsidentin oder der Präsident des Bundeskriminalamtes oder ihre oder seine Vertretung im Benehmen mit der oder dem Datenschutzbeauftragten des Bundeskriminalamtes über die Verwertung der Erkenntnisse entscheiden. [2]Bei der Sichtung der erhobenen Daten kann sie oder er sich der technischen Unterstützung von zwei weiteren Bediensteten des Bundeskriminalamtes bedienen, von denen einer die Befähigung zum Richteramt haben muss. [3]Die Bediensteten des Bundeskriminalamtes sind zur Verschwiegenheit über die ihnen bekannt werdenden Erkenntnisse, die nicht verwertet werden dürfen, verpflichtet. [4]Die gerichtliche Entscheidung nach Absatz 7 ist unverzüglich nachzuholen.

§ 47 Ausschreibung zur polizeilichen Beobachtung oder gezielten Kontrolle

(1) Das Bundeskriminalamt kann personenbezogene Daten, insbesondere die Personalien einer Person und das amtliche Kennzeichen eines von ihr benutzten oder eingesetzten Kraftfahrzeugs oder die Identifizierungsnummer oder äußere Kennzeichnung eines von ihr eingesetzten Wasserfahrzeugs, Luftfahrzeugs oder Containers, in Fahndungssystemen zur polizeilichen Beobachtung oder gezielten Kontrolle speichern, damit andere Polizeibehörden

1. Erkenntnisse über Ort und Zeit des Antreffens der Person, etwaiger Begleiter, des Fahrzeugs und seines Führers, mitgeführte Sachen oder des Containers und Umstände des Antreffens bei Gelegenheit einer Überprüfung aus anderem Anlass melden (Ausschreibung zur polizeilichen Beobachtung), oder

2. die Person, etwaige Begleiter, das Fahrzeug und seinen Führer, mitgeführte Sachen oder den Container nach Maßgabe der geltenden Rechtsvorschriften durchsuchen (Ausschreibung zur gezielten Kontrolle).

(2) Die Ausschreibung zur polizeilichen Beobachtung oder gezielten Kontrolle nach Absatz 1 ist nur zulässig, wenn

1. die Gesamtwürdigung der Person und ihre bisher begangenen Straftaten erwarten lassen, dass sie künftig Straftaten nach § 5 Absatz 1 Satz 2 begehen wird,

2. Tatsachen die Annahme rechtfertigen, dass die Person Straftaten nach § 5 Absatz 1 Satz 2 begehen wird, oder

3. die Person mit einer Person nach den Nummern 1 und 2 nicht nur flüchtig oder in zufälligem Kontakt in Verbindung steht und tatsächliche Anhaltspunkte die Annahme rechtfertigen, dass sie von der Vorbereitung einer Straftat nach § 5 Absatz 1 Satz 2 Kenntnis hat

und dies zur Verhütung der Straftaten erforderlich ist.

(3) [1]Die Ausschreibung zur polizeilichen Beobachtung oder gezielten Kontrolle darf nur durch die zuständige Abteilungsleitung oder deren Vertretung angeordnet werden. [2]Die Anordnung ist unter Angabe der maßgeblichen Gründe zu dokumentieren.

(4) [1]Die Anordnung ist auf höchstens ein Jahr zu befristen. [2]Spätestens nach Ablauf von sechs Monaten ist zu prüfen, ob die Voraussetzungen für die Anordnung noch bestehen. [3]Das Ergebnis dieser Prüfung ist zu dokumentieren. [4]Die Verlängerung der Laufzeit über insgesamt ein Jahr hinaus bedarf der gerichtlichen Anordnung.

(5) Liegen die Voraussetzungen für die Anordnung nicht mehr vor, ist der Zweck der Maßnahme erreicht oder zeigt sich, dass er nicht erreicht werden kann, ist die Ausschreibung zur polizeilichen Beobachtung oder gezielten Kontrolle unverzüglich zu löschen.

§ 48 Rasterfahndung

(1) [1]Das Bundeskriminalamt kann von öffentlichen oder nichtöffentlichen Stellen die Übermittlung von personenbezogenen Daten von bestimmten Personengruppen zum Zwecke des automatisierten Abgleichs mit anderen Datenbeständen verlangen, soweit dies zur Abwehr einer Gefahr für den Bestand oder die Sicherheit des Bundes oder eines Landes oder für Leib, Leben oder Freiheit einer Person oder Sachen von bedeutendem Wert, deren Erhalt im öffentlichen Interesse geboten ist, erforderlich ist; eine solche Gefahr liegt in der Regel auch dann vor, wenn konkrete Vorbereitungshandlungen die Annahme rechtfertigen, dass eine Straftat nach § 5 Absatz 1 Satz 2 begangen werden soll. [2]Vom Bundesamt für Verfassungsschutz und von den Verfassungsschutzbehörden der Länder, dem Militärischen Abschirmdienst sowie dem Bundesnachrichtendienst kann die Übermittlung nach Satz 1 nicht verlangt werden.

(2) [1]Das Übermittlungsersuchen ist auf Namen, Anschrift, Tag und Ort der Geburt sowie auf andere im Einzelfall festzulegende Merkmale zu beschränken; es darf sich nicht auf personenbezogene Daten erstrecken, die einem Berufs- oder besonderen Amtsgeheimnis unterliegen. [2]Von Übermittlungsersuchen nicht erfasste personenbezogene Daten dürfen übermittelt werden, wenn wegen erheblicher technischer Schwierigkeiten oder wegen eines unangemessenen Zeit- oder Kostenaufwands eine Beschränkung auf die angeforderten Daten nicht möglich ist; diese Daten dürfen vom Bundeskriminalamt nicht verwendet werden.

(3) [1]Ist der Zweck der Maßnahme erreicht oder zeigt sich, dass er nicht erreicht werden kann, sind die übermittelten und im Zusammenhang mit der Maßnahme zusätzlich angefallenen Daten zu löschen und die Akten zu vernichten, soweit sie nicht für ein mit dem Sachverhalt zusammenhängendes Verfahren erforderlich sind. [2]Die getroffene Maßnahme ist zu dokumentieren. [3]Diese Dokumentation ist gesondert aufzubewahren und durch organisatorische und technische Maßnahmen zu sichern. [4]Sie ist sechs Monate nach der Benachrichtigung nach § 74 oder sechs Monate nach Erteilung der gerichtlichen Zustimmung über das endgültige Absehen von der Benachrichtigung zu löschen. [5]Ist die Datenschutzkontrolle nach § 69 Absatz 1 noch nicht beendet, ist die Dokumentation bis zu ihrem Abschluss aufzubewahren.

(4) Die Maßnahme darf nur auf Antrag der Präsidentin oder des Präsidenten des Bundeskriminalamtes oder ihrer oder seiner Vertretung durch das Gericht angeordnet werden.

§ 49 Verdeckter Eingriff in informationstechnische Systeme

(1) [1]Das Bundeskriminalamt darf ohne Wissen der betroffenen Person mit technischen Mitteln in von der betroffenen Person genutzte informationstechnische Systeme eingreifen und aus ihnen Daten erheben, wenn bestimmte Tatsachen die Annahme rechtfertigen, dass eine Gefahr vorliegt für

1. Leib, Leben oder Freiheit einer Person oder
2. solche Güter der Allgemeinheit, deren Bedrohung die Grundlagen oder den Bestand des Bundes oder eines Landes oder die Grundlagen der Existenz der Menschen berührt.

[2]Eine Maßnahme nach Satz 1 ist auch zulässig, wenn

1. bestimmte Tatsachen die Annahme rechtfertigen, dass innerhalb eines übersehbaren Zeitraums auf eine zumindest ihrer Art nach konkretisierte Weise eine Schädigung der in Satz 1 genannten Rechtsgüter eintritt oder
2. das individuelle Verhalten einer Person die konkrete Wahrscheinlichkeit begründet, dass sie innerhalb eines übersehbaren Zeitraums die in Satz 1 genannten Rechtsgüter schädigen wird.

[3]Die Maßnahme darf nur durchgeführt werden, wenn sie für die Aufgabenerfüllung nach § 5 erforderlich ist und diese ansonsten aussichtslos oder wesentlich erschwert wäre.

(2) [1]Es ist technisch sicherzustellen, dass

1. an dem informationstechnischen System nur Veränderungen vorgenommen werden, die für die Datenerhebung unerlässlich sind, und
2. die vorgenommenen Veränderungen bei Beendigung der Maßnahme soweit technisch möglich automatisiert rückgängig gemacht werden.

[2]Das eingesetzte Mittel ist nach dem Stand der Technik gegen unbefugte Nutzung zu schützen. [3]Kopierte Daten sind nach dem Stand der Technik gegen Veränderung, unbefugte Löschung und unbefugte Kenntnisnahme zu schützen.

(3) [1]Die Maßnahme darf sich nur gegen eine Person richten, die entsprechend § 17 oder § 18 des Bundespolizeigesetzes verantwortlich ist. [2]Die Maßnahme darf auch durchgeführt werden, wenn andere Personen unvermeidbar betroffen werden.

(4) Die Maßnahme nach Absatz 1 darf nur auf Antrag der Präsidentin oder des Präsidenten des Bundeskriminalamtes oder ihrer oder seiner Vertretung durch das Gericht angeordnet werden.

(5) Im Antrag sind anzugeben:
1. die Person, gegen die sich die Maßnahme richtet, soweit möglich, mit Name und Anschrift,
2. eine möglichst genaue Bezeichnung des informationstechnischen Systems, in das zur Datenerhebung eingegriffen werden soll,
3. Art, Umfang und Dauer der Maßnahme,
4. der Sachverhalt sowie
5. eine Begründung.

(6) ¹Die Anordnung ergeht schriftlich. ²In ihr sind anzugeben:
1. die Person, gegen die sich die Maßnahme richtet, soweit möglich, mit Name und Anschrift,
2. eine möglichst genaue Bezeichnung des informationstechnischen Systems, in das zur Datenerhebung eingegriffen werden soll,
3. Art, Umfang und Dauer der Maßnahme unter Benennung des Endzeitpunktes sowie
4. die wesentlichen Gründe.

³Die Anordnung ist auf höchstens drei Monate zu befristen. ⁴Eine Verlängerung um jeweils nicht mehr als drei weitere Monate ist zulässig, soweit die Anordnungsvoraussetzungen unter Berücksichtigung der gewonnenen Erkenntnisse fortbestehen. ⁵Liegen die Voraussetzungen der Anordnung nicht mehr vor, sind die aufgrund der Anordnung ergriffenen Maßnahmen unverzüglich zu beenden.

(7) ¹Liegen tatsächliche Anhaltspunkte für die Annahme vor, dass durch die Maßnahme allein Erkenntnisse aus dem Kernbereich privater Lebensgestaltung erlangt würden, ist die Maßnahme unzulässig. ²Soweit möglich, ist technisch sicherzustellen, dass Daten, die den Kernbereich privater Lebensgestaltung betreffen, nicht erhoben werden. ³Erkenntnisse, die durch Maßnahmen nach Absatz 1 erlangt worden sind, sind dem anordnenden Gericht unverzüglich vorzulegen. ⁴Das Gericht entscheidet unverzüglich über die Verwertbarkeit oder Löschung. ⁵Daten, die den Kernbereich privater Lebensgestaltung betreffen, dürfen nicht verwertet werden und sind unverzüglich zu löschen. ⁶Die Tatsachen der Erfassung der Daten und der Löschung sind zu dokumentieren. ⁷Die Dokumentation darf ausschließlich für Zwecke der Datenschutzkontrolle verwendet werden. ⁸Sie ist sechs Monate nach der Benachrichtigung nach § 74 oder sechs Monate nach Erteilung der gerichtlichen Zustimmung über das endgültige Absehen von der Benachrichtigung zu löschen. ⁹Ist die Datenschutzkontrolle nach § 69 Absatz 1 noch nicht beendet, ist die Dokumentation bis zu ihrem Abschluss aufzubewahren.

(8) ¹Bei Gefahr im Verzug kann die Präsidentin oder der Präsident des Bundeskriminalamtes oder ihre oder seine Vertretung im Benehmen mit der oder dem Datenschutzbeauftragten des Bundeskriminalamtes über die Verwertung der Erkenntnisse entscheiden. ²Bei der Sichtung der erhobenen Daten kann sie oder er sich der technischen Unterstützung von zwei weiteren Bediensteten des Bundeskriminalamtes bedienen, von denen einer die Befähigung zum Richteramt haben muss. ³Die Bediensteten des Bundeskriminalamtes sind zur Verschwiegenheit über die ihnen bekannt werdenden Erkenntnisse, die nicht verwertet werden dürfen, verpflichtet. ⁴Die gerichtliche Entscheidung nach Absatz 7 ist unverzüglich nachzuholen.

§ 50 Postbeschlagnahme

(1) Das Bundeskriminalamt kann ohne Wissen der betroffenen Person Postsendungen und Telegramme beschlagnahmen, die sich im Gewahrsam von Personen oder Unternehmen befinden, die geschäftsmäßig Post- oder Telekommunikationsdienste erbringen oder daran mitwirken und die an eine Person gerichtet sind,
1. die entsprechend § 17 oder § 18 des Bundespolizeigesetzes verantwortlich ist und dies zur Abwehr einer dringenden Gefahr für den Bestand oder die Sicherheit des Bundes oder eines Landes oder für Leib, Leben oder Freiheit einer Person oder Sachen von bedeutendem Wert, deren Erhaltung im öffentlichen Interesse liegt, geboten ist,
2. bei der bestimmte Tatsachen die Annahme rechtfertigen, dass sie innerhalb eines übersehbaren Zeitraums auf eine zumindest ihrer Art nach konkretisierte Weise eine Straftat nach § 5 Absatz 1 Satz 2 begehen wird,
3. deren individuelles Verhalten die konkrete Wahrscheinlichkeit begründet, dass sie innerhalb eines übersehbaren Zeitraums eine Straftat nach § 5 Absatz 1 Satz 2 begehen wird oder
4. bei der bestimmte Tatsachen die Annahme rechtfertigen, dass sie für eine Person nach Nummer 1 bestimmte oder von dieser herrührende Postsendungen oder Telegramme entgegennimmt oder weitergibt

und die Abwehr der Gefahr oder Verhütung der Straftaten auf andere Weise aussichtslos oder wesentlich erschwert wäre.

(2) ¹Maßnahmen nach Absatz 1 dürfen nur auf Antrag der Präsidentin oder des Präsidenten des Bundeskriminalamtes oder ihrer oder seiner Vertretung durch das Gericht angeordnet werden. ²Bei Gefahr im Verzug kann die Anordnung durch die Präsidentin oder den Präsidenten des Bundeskriminalamtes oder ihre oder seine Vertretung getroffen werden. ³In diesem Fall ist die gerichtliche Entscheidung unverzüglich nachzuholen. ⁴Soweit diese Anordnung nicht binnen drei Tagen durch das Gericht bestätigt wird, tritt sie außer Kraft, auch wenn sie eine Auslieferung noch nicht zur Folge gehabt hat.

(3) Im Antrag sind anzugeben:
1. die Person, gegen die sich die Maßnahme richtet, soweit möglich, mit Name und Anschrift,
2. eine möglichst genaue Bezeichnung der Postsendungen, die der Beschlagnahme unterliegen sollen,
3. Art, Umfang und Dauer der Maßnahme,
4. der Sachverhalt sowie
5. eine Begründung.

(4) ¹Die Anordnung ergeht schriftlich. ²In ihr sind anzugeben:
1. die Person, gegen die sich die Maßnahme richtet, soweit möglich, mit Name und Anschrift,
2. Dauer der Maßnahme unter Benennung des Endzeitpunktes,
3. eine möglichst genaue Bezeichnung der der Beschlagnahme unterliegenden Postsendungen sowie
4. die wesentlichen Gründe.

³Die Anordnung ist auf höchstens drei Monate zu befristen. ⁴Eine Verlängerung um jeweils nicht mehr als drei weitere Monate ist zulässig, soweit die Voraussetzungen der Anordnung unter Berücksichtigung der gewonnenen Erkenntnisse fortbestehen. ⁵Liegen die Voraussetzungen der Anordnung nicht mehr vor, ist die Maßnahme unverzüglich zu beenden.

(5) ¹Die Öffnung der ausgelieferten Postsendung und die Entscheidung über die Verwertbarkeit der erlangten Erkenntnisse stehen dem Gericht zu. ²Es kann die Befugnis zur Öffnung sowie die Entscheidung über die Verwertbarkeit auf die Präsidentin oder den Präsidenten des Bundeskriminalamtes oder auf ihre oder seine Vertretung übertragen, soweit dies erforderlich ist, um die Abwehr der Gefahr nicht durch Verzögerung zu gefährden. ³In diesen Fällen hat die Entscheidung über die Verwertbarkeit im Benehmen mit der oder dem Datenschutzbeauftragten des Bundeskriminalamtes zu erfolgen. ⁴Die gerichtliche Entscheidung nach Satz 1 ist unverzüglich nachzuholen. ⁵Die Übertragung kann jederzeit widerrufen werden.

(6) ¹Ist eine Übertragung nach Absatz 5 nicht erfolgt, legt das Bundeskriminalamt die ausgelieferten Postsendungen unverzüglich und, soweit sie verschlossen sind, ungeöffnet dem Gericht vor. ²Das Gericht entscheidet unverzüglich über die Öffnung.

(7) § 100 Absatz 5 und 6 der Strafprozessordnung gilt entsprechend.

(8) ¹Liegen tatsächliche Anhaltspunkte für die Annahme vor, dass durch die Maßnahme allein Erkenntnisse aus dem Kernbereich privater Lebensgestaltung erlangt würden, ist die Maßnahme unzulässig. ²Erkenntnisse aus dem Kernbereich privater Lebensgestaltung dürfen nicht verwertet werden.

§ 51 Überwachung der Telekommunikation

(1) ¹Das Bundeskriminalamt kann ohne Wissen der betroffenen Person die Telekommunikation einer Person überwachen und aufzeichnen,
1. die entsprechend § 17 oder § 18 des Bundespolizeigesetzes verantwortlich ist und dies zur Abwehr einer dringenden Gefahr für den Bestand oder die Sicherheit des Bundes oder eines Landes oder für Leib, Leben oder Freiheit einer Person oder Sachen von bedeutendem Wert, deren Erhaltung im öffentlichen Interesse liegt, geboten ist,
2. bei der bestimmte Tatsachen die Annahme rechtfertigen, dass sie innerhalb eines übersehbaren Zeitraums auf eine zumindest ihrer Art nach konkretisierte Weise eine Straftat nach § 5 Absatz 1 Satz 2 begehen wird,
3. deren individuelles Verhalten die konkrete Wahrscheinlichkeit begründet, dass sie innerhalb eines übersehbaren Zeitraums eine Straftat nach § 5 Absatz 1 Satz 2 begehen wird,
4. bei der bestimmte Tatsachen die Annahme rechtfertigen, dass sie für eine Person nach Nummer 1 bestimmte oder von dieser herrührende Mitteilungen entgegennimmt oder weitergibt oder
5. bei der bestimmte Tatsachen die Annahme rechtfertigen, dass eine Person nach Nummer 1 deren Telekommunikationsanschluss oder Endgerät benutzen wird

und die Abwehr der Gefahr oder Verhütung der Straftaten auf andere Weise aussichtslos oder wesentlich erschwert wäre. ²Die Maßnahme darf auch durchgeführt werden, wenn andere Personen unvermeidbar betroffen werden.

(2) ¹Die Überwachung und Aufzeichnung der Telekommunikation darf ohne Wissen der betroffenen Person in der Weise erfolgen, dass mit technischen Mitteln in von der betroffenen Person genutzte informationstechnische Systeme eingegriffen wird, wenn

1.　durch technische Maßnahmen sichergestellt ist, dass ausschließlich laufende Telekommunikation überwacht und aufgezeichnet wird und

2.　der Eingriff in das informationstechnische System notwendig ist, um die Überwachung und Aufzeichnung der Telekommunikation insbesondere auch in unverschlüsselter Form zu ermöglichen. [2]§ 49 Absatz 2 gilt entsprechend. [3]§ 49 bleibt im Übrigen unberührt.

(3) [1]Maßnahmen nach den Absätzen 1 und 2 dürfen nur auf Antrag der Präsidentin oder des Präsidenten des Bundeskriminalamtes oder ihrer oder seiner Vertretung durch das Gericht angeordnet werden. [2]Bei Gefahr im Verzug kann die Anordnung durch die Präsidentin oder den Präsidenten des Bundeskriminalamtes oder ihre oder seine Vertretung getroffen werden. [3]In diesem Fall ist die gerichtliche Entscheidung unverzüglich nachzuholen. [4]Soweit diese Anordnung nicht binnen drei Tagen durch das Gericht bestätigt wird, tritt sie außer Kraft.

(4) Im Antrag sind anzugeben:

1.　die Person, gegen die sich die Maßnahme richtet, soweit möglich, mit Name und Anschrift,

2.　die Rufnummer oder eine andere Kennung des zu überwachenden Anschlusses oder des Endgeräts, sofern sich nicht aus bestimmten Tatsachen ergibt, dass diese zugleich einem anderen Endgerät zugeordnet ist,

3.　Art, Umfang und Dauer der Maßnahme,

4.　im Falle des Absatzes 2 auch eine möglichst genaue Bezeichnung des informationstechnischen Systems, in das zur Datenerhebung eingegriffen werden soll,

5.　der Sachverhalt sowie

6.　eine Begründung.

(5) [1]Die Anordnung ergeht schriftlich. [2]In ihr sind anzugeben:

1.　die Person, gegen die sich die Maßnahme richtet, soweit möglich, mit Name und Anschrift,

2.　die Rufnummer oder eine andere Kennung des zu überwachenden Anschlusses oder des Endgeräts, sofern sich nicht aus bestimmten Tatsachen ergibt, dass diese zugleich einem anderen Endgerät zugeordnet ist,

3.　Art, Umfang und Dauer der Maßnahme unter Benennung des Endzeitpunktes,

4.　im Falle des Absatzes 2 auch eine möglichst genaue Bezeichnung des informationstechnischen Systems, in das zur Datenerhebung eingegriffen werden soll, sowie

5.　die wesentlichen Gründe.

[3]Die Anordnung ist auf höchstens drei Monate zu befristen. [4]Eine Verlängerung um jeweils nicht mehr als drei weitere Monate ist zulässig, soweit die Voraussetzungen der Anordnung unter Berücksichtigung der gewonnenen Erkenntnisse fortbestehen. [5]Liegen die Voraussetzungen der Anordnung nicht mehr vor, sind die aufgrund der Anordnung ergriffenen Maßnahmen unverzüglich zu beenden.

(6) [1]Aufgrund der Anordnung hat jeder, der Telekommunikationsdienste erbringt oder daran mitwirkt (Diensteanbieter), dem Bundeskriminalamt die Maßnahmen nach Absatz 1 zu ermöglichen und die erforderlichen Auskünfte unverzüglich zu erteilen. [2]Ob und in welchem Umfang hierfür Vorkehrungen zu treffen sind, bestimmt sich nach dem Telekommunikationsgesetz und der Telekommunikations-Überwachungsverordnung. [3]Für die Entschädigung der Diensteanbieter ist § 23 des Justizvergütungs- und -entschädigungsgesetzes entsprechend anzuwenden.

(7) [1]Liegen tatsächliche Anhaltspunkte für die Annahme vor, dass durch eine Maßnahme nach den Absätzen 1 und 2 allein Erkenntnisse aus dem Kernbereich privater Lebensgestaltung erlangt würden, ist die Maßnahme unzulässig. [2]Soweit im Rahmen von Maßnahmen nach den Absätzen 1 und 2 neben einer automatischen Aufzeichnung eine unmittelbare Kenntnisnahme erfolgt, ist die Maßnahme unverzüglich zu unterbrechen, soweit sich während der Überwachung tatsächliche Anhaltspunkte dafür ergeben, dass Inhalte, die dem Kernbereich privater Lebensgestaltung zuzurechnen sind, erfasst werden. [3]Bestehen insoweit Zweifel, darf nur eine automatische Aufzeichnung fortgesetzt werden. [4]Automatische Aufzeichnungen sind unverzüglich dem anordnenden Gericht vorzulegen. [5]Das Gericht entscheidet unverzüglich über die Verwertbarkeit oder Löschung der Daten. [6]Ist die Maßnahme nach Satz 2 unterbrochen worden, so darf sie für den Fall, dass sie nicht nach Satz 1 unzulässig ist, fortgeführt werden. [7]Erkenntnisse aus dem Kernbereich privater Lebensgestaltung, die durch eine Maßnahme nach den Absätzen 1 und 2 erlangt worden sind, dürfen nicht verwertet werden. [8]Aufzeichnungen hierüber sind unverzüglich zu löschen. [9]Die Tatsachen der Erfassung der Daten und der Löschung sind zu dokumentieren. [10]Die Dokumentation darf ausschließlich für Zwecke der Datenschutzkontrolle verwendet werden. [11]Sie ist sechs Monate nach der Benachrichtigung nach § 74 oder sechs Monate nach Erteilung der gerichtlichen Zustimmung über das endgültige Absehen von der Benachrichtigung zu löschen. [12]Ist die Datenschutzkontrolle nach § 69 Absatz 1 noch nicht beendet, ist die Dokumentation bis zu ihrem Abschluss aufzubewahren.

(8) ¹Bei Gefahr im Verzug kann die Präsidentin oder der Präsident des Bundeskriminalamtes oder ihre oder seine Vertretung im Benehmen mit der oder dem Datenschutzbeauftragten des Bundeskriminalamtes über die Verwertung der Erkenntnisse entscheiden. ²Bei der Sichtung der erhobenen Daten kann sie oder er sich der technischen Unterstützung von zwei weiteren Bediensteten des Bundeskriminalamtes bedienen, von denen einer die Befähigung zum Richteramt haben muss. ³Die Bediensteten des Bundeskriminalamtes sind zur Verschwiegenheit über die ihnen bekannt werdenden Erkenntnisse, die nicht verwertet werden dürfen, verpflichtet. ⁴Die gerichtliche Entscheidung nach Absatz 7 ist unverzüglich nachzuholen.

§ 52 Erhebung von Telekommunikationsverkehrsdaten und Nutzungsdaten

(1) Das Bundeskriminalamt kann ohne Wissen der betroffenen Person Verkehrsdaten (§ 96 Absatz 1 des Telekommunikationsgesetzes) erheben zu

1. den entsprechend § 17 oder § 18 des Bundespolizeigesetzes Verantwortlichen zur Abwehr einer dringenden Gefahr für den Bestand oder die Sicherheit des Bundes oder eines Landes oder für Leib, Leben oder Freiheit einer Person oder Sachen von bedeutendem Wert, deren Erhaltung im öffentlichen Interesse geboten ist,
2. der Person, bei der bestimmte Tatsachen die Annahme rechtfertigen, dass sie innerhalb eines übersehbaren Zeitraums auf eine zumindest ihrer Art nach konkretisierte Weise eine Straftat nach § 5 Absatz 1 Satz 2 begehen wird,
3. der Person, deren individuelles Verhalten die konkrete Wahrscheinlichkeit begründet, dass sie innerhalb eines übersehbaren Zeitraums eine Straftat nach § 5 Absatz 1 Satz 2 begehen wird,
4. der Person, bei der bestimmte Tatsachen die Annahme rechtfertigen, dass sie für eine Person nach Nummer 1 bestimmte oder von dieser herrührende Mitteilungen entgegennimmt oder weitergibt, oder
5. der Person, bei der bestimmte Tatsachen die Annahme rechtfertigen, dass eine Person nach Nummer 1 deren Telekommunikationsanschluss oder Endgerät benutzt wird,

wenn die Abwehr der Gefahr oder Verhütung der Straftaten auf andere Weise aussichtslos oder wesentlich erschwert wäre.

(2) ¹Unter den Voraussetzungen des Absatzes 1 kann das Bundeskriminalamt von denjenigen, die geschäftsmäßig eigene oder fremde Telemedien zur Nutzung bereithalten oder den Zugang zur Nutzung vermitteln, Auskunft über Nutzungsdaten (§ 15 Absatz 1 des Telemediengesetzes) verlangen. ²Die Auskunft kann auch über zukünftige Nutzungsdaten angeordnet werden. ³Der Diensteanbieter hat die Daten dem Bundeskriminalamt unverzüglich auf dem vom Bundeskriminalamt bestimmten Weg zu übermitteln.

(3) ¹§ 51 Absatz 3 bis 6 gilt entsprechend mit der Maßgabe, dass an die Stelle der Präsidentin oder des Präsidenten des Bundeskriminalamtes oder ihrer oder seiner Vertretung die zuständige Abteilungsleitung oder deren Vertretung tritt. ²Abweichend von § 51 Absatz 4 Nummer 2 und Absatz 5 Satz 1 Nummer 2 genügt eine räumlich und zeitlich hinreichende Bezeichnung der Telekommunikation, sofern anderenfalls die Erreichung des Zwecks der Maßnahme aussichtslos oder wesentlich erschwert wäre.

§ 53 Identifizierung und Lokalisierung von Mobilfunkkarten und -endgeräten

(1) Das Bundeskriminalamt kann unter den Voraussetzungen des § 51 Absatz 1 durch technische Mittel ermitteln:

1. die Gerätenummer eines Mobilfunkendgeräts und die Kartennummer der darin verwendeten Karte sowie
2. den Standort eines Mobilfunkendgeräts.

(2) ¹Personenbezogene Daten Dritter dürfen anlässlich einer Maßnahme nach Absatz 1 nur erhoben werden, wenn dies aus technischen Gründen zur Erreichung des Zwecks nach Absatz 1 unvermeidbar ist. ²Über den Datenabgleich zur Ermittlung der gesuchten Geräte- und Kartennummer hinaus dürfen sie nicht verwendet werden und sind nach Beendigung der Maßnahme unverzüglich zu löschen.

(3) ¹§ 51 Absatz 3 und 5 Satz 1 und 5 gilt entsprechend. ²Die Anordnung ist auf höchstens sechs Monate zu befristen. ³Eine Verlängerung um jeweils nicht mehr als sechs Monate ist zulässig, soweit die in Absatz 1 bezeichneten Voraussetzungen fortbestehen.

(4) Aufgrund der Anordnung einer Maßnahme nach Absatz 1 Nummer 2 hat jeder, der Telekommunikationsdienste erbringt oder daran mitwirkt, dem Bundeskriminalamt die für die Ermittlung des Standortes des Mobilfunkgeräts erforderliche Geräte- und Kartennummer unverzüglich mitzuteilen.

§ 54 Platzverweisung

Das Bundeskriminalamt kann zur Abwehr einer Gefahr eine Person vorübergehend von einem Ort verweisen oder ihr vorübergehend das Betreten eines Ortes verbieten.

§ 55 Aufenthaltsvorgabe und Kontaktverbot

(1) Das Bundeskriminalamt kann zur Abwehr einer Gefahr oder zur Verhütung von Straftaten nach § 5 Absatz 1 Satz 2 einer Person untersagen, sich ohne Erlaubnis des Bundeskriminalamtes von ihrem Wohn- oder Aufenthaltsort oder aus einem bestimmten Bereich zu entfernen oder sich an bestimmten Orten aufzuhalten (Aufenthaltsvorgabe), wenn

1. bestimmte Tatsachen die Annahme rechtfertigen, dass die betroffene Person innerhalb eines übersehbaren Zeitraums auf eine zumindest ihrer Art nach konkretisierte Weise eine Straftat nach § 5 Absatz 1 Satz 2 begehen wird oder
2. das individuelle Verhalten der betroffenen Person die konkrete Wahrscheinlichkeit begründet, dass sie innerhalb eines übersehbaren Zeitraums eine Straftat nach § 5 Absatz 1 Satz 2 begehen wird.

(2) Unter den Voraussetzungen des Absatzes 1 kann das Bundeskriminalamt zur Abwehr einer Gefahr oder zur Verhütung von Straftaten nach § 5 Absatz 1 Satz 2 einer Person auch den Kontakt mit bestimmten Personen oder Personen einer bestimmten Gruppe untersagen (Kontaktverbot).

(3) ¹Maßnahmen nach den Absätzen 1 und 2 dürfen nur auf Antrag der zuständigen Abteilungsleitung oder deren Vertretung durch das Gericht angeordnet werden. ²Bei Gefahr im Verzug kann die Anordnung durch die zuständige Abteilungsleitung oder deren Vertretung getroffen werden. ³In diesem Fall ist die gerichtliche Entscheidung unverzüglich nachzuholen. ⁴Soweit die Anordnung nicht binnen drei Tagen durch das Gericht bestätigt wird, tritt sie außer Kraft.

(4) Im Antrag sind anzugeben:

1. die Person, gegen die sich die Maßnahme richtet, mit Name und Anschrift,
2. Art, Umfang und Dauer der Maßnahme, einschließlich
 a) im Falle der Aufenthaltsvorgabe nach Absatz 1 einer Bezeichnung der Orte nach Absatz 1, von denen sich die Person ohne Erlaubnis des Bundeskriminalamtes nicht entfernen oder an denen sich die Person ohne Erlaubnis des Bundeskriminalamtes nicht aufhalten darf,
 b) im Falle des Kontaktverbots nach Absatz 2 der Personen oder Gruppe, mit denen oder mit der der betroffenen Person der Kontakt untersagt ist, soweit möglich, mit Name und Anschrift,
3. der Sachverhalt sowie
4. eine Begründung.

(5) ¹Die Anordnung ergeht schriftlich. ²In ihr sind anzugeben:

1. die Person, gegen die sich die Maßnahme richtet mit Name und Anschrift,
2. Art, Umfang und Dauer der Maßnahme, einschließlich
 a) im Falle der Aufenthaltsvorgabe nach Absatz 1 einer Bezeichnung der Orte nach Absatz 1, von denen sich die Person ohne Erlaubnis des Bundeskriminalamtes nicht entfernen oder an denen sich die Person ohne Erlaubnis des Bundeskriminalamtes nicht aufhalten darf,
 b) im Falle des Kontaktverbots nach Absatz 2 der Personen oder Gruppe, mit denen oder mit der der betroffenen Person der Kontakt untersagt ist, soweit möglich, mit Name und Anschrift,
3. die wesentlichen Gründe.

(6) ¹Aufenthaltsvorgaben und Kontaktverbote sind auf den zur Abwehr der Gefahr oder zur Verhütung von Straftaten nach § 5 Absatz 1 Satz 2 erforderlichen Umfang zu beschränken. ²Sie sind auf höchstens drei Monate zu befristen. ³Eine Verlängerung um jeweils nicht mehr als drei Monate ist möglich, soweit ihre Voraussetzungen fortbestehen. ⁴Liegen die Voraussetzungen für die Aufenthaltsvorgabe oder das Kontaktverbot nicht mehr vor, ist die Maßnahme unverzüglich zu beenden.

(7) Die Vorschriften des Versammlungsrechts bleiben unberührt.

§ 56 Elektronische Aufenthaltsüberwachung

(1) Das Bundeskriminalamt kann eine Person dazu verpflichten, ein technisches Mittel, mit dem der Aufenthaltsort dieser Person elektronisch überwacht werden kann, ständig in betriebsbereitem Zustand am Körper bei sich zu führen und dessen Funktionsfähigkeit nicht zu beeinträchtigen, wenn

1. bestimmte Tatsachen die Annahme rechtfertigen, dass diese Person innerhalb eines übersehbaren Zeitraums auf eine zumindest ihrer Art nach konkretisierte Weise eine Straftat nach § 5 Absatz 1 Satz 2 begehen wird oder
2. deren individuelles Verhalten eine konkrete Wahrscheinlichkeit dafür begründet, dass sie innerhalb eines übersehbaren Zeitraums eine Straftat nach § 5 Absatz 1 Satz 2 begehen wird,

um diese Person durch die Überwachung und die Datenverwendung von der Begehung dieser Straftat abzuhalten.

(2) ¹Das Bundeskriminalamt verarbeitet mit Hilfe der von der betroffenen Person mitgeführten technischen Mittel automatisiert Daten über deren Aufenthaltsort sowie über etwaige Beeinträchtigungen der Datenerhebung. ²Soweit es technisch möglich ist, ist sicherzustellen, dass innerhalb der Wohnung der

betroffenen Person keine über den Umstand ihrer Anwesenheit hinausgehenden Aufenthaltsdaten erhoben werden. [3]Die Daten dürfen ohne Einwilligung der betroffenen Person nur verwendet werden, soweit dies erforderlich ist für die folgenden Zwecke:

1. zur Verhütung oder zur Verfolgung von Straftaten nach § 5 Absatz 1 Satz 2,
2. zur Feststellung von Verstößen gegen Aufenthaltsvorgaben nach § 55 Absatz 1 und Kontaktverbote nach § 55 Absatz 2,
3. zur Verfolgung einer Straftat nach § 87,
4. zur Abwehr einer erheblichen gegenwärtigen Gefahr für Leib, Leben oder Freiheit einer dritten Person,
5. zur Aufrechterhaltung der Funktionsfähigkeit der technischen Mittel.

[4]Zur Einhaltung der Zweckbindung nach Satz 3 hat die Verarbeitung der Daten automatisiert zu erfolgen, und es sind die Daten gegen unbefugte Kenntnisnahme besonders zu sichern. [5]Die in Satz 1 genannten Daten sind spätestens zwei Monate nach ihrer Erhebung zu löschen, soweit sie nicht für die in Satz 3 genannten Zwecke verwendet werden. [6]Werden innerhalb der Wohnung der betroffenen Person über den Umstand ihrer Anwesenheit hinausgehende Aufenthaltsdaten erhoben, dürfen diese nicht verwendet werden und sind unverzüglich nach Kenntnisnahme zu löschen. [7]Die Tatsache ihrer Kenntnisnahme und Löschung ist zu dokumentieren. [8]Die Dokumentation darf ausschließlich für Zwecke der Datenschutzkontrolle verwendet werden. [9]Sie ist nach Abschluss der Datenschutzkontrolle nach § 69 Absatz 1 zu löschen.

(3) [1]Die zuständigen Polizeibehörden des Bundes und der Länder sowie sonstige öffentliche Stellen übermitteln dem Bundeskriminalamt personenbezogene Daten über die betroffene Person, soweit dies zur Durchführung der Maßnahme nach den Absätzen 1 und 2 erforderlich ist. [2]Das Bundeskriminalamt kann zu diesem Zweck auch bei anderen Stellen personenbezogene Daten über die betroffene Person erheben.

(4) Zur Durchführung der Maßnahme nach Absatz 1 hat das Bundeskriminalamt

1. Daten des Aufenthaltsortes der betroffenen Person an die zuständigen Polizei- und Strafverfolgungsbehörden weiterzugeben, wenn dies zur Verhütung oder zur Verfolgung einer Straftat nach § 5 Absatz 1 Satz 2 erforderlich ist,
2. Daten des Aufenthaltsortes der betroffenen Person an die zuständigen Polizeibehörden weiterzugeben, sofern dies zur Durchsetzung von Maßnahmen nach Absatz 2 Satz 3 Nummer 2 erforderlich ist,
3. Daten des Aufenthaltsortes der betroffenen Person an die zuständige Strafverfolgungsbehörde zur Verfolgung einer Straftat nach § 87 weiterzugeben,
4. Daten des Aufenthaltsortes der betroffenen Person an zuständige Polizeibehörden weiterzugeben, sofern dies zur Abwehr einer erheblichen gegenwärtigen Gefahr im Sinne von Absatz 2 Satz 3 Nummer 4 erforderlich ist,
5. eingehende Systemmeldungen über Verstöße nach Absatz 2 Satz 3 Nummer 2 entgegenzunehmen und zu bewerten,
6. die Ursache einer Meldung zu ermitteln; hierzu kann das Bundeskriminalamt Kontakt mit der betroffenen Person aufnehmen, sie befragen, sie auf den Verstoß hinweisen und ihr mitteilen, wie sie dessen Beendigung bewirken kann,
7. eine Überprüfung der bei der betroffenen Person vorhandenen technischen Geräte auf ihre Funktionsfähigkeit oder Manipulation und die zu der Behebung einer Funktionsbeeinträchtigung erforderlichen Maßnahmen, insbesondere den Austausch der technischen Mittel oder von Teilen davon, einzuleiten,
8. Anfragen der betroffenen Person zum Umgang mit den technischen Mitteln zu beantworten.

(5) [1]Maßnahmen nach Absatz 1 dürfen nur auf Antrag der zuständigen Abteilungsleitung oder deren Vertretung durch das Gericht angeordnet werden. [2]Bei Gefahr im Verzug kann die Anordnung durch die zuständige Abteilungsleitung oder deren Vertretung getroffen werden. [3]In diesem Fall ist die gerichtliche Entscheidung unverzüglich nachzuholen. [4]Soweit die Anordnung nicht binnen drei Tagen durch das Gericht bestätigt wird, tritt sie außer Kraft.

(6) Im Antrag sind anzugeben:

1. die Person, gegen die sich die Maßnahme richtet, mit Name und Anschrift,
2. Art, Umfang und Dauer der Maßnahme,
3. die Angabe, ob gegenüber der Person, gegen die sich die Maßnahme richtet, eine Aufenthaltsvorgabe oder ein Kontaktverbot besteht,
4. der Sachverhalt sowie
5. eine Begründung.

(7) ¹Die Anordnung ergeht schriftlich. ²In ihr sind anzugeben:
1. die Person, gegen die sich die Maßnahme richtet, mit Name und Anschrift,
2. Art, Umfang und Dauer der Maßnahme sowie
3. die wesentlichen Gründe.

(8) ¹Die Anordnung ist auf höchstens drei Monate zu befristen. ²Eine Verlängerung um jeweils nicht mehr als drei Monate ist möglich, soweit die Anordnungsvoraussetzungen fortbestehen. ³Liegen die Voraussetzungen der Anordnung nicht mehr vor, ist die Maßnahme unverzüglich zu beenden.

§ 57 Gewahrsam

(1) Das Bundeskriminalamt kann eine Person in Gewahrsam nehmen, wenn dies unerlässlich ist,
1. um eine Platzverweisung nach § 54 durchzusetzen oder
2. um die unmittelbar bevorstehende Begehung oder Fortsetzung von Straftaten nach § 5 Absatz 1 Satz 2 zu verhindern.

(2) § 40 Absatz 1 und 2 sowie die §§ 41 und 42 Absatz 1 Satz 1, 3 und Absatz 2 des Bundespolizeigesetzes gelten entsprechend mit der Maßgabe, dass an die Stelle der dort genannten Freiheitsentziehungen die Maßnahme nach Absatz 1 tritt.

§ 58 Durchsuchung von Personen

(1) ¹Das Bundeskriminalamt kann eine Person durchsuchen, wenn
1. sie nach diesem Abschnitt festgehalten werden kann,
2. Tatsachen die Annahme rechtfertigen, dass sie Sachen mit sich führt, die nach § 60 sichergestellt werden dürfen,
3. sie sich an einem der in § 42 Absatz 1 Nummer 2 genannten Orte aufhält,
4. sie sich an einem der in § 42 Absatz 1 Nummer 3 genannten Orte aufhält und Tatsachen die Annahme rechtfertigen, dass dort Straftaten nach § 5 Absatz 1 Satz 2 begangen werden sollen, oder
5. sie sich in unmittelbarer Nähe einer Person aufhält, die aufgrund bestimmter Tatsachen durch die Begehung von Straftaten nach § 5 Absatz 1 Satz 2 gefährdet ist
und die Durchsuchung aufgrund von auf die zu durchsuchende Person bezogenen Anhaltspunkten erforderlich ist. ²§ 42 Absatz 1 bleibt unberührt.

(2) Das Bundeskriminalamt kann eine Person, deren Identität nach diesem Gesetz oder anderen Rechtsvorschriften festgestellt werden soll, nach Waffen, Explosionsmitteln oder anderen gefährlichen Gegenständen durchsuchen, soweit dies nach den Umständen zum Schutz der Bediensteten des Bundeskriminalamtes, der Person selbst oder eines Dritten gegen eine Gefahr für Leib oder Leben erforderlich ist.

(3) § 43 Absatz 4 und 5 des Bundespolizeigesetzes gilt entsprechend.

§ 59 Durchsuchung von Sachen

(1) ¹Das Bundeskriminalamt kann eine Sache durchsuchen, wenn
1. sie von einer Person mitgeführt wird, die nach § 58 durchsucht werden darf,
2. Tatsachen die Annahme rechtfertigen, dass sich in ihr eine andere Sache befindet, die sichergestellt werden darf,
3. Tatsachen die Annahme rechtfertigen, dass sich in ihr eine Person befindet, die in Gewahrsam genommen werden darf,
4. sie sich an einem der in § 42 Absatz 1 Nummer 2 genannten Orte aufhält,
5. sie sich an einem der in § 42 Absatz 1 Nummer 3 genannten Orte aufhält und Tatsachen die Annahme rechtfertigen, dass dort Straftaten nach § 5 Absatz 1 Satz 2 begangen werden sollen, oder
6. sie sich in unmittelbarer Nähe einer Person befindet, die aufgrund bestimmter Tatsachen durch die Begehung von Straftaten nach § 5 Absatz 1 Satz 2 gefährdet ist
und die Durchsuchung aufgrund von auf die Sache bezogenen Anhaltspunkten erforderlich ist. ²§ 42 Absatz 1 bleibt unberührt.

(2) § 44 Absatz 4 des Bundespolizeigesetzes gilt entsprechend.

§ 60 Sicherstellung

(1) Das Bundeskriminalamt kann eine Sache sicherstellen,
1. um eine gegenwärtige Gefahr abzuwehren oder
2. wenn sie von einer Person mitgeführt wird, die nach diesem Abschnitt festgehalten wird, und die Sache verwendet werden kann, um
 a) sich zu töten oder zu verletzen,
 b) Leben oder Gesundheit anderer zu schädigen,
 c) fremde Sachen zu beschädigen oder
 d) sich oder einem anderen die Flucht zu ermöglichen oder zu erleichtern.

(2) Die §§ 48 bis 50 des Bundespolizeigesetzes gelten entsprechend.

§ 61 Betreten und Durchsuchen von Wohnungen

(1) ¹Das Bundeskriminalamt kann eine Wohnung ohne Einwilligung des Inhabers betreten und durchsuchen, wenn

1. Tatsachen die Annahme rechtfertigen, dass sich in ihr eine Person befindet, die nach § 44 Absatz 2 vorgeführt oder nach § 57 in Gewahrsam genommen werden darf,
2. Tatsachen die Annahme rechtfertigen, dass sich in ihr eine Sache befindet, die nach § 60 Absatz 1 Nummer 1 sichergestellt werden darf oder
3. dies zur Abwehr einer gegenwärtigen Gefahr für Bestand oder Sicherheit des Bundes oder eines Landes oder für Leib, Leben oder Freiheit einer Person oder für Sachen von bedeutendem Wert, deren Erhaltung in öffentlichem Interesse geboten ist, erforderlich ist.

²Die Wohnung umfasst die Wohn- und Nebenräume, Arbeits-, Betriebs- und Geschäftsräume sowie anderes befriedetes Besitztum.

(2) Während der Nachtzeit (§ 104 Absatz 3 der Strafprozessordnung) ist das Betreten und Durchsuchen einer Wohnung nur in den Fällen des Absatzes 1 Satz 1 Nummer 3 zulässig.

(3) Zur Erfüllung der ihm nach § 5 Absatz 1 obliegenden Aufgabe kann das Bundeskriminalamt Wohnungen zur Abwehr dringender Gefahren jederzeit betreten, wenn Tatsachen die Annahme rechtfertigen, dass dort erfahrungsgemäß Personen Straftaten nach § 5 Absatz 1 Satz 2 verabreden, vorbereiten oder verüben.

(4) Arbeits-, Betriebs- und Geschäftsräume sowie andere Räume und Grundstücke, die der Öffentlichkeit zugänglich sind, dürfen zum Zwecke der Gefahrenabwehr im Rahmen der dem Bundeskriminalamt nach § 5 Absatz 1 obliegenden Aufgabe während der Arbeits-, Geschäfts- oder Aufenthaltszeit betreten werden.

(5) § 46 des Bundespolizeigesetzes gilt entsprechend.

§ 62 Schutz zeugnisverweigerungsberechtigter Personen

(1) ¹Maßnahmen nach diesem Abschnitt, die sich gegen eine in § 53 Absatz 1 Satz 1 Nummer 1, 2, 3 oder Nummer 4 der Strafprozessordnung genannte Person richten und voraussichtlich Erkenntnisse erbringen würden, über die diese Person das Zeugnis verweigern dürfte, sind unzulässig. ²§ 41 Absatz 3 bleibt unberührt. ³Dennoch erlangte Erkenntnisse dürfen nicht verwertet werden. ⁴Aufzeichnungen hierüber sind unverzüglich zu löschen. ⁵Die Tatsache ihrer Erlangung und Löschung ist zu dokumentieren. ⁶Die Sätze 3 bis 5 gelten entsprechend, wenn durch eine Maßnahme, die sich nicht gegen eine in § 53 Absatz 1 Satz 1 Nummer 1, 2, 3 oder Nummer 4 der Strafprozessordnung genannte Person richtet, von einer dort genannten Person Erkenntnisse erlangt werden, über die sie das Zeugnis verweigern dürfte. ⁷Für Personen nach § 53 Absatz 1 Satz 1 Nummer 3 der Strafprozessordnung gelten die Sätze 1 bis 6 nur, soweit es sich um Rechtsanwälte oder Kammerrechtsbeistände handelt.

(2) ¹Soweit durch eine Maßnahme eine in § 53 Absatz 1 Satz 1 Nummer 3, 3a und 3b oder Nummer 5 der Strafprozessordnung genannte Person betroffen wäre und dadurch voraussichtlich Erkenntnisse erlangt würden, über die diese Person das Zeugnis verweigern dürfte, ist dies im Rahmen der Prüfung der Verhältnismäßigkeit unter Würdigung des öffentlichen Interesses an den von dieser Person wahrgenommenen Aufgaben und des Interesses an der Geheimhaltung der dieser Person anvertrauten oder bekannt gewordenen Tatsachen besonders zu berücksichtigen. ²Soweit hiernach geboten, ist die Maßnahme zu unterlassen oder, soweit dies nach der Art der Maßnahme möglich ist, zu beschränken. ³Für Personen nach § 53 Absatz 1 Satz 1 Nummer 3 der Strafprozessordnung gelten die Sätze 1 und 2 nur, soweit es sich nicht um Rechtsanwälte oder Kammerrechtsbeistände handelt.

(3) Die Absätze 1 und 2 gelten entsprechend, soweit die in § 53a der Strafprozessordnung genannten Personen das Zeugnis verweigern dürften.

(4) Die Absätze 1 bis 3 gelten nicht, sofern Tatsachen die Annahme rechtfertigen, dass die zeugnisverweigerungsberechtigte Person für die Gefahr verantwortlich ist.

Abschnitt 6
Befugnisse zum Schutz von Mitgliedern der Verfassungsorgane und der Leitung des Bundeskriminalamtes

§ 63 Allgemeine Befugnisse

(1) ¹Zur Erfüllung seiner Aufgaben nach § 6 kann das Bundeskriminalamt die notwendigen Maßnahmen treffen, um eine im Einzelfall bestehende Gefahr für die öffentliche Sicherheit abzuwehren, soweit nicht dieses Gesetz die Befugnisse des Bundeskriminalamtes besonders regelt. ²Die zur Erfüllung der Aufgaben nach § 6 geregelten Befugnisse gelten in Bezug auf Personen nur, wenn Anhaltspunkte dafür vorliegen,

dass von ihnen Gefährdungen für die zu schützende Person ausgehen können. [3]Die §§ 15 bis 20 des Bundespolizeigesetzes gelten entsprechend.

(2) Wenn Tatsachen die Annahme rechtfertigen, dass Straftaten begangen werden sollen, durch die die zu schützenden Personen oder Räumlichkeiten unmittelbar gefährdet sind, kann das Bundeskriminalamt

1. die Identität einer Person feststellen, wenn die Feststellung der Identität aufgrund der Gefährdungslage oder von auf die Person bezogenen Anhaltspunkten erforderlich ist; § 23 Absatz 3 Satz 1, 2, 4 und 5 des Bundespolizeigesetzes gilt entsprechend,

2. verlangen, dass Berechtigungsscheine, Bescheinigungen, Nachweise oder sonstige Urkunden zur Prüfung ausgehändigt werden, soweit es zur Erfüllung seiner Aufgabe erforderlich ist und die betroffene Person aufgrund einer Rechtsvorschrift verpflichtet ist, diese Urkunden mitzuführen,

3. eine Person oder eine Sache durchsuchen, wenn die Durchsuchung aufgrund der Gefährdungslage oder von auf die Person oder Sache bezogenen Anhaltspunkten erforderlich ist; § 43 Absatz 3 bis 5 und § 44 Absatz 4 des Bundespolizeigesetzes gelten entsprechend.

(3) [1]Wenn Tatsachen die Annahme rechtfertigen, dass Straftaten begangen werden sollen, durch die die zu schützenden Personen unmittelbar gefährdet sind, kann das Bundeskriminalamt eine Person schriftlich oder mündlich vorladen, wenn

1. tatsächliche Anhaltspunkte dafür vorliegen, dass die Person sachdienliche Angaben machen kann, die für die Erfüllung der dem Bundeskriminalamt nach § 6 Absatz 1 obliegenden Aufgabe erforderlich sind, oder

2. dies zur Durchführung erkennungsdienstlicher Maßnahmen erforderlich ist.

[2]§ 25 Absatz 2 bis 4 des Bundespolizeigesetzes gilt entsprechend.

(4) [1]Das Bundeskriminalamt kann erkennungsdienstliche Maßnahmen entsprechend § 24 Absatz 3 des Bundespolizeigesetzes vornehmen, wenn eine nach Absatz 2 Nummer 1 zulässige Identitätsfeststellung auf andere Weise nicht oder nur unter erheblichen Schwierigkeiten möglich ist. [2]Ist die Identität festgestellt, sind die im Zusammenhang mit der Feststellung angefallenen Unterlagen zu vernichten. [3]Dies gilt nicht, wenn eine weitere Aufbewahrung zur Verhütung von Straftaten gegen die zu schützenden Personen oder Räumlichkeiten erforderlich ist, weil die betroffene Person verdächtig ist, eine solche Straftat begangen zu haben und wegen der Art oder Ausführung der Tat die Gefahr einer Wiederholung besteht oder wenn die weitere Aufbewahrung nach anderen Rechtsvorschriften zulässig ist. [4]Sind die Unterlagen an andere Stellen übermittelt worden, sind diese über die erfolgte Vernichtung zu unterrichten.

(5) Das Bundeskriminalamt kann zur Abwehr einer Gefahr für die zu schützenden Personen oder Räumlichkeiten eine Person vorübergehend von einem Ort verweisen oder ihr vorübergehend das Betreten eines Ortes verbieten.

(6) [1]Das Bundeskriminalamt kann zur Abwehr einer gegenwärtigen Gefahr für die zu schützenden Personen oder Räumlichkeiten eine Sache sicherstellen. [2]Die §§ 48 bis 50 des Bundespolizeigesetzes gelten entsprechend.

(7) [1]Das Bundeskriminalamt kann eine Wohnung ohne Einwilligung des Inhabers betreten und durchsuchen, wenn dies zur Abwehr einer gegenwärtigen Gefahr für Leib, Leben oder Freiheit einer zu schützenden Person unerlässlich ist. [2]Die Wohnung umfasst die Wohn- und Nebenräume, Arbeits-, Betriebs- und Geschäftsräume sowie anderes befriedetes Besitztum. [3]§ 46 des Bundespolizeigesetzes gilt entsprechend.

(8) [1]Das Bundeskriminalamt kann eine Person in Gewahrsam nehmen, wenn dies unerlässlich ist, um die unmittelbar bevorstehende Begehung einer Straftat gegen die zu schützenden Personen oder Räumlichkeiten zu verhindern. [2]§ 40 Absatz 1 und 2, die §§ 41 und 42 Absatz 1 Satz 1 und Absatz 2 des Bundespolizeigesetzes gelten entsprechend.

§ 64 Besondere Mittel der Datenerhebung

(1) [1]Das Bundeskriminalamt kann personenbezogene Daten mit den besonderen Mitteln nach Absatz 2 erheben über

1. Personen, bei denen Tatsachen die Annahme rechtfertigen, dass von ihnen eine Straftat gegen Leib, Leben oder Freiheit einer zu schützenden Person oder eine gemeingefährliche Straftat gegen eine der in § 6 genannten Räumlichkeiten verübt werden soll, oder

2. Personen nach § 39 Absatz 2 Nummer 2

und die Abwehr der Gefahr oder die Verhütung der Straftat auf andere Weise aussichtslos ist oder wesentlich erschwert würde. [2]Die Erhebung kann auch durchgeführt werden, wenn Dritte unvermeidbar betroffen werden.

(2) Besondere Mittel der Datenerhebung sind:
1. die längerfristige Observation,
2. der Einsatz technischer Mittel außerhalb der Wohnung in einer für die betroffene Person nicht erkennbaren Weise
 a) zur Anfertigung von Bildaufnahmen oder -aufzeichnungen,
 b) zum Abhören oder Aufzeichnen des nicht öffentlich gesprochenen Wortes und
3. der Einsatz von Vertrauenspersonen.

(3) [1]Maßnahmen nach
1. Absatz 2 Nummer 1,
2. Absatz 2 Nummer 2 Buchstabe a, bei denen durchgehend länger als 24 Stunden oder an mehr als zwei Tagen Bildaufzeichnungen bestimmter Personen angefertigt werden sollen,
3. Absatz 2 Nummer 2 Buchstabe b,
4. Absatz 2 Nummer 3, die sich gegen eine bestimmte Person richten oder bei denen die Vertrauensperson eine Wohnung betritt, die nicht allgemein zugänglich ist,

dürfen nur auf Antrag der Leitung der für den Personenschutz zuständigen Abteilung des Bundeskriminalamtes oder deren Vertretung durch das Gericht angeordnet werden. [2]Bei Gefahr im Verzug kann die Anordnung einer Maßnahme nach Satz 1 durch die Leitung der für den Personenschutz zuständigen Abteilung des Bundeskriminalamtes oder deren Vertretung getroffen werden. [3]In diesem Fall ist die gerichtliche Entscheidung unverzüglich nachzuholen. [4]Soweit die Anordnung nicht binnen drei Tagen durch das Gericht bestätigt wird, tritt sie außer Kraft. [5]Die übrigen Maßnahmen nach Absatz 2 Nummer 1 bis 3 dürfen, außer bei Gefahr im Verzug, nur durch die Leitung der für den Personenschutz zuständigen Abteilung des Bundeskriminalamtes oder deren Vertretung angeordnet werden.

(4) § 45 Absatz 4, 5, 7 und 8 gilt entsprechend.

(5) Personenbezogene Daten, die durch Maßnahmen nach Absatz 2 erlangt worden sind, sind unverzüglich zu löschen, soweit sie für den der Anordnung zugrunde liegenden Zweck oder nach Maßgabe der Strafprozessordnung zur Verfolgung einer Straftat nicht oder nicht mehr erforderlich sind.

§ 65 Ausschreibung zur polizeilichen Beobachtung oder gezielten Kontrolle
(1) Das Bundeskriminalamt kann eine Ausschreibung zur polizeilichen Beobachtung oder eine Ausschreibung zur gezielten Kontrolle vornehmen, wenn
1. die Gesamtwürdigung der Person und ihre bisher begangenen Straftaten erwarten lassen, dass sie künftig Straftaten, durch die die zu schützenden Personen unmittelbar gefährdet sind, begehen wird,
2. Tatsachen die Annahme rechtfertigen, dass die Person Straftaten, durch die die zu schützenden Personen unmittelbar gefährdet sind, begehen wird oder
3. die Person mit einer Person nach den Nummern 1 und 2 nicht nur flüchtig oder in zufälligem Kontakt in Verbindung steht und tatsächliche Anhaltspunkte die Annahme rechtfertigen, dass sie von der Vorbereitung einer Straftat, durch die die zu schützenden Personen unmittelbar gefährdet sind, Kenntnis hat

und dies zur Verhütung der Straftaten erforderlich ist.

(2) § 47 Absatz 3 bis 5 gilt entsprechend.

Abschnitt 7
Zeugenschutz

§ 66 Befugnisse
(1) [1]Zur Erfüllung seiner Aufgabe nach § 7 kann das Bundeskriminalamt, soweit nicht dieses Gesetz oder das Zeugenschutz-Harmonisierungsgesetz die Befugnisse besonders regelt, die erforderlichen Maßnahmen treffen, um eine im Einzelfall bestehende Gefahr für Leib, Leben, Gesundheit, Freiheit der Willensentschließung und -betätigung oder wesentliche Vermögenswerte der in § 7 genannten Personen abzuwehren. [2]Die Maßnahmen können auch nach rechtskräftigem Abschluss des Strafverfahrens, in dem die Aussage erfolgt ist, fortgeführt werden; für den Fall, dass noch die Strafvollstreckung betrieben wird, sind die Maßnahmen im Einvernehmen mit der Strafvollstreckungsbehörde und im Falle fortdauernder Inhaftierung auch im Einvernehmen mit der Justizvollzugsbehörde durchzuführen. [3]§ 63 Absatz 2 und 4 bis 8 und § 64 sowie die §§ 15 bis 20 des Bundespolizeigesetzes gelten entsprechend.
(2) [1]Von Maßnahmen des Bundeskriminalamtes, die nach Absatz 1 getroffen werden, sind die zuständigen Landeskriminalämter und die für die Strafverfolgung zuständige Staatsanwaltschaft unverzüglich zu unterrichten. [2]Nach Erhebung der öffentlichen Klage ist das Gericht unverzüglich zu unterrichten, ob das

Bundeskriminalamt Maßnahmen nach Absatz 1 durchführt. ³Sollen die Maßnahmen eingestellt werden, ist die Staatsanwaltschaft zu unterrichten.

Abschnitt 8
Befugnisse zur Sicherung des Bundeskriminalamtes und zum behördlichen Eigenschutz

§ 67 Befugnisse zur Sicherung des Bundeskriminalamtes
¹Das Bundeskriminalamt kann zur Erfüllung seiner Aufgabe nach § 8 Absatz 1 die erforderlichen Maßnahmen treffen, um Gefahren für seine behördlichen Liegenschaften, sonstigen Einrichtungen und Veranstaltungen abzuwehren. ²§ 63 Absatz 2, 4 bis 6 und 8 sowie die §§ 15 bis 20 des Bundespolizeigesetzes gelten entsprechend.

§ 68 Sicherheitsüberprüfung
¹Für Personen, die für das Bundeskriminalamt tätig werden sollen, ist eine einfache Sicherheitsüberprüfung nach dem Sicherheitsüberprüfungsgesetz durchzuführen. ²§ 8 Absatz 2 Nummer 2 des Sicherheitsüberprüfungsgesetzes gilt entsprechend.

Abschnitt 9
Datenschutz und Datensicherheit, Rechte der betroffenen Person

Unterabschnitt 1
Datenschutzaufsicht

§ 69 Aufgaben und Befugnisse der oder des Bundesbeauftragten für den Datenschutz und die Informationsfreiheit
(1) ¹Die oder der Bundesbeauftragte für den Datenschutz und die Informationsfreiheit führt, unbeschadet ihrer oder seiner in § 14 des Bundesdatenschutzgesetzes genannten Aufgaben, auch im Hinblick auf die Datenverarbeitung im Informationssystem nach § 13 und im Informationsverbund nach § 29 Kontrollen bezüglich der Datenverarbeitung bei Maßnahmen nach Abschnitt 5, nach § 34 oder nach § 64 und von Übermittlungen nach § 27 mindestens alle zwei Jahre durch. ²Sie oder er kontrolliert darüber hinaus mindestens alle zwei Jahre, dass Zugriffe auf personenbezogene Daten im Informationssystem und, im Rahmen ihrer oder seiner Zuständigkeit, im Informationsverbund nur innerhalb der Zugriffsberechtigungen nach § 15 Absatz 1 erfolgen.
(2) Sofern die oder der Bundesbeauftragte für den Datenschutz und die Informationsfreiheit Verstöße nach § 16 Absatz 2 des Bundesdatenschutzgesetzes beanstandet hat, kann sie oder er geeignete Maßnahmen anordnen, wenn dies zur Beseitigung eines erheblichen Verstoßes gegen datenschutzrechtliche Vorschriften erforderlich ist.

Unterabschnitt 2
Datenschutzbeauftragte oder Datenschutzbeauftragter

§ 70 Benennung der oder des Datenschutzbeauftragten des Bundeskriminalamtes
¹Unbeschadet des § 5 Absatz 1 des Bundesdatenschutzgesetzes benennt das Bundeskriminalamt im Einvernehmen mit dem Bundesministerium des Innern, für Bau und Heimat schriftlich eine oder einen Beauftragten für den Datenschutz (Datenschutzbeauftragte oder Datenschutzbeauftragter des Bundeskriminalamtes). ²Die Abberufung kann nur in entsprechender Anwendung des § 626 des Bürgerlichen Gesetzbuchs erfolgen. ³Über die Abberufung ist ferner das Einvernehmen mit dem Bundesministerium des Innern, für Bau und Heimat herzustellen.

§ 71 Aufgaben der oder des Datenschutzbeauftragten des Bundeskriminalamtes
(1) ¹Unbeschadet seiner in § 7 des Bundesdatenschutzgesetzes genannten Aufgaben arbeitet die oder der Datenschutzbeauftragte des Bundeskriminalamtes mit den Datenschutzbeauftragten der Landeskriminalämter, der Bundespolizei und des Zollkriminalamts zusammen. ²Diese Zusammenarbeit umfasst insbesondere den Informations- und Erfahrungsaustausch über Fragen zur Datenverarbeitung grundsätzlicher Art.
(2) Die Tätigkeit der oder des Datenschutzbeauftragten des Bundeskriminalamtes erstreckt sich auch auf personenbezogene Daten, die einem Berufs- oder besonderen Amtsgeheimnis, insbesondere dem Steuergeheimnis nach § 30 der Abgabenordnung, unterliegen.

§ 72 Stellung der oder des Datenschutzbeauftragten des Bundeskriminalamtes und Zusammenarbeit mit der oder dem Bundesbeauftragten für den Datenschutz und die Informationsfreiheit

(1) Die oder der Datenschutzbeauftragte des Bundeskriminalamtes ist der Leitung des Bundeskriminalamtes unmittelbar zu unterstellen.

(2) Zur Erfüllung ihrer oder seiner Aufgabe kann sich die oder der Datenschutzbeauftragte des Bundeskriminalamtes in Zweifelsfällen an die Bundesbeauftragte oder den Bundesbeauftragten für den Datenschutz und die Informationsfreiheit wenden, nachdem sie oder er das Benehmen mit der Leitung des Bundeskriminalamtes hergestellt hat; bei Unstimmigkeiten zwischen der oder dem Datenschutzbeauftragten des Bundeskriminalamtes und der Leitung des Bundeskriminalamtes entscheidet das Bundesministerium des Innern, für Bau und Heimat.

Unterabschnitt 3
Datenschutzrechtliche Verantwortung für die Tätigkeit der an deutsche Auslandsvertretungen abgeordneten Verbindungsbeamtinnen und Verbindungsbeamten des Bundeskriminalamtes

§ 73 Datenschutzrechtliche Verantwortung der Verbindungsbeamtinnen und Verbindungsbeamten des Bundeskriminalamtes

Die datenschutzrechtliche Verantwortung für die Tätigkeit der an deutsche Auslandsvertretungen abgeordneten Verbindungsbeamtinnen und Verbindungsbeamten des Bundeskriminalamtes verbleibt beim Bundeskriminalamt.

Unterabschnitt 4
Pflichten des Bundeskriminalamtes

§ 74 Benachrichtigung bei verdeckten und eingriffsintensiven Maßnahmen

(1) [1]Über eine Maßnahme nach den §§ 34, 45 bis 53 und 64 sind zu benachrichtigen im Falle

1. des § 34, bei der Vorgänge außerhalb von Wohnungen erfasst wurden, des § 45 Absatz 2 Nummer 1 bis 3 (längerfristige Observation, Bildaufnahmen, Tonaufnahmen, technische Observationsmittel) und des § 64 Absatz 2 Nummer 1 und 2 (längerfristige Observation, Bildaufnahmen, Tonaufnahmen) die Zielperson sowie die erheblich mitbetroffenen Personen,

2. des § 34, bei der Vorgänge innerhalb von Wohnungen erfasst wurden, des § 45 Absatz 2 Nummer 4 und 5 (Einsatz Vertrauensperson und Verdeckter Ermittler) und des § 64 Absatz 2 Nummer 3 (Einsatz Vertrauensperson)
 a) die Zielperson,
 b) die erheblich mitbetroffenen Personen,
 c) die Personen, deren nicht allgemein zugängliche Wohnung die beauftragte Person, die Vertrauensperson oder der Verdeckte Ermittler betreten hat,

3. des § 46 (Wohnraumüberwachung)
 a) die Person, gegen die sich die Maßnahme richtete,
 b) sonstige überwachte Personen,
 c) Personen, die die überwachte Wohnung zur Zeit der Durchführung der Maßnahme innehatten oder bewohnten,

4. des § 47 (Ausschreibung) die Zielperson und die Personen, deren personenbezogene Daten gemeldet worden sind,

5. des § 48 (Rasterfahndung) die betroffenen Personen, gegen die nach Auswertung der Daten weitere Maßnahmen getroffen wurden,

6. des § 49 (Verdeckter Eingriff in informationstechnische Systeme) die Zielperson sowie die mitbetroffenen Personen,

7. des § 50 (Postbeschlagnahme) der Absender und der Adressat der Postsendung,

8. des § 51 (Telekommunikationsüberwachung) die Beteiligten der überwachten Telekommunikation,

9. des § 52 Absatz 1 (Erhebung von Verkehrsdaten) die Beteiligten der betroffenen Telekommunikation,

10. des § 52 Absatz 2 (Erhebung von Nutzungsdaten) der Nutzer,

11. des § 53 (IMSI-Catcher) die Zielperson.

[2]Die Benachrichtigung unterbleibt, wenn ihr überwiegende schutzwürdige Belange einer betroffenen Person entgegenstehen. [3]Zudem kann die Benachrichtigung einer in Satz 1 Nummer 6 bis 9 bezeichneten Person, gegen die sich die Maßnahme nicht gerichtet hat, unterbleiben, wenn diese von der Maßnahme

nur unerheblich betroffen ist und anzunehmen ist, dass sie kein Interesse an einer Benachrichtigung hat. [4]Nachforschungen zur Feststellung der Identität einer in Satz 1 bezeichneten Person sind nur vorzunehmen, wenn dies unter Berücksichtigung der Eingriffsintensität der Maßnahme gegenüber dieser Person, des Aufwands für die Feststellung ihrer Identität sowie der daraus für diese oder andere Personen folgenden Beeinträchtigungen geboten ist.

(2) [1]Die Benachrichtigung erfolgt, sobald dies ohne Gefährdung des Zwecks der Maßnahme, des Bestandes des Staates, von Leib, Leben oder Freiheit einer Person oder Sachen von bedeutendem Wert, deren Erhaltung im öffentlichen Interesse geboten ist, möglich ist. [2]Im Falle der §§ 34, 45 Absatz 2 Nummer 4 und 5 und des § 64 Absatz 2 Nummer 3 erfolgt die Benachrichtigung erst, sobald dies auch ohne Gefährdung der Möglichkeit der weiteren Verwendung des Verdeckten Ermittlers oder der Vertrauensperson möglich ist. [3]Wird wegen des zugrunde liegenden Sachverhaltes ein strafrechtliches Ermittlungsverfahren geführt, entscheidet die Strafverfolgungsbehörde entsprechend den Vorschriften des Strafverfahrensrechts, ob eine Benachrichtigung vorgenommen wird. [4]Die Benachrichtigung erfolgt durch das Bundeskriminalamt. [5]Wird die Benachrichtigung aus einem der vorgenannten Gründe zurückgestellt, ist dies zu dokumentieren.

(3) [1]Erfolgt die nach Absatz 2 zurückgestellte Benachrichtigung nicht binnen zwölf Monaten nach Beendigung der Maßnahme, bedarf die weitere Zurückstellung der gerichtlichen Zustimmung. [2]Im Falle der §§ 46 und 49 beträgt die Frist sechs Monate. [3]Das Gericht bestimmt die Dauer der weiteren Zurückstellung, im Falle der §§ 46 und 49 jedoch nicht länger als sechs Monate. [4]Verlängerungen der Zurückstellungsdauer sind zulässig. [5]Fünf Jahre nach Beendigung der Maßnahme kann mit gerichtlicher Zustimmung endgültig von der Benachrichtigung abgesehen werden, wenn die Voraussetzungen für die Benachrichtigung mit an Sicherheit grenzender Wahrscheinlichkeit auch in Zukunft nicht eintreten werden, eine weitere Verwendung der Daten gegen den Betroffenen ausgeschlossen ist und die Daten gelöscht wurden. [6]Sind mehrere Maßnahmen in einem engen zeitlichen Zusammenhang durchgeführt worden, beginnt die in Satz 1 genannte Frist mit der Beendigung der letzten Maßnahme.

§ 75 Benachrichtigung über die Speicherung personenbezogener Daten von Kindern

[1]Werden personenbezogene Daten von Kindern, die ohne Kenntnis der Sorgeberechtigten erhoben worden sind, gespeichert, sind die Sorgeberechtigten zu benachrichtigen, sobald die Aufgabenerfüllung hierdurch nicht mehr gefährdet wird. [2]Von der Benachrichtigung kann abgesehen werden, solange zu besorgen ist, dass die Benachrichtigung zu erheblichen Nachteilen für das Kind führt. [3]Im Rahmen des polizeilichen Informationsverbundes obliegt diese Verpflichtung der dateneingebenden Stelle.

§ 76 Nachträgliche Benachrichtigung über Ausschreibungen zur polizeilichen Beobachtung im Schengener Informationssystem

(1) Ist eine Ausschreibung zur polizeilichen Beobachtung nach Artikel 36 Absatz 1 des Beschlusses 2007/533/JI des Rates vom 12. Juni 2007 über die Einrichtung, den Betrieb und die Nutzung des Schengener Informationssystems der zweiten Generation (SIS II) (ABl. L 205 vom 7.8.2007, S. 63) durch eine Stelle der Bundesrepublik Deutschland in das Schengener Informationssystem eingegeben worden, hat das Bundeskriminalamt im Einvernehmen mit der Stelle, die die Ausschreibung veranlasst hat, die betroffene Person nach Beendigung der Ausschreibung über diese Ausschreibung zu benachrichtigen, soweit die Benachrichtigung nicht aufgrund anderer besonderer gesetzlicher Bestimmungen vorgesehen ist.

(2) [1]Die Benachrichtigung unterbleibt, solange dadurch die Durchführung einer rechtmäßigen Aufgabe im Zusammenhang mit der Ausschreibung gefährdet würde. [2]Die Stelle, die die Ausschreibung veranlasst hat, unterrichtet das Bundeskriminalamt über die Löschung und darüber, ob die betroffene Person benachrichtigt werden kann.

(3) [1]Erfolgt die nach Absatz 2 Satz 1 zurückgestellte Benachrichtigung nicht binnen zwölf Monaten nach Beendigung der Ausschreibung, bedürfen weitere Zurückstellungen auf Antrag der Stelle, die die Ausschreibung veranlasst hat, der gerichtlichen Zustimmung. [2]Das Gericht bestimmt die Dauer weiterer Zurückstellungen. [3]Fünf Jahre nach Beendigung der Ausschreibung kann es dem endgültigen Absehen von der Benachrichtigung zustimmen, wenn die Voraussetzungen für eine Benachrichtigung mit an Sicherheit grenzender Wahrscheinlichkeit auch in Zukunft nicht eintreten werden. [4]Die Zuständigkeit des Gerichts bestimmt sich nach dem jeweils für die Stelle, die die Ausschreibung veranlasst hat, geltenden Bundes- oder Landesrecht. [5]Ist insoweit keine Regelung getroffen, ist das Amtsgericht zuständig, in dessen Bezirk die Stelle, die die Ausschreibung veranlasst hat, ihren Sitz hat. [6]In diesem Fall gelten für das Verfahren die Bestimmungen des Gesetzes über das Verfahren in Familiensachen und in den Angelegenheiten der freiwilligen Gerichtsbarkeit entsprechend.

(4) Im Falle einer Ausschreibung nach § 17 Absatz 3 des Bundesverfassungsschutzgesetzes erfolgt die Benachrichtigung abweichend von Absatz 1 durch die Stelle, die die Ausschreibung veranlasst hat, nach

Beendigung der Ausschreibung, sobald eine Gefährdung des Zwecks der Ausschreibung ausgeschlossen werden kann.

§ 77 Aussonderungsprüffrist; Mitteilung von Löschungsverpflichtungen

(1) [1]Das Bundeskriminalamt prüft nach § 75 des Bundesdatenschutzgesetzes bei der Einzelfallbearbeitung und nach festgesetzten Fristen, ob gespeicherte personenbezogene Daten zu berichtigen oder zu löschen sind. [2]Die Aussonderungsprüffristen nach § 75 Absatz 3 des Bundesdatenschutzgesetzes dürfen bei den im Informationssystem des Bundeskriminalamtes verarbeiteten personenbezogenen Daten bei Erwachsenen zehn Jahre, bei Jugendlichen fünf Jahre und bei Kindern zwei Jahre nicht überschreiten, wobei nach Zweck der Speicherung sowie Art und Schwere des Sachverhalts zu unterscheiden ist. [3]Die Beachtung der Aussonderungsprüffristen ist durch geeignete technische Maßnahmen zu gewährleisten.

(2) [1]In den Fällen von § 19 Absatz 1 dürfen die Aussonderungsprüffristen bei Erwachsenen fünf Jahre und bei Jugendlichen drei Jahre nicht überschreiten. [2]Personenbezogene Daten der in § 19 Absatz 1 Satz 1 Nummer 1 bis 4 bezeichneten Personen können ohne Zustimmung der betroffenen Person nur für die Dauer eines Jahres gespeichert werden. [3]Die Speicherung für jeweils ein weiteres Jahr ist zulässig, soweit die Voraussetzungen des § 19 Absatz 1 weiterhin vorliegen. [4]Die maßgeblichen Gründe für die Aufrechterhaltung der Speicherung nach Satz 3 sind aktenkundig zu machen. [5]Die Speicherung nach Satz 2 darf jedoch insgesamt drei Jahre und bei der Verhütung und Verfolgung von Straftaten nach § 129a, auch in Verbindung mit § 129b Absatz 1, des Strafgesetzbuchs sowie nach den §§ 6 bis 13 des Völkerstrafgesetzbuchs fünf Jahre nicht überschreiten.

(3) [1]Die Fristen beginnen mit dem Tag, an dem das letzte Ereignis eingetreten ist, das zur Speicherung der Daten geführt hat, jedoch nicht vor Entlassung der betroffenen Person aus einer Justizvollzugsanstalt oder Beendigung einer mit Freiheitsentziehung verbundenen Maßregel der Besserung und Sicherung. [2]Die Speicherung kann über die in Absatz 1 Satz 2 genannten Fristen hinaus auch allein für Zwecke der Vorgangsverwaltung aufrechterhalten werden, sofern dies erforderlich ist; in diesem Falle können die Daten nur noch für diesen Zweck oder zur Behebung einer bestehenden Beweisnot verwendet werden.

(4) [1]Bei der Übermittlung von personenbezogenen Daten an das Bundeskriminalamt als Zentralstelle außerhalb des polizeilichen Informationsverbundes teilt die anliefernde Stelle die nach ihrem Recht geltenden Löschungsverpflichtungen mit. [2]Das Bundeskriminalamt hat diese einzuhalten. [3]Die Löschung unterbleibt, wenn Anhaltspunkte dafür bestehen, dass die Daten für die Aufgabenerfüllung des Bundeskriminalamtes als Zentralstelle, namentlich bei Vorliegen weitergehender Erkenntnisse, erforderlich sind, es sei denn, auch das Bundeskriminalamt wäre zur Löschung verpflichtet.

(5) [1]Im Falle der Übermittlung nach Absatz 4 Satz 1 legt das Bundeskriminalamt bei Speicherung der personenbezogenen Daten im Informationssystem außerhalb des polizeilichen Informationsverbundes im Benehmen mit der übermittelnden Stelle die Aussonderungsprüffrist nach Absatz 1 oder Absatz 2 fest. [2]Die anliefernde Stelle hat das Bundeskriminalamt zu unterrichten, wenn sie feststellt, dass zu löschende oder in ihrer Verarbeitung einzuschränkende Daten übermittelt worden sind. [3]Entsprechendes gilt, wenn die anliefernde Stelle feststellt, dass unrichtige Daten übermittelt wurden und die Berichtigung zur Wahrung schutzwürdiger Interessen der betroffenen Person oder zur Erfüllung der Aufgaben der anliefernden Stelle oder des Bundeskriminalamtes erforderlich ist.

(6) [1]Bei im polizeilichen Informationsverbund gespeicherten personenbezogenen Daten obliegen die in § 75 des Bundesdatenschutzgesetzes und den Absätzen 1 bis 3 genannten Verpflichtungen der Stelle, die datenschutzrechtliche Verantwortung nach § 31 Absatz 2 trägt. [2]Absatz 4 Satz 3 gilt für die zur Löschung verpflichtete Landesbehörde entsprechend. [3]In diesem Fall überlässt die Landesbehörde dem Bundeskriminalamt die entsprechenden schriftlichen Unterlagen.

§ 78 Berichtigung personenbezogener Daten sowie die Einschränkung der Verarbeitung in Akten sowie Vernichtung von Akten

(1) [1]Stellt das Bundeskriminalamt die Unrichtigkeit personenbezogener Daten in Akten fest, ist die in § 75 Absatz 1 des Bundesdatenschutzgesetzes genannte Berichtigungspflicht dadurch zu erfüllen, dass dies in der Akte vermerkt oder auf sonstige Weise festgehalten wird. [2]Bestreitet die betroffene Person die Richtigkeit sie betreffender personenbezogener Daten und lässt sich weder die Richtigkeit noch die Unrichtigkeit feststellen, sind die Daten entsprechend zu kennzeichnen, um eine Verarbeitungseinschränkung nach § 58 Absatz 1 Satz 2 des Bundesdatenschutzgesetzes zu ermöglichen.

(2) ¹Das Bundeskriminalamt hat die Verarbeitung personenbezogener Daten in Akten einzuschränken, wenn
1. die Verarbeitung unzulässig ist oder
2. aus Anlass einer Einzelfallbearbeitung festgestellt wird, dass die Kenntnis der Daten zur Erfüllung der dem Bundeskriminalamt obliegenden Aufgaben nicht mehr erforderlich ist oder eine Löschungsverpflichtung nach § 77 Absatz 3 bis 5 besteht.

²Die Akte ist zu vernichten, wenn sie insgesamt zur Erfüllung der Aufgaben des Bundeskriminalamtes nicht mehr erforderlich ist. ³Die Vernichtung unterbleibt, wenn
1. Grund zu der Annahme besteht, dass andernfalls schutzwürdige Interessen der betroffenen Person beeinträchtigt würden oder
2. die personenbezogenen Daten für Zwecke eines gerichtlichen Verfahrens weiter aufbewahrt werden müssen.

⁴In diesen Fällen ist die Verarbeitung der Daten einzuschränken und sind die Unterlagen mit einem entsprechenden Einschränkungsvermerk zu versehen.

(3) In ihrer Verarbeitung eingeschränkte Daten dürfen nur für den Zweck verarbeitet werden, für den die Vernichtung der Akte unterblieben ist; sie dürfen auch verarbeitet werden, wenn dies zur Behebung einer bestehenden Beweisnot unerlässlich ist oder die betroffene Person einwilligt.

(4) Anstelle der Vernichtung nach Absatz 2 Satz 2 sind die Akten an das zuständige Archiv abzugeben, sofern diesen Unterlagen bleibender Wert im Sinne des § 3 des Bundesarchivgesetzes zukommt.

(5) § 75 Absatz 4 des Bundesdatenschutzgesetzes sowie § 77 Absatz 4 und 5 gelten entsprechend.

§ 79 Löschung von durch Maßnahmen zur Abwehr von Gefahren des internationalen Terrorismus oder vergleichbaren Maßnahmen erlangten personenbezogenen Daten

(1) ¹Sind die durch eine in Abschnitt 5 genannte Maßnahme oder durch Maßnahmen nach § 34 oder § 64 erlangten personenbezogenen Daten, die nicht dem Kernbereich privater Lebensgestaltung zuzuordnen sind, zur Erfüllung des der Maßnahme zugrunde liegenden Zwecks und für eine etwaige gerichtliche Überprüfung der Maßnahme nicht mehr erforderlich, sind sie unverzüglich zu löschen, soweit keine Weiterverarbeitung der Daten nach den Vorschriften des Abschnitts 1 Unterabschnitt 2 erfolgt. ²Die Tatsache der Löschung ist zu dokumentieren. ³Die Dokumentation darf ausschließlich für Zwecke der Datenschutzkontrolle verwendet werden. ⁴Sie ist sechs Monate nach der Benachrichtigung nach § 74 oder sechs Monate nach Erteilung der gerichtlichen Zustimmung über das endgültige Absehen von der Benachrichtigung zu löschen. ⁵Ist die Datenschutzkontrolle nach § 69 Absatz 1 noch nicht beendet, ist die Dokumentation bis zu ihrem Abschluss aufzubewahren.

(2) Absatz 1 gilt entsprechend für personenbezogene Daten, die
1. dem Bundeskriminalamt übermittelt worden sind und
2. durch Maßnahmen erlangt wurden, die den Maßnahmen nach § 34, Abschnitt 5 oder § 64 entsprechen.

§ 80 Verzeichnis von Verarbeitungstätigkeiten

(1) Das Bundeskriminalamt nimmt in das Verzeichnis nach § 70 des Bundesdatenschutzgesetzes Angaben auf zu
1. Kategorien von innerhalb seines Informationssystems durchgeführten Tätigkeiten der Datenverarbeitungen, einschließlich derer, die es im Rahmen seiner Teilnahme am polizeilichen Informationsverbund nach § 29 Absatz 3 durchführt,
2. Kategorien von Tätigkeiten der Datenverarbeitungen, die es in Erfüllung seiner Aufgabe nach § 2 Absatz 3 durchführt.

(2) Die nach § 70 Absatz 1 Satz 2 Nummer 2 des Bundesdatenschutzgesetzes geforderte Darstellung der Zwecke der im Informationssystem des Bundeskriminalamtes und in Erfüllung der Aufgabe nach § 2 Absatz 3 durchgeführten Kategorien an Verarbeitungen richtet sich nach den in den §§ 2 bis 8 genannten Aufgaben des Bundeskriminalamtes.

(3) Die nach § 70 Absatz 1 Satz 2 Nummer 3 des Bundesdatenschutzgesetzes geforderte Darstellung der Kategorien von Empfängern enthält auch Angaben dazu, ob die Übermittlung im Wege eines nach § 25 Absatz 7 eingerichteten automatisierten Abrufverfahrens erfolgt.

(4) Die nach § 70 Absatz 1 Satz 2 Nummer 4 des Bundesdatenschutzgesetzes geforderte Beschreibung
1. der Kategorien betroffener Personen richtet sich insbesondere nach den in den §§ 18 und 19 genannten Personen,
2. der Kategorien personenbezogener Daten richtet sich insbesondere nach den in der Rechtsverordnung nach § 20 aufgeführten Datenarten.

(5) Die im Verzeichnis enthaltenen Angaben zu Kategorien von Datenverarbeitungen nach Absatz 1 Nummer 2 enthalten Aussagen zu den Kriterien nach § 30.

(6) Das Bundeskriminalamt stellt das Verzeichnis und dessen Aktualisierungen der oder dem Bundesbeauftragten für den Datenschutz und die Informationsfreiheit zur Verfügung.

§ 81 Protokollierung

(1) Die Protokollierung nach § 76 des Bundesdatenschutzgesetzes erfolgt zu Verarbeitungsvorgängen im Informationssystem ergänzend zu den dort genannten Anforderungen in einer Weise, dass die Protokolle

1. der oder dem Datenschutzbeauftragten des Bundeskriminalamtes und der oder dem Bundesbeauftragten für den Datenschutz und die Informationsfreiheit in elektronisch auswertbarer Form für die Überprüfung der Rechtmäßigkeit der Datenverarbeitung zur Verfügung stehen und

2. eine Überprüfung ermöglichen, dass Zugriffe auf personenbezogene Daten im Informationssystem innerhalb der Zugriffsberechtigungen nach § 15 Absatz 1 und 2 erfolgen.

(2) [1]Absatz 1 gilt für Zugriffe der Teilnehmer am polizeilichen Informationsverbund entsprechend. [2]Das Bundeskriminalamt hat insbesondere den Zeitpunkt, die Angaben, die die Feststellung der aufgerufenen Datensätze ermöglichen, sowie die für den Zugriff verantwortliche Dienststelle zu protokollieren.

(3) Die nach § 76 des Bundesdatenschutzgesetzes und unter Beachtung der Absätze 1 und 2 generierten Protokolldaten sind nach zwölf Monaten zu löschen.

§ 82 Protokollierung bei verdeckten und eingriffsintensiven Maßnahmen

(1) Bei der Erhebung von Daten nach den §§ 34, 45 bis 53 und 64 sind zu protokollieren:

1. das zur Datenerhebung eingesetzte Mittel,
2. der Zeitpunkt des Einsatzes,
3. Angaben, die die Feststellung der erhobenen Daten ermöglichen, sowie
4. die Organisationseinheit, die die Maßnahme durchführt.

(2) Zu protokollieren sind auch

1. bei Maßnahmen nach § 34, bei denen Vorgänge außerhalb von Wohnungen erfasst wurden, nach § 45 Absatz 2 Nummer 1 bis 3 (längerfristige Observation, Bildaufnahmen, Tonaufnahmen, technische Observationsmittel) und nach § 64 Absatz 2 Nummer 1 und 2 (längerfristige Observation, Bildaufnahmen, Tonaufnahmen) die Zielperson sowie die erheblich mitbetroffenen Personen,

2. bei Maßnahmen nach § 34, bei denen Vorgänge innerhalb von Wohnungen erfasst wurden, nach § 45 Absatz 2 Nummer 4 und 5 (Einsatz einer Vertrauensperson und eines Verdeckten Ermittlers) und nach § 64 Absatz 2 Nummer 3 (Einsatz einer Vertrauensperson)
 a) die Zielperson,
 b) die erheblich mitbetroffenen Personen sowie
 c) die Personen, deren nicht allgemein zugängliche Wohnung die beauftragte Person, die Vertrauensperson oder der Verdeckte Ermittler betreten hat,

3. bei Maßnahmen nach § 46 (Wohnraumüberwachung)
 a) die Person, gegen die sich die Maßnahme richtete,
 b) sonstige überwachte Personen sowie
 c) Personen, die die überwachte Wohnung zur Zeit der Durchführung der Maßnahme innehatten oder bewohnten,

4. bei Maßnahmen nach § 47 (Ausschreibung) die Zielperson und die Personen, deren personenbezogene Daten gemeldet worden sind,

5. bei Maßnahmen nach § 48 (Rasterfahndung)
 a) die im Übermittlungsersuchen nach § 48 Absatz 2 enthaltenen Merkmale sowie
 b) die betroffenen Personen, gegen die nach Auswertung der Daten weitere Maßnahmen getroffen wurden,

6. bei Maßnahmen nach § 49 (Verdeckter Eingriff in informationstechnische Systeme)
 a) die Zielperson sowie die mitbetroffenen Personen sowie
 b) die Angaben zur Identifizierung des informationstechnischen Systems und die daran vorgenommenen nicht nur flüchtigen Veränderungen,

7. bei Maßnahmen nach § 50 (Postbeschlagnahme) der Absender und der Adressat der Postsendung sowie die Art und die Anzahl der beschlagnahmten Postsendungen,

8. bei Maßnahmen nach § 51 (Telekommunikationsüberwachung)
 a) die Beteiligten der überwachten Telekommunikation sowie
 b) im Falle, dass Überwachung mit einem Eingriff in von der betroffenen Person genutzte informationstechnische Systeme verbunden ist, die Angaben zur Identifizierung des informationstechnischen Systems und die daran vorgenommenen nicht nur flüchtigen Veränderungen,

9. bei Maßnahmen nach § 52 Absatz 1 (Erhebung von Verkehrsdaten) die Beteiligten der betroffenen Telekommunikation,

10. bei Maßnahmen nach § 52 Absatz 2 (Erhebung von Nutzungsdaten) der Nutzer,

11. bei Maßnahmen nach § 53 (IMSI-Catcher) die Zielperson.

(3) [1]Nachforschungen zur Feststellung der Identität einer in Absatz 2 bezeichneten Person sind nur vorzunehmen, wenn dies unter Berücksichtigung der Eingriffsintensität der Maßnahme gegenüber dieser Person, des Aufwands für die Feststellung ihrer Identität sowie der daraus für diese oder andere Personen folgenden Beeinträchtigungen geboten ist. [2]Die Zahl der Personen, deren Protokollierung unterblieben ist, ist im Protokoll anzugeben.

(4) [1]Die Protokolldaten dürfen nur verwendet werden für Zwecke der Benachrichtigung nach § 74 und um der betroffenen Person oder einer dazu befugten öffentlichen Stelle die Prüfung zu ermöglichen, ob die Maßnahmen rechtmäßig durchgeführt worden sind. [2]Sie sind bis zum Abschluss der Kontrolle nach § 69 Absatz 1 aufzubewahren und sodann automatisiert zu löschen, es sei denn, dass sie für den in Satz 1 genannten Zweck noch erforderlich sind.

§ 83 Benachrichtigung der oder des Bundesbeauftragten für den Datenschutz und die Informationsfreiheit bei Verletzungen des Schutzes personenbezogener Daten
Bei einer Verletzung des Schutzes personenbezogener Daten sind die teilnehmenden Behörden im Rahmen des polizeilichen Informationsverbunds entsprechend § 65 Absatz 6 des Bundesdatenschutzgesetzes zu benachrichtigen, wenn von ihnen eingegebene Daten betroffen sind.

Unterabschnitt 5
Rechte der betroffenen Person

§ 84 Rechte der betroffenen Person
(1) [1]Über die in den §§ 57 und 58 des Bundesdatenschutzgesetzes enthaltenen Rechte der betroffenen Person hinaus gilt für die Verarbeitung im polizeilichen Informationsverbund die Besonderheit, dass bei Daten, die im polizeilichen Informationsverbund verarbeitet werden, das Bundeskriminalamt die Auskunft nach § 57 des Bundesdatenschutzgesetzes im Einvernehmen mit der Stelle, die die datenschutzrechtliche Verantwortung nach § 31 Absatz 2 trägt, erteilt. [2]Erteilt ein Landeskriminalamt Auskunft aus seinem Landessystem, kann es hiermit einen Hinweis auf einen vom Land in den polizeilichen Informationsverbund eingegebenen Datensatz verbinden. [3]Bei der Berichtigung, Löschung und Verarbeitungseinschränkung personenbezogener Daten findet Satz 1 entsprechende Anwendung bei Daten, die im polizeilichen Informationsverbund verarbeitet werden.

(2) [1]Bei Ausschreibungen zur polizeilichen Beobachtung durch ausländische Stellen nach Artikel 36 Absatz 1 des Beschlusses 2007/533/JI des Rates vom 12. Juni 2007 über die Einrichtung, den Betrieb und die Nutzung des Schengener Informationssystems der zweiten Generation (SIS II) hat das Bundeskriminalamt eine Auskunft, die nach Artikel 58 Absatz 3 und 4 des Beschlusses 2007/533/JI unterblieben ist, nachträglich zu erteilen, wenn die der Auskunftserteilung entgegenstehenden Umstände entfallen sind. [2]Es hat dies im Zusammenwirken mit der Stelle, die die Ausschreibung veranlasst hat, spätestens zum vorgesehenen Zeitpunkt der Löschung im nationalen Teil des Schengener Informationssystems zu prüfen.

§ 85 Ausübung der Betroffenenrechte im polizeilichen Informationsverbund sowie bei projektbezogenen gemeinsamen Dateien
[1]Sind die Daten der betroffenen Person beim Bundeskriminalamt automatisiert in der Weise gespeichert, dass mehrere Stellen speicherungsberechtigt sind, und ist die betroffene Person nicht in der Lage festzustellen, welche Stelle die Daten gespeichert hat, so kann sie sich zur Geltendmachung ihrer Rechte an jede dieser Stellen wenden. [2]Diese ist verpflichtet, das Vorbringen der betroffenen Person an die Stelle, die die Daten gespeichert hat, weiterzuleiten. [3]Die betroffene Person ist über die Weiterleitung und jene Stelle zu unterrichten. [4]Das Bundeskriminalamt kann statt der betroffenen Person die oder den Bundesbeauftragten für den Datenschutz und die Informationsfreiheit unterrichten. [5]Das weitere Verfahren richtet sich nach § 57 Absatz 7 Satz 3 und 6 des Bundesdatenschutzgesetzes.

Unterabschnitt 6
Schadensersatz

§ 86 Schadensersatz im polizeilichen Informationsverbund
(1) [1]Bei der Datenverarbeitung im polizeilichen Informationsverbund gilt das Bundeskriminalamt gegenüber einer betroffenen Person als allein Verantwortlicher im Sinne von § 83 Absatz 1 des Bundesdatenschutzgesetzes. [2]§ 83 Absatz 3 des Bundesdatenschutzgesetzes ist nicht anzuwenden.
(2) In den Fällen des Absatzes 1 ist der Schaden im Innenverhältnis auszugleichen, soweit er der datenschutzrechtlichen Verantwortung einer anderen Stelle zuzurechnen ist.

Abschnitt 10
Schlussvorschriften

§ 87 Strafvorschriften
(1) Mit Freiheitsstrafe bis zu drei Jahren oder mit Geldstrafe wird bestraft, wer
1. einer vollstreckbaren gerichtlichen Anordnung nach § 55 Absatz 3 Satz 1 oder einer vollziehbaren Anordnung nach § 55 Absatz 3 Satz 2 zuwiderhandelt und dadurch den Zweck der Anordnung gefährdet oder
2. einer vollstreckbaren gerichtlichen Anordnung nach § 56 Absatz 5 Satz 1 oder einer vollziehbaren Anordnung nach § 56 Absatz 5 Satz 2 zuwiderhandelt und dadurch die kontinuierliche Feststellung seines Aufenthaltsortes durch das Bundeskriminalamt verhindert.
(2) Die Tat wird nur auf Antrag des Bundeskriminalamtes verfolgt.

§ 88 Berichtspflicht gegenüber dem Deutschen Bundestag
[1]Das Bundeskriminalamt berichtet dem Bundesministerium des Innern, für Bau und Heimat alle zwei Jahre, erstmals bis zum 1. Oktober 2019, über die Ausübung seiner in Abschnitt 5 und in den §§ 34 und 64 genannten Befugnisse sowie über Übermittlungen nach § 27. [2]In dieser Unterrichtung wird insbesondere dargestellt, in welchem Umfang von welchen Befugnissen aus Anlass welcher Art von Verdachtslagen Gebrauch gemacht wurde und inwieweit die betroffenen Personen hierüber benachrichtigt wurden. [3]Das Bundesministerium des Innern, für Bau und Heimat leitet diese Unterrichtung der Bundesregierung und dem Deutschen Bundestag innerhalb von zwei Monaten zu. [4]Der Deutsche Bundestag macht die Unterrichtung öffentlich zugänglich.

§ 89 Einschränkung von Grundrechten
Die Grundrechte der körperlichen Unversehrtheit (Artikel 2 Absatz 2 Satz 1 des Grundgesetzes), der Freiheit der Person (Artikel 2 Absatz 2 Satz 2 des Grundgesetzes), des Brief-, Post- und Fernmeldegeheimnisses (Artikel 10 des Grundgesetzes), der Freizügigkeit (Artikel 11 Absatz 1 des Grundgesetzes) und der Unverletzlichkeit der Wohnung (Artikel 13 des Grundgesetzes) werden nach Maßgabe dieses Gesetzes eingeschränkt.

§ 90 Gerichtliche Zuständigkeit, Verfahren
(1) Für Maßnahmen nach den §§ 10, 33, 34, Abschnitt 5 und § 64 sowie für gerichtliche Entscheidungen nach § 74 gelten, soweit nichts anderes bestimmt ist, die nachstehenden Regelungen.
(2) [1]Für gerichtliche Entscheidungen ist das Amtsgericht zuständig, in dessen Bezirk das Bundeskriminalamt seinen Sitz hat. [2]Für das Verfahren gelten die Bestimmungen des Gesetzes über das Verfahren in Familiensachen und in den Angelegenheiten der freiwilligen Gerichtsbarkeit entsprechend.
(3) [1]Bei Entscheidungen über die Verwertbarkeit oder Löschung von Erkenntnissen, die bei Maßnahmen nach den §§ 34, 45, 46, 49, 51 und 64 erhoben worden sind, kann das Gericht sachkundige Bedienstete des Bundeskriminalamtes zur Berücksichtigung von ermittlungsspezifischem Fachverstand anhören. [2]Bei der Sichtung der erhobenen Daten kann sich das Gericht der technischen Unterstützung des Bundeskriminalamtes bedienen. [3]Die Bediensteten des Bundeskriminalamtes sind zur Verschwiegenheit über ihnen bekannt werdende Erkenntnisse, deren Löschung das Gericht anordnet, verpflichtet.

§ 91 Übergangsvorschrift
Abweichend von § 14 Absatz 2 ist eine Weiterverarbeitung oder Übermittlung personenbezogener Daten auch zulässig nach den Bestimmungen der für die Daten am 24. Mai 2018 jeweils geltenden Errichtungsanordnung nach § 34 des Bundeskriminalamtgesetzes in der bis zum 24. Mai 2018 geltenden Fassung.

Gesetz zur Beschränkung des Brief-, Post- und Fernmeldegeheimnisses (Artikel 10-Gesetz – G 10)[1)2)]

Vom 26. Juni 2001 (BGBl. I S. 1254, ber. S. 2298, 2017 S. 154)
(FNA 190-4)
zuletzt geändert durch Art. 38 Elfte ZuständigkeitsanpassungsVO vom 19. Juni 2020 (BGBl. I S. 1328)

Nichtamtliche Inhaltsübersicht

Der Bundestag hat das folgende Gesetz beschlossen:

Abschnitt 1
Allgemeine Bestimmungen

§ 1 Gegenstand des Gesetzes

(1) Es sind
1. die Verfassungsschutzbehörden des Bundes und der Länder, der Militärische Abschirmdienst und der Bundesnachrichtendienst zur Abwehr von drohenden Gefahren für die freiheitliche demokratische Grundordnung oder den Bestand oder die Sicherheit des Bundes oder eines Landes einschließlich der Sicherheit der in der Bundesrepublik Deutschland stationierten Truppen der nichtdeutschen Vertragsstaaten des Nordatlantikvertrages,
2. der Bundesnachrichtendienst im Rahmen seiner Aufgaben nach § 1 Abs. 2 des BND-Gesetzes auch zu den in § 5 Abs. 1 Satz 3 Nr. 2 bis 8 und § 8 Abs. 1 Satz 1 bestimmten Zwecken

berechtigt, die Telekommunikation zu überwachen und aufzuzeichnen, in den Fällen der Nummer 1 auch die dem Brief- oder Postgeheimnis unterliegenden Sendungen zu öffnen und einzusehen.
(2) Soweit Maßnahmen nach Absatz 1 von Behörden des Bundes durchgeführt werden, unterliegen sie der Kontrolle durch das Parlamentarische Kontrollgremium und durch eine besondere Kommission (G 10-Kommission).

1) Verkündet als Art. 1 Artikel 10-NeuregelungsG v. 26.6.2001 (BGBl. I S. 1254, ber. S. 2298, 2017 S. 154); Inkrafttreten gem. Art. 5 Satz 1 dieses G am 29.6.2001.
2) Die Änderungen durch Art. 10 G v. 5.1.2007 (BGBl. I S. 2, geänd. durch Art. 6 G v. 7.12.2011, BGBl. I S. 2576 und Art. 1 G v. 3.12.2015, BGBl. I S. 2161) treten erst **mWv 10.1.2021** in Kraft und sind im Text entsprechend gekennzeichnet.

§ 2 Pflichten der Anbieter von Post- und Telekommunikationsdiensten

(1) [1]Wer geschäftsmäßig Postdienste erbringt oder an der Erbringung solcher Dienste mitwirkt, hat der berechtigten Stelle auf Anordnung Auskunft über die näheren Umstände des Postverkehrs zu erteilen und Sendungen, die ihm zum Einsammeln, Weiterleiten oder Ausliefern anvertraut sind, auszuhändigen. [2]Der nach Satz 1 Verpflichtete hat der berechtigten Stelle auf Verlangen die zur Vorbereitung einer Anordnung erforderlichen Auskünfte zu Postfächern zu erteilen, ohne dass es hierzu einer gesonderten Anordnung bedarf. [3]Wer geschäftsmäßig Telekommunikationsdienste erbringt oder an der Erbringung solcher Dienste mitwirkt, hat der berechtigten Stelle auf Anordnung Auskunft über die näheren Umstände der nach Wirksamwerden der Anordnung durchgeführten Telekommunikation zu erteilen, Sendungen, die ihm zur Übermittlung auf dem Telekommunikationsweg anvertraut werden, auszuhändigen sowie die Überwachung und Aufzeichnung der Telekommunikation zu ermöglichen. [4]§ 8a Absatz 2 Satz 1 Nummer 4 des Bundesverfassungsschutzgesetzes, § 4a des MAD-Gesetzes und § 3 des BND-Gesetzes bleiben unberührt.[1]) [5]Ob und in welchem Umfang der nach Satz 3 Verpflichtete Vorkehrungen für die technische und organisatorische Umsetzung der Überwachungsmaßnahme zu treffen hat, bestimmt sich nach § 110 des Telekommunikationsgesetzes und der dazu erlassenen Rechtsverordnung.

(2) [1]Der nach Absatz 1 Satz 1 oder 3 Verpflichtete hat vor Durchführung einer beabsichtigten Beschränkungsmaßnahme unverzüglich die Personen, die mit der Durchführung der Maßnahme betraut werden sollen,

1. auszuwählen,
2. einer einfachen Sicherheitsüberprüfung unterziehen zu lassen und
3. über Mitteilungsverbote nach § 17 sowie die Strafbarkeit eines Verstoßes nach § 18 zu belehren; die Belehrung ist aktenkundig zu machen.

[2]Mit der Durchführung einer Beschränkungsmaßnahme dürfen nur Personen betraut werden, die nach Maßgabe des Satzes 1 überprüft und belehrt worden sind. [3]Nach Zustimmung des Bundesministeriums des Innern, für Bau und Heimat, bei Beschränkungsmaßnahmen einer Landesbehörde der zuständigen Landesministeriums, kann der Behördenleiter der berechtigten Stelle oder dessen Stellvertreter den nach Absatz 1 Satz 1 oder 3 Verpflichteten schriftlich auffordern, die Beschränkungsmaßnahme bereits vor Abschluss der Sicherheitsüberprüfung durchzuführen. [4]Der nach Absatz 1 Satz 1 oder Satz 3 Verpflichtete hat sicherzustellen, dass die Geheimschutzmaßnahmen zum Schutz als VS-NUR FÜR DEN DIENSTGEBRAUCH eingestufter Informationen gemäß der nach § 35 Absatz 1 des Sicherheitsüberprüfungsgesetzes zu erlassenden allgemeinen Verwaltungsvorschrift zum materiellen Geheimschutz in der jeweils geltenden Fassung getroffen werden.

(3) [1]Die Sicherheitsüberprüfung nach Absatz 2 Satz 1 Nr. 2 ist entsprechend dem Sicherheitsüberprüfungsgesetz durchzuführen. [2]Für Beschränkungsmaßnahmen einer Landesbehörde gilt dies nicht, soweit Rechtsvorschriften des Landes vergleichbare Bestimmungen enthalten; in diesem Fall sind die Rechtsvorschriften des Landes entsprechend anzuwenden. [3]Zuständig ist bei Beschränkungsmaßnahmen von Bundesbehörden das Bundesministerium des Innern, für Bau und Heimat; im Übrigen sind die nach Landesrecht bestimmten Behörden zuständig. [4]Soll mit der Durchführung einer Beschränkungsmaßnahme eine Person betraut werden, für die innerhalb der letzten fünf Jahre bereits eine gleich- oder höherwertige Sicherheitsüberprüfung nach Bundes- oder Landesrecht durchgeführt worden ist, soll von einer erneuten Sicherheitsüberprüfung abgesehen werden.

Abschnitt 2
Beschränkungen in Einzelfällen

§ 3 Voraussetzungen

(1) [1]Beschränkungen nach § 1 Abs. 1 Nr. 1 dürfen unter den dort bezeichneten Voraussetzungen angeordnet werden, wenn tatsächliche Anhaltspunkte für den Verdacht bestehen, dass jemand

1. Straftaten des Friedensverrats oder des Hochverrats (§§ 80a bis 83 des Strafgesetzbuches),
2. Straftaten der Gefährdung des demokratischen Rechtsstaates (§§ 84 bis 86, 87 bis 89b, 89c Absatz 1 bis 4 des Strafgesetzbuches, § 20 Abs. 1 Nr. 1 bis 4 des Vereinsgesetzes),
3. Straftaten des Landesverrats und der Gefährdung der äußeren Sicherheit (§§ 94 bis 96, 97a bis 100a des Strafgesetzbuches),
4. Straftaten gegen die Landesverteidigung (§§ 109e bis 109g des Strafgesetzbuches),

1) Satz 4 wird **mWv 10.1.2021** aufgehoben.

5. Straftaten gegen die Sicherheit der in der Bundesrepublik Deutschland stationierten Truppen der nichtdeutschen Vertragsstaaten des Nordatlantikvertrages (§§ 87, 89, 94 bis 96, 98 bis 100, 109e bis 109g des Strafgesetzbuches in Verbindung mit § 1 des NATO-Truppen-Schutzgesetzes),

6. Straftaten nach
 a) den §§ 129a bis 130 des Strafgesetzbuches sowie
 b) den §§ 211, 212, 239a, 239b, 306 bis 306c, 308 Abs. 1 bis 3, § 315 Abs. 3, § 316b Abs. 3 und § 316c Abs. 1 und 3 des Strafgesetzbuches, soweit diese sich gegen die freiheitliche demokratische Grundordnung, den Bestand oder die Sicherheit des Bundes oder eines Landes richten,

7. Straftaten nach § 95 Abs. 1 Nr. 8 des Aufenthaltsgesetzes,

8. Straftaten nach den §§ 202a, 202b und 303a, 303b des Strafgesetzbuches, soweit sich die Straftat gegen die innere oder äußere Sicherheit der Bundesrepublik Deutschland, insbesondere gegen sicherheitsempfindliche Stellen von lebenswichtigen Einrichtungen richtet, oder

9. Straftaten nach § 13 des Völkerstrafgesetzbuches

plant, begeht oder begangen hat. ²Gleiches gilt, wenn tatsächliche Anhaltspunkte für den Verdacht bestehen, dass jemand Mitglied einer Vereinigung ist, deren Zwecke oder deren Tätigkeit darauf gerichtet sind, Straftaten zu begehen, die gegen die freiheitliche demokratische Grundordnung, den Bestand oder die Sicherheit des Bundes oder eines Landes gerichtet sind.

(1a) Beschränkungen nach § 1 Abs. 1 Nr. 1 dürfen unter den dort bezeichneten Voraussetzungen für den Bundesnachrichtendienst auch für Telekommunikationsanschlüsse, die sich an Bord deutscher Schiffe außerhalb deutscher Hoheitsgewässer befinden, angeordnet werden, wenn tatsächliche Anhaltspunkte bestehen, dass jemand eine der in § 23a Abs. 1 und 3 des Zollfahndungsdienstgesetzes genannten Straftaten plant, begeht oder begangen hat.

(2) ¹Die Anordnung ist nur zulässig, wenn die Erforschung des Sachverhalts auf andere Weise aussichtslos oder wesentlich erschwert wäre. ²Sie darf sich nur gegen den Verdächtigen oder gegen Personen richten, von denen auf Grund bestimmter Tatsachen anzunehmen ist, dass sie für den Verdächtigen bestimmte oder von ihm herrührende Mitteilungen entgegennehmen oder weitergeben oder dass der Verdächtige ihren Anschluss benutzt. ³Maßnahmen, die sich auf Sendungen beziehen, sind nur hinsichtlich solcher Sendungen zulässig, bei denen Tatsachen die Annahme rechtfertigen, dass sie von dem, gegen den sich die Anordnung richtet, herrühren oder für ihn bestimmt sind. ⁴Abgeordnetenpost von Mitgliedern des Deutschen Bundestages und der Parlamente der Länder darf nicht in eine Maßnahme einbezogen werden, die sich gegen einen Dritten richtet.

§ 3a Schutz des Kernbereichs privater Lebensgestaltung

¹Beschränkungen nach § 1 Abs. 1 Nr. 1 sind unzulässig, soweit tatsächliche Anhaltspunkte für die Annahme vorliegen, dass durch sie allein Erkenntnisse aus dem Kernbereich privater Lebensgestaltung erfasst würden. ²Soweit im Rahmen von Beschränkungen nach § 1 Abs. 1 Nr. 1 neben einer automatischen Aufzeichnung eine unmittelbare Kenntnisnahme erfolgt, ist die Maßnahme unverzüglich zu unterbrechen, soweit sich während der Überwachung tatsächliche Anhaltspunkte dafür ergeben, dass Inhalte, die dem Kernbereich privater Lebensgestaltung zuzurechnen sind, erfasst werden. ³Bestehen insoweit Zweifel, darf nur eine automatische Aufzeichnung fortgesetzt werden. ⁴Automatische Aufzeichnungen nach Satz 3 sind unverzüglich einem bestimmten Mitglied der G10-Kommission oder seinem Stellvertreter zur Entscheidung über die Verwertbarkeit oder Löschung der Daten vorzulegen. ⁵Das Nähere regelt die Geschäftsordnung. ⁶Die Entscheidung des Mitglieds der Kommission, dass eine Verwertung erfolgen darf, ist unverzüglich durch die Kommission zu bestätigen. ⁷Ist die Maßnahme nach Satz 2 unterbrochen worden, so darf sie für den Fall, dass sie nicht nach Satz 1 unzulässig ist, fortgeführt werden. ⁸Erkenntnisse aus dem Kernbereich privater Lebensgestaltung, die durch eine Beschränkung nach § 1 Abs. 1 Nr. 1 erlangt worden sind, dürfen nicht verwertet werden. ⁹Aufzeichnungen hierüber sind unverzüglich zu löschen. ¹⁰Die Tatsachen der Erfassung der Daten und der Löschung sind zu dokumentieren. ¹¹Die Dokumentation darf ausschließlich für Zwecke der Datenschutzkontrolle verwendet werden. ¹²Sie ist zu löschen, wenn sie für diese Zwecke nicht mehr erforderlich ist, spätestens jedoch am Ende des Kalenderjahres, das dem Jahr der Dokumentation folgt.

§ 3b Schutz zeugnisverweigerungsberechtigter Personen

(1) ¹Maßnahmen nach § 1 Abs. 1 Nr. 1, die sich gegen eine in § 53 Abs. 1 Satz 1 Nr. 1, 2 oder Nr. 4 der Strafprozessordnung genannte Person richten und voraussichtlich Erkenntnisse erbringen würden, über die diese Person das Zeugnis verweigern dürfte, sind unzulässig. ²Dennoch erlangte Erkenntnisse dürfen nicht verwertet werden. ³Aufzeichnungen hierüber sind unverzüglich zu löschen. ⁴Die Tatsache ihrer Erlangung und Löschung ist zu dokumentieren. ⁵Die Sätze 2 bis 3 gelten entsprechend, wenn durch eine Maßnahme, die sich nicht gegen eine in § 53 Abs. 1 Satz 1 Nr. 1, 2 oder Nr. 4 der Strafprozessordnung

genannte Person richtet, von einer dort genannten Person Erkenntnisse erlangt werden, über die sie das Zeugnis verweigern dürfte.

(2) [1]Soweit durch eine Beschränkung eine in § 53 Abs. 1 Satz 1 Nr. 3 bis 3b oder Nr. 5 der Strafprozessordnung genannte Person betroffen wäre und dadurch voraussichtlich Erkenntnisse erlangt würden, über die diese Person das Zeugnis verweigern dürfte, ist dies im Rahmen der Prüfung der Verhältnismäßigkeit unter Würdigung des öffentlichen Interesses an den von dieser Person wahrgenommenen Aufgaben und des Interesses an der Geheimhaltung der dieser Person anvertrauten oder bekannt gewordenen Tatsachen besonders zu berücksichtigen. [2]Soweit hiernach geboten, ist die Maßnahme zu unterlassen oder, soweit dies nach der Art der Maßnahme möglich ist, zu beschränken.

(3) Die Absätze 1 und 2 gelten entsprechend, soweit die in § 53a der Strafprozessordnung Genannten das Zeugnis verweigern dürften.

(4) Die Absätze 1 bis 3 gelten nicht, sofern die zeugnisverweigerungsberechtigte Person Verdächtiger im Sinne des § 3 Abs. 2 Satz 2 ist oder tatsächliche Anhaltspunkte den Verdacht begründen, dass sie dessen in § 3 Abs. 1 bezeichnete Bestrebungen durch Entgegennahme oder Weitergabe von Mitteilungen bewusst unterstützt.

§ 4 Prüf-, Kennzeichnungs- und Löschungspflichten, Übermittlungen, Zweckbindung

(1) [1]Die erhebende Stelle prüft unverzüglich und sodann in Abständen von höchstens sechs Monaten, ob die erhobenen personenbezogenen Daten im Rahmen ihrer Aufgaben allein oder zusammen mit bereits vorliegenden Daten für die in § 1 Abs. 1 Nr. 1 bestimmten Zwecke erforderlich sind. [2]Soweit die Daten für diese Zwecke nicht erforderlich sind und nicht für eine Übermittlung an andere Stellen benötigt werden, sind sie unverzüglich unter Aufsicht eines Bediensteten, der die Befähigung zum Richteramt hat, zu löschen. [3]Die Löschung ist zu protokollieren. [4]Die Protokolldaten dürfen ausschließlich zur Durchführung der Datenschutzkontrolle verwendet werden. [5]Die Protokolldaten sind am Ende des Kalenderjahres, das dem Jahr der Protokollierung folgt, zu löschen. [6]Die Löschung der Daten unterbleibt, soweit die Daten für eine Mitteilung nach § 12 Abs. 1 oder für eine gerichtliche Nachprüfung der Rechtmäßigkeit der Beschränkungsmaßnahme von Bedeutung sein können. [7]In diesem Fall ist die Verarbeitung der Daten einzuschränken; sie dürfen nur zu diesen Zwecken verwendet werden.

(2) [1]Die verbleibenden Daten sind zu kennzeichnen. [2]Nach einer Übermittlung ist die Kennzeichnung durch den Empfänger aufrechtzuerhalten. [3]Die Daten dürfen nur zu den in § 1 Abs. 1 Nr. 1 und den in Absatz 4 genannten Zwecken verwendet werden.

(3) [1]Der Behördenleiter oder sein Stellvertreter kann anordnen, dass bei der Übermittlung auf die Kennzeichnung verzichtet wird, wenn dies unerlässlich ist, um die Geheimhaltung einer Beschränkungsmaßnahme nicht zu gefährden, und die G 10-Kommission oder, soweit es sich um die Übermittlung durch eine Landesbehörde handelt, die nach Landesrecht zuständige Stelle zugestimmt hat. [2]Bei Gefahr im Verzuge kann die Anordnung bereits vor der Zustimmung getroffen werden. [3]Wird die Zustimmung versagt, ist die Kennzeichnung durch den Übermittlungsempfänger unverzüglich nachzuholen; die übermittelnde Behörde hat ihn hiervon zu unterrichten.

(4) [1]Die Daten dürfen an andere als die nach § 1 Absatz 1 Nummer 1 berechtigten Stellen nur übermittelt werden

1. zur Verhinderung oder Aufklärung von Straftaten, wenn
 a) tatsächliche Anhaltspunkte für den Verdacht bestehen, dass jemand eine der in § 3 Abs. 1 und 1a genannten Straftaten plant oder begeht,
 b) bestimmte Tatsachen den Verdacht begründen, dass jemand eine sonstige in § 7 Abs. 4 Satz 1 genannte Straftat plant oder begeht,
2. zur Verfolgung von Straftaten, wenn bestimmte Tatsachen den Verdacht begründen, dass jemand eine in Nummer 1 bezeichnete Straftat begeht oder begangen hat, oder
3. zur Vorbereitung und Durchführung eines Verfahrens nach Artikel 21 Abs. 2 Satz 2 des Grundgesetzes oder einer Maßnahme nach § 3 Abs. 1 Satz 1 des Vereinsgesetzes,

soweit sie zur Erfüllung der Aufgaben des Empfängers erforderlich sind. [2]Bei der Übermittlung an ausländische öffentliche Stellen sowie an über- und zwischenstaatliche Stellen ist daneben § 19 Absatz 3 Satz 2 und 4 des Bundesverfassungsschutzgesetzes anzuwenden.

(5) [1]Sind mit personenbezogenen Daten, die übermittelt werden dürfen, weitere Daten des Betroffenen oder eines Dritten in Akten so verbunden, dass eine Trennung nicht oder nur mit unvertretbarem Aufwand möglich ist, ist die Übermittlung auch dieser Daten zulässig; eine Verwendung dieser Daten ist unzulässig. [2]Über die Übermittlung entscheidet ein Bediensteter der übermittelnden Stelle, der die Befähigung zum Richteramt hat. [3]Die Übermittlung ist zu protokollieren.

(6) [1]Der Empfänger darf die übermittelten Daten nur für die Zwecke verwenden, zu deren Erfüllung sie ihm übermittelt worden sind. [2]Er prüft unverzüglich und sodann in Abständen von höchstens sechs Monaten, ob die übermittelten Daten für diese Zwecke erforderlich sind. [3]Absatz 1 Satz 2 und 3 gilt entsprechend. [4]Der Empfänger unterrichtet die übermittelnde Stelle unverzüglich über die erfolgte Löschung.

Abschnitt 3
Strategische Beschränkungen

§ 5 Voraussetzungen

(1) [1]Auf Antrag des Bundesnachrichtendienstes dürfen Beschränkungen nach § 1 für internationale Telekommunikationsbeziehungen, soweit eine gebündelte Übertragung erfolgt, angeordnet werden. [2]Die jeweiligen Telekommunikationsbeziehungen werden von dem nach § 10 Abs. 1 zuständigen Bundesministerium mit Zustimmung des Parlamentarischen Kontrollgremiums bestimmt. [3]Beschränkungen nach Satz 1 sind nur zulässig zur Sammlung von Informationen über Sachverhalte, deren Kenntnis notwendig ist, um die Gefahr

1. eines bewaffneten Angriffs auf die Bundesrepublik Deutschland,
2. der Begehung internationaler terroristischer Anschläge mit unmittelbarem Bezug zur Bundesrepublik Deutschland,
3. der internationalen Verbreitung von Kriegswaffen im Sinne des Gesetzes über die Kontrolle von Kriegswaffen sowie des unerlaubten Außenwirtschaftsverkehrs mit Waren, Datenverarbeitungsprogrammen und Technologien in Fällen von erheblicher Bedeutung,
4. der unbefugten gewerbs- oder bandenmäßig organisierten Verbringung von Betäubungsmitteln in das Gebiet der Europäischen Union in Fällen von erheblicher Bedeutung mit Bezug zur Bundesrepublik Deutschland,
5. der Beeinträchtigung der Geldwertstabilität im Euro-Währungsraum durch im Ausland begangene Geldfälschungen,
6. der international organisierten Geldwäsche in Fällen von erheblicher Bedeutung,
7. des gewerbs- oder bandenmäßig organisierten Einschleusens von ausländischen Personen in das Gebiet der Europäischen Union in Fällen von erheblicher Bedeutung mit Bezug zur Bundesrepublik Deutschland
 a) bei unmittelbarem Bezug zu den Gefahrenbereichen nach Nr. 1 bis 3 oder
 b) in Fällen, in denen eine erhebliche Anzahl geschleuster Personen betroffen ist, insbesondere wenn durch die Art der Schleusung von einer Gefahr für ihr Leib oder Leben auszugehen ist, oder
 c) in Fällen von unmittelbarer oder mittelbarer Unterstützung oder Duldung durch ausländische öffentliche Stellen oder
8. des internationalen kriminellen, terroristischen oder staatlichen Angriffs mittels Schadprogrammen oder vergleichbaren schädlich wirkenden informationstechnischen Mitteln auf die Vertraulichkeit, Integrität oder Verfügbarkeit von IT-Systemen in Fällen von erheblicher Bedeutung mit Bezug zur Bundesrepublik Deutschland

rechtzeitig zu erkennen und einer solchen Gefahr zu begegnen. [4]In den Fällen von Satz 3 Nr. 1 dürfen Beschränkungen auch für Postverkehrsbeziehungen angeordnet werden; Satz 2 gilt entsprechend.

(2) [1]Bei Beschränkungen von Telekommunikationsbeziehungen darf der Bundesnachrichtendienst nur Suchbegriffe verwenden, die zur Aufklärung von Sachverhalten über den in der Anordnung bezeichneten Gefahrenbereich bestimmt und geeignet sind. [2]Es dürfen keine Suchbegriffe verwendet werden, die

1. Identifizierungsmerkmale enthalten, die zu einer gezielten Erfassung bestimmter Telekommunikationsanschlüsse führen, oder
2. den Kernbereich der privaten Lebensgestaltung betreffen.

[3]Dies gilt nicht für Telekommunikationsanschlüsse im Ausland, sofern ausgeschlossen werden kann, dass Anschlüsse, deren Inhaber oder regelmäßige Nutzer deutsche Staatsangehörige sind, gezielt erfasst werden. [4]Die Durchführung ist zu protokollieren. [5]Die Protokolldaten dürfen ausschließlich zu Zwecken der Datenschutzkontrolle verwendet werden. [6]Sie sind am Ende des Kalenderjahres, das dem Jahr der Protokollierung folgt, zu löschen.

§ 5a Schutz des Kernbereichs privater Lebensgestaltung

[1]Durch Beschränkungen nach § 1 Abs. 1 Nr. 2 dürfen keine Kommunikationsinhalte aus dem Kernbereich privater Lebensgestaltung erfasst werden. [2]Sind durch eine Beschränkung nach § 1 Abs. 1 Nr. 2 Kommunikationsinhalte aus dem Kernbereich privater Lebensgestaltung erfasst worden, dürfen diese nicht verwertet werden. [3]Sie sind unverzüglich unter Aufsicht eines Bediensteten, der die Befähigung zum

Richteramt hat, zu löschen. [4]§ 3a Satz 2 bis 7 gilt entsprechend. [5]Die Tatsache der Erfassung der Daten und ihrer Löschung ist zu protokollieren. [6]Die Protokolldaten dürfen ausschließlich zum Zwecke der Durchführung der Datenschutzkontrolle verwendet werden. [7]Sie sind zu löschen, wenn sie für diese Zwecke nicht mehr erforderlich sind, spätestens jedoch am Ende des Kalenderjahres, das dem Jahr der Protokollierung folgt.

§ 6 Prüf-, Kennzeichnungs- und Löschungspflichten, Zweckbindung

(1) [1]Der Bundesnachrichtendienst prüft unverzüglich und sodann in Abständen von höchstens sechs Monaten, ob die erhobenen personenbezogenen Daten im Rahmen seiner Aufgaben allein oder zusammen mit bereits vorliegenden Daten für die in § 5 Abs. 1 Satz 3 bestimmten Zwecke erforderlich sind. [2]Soweit die Daten für diese Zwecke nicht erforderlich sind und nicht für eine Übermittlung an andere Stellen benötigt werden, sind sie unverzüglich unter Aufsicht eines Bediensteten, der die Befähigung zum Richteramt hat, zu löschen. [3]Die Löschung ist zu protokollieren. [4]Die Protokolldaten dürfen ausschließlich zur Durchführung der Datenschutzkontrolle verwendet werden. [5]Die Protokolldaten sind am Ende des Kalenderjahres zu löschen, das dem Jahr der Protokollierung folgt. [6]Außer in den Fällen der erstmaligen Prüfung nach Satz 1 unterbleibt die Löschung, soweit die Daten für eine Mitteilung nach § 12 Abs. 2 oder für eine gerichtliche Nachprüfung der Rechtmäßigkeit der Beschränkungsmaßnahme von Bedeutung sein können. [7]In diesem Fall ist die Verarbeitung der Daten einzuschränken; sie dürfen nur zu diesen Zwecken verwendet werden.

(2) [1]Die verbleibenden Daten sind zu kennzeichnen. [2]Nach einer Übermittlung ist die Kennzeichnung durch den Empfänger aufrechtzuerhalten. [3]Die Daten dürfen nur zu den in § 5 Abs. 1 Satz 3 genannten Zwecken und für Übermittlungen nach § 7 Abs. 1 bis 4a und § 7a verwendet werden.

(3) [1]Auf Antrag des Bundesnachrichtendienstes dürfen zur Prüfung der Relevanz erfasster Telekommunikationsverkehre auf Anordnung des nach § 10 Abs. 1 zuständigen Bundesministeriums die erhobenen Daten in einem automatisierten Verfahren mit bereits vorliegenden Rufnummern oder anderen Kennungen bestimmter Telekommunikationsanschlüsse abgeglichen werden, bei denen tatsächliche Anhaltspunkte dafür bestehen, dass sie in einem Zusammenhang mit dem Gefahrenbereich stehen, für den die Überwachungsmaßnahme angeordnet wurde. [2]Zu diesem Abgleich darf der Bundesnachrichtendienst auch Rufnummern oder andere Kennungen bestimmter Telekommunikationsanschlüsse im Inland verwenden. [3]Die zu diesem Abgleich genutzten Daten dürfen nicht als Suchbegriffe im Sinne des § 5 Abs. 2 Satz 1 verwendet werden. [4]Der Abgleich und die Gründe für die Verwendung der für den Abgleich genutzten Daten sind zu protokollieren. [5]Die Protokolldaten dürfen ausschließlich zu Zwecken der Datenschutzkontrolle verwendet werden. [6]Sie sind am Ende des Kalenderjahres, das dem Jahr der Protokollierung folgt, zu vernichten.

§ 7 Übermittlungen durch den Bundesnachrichtendienst

(1) Durch Beschränkungen nach § 5 erhobene personenbezogene Daten dürfen nach § 33 des BND-Gesetzes zur Unterrichtung über die in § 5 Abs. 1 Satz 3 genannten Gefahren übermittelt werden.

(2) Durch Beschränkungen nach § 5 erhobene personenbezogene Daten dürfen an die Verfassungsschutzbehörden des Bundes und der Länder sowie an den Militärischen Abschirmdienst übermittelt werden, wenn

1. tatsächliche Anhaltspunkte dafür bestehen, dass die Daten erforderlich sind zur Sammlung und Auswertung von Informationen über Bestrebungen in der Bundesrepublik Deutschland, die durch Anwendung von Gewalt oder darauf gerichtete Vorbereitungshandlungen gegen die in *[bis 9.1.2021:* § 3 Abs. 1 Nr. 1, 3 und 4 des Bundesverfassungsschutzgesetzes] *[ab 10.1.2021:* § 3 Abs. 1 Nr. 1 und 3 des Bundesverfassungsschutzgesetzes] genannten Schutzgüter gerichtet sind,

2. bestimmte Tatsachen den Verdacht sicherheitsgefährdender oder geheimdienstlicher Tätigkeiten für eine fremde Macht begründen oder

3. im Falle des § 5 Absatz 1 Satz 1 in Verbindung mit Satz 3 Nummer 8 tatsächliche Anhaltspunkte dafür bestehen, dass die Angriffe von Bestrebungen oder Tätigkeiten nach § 3 Absatz 1 des Bundesverfassungsschutzgesetzes ausgehen.

(3) Durch Beschränkungen nach § 5 Abs. 1 Satz 1 in Verbindung mit Satz 3 Nr. 3 erhobene personenbezogene Daten dürfen an das Bundesamt für Wirtschaft und Ausfuhrkontrolle (BAFA) übermittelt werden, wenn tatsächliche Anhaltspunkte dafür bestehen, dass die Kenntnis dieser Daten erforderlich ist

1. zur Aufklärung von Teilnehmern am Außenwirtschaftsverkehr über Umstände, die für die Einhaltung von Beschränkungen des Außenwirtschaftsverkehrs von Bedeutung sind, oder

2. im Rahmen eines Verfahrens zur Erteilung einer ausfuhrrechtlichen Genehmigung oder zur Unterrichtung von Teilnehmern am Außenwirtschaftsverkehr, soweit hierdurch eine Genehmigungspflicht für die Ausfuhr von Gütern begründet wird.

(4) ¹Durch Beschränkungen nach § 5 erhobene personenbezogene Daten dürfen zur Verhinderung von Straftaten an die mit polizeilichen Aufgaben betrauten Behörden übermittelt werden, wenn

1. tatsächliche Anhaltspunkte für den Verdacht bestehen, dass jemand
 a) Straftaten nach den §§ 89a, 89b, 89c Absatz 1 bis 4 oder § 129a, auch in Verbindung mit § 129b Abs. 1, sowie den §§ 146, 151 bis 152a oder § 261 des Strafgesetzbuches,
 b) vorsätzliche Straftaten nach den §§ 17 und 18 des Außenwirtschaftsgesetzes, §§ 19 bis 21 oder § 22a Abs. 1 Nr. 4, 5 und 7 des Gesetzes über die Kontrolle von Kriegswaffen oder
 c) Straftaten nach § 29a Abs. 1 Nr. 2, § 30 Abs. 1 Nr. 1, 4 oder § 30a des Betäubungsmittelgesetzes plant oder begeht oder

2. bestimmte Tatsachen den Verdacht begründen, dass jemand eine der in § 3 Absatz 1 Satz 1 Nummer 1, 2, 5, 7 und 9, Satz 2 oder Absatz 1a dieses Gesetzes oder eine sonstige der in § 100a Absatz 2 der Strafprozessordnung genannten Straftaten plant oder begeht.

²Die Daten dürfen zur Verfolgung von Straftaten an die zuständigen Behörden übermittelt werden, wenn bestimmte Tatsachen den Verdacht begründen, dass jemand eine in Satz 1 bezeichnete Straftat begeht oder begangen hat.

(4a) Durch Beschränkungen nach § 5 Absatz 1 Satz 1 in Verbindung mit Satz 3 Nummer 8 erhobene personenbezogene Daten dürfen an das Bundesamt für Sicherheit in der Informationstechnik übermittelt werden, wenn tatsächliche Anhaltspunkte dafür bestehen, dass die Daten erforderlich sind zur Abwehr von Gefahren für die Sicherheit der Informationstechnik des Bundes oder zur Sammlung und Auswertung von Informationen über Sicherheitsrisiken auch für andere Stellen und Dritte.

(5) ¹Die Übermittlung ist nur zulässig, soweit sie zur Erfüllung der Aufgaben des Empfängers erforderlich ist. ²Sind mit personenbezogenen Daten, die übermittelt werden dürfen, weitere Daten des Betroffenen oder eines Dritten in Akten so verbunden, dass eine Trennung nicht oder nur mit unvertretbarem Aufwand möglich ist, ist die Übermittlung auch dieser Daten zulässig; eine Verwendung dieser Daten ist unzulässig. ³Über die Übermittlung entscheidet ein Bediensteter des Bundesnachrichtendienstes, der die Befähigung zum Richteramt hat. ⁴Die Übermittlung ist zu protokollieren.

(6) ¹Der Empfänger darf die Daten nur für die Zwecke verwenden, zu deren Erfüllung sie ihm übermittelt worden sind. ²Er prüft unverzüglich und sodann in Abständen von höchstens sechs Monaten, ob die übermittelten Daten für diese Zwecke erforderlich sind. ³§ 4 Abs. 6 Satz 4 und § 6 Abs. 1 Satz 2 und 3 gelten entsprechend.

§ 7a Übermittlungen durch den Bundesnachrichtendienst an ausländische öffentliche Stellen

(1) ¹Der Bundesnachrichtendienst darf durch Beschränkungen nach § 5 Abs. 1 Satz 3 Nr. 2, 3, 7 und 8 erhobene personenbezogene Daten an die mit nachrichtendienstlichen Aufgaben betrauten ausländischen öffentlichen Stellen übermitteln, soweit

1. die Übermittlung zur Wahrung außen- oder sicherheitspolitischer Belange der Bundesrepublik Deutschland oder erheblicher Sicherheitsinteressen des ausländischen Staates erforderlich ist,

2. überwiegende schutzwürdige Interessen des Betroffenen nicht entgegenstehen, insbesondere in dem ausländischen Staat ein angemessenes Datenschutzniveau gewährleistet ist sowie davon auszugehen ist, dass die Verwendung der Daten durch den Empfänger in Einklang mit grundlegenden rechtsstaatlichen Prinzipien erfolgt, und

3. das Prinzip der Gegenseitigkeit gewahrt ist.

²Die Übermittlung bedarf der Zustimmung des Bundeskanzleramtes.

(2) Der Bundesnachrichtendienst darf unter den Voraussetzungen des Absatzes 1 durch Beschränkungen nach § 5 Abs. 1 Satz 3 Nr. 2, 3, 7 und 8 erhobene personenbezogene Daten ferner im Rahmen von Artikel 3 des Zusatzabkommens zu dem Abkommen zwischen den Parteien des Nordatlantikvertrages über die Rechtsstellung ihrer Truppen hinsichtlich der in der Bundesrepublik Deutschland stationierten ausländischen Truppen vom 3. August 1959 (BGBl. 1961 II S. 1183, 1218) an Dienststellen der Stationierungsstreitkräfte übermitteln, soweit dies zur Erfüllung der in deren Zuständigkeit liegenden Aufgaben erforderlich ist.

(3) ¹Über die Übermittlung entscheidet ein Bediensteter des Bundesnachrichtendienstes, der die Befähigung zum Richteramt hat. ²Die Übermittlung ist zu protokollieren. ³Der Bundesnachrichtendienst führt einen Nachweis über den Zweck, die Veranlassung, die Aktenfundstelle und die Empfänger der Übermittlungen nach Absatz 1 und 2. ⁴Die Nachweise sind gesondert aufzubewahren, gegen unberechtigten Zugriff zu sichern und am Ende des Kalenderjahres, das dem Jahr ihrer Erstellung folgt, zu vernichten.

(4) Der Empfänger ist zu verpflichten,

1. die übermittelten Daten nur zu dem Zweck zu verwenden, zu dem sie ihm übermittelt wurden,
2. eine angebrachte Kennzeichnung beizubehalten und
3. dem Bundesnachrichtendienst auf Ersuchen Auskunft über die Verwendung zu erteilen.

(5) Das zuständige Bundesministerium unterrichtet monatlich die G10-Kommission über Übermittlungen nach Absatz 1 und 2.

(6) Das Parlamentarische Kontrollgremium ist in Abständen von höchstens sechs Monaten über die vorgenommenen Übermittlungen nach Absatz 1 und 2 zu unterrichten.

§ 8 Gefahr für Leib oder Leben einer Person im Ausland

(1) Auf Antrag des Bundesnachrichtendienstes dürfen Beschränkungen nach § 1 für internationale Telekommunikationsbeziehungen im Sinne des § 5 Abs. 1 Satz 1 angeordnet werden, wenn dies erforderlich ist, um eine im Einzelfall bestehende Gefahr für Leib oder Leben einer Person im Ausland rechtzeitig zu erkennen oder ihr zu begegnen und dadurch Belange der Bundesrepublik Deutschland unmittelbar in besonderer Weise berührt sind.

(2) [1]Die jeweiligen Telekommunikationsbeziehungen werden von dem nach § 10 Abs. 1 zuständigen Bundesministerium mit Zustimmung des Parlamentarischen Kontrollgremiums bestimmt. [2]Die Zustimmung bedarf der Mehrheit von zwei Dritteln seiner Mitglieder. [3]Die Bestimmung tritt spätestens nach zwei Monaten außer Kraft. [4]Eine erneute Bestimmung ist zulässig, soweit ihre Voraussetzungen fortbestehen.

(3) [1]Die Anordnung ist nur zulässig, wenn die Erforschung des Sachverhalts auf andere Weise aussichtslos oder wesentlich erschwert wäre. [2]Der Bundesnachrichtendienst darf nur Suchbegriffe verwenden, die zur Erlangung von Informationen über den in der Anordnung bezeichnete Gefahr bestimmt und geeignet sind. [3]§ 5 Abs. 2 Satz 2 bis 6 gilt entsprechend. [4]Ist die Überwachungsmaßnahme erforderlich, um einer im Einzelfall bestehenden Gefahr für Leib oder Leben einer Person zu begegnen, dürfen die Suchbegriffe auch Identifizierungsmerkmale enthalten, die zu einer gezielten Erfassung der Rufnummer oder einer anderen Kennung des Telekommunikationsanschlusses dieser Person im Ausland führen.

(4) [1]Der Bundesnachrichtendienst prüft unverzüglich und sodann in Abständen von höchstens sechs Monaten, ob die erhobenen personenbezogenen Daten im Rahmen seiner Aufgaben oder zusammen mit bereits vorliegenden Daten zu dem in Absatz 1 bestimmten Zweck erforderlich sind. [2]Soweit die Daten für diesen Zweck nicht erforderlich sind, sind sie unverzüglich unter Aufsicht eines Bediensteten, der die Befähigung zum Richteramt hat, zu löschen. [3]Die Löschung ist zu protokollieren. [4]§ 6 Abs. 1 Satz 4 und 5, Abs. 2 Satz 1 und 2 gilt entsprechend. [5]Die Daten dürfen nur zu den in den Absätzen 1, 5 und 6 genannten Zwecken verwendet werden.

(5) Die erhobenen personenbezogenen Daten dürfen nach § 33 des BND-Gesetzes zur Unterrichtung über die in Absatz 1 genannte Gefahr übermittelt werden.

(6) [1]Die erhobenen personenbezogenen Daten dürfen zur Verhinderung von Straftaten an die zuständigen Behörden übermittelt werden, wenn tatsächliche Anhaltspunkte den Verdacht begründen, dass jemand eine Straftat plant oder begeht, die geeignet ist, zu der Entstehung oder Aufrechterhaltung der in Absatz 1 bezeichneten Gefahr beizutragen. [2]Die Daten dürfen zur Verfolgung von Straftaten an die zuständigen Behörden übermittelt werden, wenn bestimmte Tatsachen den Verdacht begründen, dass jemand eine in Satz 1 bezeichnete Straftat begeht oder begangen hat. [3]§ 7 Abs. 5 und 6 sowie § 7a Abs. 1 und 3 bis 6 gelten entsprechend.

Abschnitt 4
Verfahren

§ 9 Antrag

(1) Beschränkungsmaßnahmen nach diesem Gesetz dürfen nur auf Antrag angeordnet werden.

(2) Antragsberechtigt sind im Rahmen ihres Geschäftsbereichs

1. das Bundesamt für Verfassungsschutz,
2. die Verfassungsschutzbehörden der Länder,
3. der Militärische Abschirmdienst und
4. der Bundesnachrichtendienst

durch den Behördenleiter oder seinen Stellvertreter.

(3) [1]Der Antrag ist schriftlich zu stellen und zu begründen. [2]Er muss alle für die Anordnung erforderlichen Angaben enthalten. [3]In den Fällen der §§ 3 und 8 hat der Antragsteller darzulegen, dass die Erforschung des Sachverhalts auf andere Weise aussichtslos oder wesentlich erschwert wäre.

§ 10 Anordnung

(1) Zuständig für die Anordnung von Beschränkungsmaßnahmen ist bei Anträgen der Verfassungs-schutzbehörden der Länder die zuständige oberste Landesbehörde, im Übrigen das Bundesministerium des Innern, für Bau und Heimat.

(2) [1]Die Anordnung ergeht schriftlich. [2]In ihr sind der Grund der Anordnung und die zur Überwachung berechtigte Stelle anzugeben sowie Art, Umfang und Dauer der Beschränkungsmaßnahme zu bestimmen.

(3) [1]In den Fällen des § 3 muss die Anordnung denjenigen bezeichnen, gegen den sich die Beschrän-kungsmaßnahme richtet. [2]Bei einer Überwachung der Telekommunikation ist auch die Rufnummer oder eine andere Kennung des Telekommunikationsanschlusses oder die Kennung des Endgerätes, wenn diese allein diesem Endgerät zuzuordnen ist, anzugeben.

(4) [1]In den Fällen der §§ 5 und 8 sind die Suchbegriffe in der Anordnung zu benennen. [2]Ferner sind das Gebiet, über das Informationen gesammelt werden sollen, und die Übertragungswege, die der Beschrän-kung unterliegen, zu bezeichnen. [3]Weiterhin ist festzulegen, welcher Anteil der auf diesen Übertragungs-wegen zur Verfügung stehenden Übertragungskapazität überwacht werden darf. [4]In den Fällen des § 5 darf dieser Anteil höchstens 20 vom Hundert betragen.

(5) [1]In den Fällen der §§ 3 und 5 ist die Anordnung auf höchstens drei Monate zu befristen. [2]Verlänge-rungen um jeweils nicht mehr als drei weitere Monate sind auf Antrag zulässig, soweit die Vorausset-zungen der Anordnung fortbestehen.

(6) [1]Die Anordnung ist dem nach § 2 Abs. 1 Satz 1 oder 3 Verpflichteten insoweit mitzuteilen, als dies erforderlich ist, um ihm die Erfüllung seiner Verpflichtungen zu ermöglichen. [2]Die Mitteilung entfällt, wenn die Anordnung ohne seine Mitwirkung ausgeführt werden kann.

(7) [1]Das Bundesamt für Verfassungsschutz unterrichtet die jeweilige Landesbehörde für Verfassungs-schutz über die in deren Bereich getroffenen Beschränkungsanordnungen. [2]Die Landesbehörden für Ver-fassungsschutz teilen dem Bundesamt für Verfassungsschutz die in ihrem Bereich getroffenen Beschrän-kungsanordnungen mit.

§ 11 Durchführung

(1) Die aus der Anordnung sich ergebenden Beschränkungsmaßnahmen sind unter Verantwortung der Behörde, auf deren Antrag die Anordnung ergangen ist, und unter Aufsicht eines Bediensteten vorzu-nehmen, der die Befähigung zum Richteramt hat.

(2) [1]Die Maßnahmen sind unverzüglich zu beenden, wenn sie nicht mehr erforderlich sind oder die Vo-raussetzungen der Anordnung nicht mehr vorliegen. [2]Die Beendigung ist der Stelle, die die Anordnung getroffen hat, und dem nach § 2 Abs. 1 Satz 1 oder 3 Verpflichteten, dem die Anordnung mitgeteilt wor-den ist, anzuzeigen. [3]Die Anzeige an den Verpflichteten entfällt, wenn die Anordnung ohne seine Mit-wirkung ausgeführt wurde.

(3) [1]Postsendungen, die zur Öffnung und Einsichtnahme ausgehändigt worden sind, sind dem Postverkehr unverzüglich wieder zuzuführen. [2]Telegramme dürfen dem Postverkehr nicht entzogen werden. [3]Der zur Einsichtnahme berechtigten Stelle ist eine Abschrift des Telegramms zu übergeben.

§ 12 Mitteilungen an Betroffene

(1) [1]Beschränkungsmaßnahmen nach § 3 sind dem Betroffenen nach ihrer Einstellung mitzuteilen. [2]Die Mitteilung unterbleibt, solange eine Gefährdung des Zwecks der Beschränkung nicht ausgeschlossen werden kann oder solange der Eintritt übergreifender Nachteile für das Wohl des Bundes oder eines Landes absehbar ist. [3]Erfolgt die nach Satz 2 zurückgestellte Mitteilung nicht binnen zwölf Monaten nach Be-endigung der Maßnahme, bedarf die weitere Zurückstellung der Zustimmung der G10-Kommission. [4]Die G10-Kommission bestimmt die Dauer der weiteren Zurückstellung. [5]Einer Mitteilung bedarf es nicht, wenn die G10-Kommission einstimmig festgestellt hat, dass

1. eine der Voraussetzungen in Satz 2 auch nach fünf Jahren nach Beendigung der Maßnahme noch vorliegt,
2. sie mit an Sicherheit grenzender Wahrscheinlichkeit auch in Zukunft vorliegt und
3. die Voraussetzungen für eine Löschung sowohl bei der erhebenden Stelle als auch beim Empfänger vorliegen.

(2) [1]Absatz 1 gilt entsprechend für Beschränkungsmaßnahmen nach den §§ 5 und 8, sofern die perso-nenbezogenen Daten nicht unverzüglich gelöscht wurden. [2]Die Frist von fünf Jahren beginnt mit der Erhebung der personenbezogenen Daten.

(3) [1]Die Mitteilung obliegt der Behörde, auf deren Antrag die Anordnung ergangen ist. [2]Wurden perso-nenbezogene Daten übermittelt, erfolgt die Mitteilung im Benehmen mit dem Empfänger.

§ 13 Rechtsweg

Gegen die Anordnung von Beschränkungsmaßnahmen nach den §§ 3 und 5 Abs. 1 Satz 3 Nr. 1 und ihren Vollzug ist der Rechtsweg vor der Mitteilung an den Betroffenen nicht zulässig.

Abschnitt 5
Kontrolle

§ 14 Parlamentarisches Kontrollgremium

(1) [1]Das nach § 10 Abs. 1 für die Anordnung von Beschränkungsmaßnahmen zuständige Bundesministerium unterrichtet in Abständen von höchstens sechs Monaten das Parlamentarische Kontrollgremium über die Durchführung dieses Gesetzes. [2]Das Gremium erstattet dem Deutschen Bundestag jährlich einen Bericht über Durchführung sowie Art und Umfang der Maßnahmen nach den §§ 3, 5, 7a und 8; dabei sind die Grundsätze des § 10 Absatz 1 des Kontrollgremiumgesetzes zu beachten.

(2) [1]Bei Gefahr im Verzug kann das zuständige Bundesministerium die Bestimmungen nach den §§ 5 und 8 vorläufig treffen und das Parlamentarische Kontrollgremium durch seinen Vorsitzenden und dessen Stellvertreter vorläufig zustimmen. [2]Die Zustimmung des Parlamentarischen Kontrollgremiums ist unverzüglich einzuholen. [3]Die Bestimmung tritt außer Kraft, wenn die vorläufige Zustimmung nicht binnen drei Tagen und die Zustimmung nicht binnen zwei Wochen erfolgt.

§ 15 G 10-Kommission

(1) [1]Die G 10-Kommission besteht aus dem Vorsitzenden, der die Befähigung zum Richteramt besitzen muss, und drei Beisitzern sowie vier stellvertretenden Mitgliedern, die an den Sitzungen mit Rede- und Fragerecht teilnehmen können. [2]Bei Stimmengleichheit entscheidet die Stimme des Vorsitzenden. [3]Die Mitglieder der G 10-Kommission sind in ihrer Amtsführung unabhängig und Weisungen nicht unterworfen. [4]Sie nehmen ein öffentliches Ehrenamt wahr und werden von dem Parlamentarischen Kontrollgremium nach Anhörung der Bundesregierung für die Dauer einer Wahlperiode des Deutschen Bundestages mit der Maßgabe bestellt, dass ihre Amtszeit erst mit der Neubestimmung der Mitglieder der Kommission, spätestens jedoch drei Monate nach Ablauf der Wahlperiode endet. [5]Die oder der Ständige Bevollmächtigte des Parlamentarischen Kontrollgremiums nimmt regelmäßig an den Sitzungen der G 10-Kommission teil.

(2) [1]Die Beratungen der G 10-Kommission sind geheim. [2]Die Mitglieder der Kommission sind zur Geheimhaltung der Angelegenheiten verpflichtet, die ihnen bei ihrer Tätigkeit in der Kommission bekannt geworden sind. [3]Dies gilt auch für die Zeit nach ihrem Ausscheiden aus der Kommission.

(3) [1]Der G 10-Kommission ist die für die Erfüllung ihrer Aufgaben notwendige Personal- und Sachausstattung zur Verfügung zu stellen; sie ist im Einzelplan des Deutschen Bundestages gesondert im Kapitel für die parlamentarische Kontrolle der Nachrichtendienste auszuweisen. [2]Der Kommission sind Mitarbeiter mit technischem Sachverstand zur Verfügung zu stellen.

(4) [1]Die G 10-Kommission tritt mindestens einmal im Monat zusammen. [2]Sie gibt sich eine Geschäftsordnung, die der Zustimmung des Parlamentarischen Kontrollgremiums bedarf. [3]Vor der Zustimmung ist die Bundesregierung zu hören.

(5) [1]Die G 10-Kommission entscheidet von Amts wegen oder auf Grund von Beschwerden über die Zulässigkeit und Notwendigkeit von Beschränkungsmaßnahmen. [2]Die Kontrollbefugnis der Kommission erstreckt sich auf die gesamte Verarbeitung der nach diesem Gesetz erlangten personenbezogenen Daten durch Nachrichtendienste des Bundes einschließlich der Entscheidung über die Mitteilung an Betroffene. [3]Der Kommission und ihren Mitarbeitern ist dabei insbesondere

1. Auskunft zu ihren Fragen zu erteilen,
2. Einsicht in alle Unterlagen, insbesondere in die gespeicherten Daten und in die Datenverarbeitungsprogramme, zu gewähren, die im Zusammenhang mit der Beschränkungsmaßnahme stehen, und
3. jederzeit Zutritt in alle Diensträume zu gewähren.

[4]Die Kommission kann dem Bundesbeauftragten für den Datenschutz Gelegenheit zur Stellungnahme in Fragen des Datenschutzes geben.

(6) [1]Das zuständige Bundesministerium unterrichtet monatlich die G 10-Kommission über die von ihm angeordneten Beschränkungsmaßnahmen vor deren Vollzug. [2]Bei Gefahr im Verzuge kann es den Vollzug der Beschränkungsmaßnahmen auch bereits vor der Unterrichtung der Kommission anordnen. [3]Bei Gefahr im Verzug darf am Tag der Beantragung bereits vor der Anordnung der Beschränkungsmaßnahme mit der Datenerhebung begonnen werden. [4]Die bereits erhobenen Daten dürfen erst nach der Anordnung genutzt werden. [5]Erfolgt die Anordnung nicht binnen 24 Stunden nach Beantragung, sind die erhobenen Daten unverzüglich automatisiert und unwiederbringlich zu löschen. [6]Anordnungen, die die Kommission

für unzulässig oder nicht notwendig erklärt, hat das zuständige Bundesministerium unverzüglich aufzuheben. [7]In den Fällen des § 8 tritt die Anordnung außer Kraft, wenn sie nicht binnen drei Tagen vom Vorsitzenden oder seinem Stellvertreter bestätigt wird. [8]Die Bestätigung der Kommission ist unverzüglich nachzuholen.

(7) [1]Das zuständige Bundesministerium unterrichtet monatlich die G 10-Kommission über Mitteilungen von Bundesbehörden nach § 12 Abs. 1 und 2 oder über die Gründe, die einer Mitteilung entgegenstehen. [2]Hält die Kommission eine Mitteilung für geboten, ist diese unverzüglich vorzunehmen. [3]§ 12 Abs. 3 Satz 2 bleibt unberührt, soweit das Benehmen einer Landesbehörde erforderlich ist.

(8) Die G 10-Kommission und das Parlamentarische Kontrollgremium tauschen sich regelmäßig unter Wahrung der jeweils geltenden Geheimhaltungsvorschriften über allgemeine Angelegenheiten ihrer Kontrolltätigkeit aus.

§ 16 Parlamentarische Kontrolle in den Ländern

[1]Durch den Landesgesetzgeber wird die parlamentarische Kontrolle der nach § 10 Abs. 1 für die Anordnung von Beschränkungsmaßnahmen zuständigen obersten Landesbehörden und die Überprüfung der von ihnen angeordneten Beschränkungsmaßnahmen geregelt. [2]Personenbezogene Daten dürfen nur dann an Landesbehörden übermittelt werden, wenn die Kontrolle ihrer Verarbeitung durch den Landesgesetzgeber geregelt ist.

Abschnitt 6
Straf- und Bußgeldvorschriften

§ 17 Mitteilungsverbote

(1) Wird die Telekommunikation nach diesem Gesetz oder nach den §§ 100a, 100e der Strafprozessordnung überwacht, darf diese Tatsache von Personen, die Telekommunikationsdienste erbringen oder an der Erbringung solcher Dienste mitwirken, anderen nicht mitgeteilt werden.

(2) Wird die Aushändigung von Sendungen nach § 2 Abs. 1 Satz 1 oder 3 angeordnet, darf diese Tatsache von Personen, die zur Aushändigung verpflichtet oder mit der Sendungsübermittlung betraut sind oder hieran mitwirken, anderen nicht mitgeteilt werden.

(3) Erfolgt ein Auskunftsersuchen oder eine Auskunftserteilung nach § 2 Abs. 1, darf diese Tatsache oder der Inhalt des Ersuchens oder der erteilten Auskunft von Personen, die zur Beantwortung verpflichtet oder mit der Beantwortung betraut sind oder hieran mitwirken, anderen nicht mitgeteilt werden.

§ 18 Straftaten

Mit Freiheitsstrafe bis zu zwei Jahren oder mit Geldstrafe wird bestraft, wer entgegen § 17 eine Mitteilung macht.

§ 19 Ordnungswidrigkeiten

(1) Ordnungswidrig handelt, wer
1. einer vollziehbaren Anordnung nach § 2 Abs. 1 Satz 1 oder 3 zuwiderhandelt,
2. entgegen § 2 Abs. 2 Satz 2 eine Person betraut oder
3. entgegen § 2 Abs. 2 Satz 3 nicht sicherstellt, dass eine Geheimschutzmaßnahme getroffen wird.

(2) Die Ordnungswidrigkeit kann mit einer Geldbuße bis zu fünfzehntausend Euro geahndet werden.

(3) Bußgeldbehörde im Sinne des § 36 Abs. 1 Nr. 1 des Gesetzes über Ordnungswidrigkeiten ist die nach § 10 Abs. 1 zuständige Stelle.

Abschnitt 7
Schlussvorschriften

§ 20 Entschädigung

[1]Die nach § 1 Abs. 1 berechtigten Stellen haben für die Leistungen nach § 2 Abs. 1 eine Entschädigung zu gewähren, deren Umfang sich nach § 23 des Justizvergütungs- und -entschädigungsgesetzes bemisst. [2]In den Fällen der §§ 5 und 8 ist eine Entschädigung zu vereinbaren, deren Höhe sich an den nachgewiesenen tatsächlichen Kosten orientiert.

§ 21 Einschränkung von Grundrechten

Das Grundrecht des Brief-, Post- und Fernmeldegeheimnisses (Artikel 10 des Grundgesetzes) wird durch dieses Gesetz eingeschränkt.

Bundesmeldegesetz (BMG)[1]

Vom 3. Mai 2013 (BGBl. I S. 1084)
(FNA 210-7)
zuletzt geändert durch Art. 82 Elfte ZuständigkeitsanpassungsVO vom 19. Juni 2020 (BGBl. I S. 1328)

Inhaltsübersicht

1) Verkündet als Art. 1 G v. 3.5.2013 (BGBl. I S. 1084, geänd. durch G v. 20.11.2014, BGBl. I S. 1738); Inkrafttreten gem. Art. 4 Satz 1 dieses G am 1.11.2015, mit Ausnahme der §§ 55–57, die gem. Art. 4 Satz 2 dieses G bereits am 26.11.2014 in Kraft getreten sind.

Abschnitt 1
Allgemeine Bestimmungen

§ 1 Meldebehörden
Meldebehörden sind die durch Landesrecht dazu bestimmten Behörden.

§ 2 Aufgaben und Befugnisse der Meldebehörden
(1) Die Meldebehörden haben die in ihrem Zuständigkeitsbereich wohnhaften Personen (Einwohner) zu registrieren, um deren Identität und deren Wohnungen feststellen und nachweisen zu können.

(2) [1]Die Meldebehörden führen zur Erfüllung ihrer Aufgaben Melderegister. [2]Diese enthalten Daten, die bei der betroffenen Person erhoben, von öffentlichen Stellen übermittelt oder sonst amtlich bekannt werden.

(3) Die Meldebehörden erteilen Melderegisterauskünfte, wirken nach Maßgabe dieses Gesetzes oder sonstiger Rechtsvorschriften bei der Durchführung von Aufgaben anderer öffentlicher Stellen mit und übermitteln Daten.

(4) [1]Die Meldebehörden dürfen personenbezogene Daten, die im Melderegister gespeichert werden, nur nach Maßgabe dieses Gesetzes oder sonstiger Rechtsvorschriften verarbeiten. [2]Daten nicht meldepflichtiger Personen dürfen nur verarbeitet werden, wenn die betroffene Person in die Datenverarbeitung eingewilligt hat.

§ 3 Speicherung von Daten
(1) Zur Erfüllung ihrer Aufgaben nach § 2 Absatz 1 und 3 speichern die Meldebehörden folgende Daten sowie die zum Nachweis ihrer Richtigkeit erforderlichen Hinweise im Melderegister:
1. Familienname,
2. frühere Namen,
3. Vornamen unter Kennzeichnung des gebräuchlichen Vornamens,
4. Doktorgrad,
5. Ordensname, Künstlername,
6. Geburtsdatum und Geburtsort sowie bei Geburt im Ausland auch den Staat,
7. Geschlecht,
8. keine Eintragung,
9. zum gesetzlichen Vertreter
 a) Familienname,
 b) Vornamen,
 c) Doktorgrad,
 d) Anschrift,
 e) Geburtsdatum,
 f) Geschlecht,
 g) Sterbedatum sowie
 h) Auskunftssperren nach § 51 und bedingte Sperrvermerke nach § 52,
10. derzeitige Staatsangehörigkeiten,
11. rechtliche Zugehörigkeit zu einer öffentlich-rechtlichen Religionsgesellschaft,
12. derzeitige Anschriften, frühere Anschriften im Zuständigkeitsbereich der Meldebehörde sowie Anschrift der letzten alleinigen Wohnung oder Hauptwohnung und der letzten Nebenwohnungen außerhalb des Zuständigkeitsbereichs der Meldebehörde, gekennzeichnet nach Haupt- und Nebenwohnung, bei Zuzug aus dem Ausland auch den Staat und die letzte Anschrift im Inland, bei Wegzug in das Ausland auch die Zuzugsanschrift im Ausland und den Staat,
13. Einzugsdatum, Auszugsdatum, Datum des letzten Wegzugs aus einer Wohnung im Inland sowie Datum des letzten Zuzugs aus dem Ausland,
14. Familienstand, bei Verheirateten oder Personen, die eine Lebenspartnerschaft führen, zusätzlich Datum und Ort der Eheschließung oder der Begründung der Lebenspartnerschaft sowie bei Eheschließung oder Begründung der Lebenspartnerschaft im Ausland auch den Staat,
15. zum Ehegatten oder Lebenspartner
 a) Familienname,
 b) Vornamen,

c) Geburtsname,

d) Doktorgrad,

e) Geburtsdatum,

f) Geschlecht,

g) derzeitige Anschriften im Zuständigkeitsbereich der Meldebehörde sowie Anschrift der letzten alleinigen Wohnung oder Hauptwohnung außerhalb des Zuständigkeitsbereichs der Meldebehörde,

h) Sterbedatum sowie

i) Auskunftssperren nach § 51 und bedingte Sperrvermerke nach § 52,

16. zu minderjährigen Kindern

a) Familienname,

b) Vornamen,

c) Geburtsdatum,

d) Geschlecht,

e) Anschrift im Inland,

f) Sterbedatum,

g) Auskunftssperren nach § 51 und bedingte Sperrvermerke nach § 52,

17. Ausstellungsbehörde, Ausstellungsdatum, letzter Tag der Gültigkeitsdauer und Seriennummer des Personalausweises, vorläufigen Personalausweises oder Ersatz-Personalausweises, des anerkannten und gültigen Passes oder Passersatzpapiers sowie Sperrkennwort und Sperrsumme des Personalausweises,

17a. die AZR-Nummer in den Fällen und nach Maßgabe des § 10 Absatz 4 Satz 2 Nummer 4 des AZR-Gesetzes, übergangsweise die Seriennummer des Ankunftsnachweises nach § 63a Absatz 1 Nummer 10 des Asylgesetzes,

18. Auskunfts- und Übermittlungssperren,

19. Sterbedatum und Sterbeort sowie bei Versterben im Ausland auch den Staat.

(2) Über die in Absatz 1 genannten Daten hinaus speichern die Meldebehörden folgende Daten sowie die zum Nachweis ihrer Richtigkeit erforderlichen Hinweise im Melderegister:

1. für die Vorbereitung und Durchführung von Wahlen und Abstimmungen auf staatlicher und kommunaler Ebene die Tatsache, dass die betroffene Person

a) von der Wahlberechtigung oder der Wählbarkeit ausgeschlossen ist,

b) als Unionsbürger (§ 6 Absatz 3 Satz 1 des Europawahlgesetzes) bei der Wahl des Europäischen Parlaments von Amts wegen in ein Wählerverzeichnis im Inland einzutragen ist; ebenfalls zu speichern ist die Gebietskörperschaft oder der Wahlkreis im Herkunftsmitgliedstaat, wo die betroffene Person zuletzt in ein Wählerverzeichnis eingetragen war,

c) als im Ausland lebender Deutscher einen Hinweis auf Wahlen zum Deutschen Bundestag sowie auf Wahlen der Abgeordneten des Europäischen Parlaments aus der Bundesrepublik Deutschland erhält; ebenfalls ist nach Mitteilung durch die betroffene Person ihre derzeitige Anschrift im Ausland zu speichern,

2. für das Verfahren zur Bildung und Anwendung der elektronischen Lohnsteuerabzugsmerkmale nach § 39e Absatz 2 Satz 2 und 3 des Einkommensteuergesetzes

a) die Zugehörigkeit zu einer steuererhebenden Religionsgesellschaft sowie das Datum des Eintritts und Austritts,

b) den Familienstand,

c) das Datum der Begründung oder Auflösung der Ehe oder Lebenspartnerschaft sowie

d) die Identifikationsnummern oder die Vorläufigen Bearbeitungsmerkmale

aa) des Ehegatten oder Lebenspartners,

bb) der minderjährigen Kinder, die ihre alleinige Wohnung oder ihre Hauptwohnung im Zuständigkeitsbereich derselben Meldebehörde haben,

3. für Zwecke nach § 139b Absatz 2 der Abgabenordnung

die Identifikationsnummer nach § 139b der Abgabenordnung und bis zu deren Speicherung im Melderegister das Vorläufige Bearbeitungsmerkmal nach § 139b Absatz 6 Satz 2 der Abgabenordnung,

4. für die Ausstellung von Pässen und Ausweisen

die Tatsache, dass Passversagungsgründe vorliegen, ein Pass versagt oder entzogen oder eine Anordnung nach § 6 Absatz 7, § 6a Absatz 1 oder § 6a Absatz 2 des Personalausweisgesetzes getroffen worden ist,

5. für staatsangehörigkeitsrechtliche Verfahren

die Tatsache, dass die deutsche Staatsangehörigkeit nach § 4 Absatz 3 oder § 40b des Staatsangehörigkeitsgesetzes erworben wurde und nach § 29 des Staatsangehörigkeitsgesetzes ein Verlust der deutschen Staatsangehörigkeit eintreten kann,

6. für Zwecke der Suchdienste
die Anschrift vom 1. September 1939 derjenigen Einwohner, die aus den in § 1 Absatz 2 Nummer 3 des Bundesvertriebenengesetzes bezeichneten Gebieten stammen,

7. für waffenrechtliche Verfahren
die Tatsache, dass eine waffenrechtliche Erlaubnis erteilt oder ein Waffenbesitzverbot erlassen worden ist, sowie die jeweilige Behörde, die diese Tatsache mitteilt, mit Angabe des Datums, an dem die waffenrechtliche Erlaubnis erstmals erteilt oder das Waffenbesitzverbot erlassen worden ist,

8. für sprengstoffrechtliche Verfahren
die Tatsache, dass eine sprengstoffrechtliche Erlaubnis oder ein Befähigungsschein nach § 20 des Sprengstoffgesetzes erteilt worden ist, sowie die Behörde, die diese Tatsache mitteilt, mit Angabe des Datums der erstmaligen Erteilung,

9. zur Beantwortung von Aufenthaltsanfragen anderer Behörden und sonstiger öffentlicher Stellen, wenn der Einwohner die Wohnung aufgegeben hat und der Meldebehörde eine neue Wohnung nicht bekannt ist,
das Ersuchen um Datenübermittlung mit dem Datum der Anfrage und der Angabe der anfragenden Stelle für die Dauer von bis zu zwei Jahren,

10. für die Prüfung, ob die von den meldepflichtigen Person gemachten Angaben richtig sind, und zur Gewährleistung der Auskunftsrechte § 19 Absatz 1 Satz 3 und § 50 Absatz 4
den Namen und die Anschrift des Eigentümers der Wohnung und, wenn dieser nicht selbst Wohnungsgeber ist, den Namen des Eigentümers der Wohnung sowie den Namen und die Anschrift des Wohnungsgebers,

11. im Spannungs- oder Verteidigungsfall für die Wehrerfassung
die Tatsache, dass ein Einwohner bereits vor der Erfassung seines Jahrganges erfasst worden ist.

§ 4 Ordnungsmerkmale

(1) ^1Die Meldebehörden dürfen ihre Register mit Hilfe von Ordnungsmerkmalen führen. ^2Die Ordnungsmerkmale können aus den in § 3 Absatz 1 Nummer 6 und 7 genannten Daten gebildet werden. ^3Durch geeignete technische Maßnahmen nach den Artikeln 24, 25 und 32 der Verordnung (EU) 2016/679 des Europäischen Parlaments und des Rates vom 27. April 2016 zum Schutz natürlicher Personen bei der Verarbeitung personenbezogener Daten, zum freien Datenverkehr und zur Aufhebung der Richtlinie 95/46/EG (Datenschutz-Grundverordnung) (ABl. L 119 vom 4.5.2016, S. 1; L 314 vom 22.11.2016, S. 72; L 127 vom 23.5.2018, S. 2) in der jeweils geltenden Fassung sind die Ordnungsmerkmale vor Verwechslungen zu schützen.

(2) Soweit von den Meldebehörden bereits Ordnungsmerkmale verarbeitet werden, die andere als die in § 3 Absatz 1 Nummer 6 und 7 genannten Daten enthalten, dürfen diese noch für eine Übergangsfrist von sechs Jahren nach Inkrafttreten dieses Gesetzes verarbeitet und genutzt werden.

(3) ^1Ordnungsmerkmale dürfen im Rahmen von Datenübermittlungen an öffentliche Stellen und öffentlich-rechtliche Religionsgesellschaften übermittelt werden. ^2Der Empfänger der Daten darf die Ordnungsmerkmale nur im Verkehr mit der jeweiligen Meldebehörde verarbeiten, eine Weiterübermittlung ist unzulässig. ^3Soweit Ordnungsmerkmale personenbezogene Daten enthalten, dürfen sie nur übermittelt werden, wenn dem Empfänger auch die im Ordnungsmerkmal enthaltenen personenbezogenen Daten übermittelt werden dürfen.

(4) § 3 Absatz 3 Satz 2 und 3 gilt entsprechend für die Weitergabe von Ordnungsmerkmalen innerhalb der Verwaltungseinheit, der die Meldebehörde angehört.

§ 5 Zweckbindung der Daten

(1) ^1Die Meldebehörden dürfen die in § 3 Absatz 2 bezeichneten Daten nur für die dort genannten Zwecke verarbeiten. ^2Sie haben durch technische und organisatorische Maßnahmen nach den Artikeln 24, 25 und 32 der Verordnung (EU) 2016/679 sicherzustellen, dass diese Daten nur nach Maßgabe des Satzes 1 verarbeitet werden.

(2) ^1Die in § 3 Absatz 2 bezeichneten Daten dürfen nur insoweit zusammen mit den in § 3 Absatz 1 bezeichneten Daten verarbeitet werden, als dies zur Erfüllung der jeweiligen Aufgabe erforderlich ist. 2§ 34 Absatz 3 und 4 bleibt unberührt mit der Maßgabe, dass

1. die in § 3 Absatz 2 Nummer 1 genannten Daten nur an die Stellen übermittelt werden dürfen, die für die Vorbereitung und Durchführung der dort genannten Wahlen und Abstimmungen zuständig sind, und

2. die in § 3 Absatz 2 Nummer 2 und 3 genannten Daten nur an das Bundeszentralamt für Steuern übermittelt werden dürfen. Das in § 3 Absatz 2 Nummer 2 Buchstabe c genannte Datum zur Auflösung der Ehe oder Lebenspartnerschaft darf auch an die amtliche Statistik übermittelt werden.

[3]Die in Satz 2 Nummer 1 und 2 genannten Daten dürfen nach § 33 auch an die Meldebehörden übermittelt werden.

§ 6 Richtigkeit und Vollständigkeit des Melderegisters

(1) [1]Ist das Melderegister unrichtig oder unvollständig, hat es die Meldebehörde nach Artikel 5 Absatz 1 Buchstabe d der Verordnung (EU) 2016/679 zu berichtigen oder zu vervollständigen (Fortschreibung). [2]Über die Fortschreibung sind unverzüglich diejenigen öffentlichen Stellen zu unterrichten, denen im Rahmen regelmäßiger Datenübermittlungen die unrichtigen oder unvollständigen Daten übermittelt worden sind.

(2) [1]Soweit die in Absatz 1 Satz 2 genannten öffentlichen Stellen nicht Aufgaben der amtlichen Statistik wahrnehmen oder öffentlich-rechtliche Religionsgesellschaften sind, haben sie die Meldebehörden unverzüglich zu unterrichten, wenn ihnen konkrete Anhaltspunkte für die Unrichtigkeit oder Unvollständigkeit der übermittelten Daten vorliegen. [2]Öffentliche Stellen, denen auf ihr Ersuchen hin Meldedaten übermittelt worden sind, haben die Meldebehörden zu unterrichten, wenn ihnen solche Anhaltspunkte vorliegen. [3]Gesetzliche Geheimhaltungspflichten, insbesondere das Steuergeheimnis nach § 30 der Abgabenordnung, sowie Berufs- oder besondere Amtsgeheimnisse stehen der Unterrichtung nicht entgegen, soweit sie sich auf die Angabe beschränkt, dass konkrete Anhaltspunkte für die Unrichtigkeit oder Unvollständigkeit übermittelter Daten vorliegen.

(3) Liegen der Meldebehörde bezüglich einer einzelnen namentlich bezeichneten Person oder bei einer Vielzahl namentlich bezeichneter Personen konkrete Anhaltspunkte für die Unrichtigkeit oder Unvollständigkeit des Melderegisters vor, hat sie den Sachverhalt von Amts wegen zu ermitteln.

(4) Bei der Weitergabe von Daten und Hinweisen nach § 37 sind Absatz 1 Satz 2 und Absatz 2 entsprechend anzuwenden.

§ 7 Meldegeheimnis

(1) Personen, die bei Meldebehörden oder anderen Stellen, die im Auftrag der Meldebehörden handeln, beschäftigt sind, ist es verboten, personenbezogene Daten unbefugt zu verarbeiten.

(2) [1]Die in Absatz 1 genannten Personen sind bei Aufnahme ihrer Tätigkeit von ihrem Arbeitgeber über ihre Pflichten nach Absatz 1 zu belehren und schriftlich auf die Einhaltung des Meldegeheimnisses zu verpflichten. [2]Ihre Pflichten bestehen auch nach Beendigung ihrer Tätigkeit fort.

Abschnitt 2
Schutzrechte

§ 8 Schutzwürdige Interessen der betroffenen Person

[1]Schutzwürdige Interessen der betroffenen Person dürfen durch die Verarbeitung personenbezogener Daten nicht beeinträchtigt werden. [2]Schutzwürdige Interessen werden insbesondere beeinträchtigt, wenn die Verarbeitung, gemessen an ihrer Eignung und ihrer Erforderlichkeit zu dem vorgesehenen Zweck, die betroffene Person unverhältnismäßig belastet. [3]Die Prüfung, ob schutzwürdige Interessen der betroffenen Person beeinträchtigt werden, entfällt, falls die Verarbeitung durch Rechtsvorschrift vorgeschrieben ist.

§ 9 *[aufgehoben]*

§ 10 Auskunftsrecht der betroffenen Person

(1) Vor der Erteilung der Auskunft an die betroffene Person nach Artikel 15 der Verordnung (EU) 2016/679 hat die Meldebehörde die Identität der betroffenen Person zu überprüfen.

(2) Sofern die Auskunft elektronisch durch Datenübertragung über das Internet erteilt wird, ist sicherzustellen, dass Maßnahmen nach den Artikeln 24, 25 und 32 der Verordnung (EU) 2016/679 auch im Bereich der Verschlüsselungstechnik und der Authentifizierung getroffen werden, um den Datenschutz und die Datensicherheit zu gewährleisten, insbesondere im Hinblick auf die Vertraulichkeit und die Unversehrtheit der Daten, die im Melderegister gespeichert sind und an die betroffene Person übermittelt werden.

(3) [1]Die Identität des Antragstellers ist mittels des elektronischen Identitätsnachweises nach § 18 des Personalausweisgesetzes, § 12 des eID-Karte-Gesetzes oder § 78 Absatz 5 des Aufenthaltsgesetzes oder mittels eines Identitätsbestätigungsdienstes nach § 6 Absatz 1 des De-Mail-Gesetzes vom 28. April 2011

(BGBl. I S. 666) in der jeweils geltenden Fassung in Verbindung mit einer sicheren Anmeldung nach § 4 Absatz 1 des De-Mail-Gesetzes zu überprüfen. [2]Alternativ kann die Identität des Antragstellers anhand einer qualifizierten elektronischen Signatur überprüft werden.

§ 11 Auskunftsbeschränkungen

(1) Das Recht auf Auskunft der betroffenen Person über die Kategorien der übermittelten Daten und über die Empfänger der Daten nach Artikel 15 Absatz 1 Buchstabe b und c der Verordnung (EU) 2016/679 besteht nicht, wenn

1. eine nicht automatisierte Melderegisterauskunft nach den §§ 46 und 50 Absatz 1 bis 3 erfolgt ist,
2. eine nicht automatisierte Datenübermittlung nach § 34 oder eine nicht automatisierte Datenweitergabe nach § 37 Absatz 1 erfolgt ist oder
3. die abrufende Stelle eine der in § 34 Absatz 4 Satz 1 genannten Behörden ist.

Auskunft über automatisierte Melderegisterauskünfte und über Datenübermittlungen im automatisierten Abrufverfahren durch öffentliche Stellen wird nur innerhalb der Frist zur Aufbewahrung der Protokolldaten nach § 40 Absatz 4 erteilt.

(2) Das Recht auf Auskunft der betroffenen Person nach Artikel 15 der Verordnung (EU) 2016/679 besteht nicht,

1. soweit der betroffenen Person die Einsicht in ein Personenstandsregister nach § 63 Absatz 1 und 3 des Personenstandsgesetzes nicht gestattet werden darf,
2. wenn Fälle des § 1758 des Bürgerlichen Gesetzbuches vorliegen,
3. soweit es sich um Daten zum gesetzlichen Vertreter, Ehegatten, Lebenspartner oder zu minderjährigen Kindern handelt und für diesen Personenkreis eine Auskunftssperre nach § 51 oder ein bedingter Sperrvermerk nach § 52 gespeichert ist oder
4. wenn das Interesse der betroffenen Person an der Auskunftserteilung zurücktreten muss, weil
 a) die Auskunft die ordnungsgemäße Erfüllung der Aufgaben im Sinne des Artikels 23 Absatz 1 Buchstabe e der Verordnung (EU) 2016/679, die in der Zuständigkeit der Meldebehörde liegen, gefährden würde,
 b) die Auskunft die öffentliche Sicherheit oder Ordnung gefährden oder sich sonst nachteilig auf das Wohl des Bundes oder eines Landes auswirken würde,
 c) die Auskunft strafrechtliche Ermittlungen gefährden würde oder
 d) die Daten oder die Tatsache ihrer Speicherung nach einer Rechtsvorschrift oder ihrem Wesen nach, insbesondere wegen der überwiegenden berechtigten Interessen eines Dritten, geheim gehalten werden müssen.

(3) [1]Die Auskunft über die Herkunft von Daten ist nur mit Zustimmung der übermittelnden Stellen zulässig, wenn diese der Meldebehörde übermittelt worden sind von

1. den Polizeibehörden des Bundes und der Länder,
2. den Staatsanwaltschaften,
3. den Amtsanwaltschaften,
4. den Verfassungsschutzbehörden des Bundes und der Länder,
5. dem Bundesnachrichtendienst,
6. dem Militärischen Abschirmdienst,
7. dem Zollfahndungsdienst,
8. den Hauptzollämtern oder
9. den Finanzbehörden, soweit sie strafverfolgend tätig sind.

[2]Dies gilt entsprechend für die Auskunft über den Empfänger der Daten, soweit sie an die in Satz 1 genannten Behörden übermittelt worden sind. [3]Die Zustimmung darf nur unter den in den Absätzen 1 und 2 bezeichneten Voraussetzungen versagt werden.

(4) [1]Die Ablehnung der Auskunftserteilung bedarf einer Begründung nicht, soweit durch die Mitteilung der tatsächlichen und rechtlichen Gründe, auf die die Entscheidung gestützt wird, der mit der Auskunftsverweigerung verfolgte Zweck gefährdet würde. [2]In diesem Fall ist die betroffene Person darauf hinzuweisen, dass sie sich an die Stelle wenden kann, die für die Kontrolle der Einhaltung der Datenschutzbestimmungen bei der Meldebehörde zuständig ist. [3]Die Mitteilung dieser Stelle an die betroffene Person darf keine Rückschlüsse auf den Erkenntnisstand des Verantwortlichen zulassen, sofern dieser nicht einer weitergehenden Auskunft zustimmt.

(5) [1]Wird der betroffenen Person keine Auskunft erteilt, so ist die Auskunft auf ihr Verlangen der in Absatz 4 Satz 2 bezeichneten Stelle zu erteilen. [2]Stellt die jeweils zuständige oberste Landesbehörde im Einzelfall fest, dass dadurch die Sicherheit des Bundes oder eines Landes gefährdet würde, erhält der Landesbeauftragte für den Datenschutz persönlich Auskunft.

§ 12 Recht auf Berichtigung

[1]Hat die Meldebehörde die Daten auf Antrag der betroffenen Person nach Artikel 16 der Verordnung (EU) 2016/679 berichtigt oder vervollständigt, so gilt § 6 Absatz 1 Satz 2 entsprechend. [2]Für die Dauer der Prüfung der Richtigkeit ist die Verarbeitung der Daten nicht nach Artikel 18 Absatz 1 Buchstabe a der Verordnung (EU) 2016/679 eingeschränkt.

§ 13 Aufbewahrung von Daten

(1) [1]Nach dem Wegzug oder dem Tod eines Einwohners hat die Meldebehörde für die Erfüllung ihrer Aufgaben weiterhin die in § 3 Absatz 1 Nummer 1 bis 10,12 bis 16, 17a, 18 und 19 genannten Daten zu speichern. [2]Sie darf in diesen Fällen auch die Daten nach § 3 Absatz 2 Nummer 1 und 2 im Melderegister speichern. [3]Bei Wegzug eines Einwohners speichert die Meldebehörde außerdem die Feststellung der Tatsache nach § 3 Absatz 2 Nummer 5.

(2) [1]Nach Ablauf von fünf Jahren nach dem Ende des Kalenderjahres, in dem ein Einwohner weggezogen oder verstorben ist, sind die nach Absatz 1 weiterhin gespeicherten Daten für die Dauer von 50 Jahren aufzubewahren und durch technische und organisatorische Maßnahmen nach Artikel 24, 25 und 32 der Verordnung (EU) 2016/679 zu sichern. [2]Während dieser Zeit dürfen die Daten nicht mehr verarbeitet werden. [3]Davon ausgenommen sind Familienname und Vornamen sowie frühere Namen, Geburtsdatum, Geburtsort sowie bei Geburt im Ausland auch der Staat, derzeitige und frühere Anschriften, Auszugsdatum sowie Sterbedatum, Sterbeort sowie bei Versterben im Ausland auch der Staat. [4]Satz 2 gilt nicht, wenn

1. die betroffene Person in die Verarbeitung der Daten eingewilligt hat oder
2. die Verarbeitung der Daten unerlässlich ist
 a) zu wissenschaftlichen Zwecken,
 b) zur Behebung einer bestehenden Beweisnot,
 c) zur Erfüllung der Aufgaben der in § 34 Absatz 4 Satz 1 genannten Behörden,
 d) für Wahlzwecke nach § 3 Absatz 2 Nummer 1,
 e) zur Durchführung des staatsangehörigkeitsrechtlichen Verfahrens nach § 3 Absatz 2 Nummer 5 dieses Gesetzes sowie nach § 29 Absatz 6 und § 30 des Staatsangehörigkeitsgesetzes.

§ 14 Löschung von Daten

(1) [1]Die Meldebehörde hat gespeicherte Daten zu löschen, wenn sie zur Erfüllung ihrer Aufgaben nicht mehr erforderlich sind. [2]Das Gleiche gilt, wenn bereits die Speicherung der Daten unzulässig war.

(2) [1]Daten nach § 3. Absatz 2 Nummer 6 sind unverzüglich nach Übermittlung an die Suchdienste zu löschen. [2]Die Daten nach § 3 Absatz 1 Nummer 11 und Absatz 2 Nummer 2 sind nach Ablauf des auf den Wegzug oder den Tod des Einwohners folgenden Kalenderjahres zu löschen. [3]Die weiteren Daten weggezogener oder verstorbener Einwohner, die nicht nach § 13 Absatz 1 aufbewahrt werden, sind 30 Tage nach dem Wegzug und der Auswertung der Rückmeldung oder nach dem Tod des Einwohners zu löschen.

(3) [1]Ist eine Löschung im Fall nicht automatisierter Datenverarbeitung wegen der besonderen Art der Speicherung nicht oder nur mit unverhältnismäßig hohem Aufwand möglich und ist das Interesse der betroffenen Person an der Löschung als gering anzusehen, besteht das Recht der betroffenen Person auf Löschung personenbezogener Daten und die Pflicht der Meldebehörde zur Löschung personenbezogener Daten nach Artikel 17 Absatz 1 der Verordnung (EU) 2016/679 ergänzt zu den in Artikel 17 Absatz 3 der Verordnung (EU) 2016/679 genannten Ausnahmen nicht. [2]In diesem Fall tritt an die Stelle einer Löschung die Einschränkung der Verarbeitung nach Artikel 18 der Verordnung (EU) 2016/679.

(4) Die Meldebehörde hat Daten, die nach § 3 Absatz 1 Nummer 17a gespeichert sind, zu löschen, sobald sie von der Ausländerbehörde nach § 90a Absatz 1 Satz 3 des Aufenthaltsgesetzes unterrichtet wurde.

§ 15 Aufbewahrung und Löschung von Hinweisen

Die §§ 13 und 14 gelten entsprechend für Hinweise, die gespeichert werden, um die Richtigkeit der jeweiligen Daten nachzuweisen.

§ 16 Anbieten von Daten an Archive

(1) Nach Ablauf der in § 13 Absatz 2 Satz 1 für die Aufbewahrung bestimmten Frist hat die Meldebehörde die Daten und die zum Nachweis ihrer Richtigkeit gespeicherten Hinweise vor der Löschung den durch Landesrecht bestimmten Archiven nach den jeweiligen archivrechtlichen Vorschriften zur Übernahme anzubieten.

(2) [1]Innerhalb der in § 13 Absatz 2 Satz 1 für die Aufbewahrung bestimmten Frist kann die Meldebehörde die Daten und Hinweise den durch Landesrecht bestimmten Archiven zur Übernahme anbieten, sofern die Erfüllung der Aufgaben der Meldebehörde im Rahmen des § 13 Absatz 2 Satz 2 und 3 gewährleistet

bleibt. [2]Bis zum Ablauf dieser Frist darf das Archiv die übernommenen Daten und Hinweise nur nach Maßgabe des § 13 Absatz 2 Satz 2 bis 4 verarbeiten.

Abschnitt 3
Allgemeine Meldepflichten

§ 17 Anmeldung, Abmeldung

(1) Wer eine Wohnung bezieht, hat sich innerhalb von zwei Wochen nach dem Einzug bei der Meldebehörde anzumelden.

(2) [1]Wer aus einer Wohnung auszieht und keine neue Wohnung im Inland bezieht, hat sich innerhalb von zwei Wochen nach dem Auszug bei der Meldebehörde abzumelden. [2]Eine Abmeldung ist frühestens eine Woche vor Auszug möglich; die Fortschreibung des Melderegisters erfolgt zum Datum des Auszugs.

(3) [1]Die An- oder Abmeldung für Personen unter 16 Jahren obliegt denjenigen, in deren Wohnung die Personen unter 16 Jahren einziehen oder aus deren Wohnung sie ausziehen. [2]Neugeborene, die im Inland geboren wurden, sind nur anzumelden, wenn sie in eine andere Wohnung als die der Eltern oder der Mutter aufgenommen werden. [3]Ist für eine volljährige Person ein Pfleger oder ein Betreuer bestellt, der den Aufenthalt bestimmen kann, obliegt diesem die An- oder Abmeldung.

(4) Die Standesämter teilen den Meldebehörden unverzüglich die Beurkundung der Geburt eines Kindes sowie jede Änderung des Personenstandes einer Person mit.

§ 18 Meldebescheinigung

(1) [1]Die Meldebehörde erteilt der betroffenen Person auf Antrag eine schriftliche Meldebescheinigung. [2]Die einfache Meldebescheinigung enthält folgende Daten:
1. Familienname,
2. frühere Namen,
3. Vornamen unter Kennzeichnung des gebräuchlichen Vornamens,
4. Doktorgrad,
5. Ordensname, Künstlername,
6. Geburtsdatum und Geburtsort sowie bei Geburt im Ausland auch den Staat,
7. derzeitige Anschriften, gekennzeichnet nach Haupt- und Nebenwohnung.

(2) [1]Auf Antrag kann eine erweiterte Meldebescheinigung ausgestellt werden, die Daten nach § 3 Absatz 1, mit Ausnahme von Auskunfts- und Übermittlungssperren, enthalten darf. [2]Der Datenumfang der Meldebescheinigung nach Absatz 1 darf dabei auch unterschritten werden.

(3) Für die elektronische Erteilung einer Meldebescheinigung gilt § 10 Absatz 2 und 3 entsprechend.

(4) § 11 Absatz 2 Nummer 1 bis 3 gilt entsprechend.

§ 19 Mitwirkung des Wohnungsgebers

(1) [1]Der Wohnungsgeber ist verpflichtet, bei der Anmeldung mitzuwirken. [2]Hierzu hat der Wohnungsgeber oder eine von ihm beauftragte Person der meldepflichtigen Person den Einzug schriftlich oder gegenüber der Meldebehörde nach Absatz 4 auch elektronisch innerhalb der in § 17 Absatz 1 genannten Frist zu bestätigen. [3]Er kann sich durch Rückfrage bei der Meldebehörde davon überzeugen, dass sich die meldepflichtige Person angemeldet hat. [4]Die meldepflichtige Person hat dem Wohnungsgeber die Auskünfte zu geben, die für die Bestätigung des Einzugs erforderlich sind. [5]Die Bestätigung nach Satz 2 darf nur vom Wohnungsgeber oder einer von ihm beauftragten Person ausgestellt werden.

(2) Verweigert der Wohnungsgeber oder eine von ihm beauftragte Person die Bestätigung oder erhält die meldepflichtige Person sie aus anderen Gründen nicht rechtzeitig, so hat die meldepflichtige Person dies der Meldebehörde unverzüglich mitzuteilen.

(3) Die Bestätigung des Wohnungsgebers enthält folgende Daten:
1. Name und Anschrift des Wohnungsgebers und wenn dieser nicht Eigentümer ist, auch den Namen des Eigentümers,
2. Einzugsdatum,
3. Anschrift der Wohnung sowie
4. Namen der nach § 17 Absatz 1 meldepflichtigen Personen.

(4) [1]Bei einer elektronischen Bestätigung gegenüber der Meldebehörde erhält der Wohnungsgeber ein Zuordnungsmerkmal, welches er der meldepflichtigen Person zur Nutzung bei der Anmeldung mitzuteilen hat. [2]§ 10 Absatz 2 und 3 gilt entsprechend. [3]Sofern die Meldebehörde weitere Formen der Authentifizierung des Wohnungsgebers vorsieht, ist sicherzustellen, dass Maßnahmen nach den Artikeln 24, 25 und 32 der Verordnung (EU) 2016/679 getroffen werden.

(5) Die Meldebehörde kann von dem Eigentümer der Wohnung und, wenn er nicht selbst Wohnungsgeber ist, auch vom Wohnungsgeber Auskunft verlangen über Personen, welche bei ihm wohnen oder gewohnt haben.

(6) Es ist verboten, eine Wohnungsanschrift für eine Anmeldung nach § 17 Absatz 1 einem Dritten anzubieten oder zur Verfügung zu stellen, obwohl ein tatsächlicher Bezug der Wohnung durch einen Dritten weder stattfindet noch beabsichtigt ist.

§ 20 Begriff der Wohnung

[1]Wohnung im Sinne dieses Gesetzes ist jeder umschlossene Raum, der zum Wohnen oder Schlafen benutzt wird. [2]Als Wohnung gilt auch die Unterkunft an Bord eines Schiffes der Marine. [3]Wohnwagen und Wohnschiffe sind nur dann als Wohnungen anzusehen, wenn sie nicht oder nur gelegentlich fortbewegt werden.

§ 21 Mehrere Wohnungen

(1) Hat ein Einwohner mehrere Wohnungen im Inland, so ist eine dieser Wohnungen seine Hauptwohnung.

(2) Hauptwohnung ist die vorwiegend benutzte Wohnung des Einwohners.

(3) Nebenwohnung ist jede weitere Wohnung des Einwohners im Inland.

(4) [1]Die meldepflichtige Person hat der Meldebehörde bei jeder An- oder Abmeldung mitzuteilen, welche weiteren Wohnungen im Inland sie hat und welche Wohnung ihre Hauptwohnung ist. [2]Sie hat jede Änderung der Hauptwohnung innerhalb von zwei Wochen der Meldebehörde mitzuteilen, die für die neue Hauptwohnung zuständig ist. [3]Zieht die meldepflichtige Person aus einer ihrer Nebenwohnungen im Inland aus und bezieht keine neue Wohnung, so hat sie dies der Meldebehörde mitzuteilen, die für die alleinige Wohnung oder die Hauptwohnung zuständig ist.

§ 22 Bestimmung der Hauptwohnung

(1) Hauptwohnung eines verheirateten oder eine Lebenspartnerschaft führenden Einwohners, der nicht dauernd getrennt von seiner Familie oder seinem Lebenspartner lebt, ist die vorwiegend benutzte Wohnung der Familie oder der Lebenspartner.

(2) Hauptwohnung eines minderjährigen Einwohners ist die vorwiegend benutzte Wohnung der Personensorgeberechtigten; leben diese getrennt, ist Hauptwohnung die Wohnung des Sorgeberechtigten, die von dem minderjährigen Einwohner vorwiegend benutzt wird.

(3) In Zweifelsfällen ist die vorwiegend benutzte Wohnung dort, wo der Schwerpunkt der Lebensbeziehungen des Einwohners liegt.

(4) Kann der Wohnungsstatus eines verheirateten oder eine Lebenspartnerschaft führenden Einwohners nach den Absätzen 1 und 3 nicht zweifelsfrei bestimmt werden, ist die Hauptwohnung die Wohnung nach § 21 Absatz 2.

(5) Auf Antrag eines Einwohners, der in einer Einrichtung für behinderte Menschen wohnt, bleibt die Wohnung nach Absatz 2, bis er 25 Jahre alt ist, seine Hauptwohnung.

§ 23[1]) Erfüllung der allgemeinen Meldepflicht

(1) [1]Soweit nachstehend nicht etwas anderes bestimmt ist, hat die meldepflichtige Person einen Meldeschein auszufüllen, zu unterschreiben und der Meldebehörde zusammen mit dem Personalausweis, dem vorläufigen Personalausweis, dem Ersatz-Personalausweis, dem anerkannten und gültigen Pass oder Passersatzpapier sowie der Bestätigung des Wohnungsgebers oder dem entsprechenden Zuordnungsmerkmal nach § 19 Absatz 4 Satz 1 vorzulegen. [2]Wird das Melderegister automatisiert geführt, kann von dem Ausfüllen des Meldescheins abgesehen werden, wenn die meldepflichtige Person persönlich bei der Meldebehörde erscheint und auf einem Ausdruck die Richtigkeit und Vollständigkeit der bei ihr erhobenen Daten durch ihre Unterschrift bestätigt.

(2) Für die elektronische Anmeldung gilt § 10 Absatz 2 und 3 entsprechend.

(3) [1]Die Meldebehörde des neuen Wohnortes (Zuzugsmeldebehörde) ist berechtigt, die bei der Meldebehörde des letzten früheren Wohnortes (Wegzugsmeldebehörde) nach § 3 Absatz 1 Nummer 1 bis 18 gespeicherten Daten anzufordern und der meldepflichtigen Person diese Daten schriftlich oder in elektronischer Form zu übermitteln (vorausgefüllter Meldeschein). [2]Die meldepflichtige Person hat die übermittelten Angaben auf ihre Richtigkeit zu prüfen, unzutreffende Angaben zu berichtigen und fehlende Angaben zu ergänzen. [3]Sie hat den aktualisierten vorausgefüllten Meldeschein bei der Zuzugsmeldebehörde unterschrieben einzureichen. [4]Für die elektronische Übermittlung gilt § 10 Absatz 2 und 3 entsprechend.

1) Siehe hierzu ua die Erste BundesmeldedatenübermittlungsVO – 1. BMeldDÜV.

(4) [1]Für den vorausgefüllten Meldeschein gibt die meldepflichtige Person Familienname, Vornamen, Geburtsdatum sowie die letzte Wohnanschrift an. [2]Diese Daten übermittelt die Zuzugsmeldebehörde der Wegzugsmeldebehörde, um die Daten nach § 3 Absatz 1 Nummer 1 bis 18 anzufordern. [3]Die Wegzugsmeldebehörde übermittelt der Zuzugsmeldebehörde unverzüglich die angeforderten Daten.

(5) [1]Ehegatten, Lebenspartner und Familienangehörige mit denselben Zuzugsdaten (Zuzugsdatum sowie frühere und derzeitige Wohnungen) sollen gemeinsam einen Meldeschein verwenden. [2]Es genügt die Anmeldung nach den Absätzen 1 und 2 durch eine der meldepflichtigen Personen. [3]Die Absätze 3 und 4 gelten entsprechend, wenn die meldepflichtige Person versichert, dass sie berechtigt ist, die Daten der übrigen meldepflichtigen Personen entgegenzunehmen. [4]Sie ist darüber zu belehren, dass der unberechtigte Empfang unter Vorspiegelung einer Berechtigung nach § 202a des Strafgesetzbuchs unter Strafe steht.

(6) Abweichend von den Absätzen 1 und 2 kann die Anmeldung von Personen, die in eine Aufnahmeeinrichtung zugezogen sind, automatisiert durch Übernahme der Daten aus dem Ausländerzentralregister nach § 18e des AZR-Gesetzes erfolgen.

(7) [1]Die Abmeldung von in das Ausland verzogenen Personen kann schriftlich oder in entsprechender Anwendung des § 10 Absatz 2 und 3 elektronisch erfolgen. [2]Der Nachweis der Identität der abmeldepflichtigen Person kann bei der elektronischen Abmeldung auch durch die Angabe des Familiennamens, des Vornamens, des Geburtsdatums und der Seriennummer des zuletzt im Melderegister gespeicherten Ausweises oder Passes nach § 3 Absatz 1 Nummer 17 erfolgen.

§ 24 Datenerhebung, Meldebestätigung

(1) [1]Bei der An- oder Abmeldung oder der Änderung der Hauptwohnung dürfen bei der meldepflichtigen Person die in § 3 Absatz 1 Nummer 1 bis 18 und in Absatz 2 Nummer 2 Buchstabe a bis c, Nummer 5, 6 und 10 genannten Daten erhoben werden. [2]Dies gilt auch für die Hinweise, die zum Nachweis der Richtigkeit dieser Daten erforderlich sind.

(2) [1]Die meldepflichtige Person erhält unentgeltlich eine schriftliche Bestätigung über die An- oder Abmeldung (amtliche Meldebestätigung). [2]Diese darf nur folgende Daten enthalten:
1. Familienname,
2. Vornamen unter Kennzeichnung des gebräuchlichen Vornamens,
3. Doktorgrad,
4. Geburtsdatum,
5. Einzugsdatum oder Auszugsdatum,
6. Datum der An- oder Abmeldung,
7. Anschrift und
8. alleinige Wohnung, Haupt- oder Nebenwohnung.

§ 25 Mitwirkungspflichten der meldepflichtigen Person

Die meldepflichtige Person hat auf Verlangen der Meldebehörde
1. die zur ordnungsgemäßen Führung des Melderegisters erforderlichen Auskünfte zu erteilen,
2. die zum Nachweis der Angaben erforderlichen Unterlagen vorzulegen und
3. persönlich bei der Meldebehörde zu erscheinen.

§ 26 Befreiung von der Meldepflicht

[1]Von der Meldepflicht nach § 17 Absatz 1 und 2 sind befreit
1. Mitglieder einer ausländischen diplomatischen Mission oder einer ausländischen konsularischen Vertretung und die mit ihnen im gemeinsamen Haushalt lebenden Familienmitglieder, falls die genannten Personen weder die deutsche Staatsangehörigkeit besitzen noch im Inland ständig ansässig sind, noch dort eine private Erwerbstätigkeit ausüben,
2. Personen, für die diese Befreiung in völkerrechtlichen Übereinkünften festgelegt ist.
[2]Die Befreiung von der Meldepflicht nach Satz 1 Nummer 1 tritt nur ein, wenn Gegenseitigkeit besteht.

§ 27 Ausnahmen von der Meldepflicht

(1) Eine Meldepflicht nach § 17 Absatz 1 und 2 wird nicht begründet, wenn eine Person, die für eine Wohnung im Inland gemeldet ist, eine Gemeinschaftsunterkunft oder eine andere dienstlich bereitgestellte Unterkunft bezieht, um
1. Wehrdienst nach dem Wehrpflichtgesetz oder freiwilligen Wehrdienst nach dem Soldatengesetz zu leisten,
2. Bundesfreiwilligendienst nach dem Bundesfreiwilligendienstgesetz zu leisten,
3. Zivildienst nach dem Zivildienstgesetz zu leisten,
4. eine Dienstleistung nach dem Vierten Abschnitt des Soldatengesetzes zu erbringen,

5. Dienst bei der Bundeswehr als Berufssoldat oder Soldat auf Zeit oder Vollzugsdienst bei der Bundes- oder der Landespolizei zu leisten, sofern die Unterkunft für nicht länger als zwölf Monate bezogen wird,

6. als Angehörige des öffentlichen Dienstes an Lehrgängen oder Fachstudien zur Aus- oder Fortbildung teilzunehmen.

(2) [1]Wer im Inland nach § 17 oder § 28 gemeldet ist und für einen nicht länger als sechs Monate dauernden Aufenthalt eine Wohnung bezieht, muss sich für diese Wohnung weder an- noch abmelden. [2]Wer nach Ablauf von sechs Monaten nicht aus dieser Wohnung ausgezogen ist, hat sich innerhalb von zwei Wochen bei der Meldebehörde anzumelden. [3]Für Personen, die sonst im Ausland wohnen und im Inland nicht nach § 17 Absatz 1 gemeldet sind, besteht diese Pflicht nach Ablauf von drei Monaten.

(3) [1]Die Ausnahme von der Meldepflicht nach Absatz 2 gilt nicht für

1. Spätaussiedler und deren Familienangehörige, wenn sie nach § 8 des Bundesvertriebenengesetzes verteilt werden, und

2. Asylbewerber oder sonstige Ausländer, die vorübergehend eine Aufnahmeeinrichtung oder eine sonstige zugewiesene Unterkunft beziehen.

[2]Die Meldepflicht nach Absatz 2 in Verbindung mit Satz 1 Nummer 2 kann erfüllt werden, indem die für die Erfassung von Personen in den Aufnahmeeinrichtungen zuständige Stelle der Meldebehörde die für die Anmeldung notwendigen Daten in Form einer Liste übermittelt. [3]Statt einer Liste kann auch eine Kopie der ausländerrechtlichen Erfassung übermittelt werden. [4]Eine elektronische Übermittlung ist in beiden Fällen zulässig.

(4) [1]Meldepflichten nach § 17 oder § 28 werden nicht begründet durch den Vollzug einer richterlichen Entscheidung über die Freiheitsentziehung, solange die betroffene Person für eine Wohnung im Inland gemeldet ist. [2]Für eine Person, die nicht für eine Wohnung gemeldet ist und deren Aufenthalt drei Monate übersteigt, hat die Leitung der Anstalt die Aufnahme, die Verlegung und die Entlassung innerhalb von zwei Wochen der Meldebehörde mitzuteilen, die für den Sitz der Anstalt zuständig ist; die betroffene Person ist zu unterrichten. [3]Die Mitteilung enthält die in den Meldescheinen vorgesehenen Daten, soweit sie der Anstalt bekannt sind. [4]Die Mitteilung ersetzt die Anmeldung nach § 23 Absatz 1.

Abschnitt 4
Besondere Meldepflichten

§ 28 Besondere Meldepflichten für Binnenschiffer und Seeleute

(1) [1]Wer auf ein Binnenschiff zieht, das in einem Schiffsregister im Inland eingetragen ist, hat sich bei der Meldebehörde des Ortes anzumelden, in dem der Heimathafen des Schiffes liegt. [2]Die Vorschriften über die allgemeine Meldepflicht gelten entsprechend. [3]Die An- und Abmeldung kann auch bei einer anderen Meldebehörde oder bei der Wasserschutzpolizei vorgenommen werden, die die Daten an die zuständige Meldebehörde weiterleitet.

(2) [1]Der Reeder eines Seeschiffes, das berechtigt ist, die Bundesflagge zu führen, hat den Kapitän und die Besatzungsmitglieder des Schiffes bei Beginn des Anstellungs-, Heuer- oder Ausbildungsverhältnisses anzumelden. [2]Er hat diese Personen bei Beendigung des Anstellungs-, Heuer- oder Ausbildungsverhältnisses abzumelden. [3]§ 24 Absatz 1 gilt entsprechend. [4]Zuständig ist die Meldebehörde am Sitz des Reeders. [5]Die zu meldenden Personen haben dem Reeder die erforderlichen Auskünfte zu geben.

(3) Die Meldepflicht nach den Absätzen 1 und 2 besteht nicht für Personen, die im Inland eine Wohnung nach § 17 Absatz 1 gemeldet sind.

(4) Die Meldebehörde kann von Schiffseignern und Reedern Auskunft verlangen über Personen, welche auf ihren Schiffen wohnen oder gewohnt haben.

§ 29 Besondere Meldepflicht in Beherbergungsstätten

(1) [1]Wer in Einrichtungen, die der gewerbs- oder geschäftsmäßigen Aufnahme von Personen dienen (Beherbergungsstätten), für länger als sechs Monate aufgenommen wird, unterliegt der Meldepflicht nach § 17 oder § 28. [2]Wer nicht für eine Wohnung im Inland gemeldet ist, hat sich innerhalb von zwei Wochen bei der Meldebehörde anzumelden, sobald sein Aufenthalt die Dauer von drei Monaten überschreitet.

(2) [1]Beherbergte Personen haben am Tag der Ankunft einen besonderen Meldeschein handschriftlich zu unterschreiben, der die in § 30 Absatz 2 aufgeführten Daten enthält. [2]Mitreisende Angehörige sind auf dem Meldeschein nur der Zahl nach anzugeben. [3]Bei Reisegesellschaften von mehr als zehn Personen betrifft die Verpflichtung nach Satz 1 nur den Reiseleiter; er hat die Anzahl der Mitreisenden und ihre Staatsangehörigkeit anzugeben.

(3) Beherbergte ausländische Personen, die nach Absatz 2 namentlich auf dem Meldeschein aufzuführen sind, haben sich bei der Anmeldung gegenüber den Leitern der Beherbergungsstätten durch die Vorlage eines gültigen Identitätsdokumentes (anerkannter und gültiger Pass oder Passersatz) auszuweisen.

(4) [1]Personen, die in Zelten, Wohnmobilen, Wohnwagen oder Wasserfahrzeugen auf gewerbs- oder geschäftsmäßig überlassenen Plätzen übernachten, unterliegen nicht der Meldepflicht nach § 17 Absatz 1 und 2, solange sie im Inland nach § 17 oder § 28 gemeldet sind. [2]Wer nicht nach § 17 oder § 28 gemeldet ist, hat sich innerhalb von zwei Wochen bei der Meldebehörde anzumelden, sobald der Aufenthalt die Dauer von drei Monaten überschreitet. [3]Die Absätze 2 und 3 gelten entsprechend.

(5) Abweichend von Absatz 2 Satz 1 kann die Meldepflicht mit Zustimmung der beherbergten Person auch dadurch erfüllt werden, dass die in § 30 Absatz 2 genannten Daten elektronisch erhoben werden und die beherbergte Person deren Richtigkeit und Vollständigkeit am Tag der Ankunft bestätigt, indem die beherbergte Person

1. einen kartengebundenen Zahlungsvorgang mit einer starken Kundenauthentifizierung im Sinne des § 1 Absatz 24 des Zahlungsdiensteaufsichtsgesetzes auslöst, bei dem die zweckgebundene Zuordnungsnummer des eingesetzten Zahlungsmittels erhoben wird,

2. den elektronischen Identitätsnachweis nach § 18 des Personalausweisgesetzes, nach § 12 des eID-Karte-Gesetzes oder nach § 78 Absatz 5 des Aufenthaltsgesetzes erbringt oder

3. ihren Personalausweis nach § 18a des Personalausweisgesetzes, ihre eID-Karte nach § 13 des eID-Karte-Gesetzes oder ihren Aufenthaltstitel nach § 78 Absatz 5 des Aufenthaltsgesetzes zum Vor-Ort-Auslesen verwendet.

(6) Die Absätze 2 und 3 gelten nicht für

1. Einrichtungen mit Heimunterbringung, die der Jugend- und Erwachsenenbildung, der Ausbildung oder der Fortbildung dienen, soweit Personen zu den genannten Zwecken untergebracht werden,

2. Betriebs- oder Vereinsheime, wenn dort nur Betriebs- oder Vereinsmitglieder und deren Familienangehörige beherbergt werden,

3. Jugendherbergen und Berghütten, zeitweilig belegte Einrichtungen der öffentlichen oder öffentlich anerkannten Träger der Jugendarbeit und

4. Einrichtungen der öffentlich-rechtlichen Religionsgesellschaften.

§ 30 Besondere Meldescheine für Beherbergungsstätten

(1) [1]Die Leiter der Beherbergungsstätten oder der Einrichtungen nach § 29 Absatz 4 haben besondere Meldescheine bereitzuhalten. [2]Sie können zusätzlich technische Vorrichtungen zur elektronischen Erfüllung der Meldepflicht nach § 29 Absatz 5 vorhalten. [3]Sie haben darauf hinzuwirken, dass die betroffenen Personen

1. die Verpflichtungen nach § 29 Absatz 2 oder die Vorgaben des gewählten elektronischen Verfahrens nach Absatz 5 erfüllen sowie

2. die Verpflichtungen nach § 29 Absatz 3 und 4 Satz 3 erfüllen.

(2) [1]Die Meldescheine enthalten vorbehaltlich der Regelung in Absatz 3 ausschließlich folgende Daten:

1. Datum der Ankunft und der voraussichtlichen Abreise,

2. Familiennamen,

3. Vornamen,

4. Geburtsdatum,

5. Staatsangehörigkeiten,

6. Anschrift,

7. Zahl der Mitreisenden und ihre Staatsangehörigkeit in den Fällen des § 29 Absatz 2 Satz 2 und 3 sowie

8. Seriennummer des anerkannten und gültigen Passes oder Passersatzpapiers bei ausländischen Personen.

[2]Bei ausländischen Personen haben die Leiter der Beherbergungsstätten oder der Einrichtungen nach § 29 Absatz 4 die Angaben im Meldeschein mit denen des Identitätsdokuments zu vergleichen. [3]Ergeben sich hierbei Abweichungen, ist dies auf dem Meldeschein zu vermerken. [4]Legen ausländische Personen kein oder kein gültiges Identitätsdokument vor, ist dies auf dem Meldeschein zu vermerken. [5]Im Fall des § 29 Absatz 5 Nummer 1 ist die zweckgebundene Zuordnungsnummer des eingesetzten Zahlungsmittels zusammen mit den Daten nach Satz 1 zu speichern.

(3) Durch Landesrecht kann bestimmt werden, dass für die Erhebung von Fremdenverkehrs- und Kurbeiträgen weitere Daten auf dem Meldeschein erhoben werden dürfen.

(4) [1]Die nach Absatz 1 verpflichteten Personen haben die ausgefüllten Meldescheine vom Tag der Abreise der beherbergten Person an ein Jahr aufzubewahren und innerhalb von drei Monaten nach Ablauf der Aufbewahrungsfrist zu vernichten. [2]Wird die Meldepflicht elektronisch erfüllt, gelten für die Speicherung

und Löschung der nach § 29 Absatz 5 erhobenen Daten die Fristen nach Satz 1. ³Den nach Landesrecht bestimmten Behörden und den in § 34 Absatz 4 Satz 1 Nummer 1 bis 5 und 9 bis 11 genannten Behörden sind zur Erfüllung ihrer Aufgaben auf Verlangen

1. die nach § 29 Absatz 2 Satz 1 handschriftlich unterschriebenen Meldescheine zur Einsichtnahme vorzulegen und

2. die nach § 29 Absatz 5 elektronisch erhobenen Daten maschinenlesbar zur Verfügung zu stellen.

(5) Sofern das Meldeverfahren elektronisch durchgeführt wird, haben die nach Absatz 1 verpflichteten Personen durch geeignete technische und organisatorische Maßnahmen nach den Artikeln 24, 25 und 32 der Verordnung (EU) 2016/679 sicherzustellen, dass die in Absatz 2 bezeichneten Daten nur nach Maßgabe von Absatz 4 und § 29 Absatz 5 verarbeitet werden.

§ 31 Verarbeitungsbeschränkungen

¹Die nach § 30 Absatz 2 erhobenen Daten dürfen von den in § 34 Absatz 4 Satz 1 Nummer 1 bis 5 und 9 bis 11 genannten Behörden verarbeitet werden, sofern dies zur Erfüllung ihrer Aufgaben erforderlich ist. ²Sie dürfen außerdem zur Aufklärung des Schicksals von Vermissten und Unfallopfern, für die Erhebung von Fremdenverkehrs- und Kurbeiträgen, zur Ausstellung kommunaler Gästekarten sowie für die Beherbergungs- und die Fremdenverkehrsstatistik verarbeitet werden.

§ 32 Besondere Meldepflicht in Krankenhäusern, Heimen und ähnlichen Einrichtungen

(1) ¹Wer in Krankenhäusern, Pflegeheimen oder sonstigen Einrichtungen, die der Betreuung pflegebedürftiger oder behinderter Menschen oder der Heimerziehung dienen, aufgenommen wird oder dort einzieht, muss sich nicht anmelden, solange er für eine Wohnung im Inland gemeldet ist. ²Wer nicht für eine Wohnung im Inland gemeldet ist, hat sich, sobald sein Aufenthalt die Dauer von drei Monaten überschreitet, innerhalb von zwei Wochen anzumelden. ³Für Personen, die ihrer Meldepflicht nicht persönlich nachkommen können, haben die Leiter der Einrichtungen die Aufnahme innerhalb von zwei Wochen der Meldebehörde mitzuteilen, die für den Sitz der Einrichtung zuständig ist; die betroffenen Personen sind zu unterrichten. ⁴§ 17 Absatz 3 Satz 3 bleibt unberührt.

(2) ¹Der zuständigen Behörde ist Auskunft aus den Unterlagen der genannten Einrichtungen zu erteilen, wenn dies nach Feststellung der Behörde zur Abwehr einer erheblichen und gegenwärtigen Gefahr, zur Verfolgung von Straftaten oder zur Aufklärung des Schicksals von Vermissten und Unfallopfern im Einzelfall erforderlich ist. ²Die Auskunft umfasst folgende Daten:

1. Familienname,
2. Vornamen,
3. Geburtsdatum und Geburtsort sowie bei Geburt im Ausland auch den Staat,
4. Staatsangehörigkeiten,
5. Anschriften,
6. Datum der Aufnahme und Datum der Entlassung.

Abschnitt 5
Datenübermittlungen

Unterabschnitt 1
Datenübermittlungen zwischen öffentlichen Stellen¹⁾

§ 33 Datenübermittlungen zwischen den Meldebehörden

(1) ¹Hat sich eine Person bei einer Meldebehörde angemeldet, so hat diese die Wegzugsmeldebehörde und die für weitere Wohnungen zuständigen Meldebehörden darüber durch Übermittlung der in § 3 Absatz 1 Nummer 1 bis 18 genannten Daten der betroffenen Person zu unterrichten (Rückmeldung). ²Bei einem Zuzug aus dem Ausland ist die für den letzten Wohnort im Inland zuständige Meldebehörde als Wegzugsmeldebehörde zu unterrichten. ³Die Daten sind unverzüglich, spätestens jedoch drei Werktage nach der Anmeldung, durch Datenübertragung zu übermitteln; § 10 Absatz 2 gilt entsprechend.

(2) ¹Die übermittelten Daten sind unverzüglich von der Wegzugsmeldebehörde zu verarbeiten. ²Die Wegzugsmeldebehörde hat die Zuzugsmeldebehörde unverzüglich, spätestens jedoch drei Werktage nach Eingang der Rückmeldung, über die in § 3 Absatz 2 Nummer 1, 2 Buchstabe d, Nummer 3, 4, 5, 7, 8 und 11 genannten Tatsachen sowie dann zu unterrichten, wenn die in Satz 1 bezeichneten Daten von den bisherigen Angaben abweichen (Auswertung der Rückmeldung). ³Soweit Meldebehörden desselben Landes beteiligt sind, können für die Datenübermittlung weitergehende Regelungen durch Landesrecht getroffen werden.

1) Siehe hierzu ua die Erste BundesmeldedatenübermittlungsVO – 1. BMeldDÜV.

(3) ¹Werden die in § 3 Absatz 1 und 2 Nummer 7 und 8 bezeichneten Daten fortgeschrieben, so sind unverzüglich die für weitere Wohnungen der betroffenen Person zuständigen Meldebehörden zu unterrichten, soweit die Daten zur Erfüllung ihrer Aufgaben erforderlich sind. ²Verstirbt oder verzieht eine meldepflichtige Person, zu der Daten der in § 3 Absatz 1 Nummer 9, 15 und 16 genannten Personen außerhalb der Zuständigkeit der Meldebehörde gespeichert sind, ist unverzüglich die für diese Personen zuständige Meldebehörde über die Fortschreibung zu unterrichten.

(4) ¹Speichert die Meldebehörde eine Auskunftssperre nach § 51 im Melderegister oder hebt die Meldebehörde eine Auskunftssperre auf, so hat sie hierüber die für die letzte frühere oder die neue Wohnung zuständige Meldebehörde und die für weitere Wohnungen zuständigen Meldebehörden unverzüglich zu unterrichten. ²Diese Meldebehörden haben die Auskunftssperre nach § 51 unverzüglich im Melderegister zu speichern und im Falle der Aufhebung zu löschen. ³Die Sätze 1 und 2 gelten für bedingte Sperrvermerke nach § 52 mit der Maßgabe entsprechend, dass eine Aufhebung nicht stattfindet.

(5) Soweit auf Grund von völkerrechtlichen Übereinkünften ein meldebehördliches Rückmeldeverfahren mit Stellen des Auslands vorgesehen ist, gehen die darin getroffenen Vereinbarungen den Regelungen nach den Absätzen 1 bis 3 vor.

(6) Datenübermittlungen und Auskünfte zwischen den Meldebehörden sind gebührenfrei.

§ 34 Datenübermittlungen an andere öffentliche Stellen

(1) ¹Die Meldebehörde darf einer anderen öffentlichen Stelle im Sinne von § 2 Absatz 1 bis 3 und 4 Satz 2 des Bundesdatenschutzgesetzes im Inland aus dem Melderegister folgende Daten übermitteln, soweit dies zur Erfüllung der in ihrer Zuständigkeit oder in der Zuständigkeit des Empfängers liegenden öffentlichen Aufgaben erforderlich ist:

1. Familienname,
2. frühere Namen,
3. Vornamen unter Kennzeichnung des gebräuchlichen Vornamens,
4. Doktorgrad,
5. Ordensname, Künstlername,
6. derzeitige und frühere Anschriften, Haupt- und Nebenwohnung; bei Zuzug aus dem Ausland auch den Staat und die letzte Anschrift im Inland, bei Wegzug in das Ausland auch die Zuzugsanschrift im Ausland und den Staat,
7. Einzugsdatum, Auszugsdatum, Datum des letzten Wegzugs aus einer Wohnung im Inland sowie Datum des letzten Zuzugs aus dem Ausland,
8. Geburtsdatum und Geburtsort sowie bei Geburt im Ausland auch den Staat,
9. Geschlecht,
10. zum gesetzlichen Vertreter
 a) Familienname,
 b) Vornamen,
 c) Doktorgrad,
 d) Anschrift,
 e) Geburtsdatum,
 f) Sterbedatum,
 g) Auskunftssperren nach § 51 und bedingte Sperrvermerke nach § 52,
11. derzeitige Staatsangehörigkeiten einschließlich der nach § 3 Absatz 2 Nummer 5 gespeicherten Daten,
12. Familienstand, bei Verheirateten oder Lebenspartnern zusätzlich Datum, Ort und Staat der Eheschließung oder der Begründung der Lebenspartnerschaft,
13. Auskunftssperren nach § 51 und bedingte Sperrvermerke nach § 52 sowie
14. Sterbedatum und Sterbeort sowie bei Versterben im Ausland auch den Staat.

²Den in Absatz 4 Satz 1 bezeichneten Behörden darf die Meldebehörde unter den Voraussetzungen des Satzes 1 über die dort genannten Daten hinaus auch Angaben nach § 3 Absatz 1 Nummer 17, mit Ausnahme des Sperrkennworts und der Sperrsumme des Personalausweises, übermitteln.

(2) Werden Daten über eine Vielzahl nicht namentlich bezeichneter Personen übermittelt, dürfen für die Zusammensetzung der Personengruppe nur die in Absatz 1 Satz 1 genannten Daten zugrunde gelegt werden.

(3) Die Übermittlung weiterer als der in Absatz 1 Satz 1 bezeichneten Daten oder die Übermittlung der in § 3 Absatz 1 oder 2 genannten Hinweise im Melderegister an andere öffentliche Stellen ist nur dann zulässig, wenn der Empfänger

1. ohne Kenntnis der Daten nicht in der Lage wäre, eine ihm durch Rechtsvorschrift übertragene Aufgabe zu erfüllen, und

2. die Daten bei der betroffenen Person nur mit unverhältnismäßig hohem Aufwand erheben könnte oder von einer Datenerhebung nach der Art der Aufgabe, zu der die Daten erforderlich sind, abgesehen werden muss.

(4) [1]Die Prüfung bei der Meldebehörde, ob die Voraussetzungen nach Absatz 3 und § 8 vorliegen, entfällt, wenn sie von den folgenden Behörden um Übermittlung von Daten und Hinweisen nach Absatz 3 ersucht wird:

1. Polizeibehörden des Bundes und der Länder,
2. Staatsanwaltschaften,
3. Amtsanwaltschaften,
4. Gerichte, soweit sie Aufgaben der Strafverfolgung, der Strafvollstreckung oder des Strafvollzugs wahrnehmen,
5. Justizvollzugsbehörden,
6. Verfassungsschutzbehörden des Bundes und der Länder,
7. Bundesnachrichtendienst,
8. Militärischer Abschirmdienst,
9. Zollfahndungsdienst,
10. Hauptzollämter,
11. Finanzbehörden, soweit sie strafverfolgend tätig sind, oder
12. Bundesamt für Justiz, soweit es Aufgaben der Vollstreckungshilfe nach dem Rahmenbeschluss 2005/214/JI des Rates vom 24. Februar 2005 über die Anwendung des Grundsatzes der gegenseitigen Anerkennung von Geldstrafen und Geldbußen (ABl. L 76 vom 22.3.2005, S. 16), der durch den Rahmenbeschluss 2009/299/JI (ABl. L 81 vom 27.3.2009, S. 24) geändert worden ist, sowie Aufgaben des Strafnachrichtenaustausches nach dem Rahmenbeschluss 2009/315/JI des Rates vom 26. Februar 2009 über die Durchführung und den Inhalt des Austauschs von Informationen aus dem Strafregister zwischen den Mitgliedstaaten (ABl. L 93 vom 7.4.2009, S. 23) wahrnimmt.

[2]Die ersuchende Behörde hat den Namen und die Anschrift der betroffenen Person unter Hinweis auf den Anlass der Übermittlung aufzuzeichnen. [3]Diese Aufzeichnungen sind aufzubewahren, durch technische und organisatorische Maßnahmen nach den Artikeln 24, 25 und 32 der Verordnung (EU) 2016/679 zu sichern und nach Ablauf des Kalenderjahres, das dem Jahr der Erstellung der Aufzeichnung folgt, zu vernichten. [4]Satz 3 gilt nicht, wenn die Daten nach Satz 2 Bestandteil von Akten oder Dateisystemen geworden sind.

(5) [1]Wurde eine Auskunftssperre nach § 51 Absatz 1 auf Veranlassung einer in Absatz 4 Satz 1 Nummer 1 und 6 bis 9 genannten Behörde von Amts wegen eingetragen, sind die betroffene Person und die veranlassende Stelle über jedes Ersuchen um Übermittlung von Daten zur betroffenen Person unverzüglich zu unterrichten. [2]Sofern nach Anhörung der betroffenen Person, oder, wenn diese nicht erreichbar ist, nach Anhörung der veranlassenden Stelle, eine Gefahr nach § 51 Absatz 1 nicht ausgeschlossen werden kann, ist eine Übermittlung in diesen Fällen nicht zulässig; die ersuchende Stelle erhält eine Mitteilung, die keine Rückschlüsse darauf zulassen darf, ob zu der betroffenen Person keine Daten vorhanden sind oder eine Auskunftssperre besteht. [3]Abweichend von den Sätzen 1 und 2 wird bei Übermittlungsersuchen einer in Absatz 4 Satz 1 genannten Stelle ausschließlich die veranlassende Stelle unterrichtet und angehört.

(6) [1]Datenübermittlungen und Auskünfte von Meldebehörden an andere öffentliche Stellen im Inland sind gebührenfrei. [2]Landesrechtliche Regelungen zur Gebührenerhebung bei Datenübermittlungen aus zentralen Meldedatenbeständen oder Portalen auf Landesebene bleiben unberührt.

§ 35 Datenübermittlungen an ausländische Stellen

Im Rahmen von Tätigkeiten, die ganz oder teilweise in den Anwendungsbereich des Rechts der Europäischen Union fallen, gilt § 34 Absatz 1 Satz 1 nach Maßgabe der dafür geltenden Gesetze und Vereinbarungen, wenn Daten übermittelt werden an

1. öffentliche Stellen in anderen Mitgliedstaaten der Europäischen Union,
2. öffentliche Stellen in anderen Vertragsstaaten des Abkommens über den Europäischen Wirtschaftsraum,
3. Organe und Einrichtungen der Europäischen Union oder
4. Organe und Einrichtungen der Europäischen Atomgemeinschaft.

§ 36 Regelmäßige Datenübermittlungen

(1) Datenübermittlungen an andere öffentliche Stellen, die ohne Ersuchen in allgemein bestimmten Fällen regelmäßig wiederkehrend durchgeführt werden (regelmäßige Datenübermittlungen), sind zulässig, so-

weit dies durch Bundes- oder Landesrecht bestimmt ist, in dem Anlass und Zweck der Übermittlungen, der Empfänger und die zu übermittelnden Daten festgelegt sind.

(2) [1]Eine Datenübermittlung nach § 58c Absatz 1 Satz 1 des Soldatengesetzes ist nur zulässig, soweit die betroffene Person nicht widersprochen hat. [2]Bei einem Widerspruch hat die betroffene Person gegenüber der Meldebehörde ein Recht auf unentgeltliche Einrichtung einer Übermittlungssperre. [3]Die betroffene Person ist auf ihr Widerspruchsrecht bei der Anmeldung und spätestens im Oktober eines jeden Jahres durch ortsübliche Bekanntmachung hinzuweisen.

§ 37 Datenweitergabe

(1) [1]Innerhalb der Verwaltungseinheit, der die Meldebehörde angehört, dürfen unter den in § 34 Absatz 1 genannten Voraussetzungen sämtliche der in § 3 Absatz 1 aufgeführten Daten und Hinweise weitergegeben werden. [2]Für die Einsichtnahme und Weitergabe von Daten und Hinweisen nach § 3 Absatz 2 gilt § 34 Absatz 3 entsprechend.

(2) [1]Die Einrichtung automatisierter Verfahren zur Datenübertragung an andere Stellen innerhalb der Verwaltungseinheit, der die Meldebehörde angehört, bedarf der Zulassung durch den Leiter der Verwaltungseinheit; dabei hat er die abrufberechtigten Stellen sowie die erforderlichen technischen und organisatorischen Maßnahmen nach den Artikeln 24, 25 und 32 der Verordnung (EU) 2016/679 schriftlich festzulegen. [2]Die abrufberechtigte Stelle darf von der Möglichkeit des Datenabrufs nur Gebrauch machen, wenn dies im Einzelfall zur Erfüllung ihrer Aufgaben erforderlich ist.

§ 38 Automatisierter Abruf

(1) Die Meldebehörde darf einer anderen öffentlichen Stelle folgende Daten durch automatisierte Abrufverfahren übermitteln (einfache Behördenauskunft):

1. Familienname,
2. frühere Namen,
3. Vornamen unter Kennzeichnung des gebräuchlichen Vornamens,
4. Ordensname, Künstlername,
5. Geburtsdatum und Geburtsort sowie bei Geburt im Ausland auch den Staat,
6. Doktorgrad,
7. Geschlecht,
8. derzeitige Anschriften oder Wegzugsanschrift, gekennzeichnet nach Haupt- und Nebenwohnung,
9. Sterbedatum und Sterbeort sowie
10. bedingte Sperrvermerke nach § 52.

(2) [1]Ein Abruf ist nur zulässig, soweit diese Daten der abrufenden Stelle zur Erfüllung ihrer Aufgaben bekannt sein müssen. [2]Ist im Melderegister eine Auskunftssperre nach § 51 eingetragen, erhält die abrufende Stelle eine Mitteilung, die keine Rückschlüsse darauf zulassen darf, ob zu der betroffenen Person keine Daten vorhanden sind oder eine Auskunftssperre besteht; in diesen Fällen ist der Abruf von der Meldebehörde wie ein Ersuchen um Datenübermittlung nach § 34 zu behandeln.

(3) Den in § 34 Absatz 4 Satz 1 genannten Behörden dürfen darüber hinaus durch das automatisierte Abrufverfahren folgende Daten übermittelt werden:

1. derzeitige Staatsangehörigkeiten,
2. frühere Anschriften, gekennzeichnet nach Haupt- und Nebenwohnung,
3. Einzugsdatum und Auszugsdatum,
4. Ausstellungsbehörde, Ausstellungsdatum, Gültigkeitsdauer, Seriennummer des Personalausweises, vorläufigen Personalausweises oder Ersatz-Personalausweises, des anerkannten und gültigen Passes oder Passersatzpapiers und
5. Daten nach § 3 Absatz 2 Nummer 7 und 8.

(4) [1]Als Auswahldaten für Abrufe dürfen die in § 34 Absatz 4 Satz 1 genannten Behörden Daten nach § 34 Absatz 1 verwenden, alle übrigen öffentlichen Stellen nur den Familiennamen, frühere Namen, Vornamen, das Geschlecht, das Geburtsdatum und den Geburtsort sowie bei Geburt im Ausland auch den Staat und die derzeitige oder eine frühere Anschrift. [2]Für Familiennamen, frühere Namen und Vornamen ist eine phonetische Suche zulässig. [3]Werden auf Grund eines Abrufs die Datensätze mehrerer Personen angezeigt, darf die abrufberechtigte Stelle diese Daten nur in dem Umfang verwenden, der zur Erfüllung der ihr durch Rechtsvorschrift übertragenen Aufgaben erforderlich ist. [4]Nicht erforderliche Daten sind unverzüglich zu löschen.

(5) [1]Die Übermittlung weiterer Daten und Hinweise durch automatisierte Abrufverfahren nach den Absätzen 1 bis 3 ist zulässig, soweit dies durch Bundes- oder Landesrecht bestimmt ist, in dem auch Anlass und Zweck der Übermittlungen, der Empfänger und die zu übermittelnden Daten festgelegt sind. [2]Die

Verwendung von weiteren Auswahldaten nach Absatz 4 ist zulässig, soweit dies durch Bundes- oder Landesrecht bestimmt ist, in dem auch Anlass und Zweck des Abrufs festgelegt sind.

§ 39 Verfahren des automatisierten Abrufs

(1) [1]Bei der Einrichtung eines automatisierten Abrufverfahrens hat die abrufberechtigte Stelle durch geeignete technische und organisatorische Maßnahmen nach den Artikeln 24, 25 und 32 der Verordnung (EU) 2016/679 sicherzustellen, dass Daten nur von hierzu befugten Personen abgerufen werden können. [2]§ 10 Absatz 2 gilt entsprechend. [3]Zusätzlich darf über die Identität der abrufenden Stelle kein Zweifel bestehen. [4]§ 3 des Gesetzes über die Verbindung der informationstechnischen Netze des Bundes und der Länder – Gesetz zur Ausführung von Artikel 91c Absatz 4 des Grundgesetzes – vom 10. August 2009 (BGBl. I S. 2702) in der jeweils geltenden Fassung bleibt unberührt.

(2) [1]Werden auf Grund eines automatisierten Abrufs nach § 38 Absatz 1 bis 3 die Datensätze von unterschiedlichen Personen gefunden, dürfen hier zu Identifikationsmerkmale gebildet und übermittelt werden. [2]Zur Bildung dieser Identifikationsmerkmale dürfen die in § 3 genannten Daten nicht verarbeitet werden. [3]Der Empfänger der Daten darf das Identifikationsmerkmal nur an die Meldebehörde übermitteln.

(3) [1]Für die in § 34 Absatz 4 Satz 1 genannten sowie weitere durch Bundes- oder Landesrecht bestimmte öffentliche Stellen ist bei zentralen Meldedatenbeständen der Länder oder, sofern solche nicht vorhanden sind, bei sonstigen Stellen, die durch Landesrecht dazu bestimmt sind, oder bei den Meldebehörden zu jeder Zeit sicherzustellen, dass Daten über das Internet oder über das Verbindungsnetz des Bundes und der Länder abgerufen werden können. [2]Absatz 1 Satz 2 bis 4 gilt entsprechend.

(4) [1]Die Verantwortung für die Zulässigkeit des einzelnen automatisierten Abrufs trägt die abrufende Stelle. [2]Die Meldebehörde überprüft die Zulässigkeit des Abrufs nur, wenn dazu Anlass besteht.

§ 40 Protokollierungspflicht bei automatisiertem Abruf

(1) Die Meldebehörde hat bei einem automatisierten Abruf von Daten einer einzelnen Person Folgendes zu protokollieren:

1. die abrufberechtigte Stelle,
2. die abgerufenen Daten,
3. den Zeitpunkt des Abrufs,
4. soweit vorhanden, das Aktenzeichen der abrufenden Behörde und
5. die Kennung der abrufenden Person.

(2) Werden Daten über eine Vielzahl nicht näher bezeichneter Personen nach § 34 Absatz 2 abgerufen, sind zusätzlich der Anlass, die Abrufkriterien und die Anzahl der Treffer zu protokollieren.

(3) Ist die abrufende Stelle eine der in § 34 Absatz 4 Satz 1 genannten Behörden, hat sie die Protokollierung vorzunehmen.

(4) [1]Die Protokolldaten sind mindestens zwölf Monate aufzubewahren und zu sichern. [2]Sie sind spätestens zum Ende des Kalenderjahres zu löschen, das auf die Speicherung folgt. [3]Die Protokolldaten dürfen nur für Zwecke der Datenschutzkontrolle, hieraus folgender Strafverfahren, der Sicherstellung des Betriebs der Register und der Auskunftserteilung an die betroffene Person verarbeitet werden.

§ 41 Zweckbindung übermittelter Daten und Hinweise

[1]Die Empfänger dürfen die Daten und Hinweise, soweit gesetzlich nichts anderes bestimmt ist, nur für die Zwecke verarbeiten, zu deren Erfüllung sie ihnen übermittelt oder weitergegeben wurden. [2]In den Fällen der §§ 51 und 52 ist eine Verarbeitung der übermittelten oder weitergegebenen Daten und Hinweise nur zulässig, wenn die Beeinträchtigung schutzwürdiger Interessen der betroffenen Person ausgeschlossen werden kann.

§ 42 Datenübermittlungen an öffentlich-rechtliche Religionsgesellschaften

(1) Die Meldebehörde darf einer öffentlich-rechtlichen Religionsgesellschaft unter den in § 34 Absatz 1 Satz 1 genannten Voraussetzungen zur Erfüllung ihrer Aufgaben, nicht jedoch zu arbeitsrechtlichen Zwecken folgende Daten ihrer Mitglieder auch regelmäßig übermitteln:

1. Familienname,
2. frühere Namen,
3. Vornamen unter Kennzeichnung des gebräuchlichen Vornamens,
4. Doktorgrad,
5. Ordensname, Künstlername,
6. Geburtsdatum und Geburtsort sowie bei Geburt im Ausland auch den Staat,
7. zum gesetzlichen Vertreter
 a) Familienname,
 b) Vornamen,

c) Doktorgrad,
d) Anschrift,
e) Geburtsdatum,
f) Geschlecht,
g) Sterbedatum sowie
h) Auskunftssperren nach § 51 und bedingte Sperrvermerke nach § 52,
8. Geschlecht,
9. derzeitige Staatsangehörigkeiten,
10. rechtliche Zugehörigkeit zu der öffentlich-rechtlichen Religionsgesellschaft,
11. derzeitige Anschriften, gekennzeichnet nach Haupt- und Nebenwohnung, die letzte frühere An-
 schrift, bei Zuzug aus dem Ausland auch die letzte Anschrift im Inland, bei Wegzug in das Ausland
 auch die Zuzugsanschrift im Ausland und den Staat,
12. Einzugsdatum und Auszugsdatum,
13. Familienstand beschränkt auf die Angabe, ob verheiratet oder eine Lebenspartnerschaft führend
 oder nicht; zusätzlich bei Verheirateten oder Lebenspartnern: Datum, Ort und Staat der Eheschlie-
 ßung oder der Begründung der Lebenspartnerschaft,
14. Zahl der minderjährigen Kinder,
15. Auskunftssperren nach § 51 und bedingte Sperrvermerke nach § 52 sowie
16. Sterbedatum und Sterbeort sowie bei Versterben im Ausland auch den Staat.

(2) Haben Mitglieder einer öffentlich-rechtlichen Religionsgesellschaft Familienangehörige, die nicht
derselben oder keiner öffentlich-rechtlichen Religionsgesellschaft angehören, darf die Meldebehörde von
diesen Familienangehörigen folgende Daten übermitteln:
1. Vor- und Familiennamen,
2. Geburtsdatum und Geburtsort,
3. Geschlecht,
4. Zugehörigkeit zu einer öffentlich-rechtlichen Religionsgesellschaft,
5. derzeitige Anschriften und letzte frühere Anschrift,
6. Auskunftssperren nach § 51 und bedingte Sperrvermerke nach § 52 sowie
7. Sterbedatum.

(3) [1]Familienangehörige im Sinne des Absatzes 2 sind der Ehegatte oder Lebenspartner, minderjährige
Kinder und die Eltern von minderjährigen Kindern. [2]Die betroffenen Personen haben das Recht, der
Übermittlung ihrer Daten zu widersprechen; sie sind auf dieses Recht bei der Anmeldung nach § 17 Absatz
1 sowie einmal jährlich durch ortsübliche Bekanntmachung hinzuweisen. [3]§ 36 Absatz 2 Satz 2 gilt ent-
sprechend. [4]Satz 2 gilt nicht, soweit Daten für Zwecke des Steuererhebungsrechts der jeweiligen öffent-
lich-rechtlichen Religionsgesellschaft übermittelt werden.

(4) Für Datenübermittlungen nach den Absätzen 1 und 2 gilt § 34 Absatz 5 entsprechend.

(4a) [1]Die Meldebehörden dürfen den öffentlich-rechtlichen Religionsgesellschaften jeweils zu Beginn
einer standardisierten Datenübermittlung zu einem bundesweit einheitlichen Stichtag die in den Absätzen
1 und 2 genannten sowie die gemäß § 55 Absatz 2 durch Landesrecht bestimmten Daten innerhalb von
längstens zwölf Monaten automatisiert übermitteln, um einen einmaligen Abgleich zum Zwecke der Be-
stands- und Ersterfassung und darauf aufbauende Folgedatenübermittlungen zu ermöglichen. [2]Dabei sind
auch Widersprüche nach § 42 Absatz 3 Satz 2 zu übermitteln. [3]Der jeweilige Stichtag wird vom Bundes-
ministerium des Innern, für Bau und Heimat im Bundesanzeiger bekannt gegeben.

(5) [1]Eine Datenübermittlung nach den Absätzen 1 und 2 ist nur zulässig, wenn sichergestellt ist, dass beim
Empfänger ausreichende Maßnahmen zum Datenschutz getroffen sind. [2]Die Feststellung hierüber trifft
eine durch Landesrecht zu bestimmende Behörde.

§ 43 Datenübermittlungen an die Suchdienste

(1) Die Meldebehörde darf den Suchdiensten zur Erfüllung ihrer öffentlich-rechtlichen Aufgaben regel-
mäßig folgende Daten von den Personen, die aus den in § 1 Absatz 2 Nummer 3 des Bundesvertrie-
benengesetzes bezeichneten Gebieten stammen, übermitteln:
1. Familienname,
2. frühere Namen,
3. Vornamen unter Kennzeichnung des gebräuchlichen Vornamens,
4. Geburtsdatum und Geburtsort sowie bei Geburt im Ausland auch den Staat,
5. derzeitige und frühere Anschriften,
6. Anschrift am 1. September 1939.

(2) ¹Die Meldebehörde darf den Suchdiensten zur Erfüllung ihrer öffentlich-rechtlichen Aufgaben über die in Absatz 1 genannten Daten hinaus folgende Daten durch das automatisierte Abrufverfahren übermitteln:
1. Geschlecht,
2. derzeitige Staatsangehörigkeiten,
3. Einzugsdatum und Auszugsdatum.

²Als Auswahldaten für Abrufe dürfen die Suchdienste neben den nach § 38 Absatz 4 Satz 1 allen öffentlichen Stellen zur Verfügung stehenden Daten die folgenden verwenden:
1. bei Zuzug aus dem Ausland auch den Staat und die letzte Anschrift im Inland, bei Wegzug in das Ausland auch die Zuzugsanschrift im Ausland und den Staat,
2. Einzugsdatum und Auszugsdatum,
3. derzeitige Staatsangehörigkeiten,
4. Familienstand,
5. Sterbedatum und Sterbeort sowie bei Versterben im Ausland auch den Staat.

Unterabschnitt 2
Melderegisterauskunft

§ 44 Einfache Melderegisterauskunft

(1) ¹Wenn eine Person zu einer anderen Person oder wenn eine andere als die in § 34 Absatz 1 Satz 1 oder § 35 bezeichnete Stelle Auskunft verlangt, darf die Meldebehörde nur Auskunft über folgende Daten einzelner bestimmter Personen erteilen (einfache Melderegisterauskunft):
1. Familienname,
2. Vornamen unter Kennzeichnung des gebräuchlichen Vornamens,
3. Doktorgrad und
4. derzeitige Anschriften sowie,
5. sofern die Person verstorben ist, diese Tatsache.

²Sofern die Daten für gewerbliche Zwecke verwendet werden, sind diese anzugeben.

(2) Absatz 1 gilt auch, wenn Auskunft über Daten einer Vielzahl von Personen verlangt wird.

(3) Die Erteilung einer einfachen Melderegisterauskunft ist nur zulässig, wenn
1. die Identität der Person, über die eine Auskunft begehrt wird, eindeutig festgestellt werden kann auf Grund der in der Anfrage mitgeteilten Angaben über
 a) den Familiennamen,
 b) den früheren Namen,
 c) die Vornamen,
 d) das Geburtsdatum,
 e) das Geschlecht oder
 f) eine Anschrift und
2. die Daten nicht für Zwecke der Werbung oder des Adresshandels verwendet werden und die Auskunft verlangende Person oder Stelle dies erklärt.

(4) Es ist verboten, Daten aus einer Melderegisterauskunft gewerblich zu verwenden, ohne dass ein Zweck nach Absatz 1 Satz 2 bei der Anfrage angegeben wurde.

(5) § 45 Absatz 2 gilt entsprechend.

§ 45 Erweiterte Melderegisterauskunft

(1) Soweit ein berechtigtes Interesse glaubhaft gemacht wird, darf zu den in § 44 Absatz 1 genannten Daten einzelner bestimmter Personen eine erweiterte Melderegisterauskunft erteilt werden über
1. frühere Namen,
2. Geburtsdatum und Geburtsort sowie bei Geburt im Ausland auch den Staat,
3. Familienstand, beschränkt auf die Angabe, ob verheiratet oder eine Lebenspartnerschaft führend oder nicht,
4. derzeitige Staatsangehörigkeiten,
5. frühere Anschriften,
6. Einzugsdatum und Auszugsdatum,
7. Familienname und Vornamen sowie Anschrift des gesetzlichen Vertreters,
8. Familienname und Vornamen sowie Anschrift des Ehegatten oder des Lebenspartners sowie
9. Sterbedatum und Sterbeort sowie bei Versterben im Ausland auch den Staat.

(2) Die Pflicht zur Information der betroffenen Person gemäß Artikel 14 Absatz 1, 2 und 4 der Verordnung (EU) 2016/679 durch den Empfänger der erweiterten Melderegisterauskunft besteht ergänzend zu den in Artikel 14 Absatz 5 der Verordnung (EU) 2016/679 genannten Ausnahmen nicht, wenn durch ihre Erfüllung ein rechtliches Interesse, insbesondere die Geltendmachung von Rechtsansprüchen, beeinträchtigen würde, sofern nicht das berechtigte Interesse der betroffenen Person an der Erfüllung der Informationspflicht überwiegt.

§ 46 Gruppenauskunft

(1) [1]Eine Melderegisterauskunft über eine Vielzahl nicht namentlich bezeichneter Personen (Gruppenauskunft) darf nur erteilt werden, wenn sie im öffentlichen Interesse liegt. [2]Für die Zusammensetzung der Personengruppe dürfen die folgenden Daten herangezogen werden:
1. Geburtsdatum,
2. Geschlecht,
3. derzeitige Staatsangehörigkeit,
4. derzeitige Anschriften,
5. Einzugsdatum und Auszugsdatum,
6. Familienstand mit der Angabe, ob ledig, verheiratet, geschieden, verwitwet, eine Lebenspartnerschaft führend, Lebenspartnerschaft aufgehoben oder Lebenspartner verstorben.

(2) Außer der Tatsache der Zugehörigkeit zu der Gruppe dürfen folgende Daten mitgeteilt werden:
1. Familienname,
2. Vornamen,
3. Doktorgrad,
4. Alter,
5. Geschlecht,
6. Staatsangehörigkeiten,
7. derzeitige Anschriften und
8. gesetzliche Vertreter mit Familienname und Vornamen sowie Anschrift.

§ 47 Zweckbindung der Melderegisterauskunft

(1) [1]Bei Melderegisterauskünften nach § 44 zu gewerblichen Zwecken und bei Melderegisterauskünften nach den §§ 45 und 46 sowie bei Vorliegen einer Auskunftssperre nach § 51 Absatz 1 darf der Empfänger die Daten nur für die Zwecke verwenden, zu deren Erfüllung sie ihm übermittelt wurden. [2]Danach sind die Daten zu löschen.

(2) Soweit Daten zum Zwecke der geschäftsmäßigen Anschriftenermittlung für Dritte erhoben werden, dürfen diese nicht wiederverwendet werden.

§ 48 Melderegisterauskunft für öffentlich-rechtliche Rundfunkanstalten

Soweit öffentlich-rechtliche Rundfunkanstalten publizistisch tätig sind, sind sie keine öffentlichen Stellen im Sinne dieses Gesetzes.

§ 49 Automatisierte Melderegisterauskunft

(1) [1]Einfache Melderegisterauskünfte können auch auf Datenträgern erteilt werden, die sich automatisiert verarbeiten lassen. [2]Die der Meldebehörde überlassenen Datenträger oder die der Meldebehörde übermittelten Daten sind nach Erledigung des Antrags unverzüglich zurückzugeben, zu löschen oder zu vernichten.

(2) [1]Einfache Melderegisterauskünfte können auch durch einen automatisierten Abruf über das Internet erteilt werden. [2]Die Antwort an den Antragsteller ist verschlüsselt zu übertragen.

(3) [1]Eine einfache Melderegisterauskunft über das Internet kann auch über ein Portal oder mehrere Portale erteilt werden. [2]Wird ein Portal nicht in öffentlich-rechtlicher Form betrieben, bedarf es der Zulassung durch die zuständige Landesbehörde. [3]Portale haben insbesondere die Aufgabe,
1. die Anfragenden zu registrieren,
2. die Auskunftsersuchen entgegenzunehmen und an die Meldebehörde oder andere Portale weiterzuleiten,
3. die Antworten entgegenzunehmen und an Meldebehörden oder andere Portale weiterzuleiten,
4. die Zahlung der Gebühren und Auslagen an die Meldebehörden sicherzustellen und
5. die Datensicherheit zu gewährleisten.
[4]Absatz 1 Satz 2 gilt entsprechend.

(4) Auskünfte dürfen nur erteilt werden, wenn
1. der Antragsteller die betroffene Person mit ihrem Familiennamen oder einem früheren Familiennamen und mindestens einem jeweils dazugehörigen Vornamen, wobei für Vor- und Familiennamen

eine phonetische Suche zulässig ist, sowie entweder mit einer Anschrift oder mit zwei weiteren Daten bezeichnet hat, wobei die Daten nach Absatz 5 Nummer 5 und 9 nicht zusammen verwendet werden dürfen, und

2. die Identität der betroffenen Person durch einen automatisierten Abgleich der im Antrag angegebenen Daten mit den im Melderegister gespeicherten Daten der betroffenen Person eindeutig festgestellt worden ist.

(5) Für die weitere Bezeichnung der betroffenen Person nach Absatz 4 Nummer 1 können folgende Daten zusätzlich verwendet werden:
1. Ordensname,
2. Künstlername,
3. Geburtsdatum,
4. Geburtsort sowie bei Geburt im Ausland auch den Staat,
5. Geschlecht,
6. Vorname und Familienname des gesetzlichen Vertreters,
7. Einzugsdatum zu einer Anschrift,
8. Auszugsdatum zu einer Anschrift,
9. Familienstand,
10. Datum und Ort der Eheschließung oder Begründung der Lebenspartnerschaft sowie bei Eheschließung oder Begründung der Lebenspartnerschaft im Ausland auch den Staat,
11. Vorname und Familienname des Ehegatten oder Lebenspartners,
12. Sterbedatum,
13. Sterbeort sowie bei Versterben im Ausland auch den Staat.

(6) § 10 Absatz 2 und § 40 gelten entsprechend.

§ 50 Melderegisterauskünfte in besonderen Fällen

(1) [1]Die Meldebehörde darf Parteien, Wählergruppen und anderen Trägern von Wahlvorschlägen im Zusammenhang mit Wahlen und Abstimmungen auf staatlicher und kommunaler Ebene in den sechs der Wahl oder Abstimmung vorangehenden Monaten Auskunft aus dem Melderegister über die in § 44 Absatz 1 Satz 1 bezeichneten Daten von Gruppen von Wahlberechtigten erteilen, soweit für deren Zusammensetzung das Lebensalter bestimmend ist. [2]Die Geburtsdaten der Wahlberechtigten dürfen dabei nicht mitgeteilt werden. [3]Die Person oder Stelle, der die Daten übermittelt werden, darf diese nur für die Werbung bei einer Wahl oder Abstimmung verwenden und hat sie spätestens einen Monat nach der Wahl oder Abstimmung zu löschen oder zu vernichten.

(2) [1]Verlangen Mandatsträger, Presse oder Rundfunk Auskunft aus dem Melderegister über Alters- oder Ehejubiläen von Einwohnern, darf die Meldebehörde Auskunft erteilen über
1. Familienname,
2. Vornamen,
3. Doktorgrad,
4. Anschrift sowie
5. Datum und Art des Jubiläums.
[2]Altersjubiläen im Sinne des Satzes 1 sind der 70. Geburtstag, jeder fünfte weitere Geburtstag und ab dem 100. Geburtstag jeder folgende Geburtstag; Ehejubiläen sind das 50. und jedes folgende Ehejubiläum.

(3) [1]Adressbuchverlagen darf zu allen Einwohnern, die das 18. Lebensjahr vollendet haben, Auskunft erteilt werden über deren
1. Familienname,
2. Vornamen,
3. Doktorgrad und
4. derzeitige Anschriften.
[2]Die übermittelten Daten dürfen nur für die Herausgabe von Adressbüchern (Adressenverzeichnisse in Buchform) verwendet werden.

(4) [1]Die Meldebehörde hat dem Eigentümer der Wohnung und, wenn er nicht selbst Wohnungsgeber ist, auch dem Wohnungsgeber bei Glaubhaftmachung eines rechtlichen Interesses unentgeltlich Auskunft über Familiennamen und Vornamen sowie Doktorgrad der in seiner Wohnung gemeldeten Einwohner zu erteilen. [2]Die Auskunft kann auf Antrag des Auskunftsberechtigten im elektronischen Verfahren erteilt werden; § 10 Absatz 2 und 3 gilt entsprechend.

(5) [1]Die betroffene Person hat das Recht, der Übermittlung ihrer Daten nach den Absätzen 1 bis 3 zu widersprechen; hierauf ist bei der Anmeldung nach § 17 Absatz 1 sowie einmal jährlich durch ortsübliche Bekanntmachung hinzuweisen. [2]§ 36 Absatz 2 Satz 2 gilt entsprechend.

(6) ¹Eine Erteilung von Auskünften nach den Absätzen 1 bis 3 unterbleibt, wenn eine Auskunftssperre nach § 51 vorliegt. ²Eine Auskunft nach Absatz 3 darf außerdem nicht erteilt werden, wenn ein bedingter Sperrvermerk nach § 52 eingetragen ist.

§ 51 Auskunftssperren

(1) Liegen Tatsachen vor, die die Annahme rechtfertigen, dass der betroffenen oder einer anderen Person durch eine Melderegisterauskunft eine Gefahr für Leben, Gesundheit, persönliche Freiheit oder ähnliche schutzwürdige Interessen erwachsen kann, hat die Meldebehörde auf Antrag oder von Amts wegen unentgeltlich eine Auskunftssperre im Melderegister einzutragen.

(2) ¹Sofern nach Anhörung der betroffenen Person eine Gefahr nach Absatz 1 nicht ausgeschlossen werden kann, ist eine Melderegisterauskunft nicht zulässig. ²Ist die betroffene Person nicht erreichbar, ist in den Fällen, in denen eine Auskunftssperre auf Veranlassung einer in § 34 Absatz 4 Satz 1 Nummer 1, 6, 7, 8 und 9 genannten Behörde von Amts wegen eingetragen wurde, die veranlassende Stelle anzuhören. ³Sofern eine Auskunft nicht erteilt wird, erhält die ersuchende Person oder Stelle eine Mitteilung, die keine Rückschlüsse darauf zulassen darf, ob zu der betroffenen Person keine Daten vorhanden sind oder eine Auskunftssperre besteht.

(3) Wurde eine Auskunftssperre auf Veranlassung einer in § 34 Absatz 4 Satz 1 Nummer 1, 6, 7, 8 und 9 genannten Behörde von Amts wegen eingetragen, sind die betroffene Person und die veranlassende Stelle über jedes Ersuchen um eine Melderegisterauskunft unverzüglich zu unterrichten.

(4) ¹Die Auskunftssperre wird auf zwei Jahre befristet. ²Sie kann auf Antrag oder von Amts wegen verlängert werden. ³Die betroffene Person ist vor Aufhebung der Sperre zu unterrichten, soweit sie erreichbar ist. ⁴Wurde die Sperre von einer in § 34 Absatz 4 Satz 1 Nummer 1, 6, 7, 8 und 9 genannten Behörde veranlasst, ist diese zu unterrichten, wenn die betroffene Person nicht erreichbar ist.

(5) Die Melderegisterauskunft ist ferner nicht zulässig,
1. soweit die Einsicht in ein Personenstandsregister nach § 63 des Personenstandsgesetzes nicht gestattet werden darf und
2. in den Fällen des § 1758 des Bürgerlichen Gesetzbuchs.

§ 52 Bedingter Sperrvermerk

(1) Die Meldebehörde richtet unentgeltlich einen bedingten Sperrvermerk für derzeitige Anschriften der Personen ein, die nach Kenntnis der Meldebehörde wohnhaft gemeldet sind in
1. einer Justizvollzugsanstalt,
2. einer Aufnahmeeinrichtung für Asylbewerber oder sonstige ausländische Flüchtlinge,
3. Krankenhäusern, Pflegeheimen oder sonstigen Einrichtungen, die der Betreuung pflegebedürftiger oder behinderter Menschen oder der Heimerziehung dienen,
4. Einrichtungen zum Schutz vor häuslicher Gewalt oder
5. Einrichtungen zur Behandlung von Suchterkrankungen.

(2) ¹In diesen Fällen darf, soweit nicht die Voraussetzungen des § 51 Absatz 1 bis 3 vorliegen, eine Melderegisterauskunft nur erteilt werden, wenn eine Beeinträchtigung schutzwürdiger Interessen ausgeschlossen werden kann. ²Die betroffene Person ist vor Erteilung einer Melderegisterauskunft zu hören.

Unterabschnitt 3
Zeugenschutz

§ 53 Zeugenschutz

Die Vorschriften des Zeugenschutz-Harmonisierungsgesetzes vom 11. Dezember 2001 (BGBl. I S. 3510), das durch Artikel 2 Absatz 12 des Gesetzes vom 19. Februar 2007 (BGBl. I S. 122) geändert worden ist, in der jeweils geltenden Fassung bleiben von den Regelungen zu Datenübermittlungen und Datenweitergabe nach den §§ 34, 36 bis 38 und 49 unberührt.

Abschnitt 6
Ordnungswidrigkeiten

§ 54 Bußgeldvorschriften

(1) Ordnungswidrig handelt, wer entgegen § 19 Absatz 6 eine Wohnanschrift anbietet oder zur Verfügung stellt.

(2) Ordnungswidrig handelt, wer vorsätzlich oder fahrlässig

1. entgegen § 17 Absatz 1, auch in Verbindung mit § 27 Absatz 2 Satz 2 oder § 28 Absatz 1 Satz 1 oder Satz 2, entgegen § 29 Absatz 1 Satz 2 oder Absatz 4 Satz 2 oder § 32 Absatz 1 Satz 2 sich nicht, nicht richtig oder nicht rechtzeitig anmeldet,
2. entgegen § 17 Absatz 2 Satz 1 sich nicht oder nicht rechtzeitig abmeldet,
3. entgegen § 19 Absatz 1 Satz 2 den Einzug nicht, nicht richtig oder nicht rechtzeitig bestätigt,
4. entgegen § 19 Absatz 1 Satz 5 eine Bestätigung ausstellt,
5. einer vollziehbaren Anordnung nach § 19 Absatz 5 oder § 25 oder § 28 Absatz 4 zuwiderhandelt,
6. entgegen § 21 Absatz 4 Satz 2 eine Mitteilung nicht, nicht richtig, nicht vollständig oder nicht rechtzeitig macht,
7. entgegen § 28 Absatz 2 Satz 1 oder Satz 2 den Kapitän oder ein Besatzungsmitglied nicht oder nicht rechtzeitig anmeldet oder nicht oder nicht rechtzeitig abmeldet,
8. entgegen § 29 Absatz 2 Satz 1 einen besonderen Meldeschein nicht oder nicht rechtzeitig unterschreibt,
9. entgegen § 30 Absatz 1 Satz 1 einen besonderen Meldeschein nicht bereithält,
10. entgegen § 30 Absatz 4 Satz 1, auch in Verbindung mit Satz 2, einen Meldeschein nicht oder nicht mindestens ein Jahr aufbewahrt oder Daten nicht oder nicht mindestens ein Jahr speichert,
11. entgegen § 30 Absatz 4 Satz 3 einen Meldeschein nicht oder nicht rechtzeitig vorlegt oder Daten nicht oder nicht rechtzeitig zur Verfügung stellt,[1]

(3) Die Ordnungswidrigkeit kann in den Fällen des Absatzes 1 mit einer Geldbuße bis zu fünfzigtausend Euro und in den übrigen Fällen mit einer Geldbuße bis zu tausend Euro geahndet werden.

Abschnitt 7
Sonstige Vorschriften, Schlussvorschriften

§ 55[2] Regelungsbefugnisse der Länder

(1) Durch Landesrecht kann bestimmt werden, dass für die Erfüllung von Aufgaben der Länder weitere als die in § 3 aufgeführten Daten und Hinweise verarbeitet werden.

(2) Durch Landesrecht kann bestimmt werden, dass den öffentlich-rechtlichen Religionsgesellschaften zur Erfüllung ihrer Aufgaben weitere als die in § 42 genannten Daten übermittelt werden dürfen.

(3) [1]Durch Landesrecht können die Einrichtung, die Führung und die Aufgaben von zentralen Meldedatenbeständen geregelt werden. [2]In diesem Fall gelten die §§ 4, 5, 6 Absatz 2 Satz 1 und 2 sowie die §§ 7, 8, 10, 11 und 40 entsprechend.

(4) Durch Landesrecht kann das Muster der Meldescheine für die Meldungen nach § 17 Absatz 1 und 2 Satz 1, der einfachen Meldebescheinigung nach § 18 Absatz 1, der Meldebestätigung nach § 24 Absatz 2 und der besonderen Meldescheine nach § 30 Absatz 1 bestimmt werden.

(5) Durch Landesrecht können regelmäßige Datenübermittlungen nach § 36 Absatz 1 im Rahmen der Erfüllung von Aufgaben der Länder geregelt werden, soweit dadurch Anlass und Zweck der Übermittlung festgelegt und der Empfänger sowie die zu übermittelnden Daten bestimmt werden.

(6) Durch Landesrecht kann die Übermittlung weiterer Daten und Hinweise nach § 38 Absatz 5 Satz 1 im Rahmen der Erfüllung von Aufgaben der Länder geregelt werden, soweit dadurch Anlass und Zweck der Übermittlung festgelegt und der Empfänger sowie die zu übermittelnden Daten bestimmt werden.

(7) Durch Landesrecht kann bestimmt werden, welche weiteren Daten nach § 38 Absatz 5 Satz 2 im Rahmen der Erfüllung von Aufgaben der Länder als Auswahldaten für Abrufe zulässig sind, soweit dadurch Anlass und Zweck des Abrufs bestimmt werden.

(8) [1]Durch Landesrecht kann bestimmt werden, welche sonstigen Stellen nach § 39 Absatz 3 Daten zum Abruf anbieten. [2]Sofern bestimmt wird, dass der Datenabruf innerhalb eines Landes abweichend von § 39 Absatz 3 über landesinterne Netze erfolgt, ist sicherzustellen, dass Maßnahmen nach den Artikeln 24, 25 und 32 der Verordnung (EU) 2016/679 getroffen werden.

(9) Von den in § 33 Absatz 1 bis 3 und 6, § 34 Absatz 6 sowie in § 39 Absatz 3 getroffenen Regelungen und von den auf Grund von § 56 Absatz 1 getroffenen Regelungen des Verwaltungsverfahrens kann durch Landesrecht nicht abgewichen werden.

1) Zeichensetzung amtlich.
2) § 55 ist bereits am 26.11.2014 in Kraft getreten; vgl. Fußnote am Titel.

§ 56[1) Verordnungsermächtigungen

(1) Das Bundesministerium des Innern, für Bau und Heimat wird ermächtigt, durch Rechtsverordnung[2) mit Zustimmung des Bundesrates

1. zur Durchführung von Datenübermittlungen nach § 23 Absatz 3 und 4 sowie § 33 Absatz 1 bis 3, die zur Fortschreibung der Melderegister erforderlich sind, die zu übermittelnden Daten, ihre Form sowie das Nähere über das Verfahren der Übermittlung festzulegen,

2. zur Durchführung von regelmäßigen Datenübermittlungen nach § 36 Absatz 1, die zur Aufgabenerfüllung der datenempfangenden öffentlichen Stelle erforderlich sind, die zu übermittelnden Daten, ihre Form sowie das Nähere über das Verfahren der Übermittlung festzulegen,

3. zur Durchführung von automatisierten Abrufen nach den §§ 38 und 39 die Voraussetzungen, unter denen ein Datenabruf erfolgen darf, festzulegen und

4. zur Durchführung von Melderegisterauskünften über Portale nach § 49 Absatz 3 die Voraussetzungen und das Verfahren zur Zulassung von Portalen zu regeln.

(2) [1]Das Bundesministerium des Innern, für Bau und Heimat wird ermächtigt, durch Rechtsverordnung, die nicht der Zustimmung des Bundesrates bedarf, die Einzelheiten der elektronischen Speicherung nach § 29 Absatz 5 und § 30 Absatz 4, insbesondere die bei der Speicherung der Daten einzuhaltenden Datenformate, zu regeln. [2]Es hat dabei die technischen und wirtschaftlichen Belange der nach § 30 Absatz 1 Satz 1 verpflichteten Beherbergungsstätten und Einrichtungen zu berücksichtigen.

(3) [1]Soweit in Rechtsverordnungen auf Grund dieses Gesetzes Form und Verfahren von Datenübermittlungen zu bestimmen sind, kann insoweit auf jedermann zugängliche Bekanntmachungen sachverständiger Stellen verwiesen werden. [2]In der Rechtsverordnung sind das Datum der Bekanntmachung, die Fundstelle und die Bezugsquelle der Bekanntmachung anzugeben. [3]Die Bekanntmachung ist beim Bundesarchiv niederzulegen; in der Rechtsverordnung ist darauf hinzuweisen.

§ 57[3) Verwaltungsvorschriften

Die Bundesregierung kann mit Zustimmung des Bundesrates allgemeine Verwaltungsvorschriften zur Durchführung dieses Gesetzes und der auf Grund dieses Gesetzes erlassenen Rechtsverordnungen erlassen.[4)

§ 58 *[aufgehoben]*

1) § 56 ist bereits am 26.11.2014 in Kraft getreten; vgl. Fußnote am Titel.
2) Siehe hierzu ua die Erste BundesmeldedatenübermittlungsVO – 1. BMeldDÜV.
3) § 57 ist bereits am 26.11.2014 in Kraft getreten; vgl. Fußnote am Titel.
4) Siehe hierzu ua Bundesmeldegesetz-Verwaltungsvorschrift.

Gesetz zur Regelung des öffentlichen Vereinsrechts (Vereinsgesetz)

Vom 5. August 1964 (BGBl. I S. 593)
(FNA 2180-1)
zuletzt geändert durch Art. 149 Elfte ZuständigkeitsanpassungsVO vom 19. Juni 2020 (BGBl. I S. 1328)

Nichtamtliche Inhaltsübersicht

Der Bundestag hat mit Zustimmung des Bundesrates das folgende Gesetz beschlossen:

Erster Abschnitt
Allgemeine Vorschriften

§ 1 Vereinsfreiheit
(1) Die Bildung von Vereinen ist frei (Vereinsfreiheit).
(2) Gegen Vereine, die die Vereinsfreiheit mißbrauchen, kann zur Wahrung der öffentlichen Sicherheit oder Ordnung nur nach Maßgabe dieses Gesetzes eingeschritten werden.

§ 2 Begriff des Vereins
(1) Verein im Sinne dieses Gesetzes ist ohne Rücksicht auf die Rechtsform jede Vereinigung, zu der sich eine Mehrheit natürlicher oder juristischer Personen für längere Zeit zu einem gemeinsamen Zweck freiwillig zusammengeschlossen und einer organisierten Willensbildung unterworfen hat.
(2) Vereine im Sinne dieses Gesetzes sind nicht
1. politische Parteien im Sinne des Artikels 21 des Grundgesetzes,
2. Fraktionen des Deutschen Bundestages und der Parlamente der Länder.

Zweiter Abschnitt
Verbot von Vereinen

§ 3 Verbot

(1) [1]Ein Verein darf erst dann als verboten (Artikel 9 Abs. 2 des Grundgesetzes) behandelt werden, wenn durch Verfügung der Verbotsbehörde festgestellt ist, daß seine Zwecke oder seine Tätigkeit den Strafgesetzen zuwiderlaufen oder daß er sich gegen die verfassungsmäßige Ordnung oder den Gedanken der Völkerverständigung richtet; in der Verfügung ist die Auflösung des Vereins anzuordnen (Verbot). [2]Mit dem Verbot ist in der Regel die Beschlagnahme und die Einziehung

1. des Vereinsvermögens,
2. von Forderungen Dritter, soweit die Einziehung in § 12 Abs. 1 vorgesehen ist, und
3. von Sachen Dritter, soweit der Berechtigte durch die Überlassung der Sachen an den Verein dessen verfassungswidrige Bestrebungen vorsätzlich gefördert hat oder die Sachen zur Förderung dieser Bestrebungen bestimmt sind,

zu verbinden.

(2) [1]Verbotsbehörde ist

1. die oberste Landesbehörde oder die nach Landesrecht zuständige Behörde für Vereine und Teilvereine, deren erkennbare Organisation und Tätigkeit sich auf das Gebiet eines Landes beschränken;
2. der Bundesminister des Innern, für Bau und Heimat für Vereine und Teilvereine, deren Organisation oder Tätigkeit sich über das Gebiet eines Landes hinaus erstreckt.

[2]Die oberste Landesbehörde oder die nach Landesrecht zuständige Behörde entscheidet im Benehmen mit dem Bundesminister des Innern, für Bau und Heimat, wenn sich das Verbot gegen den Teilverein eines Vereins richtet, für dessen Verbot nach Satz 1 Nr. 2 der Bundesminister des Innern, für Bau und Heimat zuständig ist. [3]Der Bundesminister des Innern, für Bau und Heimat entscheidet im Benehmen mit den Behörden, die nach Satz 1 Nr. 1 für das Verbot von Teilvereinen zuständig gewesen wären.

(3) [1]Das Verbot erstreckt sich, wenn es nicht ausdrücklich beschränkt wird, auf alle Organisationen, die dem Verein derart eingegliedert sind, daß sie nach dem Gesamtbild der tatsächlichen Verhältnisse als Gliederung dieses Vereins erscheinen (Teilorganisationen). [2]Auf nichtgebietliche Teilorganisationen mit eigener Rechtspersönlichkeit erstreckt sich das Verbot nur, wenn sie in der Verbotsverfügung ausdrücklich benannt sind.

(4) [1]Das Verbot ist schriftlich oder elektronisch mit einer dauerhaft überprüfbaren Signatur nach § 37 Abs. 4 des Verwaltungsverfahrensgesetzes abzufassen, zu begründen und dem Verein, im Falle des Absatzes 3 Satz 2 auch den Teilorganisationen, zuzustellen. [2]Der verfügende Teil des Verbots ist im Bundesanzeiger und danach im amtlichen Mitteilungsblatt des Landes bekanntzumachen, in dem der Verein oder, sofern sich das Verbot hierauf beschränkt, der Teilverein seinen Sitz hat; Verbote nach § 15 werden nur im Bundesanzeiger bekanntgemacht. [3]Das Verbot wird mit der Zustellung, spätestens mit der Bekanntmachung im Bundesanzeiger, wirksam und vollziehbar; § 80 der Verwaltungsgerichtsordnung bleibt unberührt.

(5) Die Verbotsbehörde kann das Verbot auch auf Handlungen von Mitgliedern des Vereins stützen, wenn

1. ein Zusammenhang zur Tätigkeit im Verein oder zu seiner Zielsetzung besteht,
2. die Handlungen auf einer organisierten Willensbildung beruhen und
3. nach den Umständen anzunehmen ist, daß sie vom Verein geduldet werden.

§ 4 Ermittlungen

(1) [1]Die Verbotsbehörde kann für ihre Ermittlungen die Hilfe der für die Wahrung der öffentlichen Sicherheit oder Ordnung zuständigen Behörden und Dienststellen in Anspruch nehmen. [2]Ermittlungsersuchen des Bundesministers des Innern, für Bau und Heimat sind an die zuständige oberste Landesbehörde zu richten.

(2) [1]Hält die Verbotsbehörde oder eine gemäß Absatz 1 Satz 1 ersuchte Stelle eine richterliche Vernehmung von Zeugen, eine Beschlagnahme von Beweismitteln oder eine Durchsuchung für erforderlich, so stellt sie ihre Anträge bei dem Verwaltungsgericht, in dessen Bezirk die Handlung vorzunehmen ist. [2]Die richterlichen Anordnungen oder Maßnahmen trifft der Vorsitzende oder ein von ihm bestimmtes Mitglied des Gerichts.

(3) Für die richterliche Vernehmung von Zeugen gilt § 98 der Verwaltungsgerichsordnung entsprechend.

(4) [1]Für die Beschlagnahme von Gegenständen, die als Beweismittel von Bedeutung sein können, gelten die §§ 94 bis 97, 98 Abs. 4 sowie die §§ 99 bis 101 der Strafprozeßordnung entsprechend. [2]Bestehen hinreichende Anhaltspunkte dafür, daß eine Durchsuchung zur Auffindung solcher Beweismittel führen werde, so kann die Durchsuchung der Räume des Vereins sowie der Räume, der Sachen und der Person

eines Mitglieds oder Hintermannes des Vereins angeordnet werden. [3]Bei anderen Personen ist die Durchsuchung nur zur Beschlagnahme bestimmter Beweismittel und nur dann zulässig, wenn Tatsachen darauf schließen lassen, daß sich die gesuchte Sache in ihrem Gewahrsam befindet. [4]Die §§ 104, 105 Abs. 2 bis 4, §§ 106 bis 110 der Strafprozeßordnung gelten entsprechend.

(5) [1]Bei Gefahr im Verzug kann auch die Verbotsbehörde oder eine gemäß Absatz 1 Satz 1 ersuchte Stelle eine Beschlagnahme, mit Ausnahme der Beschlagnahme nach § 99 der Strafprozeßordnung, oder eine Durchsuchung anordnen. [2]Die Vorschriften des Absatzes 4 sowie § 98 Abs. 2 Satz 1 und 2 der Strafprozeßordnung gelten entsprechend.

§ 5 Vollzug des Verbots

(1) Soweit das Verbot nach diesem Gesetz nicht von der Verbotsbehörde selbst oder den von ihr gemäß § 10 Abs. 3 und § 11 Abs. 3 beauftragten Stellen zu vollziehen ist, wird es von den von der Landesregierung bestimmten Behörden vollzogen.

(2) Folgt dem Verbot eines Teilvereins, bevor es unanfechtbar geworden ist, ein den Teilverein einschließendes Verbot des Gesamtvereins, so ist von diesem Zeitpunkt an nur noch das Verbot des Gesamtvereins zu vollziehen.

§ 6 Anfechtung des Verbotsvollzugs

(1) Wird eine Maßnahme zum Vollzug des Verbots angefochten und kommt es für die Entscheidung darauf an, ob das Verbot rechtmäßig ist, so hat das Verwaltungsgericht, wenn es die Rechtmäßigkeit des Verbots bezweifelt, das Verfahren auszusetzen, bis über das Verbot unanfechtbar entschieden ist, und dieses Ergebnis seiner Entscheidung zugrunde zu legen.

(2) Widerspruch und Anfechtungsklage gegen Maßnahmen zum Vollzug des Verbots haben keine aufschiebende Wirkung.

§ 7 Unanfechtbarkeit des Verbots, Eintragung in öffentliche Register

(1) Ist das Verbot unanfechtbar geworden, so ist sein verfügender Teil nochmals unter Hinweis auf die Unanfechtbarkeit im Bundesanzeiger und in dem in § 3 Abs. 4 Satz 2 genannten Mitteilungsblatt zu veröffentlichen.

(2) Ist der Verein oder eine Teilorganisation in ein öffentliches Register eingetragen, so sind auf Anzeige der Verbotsbehörde einzutragen

die Beschlagnahme des Vereinsvermögens und ihre Aufhebung,

die Bestellung und Abberufung von Verwaltern (§ 10 Abs. 3),

die Auflösung des Vereins, nachdem das Verbot unanfechtbar geworden ist, und

das Erlöschen des Vereins.

§ 8 Verbot der Bildung von Ersatzorganisationen

(1) Es ist verboten, Organisationen zu bilden, die verfassungswidrige Bestrebungen (Artikel 9 Abs. 2 des Grundgesetzes) eines nach § 3 dieses Gesetzes verbotenen Vereins an dessen Stelle weiterverfolgen (Ersatzorganisationen) oder bestehende Organisationen als Ersatzorganisationen fortzuführen.

(2) [1]Gegen eine Ersatzorganisation, die Verein im Sinne dieses Gesetzes ist, kann zur verwaltungsmäßigen Durchführung des in Absatz 1 enthaltenen Verbots nur auf Grund einer besonderen Verfügung vorgegangen werden, in der festgestellt wird, daß sie Ersatzorganisation des verbotenen Vereins ist. [2]Die §§ 3 bis 7 und 10 bis 13 gelten entsprechend. [3]Widerspruch und Anfechtungsklage gegen die Verfügung haben keine aufschiebende Wirkung. [4]Die für die Wahrung der öffentlichen Sicherheit oder Ordnung zuständigen Behörden und Dienststellen sind bei Gefahr im Verzug zu vorläufigen Maßnahmen berechtigt, die außer Kraft treten, wenn die Verbotsbehörde nicht binnen zweier Wochen die in Satz 1 bestimmte Verfügung trifft.

§ 9 Kennzeichenverbot

(1) [1]Kennzeichen des verbotenen Vereins dürfen für die Dauer der Vollziehbarkeit des Verbots nicht mehr
1. öffentlich, in einer Versammlung oder
2. in Schriften, Ton- oder Bildträgern, Abbildungen oder Darstellungen, die verbreitet werden oder zur Verbreitung bestimmt sind,
verwendet werden. [2]Ausgenommen ist eine Verwendung von Kennzeichen im Rahmen der staatsbürgerlichen Aufklärung, der Abwehr verfassungswidriger Bestrebungen und ähnlicher Zwecke.

(2) [1]Kennzeichen im Sinne des Absatzes 1 sind insbesondere Fahnen, Abzeichen, Uniformstücke, Parolen und Grußformen. [2]Den in Satz 1 genannten Kennzeichen stehen solche gleich, die ihnen zum Verwechseln ähnlich sind.

(3) [1]Absatz 1 gilt entsprechend für Kennzeichen eines verbotenen Vereins, die in im Wesentlichen gleicher Form von anderen nicht verbotenen Teilorganisationen oder von selbständigen Vereinen verwendet wer-

den. [2]Ein Kennzeichen eines verbotenen Vereins wird insbesondere dann in im Wesentlichen gleicher Form verwendet, wenn bei ähnlichem äußerem Gesamterscheinungsbild das Kennzeichen des verbotenen Vereins oder Teile desselben mit einer anderen Orts- oder Regionalbezeichnung versehen wird.

(4) Diese Vorschriften gelten auch für die Verwendung von Kennzeichen einer Ersatzorganisation für die Dauer der Vollziehbarkeit einer Verfügung nach § 8 Abs. 2 Satz 1.

Dritter Abschnitt
Beschlagnahme und Einziehung des Vermögens verbotener Vereine

§ 10 Vermögensbeschlagnahme

(1) [1]Die Beschlagnahme (§ 3 Abs. 1 Satz 2) hat die Wirkung eines Veräußerungsverbots. [2]Rechtsgeschäfte, die gegen das Veräußerungsverbot verstoßen, sind nichtig, es sei denn, daß der andere Teil weder wußte noch wissen mußte, daß der Gegenstand, auf den sich das Rechtsgeschäft bezieht, der Beschlagnahme unterliegt. [3]Die Beschlagnahme erfaßt auch die Gegenstände, die der Verein einem Dritten zu treuen Händen übertragen hat oder die ein Dritter als Treuhänder für den Verein erworben hat. [4]In den Fällen des Satzes 3 sind die Vorschriften zugunsten derjenigen, welche Rechte von einem Nichtberechtigten herleiten, entsprechend anzuwenden.

(2) [1]Auf Grund der Beschlagnahme können Sachen im Gewahrsam des Vereins und auf Grund besonderer Anordnung Sachen im Gewahrsam Dritter sichergestellt werden. [2]Soweit es der Zweck der Sicherstellung erfordert, dürfen auch Räume betreten sowie verschlossene Türen und Behältnisse geöffnet werden. [3]Die Anwendung unmittelbaren Zwanges ist ohne vorherige Androhung oder Fristsetzung zulässig, wenn sonst die Sicherstellung gefährdet wäre. [4]Werden von der Beschlagnahme Gegenstände im Sinne des § 99 der Strafprozeßordnung erfaßt, gelten für die Sicherstellung die §§ 99, 100 und 101 Abs. 3 bis 8 der Strafprozeßordnung entsprechend. [5]Maßnahmen nach Satz 4 und die Durchsuchung von Wohnungen ordnet nur das Verwaltungsgericht an, in dessen Bezirk die Handlungen vorzunehmen sind. [6]Anordnungen nach Satz 5 trifft der Vorsitzende oder ein von ihm bestimmtes Mitglied des Gerichts.

(3) [1]Die Verbotsbehörde kann für das beschlagnahmte Vermögen Verwalter bestellen und abberufen. [2]Die Verwalter unterliegen den Weisungen der Verbotsbehörde.

(4) [1]Die Vorstandsmitglieder sind verpflichtet, Auskunft über den Bestand und Verbleib des Vereinsvermögens zu geben. [2]Auf Verlangen der Verbotsbehörde haben sie ein Verzeichnis des Bestandes vorzulegen und zu beeiden. [3]Der Eid ist mit dem in § 260 Abs. 2 des Bürgerlichen Gesetzbuchs bezeichneten Inhalt auf Ersuchen der Verbotsbehörde vor dem für den Wohnsitz des Eidespflichtigen zuständigen Amtsgericht zu leisten.

(5) Die Aufhebung der Beschlagnahme sowie der Aufschub und die Wiederherstellung ihrer Vollziehbarkeit haben keine rückwirkende Kraft.

§ 11 Vermögenseinziehung

(1) [1]Die Einziehung (§ 3 Abs. 1 Satz 2) wird im Fall des § 3 Abs. 2 Nr. 1 zugunsten des Landes, im Fall des § 3 Abs. 2 Nr. 2 zugunsten des Bundes angeordnet. [2]Die Einziehung erfaßt auch die Gegenstände, auf die sich nach § 10 Abs. 1 Satz 3 die Beschlagnahme erstreckt, mit Ausnahme der vom Verein einem Dritten zur Sicherung übertragenen Gegenstände.

(2) [1]Mit Eintritt der Unanfechtbarkeit des Verbots und der Einziehungsanordnung erwirbt der Einziehungsbegünstigte das Vereinsvermögen und die nach Absatz 1 Satz 2 eingezogenen Gegenstände als besondere Vermögensmasse. [2]Gegenstände, die einer Teilorganisation in der Rechtsform eines Vereins, einer Gesellschaft oder einer Stiftung gehört haben, bilden eine eigene Vermögensmasse. [3]Der Verein und die von der Einziehung betroffenen Teilorganisationen erlöschen. [4]Ihre Rechtsverhältnisse sind im Einziehungsverfahren abzuwickeln.

(3) [1]Der Bundesminister des Innern, für Bau und Heimat als Verbotsbehörde kann mit der Durchführung der Einziehung und mit der Abwicklung (§ 13) das Bundesverwaltungsamt oder eine andere Bundesbehörde beauftragen (Einziehungsbehörde). [2]§ 10 Abs. 3 gilt entsprechend. [3]Die Beauftragung ist im Bundesanzeiger und in dem in § 3 Abs. 4 Satz 2 genannten Mitteilungsblatt zu veröffentlichen.

(4) [1]Die Verbotsbehörde kann von der Einziehung absehen, wenn keine Gefahr besteht, daß Vermögenswerte des Vereins von neuem zur Förderung von Handlungen oder Bestrebungen der in Artikel 9 Abs. 2 des Grundgesetzes genannten Art verwendet werden oder daß die Vermögensauseinandersetzung dazu mißbraucht wird, den organisatorischen Zusammenhalt des Vereins aufrechtzuerhalten, ferner, soweit es sich um Gegenstände von unerheblichem Wert handelt. [2]Die Verbotsbehörde kann die Liquidatoren bestellen. [3]§ 12 Abs. 1 Satz 1 gilt sinngemäß für den Anspruch auf den Liquidationserlös.

§ 12 Einziehung von Gegenständen Dritter

(1) [1]Die Verbotsbehörde oder die Einziehungsbehörde zieht Forderungen Dritter gegen den Verein ein, wenn

1. sie aus Beziehungen entstanden sind, die sich nach Art, Umfang oder Zweck als eine vorsätzliche Förderung der verfassungswidrigen Bestrebungen des Vereins darstellen, oder

2. sie begründet wurden, um Vermögenswerte des Vereins dem behördlichen Zugriff zu entziehen oder den Wert des Vereinsvermögens zu mindern. [2]Hat der Gläubiger eine solche Forderung durch Abtretung erworben, so kann sie nur eingezogen werden, wenn der Gläubiger die in Satz 1 bezeichneten Tatsachen bei dem Erwerb kannte.

(2) Sachen Dritter werden eingezogen, wenn der Berechtigte durch die Überlassung der Sachen an den Verein dessen verfassungswidrige Bestrebungen vorsätzlich gefördert hat oder die Sachen zur Förderung dieser Bestrebungen bestimmt sind.

(3) [1]Rechte Dritter an den nach § 11 Abs. 1 oder nach § 12 Abs. 1 oder 2 eingezogenen Gegenständen bleiben bestehen. [2]Sie werden eingezogen, wenn sie unter den in Absatz 1 bezeichneten Voraussetzungen begründet oder erworben worden sind.

(4) [1]Die nach den Absätzen 1 bis 3 eingezogenen Gegenstände gehen mit Eintritt der Unanfechtbarkeit des Verbots und der Einziehungsverfügung auf den Einziehungsbegünstigten über. [2]Nicht vererbliche Rechte erlöschen.

(5) [1]Verfügungen des Vereins, die in den letzten sechs Monaten vor Erlaß des Verbots in der dem anderen Teil bekannten Absicht vorgenommen wurden, Gegenstände des Vereinsvermögens beiseite zu schaffen, sind dem Einziehungsbegünstigten gegenüber unwirksam. [2]Ist zugunsten eines Vereinsmitglieds oder einer Person, die ihm im Sinne des § 138 Abs. 1 der Insolvenzordnung nahesteht, verfügt worden, so wird vermutet, daß diesen die in Satz 1 bezeichnete Absicht bekannt war.

§ 13 Abwicklung

(1) [1]Die Gläubiger, die ihre Forderungen innerhalb der von der Verbotsbehörde oder Einziehungsbehörde gesetzten Ausschlußfrist angemeldet haben, sind aus der besonderen Vermögensmasse zu befriedigen. [2]Die Befriedigung von Gläubigern, die im Falle des Insolvenzverfahrens Insolvenzgläubiger wären, ist, soweit nicht eine Rechtsverordnung etwas anderes bestimmt, erst zulässig, wenn die Verwertung des eingezogenen Vermögens (§ 11 Abs. 1) eine zur Befriedigung aller Gläubiger ausreichende bare Masse ergeben hat. [3]Forderungen, die innerhalb der Ausschlußfrist nicht angemeldet werden, erlöschen.

(2) Zur Vermeidung unbilliger Härten kann die Verbotsbehörde oder die Einziehungsbehörde anordnen, daß ein nach § 11 Abs. 1 Satz 2 eintretender Rechtsverlust unterbleibt, oder von der Einziehung nach § 12 absehen.

(3) [1]Reicht das Vermögen nicht zur Befriedigung aller Ansprüche gegen die besondere Vermögensmasse aus, so findet auf Antrag der Verbotsbehörde oder der Einziehungsbehörde ein Insolvenzverfahren über die besondere Vermögensmasse statt. [2]§ 12 bleibt unberührt. [3]Die von der Beschlagnahme (§ 3 Abs. 1 Satz 2) ab entstandenen Verwaltungsaufwendungen und die dem Verein nach dem Verbot durch die Inanspruchnahme von Rechtsbehelfen entstandenen Prozeßkosten sowie die Verwaltungsschulden gelten als Masseverbindlichkeiten. [4]Der Insolvenzverwalter wird auf Vorschlag der Verbotsbehörde oder der Einziehungsbehörde vom Insolvenzgericht bestellt und entlassen. [5]Die §§ 57, 67 bis 73, 101 der Insolvenzordnung sind nicht anzuwenden.

(4) Das nach Befriedigung der gegen die besondere Vermögensmasse gerichteten Ansprüche verbleibende Vermögen und die nach § 12 eingezogenen Gegenstände sind vom Einziehungsbegünstigten für gemeinnützige Zwecke zu verwenden.

Vierter Abschnitt
Sondervorschriften

§ 14 Ausländervereine

(1) [1]Vereine, deren Mitglieder oder Leiter sämtlich oder überwiegend Ausländer sind (Ausländervereine), können über die in Artikel 9 Abs. 2 des Grundgesetzes genannten Gründe hinaus unter den Voraussetzungen des Absatzes 2 verboten werden. [2]Vereine, deren Mitglieder oder Leiter sämtlich oder überwiegend ausländische Staatsangehörige eines Mitgliedstaates der Europäischen Union sind, gelten nicht als Ausländervereine. [3]§ 3 Abs. 1 Satz 2 und § 12 Abs. 1 und 2 sind mit der Maßgabe anzuwenden, dass die Beschlagnahme und die Einziehung von Forderungen und Sachen Dritter auch im Falle des Absatzes 2 zulässig sind.

(2) Ausländervereine können verboten werden, soweit ihr Zweck oder ihre Tätigkeit

1. die politische Willensbildung in der Bundesrepublik Deutschland oder das friedliche Zusammenleben von Deutschen und Ausländern oder von verschiedenen Ausländergruppen im Bundesgebiet, die öffentliche Sicherheit oder Ordnung oder sonstige erhebliche Interessen der Bundesrepublik Deutschland beeinträchtigt oder gefährdet,

2. den völkerrechtlichen Verpflichtungen der Bundesrepublik Deutschland zuwiderläuft,

3. Bestrebungen außerhalb des Bundesgebiets fördert, deren Ziele oder Mittel mit den Grundwerten einer die Würde des Menschen achtenden staatlichen Ordnung unvereinbar sind,

4. Gewaltanwendung als Mittel zur Durchsetzung politischer, religiöser oder sonstiger Belange unterstützt, befürwortet oder hervorrufen soll oder

5. Vereinigungen innerhalb oder außerhalb des Bundesgebiets unterstützt, die Anschläge gegen Personen oder Sachen veranlassen, befürworten oder androhen.

(3) ¹Anstelle des Vereinsverbots kann die Verbotsbehörde gegenüber Ausländervereinen Betätigungsverbote erlassen, die sie auch auf bestimmte Handlungen oder bestimmte Personen beschränken kann. ²Im übrigen bleiben Ausländervereinen gegenüber die gesetzlichen Vorschriften zur Wahrung der öffentlichen Sicherheit oder Ordnung unberührt.

§ 15 Ausländische Vereine

(1) ¹Für Vereine mit Sitz im Ausland (ausländische Vereine), deren Organisation oder Tätigkeit sich auf den räumlichen Geltungsbereich dieses Gesetzes erstreckt, gilt § 14 entsprechend. ²Zuständig für das Verbot ist der Bundesminister des Innern, für Bau und Heimat.

(2) Ausländische Vereine und die einem ausländischen Verein eingegliederten Teilvereine, deren Mitglieder und Leiter sämtlich oder überwiegend Deutsche oder ausländische Unionsbürger sind, können nur aus den in Artikel 9 Abs. 2 des Grundgesetzes genannten Gründen verboten oder in ein Verbot einbezogen werden.

§ 16 Arbeitnehmer- und Arbeitgebervereinigungen

(1) ¹Verbote nach § 3 Abs. 1 oder Verfügungen nach § 8 Abs. 2 Satz 1 gegen Vereinigungen, die den Schutz des Übereinkommens Nr. 87 der Internationalen Arbeitsorganisation vom 9. Juli 1948 über die Vereinigungsfreiheit und den Schutz des Vereinigungsrechts (Bundesgesetzbl. 1956 II S. 2072) genießen, werden erst wirksam, wenn das Gericht ihre Rechtmäßigkeit bestätigt hat. ²§ 3 Abs. 4 und § 8 Abs. 2 Satz 3 und 4 sind nicht anzuwenden.

(2) ¹Die Verbotsbehörde legt dem nach § 48 Abs. 2 und 3, § 50 Abs. 1 Nr. 2 der Verwaltungsgerichtsordnung zuständigen Gericht ihre schriftlich oder elektronisch mit einer dauerhaft überprüfbaren Signatur nach § 37 Abs. 4 des Verwaltungsverfahrensgesetzes abgefaßte und begründete Entscheidung vor. ²Das Gericht stellt sie der Vereinigung und ihren darin benannten nichtgebietlichen Teilorganisationen mit eigener Rechtspersönlichkeit (§ 3 Abs. 3 Satz 2) zu. ³Beteiligt am Verfahren sind die Verbotsbehörde, die Vereinigung und ihre in der Entscheidung benannten nichtgebietlichen Teilorganisationen mit eigener Rechtspersönlichkeit sowie die nach § 63 Nr. 3 und 4 der Verwaltungsgerichtsordnung Beteiligten.

(3) Versagt das Gericht die Bestätigung, so hebt es in dem Urteil zugleich das Verbot oder die Verfügung auf.

(4) ¹Auf Antrag der Verbotsbehörde kann das Gericht die nötigen einstweiligen Anordnungen treffen, insbesondere die Beschlagnahme des Vereinsvermögens verfügen. ²Betätigungsverbote und Beschlagnahmeanordnungen hat das Gericht entsprechend § 3 Abs. 4 Satz 2 bekanntzumachen.

§ 17 Wirtschaftsvereinigungen

Die Vorschriften dieses Gesetzes sind auf Aktiengesellschaften, Kommanditgesellschaften auf Aktien, Gesellschaften mit beschränkter Haftung, konzessionierte Wirtschaftsvereine nach § 22 des Bürgerlichen Gesetzbuches, Europäische Gesellschaften, Genossenschaften, Europäische Genossenschaften und Versicherungsvereine auf Gegenseitigkeit nur anzuwenden,

1. wenn sie sich gegen die verfassungsmäßige Ordnung oder gegen den Gedanken der Völkerverständigung richten oder

2. wenn ihre Zwecke oder ihre Tätigkeit den in § 74a Abs. 1 oder § 120 Abs. 1 und 2 des Gerichtsverfassungsgesetzes genannten Strafgesetzen oder dem § 130 des Strafgesetzbuches zuwiderlaufen oder

3. wenn sie von einem Verbot, das aus einem der in Nummer 1 oder 2 genannten Gründe erlassen wurde, nach § 3 Abs. 3 als Teilorganisation erfaßt werden, oder

4. wenn sie Ersatzorganisation eines Vereins sind, der aus einem der in Nummer 1 oder 2 genannten Gründe verboten wurde.

§ 18 Räumlicher Geltungsbereich von Vereinsverboten

¹Verbote von Vereinen, die ihren Sitz außerhalb des räumlichen Geltungsbereichs dieses Gesetzes, aber Teilorganisationen innerhalb dieses Bereichs haben, erstrecken sich nur auf die Teilorganisationen innerhalb dieses Bereichs. ²Hat der Verein im räumlichen Geltungsbereich dieses Gesetzes keine Organisation, so richtet sich das Verbot (§ 3 Abs. 1) gegen seine Tätigkeit in diesem Bereich.

Fünfter Abschnitt
Schlußbestimmungen

§ 19 Rechtsverordnungen

Die Bundesregierung kann durch Rechtsverordnung mit Zustimmung des Bundesrates

1. Bestimmungen über den Vollzug des Verbotes, insbesondere die Durchführung der Auflösung eines Vereins, die Durchführung und Aufhebung der Beschlagnahme sowie die Verwaltung des Vereinsvermögens während der Beschlagnahme erlassen,
2. Bestimmungen über das Verfahren der Einziehung, die Ausschlußfrist (§ 13 Abs. 1 Satz 1), die vorzeitige Befriedigung von Gläubigern (§ 13 Abs. 1 Satz 2), die Anwendung des § 13 Abs. 2 oder die Berichtigung des Grundbuchs treffen und das Insolvenzverfahren über die besondere Vermögensmasse in Anpassung an die besonderen Gegebenheiten bei der Einziehung näher regeln,
3. nähere Vorschriften über die Verwendung des eingezogenen Vermögens treffen,
4. Ausländervereine und ausländische Vereine einer Anmelde- und Auskunftpflicht unterwerfen, Vorschriften über Inhalt, Form und Verfahren der Anmeldung erlassen und die Auskunftpflicht näher regeln.

§ 20 Zuwiderhandlungen gegen Verbote

(1) ¹Wer im räumlichen Geltungsbereich dieses Gesetzes durch eine darin ausgeübte Tätigkeit

1. den organisatorischen Zusammenhalt eines Vereins entgegen einem vollziehbaren Verbot oder entgegen einer vollziehbaren Feststellung, daß er Ersatzorganisation eines verbotenen Vereins ist, aufrechterhält oder sich in einem solchen Verein als Mitglied betätigt,
2. den organisatorischen Zusammenhalt einer Partei oder eines Vereins entgegen einer vollziehbaren Feststellung, daß sie Ersatzorganisation einer verbotenen Partei sind (§ 33 Abs. 3 des Parteiengesetzes), aufrechterhält, oder sich in einer solchen Partei oder in einem solchen Verein als Mitglied betätigt,
3. den organisatorischen Zusammenhalt eines Vereins oder einer Partei der in den Nummern 1 und 2 bezeichneten Art oder deren weitere Betätigung unterstützt,
4. einem vollziehbaren Verbot nach § 14 Abs. 3 Satz 1 oder § 18 Satz 2 zuwiderhandelt oder
5. Kennzeichen einer der in den Nummern 1 und 2 bezeichneten Vereine oder Parteien oder eines von einem Betätigungsverbot nach § 15 Abs. 1 in Verbindung mit § 14 Abs. 3 Satz 1 betroffenen Vereins während der Vollziehbarkeit des Verbots oder der Feststellung verbreitet oder öffentlich oder in einer Versammlung verwendet,

wird mit Freiheitsstrafe bis zu einem Jahr oder mit Geldstrafe bestraft, wenn die Tat nicht in den §§ 84, 85, 86a oder den §§ 129 bis 129b des Strafgesetzbuches mit Strafe bedroht ist. ²In den Fällen der Nummer 5 gilt § 9 Absatz 1 Satz 2, Absatz 2 oder 3 entsprechend.

(2) Das Gericht kann von einer Bestrafung nach Absatz 1 absehen, wenn

1. bei Beteiligten die Schuld gering oder deren Mitwirkung von untergeordneter Bedeutung ist oder
2. der Täter sich freiwillig und ernsthaft bemüht, das Fortbestehen der Partei oder des Vereins zu verhindern; erreicht er dieses Ziel oder wird es ohne sein Bemühen erreicht, so wird der Täter nicht bestraft.

(3) Kennzeichen, auf die sich eine Straftat nach Absatz 1 Nr. 5 bezieht, können eingezogen werden.

§ 21 Zuwiderhandlungen gegen Rechtsverordnungen

(1) Ordnungswidrig handelt, wer vorsätzlich oder fahrlässig einer Vorschrift einer nach § 19 Nr. 4 erlassenen Rechtsverordnung zuwiderhandelt, wenn die Rechtsverordnung für einen bestimmten Tatbestand auf diese Bußgeldvorschrift verweist.

(2) Die Ordnungswidrigkeit kann mit einer Geldbuße bis zu zweitausend Deutsche Mark¹⁾ geahndet werden.

§§ 22 bis 29 (nicht wiedergegebene Änderungsvorschriften)

1) Der Betrag wurde amtlich noch nicht auf Euro umgestellt; 1 Euro = 1,95583 DM.

§ 30 Aufhebung und Fortgeltung von Rechtsvorschriften

(1) Es werden aufgehoben
1. das Vereinsgesetz vom 19. April 1908 (Reichsgesetzbl. S. 151)[1] in der Fassung des Gesetzes vom 26. Juni 1916 (Reichsgesetzbl. S. 635),
2. das Gesetz betreffend das Vereinswesen vom 11. Dezember 1899 (Reichsgesetzbl. S. 699)[2],
3. die Verordnung des Reichspräsidenten zur Erhaltung des inneren Friedens vom 19. Dezember 1932 (Reichsgesetzbl. I S. 548)[3],
4. Artikel 10 des Einführungsgesetzes zum Bürgerlichen Gesetzbuch[4],
5. die Abschnitte I und III des saarländischen Gesetzes Nr. 458 über das Vereinswesen (Vereinsgesetz) vom 8. Juli 1955 (Amtsblatt des Saarlandes S. 1030), soweit sie sich nicht auf politische Parteien im Sinne des Artikels 21 des Grundgesetzes beziehen.

(2) Unberührt bleiben
1. § 39 Abs. 2 des Gesetzes über das Bundesverfassungsgericht,
2. die §§ 43 und 44 des Bürgerlichen Gesetzbuches,
3. § 62 des Gesetzes betreffend die Gesellschaften mit beschränkter Haftung, §§ 288 bis 293 des Aktiengesetzes, § 81 des Gesetzes betreffend die Erwerbs- und Wirtschaftsgenossenschaften, § 304 des Versicherungsaufsichtsgesetzes und § 38 Abs. 1 des Gesetzes über das Kreditwesen,
4. § 13 des Gesetzes über die Rechtsstellung heimatloser Ausländer im Bundesgebiet vom 25. April 1951 (Bundesgesetzbl. I S. 269) und
5. die in zwischenstaatlichen Vereinbarungen getroffenen Sonderregelungen über Ausländervereine und ausländische Vereine.

§ 30a Zuständige Stelle zur Ausführung der Verordnung (EU, Euratom) Nr. 1141/2014

Zuständige Stelle im Sinne der Artikel 16 Absatz 3, Artikel 23 Absatz 1 und Absatz 5 sowie des Artikels 28 Absatz 1 der Verordnung (EU, Euratom) Nr. 1141/2014 des Europäischen Parlaments und des Rates vom 22. Oktober 2014 über das Statut und die Finanzierung europäischer politischer Parteien und europäischer politischer Stiftungen (ABl. L 317 vom 4. 11. 2014, S. 1, L 131 vom 20. 5. 2016, S. 91) ist das Bundesministerium des Innern, für Bau und Heimat.

§ 31 Übergangsregelungen

(1) Auf vereinsrechtliche Entscheidungen, die vor Inkrafttreten dieses Gesetzes ergangen sind, sind die bisher geltenden Vorschriften anzuwenden.

(2) Die §§ 8, 9 und 20 dieses Gesetzes sowie § 90b des Strafgesetzbuches in der Fassung des § 22 Nr. 3 dieses Gesetzes sind auch anzuwenden, wenn ein Verein vor Inkrafttreten dieses Gesetzes verboten worden ist.

(3) Unanfechtbar verboten im Sinne des § 90b des Strafgesetzbuches in der Fassung des § 22 Nr. 3 dieses Gesetzes ist ein Verein auch dann, wenn das Bundesverwaltungsgericht oder das oberste Verwaltungsgericht eines Landes unanfechtbar festgestellt hat, daß er nach Artikel 9 Abs. 2 des Grundgesetzes verboten ist.

(4) ¹Rechtshängige Verfahren nach § 129a Abs. 3 des Strafgesetzbuches in der Fassung des Strafrechtsänderungsgesetzes vom 30. August 1951 (Bundesgesetzbl. I S. 739) sind mit Inkrafttreten dieses Gesetzes beendet. ²Gerichtskosten werden nicht erhoben; jede Partei trägt ihre außergerichtlichen Kosten.

§ 32 Einschränkung von Grundrechten

Die Grundrechte des Brief- und Postgeheimnisses (Artikel 10 des Grundgesetzes) und der Unverletzlichkeit der Wohnung (Artikel 13 des Grundgesetzes) werden nach Maßgabe dieses Gesetzes eingeschränkt.

§ 33 Inkrafttreten

Dieses Gesetz tritt einen Monat nach seiner Verkündung[5] in Kraft.

1) **Amtl. Anm.:** Bundesgesetzbl. III 2180-2
2) **Amtl. Anm.:** Bundesgesetzbl. III 2180-1
3) **Amtl. Anm.:** Bundesgesetzbl. III 2180-3
4) **Amtl. Anm.:** Bundesgesetzbl. III 400-1
5) Verkündet am 12. 8. 1964.

Gesetz über Versammlungen und Aufzüge (Versammlungsgesetz)

In der Fassung der Bekanntmachung vom 15. November 1978[1] (BGBl. I S. 1789)

(FNA 2180-4)

zuletzt geändert durch Art. 150 Elfte ZuständigkeitsanpassungsVO vom 19. Juni 2020 (BGBl. I S. 1328)

Nichtamtliche Inhaltsübersicht

Abschnitt I
Allgemeines

§ 1 [Versammlungsrecht]

(1) Jedermann hat das Recht, öffentliche Versammlungen und Aufzüge zu veranstalten und an solchen Veranstaltungen teilzunehmen.

(2) Dieses Recht hat nicht,

1. wer das Grundrecht der Versammlungsfreiheit gemäß Artikel 18 des Grundgesetzes verwirkt hat,
2. wer mit der Durchführung oder Teilnahme an einer solchen Veranstaltung die Ziele einer nach Artikel 21 Abs. 2 des Grundgesetzes durch das Bundesverfassungsgericht für verfassungswidrig erklärten Partei oder Teil- oder Ersatzorganisation einer Partei fördern will,
3. eine Partei, die nach Artikel 21 Abs. 2 des Grundgesetzes durch das Bundesverfassungsgericht für verfassungswidrig erklärt worden ist,

1) Neubekanntmachung des VersammlungsG v. 24. 7. 1953 (BGBl. I S. 684) in der ab 1. 10. 1978 geltenden Fassung.

oder

4. eine Vereinigung, die nach Artikel 9 Abs. 2 des Grundgesetzes verboten ist.

§ 2 [Namensangabe des Veranstalters, Störungs- und Waffentragungsverbot]

(1) Wer zu einer öffentlichen Versammlung oder zu einem Aufzug öffentlich einlädt, muß als Veranstalter in der Einladung seinen Namen angeben.

(2) Bei öffentlichen Versammlungen und Aufzügen hat jedermann Störungen zu unterlassen, die bezwecken, die ordnungsmäßige Durchführung zu verhindern.

(3) [1]Niemand darf bei öffentlichen Versammlungen oder Aufzügen Waffen oder sonstige Gegenstände, die ihrer Art nach zur Verletzung von Personen oder zur Beschädigung von Sachen geeignet und bestimmt sind, mit sich führen, ohne dazu behördlich ermächtigt zu sein. [2]Ebenso ist es verboten, ohne behördliche Ermächtigung Waffen oder die in Satz 1 genannten Gegenstände auf dem Weg zu öffentlichen Versammlungen oder Aufzügen mit sich zu führen, zu derartigen Veranstaltungen hinzuschaffen oder sie zur Verwendung bei derartigen Veranstaltungen bereitzuhalten oder zu verteilen.

§ 3 [Uniformverbot]

(1) Es ist verboten, öffentlich oder in einer Versammlung Uniformen, Uniformteile oder gleichartige Kleidungsstücke als Ausdruck einer gemeinsamen politischen Gesinnung zu tragen.

(2) [1]Jugendverbänden, die sich vorwiegend der Jugendpflege widmen, ist auf Antrag für ihre Mitglieder eine Ausnahmegenehmigung von dem Verbot des Absatzes 1 zu erteilen. [2]Zuständig ist bei Jugendverbänden, deren erkennbare Organisation oder Tätigkeit sich über das Gebiet eines Landes hinaus erstreckt, der Bundesminister des Innern, für Bau und Heimat, sonst die oberste Landesbehörde. [3]Die Entscheidung des Bundesministers des Innern, für Bau und Heimat ist im Bundesanzeiger und im Gemeinsamen Ministerialblatt, die der obersten Landesbehörden in ihren amtlichen Mitteilungsblättern bekanntzumachen.

§ 4 (weggefallen)

Abschnitt II
Öffentliche Versammlungen in geschlossenen Räumen

§ 5 [Verbot von Versammlungen in geschlossenen Räumen]

Die Abhaltung einer Versammlung kann nur im Einzelfall und nur dann verboten werden, wenn

1. der Veranstalter unter die Vorschriften des § 1 Abs. 2 Nr. 1 bis 4 fällt, und im Falle der Nummer 4 das Verbot durch die zuständige Verwaltungsbehörde festgestellt worden ist,
2. der Veranstalter oder Leiter der Versammlung Teilnehmern Zutritt gewährt, die Waffen oder sonstige Gegenstände im Sinne von § 2 Abs. 3 mit sich führen,
3. Tatsachen festgestellt sind, aus denen sich ergibt, daß der Veranstalter oder sein Anhang einen gewalttätigen oder aufrührerischen Verlauf der Versammlung anstreben,
4. Tatsachen festgestellt sind, aus denen sich ergibt, daß der Veranstalter oder sein Anhang Ansichten vertreten oder Äußerungen dulden werden, die ein Verbrechen oder ein von Amts wegen zu verfolgendes Vergehen zum Gegenstand haben.

§ 6 [Ausschlussrecht bestimmter Personen]

(1) Bestimmte Personen oder Personenkreise können in der Einladung von der Teilnahme an einer Versammlung ausgeschlossen werden.

(2) Pressevertreter können nicht ausgeschlossen werden; sie haben sich dem Leiter der Versammlung gegenüber durch ihren Presseausweis ordnungsgemäß auszuweisen.

§ 7 [Versammlungsleiter]

(1) Jede öffentliche Versammlung muß einen Leiter haben.

(2) [1]Leiter der Versammlung ist der Veranstalter. [2]Wird die Versammlung von einer Vereinigung veranstaltet, so ist ihr Vorsitzender der Leiter.

(3) Der Veranstalter kann die Leitung einer anderen Person übertragen.

(4) Der Leiter übt das Hausrecht aus.

§ 8 [Aufgaben des Versammlungsleiters]

[1]Der Leiter bestimmt den Ablauf der Versammlung. [2]Er hat während der Versammlung für Ordnung zu sorgen. [3]Er kann die Versammlung jederzeit unterbrechen oder schließen. [4]Er bestimmt, wann eine unterbrochene Versammlung fortgesetzt wird.

§ 9 [Ordner]

(1) ¹Der Leiter kann sich bei der Durchführung seiner Rechte aus § 8 der Hilfe einer angemessenen Zahl ehrenamtlicher Ordner bedienen. ²Diese dürfen keine Waffen oder sonstigen Gegenstände im Sinne von § 2 Abs. 3 mit sich führen, müssen volljährig und ausschließlich durch weiße Armbinden, die nur die Bezeichnung „Ordner" tragen dürfen, kenntlich sein.

(2) ¹Der Leiter ist verpflichtet, die Zahl der von ihm bestellten Ordner der Polizei auf Anfordern mitzuteilen. ²Die Polizei kann die Zahl der Ordner angemessen beschränken.

§ 10 [Folgepflicht der Versammlungsteilnehmer]

Alle Versammlungsteilnehmer sind verpflichtet, die zur Aufrechterhaltung der Ordnung getroffenen Anweisungen des Leiters oder der von ihm bestellten Ordner zu befolgen.

§ 11 [Ausschluss von Störern]

(1) Der Leiter kann Teilnehmer, welche die Ordnung gröblich stören, von der Versammlung ausschließen.

(2) Wer aus der Versammlung ausgeschlossen wird, hat sie sofort zu verlassen.

§ 12 [Polizeibeamte]

¹Werden Polizeibeamte in eine öffentliche Versammlung ·entsandt, so haben sie sich dem Leiter zu erkennen zu geben. ²Es muß ihnen ein angemessener Platz eingeräumt werden.

§ 12a [Bild- und Tonaufnahmen durch die Polizei]

(1) ¹Die Polizei darf Bild- und Tonaufnahmen von Teilnehmern bei oder im Zusammenhang mit öffentlichen Versammlungen nur anfertigen, wenn tatsächliche Anhaltspunkte die Annahme rechtfertigen, daß von ihnen erhebliche Gefahren für die öffentliche Sicherheit oder Ordnung ausgehen. ²Die Maßnahmen dürfen auch durchgeführt werden, wenn Dritte unvermeidbar betroffen werden.

(2) ¹Die Unterlagen sind nach Beendigung der öffentlichen Versammlung oder zeitlich und sachlich damit unmittelbar im Zusammenhang stehender Ereignisse unverzüglich zu vernichten, soweit sie nicht benötigt werden

1. für die Verfolgung von Straftaten von Teilnehmern oder

2. im Einzelfall zur Gefahrenabwehr, weil die betroffene Person verdächtig ist, Straftaten bei oder im Zusammenhang mit der öffentlichen Versammlung vorbereitet oder begangen zu haben, und deshalb zu besorgen ist, daß von ihr erhebliche Gefahren für künftige öffentliche Versammlungen oder Aufzüge ausgehen.

²Unterlagen, die aus den in Satz 1 Nr. 2 aufgeführten Gründen nicht vernichtet wurden, sind in jedem Fall spätestens nach Ablauf von drei Jahren seit ihrer Entstehung zu vernichten, es sei denn, sie würden inzwischen zu dem in Satz 1 Nr. 1 aufgeführten Zweck benötigt.

(3) Die Befugnisse zur Erhebung personenbezogener Informationen nach Maßgabe der Strafprozeßordnung und des Gesetzes über Ordnungswidrigkeiten bleiben unberührt.

§ 13 [Polizeiliche Auflösung von Versammlungen]

(1) ¹Die Polizei (§ 12) kann die Versammlung nur dann und unter Angabe des Grundes auflösen, wenn

1. der Veranstalter oder die Vorschriften des § 1 Abs. 2 Nr. 1 bis 4 fällt, und im Falle der Nummer 4 das Verbot durch die zuständige Verwaltungsbehörde festgestellt worden ist,

2. die Versammlung einen gewalttätigen oder aufrührerischen Verlauf nimmt oder unmittelbare Gefahr für Leben und Gesundheit der Teilnehmer besteht,

3. der Leiter Personen, die Waffen oder sonstige Gegenstände im Sinne von § 2 Abs. 3 mit sich führen, nicht sofort ausschließt und für die Durchführung des Ausschlusses sorgt,

4. durch den Verlauf der Versammlung gegen Strafgesetze verstoßen wird, die ein Verbrechen oder von Amts wegen zu verfolgendes Vergehen zum Gegenstand haben, oder wenn in der Versammlung zu solchen Straftaten aufgefordert oder angereizt wird und der Leiter dies nicht unverzüglich unterbindet.

²In den Fällen der Nummern 2 bis 4 ist die Auflösung nur zulässig, wenn andere polizeiliche Maßnahmen, insbesondere eine Unterbrechung, nicht ausreichen.

(2) Sobald eine Versammlung für aufgelöst erklärt ist, haben alle Teilnehmer sich sofort zu entfernen.

Abschnitt III
Öffentliche Versammlungen unter freiem Himmel und Aufzüge

§ 14 [Anmeldungspflicht]
(1) Wer die Absicht hat, eine öffentliche Versammlung unter freiem Himmel oder einen Aufzug zu veranstalten, hat dies spätestens 48 Stunden vor der Bekanntgabe der zuständigen Behörde unter Angabe des Gegenstandes der Versammlung oder des Aufzuges anzumelden.

(2) In der Anmeldung ist anzugeben, welche Person für die Leitung der Versammlung oder des Aufzuges verantwortlich sein soll.

§ 15 [Verbot von Versammlungen im Freien, Auflagen, Auflösung]
(1) Die zuständige Behörde kann die Versammlung oder den Aufzug verbieten oder von bestimmten Auflagen abhängig machen, wenn nach den zur Zeit des Erlasses der Verfügung erkennbaren Umständen die öffentliche Sicherheit oder Ordnung bei Durchführung der Versammlung oder des Aufzuges unmittelbar gefährdet ist.

(2) [1]Eine Versammlung oder ein Aufzug kann insbesondere verboten oder von bestimmten Auflagen abhängig gemacht werden, wenn
1. die Versammlung oder der Aufzug an einem Ort stattfindet, der als Gedenkstätte von historisch herausragender, überregionaler Bedeutung an die Opfer der menschenunwürdigen Behandlung unter der nationalsozialistischen Gewalt- und Willkürherrschaft erinnert, und
2. nach den zur Zeit des Erlasses der Verfügung konkret feststellbaren Umständen zu besorgen ist, dass durch die Versammlung oder den Aufzug die Würde der Opfer beeinträchtigt wird.

[2]Das Denkmal für die ermordeten Juden Europas in Berlin ist ein Ort nach Satz 1 Nr. 1. [3]Seine Abgrenzung ergibt sich aus der Anlage zu diesem Gesetz. [4]Andere Orte nach Satz 1 Nr. 1 und deren Abgrenzung werden durch Landesgesetz bestimmt.

(3) Sie kann eine Versammlung oder einen Aufzug auflösen, wenn sie nicht angemeldet sind, wenn von den Angaben der Anmeldung abgewichen oder den Auflagen zuwidergehandelt wird oder wenn die Voraussetzungen zu einem Verbot nach Absatz 1 oder 2 gegeben sind.

(4) Eine verbotene Veranstaltung ist aufzulösen.

§ 16 [Bannkreise]
(1) [1]Öffentliche Versammlungen unter freiem Himmel und Aufzüge sind innerhalb des befriedeten Bannkreises der Gesetzgebungsorgane der Länder verboten. [2]Ebenso ist es verboten, zu öffentlichen Versammlungen unter freiem Himmel oder Aufzügen nach Satz 1 aufzufordern.

(2) Die befriedeten Bannkreise für die Gesetzgebungsorgane der Länder werden durch Landesgesetze bestimmt.

(3) Das Weitere regeln die Bannmeilengesetze der Länder.

§ 17 [Ausnahme für religiöse Feiern usw., Volksfeste]
Die §§ 14 bis 16 gelten nicht für Gottesdienste unter freiem Himmel, kirchliche Prozessionen, Bittgänge und Wallfahrten, gewöhnliche Leichenbegängnisse, Züge von Hochzeitsgesellschaften und hergebrachte Volksfeste.

§ 17a [Schutzwaffenverbot, Vermummungsverbot]
(1) Es ist verboten, bei öffentlichen Versammlungen unter freiem Himmel, Aufzügen oder sonstigen öffentlichen Veranstaltungen unter freiem Himmel oder auf dem Weg dorthin Schutzwaffen oder Gegenstände, die als Schutzwaffen geeignet und den Umständen nach dazu bestimmt sind, Vollstreckungsmaßnahmen eines Trägers von Hoheitsbefugnissen abzuwehren, mit sich zu führen.

(2) Es ist auch verboten,
1. an derartigen Veranstaltungen in einer Aufmachung, die geeignet und den Umständen nach darauf gerichtet ist, die Feststellung der Identität zu verhindern, teilzunehmen oder den Weg zu derartigen Veranstaltungen in einer solchen Aufmachung zurückzulegen,
2. bei derartigen Veranstaltungen oder auf dem Weg dorthin Gegenstände mit sich zu führen, die geeignet und den Umständen nach dazu bestimmt sind, die Feststellung der Identität zu verhindern.

(3) [1]Die Absätze 1 und 2 gelten nicht, wenn es sich um Veranstaltungen im Sinne des § 17 handelt. [2]Die zuständige Behörde kann weitere Ausnahmen von den Verboten der Absätze 1 und 2 zulassen, wenn eine Gefährdung der öffentlichen Sicherheit oder Ordnung nicht zu besorgen ist.

(4) [1]Die zuständige Behörde kann zur Durchsetzung der Verbote der Absätze 1 und 2 Anordnungen treffen. [2]Sie kann insbesondere Personen, die diesen Verboten zuwiderhandeln, von der Veranstaltung ausschließen.

§ 18 [Besondere Vorschriften für Versammlungen unter freiem Himmel]
(1) Für Versammlungen unter freiem Himmel sind § 7 Abs. 1, §§ 8, 9 Abs. 1, §§ 10, 11 Abs. 2, §§ 12 und 13 Abs. 2 entsprechend anzuwenden.
(2) ¹Die Verwendung von Ordnern bedarf polizeilicher Genehmigung. ²Sie ist bei der Anmeldung zu beantragen.
(3) Die Polizei kann Teilnehmer, welche die Ordnung gröblich stören, von der Versammlung ausschließen.

§ 19 [Besondere Vorschriften für Aufzüge]
(1) ¹Der Leiter des Aufzuges hat für den ordnungsmäßigen Ablauf zu sorgen. ²Er kann sich der Hilfe ehrenamtlicher Ordner bedienen, für welche § 9 Abs. 1 und § 18 gelten.
(2) Die Teilnehmer sind verpflichtet, die zur Aufrechterhaltung der Ordnung getroffenen Anordnungen des Leiters oder der von ihm bestellten Ordner zu befolgen.
(3) Vermag der Leiter sich nicht durchzusetzen, so ist er verpflichtet, den Aufzug für beendet zu erklären.
(4) Die Polizei kann Teilnehmer, welche die Ordnung gröblich stören, von dem Aufzug ausschließen.

§ 19a [Bild- und Tonaufnahmen durch die Polizei]
Für Bild- und Tonaufnahmen durch die Polizei bei Versammlungen unter freiem Himmel und Aufzügen gilt § 12a.

§ 20 [Einschränkung des Grundrechts der Versammlungsfreiheit]
Das Grundrecht des Artikels 8 des Grundgesetzes wird durch die Bestimmungen dieses Abschnitts eingeschränkt.

Abschnitt IV
Straf- und Bußgeldvorschriften

§ 21 [Störung von Versammlungen und Aufzügen]
Wer in der Absicht, nichtverbotene Versammlungen oder Aufzüge zu verhindern oder zu sprengen oder sonst ihre Durchführung zu vereiteln, Gewalttätigkeiten vornimmt oder androht oder grobe Störungen verursacht, wird mit Freiheitsstrafe bis zu drei Jahren oder mit Geldstrafe bestraft.

§ 22 [Beeinträchtigung und Bedrohung der Versammlungsleitung und Ordner]
Wer bei einer öffentlichen Versammlung oder einem Aufzug dem Leiter oder einem Ordner in der rechtmäßigen Ausübung seiner Ordnungsbefugnisse mit Gewalt oder Drohung mit Gewalt Widerstand leistet oder ihn während der rechtmäßigen Ausübung seiner Ordnungsbefugnisse tätlich angreift, wird mit Freiheitsstrafe bis zu einem Jahr oder mit Geldstrafe bestraft.

§ 23 [Öffentliche Aufforderung zur Teilnahme an verbotener Versammlung]
Wer öffentlich in einer Versammlung oder durch Verbreiten von Schriften, Ton- oder Bildträgern, Abbildungen oder anderen Darstellungen zur Teilnahme an einer öffentlichen Versammlung oder einem Aufzug auffordert, nachdem die Durchführung durch ein vollziehbares Verbot untersagt oder die Auflösung angeordnet worden ist, wird mit Freiheitsstrafe bis zu einem Jahr oder mit Geldstrafe bestraft.

§ 24 [Verwendung bewaffneter Ordner]
Wer als Leiter einer öffentlichen Versammlung oder eines Aufzuges Ordner verwendet, die Waffen oder sonstige Gegenstände, die ihrer Art nach zur Verletzung von Personen oder Beschädigung von Sachen geeignet und bestimmt sind, mit sich führen, wird mit Freiheitsstrafe bis zu einem Jahr oder mit Geldstrafe bestraft.

§ 25 [Abweichende Durchführung von Versammlungen und Aufzügen]
Wer als Leiter einer öffentlichen Versammlung unter freiem Himmel oder eines Aufzuges
1. die Versammlung oder den Aufzug wesentlich anders durchführt, als die Veranstalter bei der Anmeldung angegeben haben, oder
2. Auflagen nach § 15 Abs. 1 oder 2 nicht nachkommt,
wird mit Freiheitsstrafe bis zu sechs Monaten oder mit Geldstrafe bis zu einhundertachtzig Tagessätzen bestraft.

§ 26 [Abhaltung verbotener oder nicht angemeldeter Versammlungen und Aufzüge]
Wer als Veranstalter oder Leiter
1. eine öffentliche Versammlung oder einen Aufzug trotz vollziehbaren Verbots durchführt oder trotz Auflösung oder Unterbrechung durch die Polizei fortsetzt oder

2. eine öffentliche Versammlung unter freiem Himmel oder einen Aufzug ohne Anmeldung (§ 14) durchführt, wird mit Freiheitsstrafe bis zu einem Jahr oder mit Geldstrafe bestraft.

§ 27 [Führung von Waffen]

(1) [1]Wer bei öffentlichen Versammlungen oder Aufzügen Waffen oder sonstige Gegenstände, die ihrer Art nach zur Verletzung von Personen oder Beschädigung von Sachen geeignet und bestimmt sind, mit sich führt, ohne dazu behördlich ermächtigt zu sein, wird mit Freiheitsstrafe bis zu einem Jahr oder mit Geldstrafe bestraft. [2]Ebenso wird bestraft, wer ohne behördliche Ermächtigung Waffen oder sonstige Gegenstände im Sinne des Satzes 1 auf dem Weg zu öffentlichen Versammlungen oder Aufzügen mit sich führt, zu derartigen Veranstaltungen hinschafft oder sie zur Verwendung bei derartigen Veranstaltungen bereithält oder verteilt.

(2) Wer

1. entgegen § 17a Abs. 1 bei öffentlichen Versammlungen unter freiem Himmel, Aufzügen oder sonstigen öffentlichen Veranstaltungen unter freiem Himmel oder auf dem Weg dorthin Schutzwaffen oder Gegenstände, die als Schutzwaffen geeignet und den Umständen nach dazu bestimmt sind, Vollstreckungsmaßnahmen eines Trägers von Hoheitsbefugnissen abzuwehren, mit sich führt,

2. entgegen § 17a Abs. 2 Nr. 1 an derartigen Veranstaltungen in einer Aufmachung, die geeignet und den Umständen nach darauf gerichtet ist, die Feststellung der Identität zu verhindern, teilnimmt oder den Weg zu derartigen Veranstaltungen in einer solchen Aufmachung zurücklegt oder

3. sich im Anschluß an oder sonst im Zusammenhang mit derartigen Veranstaltungen mit anderen zusammenrottet und dabei
 a) Waffen oder sonstige Gegenstände, die ihrer Art nach zur Verletzung von Personen oder Beschädigung von Sachen geeignet und bestimmt sind, mit sich führt,
 b) Schutzwaffen oder sonstige in Nummer 1 bezeichnete Gegenstände mit sich führt oder
 c) in der in Nummer 2 bezeichneten Weise aufgemacht ist,

wird mit Freiheitsstrafe bis zu einem Jahr oder mit Geldstrafe bestraft.

§ 28 [Verstöße gegen Uniform- und politisches Kennzeichenverbot]

Wer der Vorschrift des § 3 zuwiderhandelt, wird mit Freiheitsstrafe bis zu zwei Jahren oder mit Geldstrafe bestraft.

§ 29 [Ordnungswidrigkeiten]

(1) Ordnungswidrig handelt, wer

1. an einer öffentlichen Versammlung oder einem Aufzug teilnimmt, deren Durchführung durch vollziehbares Verbot untersagt ist,

1a. entgegen § 17a Abs. 2 Nr. 2 bei einer öffentlichen Versammlung unter freiem Himmel, einen Aufzug oder einer sonstigen öffentlichen Veranstaltung unter freiem Himmel oder auf dem Weg dorthin Gegenstände, die geeignet und den Umständen nach dazu bestimmt sind, die Feststellung der Identität zu verhindern, mit sich führt,

1b. (aufgehoben)

2. sich trotz Auflösung einer öffentlichen Versammlung oder eines Aufzuges durch die zuständige Behörde nicht unverzüglich entfernt,

3. als Teilnehmer einer öffentlichen Versammlung unter freiem Himmel oder eines Aufzuges einer vollziehbaren Auflage nach § 15 Abs. 1 oder 2 nicht nachkommt,

4. trotz wiederholter Zurechtweisung durch den Leiter oder einen Ordner fortfährt, den Ablauf einer öffentlichen Versammlung oder eines Aufzuges zu stören,

5. sich nicht unverzüglich nach seiner Ausschließung aus einer öffentlichen Versammlung oder einem Aufzug entfernt,

6. der Aufforderung der Polizei, die Zahl der von ihm bestellten Ordner mitzuteilen, nicht nachkommt oder eine unrichtige Zahl mitteilt (§ 9 Abs. 2),

7. als Leiter oder Veranstalter einer öffentlichen Versammlung oder eines Aufzuges eine größere Zahl von Ordnern verwendet, als die Polizei zugelassen oder genehmigt hat (§ 9 Abs. 2, § 18 Abs. 2), oder Ordner verwendet, die anders gekennzeichnet sind, als es nach § 9 Abs. 1 zulässig ist, oder

8. als Leiter den in eine öffentliche Versammlung entsandten Polizeibeamten die Anwesenheit verweigert oder ihnen keinen angemessenen Platz einräumt.

(2) Die Ordnungswidrigkeit kann in den Fällen des Absatzes 1 Nr. 1 bis 5 mit einer Geldbuße bis tausend Deutsche Mark[1]) und in den Fällen des Absatzes 1 Nr. 6 bis 8 mit einer Geldbuße bis zu fünftausend Deutsche Mark2 geahndet werden.

§ 29a [Ordnungswidrigkeiten]

(1) Ordnungswidrig handelt, wer entgegen § 16 Abs. 1 an einer öffentlichen Versammlung unter freiem Himmel oder an einem Aufzug teilnimmt oder zu einer öffentlichen Versammlung unter freiem Himmel oder zu einem Aufzug auffordert.

(2) Die Ordnungswidrigkeit kann mit einer Geldbuße bis zu dreißigtausend Deutsche Mark2 geahndet werden.

§ 30 [Einziehung]

[1]Gegenstände, auf die sich eine Straftat nach § 27 oder § 28 oder eine Ordnungswidrigkeit nach § 29 Abs. 1 Nr. 1a oder 3 bezieht, können eingezogen werden. [2]§ 74a des Strafgesetzbuches und § 23 des Gesetzes über Ordnungswidrigkeiten sind anzuwenden.

Abschnitt V
Schlußbestimmungen

§ 31 (Aufhebungsvorschriften)

§ 32 (gegenstandslos)

§ 33 (Inkrafttreten)

Anlage
(zu § 15 Abs. 2)

Die Abgrenzung des Ortes nach § 15 Abs. 2 Satz 2 (Denkmal für die ermordeten Juden Europas) umfasst das Gebiet der Bundeshauptstadt Berlin, das umgrenzt wird durch die Ebertstraße, zwischen der Straße In den Ministergärten und der Umfahrung Platz des 18. März, einschließlich des unbefestigten Grünflächenbereichs Ebertpromenade und des Bereichs der unbefestigten Grünfläche im Bereich des J.-W.-von-Goethe-Denkmals, die Behrenstraße, zwischen Ebertstraße und Wilhelmstraße, die Cora-Berliner-Straße, die Gertrud-Kolmar-Straße, nördlich der Einmündung der Straße In den Ministergärten, die Hannah-Arendt-Straße, einschließlich der Verlängerung zur Wilhelmstraße. Die genannten Umgrenzungslinien sind einschließlich der Fahrbahnen, Gehwege und aller sonstigen zum Betreten oder Befahren bestimmten öffentlichen Flächen Bestandteil des Gebiets.

1) Der Betrag wurde amtlich noch nicht auf Euro umgestellt; 1 Euro = 1,95583 DM.

Gesetz zur Verhütung und Bekämpfung von Infektionskrankheiten beim Menschen (Infektionsschutzgesetz – IfSG)[1)2)3)4)5)6)]

Vom 20. Juli 2000 (BGBl. I S. 1045)

(FNA 2126-13)

zuletzt geändert durch Art. 5 Corona-SteuerhilfeG vom 19. Juni 2020 (BGBl. I S. 1385)

Inhaltsübersicht

1) Verkündet als Art. 1 SeuchenrechtsneuordnungsG v. 20.7.2000 (BGBl. I S. 1045); Inkrafttreten gem. Art. 5 Abs. 1 Satz 1 dieses G am 1.1.2001 mit Ausnahme von §§ 37 und 38, die gem. Art. 5 Abs. 2 dieses G am 26.7.2000 in Kraft getreten sind.

2) Die Änderungen durch Art. 4 Abs. 20 G v. 18.7.2016 (BGBl. I S. 1666) treten erst **mWv 1.10.2021** in Kraft und sind im Text noch nicht berücksichtigt.

3) Die Änderungen durch G v. 12.12.2019 (BGBl. I S. 2652) treten erst **mWv 1.1.2024** in Kraft und sind im Text noch nicht berücksichtigt.

4) Die Änderungen durch G v. 10.2.2020 (BGBl. I S. 148) treten teilweise erst **mWv 1.11.2021** in Kraft und sind insoweit im Text noch nicht berücksichtigt.

5) Die Änderungen durch G v. 27.3.2020 (BGBl. I S. 587) treten teilweise erst **mWv 1.1.2021** bzw. **mWv 1.4.2021** in Kraft und sind im Text gekennzeichnet.

6) Die Änderungen durch G v. 19.5.2020 (BGBl. I S. 1018) treten teilweise erst **mWv 1.1.2021** bzw. **mWv 1.4.2021** in Kraft und sind im Text gekennzeichnet.

1. Abschnitt
Allgemeine Vorschriften

§ 1 Zweck des Gesetzes

(1) Zweck des Gesetzes ist es, übertragbaren Krankheiten beim Menschen vorzubeugen, Infektionen frühzeitig zu erkennen und ihre Weiterverbreitung zu verhindern.

(2) [1]Die hierfür notwendige Mitwirkung und Zusammenarbeit von Behörden des Bundes, der Länder und der Kommunen, Ärzten, Tierärzten, Krankenhäusern, wissenschaftlichen Einrichtungen sowie sonstigen

Beteiligten soll entsprechend dem jeweiligen Stand der medizinischen und epidemiologischen Wissenschaft und Technik gestaltet und unterstützt werden. [2]Die Eigenverantwortung der Träger und Leiter von Gemeinschaftseinrichtungen, Lebensmittelbetrieben, Gesundheitseinrichtungen sowie des Einzelnen bei der Prävention übertragbarer Krankheiten soll verdeutlicht und gefördert werden.

§ 1a *[aufgehoben]*

§ 2 Begriffsbestimmungen

Im Sinne dieses Gesetzes ist

1. Krankheitserreger

 ein vermehrungsfähiges Agens (Virus, Bakterium, Pilz, Parasit) oder ein sonstiges biologisches transmissibles Agens, das bei Menschen eine Infektion oder übertragbare Krankheit verursachen kann,

2. Infektion

 die Aufnahme eines Krankheitserregers und seine nachfolgende Entwicklung oder Vermehrung im menschlichen Organismus,

3. übertragbare Krankheit

 eine durch Krankheitserreger oder deren toxische Produkte, die unmittelbar oder mittelbar auf den Menschen übertragen werden, verursachte Krankheit,

3a. bedrohliche übertragbare Krankheit

 eine übertragbare Krankheit, die auf Grund klinisch schwerer Verlaufsformen oder ihrer Ausbreitungsweise eine schwerwiegende Gefahr für die Allgemeinheit verursachen kann,

4. Kranker

 eine Person, die an einer übertragbaren Krankheit erkrankt ist,

5. Krankheitsverdächtiger

 eine Person, bei der Symptome bestehen, welche das Vorliegen einer bestimmten übertragbaren Krankheit vermuten lassen,

6. Ausscheider

 eine Person, die Krankheitserreger ausscheidet und dadurch eine Ansteckungsquelle für die Allgemeinheit sein kann, ohne krank oder krankheitsverdächtig zu sein,

7. Ansteckungsverdächtiger

 eine Person, von der anzunehmen ist, dass sie Krankheitserreger aufgenommen hat, ohne krank, krankheitsverdächtig oder Ausscheider zu sein,

8. nosokomiale Infektion

 eine Infektion mit lokalen oder systemischen Infektionszeichen als Reaktion auf das Vorhandensein von Erregern oder ihrer Toxine, die im zeitlichen Zusammenhang mit einer stationären oder einer ambulanten medizinischen Maßnahme steht, soweit die Infektion nicht bereits vorher bestand,

9. Schutzimpfung

 die Gabe eines Impfstoffes mit dem Ziel, vor einer übertragbaren Krankheit zu schützen,

10. andere Maßnahme der spezifischen Prophylaxe

 die Gabe von Antikörpern (passive Immunprophylaxe) oder die Gabe von Medikamenten (Chemoprophylaxe) zum Schutz vor Weiterverbreitung bestimmter übertragbarer Krankheiten,

11. Impfschaden

 die gesundheitliche und wirtschaftliche Folge einer über das übliche Ausmaß einer Impfreaktion hinausgehenden gesundheitlichen Schädigung durch die Schutzimpfung; ein Impfschaden liegt auch vor, wenn mit vermehrungsfähigen Erregern geimpft wurde und eine andere als die geimpfte Person geschädigt wurde,

12. Gesundheitsschädling

 ein Tier, durch das Krankheitserreger auf Menschen übertragen werden können,

13. Sentinel-Erhebung

 eine epidemiologische Methode zur stichprobenartigen Erfassung der Verbreitung bestimmter übertragbarer Krankheiten und der Immunität gegen bestimmte übertragbare Krankheiten in ausgewählten Bevölkerungsgruppen,

14. Gesundheitsamt

 die nach Landesrecht für die Durchführung dieses Gesetzes bestimmte und mit einem Amtsarzt besetzte Behörde,

15. Leitung der Einrichtung

 die Person, die mit den Leitungsaufgaben in der jeweiligen Einrichtung beauftragt ist; das betrifft auch

a) die selbständig tätige Person für ihren Zuständigkeitsbereich selbst,

b) die Person, die einrichtungsübergreifend mit den Leitungsaufgaben beauftragt ist,

16. personenbezogene Angabe
Name und Vorname, Geschlecht, Geburtsdatum, Anschrift der Hauptwohnung oder des gewöhnlichen Aufenthaltsortes und, falls abweichend, Anschrift des derzeitigen Aufenthaltsortes der betroffenen Person sowie, soweit vorliegend, Telefonnummer und E-Mail-Adresse.

§ 3 Prävention durch Aufklärung

[1]Die Information und Aufklärung der Allgemeinheit über die Gefahren übertragbarer Krankheiten und die Möglichkeiten zu deren Verhütung sind eine öffentliche Aufgabe. [2]Insbesondere haben die nach Landesrecht zuständigen Stellen über Möglichkeiten des allgemeinen und individuellen Infektionsschutzes sowie über Beratungs-, Betreuungs- und Versorgungsangebote zu informieren.

2. Abschnitt
Koordinierung und epidemische Lage von nationaler Tragweite

§ 4 Aufgaben des Robert Koch-Institutes

(1) [1]Das Robert Koch-Institut ist die nationale Behörde zur Vorbeugung übertragbarer Krankheiten sowie zur frühzeitigen Erkennung und Verhinderung der Weiterverbreitung von Infektionen. [2]Dies schließt die Entwicklung und Durchführung epidemiologischer und laborgestützter Analysen sowie Forschung zu Ursache, Diagnostik und Prävention übertragbarer Krankheiten ein. [3]Es arbeitet mit den jeweils zuständigen Bundesbehörden, den zuständigen Landesbehörden, den nationalen Referenzzentren, weiteren wissenschaftlichen Einrichtungen und Fachgesellschaften zusammen. [4]Auf dem Gebiet der Zoonosen und mikrobiell bedingten Lebensmittelvergiftungen sind das Bundesamt für Verbraucherschutz und Lebensmittelsicherheit, das Bundesinstitut für Risikobewertung und das Friedrich-Loeffler-Institut zu beteiligen. [5]Auf Ersuchen der zuständigen obersten Landesgesundheitsbehörde kann das Robert Koch-Institut den zuständigen Stellen bei Maßnahmen zur Überwachung, Verhütung und Bekämpfung von bedrohlichen übertragbaren Krankheiten, auf Ersuchen mehrerer zuständiger oberster Landesgesundheitsbehörden auch länderübergreifend, Amtshilfe leisten. [6]Soweit es zur Erfüllung dieser Amtshilfe erforderlich ist, darf es personenbezogene Daten verarbeiten. [7]Beim Robert Koch-Institut wird eine Kontaktstelle für den öffentlichen Gesundheitsdienst der Länder eingerichtet, die die Amtshilfe nach Satz 5 und die Zusammenarbeit mit den zuständigen Landesbehörden und die Zusammenarbeit bei der Umsetzung des elektronischen Melde- und Informationssystems nach § 14 innerhalb der vom gemeinsamen Planungsrat nach § 14 Absatz 1 Satz 3 getroffenen Leitlinien koordiniert.

(1a) [1]Das Bundesministerium für Gesundheit legt dem Deutschen Bundestag nach Beteiligung des Bundesrates bis spätestens zum 31. März 2021 einen Bericht zu den Erkenntnissen aus der durch das neuartige Coronavirus SARS-CoV-2 verursachten Epidemie vor. [2]Der Bericht beinhaltet Vorschläge zur gesetzlichen, infrastrukturellen und personellen Stärkung des Robert Koch-Instituts sowie gegebenenfalls zusätzlicher Behörden zur Erreichung des Zwecks dieses Gesetzes.

(2) Das Robert Koch-Institut

1. erstellt im Benehmen mit den jeweils zuständigen Bundesbehörden für Fachkreise als Maßnahme des vorbeugenden Gesundheitsschutzes Richtlinien, Empfehlungen, Merkblätter und sonstige Informationen zur Vorbeugung, Erkennung und Verhinderung der Weiterverbreitung übertragbarer Krankheiten,

2. wertet die Daten zu meldepflichtigen Krankheiten und meldepflichtigen Nachweisen von Krankheitserregern, die ihm nach diesem Gesetz und nach § 11 Absatz 5, § 16 Absatz 4 des IGV-Durchführungsgesetzes übermittelt worden sind, infektionsepidemiologisch aus,

3. stellt die Ergebnisse der infektionsepidemiologischen Auswertungen den folgenden Behörden und Institutionen zur Verfügung:

a) den jeweils zuständigen Bundesbehörden,

b) dem Kommando Sanitätsdienst der Bundeswehr,

c) den obersten Landesgesundheitsbehörden,

d) den Gesundheitsämtern,

e) den Landesärztekammern,

f) dem Spitzenverband Bund der Krankenkassen,

g) der Kassenärztlichen Bundesvereinigung,

h) dem Institut für Arbeitsschutz der Deutschen Gesetzlichen Unfallversicherung und

i) der Deutschen Krankenhausgesellschaft,

4. veröffentlicht die Ergebnisse der infektionsepidemiologischen Auswertungen periodisch und

5. unterstützt die Länder und sonstigen Beteiligten bei ihren Aufgaben im Rahmen der epidemiologischen Überwachung nach diesem Gesetz.

(3) [1]Das Robert Koch-Institut arbeitet zu den in § 1 Absatz 1 genannten Zwecken mit ausländischen Stellen und supranationalen Organisationen sowie mit der Weltgesundheitsorganisation und anderen internationalen Organisationen zusammen. [2]Im Rahmen dieser Zusammenarbeit stärkt es deren Fähigkeiten, insbesondere einer möglichen grenzüberschreitenden Ausbreitung von übertragbaren Krankheiten vorzubeugen, entsprechende Gefahren frühzeitig zu erkennen und Maßnahmen zur Verhinderung einer möglichen grenzüberschreitenden Weiterverbreitung einzuleiten. [3]Die Zusammenarbeit kann insbesondere eine dauerhafte wissenschaftliche Zusammenarbeit mit Einrichtungen in Partnerstaaten, die Ausbildung von Personal der Partnerstaaten sowie Unterstützungsleistungen im Bereich der epidemiologischen Lage- und Risikobewertung und des Krisenmanagements umfassen, auch verbunden mit dem Einsatz von Personal des Robert Koch-Institutes im Ausland. [4]Soweit es zur Abwendung von Gefahren von Dritten und zum Schutz von unmittelbar Betroffenen im Rahmen der frühzeitigen Erkennung und Verhinderung der Weiterverbreitung von schwerwiegenden übertragbaren Krankheiten, der Unterstützung bei der Ausbruchsuntersuchung und -bekämpfung, der Kontaktpersonennachverfolgung oder der medizinischen Evakuierung von Erkrankten und Ansteckungsverdächtigen erforderlich ist, darf das Robert Koch-Institut im Rahmen seiner Aufgaben nach den Sätzen 1 bis 3 personenbezogene Daten verarbeiten.

§ 5 Epidemische Lage von nationaler Tragweite[1)]

(1) [1]Der Deutsche Bundestag stellt eine epidemische Lage von nationaler Tragweite fest. [2]Der Deutsche Bundestag hebt die Feststellung der epidemischen Lage von nationaler Tragweite wieder auf, wenn die Voraussetzungen für ihre Feststellung nicht mehr vorliegen. [3]Die Aufhebung ist im Bundesgesetzblatt bekannt zu machen.

(2) [1]Das Bundesministerium für Gesundheit wird im Rahmen der epidemischen Lage von nationaler Tragweite unbeschadet der Befugnisse der Länder ermächtigt,

1. durch Anordnung Personen, die in die Bundesrepublik Deutschland einreisen wollen oder eingereist sind und die wahrscheinlich einem erhöhten Infektionsrisiko für bestimmte bedrohliche übertragbare Krankheiten ausgesetzt waren, insbesondere weil sie aus Gebieten einreisen, die das Robert Koch-Institut als gefährdet eingestuft hat, ausschließlich zur Feststellung und Verhinderung einer Einschleppung einer bedrohlichen übertragbaren Krankheit zu verpflichten,
 a) ihre Identität, Reiseroute und Kontaktdaten gegenüber der zuständigen Behörde bekannt zu geben,
 b) eine Impf- oder Prophylaxebescheinigung hinsichtlich der bedrohlichen übertragbaren Krankheit vorzulegen,
 c) gegenüber der zuständigen Behörde Auskunft über ihren Gesundheitszustand zu geben,
 d) ein ärztliches Zeugnis darüber vorzulegen, dass bei ihnen keine Anhaltspunkte für das Vorliegen der bedrohlichen übertragbaren Krankheit vorhanden sind,
 e) sich ärztlich untersuchen zu lassen;
2. durch Anordnung Unternehmen, die im Eisenbahn-, Bus-, Schiffs- oder Flugverkehr grenzüberschreitend Reisende befördern, Betreiber von Flugplätzen, Häfen, Personenbahnhöfen und Omnibusbahnhöfen sowie Reiseveranstalter im Rahmen ihrer betrieblichen und technischen Möglichkeiten ausschließlich zur Feststellung und Verhinderung einer Einschleppung einer bedrohlichen übertragbaren Krankheit zu verpflichten, bei der Durchführung der Anordnungen nach Nummer 1 mitzuwirken, und
 a) Beförderungen aus bestimmten Staaten in die Bundesrepublik Deutschland zu unterlassen, soweit eine Rückreise deutscher Staatsangehöriger weiterhin möglich ist,
 b) Reisende über die Gefahren übertragbarer Krankheiten und die Möglichkeiten zu deren Verhütung und Bekämpfung barrierefrei zu informieren und in diesem Rahmen auf die Reise- und Sicherheitshinweise des Auswärtigen Amtes hinzuweisen,
 c) die zur Identifizierung einer Person oder zur Früherkennung von Kranken, Krankheitsverdächtigen, Ansteckungsverdächtigen und Ausscheidern notwendigen Angaben zu verarbeiten,
 d) die Beförderung von Kranken, Krankheitsverdächtigen, Ansteckungsverdächtigen und Ausscheidern der zuständigen Behörde zu melden und die Daten nach Buchstabe c zu übermitteln,
 e) Passagierlisten und Sitzpläne der zuständigen Behörde zu übermitteln,
 f) ärztliche Untersuchungen von Reisenden zu ermöglichen,
 g) den Transport von Kranken, Krankheitsverdächtigen, Ansteckungsverdächtigen oder Ausscheidern, in ein Krankenhaus oder in eine andere geeignete Einrichtung zu ermöglichen;

1) Am 1.4.2021 werden die Absätze 1 bis 5 aufgehoben. Die Absätze 6 und 7 werden die Absätze 1 und 2.

3. durch Rechtsverordnung ohne Zustimmung des Bundesrates Ausnahmen von den Vorschriften dieses Gesetzes sowie der auf seiner Grundlage erlassenen Rechtsverordnungen in Bezug auf die Verhütung und Bekämpfung übertragbarer Krankheiten, den Infektionsschutz bei bestimmten Einrichtungen, Unternehmen und Personen und gesundheitliche Anforderungen an das Personal beim Umgang mit Lebensmitteln zuzulassen, um die Abläufe im Gesundheitswesen und die Versorgung der Bevölkerung aufrecht zu erhalten;

4. durch Rechtsverordnung ohne Zustimmung des Bundesrates Maßnahmen zur Sicherstellung der Versorgung mit Arzneimitteln einschließlich Impfstoffen und Betäubungsmitteln, mit Medizinprodukten, Labordiagnostik, Hilfsmitteln, Gegenständen der persönlichen Schutzausrüstung und Produkten zur Desinfektion sowie zur Sicherstellung der Versorgung mit Wirk-, Ausgangs- und Hilfsstoffen, Materialien, Behältnissen und Verpackungsmaterialien, die zur Herstellung und zum Transport der zuvor genannten Produkte erforderlich sind, zu treffen und insbesondere

 a) Ausnahmen von den Vorschriften des Arzneimittelgesetzes, des Betäubungsmittelgesetzes, des Apothekengesetzes, des Fünften Buches Sozialgesetzbuch, des Transfusionsgesetzes sowie der auf ihrer Grundlage erlassenen Rechtsverordnungen, der medizinprodukterechtlichen Vorschriften und der die persönliche Schutzausrüstung betreffenden Vorschriften zum Arbeitsschutz, die die Herstellung, Kennzeichnung, Zulassung, klinische Prüfung, Anwendung, Verschreibung und Abgabe, Ein- und Ausfuhr, das Verbringen und die Haftung, sowie den Betrieb von Apotheken einschließlich Leitung und Personaleinsatz regeln, zuzulassen,

 b) die zuständigen Behörden zu ermächtigen, im Einzelfall Ausnahmen von den in Buchstabe a genannten Vorschriften zu gestatten, insbesondere Ausnahmen von den Vorschriften zur Herstellung, Kennzeichnung, Anwendung, Verschreibung und Abgabe, zur Ein- und Ausfuhr und zum Verbringen sowie zum Betrieb von Apotheken einschließlich Leitung und Personaleinsatz zuzulassen,

 c) Maßnahmen zum Bezug, zur Beschaffung, Bevorratung, Verteilung und Abgabe solcher Produkte durch den Bund zu treffen sowie Regelungen zu Melde- und Anzeigepflichten vorzusehen,

 d) Regelungen zur Sicherstellung und Verwendung der genannten Produkte sowie bei enteignender Wirkung Regelungen über eine angemessene Entschädigung hierfür vorzusehen,

 e) ein Verbot, diese Produkte zu verkaufen, sich anderweitig zur Überlassung zu verpflichten oder bereits eingegangene Verpflichtungen zur Überlassung zu erfüllen sowie Regelungen über eine angemessene Entschädigung hierfür vorzusehen,

 f) Regelungen zum Vertrieb, zur Abgabe, Preisbildung und -gestaltung, Erstattung sowie Vergütung vorzusehen,

 g) Maßnahmen zur Aufrechterhaltung, Umstellung, Eröffnung oder Schließung von Produktionsstätten oder einzelnen Betriebsstätten von Unternehmen, die solche Produkte produzieren sowie Regelungen über eine angemessene Entschädigung hierfür vorzusehen;

5. nach § 13 Absatz 1 des Patentgesetzes anzuordnen, dass eine Erfindung in Bezug auf eines der in Nummer 4 vor der Aufzählung genannten Produkte im Interesse der öffentlichen Wohlfahrt oder im Interesse der Sicherheit des Bundes benutzt werden soll; das Bundesministerium für Gesundheit kann eine nachgeordnete Behörde beauftragen, diese Anordnung zu treffen;

6. die notwendigen Anordnungen

 a) zur Durchführung der Maßnahmen nach Nummer 4 Buchstabe a und

 b) zur Durchführung der Maßnahmen nach Nummer 4 Buchstabe c bis g

 zu treffen; das Bundesministerium für Gesundheit kann eine nachgeordnete Behörde beauftragen, diese Anordnung zu treffen;

7. durch Rechtsverordnung ohne Zustimmung des Bundesrates Maßnahmen zur Aufrechterhaltung der Gesundheitsversorgung in ambulanten Praxen, Apotheken, Krankenhäusern, Laboren, Vorsorge- und Rehabilitationseinrichtungen und in sonstigen Gesundheitseinrichtungen in Abweichung von bestehenden gesetzlichen Vorgaben vorzusehen und insbesondere

 a) untergesetzliche Richtlinien, Regelungen, Vereinbarungen und Beschlüsse der Selbstverwaltungspartner nach dem Fünften Buch Sozialgesetzbuch und nach Gesetzen, auf die im Fünften Buch Sozialgesetzbuch Bezug genommen wird, anzupassen, zu ergänzen oder auszusetzen,

 b) abweichend von der Approbationsordnung für Ärzte die Zeitpunkte und die Anforderungen an die Durchführung der einzelnen Abschnitte der Ärztlichen Prüfung und der Eignungs- und Kenntnisprüfung festzulegen und zu regeln, dass Medizinstudierenden infolge einer notwendigen Mitwirkung an der Gesundheitsversorgung keine Nachteile für den Studienfortschritt entstehen,

c) abweichend von der Approbationsordnung für Zahnärzte die Anforderungen an die Durchführung der naturwissenschaftlichen Vorprüfung, der zahnärztlichen Vorprüfung und der zahnärztlichen Prüfung festzulegen und alternative Lehrformate vorzusehen, um die Fortführung des Studiums zu gewährleisten,

d) abweichend von der Approbationsordnung für Apotheker die Zeitpunkte und die Anforderungen an die Durchführung der einzelnen Prüfungsabschnitte der pharmazeutischen Prüfung sowie die Anforderungen an die Durchführung der Famulatur und der praktischen Ausbildung festzulegen und alternative Lehrformate vorzusehen, um die Fortführung des Studiums zu gewährleisten;

8. durch Rechtsverordnung ohne Zustimmung des Bundesrates Maßnahmen zur Aufrechterhaltung der pflegerischen Versorgung in ambulanten und stationären Pflegeeinrichtungen in Abweichung von bestehenden gesetzlichen Vorgaben vorzusehen und insbesondere

 a) bundesgesetzliche oder vertragliche Anforderungen an Pflegeeinrichtungen auszusetzen oder zu ändern,

 b) untergesetzliche Richtlinien, Regelungen, Vereinbarungen und Beschlüsse der Selbstverwaltungspartner nach dem Elften Buch Sozialgesetzbuch und nach Gesetzen, auf die im Elften Buch Sozialgesetzbuch Bezug genommen wird, anzupassen, zu ergänzen oder auszusetzen,

 c) Aufgaben, die über die Durchführung von körperbezogenen Pflegemaßnahmen, pflegerischen Betreuungsmaßnahmen und Hilfen bei der Haushaltsführung bei Pflegebedürftigen hinaus regelmäßig von Pflegeeinrichtungen, Pflegekassen und Medizinischen Diensten zu erbringen sind, auszusetzen oder einzuschränken;

9. Finanzhilfen gemäß Artikel 104b Absatz 1 des Grundgesetzes für Investitionen der Länder, Gemeinden und Gemeindeverbände zur technischen Modernisierung der Gesundheitsämter und zum Anschluss dieser an das elektronische Melde- und Informationssystem nach § 14 zur Verfügung zu stellen; das Nähere wird durch Verwaltungsvereinbarungen mit den Ländern geregelt;

10. durch Rechtsverordnung ohne Zustimmung des Bundesrates unbeschadet des jeweiligen Ausbildungsziels und der Patientensicherheit abweichende Regelungen von den Berufsgesetzen der Gesundheitsfachberufe und den auf deren Grundlage erlassenen Rechtsverordnungen zu treffen, insbesondere hinsichtlich

 a) der Dauer der Ausbildungen,

 b) der Nutzung von digitalen Unterrichtsformaten,

 c) der Besetzung der Prüfungsausschüsse,

 d) der staatlichen Prüfungen und

 e) der Durchführung der Eignungs- und Kenntnisprüfungen.

[2]Die Ermächtigung nach Satz 1 Nummer 10 umfasst die folgenden Ausbildungen:

1. zur Altenpflegerin oder zum Altenpfleger nach § 58 Absatz 2 des Pflegeberufegesetzes,

2. zur Altenpflegerin oder zum Altenpfleger nach § 66 Absatz 2 des Pflegeberufegesetzes,

3. zur Diätassistentin oder zum Diätassistenten nach dem Diätassistentengesetz,

4. zur Ergotherapeutin oder zum Ergotherapeuten nach dem Ergotherapeutengesetz,

5. zur Gesundheits- und Krankenpflegerin oder zum Gesundheits- und Krankenpfleger nach § 66 Absatz 1 Satz 1 Nummer 1 des Pflegeberufegesetzes,

6. zur Gesundheits- und Kinderkrankenpflegerin oder zum Gesundheits- und Kinderkrankenpfleger nach § 58 Absatz 1 Satz 1 des Pflegeberufegesetzes,

7. zur Gesundheits- und Kinderkrankenpflegerin oder zum Gesundheits- und Kinderkrankenpfleger nach § 66 Absatz 1 Satz 1 Nummer 2 des Pflegeberufegesetzes,

8. zur Hebamme oder zum Entbindungspfleger nach § 77 Absatz 1 und § 78 des Hebammengesetzes,

9. zur Hebamme nach dem Hebammengesetz,

10. zur Logopädin oder zum Logopäden nach dem Gesetz über den Beruf des Logopäden,

11. zur Masseurin und medizinischen Bademeisterin oder zum Masseur und medizinischen Bademeister nach dem Masseur- und Physiotherapeutengesetz,

12. zur Medizinisch-technischen Laboratoriumsassistentin oder zum Medizinisch-technischen Laboratoriumsassistenten nach dem MTA-Gesetz,

13. zur Medizinisch-technischen Radiologieassistentin oder zum Medizinisch-technischen Radiologieassistenten nach dem MTA-Gesetz,

14. zur Medizinisch-technischen Assistentin für Funktionsdiagnostik oder zum Medizinisch-technischen Assistenten für Funktionsdiagnostik nach dem MTA-Gesetz,

15. zur Notfallsanitäterin oder zum Notfallsanitäter nach dem Notfallsanitätergesetz,

16. zur Orthoptistin oder zum Orthoptisten nach dem Orthoptistengesetz,

17. zur Pflegefachfrau oder zum Pflegefachmann nach dem Pflegeberufegesetz,
18. zur pharmazeutisch-technischen Assistentin oder zum pharmazeutisch-technischen Assistenten nach dem Gesetz über den Beruf des pharmazeutisch-technischen Assistenten,
19. zur Physiotherapeutin oder zum Physiotherapeuten nach dem Masseur- und Physiotherapeutengesetz,
20. zur Podologin oder zum Podologen nach dem Podologengesetz,
21. zur Veterinärmedizinisch-technischen Assistentin oder zum Veterinärmedizinisch-technischen Assistenten nach dem MTA-Gesetz.

(3) [1]Anordnungen nach Absatz 2 Nummer 1 und 2 werden im Einvernehmen mit dem Bundesministerium des Innern, für Bau und Heimat und dem Bundesministerium für Verkehr und digitale Infrastruktur getroffen. [2]Rechtsverordnungen nach Absatz 2, insbesondere nach Nummer 3, 4, 7 und 8, bedürfen des Einvernehmens mit dem Bundesministerium für Arbeit und Soziales, soweit sie sich auf das Arbeitsrecht oder den Arbeitsschutz beziehen. [3]Rechtsverordnungen nach Absatz 2 Nummer 4 und Anordnungen nach Absatz 2 Nummer 6 ergehen im Benehmen mit dem Bundesministerium für Wirtschaft und Energie. [4]Rechtsverordnungen nach Absatz 2 Nummer 10 werden im Benehmen mit dem Bundesministerium für Bildung und Forschung erlassen und bedürfen, soweit sie sich auf die Pflegeberufe beziehen, des Einvernehmens mit dem Bundesministerium für Familie, Senioren, Frauen und Jugend. [5]Bei Gefahr im Verzug kann auf das Einvernehmen nach den Sätzen 1 und 2 verzichtet werden.

(4) [1]Eine auf Grund des Absatzes 2 oder § 5a Absatz 2 erlassene Rechtsverordnung tritt mit Aufhebung der Feststellung der epidemischen Lage von nationaler Tragweite außer Kraft, ansonsten spätestens mit Ablauf des 31. März 2021. [2]Abweichend von Satz 1 bleibt eine Übergangsregelung in der Verordnung nach Absatz 2 Nummer 7 Buchstabe b, Buchstabe c oder Buchstabe d bis zum Ablauf der Phase des Studiums in Kraft, für die sie gilt. [3]Abweichend von Satz 1 ist eine Verordnung nach Absatz 2 Nummer 10 auf ein Jahr nach Aufhebung der Feststellung der epidemischen Lage von nationaler Tragweite, spätestens auf den Ablauf des 31. März 2022 zu befristen. [4]Nach Absatz 2 getroffene Anordnungen gelten mit Aufhebung der Feststellung der epidemischen Lage von nationaler Tragweite als aufgehoben, ansonsten mit Ablauf des 31. März 2021. [5]Eine Anfechtungsklage gegen Anordnungen nach Absatz 2 hat keine aufschiebende Wirkung.

(5) Das Grundrecht der körperlichen Unversehrtheit (Artikel 2 Absatz 2 Satz 1 des Grundgesetzes) wird im Rahmen des Absatzes 2 insoweit eingeschränkt.

(6) Aufgrund einer epidemischen Lage von nationaler Tragweite kann das Bundesministerium für Gesundheit unter Heranziehung der Empfehlungen des Robert Koch-Instituts Empfehlungen abgeben, um ein koordiniertes Vorgehen innerhalb der Bundesrepublik Deutschland zu ermöglichen.

(7) [1]Das Robert Koch-Institut koordiniert im Rahmen seiner gesetzlichen Aufgaben im Fall einer epidemischen Lage von nationaler Tragweite die Zusammenarbeit zwischen den Ländern und zwischen den Ländern und dem Bund sowie weiteren beteiligten Behörden und Stellen und tauscht Informationen aus. [2]Die Bundesregierung kann durch allgemeine Verwaltungsvorschrift mit Zustimmung des Bundesrates Näheres bestimmen. [3]Die zuständigen Landesbehörden informieren unverzüglich die Kontaktstelle nach § 4 Absatz 1 Satz 7, wenn im Rahmen einer epidemischen Lage von nationaler Tragweite die Durchführung notwendiger Maßnahmen nach dem 5. Abschnitt nicht mehr gewährleistet ist.

§ 5a Ausübung heilkundlicher Tätigkeiten bei Vorliegen einer epidemischen Lage von nationaler Tragweite, Verordnungsermächtigung[1)]

(1) [1]Im Rahmen einer epidemischen Lage von nationaler Tragweite wird die Ausübung heilkundlicher Tätigkeiten folgenden Personen gestattet:
1. Altenpflegerinnen und Altenpflegern,
2. Gesundheits- und Kinderkrankenpflegerinnen und Gesundheits- und Kinderkrankenpflegern,
3. Gesundheits- und Krankenpflegerinnen und Gesundheits- und Krankenpflegern,
4. Notfallsanitäterinnen und Notfallsanitätern und
5. Pflegefachfrauen und Pflegefachmännern.

[2]Die Ausübung heilkundlicher Tätigkeiten ist während der epidemischen Lage von nationaler Tragweite gestattet, wenn
1. die Person auf der Grundlage der in der jeweiligen Ausbildung erworbenen Kompetenzen und ihrer persönlichen Fähigkeiten in der Lage ist, die jeweils erforderliche Maßnahme eigenverantwortlich durchzuführen und
2. der Gesundheitszustand der Patientin oder des Patienten nach seiner Art und Schwere eine ärztliche Behandlung im Ausnahmefall einer epidemischen Lage von nationaler Tragweite nicht zwingend

1) § 5a tritt am 1.4.2021 außer Kraft.

erfordert, die jeweils erforderliche Maßnahme aber eine ärztliche Beteiligung voraussetzen würde, weil sie der Heilkunde zuzurechnen ist. ³Die durchgeführte Maßnahme ist in angemessener Weise zu dokumentieren. ⁴Sie soll unverzüglich der verantwortlichen Ärztin oder dem verantwortlichen Arzt oder einer sonstigen die Patientin oder den Patienten behandelnden Ärztin oder einem behandelnden Arzt mitgeteilt werden.

(2) Das Bundesministerium für Gesundheit wird ermächtigt, durch Rechtsverordnung ohne Zustimmung des Bundesrates weiteren Personen mit Erlaubnis zum Führen der Berufsbezeichnung eines reglementierten Gesundheitsfachberufs während einer epidemischen Lage von nationaler Tragweite die Ausübung heilkundlicher Tätigkeiten nach Absatz 1 Satz 2 zu gestatten.

3. Abschnitt
Überwachung

§ 6 Meldepflichtige Krankheiten

(1) ¹Namentlich ist zu melden:

1. ¹⁾ der Verdacht einer Erkrankung, die Erkrankung sowie der Tod in Bezug auf die folgenden Krankheiten:

 a) Botulismus,
 b) Cholera,
 c) Diphtherie,
 d) humane spongiforme Enzephalopathie, außer familiär-hereditärer Formen,
 e) akute Virushepatitis,
 f) enteropathisches hämolytisch-urämisches Syndrom (HUS),
 g) virusbedingtes hämorrhagisches Fieber,
 h) Keuchhusten,
 i) Masern,
 j) Meningokokken-Meningitis oder -Sepsis,
 k) Milzbrand,
 l) Mumps,
 m) Pest,
 n) Poliomyelitis,
 o) Röteln einschließlich Rötelnembryopathie,
 p) Tollwut,
 q) Tyhpus abdominalis oder Paratyphus,
 r) Windpocken,
 s) zoonotische Influenza,
 t) Coronavirus-Krankheit-2019 (COVID-19),

1a. die Erkrankung und der Tod in Bezug auf folgende Krankheiten:

 a) behandlungsbedürftige Tuberkulose, auch wenn ein bakteriologischer Nachweis nicht vorliegt,
 b) Clostridioides-difficile-Infektion mit klinisch schwerem Verlauf; ein klinisch schwerer Verlauf liegt vor, wenn

 aa) der Erkrankte zur Behandlung einer ambulant erworbenen Clostridioides-difficile-Infektion in eine medizinische Einrichtung aufgenommen wird,
 bb) der Erkrankte zur Behandlung der Clostridioides-difficile-Infektion oder ihrer Komplikationen auf eine Intensivstation verlegt wird,
 cc) ein chirurgischer Eingriff, zum Beispiel Kolektomie, auf Grund eines Megakolons, einer Perforation oder einer refraktären Kolitis erfolgt oder
 dd) der Erkrankte innerhalb von 30 Tagen nach der Feststellung der Clostridioides-difficile-Infektion verstirbt und die Infektion als direkte Todesursache oder als zum Tode beitragende Erkrankung gewertet wurde,

2. der Verdacht auf und die Erkrankung an einer mikrobiell bedingten Lebensmittelvergiftung oder an einer akuten infektiösen Gastroenteritis, wenn

 a) eine Person betroffen ist, die eine Tätigkeit im Sinne des § 42 Abs. 1 ausübt,
 b) zwei oder mehr gleichartige Erkrankungen auftreten, bei denen ein epidemischer Zusammenhang wahrscheinlich ist oder vermutet wird,

1) Siehe hierzu ua die Meldepflicht-Verordnung „2019-nCoV".

3. der Verdacht einer über das übliche Ausmaß einer Impfreaktion hinausgehenden gesundheitlichen Schädigung,

4. die Verletzung eines Menschen durch ein tollwutkrankes, -verdächtiges oder -ansteckungsverdächtiges Tier sowie die Berührung eines solchen Tieres oder Tierkörpers,

5. der Verdacht einer Erkrankung, die Erkrankung sowie der Tod, in Bezug auf eine bedrohliche übertragbare Krankheit, die nicht bereits nach den Nummern 1 bis 4 meldepflichtig ist.

[2]Die Meldung nach Satz 1 hat gemäß § 8 Absatz 1 Nummer 1, 3 bis 8, § 9 Absatz 1, 2, 3 Satz 1 oder 3 zu erfolgen.

(2) [1]Dem Gesundheitsamt ist über die Meldung nach Absatz 1 Satz 1 Nummer 1 Buchstabe i hinaus zu melden, wenn Personen an einer subakuten sklerosierenden Panenzephalitis infolge einer Maserninfektion erkranken oder versterben. [2]Dem Gesundheitsamt ist über die Meldung nach Absatz 1 Satz 1 Nummer 1a Buchstabe a hinaus zu melden, wenn Personen, die an einer behandlungsbedürftigen Lungentuberkulose erkrankt sind, eine Behandlung verweigern oder abbrechen. [3]Die Meldung nach den Sätzen 1 und 2 hat gemäß § 8 Absatz 1 Nummer 1, § 9 Absatz 1 und 3 Satz 1 oder 3 zu erfolgen.

(3) [1]Nichtnamentlich ist das Auftreten von zwei oder mehr nosokomialen Infektionen zu melden, bei denen ein epidemischer Zusammenhang wahrscheinlich ist oder vermutet wird. [2]Die Meldung nach Satz 1 hat gemäß § 8 Absatz 1 Nummer 1, 3 oder 5, § 10 Absatz 1 zu erfolgen.

§ 7 Meldepflichtige Nachweise von Krankheitserregern

(1)[1]) [1]Namentlich ist bei folgenden Krankheitserregern, soweit nicht anders bestimmt, der direkte oder indirekte Nachweis zu melden, soweit die Nachweise auf eine akute Infektion hinweisen:

1. Adenoviren; Meldepflicht nur für den direkten Nachweis im Konjunktivalabstrich
2. Bacillus anthracis
3. Bordetella pertussis, Bordetella parapertussis
3a. humanpathogene Bornaviren; Meldepflicht nur für den direkten Nachweis
4. Borrelia recurrentis
5. Brucella sp.
6. Campylobacter sp., darmpathogen
6a. Chikungunya-Virus
7. Chlamydia psittaci
8. Clostridium botulinum oder Toxinnachweis
9. Corynebacterium spp., Toxin bildend
10. Coxiella burnetii
10a. Dengue-Virus
11. humanpathogene Cryptosporidium sp.
12. Ebolavirus
13. a) Escherichia coli, enterohämorrhagische Stämme (EHEC)
 b) Escherichia coli, sonstige darmpathogene Stämme
14. Francisella tularensis
15. FSME-Virus
16. Gelbfiebervirus
17. Giardia lamblia
18. Haemophilus influenzae; Meldepflicht nur für den direkten Nachweis aus Liquor oder Blut
19. Hantaviren
20. Hepatitis-A-Virus
21. Hepatitis-B-Virus; Meldepflicht für alle Nachweise
22. Hepatitis-C-Virus; Meldepflicht für alle Nachweise
23. Hepatitis-D-Virus; Meldepflicht für alle Nachweise
24. Hepatitis-E-Virus
25. Influenzaviren; Meldepflicht nur für den direkten Nachweis
26. Lassavirus
27. Legionella sp.
28. humanpathogene Leptospira sp.
29. Listeria monocytogenes; Meldepflicht nur für den direkten Nachweis aus Blut, Liquor oder anderen normalerweise sterilen Substraten sowie aus Abstrichen von Neugeborenen
30. Marburgvirus
31. Masernvirus

1) Siehe hierzu ua die Meldepflicht-Verordnung „2019-nCoV".

31a. Middle-East-Respiratory-Syndrome-Coronavirus (MERS-CoV)
32. Mumpsvirus
33. Mycobacterium leprae
34. Mycobacterium tuberculosis/africanum, Mycobacterium bovis; Meldepflicht für den direkten Erregernachweis sowie nachfolgend für das Ergebnis der Resistenzbestimmung; vorab auch für den Nachweis säurefester Stäbchen im Sputum
35. Neisseria meningitidis; Meldepflicht nur für den direkten Nachweis aus Liquor, Blut, hämorrhagischen Hautinfiltraten oder anderen normalerweise sterilen Substraten
36. Norovirus
37. Poliovirus
38. Rabiesvirus
39. Rickettsia prowazekii
40. Rotavirus
41. Rubellavirus
42. Salmonella Paratyphi; Meldepflicht für alle direkten Nachweise
43. Salmonella Typhi; Meldepflicht für alle direkten Nachweise
44. Salmonella, sonstige
44a. Severe-Acute-Respiratory-Syndrome-Coronavirus (SARS-CoV) und Severe-Acute- Respiratory-Syndrome-Coronavirus-2 (SARS-CoV-2)
45. Shigella sp.
45a. Streptococcus pneumoniae; Meldepflicht nur für den direkten Nachweis aus Liquor, Blut, Gelenkpunktat oder anderen normalerweise sterilen Substraten
46. Trichinella spiralis
47. Varizella-Zoster-Virus
48. Vibrio spp., humanpathogen; soweit ausschließlich eine Ohrinfektion vorliegt, nur bei Vibrio cholerae
48a. West-Nil-Virus
49. Yersinia pestis
50. Yersinia spp., darmpathogen
50a. Zika-Virus und sonstige Arboviren
51. andere Erreger hämorrhagischer Fieber
52. der direkte Nachweis folgender Krankheitserreger:
 a) Staphylococcus aureus, Methicillin-resistente Stämme; Meldepflicht nur für den Nachweis aus Blut oder Liquor
 b) Enterobacterales bei Nachweis einer Carbapenemase-Determinante oder mit verminderter Empfindlichkeit gegenüber Carbapenemen außer bei natürlicher Resistenz; Meldepflicht nur bei Infektion oder Kolonisation
 c) Acinetobacter spp. bei Nachweis einer Carbapenemase-Determinante oder mit verminderter Empfindlichkeit gegenüber Carbapenemen außer bei natürlicher Resistenz; Meldepflicht nur bei Infektion oder Kolonisation.

[2]Die Meldung nach Satz 1 hat gemäß § 8 Absatz 1 Nummer 2, 3, 4 oder Absatz 4, § 9 Absatz 1, 2, 3 Satz 1 oder 3 zu erfolgen.

(2) [1]Namentlich sind in Bezug auf Infektionen und Kolonisationen Nachweise von in dieser Vorschrift nicht genannten Krankheitserregern zu melden, wenn unter Berücksichtigung der Art der Krankheitserreger und der Häufigkeit ihres Nachweises Hinweise auf eine schwerwiegende Gefahr für die Allgemeinheit bestehen. [2]Die Meldung nach Satz 1 hat gemäß § 8 Absatz 1 Nummer 2, 3 oder Absatz 4, § 9 Absatz 2, 3 Satz 1 oder 3 zu erfolgen.

(3) [1]Nichtnamentlich ist bei folgenden Krankheitserregern der direkte oder indirekte Nachweis zu melden:
1. Treponema pallidum
2. HIV
3. Echinococcus sp.
4. Plasmodium sp.
5. Toxoplasma gondii; Meldepflicht nur bei konnatalen Infektionen
6. Neisseria gonorrhoeae mit verminderter Empfindlichkeit gegenüber Azithromycin, Cefixim oder Ceftriaxon.

[2]Die Meldung nach Satz 1 hat gemäß § 8 Absatz 1 Nummer 2, 3 oder Absatz 4, § 10 Absatz 2 zu erfolgen.

(4) [1]Bei Untersuchungen zum direkten oder indirekten Nachweis folgender Krankheitserreger ist das Untersuchungsergebnis nichtnamentlich zu melden:

1. Severe-Acute-Respiratory-Syndrome-Coronavirus (SARS-CoV) und
2. Severe-Acute-Respiratory-Syndrome-Coronavirus- 2 (SARS-CoV-2).

[2]Die Meldung nach Satz 1 hat gemäß § 8 Absatz 1 Nummer 2, 3 oder Absatz 4, § 10 Absatz 3 zu erfolgen.

§ 8 Zur Meldung verpflichtete Personen

(1) Zur Meldung sind verpflichtet:

1. im Falle des § 6 der feststellende Arzt; in Einrichtungen nach § 23 Absatz 5 Satz 1 ist für die Einhaltung der Meldepflicht neben dem feststellenden Arzt auch der leitende Arzt, in Krankenhäusern mit mehreren selbständigen Abteilungen der leitende Abteilungsarzt, in Einrichtungen ohne leitenden Arzt der behandelnde Arzt verantwortlich,
2. im Falle des § 7 die Leiter von Medizinaluntersuchungsämtern und sonstigen privaten oder öffentlichen Untersuchungsstellen einschließlich von Arztpraxen mit Infektionserregerdiagnostik und Krankenhauslaboratorien,
3. im Falle der §§ 6 und 7 die Leiter von Einrichtungen der pathologisch-anatomischen Diagnostik,
4. im Falle des § 6 Absatz 1 Satz 1 Nr. 4 und im Falle des § 7 Absatz 1 Satz 1 Nummer 38 bei Tieren, mit denen Menschen Kontakt gehabt haben, auch der Tierarzt,
5. im Falle des § 6 Absatz 1 Satz 1 Nr. 1, 2 und 5 und Abs. 3 Angehörige eines anderen Heil- oder Pflegeberufs, der für die Berufsausübung oder die Führung der Berufsbezeichnung eine staatlich geregelte Ausbildung oder Anerkennung erfordert,
6. *[aufgehoben]*
7. im Falle des § 6 Absatz 1 Satz 1 Nummer 1, 2 und 5 die Leiter von Einrichtungen nach § 36 Absatz 1 Nummer 1 bis 6,
8. im Falle des § 6 Absatz 1 Satz 1 der Heilpraktiker.

(2) [1]Die Meldepflicht besteht nicht für Personen des Not- und Rettungsdienstes, wenn der Patient unverzüglich in eine ärztlich geleitete Einrichtung gebracht wurde. [2]Die Meldepflicht besteht für die in Absatz 1 Nr. 5 bis 7 bezeichneten Personen nur, wenn ein Arzt nicht hinzugezogen wurde.

(3) [1]Die Meldepflicht besteht nicht, wenn dem Meldepflichtigen ein Nachweis vorliegt, dass die Meldung bereits erfolgte und andere als die bereits gemeldeten Angaben nicht erhoben wurden. [2]Eine Meldepflicht besteht ebenfalls nicht für Erkrankungen, bei denen der Verdacht bereits gemeldet wurde und andere als die bereits gemeldeten Angaben nicht erhoben wurden.

(4) Absatz 1 Nr. 2 gilt entsprechend für Personen, die die Untersuchung zum Nachweis von Krankheitserregern außerhalb des Geltungsbereichs dieses Gesetzes durchführen lassen.

§ 9 Namentliche Meldung

(1) Die namentliche Meldung durch eine der in § 8 Absatz 1 Nummer 1 und 4 bis 8 genannten Personen muss, soweit vorliegend, folgende Angaben enthalten:

1. zur betroffenen Person:
 a) Name und Vorname,
 b) Geschlecht,
 c) Geburtsdatum,
 d) Anschrift der Hauptwohnung oder des gewöhnlichen Aufenthaltsortes und, falls abweichend: Anschrift des derzeitigen Aufenthaltsortes,
 e) weitere Kontaktdaten,
 f) Tätigkeit in Einrichtungen und Unternehmen nach § 23 Absatz 3 Satz 1 oder nach § 36 Absatz 1 und 2 mit Namen, Anschrift und weiteren Kontaktdaten der Einrichtung oder des Unternehmens,
 g) Tätigkeit nach § 42 Absatz 1 bei akuter Gastroenteritis, bei akuter Virushepatitis, bei Typhus abdominalis oder Paratyphus und bei Cholera mit Namen, Anschrift und weiteren Kontaktdaten der Einrichtung oder des Unternehmens,
 h) Betreuung oder Unterbringung in oder durch Einrichtungen oder Unternehmen nach § 23 Absatz 5 Satz 1 oder § 36 Absatz 1 oder Absatz 2 mit Name, Anschrift und weiteren Kontaktdaten der Einrichtung oder des Unternehmens sowie der Art der Einrichtung oder des Unternehmens,
 i) Diagnose oder Verdachtsdiagnose,
 j) Tag der Erkrankung, Tag der Diagnose, gegebenenfalls Tag des Todes und wahrscheinlicher Zeitpunkt oder Zeitraum der Infektion,
 k) wahrscheinlicher Infektionsweg, einschließlich Umfeld, in dem die Übertragung wahrscheinlich stattgefunden hat, mit Name, Anschrift und weiteren Kontaktdaten der Infektionsquelle und wahrscheinliches Infektionsrisiko,

l) in Deutschland: Landkreis oder kreisfreie Stadt, in dem oder in der die Infektion wahrscheinlich erworben worden ist, ansonsten Staat, in dem die Infektion wahrscheinlich erworben worden ist,

m) bei Tuberkulose, Hepatitis B und Hepatitis C: Geburtsstaat, Staatsangehörigkeit und gegebenenfalls Jahr der Einreise nach Deutschland,

n) bei Coronavirus-Krankheit-2019 (COVID- 19): Angaben zum Behandlungsergebnis und zum Serostatus in Bezug auf diese Krankheit,

o) Überweisung, Aufnahme und Entlassung aus einer Einrichtung nach § 23 Absatz 5 Satz 1, gegebenenfalls intensivmedizinische Behandlung und deren Dauer,

p) Spender für eine Blut-, Organ-, Gewebe- oder Zellspende in den letzten sechs Monaten,

q) bei impfpräventablen Krankheiten Angaben zum diesbezüglichen Impfstatus,

r) Zugehörigkeit zu den in § 54a Absatz 1 Nummer 1 und 2 genannten Personengruppen,

2. Name, Anschrift und weitere Kontaktdaten der Untersuchungsstelle, die mit der Erregerdiagnostik beauftragt ist,

3. Name, Anschrift und weitere Kontaktdaten des Meldenden und

4. bei einer Meldung nach § 6 Absatz 1 Satz 1 Nummer 3 die Angaben zur Schutzimpfung nach § 22 Absatz 2.

(2) [1]Die namentliche Meldung durch eine in § 8 Absatz 1 Nummer 2 und 3 genannte Person muss, soweit vorliegend, folgende Angaben enthalten:

1. zur betroffenen Person:

 a) Name und Vorname,

 b) Geschlecht,

 c) Geburtsdatum,

 d) Anschrift der Hauptwohnung oder des gewöhnlichen Aufenthaltsortes und, falls abweichend: Anschrift des derzeitigen Aufenthaltsortes,

 e) weitere Kontaktdaten,

 f) Art des Untersuchungsmaterials,

 g) Eingangsdatum des Untersuchungsmaterials,

 h) Nachweismethode,

 i) Untersuchungsbefund, einschließlich Typisierungsergebnissen, und

 j) erkennbare Zugehörigkeit zu einer Erkrankungshäufung,

2. Name, Anschrift und weitere Kontaktdaten des Einsenders und

3. Name, Anschrift und weitere Kontaktdaten des Meldenden.

[2]Der Einsender hat den Meldenden bei dessen Angaben nach Satz 1 zu unterstützen und diese Angaben gegebenenfalls zu vervollständigen. [3]Bei einer Untersuchung auf Hepatitis C hat der Einsender dem Meldenden mitzuteilen, ob ihm eine chronische Hepatitis C bei der betroffenen Person bekannt ist.

(3) [1]Die namentliche Meldung muss unverzüglich erfolgen und dem zuständigen Gesundheitsamt nach Absatz 4 spätestens 24 Stunden, nachdem der Meldende Kenntnis erlangt hat, vorliegen. [2]Eine Meldung darf wegen einzelner fehlender Angaben nicht verzögert werden. [3]Die Nachmeldung oder Korrektur von Angaben hat unverzüglich nach deren Vorliegen an das Gesundheitsamt zu erfolgen, das die ursprüngliche Meldung erhalten hat. [4]Das Gesundheitsamt ist befugt, von dem Meldenden Auskunft über Angaben zu verlangen, die die Meldung zu enthalten hat. [5]Der Meldende hat dem Gesundheitsamt unverzüglich anzugeben, wenn sich eine Verdachtsmeldung nicht bestätigt hat.

(4) [1]Meldungen nach Absatz 1 haben an das Gesundheitsamt zu erfolgen, in dessen Bezirk sich die betroffene Person derzeit aufhält oder zuletzt aufhielt. [2]Sofern die betroffene Person in einer Einrichtung gemäß Absatz 1 Nummer 1 Buchstabe h betreut oder untergebracht ist, haben Meldungen nach Absatz 1 an das Gesundheitsamt zu erfolgen, in dessen Bezirk sich die Einrichtung befindet. [3]Meldungen nach Absatz 2 haben an das Gesundheitsamt zu erfolgen, in dessen Bezirk die Einsender ihren Sitz haben.

(5) Die verarbeiteten Daten zu meldepflichtigen Krankheiten und Nachweisen von Krankheitserregern werden jeweils fallbezogen mit den Daten der zu diesem Fall geführten Ermittlungen und getroffenen Maßnahmen sowie mit den daraus gewonnenen Erkenntnissen auch an das Gesundheitsamt übermittelt,

1. in dessen Bezirk die betroffene Person ihre Hauptwohnung hat oder zuletzt hatte oder

2. in dessen Bezirk sich die betroffene Person gewöhnlich aufhält, falls ein Hauptwohnsitz nicht feststellbar ist oder falls die betroffene Person sich dort gewöhnlich nicht aufhält.

(6) Die verarbeiteten Daten zu meldepflichtigen Krankheiten und Nachweisen von Krankheitserregern werden jeweils fallbezogen mit den Daten der zu diesem Fall geführten Ermittlungen und getroffenen Maßnahmen sowie mit den daraus gewonnenen Erkenntnissen auch an die zuständigen Stellen der Bun-

deswehr übermittelt, sofern die betroffene Person einer Personengruppe im Sinne des § 54a Absatz 1 Nummer 1 und 2 angehört.

§ 10 Nichtnamentliche Meldung

(1) [1]Die nichtnamentliche Meldung nach § 6 Absatz 3 Satz 1 muss unverzüglich erfolgen und dem Gesundheitsamt, in dessen Bezirk sich die Einrichtung befindet, spätestens 24 Stunden nach der Feststellung des Ausbruchs vorliegen. [2]Die Meldung muss, soweit vorliegend, folgende Angaben enthalten:

1. Name, Anschrift und weitere Kontaktdaten
 a) der betroffenen Einrichtung,
 b) des Meldenden,
 c) der mit der Erregerdiagnostik beauftragten Untersuchungsstelle und
2. folgende einzelfallbezogene Angaben zu den aufgetretenen nosokomialen Infektionen sowie zu allen damit wahrscheinlich oder vermutlich in epidemischem Zusammenhang stehenden Kolonisationen:
 a) Geschlecht der betroffenen Person,
 b) Monat und Jahr der Geburt der betroffenen Person,
 c) Untersuchungsbefund, einschließlich Typisierungsergebnissen,
 d) Diagnose,
 e) Datum der Diagnose,
 f) wahrscheinlicher Infektionsweg, einschließlich Umfeld, in dem die Übertragung wahrscheinlich stattgefunden hat, mit Name, Anschrift und weiteren Kontaktdaten der Infektionsquelle und wahrscheinliches Infektionsrisiko.

[3]§ 9 Absatz 3 Satz 2 bis 4 gilt entsprechend.

(2) [1]Die nichtnamentliche Meldung nach § 7 Absatz 3 Satz 1 muss innerhalb von zwei Wochen, nachdem der Meldende Kenntnis erlangt hat, an das Robert Koch-Institut erfolgen. [2]Das Robert Koch-Institut bestimmt die technischen Übermittlungsstandards. [3]Die Meldung muss folgende Angaben enthalten:

1. in den Fällen des § 7 Absatz 3 Satz 1 Nummer 2 eine fallbezogene Pseudonymisierung nach Absatz 4,
2. Geschlecht der betroffenen Person,
3. Monat und Jahr der Geburt der betroffenen Person,
4. die ersten drei Ziffern der Postleitzahl der Hauptwohnung oder des gewöhnlichen Aufenthaltsortes,
5. Untersuchungsbefund einschließlich Typisierungsergebnissen,
6. Monat und Jahr der Diagnose,
7. Art des Untersuchungsmaterials,
8. Nachweismethode,
9. wahrscheinlicher Infektionsweg und wahrscheinliches Infektionsrisiko,
10. Staat, in dem die Infektion wahrscheinlich erfolgt ist,
11. bei Malaria Angaben zur Expositions- und Chemoprophylaxe,
12. Name, Anschrift und weitere Kontaktdaten des Einsenders und
13. Name, Anschrift und weitere Kontaktdaten des Meldenden.

[4]Der Einsender hat den Meldenden bei den Angaben nach Satz 3 zu unterstützen und diese Angaben gegebenenfalls zu vervollständigen. [5]§ 9 Absatz 3 Satz 2 bis 4 gilt entsprechend.

(3) [1]Die nichtnamentliche Meldung nach § 7 Absatz 4 Satz 1 muss spätestens 24 Stunden, nachdem der Meldende Kenntnis erlangt hat, an das Robert Koch-Institut erfolgen. [2]Die Meldung muss folgende Angaben enthalten:

1. eine fallbezogene Pseudonymisierung nach Absatz 4,
2. Geschlecht der betroffenen Person,
3. Monat und Jahr der Geburt der betroffenen Person,
4. die ersten drei Ziffern der Postleitzahl der Hauptwohnung oder des gewöhnlichen Aufenthaltsortes,
5. Untersuchungsbefund einschließlich Typisierungsergebnissen,
6. Art des Untersuchungsmaterials,
7. Nachweismethode,
8. Name, Anschrift und weitere Kontaktdaten des Einsenders,
9. Name, Anschrift und weitere Kontaktdaten des Meldenden,
10. Grund der Untersuchung.

(4) [1]Die fallbezogene Pseudonymisierung besteht aus dem dritten Buchstaben des ersten Vornamens in Verbindung mit der Anzahl der Buchstaben des ersten Vornamens sowie dem dritten Buchstaben des ersten Nachnamens in Verbindung mit der Anzahl der Buchstaben des ersten Nachnamens. [2]Bei Doppelnamen wird jeweils nur der erste Teil des Namens berücksichtigt; Umlaute werden in zwei Buchstaben

dargestellt. [3]Namenszusätze bleiben unberücksichtigt. [4]§ 14 Absatz 3 bleibt unberührt. [5]Angaben nach den Sätzen 1 bis 3 und die Angaben zum Monat der Geburt dürfen vom Robert Koch-Institut lediglich zu der Prüfung, ob verschiedene Meldungen sich auf denselben Fall beziehen, verarbeitet werden. [6]Sie sind zu löschen, sobald nicht mehr zu erwarten ist, dass die damit bewirkte Einschränkung der Prüfung nach Satz 5 eine nicht unerhebliche Verfälschung der aus den Meldungen zu gewinnenden epidemiologischen Beurteilung bewirkt.

§ 11 Übermittlung an die zuständige Landesbehörde und an das Robert Koch-Institut

(1) [1]Die verarbeiteten Daten zu meldepflichtigen Krankheiten und Nachweisen von Krankheitserregern werden anhand der Falldefinitionen nach Absatz 2 bewertet und spätestens am folgenden Arbeitstag durch das nach Absatz 3 zuständige Gesundheitsamt vervollständigt, gegebenenfalls aus verschiedenen Meldungen zum selben Fall zusammengeführt und der zuständigen Landesbehörde sowie von dort spätestens am folgenden Arbeitstag dem Robert Koch-Institut mit folgenden Angaben übermittelt:

1. zur betroffenen Person:
 a) Geschlecht,
 b) Monat und Jahr der Geburt,
 c) Tag der Verdachtsmeldung, Angabe, wenn sich ein Verdacht nicht bestätigt hat, Tag der Erkrankung, Tag der Diagnose, gegebenenfalls Tag des Todes und wahrscheinlicher Zeitpunkt oder Zeitraum der Infektion,
 d) Untersuchungsbefund, einschließlich Typisierungsergebnissen,
 e) wahrscheinlicher Infektionsweg, einschließlich Umfeld, in dem die Übertragung wahrscheinlich stattgefunden hat; wahrscheinliches Infektionsrisiko, Impf- und Serostatus und erkennbare Zugehörigkeit zu einer Erkrankungshäufung,
 f) gegebenenfalls Informationen zur Art der Einrichtung bei Tätigkeit, Betreuung oder Unterbringung in Einrichtungen und Unternehmen nach § 23 Absatz 3 Satz 1, Absatz 5 Satz 1 oder § 36 Absatz 1 und 2,
 g) in Deutschland: Landkreis oder kreisfreie Stadt, in dem oder in der die Infektion wahrscheinlich erfolgt ist, ansonsten Staat, in dem die Infektion wahrscheinlich erfolgt ist,
 h) bei reiseassoziierter Legionellose: Name und Anschrift der Unterkunft,
 i) bei Tuberkulose, Hepatitis B und Hepatitis C: Geburtsstaat, Staatsangehörigkeit und gegebenenfalls Jahr der Einreise nach Deutschland,
 j) bei Coronavirus-Krankheit-2019 (COVID-19): durchgeführte Maßnahmen nach dem 5. Abschnitt; gegebenenfalls Behandlungsergebnis,
 k) Überweisung, Aufnahme und Entlassung aus einer Einrichtung nach § 23 Absatz 5 Satz 1, gegebenenfalls intensivmedizinische Behandlung und deren Dauer,
 l) Zugehörigkeit zu den in § 54a Absatz 1 Nummer 1 und 2 genannten Personengruppen,
2. zuständige Gesundheitsämter mit zugehörigem amtlichen achtstelligen Gemeindeschlüssel oder zuständige Stellen nach § 54a und
3. Datum der Meldung.

[2]In den Fällen der Meldung nach § 6 Absatz 3 Satz 1 sind nur die Angaben nach Satz 1 Nummer 2 und 3 sowie zu den aufgetretenen nosokomialen Infektionen und den damit zusammenhängenden Kolonisationen jeweils nur die Angaben nach Satz 1 Nummer 1 Buchstabe a bis e erforderlich. [3]Für die Übermittlungen von den zuständigen Landesbehörden an das Robert Koch-Institut bestimmt das Robert Koch-Institut die technischen Übermittlungsstandards. [4]Frühere Übermittlungen sind gegebenenfalls zu berichtigen und zu ergänzen, insoweit gelten die Sätze 1 bis 3 entsprechend.

(2) Das Robert Koch-Institut erstellt entsprechend den jeweiligen epidemiologischen Erfordernissen die Falldefinitionen für die Bewertung von Verdachts-, Erkrankungs- oder Todesfällen und Nachweisen von Krankheitserregern und schreibt sie fort.

(3) [1]Für die Vervollständigung, Zusammenführung und Übermittlung der Daten nach Absatz 1 ist das Gesundheitsamt zuständig, in dessen Bezirk die betroffene Person ihre Hauptwohnung hat oder zuletzt hatte. [2]Falls ein Hauptwohnsitz nicht feststellbar ist oder die betroffene Person sich dort gewöhnlich nicht aufhält, so ist das Gesundheitsamt zuständig, in dessen Bezirk sich die betroffene Person gewöhnlich aufhält. [3]Falls ein solcher Aufenthaltsort nicht feststellbar ist oder in den Fällen der Meldung nach § 6 Absatz 3 Satz 1 ist das Gesundheitsamt zuständig, welches die Daten erstmals verarbeitet hat. [4]Das nach den Sätzen 1 bis 3 zuständige Gesundheitsamt kann diese Zuständigkeit an ein anderes Gesundheitsamt mit dessen Zustimmung abgeben, insbesondere wenn schwerpunktmäßig im Zuständigkeitsbereich des anderen Gesundheitsamtes weitere Ermittlungen nach § 25 Absatz 1 angestellt werden müssen.

(4) ¹Einen nach § 6 Absatz 1 Satz 1 Nummer 3 gemeldeten Verdacht einer über das übliche Ausmaß einer Impfreaktion hinausgehenden gesundheitlichen Schädigung übermittelt das Gesundheitsamt unverzüglich der zuständigen Landesbehörde. ²Das Gesundheitsamt übermittelt alle notwendigen Angaben, sofern es diese Angaben ermitteln kann, wie Bezeichnung des Produktes, Name oder Firma des pharmazeutischen Unternehmers, die Chargenbezeichnung, den Zeitpunkt der Impfung und den Beginn der Erkrankung. ³Über die betroffene Person sind ausschließlich das Geburtsdatum, das Geschlecht sowie der erste Buchstabe des ersten Vornamens und der erste Buchstabe des ersten Nachnamens anzugeben. ⁴Die zuständige Behörde übermittelt die Angaben unverzüglich dem Paul-Ehrlich-Institut. ⁵Die personenbezogenen Daten sind zu pseudonymisieren.

§ 12 Übermittlungen und Mitteilungen auf Grund völker- und unionsrechtlicher Vorschriften
(1) ¹Im Hinblick auf eine übertragbare Krankheit, die nach Anlage 2 der Internationalen Gesundheitsvorschriften (2005) vom 23. Mai 2005 (BGBl. 2007 II S. 930, 932) eine gesundheitliche Notlage von internationaler Tragweite im Sinne von Artikel 1 Absatz 1 der Internationalen Gesundheitsvorschriften (2005) darstellen könnte, übermittelt die zuständige Behörde der zuständigen Landesbehörde unverzüglich folgende Angaben:
1. das Auftreten der übertragbaren Krankheit, Tatsachen, die auf das Auftreten der übertragbaren Krankheit hinweisen, oder Tatsachen, die zum Auftreten der übertragbaren Krankheit führen können,
2. die getroffenen Maßnahmen und
3. sonstige Informationen, die für die Bewertung der Tatsachen und für die Verhütung und Bekämpfung der übertragbaren Krankheit von Bedeutung sind.
²Die zuständige Behörde darf im Rahmen dieser Vorschrift die folgenden personenbezogenen Daten übermitteln
1. zur betroffenen Person:
 a) den Namen und Vornamen,
 b) Tag der Geburt und
 c) Anschrift der Hauptwohnung oder des gewöhnlichen Aufenthaltsortes und
2. den Namen des Meldenden.
³Die zuständige Landesbehörde übermittelt die in den Sätzen 1 und 2 genannten Angaben unverzüglich dem Robert Koch-Institut. ⁴Darüber hinaus übermittelt die zuständige Landesbehörde dem Robert Koch-Institut auf dessen Anforderung unverzüglich alle ihr vorliegenden Informationen, die für Mitteilungen an die Weltgesundheitsorganisation im Sinne der Artikel 6 bis 12 und 19 Buchstabe c der Internationalen Gesundheitsvorschriften (2005) erforderlich sind. ⁵Für die Übermittlungen von den zuständigen Landesbehörden an das Robert Koch-Institut kann das Robert Koch-Institut die technischen Übermittlungsstandards bestimmen. ⁶Das Robert Koch-Institut bewertet die ihm übermittelten Angaben nach der Anlage 2 der Internationalen Gesundheitsvorschriften (2005) und nimmt die Aufgaben nach § 4 Absatz 1 Nummer 1 des IGV-Durchführungsgesetzes wahr.
(2) ¹Im Hinblick auf Gefahren biologischen oder unbekannten Ursprungs nach Artikel 2 Absatz 1 Buchstabe a oder d des Beschlusses Nr. 1082/2013/EU des Europäischen Parlaments und des Rates vom 22. Oktober 2013 zu schwerwiegenden grenzüberschreitenden Gesundheitsgefahren und zur Aufhebung der Entscheidung Nr. 2119/98/EG (ABl. L 293 vom 5.11.2013, S. 1; L 231 vom 4.9.2015, S. 16) übermittelt die zuständige Behörde der zuständigen Landesbehörde unverzüglich alle Angaben, die für Übermittlungen nach den Artikeln 6 bis 9 des Beschlusses Nr. 1082/2013/EU erforderlich sind. ²Die zuständige Landesbehörde übermittelt diese Angaben unverzüglich dem Robert Koch-Institut. ³Für die Übermittlung an das Robert Koch-Institut kann das Robert Koch-Institut die technischen Übermittlungsstandards bestimmen. ⁴Das Robert Koch-Institut ist in dem in Satz 1 genannten Bereich der Gefahren biologischen oder unbekannten Ursprungs die zuständige nationale Behörde im Sinne der Artikel 6 und 8 bis 10 des Beschlusses Nr. 1082/2013/EU.
(3) Abweichungen von den Regelungen des Verwaltungsverfahrens in Absatz 1 Satz 1 bis 5 und Absatz 2 Satz 1 bis 3 durch Landesrecht sind ausgeschlossen.

§ 12a *[aufgehoben]*

§ 13 Weitere Formen der epidemiologischen Überwachung; Verordnungsermächtigung
(1) ¹Zur Überwachung übertragbarer Krankheiten können der Bund und die Länder weitere Formen der epidemiologischen Überwachung durchführen. ²Bei Erhebungen des Bundes ist den jeweils zuständigen Landesbehörden Gelegenheit zu geben, sich zu beteiligen. ³Das Bundesministerium für Gesundheit kann im Benehmen mit den jeweils zuständigen obersten Landesgesundheitsbehörden festlegen, welche Krankheiten und Krankheitserreger durch Erhebungen nach Satz 1 überwacht werden.

(2) [1]Das Robert Koch-Institut kann insbesondere nach Absatz 1 zur Überwachung übertragbarer Krankheiten in Zusammenarbeit mit ausgewählten Einrichtungen der Gesundheitsvorsorge oder -versorgung Sentinel-Erhebungen zu Personen, die diese Einrichtungen unabhängig von der Erhebung in Anspruch nehmen, koordinieren und durchführen zur Ermittlung

1. der Verbreitung übertragbarer Krankheiten, wenn diese Krankheiten von großer gesundheitlicher Bedeutung für das Gemeinwohl sind, und
2. des Anteils der Personen, der gegen bestimmte Erreger nicht immun ist, sofern dies notwendig ist, um die Gefährdung der Bevölkerung durch diese Krankheitserreger zu bestimmen.

[2]Die Sentinel-Erhebungen können auch über anonyme unverknüpfbare Testungen an Restblutproben oder anderem geeigneten Material erfolgen. [3]Werden personenbezogene Daten verwendet, die bereits bei der Vorsorge oder Versorgung erhoben wurden, sind diese zu anonymisieren. [4]Daten, die eine Identifizierung der in die Untersuchung einbezogenen Personen erlauben, dürfen nicht erhoben werden. [5]Die obersten Landesgesundheitsbehörden können zusätzliche Sentinel-Erhebungen durchführen.

(3) [1]Für Zwecke weiterer Untersuchungen und der Verwahrung können die in § 23 Absatz 3 Satz 1 genannten Einrichtungen sowie Laboratorien Untersuchungsmaterial und Isolate von Krankheitserregern an bestimmte Einrichtungen der Spezialdiagnostik abliefern, insbesondere an nationale Referenzzentren, an Konsiliarlaboratorien, an das Robert Koch-Institut und an fachlich unabhängige Landeslaboratorien. [2]Die Einrichtungen der Spezialdiagnostik können Untersuchungsmaterial und Isolate von Krankheitserregern für den gleichen Zweck untereinander abliefern. [3]Gemeinsam mit dem abgelieferten Material können pseudonymisierte Falldaten übermittelt werden. [4]Die Ergebnisse der Untersuchungen können an die abliefernden Einrichtungen übermittelt werden sowie pseudonymisiert einem nach § 7 gemeldeten Fall zugeordnet werden. [5]Eine Wiederherstellung des Personenbezugs der übermittelten pseudonymisierten Daten ist für die Einrichtungen der Spezialdiagnostik auszuschließen. [6]Enthält das Untersuchungsmaterial humangenetische Bestandteile, sind angemessene Maßnahmen zu treffen, die eine Identifizierung betroffener Personen verhindern. [7]Humangenetische Analysen des Untersuchungsmaterials sind verboten. [8]Das Bundesministerium für Gesundheit wird ermächtigt, durch Rechtsverordnung mit Zustimmung des Bundesrates festzulegen, dass die Träger der in § 8 Absatz 1 Nummer 2 und 3 genannten Einrichtungen sowie Einrichtungen des öffentlichen Gesundheitsdienstes, in denen Untersuchungsmaterial und Isolate von Krankheitserregern untersucht werden, verpflichtet sind, Untersuchungsmaterial, aus dem meldepflichtige Nachweise von bestimmten Krankheitserregern gewonnen wurden, sowie Isolate der entsprechenden Erreger zum Zwecke weiterer Untersuchungen und der Verwahrung an bestimmte Einrichtungen der Spezialdiagnostik abzuliefern (molekulare Surveillance). [9]Die Sätze 3 bis 7 gelten entsprechend. [10]In der Rechtsverordnung nach Satz 8 kann insbesondere bestimmt werden,

1. in welchen Fällen die Ablieferung zu erfolgen hat,
2. welche Verfahren bei der Bildung der Pseudonymisierung nach Satz 3 und bei den Maßnahmen nach Satz 6 anzuwenden sind,
3. dass Angaben zu Art und Herkunft des Untersuchungsmaterials sowie zu Zeitpunkt und Umständen der Probennahme zu übermitteln sind und
4. in welchem Verfahren und in welcher Höhe die durch die Ablieferungspflicht entstehenden Kosten für die Vorbereitung, die Verpackung und den Versand der Proben erstattet werden und welcher Kostenträger diese Kosten übernimmt.

[11]Die Länder können zusätzliche Maßnahmen der molekularen Surveillance treffen.

(4) [1]Für Zwecke der Überwachung der Verbreitung von Krankheitserregern, insbesondere solcher mit Resistenzen, und der entsprechenden Therapie- und Bekämpfungsmaßnahmen können die in Absatz 3 Satz 1 genannten Einrichtungen untereinander pseudonymisierte Falldaten übermitteln. [2]Das Bundesministerium für Gesundheit wird ermächtigt, durch Rechtsverordnung ohne Zustimmung des Bundesrates festzulegen, dass bestimmte in Absatz 3 Satz 1 genannte Einrichtungen verpflichtet sind, dem Robert Koch-Institut in pseudonymisierter Form einzelfallbezogene Angaben über von ihnen untersuchte Proben in Bezug auf bestimmte Krankheitserreger zu übermitteln. [3]In der Rechtsverordnung kann insbesondere bestimmt werden,

1. welche Angaben innerhalb welcher Fristen zu übermitteln sind,
2. welche Verfahren bei der Bildung der Pseudonymisierung anzuwenden sind und
3. in welchem Verfahren und in welcher Höhe die durch die Übermittlungspflicht entstehenden Kosten erstattet werden und wer diese Kosten trägt.

[4]Eine Wiederherstellung des Personenbezugs der nach Satz 1 oder der auf Grund der Rechtsverordnung nach Satz 2 übermittelten pseudonymisierten Daten ist für den jeweiligen Empfänger der Daten auszuschließen.

(5) ¹Für Zwecke der Feststellung der Inanspruchnahme von Schutzimpfungen und Impfeffekten haben die Kassenärztlichen Vereinigungen dem Robert Koch-Institut in von diesem festgelegten Zeitabständen folgende Angaben zu übermitteln (Impfsurveillance):
1. Patienten-Pseudonym,
2. Geburtsmonat und -jahr,
3. Geschlecht,
4. dreistellige Postleitzahl und Landkreis des Patienten,
5. Landkreis des behandelnden Arztes,
6. Fachrichtung des behandelnden Arztes,
7. Datum der Impfung, der Vorsorgeuntersuchung, des Arzt-Patienten-Kontaktes und Quartal der Diagnose,
8. antigenspezifischer Abrechnungscode der Impfung, Diagnosecode nach der internationalen statistischen Klassifikation der Krankheiten und verwandter Gesundheitsprobleme (ICD) sowie Leistung nach dem einheitlichen Bewertungsmaßstab,
9. Diagnosesicherheit,
10. Diagnosetyp.
²Das Robert Koch-Institut bestimmt die technischen Übermittlungsstandards für die im Rahmen der Impfsurveillance zu übermittelnden Daten sowie das Verfahren zur Bildung des Patienten-Pseudonyms nach Satz 1 Nummer 1. ³Eine Wiederherstellung des Personenbezugs der übermittelten pseudonymisierten Daten ist für das Robert Koch-Institut auszuschließen.

§ 14 Elektronisches Melde- und Informationssystem; Verordnungsermächtigung

(1) ¹Für die Erfüllung der Aufgaben nach Maßgabe der Zwecke dieses Gesetzes richtet das Robert Koch-Institut nach Weisung des Bundesministeriums für Gesundheit und nach Maßgabe der technischen Möglichkeiten ein elektronisches Melde- und Informationssystem ein. ²Das Robert Koch-Institut kann einen IT-Dienstleister mit der technischen Umsetzung beauftragen. ³Das elektronische Melde- und Informationssystem nutzt geeignete Dienste der Telematikinfrastruktur nach dem Fünften Buch Sozialgesetzbuch, sobald diese zur Verfügung stehen. ⁴Die Gesellschaft für Telematik nach § 291a Absatz 7 Satz 2 des Fünften Buches Sozialgesetzbuch unterstützt das Robert Koch-Institut und das Bundesministerium für Gesundheit bis zum 1. Juni 2021 bei der Einrichtung des elektronischen Melde- und Informationssystems. ⁵Der Gesellschaft für Telematik sind die zur Erfüllung ihrer Aufgabe nach Satz 4 entstehenden Kosten aus den beim Robert Koch-Institut und beim Bundesministerium für Gesundheit für die Einrichtung des elektronischen Melde- und Informationssystems zur Verfügung stehenden Mitteln zu erstatten. ⁶Für die Zusammenarbeit von Bund und Ländern bei der Umsetzung des elektronischen Melde- und Informationssystems legt ein gemeinsamer Planungsrat Leitlinien fest. ⁷Sofern eine Nutzungspflicht für das elektronische Melde- und Informationssystem besteht, ist den Anwendern mindestens eine kostenlose Software-Lösung bereitzustellen.

(2) Im elektronischen Melde- und Informationssystem können insbesondere folgende Daten fallbezogen verarbeitet werden:
1. die Daten, die zu melde- und benachrichtigungspflichtigen Tatbeständen nach den §§ 6, 7, 34 und 36 erhoben worden sind,
2. die Daten, die bei den Meldungen nach dem IGV-Durchführungsgesetz und im Rahmen von § 12 erhoben worden sind,
3. die Daten, die im Rahmen der epidemiologischen Überwachung nach § 13 erhoben worden sind,
4. die im Verfahren zuständigen Behörden und Ansprechpartner,
5. die Daten über die von den zuständigen Behörden nach den §§ 25 bis 32 geführten Ermittlungen, getroffenen Maßnahmen und die daraus gewonnenen Erkenntnisse und
6. sonstige Informationen, die für die Bewertung, Verhütung und Bekämpfung der übertragbaren Krankheit von Bedeutung sind.

(3) Im elektronischen Melde- und Informationssystem werden die verarbeiteten Daten, die zu melde- und benachrichtigungspflichtigen Tatbeständen nach den §§ 6, 7, 34 und 36 erhoben worden sind, jeweils fallbezogen mit den Daten der zu diesem Fall geführten Ermittlungen, getroffenen Maßnahmen und den daraus gewonnenen Erkenntnissen automatisiert
1. pseudonymisiert,
2. den zuständigen Behörden übermittelt mit der Möglichkeit, dass sie diese Daten im Rahmen ihrer jeweiligen Zuständigkeit verarbeiten können,
3. gegebenenfalls gemäß den Falldefinitionen nach § 11 Absatz 2 bewertet und

4. gemeinsam mit den Daten nach den Nummern 1 bis 3 nach einer krankheitsspezifischen Dauer gelöscht, es sei denn, es handelt sich um epidemiologische Daten, die nach den §§ 11 und 12 übermittelt wurden.

(4) Im elektronischen Melde- und Informationssystem können die verarbeiteten Daten, die zu melde- und benachrichtigungspflichtigen Tatbeständen nach den §§ 6, 7, 34 und 36 erhoben worden sind, daraufhin automatisiert überprüft werden, ob sich diese Daten auf denselben Fall beziehen.

(5) Im elektronischen Melde- und Informationssystem können die verarbeiteten Daten zu meldepflichtigen Krankheiten und Nachweisen von Krankheitserregern nach den §§ 6 und 7 und als Benachrichtigungen nach den §§ 34 und 36 daraufhin automatisiert überprüft werden, ob es ein gehäuftes Auftreten von übertragbaren Krankheiten gibt, bei denen ein epidemischer Zusammenhang wahrscheinlich ist.

(6) [1]Der Zugriff auf gespeicherte Daten ist nur im gesetzlich bestimmten Umfang zulässig, sofern die Kenntnis der Daten zur Erfüllung der gesetzlichen Aufgaben der beteiligten Behörden erforderlich ist. [2]Eine Wiederherstellung des Personenbezugs bei pseudonymisierten Daten ist nur zulässig, sofern diese Daten auf der Grundlage eines Gesetzes der beteiligten Behörde übermittelt werden dürfen. [3]Es wird gewährleistet, dass auch im Bereich der Verschlüsselungstechnik und der Authentifizierung organisatorische und dem jeweiligen Stand der Technik entsprechende Maßnahmen getroffen werden, um den Datenschutz und die Datensicherheit und insbesondere die Vertraulichkeit und Integrität der im elektronischen Melde- und Informationssystem gespeicherten Daten sicherzustellen. [4]Unter diesen Voraussetzungen kann die Übermittlung der Daten auch durch eine verschlüsselte Datenübertragung über das Internet erfolgen.

(7) Bis zur Einrichtung des elektronischen Melde- und Informationssystems kann das Robert Koch-Institut im Einvernehmen mit den zuständigen obersten Landesgesundheitsbehörden zur Erprobung für die freiwillig teilnehmenden meldepflichtigen Personen und für die zuständigen Gesundheitsämter Abweichungen von den Vorschriften des Melde- und Übermittlungsverfahrens zulassen.

(8) [1]Das Bundesministerium für Gesundheit wird ermächtigt, durch Rechtsverordnung mit Zustimmung des Bundesrates, festzulegen,

1. dass beteiligte Behörden für die Erfüllung der Aufgaben nach diesem Gesetz das elektronische Melde- und Informationssystem zu nutzen und bei der Nutzung ein bestimmtes Verfahren einzuhalten haben,
2. dass Melde- und Benachrichtigungspflichtige oder bestimmte Gruppen von Melde- und Benachrichtigungspflichtigen ihrer Verpflichtung zur Meldung und Benachrichtigung durch Nutzung des elektronischen Melde- und Informationssystems nachzukommen haben und bei der Nutzung ein bestimmtes Verfahren einzuhalten haben,
3. welcher IT-Dienstleister mit der technischen Umsetzung beauftragt wird,
4. welche funktionalen und technischen Vorgaben einschließlich eines Sicherheitskonzepts dem elektronischen Melde- und Informationssystem zugrunde liegen müssen,
5. welche notwendigen Test-, Authentifizierungs- und Zertifizierungsmaßnahmen sicherzustellen sind,
6. nach welcher krankheitsspezifischen Dauer die im elektronischen Melde- und Informationssystem verarbeiteten personenbezogenen Daten nach Absatz 3 Nummer 4 zu löschen sind und
7. welches Verfahren bei der Bildung der fallbezogenen Pseudonymisierung nach Absatz 3 anzuwenden ist; hierzu kann festgelegt werden, dass bei nichtnamentlichen Meldungen andere als die in § 10 Absatz 1 und 2 genannten Angaben übermittelt werden, die sofort nach Herstellung der fallbezogenen Pseudonymisierung zu löschen sind.

[Satz 2 bis 31.3.2021:] [2]Im Fall, dass eine epidemische Lage von nationaler Tragweite vom Deutschen Bundestag nach § 5 Absatz 1 festgestellt worden ist, kann die Rechtsverordnung nach Satz 1 ohne Zustimmung des Bundesrates erlassen werden. *[Satz 3 bis 31.3.2021:]* [3]§ 5 Absatz 4 Satz 1 gilt entsprechend. [4]Zur Einhaltung eines bestimmten Verfahrens nach Satz 1 Nummer 1 und 2 kann insbesondere gehören, dass nur Meldeportale oder elektronische Programme genutzt werden dürfen, die bestimmte vom Robert Koch-Institut festgelegte Inhalte und Konfigurationen mit dem jeweils aktuellen Stand aufweisen. [5]Sofern bei den Festlegungen und Maßnahmen Fragen der Datensicherheit berührt sind, sind diese Festlegungen und Maßnahmen im Einvernehmen mit dem Bundesamt für Sicherheit in der Informationstechnik zu treffen. [6]Sofern bei den Festlegungen und Maßnahmen nach Satz 1 Fragen des Datenschutzes berührt sind, sind diese Festlegungen und Maßnahmen im Einvernehmen mit der oder dem Bundesbeauftragten für den Datenschutz und die Informationsfreiheit zu treffen.

(9) Abweichungen von den in dieser Vorschrift getroffenen Regelungen des Verwaltungsverfahrens durch Landesrecht sind ausgeschlossen.

§ 15 Anpassung der Meldepflicht an die epidemische Lage

(1) Das Bundesministerium für Gesundheit wird ermächtigt, durch Rechtsverordnung[1] mit Zustimmung des Bundesrates die Meldepflicht für die in § 6 aufgeführten Krankheiten oder die in § 7 aufgeführten Krankheitserreger aufzuheben, einzuschränken oder zu erweitern oder die Meldepflicht auf andere übertragbare Krankheiten oder Krankheitserreger auszudehnen, soweit die epidemische Lage dies zulässt oder erfordert.

(2) [1]In dringenden Fällen kann zum Schutz der Bevölkerung die Rechtsverordnung ohne Zustimmung des Bundesrates erlassen werden. [2]Eine auf der Grundlage des Satzes 1 erlassene Verordnung tritt ein Jahr nach ihrem Inkrafttreten außer Kraft; ihre Geltungsdauer kann mit Zustimmung des Bundesrates verlängert werden.

(3) [1]Solange das Bundesministerium für Gesundheit von der Ermächtigung nach Absatz 1 keinen Gebrauch macht, sind die Landesregierungen zum Erlass einer Rechtsverordnung nach Absatz 1 ermächtigt, sofern die Meldepflicht nach diesem Gesetz hierdurch nicht eingeschränkt oder aufgehoben wird. [2]Sie können die Ermächtigung durch Rechtsverordnung auf andere Stellen übertragen.

4. Abschnitt
Verhütung übertragbarer Krankheiten

§ 15a Durchführung der infektionshygienischen und hygienischen Überwachung

(1) Bei der Durchführung der folgenden infektionshygienischen oder hygienischen Überwachungen unterliegen Personen, die über Tatsachen Auskunft geben können, die für die jeweilige Überwachung von Bedeutung sind, den in Absatz 2 genannten Pflichten und haben die mit der jeweiligen Überwachung beauftragten Personen die in Absatz 3 genannten Befugnisse:

1. infektionshygienische Überwachung durch das Gesundheitsamt nach § 23 Absatz 6 und 6a,
2. infektionshygienische Überwachung durch das Gesundheitsamt nach § 36 Absatz 1 und 2,
3. hygienische Überwachung durch das Gesundheitsamt nach § 37 Absatz 3 und
4. infektionshygienische Überwachung durch die zuständige Behörde nach § 41 Absatz 1 Satz 2.

(2) [1]Personen, die über Tatsachen Auskunft geben können, die für die Überwachung von Bedeutung sind, sind verpflichtet, den mit der Überwachung beauftragten Personen auf Verlangen die erforderlichen Auskünfte insbesondere über den Betrieb und den Betriebsablauf einschließlich dessen Kontrolle zu erteilen und Unterlagen einschließlich dem tatsächlichen Stand entsprechende technische Pläne vorzulegen. [2]Der Verpflichtete kann die Auskunft auf solche Fragen verweigern, deren Beantwortung ihn selbst oder einen der in § 52 Absatz 1 der Strafprozessordnung bezeichneten Angehörigen der Gefahr aussetzen würde, wegen einer Straftat oder einer Ordnungswidrigkeit verfolgt zu werden; Entsprechendes gilt für die Vorlage von Unterlagen.

(3) [1]Die mit der Überwachung beauftragten Personen sind, soweit dies zur Erfüllung ihrer Aufgaben erforderlich ist, befugt,

1. Betriebsgrundstücke, Betriebs- und Geschäftsräume, zum Betrieb gehörende Anlagen und Einrichtungen sowie Verkehrsmittel zu Betriebs- und Geschäftszeiten zu betreten und zu besichtigen,
2. sonstige Grundstücke sowie Wohnräume tagsüber an Werktagen zu betreten und zu besichtigen,
3. in die Bücher oder sonstigen Unterlagen Einsicht zu nehmen und hieraus Abschriften, Ablichtungen oder Auszüge anzufertigen,
4. sonstige Gegenstände zu untersuchen oder
5. Proben zur Untersuchung zu fordern oder zu entnehmen.

[2]Der Inhaber der tatsächlichen Gewalt ist verpflichtet, den Beauftragten der zuständigen Behörde oder des Gesundheitsamtes die Grundstücke, Räume, Anlagen, Einrichtungen und Verkehrsmittel sowie sonstigen Gegenstände zugänglich zu machen. [3]Das Grundrecht der Unverletzlichkeit der Wohnung (Artikel 13 Absatz 1 des Grundgesetzes) wird insoweit eingeschränkt.

(4) Weitergehende Pflichten und Befugnisse, insbesondere unter den Voraussetzungen der §§ 16 oder 17 oder nach den Vorschriften des 5. Abschnitts, bleiben unberührt.

§ 16 Allgemeine Maßnahmen zur Verhütung übertragbarer Krankheiten

(1) [1]Werden Tatsachen festgestellt, die zum Auftreten einer übertragbaren Krankheit führen können, oder ist anzunehmen, dass solche Tatsachen vorliegen, so trifft die zuständige Behörde die notwendigen Maßnahmen zur Abwendung der dem Einzelnen oder der Allgemeinheit hierdurch drohenden Gefahren. [2]Die bei diesen Maßnahmen erhobenen personenbezogenen Daten dürfen nur für Zwecke dieses Gesetzes verarbeitet werden.

1) Siehe die Aviäre-Influenza-Meldepflicht-VO.

(2) ¹In den Fällen des Absatzes 1 sind die Beauftragten der zuständigen Behörde und des Gesundheitsamtes zur Durchführung von Ermittlungen und zur Überwachung der angeordneten Maßnahmen berechtigt, Grundstücke, Räume, Anlagen und Einrichtungen sowie Verkehrsmittel aller Art zu betreten und Bücher oder sonstige Unterlagen einzusehen und hieraus Abschriften, Ablichtungen oder Auszüge anzufertigen sowie sonstige Gegenstände zu untersuchen oder Proben zur Untersuchung zu fordern oder zu entnehmen. ²Der Inhaber der tatsächlichen Gewalt ist verpflichtet, den Beauftragten der zuständigen Behörde und des Gesundheitsamtes Grundstücke, Räume, Anlagen, Einrichtungen und Verkehrsmittel sowie sonstige Gegenstände zugänglich zu machen. ³Personen, die über die in Absatz 1 genannten Tatsachen Auskunft geben können, sind verpflichtet, auf Verlangen die erforderlichen Auskünfte insbesondere über den Betrieb und den Betriebsablauf einschließlich dessen Kontrolle zu erteilen und Unterlagen einschließlich dem tatsächlichen Stand entsprechende technische Pläne vorzulegen. ⁴Der Verpflichtete kann die Auskunft auf solche Fragen verweigern, deren Beantwortung ihn selbst oder einen der in § 383 Abs. 1 Nr. 1 bis 3 der Zivilprozessordnung bezeichneten Angehörigen der Gefahr strafrechtlicher Verfolgung oder eines Verfahrens nach dem Gesetz über Ordnungswidrigkeiten aussetzen würde; Entsprechendes gilt für die Vorlage von Unterlagen.

(3) Soweit es die Aufklärung der epidemischen Lage erfordert, kann die zuständige Behörde Anordnungen über die Übergabe von in Absatz 2 genannten Untersuchungsmaterialien zum Zwecke der Untersuchung und Verwahrung an Institute des öffentlichen Gesundheitsdienstes oder andere vom Land zu bestimmende Einrichtungen treffen.

(4) Das Grundrecht der Unverletzlichkeit der Wohnung (Artikel 13 Abs. 1 Grundgesetz) wird im Rahmen der Absätze 2 und 3 eingeschränkt.

(5) ¹Wenn die von Maßnahmen nach den Absätzen 1 und 2 betroffenen Personen geschäftsunfähig oder in der Geschäftsfähigkeit beschränkt sind, hat derjenige für die Erfüllung der genannten Verpflichtung zu sorgen, dem die Sorge für die Person zusteht. ²Die gleiche Verpflichtung trifft den Betreuer einer von Maßnahmen nach den Absätzen 1 und 2 betroffenen Person, soweit die Erfüllung dieser Verpflichtung zu seinem Aufgabenkreis gehört.

(6) ¹Die Maßnahmen nach Absatz 1 werden auf Vorschlag des Gesundheitsamtes von der zuständigen Behörde angeordnet. ²Kann die zuständige Behörde einen Vorschlag des Gesundheitsamtes nicht rechtzeitig einholen, so hat sie das Gesundheitsamt über die getroffene Maßnahme unverzüglich zu unterrichten.

(7) ¹Bei Gefahr im Verzuge kann das Gesundheitsamt die erforderlichen Maßnahmen selbst anordnen. ²Es hat die zuständige Behörde unverzüglich hiervon zu unterrichten. ³Diese kann die Anordnung ändern oder aufheben. ⁴Wird die Anordnung nicht innerhalb von zwei Arbeitstagen nach der Unterrichtung aufgehoben, so gilt sie als von der zuständigen Behörde getroffen.

(8) Widerspruch und Anfechtungsklage gegen Maßnahmen nach den Absätzen 1 bis 3 haben keine aufschiebende Wirkung.

§ 17 Besondere Maßnahmen zur Verhütung übertragbarer Krankheiten, Verordnungsermächtigung

(1) ¹Wenn Gegenstände mit meldepflichtigen Krankheitserregern behaftet sind oder wenn das anzunehmen ist und dadurch eine Verbreitung der Krankheit zu befürchten ist, hat die zuständige Behörde die notwendigen Maßnahmen zur Abwendung der hierdurch drohenden Gefahren zu treffen. ²Wenn andere Maßnahmen nicht ausreichen, kann die Vernichtung von Gegenständen angeordnet werden. ³Sie kann auch angeordnet werden, wenn andere Maßnahmen im Verhältnis zum Wert der Gegenstände zu kostspielig sind, es sei denn, dass derjenige, der ein Recht an diesem Gegenstand oder die tatsächliche Gewalt darüber hat, widerspricht und auch die höheren Kosten übernimmt. ⁴Müssen Gegenstände entseucht (desinfiziert), von Gesundheitsschädlingen befreit oder vernichtet werden, so kann ihre Benutzung und die Benutzung der Räume und Grundstücke, in denen oder auf denen sie sich befinden, untersagt werden, bis die Maßnahme durchgeführt ist.

(2) ¹Wenn Gesundheitsschädlinge festgestellt werden und die Gefahr begründet ist, dass durch sie Krankheitserreger verbreitet werden, so hat die zuständige Behörde die zu ihrer Bekämpfung erforderlichen Maßnahmen anzuordnen. ²Die Bekämpfung umfasst Maßnahmen gegen das Auftreten, die Vermehrung und Verbreitung sowie zur Vernichtung von Gesundheitsschädlingen.

(3) ¹Erfordert die Durchführung einer Maßnahme nach den Absätzen 1 und 2 besondere Sachkunde, so kann die zuständige Behörde anordnen, dass der Verpflichtete damit geeignete Fachkräfte beauftragt. ²Die zuständige Behörde kann selbst geeignete Fachkräfte mit der Durchführung beauftragen, wenn das zur wirksamen Bekämpfung der übertragbaren Krankheiten oder Krankheitserreger oder der Gesundheitsschädlinge notwendig ist und der Verpflichtete diese Maßnahme nicht durchführen kann oder einer

Anordnung nach Satz 1 nicht nachkommt oder nach seinem bisherigen Verhalten anzunehmen ist, dass er einer Anordnung nach Satz 1 nicht rechtzeitig nachkommen wird. [3]Wer ein Recht an dem Gegenstand oder die tatsächliche Gewalt darüber hat, muss die Durchführung der Maßnahme dulden.

(4) [1]Die Landesregierungen werden ermächtigt, unter den nach § 16 sowie nach Absatz 1 maßgebenden Voraussetzungen durch Rechtsverordnung entsprechende Gebote und Verbote zur Verhütung übertragbarer Krankheiten zu erlassen. [2]Sie können die Ermächtigung durch Rechtsverordnung auf andere Stellen übertragen.

(5) [1]Die Landesregierungen können zur Verhütung und Bekämpfung übertragbarer Krankheiten Rechtsverordnungen über die Feststellung und die Bekämpfung von Gesundheitsschädlingen, Krätzmilben und Kopfläusen erlassen. [2]Sie können die Ermächtigung durch Rechtsverordnung auf andere Stellen übertragen. [3]Die Rechtsverordnungen können insbesondere Bestimmungen treffen über

1. die Verpflichtung der Eigentümer von Gegenständen, der Nutzungsberechtigten oder der Inhaber der tatsächlichen Gewalt an Gegenständen sowie der zur Unterhaltung von Gegenständen Verpflichteten,
 a) den Befall mit Gesundheitsschädlingen festzustellen oder feststellen zu lassen und der zuständigen Behörde anzuzeigen,
 b) Gesundheitsschädlinge zu bekämpfen oder bekämpfen zu lassen,
2. die Befugnis und die Verpflichtung der Gemeinden oder der Gemeindeverbände, Gesundheitsschädlinge, auch am Menschen, festzustellen, zu bekämpfen und das Ergebnis der Bekämpfung festzustellen,
3. die Feststellung und Bekämpfung, insbesondere über
 a) die Art und den Umfang der Bekämpfung,
 b) den Einsatz von Fachkräften,
 c) die zulässigen Bekämpfungsmittel und -verfahren,
 d) die Minimierung von Rückständen und die Beseitigung von Bekämpfungsmitteln und
 e) die Verpflichtung, Abschluss und Ergebnis der Bekämpfung der zuständigen Behörde mitzuteilen und das Ergebnis durch Fachkräfte feststellen zu lassen,
4. die Mitwirkungs- und Duldungspflichten, insbesondere im Sinne des § 16 Abs. 2, die den in Nummer 1 genannten Personen obliegen.

(6) § 16 Abs. 5 bis 8 gilt entsprechend.

(7) Die Grundrechte der Freiheit der Person (Artikel 2 Abs. 2 Satz 2 Grundgesetz), der Freizügigkeit (Artikel 11 Abs. 1 Grundgesetz), der Versammlungsfreiheit (Artikel 8 Grundgesetz) und der Unverletzlichkeit der Wohnung (Artikel 13 Abs. 1 Grundgesetz) werden im Rahmen der Absätze 1 bis 5 eingeschränkt.

§ 18 Behördlich angeordnete Maßnahmen zur Desinfektion und zur Bekämpfung von Gesundheitsschädlingen, Krätzmilben und Kopfläusen; Verordnungsermächtigungen

(1) [1]Zum Schutz des Menschen vor übertragbaren Krankheiten dürfen bei behördlich angeordneten Maßnahmen zur
1. Desinfektion und
2. Bekämpfung von Gesundheitsschädlingen, Krätzmilben oder Kopfläusen
nur Mittel und Verfahren verwendet werden, die von der zuständigen Bundesoberbehörde anerkannt worden sind. [2]Bei Maßnahmen nach Satz 1 Nummer 2 kann die anordnende Behörde mit Zustimmung der zuständigen Bundesoberbehörde zulassen, dass andere Mittel oder Verfahren als die behördlich anerkannten verwendet werden.

(2) Die Mittel und Verfahren werden von der zuständigen Bundesoberbehörde auf Antrag oder von Amts wegen nur anerkannt, wenn sie hinreichend wirksam sind und keine unvertretbaren Auswirkungen auf die menschliche Gesundheit und die Umwelt haben.

(3) [1]Zuständige Bundesoberbehörde für die Anerkennung von Mitteln und Verfahren zur Desinfektion ist das Robert Koch-Institut. [2]Im Anerkennungsverfahren prüft:
1. die Wirksamkeit der Mittel und Verfahren das Robert Koch-Institut,
2. die Auswirkungen der Mittel und Verfahren auf die menschliche Gesundheit das Bundesinstitut für Arzneimittel und Medizinprodukte und
3. die Auswirkungen der Mittel und Verfahren auf die Umwelt das Umweltbundesamt.
[3]Das Robert Koch-Institut erteilt die Anerkennung im Einvernehmen mit dem Bundesinstitut für Arzneimittel und Medizinprodukte und mit dem Umweltbundesamt.

(4) [1]Zuständige Bundesoberbehörde für die Anerkennung von Mitteln und Verfahren zur Bekämpfung von Gesundheitsschädlingen, Krätzmilben und Kopfläusen ist das Umweltbundesamt. [2]Im Anerkennungsverfahren prüft:

1. die Wirksamkeit der Mittel und Verfahren sowie deren Auswirkungen auf die Umwelt das Umweltbundesamt,
2. die Auswirkungen der Mittel und Verfahren auf die menschliche Gesundheit das Bundesinstitut für Arzneimittel und Medizinprodukte, soweit es nach § 77 Absatz 1 des Arzneimittelgesetzes für die Zulassung zuständig ist,
3. die Auswirkungen der Mittel und Verfahren auf die Gesundheit von Beschäftigten als Anwender die Bundesanstalt für Arbeitsschutz und Arbeitsmedizin, wenn die Prüfung nicht nach Nummer 2 dem Bundesinstitut für Arzneimittel und Medizinprodukte zugewiesen ist, und
4. die Auswirkungen der Mittel und Verfahren auf die Gesundheit von anderen als den in Nummer 3 genannten Personen das Bundesinstitut für Risikobewertung, wenn die Prüfung nicht nach Nummer 2 dem Bundesinstitut für Arzneimittel und Medizinprodukte zugewiesen ist.

[3]Das Umweltbundesamt erteilt die Anerkennung im Einvernehmen mit den nach Satz 2 Nummer 2 bis 4 prüfenden Behörden. [4]Sofern Mittel Wirkstoffe enthalten, die in zugelassenen Pflanzenschutzmitteln oder in der Zulassungsprüfung befindlichen Pflanzenschutzmitteln enthalten sind, erfolgt die Anerkennung zusätzlich im Benehmen mit dem Bundesamt für Verbraucherschutz und Lebensmittelsicherheit.

(5) Die Prüfungen können durch eigene Untersuchungen der zuständigen Bundesbehörde oder auf der Grundlage von Sachverständigengutachten, die im Auftrag der zuständigen Bundesbehörde durchgeführt werden, erfolgen.

(6) [1]Die Prüfung der Wirksamkeit der Mittel und Verfahren nach Absatz 1 Satz 1 Nummer 2 ist an den betreffenden Schädlingen unter Einbeziehung von Wirtstieren bei parasitären Nichtwirbeltieren vorzunehmen. [2]Die Prüfung der Wirksamkeit von Mitteln nach Absatz 1 Satz 1 Nummer 2 unterbleibt, sofern die Mittel nach einer der folgenden Vorschriften nach dem Tilgungsprinzip gleichwertig geprüft und zugelassen sind:

1. Verordnung (EU) Nr. 528/2012 des Europäischen Parlaments und des Rates vom 22. Mai 2012 über die Bereitstellung auf dem Markt und die Verwendung von Biozidprodukten (ABl. L 167 vom 27.6.2012, S. 1; L 303 vom 20.11.2015, S. 109), die zuletzt durch die Verordnung (EU) Nr. 334/2014 (ABl. L 103 vom 5.4.2014, S. 22) geändert worden ist,
2. Verordnung (EG) Nr. 1107/2009 des Europäischen Parlaments und des Rates vom 21. Oktober 2009 über das Inverkehrbringen von Pflanzenschutzmitteln und zur Aufhebung der Richtlinien 79/117/EWG und 91/414/EWG des Rates (ABl. L 309 vom 24.11.2009, S. 1), die zuletzt durch die Verordnung (EU) Nr. 652/2014 (ABl. L 189 vom 27.6.2014, S. 1) geändert worden ist, oder
3. Arzneimittelgesetz.

[3]Die Prüfung der Auswirkungen von Mitteln nach Absatz 1 Satz 1 Nummer 1 und 2 auf die menschliche Gesundheit und die Prüfung ihrer Auswirkungen auf die Umwelt unterbleibt, sofern die Mittel oder ihre Biozidwirkstoffe nach einer der in Satz 2 genannten Vorschriften geprüft und zugelassen sind.

(7) [1]Die Anerkennung ist zu widerrufen, wenn die zuständige Bundesoberbehörde davon Kenntnis erlangt, dass eine nach anderen Gesetzen erforderliche Verkehrsfähigkeit für das Mittel oder Verfahren nicht mehr besteht. [2]Sie kann widerrufen werden, insbesondere wenn nach aktuellen Erkenntnissen und Bewertungsmaßstäbe die Voraussetzungen nach Absatz 2 nicht mehr erfüllt sind. [3]Die zuständige Bundesoberbehörde führt die jeweils anerkannten Mittel und Verfahren in einer Liste und veröffentlicht die Liste.

(8) Das Robert Koch-Institut und das Umweltbundesamt erheben für individuell zurechenbare öffentliche Leistungen nach den Absätzen 1 und 2 Gebühren und Auslagen.

(9) Das Bundesministerium für Gesundheit wird ermächtigt, im Einvernehmen mit dem Bundesministerium für Umwelt, Naturschutz und nukleare Sicherheit durch Rechtsverordnung ohne Zustimmung des Bundesrates die gebührenpflichtigen Tatbestände der individuell zurechenbaren öffentlichen Leistungen nach den Absätzen 1 bis 4 und 7 näher zu bestimmen und dabei feste Sätze oder Rahmensätze vorzusehen.

(10) Das Bundesministerium für Gesundheit wird ermächtigt, im Einvernehmen mit dem Bundesministerium für Umwelt, Naturschutz und nukleare Sicherheit durch Rechtsverordnung ohne Zustimmung des Bundesrates Einzelheiten des Anerkennungsverfahrens festzulegen.

§ 19 Aufgaben des Gesundheitsamtes in besonderen Fällen

(1) [1]Das Gesundheitsamt bietet bezüglich sexuell übertragbarer Krankheiten und Tuberkulose Beratung und Untersuchung an oder stellt diese in Zusammenarbeit mit anderen medizinischen Einrichtungen sicher. [2]In Bezug auf andere übertragbare Krankheiten kann das Gesundheitsamt Beratung und Untersuchung anbieten oder diese in Zusammenarbeit mit anderen medizinischen Einrichtungen sicherstellen. [3]Die Beratung und Untersuchung sollen für Personen, deren Lebensumstände eine erhöhte Ansteckungsgefahr für sich oder andere mit sich bringen, auch aufsuchend angeboten werden. [4]Im Einzelfall können die Beratung und Untersuchung nach Satz 1 bezüglich sexuell übertragbarer Krankheiten und Tuberkulose

die ambulante Behandlung durch eine Ärztin oder einen Arzt umfassen, soweit dies zur Verhinderung der Weiterverbreitung der übertragbaren Krankheit erforderlich ist. [5]Die Angebote können bezüglich sexuell übertragbarer Krankheiten anonym in Anspruch genommen werden, soweit hierdurch die Geltendmachung von Kostenerstattungsansprüchen nicht gefährdet wird. [6]Die zuständigen Behörden können mit den Maßnahmen nach den Sätzen 1 bis 4 Dritte beauftragen.

(2) [1]Soweit die von der Maßnahme betroffene Person gegen einen anderen Kostenträger einen Anspruch auf entsprechende Leistungen hat oder einen Anspruch auf Erstattung der Aufwendungen für entsprechende Leistungen hätte, ist dieser zur Tragung der Sachkosten verpflichtet. [2]Wenn Dritte nach Absatz 1 Satz 6 beauftragt wurden, ist der andere Kostenträger auch zur Tragung dieser Kosten verpflichtet, soweit diese angemessen sind.

§ 20 Schutzimpfungen und andere Maßnahmen der spezifischen Prophylaxe

(1) [1]Die Bundeszentrale für gesundheitliche Aufklärung, die obersten Landesgesundheitsbehörden und die von ihnen beauftragten Stellen sowie die Gesundheitsämter informieren die Bevölkerung zielgruppenspezifisch über die Bedeutung von Schutzimpfungen und andere Maßnahmen der spezifischen Prophylaxe übertragbarer Krankheiten. [2]Bei der Information der Bevölkerung soll die vorhandene Evidenz zu bestehenden Impflücken berücksichtigt werden.

(2) [1]Beim Robert Koch-Institut wird eine Ständige Impfkommission eingerichtet. [2]Die Kommission gibt sich eine Geschäftsordnung, die der Zustimmung des Bundesministeriums für Gesundheit bedarf. [3]Die Kommission gibt Empfehlungen zur Durchführung von Schutzimpfungen und zur Durchführung anderer Maßnahmen der spezifischen Prophylaxe übertragbarer Krankheiten und entwickelt Kriterien zur Abgrenzung einer üblichen Impfreaktion und einer über das übliche Ausmaß einer Impfreaktion hinausgehenden gesundheitlichen Schädigung. [4]Die Mitglieder der Kommission werden vom Bundesministerium für Gesundheit im Benehmen mit den obersten Landesgesundheitsbehörden berufen. [5]Vertreter des Bundesministeriums für Gesundheit, der obersten Landesgesundheitsbehörden, des Robert Koch-Institutes und des Paul-Ehrlich-Institutes nehmen mit beratender Stimme an den Sitzungen teil. [6]Weitere Vertreter von Bundesbehörden können daran teilnehmen. [7]Die Empfehlungen der Kommission werden von dem Robert Koch-Institut den obersten Landesgesundheitsbehörden übermittelt und anschließend veröffentlicht.

(3) Die obersten Landesgesundheitsbehörden sollen öffentliche Empfehlungen für Schutzimpfungen oder andere Maßnahmen der spezifischen Prophylaxe auf der Grundlage der jeweiligen Empfehlungen der Ständigen Impfkommission aussprechen.

(4) [1]Zur Durchführung von Schutzimpfungen ist jeder Arzt berechtigt. [2]Fachärzte dürfen Schutzimpfungen unabhängig von den Grenzen der Ausübung ihrer fachärztlichen Tätigkeit durchführen. [3]Die Berechtigung zur Durchführung von Schutzimpfungen nach anderen bundesrechtlichen Vorschriften bleibt unberührt.

(5) [1]Die obersten Landesgesundheitsbehörden können bestimmen, dass die Gesundheitsämter unentgeltlich Schutzimpfungen oder andere Maßnahmen der spezifischen Prophylaxe gegen bestimmte übertragbare Krankheiten durchführen. [2]Die zuständigen Behörden können mit den Maßnahmen nach Satz 1 Dritte beauftragen. [3]Soweit die von der Maßnahme betroffene Person gegen einen anderen Kostenträger einen Anspruch auf entsprechende Leistungen hat oder einen Anspruch auf Erstattung der Aufwendungen für entsprechende Leistungen hätte, ist dieser zur Tragung der Sachkosten verpflichtet. [4]Wenn Dritte nach Satz 2 beauftragt wurden, ist der andere Kostenträger auch zur Tragung dieser Kosten verpflichtet, soweit diese angemessen sind.

(6) [1]Das Bundesministerium für Gesundheit wird ermächtigt, durch Rechtsverordnung mit Zustimmung des Bundesrates anzuordnen, dass bedrohte Teile der Bevölkerung an Schutzimpfungen oder anderen Maßnahmen der spezifischen Prophylaxe teilzunehmen haben, wenn eine übertragbare Krankheit mit klinisch schweren Verlaufsformen auftritt und mit ihrer epidemischen Verbreitung zu rechnen ist. [2]Personen, die auf Grund einer medizinischen Kontraindikation nicht an Schutzimpfungen oder an anderen Maßnahmen der spezifischen Prophylaxe teilnehmen können, können durch Rechtsverordnung nach Satz 1 nicht zu einer Teilnahme an Schutzimpfungen oder an anderen Maßnahmen der spezifischen Prophylaxe verpflichtet werden. [3]§ 15 Abs. 2 gilt entsprechend.

(7) [1]Solange das Bundesministerium für Gesundheit von der Ermächtigung nach Absatz 6 keinen Gebrauch macht, sind die Landesregierungen zum Erlass einer Rechtsverordnung nach Absatz 6 ermächtigt. [2]Die Landesregierungen können die Ermächtigung durch Rechtsverordnung auf die obersten Landesgesundheitsbehörden übertragen.

(8) [1]Folgende Personen, die nach dem 31. Dezember 1970 geboren sind, müssen entweder einen nach den Maßgaben von Satz 2 ausreichenden Impfschutz gegen Masern oder ab der Vollendung des ersten Lebensjahres eine Immunität gegen Masern aufweisen:

1. Personen, die in einer Gemeinschaftseinrichtung nach § 33 Nummer 1 bis 3 betreut werden,
2. Personen, die bereits vier Wochen
 a) in einer Gemeinschaftseinrichtung nach § 33 Nummer 4 betreut werden oder
 b) in einer Einrichtung nach § 36 Absatz 1 Nummer 4 untergebracht sind, und
3. Personen, die in Einrichtungen nach § 23 Absatz 3 Satz 1, § 33 Nummer 1 bis 4 oder § 36 Absatz 1 Nummer 4 tätig sind.

[2]Ein ausreichender Impfschutz gegen Masern besteht, wenn ab der Vollendung des ersten Lebensjahres mindestens eine Schutzimpfung und ab der Vollendung des zweiten Lebensjahres mindestens zwei Schutzimpfungen gegen Masern bei der betroffenen Person durchgeführt wurden. [3]Satz 1 gilt auch, wenn zur Erlangung von Impfschutz gegen Masern ausschließlich Kombinationsimpfstoffe zur Verfügung stehen, die auch Impfstoffkomponenten gegen andere Krankheiten enthalten. [4]Satz 1 gilt nicht für Personen, die auf Grund einer medizinischen Kontraindikation nicht geimpft werden können.

(9) [1]Personen, die in Gemeinschaftseinrichtungen nach § 33 Nummer 1 bis 3 betreut oder in Einrichtungen nach § 23 Absatz 3 Satz 1, § 33 Nummer 1 bis 4 oder § 36 Absatz 1 Nummer 4 tätig werden sollen, haben der Leitung der jeweiligen Einrichtung vor Beginn ihrer Betreuung oder ihrer Tätigkeit folgenden Nachweis vorzulegen:

1. eine Impfdokumentation nach § 22 Absatz 1 und 2 oder ein ärztliches Zeugnis, auch in Form einer Dokumentation nach § 26 Absatz 2 Satz 4 des Fünften Buches Sozialgesetzbuch, darüber, dass bei ihnen ein nach den Maßgaben von Absatz 8 Satz 2 ausreichender Impfschutz gegen Masern besteht,
2. ein ärztliches Zeugnis darüber, dass bei ihnen eine Immunität gegen Masern vorliegt oder sie aufgrund einer medizinischen Kontraindikation nicht geimpft werden können oder
3. eine Bestätigung einer staatlichen Stelle oder der Leitung einer anderen in Absatz 8 Satz 1 genannten Einrichtung darüber, dass ein Nachweis nach Nummer 1 oder Nummer 2 bereits vorgelegen hat.

[2]Die oberste Landesgesundheitsbehörde oder die von ihr bestimmte Stelle kann bestimmen, dass der Nachweis nach Satz 1 nicht der Leitung der jeweiligen Einrichtung, sondern dem Gesundheitsamt oder einer anderen staatlichen Stelle gegenüber zu erbringen ist. [3]Die Behörde, die für die Erteilung der Erlaubnis nach § 43 Absatz 1 des Achten Buches Sozialgesetzbuch zuständig ist, kann bestimmen, dass vor dem Beginn der Tätigkeit im Rahmen der Kindertagespflege der Nachweis nach Satz 1 ihr gegenüber zu erbringen ist. [4]Wenn der Nachweis nach Satz 1 von einer Person, die aufgrund einer nach Satz 8 zugelassenen Ausnahme oder nach Satz 9 in Gemeinschaftseinrichtungen nach § 33 Nummer 1 bis 3 betreut oder in Einrichtungen nach § 23 Absatz 3 Satz 1, § 33 Nummer 1 bis 4 oder § 36 Absatz 1 Nummer 4 beschäftigt oder tätig werden darf, nicht vorgelegt wird oder wenn sich ergibt, dass ein Impfschutz gegen Masern erst zu einem späteren Zeitpunkt möglich ist oder vervollständigt werden kann, hat

1. die Leitung der jeweiligen Einrichtung oder
2. die andere Stelle nach Satz 2 oder Satz 3

unverzüglich das Gesundheitsamt, in dessen Bezirk sich die Einrichtung befindet, darüber zu benachrichtigen und dem Gesundheitsamt personenbezogene Angaben zu übermitteln. [5]Eine Benachrichtigungspflicht besteht nicht, wenn der Leitung der jeweiligen Einrichtung oder der anderen Stelle nach Satz 2 oder Satz 3 bekannt ist, dass das Gesundheitsamt über den Fall bereits informiert ist. [6]Eine Person, die ab der Vollendung des ersten Lebensjahres keinen Nachweis nach Satz 1 vorlegt, darf nicht in Gemeinschaftseinrichtungen nach § 33 Nummer 1 bis 3 betreut oder in Einrichtungen nach § 23 Absatz 3 Satz 1, § 33 Nummer 1 bis 4 oder § 36 Absatz 1 Nummer 4 beschäftigt werden. [7]Eine Person, die über keinen Nachweis nach Satz 1 verfügt oder diesen nicht vorlegt, darf in Einrichtungen nach § 23 Absatz 3 Satz 1, § 33 Nummer 1 bis 4 oder § 36 Absatz 1 Nummer 4 nicht tätig werden. [8]Die oberste Landesgesundheitsbehörde oder die von ihr bestimmte Stelle kann allgemeine Ausnahmen von den Sätzen 6 und 7 zulassen, wenn das Paul-Ehrlich-Institut auf seiner Internetseite einen Lieferengpass zu allen Impfstoffen mit einer Masernkomponente, die für das Inverkehrbringen in Deutschland zugelassen oder genehmigt sind, bekannt gemacht hat; parallel importierte und parallel vertriebene Impfstoffe mit einer Masernkomponente bleiben unberücksichtigt. [9]Eine Person, die einer gesetzlichen Schulpflicht unterliegt, darf in Abweichung von Satz 6 in Gemeinschaftseinrichtungen nach § 33 Nummer 3 betreut werden.

(10) [1]Personen, die am 1. März 2020 bereits in Gemeinschaftseinrichtungen nach § 33 Nummer 1 bis 3 betreut werden oder in Einrichtungen nach § 23 Absatz 3 Satz 1, § 33 Nummer 1 bis 4 oder § 36 Absatz 1 Nummer 4 tätig sind, haben der Leitung der jeweiligen Einrichtung einen Nachweis nach Absatz 9 Satz 1 bis zum Ablauf des 31. Juli 2021 vorzulegen. [2]Absatz 9 Satz 2 bis 5 findet mit der Maßgabe entsprechende Anwendung, dass eine Benachrichtigung des zuständigen Gesundheitsamtes und eine Übermitt-

lung personenbezogener Angaben immer zu erfolgen hat, wenn der Nachweis nach Absatz 9 Satz 1 nicht bis zum Ablauf des 31. Juli 2021 vorgelegt wird.

(11) [1]Personen, die bereits vier Wochen in Gemeinschaftseinrichtungen nach § 33 Nummer 4 betreut werden oder in Einrichtungen nach § 36 Absatz 1 Nummer 4 untergebracht sind, haben der Leitung der jeweiligen Einrichtung einen Nachweis nach Absatz 9 Satz 1 wie folgt vorzulegen:
1. innerhalb von vier weiteren Wochen oder,
2. wenn sie am 1. März 2020 bereits betreut werden oder untergebracht sind, bis zum Ablauf des 31. Juli 2021.

[2]Absatz 9 Satz 2, 4 und 5 findet mit der Maßgabe entsprechende Anwendung, dass eine Benachrichtigung des zuständigen Gesundheitsamtes und eine Übermittlung personenbezogener Angaben immer zu erfolgen hat, wenn der Nachweis nach Absatz 9 Satz 1 nicht bis zu dem in Satz 1 Nummer 1 oder Nummer 2 genannten Zeitpunkt vorgelegt wird.

(12) [1]Folgende Personen haben dem Gesundheitsamt, in dessen Bezirk sich die jeweilige Einrichtung befindet, auf Anforderung einen Nachweis nach Absatz 9 Satz 1 vorzulegen:
1. Personen, die in Gemeinschaftseinrichtungen nach § 33 Nummer 1 bis 3 betreut werden,
2. Personen, die bereits acht Wochen
 a) in Gemeinschaftseinrichtungen nach § 33 Nummer 4 betreut werden oder
 b) in Einrichtungen nach § 36 Absatz 1 Nummer 4 untergebracht sind und
3. Personen, die in Einrichtungen nach § 23 Absatz 3 Satz 1, § 33 Nummer 1 bis 4 oder § 36 Absatz 1 Nummer 4 tätig sind.

[2]Wenn der Nachweis nach Absatz 9 Satz 1 nicht innerhalb einer angemessenen Frist vorgelegt wird oder sich aus dem Nachweis ergibt, dass ein Impfschutz gegen Masern erst zu einem späteren Zeitpunkt möglich ist oder vervollständigt werden kann, kann das Gesundheitsamt die zur Vorlage des Nachweises verpflichtete Person zu einer Beratung laden und hat diese zu einer Vervollständigung des Impfschutzes gegen Masern aufzufordern. [3]Das Gesundheitsamt kann einer Person, die trotz der Anforderung nach Satz 1 keinen Nachweis innerhalb einer angemessenen Frist vorlegt, untersagen, dass sie dem Betrieb einer in Absatz 8 Satz 1 genannten Einrichtung dienenden Räume betritt oder in einer solchen Einrichtung tätig wird. [4]Einer Person, die einer gesetzlichen Schulpflicht unterliegt, kann in Abweichung von Satz 3 nicht untersagt werden, die dem Betrieb einer Einrichtung nach § 33 Nummer 3 dienenden Räume zu betreten. [5]Einer Person, die einer gesetzlichen Unterbringungspflicht unterliegt, kann in Abweichung von Satz 3 nicht untersagt werden, die dem Betrieb einer Gemeinschaftseinrichtung nach § 33 Nummer 4 oder einer Einrichtung nach § 36 Absatz 1 Nummer 4 dienenden Räume zu betreten. [6]Widerspruch und Anfechtungsklage gegen ein vom Gesundheitsamt nach Satz 3 erteiltes Verbot haben keine aufschiebende Wirkung.

(13) [1]Wenn eine nach den Absätzen 9 bis 12 verpflichtete Person minderjährig ist, so hat derjenige für die Einhaltung der die diese Person nach den Absätzen 9 bis 12 treffenden Verpflichtungen zu sorgen, dem die Sorge für diese Person zusteht. [2]Die gleiche Verpflichtung trifft den Betreuer einer von Verpflichtungen nach den Absätzen 9 bis 12 betroffenen Person, soweit die Erfüllung dieser Verpflichtungen zu seinem Aufgabenkreis gehört.

(14) Durch die Absätze 6 bis 12 wird das Grundrecht der körperlichen Unversehrtheit (Artikel 2 Absatz 2 Satz 1 des Grundgesetzes) eingeschränkt.

§ 21 Impfstoffe

[1]Bei einer auf Grund dieses Gesetzes angeordneten oder einer von der obersten Landesgesundheitsbehörde öffentlich empfohlenen Schutzimpfung oder einer Impfung nach § 17a Absatz 2 des Soldatengesetzes dürfen Impfstoffe verwendet werden, die Mikroorganismen enthalten, welche von den Geimpften ausgeschieden und von anderen Personen aufgenommen werden können. [2]Das Grundrecht der körperlichen Unversehrtheit (Artikel 2 Abs. 2 Satz 1 Grundgesetz) wird insoweit eingeschränkt.

§ 22 Impfdokumentation

(1) Jede Schutzimpfung ist unverzüglich in einen Impfausweis, oder, falls der Impfausweis nicht vorgelegt wird, in einer Impfbescheinigung zu dokumentieren (Impfdokumentation).

(2) [1]Die Impfdokumentation muss zu jeder Schutzimpfung folgende Angaben enthalten:
1. Datum der Schutzimpfung,
2. Bezeichnung und Chargenbezeichnung des Impfstoffes,
3. Name der Krankheit, gegen die geimpft wurde,
4. Name und Anschrift der für die Durchführung der Schutzimpfung verantwortlichen Person sowie

5. Bestätigung in Schriftform oder in elektronischer Form mit einer qualifizierten elektronischen Signatur oder einem qualifizierten elektronischen Siegel durch die für die Durchführung der Schutzimpfung verantwortliche Person.

[2]Bei Nachtragungen in einen Impfausweis kann jeder Arzt die Bestätigung nach Satz 1 Nummer 5 vornehmen oder hat das zuständige Gesundheitsamt die Bestätigung nach Satz 1 Nummer 5 vorzunehmen, wenn dem Arzt oder dem Gesundheitsamt eine frühere Impfdokumentation über die nachzutragende Schutzimpfung vorgelegt wird.

(3) In der Impfdokumentation ist hinzuweisen auf

1. das zweckmäßige Verhalten bei ungewöhnlichen Impfreaktionen,
2. die sich gegebenenfalls aus den §§ 60 bis 64 ergebenden Ansprüche bei Eintritt eines Impfschadens sowie
3. Stellen, bei denen die sich aus einem Impfschaden ergebenden Ansprüche geltend gemacht werden können.

(4) In der Impfdokumentation ist über notwendige Folge- und Auffrischimpfungen mit Terminvorschlägen zu informieren, so dass die geimpfte Person diese rechtzeitig wahrnehmen kann.

§ 23 Nosokomiale Infektionen; Resistenzen; Rechtsverordnungen durch die Länder

(1) [1]Beim Robert Koch-Institut wird eine Kommission für Krankenhaushygiene und Infektionsprävention eingerichtet. [2]Die Kommission gibt sich eine Geschäftsordnung, die der Zustimmung des Bundesministeriums für Gesundheit bedarf. [3]Die Kommission erstellt Empfehlung zur Prävention nosokomialer Infektionen sowie zu betrieblich-organisatorischen und baulich-funktionellen Maßnahmen der Hygiene in Krankenhäusern und anderen medizinischen Einrichtungen. [4]Sie erstellt zudem Empfehlungen zu Kriterien und Verfahren zur Einstufung von Einrichtungen als Einrichtungen für ambulantes Operieren. [5]Die Empfehlungen der Kommission werden unter Berücksichtigung aktueller infektionsepidemiologischer Auswertungen stetig weiterentwickelt und vom Robert Koch-Institut veröffentlicht. [6]Die Mitglieder der Kommission werden vom Bundesministerium für Gesundheit im Benehmen mit den obersten Landesgesundheitsbehörden berufen. [7]Vertreter des Bundesministeriums für Gesundheit, der obersten Landesgesundheitsbehörden und des Robert Koch-Institutes nehmen mit beratender Stimme an den Sitzungen teil.

(2) [1]Beim Robert Koch-Institut wird eine Kommission Antiinfektiva, Resistenz und Therapie eingerichtet. [2]Die Kommission gibt sich eine Geschäftsordnung, die der Zustimmung des Bundesministeriums für Gesundheit bedarf. [3]Die Kommission erstellt Empfehlungen mit allgemeinen Grundsätzen für Diagnostik und antimikrobielle Therapie, insbesondere bei Infektionen mit resistenten Krankheitserregern. [4]Die Empfehlungen der Kommission werden unter Berücksichtigung aktueller infektionsepidemiologischer Auswertungen stetig weiterentwickelt und vom Robert Koch-Institut veröffentlicht. [5]Die Mitglieder der Kommission werden vom Bundesministerium für Gesundheit im Benehmen mit den obersten Landesgesundheitsbehörden berufen. [6]Vertreter des Bundesministeriums für Gesundheit, der obersten Landesgesundheitsbehörden, des Robert Koch-Institutes und des Bundesinstitutes für Arzneimittel und Medizinprodukte nehmen mit beratender Stimme an den Sitzungen teil.

(3) [1]Die Leiter folgender Einrichtungen haben sicherzustellen, dass die nach dem Stand der medizinischen Wissenschaft erforderlichen Maßnahmen getroffen werden, um nosokomiale Infektionen zu verhüten und die Weiterverbreitung von Krankheitserregern, insbesondere solcher mit Resistenzen, zu vermeiden:

1. Krankenhäuser,
2. Einrichtungen für ambulantes Operieren,
3. Vorsorge- oder Rehabilitationseinrichtungen, in denen eine den Krankenhäusern vergleichbare medizinische Versorgung erfolgt,
4. Dialyseeinrichtungen,
5. Tageskliniken,
6. Entbindungseinrichtungen,
7. Behandlungs- oder Versorgungseinrichtungen, die mit einer der in den Nummern 1 bis 6 genannten Einrichtungen vergleichbar sind,
8. Arztpraxen, Zahnarztpraxen,
9. Praxen sonstiger humanmedizinischer Heilberufe,
10. Einrichtungen des öffentlichen Gesundheitsdienstes, in denen medizinische Untersuchungen, Präventionsmaßnahmen oder ambulante Behandlungen durchgeführt werden,
11. ambulante Pflegedienste, die ambulante Intensivpflege in Einrichtungen, Wohngruppen oder sonstigen gemeinschaftlichen Wohnformen erbringen, und
12. Rettungsdienste.

[2]Die Einhaltung des Standes der medizinischen Wissenschaft auf diesem Gebiet wird vermutet, wenn jeweils die veröffentlichten Empfehlungen der Kommission für Krankenhaushygiene und Infektionsprävention beim Robert Koch-Institut und der Kommission Antiinfektiva, Resistenz und Therapie beim Robert Koch-Institut beachtet worden sind.

(4) [1]Die Leiter von Einrichtungen nach Absatz 3 Satz 1 Nummer 1 bis 3 haben sicherzustellen, dass die nach Absatz 4a festgelegten nosokomialen Infektionen und das Auftreten von Krankheitserregern mit speziellen Resistenzen und Multiresistenzen fortlaufend in einer gesonderten Niederschrift aufgezeichnet, bewertet und sachgerechte Schlussfolgerungen hinsichtlich erforderlicher Präventionsmaßnahmen gezogen werden und dass die erforderlichen Präventionsmaßnahmen dem Personal mitgeteilt und umgesetzt werden. [2]Darüber hinaus haben die Leiter sicherzustellen, dass die nach Absatz 4a festgelegten Daten zu Art und Umfang des Antibiotika-Verbrauchs fortlaufend in zusammengefasster Form aufgezeichnet, unter Berücksichtigung der lokalen Resistenzsituation bewertet und sachgerechte Schlussfolgerungen hinsichtlich des Einsatzes von Antibiotika gezogen werden und dass die erforderlichen Anpassungen des Antibiotikaeinsatzes dem Personal mitgeteilt und umgesetzt werden. [3]Die Aufzeichnungen nach den Sätzen 1 und 2 sind zehn Jahre nach deren Anfertigung aufzubewahren. [4]Dem zuständigen Gesundheitsamt ist auf Verlangen Einsicht in die Aufzeichnungen, Bewertungen und Schlussfolgerungen zu gewähren.

(4a) [1]Das Robert Koch-Institut hat entsprechend den jeweiligen epidemiologischen Erkenntnissen die nach Absatz 4 zu erfassenden nosokomialen Infektionen und Krankheitserreger mit speziellen Resistenzen und Multiresistenzen sowie Daten zu Art und Umfang des Antibiotikaverbrauchs festzulegen. [2]Die Festlegungen hat es in einer Liste im Bundesgesundheitsblatt zu veröffentlichen. [3]Die Liste ist an den aktuellen Stand anzupassen.

(5) [1]Die Leiter folgender Einrichtungen haben sicherzustellen, dass innerbetriebliche Verfahrensweisen zur Infektionshygiene in Hygieneplänen festgelegt sind:
1. Krankenhäuser,
2. Einrichtungen für ambulantes Operieren,
3. Vorsorge- oder Rehabilitationseinrichtungen,
4. Dialyseeinrichtungen,
5. Tageskliniken,
6. Entbindungseinrichtungen,
7. Behandlungs- oder Versorgungseinrichtungen, die mit einer der in den Nummern 1 bis 6 genannten Einrichtungen vergleichbar sind,
8. ambulante Pflegedienste, die ambulante Intensivpflege in Einrichtungen, Wohngruppen oder sonstigen gemeinschaftlichen Wohnformen erbringen, und
9. Rettungsdienste.

[2]Die Landesregierungen können durch Rechtsverordnung vorsehen, dass Leiter von Zahnarztpraxen sowie Leiter von Arztpraxen und Praxen sonstiger humanmedizinischer Heilberufe, in denen invasive Eingriffe vorgenommen werden, sicherzustellen haben, dass innerbetriebliche Verfahrensweisen zur Infektionshygiene in Hygieneplänen festgelegt sind. [3]Die Landesregierungen können die Ermächtigung durch Rechtsverordnung auf andere Stellen übertragen.

(6) [1]Einrichtungen nach Absatz 5 Satz 1 unterliegen der infektionshygienischen Überwachung durch das Gesundheitsamt. [2]Einrichtungen nach Absatz 5 Satz 2 können durch das Gesundheitsamt infektionshygienisch überwacht werden.

(6a) [1]Die infektionshygienische Überwachung von ambulanten Pflegediensten, die ambulante Intensivpflege in Einrichtungen, Wohngruppen oder sonstigen gemeinschaftlichen Wohnformen erbringen, erstreckt sich auch auf Orte, an denen die Intensivpflege erbracht wird. [2]Die ambulanten Pflegedienste haben dem Gesundheitsamt auf dessen Anforderung die Namen und Kontaktdaten der von ihnen versorgten Personen und der vertretungsberechtigten Personen mitzuteilen.

(7) *[aufgehoben]*

(8) [1]Die Landesregierungen haben durch Rechtsverordnung für Krankenhäuser, Einrichtungen für ambulantes Operieren, Vorsorge- oder Rehabilitationseinrichtungen, in denen eine den Krankenhäusern vergleichbare medizinische Versorgung erfolgt, sowie für Dialyseeinrichtungen und Tageskliniken die jeweils erforderlichen Maßnahmen zur Verhütung, Erkennung, Erfassung und Bekämpfung von nosokomialen Infektionen und Krankheitserregern mit Resistenzen zu regeln. [2]Dabei sind insbesondere Regelungen zu treffen über
1. hygienische Mindestanforderungen an Bau, Ausstattung und Betrieb der Einrichtungen,
2. Bestellung, Aufgaben und Zusammensetzung einer Hygienekommission,
3. die erforderliche personelle Ausstattung mit Hygienefachkräften und Krankenhaushygienikern und die Bestellung von hygienebeauftragten Ärzten einschließlich bis längstens zum 31. Dezember 2019

befristeter Übergangsvorschriften zur Qualifikation einer ausreichenden Zahl geeigneten Fachpersonals,

4. Aufgaben und Anforderungen an Fort- und Weiterbildung der in der Einrichtung erforderlichen Hygienefachkräfte, Krankenhaushygieniker und hygienebeauftragten Ärzte,
5. die erforderliche Qualifikation und Schulung des Personals hinsichtlich der Infektionsprävention,
6. Strukturen und Methoden zur Erkennung von nosokomialen Infektionen und resistenten Erregern und zur Erfassung im Rahmen der ärztlichen und pflegerischen Dokumentationspflicht,
7. die zur Erfüllung ihrer jeweiligen Aufgaben erforderliche Einsichtnahme der in Nummer 4 genannten Personen in Akten der jeweiligen Einrichtung einschließlich der Patientenakten,
8. die Information des Personals über Maßnahmen, die zur Verhütung und Bekämpfung von nosokomialen Infektionen und Krankheitserregern mit Resistenzen erforderlich sind,
9. die klinisch-mikrobiologisch und klinisch-pharmazeutische Beratung des ärztlichen Personals,
10. die Information von aufnehmenden Einrichtungen und niedergelassenen Ärzten bei der Verlegung, Überweisung oder Entlassung von Patienten über Maßnahmen, die zur Verhütung und Bekämpfung von nosokomialen Infektionen und von Krankheitserregern mit Resistenzen erforderlich sind.

[3]Für Rettungsdienste können die Landesregierungen erforderliche Maßnahmen nach den Sätzen 1 und 2 regeln. [4]Die Landesregierungen können die Ermächtigung durch Rechtsverordnung auf andere Stellen übertragen.

§ 23a Personenbezogene Daten über den Impf- und Serostatus von Beschäftigten

[1]Soweit es zur Erfüllung von Verpflichtungen aus § 23 Absatz 3 in Bezug auf übertragbare Krankheiten erforderlich ist, darf der Arbeitgeber personenbezogene Daten eines Beschäftigten über dessen Impf- und Serostatus verarbeiten, um über die Begründung eines Beschäftigungsverhältnisses oder über die Art und Weise einer Beschäftigung zu entscheiden. [2]Dies gilt nicht in Bezug auf übertragbare Krankheiten, die im Rahmen einer leitliniengerechten Behandlung nach dem Stand der medizinischen Wissenschaft nicht mehr übertragen werden können. [3]Im Übrigen gelten die Bestimmungen des allgemeinen Datenschutzrechts.

5. Abschnitt
Bekämpfung übertragbarer Krankheiten

§ 24 Feststellung und Heilbehandlung übertragbarer Krankheiten, Verordnungsermächtigung

[1]Die Feststellung oder die Heilbehandlung einer in § 6 Absatz 1 Satz 1 Nummer 1, 2 und 5 oder in § 34 Absatz 1 Satz 1 genannten Krankheit oder einer Infektion mit einem in § 7 genannten Krankheitserreger oder einer sonstigen sexuell übertragbaren Krankheit darf nur durch einen Arzt erfolgen. [2]Satz 1 gilt nicht für die Anwendung von In-vitro-Diagnostika, die für patientennahe Schnelltests bei Testung auf HIV, Hepatitis-C-Virus und Treponema pallidum verwendet werden. [3]Das Bundesministerium für Gesundheit wird ermächtigt, durch Rechtsverordnung mit Zustimmung des Bundesrates festzulegen, dass Satz 1 auch nicht für die Anwendung von In-vitro-Diagnostika gilt, die für patientennahe Schnelltests bei Testung auf weitere Krankheiten oder Krankheitserreger verwendet werden.

§ 25 Ermittlungen

(1) Ergibt sich oder ist anzunehmen, dass jemand krank, krankheitsverdächtig, ansteckungsverdächtig oder Ausscheider ist oder dass ein Verstorbener krank, krankheitsverdächtig oder Ausscheider war, so stellt das Gesundheitsamt die erforderlichen Ermittlungen an, insbesondere über Art, Ursache, Ansteckungsquelle und Ausbreitung der Krankheit.

(2) [1]Für die Durchführung der Ermittlungen nach Absatz 1 gilt § 16 Absatz 1 Satz 2, Absatz 2, 3, 5 und 8 entsprechend. [2]Das Gesundheitsamt kann eine im Rahmen der Ermittlungen im Hinblick auf eine bedrohliche übertragbare Krankheit erforderliche Befragung in Bezug auf die Art, Ursache, Ansteckungsquelle und Ausbreitung der Krankheit unmittelbar an eine dritte Person, insbesondere an den behandelnden Arzt, richten, wenn eine Mitwirkung der betroffenen Person oder der nach § 16 Absatz 5 verpflichteten Person nicht rechtzeitig möglich ist; die dritte Person ist in entsprechender Anwendung von § 16 Absatz 2 Satz 3 und 4 zur Auskunft verpflichtet.

(3) [1]Die in Absatz 1 genannten Personen können durch das Gesundheitsamt vorgeladen werden. [2]Sie können durch das Gesundheitsamt verpflichtet werden,

1. Untersuchungen und Entnahmen von Untersuchungsmaterial an sich vornehmen zu lassen, insbesondere die erforderlichen äußerlichen Untersuchungen, Röntgenuntersuchungen, Tuberkulintes-

tungen, Blutentnahmen und Abstriche von Haut und Schleimhäuten durch die Beauftragten des Gesundheitsamtes zu dulden, sowie
2. das erforderliche Untersuchungsmaterial auf Verlangen bereitzustellen.
[3]Darüber hinausgehende invasive Eingriffe sowie Eingriffe, die eine Betäubung erfordern, dürfen nur mit Einwilligung des Betroffenen vorgenommen werden; § 16 Absatz 5 gilt nur entsprechend, wenn der Betroffene einwilligungsunfähig ist. [4]Die bei den Untersuchungen erhobenen personenbezogenen Daten dürfen nur für Zwecke dieses Gesetzes verarbeitet werden.
(4) [1]Den Ärzten des Gesundheitsamtes und dessen ärztlichen Beauftragten ist vom Gewahrsamsinhaber die Untersuchung der in Absatz 1 genannten Verstorbenen zu gestatten. [2]Die zuständige Behörde soll gegenüber dem Gewahrsamsinhaber die innere Leichenschau anordnen, wenn dies vom Gesundheitsamt für erforderlich gehalten wird.
(5) Die Grundrechte der körperlichen Unversehrtheit (Artikel 2 Absatz 2 Satz 1 des Grundgesetzes), der Freiheit der Person (Artikel 2 Absatz 2 Satz 2 des Grundgesetzes) und der Unverletzlichkeit der Wohnung (Artikel 13 Absatz 1 des Grundgesetzes) werden insoweit eingeschränkt.

§ 26 Teilnahme des behandelnden Arztes
Der behandelnde Arzt ist berechtigt, mit Zustimmung des Patienten an den Untersuchungen nach § 25 sowie an der inneren Leichenschau teilzunehmen.

§ 27 Gegenseitige Unterrichtung
(1) [1]Das Gesundheitsamt unterrichtet insbesondere in den Fällen des § 25 Absatz 1 unverzüglich andere Gesundheitsämter oder die zuständigen Behörden und Stellen nach den §§ 54 bis 54b, deren Aufgaben nach diesem Gesetz berührt sind, und übermittelt ihnen die zur Erfüllung von deren Aufgaben erforderlichen Angaben, sofern ihm die Angaben vorliegen. [2]Die zuständigen Behörden und Stellen nach den §§ 54 bis 54b unterrichten das Gesundheitsamt, wenn dessen Aufgaben nach diesem Gesetz berührt sind, und übermitteln diesem die zur Erfüllung von dessen Aufgaben erforderlichen Angaben, soweit ihnen die Angaben vorliegen.
(2) [1]Das Gesundheitsamt unterrichtet unverzüglich die für die Überwachung nach § 39 Absatz 1 Satz 1 des Lebensmittel- und Futtermittelgesetzbuchs örtlich zuständige Lebensmittelüberwachungsbehörde, wenn auf Grund von Tatsachen feststeht oder der Verdacht besteht,
1. dass ein spezifisches Lebensmittel, das an Endverbraucher abgegeben wurde, in mindestens zwei Fällen mit epidemiologischem Zusammenhang Ursache einer übertragbaren Krankheit ist, oder
2. dass Krankheitserreger mit Lebensmittel übertragen wurden und deshalb eine Weiterverbreitung der Krankheit durch Lebensmittel zu befürchten ist.
[2]Das Gesundheitsamt stellt folgende Angaben zur Verfügung, soweit sie ihm vorliegen und die Angaben für die von der zuständigen Lebensmittelüberwachungsbehörde zu treffenden Maßnahmen erforderlich sind:
1. Zahl der Kranken, Krankheitsverdächtigen, Ansteckungsverdächtigen und Ausscheider, auf Ersuchen der Lebensmittelüberwachungsbehörde auch Namen und Erreichbarkeitsdaten,
2. betroffenes Lebensmittel,
3. an Endverbraucher abgegebene Menge des Lebensmittels,
4. Ort und Zeitraum seiner Abgabe,
5. festgestellter Krankheitserreger und
6. von Personen entgegen § 42 ausgeübte Tätigkeit sowie Ort der Ausübung.
(3) [1]Das Gesundheitsamt unterrichtet unverzüglich die nach § 4 Absatz 1 des Tiergesundheitsgesetzes zuständige Behörde, wenn
1. auf Grund von Tatsachen feststeht oder der Verdacht besteht, dass
 a) Erreger einer übertragbaren Krankheit unmittelbar oder mittelbar von Tieren auf eine betroffene Person übertragen wurden oder
 b) Erreger von einer betroffenen Person auf Tiere übertragen wurden, und
2. es sich um Erreger einer nach einer auf Grund des Tiergesundheitsgesetzes erlassenen Rechtsverordnung anzeigepflichtigen Tierseuche oder meldepflichtigen Tierkrankheit handelt.
[2]Das Gesundheitsamt übermittelt der nach § 4 Absatz 1 des Tiergesundheitsgesetzes zuständigen Behörde Angaben zum festgestellten Erreger, zur Tierart und zum Standort der Tiere, sofern ihm die Angaben vorliegen.
(4) [1]Das Gesundheitsamt unterrichtet unverzüglich die für den Immissionsschutz zuständige Behörde, wenn im Fall einer örtlichen oder zeitlichen Häufung von Infektionen mit Legionella sp. der Verdacht besteht, dass Krankheitserreger durch Aerosole in der Außenluft auf den Menschen übertragen wurden.

[2]Das Gesundheitsamt übermittelt der für den Immissionsschutz zuständigen Behörde Angaben zu den wahrscheinlichen Orten und Zeitpunkten der Infektionen, sofern ihm die Angaben vorliegen.

(5) [1]Das Gesundheitsamt unterrichtet unverzüglich die zuständige Landesbehörde, wenn der Verdacht besteht, dass ein Arzneimittel die Quelle einer Infektion ist. [2]Das Gesundheitsamt übermittelt der zuständigen Landesbehörde alle notwendigen Angaben, sofern es diese Angaben ermitteln kann, wie Bezeichnung des Produktes, Name oder Firma des pharmazeutischen Unternehmers und die Chargenbezeichnung. [3]Über die betroffene Person sind ausschließlich das Geburtsdatum, das Geschlecht sowie der erste Buchstabe des ersten Vornamens und der erste Buchstabe des ersten Nachnamens anzugeben. [4]Die zuständige Behörde übermittelt die Angaben unverzüglich der nach § 77 des Arzneimittelgesetzes zuständigen Bundesoberbehörde. [5]Die personenbezogenen Daten sind zu pseudonymisieren.

(6) [1]Steht auf Grund von Tatsachen fest oder besteht der Verdacht, dass jemand, der an einer meldepflichtigen Krankheit erkrankt oder mit einem meldepflichtigen Krankheitserreger infiziert ist, oder dass ein Verstorbener, der an einer meldepflichtigen Krankheit erkrankt oder mit einem meldepflichtigen Krankheitserreger infiziert war, nach dem vermuteten Zeitpunkt der Infektion Blut-, Organ-, Gewebe- oder Zellspender war, so hat das Gesundheitsamt, wenn es sich dabei um eine durch Blut, Blutprodukte, Organe, Gewebe oder Zellen übertragbare Krankheit oder Infektion handelt, die zuständigen Behörden von Bund und Ländern unverzüglich über den Befund oder Verdacht zu unterrichten. [2]Es meldet dabei die ihm bekannt gewordenen Sachverhalte. [3]Nach den Sätzen 1 und 2 hat es bei Spendern vermittlungspflichtiger Organe (§ 1a Nummer 2 des Transplantationsgesetzes) auch die nach § 11 des Transplantationsgesetzes errichtete oder bestimmte Koordinierungsstelle zu unterrichten, bei sonstigen Organ-, Gewebe- oder Zellspendern nach den Vorschriften des Transplantationsgesetzes die Einrichtung der medizinischen Versorgung, in der das Organ, das Gewebe oder die Zelle übertragen wurde oder übertragen werden soll, und die Gewebeeinrichtung, die das Gewebe oder die Zelle entnommen hat.

§ 28 Schutzmaßnahmen

(1) [1]Werden Kranke, Krankheitsverdächtige, Ansteckungsverdächtige oder Ausscheider festgestellt oder ergibt sich, dass ein Verstorbener krank, krankheitsverdächtig oder Ausscheider war, so trifft die zuständige Behörde die notwendigen Schutzmaßnahmen, insbesondere die in den §§ 29 bis 31 genannten, soweit und solange es zur Verhinderung der Verbreitung übertragbarer Krankheiten erforderlich ist; sie kann insbesondere Personen verpflichten, den Ort, an dem sie sich befinden, nicht oder nur unter bestimmten Bedingungen zu verlassen oder von ihr bestimmte Orte oder öffentliche Orte nicht oder nur unter bestimmten Bedingungen zu betreten. [2]Unter den Voraussetzungen von Satz 1 kann die zuständige Behörde Veranstaltungen oder sonstige Ansammlungen von Menschen beschränken oder verbieten und Badeanstalten oder in § 33 genannte Gemeinschaftseinrichtungen oder Teile davon schließen. [3]Eine Heilbehandlung darf nicht angeordnet werden. [4]Die Grundrechte der Freiheit der Person (Artikel 2 Absatz 2 Satz 2 des Grundgesetzes), der Versammlungsfreiheit (Artikel 8 des Grundgesetzes), der Freizügigkeit (Artikel 11 Absatz 1 des Grundgesetzes) und der Unverletzlichkeit der Wohnung (Artikel 13 Absatz 1 des Grundgesetzes) werden insoweit eingeschränkt.

(2) Wird festgestellt, dass eine Person in einer Gemeinschaftseinrichtung an Masern erkrankt, dessen verdächtig oder ansteckungsverdächtig ist, kann die zuständige Behörde Personen, die weder einen Impfschutz, der den Empfehlungen der Ständigen Impfkommission entspricht, noch eine Immunität gegen Masern durch ärztliches Zeugnis nachweisen können, die in § 34 Absatz 1 Satz 1 und 2 genannten Verbote erteilen, bis eine Weiterverbreitung der Krankheit in der Gemeinschaftseinrichtung nicht mehr zu befürchten ist.

(3) Für Maßnahmen nach den Absätzen 1 und 2 gilt § 16 Abs. 5 bis 8, für ihre Überwachung außerdem § 16 Abs. 2 entsprechend.

§ 29 Beobachtung

(1) Kranke, Krankheitsverdächtige, Ansteckungsverdächtige und Ausscheider können einer Beobachtung unterworfen werden.

(2) [1]Wer einer Beobachtung nach Absatz 1 unterworfen ist, hat die erforderlichen Untersuchungen durch die Beauftragten des Gesundheitsamtes zu dulden und den Anordnungen des Gesundheitsamtes Folge zu leisten. [2]§ 25 Absatz 3 gilt entsprechend. [3]Eine Person nach Satz 1 ist ferner verpflichtet, den Beauftragten des Gesundheitsamtes zum Zwecke der Befragung oder der Untersuchung den Zutritt zu seiner Wohnung zu gestatten, auf Verlangen ihnen über alle seinen Gesundheitszustand betreffenden Umstände Auskunft zu geben und im Falle des Wechsels der Hauptwohnung oder des gewöhnlichen Aufenthaltes unverzüglich dem bisher zuständigen Gesundheitsamt Anzeige zu erstatten. [4]Die Anzeigepflicht gilt auch bei Änderungen einer Tätigkeit im Lebensmittelbereich im Sinne von § 42 Abs. 1 Satz 1 oder in Einrichtungen im Sinne von § 23 Absatz 5 oder § 36 Absatz 1 sowie beim Wechsel einer Gemeinschaftseinrichtung im

Sinne von § 33. [5]§ 16 Abs. 2 Satz 4 gilt entsprechend. [6]Die Grundrechte der körperlichen Unversehrtheit (Artikel 2 Abs. 2 Satz 1 Grundgesetz), der Freiheit der Person (Artikel 2 Abs. 2 Satz 2 Grundgesetz) und der Unverletzlichkeit der Wohnung (Artikel 13 Abs. 1 Grundgesetz) werden insoweit eingeschränkt.

§ 30 Absonderung

(1) [1]Die zuständige Behörde hat anzuordnen, dass Personen, die an Lungenpest oder an von Mensch zu Mensch übertragbarem hämorrhagischem Fieber erkrankt oder dessen verdächtig sind, unverzüglich in einem Krankenhaus oder einer für diese Krankheiten geeigneten Einrichtung abgesondert werden. [2]Bei sonstigen Kranken sowie Krankheitsverdächtigen, Ansteckungsverdächtigen und Ausscheidern kann angeordnet werden, dass sie in einem geeigneten Krankenhaus oder in sonst geeigneter Weise abgesondert werden, bei Ausscheidern jedoch nur, wenn sie andere Schutzmaßnahmen nicht befolgen, befolgen können oder befolgen würden und dadurch ihre Umgebung gefährden.

(2) [1]Kommt der Betroffene den seine Absonderung betreffenden Anordnungen nicht nach oder ist nach seinem bisherigen Verhalten anzunehmen, dass er solchen Anordnungen nicht ausreichend Folge leisten wird, so ist er zwangsweise durch Unterbringung in einem abgeschlossenen Krankenhaus oder einem abgeschlossenen Teil eines Krankenhauses abzusondern. [2]Ansteckungsverdächtige und Ausscheider können auch in einer anderen geeigneten abgeschlossenen Einrichtung abgesondert werden. [3]Das Grundrecht der Freiheit der Person (Artikel 2 Abs. 2 Satz 2 Grundgesetz) kann insoweit eingeschränkt werden. [4]Buch 7 des Gesetzes über das Verfahren in Familiensachen und in den Angelegenheiten der freiwilligen Gerichtsbarkeit gilt entsprechend.

(3) [1]Der Abgesonderte hat die Anordnungen des Krankenhauses oder der sonstigen Absonderungseinrichtung zu befolgen und die Maßnahmen zu dulden, die der Aufrechterhaltung eines ordnungsgemäßen Betriebs der Einrichtung oder der Sicherung des Unterbringungszwecks dienen. [2]Insbesondere dürfen ihm Gegenstände, die unmittelbar oder mittelbar einem Entweichen dienen können, abgenommen und bis zu seiner Entlassung anderweitig verwahrt werden. [3]Für ihn eingehende oder von ihm ausgehende Pakete und schriftliche Mitteilungen können in seinem Beisein geöffnet und zurückgehalten werden, soweit dies zur Sicherung des Unterbringungszwecks erforderlich ist. [4]Die bei der Absonderung erhobenen personenbezogenen Daten sowie die über Pakete und schriftliche Mitteilungen gewonnenen Erkenntnisse dürfen nur für Zwecke dieses Gesetzes verarbeitet werden. [5]Postsendungen von Gerichten, Behörden, gesetzlichen Vertretern, Rechtsanwälten, Notaren oder Seelsorgern dürfen weder geöffnet noch zurückgehalten werden; Postsendungen an solche Stellen oder Personen dürfen nur geöffnet und zurückgehalten werden, soweit dies zum Zwecke der Entseuchung notwendig ist. [6]Die Grundrechte der körperlichen Unversehrtheit (Artikel 2 Abs. 2 Satz 1 Grundgesetz), der Freiheit der Person (Artikel 2 Abs. 2 Satz 2 Grundgesetz) und das Grundrecht des Brief- und Postgeheimnisses (Artikel 10 Grundgesetz) werden insoweit eingeschränkt.

(4) [1]Der behandelnde Arzt und die zur Pflege bestimmten Personen haben freien Zutritt zu abgesonderten Personen. [2]Dem Seelsorger oder Urkundspersonen muss, anderen Personen kann der behandelnde Arzt den Zutritt unter Auferlegung der erforderlichen Verhaltensmaßregeln gestatten.

(5) Die Träger der Einrichtungen haben dafür zu sorgen, dass das eingesetzte Personal sowie die weiteren gefährdeten Personen den erforderlichen Impfschutz oder eine spezifische Prophylaxe erhalten.

(6) Die Länder haben dafür Sorge zu tragen, dass die nach Absatz 1 Satz 1 notwendigen Räume, Einrichtungen und Transportmittel zur Verfügung stehen.

(7) [1]Die zuständigen Gebietskörperschaften haben dafür zu sorgen, dass die nach Absatz 1 Satz 2 und Absatz 2 notwendigen Räume, Einrichtungen und Transportmittel sowie das erforderliche Personal zur Durchführung von Absonderungsmaßnahmen außerhalb der Wohnung zur Verfügung stehen. [2]Die Räume und Einrichtungen zur Absonderung nach Absatz 2 sind nötigenfalls von den Ländern zu schaffen und zu unterhalten.

§ 31 Berufliches Tätigkeitsverbot

[1]Die zuständige Behörde kann Kranken, Krankheitsverdächtigen, Ansteckungsverdächtigen und Ausscheidern die Ausübung bestimmter beruflicher Tätigkeiten ganz oder teilweise untersagen. [2]Satz 1 gilt auch für sonstige Personen, die Krankheitserreger so in oder an sich tragen, dass im Einzelfall die Gefahr einer Weiterverbreitung besteht.

§ 32 Erlass von Rechtsverordnungen

[1]Die Landesregierungen werden ermächtigt, unter den Voraussetzungen, die für Maßnahmen nach den §§ 28 bis 31 maßgebend sind, auch durch Rechtsverordnungen entsprechende Gebote und Verbote zur Bekämpfung übertragbarer Krankheiten zu erlassen. [2]Die Landesregierungen können die Ermächtigung durch Rechtsverordnung auf andere Stellen übertragen. [3]Die Grundrechte der Freiheit der Person (Artikel 2 Abs. 2 Satz 2 Grundgesetz), der Freizügigkeit (Artikel 11 Abs. 1 Grundgesetz), der Versamm-

lungsfreiheit (Artikel 8 Grundgesetz), der Unverletzlichkeit der Wohnung (Artikel 13 Abs. 1 Grundgesetz) und des Brief- und Postgeheimnisses (Artikel 10 Grundgesetz) können insoweit eingeschränkt werden.

6. Abschnitt
Infektionsschutz bei bestimmten Einrichtungen, Unternehmen und Personen

§ 33 Gemeinschaftseinrichtungen
Gemeinschaftseinrichtungen im Sinne dieses Gesetzes sind Einrichtungen, in denen überwiegend minderjährige Personen betreut werden; dazu gehören insbesondere:
1. Kindertageseinrichtungen und Kinderhorte,
2. die nach § 43 Absatz 1 des Achten Buches Sozialgesetzbuch erlaubnispflichtige Kindertagespflege,
3. Schulen und sonstige Ausbildungseinrichtungen,
4. Heime und
5. Ferienlager.

§ 34 Gesundheitliche Anforderungen, Mitwirkungspflichten, Aufgaben des Gesundheitsamtes
(1) [1]Personen, die an
1. Cholera
2. Diphtherie
3. Enteritis durch enterohämorrhagische E. coli (EHEC)
4. virusbedingtem hämorrhagischen Fieber
5. Haemophilus influenzae Typ b-Meningitis
6. Impetigo contagiosa (ansteckende Borkenflechte)
7. Keuchhusten
8. ansteckungsfähiger Lungentuberkulose
9. Masern
10. Meningokokken-Infektion
11. Mumps
12. Paratyphus
13. Pest
14. Poliomyelitis
14a. Röteln
15. Scharlach oder sonstigen Streptococcus pyogenes-Infektionen
16. Shigellose
17. Skabies (Krätze)
18. Typhus abdominalis
19. Virushepatitis A oder E
20. Windpocken
erkrankt oder dessen verdächtig oder die verlaust sind, dürfen in den in § 33 genannten Gemeinschaftseinrichtungen keine Lehr-, Erziehungs-, Pflege-, Aufsichts- oder sonstige Tätigkeiten ausüben, bei denen sie Kontakt zu den dort Betreuten haben, bis nach ärztlichem Urteil eine Weiterverbreitung der Krankheit oder der Verlausung durch sie nicht mehr zu befürchten ist. [2]Satz 1 gilt entsprechend für die in der Gemeinschaftseinrichtung Betreuten mit der Maßgabe, dass sie die dem Betrieb der Gemeinschaftseinrichtung dienenden Räume nicht betreten, Einrichtungen der Gemeinschaftseinrichtung nicht benutzen und an Veranstaltungen der Gemeinschaftseinrichtung nicht teilnehmen dürfen. [3]Satz 2 gilt auch für Kinder, die das 6. Lebensjahr noch nicht vollendet haben und an infektiöser Gastroenteritis erkrankt oder dessen verdächtig sind.

(2) Ausscheider von
1. Vibrio cholerae O 1 und O 139
2. Corynebacterium spp., Toxin bildend
3. Salmonella Typhi
4. Salmonella Paratyphi
5. Shigella sp.
6. enterohämorrhagischen E. coli (EHEC)
dürfen nur mit Zustimmung des Gesundheitsamtes und unter Beachtung der gegenüber dem Ausscheider und der Gemeinschaftseinrichtung verfügten Schutzmaßnahmen die dem Betrieb der Gemeinschaftseinrichtung dienenden Räume betreten, Einrichtungen der Gemeinschaftseinrichtung benutzen und an Veranstaltungen der Gemeinschaftseinrichtung teilnehmen.

(3) Absatz 1 Satz 1 und 2 gilt entsprechend für Personen, in deren Wohngemeinschaft nach ärztlichem Urteil eine Erkrankung an oder ein Verdacht auf

1. Cholera
2. Diphtherie
3. Enteritis durch enterohämorrhagische E. coli (EHEC)
4. virusbedingtem hämorrhagischem Fieber
5. Haemophilus influenzae Typ b-Meningitis
6. ansteckungsfähiger Lungentuberkulose
7. Masern
8. Meningokokken-Infektion
9. Mumps
10. Paratyphus
11. Pest
12. Poliomyelitis
12a. Röteln
13. Shigellose
14. Typhus abdominalis
15. Virushepatitis A oder E
16. Windpocken

aufgetreten ist.

(4) [1]Wenn die nach den Absätzen 1 bis 3 verpflichteten Personen geschäftsunfähig oder in der Geschäftsfähigkeit beschränkt sind, so hat derjenige für die Einhaltung der diese Personen nach den Absätzen 1 bis 3 treffenden Verpflichtungen zu sorgen, dem die Sorge für diese Person zusteht. [2]Die gleiche Verpflichtung trifft den Betreuer einer von Verpflichtungen nach den Absätzen 1 bis 3 betroffenen Person, soweit die Erfüllung dieser Verpflichtungen zu seinem Aufgabenkreis gehört.

(5) [1]Wenn einer der in den Absätzen 1, 2 oder 3 genannten Tatbestände bei den in Absatz 1 genannten Personen auftritt, so haben diese Personen oder in den Fällen des Absatzes 4 der Sorgeinhaber der Gemeinschaftseinrichtung hiervon unverzüglich Mitteilung zu machen. [2]Die Leitung der Gemeinschaftseinrichtung hat jede Person, die in der Gemeinschaftseinrichtung neu betreut wird, oder deren Sorgeberechtigte über die Pflichten nach Satz 1 zu belehren.

(6) [1]Werden Tatsachen bekannt, die das Vorliegen einer der in den Absätzen 1, 2 oder 3 aufgeführten Tatbestände annehmen lassen, so hat die Leitung der Gemeinschaftseinrichtung das Gesundheitsamt, in dessen Bezirk sich die Gemeinschaftseinrichtung befindet, unverzüglich zu benachrichtigen und krankheits- und personenbezogene Angaben zu machen. [2]Dies gilt auch beim Auftreten von zwei oder mehr gleichartigen, schwerwiegenden Erkrankungen, wenn als deren Ursache Krankheitserreger anzunehmen sind. [3]Eine Benachrichtigungspflicht besteht nicht, wenn der Leitung ein Nachweis darüber vorliegt, dass die Meldung des Sachverhalts nach § 6 bereits erfolgt ist.

(7) Die zuständige Behörde kann im Einvernehmen mit dem Gesundheitsamt für die in § 33 genannten Einrichtungen Ausnahmen von dem Verbot nach Absatz 1, auch in Verbindung mit Absatz 3, zulassen, wenn Maßnahmen durchgeführt werden oder wurden, mit denen eine Übertragung der aufgeführten Erkrankungen oder der Verlausung verhütet werden kann.

(8) Das Gesundheitsamt kann gegenüber der Leitung der Gemeinschaftseinrichtung anordnen, dass das Auftreten einer Erkrankung oder eines hierauf gerichteten Verdachtes ohne Hinweis auf die Person in der Gemeinschaftseinrichtung bekannt gegeben wird.

(9) Wenn in Gemeinschaftseinrichtungen betreute Personen Krankheitserreger so in oder an sich tragen, dass im Einzelfall die Gefahr einer Weiterverbreitung besteht, kann die zuständige Behörde die notwendigen Schutzmaßnahmen anordnen.

(10) Die Gesundheitsämter und die in § 33 genannten Gemeinschaftseinrichtungen sollen die betreuten Personen oder deren Sorgeberechtigte gemeinsam über die Bedeutung eines vollständigen, altersgemäßen, nach den Empfehlungen der Ständigen Impfkommission ausreichenden Impfschutzes und über die Prävention übertragbarer Krankheiten aufklären.

(10a) [1]Bei der Erstaufnahme in eine Kindertageseinrichtung haben die Personensorgeberechtigten gegenüber dieser einen schriftlichen Nachweis darüber zu erbringen, dass zeitnah vor der Aufnahme eine ärztliche Beratung in Bezug auf einen vollständigen, altersgemäßen, nach den Empfehlungen der Ständigen Impfkommission ausreichenden Impfschutz des Kindes erfolgt ist. [2]Wenn der Nachweis nicht erbracht wird, benachrichtigt die Leitung der Kindertageseinrichtung das Gesundheitsamt, in dessen Bezirk sich die Einrichtung befindet, und übermittelt dem Gesundheitsamt personenbezogene Angaben. [3]Das

Gesundheitsamt kann die Personensorgeberechtigten zu einer Beratung laden. [4]Weitergehende landesrechtliche Regelungen bleiben unberührt.

(11) Bei Erstaufnahme in die erste Klasse einer allgemein bildenden Schule hat das Gesundheitsamt oder der von ihm beauftragte Arzt den Impfstatus zu erheben und die hierbei gewonnenen aggregierten und anonymisierten Daten über die oberste Landesgesundheitsbehörde dem Robert Koch-Institut zu übermitteln.

§ 35 Belehrung für Personen in der Betreuung von Kindern und Jugendlichen

[1]Personen, die in den in § 33 genannten Gemeinschaftseinrichtungen Lehr-, Erziehungs-, Pflege-, Aufsichts- oder sonstige regelmäßige Tätigkeiten ausüben und Kontakt mit den dort Betreuten haben, sind vor erstmaliger Aufnahme ihrer Tätigkeit und im Weiteren mindestens im Abstand von zwei Jahren von ihrem Arbeitgeber über die gesundheitlichen Anforderungen und Mitwirkungsverpflichtungen nach § 34 zu belehren. [2]Über die Belehrung ist ein Protokoll zu erstellen, das beim Arbeitgeber für die Dauer von drei Jahren aufzubewahren ist. [3]Die Sätze 1 und 2 finden für Dienstherren entsprechende Anwendung.

§ 36 Infektionsschutz bei bestimmten Einrichtungen, Unternehmen und Personen; Verordnungsermächtigung

(1) Folgende Einrichtungen und Unternehmen müssen in Hygieneplänen innerbetriebliche Verfahrensweisen zur Infektionshygiene festlegen und unterliegen der infektionshygienischen Überwachung durch das Gesundheitsamt:

1. die in § 33 genannten Gemeinschaftseinrichtungen mit Ausnahme der Gemeinschaftseinrichtungen nach § 33 Nummer 2,
2. nicht unter § 23 Absatz 5 Satz 1 fallende voll- oder teilstationäre Einrichtungen zur Betreuung und Unterbringung älterer, behinderter oder pflegebedürftiger Menschen,
3. Obdachlosenunterkünfte,
4. Einrichtungen zur gemeinschaftlichen Unterbringung von Asylbewerbern, vollziehbar Ausreisepflichtigen, Flüchtlingen und Spätaussiedlern,
5. sonstige Massenunterkünfte,
6. Justizvollzugsanstalten sowie
7. nicht unter § 23 Absatz 5 Satz 1 fallende ambulante Pflegedienste und Unternehmen, die den Einrichtungen nach Nummer 2 vergleichbare Dienstleistungen anbieten; Angebote zur Unterstützung im Alltag im Sinne von § 45a Absatz 1 Satz 2 des Elften Buches Sozialgesetzbuch zählen nicht zu den Dienstleistungen, die mit Angeboten in Einrichtungen nach Nummer 2 vergleichbar sind.

(2) Einrichtungen und Unternehmen, bei denen die Möglichkeit besteht, dass durch Tätigkeiten am Menschen durch Blut Krankheitserreger übertragen werden, sowie Gemeinschaftseinrichtungen nach § 33 Nummer 2 können durch das Gesundheitsamt infektionshygienisch überwacht werden.

(3) *[aufgehoben]*

(3a) Die Leiter von in Absatz 1 Nummer 2 bis 6 genannten Einrichtungen haben das Gesundheitsamt, in dessen Bezirk sich die Einrichtung befindet, unverzüglich zu benachrichtigen und die nach diesem Gesetz erforderlichen krankheits- und personenbezogenen Angaben zu machen, wenn eine in der Einrichtung tätige oder untergebrachte Person an Skabies erkrankt ist oder bei ihr der Verdacht besteht, dass sie an Skabies erkrankt ist.

(4) [1]Personen, die in eine Einrichtung nach Absatz 1 Nummer 2 bis 4 aufgenommen werden sollen, haben der Leitung der Einrichtung vor oder unverzüglich nach ihrer Aufnahme ein ärztliches Zeugnis darüber vorzulegen, dass bei ihnen keine Anhaltspunkte für das Vorliegen einer ansteckungsfähigen Lungentuberkulose vorhanden sind. [2]Bei der erstmaligen Aufnahme darf die Erhebung der Befunde, die dem ärztlichen Zeugnis zugrunde liegt, nicht länger als sechs Monate zurückliegen, bei einer erneuten Aufnahme darf sie nicht länger als zwölf Monate zurückliegen. [3]Bei Personen, die in eine Einrichtung nach Absatz 1 Nummer 4 aufgenommen werden sollen, muss sich das Zeugnis auf eine im Geltungsbereich dieses Gesetzes erstellte Röntgenaufnahme der Lunge oder auf andere von der obersten Landesgesundheitsbehörde oder der von ihr bestimmten Stelle zugelassene Befunde stützen. [4]Bei Personen, die das 15. Lebensjahr noch nicht vollendet haben, sowie bei Schwangeren ist von der Röntgenaufnahme abzusehen; stattdessen ist ein ärztliches Zeugnis vorzulegen, dass nach sonstigen Befunden eine ansteckungsfähige Lungentuberkulose nicht zu befürchten ist. [5]§ 34 Absatz 4 gilt entsprechend. [6]Satz 1 gilt nicht für Obdachlose, die weniger als drei Tage in eine Einrichtung nach Absatz 1 Nummer 3 aufgenommen werden.

(5) [1]Personen, die in eine Einrichtung nach Absatz 1 Nummer 4 aufgenommen werden sollen, sind verpflichtet, eine ärztliche Untersuchung auf Ausschluss einer ansteckungsfähigen Lungentuberkulose einschließlich einer Röntgenaufnahme der Atmungsorgane zu dulden. [2]Dies gilt nicht, wenn die betroffenen Personen ein ärztliches Zeugnis nach Absatz 4 vorlegen oder unmittelbar vor ihrer Aufnahme in einer

anderen Einrichtung nach Absatz 1 Nummer 4 untergebracht waren und die entsprechenden Untersuchungen bereits dort durchgeführt wurden. ³Personen, die in eine Justizvollzugsanstalt aufgenommen werden, sind verpflichtet, eine ärztliche Untersuchung auf übertragbare Krankheiten einschließlich einer Röntgenaufnahme der Lunge zu dulden. ⁴Für Untersuchungen nach den Sätzen 1 und 3 gilt Absatz 4 Satz 4 entsprechend. ⁵Widerspruch und Anfechtungsklage gegen Anordnungen nach den Sätzen 1 und 3 haben keine aufschiebende Wirkung.

(6) ¹Die Landesregierungen werden ermächtigt, durch Rechtsverordnung festzulegen, dass Personen, die nach dem 31. Dezember 2018 in die Bundesrepublik Deutschland eingereist sind und die auf Grund ihrer Herkunft oder ihrer Lebenssituation wahrscheinlich einem erhöhten Infektionsrisiko für bestimmte schwerwiegende übertragbare Krankheiten ausgesetzt waren, nach ihrer Einreise ein ärztliches Zeugnis darüber vorzulegen haben, dass bei ihnen keine Anhaltspunkte für das Vorliegen solcher schwerwiegender übertragbarer Krankheiten vorhanden sind, sofern dies zum Schutz der Bevölkerung vor einer Gefährdung durch schwerwiegende übertragbare Krankheiten erforderlich ist; § 34 Absatz 4 gilt entsprechend. ²Personen, die kein auf Grund der Rechtsverordnung erforderliches ärztliches Zeugnis vorlegen, sind verpflichtet, eine ärztliche Untersuchung auf Ausschluss schwerwiegender übertragbarer Krankheiten im Sinne des Satzes 1 zu dulden; Absatz 5 Satz 5 gilt entsprechend. ³In der Rechtsverordnung nach Satz 1 ist zu bestimmen:

1. das jeweils zugrunde liegende erhöhte Infektionsrisiko im Hinblick auf bestimmte schwerwiegende übertragbare Krankheiten,
2. die jeweils betroffenen Personengruppen unter Berücksichtigung ihrer Herkunft oder ihrer Lebenssituation,
3. Anforderungen an das ärztliche Zeugnis nach Satz 1 und zu der ärztlichen Untersuchung nach Satz 2 sowie
4. die Frist, innerhalb der das ärztliche Zeugnis nach der Einreise in die Bundesrepublik Deutschland vorzulegen ist.

⁴Das Robert Koch-Institut kann zu den Einzelheiten nach Satz 3 Nummer 1 Empfehlungen abgeben. ⁵Die Landesregierungen können die Ermächtigung nach Satz 1 durch Rechtsverordnung auf andere Stellen übertragen.

(7) ¹Das Bundesministerium für Gesundheit wird ermächtigt, durch Rechtsverordnung mit Zustimmung des Bundesrates festzulegen, dass Personen, die in die Bundesrepublik Deutschland einreisen wollen oder eingereist sind und die wahrscheinlich einem erhöhten Infektionsrisiko für eine bestimmte schwerwiegende übertragbare Krankheit ausgesetzt waren, vor oder nach ihrer Einreise ein ärztliches Zeugnis darüber vorzulegen haben, dass bei ihnen keine Anhaltspunkte für das Vorliegen einer solchen schwerwiegenden übertragbaren Krankheit vorhanden sind, sofern dies zum Schutz der Bevölkerung vor einer Gefährdung durch schwerwiegende übertragbare Krankheiten erforderlich ist; § 34 Absatz 4 gilt entsprechend. ²Personen, die kein auf Grund der Rechtsverordnung erforderliches ärztliches Zeugnis vorlegen, sind verpflichtet, eine ärztliche Untersuchung auf Ausschluss einer schwerwiegenden übertragbaren Krankheit im Sinne des Satzes 1 zu dulden; Absatz 5 Satz 5 gilt entsprechend. ³In der Rechtsverordnung können nähere Einzelheiten insbesondere zu den betroffenen Personengruppen und zu den Anforderungen an das ärztliche Zeugnis nach Satz 1 und zu der ärztlichen Untersuchung nach Satz 2 bestimmt werden. ⁴Das Robert Koch-Institut kann zu den Einzelheiten nach Satz 3 Empfehlungen abgeben. ⁵In dringenden Fällen kann zum Schutz der Bevölkerung die Rechtsverordnung ohne Zustimmung des Bundesrates erlassen werden. ⁶Eine auf der Grundlage des Satzes 5 erlassene Verordnung tritt ein Jahr nach ihrem Inkrafttreten außer Kraft; ihre Geltungsdauer kann mit Zustimmung des Bundesrates verlängert werden.

(8) ¹Die mit der polizeilichen Kontrolle des grenzüberschreitenden Verkehrs beauftragten Behörden oder die nach § 71 Absatz 1 Satz 1 des Aufenthaltsgesetzes zuständigen Behörden unterrichten unverzüglich die zuständigen Behörden über die Einreise der in der Rechtsverordnung nach Absatz 6 Satz 1 oder in der Rechtsverordnung nach Absatz 7 Satz 1 genannten Personen. ²Hierzu werden Familienname, Geburtsname, Vornamen, Schreibweise der Namen nach deutschem Recht, Geburtsdatum, Geschlecht und Staatsangehörigkeiten sowie die Anschrift im Bundesgebiet übermittelt. ³Zu diesem Zweck können die mit der polizeilichen Kontrolle des grenzüberschreitenden Verkehrs beauftragten Behörden die gemäß Satz 2 zu übermittelnden Daten bei den in der Rechtsverordnung nach Absatz 6 Satz 1 oder in der Rechtsverordnung nach Absatz 7 Satz 1 genannten Personen erheben.

(9) Durch die Absätze 4 bis 7 wird das Grundrecht der körperlichen Unversehrtheit (Artikel 2 Absatz 2 Satz 1 des Grundgesetzes) eingeschränkt.

7. Abschnitt
Wasser

§ 37[1] Beschaffenheit von Wasser für den menschlichen Gebrauch sowie von Wasser zum Schwimmen oder Baden in Becken oder Teichen, Überwachung
(1) Wasser für den menschlichen Gebrauch muss so beschaffen sein, dass durch seinen Genuss oder Gebrauch eine Schädigung der menschlichen Gesundheit, insbesondere durch Krankheitserreger, nicht zu besorgen ist.

(2) [1]Wasser, das in Gewerbebetrieben, öffentlichen Bädern sowie in sonstigen nicht ausschließlich privat genutzten Einrichtungen zum Schwimmen oder Baden bereitgestellt wird
1. in Schwimm- oder Badebecken oder
2. in Schwimm- oder Badeteichen, die nicht Badegewässer im Sinne der Richtlinie 2006/7/EG des Europäischen Parlaments und des Rates vom 15. Februar 2006 über die Qualität der Badegewässer und deren Bewirtschaftung und zur Aufhebung der Richtlinie 76/160/EWG (ABl. L 64 vom 4.3.2006, S. 37; L 359 vom 29.12.2012, S. 77), die zuletzt durch die Richtlinie 2013/64/EU (ABl. L 353 vom 28.12.2013, S. 8) geändert worden ist, sind,
muss so beschaffen sein, dass durch seinen Gebrauch eine Schädigung der menschlichen Gesundheit, insbesondere durch Krankheitserreger, nicht zu besorgen ist. [2]Bei Schwimm- oder Badebecken muss die Aufbereitung des Wassers eine Desinfektion einschließen. [3]Bei Schwimm- oder Badeteichen hat die Aufbereitung des Wassers durch biologische und mechanische Verfahren, die mindestens den allgemein anerkannten Regeln der Technik entsprechen, zu erfolgen.

(3) Wassergewinnungs- und Wasserversorgungsanlagen, Schwimm- oder Badebecken und Schwimm- oder Badeteiche einschließlich ihrer Wasseraufbereitungsanlagen unterliegen hinsichtlich der in den Absätzen 1 und 2 genannten Anforderungen der Überwachung durch das Gesundheitsamt.

§ 38[1] Erlass von Rechtsverordnungen
(1) [1]Das Bundesministerium für Gesundheit bestimmt durch Rechtsverordnung[2] mit Zustimmung des Bundesrates,
1. welchen Anforderungen das Wasser für den menschlichen Gebrauch entsprechen muss, um der Vorschrift von § 37 Abs. 1 zu genügen,
2. dass und wie die Wassergewinnungs- und Wasserversorgungsanlagen und das Wasser in hygienischer Hinsicht zu überwachen sind,
3. welche Handlungs-, Unterlassungs-, Mitwirkungs- und Duldungspflichten dem Unternehmer oder sonstigen Inhaber einer Wassergewinnungs- oder Wasserversorgungsanlage im Sinne der Nummern 1 und 2 obliegen, welche Wasseruntersuchungen dieser durchführen oder durchführen lassen muss und in welchen Zeitabständen diese vorzunehmen sind,
4. die Anforderungen an Stoffe, Verfahren und Materialien bei der Gewinnung, Aufbereitung oder Verteilung des Wassers für den menschlichen Gebrauch, soweit diese nicht den Vorschriften des Lebensmittel- und Futtermittelgesetzbuches unterliegen, und insbesondere, dass nur Aufbereitungsstoffe und Desinfektionsverfahren verwendet werden dürfen, die hinreichend wirksam sind und keine vermeidbaren oder unvertretbaren Auswirkungen auf Gesundheit und Umwelt haben,
5. in welchen Fällen das Wasser für den menschlichen Gebrauch, das den Anforderungen nach den Nummern 1 oder 4 nicht entspricht, nicht oder nur eingeschränkt abgegeben werden und an anderen nicht oder nur eingeschränkt zur Verfügung gestellt werden darf,
6. dass und wie die Bevölkerung über die Beschaffenheit des Wassers für den menschlichen Gebrauch und über etwaige zu treffende Maßnahmen zu informieren ist,
7. dass und wie Angaben über die Gewinnung und die Beschaffenheit des Wassers für den menschlichen Gebrauch einschließlich personenbezogener Daten, soweit diese für die Erfassung und die Überwachung der Wasserqualität und der Wasserversorgung erforderlich sind, zu übermitteln sind und
8. die Anforderungen an die Untersuchungsstellen, die das Wasser für den menschlichen Gebrauch analysieren.
[2]In der Rechtsverordnung können auch Regelungen über die Anforderungen an die Wassergewinnungs- und Wasserversorgungsanlagen getroffen werden. [3]Ferner kann in der Rechtsverordnung dem Umweltbundesamt die Aufgabe übertragen werden, zu prüfen und zu entscheiden, ob Stoffe, Verfahren und Materialien die nach Satz 1 Nummer 4 festgelegten Anforderungen erfüllen. [4]Voraussetzungen, Inhalt und Verfahren der Prüfung und Entscheidung können in der Rechtsverordnung näher bestimmt werden. [5]In

1) §§ 37, 38 traten gem. Art. 5 Abs. 2 des G v. 20.7.2000 (BGBl. I S. 1045) bereits **mWv 26.7.2000** in Kraft.
2) Siehe die TrinkwasserVO.

der Rechtsverordnung kann zudem festgelegt werden, dass Stoffe, Verfahren und Materialien bei der Gewinnung, Aufbereitung und Verteilung des Wassers für den menschlichen Gebrauch erst dann verwendet werden dürfen, wenn das Umweltbundesamt festgestellt hat, dass sie die nach Satz 1 Nummer 4 festgelegten Anforderungen erfüllen. [6]Die Rechtsverordnung bedarf des Einvernehmens mit dem Bundesministerium für Umwelt, Naturschutz und nukleare Sicherheit, soweit es sich um Wassergewinnungsanlagen handelt.

(2) [1]Das Bundesministerium für Gesundheit bestimmt durch Rechtsverordnung mit Zustimmung des Bundesrates,

1. welchen Anforderungen das in § 37 Abs. 2 bezeichnete Wasser entsprechen muss, um der Vorschrift von § 37 Abs. 2 zu genügen,

2. dass und wie die die Schwimm- oder Badebecken, die Schwimm- oder Badeteiche und das Wasser in hygienischer Hinsicht zu überwachen sind,

3. welche Handlungs-, Unterlassungs-, Mitwirkungs- und Duldungspflichten dem Unternehmer oder sonstigen Inhaber oder eines Schwimm- oder Badeteiches im Sinne der Nummern 1 und 2 obliegen, welche Wasseruntersuchungen dieser durchführen oder durchführen lassen muss und in welchen Zeitständen diese vorzunehmen sind,

4. in welchen Fällen das in § 37 Abs. 2 bezeichnete Wasser, das den Anforderungen nach Nummer 1 nicht entspricht, anderen nicht zur Verfügung gestellt werden darf und

5. dass für die Aufbereitung des in § 37 Absatz 2 Satz 1 bezeichneten Wassers nur Mittel und Verfahren verwendet werden dürfen, die vom Umweltbundesamt in einer Liste bekannt gemacht worden sind. [2]Die Aufnahme von Mitteln und Verfahren zur Aufbereitung des in § 37 Absatz 2 Satz 2 bezeichneten Wassers in die Liste nach Nummer 5 erfolgt nur, wenn das Umweltbundesamt festgestellt hat, dass die Mittel und Verfahren mindestens den allgemein anerkannten Regeln der Technik entsprechen.

(3) [1]Für individuell zurechenbare öffentliche Leistungen in Antragsverfahren nach den auf Grund der Absätze 1 und 2 erlassenen Rechtsverordnungen kann das Umweltbundesamt zur Deckung des Verwaltungsaufwands Gebühren und Auslagen erheben. [2]Das Bundesministerium für Umwelt, Naturschutz und nukleare Sicherheit wird ermächtigt, durch Rechtsverordnung[1]) ohne Zustimmung des Bundesrates die gebührenpflichtigen Tatbestände, die Gebührensätze und die Auslagenerstattung näher zu bestimmen und dabei feste Sätze oder Rahmensätze vorzusehen.

§ 39 Untersuchungen, Maßnahmen der zuständigen Behörde

(1) [1]Der Unternehmer oder sonstige Inhaber einer Wassergewinnungs- oder Wasserversorgungsanlage eines Schwimm- oder Badebeckens oder eines Schwimm- oder Badeteiches hat die ihm auf Grund von Rechtsverordnungen nach § 38 Abs. 1 oder 2 obliegenden Wasseruntersuchungen auf eigene Kosten durchzuführen oder durchführen zu lassen. [2]Er hat auch die Gebühren und Auslagen der Wasseruntersuchungen zu tragen, die die zuständige Behörde auf Grund der Rechtsverordnungen nach § 38 Abs. 1 oder 2 durchführt oder durchführen lässt.

(2) [1]Die zuständige Behörde hat die notwendigen Maßnahmen zu treffen, um

1. die Einhaltung der Vorschriften des § 37 Abs. 1 und 2 und von Rechtsverordnungen nach § 38 Abs. 1 und 2 sicherzustellen,

2. Gefahren für die menschliche Gesundheit abzuwenden, die von Wasser für den menschlichen Gebrauch im Sinne von § 37 Abs. 1 sowie von Wasser für und in Schwimm- oder Badebecken und Schwimm- oder Badeteichen im Sinne von § 37 Abs. 2 ausgehen können, insbesondere um das Auftreten oder die Weiterverbreitung übertragbarer Krankheiten zu verhindern.

[2]§ 16 Abs. 6 bis 8 gilt entsprechend.

§ 40 Aufgaben des Umweltbundesamtes

[1]Das Umweltbundesamt hat im Rahmen dieses Gesetzes die Aufgabe, Konzeptionen zur Vorbeugung, Erkennung und Verhinderung der Weiterverbreitung von durch Wasser übertragbaren Krankheiten zu entwickeln. [2]Beim Umweltbundesamt können zur Erfüllung dieser Aufgaben beratende Fachkommissionen eingerichtet werden, die Empfehlungen zum Schutz der menschlichen Gesundheit hinsichtlich der Anforderungen an die Qualität des in § 37 Abs. 1 und 2 bezeichneten Wassers sowie der insoweit notwendigen Maßnahmen abgeben können. [3]Die Mitglieder dieser Kommissionen werden vom Bundesministerium für Gesundheit im Benehmen mit dem Bundesministerium für Umwelt, Naturschutz und nukleare Sicherheit sowie im Benehmen mit den jeweils zuständigen obersten Landesbehörden berufen. [4]Vertreter des Bundesministeriums für Gesundheit, des Bundesministeriums für Umwelt, Naturschutz

1) Siehe die Trinkwasser-GebührenVO.

und nukleare Sicherheit und des Umweltbundesamtes nehmen mit beratender Stimme an den Sitzungen teil. [5]Weitere Vertreter von Bundes- und Landesbehörden können daran teilnehmen.

§ 41　Abwasser

(1) [1]Die Abwasserbeseitigungspflichtigen haben darauf hinzuwirken, dass Abwasser so beseitigt wird, dass Gefahren für die menschliche Gesundheit durch Krankheitserreger nicht entstehen. [2]Einrichtungen zur Beseitigung des in Satz 1 genannten Abwassers unterliegen der infektionshygienischen Überwachung durch die zuständige Behörde.

(2) [1]Die Landesregierungen werden ermächtigt, bezüglich des Abwassers durch Rechtsverordnung entsprechende Gebote und Verbote zur Verhütung übertragbarer Krankheiten zu erlassen. [2]Die Landesregierungen können die Ermächtigung durch Rechtsverordnung auf andere Stellen übertragen. [3]Das Grundrecht der Unverletzlichkeit der Wohnung (Artikel 13 Abs. 1 Grundgesetz) kann insoweit eingeschränkt werden.

8. Abschnitt
Gesundheitliche Anforderungen an das Personal beim Umgang mit Lebensmitteln

§ 42　Tätigkeits- und Beschäftigungsverbote

(1) [1]Personen, die

1. an Typhus abdominalis, Paratyphus, Cholera, Shigellenruhr, Salmonellose, einer anderen infektiösen Gastroenteritis oder Virushepatitis A oder E erkrankt oder dessen verdächtig sind,
2. an infizierten Wunden oder an Hautkrankheiten erkrankt sind, bei denen die Möglichkeit besteht, dass deren Krankheitserreger über Lebensmittel übertragen werden können,
3. die Krankheitserreger Shigellen, Salmonellen, enterohämorrhagische Escherichia coli oder Choleravibrionen ausscheiden,

dürfen nicht tätig sein oder beschäftigt werden

a) beim Herstellen, Behandeln oder Inverkehrbringen der in Absatz 2 genannten Lebensmittel, wenn sie dabei mit diesen in Berührung kommen, oder
b) in Küchen von Gaststätten und sonstigen Einrichtungen mit oder zur Gemeinschaftsverpflegung.

[2]Satz 1 gilt entsprechend für Personen, die mit Bedarfsgegenständen, die für die dort genannten Tätigkeiten verwendet werden, so in Berührung kommen, dass eine Übertragung von Krankheitserregern auf die Lebensmittel im Sinne des Absatzes 2 zu befürchten ist. [3]Die Sätze 1 und 2 gelten nicht für den privaten hauswirtschaftlichen Bereich.

(2) Lebensmittel im Sinne des Absatzes 1 sind

1. Fleisch, Geflügelfleisch und Erzeugnisse daraus
2. Milch und Erzeugnisse auf Milchbasis
3. Fische, Krebse oder Weichtiere und Erzeugnisse daraus
4. Eiprodukte
5. Säuglings- und Kleinkindernahrung
6. Speiseeis und Speiseeishalberzeugnisse
7. Backwaren mit nicht durchgebackener oder durcherhitzter Füllung oder Auflage
8. Feinkost-, Rohkost- und Kartoffelsalate, Marinaden, Mayonnaisen, andere emulgierte Soßen, Nahrungshefen
9. Sprossen und Keimlinge zum Rohverzehr sowie Samen zur Herstellung von Sprossen und Keimlingen zum Rohverzehr.

(3) Personen, die in amtlicher Eigenschaft, auch im Rahmen ihrer Ausbildung, mit den in Absatz 2 bezeichneten Lebensmitteln oder mit Bedarfsgegenständen im Sinne des Absatzes 1 Satz 2 in Berührung kommen, dürfen ihre Tätigkeit nicht ausüben, wenn sie an einer der in Absatz 1 Nr. 1 genannten Krankheiten erkrankt oder dessen verdächtig sind, an einer der in Absatz 1 Nr. 2 genannten Krankheiten erkrankt sind oder die in Absatz 1 Nr. 3 genannten Krankheitserreger ausscheiden.

(4) Das Gesundheitsamt kann Ausnahmen von den Verboten nach dieser Vorschrift zulassen, wenn Maßnahmen durchgeführt werden, mit denen eine Übertragung der aufgeführten Erkrankungen und Krankheitserreger verhütet werden kann.

(5) [1]Das Bundesministerium für Gesundheit wird ermächtigt, durch Rechtsverordnung mit Zustimmung des Bundesrates den Kreis der in Absatz 1 Nr. 1 und 2 genannten Krankheiten, der in Absatz 1 Nr. 3 genannten Krankheitserreger und der in Absatz 2 genannten Lebensmittel einzuschränken, wenn epidemiologische Erkenntnisse dies zulassen, oder zu erweitern, wenn dies zum Schutz der menschlichen Gesundheit vor einer Gefährdung durch Krankheitserreger erforderlich ist. [2]In dringenden Fällen kann zum

Schutz der Bevölkerung die Rechtsverordnung ohne Zustimmung des Bundesrates erlassen werden. [3]Eine auf der Grundlage des Satzes 2 erlassene Verordnung tritt ein Jahr nach ihrem Inkrafttreten außer Kraft; ihre Geltungsdauer kann mit Zustimmung des Bundesrates verlängert werden.

§ 43 Belehrung, Bescheinigung des Gesundheitsamtes

(1) [1]Personen dürfen gewerbsmäßig die in § 42 Abs. 1 bezeichneten Tätigkeiten erstmalig nur dann ausüben und mit diesen Tätigkeiten erstmalig nur dann beschäftigt werden, wenn durch eine nicht mehr als drei Monate alte Bescheinigung des Gesundheitsamtes oder eines vom Gesundheitsamt beauftragten Arztes nachgewiesen ist, dass sie

1. über die in § 42 Abs. 1 genannten Tätigkeitsverbote und über die Verpflichtungen nach den Absätzen 2, 4 und 5 vom Gesundheitsamt oder von einem durch das Gesundheitsamt beauftragten Arzt belehrt wurden und
2. nach der Belehrung im Sinne der Nummer 1 in Textform erklärt haben, dass ihnen keine Tatsachen für ein Tätigkeitsverbot bei ihnen bekannt sind.

[2]Liegen Anhaltspunkte vor, dass bei einer Person Hinderungsgründe nach § 42 Abs. 1 bestehen, so darf die Bescheinigung erst ausgestellt werden, wenn durch ein ärztliches Zeugnis nachgewiesen ist, dass Hinderungsgründe nicht oder nicht mehr bestehen.

(2) Treten bei Personen nach Aufnahme ihrer Tätigkeit Hinderungsgründe nach § 42 Abs. 1 auf, sind sie verpflichtet, dies ihrem Arbeitgeber oder Dienstherrn unverzüglich mitzuteilen.

(3) Werden dem Arbeitgeber oder Dienstherrn Anhaltspunkte oder Tatsachen bekannt, die ein Tätigkeitsverbot nach § 42 Abs. 1 begründen, so hat dieser unverzüglich die zur Verhinderung der Weiterverbreitung der Krankheitserreger erforderlichen Maßnahmen einzuleiten.

(4) [1]Der Arbeitgeber hat Personen, die eine der in § 42 Abs. 1 Satz 1 oder 2 genannten Tätigkeiten ausüben, nach Aufnahme ihrer Tätigkeit und im Weiteren alle zwei Jahre über die in § 42 Abs. 1 genannten Tätigkeitsverbote und über die Verpflichtung nach Absatz 2 zu belehren. [2]Die Teilnahme an der Belehrung ist zu dokumentieren. [3]Die Sätze 1 und 2 finden für Dienstherren entsprechende Anwendung.

(5) [1]Die Bescheinigung nach Absatz 1 und die letzte Dokumentation der Belehrung nach Absatz 4 sind beim Arbeitgeber aufzubewahren. [2]Der Arbeitgeber hat die Nachweise nach Satz 1 und, sofern er eine in § 42 Abs. 1 bezeichnete Tätigkeit selbst ausübt, die ihn betreffende Bescheinigung nach Absatz 1 Satz 1 an der Betriebsstätte verfügbar zu halten und der zuständigen Behörde und ihren Beauftragten auf Verlangen vorzulegen. [3]Bei Tätigkeiten an wechselnden Standorten genügt die Vorlage einer beglaubigten Abschrift oder einer beglaubigten Kopie.

(6) [1]Im Falle der Geschäftsunfähigkeit oder der beschränkten Geschäftsfähigkeit treffen die Verpflichtungen nach Absatz 1 Satz 1 Nr. 2 und Absatz 2 denjenigen, dem die Sorge für die Person zusteht. [2]Die gleiche Verpflichtung trifft auch den Betreuer, soweit die Sorge für die Person zu seinem Aufgabenkreis gehört. [3]Die den Arbeitgeber oder Dienstherrn betreffenden Verpflichtungen nach dieser Vorschrift gelten entsprechend für Personen, die die in § 42 Abs. 1 genannten Tätigkeiten selbständig ausüben.

(7) Das Bundesministerium für Gesundheit wird ermächtigt, durch Rechtsverordnung mit Zustimmung des Bundesrates Untersuchungen und weitergehende Anforderungen vorzuschreiben oder Anforderungen einzuschränken, wenn Rechtsakte der Europäischen Union dies erfordern.

9. Abschnitt
Tätigkeiten mit Krankheitserregern

§ 44 Erlaubnispflicht für Tätigkeiten mit Krankheitserregern

Wer Krankheitserreger in den Geltungsbereich dieses Gesetzes verbringen, sie ausführen, aufbewahren, abgeben oder mit ihnen arbeiten will, bedarf einer Erlaubnis der zuständigen Behörde.

§ 45 Ausnahmen

(1) Einer Erlaubnis nach § 44 bedürfen nicht Personen, die zur selbständigen Ausübung des Berufs als Arzt, Zahnarzt oder Tierarzt berechtigt sind, für mikrobiologische Untersuchungen zur orientierenden medizinischen und veterinärmedizinischen Diagnostik mittels solcher kultureller Verfahren, die auf die primäre Anzucht und nachfolgender Subkultur zum Zwecke der Resistenzbestimmung beschränkt sind und bei denen die angewendeten Methoden nicht auf den spezifischen Nachweis meldepflichtiger Krankheitserreger gerichtet sind, soweit die Untersuchungen für die unmittelbare Behandlung der eigenen Patienten für die eigene Praxis durchgeführt werden.

(2) Eine Erlaubnis nach § 44 ist nicht erforderlich für

1. Sterilitätsprüfungen, Bestimmung der Koloniezahl und sonstige Arbeiten zur mikrobiologischen Qualitätssicherung bei der Herstellung, Prüfung und der Überwachung des Verkehrs mit

 a) Arzneimitteln,
 b) Medizinprodukten,
2. Sterilitätsprüfungen, Bestimmung der Koloniezahl und sonstige Arbeiten zur mikrobiologischen Qualitätssicherung, soweit diese nicht dem spezifischen Nachweis von Krankheitserregern dienen und dazu Verfahrensschritte zur gezielten Anreicherung oder gezielten Vermehrung von Krankheitserregern beinhalten,
3. Sterilitätsprüfungen, Bestimmung der Koloniezahl und sonstige Arbeiten zur mikrobiologischen Qualitätssicherung, wenn
 a) diese durch die in Absatz 1 bezeichneten Personen durchgeführt werden,
 b) der Qualitätssicherung von mikrobiologischen Untersuchungen nach Absatz 1 dienen und
 c) von der jeweiligen Berufskammer vorgesehen sind.

(3) Die zuständige Behörde hat Personen für sonstige Arbeiten zur mikrobiologischen Qualitätssicherung, die auf die primäre Anzucht auf Selektivmedien beschränkt sind, von der Erlaubnispflicht nach § 44 freizustellen, wenn die Personen im Rahmen einer mindestens zweijährigen Tätigkeit auf dem Gebiet der mikrobiologischen Qualitätssicherung oder im Rahmen einer staatlich geregelten Ausbildung die zur Ausübung der beabsichtigten Tätigkeiten erforderliche Sachkunde erworben haben.

(4) Die zuständige Behörde hat Tätigkeiten im Sinne der Absätze 1, 2 und 3 zu untersagen, wenn eine Person, die die Arbeiten ausführt, sich bezüglich der erlaubnisfreien Tätigkeiten nach den Absätzen 1, 2 oder 3 als unzuverlässig erwiesen hat.

§ 46 Tätigkeit unter Aufsicht
Der Erlaubnis nach § 44 bedarf nicht, wer unter Aufsicht desjenigen, der eine Erlaubnis besitzt oder nach § 45 keiner Erlaubnis bedarf, tätig ist.

§ 47 Versagungsgründe, Voraussetzungen für die Erlaubnis
(1) Die Erlaubnis ist zu versagen, wenn der Antragsteller
1. die erforderliche Sachkenntnis nicht besitzt oder
2. sich als unzuverlässig in Bezug auf die Tätigkeiten erwiesen hat, für deren Ausübung die Erlaubnis beantragt wird.

(2) [1]Die erforderliche Sachkenntnis wird durch
1. den Abschluss eines Studiums der Human-, Zahn- oder Veterinärmedizin, der Pharmazie oder den Abschluss eines naturwissenschaftlichen Fachhochschul- oder Universitätsstudiums mit mikrobiologischen Inhalten und
2. eine mindestens zweijährige hauptberufliche Tätigkeit mit Krankheitserregern unter Aufsicht einer Person, die im Besitz der Erlaubnis zum Arbeiten mit Krankheitserregern ist,
nachgewiesen. [2]Die zuständige Behörde hat auch eine andere, mindestens zweijährige hauptberufliche Tätigkeit auf dem Gebiet der Bakteriologie, Mykologie, Parasitologie oder Virologie als Nachweis der Sachkenntnis nach Nummer 2 anzuerkennen, wenn der Antragsteller bei dieser Tätigkeit eine gleichwertige Sachkenntnis erworben hat.

(3) [1]Die Erlaubnis ist auf bestimmte Tätigkeiten und auf bestimmte Krankheitserreger zu beschränken und mit Auflagen zu verbinden, soweit dies zur Verhütung übertragbarer Krankheiten erforderlich ist. [2]Die zuständige Behörde kann Personen, die ein naturwissenschaftliches Fachhochschul- oder Universitätsstudium ohne mikrobiologische Inhalte oder ein ingenieurwissenschaftliches Fachhochschul- oder Universitätsstudium mit mikrobiologischen Inhalten abgeschlossen haben oder die die Voraussetzungen nach Absatz 2 Satz 1 Nr. 2 nur teilweise erfüllen, eine Erlaubnis nach Satz 1 erteilen, wenn der Antragsteller für den eingeschränkten Tätigkeitsbereich eine ausreichende Sachkenntnis erworben hat.

(4) [1]Bei Antragstellern, die nicht die Approbation oder Bestallung als Arzt, Zahnarzt oder Tierarzt besitzen, darf sich die Erlaubnis nicht auf den direkten oder indirekten Nachweis eines Krankheitserregers für die Feststellung einer Infektion oder übertragbaren Krankheit erstrecken. [2]Satz 1 gilt nicht für Antragsteller, die Arbeiten im Auftrag eines Arztes, Zahnarztes oder Tierarztes, die im Besitz der Erlaubnis sind, oder Untersuchungen in Krankenhäusern für die unmittelbare Behandlung der Patienten des Krankenhauses durchführen.

§ 48 Rücknahme und Widerruf
Die Erlaubnis nach § 44 kann außer nach den Vorschriften des Verwaltungsverfahrensgesetzes zurückgenommen oder widerrufen werden, wenn ein Versagungsgrund nach § 47 Abs. 1 vorliegt.

§ 49 Anzeigepflichten
(1) [1]Wer Tätigkeiten im Sinne von § 44 erstmalig aufnehmen will, hat dies der zuständigen Behörde mindestens 30 Tage vor Aufnahme anzuzeigen. [2]Die Anzeige nach Satz 1 muss enthalten:

1. eine beglaubigte Abschrift der Erlaubnis, soweit die Erlaubnis nicht von der Behörde nach Satz 1 ausgestellt wurde, oder Angaben zur Erlaubnisfreiheit im Sinne von § 45,

2. Angaben zu Art und Umfang der beabsichtigten Tätigkeiten sowie Entsorgungsmaßnahmen,

3. Angaben zur Beschaffenheit der Räume und Einrichtungen.

[3]Soweit die Angaben in einem anderen durch Bundesrecht geregelten Verfahren bereits gemacht wurden, kann auf die dort vorgelegten Unterlagen Bezug genommen werden. [4]Die Anzeigepflicht gilt nicht für Personen, die auf der Grundlage des § 46 tätig sind.

(2) Mit Zustimmung der zuständigen Behörde können die Tätigkeiten im Sinne von § 44 vor Ablauf der Frist aufgenommen werden.

(3) Die zuständige Behörde untersagt Tätigkeiten, wenn eine Gefährdung der Gesundheit der Bevölkerung zu besorgen ist, insbesondere weil

1. für Art und Umfang der Tätigkeiten geeignete Räume oder Einrichtungen nicht vorhanden sind oder

2. die Voraussetzungen für eine gefahrlose Entsorgung nicht gegeben sind.

§ 50 Veränderungsanzeige

[1]Wer eine in § 44 genannte Tätigkeit ausübt, hat jede wesentliche Veränderung der Beschaffenheit der Räume und Einrichtungen, der Entsorgungsmaßnahmen sowie von Art und Umfang der Tätigkeit unverzüglich der zuständigen Behörde anzuzeigen. [2]Anzuzeigen ist auch die Beendigung oder Wiederaufnahme der Tätigkeit. [3]§ 49 Abs. 1 Satz 3 gilt entsprechend. [4]Die Anzeigepflicht gilt nicht für Personen, die auf der Grundlage des § 46 tätig sind.

§ 50a Laborcontainment und Ausrottung des Poliovirus; Verordnungsermächtigung

(1) [1]Natürliche oder juristische Personen, die die tatsächliche Sachherrschaft über Polioviren oder Material, das möglicherweise Polioviren enthält, haben (Besitzer), haben dies der zuständigen Behörde unverzüglich anzuzeigen. [2]Die Anzeige muss Angaben zu der Einrichtung, zu der verantwortlichen Person, zu der Art und der Menge der Polioviren oder des Materials sowie zu dem damit verfolgten Zweck enthalten. [3]Im Fall einer wesentlichen Veränderung der Tatsachen nach Satz 2 gelten die Sätze 1 und 2 entsprechend. [4]Die zuständige Behörde übermittelt die Angaben nach den Sätzen 1 bis 3 unverzüglich der obersten Landesgesundheitsbehörde, die sie unverzüglich der Geschäftsstelle der Nationalen Kommission für die Polioeradikation beim Robert Koch-Institut übermittelt. [5]Die Pflichten nach den §§ 49 und 50 bleiben von den Sätzen 1 bis 3 unberührt.

(2) Der Besitzer hat Polioviren oder Material, das möglicherweise Polioviren enthält, unverzüglich zu vernichten, sobald die Polioviren oder das Material nicht mehr konkret für Zwecke der Erkennung, Verhütung oder Bekämpfung von Poliomyelitis oder Polioviren benötigt wird.

(3) [1]Polioviren oder Material, das möglicherweise Polioviren enthält, darf nur eine Einrichtung besitzen, die eine Zulassung für den Besitz von Polioviren hat (zentrale Einrichtung). [2]Für Polioimpf- oder -wildviren des Typs 1 und 3 sowie für Material, das möglicherweise solche Polioviren enthält, gilt Satz 1 ab den in einer Rechtsverordnung nach Absatz 4 Nummer 2 festgelegten Zeitpunkten. [3]Die Zulassung als zentrale Einrichtung darf die zuständige Behörde mit Zustimmung der obersten Landesgesundheitsbehörde nur erteilen, wenn die Einrichtung Sicherheitsmaßnahmen gewährleistet, die mindestens den Schutzmaßnahmen der Schutzstufe 3 nach den §§ 10 und 13 der Biostoffverordnung entsprechen und die die Anforderungen erfüllen, die nach den Empfehlungen der Weltgesundheitsorganisation an die Biosicherheit in Bezug auf Polioviren zu stellen sind. [4]Die Zulassung ist auf ein Jahr zu befristen. [5]Die zentrale Einrichtung ist mit der Zulassung verpflichtet, Polioviren und Material, das Polioviren enthält, aus anderen Einrichtungen zu übernehmen; bei der Übernahme ist jeweils Absatz 1 anzuwenden. [6]Absatz 2 bleibt unberührt. [7]Die zentrale Einrichtung hat über den jeweiligen Bestand nach den Vorgaben der zuständigen Behörde ein Verzeichnis zu führen.

(4) Das Bundesministerium für Gesundheit wird ermächtigt, durch Rechtsverordnung mit Zustimmung des Bundesrates die Zeitpunkte festzulegen,

1. zu denen Polioviren und Material, das möglicherweise Polioviren enthält, nach Absatz 2 spätestens vernichtet sein müssen,

2. ab denen nur eine zentrale Einrichtung Poliowildviren des Typs 1 und 3, Polioimpfviren des Typs 1 und 3 sowie Material, das möglicherweise solche Polioviren enthält, besitzen darf.

(5) [1]Wenn der Verdacht besteht, dass eine Person Polioviren oder Material, das möglicherweise Polioviren enthält, besitzt, ohne dass dies nach Absatz 1 angezeigt wurde, kann die zuständige Behörde die erforderlichen Ermittlungen durchführen. [2]Für die Ermittlungen gilt § 16 Absatz 2 bis 4 entsprechend. [3]Das Grundrecht der Unverletzlichkeit der Wohnung (Artikel 13 Absatz 1 des Grundgesetzes) wird insoweit eingeschränkt.

§ 51 Aufsicht

[1]Wer eine in § 44 genannte Tätigkeit ausübt oder Polioviren oder Material, das möglicherweise Polioviren enthält, besitzt, untersteht der Aufsicht der zuständigen Behörde. [2]Er und der sonstige Berechtigte ist insoweit verpflichtet, den von der zuständigen Behörde beauftragten Personen Grundstücke, Räume, Anlagen und Einrichtungen zugänglich zu machen, auf Verlangen Bücher und sonstige Unterlagen vorzulegen, die Einsicht in diese zu gewähren und die notwendigen Prüfungen zu dulden. [3]Das Grundrecht der Unverletzlichkeit der Wohnung (Artikel 13 Abs. 1 Grundgesetz) wird insoweit eingeschränkt.

§ 52 Abgabe

[1]Krankheitserreger sowie Material, das Krankheitserreger enthält, dürfen nur an denjenigen abgegeben werden, der eine Erlaubnis besitzt, unter Aufsicht eines Erlaubnisinhabers tätig ist oder einer Erlaubnis nach § 45 Absatz 2 Nummer 1 oder Nummer 3 nicht bedarf. [2]Satz 1 gilt nicht für staatliche human- oder veterinärmedizinische Untersuchungseinrichtungen.

§ 53 Anforderungen an Räume und Einrichtungen, Gefahrenvorsorge

(1) Die Bundesregierung wird ermächtigt, durch Rechtsverordnung mit Zustimmung des Bundesrates Vorschriften

1. über die an die Beschaffenheit der Räume und Einrichtungen zu stellenden Anforderungen sowie
2. über die Sicherheitsmaßnahmen, die bei Tätigkeiten nach § 44 zu treffen sind,

zu erlassen, soweit dies zum Schutz der Bevölkerung vor übertragbaren Krankheiten erforderlich ist.

(2) In der Rechtsverordnung nach Absatz 1 kann zum Zwecke der Überwachung der Tätigkeiten auch vorgeschrieben werden, dass bei bestimmten Tätigkeiten Verzeichnisse zu führen und Berichte über die durchgeführten Tätigkeiten der zuständigen Behörde vorzulegen sowie bestimmte Wahrnehmungen dem Gesundheitsamt zu melden sind, soweit dies zur Verhütung oder Bekämpfung übertragbarer Krankheiten erforderlich ist.

§ 53a Verfahren über eine einheitliche Stelle, Entscheidungsfrist

(1) Verwaltungsverfahren nach diesem Abschnitt können über eine einheitliche Stelle abgewickelt werden.

(2) [1]Über Anträge auf Erteilung einer Erlaubnis nach § 44 entscheidet die zuständige Behörde innerhalb einer Frist von drei Monaten. [2]§ 42a Absatz 2 Satz 2 bis 4 des Verwaltungsverfahrensgesetzes gilt entsprechend.

10. Abschnitt
Vollzug des Gesetzes und zuständige Behörden

§ 54 Vollzug durch die Länder

[1]Die Landesregierungen bestimmen durch Rechtsverordnung die zuständigen Behörden im Sinne dieses Gesetzes, soweit eine landesrechtliche Regelung nicht besteht und dieses Gesetz durch die Länder vollzogen wird. [2]Sie können ferner darin bestimmen, dass nach diesem Gesetz der obersten Landesgesundheitsbehörde oder der für die Kriegsopferversorgung zuständigen obersten Landesbehörde zugewiesene Aufgaben ganz oder im Einzelnen von einer diesen jeweils nachgeordneten Landesbehörde wahrgenommen werden und dass auf die Wahrnehmung von Zustimmungsvorbehalten der obersten Landesbehörden nach diesem Gesetz verzichtet wird.

§ 54a Vollzug durch die Bundeswehr

(1) [1]Im Geschäftsbereich des Bundesministeriums der Verteidigung obliegt der Vollzug dieses Gesetzes den zuständigen Stellen der Bundeswehr, soweit er betrifft

1. Soldaten und Zivilbedienstete der Bundeswehr während ihrer Dienstausübung,
2. Personen, während sie sich in ortsfesten oder mobilen Einrichtungen aufhalten, die von der Bundeswehr betrieben werden,
3. Angehörige ausländischer Streitkräfte auf der Durchreise sowie im Rahmen von Übungen und Ausbildungen,
4. Grundstücke, Einrichtungen, Ausrüstungs- und Gebrauchsgegenstände der Bundeswehr und
5. im Bereich der Bundeswehr die Tätigkeiten mit Krankheitserregern.

[2]Die Aufgaben der zivilen Stellen nach dem 3. Abschnitt bleiben unberührt.

(2) Die zivilen Stellen unterstützen die zuständigen Stellen der Bundeswehr bei Maßnahmen nach dem 5. Abschnitt in Bezug auf Personen nach Absatz 1 Satz 1 Nummer 1 und 2.

(3) Bei Soldaten und Zivilbediensteten der Bundeswehr, die sich während ihrer Dienstausübung dauernd oder vorübergehend außerhalb der in Absatz 1 Satz 1 Nummer 2 genannten Einrichtungen aufhalten, sind

die Maßnahmen der zuständigen Stellen der Bundeswehr nach dem 5. Abschnitt im Benehmen mit den zivilen Stellen zu treffen.

(4) Bei Soldaten und Zivilbediensteten der Bundeswehr, die sich außerhalb ihrer Dienstausübung dauernd oder vorübergehend außerhalb der in Absatz 1 Satz 1 Nummer 2 genannten Einrichtungen aufhalten, sind die Maßnahmen der zivilen Stellen nach dem 5. Abschnitt im Benehmen mit den zuständigen Stellen der Bundeswehr zu treffen.

(5) Absatz 1 Satz 1 Nummer 3 lässt völkerrechtliche Verträge über die Stationierung ausländischer Streitkräfte in der Bundesrepublik Deutschland unberührt.

§ 54b Vollzug durch das Eisenbahn-Bundesamt

Im Bereich der Eisenbahnen des Bundes und der Magnetschwebebahnen obliegt der Vollzug dieses Gesetzes für Schienenfahrzeuge sowie für ortsfeste Anlagen zur ausschließlichen Befüllung von Schienenfahrzeugen dem Eisenbahn-Bundesamt, soweit die Aufgaben des Gesundheitsamtes und der zuständigen Behörde nach den §§ 37 bis 39 und 41 betroffen sind.

11. Abschnitt
Angleichung an Gemeinschaftsrecht

§ 55 Angleichung an Gemeinschaftsrecht

Rechtsverordnungen nach diesem Gesetz können auch zum Zwecke der Angleichung der Rechtsvorschriften der Mitgliedstaaten der Europäischen Union erlassen werden, soweit dies zur Durchführung von Verordnungen oder zur Umsetzung von Richtlinien oder Entscheidungen des Rates der Europäischen Union oder der Kommission der Europäischen Gemeinschaften, die Sachbereiche dieses Gesetzes betreffen, erforderlich ist.

12. Abschnitt
Entschädigung in besonderen Fällen

§ 56 Entschädigung

(1) [1]Wer auf Grund dieses Gesetzes als Ausscheider, Ansteckungsverdächtiger, Krankheitsverdächtiger oder als sonstiger Träger von Krankheitserregern im Sinne von § 31 Satz 2 Verboten in der Ausübung seiner bisherigen Erwerbstätigkeit unterliegt oder unterworfen wird und dadurch einen Verdienstausfall erleidet, erhält eine Entschädigung in Geld. [2]Das Gleiche gilt für Personen, die als Ausscheider , Ansteckungsverdächtige oder Krankheitsverdächtige abgesondert wurden oder werden, bei Ausscheidern jedoch nur, wenn sie andere Schutzmaßnahmen nicht befolgen können. [3]Eine Entschädigung nach den Sätzen 1 und 2 erhält nicht, wer durch Inanspruchnahme einer Schutzimpfung oder anderen Maßnahme der spezifischen Prophylaxe, die gesetzlich vorgeschrieben ist oder im Bereich des gewöhnlichen Aufenthaltsorts des Betroffenen öffentlich empfohlen wurde, ein Verbot in der Ausübung seiner bisherigen Tätigkeit oder eine Absonderung hätte vermeiden können.

[Abs. 1a bis 31.12.2020:]

(1a) [1]Eine erwerbstätige Person erhält eine Entschädigung in Geld, wenn

1. Einrichtungen zur Betreuung von Kindern, Schulen oder Einrichtungen für Menschen mit Behinderungen von der zuständigen Behörde zur Verhinderung der Verbreitung von Infektionen oder übertragbaren Krankheiten auf Grund dieses Gesetzes vorübergehend geschlossen werden oder deren Betreten untersagt wird,
2. die erwerbstätige Person ihr Kind, das das zwölfte Lebensjahr noch nicht vollendet hat oder behindert und auf Hilfe angewiesen ist, in diesem Zeitraum selbst beaufsichtigt, betreut oder pflegt, weil sie keine anderweitige zumutbare Betreuungsmöglichkeit sicherstellen kann, und
3. die erwerbstätige Person dadurch einen Verdienstausfall erleidet.

[2]Anspruchsberechtigte haben gegenüber der zuständigen Behörde, auf Verlangen des Arbeitgebers auch diesem gegenüber, darzulegen, dass sie in diesem Zeitraum keine zumutbare Betreuungsmöglichkeit für das Kind sicherstellen können. [3]Ein Anspruch besteht nicht, soweit eine Schließung ohnehin wegen der Schul- oder Betriebsferien erfolgen würde. [4]Im Fall, dass das Kind in Vollzeitpflege nach § 33 des Achten Buches Sozialgesetzbuch in den Haushalt aufgenommen wurde, steht der Anspruch auf Entschädigung den Pflegeeltern zu.

(2) [1]Die Entschädigung bemisst sich nach dem Verdienstausfall. [2]Für die ersten sechs Wochen wird sie in Höhe des Verdienstausfalls gewährt. [3]Vom Beginn der siebenten Woche an wird sie in Höhe des Krankengeldes nach § 47 Abs. 1 des Fünften Buches Sozialgesetzbuch gewährt, soweit der Verdienstausfall die für die gesetzliche Krankenversicherungspflicht maßgebende Jahresarbeitsentgeltgrenze nicht

übersteigt. [4]Im Fall des Absatzes 1a wird die Entschädigung abweichend von den Sätzen 2 und 3 in Höhe von 67 Prozent des der erwerbstätigen Person entstandenen Verdienstausfalls für jede erwerbstätige Person für längstens zehn Wochen gewährt, für eine erwerbstätige Person, die ihr Kind allein beaufsichtigt, betreut oder pflegt, längstens für 20 Wochen; für einen vollen Monat wird höchstens ein Betrag von 2 016 Euro gewährt.

(3) [1]Als Verdienstausfall gilt das Arbeitsentgelt (§ 14 des Vierten Buches Sozialgesetzbuch), das dem Arbeitnehmer bei der für ihn maßgebenden regelmäßigen Arbeitszeit nach Abzug der Steuern und der Beiträge zur Sozialversicherung und zur Arbeitsförderung oder entsprechenden Aufwendungen zur sozialen Sicherung in angemessenem Umfang zusteht (Netto-Arbeitsentgelt). [2]Der Betrag erhöht sich um das Kurzarbeitergeld und um das Zuschuss-Wintergeld, auf das der Arbeitnehmer Anspruch hätte, wenn er nicht aus den in Absatz 1 genannten Gründen an der Arbeitsleistung verhindert wäre. [3]Verbleibt dem Arbeitnehmer nach Einstellung der verbotenen Tätigkeit oder bei Absonderung ein Teil des bisherigen Arbeitsentgelts, so gilt als Verdienstausfall der Unterschiedsbetrag zwischen dem in Satz 1 genannten Netto-Arbeitsentgelt und dem in dem auf die Einstellung der verbotenen Tätigkeit oder der Absonderung folgenden Kalendermonat erzielten Netto-Arbeitsentgelt aus dem bisherigen Arbeitsverhältnis. [4]Die Sätze 1 und 3 gelten für die Berechnung des Verdienstausfalls bei den in Heimarbeit Beschäftigten und bei Selbständigen entsprechend mit der Maßgabe, dass bei den in Heimarbeit Beschäftigten das im Durchschnitt des letzten Jahres vor Einstellung der verbotenen Tätigkeit oder vor der Absonderung verdiente monatliche Arbeitsentgelt und bei Selbständigen ein Zwölftel des Arbeitseinkommens (§ 15 des Vierten Buches Sozialgesetzbuch) aus der entschädigungspflichtigen Tätigkeit zugrunde zu legen ist.

(4) [1]Bei einer Existenzgefährdung können den Entschädigungsberechtigten die während der Verdienstausfallzeiten entstehenden Mehraufwendungen auf Antrag in angemessenem Umfang von der zuständigen Behörde erstattet werden. [2]Selbständige, deren Betrieb oder Praxis während der Dauer einer Maßnahme nach Absatz 1 ruht, erhalten neben der Entschädigung nach den Absätzen 2 und 3 auf Antrag von der zuständigen Behörde Ersatz der in dieser Zeit weiterlaufenden nicht gedeckten Betriebsausgaben in angemessenem Umfang.

(5) [1]Bei Arbeitnehmern hat der Arbeitgeber für die Dauer des Arbeitsverhältnisses, längstens für sechs Wochen, die Entschädigung für die zuständige Behörde auszuzahlen. [2]Die ausgezahlten Beträge werden dem Arbeitgeber auf Antrag von der zuständigen Behörde erstattet. [3]Im Übrigen wird die Entschädigung von der zuständigen Behörde auf Antrag gewährt.

(6) [1]Bei Arbeitnehmern richtet sich die Fälligkeit der Entschädigungsleistungen nach der Fälligkeit des aus der bisherigen Tätigkeit erzielten Arbeitsentgelts. [2]Bei sonstigen Entschädigungsberechtigten ist die Entschädigung jeweils zum Ersten eines Monats für den abgelaufenen Monat zu gewähren.

(7) [1]Wird der Entschädigungsberechtigte arbeitsunfähig, so bleibt der Entschädigungsanspruch in Höhe des Betrages, der bei Eintritt der Arbeitsunfähigkeit an den Berechtigten auszuzahlen war, bestehen. [2]Ansprüche, die Entschädigungsberechtigten wegen des durch die Arbeitsunfähigkeit bedingten Verdienstausfalls auf Grund anderer gesetzlicher Vorschriften oder eines privaten Versicherungsverhältnisses zustehen, gehen insoweit auf das entschädigungspflichtige Land über.

(8) [1]Auf die Entschädigung sind anzurechnen
1. Zuschüsse des Arbeitgebers, soweit sie zusammen mit der Entschädigung den tatsächlichen Verdienstausfall übersteigen,
2. das Netto-Arbeitsentgelt und das Arbeitseinkommen nach Absatz 3 aus einer Tätigkeit, die als Ersatz der verbotenen Tätigkeit ausgeübt wird, soweit es zusammen mit der Entschädigung den tatsächlichen Verdienstausfall übersteigt,
3. der Wert desjenigen, das der Entschädigungsberechtigte durch Ausübung einer anderen als der verbotenen Tätigkeit zu erwerben böswillig unterlässt, soweit es zusammen mit der Entschädigung den tatsächlichen Verdienstausfall übersteigt,
4. das Arbeitslosengeld in der Höhe, in der diese Leistung dem Entschädigungsberechtigten ohne Anwendung der Vorschriften über das Ruhen des Anspruchs auf Arbeitslosengeld bei Sperrzeit nach dem Dritten Buch Sozialgesetzbuch sowie des § 66 des Ersten Buches Sozialgesetzbuch in der jeweils geltenden Fassung hätten gewährt werden müssen.

[2]Liegen die Voraussetzungen für eine Anrechnung sowohl nach Nummer 3 als auch nach Nummer 4 vor, so ist der höhere Betrag anzurechnen.

(9) Der Anspruch auf Entschädigung geht insoweit, als dem Entschädigungsberechtigten Arbeitslosengeld oder Kurzarbeitergeld für die gleiche Zeit zu gewähren ist, auf die Bundesagentur für Arbeit über.

(10) Ein auf anderen gesetzlichen Vorschriften beruhender Anspruch auf Ersatz des Verdienstausfalls, der dem Entschädigungsberechtigten durch das Verbot der Ausübung seiner Erwerbstätigkeit oder durch

die Absonderung erwachsen ist, geht insoweit auf das zur Gewährung der Entschädigung verpflichtete Land über, als dieses dem Entschädigungsberechtigten nach diesem Gesetz Leistungen zu gewähren hat.

(11) *[Satz 1 bis 31.12.2020:]* [1]Die Anträge nach Absatz 5 sind innerhalb einer Frist von zwölf Monaten nach Einstellung der verbotenen Tätigkeit, dem Ende der Absonderung oder nach dem Ende der vorübergehenden Schließung oder der Untersagung des Betretens nach Absatz 1a Satz 1 bei der zuständigen Behörde zu stellen. *[Satz 1 ab 1.1.2021:]* [1]Die Anträge nach Absatz 5 sind innerhalb einer Frist von zwölf Monaten nach Einstellung der verbotenen Tätigkeit oder dem Ende der Absonderung bei der zuständigen Behörde zu stellen. [2]Dem Antrag ist von Arbeitnehmern eine Bescheinigung des Arbeitgebers und von den in Heimarbeit Beschäftigten eine Bescheinigung des Auftraggebers über die Höhe des in dem nach Absatz 3 für sie maßgeblichen Zeitraum verdienten Arbeitsentgelts und der gesetzlichen Abzüge, von Selbständigen eine Bescheinigung des Finanzamtes über die Höhe des letzten beim Finanzamt nachgewiesenen Arbeitseinkommens beizufügen. [3]Ist ein solches Arbeitseinkommen noch nicht nachgewiesen oder ist ein Unterschiedsbetrag nach Absatz 3 zu errechnen, so kann die zuständige Behörde die Vorlage anderer oder weiterer Nachweise verlangen.

(12) Die zuständige Behörde hat auf Antrag dem Arbeitgeber einen Vorschuss in der voraussichtlichen Höhe des Erstattungsbetrages, den in Heimarbeit Beschäftigten und Selbständigen in der voraussichtlichen Höhe der Entschädigung zu gewähren.

§ 57 Verhältnis zur Sozialversicherung und zur Arbeitsförderung

(1) [1]Für Personen, denen eine Entschädigung nach § 56 Abs. 1 zu gewähren ist, besteht eine Versicherungspflicht in der gesetzlichen Rentenversicherung fort. [2]Bemessungsgrundlage für Beiträge sind

1. bei einer Entschädigung nach § 56 Abs. 2 Satz 2 das Arbeitsentgelt, das der Verdienstausfallentschädigung nach § 56 Abs. 3 vor Abzug von Steuern und Beitragsanteilen zur Sozialversicherung oder entsprechender Aufwendungen zur sozialen Sicherung zugrunde liegt,

2. bei einer Entschädigung nach § 56 Abs. 2 Satz 3 80 vom Hundert des dieser Entschädigung zugrunde liegenden Arbeitsentgelts oder Arbeitseinkommens.

[3]Das entschädigungspflichtige Land trägt die Beiträge zur gesetzlichen Rentenversicherung allein. [4]Zahlt der Arbeitgeber für die zuständige Behörde die Entschädigung aus, gelten die Sätze 2 und 3 entsprechend; die zuständige Behörde hat ihm auf Antrag die entrichteten Beiträge zu erstatten.

(2) [1]Für Personen, denen nach § 56 Abs. 1 Satz 2 eine Entschädigung zu gewähren ist, besteht eine Versicherungspflicht in der gesetzlichen Kranken- und in der sozialen Pflegeversicherung sowie nach dem Dritten Buch Sozialgesetzbuch fort. [2]Absatz 1 Satz 2 bis 4 gilt entsprechend.

(3) [1]In der gesetzlichen Unfallversicherung wird, wenn es für den Berechtigten günstiger ist, der Berechnung des Jahresarbeitsverdienstes für Zeiten, in denen dem Verletzten im Jahr vor dem Arbeitsunfall eine Entschädigung nach § 56 Abs. 1 zu gewähren war, das Arbeitsentgelt oder Arbeitseinkommen zugrunde gelegt, das seinem durchschnittlichen Arbeitsentgelt oder Arbeitseinkommen in den mit Arbeitsentgelt oder Arbeitseinkommen belegten Zeiten dieses Zeitraums entspricht. [2]§ 82 Abs. 3 des Siebten Buches Sozialgesetzbuch gilt entsprechend. [3]Die durch die Anwendung des Satzes 1 entstehenden Mehraufwendungen werden den Versicherungsträgern von der zuständigen Behörde erstattet.

(4) In der Krankenversicherung werden die Leistungen nach dem Arbeitsentgelt berechnet, das vor Beginn des Anspruchs auf Entschädigung gezahlt worden ist.

(5) Zeiten, in denen nach Absatz 1 eine Versicherungspflicht nach dem Dritten Buch Sozialgesetzbuch fortbesteht, bleiben bei der Feststellung des Bemessungszeitraums für einen Anspruch auf Arbeitslosengeld nach dem Dritten Buch Sozialgesetzbuch außer Betracht.

[Abs. 6 bis 31.12.2020:]

(6) Wird eine Entschädigung nach § 56 Absatz 1a gewährt, gelten die Absätze 1, 2 und 5 entsprechend mit der Maßgabe, dass sich die Bemessungsgrundlage für die Beiträge nach Absatz 1 Satz 2 Nummer 2 bestimmt.

§ 58 Aufwendungserstattung

[1]Entschädigungsberechtigte im Sinne des § 56 Absatz 2 *[bis 31.12.2020: und 1a]*, die der Pflichtversicherung in der gesetzlichen Kranken-, Renten- sowie der sozialen Pflegeversicherung nicht unterliegen, haben gegenüber der zuständigen Behörde einen Anspruch auf Erstattung ihrer Aufwendungen für soziale Sicherung in angemessenem Umfang. [2]In den Fällen, in denen sie Netto-Arbeitsentgelt und Arbeitseinkommen aus einer Tätigkeit beziehen, die als Ersatz der verbotenen Tätigkeit ausgeübt wird, mindert sich der Anspruch nach Satz 1 in dem Verhältnis dieses Einkommens zur ungekürzten Entschädigung.

§ 59 Sondervorschrift für Ausscheider

Ausscheider, die Anspruch auf eine Entschädigung nach § 56 haben, gelten als körperlich Behinderte im Sinne des Dritten Buches Sozialgesetzbuch.

§ 60 Versorgung bei Impfschaden und bei Gesundheitsschäden durch andere Maßnahmen der spezifischen Prophylaxe

(1) [1]Wer durch eine Schutzimpfung oder durch eine andere Maßnahme der spezifischen Prophylaxe, die

1. von einer zuständigen Landesbehörde öffentlich empfohlen und in ihrem Bereich vorgenommen wurde,
2. auf Grund dieses Gesetzes angeordnet wurde,
3. gesetzlich vorgeschrieben war oder
4. auf Grund der Verordnungen zur Ausführung der Internationalen Gesundheitsvorschriften durchgeführt worden ist,

eine gesundheitliche Schädigung erlitten hat, erhält nach der Schutzimpfung wegen des Impfschadens im Sinne des § 2 Nr. 11 oder in dessen entsprechender Anwendung bei einer anderen Maßnahme wegen der gesundheitlichen und wirtschaftlichen Folgen der Schädigung auf Antrag Versorgung in entsprechender Anwendung der Vorschriften des Bundesversorgungsgesetzes, soweit dieses Gesetz nichts Abweichendes bestimmt. [2]Satz 1 Nr. 4 gilt nur für Personen, die zum Zwecke der Wiedereinreise in den Geltungsbereich dieses Gesetzes geimpft wurden und die ihren Wohnsitz oder gewöhnlichen Aufenthalt in diesem Gebiet haben oder nur vorübergehend aus beruflichen Gründen oder zum Zwecke der Ausbildung aufgegeben haben, sowie deren Angehörige, die mit ihnen in häuslicher Gemeinschaft leben. [3]Als Angehörige gelten die in § 10 des Fünften Buches Sozialgesetzbuch genannten Personen.

(2) [1]Versorgung im Sinne des Absatzes 1 erhält auch, wer als Deutscher außerhalb des Geltungsbereichs dieses Gesetzes einen Impfschaden durch eine Impfung erlitten hat, zu der er auf Grund des Impfgesetzes vom 8. April 1874 in der im Bundesgesetzblatt Teil III, Gliederungsnummer 2126-5, veröffentlichten bereinigten Fassung, bei einem Aufenthalt im Geltungsbereich dieses Gesetzes verpflichtet gewesen wäre. [2]Die Versorgung wird nur gewährt, wenn der Geschädigte

1. nicht im Geltungsbereich dieses Gesetzes geimpft werden konnte,
2. von einem Arzt geimpft worden ist und
3. zur Zeit der Impfung in häuslicher Gemeinschaft mit einem Elternteil oder einem Sorgeberechtigten gelebt hat, der sich zur Zeit der Impfung aus beruflichen Gründen oder zur Ausbildung nicht nur vorübergehend außerhalb des Geltungsbereichs dieses Gesetzes aufgehalten hat.

(3) [1]Versorgung im Sinne des Absatzes 1 erhält auch, wer außerhalb des Geltungsbereichs dieses Gesetzes einen Impfschaden erlitten hat infolge einer Pockenimpfung auf Grund des Impfgesetzes oder infolge einer Pockenimpfung, die in den in § 1 Abs. 2 Nr. 3 des Bundesvertriebenengesetzes bezeichneten Gebieten, in der Deutschen Demokratischen Republik oder in Berlin (Ost) gesetzlich vorgeschrieben oder auf Grund eines Gesetzes angeordnet worden ist oder war, soweit nicht auf Grund anderer gesetzlicher Vorschriften Entschädigung gewährt wird. [2]Ansprüche nach Satz 1 kann nur geltend machen, wer

1. als Deutscher bis zum 8. Mai 1945,
2. als Berechtigter nach den §§ 1 bis 4 des Bundesvertriebenengesetzes oder des § 1 des Flüchtlingshilfegesetzes in der Fassung der Bekanntmachung vom 15. Mai 1971 (BGBl. I S. 681), das zuletzt durch Artikel 24 des Gesetzes vom 26. Mai 1994 (BGBl. I S. 1014) geändert worden ist, in der jeweils geltenden Fassung,
3. als Ehegatte oder Abkömmling eines Spätaussiedlers im Sinne des § 7 Abs. 2 des Bundesvertriebenengesetzes oder
4. im Wege der Familienzusammenführung gemäß § 94 des Bundesvertriebenengesetzes in der vor dem 1. Januar 1993 geltenden Fassung

seinen ständigen Aufenthalt im Geltungsbereich dieses Gesetzes genommen hat oder nimmt.

(4) [1]Die Hinterbliebenen eines Geschädigten im Sinne der Absätze 1 bis 3 erhalten auf Antrag Versorgung in entsprechender Anwendung der Vorschriften des Bundesversorgungsgesetzes. [2]Partner einer eheähnlichen Gemeinschaft erhalten Leistungen in entsprechender Anwendung der §§ 40, 40a und 41 des Bundesversorgungsgesetzes, sofern ein Partner an den Schädigungsfolgen verstorben ist und der andere unter Verzicht auf eine Erwerbstätigkeit die Betreuung eines gemeinschaftlichen Kindes ausübt; dieser Anspruch ist auf die ersten drei Lebensjahre des Kindes beschränkt. [3]Satz 2 gilt entsprechend, wenn ein Partner in der Zeit zwischen dem 1. November 1994 und dem 23. Juni 2006 an den Schädigungsfolgen verstorben ist.

(5) [1]Als Impfschaden im Sinne des § 2 Nr. 11 gelten auch die Folgen einer gesundheitlichen Schädigung, die durch einen Unfall unter den Voraussetzungen des § 1 Abs. 2 Buchstabe e oder f oder des § 8a des

Bundesversorgungsgesetzes herbeigeführt worden sind. [2]Einem Impfschaden im Sinne des Satzes 1 steht die Beschädigung eines am Körper getragenen Hilfsmittels, einer Brille, von Kontaktlinsen oder von Zahnersatz infolge eines Impfschadens im Sinne des Absatzes 1 oder eines Unfalls im Sinne des Satzes 1 gleich.

(6) Im Rahmen der Versorgung nach Absatz 1 bis 5 finden die Vorschriften des zweiten Kapitels des Zehnten Buches Sozialgesetzbuch über den Schutz der Sozialdaten Anwendung.

§ 61 Gesundheitsschadensanerkennung

[1]Zur Anerkennung eines Gesundheitsschadens als Folge einer Schädigung im Sinne des § 60 Abs. 1 Satz 1 genügt die Wahrscheinlichkeit des ursächlichen Zusammenhangs. [2]Wenn diese Wahrscheinlichkeit nur deshalb nicht gegeben ist, weil über die Ursache des festgestellten Leidens in der medizinischen Wissenschaft Ungewissheit besteht, kann mit Zustimmung der für die Kriegsopferversorgung zuständigen obersten Landesbehörde der Gesundheitsschaden als Folge einer Schädigung im Sinne des § 60 Abs. 1 Satz 1 anerkannt werden. [3]Die Zustimmung kann allgemein erteilt werden.

§ 62 Heilbehandlung

Dem Geschädigten im Sinne von § 60 Abs. 1 bis 3 sind im Rahmen der Heilbehandlung auch heilpädagogische Behandlung, heilgymnastische und bewegungstherapeutische Übungen zu gewähren, wenn diese bei der Heilbehandlung notwendig sind.

§ 63 Konkurrenz von Ansprüchen, Anwendung der Vorschriften nach dem Bundesversorgungsgesetz, Übergangsregelungen zum Erstattungsverfahren an die Krankenkassen

(1) Treffen Ansprüche aus § 60 mit Ansprüchen aus § 1 des Bundesversorgungsgesetzes oder aus anderen Gesetzen zusammen, die eine entsprechende Anwendung des Bundesversorgungsgesetzes vorsehen, ist unter Berücksichtigung des durch die gesamten Schädigungsfolgen bedingten Grades der Schädigungsfolgen eine einheitliche Rente festzusetzen.

(2) Trifft ein Versorgungsanspruch nach § 60 mit einem Schadensersatzanspruch auf Grund fahrlässiger Amtspflichtverletzung zusammen, so wird der Anspruch nach § 839 Abs. 1 des Bürgerlichen Gesetzbuchs nicht dadurch ausgeschlossen, dass die Voraussetzungen des § 60 vorliegen.

(3) Bei Impfschäden gilt § 4 Abs. 1 Nr. 2 des Siebten Buches Sozialgesetzbuch nicht.

(4) § 81a des Bundesversorgungsgesetzes findet mit der Maßgabe Anwendung, dass der gegen Dritte bestehende gesetzliche Schadensersatzanspruch auf das zur Gewährung der Leistungen nach diesem Gesetz verpflichtete Land übergeht.

(5) [1]Die §§ 64 bis 64d, 64f und 89 des Bundesversorgungsgesetzes sind entsprechend anzuwenden mit der Maßgabe, dass an die Stelle der Zustimmung des Bundesministeriums für Arbeit und Soziales die Zustimmung der für die Kriegsopferversorgung zuständigen obersten Landesbehörde tritt. [2]Die Zustimmung ist bei entsprechender Anwendung des § 89 Abs. 2 des Bundesversorgungsgesetzes im Einvernehmen mit der obersten Landesgesundheitsbehörde zu erteilen.

(6) § 20 des Bundesversorgungsgesetzes ist mit den Maßgaben anzuwenden, dass an die Stelle der in Absatz 1 Satz 3 genannten Zahl die Zahl der rentenberechtigten Beschädigten und Hinterbliebenen nach diesem Gesetz im Vergleich zur Zahl des Vorjahres tritt, dass in Absatz 1 Satz 4 an die Stelle der dort genannten Ausgaben der Krankenkassen je Mitglied und Rentner einschließlich Familienangehörige die bundesweiten Ausgaben je Mitglied treten, dass Absatz 2 Satz 1 für die oberste Landesbehörde, die für die Kriegsopferversorgung zuständig ist, oder für die von ihr bestimmte Stelle gilt und dass in Absatz 3 an die Stelle der in Satz 1 genannten Zahl die Zahl 1,3 tritt und die Sätze 2 bis 4 nicht gelten.

(7) Am 1. Januar 1998 noch nicht gezahlte Erstattungen von Aufwendungen für Leistungen, die von den Krankenkassen vor dem 1. Januar 1998 erbracht worden sind, werden nach den bis dahin geltenden Erstattungsregelungen abgerechnet.

(8) Für das Jahr 1998 wird der Pauschalbetrag nach § 20 des Bundesversorgungsgesetzes wie folgt ermittelt: Aus der Summe der Erstattungen des Landes an die Krankenkassen nach diesem Gesetz in den Jahren 1995 bis 1997, abzüglich der Erstattungen für Leistungen bei Pflegebedürftigkeit nach § 11 Abs. 4 und § 12 Abs. 5 des Bundesversorgungsgesetzes in der bis zum 31. März 1995 geltenden Fassung und abzüglich der Erstattungen nach § 19 Abs. 4 des Bundesversorgungsgesetzes in der bis zum 31. Dezember 1993 geltenden Fassung, wird der Jahresdurchschnitt ermittelt.

§ 64 Zuständige Behörde für die Versorgung

(1) [1]Die Versorgung nach den §§ 60 bis 63 Abs. 1 wird von den für die Durchführung des Bundesversorgungsgesetzes zuständigen Behörden durchgeführt. [2]Die örtliche Zuständigkeit der Behörden bestimmt die Regierung des Landes, das die Versorgung zu gewähren hat (§ 66 Abs. 2), durch Rechtsver-

ordnung. [3]Die Landesregierung ist befugt, die Ermächtigung durch Rechtsverordnung auf eine andere Stelle zu übertragen.

(2) Das Gesetz über das Verwaltungsverfahren der Kriegsopferversorgung in der Fassung der Bekanntmachung vom 6. Mai 1976 (BGBl. I S. 1169), zuletzt geändert durch das Gesetz vom 18. August 1980 (BGBl. I S. 1469), mit Ausnahme der §§ 3 und 4, die Vorschriften des ersten und dritten Kapitels des Zehnten Buches Sozialgesetzbuch sowie die Vorschriften des Sozialgerichtsgesetzes über das Vorverfahren sind anzuwenden.

(3) Absatz 2 gilt nicht, soweit die Versorgung in der Gewährung von Leistungen besteht, die den Leistungen der Kriegsopferfürsorge nach den §§ 25 bis 27j des Bundesversorgungsgesetzes entsprechen.

§ 65 Entschädigung bei behördlichen Maßnahmen

(1) [1]Soweit auf Grund einer Maßnahme nach den §§ 16 und 17 Gegenstände vernichtet, beschädigt oder in sonstiger Weise in ihrem Wert gemindert werden oder ein anderer nicht nur unwesentlicher Vermögensnachteil verursacht wird, ist eine Entschädigung in Geld zu leisten; eine Entschädigung erhält jedoch nicht derjenige, dessen Gegenstände mit Krankheitserregern oder mit Gesundheitsschädlingen als vermutlichen Überträgern solcher Krankheitserreger behaftet oder dessen verdächtig sind. [2]§ 254 des Bürgerlichen Gesetzbuchs ist entsprechend anzuwenden.

(2) [1]Die Höhe der Entschädigung nach Absatz 1 bemisst sich im Falle der Vernichtung eines Gegenstandes nach dessen gemeinem Wert, im Falle der Beschädigung oder sonstigen Wertminderung nach der Minderung des gemeinen Wertes. [2]Kann die Wertminderung behoben werden, so bemisst sich die Entschädigung nach den hierfür erforderlichen Aufwendungen. [3]Die Entschädigung darf den gemeinen Wert nicht übersteigen, den der Gegenstand ohne die Beschädigung oder Wertminderung gehabt hätte. [4]Bei Bestimmung des gemeinen Wertes sind der Zustand und alle sonstigen den Wert des Gegenstandes bestimmenden Umstände in dem Zeitpunkt maßgeblich, in dem die Maßnahme getroffen wurde. [5]Die Entschädigung für andere nicht nur unwesentliche Vermögensnachteile darf den Betroffenen nicht besser stellen, als er ohne die Maßnahme gestellt sein würde. [6]Auf Grund der Maßnahme notwendige Aufwendungen sind zu erstatten.

§ 66 Zahlungsverpflichteter

(1) [1]Verpflichtet zur Zahlung der Entschädigung nach § 56 ist das Land, in dem das Verbot erlassen *[bis 31.12.2020:* oder die Schließung beziehungsweise das Betretungsverbot veranlasst] worden ist, in den Fällen des § 34 Abs. 1 bis 3 und des § 42 das Land, in dem die verbotene Tätigkeit ausgeübt worden ist. [2]Verpflichtet zur Zahlung der Entschädigung nach § 65 ist das Land, in dem der Schaden verursacht worden ist.

(2) Versorgung wegen eines Impfschadens nach den §§ 60 bis 63 ist zu gewähren

1. in den Fällen des § 60 Abs. 1 von dem Land, in dem der Schaden verursacht worden ist,
2. in den Fällen des § 60 Abs. 2
 a) von dem Land, in dem der Geschädigte bei Eintritt des Impfschadens im Geltungsbereich dieses Gesetzes seinen Wohnsitz oder gewöhnlichen Aufenthalt hat,
 b) wenn bei Eintritt des Schadens ein Wohnsitz oder gewöhnlicher Aufenthalt im Geltungsbereich dieses Gesetzes nicht vorhanden ist, von dem Land, in dem der Geschädigte zuletzt seinen Wohnsitz oder gewöhnlichen Aufenthalt gehabt hat oder
 c) bei minderjährigen Geschädigten, wenn die Wohnsitzvoraussetzungen der Buchstaben a oder b nicht gegeben sind, von dem Land, in dem der Elternteil oder Sorgeberechtigte des Geschädigten, mit dem der Geschädigte in häuslicher Gemeinschaft lebt, seinen Wohnsitz oder gewöhnlichen Aufenthalt im Geltungsbereich dieses Gesetzes hat oder, falls ein solcher Wohnsitz oder gewöhnlicher Aufenthalt nicht gegeben ist, zuletzt seinen Wohnsitz oder gewöhnlichen Aufenthalt gehabt hat,
3. in den Fällen des § 60 Abs. 3 von dem Land, in dem der Geschädigte seinen Wohnsitz oder gewöhnlichen Aufenthalt im Geltungsbereich dieses Gesetzes hat oder erstmalig nimmt. Die Zuständigkeit für bereits anerkannte Fälle bleibt unberührt.

(3) In den Fällen des § 63 Abs. 1 sind die Kosten, die durch das Hinzutreten der weiteren Schädigung verursacht werden, von dem Leistungsträger zu übernehmen, der für die Versorgung wegen der weiteren Schädigung zuständig ist.

§ 67 Pfändung

(1) Die nach § 56 Abs. 2 Satz 2 und 3 zu zahlenden Entschädigungen können nach den für das Arbeitseinkommen geltenden Vorschriften der Zivilprozessordnung gepfändet werden.

(2) Übertragung, Verpfändung und Pfändung der Ansprüche nach den §§ 60, 62 und 63 Abs. 1 richten sich nach den Vorschriften des Bundesversorgungsgesetzes.

§ 68 Rechtsweg

(1) Für Streitigkeiten über Entschädigungsansprüche nach den §§ 56 und 65 und für Streitigkeiten über Erstattungsansprüche nach § 56 Abs. 4 Satz 2, § 57 Abs. 1 Satz 3 und Abs. 3 Satz 3 sowie § 58 Satz 1 ist der ordentliche Rechtsweg gegeben.

(2) ¹Für öffentlich-rechtliche Streitigkeiten in Angelegenheiten der §§ 60 bis 63 Abs. 1 ist der Rechtsweg vor den Sozialgerichten gegeben. ²Soweit das Sozialgerichtsgesetz besondere Vorschriften für die Kriegsopferversorgung enthält, gelten diese auch für Streitigkeiten nach Satz 1.

(3) ¹Absatz 2 gilt nicht, soweit Versorgung entsprechend den Vorschriften der Kriegsopferfürsorge nach den §§ 25 bis 27j des Bundesversorgungsgesetzes gewährt wird. ²Insoweit ist der Rechtsweg vor den Verwaltungsgerichten gegeben.

13. Abschnitt
Kosten

§ 69 Kosten

(1) ¹Folgende Kosten sind aus öffentlichen Mitteln zu bestreiten, soweit nicht ein anderer Kostenträger zur Kostentragung verpflichtet ist:

1. Kosten für die Übermittlung der Meldungen nach den §§ 6 und 7,
2. Kosten für die Durchführung der Erhebungen nach § 13 Absatz 2 Satz 5,
3. Kosten für die Ablieferung von Untersuchungsmaterial an bestimmte Einrichtungen der Spezialdiagnostik nach § 13 Absatz 3 Satz 1,
4. Kosten für Maßnahmen nach § 17 Absatz 1, auch in Verbindung mit Absatz 3, soweit sie von der zuständigen Behörde angeordnet worden sind und die Notwendigkeit der Maßnahmen nicht vorsätzlich herbeigeführt wurde,
5. Kosten für Maßnahmen nach § 19,
6. Kosten für Schutzimpfungen oder andere Maßnahmen der spezifischen Prophylaxe gegen bestimmte übertragbare Krankheiten nach § 20 Absatz 5,
7. Kosten für die Durchführung von Ermittlungen nach § 25,
8. Kosten für die Durchführung von Schutzmaßnahmen nach den §§ 29 und 30,
9. Kosten für ärztliche Untersuchungen nach § 36 Absatz 5 Satz 1 und 3, Absatz 6 Satz 2 und Absatz 7 Satz 2.

²Soweit ein anderer Kostenträger zur Kostentragung verpflichtet ist oder solange dies noch nicht feststeht, können die entsprechenden Kosten vorläufig aus öffentlichen Mitteln bestritten werden. ³Der andere Kostenträger ist zur Erstattung der Kosten verpflichtet.

(2) Wer die öffentlichen Mittel aufzubringen hat, bleibt, soweit nicht bundesgesetzlich geregelt, der Regelung durch die Länder vorbehalten.

(3) ¹Für aus öffentlichen Mitteln zu bestreitende Kosten der Quarantänemaßnahmen nach § 30 ist der Kostenträger zuständig, in dessen Bezirk die von der Maßnahme betroffene Person zum Zeitpunkt der Anordnung der Maßnahme ihren gewöhnlichen Aufenthalt hat oder zuletzt hatte. ²Falls ein gewöhnlicher Aufenthaltsort nicht feststellbar ist, werden die Kosten vorläufig von dem Kostenträger übernommen, in dessen Bezirk die Maßnahme angeordnet wird. ³Der zuständige Kostenträger ist im Fall des Satzes 2 zur Erstattung verpflichtet. ⁴Satz 1 gilt nicht, soweit die Länder abweichende Vereinbarungen treffen.

14. Abschnitt
Straf- und Bußgeldvorschriften

§§ 70 bis 72 *[aufgehoben]*

§ 73 Bußgeldvorschriften

(1) Ordnungswidrig handelt, wer entgegen § 50a Absatz 3 Satz 1, auch in Verbindung mit einer Rechtsverordnung nach § 50a Absatz 4 Nummer 2, Polioviren oder dort genanntes Material besitzt.

(1a) Ordnungswidrig handelt, wer vorsätzlich oder fahrlässig

1. einer vollziehbaren Anordnung nach § 5 Absatz 2 Nummer 1, 2 oder 6 Buchstabe b zuwiderhandelt,
2. entgegen § 6 oder § 7, jeweils auch in Verbindung mit einer Rechtsverordnung nach § 14 Absatz 8 Satz 1 Nummer 2, 4 bis 6 oder 7 oder § 15 Absatz 1 oder 3, eine Meldung nicht, nicht richtig, nicht vollständig, nicht in der vorgeschriebenen Weise oder nicht rechtzeitig macht,

3. entgegen § 15a Absatz 2 Satz 1, § 16 Absatz 2 Satz 3, auch in Verbindung mit § 25 Absatz 2 Satz 1 oder 2 zweiter Halbsatz oder einer Rechtsverordnung nach § 17 Absatz 4 Satz 1, oder entgegen § 29 Absatz 2 Satz 3, auch in Verbindung mit einer Rechtsverordnung nach § 32 Satz 1, eine Auskunft nicht, nicht richtig, nicht vollständig oder nicht rechtzeitig erteilt,

4. entgegen § 15a Absatz 2 Satz 1, § 16 Absatz 2 Satz 3, auch in Verbindung mit § 25 Absatz 2 Satz 1 oder 2 zweiter Halbsatz oder einer Rechtsverordnung nach § 17 Absatz 4 Satz 1, eine Unterlage nicht, nicht richtig, nicht vollständig oder nicht rechtzeitig vorlegt,

5. entgegen § 15a Absatz 3 Satz 2, § 16 Absatz 2 Satz 2, auch in Verbindung mit § 25 Absatz 2 Satz 1 oder einer Rechtsverordnung nach § 17 Absatz 4 Satz 1, oder entgegen § 51 Satz 2 ein Grundstück, einen Raum, eine Anlage, eine Einrichtung, ein Verkehrsmittel oder einen sonstigen Gegenstand nicht zugänglich macht,

6. einer vollziehbaren Anordnung nach § 17 Abs. 1, auch in Verbindung mit einer Rechtsverordnung nach Abs. 4 Satz 1, § 17 Abs. 3 Satz 1, § 25 Absatz 3 Satz 1 oder 2, auch in Verbindung mit § 29 Abs. 2 Satz 2, dieser auch in Verbindung mit einer Rechtsverordnung nach § 32 Satz 1, § 25 Absatz 4 Satz 2, § 28 Absatz 1 Satz 1 oder Satz 2, § 30 Absatz 1 Satz 2 oder § 31, jeweils auch in Verbindung mit einer Rechtsverordnung nach § 32 Satz 1, oder § 34 Abs. 8 oder 9 zuwiderhandelt,

7. entgegen § 18 Abs. 1 Satz 1 ein Mittel oder ein Verfahren anwendet,

7a. entgegen § 20 Absatz 9 Satz 4 Nummer 1, auch in Verbindung mit Absatz 10 Satz 2 oder Absatz 11 Satz 2 eine Benachrichtigung nicht, nicht richtig, nicht vollständig oder nicht rechtzeitig vornimmt,

7b. entgegen § 20 Absatz 9 Satz 6 oder Satz 7 eine Person betreut oder beschäftigt oder in einer dort genannten Einrichtung tätig wird,

7c. entgegen § 20 Absatz 12 Satz 1, auch in Verbindung mit § 20 Absatz 13 Satz 1 oder Satz 2, einen Nachweis nicht, nicht richtig, nicht vollständig oder nicht rechtzeitig vorlegt,

7d. einer vollziehbaren Anordnung nach § 20 Absatz 12 Satz 3, auch in Verbindung mit § 20 Absatz 13 Satz 1 oder Satz 2, zuwiderhandelt,

8. entgegen § 22 Abs. 1 Satz 1 oder 2 eine Eintragung nicht, nicht richtig, nicht vollständig oder nicht rechtzeitig vornimmt oder eine Impfbescheinigung nicht, nicht richtig, nicht vollständig oder nicht rechtzeitig ausstellt,

9. entgegen § 23 Absatz 4 Satz 1 nicht sicherstellt, dass die dort genannten Infektionen und das Auftreten von Krankheitserregern aufgezeichnet oder die Präventionsmaßnahmen mitgeteilt oder umgesetzt werden,

9a. entgegen § 23 Absatz 4 Satz 2 nicht sicherstellt, dass die dort genannten Daten aufgezeichnet oder die Anpassungen mitgeteilt oder umgesetzt werden,

9b. entgegen § 23 Absatz 4 Satz 3 eine Aufzeichnung nicht oder nicht mindestens zehn Jahre aufbewahrt,

10. entgegen § 23 Absatz 4 Satz 4 Einsicht nicht gewährt,

10a. entgegen § 23 Absatz 5 Satz 1, auch in Verbindung mit einer Rechtsverordnung nach § 23 Absatz 5 Satz 2, nicht sicherstellt, dass die dort genannten Verfahrensweisen festgelegt sind,

11. entgegen § 25 Absatz 4 Satz 1 eine Untersuchung nicht gestattet,

11a. einer vollziehbaren Anordnung nach § 28 Absatz 2, auch in Verbindung mit einer Rechtsverordnung nach § 32 Satz 1, zuwiderhandelt,

12. entgegen § 29 Abs. 2 Satz 3, auch in Verbindung mit einer Rechtsverordnung nach § 32 Satz 1, Zutritt nicht gestattet,

13. entgegen § 29 Abs. 2 Satz 3, auch in Verbindung mit Satz 4 oder einer Rechtsverordnung nach § 32 Satz 1, § 49 Absatz 1 Satz 1, § 50 Satz 1 oder 2 oder § 50a Absatz 1 Satz 1 eine Anzeige nicht, nicht richtig, nicht vollständig oder nicht rechtzeitig erstattet,

14. entgegen § 34 Abs. 1 Satz 1, auch in Verbindung mit Satz 2 oder Abs. 3, eine dort genannte Tätigkeit ausübt, einen Raum betritt, eine Einrichtung benutzt oder an einer Veranstaltung teilnimmt,

15. ohne Zustimmung nach § 34 Abs. 2 einen Raum betritt, eine Einrichtung benutzt oder an einer Veranstaltung teilnimmt,

16. entgegen § 34 Abs. 4 für die Einhaltung der dort genannten Verpflichtungen nicht sorgt,

16a. entgegen § 34 Abs. 5 Satz 1 oder § 43 Absatz 2 eine Mitteilung nicht, nicht richtig, nicht vollständig oder nicht rechtzeitig macht,

17. entgegen § 34 Abs. 6 Satz 1, auch in Verbindung mit Satz 2, oder § 36 Absatz 3a das Gesundheitsamt nicht, nicht richtig, nicht vollständig oder nicht rechtzeitig benachrichtigt,

17a. entgegen § 34 Absatz 10a Satz 1 einen Nachweis nicht oder nicht rechtzeitig erbringt,

18. entgegen § 35 Satz 1 oder § 43 Abs. 4 Satz 1 eine Belehrung nicht, nicht richtig, nicht vollständig oder nicht rechtzeitig durchführt,

19. entgegen § 36 Absatz 5 Satz 1 oder Satz 3, Absatz 6 Satz 2 erster Halbsatz oder Absatz 7 Satz 2 erster Halbsatz eine Untersuchung nicht duldet,

20. entgegen § 43 Abs. 1 Satz 1, auch in Verbindung mit einer Rechtsverordnung nach Abs. 7, eine Person beschäftigt,

21. entgegen § 43 Abs. 5 Satz 2 einen Nachweis oder eine Bescheinigung nicht oder nicht rechtzeitig vorlegt,

22. einer vollziehbaren Auflage nach § 47 Abs. 3 Satz 1 zuwiderhandelt,

22a. entgegen § 50a Absatz 2, auch in Verbindung mit einer Rechtsverordnung nach § 50a Absatz 4 Nummer 1, Polioviren oder dort genanntes Material nicht oder nicht rechtzeitig vernichtet,

23. entgegen § 51 Satz 2 ein Buch oder eine sonstige Unterlage nicht oder nicht rechtzeitig vorlegt, Einsicht nicht gewährt oder eine Prüfung nicht duldet oder

24. einer Rechtsverordnung nach § 5 Absatz 2 Nummer 4 Buchstabe c bis f oder g oder Nummer 8 Buchstabe c, § 13 Absatz 3 Satz 1, § 17 Absatz 4 Satz 1 oder Absatz 5 Satz 1, § 20 Abs. 6 Satz 1 oder Abs. 7 Satz 1, § 23 Absatz 8 Satz 1 oder Satz 2, § 32 Satz 1, § 38 Abs. 1 Satz 1 Nr. 3 oder Abs. 2 Nr. 3 oder Satz 5 oder § 53 Abs. 1 Nr. 2 oder einer vollziehbaren Anordnung auf Grund einer solchen Rechtsverordnung zuwiderhandelt, soweit die Rechtsverordnung für einen bestimmten Tatbestand auf diese Bußgeldvorschrift verweist.

(2) Die Ordnungswidrigkeit kann in den Fällen des Absatzes 1a Nummer 7a bis 7d, 8, 9b, 11a, 17a und 21 mit einer Geldbuße bis zu zweitausendfünfhundert Euro, in den übrigen Fällen mit einer Geldbuße bis zu fünfundzwanzigtausend Euro geahndet werden.

§ 74 Strafvorschriften

Mit Freiheitsstrafe bis zu fünf Jahren oder mit Geldstrafe wird bestraft, wer eine in § 73 Absatz 1 oder Absatz 1a Nummer 1 bis 7, 11 bis 20, 22, 22a, 23 oder 24 bezeichnete vorsätzliche Handlung begeht und dadurch eine in § 6 Absatz 1 Satz 1 Nummer 1 genannte Krankheit oder einen in § 7 genannten Krankheitserreger verbreitet.

§ 75 Weitere Strafvorschriften

(1) Mit Freiheitsstrafe bis zu zwei Jahren oder mit Geldstrafe wird bestraft, wer

1. einer vollziehbaren Anordnung nach § 30 Absatz 1 Satz 1, auch in Verbindung mit einer Rechtsverordnung nach § 32 Satz 1, zuwiderhandelt,

2. entgegen § 42 Abs. 1 Satz 1, auch in Verbindung mit Satz 2, jeweils auch in Verbindung mit einer Rechtsverordnung nach § 42 Abs. 5 Satz 1, oder § 42 Abs. 3 eine Person beschäftigt oder eine Tätigkeit ausübt,

3. ohne Erlaubnis nach § 44 Krankheitserreger verbringt, ausführt, aufbewahrt, abgibt oder mit ihnen arbeitet oder

4. entgegen § 52 Satz 1 Krankheitserreger oder Material abgibt.

(2) Ebenso wird bestraft, wer einer Rechtsverordnung nach § 38 Abs. 1 Satz 1 Nr. 5 oder Abs. 2 Nr. 4 oder einer vollziehbaren Anordnung auf Grund einer solchen Rechtsverordnung zuwiderhandelt, soweit die Rechtsverordnung für einen bestimmten Tatbestand auf diese Strafvorschrift verweist.

(3) Wer durch eine in Absatz 1 bezeichnete Handlung eine in § 6 Abs. 1 Nr. 1 genannte Krankheit oder einen in § 7 genannten Krankheitserreger verbreitet, wird mit Freiheitsstrafe von drei Monaten bis zu fünf Jahren bestraft, soweit nicht die Tat in anderen Vorschriften mit einer schwereren Strafe bedroht ist.

(4) Handelt der Täter in den Fällen der Absätze 1 oder 2 fahrlässig, so ist die Strafe Freiheitsstrafe bis zu einem Jahr oder Geldstrafe.

(5) Mit Freiheitsstrafe bis zu einem Jahr oder mit Geldstrafe wird bestraft, wer entgegen § 24 Satz 1, auch in Verbindung mit Satz 2, dieser auch in Verbindung mit einer Rechtsverordnung nach § 15 Abs. 1, eine Person behandelt.

§ 76 Einziehung

Gegenstände, auf die sich eine Straftat nach § 75 Abs. 1 oder 3 bezieht, können eingezogen werden.

15. Abschnitt
Übergangsvorschriften

§ 77 Übergangsvorschriften

(1) [1]Die nach den Vorschriften des Bundes-Seuchengesetzes bestehende Erlaubnis für das Arbeiten und den Verkehr mit Krankheitserregern gilt im Geltungsbereich dieses Gesetzes als Erlaubnis im Sinne des

§ 44; bei juristischen Personen gilt dies bis fünf Jahre nach Inkrafttreten dieses Gesetzes mit der Maßgabe, dass die Erlaubnis nach § 48 zurückgenommen oder widerrufen werden kann, wenn ein Versagungsgrund nach § 47 Abs. 1 Nr. 2 bei den nach Gesetz oder Satzung zur Vertretung berufenen Personen vorliegt; die Maßgabe gilt auch, wenn der Erlaubnisinhaber nicht selbst die Leitung der Tätigkeiten übernommen hat und bei der von ihm mit der Leitung beauftragten Person ein Versagungsgrund nach § 47 Abs. 1 vorliegt. [2]Die Beschränkung des § 47 Abs. 4 Satz 1 gilt nicht für die in § 22 Abs. 4 Satz 2 des Bundes-Seuchengesetzes genannten Personen, wenn bei Inkrafttreten dieses Gesetzes sie selbst oder diejenigen Personen, von denen sie mit der Leitung der Tätigkeiten beauftragt worden sind, Inhaber einer insoweit unbeschränkten Erlaubnis sind. [3]Bei Personen, die die in § 20 Abs. 1 Satz 1 des Bundes-Seuchengesetzes bezeichneten Arbeiten vor dem Inkrafttreten des Gesetzes berechtigt durchgeführt haben, bleibt die Befreiung von der Erlaubnis für diese Arbeiten fünf Jahre nach Inkrafttreten des Gesetzes bestehen; § 45 Abs. 4 findet entsprechend Anwendung.

(2) Ein Zeugnis nach § 18 des Bundes-Seuchengesetzes gilt als Bescheinigung nach § 43 Abs. 1.

Register
Die **fetten** Zahlen verweisen auf die laufenden Nummern der Gesetze (vgl. Inhaltsverzeichnis), die **mageren** auf die Artikel, Paragraphen und Nummern. Nähere Hinweise zu Unterstichworten sind kursiv gedruckt.

Landarbeiterstelle 70 35

Länder abweichende Regelungen **35** 185, Anwendungsbereich **48** 108, Aufteilung der Freistellung zwischen Bund und **67** 39, Ausführung der Bundesgesetze durch **1** 83 ff., Befugnisse **35** 187, Bund und **1** 20 ff., Gemeinschaftsaufgaben von Bund und **1** 91a f., Gesetzgebungsrecht **1** 70 ff., Haushaltswirtschaft **1** 109, Hoheitsrechte **1** 30, Normfortgeltung bei Zuständigkeitsänderung **1** 125a, Sammelstellen zur Zwischenlagerung radioaktiver Abfälle **67** 10, Wahlkampfkostenerstattung **3** 22

Ländergesetzgebung Personalvertretungen **49** 94 ff.

Länderplanung Bauleitpläne **70** 1

Ländervertreter Europakammer **17** 45e

Landesaufsicht Hochschule **83** 59 f.

Landesgesetzliche Regelung 25 100

Landesinnungsverbände 81 79 ff.

Landesliste 6 78 ff., Ausschluss der Verbindung **5** 29, Zulassung **5** 28

Landeslistenbewerber 6 80

Landeslistenwahl Feststellung des Ergebnisses **5** 42

Landesnaturschutzgesetz Ersatzmaßnahmen **70** 200a

Landesrecht Bundesrecht bricht **1** 31, Ersetzung bundesrechtlicher Vorschriften **86** 64a, Nichtigkeit, Auswirkung auf Entscheidungen der Verwaltungsgerichtsbarkeit **35** 183

Landesrechtliche Überwachungsvorschriften Gewerberecht **80** 38

Landesregierung Befugnisse im Verteidigungsfall **1** 115i, Erlass von Rechtsverordnungen **1** 80, gemeinsame Besprechung mit Bundesregierung **18** 31

Landessammelstellen 67 9c

Landesstraßenbaubehörde Straßenbaulasttragung **85** 5

Landesverfassung 1 28, Grundrechte in **1** 142

Landesverteidigung Vorhaben für **70** 37, Zuständigkeit für Anlagen der **55** 59 f.

Landesverwaltung 1 83 ff., Beschwerde **6** 42

Landeswahlleiter 6 40

Landeszugehörigkeit Unabhängigkeit der Zulassung **83** 35

Landgericht örtliche Zuständigkeit **70** 219, Verfahren in Baulandsachen **70** 217

Landschaft 62, s. Natur

Landschaftsbestandteile geschützte **62** 29

Landschaftsbild Berücksichtigung **70** 35

Landschaftspflege 62, s. Naturschutz

Landschaftspläne 62 11

Landschaftsplanung Aufgaben und Inhalte **62** 9, Grünordnungspläne **62** 11, Landschaftspläne **62** 11, Landschaftsprogramme **62** 10, Landschaftsrahmenpläne **62** 10, Strategische Umweltprüfung **51** 19a, Zusammenwirken der Länder **62** 12

Landschaftsprogramme 62 10

Landschaftsrahmenpläne 62 10

Landschaftsschutz Bebauungsplan **70** 9

Landwirtschaft 70 9, Begriff **70** 201, Ersatzlandbeschaffung **70** 189

Landwirtschaftliche Bodennutzung 64 17

Landwirtschaftliche Erzeugnisse 21 38

Landwirtschaftliche Fläche Bebauungsbeschränkung **70** 1

Landwirtschaftliches Ersatzland 70 189

Landwirtschaftliches Grundstück städtebauliche Maßnahmen **70** 191, Verkehrsvorschriften **70** 191

Landwirtschaftlich genutzte Flächen Hangneigung an Gewässern **66** 38a

Landwirtschaftsbehörde Anhörung bei Enteignung **70** 109

Landwirtschaftspolitik 21 32

Lärmaktionsplanung 60 14

Lärmminderungsplanung Aktionspläne **55** 47d, Begriff **55** 47b, Lärmkarten **55** 47c

Lärmschutzbereiche Einrichtung **60** 2

Lärmschutzbereichen Festsetzung **60** 4

Lasten öffentliche **70** 134 f.

Lastenausgleich 1 120a

Laufbahnbefähigung 46 122

Leben Recht auf **23** 2

Lebenspartner Deutscher, Einbürgerung **75** 9

Lebenspartnerschaft 48 1a

Lebensunterhalt 76 9c

Legitimation Erwerb der Staatsangehörigkeit **75** 5

Lehrbeauftragter 83 55

Lehre Bewertung **83** 6, Freiheit **1** 5, **83** 4

Lehrkräfte besondere Aufgaben **83** 56

Lehrlingsrolle Handwerk·**81** 29 ff.

Lehrlingszahl Handwerksausbildung **81** 22

Leistungen an ehemalige Mitglieder des Bundestages und ihre Hinterbliebenen **10** 18 ff., an Mitglieder des Bundestages **10** 11 ff., wiederkehrende **70** 99

Leistungsbereitstellung Kosten **88** 32

Leistungsbilanz 21 140, transeuropäische Netze **21** 171

Leistungsgrenze genehmigungsbedürftige Anlagen **55a** 1

Leistungsklage Vorabentscheidung **35** 111

Leistungspunktsystem 83 15

Leiter Aufzüge **95** 18 f., Durchführung verbotener Versammlungen **95** 26, gewalttätiger Widerstand gegen **95** 22, Versammlungen **95** 18 f., Verwendung bewaffneter Ordner **95** 24

Leitlinien Außenpolitik **20** 25

Leitung s. a. Versorgungsleitungen; für Beleuchtungskörper **70** 126

Leitungsrecht 70 41

Lektor Versorgung **48** 91

Lichtbildabgleich Ausländer **76** 47a

Liegenschaftskataster 70 82

Linienführung Bundesfernstraßen **85** 16

Linienverkehr, Kraftfahrzeuge Begriff **86** 42, Sonderformen **86** 43

Liquidation Innungsvermögen **81** 78

Listennachfolge 8 24

Listennachfolger 6 84, Berufung **5** 48

Listenverbindung 8 14

Lizenz Erteilung **87** 6, Gebühren und Auslagen **87** 8, Übertragung **87** 7, Widerruf **87** 9, zur Beförderung von Briefsendungen **87** 5 ff.

Lohnstückkosten 21 140

Löschung beschränktes Antragsrecht **81** 14, Handwerksrolle **81** 13 ff., wiederholter Antrag **81** 15

Lotterie 80 33h

Luftfahrt 21 100

Luftqualität Beurteilung **55d** 11 ff., Kontrolle **55d** 21 ff., Überwachung **55** 44, Verbesserung **55** 45

Luftreinhalteplan 55 47, Schutz bestimmter Gebiete **55** 49

Luftverkehrsverwaltung 1 87d

Die grundlegenden Lehrbücher für das öffentliche Recht

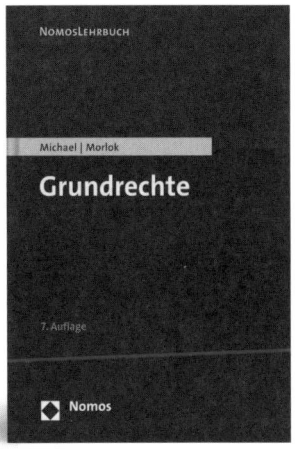

Staatsorganisationsrecht

Von Prof. em. Dr. Martin Morlok
und Prof. Dr. Lothar Michael

5. Auflage 2020, ca. 430 S., brosch., ca. 24,90 €
ISBN 978-3-8487-6187-6
Erscheint ca. September 2020

Das Lehrbuch vermittelt klar strukturiert die Zusammenhänge zu den verfassungsrechtlichen Grundlagen und der Funktionsweise ihrer Organe. Zahlreiche Fälle und Beispiele dienen der Veranschaulichung; Vertiefungs- und Wiederholungsfragen ermöglichen eine gezielte Examensvorbereitung.

»ein gut geeignetes Lehrbuch für eine zielorientierte und gut strukturierte Vorbereitung auf die Klausur«
Benedikt Bögle, benedikt-boegle.com 11/2019

Grundrechte

Von Prof. Dr. Lothar Michael und
Prof. em. Dr. Martin Morlok

7. Auflage 2020, 534 S., brosch., 24,90 €
ISBN 978-3-8487-5986-6

Das Lehrbuch orientiert sich bei der Darstellung der Grundrechte strikt am Prüfungsaufbau: Fragen des Schutzbereichs, des Eingriffs und der Rechtfertigung werden jeweils en bloc in dieser Reihenfolge behandelt. Da die Grundrechte europäischen Einflüssen unterliegen, befassen sich die Autoren in einem eigenen Teil mit der Grundrechtsgeltung im europäischen Mehrebenensystem und erläutern die praktisch wichtigen Aspekte einzelner europäischer Grundrechtsgarantien.